ENCYCLOPÉDIE

CATHOLIQUE.

Paris. — Imprimerie de LACOUR, rue Saint-Hyacinthe-Saint-Michel, 33.

ENCYCLOPÉDIE
CATHOLIQUE,

RÉPERTOIRE UNIVERSEL ET RAISONNÉ,

DES SCIENCES, DES LETTRES, DES ARTS ET DES MÉTIERS,

Avec la Biographie des hommes célèbres depuis l'origine du monde jusqu'à nos jours, et des gravures dans le texte;

FORMANT

LA BIBLIOTHÈQUE LA PLUS UNIVERSELLE QUI AIT ÉTÉ PUBLIÉE JUSQU'A CE JOUR,

Contenant la matière de plus de 500 volumes in-8°, résumé de plus de 10,000 ouvrages.

PUBLIÉE SOUS LA DIRECTION

DE M. L'ABBÉ GLAIRE,

DOYEN DE LA FACULTÉ,

DE M. LE Vᵗᵉ WALSH,

ET D'UN COMITÉ D'ORTHODOXIE.

———

TOME QUATORZIÈME.

NÉCESSITÉ. — NYSTEN.

PARIS,

PARENT DESBARRES, ÉDITEUR

DES HISTOIRES ABRÉGÉES DE CHAQUE ÉTAT D'EUROPE,

RUE CASSETTE, 28, PRÈS DE SAINT-SULPICE.

M DCCC XLVII.

ENCYCLOPÉDIE

CATHOLIQUE.

LO

LOANGO, état d'Afrique entre Gabon, Congo et l'Océan. Sa population, d'après de Grandpré, s'élève à 600,000 habitants. Cette contrée s'étend le long de la côte à 140 lieues. Son climat est agréable ; il n'y tombe presque jamais de pluie ; mais des rosées abondantes la rendent très fertile , surtout en manioc, maïs et cannes à sucre. Les palmiers, très élevés, le mapou, arbre sans fruit, mais presque aussi colossal que le baobab, les patates et les ignames y sont communs. Les habitants sont paresseux et se contentent de peu. Ils vivent sous un gouvernement absolu.

LOANGO est la capitale de ce royaume. Elle est située sur une baie dont la latitude S. est par 4° 36', et la longitude E. par 9° 59' 45''. Sa population est de 15,000 habitants. C'est une ville mal bâtie, avec des rues sales et étroites. Elle est la résidence du gouvernement. Son industrie consiste en fabriques d'étoffes en feuillage, et son commerce en bois de teinture , cuivre, étain , plomb, fer et ivoire.

LOASACÉES, *loasaceœ* (*bot.*), famille de plantes dicotylédonnées, polypétales, périgynes, présentant les caractères suivants : calice adhérent avec l'ovaire par sa partie inférieure tubuleuse, relevé de côtes quelquefois dirigées en spirale, divisé au-dessus de lui en 4 ou 5 segments imbriqués ou tordus ; dans la préfloraison , pétales en nombre égal, alternes , insérés à l'entrée du tube calicinal après floraison tordue , caducs. Étamines nombreuses, insérées comme les pétales, disposées sur trois cercles : celles de l'extérieur, le plus souvent métamorphosées, offrent elles-mêmes la forme d'autant de pétales ou d'écailles opposés au calice ; mais leur nature, indiquée par leur situation, l'est encore plus clairement dans certains cas par la présence de plusieurs anthères portées vers le sommet ; les étamines des deux rangs intérieurs opposées alternativement aux pétales et au calice, leur sont rarement égales en nombre, mais plus ordinairement multiples, et alors les oppositipétales groupés par faisceaux où les filets sont libres ou soudés ; les plus intérieures elles-mêmes transformées et stériles, réunies par groupes de 2, 3 ou 4. Les anthères des fertiles sont introrses , à deux loges s'ouvrant longitudinalement, que remplit un pollen à grains globuleux et lisses. L'ovaire adhérent, surmonté d'un style simple que termine un stigmate indivis ou 3-4 fide, offre à l'intérieur une seule cavité renfermant des ovules nombreux. Il devient une capsule adhérente, couronnée par le limbe calicinal persistant, se séparant en plusieurs valves, ou dans toute sa longueur , ou plus ordinairement à son sommet seulement ; très rarement le fruit est charnu et indéhiscent. Les graines sont pendantes, le test réticulé ou hérissé de petites pointes. Toutes les espèces sont originaires de l'Amérique ; ce sont des herbes dressées ou grimpantes, souvent hérissées de poils raides et piquants ; les fleurs blanches jaunes-orangées sont solitaires ou plusieurs réunies sur des pédoncules axillaires ou terminaux, ou oppositifoliés. Les genres sont : *acrolasia , mentzelia , bartonia, klaprothia , sclerothrix , grammatocarpus, loasa, cojophora, blumenbachia.*   J. P.

LOAYSA (GARCIAS DE), né vers 1479, à Talavera en Castille, mort à Madrid en 1546, se fit dominicain, et parvint par son mérite à la place de général de son ordre et à l'évê-

ché d'Osma. Charles-Quint le choisit pour son confesseur, le fit président du conseil des Indes, le transféra au siège archiépiscopal de Séville, et lui obtint le chapeau de cardinal en 1530. Lorsqu'on délibéra au conseil de Charles-Quint, sur la conduite qu'on devait tenir à l'égard de François Ier, fait prisonnier à la bataille de Pavie, le généreux Loaysa fut d'avis qu'on lui rendît la liberté sans rançon et sans condition. L'événement justifia qu'on avait eu grand tort de ne pas suivre ce conseil, inspiré par la politique autant que par la magnanimité ; car François Ier, ayant manqué de parole, ne céda point la Bourgogne, qu'on avait mise pour prix à sa liberté, et l'Espagne ne retira aucun fruit de sa prison, sans que le prisonnier lui sût gré de son élargissement.

LOBE, s. m., t. d'anat., division d'une partie du corps formée par des sillons ou des échancrures. Il se dit particulièrement du bout inférieur de l'oreille. Il se dit en botanique des divisions larges et arrondies de certaines feuilles.

LOBE et **LOBÉ**, *lobus* (*bot.*). On donne le nom de lobe à des divisions plus ou moins profondes dont sont quelquefois affectés les organes floraux ou quelques autres parties d'une plante. On dit, par exemple, qu'une feuille est bilobée, trilobée , multilobée, etc., selon qu'elle présente deux , trois ou un plus grand nombre de lobes.   J. P.

LOBELIA (*bot.*), genre de la famille des lobéliacées, dédié au botaniste Lobel. Ce sont des plantes herbacées, rarement sous-frutescentes , à feuilles alternes ; leurs fleurs sont de couleurs souvent brillantes, bleues, blanches, violettes, rouges, etc. Elles présentent un calice à cinq divisions , une corolle divisée à son côté supérieur par une fente longitudinale , à tube droit , cylindrique ou en entonnoir , à deux lèvres dont la supérieure est ordinairement plus courte et dressée, et l'inférieure est le plus souvent étalée, plus large, ordinairement à cinq lobes ; cinq étamines dont le tube et les anthères sont soudés en un seul corps ; l'ovaire est tantôt adhérent et infère, tantôt à moitié libre et demi-supère, tantôt enfin tout-à-fait libre et supère. Parmi les espèces les plus remarquables de ce genre, nous citerons : la lobélie brûlante (*lobelia urens*, Lin.). Sa tige, haute de 3 à 4 décimètres , est droite, simple, anguleuse ; ses feuilles inférieures sont oblongues, obtuses, crépelées, rétrécies en pétioles à leur base ; celles du milieu de la plante sont lancéolées, dentées, aiguës, sessiles ; les bractées sont linéaires , acuminées, presque entières, plus courtes que la fleur qui se développe à leur aisselle. Les fleurs sont bleues, marquées à la gorge de deux taches blanchâtres ; elles sont réunies en grappe terminale. Cette espèce est annuelle et croît dans les lieux humides et marécageux du sud de l'Angleterre, de l'ouest et du centre de la France, de l'Espagne et de Madère. Elle renferme un suc âcre et caustique comme presque toutes ses congénères , parmi lesquelles il en est un grand nombre de vénéneuses. La lobélie syphilitique (*lob. syphilitica*, Lin.). Toute la plante est légèrement velue ; ses feuilles sont ovales, aiguës ; ses fleurs bleues et violacées. Elle croît dans les lieux humides, aux Etats-Unis. On attribue à cette plante des vertus antisyphilitiques ; mais on ne l'emploie guère aujourd'hui que comme sudorifique, à faibles doses, ou comme émétique et purgative à hautes doses. **J. P.**

LOBÉLIACÉES, *lobeliaceæ*, famille de plantes dicotylédones monopétales périgynes, séparée des campanulacées auxquelles elle était réunie primitivement, à cause de sa corolle inégale et de ses anthères soudées entre elles, caractère bien suffisant s'il existait seul. Ses caractères généraux sont : calice adhérent à l'ovaire, partagé au-dessus de lui en 5 lobes égaux ou inégaux. Corolle monopétale, à préfloraison valvaire, persistante, à 5 lobes alternant avec ceux du calice, ordinairement disposés en 2 lèvres ou en une seule, ou présentant 2 pétales libres, tandis que les 3 autres sont soudés entre eux, à tube entier ou partagé par une fente qui regarde en dehors dans le bouton et en dedans dans la fleur qui s'est retournée par la torsion de son pédicelle. Autant d'étamines alternant avec les lobes de la corolle ; à filets adhérents à son tube ou libres, indépendants ou soudés entre eux, principalement au sommet ; à anthères soudées par leur bord en un tube biloculaire, s'ouvrant longitudinalement en dedans. Ovaire adhérent à 2 loges ou à une seule. Ovules en nombre indéfini ; style simple, stigmate bilobé entouré par un cercle de poils. Fruit indéhiscent, ou s'ouvrant en deux ou trois valves, ou par un opercule apicilaire. Le plus grand nombre des lobéliacées habitent entre les tropiques ou dans les zônes voisines ; quelques-unes audelà et jusque dans les régions tempérées, ou même froides. Ce sont des herbes ou des arbrisseaux, plus rarement des arbustes, à feuilles alternes, entières, dentées ou lobées, dépourvues de stipules ; à fleurs solitaires et axillaires, plus souvent groupées en grappes ou en épis axillaires ou terminaux, assez communément bleues. Ces plantes ont un suc âcre et narcotique dont les propriétés trop énergiques les ont fait rejeter comme médicaments. Les genres de cette famille sont : *pratia, piddingtonia, macrochilus, clermontia, delissea, cyanea, rollandia, centropogon, clintonia, grammatotheca, lysipomia, heterosama, mezleria, monopsis, holostigma, isolobus, parastranthus, dobrowskia, sclerotheca, lobelia, dortmanna, tupa, rhynchopetalum, siphocampylus, byrsanthes, enchysia, laurentia, isotoma.* **J. P.**

LOBÈRE (ANNE DE), plus connue sous le nom d'ANNE DE JÉSUS, née à Medina-del-Campo, en 1545, embrassa l'institut de sainte Thérèse, et fut la fidèle adjutrice de ses travaux pour la réforme du Carmel. Après avoir fondé divers monastères en Espagne, elle fut appelée en France pour la même fin, et de là aux Pays-Bas, où les archiducs Albert et Isabelle l'honorèrent de leur confiance intime. Elle mourut à Bruxelles en odeur de sainteté, le 4 mars 1621. L'abbé de Montis a écrit la *Vie d'Anne de Jésus*, Paris, 788, in-12

LOBINEAU (GUI-ALEXIS), bénédictin, né à Rennes en 1666, mourut en 1727, à l'abbaye de Saint-Jagut, près Saint-Malo. Ses ouvrages roulent sur l'histoire, à laquelle il consacra toutes ses études. On lui doit : l'*Histoire de Bretagne*, Paris, 1707, en 2 vol. in-fol., dont le second est utile par le grand nombre de titres que l'auteur y a rassemblés. L'abbé de Vertot et l'abbé Moulinet des Thuileries prétendirent que dom Lobineau avait plus obéi aux préjugés et à l'amour de sa patrie qu'à celui de la vérité. Ils tâchèrent de conserver à la Normandie des droits que l'historien breton s'était efforcé de lui enlever. Lobineau a un style un peu sec, et il est avare d'ornements ; mais il a de la netteté ; et il évite autant la rudesse que l'affectation ; l'*Histoire des deux conquêtes d'Espagne par les Maures*, 1708, in-12 : ouvrage moitié romanesque, moitié historique, traduit de l'espagnol de Miguel Luna ; *Histoire de Paris*, en 5 vol. in-fol., commencée par Félibien ; l'*Histoire des saints de Bretagne*, Rennes, 1724, in-fol., et Paris, 1836, in-8, édition de M. l'abbé Tresvaux : ce livre a de l'exactitude, mais il manque d'agrément ; les *Ruses de guerre de Polien*, traduites du grec en français, Paris, 1728, 2 vol. in-12, version estimée. L'auteur avait beaucoup de goût pour la littérature grecque, et il avait traduit plusieurs comédies d'Aristophane ; mais cette version n'a pas vu le jour, et ce n'est pas une perte.

LOBULE, s. m., t. d'anat., petit lobe.

LOCAL, ALE, adj., qui appartient à un lieu, qui a rapport à un lieu. Mémoire locale, celle qui retient particulièrement la disposition de l'état des lieux et des choses. Couleur locale se dit par extension, en parlant de quelques ouvrages de littérature. Local s'emploie aussi comme substantif au masculin ; et alors il est dit d'un lieu considéré par rapport à la disposition et à son état.

LOCALITÉ, s. f., particularité ou circonstance locale. Il s'emploie surtout au pluriel. Il se dit aussi des lieux mêmes, quant à ce qu'ils ont de particulier.

LOCATAIRE, s. des deux genres. Celui, celle qui tient une maison ou une portion de maison à loyer. Principal locataire, la personne qui loue du propriétaire une maison pour la sur-louer en totalité ou par parties.

LOCATELLI (ANTOINE), sculpteur, né à Vérone en 1725, mort à Milan en 1805, est, après Canova, un des plus habiles artistes qu'ait produits l'Italie dans le dernier siècle. Ses ouvrages sont répandus dans ce pays, en Angleterre, en Allemagne, et jusque dans les Indes.

LOCATI (frère HUMBERT), né à Plaisance vers 1520, entra dans l'ordre des prédicateurs, fut évêque de Bagnaria, et y mourut en 1587, laissant quelques ouvrages. Le plus remarquable est *Italia travagliata, etc.*, ou *des Guerres, des révolutions, épidémies, etc.*, qui ont eu lieu en Italie depuis Enée jusqu'à nos jours, Venise, 1576, in-4. Quoique inexact sur plusieurs points, il offre des détails intéressants.

LOCATIF, IVE, adj. Il ne s'emploie guère que dans ces locutions : réparations locatives, celles qui sont à la charge du locataire ; et, valeur locative, ce qu'un immeuble peut rapporter, quand on le donne à loyer.

LOCATION, s. f. Action par laquelle le propriétaire d'une chose la donne à quelqu'un à titre de louage ou de bail. Ce terme est corrélatif de celui de conduction, qui signifie l'action par laquelle on prend une chose à titre de louage ou de bail. Dans l'usage ordinaire, on emploie aussi en ce dernier sens le mot de location, celui de conduction n'étant guère usité qu'en jurisprudence.

LOCCENIUS (JEAN), historien suédois, né en 1599, à Ytzehoe en Hostein, et professeur royal à Upsal, publia une *Histoire de Suède*, depuis l'origine de la monarchie jusqu'au règne de Charles XI, Upsal, 1554, in-8, et plusieurs écrits sur les lois, la politique et les antiquités de son pays. Ses ouvrages sont en latin.

LOCHE, *cobitis* (poiss.), genre de poissons de l'ordre des malacaptérygiens abdominaux, de la famille des Cyprinoïdes établi par Linné, et adopté par G. Cuvier, dans son *Règne animal*, t. II, p. 277. Ce genre présente pour caractères principaux ; tête petite, aplatie ; corps cylindrique très raccourci, et revêtu de petites écailles enduites d'une matière gluante ; les ventrales fort en arrière, et au-dessus d'elles, une seule petite dorsale ; la bouche au bout du museau, peu fendue, sans dents, mais entourée de lèvres propres à sucer, et de barbillons, les ouïes peu ouvertes à trois rayons seulement. Ces petits poissons sont assez abondants dans nos ruisseaux, nos étangs et nos rivières ; on en connaît seulement trois espèces : qui sont la loche franche (*cobitis barbatula*, Lin.). Cette espèce porte six barbillons à la lèvre supérieure, et sa taille ne dépasse pas huit à neuf centimètres. Elle est assez commune dans nos ruisseaux, et sa chair est de fort bon goût. La seconde espèce (*cobitis fossilis*, Lin.), la loche d'étang présente comme l'espèce précédente six barbillons à la lèvre supérieure, et l'inférieure en a quatre. Cette espèce beaucoup plus grande que la précédente, atteint jusqu'à quarante centimètres de longueur ; elle abonde surtout, comme l'indique son nom, dans les étangs, ou elle reste longtemps enfoncée dans la vase même lorsque ces étangs sont gelés ou desséchés, sans manger et sans remuer. Sa chair molle, contracte par suite de ses habitudes un goût de vase qui en fait un met peu agréable. La troisième espèce, la loche de rivière (*cobitis tænia*, Lin.), à six barbillons, dont deux seulement à la lèvre supérieure. Elle offre auprès de chaque œil une épine tranchante. Elle n'atteint que quinze centimètres de longueur, et sa chair est peu estimée. La couleur générale de ces poissons est un brun jaunâtre. **J. P.**

LOCHER, v. n., branler, être près de tomber. Il ne se dit que d'un fer de cheval. Prov. et fig. avoir quelque fer qui loche, être valétudinaire, et avoir souvent des petites incommodités. Prov. et fig., il y a quelque fer qui loche, il y a quelque chose qui empêche cette affaire d'aller bien.

LOCHON (ETIENNE), Chartrain, docteur de la maison de Navarre, et pendant quelques années curé de Bretonvilliers, mourut à Paris vers 1720, après avoir publié quelques ouvrages de piété et de morale. Les principaux sont : *Abrégé de la discipline de l'Église pour l'instruction des ecclésiastiques*, en 2 vol. in-8 ; *Traité du secret de la confession*, ouvrage propre à instruire les confesseurs et les pénitents, in-12. C'était le meilleur Traité sur cette matière importante, avant que celui de l'abbé Lenglet n'eût paru.

LOCKE (JEAN), né à Wrington, près Bristol, en 1632, s'attacha pendant quelque temps à la médecine, mais la faiblesse de sa santé ne lui permit pas d'exercer cet art. Après deux voyages, l'un en Allemagne et l'autre en France, il se chargea de l'éducation du fils de lord Ashley, depuis comte de Shaftesbury. Ce lord, devenu grand-chancelier d'Angleterre, lui donna la place de secrétaire de la présentation des bénéfices. La crainte de tomber dans la phthisie l'obligea d'aller à Montpellier en 1674. De là il vint à Paris, d'où il fut rappelé, en 1679, par son protecteur, qui venait d'être nommé président du conseil; mais celui-ci, ayant été bientôt disgracié, passa en Hollande, et Locke l'y suivit. Ce fut dans ce pays qu'il acheva son Essai sur l'entendement humain, ouvrage qui a fait beaucoup de bruit. Il eût été à souhaiter que l'auteur n'eût pas toujours consulté la physique dans une matière que son flambeau ne peut éclairer. En voulant développer la raison humaine, comme un anatomiste explique les ressorts du corps humain, il a fait presque une machine de l'être spirituel qui l'anime. Son idée, que Dieu par sa toute-puissance pourrait rendre la matière pensante, a paru, avec raison, d'une dangereuse conséquence, ainsi qu'elle est en elle-même fausse et contraire à toutes les lumières d'une saine métaphysique. Il n'est pas vrai cependant, comme quelques écrivains plus zélés qu'intelligents l'ont avancé, que cette erreur de Locke renverse le dogme de l'immortalité de l'âme; car il faudrait pour cela prouver qu'une matière capable d'intelligence n'est pas capable de l'immortalité, et qu'il est plus impossible de concevoir une matière immortelle qu'une matière pensante. La spiritualité de l'âme n'est pas la seule preuve de son immortalité. 1° La religion chrétienne est un fait établi par des preuves victorieuses. Cette religion m'enseigne que je suis immortel; il faut la convaincre de fausseté avant de corriger ma croyance. 2° L'existence de Dieu est une vérité à laquelle un homme sensé ne peut se refuser : et cette vérité est évidemment liée avec l'immortalité de nos âmes. L'univers est un fait qui suppose une cause, et nous déduisons du fait l'existence et les attributs de la cause : or, parmi ces attributs, il y en a qui supposent évidemment la conservation de l'âme humaine, quelle qu'elle soit de sa nature. 3° La distinction du vice et de la vertu n'est pas une chose arbitraire, mais née avec les hommes, gravée dans leur âme avec des caractères ineffaçables, et cette distinction serait abolie si l'âme de l'homme n'échappait pas à la ruine du corps. Du reste, l'ouvrage de Locke est estimable pour la clarté, la méthode et l'esprit d'analyse qui le caractérisent. Il n'y avait pas un an que ce philosophe était sorti d'Angleterre, lorsqu'on l'accusa d'avoir fait imprimer en Hollande des libelles contre le gouvernement anglais. Il perdit sa place dans le collège du Christ à Oxford, et fut obligé de se cacher jusqu'à ce que Jacques II fût détrôné par le prince d'Orange, son gendre. Il retourna alors dans sa patrie et devint commissaire du commerce et des colonies anglaises, place qu'il remplit jusqu'en 1707. Le reste de ses jours, il partagea son temps entre la prière et l'étude de l'Écriture sainte : occupation bien remarquable de la part d'un homme qui avait essayé d'attribuer la pensée à la matière. Il mourut en philosophe chrétien l'an 1704. Il nous reste de lui un grand nombre d'ouvrages en anglais, dans lesquels on voit briller l'esprit géométrique, quoique l'auteur n'eût jamais pu se soumettre à la fatigue des calculs, ni à la sécheresse des vérités mathématiques. Ils ont été recueillis en 3 vol. in-fol., 1714, et 4 vol. in-4, 1748. Les principaux sont : Essai philosophique concernant l'entendement humain, dont la meilleure édition en anglais est celle de 1700, in-fol. Il a été traduit en français par Coste, sous les yeux de l'auteur, 1729, in-4. Cette version a été abrégée en 1 vol. in-12. Un traité intitulé : du Gouvernement civil, en anglais, qui a été assez mal traduit en français, in-12, 1724. Le philosophe y combat fortement le pouvoir arbitraire, et semble même ébranler les principes de tout gouvernement monarchique. Trois Lettres sur la tolérance en matière de religion ; quelques écrits sur la monnaie et le commerce ; de l'Éducation des enfants. Ce livre, estimable à beaucoup d'égards, mais dont plusieurs endroits ont été critiqués avec raison, a été traduit en français, en allemand, en hollandais et en flamand; un traité intitulé le Christianisme raisonnable, traduit aussi en français, et imprimé en 1715 en 2 vol. in-12. Quelques propositions de ce livre, prises à la rigueur, pourraient le faire soupçonner de socinianisme ; et soutient que J.-C. et les siens ont n'annonçaient d'autres articles de foi que de croire que J.-C. était le Messie. Il s'excusa ou tâcha de se justifier dans des lettres au docteur Stillingfleet. Coste a traduit la Défense de Locke, et l'a ajoutée à celle du Christianisme raisonnable. Il y a, du reste, dans cet ouvrage d'excellentes choses et de solides réfutations du philosophisme : on y trouve même des observations sur la convenance et la nécessité de l'autorité suprême du chef de l'Église ; des Paraphrases sur quelques épîtres de saint Paul; des Œuvres diverses, 1710, en 2 vol. in-12. Elles renferment une méthode très commode pour dresser des recueils : plusieurs savants l'ont suivie. Des Œuvres posthumes, qui contiennent quelque remorque philosophie. Locke avait une grande connaissance des mœurs du monde et des arts. Son style n'a ni la force de celui de La Bruyère, ni le coloris de celui de Malebranche; mais il a beaucoup de justesse, de clarté et de netteté.

LOCKINNISME ou LOKISME, philosophie de Locke. Par son analyse du principe des connaissances et de l'origine des idées, le lockinnisme a préparé les voies à la doctrine de la sensation. Le lockinnisme s'est accrédité en France à l'époque où les Anglais commençaient à l'abandonner.

LOCMAN, ou plutôt LOKMAN, fameux philosophe d'Ethiopie ou de Nubie. Les Arabes en racontent mille fables. Ils prétendent qu'il était esclave, et qu'il fut vendu aux Israélites du temps de Salomon. Ils en rapportent plusieurs choses que les Grecs ont attribuées à Esope. Nous avons un livre de Fables et de Sentences que les Arabes disent être l'ouvrage de Locman ; mais l'on croit que ce livre est moderne. S'il est vrai que Locman soit le même qu'Esope, il paraît que les Grecs ont forgé l'histoire de celui-ci sur celle du premier, et que dans ce cas, comme dans beaucoup d'autres, ils se sont approprié, avec diverses altérations, les hommes et les événements célèbres qui ont illustré l'Asie. Les fables et les apologues attribués à Locman sont trop conformes au génie des peuples où l'on prétend qu'il a vécu, pour croire que les Arabes aient ici pillé les Grecs. Les historiens peignent Locman comme un homme également estimable par ses connaissances et par ses vertus. C'était un philosophe taciturne et contemplatif, occupé de l'amour de Dieu, et détaché de celui des créatures. Des savants ont prétendu que Locman était Salomon, et que ses apologues étaient ceux du philosophe-roi.

LOCOMOTEUR, TRICE, adj., qui opère la locomotion.

LOCOMOTIF, IVE, *machine locomotive (mécan.)*, machine qui a la faculté de marcher et de faire marcher. Il se dit particulièrement des machines à vapeurs employées à transporter des marchandises ou des voyageurs. On dit aussi substantivement, une locomotive ; la locomotive remorque ordinairement des wagons. (*V.* COMMUNICATION et MACHINES.)

LOCOMOTION, s. f., changement de lieu en vertu de la faculté locomotive.

LOCUTION, s. f., expression, façon de parler spéciale ou particulière.

LOCRE (FERRY et FERRÉOLE DE), en latin Locrius, naquit à Saint-Pol en 1571, entra dans l'état ecclésiastique et devint curé de Saint-Nicolas sur les Fossés à Arras. Ce laborieux partagea son temps entre les devoirs que lui imposait son ministère, et l'étude de son pays. Il a laissé : 1° *Discours sur la noblesse*; 2° *Histoire du comté et ville de Saint-Pol* ; 3° *Chronicon Belgicum ab anno* 238 *ad annum* 1600. De Locre mourut en 1614.

LOCRES (*géog. anc.*), ville du Brutium, au sud sur la côte. Aujourd'hui Bruzeano, patrie de Timée de Locres, auquel on attribue le livre intitulé de l'*Ame du monde*. Cet ouvrage développe le Panthéisme dont le germe se trouvait contenu dans les doctrines pythagoriques.

LOCRUS (*myth.*), fils de Phéax, roi des Phéaciens. A la mort de ce prince, laissant à Alcinoüs, son frère, la souveraineté de l'île, il alla avec les effets mobiliers de la succession et une partie des insulaires s'établir en Italie, où selon certaines traditions, Latinus, roi de ce pays, en fit son gendre, le mariant à Laurina, sa fille. Vers ce même temps Hercule, qui emmenait les bœufs de Géryon, aborda en Italie, et alla loger chez Locrus, qui le reçut comme un tel hôte le méritait. Latinus vit ces bœufs, qui lui parurent d'une beauté rare. Aussitôt il voulut les avoir; et déjà il les emmenait lorsqu'Hercule, à qui cette nouvelle, vint le combattre, le tua d'un coup de javelot, et reprit ses bœufs. Locrus, informé du combat sans en apprendre la malheureuse issue, craignant tout pour Hercule, parce qu'il connaissait Latinus pour être d'une grande force de corps et d'un grand courage, vola au secours de son hôte. Hercule voyant un homme courir à lui, et croyant que c'était un nouvel ennemi qui lui survenait, décrocha sa flèche contre Locrus, et l'étend mort à ses pieds. Bientôt après il connut sa méprise, et en gémit. Il pleura son ami, lui fit de magnifiques funérailles, et quand lui-même eut quitté la vie, il apparut à ces peuples, et leur ordonna de bâtir une ville en Italie à l'endroit où était la sépulture de Locrus.

LOCUSTA, fameuse empoisonneuse, vivait à la cour de Néron, l'an 60 de J.-C. Ce prince barbare se servait de cette misérable pour faire périr les objets de sa haine et de sa vengeance. Tacite dit qu'il craignait si fort de la perdre qu'il la faisait garder à vue. Il employa son ministère lorsqu'il voulut se défaire de Britannicus. Comme le poison n'opérait pas assez tôt, il allait ordonner qu'on la fît mourir ; la mort soudaine de Britannicus lui sauva la vie. Suétone rapporte que Néron lui faisait préparer ses poisons dans son palais, et que, pour prix de ses abominables secrets, non-seulement il lui pardonna tous ses crimes, mais qu'il lui donna de grands biens et des élèves pour apprendre son métier.

LODOICÉE, *lodoicea* (bot.), genre établi par Commerson, pour une belle espèce de la famille des palmiers, qui présente pour caractères : fleurs dioïques ; les mâles réunis en spadice qui ressemble à un chaton, accompagné d'une spathe à sa base, allongé et cylindracé, les fleurs sont plongées dans les cavités qui restent dans l'intervalle des écailles soudées entre elles ; ces cavités se présentent sur une coupe transversale du spadice, sous la forme ovale ; elles rayonnent de l'axe vers la circonférence ; chacune d'elles renferme des fleurs nombreuses, réunies en une masse presque réniforme et très étroitement serrées sur deux rangs opposés. Ces fleurs présentent un périanthe à 6 folioles distinctes sur deux rangs, et des étamines nombreuses, monadelphes par la soudure de leurs filets à leur base. Les fleurs femelles forment aussi un spadice accompagné d'une spathe à sa base, et dans lequel l'axe et la base des fleurs sont recouverts de larges écailles concaves, irrégulièrement crénelées. Ces fleurs présentent un périanthe à 6 folioles sur deux rangs et un pistil dont l'ovaire est ovoïde, élargi dans sa partie inférieure, où il est creusé de trois loges, et qui se termine par un petit stigmate percé au centre d'une ouverture dont le bord est trilobé. Le fruit est une drupe très volumineuse, fibreuse, renfermant le plus souvent un seul noyau, rarement deux, trois ou quatre. Ce noyau est très gros, terminé par deux grands lobes arrondis entre lesquels se trouve un faisceau de sortes de gros poils. La seule espèce de ce genre est le palmier connu sous les noms vulgaires de coco des Maldives, coco de mer, ou le lodoicée des Séchelles (*lod. Sechellarum*). Le tronc de ce bel arbre est parfaitement simple et cylindrique, marqué à des intervalles de 12 centimètres de cicatrices annulaires laissées par des feuilles tombées ; il s'élève en moyenne à 20 mètres, quelquefois jusqu'à 35, sur environ 3 décimètres de diamètre ; ce tronc se termine par une touffe de 12 à 20 feuilles très grandes dont la forme générale est ovale, présentant une côte médiane, et des plis divergeant à partir de celle-ci ; leurs bords sont plus ou moins profondément déchirés et fendus ; elles ont généralement 3 ou 4 mètres de long ; et quelquefois même 6 ou 7 mètres sur 3 ou 4 de largeur ; leur pétiole est à peu près de même longueur que leur limbe. Il s'en développe une chaque année. Les spadices mâles existent au nombre de plusieurs à la fois sur un même pied ; leur longueur varie de 7 à 14 décimètres sur 10 ou 12 centimètres de diamètre ; dans chacune de leurs cavités se trouve une masse de 50 à 60 fleurs mâles, longues d'environ 3 centimètres, qui viennent successivement des plus hautes aux plus basses répandre leur pollen par l'ouverture terminale. Les spadices femelles ont les mêmes dimensions ; les fleurs qui les composent sont écartées l'une de l'autre ; elles croissent avec le fruit, et les folioles de leur périanthe atteignent deux décimètres de diamètre ; dans la fleur elles cachent presque l'ovaire, qui constitue une masse à peu près de la forme et du volume d'une petite poire. Chaque spadice conserve et mûrit généralement cinq ou six fruits d'un volume considérable, on en a vu atteindre plus de 5 décimètres de long et peser 12 à 14 kilogrammes. Son péricarpe ressemble pour la couleur et la consistance au brou de la noix. Son noyau constitue le fameux coco auquel l'arbre doit sa célébrité. Avant sa maturité il renferme jusqu'à 3 litres d'un liquide laiteux agréable à boire, mais qui rancit en quelques jours. L'amande est blanche et tellement dure, qu'on peut à peine l'entamer avec un couteau. Le fruit n'atteint sa maturité qu'au bout d'un an. Ce bel arbre ne croît naturellement que dans l'archipel des Séchelles, dans l'île Praslin et l'île Ronde. Nous renvoyons au mémoire intéressant sur cet arbre, publié par sir W. Hooker dans le *Botanical Magazine*.   J. P.

LOESEL (JEAN), médecin et botaniste, né à Brandebourg, en 1607, a vécu jusqu'au milieu du XVIIe siècle à Kœnigsberg. On a de lui : *Flora prussica*, etc., Kœnigsberg, 1703, in-4°. Georges-André Helving en a donné le supplément, Dantzick, 1712, in-4.

LOEWENDAL (ULRIC-FRÉDÉRIC WOLDEMAR, comte DE), né à Hambourg en 1700, mort en 1755, porta d'abord les armes en Pologne comme simple soldat. Il alla ensuite servir comme volontaire dans les troupes de Danemarck contre la Suède, et s'y distingua par son activité et par son courage. La guerre étant survenue en Hongrie, il y passa en 1716, et se signala à la bataille de Péterwaradin, au siége de Témeswar, à la bataille et au siège de Belgrade. Le roi Auguste de Pologne, au service duquel il entra ensuite, le créa inspecteur-général de l'infanterie saxonne. Il fit les campagnes de 1734 et de 1735, sur le Rhin. La tzarine à son tour, le nomma chef de ses armées. La grande réputation que sa valeur lui avait faite engagea le roi de France à se l'attacher. Il obtint, en 1743, le grade de lieutenant-général, commanda, en 1745, le corps de réserve à la bataille de Fontenoy, et partagea la gloire de la victoire. Il finit la campagne suivante par le siège de Bergop-Zoom, qui fut pris d'assaut le 16 septembre 1747. Le duc de Parme avait échoué devant cette place en 1528, et Spinola en 1622. Depuis ces siéges, elle avait été fortifiée par le fameux Cochorn, le Vauban des Hollandais, qui la regardait comme son chef-d'œuvre. Mais des intelligences secrètes secondèrent la valeur française. Le lendemain de cette victoire, le comte de Loewendal reçut le bâton de maréchal de France. Il ne survécut pas longtemps à sa gloire. Ce guerrier avait été constamment attaché à la religion catholique, dont il pratiquait les devoirs.

LOF, s. f., t. de marine. Le côté que le navire présente au vent.

LOFFICIAL (LOUIS-PROSPER), juge royal en Poitou, se distingua à la Convention, par la droiture de ses principes. Lors du procès de Louis XVI, ayant entendu dire, avant l'appel nominal, qu'il n'y avait qu'une voix de plus pour la mort, il courut trouver Duchâtel, son ami, retenu dans son lit par une maladie grave : celui-ci vint voter en robe de chambre et la tête enveloppée de flanelle. Plusieurs voix s'élevèrent pour demander « quel était le royaliste qui était allé chercher un spectre pour sauver le tyran ? » Lofficial se leva en disant : « C'est moi ; » mais, heureusement, Jard-Panvilliers et plusieurs autres se levèrent en même temps, et firent la même déclaration. Lofficial se borna à voter la détention comme mesure de sûreté générale. Ce fut lui qui osa le premier appeler l'attention de l'assemblée sur les crimes de Carrier. Envoyé avec quelques membres de la Convention pour pacifier la Vendée, il fit mettre en liberté les détenus, et particulièrement madame de Bonchamp. Réélu au conseil des Cinq-Cents, il fit partie de cette assemblée jusqu'en 1798. Depuis cette époque jusqu'à sa mort, arrivée en 1815, il exerça à Angers les fonctions de juge, celle de conseiller à la cour royale.

LOGANIACÉES, *loganiaceæ* (bot.), famille de plantes dicotylédones, monopétales hypogynes, formant le passage entre la famille des apocynées et celle des rubiacées ; les principaux caractères qu'elle offre sont : calice de 4-5 folioles distinctes, avec préfloraison imbriquée, ou soudées dans leur plus grande longueur, avec préfloraison valvaire ; corolle hypogynique à limbe 4-5 fide, dont les divisions sont de même valvaires ou imbriquées ; étamines insérées sur son tube, en nombre égal et alternes, ou réduites quelquefois même à l'unité ; anthères introrses biloculaires, s'ouvrant longitudinalement ; ovaire libre, à deux loges, renfermant chacune un ou plusieurs ovules ; style simple, terminé par un stigmate indivis ou plus rarement bilobé ; fruit charnu ou capsulaire à déhiscence septicide ou rarement septifrage ; graines souvent ailées, peltées ou dressées, présentant dans l'axe ou vers la base d'un périsperme charnu ou cartilagineux un embryon à cotylédons, plans convexes ou foliacés, à radicule cylindrique. Les espèces de cette famille appartiennent presque toutes à la zone tropicale. Ce sont des arbres ou des arbrisseaux, très rarement des herbes à suc aqueux, à feuilles opposées, simples, à fleurs solitaires à l'aisselle de ces feuilles, ou bien se groupent en corymbes, en panicules axillaires ou terminales. Cette famille est divisée en deux tribus, renfermant chacune plusieurs genres : tribu I, *strychnées*, genres (préfloraison de la corolle ovalaire) *strychnos*, *rouhamon*, *brehmia*, *ignatia*, *pagamea*, *gardneria*, *antonia*, *labordia*, *spigelia*, *cœlostylis*. Tribu II, *loganiées*, genres (préfloraison de la corolle imbriquéc) *logania, geniostoma, usteria, lachnopylis, gelsemium, fagrœa, kuhlia, utania, cyrtophyllum, picrophlœus, gœrtnera, sykesia, codonanthus, anabata.*.　　　　　　　J. P.

LOGARITHME (*alg.*). On nomme en général logarithme d'un nombre, l'exposant de la puissance à laquelle il faut élever un certain nombre invariable pour produire le premier nombre. Par exemple si 2 est le nombre invariable ou la base des logarithmes, l'exposant 3, qui exprime la puissance à laquelle il faut élever 2 pour obtenir 8, est le logarithme de 8. Le nombre invariable, pris pour base, étant entièrement arbitraire, il existe un nombre infini de systèmes différents de logarithmes; le système dont on se sert habituellement ou celui des tables ordinaires, a pour base le nombre 10. Cependant il existe entre deux systèmes quelconques de logarithmes, des relations fixes et déterminées, et les propriétés de ces nombres sont les mêmes dans tous les systèmes. Soit *a* un nombre quelconque, *x* l'exposant de la puissance à laquelle il faut élever *a* pour obtenir un nombre variable *z*, nous aurons l'égalité (1)

$$a^x = z$$

dans laquelle *a* sera la base du système des logarithmes *x*, et *x* le logarithme de *z*. Nous verrons plus loin que, pourvu que *a* soit un nombre différent de l'unité, il existe toujours un nombre *x* capable de satisfaire à l'égalité (1) quel que soit *z*. Mais il faut nécessairement que *a* diffère de l'unité, car toutes les puissances de l'unité étant elles-mêmes l'unité, le second membre de (1) dans le cas de *a* = 1, serait toujours l'unité, pour toute valeur de *x*, et ne pourrait conséquemment engendrer tout autre nombre. Nous allons d'abord exposer les propriétés fondamentales des logarithmes, puis nous examinerons la nature particulière de ces quantités et le rang qu'elles occupent dans la science des nombres.

1. La base *a* étant un nombre quelconque différent de l'unité, on a toujours $a^0 = 1$. Ainsi, dans tout système de logarithmes, le logarithme de l'unité est égal à zéro. Comme on a aussi $a^1 = a$, il en résulte que dans tout système de logarithmes, celui de la base est l'unité.

2. Si nous désignons par *x* et *x'* les logarithmes des nombres *z* et *z'*, les égalités

$$a^x = z$$
$$a^{x'} = z'$$

étant multipliées terme par terme, fournissent

$$a^x \times a^{x'} = z.z'$$

mais $a^x \times a^{x'} = a^{x+x'}$, ainsi

$$a^{x+x'} = z.z'.$$

Or, *x* + *x'* est le logarithme du produit *z. z'*, donc le logarithme du produit de deux nombres est égal à la somme des logarithmes de ces nombres. Il est facile d'étendre cette propriété à un grand nombre quelconque de facteurs, puisqu'on a généralement

$$a^x . a^{x'} . a^{x''} . a^{x'''} \cdots, \text{etc.} = a^{x+x'+x''+x'''} + \text{etc.}$$

On peut donc poser en principe, que le logarithme d'un produit quelconque est égal à la somme des logarithmes de tous les facteurs.

3. En divisant terme par terme les égalités $a^x = z$, $a^{x'} = z'$, on obtient

$$\frac{a^x}{a^{x'}} = a^{x-x'} = \frac{z}{z'},$$

d'où il résulte que le logarithme du quotient de deux nombres est égal à la différence des logarithmes de ces nombres.

4. Si l'on élève les deux membres de l'égalité $a_x = z$, à la puissance *m*, on obtient

$$(a^x)^m = a^{mx} = z^m,$$

Ainsi, *mx* est le logarithme d'une puissance z_m, donc le logarithme d'une puissance est égal au logarithme de la base de cette puissance multiplié par son exposant.

5. On trouverait de même

$$\sqrt[m]{(a^x)} = a^{\frac{x}{m}} = \sqrt[m]{z}.$$

C'est-à-dire que le logarithme d'une racine est égal à celui du nombre divisé par l'exposant.

6. Ce sont les quatre propriétés fondamentales précédentes qui rendent l'usage des logarithmes si précieux pour la réalisation des calculs, parce qu'elles donnent les moyens d'exécuter avec beaucoup de facilité les opérations élémentaires,

en ramenant les plus compliquées à de plus simples. Il ne faut évidemment pour obtenir ces avantages que pouvoir connaître dans tous les cas les logarithmes qui répondent à des quantités données et réciproquement. C'est là le but des tables de logarithmes qui présentent les nombres dans une colonne et les logarithmes correspondants dans une autre.

7. Dans le système des logarithmes vulgaires ou tabulaires, la base étant 10, on a, en désignant par log. le logarithme

10^0 =	1,	ou Log.	1 =	0
10^1 =	10,	Log.	10 =	1
10^2 =	100,	Log.	100 =	2
10^3 =	1000,	Log.	1000 =	3
10^4 =	10000,	Log.	10000 =	4
etc....			etc....	

D'où l'on voit que tous les logarithmes des nombres compris entre 1 et 10 sont plus petits que l'unité; que ceux des nombres compris entre 10 et 100 sont plus petits que 2; que ceux compris entre 100 et 1000 sont plus petits que 3, et ainsi de suite. Ces logarithmes des nombres intermédiaires entre les puissances entières de la base sont, comme nous le verrons plus loin, des quantités incommensurables qu'on a coutume d'exprimer approximativement par des fractions décimales, et ils sont d'autant plus exacts qu'ils sont exprimés par un plus grand nombre de chiffres. Si l'on voulait trouver, par exemple, le logarithme de 5, nombre compris entre 1 et 10, on pourrait opérer de la manière suivante, en partant d'une des propriétés fondamentales des logarithmes. Soient, en général, deux nombres *y*, *z* dont les logarithmes sont respectivement *x* et *u*; savoir : *x* = Log. *y*, *u* = Log. *z*. D'après ce qui précède (2)

$$\text{Log. } \sqrt{yz} = \tfrac{1}{2} \text{Log. } yz = \frac{x+u}{2}.$$

Ainsi le logarithme du nombre moyen proportionnel entre *y* et *z* est égal à la moitié de la somme des logarithmes de *y* et de *z*. Or *v* étant un nombre compris entre *y* et *z* on peut toujours insérer entre *y* et *z* un assez grand nombre de moyens proportionnels pour que l'un d'entre eux ne diffère de *v* que d'une quantité aussi petite qu'on voudra, et qu'on puisse alors le prendre pour *v* sans erreur sensible; et comme les logarithmes de tous ces moyens proportionnels se trouvent donnés facilement en vertu de l'expression (2), on aura de cette manière celui de *v*. Faisant donc *y* = 1, *z* = 10, nous trouverons pour le moyen proportionnel entre 1 et 10

$$\sqrt{1 \times 10} = \sqrt{10} = 3, 162277,$$

en nous bornant à six décimales dans l'extraction de la racine. Mais Log. 1 = 0, Log. 10 = 1, et de plus

$$\text{Log. } \sqrt{1 \times 10} = \frac{0+1}{2} = 0, 500000; \text{ c'est-à-dire}$$

Log. (3, 162277) = 0, 500000. Remarquons maintenant que le nombre 5 dont on veut connaître le logarithme, est compris entre 3, 162277 et 10, on cherchera de nouveau un moyen proportionnel entre ces derniers nombres, ce qui donnera

$$\sqrt{[10 \times 3, 162277]} = \sqrt{[31, 62277]} = 5, 623413$$

et l'on aura pour le logarithme de ce moyen

$$\text{Log. } (5, 623413) = \frac{1+0,5}{2} = 0,750000.$$

Remarquant de nouveau que 5 est compris entre les nombres 3, 162277 et 5, 623413, dont les logarithmes sont connus, on cherchera comme ci-dessus un moyen proportionnel entre ces nombres, ainsi que le logarithme de ce moyen, et on poursuivra l'opération jusqu'à ce que l'on soit parvenu à déterminer un moyen proportionnel qui soit exactement égal à 5 dans les limites qu'on a choisies, c'est-à-dire, ici, qui n'en diffère plus que dans la septième décimale : le logarithme correspondant sera le logarithme demandé. Voici le tableau de toute l'opération :

Nombres.	Logarithmes.
1, 000000,	0, 0000000
10, 000000,	1, 0000000
3, 162277,	0, 5000000
5, 623413,	0, 7500000
4, 216964,	0, 6250000
4, 869674,	0, 6875000

5, 232991,	0, 7187500
3, 048065,	0, 7031250
4, 958069,	0, 6953125
5, 002865,	0, 6992187
4, 980416,	0, 6972656
4, 991627,	0, 6982421
4, 997242,	0, 6987304
5, 000052,	0, 6989745
4, 998647,	0, 6988525
4, 999350,	0, 6989135
4, 999701,	0, 6989440
4, 999876,	0, 6989592
4, 999963,	0, 6989668
5, 000008,	0, 6989707
4, 999984,	0, 6989687
4, 999997,	0, 6989697
5, 000003,	0, 6989702
5, 000000,	0, 6989700

Ainsi, après 22 extractions de racines, on obtient enfin un dernier moyen proportionnel égal à 5 d'où l'on a Log 5 = 0, 6989700 à très peu près. C'est à l'aide de ce procédé très long et très laborieux que les premières tables de logarithmes ont été calculées; mais on a trouvé depuis des méthodes beaucoup plus expéditives et beaucoup plus commodes.

8. Quelle que soit au reste la méthode qu'on emploie pour trouver les logarithmes, on se borne toujours à calculer ceux des nombres premiers, les autres s'obtenant ensuite par de simples multiplications ou additions. En effet le logarithme de 5, par exemple, fait connaître immédiatement ceux de 25, 125, 625, etc., c'est-à-dire ceux de toutes les puissances de 5, puisqu'on a généralement

$$\text{Log. } (5^m) = m \text{ Log. } 5.$$

De même, connaissant les logarithmes de 2 et de 3, on a ceux de tous les produits formés des facteurs 2 et 3, puisque

$$\text{Log. } [2^m \times 3^n] = m \text{ Log. } 3 + n \text{ Log. } 2,$$

et ainsi de suite.

9. Reprenons maintenant l'égalité fondamentale dans laquelle $x = \text{Log } z$; si l'on fait successivement

$$a^x = z$$

$$x = 0, 1, 2, 3, 4, 5, 6, 7, \text{etc.}$$

il en résulte

$$z = 1, a, a^2, a^3, a^4, a^5, a^6, a^7, \text{etc.}$$

d'où l'on voit que toutes les valeurs de z plus grandes que l'unité, sont produites par des puissances de la base a, dont les exposants sont positifs, entiers ou fractionnaires, et que la valeur de z est d'autant plus grande que celle de x est elle-même plus grande. Si l'on fait ensuite

$$x = 0, -1, -2, -3, -4, -5, -6, -7, \text{etc.}$$

on trouve

$$z = 1, \frac{1}{a}, \frac{1}{a^2}, \frac{1}{a^3}, \frac{1}{a^4}, \frac{1}{a^5}, \frac{1}{a^6}, \frac{1}{a^7}, \text{etc.}$$

C'est-à-dire que toutes les valeurs de z plus petites que l'unité, sont produites par des puissances de a, dont les exposants sont négatifs entiers ou fractionnaires, et que la valeur de z est d'autant plus grande que celle de x est plus petite, abstraction faite du signe.

10. Il résulte de ces considérations que puisque les logarithmes tant positifs que négatifs, dont les valeurs croissent depuis zéro jusqu'à l'infini correspondent à tous les nombres entiers et fractionnaires positifs, ceux des nombres négatifs ne peuvent avoir qu'une existence idéale, car il n'existe pour x aucune valeur réelle qui puisse donner

$$a^x = -z$$

a étant un nombre positif. Les logarithmes conduisent donc à de nouvelles quantités imaginaires (Voy. ce mot) dont nous reconnaîtrons plus loin la nature.

11. La base a d'un système de logarithmes étant donnée, il sera toujours possible de calculer les logarithmes de ce système par un procédé semblable à celui que nous avons employé n. 7, pour la base 10; ainsi nous pouvons admettre que tant que z est positif il existe une valeur réelle pour x qui rend la quantité exponentielle a^x égale à z; ce qu'il importe maintenant, c'est de reconnaître la nature de cette valeur réelle de x, afin de savoir si les logarithmes ne sont qu'une simple combinaison des opérations ou des algorithmes élémentaires de la science des nombres, ou s'ils ne constituent par eux-mêmes un algorithme élémentaire d'une nature distincte. Pour cet effet, m étant un nombre quelconque, prenons la racine m ième des deux membres de l'égalité

$$a^x = z$$

nous aurons

$$\left(\sqrt[m]{a}\right)^x + z^{\frac{1}{m}}$$

le radical $\sqrt{}$ désignant seulement les racines réelles, et l'exposant fractionnaire les racines quelconques réelles ou imaginaires. Car la base a doit rester constante, et c'est seulement la fonction x qui doit correspondre aux différentes racines $z^{\frac{1}{m}}$. Or, on peut obtenir facilement le développement de la quantité $\left(\sqrt[m]{a}\right)^x$ en la mettant sous la forme

$$\left[1 + \left(\sqrt[m]{a} - 1\right)\right]^x$$

car, d'après la formule du binôme (Voy. ce mot), on a

$$\left[1 + \left(\sqrt[m]{a} - 1\right)\right]^x = 1 + x\left(\sqrt[m]{a} - 1\right) + \frac{x(x-1)}{1.2}\left(\sqrt[m]{a} - 1\right)^2 + \frac{x(x-1)(x-2)}{1.2.3}\left(\sqrt[m]{a} - 1\right)^3 + \text{etc.} \dots$$

d'où l'on tire.

$$z^{\frac{1}{m}} - 1 = x\left(\sqrt[m]{a} - 1\right) + \frac{x(x-1)}{1.2}\left(\sqrt[m]{a} - 1\right)^2 + \text{etc} \dots$$

Mais si la quantité arbitraire m est infiniment grande, $\sqrt[m]{a} - 1$ sera une quantité infiniment petite, puisque la puissance $a^{\frac{1}{\infty}}$ ne diffère de l'unité que d'une quantité infiniment petite, et, par conséquent, $\left(\sqrt[m]{a} - 1\right)^2$ $\left(\sqrt[m]{a} - 1\right)^3$, etc., seront des quantités infiniment petites des second, troisième, etc. ordres qui ne peuvent influencer en aucune manière la relation des quantités $z^{\frac{1}{m}} - 1$ et $\left(\sqrt[m]{a} - 1\right)$, considérée dans sa réalité. On a donc rigoureusement, dans ce cas,

$$z^{\frac{1}{\infty}} - 1 = x\left(\sqrt[\infty]{a} - 1\right)$$

d'où

$$x = \frac{z^{\frac{1}{\infty}} - 1}{\sqrt[\infty]{a} - 1}, \text{ ou Log } z = \frac{z^{\frac{1}{\infty}} - 1}{\sqrt[\infty]{a} - 1}.$$

Telle est donc la nature de la quantité en question Log z. « Cette expression est évidemment celle de la génération théorique primitive de cette fonction : c'est l'idée ou la conception première proposée par la raison à l'entendement, pour être réalisée dans le domaine de l'expérience. » — « Or, cette fonction est évidemment une fonction dérivée élémentaire, parce qu'elle implique, dans son expression des exposants infinis, qui font sortir les puissances qui leur répondent de la classe des puissances ordinaires, susceptibles d'une signification immédiate. En effet, en remontant à la source transcendantale, on trouve que les puissances ordinaires qui répondent à des exposants finis, sont des fonctions intellectuelles immanentes, ou des fonctions simples de l'entendement, et que les puissances qui répondent à des exposants infinis ne sont possibles que par l'application de la raison aux fonctions de l'entendement que nous venons de nommer, et sont ainsi des fonctions intellectuelles supérieures, et nommément des fonctions transcendantes, ou des conceptions de la raison, des idées proposées par cette faculté intellectuelle suprême. » — « Il s'ensuit que les fonctions appelées Logarithmes sont des fonctions algorithmiques élémentaires, parmi les fonctions algorithmiques possibles pour l'homme, et que la théorie des logarithmes forme une des branches nécessaires de l'algorithmie. »

12. L'expression

$$(3). \ldots \quad \operatorname{Log} z = \frac{z^{\frac{1}{\infty}} - 1}{\sqrt[\infty]{a} - 1}$$

doit contenir, comme expression théorique primitive, le principe de toute la théorie des logarithmes, et il est en effet très facile d'en déduire les propriétés fondamentales que nous avons précédemment exposées ; nous nous contenterons ici d'en tirer une expression technique, ou de développement, qui puisse servir à l'évaluation numérique des logarithmes. D'abord, on a généralement, A étant une quantité quelconque,

$$A^{\frac{1}{\infty}} = [1 + (A^n - 1)]^{\frac{1}{\infty} n}$$

et par suite

$$A^{\frac{1}{\infty}} = 1 + \frac{1}{\infty n}(A^n - 1) + \frac{\frac{1}{\infty n}\left(\frac{1}{\infty n} - 1\right)}{1 \cdot 2}(A^n - 1)^2$$

$$+ \frac{\frac{1}{\infty n}\left(\frac{1}{\infty n} - 1\right)\left(\frac{1}{\infty n} - 2\right)}{1 \cdot 2 \cdot 3}(A^n - 1)_3, + \text{etc.}$$

ce qui se réduit à

$$A^{\frac{1}{\infty}} = 1 + \frac{1}{\infty n}(A^n - 1) \frac{1}{2\infty n}(A^n - 1)_3 + \text{etc.}$$

En vertu de cette dernière expression, p et q étant deux quantités arbitraires, nous aurons de même

$$z^{\frac{1}{\infty}} = 1 + \frac{1}{\infty p}(zp - 1) - \frac{1}{2\infty p}(zp - 1)^2 + \text{etc.}$$

$$a^{\frac{1}{\infty}} = 1 + \frac{1}{\infty q}(aq - 1) - \frac{1}{2\infty q}(aq - 1)^2 + \text{etc.}$$

et, par conséquent,

$$z^{\frac{1}{\infty}} - 1 = \frac{1}{\infty p}\left\{ (zp - 1) - \tfrac{1}{2}(zp - 1)^2 + \text{etc.} \ldots \right\}$$

$$a^{\frac{1}{\infty}} - 1 = \frac{1}{\infty q}\left\{ (aq - 1) - \tfrac{1}{2}(aq - 1)^2 + \text{etc.} \ldots \right\}$$

d'où enfin (4)

$$\operatorname{Log} z = \frac{q}{p} \cdot \frac{(zp - 1) - \frac{1}{2}(zp - 1)^2 + \frac{1}{3}(zp - 1)^3 - \text{etc.}}{(aq - 1) - \frac{1}{2}(aq - 1)^2 + \frac{1}{3}(aq - 1)^3 - \text{etc.}}$$

Ainsi, comme les quantités p et q sont arbitraires, on peut toujours les choisir telles que $zp - 1$ et $aq - 1$ soient de très petites fractions et conséquemment rendre très convergentes les suites qui composent le numérateur et le dénominateur de la valeur de $\operatorname{Log} z$, de manière qu'il suffise d'un petit nombre de termes pour obtenir cette valeur très approchée.

13. La valeur de la base a entrant comme partie constituante dans celle du logarithme, il se présente le problème de déterminer si parmi toutes les valeurs arbitraires qu'on peut choisir pour cette base il n'en existe point une qui rende l'expression du logarithme la plus simple possible. Or, si nous observons que $z^{\frac{1}{\infty}} - 1$, et $\sqrt[\infty]{a} - 1$ étant des quantités infiniment petites, leurs produits par la quantité infiniment grande ∞ seront des quantités finies, et que l'expression (3) peut se mettre sous la forme (5)

$$\operatorname{Log} z = \frac{\infty(z^{\frac{1}{\infty}} - 1)}{\infty(\sqrt[\infty]{a} - 1)}$$

il est facile de voir que s'il existait un nombre a, tel que l'on pût avoir $\infty \, (\sqrt[\infty]{a} - 1) = 1$, la base a disparaîtrait de l'expression du logarithme qui deviendrait pour ainsi dire indépendant de cette base ; et l'on aurait alors pour l'expression théorique des logarithmes de ce système, le plus simple de tous, (6)

$$\operatorname{Log} z = \infty \, (z^{\frac{1}{\infty}} - 1).$$

La question se réduit donc à savoir s'il existe un nombre a capable de donner l'égalité

$$\infty \, (\sqrt[\infty]{a} - 1) = 1.$$

Or, de cette égalité on tire

$$a = \left(1 + \frac{1}{\infty}\right)^{\infty}$$

et, en développant le binôme,

$$\left(1 + \frac{1}{\infty}\right)^{\infty} = 1 + \infty \frac{1}{\infty} + \frac{\infty(\infty - 1)}{1 \cdot 2} \frac{1}{\infty^2}$$

$$+ \frac{\infty(\infty - 1)(\infty - 2)}{1 \cdot 2 \cdot 3} \frac{1}{\infty^3} + \text{etc.}$$

Ce qui se réduit à

$$\left(1 + \frac{1}{\infty}\right)^{\infty} = 1 + \frac{1}{1} + \frac{1}{1 \cdot 2} + \frac{1}{1 \cdot 2 \cdot 3} + \frac{1}{1 \cdot 2 \cdot 3 \cdot 4} + \text{etc.}$$

ou,

$$a = 2,718281828459045 \text{ etc.}$$

Il existe donc effectivement un nombre réel capable de donner l'égalité en question, et en prenant ce nombre, $2,71828\ldots$ pour base d'un système de logarithmes, l'expression théorique de ces logarithmes sera (6). Nous désignerons dorénavant ces logarithmes, qu'on nomme naturels, par la caractérisque L ; ainsi nous aurons en général pour les logarithmes naturels (7)

$$Lz = \infty \, (z^{\frac{1}{\infty}} - 1)$$

et pour les logarithmes d'un système quelconque, dont a est la base, (8)

$$\operatorname{Log} z = \infty(z^{\frac{1}{\infty}} - 1) \cdot \frac{1}{La} = \frac{Lz}{La}$$

D'où l'on voit que connaissant les logarithmes naturels, on obtient ceux d'un système quelconque en les multipliant par la quantité constante $\frac{1}{La}$. Cette quantité constante, qui est l'unité divisée par le logarithme naturel de la base du système en question, se nomme le module de ce système.

14. a et b étant les bases de deux systèmes de logarithmes, puisqu'on a généralement, en désignant le premier système par Log et le second par Log,

$$\operatorname{Log} z = \frac{Lz}{La}, \quad \operatorname{Log} z = \frac{Lz}{Lb},$$

on en déduit

$$\frac{\operatorname{Log} z}{\operatorname{Log} z} = \frac{Lb}{La},$$

C'est-à-dire que le rapport des logarithmes d'un même nombre, pris dans deux systèmes différents, est une quantité constante. Propriété qui lie tous les systèmes et donne le moyen facile de passer de l'un à l'autre.

15. En partant de l'expression théorique (7) on peut obtenir les générations théoriques et techniques d'un nombre au moyen de son logarithme ; en effet, on trouve d'abord, pour la première, (9)

$$z = \left(1 + Lz \cdot \frac{1}{\infty}\right)^{\infty}$$

et pour la seconde, en développant le binôme,

$$z = 1 + \frac{1}{1}Lz + \frac{1}{1 \cdot 2}(Lz)^2 + \frac{1}{1 \cdot 2 \cdot 3}(Lz)^3 + \text{etc.}$$

Si nous faisons z égal à la fonction exponentielle a^x, comme $L(a^x) = x \, La$, nous obtiendrons, en substituant,

$$a^x = 1 + \frac{(La) \cdot x}{1} + \frac{(La)^2 \cdot x^2}{1 \cdot 2} + \frac{(La)^3 \cdot x^3}{1 \cdot 2 \cdot 3} + \text{etc.}$$

expression dont nous avons fait usage ailleurs.

16. Pour compléter la théorie des logarithmes, il nous reste à généraliser les expressions théoriques (7) et (8) pour les rendre immédiatement applicables à tous les cas possibles des valeurs positives et négatives réelles ou imaginaires

d'un nombre z. La génération d'un nombre négatif au moyen de l'unité négative, étant de la forme

$$(-1)\rho.A,$$

dans laquelle ρ est un nombre impair quelconque, cherchons d'abord la forme la plus générale de la génération par puissance $(-1)\rho$ de l'unité négative, c'est-à-dire celle qui comprend toutes les déterminations réelles et idéales, ou imaginaires, de cette génération. Or, en vertu de la théorie des *sinus* (voy. ce mot), μ étant un nombre quelconque, on a

$$(-1)^{\frac{\rho}{\mu}} = \cos\frac{\rho\pi}{\mu} + \sin\frac{\rho\pi}{\mu}\sqrt{-1}$$

ainsi, lorsque μ est infiniment grand,

comme alors $\frac{\rho\pi}{\mu}$ est une quantité infiniment petite, le sinus est égal à l'arc et le cosinus égal au rayon, c'est-à-dire, ici, à l'unité; cette expression devient donc

$$(-1)^{\frac{\rho}{\infty}} = 1 + \rho\pi\sqrt{-1}.\frac{1}{\infty}$$

D'où, (10)

$$(-1)\rho = \left(1 + \rho\pi\sqrt{-1}.\frac{1}{\infty}\right)^{\infty}$$

Maintenant, z étant un nombre positif quelconque, nous avons d'après (9)

$$z = \left(1 + Lz.\frac{1}{\infty}\right)^{\infty}$$

ainsi multipliant terme par terme les expressions (10) et (9) il viendra

$$(-1)\rho.z = \left(1 + Lz.\frac{1}{\infty}\right)^{\infty}.\left(1 + \rho\pi\sqrt{-1}.\frac{1}{\infty}\right)^{\infty}$$

$$= \left[1 + \frac{1}{\infty}(\rho\pi\sqrt{-1} + Lz)\right]^{\infty}$$

Substituant cette valeur à la place de z dans l'expression (7), et désignant par la caractéristique L' le logarithme naturel et général, tandis que L désigne seulement le logarithme naturel réel du nombre positif z, nous obtiendrons définitivement, (11)

$$L'[(-1)\rho.z] = \rho\pi\sqrt{-1} + Lz.$$

Il résulte de cette loi, que lorsqu'il s'agit du logarithme d'un nombre négatif, ρ étant un nombre impair quelconque et ne pouvant être zéro, le second membre est une quantité idéale ou imaginaire; c'est-à-dire que le logarithme d'un nombre négatif est une quantité imaginaire, et se réduit à la quantité primitive $\sqrt{-1}$, comme toutes les quantités dites imaginaires (*Voy.* ce mot). S'il s'agit du logarithme d'un nombre positif, alors ρ doit être considéré comme un nombre pair quelconque, y compris zéro; et alors ce logarithme admet une infinité de valeurs, correspondante à l'infinité de valeurs arbitraires qu'on peut donner à ρ, mais parmi toutes ces valeurs il n'y en a qu'une seule de réelle, celle qui répond à $\rho = 0$. Ce que nous venons de dire des logarithmes naturels, s'applique nécessairement à ceux de tous les autres systèmes.

17. On peut aisément de l'expression (11) passer à une expression plus générale d'un système quelconque, en prenant pour base un nombre positif ou négatif, réel ou idéal; mais la considération d'une base réelle et positive suffit à toutes les applications, et nous nous y bornerons ici. Un corollaire important de l'expression (11) est, qu'en faisant successivement $\rho = 0$, $z = 1$, on obtient

$$L'(+z) = Lz, \quad L'(-1)\rho = \rho\pi\sqrt{-1}$$

et, par conséquent, en vertu de cette même expression

$$L'[(-1)\rho.z] = L'(-1)\rho + L z,$$

D'où l'on voit que le théorème très simple $L(-x) = L(-1) + Lx$, mis en doute par Kramp (*Analy. des réfr. ast.*), est entièrement lié à la nature des logarithmes et rentre dans l'objet même de leur théorie.

18. La forme de toute quantité dite imaginaire, étant

$$z = \alpha + \beta\sqrt{-1}$$

est facile de voir qu'on a

$$\frac{1}{z^{\infty}} = \frac{1}{\alpha^{\infty}}\left(1 + \frac{\beta}{\alpha}\sqrt{-1}\right)^{\frac{1}{\infty}}$$

$$= \left(1 + \frac{1}{\infty}L\alpha\right)\left(1 + \frac{\beta}{\alpha}\sqrt{-1}\right)^{\frac{1}{\infty}}$$

$$= 1 + \frac{1}{\infty}\left\{L\alpha + \frac{1}{2}\left(\frac{\beta}{\alpha}\right)^2 - \frac{1}{2}\left(\frac{\beta}{\alpha}\right)^4 + \text{etc.}\right\}$$

$$+ \frac{8}{\infty}\left\{\sqrt{-1}.\left[\left(\frac{\beta}{\alpha}\right)^2 - \frac{1}{2}\left(\frac{\beta}{\alpha}\right)^3 + \text{etc.}\right]\right\}$$

Or, d'après le développement (4) on a

$$L\left\{\left(\frac{\beta}{\alpha}\right)^2 + 1\right\} = \left(\frac{\beta}{\alpha}\right)^2 - \frac{1}{2}\left(\frac{\beta}{\alpha}\right)^4 + \frac{1}{3}\left(\frac{\beta}{\alpha}\right)^6 - \text{etc.}$$

et l'on peut en outre remarquer, que pour abréger les expressions, que

$$\left(\frac{\beta}{\alpha}\right) - \frac{1}{3}\left(\frac{\beta}{\alpha}\right)^3 + \frac{1}{5}\left(\frac{\beta}{\alpha}\right)^5 - \frac{1}{7}\left(\frac{\beta}{\alpha}\right)^7 + \text{etc.}$$

est le développement de l'arc dont la tangente est égale à $\frac{\beta}{\alpha}$ ainsi

$$\frac{1}{z^{\infty}} = 1 + \frac{1}{\infty}\left\{\frac{1}{2}L.(\alpha^2 + \beta^2) + \sqrt{-1}.\ arc\left[tang = \frac{\beta}{\alpha}\right]\right\}$$

Substituant cette valeur dans (7) il viendra (12)

$$L(\alpha + \beta\sqrt{-1})$$

$$= \frac{1}{2}L(\alpha^2 + \beta^2) + \sqrt{-1}.\ arc\left[tang = \frac{\beta}{\alpha}\right]$$

Le logarithme d'une quantité imaginaire est donc également imaginaire et se réduit encore à la simple racine $\sqrt{-1}$.

19. Si l'on veut obtenir la loi fondamentale, la plus générale de la théorie des logarithmes naturels, il faut introduire la génération de l'unité négative (10) dans (12), et cette dernière loi devient enfin (13),

$$L'\left\{(-1)\rho.\ (x + y\sqrt{-1})\right\}$$

$$= \frac{1}{2}L(x^2 + y^2) + \sqrt{-1}\left\{\rho\pi + arc\left[tang = \frac{y}{x}\right]\right\}$$

Expression dans laquelle x et y sont des quantités réelles et positives et π toujours la demi-circonférence du cercle dont le rayon est l'unité. En donnant aux quantités x et y les valeurs particulières $x = 0$, $y = 1$, on a

$$L(x^2 + y^2) = L1 = 0,\ arc\left[tang = \frac{1}{0}\right] = \frac{1}{2}\pi,$$

et, par suite,

$$L'\left\{(-1)\rho\sqrt{-1}\right\} = \frac{2\rho + 1}{2}\pi\sqrt{-1}$$

d'où l'on obtient simplement dans le cas de $\rho = 0$

$$L'\sqrt{-1} = \frac{1}{2}\pi\sqrt{-1}$$

Nous sommes parvenus à cette dernière expression par un procédé bien différent. On en tire aussi

$$\frac{1}{2}\pi = \frac{L\sqrt{-1}}{\sqrt{-1}}$$

génération idéale du fameux nombre π, trouvée, en premier, par Jean Bernouilli. Il est facile de déduire de (13), toutes les expressions singulières de ce nombre π, obtenues par le comte de Fagnano.

20. Revenons sur les considérations pratiques des logarithmes. Les logarithmes ordinaires, ou qui ont pour base le nombre 10, outre les propriétés qui leur sont communes avec ceux de tout autre système, en ont une bien précieuse dans l'arithmétique décimale, et c'est ce qui les a fait choisir pour les tables usuelles; comme on exprime les logarithmes de tous les nombres, excepté ceux des puissances entières de 10, avec des décimales, les logarithmes des nombres contenus entre 1 et 10 seront eux-mêmes contenus entre 0 et 1; ceux des nombres de 10 à 100 seront entre 1 et 2 et ainsi de suite. On voit donc que chaque logarithme est composé d'un nom-

bre entier et d'un nombre fractionnaire décimal ; et l'on connaît immédiatement ce nombre entier, auquel on donne le nom de caractéristique, car il est toujours moindre d'une unité que celui des chiffres du nombre correspondant au logarithme ; par exemple la caractéristique ou le nombre entier qui entre dans le logarithme de 5348 est 3 parce que 5348 est compris entre 1000 et 10000. Ainsi connaissant un logarithme on sait toujours d'avance de combien de chiffres son nombre est composé, comme on connaît toujours la caractéristique du logarithme de tout nombre proposé. C'est pour cette raison que les grandes tables des logarithmes ordinaires ne contiennent que la partie décimale des logarithmes. Si les fractions décimales de deux logarithmes sont égales entre elles, avec une caractéristique différente, c'est qu'alors les deux nombres correspondants sont entre eux dans le rapport de l'unité à la puissance de 10, dont l'exposant est la différence des caractéristiques, et que ces nombres sont identiques par rapport à la valeur de leurs chiffres pris isolément ; par exemple, les nombres qui ont pour logarithmes 4, 2092737 et 7, 2092737, sont 16191 et 16191000 ; ceux dits nombres 3, 6517624 et 0, 6517624 sont 4485 et 4, 485. La seule fraction décimale fait donc trouver les chiffres du nombre correspondant, et la caractéristique indique combien de chiffres on doit donner au nombre entier vers la gauche ; les chiffres séparés vers la droite expriment des fractions décimales. Ainsi ayant trouvé qu'un logarithme dont la fraction décimale est 8228216, correspond, dans les tables, au nombre 665, on aura pour ce nombre, d'après les diverses caractéristiques :

Logarithmes.	Nombres.
0, 8228216	6, 65
1, 8228216	66, 5
2, 8228216	665
3, 8228216	6650
4, 8228216	66500,
5, 8228216	665000,
etc.	etc.

Si la caractéristique devenait — 1, — 2, — 3, etc., le nombre deviendrait 0, 665 ; 0, 0665 ; 0, 00665, etc. Mais tous ces détails se trouvent exposés dans les instructions qui accompagnent les tables de logarithmes.

21. Nous devons signaler, en passant, une difficulté qui paraît se présenter dans l'usage numérique des logarithmes et qu'on peut aisément éluder. Si l'on voulait opérer la multiplication de deux quantités A et — B, en se servant des logarithmes de ces quantités, on aurait

$$\text{Log } A + \text{Log } (-B) = \text{Log } (-AB)$$

et comme Log (—B) est une quantité imaginaire, il semble au premier aspect que les tables ordinaires sont insuffisantes pour faire connaître le produit — AB. Il n'en est rien cependant, car ce produit, considéré dans sa seule grandeur, indépendamment de tout signe de facteurs A et B, est toujours AB ; ainsi il suffit d'opérer comme si les quantités A et B étaient toutes deux positives, et l'on a alors

$$\text{Log } A + \text{Log } B. = \text{Log } AB ;$$

puis lorsqu'on a trouvé le produit AB, à l'aide de son logarithme, on lui donne le signe qui lui convient. On agirait de même pour un nombre quelconque de facteurs.

22. La découverte ou plutôt l'invention des logarithmes est due au célèbre Jean Napier ou Néper, baron écossais et géomètre très distingué, dont les travaux eurent principalement pour objet de rendre les calculs numériques plus faciles et plus prompts. La manière dont il envisagea d'abord ces fonctions importantes présente quelque analogie avec celle dont Newton considéra la génération de ses fluxions, car il les déduisit de la comparaison des espaces décrits par deux points qui se meuvent sur des droites indéfinies, l'un avec une vitesse constante, et l'autre avec une vitesse accélérée. Ces espaces donnent naissance à deux progressions : la première, arithmétique, la seconde, géométrique, et les propriétés des deux espèces de rapports qui les constituent conduisent précisément aux propriétés fondamentales des logarithmes, c'est-à-dire que les termes de la progression arithmétique sont les logarithmes des termes correspondants de la progression géométrique. Après s'être formé cette idée des logarithmes, et avoir compris tout le parti qu'on pouvait tirer de tels nombres pour abréger les calculs, il restait à Néper à les trouver, et c'était là le plus difficile. Il y parvint en intercalant, comme nous l'avons fait n. 7, une suite de moyennes proportionnelles géométriques entre les termes principaux de la progression géométrique, et une suite de moyennes arithmétiques entre les termes correspondants de la progression arithmétique. Les logarithmes auxquels il parvint par ce procédé se trouvèrent être les logarithmes naturels, nommés aussi logarithmes hyperboliques, parce qu'ils représentent ici les aires de l'hyperbole équilatère entre les asymptotes, celle du carré inscrit étant prise pour unité. Néper publia sa découverte en 1614, dans un ouvrage intitulé : *Logarithmorum canonis descriptio, seu arithmeticarum supputationum mirabilis abbreviatio*, etc. Comme son principal objet était de faciliter les calculs trigonométriques, alors si longs et si laborieux, ses logarithmes n'y étaient appliqués qu'aux sinus dont il donnait les logarithmes pour tous les degrés et minutes du quart du cercle. Sa méthode de construction n'était point décrite dans ce premier ouvrage, seulement il promettait de la donner. Il mourut en 1616, avant de pouvoir remplir sa promesse ; mais son fils, Robert Néper, publia cette même méthode une l'ouvrage posthume de son père, sous le titre de *Mirifici logarithmorum canonis constructio*, etc. On y trouva d'abord le développement de la méthode employée par Néper pour trouver les logarithmes, puis l'indication des changements que des réflexions ultérieures l'avaient engagé à faire dans son système de logarithmes. Néper proposait de choisir pour les deux progressions fondamentales,

$$1, \quad 10, \quad 100, \quad 1000, \quad 10000, \text{ etc.}$$
$$0, \quad 1, \quad 2, \quad 3, \quad 4, \text{ etc.}$$

de sorte que le logarithme de 1 étant de 0, celui de 10 soit 1, etc. C'est le système des logarithmes ordinaires ou tabulaires. Néper eut heureusement un digne successeur dans Henri Briggs, professeur du collége de Gresham. A peine Néper eut-il publié son premier ouvrage, que Briggs alla le trouver à Edimbourg pour conférer avec lui. Il fit même deux voyages, et était sur le point d'en faire un troisième, lorsque la mort de Néper vint rompre son projet. Néper lui avait fait part de son intention de changer la forme de ses logarithmes, ou, pour mieux dire, Briggs avait eu concurremment avec lui la même pensée. Néper lui en avait recommandé l'exécution avec instance : aussi Briggs y travailla avec tant d'ardeur, que dès 1618 il publia une table des logarithmes ordinaires des mille premiers nombres sous le titre de *Logarithmorum chilias prima*, comme un essai du travail plus étendu qu'il promettait. Ce travail devait consister en deux immenses tables, l'une contenant les logarithmes des nombres naturels, depuis 1 jusqu'à 100000, et l'autre ceux des sinus et tangentes pour tous les degrés et centièmes de degré du quart du cercle. Ce zélé et infatigable calculateur exécuta une partie de ses projets, car il publia à Londres, en 1624, sous le titre d'*Arithmetica logarithmica*, les logarithmes des nombres naturels depuis 1 jusqu'à 20000, et depuis 90000 jusqu'à 100000 : ils y sont calculés avec quatorze décimales. Cette table est précédée d'une savante introduction, où la théorie et l'usage des logarithmes sont amplement développés. On y voit la naissance des méthodes d'interpolation, ainsi qu'un grand nombre de considérations neuves et ingénieuses. A l'égard de la seconde table, Briggs l'avait assez avancée, mais la mort le prévint et l'empêcha de l'achever. Ce fut Henri Gellibrand qui la termina, et la publia sous le titre de *Trigonometria Britannica*, Londres, 1633. Nous ne devons pas omettre ici un autre coopérateur de Briggs. C'est Gunther, professeur comme lui au collége de Gresham. Tandis que Briggs travaillait avec ardeur à sa grande table des logarithmes, Gunther calculait avec une ardeur égale, et d'après les mêmes principes, celle des logarithmes des sinus et des tangentes ; et dès 1620, il publia, pour l'utilité des astronomes, sa table de logarithmes pour tous les degrés et minutes du quart du cercle sous le titre de *Canon of triangles*. Les logarithmes y sont exprimés en sept chiffres. Ces tables de sinus et tangentes logarithmiques étant les premières qui aient paru, méritent à Gunther l'honneur d'être associé à Briggs, ainsi que Gallibrand. On a trop d'obligations, dit Montucla. à qui nous empruntons ces détails, à ces premiers promoteurs de la théorie des logarithmes, pour ne pas jeter quelques fleurs sur leurs tombeaux, en faisant connaître leurs personnes et leurs travaux. L'invention des logarithmes fut accueillie avec empressement par tous les savants de l'Europe : mais c'est à Képler et au libraire hollandais Vlacq qu'on a le plus d'obligation à cet égard. Képler non-seulement jeta une grande clarté sur la théorie de ces nombres, en la fondant uniquement sur celle des rapports géométriques, admise de tout temps, mais il calcula encore des tables particulières adaptées au calcul astronomique alors en usage, et pour correspondre à ses tables rudolphines qu'il allait publier. Vlacq, non content de réimprimer l'*Arithmetica logarithmica* de Briggs, dès son apparition, en donna une traduction française, la même année 1628, après y avoir rempli la lacune laissée par Briggs, depuis 20,000 jusqu'à 90,000. Les logarithmes de Vlacq sont calculés jusqu'à onze décimales. Ce libraire mathématicien donna dans la suite, c'est-à-dire en 1636, un abrégé de ces tables, lequel était devenu le manuel trigonométrique le plus commun jusqu'au temps où de nouvelles tables plus correctes ont été publiées. En Italie, Cavallerie paraît être le premier qui ait accueilli les logarithmes. Il publia à Bologne, en 1632, des tables très étendues, dans lesquelles se trouvent les logarithmes des sécantes et des sinus verses. La France doit les premières tables à un anglais, Edmond Wingate, qui vint les publier à Paris en 1624. Mais si les savants français se bornèrent à cette époque à profiter des travaux des étrangers, ils ont depuis concouru d'une manière active au perfectionnement des tables de logarithmes, et celles qui portent le nom de Callet, publiées par Firmin Didot, sont aujourd'hui ce qui existe de plus complet et de plus exact dans ce genre. On peut voir le détail des améliorations successives de cet ouvrage dans l'avertissement mis en tête. Pendant que l'usage des logarithmes s'étendait de plus en plus, et que les tables acquéraient, par leurs éditions successives, de notables perfectionnements, sous le rapport de l'exactitude typographique, la théorie faisait peu de progrès, car ce n'est qu'en 1668 que Mercator donna la première série qui représente la valeur du logarithme d'un nombre quelconque, ou la première génération technique connue des logarithmes naturels. Cette série est la suivante :

$$L(1+x) = x - \frac{x^2}{2} + \frac{x^3}{3} - \frac{x^4}{4} + \frac{x^5}{5} \text{ etc.}$$

Mercator la déduisit de la quadrature de l'hyperbole. Elle est un cas particulier de l'expression (4). Pour calculer les logarithmes à l'aide de cette série, il faut prendre pour x des nombres fractionnaires; plus ils sont petits, plus la série est convergente, et moins il faut de termes pour obtenir des valeurs suffisamment approchées. Par exemple on fait $x = \frac{1}{5}$, elle donne

$$L\frac{6}{5} = \frac{1}{5} - \frac{1}{2,25} + \frac{1}{3.125} - \frac{1}{4.625} + \text{ etc...}$$

et en réduisant les termes en fractions décimales, il suffit des dix premiers pour avoir $L\frac{6}{5} = 0,1823215$. On trouvera de même les logarithmes de tous les nombres qui surpassent peu l'unité, et par leur combinaison mutuelle on tirera ceux des nombres entiers. Car ayant le logarithme de $\frac{9}{8}$ et celui de $\frac{4}{3}$ on aura celui de 2, puisque

$$L\frac{9}{8} + 2L\frac{4}{3} = L\frac{9}{8} + L\left(\frac{4}{3}\right)^2$$

$$= L\frac{9}{8} + L\frac{16}{9}$$

$$= L\left(\frac{9}{8} \times \frac{16}{9}\right) = L2$$

Ayant celui de 2 et celui de $\frac{5}{4}$, on trouvera facilement celui de 10, puisque

$$L\frac{5}{4} + 3L2 = \frac{5}{4} + L2^3$$

$$= L\frac{5}{4} + L8 = L\left(\frac{5}{4} \times 8\right)$$

$$= L10$$

et ainsi de suite. Pour passer, après, des logarithmes naturels aux logarithmes ordinaires, on multipliera les premiers par le module ou par la quantité constante $\frac{1}{L10}$, dont la valeur est

0, 43129 44819 03251 82765, etc.

On a trouvé, depuis Mercator, des séries bien plus conver-

gentes et d'autres procédés beaucoup plus expéditifs; mais la sienne marque le premier pas du progrès dans la théorie des logarithmes, quoique Newton eût déjà découvert cette même série, ainsi que plusieurs autres, avant la publication qui en fut faite par Mercator, dans *Logarithmotechnica* ; car Newton n'avait encore communiqué ses travaux sur les logarithmes que dans ses lettres à Oldenbourg, dont le public n'avait pas connaissance. Jacques Grégory fut le premier qui, marchant sur les traces de Newton et de Mercator, ajouta à la théorie des logarithmes. On lui doit particulièrement les deux séries suivantes, très remarquables, au moyen desquelles on obtient immédiatement les logarithmes des tangentes et sécantes, sans avoir besoin de chercher les sécantes et les tangentes naturelles. Soit a l'arc, r le rayon, q le quart de cercle, on a

$$\text{Log. sécante } a = \frac{a^2}{r} + \frac{a^4}{12r^3} + \frac{a^6}{45r^5} + \frac{17 a^8}{2520 r^7} + \text{ etc.}$$

$$\text{Log. tangente } a = e + \frac{e^3}{6r^2} + \frac{e^5}{24r^4} + \frac{61e^7}{5040 r^6} + \text{ etc.}$$

dans la dernière série, $e = 2a - q$. Pour faire usage de ces séries, il faut exprimer les arcs en parties du rayon. Bientôt après, Halley, Craige, Taylor, Côtes et beaucoup d'autres émirent sur la théorie des logarithmes des idées très ingénieuses, que nous sommes forcés de passer sous silence ; mais ce fut Euler qui, sortant enfin des considérations géométriques ou purement arithmétiques, établit la théorie algébrique de ces fonctions sur celle des fonctions exponentielles, d'où elles tirent en effet leur origine. On lui doit les lois fondamentales (7) et (8). Quant aux lois (11) et (13), elles appartiennent à M. Wronski qui a définitivement classé les logarithmes parmi les fonctions dérivées élémentaires. Nous ne pouvons entièrement passer sous silence une discussion qui s'éleva entre Leibnitz et Bernouilli, et ensuite entre Euler et d'Alembert, au sujet des logarithmes des nombres négatifs. Leibnitz et après lui Euler soutenaient que les nombres négatifs n'ont point de logarithmes réels, tandis que Bernouilli et d'Alembert prétendaient le contraire. Les arguments des deux partis étaient particulièrement fondés sur la nature de la courbe nommée logarithmique. Ce fut Euler qui, sinon résolut, du moins trancha la question, en ramenant les logarithmes à des fonctions circulaires. La loi fondamentale (11) qui embrasse toutes les valeurs positives et négatives du nombre z, donne complétement raison à Leibnitz et à Euler.

LOGARITHMIQUE (*mathém.*), adj. des deux genres, qui a rapport aux logarithmes, qui est de la nature des logarithmes. Il se prend aussi substantivement, alors il est au féminin.

LOGE, s. f., petite hutte. Il se dit aussi d'un petit logement pratiqué ordinairement au rez-de-chaussée d'une maison, près de la porte d'entrée, et destiné à l'habitation du portier. — La loge pontificale, celle d'où le pape donne sa bénédiction. — Loge se dit aussi de petites boutiques que certains marchands occupent pendant la durée des foires. Il se dit en outre des petits cabinets rangés par étages au pourtour d'une salle de spectacle, séparées les unes des autres par des cloisons, et ayant vue sur le théâtre. Prov. et fig., être aux premières loges, se trouver dans la position la plus favorable pour être témoin de quelque chose. Loges, au pluriel, se dit quelquefois par extension des spectateurs qui sont dans les loges. Loge se dit figurément d'une assemblée de francs-maçons. Loge se dit encore, dans quelques maisons destinées aux aliénés, des espèces de cellules où l'on enferme les fous. Il se dit, dans les ménageries, des petites chambres où l'on enferme les bêtes féroces. Loge, dans un buffet d'orgues, le lieu où sont les soufflets. Loge, en botanique, se dit des petites cellules ou cavités, ordinairement séparées par des cloisons, dans lesquelles sont renfermées les pépins de certains fruits.

LOGEABLE, adj. des deux genres, où l'on peut loger commodément.

LOGEMENT, s. m. Il signifie, en général, le lieu où on loge, et plus particulièrement le domicile habituel, le lieu où l'on habite ordinairement. Logement garni, celui qui se loue meublé. Logement se dit aussi des logements désignés pour le roi et pour les personnes de sa suite dans un voyage. Logement se dit aussi en parlant des troupes qui sont en marche dans un pays ami et qu'on loge chez les particuliers.

LOGER, v. n., habiter, demeurer dans une maison. Prov. et fig., loger à la belle étoile, coucher en plein air, n'avoir pas de retraite assurée. Loger s'emploie figurément au sens moral. Loger est aussi actif, et signifie donner la retraite, le couvert à quelqu'un dans un logis; il s'emploie figurément au sens moral. Loger s'emploie aussi avec le pronom personnel et signifie prendre un logement. Il signifie également disposer, arranger, décorer un logement pour l'occuper. Il signifie encore se bâtir une maison. Être logé, avoir un logement.

LOGEUR, EUSE, celui, celle qui tient des chambres garnies pour les ouvriers et les gens de la classe indigente.

LOGICIEN, s. m., celui qui possède bien la logique, qui raisonne avec justesse et avec méthode. Il se disait autrefois, dans les collèges, d'un écolier qui étudiait la logique.

LOGIQUE (phil.). « La logique est l'art de bien conduire sa raison dans la connaissance des choses, tant pour s'instruire soi-même que pour instruire les autres. » Cette définition à laquelle, sauf quelques variantes, peuvent se ramener toutes les autres, exprime clairement le but de la logique, qui est de nous enseigner à faire un usage convenable de nos facultés intellectuelles. Son nom est dérivé du mot grec λόγος. qui signifie discours et pensée, parce que, dit Platon, la pensée est un discours intérieur de l'âme conversant avec elle-même. On l'a désignée aussi sous les noms d'organum, d'art canonique, de dialectique, qui portent avec eux-mêmes leur signification. Observons toutefois qu'il ne s'agit point ici de la dialectique platonicienne, qui est tantôt la science des idées et de l'être en soi, tantôt la méthode à l'aide de laquelle la raison s'élève, par degrés, de la vue des choses sensibles, du multiple et du variable, à la contemplation des essences intelligibles, des idées. Dans Aristote, la dialectique n'est plus que l'art de la discussion; c'est dans ce dernier sens qu'elle servit à désigner la logique et principalement cette partie de la logique qui traite de l'argumentation et de ses règles. Nous ne pouvons ici aborder toutes les questions relatives au sujet qui nous occupe, ni entrer dans des détails où elles trouveront naturellement leur place dans des articles spéciaux. Nous nous bornerons à quelques considérations générales sur l'objet de la logique, sa valeur scientifique et son utilité. Jusqu'à ces derniers temps, la logique était demeurée une science formelle, une théorie du raisonnement et de la démonstration. On y traitait d'abord des idées et des termes, puis des jugements et des propositions, en tant que les idées et les jugements sont les parties intégrantes du raisonnement. Sous ce rapport, la logique a été portée par Aristote à un degré de perfection qui n'a pas été surpassé depuis. Cette conception et cette division de la logique se rattachaient sinon dans la pensée d'Aristote, du moins dans les siècles postérieurs à l'hypothèse psychologique de l'idée représentative et du jugement comparatif. Cette théorie célèbre, qui des écoles du moyen âge passa, plus ou moins modifiée, dans la plupart des systèmes modernes, réduit les opérations de notre esprit à trois principales : concevoir, juger, raisonner. La conception ou l'idée est la simple apprehension de l'objet, sans affirmation de l'existence réelle de cet objet; le jugement, résultat de la comparaison de deux idées, est l'affirmation ou la négation d'un rapport entre ces deux idées; le raisonnement est l'affirmation ou la négation d'un rapport entre deux idées, d'après leur comparaison avec une troisième, ou, ce qui revient au même, c'est l'acte par lequel l'esprit tire un jugement d'autres jugements. Nous n'avons point à discuter au point de vue psychologique la valeur de cette théorie dont il faut rechercher l'origine dans l'hypothèse ancienne de l'idée représentative. Si l'on ne peut lui contester le mérite de la simplicité, on lui reproche avec raison d'être en désaccord avec les faits, et de rendre impossible la perception soit intérieure, soit extérieure; mais, au point de vue logique, rien de plus rationnel que cette division des opérations de notre esprit en conception, jugement et raisonnement, et la hiérarchie que l'on établit entre elles. Tout acte de la connaissance implique, il est vrai, l'affirmation de l'être, et cette affirmation tombe sur l'objet de l'idée; mais la logique formelle, et c'est d'elle seule qu'il est maintenant question, n'a point pour objet de déterminer les conditions auxquelles cette affirmation devient légitime. Elle ne recherche point si les objets sont en réalité tels qu'ils nous sont représentés par nos concepts, si les principes que nous leur appliquons expriment les conditions réelles de l'existence, ou seulement la forme originelle du sujet pensant. Bornée à la sphère de la pensée pure, elle ne dépasse pas le cercle des vérités internes; on pourrait la définir : l'ensemble des règles fondées sur les lois formelles de l'entendement et propres à diriger d'après ces lois les opérations de notre esprit sur ses

idées. Si l'idée et le jugement, dans leurs rapports avec la réalité extérieure, sont étrangers au but de la logique formelle, elle n'aura plus à s'occuper que des concepts en eux-mêmes, et des jugements en tant qu'ils résultent ou de la simple comparaison de deux concepts, ou de la comparaison d'autres jugements. Son but est de déterminer les conditions auxquelles l'affirmation est légitime dans ces deux cas. Ces conditions reposent originairement sur la nature et les caractères internes des concepts. De l'étude des idées et de leurs propriétés, de leur classification fondée sur ces propriétés, découleront les conditions les plus générales de la vérité formelle du jugement. Ces conditions sont relatives à la compréhension des concepts, à leur extension, à leurs différences, à leur mutuelle subordination. C'est ainsi que la compréhension donne lieu aux règles suivantes : si la compréhension de l'attribut est renfermée dans celle du sujet, en d'autres termes, si la somme des éléments intellectuels, dont se compose l'idée de l'attribut, se retrouve au nombre des éléments intellectuels contenus dans le concept du sujet, le premier doit être affirmé du second; si deux concepts renferment des éléments contradictoires, l'un ne peut être affirmé de l'autre, etc. L'étude des concepts dans leurs rapports de ressemblance, d'opposition ou de subordination, conduit aux principes suivants, sur lesquels repose la théorie du raisonnement : deux concepts identiques avec un troisième sont identiques entre eux; deux concepts, dont l'un est identique et l'autre contradictoire avec un troisième, ne conviennent point entre eux; ce qui convient ou répugne à un concept supérieur, convient ou répugne à tous les concepts inférieurs qu'il renferme, etc. La théorie du jugement et de la proposition donne lieu à des principes généraux, qui découlent nécessairement de la nature même du jugement et de son énoncé. Telles sont les règles concernant la compréhension et l'extension de l'attribut comparé au sujet. De ces principes, combinés avec les précédents, découlent les règles du syllogisme : ces règles sont le critérium des vérités de conséquence. Toutes ces conditions relatives à la vérité formelle des jugements et des raisonnements, viennent se résoudre dans le principe de contradiction dont elles ne sont que les applications les plus générales. Ce sont les lois internes de la pensée, les formes originelles de l'entendement, de là le nom de logique ou science formelle. Sous le nom de méthode, une quatrième partie comprend les règles de la démonstration. Les anciennes logiques définissaient la méthode : l'art de disposer les idées, les jugements et les raisonnements, suivant l'ordre le plus propre à la découverte ou à la démonstration du vrai. Sa méthode de découverte ou d'invention, dont il est ici question, n'est point le procédé de l'induction moderne, mais la méthode analytique dont se servent les géomètres dans la résolution d'un problème. Ce que les anciennes logiques nomment induction est cette argumentation dans laquelle, après avoir affirmé ou nié un attribut de toutes les parties d'une chose, on porte le même jugement de la chose tout entière. Ce n'est qu'une forme particulière du syllogisme. Telle est la logique qui, léguée par Aristote aux âges suivants, régna sans contrôle dans l'école jusqu'aux temps modernes. Au moyen âge, le mouvement philosophique avait dans la théologie son principe, sa règle, son but et son objet principal. Les hautes questions sur Dieu, sur le monde, sur la nature, l'origine et les destinées de l'homme, étaient résolues par le dogme chrétien, et ces solutions n'étaient point contestées. Appliquer aux dogmes isolés les formes rationnelles pour établir entre eux une liaison régulière et les organiser en un tout systématique, s'élever à des connaissances nouvelles par la combinaison des idées reçues, tel est le cercle dans lequel se renfermait l'activité de la pensée. La logique ne devait donc être qu'une théorie de combinaison, un art de raisonner. Bacon entreprit une réforme philosophique, et prétendit construire l'édifice de la science sur l'expérience aidée de l'induction. C'est ainsi qu'il fut amené à trouver les règles de la méthode inductive et qu'il introduisit dans la logique un élément nouveau, mais plus d'un siècle encore devait s'écouler avant que sa réforme fût acceptée universellement, du moins dans ce qu'elle contenait d'utile et de vrai. Son influence fut momentanément suspendue par une réforme plus puissante, dirigée aussi contre l'ancienne école, mais dans un sens différent. Descartes consomma la ruine de la scholastique en plaçant dans la raison individuelle le principe de la science, que la scholastique prétendait fonder sur un principe extérieur à l'aide de définition et de combinaisons logiques ; mais la révolution dont il fut l'auteur ne pouvait s'étendre jusqu'à la logique qui, comme science du raisonnement déductif, convenait merveilleusement au génie propre du cartésianisme. Il est vrai que le mouvement imprimé par Descartes dut exercer sur la logique une influence heureuse, en la dégageant de ces termes vagues et obscurs, de ces discussions subtiles et oiseuses, qui la rendaient propres à cacher l'ignorance plutôt qu'à perfectionner le jugement, et à défigurer la vérité plutôt qu'à l'éclaircir. Il habitua les esprits à rechercher la clarté dans les conceptions ; il perfectionna l'analyse, et sur tous ces points la logique s'enrichit de règles excellentes ; mais elle resta et dut rester une logique formelle, une théorie du raisonnement. Descartes plaçait dans l'observation du sujet pensant le point de départ de la science philosophique, cependant l'observation psychologique n'est point le caractère distinctif de sa doctrine ; il ne fait qu'indiquer la voie, et ne tarde pas à l'abandonner. La méthode de Descartes et de son école c'est la déduction appuyée sur l'intuition rationnelle. La base, le point de départ, c'est le concept distinct et clair, l'intellection pure. Précurseur des philosophes modernes de l'Allemagne, Descartes part de l'absolu, de l'universel pour arriver au relatif et au particulier. Le monde, il l'observe moins qu'il ne le construit *a priori*; son instrument, c'est le raisonnement, c'est la méthode des mathématiques. Cette tendance, plus sensible dans Mallebranche, partagée par Leibnitz, est manifeste surtout dans Spinoza. La logique formelle n'est que la moitié d'une logique complète. Elle apprend à déduire d'un principe général les vérités particulières qui y sont contenues, mais le raisonnement ne fait que développer, suivant des lois nécessaires, des connaissances antérieurement acquises. Les conséquences qui découlent des prémisses, n'ont d'autre valeur que celle qu'elles reçoivent des prémisses elles-mêmes. A la logique de la pensée, il faut donc unir la logique de la connaissance. Si l'esprit a besoin d'être dirigé dans les opérations par lesquelles il agit sur les idées dont il est en possession, pour en dégager les conséquences qu'elles renferment, il a besoin aussi de règles sûres pour acquérir ces notions elles-mêmes et apprécier leur valeur objective. Or, ces notions sont de deux sortes ; elles sont individuelles ou générales. C'est par la conscience, la mémoire, la perception extérieure, que nous arrivons à la connaissance des faits particuliers ; c'est à la logique de déterminer, d'après la nature de ces facultés et l'objet propre de chacune, les conditions et les caractères qui font de leur témoignage un motif légitime d'adhésion. Mais la science ne s'arrête pas aux faits particuliers, elle s'élève aux vérités générales. La généralisation est aussi importante que la déduction, puisque c'est d'elle que la déduction reçoit ses principes et tire sa valeur. Parmi les vérités générales, les unes sont nécessaires, universelles et absolues, les autres sont le résultat de la comparaison et de l'abstraction, et participent de la contingence des phénomènes d'où elles sont tirées. Les premières sont l'objet d'une faculté spéciale, la raison, qui ne les fait pas, mais qui les aperçoit immédiatement, à l'occasion des phénomènes. Elle a ses règles spéciales, son *criterium*. Quant aux vérités générales de l'ordre contingent, leur acquisition est le résultat de plusieurs opérations préliminaires, dont chacune a ses règles particulières et dont l'ensemble a reçu le nom de méthode inductive. Telles sont l'observation des phénomènes, l'analyse, l'expérimentation, la comparaison, la classification, la synthèse, et enfin l'induction proprement dite. Supprimer cette partie essentielle de la logique, c'est mutiler l'intelligence, c'est, à la suite de la philosophie allemande, s'égarer dans les régions aventureuses de l'hypothèse. Supprimer la méthode *a priori*, la déduction, c'est ouvrir la porte au septicisme sur toutes les vérités importantes qui sont placées au-dessus de l'expérience. C'est priver l'homme de la connaissance de Dieu et de soi-même, et le condamner à l'ignorance sur les questions dont la solution est pour lui du plus haut intérêt, telles que son origine, sa nature, ses destinées. Une logique complète doit donc réunir la méthode expérimentale et la méthode *a priori*, l'expérience et l'intuition. Le cadre qu'elle doit embrasser est d'ailleurs nettement tracé par le but qu'elle se propose. Ce but est la direction de nos facultés intellectuelles, son domaine est donc déterminé par cette partie de la psychologie, qui a pour objet l'intelligence et ses diverses facultés ; elle doit contenir des règles spéciales pour l'emploi de chacun de nos moyens de connaître. La psychologie intellectuelle et la logique sont corrélatives ; la première est la condition et la mesure de la seconde. Si la psychologie a laissé des lacunes, si des faits distincts ont été

confondus, la logique reproduira cette confusion et cette lacune, et les règles porteront à faux. Celui qui a méconnu la nature, les conditions, la portée et les limites de la faculté de connaître, se trompera nécessairement sur les moyens propres à la diriger. Pour nous résumer, disons que la logique doit diriger l'intelligence soit dans l'acquisition des connaissances élémentaires et immédiates, soit dans les opérations par lesquelles, au moyen des connaissances acquises, elle parvient à des connaissances nouvelles. Ces opérations sont l'induction dans laquelle l'esprit s'élève des phénomènes observés aux lois qui les régissent, et la déduction par laquelle il descend d'une vérité générale aux vérités particulières qui y sont contenues. Nous compléterons ce tableau par quelques observations. Le langage joue un grand rôle dans l'acquisition de nos connaissances et l'exposition de la vérité pour qu'il soit permis d'en négliger les règles dans un traité de logique. Selon nous, la question de l'origine des idées et des conditions nécessaires au développement de nos facultés intellectuelles appartient à la psychologie plutôt qu'à la logique ; et comme à cette question se rattache étroitement celle de l'origine du langage, la logique s'occupera surtout de la définition des noms, des moyens de prévenir la confusion que l'emploi de termes mal expliqués introduit dans les pensées, etc. Elle considèrera les idées et les jugements, non-seulement dans leurs rapports avec l'esprit, mais dans leur expression par la parole. Nous venons de parler des conditions nécessaires au développement de la raison ; parmi ces conditions il faut placer l'institution sociale, l'éducation, et en général les moyens extérieurs. La logique aura donc à constater la valeur, la portée et les conditions du témoignage des hommes, soit en matière de faits, soit en matière de doctrine. Enfin elle devra s'occuper de la sensibilité dans ses rapports avec l'intelligence, signaler les diverses causes de nos erreurs, les passions, les préjugés, etc., et indiquer les remèdes.

Nous avons marqué à la logique son domaine ; nous avons maintenant à constater sa valeur scientifique. Tous les anciens traités posent cette question préliminaire. La logique est-elle une science ou un art ? Puisque les règles qu'elle pose ont pour but la conduite de la raison, et la direction de nos pensées, la logique est un art, ou, comme s'exprime la philosophie de Lyon, une science pratique. Demander si la logique est une science, c'est demander si les règles qu'elle contient reposent sur des principes ayant une valeur universelle, ou s'il ne sont rien autre chose que des procédés artificiels, fruits de l'observation, et seulement relatifs aux facultés individuelles quelles servent à diriger. Dans l'ancienne école, la réponse ne pouvait être un instant douteuse. Réduite à la connaissance des lois formelles de l'entendement, la logique est une science au même titre que la géométrie ; elle se fonde sur des principes d'une autorité universelle, d'une évidence immédiate. Mais ce n'est pas seulement comme théorie du raisonnement que la logique peut prétendre au titre de science. Son but est de conduire l'intelligence dans la découverte et la démonstration de la vérité, en déterminant, pour chaque ordre de nos connaissances, le critérium de certitude. Cette question : la logique est-elle une science ? se résoudre dans ces deux autres : existe-t-il pour chaque ordre de vérités un critérium de certitude, et sur qu'elle base repose la détermination de ce critérium ? Si nous manquons d'un critérium ou signe auquel nous puissions reconnaître le vrai ; si l'intelligence humaine est condamnée à l'impuissance absolue de parvenir à la connaissance certaine de la réalité, la logique est une chimère, et la plus vaine de toutes les chimères. Mais, pas plus qu'aucune autre science, la logique n'est tenue de démontrer la possibilité d'une connaissance certaine, et la véracité de nos facultés. On l'a définie : l'art de trouver la vérité et d'acquérir la certitude. Cette définition est équivoque. C'est à l'aide de la logique que nous acquérons la connaissance certaine de plusieurs vérités qui, sans le secours de la méthode, seraient restées pour nous inconnues ou douteuses ; mais, à l'égard des connaissances élémentaires et des vérités principes, la certitude est antérieure à l'usage des préceptes. Nous croyons à la véracité de nos facultés : cette croyance est irrésistible, parce qu'elle a ses racines dans notre nature raisonnable. La légitimité de nos facultés est indémontrable, puisqu'on ne pourrait la démontrer qu'à l'aide de ces mêmes facultés. Il y a donc un signe auquel nous pouvons, sans crainte de nous tromper, discerner la vérité de l'erreur. Dans l'objet, ce caractère qui, du reste, n'est pas susceptible d'une définition rigoureuse, c'est l'évidence, c'est-à-dire l'objet lui-même rendu visible, la vérité distinctement et clairement manifestée à l'intelligence ; dans le sujet, c'est l'impulsion irrésistible de notre nature intellectuelle. Nous ne rappellerons pas toutes les objections qu'a soulevées cette prétention de la raison individuelle à se constituer juge des motifs qui sollicitent son adhésion. Loin de nous la pensée d'approuver les excès de ce rationalisme exclusif, qui soustrait l'esprit humain à toute autorité extérieure, et brise les liens qui le rattachent à la société. Mais si notre raison n'a pas toujours le droit d'exiger l'autorité de l'évidence, elle a du moins celui de suspendre son jugement jusqu'à ce qu'elle puisse l'appuyer sur l'évidence de l'autorité. Il faut que la lumière se fasse au sein de l'intelligence. Alléguer contre le témoignage de l'évidence, le caractère de subjectivité qu'elle reçoit peut-être du sujet, c'est renouveler l'éternelle objection du scepticisme contre la possibilité de la science ; c'est soulever une difficulté insoluble dans tous les systèmes, et que le raisonnement est impuissant à détruire, une difficulté à laquelle nulle intelligence ne saurait se soustraire et qui cependant n'ébranle aucunement notre croyance à la véracité de nos facultés, parce que notre intelligence ne vit que d'affirmations. Mais il ne suffit pas de constater l'existence et les caractères du critérium général de la certitude, il faut l'appliquer à chaque ordre de connaissances en particulier. Chaque faculté a son critérium de vérité, et ce critérium nous est connu. Ce qui le prouve, c'est que tous les jours nous reconnaissons, de manière à n'en pouvoir douter, que nous sommes trompés. Toutes les fois que nous y sommes excités par l'amour de la vérité ou le soin de nos intérêts, nous savons, par l'emploi de moyens convenables, rectifier nos jugements et revenir sur nos décisions. Il existe donc pour chacun des moyens de connaître un signe certain, à l'aide duquel nous pouvons discerner la vérité ; il existe des conditions précises de certitude, et ces conditions, la logique ne les crée pas ; son rôle est de les constater, de les éclaircir et de les fixer ; elles sont fondées sur la nature même de nos facultés et des divers objets de notre connaissance. Citons quelques exemples. La logique détermine les caractères dont la déposition de nos sens doit être revêtue pour être digne de foi, elle indique des précautions à prendre, des règles à observer. Que l'on examine ces règles et l'on verra qu'elles découlent nécessairement de la nature de l'objet à connaître et de la perception extérieure elle-même. L'analyse de la perception nous montre dans un fait simple en apparence, trois faits essentiellement distincts : l'impression physique, faite sur le sens corporel ; la sensation qui la suit immédiatement, et dont le siège est l'âme elle-même ; enfin la perception proprement dite, c'est-à-dire, la conception de l'objet extérieur, et le jugement en vertu duquel la sensation est rapportée à cet objet. Maintenant, à quelles conditions ce jugement serait-il légitime? Il est d'abord évident qu'il faut éviter de transporter dans l'objet la sensation purement interne dont notre âme est affectée. Il faut distinguer dans la perception ce qui est concept de ce qui n'appartient qu'à la sensibilité. Nous affirmons que l'objet du concept existe réellement hors de nous; nous affirmons que la sensation a son principe ou sa raison dans cet objet. Telles sont les limites dans lesquelles l'affirmation doit être contenue, mais dans ces limites mêmes, elle est soumise à certaines conditions. Il faut que l'organe soit sain, que l'on ait égard à ses lois spéciales, au milieu physique, à la distance ; que sa déposition soit constante ; qu'elle ne soit point contredite par celle des autres sens, que chaque sens ne soit consulté que relativement à son objet propre, etc., etc. Étant donnés, d'une part, le monde extérieur dans ses rapports avec nos organes, de l'autre, l'état de notre âme vis-à-vis du monde extérieur et le mode de connaissance qui nous a été déporté, toutes les conditions énumérées suivent rigoureusement. Le critérium de l'induction repose sur les mêmes bases. Je sais a priori qu'il existe dans la nature un ordre permanent, que les phénomènes sont régis par des lois stables, invariables et constantes. Ces lois je ne puis les déterminer a priori, j'ai besoin pour les connaître, d'être guidé par le flambeau de l'expérience. Il faut que je les étudie dans les faits particuliers; puisque c'est par les faits particuliers qu'elles se manifestent. Je dois donc observer les phénomènes, les faire naître par l'expérimentation, les composer, les classer, etc. Voilà autant d'opérations préliminaires sans lesquelles l'induction n'est plus qu'un jugement porté au hasard. Ces opérations sont à leur tour soumises à des conditions spéciales qui découlent aussi évidemment de leur nature qu'elles sont elles-mêmes évidemment nécessaires à la validité du jugement inductif. Les principes d'où sont dérivées les règles du syllogisme sont les lois essentielles de notre raison en même temps que les conditions absolues de l'existence. En résumé, les préceptes de la logique sont le fruit de la réflexion appliquée à l'étude de l'intelligence humaine dans ses rapports avec la vérité. Ils expriment les lois de la faculté de connaître; la réflexion ne fait que les dégager et les éclaircir. Parmi ces lois les unes sont contingentes, les autres universelles et absolues, la logique est donc à la fois une science expérimentale et une science a priori. Nous n'ajouterons que quelques notes sur l'utilité de la logique. C'est un point qui, du moins en théorie, n'est contesté par personne. On pourrait demander si la logique est d'une indispensable nécessité pour la direction de l'esprit dans la recherche de la vérité. Il est certain que tout progrès dans les sciences a pour conditions l'emploi des moyens, et l'application plus ou moins complète des règles qu'elle prescrit. Ces règles, en effet, ne font qu'exprimer les conditions auxquelles le témoignage de nos facultés est digne de foi; mais l'emploi de ces moyens et l'application de ces règles ne supposent pas nécessairement l'étude de la logique artificielle. Dans bien des cas, et pour beaucoup d'esprits, la logique naturelle est un guide suffisant. Il est des hommes qui savent parfaitement démêler le vice d'un raisonnement, quoiqu'ils n'aient jamais appris les règles du syllogisme, comme il en est qui savent employer les moyens les plus persuasifs, et qui n'ont jamais connu les préceptes de la rhétorique; l'expérience le prouve tous les jours : la logique artificielle n'est donc point d'une indispensable nécessité. Mais il ne serait pas plus permis de révoquer en doute son utilité que de contester l'utilité des préceptes, en général, pour la direction et le perfectionnement des talents naturels. Pourvu que l'on ne se borne point à la connaissance spéculative des règles, mais que, par une application fréquente, on les fasse passer dans les habitudes de l'esprit, la logique est éminemment propre à nous faire acquérir ces qualités sous lesquelles il est impossible de réussir dans les sciences et la conduite de la vie, la justesse et la précision dans les idées, l'esprit de méthode et de clarté. « Il n'y a rien de si estimable que le bon sens et la justesse de l'esprit dans le discernement du vrai et du faux. Toutes les autres qualités d'esprit ont des usages bornés ; mais l'exactitude de la raison est généralement utile dans toutes les parties et dans tous les emplois de la vie. Ce n'est pas seulement dans les sciences qu'il est difficile de distinguer la vérité de l'erreur ; mais aussi dans la plupart des sujets dont les hommes parlent et des affaires qu'ils traitent. Il y a presque partout des routes différentes, les unes vraies, les autres fausses, et c'est à la raison d'en faire le choix. Ceux qui choisissent bien sont ceux qui ont l'esprit juste; ceux qui prennent le mauvais parti sont ceux qui ont l'esprit faux... Ainsi, la première application qu'on devrait faire, serait de former son jugement, et de le rendre aussi exact qu'il peut être, et c'est à quoi devrait tendre la plus grande partie de nos études. Le soin et cette étude sont d'autant plus nécessaires qu'ils sont étranges. Combien c'est une qualité rare que cette exactitude de jugement! »

J., prof. de phil.

LOGIS, s. m., habitation, maison. Fig. et fam., il n'y a plus personne au logis, se dit d'un homme qui est devenu imbécile, hébété, ou qui, étant à l'agonie, a perdu connaissance. Logis, se dit aussi d'une hôtellerie. Logis désigne quelquefois la maison de celui qui parle. Maréchal-des-logis, sous-officier des troupes à cheval, chargé des détails du service, de la discipline intérieure d'une compagnie, et notamment de tout ce qui concerne le logement. Maréchal-des-logis est aussi le titre des officiers chargés de faire préparer les logements pour la cour en voyage.

LOGISTE, nom donné aux dix magistrats d'Athènes chargés de faire un rapport sur l'administration de chaque comptable, à l'expiration de ses pouvoirs. Il faut distinguer les logistes des enthynes, qui n'étaient que les successeurs des premiers (Voy. ENTHYNE). Intendant d'une ville, sous la domination romaine. Contrôleur.

LOGISTORIQUE (philol.), titre d'un livre de M. Varron, qui renfermait des histoires détachées et des propos remarquables. Ce Logistorique de Varron était divisé par chapitres portant pour titre des noms d'homme : un de ces chapitres était intitulé Caton.

LOGOGRAPHE (hist. du bas-empire), nom par lequel on désignait, sous Arcadius, celui qui tenait les livres de compte et les registres publics. Le logographe fut ensuite, dans les villes principales de l'empire, intendant, contrôleur. Vers le XIIIᵉ ou XIVᵉ siècle, calligraphe ou copiste. Logographe, celui qui écrit aussi vite que la parole. *Logographe* (hist.), titre d'un journal grand in-fol., qui rendait un compte détaillé des séances législatives. Il parut en avril 1791 et finit le 10 août 1792. C'est dans la loge du logographe que Louis XVI fut placé le 10 août avec sa famille.

LOGOGRIPHE, s. m., sorte d'énigme consistant en un mot dont les lettres, diversement combinées, forment d'autres mots qu'il faut également deviner.

LOGOMACHIE, s. f., t. didactique. Dispute de mots.

LOGOS (phil.). Il se dit, dans la philosophie platonicienne de Dieu, considéré comme contenant en lui les idées; éternelles, les types de toutes choses. Le logos des platoniciens a quelque rapport avec le *verbe* des théologiens.

LOGOTHÈTE, (did. act.) titre de dignité à la cour de CP; contrôleur des comptes, intendant, surintendant, chancelier. La dénomination de logothète paraît remonter au temps de Justinien; logothète-général ou du trésor public, logothète des postes (cursus publici), logothète des affaires privées, des secrets, etc. Grand logothète, titre d'une des premières charges de l'empire, instituée par Andronic-le-Vieux. Le grand logothète était en quelque sorte le grand chancelier de l'état; c'était entre ses mains que l'empereur prêtait serment à son avénement dans l'Eglise des Blaquernes. Logothète était aussi le titre de chancelier de l'Eglise grecque.

LOHENTSEIN (DANIEL-GASPARD DE), poète, né à Nimpsch en Silésie, l'an 1635, mort en 1683, fut conseiller de l'empereur Joseph Iᵉʳ, et syndic de la ville de Breslau. Il est le premier qui ait tiré la tragédie allemande du chaos.

LOI. On donne en général le nom de loi à toute règle établie par l'autorité divine ou humaine, imposant aux hommes l'obligation de faire ou de ne pas faire certains actes, avec stipulation de peines plus ou moins graves pour les infractions. Dans un sens plus restreint, on appelle loi une règle prescrite par le souverain, laquelle ordonne ou défend aux sujets de faire quelque chose sous une peine déterminée, ou leur laisse la liberté d'agir ou de ne pas agir en d'autres choses, ainsi que cela leur paraît convenable ou utile. Montesquieu a divisé les lois en autant de classes qu'il a compté d'espèces de droit. Droit divin, ou de la religion; droit ecclésiastique ou canonique, qui règle la discipline ou, en d'autres termes, la police de la religion; droit des gens, qu'il considère comme le droit civil de l'univers; droit politique général auquel il attribue la fondation des sociétés; droit politique particulier, concernant chaque société en particulier, droit de conquête imposé par le vainqueur aux vaincus; droit civil, qui donne à chaque citoyen le droit de défendre ses biens et sa personne contre un autre citoyen; droit domestique, qui gouverne chacune des familles dont la réunion compose la société. Toutes ces espèces, suivant les jurisconsultes, peuvent se réduire à deux : lois immuables, lois arbitraires. Ils se fondent sur ce qu'il n'est pas une seule loi, à quelque classe qu'elle appartienne, qui n'offre l'une ou l'autre des caractères d'immutabilité ou d'arbitraire. Les premières, c'est-à-dire les lois immuables, produites par l'amour de Dieu pour sa créature et l'amour du prochain, sont tellement nécessaires pour le maintien de l'ordre social, que la moindre altération qu'on leur ferait subir compromettrait le bien de la société ou même saperait la société dans ses bases; les secondes peuvent être modifiées ou changées sans que les principes d'ordre en soient altérés. Ainsi, les unes sont une émanation ou une extension des lois naturelles qui nous obligent à aimer notre créateur et les créatures semblables à nous; les autres ont leur source dans la nécessité de prononcer sur les difficultés qu'on peut rencontrer dans l'application des lois immuables, qu'on peut aussi appeler simplement naturelles, comme on peut désigner celles de la seconde espèce par le nom de positives, parce qu'elles sont le produit de la volonté positive et clairement exprimée du souverain ou du législateur. Au reste, il n'est pas de matière sur laquelle on ne puisse remarquer un très grand mélange de ces deux espèces de lois ; car dans les matières religieuses même, toutes les lois de discipline sont arbitraires. Remarquons toutefois qu'on ne donne pas à ces lois le nom de lois humaines, bien qu'elles soient l'ouvrage des hommes mais, qu'on les appelle constitutions canoniques, parce qu'elles émanent de l'esprit divin qui inspire l'Eglise. Comme les lois ont des rapports réels avec la nature des choses, chaque chose, chaque être a des lois propres et spéciales. Les lois qui se rapportent uniquement à l'homme, considéré comme un corps matériel, sont indépen-

dantes de sa volonté; on trouve dans cette classe les lois de la circulation du sang, de l'assimilation des aliments et autres semblables. Il en est de même de beaucoup de mouvements qui s'opèrent souvent, non-seulement sans que la volonté y ait part, mais encore malgré elle, comme l'envie de tousser, d'éternuer, etc. Dans l'homme, considéré comme esprit et corps, on aperçoit des sensations que l'esprit et l'entendement partagent; tels sont les penchants naturels, tels que l'amour de soi-même, l'amour-propre, le désir du bien-être, la répugnance pour la douleur. On peut encore ranger dans cette classe les mouvements purement corporels qui s'exécutent par des actes presque imperceptibles de la volonté, tels que le travail des mains et celui de tous les membres, obéissant pour ainsi dire à un signe intérieur que la volonté leur transmet. Enfin, considéré comme esprit, l'homme n'a pas d'autre loi que sa volonté; les lois civiles elles-mêmes, lois auxquelles il est tenu de se conformer, étant celles qu'il s'est données; car c'est la réunion des volontés qui a formé les républiques, et c'est la réunion des forces et l'abandon d'une partie de ces forces en faveur d'un chef élu, qui a produit la puissance publique de laquelle sont émanées les lois civiles. En qualité de créature intelligente, l'homme reçut les lois de la raison ; mais dès que son entendement se fut développé, il ne tarda pas à faire sentir sa dépendance de l'Etre qui l'avait créé, et la nécessité d'adorer cet Etre supérieur. L'adoration de Dieu est donc la première, la plus grande et la plus sacrée des lois de la raison perfectionnée par l'expérience. Après avoir reconnu la nécessité d'adorer Dieu, l'homme dut chercher les moyens de se faire de la manière qui lui serait le plus agréable; mais l'homme, créature imparfaite, pouvait se tromper tant dans l'objet même de son adoration que dans le choix du culte à lui rendre : la révélation vint à son secours. Ce fut encore par le moyen de sa raison qu'il se convainquit que les signes de la révélation étaient clairs, positifs, incontestables; il acquit la certitude que Dieu s'était montré, et cette certitude était l'ouvrage entièrement libre de la raison ; car si les signes avaient été équivoques, si la manifestation de Dieu n'avait pas été bien prouvée, la raison, dans le doute, aurait pu refuser sa croyance à ces signes. Il est plus que probable qu'après cette première loi, les premières qui s'offrirent à la raison humaine furent celles qui règlent le droit des gens. En effet, avant la naissance des sociétés les familles vivant isolément durent avoir souvent des contestations sur les droits que les uns voulaient rendre exclusifs, que les autres voulaient partager. Il devint alors nécessaire d'établir des règles fixes pour diriger la conduite des familles entre elles. Ces règles continuèrent d'être observées quand les familles furent devenues des nations; de là naquit ce droit qu'on a désigné plus tard par le nom de droit des gens, consistant aujourd'hui dans les maximes internationales qui ont acquis par l'usage ou par des conventions force de loi. Les membres d'une même famille comprirent qu'ils avaient des devoirs réciproques à remplir ; de là naquirent des règles qui furent rendues obligatoires, des lois précises qui déterminèrent les divers devoirs, relativement aux mœurs et aux affaires domestiques. Ces lois, dues pareillement à la raison, avaient beaucoup d'étendue parmi les hommes, non encore sortis de l'état de nature et de liberté ; elles se restreignirent peu à peu dans la suite à mesure que les lois civiles acquirent plus d'importance. En résultat, les lois de l'homme, dans l'état de nature, ont consisté dans les lois qui proviennent nécessairement de sa nature corporelle; dans les penchants intérieurs qu'il a reçus de Dieu ou de sa nature mixte ; dans celles que sa propre raison lui a imposées. Mais outre ces lois primitives, l'homme se trouvant placé à l'égard des autres hommes comme sont placés les états libres entre eux, exposés à subir l'oppression d'un ennemi plus fort ou à opprimer un adversaire plus faible, a dû se soumettre à des lois étrangères à lui, ou à soumettre les autres. Si les hommes s'étaient toujours renfermés dans les limites de la justice et de l'équité, il n'aurait pas été nécessaire de faire des lois coercitives; mais non-seulement ils se sont montrés dépourvus d'équité, mais encore ouvertement injustes; il a donc été nécessaire de faire usage contre eux de la force quand ils refusaient de se rendre à la raison. Les lois politiques, de même que celles dont nous venons de parler, sont des effets de la nature des choses, l'état et sa constitution, le gouvernement et sa forme, le bien de tous, celui des familles en particulier. Elles sont fondamentales quand elles règlent la manière dont la puissance suprême sera exercée, soit qu'elle réside aux mains du peuple, soit qu'elle ait été confiée à un chef. Les autres déterminent les rapports qui doivent exister entre le souverain et les sujets, ou les différentes classes entre elles, la distribution et la perception de l'impôt. Les lois civiles ne sont relatives qu'aux rapports que les particuliers ont entre eux, au maintien de l'ordre, à la sûreté des biens et des personnes, à leurs priviléges, à leur industrie. Les lois criminelles, bien que différentes, par leur objet, des lois civiles proprement dites, n'en sont néanmoins qu'une division ou un accessoire. De quoi servirait en effet que la loi civile voulût protéger les personnes et leurs biens si la loi pénale ne punissait pas l'infraction. Les lois de police garantissent aux familles leur tranquillité, leur bien-être, aux peuples leurs subsistances. Il est très nécessaire de pouvoir distinguer entre elles toutes ces différentes espèces de lois, car on ne doit pas les appliquer indistinctement les unes à la place des autres : Juger, par exemple, par la loi civile une question du droit des gens, ni juger par la loi politique une question de droit civil. C'est surtout lorsqu'il s'agit des matières religieuses, qu'il faut s'abstenir de toute application des lois étrangères. La religion est tout-à-fait indépendante des droits civils ou politiques; elle a des lois qui lui sont propres; c'est par ces lois que doivent être jugées toutes les questions où elle peut entrer en partie. Le but de toutes les lois est d'améliorer le sort des hommes, et c'est à tort qu'on les a accusées de n'avoir été faites que pour les soumettre à un joug odieux. Ce joug dont ils se plaignent, c'est l'obligation qu'on leur a imposée de travailler à leur propre bonheur. Nous avons fait voir au mot *législation* (Voy.) quelles sont les trois conditions que doit offrir la loi pour produire ce résultat, qu'elle soit possible, utile et juste, nous ajouterons seulement ici que la loi doit être pourvue d'une sanction convenable et qu'elle soit notifiée au peuple, afin que ceux qui se trouveraient atteints par elle ne puissent pas alléguer qu'ils ne la connaissaient pas. C'est la *sanction* (Voy. ce mot) qui donne à la loi sa vigueur et sa force, en soumettant à une peine celui qui viole la défense contenue dans sa première partie. Une loi romaine, promulguée l'an 549 par le tribun M. Cincius, défendait aux patrons ou avocats de recevoir des présents ou de l'argent. On a prétendu que cette loi n'avait pas de sanction; on y lit pourtant ces mots : tout contrevenant sera réputé coupable d'une mauvaise action. Plus d'une fois cependant cette loi a été invoquée contre les avocats du barreau moderne, afin de faire rejeter leur demande d'honoraires. Les avocats ont répondu qu'il n'y avait point de peine stipulée. Il nous semble que ces derniers mots : tout contrevenant, etc., équivalent à une sorte d'infamie et de dégradation dans l'opinion publique. Quant à la notification des lois, elle s'opère par des publications et par des affiches, ou d'autres moyens semblables. Dans les siècles qui précédent l'ère vulgaire, on mettait les lois en vers, et ces vers étaient de temps en temps chantés en public. S'il faut en croire Aristote, cet usage avait été introduit en Grèce avant la découverte de l'écriture, afin que les lois ne pussent pas s'effacer aisément de la mémoire. Quoique les lois varient beaucoup chez les différents peuples, ou pour mieux dire, quoiqu'elles soient conçues en termes qui se ressemblent peu, il est à remarquer que le fond en est le même à peu près partout, et principalement dans les lois criminelles; car nées de la raison humaine, elles ont toutes le même but : le maintien de la société. D'ailleurs les différences qu'on observe entre elles ne tiennent pas plus à la diversité des principes qui les ont dictées qu'au génie de la nation qui les reçoit. Le peuple romain, par exemple, voulait un gouvernement démocratique; tout ce qui pouvait altérer cette forme lui était odieux. De là vinrent les séditions qui avaient pour objet l'établissement de la loi agraire, l'abolition des dettes. Opprimés par les patriciens, les plébéiens pensaient que par le partage des terres, ils rétabliraient l'égalité des fortunes et par suite l'égalité politique; que par l'abolition des dettes, ils éviteraient les poursuites, souvent inhumaines, qu'ils subissaient de la part de leurs créanciers qui appartenaient à la classe supérieure; abattre la tyrannie du riche sur le pauvre, c'était suivant eux ramener les conditions à l'égalité. Il est des lois qui, au premier coup d'œil, semblent en opposition avec l'équité naturelle. Quoi de plus juste en apparence que le partage entre tous les enfants de la succession paternelle. Toutefois, peut-on se dissimuler que la faculté accordée au père par toutes les législations de disposer d'une portion au moins de ses biens n'ait produit ou ne puisse produire de grands avantages? L'expérience a prouvé que les plus grandes fortunes, à force de subdivisions, finissent par se dissiper, ce

qui conduit infailliblement les membres de la famille de la richesse à l'indigence; qu'au contraire lorsque les biens passent de père en fils sur une seule tête, tous les enfants vivent honorablement chez celui d'entre eux qui a été favorisé par l'auteur commun; que d'ailleurs les cadets, comptant peu sur les ressources héréditaires et soutenus dans leurs entreprises par leurs aînés, ne s'endorment pas dans une molle sécurité, et qu'ils travaillent avec plus de courage à se créer un avenir: d'où l'on peut conclure que des lois qui paraissent dures à quelques-uns, sont néanmoins sages en ce qu'elles tendent à l'intérêt général. Les lois reçoivent leur force les unes des autres, les inférieures des supérieures. On peut appeler supérieures celles qui concernent le droit divin, qui obligent les peuples et les individus; viennent ensuite celles du droit des gens qui obligent les peuples respectivement les uns envers les autres; les dernières sont celles du droit civil qui n'exercent leur empire que sur les hommes. Ainsi on ne peut rien ordonner par une loi civile, qui déroge à une loi de droit commun, ni par une loi de droit commun à une loi divine. Les lois sont nulles dans les états despotiques; car la volonté du despote est la loi même. Dans les gouvernements monarchiques la loi existe; le juge n'a que la charge de l'appliquer, si elle est conçue en termes précis qui s'adaptent au fait à juger; dans le cas contraire il en cherche l'esprit. Dans les gouvernements républicains, c'est à la lettre de la loi que le juge doit s'en tenir, il ne lui est point permis d'interpréter, ce serait en quelque sorte usurper le pouvoir législatif; dans les gouvernements constitutionnels, en matière de crimes ou de délits, c'est un jury qui décide la question de fait, le juge prononce la peine que la loi prononce. C'est là surtout qu'on voit régner la loi sur l'homme, non l'homme régner sur la loi. Louis XII, en rendant son édit de 1499, veut formellement qu'on suive toujours la loi, malgré les ordres contraires à la loi que l'importunité pourrait arracher au souverain. « Il est beau de voir celui qui tient dans ses mains le sceptre de la loi, avec laquelle il gouverne son peuple, adjuger lui-même sa puissance et son autorité devant elle. On demandait à un roi de Sparte, Anaxidame, à qui appartenait le pouvoir dans l'état; il appartient aux lois, répondit-il. C'est là ce qui a fait dire à Xénophon que la différence que Lycurgue avait établie entre Lacédémone et les autres cités de la Grèce, consistait principalement en ce que les citoyens obéissaient aux lois. Un Spartiate accourt quand le magistrat l'appelle; dans Athènes, un homme riche ne souffre pas qu'on pense que le magistrat a sur lui quelque empire. » On voit quelquefois chez les peuples différents des lois qui se ressemblent dans leurs dispositions et dans leurs effets, et qui pourtant ont des résultats bien dissemblables, justes dans les unes, injustes dans les autres. Les Grecs, par exemple, punissaient de la même peine le voleur et le recéleur. L'ancienne loi française contenait la même disposition, ce qui était contraire à l'équité. Chez les Grecs et les Romains, le voleur n'était condamné qu'à une peine pécuniaire; il était juste que le recéleur qui avait participé au délit et contribué au dommage, eût sa part de la peine et eue à la réparation du dommage causé fût solidairement à sa charge. En France, le vol était puni de la peine capitale; c'était une législation beaucoup trop rigoureuse surtout pour le recéleur qui, dans plusieurs occasions, peut recevoir l'objet volé sans en connaître l'origine. Au fond, le recéleur, même volontaire, peut empêcher la justice ou la partie intéressée d'acquérir la conviction du crime ou de retrouver la chose volée; mais c'est le voleur qui commet le crime. Quant à la loi muette, c'est aux principes du bien public qu'on doit avoir recours pour décider le cas non prévu. L'usage, dans ces circonstances, peut être un fort mauvais guide, à moins que l'usage n'ait été confirmé par une longue jurisprudence. Quant aux cas qui dérogent au droit commun, ils doivent être exprimés par la loi; on doit se garder de toute extension arbitraire d'un cas à l'autre. Les lois rendues nécessaires par le changement survenu dans les choses, doivent cesser quand les choses sont rétablies dans l'ordre primitif, ou que les raisons qui les ont fait rendre viennent à cesser. La multiplicité des lois dans un gouvernement prouve que ce gouvernement a une constitution mauvaise; car comme les lois ne sont faites que pour réprimer les injustices, le grand nombre de lois fait nécessairement supposer un grand nombre d'injustices. Une loi, pour être bonne, doit être donnée à propos; promulguée en temps inopportun, elle ne peut produire que de mauvais effets. Louis-le-Débonnaire irrita contre lui les évêques, parce qu'il leur imposa des règles trop rigoureuses pour l'époque où il vivait. Justinien voulut, dans un temps de décadence, réformer les lois des siècles éclairés, aussi ne réussit-il qu'imparfaitement ; ses Novelles, comparées au corps du Digeste, sont regardées comme un mauvais ouvrage. Il faut d'ailleurs que les lois soient fondées sur deux principes inconnus au paganisme, la religion et la raison. Si le long usage acquiert force de loi, le non-usage abolit la loi existante. Ce non-usage a sa source dans l'inconstance naturelle à l'homme, inconstance qui donne à tout ce qui sort de ses mains un caractère réel d'instabilité. La loi n'est pas attaquée de front ; mais on néglige de l'exécuter ; peu à peu on l'oublie, on la regarde comme tombée en désuétude ; au fond elle a perdu toute sa force. Ce résultat est souvent produit par la conduite des princes, dans les états absolus du moins, parce qu'ils aiment à faire des règlements généraux, pour la formation desquels ils consultent, il est vrai, la justice, mais qu'ils ne font pas toujours exécuter, parce qu'ils cèdent à des considérations particulières. L'infraction aux lois mérite toujours punition ; car le peuple se fait craindre, quand il ne craint pas ; et s'il voit qu'on le craint, il devient exigeant et audacieux. La loi cesse d'être loi si elle n'est inviolable. Les Grecs et les Romains ont laissé de terribles exemples de l'intérêt qu'ils mettaient à la stricte exécution des lois. Plusieurs législateurs de l'antiquité ont puni de mort leurs propres enfants pour avoir transgressé la loi qu'ils avaient imposée, lors même que l'infraction aurait été suivie d'un succès. Ainsi le dictateur Posthumius Tibertus fit périr son fils Aulus-Posthumius pour avoir livré bataille aux ennemis, contrairement à l'ordre qu'il avait donné, bien que la victoire se fût déclarée en faveur des Romains. Nos mœurs sont moins austères ; mais par cet exemple et beaucoup d'autres qu'on pourrait citer, on peut voir combien les anciens tenaient fortement à l'exécution des lois. Il ne faut pourtant pas que les choses soient poussées trop loin, et sous prétexte d'assurer l'empire des lois vouloir que la soumission qui leur est due aille jusqu'au-delà de ce qui est juste et raisonnable. Caton le censeur avait d'excellentes intentions, il désirait le bien public ; mais il ne sut pas distinguer la spéculation de la pratique, et plus d'une fois sa vertu, son austère inflexibilité, produisirent le mal qu'il voulait empêcher. L'homme n'est point parfait, et une société toute composée d'hommes parfaits ne s'est jamais vue, ne se verra jamais sur la terre. Les lois ne peuvent donc, avec quelque chance de succès, vouloir la perfection. La difficulté qu'elles rencontrent nécessairement dans l'exécution ne tardent pas à les rendre inutiles. La portée de la loi doit se trouver, pour ainsi dire, en équilibre avec le naturel des peuples ; leur donner des lois qu'ils ne peuvent pas observer, c'est vouloir se donner le droit de punir, car il n'est par douteux que leurs dispositions seront contrairement violées. Proportionner ou mesurer les lois aux besoins et à la capacité des peuples, c'est acquérir d'avance la certitude morale qu'elles seront observées. Les lois ne doivent pas seulement s'accommoder aux mœurs des peuples, il faut encore qu'elles recommandent aux peuples les bonnes mœurs. Tel fut le but des Romains, lorsqu'ils se donnèrent des censeurs qui corrigeaient les abus que le magistrat ne pouvait punir, parce que la loi ne les désignait pas. Toute innovation dangereuse, tout désordre domestique, toute cause pouvant influer en mauvaise part sur l'esprit ou le cœur des citoyens, étaient sévèrement proscrits ou réformés par les censeurs. Ce sont les enfants surtout qu'il importe de former aux habitudes du bien ; par ce moyen on peut prévenir le mal que plus tard on est forcé de punir. Par malheur, ce moyen si simple est presque partout négligé. On punit rigoureusement les mauvaises actions, et l'on ne prend aucune précaution pour élever les hommes dans les principes qui les rendent incapables de les commettre. La loi, autant que cela se peut, ne doit contenir que des dispositions générales, car il est impossible de statuer sur tous les cas possibles. Les passions désordonnées qui poussent l'homme au délit ou au crime peuvent combiner leurs effets de tant de manières, qu'il est moralement et physiquement impossible de prévoir toutes les combinaisons. Il suffit que la loi décide la question principale, pour qu'on puisse par analogie juger les questions du même genre. Avant que le Code civil eût forcé la France entière à n'avoir qu'une loi, il y avait une telle multitude de lois, de coutumes, d'usages particuliers, de gloses, de commentaires, de recueils de jurisprudence que la justice, les juges et les plaideurs en étaient également accablés, et que la science du droit, défendue en quelque sorte par des nuées de compilateurs et de glossateurs,

offrait aux hommes studieux d'inextricables difficultés. Ici c'était la coutume qui gouvernait, là le droit romain, plus loin le droit canonique, ailleurs un mélange de tous les droits. Chaque tribunal, sous une infinité de noms divers, bailliages, sénéchaussées, présidiaux, prévôtés, justices haute, basse et moyenne, etc., etc., avait ses maximes particulières et se faisait un mérite de contrarier par ses sentences les décisions rendues par le tribunal voisin. Cette dissidence fâcheuse dans les opinions se laissait voir quelquefois entre les membres du même corps, entre deux chambres même d'un parlement : la grande chambre du parlement de Paris et la chambre des enquêtes étaient toujours en désaccord. « On ne voit presque rien, dit Pascal dans ses *Pensées*, de juste ou d'injuste, qui ne change de qualité en changeant de climat. Trois degrés d'élévation du pôle renversent la jurisprudence; un méridien décide de la vérité. » Cela était exactement vrai, au temps où Pascal écrivait; une montagne, un ruisseau, une source, faisaient disparaître une législation à laquelle était soumis un individu, pour en substituer une autre toute différente. Toutefois, on ne doit pas conclure de là que les lois doivent être les mêmes partout. Nous avons déjà parlé de la nécessité de les accorder au génie de la nation qu'elles doivent régir. Il fut un temps où les Grecs se montraient persuadés que tous les peuples soumis aux mêmes constitutions, ayant les mêmes mœurs, n'eussent aussi qu'une même loi. Ce principe fut mis en pratique dans toutes les villes du Péloponèse et de l'Achaïe. Un de nos rois, Philippe V, avait conçu le même dessein, mais son règne fut trop court pour qu'il eût le temps de l'exécuter. Louis XI le conçut aussi, et certes il était bien propre à le conduire à un résultat définitif; mais son règne, bien qu'assez long, fut constamment agité par les guerres civiles ou étrangères ; de telles réformes exigent un temps de calme et de paix. Louis XIV fit revivre ce projet, dont il confia l'exécution au président de Lamoignon, et ce magistrat travailla pendant quelque temps avec plusieurs jurisconsultes; mais il se laissa rebuter par les difficultés qu'il crut rencontrer, soit dans la clause opposée à l'acte de réunion de certaines provinces nouvellement annexées à la couronne, clause qui contenait la condition d'être maintenues dans le droit de se régir par leurs propres coutumes, soit dans la prévention favorable des esprits dans chaque province, en faveur de leurs usages, soit encore dans la circonstance. Que les contrats de mariage, les substitutions, les donations, les mariages, se trouvant dans chaque province, réglés par des usages particuliers, changer ces lois ce serait bouleverser tout l'ordre des successions. On avait vu pourtant une ordonnance royale changer, en 1667, toutes formes de procédure et successivement d'autres ordonnances régler le commerce, la marine, l'instruction criminelle, et ces ordonnances s'exécutèrent paisiblement par toute la France. Etait-il donc plus difficile ou plus dangereux de créer un Code unique de lois civiles ? Des ordonnances de Louis XV de 1731, 1735 et 1737, ont soumis à une règle uniforme toutes les provinces françaises sur plusieurs matières très importantes : le rapt de déduction, les donations, les testaments, les substitutions, le faux principal et les faux incidents. Personne ne s'était plaint, on aurait de même obéi sans résistance, si la réforme avait été générale, comme la France, exaltée encore par les principes révolutionnaires, a consenti sans murmure au sacrifice des lois promulguées par la république, quand il a été question de tout remplacer par un simple Code qui, dans un cadre fort étroit, renferme en substance toutes les bonnes lois qui ont paru à toutes les époques. On se plaint quelquefois de ce que certaines questions de droit sont d'une solution très difficile. D'où cela vient-il ? De ce que la loi elle-même manque de clarté, et que la chicane, qui ne se personnifie que trop souvent avec des arguties chez les gens de loi, s'attache encore à augmenter les obscurités. L'uniformité des lois dans un grand état a d'ailleurs un grand avantage, elle fait naître l'uniformité des jugements. Dans les monarchies constitutionnelles, le pouvoir législatif ne peut être exercé que par ceux à qui la constitution l'attribue. Dans les monarchies pures, il réside aux mains du souverain. Il importe à l'intérêt commun que des dépositaires de l'autorité suprême, quels qu'ils soient, aient seuls le pouvoir de régler ce que chaque citoyen a le droit de faire, ce qu'on doit regarder comme juste ou injuste, le moyen pour chacun d'user de sa liberté naturelle sans troubler l'ordre public ou sans entreprendre sur les droits privés. En d'autres termes, c'est dans la puissance souveraine que doit se trouver la puissance législative ; par les mots de puissance souveraine, on doit entendre la partie de la société à laquelle l'exercice du pouvoir a été confié. Ainsi dans les monarchies, le souverain c'est le roi; dans un gouvernement constitutionnel, ce sont les trois corps constitués de l'état; dans le gouvernement aristocratique, comme était autrefois celui de Rome, que nos modernes Brutus voulaient prendre pour modèle, le souverain c'était le Sénat; dans les démocraties, c'est le peuple.

Nous terminons cet article par quelques détails succincts sur les diverses lois connues par des noms propres, soit dans l'antiquité, soit dans le moyen-âge, soit dans les temps modernes; nous ne parlerons néanmoins que des principales. *Loi Æmilia.* C'était une loi somptuaire promulguée par le consul Æmilius Scaurus. Il avait voulu, dit Pline, réprimer le luxe insensé de ceux qui faisaient venir à grands frais des oiseaux étrangers et même des coquillages pour le service de leur tables. Cette loi ne doit pas être confondue avec le sénatus-consulte Æmilien qui déclarait valables les donations entre mari et femme quand le donateur mourait en persévérant dans sa volonté. — *La loi Agraire* (voy. ce mot), ne s'entend pas seulement de celle qui ordonne le partage des terres, mais encore de toutes celles qui règlent la police des champs. C'est ce qu'on appelle en France le code rural (voy.). On désigne par le nom de *lois antiques* ou *barbares* celles que les Goths, les Francs, les Bourguignons, les Saxons, les Anglais, etc., apportèrent en Italie, en Espagne, dans la Grande-Bretagne et dans la Gaule. — *Loi annonaire.* Les Romains donnaient ce nom à une loi dont le but était d'empêcher les vivres d'enchérir; elle prononçait des peines sévères contre ceux qui étaient cause de la cherté par les accaparements ou le monopole (voy. ces deux mots). — *Loi de Beaumont.* On connaît sous ce nom une charte en 54 articles, laquelle parut en Champagne dans le XIIᵉ siècle, et fut regardée avec quelque raison comme une espèce de phénomène politique, parce que les hommes y étaient comptés pour quelque chose, et qu'elle était fondée sur les deux grands principes de la liberté naturelle et du droit de propriété. Elle eut pour auteur Guillaume, archevêque de Reims et cardinal du titre de Sainte, connu, sous le nom de *Guillaume aux blanches mains*. Il avait fondé la ville de Beaumont-les-Argonnes, et cette charte fut celle qu'il donna l'an 1182, à la nouvelle colonie. Après avoir dans ses premiers articles détaillé les réserves que faisait le fondateur pour prix de la cession de la propriété, établi le droit de banalité des fours et des moulins et concédé l'usage libre des eaux et du bois de la forêt, le prélat crée une justice, une commune et fait divers règlements pour la répression des crimes et des délits. Cette loi parut si humaine et si sage que les provinces voisines du pays d'Arzonne, toute la Champagne, la Lorraine, le Barrois, etc., voulurent à l'envi se l'approprier, ce qui en vint à ce point, que les seigneurs, effrayés de cette tendance des esprits vers la liberté, se crurent obligés de jurer en faveur de leurs serfs la loi de Beaumont, afin de conserver leurs hommes et prévenir leur désertion. Cette loi de Beaumont fut publiée en latin et en français. On en trouve le texte dans l'*histoire de Lorraine*, par le laborieux et modeste Dom Calmet. — *Loi bursale.* Nom commun à toutes les lois qui tendent à faire entrer dans les trésors de l'état, les sommes provenant des droits auxquels sont assujettis certains actes. On les nomme plus communément aujourd'hui lois fiscales. De ces lois quelques-unes sont purement fiscales (voy. Fisc); d'autres, tout en établissant des droits qui sont perçus par le fisc, établissent aussi des formalités qui assurent la date et l'existence réelle des actes. A la première classe appartient l'impôt du timbre; à la seconde l'impôt de l'enregistrement (autrefois *contrôle*), des actes des notaires et des actes sous-signature privée, la transcription des donations, des ventes (autrefois *insinuation*). — On appelait *loi Caducaire* ou *loi Tulia*, une loi d'Auguste, par laquelle il était ordonné que les biens qui n'appartenaient à personne ou dont les propriétaires auraient été légalement dépouillés, seraient distribués au peuple. On donnait le même nom à plusieurs lois du même empereur, dont l'une déclarait les célibataires incapables de rien recevoir pas testament et confisquait au profit de l'état ce qui leur avait été laissé de cette manière. Ceux qui avaient été ou qui étaient mariés mais qui n'avaient point d'enfants perdaient la moitié des legs qui leur étaient faits; etc. Justinien supprima toutes ces lois si évidemment contraires aux principes de la justice. — *Loi Canuleia* plébiscite proposé par le tribun du peuple, C. Canuléius, afin de lever la prohibition contraire dans les deux dernières tables *de* la loi des Décemvirs, laquelle défendait aux patriciens de s'allier aux

plébéiens. Cette prohibition avait été insérée dans la loi, pour qu'aucun plébéien ou homme de sang mêlé comme celui qui serait né du mariage d'un plébéien avec la fille d'un patricien, ou d'un patricien avec une plébéienne, ne pût entrer dans le collège des Augures suivant les intentions du fondateur Romulus. Les patriciens s'opposèrent de toutes leurs forces à l'adoption de ce plébiscite; mais dans le même temps d'autres tribuns proposèrent une loi portant qu'à l'avenir ce serait dans les rangs des plébéiens que l'un des deux consuls serait pris. Les patriciens se hâtèrent alors de se soustraire à la nécessité de consentir à l'autre; mais ils n'y réussirent point. — *Loi Cincia*, plébiscite qui avait pour objet de réprimer la cupidité des avocats; ce fut le dictateur Fabius qui poussa le tribun M. Cincius à le proposer. Cette même loi prononçait la nullité des donations faites aux avocats, à moins qu'elle ne fussent extrêmement modiques (voy. AVOCAT, HONORAIRE). — *Loi ou pacte commissoire.* Convention entre un vendeur et un acheteur, portant que si le prix n'est pas payé dans un temps déterminé, la vente sera déclarée nulle, si le vendeur l'exige. Ce pacte commissoire de l'ancien droit romain a subi de grandes modifications dans notre droit nouveau (voy. VENTE). Au reste la résiliation, malgré le pacte commissoire, n'a jamais eu lieu de plein droit; il a toujours droit de la faire prononcer par jugement. — *Loi consulaire.* Les Romains donnèrent ce nom aux lois promulguées par leurs consuls. Avant la révolution, nous le donnions à la juridiction des juges-consuls et aux lois qui concernaient le commerce, et bien qu'il n'y ait plus de consuls aujourd'hui, on donne souvent le nom de matières consulaires aux matières commerciales. — *Loi criminelles.* Ces lois, dit le président de Montesquieu, ont été perfectionnées tout d'un coup. Là où l'on a le plus cherché à maintenir la liberté, on n'en a pas toujours trouvé les moyens. La peine capitale contre les assassins paraît très juste, car en l'examinant de près on reconnaît qu'elle a été faite en leur faveur, elle leur a conservé la vie à tous les instants; ils n'ont rien à lui opposer (voy. MORT *peine de*). Le même écrivain a fait en quelque sorte un code criminel dont nous reproduisons les principaux traits : « Il y a, dit le savant magistrat, quatre sortes de crimes. Ceux de la première espèce choquent la religion; ceux de la seconde, les mœurs; ceux de la troisième, la tranquillité; ceux de la quatrième, la sûreté des citoyens. Les peines doivent dériver de chacune de ces espèces. » Le sacrilége est dans la première classe, ceux qui en troublent l'exercice sont moins des sacriléges que des crimes qui rentrent dans l'une ou l'autre des dernières classes. La peine du sacrilége simple ne sortirait pas de la nature même de la chose, si elle consistait en des peines autres que la privation de tous les avantages que donne la religion. Il nous semble qu'ici Montesquieu se montre beaucoup trop indulgent; il aurait fallu du moins distinguer entre le sacrilége simple caché, et ce même sacrilége causant du scandale. Dans ce dernier cas il ne suffit pas d'une simple privation d'avantages auxquels bien évidemment l'auteur des crimes ne met aucun prix; le scandale qui l'aggrave mérite une autre peine (voy. SACRILÉGE). Les crimes contre les mœurs, peut-être punis de peines tirées de leur nature même, doivent-être privés de tous les avantages que peut procurer une réputation méritée d'honnêteté. Les amendes, l'infamie publique, l'expulsion hors de la société, l'emprisonnement suffisent pour réprimer la témérité des deux sexes. La législation criminelle autrefois, et aujourd'hui encore s'est montrée et se montre un peu plus rigoureuse, et ce n'est point un mal. Quand les hommes n'ont pas assez de raison pour se renfermer dans les limites de la décence, il faut bien les empêcher d'en sortir par la crainte des châtiments. Les crimes qui choquent la tranquillité doivent être punis par l'exil, les corrections et toutes les espèces de peines qui peuvent ramener des esprits inquiets. Ces crimes au surplus ne sont que des simples lésions des lois de police; car, si en troublant la tranquillité, ils attaquent aussi la sûreté, ils rentrent dans la quatrième classe. Les crimes de cette espèce sont ceux dont la peine consiste dans les supplices, peine de Talion, en vertu duquel la société refuse sûreté à quiconque attente à la sûreté d'autrui. Si l'attentat a ôté la vie à la victime, le coupable mérite la mort. Cette mort est comme le remède de la société malade. Toutefois il y aurait cruauté à punir de mort le simple projet d'un crime (voy. TALION, PRÉMÉDITATION). — On appelle *loi de l'état* toute règle qu'on suit dans le gouvernement politique de l'état. Les lois qui excluent en France les femmes du trône, qui ne permettent pas de diviser le royaume, qui fixent à 14 ans la majorité dès rois, etc., appartiennent à cette classe. On appelle ces lois fondamentales quand elles remontent à la constitution primitive du gouvernement. Celles qui servent à déterminer la forme du gouvernement que la nation adopte, la succession à la couronne, l'étendue de l'autorité souveraine, les droits réservés par le peuple sont des lois fondamentales. Ce n'est au surplus que par une sorte d'abus qu'on leur donne le nom de lois. Celui de conventions leur conviendrait davantage, rien n'empêche au surplus la nation de se réserver dans les conventions du pouvoir législatif, de nommer ses magistrats, de confier le pouvoir judiciaire à des juges choisis par elle, d'établir l'impôt, etc. Si toutes ces réserves se trouvent dans l'acte primordial, cet acte devient loi fondamentale de l'état dont il constitue la liberté et la sûreté. Une autre loi fondamentale de tout état bien gouverné, quoique non exprimée, c'est la loi du bien public, dont le souverain ne peut s'éloigner sans manquer à son devoir. — *Lois frumentaires*. C'étaient chez les Romains des lois faites pour régler les distributions de blé, qui d'abord se faisaient aux troupes et aux officiers du palais, et qui plus tard s'étendirent aux citoyens. Chaque chef de famille recevait tous les mois des greniers publics une certaine quantité de grains. A l'égard du peuple, cet usage naquit du désir que les grands de Rome avaient de gagner la faveur populaire. D'abord on donna le blé à bas prix; plus tard on le distribua gratuitement. Ces distributions continuèrent après les douze Césars; elles duraient encore au temps d'Auguste. — *Loi Gombette ou des Bourguignons* (voy. JUSTICE). — *Loi de la guerre (jus belli)*. Maximes du droit des gens que toutes les nations sont convenues d'observer entre elles-mêmes lorsqu'elles se font la guerre, telle est par exemple, celle qui règle la durée de l'armistice pour ensevelir les morts; qui promet sûreté au parlementaire; qui défend d'empoisonner les sources, les armes, etc. — *Loi habeas corpus*. Loi fameuse qui s'observe en Angleterre, suivant laquelle un accusé est élargi moyennant bail de caution de se représenter quand il sera appelé, pourvu néanmoins qu'il ne s'agisse ni de vol, ni de meurtre, ni de trahison. — On appelle *lois humaines* toutes celles que les hommes ont faites en divers temps et en diverses circonstances. Comme elles sont l'ouvrage de la volonté des hommes, elles sont sujettes à varier quand les volontés changent. C'est ce qui les distingue des lois naturelles qui sont immuables. Leur force vient de ce qu'on les craint, toutefois si elles sont justes, et si le souverain veille à leur exécution, elles sont respectées à l'égal des lois naturelles. — *Les lois judiciaires*, étaient chez les Romains une série de lois rendues par des tribuns, des consuls, des dictateurs, à l'effet de déterminer par quels juges les causes seraient jugées. Le pouvoir de s'adjoindre au sénat fut plusieurs fois donné, pris et rendu aux chevaliers et aux tribuns. Toutes ces lois formaient une espèce de code de procédure. — *Lois mondaines ou terrestres*. Ainsi nommées en France sous les rois des deux premières races, par opposition aux lois canoniques. La loi mondaine se composait du code Théodosien pour les Romains, et des lois Saliques, Agraires, Gombette, etc., pour les Francs et les Bourguignons. — Les Romains donnaient le nom de *lois municipales* à celles qui étaient faites pour une ville ou une province. Ce mot venait de *municipia*, par lequel on désignait une ville qui se gouvernait par ses propres lois. Aujourd'hui nous appelons lois municipales, les statuts particuliers aux communes et aux cantons peu étendus, par opposition aux lois générales qui régissent tout l'état. — *Lois d'Oléron ou de la mer*. Sorte de code maritime qui fut fait vers le XIᵉ siècle pour les habitants de l'île d'Oléron qui passaient généralement pour de très bons marins. Ces lois d'Oléron furent successivement adoptées par tout le littéral de l'Océan. Elles furent même traduites en anglais, ce qui a fait dire à Selden que Richard Iᵉʳ d'Angleterre, en fut l'auteur, opinion réfutée par d'autres écrivains. Ces lois d'Oléron furent pour l'Océan, ce que le chapitre de la marine des constitutions de Catalogne fut pour la Méditerranée. — *Loi Oppia*. Faite par le tribun Oppius pendant la seconde guerre punique pour réprimer le luxe des dames romaines qui se surchargeaient d'or et de parures. Les parties lésées réclamèrent très vivement; au bout de vingt ans de privations elles obtinrent la suppression de la loi. — *Loi Regia*. Loi par laquelle le peuple romain accorda à Auguste le pouvoir législatif, ce qui fait dire à Ulpien, parlant de cette concession : *quod principi placuit legis habet vigorem*. Cette loi, il est vrai, ne reçut pas d'abord le titre de loi royale. Auguste était trop politique pour se revêtir du pouvoir en vertu d'une concession désignée par

un nom détesté des Romains; mais il parvint à force d'adresse et sous l'apparence de diverses magistratures à s'emparer du consentement unanime du sénat et du peuple de l'autorité souveraine. Ses successeurs l'imitèrent, et se firent adjuger par le sénat l'autorité suprême. Il existe dans la basilique de Saint-Jean de Latran une table de cuivre, trouvée parmi les ruines du Capitole, sur laquelle est gravé un long fragment de la loi Regia donnée par le sénat en faveur de Vespasien. — *Loi royale*. Nom donné en Danemark en 1660, à la loi qui fut faite à cette époque, pour confirmer l'extension de puissance accordée par la nation au souverain. Avant cette révolution, le roi était électif, et il partageait le pouvoir avec le sénat et les états de la nation. Charles-Gustave de Suède, envahit le Danemarck sous prétexte de secourir Frédéric III; et le peuple irrité contre la noblesse qui prétendait s'arroger tout le pouvoir, déféra au roi une puissance absolue et héréditaire. La loi royale prononce de graves peines contre quiconque tenterait d'en violer les dispositions. — *Lois sacrées du mariage* chez les Romains (voy. MARIAGE). — *Loi Salique* (voy. SALIQUE loi). — *Lois somptuaires*. Lois romaines qui avait pour objet de réprimer le luxe de la table, des habits, des amusements, des parures, des équipages, etc. Lois somptuaires en France, etc.

M.

LOIN, adv. de lieu, à une grande distance. Il s'emploie aussi figurément. Aller loin, signifie quelquefois faire fortune, s'élever à de hauts emplois. Fig. et fam. ne voir pas plus loin que le bout de son nez, avoir peu de lumières, de prévoyance. Loin est aussi adverbe de temps. De loin, loc. adv. de lieu, d'une grande distance. Fig. voir de loin, avoir beaucoup de prévoyance, pressentir longtemps d'avance ce qui doit arriver. De loin, est aussi loc. adv. de temps. De plus loin, d'aussi loin que, loc. conjonctives de lieu, de la plus grande distance possible. Au loin, loc. adv. de lieu, à une grande distance. Loin de, loc. prépositive, qui a une signification tout-à-fait analogue à celle de loin, employé seul comme adverbe. Cette locution s'emploie souvent au figuré. Prov. loin des yeux, loin du cœur, on oublie les absents, on se refroidit à leur égard. Loin de, s'applique quelquefois au temps.

LOINTAIN, AINE, adj. qui est fort loin du lieu où l'on est ou dont on parle. Il ne se dit que des pays, des climats, des régions et des peuples. Lointain est quelquefois substantif, au masculin, et signifie, éloignement.

LOIR, *myoxus* (mamm.), genre de rongeurs établi par Schreber aux dépens des *mus* de Linné et des *glis* de Brisson, et adopté par tous les zoologistes. Les loirs participent à la fois des rats et des écureuils, et ils forment ainsi le passage entre ces deux divisions. Les principaux caractères de ce genre sont: deux incisives à chaque mâchoire, longues, fortes, plates à leur partie antérieure, anguleuses et comprimées à la partie postérieure; les supérieures coupées carrément et les inférieures pointues; quatre molaires de chaque côté, se divisant par leur base en racines, des lignes transverses, saillantes et creuses se faisant remarquer sur la couronne de ces dernières dents; les membres antérieurs un peu plus courts que les postérieurs, terminés par une main divisée en quatre doigts, libres ou seulement réunis à leur base par une légère membrane, et armée d'ongles arqués comprimés et pointus, à la partie interne du carpe, on remarque un gros tubercule allongé garni à sa base d'un rudiment d'ongle plat et que l'on regarde comme un vestige de pouce. Aux membres postérieurs, les pieds sont terminés par cinq doigts, simplement réunis à la base par une légère membrane; tous ces doigts sont armés d'ongles arqués, aigus et comprimés; la queue est allongée et lâche; la pupille est ronde et susceptible de se contracter comme un point; le mufle est divisé en deux parties par un sillon profond; l'oreille est demi-membraneuse; la langue est longue, charnue et couverte de petites papilles molles et coniques; la lèvre supérieure est épaisse et velue, les bords de l'inférieure se soudent l'un à l'autre en arrière de la base des dents incisives et forment antérieurement une gaine de laquelle sortent ces dents. Les loirs sont des rongeurs nocturnes de petite taille dont l'épaisse fourrure est revêtue de couleurs douces et harmonieuses, leur queue entièrement velue et leur genre de vie les ont fait comparer aux écureuils. Ils habitent les forêts où ils se nourrissent de faînes, de noisettes de châtaignes et d'autres fruits sauvages; ils mangent aussi des œufs et même de petits oiseaux. Ils se font un nid de mousse dans le tronc des arbres creux ou dans les fentes des rochers ou des murs: ils recherchent de préférence les lieux secs; ils boivent peu et descendent rarement à terre. Ils s'accouplent au printemps, et font leurs petits en été; leurs portées sont de quatre ou cinq petits. Ces animaux sont courageux et défendent leur vie jusqu'à la dernière extrémité; les chats sauvages et les martes en détruisent beaucoup. Les loirs font des provisions de fruits à l'approche de l'hiver, dans leur retraite, pour servir à leur nourriture jusqu'au moment de l'engourdissement qui a lieu à 7° au-dessous de zéro. Cet engourdissement dure autant que la cause qui le produit. Les loirs et principalement le lérot peuvent assez bien être apprivoisés, surtout lorsqu'on les prend jeunes. On connaît quatre espèces de ce genre, ce sont : le loir (*mus glis*, Gm.). Cette espèce qui habite les contrées méridionales de l'Europe, a de longueur totale depuis le museau jusqu'à l'anus, 13 à 15 centimètres; elle est d'un gris cendré en dessus avec les parties inférieures d'un blanc légèrement roussâtre; un cercle d'un gris noirâtre entoure les yeux; la queue est d'un cendré pur, et le dessus des pieds d'un brun noirâtre; sa queue est aussi longue que le corps, entièrement couverte de poils longs et épais. La chair du loir est bonne à manger; on le nourrissait en domesticité chez les Romains pour la table. Le lérot (*myoxus nitela*, Gm.), à peu près de la taille du précédent. Le lérot se trouve dans presque toute l'Europe tempérée, moins sauvage que le loir, il établit sa retraite près des lieux habités, fréquente les espaliers et se retire dans les cavités des murs. Il fait beaucoup de dégât dans les vergers, et sa chair n'est pas bonne à manger. Il est en dessus d'un beau gris roux, les parties inférieures du corps et le bas des membres antérieurs sont d'un blanc jaunâtre, le dessus de la tête est fauve isabelle, une large bande noire traverse l'œil et l'oreille. Les deux autres espèces sont : le muscardin et le loir du Sénégal. J. P.

LOIR (le), rivière de France, qui prend sa source dans le département d'Eure-et-Loir, à Cernay, arrondissement de Chartres, et après un cours de 55 lieues, se jette dans la Sarthe, près de Briolay. Elle reçoit dans son cours l'Ozanne, la Conie, la Braye, le Long et l'One. Sa partie navigable est de 113,900 mètres.

LOIR (Nicolas), peintre, né à Paris en 1624, mort en 1676, fit une étude si particulière des ouvrages du Poussin, et les copia avec tant d'art, qu'il est difficile de distinguer la copie d'avec l'original. Loir s'attacha au coloris et au dessin. Il avait de la propreté et de la facilité. Il peignait également bien les figures, les paysages, l'architecture et les ornements; mais il excellait à peindre des femmes et des enfants.

LOIR-ET-CHER, département de France, formé du Vendômois, du Blaisois, de l'Orléanais propre et de la Touraine; les départements limitrophes sont : au N., Eure-et-Loir; au N.-E., Indre; au S.-E., Cher; au S., Indre, et au S.-O., Indre-et-Loire. Il a 26 lieues de long sur 19 de large, 625,931 hectares carrés de superficie. Il est arrosé au N. par le Loir, au S. par le Cher qui donnent leur nom à ce département. Ses autres rivières remarquables sont : la Loire, le Beuvron, le Cosson et la Saudre. La Loire le divise en deux parties: celle de la rive gauche qui s'appelle Sologne est stérile à cause des marais, des forêts, des landes et des sables; l'autre partie sur la rive droite est de la plus grande fertilité; la nature, secondée par le travail de l'homme, y étale toutes ses richesses en vignes, champs de blé et sites ravissants. Il se divise en 3 arrondissements, dont les chefs-lieux sont Blois, Romorantin et Vendôme, 28 cantons, 344 communes; il forme un diocèse épiscopal suffragant de l'archevêché de Paris, et dont le siège est à Blois. Il est, pour l'administration judiciaire, du ressort de la cour royale d'Orléans; pour l'administration universitaire, du ressort de l'académie de la même ville. Il fait partie de la 4e division militaire dont le quartier-général est à Tours et du 21e arrondissement forestier qui a aussi Tours pour chef-lieu. Il envoie 3 députés à la législature. Le revenu territorial de ce département est de 11,721 000 fr. Le chef-lieu est Blois. Sa population est de 284,276 habitants. Ses produits sont: vins, blé, fruits, châtaignes, mûriers, fer, pierres à fusil, tourbe, eaux minérales, bœufs, moutons, chevaux, abeilles et vers à soie. L'industrie y est médiocre, son commerce se fait avec les produits de son sol. Parmi les hommes remarquables auxquels ce département a donné naissance, nous citerons Ronsard et Papin, l'inventeur de la machine à vapeur.

LOIRE (*Liger*), grande rivière de France qui descend du mont Gerbier-le-Joux, dans le département de l'Ardèche; elle reçoit l'Allier, le Cher, la Creuse, l'Indre, la Mayenne, la Nièvre, la Sèvre-Nantaise, et se jette dans l'Océan à 13 lieues

O. de Nantes. Elle partage la France en deux parties presque égales, joint l'Océan à la Méditerranée par le canal du Centre, et est le principal moyen de transport pour le commerce intérieur de la France. Elle est navigable pour les grands bâtiments jusqu'à Nantes, pour les moyens jusqu'à Brigre, et pour les petits jusqu'à Roanne. Cette rivière donne son nom à trois départements; son cours est d'environ 240 lieues. L'embouchure de la Loire se comble de plus en plus; dans les mauvais temps, elle offre du danger aux bâtiments qui y passent.

LOIRE, département de France. Il est borné par les départements de Saône-et-Loire, au N.; du Rhône et de l'Isère, à l'E.; de l'Ardèche et de la Haute-Loire, au S.; du Puy-de-Dôme, à l'O.; de l'Allier au N.-O. Il a 27 lieues de long sur 12 de large, et 474,620 hectares carrés de superficie. Ses principales rivières sont : la Loire qui coule du S. au N., le Lignon, l'Aix, l'Ysable, la Coize, le Gier, la Semène et le Furan. De hautes montagnes s'étendent au N., au S. et à l'O. de ce département ; 38,716 hectares de son territoire sont occupés par des forêts. Il se divise en 3 arrondissements dont les chefs-lieux sont : Montbrison, chef-lieu du département, Roanne et Saint-Étienne. Il renferme 28 cantons et 318 communes. Sa population s'élève à 412,497 habitants. Ce département fait partie de la 7e division militaire dont le quartier-général est à Lyon. Il est compris dans le ressort de la cour royale et de l'académie de Lyon. Il forme avec le département du Rhône le diocèse de l'archevêché de Lyon. Il appartient à la 23e conservation forestière dont le siége est à Moulins. Il envoie 5 députés à la législature. Les produits du règne végétal sont: grains, bonnes pommes de terre, fruits, marrons, chanvre, safran, garance, etc. On y récolte annuellement 217,300 hectolitres de vin. Les mines de charbon de terre sont très riches et ne cèdent qu'à celles d'Anzin. Ce département abonde en fer, plomb, acier, pierres meulières, marbre, porphyre, granit et pierres à fusil ; il est en général assez fertile en pâturages où paissent des mulets, chevaux, bœufs, moutons et chèvres. Ses fabriques sont principalement toutes sortes d'objets en fer et acier; son commerce, très actif, consiste en produits de ses manufactures et fabriques. Ce département se compose de portions des provinces du Lyonnais propre, du Beaujolais et du Forez.

LOIRE (HAUTE-), département de la France. Il est situé entre ceux de la Loire et du Puy-de-Dôme au N.; ceux de la Loire et de l'Ardèche à l'E.; ceux de l'Ardèche et de la Lozère au S., et celui du Cantal à l'O. Il a 22 lieues de longueur sur 16 de largeur, et 498,560 hectares de superficie. Ses principales rivières sont : la Loire, l'Allier, l'Ance, l'Auzon, l'Arcueil et l'Alagnon. Des montagnes très hautes et volcaniques entourent la moitié de ce département. Il est divisé en 3 arrondissements, dont les chefs-lieux sont : Le Puy, chef-lieu de tout le département, Brioude et Yssengeaux. Il renferme 28 cantons et 267 communes; sa population est de 295,384 habitants, parmi lesquels on compte 1,219 électeurs, représentés à la chambre par 4 députés. Il forme le diocèse de l'évêché du Puy suffragant de l'archevêché de Bourges. Il est compris dans le ressort de la cour royale de Riom et dans celui de l'académie de Clermont. Il fait partie de la 19e division militaire dont Clermont est aussi le chef-lieu, et de la 31e conservation forestière. Le terrain de cette partie de la France est très fertile et produit froment, fruits, fèves et pois en abondance. La vigne donne du vin médiocre et pas assez pour les besoins des habitants. Des forêts et des pâturages couvrent les montagnes. On y élève principalement des mulets qui sont une des plus essentielles sources de la prospérité de ce pays. Les montagnes abondent en mines de houille, de fer, d'antimoine, de marbre, etc.; on y fabrique des dentelles, des blondes en fil et en soie, étoffes de laine, papiers et paniers. Tous les ans, 2 ou 3000 habitants sortent du pays pour gagner autre part leur pain. Ce département a été formé du Vélay, du Vivarrais et d'une partie du Gévaudan.

LOIRE-INFÉRIEURE, département de France. Il est formé de l'ancienne Bretagne. Il est borné au N. par les départements d'Ille-et-Vilaine et du Morbihan ; à l'E. par celui de Maine-et-Loire; au S. par celui de la Vendée ; à l'O. par l'Océan. Il a 26 lieues de long sur 17 de largeur, et 681,704 hectares. Ses principales rivières sont : la Loire, qui se jette dans l'Océan, l'Erdre, le Hàvre, l'Isac, le Don et la Sèvre-Nantaise. Il a 20 lieues de côtes sur la mer ; son terrain, uni et varié, offre des forêts, des landes, des marais et des arbres fruitiers. Les produits de ce pays consistent en blé, seigle, sarrasin, pommes de terre, millet, fer, antimoine, étain, aimant, houille, marbre, granit, quartz vitreux, tourbe, argile à potier, kaolin, schorl noir, poisson, chevaux de petite taille, bœufs et volaille. On y récolte annuellement 900,000 hectolitres de vin qui est généralement blanc. Son industrie consiste en fonte de fer, fonderies de canons, sel, verre, porcelaine, noir de fumée, toiles de lin, etc. Il y a des chantiers au bord de la mer pour la construction des navires; le commerce de ce département est assez actif et favorisé par les côtes de l'Océan. Son revenu territorial est évalué à 19,000,500 fr. Ce département n'a de rivières navigables, outre la Loire, que la Vilaine. Il possède un canal, celui de Brest à Nantes. Ses grandes routes sont au nombre de dix-neuf, dont six routes royales et treize départementales. Ses ports principaux sont Nantes et Paimbœuf. Il est divisé en cinq arrondissements, dont les chefs-lieux sont Nantes, chef-lieu du département, Savenay, Châteaubriant, Ancenis et Paimbœuf. Il renferme 45 cantons et 206 communes. Sa population est de 470,768 habitants, parmi lesquels on compte 2,208 électeurs. Il envoie à la chambre sept députés. Le département de la Loire-Inférieure forme le diocèse de l'évêché de Nantes, suffragant de l'archevêché de Tours. Il est compris dans le ressort de la cour royale de Rennes et dans la circonscription académique dont le chef-lieu est aussi Rennes. Il appartient à la 12e division militaire, dont le quartier-général est à Nantes, et au 25e arrondissement forestier.

LOIRET, département de la France. Il est ainsi appelé de la remarquable petite rivière de ce nom, et comprend la majeure partie de l'Orléanais et une petite portion du Berry. Il a pour départements limitrophes au N. ceux d'Eure-et-Loir, Seine-et-Oise et Seine-et-Marne; à l'E. celui de l'Yonne; au S. ceux de la Nièvre, du Cher et Loir-et-Cher; à l'O. ceux de Loir-et-Cher et Eure-et-Loir. Il a 21 lieues de long sur 20 de largeur, et 667,679 hectares de superficie. Le sol de ce département, généralement plat, fertile et bien cultivé, couvert de forêts, de vignobles et de pâturages est arrosé par le Loiret, la Loire, le Couzon, l'Essonne et les canaux de Briare et d'Orléans. Ce département n'a de rivière navigable que la Loire qui le traverse dans toute sa longueur. Il possède trois canaux, le canal de jonction de la Loire à la Seine, le canal de Briare, le canal latéral à la Seine, à partir de Châtillon Les grandes routes sont au nombre de 23, dont 9 routes royales et quatorze départementales. Il est divisé en 4 arrondissements dont les chefs-lieux sont : Orléans, chef-lieu du département, Gien, Montargis et Pithiviers. Il renferme 31 cantons et 348 communes. Sa population est de 342,189 habitants, parmi lesquels on compte 2,693 électeurs. Il envoie à la chambre 5 députés. Son revenu territorial est évalué à 17,516,000 fr. Ce département forme le diocèse de l'évêché d'Orléans, suffragant de l'archevêché de Paris. Il possède à Orléans une Cour royale et une académie. Il appartient à la 1re division militaire, dont Paris est le chef-lieu, et au premier arrondissement forestier dont le chef-lieu est Orléans.

LOIS. En Judée Dieu même donna des lois aux Hébreux. Ces lois ont été recueillies par Moïse, et nous les avons encore dans le Pentateuque. A Sparte les seules lois furent celles de Lycurgue. Il le travailla dans la solitude et la méditation; mais ensuite il les soumit au jugement de l'oracle de Delphes et à la ratification des assemblées du peuple. Il faut remarquer que les lois de Lycurgue ne furent jamais écrites, ce qu'on a reproché au gouvernement de Lacédémone, comme prêtant à l'arbitraire et à la mauvaise foi. (V. LYCURGUE). A Athènes, outre les lois de Thésée, de Solon, de Clisthène, de Démétrius de Phalère, qui furent plus célèbres législateurs athéniens, nombre d'autres lois étaient présentées par de simples citoyens et souvent adoptées. Pour cela il fallait, 1° que l'auteur de la proposition en fît part aux prytanes, qui alors convoquaient le sénat; 2° que le sénat l'adoptât, et alors elle prenait le nom de προβούλευμα, et les prytanes l'inscrivaient sur les tablettes destinées à cet usage : on l'appelait alors πρόγραμμα; 3° que ces tablettes restassent quelques jours suspendues aux statues des héros, sur la place publique et à la porte des temples, afin qu'on pût prendre connaissance des dispositions du projet; 4° que le peuple assemblé décrétât la loi à la majorité, et l'élevât au rang de νόμος ou de ψήφισμα. Ces deux espèces de loi, le nomos et le pséphisma, également obligatoires, différaient cependant; la première était perpétuelle et générale, la seconde temporaire et partielle. Au reste il fallait avoir une grande con-

naissance de la constitution athénienne, pour oser proposer une loi nouvelle. Pendant un an entier après la proposition, si elle était rejetée, on pouvait être accusé et condamné à de fortes amendes ou même à la perte de quelques droits civils. Comme le temps et les circonstances pouvaient rendre des modifications nécessaires, la législation était soumise à une révision générale, qui commençait le 11 hécatombéon. On lisait à haute voix dans l'assemblée toutes les lois. Si quelques changements étaient proposés, on les rédigeait, et on en remettait l'examen à l'assemblée du mois suivant (métagitnion). Ce mois arrivé, les proèdres faisaient leur rapport au peuple, et cinq syndics étaient chargés de défendre la cause des lois anciennes; après quoi les nomothètes donnaient leur décision. L'assemblée du mois suivant (boédromion) la ratifiait ou la rejetait. Les lois étaient rédigées par écrit sur des tablettes, les une triangulaires, les autres à quatre faces. Les premières s'appelaient Cyrbes, et étaient destinées aux lois de la religion et du culte; les autres portaient le nom d'Axones, et ne recevaient que les lois relatives aux affaires civiles. Des magistrats nommés Grammates étaient chargés de la surveillance et de la conservation matérielle de ces tablettes. Après la chute des Trente les lois furent gravées sur les murs du portique royal pour que personne ne pût en prétexter l'ignorance. À Rome des lois furent données par Romulus et Numa. Servius Tullius en ajouta beaucoup de nouvelles. Tarquin-le-Superbe les anéantit toutes. La révolution qui suivit son règne ressuscita les lois avec la liberté. Quelques-unes se promulguèrent les années suivantes; mais ce ne fut que 451 et 450 av. J.-C. que les Romains possédèrent enfin un véritable code dans les dix douze tables, que rédigèrent les décemvirs. Ces lois, bases du droit civil et même politique des Romains, ne pouvaient cependant leur suffire; la mobilité perpétuelle du gouvernement, l'étendue toujours croissante de l'empire, l'augmentation successive des richesses, en sollicitaient sans cesse de nouvelles, et l'on en ajouta bientôt un grand nombre. Elles étaient toutes décrétées par le peuple sur la proposition d'un magistrat. Le peuple votait comme pour l'élection des magistrats, soit par curies, ce qui arrivait rarement, soit par centuries ou par tribus; de là les noms de leges curiatæ, leges centuriatæ (ou populiscita), et de leges tributa (ou plebiscita); les magistrats qui les proposaient étaient consuls, préteurs ou tribuns; de là leges consulares, prætoriæ, tribunitiæ. En outre, chaque loi était désignée par le nom de famille de celui qui la proposait, ainsi lex Manilia, lex Publilia, etc., et, si le même magistrat avait porté plusieurs lois, on les distinguait par un second titre exprimant l'objet de la loi : ainsi lex Julia agraria, Julia de sacerdotiis, Julia de vi publicâ et privatâ et majestate. Sous l'empire, l'empereur seul fit les lois, sans l'approbation du peuple; et même le nom de lois disparut, et fit place à celui d'édit, et ensuite de rescrit. De plus une loi d'Auguste décréta que les juges prendraient pour règle de l'interprétation des lois l'explication de certains jurisconsultes désignés; de sorte que certains commentaires des légistes eurent force de loi. De là résulta une grande confusion dans la jurisprudence romaine. Deux légistes du temps de Constantin essayèrent d'y mettre un terme, et publièrent, l'un le code Grégorien, l'autre le code Hermogénien. Théodose-le-Grand en fit faire un troisième, qui prit de lui le nom de code Théodosien, et qui servit de règle aux deux parties de l'empire. Alaric le fit ensuite abréger sous le titre de Breviarium legum romanarum. Enfin Justinien ordonna de refondre totalement ces diverses compositions, et fit publier les grands ouvrages dont la réunion forme le Jus Romanum. Ces ouvrages sont les Institutes, les Pandectes ou Digestes, le Code Justinien et les Novelles.

LOISEAU (JEAN-SIMON), jurisconsulte, né en Franche-Comté, mort à Paris le 22 décembre 1822, acheta un office d'avocat à la Cour de cassation, et travailla à un journal de jurisprudence, qui établit sa réputation. Il a laissé : Jurisprudence du Code civil (avec M. Bavoux). C'était un ouvrage périodique, commencé en 1814 et terminé en 1821, 19 vol. in-8; Traité des enfants naturels, adultérins, incestueux et abandonnés, Paris, 1811, in-8; Appendice au Traité des enfants naturels, ibid., Bavoux, 1819, in-8. Ses deux ouvrages sont estimés; Jurisdiction des maires de village, ou Traité des contraventions de police, d'après les Codes pénal et d'instruction criminelle, ibid., 1813, in-12; 2e édition, 1816.

LOISEL (ANTOINE), avocat au parlement de Paris, né à Beauvais en 1386, mort à Paris en 1617, étudia d'abord à Paris sous le fameux Ramus, qui le fit son exécuteur testamentaire, ensuite à Toulouse et à Bourges, sous Cujas. On a de lui huit discours intitulés : *La Guienne de M. Loisel* ; parce qu'il les prononça, étant avocat du roi, dans la chambre de justice de Guienne ; le *Trésor de l'Histoire générale de notre temps*, depuis 1610 jusqu'en 1628, in-8, ouvrage médiocre ; le *Dialogue des avocats du parlement de Paris* ; les *Règles du droit français* ; les *Mémoires de Beauvais et Beauvoisis*, in-4, pleins de recherches curieuses ; les *Institutes coutumières*, 1710, en 2 vol. in-12, réimprimées plusieurs fois ; des Poésies latines ; Opuscules divers, in-4, 1656.

LOISIBLE, adj. des deux genres. Qui est permis. Il a vieilli.

LOISIR, s. m., temps dont on peut disposer sans manquer à ses devoirs. Fam., il faut qu'il ait bien du loisir de reste, se dit d'un homme qui s'amuse à des bagatelles ou qui se mêle d'affaires qui ne le regardent point. Loisir se dit aussi d'un espace de temps suffisant pour faire quelque chose commodément. A loisir, loc. adv. A son aise, à sa commodité, sans se presser.

LOLLARD ou **LOLHARD** (WALTER), hérésiarque allemand, enseigna, vers l'an 1315, que les démons avaient été chassés du ciel injustement, et qu'ils y seraient rétablis un jour. Saint Michel et les autres anges coupables de cette injustice devaient être (selon lui) damnés éternellement avec tous les hommes qui n'étaient pas dans ces sentiments. Il méprisait les cérémonies de l'Église, ne reconnaissait point l'intercession des saints, et croyait que les sacrements étaient inutiles. Le mariage, selon lui, n'était qu'une prostitution jurée, etc. Ce fanatique se fit un grand nombre de disciples, en Autriche, en Bohême, etc. Il établit douze hommes choisis entre ces disciples, qu'il nommait ses apôtres, et qui parcouraient tous les ans l'Allemagne, pour affermir ceux qui avaient adopté ses sentiments. Les inquisiteurs firent arrêter Lollard, et, ne pouvant vaincre son opiniâtreté, le condamnèrent. Il fut brûlé à Cologne en 1322, sans donner aucune marque de repentir. Les lollards se propagèrent en Allemagne, passèrent en Flandre et en Angleterre. Ils se réunirent aux wicléfites, et préparèrent la ruine du clergé anglais et le schisme de Henri VIII, tandis que d'autres lollards disposaient les esprits en Bohême pour les erreurs de Jean Huss, et pour les guerres des hussites. Tant il est vrai que laisser germer des sectes, c'est non-seulement préparer des maux inévitables à la religion, mais ébranler encore la constitution des états.

LOLLIA (PAULINA), impératrice romaine, petite fille du consul Lollius, était mariée à C. Memmius Régulus, gouverneur de Macédoine, quand l'empereur Caligula fut épris de sa beauté. Afin de l'épouser dans les formes, il obligea Memmius de se dire le père de cette dame, dont il était le véritable mari. Elle ne porta pas longtemps le titre si envié et si dangereux d'impératrice. Caligula, ennuyé bientôt de la beauté de Lollia, la répudia sans motif ni prétexte, mais de sa seule volonté. Après la mort de Messaline, femme de Claude, Lollia brigua l'honneur de devenir la femme de Claude ; mais Agrippine l'emporta par les intrigues de Pallas, accusa sa rivale de sortilége, et, sous ce prétexte, la fit bannir par l'empereur, puis assassiner par un tribun, l'an 49 de Jésus-Christ.

LOLLIEN (SPURIUS-SERVILIUS-DOLLIANUS), né dans la lie du peuple, s'avança dans les armes par son intelligence et sa bravoure. Il fut revêtu de la pourpre impériale par les soldats romains qui venaient de massacrer Posthume-le-Jeune. Ce fut dans le commencement de l'an 267. L'usurpateur se défendit à la fois contre les troupes de Gallien et contre les Barbares d'au-delà du Rhin. Après les avoir contraints de retourner dans leur pays, il fit rétablir les ouvrages qu'ils avaient détruits, comme il faisait travailler ses soldats à ces travaux, ils se mutinèrent et lui ôtèrent la vie après quelques mois de règne.

LOLLIUS (MARCUS), consul romain, fut estimé d'Auguste. Cet empereur lui donna le gouvernement de la Galatie, de la Lycaonie, de l'Isaurie et de la Pisidie, 23 ans avant J.-C. Il le fit ensuite gouverneur de Caïus-César, son petit-fils, lorsqu'il envoya ce jeune prince dans l'Orient pour y mettre ordre aux affaires de l'empire. Lollius fit éclater dans ce voyage son avarice et d'autres mauvaises qualités qu'il avait cachées auparavant avec adresse. Les présents immenses qu'il extorqua de tous les princes pendant qu'il fut auprès du jeune César découvrirent ses vices. Il entretenait la discorde entre Tibère et Caïus-César, et l'on a cru même qu'il servait d'espion au roi des Parthes pour éloigner la conclusion de la paix. Caïus, ayant appris cette trahison, l'accusa auprès

de l'empereur. Lollius, craignant d'être puni comme il le méritait, s'empoisonna, laissant des biens immenses à Marcus Lollius, son fils, qui fut consul, et dont la fille Lollia Paulina épousa Caligula.

LOLME (JEAN-LOUIS DE), né à Genève, en 1740, mort à Seven, dans le canton de Schwitz, abandonna l'exercice de la profession d'avocat pour aller examiner les coutumes et les constitutions des différents États de l'Europe. Il fixa surtout son attention sur le gouvernement anglais. Cet auteur avait les manières les plus bizarres, recherchait la société des classes inférieures, changeait souvent de nom et vivait dans un état voisin de la misère. Il publia : *Parallèle du gouvernement anglais et de l'ancien gouvernement de Suède*, etc., en anglais ; *Constitutions de l'Angleterre*, ou *État du gouvernement anglais*, dans lequel il est comparé à la fois avec la forme républicaine de gouvernement, et avec les autres monarchies de l'Europe, Amsterdam, 1771, in-8°, souvent réimprimé. L'auteur améliora son plan, et publia une édition anglaise en octobre 1795. Son ouvrage, estimé des Anglais, a été vivement critiqué par l'auteur de l'*Examen du gouvernement d'Angleterre, comparé aux constitutions des États-Unis*, et surtout dans les notes ajoutées par l'éditeur ; *Histoire des flagellants*, ou *Mémoires sur la superstition humaine*, 1777, in-4°, en anglais. C'est une paraphrase du livre de l'abbé Jacques Boileau, et l'on reproche à de Lolme de n'y avoir pas gardé la mesure convenable.

LOM ou **LOMMIUS** (JOSSE VAN), savant médecin, né à Burin, dans le duché de Gueldres, vers 1500, exerça sa profession à Tournai et à Bruxelles, et mourut vers l'an 1562. Tous ses ouvrages ont été imprimés à Amsterdam, en 1745 et 1761, 3 vol. in-12. En parlant des avantages de la sobriété, il fait remarquer que le précepte de l'Église touchant la quarantaine qui a lieu au commencement du printemps est parfaitement conforme aux lois de l'hygiène, et, qu'observée avec régularité, cette quarantaine prévient plusieurs maladies.

LOMBAGE, s. m., douleur dans la légion lombaire , sans gonflement, sans rougeur et ordinairement sans chaleur locale, survenant presque toujours subitement, forçant les malades à se tenir courbés en avant, et ayant quelquefois une telle intensité qu'elle peut déterminer de la fièvre. Quelques auteurs le regardent comme une inflammation, et en plaçant le siège, les uns dans les muscles psoas, les autres dans les muscles lombaires ; d'autres le considèrent comme un rhumatisme, quelques-uns comme une névralgie ; les diverses circonstances qui peuvent le produire se prêtent en effet à chacune de ces suppositions. Un courant d'air frais qui vient frapper sur la région lombaire, un effort pour soulever un fardeau, un mouvement brusque de torsion du tronc, la flexion du corps en avant prolongée pendant longtemps, en sont les causes plus ordinaires ; mais ils surviennent aussi quelquefois sans aucune cause appréciable. Le traitement consiste à exciter une abondante transpiration par des bains chauds ou de vapeur, en ayant soin d'envelopper ensuite le malade dans une couverture de laine bien chauffée, de lui faire boire abondamment une tisane sudorifique très chaude, et de lui prescrire un repos absolu. Si l'on ne réussit point à exciter ainsi la transpiration, on n'insiste pas sur les dorifiques, et on administre un ou deux purgatifs. Vers la terminaison de la maladie, on achève de dissiper la douleur par des frictions faites avec des linimens, dont les huiles, le camphre, l'opium et l'essence de térébenthine font la base. Ces frictions peuvent même suffire pour guérir le lombage récent et peu intense.

LOMBAIRE, adj. des deux genres, t. d'anat., qui appartient aux Lombes.

LOMBARD-VÉNITIEN (ROYAUME), est borné au N. par la Suisse et l'Autriche, à l'E. par l'Illyrie, au S.-E. par la mer Adriatique, au S. par les États-Romains et les duchés de Parme et de Modène, à l'O. et au S. par les États Sardes. Il a 50 lieues de long sur quarante de large. Sa superficie est de 2,368 lieues carrées, et sa population de 4,237,000 habitants. Ses principales rivières sont le Pô, l'Adige, la Piave, la Brenta, l'Adda, l'Isonzo, le Tagliamento et la Livenza ; ses lacs sont ceux de Como, Garda, Maggiore, Idro, Iseo et Mantoue. Il possède en outre un grand nombre de canaux. Le climat y est froid du côté des montagnes , et chaud dans les plaines ; l'hiver n'y dure que deux mois , et l'air en est en général salubre, presque tout le territoire de ce pays est uni, très fertile et soigneusement cultivé. Les produits du règne végétal sont : grains, riz, maïs, citrons, oranges, grenades, olives, chanvre, lin, soie, huile, miel et vin.

ceux que l'on retire des entrailles de la terre sont : fer, alun, cuivre et marbre. De riches pâturages fournissent une nourriture plus que suffisante au beau bétail, chevaux et moutons; et ses rivières abondent en poissons. Ce royaume est divisé en deux gouvernements, celui de Milan et celui de Venise. Le gouvernement de Milan forme 9 délégations : Milan, Pavie, Como, Lodi, Crémone, Brescia, Bergame, Mantoue, Sondrio; et celui de Venise en a 8, savoir : Venise, Padoue, Vicence, Vérone, Udine, Trévise, Bovigo et Bellune. Ce royaume fait partie des États de l'empereur d'Autriche, et son administration est analogue à celle de l'Autriche, et a un vice-roi qui est souvent un archiduc. On estime ses revenus à 80,000,000 de francs. Son armée est de 40,000 hommes, et sa marine consiste en 8 vaisseaux de ligne et 7 frégates. Cette partie de l'Italie, conquise en 1796 par l'armée française, commandée par le général Bonaparte, reçut le nom de république cisalpine; plus tard celui de république italienne. En 1805, elle fut érigée en royaume par Napoléon et resta soumise à la France. Le congrès de Vienne en 1814 la livra à l'Autriche qui lui donna son nom actuel.

LOMBES, s. m. pl., t. d'anat. Partie inférieure du dos, composée de cinq vertèbres et des chairs qui y sont attachées.

LOMBOK, île de la Malaisie. Elle a 18 lieues de long sur 15 de large. Elle est couverte de montagnes dont la plus haute a 3,000 pieds au-dessus de la mer. Cette île fertile est séparée de Baly par le détroit de Lombok, dont le passage est très dangereux. Les habitants font un commerce considérable avec Java et Kalemantan. Ils obtiennent en échange de leurs denrées, des armes à feu, de la poudre ou de l'argent. Elle est régie par un radjah tributaire de celui de Karrang-Assem, qui est un des plus puissants de l'île de Baly. Les habitants sont des agriculteurs renommés, et leur civilisation est assez avancée. Ils descendent des Hindous et appartiennent à la secte de Mira; le brahmanisme et le boudohisme y ont encore des sectateurs au milieu des populations musulmanes de Lombok, et l'abominable usage de sacrifier les veuves sur le bûcher de leurs maris y existe, ainsi qu'à Baly et dans l'Hindoustan.

LOMBRIC, lumbricus ((annél.), genre d'annélides connues vulgairement sous le nom de ver de terre. Les lombrics appartiennent aux annélides sétigères, c'est-à-dire pourvues de soies, et ils prennent place parmi les abranches de Cuvier. Dugès a publié sur ces animaux un mémoire fort intéressant (Ann. des sc. nat., 1828). Il leur assigne les caractères suivants : annélides sans branchies, à corps généralement arrondi dans son quart antérieur, dont les anneaux sont beaucoup plus grands et plus renflés, souvent anguleux dans le reste de son étendue, terminé par deux extrémités atténuées. Chacun de leurs anneaux porte en dessous huit soies raides, courtes, crochues et dirigées en arrière, et en dessus un pore médian; les anneaux les plus antérieurs ont deux de ces pores. La bouche est infère, munie d'une lèvre supérieure ou antérieure qui constitue le premier segment du corps, et se prolonge plus ou moins en forme de trompe; tandis que la lèvre inférieure est formée par le bord du deuxième segment. L'anus est terminal en arrière et bordé par deux lèvres latérales. Les organes génitaux, visibles au dehors, consistent surtout en deux fentes transversales ou valvules bilobiées, situées sur le quatorzième ou le seizième anneau, et il existe de plus quelques mamelons soit devant, soit derrière les valvules; enfin un renflement comme charnu, convexe en dessus, plat et souvent poreux en dessous, occupe un espace un peu plus postérieur et variable en étendue. On donne à ce renflement le nom de selle et de ceinture. Quelques lombrics sont aquatiques comme les naïs. Les espèces terrestres de ce genre vivent de préférence dans les lieux humides; elles sont inoffensibles, vivent d'humus; les pêcheurs s'en servent comme d'appâts. Les lombrics réunissent les deux sexes, mais ils s'accouplent néanmoins. Ils sont ovipares; leurs œufs sont des vésicules à coques cornées ovalaires ou allongées. Nous renvoyons, pour plus de détails, au mémoire de M. Dugès cité plus haut. J. P.

LOMÉNIE (Henri-Auguste de), comte de Brienne, naquit à Paris, en 1594. Louis XIII le fit capitaine du château des Tuileries en 1622, et l'envoya en Angleterre deux ans après pour régler les articles du mariage de Henriette de France avec le prince de Galles. Il suivit le roi au siège de La Rochelle, dans le commencement de son règne, et eut ensuite le département des affaires étrangères. Il se conduisit avec beaucoup de prudence durant les troubles de la minorité de Louis XIV, et mourut en 1666. Il laissa des mémoires manuscrits, depuis

le commencement du règne de Louis XIII jusqu'à la mort du cardinal Mazarin. On en a pris les morceaux les plus intéressants pour composer l'ouvrage connu sous le titre de Mémoires de Loménie, imprimés à Amsterdam, en 1719, en 3 vol. in-12. L'éditeur les a poussés jusqu'en 1681. Ils offrent quelques détails curieux et des anecdotes utiles pour l'histoire de son temps.

LOMÉNIE (Louis-Henri de), comte de Brienne, fils du précédent, fut pourvu, en 1651, dès l'âge de 16 ans, de la survivance de la charge de secrétaire d'État qu'avait son père, et commença à l'exercer à 23 ans, après avoir voyagé en différentes contrées d'Europe; mais l'affliction que lui causa la mort de sa femme, en 1665, aliéna son esprit. Louis XIV fut obligé de lui demander sa démission. L'ex-ministre se retira chez les Pères de l'Oratoire, vécut d'abord avec sagesse, et reçut même les ordres sacrés; mais il fallut bientôt l'enfermer dans l'abbaye de Saint-Germain, d'où on le confina à Saint-Benoît-sur-Loire, puis à Saint-Lazare. L'écrit qui l'occupa le plus dans sa prison fut une histoire du jansénisme, sous le titre de Roman véritable, ou l'Histoire secrète du jansénisme, etc., 1685. C'est un mélange de prose et de vers en neuf livres. L'auteur y ménage peu les solitaires du Port-Royal, dont les partisans ne l'ont pas ménagé à leur tour. Quelques années avant sa mort, il eut ordre de se retirer à l'abbaye de Saint-Séverin de Château-Landon, où il mourut en 1698. Outre son Roman véritable, on a de lui : les mémoires de sa vie, en 3 vol. in-fol.; des satires et des odes; un poème, plus que burlesque, sur les fous de Saint-Lazare. Les ouvrages précédents sont manuscrits. L'histoire de ses voyages, in-8°, écrite en latin avec assez d'élégance et de netteté; la traduction des Institutions de Taulère, 1665, in-8°; un recueil de poésies chrétiennes et diverses, 1671, 3 vol. in-12. On y trouve plusieurs de ses propres ouvrages. L'auteur avait de la facilité et de la vivacité, mais l'imagination n'était pas toujours dirigée par un goût sûr; les règles de la poésie française, qu'on trouve à la suite de la méthode latine de Port-Royal; la Vie et les révélations de sainte Gertrude, Paris, 1673, in-8°.

LOMÉNIE DE BRIENNE (Étienne-Charles de), cardinal, né à Paris, en 1727, avait un esprit brillant, mais superficiel: aussi fut-il la dupe du parti philosophique. Il obtint, en 1760, l'évêché de Condom, en 1764 l'archevêché de Toulouse, puis l'archevêché de Sens. Le ministère tentait son ambition : il ménagea la disgrâce de Calonne et devint principal ministre; mais il parut bientôt fort au-dessous des fonctions qu'il avait briguées. Le parlement de Paris s'étant constamment opposé à l'enregistrement de l'impôt territorial et de celui du timbre, sur lesquels reposait tout le système financier de l'archevêque, fut exilé à Troyes. Cependant les pamphlets accablèrent tellement Loménie, que le 24 août 1788, après une administration de huit mois, il reçut à la fois et sa démission et le chapeau de cardinal. La révolution ayant éclaté, Loménie, mécontent de la cour, se déclara partisan de ce grand soulèvement politique, et se vanta même de l'avoir préparé. On le vit alors mettre dans les affaires de la religion l'incertitude qu'il avait apportée dans celles de l'État. Après avoir prêté le serment prescrit par la constitution civile du clergé, il refusa de sacrer les premiers évêques constitutionnels. Après avoir parlé avec mépris de cette constitution, il changea de nouveau de langage et jura de l'observer. Il chercha encore, à la suite de cette dernière démarche, à s'excuser auprès du pape; puis il lui renvoya le chapeau de cardinal, qui ne lui fut plus rendu. Depuis cette époque, toujours tremblant pour ses jours, il s'était retiré à Sens, où il mourut misérablement dans les derniers jours de février 1794. Comme évêque, on pourrait juger Loménie non moins sévèrement que comme homme d'État. Austère dans ses mandements, il était très relâché dans ses mœurs. Ce fut à ses liaisons avec les membres dont s'enorgueillissait la philosophie, bien plus qu'à ses titres personnels, qu'il dut son admission à l'académie française. Il publia successivement : Oraison funèbre du dauphin; Compte rendu au roi, mars 1788; Le conciliateur, ou Lettre d'un ecclésiastique à un magistrat, Rome, 1754; enfin plusieurs lettres pastorales et mandements, qui sont ce qu'il a écrit de mieux.

LOMOND (lac) en Écosse, dans le comté de Dumbarton, a 10 lieues de long sur 2 ou 3 de large; sa profondeur, dans certains endroits, est de 100 brasses. On compte sur ce lac 30 îles. On y a observé un phénomène remarquable pendant le tremblement de terre qui a englouti la ville de Lisbonne en 1755 : les eaux du lac Lomond s'élevèrent tout-à-coup de plusieurs pieds et descendirent aussitôt à leur niveau ordinaire.

LOMONOSSOFF (MICHEL-VASILIEVITZ), poète russe, né en 1711, mort le 4 avril 1765, devint conseiller d'Etat, sous l'impératrice Elizabeth. Il publia dans la langue de son pays, en 1760, un *Abrégé des annales de Russie, depuis l'origine de la nation russe jusqu'à la mort du grand-duc Jaroslaw Ier*, en 1764. Cet ouvrage fut traduit en allemand par le baron d'Holbach, et imprimé à Leipsig, et en français, Paris, 1772.

LONDRES, capitale de la Grande-Bretagne, dans le comté de Middlesex, sur les bords de la Tamise, à 20 lieues de la mer. Cette capitale populeuse a 7 lieues de circonférence, 8,000 rues et 160,000 maisons. Elle se compose de 5 quartiers qui sont : l'Ouest (*West-End*), la Cité, l'Est, Wesminster, Southwark et le Nord. Le quartier de l'Ouest est la retraite favorite de la haute aristocratie anglaise ; il forme comme une rade sûre et bien abritée, où le mugissement éternel et les clameurs de la populace n'atteignent pas; car, dans ce quartier, le bruit et le mouvement du commerce ne troublent pas la tranquillité de ses habitants privilégiés. Tout y est symétrique, régulier et glacial, comme la morgue de ces nababs européens. De belles maisons, de belles places plantées d'arbres, des rues droites et proprement entretenues. Quelques statues çà et là font l'impression d'une Pompéi ou Herculanum sur celui qui connaît la capitale de la France. C'est à Wesminster que siègent la chambre des communes et la chambre des lords, ces deux pouvoirs législatifs qui contrebalancent ou contiennent le pouvoir exécutif, réservé à la couronne. La Cité est le plus bruyant, le plus hétérogène de tous les quartiers de Londres. Là on fait des affaires pour des millions de livres sterlings ; et là on voit la misère, la faim et l'avidité peintes sur la figure des milliers de passants qui vous coudoient, vous renversent ou vous mesurent d'un œil d'envie, de méfiance ou de dédain. Plus loin se trouve le quartier juif, le tableau le plus révoltant de la malpropreté, du vice et de la plus profonde misère. Londres possède 70 places (*square*) dont quelques-unes sont plantées d'arbres, 14 marchés, 394 églises, 14 cours de justice, 12 tribunaux de police, 14 prisons, 147 hôpitaux ou hospices, environ 1700 différents établissements pour les infortunés, 300 écoles de pauvres, 5 collèges de théologie, 13 de jurisprudence, 12 de médecine, 30 sociétés savantes, 10 salles des beaux-arts et 13 théâtres. Les plus célèbres édifices sont l'église Saint-Paul et l'abbaye de Westminster; le dernier sert de Panthéon aux Anglais : là sont déposés les restes de leurs rois, héros, poètes ou philosophes. Les plus belles promenades que contient la ville de Londres sont le parc de Saint-James et celui de Hyde-Park; le premier rappelle à un Parisien les Champs-Elysées, et l'autre le bois de Boulogne. Dans le grand nombre de ponts magnifiques qu'elle possède, le plus magnifique par sa grandeur, la construction et la matière, est Waterloo-Bridge, achevé en 1817. Centre du commerce intérieur et extérieur du pays le plus commerçant du monde, et environnée d'une foule de villes florissantes, on ne doit pas s'étonner de voir la capitale de l'Angleterre devenir, de nos jours, la ville la plus peuplée, non-seulement de l'Europe, mais de tout le globe. Le dénombrement de ses habitants qui s'élevait à 1,476,646, lors du recensement officiel de 1831, doit être de plus de 1,600,000 aujourd'hui. Il serait de peu d'intérêt de rechercher tous les détails des objets qui peuvent être consommés dans cette grande capitale ; à côté de quelques chiffres, dont on peut obtenir le contrôle, il en est trop d'autres sur lesquels l'imagination est portée à s'égarer. En fixant de 16 à 17 livres sterlings la dépense moyenne d'un habitant de la Grande-Bretagne, M. Mac-Culloch est porté à élever ce chiffre à 24 livres sterlings pour les habitants de Londres, ce qui, pour 1,600,000 âmes, donnerait 38,400,000 livres sterlings, ou 960,000,000 de francs de dépense. Au seul marché de Smithfield, il a été vendu en 1838, 160,228 bœufs, 1¹⁰,222 veaux, 1,364,180 moutons et agneaux, et 20,020 porcs; et cependant cet état ne présente pas la totalité de la viande consommée dans Londres, parce que chaque jour sur les marchés on débite une quantité considérable d'animaux abattus dans les environs. Mais l'objet de consommation le plus considérable est sans contredit la bière, dont on distingue deux sortes : le porter et l'ale. Il est difficile d'en préciser la valeur; toutefois, on peut en prendre une idée en sachant que les seuls brasseurs de Londres (on en compte 102) consommèrent plus de 5,000,000 de boisseaux de drèche dans l'année 1826 : et cela indépendamment de la bière fabriquée

par plus de 5,000 taverniers qui font eux-mêmes celle qu'ils livrent à la consommation. Il faut encore ajouter à ces chiffres énormes une quantité d'ale et de porter que l'Ecosse et l'Irlande expédient sur le marché de Londres. On a cité souvent le célèbre établissement de MM. Barclay, Perkins et compagnie ; ces immenses fabriques de bière, les premières du monde et qui ont été vendues 23,000,000, ne sont pas moins curieuses par leur distribution et par l'ordre qui y règne que par leur vaste étendue : c'est par elle, dit M. Simon dans ses observations recueillies en Angleterre, qu'on peut se faire une idée de la puissance productive et industrielle des Anglais. Il est impossible de contempler sans une espèce de stupeur ces énormes établissements qui abreuvent d'ale, de bière et de porter des millions de gosiers anglais et étrangers. Dans ces maisons, vous voyez des chambres de plomb assez vastes pour donner un bal ; un grand nombre de cuves dans chacune desquelles peuvent fermenter à la fois des centaines de barriques de liquide, etc. M. Michel Chevalier dit que la capacité de quelques-unes de ces cuves ou foudres est d'environ 5 à 600,000 bouteilles. On y fabrique par jour 9 à 1,200 barrils de bière, soit environ 400,000 barrils par an. La consommation de la houille à Londres est immense et donne lieu à un commerce considérable. Le commerce et la consommation du tabac peuvent être rangés également parmi les plus importants. Les droits payés à Londres sur cette marchandise se sont élevés en 1836 à 507,515 livres sterlings, et à 8,454,357 pour tout le royaume. Il s'agit seulement ici de la quantité importée pour la consommation locale. L'exportation générale de la même année fut pour Londres de 16,684,715 livres sterlings, chiffre qui représente près des 2|3 de l'exportation totale du Royaume-Uni qui avait été de 25,818,565 livres. Malgré l'étendue de sa population, Londres est loin d'occuper le premier rang comme ville manufacturière. Plusieurs villes du second ordre, comme Birmingham, Manchester, etc., ont, sous ce rapport, une prééminence marquée; mais Londres est un vaste centre vers lequel convergent tous les produits de l'industrie du royaume; c'est le grand marché des articles manufacturés des provinces, le magasin où l'Europe et l'Orient s'approvisionnent de tout ce que peut fournir l'Angleterre. Toutefois, si les manufactures de Londres ne sont pas renommées par leur nombre, elles le sont par la supériorité de leurs produits. L'industrie manufacturière de cette ville comprend principalement les soieries, la chapellerie, la papeterie, l'orfèvrerie, la bijouterie et l'horlogerie, la coutellerie, les verreries, la poterie, les brasseries, etc. D'après les états officiels publiés en 1835, la marine du port de Londres se composait cette année de 2,828 navire, jaugeant ensemble 566,152 tonneaux, et montés par 32,392 marins et mousses. Dans ce nombre, on ne comprenait point les bateaux et autres embarcations non enregistrées. Le sixième de ce tonnage et le quart de ce nombre de marins sont employés dans le commerce des Indes orientales. Dans la même année, le produit des droits de douanes perçus à Londres s'était élevé à 10,601,600 livres sterlings (265,000,000 fr.), et les frais de perception avaient à peine dépassé 2 1|2 °/₀. En 1819, le même produit n'avait monté qu'à 7,749,465 livres sterlings (193,885,470 fr.), tandis que les frais de perception avaient été de plus de 3 1|2 °/₀ ; c'est un progrès extrêmement remarquable. La concentration d'un aussi immense commerce dans un seul port justifie pleinement la qualification d'*universi orbis terrarum emporium* donnée à la ville de Londres. Différents auteurs, notamment M. Balbi, ont beaucoup exagéré le commerce de Londres. Il est certainement fort étendu, mais il n'est pas besoin de le faire plus grand qu'il n'est. Les importations sont nécessairement très considérables, en partie parce que c'est le seul port qu'il y ait dans le bassin de la Tamise, qui est très étendu et très peuplé, et aussi par diverses causes accidentelles. Au nombre de ces dernières, il faut compter ce fait que, jusqu'en 1834, la loi avait restreint l'exportation du thé (article d'une si grande consommation) au seul port de Londres, qui était devenu le port principal pour l'importation du sucre. Il en était de même pour l'importation des vins, des épices et de tous les articles destinés à la consommation des classes opulentes. Quant au commerce d'exportation, Londres est égalé, s'il n'est pas surpassé par Liverpool, qui est le port de débouché des districts manufacturiers. Le montant des droits de douane perçus dans les différents ports d'Angleterre n'est nullement un indice certain de leur commerce; car les droits sont presque tous établis sur les importations, et particulièrement sur le thé, le sucre, le tabac et les vins. Un port qui, comme Londres, importe une grande quantité de ces articles, paie proportionnellement une part considérable au fisc; tandis qu'un port tel que Liverpool, qui importe d'immenses quantités de coton brut, et qui exporte des quantités immenses aussi de coton manufacturé, marchandises sur aucune desquelles il n'existe pas de droits considérables, ne paie proportionnellement à l'État qu'une faible part; et si l'on devait en juger par les états de la douane, Liverpool n'aurait comparativement qu'un faible commerce. Un grand nombre de bateaux à vapeur entretiennent des communications régulières et actives entre Londres et les autres ports de la Grande-Bretagne, ainsi qu'avec plusieurs autres villes d'Europe, telles que Calais, Boulogne, Dieppe, Le Hàvre, Ostende, Anvers, la Hollande, Hambourg, Dublin, Hull. Edimbourg, Waterford, Ramsgate, Margate, Gravesend, les îles de Guernesey et Jersey, Lisbonne, la Méditerranée. Les docks (bassins) ont procuré d'éminents avantages au commerce de Londres; un des plus importants, c'est celui d'avoir rendu presque impossibles les vols de marchandises. Avant leur établissement, on évaluait ces vols à 50,000 livres sterlings (plus de 12,500,000 fr.) par année. M. Mac-Culloch pense que cette évaluation est exagérée; mais il demeure constant que les déprédations partielles auxquelles étaient exposées les cargaisons placées sur des quais faisant partie de la voie publique s'élevaient à des sommes considérables. Le dock des Indes occidentales a été établi le premier, et sert principalement aux marchandises d'Amérique. Les docks, dits de Londres, sont principalement destinés à recevoir les navires chargés de vins, d'eau-de-vie, de tabac et de riz. Il y a un de ces docks qui est particulièrement réservé pour l'importation du tabac; les magasins qui l'entourent sont spacieux et magnifiques; ils passent pour les plus beaux et les plus magnifiques qui soient au monde; ils couvrent environ 2 hectares de terrain, et peuvent loger 24,000 boucants de tabac. Les caves pratiquées sous les divers magasins présentent une superficie de 7 hectares 1 12, et peuvent contenir 66,000 pipes de vin et d'esprits. Les règlements de police de sûreté de ces docks sont à peu près les mêmes, et l'on en délivre un à chaque capitaine. Ce qui concerne les droits et les frais mérite une mention spéciale. On ne permet à aucun navire de quitter les docks avant d'avoir payé le droit de tonnage et les autres redevances. A cet effet, on doit produire au bureau du surintendant copie de l'enregistrement, si le navire est anglais, ou un certificat de jaugeage signé de l'employé des douanes à ce préposé, si le navire est étranger; on reçoit en échange une passe qui doit être remise au maître du dock au moment de la sortie. Ces droits sont généralement assez considérables, surtout pour les étrangers. Les droits imposés dans les docks dits de Londres sur les principales espèces de marchandises françaises, telles qu'huiles, fruits, légumes, pianos, fleurs artificielles, soieries, etc., sont considérables, les dispositions concernant les vins et les esprits sont si compliquées et s'appliquent à tant de cas divers, qu'il est impossible de les comprendre ailleurs que sur les lieux où l'on est à même de les faire expliquer. Elles sont, au reste, d'une moindre importance pour le gouvernement français qu'on ne pourrait le croire; car les vins de France sont en très grande partie importés par des navires étrangers. Les docks des Indes orientales sont situés à Black-Wall; ils ont été établis principalement pour recevoir les navires des Indes orientales; mais maintenant ils sont ouverts aux navires venant de tout pays. Ils se composent de deux bassins, l'un pour les navires qui déchargent, et l'autre pour ceux qui chargent. Le premier, c'est-à-dire le dock des importations, a une superficie de 18 acres (près de 7 hectares), et celui des exportations est moitié moins grand. Les docks de Sainte-Catherine, ayant été construits les derniers, présentent divers avantages sur les autres établissements du même genre. Le premier est leur plus grande proximité de la cité, de la douane et de tous les lieux où l'on fait des affaires; en outre de cela, les navires du port de 600 tonneaux et au-dessus peuvent y entrer et en sortir trois heures avant la pleine mer, ce qui permet à ceux qui doivent gagner la Tamise de gagner Black-Wall avant que la marée ne commence à descendre. L'entrée et la sortie peuvent s'effectuer de nuit comme de jour; les magasins et les caves ont été construits de telle manière que les marchandises y sont introduites par des machines qui les enlèvent de la cale même des navires, sans qu'il soit né-

cessaire de les déposer d'abord sur un quai. Tous les docks mentionnés ci-dessus sont situés au nord de la Tamise. On peut citer encore les docks du commerce qui peuvent servir d'entrepôt à toute espèce de marchandises; ceux-ci sont situés sur la rive méridionale de la Tamise. Indépendamment des droits de docks, il y a un droit de port établi à Londres sur tous les navires entrant ou sortant. Jusqu'en 1835, ce droit avait été fort élevé, et était généralement double pour les navires étrangers. On a fini par reconnaître que cette élévation du droit et la distinction faite entre les navires nationaux et les navires étrangers étaient préjudiciables au commerce du pays, et l'on y a apporté une très grande réduction.　　　J-D.

LONDRIN, s. m., drap léger fait à l'imitation de quelques draps de Londres.

LONG (JACQUES LE), prêtre de l'Oratoire, né à Paris, en 1665, mort en 1721, professa dans plusieurs colléges, et fut nommé bibliothécaire de la maison Saint-Honoré à Paris. Ses principaux ouvrages sont : une *Bibliothèque sacrée*, en latin, réimprimée en 1723, en 2 vol. in-fol., par les soins du père Desmolets, son confrère et son successeur dans la place de bibliothécaire. Elle est divisée en deux parties : dans la première, il donne un catalogue des manuscrits et des textes originaux de la Bible avec leurs éditions et versions. Dans la seconde, il donne une notice des auteurs et des ouvrages faits sur l'Ecriture sainte. *Bibliothèque historique de la France*, in-fol. Cet ouvrage, plein d'érudition et de critique, est d'une grande utilité à ceux qui s'appliquent à l'histoire de la nation française. On y trouve, ainsi que dans le précédent, quelques inexactitudes; mais quel ouvrage, surtout de ce genre, en est exempt? De Fontette en a donné, en 1768 et années suivantes, une nouvelle édition en 5 vol. in-fol., corrigée et considérablement augmentée. Un discours historique sur les Bibles polyglottes et leurs différentes éditions, 1713, in-8°.

LONG, ONGUE, adj., il se dit des objets considérés dans leur étendue, d'un bout, d'une extrémité à l'autre, et par opposition à court. Habit long, la soutane et le long manteau que portent les ecclésiastiques. Prov. et fig. Avoir les dents longues, être affamé après avoir été longtemps sans manger. Fig. et fam. Il a les bras longs, les mains longues, son pouvoir s'étend bien loin. Long, se dit aussi d'une surface considérée dans sa plus grande dimension, et par opposition à large. Long, signifie encore qui dure plus ou moins longtemps. Long, se dit particulièrement des ouvrages d'esprit, soit que l'on en considère l'étendue, soit qu'on ait égard au temps nécessaire pour les lire, les réciter, les entendre. Long, signifie aussi, lent, tardif. Long, masculin, est aussi substantif, et alors il signifie longueur, par opposition à largeur. Scieur de long, ouvrier qui scie des pièces de bois en long, pour faire des planches. Fam. Il nous en a dit bien long, il nous a dit beaucoup de choses sur un tel sujet. Longue, féminin, se dit substantivement d'une syllabe longue. De long en long, loc. adv., en longueur, dans le sens de longueur. Fam. Tirer le long, s'esquiver, s'enfuir. Au long, tout au long, loc. adv., amplement. De longue-main, loc. adv., depuis longtemps. Le long, tout le long, tout du long, au long de, loc. prépositives, en côtoyant. Prov. et fig. Il en a tout le long de l'aune, se dit d'un homme qui a été fort mal mené, fort maltraité dans quelque manière que ce soit. Tout le long, tout du long de, signifient aussi pendant toute la durée de. A la longue, loc. adv., avec le temps.

LONGANIMITÉ, s. f., patience avec laquelle un être puissant endure les fautes, les insultes qu'il pourrait punir. Il signifie aussi patience, courage dans le malheur.

LONGCHAMP (hist.), nom d'une abbaye située près de Paris, où l'on allait entendre les ténèbres pendant la semaine sainte. Il se dit encore d'une promenade que les habitants de Paris font, à la même époque, dans les Champs-Elysées et où l'on se rend pour voir ou pour étaler les modes nouvelles. Aller à Longchamp, le premier jour de Longchamp.

LONGCHAMPS (PIERRE DE), né à La Rochelle, mort à Paris le 22 avril 1812, est connu surtout par son abrégé de l'Histoire littéraire de France des bénédictins, abrégé qu'il a publié sous le nom de *Tableau historique des gens de lettres*, Paris, 1767-1770, 6 vol. in-12. M. Henrion a publié un ouvrage analogue, sous le titre d'*Histoire littéraire de la France au moyen-âge*, 2° édition, Paris, 1837, 1 vol. in-8°.

LONGE, s. f., t. de cuisine, la moitié de l'échine d'un veau ou d'un chevreuil, depuis le bas de l'épaule jusqu'à la queue. Longe, terme de manége, signifie une corde de chanvre, de crin, ou un morceau de cuir coupé en long, en forme de

courroie, de lanière, qui sert à attacher un cheval au râte-
lier, à l'auge, etc., ou à le conduire quand on ne le monte
pas.

LONGEPIERRE (Hilaire-Bernard de Roqueleyne, seigneur
DE), né à Dijon en 1659, mort à Paris en 1721, fut secretaire
des commandements du duc de Berri. Il se fit un nom dans
le genre dramatique par trois tragédies : *Médée, Electre* et
Sésostris, dans le goût de Sophocle et d'Euripide ; mais les
détracteurs de l'antiquité se servirent des copies pour dépriser
les originaux. On a encore de Longepierre, des Traductions
en vers français, ou, pour mieux dire, en prose rimée, d'A-
nacréon, de Sapho, de Théocrite, 1668, in-12 ; de Moschus
et de Bion, Amsterdam, 1687, in-12. L'auteur les enrichit de
notes qui prouvent qu'il connaissait l'antiquité, quoiqu'il ne
sût en faire passer dans la langue française ni les beautés ni
la délicatesse. Un Recueil d'Idylles, Paris, 1790, in-12. La
nature y est peinte de ses véritables couleurs ; mais la versification en est prosaïque et faible.

LONGER, v. a., marcher le long de, il signifie aussi, s'é-
tendre le long de, et en ce sens il se dit des choses.

LONGÉVITÉ (*longum ævum*), longue durée de la vie, ou sa
prolongation au-delà du terme ordinaire. Tout être vivant
est par le fait même de son organisation soumis à certaines
conditions de durée auxquelles il ne pourrait se soustraire
sans transgresser les lois de son être. L'homme peut, il est
vrai, espérer de reculer, grâces aux progrès des sciences et
de l'hygiène, le terme moyen de son existence. Des observations faites à différentes époques prouvent même que c'est
déjà là un fait acquis, et dont on a fait surtout honneur à
l'introduction de la vaccine, à une amélioration notable dans
le sort des classes ouvrières, à l'assainissement des habitations, enfin au perfectionnement des méthodes thérapeutiques. Néanmoins ces résultats assez faibles sont encore atté-
nués par les excès et les dangers de toute sorte qui naissent
du sein même d'une civilisation excessive, plus préoccupée
de ses nouvelles conquêtes sur la nature, que de la conservation des individus, dont elle fait trop souvent les instruments
passifs de ses perfectionnements. Pour ne parler ici que de la
longévité de l'homme (celle des principales espèces animales
devant être indiquée dans chacun des articles qui les concernent), nous citerons comme exemples bien constatés dans les
temps modernes de vies remarquablement longues, celle de
l'anglais Teukins, pauvre pêcheur du comté d'Yorck, qu'on
vit nager jusqu'à l'âge de 100 ans dans les courants les plus
forts, et qui poussa sa carrière jusqu'à 169 ans ; et les différents cas rapportés par le célèbre Haller qui cite : soixante-
deux personnes de 110 à 120 ans ; vingt-neuf de 120 à 130 ;
quinze de 130 à 140. Nous ne mentionnons pas ici les longévités beaucoup plus prolongées dont parlent les auteurs
anciens, et celle des patriarches notamment (*voyez* ce mot),
parce que la supputation des années peut avoir été faite d'a-
près un mode différent du nôtre ; point de critique que nous
laissons à éclaircir à ceux qui ont étudié sous un autre point
de vue la question que nous n'abordons ici que du côté physiologique. Parmi les causes de longévité, ou les conditions
qui lui sont le plus favorables, nous citerons d'abord les plus
générales, celles qui influent involontairement sur nous,
comme le climat, la race, le sexe, le tempérament, les institutions sociales. Toutes les latitudes du globe ne sont pas
également favorables à la longévité. C'est le Nord qui nous
en fournit les exemples les plus remarquables, et parmi les
différentes contrées du Nord, la Suède, la Norwége, la Russie.
Cependant un froid extrême ne dispose pas à la grande prolongation de la vie, car les peuples des régions polaires vivent peu. Quant à ceux des contrées méridionales, ils poussent d'autant moins leur carrière que leur développement est
plus précoce ; car c'est une loi générale du règne organique,
que plus l'être vivant a mis de temps à croître, plus il a de
temps à vivre. Il faut ajouter qu'il est des complexions délicates pour lesquelles le froid serait promptement léthifere,
et que ce serait faire une fâcheuse application des principes
établis précédemment que d'en conclure qu'un homme qui
veut vivre longtemps n'a pas de meilleur parti à prendre que
d'aller habiter le Nord ; il est rare qu'on subisse avec avantage pour l'organisme les chances d'un acclimatement. L'é-
lévation du sol, son exposition, sa configuration, le voisinage
de grandes forêts, de grands cours d'eau, de la mer ; l'état
de nudité ou de fertilité du territoire, voilà autant de circonstances de nature à influer puissamment sur la durée de
la vie. Dans l'impossibilité d'entrer dans l'analyse détaillée
des éléments nombreux de cette vaste question, considérée

sous cette seule face, nous nous bornerons à signaler l'influence avantageuse des contrées ouvertes, médiocrement
élevées, fertiles et sèches plutôt qu'humides, par opposition
à l'insalubrité reconnue des pays humides, marécageux, peu
élevés, des gorges resserrées où pénétrent à peine quelques
rayons de soleil. La même longévité ne paraît pas avoir été
départie par la nature aux différentes races de la grande
famille humaine. Les observations faites à cet égard tendent
à prouver que c'est à la race blanche qu'appartiennent les
cas les plus communs de longévité ; qu'après elle viendrait
la race jaune, et en troisième lieu seulement la race noire.
Mais la science attend encore à cet égard des recherches
exactes, et qui supposeraient des travaux statistiques qui
n'ont point été faits chez les nations barbares. Quant à l'influence des tempéraments, celui qui offre à l'homme les
chances les plus favorables de longévité, c'est le mélange du
bilieux avec le sanguin ; une chaire ferme, peu d'embonpoint ; une poitrine large ; en formes plus ramassées que déliées. Une constitution athlétique n'est pas, comme on pourrait le croire, une garantie de longévité. Le tempérament
lymphatique est le moins favorable de tous. Enfin la longévité me paraît être, beaucoup plus souvent qu'on ne l'imagine, le résultat d'une disposition innée de l'organisme,
d'une sorte d'idiosyncrasie, qui permet à certains individus
de poursuivre une longue carrière au milieu des conditions
les plus contraires à sa prolongation, de résister avec une
incroyable ténacité à des maladies terribles, et mortelles
pour le plus grand nombre. C'est ainsi seulement qu'on peut
expliquer la disposition héréditaire dans quelques familles à
vivre longtemps. Telle est la famille de Parre, dont l'arrière-
petite fille mourut à Corke en Irlande, à l'âge de 103 ans,
tandis que les trois générations qui l'avaient précédée n'a-
vaient pas vécu moins de 112 à 124 ans chacune. Quant aux
prétendus *avantages d'une constitution faible* célébrés par un
médecin, homme d'esprit, cela ne peut s'accepter que par
rapport aux soins minutieux que prennent ordinairement de
leur santé les individus placés dans cette catégorie, par opposition à l'incurie et à l'insouciance de ceux qui croient pouvoir compter sur leurs forces. Ajoutons que les cas les plus
remarquables de longévité extrême appartiennent à des hommes, quoique les relevés statistiques de tous les pays démontrent que c'est parmi les femmes que l'on trouve le plus de
personnes âgées. Pour terminer ce que nous avions à dire
des conditions générales de longévité, nous dirons que le degré de civilisation dans lequel vit l'homme, influe d'une manière incontestable sur la plus ou moins longue durée de la
vie. Néanmoins une civilisation avancée semble avoir plutôt
pour effet de reculer le terme moyen de la vie, comme nous
l'avons fait pressentir au commencement de cet article, que
de produire ces longévités extraordinaires qui apparaissent
comme des exceptions à l'ordre naturel ; aussi est-ce dans
les conditions les plus humbles plutôt que dans les rangs
élevés de la société qu'elles se sont montrées. Attaché depuis
plusieurs années comme médecin à un asyle pour la vieillesse,
je suis tous les jours frappé du nombre étonnant d'octogé-
naires et de nonagénaires qui peuplent cet établissement où
l'on n'admet cependant que la classe la plus misérable de la
société. Il nous resterait maintenant à signaler les conditions
particulières de la longévité, c'est-à-dire celles qui se rattachent d'une manière plus directe à notre genre de vie, à nos
habitudes, etc. Mais ce ne serait rien moins qu'un traité complet d'*Hygiène* que nous aurions à faire ici, nous renverrons
donc aux différents articles consacrés à cette science dans
le cours de cet article encyclopédie, nous bornant à mentionner
ici ceux des différents modificateurs hygiéniques dont l'emploi a l'influence la plus directe sur la prolongation de la
vie. Nous citerons en première ligne la tempérance ; la presque totalité des cas de grande longévité appartiennent à des
individus qui s'étaient fait remarquer par leur frugalité, et
par leur éloignement pour les liqueurs spiritueuses. Les
mêmes exemples prouvent encore que c'est presque toujours
après une vie laborieuse que l'homme atteint un grand âge.
L'inaction est la porte de la mort, dit Montaigne. Les professions qui exercent le corps à l'air libre, paraissent surtout
contribuer efficacement à sa durée, quand l'homme n'excède
pas toutefois la mesure de ses forces. Beaucoup de littérateurs ont aussi poussé assez loin leur carrière, au milieu des
spéculations paisibles de la pensée. L'état de mariage est
plus favorable à la longévité que le célibat. Néanmoins je
vois là une cause morale autant que physique. Que si une
continence absolue est peu propre à favoriser la vie, com-

bien n'a-t-on pas plus à craindre d'un excès opposé! Le caractère, les passions dominantes, les goûts habituels, voilà encore autant d'éléments dont on ne saurait contester l'influence dans le problème complexe qui nous occupe ici. La modération dans les désirs, l'égalité d'humeur, les affections douces et bienveillantes, voilà ce que l'hygiène, qui ne saurait être en contradiction avec la morale, recommande à tous. *Fuir les excès*, voilà, dans l'ordre physique comme dans l'ordre moral, le précepte le plus général que l'on puisse donner. Laissons à l'imbécile crédulité du vulgaire les arcanes vantés par le charlatanisme, et ne rêvons pas un rajeunissement impossible dans l'ordre de la nature, comme dans les décrets de la Providence. On peut lire sur ce sujet : Hufeland, *Macrobiotique*, ou *Art de prolonger la vie*, trad. de l'allemand.
D^r. S.

LONGICORNES (*ins.*), famille de coléoptères tétramères établie par Latreille; et dont les caractères distinctifs sont : d'avoir le dessous des trois premiers articles des tarses garni de brosses, les deuxième et troisième en cœur, le quatrième profondément bilobé, et un petit nodule simulant un article à l'origine du dernier. La languette portée par un menton court et transversal, en forme de cœur, échancrée ou bifide. Les antennes filiformes ou sétacées, le plus souvent de la longueur du corps au moins, tantôt simples dans les deux sexes, tantôt en scie pectinées ou en éventail dans les mâles. Les yeux d'un grand nombre sont réniformes et entourent les antennes à leur base. Le corselet est en forme de trapèze, ou rétréci en avant dans ceux chez qui les yeux sont arrondis, entiers ou peu échancrés. Le corps est long ou ovalaire. Les femelles ont l'abdomen terminé par un oviducte tubulaire et corné. Les longicornes forment une des plus belles et des plus gracieuses familles des coléoptères; ce sont les plus grands de cet ordre. Leurs couleurs sont variées et quelquefois très vives. Quelques-uns d'entre eux, le *titanus giganteus*, le *priomus hayesi*, l'*acrocinus longimanus*, ont plus de 13 centimètres de longueur sur 5 de largeur; le plus petit n'a pas moins de 2 millimètres. Leurs larves sont molles, allongées, blanchâtres; et représentent des vers blancs assez semblables à la larve des hannetons au premier coup d'œil. Ces larves que l'on a nommées *lignivores* ou *xilophages*, vivent toutes, comme l'indiquent ces noms, aux dépens des végétaux. Plusieurs se contentent de ronger l'écorce en rampant sur l'aubier; la plupart entament les couches ligneuses et s'y enfoncent profondément. Latreille divise les longicornes en quatre tribus; *prioniens, cérambycins, lamiaires* et *lepturètes.* M. Mulsant dans son *Hist. nat. des coléopt. de France*, longicornes; divise cette famille en sept tribus : *spondyliens, prioniens, cerambycins, lamiens, saperdins, khagiens* et *lepturiens. Voyez* ces mots.

LONGIMÉTRIE, s. f., t. de géom. Art de mesurer les longueurs.

LONGIN (Saint), *Longinus:* c'est ainsi qu'on a appelé le soldat qui perça d'un coup de lance le côté de notre Seigneur, lorsqu'il était en croix. Ce nom semble n'avoir d'autre fondement que le mot grec d'où il est dérivé, lequel signifie *lance*. Le texte sacré n'est pas absolument favorable à l'opinion qui confond ce soldat avec le centurion-qui s'écria : « Vraiment, cet homme était le fils de Dieu. » Il ne faut cependant pas s'élever avec trop de zèle ou de confiance contre ces sortes de traditions, appuyées des martyrologes, et peut-être d'autres témoignages qui ne sont pas parvenus jusqu'à nous.

LONGIN (Denys), philosophe et littérateur, né à Athènes, eut une grande réputation dans le IIIe siècle par son éloquence et sa philosophie. Ce fut lui qui apprit le grec à Zénobie, femme d'Odénat et reine de Palmyre. Cette princesse le fit son ministre. L'empereur Aurélien ayant assiégé sa capitale, Longin lui conseilla de résister autant qu'elle pourrait. On dit qu'il lui dicta la réponse noble et fière qu'elle fit à cet empereur, qui la pressait de se rendre. Longin fut la victime de son zèle pour Zénobie. Palmyre ayant ouvert ses portes à Aurélien, ce prince le fit mourir en 273. Longin souffrit les plus cruels tourments avec constance, et consola même ceux qui pleuraient autour de lui. Cet homme illustre avait un goût délicat et une érudition profonde. On disait de lui qu'il était une bibliothèque vivante, et on disait vrai. Il avait composé en grec des Remarques critiques sur tous les anciens auteurs. Cet ouvrage n'existe plus, ainsi que plusieurs autres productions de philosophie et de littérature. Il ne nous reste guère que le Traité du sublime. L'auteur y donne à la fois des leçons et des modèles; il y rend justice aux beautés de l'Écriture sainte et admire en particulier les expressions vives et énergiques dont se sert Moïse dans l'histoire de la création. Boileau l'a traduit en français, en accompagnant sa Traduction de plusieurs notes, dont quelques-unes peuvent être utiles. Il y en a une édition en grec, latin , italien et français, de Vérone, 1733, in-4°.

LONGITUDE (*géog.*), distance du méridien d'un lieu terrestre à un méridien qu'on regarde comme le premier. Cette distance se mesure par l'arc de l'équateur intercepté entre les méridiens. Le choix du premier méridien étant entièrement arbitraire, les géographes de chaque nation sont loin de s'être accordés ce point; ce qui, du reste, est assez indifférent; car il est évident qu'on connaîtra la longitude d'un point de la terre lorsqu'on connaîtra la position de son méridien par rapport au méridien de tout autre point déterminé. Ainsi les longitudes rapportées, par exemple, au méridien de Londres, pourront être facilement rapportées au méridien de Paris, parce que la distance équatoriale ou la différence de longitude de ces deux méridiens est connue. Comme nous l'avons déjà dit plusieurs fois, la position d'un point sur la surface de la terre est entièrement déterminée lorsqu'on connaît sa latitude et sa longitude; mais si la latitude peut toujours être trouvée sans difficulté, il n'en est pas de même de la longitude dont la recherche forme le problème le plus important de la géographie mathématique, et surtout de la science de la navigation. Dès les premiers temps de l'astronomie, on a reconnu que la question de déterminer la différence de longitude entre deux points de la terre, revenait à celle d'observer les heures différentes qui ont lieu à ces deux points dans le même instant. En effet, comme il est midi pour un point de la terre, lorsque le soleil passe à son méridien, deux points terrestres quelconques ne peuvent avoir la même heure, dans le n ème instant absolu, s'ils n'ont le même méridien, car si le premier est à l'orient du second, il est midi pour lui avant l'autre; tandis que, s'il est à l'occident, lorsqu'il est midi pour lui, il est déjà plus de midi pour l'autre. Or, si l'on sait, par exemple, que, dans l'instant où il est midi pour le premier, il n'est encore que dix heures du matin pour le second, on peut en conclure que le soleil met une durée de temps de deux heures pour se rendre d'un méridien à l'autre. Mais le soleil, exécutant sa révolution diurne en vingt-quatre heures, ou parcourant en vingt-quatre heures un cercle parallèle à l'équateur, parcourt en deux heures la douzième partie de ce cercle, c'est-à-dire un arc égal à $\frac{1}{12}$ de 360°, savoir un arc de 30°, donc les deux méridiens ont des longitudes qui diffèrent de 30°, car l'arc du cercle parallèle décrit par le soleil, et qui se trouve compris entre les méridiens à le même nombre de degrés que l'arc de l'équateur intercepté entre ces méridiens, puisque deux méridiens quelconques coupent nécessairement l'équateur et tous les cercles qui lui sont parallèles en parties proportionnelles. Donc si l'on choisit pour premier méridien celui où il est dix heures, on dira que la longitude du point terrestre qui a le second méridien est de 30° et qu'elle est occidentale. En faisant un choix inverse, la longitude sera toujours de 30°, mais elle sera orientale. La question de la longitude, envisagée sous ce point de vue, se réduit donc à déterminer l'heure qu'il est sur le premier méridien, au moment d'une heure observée, qu'on a sur un autre, question devenue si célèbre sous le nom de problème des longitudes. Quoique nos limites ne nous permettent pas d'entrer dans tous les détails que mérite cet important problème, nous allons essayer de donner au moins un aperçu des diverses méthodes proposées pour sa solution. La première idée qui se présente est de régler une bonne montre sur l'heure du premier méridien, ou de tout autre dont la position par rapport au premier est connue, et de la transporter aux lieux dont on veut avoir la longitude. L'heure de ces lieux; trouvée aisément par l'observation de la hauteur du soleil ou d'une étoile, comparée à celle que marque la montre, au moment de l'observation , fera connaître la différence des heures, et par suite celle des longitudes. Mais ce moyen si simple et aujourd'hui si praticable, grâce aux immenses perfectionnements de l'horlogerie, était tout-à-fait illusoire pour les premiers navigateurs; les instruments à marquer l'heure, déjà très inexacts sur la terre , le devenaient encore bien plus sur la mer; il était donc impossible de conserver à bord l'heure du lieu de départ, même pour de grossières approximations; et l'on dut, dès l'origine, demander aux phénomènes célestes des procédés plus sûrs pour déterminer les longitudes. Nous ne nous arrêterons pas à l'observation des éclipses, phénomènes trop rares pour qu'ils puissent être utiles aux marins, mais nous devons mentionner celle des mouvements propres de la lune, car elle est le fondement de la meilleure méthode connue aujourd'hui. Le mouvement propre de la lune étant assez rapide pour la faire changer sensiblement de place dans un temps assez court, les distances de cet astre à une ou plusieurs étoiles fixes varient à chaque instant. Ainsi, après avoir observé le lieu de la lune dans le ciel en le comparant à celui des étoiles, dont la position est donnée, il ne s'agit plus que de calculer, par les tables du mouvement de la lune, l'heure à laquelle elle doit se trouver dans ce lieu, pour les pays où les tables ont été construites, et comparer ensuite cette heure avec celle de l'observation. Telle est à peu près la méthode proposée par divers astronomes du XVIe siècle, comme Appian, Munster, Oronce Finé, Gemma Frisius et Nonius. On fut loin d'en retirer alors les avantages qu'elle semblait promettre, à cause de l'imperfection de la théorie de la lune dont on ne connaissait que les deux premières inégalités. La détermination des longitudes en mer, était trop essentielle aux progrès de la navigation pour que les souverains n'y prissent bientôt un grand intérêt. Le roi d'Espagne, Philippe II, voulant encourager les mathématiciens à s'en occuper, proposa une récompense de cent mille écus à celui qui pourrait résoudre le problème ; et les états de Hollande, au commencement du XVIIe siècle, promirent un prix de trente mille florins. Beaucoup de personnes tournèrent alors de ce côté leurs pensées spéculatives. Guillaume le Nautonnier, sieur de Castelfranc, prétendit, vers 1610, avoir mérité les récompenses promises, en indiquant la déclinaison de l'aiguille aimantée comme un moyen infaillible de trouver les longitudes. Il crut avoir découvert deux pôles magnétiques fixes, vers lesquels l'aiguille aimantée se dirige perpétuellement. Ces deux pôles diamétralement opposés étaient, selon lui, situés à 23° du pôle boréal et du pôle austral, sur un méridien peu éloigné de celui de l'île de Fer. Lorsqu'on se trouvait sur un méridien coupant perpendiculairement celui sur lequel étaient les pôles magnétiques, la déclinaison était la plus grande qu'elle pût être sur cette latitude, et elle était nulle au contraire lorsqu'on était sur le méridien de ces pôles. Ce n'était donc plus qu'une question trigonométrique que celle de déterminer la longitude et la latitude d'un lieu de la terre, la déclinaison de l'aiguille étant connue, et vice versa. Les pôles magnétiques du sieur de Castelfranc n'existaient malheureusement que dans son imagination. Cependant son erreur ne fut pas infructueuse, car plus tard, Halley après avoir rassemblé un nombre prodigieux d'observations de la déclinaison de l'aiguille aimantée, construisit une carte magnétique que de nouvelles observations ont perfectionnée, et dont les marins se servent maintenant dans certains cas. Nous ne pouvons mentionner une foule d'autres tentatives plus ou moins ingénieuses, mais sans aucun résultat. Une, qui fit grand bruit dans le temps et qui fut le sujet d'une grande querelle, est celle de J.-B. Morin, professeur royal et astronome français ; elle consistait dans l'usage des observations de la lune, d'une manière beaucoup plus savante et mieux raisonnée que celle des astronomes qui avaient eu, avant lui, la même idée. Morin proposa, en 1535, sa découverte au cardinal de Richelieu ; et le ministre, pénétré de l'utilité de l'entreprise, nomma des commissaires pour l'examiner et lui en rendre compte. Leur rapport ne fut pas favorable. et quoique en réalité les moyens proposés par Morin, moyens très rigoureusement et très savamment établis fussent à peu près les mêmes que dont on se sert actuellement, il ne recueillit de ses travaux que de longues tribulations ; cependant en 1645, le cardinal de Mazarin lui fit une pension de 2000 livres. En 1714, le parlement d'Angleterre ordonna un comité pour l'examen des longitudes. Newton, Whiston et Clarke y assistèrent. Newton présenta un mémoire dans lequel il exposa différentes méthodes propres à trouver les longitudes en mer, et les difficultés de chacune. La première est celle d'une horloge ou d'une montre qui mesurerait le temps avec une exactitude suffisante ; mais, ajoute-t-il, le mouvement du vaisseau, les variations de la température, les changements de la gravité en différents pays de la terre, ont été jusqu'ici des obstacles trop grands pour l'exécution d'un pareil ouvrage. Newton exposa aussi les difficultés des méthodes où l'on emploie les satellites de Jupiter et les observations de la lune. Sa conclusion était qu'il convenait de passer un bill, pour l'encouragement d'une recherche si importante. Ce bill, qui passa à l'unanimité, conte-

nait les dispositions suivantes : une récompense de 10000 livres sterl. (250000 fr.), était promise à l'auteur d'une découverte ou d'une méthode, pour trouver la longitude à un degré près (25 lieues communes de France). Cette récompense devait s'élever à 15000 livres, si l'exactitude allait à deux tiers de degré, et enfin à 20000 livres (500000 fr.) si la méthode pouvait faire trouver la longitude à un demi-degré près. Ces magnifiques promesses firent arriver à Londres Jean Harrison, alors simple charpentier dans une province d'Angleterre, mais dont tous les goûts étaient portés vers l'horlogerie ; sans autre secours que son génie et son talent naturel, il visa d'abord à la plus haute perfection, et dès l'année 1726, il était parvenu à corriger la dilatation des verges de pendule, de manière qu'il fit une horloge, qu'il dit n'avoir jamais varié d'une seconde par mois ; vers le même temps il construisit une autre horloge destinée à subir le mouvement des vaisseaux sans perdre sa régularité. Après avoir expérimenté lui-même dans plusieurs voyages l'exactitude de sa machine, Harrison crut pouvoir s'adresser aux commissaires des longitudes ; il fut accueilli et reçut en 1737 des secours propres à le mettre en état de suivre ses vues, de sorte qu'en 1739 il produisit une seconde machine qui, soumise à de nouvelles expériences, fit espérer qu'on pourrait obtenir les longitudes dans les limites exigées par l'acte du parlement. En 1741, Harrison présenta une nouvelle machine, supérieure aux deux premières et beaucoup plus petite ; mais ce ne fut qu'en 1773, et malgré beaucoup d'oppositions et de débats, qu'il reçut enfin le complément des 20000 livres sterl., dont diverses parties lui avaient été successivement livrées pendant le cours de ses longs travaux. En France, Berthoud et Leroy, encouragés par le récit des succès d'Harrison, entreprirent de construire des horloges-marines, et ces deux grands artistes résolurent chacun de leur côté le problème, en produisant des instruments aussi exacts que ceux du mécanicien anglais. On sait que le gouvernement français, tout en favorisant les travaux de ces hommes de génie, n'imita point la générosité du gouvernement anglais. Ce dernier, non content de 20000 livres sterl. qu'il avait données à Harrison, assigna en même temps une récompense de 3000 livres sterl. à l'illustre Euler, une autre de 5000 livres aux héritiers de Tobie Mayer, en reconnaissance des tables lunaires qu'ils avaient dressées, et promit une nouvelle récompense de 5000 livres sterl. à ceux qui feraient dans la suite des découvertes utiles à la navigation. La découverte des instruments à réflexion, fit dès 1746, revenir à la mesure des distances lunaires, et les perfections successives de la théorie de la lune et de tous les mouvements célestes ont enfin amené cette méthode à un degré d'utilité, sinon supérieur, pour les marins, du moins égal à celui des montres-marines. Les navigateurs emploient concurremment aujourd'hui ces deux méthodes. Nous allons exposer la première, la seconde est suffisamment expliquée par ce qui précède. Le but de la méthode des distances lunaires est de faire connaître la distance vraie de la lune au soleil ou à une étoile pour un instant quelconque, afin d'en conclure l'heure que l'on comptait à cet instant sur le premier méridien ; on se procure l'heure du lieu, qui correspond au même instant, par une observation de la hauteur du soleil ou d'une étoile ; ces deux heures étant connues, leur différence réduite en degrés est égale à la longitude. Lorsqu'on n'a pas de montre-marine ni de montre à secondes, l'observation des distances exige le concours de trois observateurs ; tandis que l'un d'eux mesure la distance du bord de la lune à celui du soleil ou à une étoile, les deux autres doivent prendre les hauteurs de ces astres au-dessus de l'horison ; par ce moyen, la distance et les deux hauteurs sont données par trois observations simultanées. Mais lorsqu'on possède une montre à secondes, il suffit d'un seul observateur, ce qui est toujours préférable. Alors en tenant compte de l'heure où l'observation de la distance a été faite, on peut calculer les hauteurs qui ont lieu en cet instant, par plusieurs observations successives des hauteurs dont les différences font connaître le mouvement en hauteur, en les comparant aux différences des heures de ces observations. Ces observations ayant fait connaître la distance apparente, on calcule la distance vraie en dégageant les hauteurs de l'influence de la réfraction et de la parallaxe. Puis cette distance vraie, rapportée au premier méridien, détermine l'heure de ce méridien. Pour faciliter les calculs à l'aide desquels on obtient l'heure du premier méridien par la distance lunaire, la connaissance des temps ; ainsi que les diverses éphémérides contiennent maintenant des tables qui donnent les distances du centre de la lune au soleil, aux planètes et aux principales étoiles, de trois heures en trois heures, en temps moyen du premier méridien. **B—I.**

LONGITUDINAL, ALE, adj., t. didactique. Qui est étendu en long.

LONG-LOINTÉ, ÉE, adj., t. de manége. Il se dit d'un cheval, d'une jument dont les articulations inférieures sont trop longues.

LONGOMONTAN (Christian), astronome, né dans un village du Jutland, en 1562, passa huit ans auprès de Tycho-Brahé, qu'il aida dans ses observations et dans ses calculs. Puis il devint professeur de mathématiques à Copenhague, en 1605, emploi qu'il remplit avec beaucoup de réputation jusqu'à sa mort arrivée 1647. On a de lui *Astronomia danica*, Amsterdam, 1640, in-fol. L'auteur y propose un nouveau système du monde, composé de ceux de Ptolémée, de Copernic et de Tycho-Brahé. Ce système n'eut pas beaucoup de sectateurs, quoiqu'il semblât réunir les avantages de tous les autres. Il servit au moins à montrer combien on avait tort de vouloir établir un système certain sur une chose qui pouvait être expliquée de tant de manières diverses.

LONGTEMPS, adv. Il exprime un long espace de temps.

LONGUENESSE, village du Pas-de-Calais, situé près de Saint-Omer, à l'ouest de cette ville. Il est compris sous le nom de Lonsatanas, dans la donation que fit Adroald en 654, à Saint-Omer. Jean de Saint-Aldegonde, seigneur de Noirkarmet, fonda sur le territoire de Longuenesse une Chartreuse, en 1298. Ce monastère est aujourd'hui converti en maison de Campagne. L'abbé **Parenty.**

LONGUERUE (Louis Dufour de), savant abbé de Sept-Fontaines et du Jard, né à Charleville en 1652, mort à Paris en 1733, eut Richelet pour précepteur. D'Ablancourt, son parent, veilla à ses études, et ne manqua pas, en bon calviniste, de lui donner du goût pour les erreurs de sa secte. A 14 ans, il commença à s'appliquer aux langues orientales; il savait déjà une partie des langues mortes, et quelques-unes des vivantes: c'est cette précocité sans doute, et cette surcharge d'idées qui dérangèrent son jugement, lequel ne s'éleva jamais au même degré que sa mémoire. L'histoire fut la partie de la littérature à laquelle il se consacra, sans négliger pourtant la théologie, l'Ecriture sainte, les antiquités et les belles-lettres. Des traits trop vifs et souvent brusques, des saillies d'humeur, des critiques téméraires, une liberté cynique, un ton tranchant et souvent trop hardi; voilà son caractère. On a de lui: *Dissertation latine* sur Tatien, dans l'édition de cet auteur, Oxford, 1700, in-8°; *Description historique de la France*, Paris, 1719, in-fol. L'auteur n'y paraît pas géographe exact; *Annales Arsacidarum*, 1732; *Dissertation sur la transubstantiation*, que l'on faisait passer sous le nom du ministre Allix son ami, et qui n'est point favorable à la foi catholique.

LONGUEUR, s. f. Dans le sens en long est opposé à court, l'étendue d'un objet considérée d'un bout d'une extrémité à l'autre. Longueur, signifie aussi, l'étendue d'une surface considérée dans la plus grande dimension, par opposition à largeur. Longueur se dit aussi en parlant de la durée du temps. Longueur, signifie encore lenteur dans les actions, dans les affaires. En longueur, loc. adv. Dans le sens de la longueur. Cette locution s'emploie aussi pour marquer de longs délais.

LONGUEVAL (Jacques), jésuite, né près Péronne en 1680, professa avec succès les belles-lettres, la théologie et l'Ecriture sainte. S'étant retiré dans la maison professe des jésuites de Paris, il y travailla avec ardeur à l'Histoire de l'Eglise gallicane, dont il publia les huit premiers volumes. Il continuait ce travail avec ardeur, lorsqu'il mourut le 11 janvier 1735. Cette histoire est un chef-d'œuvre. L'intérêt et l'utilité y fixent tour à tour l'esprit du lecteur, que l'historien sait intéresser par un mélange de méthode, de clarté, de critique et d'élégance. Tous les objets sont présentés sous un jour qui aide autant le jugement que la mémoire. On aime à voir les événements racontés sans enthousiasme et développés avec impartialité. Les discours préliminaires qui ornent les quatre premiers volumes prouvent une érudition profonde et une critique judicieuse. Les Pères Fontenay, Brumoy et Berthier l'ont continuée, et poussée jusqu'au 18e vol. in-4°, et jusqu'à l'an 1559. On en a donné une nouvelle édition, Paris, 26 vol. in-8°, 1825-1828. On a encore du P. Longueval: un Traité du schisme, in-12, Bruxelles, 1718; une Dissertation sur les miracles, in-4°; d'autres écrits sur les disputes de l'Eglise de

France, dans lesquelles on trouve de l'esprit et du feu; une histoire étendue du *semi-pélagianisme*, en manuscrit.

LONGUEVILLE (Anne-Geneviève de Bourbon, duchesse de), née au château de Vincennes en 1618, était fille de Henri II, prince de Condé, et de Marguerite de Montmorenci. Elle épousa à l'âge de 23 ans Henri d'Orléans, duc de Longueville, d'une famille illustre, qui devait son origine au brave comte de Dunois. Ce duc, qui s'était signalé comme plénipotentiaire au congrès de Munster en 1648, et qui avait le gouvernement de Normandie, se jeta dans la faction de la Fronde et ensuite dans celle de Condé et de Conti, dont il partagea la prison en 1650. Dès qu'il eut recouvré sa liberté, il renonça pour toujours aux partis qui troublaient l'Etat. La duchesse de Longueville fut moins sage. Ardente, impétueuse, née pour l'intrigue, elle avait tâché de faire soulever Paris et la Normandie; elle s'était rendue à Rouen, pour essayer de corrompre le parlement. Se servant de l'ascendant que ses charmes lui donnaient sur le maréchal de Turenne, elle l'avait engagé à faire révolter l'armée qu'il commandait. Pour gagner la confiance du peuple de Paris pendant le siége de cette ville, en 1648, elle avait fait ses couches à l'Hôtel-de-Ville. Le corps municipal avait tenu sur les fonts de baptême l'enfant qui était né, et lui avait donné le nom de Charles-Paris; ce prince, d'une grande espérance, fut tué au passage du Rhin en 1672, avant d'être marié. Lorsque les princes furent arrêtés, madame de Longueville évita la prison par la fuite, et ne voulut point imiter la conduite prudente de son époux. Cependant, le feu de la guerre civile étant éteint, elle revint en France; et comme il fallait un aliment à sa vivacité et à son inquiétude naturelles, elle se jeta dans les affaires du jansénisme. Elle y mit la même ardeur qu'elle avait fait paraître dans les guerres civiles. Ce fut elle qui forma le projet de la paix de Clément IX, qui se donna tous les mouvements nécessaires pour la faire conclure, et qui n'y réussit, comme l'on sait, que d'une manière illusoire. Son hôtel fut l'asyle des écrivains de Port-Royal; elle les déroba à la poursuite de l'autorité tant ecclésiastique que civile, soit par son crédit, soit par les moyens qu'elle trouvait de les soustraire aux arrêts qui tendaient à la destruction de cette secte naissante. Après la mort du duc de Longueville, en 1663, elle quitta la cour pour se lier plus étroitement avec le parti, fit construire à Port-Royal-des-Champs un bâtiment pour s'y retirer, et se partagea entre ce monastère et celui des Carmélites du faubourg Saint-Jacques. Elle mourut dans ce dernier le 15 avril 1679, et y fut enterrée. Son cœur fut porté à Port-Royal. Villefort a donné sa vie, Amsterdam, 1739, 2 vol. petit in-8°; panégyrique dicté par l'esprit de parti.

LONGUS, grec, fameux par son roman intitulé *Pastorale de Daphnis et Chloé,* dont Amyot a donné une traduction française. Comme les auteurs anciens ne parlent point de Longus, il est difficile de fixer avec certitude le temps auquel il a vécu. L'ouvrage de Longus est en prose. Son pinceau, dirigé par une imagination sans retenue, ne peut plaire qu'aux libertins qui se jouent des mœurs et de la décence.

LONGVILLIERS, abbaye de l'ordre de Cîteaux, dans l'ancien comté de Boulogne, près d'Etaples, fondée en 1135, par Mathilde, comtesse de Boulogne, et Etienne de Blois, qui peu après devint roi d'Angleterre. Longvilliers est l'une des cent soixante abbayes créées par saint Bernard. Les lieux claustraux furent détruits depuis la révolution de 1792. Il ne reste de ce monastère qu'une partie des murs d'enceinte. (Voir, sur Longvilliers, *Malbranca,* t. III, p. 190-191; et la *Gallia christiana,* t. X. col. 1615.) L'abbé **Parenty.**

LONS-LE-SAULNIER, *Ledo-Salinarius,* du nom celtique *led,* qui signifie flux de la mer, et fait allusion à l'écoulement intermittent de la source salée, qui fait aujourd'hui la richesse de cette ville. Lons-le-Saulnier est assez ancien; il fut pris par les Français en 1395, repris par l'empereur Maximilien en 1500, assiégé de nouveau par les Français en 1572, et pris d'assaut par eux en 1637. Quoique les propriétés de ses puits d'eau salée fussent connues des anciens, c'est au comte Guillaume de Bourgogne, qu'on doit les premières tentatives faites pour les exploiter en grand. Ce seigneur, auquel ce territoire échut en partage à la fin du xe siècle, voulut pouvoir se passer du produit des mines de Salins qui pouvaient lui être enlevées par le mariage de sa nièce Béatrix avec un prince étranger. Ce fut alors qu'il fit construire les salines de Lons-le-Saulnier, de Montmérol et de Groson: l'exploitation de ces salines fut suspendue au xive siècle; mais un arrêt du conseil la rétablit en 1743, et, depuis elle a pris une extension considérable. Lons-le-Saulnier, qui était autrefois dans la Franche-Comté, est aujourd'hui le chef-lieu du département du Jura. On y compte 8,000 habitants.

LOOCH, s. m. Le mot looch, qui est arabe, désigne un médicament liquide, de la consistance d'un sirop épais, et destiné à être administré à petites doses, par la bouche, dans les maladies du poumon, du larynx et de l'arrière-bouche. Autrefois on faisait sucer les loochs aux malades au bout d'un morceau de réglisse effilé en forme de pinceau. Aujourd'hui on leur administre par cuillerées. Le looch blanc ou pectoral est une émission d'amandes édulcorée, qui est employée comme adoucissant : on appelle looch de jaune d'œuf, une préparation avec un jaune d'œuf frais, de l'huile d'amandes douces, du sirop de gimauve, le tout mêlé longtemps dans un mortier et auquel on ajoute un peu d'eau de fleurs d'oranger. Le looch vert se fait en mêlant du sirop de violette avec une teinture de safran et de l'eau commune; on y ajoute de la gomme adragante ou de l'huile d'amandes douces qu'on triture, et ensuite on y verse de l'eau d'oranger. Looch sans émission (looch gommeux), on le prépare avec gomme adragante en poudre, de l'huile d'amandes douces, du sucre pur, de l'eau commune et celle de fleurs d'oranger que l'on mêle et triture dans un mortier. Le looch huileux de Codex, on le fait avec huile d'amandes douces, gomme arabique pulvérisée, eau de fleurs d'oranger, sirop de gimauve et eau commune.

LOPEZ DE GOMARA (FRANÇOIS), ecclésiastique et historien, né à Séville en 1510, mort en 1584, demeura quatre ans en Amérique, et, à son retour en Espagne, publia une *Histoire générale des Indes*, en 3 parties, traduite en français par Irénée de Génille, Paris, 1587. Cette histoire, qui eut dans le temps beaucoup de vogue, renferme plusieurs inexactitudes; elle tomba si fort dans l'oubli dès que parut l'*Histoire de la Nouvelle Espagne* de Diaz del Castillo, publiée par Alonzo Raymond, Madrid, 1632, que la *Conquête des Indes* de Solis (1684) fit oublier à son tour.

LOPHIODON (*mam. fos.*), genre de pachydermes fossiles, voisin du genre tapir, établi par G. Cuvier (*Recherches sur les ossements fossiles*, t. II). Le système dentaire des lophiodons, a de grands rapports avec celui des tapirs; comme chez ces animaux, ils présentent six incisives et 2 canines à chaque mâchoire; 7 molaires de chaque côté de la mâchoire supérieure, et 6 seulement à l'inférieure. Dans quelques espèces de ce genre, il existe un espace vide assez étendu entre la canine et la première molaire. Les molaires offrent, comme dans les tapirs, des collines ou des crêtes transversales d'où le nom générique de lophiodon (λόφος, crête, οὐούς, dent); elles ne diffèrent de celles de ces derniers que par la plus grande obliquité de leurs collines; par l'absence d'une seconde colline aux molaires supérieures, et par la présence d'une troisième à la dernière molaire d'en bas. Tous les ossements connus de ces mammifères, annoncent de grands rapports avec les tapirs, les rhinocéros et les hippopotames. Les restes fossiles de ces animaux ont été trouvés dans un grand nombre de collines tertiaires de France. Les espèces de lophiodon sont assez nombreuses; Cuvier en compte trois à Issel : le *L. isselense*, d'un tiers plus grand que le tapir des Indes; le *L. tapirotherium*, de la taille du tapir d'Amérique, et le *L. occitanum*, moindre d'un tiers que le précédent; à Argenton, il en compte quatre : *L. medium*, *L. minutum*, *L. minimum*, de moitié plus petit que le tapir d'Amérique; *L. parvulum*, dont la taille n'a que le tiers de celle du tapir d'Amérique. Les *L. tapiroïdes*, et *buxovillanum*, trouvés à Buchsweiler, département du Bas-Rhin. Le *L. giganteum*, établi sur un fragment de mâchoire et une astragale, paraît être à quelques auteurs des débris d'une espèce de rhinocéros. On a encore décrit quelques espèces, mais elles sont douteuses. J.-P.

LOPHOPHORE, *lophophorus* (*ois.*), genre du sous-famille des lophorinées, dans la famille des gallinacés, et dont les principaux caractères sont : bec long, fort, très courbé, large à sa base, à bords saillants, à mandibule supérieure large, tranchante à son extrémité et dépassant de beaucoup l'inférieure; narines situées à la base du bec, recouvertes en arrière par une membrane revêtue de plumes; tarses courts, munis d'un fort éperon; queue droite horizontale, arrondie à son extrémité. Ce genre a été établi par Temminck, pour une espèce que Latham plaçait parmi les faisans sous le nom de *phasianus impeyanus*. Les lophophores présentent, en effet, le riche plumage des coqs et des faisans, et, comme ces derniers, ils ont toute la circonférence de l'œil recouverte d'une peau nue; comme les paons, ils ont une belle huppe, mais ils se distinguent totalement des uns et des autres par leur queue,

qui n'est point composée de pennes disposées sur deux plans différents, et qu'ils ne peuvent relever. Les mœurs des lophophores ne sont point connues, tout ce que l'on sait sur ces oiseaux, c'est qu'ils préfèrent les climats froids aux climats chauds, et que le mâle fait entendre un gloussement rauque, fort et semblable à celui du dindon mâle. Les contrées natales des lophophores sont les montagnes du nord de l'Indostan. L'espèce type de ce genre est le lophophore resplendissant (*L. refulgens*); la tête du mâle est ornée d'une huppe élégante composée de plumes à tige mince et terminées par une palette oblongue dorée. Il a tout le dessus du corps d'un beau vert à reflets dorés, pourprés et azurés, et le dessous noir, à reflets verdâtres. C'est en un mot l'un des plus beaux oiseaux que l'on connaisse, et l'éclat de son plumage lui a valu, dans quelques parties de l'Inde, le nom d'oiseau d'or. Le plumage de la femelle est d'un brun terne, avec des raies et des taches irrégulières fauves et rousses. Cette belle espèce habite les monts Himalaya et le Népaul. J. P.

LOPIN, s. m., morceau de quelque chose qui se mange, et principalement de viande; il est populaire et ne se dit guère qu'en plaisanterie. Il se dit, par extension, d'une portion de quelque chose qui est à partager.

LOQUACE, adj. des deux genres (on prononce *locouace*), qui parle beaucoup.

LOQUACITÉ, s. f. (on prononce *locouacité*), habitude de parler beaucoup.

LOQUÈLE, s. f. (on prononce *lociièle*), facilité à parler des choses communes en termes communs; il est familier.

LOQUET, s. m., sorte de fermeture très simple que l'on met aux portes qui n'ont point de serrure, et à celles dont le pène est dormant.

LOQUETEAU, s. m., petit loquet qu'on met ordinairement aux volets en haut d'une fenetre, et auquel on attache un cordon afin de pouvoir les ouvrir et les fermer aisément.

LORANTHE et **LORANTHACÉES**, *loranthus*, *loranthaceæ*. Les loranthacées, dont le type est le genre loranthe (*loranthus*), forment une famille de plantes dicotylédonées qui présentent les caractères suivants : fleurs unisexuelles ou hermaphrodites, périanthe soudé avec l'ovaire, à 3-8 divisions, souvent doublé extérieurement d'une cupule que termine un rebord entier ou lobé ou à peine visible, et qu'on décrit généralement comme un calice, dans ce cas coloré et ayant jusqu'à un certain point l'apparence d'une corolle, dont il reçoit le nom; dans les autres, vert et ayant l'apparence de calice, manquant quelquefois complétement dans les fleurs unisexuelles; étamines en nombre égal aux divisions du périanthe, opposées aux divisions et insérées à leur milieu; anthères portées à l'extrémité d'un filet, plus rarement sessiles ou même accolées au périanthe, à deux loges ou à une seule, s'ouvrant par deux fentes longitudinales introrses ou par une seule transversale, quelquefois multicellulaires et s'ouvrant par autant de pores; ovaire confondu avec le périanthe, souvent surmonté d'un disque charnu qui environne la base d'un style simple, terminé par un stigmate le plus souvent indivis, longtemps plein à l'intérieur, et ne laissant apercevoir ni loge et d'ovule qu'après la floraison. Il se creuse alors et présente un ou plusieurs ovules très petits, dressés du fond de la loge unique ou portés sur une petite colonne centrale. On ne trouve qu'une graine unique développée, mais dans certains cas renfermant deux ou trois embryons; on doit alors naturellement admettre la soudure et la confusion de deux ou trois ovules. La germination de cette graine est fort singulière : la radicule s'éloigne de la verticale, se dirige toujours vers l'obscurité, et conséquemment vers les corps opaques situés dans son voisinage, et par la manière dont elle s'implante à la surface des autres plantes ligneuses dicotylédonées; la radicule, élargie à son extrémité, perce l'écorce et vient former un empatement à la surface de la couche ligneuse, qui quelquefois se dilate à ce point en une tumeur. L'union des deux plantes se fortifie souvent par des branches latérales qui s'allongent parallèlement à la surface de l'écorce, et émettent de distance en distance des prolongements ou suçoirs au moyen desquels elle lui adhèrent. Les loranthacées sont donc des plantes parasites sur le bois d'autres végétaux arborescents, mais il en est quelques-unes cependant qui s'enracinent en terre à la manière ordinaire. Presque toutes se ramifient par dichotomies; leurs rameaux, articulés aux nœuds, sont cylindriques, tétragones ou aplatis; les feuilles sont opposées ou verticillées à ces nœuds, quelquefois alternes, toujours entières, coriaces; quelquefois réduites à des écailles stipuliformes, ou manquant même tout-à-fait. Les fleurs sont hermaphrodites ou unisexuelles, en cimes triflores, en épis, en panicules, ordinairement accompagnées de bractées et vertes ou autrement colorées. Ces espèces habitent presque toutes les régions intertropicales des deux continents. La glu se trouve en abondance dans les fruits et dans l'écorce d'un grand nombre d'espèces. Genres : *misodendron, antidaphne, arceuthobium, viscum, tupeia, ginalloa, loranthus, nuytsia, schopfia, diacœcorpium.* Le genre *loranthus,* qui sert de type à cette division, renferme des arbrisseaux rameux ou dichotomes qui croissent pour la plupart dans les régions tropicales et sous-tropicales; ils vivent en parasites sur la tige et les branches d'autres végétaux, où ils s'accrochent simplement comme le lierre à l'écorce du tronc et des branches des vieux arbres. La seule espèce dont nous parlerons est le loranthe d'Europe (*Lor. europæus,* Linn.), qui croit sur les châtaigniers et sur les chenes; il forme un arbrisseau très rameux et glabre dans ses diverses parties, et dont le port ressemble beaucoup à celui du gui. J. P.

LORD, s. m., titre d'honneur usité en Angleterre; il signifie seigneur, et milord veut dire monseigneur.

LORÉ, ÉE (*blason*). Il se dit d'un poisson quand les nageoires sont d'un autre émail que le poisson même. *Loré de gueules.*

LOREDANO (JEAN-FRANÇOIS), sénateur de Venise au xviiᵉ siècle, rendit de grands services à la république. Sa maison était une académie de gens de lettres. Ce fut lui qui jeta les fondements de celle *degli Incogniti.* On a recueilli ses œuvres en 7 vol. in-24, et 1653, 6 vol. in-12.

LORENZ (JEAN-MICHEL), chanoine de Saint-Michel de Strasbourg, né en 1722 dans cette ville, où il mourut le 2 avril 1801, y fut successivement professeur d'histoire et d'éloquence, et bibliothécaire de l'université. On a de ce savant : *Urbis Argentorati brevis historia, ab* A. C 1456, Strasbourg, 1789, 3ᵉ édition, in-4°; *Tabulæ temporum fatorumque Germaniæ ab origine gentis ad nostra tempora,* 1763-1776; *Elementa historiæ universæ,* 1772, in-8° *cum tabulis; Elementa historiæ Germaniæ,* 1776, in-8° *cum tabulis; Summa historiæ Gallo-Franciæ civilis et sacræ,* 1793, 4 vol. in-8°, etc., etc. Une érudition profonde, une précision exacte, un style correct et élégant, sont les qualités qui distinguent presque tous les ouvrages de cet auteur.

LORENZANA (FRANÇOIS-ANTOINE), cardinal-archevêque de Tolède, né à Léon, en Espagne, le 22 septembre 1732, mort le 17 avril 1820, avait été évêque de Placencia, et archevêque de Mexico. Simple et frugal, il employa ses immenses revenus à protéger les lettres et à secourir les malheureux. Il fonda à Tolède une magnifique bibliothèque, une université, et fit publier à ses frais une superbe édition des œuvres des PP. de Tolède. Lorenzana présida à l'éducation de Louis de Bourbon, depuis infant d'Espagne et cardinal; et le fit archidiacre de son église. Il reçut la pourpre le 30 septembre 1789, et, cinq ans après, fut nommé grand inquisiteur et conseiller d'Etat. La révolution française ayant conduit en Espagne un nombre considérable de prêtres, de religieux et de religieuses, Charles IV le chargea de leur procurer un asyle. L'humble du pieux évêque d'Orense, il en entretint à lui seul cinq cents. Il se trouvait à Madrid lors du mariage du prince de la Paix avec mademoiselle de Vallabriga, cousine du roi. Ayant refusé, ainsi que le cardinal Despuig, de bénir cette union, parce que le bruit courait que Godoï était déjà marié avec une demoiselle Tudo, il fut exilé de la capitale avec Despuig. Ces deux prélats partirent, par ordre du roi, avec Musquiz, archevêque de Séleucie, pour aller offrir des consolations à Pie VI. Lorenzana, qui suivit le pontife, pourvut aux besoins de cette auguste victime, et à ceux des divers cardinaux ou prélats proscrits et dispersés dans toute l'Italie. Un refus de passeports l'ayant empêché d'accompagner Pie VI en France, il parvint à lui faire passer secrètement des secours. Il allait retourner en Espagne, lorsque les mouvements des armées lui en fermèrent le chemin. Il se trouva ainsi au conclave tenu à Venise, où fut élu Pie VII. En 1800, il se démit de son siége de Tolède, qu'il fut donné à l'infant D. Louis de Bourbon, et dès-lors il établit sa demeure à Rome. Ce grand évêque a laissé diverses Lettres pastorales; un nouveau recueil de *Lettres de Fernand Cortés,* Mexico, 1770, in-4°. Il a donné de magnifiques éditions, à ses frais, des ouvrages suivants, savoir: *Sanctorum Patrum toletanorum quotquot exstant opera,* Madrid, 3 vol. in-fol., avec des préfaces et des notes savantes. L'éditeur y a réuni les écrits de ses prédécesseurs, Montamès, Eugène, saint Ildefonse, saint Julien, saint Euloge, etc., avec l'abrégé de leurs vies; *Sancti Martini le-*

gionensis presbyteri, et canonici regularis, opera nunc primum in lucem edita, Ségovie, 4 vol. in-fol.; *Œuvres de saint Isidore de Séville,* revues sur les manuscrits du Vatican et imprimées à Rome; *Missale gothicum secundum regulam B. Isidori in usum mozarabum,* Rome, 1804, in-fol., fig.

LORENZETTI (AMBROSIO), peintre, natif de Sienne, mort àgé de 83 ans, vivait dans le xivᵉ siècle. Ce fut Giotto qui lui apprit les secrets de son art; mais Lorenzetti se fit un genre particulier. Il fut le premier qui s'appliqua à représenter en quelque sorte les vents, les pluies, les tempêtes, et ces temps nébuleux dont les effets sont si piquants en peinture.

LORENZETTI (PIETRO), peintre, natif de Sienne, était frère du précédent, dont il reçut les leçons. Il réussissait principalement dans le jet des draperies, et à faire sentir sous l'étoffe le nu de ses figures. Il excella aussi dans les parties qui regardent la perspective. Lorenzetti fut aidé dans plusieurs ouvrages par son frère Ambrosio. Pietro vivait encore en 1356.

LORETTE (*géog.*), ville des Etats de l'Eglise, chef-lieu du commissariat de Lorette, située près de la mer Adriatique. 8,000 âmes. On y remarque la cathédrale de la *Casa Sancta,* où se trouve, selon la tradition, la chambre dans laquelle la Vierge conçut le Sauveur; cette chambre a été apportée par les anges en Dalmatie, puis à Venise, et enfin à Lorette. Notre-Dame-de-Lorette (*hist.*), nom d'un ordre de chevalerie institué par le pape Paul III, et qui ne fut définitivement constitué que par Sixte-Quint, en 1587. Les chevaliers Lorétans, ou de Notre-Dame-de-Lorette, avaient entre autres priviléges le droit de légitimer les bâtards.

LORGES (GUY-ALDONCE DE DURFORT, duc DE), né en 1630, mort à Paris en 1702, fit ses premières armes sous le maréchal de Turenne, son oncle maternel. S'étant signalé en Flandre et en Hollande, et surtout au siège de Nimègue, dont il obtint le gouvernement, il s'éleva par ses services au grade de lieutenant-général. Il servait en cette qualité dans l'armée de Turenne, lorsque ce grand homme fut tué près la ville d'Acheren, le 25 juillet 1675. Alors, faisant trève à sa douleur, et cherchant plutôt à sauver une armée découragée par la perte de son chef, qu'à acquérir de la gloire en livrant témérairement bataille, il fit cette retraite admirable, qui lui valut le bâton de maréchal de France en 1676. Il commanda depuis en Allemagne, prit Heidelberg et chassa les Impériaux de l'Alsace. Ses exploits lui méritèrent les faveurs de la cour. Le roi érigea en duché la ville de Quintin, en Basse-Bretagne, pour lui et ses successeurs mâles, sous le titre de Lorges-Quintin. Il fut capitaine des gardes-du-corps, et gouverneur de Lorraine. On le regretta comme un digne élève de Turenne, et de plus, comme un homme foncièrement vertueux et un parfait chrétien.

LORGNER, v. a., regarder en tournant les yeux de côté et comme à la dérobée; il est familier. Il signifie aussi regarder avec une lorgnette. Fig., lorgner une femme, la regarder de manière à faire croire qu'on a du goût pour elle.

LORGNETTE, s. f., petite lunette d'approche dont on se sert pour voir les objets peu éloignés.

LORGNEUR, EUSE, celui, celle qui lorgne. Il est familier.

LORGNON, s. m., petite lunette à un seul verre qu'on porte ordinairement suspendue à un cordon.

LORICAIRE, *loricaria* (*poiss.*), genre de poissons de l'ordre des malacoptérygiens abdominaux, de la famille des siluroïdes établi par Linné, et se faisant surtout remarquer par les plaques anguleuses et dures qui couvrent entièrement leur corps et leur tête. Les espèces de cette coupe générique se distinguent encore des autres silures cuirassés (callichtes, doras), par la bouche qui est percée sous le museau. Lacépède a réparti les espèces de ce genre en deux sections, ou sous-genres, fondées sur quelques différences d'organisation extérieure. La première division comprend les loricaires proprement dits, qui présentent pour caractère principal : une seule dorsale en avant. De plus leur voile labial est garni sur les bords de plusieurs barbillons, et quelquefois hérissé de villosités; leur ventre est garni de plaques. Ce sous-genre renferme neuf espèces, dont la principale est la loricaire cuirassée, *loricaria cataphracta,* Linn. Cette espèce est d'un brun olivâtre clair; sa longueur est d'environ trente centimètres. Elle habite la Guiane. Le second sous-genre, auquel Lacépède donne le nom de hypostome, est essentiellement caractérisé par la présence d'une deuxième petite dorsale; de plus le voile labial est simplement papilleux, avec un petit barbillon de chaque côté, et le ventre est dépourvu de plaques. Cette section renferme quatre espèces. La plus commune est l'hypostome plécostome, *loricaria plecostomus,* Linn. Cette espèce, un peu plus grande que la précédente, atteint quarante centimètres; sa couleur est un fauve plus ou moins vif. Ce poisson, qui se trouve également dans la Guiane et la Colombie, a reçu des créoles de cette dernière contrée, le nom d'armadillo. J.-P.

LORIENT, ville maritime de l'ancienne Bretagne, aujourd'hui chef-lieu de sous-préfecture du département du Morbihan, place de guerre de troisième classe, préfecture maritime, 18,300 habitants. Cette ville, qui n'était au commencement du XVIIe siècle, qu'un village peu considérable fut donné, en 1666, à la compagnie des Indes, dont les armements se faisaient alors au Havre; ce fut de là que lui vint son nom. Cette compagnie en fit, en 1728, sa place d'armes et son magasin général, et à cette époque, Lorient s'accrut rapidement; en 1738 on y comptait 14,000 habitants. On commença, en 1741, à l'entourer de fortifications qui la mirent bientôt en état de repousser une descente opérée par les Anglais. En 1784 Lorient fut déclaré port franc, et en 1796 on y établit un bagne destiné aujourd'hui exclusivement aux militaires coupables de subordination.

LORIOT, *oriolus* (ois.), genre de l'ordre des passereaux, comprenant pour Linné une foule d'espèces qui sont aujourd'hui dispersées dans neuf sous-familles appartenant à trois tribus différentes (conirostres, dentirostres et tenuirostres). Aujourd'hui le genre loriot proprement dit ne renferme que les espèces dont les principaux caractères sont : bec allongé, convexe, robuste, comprimé vers le bout, qui est échancré de chaque côté, à arête entamant les plumes du front; des narines ovales, percées dans une membrane; des tarses courts, robustes, fortement dentelés, et une queue moyenne, échancrée. Les loriots ont quelques rapports avec les merles; mais ils s'en distinguent par un bec plus fort, des tarses plus courts, des ailes plus longues en proportion, et surtout par leurs mœurs. Le type de ce genre tel qu'il est restreint, est le loriot d'Europe, *oriolus galbula*, Linn., qui habite l'Europe et l'Inde. C'est la seule espèce dont on connaisse bien les mœurs. Cet oiseau vit particulièrement sur les lisières des grands bois, et fréquente le bord des eaux; il arrive dans nos contrées vers le mois d'avril, et repart au mois d'août; il semble ne venir chez nous que pour se reproduire. Son nid est très curieux; il se construit à l'extrémité des branches qui divergent horizontalement, et il est construit de façon que son fond ne repose absolument sur rien. C'est sur les chênes, les peupliers, etc., que le loriot établit son nid. Sa ponte est de quatre à six œufs blancs, tachés de quelques gros points d'un brun noirâtre. Le loriot vit en famille jusqu'à son départ; sa nourriture consiste en insectes, en chenilles et en fruits de plusieurs sortes; mais il affectionne surtout les cerises, les figues et les mûres. Tous les loriots sont remarquables par leurs couleurs franches et agréables. Le loriot d'Europe a tout son plumage d'un beau jaune avec une tache entre l'œil et le bec, les ailes et la queue noires. La femelle est d'un vert olivâtre en dessus et d'un blanc sale en dessous avec des taches brunes. J.-P.

LORIOT (JULIEN), prêtre de l'Oratoire, se consacra aux missions sur la fin du XVIIe siècle. Ne pouvant plus supporter la fatigue de ces pieux exercices, il donna au public des Sermons qu'il avait prêchés dans ses courses évangéliques. Ils forment 9 vol. de Morale, 6 de Mystères, 3 de Dominicales, en tout 18 vol. in-12, 1695 à 1713. Le style en est simple, la morale exacte, et toujours appuyée sur l'Écriture et sur les Pères.

LORIS (mam.), genre de quadrumanes de la famille des lémuriens, créé par Ét. Geoffroy Saint-Hilaire pour une espèce rangée jusqu'à lui avec les makis sous le nom de *lemur gracilis*. Les loris ressemblent aux makis par les formes générales du corps, mais leurs proportions sont plus veltes, plus grèles; la tête des loris est plus ronde que celle des makis, leur museau est moins saillant et ils sont tout-à-fait privés de queue, tandis que le *lemur* proprement dits en ont encore une. Les dents des loris ressemblent beaucoup à celles des galagos, on en compte trente-six en tout : quatre incisives supérieures, pointues et rudimentaires, séparées en deux faisceaux par un espace vide, et trois incisives inférieures longues et couchées en avant; la canine inférieure reste en arrière de la supérieure, au lieu de passer en avant comme cela a lieu ordinairement; il y a six molaires de chaque côté à la mâchoire supérieure, et cinq à l'inférieure. Les membres sont très longs et très grèles; ils ont tous cinq doigts, et ont tous le pouce distinct et opposable aux autres doigts; les ongles sont larges et plats, excepté celui du second doigt du

membre postérieur, qui est étroit, pointu et arqué comme chez les makis. Les yeux sont grands, les narines ouvertes sur les deux côtés d'un mufle glanduleux et relevé, l'oreille externe a dans son intérieur trois oreillons. La seule espèce, le loris grèle, *lemur gracilis*, est un animal nocturne qui ne sort de sa retraite que le soir et la nuit, tandis qu'il se repose pendant le jour. Sa démarche est lente. Il se nourrit d'œufs, d'insectes et de fruits. Son pelage est doux, fin, et d'une apparence laineuse, comme celui des makis; le tour des yeux est roux, les côtés du front, le sommet de la tête, les oreilles, le dessus et les côtés du cou, le garrot, les épaules, la face externe du bras et du coude, la croupe et les côtés du corps, la face externe des cuisses et des jambes sont roussâtres; une tache blanche au milieu du front, le museau, la poitrine et le ventre sont blanchâtres. Il habite l'île de Ceylan.

LORME (PHILIBERT DE), aumônier et conseiller du roi, natif de Lyon, mort en 1577, se distingua par son goût pour l'architecture. Il alla, dès l'âge de 14 ans, étudier en Italie les beautés de l'antique. De retour en France, son mérite le fit rechercher à la cour de Henri II, et dans celle des rois ses fils. Ce fut de Lorme qui fit le fer à cheval de Fontainebleau, et qui construisit plusieurs magnifiques bâtiments dont il donna les dessins, comme les châteaux de Meudon, d'Anet, de Saint-Maur, le palais des Tuileries : il orna et rétablit plusieurs maisons royales. On a de lui : *dix Livres d'architecture*, 1668, in-fol.; un *Traité sur la manière de bien bâtir et à peu de frais*.

LORRAIN (JEAN LE), vicaire de Saint-Lô à Rouen, son pays natal, se distingua par la solidité de ses instructions et par la force de ses exemples. Son érudition ne le rendit pas moins recommandable: il avait une mémoire heureuse, une vaste lecture et beaucoup de jugement. Il prêchait quelquefois jusqu'à trois fois par jour des sermons différents, et on l'écoutait toujours avec utilité. Il devint chapelain titulaire de la cathédrale de Rouen, où il mourut en 1710, âgé de 59 ans. L'abbé le Lorrain avait fait une étude profonde des rites ecclésiastiques. Nous avons de lui un excellent traité de l'Ancienne coutume d'adorer debout les jours de dimanche et de fêtes et durant le temps de Pâques, ou Abrégé historique des cérémonies anciennes et modernes. Ce dernier titre donne une idée plus juste de cet ouvrage, qui est en effet un savant traité des cérémonies anciennes et modernes, plein de recherches peu communes. Il est en 2 vol. et parut en 1700. On a encore de lui les Conciles généraux et particuliers, et leur histoire, avec des remarques sur leurs collections, Cologne, 1717, 2 vol. in-8°. Les ouvrages de cet auteur ne sont pas communs.

LORRAIN (ROBERT LE), sculpteur, né à Paris en 1666, mort dans la même ville en 1743, fut élève du célèbre Girardon. Ce grand maître le regardait comme le plus habile dessinateur de son siècle. Il le chargea, à l'âge de 18 ans, d'instruire ses enfants et de corriger ses élèves. Ce fut lui et le Nourrisson qu'il choisit pour travailler au mausolée du cardinal de Richelieu en Sorbonne. Ses ouvrages sont remarquables par un génie élevé, un dessin pur et savant, une expression élégante, un choix gracieux, des têtes d'une beauté rare. Sa Galatée est un morceau fini. Cet artiste mourut recteur de l'Académie royale de peinture et de sculpture.

LORRAINE. En 1789, on désignait sous ce nom la province bornée au nord par le Luxembourg et l'électorat de Trèves; au nord-est par le bas Palatinat et le duché de Deux-Ponts; à l'est par l'Alsace; au sud par la Franche-Comté, et à l'ouest par la Champagne. La Lorraine comprenait neuf pays principaux : 1° les trois évêchés de Metz, Toul et Verdun, avec des villes du même nom réunis à la France par le duc de Guise sous le règne de Henri II, et cédés définitivement par le traité de Westphalie; 2° le Luxembourg français, comprenant la partie sud de ce duché, où se trouvent les villes de Thionville, Montmédy, Longwy, conquises par le prince de Condé, et cédées par l'Espagne à la paix des Pyrénées; 3° le duché de Carignan, capitale Ivoy-Carignan, acquis par le même traité; 4° la Lorraine allemande, ou le pays de la Sarre (Sargaw), comprenant les rives de ce cours d'eau et les places fortes qui y sont situées; cédée à la France par le traité d'Utrecht en 1713, à l'exception de Sarrelouis, acquis en 1697, par la paix de Ryswick; 5° le duché de Bouillon, enlevé à l'évêque de Liége par Louis XIV; 6° les duchés de Bar et Lorraine, réunis à la France après la mort de Stanislas Leczinski, en 1766, selon les conditions du traité conclu à Vienne en 1738. C'est de ces neuf pays qu'ont été formés le départements des Vosges, de la Meurthe, de la Moselle et de la Meuse. La Lorraine n'était qu'un débris d'un vaste royaume carlovingien, dont nous allons résumer l'histoire. Au traité de Verdun en 843, les fils de Louis-le-Débonnaire partagèrent en trois lots l'empire de Charlemagne. Charles-le-Gros eut la France, c'est-à-dire le pays situé à l'ouest de la Meuse, de la Saône et du Rhône; Louis eut la Germanie, et Lothaire l'Italie avec cette zône de territoire français comprise entre les rivières de l'Escaut, de la Meuse, de la Saône et du Rhône, à l'ouest; le Rhin et les Alpes à l'est. En 855, Lothaire partagea son royaume entre ses fils : Louis II eut l'Italie et les possessions situées en France furent assignées à Charles et à Lothaire. Ce fut alors que se formèrent les royaumes de Lorraine et de Bourgogne, dont la limite était marquée par les monts Faucilles, le plateau de Langres et la souche des Vosges. Le royaume de Lorraine (*Lotharii regnum*), comme on le disait alors, tire son nom de Lothaire (*Lotharius*), fils de l'empereur Lothaire, et non pas de celui-ci, comme on l'a écrit quelquefois. De *Lotharii regnum*, on a formé *Lotharingia*, d'où Loherrègne (vieux français), par contraction Lorrène et enfin Lorraine. Ce royaume comprenait les villes d'Utrecht, Cologne, Tongres, Trèves, Metz (capitale), Toul, Verdun, Cambrai, Strasbourg, etc. Lothaire mourut sans enfants en 869, Louis-le-Germanique, roi de Germanie, et Charles-le-Chauve, roi de France, ses deux oncles, se partagèrent ses Etats; toutefois il est évident que ce dernier ne dut posséder que nominalement sa part héréditaire; ou bien qu'on la lui ravit bientôt, car d'après les historiens, le royaume de Lorraine passa au pouvoir des deux fils de Louis-le-Germanique, Louis III de Saxe et Charles-le-Gros, après la mort de leur père. L'empereur Arnould posséda la Lorraine après eux jusqu'à sa mort, et la transmit à Zwentibold, son fils naturel, qui périt en 900, mis à mort par ses propres sujets. Cette même année l'empereur Louis IV devint roi de Lorraine, et conserva ce royaume jusqu'en 911, époque de sa mort. Les Lorrains reconnurent alors Charles-le-Simple, roi de France; mais profitant de sa faiblesse, Henri Ier l'Oiseleur s'empara de la Lorraine en 923. Ennuyés de la domination allemande, les Lorrains profitèrent de la mort de Henri Ier et appelèrent à leur aide Louis IV d'Outremer, roi de France en 939; mais le successeur de Henri-l'Oiseleur Othon-le-Grand parvint à remettre la Lorraine sous la domination impériale (940). En 953, il en donna le gouvernement à son frère Brunon, archevêque de Cologne qui, pour empêcher que les rois de France ne s'emparassent de ce pays, le divisa en deux parties : la haute Lorraine ou Mosellane, et la basse Lorraine. La Lorraine Mosellane (*Ducatus mosellanorum*, ou *Ducatus lotharingorum*), comprenait la Lorraine proprement dite, le Luxembourg, les diocèses de Trèves, Strasbourg, Metz, Toul, Verdun, une partie du Palatinat. La basse Lorraine (*Ducatus lotharingiæ, ripuariorium*), renfermait le Brabant, le diocèse de Cambrai, les évêchés de Liége et de Cologne, et la Gueldre. Brunon, archevêque de Cologne et archiduc de Lorraine, se donna deux lieutenants, l'un chargé de la basse Lorraine, et l'autre de la haute Lorraine; celui-ci prit Frédéric d'Alsace, qui prit le titre de duc de Lorraine. Thierry et Frédéric ses fils, lui succédèrent tous deux; et le dernier mourut en 1027, sans laisser de postérité masculine. Gothelon Ier lui succéda; et après celui-ci Gothelon II son fils, qui fut déposé (1046), et remplacé par Albert, comte d'Alsace. En 1048, Gérard son neveu lui succéda et devint la tige des ducs de Lorraine. Nommé duc par l'empereur Henri-le-Noir, il sut se faire nommer avoué des principales églises de la Lorraine; et ce ne fut pas la moindre cause de l'élévation de sa famille. En effet, à part ses domaines du Sargaw et quelques petites possessions dans la Lorraine propre, Gérard ne possédait qu'un petit nombre de seigneuries. Les évêques et les abbés étaient maîtres du sol. « Les guerres fréquentes que se faisaient les Allemands et les Français et dont la Lorraine était souvent le théâtre; les guerres qui s'allumaient entre les différents princes de cette contrée, aussi bien que celles qui s'élevaient quelquefois entre les prélats eux-mêmes, obligèrent ces derniers de chercher des protecteurs que l'on appelait alors *advocati* (avoués); ils leur donnaient des terres en fief. La continuation de ces guerres obligea aussi les prélats à faire des aliénations considérables en faveur de plusieurs seigneurs qui leur fournissaient de l'argent pour en soutenir les frais. Entre les seigneurs qui profitèrent de ces différents événements, les descendants de Gérard d'Alsace en eurent la meilleure part pour ne pas dire qu'ils profitèrent de tout. Mais ce qui a peut-être le plus contribué à l'augmentation des domaines

de cette maison, c'est qu'elle a fourni nombre d'évêques aux trois églises de Metz, Toul et Verdun, et que ces prélats se sont moins embarrassés de la conservation des biens de leur église que de l'augmentation des domaines de leur famille (*Dict. géogr. de la Martinière*, art. LORRAINE). » Ne pouvant entrer, faute d'espace, dans de trop longs détails, nous nous contenterons d'indiquer rapidement la chronologie des ducs, des deux dynasties auxquelles appartient la Lorraine. *Dynastie alsacienne*, 1048, Gérard d'Alsace, duc de Lorraine; 1090, Thierry Ier; 1115, Simon Ier; 1129, Matthieu Ier; 1176, Simon II; 1205, Ferry Ier, son neveu; 1214, Thibauld Ier, qui fut blessé à la bataille de Beauvais; 1220, Matthieu II, son frère; 1250, Ferry II; 1303, Thibauld II; 1312, Ferry III, qui fut tué à la bataille de Cassel; 1329, Raoul, qui fut tué à Crécy; 1346, Jean Ier, fait prisonnier à Poitiers; 1382, Charles Ier, qui assista à la bataille de Rosebeck et fut fait connétable en 1418; 1430, Isabelle, sa fille. *Dynastie angévine*, 1432, Jean II. Isabelle avait épousé René d'Anjou, duc de Bar. Par ce mariage furent unis les duchés de Lorraine et de Bar; cette princesse, à sa mort, eut pour successeur Jean II, duc de Calabre, fils aîné du roi René. Celui-ci poursuivit longtemps, et toujours sans succès, les droits de sa maison sur le royaume de Naples. Il fut l'un des chefs de la ligue du bien public; ses successeurs furent : 1471, Jean III, son fils; la même année, Nicolas, son frère, qui fut l'allié du duc de Bourgogne contre la France; 1473, Yolande, sa grand'tante, fille du roi René et d'Isabelle; la même année, René II, fils d'Yolande; ce fut lui qui fit la guerre à Charles-le-Téméraire; on sait que ce prince perdit la vie sous les murs de Nancy dont il était venu faire le siége (1477); 1508, Antoine; ce fut sous le règne de celui-ci que Claude de Lorraine vint en France prendre du service dans les armées de François Ier, et devint duc de Guise. Antoine servit aussi Louis XII et François Ier, et se battit à Agnadel et à Marignan. Il défit, en 1529, les paysans d'Allemagne révoltés; 1544, François Ier, son fils; 1545, Charles II, son fils; 1608, Henri, son fils: 1624, Charles III, son neveu, plus communément nommé Charles IV. Ce prince fut un prince guerrier et turbulent, dont les guerres avec la France eurent une grande importance. Il avait, en 1627, donné asyle à la duchesse de Chevreuse, dont il était épris et qui était l'ennemie du cardinal de Richelieu. Pour plaire à cette charmante exilée, il contracta avec les Anglais un engagement qui n'eut pas de suite, mais qui le brouilla avec le roi de France. En 1629, il reçut à sa cour Gaston, mécontent du cardinal, et en 1631 il prit les armes en sa faveur. Louis XIII se rendit maître de Vic et de Moyen-Vic, força Charles IV à la paix (1632), et lui enleva pour trois ans Marsal. Une seconde guerre éclata bientôt, guerre à laquelle mit fin le traité de Liverdun; Stenay et Jametz furent cédées pour quatre ans, et Clermont pour toujours. Par le traité de Nancy (1633), qui mit fin à la troisième guerre, Charles cède cette ville pour quatre ans et promet d'abandonner le parti de Gaston devenu son gendre; en 1634, il cède par collusion ses états à son frère Nicolas-François, passe au service de l'empereur avec lequel la France est en guerre, et prend une part active à la guerre de trente ans. Par le traité de Saint-Germain, en 1641, on lui rend ses Etats confisqués et conquis en grande partie, moyennant l'hommage pour le duché de Bar, la cession de Clermont, Stenay, Jametz, Dun; enfin la démolition des fortifications de Marsal. La même année, Charles recommence la guerre, ses Etats lui sont enlevés de nouveau. Il fait alors alliance avec l'Espagne et l'empire, et fait enfin la paix après le traité des Pyrénées. Pendant ce temps, il soutient les frondeurs. Par le traité de Vincennes, en 1661, on rend à Charles la Lorraine et Nancy, dont les fortifications sont démolies. Clermont, Moyen-Vic et Sierk restent à la France, ainsi que Sarrebourg et Phalsbourg, et un chemin depuis Metz jusqu'en Alsace. Charles IV conserve le duché de Bar sous la condition de rendre hommage, et de congédier toutes ses troupes. Ce traité de Vincennes, qui ouvrait la Lorraine à la France, fut la dernière œuvre de Mazarin, qui put croire avoir enfin abattu la puissance du dernier seigneur féodal. Par le traité de Montmartre, en 1662, Charles IV promet à Louis XIV de lui laisser la Lorraine à sa mort et de lui donner Marsal en gage, moyennant une rente de 200,000 écus. Sur le refus de Charles (1663) de livrer Marsal, Louis XIV envahit la Lorraine et s'empare de cette dernière ville, et force Charles au traité de Nomeny, qui confirme celui de Vincennes. En 1668, le duc de Lorraine accède à la triple alliance et envoie, en 1670, des troupes aux Hollandais. Louis XIV fait occuper la Lorraine. Charles IV passe en Allemagne et commande les armées impériales dans la célèbre campagne d'Alsace contre Turenne; il mourut en 1675. Charles V son fils lui succède; ce prince était à l'armée impériale à la mort de son père; il y resta et continua de combattre contre Louis XIV, qui occupait ses Etats. Par le traité de Nimègue en 1678, Louis XIV acquiert Nancy et ses environs, et cède Toul en échange; il obtient Longwy et sa prévôté; on lui cède quatre chemins d'une demi-lieue de largeur, coupant la Lorraine en quatre parties et tous les lieux situés sur ces routes. Charles V ne veut pas accepter ces conditions et reste en Allemagne, où il se distingue dans les guerres contre les Turcs (1683-88), et pendant la guerre de 1688 contre Louis XI. Léopold Ier lui succéda en 1690; ce prince fut rétabli par le traité de Ryswick dans les Etats de Charles IV tels que celui-ci les possédait en 1670, sauf Sarrelouis et Longwy qui ne lui furent pas rendus, et le démantèlement de Nancy, auquel il consentit en 1697. Louis XIV, qui ne perdit pas de vue la réunion de la Lorraine à la France, proposa, en 1698, dans le projet de démembrement de la monarchie espagnole, de donner le Milanais à Léopold qui cèderait en échange son duché au Dauphin. Le testament de Charles II en faveur de Philippe V fit échouer cette tentative de réunion. François-Etienne, fils de Léopold, lui succéda en 1729. Ce prince épousa la fille de l'empereur Charles VI, Marie-Thérèse. En 1735, au traité de Vienne, qui mettait fin à la guerre de la succession de Pologne, il céda la Lorraine et le duché de Bar à Stanislas Leczinski et obtint la Toscane en échange. Stanislas devait à sa mort laisser ses Etats à Louis XV; et depuis 1766, époque de la mort de Stanislas, la Lorraine fait partie intégrante du territoire français.

LORRIS (GUILLAUME DE), mort vers l'an 1240, composa le Roman de la Rose, qui comprend 2200 vers de huit syllabes, et dont la meilleure édition est celle de Méon, Paris, 1814, 4 vol. in-8º. Cet ouvrage, imité du poème de l'Art d'aimer, d'Ovide, est fort au-dessous de son modèle. L'auteur y a mêlé des moralités auxquelles son style naïf et simple donne quelque prix. On l'entendra plus facilement par le moyen d'un Glossaire, publié en 1737, in-12.

LORRY (ANNE-CHARLES), docteur-régent de la Faculté de médecine de Paris, né à Crosnes, à 5 lieues de Paris, en 1726, mort le 18 septembre 1783, à Bourbonne-les-Bains, donna au travail du cabinet tout le temps qu'il pouvait dérober à une pratique aussi brillante qu'étendue, et prouva par ses ouvrages qu'il était aussi versé dans les belles-lettres que dans la médecine. Cet habile homme, qui avait autant de modestie que de talent, répétait souvent: « Je ne me permettrai jamais de dire: J'ai guéri, mais j'ai donné mes soins à un tel malade, et sa maladie s'est terminée heureusement. »

LORS, adv. de temps. Alors, le temps dont on parle. On ne l'emploie maintenant que dans les locutions suivantes : Pour lors, en ce temps-là. Dès-lors, dès ce temps-là. Lors de, loc. prép., dans le temps de, au moment de.

LORSQUE, conjonct. Quand. Quelquefois, lors est séparé de que par un autre mot.

LOSANGE. Ce mot, en géométrie et dans les arts, est toujours masculin. Le losange doit avoir ses quatre côtés égaux; les deux angles obtus d'un losange sont égaux entre eux, ainsi que les deux angles aigus. Losange (blason), meuble de l'écu qui diffère de la fusée, en ce que celle-ci est plus resserrée au milieu et moins aiguë aux bouts; elle diffère des macles et des rustres en ce que les losanges sont pleines, au lieu que les macles sont entièrement à jour, et les rustres percées en rond. Losange (anc. technol.), se disait des verres qui garnissaient un châssis, quelles que fussent leurs formes, parce que primitivement tous ces verres étaient coupés en losange.

LOT, s. m., portion d'un tout qui se partage entre plusieurs personnes. Il se dit principalement en matière de succession. Il signifie aussi, ce qui échoit dans une loterie à chacun des billets gagnants. Il se dit figurément, au sens moral, pour destinée, sort, partage.

LOT, rivière de France qui prend sa source dans les montagnes de la Lozère; elle est navigable jusqu'à Cahors, et reçoit la Truyère, le Dourdon, le Cellé, l'Almance, etc. Son embouchure est dans la Garonne près d'Aiguillon. Son cours est environ de 60 lieues.

LOT (Département DU). Ce département, traversé par le Lot qui lui donne son nom, comprend l'ancien Quercy presque en totalité. Il est borné par les départements de la Corrèze, au nord; du Cantal et de l'Aveyron, à l'est; du

Tarn-et-Garonne, au sud; du Lot-et-Garonne et de la Dordogne, à l'ouest. Sa partie orientale est couverte de montagnes dont les plus hautes cimes ne dépassent pas 800 mètres au-dessus de l'Océan. Sa superficie est de 525,300 hectares, dont 232,543 en terres labourables, 87,255 en bois, 71,284 en landes, pâtis, bruyères; 58,627 en vignes, 30,890 en cultures diverses, 25,825 en prairies, etc. On évalue son revenu territorial à 9,500,000 francs. L'impôt foncier était en 1845 de 1,347,604 francs, et l'ensemble des contributions directes payées à l'Etat, de 1,635,521 francs. Ses principales rivières sont : le Lot, l'Aveyron, la Dordogne, la Selle, etc.; le Lot et la Dordogne sont seules navigables. Le sol fertile de ce département produit en abondance des grains, des fruits, du chanvre, des truffes, du safran, et des vins plus qu'n'exige sa consommation. On y élève des bestiaux, des porcs, de la volaille et des vers-à-soie. Ce département possède des carrières de marbre, granit, albâtre, pierres meulières et lithographiques. Ses vins les plus renommés sont ceux de Cahors et de Grand-Constant. Il possède deux fontaines, le Gourg et le Bouley, qui offrent des phénomènes remarquables. Ce département possède 24 grandes routes, dont 4 routes royales et 20 départementales. Il est divisé en 3 arrondissements, dont les chefs-lieux sont : Cahors, chef-lieu du département; Figeac et Gourdon. Il renferme 29 cantons et 300 communes. Sa population est de 287,003 habitants, parmi lesquels on compte 1,534 électeurs, représentés à la chambre par 5 députés. Ce département forme le diocèse de l'évêché de Cahors, suffragant de l'archevêché de Toulouse. Il est compris dans le ressort de la cour royale de Toulouse. Une académie universitaire siége à Cahors. Il fait partie de la 10e division militaire, dont le quartier-général est à Toulouse, et de la 23e conservation forestière.

LOT-ET-GARONNE (Département DE). Ce département, ainsi appelé des deux principales rivières qui l'arrosent, comprend l'ancien Agénois et quelques parties du Condomois et du Bazadois. Il est borné au nord par le département de la Dordogne; à l'ouest, par celui de la Gironde; au sud-ouest par celui des Landes; au sud, par celui du Gers; à l'est, par ceux de Tarn-et-Garonne et du Lot. Sa superficie est de 530,711 hectares, dont 286,401 environ sont en terres labourables, 69,349 en vignes, 68,613 en bois et forêts, 42,322 en prairies, 39,652 en landes, pâtis, bruyères, 3,996 en cultures diverses, etc. Son revenu territorial est évalué à 20,943,000 francs. Il a payé à l'Etat en 1845, 2,706,143 francs d'impôts directs, dont 2,096,201 francs pour la contribution foncière. Ses principales rivières sont : le Lot, la Garonne, le Dropt, le Gers, la Baise, la Gélise et la Losse. La Garonne, le Lot et la Baise sont seuls navigables. Les produits de son sol varié consistent en pins, grains, vins, mil ou panis, chênes à liége, chanvre, châtaignes et tabac d'une bonne qualité; ses animaux domestiques en bœufs, mulets, porcs et coqs d'Inde; ses minéraux en fer, pierres de taille, terre à poterie et plâtre. Son industrie consiste en différentes fabriques et manufactures, et son commerce en farines, eau-de-vie, lin, tabac, chanvre, bouchons de liége, résine, brai et goudron. Ce département, situé entre Bordeaux et Toulouse, possédant des rivières navigables, a tous les moyens d'exporter ses produits naturels ou fabriqués. Ses grandes routes sont au nombre de 22, dont 6 routes royales et 16 départementales. Il n'a point de canaux. Il est divisé en 4 arrondissements dont les chefs-lieux sont : Agen, Marmande, Nérac, Villeneuve-d'Agen. Il renferme 85 cantons et 354 communes. Sa population est de 346,396 habitants, parmi lesquels on compte 2,771 électeurs, représentés à la chambre par 5 députés. Ce département forme le diocèse de l'évêché d'Agen, suffragant de l'archevêché de Bordeaux. Il possède à Agen une cour royale et dépend de l'Académie de Cahors. Il fait partie de la 11e division militaire et du 31e arrondissement forestier qui ont leur chef-lieu à Bordeaux.

LOTERIE, s. f., sorte de jeu de hasard où l'on fait des mises pour lesquelles on reçoit des billets portant des numéros; celui ou ceux des numéros qui sortent, lorsque le tirage a lieu, donnent lieu à un lot, à la propriété d'un objet. Il se dit plus particulièrement d'une espèce de banque établie par quelques gouvernements, dans laquelle les particuliers font des mises, et courent la chance de perdre leur argent ou de gagner des sommes plus ou moins considérables. Fig. et fam. C'est une loterie, c'est une affaire de hasard. Loterie, est encore le nom d'un jeu de cartes dont les règles et les termes sont analogues à ceux de la loterie proprement dite.

LOTH, fils d'Aran, petit-fils de Tharé, suivit son oncle

Abraham, lorsqu'il sortit de la ville d'Ur et se retira avec lui dans la terre de Chanaan. Comme ils avaient l'un et l'autre de grands troupeaux, ils furent contraints de se séparer, pour éviter les suites des querelles qui commençaient à se former entre leurs pasteurs, l'an 1920 avant J.-C. Loth choisit le pays qui était autour du Jourdain, et se retira à Sodome, dont la situation était riante et agréable. Quelque temps après, Chodorlahomor, roi des Élamites, après avoir défait les cinq petits rois de la Pentapole, qui s'étaient révoltés contre lui, pilla Sodome, enleva Loth, sa famille et ses troupeaux, l'an 1912. Abraham, en ayant été informé, poursuivit le vainqueur, le défit, et ramena Loth avec ce qui lui avait été enlevé. Celui-ci continua de demeurer à Sodome, jusqu'à ce que, les crimes de cette ville infâme étant montés à leur comble, Dieu résolut de la détruire avec les villes voisines. Il envoya trois anges, qui vinrent loger chez Loth, sous la forme de jeunes gens. Les Sodomites, les ayant aperçus, voulurent forcer Loth à les leur abandonner; mais les anges les frappèrent d'aveuglement, et firent sortir Loth de la ville avec sa femme et ses deux filles. Sodome, Gomorrhe, Adama et Séboïm furent consumées par le feu du ciel. Les païens comme les juifs ont conservé la mémoire de ce terrible événement. Diodore de Sicile, Strabon, Tacite, Justin, Solin, rapportent la tradition qui a toujours subsisté, que le lac Asphaltite, a été formé par un embrasement, dans lequel plusieurs villes avaient été détruites. Loth se retira d'abord à Ségor, qui fut conservé à sa prière, et ensuite dans une caverne avec ses filles; car sa femme, pour avoir regardé derrière elle, contre la défense expresse de Dieu, avait été changée en statue de sel. Cette transmutation miraculeuse était en effet direct de la colère de Dieu, qui, par un monument terrible et subsistant, voulait avertir les hommes des châtiments préparés à l'indocilité et à la désobéissance. Les filles de Loth, s'imaginant que la race des hommes était perdue, enivrèrent leur père. Dans cet état, elles conçurent chacune un fils: Moab, d'où sortirent les Moabites, et Ammon, qui fut la tige des Ammonites. On ne sait ni le temps de la mort, ni le lieu de la sépulture de Loth, et l'Écriture n'en dit plus rien. On a essayé d'expliquer, par des causes purement physiques, le changement de sa femme en statue de sel; mais il est aisé de voir que tout ce faux appareil d'une science pédantesque et dirigé contre la réalité et la croyance des miracles, cette grande voie que la Providence a tracée à la foi des peuples; celle que Jésus-Christ a employée pour prouver sa divinité, et par laquelle les deux lois ont commencé. Ce sont surtout les miracles de l'Ancien Testament, sur lesquels s'acharnent nos herméneutes. Il n'y a point d'absurdités qu'ils n'imaginent pour ôter l'intervention de l'Éternel dans des événements où il a employé sa puissance avec le plus d'éclat, et s'est montré d'une manière plus convaincante et plus sensible. Le Pentateuque, et surtout la Genèse, qui sont remplis de faits de cette nature, sont devenus entre les mains des interprètes des espèces de romans, où la licence et l'ivresse font assaut d'impertinence et d'ineptie. Mais ce sont précisément ces livres et ces faits qui attachent particulièrement l'attention du chrétien, qui fixent ses réflexions les plus sérieuses et les plus touchantes, et c'est là qu'il trouve le plus riche fonds d'instruction. Malheur à l'homme qui ne sent rien au récit de ces apparitions si fréquentes dans les premiers temps, de ce commerce si inappréciable de la Divinité avec les hommes, de cette théocratie familière, pour ainsi dire, et domestique, où Dieu, comme un bon père de famille, se manifestait et parlait à ses enfants; où sa conduite personnelle (que cette expression nous soit permise) était assortie à la simplicité et à l'innocence des mœurs du temps; où, pour former à la vertu le monde dans l'enfance, il voulait l'instruire par lui-même, avant de lui envoyer les docteurs et les prophètes; où il agissait avec une promptitude et une force toujours présentes, pour récompenser et punir, pour épouvanter et encourager. Quelles scènes que celles du paradis fermé à l'homme, de la mort d'Abel, et de tout ce que dit Dieu à cette occasion! Quelles leçons profondes et terribles! Que dire de la catastrophe du déluge, de Noé sortant de l'Arche, d'Abraham et des Anges, ses convives, du même patriarche arrêté par une main céleste au moment d'un sacrifice douloureux, et de Moïse devant le buisson ardent, de ce désert si fécond en prodiges et en avertissements redoutables? O pauvres critiques! qui vous exercez sur de tels sujets, qui cherchez à convertir en fables arides et stériles des choses si propres à nourrir l'âme, à la fortifier, à l'avertir de ce qu'elle est devant Dieu même! Oui,

vous avez raison de dégrader et d'avilir la Bible; elle n'est pas faite pour vous. Votre condamnation s'y trouve à chaque page. Si elle pouvait s'accorder avec vos goûts, vos sophismes, votre factice et théâtrale érudition, vos ignorantes et herméneutiques innovations, elle serait l'ouvrage de l'enfer.

LOTHAIRE Ier, fils de Louis-le-Débonnaire et d'Ermengarde fille de Hugues, comte d'Alsace, naquit vers 795. Il fut associé à l'empire par son père en 817, à l'Assemblée d'Aix-la-Chapelle, et nommé roi des Lombards en 820. L'ambition l'emporta chez lui sur la reconnaissance. Il s'unit avec les grands seigneurs pour détrôner l'empereur, se saisit de sa personne, et l'enferma dans le monastère de Saint-Médard de Soissons. Louis-le-Débonnaire étant sorti de sa prison par suite de la discorde entre ses fils, les deux cadets, qui voulaient faire augmenter leur portion, se déclarèrent contre Lothaire, et l'obligèrent à demander pardon à leur père commun. Après la mort de ce prince, Lothaire s'arrogea la supériorité sur deux de ses frères, et voulut les restreindre, l'un à la seule Bavière, et l'autre à l'Aquitaine. Charles, depuis empereur, et Louis de Bavière s'unirent contre lui, et remportèrent une célèbre victoire à Fontenai, l'an 841. Cette journée fut sanglante: il y périt, dit-on, près de 100,000 hommes. Les trois frères se disposaient à lever de nouvelles troupes, lorsqu'ils convinrent d'une trêve, suivie d'un traité de paix conclu à Verdun en 843. La monarchie française fut partagée en trois parties égales et indépendantes l'une de l'autre. Lothaire eut l'Empire, l'Italie et les provinces situées entre le Rhin et le Rhône, la Saône, la Meuse et l'Escaut. Louis, surnommé le Germanique, reçut toutes les provinces situées sur la rive droite du Rhin, et quelques villes sur la rive gauche, comme Spire et Mayence, propter vini copiam, disent les analistes; et Charles devint roi de toute la France, excepté de la portion cédée à Lothaire. Ce traité est la première époque du droit public d'Allemagne. (Pépin était mort en 838.) Dix ans après cette répartition, Lothaire, fatigué des troubles de son vaste empire, et craignant la mort, abdiqua la couronne. Il alla expier, dans le monastère de Prum, à 12 lieues au nord de Trèves, les fautes que l'ambition lui avait fait commettre contre son père et contre ses frères. Il prit l'habit monastique et mourut six jours après, le 28 septembre 855, à l'âge de 60 ans. Il laissa trois fils, Louis, Charles et Lothaire, entre lesquels il divisa ses États. Louis eut en partage le royaume d'Italie ou de Lombardie, avec le titre d'empereur; Charles, la Provence jusque vers Lyon; et Lothaire, le reste des domaines de son père en deçà des Alpes, jusqu'aux embouchures du Rhin et de la Meuse. Cette partie fut nommée le royaume de Lothaire. C'est de ce dernier qu'est venu le nom de Lotharinge ou Lorraine.

LOTHAIRE II, empereur d'Occident et duc de Saxe, né en 1105, était fils de Gerhard, comte de Supplembourg. Il fut élu roi de Germanie après la mort de l'empereur Henri V en 1125, et couronné empereur en 1133 par le pape Innocent II, qui lui céda l'usufruit des terres de la comtesse Mathilde. Ce prince remercia le pontife, en lui baisant les pieds et en conduisant sa mule quelques pas. Il avait juré auparavant de défendre l'Église, et de conserver les biens du saint-siège. L'empire avait été disputé après la mort de Henri V; Lothaire, par l'éloquence de Juger, fut préféré à Conrad de Franconie et à Frédéric de Souabe, fils d'Agnès, sœur du dernier empereur, ce qui causa de grands troubles. Il mourut sans enfants le 4 décembre 1137, dans le village de Bretten, près Trente. Ce règne fut l'époque de la police établie en Allemagne, vaste pays livré depuis longtemps à la confusion. Les privilèges des Églises, des évêchés et des abbayes furent confirmés, ainsi que les hérédités et les coutumes des fiefs et arrière-fiefs. Les magistratures des bourgmestres, des maires, des prévôts furent soumis aux seigneurs féodaux.

LOTHAIRE, roi de France, fils de Louis d'Outremer et de Gerberge, sœur de l'empereur Othon Ier, naquit en 941, fut associé au trône en 952, et succéda à son père en 954. Il fit la guerre avec succès à l'empereur Othon II, auquel il céda la Lorraine en 980, pour la tenir en fief de la couronne de France. Il avait cédé aussi à Charles son frère le duché de la Basse-Lorraine; ce qui déplut à tous les grands du royaume. Il mourut à Compiègne en 986, empoisonné, à ce qu'on croit, par Emme sa femme, fille de Lothaire II, roi d'Italie. Ce prince était recommandable par sa bravoure, son activité, sa vigilance, ses grandes vues; mais il était peu exact à tenir sa parole, et finissait presque toujours mal, après avoir bien commencé.

LOTHAIRE, roi de Lorraine, fils de l'empereur Lothaire Ier, abandonna Thietberge sa femme, pour épouser Valdrade sa maîtresse. Ce divorce fut approuvé par deux conciles, l'un assemblé à Metz, l'autre à Aix-la-Chapelle, soit que par de vaines raisons Lothaire eût persuadé aux évêques que son mariage n'était pas légitime, soit que dans ces temps d'ignorance la doctrine de l'indissolubilité ait souffert quelque obscurcissement. Le pape Nicolas Ier cassa les décrets des deux conciles, et Lothaire fut obligé de quitter la femme qu'il aimait pour reprendre celle qu'il devait aimer. Ce décret, contre lequel personne ne réclama, prouve combien l'autorité du chef de l'Eglise était alors solidement établie en France. Le pape Adrien II ayant été élevé sur le trône pontifical, le roi de Lorraine passa en Italie au secours de l'empereur Louis Ier son frère, contre les Sarrasins, espérant faire déclarer son mariage nul : mais le pape lui fit jurer, en lui donnant la communion, qu'il avait sincèrement quitté Valdrade; et les seigneurs qui accompagnaient ce prince firent le même serment. Ils moururent subitement presque tous ; Lothaire lui-même fut attaqué à Plaisance d'une fièvre violente, qui l'emporta le 7 août 869, un mois après ce sacrilège parjure.

LOTIER, *lotus* (bot.), le genre de la famille des légumineuses papilionacées, renfermant des plantes herbacées, ou sous-frutescentes, qui pour la plupart habitent les parties tempérées de l'ancien continent. Leurs feuilles sont composées, trifoliolées, accompagnées de stipules foliacées. Leurs fleurs sont portées au nombre de 1-10 à l'extrémité d'un pédoncule axillaire et accompagnées d'une feuille florale; leur couleur est jaune ou blanche, quelquefois rose et plus rarement brune. Elles ont pour principaux caractères : calice tubuleux, 5-fide, corolle papilionacée dont les ailes égalent presque en longueur l'étendard dont la carène se termine en bec; leur style est droit, leur stigmate subulé. Le fruit est un légume cylindrique ou comprimé sur les côtés, mais toujours dépourvu d'ailes. Ces caractères ne s'appliquent qu'au genre lotus proprement dit; en effet, Linné y comprenait les espèces dont le légume est bordé de quatre membranes longitudinales de quatre ailes, et qui, détachées par Scopoli, lui ont servi à établir le genre tétragonolobus. Parmi les espèces de ce genre, nous citerons le lotier corniculé (*lotus corniculatus*, Lin.). L'une des plantes plus communes dans les lieux herbeux et dans les prés. Sa tige est couchée, rameuse; ses folioles sont obovales ou linéaires, glabres ou pileuses, ses stipules sont ovales ; ses bractées lancéolées; ses pédoncules beaucoup plus longs que les feuilles, portent à leur extrémité 8 ou 10 fleurs d'un jaune doré, qui prennent par la dessiccation une teinte verte. Les légumes qui leur succèdent sont droits, cylindriques. Les bestiaux mangent cette plante avec plaisir. Le lotier de Saint-Jacques (*lotus Jacobœus*, Lin.), est originaire de l'île dont il porte le nom, en Afrique. On le cultive à cause de ses jolies fleurs brunes. Le lotier comestible (*lotus edulis*, Lin.), donne des légumes tendres d'une saveur douce, comme celle des petits pois qui servent d'aliment dans certains pays. J. P.

LOTION, s. f. Il se dit en chimie de l'action de laver des terres, des cendres ou autres matières, pour en extraire les parties solubres qu'elles contiennent. Lotion en médecine signifie l'action de laver quelque partie du corps, pour l'adoucir, l'amollir, etc. Il signifie aussi la liqueur quelconque employée à cet usage. Il signifie quelquefois ablution, bain.

LOTION (relig. mah.), mot par lequel on désigne en français la pratique expiatoire requise par le Koran, pour les souillures non substantielles majeures. (V. LAVAGE.) Lotion funéraire, celle qui consiste chez les Musulmans à laver le corps d'un défunt, soit homme, soit femme, soit enfant. La lotion funéraire est d'obligation divine. Lotion des philosophes (art herm.). Voyez lavement des philosophes au mot LAVEMENT.

LOTIR, v. a., faire des lots, des portions d'une succession à partager entre plusieurs personnes.

LOTI, IE, participe. Fam., bien loti, qui a été bien partagé ou favorisé par le sort, de quelque manière que ce soit. Fam., le voilà bien loti, se dit par ironie de quelqu'un qui a fait un mauvais choix qui est trompé dans ses espérances, ou lésé de quelque manière que ce soit.

LOTISSAGE, s. m., opération de docimastique, qui consiste à former un tas avec le minéral pulvérisé, et à y prendre de quoi en faire l'essai.

LOTO, s. m., jeu ressemblant à une loterie, et qu'on joue avec des numéros, dont les uns sont sur des boules qu'on tire au hasard, les autres sur des tableaux distribués aux joueurs. Il se dit aussi des objets dont on se sert pour jouer à ce jeu. Loto-dauphin sorte de loto moins simple que le loto ordinaire.

LOTOS, arbre qui selon la mythologie produisait des fruits délicieux, dont l'effet était de faire oublier la patrie aux étrangers, et de les attacher invinciblement au pays des Lotos. On pense que ce n'est autre chose qu'une plante aquatique qui croît dans le Nil, et qui porte une tête et une graine à peu près comme le pavot. Chez les Egyptiens on peignait Isis assise sur la fleur de lotos. Cette fleur était aussi consacrée à Apollon et à Vénus.

LOUABLE, adj. des deux genres. Qui est digne de louange. Louable signifie en médecine ce qui est de la qualité requise. Louable est aussi le titre d'honneur que se donnent ordinairement les assemblées des cantons suisses.

LOUAGE, s. m., transport, cession de l'usage de quelque chose, faite par le propriétaire pour un certain temps, moyennant un certain prix.

LOUAIL (JEAN), prêtre et prieur d'Auzai, né à Mayenne, mort en 1724, se donna bien des mouvements pour le parti de Jansénius. On a de lui : la première partie de l'*Histoire du livre des Réflexions morales sur le Nouveau Testament et de la constitution* Unigenitus, *servant de Préface aux Hexaptes*, en 6 vol. in-12 et un gros vol. in-12, Amsterdam, 1726. On peut considérer cet ouvrage comme la base et le modèle des *Nouvelles ecclésiastiques*. Cadry a continué cette prétendue Histoire en 3 vol. in-4°, et l'a conduite presque jusqu'au temps où les *Nouvelles* ont commencé; *Histoire abrégée du jansénisme*.

LOUANNE, rivière du Pas-de-Calais. Elle prend sa source au bas de la montagne de Verdrel, près du hameau de Coupigny, arrondissement de Béthune. Ce n'est alors qu'un ruisseau qui serpente au-dessous du village d'Hersin, vient à Nœux et reçoit à Verquignaul les eaux d'une source abondante. Il traverse ensuite les marais de cette commune, passe à Beuvry au hameau de Loüane qui lui donne son nom. Cette rivière prend les eaux de divers ruisseaux, à Festubert, à Lacouture, à la Vieille-Chapelle, et se jeter dans la Lys à Estaires. L'abbé PARENTY.

LOUANGE, s. m., discours par lequel on relève le mérite de quelqu'un, de quelque action, de quelque chose. Familièrement, chanter les louanges de quelqu'un, les louer, dire du bien de lui.

LOUANGER, v. a., louer, donner des louanges. Il ne se dit qu'en plaisantant.

LOUANGEUR, EUSE, s. Celui, celle qui est dans l'habitude de donner des louanges sans discernement. Il s'emploie aussi adjectivement.

LOUCHE, adj. des deux genres. Dont les yeux ont une différente direction. Il se dit aussi des yeux mêmes et du regard. Louche signifie figurément qui n'est pas clair, net, transparent. Cette action est louche, l'intention en est équivoque.

LOUCHER, v. n., avoir les yeux dont l'un n'a pas la même direction que l'autre.

LOUDON (GÉDÉON-ERNEST, baron DE), le plus grand général de l'armée autrichienne, depuis Eugène de Savoie, naquit en 1716 à Tootzen, en Livonie, d'une famille noble et ancienne, originaire du comté d'Ayre en Ecosse. Son éducation fut négligée, mais il y suppléa par de grands talents naturels et par sa passion pour le métier de la guerre. Il fit ses premières armes en Russie et servit dans l'armée qui assiégea Danzig, et s'avança ensuite jusqu'aux bords du Rhin pour venir au secours de l'Allemagne contre les Français. Sous les ordres du célèbre Munik, Loudon fit les campagnes de 1736 à 1739, dans lesquelles ce grand général assura l'ascendant des Russes sur les Turs qui n'a plus cessé depuis cette époque. Mécontent de quelques injustices, Loudon quitta le service de Russie, et forma le projet de se rendre à Vienne. Il passa d'abord à Berlin et fut présenté à Frédéric auprès duquel quelques-uns de ses anciens camarades lui conseillèrent de prendre du service. Sa tournure ne plut pas au roi de Prusse qui, après l'avoir accueilli très attentivement, lui tourna le dos, en disant à quelques officiers de sa suite : « La physionomie de cet homme ne me revient pas. » Loudon rendu à Vienne fut placé comme capitaine dans un corps franc de Pandoure, commandé par le terrible François Tranck. Il fit la campagne de 1744 avec l'armée autrichienne qui pénétra jusqu'en Alsace. Il fut blessé pour la première et la dernière fois de sa vie dans cette campagne, et fait prisonnier. Sa blessure était grave. Confié aux soins d'un chirurgien, les Pandoures s'étant de nouveau portés en avant, le délivrèrent. Les Autrichiens ayant été rappelés en Bohême par l'invasion de Frédéric, Loudon fit encore cette campagne ainsi que la suivante. Puis justement mécontent de François Tranck, homme plein de courage, mais qui avait peu de talent pour la guerre régulière et qui déshonorait son état par les violences affreuses auxquelles il s'était livré, il quitta le service, et se trouva même compris dans le procès fait à Tranck. Mais Loudon fut acquitté et employé comme major dans un régiment de croates. Ce fut à cette époque qu'il se livra particulièrement à l'étude de la guerre, et se procura dans ce but une grande quantité de cartes, de dessins et de plans militaires. On raconte qu'après avoir reçu une bonne carte d'une étendue prodigieuse, il la déroula sur le plancher de sa chambre, et s'étendit de tout son long sur cette carte pour la considérer de plus près. Mme de Loudon (car Loudon avait épousé Claire de Hagen, fille d'un officier croate), ennuyée de cette éternelle étude de carte, lui dit : « Mon ami, ne t'occupe donc pas sans cesse de ces cartes. » — « Laisse-moi faire, lui répondit Loudon. Quand je serai feld-maréchal, cette étude me sera utile. » Mais la gloire de Loudon ne commença vraiment qu'à l'époque de la guerre de sept ans. C'est alors que, par ses services et par des actions d'éclat, il ne tarda pas à s'élever de grade en grade jusqu'au commandement. La prise d'un convoi qu'attendait Frédéric pour continuer le siège d'Olmutz, fut de la plus grande importance pour l'Autriche. Loudon se couvrit de gloire à la bataille de Hochkirchen, et eut une grande part au succès de l'armée autrichienne. Il se trouva à la sanglante bataille de Cunersdorf, et ce fut aussi lui qui décida la victoire que remportèrent les Austro-Russes. Il ne put profiter de cette victoire comme il l'aurait voulu, le général russe Soltikow ne l'ayant pas secondé. En 1760, Loudon, dans le combat de Londshut, détruisit le corps d'armé du général prussien, Fouqué, un des meilleurs lieutenants de Frédéric, et s'empara de Glatz, forteresse importante. S'il éprouve un échec à Lignitz, c'est qu'il est mal secondé par le maréchal Daun. L'année suivante, commandant seul en Silésie l'armée autrichienne, unie aux Russes qui étaient sous les ordres du général Butturlen, il se poste devant Frédéric, retranché dans son camp de Ounrelwitz. Il veut l'attaquer dans ce camp fortifié. Le succès paraissait immanquable et aurait été probablement décisif, le général russe ne veut pas se prêter à cette entreprise dont la réussite aurait mis le comble à la gloire de Loudon. Celui-ci ne pouvant mieux faire, s'empare du moins de vive force de la place importante de Schwnitz. La prise de cette place valait presque le gain d'une bataille. Cette action de vigueur fut la dernière pour Loudon dans la guerre de sept ans. La paix ne tarda pas à être conclue, et il en profita pour aller rétablir aux eaux de Carlstadt une santé affaiblie par les fatigues de la guerre. Il fit connaissance avec Gallert, écrivain distingué, poète, philosophe moraliste, et ce qui vaut mieux encore, excellent homme. Il est curieux de l'entendre parler de Loudon dans la familiarité du commerce épistolaire. « Une des premières et plus agréables connaissances que j'aie faites ici, dit-il, est celle du général Loudon, homme d'un grand caractère, grave et modeste, moitié triste comme moi, parlant peu comme moi, mais parlant toujours juste et vrai, ne s'entretenant jamais de ses actions, peu de la guerre, écoutant avec attention...» Une autre fois, il m'aborda en me disant : « expliquez-moi donc un peu, monsieur le professeur, comment il est possible que vous ayez écrit tant de livres, et que ces livres soient aussi gais et aussi agréables, je n'y peux rien comprendre quand je vous regarde. » — « Je vous l'expliquerai volontiers, répondis-je, mais dites-moi auparavant, monsieur le général, comment vous avez fait pour gagner la bataille de Cunersdorf, et prendre Schwnitz dans une seule nuit ? il m'est impossible d'y rien comprendre quand je vous vois...» « Que vous donnerai-je donc qui vous soit agréable, disait-il un jour? je voudrais le savoir. — « Monsieur le général, quand vous me donneriez la terre entière, dans la situation où je me trouve, cela me serait indifférent. — Je ne lui ai rien entendu dire de bon, et il m'a toujours paru religieux, ajoute Gallert. » Loudon doit donc être cité parmi les grands généraux qui ont joint les vertus morales aux qualités guerrières. Le témoignage de Gallert n'est pas suspect. Élevé au grade de feld-maréchal en 1778, Loudon fut chargé de tenir tête au prince Henri de Prusse, et réussit à s'opposer à la réunion de celui-ci avec son frère. Chargé du commandement d'une armée autrichienne en Hongrie contre les Turcs, en 1789, il termina sa carrière militaire par un succès

éclatant, en s'emparant de Belgrade. Cette dernière conquête fit obtenir à Loudon le titre de généralissime, et le plaça en ce moment à la tête de tous les généraux de l'Europe. Il mourut peu de temps après, le 14 juin 1790, et dans les sentiments de la piété la plus sincère. Son neveu était à genoux devant son lit, fondant en larmes. Monsieur de Loudon ne lui dit que ces quelques mots : Lève-toi, sois un homme, un chrétien, et ne fais jamais de la peine à aucun de tes semblables; la providence m'a élevé de la poussière à ce haut point de gloire que je n'ai pas recherché. Pendant toute ma vie, je n'ai cherché qu'à faire mon devoir. Suis mon exemple. Elevé dans la religion luthérienne, il avait embrassé plus tard le catholicisme et se montra toujours fidèle aux devoirs qu'il impose. Son corps fut transporté à Hadersdorf, campagne près de Vienne qui lui appartenait. Un mausolée y avait été élevé de son vivant, surmonté d'une statue tenant un livre ouvert, et sur le mausolée, Loudon avait fait graver cette inscription : Commemoratio mortis optima philosophia. Il est à regretter que Loudon n'ait pas exécuté son projet de publier des mémoires sur ses campagnes contre les Prussiens. Il aurait rectifié plusieurs erreurs de Frédéric auquel il ne fut peut-être pas inférieur comme général, et sur lequel, comme homme, il méritait bien la préférence. Les victoires d'Hochkirchen, de Cunersdorf, de Landshut, et la prise des places de Schwnitz et de Belgrade, ses principaux titres de gloire dans la postérité, comme général, ont fait voir de quoi il était capable, et tout ce qu'il aurait pu faire, s'il avait eu plus souvent la direction des armées. Que Loudon eût été généralissime des armées autrichiennes dans la guerre de sept ans, il est bien probable que Frédéric aurait succombé dans la lutte, et le général autrichien se serait ainsi assuré la première place. Il attend encore un historien digne de lui. Nous ne connaissons que sa vie traduite de l'allemand de Pesle, ouvrage qui n'est pas sans intérêt, qui fait assez bien connaître l'homme, mais pas assez le grand général.
DE MONTMEYAN.

LOUER, v. a., donner à louage; il signifie aussi prendre à louage. Il s'emploie quelquefois avec le pronom personnel, et signifie alors se donner à louage, engager son service, son travail pour un salaire.

LOUER, v. a., honorer et relever le mérite de quelqu'un, de quelque action, de quelque chose, par des termes qui témoignent l'estime qu'on en fait. Il s'emploie quelquefois absolument; il s'emploie aussi avec le pronom personnel, et signifie se donner des louanges. Se louer de quelqu'un, de quelque chose, témoigner qu'on en est satisfait.

LOUEUR, EUSE, s., celui, celle qui fait métier de donner quelque chose à louage.

LOUEUR, EUSE, s., celui, celle qui donne des louanges; il ne se dit guère qu'en mauvaise part et en parlant d'un flatteur qui loue à tout propos.

LOUGRE, s. m., t. de marine, espèce de bâtiment marchand.

LOUIS, ordre de Saint-Louis (hist.), ordre militaire institué en 1693 par Louis XIV, pour récompenser les officiers de son armée. Ordre royal et militaire de Saint-Louis; chevalier de l'ordre de Saint-Louis ou de Saint-Louis. Cet ordre, qui avait été supprimé dans la révolution, a été rétabli par Louis XVIII, et il subsiste toujours.

LOUIS (anc. métrol.), monnaie d'argent valant ordinairement 60, 30 et 15 sols; les louis d'argent furent portés jusqu'à la valeur de 5 et même de 6 livres sous Louis XV. Ces derniers sont plus connus sous le nom d'écus de six livres. Louis se disait absolument, sous Louis XV, d'une pièce d'or qui valait 5 livres 10 sous. Double louis, ancienne monnaie d'or valant 11 livres, ancienne monnaie d'or de France valant 24 livres tournois en fr. 23, 55; on l'appelait aussi quadruple louis. A la fin du règne de Louis XIV, on fit des louis de 20 livres; il y avait aussi des pièces d'or de 10 louis, mais elles ne circulèrent pas dans le commerce. Louis d'or, monnaie de compte de Hanovre, composée de 5 thalers et valant au pair 19, 47.51. Louis, monnaie d'or de l'île de Malte de fr. 24. Double louis, pièce d'or de 48 fr.

LOUIS (SAINT) (géog.), île d'Afrique, formée par le Sénégal, et appartenant à la France, ville située dans l'île, qui porte le même nom, et capitale des possessions françaises dans la Sénégambie. 5,500 habitants.

LOUIS Ier, le Débonnaire, ou le Faible, fils de Charlemagne et d'Hildegarde, sa seconde femme, naquit à Cassaneil, dans l'Agénois, en 778, parvint à la couronne de France en 814, et fut proclamé empereur la même année. Ce prince signala le commencement de son règne par la permission qu'il accorda aux Saxons, transportés en des pays étrangers, de retourner dans leur patrie. Louis ne continua pas comme il avait commencé. Le zèle de Charlemagne pour la religion avait fortifié sa puissance, et la dévotion mal entendue de son fils l'affaiblit. Trop occupé de la réforme de l'Eglise, et peu du gouvernement de son Etat, il s'attira la haine des ecclésiastiques, et perdit l'estime de ses sujets. Ce prince, jouet de ses passions et dupe de ses vertus mêmes, ne connut ni sa force ni sa faiblesse; il ne sut ni inspirer la crainte ni se concilier l'amour, et avec peu de vices dans le cœur, eut toutes sortes de défaut dans l'esprit. Le mécontentement du clergé ne tarda pas à éclater. Une cruauté de Louis en fut l'occasion. Bernard, roi d'Italie (bâtard de Pépin, fils aîné de Charlemagne), irrité de ce que Lothaire, son cousin, lui avait été préféré pour l'empire, prit les armes en 818. L'empereur, ayant marché contre lui, l'intimida tellement par sa présence que Bernard, abandonné de ses troupes, vint se jeter à ses pieds. En vain il demanda sa grâce : Louis lui fit arracher les yeux, et ce jeune prince mourut des suites de cette cruelle opération. Ce ne fut pas tout : Louis fit arrêter tous les partisans de Bernard, et leur fit éprouver le même supplice. Plusieurs ecclésiastiques lui inspirèrent des remords pour ces exécutions barbares. Les évêques et les abbés lui imposèrent une pénitence publique. Louis s'y soumit, et parut dans l'assemblée d'Attigni couvert d'un cilice. « Il crut, dit le président Hénault, devoir donner cette marque de repentir au mécontentement des évêques. Nous sommes surpris aujourd'hui de voir une si grande autorité aux évêques; mais c'est faute de se souvenir que c'était cette même autorité qui fut si favorable à nos rois dans l'origine. » « Les évêques, dit l'abbé Dubois, avaient grande part au gouvernement d'alors, et présidaient aux délibérations des peuples et à leurs entreprises, non comme chefs de la religion, mais comme premiers citoyens. » Dès l'an 817, Louis avait suivi le mauvais exemple de son père, en partageant son autorité et ses Etats à ses trois fils, Lothaire, Pépin et Louis-le-Germanique. Il associa le premier à l'empire, proclama le second roi d'Aquitaine, et le dernier roi de Bavière. Il lui restait un quatrième fils, qui fut depuis empereur sous le nom de Charles-le-Chauve. Il voulut, après le partage, ne pas laisser sans Etat cet enfant d'une seconde femme qu'il aimait, et lui donna, en 829, ce qu'on appelait alors l'Allemagne, en y ajoutant une partie de la Bourgogne. Judith de Bavière, mère de cet enfant, nouveau roi d'Allemagne, gouvernait l'empereur son mari, qui avait pour ministre un Bernard, comte de Barcelonne, que Judith avait mis à la tête des affaires. Les trois fils de Louis, indignés de sa faiblesse, et encore plus de ce qu'on avait démembré leurs Etats, armèrent tous trois contre leur père. Quelques évêques, excités par Ebbon, archevêque de Reims, et plusieurs seigneurs, se joignirent à eux, et abandonnèrent le parti de l'empereur. Le pape Grégoire IV vint en France, à la prière de Lothaire, et ne put rétablir la paix entre le père et ses enfants. Au mois de juin de l'année 833, Lothaire se mit à la tête d'une puissante armée, augmentée bientôt par la défection presque totale des troupes de son père. Ce malheureux prince, se voyant abandonné, prit le parti de passer au camp de ses enfants, retranchés entre Bâle et Strasbourg, dans une plaine appelée depuis le Champ du mensonge, aujourd'hui Rotleube, entre Brisach et la rivière d'Ill. C'est là qu'on le déclara déchu de la dignité impériale, qui fut déférée à Lothaire. On partagea de nouveau l'empire entre ses trois fils, Lothaire, Pépin et Louis. Charles, cause innocente de la guerre, fut renfermé au monastère de Prum. L'empereur fut conduit dans celui de Saint-Médard de Soissons, et l'impératrice Judith menée à Tortone, dans le Piémont, après que les vainqueurs l'eurent fait raser. Louis n'était pas à la fin de ses malheurs : on tint une assemblée à Compiègne, où ce prince fut engagé à se soumettre à la pénitence publique, comme s'avouant coupable de tous les mots qui affligeaient l'Etat. On le conduisit à l'église de Notre-Dame de Soissons : il y parut en présence des évêques et du peuple, sans les ornements impériaux, et tenant à sa main un papier qui contenait la confession de ses fautes. Il quitta ses vêtements et ses armes, qu'il mit au pied de l'autel ; et, s'étant revêtu d'un habit de pénitent et prosterné sur un cilice, il lut la liste de ses délits. Alors les évêques lui imposèrent les mains; on chanta les psaumes, et on dit les oraisons pour l'imposition de la pénitence. Les auteurs ont parlé diversement de cette action : les uns ont prétendu que c'é-

tait un trait de la politique de Louis, qui crut devoir cette satisfaction aux évêques et aux seigneurs de son royaume; d'autres l'ont regardée comme l'effet de sa vertu. Quoi qu'il en soit, il sera toujours vrai de dire que c'était pousser la vertu ou la politique plus loin qu'elle ne pouvait aller. Louis fut enfermé un ans dans une cellule du monastère de Saint-Médard de Soissons, vêtu du sac de pénitent. Mais la désunion de ses trois fils lui rendit la liberté et la couronne. Louis ayant été transféré à Saint-Denis, deux de ses fils, Louis et Pépin, vinrent le rétablir, et mettre entre ses bras sa femme et son fils Charles. L'assemblée de Soissons fut condamnée par le concile de Thionville en 835. Louis y fut réhabilité; Ebbon, archevêque de Reims, qui avait présidé à l'assemblée de Compiègne, et quelques autres évêques, furent déposés. On aurait donc tort d'imputer la déposition de Louis au clergé de France; ce ne fut le crime que de quelques seigneurs et prélats. Une grande partie des évêques réclama contre cet excès, demeura attachée à Louis, et le clergé en corps improuva la conduite des factieux en déposant Ebbon et en rétablissant Louis. Bientôt après, un de ces mêmes enfants qui l'avaient rétabli, Louis de Bavière, se révolta encore; mais il fut mis en fuite. Le malheureux père mourut en 840, de chagrin, dans une île du Rhin, au-dessus de Mayence, en disant : « Je pardonne à Louis, mais qu'il sache qu'il m'arrache la vie. » On prétend qu'une éclipse totale de soleil, qui survint pendant qu'il marchait contre son fils, effraya son esprit, que les malheurs avaient affaibli, et hâta sa mort. La faiblesse de Louis et ses inconséquences produisirent les calamités de son règne et ternirent ses autres qualités. Il connaissait les lois anciennes et modernes, et il en fit observer quelques-unes. Il rendit au clergé de son royaume la liberté des élections, et se réserva seulement le droit de les confirmer. En déplorant les tristes dissensions qui déchirèrent son règne, on ne peut s'empêcher d'admirer les effets du christianisme, qui, dans le tumulte même des passions, fait respecter à un certain point la voix de la nature. Sous le règne du paganisme, ces divisions eussent été terminées par des assassinats et des parricides, et c'eût été un tableau d'horreurs de plus à ajouter à ceux qui composent l'histoire des prédécesseurs de Constantin, et qui forment encore aujourd'hui les annales des nations qui ne connaissent point l'Evangile. Thegan, chorévêque de Trèves, a écrit l'histoire de Louis-le-Débonnaire.

LOUIS II, *le Jeune*, empereur d'Occident, fils aîné de Lothaire Ier, créé roi d'Italie en 844, monta sur le trône impérial en 855, eut un différent avec les souverains de Constantinople, qui, méprisant sa faiblesse, lui disputaient le titre d'empereur. Il se défendit assez mal, et n'allégua contre eux que la possession. Il mourut en 875.

LOUIS III, dit l'*Aveugle*, né en 880, de Boson, roi de Provence, et d'Ermengarde, fille de l'empereur Louis-le-Jeune, n'avait que 10 ans quand il succéda à son père. Il passa en Italie en 900, pour défendre ses droits contre Bérenger, qui lui disputait l'empire ; et, après l'avoir battu deux fois, il se fit couronner empereur à Rome par le pape Benoît IV. Il ne tint que 5 ans le sceptre impérial. S'étant laissé surprendre dans Véronne par son rival, celui-ci lui fit crever les yeux, et le renvoya en Provence, où il mourut l'an 928.

LOUIS IV, dit l'*Enfant*, fils de l'empereur Arnoul, fut roi de Germanie après la mort de son père en 900, à l'âge de 7 ans. L'Allemagne fut dans une entière désolation sous son règne. Les Hongrois la ravagèrent ; on ne parvint à la faire retirer qu'à prix d'argent. A ces incursions étrangères, se joignirent des guerres civiles entre les princes et le clergé. On pilla les églises ; les Hongrois revinrent pour avoir part au pillage ; Louis IV s'enfuit à Ratisbonne, où il mourut en 911 ou 912. Il fut le dernier prince de la race des Carlovingiens en Allemagne. La couronne, qui devait être héréditaire dans la maison de Charlemagne, devint élective. Les Etats de la nouvelle monarchie profitèrent de cette révolution. Les Allemands, maîtres de disposer du trône, se donnèrent des privilèges excessifs. Les duchés et les comtés, administrés jusqu'alors par commission, devinrent des fiefs héréditaires. Peu à peu la noblesse et les Etats des duchés qui, dans les premiers temps, ne reconnaissaient que la souveraineté du roi seule, furent réduits à dépendre absolument de leurs ducs, et tenir en arrière-fief des terres qui mouvaient auparavant en droiture de la couronne. D'un autre côté, l'Italie commença à être asservie à l'Allemagne, et ce fut la source de plusieurs différends funestes entre les papes et les empereurs.

LOUIS V, nommé ordinairement *Louis de Bavière*, fils de Louis-le-Sévère, duc de Bavière, et de Mathilde, fille de l'empereur Rodolphe Ier, naquit l'an 1286, et fut élu empereur à Francfort en 1314. Il fut couronné à Aix-la-Chapelle par l'archevêque de Mayence, tandis que Frédéric-le-Bel, fils de l'empereur Albert Ier, était sacré à Cologne, après avoir été nommé à l'empire par une partie des électeurs. Ces deux sacres produisirent des guerres civiles d'autant plus cruelles, que Louis de Bavière était oncle de Frédéric, son rival. Les deux empereurs consentirent, après avoir répandu beaucoup de sang, à faire décider leur querelle par trente champions : usage des anciens temps, que la chevalerie a renouvelé quelquefois. Ce combat ne décida rien, et ne fut que le prélude d'une bataille dans laquelle Louis fut vainqueur. Cette journée, suivie de quelques autres victoires, le rendit maître de l'empire. Frédéric, ayant été fait prisonnier, renonça au bout de trois ans pour avoir sa liberté. Le pape Jean XXII avait observé jusqu'alors la neutralité entre les deux concurrents, espérant qu'il connaissait les mauvaises qualités et le peu de religion, serait obligé de céder l'empire à Frédéric, prince sage et vertueux; mais, après la bataille décisive de Muhldorf, en 1322, il ordonna à Louis V de suspendre l'exercice de ses droits, et de les soumettre au jugement du pape; donna contre lui plusieurs monitoires, dans lesquels il lui reprochait de favoriser les hérétiques et les ennemis du saint-siége, et alla jusqu'à déclarer l'empire vacant. L'empereur appela du pape mal instruit au pape mieux instruit, et enfin au concile général. Ayant été excommunié, il entra en Italie, entreprit d'y placer de son autorité des évêques sur plusieurs siéges, et de chasser ceux qui y avaient été nommés par le pape, entra dans Rome, s'y fit couronner, fit élire l'antipape Pierre de Corbière ou Corbario, prononça une sentence de mort contre le pape et son défenseur le roi de Naples, et les condamna tous les deux à être brûlés vifs : trait qui donne une plus mauvaise idée de ce prince que toutes les bulles de Jean XXII. Comment, après de tels excès des empereurs, les écrivains modernes ont-ils pu s'attacher à inculper exclusivement les papes, dont les torts, s'ils en ont eu, sont toujours restés beaucoup en-deçà de si étranges emportements? Les fureurs de Louis irritèrent tout le monde : les Romains conspirèrent contre lui. Le roi de Naples arrive avec une armée aux portes de Rome ; l'empereur et son antipape sont obligés de s'enfuir. Celui-ci demande pardon au pape la corde au cou. Clément VI marcha sur les traces de Jean XXII, son prédécesseur. Il lança les foudres ecclésiastiques sur Louis, en 1346. Cinq électeurs élurent roi des Romains Charles de Luxembourg, marquis de Moravie. L'ancien et le nouvel empereur se firent la guerre ; mais un accident arrivé en 1347 termina ces querelles funestes. Louis tomba de cheval en poursuivant un ours à la chasse, et mourut de sa chute à 63 ans. D'autres disent qu'il fut empoisonné. Ce prince est le premier empereur qui ait résidé constamment dans ses Etats héréditaires, à cause du mauvais état du domaine impérial, qui ne pouvait plus suffire à l'entretien de sa cour. Avant lui, les empereurs avaient voyagé continuellement d'une province à l'autre. Louis est aussi le premier qui, dans ses sceaux, se soit servi de deux aigles pour désigner les armes de l'empire. Ils furent changés sous Winceslas, et réduits à une seule à deux têtes. C'est par la protection qu'il accorda aux Suisses révoltés, pour affaiblir la puissance d'une maison rivale, qu'il contribua à fonder la république helvétique.

LOUIS II (le Bègue), roi de France, ainsi nommé du défaut de sa langue, était fils de Charles-le-Chauve. Il fut couronné roi d'Aquitaine en 867, succéda à son père dans le royaume de France, le 6 octobre 877, reçut honorablement le pape Jean VIII, et se fit couronner par lui roi de France au concile de Troyes, l'an 878. Il fut contraint de démembrer une grande partie de son domaine en faveur de Boson, qui s'était fait roi de Provence, et de plusieurs autres mécontents, et mourut à Compiègne, le 10 avril 879, à 35 ans. Il eut d'Ansgarde, sa première femme (qu'il fut obligé de répudier par ordre de son père), Louis et Carloman, qui partagèrent le royaume entre eux, et laissa en mourant Adélaïde, sa seconde femme, grosse d'un fils, qui fut Charles-le-Simple.

LOUIS III, fils de Louis-le-Bègue, et frère de Carloman, partagea le royaume de France avec son frère, et vécut toujours uni avec lui. Il eut l'Austrasie avec la Neustrie, et Carloman l'Aquitaine et la Bourgogne. Louis III défit Hugues-le-Bâtard, fils de Lothaire et de Valrade, qui revendiquait la Lorraine ; marcha contre Boson, roi de Provence, et s'opposa aux courses des Normands, sur lesquels il remporta une grande victoire dans le Vimeu, en 882. Il mourut sans enfants, le 4 août suivant. Après sa mort, Carloman, son frère, fut seul roi de France.

LOUIS IV ou d'Outremer, ainsi nommé à cause de son séjour pendant treize ans en Angleterre, où la reine Odize, sa mère, l'avait conduit, était le fils de Charles-le-Simple. Il succéda à Raoul, roi de France, en 936. Il voulut s'emparer de la Lorraine ; mais l'empereur Othon Ier le força de se retirer. Les grands de son royaume se révoltèrent plusieurs fois, et il les réduisit avec peine. S'étant emparé de la Normandie sur Richard, fils du duc Guillaume, il fut défait et fait prisonnier par Aigrold, roi de Danemarck, et par Hugues-le-Blanc, comte de Paris, en 944. On lui rendit la liberté l'année suivante, après l'avoir obligé de remettre la Normandie à Richard, et de céder le comté de Laon à Hugues-le-Blanc. Cette cession occasionna une guerre opiniâtre entre le comte et le roi ; mais, Louis d'Outremer étant soutenu de l'empereur Othon, du comte de Flandre et du pape, Hugues-le-Blanc fut enfin obligé de faire la paix et de restituer le comté de Laon en 950. Louis d'Outremer finit ses jours d'une manière funeste ; il fut renversé par son cheval en poursuivant un loup, et mourut à Reims de cette chute, le 10 septembre 954, à 38 ans. Il laissa de Gerberge, fille de l'empereur Henri l'Oiseleur, deux fils, Lothaire et Charles. Lothaire lui succéda. Depuis lors, le royaume ne fut plus divisé également entre les frères ; l'aîné seul eut le titre de roi, et les cadets n'eurent que de simples apanages. Ce fut ce qui rendit à l'Etat une partie de son ancienne grandeur. Louis d'Outremer était un grand prince à plusieurs égards ; mais il ne se défiait pas assez des hommes, et il fut souvent trompé.

LOUIS V, le Fainéant, roi de France après Lothaire, son père, en 986, se rendit maître de la ville de Reims, et fit paraître beaucoup de valeur dès le commencement de son règne. Il fut empoisonné par la reine Blanche, sa femme, le 21 mai de l'année suivante, 987, âgé d'environ vingt ans. Louis était d'un caractère turbulent et inquiet, et le nom de Fainéant ne lui convenait point. Il paraît que ce nom ne lui a été donné que parce que son règne n'offre rien de mémorable ; mais que pouvait-il faire dans le peu de temps qu'il occupa le trône ? C'est le dernier des rois de France de la seconde race des Carlovingiens, laquelle a régné en France 236 ans. Après sa mort, le royaume appartenait de droit à Charles, son oncle, duc de la Basse-Lorraine, et fils de Louis d'Outremer ; mais ce prince, s'étant rendu odieux aux Français, fut exclu de la succession, et la couronne fut déférée à Hugues Capet, duc de France, le prince le plus puissant du royaume.

LOUIS VI, le Gros, fils de Philippe Ier et de Berthe de Hollande, né en 1081, parvint à la couronne en 1108. Le domaine qui appartenait immédiatement au roi se réduisait alors au duché de France. Le reste était en propriété aux vassaux du roi, qui se conduisaient en tyrans dans leurs seigneuries, et qui ne voulaient point de maître. Ces seigneurs vassaux étaient presque tous des rebelles. Le roi d'Angleterre, duc de Normandie, ne manquait pas d'appuyer leurs révoltes ; de là ces petites guerres entre le roi et ses sujets; guerres qui occupèrent les dernières années de Philippe Ier et les premières de Louis-le-Gros. Ce prince s'aperçut trop tard de la faute qu'on avait faite de laisser prendre pied en France aux Anglais, en ne s'opposant point à la conquête que Henri Ier fit de la Normandie sur Robert son frère aîné. Le monarque anglais, étant en possession de cette province, refusa de raser la forteresse de Gisors, comme on en était convenu. La guerre s'alluma, et, après des succès divers, elle fut terminée en 1114 par un traité qui laissait Gisors à l'Angleterre sous la condition de l'hommage. Elle se ralluma bientôt. Louis-le-Gros ayant pris sous sa protection Guillaume Cliton, fils de Robert, dit Courte-Cuisse, qui avait été dépouillé de la Normandie, voulut le rétablir dans ce duché; mais il n'était plus temps : Henri était devenu trop puissant, et Louis-le-Gros fut battu au combat de Brenneville, en 1119. L'année suivante, la paix se fit entre Louis et Henri, qui renouela son hommage pour la Normandie. Le roi d'Angleterre ayant perdu toute sa famille et la fleur de la noblesse, qui périt à la vue du port de Harfleur, où elle s'était embarquée pour passer en Angleterre, cet événement troubla la guerre. Guillaume Cliton, soutenu par plusieurs seigneurs normands et français, que Louis-le-Gros appuyait secrètement, profita de ce temps funeste à Henri pour l'attaquer;

mais le monarque anglais vint à bout de soulever l'empereur Henri V contre le roi de France. Henri leva des troupes et s'avança vers le Rhin; Louis-le-Gros lui opposa une armée considérable, et l'empereur fut bientôt obligé de reculer. Le monarque français aurait pu aisément marcher tout de suite contre le roi d'Angleterre et reprendre la Normandie; mais les vassaux qui l'avaient suivi contre le prince étranger l'eussent abandonné s'il eût fallu combattre le duc de Normandie, par l'intérêt qu'ils avaient à balancer ces deux puissances l'une par l'autre. Louis-le-Gros est le premier qui ait entrepris de donner un gouvernement à la France. Avant lui, depuis que les nobles avaient « forcé le roi de déclarer leurs titres héréditaires, » il n'y avait aucune puissance publique, la majesté royale était avilie. Dès que Louis fut en état de monter à cheval, il poursuivit les seigneurs et les gentils-hommes qui, du haut de leurs donjons, se répandaient, pour piller, dans les campagnes sans défense, sur les grands chemins et sur les rivières. Toute sa vie, il eut les armes à la main, courant partout où les opprimés réclamaient son secours, et payant de sa personne comme un simple cavalier. Quand il eut mis à la raison la plupart de ces petits tyrans, il entreprit de rétablir l'ordre. Comme on avait commencé avant lui, il accorda aux villes des chartes de communes, qui, en les déclarant libres, leur permettaient de choisir des maires et des échevins pour juger leurs procès et maintenir la police. Devenues ainsi de petites démocraties, les villes fournissaient au roi un certain nombre de gens de guerre. Chaque paroisse combattait pour lui sous la bannière de son saint. La jurisprudence occupa également ce monarque. Les justices royales, longtemps négligées et méconnues, refleurirent. Le monarque, garant des chartes des communes, prononça sur les différends qui survinrent entre les villes et les seigneurs; il institua l'usage d'appeler en plusieurs cas, à ses juges, des sentences rendues par les officiers seigneuriaux. Il envoya des commissaires pour éclairer la conduite des juges. A la vérité, ce fut moins son ouvrage que celui de l'abbé Suger, son principal ministre; mais, comme on impute aux rois tout le mal qui se fait sous eux, on doit aussi leur tenir compte de ce qui se fait de bien. Les dernières années de Louis-le-Gros furent occupées à venger le meurtre de Charles-le-Bon, comte de Flandre, et à éteindre le schisme entre le pape Innocent II et Anaclet. Il mourut, le 1er août 1137, en chrétien, couché sur un tapis qu'il avait fait étendre à terre et couvrir de cendres en forme de croix. Les dernières paroles de ce monarque sont une belle leçon pour les rois : « N'oubliez « jamais, dit-il à son fils, que l'autorité royale est un fardeau « dont vous rendrez un compte très exact après votre mort. » Sa veuve, Alix de Savoie, épousa, en secondes noces, Mathieu de Montmorenci, connétable; elle mourut en 1154. Louis était un prince recommandable par la douceur de ses mœurs (dit le président Hénault), et par toutes les vertus qui font un bon roi. Il est le premier roi de France qui ait été prendre à Saint-Denis l'oriflamme, espèce de bannière de couleur rouge, fendue par le bas, et suspendue au bout d'une lance dorée.

LOUIS VII, le Jeune, fils du précédent, né en 1120, succéda à son père en 1137, après avoir joui avec lui quelques années. Il eut au commencement de son règne un différend avec Innocent II et avec Thibaud IV, comte de Champagne. Innocent ayant nommé à l'archevêché de Bourges, et ne croyant pas devoir approuver l'élection que le clergé avait faite, Louis se déclara d'une manière violente contre le pape, qui l'excommunia et jeta l'interdit sur son domaine. Le roi s'en vengea sur Thibaud, qui était dévoué au pontife, et mit en 1141 la ville de Vitry à feu et à sang. Les temples même ne furent pas épargnés, et 1300 personnes réfugiées dans une église, périrent comme tout le reste dans les flammes. Saint Bernard lui en fit de vifs reproches : le prince en fut touché, mais beaucoup trop tard, et se réconcilia avec le pontife. Le même saint, chargé par le pape Eugène de prêcher une croisade, y engagea Louis, contre l'avis de l'abbé Suger, qui, sans désapprouver la croisade, s'opposait au départ du roi. Cette seconde croisade ne répondit point aux efforts de Louis, mais elle eut d'ailleurs de très bons effets; ce fut une nouvelle époque de la liberté : les villes achetèrent du roi ou leurs seigneurs, qui faisaient argent de tout pour se croiser. Depuis longtemps il n'y avait plus en France que la noblesse et les ecclésiastiques qui fussent libres; le reste du peuple était esclave, et même nul ne pouvait entrer dans le clergé sans la permission de son seigneur. Le roi n'avait d'autorité que sur les serfs des terres qui lui ap-

partenaient. Mais, quand les villes et les bourgs eurent acheté leur liberté, le roi, devenu leur défenseur naturel contre les entreprises des seigneurs, acquit en eux autant de sujets. Cette défense occasionna de la dépense; il fallait qu'ils la payassent, et ils devinrent ainsi contribuables du roi, au lieu de l'être de leurs seigneurs. Ils ne firent donc que changer de maîtres; mais la domination du roi était si douce qu'on vit dès-lors renaître en France les sciences, l'industrie et le commerce. Ce qui donna lieu à la croisade, ce fut la prise d'Edesse par Noradin. Le roi partit en 1147, avec Eléonore, sa femme, et une armée de 80,000 hommes. Il fut défait par les Sarrasins. Il mit le siége devant Damas, et fut obligé de le lever en 1149, par la trahison des Grecs. C'est ainsi du moins qu'en ont parlé la plupart des historiens d'Occident; les Orientaux ne conviennent pas de cette trahison. Louis-le-Jeune, en revenant en France, fut pris sur mer par des Grecs, et délivré par le général Roger, roi de Sicile. Ce monarque, après tant de malheurs, ne fut pas dégoûté des croisades : à peine fut-il arrivé qu'il en médita une nouvelle; mais les esprits étaient si refroidis qu'il fut obligé d'y renoncer. Suger entreprit d'en faire une à ses dépens, mais la mort le prévint. La femme de Louis, Eléonore, héritière de la Guienne et du Poitou, qui l'avait accompagné dans sa course aussi longue que malheureuse, s'était dédommagée des fatigues du voyage avec Raimond d'Antioche, son oncle paternel, et avec un jeune Turc d'une rare beauté, nommé Saladin. Louis crut laver cette honte en faisant casser, en 1152, son mariage pour épouser en quatrièmes noces Alix, fille de ce même Thibaud, comte de Champagne, son ancien ennemi. C'est ainsi qu'il perdit la Guienne. Eléonore se maria six semaines après avec Henri II, duc de Normandie, depuis roi d'Angleterre, et lui porta en dot cette province et le Poitou. La guerre éclata entre la France et l'Angleterre en 1156, au sujet du comté de Toulouse. Louis, tantôt vaincu, tantôt vainqueur, ne remporta aucune victoire remarquable. La paix conclue entre les deux monarques, en 1161, fut suivie d'une nouvelle guerre, terminée en 1177, par la promesse de mariage du second fils de Henri II et de la fille cadette de Louis-le-Jeune. Ce prince mourut en 1180, à 60 ans, d'une paralysie qu'il contracta en allant au tombeau de saint Thomas de Cantorbéry, auquel il avait donné une retraite dans sa suite. Il entreprit ce voyage pour obtenir la guérison de Philippe, son fils, dangereusement malade. Louis-le-Jeune était pieux, bon, courageux, mais presque sans succès; ce qu'on attribua aux excès qui marquèrent le commencement de son règne, et que saint Bernard regarda dès-lors comme une source de calamités.

LOUIS VIII, roi de France, que sa bravoure a fait surnommer le Lion, fils de Philippe-Auguste et d'Isabelle de Hainaut, naquit en 1187. Il se signala en diverses expéditions sous le règne de son père, et monta sur le trône en 1223. C'est le premier roi de la 3e race qui ne fut pas sacré du vivant de son père. Henri III, roi d'Angleterre, au lieu de se trouver à son sacre, comme il le devait, lui envoya demander la restitution de la Normandie; mais le roi refusa de la rendre, et partit avec une nombreuse armée, résolu de combattre les Anglais et de les chasser de la France. Il prit aux Niort, Saint-Jean-d'Angely, le Limousin, le Périgord, le pays d'Aunys, etc. Il ne restait plus que la Gascogne et Bordeaux à soumettre pour achever d'éloigner les Anglais, lorsque Louis se vit obligé de faire la guerre aux Albigeois, qui portaient, avec le poison de l'erreur, les dégâts les plus sanglants dans les provinces méridionales du royaume. Il fit le siége d'Avignon à la prière du pape Honoré III, et prit cette ville le 12 septembre 1226. La maladie se mit ensuite dans l'armée; le roi lui-même tomba malade, et mourut à Montpensier en Auvergne, le 8 novembre 1226, à 39 ans. Thibaud VI, comte de Champagne, éperdument amoureux de la reine, fut soupçonné de l'avoir empoisonné; mais cette accusation est dénuée de fondement. La valeur de Louis VIII, sa chasteté et ses vertus ont rendu son nom immortel. Il légua par son testament cent sous à chacune des 2,000 léproseries de son royaume. La lèpre était alors, comme l'on voit, une maladie fort commune. Il légua encore 30,000 liv. une fois payées (c'est-à-dire environ 540,000 livres de la monnaie d'aujourd'hui) à sa femme, la célèbre Blanche de Castille. Cette remarque fera connaître quel était alors le prix de la monnaie. C'est le pouls d'un État, et une manière assez sûre de connaître ses forces.

LOUIS IX (Saint), fils de Louis VIII et de Blanche de Castille, né en 1215, parvint à la couronne en 1226, sous la tutelle de sa mère : ce fut la première fois que les qualités de tutrice et de régente se trouvèrent dans la même personne. La minorité du jeune roi fut occupée à soumettre les barons et les petits princes, toujours en guerre entre eux, et qui ne se réunissaient que pour bouleverser l'Etat. Le cardinal Romain, légat du pape, aida beaucoup la reine par ses conseils. Thibaud VI, comte de Champagne, depuis longtemps amoureux de *Blanche*, fut jaloux de l'ascendant que prenait Romain, et arma contre le roi. Blanche qui avait méprisé jusqu'alors son amour, s'en servit avec autant d'habileté que de vertu pour ramener le comte et pour apprendre de lui les noms, les desseins et les intrigues des factieux. Louis parvenu à l'âge de majorité, soutint ce que sa mère avait si bien commencé, et ne s'occupa que du bonheur de ses sujets. Il se conduisit avec beaucoup de prudence durant les différends de Grégoire IX et de Frédéric II, et ne voulut pas que son frère Robert acceptât la couronne impériale que le pape lui offrait. Il condamnait hautement la conduite de Frédéric, mais il ne croyait pas « qu'on pût lui ôter la couronne, s'il n'était condamné dans un concile général; » ce qui prouve quelle était sur ce point, même dans les cours, la jurisprudence de ces temps reculés, relativement aux rois, et combien l'on a eu tort, de nos jours, de s'élever à ce sujet contre les papes. Après l'excommunication de ce prince au concile de Lyon, et sa déposition, qu'il semblait ne pas approuver, quoiqu'il en reconnût la légalité, il travailla à le réconcilier avec le pape; mais Frédéric ne répondit pas à ses vues. Louis leva des troupes contre le roi d'Angleterre Henri III, et contre les grands vassaux de la couronne de France, unis avec ce monarque. Il les battit deux fois, la première à la journée de Taillebourg en Poitou, l'an 1241 ; la deuxième quatre jours après, près Saintes, où il remporta une victoire complète. Henri fut obligé de faire une paix désavantageuse. Le comte de La Marche et les autres vassaux révoltés rentrèrent dans leur devoir et n'en sortirent plus. Louis n'avait alors que 27 ans. Il quitta son royaume bientôt après pour passer en Palestine. Dans les accès d'une maladie violente, dont il fut attaqué en 1244, il crut entendre que lui ordonnait de prendre la croix contre les infidèles, de faire restituer aux chrétiens les belles provinces que les Sarrasins leur avaient enlevées, et de les délivrer du plus cruel esclavage qui fut jamais : il fit dès lors vœu de passer dans la Terre-Sainte. La reine, sa mère, la reine, sa femme, le prièrent de différer jusqu'à ce qu'il fût entièrement rétabli; mais Louis n'en fut que plus ardent à demander la croix. L'évêque de Paris le lui attacha, fondant en larmes, comme s'il eût prévu les malheurs qui attendaient le roi dans la Terre-Sainte. Louis prépara pendant quatre ans cette expédition, aussi illustre que malheureuse; enfin, laissant à sa mère le gouvernement du royaume, il s'embarqua en 1248 à Aigues-Mortes, avec Marguerite de Provence sa femme, et ses trois frères. Presque toute la chevalerie de France l'accompagna. Arrivé à la rade de Damiette, il s'empara de cette ville en 1249. Il avait résolu de porter la guerre en Egypte, pour attaquer dans son pays le sultan, maître de la Terre-Sainte. Il passa le Nil à la vue des infidèles, remporta deux victoires sur eux, et fit des prodiges de valeur à la journée de Massoure en 1250. Les Sarrasins eurent bientôt leur revanche; la famine et la maladie contagieuse ayant obligé les Français à reprendre le chemin de Damiette, ils vinrent les attaquer pendant la marche les mirent en déroute et en firent un grand carnage. Le roi, dangereusement malade, fut pris près Massoure avec tous les seigneurs de sa suite et de la meilleure partie de l'armée. Louis parut dans sa prison aussi grand que sur le trône. Les musulmans ne pouvaient se lasser d'admirer sa patience et sa fermeté à refuser ce qu'il ne croyait pas raisonnable. Il lui disaient : « Nous te regardons comme notre captif et notre esclave, et te nous traites étant aux fers, comme si nous étions tes prisonniers ! » On osa lui proposer de donner une somme excessive pour sa rançon ; mais il répondit aux envoyés du sultan : « Allez dire à votre maître qu'un roi de France ne se rachète pas pour de l'argent. Je donnerai cette somme pour mes gens, et Damiette pour ma personne. » Il paya en effet 400,000 liv. pour leur rançon, rendit Damiette pour la sienne, et accepta du sultan une trêve de dix ans. Son dessein était de repasser en France; mais ayant appris que les Sarrasins au lieu de rendre les prisonniers, en avaient fait périr un grand nombre dans les tourments, pour les obliger de quitter leur religion, il se rendit dans la Palestine, où il demeura encore quatre ans, jusqu'en 1254. Le temps de son séjour fut employé à fortifier et à réparer les places des

chrétiens, à mettre en liberté tous ceux qui avaient été faits prisonniers en Egypte, et à travailler à la conversion des infidèles. Arrivé en France il trouva son royaume dans un meilleur état qu'il n'aurait su naturellement espérer. La Providence avait veillé sur un pays qu'il n'avait abandonné que par les motifs les plus chrétiens. Son retour à Paris, où il se fixa, fit le bonheur de ses sujets et la gloire de la patrie. Il établit le premier la justice du ressort; et les peuples, opprimés par les sentences arbitraires des juges des baronies, purent porter leurs plaintes à quatre bailliages royaux, créés pour les écouter. Sous lui, les hommes d'étude commencèrent à être admis aux séances des parlements, dans lesquelles, des chevaliers, qui rarement savaient lire, décidaient de la fortune des citoyens. Il diminua les impôts, et révoqua ceux que l'avidité des financiers avaient introduits. Il porta des édits sévères contre les blasphémateurs et les impies, bâtit des églises, des hôpitaux, des monastères, et publia une *Pragmatique sanction* en 1269, pour conserver les anciens droits des églises cathédrales et la liberté des élections. Le sixième canon défend de payer les sommes que le Saint-Siège pourrait exiger: mais Fleury fait observer: « que ce canon manque dans beaucoup d'exemplaires; dans les autres canons, il n'est nullement fait mention de la cour de Rome, et on croit que le saint roi n'y a eu en vue que les entreprises des seigneurs et des juges laïques sur les bénéfices. » Le président Hénault doute que cette Pragmatique soit de saint Louis. Ce monarque reçut en 1264 un honneur qu'on ne peut rendre qu'à un monarque vertueux: le roi d'Angleterre Henri III et les barons le choisirent pour arbitre de leurs querelles. Ce prince était venu le voir à Paris au retour de son voyage de la Palestine, et l'avait assuré qu' « il était son seigneur et qu'il le serait toujours. » Le comte d'Anjou, Charles, son frère, dut à sa réputation et au bon ordre de son royaume l'honneur d'être choisi par le pape pour roi de Sicile. Louis augmentait cependant ses domaines de l'acquisition de Péronne, d'Avranches, de Mortagne, du Perche. Il pouvait ôter aux rois d'Angleterre tout ce qu'ils possédaient en France: les querelles de Henri III et de ses barons lui en facilitaient les moyens; mais il préféra la justice à l'usurpation. Il les laissa jouir de la Guienne, du Périgord, du Limousin, en les faisant renoncer pour jamais à la Touraine, au Poitou, à la Normandie, réunie à la couronne par Philippe-Auguste son aïeul. Voyant la France florissante et son gouvernement bien affermi, il partit pour la sixième croisade en 1270. Il assiégea Tunis en Afrique; huit jours après il emporta le château, et mourut dans son camp le 25 août de la même année, d'une maladie contagieuse qui ravageait son armée. Dès qu'il fut attaqué, il se fit étendre sur la cendre, et expira, à l'âge de 55 ans, avec la ferveur d'un anachorète et le courage d'un héros, et avec la satisfaction d'avoir fait aux ennemis du nom chrétien une guerre sage et juste quoique avec des succès variés et d'éclatants revers. Boniface VIII le canonisa en 1297. La bulle de canonisation du saint roi est un éloge magnifique et très étendu, fondé, comme il y est dit, sur une certitude entière de la pureté de ses mœurs, de la régularité et de l'austérité de sa vie, de son amour pour la justice, de son zèle généreux pour les progrès de la foi, de sa charité envers les pauvres, les infirmes, les gens sans appui et de toute nation, en un mot de toutes ses vertus chrétiennes, royales, héroïques. On avait reçu à ce sujet la déposition sous serment de plus de 300 témoins, on l'avait vérifié jusqu'à 63 miracles. Saint Louis a été, au jugement du P. Daniel et du président Hénault, un des plus grands princes qui aient jamais porté le sceptre, compatissant sans qu'il n'avait été que malheureux; libéral, sans cesser d'avoir une sage économie; intrépide dans les combats, mais sans emportement. Il n'était courageux que pour des grands intérêts. Il fallait que des objets puissants, la justice ou l'amour de son peuple excitassent son âme, qui hors de là paraissait faible, simple et timide. Prudent et ferme à la tête de ses armées et de son conseil, quand il était rendu à lui-même il n'était plus que particulier. Ses domestiques devenaient ses maîtres, sa mère la gouvernait, et les pratiques de la dévotion la plus simple remplissaient ses journées. Il est vrai que ces pratiques étaient ennoblies par des vertus solides et jamais démenties; elles formaient son caractère. C'est à ce règne, suivant Joinville, que doit se rapporter l'institution des maîtres des requêtes : ils n'étaient d'abord que trois; ils furent portés à quatre-vingts par l'édit de 1752, qui les fixa à ce nombre. Saint Louis proscrivit aussi des terres de son domaine l'absurde procédure des duels judiciaires, et y substitua la voie d'appel à un tribunal supérieur : ainsi il ne fut plus permis, comme auparavant, de se battre contre sa partie ni contre les témoins qu'elle produisait. Joinville, La Chaise et l'abbé de Choisi ont écrit sa *Vie*.

LOUIS X, roi de France et de Navarre, surnommé *le Hutin*, c'est-à-dire *mutin* et *querelleur*, succéda à Philippe-le-Bel son père, le 20 novembre 1314, étant déjà roi de Navarre par Jeanne sa mère, et s'étant fait couronner en cette qualité à Pampelune le 1er octobre 1308. Veuf de Marguerite de Bourgogne, il différa son sacre jusqu'au mois d'août de l'an 1315, à cause des troubles de son royaume, et parce qu'il attendait sa nouvelle épouse, Clémence, fille de Charles, roi de Hongrie. Pendant cet intervalle, Charles de Valois, oncle du roi, se mit à la tête du gouvernement, et fit pendre Enguerrand de Marigni à Montfaucon, au gibet que ce ministre avait lui-même fait dresser sous le feu roi, dont il était ministre. Louis X rappela les Juifs dans son royaume, fit la guerre sans succès contre le comte de Flandre, et accabla son peuple d'impôts sous le prétexte de cette guerre. Il contraignit encore le reste des serfs de ses terres de racheter leur liberté : ce qu'ils firent avec peine. En remplissant un devoir connu, ils étaient tranquilles, et ils ignoraient ce qu'on exigerait d'eux quand ils seraient libres. L'édit du roi portait que, «selon le droit de nature, chacun doit naître «franc.» Louis X mourut à Vincennes le 8 janvier 1316, à 26 ans. Il eut de Clémence un fils posthume nommé Jean, né le 15 novembre 1316; mais ce jeune prince ne vécut que huit jours. Il s'éleva une grande difficulté au sujet de la succession. Jeanne, fille du roi et de sa première femme, devait régner, selon le duc de Bourgogne. Les états-généraux décidèrent que la loi salique excluait les femmes de la couronne. Leur avis prévalut, et ce fut Philippe-le-Long, deuxième fils de Philippe-le-Bel, qui monta sur le trône de France. Jeanne eut pour sa part la couronne de Navarre, qu'elle porta en dot à Philippe, petit-fils de Philippe-le-Hardi.

LOUIS XI, fils de Charles VII et de Marie d'Anjou, fille de Louis II, roi titulaire de Naples, naquit à Bourges en 1423. À l'âge de 17 ans, il se révolta contre son père, pour faire la guerre à Agnès Sorel et contre les ministres du roi. Il s'enfuit à Niort, où il se devint chef d'une faction sous le nom de la *Praguerie*. Charles VII marcha contre lui, le défit et lui pardonna. Le dauphin alla combattre les Anglais, et se signala aux siéges de Pontoise, de la Réole et de Dieppe. L'année suivante, il vainquit les Suisses. De retour auprès de son père, il intrigua de nouveau, et de nouveau il quitta la cour. Poursuivi par les troupes de son père, il se sauva en Bourgogne, où il fut bien reçu par le duc et le prince héréditaire, le duc de Charolais. Ce prince lui assura une retraite agréable à Genapp, en Hainaut, et pourvut à tous ses besoins. C'est dans cette retraite qu'il recueillit les *Cent Nouvelles nouvelles*, et qu'il lui naquit un fils d'une princesse de Savoie, qu'il avait épousée malgré son père. Malgré les invitations de celui-ci, il ne revint en France qu'à l'époque de sa mort. Se croyant trahi par le cardinal de La Balue, il le tint en prison plusieurs années. On ne le crut pas étranger à la mort d'Agnès Sorel. Louis XI, parvenu à la couronne en 1461, adopta un plan de conduite et de gouvernement entièrement différent, ôta aux officiers et aux magistrats leurs charges, pour les donner aux rebelles qui avaient suivi ses retraites dans le Dauphiné, dans la Franche-Comté, dans le Brabant. Il traita la France comme un pays de conquête, dépouilla les grands, accabla le peuple d'impôts, et abolit la pragmatique sanction; mais le parlement de Paris le soutint avec tant de vigueur, qu'elle ne fut totalement anéantie que par le concordat fait entre Léon X et François 1er. Ses violences suscitèrent des résistances. Il se forma une ligue entre Charles, duc de Berri, son frère, le comte de Charolais, le duc de Bretagne, le comte de Dunois, et plusieurs seigneurs non moins mécontents de Louis XI. Jean d'Anjou, duc de Calabre, vint se joindre aux princes confédérés, et leur amena 500 Suisses, les premiers qui aient paru dans les armées françaises. La guerre qui suivit cette ligue, formée par le mécontentement, eut pour prétexte la réformation de l'État et le soulagement des peuples : elle fut appelée la *Ligue du bien public*. Louis arma pour la dissiper. Il y eut une bataille à Montlhéri, le 16 juillet 1465. Le champ resta aux troupes confédérées; mais la perte fut égale des deux côtés. Le monarque français ne désunit la ligue qu'en donnant à chacun des principaux chefs ce qu'il demandait : la Normandie à son frère; plusieurs places, dans la Picardie, au comte de Charolais; le comté d'Étampes au duc de Bretagne, et l'épée de connéta-

ble au comte de Saint-Pol. La paix fut conclue à Conflans, le 5 octobre de la même année. Le roi accorda tout par ce traité, espérant tout ravoir par ses intrigues. Il enleva bientôt la Normandie à son frère, et une partie de la Bretagne au duc de ce nom. L'inexécution du traité de Conflans allait ranimer la guerre civile : Louis XI crut l'éteindre en demandant à Charles-le-Téméraire, duc de Bourgogne, une conférence à Péronne, dans le temps même qu'il excitait les Liégeois à faire une perfidie à ce duc et à prendre les armes contre lui. Charles, instruit de cette manœuvre, retint Louis XI prisonnier dans le château de Péronne, le força à conclure un traité fort désavantageux, et à marcher à sa suite contre ces mêmes Liégeois qu'il avait armés. Le comble de l'humiliation pour lui fut d'assister à la prise de leur ville, et de ne pouvoir obtenir son retour à Paris qu'après avoir prodigué les bassesses et essuyé mille affronts. Le duc de Berry, son frère, fut la victime de cet élargissement. Louis XI le força de recevoir la Guienne en apanage, au lieu de la Champagne et de la Brie : il voulut l'éloigner de ces provinces, dans la crainte que le voisinage du duc de Bourgogne ne fût une nouvelle source de divisions. Louis XI n'en fut pas plus tranquille. Le duc de Bourgogne fit offrir sa fille unique au nouveau duc de Guienne; mais cette alliance ne se conclut pas : le duc de Guienne mourut empoisonné avec sa maitresse, par une pêche qui leur fut donnée, «non sans soupçon, dit le président Hénault, contre le roi lui-même.» Oder d'Aidie, favori du prince empoisonné, voulut venger la mort de son maître. Il enleva l'empoisonneur, et le conduisit en Bretagne, pour pouvoir lui faire son procès en liberté; mais le jour qu'on devait prononcer l'arrêt de mort, on le trouva étouffé dans son lit. Cependant le duc de Bourgogne se prépare à tirer une vengeance plus éclatante de la mort d'un prince qu'il voulait faire son gendre. Il entre en Picardie, met tout à feu et à sang, échoue devant Beauvais, défendu par les femmes, passe en Normandie, la traite comme la Picardie, et revient en Flandre lever de nouvelles troupes. Cette guerre cruelle fut terminée, pour quelques instants, par le traité de Bouvines, en 1474; mais, cette même année, il y eut une ligue offensive et défensive, formée par le duc de Bourgogne, entre Edouard IV, roi d'Angleterre, et le duc de Bretagne, contre le roi de France. Le prince anglais débarque avec ses troupes : Louis peut le combattre, mais il aime mieux le gagner par des négociations. Il paie ses principaux ministres; séduit les premiers officiers, au lieu de se mettre en état de les vaincre; faits des présents de vin à toute l'armée; enfin achète le retour d'Edouard en Angleterre. Les deux rois conclurent à Amiens, en 1475, un traité qu'ils confirmèrent à Pecquigni. Ils convinrent d'une trève de sept ans; ils y arrêtèrent un mariage entre le dauphin et la fille du monarque anglais; et Louis s'engagea à payer jusqu'à la mort de son ennemi une somme de 50,000 écus d'or. Le duc de Bretagne fut aussi compris dans ce traité. Celui de Bourgogne, abandonné de tous et seul contre Louis XI, conclut avec lui à Vervins une trève de neuf années. Ce prince, ayant été tué au siége de Nanci en 1477, laissa pour héritière, Marie, sa fille unique, que Louis XI, par une politique mal entendue, refusa pour le dauphin son fils. Cette princesse épousa Maximilien d'Autriche, fils de l'empereur Frédéric III, et ce mariage fut l'origine des querelles que la France ne cessa de faire à la maison d'Autriche, souveraine des Pays-Bas. La guerre entre l'empereur et le roi de France commença peu de temps après cette union. Louis XI s'empara de la Franche-Comté par la valeur de Chaumont d'Amboise. Il y eut une bataille à Guinegate, où l'avantage fut égal des deux côtés. Un traité, fait à Arras en 1482, termina cette guerre. On y arrêta le mariage du dauphin avec Marguerite, fille de Marie de Bourgogne. Louis XI ne jouit pas longtemps de la joie que lui devaient inspirer ces heureux événements. Sa santé dépérissait de jour en jour; enfin, sentant la mort approcher, il se renferma au château du Plessis-les-Tours, où l'on n'entrait que par un guichet, et dont les murailles étaient hérissées de piques de fer. Inaccessible à ses sujets, entouré de gardes, dévoré par la crainte de la mort, par la douleur d'être haï, par les remords et par l'ennui, il fit venir de Calabre un pieux ermite, révéré aujourd'hui sous le nom de saint François de Paule. Il se jeta à ses pieds et le supplia, en pleurant, de demander à Dieu la prolongation de ses jours. Mais le saint lui parla en prophète, et lui dit, comme un autre Isaïe : *Dispone domui tuæ, quia morieris tu; et non vives*. «Sire, mettez ordre à votre État, «et à ce que vous avez de plus précieux dans votre État,

« qui est votre conscience : car il n'y a pas de miracle pou
« vous; votre heure est venue, et il faut mourir. » C'était
une parole bien dure pour tout homme, encore plus pour un
roi, mais surtout si est attaché à la vie. Cependant
Louis écouta François avec respect, le pria de le disposer à
la mort, et expira entre ses bras le 21 août 1483, à 60 ans;
heureux si de vifs et sincères repentirs ont effacé les iniquités de sa vie! Les chroniques du temps comptent 4000 sujets
(nombre sans doute exagéré) exécutés sous son règne, en
public ou en secret. Les cachots, les cages de fer, les chaînes
dont on chargeait les victimes de sa barbare défiance, sont
les monuments qu'a laissés ce monarque. Tristan l'Ermite,
prévôt de son hôtel, était le juge, le témoin et l'exécuteur
de ses vengeances; et ce roi cruel ne craignait pas d'y assister, après les avoir ordonnées. Lorsque Jacques d'Armagnac,
duc de Nemours, accusé peut-être sans raison du crime de
lèse-majesté, fut exécuté en 1477 par ses ordres, Louis XI fit
placer sous l'échafaud les enfants de ce prince infortuné, pour
recevoir sur eux le sang de leur père. Ils en sortirent tout
couverts, et dans cet état on les conduisit à la Bastille, dans
des cachots faits en forme de hotte, où la gêne que leur corps
éprouvait était un continuel supplice. Ce monarque inhumain eut pour confidents et pour ministres des hommes dignes de lui : il les tira de la boue. Son barbier devint comte
de Meulan et ambassadeur; son tailleur, héraut d'armes,
son médecin, chancelier. Il abâtardit la nation en lui donnant
ces vils simulacres pour maîtres : aussi sous son règne il n'y
eut ni vertu ni héroïsme. L'obéissance et la bassesse tinrent
lieu de tout; et le peuple fut enfin tranquille comme les forçats le sont dans une galère. Sa dévotion aurait dû, par un
effet même naturel, adoucir son cœur dur, et corriger son
caractère inconstant, bizarre, inquiet et perfide; mais sa dévotion n'était que la crainte servile d'une âme basse, pusil-
lanime et égarée. Toujours couvert de reliques et d'images,
portant à son bonnet une Notre-Dame de plomb, il lui demandait pardon de ses assassinats, et en commettait toujours
de nouveaux. Il fit solliciter auprès du pape le droit de porter le surplis et l'aumusse, et de se faire oindre une seconde
fois de l'ampoule de Reims, au lieu d'implorer la miséricorde
de l'Être suprême, de laver ses mains souillées de tant de
meurtres commis avec le glaive de la justice. S'il avait un
cœur pervers, du moins il possédait de grands talents. Il avait
du courage, connaissait les hommes et les affaires, et portait
tout son conseil dans sa tête. Prodigue par politique, avare
qu'avare par goût, il savait donner en roi. Paris, désolé par
une contagion, fut repeuplé par ses soins; une police rigoureuse y régnait. S'il avait vécu plus longtemps, les poids et
les mesures auraient été uniformes dans ses Etats. Ce fut lui
qui établit les postes, jusqu'alors inconnues. Deux cent trente
courriers en France, à ses gages, portaient les ordres du
monarque et les lettres des particuliers dans tous les coins
du royaume. Il est vrai qu'il leur fit payer chèrement cet établissement; il augmenta les tailles de trois millions, et leva,
pendant vingt ans, 4,700,000 liv. par an : ce qui pouvait
faire environ 23 millions d'aujourd'hui; au lieu que Charles VII n'avait jamais levé par an que 1,800,000 fr. En augmentant son pouvoir sur ses peuples par ses rigueurs, il augmenta son royaume par sa politique. L'Anjou, le Maine, la
Provence, la Bourgogne et quelques autres grands fiefs, furent réunis sous lui à la couronne. Ce prince a fait recueillir
les *Cent Nouvelles nouvelles*, ou histoires contées par différents seigneurs de sa cour, dont la belle édition est d'Amsterdam, 1701, 2 vol. in-8°, figures de Hoogue. Si l'on en
croit quelques auteurs, c'est sous son règne, en 1469, que le
prieur de Sorbonne fit venir des imprimeurs de Mayence;
Charles VII avait déjà tâché, quoique sans succès, d'introduire cet art en France. Duclos, historiographe de France,
a publié l'*Histoire* de ce prince, en 3 vol. in-12 : elle est curieuse, intéressante et bien écrite.

LOUIS XII, roi de France, né à Blois, en 1442, de Charles
duc d'Orléans et de Marie de Clèves, parvint à la couronne
en 1498, après la mort de Charles VIII. Louis XI, avant de
mourir, avait déclaré sa fille, madame de Beaujeu, régente
du royaume, pendant la minorité de Charles VIII. Le duc de
Bourbon et le duc d'Orléans, depuis Louis XII, disputèrent
l'autorité à la duchesse; mais, le roi ayant été déclaré majeur par les états tenus à Tours, le duc d'Orléans n'obtint que
la présidence du conseil : il était marié avec Jeanne, seconde
fille du feu roi. Ayant subi plusieurs désagréments de la part
de la régente, il quitta la cour, et se réfugia en Bretagne,
où il s'éprit de la célèbre Anne, fille et héritière du duc

François II. La princesse de Beaujeu convoqua un lit de justice et fit déclarer rebelle le duc d'Orléans, qui leva bientôt
une armée; mais il fut battu par La Trémouille et fait prisonnier. Traîné de prison en prison, le duc Louis fut enfermé
à la tour de Bourges, dans une cage de fer, où il demeura
trois ans. Enfin les prières de sa femme auprès de Charles VIII
lui obtinrent la liberté. Il coopéra ensuite, et malgré sa passion, au mariage de Charles avec Anne de Bretagne, et suivit
ce monarque en Italie, où il se distingua dans la guerre, par
sa valeur et son intelligence. A son retour en France, Charles VIII mourut, et le duc d'Orléans monta sur le trône, sous
le nom de Louis XII. Son caractère bienfaisant ne tarda pas
à éclater : il soulagea le peuple et pardonna à ses ennemis.
Louis de La Trémouille l'avait fait prisonnier à la bataille de
Saint-Aubin; il craignait son ressentiment; il fut rassuré par
ces belles paroles : «Ce n'est point au roi de France à venger
les querelles du duc d'Orléans.» Stimulé par l'esprit de conquête, il jeta ses vues sur le Milanais, sur lequel il prétendait
avoir des droits par son aïeule Valentine, sœur unique du
dernier duc de la famille des Viscontis. Ludovic Sforce en était
possesseur; le roi envoya une armée contre Sforce en 1499,
et en moins de vingt jours, le Milanais fut à lui. Il fit son
entrée dans la capitale, le 6 octobre de la même année; mais,
par une de ces révolutions si ordinaires dans les guerres d'I-
talie, le vainqu vaincu rentra dans son pays, d'où on l'avait chassé,
et recouvra plusieurs places. Sforce, dans ce rétablissement
passager, payait un ducat d'or pour chaque tête de Français
qu'on lui apportait. Louis XII fit un nouvel effort : il renvoya
Louis de La Trémouille, qui reconquit le Milanais. Les Suisses
qui gardaient Sforce le livrèrent au vainqueur. Maître du
Milanais et de Gênes, le roi de France voulut avoir Naples;
il s'unit avec Ferdinand-le-Catholique pour s'en emparer.
Cette conquête fut faite en moins de quatre mois, l'an 1501.
Frédéric, roi de Naples, se remit entre les mains de Louis XII,
qui l'envoya en France, avec une pension de 120,000 livres
de notre monnaie d'aujourd'hui. A peine Naples fut-il conquis, que Ferdinand-le-Catholique s'unit avec Alexandre VI
pour en chasser les Français. Ses troupes, conduites par
Gonsalve de Cordoue, qui mérita si bien le titre de grand
capitaine, s'emparèrent en 1503 de tout le royaume, après
avoir gagné les batailles de Séminare et de Cérignole. Cette
guerre finit par un traité honteux, en 1505; le roi y promettait la seule fille qu'il eût d'Anne de Bretagne, au petit-
fils de Ferdinand, à ce prince depuis si terrible à la France
sous le nom de Charles-Quint. Sa dot devait être composée
de la Bourgogne et de la Bretagne, et on abandonnait Milan
et Gênes, sur lesquels on cédait ses droits. Ces conditions
parurent si onéreuses aux états assemblés à Tours en 1506,
qu'ils arrêtèrent que ce mariage ne se ferait point. Les Génois
se révoltèrent la même année contre Louis XII. Il repassa les
monts, les défit, entra dans leur ville en vainqueur, et leur
pardonna. L'année 1508 fut remarquable par la ligue de
Cambrai, formée par Jules II; le roi de France y entra, et
défit les Vénitiens, à la bataille d'Aignadel, le 14 mai 1509;
la prise de Crémone, de Padoue et de plusieurs autres places
fut le fruit de cette victoire. Jules II, qui avait obtenu par les
armes de Louis XII à peu près ce qu'il voulait, n'avait plus
d'autre crainte que celle de voir les Français en Italie. Il se
ligua contre eux; le jeune Gaston de Foix, duc de Nemours,
repoussa une armée de Suisses, prit Bologne, et gagna, en 1511,
la bataille de Ravenne, où il perdit la vie. La gloire des
armes françaises ne se soutint pas : le roi était éloigné, les
ordres arrivaient trop tard, et quelquefois se contredisaient.
Son économie, quand il fallait prodiguer l'or, donnait peu
d'émulation; l'ordre et la discipline étaient inconnus parmi
les troupes. En moins de trois mois, les Français furent forcés
de sortir de l'Italie; le maréchal Trivulce, qui les commandait, abandonna, l'une après l'autre, les villes qu'ils avaient
prises, du fond de la Romagne aux confins de Savoie. Louis XII
eut la mortification de voir rétablir dans Milan, par les Suisses,
le jeune Maximilien Sforce, fils du duc, mort prisonnier dans
ses états. Gênes, où il avait étalé la pompe d'un roi asiatique,
reprit sa liberté et chassa les Français. Elle fut soumise de
nouveau; mais la perte de la bataille de Novare, gagnée par
les Suisses contre La Trémouille, le 6 juin 1513, fut l'époque
de la totale expulsion des Français; l'empereur Maximilien,
Henri VIII et les Suisses attaquèrent à la fois la France; les
Anglais mirent le siège devant Térouanne, qu'ils prirent après
la journée de Guinegate, dite la journée des éperons, où les
troupes françaises furent mises en déroute sans presque livrer
de combat; la prise de Tournai suivit celle de Térouanne; les

Suisses assiégèrent Dijon, et ne purent être renvoyés qu'avec 20,000 écus comptant, une promesse de 4000 et sept otages qui en répondaient. Louis XII, battu de tous côtés, a recours aux négociations ; il fait un autre traité avec Léon X, renonce au conciliabule de Pise, et reconnaît le concile de Latran ; il fait un autre traité avec Henri VIII, et épouse sa sœur Marie, pour laquelle il donna un million d'écus. Il avait alors cinquante-trois ans, et était d'une santé fort délicate. Il mourut au bout de deux mois de mariage, en 1515. Si Louis XII fut malheureux au dehors de son royaume, il fut heureux en dedans. On ne peut reprocher à ce roi que la vente des charges. Il en tira en dix-sept années la somme de 12,000 livres dans le seul diocèse de Paris ; mais les tailles et les aides furent modiques. Il aurait été plus loué si, en imposant des tributs nécessaires, il eût conservé l'Italie, ou plutôt si, renonçant à des conquêtes lointaines, incertaines et peu justes, il avait épargné le sang de ses sujets, et donné ses soins à la bonne administration d'un beau et grand royaume, qui pouvait suffire à son ambition. Mais on peut en quelque sorte pardonner ses fautes, en faveur de ses qualités précieuses de bon roi, de prince humain et équitable. Lorsqu'il allait à la guerre, il se faisait suivre de quelques hommes vertueux et éclairés, chargés, même en pays ennemi, d'empêcher le désordre et de réparer le dommage lorsqu'il avait été fait. Ces principes de probité furent surtout remarqués après la prise de Gênes, qui avait secoué le joug de la France. Son avant-garde ayant pillé quelques maisons du faubourg Saint-Pierre d'Arena, le prince, quoique personne ne se plaignit, envoya des gens de confiance pour examiner à quoi se pouvait monter la perte, et ensuite de l'argent pour payer la valeur de ce qui avait été pris. LAlviane, général des Vénitiens, ayant été pris à la bataille d'Aignadel, fut conduit au camp français, où on le traita avec toute la distinction possible. Ce général, plus aigri par l'humiliation de sa défaite que touché de l'humanité de son vainqueur, ne répondit aux démonstrations les plus consolantes que par une fierté brusque et dédaigneuse. Louis se contenta de le renvoyer au quartier où l'on gardait les prisonniers. « Il vaut mieux le laisser, dit-il, je m'emporterais et j'en serais fâché. Je l'ai vaincu, il faut me vaincre moi-même. » Cependant il avait quelquefois des accès de colère où il n'était plus maître de lui-même, et n'écoutait plus que la fougue de cette passion aveugle. Son édit de 1499 a rendu sa mémoire chère à tous ceux qui administrent la justice et à ceux qui l'aiment. Il ordonne par cet édit qu'on « suive toujours la loi, malgré les ordres contraires que l'importunité pourrait arracher du monarque. » Louis XII fut le premier des rois qui mit le laboureur à couvert de la rapacité du soldat, et qui fit punir de mort les gens d'armes qui rançonnaient le paysan. Les troupes ne furent plus le fléau des provinces, et, loin de vouloir les en éloigner, les peuples les demandèrent. Il était affable, bon, caressant ; il égayait la conversation par de bons mots, plaisants sans être malins. On lui reproche avec raison d'avoir répudié la reine Jeanne, après un long mariage, quoique le pape Alexandre VI ait paru admettre ses raisons de nullité. On a imprimé ses *Lettres* au cardinal d'Amboise, Bruxelles, 1712, 4 vol. in-12. Louis XII avait pris pour devise le porc-épic avec ces mots : *Cominus et eminus*, qui en étaient l'âme.

LOUIS XIII, surnommé *le Juste*. (*V.* FRANCE).
LOUIS XIV. (*V.* FRANCE).
LOUIS XV. (*V.* FRANCE).
LOUIS XVI. (*V.* FRANCE).
LOUIS XVII (CHARLES), fils de Louis XVI et de Marie-Antoinette d'Autriche, né à Versailles le 27 mars 1785 ; reçut à sa naissance le titre de duc de Normandie. Après la mort de Louis-Joseph-François-Xavier, son frère aîné, arrivée le 4 juin 1789, il prit le titre de dauphin. Cet enfant, confié d'abord aux soins de madame de Tourzel, joignait à tous les avantages d'une heureuse physionomie les inclinations les plus douces et l'esprit le plus ouvert. Le 20 juin 1792, il avait été frappé de l'excès de la populace ; lendemain, dès qu'il entendit battre le tambour, il se réfugia tout tremblant entre les bras de la reine, et lui dit : « Maman, est-ce qu'hier n'est pas fini ? » Lorsque Louis XVI fut enfermé au Temple, il partagea sa captivité. Mais, à l'époque du 21 janvier, il y avait près de deux mois qu'il était séparé de son père. Marie-Antoinette reposa avec complaisance ses yeux fatigués de larmes sur le jeune roi. Ce fut au nom de Louis XVII que les héros de la Bretagne et de la Vendée volèrent à la victoire et à la mort. Ce prince était l'espoir de la monarchie. Quelques Fran-

çais loyaux, entre autres Toulan et Lepitre, entreprirent de le délivrer ; mais leurs tentatives n'eurent d'autre effet que de rendre plus sévère la surveillance des tyrans, et de faire séparer le fils d'avec la mère : ce fut le 3 juin 1793 qu'eut lieu cette cruelle séparation. Louis fut arraché aux embrassements maternels pour être confié à l'infâme Simon et à sa femme, qui épuisèrent leur imagination à inventer tout ce qui pouvait altérer ses forces morales et physiques. On lui mettait sans cesse dans la bouche des chants révolutionnaires et démagogiques, qu'il était obligé de répéter, sous peine des traitements les plus barbares. Le vin, les liqueurs fortes, les propos obscènes, rien n'était oublié pour achever de détruire en lui le fruit de sa première éducation ; mais, à la honte de ses corrupteurs, ces efforts furent souvent inutiles. Des mains de Simon, Louis XVII tomba entre celles de deux gardiens qui enchérirent sur leurs prédécesseurs. Un cachot plus infect et plus obscur encore fut choisi pour lui servir de prison. Dans l'impossibilité de communiquer avec qui que ce fût, le captif ne voyait pas même la main avare qui lui faisait passer une grossière nourriture. Le soir, lorsqu'une voix terrible lui avait ordonné de prendre du repos, ses bourreaux interrompaient son sommeil pour lui crier encore plus fort : « Capet, où es-tu ? dors-tu ? » L'enfant effrayé sortait de son lit en chemise, et allait se présenter devant ces bêtes féroces, qui renouvelaient peu d'instants après le même supplice. Au sein de la Convention, pas une voix n'osa pendant longtemps s'élever en faveur de ce royal infortuné, et, quand quelques députés demandèrent que l'on envoyât hors de France ce nouveau Joas, pour qu'il cessât de devenir un point de ralliement, on entendit à la tribune le député Mathieu prononcer ces parole à jamais effroyables : « La Convention et son comité, étrangers à toute idée d'améliorer le sort des enfants de *Capet*, savent comment on fait tomber la tête des rois, mais ils ignorent comment on élève leurs enfants. Le 22 janvier 1793, Cambacérès, au nom des comités réunis, insista sur la nécessité de retenir captifs les enfants royaux, sans doute pour prévenir de la part des ennemis de la France des hostilités qu'ils redoutaient ; mais ces précautions furent inutiles. Louis XVII dépérissait de plus en plus. Le chirurgien Desault fut appelé, mais trop tard, et le jeune prince expira, victime des mauvais traitements et des crimes de la Convention. On a cru pendant longtemps que ses jours avaient été hâtés par l'effet du poison : le contraire est aujourd'hui reconnu. Par un évènement qui parut alors très extraordinaire, Desault, qui avait déclaré la cure impossible, mourut peu de jour après. La dépouille mortelle du jeune prince fut déposée dans la fosse commune de la paroisse Sainte-Marguerite, où l'on n'a pu retrouver ses restes.

LOUIS XVIII, roi de France, né à Versailles, le 17 novembre 1755, était le quatrième fils du vertueux dauphin dont la France pleura la mort prématurée. Sa mère était Marie-Josèphe de Saxe. Il fut baptisé sous le nom de Louis-Stanislas-Xavier, et eut le titre de comte de Provence. Dès sa première jeunesse, il montra un goût décidé pour les sciences et les lettres, et obtint, sous le voile de l'anonyme, plusieurs succès littéraires. Le comte de Provence épousa, le 14 mai 1771, Mari-Josèphe de Savoie, et son frère, Louis XVI, étant monté sur le trône, il prit le titre de *Monsieur*. Assidu à l'étude, il vivait dans la retraite, au milieu de la cour la plus brillante de l'Europe. Ce fut à cette époque qu'il connut madame de Balbi, dame d'atours de Madame, et dont l'esprit fut le principe d'une liaison, du reste innocente. Les apôtres du philosophisme avaient, depuis plusieurs années, jeté les semences d'un bouleversement général. On parlait hautement d'abus et de réformes, et Monsieur crut que l'on conjurerait l'orage si l'on faisait quelques concessions. Aussi, à l'ouverture de la première assemblée des *Notables*, le 22 février 1787, nommé président de l'un des sept bureaux qui la représentaient, il vota pour quelques points en faveur de ce que l'on appelait alors l'opinion publique, et la section qu'il présidait fut appelée le *bureau des sages*. Il se prononça pour l'égalité numérique de la représentation nationale, et après l'exil du parlement à Troyes, ce fut lui qui se rendit à la cour des comptes pour faire enregistrer l'édit du roi, relatif à la loi du timbre, et à celle d'une subvention territoriale. Deux ans après, la révolution ayant éclaté, Monsieur s'imposa la plus grande réserve. Il fut accusé néanmoins, le 25 décembre 1789 (huit mois après l'ouverture des États-généraux), d'être le chef d'une conspiration, et d'avoir pour agent le marquis de Favras. Mais il se rendit le lendemain à l'Hôtel-de-Ville, et expliqua aux représentants de la commune la nature de ses liaisons avec cet infortuné dans un discours si clair et si éloquent, qu'il excita des applaudissements universels. En février 1791, lors de la fuite de Mesdames, tantes du roi, on répandit encore le bruit que Monsieur devait les suivre. Une députation se présente au palais du Luxembourg, s'introduit chez le prince. et les orateurs de cette populace égarée lui demandent impérieusement s'il est vrai qu'il veuille quitter la France. Monsieur répond négativement. Un de ces orateurs ayant ajouté: — « Et si le roi venait à partir ? — Osez-vous bien le prévoir ? » répliqua le prince, en fixant sur le questionneur un regard pénétrant. L'air noble et calme de Monsieur imposa à la multitude. Mais les circonstances s'aggravant de plus en plus, le roi dut s'éloigner, laissant l'ordre à son frère de prendre le même parti. Une heure après le départ du monarque, Monsieur effectua le sien, accompagné seulement du comte d'Avaray. Il avait pris le titre de comte de Lille. Au moment où il franchissait la frontière, Louis XVI, arrêté à Varennes, était reconduit prisonnier à Paris. Le voyage du comte de Provence donna lieu à une brochure écrite par Monsieur et intitulée : *Relation d'un voyage à Bruxelles et à Coblentz*, imprimée à Londres en 1791, et à Paris en 1823. Monsieur et le comte d'Artois se mirent à la tète de l'émigration, et du château de Schoen-brunstadt, près Coblentz ; il écrivirent au roi, pour lui annoncer la coalition de l'Autriche et de la Prusse contre les révolutionnaires français, l'engageant en même temps à ne pas donner son adhésion à l'acte constitutionnel. Malheureusement cette lettre fut rendue publique et ne fit qu'aggraver le sort de Louis XVI. Le 1er janvier 1792, l'Assemblée, dans sa fureur, porta un décret d'accusation contre Monsieur, et, de sa propre autorité, le déclara, le 16, déchu de son droit à la régence. Cependant les troupes alliées entrèrent sur le territoire français. Monsieur et le comte d'Artois vinrent les joindre le 11 septembre, à la tête de 6,000 hommes. Mais la retraite de l'armée prussienne les obligea de quitter le sol de la France ; et le 13 novembre, ils furent contraints de licencier leur armée. Les illustres proscrits apprirent au château de Ham, en Westphalie, la mort tragique de Louis XVI. Le 28 janvier 1793, ils reconnurent le dauphin, roi de France, sous le nom de Louis XVII. Le comte de Provence prit le titre de régent, et nomma son frère lieutenant-général du royaume. Pendant ce temps-là, Toulon, ayant été pris par les escadres combinées anglaise, espagnole et napolitaine, le régent qui s'était séparé du comte d'Artois, crut l'occasion favorable pour rentrer en France : mais la politique étrangère s'opposa à ce qu'il fût admis dans Toulon, dont les habitants l'attendaient avec impatience. Forcé de quitter Turin où il avait fixé son séjour, il se rendit à Véronne, et à la nouvelle de la mort prématurée de Louis XVII, il se proclama roi sous le nom de Louis XVIII. Les succès des armées françaises, en Italie, ayant alarmé le gouvernement vénitien , il dut quitter Vérone en avril 1796, et se rendit à l'armée de Condé. Mais sa présence y donnait de l'ombrage à la cour de Vienne, et il se retira. Traversant la Souabe, où les révolutionnaires français avaient de nombreux partisans, il arriva le 19 juillet à Dillingen, où, à la suite d'un complot contre sa personne, un coup de feu, parti d'une fenêtre, lui effleura le haut de la tête, et le sang qui en jaillit lui couvrit la figure. « Ah ! sire, s'écria « le comte d'Avaray, une ligne plus bas ! — Eh bien ! répon-« dit tranquillement le roi, un peu plus bas, le roi de France « s'appelait Charles X. » Enfin, le duc de Brunswick lui permit de résider à Blankembourg, dans le cercle de la Basse-Saxe. C'est là que le rejoignit l'abbé Edgeworth, qui avait assisté Louis XVI, et qui était parvenu à s'échapper de France. Le roi le choisit pour son confesseur. Ce prince entretenait des correspondances en France, notamment avec Pichegru. Elles furent saisies, et donnèrent lieu à plusieurs arrestations. Celle que l'on trouva chez Le Maître compromit plusieurs membres de la Convention. La Villeheurnoi, Brotier, Duverne de Presle furent condamnés à mort. Enfin la révolution du 18 fructidor expulsa du Corps législatif la plupart des partisans que les royalistes étaient parvenus à s'y ménager. Sur ces entrefaites, un complot qui tendait à tuer le roi s'était encore formé à Hambourg. Menacé par des assassins que soldait le Directoire, Louis XVIII dut sa conservation à la vigilant de ses serviteurs. Au commencement de 1798, Paul Ier, empereur de Russie, lui offrit pour résidence le château ducal de Mittau, capitale de la Courlande. Ce fut dans cette ville que le roi fit célébrer le mariage du duc d'Angoulême avec Madame, fille de Louis XVI, laquelle, depuis son échange (1795), avec les commissaires français, était restée à Vienne.

Cependant Paul Ier, ayant rompu en 1801, avec l'Angleterre, et étant devenu l'ami de Buonaparte, alors premier consul, intima au roi l'ordre de quitter ses États dans les vingt-quatre heures. Parmi tous les souverains, il n'y eut que Frédéric-Guillaume, roi de Prusse, qui voulut accorder un asyle au monarque malheureux. On lui assigna Varsovie pour demeure. Deux ans s'étaient écoulés depuis qu'il habitait cette ville, lorsque, le 26 février 1803, le général Keller lui fit, de la part du premier consul, la proposition de renoncer au trône de France, et d'y faire renoncer les princes de sa famille, moyennant les indemnités les plus brillantes, lui offrant même, quoique indirectement, le royaume de Pologne. Le noble refus du roi irrita vivement Buonaparte. Un sénatus-consulte, ayant, le 18 mai 1804, déféré le titre d'empereur des Français à Napoléon, Louis XVIII adressa de Varsovie à tous les souverains de l'Europe une protestation contre ce titre et contre tous les actes ultérieurs auxquels il pourrait donner lieu. Cette même année, l'empereur Alexandre invita Louis XVIII à venir résider encore à Mittau. Le roi s'y rendit immédiatement. Pendant ce voyage il eut, en Suède, une entrevue avec le comte d'Artois. Lorsque l'empereur Alexandre conclut le traité de Tilsitt, le 8 juillet 1807, Louis XVIII s'embarqua pour la Suède, résolu de fixer désormais son séjour en Angleterre. Il y habita le château de Hartwell, dans le comté de Buckingham. La reine y mourut le 13 novembre 1810, et l'on transporta son corps en Sardaigne. Cependant un avenir plus heureux se préparait pour les petits-fils de saint Louis. Buonaparte tomba, et, le 26 avril 1814, Louis XVIII arriva à Calais. C'est de Saint-Ouen que Louis XVIII promulgua, le 2 mai, la fameuse déclaration, base de la Charte constitutionnelle, qu'il promettait aux Français. Le lendemain il fit son entrée dans la capitale, où il fut accueilli par un peuple heureux de trouver dans son souverain légitime le médiateur qui réconciliait la France avec l'Europe. En effet, Louis XVIII conclut avec les diverses puissances belligérantes un traité de paix par lequel la France conservait ses limites telles qu'elles existaient à l'époque du 1er janvier 1792, avec une augmentation de territoire du côté de la Belgique, de l'Allemagne et de l'Italie. La charte constitutionnelle octroyée par le roi fut solennellement proclamée dans le Corps législatif le 4 juin. Par cet acte le roi garantissait aux Français l'établissement du gouvernement représentatif, le libre consentement de l'impost par les députés des départements, l'égale admissibilité aux emplois, la liberté individuelle et celle de la presse, sauf la répression des abus, le libre exercice des cultes (la religion catholique restant celle de l'État), la responsabilité ministérielle, le jugement par jury, l'indépendance du pouvoir judiciaire, la consolidation de la dette publique ; enfin le roi déclarait considérer la vente des biens nationaux comme irrévocable, et les opinions ainsi que les votes émis durant la révolution, comme à l'abri de toute responsabilité légale. Louis espérait par ces concessions parvenir à fermer l'abîme des révolutions, mais de nouvelles épreuves lui étaient réservées. Quelques mois s'étaient à peine écoulés depuis son retour dans sa patrie, que déjà se tramait un complot, dont le but était de relever le trône impérial. D'accord avec les mécontents, Buonaparte s'échappa de l'île d'Elbe, et entra à Paris le 20 mars 1815. Le roi qui en était parti précipitamment quelques heures auparavant, se rendit à Gand, pour y attendre l'issue de cette invasion que tout annonçait devoir être éphémère. La bataille de Waterloo, livrée le 18 juin, renversa pour la seconde fois le conquérant qui avait cru pouvoir fonder sa dynastie sur la victoire. Les alliés pénétrèrent encore dans la capitale ; mais cette fois, bien moins généreux, ils laissèrent en partant une armée d'occupation et exigèrent la remise de plusieurs places fortes, et des contributions énormes. On nous reprit aussi tous les objets d'art dont nous avions dépouillé les nations vaincues. Louis XVIII, de retour à Paris, s'occupa de guérir les nouvelles plaies de la France. Sa première pensée fut de proclamer une amnistie générale dont il n'excepta qu'un petit nombre de personnages complices du retour de Buonaparte. Sentant combien la présence des troupes étrangères blessait les sentiments français, il obtint qu'elles partissent avant le terme fixé, et qu'une réduction eût lieu sur les contributions imposées à la France. Mais ces bienfaits ne purent désarmer en France le génie révolutionnaire : Louvel assassina le duc de Berry le 13 février 1820, au moment où il sortait de l'Opéra, et des complots contre les Bourbons furent tramés sur divers points de la France. Cependant, une révolution démocratique s'étant accomplie au-delà des Pyrénées, Louis XVIII se crut assez sûr de sa puissance pour envoyer, en 1822, une armée au secours de Ferdinand VII. Le duc d'Angoulême dirigea, avec autant de fermeté que de modération, cette guerre heureusement terminée en moins de six mois. Mais les fatigues avaient altéré la santé du roi. Malgré le dépérissement de ses forces, il continuait de se montrer en public et dans les conseils. Le 25 août 1824, jour de la Saint-Louis, il répondit à son frère qui lui conseillait de ne pas recevoir: « Un roi de France meurt, mais il ne doit pas être malade.» Averti du danger de son état il voulut consacrer ses derniers jours à la piété, et, le 16 septembre, il expira après avoir demandé et reçu les sacrements de l'Eglise. Ce prince avait des connaissances variées, un esprit applicable aux grandes comme aux petites affaires, une élocution facile et pleine de dignité. On éprouvait en sa présence un mélange de confiance et de respect; la bienveillance de son cœur se manifestait dans sa parole, la grandeur de sa race dans son regard. Indulgent et généreux, il rassurait ceux qui pouvaient avoir des torts à se reprocher; toujours calme, on pouvait tout lui dire, il savait tout entendre; pour les délits politiques, le pardon chez les Français lui semblait moins sûr que l'oubli, sorte de pardon dépouillé d'orgueil, qui guérit les plaies sans faire d'autres blessures. Nul monarque n'avait pris les rênes de l'Etat dans des circonstances plus critiques, mais aussi dans des conjonctures plus favorables à une restauration fondamentale. Louis XVIII, au lieu de régénérer la France, en reconstruisant l'édifice politique sur la base de la religion et des vrais principes, se contenta de conclure, par sa Charte, une sorte de compromis avec les partis. Dominé par les préoccupations de sa jeunesse, accessible aux illusions philosophiques, quoique personnellement religieux, il sourit à l'esprit du jour. On le vit consacrer les spoliations révolutionnaires, amnistier la fidélité, déchaîner sur la France le fléau de la liberté de la presse, accepter pour ministre un régicide... Il rêvait le bonheur de la France et la gloire de sa race: sans le vouloir il prépara une commotion nouvelle et l'exil de sa famille. Louis XVIII a continué la révolution, en la modifiant: il n'a point restauré la monarchie.

LOUIS (Saint) petit-neveu de saint Louis roi de France, et neveu par sa mère de sainte-Élisabeth de Hongrie, naquit de Charles II, surnommé le Boiteux, roi de Naples et de Sicile, et de Marie, fille d'Etienne V, roi de Hongrie. Louis commença dès l'âge de 14 ans à se sanctifier en Catalogne, où, pour délivrer son père, alors prince de Salerne, il avait été donné en otage au roi d'Aragon, qui l'avait fait prisonnier dans un combat naval. On ne remarquait pas seulement en lui beaucoup d'attrait pour la prière, pour les saintes lectures, pour la fréquentation des sacrements, une douceur et une modestie angélique, une délicatesse de pureté, qu'une parole libre faisait frémir; mais il montra encore et une vertu qui alla jusqu'à se réjouir de son emprisonnement, comme d'un moyen précieux de sanctification. Il recouvra la liberté en 1294, par le traité conclu entre son père et Jacques II, roi d'Aragon. Charles-Martel, son frère aîné, ayant été reconnu roi de Hongrie, Louis céda la couronne de Naples à Robert, son cadet, après avoir fait vœu d'embrasser l'humble et austère profession des frères-mineurs. Sa famille s'étant opposée à son entrée en religion, les supérieurs différèrent quelque temps à le recevoir parmi eux. Boniface VIII lui accorda une dispense d'âge pour recevoir la prêtrise à 22 ans. En vertu d'une autre dispense, il fut nommé à l'évêché de Toulouse, et obligé de l'accepter par obéissance, ayant fait auparavant le voyage de Rome, où il accomplit son vœu, et fit profession la veille de Noël 1296, dans le couvent d'Ara cœli. Il fut sacré évêque l'année suivante. Il parut dans son diocèse, sous l'habit d'un pauvre religieux; mais on le reçut à Toulouse avec le respect dû à un saint, et avec la magnificence qui convenait à un prince. Sa modestie, sa douceur et sa piété inspiraient l'amour de la vertu à tous ceux qui le voyaient. Son premier soin fut de visiter les hôpitaux, et de pourvoir aux besoins des malheureux. S'étant fait représenter l'état de ses revenus, il en réserva une petite partie pour l'entretien de sa maison, et destina le reste aux pauvres. Il en avait tous les jours vingt-cinq à sa table; il les servait lui-même, et quelquefois un genou en terre. Tout le royaume de son père éprouvait les effets de ses libéralités. Il fit la visite de son diocèse, et laissa partout des monuments de son zèle et de sa charité. Effrayé de la grandeur de ses obligations, il songeait à quitter son évêché lorsqu'il mourut saintement le 19 août 1497, à l'âge de vingt-trois ans et demi, au château de Brignolles en Provence, où il était allé pour quelques affaires ecclésiastiques.

Lorsqu'il sentit approcher sa fin, il dit à ceux qui étaient autour de lui : « Après avoir fait un voyage dangereux, me voilà enfin arrivé à la vue du port, après lequel j'ai longtemps soupiré avec ardeur. Je vais jouir de mon Dieu, dans ce monde me dérobait la possession. Bientôt je serai délivré de ce poids que je ne puis porter.» Il fut enterré chez les franciscains de Marseille, comme il l'avait demandé. Jean XXII, successeur de Boniface VIII, le canonisa à Avignon en 1317, et adressa un bref à ce sujet à la mère du saint, qui vivait encore. On a sa vie écrite avec fidélité par un auteur qui l'avait connu intimement, et publiée en latin par Sédulius à Anvers, 1602, in-8°, et en français par Arnaud d'Andilly.

LOUIS, dauphin, fils de Louis XIV, et de Marie-Thérèse d'Autriche, né à Fontainebleau en 1661, eut le duc de Montausier pour gouverneur, et Bossuet pour précepteur. Ce fut en faveur de ce prince, qu'on nomme communément le Grand Dauphin, que furent faits les commentaires et les belles éditions des bons auteurs latins dites Ad usum Delphini. Il joignait beaucoup de courage à un caractère bon et facile. Son père le mit à la tête des armées en 1688; il prit Philisbourg, Heidelberg, Manheim; accompagna ensuite Louis XIV au siège de Mons, à celui de Namur, et commanda l'armée de Flandre en 1694. Son second fils, le duc d'Anjou, qu'il avait eu de Marie-Christine de Bavière, fut appelé en 1700 à la couronne d'Espagne. Le grand dauphin passa la plus grande partie de sa vie à Meudon et à Choisy. Dans cette vie retirée, il se livrait au plaisir et à l'amour, quoiqu'il fût gêné dans ses inclinations par le roi son père. Il s'attacha en dernier lieu à Marie-Emilie de Joly de Choin, qui paraît être devenue sa femme, et passa les quatre dernières années de sa vie dans la retraite et dans les exercices chrétiens. Ce prince mourut à Meudon en 1711. On raconte qu'on lui avait prédit « que fils de roi, il serait père de roi, et qu'il ne régnerait jamais.»

LOUIS, dauphin, fils aîné du précédent et père de Louis XV, né à Versailles en 1682, reçut en naissant le nom de duc de Bourgogne. Le duc de Beauvilliers, un des plus honnêtes hommes de la cour, et Fénelon, un des plus vertueux et des plus aimables, veillèrent à son éducation, l'un en qualité de gouverneur, l'autre en qualité de précepteur. C'est pour ce prince que l'illustre Fénelon composa son Télémaque et la plupart de ses autres ouvrages. Sous de tels maîtres il devint tout ce qu'on voulut. Il était naturellement emporté; il fut modéré, doux, complaisant. L'éducation changea tellement son caractère qu'on eût dit que ses vertus lui étaient naturelles. Il fut général des armées d'Allemagne en 1701, généralissime de celle de Flandre en 1702, et battit la cavalerie ennemie près Nimègue. Mais il se distingua moins par les qualités guerrières que par les vertus morales et chrétiennes. Les malheurs de la guerre, toujours suivis de ceux des peuples, l'affligeaient sensiblement. Il voyait les maux; il cherchait les remèdes pour les appliquer lorsqu'il serait sur le trône. Il s'instruisit de l'état du royaume; il voulut connaître les provinces. Il joignit aux connaissances de la littérature et des sciences celles d'un prince qui veut régner en roi sage et faire des heureux. La France fondait les plus belles espérances sur lui, lorsqu'une maladie cruelle l'enleva à la patrie avec la dauphine. Il mourut à Marly, le 18 février 1712, un an après son père, dans sa 30e année, non sans soupçon de poison. On sait les bruits qui coururent sur le compte du duc d'Orléans; son apologiste, le comte de Saint-Simon, n'a pas cru pouvoir les réfuter. On a de ce prince qui aurait fait le bonheur et la gloire de la France, des réflexions vraiment remarquables sur la révocation de l'édit de Nantes.

LOUIS, dauphin, fils de Louis XV et de Marie-Leczinska, père de Louis XVI, né à Versailles, en 1729, montra de bonne heure tant de goût pour la vertu que la reine sa mère disait : « Le ciel ne m'a accordé qu'un fils; mais il me l'a donné tel que j'aurais pu le souhaiter. » Il épousa, le 25 février 1745, Marie-Thérèse, infante d'Espagne. Cette princesse étant morte en 1746, il épousa, au commencement de l'année suivante, Marie-Josèphe de Saxe, dont il eut plusieurs fils. Le dauphin accompagna le roi son père pendant la campagne de 1765, et se trouva à la bataille de Fontenoy, où il donna des preuves de valeur et d'humanité. Il joignait à des talents naturels des connaissances étendues, et donnait à la France les espérances les mieux fondées d'un règne de sagesse et de justice, lorsqu'il mourut à Fontainebleau, le 20 décembre 1765. Il y a plusieurs traits de lui qui méritent d'être transmis à la postérité. Telle est la sublime leçon qu'il fit aux jeunes princes ses fils, lorsqu'on leur suppléa les cérémonies du baptême. On apporte les registres sur lesquels l'Eglise inscrit sans distinction ses enfants : « Voyez, leur dit-il, votre nom placé à la suite de celui du pauvre et de l'indigent. La religion et la nature mettent tous les hommes de niveau ; la vertu seule met entre eux quelque différence, et peut-être que celui qui vous précède sera plus grand aux yeux de Dieu que vous ne le serez jamais aux yeux des peuples..... » Peut-être faut-il regarder comme un événement qui appartient à l'histoire de la révolution la mort prématurée du dauphin. Ce prince, calomnié, tant qu'il vécut, avec un acharnement qui décélait des desseins bien sinistres, et loué, même par ses ennemis, lorsqu'on n'eut plus à le redouter, était imbu de principes bien contraires à ceux qu'on met aujourd'hui en pratique; et tout ce qu'on connaissait de sa vie privée annonçait qu'il soutiendrait avec fermeté ses opinions religieuses et politiques.

LOUIS Ier, le Pieux ou le Vieux, roi de Germanie, troisième fils de Louis-le-Débonnaire, et frère utérin de l'empereur Lothaire et de Pépin, fut proclamé roi de Bavière en 817. Il se souleva avec ses frères contre son père, se brouilla ensuite avec eux, gagna, avec Charles-le-Chauve, son frère paternel, la bataille de Fontenay contre Lothaire, en 841, étendit les limites de ses Etats, et se rendit redoutable à ses voisins. Il mourut à Francfort, en 876, à 70 ans. Ce fut un des plus grands princes de la famille de Charlemagne. Il n'eut pas toutes les vertus d'un bon roi, mais il eut les qualités des héros.

LOUIS II, le Jeune, fils du précédent, aussi courageux que lui, et son successeur au trône de Germanie, fut attaqué par son oncle Charles-le-Chauve, qu'il vainquit près Andernach en 876. Il mourut à Francfort, en 882, dans le temps qu'il levait des troupes pour les opposer aux Normands, qui commençaient leurs ravages.

LOUIS Ier, d'Anjou, roi de Hongrie et de Pologne, surnommé le Grand, naquit à Bude, en 1326, et succéda en 1342 à Charles Robert-le-Boiteux, son père, issu de Charles Ier, comte d'Anjou, frère de saint Louis. Il chassa les juifs de la Hongrie, fit la guerre avec succès aux Transylvains, aux Croates, aux Tartares et aux Vénitiens; il vengea la mort d'André, son frère, roi de Naples, mis à mort en 1345, et fut élu roi de Pologne, après la mort du roi Casimir, son oncle, en 1370. Il fit paraître un si grand zèle pour la religion catholique que le pape Innocent VI le fit grand gonfalonier de l'Eglise. Ce prince, sage et juste, mourut à Tirnau en 1382. Sa mort fut suivie de grands troubles en Hongrie.

LOUIS II, roi de Hongrie et de Bohême, succéda à Ladislas VI, son père, en 1506. Trop jeune et trop faible pour résister au terrible Soliman II, il s'engagea inconsidérément à la bataille de Mohatz, en 1526; il y périt à 22 ans, et avec lui périt presque tout le clergé et la noblesse de Hongrie, rassemblés contre l'ennemi le plus redoutable à la religion et de l'Etat. Le roi se noya en traversant le Carasse, petite rivière marécageuse; son petit cheval n'ayant jamais pu s'élever jusqu'au bord qui était fort escarpé. Quelques historiens ont cru que la Providence l'avait puni de ce qu'il avait fait jeter l'ambassadeur de Soliman avec toute sa suite dans un vivier, où ils furent mangés par les poissons; et le genre de mort qui termina les jours du jeune roi rend cette observation remarquable. On retrouva le cadavre du prince peu de temps après, et on le transporta avec pompe à Albe-Royale, sur le tombeau de ses ancêtres. En 1687, le duc Charles V de Lorraine, secondé par l'électeur de Bavière, et le prince Louis de Baden, vengea la mort de tant de chrétiens par une grande victoire remportée sur les Turcs dans cette même plaine de Mohatz.

LOUIS, prince de Tarente, neveu de Robert-le-Bon, roi de Sicile, né en 1322, épousa, le 20 d'août 1347, Jeanne, reine de Naples, sa cousine, après la mort d'André, son premier mari, à laquelle il avait contribué. Contraint de sortir du royaume par Louis, roi de Hongrie, qui s'y était rendu pour une armée venger l'assassinat d'André, son frère, il vint se réfugier avec la reine en Provence, et tous deux furent déclarés innocents dans un consistoire tenu par Clément VI, à Avignon. Rappelés ensuite par les Napolitains, ils chassèrent les troupes hongroises restées dans le royaume et se firent couronner solennellement à Naples le jour de la Pentecôte 1352. Louis mourut l'an 1362, sans laisser d'enfants. Il avait institué l'ordre du Saint-Esprit du Nœud, qui ne dura que pendant son règne. Lorsque Henri III passa par Venise, à son retour de Pologne, la seigneurie lui fit présent du manuscrit qui contenait les statuts de cet ordre. Ce prince s'en servit pour établir son ordre du Saint-Esprit, et commanda au chan-

celier de Chiverny de faire brûler le livre; mais la volonté du roi ne fut pas exécutée en ce point.

LOUIS Ier, duc d'Anjou, deuxième fils de Jean, roi de France, et de Bonne de Luxembourg, né à Vincennes, en 1339, se chargea de la régence du royaume pendant la minorité de Charles VI, son neveu. Il ne fut occupé que du soin de remplir ses coffres, pour se mettre en état d'aller prendre possession du trône de Naples, que la reine Jeanne lui avait légué, l'an 1380, par son testament. Ce prince se rendit en Italie, deux ans après, avec des trésors immenses, pour faire valoir ses prétentions; mais quand il arriva il trouva le trône occupé par Charles de Duras, parent de la reine, morte depuis peu. Il fit de vains efforts pour l'en chasser. Trahi d'ailleurs par Pierre de Craon, qu'il avait renvoyé en France faire de nouvelles levées, et qui dissipa tout l'argent à Venise avec des courtisanes, il en mourut de chagrin à Paris, le 20 septembre 1384. Ses descendants tentèrent, à diverses reprises, de s'emparer de ce royaume, et ne purent jamais y réussir.

LOUIS-GUILLAUME, prince de Baden, né à Paris, le 8 avril 1655, succéda à son aïeul, s'attacha ensuite à l'empereur, qui le nomma général, et se distingua dans les guerres de Hongrie contre les Turcs, en 1687. Il se trouva à la bataille de Mohatz, et vengea, conjointement avec le duc Charles V de Lorraine et l'électeur de Bavière, par une victoire complète, la défaite que les chrétiens avaient essuyée, le siècle précédent, dans cette même plaine de Mohatz. Il continua les années suivantes à repousser les infidèles, et les défit successivement à Jagodna, près Nitsa, et à Viddin, qu'il emporta, après avoir battu un corps de 8,000 hommes. En 1691, il gagna sur eux une victoire signalée à Salankemen en Esclavonie; le grand-visir resta sur le champ de bataille avec près de 20,000 des siens. En 1702, il y eut entre lui et le duc de Villars, à Fridelingen, une action pour laquelle on chanta le Te Deum à Vienne et à Paris. Il commanda sur le Rhin les années suivantes, et se trouva à la bataille de Hochstedt en 1704, et au siége de Landau la même année. Il fut récompensé par le gouvernement de Javarin, et nommé quelque temps après maréchal-de-camp général de l'empire. Il mourut le 4 janvier 1707, à 52 ans, avec la réputation d'un des plus grands capitaines de son siècle.

LOUIS (ANTOINE), né à Metz, le 13 février 1723, mort à Paris, le 13 février 1792, unit au plus haut degré, dans l'exercice de la chirurgie, la théorie et la pratique. Ce ne fut pas un homme de génie; mais il fut abondant. Devenu secrétaire de l'académie de chirurgie, il remplit cette place autant en homme d'érudition et de lettres qu'en homme consommé dans la science de sa profession. Louis voulut, par son testament, que ses cendres reposassent à côté de celles des pauvres qu'il avait servis dans un vaste hôpital (la Salpêtrière), et où il avait été en qualité d'élève à l'âge de 21 ans, et où il avait gagné sa maîtrise par un travail consécutif de six années. Cependant le même homme qui voulait être enterré au cimetière de l'hôpital de la Salpêtrière, le même homme, ancien ami de l'abbé Prévôt, l'abandonna dans la maladie dont mourut cet écrivain célèbre, par cette seule raison que, chrétien éclairé, quoique longtemps égaré, il avait jugé devoir consacrer à la religion ses derniers moments.

LOUIS (DOMINIQUE, baron) prêtre, né à Toul, vers 1755, mort à Bry-sur-Marne, près Paris, le 26 août 1837, devint conseiller-clerc au parlement de Paris. Quoique promu aux ordres sacrés, il avait, avant la révolution éclatât, manifesté des opinions libérales. A l'époque de la première fédération, le 14 juillet 1790, il assista, en qualité de diacre, Talleyrand, évêque d'Autun, qui célébrait la messe sur l'autel élevé au milieu du Champ-de-Mars. Néanmoins, Louis XVI le chargea de plusieurs missions diplomatiques tant à Bruxelles qu'en Suède. Louis n'approuva point les excès qui suivirent les événements du 10 août 1792, et se retira en Angleterre. De retour en France, en utilisa sous l'empire ses connaissances administratives et financières. En 1814, le gouvernement provisoire, présidé par Talleyrand, lui confia le portefeuille des finances, que Louis XVIII laissa dans ses mains. Louis suivit le roi à Gand, et, de retour avec ce prince, rentra au ministère, où il resta peu de temps. Il fit partie, comme député, de la chambre de 1815, et y vota d'abord avec la minorité; puis, en 1816, avec la majorité. En 1818, il reprit le portefeuille des finances. C'est ce ministre qui proposa la vente des biens des communes et celle des bois de l'Etat; la création des bons royaux à ordre, remboursables à l'expiration de trois années et portant intérêt à 8 p. 0|0 par an, hypothéqués sur les produits de ces ventes; le monopole du tabac, et la formation, dans chaque département de la France, de livres auxiliaires du grand-livre de la dette publique ou petits grands-livres. A sa sortie du ministère, quoiqu'il siégeât au centre, il votait dans les circonstances importantes avec les membres du côté gauche. Partisan de la révolution, qu'il avait inaugurée au Champ-de-Mars, et dont il avait soutenu les intérêts sous l'empire et sous la restauration, Louis défendit, sous peine d'exhérédation, à l'amiral de Rigny, son neveu, d'accepter le portefeuille de la marine que lui offrait Charles X. Après les événements de 1830, apportant au pouvoir nouveau le tribut de son expérience, il reprit le ministère des finances ; mais la fin de sa vie devait être abreuvée de dégoûts. L'expiation commença par la douleur que lui causa la mort prématurée du vainqueur de Navarin, auquel il avait imposé le fardeau de l'ingratitude. Elle se continua par l'épreuve judiciaire que subit, après l'expédition de Constantine, le général de Rigny, frère de l'amiral, qu'il n'eut pas la satisfaction de voir réintégré dans son commandement, quoique son innocence eût été proclamée par le conseil de guerre de Marseille. Heureux si, mettant à profit ce double événement comme un avertissement de la Providence sur l'instabilité des choses humaines, Louis voua à Dieu les derniers moments d'une vie qu'il avait juré de consacrer tout entière à son service.

LOUISE DE SAVOIE, duchesse d'Angoulême, fille de Philippe, comte de Bresse, puis duc de Savoie, et de Marguerite de Bourbon, épousa, en 1488, Charles d'Orléans, comte d'Angoulême, et fut mère du roi François Ier. Cette princesse est principalement célèbre par ses démêlés avec le connétable Charles, duc de Bourbon. Elle avait d'abord beaucoup aimé ce prince, et obtenu pour lui l'épée de connétable. Piquée ensuite de ce qu'il avait refusé de l'épouser, son amour se tourna en une haine violente. Elle revendiqua les biens de la maison de Bourbon, dont elle était héritière du côté de sa mère, et qu'elle prétendait lui appartenir par la proximité du sang. Les juges ne furent pas assez corrompus pour adjuger cette succession à la régente ; mais ils furent assez faibles pour la mettre en séquestre. Bourbon, se voyant dépouillé de ses biens, quitta la France, et se ligua avec l'empereur Charles-Quint. Louise négocia alors la paix à Cambrai entre le roi et l'empereur. Le traité fut conclu le 3 août 1529. Cette princesse mourut peu de temps après, en 1531, à 55 ans.

LOUISE DE FRANCE, fille de Louis XV, née le 14 juillet 1737, religieuse carmélite de Saint-Denis en 1771, sous le nom de Thérèse de Saint-Augustin, mourut le 23 décembre 1787. Les plus grands sacrifices n'avaient rien coûté à cette princesse pour suivre les mouvements de sa piété. Depuis le moment qu'elle entra au couvent des Carmélites jusqu'à celui de son décès, elle ne cessa d'édifier sa communauté par les sentiments les plus religieux, ainsi que par la pratique la plus exacte des règles austères de son ordre. C'était la mère des pauvres et des affligés, toujours prête à employer ses moyens et son crédit pour les œuvres saintes et charitables. Dans un siècle où les demeures sacrées qui servent d'asyle à la vertu et à l'innocence, contre les vices et la corruption de la société, sont devenues l'objet du mépris et de la dérision publique, quand on voit la fille du plus puissant roi de l'univers, supérieure aux faux jugements des hommes, préférer au faste du trône l'obscurité d'un monastère, s'arracher aux plaisirs et aux honneurs, pour se livrer aux exercices de l'humilité et de la pénitence, ce trait de grandeur d'âme est assurément le plus beau triomphe de la foi sur l'incrédulité, et il semble que l'Être suprême réservait aux XVIIIe siècle ce grand spectacle, pour lui montrer que la religion sait, beaucoup mieux que la philosophie, élever une âme au-dessus des passions et des faiblesses de l'humanité.

LOUISIANE. La Louisiane, que les Espagnols comprenaient autrefois dans la Floride, ne fut découverte par les Français qu'en 1673. Instruits par les Sauvages qu'il y avait à l'occident du Canada un grand fleuve (le Mississipi), qui ne coulait ni au nord, ni à l'est, ils en conclurent qu'il devait se rendre dans le golfe du Mexique s'il avait son cours au sud, ou dans la mer du Sud s'il allait se décharger à l'ouest. Joliet, habitant de la ville de Québec, et le P. Marquette, missionnaire vénérable, allèrent à la découverte, parvinrent jusqu'au Mississipi et descendirent son cours jusqu'à l'Arkansas. Manquant alors de vivres, et convaincus que le fleuve avait son embouchure dans le golfe du Mexique, ils retournèrent dans le Canada. Le gouverneur de la colonie ne semblait pas se soucier de donner suite à cette découverte, lorsque Lasalle, habitant de

Québec, qui en comprenait toute l'importance, s'embarqua pour l'Europe, et obtint du cabinet de Versailles l'ordre de fonder une colonie nouvelle sur les rives du Mississipi. En étudiant la carte, on voit que le bassin de ce fleuve est adjacent à celui de Saint-Laurent, de sorte qu'en rattachant le Canada à ce bassin par des postes, il était possible aux Français de s'établir en équerre dans le centre de l'Amérique du Nord et d'y fonder un vaste empire. Lasalle construisit, en effet, plusieurs postes entre le Canada et le Mississipi, et descendit le fleuve (1682) jusqu'à son embouchure ; mais il échoua lorsqu'il voulut y fonder une ville. En 1697, d'Yberville, hardi navigateur, reprit le projet de Lasalle, mais il eut la malheureuse idée de fonder sa colonie à l'île Dauphine, lieu sans importance et malsain ; aussi à la mort de son fondateur, en 1702, cette colonie était déjà ruinée. En 1712, Crozat, homme de grandes vues, comprenant les fautes qui avaient été commises, et aussi le parti que l'on pouvait tirer de ce pays, demanda et obtint le commerce exclusif de la Louisiane ; mais toutes ses tentatives pour faire de ce pays le centre d'un commerce considérable avec le Mexique échouèrent. Enfin, en 1717, une compagnie s'organisa sous le patronage de Law pour exploiter le commerce de la Louisiane, et surtout les mines de Sainte-Barbe, mines d'or où ce métal était aussi rare que la houille le fut depuis dans les mines de Saint-Bérain. Law envoya des ouvriers, des soldats, des colons à la Louisiane, mais on les laissa mourir de faim sur les sables du Biloxi, et, cinq années après, quand Law fut tombé, quand on fut désillusionné, on apprit les infamies dont les bords du Mississipi avaient été le théâtre, et cette colonie, devenue un séjour d'horreur, ne fut plus dès lors qu'un lieu de déportation pour les criminels et les filles de joie malades ou insoumises. Cependant, à partir de 1731, on administra un peu mieux la colonie. On avait fondé, en 1718, la Nouvelle-Orléans qui devint importante ; on cultiva le pays, on y fit venir des Canadiens, on s'allia avec les indigènes ; enfin, 5,000 Français se trouvaient établis dans la Louisiane au temps de sa plus grande prospérité. Mais jamais la compagnie ne sut tirer parti des ressources de ce magnifique pays. Point d'ensemble entre la compagnie résidant à Paris et ses agents d'Amérique, point de plan général et fixe ; aussi au lieu de prendre en main les intérêts et les destinées de la Louisiane, Louis XV se hâta de s'en débarrasser en la cédant, en 1763, à l'Espagne et à l'Angleterre. En 1800, l'Espagne rendit la Louisiane à la France ; mais ne pouvant être défendue contre l'Angleterre, Napoléon la vendit aux États-Unis pour le prix de 80 millions. Aujourd'hui elle forme un des États de l'Union ; elle est bornée au nord par le territoire d'Arkansas, à l'est par l'État de Mississipi, au sud par le golfe de Mexique, à l'ouest par la rivière Sabine. Elle est arrosée par un grand nombre de rivières, telles que l'immense Mississipi, le Colorado, la Sabine, etc. ; son chef-lieu est la Nouvelle-Orléans. Cette contrée est sujette à de très grandes inondations. On a évalué à 1,280 lieues carrées le terrain que couvrent tous les ans les débordements du Mississipi. La partie la plus fertile et la plus importante se trouve entre le Mississipi et les rivières Yberville et Perle. Les produits de ce pays sont : le coton, le sucre, le riz, l'indigo et le tabac ; sa population s'élevait en 1837, à 250,000 habitants, dont 70,000 esclaves. Ses exportations se sont élevées dernièrement à près de 100,000,000 de francs.

LOUISISME (hist. relig.), doctrine de quelques ecclésiastiques qui refusent de reconnaître le concordat de 1802 et rejettent tous les changements opérés dans la constitution du clergé sous Louis XVI. Les adhérents à cette doctrine font partie de la secte connue sous le nom de la petite Eglise.

LOUP (Saint), Lupus, né à Toul, épousa la sœur de saint Hilaire, évêque d'Arles. La vertu avait formé cette union ; une vertu plus sublime la rompit. Les deux époux se séparèrent l'un de l'autre pour se consacrer à Dieu, chacun dans un monastère. Loup s'enferma dans celui de Lérins. Ses vertus le firent élever sur le siège de Troyes en 427. Entièrement occupé des devoirs de l'épiscopat, il mérita les respects et les éloges des plus grands hommes de son siècle. Sidoine Apollinaire l'appela le premier des prélats. Les évêques des Gaules le députèrent, avec saint Germain d'Auxerre, pour aller combattre les pélagiens qui infectaient la Grande-Bretagne. Cette mission produisit de grands fruits. Loup, de retour à Troyes, sauva cette ville de la fureur d'Attila : ce barbare conquérant s'appelait lui-même le fléau de Dieu, se croyant destiné à punir les péchés des peuples. Déjà Reims, Cambrai, Besançon, Auxerre et Langres avaient ressenti les effets de sa fureur. Ses coups allaient tomber sur Troyes : les habitants de cette ville étaient dans la plus grande consternation. Saint Loup intercéda pour son peuple auprès de Dieu, auquel il adressa, durant plusieurs jours, des prières ferventes, accompagnées de larmes, de jeûnes et de plusieurs autres bonnes œuvres. Enfin, mettant sa confiance dans la protection du ciel, il prit ses habits pontificaux, et alla trouver Attila, qui était à la tête de son armée. Le prince barbare, quoique infidèle, fut pénétré de respect à la vue du saint évêque, suivi de son clergé en procession et précédé de la croix. Lorsque le serviteur de Dieu fut auprès du roi des Huns, il lui adressa la parole, en lui demandant qui il était : « Je suis, dit At- « tila, le fléau de Dieu. — Nous respectons, reprit le saint, « ce qui nous vient de la part de Dieu : mais, si vous êtes le « fléau avec lequel le ciel nous châtie, souvenez-vous de ne « faire que ce qui vous est permis par la main toute-puis- « sance qui vous meut et vous gouverne. » Attila, frappé de ce discours, promit d'épargner Troyes. Ainsi les prières de saint Loup protégèrent une ville dépourvue de tout secours, contre une armée de 400,000 hommes, qui, ayant ravagé la Thrace, l'Illyrie et la Grèce, avait passé le Rhin, et porté ensuite la désolation dans les contrées les plus fertiles de la France. Attila, ayant fait retirer ses troupes de devant Troyes, s'avança dans les plaines de Châlons. Il y fut attaqué et défait par les Romains, que commandait le brave Aétius. Durant sa retraite, il envoya chercher saint Loup; et le pria de l'accompagner jusqu'au Rhin, s'imaginant que la présence d'un si grand serviteur de Dieu serait une sauve-garde assurée pour lui et son armée. Lorsqu'il le renvoya, il se recommanda instamment à ses prières. Cette action du saint évêque déplut aux généraux de l'empire : on le soupçonna d'avoir favorisé l'évasion des Barbares, et il fut obligé de quitter Troyes pour deux ans. Mais, par sa patience et sa charité, il triompha de l'envie et de la malice des hommes. On lui permit de revenir dans son diocèse, où il mourut en 479, après l'avoir gouverné 52 ans. Le P. Sirmond a publié la Lettre de cet illustre évêque dans le premier volume de sa Collection des conciles de France. Il ne faut pas le confondre avec saint Loup, évêque de Lyon, mort en 542; ni avec saint Loup, évêque de Bayeux, mort vers 465.

LOUP, abbé de Ferrières, parut en 844 au concile de Verneuil, dont il dressa les canons, et à celui de Soissons en 853. Le roi et les évêques de France lui confièrent plusieurs affaires importantes. Charles-le-Chauve l'envoya à Rome vers le pape Léon IV en 847, et le chargea de réformer tous les monastères de France avec le célèbre Prudence. Loup mourut en 862. Il est le même que Loup Servat. On a de lui plusieurs ouvrages : *Lettres* sur différents sujets; elles sont au nombre de 134, et mettent dans un grand jour plusieurs affaires de son temps. On y trouve divers points de doctrine et de discipline ecclésiastique discutés ; un traité intitulé des Trois questions (de la prédestination, du libre arbitre et de la rédemption de J.-C.), contre Gotescale. L'auteur s'y attache à la doctrine des Pères et surtout à celle de saint Augustin ; un Recueil de passages sur la prédestination ; une Vie de saint Wigbert. Le style de Loup est clair, élégant et nerveux. Baluze a recueilli ces différents écrits, Paris, 1664, in-8, et les a enrichis de notes curieuses.

LOUP, s. m., quadrupède sauvage et carnassier, qui ressemble à un grand chien. Fam., il fait un froid de loup, le temps est très rigoureux ; fam., manger comme un loup, manger beaucoup. Fig. et fam., être connu comme le loup gris, comme le loup blanc, être extrêmement connu. Prov., fig. et pop., quand on parle du loup on en voit la queue, se dit quand un homme survient au moment où l'on parle de lui. Prov. et fig., il faut hurler avec les loups, il faut s'accommoder aux manières, aux mœurs, aux opinions de ceux avec qui l'on vit, ou avec qui l'on se trouve, quoiqu'on ne les approuve pas entièrement. Prov. et fig., les loups ne se mangent pas, les méchants s'épargnent entre eux. Fig. et fam., enfermer le loup dans la bergerie, mettre, laisser quelqu'un dans un lieu, dans un poste où il peut faire aisément beaucoup de mal. Fig. et fam., loup de mer, marin à qui un séjour constant sur mer a fait perdre tout usage du monde. En astronomie, le loup, constellation de l'hémisphère austral. Loup se dit aussi d'une espèce de masque de velours noir que les dames portaient autrefois pour garantir leur visage du hâle.

LOUPÇAVO (comm. rel.), nom d'une des congrégations religieuses qui furent réunies par Alexandre IV pour former l'ordre des ermites de Saint-Augustin. Congrégation de Loupçavo.

LOUP-CERVIER, s. m., quadrupède carnassier ressem-

blant à un grand chat, mais à queue courte et avec des pinceaux de poils aux oreilles.

LOUP-MARIN, espèce de phoque,

LOUPE, s. f. On donne généralement ce nom à des tumeurs placées sous la peau, indolentes, circonscrites, mobiles, susceptibles pour la plupart d'acquérir un volume considérables. Les unes sont enkystées et contiennent tantôt une matière blanche ou jaunâtre, consistante comme du suif, tantôt une substance plus ou moins jaune, onctueuse, liquide comme la synovie ; les autres ne sont qu'une véritable hypertrophie du tissu adipeux. Les kystes des loupes ne sont que des follicules cutanés dont le goulot s'est oblitéré, et qui ont été dilatés par l'accumulation de la matière qu'ils sécrètent. Après avoir acquis un volume plus ou moins considérable, ils s'ouvrent ordinairement en dehors, et il s'établit souvent une fistule intarissable, ou bien le kyste se vide et s'affaisse pour se reformer à mesure que de nouvelles matières s'y accumulent. Les loupes non enkystées peuvent acquérir un volume énorme sans présenter aucune altération ; mais quelquefois aussi leur tissu devient dur et lardacé, et finit par prendre le caractère cancéreux. L'ablation est la seule méthode qui convienne pour le traitement des loupes.

LOUPE se dit par analogie, en botanique, d'une excroissance ligneuse qui vient aux troncs et aux branches de quelques arbres. Loupe se dit aussi d'un verre convexe des deux côtés, qui grossit les objets à la vue, et qu'on appelle autrement lentille. Loupe, en termes de joaillier, se dit d'une pierre précieuse que la nature n'a pas achevée.

LOUP-GAROU, s. m., homme que des gens ignorants, superstitieux, accusent d'être sorcier et de courir la nuit, par les rues et les champs, transformé en loup. Il signifie aussi, fig. et fam., un homme d'une humeur farouche, qui ne veut avoir de société avec personne.

LOURD, OURDE, adj., pesant, difficile à remuer; en ce sens il est opposé à léger. Fig. et fam., une lourde tâche, une tâche difficile et rude à faire. Lourd signifie aussi qui se remue avec peine, avec effort, et alors il est opposé à dispos, agile. Fig., une lourde faute, une faute grossière. Lourd se dit figurément, en parlant de l'esprit, et signifie qui manque de légèreté, de promptitude, de finesse, de grâce. Il s'applique également à la manière de converser, au style, etc. Il s'emploie souvent aussi, dans une acception analogue, en peinture, en sculpture, etc.

LOURDEUR, s. f., pesanteur; il ne se dit guère qu'au figuré. Il est beaucoup plus usité dans les arts du dessin qu'en littérature.

LOURE, s. f., t. de musique, sorte de danse grave dont l'air, qui porte le même nom, se bat à deux temps et d'un mouvement marqué.

LOUSTIC, le plaisant des compagnies suisses, et, par extension, un bouffon de casernes, un mauvais plaisant. Voltaire l'a employé dans ce sens.

LOUTHERBOURG, ou mieux LUTHERBOURG (PHILIPPE-JACQUES), peintre, né à Strasbourg en 1740, mort à Londres vers 1814, fut élève de Rischbein et de Casanova. Il existe de ce maître, au château de Rambouillet, une Bataille qui peut être placée à côté des meilleures productions de Wouvermans. Il a gravé avec succès, surtout d'après ses propres compositions.

LOUTRE, lutra (mam.), genre de mammifères de l'ordre des carnassiers, tribu des digitigrades, famille des mustéliens. Les loutres se distinguent facilement des autres carnassiers par leur tête large et plate, leur corps épais et écrasé, leurs jambes courtes, leurs pieds palmés et leur naturel aquatique. Leur système dentaire est celui des *mustela*, modifié par le plus grand développement des mâchelières, ce qui indique des animaux moins carnassiers et plus frugivores que les martes. Les membres sont d'une extrême brièveté ; les pieds ont cinq doigts allongés, ornés d'ongles courts et réunis par une large et forte membrane ; la paume est nue, garnie au milieu d'un large tubercule à quatre lobes, la queue est revêtue de poils, elle est courte, cylindrique et terminée en pointe ; le corps est très allongé, comme chez les martes ; les poils sont de deux sortes, les uns rugueux, luisants, assez longs, de couleur brune en général ; les autres laineux, plus courts, plus abondants, plus fins, ordinairement de couleur grise. Cette fourrure est généralement recherchée dans la pelleterie à cause de sa douceur et de sa finesse. Les moustaches sont formées de quelques poils longs et blanchâtres ; les sens paraissent obtus, si l'on en excepte l'odorat. La loutre est un animal essentiellement aquatique ; elle ne marche sur la terre que difficilement et passe la plus grande partie de sa vie dans l'eau; elle se nourrit de préférence de poissons et en détruit un grand nombre; elle se forme ordinairement un gîte, soit dans la fente d'un rocher, soit dans la cavité d'un arbre, mais toujours tout près de la rivière qu'elle habite. On a vu quelques loutres apprivoisées et dressées à la pêche ; mais ces cas sont rares, cet animal est naturellement sauvage, intraitable et peu propre à la domesticité. On connaît plusieurs espèces de loutres, qui presque toutes ont le même pelage, et sont, à cause de leur fourrure, l'objet d'une chasse active. J. P.

LOUTROPHORE (*ant. gr.*), jeune garçon ou jeune fille qui portait une urne pleine d'eau pour les libations dans les funérailles d'un adolescent ou d'une vierge. On mettait des statues de loutrophores sur les tombes des vierges.

LOUVE, s. f., femelle du loup. Fig. et fam., c'est une louve, se dit d'une femme très adonnée à la débauche.

LOUVE (*ant. rom.*), symbole de la ville de Rome sur les médailles et les monuments (*V.* LUPA).

LOUVE (*pêche*), baril défoncé des deux bouts et placé sur l'écoutillon d'un bâtiment pêcheur. La louve sert de conduit pour jeter dans la cale la morue habillée. Il se dit aussi d'une espèce de filet qu'on tend verticalement sur trois perches en opposant l'ouverture au courant.

LOUVEL (PIERRE-LOUIS), assassin du duc de Berri, né en 1783, à Versailles, exerça l'état de sellier dans les écuries de Napoléon. A la chute de Buonaparte, il alla attendre Louis XVIII à Calais, dans le dessein de l'assassiner. N'ayant pu y parvenir, il revint à Paris. L'issue de la bataille de Waterloo l'exaspéra encore davantage. Il songea dès lors à frapper le plus jeune des Bourbons, comme celui qui promettait une postérité plus certaine à sa famille. Ce crime fut accompli dans la soirée du 13 février 1820. Devant la cour des pairs, Louvel convint que son action était horrible; mais il soutint qu'il n'avait point de complices, et qu'il avait voulu être à lui seul le sauveur de la France pour laquelle il se sacrifiait. Le 7 juin, il monta sur l'échafaud d'un pas ferme, mais le visage troublé. Après un court entretien avec son confesseur, Louvel subit la punition de son forfait.

LOUVET (PIERRE), avocat du xviiᵉ siècle, natif de Reinville, près Beauvais, fut maître des requêtes de la reine Marguerite, et mourut en 1646. On a de lui : l'*Histoire de la ville et cité de Beauvais, et des antiquités du pays du Beauvaisis*, tome 1ᵉʳ, 1609 et 1631, in-8; tome 2ᵉ, Rouen, in-8. Le premier volume traite de ce qui concerne l'état ecclésiastique du Beauvaisis; le deuxième, de l'état civil ; *Numenclatura et chronologia rerum ecclesiasticarum diœcesis bellovacensis*, Paris, 1618, in-8; *Histoire des antiquités du diocèse de Beauvais*, imprimée en cette ville, 1635, in-8 ; *Anciennes remarques sur la noblesse beauvaisine et sur plusieurs familles de France*, 1631 et 1640, in-8, très rare. Cet ouvrage est par ordre alphabétique et ne va que jusqu'à l'N. Le mérite de ces écrits consiste dans les recherches; il serait inutile d'y chercher les agréments du style.

LOUVET (PIERRE), docteur en médecine, natif de Beauvais en 1617, professa la rhétorique en province, et enseigna la géographie à Montpellier. Il surchargea le public, depuis 1659 jusqu'en 1680, d'une foule d'ouvrages sur l'histoire de Provence et de Languedoc. Ses matériaux sont si mal digérés, et ses inexactitudes sont si fréquentes qu'on n'ose à peine le citer.

LOUVET DE COUVRAY (JEAN-BAPTISTE), né à Paris en 1764, d'un bonnetier, mort le 25 août 1797, fut d'abord commis chez un libraire. Il débuta dans la carrière littéraire par les Amours du chevalier de Faublas, roman infâme où il propagé la corruption des mœurs. Le ministre Roland jugea l'auteur digne de rédiger un journal intitulé *la Sentinelle*, qui avait pour but d'avilir la royauté et de préparer la catastrophe du 10 août. Le département du Loiret l'ayant député à la Convention, Louvet se jeta dans le parti opposé à Robespierre, dont il demanda, le 29 octobre 1792, la mise en accusation. En janvier 1793, il vota la mort de Louis XVI, sous la condition expresse de différer l'exécution jusqu'à l'établissement de la constitution. Au mois de mai, il fut proscrit avec les chefs de la Gironde. Cependant il rentra au sein de la Convention, s'attacha au Directoire, reprit son journal *la Sentinelle*, et ouvrit au Palais-Royal une boutique de libraire. Malgré ses talents naturels, il était d'une ignorance profonde, ce qui ne l'empêcha pas d'être admis à l'Institut, lors de la formation de cette société.

LOUVET, ETTE, adj. Il ne se dit qu'en parlant de la cou-

leur du poil d'un cheval lorsqu'elle approche de la couleur du poil du loup.

LOUVETEAU, s. m., petit loup qui est encore sous la mère.

LOUVETERIE, s. f., équipage pour la chasse du loup. Il se dit aussi du lieu destiné, dans quelques maisons royales, à loger cet équipage.

LOUVETIER, s. m. Il ne s'employait guère autrefois que dans cette dénomination : grand louvetier, officier de la maison du roi, qui commande l'équipage pour la chasse du loup. Il se dit, maintenant, d'un propriétaire qui s'est engagé à entretenir un équipage pour chasser le loup.

LOUVIERS, s. m., sorte de drap fabriqué dans la ville de Louviers.

LOUVIERS (CHARLES-JACQUES DE), vivait dans le xivᵉ siècle, sous le règne de Charles V, roi de France. On lui attribue assez communément le *Songe du vergier*, réimprimé dans le recueil des *Libertés de l'Église gallicane*, 1731, 4 vol. in-fol. Les protestants ont tâché de lui trouver du mérite, quoiqu'il n'en ait pas d'autre que de flatter l'autorité temporelle en déprimant la spirituelle. Ce traité ne passe pas universellement pour être de Louviers; car les uns l'ont attribué à Raoul de Presle, ou à Jean de Vertu, secrétaire de Charles V, et les autres à Philippe de Maizières.

LOUVOYER, v. n., t. de marine (il se conjugue comme employer), faire plusieurs routes en zigzag au plus près du vent, lui présentant tantôt un côté du bâtiment, tantôt l'autre. Il signifie figurément, dans le langage ordinaire, prendre des détours pour arriver à un but où l'on ne peut aller directement.

LOUVRELEUL (JEAN-BAPTISTE), prêtre de la doctrine chrétienne, né à Mende, y fut directeur du séminaire et professeur de théologie morale. Il s'est fait connaître par les deux ouvrages suivants : le *Fanatisme renouvelé, ou Histoire des sacrilèges, des incendies, des meurtres et autres attentats que les calvinistes révoltés ont commis dans les Cévennes*, etc., Avignon, 1704, 2 vol. in-12; *Mémoires historiques sur le Gévaudan et sur la ville de Mende*, Mende, 1724, 1 vol. in-12.

LOVANISTE (*hist. et phil.*), docteur, membre, étudiant de l'université de Louvain. Les lovanistes ont donné une traduction française de la Bible. Plantin a imprimé l'édition des œuvres de saint Augustin, publiée par les lovanistes. Lovaniste ne se dit que des membres de l'université.

LOVELACE. Par allusion au personnage ainsi nommé dans la *Clarisse* de Richarson, il se dit d'un homme jeune, spirituel, riche, qui met sa gloire à séduire les femmes. Il se dit ironiquement d'un débauché de mauvais ton ou d'un fat. C'est un lovelace de l'endroit, un petit lovelace.

LOWITZ (GEORGES-MAURICE), astronome, né en 1722, à Furth près Nuremberg, s'occupait de ses travaux à Dmitrefsk, lorsque cette ville tomba au pouvoir du rebelle Pougatcheff, qui eut la barbarie de le faire élever sur les piques, afin, disait-il, de le rapprocher des étoiles : ce malheureux expira ainsi le 24 août 1794. On a de lui quelques ouvrages.

LOWTH (ROBERT), né à Winchester en 1710, mort en 1757, devint professeur de poésie à Oxford, puis évêque de Saint-David, d'Oxford et de Londres. On a de lui un traité fort estimé, *de Sacra poesi Hebræorum*. Nous en avons deux traductions en français. La plus estimée est celle de Sicard, sous le titre de *Leçons sur la poésie sacrée des Hébreux*, 1812, 2 vol. in-8. Ses *Carmina latina*, publiés par l'abbé Weissenbach, Bâle, 1783, in-12, sont des paraphrases de plusieurs psaumes, cantiques, passages prophétiques, etc.

LOY (AIMÉ DE), journaliste et poète, né à Plancher-le-Bas, près Lure (Haute-Saône), en 1800, mort à Saint-Etienne au mois de mai 1834, prit le grade de docteur en droit, tout en se livrant à la poésie. Etant passé au Brésil, où il embrassa le parti de dom Pedro, il y fonda le journal *l'Estrella brasileira*, auquel l'empereur travaillait lui-même, et publia un projet de constitution qui devint la loi de l'empire. La faveur dont il jouissait suscita des jaloux. De Loy revint en Europe, qu'il parcourut. En 1827, il publia ses Préludes poétiques. En 1830, il fit paraître six pièces nouvelles. La pureté du langage, la simplicité harmonieuse du style, et une sorte de mélancolie rêveuse, forment le caractère de sa poésie. De Loy concourut, d'ailleurs, successivement à la rédaction de la Gazette de Franche-Comté et à celle du Mercure ségusien. La vie de cet homme de lettres a malheureusement prouvé que le talent seul ne suffit pas pour commander l'estime.

LOYAL, ALE, adj., sans fraude, d'une qualité bonne et convenable; il est peu usité dans cette acception. En termes de palais, loyaux coûts, les frais légitimement faits. Loyal se dit figurément pour fidèle, sincère, droit, franc, plein d'honneur et de probité.

LOYALISME (hist.). Il se dit, en parlant des partis politiques qui divisent l'Angleterre, d'un dévoûment personnel aux monarques successeurs des Stuarts. Loyalisme s'emploie, dans une acception différente de royalisme, car ce dernier met exprime le dévoûment aux rois purement légitimes. Loyalisme, dans la révolution d'Amérique, désigna l'opinion du parti américain qui restait attaché au gouvernement britannique.

LOYAUTÉ, s. f., fidélité, probité.

LOYER, s. m., le prix de louage d'une maison ou d'une ferme. Loyer signifie aussi salaire, ce qui est dû à un serviteur, à un ouvrier pour ses services, pour le travail. Il signifie encore récompense ; dans ce sens, il a vieilli et n'est point d'usage au pluriel.

LOYSEAU (Charles), habile jurisconsulte, fut lieutenant particulier à Sens, son pays natal, puis bailli de Châteaudun, et enfin avocat consultant à Paris, où il mourut en 1627, à 63 ans. On a de lui plusieurs ouvrages estimés, Lyon, 1701, in-fol.

LOYSON (Charles), né en 1791 à Château-Gonthier, mort le 27 juin 1820, devint chef de bureau au ministère de la justice, et maître des conférences de l'école normale. Il publia plusieurs écrits politiques et des poésies qui ne sont pas sans mérite.

LOZÈRE (département de la). Ce département formé de l'ancien Gévaudan, renferme le noyau des Cévennes, dont l'un des pics principaux, le mont Lozère, lui a donné son nom. Il est borné au nord par le département de la Haute-Loire, au nord-ouest par celui du Cantal, à l'ouest par celui de l'Aveyron, au sud-est par celui du Gard, à l'est par celui de l'Ardèche. Le sol, surtout au nord-est à l'est, est couvert de montagnes les plus hautes du groupe. La superficie du département est de 514,795 hectares, dont environ 208,660 en terres labourables, 179,033 en landes, pâtis, bruyères ; 44,589 en bois et forêts, 35,166 en prairies, 29,026 en cultures diverses, etc. Son revenu territorial est évalué à 5,512,539 fr. Il a payé à l'État en 1843, 830,542 fr. d'impôts directs, dont 690,500 fr. pour la contribution foncière. Il est arrosé par le Tarn, le Lot, l'Allier, la Chassezat, le Gardon, la Truyère, etc., mais aucune de ces rivières n'est navigable. Il contient quatre lacs, qui sont très poissonneux. Le territoire se divise naturellement en trois parties, la montagne, les Causses, les Cévennes ; c'est la deuxième qui est la plus fertile ; elle produit en abondance blé, foin et fruit ; les mulets, brebis et chèvres sont les animaux qu'on y élève principalement. Ce département produit peu de vin ; on y cultive le mûrier, et on y élève des vers à soie ; l'industrie a pour objet principal la fabrique du coton et l'exploitation des mines de plomb, argent, cuivre, antimoine ; et le commerce de cette partie de la France est peu important. Les grandes routes de ce département sont au nombre de vingt-six, dont cinq routes royales et vingt-une départementales. Il est divisé en trois arrondissements, dont les chefs-lieux sont : Mende, chef-lieu du département, Florac et Marvejols. Il renferme vingt-sept cantons et cent quatre-vingt-huit communes. Sa population est de 141,733 habitants, parmi lesquels on compte 712 électeurs. Il envoie à la chambre trois députés. Ce département forme le diocèse de l'évêché de Mende, suffragant de l'archevêché d'Alby. Il est du ressort de la cour royale de Nîmes et de l'académie de la même ville. Il fait partie de la neuvième division militaire, qui a son chef-lieu à Montpellier et de la vingt-neuvième conservation forestière qui siége à Nîmes.

LUBECK, une des quatre villes libres de la Confédération germanique faisant jadis partie de la ligue Anséatique. Elle est située au confluent de la Trave, la Wackenitz et la Stecknitz, à trois lieues de la côte de la mer Baltique. Elle est fortifiée et régulièrement bâtie, et possède des instituts scientifiques ou des beaux-arts, tels que collége, écoles de dessin, institut de commerce, bibliothèque, musée et école d'industrie, d'accouchement, maison de correction et hospice pour les orphelins. Les produits qui sortent de ses fabriques et manufactures sont : tabac, sucre, cuir, savon, étoffes de soie et de coton, toiles à voiles, draps et galons d'or et d'argent. Elle a des chantiers pour la construction des navires. Son commerce surtout avec le nord est très étendu. 26,000 habitants.

LUBERSAC (L'abbé de), né en 1730 à Palmanteau, dans le Limousin, devint grand-vicaire de Narbonne. Après la journée du 10 août, il quitta la France, et mourut en Angleterre en 1804, laissant : *Monuments érigés en France à la gloire de Louis XV*, 1772, in-fol. ; *Discours sur les monuments publics de tous les âges, avec la Description d'un monument projeté à la gloire de Louis XVI*, 1775, in-fol.; *Discours sur l'utilité des voyages des princes*, Paris, 1787, in-8 ; *Relation de la journée du 20 juin 1792*, in-8 ; quatre Entretiens spirituels, que l'auteur prêtait à Louis XVI pendant sa captivité; Éloge historique de madame Marie-Elisabeth, prononcé à Dusseldorf.

LUBERSAC (Jean-Baptiste-Joseph de), évêque de Chartres, né à Limoges en 1740, mort à Paris en 1822, devint aumônier du roi, puis évêque de Tréguier. Il était de Chartres, lorsqu'il fut nommé député aux états-généraux de 1789. L'un des premiers de son ordre, il se réunit au tiers-état. Cependant il demanda que les principes de la religion ne fussent pas écartés de la Déclaration des droits de l'homme. Plus tard, il se rapprocha des royalistes, et, lorsque la session fut terminée, il émigra en Allemagne, puis en Angleterre. A l'époque du Concordat, il donna sa démission de son évêché de Chartres, et fut nommé chanoine de Saint-Denis. On a de lui : *Journal historique et religieux de l'émigration du clergé de France*, Londres, 1802, in-8 ; *Apologie de la religion et de la monarchie réunies* ; *Grandeur, force et majesté des deux puissances spirituelle et temporelle*, Londres, 1802, in-8.

LUBIE, s. f., caprice extravagant. Il est familier.

LUBIN (Saint), né à Poitiers, de parents pauvres, devint abbé du monastère de Brou, puis évêque de Chartres en 544. Il mourut en 556, après avoir passé sa vie dans les exercices de la pénitence et dans la pratique des vertus.

LUBIN (Augustin), savant religieux augustin, né à Paris en 1624, devint géographe du roi, provincial de la province de France, puis assistant général des augustins français à Rome. Il mourut dans le couvent des augustins du faubourg Saint-Germain à Paris, en 1695. L'esprit de retraite et l'amour de l'étude lui donnèrent le moyen d'enrichir la république des lettres de divers ouvrages. On a de lui : *des Notes sur les lieux dont il est parlé dans le Martyrologe romain*, Paris, 1661, in-4°; le *Pouillé des abbayes de France*, in-12 ; la *Notice des abbayes d'Italie*, in-4° en latin; *Orbis augustinianus*, ou la notice de toutes les maisons de son ordre, avec quantité de cartes qu'il avait autrefois gravées lui-même, Paris, in-12; *Tabulæ sacræ geographicæ*, in-8, Paris, 1670. C'est un dictionnaire de tous les lieux de la Bible, qui est souvent joint avec la Bible connue sous le nom de *Léonard*. Ses livres ne sont pas écrits avec agrément, mais les recherches en sont utiles.

LUBLIN, ville de Pologne, chef-lieu de la woïvodie du même nom, à 42 lieues sud-est de Varsovie. Elle est située sur la Bystrzyska et entourée de murs et de fossés, et se divise en ville haute et en ville basse. On y remarque l'hôtel de ville. le collège de piaristes, une synagogue, un hôpital militaire, une maison pour les orphelins et une salle de spectacle ; le plus beau de ses édifices est le palais de Sobieski, la terreur des Turcs et le libérateur de Vienne. Il s'y tient trois foires par an, où affluent beaucoup d'étrangers. Cette ville possède des fabriques de draps, et fait un grand commerce de grains, de toiles et de vins de Hongrie. 10,000 habitants dont la plus grande partie sont juifs.

LUBRICITÉ, s. f., lasciveté excessive.

LUBRIQUE, adj. des deux genres, qui a eu, qui exprime, qui inspire de la lubricité.

LUC (Saint), évangéliste, était d'Antioche, métropole de Syrie, et avait été médecin. On ne sait s'il était juif ou païen de naissance. Il fut compagnon des voyages et de la prédication de saint Paul, et commença à le suivre l'an 51, quand cet apôtre passa de Troade en Macédoine. On croit qu'il prêcha l'Evangile dans la Dalmatie, les Gaules, l'Italie et la Macédoine, et qu'il mourut en Achaïe ; mais on ne sait rien de certain ni sur le temps ni sur le lieu de sa mort. Outre son Evangile, qu'il écrivit sur les Mémoires des apôtres, et dont le caractère est d'être plus historique, et de rapporter plus de faits que de préceptes qui regardent la morale, on a de lui les Actes des apôtres. C'est l'histoire de leurs principales actions à Jérusalem et dans la Judée, depuis l'Ascension de J.-C. jusqu'à leur dispersion. Il y rapporte les voyages, la prédication et les actions de saint Paul, jusqu'à la fin de ces deux années que cet apôtre demeura à Rome, c'est-à-dire jusqu'à l'an 63 de J.-C. : ce qui donne lieu de croire que ce livre fut composé à Rome. C'est un tableau fidèle des merveilleux accroissements de l'Eglise, et de l'union qui régnait parmi les premiers chrétiens. Il contient l'histoire de 30 ans, et saint Luc l'écrivit sur ce qu'il avait vu lui-même. Toute l'Église l'a toujours reconnu pour un livre canonique. Il est écrit en grec avec élégance; la narration en est noble, et les discours qu'on y trouve sont remplis d'une douce chaleur. Saint Jérôme dit que « cet ouvrage, composé par un homme « qui était médecin de profession, est un remède pour une « âme malade. » Saint Luc est celui de tous les auteurs inspirés du Nouveau-Testament dont les ouvrages sont le mieux écrits en grec. Il y règne une simplicité et en même temps une grâce, une onction, que la littérature profane n'a jamais su rendre. La manière dont il a écrit l'histoire de J.-C., de ses actions et de sa doctrine a, comme celle des trois autres évangélistes, ce caractère frappant de vérité, ce ton de persuasion et de conviction qui subjugue l'entendement et confond la philosophie la plus irreligieuse. « Dirons-nous, de- « mande J.-J. Rousseau, que l'histoire de l'Évangile est in- « ventée à plaisir ? Non, ce n'est pas ainsi qu'on invente. Il « serait plus inconcevable que plusieurs hommes d'accord « eussent fabriqué ce livre qu'il ne l'est qu'un seul en ait « fourni le sujet. Jamais des auteurs juifs n'eussent trouvé « ce ton. Et l'Évangile a des caractères de vérité si grands, « si frappants, si parfaitement inimitables, que l'inventeur « en serait plus étonnant que le héros. » On pense que c'est l'Évangile de saint Luc que saint Paul appelle son Évangile dans l'Épître aux Romains. L'Église fait la fête de cet évangéliste le 18 octobre. Saint Jérôme prétend qu'il demeura dans le célibat, et qu'il vécut jusqu'à 83 ans.

LUCA (JEAN-BAPTISTE DE), savant cardinal, natif de Venosa, dans la Basilicate, mort en 1683, à 66 ans, s'éleva à la pourpre par son mérite; car il était d'une naissance très obscure. On lui doit des Notes sur le concile de Trente; une *Relation curieuse de la cour de Rome*, 1680, in-4°; une *Compilation étendue sur le droit ecclésiastique*, en 12 vol. in-fol. Elle est intitulée *Theatrum justitiæ et veritatis*. La meilleure édition est celle de Rome.

LUCAIN (MARCUS ANNÆUS), naquit à Cordoue en Espagne, vers l'an 39 de J.-C., d'Annæus Mela, frère de Sénèque-le-Philosophe. Il vint à Rome de bonne heure, et s'y fit connaître par ses déclamations en grec et en latin. Néron, charmé de son génie, le fit élever, avant l'âge, aux charges d'augure et de questeur. Cet empereur voulait avoir sur le Parnasse le même rang qu'il occupait dans le monde; Lucain eut la noble imprudence de disputer avec lui le prix de la poésie, et le dangereux honneur de le remporter. Les sujets qu'ils traitèrent étaient Orphée et Niobé. Lucain s'exerça sur le premier, et Néron sur le second. L'empereur, mortifié de voir son rival couronné sur le théâtre de Pompée, attendit l'occasion de le perdre. Elle se présenta bientôt. Lucain, irrité contre son persécuteur, entra dans la conjuration de Pison, et fut condamné à mort. Toute la grâce que lui fit le tyran fut de lui donner le choix du supplice. Il se fit ouvrir les veines dans un bain chaud, et « prononça, dit Tacite, dans ses derniers moments, les vers qu'il avait faits sur un soldat qui était mort de la sorte; » mais ce sang-froid ne répond guère aux efforts qu'il fit pour se conserver la vie. Il accusa sa mère, et rejeta sur elle tous les complots. Il est difficile de concilier cette lâcheté avec les sentiments élevés que ses ouvrages respirent : mais on sait que les leçons des philosophes ne sont pas toujours d'accord avec leurs actions. Il expira l'an 65 de J.-C. Lucain périt à l'âge de vingt-sept ans : il était désigné consul pour l'année suivante. De tous les ouvrages que ce poète a composés, il ne nous reste que sa *Pharsale, ou la Guerre de César et de Pompée*. Lucain n'a pas osé s'écarter de l'histoire dans ce poème, et par là il l'a rendu sec et aride. En vain veut-il suppléer au défaut d'invention par la grandeur des sentiments; il est fort souvent tombé dans l'enflure, dans le faux sublime et dans le gigantesque. César et Pompée y sont quelquefois petits à force d'y être grands. Ce poète n'emploie ni la poésie brillante d'Homère ni l'harmonie de Virgile. Mais, s'il n'a pas imité les beautés du poète grec et du latin, il a aussi des traits qu'on chercherait vainement dans l'Iliade et dans l'Énéide. Au milieu des déclamations ampoulées, il offre des pensées mâles et hardies, des maximes sages et profondément réfléchies. La première édition de Lucain est de Rome, 1469, in-fol.; l'édition *cum notis variorum* est de Leyde, 1669, in-8; celle de Leyde, 1728, en 2 vol. in-4°, est plus estimée que celle de 1740; mais toutes le cèdent à l'édition de Strawberry, Hill, 1767, in-4°, gr. pap. Il y en a une jolie édition de Paris, Barbou, 1767, in-12. Brébeuf a traduit la *Pharsale* en vers français, et il ne fallait pas moins que l'imagination vive et fougueuse de ce poète pour rendre les beautés et les défauts de l'original. Amar en a donné une version en prose, en 1816.

LUCAR, mot qui désignait l'argent qu'on tirait du produit des bois sacrés (*luci*); selon les autres, l'argent consacré aux spectacles et surtout au paiement des auteurs, qui provenait de ce que donnait chaque spectateur pour sa place (*locus*). Sous Tibère, le salaire d'un auteur n'était que de cinq à sept deniers; sous Antonin, il était de sept à dix *aurei* par mois.

LUCAR (SAN-) (*géogr.*), ville d'Espagne, dans l'Andalousie, province de Séville, avec un port à l'embouchure du Guadalquivir. 17,000 âmes.

LUCARNE, s. f., ouverture, petite fenêtre pratiquée au toit d'une maison, pour donner du jour aux greniers, aux galetas, aux chambres du comble.

LUCAS DE LEYDE, peintre et graveur, né en 1494, mort en 1533, fit, à 12 ans, un tableau estimé des connaisseurs. Albert Durer vint exprès en Hollande pour le voir. S'étant imaginé, au retour d'un voyage de Flandre, qu'on l'avait empoisonné, il passa six années dans un état languissant, et presque toujours couché. Il ne cessa pas pour cela de peindre et de graver : « Je veux, disait-il, que mon lit me soit un lit d'honneur. Ses figures ont beaucoup d'expression, ses attitudes sont naturelles, et il a un bon ton dans le choix de ses couleurs; mais il n'a pas jeté assez de variété dans ses têtes; ses draperies ne sont pas bien entendues, son dessin est incorrect, et son pinceau n'est pas assez moelleux.

LUCAS TUDENSIS ou LUC DE TUY, écrivain du XVIe siècle, ainsi nommé parce qu'il était diacre, puis évêque de Tuy en Galice, fit divers voyages en Orient et ailleurs, pour s'informer de la religion et des cérémonies des différentes nations; il composa à son retour un ouvrage contre les Albigeois, écrit d'une manière exacte et judicieuse. Il se trouve dans la Bibliothèque des Pères; une Histoire d'Espagne, depuis Adam jusqu'en 1236; la Vie de saint Isidore de Séville, composée l'an 1236, insérée dans Mabillon.

LUCAS BRUGENSIS (FRANÇOIS, ou LUC DE BRUGES), licencié en théologie à Louvain, et doyen de l'église de Saint-Omer, mort en 1619, à 70 ans, possédait les langues grecque, hébraïque, syriaque et chaldaïque. On a de lui : Itinéraire de Jésus-Christ, tiré des quatre évangélistes; Commentaires sur les évangiles; Usage de la paraphrase chaldaïque de la Bible; Remarques sur les corrections les plus notables des Bibles latines; Notes critiques sur les exemplaires des Bibles latines et les variantes; sur les variantes des Évangiles. tant du texte grec que du latin. Tous ces ouvrages, imprimés plusieurs fois séparément, ont été recueillis avec ordre à Leyde, 1712, 5 vol. in-fol.; des Concordances de la Bible, selon la Vulgate de Sixte V. Hubert Phalésius, bénédictin de l'abbaye d'Afflighem, mort en 1638, dans le Brabant, l'avait corrigée et augmentée, et une meilleure édition en fut donnée à Anvers, en 1642, in-fol. Hugues de Saint-Cher est l'inventeur de cet ouvrage si utile pour trouver sans peine tel passage de l'Écriture que l'on souhaite; Instructions pour les confesseurs; des Sermons et Oraisons funèbres, Anvers, in-8°.

LUCAS (PAUL), né à Rouen, en 1664, eut dès sa jeunesse une inclination extrême pour les voyages. Il parcourut plusieurs fois le Levant, l'Égypte, la Turquie et différents autres pays. Il en rapporta un grand nombre de médailles et d'autres curiosités pour le cabinet du roi de France, qui le nomma son antiquaire en 1714, et lui ordonna d'écrire l'histoire de ses voyages. Louis XV le fit partir de nouveau pour le Levant en 1723, et Lucas revint avec une abondante moisson de choses rares. Sa passion pour les voyages s'étant réveillée en 1736, il partit pour l'Espagne, et mourut à Madrid l'année d'après. Les relations de ce célèbre voyageur sont en 7 vol. Son *Voyage au Levant*, en 1699, Paris, 1714. est en 2 vol. in-12; qui se relient en un. Son *Voyage dans la Turquie, l'Asie, la Syrie, la Palestine, la haute et basse Egypte*, en 1704, parut à Paris, 1712, 2 vol. in-12. Son *Voyage dans la Grèce, dans l'Asie-Mineure, dans la Macédoine et dans l'Afrique*, fait en 1714, fut publié à Rouen, 1724, 3 vol. in-12. Ces ouvrages sont passablement écrits et assez amusants pour ceux qui dans ces sortes d'ouvrages, ne cherchent ni la vérité ni la vraisemblance. Dans les choses même que le voyageur était le plus à même de vérifier, il n'a mis ni discernement ni exactitude.

LUCAS (JEAN-ANDRÉ-HENRI), naturaliste, né à Paris, en 1780, mort en 1825, voyagea en Italie d'où il rapporta une collection des produits volcaniques de l'Etna et du Vésuve.

On lui doit : un Tableau méthodique des espèces minérales, 1re partie, 1806, in-8°, 2e partie, 1812 ; la seconde édition du Dictionnaire d'histoire naturelle, publiée par le libraire Déterville.

LUCAS (JEAN-PAUL), peintre, né à Toulouse, où il mourut en 1808, fut le créateur du musée de cette ville. Il le fonda en dépit du vandalisme des représentants, délégués dans le département de la Haute-Garonne, qui voulaient anéantir des chefs-d'œuvre, sous prétexte qu'ils consacraient le souvenir de la superstition et de la féodalité. On a de ce peintre : un Catalogue historique et critique des tableaux et autres monuments des arts du musée de Toulouse, 5e édition, 1826. — Son frère François, né à Toulouse en 1736, mort en 1813, s'est fait une réputation comme sculpteur.

LUCAYES ou BAHAMA, archipel près de l'Amérique septentrionale, appartenant aux Anglais. Il a une longueur de 300 lieues, compte cinq cents îles, îlots ou rochers. Le golfe de la Floride ou golfe de Bahama le sépare de la côte de la Floride. Il se trouve entre 20° et 28° de latitude nord et entre 72° et 82° de longitude ouest. Sa population s'élève à 14,000 habitants, dont 11,000 noirs. Les plus considérables de ces îles sont : Grande-Bahama, Abaco, Eleuthera, Nouvelle-Providence, Guavahani, San-Salvador ou île du Chat, île Longue, etc.

LUCCHESINI (JEAN-VINCENT), savant prélat, de Lucques, fut secrétaire des papes Clément XI et Benoît XIV, et mourut à Rome, âgé de plus de 80 ans, vers le milieu du XVIIIe siècle. On a de lui une Histoire de son temps, estimée en Italie, et qui le serait ailleurs si elle était connue. Elle parut à Rome, 1725, 3 vol. in-4°.

LUCCHESINI (CÉSAR), né à Lucques en 1756, mort le 16 mai 1832, s'occupait avec succès de littérature, lorsqu'il fut, en 1798, député au Directoire pour garantir la petite république de Lucques de l'invasion des armées républicaines. Le peu de succès de cette démarche le fit renoncer à toute espèce de fonctions publiques ; il se borna dès lors à cultiver la poésie, les belles-lettres, et surtout la philologie. Ses ouvrages, sur des sujets très variés, s'élèvent au nombre de 102. Nous citerons : Essai d'un Vocabulaire de langue provençale ; Instituts d'économie civile ; Essai sur l'Histoire du théâtre Italien dans le moyen-âge, 1788 ; Lettres à Michali sur quelques passages d'Homère, 1819 ; Histoire littéraire du duché de Lucques ; Origine du polythéisme ; Des Sources des langues anciennes et modernes, etc.

LUCE DE LANCIVAL (JEAN-CHARLES-JULIEN), prêtre, né en 1766, à Saint-Gobin, en Picardie, mort le 17 août 1810, ne répondit point par la pureté de ses mœurs à la dignité du sacerdoce dont il était revêtu. S'il faut le flétrir sous ce rapport, on doit louer le dévouement avec lequel il s'attacha jusqu'à la révolution à l'évêque de Lescar, son bienfaiteur. Dès l'âge de 22 ans, il professa la rhétorique au collège de Navarre. Pendant nos troubles, il s'occupa, dans la retraite, de littérature et de poésie ; mais il aurait pu choisir des sujets plus dignes de la gravité de son caractère, et donner un essor moins profane à sa muse. Depuis le rétablissement de l'ordre, il occupa la place de professeur de belles-lettres dans un lycée de Paris. On a de lui : Poème sur le globe ; Epitre à Clarisse sur les dangers de la coquetterie, suivie d'une Epitre à l'ombre de Caroline ; Folliculus, poème en 4 chants, dirigé contre Geoffroy, dont les articles dans le Journal des Débats l'avaient exaspéré ; Eloge de M. de Noé, couronné par le musée de l'Yonne, Auxerre, 1804, in-8° ; Achille à Scyros, Paris, 1807, in-8°, poème imité de Stace : le style en est recherché, l'ordonnance défectueuse, l'action faible, mais il est assez bien versifié. On a de lui plusieurs tragédies, parmi lesquelles on doit remarquer celle d'Hector, puisée tout entière dans l'Iliade.

LUCENA (JEAN), jésuite, né en Portugal, mort en 1600, se rendit célèbre par ses Sermons. Il a laissé l'Histoire des missions de ceux de sa Société dans les Indes, avec la Vie de saint François Xavier. Cet ouvrage a été traduit du portugais, en latin et en espagnol.

LUCÈRES, corps de cavalerie qui, lors de la fondation de Rome, formait la troisième tribu du peuple romain ; les deux autres portaient le nom de rhamnes en l'honneur de Romulus ou de Rémus, et de tatiens en l'honneur de Tatius ; le troisième corps reçut le nom de lucères, soit à cause d'un Lucumon, guerrier étrusque, auxiliaire de Rome dans la guerre des Sabins, soit à cause du bois (lucus) dont Romulus fit un asyle aux voleurs, aux assassins, aux esclaves fugitifs et aux débiteurs insolvables ; les lucères, formés de ce mélange, furent incorporés dans le peuple romain et dans l'armée.

LUCERNAIRE (liturg.), office du soir, qui se célèbre à la lueur des lampes. Il se dit aussi, dans le rit ambrosien, d'un répons qu'on chante à Vêpres, et quelquefois des Vêpres mêmes ; candélabre ; celui qui porte le candélabre.

LUCERNAIRE (zool.), genre de zoophytes.

LUCERNE, canton suisse d'une superficie de 27 3/4 milles carrés géographiques, divisé en cinq bailliages : Lucerne, Entlibuch, Willisau, Sursec et Hochdorf. On évalue sa population à 116,000 habitants qui professent presque tous la religion catholique, les réformés y jouissent cependant, depuis 1828, du libre exercice de leur culte. La constitution cantonnale a été révisée en 1831. Les revenus publics s'élèvent à 107,355 florins. Le contingent fédéral est de 1,734 hommes. Le chef-lieu de ce canton, Lucerne, situé à l'extrémité des quatre cantons, à l'issue de la Reuss, a un circuit assez considérable à cause du grand nombre de jardins que la ville renferme. C'est une des plus belles de la Suisse. Les rues en sont larges et bien pavées. La Reuss la divise en deux ou trois parties qui communiquent par de beaux ponts. Elle a une population de 6,500 âmes. Ses principaux édifices et établissements sont l'Hôtel-de-Ville, la cathédrale, le lycée, le séminaire, la bibliothèque publique, la collection d'objets d'arts, l'école de dessin, l'académie de chant, la société des amis des sciences, quatre couvents. C'est la résidence du nonce du pape, et l'un des trois constants directeurs ou vorort (voyez Suisse). Parmi les curiosités de cette ville, on doit citer surtout la carte topographique en relief de Pfyffer. Cet admirable ouvrage, qui a 20 pieds de long et 12 de large, représente une étendue de 60,000 carrés. Le panorama du Righi, de 24 pieds de long, est également remarquable. Les fabriques de soie et les papeteries sont importantes. Il se fait en outre un commerce d'expédition et de transit considérable par le Saint-Gothard. On exporte des fromages, des porcs, des escargots, des grains, des pruneaux, du kirschwasser et de la filoselle dans le voisinage de la ville ; on a inauguré, le 10 août 1820, le monument élevé à la mémoire des Suisses tués à l'attaque des Tuileries, le 10 août 1792. C'est un lion colossal taillé dans le roc d'après les dessins de Thorwaldsen, et qui semble, en mourant, défendre les lis de France.

LUCET (JEAN-CLAUDE), avocat, né en 1775 à Pont-de-Veyle, en Bresse, se distingua au barreau de Paris par ses talents plus que par sa délicatesse, et mit fin lui-même à ses jours le 11 juin 1806 à Vanvres, où il demeurait. Les sentiments religieux qu'il avait professés dans ses ouvrages firent croire que sa raison avait été entièrement aliénée. On a de lui : Eloge de Catilina, Paris, 1780, in-8°. Ce fut par cet écrit que l'auteur se fit connaître ; Principes du droit canonique et universel, in-4°. Cet ouvrage lui valut, dit-on, une place chez le garde-des-sceaux ; la Religion catholique est la seule vraie, et la seule qui réponde à la dignité et aux besoins de l'homme ; Lettres sur différents sujets relatifs à l'état de la religion en France, in-8° ; Principes de décision contre le divorce ; De la nécessité et des moyens de défendre les hommes de mérite contre les calomnies et les préjugés injustes, Paris, 1803, in-8°, publié sous le nom du jurisconsulte Couet ; l'Enseignement de l'Eglise catholique sur le dogme et la morale, recueillis de tous les ouvrages de Bossuet, en conservant partout son style noble et majestueux, Paris, 1804, 6 vol. in-8°. Cet ouvrage est précédé d'une Vie de Bossuet et d'une analyse raisonnée de ses ouvrages, qui purent inspirer quelque intérêt à l'époque où elles furent imprimées, mais qui sont oubliées depuis que le cardinal de Beausset a fait paraître la Vie de l'évêque de Meaux. Les 5 autres vol. contiennent des extraits des œuvres de ce grand évêque, divisés en quatre chapitres principaux : les premiers traitent des vérités à croire ; les seconds, des vices et des défauts à éviter ; les troisièmes, des moyens de fortifier sa foi et de régler sa conduite ; les derniers enfin sont un recueil de pensées, sous le titre de Sujets divers. Cet ouvrage, intéressant d'ailleurs comme tous ceux où l'on reproduit Bossuet, ne porte pas l'empreinte d'un goût extrêmement sévère, et surtout d'une impartialité exempte de l'esprit de parti. On a remarqué que Lucet, en donnant son article de l'Enseignement de l'Eglise, sur le molinisme, se garde bien de donner celui qui regarde le jansénisme.

LUCHET (JEAN-PIERRE-LOUIS, marquis DE), né à Saintes, le 13 janvier 1740, embrassa l'état militaire, fit ensuite quelques entreprises de commerce, et, malheureux dans ses spéculations, s'enfuit à Lausanne. Le landgrave de Hesse-Cassel, auprès duquel il se rendit, le fit son bibliothécaire. De retour en France, il rédigea le *Journal de la ville,* qu'il data bizarrement de Charenton, et mourut à Paris en 1792, après avoir publié divers ouvrages, parmi lesquels nous citerons l'*Histoire de l'Orléanais,* depuis l'an 703 de la fondation de Rome, Amsterdam (Paris), 1766, in-4°; *Histoire littéraire de Voltaire,* 1782, 6 vol. in-8°; *Essai sur la secte des illuminés,* 1789, in-8°, etc. Le marquis de Lucet était un écrivain fécond, mais superficiel et déclamateur.

LUCHI (BONAVENTURE), savant minime conventuel, né à Brescia, le 16 août 1700, mort à Padoue, en janvier 1785, exerça pendant quelque temps les fonctions de lecteur dans le collége de la Sapience. Il professa successivement la philosophie, la théologie et l'Ecriture sainte. Pendant son séjour à Rome, il s'était fait connaître de Clément XIII, lequel songeait à le faire cardinal. Le parti qui méditait la destruction des jésuites lui préféra Ganganelli, très inférieur en mérite et en savoir, mais dont on connaissait les dispositions à l'égard de la Société. Le P. Luchi a laissé un grand nombre d'ouvrages.

LUCHI (MICHEL-ANGE), cardinal, neveu du précédent, né à Brescia, le 20 août 1744, mort le 29 septembre 1802, dans son abbaye de Subiac, embrassa l'institut de Saint-Benoît, dans la congrégation du Mont-Cassin, et s'y distingua par sa piété et son goût pour les études savantes. il avait une grande connaissance des antiquités ecclésiastiques, et s'était rendu familières les langues orientales. Il avait rédigé des Commentaires sur plusieurs parties des Livres saints, et entrepris une nouvelle Polyglotte qui aurait formé 30 vol. in-fol. Ses ouvrages manuscrits sont au nombre de 193, dont 74 en grec, et 119 en latin, sur des matières d'érudition, de critique, de théologie et de morale. Il a d'ailleurs publié : *Venantii Honorii Clementiani Fortunati opera omnia, recens ad manuscriptos codices vaticanos, necnon ad veteres editiones collata,* Rome, 1786 et 1787 ; *Appiani Alexandrini et Herodiani selecta græce et latine,* Rome, 1783 ; *la Cause de l'Eglise défendue contre l'injustice de ses ennemis,* 1799; plusieurs Dialogues grecs, imprimés à Florence.

LUCIDE, adj., des deux genres, clair, lumineux, il n'est guère d'usage qu'au figuré. Avoir des intervalles lucides, se dit d'une personne dont la tête est dérangée, et à qui la raison revient par intervalles.

LUCIDITÉ, s. f., qualité, état de ce qui est lucide, on ne l'emploie guère qu'au figuré.

LUCIE ou **LUCE** (Sainte), vierge célèbre dans l'histoire de l'Eglise de Sicile, souffrit le martyre à Syracuse vers l'an 394, sous l'empire de Dioclétien, en présidant la tranquillité de l'Eglise, qui se rétablit effectivement après la mort des tyrans et le triomphe de Constantin. Les savants ne sont pas tous disposés à reconnaître les Actes de cette sainte pour authentiques, quoiqu'ils soient anciens, puisque saint Adhelme, qui vivait dans le VII° siècle, les a cités. Quelque rigueur de critique qu'on puisse exercer à cet égard, il sera toujours vrai que le culte de sainte Lucie, l'idée générale de sa foi et de ses vertus ont des fondements très solides, puisque son nom se trouve dans le canon de la messe, pièce de la plus haute antiquité, avec ceux des saints les plus illustres des premiers siècles.

LUCIEN, né à Samosate, en Syrie, dans une condition médiocre, vécut, selon l'opinion la plus générale, depuis 120 de J.-C., jusqu'à 200. Il fut mis entre les mains d'un de ses oncles, habile sculpteur; mais, ne se sentant aucune inclination pour l'art de son parent, il cassa la première pierre qu'on lui mit entre les mains. Il embrassa la profession d'avocat. Aussi peu propre à la chicane qu'au ciseau, il se consacra à la philosophie et à l'éloquence. Il les professa à Antioche, dans l'Ionie, en Grèce, dans les Gaules et l'Italie. Athènes fut le théâtre où il brilla le plus longtemps. Commode le nomma greffier du préfet d'Egypte. On croit qu'il mourut sous l'empereur Albin, dans un âge fort avancé. Nous avons de Lucien divers écrits dont le style est naturel, vif, plein d'esprit et d'agrément. Il fait éprouver ces sensations vives et agréables que produisaient la simplicité fine et l'enjouement naïf de la plaisanterie attique. Lucien est principalement connu par ses Dialogues des morts. Il y peint, avec autant de finesse que d'enjouement, les travers, les ridicules et la sottise des philosophes, qui affectent de mépriser les richesses et les honneurs, tandis qu'ils sont dévorés de cupidité et d'orgueil; qui ne parlent que de vertu et de grandeur d'âme, tandis que l'on ne connaît rien de plus lâche ni de plus vicieux parmi les hommes. Lucien insiste particulièrement sur l'ignorance et les incertitudes qu'il avait observées dans ceux

qui se donnaient pour précepteurs du genre humain, et qui n'ont jamais pu s'accorder un moment dans les questions les plus intéressantes, sur l'origine, le gouvernement et la destination du monde. Un autre objet des critiques de Lucien, c'étaient les dieux du paganisme, et les délires de cette religion absurde. Mais cette partie de ses ouvrages est bien moins intéressante et moins originale, les chrétiens ayant prévenu presque toutes les observations sur les extravagances de la mythologie. Cette lecture peut même faire de très mauvaises impressions sur les esprits superficiels. Le satirique confond le vrai et le faux, le bon et le mauvais, et donne à ses sarcasme une étendue qui compromet les vérités les plus respectables. Les chrétiens, en démolissant le monstrueux édifice du paganisme, le remplaçaient par un bâtiment auguste, solide et excellemment assorti dans toutes ses parties. Lucien ne sait que détruire, et laisse son lecteur dans un désert qui ne diffère presque point d'un néant parfait. On remarque aussi que ce Grec érige en héros des misérables que l'ordre d'un Etat bien réglé ne souffrirait point dans les rues. Lucien lui-même s'est assuré une place parmi eux; il ne respecte ni la bienséance ni la pudeur. Son goût pour l'épicuréisme paraît par l'éloge qu'il fait d'Epicure, en l'appelant « un homme « digne d'être placé sur les autels, un esprit divin, un sage « qui a mis dans les routes de la vraie sagesse et du vrai « bonheur tous ceux qui ont écouté ses leçons. » Il n'a point écrit expressément contre le christianisme; mais il a horriblement maltraité et J.-C. et ses adorateurs, dans son récit de la mort de Pérégrin, qu'il suppose très faussement avoir joué un grand rôle parmi les chrétiens. Il est difficile de comprendre après cela comment quelques savants ont pu croire qu'il a été chrétien lui-même. Le dialogue intitulé *Philopatris,* sur lequel ils fondent son prétendu christianisme, ne peut avoir été fait par Lucien. L'auteur de cet ouvrage, écrit sur la fin du premier siècle, dit qu'il avait vu saint Paul, et qu'il avait reçu de lui le baptême; ce qui ne convient pas à Lucien, qui florissait sous Marc-Aurèle, et qui mourut un siècle après saint Paul. Suidas rapporte qu'il mourut dévoré par les chiens, en punition de ce qu'il avait plaisanté sur J.-C. : le silence des auteurs contemporains peut rendre cette anecdote douteuse. D'Ablancourt a traduit les ouvrages de Lucien, Amsterdam, 2 vol. in-8°, 1709; mais quiconque ne les connaît que par cette version lâche, infidèle et tronquée, ne peut en avoir qu'une très fausse idée. L'abbé Massieu en a donné une meilleure, Paris, 1781, 6 vol. in-12, effacée cependant par celle qui a paru en 1788 avec des notes historiques et critiques, par Belin de la Ballue, Paris, 6 vol. in-8°. Les éditions les plus recherchées des ouvrages de Lucien sont : celle de Paris, in-fol., 1615, en grec et en latin, par Bourdelot, d'Amsterdam, 1687, 2 vol. in-8°, *cum notis variorum,* et de la même ville, 1743, 3 vol. in-4°, auxquels il faut joindre un *Index,* Utrecht, 1746, in-4°.

LUCIEN (Saint), prêtre d'Antioche et martyr, avait d'abord évité la fureur de la persécution de Dioclétien ; mais, ayant été dénoncé par un prêtre sabellien, il fut conduit devant Maximin, surnommé Daïa. Au lieu de blasphémer la religion chrétienne, comme on voulait le lui persuader, il composa pour sa défense une Apologie éloquente. Maximin le fit tourmenter de plusieurs manières; mais, n'ayant pu ébranler sa foi, il le fit noyer (selon quelques-uns, décapiter) vers l'an 312. L'illustre martyr emporta au tombeau une grande réputation de savoir et de sainteté. Il avait ouvert à Antioche une école pour développer les principes de la religion, et pour aplanir les difficultés de l'Ecriture. Il ne nous reste aucun des ouvrages qu'il avait composés. Saint Jérôme dit qu'il avait revu avec beaucoup de soin la Version des Septante. Toutes les églises qui étaient entre Antioche et Constantinople se servaient de cette Version. On l'accusa d'avoir eu du penchant pour l'arianisme. Il est certain que les principaux chefs des ariens avaient été disciples du saint martyr; mais ils s'éloignèrent des vérités que leur maître leur avait enseignées, et se servirent de son nom pour répandre leurs erreurs. Saint Athanase l'a justifié de penser à dissiper tous les nuages répandus sur sa foi. — Il y a eu trois autres LUCIEN : l'un, martyrisé sous Dèce, l'an 250; l'autre, premier évêque de l'église de Beauvais; un troisième dont nous avons une *Lettre sur l'invention du corps de saint Etienne.* Il a vécu dans le IV° et le V° siècle, et écrivait l'an 415.

LUCIENNE (*philol.*). Il se dit de la version des Septante, revue sur le texte hébreux par saint Lucien d'Antioche, les Eglises de Constantinople et d'Antioche avaient adopté la Lucienne, qu'on appelle aussi la Commune.

LUCIFER, c'est-à-dire porte-lumière, fils de Jupiter et de l'Aurore, selon les poètes, est, suivant les astronomes, la planète brillante de Vénus. Lorsqu'elle paraît le matin, elle se nomme Lucifer; mais on l'appelle Hesperus, c'est-à-dire l'étoile du soir, lorsqu'on la voit après le coucher du soleil.

LUCIFER est le nom qu'on donne ordinairement au premier ange rebelle, précipité du ciel aux enfers; dénomination fondée sur un passage d'Isaïe (chap. 14), où ce poète parle à la vérité littéralement du roi de Babylone, mais qui, dans le sens figuré, exprime très bien la chute du premier ange. Aussi les saints Pères l'ont-ils ainsi expliqué, et les expressions dont le prophète se sert marquent assez qu'il pretend retracer cet ancien et mémorable événement à l'occasion du châtiment de ce roi impie et superbe. La chute des anges n'a pas été inconnue aux sages profanes.

LUCIFER, fameux évêque de Cagliari, métropole de la Sardaigne, où il était né, convaincu que les ariens, en attaquant saint Athanase, en voulaient réellement à la foi de Nicée, obtint du pape Libère de convoquer un concile à Milan, en 355. Il y soutint la cause de saint Athanase avec tant de véhémence et d'intrépidité que l'empereur Constance, irrité de son zèle, l'exila à Germanicie en Syrie. Il trouva sur le siège épiscopal de cette ville Eudoxe, l'un des chefs de l'arianisme. Son ardeur contre cette hérésie ne s'y ralentit pas, ce qui le fit transporter à Eleuthéropolis, où il trouva également de quoi exercer son zèle : Eutychius, fameux arien, en était évêque. Ce fut là que ce dernier écrivit son premier livre contre Constance, qui le relégua dans la Thébaïde en Egypte, où il resta jusqu'à la mort de ce prince. Lucifer, rappelé sous Julien, en 361, alla à Antioche, y trouva l'Eglise divisée, et ne fit qu'augmenter le schisme en ordonnant Paulin. Cette ordination déplut à saint Eusèbe de Verceil, que le concile d'Alexandrie avait envoyé pour terminer cette querelle. Lucifer, inflexible dans ses sentiments, se sépara de sa communion, et ternit, par cette espèce de schisme, l'éclat de ses triomphes sur l'arianisme. Il causa un autre schisme, dont les conséquences furent plus funestes. Il refusa de communiquer non-seulement avec les Pères de Rimini, qui, après leur repentir final, avaient été conservés sur leurs sièges, mais même avec ceux qui les recevaient à la communion, c'est-à-dire avec le pape et toute l'Eglise. Il eut un grand nombre de partisans en Orient, en Egypte, en Afrique, en Espagne et en Sardaigne, qui furent appelés lucifériens. Il se retira à Cagliari, où il mourut l'an 371. Il nous reste de lui : cinq Livres contre l'empereur Constance; un Livre contre les rois apostats; les livres intitulés : *Il ne faut point épargner les pécheurs*; *Il ne doit point communiquer avec les hérétiques*; *nous devons mourir pour le fils de Dieu*; imprimés à Paris, en 1568, par les soins de Du Tillet, évêque de Meaux. Ces ouvrages sont écrits avec aigreur; et malgré les éloges que quelques Pères ont pu en faire à raison du zèle de l'auteur pour la pureté de la foi, on ne peut disconvenir que son caractère n'était pas assez modéré, ni ses expressions assez mesurées. Lucifer était recommandable par ses mœurs pures, par son savoir, par son détachement du monde. Les anciens auteurs ne lui reprochant que son schisme, on ne doit point lui imputer les maximes hétérodoxes que Théodoret attribue à ses sectateurs : ceux-ci n'en ont été les inventeurs; et quant à son schisme, il peut se faire qu'il ne l'ait point envisagé comme une vraie séparation, mais seulement comme un mécontentement marqué, qu'il croyait devoir témoigner pour ramener les autres à une rigueur qui lui paraissait nécessaire. Dans ces temps, où les communications entre les provinces et les évêques étaient peu régulières et peu sûres, où le conflit des opinions et des rapports contradictoires rendaient l'état des choses difficiles à connaître, il peut se faire que Lucifer ait été mal instruit de l'affaire de Rimini, et des autres qui ont outré son zèle et dérouté sa prudence. On célèbre sa fête à Cagliari le 20 mai.

LUCIFÉRIANISME (*hist. relig.*), doctrine de Lucifer, évêque schismatique du IV° siècle. Le luciférianisme interdisait toute espèce de communication avec les hérétiques et avec toute personne convaincue de les avoir fréquentés.

LUCILIUS (Caïus), chevalier romain, né à Suessa dans le Latium, l'an 147 avant J.-C., était grand-oncle maternel du grand Pompée. Il porta d'abord les armes, suivant quelques écrivains, sous Scipion l'Africain, à la guerre de Numance, et fut intimement lié avec ce général, que, par ses bons mots, il délassait des fatigues des armes. On regarde Lucilius comme l'inventeur de la satire parmi les Latins, parce qu'il lui donna sa dernière forme, telle qu'Horace, Perse et Juvénal l'imitè-

rent depuis. Ennius et Pacuvius avaient, à la vérité, travaillé dans ce genre; mais leurs essais étaient trop grossiers pour qu'on leur donnât l'honneur de l'invention. Lucilius leur fut supérieur, et il fut surpassé à son tour par ceux qui vinrent après lui. Horace le compare à un fleuve qui roule un sable précieux parmi beaucoup de boue. Lucilius mourut à Naples, âgé seulement de 46 ans, vers l'an 103 avant J.-C. Ce poète disait « qu'il ne voulait ni des lecteurs trop savants, ni des « lecteurs trop ignorants; » il eut ce qu'il souhaitait. Ses talents firent des enthousiastes, et ne fouet à la main, châtiaient ceux qui osaient dire du mal de ses vers. Leur admiration était déraisonnable à plusieurs égards : Lucilius versifiait durement, et quoiqu'il travaillât avec précipitation, ses ouvrages avaient un air forcé. De trente Satires qu'il avait composées, il ne nous reste que quelques fragments.

LUCILLE, fille de Marc-Aurèle et de Faustine, et sœur de l'empereur Commode, naquit l'an 146 de J.-C. Elle ne valait pas mieux que son frère, pour lequel elle eut, dit-on, des complaisances criminelles, et ne donna pas une grande idée de l'éducation qu'elle reçut du philosophe son père. Mariée à un homme qu'elle n'aimait pas (Lucius Verus), elle avait donné son affection à un amant qu'elle voulait élever, et ne pouvait souffrir de se voir obligée de céder le pas à Crispine, femme de Commode. Ces raisons la portèrent à former une conjuration contre ce prince. Pompéien, à qui elle avait fiancé sa fille, fut le principal acteur de cette tragédie. Elle y fit aussi entrer Quadrat et plusieurs autres sénateurs; mais elle n'en dit rien à son mari. Commode, entrant un jour dans l'amphythéâtre par un endroit secret et obscur, le jeune Pompéien, qui l'y attendait, lui montra son poignard et lui dit : Voilà ce que le sénat t'envoie. Tandis qu'il veut le massacrer, les gardes de l'empereur l'arrêtent; bientôt son procès et celui de ses complices furent faits, et ils subirent le dernier supplice. Lucille fut envoyée en exil à Caprée, et quelque temps après, on la fit périr : elle avait environ 38 ans.

LUCINE, déesse qui présidait aux accouchements des femmes et à la naissance des enfants, on la nommait aussi Ilithyie, Zygie, Natalis, Opigène. Tantôt c'est Diane et tantôt c'est Junon. On la représentait tantôt comme une madone, tenant une coupe de la main droite et une lance de la gauche, tantôt assise sur une chaise, tenant de la main gauche un enfant au maillot et de la droite une fleur. Quelquefois on lui donnait une couronne de dictame parce que l'on croyait que cette herbe provoquait l'accouchement.

LUCINE *lucina* (moll.), genre établi par Bruguière, pour des coquilles confondues par Linné dans son grand genre talline. Les lucines sont des coquilles suborbiculaires, plus ou moins convexes généralement blanches ou peu colorées, elles sont striées et lamelleuses transversalement; très rarement elles ont des stries ou des côtes longitudinales. Presque toutes sont subéquilatérales; dans un certain nombre d'espèces, il n'existe aucune dent à la charnière, le bord cardinal est simple, mais la position du ligament varie, généralement le ligament des lucines est extérieur, il arrive cependant qu'il est couvert par les bords saillants du corselet et qu'il ne se montre que très faiblement en dehors, dans ce cas les nymphes sont fortement rentrées vers l'intérieur et elles se présentent sous la forme de cicatrices étroites, allongées, le long du bord postérieur. Plus le ligament sort de l'intérieur de la coquille plus les nymphes deviennent proéminentes. Quelquefois le ligament s'enfonce profondément derrière les nymphes très aplaties, et il en résulte qu'à son extrémité postérieure il s'étale en une expansion mince et luisante; dans d'autres espèces, les dents cardinales commencent à se montrer sous la forme d'un petit tubercule, puis on voit une dent sur chaque valve puis deux sur la supérieure et une sur l'inférieure, et enfin deux sur chaque valve. L'intérieur de la coquille présente des caractères plus constants; on y remarque deux impressions musculaires, et une palléale; le muscle antérieur laisse une impression très allongée étroite s'avançant obliquement de haut en bas, l'impression palléale reste toujours simple. L'animal des lucines est enveloppé dans un manteau aux angles égaux, présentant au bord ventral trois ouvertures, l'une fort grande pour le passage du pied; la seconde médiocre représentant le syphon branchial, la troisième plus petite encore; en arrière sous forme d'un tube cylindrique que l'animal peut rentrer à l'intérieur, en le retournant comme un doigt de gant. Poli a donné dans son ouvrage la description de cet animal, sous le nom de loripède. Les lucines sont répandues dans toutes les mers.

J. P.

LUCINI (Louis-Marie), religieux de l'ordre de Saint-Domi-nique, né à Côme dans le Milanais, en 1666, mort l'an 1745, était en 1724 commissaire du saint-office; en 1743, Benoît XIV le créa cardinal. Il est auteur des ouvrages suivants : *Anti-thesis contra Hyacinthum Serri conantem pontificiam infail-libilitatem, certis terminis circumscribere*, Milan, 1736; *Privilegia romani pontificis*, Venise, 1775. C'était un homme instruit et d'un jugement solide.

LUCIUS Ier (Saint), monta sur la chaire de saint Pierre après saint Corneille, au mois de septembre de l'an 252, et fut exilé aussitôt après son élection. Il reçut la couronne du martyre le 4 ou le 5 mars 253, n'ayant gouverné l'Eglise que cinq mois et quelques jours. Il ne reste rien de lui. Saint Cyprien lui écrivit une lettre sur sa promotion et sur son bannissement, qui ne fut pas long; il lui en écrivit une se-conde lorsque le pape fut rappelé de son exil, pour lui témoi-gner la part qu'il prenait à cet événement. Entre autres décrets qu'on lui attribue, il y en a un qui ordonne que « l'évêque sera toujours accompagné de deux prêtres et de « trois diacres, afin qu'il ait des témoins de sa conduite. »

LUCIUS II (Gérard de Caccianemici), natif de Bologne, bibliothécaire et chancelier de l'Eglise de Rome, puis cardinal, employé en diverses légations, succéda au pape Célestin II en 1144. Il eut beaucoup à souffrir des partisans d'Arnauld de Bresse, et mourut à Rome en 1145, d'un coup de pierre qu'il reçut dans une émeute populaire. On a de lui dix Epî-tres, qu'on trouve dans les Annales de Baronius et dans la Bibliothèque de Cluny.

LUCIUS III (Ubaldo Allincigoli), natif de Lucques, suc-céda au pape Alexandre III en 1181. Le peuple de Rome s'étant soulevé contre lui, il se retira à Vérone; mais peu après il rentra dans sa capitale, et soumit les rebelles avec le secours des princes d'Italie. Il fut ensuite obligé de se re-tirer de nouveau à Vérone, où il mourut en 1185. On a de lui trois Epîtres. Ce pape, dans le concile tenu à Vérone l'an 1184, où l'empereur Frédéric fut présent, fit une Cons-titution bien raisonnée, dans laquelle on voit le concours des deux puissances pour l'extirpation des hérésies. On y entre-voit aussi l'origine de l'inquisition contre les hérétiques, en ce que cette constitution ordonne aux évêques de s'informer par eux-mêmes, ou par des commissaires, des personnes suspectes d'hérésie : ce qui est d'ailleurs un devoir inhérent à la qualité d'évêque, et l'on peut dire que l'inquisition, sa-gement constituée et administrée, n'est qu'un supplément de la vigilance épiscopale. On y voit encore qu'après que l'Eglise avait employé contre les coupables les peines spirituelles, elle les abandonnait au bras séculier, pour exercer contre eux les peines temporelles. On comprend que, sous ce point de vue, les hérétiques ne l'ont pas épargné.

LUCIUS (Saint), évêque d'Andrinople vers le milieu du IVe siècle, célèbre dans l'Eglise par ses exils, et par le zèle qu'il fit paraître pour la foi catholique contre les ariens, était né dans les Gaules. On croit qu'il assista au concile de Sar-dique en 347, et qu'il mourut en exil.

LUCIUS, fameux arien, fut chassé du siége d'Alexandrie en 377, et mourut ensuite misérablement. Il avait usurpé le siége d'Alexandrie sur saint Athanase.

LUCIUS, Lucido, ou Lucio (Jean), né à Traw en Dalmatie, mort en 1664, fit ses études à Rome, et s'y avança l'amitié d'Ugheli, qui lui conseilla d'écrire l'histoire de sa patrie. Il retourna en Dalmatie pour y faire les recherches nécessaires. Paul Andronic, jaloux de son mérite et de ses talents, lui suscita des désagréments qui l'engagèrent à retourner à Rome, où il travailla à l'histoire projetée autant que ses Mé-moires le lui permirent. Ses ouvrages sont : *Mémoires histo-riques de Traw*, Venise, 1673, in-4°, en italien; *Histoire de la Dalmatie, et en particulier de Traw, de Spalatro et de Sebenico*, Venise, 1674, in-4°, en italien ; *Dalmatia illustrata, seu Commentarii rerum Dalmatiæ et Croatiæ*, 1666, in-fol.; Vienne, 1758, in-fol., et dans *Scriptores rerum hungarica-rum*, avec la Vie de l'auteur, par Matthias Belius. Il y règne beaucoup de critique, et les savants regrettent qu'il n'ait pu le rendre aussi complet qu'il aurait voulu; *Inscriptiones Dal-maticæ, etc.; addenda vel corrigenda in opere de regno Dal-matiæ et Croatiæ*, Venise, 1673, in-4°.

LUCIUS DE PATRAS un des plus anciens romanciers com-posa, dit-on, sous Marc-Aurèle un conte érotique, intitulé *Métamorphose de l'Ane*, d'où Apulée a tiré son *Ane d'or*. On lit cet ouvrage ou plutôt un extrait à la suite des œuvres de Lucius, à qui on l'a faussement attribué. Au reste, Wieland

doute de l'existence de Lucius et croit que le véritable au-teur de l'*Ane* est Lucien.

LUÇON, île de l'archipel des Philippines. Elle est située entre les 13e et 19e de latitude N., et 118e et 122e de longi-tude E., son étendue est de 140 lieues de long sur 40 de large. Elle fut ainsi nommée par les vainqueurs, du mot tagale *Lou-song* à cause de la quantité de pilons placés à la porte de chaque case, qui servaient et servent encore à écosser le riz. Le mot *Lousong* dans la langue tagale signifie en effet un pilon. Cette grande île est couverte de montagnes, de forêts, de savanes, de lacs, de volcans, de fleuves, de jardins et de rivières, et présente les sites les plus romantiques. Les habitations des indigènes sont simples, mais suffisantes à leurs besoins. Les bourgades sont rares et pauvres; mais on y voit des églises et des couvents somptueux, et même de jolies chapelles rustiques, parmi lesquelles nous citerons celle du village de Bacor. La partie méridionale de l'île de Luçon est d'une forme très irrégulière. Au S.-E. se développe la presqu'île de Camarines qui, ainsi que le reste de l'île, est couverte de hautes montagnes, d'où descendent les rivières et les nombreux torrents qui fertilisent les plaines situées à leur pied. La plus importante de ces rivières est la Cagayana, ou Tagayo, dont l'embouchure se trouve vis-à-vis des îles Babouyanes. Après la Cagayana viennent l'Ana et la Passig. Cette dernière sert d'écoulement à la Laguna de Vay, grand lac qui s'étend à l'E. de Manila et qui se décharge dans le golfe de Cavite après l'avoir traversé. Les alcaldies de cette île sont au nombre de quinze. La province dans laquelle est située la capitale est celle de Tondo, qui comprend vingt-neuf *pueblos* ou communes. On y cultive la canne à sucre et le maïs. A Tondo, les habitants sont pour la plupart pêcheurs. Tambobon à des salines et des fabriques de toiles. La pro-vince de Boulacan et de toutes les autres de l'île Luçon sont peuplées de Tagales, sauf l'alcaldie d'Ilocas, celles de Pam-panga, Zambales, Pangassinan, Cagayan, Camarines et Al-vay. Les Tagales possèdent un alphabet particulier. Leur lit-térature consiste en quelques chants et poésies historiques, et en traduction de quelques petits ouvrages espagnols de re-ligion et de théâtre. La partie indépendante de Luçon est occupée par différentes peuplades de Tagales et d'Aétas sau-vages, régies par divers chefs particuliers.

LUCQUES (duché de). Ce duché italien, borné à l'ouest par la Méditerranée, au nord par le duché de Modène et la Tos-cane, à l'est et au sud par la Toscane, a une superficie totale de 20 milles carrés géographiques, et une population de 145,000 âmes. Il est arrosé par le Serchio, qui sert princi-palement au flottage du bois coupé dans les Apennins. Le sol n'est pas d'une grande fertilité; mais, utilisé avec beaucoup de soin, il produit en abondance des fruits, tels que châtai-gnes, noix, amandes, oranges, citrons, figues, en revanche les céréales y sont en quantité insuffisante pour la consom-mation. Le vin qu'on y récolte est d'une bonne qualité, et l'huile passe pour la meilleure de l'Italie. La culture de la soie et l'éducation des bestiaux ne sont pas non plus sans im-portance. Les revenus publics s'élèvent annuellement à 1,670,000 fr. sans compter une rente de 500,000 florens, qui sera payée par l'Autriche et la Toscane jusqu'à ce que le duc soit rentré en possession de Parme. La liste civile est de 607,000 fr., et la dette de l'état d'un million. Le duché en-tretient quelques chaloupes canonnières et un corps de 800 hommes. La forme du gouvernement est une monarchie limitée par un sénat composé de trente-six membres et con-voqué chaque année par le duc en vertu de la constitution de 1805.

LUCQUES, capitale de ce petit état, est située sur le Ser-chio, dans une plaine fertile, entourée de montagnes qui sont couvertes de bois d'oliviers et couronnées de forêts de sapins et de chênes. Elle est le siége d'un archevêché et a une population de 22,000 âmes. Ses remparts, plantés d'arbres, forment une belle promenade. Du reste, les rues sont tor-tueuses et étroites, et les églises, ainsi que les autres édifices publics, sont sans magnificence. La cathédrale est vaste, mais d'un mauvais style; le palais ducal est un vieux bâti-ment qui n'offre absolument rien de remarquable; en un mot, la seule construction dont on puisse louer l'architecture, c'est la *villa di Murlio*. Parmi les établissements littéraires, nous citerons l'université, avec son observatoire, et l'*Acca-demia degli Oscuri*, fondée en 1584, rétablie en 1805, par le prince Bacchiochi, sous le titre d'*Accademia lucchese di scienze, lettere e arti*, et qui a publié, de 1828 à 1831, sept volumes in-4°. Lucques possède des fabriques de soie, de laine, de coton et de drap. Elle fait un commerce important d'huile et de soie, et ses habitants se livrent, en outre, avec activité à la culture des terres. C'est par le port de Viareggio que s'exportent presque tous les blocs de marbre de Carrare. Les environs de la ville sont couverts de belles maisons de campagne, et près de Bagno-alla-Villa se trouvent les fameux bains de Lucques, qui attirent un grand nombre d'étrangers. Lucques était, dans l'origine, une colonie romaine, qui passa successivement sous la domination des Lombards, des Francs L'esprit d'indépendance qui animait les habitants de cette ville attira sur elle de fréquentes calamités, dans le moyen âge. En 1327, Louis de Bavière en nomma duc le brave Castruccio Castracani; mais cette dignité s'éteignit après lui. Après avoir changé plusieurs fois de maîtres, Lucques fut vendue aux Florentins, sous le joug desquels elle resta jusqu'en 1370, où elle acheta sa liberté de l'empereur Charles IV, moyennant une somme de 200,000 florins. Il en résulta de fréquentes guerres avec Florence; mais elle sut défendre son indépendance jusqu'à l'invasion des Français, sous la conduite de Bonaparte. Alors la constitution qu'elle s'était donnée fut abolie et remplacée par une autre en 1797. En 1805, Napoléon réunit Lucques et Piombino, et en fit une principauté pour Bacciochi, son beau-frère. En 1815, les Autrichiens l'occupèrent, et le congrès de Vienne en accorda la souveraineté à l'infante Marie-Louise, fille de Charles IV d'Espagne et veuve du roi d'Etrurie, ainsi qu'à ses enfants, sous la condition que, s'ils rentraient en possession de Parme ou s'ils mouraient sans postérité, le nouveau duché passerait sous l'autorité du grand-duc de Toscane, sauf quelques districts qui seraient cédés à Modène. Marie-Louise ne prit les rênes du gouvernement qu'en 1818, après que la réversion de Parme lui eût été assurée. Elle mourut le 13 mars 1824, et eut pour successeur, dans le duché et dans ses prétentions sur Parme, son fils l'infant Charles-Louis-Ferdinand de Bourbon, né le 22 décembre 1799. Ce prince a épousé, en 1820, Thérèse, princesse de Sardaigne, qui lui a donné, le 14 janvier 1823, un fils, nommé Ferdinand. Sa sœur l'infante Louise, née en 1802, s'est mariée, en 1825, avec le prince Maximilien de Saxe.

LUCRATIF, IVE, adj., qui apporte du gain, du lucre.

LUCRE, s. m., gain, profit qui se tire de l'industrie, d'un négoce, d'un travail mercenaire, de l'exercice d'une charge, d'un emploi.

LUCRÈCE (LUCRETIA), dame romaine, épousa Collatin, parent de Tarquin, roi de Rome. Un jour que son époux était à table avec les fils de ce monarque, il peignit la beauté de sa femme avec des couleurs si brillantes, que Sextus, fils aîné de Tarquin, prit du goût pour elle. Collatin, l'ayant mené chez lui le même jour, il vit que le portrait n'était pas flatté, et son amour naissant devint une passion violente. Impétueux dans ses désirs, il se déroba quelques jours après du camp d'Ardée pour voir l'objet de ses vœux. Il se glissa pendant la nuit dans sa chambre, et menaça de la tuer, et avec elle l'esclave qui la suivait, afin que le cadavre de ce malheureux, placé auprès d'elle dans le même lit, fît croire que la mort de l'un et de l'autre avait été le châtiment de leur crime. Lucrèce succombe à cette crainte; et Sextus, après avoir satisfait ses désirs, la laisse dans l'amertume de la plus vive douleur. Elle fait appeler à l'instant son père, son mari et ses parents, leur fait promettre de venger son outrage, et s'enfonce un poignard dans le cœur, l'an 509 avant J.-C. Le fer sanglant dont elle s'était percée fut le signal de la liberté romaine. On convoque le sénat, on expose à ses yeux le corps de Lucrèce, et les Tarquins sont proscrits à jamais. Cette histoire prouve combien la foi conjugale était sacrée chez les anciennes nations, aussi longtemps que le luxe et la corruption des mœurs n'en altérèrent point les principes. On a souvent comparé Lucrèce à Suzanne; mais tout l'avantage de la comparaison est à celle-ci. L'une préféra la vie à la vertu, et s'en priva ensuite dans l'accès d'un inutile désespoir; l'autre aima mieux mourir et essuyer le reproche du crime que de le commettre.

LUCRÈCE (TITUS LUCRETIUS CARUS), poète et philosophe, naquit à Rome d'une ancienne famille, l'an 95 avant J.-C. Il fit ses études à Athènes, et c'est dans cette ville qu'il puisa les principes de la philosophie d'Epicure. Il fut le premier qui fit paraître dans Rome la physique, ornée des fleurs de la poésie; le poète philosophe adopta l'*infini* d'Anaximandre et les *atomes* de Démocrite. La tâche de concilier les principes de ces deux philosophes avec ceux d'Epicure, dans son poème *de Natura rerum*, en six livres. Son ouvrage est moins un

poème héroïque qu'une suite de raisonnements, quelquefois bons, mais plus souvent absurdes. Jamais homme ne nia plus hardiment la Providence, et ne parla avec plus de témérité de Dieu; il semble que son but n'ait été que de détruire l'empire de la Divinité et d'enlever à l'homme les consolations que lui présentent la religion et la raison saine, qui, par la vue et l'usage des créatures, fait remonter jusqu'au Créateur. Il croit l'en dédommager par la jouissance des plaisirs sensuels, annoncés dans l'invocation même de son poème, où il appelle Vénus la seule mère des plaisirs dont les hommes et les dieux puissent espérer de jouir. Cette brutale philosophie l'aveugla au point d'assurer que « les yeux n'étaient pas faits pour voir, mais qu'on s'avisait de voir parce qu'on avait des yeux. » Le poète ne vaut guère mieux que le philosophe. On a vu des littérateurs, épris de la doctrine d'Epicure, pousser l'enthousiasme jusqu'à préférer son chantre à celui d'Enée. Ce paradoxe n'est pas nouveau; un ancien s'en plaignait déjà: *Lucilium pro Horatio, Lucretium pro Virgilio legunt*. Il faut convenir que, pour cela, la corruption du goût ne suffit pas, il faut encore celle de l'esprit et du cœur. Quoique né avant Auguste, on prendrait Lucrèce pour un écrivain postérieur de trois siècles à Virgile, son style est dur, sa versification négligée, sa marche pénible et embarrassée. On a beau dire que « le pinceau de la poésie n'est pas fait pour les objets qu'il avait à peindre. » Cette excuse, imaginée par quelques-uns de ses partisans, est suffisamment réfutée par les *Géorgiques*, dont la nature est aussi didactique que celle du poème épicurien. Lucrèce se fit mourir à la fleur de son âge, à 42 ans, 52 avant J.-C., dans une frénésie causée, dit-on, par un philtre que lui donna sa maîtresse; mais, si l'on considère la multitude des suicides que la doctrine d'Epicure produit tous les jours parmi nous, on n'aura que faire de recourir au philtre. Il est d'ailleurs constant que sa tête était depuis quelque temps dérangée par une bile noire, fruit de ses longues méditations sur le désespérant système du néant. La première édition de son ouvrage, faite à Vérone en 1486, est recherchée. On encore celle *ad usum Delphini*, 1680, in-4°. M. de Pongerville a publié, en 1823, une traduction en vers de Lucrèce. Elle a obtenu des suffrages; nous n'osons cependant croire qu'on ait voulu les accorder aux ridicules dissertations dans lesquelles le traducteur essaie de laver Lucrèce du reproche d'athéisme.

LUCTUS (*myth. rom.*), le deuil personnifié, fils de l'Ether et de la Terre. Virgile le place à l'entrée des enfers.

LUCULLUS (LUCIUS LUCINIUS), de famille consulaire, naquit vers l'an 115 avant J.-C. Il montra de bonne heure des dispositions pour la philosophie et pour l'éloquence. Après avoir paru avec éclat dans le barreau, il fut fait questeur en Asie et préteur en Afrique. Il gouverna ces deux provinces avec beaucoup de justice et d'humanité. Ses premiers exploits militaires furent contre Amilcar, sur lequel il remporta deux victoires navales. Elevé au consulat et chargé de faire la guerre à Mithridate, il dégagea son collègue Cotta, que l'ennemi avait enfermé dans Chalcédoine, et remporta une victoire sur les bords du Granique, l'an 74 avant J.-C.; l'année d'après, il reprit la Bithynie, à l'exception de la ville de Nicomédie, où Mithridate s'était enfermé. Il détruisit dans deux journées une flotte que ce prince envoyait en Italie. Mithridate, désespéré de la perte de ses forces maritimes, se retira dans son royaume, où le vainqueur le poursuivit; les progrès de Lucullus furent d'abord assez lents, mais la fortune le seconda ensuite au-delà de ses espérances, et le dédommagea bien du danger qu'il avait couru d'être assassiné par un transfuge vendu à Mithridate; les troupes de ce prince, ayant attaqué dans un lieu désavantageux un convoi escorté par quelques milliers de Romains, furent entièrement défaites et dissipées; l'alarme fut si vive dans le camp de Mithridate, qu'il prit la fuite, et se réfugia chez son gendre Tigrane, roi d'Arménie, l'an 72 avant J.-C. Lucullus passa l'Euphrate, et vint fondre sur Tigrane, qui l'attendait avec une armée formidable; ce lâche monarque fut des premiers à tourner le dos, dès qu'il vit le général romain s'avancer fièrement à pied et l'épée à la main. En fuyant, il perdit son diadème, qui tomba entre les mains de Lucullus; le consul, avec une poignée d'hommes, lui tua ou lui prit 100,000 fantassins et presque toute sa cavalerie. La prise de Tigranocerte, capitale du royaume, suivit de près cette victoire; le roi d'Arménie avait transporté une grande partie de ses richesses dans cette ville; elles devinrent la proie du vainqueur. Le succès de Lucullus ne se soutinrent pas : il n'essuya personnellement aucune défaite, mais il aliéna l'esprit de ses soldats par trop de sévérité et de hauteur. Cicéron appuya, par sa belle oraison *Pro lege Manilia*, le vœu public, qui désignait Pompée pour le remplacer, et ce général vint effectivement lui ôter le commandement. Cependant le vainqueur de Tigrane, de retour à Rome, obtint les honneurs du triomphe. Sa vie fut depuis moins brillante, mais plus douce et plus tranquille. Il reconnut et il dit souvent à ses amis que « la fortune avait des bornes qu'un homme d'esprit devait connaître. » Livré à l'étude et au commerce des hommes les plus ingénieux et les plus polis de son siècle, il passait avec eux les jours entiers dans une riche bibliothèque qu'il avait remplie de livres précieux et destinés à l'usage de tous les savants. Il surpassa en magnificence et en luxe les plus grands rois de l'Asie qu'il avait su vaincre. Il avait plusieurs salons, à chacun desquels il donna le nom d'une divinité, et ce nom était, pour son maître-d'hôtel, le signal de la dépense qu'il voulait faire. Pompée et Cicéron l'ayant surpris un jour, il dit seulement qu'il soupérait dans le salon d'Apollon, et on leur servit un repas qui coûta 25,000 livres. Il se fâcha un jour très sérieusement contre son maître-d'hôtel, qui, sachant qu'il devait souper seul, avait fait préparer un repas moins somptueux qu'à l'ordinaire : «Ne savais-tu pas, lui dit-il, qu'aujourd'hui Lucullus devait souper chez Lucullus?» Ce fut lui qui apporta du royaume de Pont les premiers cerisiers que l'on ait vus en Europe. Il tomba en démence dans ses derniers jours, et mourut à l'âge de 67 à 68 ans, avec la réputation d'un homme qui égalait Sylla pour le mérite militaire, et le surpassait pour les vertus civiles. Il fut fils tendre, bon frère, père indulgent, ami sincère, maître généreux, excellent citoyen, général habile. Il se piquait de la plus grande droiture, et, malgré ses profusions, il eût été difficile de trouver dans l'ancienne Rome un homme d'une probité plus sévère.

LUDDISTES (*hist. angl.*). Il se dit des fauteurs d'un soulèvement populaire qui eut lieu en Angleterre au commencement du xixe siècle, et qui avait pour but de briser les métiers et les machines, sous prétexte que ces inventions nuisent à la main-d'œuvre.

LUDEWIG (JEAN-PIERRE), conseiller intime du roi de Prusse, chancelier du duché de Magdebourg, professeur en droit, né au château de Hohenhart, dans la Souabe, le 15 août 1668, mort le 7 septembre 1745, a beaucoup écrit en latin et en allemand. On a de lui : *Scriptorum rerum germanicarum*, Francfort et Leipsig, 1718, 2 vol. in-folio ; *Manuscripta omnis ævi, diplomata ac monumenta inedita*, 1720, 1740, 12 vol. in-8° ; la *Vie de Justinien et de Tribonien*, 1731 ; *Recueil des écrivains de l'histoire de l'évéché de Wurtzbourg*, Francfort, 1713, in-folio, en allemand : la plupart n'avaient pas encore été imprimés ; un *Recueil des écrivains de l'évéché de Bamberg*, 1718, in-folio. Ces recueils sont estimés et recherchés.

LUDGER (Saint), né vers l'an 743, d'une des premières maisons de Frise, fut mis de bonne heure, selon ses désirs, sous la conduite de saint Grégoire, disciple et successeur de saint Boniface, qui, prenant un soin particulier de son éducation et charmé des progrès que son élève faisait dans les sciences et la vertu, lui donna la tonsure cléricale. Ludger, voulant se perfectionner de plus en plus dans les connaissances propres à former son esprit et son cœur, passa en Angleterre, et suivit, pendant quatre ans et demi, le célèbre Alcuin, qui était à la tête de l'école d'York. Avare de son temps, il en partageait tous les moments entre les exercices de la religion et l'étude de l'Ecriture et des saints pères. En 773, il retourna dans sa patrie, et, saint Grégoire étant mort en 776, Albéric, son successeur, éleva Ludger à la dignité sacerdotale, et l'employa plusieurs années à prêcher l'Evangile dans la Frise ; le succès répondit à son zèle ; il convertit une multitude innombrable d'infidèles et de mauvais chrétiens, fonda plusieurs monastères, et bâtit de toutes parts des églises sur les ruines du paganisme ; mais, les Saxons étant venus fondre sur la Frise, il fut obligé d'interrompre ses travaux apostoliques et de quitter les pays. Pendant ce temps, il fit un voyage à Rome, afin de consulter le pape Adrien II sur le parti qu'il avait à prendre pour exécuter la volonté de Dieu. Il se retira au Mont-Cassin pendant trois ans, et pratiqua toutes les austérités de cette maison, sans y avoir fait néanmoins de vœux monastiques. Charlemagne ayant vaincu les Saxons et s'étant rendu maître de la Frise en 787, Ludger revint dans son pays et y continua ses missions. Il annonça l'Evangile aux Saxons, et en convertit un grand nombre. Il porta la lumière de la foi dans la Westphalie, et fonda le monastère de Werden, dans le comté de la Mark, en 802. Hildebaud, archevêque de Cologne, sacra Ludger

évêque de Mimigardeford, malgré la résistance de ce dernier. Ce fut alors que la ville de Mimigardeford prit le nom de Munster, du monastère que Ludger y bâtit pour les chanoines réguliers destinés à faire l'office divin dans la cathédrale. Le nouvel évêque joignit à son diocèse cinq cantons de la Frise, qu'il avait gagnés à J.-C. On lui fut encore redevable de la fondation du monastère de Helmstadt, dans le duché de Brunswick, qui depuis fut appelé de son nom. Doux et affable envers les pauvres, il était plein de fermeté et de résolution à l'égard des riches enflés de leurs trésors, et d'une rigueur inflexible envers les pécheurs impénitents. Dans tous les temps, la vertu eut des censeurs et des calomniateurs : aussi celle de Ludger n'en fut pas à l'abri. On le décria auprès de Charlemagne ; on lui reprocha qu'il ruinait son évêché, qu'il négligeait l'embellissement des églises de sa juridiction ; le prince donna dans le piège, et ordonna à Ludger de se rendre à la cour ; Ludger obéit ; le lendemain de son arrivée, un officier vint l'avertir que l'empereur l'attendait ; mais, comme il était occupé à dire son office, il répondit qu'il irait trouver le prince aussitôt qu'il aurait fini ; l'empereur le fit chercher jusqu'à trois fois, et dès qu'il fut arrivé, Charlemagne lui demanda avec un peu d'émotion pourquoi il le faisait attendre si longtemps : « Je sais, seigneur, dit-il, tout ce que je dois à votre majesté ; mais j'ai cru que vous ne trouveriez pas mauvais que Dieu eût la préférence ; quand on est avec lui, il faut oublier toutes les autres choses. D'ailleurs, en agissant de la sorte, je me suis conformé à vos intentions, puisqu'après m'avoir choisi pour évêque, vous m'avez commandé de préférer le service de Dieu à celui des hommes. » Cette réponse fit seule sa justification : l'empereur le traita avec distinction, et disgracia ceux qui avaient voulu le perdre. Ludger mourut en 809, après avoir exercé jusqu'au dernier moment les fonctions de l'apostolat.

LUDION (*ant. rom.*), sorte d'histrions qui venaient d'Etrurie et primitivement de Lydie.

LUDION (*phys.*), petite figure qui flotte dans une bouteille de verre pleine d'eau, et qui est construite de manière qu'on peut à volonté, sans y toucher, la faire monter ou descendre par l'effet de la pression de l'air.

LUDOLPHE ou **LUDOLF** (JOB), né en 1624 à Erfurt, mort à Francfort en 1704, s'appliqua à l'étude des langues avec un zèle infatigable. Il en savait vingt-cinq, et s'était particulièrement appliqué à celle des Ethiopiens. Ses principaux ouvrages sont : *Historia œthiopica*, Francfort, 1681, in-fol. On en publia en 1684 un abrégé en français ; un Commentaire sur cette histoire, 1691, in fol., en latin ; un Appendix pour le même ouvrage, 1693, in-4°, en latin. L'histoire des Ethiopiens, leur religion, leurs coutumes, sont développées dans ces différents écrits avec beaucoup d'érudition, mais peu d'exactitude ; *Fasta Ecclesiæ alexandrinæ*, Francfort, 1691, in-fol.

LUETTE, s. f., appendice charnu, qui pend au milieu du bord libre du voile du palais. La luette est spécialement formée par la membrane muqueuse ; un grand nombre de muscles lui sont communs, ce le voile ou avec la base de la langue. Elle est quelquefois relâchée au point de gêner la déglutition ; c'est ce qu'on appelle chute de la luette.

LUEUR, s. f., lumière faible ou affaiblie. Il s'ignifie figurément légère apparence.

LUGO, ville d'Espagne en Galice, capitale du district du même nom sur le Mino, que l'on y passe sur un pont de pierres, sur la grand'route de la Corogne à Madrid. Cette ville possède l'hôtel-de-ville et la cathédrale qui se distinguent par une admirable architecture. Elle fut fondée par Auguste, 76 ans avant l'ère chrétienne. On y voit encore ses anciennes et épaisses murailles.

LUGO (JEAN DE), jésuite, né à Madrid en 1583, mort à Rome en 1560, y enseigna la théologie avec succès pendant vingt ans. Le pape Urbain VIII le nomma cardinal en 1643. Cette dignité ne lui fit rien perdre de son humilité, de sa modestie, ni de son amour pour la pauvreté et la simplicité religieuse ; il ne souffrit jamais dans son palais aucun meuble brillant ou précieux. On a de lui un grand nombre d'ouvrages en latin, qu'on a recueillis en sept gros volumes in-fol. Ils traitent tous de la théologie scholastique et morale, et furent imprimés successivement à Lyon, depuis 1633 jusqu'en 1660. Le volume qui a été le plus lu par les théologiens est le troisième : *de Virtute et sacramento pœnitentiæ*, publié à Lyon en 1638, et réimprimé en 1644 et 1651. Ceux qui ont prétendu voir dans ses ouvrages le péché philosophique ont mis dans cette accusation une animosité qui prouve mieux l'esprit de parti dont ils étaient animés que l'erreur du cardinal, qui n'a jamais enseigné cette doctrine. Le cardinal de Lugo était fort charitable. A la mort de son père, il avait partagé sa succession, qui était considérable, entre les jésuites de Séville et ceux de Salamanque. Ce fut lui qui donna le premier beaucoup de vogue au quinquina, qu'on appela la poudre de Lugo, et que les Anglais appellent encore aujourd'hui la poudre des jésuites. Il la donnait gratuitement aux pauvres, et multipliait par là les occasions de s'assurer des propriétés de ce fébrifuge, qui se vendait alors très cher. Son frère aîné François de Lugo, jésuite comme lui, mort en 1652 à 72 ans, est auteur d'un Commentaire sur saint Thomas, en 2 vol. in-fol.; d'un Traité des sacrements, et de plusieurs Traités de théologie, 3 vol. in-4°.

LUGUBRE, adj. des deux genres, funèbre, qui marque, qui inspire une sombre tristesse.

LUI, pronom de la troisième pers. Il est du nombre singulier et presque toujours du genre masculin.

LUILLIER (MADELEINE), fille du président Jean Luillier, fut mariée à Claude Le Roux de Sainte-Beuve, conseiller du parlement de Paris. Ayant perdu son époux, elle quitta les délices du siècle, dont les suites sont si amères, et s'attacha à un bien plus solide et indépendant des événements humains. Après avoir fondé à Paris le monastère des religieuses ursulines du faubourg Saint-Jacques, elle les édifia par ses vertus, et y mourut en odeur de sainteté l'an 1628.

LUIRE, v. n., éclairer, jeter, répandre de la lumière. Prov., le soleil luit pour tout le monde, il est des avantages dont chacun a le droit de jouir. Luire se dit aussi des corps polis qui réfléchissent la lumière. Luire signifie figurément au sens moral, paraître, briller.

LUISANT, ANTE, adj., qui luit, qui jette quelque lumière. Il signifie aussi qui a quelque éclat, qui réfléchit quelque lumière. Luisant est quelquefois substantif masculin. Luisante s'emploie substantivement en Astronomie, pour désigner certaines étoiles qui brillent d'un éclat particulier.

LUITPRAND, roi des Lombards, succéda à son père Ansprand en 713. Il fut toujours lié d'amitié avec Charles-Martel, soumit Thrasimond, duc de Spolette, et mourut en 743. C'était un prince pieux et zélé pour la religion catholique. Il acheta pour une somme considérable le corps de saint Augustin, qui avait été transporté d'Afrique en Sardaigne, et le fit déposer à Pavie avec beaucoup de solennité et de magnificence.

LUITPRAND, ou LITOBRAND, diacre de Pavie, puis évêque de Crémone, fit deux voyages à Constantinople en qualité d'ambassadeur, l'un en 948, au nom de Bérenger II, roi d'Italie, avec qui il se brouilla à son retour; l'autre en 968, au nom de l'empereur Othon, auprès duquel il s'était retiré, après avoir été disgracié de Bérenger. Il fut l'interprète de cet empereur au concile de Rome de l'an 963. La meilleure édition des œuvres de Luitprand est celle d'Anvers en 1640, in-fol. Son style est dur, serré et très véhément. Il affecte de faire parade de grec, et de mêler des vers à sa prose. On y trouve une Histoire de ses Légations à Constantinople, et une Relation en six livres de ce qui s'était passé en Europe de son temps. Ses récits ne sont pas toujours fidèles; il est ou flatteur ou satirique.

LULAF (cult. relig.). Il se dit des guirlandes de myrte, de saule et de palmier, dont les juifs ornent leurs synagogues à la fête des tabernacles.

LULLE, en espagnol Lulio (RAIMOND), surnommé le Docteur illuminé, né à Palma, dans l'île de Majorque, en 1236, eut d'abord une vie très dissipée. Il se montra ensuite frère très fervent du tiers-ordre de Saint-François. Il s'appliqua avec un travail infatigable à l'étude de la philosophie des Arabes, de la chimie, de la médecine et de la théologie. Il alla ensuite annoncer les vérités de l'Evangile en Afrique, et fut assommé à coups de pierres en Mauritanie, le 29 mars 1315. Il est honoré comme martyr à Majorque, où son corps fut transporté. Il nous reste de lui un grand nombre de Traités sur diverses sciences, dans lesquels on remarque beaucoup d'étude et de subtilité, mais peu de solidité et de jugement. On lui a attribué jusqu'à la découverte du grand œuvre; et il se l'attribue lui-même, si le passage où il dit qu'il l'a apprise par révélation est réellement de lui. On a cru lui reconnaître des traits de ressemblance avec Paracelse et Corneille Agrippa; mais il ne mérite pas cette comparaison. Le P. Kircher, dans son Mundus subterraneus, prétend que, si Lulle a eu des travers, il ne faut pas douter qu'il n'en ait fait pénitence dans la vie austère et édifiante qu'il a menée

ensuite; qu'il avait résolu de brûler ses livres, mais que ses disciples les ont dérobés à cet acte de sagesse et de justice.

LULLI (JEAN-BAPTISTE), musicien, né à Florence en 1633, mort à Paris en 1687, vint de bonne heure en France. Louis XIV lui montra bientôt le cas qu'il faisait de son talent, en lui donnant l'inspection sur ses violons. On en créa même une nouvelle bande en sa faveur, qu'on nomma les petits-violons, par opposition à la bande des vingt-quatre, la plus célèbre alors de toute l'Europe. Lulli a fait dans la musique plusieurs innovations qui lui ont toutes réussi. Le caractère de la sienne est une variété merveilleuse, une mélodie et une harmonie qui enchantent. Lulli avait l'enthousiasme du talent, sans lequel on réussit toujours faiblement. Il savait ce qu'il valait dans son genre, et le faisait même trop sentir aux autres. On a de lui des opéras, des tragédies, des pastorales, des divertissements : outre ces pièces, il a encore fait la musique d'environ 20 ballets, et de plusieurs comédies de Molière; des trios de violons; plusieurs motets à grand chœur, etc.

LULLISME (phil.), système de Raymond Lulle. Le lullisme était un mélange de rhétorique et de cabale; il avait un double but : discourir de tout, sans rien savoir, et faire de l'or avec la plus vile matière. Rabelais se moque du lullisme qu'il appelle l'art de Lullins.

LUMBAGO (de lumbi, les lombes), douleur fixée dans la région lombaire (ou ce qu'on appelle vulgairement les reins), et qui provient ordinairement d'une affection rhumatismale fixée sur les muscles de cette partie. Aussi n'y a-t-il ni chaleur, ni rougeur, ni gonflement, mais seulement un endolorissement général de cette région, avec exacerbation du mal lorsque le malade veut se lever ou se redresser, ce qui fait qu'il est obligé de se tenir plié en avant quand la maladie a une certaine intensité. Quelquefois le lumbago survient sans cause appréciable, mais plus souvent il est le résultat de l'action d'un courant d'air frais sur la peau, de la flexion du corps longtemps prolongée, d'un mouvement brusque de torsion, ou d'un effort pour soulever un fardeau. On peut supposer, dans ces dernières circonstances, qu'il y a eu rupture de quelques fibrilles musculaires, ainsi que cela a lieu dans l'affection qu'on désigne vulgairement sous le nom de coup de fouet, et qui a lieu dans les muscles de la jambe. Toujours est-il que si un individu atteint de douleurs rhumatismales erratiques, fatigue ou distend outre mesure certains muscles, c'est là que le rhumatisme ira se fixer. Il est donc peu de lumbagos qui ne se compliquent d'un élément rhumatismal, au moins dans notre climat humide où beaucoup de personnes sont à l'abri de ce genre de douleurs. On administre au malade une tisane sudorifique (bourrache, tilleul, fleurs de sureau), on fait des frictions sur la partie douloureuse avec un liniment camphré et laudanisé, et l'on prescrit le repos. Si le mal résiste, une application de ventouses suffit ordinairement pour l'enlever. Dans les cas les plus opiniâtres on se trouve bien des bains chauds ou de vapeurs; des douches de même nature. Enfin, un moyen que j'ai vu réussir dans des lumbagos invétérés, et qui résistaient depuis longues années à divers traitements, c'est la mixture d'éther térébenthinée, connue sous le nom de gouttes de durande, et que l'on peut administrer à la dose d'un gramme à deux par jour, en deux ou trois fois, sur un morceau de sucre. Lorsque l'affection est légère, ou qu'il ne reste plus que de la raideur dans les muscles, il faut surmonter la sensation douloureuse que l'on éprouve lorsqu'on se lève et que l'on commence à marcher, car elle se dissipe bientôt, et subsisterait bien plus longtemps par un repos trop prolongé.
D. S.

LUMBRES, bourg et justice de paix du pas-de-Calais, sur la rivière d'Aa et la route royale de Saint-Omer à Boulogne. Ce lieu est connu dans l'histoire sous le nom de Laurentia. La voie militaire du septemvium à Sithiu le traversait anciennement. Dans un acte de 1216, il est fait mention d'un terrain qui s'étendait jusqu'aux portes de Lumbres, d'où il est permis de conclure que ce bourg était alors fortifié.

LUMAGUE (La vénérable mère MARIE DE), institutrice des Filles de la Providence, née à Paris, le 29 novembre 1599, morte le 4 septembre 1657, entra dans un couvent de capucines. La faiblesse de sa santé ne lui permettant pas d'y prononcer ses vœux, elle épousa, en 1617, François Pollion, qui fut nommé résident de France à Raguse. Devenue veuve, la duchesse d'Orléans lui donna la gouvernante de ses filles. Elle eut le bonheur de connaître saint Vincent de Paul, à l'établissement de la maison des Nouvelles Catholiques, que le maréchal de Turenne dota généreusement.

LUMIÈRE (*phys.*). On donne le nom de lumière au principe à l'aide duquel l'organe de la vue peut percevoir la forme et la couleur des corps. Ce principe, émané des corps lumineux, se propage en ligne droite dans tous les sens quand le milieu qu'il traverse est homogène, et change de direction dans un milieu hétérogène. La direction suivie par la lumière prend le nom de rayon lumineux. Toutes les fois que le point lumineux est très éloigné de nous comme l'est le soleil à l'égard de la terre, le faisceau de rayons est considéré comme formé de rayons parallèles. Les physiciens sont aujourd'hui partagés d'opinion sur la cause de la lumière. Deux systèmes principalement se partagent le plus grand nombre de partisans. Le premier est celui de Huyghens, le système des ondulations. Ce grand physicien admet l'existence d'un fluide très subtil, d'une nature éthérée, répandu dans l'espace et pénétrant dans les corps, mais éminemment élastique et dont la densité variait suivant la nature des corps. Il suppose en outre que les molécules des corps lumineux étaient dans un état continuel de vibration, et que leur mouvement vibratoire était transmis à la rétine par l'intermédiaire de la matière éthérée qui entrait elle-même en vibration. Huyghens compara la propagation de la lumière dans l'éther à celle du son dans l'air, ou d'un mouvement vibratoire imprimé à un fluide pondérable, avec cette différence néanmoins que la vitesse des oscillations de l'éther était infiniment grande, relativement à celle des molécules de l'air qui transmettent le son ou des molécules d'un fluide pondérable. Le second système celui de l'émission de Newton, est contraire à celui d'Huyghens. Suivant ce grand philosophe, les objets lumineux projettent dans tous les sens des molécules d'une ténuité extrême, dont les différentes faces ne jouissent pas des mêmes propriétés. Il admet encore que les molécules obéissaient à l'action de forces attractives et répulsives résidant dans tous les corps, et ne se manifestant qu'à une très petite distance de leur surface. Ajoutons que la théorie des ondes compte aujourd'hui un bien plus grand nombre de partisans que celle de l'émission. Nous allons maintenant passer en revue les propriétés de la lumière. On croyait autrefois que la lumière se transmettait instantanément de l'objet éclairé à l'œil; mais on sait aujourd'hui que la lumière emploie près de 7 minutes pour nous parvenir du soleil. La vitesse est donc de 70,000 lieues par seconde. L'intensité de la lumière, émanée d'un point lumineux, décroît comme le carré de la distance augmente; c'est sur cette loi fondamentale que reposent tous les procédés de photométrie. Lorsqu'un rayon de lumière tombe sur une surface polie, telle que celle d'un miroir, il se réfléchit en faisant un angle de réflexion égal à l'angle d'incidence; le rayon incident et le rayon réfléchi sont situés dans un plan normal à la surface réfléchissante au point de réflexion. Pour expliquer ce phénomène, Huyghens admet que lorsque le mouvement ondulatoire des molécules de l'éther arrive à la surface d'un corps réfléchissant, qui est également la surface de séparation de deux portions de l'éther n'ayant pas la même densité, une portion de ce mouvement revient du même côté de la surface, et produit la réflexion de la lumière. Nous parlerons au mot *optique* des diverses manières dont les miroirs réfléchissent la lumière. Toutes les fois qu'un rayon lumineux passe d'un milieu dans un autre, il est dévié de sa direction, on dit alors qu'il est réfracté. La déviation dépend de la densité plus ou moins grande du nouveau milieu dans lequel passe le rayon, de la nature du corps réfringent et du degré d'obliquité d'incidence du rayon. Voici les lois de ce phénomène. Le rayon réfracté et le rayon incident sont dans un plan perpendiculaire à la surface; le sinus de l'angle d'incidence et le sinus de l'angle de réfraction sont dans un rapport constant pour la même substance réfringente, et quelle que soit l'incidence. C'est par les lois de la réfraction que l'on explique les phénomènes du mirage et de la réfraction astronomique. Dans l'acte de la réfraction, les rayons éprouvent des modifications particulières. Si l'on introduit par l'ouverture d'une chambre obscure un faisceau de rayons lumineux, et qu'on reçoive ce faisceau sur un carton, il y forme une image ronde blanche; mais si avant de le recevoir sur ce carton, on le fait tomber obliquement sur la face d'un prisme triangulaire en verre, les phénomènes sont changés, le faisceau paraît brisé par le prisme, rejeté vers la base, et au lieu de donner une image circulaire blanche, il présente une image oblongue colorée des belles couleurs de l'arc-en-ciel. Cette image qui a reçu le nom de spectre solaire est due d'après Newton à ce qu'un faisceau de rayons de lumière blan-

che peut être considéré comme formé par la réunion de rayons de diverses couleurs. Le spectre solaire paraît formé de sept teintes principales, qui sont : le rouge, l'orangé, le jaune, le vert, le bleu, l'indigo, le violet. Le rouge est la couleur produite par les rayons les moins réfrangibles, et le violet par les rayons les plus réfrangibles. La réunion de toutes les couleurs forme le blanc; on peut facilement le prouver en réunissant à l'aide d'un miroir courbe toutes les parties de l'image du spectre en un seul point. La vision est due à l'action de la lumière sur la rétine, qui communique un ébranlement au nerf optique d'où résulte la sensation de la lumière comme l'explication de ce phénomène repose entièrement sur la connaissance de la structure de l'organe de la vision. Nous renvoyons au mot *œil*.   J. P.

LUMIGNON, s. m., bout de la mèche d'une bougie, d'une chandelle ou d'une lampe allumée. Il signifie aussi ce qui reste d'un bout de bougie ou de chandelle qui achève de brûler.

LUMINAIRE, s. m., corps naturel qui éclaire. Luminaire se dit aussi collectivement des torches et des cierges dont on se sert à l'église pour le service divin.

LUMINEUX, EUSE, adj., qui a, qui jette de la lumière. Lumineux se dit figurément de l'esprit et des productions de l'esprit.

LUNAIRE, adj. des 2 g., qui appartient à la lune. Cadran lunaire, cadran qui marque les heures par le moyen de la lune.

LUNAISON, s. f., le temps qui s'écoule depuis le commencement de la nouvelle lune jusqu'à la fin du dernier quartier.

LUNATIQUE, adj. des 2 g., qui est soumis aux influences de la lune. Il se dit figurément et familièrement pour fantasque et capricieux. Il se prend quelquefois substantivement soit au propre, soit au figuré, et alors il ne se dit guère que des personnes.

LUND, place forte et ville épiscopale dans le Malmœhuslœn en Suède, remarquable surtout par son université qui a été fondée en 1666 et qui compte toujours de 6 à 700 étudiants. A cette institution, se rattachent un séminaire pour les prédicateurs, une bibliothèque de 30,000 volumes et de 1,000 manuscrits, un cabinet d'histoire naturelle, un médailler, une collection de modèles, un cabinet de physique, un observatoire, un jardin botanique, un amphithéâtre d'anatomie. Plusieurs particuliers possèdent en outre d'importantes collections. La population de Lund ne s'élève pas beaucoup au dessus de 4,000 âmes. Ses habitants cultivent le tabac et la garance, entretiennent des fabriques de draps, de sucre, de cuir, et font un commerce maritime considérable. Parmi les édifices publics se distingue la cathédrale avec une chapelle souterraine. Dans le voisinage de la ville, s'élève le Lybershügel, célèbre dans l'ancienne histoire de la Suède, parce que là se faisaient les élections des rois de Skœne ou Schonen.

LUNDI, s. m., le second jour de la semaine. Pop., faire le lundi, continuer le lundi l'oisiveté du dimanche.

LUNE, (*ast.*), planète secondaire qui accompagne la terre et autour de laquelle elle décrit une orbite elliptique dans une durée de vingt-sept jours. Les phénomènes que nous présente cet astre sont très variés. Sa lumière est plus pâle que celle du soleil; on n'en reçoit aucune chaleur sensible. Elle éprouve dans son étendue et dans son éclat des changements périodiques auxquels on a donné le nom de phases. Si l'on observe la lune lorsqu'elle *passe* au méridien au milieu de la nuit, son disque paraît entièrement lumineux, sa forme est arrondie et brillante; alors elle se lève quand le soleil se couche et réciproquement. Si on continue de l'observer pendant plusieurs jours, on la voit peu à peu perdre de sa lumière. La partie éclairée de son disque diminue de largeur; en même temps elle se lève plus tard; et lorsque son disque est réduit à un demi-cercle, elle ne paraît plus que pendant la dernière moitié de la nuit. Quelques jours après, ce n'est plus qu'un croissant, dont les pointes sont tournées vers l'Occident, c'est-à-dire, vers le côté du disque le plus éloigné du soleil. Alors, elle ne se lève que peu d'instants avant cet astre; le croissant diminue de jour en jour, la lune devient tout-à-fait obscure : elle se lève avec le soleil; et on cesse de l'apercevoir. Après avoir été invisible pendant trois ou quatre jours, elle reparaît le soir à l'Occident par le temps après le coucher du soleil; ce n'est d'abord qu'un filet de lumière, qui s'agrandissant peu à peu, prend en quelques jours la forme d'un croissant, dont les pointes sont tournées à l'Orient, c'est-à-dire du côté opposé au soleil. Les jours suivants, la lune s'éloigne de plus en plus du soleil, son disque s'agrandit et elle reprend enfin sa forme arrondie et brillante, pour diminuer de nouveau et représenter successivement et dans le même ordre les mêmes phénomènes. La période de ces phases est d'environ vingt-neuf jours et demi. Ces phénomènes, bien avant qu'on ait pu les expliquer, offraient un grand intérêt au temps, qu'on ne doit pas s'étonner de voir, dès l'enfance des sociétés, les phases de la lune servir à régler les assemblées, les sacrifices, les exercices publics, enfin le Calendrier. Le mois des anciens n'est que cet intervalle de temps écoulé entre deux nouvelles lunes, que l'on appelle aussi lunaison ou révolution synodique de la lune. En grec les mots lune, μήνη, et mois, μήν, μηνος ont une analogie marquée. Cependant la nature même de ces changements devait bientôt conduire les premiers observateurs à la connaissance de leur cause, car on ne pouvait raisonnablement s'en rendre compte, qu'en supposant que la lune est un corps opaque obscur par lui-même et qui brille d'un éclat étranger. Il était en effet impossible d'admettre que son disque est à moitié obscur et à moitié lumineux, et qu'il nous présente successivement chacune de ses moitiés, puisque lorsque ce disque n'est qu'en partie lumineux, la partie obscure n'est pas tout-à-fait invisible, elle est encore éclairée d'une faible lumière qu'on nomme lumière cendrée, et qui permet d'y remarquer les mêmes sinuosités et les mêmes taches que dans les instants où la lune est entièrement lumineuse. Il devenait donc évident par l'observation que la lune nous présente toujours la même face et que les variations de ses phases résulte de ses différentes positions à l'égard du soleil dont elle ne fait que nous réfléchir la lumière. Lorsque cet astre est complètement lumineux et qu'il passe à minuit au méridien, le soleil est sous l'horizon au méridien opposé. Lorsque au contraire la lune et le soleil se lèvent en même temps sur l'horizon, la lune étant toujours nécessairement tournée vers le soleil, elle nous présente sa face obscure et nous ne l'apercevons pas; c'est alors nouvelle lune. Dans toutes les autres positions intermédiaires elle nous présente des parties plus ou moins considérables de sa surface éclairée, ce qui lui donne successivement les formes d'un croissant, d'un demi-cercle, etc. Si l'orbite de la lune était dans le même plan que celle du soleil, ou que l'écliptique, il y aurait nécessairement interception des rayons solaires par le globe terrestre, et la lune devrait cesser d'être visible pendant tout le temps qu'elle mettrait à traverser le cône d'ombre projeté par la terre dans l'espace. Dans le cas contraire elle devrait à son tour nous intercepter les rayons solaires, et faire disparaître le soleil à nos regards pendant quelques instants. Ces phénomènes, connus sous le nom d'éclipses, devraient donc se présenter à chaque pleine lune et à chaque nouvelle lune, tandis qu'ils n'arrivent qu'à des époques éloignées. Ainsi l'orbite de la lune doit se trouver dans un plan différent de celui de l'écliptique. Les observations ont prouvé que le plan de l'orbite lunaire forme avec celui de l'écliptique un angle de 5° 8' 48". Cet angle, que l'on nomme l'inclinaison de l'orbe lunaire, est sujet à de petites variations en plus et en moins, qui nous apprennent que l'orbite lunaire n'a point une position fixe dans l'espace. On donne le nom de nœuds aux deux points où l'orbite de la lune coupe le plan de l'écliptique, et particulièrement nœud ascendant à celui où la lune passe pour aller du sud au nord de l'écliptique, et de nœud descendant, à celui qu'elle traverse pour aller du nord au sud. Les astronomes marquent le premier par le signe ☊, et le second par le signe ☋. Les éclipses ne peuvent avoir lieu que lorsque la lune se trouve dans ces nœuds, ou du moins très près, aux époques où elle est pleine ou nouvelle. Les phases de la lune reçoivent diverses dénominations d'après les distances angulaires qui ont lieu entre le soleil et la lune à leur apparition. Ainsi on nomme opposition, le moment de la pleine lune, et conjonction, celui de la nouvelle. L'opposition et la conjonction se nomment ensemble les syzigies; quand la lune est éloignée d'environ 90° du soleil ou de la moitié de la distance qu'il y a entre la conjonction et l'opposition, on dit qu'elle est dans son premier quartier; lorsqu'elle est à la moitié de la distance entre la conjonction et l'opposition, on dit qu'elle est dans son dernier quartier : le premier et le dernier quartier se nomment ensemble les quadratures. On donne encore le nom d'octans aux quatre positions intermédiaires situées à égales distances des syzigies et des quadratures. La lune est celui de tous les astres dont les mouvements sont les plus irréguliers, ou du moins celui dont les irrégularités sont les plus sensibles. Nous ne pouvons ici qu'indiquer les points principaux de sa théorie.

L'orbite que la lune décrit autour de la terre est une ellipse, variable dans ses dimensions, dont la terre occupe l'un des foyers. Elle la parcourt dans une période moyenne de 27 j. 7 h. 43' 11" 5; c'est ce que l'on nomme sa révolution sidérale. Comme pendant cet espace de temps, le soleil, par son mouvement propre apparent, s'est avancé sur l'écliptique dans le même sens que la lune, il faut pour que la lune puisse le rattraper et redevenir nouvelle, qu'elle décrive en sus d'une circonférence entière de la sphère céleste, l'arc excédant décrit par le soleil. Cette révolution d'une nouvelle lune à une autre nouvelle lune exige donc plus de temps que la révolution sidérale; sa durée moyenne est en effet de 29 j. 12 h. 44' 2", 8. On la nomme révolution synodique. Nous avons dit que l'orbite lunaire n'était point fixe dans l'espace, et ceci est une conséquence naturelle du mouvement de translation de la terre autour du soleil; mais les variations de cette orbite ne résultent pas seulement de ce qu'elle est emportée par la terre, que la lune est forcée de suivre, elle éprouve encore dans ses dimensions et dans l'inclinaison de son plan par rapport à celui de l'écliptique, des changements nombreux qui rendent le cours de la lune très difficile à suivre et sa théorie très compliquée. D'abord, si l'on observe de mois en mois les points où l'écliptique est coupée par la lune, on trouve que les nœuds de son orbite sont dans un état continuel de rétrogradation sur l'écliptique, ou qu'ils ont un mouvement en sens inverse du mouvement apparent de la sphère céleste. Ce mouvement présente une vitesse moyenne de 3' 10", 6 par jour, de sorte que dans une période de 6793 j., 39 solaires moyens, environ dix-huit ans $\frac{6}{12}$ le nœud ascendant a parcouru la circonférence entière de l'écliptique. Si ce mouvement était uniforme, il suffirait de connaître, par l'observation, la position ou la longitude des nœuds de la lune à une époque déterminée pour pouvoir en déduire cette longitude pour une autre époque quelconque; mais il est sujet à plusieurs inégalités et se ralentit en outre de siècle en siècle. Ce déplacement des nœuds nous montre que l'orbite de la lune n'est pas rigoureusement une ellipse rentrant sur elle-même, et nous la fait apparaître comme une espèce de spirale indéfinie. Sans tenir compte de cette circonstance, l'axe de l'ellipse change sans cesse de direction dans l'espace, de manière que la distance de la lune à la terre varie suivant une loi qui ne s'accorde pas exactement avec celle du mouvement elliptique. Ce phénomène, connu sous le nom de révolution des apsides de la lune, s'effectue dans une période de 3232 j. 5753, c'est-à-dire que l'axe de l'orbite lunaire décrit environ dans 9 années, une révolution complète dirigée dans le même sens que le mouvement propre de la lune. L'effet sensible de cette révolution est de faire continuellement changer le lieu de l'apogée et celui du périgée de l'orbite lunaire; changement qui n'est point uniforme, mais dont les irrégularités ne deviennent sensibles que dans un grand intervalle de temps. Le mouvement apparent de la lune sur la sphère céleste se trouve donc compliqué de plusieurs mouvements particuliers, et pour s'en former une idée distincte, il faut considérer cet astre comme décrivant autour de la terre une ellipse qui a un double mouvement de révolution; l'un dans son propre plan et en vertu duquel le grand axe tourne autour de son centre de l'ouest à l'est, l'autre d'oscillation du plan lui-même. Les irrégularités qui résultent de cette combinaison de mouvements ont été entrevues de tout temps par les astronomes. On a donné aux quatre principales les noms d'équation d'évection, de variation et d'équation annuelle. Nous allons les exposer successivement, et expliquer comment on peut fixer à l'avance la marche de la lune malgré sa bizarrerie et son irrégularité. L'équation de l'orbite ou l'équation du centre, n'est que la différence entre le mouvement inégal de la lune dans son orbite elliptique et le mouvement moyen, égal et uniforme, qu'on lui suppose dans une orbite circulaire pour pouvoir trouver son lieu vrai. Nous avons exposé au mot anomalie, comment on peut passer du mouvement circulaire au mouvement elliptique en cherchant l'anomalie vraie au moyen de l'anomalie moyenne : or, la différence de ces anomalies est précisément ce qu'on nomme l'équation de l'orbite. C'est la quantité qu'il faut ajouter ou retrancher de l'anomalie moyenne pour avoir l'anomalie vraie. Pour la lune, la plus grande équation de l'orbite est de 6° 17' 54", 5. L'évection est une inégalité qui affecte l'équation de l'orbite et qui la rend plus petite qu'elle ne devrait l'être vers les syzigies, et plus grande vers les quadratures. Elle résulte du changement de dimension de l'orbite lunaire et particulièrement des variations de l'excentricité qui, entrant comme partie constituante dans le calcul de l'anomalie vraie, rend cette anomalie variable. Après une longue série d'observations, on a trouvé qu'on peut assez bien représenter cette inégalité en la supposant égale au sinus du double de la distance angulaire du soleil à la lune, moins la distance de la lune à son périgée. Son maximum est de 1° 18′ 2″, 4. L'évection a été découverte par Ptolémée, c'est ce que l'on nomme seconde inégalité de la lune. La variation, ou troisième inégalité de la lune, a été découverte par Tycho-Brahé, elle disparait dans les syzigies et dans les quadratures, et elle est la plus grande possible dans les octans; sa valeur est alors de 1° 18′ 2″, 4. C'est une inégalité dont la période est d'une demi-révolution synodique; elle est proportionnelle au sinus du double de la distance angulaire de la lune au soleil. L'équation annuelle, dont le maximum est de 11′ 15″, 9, est la dernière des inégalités que les observations seules ont fait découvrir; elle fut indiquée par Tycho-Brahé, et suit exactement la même loi que l'équation du centre du soleil, avec un signe contraire. L'évection, la variation et l'équation annuelle auraient été pendant bien longtemps les seules inégalités connues du mouvement de la lune, si la théorie n'était venue au secours de l'observation pour démêler d'abord les causes des phénomènes, et pour faire découvrir d'autres inégalités, qui, par leur complication et leur petitesse, devaient paraître insensibles. Parmi ces dernières, qu'on doit considérer comme autant de corrections à faire aux précédentes, il en est une qu'on nomme l'équation séculaire, et dont la découverte, due à Laplace, a beaucoup contribué aux perfectionnements des tables lunaires. Les autres se nomment perturbations. Lorsqu'on a dressé des tables de toutes ces inégalités, le lieu de la lune à un instant donné se trouve aussi facilement que celui du soleil. On suppose à la lune un mouvement régulier et circulaire qui donne le mouvement moyen et le lieu approché, puis on corrige ce lieu en lui ajoutant l'équation du centre, l'évection, la variation, l'équation annuelle, l'équation séculaire et les perturbations, et l'on obtient le lieu vrai ou la longitude de la lune. Si la lune n'était soumise qu'à la force attractive de la terre et qu'aucune autre force ne vînt la troubler dans l'ellipse que cette force centrale lui ferait décrire, il suffirait de l'équation du centre pour réduire le mouvement circulaire égal et uniforme, qu'on prend pour point de départ, au mouvement réel elliptique, et aucune des inégalités dont nous venons de parler ne pourrait se manifester, mais l'attraction étant universelle et réciproque entre tous les corps matériels, la lune ne subit pas seulement l'action de la terre, elle éprouve encore celle du soleil et des planètes, et cette dernière, selon qu'elle agit dans le même sens, ou dans un sens opposé de la première, rapproche ou éloigne la lune de la terre, et change conséquemment la forme de son orbite. C'est en considérant toutes les circonstances des diverses positions que peuvent prendre entre eux les corps de notre système solaire que la théorie peut devancer l'observation et donner la construction systématique de ce système par l'équilibre des corps célestes, mais ce grand problème est bien loin d'être résolu, ce n'est jusqu'ici qu'en faisant concourir l'observation avec les résultats fragmentaires obtenus de la loi newtonienne, qu'on peut perfectionner les tables de la lune et représenter ses mouvements d'une manière sinon exacte, du moins assez approchée pour la pratique. Outre sa révolution autour de la terre, la lune tourne encore sur son axe d'Occident en Orient, et elle emploie à faire cette révolution exactement le même temps qu'elle emploie pour sa révolution tropique. C'est ce qui est cause qu'elle nous présente toujours la même face : en effet, il est impossible qu'un homme, par exemple, parcoure la circonférence d'un cercle, en tenant constamment le visage tourné vers le centre, sans faire en même temps un tour sur lui-même. L'axe de la lune fait avec le plan de l'écliptique un angle de 88° 29′ 49″, et il en résulte que les pôles lunaires deviennent alternativement visibles et invisibles pour nous, selon les diverses positions que cet astre occupe au-dessus ou au-dessous de l'écliptique. C'est ce phénomène qu'on appelle libration en latitude. La lune étant tantôt plus près et tantôt plus éloignée de la terre, doit nous paraître tantôt plus grande et tantôt plus petite; et en effet, son diamètre apparent varie avec sa distance; ses valeurs sont :

Plus grand diamètre apparent. . . . . 33′ 31″, 1
Moyen diamètre apparent. 31 26, 5

Plus petit diamètre apparent. 29 21, 9
La forme de la lune est celle d'un sphéroïde aplati vers ses pôles, dont le rayon moyen est égal à 0,273 ou $\frac{3}{11}$, en prenant le rayon moyen de la terre pour unité. Si nous supposons ces deux corps sphériques, le rapport de leurs volumes sera égal au cube du rapport de leurs rayons, c'est-à-dire à $\frac{27}{1331}$, ou $\frac{1}{49}$, d'où il résulte que le volume de la lune est environ la quarante-neuvième partie de la terre. On a trouvé par la théorie de l'attraction, que la masse de la lune est $\frac{1}{68,4}$ celle de la terre étant prise pour unité. Ce rapport est beaucoup au-dessous de $\frac{1}{49}$. La masse de la lune comparée à celle de la terre, n'est donc point dans la proportion de son volume, et par conséquent sa densité est moindre que celle du globe terrestre. Cette densité est donc $\frac{49}{68,4}$, ou à peu près les trois quarts de la densité de la terre. Quoique nous ne connaissions qu'un peu plus de la moitié de la surface de la lune, la constitution physique de cet astre est beaucoup mieux connue que celle d'aucun autre corps céleste. La force qu'elle présente constamment à la terre est couverte d'un nombre considérable de montagnes, dont quelques-unes n'ont pas moins de 2800 mètres de hauteur, élévation prodigieuse pour une si petite planète. Ces montagnes sont presque toutes exactement circulaires et présentent des caractères volcaniques, mais il n'est pas bien constaté qu'on ait vu sortir des flammes de leurs cratères, quoique ce fait ait été annoncé par quelques observateurs. La surface de la lune présente encore de vastes régions parfaitement de niveau, et dont le terrain est semblable à nos terrains d'alluvion ; ces parties plus obscures que les autres ont reçu le nom de mers, quoique leurs apparences soient inconciliables avec l'existence d'une eau profonde. Rien sur cette planète singulière n'indique l'apparence d'une végétation, ni d'aucunes modifications dues à l'influence des saisons, et malgré toutes les hypothèses faites sur son atmosphère, on n'a jamais vu de nuages circuler sur son disque. Si la lune est habitée, les êtres qui s'y trouvent n'ont point d'analogues parmi ceux que nous pouvons concevoir, car sans air, sans eau et sans végétation la vie animale n'est pas possible. La lumière que nous réfléchit la lune n'est accompagnée d'aucune chaleur sensible, non-seulement dans l'état où elle nous arrive, mais encore étant concentrée dans un très petit espace par le moyen d'un miroir concave. Ce que l'on nomme lumière cendrée, n'est que la lumière du soleil réfléchie par la terre sur la lune, car la terre vue de la lune présente tous les phénomènes des phases, et de même que nous avons clair de lune, la lune a aussi clair de terre. **W.**

LUNEBOURG. Cette ancienne principauté de la Basse-Saxe forme aujourd'hui un gouvernement du royaume de Hanovre. Son étendue est de 204 milles carrés géographiques, y compris la partie du Lauenbourg qui appartient à cet état; sa population est de 275,500 habitants professant presque tous la religion protestante. Ce pays est arrosé par l'Elbe et ses affluents, l'Iertze, l'Ilmenau avec la Lübe et la Seeve, ainsi que par l'Aller qui reçoit l'Oker, la Fuse, la Leine et la Bœhme, et appartient au bassin du Weser. Il forme une plaine peu fertile, coupée de collines et s'abaissant graduellement vers l'Elbe. Il est assez bien cultivé sur les bords des rivières, dans les environs de Lüchow et d'Ulzen, où l'on récolte du lin de bonne qualité ; mais partout ailleurs, ce n'est qu'une lande à perte de vue, couverte de vastes tourbières et de forêts de pins, où l'on élève une espèce particulière de brebis et beaucoup d'abeilles. Cependant la charrue commence à y pénétrer, et l'on peut croire qu'avant peu elle produira autre chose que des genévriers, des myrtilles et des aireilles. Les rives de l'Elbe et de ses affluents sont au contraire regardées comme une des parties les plus fertiles, les plus riches et les plus peuplées de l'Allemagne. Les habitants s'y livrent à l'éducation des animaux et au jardinage plus encore qu'à la culture des terres, mais les digues qui arrêtent les débordements du fleuve exigent d'énormes frais d'entretien. Parmi les richesses minérales de ce pays, on doit mentionner le sel, dont il existe plusieurs sources près de Lunebourg et à Sülze, et le pétrol qu'on recueille à Edemissen. La route du commerce entre Hambourg et l'intérieur de l'Allemagne traverse cette principauté, qui ne possède ni manufactures ni fabriques importantes, quoique ses habitants s'occupent activement du filage et du tissage du lin, du tricotage des bas et de la confection d'ouvrages en bois. Lunebourg, capitale de la principauté, où les ducs de Brunswick-Lunebourg résidèrent jusqu'en 1389, est bâtie sur l'Ilmenau, à 3 milles de son confluent. On évalue sa population à 12,400 habitants. A l'extrémité occidentale de cette ville s'élève le Kalkberg, colline de gypse, aujourd'hui exploitée, sur laquelle avait été construits dans le xᵉ siècle, le couvent de Saint-Michel et une forteresse. Lunebourg possède un gymnase, deux bibliothèques, une fabrique de sucre, etc. On y fait un commerce assez considérable, non seulement des riches salines et des carrières du pays, mais de lainages, de fil, de cire, de miel, de lamproies, etc. Cependant son commerce d'expédition est plus important encore.

LUNEL, ville de France, chef-lieu de canton du département de l'Hérault. Elle est située sur le canal de Lunel, non loin de la rive droite de la Vidourle. Son commerce consiste en vin muscat, eau-de-vie, liqueurs, farines et laines. 6,260 habitants.

LUNELS, (blason.) Il se dit de quatre croissants appointés qui forment une espèce de rose à quatre feuilles. Les lunels se trouvent particulièrement sur les écus des Espagnols et des Portugais.

LUNETTE, (diop.), instrument d'optique, composé d'un ou de plusieurs verres, qui a la propriété de faire voir distinctement des objets qu'on n'apercevrait que confusément, ou même point du tout, à la vue simple. Les lunettes les plus simples sont celles que l'on nomme bésicles ; elles sont composées d'un seul verre pour chaque œil. Les lunettes à plusieurs verres, ou lunettes d'approche, ne s'emploient généralement que pour un seul œil ; elles se composent d'un tube aux extrémités duquel sont placés des verres lenticulaires. Les grandes lunettes d'approche prennent encore le nom de télescopes ; cependant cette dernière dénomination ne s'applique, en français, qu'aux instruments formés par des miroirs. L'invention des bésicles, assez généralement attribuée à Roger Bacon, paraît être plus ancienne et semble remonter au milieu du xiiᵉ siècle, mais celle des lunettes d'approche est beaucoup plus récente ; elle ne date que du commencement du xviiᵉ. Ce fut, dit-on, le hasard qui les fit découvrir à un fabricant d'instruments d'optique de Midlebourg, nommé Jansen. Galilée raconte, dans le Nuncius sydereus, publié au mois de mars 1610, que le bruit s'étant répandu qu'un Hollandais avait construit une lunette, par le moyen de laquelle les objets éloignés paraissaient très proches, il en chercha la raison et parvint à en faire une semblable. Ayant placé aux deux extrémités d'un tube de plomb, deux verres plans d'un côté et sphériques de l'autre, mais dont l'un avait un côté concave et l'autre un côté convexe, il vit les objets trois fois plus près qu'à la vue simple. Galilée s'occupa activement alors à perfectionner cette invention, à laquelle il dut ensuite ses plus curieuses découvertes astronomiques. On a nommé cette espèce de lunette télescope de Hollande ou de Galilée, à cause de son origine. Dans toutes les lunettes d'approche, le verre qui recueille immédiatement la lumière de l'objet se nomme verre objectif, les autres prennent le nom d'oculaires, et sont comptés en partant de l'objectif et venant à l'œil : premier oculaire, second oculaire, etc. La lunette de Galilée n'a qu'un seul oculaire, c'est, comme dans toutes les lunettes inventées depuis, un verre de divergence, dont le foyer est très rapproché, tandis que l'objectif est un verre de convergence. Ces verres doivent être disposés de manière que l'image renversée des objets, produite par l'objectif n'atteigne pas tout-à-fait le foyer postérieur de l'oculaire ; cette image se trouve alors redressée par l'oculaire, et l'on aperçoit les objets tels qu'ils sont réellement, mais plus grands. L'espace que l'on peut embrasser en regardant à travers une lunette, et qui est nécessairement circulaire, se nomme le champ de la lunette : on mesure ce champ par l'angle sous lequel l'œil simple l'apercevrait. Quant au grossissement des objets il est égal, pour leur diamètre apparent, au rapport de la distance focale de l'objectif à la distance focale de l'oculaire. Le champ de la lunette de Galilée étant très petit, cet instrument ne peut servir à de très grands grossissements, c'est ce qui fait qu'elle ne s'emploie maintenant que comme lunette de poche. Képler construisit ses télescopes en employant pour oculaire un verre de convergence d'un foyer très rapproché. Comme ce dernier verre ne redresse pas l'image renversée produite par l'objectif, il s'ensuit qu'avec ce télescope, le meilleur encore de ceux qu'on connaisse maintenant, on voit les objets

renversés ; ce qui, du reste, est parfaitement indifférent pour les observations astronomiques. On ne peut obtenir un grossissement très considérable, qu'en donnant à la lunette une longueur incommode. Pour redresser les objets dans le télescope de Képler, il suffit de placer entre l'objectif et l'oculaire d'autres verres convexes. La lunette prend alors le nom de lunette terrestre. Elle fut inventée au commencement du xviiᵉ siècle par le jésuite Rheita. La théorie de tous ces instruments est fondée sur celle des verres lenticulaires et ne présente aucune difficulté.

Lunette convexe, lunette qui grossit les objets; lunette concave, lunette qui diminue les objets; lunette achromatique, lunette qui laisse voir les objets sans couleur étrangère, sans iris. Lunettes, au pluriel, se dit de deux verres de lunette assemblés dans une même enchâssure, de manière à pouvoir être placés au devant des deux yeux. Lunettes, au pluriel, se dit par extension, des petits ronds de feutre qu'on met, dans les manèges, à côté des yeux des chevaux ombrageux, pour les monter plus facilement. Lunette, en architecture, petit jour réservé dans le berceau d'une voûte. Lunette en terme de fortification, petite demi-lune. Lunette, en horlogerie, la partie de la boîte d'une montre dans laquelle on place le verre. Lunette signifie aussi l'ouverture ronde du siège d'un privé, ou d'une chaise percée. Lunette se dit encore de cet os fourchu, qui est au haut de l'estomac d'un poulet, d'une perdrix, etc.

LUNETIER, s. m. faiseur de lunettes, marchand de lunettes.

LUNÉVILLE, (géog.) ville de France, chef-lieu du département de la Meurthe, fabrique de faïence, gants, broderies, etc. 12,800 habitants. Paix de Lunéville, (hist.) paix conclue le 9 février 1801, entre l'empereur d'Allemagne et la République française. Par la paix de Lunéville, les provinces Belges, le comté de Falkenstern et le Brisktal, ainsi que toutes les possessions de la Maison d'Autriche, situées sur la rive gauche du Rhin, furent cédées à la France ; et l'indépendance des républiques Batave, Helvétique, Cisalpine et Ligurienne fut reconnue. La paix de Lunéville mit fin à la deuxième coalition. L'archiduc Ferdinand renonça aux termes du même traité, au grand duché de Toscane qui fut donné au prince héréditaire de Parme, sous le nom de Royaume d'Etrurie.

LUNULE, (ant. rom.) espèce de boucle en forme de croissant que les patriciens portaient à leur chaussure et qui s'attachait au-dessus de la cheville ou sur le coude-pied. On croit que la Lunule était la figure d'un C; ceux qui portaient cet ornement, montraient par là qu'ils descendaient des cent soixante teurs choisis par Romulus. Plutarque considère la Lunule comme un symbole mystique. Lunule (zool) dépression qu'on observe sous les crochets de certaines coquilles bivalves. Lunule d'Hippocrate, (géom.) croissant qui est compris entre deux arcs de cercle et qui peut être transformé en un carré.

LUPANAR ou LUPANAIRE, maison de prostitution. Il s'est employé poétiquement par allusion aux Lupanars anciens.

LUPÉE, Lupa, (crust), genre de l'ordre des décapodes brachyures, de la famille des portuniens, établi par Leach aux dépens des portunus de Fabricius, les crustacés qui composent cette coupe générique, ont la carapace généralement plus large que longue, avec ses bords antérieurs armés chacun de neuf dents plus ou moins saillantes et spiniformes. Les orbites sont ovalaires et dirigées obliquement en avant et en haut. Les fossettes qui logent les internes sont peu profondes, et l'article basilaire des antennes externes se soude au bord inférieur de l'angle supérieur du front. L'épistome est très étroit avec le cadre buccal à peu près carré. Le troisième article des pattes-mâchoires externes est assez fortement tronqué en avant, et le plastron sternal très large à peine resserré postérieurement est toujours assez bombé longitudinalement. Les pattes de la première paire sont très grandes, les suivantes sont beaucoup moins longues et toutes à peu près de la même grandeur, avec les deux derniers articles des pattes de la cinquième paire, constituant par leur élargissement, des rames puissantes. L'abdomen ne présente rien de bien remarquable. Les crustacés de cette division sont essentiellement pélagiens et se rencontrent souvent en pleine mer, prenant pour lieu de repos les fucus flottants. Ils nagent avec une extrême facilité, et ont même la faculté de se soutenir à la surface de l'eau sans mouvement dans un état stationnaire. Ce genre renferme treize espèces réparties par M. Milne Edwards dans trois sections : les lupées convexes, nageuses, marcheuses. Ces espèces sont répandues dans les mers des

Indes et d'Amérique; *lupa lactata*, Lin., se trouve dans la mer Méditerranée; le type du genre est la Lupée pélagique, *lupa pelagica*, Lin., qui habite la mer Rouge et l'océan Indien.

J. P.

LUPERCALES, fêtes que les Romains célébraient tous les ans le 15 février en l'honneur du dieu Pan. Voici les cérémonies qu'on y pratiquait: on sacrifiait deux chèvres et un chien; on piquait légèrement au front deux jeunes garçons, qui étaient tenus de rire aux éclats pendant cette opération; on essuyait le sang qui sortait de la blessure avec de la laine imbibée de lait; ensuite on découpait les peaux des victimes, dont on faisait des fouets, avec lesquels de jeunes garçons nus jusqu'à la ceinture parcouraient les rues de Rome, et frappaient tous ceux qu'ils rencontraient. Beaucoup de femmes s'offraient d'elles-mêmes à leurs coups, parce qu'elles croyaient que cette flagellation les rendait fécondes, et adoucissait les douleurs de l'enfantement. La nudité de ces enfants représentait celle de Pan. On immolait une chèvre parce qu'on supposait que le dieu avait le pied de cet animal, et un chien parce que cet animal est le gardien des troupeaux. Si l'on en croit Plutarque, les lupercales furent instituées par les Romains en l'honneur de la louve qui allaita Romulus et Rémus; mais au rapport de Tite-Live et de Denys d'Halicarnasse, elles furent apportées en Italie par Evandre. Leur nom paraît avoir été emprunté du nom grec de Pan, *Lycæus*, qui est dérivé lui-même de *lycos*, *lupus*, loup, non seulement parce que les Lupercales ressemblaient aux fêtes lycéennes, célébrées en Arcadie, mais encore parce que Pan protégeait les bergeries contre les attaques des loups. Les prêtres qui présidaient à ces fêtes s'appelaient Luperces. Ce fut pendant la célébration des Lupercales qu'Antoine offrit la couronne à César. Cette fête tombait d'elle-même en désuétude lorsqu'Auguste la rétablit par un édit qui pourtant en limitait la licence en défendant à tout homme au-dessus de quatorze ans de courir nu dans les rues pendant la fête. Cette restriction devint inutile sous ses successeurs, et l'impudicité qui présidait à la célébration des Lupercales les rendit tellement agréables à la populace qu'elles survécurent à la conversion de Constantin, et ne furent abolies qu'après la chute de l'empire romain en Italie vers l'an 496.

LUPERQUES ou **LUPERCES** (*ant.*), les plus anciens prêtres romains, préposés au culte du dieu Pan Lycée ou à la célébration des lupercules. Les Luperques étaient dans l'origine divisés en deux ordres ou collèges, les Fabiens et les Quintilliens, on y ajouta un troisième, les Juliens pour flatter Jules-César. Les premiers Luperques n'étaient que des pâtres; par la suite les jeunes patriciens se firent admettre dans leur corporation. Les Luperques découpaient en lanières la peau des victimes qu'ils avaient immolées, et parcouraient les rues de Rome, dans un état de nudité complète, en frappant de ces lanières toutes les personnes qu'ils rencontraient, les femmes s'offraient à leurs coups, croyant que cette flagellation les rendait fécondes.

LUPI (MARIO), camérier, du pape Pie VI, et chanoine de Bergame, mort en 1789, a composé d'excellentes dissertations sur les antiquités, entre autres : *Codex diplomaticus civitatis et Ecclesia bergamensis*, et *de Parochiis*, *ante annum Christi millesimum*. Dans ce dernier ouvrage, imprimé à Bergame en 1788, 1 vol. in-4°, il voulut de fond en comble les prétentions des curés de Pistoie, qui voulurent s'ériger en évêques dans le conventicule qu'ils tinrent en 1786, pour renverser la hiérarchie et la discipline de l'Eglise. Il prouve que les cures et les curés sont d'institution moderne, qu'il n'y avait anciennement aucune paroisse dans les villes épiscopales, si on excepte Rome et Alexandrie. Il expose les raisons pour lesquelles il y en avait dans ces deux villes, et réfute ceux qui, de là, ont conclu qu'il y en avait dans les autres. Il réfute également quelques écrivains qui ont parlé de grandes paroisses qui, établies à la campagne, avaient sous elles plusieurs paroisses moindres et dépendantes, et montre qu'avant le XIe siècle, il n'y a point de telles paroisses. Il prouve enfin que ce qu'on a appelé le sénat de l'Eglise, que les prêtres appelés cardinaux, que ceux qui intervinrent avec voix consultative dans les conciles généraux ou provinciaux, n'étaient nullement curés ou recteurs de paroisse, et que ces prérogatives appartenaient, dans leur plus ancienne origine, au clergé supérieur ou bien aux chanoines des cathédrales.

LUPIN, (*ant. rom.*) espèce de fève dont on se servait sur le théâtre, dans les comédies, au lieu de pièces de monnaie, quand l'action exigeait que l'on comptât de l'argent. On s'en servait aussi au jeu en place de jetons, de là cette expression proverbiale : il sait bien distinguer une pièce de monnaie d'un lupin. Lupin (*métrol. anc.*) poids employé en Egypte, en Judée et dans l'Asie-Mineure. Six lupins faisaient une drachme.

LUPIN, *lupinus* (*bot.*), genre de la famille des légumineuses papilionacées, de la tribu des lotées. Il se compose de plantes herbacées, sous-frutescentes ou frutescentes, qui croissent pour la plupart dans les parties tempérées et sous-tropicales de presque toute la surface du globe. Leurs feuilles sont digitées, le plus souvent à 5 folioles, quelquefois à 3 ou à un plus grand nombre, leurs stipules sont adnées au pétiole; leurs fleurs assez grandes sont réunies en épis ou en grappes, le plus souvent terminales, accompagnées d'une bractée, très souvent aussi de deux bractéoles. Elles présentent pour caractères : Calice divisé profondément en deux lèvres, dont la supérieure plus courte et bifide, dont l'inférieure est trifide; corolle papilionacée, à étendard réfléchi sur les côtés à carène acuminée et présentant deux onglets distincts; dix étamines monadelphes, dont les anthères sont alternativement oblongues et presque réniformes; style filiforme, courbé en dedans; stigmate terminal, presque arrondi, barbu, légume coriace, oblong, plus ou moins comprimé, renfermant deux ou plusieurs graines, produisant extérieurement des renflements transversaux et obliques. Parmi les espèces les plus remarquables de ce genre, nous citons : le *lupin blanc* (*lup. albus*, Lin.), originaire du Levant; dans sa jeunesse, la plante fournit un fourrage excellent qu'on donne particulièrement aux moutons. Ses graines dépouillées de leur amertume par une macération de vingt-quatre heures constituent une nourriture excellente pour les bœufs, et même pour les hommes dans quelques contrées. La tige droite, velue est haute de 3-5 décimètres; ses feuilles sont digitées à 5-7 folioles; ses fleurs sont blanches, réunies en grappe terminale. — Le *lupin termis* (*lup. termis*, Forsk), originaire d'Egypte, présente la plupart des caractères de l'espèce précédente. On le cultive dans le royaume de Naples comme un bon fourrage vert pour les chevaux. J. P.

LUPUS, s. m., on désignait autrefois par le mot français *loup*, tout ulcère rongeur. La dénomination actuelle est assignée à une forme particulière d'inflammation cutanée chronique. Cette inflammation s'annonce par des tubercules plus ou moins volumineux, livides, indolents, solitaire ou en groupes, suivis soit d'ulcères ichoreux et rongeant, qui se recouvrent de croûtes brunâtres ordinairement très adhérentes, soit d'une altération profonde de la structure de la peau, sans ulcération préliminaire ni consécutive. Le *lupus exedens* ou la dartre rongeante est ainsi décrit par Alibert : il attaque le plus ordinairement le nez, et se manifeste par un petit tubercule extérieur, d'un rouge obscur, dur, indolent, ou quelquefois par une inflammation chronique de la muqueuse nasale, avec rougeur et gonflement de nez; une légère ulcération s'établit, elle se couvre d'une croûte, qui devient bientôt plus épaisse, et qui gagne en profondeur chaque fois qu'elle se renouvelle. Le malade souffre à peine, et cependant la cause et quelquefois les cartilages se détruisent; et sur la croûte l'ulcération laisse suinter une humeur séro-purulente et fétide. Le *lupus non exedens* débute ordinairement à la face par des groupes irréguliers de petits tubercules d'un rouge fauve, aplatis, lenticulaires, dépassant à peine le niveau de la peau, ne sulcérant pas à leur sommet. Lorsque le lupus attaque les individus scrofuleux on leur fait prendre avec sueur tous les matins une cuillerée d'une solution d'hydrochlorate de choux (1 gros par litre d'eau) on augmente d'une cuillerée tous les huit jours, jusqu'à 10 ou 12 par jour; on présente des boissons ferrugineuses, des bains sulfureux très prolongés répétés tous les jours pendant un ou deux mois. Outre ces moyens généraux on combat le *lupus exedens* à l'aide de divers caustiques, tels que l'huile animale de Dippel, le beurre d'antimoine, les pâtes arsénicales et l'azotate d'argent. Contre le *lupus non exedens* qui est encore plus opiniâtre que le précédent on a employé avec succès à l'extérieur quelques solutions arsénicales, on conseille des frictions avec des pommades iodurées. D.

LUPUS (CHRÉTIEN), ainsi nommé parce que son nom de famille Wolf signifie loup, religieux augustin, né à Ypres en 1612, enseigna la philosophie à Cologne, puis la théologie à Louvain, et exerça ensuite les premières charges de son ordre dans sa province. Il fut pendant quelque temps favorable au jansénisme; mais il se détacha de ce parti, et mourut bon catholique à Louvain en 1681. On a de lui un grand nombre d'ouvrages en latin; les principaux sont : de savants Commentaires sur l'histoire et sur les canons des conciles, 1665, 1673, 5 vol. in-4°; un Traité des appels au saint-siége, in-4°, contre Quesnel. Le droit d'appeler au pape y est démontré par la nature de sa primauté, et par toute l'histoire ecclésiastique; un Traité sur la contrition, Louvain, 1666, in-4°, aussi savant que solide, où il se déclare pour la nécessité de l'amour dans le sacrement de pénitence; Recueil de lettres et de monuments concernant les conciles d'Ephèse et de Chalcédoine, Louvain, 1682, 2 vol. in-4°, avec des notes; un recueil des Lettres de saint Thomas de Cantorbéry, précédées de sa Vie, Bruxelles, 1682, 2 vol. in-4°; un Commentaire sur les prescriptions de Tertullien, Bruxelles, 1675, in-4°; Opuscula posthuma, Bruxelles, 1690, in-4°; de l'Origine des ermites, des clercs et des religieuses de l'ordre de Saint-Augustin, Douai, 1651, in-8°, etc. Ces ouvrages, remplis d'érudition, ont été réunis à Venise en 4 v. in-fol., 1724 : on les a aussi en 12 vol. in-4°.

LURON, ONNE, s., le masculin se dit d'un homme joyeux et sans souci, d'un bon vivant, et même d'un homme vigoureux et déterminé; et le féminin, d'une femme rejouie, décidée, qui ne s'effarouche pas aisément.

LUSACE, ancienne province de l'électorat de Saxe, située entre le 51° et le 52° 40' de latitude N., entre le 36° et le 38° environ de longitude orientale de l'île de Fer, et que bornaient au Sud la Bohème, à l'Ouest la Misnie, au Nord le Brande bourg et à l'Est la Silésie. Elle formait autrefois deux margraviats : la Haute et la Basse-Lusace. Depuis 1815, la majeure partie de ce pays, c'est-à-dire toute la Basse-Lusace et les trois cinquièmes environ de la Haute, a passé sous le sceptre de la Prusse. La Saxe n'a conservé que les quatre districts de Budissin, de Zittau, de Kamenz et de Lœbau, formant une superficie de 39 milles carrés, avec une population de 284,580 habitants dont plus de 206,000 protestants, d'après le recensement de 1834. Quoique plus vaste, la Haute-Lusace prussienne est beaucoup moins peuplée; elle n'a que 162,700 habitants sur une superficie de 63 milles carrés. Elle comprend les quatre cercles de Gœrlitz, de Rothenbourg, de Hoyerswerda et de Lauban. La population relative de la Basse-Lusace est moins considérable encore, puisqu'elle ne compte que 225,000 habitants sur une superficie de 134 milles carrés, divisée en sept cercles, de Luckau, de Sorau, de Guben, de Lubben, de Spremberg et de Kottbus. Montagneuse sur les frontières de la Bohème, la Lusace offre au nord de riches plaines arrosées par la Sprée et la Neisse, et couvertes sur les limites de la Silésie de forêts peuplées de gibier. Quoique sablonneux, son sol produit en abondance, du lin, du sarrasin, de l'orge, du chanvre, etc., ainsi que du blé, mais en quantité à peine suffisante pour la consommation intérieure. On y cultive en outre beaucoup de tabac, et l'on récolte dans le cercle de Guben un vin rouge de qualité médiocre. L'éducation des abeilles est aussi pour les habitants une source de revenus; mais c'est l'industrie qui alimente principalement le commerce. Aujourd'hui déchues, les fabriques de toile fournissent cependant encore des produits estimés qui s'exportent en Italie, en Russie et jusqu'en Amérique. Le linge de table damassé de Gross-Schœnau est toujours sans rival tant pour l'éclat que pour la finesse. Enfin les draps de la Lusace trouvent un placement avantageux, même à l'étranger. Ce sont principalement les habitants d'origine allemande qui soutiennent l'activité industrielle de la province. Les Vénèdes, qui forment à peu près le quart de la population, s'occupent de préférence de l'agriculture et de l'éducation des bestiaux. Quant aux productions minérales de la Lusace nous placerons en première ligne l'alun, qui se rencontre en grande quantité dans les landes de Muskau. Des mines de fer oxydé terreux alimentent quelques usines. Dans la partie méridionale, on trouve de vastes tourbières, et près de Zittau, des mines de charbon de terre. La Lusace prussienne a perdu tous ses priviléges, et a été incorporée, la Basse au Brandebourg, et la fraction de la Haute à la Silésie. La Lusace Saxonne, au contraire, a conservé son ancienne constitution, modifiée, il est vrai, par la convention du 9 décembre 1832. Bussin est le siége du gouvernement et d'un tribunal d'appel. C'est dans cette ville que s'assemblent tous les trois ans les états provinciaux composés des barons, des possesseurs de biens nobles, de naissance noble et des députés des villes. Tout individu qui a un bien noble est vassal du seigneur : il est soumis à des corvées et comme attaché à la glèbe, car il ne peut quitter le pays sans payer un dédommagement à son maître. A

l'époque de la grande migration des peuples, les Sorbes, de race slave, s'établirent dans le pays qui porte aujourd'hui le nom de Lusace. Henri Ier les rendit tributaires en 928, et Othon Ier les convertit au christianisme 40 ans plus tard. Au commencement du XIe siècle, les Lusaciens secouèrent le joug du margrave de Misnie, à qui Henri Ier les avait soumis, pour s'allier à la Pologne, et ce n'est qu'en 1032 qu'ils furent réduits à l'obéissance après une guerre sanglante. Quelque temps après, Vratislaf de Bohème s'empara de la Lusace; mais il ne sut pas défendre sa conquête. Son petit-fils fut plus heureux : il réunit les deux margraviats. A sa mort (1136), comme il ne laissa point d'enfants, la Basse-Lusace échut à Conrad-le-Grand de Meissen (Misnie), et la Haute-Lusace au prince de Bohème de Sobieslaf. En 1205, Kamenz et Ruhland, passèrent par mariage, dans la maison de Brandebourg. Othon III acquit, en 1231, tout le reste de la Haute-Lusace, à l'exception du district de Zittau, du chef de sa femme, fille du roi de Bohème, Venceslaf Ottokar. En 1330, la Basse-Lusace, qui avait fait partie jusque-là du margraviat de Misnie, fut aussi hypothéquée aux margraves de Brandebourg. A l'extinction de la branche d'Ascagne, Louis de Bavière donna, à son fils Louis, la Basse-Lusace et le Brandebourg, tandis que la Haute-Lusace se soumit volontairement au roi de Bohème, Jean de Luxembourg, soumission qui lui valut les plus précieuses franchises. Les hussites la ravagèrent impitoyablement pour la punir de sa fidélité aux souverains de la Bohème. En 1459, elle dut reconnaître pour roi Georges Podiebrad, et, en 1467, elle passa sous le sceptre de Mathias Corvin, à qui elle fut cédée par le traité d'Olmütz. Ce fut sous le règne de ce prince que les dénominations de Haute et Basse Lusace commencèrent à devenir usuelles. En 1476 et en 1490, les états de la Haute-Lusace renouvelèrent leur alliance et fondèrent la confédération des sept villes de Bautzen, Gœrlitz, Zittau, Lauban, Kamenz et Lœbau, qui arrachèrent successivement aux rois de Bohème et aux empereurs d'Allemagne tous les priviléges des villes impériales. Cette confédération entretenait une armée et elle sut plus d'une fois faire respecter ses franchises. A la mort de Mathias en 1490, ces deux margraviats restèrent réunis à la Bohème, et en 1526, ils passèrent avec elle sous le sceptre de Ferdinand Ier d'Autriche, qui dépouilla les six villes de la plupart de leurs priviléges et persécuta de toutes les manières les habitants qui avaient embrassé le protestantisme. Pendant la guerre de trente-ans, la Lusace ne voulut jamais reconnaître pour roi de Bohème l'électeur palatin Frédéric. Jean-Georges Ier de Saxe, l'occupa en 1620, au nom de l'empereur, et la garda comme gage des sommes considérables qu'il lui avait avancées. Le traité de Prague, signé en 1635, la céda définitivement à la Saxe, mais sous la suzeraineté de la Bohème. Sans être incorporée aux états héréditaires de l'électeur et sans appartenir à un des cercles de l'empire, la Lusace partagea dès lors le sort de la Saxe. En 1807, elle reçut un accroissement par l'adjonction du district de Kottbus, que le traité de Tilsitt enleva au Brandebourg; mais le traité de Vienne, en 1815, dédommagea amplement la Prusse de cette perte momentanée en lui cédant les trois cinquièmes environ de la Haute-Lusace et la Basse tout entière augmentée encore de quelques bailliages.　　　O—t.

LUSIADE (littér.), nom d'un poème portugais du Camoëns sur le voyage de Vasco de Gama. On dit aussi en traduisant littéralement le titre de cet ouvrage, les Lusiades.

LUSITANIE (Portugal, partie de l'Estramadure espagnole et du royaume de Léon), une des trois grandes divisions de l'Espagne sous Auguste et ses successeurs. Ses limites ne peuvent guère s'assigner avec précision. On présume cependant qu'elle s'étendait d'un côté du Durius jusqu'à l'extrémité de la péninsule Hispanique, et de l'autre du pays des Arevaci, Carpetani, Turduli, jusqu'à la mer. On la divisait en quatre parties principales : les Lusitanes, les Celtici, les Vettones et le Cuneus. Ces peuples, belliqueux et jaloux de leur indépendance, ne furent soumis au joug de Rome que 99 ans av. J.-C. Ils vivaient de rapine, ne mangeaient que d'un mets à chaque repas, s'habillaient de noir, et se chauffaient avec des pierres rougies au feu. Ils avaient un usage bizarre ; c'était d'exposer leurs malades sur les grands chemins, afin qu'ils profitassent des lumières et des passants.

LUSSAN (Marguerite de), célèbre diseuse de bonne aventure, née à Paris, vers 1682, mourut le 31 mai 1758. Le savant Huet, ayant eu occasion de la connaître, l'avait engagée, dit-on, à composer des romans moraux; mais il est à croire qu'il n'eût point approuvé tous ceux qui sortirent de sa plume. Le défaut de précision est celui de presque tous les écrits de mademoiselle de Lussan. On attribue à l'abbé de Boismond les *Anecdotes de la cour de Philippe-Auguste*, en six parties, ou 2 vol. in-12, qui virent le jour en 1733. C'est sans contredit le meilleur ouvrage qui ait paru sous le nom de cette romancière.

LUSTRAL (jour), celui où les enfants nouveau-nés recevaient leur nom, et où se faisait la cérémonie de leur lustration. La plupart des auteurs assurent que c'était pour les mâles le neuvième jour après leur naissance, et le huitième pour les filles. D'autres prétendent que c'était le cinquième, sans aucune distinction de sexe; d'autres, le dernier de la semaine où l'enfant était né. Les accoucheuses, après s'être purifiées en lavant leurs mains, faisaient trois fois le tour du foyer avec l'enfant dans les bras, ce qui désignait d'un côté son entrée dans la famille, et de l'autre qu'on le mettait sous la protection des dieux de la maison ; car le foyer servait d'autel pour la maison; ensuite on jetait quelques gouttes d'eau sur l'enfant. On célébrait ce même jour un festin avec de grands témoignages de joie, et l'on recevait des présents de ses amis à cette occasion. Si l'enfant était un mâle, la porte du logis était couronnée d'une guirlande d'olivier; si c'était une fille, la porte était ornée d'écheveaux de laine, symbole de l'ouvrage dont elle devait s'occuper.

LUSTRAL, ALE (*ant. rom.*), expiatoire qui se fait tous les cinq ans. Sacrifice lustral, sacrifice qui avait lieu tous les cinq ans, après le cens pour purifier le peuple. *V.* LUSTRE. Lustrales, fêtes qui accompagnaient le sacrifice lustral. Victime lustrale, la victime du sacrifice lustral et de tout autre sacrifice expiatoire. Or lustral ou contribution lustrale (*hist. rom.*), impôt sur l'industrie qui frappait presque tous les artisans et qui se paya d'abord tous les cinq ans, puis tous les quatre ans, suivant une acception forcée du mot *lustre*. Ce mot. Constantin exempta les clercs de la contribution lustrale par un édit du mois de mai 353. Receveur lustral, ou subst. lustral, officier chargé de percevoir l'impôt nommé or lustral.

LUSTRATION, cérémonie religieuse employée fréquemment chez les Grecs et les Romains, pour purifier les villes, les champs, les troupeaux, les maisons, les armées, les enfants, les personnes souillées de quelque crime ou profanées par l'infection d'un cadavre ou par quelque autre impureté. Elles se faisaient ordinairement par des aspersions, des processions, des sacrifices d'expiation ; les lustrations proprement dites se faisaient de trois manières, ou par le feu, le soufre allumé et les parfums, ou par l'eau qu'on répandait, ou par l'air qu'on agitait autour de la chose qu'on voulait purifier. Elles.étaient ou publiques ou particulières. Les lustrations publiques avaient lieu pour purifier une armée pour un sacrifice. On partageait la victime en deux, et après avoir placé ces deux parties de côté et d'autre du chemin qui conduisait à l'autel, on faisait filer les soldats entre les deux parties, en prononçant quelques prières : cela s'appelait *lustrare exercitum*; c'est de cette manière que Tullius purifia le peuple romain après le premier dénombrement, en faisant conduire autour de l'assemblée une truie, une brebis et un taureau, avant de les immoler, sacrifice qu'on appelait *suovitaurilia*. On faisait la lustration d'un champ ou d'une campagne entière par une espèce de procession, en chantant en chœur les louanges de Cérès et de Bacchus et en faisant tourner trois fois la victime autour des vignes et des champs ensemencés. La lustration avec l'eau se pratiquait dans les funérailles. Après la cérémonie funèbre, le prêtre, prenant sur l'autel un tison allumé, le plongeait dans un vase plein d'eau; puis, avec un rameau d'olivier ou de romarin, il répandait sur les assistants l'eau appelée lustrale, en tournant trois fois autour de l'assemblée. La lustration par le feu consistait à faire tourner trois fois le peuple autour d'un bûcher ou autour des autels chargés de brasiers allumés. Les lustrations particulières avaient lieu de trois sortes : les unes par l'air, les autres par l'eau, et les troisièmes par le feu et le soufre ; celles par l'air se faisaient en l'agitant autour des personnes; celles par l'eau consistaient à s'y plonger ou à répandre sur soi de l'eau lustrale ; enfin celles par le feu et le soufre se faisaient en brûlant autour de la personne du soufre mêlé de bitume, auquel on mettait le feu au moyen d'un petit bâton de sapin qu'on nommait *tæda*.

LUSTRE, s. m., l'éclat que l'on donne à un objet, soit en le polissant, soit en faisant usage de quelque eau, de quelque composition. Lustre signifie figurément l'éclat que donnent la parure, la beauté, le mérite, etc. Lustre se dit aussi d'un chandelier de cristal ou de bronze à plusieurs branches qu'on suspend au plafond pour éclairer. Il se dit particulièrement du grand lustre garni de lampes qu'on suspend au milieu d'une salle de spectacle.

LUSTRE (*ant. rom.*), sacrifice expiatoire et public que l'un des deux censeurs, choisi par le sort, offrait dans le Champ-de-Mars, à l'expiration des cinq années de leur magistrature. Il s'est employé, par extension, pour exprimer un espace de quatre années accomplies, comme l'olympiade des Grecs. A partir du règne de Domitien, le mot lustre se dit de certains jeux solennels institués par ce prince et célébrés tous les cinq ans en l'honneur de Jupiter Capitolin. Le grand lustre, espace de cent ans, au bout desquels on célébrait ces jeux séculaires.

LUSTRER, v. a., donner_le lustre à une étoffe, à un chapeau, etc.

LUT, s. m. (on prononce le *t*), matière molle que l'on applique sur le bouchon des vases pour mieux fermer ceux-ci, ou autour des cornues, des tubes de verre, de porcelaine, pour les préserver de l'action trop vive du feu.

LUTATIUS-CATULUS (Caïus), consul romain l'an 242 avant Jésus-Christ, commandait la flotte de la république dans le combat livré aux Carthaginois entre Drépani et les îles Ægates. Il leur coula à fond cinquante navires et en prit soixante-dix. Cette victoire obligea les vaincus à demander la paix, et mit fin à la première guerre punique.

LUTATIUS-CATULUS (Quintus), consul romain l'an 102 avant Jésus-Christ, vainquit les Cimbres de concert avec Marius son collègue. Après la mort de Scylla, Catulus voulut maintenir les légions dans la possession des terres que le dictateur leur avait données. Lépidus prétendit qu'il fallait les rendre aux premiers propriétaires. Cette querelle excita de nouveaux troubles, dans lesquels Lutatius entra avec chaleur. L'impétuosité de son caractère lui fit beaucoup d'ennemis, et il périt misérablement dans les guerres civiles. Ce magistrat fut du nombre des orateurs illustres. Il avait composé de belles harangues et l'histoire de son consulat. Ces ouvrages ne sont point parvenus jusqu'à nous.

LUTER, v. a., fermer avec du lut, enduire de lut les vaisseaux qu'on met au feu.

LUTH, s. m. (on prononce le *t*), instrument de musique à cordes, qui n'est plus en usage. Luth, de même que le mot lyre, s'emploie dans certaines phrases figurées, où il désigne l'inspiration, le talent poétique, mais dans des genres moins élevés.

LUTHER. LUTHÉRIANISME. Il y a des hommes qui paraissent dans le monde avec la terrible mission de fouler, de châtier l'humanité. Ils passent comme de sinistres météores, au milieu des peuples. Autour d'eux ruissellent le sang et les larmes. Derrière eux ne restent que des ruines et le morne silence de la mort et de la désolation. Eh bien ! ces fléaux de la terre, que l'histoire ne contemple qu'avec une sorte de terreur, même à travers la poussière du sépulcre, ne sont pas les plus cruels ni les plus redoutables ennemis de l'humanité. Dans les pays de montagnes, souvent la nuit une avalanche tombe comme la foudre, engloutit, ensevelit dans les entrailles de la terre les hommes et leurs habitations. La solitude des tombeaux se fait pendant quelques jours sur ce champ des morts ; mais peu à peu les fleurs renaissent et cachent les ruines, les hommes reviennent élever leurs demeures sur la tombe de leurs frères. Ainsi, quand le conquérant a passé, les peuples se relèvent comme les herbes des champs après la tempête. Dieu fait lever sur eux le soleil de ses miséricordes, et une vie nouvelle, une vie souvent même plus active et plus heureuse efface jusqu'aux derniers vestiges du désastre. Il n'en est plus de même quand Dieu, lassé par les crimes de la terre, suscite aux peuples corrompus un de ces hommes qui sèment avec des doctrines mauvaises, des principes subversifs, la ruine et la mort dans le champ du cœur et de l'intelligence. L'impie et le sectaire, voilà les plus terribles fléaux de l'humanité. La moindre des conséquences funestes de l'hérésie (conséquence qu'elle amène presque toujours) c'est de mettre les pays entiers à feu et à sang ; c'est d'allumer entre les peuples, souvent entre les enfants d'une même patrie, de ces haines épouvantables, de ces collisions effrayantes, qui font le désespoir du penseur et la honte de la race humaine. Et puis ce déluge de sang et de malheurs une fois passé, ne croyez pas que le drame ait atteint sa conclusion. Demain peut-être il se réveillera, plus sinistre et plus sanglant que jamais. Les mauvaises doctrines et tous les germes de désordre, de doute, d'impiété qu'elles laissent dans les âmes, toutes les passions perverses qu'elles allument dans les cœurs, ne s'éteignent ni ne meurent quand l'auteur de tous ces maux retombe dans la nuit du sépulcre et dans la main de Dieu. Non, l'homme meurt, et son œuvre lui survit. Elle descendra les siècles de génération en génération, épuisant toutes les fécondités du génie du mal, réalisant toutes promesses du désordre, toutes les missions du principe des ténèbres jusqu'à ce qu'épuisée par les crimes et les ravages, elle tombe, desséchée, pour ainsi dire, sous le mépris et le dédain des peuples. A tous ces titres, il n'est peut-être pas dans l'histoire un nom plus coupable que celui de Martin Luther, le patriarche du protestantisme. Depuis quinze siècles, l'Eglise de J.-C. avait vu bien des hérétiques l'assaillir, bien des enfants rebelles se lever contre elle, mais jamais aucune secte, aucune hérésie, aucune persécution ne présenta des caractères aussi graves, des principes aussi dangereux que la révolte du xvie siècle élevée et déguisée sous l'étendard mensonger de la réforme. Ainsi, au jour où Luther jeta au monde le signal de la grande insurrection religieuse des temps modernes, il existait depuis quinze siècles une société religieuse, gouvernée sous l'autorité d'un chef suprême, par un corps de pasteurs qui toujours, conformément aux paroles de J.-C., s'étaient crus et avaient été crus par les membres de cette société revêtus du pouvoir de juger souverainement, ou pour exprimer la même idée par un autre terme, de décider infailliblement les questions relatives à la foi et aux mœurs; non pas en créant de nouveaux dogmes, car c'eût été chose impossible, que de créer des vérités ; non pas en citant les dogmes anciens au tribunal du raisonnement pour les examiner et les juger d'autorité en eux-mêmes, car c'eût été soumettre la révélation ou la raison divine à la raison humaine ; mais surtout par voie de tradition. Et chose digne de remarque, avant la réformation, pas un sectaire n'attaqua directement l'autorité de l'Eglise, pas un ne lui contesta le droit de juger de la foi, et ne révoqua en doute l'infaillibilité de ses décisions. Ils incidentèrent sur la forme des jugements; ils nièrent que les conciles qui les condamnaient fussent les vrais et légitimes conciles, qu'on y eût observé les règles indispensables ; mais jamais aucun n'osa jeter dans le monde le mot fatal d'indépendance, et ne prétendit n'avoir d'autre juge que la raison : tant était vive encore la terreur qu'inspiraient ces foudroyantes paroles: « S'il n'écoute pas l'Eglise, qu'il vous soit comme un païen et un publicain (1). Luther lui-même n'osa d'abord heurter ce sentiment profond et intime de toute la chrétienté. Il protestait avec énergie de son entière soumission au jugement de l'Eglise. Lorsque l'Eglise eut prononcé son arrêt par la bouche du vicaire de J.-C., Luther comprit bien que l'heure n'était pas venue pour jeter complètement le masque. Il prit habilement la voie que lui avaient tracée tous les hérétiques ses devanciers : il en appela à grands cris à un concile œcuménique. La constante pratique des temps passés, fondée sur des textes formels de l'Ecriture qu'on n'avait pas encore appris à détourner de leur vrai sens, ne lui laissait pas encore concevoir la possibilité de détruire cette puissante barrière que le divin fondateur du christianisme avait opposée à tous ceux qui viendraient attaquer son œuvre de salut et d'amour. Mais lorsque, poussé au bout de toutes ses ruses, dévoilé dans toute sa politique ; lorsque toutes ses passions mauvaises eurent répondu à ce grand appel de l'insubordination ; lorsque son parti alimenté et grossi grâce à tous les mauvais instincts, toutes les vues odieuses qui travaillaient l'Allemagne d'alors, eurent donné libre cours à ses ressentiments et à son audacieuse colère, Luther ne prit plus conseil que des haines qui bouillonnaient dans son cœur. Alors, changeant tout-à-coup de langage, et ne gardant plus de mesure, il lança dans sa fureur anathème contre anathème, et arbora l'étendard de la rébellion. Alors s'ouvrit en Europe comme un vaste cours de religion expérimentale ; car dans l'espace de trois siècles, il n'est pas une seule doctrine religieuse dont on n'ait fait l'application à quelque société. Toutefois, au premier moment, l'ancienne croyance avait de trop profondes racines dans le cœur des peuples et dans l'esprit même des chefs de la réformation, pour que le système d'erreurs qu'ils s'efforçaient d'y substituer se développât sans obstacles dans toute sa plénitude. Quelques hommes pénétrants et de caractère à ne reculer devant aucune conséquence, en aperçurent d'un coup-d'œil les dernières limites et les atteignirent. La réforme par la loi même de son existence est une anarchie religieuse, où le pouvoir sans stabi-

lité et sans règle appartient au plus habile ou au plus audacieux (1). Le principe constitutif du protestantisme est la révolte, et le doute, ce principe fatal a aujourd'hui épuisé ses dernières conséquences, il a conduit à travers des désordres infinis, des pays entiers dans le scepticisme universel. Voilà l'œuvre de la révolte de Luther. Essayons de montrer par quelle route ténébreuse l'orgueil et des passions désordonnées ont conduit le moine du xvie siècle au fond de l'abîme où il a entraîné tant de générations. L'année 1507, dans l'église du couvent des augustins d'Erfurt, un jeune moine reçut, agenouillé au pied de l'autel, la sainte consécration de la prêtrise. Il venait de faire le triple vœu de chasteté, d'obéissance et de pauvreté. Et ce joug redoutable du Seigneur, il jura de le porter avec fidélité et amour jusqu'au seuil de l'éternité. Ce jour-là devait avoir une influence immense sur les destinées de lla chrétienté. Luther célébra pour la première fois le saint sacrifice, le 2 mai, le quatrième dimanche après Pâques. «C'est aujourd'hui, écrivait-il à Jean Braun d'Eisenach, que je dirai ma première messe ; venez-y. Pauvre jeune homme, indigne pécheur que je suis! Dieu, dans ses trésors de miséricorde, a daigné me choisir ; je tâcherai de me rendre digne de sa bonté, et autant qu'il est possible à de la poussière comme moi, d'accomplir ses desseins. Priez pour moi, mon cher Braun, afin que mon holocauste soit agréable au Seigneur. » A voir la piété du jeune moine, à entendre ses paroles édifiantes qui eût deviné que dans ce cœur devaient germer des passions si coupables, que de ses lèvres devaient tomber bientôt de si épouvantables blasphèmes contre Dieu et sa sainte Eglise ? Si les bornes de cet article me le permettaient, je voudrais suivre à pas à pas la voie étrange qui conduisit le pauvre petit chanteur des rues de Magdebourg et d'Eisenach dans le couvent des Augustins, et sur la chaire de Wittemberg. Il naquit le 10 novembre 1483 à Eisleben, petite et riante ville de la Thuringe, adossée aux montagnes du Harz (aujourd'hui régence de Mersebourg, dans la Saxe prussienne). Hans Luther et Elisabeth Lindemann appelèrent leur fils Martin, d'après le saint du calendrier. Peu de temps après, les époux allèrent s'établir dans la ville de Mansfeld, et c'est là qu'ils élevèrent leur enfant avec une rude et sévère simplicité. Son père reconnut en lui un esprit méditatif et un goût pour l'étude qu'il s'empressa de cultiver. A 14 ans, le jeune Martin quitta la maison paternelle et vint aux curren schule (2) de Magdebourg, puis plus tard à Eisenach, petite ville de la Thuringe, où sa mère avait des parents. En entrant dans la ville, il posa son sac à terre et se mit à chanter sous une fenêtre d'assez belle apparence. Une femme parut, qui, charmée des accents que le besoin rendait pénétrants, jeta au pauvre écolier deux ou trois pièces de monnaie de cuivre, qu'il ramassa tout joyeux en levant les yeux sur sa bienfaitrice. Cette femme, qui se nommait Cotta, à la vue des yeux de l'enfant tout humides de larmes, lui fit signe de la main de monter, et Martin n'eut pas à se plaindre de son inspiration musicale, car elle lui valut l'amitié de Cotta. A l'abri du besoin, Luther se mit avec ardeur au travail. «Ne dites pas du mal, répétait-il souvent, des petits chanteurs qui vont de porte en porte, demandant le pain du bon Dieu, panem propter Deum; car j'ai aussi chanté aux portes pour avoir le pain du bon Dieu, et surtout à Eisenach, ma chère Eisenach.» En 1501, il fut en état d'entrer à l'université, et commença ses études académiques à Erfurt où son père fit de grands sacrifices pécuniaires pour subvenir à son entretien. «Mon cher Hans, dit Luther, m'a permis de fréquenter l'université d'Erfurt, où, grâce à son amour et à son travail, j'ai pu achever mes études scholastiques.» Peut-être que les charmes de la philosophie, que l'harmonie de la parole antique, s'il eût pu s'y livrer plus à son aise, auraient contribué à adoucir son caractère. A Erfurt, dit M. Audin dans son savant et remarquable travail, que nous consulterons souvent dans cet article, Luther s'abandonna avec toute l'effervescence de la passion à l'étude si difficile de la dialectique, qu'il délaissa ensuite pour pratiquer les beaux génies de l'antiquité : Cicéron, Virgile et Tite-Live. Il eut pour professeur, à Erfurt, Jodocus Truttvetter, qu'on nommait alors le docteur d'Eisenach, et dont il s'accusa plus tard d'avoir hâté le trépas par ses mutineries contre la théologie scholastique. Alors chaque ville d'Allemagne, les villes universitaires surtout,

---

(1) Si autem ecclesiam non audierit, sit tibi sicut ethnicus et publicanus. Math. xviii. 17.

(1) M. de Lamennais.
(2) Gymnases célèbres au moyen âge, et qui existent encore en Saxe.

avait des bibliothèques. Erfurt avait acheté à grand prix quelques bibles latines qu'il montrait difficilement aux visiteurs. Luther put en ouvrir une, et ses yeux tombèrent avec un ravissement de cœur inexprimable sur l'histoire de Hannah et de son fils Samuel : « Mon Dieu ! murmura-t-il, je ne voudrais pour tout bien qu'un livre semblable. » Alors une grande révolution s'opéra en lui. La parole humaine, parée de poésie, lui parut misérable au prix de la parole inspirée ; il se dégoûta de l'étude du droit, auquel Hans, son père, avait voulu qu'il se livrât. Il avait, en 1505, reçu ses grades en philosophie, et il se mettait à étudier la physique et la morale d'Aristote, lorsqu'un événement fortuit vint donner une autre direction à ses idées : son meilleur ami, le jeune Alexis, mourut à ses côtés frappé du tonnerre. Luther ferma les livres d'Aristote qu'il avait à peine ouverts : Dieu inconnu pour lui, qu'il ne cessa de poursuivre jusqu'à la mort, et dont il appelait la philosophie une œuvre diabolique. Effrayé comme Paul sur la route de Damas, l'écolier leva les yeux au ciel et crut entendre une voix qui lui criait : Au couvent ! Alors, après avoir invoqué le secours de sainte Anne, il fit vœu d'embrasser la vie monastique. La nuit venue, il quitta sa chambre, sans dire adieu à ses condisciples, un petit paquet sous le bras, où il avait enfermé soigneusement un Plaute et un Virgile, et il alla frapper à la porte du couvent des augustins. Le lendemain Luther renvoyait à l'université ses insignes de maître, l'habit et la bague qu'il en avait reçus en 1503. Cette fuite précipitée fit du bruit. Le père de Luther entra dans une violente colère. Mais l'adolescent croyait en Dieu : la voix paternelle ne fut point écoutée. Qui sait ce qu'une âme comme la sienne fût devenue après ce coup de foudre qui avait frappé de mort celui qu'il aimait si tendrement ? Peut-être se fût-elle livrée au désespoir ; peut-être serait-elle tombée dans la folie, si elle n'eût eu devant elle un asyle pour se guérir de ses terreurs et trouver un repos perdu. Ainsi, c'est à de pauvres ermites que Luther dut sa raison et sa vie sans doute : il faut avouer que le malade oublia bien vite le souvenir du médecin ! Luther avait eu pour maître en théologie Carlstadt, qui trouva moyen, pendant plus de quinze ans, d'amuser le monde de ses apostasies, de ses bouffonnes imaginations, de ses prétentions à jouer le rôle d'apôtre et de prophète. Hutten s'était donné trop de peine pour chercher la sottise autour de lui ; elle était incarnée dans Carlstadt : pauvre âme plus digne de pitié que de colère, qui court après la vérité et ne trouve que le ridicule ! Catholique en 1513, luthérien en 1521, anabaptiste en 1525, sacramentaire en 1530, il change de croyance comme de vêtement pour obéir à quelque texte biblique dont lui seul prétend avoir sondé le mystère, et finit par prendre le tablier de boulanger parce qu'il est écrit : Tu travailleras à la sueur de ton front. Il semble que le maître avait donné son mal au disciple ; Luther, au fond de sa solitude claustrale, se sentait dévoré de tristes et d'amères pensées. « Si jamais, disait-il, augustin alla droit au ciel par les murs d'une abbaye, je mérite d'y entrer : c'est un témoignage que tous mes frères me rendront. Je jeûnais, je veillais, je me mortifiais, et je pratiquais les rigueurs cénobitiques jusqu'à compromettre ma santé ; ce ne sont pas nos ennemis qui croiront à mon récit, eux qui ne parlent que des douceurs de la vie monacale, et qui n'ont jamais aucune tentation spirituelle ! » Un jour qu'il se promenait, en proie à sa mélancolie, il trouva sur son passage un moine qu'il interrogea douloureusement. — Mon frère, lui dit le moine, je sais un remède aux maux qui vous tourmentent. — Et lequel ? reprit Martin avec une voix tremblante. — La foi, dit le religieux. — La foi ? reprit Luther, que ce mot avait bouleversé ; la foi ? — Oui, mon frère, la foi : croire c'est aimer, et qui aime sera sauvé. Les yeux du fils du mineur brillèrent d'un feu nouveau. — La foi ! croire ! aimer ! répétait-il, comme une âme qui sort d'un long rêve. — Oui, continua le frère ; n'avez-vous pas lu ce passage de saint Bernard dans le sermon sur l'Annonciation : « Crois que par Jésus tes péchés te seront remis ; c'est le témoignage que l'Esprit saint met dans le cœur de l'homme, car il dit : Crois, et tes péchés te seront pardonnés ? » La foi par l'amour, la justification par la foi, et la justification gratuite, voilà tout ce que Luther vit dans la parole du frère augustin. Ce fut un éclair, mais un éclair trompeur jeté dans son âme qui s'en allait au désespoir ; un éclair au moment où s'ouvrait à ses pieds un précipice, un flot de salut quand il allait se briser sur un rocher. Un pauvre frère, qui vraisemblablement n'a vu dans le

texte sacré et dans la glose des Pères que ce que l'Eglise y a trouvé jusqu'alors : la nécessité de la foi, de la foi vivante, animée, produisant à l'extérieur des œuvres, portant des fruits, et se manifestant par l'amour, les désirs et les actes de salut, rappelle Luther de son désespoir, le sauve de ses terreurs, le délivre de ses tentations, mais pour le pousser dans un autre abîme qu'il n'a pas le temps de sonder au premier moment de sa joie ! A partir de cet entretien si court où chaque interlocuteur eut à peine le temps d'échanger quelques mots, plus de terreurs ou d'obsessions nocturnes : Luther sommeille en paix. Plus d'épouvantes intérieures dans le jour : il se livre à l'étude sans distraction ; il assiste aux offices comme les autres moines, avec un recueillement qu'aucune frayeur ne vient troubler ; il prie, il jeûne, et ne se croit plus déshérité du ciel. Un mot avait opéré tout ce changement ; à l'aide de ce mot, LA FOI, tout s'explique pour lui. S'il était assailli de vaines terreurs, s'il tombait dans le désespoir, s'il doutait de son salut et de la miséricorde de Dieu, c'est qu'il ne croyait pas ; s'il avait souffert dans son âme depuis qu'il se connaissait, c'est qu'il n'avait pas la foi ; si ses supérieurs avaient essayé inutilement de le consoler, c'est qu'il n'entendait pas le langage que parlait si admirablement le pauvre frère, ou que peut-être il n'aimait pas comme lui. Avec la foi il a reçu une nouvelle vie. Il était encore malade, mais d'une autre affection, malade d'amour et non plus de crainte et de désespoir. Chez lui tout était passion. La foi gratuite ou la grâce devint donc pour lui une symbolique qui formulait la pure essence du christianisme ; un miroir, ou comme il l'appelait, une vérité qu'on avait obscurcie et cachée jusqu'alors, ou remplacée par des pratiques, des observances, un culte extérieur, des traditions, qu'il faudrait tôt ou tard effacer si on voulait revenir à la parole divine dans sa pureté primitive. Un chapitre de saint Paul aux Corinthiens, sur lequel, au sortir de son colloque avec le moine, tombèrent ses regards, lui parut comme une illumination de Dieu même, qui prenait soin de confirmer par l'apôtre la grande vérité qu'il venait de trouver. Il referma le livre, tout joyeux de sa bonne fortune. Ce fut vers cette époque (en 1509) que Staupitz envoya le jeune moine dans la capitale du monde chrétien. Mais Rome et l'Italie restèrent une lettre close pour le moine allemand. Les splendeurs de l'art, le luxe des églises, les pompes de la cour romaine au lieu d'exhalter son âme, n'y excitent qu'une sombre humeur de dédain ; toutes les impressions se résument dans un mot : partout il s'est scandalisé. Il revint bientôt dans sa patrie.

Frédéric, électeur de Saxe, était un prince ami des lettres et des arts, un habile musicien, et un humaniste qui savait par cœur les poètes classiques de l'antiquité. C'est à lui que Wittemberg doit cette université qui, dans le XVIe siècle, jeta un si vif éclat : il l'avait fondée en 1502. Staupitz, était alors vicaire général des augustins, maître d'éloquence sacrée, et doyen de la faculté de théologie. Le prince le consulta sur le choix des professeurs qu'il voulait attacher à son institution. Staupitz lui désigna Luther comme un des jeunes prêtres sur qui l'Allemagne fondait de brillantes espérances. Luther reçut aussitôt sa nomination à la chaire de philosophie de Wittemberg. La lettre du prince était si pressante, qu'il n'eut que le temps de prendre congé de ses maîtres. « A peine, écrit-il à un de ses amis, ai-je pu faire mes paquets, et embrasser ceux que j'aime. » Sa malle était légère ; elle renfermait une robe de bure, deux Bibles, l'une grecque et l'autre latine, quelques livres ascétiques, et un peu de linge. Il paraît que la jeunesse wittembergeoise se porta bientôt en foule aux leçons du professeur. On admirait sa parole claire, incisive, et toute remplie d'ironie ; son mépris pour les astres de l'école, pour les maîtres de la parole venus avant lui, « échos du passé, disait-il, qui ne rendent que des sons humains, comme tous les philosophes imbéciles qui cherchent l'explication des phénomènes moraux dans l'homme, au lieu de remonter à la source, c'est-à-dire à Dieu et à son verbe. »

Le sénat de Wittemberg, à la recommandation de Staupitz, le nomma prédicateur de la ville : l'évêque approuva ce choix. Déjà alors il échappait à sa parole mordante et passionnée de ces éclairs qui auraient pu révéler à un esprit clairvoyant quelque chose de l'avenir de cet homme. Le 16 octobre 1512, jour de la fête de saint Luc, Luther reçut ses grades de docteur. L'assemblée était nombreuse. Elle était présidée par André Bodenstein (Carlstadt). Alors tous les efforts, tous les sarcasmes du docteur tendaient vers ce but : renverser à l'aide de l'écriture l'autorité de la scholastique. Luther était-il encore catholique ? aucune pensée mauvaise n'était-elle entrée dans son âme? le doute ne l'avait-il pas souillée? A toutes ces questions il répond d'abord affirmativement. « J'étais aviné et noyé tellement dans le papisme, que j'aurais tué, ou aidé du moins à tuer quiconque aurait dénié une seule syllabe d'obéissance au souverain pontife. » Il nous trompe. Sa correspondance démontre, au contraire, que sa foi, si elle n'avait pas succombé, allait bientôt fléchir; que le doute l'obsédait; qu'il s'applaudissait au fond du cœur du scandale que commençait à faire son nom, de ses hardiesses oratoires et des louanges de Hutten. Il s'était essayé contre la scholastique dans des « Positions, » thèses qu'il n'ose pas montrer au grand jour, mais qu'il avoue en secret à Christophe Scheurl, pour que son ami, homme érudit, en dise son opinion. A Lange, il adresse les quarante Préceptes qu'il a prêchés à Wittemberg, et où on trouve le germe de son symbolisme futur. A son langage embarrassé, à ce titre de paradoxes sous lequel il désigne ces thèses, on voit clairement qu'il sait bien tout ce qu'il y a caché. C'est dans un duel théologique qu'il offre par l'organe de Lange à qui voudra se présenter, « afin qu'on apprenne désormais qu'il n'est pas homme à emprisonner dans un coin du monastère ces positions, si toutefois l'université n'est pas assez niaise pour l'enfermer dans un cercle aussi étroit. » Il n'est pas heureux. Le doute lui fait la guerre. Incapable de trouver en lui assez de force pour le repousser, il demande le secours d'un ami dont il sait la prière puissante auprès de Dieu : « Priez pour moi, écrit-il au prêtre Leitzken, car chaque jour m'amène une misère de plus, chaque jour je fais un pas vers l'enfer. » Cette lettre est signée Martin Luther, fils exilé d'Adam.

Jusqu'ici nous avons cherché à pénétrer l'âme et la conscience de Luther pour trouver une explication de cette existence aventureuse et problématique; le jour va luire enfin où le docteur de Wittemberg nous donnera lui-même le mot de l'énigme. C'est l'année 1517 qui ouvrit la carrière de la révolte du moine saxon.

Léon X publia, en 1516, publié des indulgences qu'il permit de prêcher en Allemagne : leur produit devait être employé à l'achèvement de l'église de Saint-Pierre. A Rome, la chancellerie avait coutume d'aliéner dans chaque État catholique le droit de publier et de distribuer les indulgences. Albert l'acheta et le revendit à Fugger d'Augsbourg, un de ces riches banquiers du moyen âge qui faisaient argent de tout, et dont Luther, dans ses Tisch-Redem, a flétri la vénalité. Albert choisit pour prédicateur Tezel, qui jouissait de la réputation d'un orateur. A entendre les historiens protestants, c'était une imagination malheureuse, exaltée par des lectures ascétiques, sans savoir ni prudence, et toute remplie de fatuité. Fils d'un orfèvre de Leipzig, il était entré, en 1487, dans l'ordre des dominicains, et avait prêché avec succès à Zwickau. Dans les derniers mois de 1517, le dominicain vint à Jüterbock, petite ville de la principauté de Magdebourg, et à huit milles de Wittemberg, qui s'émut vivement, et devint bientôt désert, tant ses habitants avaient hâte d'entendre le moine! Luther essayait en vain de retenir ses pénitents. Le confessional des pères augustins était désert; la foule allait à Tezel. Luther n'y put plus tenir. Il avait annoncé qu'il prêcherait sur les indulgences, et depuis plusieurs jours, enfermé dans sa cellule, il travaillait à son sermon. L'église était toute pleine. Amsdorf, Lange, Wolfgang s'étaient placés en face de l'autel, pour le soutenir de leurs regards. Tous les germes du symbolisme de Luther sont déposés dans cette instruction religieuse, qui est vive et pressée, et coupée en alinéas qui forment autant de sentences ou de propositions. La pensée du moine saxon ne s'enveloppe pas de ténèbres: elle se produit aux intelligences ainsi qu'elle a été conçue, novatrice, hostile aux doctrines reçues jusqu'à ce jour, insolente envers la tradition, dédaigneuse de ménagements, et hautaine, comme elle restera dans toute la vie du réformateur. Luther se complait dans son œuvre: ce n'est plus une lutte académique entre lui et son ennemi, mais un duel en champ clos. S'il eût voulu d'une dispute à la manière de l'école, pourquoi le grand jour de la chaire évangélique? Un moine qui a pris soin de nous dire lui-même qu'il ne sait pas au juste ce qu'on appelle indulgences, les attaque le front découvert, comme s'il avait étudié la question toute sa vie. Car, remarquons-le bien, ce n'est pas seulement l'abus qu'il combat, c'est au remède spirituel qu'il en veut. Toute la vie à venir de Luther est dans ce sermon: vous le trouverez là avec sa foi exaltée, son moi qui prétend s'appuyer sur la pa-

role de la Bible, son dédain de la tradition, son fastueux mépris pour l'école, et son rire qui ne le quittera plus, pour tout ce qui s'appellera scotiste ou aristotélicien. C'était une œuvre révolutionnaire qu'un semblable sermon: le couvent des augustins n'était pas accoutumé à entendre une parole si brève et si tranchante; il en fut effrayé. Si Staupitz eût été là lorsque Luther monta en chaire, peut-être la phrase du moine se fût-elle accommodée à l'oreille de religieux qui n'avaient rien tant à cœur que de vivre en paix avec la cour de Rome. Certainement Luther n'aurait pas imprimé son discours tel qu'il l'avait prêché. Un des pères, s'étant approché du prédicateur, le tira par la robe, et hochant la tête: — Savez-vous, mon frère, lui dit-il, que vous avez été bien hardi. N'allez pas nous faire de mauvaises affaires au moins: les dominicains rient déjà dans leur barbe; notre ordre pourrait en souffrir. Cher père, repondit Luther, si cela ne vient pas de Dieu, cela tombera; si cela procède de son saint nom, cela ira. C'était le propos de Jean Huss, de Wiclef: le succès fondant le droit, la glorification du Koran. Il n'y avait pas à se méprendre, le sermon de Luther ne pouvait passer pour un badinage d'école. Tezel le prit au sérieux, monta en chaire, et examina une à une les propositions du frère augustin, et montra qu'elles offensaient la doctrine commune. Tezel ne mit qu'une nuit à réfuter son adversaire. Son travail est calqué sur l'œuvre luthérienne, et divisé en plusieurs paragraphes ou propositions. C'est un professeur de théologie qui n'a pas même besoin d'injures, tant il se sent fort et assuré de son triomphe. Sa péroraison seule réveille le lecteur assoupi, qui aime à lui voir jeter à son rival le défi de l'eau et du feu. Luther ne l'accepta pas; il voulait que la querelle se vidât en champ clos à Wittemberg. Il répondit à Tezel: Je me moque de tes cris comme des braiements d'un âne: au lieu d'eau, je te conseille du jus de la treille; et, en place du feu, hume, mon ami, l'odeur d'une oie rôtie. Je suis à Wittemberg. Moi, docteur Martin Luther, à tout inquisiteur de la foi, faisons savoir qu'on trouve ici bonne hospitalité, porte ouverte, table à convenance et soins empressés, grâce à la bienveillance de notre duc et prince, l'électeur de Saxe.» Tezel ne vint pas au rendez-vous; il avait raison: la partie n'était pas égale. Le dominicain, dans sa discussion, n'eût pu se servir ni du jus de la treille, ni de l'odeur de l'oie rôtie. Il n'y avait qu'un moine au monde qui pût employer de semblables figures. Jérôme Scultet, l'évêque de Luther, effrayé des doctrines du moine, lui envoya l'abbé de Lenin, avec une lettre. Sa grâce vous conjure, disait l'abbé de Lénin, de ne publier ni votre sermon ni vos thèses, qui troubleraient l'église de Wittemberg. » Cette prière émut le cœur de Luther, qui répondit: Je suis satisfait, j'obéirai; j'aime mieux obéir que de faire des miracles. » L'abbé de Lénin prit congé du docteur. Quelques jours après, le sermon paraissait en langue allemande, le 31 octobre 1517, à midi, le portier du couvent des augustins affichait, sur les piliers extérieurs de l'église de Tous-les-Saints, le manifeste du frère augustin, docteur en théologie, maître en Écriture sainte, contre frère Jean Tezel. C'était un duel proposé à la papauté en face du monde entier. Eck se présenta pour soutenir le principe catholique. C'était un nom connu dans l'Allemagne savante, que celui d'Eck, docteur en théologie, chancelier à l'université d'Ingolstadt, homme d'érudition et d'esprit. C'est le témoignage qu'en rendit d'abord Luther en 1518. Deux ans plus tard, ce n'était plus « qu'un valet de Satan, qu'un ennemi insigne du Christ, qu'un théologastre et un malheureux sophiste. » Eck dépensa beaucoup de travail et de veilles, répandit à pleines mains les textes profanes, les citations des Pères; parfuma ses Obélisques d'une odeur d'antiquité à méprendre même Érasme; obtint pour sa phrase cicéronienne les éloges des savants; étonna par sa vaste mémoire, et ce fut tout. Emser, aristotélicien de Dresde, voulut s'essayer avec Luther; il obtint deux réponses de son rival, toutes pleines d'insolences contre la papauté. Le Saxon faisait ainsi ses adieux à Rome: « Adieu, Rome, ville de scandale! La colère de mon Maître qui est au ciel va se lever sur toi: adieu, séjour des dragons; adieu, nid des vautours, des hiboux et des chauves-souris; adieu, retraite des fouines, des lutins, des gnômes et des diables! » Avec un homme comme Luther, la question grandissait: chaque parole, ou douteuse ou hostile, échappée à l'un de ses adversaires, était pour lui le texte d'une glose nouvelle. C'était une bonne fortune à ses yeux, qu'un moine ignorant ou passionné: le combat se perpétuait. Ses amis, ses mauvais penchants, son amour du bruit, l'œil de l'Allemagne ouvert sur lui, tout l'entraînait à disputer : c'était sa joie, sa vie, son destin ; et puis, comme il dit, « les luttes incessantes de la parole secouaient ce corps ou ce corpuscule qui sans elles aurait succombé à d'autres tentations. Chanter au Seigneur, c'est-à-dire combattre, voilà son lot sur cette terre. » Soit que Luther s'effrayât des tempêtes qu'il préparait à l'Allemagne, que cet accord des voix des catholiques à condamner ses propositions l'étonnât, ou que les prodiges de sa doctrine troublassent son âme, un moment il recula devant l'œuvre commencée, et la lettre qu'il écrivit à l'évêque de Brandebourg témoigne de toutes ses anxiétés. Cette lettre, trop affectueuse pour être sincère, resta sans réponse. On fut contristé du silence de l'évêque ; on aimait à se persuader que des paroles d'amour pouvaient arrêter Luther sur le bord de l'abîme. La grande plaie du frère augustin, c'était l'orgueil ; il ne put pardonner au prélat. —Jamais à aucune époque du christianisme la tiare n'avait brillé de tant de splendeur : toutes les couronnes s'effaçaient devant elle. C'est au sein de ces hommages universels que Léon X apprit qu'un moine, qui avait nom Luther, troublait dans un coin de sa cellule la paix de l'Allemagne. Les thèses de Martin, imprimées par Froben de Bâle, avaient traversé les Alpes, et commençaient à se répandre à Rome et à Venise. Léon ne fut point effrayé. Ce qui le rassurait surtout c'était la lettre que venait de lui adresser Luther. Tout colère du nom d'hérétique que lui donnaient ses ennemis, et qui retentissait à ses oreilles « comme le bruit des cymbales, » Luther avait pris le parti d'en appeler au pape. Jamais paroles plus humbles, mais d'une humilité plus apprêtée ; rien, dans sa lettre, d'inspiré, de spontané : tout y respire l'étude, tout y sent la gêne, le travail de tête : « Vivifiez, tuez, appelez, rappelez, approuvez, réprouvez ; votre voix est la voix du Christ qui repose en vous, qui parle par votre bouche. Si je mérite la mort, je mourrai avec joie. » Au moment même où Luther protestait si humblement de son dévoûment et de sa soumission au pape, il attachait à un livre ascétique : « Sur la mort d'Adam et la résurrection du Christ dans l'homme,» une préface où il parlait insolemment du pouvoir des clefs. Loin de se taire, comme il l'a promis en attendant la décision du pape, il répand sa doctrine, l'enseigne publiquement au peuple, monte en chaire, soumet au doute la vertu de l'excommunication, et se rit en face des autels de l'ignorance et de la tyrannie des «colporteurs des foudres spirituelles.» Il déchirait ainsi de page à page le catéchisme de son église. Cependant à Rome on était incertain sur le parti à prendre à l'égard de Luther. Quelques cardinaux voulaient qu'on en vînt à des mesures sévères. D'autres, en repoussant ces voies de rigueur, demandaient que le pape le déclarât hérétique, sans citation et sans procès ; mais les plus éclairés, ceux qui connaissaient l'Allemagne, opinaient pour qu'on l'appelât à Rome, qu'on lui donnât des juges, et qu'on ne le condamnât qu'après l'avoir entendu. Léon X se laissait aller à sa nature amoureuse du repos. Comment punir un homme dont l'Allemagne savante s'enorgueillissait, «ce frate Martino, disait-il, doué d'un si beau génie, et qu'on ne haïssait que par jalousie du couvent?» Il aima mieux tenter une réconciliation. Jérôme Staupitz exerçait une grande influence sur Luther : Léon X lui écrivit ; c'était le vicaire général de l'ordre des dominicains, en qui Luther révérait une piété sans faste, des mœurs d'une évangélique pureté, des lumières étendues. Il est probable que, pour plaire à Léon X, Staupitz essaya des conseils timides. Luther ne l'écouta pas, et continua de prêcher. Il commençait à avoir des disciples. Parmi ses apôtres les plus fervents, on citait alors Carlstadt et Mélanchthon. Des princes, des électeurs, des nobles, des chevaliers encourageaient, tantôt ouvertement, tantôt en silence, les entreprises du novateur. Les passions les plus grossières dominaient la querelle. Obligés à une fastueuse représentation, les princes avaient à leur solde de nombreux courtisans, des chevaux, des meutes, des valets. La sécularisation des couvents, inévitable si Luther triomphait, était un appât pour la cupidité de ces hommes de table, de chasse, mais de peu de foi en général. Maximilien Iᵉʳ, empereur d'Allemagne, ne ressemblait pas à ces princes ; refroidi par l'âge, il voulait mourir en paix. Il fut le premier à dénoncer au pape les troubles qui menaçaient la Germanie. Le pape, avant d'avoir reçu la lettre de l'empereur, s'était décidé à intervenir. Il chargea donc l'évêque d'Ascoli de sommer le moine de se rendre, dans soixante jours, à Rome, pour y répondre sur ses doctrines. L'évêque obéit. Luther continuait de prêcher

et d'écrire. Alors Léon X ordonne à son légat à la cour de Maximilien, le cardinal Cajetan, de mander Luther, en provoquant, au besoin, l'assistance de l'empereur, des princes de l'empire, des universités, et de l'enfermer jusqu'à ce que de nouveaux ordres lui enjoignent de l'envoyer à Rome. « Si Luther se repent, disait le pape, pardonnez-lui, s'il s'opiniâtre, interdisez-le. » Cependant ses amis intervinrent. Résolu d'abord d'aller à Rome, Luther hésite ; il cherche et trouve, pour refuser d'obéir à la citation, un misérable subterfuge : c'était d'écrire à l'électeur de Saxe, Frédéric, et de lui demander un sauf conduit qu'il refuserait ; «et alors, disait Luther, voilà une bonne excuse pour ne pas comparaître » Mais la pensée que ses ennemis pouvaient regarder son refus de comparaître à Rome comme une faiblesse de caractère, peut-être même comme l'aveu qu'il n'osait rendre compte de sa foi, tourmentait Luther ; il ne persista pas longtemps dans son projet de désobéissance. On le vit même, au dehors, étaler dans ses paroles un grand respect pour Léon X et une entière soumission au bref. Il s'abstint un moment de prêcher ; la multitude fut trompée. Pour colorer son refus de comparaître à Rome, il prétexta la longueur du voyage, l'inclémence de la saison, les dangers de la route, son état d'affaissement et les longs travaux qui avaient usé son corps. «Il était prêt, disait-il, à confesser sa foi devant des juges de capacité à Wittemberg, à Augsbourg, ou dans quelque ville d'Allemagne qu'on voudrait lui désigner.» Ses sollicitations furent vaines ; celles de ses amis ne furent pas plus heureuses. Les jours s'écoulaient, et le terme assigné par Léon X approchait. On pouvait craindre que Luther ne fût condamné sans être entendu. C'est alors que l'université de Wittemberg écrivit au pape pour appuyer la demande de Luther. Les motifs qu'elle alléguait pour le dispenser de se rendre à Rome étaient à peu près les mêmes qu'il avait inutilement fait valoir. L'électeur lui-même, Frédéric, écrivit au nonce Cajetan pour le prier d'obtenir du pape que Luther fût dispensé d'aller à Rome, et qu'il rendît compte de ses doctrines à Augsbourg. Cajetan, légat à la diète impériale, avait toute la confiance de Léon X ; il ne lui fut pas difficile de réussir. Le pape consentit à ce que Luther comparût devant le cardinal à Augsbourg. Cette concession de la cour de Rome étonna Luther et ses partisans. Ils espéraient que Léon X serait inflexible ; l'obstination eût avancé les affaires de la réforme. Quelques-uns des amis du moine, Hutten par exemple, dissimulèrent mal leur dépit. Ils pensaient que Luther serait obligé d'aller à Rome, et ils célébraient d'avance son dévoûment, rêvaient des périls, et arrangeaient un drame qui finissait à la manière de celui de Jean Huss et de Jérôme de Prague. Malheureusement pour leurs calculs, ce juge, dont le pape avait fait choix, était un homme éclairé, un humaniste habile, un savant théologien, un prédicateur éloquent qui très récemment avait pris en chaire la défense du pauvre peuple italien que les usuriers juifs pressuraient : par caractère il était ennemi de la rigueur et des violences. Luther se mit en route, à pied. C'était le vendredi 8 octobre 1518. Le troisième jour ses amis lui remirent le sauf-conduit impérial qu'ils attendaient avec tant d'impatience. Il écrivit alors au légat qu'il était prêt à paraître devant lui. Cajetan lui avait déjà envoyé un prêtre pour le presser de se rétracter ; il n'avait pas voulu l'écouter. Le lendemain Luther se présenta chez le légat. Ses amis l'accompagnèrent : quelques groupes de peuple rassemblés sur les degrés du palais l'accueillirent affectueusement. Le légat parut, vint au-devant du moine, qu'il embrassa affectueusement. Luther se jeta aux pieds du cardinal : « Pardon, monseigneur, disait-il, si quelques paroles imprudentes me sont échappées ; je proteste que je suis prêt à les désavouer, si vous me montrez qu'elles sont coupables.» Cajetan le releva. «Frère, lui dit-il, mon intention n'est pas de disputer ; je vous demande, par ordre de Sa Sainteté, de rétracter vos erreurs, et de vous abstenir de rien enseigner désormais qui puisse troubler la paix de l'Église. — Mon père, dit Luther, montrez en quoi j'ai péché. — Encore une fois, mon fils, reprit Cajetan, je ne viens pas ici pour disputer avec vous comme dans une école. Je ne suis point votre juge, je suis envoyé par notre père commun, à qui vous écriviez il n'y a pas longtemps : approuvez, condamnez, appelez, rappelez, je suis prêt à écouter votre voix comme la voix de Dieu... rétractez-vous donc, car telle est sa volonté. — Me rétracter ! dit Luther ; mais quelle erreur ai-je enseignée ? » Le cardinal lui cita deux propositions... La première : « que les mérites de Jésus-Christ ne sont pas les trésors des indulgences...; la seconde, que pour être justifié la foi seule suffit.» Et il lui rappela la bulle de Clément VI sur les indulgences, *Extravagans, in sexto decretalium*, et l'enseignement universel de l'Église sur la nécessité de la foi associée aux œuvres. L'entretien, repris, interrompu, tantôt froid et calme, tantôt agité et véhément, se traînant en longues citations, dura ainsi pendant plusieurs heures; lorsque le légat se ressouvint de la parole qu'il avait donnée de ne pas disputer, et la rappela en riant à Luther. « Donc, ajouta-t-il, finissons.... vous rétractez-vous, oui ou non?» Luther demanda trois jours pour répondre. On se sépara. Il n'attendit pas le troisième jour. Le lendemain il vint accompagné de quatre sénateurs, de témoins nombreux, et d'un notaire, et remit au nonce une protestation en forme, où il déclarait qu'il n'avait jamais eu l'intention de rien enseigner qui pût offenser les doctrines catholiques, les divines Écritures, l'autorité des saints pères, les décrets des papes; que du reste, s'il avait erré, la moindre faible qu'il était, il offrait de soumettre ses écrits au jugement du saint-père, des universités de Bâle, de Fribourg, de Louvain, et de Paris surtout, la mère et la patronne des bonnes études. » Cajetan se mit à lui rappeler les paroles de la veille. « Hier, répondit Luther, nous avons fait trop longtemps métier de gladiateurs : c'est assez de paroles humaines; l'Ecriture sainte peut seule nous mettre d'accord. — *Non digladiatus sum*, reprit le cardinal en jouant sur le mot échappé à Luther. Il ne s'agit pas de disputer.... Je suis venu pour recevoir votre rétractation et vous réconcilier avec l'Église.» Le moine resta muet, comme s'il se fût repenti intérieurement de l'expression dont il s'était servi. Alors Staupitz, qui était à l'écart, s'approcha du cardinal, et demanda que Luther pût se défendre par écrit....— Et devant témoins, reprit le docteur. Le cardinal fit un signe de tête négatif. — Oui, continua Staupitz, devant quelques témoins. Le cardinal hésitait... « Eh bien, j'y consens, dit-il ; allez, je vous entendrai; mais encore une fois, n'oubliez pas que je ne fais pas l'office de juge.» Luther passa la nuit à préparer sa défense. C'était une thèse, le programme plutôt que la justification de ses doctrines. Au moment même où il écrivait cette défense, qui devait confondre Cajetan, il préparait son appel au pape, car à aucun prix il ne voulait se rétracter d'une syllabe. Il présenta le lendemain sa lettre au nonce : Cajetan la parcourut. « Mais c'est une apologie, dit-il aux premières lignes, et non une discussion... Voyez, reprit-il, en montrant du doigt le passage de Panormita, voilà qui est monstrueux! et vous voudriez que je misse sous les yeux de Sa Sainteté de si odieuses paroles, après toutes les assurances que vous avez données de votre obéissance filiale. » Il continua de lire, jetant par intervalles des regards de courroux sur Luther. « Mais, reprit Luther en colère, et cessant de s'adresser directement au légat, qu'on lise donc ! je n'affirme rien.... je m'en rapporte au témoignage de Léon X. —Frère, frère, vous étiez hier si doux, et aujourd'hui comme vous vous emportez ! dit Cajetan. En vérité Sa Sainteté vous a jugé, vous et vos doctrines... Voyons, reprit-il, en se rapprochant et prenant la main du moine, il est encore temps: comme vous le dites, je suis prêt à intercéder pour vous auprès de notre père commun; mais qu'une vaine gloire, que de mauvais conseils, qu'une obstination aveugle ne vous retiennent pas: rétractez-vous.» Luther garda le silence. — Eh bien ! ajouta Cajetan, ne revenez plus... tout ceci entre nous. Luther s'inclina et s'éloigna. Mais ce soir même, après le souper, Cajetan manda Staupitz et Wenceslas Linck : il eut avec eux un long entretien, et les chargea d'essayer sur l'esprit de Luther quelques paroles plus efficaces que les siennes. Il les pressa si vivement au nom de Léon X, de la paix publique, du repos de la Saxe, qu'ils lui promirent d'aller sur le champ trouver Luther. Ils tinrent parole. Luther fut ému jusqu'aux larmes de cette mission de charité, et il écrivit au nonce une lettre pleine de sentiments affectueux.

Que restait-il à faire à Cajetan, qui avait épuisé, quand le témoignage de Luther ne suffisait pas pour l'attester, les exhortations bienveillantes, les paroles de paix, les conseils de la prudence et de l'amitié? Il se flattait encore d'un rapprochement, quand l'appel de Luther au pape, affiché sur les murs de la cathédrale et du couvent des carmélites, fit évanouir toutes ses espérances: l'illusion n'était plus permise. Luther s'était hâté de quitter Augsbourg. Staupitz avait fait préparer un cheval, et donné à son ami pour guide un paysan qui connaissait les chemins. Le 30 octobre, le docteur connut à Nuremberg la bulle où le souverain pontife exposait la doctrine touchant les indulgences. Il s'emporte et écrit : « en vérité,

c'est à peine si je puis croire que quelque chose d'aussi monstrueux vienne d'un pape, et surtout de Léon X. Quel que soit le polisson qui, sous le nom de Léon X, essaie ainsi de me faire peur avec son décret, qu'il sache que je comprends la plaisanterie; s'il vient réellement de la chancellerie, je leur apprendrai leurs superbissimes iniquités et leur iniquissime ignorance. Les romanistes commencent à trembler et à mettre peu de confiance en leurs œuvres.» Auriez-vous pensé que ce pauvre petit enfant qui mendiait, à Magdebourg, le pain du bon Dieu, écrirait jamais de ce style ? Rien dans ce bref n'explique les emportements de Luther contre Léon X. Le nom du moine n'y est pas même prononcé. Le pape aurait pu excommunier Luther. Il préféra, ainsi que le remarque l'historien anglican Roscoë, mettre à l'épreuve la sincérité du docteur. Chef visible de l'Eglise, image vivante du fils de Dieu sur la terre, Léon X venait au nom de la toute puissance du Christ, dire à un prêtre : « Voilà l'enseignement de l'Eglise, crois et obéis, ou tu seras retranché de la communion des apôtres. Mon fils tu n'es plus un anneau de cette grande chaîne qui te liait aux disciples de Jésus ; tu n'es plus une goutte d'eau de cet océan catholique qui ne se desséchera qu'à la fin des siècles : je te renie au nom du Christ, comme ont été reniés Jean Huss, Wiclef, et tous ceux qui ainsi que toi, ont voulu marcher dans leur orgueil, au lieu de suivre cette lumière qui éclairera tout enfant docile jusqu'à l'expiration des temps.»

L'électeur de Saxe protégeait Luther. Il obtint que le moine, avant de partir, comparaîtrait à Worms, où la diète était assemblée. Gaspard Sturme d'Oppenheim partit de Worms avec un sauf-conduit pour Luther, auquel il remit des lettres de l'électeur Frédéric, de Jean son frère, et du duc George, qui l'engageaient à obéir à l'empereur, et à se fier à une parole dont ils se portaient garants. «Non, s'écriait Luther, je ne veux pas me rétracter. Je répondrai à l'empereur que, s'il m'appelle pour chanter la palinodie, je n'irai pas. Je n'aurais pas besoin d'aller à Worms pour me rétracter, si j'en avais l'intention, je le ferais tout aussi bien ici. Mais si l'empereur insiste, et si cette réponse m'attire son inimitié, j'irai. Si je vais à Worms, voici comment je me rétracterai; je dirai : J'avais d'abord soutenu que le pape est le vicaire du Christ; je me rétracte, et je déclare aujourd'hui que le pape est le vicaire du diable.» Quand il eut reçu le message impérial, il montra une énergie de résolution qu'il n'avait pas eue d'abord et répondit à Spalatin : « J'irais à Worms, quand il y aurait autant de diables que de tuiles sur les toits de Wittemberg.» Le 16 avril, il fit son entrée dans Worms. Le lendemain de son arrivée, il comparut à quatre heures du soir devant sa majesté, les princes, les électeurs, les généraux et les chefs des ordres de l'Empire. Jamais diète aussi nombreuse: Charles-Quint siégeait entouré de sept électeurs, de vingt-quatre ducs, de huit margraves, de trente évêques, et d'une grande quantité de députés des villes de l'Empire. Le moine s'inclina, ému de recueillement et d'admiration à la vue de ses juges. Alors Jean d'Eck, non pas le théologien d'Ingolstadt, mais l'official de l'archevêque de Trèves, se leva, et commença l'interrogatoire de Luther, d'abord en latin, puis en langue allemande: Luther se leva. « Sa majesté, dit-il, me fait adresser deux questions : la première, si je reconnais comme de moi les livres qui portent mon nom, et la seconde, si je veux rétracter les enseignements que j'y établis. Je ne saurais refuser de reconnaître pour mes œuvres des livres dont on a lu les titres; jamais je ne nierai que je ne les ai écrits. Quant à la question si je consens ou non à rétracter les doctrines qu'ils renferment question de foi où mon salut éternel et la libre expression de la parole divine sont intéressés, cette parole qui ne connaît de maître ni sur la terre ni dans les cieux, et que nous devons adorer tous tant que nous sommes, il serait téméraire et dangereux pour moi d'y répondre sur - le - champ, avant d'avoir médité en silence, de peur d'encourir la sentence de Jésus-Christ : —Celui qui me reniera devant les hommes, je le renierai devant mon père et dans les cieux. Je supplie donc sa sacrée majestée de m'accorder le temps nécessaire pour répondre en toute connaissance de cause, et sans crainte de blasphémer la parole de Dieu et d'exposer le salut de mon âme. L'empereur, en voyant hésiter Luther, dit : «Cet homme ne me rendra pas hérétique. » Les chefs des ordres délibérèrent un moment, et l'official se leva de nouveau. «Martin Luther, dit-il, la clémence insigne du souverain vous accorde un jour pour préparer votre réponse. Vous comparaîtrez donc ici demain, à la même heure, sous condition que vous proposerez vos réponses de vive voix et non par écrit. » Luther revint le lendemain à la même heure que la veille, et déclara qu'il ne pouvait que répéter ce qu'il avait déjà dit : — que si on ne lui prouvait par d'irrésistibles arguments qu'il avait erré, il ne reculerait pas d'une semelle en arrière ; que ce qu'avaient enseigné les conciles n'était pas article de foi ; qu'ils avaient failli et s'étaient contredits ; que leur témoignage n'était donc pas convaincant ; qu'il ne pouvait désavouer ce qui était écrit dans les livres inspirés. Deux jours après, les princes électeurs, les grands officiers et les ordres de l'Empire s'étant assemblés de nouveau, on annonça un message de l'empereur. Tous les ordres se levèrent en signe de respect, et le secrétaire de la diète lut à haute voix le rescrit impérial conçu en ces termes : « Nos ancêtres les rois d'Espagne, les archiducs d'Autriche, les ducs de Bourgogne, protecteurs de la foi catholique, en ont défendu l'intégrité de leur sang et de leur épée, en même temps qu'ils veillaient à ce qu'on rendît aux décrets de l'Eglise l'obéissance qui leur est due. Nous marcherons sur les traces de nos aïeux ; et comme il s'est trouvé un frère qui a osé attaquer à la fois et les dogmes de l'Eglise et le chef de la catholicité, défendant avec opiniâtreté les erreurs où il était tombé, et refusant de se rétracter, nous avons jugé qu'il fallait s'opposer aux progrès de ces désordres, même au péril de notre sang, de nos biens, de nos dignités, de la fortune de l'Empire, afin que la Germanie ne se souillât pas du crime de parjure. Nous ne voulons plus désormais entendre Martin Luther, dont les princes ont appris à connaître l'inflexible opiniâtreté ; et nous ordonnons qu'il ait à s'éloigner et à se retirer sous la foi de la parole que nous lui avons donnée, sans qu'il puisse dans son chemin prêcher ou exciter des désordres. » Le 26 avril, après un repas que lui donnèrent ses amis, le docteur reprit le chemin de Wittemberg. Ainsi finit le drame de Worms, un des plus remarquables de la vie du réformateur.

Homme de lutte et d'action, se croyant appelé de Dieu pour fonder son œuvre, au besoin, par l'épée, Luther n'était pas fait pour garder de vains ménagements avec l'empereur. Ses ennemis, en le voyant partir de Worms, avaient compté que son caractère se ferait bientôt jour, et qu'il enfreindrait les ordres du prince. Ils avaient raison. Si l'électeur de Saxe n'avait eu en silence veillé sur l'œuvre de son protégé, Luther l'eût compromise en délivrant la parole divine qu'il s'accusait d'avoir laissée trop longtemps captive. Une imprudence aurait pu lui être funeste. Il fallait donc le dérober aux tentations de son apostolat et enchaîner sa langue. A l'abbaye d'Hirschfeld, l'abbé le reçut dans son couvent, l'admit à sa table et lui prêta son lit. Le jour paraissait à peine qu'il venait frapper à la porte de l'augustin, pour le prier de prêcher la parole de Dieu. Luther monta en chaire, contre l'ordre formel de l'empereur. « Après tout, disait-il, il vaut mieux obéir à Dieu qu'aux hommes. » A Eisenach, malgré l'apparition du curé, d'un notaire et de deux témoins, qui viennent pour constater officiellement la contravention du moine au mandat impérial, Luther parle et s'emporte contre la papauté. Tout cela est avoué par le récit officiel et par la correspondance du docteur. Il était parti sous la conduite d'hommes fidèles, entre autres du capitaine Prélops. Jacques son frère, Amsdorf et Schurf l'accompagnaient. Comme ils approchaient d'Altenstein, des chevaliers masqués se présentèrent tout-à-coup à l'entrée d'une forêt, se jetèrent sur les rênes des chevaux, et feignirent d'enlever le moine. C'était une comédie jouée et arrangée par l'électeur, du consentement de Luther. Jacques sauta à bas de la voiture et prit la fuite ; Amsdorf disparut dans la forêt. Un cheval était tout prêt, ainsi qu'un vêtement de cavalier et une barbe postiche pour déguiser le fugitif. On erra dans la forêt pendant quelques heures, et, la nuit venue, vers les onze heures, on frappait à la porte du château de la Wartbourg. Amsdorf se prêta à merveille au rôle que lui avait confié l'électeur, et garda le silence. Ses autres compagnons de voyage crurent un moment que leur père était tombé dans une embuscade ; ils prièrent Dieu pour lui, et répandirent à Wittemberg le bruit de sa mort. C'est à la Wartbourg que Luther demeura caché jusqu'à la mort de Léon X. C'est dans cette solitude forcée qu'il composa une partie de ses écrits polémiques et qu'il travailla à sa traduction de la Bible en langue vulgaire. Les principes dangereux que le moine rebelle avait jeté dans les esprits germèrent avec une effrayante rapidité. Toutes les passions mauvaises répondirent à cet appel de l'orgueil et de la révolte. Les liens religieux furent brisés de toutes parts, et des scandales de tout genre couvrirent l'Allemagne. A chaque vœu de chasteté rompu, Luther applaudissait de son ermitage. Et comme si les tentations

de la chair n'étaient pas assez vives, et que les joies du paradis, que Luther promettait à ceux qui se mariaient, n'eussent pas donné assez de vertige aux pauvres têtes de moines et de religieuses, on vit un jour l'autorité frapper à la porte des couvents, et annoncer de la part du Seigneur et de son Verbe que les reclus étaient libres. Luther savait bien que chaque hymen sacerdotal valait à la réforme une âme qui en procréerait d'autres à son image. Après le pape, Luther n'a pas d'ennemi qu'il ait plus rudement mené que le célibat ; aussi, pour en triompher, fait-il usage de toutes ses armes : colère, mépris, sophisme, épigrammes, quolibets, bons mots ! Il était impossible qu'un panégyriste si pétulant du mariage gardât ses vœux de chasteté et mourût dans le célibat. Les catholiques prévoyaient que Luther succomberait. Il est vraisemblable qu'il se serait marié plus tôt, s'il n'avait craint d'encourir la disgrâce de l'électeur Frédéric, qui s'était expliqué franchement, et tout récemment encore dans sa lettre à l'évêque de Misnie, sur le mariage des prêtres et des moines, qu'il appelle « un concubinage déguisé. » Luther redoutait aussi les railleries d'Erasme. Mais, à la mort de l'électeur, Luther s'enhardit. Il était alors à Seeburg, qu'il quitta pour retourner à Wittemberg. — Je pars, écrit-il à son cher Ruhel, je veux épouser Kétha avant de mourir ! c'est du courage ; car, disait-il, nous autres moines et nonnettes nous connaissons le rescrit impérial : Qui prend nonne ou moinillon mérite la corde. L'histoire, toutefois, ne parle du supplice ni de Wolfgang, ni de Carlstadt, ni des prêtres ou religieux qui auraient enfreint l'ordre de l'empereur. Ce fut le 14 juin 1525 que Luther épousa Catherine Bora, nonne de vingt-six ans, du couvent de Nimptsch, d'où elle avait été enlevée par Léonard Kœppe, jeune sénateur de Torgau. Mélanchthon reçut cette nouvelle comme un coup de foudre ; il n'en revenait pas. Martin, qui n'avait rien de caché pour son disciple chéri, ne lui avait pas dit un mot de ce mariage. — Luther s'est marié inopinément, écrit Mélanchthon à Camer ; Dieu nous montre dans la conduite de ses élus des fautes qu'on ne saurait approuver ; malheur toutefois à celui qui rejetterait sa doctrine à cause des péchés du docteur ! — Paix et salut, écrivait Justus Jonas à Spalatin ; ma lettre va vous apprendre une chose merveilleuse : notre Luther s'est marié à Catherine Bora ; j'assistai hier à la noce. Je n'ai pu, à ce spectacle, me défendre de quelques larmes. Mon âme craint et souffre ; je ne sais ce que Dieu nous réserve. Luther n'avait dit son secret qu'à deux de ses amis, Amsdorf et Kœppe. Le bourgmestre de Wittemberg envoya aux nouveaux mariés douze bouteilles pour le repas de noces, dont quatre de Malvoisie, quatre du Rhin et quatre de Franconie. La ville leur fit présent de deux anneaux. Ce fut le tour des moines. Luther, pendant quinze ans, les avait assez bafoués : ils prirent leur revanche, et il faut avouer qu'elle fut sanglante. Epithalames, odes, cantiques sacrés et profanes, distiques, poèmes héroïques et comiques, la muse monacale improvisa sur tous les tons et dans tous les idiomes. Cet odieux sacrilége qui frappe l'Allemagne de consternation, fut le pas suprême de Luther, il avait touché le fond de l'abyme. Tout espoir était perdu. L'empereur et les catholiques comprirent enfin la nécessité de prendre une mesure définitive et rigoureuse. Une diète solennelle fut convoquée le 15 du mois de juin 1530, Charles-Quint fit son entrée à Augsbourg. Empruntons au beau travail de M. Audin le récit dramatique et animé où il peint cette grande et décisive bataille. La diète s'ouvrit le 23 juin, en présence de l'empereur, du roi Ferdinand de Hongrie, des électeurs, des princes de l'Empire et des députés des villes impériales, dans une salle immense toute tendue de velours. Sur la seconde ligne de l'hémicycle était le siége des archevêques et évêques, du nonce du pape, des ambassadeurs ; au-dessous, les pliants réservés aux docteurs catholiques, à Eck, à Cochlée, à Nausea. Les princes protestants produisirent leur confession de foi rédigée par le disciple chéri de Luther. Or, il n'est pas dans l'histoire de la réforme de manifeste plus lumineux contre la mission de Luther, que l'exomologèse de Mélanchthon, connue sous le nom de Confession d'Augsbourg.

Un moine s'est annoncé comme prêtre du Verbe divin, comme un nouvel Ecclésiaste et un autre Elisée. Il a voulu faire prévaloir son autorité sur celle de l'Eglise catholique. Des peuples, ou séduits ou surpris, ont marché à sa lumière. Par intervalles, Dieu a suscité des docteurs qui prennent en main la défense de la vérité ; mais les mauvaises passions étouffent leur voix, et leur robe est le grand obstacle qui les empêche de se faire écouter. Aujourd'hui voici le Jérémie du réformateur, le disciple en qui il a mis son amour et ses affections, l'enfant de son cœur et de ses doctrines, qui, forcé de montrer au monde le symbole des néologues, présente, après de longs jours de travail, une confession qui sent l'huile, tant il l'a lue, tant il l'a revue, corrigée, raturée, comme il ferait d'un thème de rhétorique. Luther l'a contresignée et apostillée de ces mots remarquables : « Qu'il soit condamné, celui qui enseignera autre chose. » Or, gardez-vous de croire que ce soit l'exposé fidèle des doctrines enseignées jusqu'alors par Luther. Vous vous rappelez ses emportements contre Erasme, au sujet du libre arbitre, que la prescience divine mettait en poudre dans les créatures ; cet esclave de l'homme qu'il a trouvé dans les livres saints, et qu'il impose à notre foi sous peine de damnation. Eh bien, Luther consent à apposer son nom au-dessous de l'article dix-huit de la Confession, où Mélanchthon établit : « qu'il faut reconnaître le libre arbitre dans tous les hommes qui ont l'usage de la raison, non pour les choses de Dieu, que l'on ne peut commencer ou achever sans lui, mais seulement pour les choses de la vie présente, et pour les devoirs de la société civile. » Mélanchthon ajoute, afin d'éclaircir ce passage déjà si clair dans son apologie : « Pour les œuvres extérieures de la loi de Dieu : » vous l'entendez. Mais c'est là ce que disait Erasme, et qui excitait les brutalités de Luther. « Je n'en veux point, de votre libre arbitre, gardez-le ; si Dieu me l'offrait, je le refuserais. » Et il l'accepte aujourd'hui, et il en fait un article de son symbole. Il vous souvient de cet axiome décourageant qu'il veut nous imposer de sa pleine science : « que Dieu opère en nous le péché. » C'était encore un rayon lumineux qu'il dérobait aux livres saints et qu'il nous accusait de repousser ; et le voilà qui déclare dans l'article dix-neuf : « que la volonté du méchant est la cause du péché. » Emser, Cochlée, Eck, Erasme, pauvres docteurs ! il n'y a pas dix ans que vous disiez abomination à cette doctrine de désespoir ! Que faisait donc alors le Saint-Esprit, qui troublait ainsi l'entendement du père de la réforme ? Est-ce la lettre ou l'esprit qui tuait son intelligence ? A qui donc faut-il croire ? à Luther dans la chaire de Wittemberg, ou à Mélanchthon à la diète d'Augsbourg ? Vantez-nous donc les illuminations qui partent soudainement de la Bible, et vont saisir qui la prend et veut la lire : vous vous trompiez donc, ou vous nous trompiez. Vous n'avez point oublié les enseignements de Luther sur les bonnes œuvres, qu'il traite de péchés, qu'elles soient opérées même par une âme juste. Pour nous séduire, il corrompait le texte de saint Paul par des interpolations qui faisaient crier les catholiques ; mais il se moquait bien de ses cris de papistes qu'il renvoyait à l'école. Si nous lui citions, pour l'embarrasser, l'épître de saint Jacques : « Belle autorité, disait-il, épître apocryphe, épître de paille ! » Et cependant nous avions raison, nous autres. Le maître errait ; car, dit-il, — les bonnes œuvres sont dignes de grandes louanges ; elles sont nécessaires, et elles méritent des récompenses. Dormez en paix, vous tous que Luther damnait le coude appuyé sur la table de son auberge de Wittemberg, entre deux pots de bière de Torgau, quand il répondait à un de ses commensaux, qui l'interrogeait si un papiste peut être sauvé : « Je n'en sais rien, ma foi ! » Voici qu'Antoine, Bernard, Dominique et François sont tenus pour saints par l'apologie de Mélanchthon, enfants, par conséquent, de la véritable Église. Il n'y a plus que Thomas d'Aquin de damné sans pitié, vraisemblablement parce qu'il était jacobin, dit Bossuet. Nous pouvons même désormais, et en toute sûreté de conscience, assister à la messe, cette invention de Satan, — car il n'ont pas aboli la messe. — On l'a célébrée parmi nous, dit l'Apologie, avec une extrême révérence, et on y a conservé presque toutes les cérémonies ordinaires. Melanchthon avait insisté pour la conservation de la liturgie catholique, qui dura en partie jusqu'à sa mort, et à sa mort fut emportée avec quelques-unes des vérités qu'il avait maintenues. A quelques milles luthériennes en dehors de Wittemberg, on pouvait encore prier pour les morts, comme faisait la primitive Église, ainsi que le confesse l'Apologie, qui ne défend pas ces effusions pieuses ; entendez bien : le culte des morts, la croyance à l'expiation des âmes dans l'autre vie, ces deux grandes superstitions contre lesquelles s'était rué Luther, ces pratiques nées d'hier et sorties d'un cerveau papiste ! « Sodome et Gomorrhe, la grande prostituée de Babylone, l'Église catholique enfin, rentrée en grâce, justifiée par Luther, — car ceci est l'abrégé de notre symbole, où l'on ne trouvera rien de contraire à l'Écriture, à l'Église catholique, ni même à l'Église romaine. Que voulez-vous de plus ? un

hymne à la tradition, une invocation aux docteurs de la foi, de l'encens aux saints que nous révérons ? — Nous ne méprisons pas les dogmes de l'Église catholique, ni nous ne voulons soutenir les opinions impies qu'elle a condamnées ; car ce ne sont pas des passions désordonnées, mais l'autorité de la parole de Dieu et de l'ancienne Église, qui nous a portés à embrasser cette doctrine pour augmenter la gloire de Dieu, la doctrine des prophètes, des apôtres, des saints pères, de saint Ambroise, de saints Augustin, etc. » Mais quand le règne de l'ancienne Église a-t-il pris fin ? Mélanchthon ne le dit pas, non plus que Luther. Ce ne pouvait être au quinzième siècle, puisque ailleurs Luther appelle un homme merveilleux en tout ce Gerson qui avait condamné au concile de Constance Wiclef et Jean Huss. Ainsi, remarque Bossuet, l'Église romaine était encore la mère des saints dans le XIVᵉ siècle. Donc, que vous semble de cette confession de foi d'Augsbourg ? Croyez-vous que si Luther l'eût faite à la dispute de Leipzig, l'hérésie aurait déchiré l'Église, que la Saxe eût nagé dans le sang des paysans ? Un homme de plus en 1519, Mélanchthon, et la révolution religieuse n'avait pas lieu ; un homme de moins en 1530, Luther, et la révolution était close, nous le croyons. Les docteurs catholiques, à l'audition de cette confession, furent frappés d'étonnement. Ils se regardaient les uns les autres, échangeaient des signes muets, et ne comprenaient rien à cette parole mesurée qu'avait toujours dédaignée la réforme ; à cette argumentation sans morgue ni faste, à cet exposé candide, et où l'oreille attendait en vain une expression de colère, où par intervalles fermentait bien quelque levain de nouveauté et surgissait quelque hétérodoxie, mais cachée sous les fleurs d'une phraséologie dont le modèle était perdu depuis longtemps. On répondit aux princes que leur exomologèse serait examinée avec soin, et qu'on leur en présenterait la réfutation en bonne forme au jour indiqué par l'empereur. Les protestants auraient voulu que les catholiques formulassent aussi leur confession. — A quoi bon, répondit Faber ? nous croyons aujourd'hui ce que nous croyions hier, ce que nous croirons demain. Luther, à qui Mélanchthon fit parvenir la résolution de la diète, était à Cobourg, malade. Il souffrait des oreilles et de la tête, et éprouvait des vertiges qui ne lui permettaient même pas l'exercice de pensées sérieuses. Les docteurs catholiques s'assemblèrent, examinèrent l'exomologèse de Mélanchthon, et la condamnèrent, comme offensant en divers articles les dogmes de l'Église catholique. Luther, plus tard, se repentit d'avoir si facilement consenti à donner le royaume des cieux à ces misérables papistes ; et, dans ses Tisch Reden, il ne trouve pas assez de feu en enfer pour les brûler. Ainsi la réforme était en voie de conciliation ; elle reniait Luther, et ne conservait plus que de vieilles rancunes contre des doctrines qu'il coûtait trop de désavouer à l'amour-propre de ses théologiens : encore avait-elle fini par s'accorder avec Faber sur l'efficacité de l'œuvre soutenue de la foi en Jésus-Chist. Mais Martin Luther était là, veillant pour éteindre et étouffer toute pensée de conciliation ; il ne veut ni paix ni trêve. Il travaille les princes électeurs pour les éloigner de ce théâtre si funeste à ses doctrines et son influence. Il leur persuade enfin de s'enfuir secrètement d'Augsbourg. Quelques jours après parut le décret impérial où Charles-Quint accordait aux protestants jusqu'à la fin d'avril 1531 « pour examiner s'il ne leur conviendrait pas de retourner à la communion catholique plutôt que de persévérer dans leur schisme, et pour se préparer à exposer leurs griefs devant le concile qui serait convoqué dans six mois. » Les princes protestèrent contre la réfutation de leurs doctrines, par des textes bibliques. Les envoyés de Strasbourg, de Memmingen, de Constance, de Lindau, refusèrent de souscrire au décret de la diète. Strasbourg avait embrassé la doctrine de Bucer, et, dans la crainte de violence ouverte, venait de former une ligue avec Berne, Zurich et Bâle. La confession d'Augsbourg, envisagée comme pensée de progrès, point de vue sous lequel l'ont considérée les historiens réformés, attentait au principe de libre examen posé par le moine saxon, en donnant à la réforme une unité symbolique qu'elle eût dû repousser quand chaque intelligence devait être juge souverain de ses croyances. Il n'y a pas de catéchisme avec le droit d'interprétation. Luther, dans cette confession de foi, détrône la raison individuelle, sur le front de laquelle il avait mis une telle couronne. Depuis la diète d'Augsbourg, la vie de Luther ne fut plus qu'une carrière de lutte, de scandale, de désespoir. Partout ses doctrines soulèvent d'odieux abus. Ses disciples le renient; ses adeptes le dépassent de loin; ses protecteurs le forcent à se déshonorer, même aux yeux de ses sectaires; c'est ainsi que Philippe de Hesse le fait souscrire et légitimer la polygamie. De pareilles tribulations amenèrent à Luther la vieillesse avant le temps; et plus il approchait de la tombe, plus les chagrins et les malheurs le frappèrent cruellement. Lorsqu'il se sentit atteint de sa maladie dernière, il quitta Wittemberg et arriva le 28 février 1546 à Eisleben. La maladie glaçait peu à peu le sang dans ses veines; mais elle ne pouvait éteindre sa haine contre le pape et l'Eglise. Quelques jours avant de mourir, on apporta de Francfort la rumeur de la mort de Paul III. «Voilà le quatrième pape que j'enterre, dit gaîment Luther; j'en enterrerai bien d'autres. Si je meurs, vous verrez venir un homme qui ne sera pas aussi doux que moi pour la monacaille. Je lui ai donné ma bénédiction : il prendra une faucille, celui-là, et la tondra comme un épi.» C'était le 17 février; Luther, enveloppé dans une large robe de chambre fourrée, se chauffait auprès du poêle, ses deux enfants, Paul et Martin, assis à ses pieds. Michel Cœlius et Jonas s'entretenaient avec lui de la vie future et riaient du papisme. Luther les interrompit en secouant la tête. — Si je sors d'Eisleben, dit-il, ce sera pour m'enterrer tout vif dans la tombe, et donner le moine à manger aux vers. En ce moment le docteur éprouva de vives douleurs; sa figure se crispa. Survint Aurifaber, dont il serra affectueusement la main, en la portant sur son cœur. — Mon père, dit Aurifaber, la comtesse Albert a un excellent remède pour apaiser ces douleurs de poitrine, c'est une potion formée d'eau-de-vie et de corne pilée; si vous le désirez, j'irai au château. — Luther fit signe qu'il voulait bien. En attendant, Jonas et Cœlius faisaient chauffer des linges qu'ils appliquaient sur l'estomac du moine. Le comte Albert ne tarda pas à arriver avec la potion : le danger était passé, l'état du malade ne donnait plus d'inquiétude. Luther exprima à voix basse toute sa reconnaissance. Le comte s'en alla. Aurifaber, Cœlius et Jonas restèrent auprès de leur père. On fit boire la potion à Luther, qui respira doucement et demanda à dormir. — Vous verrez, dit-il, qu'un peu de sommeil me fera beaucoup de bien. Il était neuf heures du soir. On étendit plusieurs oreillers de plume dans le fauteuil. Le malade ferma bientôt les yeux; ses deux enfants dormaient auprès du poêle. A dix heures, la cloche du château le réveilla. Il regarda près de lui, et vit ses amis qui sommeillaient. — Pourquoi n'êtes-vous pas allés vous coucher? leur demanda-t-il. Jonas répondit qu'ils devaient veiller et avoir soin de leur père. Le malade voulut se coucher : le lit était tout prêt, on l'avait bassiné. Luther se leva, et refusa le bras de ses amis. A la porte de son appartement il dit d'une voix étouffée : — Seigneur, je remets mon âme entre vos mains; et, se tournant vers ses disciples, dont il cherchait la main : — Docteur Jonas, maître Cœlius, priez pour notre Dieu et pour notre Evangile, car la colère du concile et du pape est allumée. Les assistants se rangèrent autour du lit du Saxon : Cœlius à droite, Aurifaber et Jonas à gauche du chevet; aux pieds, les trois enfants; dans le fond, sur des chaises, les domestiques et quelques conseillers du prince Albert. Luther dormit jusqu'à une heure et demie, où il se réveilla, se leva sur son séant, et s'informa si la chambre à feu était chauffée, parce qu'il voulait retourner à son fauteuil. Jonas lui ayant demandé s'il souffrait toujours : — De vives douleurs, répondit Luther. Ah! mon ami, mon cher docteur, je vois bien que je mourrai à Eisleben, où je suis né, et où j'ai reçu le baptême. — Révérend père, reprit Jonas, invoquez Jésus-Christ, notre sauveur, notre père, notre médiateur, que vous avez confessé. Vous avez sué, Dieu vous soulagera. — Sueur froide, reprit Luther en passant la main sur son front, prodrome de la mort, je m'en vais : In manus tuas, Domine. Sa face et son front étaient devenus froids. On le posa dans son fauteuil : il ne parlait plus. On alla en toute hâte chercher les médecins et avertir le comte Albert, qui accourut avec sa femme; le comte de Schwatzburg était déjà auprès du mourant. Ses amis, ses disciples murmuraient. — Mon père! Luther n'entendait plus. La comtesse lui frottait les tempes, approchait de ses narines des aromates et des sels : aucun signe de vie. Le médecin souleva la tête de l'agonisant, lui desserra les dents, et versa dans sa bouche quelques gouttes de liqueur forte... Luther ouvrit ses yeux. — Mon père, dit Jonas, mourez-vous dans la foi et la doctrine que vous avez prêchées? — Oui, murmura Luther, qui se tourna sur le côté gauche, et s'endormit. La comtesse Albert souriait en signe d'espoir; mais le médecin, découvrant les draps, montra les pieds que le froid de la mort

avait déja saisis, et le nez qui bleuissait. La poitrine rendit un râle caverneux. — Le réformateur était devant le tribunal de Dieu! Le corps, enseveli, fut porté en grande pompe dans l'Eglise de Saint-André d'Eisleben. Justus Jonas prononça l'oraison funèbre. Les gémissements des assistants interrompirent souvent l'orateur qui pleurait à chaudes larmes. Dix citoyens veillèrent la nuit auprès du catafalque. Le lendemain 20 février, le corps fut posé sur une voiture de deuil qui prit le chemin de Wittemberg. Sur toute la route que parcourait le cortège, le peuple accourait la tête découverte, en chantant les prières des morts. D'après les ordres de l'électeur, l'université, le clergé, le sénat, la bourgeoisie de Wittemberg, vinrent recevoir le corps à la porte d'Elster, et l'accompagnèrent jusqu'à l'église. Le corps était enseveli dans une bière d'étain, recouverte de velours noir, et traînée sur un char à quatre roues. Le char était suivi de la veuve de Luther et de quelques dames dans une petite voiture découverte, de ses trois fils, de son frère Jacques, des deux enfants de sa sœur, George et Syriac le Marchand, du chevalier Magnificus, de Grégoire Bruck, Philippe Mélanchthon, Justus Jonas, Gaspard Creuziger, Jérôme Schruff, d'autres professeurs, docteurs et maîtres, enfin de conseillers, d'étudiants, de bourgeois. Quand le corps fut arrivé à l'église et qu'on l'eut déposé au pied de la chaire, on entonna des cantiques funèbres, et Pomer prononça un discours qu'il interrompit souvent par des larmes et des sanglots. Il compara Luther à l'ange de l'Apocalypse. Mélanchthon le remplaça, et retraça dans un long discours les travaux de « l'apôtre de l'Allemagne. » Les chants recommencèrent. Quand ils eurent cessé, on descendit le corps dans le caveau fraîchement ouvert en face de la chaire, puis le caveau fut fermé et scellé, et recouvert d'une plaque de cuivre où l'on avait gravé l'inscription latine qui suit :

LUTHÉRIEN, IENNE, adj., conforme à la doctrine de Luther. Il se dit, substantivement, d'un sectateur de Luther.

LUTHIER, s. m., ouvrier qui fait des instruments de musique à cordes.

LUTIN, s. m., suivant l'opinion populaire et superstitieuse, espèce de démon ou d'esprit follet qui vient la nuit tourmenter les vivants. Fig. et fam., c'est un lutin, se dit d'une personne excessivement vive, pétulante, et particulièrement d'un enfant. Lutin s'emploie quelquefois adjectivement pour éveillé, agaçant, piquant, et il fait au féminin lutine.

LUTINER, v. a., tourmenter quelqu'un, comme le ferait un lutin; il est familier. Il s'emploie aussi figurément. Lutiner est quelquefois neutre, et signifie alors faire le lutin.

LUTRIN, s. m., pupitre élevé dans le chœur d'une église, sur lequel on met les livres dont on se sert pour chanter l'office. Il se dit collectivement de ceux qui chantent au lutrin.

LUTTE, un des principaux exercices gymnastiques des anciens. On connaissait trois sortes de luttes, la lutte perpendiculaire, la lutte horizontale et l'acrochirisme. Dans la première, qui était la plus commune, on se proposait de renverser son adversaire, et de le terrasser. Pour cela, les athlètes employaient la force et la ruse, ce qui se réduisait à s'empoigner réciproquement les bras, à se tirer en avant, à se pousser et à se renverser en arrière, à se donner des contorsions et s'entrelacer les membres, à se prendre au collet et à se serrer la gorge jusqu'à s'ôter la respiration, à s'embrasser étroitement et à se secouer, à se plier obliquement sur les côtés, à se prendre au corps et à se soulever en l'air, à se heurter le front comme des béliers, et à se tordre le cou. Parmi les tours de souplesse et les ruses ordinaires aux lutteurs, on regardait comme un avantage considérable de se rendre maître des jambes de son antagoniste, ce que nous appelons donner le croc-en-jambe. Enfin l'un des deux se laissait renverser, et alors commençait un nouveau combat qu'on nommait horizontal. Dans la seconde espèce de lutte, les deux adversaires combattaient courbés sur la terre, roulant l'un sur l'autre, et s'entrelaçant en mille façons jusqu'à ce que l'un des deux prît le dessus et forçât l'autre à demander quartier. Dans l'acrochirisme, les athlètes ne se prenaient que par l'extrémité de la main et par les poignets, se les tordaient et tâchaient de se renverser ainsi. Avant de combattre, les athlètes se faisaient frotter rudement le corps d'huile, ce qui contribuait à donner de la force et de la souplesse aux membres. Mais comme ces onctions, en rendant la peau des lutteurs trop glissante, leur ôtait la facilité de se colleter et de se prendre au corps avec succès, ils remédiaient à cet inconvénient, tantôt en roulant sur la poussière du palestre, tantôt en se couvrant réciproquement d'un sable très-fin, réservé pour cet usage dans les xystes, c'est-à-dire dans les portiques des gymnases. Les lutteurs ainsi préparés en venaient aux mains. On les appariait deux à deux, et il se faisait quelquefois plusieurs luttes en même temps. Les combats à la lutte paraissent avoir été en vogue dès les premiers siècles de la Grèce. Hercule les établit aux jeux olympiques, et Thésée aux isthmiques en même temps; il éleva à Athènes des palestres où la jeunesse put se livrer à la théorie et à la pratique de cet art; mais dans la suite la célébration des jeux olympiques se fit avec négligence, et lorsque Iphitus les rétablit (776 ans avant Jésus-Christ), la lutte ne fut point mentionnée; elle ne reparut qu'à la dix-huitième olympiade (708 ans avant Jésus-Christ).

LUTTER, v. n., se prendre corps à corps avec quelqu'un pour le terrasser. Il se dit figurément en parlant de toute espèce de combat.

LUTTI (Benoît), peintre, né à Florence en 1666, mort à Rome en 1726, fit un grand nombre de tableaux de chevalet, et s'attacha surtout au coloris. Son pinceau est frais et vigoureux; il mettait beaucoup d'harmonie dans ses couleurs, et donnait une belle expression à ses figures. On lui reproche de n'être pas toujours correct.

LUTWIN (Saint), né de parents illustres, fonda de ses biens l'abbaye de Mettloch, où il fit profession de la vie monastique, dès que la mort de sa femme lui permit de renoncer au siècle. Le siège archiépiscopal de Trèves étant devenu vacant par la retraite de saint Basin, oncle de saint Lutwin, celui-ci fut tiré de sa solitude pour le remplir. Il déploya, pendant dix-huit ans qu'il gouverna cette illustre Eglise, toutes les qualités d'un grand évêque.

LUTZ (cabale), il se dit parmi les rabbins d'un petit os, et qui, selon eux, est dans l'épine du dos et par le moyen duquel Dieu ressuscitera les morts.

LUXATION, s. f., déplacement de deux ou de plusieurs pièces osseuses dont les surfaces articulaires ont perdu en tout ou en partie leurs rapports naturels, soit par l'effet d'une violence extérieure, soit par suite d'une altération de quelqu'une des parties qui concourent à l'articulation. La luxation est complète quand les os ont entièrement perdu leurs rapports articulaires, incomplète lorsqu'ils les conservent encore en partie. Le traitement des luxations accidentelles consiste à opérer la réduction des os déplacés, opération qui comprend trois temps principaux : l'extension, la contre-extension et la coaptation. L'extension consiste à faire sur le membre luxé une traction assez forte pour que la surface articulaire déplacée puisse être dégagée du lieu où elle s'est logée accidentellement, et qu'elle soit ramenée au niveau de sa place naturelle. On employait autrefois, à cet effet, des machines plus ou moins compliquées, des moufles, dont l'usage a été banni de la chirurgie moderne, mais qui peut-être n'ont pas toujours autant d'inconvénient qu'on l'a supposé. C'est par le moyen des aides que le chirurgien appelé à réduire une fracture fait pratiquer l'extension. J'entoure la partie inférieure du membre avec la partie moyenne d'une serviette pliée dans sa longueur en plusieurs doubles, et que l'on fixe autour du bas du membre à l'aide d'une bande roulée : c'est au moyen des chefs de cette pièce ou linge, restés libres, que les aides tirent le membre dans sa direction convenable. En même temps d'autres serviettes ou même des draps sont placés de même autour de la partie supérieure du membre, ou quelquefois autour du tronc, pour pratiquer sa contre-extension, c'est-à-dire pour résister aux efforts extensifs. Lorsque tout est ainsi disposé, le chirurgien, placé au côté externe du membre luxé, dirige les mouvements des aides et surveille les progrès de l'opération. Dès que les efforts d'extension sont parvenus à mettre de niveau les surfaces articulaires, il les pousse l'un vers l'autre et rétablit leurs rapports naturels. Après sa réduction, il est indispensable d'appliquer un bandage qui maintienne les parties dans un repos absolu assez longtemps pour permettre aux ligaments et aux capsules articulaires de se consolider.

LUXE, s. m., somptuosité, excès de dépense dans les vêtement, la table, etc. Il se dit figurément, au sens physique et au sens moral, pour grande abondance, profusion, superfluité. Il signifie aussi parure, ornement, décoration.

LUXEMBOURG, grand duché d'Allemagne, situé dans la Belgique, à laquelle il appartient. Il est borné au nord par la province de Liége, à l'est par la Prusse, au sud par la France et la province de Namur; à 25 lieues de long sur 20 de large et 394 lieues carrées. Ses principales rivières sont : la Sure, l'Ourthe, la Semoy et la Lesse, etc. Le terrein de ce pays est stérile, et le climat froid, mais salubre. Il est divisé en 4 arrondissements, 30 cantons et 424 communes. Son sol ingrat accorde à peine aux habitants assez de blé pour leur propre usage; il produit seigle, épeautre, blé, avoine, pommes de terre, sarrasin et chaume. On trouve dans ce duché des mines de fer, cuivre, houille, des carrières de marbre, pierre à bâtir et à chaux, et de l'ardoise. Son commerce consiste principalement en denrées, et ses fabriques mettent en œuvre fer, faïence et poterie. Le pouvoir législatif est représenté par les états provinciaux, composés de 60 membres qui sont nommés par 3 ordres de l'État; ce corps législatif choisit 4 membres pour la deuxième chambre des états-généraux. Cette province fait partie de la Confédération germanique, et son contingent est de 2,556 hommes. On estime ses revenus à 1,800,000 florins. Sa population est de 275,000 habitants. Luxembourg en est le chef-lieu; elle est située sur l'Elze, qui la divise en ville haute ou ancienne et la ville basse ou neuve. Ses édifices les plus remarquables sont un athénée, une bibliothèque publique et un hôpital. Cette ville est une des plus fortes de l'Europe, la position naturelle de la ville ancienne, sur une colline très élevée, a fait presque autant que l'art pour sa défense. Son industrie et son commerce assez considérable consistent en draps communs, toiles, tabac, faïence, et les produits des mines qui se trouvent dans les environs. Les Français se sont emparés de cette ville en 1795. 10,000 habitants.

LUXEMBOURG-LIGNY (Valeran de), comte de Saint-Pol, connétable de France, né en 1355, avait accompagné son père Gui dans l'expédition du Ponthieu, et se trouva à la bataille de Baeswider, où Gui fut tué. Prisonnier des Anglais, il parut à la cour de Richard II, et épousa Mathilde de Courtenai, sœur utérine de ce monarque. Il obtint ensuite sa liberté, moyennant 60,000 fr. de rançon. Valeran était entré au service de France. On lui fit un crime de ce mariage; mais Charles VI lui accorda sa grâce. Il accompagna ce roi dans sa malheureuse expédition de Bretagne. L'empereur Wenceslas ne lui ayant pas rendu une somme d'argent qu'il lui devait, il entra dans le Luxembourg, et brûla cent vingt villages. Il envoya ensuite un cartel à Henri II, qui avait fait assassiner le roi Richard, son beau-frère. Nommé gouverneur de Paris, en 1410, ce fut lui qui créa l'horrible milice composée de cinq cents bouchers ou écorcheurs. En 1412, il battit les Armagnacs, en Normandie, et prit la place de Domfront. La disgrâce du duc de Bourgogne attira la sienne; mais il ne voulut jamais rendre l'épée de connétable que le roi lui avait fait demander. Il mourut gouverneur d'Ivoy, en 1415.

LUXEMBOURG-LIGNY (Pierre de), frère du précédent, né à Ligny en 1369, se fit remarquer dès sa plus tendre jeunesse par une ardeur extraordinaire pour la pratique du bien, par son assiduité à la prière, son goût pour la mortification, son amour pour l'humilité, et surtout par sa charité pour les pauvres. Envoyé à Paris à l'âge de 10 ans, il s'y appliqua successivement aux belles-lettres, à la philosophie et au droit canon. En 1383, il devint chanoine de Notre-Dame de Paris; quelque temps après, archidiacre de Dreux, puis évêque de Metz en 1384, et mourut le 2 juillet 1387, âgé de 18 ans, à Avignon, où Clément VII, que la France reconnaissait pour pape légitime durant le grand schisme, l'avait appelé. Pierre avait été fait cardinal l'année précédente. Quoiqu'il eût le gouvernement de son diocèse, il n'était point prêtre, sa prudence et sa sainteté ayant été jugées une raison suffisante pour le dispenser du défaut d'âge. Il fut béatifié en 1527 par Clément VII (le vrai pontife de ce nom). L'histoire de ses miracles a été publiée par les bollandistes.

LUXEMBOURG (Louis de), comte de Saint-Pol, avait servi Charles VII avec succès. Après sa mort, il s'attacha au duc de Bourgogne, qui lui donna le commandement de l'avant-garde de son armée à la bataille de Monthléry. Louis XI, pour l'attirer à son service, lui donna l'épée de connétable; mais, pour se maintenir dans la ville de Saint-Quentin, dont il s'était emparé, il trahit successivement et le roi et le duc de Bourgogne. Ses perfidies furent découvertes. Craignant la sévérité de Louis XI, il se retira auprès du duc de Bourgogne, qui le rendit au roi. Son procès lui fut fait, et il eut la tête tranchée à Paris le 19 décembre 1475.

LUXEMBOURG (François-Henri de Montmorenci, duc de), maréchal de France, né posthume en 1628, était fils de François de Montmorenci, comte de Boutteville et de Lusse, qui eut la tête tranchée sous Louis XIII, pour s'être battu en duel, dans un temps où cette détestable manie était punie comme elle doit l'être. Il se trouva au siége de Lérida, sous le grand Condé, dont il fut l'élève, et qu'il suivit dans sa bonne et dans sa mauvaise fortune. Le jeune guerrier avait dans le caractère plusieurs traits du héros qu'il avait pris pour modèle : un génie ardent, une exécution prompte, un coup d'œil juste, un esprit avide de connaissances. On vit briller en lui ces différentes qualités à la conquête de la Franche-Comté en 1668, où il servit en qualité de lieutenant-général. La guerre ayant recommencé en 1672, il commanda en chef pendant la fameuse campagne de Hollande, prit Grool, Deventer, Cœworden, Zwol, Campen, etc., et repoussa les troupes des Etats près Bodegrave et Voerden. Ses soldats mirent le feu à Bodegrave, et se livrèrent, à la lueur des flammes, à la débauche et à la cruauté. A la suite d'exploits de cette nature, les affaires des Français tournèrent mal, et le duc fut obligé de faire retraite, ce qu'il exécuta avec plus de succès qu'on n'en devait espérer. Louis XIV ayant fait une nouvelle expédition dans la Franche-Comté, Luxembourg l'y suivit. Il se trouva ensuite à la bataille de Senef, obligea le prince d'Orange de lever le siége de Charleroi, et obtint en 1675 le bâton de maréchal de France. Il commanda une partie de l'armée française après la mort de Turenne, et ne fit pas de choses dignes de sa réputation. Le grand Condé, quoique son ami, ne put s'empêcher de dire : Luxembourg fait mieux l'éloge de Turenne que Mascaron et Fléchier. Il laissa prendre Philisbourg à la vue par le duc de Lorraine, et essaya en vain de le secourir avec une armée de 50,000 hommes. Il fut plus heureux en combattant Guillaume d'Orange. Ce prince ayant attaqué le général français, qui ne s'y attendait point, à Saint-Denis près Mons, cette surprise n'empêcha pas le maréchal de Luxembourg de disputer la victoire avec beaucoup de valeur. Quelques-uns même lui adjugent le champ de bataille, dont les alliés se glorifièrent. Dans la seconde guerre que Louis XIV soutint contre les puissances de l'Europe, réunies en 1690, Luxembourg, nommé général de l'armée de Flandre, gagna la bataille de Fleurus. Il eut encore l'avantage au choc de Leuse en 1691, au combat de Steinkerque en 1692, et battit le roi Guillaume à Nerwinde en 1693. Peu de journées furent plus meurtrières : il y eut environ 20,000 morts, dont au moins la moitié de Français. C'est à cette occasion qu'on dit qu'il fallait chanter plutôt un *De profundis* qu'un *Te Deum*. Le maréchal de Luxembourg termina sa carrière par la longue marche qu'il fit, en présence des ennemis, depuis Vignamont jusqu'à l'Escaut, près de Tournai. Il mourut l'année d'après, en 1695, regretté comme le plus grand général qu'eût alors la France. Sa vie n'avait pas toujours été édifiante : ses écarts allèrent jusqu'à donner deux fois lieu à une accusation de magie, fondée en partie sur des liaisons et des sociétés peu dignes de lui. Dans une de ces deux occasions, il fut quatorze mois en prison : et cela dans un siècle où ces sortes d'accusations n'étaient pas légèrement reçues, surtout à l'égard d'un homme tel que lui. Sa mort fut bien chrétienne. Le P. Bourdaloue, qui l'assista dans ses derniers moments, dit : « Je n'ai pas vécu comme lui, mais je voudrais bien mourir comme lui. »

LUXER, v. a., t. de chir., faire sortir un os de la place où il doit être naturellement.

LUXEUIL, ville de France, chef-lieu de canton du département de la Haute-Saône; elle est située près du Breuchin, au pied des Vosges. Elle est très bien bâtie; ses rues sont propres et ornées de fontaines, et ses eaux thermales, connues des Celtes, alimentent cinq bains publics, vingt bains particuliers et sept douches. Les fabriques de Luxeuil fabriquent chapeaux de paille, kirschwaser, jambons de Mayence, fers ouvrés et polis, cuirs et merrain. Son commerce consiste en grains, bétail et vins. 3,570 habitants.

LUXURE, s. f., incontinence, lubricité; il n'est guère usité que dans le style de la morale chrétienne.

LUXURIEUX, EUSE, adj., lascif, qui est adonné à la luxure, qui peut exciter à la luxure.

LUYKEN (Jean), graveur, né à Amsterdam en 1649, mourut en 1712. On remarque dans ses ouvrages un feu, une imagination et une facilité admirables. On estime sa *Bible en figures*, imprimée dans cette ville en 1732, in-fol.;

son *Théâtre des martyrs*, en 115 planches, in-4°, mériterait également des éloges, si, par un fanatisme aussi absurde que dégoûtant, l'auteur n'avait associé aux vrais martyrs les enthousiastes dogmatisants et séditieux, que le glaive de la justice a immolés au repos des Etats, plus encore qu'à la conservation de la vraie foi. Voilà où en sont réduites les sectes. Convaincues de la nouveauté de leur existence, elles compulsent les annales du délire et de la sédition, pour se donner une apparence de continuité et de succession.

LUYNES (Paul d'Albert de), cardinal et archevêque de Sens, est un des prélats qui, pendant le xviiie siècle, ont le plus honoré l'Eglise de France par leur zèle et par leurs lumières. Formé par les leçons et les exemples de Fénelon, il a pendant toute sa vie fait éclater les fruits d'une si avantageuse institution. Rien n'égalait le soin avec lequel il veillait sur la pureté de la doctrine, et la promptitude avec laquelle il repoussait les erreurs qui menaçaient d'infecter son peuple. Assistant un jour à un sermon où on avait glissé quelques opinions favorites de la secte qui rougit de son nom, il imposa silence au prédicateur, le fit descendre de la chaire, y monta lui-même, et réfuta l'erreur avec autant d'éloquence que d'exactitude théologique. Il mourut à Sens le 23 janvier 1788, regretté des pauvres, dont il était le modèle.

LUZERNE (César-Guillaume de la), cardinal, évêque de Langres, pair de France, né le 17 juillet 1738 à Paris, où il mourut le 21 juin 1821, fut d'abord grand-vicaire de Narbonne. La province de Vienne, dans laquelle il présidait la chapelle de Notre-Dame-de-Piété (diocèse de Grenoble), le nomma, en 1765, agent du clergé. De concert avec Cité, son collègue, il présenta requête au conseil dans le mois de mars 1766, contre un réquisitoire de Castillon, avocat-général au parlement de Provence, et le conseil ordonna la suppression du réquisitoire. En 1770, La Luzerne fut nommé à l'évêché de Langres, qui avait le titre de duché-pairie. Il publia diverses Ordonnances et Lettres pastorales où l'on retrouve son talent et ses vertus évangéliques. Appelé à l'Assemblée des notables en 1787, il siégea l'année suivante dans la dernière assemblée du clergé, et, en 1789, fut nommé aux Etats-généraux. S'étant aperçu des suites qu'auraient les premières opérations du tiers-état, il proposa que le clergé et la noblesse se réunissent dans une chambre; mais ce projet fut rejeté par trois ordres : Mirabeau consacra trois lettres à ses commettants à réfuter le système de La Luzerne, qui était calqué sur les formes du gouvernement anglais. Cependant La Luzerne fut le second des évêques qui présida l'assemblée. Après les 5 et 6 octobre, il se retira à Langres, où les novateurs ne le laissèrent pas en repos. Son Examen de l'instruction de l'Assemblée nationale sur l'organisation prétendue civile du clergé; son Instruction aux curés et aux autres prêtres de son diocèse qui n'avaient pas prêté le serment (15 mars 1791); son Instruction pastorale sur le schisme de France (réimprimée à Langres en 1803), ne pouvaient que faire redoubler les persécutions. Il se retira en Suisse, et se fixa à Constance, où il accueillit les prêtres de son diocèse, émigrés comme lui. Il en avait toujours au moins douze à sa table : pour remplir cette œuvre de charité, il vendit jusqu'à ses boucles d'or et sa croix épiscopale. S'étant rendu en Autriche, auprès de son frère, César-Henri, il y resta jusqu'à la mort de cet ancien ministre de Louis XVI, arrivée en 1799. Il passa alors en Italie, et fixa son séjour à Venise, où il s'occupa de la rédaction de ses nombreux ouvrages. Les soins qu'il donnait aux prisonniers français dans les hôpitaux lui firent contracter une maladie. En 1801, et sur la demande du pape Pie VII, il donna sa démission du siège de Langres, mais ne revint en France qu'en 1814. Son passage par Langres fut un triomphe. Louis XVIII le nomma pair de France à la fin de la même année. La Luzerne fut un des neuf évêques réunis en commission pour délibérer sur les affaires de l'Eglise. Après la seconde restauration, il fut élevé au cardinalat, et reçut la barrette le 24 août 1817. Quoique La Luzerne eût pu, comme d'autres anciens évêques, obtenir un archevêché, il préféra son siége de Langres; mais de nouvelles négociations entamées dans le sein du St-Siége l'empêchèrent de se rendre dans son diocèse. A cette époque, il fut le seul prélat admis dans le conseil des ministres, tenu pour discuter le concordat; peu de temps après, le roi le nomma ministre d'Etat. Il fit aussi partie de l'assemblée que tinrent plusieurs évêques au sujet de ce même concordat, et signa les lettres qui furent adressées au pape et au roi. Il s'éleva dans la chambre des pairs, ainsi que trois autres évêques par une déclaration publique, le 10 mai 1819, contre le refus de mentionner dans un projet de loi la répression des outrages faits à la religion. A l'expérience des vieillards, La Luzerne joignait la vivacité de la jeunesse et la piété la plus vraie ; il pratiquait la vertu simplement ; après avoir étonné par ses connaissances et sa mémoire les gens les plus instruits, il étonnait encore plus dans l'intimité par sa gaieté franche. Prélat attaché à ses devoirs, écrivain laborieux, défenseur zélé des principes de la religion et des droits de l'Eglise, il remplit avec honneur une longue carrière. On a de lui : *Oraison funèbre de Charles-Emmanuel III, roi de Sardaigne*, 1774, in-4° et in-12 ; *Oraison funèbre de Louis XV, roi de France*, 1774, in-4° et in-12 ; *Instruction pastorale sur l'excellence de la religion*, Langres, 15 avril 1786, in-12 ; traduite en italien par Gio. Prodoscimo Zabeo, Venise, 1799, in-8° ; ibid., Carti, 1810 ; *Instructions sur le rituel de Langres*, Besançon, 1786, in-4° ; Paris, 1817 ; *Examen de l'instruction de l'Assemblée nationale sur l'organisation prétendue civile du clergé*, 1791, 70 pages ; *Considérations sur divers points de la morale chrétienne*, Venise, 1799, 5 vol. in-12 ; Lyon, 1816, 4 vol. in-12 ; *Explications des Evangiles des dimanches et de quelques-unes des principales fêtes de l'année*, 1807-1816, 1822, 4 vol. in-12 ; *Dissertations sur les Eglises catholique et protestante*, 1816, 2 vol. in-12 ; *Eclaircissements sur l'amour pur de Dieu*, 1815, in-12, de 214 pages ; *Dissertations sur la loi naturelle* in-12 ; *Dissertation sur la spiritualité de l'âme, et sur la liberté de l'homme* ; *Considérations sur l'état ecclésiastique*, Paris, 1810, in-12 ; *Dissertation sur l'instruction publique*, Paris, 1816, in-8° ; *Sur la responsabilité des ministres*, 1816, in-8° ; *Projet de loi sur les élections*, ibid., Egron, 1820, 2 feuilles. La Luzerne est auteur de beaucoup d'autres ouvrages. Les dissertations imprimées à Langres, de 1802 à 1808, forment 11 tom. en 6 vol. in-12. Il laissa en manuscrit un Traité théologique sur le prêt à intérêt, et un Traité concernant la supériorité des évêques sur les prêtres. Ce prélat fournit en outre plusieurs articles au Conservateur et à la Quotidienne.

LUZERNE, *medicago* (bot), genre de la famille des légumineuses papilionacées, tribu des lotées, renfermant des plantes herbacées, sous-frutescentes ; elles croissent spontanément dans les parties moyennes et méridionales de l'Europe ; leurs feuilles sont presque toujours pennées, trifoliées, accompagnées de stipules adnées au pétiole ; leurs fleurs sont petites, ordinairement réunies en petites têtes ou en épis axillaires, presque toujours jaunes. Les principaux caractères sont les suivants : calice campanulé, 5-fide, à divisions égales entre elles ou légèrement inégales, les deux supérieures étant plus courtes ; corolle papilionacée, dont l'étendard dépasse les ailes et la carène ; cette dernière est obtuse, marquée au-dessus de l'onglet de deux enfoncements latéraux ; dix étamines diadelphes ; ovaires à un ou plusieurs ovules ; style glabre ; stigmate capité. Le légume qui succède à ces fleurs est courbé en faucille ou plus souvent contourné en spirale, caractère distinctif du genre. La plupart des espèces de luzerne sont de petites plantes répandues dans le midi de l'Europe. Decandolle, dans son *Prodrome* (vol. 11, p. 171 et suiv.), en décrit soixante-seize espèces. La seule qui nous offre un véritable intérêt est la luzerne cultivée (*medicago sativa*, Linn.). L'importance de cette plante fourragère est connue de tout le monde ; sa racine est vivace, très longue et très volumineuse ; sa tige ne s'élève guère qu'à 5 ou 6 décimètres ; elle est droite, glabre et rameuse ; ses fleurs, de couleur violacée, sont réunies en grappes axillaires ; les légumes qui leur succèdent sont lisses et très finement réticulés, tortillés en spirale à un ou deux tours ; les graines sont jaunes et ovoïdes. La luzerne sèche constitue un fourrage excellent et très nutritif, mais à l'état frais elle détermine souvent chez les bestiaux des gonflements qui deviennent souvent mortels. Une autre espèce, la luzerne en arbre (*med. arborea*, Lin.), arbrisseau toujours vert, originaire d'Italie, est la cytise des anciens, et surtout de Virgile. J. P.

LUXOR ou **LOUQSOR** (*géogr.*), ville d'Egypte sur le Nil. Luxor est construit sur les ruines de l'ancienne Thèbes. C'est de Luxor que vient l'obélisque apporté en France en 1830.

LUZIGNAN (GUY DE), épousa Sybille, fille aînée d'Amauri, roi de Jérusalem. Par ce mariage, il acquit le royaume en son nom, et le perdit en 1187, lorsque la ville se rendit à Saladin. Luzignan ne conserva que le titre de roi de Jérusalem, qu'il vendit bientôt à Richard, roi d'Angleterre, pour l'île de Chypre. Il y prit la qualité de roi, et y mourut en

1194. Sa maison conserva cette île jusqu'en 1473. Amauri de Luzignan, son frère, lui succéda.

LYBAS, Grec de l'armée d'Ulysse. La flotte de ce prince ayant été jetée par une tempête sur les côtes d'Italie, Lybas insulta une jeune fille de Témesse, que les habitants de cette ville vengèrent en tuant le Grec. Bientôt les Témessiens furent tourmentés par un spectre qui exigea le sacrifice annuel d'une jeune fille : mais ils en furent délivrés par Euthyme.

LYCAON, fille de Phoronée, roi d'Arcadie, à laquelle il donna le nom de Lycaonie. Suivant quelques-uns, c'est le même que le suivant. Lycaon fils de Pélasgus et, suivant d'autres, de Titan et de la Terre, succéda à son père au royaume d'Arcadie, et fut contemporain de Cécrops. Selon la fable, il faisait mourir les étrangers qui passaient dans ses états. Jupiter étant allé loger chez lui, Lycaon se prépara à lui ôter la vie pendant que son hôte serait endormi ; mais auparavant il voulut s'assurer si ce n'était pas un Dieu, et il lui fit servir à souper les membres d'un de ses hôtes, d'autres disent d'un esclave. Un feu vengeur, allumé par l'ordre de Jupiter, consuma bientôt le palais, et Lycaon fut changé en loup, métamorphose fondée sans doute sur sa cruauté et sur som (λυκος, loup). L'histoire au contraire le considère comme un prince poli et religieux. Il fut d'abord chéri de son peuple, dont il fut le législateur, et auquel il apprit à mener une vie moins sauvage. Il bâtit sur les montagnes la ville de Lycosure, la plus ancienne de toute la Grèce, et y éleva un autel à Jupiter Lycæus, auquel il commença à sacrifier des victimes humaines. Cette inhumanité sans doute est le fondement de la métamorphose qui a rendu son nom si célèbre dans la mythologie. Au reste il faut remarquer que Suidas, sans doute d'après d'anciens poètes, attribue le crime qui allume le courroux de Jupiter non pas à ce prince lui-même, mais à ses fils, qui, offrant un sacrifice à ce Dieu, mêlèrent aux chairs des victimes celle d'un jeune enfant qu'ils venaient d'égorger : mais un ouragan furieux s'éleva tout à coup et la foudre réduisit en cendres tous les auteurs de ce crime ; et ce fut, dit-on, à cette occasion que Lycaon institua les Lupercales. Lycaon eut cinquante enfants mâles, qui chacun fondèrent une ville en Arcadie, et lui donnèrent leur nom. Cependant après sa mort Nyctime fut le seul qui lui succéda ; les autres allèrent chercher fortune, chacun de son côté.

LYCANTHROPIE, s. f., maladie mentale, de celui qui se croit métamorphosé en loup, et qui imite le cri de cet animal. Par extension la manie de ceux qui se croient métamorphosés en quelque autre animal.

LYCÉE (*géogr. anc.*), montagne d'Arcadie, sur la frontière de la Messénie.

LYCÉE (*phil.*), se dit de l'ensemble des travaux des péripatéticiens, ou d'Aristote et de ses disciples. Le lycée se fait admirer par la profondeur de sa métaphysique. Il n'étonne pas moins par ses analyses logiques, dont le défaut est d'être fastidieuses, à force d'être complètes. Lycée, nom que l'on donnait sous l'empire français, aux principaux établissements d'institution publique, que l'on appelle depuis la restauration collèges royaux. Ils ont fait leurs études au lycée, dans le même lycée, au lycée Napoléon, au lycée de Mayence, de Reims. Le lycée, établissement de Paris où se faisaient des cours publics, s'appelle aujourd'hui l'athénée, c'est là que La Harpe donna ses leçons de littérature publiées sous le titre de *Lycée*.

LYCÉE, portique d'Athènes, sur les bords de l'Ilissus, avait été ainsi nommé parce qu'il était consacré à Apollon Lycoctone. Pisistrate ou, selon d'autres, Lycus fils de Pandion, le construisit ; Périclès agrandit son enceinte, l'orna de tableaux et y planta des jardins magnifiques. C'était là qu'Aristote donnait en se promenant ses leçons de philosophie, et qui fit appeler sa doctrine, doctrine du lycée, et ses disciples péripatéticiens.

LYCÉES (*ant. gr.*), fêtes instituées en Arcadie par Lycaon, en l'honneur de Jupiter Lycéen ; elles avaient beaucoup de ressemblance avec les lupercales des Romains. On y célébrait des jeux, où le vainqueur recevait une armure d'airain. Du temps de Théophraste (trois siècles av. J.-C.), on sacrifiait une victime humaine pendant les lycées, fêtes d'Argos, en l'honneur d'Apollon Lycéen.

LYCHNIDE *lychnis* (bot.), genre de plantes de la famille des caryophyllées, tribu des silénées ; renfermant des plantes herbacées vivaces, rarement annuelles, à feuilles simples, opposées dont les fleurs ordinairement grandes et belles, sont disposées en inflorescences diverses et présentent l'organisation suivante : Calice non accompagné de bractées, tubuleux et de forme variable, campanulé-ovoïde, turbiné, en massue, ou presque cylindrique, corolle à cinq pétales égaux, dont l'angle est linéaire et allongé, dont la lame est entière ou bifide ou même laciniée, presque toujours accompagnée d'un appendice à sa base, dix étamines; ovaire à une seule loge, renfermant des ovules nombreux, surmonté de cinq styles. Le fruit qui leur succède est une capsule uniloculaire, qui s'ouvre au sommet en formant cinq dents qui répondent aux cinq styles. On cultive quelques espèces de ce genre comme plantes d'ornement dans nos jardins. L'espèce la plus commune infecte nos moissons, c'est la nielle (lichnis githago, Lam.). Elle est hérissée de longs poils dans ses diverses parties; sa tige est droite, presque simple ou rameuse vers le haut; et s'élève à 6 ou 7 décimètres de hauteur; ses feuilles sont linéaires allongées, aiguës au sommet; ses fleurs sont grandes, purpurines, solitaires, longuement pédonculées; ses graines sont noirâtres, chagrinées; leur mélange presque inévitable avec les grains des céréales altère la qualité de leur farine. La lychnide coquelourde (lychnis coronaria, Lam.). Cette espèce que l'on cultive dans les jardins d'agrément, croît spontanément dans les Alpes, les Pyrénées et en Italie. Elle est couverte dans toutes ses parties de longs poils blancs, cotonneux, serrés; ses fleurs sont grandes, blanches, avec le centre purpurin ou rosé. On lui donne les noms vulgaires de passe-fleur, œillet de Dieu. Nous citerons encore la lychnide des bois (L. sylvestris); la lychnide de Chalcédoine (L. chalcedonica, Lin.), et la lychnide à grandes fleurs (L. grandiflora, Jacq.).

J. P.

LYCHNITE (ant.), marbre blanc de Paros, ainsi appelé, selon Pline, parce qu'on le taillait dans les carrières, à la lueur des lampes, sorte de pierre précieuse.

LYCIARQUE (hist. anc.), premier magistrat de la république fédérative des lyciens. L'autorité du lyciarque était à la fois politique et religieuse. L'élection du lyciarque se faisait dans une assemblée composée de députés de toutes les villes de Lycie.

LYCIE, province méridionale de l'Asie-Mineure, bornée au nord par la Phrygie, à l'est par la Pamphylie, et à l'ouest par la Carie, elle s'appelait auparavant Myliade du nom de Milyens ou Solymes, peuples de Crète, qui s'y établirent. Les habitants se nommaient Lyciens. On les avait aussi d'abord appelés Termiles. Le pays prit le nom de Lycie de Lycus, fils de Pandion, qui s'y fixa dans la suite. Les Lyciens étaient renommés à cause de leur sobriété, de leur équité, de leur adresse à tirer de l'arc. Ils furent subjugués par Crésus, roi de Lydie, et ensuite par Cyrus; mais, quoiqu'ils fussent sous la puissance des Perses, ils étaient gouvernés par leurs propres rois, et payaient seulement un tribut à leurs vainqueurs. La Lycie devint une partie de l'empire de Macédoine, et fut ensuite cédée à la maisons des Séleucides. Elle fut réduite en province romaine sous le règne de Claude. On donnait à cette contrée le surnom d'Hyberna parce qu'on croyait qu'Apollon passait l'hiver dans le temple que les Lyciens lui avaient élevé à Patare.

LYCIET, lycium (bot.), genre de la famille des solanacées, de la pentandrie monogynie de Linné, renfermant des plantes frutescentes ou arborescentes qui croissent dans la région méditerranéenne et dans les parties de l'Amérique tropicale situées au-delà de la chaine des Andes. Les lyciets ont des feuilles alternes, entières, quelquefois fasciculées; leurs fleurs sont de diverses couleurs, blanchâtres, jaunâtres, rosées, purpurines ou rouges coccinées, solitaires ou groupées de diverses manières, portées sur des pédoncules extra-axilliaires ou terminaux. Ces fleurs nous offrent un calice urcéolé, à cinq dents égales, ou à 3-5 divisions irrégulières, une corolle en entonnoir ou tubuleuse; 5 étamines insérées au milieu ou vers le fond du tube de la corolle; un ovaire à deux loges renfermant de nombreux ovules; le style est simple, surmonté d'un stigmate en tête déprimé ou bilobé. Le fruit qui succède à ces fleurs est une baie embrassée à sa base par le calice, à deux loges et renfermant des graines nombreuses. Deux de ces espèces se trouvent en France; Le lyciet d'Europe (lycium europœum, Lin.) croît spontanément dans nos départements méridionaux. c'est un arbrisseau d'un aspect triste, très épineux, à tige droite, à rameaux irrégulièrement flexueux, plus ou moins penchés vers le sol dont les feuilles sont élargies ou spatulées vers leur sommet, alternes et solitaires à l'extrémité des branches. Les

fleurs sont solitaires ou réunies par deux ou trois, à pédoncule court; la corolle est blanchâtre à sa base, puis d'une teinte violacée sombre. Le fruit est rouge ou jaune. La seconde espèce de lyciet de Barbarie (lycium barbarum), vulgairement jasminoïde, originaire de Barbarie, est aujourd'hui naturalisé dans presque toute la France, ses fleurs sont purpurines; on la cultive dans les jardins où on l'emploie en haies ou pour couvrir des tonnelles.

J. P.

LYCOMÈDE, roi de Scyros, île de la mer Egée. Ce fut chez ce prince que Thétis envoya secrètement Achille déguisé en fille, pour l'empêcher d'aller au siège de Troie, où elle savait qu'il devait périr. Lycomède trahit Thésée, qui vint lui demander du secours, après avoir été chassé d'Athènes par Mnesthée. Soit que le roi de Scyros fût jaloux de la réputation de ce héros, soit qu'il eût été gagné par Mnesthée, il conduisit Thésée sur une montagne, sous prétexte de lui faire voir son île, et le jeta du haut des rochers au fond d'un précipice, où il périt.

LYCOPERDACÉES, LYCOPERDINÉES (bot.), lycoperdaceæ, lycoperdineæ, famille de champignons connue sous le nom vulgaire de vesse de loup, à cause du phénomène singulier qu'ils présentent, de lancer un nuage de poussière, quand on vient à les comprimer. Les lycoperdacées se divisent naturellement en deux grandes sections, en prenant pour point de départ leur mycélium. Dans la première division, il a la forme de racines, de filaments blancs plus ou moins gros, qui se ramifient presque horizontalement à très peu de profondeur dans la terre. Les réceptacles naissent sur différents points de ce mycélium, et se montrent à la surface du sol, auquel ils paraissent adhérer par une espèce de funicule. Dans la seconde division, au contraire, le mycélium naît à la surface des corps et se présente sous la forme de filaments ou de membranes mucilagineuses. La surface libre se couvre de petits réceptacles qui, comme les précédents, se réduisent en filaments et en poussière. Chez les premiers, ou gastéromycètes, les réceptacles sont isolés ou groupés; ils sont globuleux, ovoïdes ou pyriformes, simples ou composés, nus ou renfermés dans une valve; leur organisation varie à l'infini, et nous en parlerons aux articles consacrés à chaque genre en particulier. Dans le premier âge, la chair ou parenchyme de ces champignons forme une masse homogène blanche, rarement colorée, composée de cavités et de cloisons semblables à celles que présente une éponge très fine; à mesure que ces champignons avancent en âge, ils éprouvent de grandes modifications; les spores disparaissant, elles sont détachées des basides déformés, plus tard ils deviennent bruns, mous, s'écrasent avec facilité et dégagent une odeur forte et désagréable; ils paraissent éprouver dans cet état une fermentation après laquelle on les trouve secs et souvent recouverts de petits cristaux aciculaires. Lorsque ce mouvement de décomposition est opéré, les lycoperdacées s'ouvrent au sommet, montrent des filaments bruns très fins et lancent à la plus légère pression un nuage de spores comme de la poussière. Ces spores sont fines et très nombreuses; leur forme est ronde, leur surface lisse et hérissée. Les lycoperdacées varient beaucoup de couleur et de dimensions; ces dernières sont très grandes dans le lycoperdon giganteum, et le lycoperdon horrendum de Crimée; ce dernier atteint un mètre et plus de diamètre. Les usages des lycoperdacées sont peu nombreux; quelques-uns sont comestibles, on emploie également quelques-uns d'entre eux comme amadou, et pour arrêter les hémorrhagies. D'après Micheli, le polysaccum crassipes sert en Italie à teindre les fils et les étoffes. Les lycoperdacées se divisent en huit tribus : I Batarrés, genre batarrea. II Podaxinés, g. podaxon, cauloglossum, hyperrhiza, cycloderma. III Tulostomés, g. tulostoma, schizostoma, calostoma, mitremyces. IV Polysaccés, g. polysaccum, scoliocarpus. V Geastrés, g. geaster, plecostoma, myriostoma, disciseda, actinodermium, diploderma. VI Brooméiés, g. broomeia. VII Lydoperdés, g. lycoperdon, hippoperdon, bovista. VIII Phellorinés, g. phellorina, mycenastrum, endoneuron. Nous renvoyons à chacun de ces mots pour plus de détails; la tribu des brooméiés fondée sur le genre broomeia, étant une coupe de nouvelle formation, nous donnerons ici ses principaux caractères : il présente un grand nombre de réceptacles arrondis papyracés, dont l'ouverture située au sommet est frangée; par leur partie inférieure, ils plongent dans une base commune à laquelle ils n'adhèrent que par un seul point et qui leur sert en quelque sorte de valve. Le capillium est lâche, adhérent à tous les points du réceptacle, et les filaments qui le composent sont noueux de temps en temps, et les spores couvertes d'aspérités. On ne connaît qu'une espèce, le *broomeia congregata* d'Albany.　　**J. P.**

LYCOPHRON, fils de Périandre, roi de Corinthe vers l'an 628 avant J.-C., n'avait que 17 ans lorsque son père tua Mélise sa mère .Proclus, son aïeul maternel, roi d'Epidaure, le fit venir à sa cour avec son frère nommé Cypsèle, âgé de 18 ans, et les renvoya quelque temps après à leur père, en leur disant : « Souvenez-vous bien qui a tué votre mère. » Cette parole fit une telle impresion sur Lycophron, qu'étant de retour à Corinthe il s'obstina à ne point vouloir parler à son père. Périandre indigné l'envoya à Corcyre (aujourd'hui Corfou), et l'y laissa sans songer à lui. Dans la suite, se sentant accablé des infirmités de la vieillesse, et voyant son autre fils incapable de régner, il envoya offrir à Lycophron son sceptre et sa couronne ; mais le jeune prince dédaigna même de parler au messager. Sa sœur se rendit vainement auprès de lui pour tâcher de le gagner. Enfin, on lui envoya proposer de venir régner à Corinthe, pendant que son père irait régner à Corfou. Il accepta ces conditions ; mais les Corcyriens le tuèrent pour prévenir cet échange, qui ne leur plaisait pas.

LYCOPHRON, fameux poète et grammairien grec, natif de Chalcide dans l'île d'Eubée, vivait vers l'an 304 avant J.-C., et fut tué d'un coup de flèche, selon Ovide. Suidas a conservé les titres de 20 tragédies de ce poète. Il ne nous reste de lui qu'un poème intitulé *Cassandre* ; mais il est si obscur qu'il fit donner à son auteur le nom de Ténébreux. C'est une suite de prédictions qu'il suppose avoir été faites par Cassandre, fille de Priam. Lycophron était un des poètes de la Pléiade, imaginée sous Ptolémée Philadelphe.

LYCOPODE et **LYCOPODIACÉES** (*bot.*). Les lycopodiacées sont des plantes acotylédones, dont L. C. Richard a formé une famille distincte. Les végétaux qui la composent sont rarement annuels, presque toujours vivaces ; leur tige rarement simple, presque toujours rameuse, acquiert un haut degré de développement relativement aux feuilles, sa ramification s'opère toujours par bifurcation de l'extrémité, d'où résulte une dichotomie dans laquelle les deux branches sont tantôt égales entre elles et tantôt inégales, l'une d'elles prenant alors l'apparence d'un simple rameau latéral, tandis que l'autre semble être la continuation directe de la tige elle-même. Avec ce mode de ramification concourt l'absence constante de bourgeons axillaires. Les feuilles des locopodiacées sont petites, insérées suivant une spirale qui, d'après M. Ad. Brongniart, résulterait de verticilles nombreux modifiés ; elles sont sessiles ou décurrentes, jamais articulées sur la tige, subulées ou planes lancéolées ; leur structure est entièrement celluleuse ; elles présentent une nervure médiane formée de cellules plus allongées que les autres. Les organes reproducteurs des lycopodiacées consistent en capsules ou coques membraneuses, non pas axillaires, mais insérées à la base des feuilles ou à quelque distance de cette base, et toujours sur leur face supérieure. Ces feuilles fructifères conservent la forme des feuilles normales, ou se modifient plus ou moins et finissent par devenir des bractées. Les coques se montrent dans toute la tige, ou seulement vers l'extrémité des branches où elles se groupent même en des sortes de chatons. Elles sont de deux sortes ; les unes ovales s'ouvrent en deux valves, et contiennent dans leur intérieur une poussière dont les grains très fins sont d'abord groupés par quatre comme ceux du pollen ordinaire, les autres sont plus volumineuses, creusées intérieurement de trois ou quatre loges, s'ouvrant par autant de valves renfermant un égal nombre de corps arrondis, hérissés ; ces corps ont été regardés par divers botanistes comme des organes femelles ; en effet, lorsqu'ils existent en même temps que les capsules à poussière fine, ce sont eux qui reproduisent la plante ; dans ce cas, les capsules à poussière fine, ou anthéridies, peuvent être considérées comme des organes mâles, et leur poussière serait analogue au pollen ; mais cependant, lorsque ces derniers existent seuls, on serait obligé de les regarder comme femelles, puisque leurs granules remplissent les onctions de spores, et qu'on a pu observer leur germination. Cette famille ne renferme aujourd'hui que les genres *psilotum*, R. Br., et *lycopodium*, Lin. Les lycopodiacées se distinguent de toutes les familles voisines, par des caractères bien tranchés ; elles présentent une certaine analogie avec les isoétées sous le rapport de leur fructification ; quant à leur structure, elles ont quelques points de contact avec les fougères ; mais elles s'en éloignent entièrement par leur fructification portée sur la face supérieure des feuilles. Leur plus grande analogie est

avec les plantes fossiles de la famille des lépidodendrées. Nous ne nous occuperons ici que du genre *lycopodium*, type de la famille des lycopodiacées à laquelle il donne son nom. Il comprend des végétaux quelquefois annuels, plus souvent vivaces, quelquefois sous-frutescents, dont la fructification se compose de capsules, tantôt uniformes, tantôt de deux formes différentes, les unes ovales ou presque réniformes, s'ouvrant en deux valves, renfermant une poussière fine ; elles existent souvent seules ; les autres sont tri ou quadrilobées et s'ouvrent en trois ou quatre valves ; nous citerons principalement le lycopode à massue (*lyc. clavatum*, Lin.); la poussière de ces capsules connue sous le nom vulgaire de soufre végétal sert dans les pharmacies pour rouler les pilules.　　**J. P.**

LYCOSE *Licosa*, (*arachn*), genre de l'ordre des aranéides, de la tribu des araignées établi par Walckenaer et généralement adopté par tous les zoologistes. Les Lycoses présentent des yeux au nombre de huit, inégaux entre eux, formant un parallélogramme allongé, placé sur le devant et les côtés du céphalothorax, sur trois lignes transverses presque égales en longueur. La lèvre est carrée, avec les mâchoires droites, écartées et plus hautes que larges. Les pattes sont allongées, fortes avec la quatrième paire sensiblement plus longue que les autres. Les espèces qui composent ce genre courent très vite ; elles habitent presque toutes à terre, où elles pratiquent des trous qu'elles agrandissent avec l'âge et dont elles fortifient les parois avec une sorte de soie, afin d'empêcher les éboulements. D'autres s'établissent dans les fentes des murs, les cavités des pierres, etc. Toutes se tiennent près de leur demeure et y guettent leur proie sur laquelle elles s'élancent avec une rapidité extraordinaire. Ces aranéides passent l'hiver dans ces trous, et, suivant plusieurs auteurs, quelques espèces le bouchent avec soin pendant cette saison. Au printemps les lycoses s'accouplent, et les femelles pondent des œufs sphériques et variant en nombre suivant les espèces depuis vingt jusqu'à cent quatre-vingts. La mère les renferme dans un cocon circulaire, globuleux aplati et formé de deux calottes réunies par leurs bords. Ce cocon est toujours attaché au ventre de la femelle au moyen d'un lien de soie. La femelle porte partout sa future postérité, et court avec célérité, cherchant à la défendre lorsqu'on veut s'en emparer. Les petits restent dans le cocon après leur éclosion, et ne le quittent qu'après le premier changement de peau, pour s'accrocher sur l'abdomen et le dos de leur mère. Vers la mi-octobre on rencontre une grande quantité de jeunes lycoses voltigeant dans l'air ; ces fils qu'elles font sortir de leurs filières se mêlent, et les araignées elles-mêmes agitent leurs pattes avec rapidité au-dessus de leur tête de manière à rassembler ces fils en petites pelottes d'un blanc de neige, qui les soutiennent en l'air comme un ballon. Le genre des lycoses renferme un grand nombre d'espèces répandues dans toutes les parties du monde, près de 80, que M. Walckenaer pour en faciliter l'étude, a réparties dans trois sections, les terricoles, les corsaires et les portequeue. L'espèce qui est de type à ce genre, et offre le plus d'intérêt, est la lycose tarentule, *lycosa tarentula*, Lat. Depuis longtemps la tarentule est célèbre et le sujet de fables nombreuses ; on sait que le vulgaire croit généralement sa morsure très dangereuse, et produisant une maladie que l'on ne peut guérir qu'avec le secours de la musique, quelques auteurs ont même poussé la naïveté jusqu'à indiquer certains airs comme plus influens que les autres pour chasser la maladie, c'est ainsi qu'un professeur d'Ulm, Samuel Hafenreffer, les a notés dans un traité des maladies de la peau. Suivant quelques auteurs, son venin produit des symptômes qui approchent de la fièvre maligne ; suivant d'autres, il ne procure que quelques taches érysipélateuses ; mais aujourd'hui il est bien reconnu que le venin de ces araignées n'est dangereux que pour les insectes dont la tarentule fait sa nourriture. La tarentule habite de préférence les lieux secs, arides et exposés au soleil. Elle creuse des conduits souterrains cylindriques, souvent d'un pouce de diamètre, ce boyau qui s'enfonce en pied environ dans le sol, est d'abord vertical jusqu'à 4 ou 5 pouces, puis il forme un angle obtus et redevient perpendiculaire, c'est à ce coude que se poste l'animal, les yeux fixés sur l'entrée de sa demeure, pour épier sa proie. Souvent, l'orifice extérieur du conduit est revêtu en dehors d'un espèce de tube ou petit mur d'enceinte construit par la tarentule avec un instinct admirable. Ce mur bâti avec des petits morceaux de bois très serrés, et recouvert d'un tissu soyeux que file l'araignée, est évasé et offre quelquefois jusqu'à 2 pouces de diamètre ; cette enceinte garantit sa demeure des inondations, et des objets extérieurs qui balayés par le vent entreraient dans son trou et finiraient par en obstruer l'entrée ; de plus, elle sert de point d'appui aux insectes qui viennent souvent s'y poser, et qui deviennent alors sa proie. Lorsqu'un insecte vient à la portée de la lycose, elle s'avance lentement d'abord puis, s'élançant tout-à-coup, elle tombe dessus et le met à mort. Au rapport de Blaglivi, les paysans de la Pouille font la chasse à la tarentule et s'en emparent en imitant à l'ouverture de son trou le bourdonnement d'une mouche. Suivant M. Léon Dufour qui a beaucoup observé cette aranéide, elle est très susceptible de s'apprivoiser ainsi qu'il en a fait plusieurs fois l'expérience. J. P.

LYCURGUE, roi de Thrace, se déclara implacable ennemi de Bacchus : ce dieu, pour s'en venger, lui inspira une telle fureur, qu'il se coupa les jambes.

LYCURGUE, législateur des Lacédémoniens, était, dit-on, fils d'Eunome, roi de Sparte, et frère de Polydecte, qui régna après son père. Après la mort de Polydecte, sa veuve offrit la couronne à Lycurgue, s'engageant à faire avorter l'enfant dont elle était grosse, pourvu qu'il voulût l'épouser ; mais Lycurgue refusa ces offres abominables. Content de la qualité de tuteur de son neveu Charilaüs, il lui remit le gouvernement lorsqu'il eut atteint l'âge de majorité, l'an 870 avant J.-C. Soit qu'il se repentit de cette générosité, soit qu'on lui attribuât une inconstance qu'il n'eut pas, on l'accusa de vouloir usurper la souveraineté. Il quitte sa patrie et passe en Crète, renommée par ses lois dures et austères ; il voit la magnificence de l'Asie, et de là se rend en Egypte. De retour de ses voyages, Lycurgue donna aux Lacédémoniens des lois que les uns élèvent jusqu'aux nues, que les autres traitent de barbares. Les plus instruits doutent que ces lois soient de Lycurgue, et ne sont point persuadés de tout ce qu'on raconte de ce philosophe. Mais, en l'en supposant l'auteur, comme on doit juger de la bonté des causes de cette nature, 1° par leurs effets nécessaires sur le cœur humain ; 2° par la confirmation de ces effets d'après le rapport de l'histoire, on trouvera, en suivant cette règle, que la législation de Sparte n'a produit l'admiration des anciens et des modernes que dans l'opinion, encore barbare et sauvage où ils étaient, que toute action forte, fût-elle contraire aux premières lois de l'équité et de l'humanité, était une action vertueuse. Il est reconnu généralement qu'il a eu l'intention formelle : 1° d'augmenter la force naturelle des Spartiates, par la force artificielle des institutions militaires, 2° de perpétuer l'ignorance la plus profonde chez ce peuple, en proscrivant de l'éducation les sciences et les arts, excepté seulement la musique guerrière ; de sorte que dans ces temps prétendus heureux, on leur lois étaient, dit-on, fidèlement observées, aucun Spartiate ne savait lire ; ce qui d'ailleurs leur était inutile, puisque rien n'était écrit, pas même les lois de la république ; 3° d'entretenir par toute sorte de moyens la férocité et même la cruauté dans l'âme des Spartiates, entre autres par l'usage de ces combats entre les enfants, où ils se massacraient les uns les autres ; par les fustigations cruelles des enfants devant l'autel de Diane Orthia, et surtout par les barbaries qu'il leur permit d'exercer contre les Ilotes : car Aristote et Platon assurent que, pour empêcher la trop grande multiplication de ces malheureux esclaves, il établit l'affreuse coutume que les jeunes Spartiates iraient se mettre la nuit en embuscade pour en tuer un certain nombre, ce qui était véritablement une boucherie, puisqu'il était défendu aux Ilotes d'avoir et encore moins de porter des armes en temps de paix ; 4° de se servir du libertinage pour empêcher la pudeur, la chasteté, l'union conjugale d'adoucir les mœurs. D'après cet exposé, que même les admirateurs de Lycurgue et des Spartiates ne peuvent révoquer en doute, on laisse à juger si une législation dont le but est d'augmenter chez un peuple la force, l'ignorance, la cruauté, le libertinage, et, par une suite nécessaire, l'orgueil, l'avidité, l'injustice ; en un mot, dont le but est de former une troupe de soldats ignorants, cruels et sans mœurs, pour la faire servir à la désolation des laborieux cultivateurs et des peuples qui l'avoisinent, peut être un ouvrage capable d'immortaliser son auteur, et si elle mérite les éloges que lui prodiguent encore des hommes qui prétendent se connaître en législation, tels que Montesquieu, l'abbé de Gourcy dans un amphigourique *Eloge philosophique et politique de Lycurgue*, et l'abbé Barthélemy dans son *Voyage d'Anacharsis*. L'auteur *de la Félicité publique,* quoique ennemi forcené du christianisme, montre combien les républiques chrétiennes les moins constituées sont plus heureuses que les Lacédémoniens, les Athéniens, et tous ces anciens peuples crus libres au sein de la tyrannie. Cependant Lycurgue, s'il faut croire ce qu'on en raconte, regardait ses lois comme le fruit de la plus sublime sagesse. Pour engager les Lacédémoniens à les observer inviolablement, il leur fit promettre avec serment de n'y rien changer jusqu'à son retour, et s'en alla ensuite dans l'île de Crète, où il se donna la mort, après avoir ordonné que l'on jetât ses cendres dans la mer. Il craignait que, si on rapportait son corps à Sparte, les Lacédémoniens ne crussent être déliés de leur serment. On voit dans tous ces anciens sages des traits éclatants de folie, presque toujours produits par la vanité et l'égoïsme.

LYCURGUE, orateur athénien, contemporain de Démosthènes, eut l'intendance du trésor public, fut chargé du soin de la police, et l'exerça avec beaucoup de sévérité. Il chassa de la ville tous les malfaiteurs, et tint un registre exact de tout ce qu'il fit pendant son administration. Lorsqu'il la quitta, il fit attacher ce registre à une colonne, afin que chacun eût la liberté d'en faire la censure. Dans sa dernière maladie, il se fit porter au sénat pour rendre compte de ses actions ; et, après y avoir confondu le seul accusateur qui se présenta, il se fit reporter chez lui, où il expira bientôt après, vers l'an 356 avant J.-C. Lycurgue était du nombre des 30 orateurs que les Athéniens refusèrent de donner à Alexandre. Ce fut lui qui, voyant le philosophe Xénocrate conduit en prison pour n'avoir pas payé le tribut qu'on exigeait des étrangers, le délivra, et y fit mettre à sa place le fermier qui avait fait traiter si durement un homme de lettres : action souvent louée, mais qui dans le fond était une violence et une injustice, puisqu'il n'y avait aucune loi qui exceptât de ce tribut les gens de lettres. Les Aldes imprimèrent à Venise en 1513, en 2 vol. in-fol., un recueil des *Harangues* de plusieurs anciens orateurs grecs, parmi lesquelles se trouvent celles de Lycurgue. L'abbé Auger les a traduites en 1783, 1 vol. in-8°.

LYCUS, l'un des généraux de Lysimachus, célèbre parmi les successeurs d'Alexandre-le-Grand, se rendit maître d'Ephèse par le moyen d'Andron, chef de corsaires, qu'il gagna à force d'argent. Andron introduisit dans la ville quelques soldats de Lycus, comme s'ils eussent été des prisonniers, mais avec des armes cachées. Dès qu'ils furent entrés dans la place, ils tuèrent ceux qui faisaient la garde au portes et donnèrent en même temps le signal aux troupes de Lycus, lesquelles s'emparèrent de la place, et firent prisonnier Enète, qui en était gouverneur.

LYDIE, célèbre royaume de l'Asie-Mineure dont les bornes varièrent plusieurs fois ; il était d'abord borné au N. par la grande Mysie, à l'O. par la mer Egée, au S. par la Carie, à l'E. par la grande Phrygie. L'Ionie en occupait les côtes occidentales. Dans le temps de sa prospérité, il renfermait tous les pays compris entre l'Halys et la mer Egée, et porta d'abord le nom de Méonie, et prit celui de Lydie de Lydus, un de ses rois. Il fut pendant 249 ans gouverné par des rois qui se succédèrent dans l'ordre suivant : Ardysus monta sur le trône l'an 797 avant J.-C.; Alyattes, l'an 761; Mélès, l'an 747; Candaule, l'an 735; Gygès, l'an 718; Ardrisus II, l'an 680; Sadyatte, l'an 631; Alyattes II, l'an 619; Crésus, l'an 562. Ce dernier fut vaincu par Cyrus en 548 avant J.-C., et le royaume de Lydie fut réuni à l'empire de Perse. Les rois de Lydie formèrent trois dynasties, les Atyades, les Héraclides et les Mermnades. L'histoire de la première est entièrement fabuleuse ; on la fait descendre d'Atys et de Méon, et régner de 1579 à 1219 avant J.-C. La dynastie des Héraclides commença à régner à l'époque de la guerre de Troie, en 1219 dans la personne d'Agron, qui descendait d'Hercule par Alcée fils du héros et de l'esclave Malis ; elle occupa le trône pendant environ 506 ans, et s'éteignit dans la personne de Candaule : Gygès fut le premier, et Crésus le dernier roi de celle des Mermnades.

LYDIEN, un des quatre modes admis primitivement dans la musique des Grecs. C'est celui qu'affectionnaient Orphée et Amphyon. On ne peut désigner d'une manière certaine qui en fut l'inventeur. Les uns veulent que ce soit Amphyon lui-même, les autres Olympe, Mysien, disciple de Marsyas, et d'autres enfin Mélampide. Selon Pindare le mode lydien fut employé pour la première fois aux noces de Niobé. Quoi qu'il en soit, le mode lydien avait dans l'origine un caractère de sensibilité et de mélancolie qui participait à la fois de la mélodie grave et monotone du dorien et de la délicatesse de l'ionique. Peu-à-peu il se rapprocha d'avantage de ce dernier, et devint souvent animé, badin, piquant et propre à la mollesse. Aussi dans le 6ᵉ siècle avant J.-C., lorsque les Grecs, plus habiles dans l'art de la musique, eurent reconnu treize modes, ils subdivisèrent le lydien en lydien grave et lydien aigu. Le premier était le mode ancien, gardant toujours son caractère primitif; le second était celui qu'avaient inventé les modernes.

LYDIENNES, nom donné dans les fêtes de Bacchus à un chœur de Bacchantes, en mémoire de ce que Bacchus, dans la conquête des Indes, était accompagné d'un grand nombre de Lydiennes.

LYDIENS, peuples de la Lydie. On les nommait auparavant Méoniens. Ils avaient la même origine que les Mysiens et les Cares, leurs voisins. On les cite souvent dans l'antiquité comme doués d'un génie à la fois belliqueux et inventif. Ce furent eux qui fabriquèrent les premières monnaies d'or et d'argent. Sous Crésus ils portèrent leurs armes victorieuses chez leurs voisins, et reculèrent les limites de leur empire. Mais enfin ils furent vaincus par Cyrus (548 ans av. J.-C.), et dès lors les Lydiens toujours esclaves, ne firent que changer d'esclavage en passant successivement sous la domination des Perses, d'Alexandre, des rois de Syrie et des Romains.

LYDUS, fils d'Atys, un des plus anciens rois de Lydie, que l'on place dans le 15ᵉ siècle avant J.-C. Il avait un frère nommé Tyrrhénus. Dans un temps de famine leur père fit tirer au sort ses deux fils, pour savoir lequel des deux conduirait une partie des habitants hors du pays. Le sort désigna Tyrrhénus, qui alla s'établir en Etrurie; Lydus resta dans son pays natal qui s'appelait alors Méonie et lui donna le nom de Lydie.

LYMNÉE (moll.), lymnæa, genre de la famille des lymnéens, renfermant des mollusques aquatiques répandus dans les eaux douces des deux mondes, mais plus particulièrement dans celles des régions tempérées. Cependant ces animaux ne peuvent rester longtemps plongés sous l'eau, car ils respirent l'air élastique, et ils sont obligés de remonter souvent à la surface de l'eau pour respirer. Ils rampent sur un pied large et assez épais, ovalaire plus court que la coquille et complètement dénué d'opercule. En avant, ils portent une tête aplatie, large, de chaque côté de laquelle s'élève un tentacule triangulaire, large à sa base et portant un œil sans saillie au côté interne. La partie la plus considérable du corps, comprenant la masse viscérale, est tournée en spirale, et contenue dans une coquille mince, diaphane, dont les tours de spire sont généralement allongés, et le dernier plus grand que tous les autres; son bord droit est mince, tranchant, simple; la columelle, assez épaisse, est toujours tordue sur elle-même. L'intérieur du dernier tour est occupé par une grande cavité du manteau dans laquelle est contenu l'organe de la respiration. Sur le bord droit et à droite est percée une ouverture qui peut se dilater et se contracter de manière à recevoir l'air dans la cavité respiratoire, et à empêcher l'eau d'y entrer lorsque l'animal cherche sa nourriture au-dessous de sa surface. La bouche a la forme d'une fente transversale et s'allonge quelquefois dans une trompe fort courte, au centre de laquelle on remarque trois dents cornées. Nous renvoyons pour l'anatomie des lymnées au mémoire anatomique de Cuvier sur les lymnées et les planorbes. Les lymnées sont éminemment des coquilles d'eau douce. On en connaît 60 espèces environ; quelques lymnées fossiles, répandues dans les terrains tertiaires seulement, et surtout dans le bassin de Paris, en assez grande quantité.   J. P.

LYMPHATIQUE, adj., système lymphatique, ensemble des organes qui concourent à la formation ou à la circulation de la lymphe, savoir : les glandes et les vaisseaux lymphatiques. Ceux-ci sont très déliés et transparents; leur parois, comme celles de tous les vaisseaux, sont formées de plusieurs membranes; ils présentent dans toute leur longueur une suite de renflements produits par des valvules placées dans leur intérieur. Ces vaisseaux existent dans toutes les parties du corps, ils versent dans les veines les fluides blancs ou incolores qu'ils ont pompés à la surface des membranes ou dans les tissus des organes.

LYMPHE, s. f. (méd.), liquide contenu dans les vaisseaux lymphatiques. La lymphe est très coulente, claire, transparente, d'un jaunâtre pâle ou tirant sur le verdâtre, inodore et d'une saveur franchement salée. Elle a des réactions fortement alcalines; elle contient des corpuscules en moindre quantité que le sang et de formes diverses. La plupart, chez l'homme, sont plus volumineux, parfois même du double que les globules du sang, et sont ronds, tantôt lisses, tantôt grenus. L'action prolongée de l'eau fait apercevoir dans tous des

noyaux qui sont un peu plus petits que les globules du sang, souples, arrondis, avec une tache centrale de teinte plus foncée. La plupart de ces corpuscules de la lymphe qui contiennent des noyaux offrent à peine des traces de coloration, mais beaucoup d'entre eux, surtout les petits, ont d'une manière bien prononcée la couleur jaune-rougeâtre des globules du sang, et l'on a observé que le nombre des corpuscules rouges est plus considérable à la suite d'un jeûne prolongé. Au bout d'un quart d'heure environ, la lymphe extraite de ses vaisseaux se prend en une gelée incolore, claire et tremblotante, de laquelle ne tarde pas à se séparer une masse réticulée, qui finit par se resserrer en un grumeau. Ce caillot consiste en fibrine mêlée avec une partie des corpuscules de la lymphe; celui qui provient de la lymphe du canal thoracique contient de l'hématine, qui devient vermeille à l'air, noire dans l'acide sulfhydrique. La quantité de fibrine va en augmentant depuis l'origine du système lymphatique jusqu'à son embouchure dans les vaisseaux sanguins. Le sérum de la lymphe est de l'eau contenant une petite quantité d'albumine et de grains avec divers sels.

LYNCÉE, un des Argonautes qui accompagnèrent Jason à la conquête de la Toison d'or. Il avait la vue si perçante, selon la fable, qu'il voyait au travers des murs, et découvrait même ce qui se passait dans les cieux et dans les enfers. L'origine de cette fable vient de ce que Lyncée enseigna le moyen de trouver les mines d'or et d'argent, et qu'il fit des observations nouvelles sur l'astronomie.

LYNCÉE, l'un des cinquante fils d'Egyptus, épousa Hypermenestre, l'une des cinquante filles de Danaüs, roi d'Argos; cette princesse ne voulut pas l'égorger la nuit de ses noces, à l'imitation de ses autres sœurs, et aima mieux désobéir à son père que d'être cruelle envers son mari. Lyncée, échappé du danger, arracha le trône et la vie à son cruel beau-père.

LYNX, s. m., quadrupède carnassier auquel les anciens poètes attribuaient une vue perçante, capable de pénétrer les murs les plus épais, et que les naturalistes croient être l'animal appelé loup-cervier. Fam., avoir des yeux de lynx, avoir la vue très perçante, et, figurément, voir clair dans les affaires, dans les desseins, dans les pensées des autres.

LYON, seconde ville de France, chef-lieu du département du Rhône, et dont l'archevêque prend le titre de primat des Gaules. La partie centrale de cette ville se trouve située sur une langue de terre formée par la Saône et le Rhône, qui ont leur confluent au sud de la ville; l'autre partie, sur la colline de la Croix-Rousseau, nord. La Saône sépare la ville principale de la montagne de Fourvières, l'ancien Lyon; au sud la Fourvières domine la ville. C'est de là qu'on embrasse d'un seul coup d'œil et la ville tout entière, et les plaines immenses qui s'étendent de l'autre côté du Rhône, et la chaîne des Alpes qui se déploient devant le spectateur avec leurs cimes blanchies par leurs neiges éternelles, et le majestueux mont Blanc, ce géant des Alpes, enveloppé d'un léger voile de nuages qui ne permet pas de saisir la ligne courbe de ses bases, quoique l'on distingue parfaitement son pic, élancé en forme de cône. Le Rhône, au cours rapide et imposant, baigne le quartier méridional de Lyon. Le quai du fleuve offre des allées longues à perte de vue, et est bordé de superbes maisons, ornées de beaux jardins qui s'élèvent en amphithéâtre sur des rochers escarpés. Le quai de cette ville possède un grand charme même dans l'irrégularité de son plan. Le climat de Lyon est le plus tempéré de la France; cependant on y éprouve dans l'été des chaleurs très fortes, ce qu'il faut attribuer à sa position abritée par des montagnes du côté du nord. Dans l'intérieur de la ville, on voit des maisons très élevées, des rues très étroites et peu de propreté. On y compte 7 faubourgs, 55 places publiques, 25 quais ou cours et 17 ponts. Parmi les édifices les plus dignes d'être admirés, on doit citer l'Hôtel-de-Ville, qui dans toute l'Europe ne le cède qu'à celui d'Amsterdam, le palais du commerce et des arts, l'Hôtel-Dieu, l'église Saint-Jean, la Préfecture, le palais de l'archevêché, le Palais-de-Justice, l'hôtel des monnaies, les théâtres et les casernes, la place Louis-le-Grand, où s'élève une statue équestre de ce roi, est une des plus vastes de l'Europe. Lyon renferme un collège royal, une école vétérinaire, une académie des sciences, belles-lettres et arts, une école spéciale de dessin et des sciences physiques, une société de médecine et un jardin botanique. Outre les monuments modernes, on y trouve une foule de belles antiquités. Cette ville fut fondée, selon l'opinion la plus générale, par Munatius Plancus, 41 ans avant J.-C.; elle atteignit sous les premiers empereurs romains un haut degré de prospérité. Auguste, qui y séjourna trois ans, y établit un sénat, un collége de soixante magistrats pour rendre la justice, et un athénée. Agrippa en fit le point de départ des quatre grandes voies militaires qui traversaient les Gaules; Tibère y institua des jeux et des fêtes qui firent augmenter la population; Claude, qui y était né, lui accorda le droit de cité romaine; la harangue qu'il composa à ce sujet dans le sénat a été conservée sur deux tables de bronze. Détruite en 58 par un incendie, Lyon fut rebâtie sous Néron et dut à Trajan, Adrien et Antonin, de nombreux priviléges et de magnifiques monuments. L'établissement de foires annuelles qui se tinrent dans son enceinte, et qui y firent affluer les marchandises des différentes contrées de l'Europe et de l'Asie, lui rendit bientôt sa première prospérité; mais un nouveau désastre vint encore la frapper. Sévère, irrité contre les Lyonnais, qui s'étaient déclarés pour Albinus, livra leur ville au pillage et fit passer un grand nombre d'entre eux au fil de l'épée. Survinrent ensuite les persécutions contre les chrétiens; saint Pothin et saint Irénée y succombèrent en défendant leur foi, et 20,000 de leurs disciples périrent dans un massacre (202). Ces premiers catéchumènes de la religion naissante nous ont laissé un touchant témoignage de leurs souffrances dans une lettre grecque adressée à leurs frères d'Asie. Sous les derniers empereurs, Lyon fut encore prise d'assaut et pillée par les peuples du Nord, qui y furent surpris et exterminés par Julien. Vers le milieu du ve siècle, Attila la saccagea, et c'est à cette époque qu'il faut rapporter la destruction de tous ses monuments romains. En 458, Sidoine Appollinaire la livra à Théodoric, roi des Wisigoths. En 476, Chilpéric, roi des Bourguignons, s'en empara et en fit la capitale de son royaume; elle fut, vers la fin du vi^e siècle, incorporée au royaume des Francs. Une armée de Sarrasins venus d'Espagne s'en empara dans le viie siècle et la saccagea. Charlemagne lui redonna une nouvelle vie et établit une bibliothèque dans le monastère de l'Ile-Barbe. Lors du partage de l'empire entre les enfants de Lothaire, Lyon devint la capitale du royaume de Provence. En 879, elle passa sous la domination de Boson; enfin, vers 965, le roi de France Lothaire II la céda, comme dot de sa sœur Mathilde, à Conrad-le-Pacifique, roi de la Bourgogne transjurane. A la mort de Rodolphe III, père de Conrad, l'archevêque de Lyon, Barchard, frère de Rodolphe, s'empara de la souveraineté temporelle de son siége archiépiscopal, et la période de deux siècles qui suivit fut une lutte continuelle et sanglante entre les souverains ecclésiastiques et les Lyonnais. Le débat tourna au profit de Philippe-le-Bel, qui depuis longtemps convoitait Lyon, et qui envoya Louis-le-Hutin, son fils aîné, pour s'en rendre maître. Sous le gouvernement des rois de France, l'industrie et le commerce se développèrent rapidement à Lyon; les guerres civiles d'Italie lui amenèrent grand nombre de familles qui lui apportèrent d'immenses capitaux et des procédés de fabrication qu'elle dut s'approprier. Administrée d'ailleurs par les hommes de son choix, exempte d'impôts et jouissant d'une entière liberté municipale, elle offrait au commerce cette latitude entière sans laquelle il ne peut atteindre à un haut degré de prospérité, aussi Lyon fut-elle une des villes les plus célèbres de France aux xive, xve et xvie siècles, à cause de ses imprimeries, de sa chapellerie, de sa cordellerie, de sa tannerie et de ses fabriques de draps d'or, d'argent et de soie. Vers le milieu du xive siècle, elle eut à souffrir des brigandages des *tard-venus* qui ravagèrent son territoire. François Ier la fit ensuite entourer de murs et de bastions formidables qui subsistèrent jusqu'en 1793. Au xvie siècle, les guerres de religion et la Saint-Barthélemy la désolèrent, mais sans altérer sa prospérité commerciale. Sous Louis XIV, elle s'embellit de nouveaux quais et de beaux édifices, car jusque-là elle n'était guère remarquable sous le rapport architectural. Détruite pendant la terreur, elle se nomma *commune affranchie*; Napoléon répara ses ruines et lui rendit son nom. Les émeutes de 1831, surtout celles plus sanglantes de 1834, la firent beaucoup souffrir, mais elle eut bientôt réparé le mal qu'elles lui avaient causé. Cette ville si importante par sa situation géographique et politique, son industrie et sa population, est la première peut-être par l'étendue d'un commerce qui est son caractère distinctif. Sa population, y compris les faubourgs de la Guillotière, de la Croix-Rousse et de Vaize, est de 190,000 habitants. Lyon, assise sur deux fleuves navigables, dont les ports de déchargement sont fort beaux, est devenue un immense entrepôt où arrivent et s'échangent les marchandises du Midi et du Nord. Cette ville est le point où se réunissent les routes de Paris, de Marseille, de Bordeaux, de Genève et de la Suisse. de l'Italie et de l'Auvergne. Deux routes royales de deuxième classe mettent Paris en communication avec la Suisse et le Midi en passant par Lyon; mais il manque à cette ville, pour compléter ses voies de transport par terre, une route directe de Nantes à Lyon, et une autre directe de Lyon à Bordeaux; celle qui y conduit fait de trop longs circuits par le cordon de Thiers, Clermont et le Puy-de-Dôme. Un chemin de fer de douze lieues relie les villes de Saint-Etienne et de Rive-de-Gier à Lyon. A ces moyens de communication il faut joindre les voies du Rhône et de la Saône, qui plus que les premières contribuent à la splendeur commerciale de Lyon. La Provence, le Languedoc, Bordeaux, la Sardaigne, l'Espagne, tous les ports de la Méditerranée, lui envoient la plus grande partie de leurs produits par le Rhône. Les produits divers importés à Lyon, soit pour la consommation intérieure, soit pour être réexportés, consistent principalement en vins, eaux-de-vie, esprits, huile, chanvre, lin, savon, riz, sel, coton, laine, soude, amadou, roseaux, cafés, indigo, soufre, cassonnade, plomb, chardons, cardières, garance, bois de teinture, poteries de grès, poteries grossières, faïence d'Arboras et carmin. Les sources de la richesse Lyonnaise sont dans son commerce autant que dans son industrie, qui est immense, et dont les branches sont très variées; les principales sont : l'orfévrerie, la cristallerie, la fabrication du plâtre, de la chaux, de la bière, la confection des bateaux à vapeur et autres, le travail des métaux, les produits chimiques, les colles, les vernis, les eaux factices, les liqueurs, la bonneterie, les papiers peints, l'impression sur étoffes de soie et de coton, le blanchiment des toiles. Les industries, dont le malaise ou la prospérité influent davantage sur le bien-être de la cité, sont la passementerie, la chapellerie, la teinture, la fabrication des tulles, et enfin, au-dessus de toutes les autres, la fabrication des *étoffes de soie*. Les principales branches de commerce sont : les cotons, les sucres, les savons, les bois de teinture, l'indigo, la quincaillerie en fer, la bimbeloterie, la bonneterie, la droguerie, la draperie, les marrons, les faïences, porcelaines, cristaux. verres, la librairie, les liquides, l'horlogerie. B—Y.

LYON (GEORGES-FRANCIS), né à Chichester, mort le 8 octobre 1832, à 37 ans, entra dans la marine et s'y distingua. Cependant il est plutôt connu comme voyageur. Ayant entrepris, en 1818, un voyage dans l'intérieur de l'Afrique, il s'avança jusqu'aux limites du Fezzan. Le journal de cette expédition fut publié en 1821 sous le titre de *Voyage dans l'Afrique septentrionale, avec des notes géographiques sur le Soudan et le cours du Niger*. En 1821, il accompagna le capitaine Parry dans son expédition au pôle nord, et consigna dans un ouvrage intitulé *Journal particulier du capitaine Lyon*, les observations curieuses qu'il fut à même de faire sur le pays et les mœurs des Esquimaux. En 1824, on le chargea d'une nouvelle expédition au pôle nord, qui n'eut pas de succès, mais qui répandit cependant des lumières sur la géographie des mers arctiques.

LYONNAISE, *Lugdunensis*, nom donné par Auguste à la Celtique proprement dite, c'est-à-dire à cette vaste partie de la Gaule, qui est comprise entre la Belgique, l'Aquitaine et la grande Séquanaise. Elle était divisée en quatre grandes provinces, qui portaient le nom de Lyonnaise 1re, Lyonnaise 2e, etc., et qui elles-mêmes contenaient un grand nombre de subdivisions. La Lyonnaise était arrosée par un grand nombre de fleuves et de rivières considérables : la Sequana, le Liger, le Rhodanus, l'Araris, l'Icauna, etc.

Lyonnaise 1re, au sud-est (Bourgogne, Nivernais, Forez) comprenait:

Les Segusiani,	cap. Lugdunum.
Les Eduens,	Augustodunum.
Les Lingones,	Andomatunum, autrement Lingones.

La Lyonnaise 2e (Normandie), au nord, contenait neuf peuples :

Les Calètes,	cap. Juliobona.
Les Veliocasses,	Rotomagus.
Les Lexovii,	Noviomagus (ou Lexovii).
Les Aulerques Eburovices.	Mediolanum (ou Eburovices).
Les Saii,	Saii.
Les Viducasses,	Viducasses.
Les Bajocasses,	Arcegenus (ou Bajocasses).
Les Abrincatui,	Ingena (ou Abrincatui).
Les Veneli,	Constantia.

La Lyonnaise 3e, à l'ouest (Bretagne, Maine, Anjou), contenait onze peuples :

Les Osismii,	cap. Vorganium (ou Osismii).
Les Corisopites,	*sans capitale.*
Les Curiosolites,	Reginea.
Les Vénètes,	Dariorigum (ou Veneti).
Les Rédones,	Condate (ou Redones).
Les Namnètes¹,	Condivincum (ou Namnètes).
Les Andes,	Juliomagus.
Les Arvii,	Vagorium.
Les Aulerques Diablintes,	Nœodunum (ou Diablintes).
Les Aulerques Cénomans,	Suindinum (ou Cenomani).
Les Turones,	Cæsarodunum (ou Turones).

La Lyonnaise 4e, au centre (Orléanais, Île de France, et portion de la Bourgogne), renfermait :

Les Parisii,	cap. Lutetia (ou Parisii).
Les Carnutes,	Autricum (ou Carnutes).
Les Aureliani,	Genabum (ou Aureliani).
Les Meldi,	Latinum (ou Meldi).
Les Senones,	Agedincum (ou Senones).
Les Tricasses, (V. FRANCE.)	Augustobona (ou Tricasses).

LYRE. Sous la dénomination un peu vague de lyre, les anciens comprenaient trois instruments différents pour la figure ou la grandeur, mais semblables en ce que tous avaient des cordes, savoir : la cithare, qu'on faisait résonner le plus souvent avec un archet; la chelys ou testudo, dont la base ressemblait à l'écaille d'une tortue, et le trigone, dont la forme était triangulaire. L'on attribue généralement l'invention de la lyre à Mercure. Orphée, Amphion et Apollon la modifièrent successivement et lui donnèrent des formes nouvelles. C'est surtout par le nombre des cordes que la lyre subit des variations. Celle d'Olympe et de Terpandre n'en avait que trois, bientôt on en ajouta une quatrième, et l'on eut l'instrument si connu sous le nom de tétracorde : vint ensuite le pentacorde, ou la lyre à cinq cordes, en usage chez les Scythes et plus tard chez les Grecs et les Asiatiques. L'heptacorde fut la lyre la plus célèbre et la plus en vogue; elle avait sept cordes. Simonide en ajouta une huitième, afin de produire l'octave, et dans la suite Timothée de Milet la porta jusqu'à douze.

LYRIQUE, adj. des deux genres. Il se dit de la poésie et des vers qui se chantaient autrefois sur la lyre, comme les odes, les hymnes. Il se dit par analogie des ouvrages en vers français qui sont faits pour être chantés ou propres à être mis en musique, tels que les cantates, les chansons, les opéras. Il se dit, par extension, des odes, quoiqu'on ne les chante pas. Théâtre lyrique, théâtre sur lequel on représente des ouvrages mis en musique. Poète, auteur lyrique, celui qui compose des odes ou des pièces propres à être mises en musique. Lyrique, s'emploie ordinairement au masculin et signifie auteur lyrique. Il signifie aussi, absolument, le genre, le talent lyrique.

LYS (Lye ou Leye en flamand, Legia dans les chartes latines du moyen-âge), rivière canalisée, commence à Lisbourg dans le département du Pas-de-Calais, arrondissement de Saint-Pol, canton d'Heuchin. Située à la partie la plus élevée du village, cette source s'agite et se trouble à l'approche des mauvais temps; mais lorsque l'atmosphère n'est plus chargée de vapeurs, elle redevient d'une grande pureté. Des naturalistes attribuent cette variation à des conduits souterrains qui existeraient entre cette source et une nappe d'eau situés à plus d'une lieue à l'est et qui alimentent un puits au village de Préséfln. On dit même que des matières légères jetées dans ce puits ont été retrouvées dans le bassin de la source. La Lys devient navigable à Aire où elle s'embranche avec le canal du Neuffossé (voy. ce mot); elle passe ensuite à Saint-Venant et elle entre dans le département du Nord au village de Thiennes; elle y arrose successivement les villes de Merville, Lagorgue, Etaires, Armentières, Comines et Werwick. Elle pénètre ensuite dans la Belgique (province de la Flandre occidentale), par Menin; la Lys y arrose Courtrai, entre dans la Flandre occidentale près d'Olsene, traverse Deynze, et après un cours très sinueux d'environ 209,970 mètres, dont 113,080 en Belgique (56,700 mètres dans la Flandre occidentale et 56,380 mètres dans la Flandre orientale), se jette dans l'Escaut par la rive gauche à Gand. Dans un cours aussi long, la Lys se grossit d'un grand nombre de ruisseaux et affluents, dont les principaux sont la Brette qui passe à Béthune, et la Deule, dont l'Encyclopédie catholique a déjà parlé, la Mandels, dont les bords ont été

illustrés par deux batailles gagnées par les Français (celle d'Hooglede, 1794, et celle de Roosebeke, 1382). Depuis le 1er janvier 1840, l'État belge s'est réservé pour ce pays l'administration de cette rivière dont la navigation est citée dans les historiens du xvie siècle. En vertu d'un traité de limite signé à Courtrai le 28 mars 1820, le cours de la Lys est mitoyen entre la France et la Belgique depuis Armentières jusqu'à Menin, sur une longueur d'au moins deux myriamètres. Le produit belge de l'Escaut et de la Lys est évalué chaque année à plus de cent mille francs. La Lys a donné son nom à un des départements de la Belgique. Réunis à la France dans le traité de Lunéville. Ce département, borné au nord par la mer du Nord, à l'est par le département de l'Escaut, au sud et à l'ouest par ceux de Jemmapes et du Nord, comprenait la partie occidentale de la Flandre, et avait pour chef-lieu Bruges. Il était divisé en quatre arrondissements qui, du nom de leurs principales villes, étaient appelés Furnes, Ipres, Courtrai et Bruges. Séparé de la France en 1814, le département de la Lys a repris son ancien nom de Flandre occidentale, et a suivi depuis lors les vicissitudes du royaume de Belgique. A. D'H.

LYSANDRE, général des Lacédémoniens dans la guerre contre Athènes, détacha Ephèse du parti des Athéniens, et fit alliance avec Cyrus-le-Jeune, roi de Perse. Fort du secours de ce prince, il livra un combat naval au Athéniens, l'an 405 avant J.-C., défit leur flotte, tua 3,000 hommes, se rendit maître de diverses villes et alla attaquer Athènes. Cette cité, pressée par terre et par mer, fut enfin contrainte de se rendre l'année suivante. La paix ne lui fut accordée qu'à condition qu'on démolirait les fortifications du Pirée, qu'on livrerait toutes les galères, à la réserve de douze; que les villes qui lui payaient tribut seraient affranchies; que les bannis seraient rappelés, et qu'elle ne ferait plus la guerre que sous les ordres de Lacédémone. La démocratie fut détruite, et toute l'autorité remise entre les mains de trente archontes. C'est ainsi que finit la guerre du Péloponèse, après avoir duré 27 ans. Le vainqueur alla soumettre ensuite l'île de Samos, alliée d'Athènes, et retourna triomphant à Sparte avec des richesses immenses, fruit de ses conquêtes. Son ambition n'était pas satisfaite : il chercha à s'emparer de la couronne, mais moins en tyran qu'en politique. Il décria la coutume d'hériter du trône, comme un usage barbare, insinuant qu'il était plus avantageux de ne déférer la royauté qu'au mérite : ce qui serait bien vrai, si tout un peuple pouvait s'entendre, sans trouble et sans erreur, sur le choix. Après avoir tenté en vain de faire parler en sa faveur les oracles de Delphes, de Dodone et de Jupiter-Ammon, il fut obligé de renoncer à ses prétentions. La guerre s'étant rallumée entre les Lacédémoniens et les Athéniens, Lysandre fut un des chefs qu'on leur opposa. Il fut tué dans une bataille, l'an 366 avant J.-C. Les Spartiates furent délivrés par sa mort d'un ambitieux pour qui l'amour de la patrie, la religion du serment, les traités, l'honneur, n'étaient que de vains noms. Comme on lui reprochait qu'il faisait des choses indignes d'Hercule, de qui les Lacédémoniens le firent descendre par flatterie : « Il faut, dit-il, coudre la peau du renard où manque celle du lion, » faisant allusion au lion d'Hercule; maxime digne d'un tyran fourbe et hypocrite. Il disait « qu'on amuse les enfants avec des osselets, et les hommes avec des paroles; » cela n'est que trop vrai; mais, si ceux qui se laissent amuser sont des sots, ceux qui les amusent sont de méprisables imposteurs. «La vérité, ajoutait-il, vaut assurément mieux que le mensonge; mais il faut se servir de l'un et de l'autre dans l'occasion : » maxime que Machiavel a adoptée pour une de ses plus favorites.

LYSERUS (JEAN), docteur de la confession d'Augsbourg, mort en 1684, fut l'apôtre de la polygamie. Les bons esprits n'ont vu dans son argument que l'effet naturel de la luxure, « qui, semblable à l'avarice, dit Montesquieu, plus elle a, plus elle veut avoir.» Il est démontré, d'ailleurs, que la polygamie détruit la population, et que les pays où elle a lieu (toutes choses étant d'ailleurs égales) sont déserts en comparaison des autres. La plus considérable de ses ouvrages est intitulé *Polygamia triumphatrix*, in-4°, 1682, à Amsterdam, Brunsinanus, ministre à Copenhague, l'a réfuté par un livre intitulé *Polygamia triumphata*, 1689, in-8°.

LYSIAS, célèbre orateur grec, né à Syracuse l'an 459 avant J.-C., fut mené à Athènes par Céphalès son père, qui l'y fit élever avec soin. Il en regarde communément comme le plus élégant, le plus gracieux et le plus simple des orateurs grecs. Il s'est exercé sur des sujets bien peu favorables à l'éloquence;

il ne plaidait pas lui-même, mais composait des plaidoyers pour les particuliers qui avaient des procès, et ces plaidoyers roulent presque tous sur de très petites causes. La propriété et la clarté des expressions, un tour aisé et naturel, un talent admirable pour la narration, une prodigieuse sagacité, un tact exquis des convenances et par-dessus tout, la grâce qu'on sent si bien et qu'on ne peut définir, forment le caractère distinctif de Lysias. Un des principaux avantages qu'on puisse retirer aujourd'hui de ses discours, c'est la connaissance des mœurs et des usages des Athéniens. Il mourut dans un âge fort avancé, l'an 374 avant J.-C. Nous avons de lui trente-quatre *Harangues*. Parmi les diverses éditions qu'on en a données, on distingue celle de l'abbé Auger, en grec et en latin, avec une nouvelle traduction française, Paris, 1783, 2 vol. in-8°.

LYSICRATE. Athénien de la tribu Acamantide, présida aux jeux publics la deuxième année de la cent onzième olympiade (335 ans av. J.-C.). Les jeunes gens de sa tribu y remportèrent le prix du chant (un trépied de bronze). Lysicrate, voulant consacrer ce trépied aux dieux, fit élever le monument qu'on nomme communément la *Lanterne de Démosthène*, et qui est encore l'un des mieux conservés de la Grèce. Cet édifice est renfermé depuis longtemps dans l'enceinte du monastère des capucins d'Athènes, il est en marbre blanc, haut d'environ 20 pieds. M. Fauvel l'a moulé en plâtre, et depuis il fut exécuté à Saint-Cloud où on le voit encore sur la plus haute terrasse du parc. (*La Lanterne de Diogène*.)

LYSIMACHUS, Juif, parvint au souverain pontificat de sa nation, l'an 204 avant J.-C., après avoir supplanté son frère Ménélaüs, en payant une somme d'argent que celui-ci n'avait pu fournir au roi Antiochus Épiphanes. Les violences, les injustices et les sacriléges sans nombre qu'il commit pendant son gouvernement portèrent les Juifs, qui ne pouvaient plus le souffrir, à s'en défaire dès l'année suivante.

LYSIMACHUS, frère d'Apollodore, ennemi déclaré des Juifs, eut le gouvernement de Gaza. La jalousie qu'il conçut contre son frère (que le peuple et les soldats aimaient et considéraient plus que lui) le porta à le tuer en trahison, et à livrer cette ville à Alexandre Jannée, qui l'assiégeait.

LYSIMAQUE, Acarnanien, instituteur d'Alexandre, prenait par allusion au héros de l'Iliade, le nom de Phénix, et donnait à Philippe celui de Pélée, et celui d'Achille à son élève.

LYSIMAQUE, un des plus illustres généraux d'Alexandre. Jeune encore, il fut chargé de commander à Pergame, où étaient les trésors du monarque ; sa naissance, sa valeur, son goût pour les arts et les sciences le distinguaient de la foule des jeunes Macédoniens. Disciple et ami de Callisthène, il lui fut fidèle jusqu'au dernier moment, et, quand il devint impossible de le sauver, il lui donna du poison, afin de le soustraire à l'ignominie du supplice ; ce triste bienfait irrita tellement Alexandre qu'il fit exposer Lysimaque à un lion ; mais, dès que l'animal furieux prit son essor pour se jeter sur lui, l'intrépide Macédonien s'enveloppa la main avec son manteau, l'enfonça dans la gueule du lion, et lui arracha la langue et la vie en même temps. Une action si courageuse excita l'admiration d'Alexandre ; il pardonna à Lysimaque, et lui témoigna toujours depuis la plus grande estime. Après la mort de ce prince (324 avant J.-C.), il obtint en partage la Thrace, à laquelle quelques historiens ajoutent tout le pays qui borde le Pont-Euxin, et y bâtit la ville de Lysimachie. Subjuguant ensuite, les unes après les autres, les villes voisines, il se forma peu à peu un état considérable, et prit le titre de roi. Il s'allia avec Cassandre et Séleucus contre Antigone et Démétrius, et combattit avec eux à la célèbre journée d'Ipsus (301 avant J.-C.). Démétrius Poliorcète s'étant emparé de la Macédoine, Antipater, petit-fils de Cassandre, qui y régnait, chercha des secours auprès de Lysimaque, son beau-père ; celui-ci le fit mourir, afin de se placer lui-même sur le trône et renversa Démétrius (294). Il allait se faire nommer roi, quand il devint, selon quelques auteurs, prisonnier des Gètes. Sorti de captivité, il reprit ses projets, et monta enfin sur le trône, l'an 286 avant J.-C. ; mais sa cruauté le

rendit odieux. Il fit mourir son fils Agathocle, sur de légers soupçons, à l'instigation d'Arsinoé, sa seconde femme ; ce crime irrita tellement les seigneurs les plus puissants, qu'ils prirent les armes et se retirèrent en Asie. Lysimaque les poursuivit et déclara la guerre à Séleucus, qui les avait reçus dans ses états. Il périt dans cette guerre, à l'âge de 80 ans, dans une sanglante bataille, l'an 281 avant J.-C. Un petit chien, qui ne l'avait pas quitté, servit à le faire reconnaître au milieu des morts.

LYSIMAQUE, *lysimachia* (bot.), genre de plantes de la famille des primulacées, se composant de plantes herbacées, vivaces, qui habitent les parties tempérées de l'hémisphère boréal ; leur tige est droite ou couchée ; leurs feuilles sont alternes, opposées ou verticillées, entières, quelquefois marquées de points glanduleux ; leurs fleurs sont jaunes, d'un blanc, rosé ou purpurines ; elles présentent l'organisation suivante : calice quinque-parti ; corolle à lobe très court, à limbe quinque-parti ; cinq étamines fertiles, opposées aux lobes de la corolle, à la gorge de laquelle elles s'insèrent ; dans quelques espèces, on trouve les rudiments de cinq autres étamines alternant avec les premières et qui par suite alternent avec les lobes de la corolle. Le pistil des lysimaques se compose d'un ovaire uniloculaire renfermant de nombreux ovules, d'un style filiforme, terminé par un stygmate obtus. Le fruit est une capsule surmontée par le style persistant. L'espèce la plus connue de ce genre est la suivante : la lysimaque commune (*lysimachia vulgaris*, Lin.), connue vulgairement sous le nom de corneille ; elle se trouve communément dans les lieux humides et le long des ruisseaux. Sa tige est droite et simple ; elle atteint 8 à 10 décimètres de hauteur ; ses feuilles sont opposées ou verticillées, ternées, ovales, lancéolées, aiguës, presque sessiles ; ses fleurs sont jaunes, disposées au sommet de la tige sur des pédoncules opposés et multiflores, en une grappe rameuse paniculée. Quelquefois cette plante pousse de son collet des jets cylindriques, grêles et nus qui atteignent jusqu'à un mètre de longueur et qui, s'enracinant à leur extrémité donnent naissance à une nouvelle plante. Une autre espèce vulgairement connue sous le nom d'herbe aux écus (*lysimachia nummularia*, Lin.), a reçu le nom à cause de la forme arrondie de ses feuilles ; sa tige est rampante ; elle croît aussi assez communément dans les prairies humides et les lieux frais. J.P.

LYSIPPE, très célèbre sculpteur grec, natif de Sicyone, et qui florissait vers l'an 364 avant J.-C., exerça en premier lieu le métier de serrurier. Il s'adonna ensuite à la peinture, et la quitta pour se livrer tout entier à la sculpture. Il avait eu d'abord pour maître le Doryphore de Poclyclète ; mais dans la suite il étudia uniquement la nature, qu'il rendit avec tous ses charmes, et surtout avec beaucoup de vérité. Il était contemporain d'Alexandre-le-Grand. C'était à lui et à Apelles seulement qu'il était permis de représenter ce conquérant. Lysippe a fait plusieurs statues d'Alexandre, suivant ses différents âges. Une entre autres était d'une beauté frappante, et l'empereur Néron en faisait grand cas ; mais, comme elle n'était que de bronze, ce prince crut que l'or, en l'enrichissant, la rendrait plus belle. Cette nouvelle parure gâta la statue au lieu de l'orner, on fut obligé de l'ôter, ce qui dégrada sans doute beaucoup ce chef-d'œuvre. Lysippe est celui de tous les sculpteurs anciens qui a laissé le plus d'ouvrages. On en comptait près de six cents de son ciseau. Les plus connus sont l'Apollon de Tarente, de quarante coudées de haut ; la statue de Socrate ; celle d'un homme sortant du bain, qu'Agrippa mit à Rome devant ses thermes ; Alexandre encore enfant, et les vingt-cinq cavaliers qui avaient perdu la vie au passage du Granique.

LYSIS, philosophe pythagoricien, précepteur d'Epaminondas, est auteur, suivant la plus commune opinion, des *Vers dorés*, que l'on attribue ordinairement à Pythagore. Nous avons sous le nom de Lysis une *Lettre à Hipparque*, dans laquelle il lui reproche de divulguer les secrets de Pythagore, leur maître commun. On croit que Lysis vivait vers l'an 388 avant J.-C.

M

M. s. f. et m., consonne, la treizième lettre de l'alphabet ; lorsqu'on l'appelle *emme*, suivant l'appellation ancienne et usuelle , le nom de cette lettre est féminin. Lorsqu'on l'appelle *me*, suivant la méthode moderne, ce nom est masculin. Quand cette lettre est à la fin d'un mot, elle ne prend qu'un son nasal ; mais dans la plupart des mots étrangers , elle se prononce comme si était suivie d'un *e* muet. *Adam* est une des exceptions à cet usage. *M* se prononce comme *n* quand elle est au milieu d'un mot devant *b* ou *p*. Dans certains mots où cette lettre est suivie de l'*n*, on la prononce pleinement, tandis qu'on ne la prononce point dans les mots *damner*, *automne*. Lorsque cette lettre est redoublée dans les mots composés de préposition *en*, la première *m* se prononce comme *n*. Hors de là elle retient la prononciation ordinaire.

M dans les manuscrits et sur les monuments latins est le signe abréviatif des mots *magister*, *magistratus*, *magnus*, *manus*, *mater*, *maurus*, *memor*, *memoria*, *mensis*, *meritus*, *miles*, *minervia*, *missus*, *monumentum*, *municipium*, et des noms propres, *Marcus*, *Martius*, *Maximus*, *Mercurius*, *Martius*. *M* avec une apostrophe est l'abréviation de *Manius*. *M' Cyrivs. M. F. M. N. Dentatus*, dans un marbre du Capitole s'explique, *Manius Curius Dentatus, fils de Manius, petit-fils de Manius*. Cette lettre isolée sur les médailles est souvent prise comme renfermant un I conjoint, lié à son premier jambage ; ce monogramme s'explique : *imperii* ou *imperatoris*. *M* dans l'image ordinaire est l'abréviation du mot monsieur. *M* (gramm.) signifie masculin ; **M**, plaint chant, sur les anciens cantiques, marquait qu'on devait les chanter en modérant sa voix entre la forte et le piano. Dans les calendriers du nouveau Rituel, cette lettre veut dire mardi ou mercredi. *M* (astron.) marque le midi, ou signifie méridional, latitude méridionale. SM dans l'ancienne chimie , désignait un mélange quelconque. Dans les formules de la chimie moderne , c'est l'abréviation du mot *manganèse*. Dans les ordonnances de médecine , *m* veut dire *misce*, mêlez ou *manipulus*, poignée, *m* (comm.), abréviation du *marc* ou de *monnaie*, *m* (avec une apostrophe) s'emploie aujourd'hui dans quelques noms propres, *Scott*, c'est-à-dire d'Ecosse et d'une partie de l'Irlande, pour la particule *mac*, qui veut dire fils de *M. Pherson*, *M. Culloch*. *M*, comme signe d'ordre, désigne le treizième objet d'une série, etc. *M* anciennement I, dans les chiffres romains, est le signe numérique de 1,000. *C M* veut dire 900. Surmontée d'une ligne horizontale , M̄ , cette lettre vaut mille fois mille, ou un million. *M* est la marque de la monnaie de Toulouse.

MA, adj. possessif féminin, dont le masculin est *mon*. Devant les mots féminins qui commencent par une voyelle ou par une *h* aspirée, ou dire par euphonie *mon*, et non pas *ma*.

MAACHA, roi de Geth, donna de secours à Hanon, roi des Ammonites, contre David, mais Joab, général des troupes de David, tailla en pièces les deux armées. — MAACHA est aussi le nom d'une des femmes de David, mère d'Absalon. Elle était fille de Thomas, roi de Gessur.

MAAN (Jean), docteur de Sorbonne, natif du Mans, chanoine et précepteur de l'Église de Tours, se fit connaître dans le XVIIᵉ siècle par un ouvrage intitulé : *Sancta et metropolitiana Ecclesia turonensis, sacrorum pontificum suorum ornata virtutibus, et sanctissimis conciliorum institutis decorata*, qui fut imprimé dans la maison même de l'auteur, à Tours, en 1667, in-fol. Il est estimé pour les recherches, et s'étend depuis J.-C. 251 jusqu'en 1655.

MAB (*philol.*), nom d'un personnage de la féerie anglaise. Shakespeare a placé dans la bouche de Mercutia, personnage de sa tragédie de *Roméo et Juliette*, la description de l'équipage fantastique de la Reine Mab. (*Voy.* FAIRY.)

MABA (*bot.*), genre de plantes de la famille des ébénacées, renfermant des arbres ou arbrisseaux de l'Asie et de la Nouvelle-Hollande. J. P.

MABÉIN (*hist. ott.*), nom d'un appartement intérieur du sérail, dont l'accès n'est permis qu'à un petit nombre d'officiers. Le mabéin est attenant au harem.

MABILLON (JEAN), né le 23 novembre 1632, à Saint-Pierre-Mont, village près Mouson, dans le diocèse de Reims, prit l'habit de bénédictin de Saint-Maur. Ses supérieurs l'en-

voyèrent en 1663 à Saint-Denis, pour montrer aux étrangers le trésor et les monuments antiques de cette abbaye ; mais il ne tarda point à être appelé à des occupations plus assorties à ses talents. Dom d'Acheri le demanda pour travailler à son *Spicilége*, et eut beaucoup à se louer de ses soins et de ses recherches. Le nom du jeune homme, Mabillon, commença à être connu. La congrégation de Saint-Maur ayant projeté de publier de nouvelles éditions des Pères, il fut chargé de celle de saint Bernard, et s'acquitta de ce travail avec autant de diligence que de succès. Le grand Colbert, instruit de son mérite, l'envoya en Allemagne, l'an 1683, pour chercher dans cette partie de l'Europe tout ce qui pourrait servir à l'histoire de France, et à la gloire de la nation et de la maison royale. Cette savante course ayant été applaudie, le roi l'envoya en Italie deux ans après. Entre les objets qui piquèrent sa curiosité, aucun ne l'excita plus que les catacombes de Rome. Il y porta à la fois l'esprit de religion et celui de critique. Attaché fortement à la foi, mais en garde contre l'erreur, il crut voir de l'abus dans l'exposition de quelques corps saints, et les dévoila dans une lettre qui souleva contre lui quelques savants de Rome. Une autre dispute occupa Mabillon. Rancé, abbé de la Trappe, attaqua les études des moines, et prétendit qu'elles leur étaient plus nuisibles qu'utiles. Pour appuyer l'idée qu'ils ne devaient ni faire ni lire des livres, il en composa un lui-même et l'intitula de *la Sainteté des devoirs de l'état monastique*. La congrégation de Saint-Maur, alors entièrement consacrée aux recherches profondes et à l'étude de l'antiquité, crut devoir réfuter l'ennemi des études des cloîtres. Elle choisit le doux Mabillon, pour entrer en lice avec l'austère abbé de la Trappe. Dans son *Traité des études monastiques*, publié en 1691, in-12, il s'attacha à prouver que non-seulement les moines peuvent étudier, mais qu'ils le doivent. Il indiqua le genre d'études qui leur convient, les livres qui leur sont nécessaires, les vues qu'ils ont à se proposer, en s'appliquant aux sciences. L'exemple des solitaires de la Thébaïde, uniquement occupés du travail des mains, ne l'embarrassa point. Le but de nos religieux, et l'esprit de leur institution, n'est pas de leur ressembler. Leur vie est moins une vie monastique qu'une vie cléricale. En entrant dans le cloître, ils comptent y mener celle d'un prêtre et d'un homme d'étude, et non celle d'un laboureur. Mabillon, né avec un génie pacifique, ne voulut plus entrer dans aucune dispute. Il s'occupa à perfectionner son savant ouvrage de la *Diplomatique*, qu'il avait publié en 1681. Cette science lui devait tout son lustre. Le docte bénédictin avait une sagacité admirable pour démêler ce qu'il y a de plus confus dans la nuit des temps, et pour approfondir ce que l'histoire offre de plus difficile. Il donna des principes pour l'examen des diplômes de tous les âges et de tous les pays. Mais, comme il est impossible d'être parfait, il essuya des critiques, dont quelques-unes parurent fondées. Mabillon donna à son livre un *Supplément*, qui vit le jour en 1704. L'amour de la paix, la candeur et surtout la modestie formaient son caractère. Le Tellier, archevêque de Reims, l'ayant présenté à Louis XIV, comme *le religieux le plus savant du royaume*, Mabillon mérita d'entendre ce mot de la bouche du grand Bossuet : « Ajoutez, monsieur, et le plus humble. » Ce savant religieux mourut à Paris, dans l'abbaye Saint-Germain-des-Prés, en 1707. L'Académie des inscriptions s'était fait un honneur de l'associer. Ses principaux ouvrages sont : *Acta sanctorum ordinis Sancti-Benedicti in seculorum classes distributa*, Paris, en 9 vol. in-folio. Le premier volume de ce recueil, commencé par dom d'Acheri, parut en 1668, et le dernier en 1702. Il va jusqu'à l'année 1710. L'ouvrage est aussi estimé pour les monuments dont ils le renferme que pour les préfaces dont l'auteur l'a orné. Ces préfaces ont été imprimées séparément, in-4° 1732 ; *Analecta* : ce sont des pièces recueillies dans diverses bibliothèques, et qui n'avaient pas été imprimées, en 4 vol. in-8°, dont le 1ᵉʳ parut en 1675. On en a donné une édition in-folio, à Paris, 1723, c'est la plus estimée ; *de re diplomatica*, 2 vol. in-fol. La meilleure édition est celle de 1709, par les soins de dom Ruinart, qui l'augmenta de nouveaux titres ; *la Liturgie gallicane*, in-4°, 1685 et 1729 ; une *Dissertation sur l'usage du pain azyme*, dans l'Eucharistie, in-8° ; une *Lettre* sous le nom d'*Eusèbe Romain*, touchant le *culte des saints inconnus*, 1698, in-4°, et 1705, in-12 ; *Musœum italicum*, 2 vol, in-1° 1724, en société avec dom Germain ; *Annales ordinis benedictini*, dont il a donné 4 vol. in-folio, qui contiennent l'histoire de l'ordre des bénédictins, depuis son origine jusqu'en 1766. Les volumes suivants ont été donnés par dom Ruinart et dom Vincent Thuillier ; l'*Epître dédicatoire* qui est à la tête de l'édition de saint Augustin ; *Sancti Bernardi opera*, 2 vol. in-fol., Paris, 1690 : c'est la meilleure édition ; elle a été réimprimée en 1719. Tous les ouvrages précédents sont en latin. Ceux que le P. Mabillon a donnés en français sont : un *Factum*, avec une *Réplique sur l'antiquité des chanoines réguliers et des moines*, pour maintenir les droits de son ordre, contre les chanoines réguliers de la province de Bourgogne ; *Traité des études monastiques*, 2 vol. in-4° ou in-12 ; une *Traduction* de la Règle de saint Benoît, in-18, 1697 ; une *Lettre sur la vérité de la sainte larme de Vendôme*. Mabillon, partout ailleurs bon critique, paraît dans cet ouvrage trop crédule et peu judicieux. Dom Thuiller publia, en 1724, les *Œuvres posthumes* de dom Mabillon, et y joignit celles de dom Ruinart. Ce dernier a écrit sa *Vie*, in-12, 1708. Elle a été traduite en latin, par dom Claude de Vic, et imprimée à Padoue, 1714, in-8°.

MABLY (GABRIEL-BONNOT DE), ancien chanoine de l'église abbatiale de l'île Barbé, né à Grenoble le 14 mars 1709, et mort à Paris le 23 avril 1785, avait fait ses premières études à Lyon, chez les jésuites. Après son cours de philosophie, il vint dans la capitale. En arrivant, il entra au séminaire de Saint-Sulpice, par les conseils du cardinal de Tencin, son parent. Engagé de bonne heure dans les ordres sacrés, et se sentant plus de goût pour les lettres que de talent pour le ministère évangélique, il s'en tint au sous-diaconat et abandonna ses cours de théologie pour les *Vies des hommes illustres de Plutarque*, et lut avec avidité les historiens anciens où il puisa cet esprit d'indépendance et cet amour des républiques de l'antiquité qui perce dans ses écrits, et qu'il professa toute sa vie. Après quelques légères productions, telles que ses *Lettres sur l'Opéra*, l'abbé Mably s'est fait connaître par des ouvrages de morale et de politique, tels que son *Droit public sur l'Europe*, ses *Observations sur les Grecs et sur les Romains*, et surtout ses *Entretiens de Phocion sur le rapport de la morale avec la politique*. Ce dernier ouvrage est celui qui lui a fait le plus de réputation ; il est écrit avec sagesse et plein de vues profondes, quoique tout n'y soit pas exact, et que l'auteur paraisse trop prévenu en faveur de la sagesse et de la vertu de quelques anciens hommes fameux qu'on célèbre plutôt par une espèce d'habitude que par une admiration réfléchie. Ce qu'il y a de plus fâcheux, c'est que cet ouvrage a servi de modèle et a fourni les matériaux à une des plus amphigouriques productions de ce siècle. « On ne se serait pas attendu, dit un critique, que les *Entretiens de Phocion* fussent devenus la matière du ravaudage insipide d'un héros de roman ; il ne faut lire que *Bellisaire* pour y trouver Phocion travesti. C'est ainsi que la philosophie prétend faire des découvertes. Tout son art consiste à altérer les bonnes choses qu'on avait dites avant elle ; semblable aux harpies qui vivaient de racines et infectaient, en y touchant, les mets servis sur la table des sages et des héros. » Les ouvrages que l'abbé de Mably composa dans sa vieillesse ne lui ont pas mérité les mêmes éloges ; on n'y remarque que trop souvent la faiblesse de l'âge ; et pour me servir d'un terme familier, du rabachage ; ce qui indispose surtout le lecteur contre lui, c'est son ton d'aigreur et de fierté. Avec quel mépris il parle de certains historiens très estimables, dans sa manière d'*Etudier l'histoire*, où l'on trouve d'ailleurs d'excellentes choses, où Voltaire et Roberston sont bien jugés, où plus d'une prévention littéraire est réfutée ; mais cet ouvrage, dans son ensemble et les derniers résultats de ses leçons, ne peuvent infiniment que contribuer à la corruption déjà si avancée des annales des nations. Ce sont les erreurs qu'il a osé étaler dans les principes de morale, supprimés par ordre du gouvernement et censurés par la Sorbonne. Dans les *Observations sur les lois des Etats-Unis de l'Amérique*, le dernier de ses ouvrages, on trouve encore des choses très répréhensibles et propres à détruire, par une funeste indifférence, les principes de religion, si nécessaires à toutes les sociétés. Par quel aveuglement un homme mûri par l'âge, un ecclésiastique surtout, a-t-il pu se permettre de pareils écarts? Et si l'impiété et l'irrévérence pour les principes reçus sont odieuses dans un homme du monde, parce qu'il donne par-là une très mauvaise idée de son esprit et de son cœur, à combien plus forte

raison sont-elles révoltantes dans un homme dont l'habit forme un contraste si frappant? Si ces gens-là savaient à quel mépris on les dévoue, en faisant semblant de sourire à leurs discours, ils seraient sûrement plus réservés. On doit cependant observer que l'abbé de Mably n'était pas partisan de ceux qu'on appelle philosophes. Il y a même dans ses derniers ouvrages des tirades très vives contre eux. Il ne faut point douter que les écarts où les gens de bien sont si fâchés de rencontrer dans les ouvrages de l'abbé de Mably ne proviennent plutôt de sa faiblesse de se prêter au ton du siècle, que de l'incrédulité de son esprit. Dès que sa maladie prit un air sérieux et qu'il se vit en danger, ses sentiments de religion parurent à découvert : il demanda lui-même les sacrements, et les reçut avec édification. Dans sa jeunesse, il avait accepté le titre d'associé correspondant de l'Académie de Lyon ; mais dans la suite il ne voulut plus faire partie d'aucune société savante, et résista à toutes les instances que lui fit le maréchal duc de Richelieu pour qu'il acceptât une place à l'Académie française. Dédaignant la fortune et les grandeurs, l'abbé de Mably bornait ses liaisons à un petit nombre de personnes choisies, vivait simplement ; et lorsqu'il reçut une pension ecclésiastique, il la distribua aux pauvres. Il était frère de l'abbé de Condillac. Les Polonais, fatigués de leurs longues dissensions, s'adressèrent à Mably et à J.-J. Rousseau pour qu'ils rédigeassent pour eux une constitution nouvelle. Le premier partit pour la Pologne afin d'y étudier les mœurs : il y demeura un an, et, de retour en France, il y écrivit ses projets d'amélioration qu'il adressa au comte Wielherski, ministre plénipotentiaire de la confération de Bar en 1771 ; mais la Russie, l'Autriche et la Prusse avaient décidé le partage de la Pologne, qui commença à s'effectuer l'année suivante. Ses ouvrages ont été réunis en 12 et 15 volumes in-8°, 23 vol. in-12, et 24 vol. in-8°. Ils eurent beaucoup de succès au commencement de la révolution ; mais aujourd'hui ils sont entièrement oubliés. On a publié après sa mort *Des droits et des devoirs du citoyen*, et la suite des *Observations sur l'Histoire de France*, où il exalte sa bile contre nos rois, même contre Charles V et Henry IV, contre la noblesse, le clergé, la magistrature et la finance. Ces deux écrits, qu'il appelait son testament, furent des guides trompeurs pour une assemblée imprudente qui, en atténuant le pouvoir royal, nous précipita dans l'anarchie et enfanta toutes les calamités. *Le destin de la France*, publié aussi sous le nom de Mably, est une compilation indigeste de M. Barthelemy, de Grenoble, auteur de la *Grammaire des dames*, etc.

MABOIA (*myth. amér.*), nom du mauvais principe chez les caraïbes.

MABOUL (Jacques), évêque d'Aleth, né à Paris, mort à Aleth en 1723, prêcha avec distinction dans la capitale et en province. Ses *Oraisons funèbres* furent recueillies en 1749, en un vol. in-12. Il n'a ni la mâle vigueur de Bossuet, ni le style châtié et poli de Fléchier ; mais il est touchant et affectueux.

MABUSE (JEAN), peintre, naquit à Maubeuge en 1499, et mourut en 1562 à l'âge de 62 ans. Il avait fait le voyage d'Italie avec fruit. Il peignait très bien un sujet d'histoire. On voit plusieurs de ses ouvrages à Amsterdam, entre autres une décollation de saint Jean, faite blanc et noir, avec une certaine eau ou un suc qu'il inventa pour se passer de couleurs et d'impression, en sorte qu'on peut plier et replier la toile de ses tableaux sans gâter la peinture. Le roi d'Angleterre exerça longtemps son pinceau. Mabuse fut fort sobre dans sa jeunesse ; mais dans un âge plus avancé, il s'adonna au vin, et cette passion lui faisait faire de temps en temps quelques friponneries. Le marquis de Verens, au service duquel il était, devant loger chez lui l'empereur Charles-Quint, habilla ses domestiques en damas blanc, Mabuse vendit son damas et en but l'argent au cabaret. Il le remplaça par une robe de papier blanc qu'il peignit en damas à grandes fleurs. L'éclat des couleurs fit remarquer l'habit du maître. L'empereur surpris du brillant de ce damas, le fit approcher et découvrit sa ruse. On en rit beaucoup ; et Mabuse, qui avait fait rougir son maître, en fut quitte pour quelques mois de prison.

MACABRE, *danse macabre* (*archéol.*), suite d'images qui représentent la Mort, entraînant avec elle, en dansant, des personnages de toutes les conditions. On peignait la danse macabre sur les murs des cimetières. On trouve à Menden une danse macabre qui date de l'an 1383. La danse macabre, peinte en 1543 sur les murs d'un cimetière de Bâle, est faussement attribuée à Holbein. Des gravures sur bois reproduisirent ces peintures et on les accompagna de vers français, latins, allemands et anglais. Le poëme allemand de la danse macabre a été attribué à un poète nommé Macaber; mais cette explication du nom de la danse macabre, proposée d'abord par le savant M. Van Praët, a été rejetée ensuite par cet archéologue qui lui a préféré une origine orientale.

MACAGUA, *herpetothères* (*ois.*), genre de l'ordre des oiseaux de proie, famille des faucons qui présente pour caractères principaux : un bec très fort, épais, très comprimé latéralement, à mandibule supérieure crochue, amincie à son extrémité, qui est reçue dans une échancrure que présente le bout de la mandibule inférieure; les narines sont orbiculaires, tuberculées dans le milieu ; les tarses courts, nus, réticulés, très robustes ; les doigts sont courts et forts, et la queue médiocre. Ce genre que M. Vieillot a établi pour un oiseau que d'Asara avait fait connaître dans son *Hist. nat. du Paraguay*, sous le nom de macagua, se rapproche beaucoup de nos buzards dont il diffère cependant par plusieurs caractères : les macaguas semblent préférer les lieux humides et marécageux; ils habitent les bois qui bordent les savanes noyées, et se perchent sur les arbres élevés, d'où leur vue embrasse une grande étendue ; leur principale nourriture consiste en poissons et en reptiles, qu'ils combattent à la manière des secrétaires, c'est-à-dire à coups d'aile ; lorsqu'ils sont repus, leur jabot saille d'entre les plumes, comme chez les vautours et les caracaras. L'espèce type de ce genre est le magacua ricaneur (*herp. cachinnans*, Vieill.) Il a le dessus de la tête et toutes les parties inférieures blancs ; les joues, la région parotique et la nuque noires; tout le reste du plumage est brun, avec quelques taches blanches en forme de croissant. Cet oiseau pousse des cris rauques et aigus et fait entendre, lorsqu'il est en colère, des sons précipités et successifs que l'on a comparés à des éclats de rire, ce qui lui a fait donner le nom spécifique qu'il porte. M. Lesson a décrit une autre espèce, le macagua à tête noire (*herp. melanops*, Less.), décrit par M. Temminck sous le nom d'autour mélanope.   J.-P.

MACAIRE (Saint) *l'Ancien*, célèbre solitaire du IVe siècle, contemporain de saint Ephrem, passa soixante ans dans le monastère de Scété, partageant son temps entre la prière et le travail des mains. Il mourut vers l'an 491, à 90 ans. On lui attribue 50 *Homélies* en grec, Paris, 1516, in-fol., avec saint Grégoire Thaumaturge; et séparément, Leipsig, 1698 et 1699, 2 vol. in-8°. Les mystiques en font beaucoup de cas. On y trouve toute la substance de la théologie ascétique. Quoique saint Macaire fût un homme sans études, il était puissant en œuvres et en paroles. L'Église célèbre sa fête le 15 janvier.

MACAIRE (Saint) *le Jeune*, d'Alexandrie, autre célèbre solitaire, ami du précédent, eut près de 5,000 moines sous sa direction. La sainteté de sa vie et la pureté de sa foi l'exposèrent à la persécution des ariens. Il fut exilé dans une îles où il n'y avait pas un seul chrétien ; mais il en convertit presque tous les habitants par ses miracles. Macaire mourut en 394 ou 395. C'est à lui qu'on attribue les *Règles des moines*, que nous avons en trente chapitres dans le *Codex regularum, collectus a santo Benedicto ananiensi, auctus ab Holstenio*, Rome, 1661, 2 vol. in-4°. Jacques Tollius a publié dans ses *Insigna itinerarii italici*, un *Discours* de saint Macaire sur la mort des justes.

MACAO, en chinois *Ngao-men*, île de la Chine, à l'embouchure de la rivière de Canton, et à 25 lieues de la ville de ce nom. Une langue de terre divise l'île en deux ; au centre de cette langue de terre ou isthme est un mur, au milieu duquel se trouvent une porte, un corps-de-garde et des soldats chinois. Cet isthme, qui n'a pas tout-à-fait 100 mètres de longueur, forme la ligne de démarcation entre le territoire chinois et l'établissement portugais. Le sol est plat, léger et sablonneux; il est bien cultivé, et produit les plantes potagères de l'Europe et de l'Asie, mais il ne suffit point aux besoins des Portugais; on tire le reste des provisions de bouche de la partie chinoise de l'île et du continent. Il résulte de là que, quand les Portugais font quelque chose qui déplaît aux autorités chinoises, on leur coupe les vivres, et ils sont obligés de se soumettre. On leur permet rarement de franchir les limites étroites du territoire leur est assigné. Macao est la capitale de cette île. Sa situation ressemble à celle de Cadix ; elle est construite en avant de la pointe S.-O. de l'île, sur un terrain montueux, enceinte de murailles et défendue par plusieurs forts. Sa garnison est composée d'un faible bataillon

de soldats indo-portugais. Macao est assez bien bâtie et renferme plusieurs églises. Les fonctionnaires appartenant à la Compagnie anglaise des Indes orientales à Canton, les consuls ou agents commerciaux des états européens ou des États-Unis et les négocians des deux mondes résident pendant six mois à Macao, c'est-à-dire pendant toute la morte saison ou l'été. Les Portugais obtinrent possession de Macao en 1586. Cette ville fut, pendant longtemps, l'entrepôt d'un grand commerce, non-seulement avec la Chine, mais encore avec le Japon, Annam, le royaume de Siam, les îles Philippines, la Malaisie, etc. Mais, depuis bien des années, son importance est comparativement peu considérable. Le gouvernement est ostensiblement placé entre les mains d'un sénat, composé de l'évêque, du juge et de quelques principaux habitans de Macao. Les Portugais y sont, comme à Lisbonne et dans tous leurs établissements, pleins de politesse et d'amabilité envers les étrangers, et surtout envers les Français. Le port se trouve entre la ville et l'île du Prêtre ; mais l'eau n'y est pas assez profonde pour de grands navires; ceux-ci jettent ordinairement l'ancre de l'autre côté de la Péninsule, à une distance de 5 à 10 milles, dans l'E.-S.-E. de la ville. Tous les navires arrivant à ces ancrages envoient leur chaloupe à la douane portugaise, au sud de la ville. La population est de 32,000 habitants, dont 20,000 Chinois, et quelques Indiens, 10,000 Portugais, Anglais et Américains; le reste se compose de Malais, Tagales, Timoriens, Manilois, Kafres, etc. Quoique les soldats portugais occupent la ville et que le pavillon du Portugal flotte encore sur ses murailles, toute l'autorité sur les Chinois qui habitent Macao est entre les mains d'un mandarin qui habite au-delà de Pedra-Brancas.

MACAO, rivière de la Nouvelle-Grenade dans l'Amérique. Elle a sa source dans la vallée de Lacos, arrose les villes d'Augustias et Titeso, et, après un cours de 60 lieues à l'E., se jette dans l'Apure.

MACAQUE, *macacus* (*mamm.*). Les macaques forment un genre assez étendu de la tribu des singes de l'ancien continent ou Catarrhinins ; les espèces qui rentrent dans ce genre forment, par leurs caractères extérieurs et par leurs habitudes, le passage des guenons aux cynocéphales. Cette coupe générique créée par Lacépède a été adoptée par tous les naturalistes. On a formé plusieurs genres aux dépens des macaques, mais qui n'ont pas été adoptés par les uns et regardés comme de simples divisions par les autres ; nous adoptons cette dernière manière de voir. Ce groupe présente pour caractères distinctifs : un museau plus gros et plus prolongé que celui des guenons et moins que celui des cynocéphales; l'angle facial est généralement de 40 degrés ; le système dentaire ne diffère guère de celui des guenons que par le talon qui termine les dernières molaires et par les canines supérieures, qui sont arrondies et non aplaties à leur face interne, et tranchantes sur le bord postérieur ; les dents sont au nombre de trente-deux, comme chez tous les singes; le front a peu d'étendue, les yeux sont très rapprochés, les lèvres minces, les oreilles nues, assez grandes, aplaties contre la tête avec les bords supérieur et postérieur anguleux; la bouche est pourvue d'abajoues ; le corps est plus ou moins trapu et épais ; les bras proportionnés aux jambes sont robustes, les quatre mains pentadactyles ; les fesses sont pourvues de fortes callosités ; la queue varie en longueur suivant les espèces, mais elle ne devient jamais, quel que soit son développement, un organe de préhension, comme cela a lieu chez les singes du nouveau continent. On a établi trois divisions dans ce genre : les cercocèbes, les maimons et les magots. Les macaques ont assez d'intelligence et d'adresse. Assez dociles dans leurs premières années, ils deviennent intraitables avec l'âge. Ils ont tous un sac qui communique avec le larynx sous le cartilage thyroïde et qui se remplit d'air quand ils crient; leur queue est pendante et ne prend point de part à leurs mouvements; ils produisent de bonne heure, mais ils ne sont tout-à-fait adultes qu'à quatre ou cinq ans; leur gestation dure sept mois; les femelles ont souvent, dans le temps du rut, d'énormes gonflements aux parties postérieures, ce qui a fait dire à Elien que l'on voit aux Indes des singes qui ont une descente de matrice. I. Cercocèbes : le macaque à crinière (*S. silenus et leonina*, L.); ouandérou de Buffon (Audeb., 2e famille, sect. 1re, pl. 3), noir ; une crinière cendrée en barbe blanchâtre lui entourent la tête; de Ceylan ; le bonnet chinois (*sim. sinica*, Gmel. Buf. XIV, 30, Fr. e. 39) brun fauve, vif en dessus, blanc en dessous, la face couleur de chair, sa tête est garnie à son sommet de poils disposés en rayons et formant une sorte de chapeau; du Bengale, de Ceylan; la toque (*S. radiata*, Geoff.) en diffère par une teinte verdâtre ; le macaque de Buffon (*S. cynocephalus*, L., Fr. c. 26-27, *S. cynomolgos*), verdâtre en dessus, le dessous est blanchâtre ou jaunâtre ; les oreilles et les mains sont noires, ainsi que la queue ; leur scrotum et leur face sont tannés ; l'aigrette (*S. ayguła*, L., Buff. xiv, 31) paraît n'en être qu'une variété, distinguée par un bouquet de poils plus longs sur le sommet de la tête. II. Quelques espèces de macaques se distinguent par une queue courte ; ce sont les maimons : le rhésus (*S. ery-throœ*, Schr., Audeb. fam. 2, pl. 4) ; le patas à queue courte, Buff. Supp. xiv, pl. 16, le premier maimon représenté par Buff., pl. 19, grisâtre, teint de fauve à la tête et au crou-pion, quelquefois sur tout le dos, la face couleur de chair, la queue passant le jarret ; du Bengale ; le maimon (*S. neme-trina*, L. et *S. platypigos*, Schr.) Audeb., fam. 2, sect. 1ʳᵉ, pl. 11, Fr. c. Mamm., sous le nom de singe à queue de cochon, brun foncé dessus, une bande noire commençant sur la tête et s'affaiblissant le long du dos, jaunâtre autour de la tête et aux membres, la queue grêle, recoquillée. III. Enfin les magots (*inuus*, Cuv.) ne sont que des macaques dont la queue est remplacée par un petit tubercule ; le magot commun, Buff. xiv, 7, 8 (*S. pithecus*, L.), couvert tout entier d'un poil gris-brun clair ; c'est de tous les singes celui qui supporte le plus aisément nos climats. Originaire de Barbarie, on dit qu'il s'est naturalisé dans les parties les moins accessibles du ro-cher de Gibraltar. J. P.

MACAREUX, *fratercula* (*ois.*), genre de la famille des al-cidées dans l'ordre des palmipèdes. Leurs caractères distinc-tifs sont : bec robuste, très comprimé latéralement, plus court que la tête, aussi haut que long, garni à sa base d'une peau plissée, à mandibule supérieure crochue à la pointe et mar-quée par des sillons profonds, l'inférieure offrant en dessous un angle prononcé ; des narines marginales, oblongues, très étroites, presque entièrement fermées par une membrane nue ; des tarses courts situés très en arrière du corps ; un pouce nul et des ailes étroites et courtes. Linné confondait les macareux avec les pingouins, et Brisson le premier les en sépara sous le nom de *fratercula* (*mormon*, Illig.) Du reste, les macareux offrent de grands rapports avec les pingouins, tant par leur organisation et leurs caractères extérieurs que par leurs mœurs. On les rencontre presque toujours en mer, sillonnant en tous sens sa surface, et on ne le surprend que très rarement hors de leur élément favori ; l'eau est, en effet, le seul milieu dans lequel ils puissent vivre à leur aise ; leurs ailes trop courtes sont impropres au vol, et leurs pieds mal organisés pour la station ou pour la progression terrestre, font que ces oiseaux ne viennent à terre que lorsqu'ils y sont poussés par le besoin de repos, la nidification, ou par la né-cessité de chercher un abri contre les tempêtes qui boule-versent trop violemment les eaux. Les macareux nagent et plongent avec une grande facilité, mais ils marchent très gauchement et leur vol est de courte durée. Les macareux sont migrateurs, ils quittent les contrées qui les ont vus naître en automne, et y reviennent au printemps. Pendant leur voyage, s'il survient une forte tempête, ils sont en grand nombre jetés sur les côtes, où ils périssent. La femelle pond un œuf ou deux dans le creux de quelque rocher. Le type du genre est le macareux moine (*Fr. arctica*, Cuv.) noir en dessus, blanc en dessous. Il habite le pôle noir, et visite en hiver les côtes de Norvège, d'Angleterre, de Hollande et de France. J. P.

MACARIEN, IENNE (*hist. relig.*), il se dit des partisans du consul Macarius qui suivit l'erreur des donatistes. Temps macariens se dit de l'époque où l'empereur Constant envoya en Afrique pour convertir les donatistes, le consul Macarius et le consulaire Paul. Les temps macariens commencent en 348.

MACARISME (*liturg.*), littéral., *béatitude*, il se dit dans l'église grecque des hymnes et des tropaires en l'honneur des saints. Il se dit encore de certains psaumes et versets qui commencent par ce mot μακαριος (heureux).

MACARON, s. m., sorte de pâtisserie friande, dans la-quelle il entre principalement des amandes et du sucre, et qu'on forme en petits pains ronds et ovales.

MACARONI, s. m., mot emprunté de l'Italien. Pâte faite de farine très fine, qui est en forme de petits cylindres creux, et qu'on assaisonne de différentes manières, surtout avec du fromage.

MACARONIQUE (*littér.*), il se dit proprement et primiti-vement du genre de poésie burlesque appelé par les Italiens

poesia macheronica, dans lequel on faisait entrer des mots italiens avec une terminaison latine. *Ex est nunquam talis vestris uzanza poesis*. On imita bientôt d'autres pays le style bouffon créé par les Italiens. Le provençal Antoine de Arena publia deux poèmes dans lesquels il introduisit des mots français avec la terminaison latine, ils sont intitulés : *De acte dansandi et de guerra neapolitana*. On célébra en vers macaroniques l'émeute de Ruelle : *Recitus veritabilis*, etc., qui commence ainsi : *Archeros pistoliferos furiamque ma-nantum*, etc. Les Allemands et les Flamands firent aussi des vers macaroniques, en employant les mots de leurs langues. Mais on ne trouve qu'un petit nombre de fragments macaro-niques anglo-latins.

MACARTNEY (GEORGES, comte DE), né en Irlande en 1737, successivement ambassadeur en Russie, et gouverneur de Madras, fut envoyé en ambassade à la Chine, mission qui dura environ trois ans. Il fit tous efforts pour obtenir un traité de commerce avec les Chinois ; mais ceux-ci, pénétrant les intentions réelles du gouvernement britannique, se re-fusèrent à tout arrangement, et Macartney partit pour Lon-dres en 1794. Il y fit imprimer la relation de son voyage, rédigée par son secrétaire Georges Léonard Staunton, que la mort vint surprendre au milieu de son travail, ce qui la rendit incomplet. Elle fut traduite en français par Castera, 4 vol. in-8°, et atlas in-4°, Paris, 1798. Cet ouvrage, au mi-lieu de détails d'un intérêt très médiocre, en contient de très curieux sur cet empire, encore si peu connu. Le gouver-nement chargea Barrow de rédiger une nouvelle Relation qui fut publiée en 1803. Macartney, après avoir été gouver-neur du cap de Bonne-Espérance, mourut à Londres en 1806.

MACASIUS (FRANÇOIS), né en 1686 à Joachimstal en Bo-hême, entra dans la société des jésuites, y enseigna diver-ses sciences avec réputation. Il mourut à Prague en 1783. On a de lui : *Manuale theologico-canonicum sponsalibus quæstio-nibus et resolutionibus compendiose deductis*, Olmutz, 1730 et 1731, Prague, 1745, in-8° ; 2° *Jus ecclesiasticum commen-tariis in v libros decretalium Gregorii* ix *illustratum*, Prague, 1749, 2 vol. in-fol.

MACAULAY-GRAHAM (CATHERINE), née en 1733 à Ollan-tigh, dans le comté de Kent, morte le 22 juin 1791, s'était liée en France avec les philosophes. Parmi les ouvrages qu'elle a laissés, nous citerons : *Histoire d'Angleterre, depuis l'avènement de Jacques I*ᵉʳ *jusqu'à l'élévation de la maison de Hanovre*, 8 vol. in-4°, 1763-1783. Cet ouvrage n'est qu'une attaque violente contre la dynastie des Stuarts ; *Histoire d'Angleterre, depuis la révolution jusqu'au temps présent, dans une suite de lettres à un ami* (le docteur Wilson, prébendier de Westminster, 1778, 1 vol. in-4°.

MACAULT (ANTOINE), naquit à Niort, en Poitou. Il devint notaire, secrétaire et valet-de-chambre du roi François Iᵉʳ. Il fut l'un de ceux qui s'appliquèrent les premiers à faire con-naître les anciens dans notre langue. Nous avons de lui des *Apophtegmes de plusieurs rois, chefs d'armée, philosophes et autres grands personnages, translatés du latin en français*, Paris, 1545, in-16. Le traducteur y joint ses propres ré-flexions. Il a encore traduit les trois premiers livres de Dia-dore de Sicile, Paris, 1535, in-4° ; l'oraison d'Isocrate à Ni-coclès, chez Wekel, 1544, celle de Cicéron pour Marcellus, Paris, 1534. Son style est assez pur pour le temps, et plus soi gné que celui de la plupart de ses contemporains.

MACAULT (JACQUES DE), jésuite, né à Paris en 1600, fut recteur à Alençon, à Orléans et à Caen, et mourut à Paris en 1680, on a de lui : 1° *De missionibus Paraguariæ et aliis in America meridionali* ; 2° *De rebus japonicis* ; 3° *De provinciis goana, malabarica et aliis* ; 4° *De regno Cochinci-nenci* ; 5° *De missione religiosorum societatis Jesu in Perside* ; 6° *De regno madurensi, Tangorense*, etc. Ces ouvrages, bien écrits, offrent des détails intéressants, non seulement pour ceux qui ont à cœur la propagation de la foi, la conversion des infidèles, la civilisation des barbares, mais encore pour ceux qui recherchent des notions historiques et géographi-ques touchant diverses régions du globe. Mais depuis que l'on a fait paraître le recueil intitulé : *Lettres édifiantes et cu-rieuses*, Jean de Macault est tombé dans l'oubli.

MACCALUBBA, volcan vaseux de la Sicile, à 7 milles au N. de Girgenti, présentant un soulèvement du sol d'environ 600 pieds de diamètre, sans aucune trace de végétation, et où bouillonne dans des milliers de petits cratères une eau limo-neuse, mais froide. La dernière grande éruption a eu lieu en 1811 ; elle lança des colonnes de bouc jusqu'à dix pieds de haut.

MAC-CARTHY-LEVIGNAC (le comte JOSEPH-ROBERT DE), d'une famille écossaise établie en France où il naquit en 1765, il entra jeune au service, ayant émigré en 1791, il se rangea sous les drapeaux des princes, et devint aide-de-camp du prince de Condé. Il fut élevé au grade de maréchal de cavalerie, et suivit le sort des autres émigrés jusqu'en 1814, époque à laquelle il revint à Paris, et fut nommé par Louis XVIII maréchal-de-camp. En 1815, le département de la Seine-Inférieure le choisit pour son député à la chambre dite alors introuvable. Mac-Carthy siégea toujours au côté droit. Au mois de juin 1816, il assista au conseil de guerre, convoqué sous la présidence du duc de Maillé, pour juger le général Bonnaire et le capitaine Miéton, son aide-de-camp. Leur culpabilité Condé rebelles ayant été prouvée, Mac-Carthy s'unit aux autres juges qui condamnèrent le général Bonnaire à être dégradé et déporté, et le capitaine Miéton à la peine de mort. Le collège électoral du département de la Drôme réélut Mac-Carthy à la chambre des députés, dans cette même année 1816. L'année suivante il prononça un long discours sur le projet de loi relatif à la presse, et il dit entre autres choses : « Qu'il y avait moins de danger à laisser aux citoyens le droit de publier leurs idées que d'en remettre le monopole au ministère. » Dans la même session il parla en faveur du clergé français, et vota pour la restitution des biens non vendus appartenant à l'église et à l'ordre de Malte. Il se prononça en 1818 au sujet de la loi pour le recrutement, contre l'avancement par ancienneté. Un des députés, M. Bignon, ayant parlé en faveur des bannis, exclus avec justice de l'amnistie accordée par Louis XVIII, Mac-Carthy demanda le rappel à l'ordre contre l'orateur. Quelque temps après il prononça l'éloge funèbre de M. le prince de Condé, son ancien général. Depuis 1820, il cessa de faire partie de la chambre, et se retira dans une terre près de Valence ; il demeura ensuite pendant plusieurs mois à Lyon, et s'y fit aimer par la bonté de son caractère et sa bienfaisance. Mac-Carthy est mort le 12 juillet 1827.

MAC-CARTHY-REAGH (le comte JUSTIN), célèbre bibliophile, né en 1744 à Spring-House, dans le comté de Tepperary, d'une des plus illustres maisons d'Irlande. Sa famille professait la religion catholique, et il avait été élevé dans les mêmes principes ; bientôt il quitta une patrie dont la législation proscrivait l'exercice ne son culte, et lui interdisait l'accès aux dignités et aux emplois publics. Il vint s'établir en France où il se livra exclusivement à l'étude. Avant la révolution, il était admis à la Cour ; pendant la terreur, il ne fut point inquiété et traversa sans beaucoup de périls l'époque de nos orages politiques. L'une de ses plus grandes occupations était la recherche des plus belles éditions et des livres les plus rares ; aussi la bibliothèque qu'il avait formée était-elle l'une des plus riches et des plus curieuses de l'Europe. Pour donner une idée de la richesse de ce dépôt, nous nous contenterons de dire que l'on y remarquait une collection de 825 vol. imprimés sur Velin, les plus beaux exemplaires des éditions *princeps*, la *Biblia sacra polyglotta*, etc., années 1514, 1515 et 1517, 6 vol. in-fol. sur papier Velin, dont on ne connait que 3 exemplaires ; le *Psalmorum codex moguntiæ*, 1457, in-fol. gothique, etc. On peut consulter pour de plus amples détails sur les trésors littéraires qu'avait recueillis cet amateur éclairé, le *catalogue de sa bibliothèque par M. M. Bure*, Paris, 1825, 2 vol. in-8° avec planches. Le comte Mac-Carthy est mort en 1811 à Toulouse, où il avait fixé sa résidence depuis plusieurs années.

MAC-CARTHY (JACQUES), membre de la Société de géographie de Paris, né le 25 mars 1785, mort le 30 novembre 1835, servit avec courage sous l'empire, puis consacra ses loisirs à la traduction d'un grand nombre d'ouvrages anglais, parmi lesquels nous citerons : *Voyage en Chine*, 2 vol. in-8° ; *Voyage à Tripoli*, 2 vol. in-8° ; *Précis de l'histoire politique et militaire de l'Europe*, 3 vol. in-8°. Il publia aussi un *Choix de voyages modernes dans les quatre parties du monde*, 10 vol. in-8° : collection qui obtint un brillant succès. Son *Dictionnaire universel de géographie*, 1 vol. in-8°, lui valut la réputation d'habile géographe.

MAC-CARTHY (NICOLAS DE), célèbre prédicateur, né à Dublin en 1769, mort le 3 mai 1833, à Annecy en Savoie, avait été arrêté dans ses études théologiques par la révolution. Il resta à Toulouse dans sa famille, s'occupant de la lecture des classiques grecs et latins, et des Pères, dont il faisait

ses délices. Peu avant la restauration, il entra au séminaire de Chambéry, et reçut la prêtrise, au mois de juin 1814. Il se rendit à Toulouse, où il commença à se livrer au ministère de la chaire. Ses *Discours* étaient toujours des improvisations. En 1815, il vint à Paris et s'attacha à la Société de Jésus, dont il fut l'ornement. En 1817, il refusa l'évêché de Montauban, pour continuer ses prédications.

MACCIO ou **MACCIUS** (SÉBASTIEN), savant humaniste, natif d'Urbania, dans le duché d'Urbin, mourut seulement de 37 ans, au commencement du XVIIe siècle. C'était un écrivain si laborieux, qu'il se forma, dit-on, deux creux aux doigts dont il tenait la plume. Ses principaux ouvrages sont : 1° *De historia scribendo*, peu estimé ; 2° *De bello Asdrubalis*, Venise, 1613, in-8° ; 3° *De historia Liviana* ; 4° *Un Poème sur la vie de J.-C.* (en italien), Rome, 1605, in-4°, et d'autres poésies qui ne sont connues que des savants de la profession.

MACCOVIUS ou **MAKOWSKI** (JEAN), gentilhomme polonais, né en 1588 à Lobzenie, près de Posnanie en Pologne, d'une famille noble, devint professeur de théologie à Francker en 1616. Il remplit cet emploi jusqu'à sa mort arrivée en 1644. Il eut de grandes disputes avec les sociniens, les catholiques, les anabaptistes, les arminiens, etc. On a de lui des opuscules philosophiques, théologiques, etc., imprimées d'abord séparément, puis réunies en 3 vol. in-4°, Amsterdam, 1660. Il y enseigne les opinions les plus révoltantes du calvinisme, et soutient crûment que « Dieu ne veut nullement le salut de tous les hommes, mais qu'il veut le péché, et qu'il destine les hommes au péché, en tant que péché. » Il fut déféré au synode de Dordrecht, qui le déclara exempt de toute erreur, se contentant de l'avertir d'être plus circonspect dans ses expressions. Ce qui prouve qu'au jugement de ce synode, dont les décisions sont normales chez les calvinistes, la prédestination calvinienne renferme bien réellement toutes les horreurs qu'on lui attribue, et que c'est à tort qu'on a accusé quelques théologiens de les avoir outrées.

MACÉ (ROBERT), imprimeur de Caen, mort vers l'an 1490, est le premier qui, en Normandie, exerça l'imprimerie avec des caractères de fonte. Il eut pour apprenti le célèbre Christophe Plantin. — Gilles Macé, son arrière-petit-fils, né à Caen, mathématicien et avocat, publia un ouvrage sur la comète de 1618. On a aussi de lui quelques Vers. Il mourut à Paris, en 1647.

MACÉ (FRANÇOIS), aumônier du roi Louis XIII, né vers 1660, mort à Paris en 1721, se fit estimer par son savoir et ses vertus. On a de lui un grand nombre d'ouvrages : *Abrégé chronologique, historique et moral de l'Ancien et du Nouveau Testament*, 1704, 2 vol. in-4° : livre utile et bien rédigé, qui peut suppléer à des ouvrages plus vastes ; *Mélanie, ou la Veuve charitable*, production posthume qui eut beaucoup de cours ; l'*Histoire des quatre Cicéron*, 1714, in-12, morceau curieux et intéressant, où l'auteur tâche de prouver, par les historiens grecs et latins, que le fils de Cicéron était aussi illustre que son père ; une *Traduction* de quelques ouvrages de piété du P. Busée, et de l'Imitation de J.-C. ; *Esprit de saint Augustin, ou Analyse de tous les ouvrages de ce Père*. Cet ouvrage est manuscrit.

MACÉDO (FRANÇOIS), jésuite, né à Coimbre en 1576, quitta l'habit de la Société pour prendre celui de cordelier. Il fut l'un des plus ardents défenseurs du duc de Bragance, élevé sur le trône de Portugal. Macédo, dans un voyage à Rome, plut tellement à Alexandre VII, que ce pape le fit maître de controverse au collège de la Propagande, professeur d'histoire ecclésiastique à la Sapience, et consulteur de l'inquisition. Le cordelier, né avec une humeur impétueuse et fière, ne sut pas conserver sa faveur ; il déplut au saint Père, et passa à Venise, où il soutint en arrivant ses thèses *de omni re scibili*. Il donna ensuite pendant huit jours les fameuses conclusions qu'il intitula *les Rugissements littéraires du lion de Saint-Marc*. Ses succès lui valurent une chaire de philosophie morale à Padoue. Il jouit d'abord d'une grande considération à Venise, et y mourut en 1681. Macédo avait une lecture prodigieuse, une mémoire surprenante, beaucoup de facilité à parler et à écrire : il ne lui manquait que plus de jugement et de goût. La *Bibliothèque portugaise* compte jusqu'à cent neuf ouvrages de cet inépuisable auteur, imprimés en différents endroits de l'Europe, et 30 manuscrits. Nous ne citerons que : sa *Clavis augustiniana liberi arbitrii*, contre le P. Noris, depuis cardinal ; *Schema santæ congregationis*, 1676, in-4°. *Encyclopædia in agonem litteratorum*, 1677, in-folio ; l'*Eloge des Français*, Aix, 1641, in-4°, en latin. Macédo se déclara d'abord pour les principes de Jansénius dans *Doctrina sancti Augustini de prædestinatione*, in-4°; mais, le pape Innocent X, ayant condamné les cinq fameuses propositions, il changea de sentiment, et soutint que Jansénius les avait enseignées dans le sens condamné par le pape, et publia, pour le prouver, un livre intitulé *Mens divinitus inspirata Innocentio X*, in-4°.

MACEDO (ANTOINE), jésuite, frère du précédent, né en 1612, accompagna l'ambassadeur de Portugal en Suède. Ce fut à lui que la reine Christine fit les premières ouvertures du dessein où elle avait d'abandonner le luthérianisme. Macédo fut ensuite pénitencier de l'église du Vatican à Rome, depuis l'an 1651 jusqu'en 1671. Il retourna alors en Portugal, où il fut fait recteur du collége d'Evora, puis de Lisbonne. On a de lui : *Lusitania infulata et purpurata*, ou *Vies des papes et cardinaux portugais*, Paris, 1673, in-8°; *Divi tutelares orbis christiani*, Lisbonne, 1687, in-folio. C'est un recueil des *Vies* des saints.

MACÉDOINE, s. f., mets composés d'un mélange de différentes liqueurs, ou de différents fruits. Il se dit, figurément et familièrement, d'un livre, d'un ouvrage de littérature, où sont réunies et mêlées des pièces de différents genres. Macédoine, terme de jeu de cartes, signifie, une suite de partie dans laquelle chacun des joueurs, lorsqu'il tient les cartes, prescrit l'espèce de jeu qu'on va jouer sous sa main.

MACÉDOINE, (géog.), contrée célèbre de la Grèce septentrionale, avait pour bornes : au nord, la Mésie et la Thrace; au sud, la Thessalie; à l'ouest, l'Epire, et à l'est, la mer Egée, qui formait sur ses côtes les golfes Thermaïque, Toronaïque, Singitique et Strymonique. Dans la suite, Philippe recula ses limites naturelles en y joignant une portion de la Thessalie, de l'Epire et de la Thrace. Elle se divisait en trois régions, l'une au nord-est, le long du fleuve Strymon, l'autre au nord-ouest, le long du fleuve Axius; la troisième vers le sud, le long de l'Erigon et de l'Haliacmon. La première contenait cinq provinces : l'Edonide, la Bisaltie, la Sintique, la Médique et l'Odomantique; dans la seconde étaient la Chalcidique, la Pélagonie, la Mygdonie et la Péonie. Dans la troisième étaient l'Emathie, la Piérie, la Lyncestide et l'Elymiotide. Pella était capitale de tout le pays. La Macédoine était un pays montueux et peu fertile. Des chaînes de montagnes, parmi lesquelles les plus remarquables étaient les monts Bennus, Citius et Cambutiens, traversaient les provinces de la Macédoine, ou la séparaient des états voisins. Trois grands fleuves, l'Axius, l'Astrée et le Strymon, auxquels on peut joindre l'Haliacmon et l'Erigon, l'arrosaient de l'ouest à l'est. La Macédoine portait dans les livres hébreux le nom de terre de Céthim; ce qui a fait présumer que les Macédoniens tiraient leur origine de Céthim, fils de Javan et petit-fils de Japhet. Au reste, une obscurité profonde voile le berceau de ce peuple. On sait seulement que, vers l'an 814, Caranus, de la race des Héraclides, vint s'y établir, et y jeta les fondements d'un royaume, qui subsista sans éclat jusqu'à l'avénement de Philippe II, en 360. Jusque-là les autres Grecs refusaient même le titre de Grecs aux Macédoniens. Le génie de Philippe les soumit tous les uns après les autres, et jeta les fondements d'un vaste empire, que la vaillance d'Alexandre étendit des côtes occidentales de la Grèce européenne au cours de l'Indus. A sa mort cette vaste monarchie fut démembrée, et le nom de Macédoine fut conservé à un empire européen, composé de l'ancienne Macédoine, de la Thessalie, de la Grèce proprement dite et du Péloponèse. Divers efforts furent tentés par les Grecs pour rompre le joug macédonien, et causèrent des luttes sanglantes jusqu'à ce qu'enfin les Romains parussent au milieu des combattants, et missent fin à leurs débats en s'emparant de la Macédoine et bientôt de toute la Grèce, et en la réduisant en province romaine, 147 avant J.-C. (*V.* GRÈCE). Voici la liste chronologique des rois de Macédoine.

Années av. J.-C.		Années av. J.-C.	
814	Caranus.	729	Perdiccas Ier.
786	Cœnus.	678	Argée.
774	Thurimas.		(*Quelques rois inconnus.*)
640	Philippe Ier.	324	Aridée.
602	Erops ou Eropas.	316	Cassandre.
576	Alcétas.	298	Philippe III.
547	Amyntas Ier.	297	Antipater et Alexandre.
497	Alexandre Ier.	294	Démétrius Poliorcète.
457	Perdiccas II.	287	Pyrrhus.
413	Archélaüs.	286	Lysimaque.

399	Amyntas, selon d'autres Oreste ou Æropas.		(Arsinoé six mois.)
		281	Ptolémée Céraunus.
398	Pausanias.	279	Méléagre.
397	Amyntas II.		Antipater.
392	(Argée, tyran 391).		Sosthène.
371	Alexandre II.	277	Antigone Gonatas.
370	Ptolémée Aloritès.	243	Démétrius II.
366	Perdiccas III.	232	Antigone Doson.
360	Philippe II.	221	Philippe IV.
336	Alexandre-le-Grand.	179	Persée.

Il y a entre les historiens quelques légères différences sur les noms de ces rois et sur l'époque ou la durée de leur règne.

MACÉDONIENS, hérétiques du IVe siècle qui niaient la divinité du Saint-Esprit. Macédonius, auteur de cette hérésie, fut placé sur le siége de Constantinople en 432, par les ariens, dont il suivait les sentiments; et son élection causa une sédition dans laquelle il y eut du sang répandu. Les violences qu'il exerça contre les novatiens et contre les catholiques, le rendirent odieux à l'empereur Constance, quoique ce prince fût protecteur déclaré de l'arianisme; conséquemment Macédonius fut déposé par les ariens mêmes, dans un concile qu'ils tinrent à Constantinople l'an 359. Egalement irrité contre eux et contre les catholiques, il soutint, malgré les premiers, la divinité du Verbe; et contre les seconds, il soutint que le Saint-Esprit n'est pas une personne divine, mais une créature plus parfaite que les autres. Il tourna contre la divinité du Saint-Esprit la plupart des objections que les ariens avaient faites contre la divinité du Verbe; son hérésie fut l'ouvrage de l'orgueil, de la vengeance et de l'esprit de contradiction. Il entraîna dans son parti quelques évêques ariens qui avaient été déposés aussi bien que lui; et ils eurent des sectateurs qui se répandirent dans la Thrace, dans la province de l'Hellespont et dans la Bithynie. Ces macédoniens furent nommés par les Grecs pneumatomaques, c'est-à-dire ennemis du Saint-Esprit, et marathoniens, à cause de Marathone, évêque de Nicomédie, l'un des plus connus d'entre eux. Ils séduisaient le peuple par un extérieur grave et par des mœurs austères, artifice ordinaire des hérétiques; ils imitaient la vie des moines, et semaient particulièrement leurs erreurs dans les monastères. Sous le règne de Julien, ils eurent la liberté de dogmatiser; sous Jovien, son successeur, qui était attaché à la foi de Nicée, ils demandèrent la possession de plusieurs églises; ils ne purent rien obtenir; sous Valens, ils furent poursuivis par les ariens que cet empereur favorisait; ils se réunirent en apparence aux catholiques, mais cette union simulée de leur part ne dura pas. En 381, ils furent appelés au concile général de Constantinople, que Théodose avait convoqué pour rétablir la paix dans l'Eglise; ils ne voulurent jamais signer le symbole de Nicée, et furent condamnés comme hérétiques : Théodose les bannit de Constantinople, et leur défendit de s'assembler. Tillemont pense que Macédonius n'assista point à ce concile. Depuis ce temps, l'histoire ecclésiastique ne fait plus mention des macédoniens : saint Athanase et saint Basile écrivirent contre eux. Le concile de Nicée n'avait pas décidé en termes exprès et formels la divinité du Saint-Esprit, parce que les ariens attaquaient uniquement la divinité du Fils; mais les pères de Nicée firent assez connaître leur croyance par leur symbole. Lorsqu'ils disent : « Nous croyons en un seul Dieu tout puissant... et en Jésus-« Christ son Fils unique, Dieu de Dieu, consubstantiel au « Père...; nous croyons aussi au Saint-Esprit, » ils supposent évidemment une égalité parfaite entre les trois Personnes, par conséquent la divinité de toutes les trois. Cela est encore évident par le symbole plus étendu qu'Eusèbe de Césarée adressa à son peuple, tel qu'il avait présenté au concile de Nicée; il fonde l'égalité des trois personnes divines sur les paroles de Jésus-Christ qui sont la forme du baptême. Socrate, *Hist. ecclés.* liv. 1, c. 8. C'est donc sans aucune raison qu'il a plu aux incrédules de dire que le concile général de Constantinople, en déclarant la divinité du Saint-Esprit, avait créé un nouvel article de foi, et l'avait ajouté au symbole de Nicée; ni l'un ni l'autre de ces conciles n'a rien créé, rien inventé de nouveau; il n'a fait qu'attester ce qui avait toujours été cru. Eusèbe lui-même, quoique très suspect d'arianisme, proteste à ses diocésains que le symbole qu'il leur adresse est la doctrine qu'il leur a toujours enseignée, qu'il a reçue des évêques ses prédécesseurs, qu'il a apprise dans son enfance, et dans laquelle il a été baptisé. Il atteste encore que tel est le sentiment unanime des pères de Nicée; et qu'il n'y a eu difficulté dans ce concile que sur le terme de consubstantiel, duquel on pouvait abuser en le prenant dans un mauvais sens. Une preuve que les évêques macédoniens se sentaient déjà condamnés par le concile de Nicée, c'est que jamais ils ne voulurent en souscrire le symbole; et Sabinus, l'un d'entre eux, soutenait que ce symbole avait été composé par des hommes simples et ignorants. Socrate, *Ibid. Notes de Valois et de Bullus sur cet endroit*. Sabinus n'en aurait pas parlé avec ce ton de mépris, s'il avait pu persuader que les pères de Nicée avaient pensé comme lui. Au mot Saint-Esprit, nous avons apporté les preuves de la divinité de cette troisième personne de la sainte Trinité. Il est bon de remarquer que l'erreur des macédoniens n'était pas la même que celle ces sociniens; ceux-ci prétendent, comme les sectateurs de Photin, que le Saint-Esprit n'est pas une personne; que ce nom désigne seulement l'opération de Dieu dans nos âmes. Les macédoniens, au contraire, pensaient que c'est une personne, un être réel et subsistant, un esprit créé semblable aux anges, mais d'une nature très supérieure à la leur, quoique fort inférieure à Dieu. B.

MACEDONIUS, patriarche de Constantinople en 341, et fameux hérésiarque, soutenait que le Saint-Esprit n'était pas Dieu. Il causa de grands désordres dans sa ville et s'attira la disgrâce de l'empereur Constance. Acace et Eudoxe le firent déposer dans un concile de Constantinople en 360. Il mourut ensuite misérablement. Les sectateurs de Macédonius s'appelaient Macédoniens. Leurs mœurs étaient, du moins en apparence, pures et austères; leur extérieur grave, leur vie aussi dure que celle des moines. Ce simulacre de piété trompa les faibles. Un certain Maraton, autrefois trésorier, embrassa cette secte, et son or fit plus d'hérétiques que tous les arguments. La secte fut proscrite, et la divinité du Saint-Esprit clairement prononcée dans le concile général de Constantinople en 381. C'est à cette occasion que ce concile ajouta au symbole de Nicée, après les mots : *Et in Spiritum Sanctum*, les paroles suivantes : *Dominum , et vivificantem , ex Patre Filioque procedentem , et cum Patre et Filio adorandum et glorificandum*. Longtemps avant ce concile, on avait opposé à l'hérésie de Sabellius le dogme des trois personnes, dogme qui supposait évidemment la divinité du Saint-Esprit. Il ne faut pas confondre ce Macédonius avec un autre patriarche de Constantinople qui défendit avec zèle le concile de Chalcédoine contre l'empereur Anastase, et mourut en 516. Il avait été partisan de l'*Hénotiane* de Zénon; mais il rétracta son erreur.

MACER (ÆMILIUS), poète latin, natif de Vérone, composa un *Poëme* sur les serpents, les plantes et les oiseaux, et un autre sur les ruines de Troie, pour servir de supplément à l'Iliade d'Homère; mais ces deux poèmes sont perdus.

MACER (LUCIUS - CLODIUS), propréteur d'Afrique sous le règne de Néron, se fit déclarer empereur l'an 68 de J.-C. dans la partie qu'il commandait. Il avait été engagé à la révolte par Cornelia Crispinilla, intendante des débauches de Néron, laquelle était passée en Afrique pour se venger des mécontentements que cet empereur lui avait donnés. Il se saisit de la flotte qui transportait le blé à Rome, et causa la famine dans cette capitale du monde. L'usurpateur avait plus de courage que de politique. Il irrita les Africains par des vexations et des cruautés, et se joua également de leur sang et de leurs biens. Ces peuples irrités eurent recours à Galba, qui venait d'être revêtu de la pourpre impériale. Galba donna ordre d'arrêter les brigandages de cette bête féroce. Trebonius Garucianus, intendant d'Afrique, et le centurion Papirius, chargés des ordres du prince, firent périr Macer dans la même année qu'il avait pris le titre de César.

MACERATA-ET-CAMERINO, délégation de l'État de l'Église. Elle est bornée au nord par celle d'Ancône; au nordouest par celle d'Urbino-et-Pesaro; à l'est par la mer Adriatique; au sud-est par la délégation de Fermo-et-Ascoli; au sud-ouest par celle de Spoleto-et-Rieti; à l'ouest par celle de Pérugia. Elle a 19 lieues de long sur autant de large. Sa population est de 230,000 habitants. Les Apennins la traversent à l'ouest. Ses rivières les plus célèbres sont le Chienti, l'Esino, le Musone, l'Aso, le Potenza, le Tenna, etc. On y recueille du blé, du vin , du chanvre, de la cire, de l'huile, et on y élève une grande quantité de bétail. Macerata est la capitale de cette délégation. C'est une petite ville située sur une montagne près la rive gauche du Chienti. Elle a un évêché. Entre autres monuments remarquables, on y voit sa cathédrale et la Porte-Pia, espèce d'arc de triomphe que l'on croit bâti sur l'emplacement de l'ancienne *Helvia-Ricina*, saccagée et détruite par les Goths dans le ve siècle. 12,000 habitants.

MACÉRATION, s. f., opération chimique qui consiste à laisser séjourner dans un liquide, à la température de l'atmosphère, quelque substance dont on veut extraire les principes solubles. Il signifie, figurément, dans le langage ascétique, mortification par jeûnes, disciplines et autres austérités.

MACÉRER, v. a., t. de méd. et de chimie. Faire infuser à froid, dans l'eau ou dans quelque autre liquide, une substance qui doit y déposer ses principes solubles. Macérer, s'emploie figurément, dans le langage ascétique, et signifie affliger son corps par diverses austérités pour se rendre agréable à Dieu. Il s'emploie aussi avec le pronom personnel, surtout dans le dernier sens.

MACERON, *smyrnium* (bot.), genre de la famille des ombellifères de la tribu des smyrnées, de la pentandrie digynie de Linné. Ce genre renferme des plantes herbacées bisannuelles qui croissent spontanément dans les contrées moyennes et méridionales de l'Europe; la racine est charnue, les feuilles diversiformes, et les fleurs souvent polygames, en ombelle terminale munie d'un involucre; ces fleurs présentent pour caractères particuliers : le limbe du calice non apparent; pétales lancéolés ou elliptiques, entiers, acuminés; fruit resserré par les côtés, didyme, chacun de ses carpelles étant presque globuleux ou réniforme et présentant les trois côtes dorsales saillantes, aiguës, les deux latérales bordantes, presque oblitérées; le support commun des carpelles est biparti; la graine est involutée. On rapporte à ce genre, le maceron commun, *smyrnium olus atrum*, Linn., qui croît spontanément dans les pâturages humides de nos départements méridionaux; on l'a même trouvé, quoique très rarement, aux environs de Paris. Sa tige, qui s'élève à un mètre, est striée et rameuse; ses feuilles sont glabres et luisantes, ternées ou biternées, formées de folioles ovales, arrondies, crénelées-dentées. Ses fleurs en ombelle terminale sont jaunes ou jaune-verdâtre. Cette plante avait autrefois par ses propriétés médicinales et comme potagère, une importance qui est aujourd'hui bien diminuée; sa racine employée comme potagère, se mangeait après avoir été quelque temps déposée dans une cave pour lui faire perdre son amertume. Toutes ses parties vertes qui sont aromatiques remplissaient les usages auxquels on emploie le persil et les jeunes pousses de céleri. On regarde ses feuilles comme anti-scorbutiques, et ses fruits comme diurétiques et carminatifs. J. P.

MACHABÉE (JEAN), *Joannes Machabœus*, Juif de la race des sacrificateurs, est illustre comme père de Matathias, (*Mac.*, 1, c. 3, v. 1.)

MACHABÉE (MATATHIAS), fils du précédent, premier auteur de la résistance qu'opposèrent les Juifs aux rois de Syrie pendant le IIe siècle avant J.-C. Il quitta Jérusalem lorsque les envoyés d'Antiochus Epiphane voulurent contraindre les Juifs à sacrifier aux idoles, et s'enfuit à Modin, sa patrie. Les émissaires d'Antiochus Epiphane ayant aussi pénétré dans cette ville, Matathias tua aux yeux de la multitude, selon les uns, l'officier du roi de Syrie, selon les autres, un Juif qui allait offrir de l'encens aux idoles; renversa l'autel, et appela hautement le peuple à l'indépendance. Ses fils le suivirent dans les montagnes voisines, ainsi que quelques autres Juifs, et après quelques échecs de peu d'importance, ils chassèrent les Syriens, massacrèrent ou contraignirent à la fuite tous les Israélites infidèles, et relevèrent les autels du vrai Dieu. Il mourut sur ces entrefaites, 167 ans avant J.-C., après avoir été un an à la tête des troupes d'Israël, laissant le commandement à Judas, le troisième de ses fils. Il en avait encore quatre autres, Jean, Simon, Eléazar et Jonathas. On a, mais à tort, prétendu que Matathias fut revêtu de la grande sacrificature, dont jouissait alors Ménélas. (*Mach.*, 1, c. 2, etc.)

MACHABÉE (JEAN), surnommé GADDA, l'aîné des fils de Matathias, fut tué en trahison par les fils de Zambri, en conduisant le bagage de ses frères chez les Nabathéens, leurs alliés. (*Mach.*, 1, c. 9, v. 36.)

MACHABÉE (SIMON), surnommé THASI, second fils de Matathias, était le plus remarquable des cinq par sa prudence. Il fit aussi remarquer sa valeur en diverses occasions, surtout dans les batailles contre Apollonius et Nicanor. Jonathas, son frère, ayant été tué en trahison par Tryphon, usurpateur du trône de Syrie, le peuple le nomma pontife, chef et prince, 143 ans avant J.-C. C'est de cette époque que date le règne des Asmonéens. Dès l'année suivante, Simon proclama l'indépendance absolue de la Judée, prit Gaza et la forteresse de Jérusalem, dont il fit sa résidence, et reconnut roi de Syrie, au lieu de Tryphon, Démétrius Nicanor. Il obtint de ce prince en reconnaissance la liberté de la Judée et la possession des places fortes, auparavant occupées par l'étranger.

Peu après il reconnut Antiochus Sidétès, frère de Démétrius, et lui donna des secours pour faire le siège de Dora, dernier asyle de Tryphon. Antiochus ne montra que de l'ingratitude, redemanda les places fortes ou en échange mille talens, et sur le refus de Simon, envoya Cendébée ravager la Judée. Simon opposa à ce général ses deux fils Jean et Hyrcan, qui le battirent complètement. Trois ans après il fut tué par Ptolémée, son gendre, qui espérait par ce meurtre se faire revêtir de la grande sacrificature. Il avait régné dix ans. L'administration de Simon avait été sage et juste; les dix ans de son gouvernement guérirent presque entièrement les blessures qu'avait souffertes la Judée pendant les persécutions et les guerres précédentes. *(Mach.*, 4, c. 11, 12, 13, etc.)

MACHABÉE (JUDAS), troisième fils de Matathias, et le plus célèbre de tous, succéda à son père dans le commandement, 167 avant J.-C. (*V.* JUDAS.)

MACHABÉE (ÉLÉAZAR), quatrième fils de Matathias. Dans une bataille contre les troupes syriennes, ayant aperçu un éléphant revêtu d'ornements magnifiques, et soupçonnant qu'il portait le général, il se glissa sous son ventre, et le perça à diverses reprises; il périt écrasé sous le poids de l'animal expirant.

MACHABÉE (JONATHAS), surnommé APPHUS, le plus jeune des fils de Matathias. Nommé, après la mort de Judas (161 avant J.-C.), grand sacrificateur et général des Israélites, il remporta sur Bacchide une victoire décisive, et le força à quitter la Judée (158 avant J.-C.). Peu après des discordes éclatèrent en Syrie; Alexandre Bala et Démétrius Soter le sollicitèrent chacun à prendre leur parti. Jonathas se rangea du côté du premier, qui le combla de bienfaits, le revêtit de la pourpre, et le fit paraître à sa cour (154 avant J.-C.). A la mort de ce prince il embrassa le parti de Démétrius Nicanor : mais, ce prince n'ayant payé ses services que d'ingratitude, Jonathas se déclara pour le jeune Antiochus, fils d'Alexandre Bala, que Tryphon venait de couronner roi de Syrie. Tryphon, ayant ensuite résolu de faire périr le jeune prince, afin d'usurper la couronne, s'assura avant tout de la personne de Jonathas, et le fit mourir, 143 ans avant J.-C.

MACHABÉES (LIVRE DES). Nous avons sous le nom des Machabées quatre livres, dont les deux premiers sont canoniques, et les deux autres apogryphes. Le premier fut, à ce qu'on croit, composé sous Jean Hircan, le dernier de la race des Asmonéens, et contient l'histoire de 40 ans, depuis le règne d'Antiochus Epiphanes jusqu'à la mort du grand-prêtre Simon. Le second est l'abrégé d'un grand ouvrage qui avait été composé par Jason, et qui comprenait le récit des persécutions d'Epiphanes et d'Eupator contre les juifs. L'un et l'autre sont remplis de grands traits d'histoire, et écrits avec beaucoup d'intérêt. La persécution et la mort d'Antiochus, le châtiment d'Héliodore envoyé pour dépouiller le temple, la conduite sage et courageuse du pontife Onias, le martyre d'Eléazar, celui des sept frères avec leur mère, les victoires de Judas Machabée, remportées avec une poignée de monde contre des armées immenses, etc., tous ces événements sont présentés avec beaucoup de force et de dignité. Les protestants ne reconnaissent pas la canonicité de ces deux livres. Ce qu'on y lit touchant la prière pour les morts et quelques autres considérations de cette nature, ont pu les engager à ne pas les recevoir. Le troisième livre contient l'histoire de la persécution que Ptolémée Philopator, roi d'Egypte, fit aux juifs dans son royaume. Le dernier est une espèce de résumé des deux premiers livres, et contient ce qui s'est passé chez les juifs dans un espace d'environ 200 ans. Quoique ces deux derniers livres ne soient pas canoniques, ils jouissent d'une considération distinguée, et tiennent une place honorable entre les histoires des nations : on peut les consulter avec confiance, touchant les faits qu'ils contiennent.

MACHAULT (JEAN DE), jésuite, né à Paris, en 1561, professa la rhétorique dans sa société, devint recteur du collège des jésuites à Rouen, puis de celui de Clermont à Paris, et mourut en 1617, à 58 ans. On a de lui : des Notes en latin contre l'histoire du président de Thou, sous le nom supposé de *Gallus*, c'est-à-dire *Le Coq*, qui était le nom de sa mère. Ce livre est intitulé : *Jo. Galli Jur. Cons. Notationes in historium Thouani*, Ingolstadt, 1614, in-4°. La critique est trop violente et quelquefois peu fondée; mais il y a des choses raisonnables qui auraient pu être dites d'une autre façon.

MACHAULT (JEAN-BAPTISTE DE), autre jésuite, né à Paris, en 1591, mort à Pontoise, le 22 mai 1640, après avoir été recteur des collèges de Nevers et de Rouen, a composé : *Gesta a Societate Jesu in regno sinensi, æthiopico et tibetano*, et

quelques ouvrages curieux et édifiants. Il a traduit de l'italien en français, l'histoire de ce qui s'est passé aux royaumes de la Chine et du Japon, Paris, 1627, in-8°.

MACHE (*bot.*), nom vulgaire de la *valerianella olitoria*, dont on mange les feuilles en salade. (*V.* VALÉRIANELLE.) J. P.

MACHECOULIS, ou MACHICOULIS, s. m. ,t. de fortifications. On appelle ainsi les galeries établies à la partie supérieure des fortifications anciennes, et dans lesquelles sont pratiquées des ouvertures pour voir et défendre immédiatement le pied des ouvrages. Il se dit aussi de ces ouvertures mêmes.

MACHER, v. a., broyer avec les dents. Fig. et fam., mâcher à vide, se repaître de fausses espérances. Prov. et fig., il faut lui mâcher tous les morceaux, il a besoin qu'on lui explique les choses les plus simples. Fig. et fam. , je ne le lui ai point mâché, je le lui ai dit avec une pleine franchise, sans aucun ménagement. Ce cheval mâche le foin, se dit d'un cheval qui joue avec son mors et qui le ronge. Mâcher signifie aussi familièrement manger avec sensualité, avec gourmandise. Dans ce sens il est vieux.

MACHET (GÉRARD), évêque, né à Blois en 1339, d'une famille ancienne, fut successivement principal du collège de Navarre, conseiller d'Etat et confident de Charles VII, enfin évêque de Castres. Il parut avec éclat au concile de Paris, tenu contre les erreurs de Jean Petit, et harangua, à la tête de l'Université, l'empereur Sigismond. Il a fondé plusieurs hôpitaux et couvents, et gouverna saintement son diocèse. Il mourut à Tours en 1448. On a de lui quelques lettres manuscrites. Il fut un des commissaires nommés par la cour pour revoir le procès de la Pucelle d'Orléans, et se déclara en faveur de cette héroïne.

MACHEUR, EUSE, celui, celle qui mâche. Il signifie aussi populairement celui qui mange beaucoup.

MACHIAVEL (NICOLAS), célèbre écrivain politique, naquit à Florence le 3 mai 1449 d'une famille patricienne. Après s'être amusé à faire des comédies, il se mit à ourdir des complots qui pouvaient fournir des sujets tragiques. Son caractère inquiet et remuant le rendait propre à ces sortes d'entreprises. Il entra dans la conjuration de Sodorini contre les Médicis : on le mit à la question ; il n'avoua rien, mais on ne cessa pas de le croire coupable. Les éloges qu'il prodiguait à Brutus et à Cassius le firent soupçonner d'avoir trempé dans une autre conspiration contre Jules de Médicis, depuis pape sous le nom de Clément VII; mais ces soupçons étant destitués de preuves positives et convaincantes, il se tira encore d'affaire, et fut nommé secrétaire et historiographe de la ville de Florence. Ces deux emplois ne purent le tirer de l'indigence, et il mourut misérablement en 1527. C'était un de ces hommes qui parlent et se moquent de tout. Il avait certainement du talent, mais encore plus d'orgueil. Il exerçait sa censure sur les grandes et les petites choses; il ne voulait rien devoir à la religion, et la proscrivait même. On a de lui plusieurs ouvrages en vers et en prose. Ceux du premier genre doivent être regardés pour la plupart comme les fruits empoisonnés d'une jeunesse déréglée. Les principaux sont : l'*Ane d'or*, à l'imitation de Lucien et d'Apulée; *Belphégor*, imité par La Fontaine; quelques petits poëmes. Les productions en prose sont : deux comédies, dont l'une, intitulée la *Mandragore*, a été librement traduite par J.-B. Rousseau, dans sa jeunesse, et imprimée à Londres en 1723, dans le supplément de ses œuvres : des *Discours* sur la première décade de Tite-Live. Il y développe la politique du gouvernement populaire, et s'y montre zélé partisan de ce qu'il appelle la liberté. Son traité *du Prince*, qu'il composa dans sa vieillesse, pour servir de suite à l'ouvrage précédent. C'est un des livres les plus pernicieux qui se soient répandus dans le monde. En vain Amelot de La Houssaye, traducteur de cet ouvrage, a voulu le justifier ; il n'a excusé personne. Frédéric II, roi de Prusse, a donné dans son *Anti-Machiavel*, in-8°, un antidote contre le poison de l'auteur italien. L'*Histoire de Florence*, depuis 1205 jusqu'en 1494. L'édition des Juntes, 1632, in-4°, à Florence, est fort rare. La *Vie de Castrucio Castracani*, traduite en français par Guillot et par Dreux du Radier. C'est un roman plutôt qu'une histoire, et un roman mal écrit; un *Traité de l'art militaire*, dans lequel il a travesti Végèce; un *Traité* des émigrations des peuples septentrionaux. Jérôme Turlerus a traduit en latin ce Traité, avec la Vie de Castrucio et l'Histoire de Florence, Strasbourg, 1610, in-8°. Tous ces différents ouvrages sont en italien. Ils ont été recueillis en 1813. *Italia* (Florence, Piatti), 8 vol. in-8.

MACHIAVÉLIQUE, adj. des deux genres. Conforme ou analogue aux principes de Machiavel. Il se dit par extension des maximes et des actions étrangères à la politique, où il entre de la mauvaise foi, de la perfidie.

MACHIAVÉLISME, s. m., système politique de Machiavel. Il signifie aussi principes et actions conformes ou analogues au système politique de Machiavel. Il s'emploie par extension en parlant des affaires privées.

MACHIAVÉLISTE, s. des deux genres. Celui ou celle qui adopte, qui pratique les maximes de Machiavel.

MACHICATOIRE, s. m., il se dit du tabac, ou de quelque autre drogue qu'on mâche, sans l'avaler.

MACHINAL, ALE, adj., qui est semblable au jeu d'une machine, qui est produit par le seul jeu des organes, sans intention, sans réflexion. Le pluriel, machinaux, est peu usité.

MACHINATION, s. f., intrigue, menée secrète pour faire réussir quelque mauvais dessein, quelque complot pour nuire à quelqu'un, pour le perdre.

MACHINATEUR, s. m., celui qui fait quelque machination. Absolum., c'est un grand machinateur, c'est un homme habile à former des intrigues, des complots.

MACHINES. Une machine est un instrument destiné à transmettre la force ou le mouvement, en les modifiant, soit en intensité, soit en direction. Les machines se divisent en machines simples et machines composées. On compte ordinairement sept machines simples, auxquelles toutes les autres machines peuvent se réduire; ce sont : la machine funiculaire, le levier, le treuil, la poulie, le plan incliné, le coin et la vis. On pourrait même dire que les dernières ne sont que des combinaisons des deux premières. Les machines composées sont celles qui sont formées de plusieurs machines simples. On étudie les machines sous deux points de vue différents, qui répondent aux deux branches dans lesquelles la mécanique se divise : la statique et la dynamique, c'est-à-dire la théorie de l'équilibre et celle du mouvement. Cette distinction est essentielle, et l'on risque de tomber dans de graves erreurs, si l'on ne songe que dans les effets d'une machine en mouvement, il entre un élément de plus que dans ceux des machines en équilibre; c'est-à-dire le chemin parcouru par les diverses parties. Ces effets ne sauraient être les mêmes. Ainsi, par exemple, une force qui exerce son action sur un poids à l'aide du plus long bras d'un levier, peut, dans le cas d'équilibre, décupler, centupler son effet sur ce poids; c'est-à-dire, soutenir ce poids, bien que dix fois, cent fois plus considérable qu'elle-même. Cela s'explique par l'emplacement que l'on donne au point d'appui : le poids serait de mille kilogrammes, qu'il y aurait toujours moyen d'ajuster le levier de manière à faire peser sur le support une portion de ce poids, aussi grande qu'on le voudrait. Mais dans le cas de mouvement, où cette force doit élever ce poids à une certaine hauteur, il faut qu'elle-même descende d'une hauteur d'autant plus grande, que son bras de levier est plus long, et qu'elle est conséquemment plus petite par rapport au poids élevé à la hauteur voulue. Plus il y a de chemin à parcourir, plus l'énergie s'épuise. C'est donc le produit de ce poids par cette hauteur qui mesure l'effet de la puissance d'une machine en mouvement. Cet effet est donc toujours invariable, quelle que soit la composition de la machine, et jamais il ne peut être plus grand que la cause qui le produit. Soient, P la puissance ou la force sollicitante, R le poids ou la force résistante, H la hauteur à laquelle il faut élever R, H' celle dont P est forcé de descendre pour produire l'effet demandé, V la vitesse supposée uniforme de la force P, T le temps que cette force emploie à décrire H' en vertu de cette vitesse, nous aurons l'équation

$$PH' = RH, \text{ ou bien } PVT = RH,$$

puisque l'espace parcouru est égal au produit de la vitesse par le temps. Supposons maintenant qu'on veuille réduire de moitié la force P; pour maintenir l'égalité, il faut doubler ou V, ou T, ou VT. Donc, dans toute machine en mouvement, on perd toujours en temps ou en vitesse ce qu'on gagne en force, et vice versa. Il sera donc toujours impossible, de quelque manière que l'on combine les leviers, de mettre un faible agent en état de produire les plus grands effets. C'est pour avoir perdu de vue ce principe que les chercheurs de mouvement perpétuel se sont épuisés en tant d'essais stériles. Les principales sources de force sont : les animaux, la vapeur, les courants naturels d'eau ou d'air. Les machines peuvent être considérées comme des canaux destinés à puiser, dans l'une quelconque de ces sources, une quantité déterminée de force, pour la transporter, la répartir ou la concentrer sur des points plus éloignés. Tout ce qui dans la machine, sur le passage de cette force, en dissipera une portion, sera donc une imperfection qu'il faudra chercher à faire disparaître, car la force est précieuse et souvent très coûteuse. Mais il y a des imperfections nécessaires, des obstacles inévitables, tels que le frottement des parties mobiles et en contact, le poids et l'inertie de leur masse, la roideur des cordes, l'élasticité, la flexibilité des organes prétendus rigides, les résistances du milieu, air ou eau. La théorie pure, pour raisonner avec des principes absolus, dépouille volontairement les machines de ces sortes d'infirmités, et les considère comme des êtres abstraits. Si son hypothèse était vraie, les machines donneraient cent d'effet pour cent de force. Mais la théorie d'application, prenant les choses dans leur réalité, doit s'exercer à restreindre l'influence des obstacles nécessaires. L'observation et l'expérience doivent constamment la guider au milieu des circonstances qui varient à l'infini. Une machine approche d'autant plus de la perfection que ses effets s'éloignent moins de ceux indiqués par la théorie pure; mais quelquefois elle est d'autant plus commode qu'ils s'en éloignent davantage.

Machines hydrauliques. — Il y a deux sortes de machines hydrauliques : celles qui, soumises à un agent quelconque, servent à élever l'eau; et celles que l'eau elle-même fait mouvoir pour la production d'un travail quelconque. La plupart des unes et des autres ont déjà été décrites et le seront à la place respective de leurs noms dans le dictionnaire (*Voyez* par exemple, Bélier hydraulique, Noria, Chapelet, Pompes, Vis d'Archimède, Moteur hydraulique, Roues hydrauliques, Turbines). Nous nous contenterons de traiter ici quelques machines hydrauliques qui n'ont pu trouver place ailleurs.

Machine de Marly. — Cette machine, qui fut autrefois considérée comme une merveille, à cause peut-être de son immense développement de volume, est aujourd'hui détruite; et les progrès de la science sont devenus tels, que ses débris n'inspirent plus ni admiration ni regrets. Le grandiose et l'audace d'une pareille entreprise avec de pareils moyens, étaient bien plus remarquables que la perfection de ces moyens eux-mêmes. Louis XIV la fit construire pour alimenter les bassins de Versailles. Ce fut un Hollandais qui en dirigea l'exécution. Elle se composait de 14 roues hydrauliques de 30 pieds de diamètre, dont les unes faisaient mouvoir des pompes qui portaient l'eau dans un premier réservoir placé à mi-côte, et dont les autres mettaient en jeu une multitude de balanciers en fer, réunis entre eux par des barres de fer et ainsi solidaires les uns des autres. Ces balanciers transmettaient le mouvement à d'autres pompes placées dans le premier réservoir et dans un second, d'où l'eau était enfin, après deux reprises, élevée au point culminant du réservoir supérieur. On avait ainsi divisé le tube d'ascension en trois parties, parce que l'on ne pensait pas alors que des tuyaux de fonte fussent capables de résister à la pression d'une colonne d'eau de 500 pieds. Tous les échafaudages le long de la côte sont supprimés aujourd'hui, et les roues hydrauliques sont remplacées par une belle machine à vapeur qui fait monter l'eau d'un seul jet dans le réservoir supérieur, au moyen de huit fortes pompes foulantes jouant simultanément, mais de manière à fournir un jet continu. On conserve encore une des 14 roues pour l'employer en cas de besoin.

Machine de Schemnitz. — Cet appareil, qui est construit sur le principe de la fontaine de Héron, est destiné à épuiser une mine de plomb sulfuré, à Schemnitz en Hongrie. Deux récipients en forme de boîte, hermétiquement fermés, sont situés, l'un a, au fond du puits P (fig. 1); l'autre b, au sommet d'une colline. La capacité du second est double de celle du premier. Ils communiquent entre eux par le tuyau c, dont les bouts ouverts avoisinent les fonds supérieurs. Sur le haut d'une montagne plus élevée que la colline où se trouve b, est placé le grand réservoir r, qui par le tuyau d fournit l'eau motrice au récipient b. Le tuyau e, ouvert près du fond inférieur de a, sert à vider l'eau du puits. Des robinets k, l, m sont destinés à ouvrir ou à fermer le passage à l'eau ou à l'air, selon le besoin. Si l'on ouvre les robinets k, m, le récipient b se vide d'eau et se remplit d'air; en même temps, l'eau du puits soulève par sa pression la soupape s, et pénètre dans

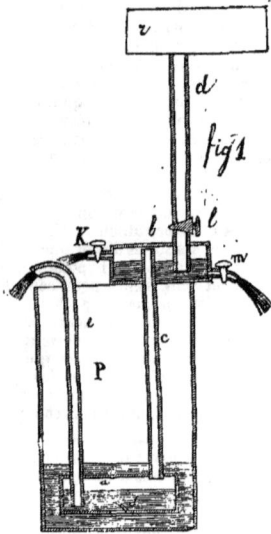

le récipient *a*, pendant que l'air qu'il contenait s'échappe par le tuyau *c*. Si au contraire, au moment où les récipients sont remplis, *a* d'eau, et *b* d'air, l'on ferme les robinets *k*, *m*, et l'on ouvre *l*, l'eau du réservoir *r* envahit le récipient *b*, et refoule l'air dans le tuyau *c*. Cet air ainsi comprimé transmet à l'eau contenue dans le récipient *a* une pression équivalente à celle qui le comprime lui-même et qui est due à l'action de la colonne liquide comprise entre le niveau dans le bassin *r* et celui du même moment dans le récipient *b*. L'eau du récipient *a* s'échappe alors par le tuyau *e*. Lorsqu'elle cesse de couler par ce tuyau et qu'il n'y a plus d'air dans le récipient *b*, l'on peut recommencer la même série d'opérations. Le soin d'ouvrir et de fermer alternativement les robinets, était originairement confié à un ouvrier, dont la surveillance devait être permanente. M. Boswel y adopta depuis un appareil qui exécute de lui-même ces deux effets alternatifs. La chute de l'eau du réservoir met en mouvement cet appareil. Le réservoir *r* est à 45 mètres au-dessus du fond du récipient *b*, qui est un cylindre de 1,62 mètre de diamètre, et 1,79 mètre de hauteur. La capacité de *b* est donc 3,7 mètres cubes, et celle de *a*, qui est moitié moindre, 1,8. Il y a 31 mètres de distance entre le niveau moyen de l'eau au fond du puits jusqu'à la surface du sol en *f*. Lorsque la machine travaille sans interruption, elle élève 411 mètres cubes d'eau, et la source *r* en dépense 685. Le produit utile est donc les 0,41 de la force employée.

Machine à colonne d'eau. — La première idée de cette machine appartient à Bolidor, qui, dans le tome second de son *Architecture hydraulique*, publié en 1739, donna la description complète des détails de sa construction. Que l'on se représente une forte pompe, dans laquelle le piston, au lieu de communiquer le mouvement à l'eau du tube ascensionnel, le reçoit d'elle, tantôt en avant, tantôt en arrière, et l'on aura une notion exacte du principe créateur et de la destination d'une machine à colonne d'eau. Il faut donc que, lorsque le piston a terminé sa course d'un côté du corps de pompe, deux communications s'ouvrent aussitôt à l'intérieur de ce cylindre : l'une, par laquelle s'échappe dans le canal de fuite, le liquide moteur ayant déjà servi et occupant ce moment, la capacité presque entière où se meut le piston ; l'autre, située du côté opposé, par où puisse pénétrer l'eau motrice n'ayant pas encore servi, et qui est en ce moment contenue dans le tube conducteur aboutissant au bassin de la source. Divers moyens ont été essayés pour ouvrir et fermer alternativement ces communications, avec le moins de pertes possible de la force première. Celui décrit par Bolidor est aujourd'hui abandonné. Sous ce rapport, et sous quelques autres, le célèbre Reichenbach a considérablement modifié les machines à colonne d'eau, et l'on peut dire que celles qu'il

construisit pour les salines de Bavière, dans les dernières ramifications des Alpes tyroliennes, ont mis le dernier cachet à sa réputation d'ingénieur habile et d'homme de génie. L'on comprend facilement qu'en faisant communiquer la tige du piston de ces sortes de machines avec tel ou tel appareil, on puisse obtenir de son mouvement de va et vient un travail quelconque. Celles que construisit Reichenbach étaient destinées à l'élévation des eaux salées. L'une d'elles, celle d'Illsang, éleva d'un seul jet, les eaux à une hauteur verticale de 356 m., et elle leur fit ainsi franchir une profonde vallée. La plus belle machine hydraulique que nous ayons aujourd'hui en France est une machine à colonne d'eau. Elle épuise les eaux des mines d'Huelgoet en Bretagne. Sa construction est due à M. l'ingénieur Juncker. Mais il est juste de dire que M. Juncker a imité Reichenbach, et s'est aidé de ses conseils dans ce qu'il a mis de nouveau. Son système de régulation est surtout remarquable. A côté du grand corps de pompe dont nous avons parlé, se trouve placé un autre cylindre creux, beaucoup plus petit, et où viennent ouvrir les tuyaux de communication entre le grand corps de pompe et le tube conducteur des eaux de la source motrice. Dans ce cylindre monte et descend un piston, soumis au piston principal, pour ouvrir et fermer les orifices de communication à l'instant voulu. Mais pour que l'irruption de l'eau motrice ne soit pas subite dans le grand corps de pompe, on a creusé sur la surface extérieure du petit piston, des cannelures qui vont en s'agrandissant du côté de chaque base. On conçoit que les orifices de communication ne s'ouvrent ainsi, et ne se ferment que peu à peu. Cette machine élève un assez grand volume d'eau, d'un seul jet, à une hauteur de 230 m., sans intermédiaire aucun de leviers, engrenages, etc. Les mouvements s'y opèrent avec une douceur et un silence surprenants. Tout, dit M. d'Aubuisson, dans son *Traité d'hydraulique*, y est admirable de hardiesse, de simplicité et de précision. Il résulte des observations faites par M. Baillet sur les machines à colonne d'eau établies en Hongrie, qu'elles utilisent environ les 4/10 de la force motrice. Celles de Reichenbach rendent les 0,51 de la puissance à laquelle elles sont soumises. M. d'Aubuisson pense que sous le rapport de l'effet dynamique en général, si elles sont bien construites, elles ne le cèdent à aucune autre sorte de machines.

Colonne oscillante. — Le marquis Manoury d'Ectot, son inventeur, présenta cette machine, en 1812, comme capable, sans le secours d'un autre agent, d'élever une partie de l'eau d'une chute au-dessus de son niveau. Bien qu'on ne l'ait pas encore employée avec avantage, l'idée fondamentale de sa construction nous paraît trop ingénieuse et trop distincte de toute autre, pour que nous la passions sous silence. Il n'y existe aucune partie mobile. Elle se compose uniquement de deux tuyaux, l'un plus grand *ab* (fig. 2), descendant du biez supérieur B, et recourbé verticalement à son extrémité inférieure *ei*; l'autre *cd*, placé verticalement au-dessus de l'extrémité recourbée *ei* du premier, mais sans être en contact avec elle. On a fermé l'extrémité inférieure du tuyau *ab* par

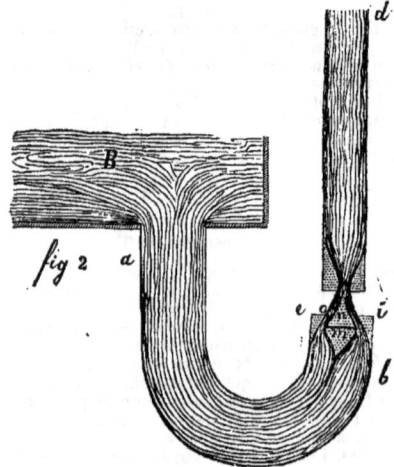

fig. 2

une plaque dans laquelle est pratiqué un orifice circulaire o. Un peu au-dessous de cet orifice dans l'intérieur du tuyau ab, on a placé un diaphragme m circulaire aussi, et d'un diamètre un peu plus petit que l'orifice o. Les deux orifices placés l'un au-dessus de l'autre et le diaphragme doivent être concentriques. Lorsque l'eau du biez supérieur arrive dans le tuyau ab, elle s'élance par l'orifice o, mais en forme de veine fortement contractée. La contraction est en effet ici augmentée par le diaphragme qui obstrue le centre de l'orifice et le rend annulaire. Au-dessus du diaphragme, il se forme un petit cône d'eau stationnaire n, dont la grande base se modèle sur le diaphragme lui-même, et dont le sommet rentre un peu dans le tuyau cd. C'est là ce qui détermine la distance qui doit séparer les deux orifices. L'eau se précipite donc dans le tuyau cd, par l'étranglement de la veine ainsi contractée, et s'y élève à une hauteur égale à une fois et demie celle de la chute, si le tuyau est cylindrique, et plus grande encore s'il est conique. Mais arrivée à son maximum d'élévation, l'eau contenue dans le tube cd redescend, détruit le petit cône n, et disperse la veine fluide ascendante, dans l'intervalle qui sépare les deux orifices, jusqu'à ce qu'elle-même cesse de descendre. Alors la veine ascendante se dresse de nouveau en se contractant et les mêmes effets se produisent. Ce mouvement d'oscillation se fait en des intervalles de temps parfaitement égaux. Si l'on voulait recueillir une partie de l'eau ainsi élevée, il faudrait couper le tuyau cd, ou le percer au-dessus du point d'élévation d, le plus haut placé.

Machine de Verra. — C'est une espèce de chapelet hydraulique simplifié. Deux poulies à axe parallèle, autour desquelles s'enroule une corde sans fin unissant l'une à l'autre, forment tout son appareil. L'une de ces poulies est immergée dans l'eau d'un puits, d'un bassin, d'un ruisseau, etc. L'autre est placée à la hauteur même où il s'agit d'élever l'eau, et est munie d'une manivelle avec laquelle on puisse la faire tourner rapidement. La corde doit être suffisamment tendue pour que le mouvement de la poulie immergée suive celui de la supérieure. Aussitôt qu'on fait tourner la manivelle, la corde sort du puits d'un côté, et s'y plonge de l'autre. Autour d'elle, dans les interstices de sa surface, pénètre, et adhère suffisamment une certaine quantité de liquide, qu'elle transporte et abandonne en passant autour de la poulie d'en haut. Mais la hauteur la plus grande à laquelle on puisse élever l'eau par ce moyen, n'est guère que de trois ou quatre mètres. Au lieu d'une seule corde, on peut en employer plusieurs à la fois, d'autant plus que par leur ensemble elles ont beaucoup plus de prise sur le liquide à élever. Dans ces derniers temps, quelqu'un a proposé d'employer, pour élever l'eau, des pièces d'étoffe enroulée autour de cylindres. On voit que ce n'est qu'un perfectionnement de la machine de Verra.

Canne hydraulique. — Imaginez un tube fermé à l'un de ses bouts par une soupape, recourbé à l'autre près de l'orifice, pour la sortie facile du liquide, et mu verticalement par un appareil quelconque au-dessus de l'eau d'un puits, où son orifice à soupape soit plongé. La plus grande partie du tube doit se trouver hors de l'eau, soit lorsqu'il monte, soit lorsqu'il descend, si les mouvements de haut en bas sont vifs et prompts, l'eau du puits soulève la soupape et pénètre dans la canne, pendant que celle qui y était contenue d'abord, s'échappe par l'orifice supérieur.

Machine de Vialon. — Autour d'un arbre vertical, soutenu par des collets qui lui permettent de tourner, s'enroulent deux tuyaux en forme d'hélice, et d'un diamètre égal. Les deux hélices égales en longueur, et tournées en sens contraire; c'est-à-dire que les orifices inférieurs se regardent, l'un des tuyaux s'enroule à droite, et l'autre, à gauche de l'arbre vertical, jusqu'à ce qu'ils se réunissent et se coudent en un seul vers le haut, où ils ont un orifice commun qui déverse l'eau élevée. Les orifices inférieurs sont baignés par l'eau d'un puits et armés chacun d'une soupape. L'appareil fonctionne, lorsqu'on fait faire à ces orifices des excursions à droite et à gauche, à l'aide d'un levier attaché à l'arbre qui tourne avec eux. Dans l'une des excursions, l'eau par sa pression ouvre la soupape d'un des orifices et monte dans son tuyau, en chassant celle qui s'y trouvait d'abord. Dans l'excursion contraire, c'est la soupape de l'autre orifice qui s'ouvre, et ainsi de suite.

Machine centrifuge. — Un arbre vertical, muni d'une manivelle à sa partie supérieure, peut tourner sur deux tourillons, et sa partie inférieure plongée dans l'eau. Autour de cet arbre sont rangés plusieurs tuyaux, qui forment comme les arêtes d'un cône tronqué, dont l'arbre serait l'axe et dont la petite base serait placée en bas. Le bout inférieur des tubes est donc très près de l'axe de rotation, tandis que le bout supérieur en est d'autant plus éloigné, qu'on voudra porter le liquide plus haut, ou qu'on voudra faire tourner moins vite tout le système. Dès qu'on le fait tourner en effet, l'eau contenue dans les tubes (des soupapes placées à leur partie inférieure, ayant permis de les remplir), s'échappe, en vertu de la force centrifuge, par les orifices supérieurs, avec plus ou moins de violence, suivant que le mouvement circulaire est plus ou moins vif. L'eau du puits vient à mesure remplir le vide dans les tuyaux. C'est donc une sorte de machine aspirante. Il nous serait impossible de donner une idée plus exacte de ces machines, sans entrer dans des considérations et des calculs qui nous mèneraient trop loin.　A. C.

MACHINE DE GUERRE. Les machines qui tenaient lieu d'artillerie aux Grecs et aux Romains, soit pour les siéges, soit pour faire la guerre en pleine campagne, étaient des assemblages de plusieurs pièces que l'on portait sur des chariots, les unes montées, les autres démontées, selon leur grosseur. On les employait à lancer des pierres ou des traits, à battre les murailles et les remparts pour les renverser. Les machines les plus connues pour les siéges étaient la tortue, la catapulte, la baliste, la grue, les béliers, les tours mobiles, l'hélépole. (*Voyez* ces mots). Outre les machines ci-dessus indiquées, les anciens en avaient aussi sur leurs vaisseaux de guerre, tels que les dauphins, les mains de fer et les corbeaux. Les Romains se servaient en outre de cordes et de leviers (*vectibus*), pour retirer de l'eau un bâtiment, sous lequel on plaçait des rouleaux. On distinguait surtout la machine appelée *hélice*, qu'Archimède inventa pour cet usage. Les machines de guerre ne furent connues des Grecs qu'après l'époque de la guerre de Troie : quelques-uns cependant prétendent qu'on employa des échelles dans la guerre de Thèbes. (*Diod. de Sic.*) Les autres machines sont d'une date postérieure, excepté le bélier, dont on fait remonter l'invention à l'époque du siège de Troie. Il paraît cependant que les principales machines ne remontent pas plus haut que la guerre du Péloponèse. L'hélépole ne fut inventée que plus tard par Démétrius Poliorcète.

MACHINE. *Machine infernale* (hist.), se dit fréquemment d'un vaisseau chargé de poudre et de projectile, avec lequel l'ingénieur Jambelli détruisit la digue qu'Alexandre de Parme avait construite devant Anvers en 1585, il se dit aussi d'un brûlot avec lequel les Anglais tentèrent d'incendier Saint-Malo en 1699. Il se dit plus particulièrement d'une charrette chargée de poudre, par l'explosion de laquelle des conspirateurs tentèrent de faire périr Napoléon, alors premier consul, le 24 décembre 1800. La machine infernale était placée dans la rue Saint-Nicaise.

Machines simples (mécan.), se dit du levier, des cordes et poulies, du treuil, du plan incliné, de la vis et du coin. Les machines simples ou composées, sont des instruments à l'aide desquels ont peut économiser du temps en employant de la force, mais aucune ne peut produire la force; c'est en cela que les moteurs diffèrent des machines.

Machine (écon. polit.), se dit des instruments et même des outils les moins compliqués dont l'industrie se sert pour tirer de l'utilité des matériaux, ou agents naturels. Une bêche est une machine.

Machine à feu, s'est dit primitivement de la machine à vapeur.

Machine (technol.), composition de cire blanche et de souffre, qui sert à blanchir les points du talon des souliers.

MACHINER, v. a., former en secret quelque mauvais dessein contre quelqu'un, faire des menées sourdes pour lui nuire, pour le perdre.

MACHINISTE, s. m., celui qui invente, construit ou conduit des machines.

MACHOIRE, s. f., (*méd.*), c'est par ce nom qu'on désigne les pièces osseuses qui supportent les dents des animaux vertébrés. Elle se divise en mâchoire supérieure et mâchoire inférieure. Cette dernière s'appelle mâchoire diacranienne parce qu'elle est unie au crâne par une articulation lâche et ligamenteuse; l'autre au contraire est immobile et harmonieusement articulée avec la boîte crânienne. *Mâchoire*, se dit par analogie, dans plusieurs arts, de deux pièces de fer qui s'éloignent et se rapprochent pour assujettir un objet, pour le serrer, le tenir ferme et fixe. Il signifie également la partie du chien du fusil qui porte la pierre.

MACK (CHARLES, baron DE), général autrichien, né en 1752 à Neuslingen en Franconie, mort en Bohême en 1026, ne soutint point comme tacticien la réputation que son courage lui avait méritée. Investi du commandement en chef des forces napolitaines, il se rendit au général Championnet, fut conduit en France comme prisonnier de guerre, s'évada malgré sa parole donnée, obtint de nouveau un commandement dans l'armée autrichienne, et signa la capitulation d'Ulm. Les vainqueurs lui permirent de se rendre à Vienne; mais, livré à une commission militaire, il fut condamné à mort. L'empereur commua cette peine en une détention qui ne fut pas de longue durée : Mack sortit au bout d'un an de la forteresse de Spielberg.

MACKENSIE (GEORGE), savant écossais, né à Dundée, en 1636, fut avocat et conseiller privé du roi Charles II: on lui ôta en lui rendit ses charges sous Jacques II; mais il les abandonna en 1689, et mourut à Londres, le 8 mai 1691, il s'occupa toute sa vie de la philosophie et des lois, et écrivit des ouvrages relatifs à ces matières. Tels sont : 1° *Le Vertueux*, ou le *Stoïque*, in-8°; traité de morale dans lequel l'auteur est peint lui-même; 2° *Paradoxe moral, qu'il est plus aisé d'être vertueux que vicieux*, in-8°; 3° *De humanæ mentis imbecillitate*, Utrecht, 1699, in-8°; 4° *Lois et coutumes d'Ecosse*, vol. in-f°., qui renferme beaucoup de recherches. Les œuvres complètes de Mackensie ont été imprimées à Edimbourg, en 1716, 2 vol. in-f°., on trouve des détails sur cet auteur dans les *Mémoires* du père Nicéron. Il faut le distinguer de George Mackensie, médecin d'Edimbourg, qui a donné en 1708 et 1711, 2 vol. de *Vies des écrivains Écossais*, et une *Histoire de la santé*, 1 vol.

MACKENZIE(HENRI), né en 1746 à Edimbourg, où il mourut le 14 janvier 1831, fut successivement avocat général à la cour de l'échiquier écossais, et contrôleur des taxes en Ecosse. On retrouve en lui quelque chose du jugement de La Mothe, de la finesse de Fontenelle et du talent gracieux de Florian. En 1768, il publia sous le voile de l'anonyme l'*Homme sensible*, qui, lorsque l'auteur fut connu, lui valut de nombreux applaudissements. La suite de l'*Homme sensible*, intitulée l'*Homme du monde*, a moins de mérite; mais on y reconnaît toujours le pinceau suave de Mackenzie aussi bien que dans *Julie de Roubigné*, autre ouvrage en forme de lettres. Mackenzie fut pendant longtemps l'éditeur de deux journaux littéraires intitulés : l'un le *Miroir*, et l'autre l'*Oisif*.

MACKI (JEAN), joua un rôle dans les guerres qui suivirent la révolution qui chassa Jacques II du trône. Cet aventurier mourut à Rotterdam, en 1726, avec la réputation d'un génie actif, mais inquiet et turbulent. On a de lui : un *Tableau de la cour de Saint-Germain*, 1691, en anglais, in-12; *Mémoires de la cour d'Angleterre sous Guillaume III et Anne*, traduits en français à La Haye, en 1733, in-12. Ils offrent plusieurs anecdotes curieuses.

MACKINTOSH (JAMES), né en 1766, dans le comté d'Inverness, mort en 1832, se fit recevoir docteur en médecine, à l'université d'Edimbourg, mais n'exerça jamais la profession de médecin. Ses goûts le portaient vers la littérature, la morale, la politique et la philosophie spéculative. Après avoir visité le continent en 1789, il fit paraître en 1791, et en réponse aux *Réflexions* de Burke contre la révolution française, un ouvrage intitulé *Vindiciæ gallicæ*. Un décret spécial de l'Assemblée législative lui conféra le titre de citoyen français. Burke, ayant invité l'auteur à le venir voir dans sa retraite, parvint à lui faire adopter ses opinions. Mackintosh publia, en 1799, un Discours sur l'étude du droit de la nature et des gens, qui sert d'introduction aux leçons qu'il donna sur ce sujet à Lincoln's-Inn. En 1803 il défendit Peltier, émigré français, prévenu d'avoir, dans un libelle, provoqué à l'assassinat du premier consul Buonaparte. Mackintosh fut nommé la même année à la place de *recorder* à Bombey. Appelé ensuite à la chambre des communes, il s'y fit remarquer par son esprit d'indépendance. En 1822, on le nomma lord recteur de l'université de Glasgow, où Walter Scott était son compétiteur. On lui doit les ouvrages suivants : *Sur la question de la Régence*, 1789, in-8°; *Vindiciæ gallicæ*, ou *Réponse*, etc. 1791, in-8°; *Discours sur l'étude du droit de la nature et des gens*, 1799, in-8°; *Discours sur les lois anglaises*, 1799, in-8°; plusieurs Articles de critique dans le *Monthly review*; différents morceaux dans la *Revue d'Edimbourg*; une Dissertation sur la science éthique, qui fait partie de l'*Encyclopédie britannique*, et une Histoire d'Angleterre publiée dans l'*Encyclopédie* du docteur Lardner.

MACKENIGHT (JACQUES), ministre presbytérien, né en

1721, à Irwin, dans l'Ecosse méridionale, exerça les fonctions pastorales dans divers lieux de sa patrie, et enfin à Edimbourg, il était savant et habile helléniste, il est auteur de plusieurs ouvrages dont les principaux sont : 1° *Harmonie des évangiles*; 2° une *Traduction des épîtres apostoliques*, d'après le texte grec original, il en donna en 1795 une nouvelle édition, avec un *Commentaire* et des *notes*; 3° un traité intitulé : *De la vérité de l'histoire de l'évangile*, Macknight, mourut dans le mois de janvier 1800.

MACLAINE (ARCHIBALD), théologien Ecossais, fut ministre de l'église anglicane à La Haye, pendant plus de 50 ans; mais en 1796, il quitta ce poste par suite des troubles que la révolution française excitait sur le continent. Il alla se fixer à Bath, où il mourut en 1824, à l'âge de 82 ans. Ses principaux écrits, sont : lettres à *Soame Jenyns*, 1777, in-12; une traduction anglaise de l'*Histoire ecclésiastique*, publiée en allemand, par Mosheim, imprimée d'abord en 1755, 2 vol. in-4°; 2° édition, 1758, 6 vol. in-8°. Traduit en français par Eidous, Maëstricht, 1776, 6 vol. in-8°, les additions à l'édition in-4°, ont aussi été publiées séparément en 1758.

MACLAURIN (COLIN), célèbre mathématicien, né en 1698, à Kilmoddan, en Ecosse, d'une famille noble d'Angleterre, mort en 1745 dans sa 49° année, montra dès l'âge de 12 ans, un goût décidé pour les mathématiques. Ayant trouvé les éléments d'Euclide chez un de ses amis, il en comprit en peu de jours les 6 premiers volumes, il n'avait encore que 16 ans, lorsqu'il imagina les principes d'une *Géométrie organique*, c'est-à-dire d'une géométrie qui a pour objet la description des courbes par un mouvement continu. On a de lui : 1° un *Traité d'algèbre*; 2° une *Exposition de la philosophie newtonienne*, traduite par Lavirotte, Paris, 1749, in-4°, écrite avec trop de confiance et peu d'égards pour les savants qui en méritaient. Il allia ainsi un goût fort mêlées avec les découvertes; accoutumé à démontrer géométriquement, l'auteur ne savait pas douter avec prudence. Il y a des décisions et des censures tranchantes et dures dans des matières où les savants les plus profonds auraient au moins mis de la réserve; c'est ce qui a fait traiter l'auteur de *jeune homme*, par ceux qui, ayant plus de droit de prendre ce ton-là, étaient bien loin de l'employer; un *Traité des fluxions*, traduit par le père Pezenas, Paris, 1749, 2 vol. in-4°.

MACLE (min.), espèce de l'ordre des silicates alumineux connue également sous les noms de chiastolithe; hohlspath, andalousite. D'après l'analyse de quelques chimistes, le macle paraît être un silicate simple d'alumine, dans lequel la quantité d'oxygène de l'acide serait les trois quarts de celle de la base. Cette substance est vitreuse, translucide, de couleur grise ou rougeâtre, et cristallisée en prismes rhombiques droits de 91° 1/2. Elle est infusible, insoluble dans les acides et assez dure pour rayer le quartz. Le macle comprend deux variétés principales, longtemps regardées comme des minéraux distincts, et connues sous les noms de macle proprement dit et d'andalousite; mais leur analogie a été admise par les minéralogistes modernes; 1° le macle ou chiastolithe. Cette variété, dont le caractère le plus remarquable est de montrer sur la coupe transverse de ses prismes une croix noire en forme de X, est due à une matière noire qui en occupe le centre, les diagonales et les angles et qui est ordinairement de même nature que la roche, au milieu de laquelle le macle a cristallisé. Cette matière étrangère affecte la forme d'un rhombe au centre et aux extrémités, et quelquefois les lignes noires situées diagonalement se ramifient en lignes parallèles aux côtés de la base, en sorte que le cristal paraît composé de plusieurs couches d'andalousite séparées par des couches de matière étrangère. Haüy considérait le macle comme un cristal simple souillé d'une substance étrangère qui s'y était déposée d'une manière régulière et symétrique; cette opinion est partagée par M. Bendant. Le macle se trouve disséminé dans le schiste argileux principalement; 2° l'andalousite que Haüy avait d'abord nommé feldspath apyre est ordinairement d'un rouge violet ou d'un gris de perle. En prismes rhomboïdaux presque carrés. Elle se trouve en cristaux disséminés ou implantés dans les terrains anciens de cristallisation, notamment dans les granites et gneiss du Tyrol et de la Saxe. Son nom vient de ce qu'on l'a découverte la première fois dans l'Andalousie. J. P.

MACLOT (EDMOND), chanoine prémontré, mort dans son abbaye de Létange, en 1711, à 74 ans, est auteur d'une *Histoire de l'Ancien et Nouveau Testament*, en 2 vol. in-12, dans laquelle il a mêlé quantité d'observations et de remarques théologiques, morales et historiques. Cet auteur avait beaucoup lu, mais il manqua quelquefois de discernement. Le religieux était plus estimable en lui que l'écrivain; ceux qui l'ont connu ont loué également sa piété, sa modestie et sa politesse.

MAÇON, s. m., ouvrier qui travaille à tous les genres de constructions, d'ouvrages pour lesquels on emploie principalement de la pierre, de la brique, du mortier, du plâtre. Prov. et fig., c'est un maçon, se dit d'un ouvrier qui travaille grossièrement sur des ouvrages délicats. Maçon se dit quelquefois pour Franc-Maçon.

MACON (*Matisco*), ancienne ville forte de l'ancienne Bourgogne, bâtie sur le penchant et aux pieds d'un coteau à droite de la Saône, est aujourd'hui le chef-lieu du département de Saône-et-Loire. Cette ville, qui existait avant l'invasion des Romains dans la Gaule, était alors comprise dans le territoire des Eduens. Les Romains y établirent une fabrique de flèches et javelots, et l'importance qu'elle acquit sous leur domination est attestée par les nombreux débris d'antiquités qu'on y découvre encore de nos jours. Saccagée en 451 par Attila, elle fut brûlée en 720 par les Sarrasins et saccagée de nouveau, un siècle après, par Lothaire, qui se vengea sur elle des comtes Bernard et Guérin. Louis et Carloman l'assiégèrent en 880, et Boson s'efforça en vain de la défendre; les Hongrois en 924, et en 1001 les Ecorcheurs la pillèrent et la détruisirent en partie. Cette ville eut beaucoup à souffrir pendant les guerres de religion. On remarque à Mâcon l'ancien palais Montrevel, l'église de Saint-Vincent, l'Hôtel-Dieu, un beau quai le long de la Saône, l'hôtel-de-ville, l'arc de triomphe. Elle possède plusieurs fabriques d'étoffes de laine, et est le siège d'une société des sciences, arts et belles-lettres. Son commerce principal consiste en vins dits de Torreins, de Pouilly et autres, raisiné, dit Cotignac, qu'elle envoie dans toute la France et à l'étranger. 16,980 habitants.

MAÇON (ANTOINE DE), trésorier de l'extraordinaire des guerres, était attaché à la reine Marguerite de Navarre, sœur de François Ier. Ce fut à sa sollicitation qu'il traduisit le *Décameron* de Bocace, Paris 1545, in-fol., et souvent depuis in-8°. Les dernières éditions sont corrigées, ainsi que les italiennes. C'est lui qui a pris soin des éditions des œuvres de Jean Lemaire, in-fol., et de celles de Clément Marot. Il est encore auteur des *Amours de Phydie et de Gélasine*, Lyon, 1550, in-8°. Si l'on en juge par le choix des sujets sur lesquels il a travaillé, il avait peu de goût et de talent pour les choses sages et utiles.

MACONNAIS, petit pays de France, dépendant autrefois de la province de Bourgogne, compris aujourd'hui dans le département de Saône-et-Loire. Il avait pour bornes au N. le Chalonnais, au M. le Beaujolais, à l'E. la Saône qui le séparait de la Bresse, et à l'O. le Charolais et le Briennois. Compris du temps de César dans le territoire des Eduens, et sous Honorius dans la première Lyonnaise, il fut envahi par les Bourguignons à la fin du IVe siècle, passa ensuite sous la domination des Francs, eut sous les rois de la seconde race des comtes amovibles, et après l'usurpation de Boson, des comtes héréditaires, lesquels s'éteignirent vers 1240. Saint-Louis réunit le Mâconnais à la couronne de France donné par le dauphin Charles à son frère Jean, comte de Poitiers, par lettres-patentes (1359), le comté de Mâcon fut érigé la même année en pairie. Le comté revint à la couronne en 1415, après la mort du prince Jean, en 1435, par le traité d'Arras, il fut cédé avec plusieurs autres seigneuries à Philippe-le-Bon, duc de Bourgogne, puis réuni de nouveau à la couronne par Louis XI après la mort de Charles-le-Téméraire. En 1529, le traité de Cambrai assura le Mâconnais à la France, ce qui fut confirmé en 1544 par le traité de Crespy.

MAÇONNER, v. a. travailler à un bâtiment, à une construction, en employant de la pierre, de la brique, etc. Il signifie aussi boucher une ouverture avec de la pierre, du mortier, du plâtre, etc. Il signifie figurément et familièrement travailler d'une façon grossière.

MAÇONNERIE, s. f., ouvrage de maçon.

MAÇONNERIE (FRANC-). Quelle est l'origine de la franc-maçonnerie? Voilà une question qui a beaucoup exercé la science conjecturale de certains critiques. Le genre humain a une telle conscience de son unité d'origine, un tel amour des ancêtres illustres, qu'il cherche à rattacher les peuples et les institutions, mêmes modernes, aux cycles ténébreux des patriarches et des temps primitifs. La franc-maçonnerie,

avec ses mystères et ses rites, prêtait admirablement à ces rêves généalogiques. Aussi n'a-t-on pas manqué de constater la parenté de ses initiations avec celles des antiques mystères de l'Egypte et des redoutables initiations des cultes de l'Asie. D'autres, plus ambitieux encore, s'appuyaient sur son nom, commentaient ses emblèmes, ses symboles, pour rattacher son origine et son institution à la construction des temples juifs, à Salomon, à la tour de Babel et enfin à Noé, le grand constructeur biblique. Ils ont daigné s'arrêter au déluge. Malheureusement pour ces brillantes et poétiques exégèses, des hommes positifs sont venus, et de leurs froids raisonnements ils ont renversé, avec un barbare calcul, toutes ces belles hypothèses. Selon ceux-ci, la franc-maçonnerie serait de deux ou trois mille ans plus jeune que ne l'a faite le zèle des antiquaires. Elle aurait pris naissance au milieu de ces pieuses confréries de maçons et d'architectes qui, au moyen âge, allaient de ville en ville, de contrée en contrée, construire ces immenses et admirables cathédrales gothiques, qui font encore l'admiration et le désespoir de la science moderne. Ces sociétés avaient des lois, des réglements particuliers et correspondaient vraisemblablement avec des sociétés analogues. Mais il est évident, que ce n'était alors encore qu'une association purement industrielle, une sorte de compagnonage établi dans le but d'assurer du travail à vingt-cinq membres et la conformité de leurs œuvres. Cette institution a bientôt perdu cette sublime destination que lui avaient donnée la piété et le génie du moyen âge. Des passions politiques, les sectes et l'hérésie s'emparèrent de cette dénomination, et de ces symboles vénérés pour abriter derrière eux les trames coupables qu'elles ourdissaient contre la société et contre l'Eglise. C'est sous ce dernier aspect que nous allons examiner la franc-maçonnerie dans cet article. Une semblable étude acquiert une nouvelle importance en face des tentatives que fait en ce moment même cette association pour se donner une organisation nouvelle, et pour renouveler la vigueur d'action qu'elle a perdue depuis longtemps. En effet, malgré l'obséquiosité apparente que montre au pouvoir son comité-directeur, connu sous le nom de *Grand-Orient*, il ne peut empêcher efficacement (si, d'ailleurs, chose douteuse, il a la volonté sincère de le contenir et de le régulariser) le mouvement de réforme et de rénovation qui se manifeste au sein de ce corps, composé d'éléments si divers et si hétérogènes. S'il a publié tout récemment ses statuts réglementaires révisés, il est certain que, dans l'introduction qui précède cette révision, il prône hautement et célèbre en termes triomphants les efforts et les mérites des meneurs révolutionnaires et anti-religieux qui ont présidé aux destinées de la maçonnerie, depuis son funeste établissement sur le sol français. Il est certain que, soit qu'elles se sentent entraînées par une impulsion intérieure et spontanée, soit qu'elles obéissent à une influence secrète, plus élevée, plus hypocrite, et par là plus dangereuse, plusieurs loges de Paris et des départements viennent de prendre des mesures que les amis de l'ordre social et des principes religieux ne peuvent voir avec indifférence, quelque faible que doive être du reste, selon toutes les probabilités, le résultat auquel elles pourront aboutir. Au premier rang de ces mesures, il faut placer la création de Comités de salut public; et ce mot seul révèle des intentions pernicieuses, en réveillant des souvenirs horribles de notre malheureuse révolution. Ces comités ont, avant tout, pour objet une épuration qui frapperait surtout les hommes considérés comme trop faibles dans leur haine contre ce que l'on est convenu d'appeler les préjugés sociaux et religieux, ou comme trop peu propres par une instruction prétendue insuffisante, par une éducation jugée contraire aux idées philosophiques, par une position sociale peu élevée, à seconder efficacement les projets des meneurs et le progrès des prétendus principes maçonniques. Puis ces comités doivent, en vertu d'un pouvoir discrétionnaire, aviser à un mode de recrutement qui attirerait dans l'association des hommes de 30 à 40 ans dont la position serait à peu près établie dans le monde, soit au sein des diverses industries, soit même et surtout au sein du clergé. Une caisse spéciale serait formée, et tous les moyens d'action seraient efficacement préparés. On voudrait ainsi contrebalancer la légitime et salutaire influence qu'a su acquérir la société religieuse de Saint-Vincent-de-Paul, composée précisément d'éléments analogues, mais, Dieu en soit loué! animée d'un esprit tout différent. Puis il s'agirait d'encourager la formation de loges composées de petits industriels, de commerçants de l'ordre inférieur, d'artisans de tous les métiers, lesquels seraient nécessairement sous la direction immédiate de quelques hommes d'un ordre plus élevé, et qui soutiendraient une opposition constante et rigoureuse aux associations d'ouvriers établies avec tant de succès dans quelques paroisses, à Saint-Sulpice, par exemple, sous le nom de Saint-François-Xavier. Là ne s'arrêteraient pas les efforts : on ressusciterait la querelle si vieille déjà, et, pour ainsi dire, éteinte, entre l'enseignement primaire donné par les philosophes dans les écoles dites *mutuelles*, et l'enseignement primaire donné par les catholiques dans les écoles de nos respectables frères, si injustement flétris du nom d'*Ignorantins*, outrage dont ils ont su faire un titre de gloire. On fonderait donc de nouvelles écoles mutuelles, soutenues par l'argent et dirigées par les instructions de la *Maçonnerie*. Et que l'on ne dise point que ces projets sont le fruit de notre imagination ; car, dans plusieurs grandes villes de France, des écoles de ce genre existent déjà au su de l'autorité, et des tentatives ont été faites pour établir, dans le même esprit, d'autres institutions d'un degré un peu supérieur ; quelques-unes même sont en voie d'activité. De plus, les loges de femmes, dites d'*adoption*, languissantes depuis longtemps, recevraient une organisation et une impulsion nouvelles, afin que l'on puisse agir efficacement contre les saintes confréries de femmes, établies dans nos églises. Des *tenus*, ou réunions communes affermiraient les liens destinés à unir les loges des deux sexes ; et, comme les plaisirs mondains sont un moyen fort efficace de réunion et de solidarité que l'on repousse les moyens que fournit la religion, des bals et des festins auraient lieu périodiquement, où figureraient pêle-mêle les loges proprement dites et les loges d'adoption. Déjà quelques-unes de ces réunions scandaleuses ont été célébrées, pour ainsi dire, publiquement dans des établissements de la banlieue de Paris, renommés pour les actes de licence et presque de débauche dont ils sont habituellement le théâtre.

Enfin, l'adolescence elle-même ne serait pas respectée par les séducteurs. On multiplierait les baptêmes maçonniques, odieuse et insultante dérision du sacrement fondamental de notre sainte Eglise ; on multiplierait les admissions prématurées des *louveteaux*, c'est-à-dire des enfants de francsmaçons, trop jeunes encore pour être reçus régulièrement au nombre des frères ou des sœurs. Nous adjurons les pères de famille qui, trop tôt quelquefois, lancent leurs enfants dans le monde, de redoubler de zèle et d'attentive surveillance. Nous adjurons les ministres des autels, si vigilants déjà, de combattre par tous les moyens que leur donne leur ministère, et par toute l'influence publique et privée qu'ils doivent à leur caractère sacré et à leurs éminentes vertus, d'écraser l'infâme, pour nous servir de l'expression même de nos ennemis, en éclairant les consciences et les esprits, en devinant et signalant les dangers, ainsi que l'a fait déjà la cour pontificale, ainsi que vient de le faire l'épiscopat irlandais. Nous adjurons les commerçants, les industriels, les artisans, les soldats, les légistes, les savants, les professeurs, les artistes, qui se pressent à l'envi dans nos temples révérés, et viennent augmenter chaque jour le nombre de nos associations pieuses, de résister énergiquement aux sophismes par lesquels l'esprit du mal tenterait de les séduire, de veiller sur eux-mêmes, de veiller sur leurs parents, sur leurs amis, sûr tous ceux aux yeux desquels leur position ou leur intelligence leur donnent quelque autorité, de détourner le danger en le signalant avec sincérité et hardiesse ! Nous les adjurons surtout de persévérer dans la voie où ils sont entrés, de ne pas suspendre un instant les beaux exemples que chaque jour ils donnent publiquement au monde, de ne pas interrompre, de multiplier au contraire leurs bonnes œuvres ! C'est là un moyen facile, un moyen honorable, le moyen le plus efficace assurément de réduire encore une fois à néant les tentatives d'une société qui n'a pas, comme nous, le courage de marcher au grand jour, sous le regard du vrai Dieu, qui lit dans le cœur des hommes et juge leurs pensées, comme il juge leurs actions ! Ce n'est pas la première fois, depuis sa fondation par notre divin Sauveur, que l'Eglise a été en butte aux accusations les plus odieuses, aux plus infâmes calomnies. L'histoire nous montre comment elle a répondu à tout par le sang des martyrs et des confesseurs, par le génie lumineux des Saint-Pères, par l'unanimité des conciles, par la ferme et inébranlable vigilance du siége apostolique, par les vertus de ses prélats et de ses ministres, par la foi sincère et impérissable des populations, par les prodiges de civilisation opérés dans toutes les parties

du monde, par une infatigable patience, par une soumission sans borne aux épreuves qu'il a plu à Dieu de lui envoyer. Elle a vu succomber devant elle des sectes innombrables ; la plus formidable des hérésies, elle-même, se débat de nos jours, sous nos yeux, dans ses dernières convulsions ! Que peut-elle craindre, la foi catholique, de la secte maçonnique, déjà ruinée ; mais dont les débris essaient de se reconstituer ? Ses craintes, à ce sujet, ne pourraient être sérieuses ; pourtant il y a du salut de quelques âmes, et les pasteurs, à la conduite desquels elle s'est remise, doivent compte à leur conscience et à Dieu de la moindre négligence qui entraînerait l'égarement d'une seule brebis. Ils remplissent trop noblement, trop saintement leur devoir pour qu'ils aient besoin de nos avis ; nous avons cru pourtant nous acquitter aussi d'un devoir en signalant l'un des points sur lesquels doit se diriger surtout leur attention dans ces jours d'alarmes plutôt que de péril réel.

Vers l'époque où Louis XIV descendait au tombeau, les attaques des sectes purement religieuses étaient devenues impuissantes en France contre l'Eglise catholique. Battues constamment sur le terrain de la controverse, écrasées par l'imposante condamnation du saint-siége, contenues dans de justes limites par le gouvernement, elles se rejetèrent d'un autre côté, et firent alliance avec la prétendue philosophie moderne. Celle-ci les entraîna dans la guerre qu'elle suscitait alors non plus seulement à l'autorité religieuse, mais encore à l'autorité politique. Cette ligue d'une nouvelle espèce trouva bons tous les moyens ; elle ne négligea aucune arme loyale ou déloyale pour atteindre le but qu'elle se proposait, et ce but n'était autre que le renversement de l'autel et du trône. Les philosophes comme les sectaires savaient fort bien quels adversaires ils avaient rencontrés dans les ordres religieux, dans ces milices admirables de pureté et de science, comme d'activité et de courage, qui se portaient vivement et au grand jour sur tous les points menacés, dévoilaient tous les sophismes, signalaient et poursuivaient toutes les erreurs et tous les mensonges ; éclairaient et ramenaient tous les hommes de bonne foi, et jetaient le trouble et la désunion dans les rangs ennemis. A ces milices il en fallait opposer une autre ; mais comme il pouvait y avoir du danger à se montrer au soleil, parce que les intentions n'étaient pas droites, et que les gouvernements n'auraient pas longtemps toléré des associations formées dans un but d'anarchie et de destruction ; comme dans tous les ordres de la société les hommes sincères et de bonne foi se seraient indubitablement soulevés contre des confédérations qui eussent ouvertement attaqué les bases sacrées sur lesquelles reposent la religion, la morale publique, l'ordre et la tranquillité des Etats, comme aussi la sûreté des familles, les philosophes, renforcés par les sectaires, organisèrent des sociétés secrètes qui leur permettaient, au moyen d'affiliations bien choisies et d'un recrutement perpétuel, de correspondre entre eux dans tous les pays de l'Europe, de compter et d'augmenter le nombre de leurs partisans, de répandre de proche en proche le poison de leurs doctrines subversives, et de créer enfin cette puissance occulte qui finit par dominer les masses ignorantes en les égarant, jusqu'au jour où fatiguées d'excès sauvages et de saturnales sanglantes et impies, ces masses abandonnèrent leurs séducteurs pour revenir, à jamais, nous devons l'espérer, aux salutaires doctrines qui avaient soutenu la nation dans les siècles antérieurs, et en avaient fait la première nation du monde. Parmi les sociétés secrètes créées ou introduites en France dans la première moitié du XVIIIe siècle, la plus importante et la plus vivace fut celle qui se donna le nom de francmaçonnerie. Nous disons la plus importante et la plus vivace, parce que nous retrouvons son action plus ou moins saisissable dans tous les actes les plus scandaleux et les plus déplorables des temps malheureux que nous avons traversés, et que maintenant encore ses derniers débris s'agitent autour de nous. Or, c'est cette société dangereuse que nous nous proposons d'étudier, afin de la dévoiler tout-à-fait, et de détourner les esprits faibles des piéges qu'elle ne cesse, même de nos jours, de leur tendre pour les attirer dans son sein. Nous établirons : 1° qu'elle a été fondée sur le mensonge ; 2° qu'elle a toujours été et est encore anti-chrétienne, et développe dans son sein toutes les monstruosités du panthéisme ; tous les excès d'impiété, les principes les plus dangereux pour la morale et la société.

I. *La franc-maçonnerie est fondée sur le mensonge, d'abord quant à son origine.* — En effet, elle ne remonte en France qu'à l'an 1725 au plus, sans que l'on sache positivement d'où ses jongleries ont été importées dans notre pays. Ses partisans les plus raisonnables n'osant pas avouer la vérité en la signalant comme le produit de l'alliance formée alors entre les sectaires vaincus et les sophistes prêts à dominer, la font venir d'Ecosse, où ils prétendent la trouver établie dès la fin du xvi° siècle. Ils ne s'aperçoivent pas que si l'on admet l'exactitude de leur assertion, on est encore amené à voir que la franc-maçonnerie écossaise se serait formée au moment des révoltes religieuses et politiques qui agitèrent ce pays à l'époque indiquée, et que si on lui attribue les principes qu'elle cherche plus tard à propager en France, elle se serait composée d'hommes qui ne voyaient que des demi-mesures dans les prétendues réformes alors réclamées, et qui, trop faibles encore pour appliquer à fond la magnifique devise : *Egalité, fraternité ou la mort*, se réunirent dans l'ombre pour former une conspiration permanente dans le but de préparer l'application de cette formule. Ce serait-là une effroyable origine ! Des zélateurs plus ardents rattachent le berceau de la franc-maçonnerie au bûcher des Templiers. C'est-là un mensonge évident ; mais, dans ces derniers temps, il a été exploité avec une triste insolence par les prétendus Templiers modernes, qui se prétendaient supérieurs à la maçonnerie elle-même, et avaient fait une bizarre alliance avec le primat Châtel, en lui donnant l'investiture de sa dignité, et qui enfin ont fini par s'évanouir devant l'indignation des dupes, devant la méprisante tolérance des tribunaux, et devant les huées du public désintéressé. J'ai dit plus haut qu'il est des hommes d'une crédulité robuste qui admettent et vous affirment que les francs-maçons actuels descendent en droite ligne et sans interruption des habiles ouvriers employés à la construction du temple de Salomon, et cette version se répète en effet parmi les respectables frères à chaque tenue de loge ; elle se prouve par les noms donnés aux deux colonnes, c'est-à-dire aux deux rangées de banquettes sur lesquelles s'assoient les frères en loge ; elle se prouve encore par le nom d'Orient, donné à la place où siège le président de l'assemblée, appelé modestement le vénérable ; elle se discourt par les tabliers, équerre, compas, maillets, etc., qui composent l'accoutrement de chaque frère ; elle se prouve enfin par les mots hébreux qui servent de mots sacrés, et par mille autres indices tout aussi valables. Nous avons ajouté que cette antiquité n'est pas encore assez respectable aux yeux de certaines gens ; la maçonnerie, selon ces fanatiques, remonte aux temps les plus ténébreux de l'Egypte, et a conservé les sages traditions de ce pays, où l'on adorait des animaux, des légumes, etc., et où l'on a construit de superbes monuments avant même le temps du déluge. Cette origine, qui n'est pas plus vraie que les autres, a du moins quelque chose de piquant pour les hommes instruits de l'histoire ancienne, et qui savent les traitements odieux auxquels étaient soumis les maçons, fort peu libres, de l'antique Egypte. Raconter ces fables, qui se répètent et s'acceptent journellement avec une imperturbable gravité, c'est les réfuter ; leur simple énoncé suffit pour établir que la franc-maçonnerie est mensongère quant à son origine. Elle est de plus mensongère quant à son action et quant à sa fin ; car, fondée sur un secret enseignement, elle n'en donne jamais à tous ses membres le dernier mot ; il faut avoir passé par une longue suite de grades pour arriver à le posséder ; les frères dirigeants le connaissent seuls. Malheureusement l'histoire des cinquante dernières années l'a fait entrevoir au monde entier. En parlant à ses néophytes de tolérance religieuse et de philanthropie, en représentant ces deux vertus factices comme la double base de sa doctrine, elle leur ment impudemment. Elle cherche à les endormir, à leur faire illusion, à les entraîner graduellement dans l'abîme ; s'ils ne semblent pas assez résolus, assez trompés, elle les laisse languir dans l'apprentissage ; mais dès qu'ils manifestent, par des forfanteries d'incrédulité et de courage extérieur, les conditions nécessaires, elle les fait passer à un grade supérieur ; puis, après de nouvelles garanties, à un grade un peu plus élevé, et ainsi de suite, jusqu'au moment où elle leur révèle que le secret de l'ordre consiste dans la plus épouvantable intolérance, c'est-à-dire dans la proscription de toute religion, surtout dans la guerre la plus acharnée à la religion chrétienne ; et se résume dans cette devise d'un homme à jamais réprouvé par les cœurs honnêtes : *Ecrasons l'infâme !* De même que tous les moyens essentiels d'arriver au but se résument dans cet autre précepte du même hiérophante : *Mentez, mentez tou-*

jours ! — Une autre tendance de cette secte, c'est la ruine du pouvoir royal, auquel elle cherche à substituer son propre pouvoir, et cela encore est si vrai, qu'elle prêche l'égalité, la fraternité absolue et matérielle entre les hommes et proclame la guerre aux *tyrans* qui, dans son langage, ne sont autres que les rois ; cela est si vrai, que tout *frère*, revêtu du grade d'élu, porte pour insignes, un ruban noir, orné d'une tête de mort avec deux ossements en croix, et au-dessous un poignard. N'est-ce pas là l'expression allégorique la plus franche de cet horrible cri tant de fois proféré au milieu des scènes les plus effroyables de notre révolution : *Fraternité ou la mort !* La maçonnerie est donc mensongère dans son action, puisqu'elle se couvre de fausses vertus pour aboutir aux plus tristes aberrations ; elle est mensongère quant à son but, puisqu'elle prétend conduire les hommes au bonheur par la sagesse, et qu'elle les conduit au désordre par la haine de la religion révélée et de l'autorité temporelle la plus sage qu'ils puissent reconnaître.

Après avoir établi que la franc-maçonnerie est fondée sur le mensonge, nous devons faire voir qu'elle a toujours été et qu'elle est encore anti-chrétienne, et qu'elle développe dans son sein toutes les monstruosités du panthéisme. Il est certain que si nous démontrons l'antipathie actuelle de la secte dont nous nous occupons pour le christianisme, il sera évident que cette antipathie l'a caractérisée dès son origine ; car cette société, dont, comme nous l'avons vu, l'institution est assez récente, se vante de n'avoir rien changé à ses principes primitifs, et de les conserver au contraire dans toute leur prétendue pureté. D'ailleurs, pour les temps qui ont précédé le nôtre, son hostilité à la religion chrétienne est irréfragablement prouvée par les ouvrages maçonniques imprimés, et par l'alliance des maçons (alliance constamment prônée par eux-mêmes) avec les sectaires et les philosophes ; c'est-à-dire avec quiconque se fait gloire de repousser l'autorité. Examinons donc ce qui se passe actuellement dans les loges maçonniques à la réception d'un membre au grade le plus bas, c'est-à-dire au grade d'apprenti ; les faits dont nous pouvons garantir l'authenticité, parlent ici plus haut que tous les discours. Rappelons-nous seulement que le grade d'apprenti est le premier des grades symboliques ; que par conséquent, les épreuves qu'il comporte ne sont que des allégories, des sortes de mythes qui doivent se compléter en se simplifiant dans les deux autres grades symboliques, à savoir dans ceux de compagnon et de maître, pour recevoir successivement leur explication nette et catégorique à mesure que le franc-maçon avance dans les grades dits philosophiques. Le néophyte doit ignorer qu'il est présenté comme tel à une loge ; sa candidature est appuyée par deux parrains, qui répondent de sa moralité, de sa capacité, de sa volonté (nous verrons plus tard comment la secte entend ces trois qualités). Mais, dans l'état actuel des choses, il est impossible de supposer cette ignorance ; et, dès le premier pas, on rencontre un mensonge. Si la candidature est acceptée par les frères assemblés sous la présidence du vénérable, on prend jour et heure pour la réception. Le frère terrible, celui qui est chargé, sous l'inspiration du vénérable, de la direction des épreuves, et qui doit constamment surveiller le néophyte, le conduit, à la suite de mille détours, dans un local dont celui-ci est censé ignorer la situation. Là, après quelques instants d'attente dans une salle extérieure, où souvent l'imagination se prépare par l'usage (du reste en général modéré) des liqueurs fortes, le terrible, après avoir bandé les yeux au récipiendaire, l'introduit, non sans lui avoir fait faire de nouveaux détours, dans le cabinet des réflexions. La disposition de ce cabinet varie selon les loges, mais il doit toujours s'y trouver un squelette ; souvent le mur est chargé d'inscriptions, sur une table sont déposés du papier, une plume, de l'encre, un morceau de pain noir et une triste bougie de mauvaise cire jaune, qui répand dans un cercle étroit une lumière douteuse et triste ; devant cette table est une misérable chaise foncée en paille. Le néophyte, dans ce cabinet, retrouve l'usage de la vue, et reste abandonné à lui-même. Son premier soin est naturellement d'examiner les lieux, et, comme les regards de l'homme, dans la solitude surtout, se laissent frapper plus vivement par le spectacle le plus triste, le récipiendaire regarde tout d'abord le squelette ; ordinairement, celui-ci est étendu sur une paille rare et jetée là depuis longtemps ; ses extrémités inférieures sont à peine cachées par une pauvre couverture de laine ; sa tête, renversée en arrière, repose sur un cahier de papier, qui semble jauni par le temps, et qu'enveloppe un vieux débris de papier grisâtre.

Le néophyte veut savoir ce que renferme ce cahier; il le prend donc, l'ouvre, et le trouve quelquefois vierge de toute écriture; mais si, dans la loge, on possède un homme assez habile pour tracer tant bien que mal quelques caractères quasi-gothiques, il pourra y lire le prétendu procès-verbal du prétendu meurtre du très digne franc-maçon dont il a le cadavre sous les yeux, lors de l'effroyable massacre des vrais francs-maçons, des défenseurs de la raison humaine contre la tyrannie et la superstition, dans l'exécrable nuit de la Saint-Barthélemy. Or, n'est-ce pas là un premier appel à la haine de l'autorité religieuse, une protestation contre le néant du catholicisme, et par conséquent une négation des plus fondamentales vérités que Dieu ait révélées aux hommes? Que le néophyte comprenne ou non ce premier symbole, il remet le papier où il l'a pris, et poursuit son examen. Les inscriptions, selon toutes les probabilités, fixent son attention. Il y voit de ces sentences banales de la loge, d'une vulgaire morale sur le néant des choses humaines, sur l'obligation de se dévouer pour ses frères, sur le devoir de sacrifier sa vie et sa fortune pour la cause sacrée de l'humanité, sur la nécessité de garder un inviolable secret pour tout ce qui touche les mystères et les travaux d'une grande société dans laquelle on serait admis, etc. Mais du Dieu des chrétiens, de l'immortalité de l'âme, des peines et des récompenses dans une autre vie, du respect dû aux choses réellement saintes, il n'en n'est pas écrit un seul mot sur ces tristes murs! Ici donc, il est évident que les inscriptions s'accordent avec le prétendu procès-verbal placé sous la tête du squelette; elles complètent les doutes d'un homme dont l'imagination peut avoir été vivement frappée par tout ce qu'il a vu jusqu'alors, par ces longues contre-marches qu'on lui a fait faire ensuite dans l'obscurité, en le privant de l'usage de la vue. Que si le néophyte ne devine pas l'usage du papier qu'il voit sur la table, une voix mystérieuse lui crie de lire les questions écrites sur cette feuille et d'y répondre de suite par écrit et avec sincérité. S'il ne veut point le faire, si la terreur le saisit, il peut se retirer encore; mais il sera méprisé comme un lâche. Ici donc on fait un appel à sa vanité; ce n'est plus à sa raison que l'on parle, c'est à son amour-propre, à son orgueil, à ses passions en un mot. Le malheureux, étourdi de tant d'assauts, cède presque toujours à une fatale hallucination, étouffe la voix intérieure qui lui crie de repousser la tentation qui l'obsède, et lit les questions auxquelles une autorité invisible exige une réponse. Et quelles sont ces questions? Elles varient selon les loges, mais elles sont toujours dictées par la même idée dominante : Quelle idée vous faites-vous de Dieu? — Que devez-vous à vos semblables? — Que devez-vous à vous-mêmes? — Faites votre testament. Le néophyte répond à ces questions selon le degré d'instruction auquel il est arrivé; mais il ne se doute pas de ce qu'elles renferment d'équivoque et de perfide; il ne le saura que plus tard, dans quelques instants, après avoir subi un interrogatoire en règle. Maintenant qu'il a tout vu, tout examiné dans ce sombre cabinet des réflexions, le terrible revient près de lui et replace le bandeau sur ses yeux; puis, après avoir tourné plusieurs fois dans le même corridor, après avoir plusieurs fois descendu et remonté le même escalier, il est conduit à la porte du conciliabule où sont réunis les frères, et auquel, par une indigne profanation, est donné le nom de temple. Après les formalités d'usage, et qui n'ont rien de remarquable si ce n'est le ridicule dont elles sont empreintes, les portes du temple sont ouvertes au récipiendaire. On le fait asseoir, toujours les yeux bandés, en face de la table à laquelle est assis le vénérable, et que, par une autre profanation, on appelle l'autel. En ce moment commence l'interrogatoire; il perte d'abord sur les questions auxquelles le néophyte a répondu déjà par écrit; mais on en ajoute d'autres, posées tantôt par le vénérable lui-même, mais surtout par l'homme de la loge auquel ont été reconnues la parole la plus facile, la plus grande adresse pour les jongleries du genre de celle-ci et la plus grande subtilité de sophismes. Cet officier est appelé orateur. Il fait porter ses questions sur l'insignifiance des cultes, quels qu'ils soient, sur le peu d'importance que, selon sa secte, on doit attacher aux dogmes de telle ou telle religion en particulier, sur les avantages et la nécessité de la tolérance religieuse la plus illimitée; ensuite, mais avec beaucoup plus de précaution, il sonde les idées du patient sur la liberté, sur l'égalité des hommes entre eux, sur les progrès qu'a fait la liberté, sur ceux qu'elle fera encore, sur les échecs que la tyrannie a éprouvés, etc. Et, comme ces questions sont posées avec une certaine adresse, comme d'ailleurs

le patient a peut-être hâte de voir la fin de la comédie, il répond d'ordinaire à la plus grande satisfaction de l'auditoire. On lui demande alors s'il persiste à vouloir être maçon, s'il se sent la force de se dévouer à un ordre aussi parfait; dans le cas contraire, on lui laisse encore la liberté de se retirer. S'il persiste, on procède aux dernières épreuves, à celles du fer, du feu et du sang. Elles n'ont aucun caractère religieux, nous pouvons l'affirmer, et semblent toutes renouveler des temps les plus féconds en sourdes trames politiques, en dangereuses conspirations. Ces épreuves subies, le candidat recouvre enfin tout-à-fait l'usage de la vue; mais il ne peut contempler encore dans tout son éclat la pompe qui environne le vénérable assis sur l'Orient et ses nombreux assistants des grades supérieurs. Une lueur pâle et tremblante de quelques cassolettes où brûle l'esprit de vin éclaire tristement le temple; le néophyte, tourné vers l'autel, prête à genoux un serment dont doit être témoin le grand architecte de l'univers (Dieu suivant le langage maçonnique); et ce serment, au lieu de sanction religieuse, n'a d'autre sanction que la terreur, des menaces de mort et de persécution dans ce monde, s'il est rompu ou violé. Le serment prêté, le néophyte est invité à faire face aux frères qui, debout sur deux lignes, tournent contre lui, d'un air menaçant, la pointe de leurs épées, et à ses pieds est étendu dans un linceul taché de sang, le cadavre d'un frère qui, dit-on, a trahi sa foi et reçu le châtiment de ce crime. En ce moment solennel, toutes les lumières se rallument, le temple brille de l'éclat de mille bougies qui se reflètent dans des glaces nombreuses et éclairent les tentures chargées de broderies d'or, et les ornements prétentieux dont sont couverts les frères des grades supérieurs. C'est alors que le nouveau franc-maçon reçoit le tablier blanc de l'apprenti, et, chose fort édifiante, une paire de gants blancs destinés à la personne qu'il aime le plus. Les frères ont déjà repris place sur les deux colonnes, le nouvel initié est solennellement reconnu et installé; les propositions nouvelles se font et se discutent, les quêtes se recueillent, et l'orateur termine par un discours rempli de lieux communs philosophiques et anti-religieux la comédie que l'on vient de jouer, et dont le nouveau reçu paie naturellement les frais, qui s'élèvent au moins à quatre-vingts francs. A Paris, on se sépare alors pour se répandre dans les cafés et dans les cabarets du voisinage; dans quelques loges de province on a plus d'égard à la fatigue des principaux acteurs, et une collation fort modeste est offerte au frère nouvellement admis, dans la salle destinée aux travaux de mastication et où l'on voit dominer d'ordinaire le buste du très illustre frère Lafayette. Dans cette réception au premier grade, la franc-maçonnerie se montre donc hostile au christianisme; elle jette déjà dans le cœur et dans l'esprit de l'homme qu'elle s'affilie les principes anti-religieux et anti-sociaux qu'elle développera bien plus énergiquement dans les grades suivants. Ainsi, la franc-maçonnerie, sous le manteau des idées de science, d'instruction, de philosophie et de saine morale, comme disent ses adeptes, jette la licence et le désordre dans les mœurs et dans les esprits; elle développe tous les penchants d'insubordination et d'orgueil, elle exploite la crédulité de la femme, l'ignorance du prolétaire, l'inexpérience du jeune homme à un âge où il n'a encore ni caractère formé ni position sociale acquise. Sous prétexte de répandre des principes de charité, des idées d'association, elle constitue une société politique armée, ayant son trésor et ses armes, du moment qu'on la laisse faire, et qu'elle renferme en germe toutes les conspirations et toutes les révoltes qui agitent et ébranlent les états. De nos jours, il est vrai, la franc-maçonnerie n'est plus que l'ombre de ce qu'elle était autrefois en France, comme en Angleterre et en Allemagne. Elle est abandonnée d'une part par les hommes d'un esprit élevé, d'une instruction solide, de quelque valeur par leur position sociale. D'autre part, tous les ouvriers laborieux, intelligents et rangés, la repoussent également pour entrer dans les associations religieuses et publiques, où, sous les yeux de tous, ils apprennent, grâce à des doctrines saines et morales, à aimer leur Dieu et leur pays, et à respecter leurs semblables.

J.

MAÇONNIQUE, adj. des deux genres, qui appartient à la franc-maçonnerie.

MACPHERSON (JACQUES), littérateur célèbre, plus connu par la publication des poésies d'Ossian que par ses propres écrits, naquit en 1738 à Kingeusie en Ecosse, d'une famille noble et ancienne, mais peu riche. Elevé dans les écoles du district de Badenoch, et ensuite au collège royal d'Aberdéen, il s'y montra plus spirituel que laborieux, il se fit connaître de ses camarades par plusieurs petites pièces de poésies. Macpherson tint d'abord une école publique dans sa province, mais cédant bientôt à la passion qu'il avait pour la poésie, il se borna à ses travaux littéraires; il fit d'abord imprimer un poème intitulé *The Highlauder* (le montagnard): cet opuscule fort médiocre laissa son auteur dans l'obscurité la plus complète; en 1760 il publia les *Fragments de poésie ancienne recueillis dans les montagnes d'Ecosse, et traduits de la langue gallique*. Ces poésies eurent un succès prodigieux, la lyre d'Ossian retentit dans toute l'Europe, et un grand nombre de savants en firent un éloge pompeux. Mais au moment où l'on admirait les chants mélancoliques des anciens bardes écossais, des critiques s'élevèrent et accusèrent Macpherson d'avoir publié ses propres ouvrages dans la traduction des poésies d'Ossian. Le docteur Johnson alla même plus loin; il fit un voyage aux Hébrides, dans le but de faire des recherches à ce sujet, et publia à son retour, que loin de croire à des anciens manuscrits qui eurent servi de bases au travail de Macpherson, il le soupçonnait d'avoir fait traduire ses propres ouvrages en ancien langage, afin de mieux en imposer à la crédulité publique. L'autorité d'un homme aussi savant que Johnson est sans doute importante, mais on trouve des noms aussi remarquables parmi ceux qui eurent une opinion toute différente, tels que le docteur Blair, le poète Gray et Césarotti qui s'est immortalisé par la traduction qu'il a faite en italien de ces poésies. D'ailleurs elles présentent des images, des pensées, une teinte sauvage et mélancolique, un ciel poétique qui n'appartient à aucun genre de poésie soit ancien, soit moderne. Certes, si Macpherson en eût été réellement l'auteur, il n'aurait pas craint de se faire connaître pour tel, lorsqu'il vit ses poésies célébrées par tous les savants, et même placées par quelques-uns d'entre eux, au-dessus des sublimes conceptions d'Homère; enfin il ne se serait pas contenté de se faire passer modestement pour le simple interprète du barde écossais. On peut ajouter à ces raisons le témoignage de M. Caméron, évêque catholique d'Edimbourg, qui a affirmé avoir vu dans la bibliothèque du collège écossais de Douai, un manuscrit de ces poésies antérieurement à la traduction publiée par Macpherson. Ce fait jette une vive lumière dans ce singulier procès. Au reste, l'authenticité de poésies d'Ossian, objet de tant de discussions, paraît maintenant prouvée, surtout depuis les travaux de l'académie écossaise, nommée *Hyghlaud society*, qui s'est assurée de l'existence des chants ossianiques, bien qu'il soit également certain que Macpherson ait quelquefois adouci la rudesse de l'original et même rempli souvent les lacunes par des passages de son invention; on peut consulter à ce sujet une notice sur l'état actuel, relative à la question, à l'authenticité des poèmes d'Ossian, par Guignené, qui précède les dernières éditions de la traduction de Letourneur qui a paru d'abord en 1777 sous ce titre: *Ossian fils de Fingal*, etc., *Poésies galliques*, etc., 2 vol. in-12 ou in-4°, 1810, 2 vol. in-8°. M. Baour Lormian a publié en vers français une imitation des poésies d'Ossian, Paris, 1801, 4° édition, 1818, in-18; Macpherson avait légué une somme de 10,000 liv. sterl. pour la publication des poésies d'Ossian dans leur texte primitif; elles ont été publiées ainsi sous ce titre: *The poesus of Ossian in the original gallic*, etc., Londres, 1807, 3 vol. in-8°. La traduction anglaise de Macpherson a été reproduite en 1796 et 1807, Londres, 2 vol. in-8°. Les autres ouvrages de Macpherson sont 1° une traduction de l'Iliade, elle n'est pas estimée, et c'est avec raison; 2° *Histoire de la Grande Bretagne, depuis la restauration jusqu'à l'avènement de la maison de Hanovre*, Londres, 1776, 2 vol. in-4°; 3° *des poésies fugitives*, etc. Macpherson fut nommé, en 1780, député de Camelford; mais il garda, pendant tout le temps qu'il siégea à la chambre des communes, un silence qui surprit généralement. En 1784 et 90 il siégea aussi à la chambre des communes et garda le même silence. Cependant ses ouvrages politiques et historiques avaient attiré l'attention du gouvernement sur lui; il le chargea de répondre à plusieurs pamphlets dirigés contre le ministre à l'occasion de la guerre d'Amérique: Macpherson s'en acquitta avec le plus grand succès. Au milieu de tant de travaux, sa santé s'était affaiblie, il mourut dans son pays natal, le 17 février 1796, dans les sentiments d'une grande piété; son corps fut transporté à Londres et inhumé dans l'église de Westminster.

MACQUARIE, fleuve de la Nouvelle-Hollande, dans la Nouvelle-Galles méridionale. Il est formé par la réunion de la Fish-River et de la Campbell's-River. Il est situé par le 33°, 30' de latitude S. et par le 147° 13' de longitude E. Il traverse des marais qui ont empêché de l'explorer au de-là des 31° de latitude S., et 145° de longitude E. La partie connue a un cours d'environ 115 lieues.

MACQUARIE, groupe d'îles de l'Océanie. Il fut découvert en 1811 par un pêcheur de phoques, qui put s'y procurer 80, 000 peaux. Ce groupe fut revu en 1820 par le Russe Bellinghausen. Selon ce navigateur, l'île principale a 19 milles de long sur 5 ou 6 de large, et offre 2 mouillages ouverts. Malgré sa haute latitude, elle est couverte de végétation, et on y voit de jolies petites perruches vertes qui vivent dans l'herbe. A peu de distance, au N., sont deux rochers nommés le Juge et le Clerc (*Judge and his Clerk*), et au sud deux îlots désignés par les noms de l'Evêque et son Clerc (*Bishop and his Clerk*). C'est la terre la plus australe connue de l'Océanie. Latitude S. 54° 39'; longitude E. 156° 21'.

MACQUART (Louis-Charles-Henri), fils de Henri-Jacques, naquit à Reims le 5 décembre 1745, fit ses études à Paris sous la direction de son père, et fut reçu docteur en médecine en 1770. Le gouvernement lui confia bientôt le soin d'explorer et d'analyser les produits minéralogiques de l'Europe; et les nombreux échantillons qu'il apporta de ses courses, et dont il enrichit le cabinet du roi, prouvèrent qu'il avait su mettre à profit ses profondes connaissances en histoire naturelle, une pension fut la récompense de ses travaux, mais il la perdit à l'époque de la révolution. Nommé plus tard professeur d'histoire naturelle à l'école centrale du département de Seine-et-Marne, il devint ensuite conservateur au cabinet de Fontainebleau. Il mourut à Paris le 12 juillet 1808. Macquart était membre de l'académie de médecine et de plusieurs autres sociétés savantes: Ses principaux ouvrages sont 1° La thèse qu'il soutint pour obtenir le doctorat, elle parut sous ce titre: *Dissertatio: ergo inter ossa capitis varii nisus absumuntur communicatione, vibrationes, oppositione*, Paris, 1770, 2° *Manuel sur les propriétés de l'eau, particulièrement dans l'art de guérir*, Paris, 1783, in-8°. Cet ouvrage a eu du succès et est encore estimé; 3° *Essais ou recueils de mémoires sur plusieurs points de minéralogie*, Paris, 1789, grand in-8°. Macquart joignit à ce recueil la *Description des échantillons*, qu'il avait rapportés de Sibérie, et de la topographie de Moscou, il a été traduit en allemand, Francfort, 1790, in-8°; 4° *Dictionnaire de la conservation de l'homme et d'hygiène*, Paris, 1790, 2 vol. in-8°. La seconde édition parut sous ce titre: *Nouveau dictionnaire de santé et d'éducation physique et morale, ouvrage élémentaire*, Paris, 1800, 2 vol. in-8°; 5° Plusieurs bons mémoires et articles insérés dans le *Recueil de la société de médecine et de mines*. Il a rédigé la partie de l'hygiène dans le dictionnaire de médecine de l'Encyclopédie méthodique.

MACQUART (Henri-Jacques), médecin de la faculté de Paris, et censeur royal, naquit à Reims en 1726, après avoir fait de bonnes études dans sa patrie, il vint à Paris et obtint par son mérite la place de médecin de la Charité. Il la remplit avec l'exactitude d'un homme sensible aux maux de l'humanité, et instruit de leur cause et de leurs remèdes. Il rendit à la médecine un service important, en rédigeant en notre langue la collection des Thèses médico-chirurgicales, que M. Haller, l'Esculape et l'Apollon de la Suisse avait publiées en latin et en 5 vol. in-4°. Ce recueil ne formait que 5 vol. in-12 en français, il parut en 1757 et fut recueilli comme le meilleur tout ouvrage où l'on sait être laconique sans être obscur. Les art. qu'on a de Macquart, dans le *Journal des savants*, donnent aussi une idée avantageuse de ses talents, il mourut le 13 avril 1768.

MACQUART (Antoine-Nicolas-François), littérateur, né à Chantilly en 1790, mort en 1825, fut employé dans les bureaux du ministère de la marine, et a publié les productions suivantes: 1° *Eloge de L. A. de Bourbon Condé, duc d'Enghien*, couronné par l'académie de Dijon, le 30 avril 1817; 2° *Eloge de S. A. R. Charles-Ferdinand d'Artois, duc de Berry*, couronné le 24 août 1820 par la même académie; 3° *Réfutation de l'écrit de M. le duc de Rovigo, avec pièces justificatives et des observations sur les explications de M. le comte Hullin*, Paris, 1823, in-8°, qui eut 3 éditions. Dans le même mois il a aussi fourni plusieurs articles au *Drapeau-Blanc* et à la *Gazette de France*. Il s'occupait d'un roman historique où il se plaisait à répandre les sentiments pieux qui l'animaient, lorsque la mort l'enleva à ses amis et aux lettres. Macquart était membre de l'académie de Dijon.

MACQUER (Pierre-Joseph), habile chimiste, né à Paris le

9 octobre 1718, s'appliqua avec succès à la médecine, et surtout à la chimie, ses talents lui procurèrent la chaire de pharmacie, et ensuite celle de professeur de chimie, au Jardin du roi à Paris, il fut membre de l'académie des sciences, censeur royal, et mourut en 1784. On a de lui : 1° *Eléments de chimie théorique*, Paris, 1741, 1749, 1753, in-12; ils ont été traduits en anglais et en allemand; 2° *Eléments de chimie pratique*, 1751, 2 vol. in-12. Ces deux ouvrages ensemble, 1756, 3 vol. in-12; 3° Plan d'un *Cours de chimie expérimentale et raisonnée*, 1747, in-12, composé en société avec Beaumé; 4° *Formulæ medicamentorum magistralium*, 1763; 5° *L'art de la teinture en soie*, 1763; *Dictionnaire de chimie contenant la théorie et la pratique de cet art*, 4 vol. in-8°, 1780, il fut traduit en allemand, avec des notes : malgré plusieurs inexactitudes, quelques contradictions et des expériences mal vues, on le regarde comme un très bon ouvrage, d'une grande utilité aux médecins, et à ceux qui s'appliquent à la physique pratique. Macquer a beaucoup pratiqué à rendre utile un art qui autrefois n'était que celui de ruiner la santé par des remèdes exotiques, ou de se réduire à la mendicité en cherchant à faire de l'or. (Ce ne fut qu'après lui que Cadet et Mitouard constatèrent la volatilisation et la combustion du diamant; il est un des premiers chimistes qui aient examiné la plature, et qui aient fait d'utiles expériences sur les divers sels et autres substances).

MACQUER (PHILIPPE), avocat au parlement de Paris, sa patrie, naquit en 1720 d'une famille originaire d'Ecosse, qui avait sacrifié sa fortune pour rester attachée aux Stuarts et à la foi catholique. La faiblesse de sa poitrine ne lui permettait pas de se consacrer aux exercices pénibles de la plaidoirie, il se livra à la littérature, ses ouvrages sont : 1° *Abrégé chronologique de l'histoire ecclésiastique*, en 2 vol. in-8°, Paris, 1751 et 1757, avec des additions composées dans le goût de celui de l'Histoire de France, du président Hainault, mais écrit plus sèchement et avec moins de finesse. Les dernières éditions ont été entièrement défigurées par les partisans de l'erreur de Jansénius. Un 3e tome ajouté, par l'abbé Dinouart, est l'ouvrage du fanatisme le plus complet; l'abbé Raucher, ex-jésuite, a donné une édition allemande des ouvrages de Macquer avec une suite, Vienne, 1788, 4 vol. in-8°. (V. MARCEL GUILLAUME) ; 2° Les Annales romaines, Paris, 1756, in-8°, La Haye, 1757, in-8°. Autre *Abrégé chronologique*, mieux nourri que le précédent; l'auteur a profité de ce que saint Evremond, saint Réal, le président de Montesquiou, l'abbé de Mably, avaient écrit sur les Romains; 3° *Abrégé chronologique de l'histoire d'Espagne et de Portugal*, ibid., 1759-1765, 2 vol. in-8°, livre commencé par le président Hénault, et qui est le meilleur des ouvrages de Macquer. Il mourut le 27 janvier 1770. C'était un homme laborieux : son esprit, avide de connaissances de tout genre, n'avait négligé aucune de celles qu'il croyait pouvoir lui être utiles. Comme il touchait à l'époque où la philosophie devait produire, dans les notions historiques, une confusion générale, ses écrit se ressentent, quoiqu'assez faiblement, de cette circonstance du temps. Il eut part au *Dictionnaire des arts-et-métiers*, Paris, 1766, en 2 vol. in-8°, revu et augmenté par l'abbé Jaubert, ibid., 1773, 5 vol. in-8°. Et à la traduction du *Syphilis* de Fracastor, donnée par M. Lacombe, ibid., 1753, in-12, 1796, in-18. (Bret a publié l'éloge de Macquer dans le *Nécrologe des hommes célèbres de France*, tom. 6, p. 197.)

MACRASPIS (*ins*), genre de coléoptères lamellicornes, tribu des scarabées phyllophages, remarquable par l'excessive grandeur de l'écusson. Ce sont en général des insectes très brillants. *M. chrysis, M. splendida, M. lucida, M. clavata, M. splendens.* Toutes ces espèces sont exotiques. J. P.

MACRE, *trapa* (bot.), genre de la famille des anagraires, de la tétrandrie monogynie de Linné, renfermant des herbes qui nagent dans l'eau des marais et des lacs dans les parties moyennes de l'Europe, et surtout dans les régions tropicales et centrales de l'Asie. Leurs feuilles, qui restent sous l'eau, sont opposées, dépourvues de stipules, réduites à leurs nervures, devenues capillaires, et ressemblant à des racines très rameuses. Les supérieures seules, qui flottent en rosette à la surface, sont alternes, à limbe rhomboïdal, porté sur un pétiole renflé vers le milieu de sa longueur en une sorte de vésicule remplie d'air qui remplit en quelque sorte les fonctions d'une vessie natatoire. Les fleurs sont axillaires, solitaires; le calice adhère à l'ovaire par la base de son tube; son limbe est demi-supère, divisé profondément en quatre lobes qui persistent et dégénèrent; la corolle est à quatre pé-

tales, insérés au-dessous du disque annulaire, charnu, qui entoure le sommet de l'ovaire; quatre étamines alternent avec ces pétales et présentent la même insertion qu'eux; l'ovaire est demi-adhérent, creusé intérieurement de deux loges qui contiennent chacune un seul ovule suspendu à la cloison. Le fruit qui succède à ces fleurs est une sorte de noix dure et presque cornée, accompagnée de deux ou quatre pointes épineuses formées par les lobes du calice, qui ont persisté et se sont endurcis; il est uniloculaire par suite de l'avortement d'un ovule et par l'oblitération d'une des deux loges ; il renferme une seule graine volumineuse, sans albumen, à cotylédons extrêmement inégaux, dont l'un remplit presque toute la graine, et l'autre ne ressemble guère qu'à une petite écaille que les botanistes regardent comme n'étant que la base pétiolaire du second cotylédon avorté. Nous citerons la macre flottante, *trapa natans*, Lin., connue sous les noms vulgaires de *châtaigne d'eau, noix d'eau, corniolle, soligot*, etc. Sa tige s'allonge dans l'eau et élève à la surface du liquide une grande rosette de feuilles rhomboïdales, dentées à long pétiole renflé dans son milieu; ses fleurs sont petites, axillaires, d'un blanc verdâtre, donnant des fruits du volume et de la couleur d'une châtaigne dont ils ont aussi le goût. Dans quelques contrées, il constitue un aliment utile.

MACREUSE, *oidemia* (*ois*). Les macreuses forment l'une des nombreuses divisions du genre canard de Linné, et se distinguent par leur bec large, renflé, élevé, gibbeux à la base et près du front; par leur plumage uniformément coloré d'une teinte sombre. Les macreuses ont les mœurs générales des canards; mais elles ont en outre des habitudes qui leur sont particulières. Les macreuses ont un vol mou et de courte durée; elles paraissent toujours raser en volant la surface de l'eau, et quittent rarement la mer pour les lacs intérieurs; leur démarche est lente, balancée et gênée; en un mot, mauvais marcheurs et mauvais voiliers, ces oiseaux sont organisés essentiellement pour la natation : aussi les macreuses nagent-elles et plongent-elles on ne peut mieux. Elles ont, comme les pétrels, le singulier pouvoir de courir sur les vagues; elles vont chercher au fond de l'eau et enfouis dans le sable les mollusques dont elles se nourrissent, et offrent cela de curieux, que, dès qu'un individu de la bande plonge, tous les autres l'imitent. Les macreuses arrivent dans nos contrées en troupes nombreuses, depuis le mois de novembre jusqu'à celui de février, poussées par les vents du nord et du nord-ouest; elles repartent pour les régions du cercle arctique où elles vont se reproduire, en mars et avril. Pendant leur séjour en France, on leur fait une chasse destructive au moyen de filets. On sait que les macreuses ont été l'occasion d'une multitude de fables étranges. Comme on voyait ces oiseaux apparaître spontanément en nombre considérable, sans que l'on sût ni d'où ils venaient, ni comment ils se reproduisaient, on crut, les uns qu'ils provenaient du fruit d'un arbre inconnu; d'autres des débris de bois pourri flottants sur la mer, ou bien encore de champignons et de mousses marines; d'autres enfin prétendaient qu'ils s'engendraient de pourriture. Cette opinion, depuis longtemps émise par Aristote pour d'autres animaux, était la plus répandue. Parmi les ouvrages nombreux écrits en faveur ou contre les différentes opinions sur l'origine des macreuses, nous nous contenterons de citer le poème sur la *Création du monde*, publié par Dubartas en 1578, dans lequel son auteur trace parfaitement la genèse des macreuses, selon l'esprit du temps. C'est à ces idées singulières que l'on doit attribuer cette coutume de manger la chair des macreuses aux jours maigres et pendant le Carême. Les conciles en permirent l'usage, puisque ces oiseaux, disait-on, ne naissaient ni par accouplement, ni d'un œuf. Plus tard, le pape Innocent III voulut en vain s'élever contre une pareille tolérance; la coutume était trop invétérée. Mais lorsque plus tard on sut par les voyageurs que les macreuses s'accouplaient et pondaient comme les autres oiseaux, on trouva d'autres raisons pour pouvoir les macreuses tenaient du poisson, et que l'on devait les regarder comme mets maigre. On prétendit que leurs plumes étaient d'une nature différente de celles des autres oiseaux; que leur sang était frais et ne se condensait pas, et que leur graisse, comme celle des poissons, avait la propriété de ne jamais se figer. L'arrêt des conciles persista, et l'on trouve encore aujourd'hui en France quelques localités où l'on mange la macreuse pendant le Carême. On rapporte au genre macreuse : 1° la macreuse double (*oidemia fusca*), noire, avec un miroir blanc sur l'aile; des mers arctiques, de passage périodique sur les côtes des France, de l'Angleterre et de la Hollande; 2° la macreuse commune (*oi. nigra*) noire, sans miroir sur l'aile, de passage en France, 3° la macreuse à large bec (*oi. perspicillata*), deux protubérances osseuses à la partie latérale du bec; de la baie d'Hudson et de Baffin; 4° la macreuse à face blanche (*oi. leucocephala*), à front, joues, gorge et occiput d'un blanc pur, sommet de la tête d'un noir profond. Habite les lacs salés des contrées orientales de l'Europe.   J. P.

MACRIEN, l'un des trente tyrans de l'empire romain. Né en Egypte d'une famille obscure, il devint, de simple soldat, général et favori de Valérien; et c'est par ses conseils que cet empereur décréta la huitième persécution. Dans la suite, Valérien ayant été fait prisonnier par Sapor, roi des Perses, l'an 260 de J.-C. Macrien assembla le conseil, et se fit proclamer en Orient à l'instant où Gallien, fils de l'empereur captif, prenait la pourpre en Occident. Voulant combattre son rival avant qu'Odenat, alors occupé à faire la guerre aux Perses, pût tourner les armes contre lui, il marcha à la hâte en Illyrie avec l'aîné de ses fils, qu'il avait associé à l'empire; mais il y rencontra Auréole, qui le défit complétement. Abandonné de presque tous ses soldats, il se fit donner la mort, ainsi qu'à ses deux fils, par ceux qui lui restaient fidèles, afin d'échapper au supplice, 262 de J.-C. Macrien était laid, difforme et adonné à la magie.

MACRIN (MARCUS-OPILUS-SEVERUS-MACRIANUS), naquit à Alger, dans l'obscurité, l'an 164 de J.-C. D'abord gladiateur, chasseur de bêtes sauvages, notaire, intendant, avocat du fisc, enfin préfet du prétoire, il fut élu empereur en 217, après Caracalla, qu'il avait fait assassiner. Il montra d'abord un caractère doux et complaisant; son amour pour la justice, joint à une taille avantageuse et à une physionomie agréable, lui concilia l'amitié du peuple. Ses premiers soins furent d'abolir les impôts. Il accorda au sénat la permission de punir tous les délateurs apostés sous le dernier empereur. Les personnes de haute naissance qui se trouvèrent coupables de ce crime furent exilées, et les esclaves mis en croix. Macrin ne soutint pas l'idée qu'on donnèrent de lui de si heureux commencements. Artaban, roi des Parthes, lui ayant déclaré la guerre, il eut la bassesse de payer très chèrement une paix ignominieuse. Uniquement occupé de ses plaisirs, il négligea les affaires de l'empire, et traita avec la dernière sévérité les soldats de qui il le tenait. Il ne pensait pas qu'ils pouvaient le lui ôter aussi facilement qu'ils le lui avaient donné. Ils proclamèrent empereur Héliogabale, en 218, à Emèse. Macrin crut apaiser la révolte en envoyant contre les rebelles Julien, préfet du prétoire; mais ce général fut battu et mis à mort. Un des conjurés eut la hardiesse de porter sa tête à Macrin dans un paquet cacheté avec le cachet de Julien, lui disant que c'était celle d'Héliogabale. Il se sauva pendant qu'on ouvrait le paquet. Macrin, abandonné par ses sujets et par ses troupes, prit le parti de fuir déguisé; mais il fut atteint à Archélaïde, dans la Cappadoce, par quelques soldats qui lui coupèrent la tête et la portèrent au nouvel empereur. L'infortuné Diaduménien, son fils, subit le même sort. Macrin ne régna qu'un an deux mois et trois jours, et périt par le même crime qui l'avait élevé à l'empire.

MACRIN (JEAN), poète latin, disciple de Lefebvre d'Etaples, et précepteur de Claude de Savoie, comte de Tende, et d'Honoré son frère, naquit à Loudun, et y mourut en 1557, dans un âge avancé. Son véritable nom était Salomon; il fut surnommé Macrinus à cause de sa maigreur, et l'Horace français, rapport à son talent pour la poésie. Il a surtout réussi dans le genre lyrique. Il réveilla le goût pour la poésie latine; il a fait des hymnes, un poème estimé sur Gélonis, ou plutôt *Gillone Boursault* sa femme, un recueil intitulé *Naeniæ*. Ces différents ouvrages parurent depuis 1522 jusqu'en 1550, en plusieurs vol. in-8°. Varillas rapporte que Macrin ayant été menacé par le roi qui le soupçonnait d'être infecté des nouvelles erreurs, en fut si effrayé que de désespoir il se précipita dans un puits; mais ce fait n'est pas appuyé sur des preuves qui doivent le faire regarder comme incontestable.

MACRINE (Sainte), sœur de saint Basile et de saint Grégoire de Nysse, après la mort de son père et l'établissement de ses frères et sœurs, se retira dans un monastère qu'elle et sa mère fondèrent sur le Pont, près du fleuve d'Iris. Elle y mourut saintement en 379. Saint Grégoire son frère a écrit sa Vie. On la trouve avec celles des Pères du désert.

MACROBE (AURELIUS AMBROSIUS THEODOSIUS), florissait dans la première moitié du v° siècle sous Théodose-le-Jeune. La plupart des critiques s'accordent à croire qu'il était Grec, quoiqu'il ait écrit en latin. On croit aussi qu'il avait occupé la charge de chambellan impérial (*praefectus sacri cubiculi*); mais cette opinion est peu plausible, parce que cette charge était confiée à des chrétiens, et qu'il est probable que Macrobe ne l'était pas. On croit qu'il mourut l'an 415 de J.-C. Il nous reste de cet auteur trois ouvrages, savoir : 1° un Commentaire sur le songe de Scipion; 2° un Traité de l'analogie et des différences des langues grecque et latine; 3° les Saturnales en sept livres. Ce dernier ouvrage, le plus vaste et le plus important des trois, est une compilation de matières diverses, dans le genre des Nuits attiques d'Aulu-Gelle. Macrobe lui a donné la forme d'un dialogue tenu à table pendant la fête des Saturnales. On y trouve beaucoup de digressions historiques et mythologiques, beaucoup de citations et d'explications d'auteurs anciens. Le style de Macrobe est dur et peu correct; il a tous les défauts de son siècle. Les meilleures éditions de Macrobe sont celles de Zeune, Leipsig, 1776, et de Deux-Ponts, 1788.

MACROCÉPHALE, adj. et s. m. (*méd.*) Ce mot signifie qui possède une grosse tête. Il désigne un enfant né avec la tête si volumineuse qu'il semble hydrocéphale, mais chez lequel cette énormité ne tient qu'à un développement considérable du cerveau : c'est une espèce de monstruosité qui prédispose au rachitisme et aux affections cérébrales.

MACROCÉPHALE (*ins.*), genre d'insectes hémiptères de la tribu des réduviens, famille des aradides qui a pour type le *M. cimicoïdes* du Brésil.   J. P.

MACROCÈRE (*ins.*), genre d'insectes hyménoptères porteaiguillon, famille des mellificiens, très voisin des eucères. Type *eucera antennata*, Panz.   J. P.

MACRODACTYLES (*ins. - ois.*), genre de coléoptères pentamères, établi par Latreille dans la famille des lamellicornes, tribu des scarabéides phyllophages. G. Cuvier (*règne animal*), a établi sous ce nom une famille de l'ordre des échassiers.   J. P.

MACROGLOSSES (*ois.*). Vieillot a établi sous ce nom une famille de l'ordre des passereaux grimpeurs, comprenant les genres pic et torcol.

MACROCLOSSUS (*mam.*), genre de cheiroptères établi par Is. Cuvier, dans la famille des roussettes. On ne connaît qu'une espèce de Java, la roussette kiodote.

MACRON (NAEVIUS SERTORIUS), favori de Tibère, présida, par ordre de ce prince, à l'arrestation et au supplice de Séjan, et reçut en récompense la charge de préfet du prétoire, l'an 31 de J.-C. Dans cette charge il se rendit odieux par ses intrigues, ses délations et sa cruauté. Six ans après, lorsque Tibère sortait de la léthargie dans laquelle on l'avait cru mort, Macron l'étouffa, afin de complaire à Caligula, qui venait d'être nommé empereur. Il conserva quelque temps la faveur de ce dernier en lui prostituant sa femme Ennia. Cependant Macron s'attira bientôt la disgrâce de Caligula; l'an 38 de J.-C. L'empereur le força à se donner la mort, ainsi que son épouse.

MACRONYX (*ois.*), genre d'oiseaux de la famille des alouettes dans l'ordre des passereaux, la seule espèce de ce genre est l'alouette du Cap. *Alauda capensis.*   J. P.

MACROPEDIUS (GEORGES), savant littérateur, né à Gemert près de Grave, vers l'an 1474, entra dans l'ordre des hyéronymites, enseigna les belles-lettres avec une réputation brillante à Bois-le-Duc, à Liége, à Utrecht; il fut très suivi; presque tous ceux qui se distinguèrent dans les belles-lettres en Hollande, vers la fin du xvi° siècle, étaient sortis de son école; il possédait les langues savantes et les mathématiques; à ces connaissances il joignait une piété exemplaire et une grande pureté de mœurs. Il mourut à Bois-le-Duc en 1558. On a de lui : 1° *Computus ecclesiasticus*, Bâle, 1591; 2° *Calendarium chirometricum*, Bâle, 1593; 3° des *Notes* sur l'office divin, pour en faciliter l'intelligence, Bois-le-Duc, 1599, in-4°; 4° *Grammaire grecque et latine*, plusieurs autres ouvrages classiques, et un grand nombre de pièces dramatiques en vers; deux de ces pièces ont été traduites en français par Antoine Tirou; *Joseph* et *l'enfant prodigue*, En vers, 1564, in-8°. Son vrai nom est Lang-Veedto, qu'il a grécisé par les mots μικρός longus, et πεδίον, campus : c'était l'usage de son siècle.

MACROPHTHALME, *macrophthalmus* (*crust.*), genre de l'ordre des décapodes brachyures, de la famille des catométopes, de la tribu des gonoplaciens qui a été établi par Latreille aux dépens des *cancers* de Herbst, et adopté par tous les carcinologistes modernes. Les crustacés qui composent ce genre sont surtout remarquables par les pédoncules oculaires qui sont très longs et grêles, par le front qui est très étroit, n'occupant que le cinquième environ du diamètre transversal de la caparace, et par le troisième article des pattes mâchoires externes qui est beaucoup moins grand que le précédent. On connaît sept espèces qui rentrent dans ce genre, et qui sont généralement répandues dans la mer des Indes; l'une d'elles se rencontre sur les côtes de l'Ile de France. Sur ces sept espèces, deux ne se rencontrent qu'à l'état fossile. Le *macrophthalme transversal* (*macrophthalmus transversalis*, Lat.), peut être considéré comme le type de ce genre curieux.

MACROPODIA ET MACROPODIENS (*crust.*). Les macropodiens forment une tribu des décapodes brachyures qui appartient à la famille des oxyrhynques et qui a été établie par M. Milne Edwards. Ce genre qui correspond à peu près au genre macropec *macropodia, leptopodia*, de Latreille est surtout remarquable par la longueur démesurée des pattes chez les espèces qui le composent. La forme de la carapace varie ; mais en général elle est triangulaire, et en quelque sorte rejetée en avant. Les pattes antérieures sont courtes et presque toujours très grêles ; celles des paires suivantes sont toujours plus ou moins filiformes; la longueur de celles de la seconde paire égale quelquefois 9 ou 10 fois la longueur de la portion postfrontale de la carapace; et excède toujours de beaucoup le double de cette dernière mesure; en général les pattes suivantes sont également très longues. L'article basilaire des antennes externes constitue la majeure partie de la paroi inférieure de l'orbite, et va se souder au front. Le troisième article des pattes mâchoires externes est chez la plupart des macropodiens, ovalaire ou triangulaire, plus long que large, et ne porte pas l'article suivant à son angle antérieur et interne, comme chez les autres oxyrhynques. Les macropodiens vivent ordinairement à d'assez grandes profondeurs dans la mer et s'y cachent parmi les algues; on en trouve souvent sur les bancs d'huîtres. Leur démarche est lente et comme mal assurée ; leur nourriture se compose principalement d'annélides, de planaires et de petits mollusques; la faiblesse de leurs pinces ne doit pas les rendre fort redoutables aux autres animaux marins. Le genre type de cette tribu est le genre *macropodia* (*leptopodia*) ; les autres genres de la tribu sont les *stenorhynchus, latreillia, compilica, achœus, inachus, amathia, eurypoda, egeria* et *dioclœa*. J. P.

MACROPS (*ins.*), genre de l'ordre des coléoptères, famille des curculionides gonatocères. J. P.

MACROSCÉLIDE, *macroscelides* (*mam.*), genre de carnivores insectivores, établi par M. Smith, et généralement adopté aujourd'hui par les mammalogistes. Les macroscélides ont le système dentaire des insectivores, et le museau allongé en forme de petite trompe assez semblable à celle du desman, mais plus arrondie. Chaque mâchoire a vingt dents, et les molaires sont hérissées de pointes; leurs yeux sont médiocres, leurs oreilles grandes, et les pieds plantigrades et à doigts onguiculés; les ongles sont à demi réticulés; leurs jambes postérieures sont comme chez les gerboises, de beaucoup plus longues que les antérieures, et leur queue est allongée. Par leur conformation générale, en effet, les macroscélides représentent parmi les insectivores, les gerboises et les kanguroos; mais ils se distinguent des premiers par le système dentaire et des seconds par la nature de leurs organes génitaux. On connaît trois espèces de macroscélides, qui toutes trois habitent l'Afrique. La première est *macroscélide type* (*macroscelides typus*, Smith), figurée et décrite depuis longtemps par Petiver sous le nom de *sorex araneus capensis* mais dont l'existence révoquée en doute, a été définitivement classée par M. Smith dans ces derniers temps. Cette espèce a la partie supérieure du corps revêtue de poils d'un gris noirâtre dans la plus grande partie de leur longueur, puis noirs et enfin fauves à leur pointe et paraissant dans son ensemble d'un fauve varié de roux ; les poils des oreilles sont blanchâtres en dedans, d'un fauve roussâtre en dehors; le dessous du corps, la face interne des membres, les mains et les pieds sont blancs. La queue variée de roux brunâtre et de blanchâtre à son origine, est noire dans le reste de son étendue. La longueur totale de l'animal est de 25 centimètres, sur lesquels la queue entre pour 10, et la tête y compris la trompe pour 5 à 6 centimètres. Cette espèce habite le cap de Bonne-Espérance; la seconde espèce également du Cap est le *macroscelides rupestris*, Smith, (*proc. of the zool. soc. of London*, L. 1830), et la troisième, *macroscelides rozeti*, Duvern., habite la Barbarie.

MACROSCÉLIE OU MACROSCRÉLIE, (*méd.*), développement excessif des jambes.

MACROSTICHE, (*diplom.*), qui est écrit en longues lignes.

Macrostiche (*hist. eccl.*), se dit particulièrement de la cinquième profession de foi des Eusébiens. Le symbole macrostiche ne contient rien d'absolument hétérodoxe.

MACROURES, *macrouri*, (*crust.*), grande division de l'ordre des décapodes qui a pour type l'*écrevisse* (*voyez* ce mot), comprend tous les crustacés à branchies thoraciques internes, les mieux organisés pour la natation. Les crustacés de cette division se reconnaissent facilement au grand développement de leur abdomen et à la grande nageoire, en forme d'éventail, qui termine postérieurement leur corps. Chez les macroures, la carapace presque toujours plus longue que large ne se prolonge pas latéralement au-dessus de la base des pattes, ou fort peu; le plus souvent il n'existe point de ligne de démarcation entre les pièces supérieures et latérales de ce bouclier, et ces régions branchiales se réunissent presque sur la ligne médiane du dos, mais restent séparées de la région stomacale par un sillon. Le front est en général toujours armé d'un rostre qui recouvre l'anneau ophthalmique. Les divers anneaux du thorax sont en général soudés entre eux; quelquefois cependant le dernier segment est mobile. Le sternum est très étroit, en avant, linéaire chez la plupart de ces animaux, et ne constitue pas un plastron ventral. Les flancs sont à peu près verticaux, et les cloisons apodémiennes se réunissent de manière à former un canal sternal médian, qui loge le système nerveux, l'artère sternale, etc. Les antennes sont généralement très développées ; celles de la première paire ont leur pédoncule allongé, et portent en général deux ou quelquefois trois filets terminaux grêles, sétacés et très longs. Les antennes externes présentent presque toujours au-dessus de leur base un appendice qui représente le palpe de ces membres. Le cadre buccal est en général à peu près carré. Les pattes-mâchoires externes ne sont presque jamais operculiformes et sont en général dépourvues d'appendices flabelliformes. Les mandibules sont robustes mais manquent quelquefois d'appendice palpiforme. Les pattes thoraciques sont en général longues et grêles. Les deux premières paires se terminent le plus souvent par une pince didactyle. L'abdomen est presque toujours plus grand que le thorax et présente une épaisseur considérable; les sept anneaux qui le composent sont mobiles, les cinq premiers portent d'ordinaire chacun une paire de fausses pattes natatoires et deux pattes terminales longues et ciliées sur les bords; les appendices du sixième anneau sont beaucoup plus grands avec leur article basilaire court, mais portant deux lames très grandes qui constituent avec la pièce médiane formée par le septième anneau, une grande nageoire caudale à cinq feuillets disposés en éventail. Ces crustacés, essentiellement nageurs ne marchent que peu et ne sortent guère de l'eau. L'abdomen et la grande nageoire caudale qui le termine sont leurs principaux organes de locomotion et c'est à reculons qu'ils nagent toutes les fois qu'ils veulent se mouvoir avec vitesse, car alors ils frappent l'eau en reployant en bas et en avant cette espèce de rame terminale. On divise ce groupe de crustacés en quatre familles naturelles, désignées sous les noms des macroures cuirassés, thalassiniens, astaciens et salicoques (*voy.* ces mots). La famille des *macroures cuirassés* se compose principalement des espèces remarquables par l'épaisseur et la dureté de leur squelette tégumentaire et dont la face inférieure du thorax est revêtue d'un plastron très large vers la partie postérieure, quoique étroit en avant. La carapace est plus large et plus déprimée que dans les autres macroures; les antennes varient par la forme, mais celles de la deuxième paire ne portent jamais au-dessus de leur portion basilaire une écaille mobile comme chez les salicoques. La conformation des pattes varie; les fausses pattes abdominales sont moins développées que dans les familles suivantes, et ne présentent souvent qu'une seule lame terminale foliacée. Cette famille renferme les *galathéides, cryons, scyllarides* et *langoustiens*. J. P.

MACTIERNE, (*hist.*), littéral, fils ou fille de prince. Titre chez les anciens Bretons. Les mactiernes possédaient une grande autorité. Les évêques prenaient quelquefois le titre de mactiernes. Femme mactierne. Au XIIe siècle, ce titre commençait à tomber en désuétude.

MACTRACÉES ET MACTRE, (*moll.*), cette famille établie par Lamarck dans le groupe des conchifères tenuipèdes, présente pour caractères distinctifs : coquille équivalve, le plus souvent brillante aux extrémités latérales; ligament intérieur avec ou sans complication de ligament externe. Les mactracées ont de grands rapports avec les myaires, mais elles en diffèrent par l'animal qui a le pied petit, comprimé et propre à ramper ou changer de lieu. Cette famille renferme sept genres nommés lutraire, mactre, crassatelle, érycine, onguline, solemye, amphidesme. — Le premier genre *mactra*, qui sert de type à la famille à laquelle il a donné son nom. Ce genre établi par Linné, comprenait des coquilles offrant entre elles une certaine ressemblance extérieure ; mais ces coquilles examinées avec soin par les conchyliologistes qui vinrent après Linné, leur présentèrent des caractères différents, qui les firent ranger les unes dans les lutraires, d'autres dans les crassatelles ou dans les lucines. Ainsi modifié, Lamarck lui donne les caractères suivants : coquille transverse, inéquilatérale, subtrigone, un peu brillante sur les côtés, à crochets protubérants, une dent cardinale comprimée, pliée en gouttière sur chaque valve, et auprès une faussette en saillie ; deux dents latérales rapprochées de la charnière, comprimées, intrantes ; ligament intérieur inséré dans la fossette cardinale. L'animal des mactres est très voisin de celui des venus ; par le côté postérieur de la coquille il fait sortir deux tubes qu'il forme avec son manteau, et par l'autre un pied musculeux comprimé. Le genre mactre renferme un assez grand nombre d'espèces qui vivent dans toutes les mers, enfoncées dans le sable à une petite distance des rivages ; elles sont généralement trigones d'un blanc pur ou fauve, lisses ou ridées ou sillonnées transversalement. On en connaît également quelques unes à l'état fossile qui se trouvent dans les couches postérieures à la craie. J. P.

MACULATURE, s. f., t. d'imp., feuille de papier gâtée ou tachée, dont on ne se sert que pour faire des enveloppes. Il se dit aussi de toute feuille imprimée qui ne sert que d'enveloppe.

MACULE, s. f., tache, souillure. Agneau sans macule, agneau sans tache. Il se dit dans le langage de la théologie et de la dévotion pour désigner Jésus-Christ. — Macule, en astronomie, se dit d'une tache obscure qu'on observe sur le disque du soleil.

MACULER, v. a., tacher, barbouiller. Il ne se dit qu'en parlant des feuilles imprimées et tachées. Il s'emploie quelquefois neutralement.

MADAGASCAR, île située sur les côtes de l'Afrique, dont elle est séparée par le canal de Mozambique. Elle a 330 lieues de long, 100 à 120 de large et 1,600,000 habitants suivant Flacourt, et 4,000,000 d'après Rochon. Cette île est montueuse et séparée en deux parties par une haute chaîne de montagnes. Les plus élevées sont le Vigagora au Nord, et l'Ambostimène au Sud. Le sommet le plus élevé du dernier est de 6,000 mètres au-dessus du niveau de la mer. Elle est arrosée par un grand nombre de rivières. Les principales sont : le Beteler, le Monsiatre, le Sango, le Mounangourou, le Mounanzar, l'Andevourante, l'Amboule et un grand nombre d'autres. Il y existe plusieurs lacs qui sont ainsi que les rivières très poissonneux, mais infestés de crocodiles et de poissons venimeux. Le climat est agréable, quoique très chaud ; mais les côtes, la plupart marécageuses, sont fort insalubres. Le sol est en général d'une admirable fertilité, et un grand nombre de terres sont soigneusement cultivées et produisent presque sans culture 100 pour 1. On en recueille en abondance du riz, des patates, du maïs, du sucre, du lin, du chanvre, du tabac, de l'indigo, des patates douces, et toutes sortes de fruits. On y élève des bœufs qui pèsent jusqu'à 400 kilogrammes, et des moutons très recherchés et qui fournissent une laine fort estimée. Le gibier est abondant et les forêts sont peuplées de makis, daï et d'autres animaux particuliers à cette grande île, comme l'antanaba qui ressemble au léopard, le forassou au chacal, des sangliers avec des cornes, etc. ; des nuées de sauterelles y dévastent quelquefois les campagnes. On y trouve des mines d'argent, de cuivre, d'étain, de plomb, de fer et de mercure. Les arbres y sont très variés et précieux pour l'ébénisterie ; les palmiers ; l'aloès, l'ébénier, le sandal, le bambou, l'oranger, le citronnier n'y sont pas rares. On voit à Madagascar l'hévée, qui produit le caoutchouc, le malao monghit, qui donne une espèce de muscade, le poivre blanc, une variété du chou palmiste, le mimosa lebbek, qui donne la gomme copal, plusieurs arbres à résine, etc. Les habitants paraissent appartenir à trois races, la blanche, la noire et la cuivrée ; mais ils sont généralement de couleur marron foncé ; ils ont les cheveux durs, mais non crépus et les traits réguliers. La partie orientale de l'île paraît avoir été peuplée par une colonie malaice. La langue offre le plus grand rapport avec la langue malayou, et surtout avec les dialectes javanais et timoriens ; elle est mêlée de quelques mots arabes. On trouve, dit-on, dans le centre de l'île, un peuple de nains blancs et braves, qu'on nomme kimos et qui sont musulmans. Travailler peu, manger, danser, dormir, voilà la vie de la plupart des madecasses. Ils ont beaucoup d'égards pour leurs femmes et honorent le mariage, et, quoique les riches soient polygames, une seule femme est regardée comme légitime. Il y a dans l'île de Madagascar une caste privilégiée de nobles appelée *rohandriens* ; ils ont seuls le droit d'exercer l'état de boucher (le plus noble parmi eux), et celui de choisir leur roi. Les madecasses ont quelque peu d'industrie et sont très hospitaliers. Découverte en 1506, par les Portugais, Madagascar fut nommée par eux d'abord île Saint-Laurent. Les Français changèrent plus tard ce nom en celui d'île Dauphine et s'y établirent d'une manière stable en 1642. En 1665, la compagnie française des Indes Orientales y éleva le fort Dauphin. Cette compagnie fut forcée de combattre constamment pendant près d'un siècle les naturels du pays qui finirent par la contraindre à évacuer l'île. Cependant les Français firent quelque temps après, pour reprendre leurs possessions, de nouvelles tentatives dont la plus importante fut celle que dirigea en 1774, le comte Beniowski. Cet aventurier après avoir soumis une partie des indigènes se fit nommer chef de la nation et périt en combattant un détachement de troupes françaises envoyées de l'île Bourbon contre lui. A partir de ce moment, nous n'eûmes longtemps que des relations de commerce avec Madagascar, mais point d'établissements dans cette île. En 1814, la France se remit en possession des établissements qu'elle y avait possédés, et en fonda même dans un îlot voisin, nommé l'île Sainte-Marie. Mais les indigènes, soutenus par les Anglais, inquiétèrent tellement les colons que ceux-ci furent forcés d'abandonner encore une fois tous les points de l'île, malgré les efforts d'une expédition qui partit en 1829 de l'île Bourbon pour les soutenir. Nous dûmes alors nous restreindre à l'unique possession de l'île Sainte-Marie. Aujourd'hui il semble que les sentiments hostiles des indigènes à notre égard aient changé et qu'ils tiennent à établir de bonnes relations avec la France. C'est ce que sont venus exprimer au nom de leur reine, il y a plusieurs années déjà, des ambassadeurs envoyés par cette princesse à Louis-Philippe. En attendant que la France ait réglé d'une manière définitive ses rapports avec Madagascar, les colons de l'île Bourbon continuent à se livrer au commerce sur les côtes de cette île. O. R.

MADAME, s. f., titre d'honneur qu'on ne donnait autrefois qu'aux dames de qualité, et que l'on donne aujourd'hui communément aux femmes mariées, soit en parlant d'elles, soit en leur parlant ou en leur écrivant. En parlant des reines on ne dit pas madame la reine, on dit seulement la reine, et on ne se sert du titre de madame, qu'en leur parlant ou en leur écrivant. Madame est aussi le titre qu'on donne à toutes les filles de maison souveraine lors même qu'elles ne sont pas mariées. Madame, employé absolument, désignait autrefois la fille aînée du roi ou du dauphin, ou la femme du monsieur, frère du roi. Pop., c'est une grosse madame, c'est une femme riche. Jouer à la madame, se dit de petites filles qui s'amusent ensemble à contrefaire les dames, en se faisant des visites, des compliments les unes aux autres.

MADAN, (*relig. ind.*), espèce de reposoir couvert d'une voûte, sur lequel on expose la divinité dans les temples. *Madan* ou *Madam* (*hist. ind.*), petit bâtiment élevé sur les grands chemins de l'Hindoustan, pour offrir un lieu de repos aux voyageurs. Dans quelques madans, on donne à manger aux brames, mais dans tous on offre aux voyageurs du feu et de l'eau.

MADELEINE (Sainte Marie). V. MAGDELEINE.

MADELEINE DE PAZZI (Sainte), carmélite, née à Florence en 1566, entra très jeune dans le couvent de Sainte-Fedrie de cette ville, brilla par de grandes vertus, fut tourmentée par diverses tentations, et exerça sur elle-même beaucoup d'austérités. Elle mourut en 1607, fut béatifiée par Urbain VIII en l'année 1626, et canonisée par Alexandre VII en 1669. Le Père Salvi, carme de Bologne, a recueilli les *Œuvres spirituelles* de sainte Madeleine de Pazzi, Venise, 1739. Il a donné les relations des miracles opérés par son intercession. Milan, 1724, 1728.

MADELENET (GABRIEL), poète lyrique, né à Saint-Martin-du-Puy, sur les confins de la Bourgogne, en 1587, mort à Auxerre, le 20 novembre 1661, fut avocat au parlement de Paris, et interprète latin du cardinal de Richelieu, qui lui donna une pension de 700 livres, et lui en obtint une de 1500 du roi. Madelenet avait présenté à ce ministre une ode sur la prise de La Rochelle. Après la mort de Richelieu, il jouit également de la protection de Mazarin, il avait du talent pour la versification, il a mieux réussi dans les vers latins que dans le français. Ce poète avait plus d'étude et d'art que de génie. Ses poésies latines sont travaillées et assez châtiées. Ses *Odes* ont de la chaleur et de la véhémence : mais elles ne méritent pas d'être comparées à celles d'Horace comme a fait Balzac, qui était un juge peu sûr en matière de goût. On remarque qu'il a autant respecté la pureté des mœurs que celle du style; il ne s'est même jamais permis rien de mordant ni de satirique. Ses *Poésies* parurent à Paris, en 1662, en un fort petit vol. in-12; elles ont été imprimées depuis, avec celles de Sautel, chez Barbou, en 1755, in-12.

MADELONNETTES ou **MAGDELONNETTES** (*hist. relig.*), maison religieuse de Paris, fondée par Louis XIII en 1618, pour servir d'asyle à des pécheresses repentantes, c'est aujourd'hui une maison de détention pour les filles de mauvaise vie. Renfermer aux Madelonnettes.

MADEMOISELLE, s. f., titre qu'on donne ordinairement aux filles, on dit au pluriel mesdemoiselles. Mademoiselle est aussi le titre qu'on donnait autrefois à toute femme mariée qui n'était pas noble. Mademoiselle, employé absolument, désignait autrefois la fille aînée de Monsieur, frère du roi, et la première princesse du sang tant qu'elle était fille.

MADÈRE (*Madeira*), île de l'archipel des Açores, située par 32° 38' de latitude nord, et 19° 16' de longitude occidentale de Paris, sur la côte occidentale de l'Afrique, au nord des îles Canaries. Découverte en 1419, par Zargo et Taxeira, elle est restée depuis sous la domination du Portugal. C'est un volcan de 16 milles 1|2 carrés géographiques, dont le point culminant, le Pico Ruyro, s'élève à 5,300 pieds au-dessus du niveau de la mer. Il y règne un printemps perpétuel, et le sol, arrosé de nombreux ruisseaux, est d'une fertilité extraordinaire. Le climat est extrêmement sain ; toute l'année les arbres sont couverts de fleurs et de fruits. L'île produit surtout le vin renommé qui porte son nom. On en récolte annuellement 30,000 pipes, dont la moitié est exportée. La meilleure qualité est celle de la côte méridionale ; c'est un malvoisie qu'on appelle en Angleterre *malmsey* et qu'on préfère même au *dry-madera* ou Madère sec, ainsi nommé parce qu'on le prépare avec les grappes les plus mûres et même déjà un peu sèches. Si le *tri-madera* est d'une qualité supérieure, c'est uniquement parce qu'il a été bonifié par un long voyage sur mer. Les vignobles ne sont jamais affermés que pour une année. Quatre dixièmes de la récolte appartiennent au fermier, quatre autres au propriétaire, une au roi et une au clergé. Au lieu des forêts qui couvraient l'île à l'arrivée des Portugais et qui lui ont valu le nom de Madère (pays boisé), on ne trouve plus que des bouquets de châtaigniers, d'orangers, de citronniers, d'abricotiers et de pêchers. La canne à sucre, le caféier, les fruits des tropiques y viennent également. Le blé ne suffisant pas à la consommation, on en importe en assez grande quantité, ou l'on y supplée par des racines d'arum, des patates et des châtaignes. On élève des bêtes à cornes, des moutons et des chevaux de race européenne. Les seuls animaux sauvages qu'on rencontre, sont des lapins et des sangliers. La population monte à 100,000 habitants, créoles, mulâtres et nègres. Le gouvernement portugais entretient à Madère un gouverneur général et en tire des sommes considérables. Presque tout le commerce est entre les mains des Anglais. La capitale de l'île est Funchal, siège du gouverneur et de l'évêque. Cette ville s'élève en amphithéâtre au fond d'une baie sur la côte méridionale. Vue de la mer, elle offre un aspect charmant auquel l'intérieur de la ville ne répond pas du tout. Elle a trois couvents, un port défendu par quatre forts et 20,000 habitants. Un peu plus au nord que Madère se trouve la petite île de Porto-Santo qui en dépend. Peuplée de 1,200 habitants, elle est très riche en menu gibier. **D. P.**

MADERIUS (JOACHIM-JEAN), savant allemand, vivait encore en 1678. Son goût pour les recherches historiques lui fit fouiller beaucoup de bibliothèques, on lui doit : 1° des éditions de divers ouvrages anciens relatifs à l'histoire d'Allemagne; 2° *Scriptores lipsienses wittembergenses et francofordienses*, 1660, in-4° 3°; *De Bibliothecis*, joint au traité de Lomeier, Helmstadt, 1702 et 1705, 2 tomes in-4°.

MADERNO (CARLO), architecte, né en 1556, à Bissonne, au diocèse de Côme, en Lombardie, était neveu du célèbre architecte Dominique Fontana, sa première profession fut celle de stucateur. Étant venu à Rome, sous le pontificat de

Sixte V, il s'adonna à l'architecture et eut son oncle pour maître, il s'acquit de la réputation dans cet art, et parvint à se faire nommer premier architecte de l'église Saint-Pierre, dont il ne restait plus à faire que la partie antérieure de la croix grecque, qu'il devait former suivant le dessin de Bramatte de Peruzzej et de Michel-Ange Buonarotti, avec la façade. Maderno, pour donner plus de grandeur à ce superbe Temple, au lieu de terminer la croix grecque, imagina de la changer en croix latine, d'où sont résultés quelques défauts de proportion et de perspective, qui n'auraient point eu lieu s'il eût suivi le premier plan. C'est à la faiblesse de son ouvrage que l'abbé May (temples anciens et modernes, Paris, in-8°) attribue en partie l'ébranlement de la coupole de Saint-Pierre; mais M. Patte, continuateur du *cours d'architecture* de M. Blondel, fait voir que ce désordre vient uniquement de ce qu'au lieu de prolonger les contre-forts jusqu'au dessus de la retombée des arcs doubleaux de la voûte, comme on prétend que Michel-Ange l'avait proposé dans un de ses projets, Fontana, chargé de la construction de cette partie, les a placés 9 pieds environ au-dessous, M. Patte, entre là-dessus dans un grand détail; ses réflexions paraissent naturelles et vraies. On blâme aussi l'architecture de la façade, quoiqu'elle présente de grandes beautés, ainsi que le remarque le *Mémoire degli architetti antichi e morderni* de M. Milizia. Il est à croire que Maderno fut jugé moins sévèrement par ses contemporains. Non-seulement, il fut employé à Rome plus qu'aucun autre architecte; mais on voulut avoir de ses dessins dans la plupart des grandes villes d'Italie et même en France et en Espagne; il finit en outre le palais de Monte-Cavallo, ainsi que celui du prince Borghèse, à Ripelta, et bâtit plusieurs églises; cet artiste mourut en 1639.

MADIANITES, peuple de l'Arabie Pétrée, dont le pays était borné à l'ouest par des montagnes qui le séparaient du lac Asphaltite, au nord par les Ammonites, et au sud par la rivière de Zéreg. Les Madianites, quoique descendants d'Abraham et pratiquant la circoncision, étaient idolâtres et immolaient des victimes humaines. Ils menaient une vie pastorale ; leurs principales richesses étaient leurs troupeaux. Ils furent souvent en guerre avec les Israélites, qui ne purent jamais les soumettre entièrement. Ils portèrent même souvent leur domination dans des pays éloignés. Ils furent tantôt gouvernés par des rois, tantôt en république. C'est chez eux que parla, dit-on, l'âne de Balaam. Le nom de Madianites subsista jusqu'au III° siècle de Jésus-Christ, et depuis ils furent confondus sous la dénomination générale d'Arabes.

MADISON (JAMES), né en Virginie, où il mourut le 28 juin 1836, était l'un des principaux membres de la Convention qui, en 1787, rédigea la constitution actuelle des Etats-Unis. Il fut secrétaire d'état pendant toute l'administration de Jeferson, puis élu président en 1808. Sous sa présidence, l'Union déclara la guerre à l'Angleterre. On le réélut président à la fin de 1812. En 1817, il se retira en Virginie, et y vécut pauvre, exerçant les modestes fonctions de juge de paix.

MADONE, s. f., représentation de la Vierge.

MADOURÉ ou **MADURA** (Île), une des dépendances de Java et une des vingt régions soumises à cette grande île. Elle est partagée entre trois princes indigènes qui gouvernent sous la suzeraineté des Hollandais; les trois petites villes de Bangkalan, Parmacassan et Soumanap sont leur résidence. M. Van der Capellen a élevé le prince de Soumanap à la dignité de sultan, en 1825. Les indigènes professent l'islamisme. Cette île est peuplée de 60,000 âmes. Elle est fertile en riz. La végétation y est d'une luxuriante richesse qui dépasse l'imagination. On y trouve des *bombax* égalant en grosseur les plus énormes baobabs que nourrit le sol africain et étalant leurs belles et immenses fleurs rouges, tandis que celles de l'*erythrina* brillent de la vive écarlate. On y cultive le champoka du Bengale, le tanjourg (*mimusops elenghi*), le *malati* aux magnifiques fleurs blanches, et le *nymphæa nelumbo* (lotus), lis aquatique, sacré dans la mythologie de l'Egypte et de l'Inde.

MADRAS, **MADERASPATAM** ou **MADRASPATNAM**, présidence anglaise de l'Indostan, sur la côte de Coromandel, qui ne comprenait autrefois que l'emplacement de la ville de Madras, embrasse aujourd'hui une superficie d'environ 26,190 lieues carrées et une population de 15,000,000 habitants, formée d'un district appelé autrefois Jaguier et des cinq provinces connues sous le nom de Circaro et du Karnatique. Son territoire est divisé en 24 districts dans chacun desquels résident un juge et un receveur anglais. Il y a quatre cours provinciales et d'appel, résidence des juges de districts, et une cour suprême d'appel de quatre juges, séante à Madras. Le gouverneur, qui y réside également, est subordonné au gouverneur général de Calcutta. Madras est la capitale de cette présidence. Elle est située sur une langue de terre sablonneuse et aride du golfe de Bengale, étendue sur une longueur de deux lieues, sur une largeur d'une lieue. Elle git par les 13° 4' de latitude nord et 77° 36' de longitude orientale. Cette ville possède une forteresse importante, appelée le fort Saint-Georges, qui en est à une lieue environ et dont les ouvrages se prolongent jusqu'à la mer. C'est le siège des bureaux du gouvernement, des cours de justice, etc. Il n'y a point à Madras, comme à Calcutta, de ville blanche où les négociants arméniens, portugais et autres européens étrangers au gouvernement résident dans la ville. Madras et ses pagodes, ombragées d'arbres, offrent au premier abord un coup d'œil des plus agréables; mais, vue de près, cette beauté disparaît bientôt, car, comme toutes les villes de l'Indostan, elle ne présente que des rues étroites et un bizarre assemblage de maisons bâties en briques et en bambous recouverts d'une espèce de stuc blanc que l'on nomme chunam. La principale église et le palais du gouverneur sont les seuls monuments remarquables. Elle est d'ailleurs mal située comme ville maritime, puisqu'elle n'a point de port et que les grands bâtiments sont obligés de mouiller dans la rade, à une demi-lieue environ du fort; en outre un courant très rapide règne le long de la côte, et la mer se brise avec tant de violence contre le rivage, qu'il est impossible de débarquer dans les temps même les plus calmes. Pour obvier à cet inconvénient, les indigènes ont adopté une espèce de bateau, d'une forme particulière, appelé masoulah, d'une élasticité telle qu'il peut être lancé sur la plage sans aucun danger pour ceux qui le montent et permettre ainsi le débarquement. Malgré les incommodités de la navigation, Madras fait cependant un commerce considérable, non-seulement avec l'Europe, mais encore avec la Chine, l'Amérique, l'île de Ceylan, les Philippines, l'empire Birman, la Nouvelle-Hollande et l'île de France. Un canal commencé en 1803 communique de la ville à la rivière d'Ennore et facilite beaucoup les transports. Les principaux articles d'importation sont le riz et les autres grains du Bengale, les cotonnades, le cuivre, le fer, la quincaillerie et divers autres produits de l'industrie anglaise, la soie écrue du Bengale et de la Chine, le bétel, la poudre d'or, l'étain, le poivre et les autres épices des contrées malaises et des îles de l'archipel indien, le riz et le poivre de la côte de Malabar et les bois de tek du Pégou; les exportations consistent en étoffes de coton unies et imprimées, coton en laine, indigo, sel, perles de Ceylan, coquille de Chank, tabac, savon, natron, quelques matières tinctoriales et un peu de café produit dans le pays de Maïssore et dont la quantité augmente chaque année. La population, très diversement estimée, est évaluée par les uns à 150,000 habitants et à 300,000 par les autres.　　V.T.

MADRAS, s. m., étoffe dont la chaine est de soie, et la trame de coton, et qui est ainsi nommée parce qu'elle a été d'abord fabriquée à Madras, ville de l'Inde.

MADRÉ, ÉE, adj., tacheté, marqué de diverses couleurs. Il signifie figurément et familièrement, rusé, matois, raffiné, qui sait plus d'un tour. Il s'emploie aussi substantivement.

MADRÉPORE, madreporus (polyp.). Ce nom que l'on appliquait autrefois à tous les polypiers pierreux, est réservé aujourd'hui par les zoologistes à un genre assez restreint, présentant un polypier pierreux, fixe, subdendroïde, c'est-à-dire divisé en rameaux plus ou moins distincts, et dont la surface est garnie de tous côtés de cellules saillantes à interstices poreux. Les cellules éparses distinctes, tubuleuses et saillantes présentent douze lames très étroites à l'intérieur. Les polypes en forme d'actinie sont assez courts et pourvus de douze tentacules simples. L'espèce la plus commune est le madrépore abratanoïde, dont le développement est si rapide qu'il produit en peu d'années des récifs considérables au voisinage des îles de l'océan Pacifique. Nous en avons souvent admiré dans les collections, des touffes hautes de 4 à 6 décimètres et formées de rameaux épais de 1 centimètre environ et d'une blancheur remarquable. Une autre belle espèce est le madrépore palmé, vulgairement connu sous le nom de char de Neptune, et qui vient des mers d'Amérique : ses expansions sont aplaties, profondément divisées, laciniées et presque palmées. On connaît neuf espèces de madrépores à l'état vivant, et 7 à l'état fossile. Toutes sont produites par des polypes agrégés, pourvus de 12 tentacules ou davantage, et recouvrant par leur partie charnue et vivante le polypier

calcaire sécrété à l'intérieur de son corps. Les pores ou orifices de ces polypiers sont ordinairement en forme d'étoile ou garnis de lames rayonnantes qui correspondent aux cloisons charnues portant les ovaires, et entre lesquelles se trouvent les tentacules. Ce sont ces polypiers qui dans les mers intertropicales aujourd'hui comme jadis sur toute la surface du globe forment des bancs, des récifs, des îles par leur accroissement successif et par l'accumulation de leurs débris.　　J. P.

MADRID, province d'Espagne. Elle est bornée au nord par celles de Guadalaxara et de Tolède; à l'est par cette dernière; au sud par celle de Cuença, à l'ouest par cette dernière. Elle a 21 lieues de longueur de l'est à l'ouest, et 17 lieues dans sa plus grande largeur du nord au sud. Elle est arrosée par le Tage, le Guadarama, le Jarama, le Manzanarès. Son sol, assez fertile, produit beaucoup de grains, de fourrages, de fruits et de légumes. On y élève beaucoup de menu bétail. Il y existe des mines de cristal de roche. L'industrie manufacturière n'y a guère pour objet que quelques fabriques de papier, de savon, de cordages et de verrerie. On évalue sa population à environ 345,000 individus. La capitale est Madrid (Mantua Carpetanorum), qui est aussi la capitale de toute l'Espagne. Elle est la résidence du souverain et des autorités supérieures depuis Philippe II. Elle est située sur un vaste plateau, à 618 mètres au dessus du niveau de la mer, sur la rive gauche du Manzanarès, petite rivière que l'on passe sur deux ponts magnifiques, auxquels il ne manque que de l'eau. Elle est entourée de murs et précédée de boulevarts qu'embellissent presque partout de beaux arbres. Madrid offre une grande quantité d'églises et d'hôpitaux, de superbes fontaines qui fournissent aux différents quartiers de l'eau excellente, et un amphithéâtre pour les combats de taureaux. Les rues sont régulières et très larges. Parmi les places publiques nous citerons la Plaza Mayor et la Puerta-del-Sol. Elle possède plusieurs académies fondées par Philippe IV, une pour la perfection de la langue, une d'histoire, une d'histoire naturelle, une de médecine, une des beaux-arts; une très belle bibliothèque, qui renferme 130,000 volumes et 2,000 précieux manuscrits. Les édifices publics sont : le palais du roi, auquel le roi Joseph Napoléon a fait ajouter quelques constructions, de belles terrasses et de superbes jardins et qui en font l'un des plus beaux de l'Europe; le Buen-Retiro, château de plaisance détruit en 1812, mais bâti avec somptuosité depuis 1816; l'hôtel-de-ville; le palais des Conseils, le Collège des nobles. Il y a aussi trois belles promenades publiques : le Prado, la Florida et les Delicias, des manufactures de salpêtre, de porcelaine, de tapisseries, de bijouterie, d'étoffes de soie et de laine, de broderies, etc.; une banque connue sous le nom de Saint-Charles et celle de la Guadeloupe pour l'exploitation des manufactures de draps, serges, etc. Malgré la beauté et la somptuosité de ses palais, Madrid est loin d'offrir les avantages des autres villes de l'Europe. Madrid est d'une origine assez récente. Bâtie sur les ruines d'un château pris sur les Maures en 1109, ce ne fut qu'en 1563 que la cour s'y fixa d'une manière stable. Les Français l'ont prise en 1808, et ils y sont entrés par capitulation le 20 mai 1823. Elle a vu naître dans son sein Lopez de la Vega, Quevedo, Villegas et Alonzo d'Ercilla. On trouve dans ses environs les maisons de plaisance de Casa-del-Campo, del Prado, de Zarzuela, de Villa-Viciosa et de la Alameda. Madrid est au centre de l'Espagne, par les 40° 25' de latitude N. et 5° 53' de longitude occidentale.　　R.

MADRIER, s. m., espèce de planche de chêne fort épaisse.

MADRIGAL (mus.), sorte de composition musicale fort à la mode en Italie au XVIe siècle. Les compositeurs qui ont le plus excellé dans le madrigal sont : Luca Marenzio, Palestrina, Pomponio, Nenna, Th. Pecci et le Prince de Venosa.

MADRIGAL, s. m., pièce de poésie, qui renferme dans un petit nombre de vers une pensée ingénieuse et galante. Il se dit, par extension, des paroles de galanterie qu'on adresse aux femmes.

MADRISI (FRANÇOIS), né à Udine vers la fin du siècle dernier, mort en 1750, entra de bonne heure dans la Congrégation oratorienne d'Italie; il se livra aux devoirs et aux études de son état. Nous devons à ses soins une bonne édition des Œuvres de saint Paulin d'Aquilée, à Vienne, 1737, in-folio.

MAELSTROM (géogr.), nom d'un gouffre de l'Océan septentrional, près des côtes de la Norwège. Quelques voyageurs pensent que Maelstrom n'est qu'un courant dont la violence est augmentée par une multitude de petits écueils.

MAESTOSO (*mus.*), littéral., majestueusement. Ce mot italien s'emploie pour indiquer qu'un morceau doit être exécuté avec une certaine lenteur grave; il se trouve le plus souvent accompagné des subst. *adajio, andante*, etc.

MAESTRICHT (en flamand **Maastricht**), ville forte et chef-lieu du Limbourg hollandais. Elle est située sur la rive gauche de la Meuse, que couvre un pont de 100 mètres de long qui la réunit au faubourg de Wyck. Sa citadelle porte le nom de Saint-Pietersberg. Cette ville est régulière et renferme quelques bâtiments assez remarquables, tels que l'hôtel-de-ville, l'hôtel du gouvernement, l'arsenal, le Vryshof et l'église St-Gervais; elle a aussi quelques belles promenades. Elle possède une bibliothèque, une société d'agriculture et un athénée. On y fabrique des draps, des flanelles, de l'amidon, de la garance, du tabac et des épingles; on y trouve encore des distilleries de grains, des raffineries de sel, des papeteries, des tanneries, etc. Dans les environs du côté de la porte St-Pierre, il y a une immense carrière qui se prolonge jusqu'à Liége et qui pourrait contenir tous les habitants du voisinage avec leurs bestiaux. Elle fut prise par les Français en 1794. 18,600 habitants.

MAFFÉE, ou MAFFEO-VEGIO, poète latin, chanoine de Saint-Pierre à Rome, né en 1406, à Lodi dans le Milanais, mort à Rome, en 1458, était dataire du pape Eugène IX. Il avait été, selon Tiraboschi, professeur de jurisprudence à Pavie; il illustra sa plume par plusieurs ouvrages écrits en latin avec beaucoup d'élégance, les principaux sont : 1° un Traité de *Educatione liberorum*, Paris, 1511, in-4°, qui passe pour un des meilleurs livres que nous ayons en ce genre; 2° six livres de la Persévérance dans la religion; 3° *Discours des quatre fins de l'homme*; 4° *Dialogue de la vérité exilée*; 5° plusieurs pièces de Poésies, Milan, 1497, in-fol., et 1589, in-12. Celle qui lui fit le plus de réputation, fut son 13e livre de l'*Enéide*. Quoique l'idée d'être le continuateur d'un poète tel que Virgile fût aussi téméraire que ridicule, il réussit autant qu'on le peut dans un tel projet : le 13e livre a été traduit en français par de Mouchault, Cologne, 1616, in-16. On a encore de lui un poème sur les Friponneries des paysans. Ses poésies, selon M. Landi, ont de la facilité, de l'harmonie et de l'invention.

MAFFÉE OU MAFFEO (**Bernardin**), célèbre et savant cardinal sous le pape Paul III, naquit à Rome, en 1514, et mourut en 1553 à 40 ans. La mort à cette époque lui fut avantageuse; elle lui épargna la douleur de voir un de ses parents tuer, deux ans après, son frère, sa belle-sœur et ses neveux, du moins si l'on en croit de Thou. Les monuments de son goût pour les lettres sont : des Commentaires, sur les Epîtres de Cicéron, et un Traité d'inscriptions et de médailles.

MAFFÉE OU MAFFEI (**Jean-Pierre**), célèbre jésuite, né à Bergame, en 1535, enseigna la rhétorique à Gênes, en 1563, et en 1564 fut secrétaire de la république, avant d'être de la compagnie de Jésus, dans laquelle il entra en 1565. Philippe II, roi d'Espagne, et Grégoire XIII, eurent pour lui une estime particulière. On a dit qu'il était tellement jaloux de la belle latinité, que de peur de l'altérer il demanda au pape la permission de dire son bréviaire en grec; une telle fable. Le cardinal Bentivoglio, ami de ce jésuite, fait entre lui et Strada le parallèle suivant : « Ils se ressemblent dans la beauté du style, dans la noblesse, dans l'harmonie des paroles, et dans la clarté des pensées; mais le père Maffée l'emporte par la pureté de la langue, et Strada par l'élégance; l'un écrit avec gravité et l'autre avec beaucoup d'esprit. » L'extérieur du père Maffée n'avait rien qui annonçât son mérite, sa conversation même était sans agrément. Il était d'un tempérament délicat et ne conservait sa santé que par un régime pénible. Il était prompt à s'enflammer; mais il rentrait en lui-même et demandait pardon à ceux que sa vivacité avait offensés ou scandalisés. Il donnait à la perfection de ses ouvrages plus de temps que d'autres à la confection des leurs. Quand on lui paraissait surpris de cette lenteur, il répondait que les lecteurs ne s'informaient pas du temps qu'on avait mis à composer un ouvrage, mais des beautés qu'on y trouvait. Il mourut à Tivoli, le 20 octobre 1603. On a de lui : 1° *De vita et moribus sancti Ignatii*, in-8°, Venise, 1685, et Bergame, 1747, 2 vol. in-4°. C'est un enfant qui peint son père, mais s'il a la tendresse et la naïveté de cet âge, il a les grâces et la vigueur des meilleurs écrivains latins; 2° *Historiarum indicarum libri XVI* (traduit de l'espagnol, du P. A. Costa), plusieurs fois réimprimé in-fol. et in-8. Le style en est très pur et très élégant. Les mémoires sur lesquels cet ouvrage a été composé sont les plus sûrs que l'auteur eût pu se procurer

sur ces régions lointaines; on assure que c'est le travail de 10 années. Le début en est magnifique et sublime, et en général les réflexions de l'auteur et sa manière de présenter les grands événements, sont pleins de dignité et de force. L'abbé de Pure l'a assez mal traduit en français; elle va jusqu'en 1558. On y trouve à la fin la traduction de Lettres écrites des Indes par les missionnaires; elles ont aussi paru séparément sous le titre de *Rerum societate Jesus in Oriente gestarum Volumen*, Cologne, 1574, in-8°. Cinq livres de ces lettres sont de *Japonicis rebus*. Le cardinal Henry de Portugal avait appelé Maffei à Lisbonne, pour écrire l'Histoire générale des Indes orientales. Grégoire XIII chargea Maffei d'écrire l'Histoire de son pontificat. Cet ouvrage, qu'il laissa manuscrit, n'a été publié qu'en 1742, à Rome, en 2 vol. in-4°. On trouve la Vie de Maffei à la tête de ses œuvres latines, imprimées à Bergame, 1746, 2 vol. in-4°.

MAFFÉE OU MAFFEI (**François-Scipion**, marquis), né à Vérone le 1er juin 1675, d'une famille illustre, fut associé fort jeune à l'Académie des Arcades de Rome. A 27 ans, il soutint publiquement dans l'université de Vérone une thèse qui respirait la gaieté de la jeunesse et de la poésie, quoique en prose. Elle roulait toute sur l'amour, et contenait cent conclusions très décentes et sages, quoique dans une matière où il est aisé de l'oublier. Maffei, passionné pour tous les genres de gloire, voulut goûter celle des armes. Il se trouva en 1704 à la bataille de Donawert, en qualité de volontaire. L'amour des lettres le rappela bientôt en Italie. Il eut alors à soutenir une autre espèce de guerre; il écrivit contre le duel. Le marquis Maffei s'attacha ensuite à réformer le théâtre de sa nation. Il composa sa *Mérope*, qui eut un succès brillant et soutenu; une comédie, sous le titre de *la Cérémonie*, fut aussi fort applaudie. Sa réputation était répandue dans toute l'Europe, quand il vint en France en 1732. Son séjour à Paris fut de plus de quatre années. Le marquis Maffei passa de France en Angleterre; de là en Hollande, et ensuite à Vienne, où il reçut de l'empereur Charles VI des éloges plus flatteurs pour lui que les titres les plus honorables. De retour en Italie, il continua à s'occuper des sciences, et mourut le 11 février 1755. Les Véronais l'avaient chéri avec une espèce d'idolâtrie. Ses principaux ouvrages sont : *Rime e prose*, Venise, 1719, in-4°; *la Scienza cavaleresca*, Rome, 1710, in-4°. Ce livre, contre l'usage barbare des duels, est excellent. Il en a paru six éditions. La dernière a été commentée par le père Pali, membre de l'Académie des Arcades, sous le nom de *Tedalgo*; la *Mérope*, tragédie. Il y en a eu plusieurs éditions; *Traduttori italiani, ossia notizia dei volgarizzamenti d'antichi scrittori latini e greci*, Venise, 1720, in-8°; *Teatro italiano, ossia scelta di tragedie per uso della scena*, en 3 vol. in-8°; *Cassiodori complexiones in Epistolas et Acta apostolorum et Apocalypsim, ex vetustissimis membranis erutæ*, Florence, 1721, et Rotterdam, 1738; *Istoria diplomatica, che serve d'introduzione all' arte critica in tal materia*, 1727, in-4° *Deyli anfiteatri, e singolarmente del Veronese*, Vérone, 1728; *Supplementum acaciarum, monumenta numquam edita continens*, Venise, 1728; *Musæum veronense*, 1729, in-fol. : c'est un recueil d'inscriptions relatives à sa patrie; *Verona illustrata*, in-fol., Vérone, 1732, et en 4 vol. in-8°. La république de Venise, à qui l'auteur dédia cet ouvrage, le décora d'un titre qui ne se donnait qu'à la première noblesse, avec des revenus, des immunités et des privilèges; *Il primo canto dell' Iliade d'Omero, tradotto in versi italiani*, Londres, 1737, en vers non rimés; *la Religione dei gentili nel morire, ricavata da in bassorilievo antico che si conserva in Parigi*, Paris, 1736, in-4°; *Osservazioni letterari che possono servire di continuazione al Giornale de' letterati d'Italia*, et encore de lui un ouvrage *sur la Grâce*. C'est une histoire théologique de la doctrine et des opinions qui ont eu cours dans les cinq premiers siècles de l'Eglise, au sujet de la grâce, du libre arbitre et de la prédestination : elle est en italien, et fut imprimée à Trente en 1742.

MAFORTE, (*hist. ecclés.*), espèce de manteau des moines d'Egypte. Les moines d'Egypte portaient, par-dessus la tunique, un manteau nommé maforte qui couvrait le cou et les épaules. FLEURY.

MAFRA, village d'environ 1,000 habitants, avec un château royal, dans la province d'Estramadure (Portugal), à 5 lieues nord-ouest de Lisbonne, situé non loin de la mer, sur une hauteur. Il est célèbre par son couvent qui, jadis le plus pauvre du Portugal, en devint le plus riche et le plus magnifique. Le roi Jean V ayant fait vœu, pendant une maladie, d'élever ce monastère à la place du misérable cloître de son royaume, dépensa plus de 20 millions de flor. pour le construire. Quoique inachevé, ce vaste édifice passe pour un des monuments les plus importants du genre go-thique. C'est Frédéric Ludwig, orfévre allemand, qui en dirigea la construction. Par sa forme carrée, il a de la res-semblance avec l'Escurial, mais il le surpasse en étendue; toutefois il porte plutôt le cachet du luxe que de la grandeur. Du côté de l'ouest se trouve un portique d'ordre ionique à 6 colonnes qui conduit à une église en marbre. On y compte plus de 2,500 portes et fenêtres, et l'on vante sa bibliothèque, ses collections et les vastes jardins qui l'environnent. Murphy en a publié la description dans son magnifique ouvrage en-richi par les explications historiques de Luis de Souza.

MAGADA (*myth. germ.*), divinité dont le temple subsista dans la basse Saxe jusqu'à Charlemagne. Les attributs de Magada étaient les mêmes que ceux de Vénus chez les latins.

MAGADES (*hist.*), vierges qui étaient chargées chez les Guanches de verser de l'eau sur la tête des nouveau-nés.

MAGADIS (*mus. anc.*), nom d'un instrument en usage chez les Grecs, qui avait, à ce que l'on croit, 20 cordes accordées à l'octave deux à deux. C'est par erreur que quelques diction-naires appellent cet instrument magadès, et qu'ils font ce nom du masculin. Magadis, espèce de flûte, espèce de trom-pette.

MAGALLIAN (COME), jésuite portugais, dont on a des Com-mentaires sur Josué, sur les Juges, sur les Epîtres à Tite et à Timothée, et sur d'autres écrits, occupa une chaire de théo-logie à Coïmbre, où il mourut en 1624, dans sa 72e année.

MAGALLON (CHARLES), né à Marseille, en 1741, entra dans la diplomatie commerciale, devint consul de France à Salo-nique, puis au Caire, où il résida plus de 20 ans. Il rendit les plus grands services à la France par la part qu'il prit aux négociations qui eurent lieu en 1785 entre le gouvernement et le Pacha d'Egypte. Tout porte à croire que sa correspon-dance a donné la première idée de l'expédition que dirigea le général Bonaparte dans ce pays. Quoi qu'il en soit, la connaissance qu'il possédait de toutes les parties du pays, de ses ressources, et en un mot tout ce qui pouvait intéresser l'armée française, le mit dans le cas de lui être très utile; il fut pour les chefs de cette expédition un guide actif et éclairé. Le gouvernement français lui fit à son retour une pension de 6,000 fr. dont il jouit jusqu'en 1820, époque de sa mort.

MAGALLON (FRANÇOIS-LOUIS, comte de la Morlière), général français, né en 1754, à l'île Adam, fit ses premières armes en Corse sous M. de Marbeuf, après avoir passé dans le régiment de Deux-Pont, il eut un avancement rapide; parvenu au grade de lieutenant-général au commencement de la ré-volution, il fut nommé, en 1795, chef d'état-major de l'armée destinée à passer dans l'Inde anglaise. Cette expédition n'ayant point eu lieu, le général Magallon s'embarqua peu de temps après à la tête de quelques troupes pour l'île de France, qu'il était chargé de protéger contre les ennemis du dedans et du dehors. A son arrivée dans cette île, il fut obligé de contenir un mouvement insurrectionnel des colons qui voulaient as-surer leurs propriétés. Il rétablit le calme par des mesures sages et prudentes qu'il sut prendre dans cette circonstance difficile; et, pendant six ans qu'il commanda ensuite dans l'île de France, il s'attira le respect et la reconnaissance de ses administrés. Chargé, en 1804, du gouvernement de l'île Bourbon, il resta deux ans dans cette colonie, demanda et obtint son rappel en France et fut investi du commandement de la 15e division militaire en 1805. Il fut mis à la retraite, vécut dès lors dans l'obscurité et mourut à Paris en 1825.

MAGALOTTI (LAURENT, le comte), savant littérateur, né le 13 décembre 1637, à Rome, de parents originaires de Flo-rence, fut employé dans plusieurs négociations importantes: il alla dans diverses cours de l'Europe, en qualité d'envoyé du grand duc, qui l'honora de la charge de conseiller d'état du grand duc de Toscane, et mourut en 1711. Magalotti était très difficile sur ses écrits, rien ne pouvait contenter sa dé-licatesse scrupuleuse. Il avait pour son honneur une médaille dont le revers est un Apollon rayonnant, et la légende: OMNIA LUSTRAET. On a de lui un grand nombre d'ouvrages: les principaux sont: 1° le Recueil des expériences faites par les académies *del cimento*, dont il était secrétaire à Florence, 1667 et 1691, in-fol.; 2° *Lettres familières contre les athées*, 1741, in-12; 3° des *Relations de la Chine, etc.*; 4° *Lettere scientifiche*, 1721, 2 vol. in-4°; 5° *Canzonette anacreontiche di Lindore Elateo*, 1728, in-8°; 6° *Opere*, 1762, in-8°. Salvino Salvini a donné sa Vie en latin.

MAGAS (*mus. anc.*), concavité ajoutée au bas de la lyre antique, pour la rendre plus sonore. Comme ce nom est du féminin en grec, ἡ μήτης, on lui donne très souvent et avec raison, ce même genre en français. La magas était formée d'une écaille de tortue.

MAGAS (*zool.*), genre de coquilles bivalves.

MAGAS, né d'un premier mariage de Bérénice, épouse de Ptolémée Soter. Nommé gouverneur de la Cyrénaïque et de la Libye, il se révolta contre Ptolémée Philadelphe, son frère utérin, et se fit déclarer roi de ses provinces. Il régna 50 ans, et mourut l'an 257 avant J.-C. Il avait épousé Apamée, fille d'Antiochus Soter, roi de Syrie, qui l'excita à la révolte.

MAGASIN, s. m., lieu où l'on garde, où l'on serre un amas de marchandises. Il se dit également d'un établisse-ment de commerce plus ou moins considérable, où l'on vend certaines marchandises, soit en gros, soit en détail. Marchand en magasin, celui qui ne tient pas de boutique, et qui vend les marchandises en gros. Magasin, se dit aussi d'un lieu où sont déposées des munitions de guerre et de bouche, soit dans les places fortes, soit dans les pays occupés par une armée. Il signifie, par extension, provisions de ménage un peu con-sidérables, amas d'objets. Prov., il en veut faire un magasin, se dit d'un homme qui achète un grand nombre d'objets de même nature. Magasin est aussi le nom qu'on donne à cer-tains ouvrages périodiques, à certains recueils de morceaux, concernant la littérature ou les sciences.

MAGASINAGE, s. m., t. de commerce. Dépôt et séjour d'une marchandise dans un magasin, dans un entrepôt.

MAGATUS ou MAGATI (CÉSAR), né en 1579 à Scandiano, fut fait docteur en médecine à Bologne l'an 1597, et profes-seur à Ferrare en 1613. Il s'attacha particulièrement à mon-trer les défauts de la méthode qui était alors en usage pour panser les plaies, il y substitua une pratique appuyée sur une expérience suivie et réfléchie. Il donne à ce sujet un bon traité intitulé: *De rara medicatione vulnerum*, Venise, 1616, in-fol., Leipsig, 1733, 2 vol. in-4°. Sur la fin de ses jours il se fit capucin sous le nom du père Liberat de Scandiano; ce qui ne l'empêcha pas d'exercer son art avec la permission de ses supérieurs. Il mourut en 1747. Son frère Jean-Baptiste Magatus, se distingua aussi dans la médecine. On a de lui: *Considerationes medicæ*, Bologne, 1637, in-4°.

MAGDALENA, fleuve de Colombie qui donne son nom à un département. Il s'échappe du lac Papas, situé sur le ver-sant oriental des Andes près du village de Céja, à l'extrémité du département de Cundinamarca, par les 1° 5' de latitude N., et 16° de longitude O. Son cours qui se dirige vers le N. est de 340 lieues environ; les principales rivières qu'il reçoit sont: le Sogomoso, le Fusagasuga, le Cesare, le Couca et le Bogota. Il se jette par plusieurs embouchures dans la mer des Antilles.

MAGDALENA, département de Colombie, qui tire son nom du fleuve précédent. Il est borné au N. par la mer des Antilles, au S. par les départements de Boyaca et de Cundi-namarca, et à l'E. par celui de Zulia. Il est long de 115 lieues du N. au S., et large de 72 de l'E. à l'O. Plat en gé-néral à l'exception d'une petite chaîne de montages qui le traverse au N., il est arrosé par la Magdalena, le Couca, le Rio, le Rio-Hacha, le Saint-Georges et le Cesare. Ce dépar-tement, dont le climat est très chaud, produit le maïs, la canne à sucre, le cacao, la vanille, divers baumes et résines; il fournit encore du coton, du tabac et du bois de construc-tion. On pêche des perles sur les côtes qui sont très poisson-neuses. L'intérieur renferme des pierres fines et des mines d'or et d'argent. Il est divisé en trois provinces: Carthagène, Salamarta et Rio-Hacha, formant chacune 23 cantons. 239,300 habitants.

MAGDEBOURG, région de Prusse. Elle est bornée à l'E. et au N.-E. par la région de Potsdam, au S. par les princi-pautés d'Anhalt-Dessau, Bernburg et Kothen, et par le du-ché de Brunswick, à l'O. et au N.-O. par le même duché et par le royaume de Hanovre. Sa longueur du N. au S. est de 38 lieues environ, sa largeur de l'E. à l'O. de 31 lieues, et sa superficie de 736 lieues carrées. Ce pays plat et fertile est traversé du N. au S. par l'Elbe et arrosé par la Bode, la Saal, la Havel, l'Uchte et la Bresse et par le canal de Planen. Les productions du sol sont: les céréales, les légumes, les fruits, le chanvre, le lin, le tabac, etc. Les habitants s'occupent à élever des chevaux et diverses espèces de bestiaux. Ce pays renferme des mines de sel, de fer et de houille; de la terre à porcelaine et à potier, de la pierre à chaux et des tourbières. On y voit des raffineries de sucre, des distilleries de grains, des fabriques de tissus de coton et de soie, de bonneterie, de toile et de poterie. Les 15 cercles qui forment sa division sont : Salzwsdel, Gardelegen, Osterburg, Jerichon I et II, Stendal, Kolbe, Magdebourg, Wanzleben, Wohuir, Oschersleben, Neuhaldensleben, Halberstadt, Osterwick et Aschersleben. Elle a pour chef-lieu Magdebourg, ville forte sur la rive gauche de l'Elbe, à l'endroit où il se divise en 3 branches dont les deux extrêmes portent le nom de nouvel et vieil Elbe. Cette ville, bâtie depuis 1631, présente une régularité qu'elle doit à sa construction peu reculée. Sa citadelle est placée dans une île. Elle a été divisée en 5 parties : Alstadt ou la forteresse proprement dite, Neumarkt, Neustadt, Friederichstadt et Sudenburg. Sa position sur l'Elbe est très favorable à ses foires, à ses transits et à son commerce de commision. La place de la cathédrale, le vieux marché et la rue Breite-Weg offrent un coup d'œil magnifique; les édifices les plus remarquables sont l'hôtel du gouvernement, l'hôtel-de-ville, la cathédrale, le théâtre et la machine hydraulique qui alimente les fontaines. Elle a plusieurs établissements d'instruction publique et de bienfaisance, et renferme des fabriques d'étoffes de laine, soie, coton, toile, dentelle, bonneterie, toile cirée, gants, chapeaux, savon vert, porcelaine et autres; des raffineries de sucre, des tanneries, etc. Cette ville qui a souffert à diverses époques, surtout en 1630, où elle fut pillée et incendiée par les troupes impériales, commandées par Tilly, est la patrie d'Otto-Guerike, l'inventeur de la machine pneumatique. Les Français en démolirent les faubourgs en 1812. 38,000 habitants.

MAGDELEINE (Sainte Marie-), si célèbre dans l'Eglise par son tendre attachement pour Jésus-Christ, était Galiléenne de naissance. Elle était possédée par sept démons, lorsque les miracles du Sauveur l'engagèrent à recourir à lui pour obtenir sa guérison. Jésus la guérit en effet et chassa de son corps les sept démons qui la tourmentaient. Depuis ce moment, la reconnaissance l'attacha aux pas du Sauveur. Elle le suivait partout où il allait, écoutait les instructions qui sortaient de sa bouche, lui prodiguait ses soins, et partageait avec lui ses biens temporels. Lors de la passion de son divin maître, elle ne l'abandonna point dans ses souffrances; elle monta avec lui au Golgotha, pleurant, gémissant, portant non point une croix de bois, mais une croix bien plus cruelle encore, je veux dire la croix du cœur. Témoin de son supplice, elle en partagea tout l'horreur. Oh! qu'il est sublime le mystère renfermé dans ces paroles de l'évangéliste: « Auprès de la croix de Jésus était Marie sa mère, Marie de Cléophas, sœur de sa mère, et Marie-Magdeleine. » « Heureuse association! Heureux état que d'être auprès de Jésus sur la croix, s'écrie le cardinal de Bérulle! » Voilà un nouvel ordre tout spirituel et tout intérieur, invisible aux hommes, mais visible aux anges; un ordre d'âmes crucifiées avec Jésus et par Jésus, auquel la croix du Sauveur donne naissance; un ordre de croix et du ciel tout ensemble, ordre d'amour par le martyre des cœurs, qui, en mourant au monde, ne vit que pour Dieu. Magdeleine n'abandonna point après sa mort celui qui ne l'avait point quitté durant son pèlerinage sur la terre. Elle acheta des parfums, et, suivie de quelques femmes pieuses, elle se rendit au tombeau de son divin maître pour l'embaumer. Pendant le chemin, elles étaient inquiètes sur le moyen d'ôter la pierre qui fermait l'entrée du sépulcre; mais elles trouvèrent, en arrivant, qu'il était ouvert. Magdeleine ayant regardé dans le tombeau, et ne trouvant point celui qu'elle cherchait, courut aussitôt porter cette nouvelle à Pierre et à Jean : « Ils ont, dit-elle, enlevé le Seigneur, et je ne sais où ils l'ont mis. » Pierre et Jean, les plus zélés d'entre les disciples, vinrent à l'instant reconnaître la vérité par eux-mêmes. Les saintes femmes, qui étaient restées là, leur dirent qu'étant entrées dans le tombeau, elles avaient vu deux anges vêtus de blanc, dont l'un, assis à la droite du lieu où était le corps, leur avait dit de ne rien craindre, mais d'aller annoncer aux apôtres que Jésus était ressuscité. Ces paroles remplirent d'étonnement les deux disciples, qui, après avoir parcouru rapidement des yeux le tombeau, allèrent rejoindre les autres apôtres à Jérusalem. Pour Magdeleine, rien ne put lui faire abandonner le tombeau où le cœur de son Sauveur avait été déposé. En dehors du sépulcre, dit l'évangéliste, Marie était debout, pleurant. Or, pendant qu'elle se lamentait ainsi, elle aperçut les deux anges vêtus de blanc qui lui dirent : « Femme, pourquoi pleurez-vous? C'est, répondit-elle sans être distraite de son amour, qu'ils ont enlevé mon Seigneur, et je ne sais où ils l'ont mis. Lorsqu'elle eut dit cela, conti-

nue l'évangéliste, elle se retourna et vit Jésus debout, et ne savait pas que ce fût lui. Et Jésus lui dit : Femme, pourquoi pleurez-vous? Qui cherchez-vous? Elle, croyant que c'était le jardinier, lui dit : Seigneur, si c'est vous qui l'avez enlevé, dites-moi où vous l'avez mis, et je l'emporterai. » Elle est tellement occupée et remplie de son bien-aimé, qu'elle ne le nomme point; elle croit que tout le monde est comme elle, et qu'on doit entendre de qui elle parle; elle oublie sa propre faiblesse, et se croit capable de porter un corps pesant; tant il est vrai que rien ne paraît impossible au véritable amour! Touché de ses heureuses dispositions, le Sauveur l'appelle par son nom; et aussitôt ouvrant les yeux de l'esprit, elle aperçoit son divin maître. Transportée de joie, elle se jette à ses pieds et veut les embrasser. Mais Jésus lui dit : « Ne me touchez pas, car je ne suis pas encore monté vers mon père; mais allez vers mes frères, et dites-leur : Je monte vers mon père, vers mon Dieu et votre Dieu. » Ainsi Magdeleine fut la première à qui le Sauveur se manifesta après sa résurrection, et cette grâce fut la récompense de cet ardent amour qui l'avait attachée à ses pas, et qui l'avait si constamment retenue auprès de son tombeau. Depuis cette époque, la sainte Ecriture ne fait plus mention de sainte Magdeleine, et les historiens ecclésiastiques ne s'accordent point sur les dernières circonstances de sa vie. On croit cependant qu'après l'ascension du Sauveur, elle accompagna la très-sainte Vierge et saint Jean à Ephèse, où il paraît qu'elle mourut et fut enterrée, selon le témoignage de Modeste, patriarche de Jérusalem, de saint Grégoire de Tours, et de saint Guillebaud, qui assure avoir vu à Ephèse, dans ses voyages, le tombeau de sainte Marie-Magdeleine. Ses reliques furent transférées d'abord d'Ephèse à Constantinople par l'empereur Léon-le-Philosophe, et ensuite de Constantinople à Rome, où elles sont conservées dans la basilique de Saint-Jean-de-Latran, sous l'autel du chœur des chanoines, dédié en son honneur par le pape Henri III, dans l'année 1216. Les Grecs et les Latins s'accordent pour faire la fête de cette glorieuse servante du Sauveur le 22 juillet. D. V.

MAGDELEN, prêtre anglais, et chapelain de Richard II. Comme il ressemblait beaucoup au roi par les traits du visage et par la taille, quelques seigneurs révoltés le revêtirent en 1399 d'habits royaux après l'assassinat de Richard, et le firent reconnaître par un grand nombre d'Anglais. Mais le nouveau roi Henri IV ayant pris quelques-uns des principaux du parti, le reste se dissipa. Magdelen et un autre chapelain du roi tâchèrent de se sauver en Ecosse; on les prit et on les enferma dans la Tour de Londres, ils furent tous deux pendus et écartelés en 1400.

MAGE, s. m., prêtre de la religion des anciens Perses. Les trois mages ou les trois personnages qui vinrent de l'Orient à Bethléem pour adorer Jésus-Christ.

MAGELLAN (Ferdinand), autrement Fernando de Magalhaens, célèbre navigateur et capitaine portugais, commença ses expéditions par la conquête de Malaca, faite en 1510, et dans laquelle il combattit sous le grand Albuquerque, appelé le Mars portugais. A son retour en Portugal, il se crut en droit de demander une récompense au roi Emmanuel. N'ayant pu l'obtenir, il alla offrir ses services à Charles-Quint pour la conquête des îles Moluques. L'empereur n'hésita point à lui confier une flotte de cinq vaisseaux, et Magellan partit en 1519. Il alla hiverner dans la rivière et dans le port de Saint-Julien, au pays des Patagons. Magellan appela ce cap le cap des Vierges, parce qu'il avait été découvert le jour de Sainte-Ursule. A 12 lieues de là, il entra dans un détroit, auquel il donna son nom, dont la bouche avait une lieue de largeur, et qui était borné de montagnes fort escarpées. Il y pénétra environ jusqu'à 50 lieues, et rencontra un autre détroit plus grand, qui débouchait dans les mers occidentales; il donna à celui-ci le nom de Jason portugais. Enfin, après une navigation de 1500 lieues depuis ce cap, il découvrit plusieurs îles habitées par des idolâtres : c'étaient les Philippines, et il prit terre à celles de Zébu. Le roi de Zébu engagea Magellan à se joindre à lui pour faire la guerre au souverain de l'île de Matan. Mais à peine fut-il entré dans le pays, accompagné de 55 hommes seulement, qu'une multitude de sauvages l'attaqua et fit périr presque tous les siens. Atteint par plusieurs coups de pierre, il tomba sur le sol, et les sauvages l'achevèrent à coups de lances. Cet événement eut lieu en 1520.

MAGELLAN (détroit de), canal situé entre la Patagonie et la Terre de Feu qu'il sépare. Il s'étend le long de la côte S. de l'Amérique méridionale. Il est long de 100 lieues, sur 1 de large dans sa partie la plus étroite, suivant Cordova. Il fut découvert par Ferdinand Magelhaens, Portugais au service d'Espagne, qui cherchait un passage pour les Indes orientales. Il a été visité par Cook et Drake, et depuis par King et Stokes. Mais son danger l'a fait abandonner des navigateurs qui préfèrent doubler le cap Horn.

MAGÉOGHÉGAN (Jacques), prêtre irlandais, habitué à la paroisse Saint-Méry à Paris, mort le 30 mars 1764, à 63 ans, est auteur d'une histoire d'Irlande, Paris, 1758, 3 vol. in-4°. Elle est remplie de recherches qu'on ne trouve pas ailleurs. L'auteur, qui était catholique, fait des descriptions touchantes des maux que le schisme et l'hérésie ont causés à sa patrie. Son style pourrait être plus élégant.

MAGES, (-gi), ordre de prêtres qui, chez les Perses, jouissaient de la plus haute considération. On les consultait sur tout, et leurs réponses étaient regardées comme des oracles; non seulement on leur confiait l'éducation des princes; mais il fallait même que le roi pour être couronné eût subi une espèce d'examen devant eux; souvent ils abusaient de leur pouvoir au point de se rendre redoutables même aux souverains. Les mages reconnaissaient Zoroastre pour leur maître; ils adoraient le feu, et l'on présume que ce sont eux qui les premiers ont reconnu les deux principes du bien et du mal. Ils étaient profondément versés dans les mathématiques et l'astronomie. Les mages croyaient que les âmes étaient contraintes de passer par sept portes avant d'arriver au soleil, le séjour des bienheureux, passages qui duraient plusieurs millions d'années. Chaque porte était composée d'un métal différent, et Dieu l'avait placée dans la planète qui préside à ce métal; la première se trouvait dans Saturne et la dernière dans Vénus. Ils ne voulaient ni temples ni autels, et faisaient leurs sacrifices religieux sur les montagnes les plus élevées. Il y avait un jour dans l'année où il n'était pas permis aux mages de paraître en public, à cause de l'usurpation de Smerdis, l'un d'eux; le peuple avait ce jour-là le droit de tuer tous ceux qu'il rencontrerait. Cette religion subsiste encore aujourd'hui chez les Guèbres, dont on trouve quelques restes en Asie.

MAGGI (Jérôme), *Magius*, d'Anghiari dans la Toscane, eut du goût pour les arts et pour toutes les sciences, et les cultiva avec succès. Ses talents déterminèrent les Vénitiens à lui donner la charge de juge de l'amirauté dans l'île de Chypre. Famagouste, assiégée par les Turcs, trouva en lui toutes les ressources qu'elle aurait pu trouver du plus habile ingénieur. Il désespéra les assiégeants par des machines qu'il inventa pour détruire leurs travaux; mais ils eurent leur revanche. La ville ayant été prise en 1571, ils pillèrent la bibliothèque de *Maggi*, l'amenèrent chargé de chaînes à Constantinople, et le traitèrent de la manière la plus barbare. Après avoir travaillé tout le jour à des ouvrages bas et méprisables, il passait la nuit à écrire. Il composa, à l'aide de sa mémoire seule, des traités remplis d'érudition, qu'il dédia aux ambassadeurs de France et de l'empereur. Ces deux ministres, touchés de compassion, voulurent le racheter, mais tandis qu'ils traitaient de sa rançon, Maggi trouva le moyen de s'évader, et de se sauver chez l'ambassadeur de l'empereur. Le grand visir, irrité de cette évasion, l'envoya reprendre, et le fit étrangler dans sa prison le 27 mai 1572. C'était un homme d'une profonde érudition, laborieux, bon citoyen, ami sincère et digne d'une meilleure fortune. Ses principaux ouvrages sont : *De tintinabulis*, Hanau, 1608, in-8°, précédé de la vie de l'auteur, par Swert, Amsterdam, 1664, in-12. Ce traité des clochers est très savant; et ce qu'il y a de plus extraordinaire, c'est que (comme nous venons de dire) l'auteur le fit de mémoire; 2° un autre de *Equleo*, Hanau, 1609, in-8°; 3° de la *Fin du monde par le feu*, Bâle, 1502, in-fol.; 4° des Commentaires sur les Vies des hommes illustres d'*Æmilius Probus*, in-fol.; 5° des Commentaires sur les instituts; in-8°; 6° des Mélanges ou diverses leçons, 1564, in-8°. Tous ces ouvrages, écrits élégamment en latin, sont remplis de recherches. On a encore de lui un Traité de fortifications en italien, 1589, in-fol., et un livre de la situation de l'ancienne Toscane (il faut ajouter à ces ouvrages de Maggi, un poème intitulé : *I Cinque canti, ou les Cinq premiers chants des guerres de Flandres*, Venise, 1551, in-8°. On trouve une lettre plus détaillée de ses productions, à la suite de sa vie, écrite par Swert, et dans les Éloges de Teissier, t. 2, p. 370.

MAGICIEN, ENNE, celui, celle qui fait profession de la magie ou qui passe pour en faire usage. Il se dit par exten-

sion de celui qui, dans un art, a le talent de produire beaucoup de surprise et de plaisir.

MAGICIENS. Les païens étaient persuadés que les magiciens exerçaient leur empire dans le ciel, sur la terre et dans les enfers; qu'ils pouvaient à volonté faire tomber la grêle, le tonnerre, exciter la tempête, aller partout au milieu des airs, faire descendre la lune sur la terre, et transporter les fruits et les moissons d'un lieu dans un autre. La puissance des magiciens ne se bornait pas à faire du bien ou du mal aux vivants, ils mettaient les ombres aux prises les unes avec les autres. Il y avait deux sortes de divinités à qui les magiciens pouvaient avoir recours: les unes bienfaisantes, et les autres malfaisantes. Cette différence constituait deux espèces de magie : l'une ne renfermait que des opérations religieuses, et l'autre des prestiges qu'on attribuait à l'artifice des mauvais démons. La magie religieuse passait pour un art divin. Il fallait que les magiciens qui l'exerçaient fussent irréprochables dans leurs mœurs; que tous ceux qui avaient part aux opérations fussent purs; qu'ils n'eussent point mangé de choses qui eussent eu vie; dans cette espèce de magie, on n'invoquait que des dieux bienfaisants, pour procurer du bien aux hommes et les porter à la vertu. L'appareil des cérémonies qu'employaient ceux qui se mêlaient de la seconde magie ou sorcellerie augmentait encore la terreur qu'on en avait. Les lieux souterrains, les cimetières étaient leur demeure; l'obscurité de la nuit, des victimes noires, des ossements de morts ou des cadavres entiers répondaient à la noirceur de leur art. Les magiciens ou sorciers avaient pour l'ordinaire une figure de cire qui ressemblait à peu près à ceux à qui ils en voulaient; et l'on croyait que tout ce qu'ils appliquaient sur cette figure ne manquait pas de faire son effet sur la personne qu'elle représentait. Ils employaient dans leurs opérations certaines paroles, et joignaient la vertu de certaines herbes tristes et funèbres. Le temps des sacrifices, les jours, les nuits, les heures, les aspects des astres, le nombre, la couleur des victimes, tout était essentiel, comme tout était mystérieux. Les sorciers de Rome s'assemblaient ordinairement aux Esquilies, à cause des ossements et des tombeaux dont ce lieu était rempli. Quelquefois ils égorgeaient des enfants, et cherchaient dans les entrailles des victimes la connaissance de l'avenir; ou bien ils employaient le foie et le cœur à composer des philtres et des breuvages qui ensorcelaient les malheureux objets de leurs opérations. Les magiciens étaient pour la plupart des Chaldéens et Babyloniens.

MAGIE, s. f., art prétendu auquel on attribue le pouvoir d'opérer, par des moyens surnaturels, des effets surprenants et merveilleux. Magie naturelle ou magie blanche, celle qui, par des moyens naturels, mais inconnus au vulgaire, produit des effets qui semblent surnaturels et merveilleux; par opposition à magie noire, celle qui est censée opérer des effets vraiment surnaturels avec le secours des êtres infernaux et qui est la magie proprement dite. Prov. et fig. c'est la magie noire, se dit d'une chose qu'il est malaisé de pénétrer et où l'on ne comprend rien. Magie se dit figurément du pouvoir qu'exercent sur les sens et sur l'âme, les beaux-arts, la poésie, l'éloquence, etc.

MAGILE, *magilus* (moll.), genre des mollusques gastéropodes qui présente pour caractères principaux : animal de forme conique, un peu en spirale, et terminée particulièrement en mamelon; sa tête est garnie d'une trompe cylindrique, courte; ses tentacules sont coniques, au nombre de deux, et portent les yeux au côté interne de leur base, le pied est assez grand, musculeux et sillonné longitudinalement à sa face inférieure; il porte à sa partie postérieure un opercule corné de forme elliptique, mince, à sommet marginal. Le manteau a sa surface lisse; son bord est renflé, surtout du côté droit, et se prolonge à gauche en une espèce de siphon échancré qui forme au moyen de deux arêtes longitudinales, un tube qui se loge dans la gouttière du bord columellaire de la coquille. Cette dernière a sa base contournée en une spirale courte, ovale, héliciforme; la spire est composée de quatre tours contigus, convexes, dont le dernier est plus grand, et se prolonge en un tube dirigé en ligne droite ondée, et un peu comprimé latéralement. Les magiles offrent des habitudes assez curieuses; elles s'établissent dans les excavations de certains madrépores qui, venant à grossir, obligent l'animal des magiles à se former un tube qui le maintient toujours au niveau de la surface du polipier qu'il habite, et par lequel il peut abandonner la partie spirale de son habitation. On ne connaît encore bien qu'une seule espèce de ce genre trouvée dans la mer Rouge, et qui a été nommée magile antique (*magilus antiquus*). Ce genre d'animaux a longtemps été balloté dans les méthodes, et sa place fixée d'une manière bien incertaine. Les uns les plaçaient parmi les annélides, à côté des serpules ; les autres dans les mollusques avec lesquels ils présentaient de très grands rapports. Cette dernière est celle qui leur a été définitivement fixée.　　　J. P.

MAGINI (JEAN-ANTOINE), célèbre astronome et mathématicien, natif de Padoue, enseigna à Bologne avec réputation. Ce savant était infesté des erreurs trop communes alors de l'astrologie. Il mourut à Bologne le 11 février 1617 à 62 ans, on a de lui : 1° *Des Éphémérides*, un *traité du miroir concave sphérique*, traduit en français, 1620, in-4° ; 2° *Novæ cœlestium orbis theorices congruentes cum observationibus*, H. Copernici, Venise, 1589 ; 3° *Commentarius in geographium et tubulas Ptolemei*, Cologne, 1597 ; 4° *L'italia Descripta-can LX. Tavale geographiche*, Bologne 1626, in-folio.

MAGIO, ou PLUTÔT **MAGGIO** (FRANÇOIS-MARIE), chanoine régulier, né en 1612, mort l'an 1686, à Palerme, fut envoyé dans les missions de l'Orient l'an 1636, par la congrégation de la propagande. Il parcourut la Syrie, l'Arabie, l'Arménie, avec beaucoup de fruit. Partout il montra qu'il savait allier un grand zèle à beaucoup de prudence. De retour en Italie, il se rendit à Rome, où il travailla par ordre de la propagande, à la Grammaire des langues orientales, étant passé à Naples, l'amitié du vice-roi lui facilita les moyens d'établir dans ce royaume plusieurs maisons de Théantins, ordre dont il était membre. On a de lui : 1° *Syntagmata linguarum orientalium*, Rome, 1670, in-fol. ; 2° *De sacris cœremoniis* ; 3° *De Pauli IV inculpata vita disquisitionis historiæ* ; 4° plusieurs ouvrages sur le rituel et ascétiques.

MAGIQUE, adj. des deux genres, appartenant à la magie. Baguette magique, baguette, verge dont les prétendus magiciens se servent dans leurs opérations. Lanterne magique, instrument d'optique qui, au moyen de lentilles et de verres peints, fait voir différents objets sur une toile ou sur une muraille. Tableau magique, tableau de verre garni d'une feuille d'étain, dont on se sert pour donner la commotion électrique. Magique, par extension et figurément, se dit de ce qui étonne, enchante, fait illusion.

MAGISTER, s. m., (on fait sentir l'r), mot emprunté du latin. Maître d'école de village. Il n'est plus usité.

MAGINNE, (phil. pers.), il se dit de la doctrine des prêtres de l'ancienne Perse ; c'est un dualisme mêlé d'une grossière idolâtrie que Zoroastre s'efforça de spiritualiser. Il se dit pour l'époque suivante, à partir du VIᵉ siècle avant J.-C., de la religion de Zoroastre elle-même.

MAGISTRAL, ALE, adj., qui tient du maître, qui convient à un maître. Il ne se dit guère que d'une personne qui parle comme ayant droit d'enseigner. Prébende magistrale, s'est dit dans quelques églises cathédrales d'une prébende, qui, dans d'autres, s'appelait préceptoriale. Ligne magistrale, la ligne principale d'un plan. En pharmacie, composition magistrale, se dit des médicaments composés sur-le-champ d'après l'ordonnance du médecin, par opposition à ceux que l'on tient tout préparés et qu'on appelle compositions officinales.

MAGISTRAT, MAGISTRATURE, (*droit public, droit divin*). On entend par magistrature tantôt l'exercice des fonctions de magistrat, tantôt le corps entier de tous les membres des cours et tribunaux. Dans la première acception le mot magistrature s'entend de l'une des plus nobles fonctions que les hommes puissent remplir : Rendre la justice, maintenir les lois, bases et liens de la société, venger les injures, tenir la balance égale entre le puissant et le faible, le riche et le pauvre, défendre l'innocence contre l'oppression et la méchanceté, telles sont les charges que la magistrature impose à ses membres. Le magistrat deviendrait infidèle à ses devoirs, s'il mettait de la négligence à s'en acquitter. — Pris dans un autre sens, ce mot signifie, ainsi que nous l'avons dit, le corps entier des magistrats. En France elle se compose des tribunaux d'arrondissement, des cours royales, et d'une cour suprême de cassation dont tous les pouvoirs ne passent pas aujourd'hui les limites de l'ordre judiciaire, à la différence des parlements qui s'arrogeaient la puissance législative et administrative (voy. JUSTICE). La cour de cassation a été instituée dans un but éminemment politique ; il s'agissait de maintenir entre les tribunaux différents, dépositaires de l'autorité, un accord parfait et constant ; car sans cet accord l'ordre politique ne saurait subsister. Il faut pour la prospérité d'un état que toutes ses parties, convenablement constituées,

concourent au bien général ; et l'on ne peut douter que l'ordre judiciaire ou la magistrature n'entre pour beaucoup dans les causes de cette prospérité. — Le nom de magistrat ne fut pas toujours exclusivement donné aux juges, membres des tribunaux. Il servait d'abord à désigner tous ceux qui, par l'exercice d'une partie de l'autorité légitime, contribuaient à l'administration de l'état. Il fut même donné aux rois et aux chefs des divers gouvernements ; plus tard on ne l'appliqua qu'aux officiers revêtus de fonctions éminentes ; aujourd'hui encore on ne s'en sert guère que pour nommer les principaux chefs de l'administration, et dans ce sens on dit que le préfet est le premier magistrat de son département, ou pour parler des membres de l'ordre judiciaire, revêtus de hautes fonctions, comme les conseillers des cours royales, membres du parquet, etc. On ne s'en sert guère pour désigner les simples juges des tribunaux ou des justices de paix. — La magistrature et les fonctions du magistrat naquirent du besoin qu'éprouvèrent les hommes, après la formation des sociétés, de confier à quelques-uns d'entre eux, ceux qui jouissaient d'une réputation méritée de justice et de probité, une portion d'autorité suffisante pour faire exécuter les lois et réprimer les entreprises de la malveillance ; ils renoncèrent en quelque sorte à se dire libres, afin de l'être en effet ; ils sacrifièrent le nom de liberté pour conserver la chose ; ils finirent même par ajouter aux droits conférés aux magistrats le droit terrible de vie et de mort, devenu nécessaire en raison de la perversité croissante des membres corrompus de la société. Les premiers magistrats dont il soit fait une mention expresse et précise, sont ceux que Moïse choisit pour l'aider ou même le remplacer dans ses fonctions judiciaires. Il procéda à ce choix par le conseil de son beau-père Jéthro, et il le laissa tomber sur des hommes d'une probité reconnue et d'une piété éclairée. Comme les Israélites n'avaient pas encore de territoire propre, Moïse divisa les douze tribus, par mille, cent, cinquante et dix familles, et chacune de ces divisions eut à sa tête un officier particulier, dont le rang suivait la même proportion que le nombre des familles ; mais avant la fin de l'année, il choisit, par ordre de Dieu même, parmi les anciens du peuple, soixante-dix officiers dont il forma un conseil supérieur. Ces officiers furent appelés *magistri populi*, et c'est de ces mots sans doute que s'est formé celui de magistrat. Ce conseil a pris plus tard le nom de *Sanhédrin*. Il fut établi à Jérusalem, était présidé par le grand-prêtre, et connaissait des affaires qui concernaient la religion, des crimes capitaux, et de l'appel des autres juges. — Les Grecs et en général les gouvernements républicains partageaient l'autorité de la magistrature entre un grand nombre de personnes, et de peur que les magistrats ne devinssent trop puissants, leurs fonctions avaient peu de durée. Les archontes chez les Grecs, les consuls chez les Romains n'étaient élus que pour un an (voy. ARCHONTE. CONSUL). Chez ces derniers la magistrature se composait originairement des membres du sénat, et des patriciens que le peuple avait obtenu le droit de choisir ; après l'expulsion des rois, que deux consuls annuels remplacèrent, on nommait, sous le nom de dictateur, un magistrat suprême, dans les temps de trouble et de danger. Sous Justinien le préfet de la ville devint chef du sénat ; venaient ensuite les patrices, les consuls, les simples préfets et maîtres de camp, les sénateurs, les chevaliers, les tribuns du peuple, les édiles, les questeurs, etc. Il y eut des tribuns et autres officiers militaires, des préfets du domaine, des proconsuls, des légats, des préfets de l'armée, des préfets des gardes de nuits, des vicaires et des assesseurs, etc. Au reste, les fonctions de la plupart de ces magistrats ne constituaient pas des offices proprement dits ; ce n'était que de simples commissions données par le sénat, par le peuple ou par les empereurs. Ainsi le nom générique de magistrat s'appliquait à tout individu investi d'une portion quelconque de la puissance publique. — En France il fut réservé à ceux dont les fonctions étaient relatives à la haute administration de la justice, il y avait toutefois des officiers qu'on appelait *magistrats d'épée*, tels que les pairs de France, les chevaliers d'honneur, lieutenants-criminels de robecourte, les prévôts des maréchaux. Les juges des présidiaux, des bailliages et des sénéchaussées, et même les prévôts des marchands, maires et échevins se qualifiaient de ce nom de magistrat. Les fonctions du magistrat sont saintes et augustes. Comme simple citoyen, il devait estimer avant tout l'intérêt public ; en acceptant sa charge, il contracte des obligations nouvelles ; il devient l'homme de l'état et de la patrie. Dans un gouvernement monarchique, les magistrats sont après le souverain, les premières personnes chargées du gouvernement civil du corps politique; là où ils ne tiennent leur pouvoir que du souverain, ils doivent soumettre à la suprématie du souverain leur portion de pouvoir, afin que le souverain puisse surveiller la manière dont ils l'exercent. Dans les gouvernements constitutionnels, où les formes de la monarchie sont modifiées par l'existence d'un ou de plusieurs corps politiques auxquels appartient le pouvoir législatif, où le souverain n'a guère que le pouvoir exécutif, les magistrats sont tout-à-fait indépendants; mais leur autorité s'arrête où finit l'administration de la justice. — Autrefois en France les parlementaires (ou appelait ainsi tous les partisans du parlement), faisaient trois classes des ordres qui étaient émanés de la souveraineté : lettres en forme de justice, priviléges ou dispenses accordés à certaines personnes, lois destinées à devenir générales et lois de l'état. Les ordres de la première classe laissaient au magistrat sa liberté tout entière, ces ordres ne pouvant obliger qu'autant que leur exposé se trouvait justifié par les faits. Les ordres de la seconde espèce n'obligeaient pas davantage le magistrat qui appréciait la justice de l'ordre par les faits qu'il établissait et que le prince pouvait n'avoir pas connus. Toutefois si les faits étaient de nature à n'avoir pu être ignorés par le prince, on tenait pour principe que l'obéissance était un devoir; encore y avait-il une exception : c'était lorsque le privilège pouvait être onéreux pour d'autres personnes. Les magistrats n'étaient pas tenus d'obtempérer à la volonté du souverain. Quant aux ordres de troisième classe, les magistrats étaient tenus d'obéir; même ils s'étaient attribué la faculté d'examiner le fond de ces ordres; et s'ils pensaient que l'édit contenait des choses contraires à l'équité, à la justice, au bien général, à des droits acquis, etc, ils faisaient des remontrances respectueuses, refusaient l'enregistrement, et malgré les diverses lettres de jussion qui leur étaient adressées, ils persistaient dans la désobéissance. Les jugements et les arrêts définitifs doivent être reçus par les citoyens avec soumission parce qu'ils doivent être regardés par eux comme l'expression légitime de la loi, lors même qu'il s'y serait glissé quelque erreur ou même quelque injustice. Nul ne peut exiger que les ouvrages des hommes soient parfaits. On a prétendu que dans le cas où le prince aurait ordonné une chose injuste, les magistrats au lieu de refuser l'obéissance auraient dû se démettre de leurs charges; mais on ne réfléchissait pas sans doute aux inconvénients d'une démission. Si elle n'avait été que particulière, elle n'aurait servi de rien; générale, elle aurait nui aux affaires publiques, en interrompant le cours de la justice. Il nous semble qu'en pareil cas un corps devait attendre que la démission lui fût demandée; offrir une démission générale, c'était faire au souverain une menace; la donner, c'était se mettre peu en peine de l'intérêt public. Quelquefois c'étaient quelques membres en petit nombre, qui offraient ou donnaient leur démission, parce que leur opinion n'avait point prévalu sur l'avis contraire de la majorité. Fussent-ils convaincus que la vérité se trouve de leur côté, il y aurait à suivre un premier mouvement, excès d'amour-propre, d'orgueil et d'entêtement; car cette même opinion de la justice de leur opinion se trouve pareillement dans la majorité, et en hommes sages, ils doivent au moins douter de leur propre jugement. Il est en général des circonstances où les magistrats, même souverains comme nos anciens parlements doivent céder aux circonstances, et tolérer un mal pour en éviter un plus grand. L'inflexibilité dans un homme, aigrit toujours contre lui celui qui lui demande une faveur non due; la condescendance peut produire de bons effets. On a souvent agité la question de savoir si le magistrat, après un commencement d'exécution de l'ordre qu'il a reçu peut s'arrêter avant d'avoir exécuté l'ordre en entier, sur le motif qu'il a connu le changement de volonté dans les princes ou dans les législateurs. La solution dépend des circonstances, car il est des cas où c'est servir le prince que de ne pas lui obéir; car si par le commencement d'exécution, les affaires ont reçu un mouvement qu'on ne pourrait arrêter sans danger, les magistrats doivent supposer que le contre-ordre émane du prince mal informé. C'était encore aux juges qu'il appartenait de décider si les peines étaient simplement comminutoires, ou si elles devaient être rigoureusement appliquées, si on pouvait les diminuer ou même en absoudre le coupable; seulement il était de principe que les peines réglées et déterminées par la loi ne pouvaient en aucun cas être augmentées. Le magistrat a le droit de contraindre par la force à l'obéissance ceux qui veulent enfreindre ses ordres; car la loi est muette, elle s'exprime

par la bouche du magistrat, et quand le magistrat ordonne c'est au nom de la loi qu'il le fait. Au surplus il ne faut pas oublier que le pouvoir n'est pas inhérent à la personne du magistrat, mais qu'il émane de sa charge, étendu ou restreint, suivant le degré qu'elle occupe dans la hiérarchie judiciaire. Le pouvoir en dernier ressort doit appartenir à un corps, non à un seul individu; car un seul magistrat pourrait être influencé ou même se laisser corrompre; mais cet inconvénient est bien moins à craindre quand les magistrats se trouvent en grand nombre. La magistrature doit être réputée sacrée; la personne du magistrat en exercice est donc inviolable; mais hors de ses fonctions, et quand il n'est pas question d'elles, son privilège cesse; son pouvoir même cesse d'obliger, ou pour mieux il n'existe plus lorsqu'il sort de ses attributions ou qu'il excède sa compétence, on n'est pas tenu de lui obéir; mais quand il exerce ses fonctions et qu'il se renferme dans sa compétence, telle que la loi l'a déterminée, l'obéissance est pour tous un devoir, lors même qu'on croirait voir une injustice dans sa conduite. — Nous avons dit que le privilège d'inviolabilité qu'a le magistrat, cesse avec la cessation ou l'interruption de ses fonctions; mais ceci ne doit pas être pris au pied de la lettre, car l'injure faite au magistrat a toujours un caractère de gravité que n'offre point celle qui s'adresse à tout autre individu : qui tribunis plebis, ædilibus, judicibus nocuerit, disait la loi romaine, ejus caput Jovi sacrum est. Cette distinction qui doit avoir lieu au cas d'injure entre le magistrat et toute autre personne est fondée sur la justice. Il est bien juste que l'homme qui tous les jours s'expose pour remplir son devoir, au ressentiment ou à la haine de ceux qu'il condamne, soit plus spécialement protégé par la société. — Autrefois en France, l'appel des jugements ressortissait au maire du palais, qui semblable au préfet du prétoire à Rome, exerçait sur tous les magistrats un pouvoirs souverain. Ce fut ensuite le prince qui devint le premier magistrat du royaume, commandant seul aux autres et n'obéissant à personne. Aussi l'autorité des magistrats s'est-elle toujours abaissée devant le souverain. A Rome les consuls eux-mêmes parlaient debout au peuple et leurs licteurs baissaient leurs faisceaux devant lui. En France, quand le roi tenait un lit de justice, il était en son nom que s'exprimait celui qui portait la parole. Il commençait par ces mots : Le roi vous dit. Les choses ont changé aujourd'hui. Les magistrats sont entièrement indépendants, mais leurs fonctions se bornent à l'administration pure et simple de la justice criminelle ou civile. Autrefois le magistrat pouvait prendre le siége du juge inférieur et le présider; aujourd'hui le droit d'une cour royale se borne à pouvoir évoquer à elle le fond d'une cause portée devant elle, même par le simple appel d'un jugement préparatoire ou interlocutoire, lorsque celui lui semble en état de recevoir un jugement définitif. S'il n'y a point d'appel de la sentence rendue par le juge inférieur, celui-ci a le droit de faire exécuter son paiement par toutes les voies. Avant la nouvelle législation criminelle de la France, tout jugement concernant la vie ou l'honneur d'un individu devait être confiné par les magistrats d'un ordre supérieur. Il n'en est plus maintenant de même. Si la sentence d'un tribunal correctionnel n'est pas attaquée par l'appel, elle devient définitive et de plein droit exécutoire. S'il s'agit d'un arrêt de cour d'assises, il n'est attaquable que par un pouvoir en cassation. Nul magistrat, nul corps judiciaire ne peut rendre la justice hors du territoire sur lequel s'étend sa juridiction, ce qui est conforme au droit romain : Judex non potest extra territorium, jus dicere. — Les charges de la magistrature n'étaient point vénales dans l'origine des sociétés. Mais l'abus trouve moyen de se glisser partout. Ceux qui prétendaient à l'élection du peuple romain s'affublaient de deux robes, afin de pouvoir porter de l'argent dans les poches de la robe intérieure et d'acheter ainsi des suffrages. Il fallut une loi pour défendre aux Romains de paraître aux assemblées avec une double robe. La vénalité des charges s'introduisit en France après le moyen-âge, et l'argent qu'on retirait de ce trafic fut un bien faible dédommagement des inconvénients qui résultèrent de la vénalité. On lisait à Ratisbonne sur la porte du palais où se tenaient les diètes de l'empire d'Allemagne une inscription qu'on devrait voir inscrite dans tous les palais de justice, parce que les idées qu'elle renferme devraient servir de règle constante aux magistrats de tous les ordres : « Toi qui entres ici en qualité de sénateur, laisse devant la porte tout ce qui tient de la passion; car ni la colère, la violence ou la haine, ni la faveur et la flatterie n'ont d'entrée en ce lieu sacré; soumets tes intérêts à ceux du public, et sois sûr que les jugements que tu auras rendus en ce monde te seront comptés dans l'autre. » Les Anabaptistes et avant eux les Vaudois ont prétendu qu'un chrétien ne pouvait pas être magistrat, parce qu'il pouvait se trouver dans les cas de condamner quelqu'un à des peines afflictives ou à la peine capitale. Plusieurs sociniens ont adopté la même erreur, et l'école moderne du xviiie siècle, ayant ou prenant l'air de la conviction, a vu là une occasion de déclamer contre l'Evangile; pour justifier leur opinion, ils ont interprété à leur manière plusieurs passages de l'écriture et notamment celui où Jésus-Christ dit dans saint Mathieu : « Il a été dit aux anciens de demander, œil pour œil, dent pour dent. Et moi, je vous dis de ne point résister aux méchants. Si quelqu'un vous frappe sur une joue vous lui tendrez l'autre; s'il veut plaider contre vous et vous prendre votre robe, livrez-lui encore votre manteau, etc. » De là, on a conclu que Jésus-Christ condamnait les magistrats juifs que la loi du talion instituée par Moïse obligeait de prononcer souvent des peines afflictives, et qu'il était inutile d'avoir des magistrats puisqu'il était défendu de plaider. Mais il est évident que dans ce passage, Jésus-Christ parle à ses disciples en raison des circonstances où ils vont se trouver et à leur obligation de prêcher l'évangile à des païens ou à des incrédules. Auraient-ils pu se flatter du moindre succès, s'ils avaient poursuivi la réparation d'une injure des magistrats juifs ou païens, qui se seraient sentis disposés à les envoyer au supplice plutôt que d'accueillir leur demande? La suite du discours du Sauveur prouve bien l'intention touchante qui dicta les premiers mots; et il ne s'ensuit nullement qu'il ait voulu prescrire la juste défense en toute autre occasion, ni qu'il ait condamné les fonctions de juge. Il condamnait seulement ceux qui auraient voulu abuser de la loi du talion en se faisant justice de leurs propres mains. Les paroles de Jésus-Christ s'expliquent merveilleusement d'ailleurs par la conduite que les apôtres ont tenue. « Nous sommes frappés, maudits, persécutés, repoussés comme rebut du monde, et nous le souffrons, nous bénissons Dieu, et nous prions pour nos ennemis. » Saint Paul, Epit. 1re aux Corinth. chap. iv, vers. 11. Je vous en conjure, ajoute l'apôtre, imitez-moi, comme moi-même j'imite Jésus-Christ. Il reproche ensuite aux Corinthiens de déférer aux magistrats païens la connaissance de leurs contestations. C'est déjà un mal, leur dit-il, d'avoir des procès entre vous. Il vaudrait mieux que vous souffrissiez une injure ou un dommage. Dans son épître aux Romains, non seulement il ne condamne par les fonctions des magistrats, mais encore il recommande qu'on les honore et qu'on les respecte. Le prince, dit-il, est le ministre de Dieu, préposé pour punir le crime; l'ordre civil même est une chose établie par Dieu. Il est clair, d'après tous ces passages, que saint Paul qui ne faisait qu'indiquer aux autres les doctrines qu'il tenait de son divin maître, ne voulait nullement interdire aux chrétiens les fonctions de la magistrature. Cependant Tertullien, dit-on, les leur a formellement interdites dans son traité sur l'idolâtrie; mais si l'on considère l'esprit qui a présidé à la rédaction de ce traité, il résulte que c'est encore en raison des circonstances qu'il tient ce langage, circonstances qui auraient mis un chrétien dans la nécessité de condamner et de punir des chrétiens pour fait de religion. A quoi serviraient les lois, s'il n'y avait pas de magistrats pour les appliquer et les faire exécuter. L'absence ou le défaut de magistrats aurait entraîné la ruine de la société; et peut-on supposer que Jésus-Christ aurait voulu produire ce résultat funeste, lui dont la doctrine avait pour but principal de protéger la société, de resserrer tous les liens qui unissaient les hommes entre eux, et de porter la civilisation au milieu des peuples barbares? Quelques-uns sont tombés dans un excès contraire; ils ont voulu que les magistrats eussent le droit de prononcer sur les questions de théologie et de religion. Ce sont les magistrats de Berne et d'autres cantons suisses qui ont proscrit le catholicisme; ce sont encore les magistrats qui l'ont proscrit à Genève et dans plusieurs lieux de l'Allemagne; c'est le souverain qui, en Angleterre, l'a condamné. Ce ne furent pourtant pas les magistrats séculiers que Jésus-Christ avait chargés de prêcher et d'expliquer son évangile.

MAGISTRIEN (hist.), nom du maître des offices de la cour des empereurs de Constantinople. On nomme magistrien ce que l'on nommait autrement agent de l'empereur (Fleury).

MAGISTRIS (Simon ou Siméon de), savant orientaliste, né à Serra, village de Corse, en 1728, alla fort jeune à Rome, où il devint prêtre de l'oratoire de l'église Neuve. S'étant adonné à l'étude des langues anciennes, il fut successivement employé par les papes Clément XIV et Pie VI; ce dernier le nomma évêque de Cyrène in partibus, et le mit à la tête de la congrégation, chargée de corriger les livres et les liturgies des églises orientales. On lui doit : 1° Daniel secundum septuaginta, etc., grec et latin, Rome, 1772, in-fol.; 2° Acta martyrum ad ortia Tiberim ex N. S. S., etc., Rome, 1795; 3° S. Dionysi Alexandrini, et Opera quæ supersunt, grec et latin, Rome, 1796, in-fol.; 4° Gli atti di cinque martiri nella Cora, etc., Rome, 1801, in-8°, et une édition du père Joseph Bianchini, Elogium hist., Rome, 1764.

MAGLIABECCHI (Antoine), un des plus grands littérateurs de son siècle, naquit à Florence, en 1633. A la mort de son père, il entra en apprentissage chez un orfèvre; mais ne pouvant vaincre son goût pour la littérature, il quitta son maitre et se consacra entièrement à l'étude, en 1673. Grâce à son ardeur infatigable et à sa mémoire prodigieuse, il acquit une foule de connaissances, et son érudition le fit choisir pour bibliothécaire par le grand-duc Cosme III. Il mourut au milieu de ses livres, en 1714, laissant tout ce qu'il possédait à la bibliothèque qu'il avait dirigée avec tant de zèle. On a publié à Florence, en 1793, le catalogue des manuscrits et des ouvrages, presque tous rares et précieux, qu'il a légués à la bibliothèque publique, où ils forment une section particulière, sous le nom de Magliabecchiana. On n'a de lui aucun ouvrage original; mais il en a édité plusieurs, et il a concouru à la composition des Acta sanctorum. Jean Targioni a publié, en plusieurs volumes (Florence, 1745 et suivantes), un recueil des nombreuses lettres qu'on lui écrivit de tous côtés.

MAGLOIRE (Saint), natif du pays de Galles, dans la Grande-Bretagne, embrassa la vie monastique, vint en France, fut abbé de Dol, puis évêque régionnaire en Bretagne. Il établit dans la suite un monastère dans l'île de Jersey, où il mourut en octobre 575, à près de 80 ans. Ses reliques furent transférées à Paris, au faubourg Saint-Jacques, dans un monastère de bénédictins, cédé aux Pères de l'Oratoire en 1628. C'était, avant la révolution française, le séminaire Saint-Magloire, célèbre par les savants qu'il a produits.

MAGMENTUM (ant. rom.), l'encens ou le vin qu'on répandait sur la victime. La victime elle-même, ou les offrandes placées sur l'autel.

MAGNAN (Dominique), né en 1731, à Baillane, près de Forcalquier en Provence, entra dans l'ordre des Minimes, et fut envoyé à Avignon, puis à Marseille, pour y professer la théologie; entraîné par son goût pour les sciences des antiques, il y employa tous ses loisirs. Et parvint à former un assez beau cabinet de médailles et d'inscriptions. Vers 1760, il obtint la permission de voyager; il se rendit d'abord à Vienne en Autriche où l'empereur François Ier, chercha à l'attacher au cabinet impérial; mais il refusa cette offre, et se rendit en Italie par le Tyrol; à son arrivée, ses supérieurs le placèrent à la tête de la maison de la Trinité du Mont, ou il se livra tout entier aux sciences. C'est là qu'il composa ses principaux ouvrages; quelques désagréments qu'il éprouva de la part de son général, l'obligèrent de quitter Rome. Il se retira à Florence, où il tomba malade de chagrin, et mourut à l'hôpital dans le mois d'août 1796. On a de lui : 1° La ville de Rome, ou Description abrégée de cette superbe ville, Rome, 1763, 2 vol. in-12. 2° édition, 1778, 4 vol. in-fol., avec 425 gravures; 2° Dictionnaire géographique portatif de la France, 1765, 4 vol. in-8°; 3° Problema de anno nativitatis Christi, 1772, in-8°, 1774, in-4°; 4° Miscellanea numismatica in quibus exhibentur populorum insigniumque virorum numismata omnia, 1772-74, 4 vol. in-4°. C'est un recueil de médailles, mais sans explications. Ce livre n'ayant pas eu de succès les libraires le reproduisirent sous les titres suivants : Bruttia numismatica seu Bruttiæ hodie Calabriæ, 1775, in-fol.; 5° Lucania numismatica, 1775, in-4°; 6° Japygia numismatica, 1775, in-4°. On assure qu'il a laissé en manuscrit une partie de l'histoire des grands-ducs de Toscane.

MAGNANIME, adj., des deux genres, qui a l'âme grande, qui a des sentiments généreux, élevés. Il se prend quelquefois substantivement.

MAGNANIMITÉ, s. f., vertu de celui qui est magnanime, grandeur d'âme.

MAGNAT, s. m., mot usité autrefois en Pologne, et encore aujourd'hui en Hongrie pour désigner un grand du royaume. Il se dit principalement au pluriel.

MAGNAURE (hist. du Bas-Emp.), palais impérial de Byzance, qui fut construit par Constantin et dans lequel l'empereur Théophile ouvrit une école de philosophie dirigée par Léon. L'école de Magnaure.

MAGNENCE (FLAVIUS-MAGNENTIUS-AUGUSTUS), Germain d'origine, naquit vers 303, et parvint aux premiers emplois de l'empire. L'empereur Constant l'honora d'une amitié particulière, et dans une révolte le délivra de la fureur des soldats, en le couvrant de sa robe. Magnence paya son bienfaiteur de la plus noire ingratitude; il le fit mourir en 353, après s'être fait proclamer empereur. Ce crime le rendit maître des Gaules, des îles britanniques, de l'Espagne, de l'Afrique, de l'Italie et de l'Illyrie. Constance II se disposa à venger la mort de son frère; il marcha contre Magnence, et lui livra bataille en 351, près Murcie en Pannonie. L'usurpateur, après une vigoureuse résistance, fut obligé de prendre la fuite, et son armée fut taillée en pièces. Il perdit peu à peu les pays qui l'avaient reconnu. Il ne lui resta plus que les Gaules, où il se réfugia. La perte d'une bataille entre Die et Gap acheva de le jeter dans le désespoir. Il se sauva à Lyon, où, après avoir fait mourir tous ses parents, entre autres sa mère et son frère, il se donna la mort en 353, à 50 ans. Ce tyran aimait les belles-lettres, et avait une certaine éloquence guerrière qui plaisait beaucoup. Son air était noble, sa taille avantageuse, son esprit vif et agréable; mais il était cruel, fourbe, dissimulé, et il se décourageait aisément. Sa tête fut portée par tout l'empire.

MAGNERIC (Saint), un des plus vénérables évêques du VIe siècle, gouverna l'Eglise de Trèves, sous les règnes de Sigebert, Childebert et Chilpéric. Entre autres monuments qu'il avait laissés de sa piété, on comptait la célèbre abbaye de Saint-Martin, qu'il fonda hors des murs de la ville, en mémoire du saint évêque de Tours pour qui il avait une singulière vénération. Il mourut en 596. Saint Grégoire de Tours nous a conservé quelques particularités de sa vie.

MAGNÉSIE (min.), les diverses espèces de magnésie ont pour caractère commun de donner par l'ammoniaque, lorsqu'elles sont en solution dans l'eau ou dans l'acide azotique, un précipité blanc qui devient rosé lorsqu'on le chauffe au chalumeau, après l'avoir humecté d'azotate de cobalt. Les principales espèces du genre magnésie sont : la magnésie native ou périclase; la magnésie hydratée ou brucite; la magnésie hydrosilicatée ou magnésite; la boracite, la giobertite et la magnésie sulfatée ou epsamite. Nous parlerons de cette dernière au mot SULFATE. La boracite et la giobertite ont été décrites aux articles *Borates* et *Carbonates*. La périclase, magnésie pure cristalline, accidentellement colorée par du protoxyde de fer est une substance vitreuse, transparente, d'un vert foncé; infusible au chalumeau, cristallisant le système régulier et se clivant en cube; ayant une dureté — 6 et une densité — 3,75. Son analyse a donné, 89,04 de magnésie; 8,56 d'oxydule de fer, et 2,40 de perte. Elle est disséminée dans les roches cristallines du mont Somma au Vésuve. La brucite, hydrate du magnésie, est composée d'un atome de magnésie et d'un atome d'eau, ou en poids de magnésie 60,67 et d'eau 30,33. C'est une substance blanche, demi-transparente nacrée, tendre et douce au toucher, cristallisée en masses laminaires ou fibreuses, ou en tables hexagonales, appartenant au système dihexaédrique et ayant un axe unique de double réfraction. Elle est infusible par elle-même, et soluble dans les acides quand elle est réduite en poussière. Cette substance se trouve en petites veines dans des roches serpentineuses aux Etats-Unis. La magnésite hydrosilicate de magnésie, substance blanche non cristallisée, mais en masse terreuse, ayant souvent une teinte rosâtre; elle est composée d'un atome de trisilicate de magnésie et de 5 atomes d'eau. Elle appartient aux terrains de sédiment secondaires et tertiaires.   J. P.

MAGNÉSIE, *magnesium* (chim.), oxyde de magnésium. Cette substance longtemps confondue avec la chaux fut distinguée en 1725 par Black comme une substance particulière; regardée comme corps simple jusqu'à l'époque de la découverte du potassium et du sodium; on lui donna par analogie, une place parmi les oxydes qui lui fut définitivement assignée, lorsque Davy fut parvenu à en séparer le métal, au moyen de la pile galvanique. A l'état de pureté, la magnésie se présente sous la forme d'une poudre blanche, légère, douce au toucher, insoluble, inodore d'une saveur alcaline et légèrement âpre; elle verdit le sirop de violettes, et ramène au bleu la teinture de tournesol rougie; elle est infusible au feu de forge, inattaquable par l'oxygène; mais décomposable par le chlore à l'aide de la chaleur; elle absorbe le gaz acide carbonique de l'air à la température ordi-

naire. Elle est formée d'un atome de magnésium, 61,29, et d'un atome d'oxygène 38,71 ; sa formule est $M g O$. La magnésie est fort employée en médecine comme laxatif doux ; c'est le meilleur antidote dans l'empoisonnement par les acides. On ne rencontre la magnésie dans la nature qu'à l'état de combinaison avec les acides sulfurique, azotique, phosphorique, borique, carbonique, silicique, etc., et formant ainsi un grand nombre de minéraux qui sont l'objet d'un examen particulier. Le sulfate de magnésie dont l'emploi est si usité en médecine comme purgatif, existe en solution dans les eaux minérales d'Epsom, d'Egra, de Sedlitz dans les eaux de la mer, etc. Pur, ce sel est blanc, très amer, cristallise en prismes rectangulaires à quatre pans terminés par des pyramides à quatre faces et contenant jusqu'à 51,41 pour 100 d'eau de cristallisation. Il est composé d'un atome de magnésie, ou 34,02, et d'un atome d'acide ou 95,60. Le phosphate de magnésie se rencontre en petite quantité, dans les os, dans l'urine de certains animaux, dans quelques graines céréales ; uni au phosphate d'ammoniaque il forme un sel double (*phosphate ammoniaco-magnésien*), qui se rencontre dans les calculs vésicaux de l'homme et de quelques animaux.   J.P.

MAGNÉSIE (*Zagora* et *Macrinitza*), contrée orientale de la Thessalie, s'étendait du nord au sud, le long de la mer Egée, était bornée à l'ouest par la Thessaliotide, la Phthiotide et la Pélasgiotide, et se terminait au sud par une presqu'île, qui s'avançait vers l'Eubée. Démétriade en était la ville principale.

MAGNET (LOUIS), jésuite, né l'an 1575, mort en 1657, fut le rival de Bucchanan en poésie sacrée; il s'est fait un nom par sa *paraphase* en vers latins, des *Psedumes et des cantiques* de l'Ecriture sainte. Cet auteur est assez bien entré dans l'esprit des écrivains sacrés et a rendu autant qu'il est possible, la forme de leurs expressions.

MAGNÉTIQUE, adj., des deux genres, terme de physique. Qui appartient à l'aimant, qui dépend des propriétés de l'aimant, ou qui en est doué.

MAGNÉTISER, v. a., employer sur une personne les procédés indiqués par les adeptes de la doctrine appelée *magnétisme*.

MAGNÉTISÉ, ÉE, participe.

MAGNÉTISME (phys.). Le mot magnétisme vient du grec ($\mu\acute{\alpha}\gamma\nu\eta\varsigma$, aimant), que les anciens donnaient à un minerai de fer qui possède la faculté d'attirer le fer et de supporter même quelquefois des morceaux assez pesants de ce métal. Ce minerai constitue ce que l'on nomme pierre d'aimant ou aimant naturel. Cette substance n'est pas la seule qui jouisse de cette propriété, car les morceaux de fer qui sont restés longtemps exposés aux influences atmosphériques ou bien qui ont été limés, martelés ou passés à la filière, acquièrent aussi cette faculté. On a donné le nom de magnétisme à l'ensemble des propriétés des aimants. Les aimants naturels sont des oxydes de fer. La vertu magnétique doit être attribuée à un fluide particulier, le fluide magnétique, qui a beaucoup d'analogie avec le fluide électrique. Quand on roule un aimant dans de la limaille de fer et qu'on l'en retire ensuite, on l'a voit s'attacher inégalement aux diverses parties de sa surface. On donne le nom de pôles aux deux points opposés sur lesquels la limaille s'est fixée en plus grande abondance. On appelle ligne moyenne le milieu de l'aimant où il ne s'attache point de limaille. La plus grande dissemblance qui existe entre le magnétisme et l'électricité consiste en ce que l'isolement n'est pas nécessaire à la conservation du magnétisme comme à celle de l'électricité. Le contact des substances étrangères ne fait rien perdre aux aimants. Le magnétisme s'exerce par influence. Si l'on présente à un aimant un morceau de fer non magnétique, le fer s'y attache et devient complètement magnétique ; ce dont on peut facilement s'assurer en jetant dessus de la limaille qui s'y fixe et montre qu'il a deux pôles et une ligne moyenne. Dans ce cas, le fluide magnétique de l'aimant a décomposé le fluide neutre du fer et l'a rendu sensible. Le fer détaché de l'aimant perd toutes ses qualités magnétiques. L'acier ne perd pas instantanément sa vertu magnétique lorsqu'on le détache de l'aimant, aussi l'on dit qu'il a une force coercitive, c'est-à-dire qui retient le magnétisme. Le fer battu, tordu, tourmenté prend la force coercitive qui empêche la recomposition des deux fluides magnétiques en fluide neutre. On appelle fer doux le fer qui n'a pas de force coercitive. Si on prend une aiguille qui a acquis toutes les propriétés des aimants naturels, et qu'on lui présente un aimant naturel, on s'aperçoit qu'une des pointes de l'aiguille est attirée par une des extrémités de l'aimant, et repoussée par l'autre, tandis que l'autre pointe éprouve des effets semblables mais contraires. On voit d'après cela qu'une même portion d'un aimant naturel attire la moitié d'un autre aimant et repousse la partie opposé. Cela vient de ce que le fluide magnétique se divise en deux espèces, et que les fluides de même nature se repoussent, tandis que les fluides de nature contraire s'attirent. Une aiguille émantée, placée horizontalement sur un pivot, tourne constamment l'une de ses pointes vers le nord, comme si vers ce point il y avait le pôle d'un aimant qui l'attirât. On a donné le nom de pôle boréal au pôle de cet aimant qui se tourne vers le nord, et celui de pôle austral à celui qui se tourne vers le sud. On a ensuite appliqué ces noms à tous les aimants. Mais comme ce sont les magnétismes de nom contraire qui s'attirent on comprend que c'est le pôle austral de l'aiguille qui se dirige vers le pôle boréal de la terre, et au contraire le pôle boréal de l'aiguille est attiré par le pôle austral. On appelle méridien magnétique le plan qui passe par le centre de la terre et la ligne qui joint les pôles de l'aiguille aimantée. La terre étant un véritable aimant doit agir par influence sur le fer doux comme un aimant. Et en effet, si l'on met une barre de fer dans la direction d'une aiguille d'inclinaison, cette barre acquiert instantanément les deux pôles magnétiques, et ces pôles sont dirigés comme ceux de l'aiguille d'inclinaison. Le renversement de la barre produit le renversement des pôles. On peut fixer les pôles en frappant quelques coups de marteau sur le haut de la barre; ce choc arrête les fluides qui tendraient à se réunir, le fer acquiert ainsi une force coercitive, mais elle dure peu. En soustrayant la barre de fer à l'action du globe, c'est-à-dire en cessant de la mettre dans la position où on l'avait placée, tout effet magnétique cesse. Pour aimanter un morceau d'acier, il faut frotter à partir du milieu chaque moitié du morceau d'acier avec les pôles différents des deux aimants que l'on fait marcher en même temps avec les deux mains; la trempe influe grandement sur l'aimantation, elle augmente beaucoup la force coercitive de l'acier. La chaleur fait perdre aux aimans leurs propriétés magnétiques. Un aimant naturel chauffé au rouge cesse de posséder la puissance magnétique, même lorsqu'il est refroidi. On peut chaque jour charger davantage un aimant, de manière qu'au bout d'un certain temps il porte un poids assez considérable; c'est ce qu'on appelle nourrir les aimants; cependant si l'on charge trop, l'aimant devient plus faible qu'il ne l'était même avant qu'on ne commençât à charger. L'aiguille aimantée, outre les variations périodiques qu'elle éprouve tous les jours, est soumise à des perturbations; les aurores boréales, par exemple, font sentir leur influence perturbatrice sur les aiguilles aimantées à de très grandes distances; les tremblements de terre, les éruptions volcaniques, etc. produisent des effets semblables. On a vu des boussoles dont les pôles des aiguilles étaient renversés par les effets du tonnerre tombant sur le vaisseau qui les portait. Les ouragans, les neiges et les orages paraissent d'ailleurs n'avoir aucune influence sur l'aiguille aimantée.

MAGNÉTISME ANIMAL. On a appelé ainsi certains phénomènes insolites auxquels on a cru trouver quelque analogie avec ceux qui caractérisent l'aimant. Ces phénomènes seraient dus, s'il faut en croire les magnétiseurs, à un agent inconnu et mystérieux, qui émanerait à volonté d'un individu pour passer en un autre et établir entre eux une influence réciproque, une série de rapports inexplicables. Cet agent agirait à des distances considérables, aussi vite que la pensée, et sans être arrêté par aucun obstacle. Sa puissance serait telle qu'il opérerait des guérisons, produirait des facultés nouvelles, etc. Ses phénomènes apparents seraient la suspension complète de l'action des sens; la faculté de parler et de raisonner, dans cet état, sur des choses dont on n'avait auparavant aucune notion; celle de reconnaître des objets extérieurs par des voies insolites, etc. Niée par un grand nombre de savants comme une jonglerie, soutenue par d'autres avec une ferme conviction, l'existence du magnétisme animal est encore aujourd'hui, comme du temps de Mesmer, tout-à-fait problématique.

MAGNÉTISME (théolog.). Tandis que les savants discutent entre eux sur le magnétisme animal, qu'ils en examinent les faits physiques ou physiologiques pour en deviner les causes, qu'ils en cherchent à démêler dans ces faits la part qui appartient réellement à la nature et celle qu'il faut laisser au charlatanisme, les théologiens, à leur tour, discutent pour savoir si les opérations magnétiques peuvent être permises,

et si la foi et la morale n'ont point à s'en allarmer. Les uns, à la vue des faits étrangers, merveilleux même, attribués au magnétisme, demandent s'il est possible que ses effets si peu proportionnés à leur cause soient purement naturels, et s'il n'y a pas à craindre quelque intervention satanique. Un plus grand nombre, envisageant la question sous un autre point de vue, s'effraient surtout de l'influence absolue exercée par le magnétisme sur la personne magnétisée; et les dangers qu'ils voient dans cette influence, et les abus qu'ils pressentent ou qu'ils observent, ne leur permettent pas d'approuver ces opérations. D'autres, enfin, comparant les phénomènes constatés du somnambulisme magnétique à ceux du somnambulisme ordinaire, ne voient dans tous ces phénomènes rien que de naturel, bien que la cause en soit inconnue; ils pensent, d'ailleurs, qu'il est possible de se prémunir contre les dangers et les abus précités, et, dans cette hypothèse, ils ne voient plus rien qui puisse rendre le magnétisme condamnable. Rome, consultée plusieurs fois dans les deux premiers sens, ne pouvait se montrer favorable : il existe des réponses de la sacrée pénitencerie et du saint-office, qui déclarent l'usage du magnétisme illicite, *prout in casu exponitur*, c'est-à-dire dans le sens de la consultation. Toutefois ces réponses laissaient la question indécise : il est évident que Rome ne s'était point prononcée sur le magnétisme en lui-même, mais sur l'usage superstitieux ou immoral qui pourrait en être fait. En effet, en 1842, monseigneur Gousset, archevêque de Reims, ayant consulté le saint-siége pour savoir si, *sepositis abusibus rei et rejecto omni cum dæmone fœdere*, il était permis d'exercer le magnétisme, et d'y recourir comme à un remède que plusieurs regardent comme naturel et utile; le grand pénitencier lui répondit que la solution demandée se ferait attendre, parce que la question n'avait pas encore été sérieusement examinée par le saint-siége. En conséquence, le savant archevêque pense que l'usage du magnétisme peut être toléré jusqu'à ce que Rome ait prononcé; mais il suppose, comme motifs de son opinion, 1° que le magnétiseur et le magnétisé sont de bonne foi, et qu'ils regardent le magnétisme animal comme un remède naturel et utile; 2° qu'ils ne se permettent rien qui puisse blesser la modestie; 3° qu'ils renoncent à toute intervention de la part du démon; autrement ces opérations seraient illicites. Il ajoute qu'un confesseur ne doit ni conseiller, ni approuver le magnétisme, surtout entre personnes de différents sexe, à raison de la sympathie trop grande et vraiment dangereuse qui se forme le plus souvent entre le magnétiseur et la personne magnétisée. (*Théol. moral.*, tom. 1, n° 425.)

MAGNI (JACQUES), Augustin, né à Toulouse, mort vers 1423 fort âgé, est auteur d'une introduction à la philosophie, intitulée *Sophologium*, Paris, 1471 in-4°, édition assez rare. Il y en a une autre plus ancienne, sans date.

MAGNI (VALÉRIEN), en latin *Magnus*, capucin, né à Milan en 1587, d'une famille illustre, fut élevé aux emplois les plus importants dans son ordre. Le pape Urbain VIII le fit chef des missions du Nord; mais ayant écrit avec beaucoup d'emportement contre les jésuites, il encourut la disgrâce d'Alexandre VII, qui lui défendit d'écrire. Le capucin ne crut pas obéir à cette défense, et publia quelque temps après son apologie. On le mit en prison à Vienne, et il n'obtint sa liberté que par l'indulgence de Ferdinand III. Il se retira sur la fin de ses jours à Saltzbourg, et y mourut en 1661 à 74 ans. On trouve dans le tome 1 du recueil fanatique, intitulé *Tuba magna*, une lettre qu'il a écrite dans sa prison même; il y répondait aux accusations intentées contre lui, de manière à le faire mettre en prison s'il n'y avait pas été. On a encore de lui quelques livres de controverse contre les protestants qu'il haïssait, cependant moins que les jésuites. On connaît sa réponse favorite : *menturis impudentissime*. Pascal parle assez au long de sa querelle dans les *Provinciales*.

MAGNICOURT-SUR-CANCHE (PAS-DE-CALAIS, arrondissement de Saint-Paul). Ce village, situé à l'extrême limite de l'ancien diocèse de Térouane, puis de celui de Boulogne, était tenu en partie des chevaliers de Saint-Jean de Jérusalem et des religieuses bénédictines d'Etrun. L'évêché d'Arras y avait aussi des mouvances. En 1376, il fit partie de la dot de Jeanne de Châtillon, comtesse de Saint-Pol. En 1640, le 9 septembre, le colonel Gassion, qui commandait sous les ordres du maréchal de Châtillon, tenta, dans la plaine de Magnicourt, une action contre un parti espagnol qui fourrageait dans ce canton, s'empara de plus de cent chevaux et fit plusieurs prisonniers, parmi lesquels se trouvait le baron de Boulay, favori du cardinal infant d'Espagne, élevé à sa cour et devenu son écuyer. Après cette lutte, où notre armée ne perdit aucun officier, Gassion revint camper avec le maréchal de Châtillon vers les sources de la Scarpe, près d'Aubigny. Les troupes espagnoles s'étaient cantonnées aux environs de Béthune au–delà des collines de Verdrel et de Bouvignies. (Mémoires manusc. de la bibliothèque d'Arras). Magnicourt était chef–lieu de canton en 1793. La rivière de Canche, qui bornait à l'ouest le diocèse de Térouane et très probablement le territoire de la Morinie (voy. ce mot) a sa principale source à Magnicourt. Elle baigne ensuite le bourg de Frévent, traverse la ville d'Hesdin, et reçoit les eaux de la Ternoise, passe à Neuville-sous-Montreuil et va se perdre dans la mer à Étaples. L'abbé Parenty.

MAGNIÈRE (Laurent), sculpteur de Paris, mort en 1700, âgé de 82 ans, avait été reçu en 1667 à l'Académie royale de peinture. Ses talents l'ont placé au rang des plus célèbres artistes du siècle de Louis XIV. Il a fait pour les jardins de Versailles plusieurs thermes représentant *Circé, Ulysse*, le *Printemps*, etc.

MAGNIFICAT (on prononce le g et le t), s. m., t. de la liturgie catholique. Cantique de la Vierge qu'on chante à vêpres et au salut, et commence par le mot *Magnificat*.

MAGNIFICENCE, s. f., qualité de celui qui est magnifique. Il se dit souvent en parlant des choses, et signifie éclat, richesse extraordinaire. Il se dit aussi figurément au sens moral. Magnificences, au pluriel, s'emploie quelquefois pour désigner des objets magnifiques ou des dépenses éclatantes.

MAGNIFIQUE, adj. des deux genres, splendide, somptueux dans ses dons, qui se plait à faire de grandes et éclatantes dépenses, principalement pour le public. Il se dit aussi des choses dans lesquelles la magnificence éclate. Fam., un temps magnifique. Magnifique s'emploie fréquemment au sens moral. Magnifiques seigneurs, titre donné au conseil de quelques républiques suisses. Magnifique s'emploie quelquefois substantivement au premier sens.

MAGNIN (Antoine), poète français, originaire de Bourg en Bresse, subdélégué de l'intendant de Bourgogne, nommé en 1708 à 70 ans. On a de lui plusieurs ouvrages dans lesquels on remarque plus de négligence que de goût. Il ne connut point cet enthousiasme qui est l'âme de la belle poésie.

MAGNIEZ (Nicolas), studieux ecclésiastique, mort en 1749, dans un âge avancé, est auteur d'un dictionnaire latin, connu sous le titre de *Novitius*, Paris, 1721, 2 vol. in-4°. Cet ouvrage, si utile aux maîtres, et qui jouit d'une estime méritée, n'a eu que cette édition. Celle qui porte 1733 n'a de différence que le frontispice.

MAGNOL (Pierre), professeur en médecine, et directeur du Jardin des Plantes de Montpellier, son pays natal, mort en 1715 à 77 ans, a donné : 1° *Botanicon Montpelliense*, 1686, en 8 fig. ; 2° *Portus regius Montpelliensis*, 1697, in-8°, fig.; 3° *Prœconius historiæ generalis plantarum, in quo familiæ plantarum per tabulas disponuntur*, Montpellier, 1689, in-8°.

MAGNOL (Antoine), fils du précédent, né à Montpellier en 1676, succéda dans la chaire de son père, et mourut en 1759, après avoir publié : 1° *Novus caracter plantarum*, Montbéliard, 1725, ouvrage de son père; 2° *Dissertatio de respiratione*; 3° *De natura et causis fluiditatis sanguinis*, et plusieurs autres dissertations.

MAGNOLIACÉES, *magnoliaceæ* (bot.), famille de plantes dicotylédonées, polypétales, hypogynes, présentant pour caractères principaux : calice composé de 3, plus rarement de 6, 4 ou 2 folioles; pétales en nombre double ou plus grand, insérés sur plusieurs rangs à la base d'un axe qui porte toutes les parties de la fleur; étamines en nombre indéfini, insérées en spirale sur ce même axe un peu plus haut, dont les filets courts et élargis portent adossés sur leur côté ou leur face antérieure, les deux loges le plus souvent linéaires de l'anthère s'ouvrant par une fente longitudinale; ovaires le plus souvent en nombre indéfini, s'insérant vers le sommet de l'axe; sessiles ou stipités, distincts ou soudés en partie; uniloculaires avec deux ou plusieurs ovules anatropes insérés à l'angle interne, très rarement un seul dressé; continués chacun alors souvent en un style dont le sommet du côté interne est tapissé par un stigmate papilleux. Le fruit varie comme le pistil, et ses carpelles, lorsqu'ils sont nombreux, lui donnent souvent l'apparence d'un cône ou strobile. Ils s'ouvrent en deux valves ou restent indéhiscents, et leur consistance varie suivant les espèces. Les graines sont sessiles, ou quelquefois pendant lors du fruit à l'extrémité d'un long funicule. Les magnoliacées sont des arbres ou

des arbrisseaux remarquables souvent par leur élégance, et renfermant dans toutes leurs parties, et surtout dans leur écorce et leur fruit, un principe âcre, aromatique et amer. Leurs feuilles sont alternes, simples, coriaces, très entières ou très rarement lobées, souvent parsemées de petits points transparents. Les fleurs, souvent très grandes, odorantes, blanches ou mêlées de teintes rougeâtres, jaunâtres ou verdâtres, sont axillaires ou terminales, solitaires ou groupées en grappe ou en faisceaux, enveloppées chacune, dans le principe, par une large bractée enroulée en forme de spathe. On répartit les espèces de cette famille dans deux tribus. Tribu I. Magnoliées. Genres : *talanma, aromadendrum, magnolia, manglietia, michelia, liriodendron*. —Tribu II. Illiciées. Genres : *tasmania, drimys, illicium et trochodendron*.

MAGNOLIER, *magnolia* (bot.). Ce genre qui sert de type à la famille des magnoliacées, renferme des arbres remarquables par la beauté de leur feuillage et de leurs fleurs. Les uns habitent les parties chaudes de l'Amérique septentrionale, et les autres croissent spontanément dans l'Asie tropicale. Leurs feuilles sont alternes, accompagnées de deux stipules. Leurs fleurs sont solitaires, à l'extrémité des branches; elles sont remarquables par leur grandeur et souvent par leur odeur suave. A ces fleurs succède une sorte de cône, formé par la réunion d'un grand nombre de capsules coriaces, s'ouvrant par leur suture dorsale, renfermant deux graines ou une seule, par suite de l'avortement de la seconde. On cultive dans les jardins un grand nombre de magnoliers; nous citerons quelques-unes de ses espèces les plus remarquables. Le magnolier à grandes fleurs (*magn. grandi flora*), magnifique espèce réunissant la majesté du port à la beauté du feuillage et des fleurs; elle s'élève de 20 à 25 mètres, et atteint, dit-on, dans son pays natal, l'Amérique septentrionale, jusqu'à 35 mètres. Son tronc droit et uni, nu dans une grande hauteur, se termine par une belle cime conique; ses feuilles ovales, oblongues, sont grandes, coriaces, luisantes en dessus; leur ressemblance avec celles du laurier-amandier a fait donner à l'arbre qui les porte le nom de biglaurel en Amérique. Les fleurs, d'un blanc pur, d'une odeur agréable, mais très forte, ont jusqu'à 25 centimètres de diamètre, et produisent un effet magnifique. Nous citerons encore le magnolier parasol (*M. umbrella*), à feuilles très longues, réunies en parasol à l'extrémité des branches; le magnolier yulan (*M. yulan*), espèce de la Chine remarquable par le parfum de ses fleurs. J. P.

MAGNON (Jean), poète français du XVIIe siècle, né à Tournus, dans le Mâconnais, exerça pendant quelque temps la profession d'avocat à Lyon. On a de lui plusieurs pièces de théâtre, dont la moins mauvaise est *Artaxerxès*, tragédie ; elle est bien conduite, offre de beaux sentiments et des caractères passablement soutenus. Ce poète quitta le genre dramatique et conçut le dessein de produire en dix volumes, chacun de vingt mille vers, une encyclopédie qu'il intitula : *Science universelle*. Il n'eut pas le temps d'exécuter ce projet ridicule, ayant été assassiné une nuit par des voleurs à Paris, en 1662. Une partie de son ouvrage parut en 1663, in-4°, sous le titre emphatique de *Science universelle*, et avec une préface encore plus emphatique. « Les bibliothèques, dit–il au lecteur, ne te serviront plus que d'un ornement inutile. » Quelqu'un lui ayant demandé si son ouvrage serait bientôt fait, « Bientôt, répondit-il, je n'ai plus que cent vers à faire.» On ne doit pas s'étonner de la merveilleuse facilité de Magnon : ses vers sont peut-être ce que nous avons de plus lâche, de plus incorrect, de plus obscur et de plus rampant dans la poésie française.

MAGNUS ou **MAGNI** (Jean), archevêque d'Upsal en Suède, né à Lincoping, en 1488, s'éleva avec force contre le luthéranisme, et travailla en vain à empêcher le roi Gustave Wasa de l'introduire dans ses États. Ce monarque répondit à ses remontrances par des persécutions; il le fit passer pour un rebelle, et un peintre catholique de Flandre eut la lâcheté de représenter ce grand prélat comme luttant contre l'autorité légitime. C'est cependant ainsi que les apôtres et les premiers prédicateurs de l'Évangile ont lutté contre les empereurs païens. Magnus, emportant les regrets des catholiques, se retira à Rome, et y mourut en 1544. On a de lui : une Histoire de Suède en vingt-quatre livres, intitulée *Gothorum Suecorumque historia ex probatis antiquorum monumentis collecta*, Rome, 1554, in-fol. ; Bâle, 1558, in-8° : ouvrage publié avec des additions par Olaüs Magnus, son frère; celle des archevêques d'Upsal, sous le titre : *Historia metropolitanæ Ecclesiæ upsalensis, in regnis Suetiæ et Gothiæ, a*

Joanne Magno, Gotho, sedis apostolicæ legato, et ejusdem Ecclesiæ archiepiscopo, collecta, opera Olai Magni Gothi, ejus fratris, in lucem edita, Rome, 1560, 1 vol. in-fol. On trouve dans ce livre de quoi détruire les calomnies des luthériens contre cet illustre archevêque, homme d'un zèle ferme et d'une droiture inflexible. Sa résistance aux progrès des nouvelles sectes fut d'autant plus forte et plus constante qu'il connaissait parfaitement les maux qui résultaient de toute innovation imaginée par des hommes oisifs et inquiets, au préjudice de l'ancienne religion, que quinze siècles avaient laissée dans la possession de passer pour la véritable.

MAGNUS (OLAUS), frère de Magnus Jean, auquel il succéda l'an 1544, dans l'archevêché d'Upsal, parut avec éclat au concile de Trente en 1546, souffrit beaucoup dans son pays pour la religion catholique, et mourut à Rome, en 1568. On a de lui l'Histoire des mœurs, des coutumes et des guerres des peuples du Septentrion, sous ce titre : *Historia de gentibus septentrionalibus,* etc., Rome, 1555, in-fol. Cet ouvrage renferme des choses curieuses, mais quelques-unes semblent être le fruit de la crédulité. L'auteur y montre un grand attachement à la foi catholique. Un autre ouvrage de ce prélat est intitulé : *Tabula terrarum septentrianalium et rerum mirabilium,* etc., Venise, 1639.

MAGODES, bouffons des spectacles mimiques des anciens. Tantôt vêtus en femmes, et tantôt contrefaisant les hommes ivres, ils exécutaient les danses les plus indécentes.

MAGOG (*Hist. sac.*), nom d'un peuple qui est mentionné dans l'Ecriture, et qui descendait d'un fils de Japhet, nommé Magog. Selon les rabbins, Gog était le nom d'un territoire habité par Magog. Leur opinion est fondée sur ce passage de l'Ecriture : « Tourne ton visage du côté de Gog, terre de Magog. » Magog (*Geogr. anc.*), nom d'une ville de la Syrie.

MAGON (*hist.*), amiral de la flotte carthaginoise en Sicile, l'an 396 avant J.-C., remporta sur Denys l'Ancien la bataille navale de Catane, qui coûta à ce prince cent vaisseaux et plus de vingt mille hommes. Quelques années après il fut de nouveau envoyé en Sicile avec une armée nombreuse; mais, après une courageuse défense il fut tué dans un combat, l'an 383 avant J.-C. Les Carthaginois lui firent des funérailles magnifiques, et donnèrent à son fils le commandement de l'armée.

MAGON, fils du précédent, nommé amiral en remplacement de son père, l'an 383 avant J.-C., battit Denys l'Ancien, et le força à accepter la paix, et à payer mille talens aux Carthaginois. Longtemps après il vint à la tête de cent cinquante voiles et de soixante mille soldats occuper Syracuse, que jamais Carthage n'avait possédée jusque-là. Mais il se déshonora en fuyant devant Timoléon sans avoir combattu, et en abandonnant ainsi la conquête de la Sicile. Arrivé à Carthage, on lui fit son procès : mais il prévint son supplice par une mort volontaire.

MAGON, aïeul du grand Annibal, succéda à Malée dans le commandement de la flotte carthaginoise, et établit parmi les troupes une sévère discipline. Carthage, craignant que Pyrrhus ne quittât l'Italie pour envahir la Sicile, l'envoya, vers 300 avant J.-C., avec vingt vaisseaux, au secours des Romains, afin d'alimenter ainsi la guerre; mais Rome rejeta l'offre qui lui était faite. Ses deux fils, Asdrubal et Amilcar, lui succédèrent.

MAGON, fils du grand Amilcar et frère d'Annibal, se trouva à la bataille de Cannes, l'an 216 avant J.-C., et fut chargé d'aller annoncer à Carthage la nouvelle de la victoire. Envoyé en Espagne avec Asdrubal, fils de Giscon, contre les deux Scipion, il fut d'abord vainqueur; mais ayant été totalement défait dans une seconde bataille, il tourna ses armes contre les îles Baléares, les soumit, et donna son nom à une des principales villes de ces îles, qui le conserve encore aujourd'hui. Il conduisit ensuite une armée dans l'Italie septentrionale, et s'empara d'une partie de l'Insubrie; mais, ayant livré bataille au consul Quintilius Varus, il fut blessé mortellement au milieu de l'action; ses troupes prirent la fuite à cette vue, et lui-même expira quelques jours après à Gênes, au moment où Carthage l'appelait à sa défense, l'an 203 avant J.-C. Selon Cornélius-Népos, Magon périt dans un naufrage, ou fut assassiné par ses esclaves.

MAGON, Carthaginois, auteur de vingt-huit livres sur l'agriculture. A la prise de Carthage Scipion recueillit ses écrits, et les présenta au sénat romain, qui les fit traduire en latin; ils furent aussi traduits en grec par Cassius Dionysius d'Utique.

MAGON (*port Mahon*), v. de l'île Balearis minor, ainsi nommée de Magon, frère d'Annibal, qui y relâcha avec sa flotte.

MAGON (CHARLES-RÉNÉ), brave officier de la marine française, né à Paris, le 12 novembre 1763, avait à peine 14 ans lorsqu'il entra au service en qualité d'aspirant; nommé ensuite garde de la marine, il fut embarqué sur le vaisseau *la Bretagne,* monté par le comte d'Orvilliers, et fit ses premières armes au combat d'Ouessant, en 1780. Il fut nommé enseigne et prit part, sous les ordres de M. de Guiche, à trois combats que l'amiral livra aux Anglais. Depuis il fit partie de l'armée navale commandée par le comte de Grasse; il fut fait prisonnier dans le neuvième combat avec le vaisseau *le Caton,* qu'il montait. A son retour des prisons d'Angleterre, il partit pour l'Inde et reçut diverses missions pour la Chine, le Bengale et d'autres contrées voisines. Il était à l'île de France en 1794, lorsque cette colonie fut en proie aux troubles politiques qui agitaient la mère-patrie; la société populaire de cette colonie le fit arrêter, et il ne recouvra la liberté qu'après un jugement. Porté par son rang d'ancienneté au rang de capitaine de vaisseau, il combattit sous les ordres du contre-amiral Sersey. En 1798, il escorta des vaisseaux richement chargés qui appartenaient à la compagnie des Philippines, et il parvint à les sauver, malgré une flottille anglaise qui l'attaqua vivement. A son retour, le Directoire le destitua; mais l'amiral Brueix le fit réintégrer sur les registres de la marine. En 1801, Magon était sous les ordres de l'amiral Villaret-Joyeuse. La conduite brillante qu'il tint à l'attaque du fort Dauphin, lui valut le grade de contre-amiral. Après avoir commandé, en 1804, l'aile droite de la flottille de Boulogne, il se trouva au fameux combat de Trafalgar (21 octobre 1805). Il montait le vaisseau *l'Algésiras,* qui pendant l'action aborda le vaisseau *le Tonnant.* Les ennemis vinrent bientôt au secours de ce bâtiment, et *l'Algésiras* fut enveloppé de tous côtés. Quoique blessé au bras et à la cuisse dès le commencement du combat, Magon fit des prodiges de valeur et repoussa les Anglais. Après cette défense glorieuse, il était encore sur le pont lorsqu'une balle vint le frapper mortellement à la tête. Il expira le même jour.

MAGOPHONIE (*hist. anc.*), fête célébrée chez les anciens Perses, en mémoire du massacre des Mages et du faux Smerdis, par sept seigneurs perses. Vers 522 avant J.-C., la magophonie était une des plus grandes fêtes des Perses.

MAGOT, s. m., gros singe sans queue du genre des macaques. Fig. et fam., laid comme un magot, se dit d'un homme fort laid. C'est un magot, se dit aussi d'un homme gauche et grossier dans ses manières. Magot, se dit aussi d'une figure grotesque de porcelaine, de pierre, etc. Magot, se dit encore familièrement d'un amas d'argent caché.

MAGRAPHA (*mus. anc.*), instrument à vent des Hébreux, qui, d'après la description qu'en donne le *Talmud,* ressemblait à notre orgue.

MAGRI (DOMINIQUE), né dans l'île de Malte, prêtre de l'Oratoire et chanoine de Viterbe, mort le 4 mars 1672, à 68 ans, avait une érudition peu commune embellie par les vertus sacerdotales. Il laissa deux ouvrages intitulés : 1° *Hiero lexicon,* Rome, 1677, in-fol., composé avec son frère Charles. C'est un dictionnaire qui peut beaucoup servir pour l'intelligence de l'Ecriture sainte; 2° un Traité en latin, des contradictions apparentes de l'Ecriture, dont la meilleure édition est celle de 1785, in-12, à Paris, par l'abbé Lefèvre, qui l'augmenta considérablement, et qui pourtant n'a pas épuisé la matière; 3° *Vie de Latinus Latinius,* qui est à la tête de la *Bibliotheca sacra et profana* de cet auteur, dont Charles Magri a donné l'édition, Rome, 1677, in-fol.; 4° *Virtu del Café,* Rome, 1671, in-4°; 5° *Viaggio al monte Libano,* 1664, in-4°; on préfère celui le *Jérôme Dandini,* avec des notes de Richard Simon. On trouve la liste des autres ouvrages de Magri dans le tome 41 de Niceron.

MAHABHARATA (*hist. ind.*), grande épopée sanscrite qui a pour sujet les guerres des Kôravas et des Pândavas, descendants de Bàrata, prince de la dynastie lunaire. On l'attribue au compilateur et poète Vynsa. Le *Mahabharata* est divisé en 18 livres et composé de plus de 200,000 stances.

MAHAGOUROU (*myth. ind.*), un des surnoms du Lama. Ce mot signifie en sanscrit, le grand-maître spirituel.

MAHARAM (*chron.*), le premier des mois persans. Mois des Arabes qui correspond à peu près à notre mois de septembre.

MAHARÉGI-TIROUMANGÉNON (*myth. ind.*), fête qui se célèbre le jour de la pleine lune du mois de *margaji,* en l'honneur de Siva.

MAHARNAOMI (*myth. ind.*), littéral., fête des armes, la plus célèbre des fêtes indiennes après le *Pangol* : elle commence le lendemain de la nouvelle lune du mois d'*arpichi*.

MAHASOUMDÉRA (*myth. ind.*), femme que l'on représente à genoux, dans les temples de Gôtama. Mahasoumdéra est regardée par les Birmans comme la protectrice du monde.

MAHÉ, groupe de 30 îles de la mer des Indes, qui, réuni aux Amirantes, forme l'Archipel des Seychelles. Les Anglais en sont les maîtres. Elles sont au nord de l'île de France, dont elles dépendent. La principale est Mahé. Elle a environ 6 lieues de long sur 2 de large, et possède deux ports assez commodes. Son territoire montueux et accidenté de ravins est bien arrosé et très fertile en coton. Le caféier y réussit. On y récolte des légumes et du riz, des fruits, de la cassade, des clous de girofle et de la canne à sucre. 5,840 habitants.

MAHÉ, ville de l'Hindoustan, sur la côte de Malabar, comptoir français avec un port. Les principaux articles d'exportation sont le poivre, la canelle, la cardamome, le bois de sandal et le bois de senteur. En 1761, les Anglais la prirent aux Français, la leur rendirent en 1785, s'en emparèrent de nouveau en 1795 et l'ont rendue en 1815. 6,000 habitants.

MAHOMET. S'il y a des noms dans l'histoire qui, au premier abord, éveillent nos sympathies et forcent en quelque sorte ou votre amour ou votre admiration, il en est d'autres qui ont le privilège d'inspirer à tous les siècles une sorte d'horreur et de fatal. Les premiers ont été d'admirables serviteurs de Dieu ou de nobles bienfaiteurs de l'humanité; les autres ont été les *fléaux de Dieu* et les fléaux de l'humanité. Leur sinistre figure se dresse sur un monceau de ruines, et conserve encore, au travers de la poussière du tombeau, après dix siècles écoulés sur leur mémoire, je ne sais quoi de sombre et de fatal. Il n'est peut-être pas dans les temps modernes un nom qui réalise plus complètement le terrible idéal dont nous venons de parler que l'homme dont nous esquissons en ce moment la vie. Mahomet naquit à la Mecque, le 10 novembre 570, suivant l'opinion la plus probable. A en croire ses sectateurs, sa naissance fut accompagnée de différents prodiges, qui se firent sentir jusque dans le palais de Chosroès. Éminah, sa mère, était veuve depuis six mois, lorsqu'elle mit au monde cet enfant, futur auteur d'une superstition sanguinaire qui s'étendit depuis le détroit de Gibraltar jusqu'aux Indes, et fondateur d'un empire devenu redoutable aux chrétiens, destiné à punir leurs crimes et à être l'instrument des divines vengeances dans une grande partie du globe. A l'âge de vingt ans, le jeune Mahomet s'engagea dans les caravanes qui négociaient de la Mecque à à Damas. De retour à la Mecque, une femme riche, veuve d'un marchand, le prit pour conduire son négoce, et l'épousa trois ans après. Mahomet était dans la fleur de l'âge, et, quoique sa taille et sa figure n'eussent rien d'extraordinaire, il sut, par ses souplesses et ses complaisances, gagner le cœur de sa femme. Chadyse (c'est le nom de cette riche veuve) lui fit une donation de tous ses biens. Mahomet, parvenu à un état dont il n'aurait jamais osé se flatter, résolut de devenir le chef de sa nation : il jugea qu'il fallait pour cela tirer parti de l'ignorante crédulité et de la superstition du peuple. A l'âge de quarante ans, cet imposteur commença à se donner pour prophète. Il feignit d'avoir eu des révélations, parla en inspiré; il persuada d'abord à sa femme et huit autres personnes. Ses disciples en firent d'autres, et en moins de trois ans, il en eut près de cinquante disposés à mourir pour sa doctrine. Il lui fallait des miracles, vrais ou faux. Le nouveau prophète trouva dans les attaques fréquentes d'épilepsie, à laquelle il était sujet, de quoi confirmer l'opinion de son commerce avec le ciel. Il fit passer le temps de ses accès pour celui que l'Être suprême destinait à l'instruire, et ses convulsions pour l'effet des vives impressions de la gloire du ministre que la Divinité lui envoyait. A l'entendre, l'ange Gabriel l'avait conduit, sur un âne, de la Mecque à Jérusalem, où, après lui avoir montré tous les saints et tous les patriarches depuis Adam, il l'avait ramené la même nuit à la Mecque. Malgré l'impression que faisaient ses rêves, il se forma une conjuration contre le visionnaire. Le nouvel apôtre fut contraint de quitter le lieu de sa naissance pour se sauver à Médine. Cette retraite fut l'époque de sa gloire et de la fondation de son empire et de sa religion; c'est ce que l'on nomma *hégire*, c'est-à-dire fuite ou persécution, dont le premier jour répond au 16 juillet de l'an 622 de J.-C. Le prophète fugitif devint conquérant. Il défendit à ses disciples de disputer sur sa doctrine avec les étrangers, et leur ordonna de ne répondre aux objections des contradicteurs que par le glaive. Il disait que *chaque prophète avait son caractère*, que celui de J.-C. avait été *la douceur*, et que le sien était *la force*. Pour agir suivant ses principes, il leva des troupes qui appuyèrent sa mission. Les juifs arabes, plus opiniâtres que les autres, furent un des principaux objets de sa fureur. Son courage et sa bonne fortune le rendirent maître de leur place forte. Après les avoir subjugués, il en fit mourir plusieurs, vendit les autres comme des esclaves, et distribua leurs biens à ses soldats. La victoire qu'il remporta en 627 fut suivie d'un traité qui lui donna un libre accès à la Mecque; ce fut la ville qu'il choisit pour le lieu où ses sectateurs feraient dans la suite leur pèlerinage. Ce pèlerinage faisait déjà une partie de l'ancien culte des Arabes païens, qui y allaient une fois tous les ans adorer leurs divinités, dans un temple aussi renommé parmi eux que celui de Delphes l'était chez les Grecs. Mahomet, fier de ses premiers succès, se fit déclarer roi, sans renoncer au caractère de chef de religion. Cet apôtre sanguinaire, ayant augmenté ses forces, oublie la trève qu'il avait faite deux ans auparavant avec les habitants de la Mecque, met le siège devant cette ville, l'emporte de force, et le fer et la flamme à la main, donne aux vaincus le choix de sa religion ou la mort. On passe au fil de l'épée tous ceux qui résistent au prophète guerrier et barbare. Le vainqueur, maître de l'Arabie et redoutable à tous ses voisins, se crut assez fort pour étendre ses conquêtes et sa religion chez les Grecs et les Perses. Il commença par attaquer la Syrie, soumise alors à l'empereur Héraclius; il lui prit quelques villes, et rendit tributaires les princes de Dauma et Deyla. Ce fut par ces exploits qu'il termina toutes les guerres où il avait commandé en personne et où il avait montré l'intrépidité d'Alexandre. Ses généraux, aussi heureux que lui, accrurent encore ses conquêtes et lui soumirent tout le pays à quatre cents lieues de Médine, tant au levant qu'au midi. C'est ainsi que Mahomet, de simple marchand de chameaux, devint un des plus puissants monarques de l'Asie. Il ne jouit pas longtemps du fruit de ses crimes. Il s'était toujours ressenti d'un poison qu'il avait pris autrefois; une juive, voulant éprouver s'il était réellement prophète, empoisonna un mets qu'on devait lui servir. Le fondateur du mahométisme ne s'aperçut que la viande était empoisonnée qu'après en avoir mangé. Les effets du poison se minèrent peu à peu. Il fut attaqué d'une fièvre violente, qui l'emporta dans la 62e année de son âge, la 23e depuis qu'il avait usurpé la qualité de prophète, la 11e de l'hégire et la 632e de J.-C. Sa mort fut l'occasion d'une grave dispute entre ses disciples. Omar, qui de son persécuteur était devenu son apôtre, déclara le sabre à la main que *le prophète de Dieu ne pouvait mourir*. Il soutint qu'il était disparu comme Moïse et Elie, et jura qu'il mettrait en pièces quiconque oserait soutenir la contraire. Il fallut qu'Abubeker lui prouvât par le fait que leur maître était mort, et par plusieurs passages de l'Alcoran qu'il devait mourir. L'imposteur fut enterré dans la chambre d'une de ses femmes et sous le lit où il était mort. C'est une erreur populaire de croire qu'il est suspendu dans un coffre de fer qu'une ou plusieurs pierres d'aimant tiennent élevé au haut de la grande mosquée de Médine. Son tombeau se voit encore aujourd'hui à l'un des angles de ce temple : c'est un cône de pierre placé dans une chapelle dont l'entrée est défendue aux profanes par de gros barreaux de fer. Le livre qui contient les dogmes et les préceptes du mahométisme s'appelle Coran. C'est une rapsodie de six mille vers, sans ordre, sans liaison, sans art. Les contradictions, les absurdités, les anachronismes y sont répandus à pleines mains. Mahomet recueillait les fables les plus absurdes des juifs et des hérétiques, et les mêlait à la narration des Livres saints, sans discernement. On peut juger du chaos qui en est résulté. S'il se présente çà et là quelques passages raisonnables, des maximes d'une bonne morale, et même des endroits sublimes et touchants, c'est que l'imposteur répète ou imite le langage des chrétiens et des juifs sur la Divinité, ses ouvrages et ses lois. Toute la théologie du législateur des Arabes se réduit à trois points principaux : le premier est d'admettre l'existence et l'unité de Dieu, à l'exclusion de toute autre puissance qui puisse partager ou modifier son pouvoir; le deuxième est de croire que Dieu, créateur universel et tout-puissant, connaît toutes choses, punit le vice, et récompense la vertu, non-seulement dans cette vie, mais encore après la mort; le troisième est de croire que Dieu, regardant avec un œil de miséricorde les hommes plongés dans les ténèbres de l'idolâtrie (il n'y en avait presque plus alors dans toutes les provinces que ses sectateurs ont subjuguées depuis), a suscité son prophète Mahomet pour leur apprendre les moyens de parvenir à la récompense des bons et d'éviter les supplices des méchants. Cet imposteur adopta, comme l'on voit, une grande partie des vérités fondamentales du christianisme : l'unité de Dieu, la nécessité de l'aimer, la résurrection des morts, le jugement dernier, les récompenses et les châtiments. Il prétendait que la religion qu'il enseignait n'était pas nouvelle, mais qu'elle était celle d'Abraham et d'Ismaël, plus ancienne, disait-il, que celle des juifs et des chrétiens. Outre les prophètes de l'Ancien Testament, il reconnaissait Jésus, fils de Marie, né d'elle quoique vierge, Messie, Verbe et esprit de Dieu. Il donnait même dans l'hérésie des impassibles en assurant que J.-C. n'avait pas été crucifié. La perfidie des Juifs, dit-il, a été punie pour avoir nié la virginité de Marie et avoir dit qu'ils avaient mis à mort Jésus le Christ, fils de Marie, envoyé de Dieu. Ils ne l'ont ni tué, ni sacrifié, ils n'ont eu en leur pouvoir que son image ; sa personne leur a été enlevée et placée auprès de Dieu. Quoiqu'il eût beaucoup puisé dans la religion des juifs et des chrétiens, il haïssait cependant les uns et les autres, imitant en quelque sorte les plagiaires qui affectent de mépriser et de censurer les auteurs qu'ils ont volés. La circoncision, les oblations, la prière cinq fois par jour, l'abstinence du vin, des liqueurs, du sang, de la chair de porc, le jeûne du mois rhamadan et la sanctification du vendredi furent les pratiques extérieures de sa religion. Il proposa pour récompense à ceux qui la suivraient la jouissance de toutes les voluptés charnelles. Un homme qui proposait pour paradis un sérail ne pouvait que se faire des prosélytes parmi des gens grossiers et vicieux. Il n'y a point de religion ni de gouvernement qui soit moins favorable au sexe que le mahométisme. L'auteur de ce culte antichrétien accorde aux hommes la permission d'avoir plusieurs femmes, de les battre quand elles ne voudront pas obéir, et de les répudier si elles viennent à leur déplaire ; mais il ne permet pas aux femmes de quitter des maris fâcheux, à moins qu'ils n'y consentent. Il ordonne qu'une femme répudiée ne pourra se remarier que deux fois ; et si elle est répudiée de son troisième mari et que le premier ne la veuille point reprendre, elle doit renoncer au mariage pour toute sa vie. Il veut que les femmes soient toujours voilées et qu'on ne leur voie pas même le cou ni les pieds. En un mot, toutes les lois à l'égard de cette moitié du genre humain sont dures et injustes. Les prétendus philosophes qui ont entrepris de réhabiliter la mémoire de Mahomet, de justifier sa religion, de réfuter les reproches qu'on lui a faits seraient plutôt venus à bout de blanchir un nègre. L'état d'ignorance, de stupidité, de servitude, de corruption dans lequel sont plongés tous les peuples soumis à ses lois, est une démonstration contre laquelle les sophismes et les subterfuges ne tiendront jamais et qui couvrira toujours de confusion ses apologistes. Mahomet est le plus ancien écrivain qui ait parlé clairement de l'immaculée conception de la sainte Vierge ; c'est dans son Alcoran , Surate 3. Voyez aussi Maracci, *Prodr. ad Refutat Alcor.*, p. 4, p. 86. Il avait sans doute pris cette opinion des chrétiens orientaux, qui s'étaient retirés de son temps en grand nombre dans l'Arabie, pour éviter les mauvais traitements qu'on leur faisait éprouver dans leur patrie. (*V.* Sixte IV.) La meilleure édition du Koran est celle de Maracci, *Alcorani textus universus*, en arabe et en latin, in-fol., 2 vol., Padoue, 1698, avec des notes. Il y a une traduction anglaise, in-4°, par Sale, avec une introduction et des Notes critiques, dont plusieurs n'ont pas paru justes à tout le monde. Il résulte du moins un avantage de sa partialité : c'est qu'on peut être assuré qu'il n'a pas ajouté une seule absurdité à celles qui y sont réellement, et qu'il n'a point chargé le ridicule qu'elles ont dans l'original. Quelques faiseurs d'esprit hétérodoxes, pour se donner un air de singularité, si ce n'est aux dépens de l'honnêteté, au moins aux dépens du sens commun, ne se sont point fait scrupule de se déclarer les admirateurs du Coran, d'en exalter les dogmes, et même d'oser les mettre en parallèle avec ceux qu'enseignent nos livres sacrés. (*Observ. sur la religion, les lois, le gouvernement et les mœurs des Turcs*, Neufchâtel, 1770, tome 2, p. 22 et suiv.) Il faut voir tout ce que cet habile homme a dit sur cette matière ; il avait longtemps demeuré à Constantinople en qualité d'ambassadeur du roi d'Angleterre. Du Ryer a donné une version française de l'*Alcoran*, Paris, 1647, in-4° ; La Haye, 1683, 1 vol. in-12. La traduction française de l'ouvrage de Sale a paru à Amsterdam, 1770, 2 vol. in-12 : plus élégante que celle de Du Ryer, elle est moins estimée de ceux qui cherchent le vrai. Le cardinal de Cusa a réfuté le Coran sous le titre de *Cribrationes Alcorani*. (*Voir* l'art. Mahométisme.)

MAHOMET Iᵉʳ, cinquième empereur des Turcs, fils de Bajazet Iᵉʳ, succéda en 1413 à son frère Mousa. Mousa et Soliman, frères aînés de Mahomet, se disputaient l'empire. Soliman fut défait et mis à mort par Mousa. Mahomet, indigné, déclara la guerre à Mousa, qui, à son tour, fut vaincu et perdit la vie dans le combat. Plus tard, un imposteur sous le nom de Mustapha, son quatrième frère, qui avait péri dans la bataille d'Ancyre, gagnée par Zaineilum, vint exciter la guerre civile. Il fut repoussé et exilé à l'île de Lesbos. Mahomet fit lever le siège de Bagdad au prince de Caramanie, qui fut fait prisonnier. Ce prince craignait d'expirer par le dernier supplice. Mahomet le rassura en lui disant : « Je suis ton vainqueur, tu m'as vaincu et injuste ; je veux que tu vives. Ce serait ternir ma gloire que de punir un infâme comme toi. Ton âme perfide t'a porté à violer la foi que tu m'avais donnée : la mienne m'inspire des sentiments plus magnanimes et plus conformes à la majesté de mon nom. » Mahomet rétablit la gloire de l'empire ottoman, ébranlé par les ravages de Tamerlan et par les guerres civiles. Il remit le Pont et la Cappadoce sous son obéissance, subjugua la Servie, avec une partie de l'Esclavonie et de la Macédoine, et rendit les Valaques tributaires ; mais il vécut en paix avec l'empereur Manuel, et lui rendit les places du Pont-Euxin, de la Propontide et de la Thessalie, que ses prédécesseurs lui avaient enlevées. Il établit le siège de son empire à Andrinople, et mourut en 1421, à 47 ans.

MAHOMET II, septième empereur des Turcs, surnommé *Bojuc*, c'est-à-dire *le Grand*, naquit à Andrinople en 1430, et succéda à son père Amurat II, en 1451. Son oncle Orcan s'était retiré à Constantinople, et Mahomet, en paix avec Constantin Dracosès, s'était engagé à lui payer une pension. Il manqua à cet engagement ; l'empereur lui en fit des reproches, suivis de menaces. Ce fut là le motif ou le prétexte dont se prévalut Mahomet pour venir assiéger Constantinople avec une armée de 300,000 combattants. Dès les premiers jours du mois d'avril 1453, la campagne fut couverte de soldats qui pressèrent la ville par terre, tandis qu'une flotte de 300 galères et de 200 petits vaisseaux la serrait par mer. Ces navires ne pouvaient entrer dans le port, fermé par les plus fortes chaînes de fer, et défendu avec avantage. Mahomet fait couvrir 2 lieues de chemin de planches de sapin enduites de suif et de graisse, disposées comme la crèche d'un vaisseau. Il fait tirer, à force de machines et de bras, 80 galères et 70 allèges du détroit, qu'il fait couler sur ces planches. Tout ce grand travail s'exécute en peu de jours. Les assiégés furent aussi surpris qu'affligés de voir une flotte entière descendre de la terre dans le port. Un pont de bateaux fut construit à leur vue, et servit à l'établissement d'une batterie de canons. Les Grecs ne laissèrent pas que de se défendre avec courage ; mais, leur empereur ayant été tué dans une attaque, il n'y eut plus de résistance dans la ville, qui fut en un instant remplie de Turcs. Les soldats effrénés pillent, violent, massacrent ; 40,000 personnes furent égorgées, 60,000 faites esclaves, et le nombre de celles qui furent dispersées fut si prodigieux, que le sultan se trouva dans la nécessité de faire venir du monde des différentes provinces de son empire pour repeupler cette malheureuse ville. La Grèce, cette patrie des Miltiade, des Léonidas, des Alexandre, des Sophocle et des Platon, devint le centre de la barbarie : contraste frappant avec le christianisme, qui, par un effet diamétralement opposé, fait briller la lumière des sciences et des arts dans les pays barbares qui reçoivent sa loi. Mahomet, possesseur de Constantinople, envoya son armée victorieuse contre Scanderberg, roi d'Albanie, qui la défit en plusieurs rencontres. Une autre armée sous ses ordres pénétra jusqu'au Danube, et vint mettre le siège devant Belgrade ; mais le célèbre Huniade, secondé par le zèle de Jean Capistran, par ses prédications animaient les chrétiens, l'obligea de le lever. La mort de ce grand général donna à Mahomet une nouvelle confiance en ses armes. Il s'empara de Corinthe en 1458, rendit le Péloponèse tributaire, et marcha de conquêtes en conquêtes. En 1467, il acheva d'éteindre l'empire grec par la prise de Sinope et de Trébizonde, et de la partie de la Cappadoce qui en dépendait. Trébizonde était, depuis l'an 1204, le siège d'un empire fondé par les Comnène. Le conquérant turc vint ensuite sur la mer Noire se saisir de Caffa, autrefois Théodosie. Les Vénitiens eurent le courage de défier ses armes. Le sultan irrité fit le vœu impie d'exterminer tous les chrétiens ; et entendant parler de la cérémonie dans laquelle le doge de Venise épouse la mer Adriatique, il dit : « qu'il enverrait bientôt au fond de cette

« mer consommer son mariage. » Pour exécuter son dessein, il attaqua d'abord, en 1470, l'île de Négrepont, s'empara de Chalcis, sa capitale, la livra au pillage, et, manquant à la capitulation, fit scier par le milieu du corps le gouverneur Arezzo. Dix ans après, il envoya une grande flotte pour s'emparer de l'île de Rhodes. La vigoureuse résistance des chevaliers de Saint-Jean de Jérusalem, animés par Pierre d'Aubusson, le grand-maître, obligea les infidèles à se retirer, après avoir perdu près de 10,000 hommes et une grande quantité de vaisseaux et de galères. Les Turcs se vengèrent de leur défaite sur la ville d'Otrante en Calabre, qu'ils prirent après 17 jours de siège. Le gouverneur et l'évêque furent mis à mort d'une manière cruelle, et 12,000 habitants passés au fil de l'épée. Toute l'Italie tremblait. Mahomet préparait une nouvelle armée contre elle, tandis qu'il portait d'un autre côté ses armes contre les sultans mamelucks. L'Europe et l'Asie étaient en alarmes; elle cessa bientôt. Une colique délivra le monde de l'Attila mahométan en 1481; il mourut à 52 ans, après en avoir régné 31, pendant lesquels il avait renversé 2 empires, conquis 12 royaumes, pris plus de 200 villes sur les chrétiens.

MAHOMET III, treizième empereur des Turcs, monta sur le trône après son père Amurat III, en 1595. Il commença son règne par faire étrangler 19 de ses frères, et noyer 10 femmes de son père qu'on croyait enceintes. Il vint en personne dans la Hongrie, à la tête de 200,000 hommes, assiégea Agra, qui se rendit à composition; mais la garnison fut massacrée en sortant de la ville. Dans toutes ces guerres, les Turcs n'ont presque jamais gardé la foi jurée aux chrétiens qui se rendaient à eux; et cette observation, qui est d'une vérité incontestable, suffit pour apprécier ce que certains auteurs nous disent de leur fidélité à observer leur parole. Au premier siège d'Agra, en 1552, Acomat, général des Turcs, convaincu lui-même que les assiégés ne pouvaient se fier à sa parole, avait offert de s'éloigner de 3 milles pour en laisser sortir la garnison, et de lui donner des otages, que ceux-ci refusèrent, et ils l'obligèrent de lever le siège. Cependant, pour affaiblir l'idée que les nations voisines concevaient de la perfidie turque, et empêcher que les villes assiégées ne se défendissent avec toutes les ressources du désespoir, Mahomet fit cette fois-ci trancher la tête à l'aga des janissaires qui avait permis le massacre. L'archiduc Maximilien, frère de l'empereur Rodolphe, marcha contre lui, prit son artillerie, lui tailla en pièces 12,000 hommes, et auraient remporté une victoire complète; mais Mahomet, averti par un apostat italien que les vainqueurs s'amusaient au pillage, revint à la charge, et leur enleva la victoire le 26 octobre 1596. Les années suivantes furent moins heureuses pour lui. Ses armées furent chassées de la Haute-Hongrie, de la Moldavie, de la Valachie et de la Transylvanie. Mahomet demanda la paix aux princes chrétiens, qui la lui refusèrent. Il se consola dans son sérail, et s'y plongea dans la débauche, sans que les guerres domestiques ou étrangères pussent l'en tirer. Son indolence fit murmurer les janissaires. Pour les apaiser, il livra ses plus chers amis à leur rage et exila sa mère, que l'on croyait être cause de tous les malheurs de l'État. Ce scélérat mourut de la peste en 1683, à 39 ans, après avoir fait étrangler l'aîné de ses fils, et noyer la sultane qui en était la mère.

MAHOMET IV, dix-neuvième empereur des Turcs, né en 1642, fut reconnu en 1649, après la mort tragique d'Ibrahim Ier, son père, que les janissaires avaient étranglé. Les Turcs étaient en guerre avec les Vénitiens lorsqu'il monta sur le trône. Le commencement de son règne fut brillant : le grand-visir Coprougli, battu d'abord à Raab par Montécuculli, mit toute sa gloire et celle de l'empire ottoman à prendre l'île de Candie. Les troubles du sérail, les irruptions des Turcs en Hongrie, firent languir cette entreprise pendant quelques années; mais jamais elle ne fut interrompue. Coprougli assiégea enfin, en 1667, avec beaucoup de vivacité, Candie, fortement défendue par Morosini, capitaine général des troupes de mer de Venise, et par Montbrun, officier français, commandant des troupes de terre. Les assiégés secourus par Louis XIV, qui leur envoya 6 à 7000 hommes, sous le commandement des ducs de Beaufort et de Noailles, soutinrent pendant près de deux années les efforts des assiégeants; mais enfin il fallut se rendre en 1669. Le duc de Beaufort périt dans une sortie. Coprougli entra par capitulation dans Candie, réduite en cendres. Le vainqueur acquit une gloire chèrement achetée, car il perdit 100,000 de ses soldats. Après cette conquête, le torrent de la puissance ottomane

se porta vers le nord de l'Europe. Mahomet IV marcha en personne, l'an 1672, contre les Polonais, pour défendre les cosaques qui s'étaient soumis à la Porte. Il enleva aux premiers l'Ukraine, la Podolie, la Volhynie, la ville de Kaminiech, et leur donna la paix qu'en leur imposant un tribut annuel de 20,000 écus. Sobieski, alors grand-maréchal, ne voulut point ratifier un traité si honteux, et vengea sa nation l'année suivante par la défaite entière de l'armée ennemie, aux environs de Choczim. Les Ottomans, battus à diverses reprises par ce grand homme, furent contraints de lui accorder une paix moins désavantageuse que la première, en 1676. Le comte Tékéli ayant soulevé la Hongrie contre l'empereur d'Allemagne quelques années après, le sultan favorisa sa révolte. Il leva une armée de plus de 140,000 hommes de troupes réglées, dont il donna le commandement au grand-visir Cara Mustapha : ce général vint mettre le siège devant Vienne en 1683, et l'eût emportée, s'il l'eût pressée plus vivement. Sobieski eut le temps d'accourir à son secours, joignit ses troupes aux Autrichiens, défit Mustapha, et l'obligea de tout abandonner en se sauvant avec les débris de son armée. Cette défaite coûta la vie au grand-visir, que son maître fit étrangler. Ce fut l'époque de la décadence des Turcs. Les cosaques ayant quitté ces derniers pour se soumettre aux Russes, cela donna lieu à la première guerre entre ces deux puissances. Les Turcs furent vaincus et obtinrent enfin la paix. L'année 1684 commença par une ligue offensive et défensive entre l'empereur, le roi de Pologne et les Vénitiens contre les Ottomans. Le prince Charles de Lorraine, général des armées impériales, les défit entièrement en 1687, dans la plaine de Mohacz, si fameuse par le malheur du jeune roi Louis. Tandis que Morosini, général des Vénitiens, prenait le Péloponèse, qui valait mieux que Candie, les janissaires, qui attribuaient tant de malheurs à l'indolence du sultan, le déposèrent le 8 octobre de la même année. Son frère Soliman III, élevé sur le trône à sa place, fit enfermer cet infortuné empereur dans la même prison d'où on venait de le tirer pour lui donner le sceptre. Mahomet, accoutumé aux exercices violents de la chasse, étant réduit tout à coup à une inaction perpétuelle, tomba dans une langueur qui le conduisit au tombeau l'an 1693.

MAHOMET V, ou plutôt **MAHMOUD**, fils de Mustapha II, empereur des Turcs, né en 1696, fut placé en 1730 sur le trône, vacant par la déposition d'Achmet III, son oncle. Les janissaires, qui lui avaient donné la couronne, exigeaient qu'il reprît les provinces conquises par les Impériaux sous les règnes précédents. Mais la guerre que l'empereur ottoman avait avec la Perse empêcha Mahomet de porter ses vues du côté de l'Europe. Il avait d'ailleurs le caractère très pacifique, et il gouverna ses peuples avec douceur jusqu'à sa mort, arrivée en 1754. Thamas Kouli-Kan lui enleva la Géorgie et l'Arménie.

MAHOMÉTAN, ANE, s., celui, celle qui professe la religion de Mahomet. Il est aussi adjectif.

MAHOMÉTISME, religion fondée par Mahomet vers l'an 620 de l'ère vulgaire, plus connue sous le nom d'Islamisme. Née dans les déserts de l'Arabie, cette religion fit en peu d'années de si grands progrès, que les philosophes du XVIIIe siècle qui savent toujours interpréter les événements au profit de leurs systèmes, n'ont pas manqué de dire que le succès de l'islamisme doit être attribué à ce qu'il se fonde sur des preuves tout aussi solides que celles qui servent de base au christianisme, et qu'un Musulman ne raisonne pas avec moins de sens qu'un chrétien, lorsqu'il insiste tant sa religion est divine. Il nous semble que pour répondre victorieusement à cette objection de la mauvaise foi, nous devons faire connaître toutes les circonstances qui accompagnèrent la naissance de l'islamisme, le suivre dans sa marche, dans ses développements, dans ses effets sur les peuples qui en ont éprouvé l'influence. Il sera aisé ensuite de démontrer la faiblesse des arguments que les ennemis de la religion accumulent moins, à la vérité, pour élever l'islamisme au rang de religion révélée, que pour en faire tomber la religion de Jésus-Christ. Il est d'abord nécessaire d'avoir une idée exacte de ce qu'étaient les Arabes, de leur caractère, de leurs habitudes; c'est en quelque sorte une introduction à l'histoire du mahométisme. Les peuples, qui se vantaient d'avoir deux origines : l'une remontant au delà des temps d'Abraham, et si ancienne que les tribus qui en sortaient ont disparu de la terre depuis plusieurs siècles; l'autre due à Ismaël, fils d'Abraham, et tige des deux castes principales de Cahtan et d'Adnan. Ces peuples divisaient aussi leur histoire en deux époques l'âge d'ignorance, et les temps de l'islamisme ou de Mahomet. Durant la première époque, ils eurent, peu de lumières, mais ils étaient guerriers, forts et puissants; les uns habitaient les villes, les autres étaient pasteurs et nomades. Leur religion était l'idolâtrie; mais chaque tribu avait un objet particulier de vénération. La tribu d'Homiar, dont les scheiks ou princes occupaient le trône, adorait le soleil; celle de Canenâh adorait la lune, d'autres rendaient un culte particulier aux étoiles. Dans les temps moins éloignés et qui touchent à l'ère de Mahomet, les Arabes furent répartis en tribus indépendantes, dont les unes persévéraient dans les habitudes héritées de leurs pères, dont les autres se fixaient à demeurer dans certains cantons. Comme ces tribus étaient presque toujours en guerre entre elles, leurs scheiks se plaçaient presque toujours sous la protection des souverains de la Perse ou des empereurs grecs de Constantinople. L'introduction parmi les Arabes d'une religion toute nouvelle, changeant soudain leurs usages, les transforma de pasteurs en conquérants. Les principes de cette religion faisaient pour eux de la guerre un devoir sacré, ils couraient aux dangers avec une confiance aveugle, comme on s'abandonne à un destin inévitable; dans la mort elle-même, ils ne voyaient que le commencement des félicités célestes, promises comme récompense à leur dévoûment. Toutefois des traditions qui ont survécu aux révolutions qu'ils ont éprouvées semblent avoir maintenu chez eux le goût de la vie nomade; car après avoir brillé pendant plusieurs siècles sur la scène du monde, dont la moitié fut conquise par leurs armes, ils sont rentrés dans l'isolement et l'obscurité, redevenus pasteurs, pauvres et libres comme les Arabes des temps d'ignorance. On ne laisse pourtant pas de voir des hordes vagabondes d'Arabes, qui traversent en armes la Syrie, la Palestine et l'Irack; uniquement excitées par l'amour du pillage et du vol, effroi du voyageur solitaire et des caravanes nombreuses, et justifiant le nom qu'on leur donne de Sarrasins, mot dérivé de l'arabe *Sarrik* qui signifie voleur. Le fond de leur religion était encore l'idolâtrie; mais on ne peut douter qu'aux pratiques du paganisme, ils ne mêlassent quelques notions confuses de judaïsme et même de christianisme, de sorte que leur croyance ne se composait que de notions fausses, grossières, bizarres auxquelles s'unissait la superstition. Le temple existant à la Mecque de temps immémorial, fondé selon eux par Ismaël et son père, était rempli de statues de pierre grossièrement sculptées, et représentant des divinités particulières, empruntées à tous les cultes. Il est à supposer, en effet, qu'ils avaient reçu des Perses avec lesquels ils eurent de fréquentes communications, la connaissance du système des deux principes que, pour le rendre plus sensibles aux yeux ils honoraient sous la figure du Jour et de la Nuit. Ils avaient pareillement reçu des Romains, avec qui les tribus errantes de l'Arabie Pétrée se trouvèrent souvent en contact, une partie de leurs idées religieuses. Les juifs qui se répandirent dans l'Arabie après la ruine de Jérusalem, les chrétiens que les persécutions y poussèrent dans les premiers siècles de l'Église y apportèrent tour-à-tour leurs dogmes, et les Arabes les accueillirent et se les approprièrent en les faisant accorder avec leurs propres doctrines. Les connaissances des Arabes se bornaient à celles de leur langue, riche en images et en expressions figurées, mais ils avaient négligé l'écriture, et l'on croit même que ce fut des juifs et des chrétiens qu'ils apprirent à écrire; c'est ce que paraît indiquer le nom qu'ils leur donnaient de peuples du Livre. Ils aimaient néanmoins et cultivaient la poésie. Une langue pittoresque, expressive, une imagination vive, féconde, des passions brûlantes comme leur soleil, devaient rendre les Arabes poètes; aussi la poésie fut-elle toujours en grand honneur parmi eux, et l'une des causes qui contribuèrent le plus à l'ascendant que prit sur leurs volontés leur prophète législateur, ce fut la réputation qu'il s'était acquise par ses vers. On raconte à ce sujet qu'un Arabe qui avait mis les siens au concours, suivant la coutume du temps et qui, déjà vainqueur de ses rivaux, allait recevoir le prix, ayant lu le second chapitre du Coran que Mahomet venait d'apporter s'écria qu'il était vaincu, et que le peuple ayant confirmé le jugement de l'Arabe, Mahomet fut proclamé prince des poètes. Il est difficile de parler de Mahomet sans éprouver un vif sentiment d'admiration pour les grands talents qu'il déploya dans un temps où tout, autour de lui, plongé dans l'ignorance, ne lui offrait que dans ses propres forces le moyen de développer les dons naturels dont il trouvait en lui l'existence. A Dieu ne plaise que nous veuillions nous

faire ici l'apologiste de cet homme dont les uns ont fait le plus grand des héros, que les autres ont voulu ravaler au niveau des intelligences les plus vulgaires. Nous ne voyons aucun mal à reconnaître que la Providence avait permis qu'il naquit avec du génie, puisqu'elle voulait le faire servir à ses desseins, desseins conçus de toute éternité dans la sagesse divine, impénétrables à nos faibles regards, incompréhensibles pour notre raison. Dieu qui gouverne l'humanité avec une paternelle sollicitude, châtie les peuples comme il les récompense. Il envoie aux nations coupables des instruments vengeurs à qui il donne la force et la victoire, comme il les donne à la grêle qui dévaste, à l'éclair qui foudroie. Ainsi, pourquoi hésiterions-nous à confesser que Mahomet eut toutes les qualités qui, en tout temps, auraient fait ce que tout le monde appelle un grand homme, au lieu de prétendre qu'il fut grossier, ignorant, illettré, malgré le témoignage contraire de l'histoire, et surtout malgré l'habile direction qu'il sut donner aux événements. Nous n'entendons tirer de là aucune conséquence pour ses doctrines que nous condamnons autant sous le rapport religieux que par le bouleversement qu'elles ont produit dans le monde : nous n'avons qu'un mot à dire sur ce point : Dieu conduit l'univers comme il lui plaît, et sans lui demander compte de ses desseins, nous nous prosternons devant ses décrets. Mahomet appartenait à la tribu de Coraïx, l'une des plus nobles de l'Arabie, et quoique sa famille se livrât au commerce, elle passait pour la première de sa tribu. Tous les historiens arabes présentent sa généalogie sous le même aspect; il descendait directement d'Adnan, qui lui-même remontait à Ismaël; sa mère, Aminas, était de la même tribu. La nature l'avait doué des dons extérieurs, et ces avantages étaient rehaussés par une imagination vive et pénétrante, une conception prompte et hardie, une volonté ferme et constante. Quelques-uns sans doute ont porté plus loin que lui la science militaire, d'autres ont donné aux hommes des institutions plus sages, des lois plus parfaites; mais quel autre, né au fond des déserts sauvages dans le VIe siècle (570), réuni comme lui au laurier des poètes, la gloire du législateur et des guerriers? Prophète et soldat de la foi, il se leva seul au milieu des hordes arabes, et les réunissant sous l'étendard d'une religion qu'il voulait établir par les armes, il enflamma leur courage par le fanatisme et forma des soldats invincibles. Il avait étudié l'état politique de ses compatriotes, et la situation de tous les princes de l'Orient, et ses observations lui avaient fait entrevoir la possibilité de fonder sa propre puissance sur les gouvernements renversés de tous ses voisins. L'évènement répondit à ses prévisions. On sait que dans sa jeunesse Mahomet avait parcouru plusieurs contrées de l'Asie, et il avait rapporté de ces voyages les connaissances qui le servirent plus tard dans ses projets. On dit qu'un moine nestorien, nommé Sergius, l'avait initié dans les principes du christianisme et qu'il avait puisé dans le commerce d'autres hérésiarques les doctrines de Paul de Samoçate qui niait le mystère de la Trinité. Quoi qu'il en soit, on peut regarder comme certain que les Arabes n'avaient plus de son temps la religion de leurs pères, et que leur croyance s'était chargée d'une foule de superstitions qu'ils devaient aux Persans, aux Égyptiens, aux chrétiens hérétiques, et principalement aux juifs qui habitaient parmi eux en grand nombre. Mahomet pensa qu'une religion sans mystères, excitant à la réforme par l'attrait de récompenses faites pour flatter des hommes sensuels et grossiers, trouverait de nombreux partisans; et comme les idées du judaïsme étaient les plus généralement répandues parmi les Arabes, ce fut sur ces idées qu'il crut devoir poser les fondements de son nouveau système religieux. Il fit plusieurs essais dans sa propre famille et auprès de ses amis; le succès qu'il obtint de ces premières épreuves, décida de sa vocation. Il ne suffisait pas à Mahomet de donner à ses compatriotes une religion, il voulait encore leur donner des lois, et surtout imprimer à ses créations un caractère durable; et pour y réussir, il mêla les dispositions législatives ou pénales aux principes religieux. Il ne s'en tint pas là, il imposa la guerre contre les infidèles comme une obligation sainte, et il fit dépendre de son accomplissement la victoire, les richesses et les félicités éternelles. Ce qui augmenta la confiance des Arabes dans les paroles du prophète, l'imposteur avait déjà pris ce titre, ce fut l'introduction parmi les points fondamentaux de leur croyance, du principe du fatalisme et de la prédestination absolue. C'est même de l'adoption de cette doctrine que la religion de Mahomet a reçu le nom d'islamisme, qui signifie :

résignation à la volonté de Dieu, manifestée par son envoyé. Mahomet aurait borné peut-être son ambition, s'il n'avait été poussé par les circonstances à de nouveaux projets. Il avait sainement apprécié ces circonstances, et il avait eu le mérite, assez extraordinaire pour son temps, d'en prévoir les résultats préalables, peut-être ses vues furent-elles d'abord moins vastes qu'on ne le pourrait le croire. Si l'on jugeait de ses intentions par les événements, on peut présumer qu'elles ne s'étendirent qu'à mesure que les événements lui en fournirent l'occasion. Ce qu'on ne saurait révoquer en doute, d'après les institutions, c'est qu'il n'ait voulu inspirer aux Arabes le goût de la guerre et de la conquête, ce qui fait supposer nécessairement qu'il avait remarqué l'état de décadence et de faiblesse de tous les peuples voisins, et qu'il en tirait pour lui-même le présage de triompher. Cependant plusieurs tribus arabes, celles surtout chez qui l'idolâtrie n'avait pas reçu d'atteinte, se révoltèrent contre le prétendu prophète qui, se disant envoyé de Dieu sans prouver sa mission, voulait substituer un culte nouveau au culte de leurs idoles. Elles prirent les armes et marchèrent sur la Mecque, dans l'espoir de surprendre Mahomet et de se saisir de sa personne. Averti à temps par ses amis, Mahomet s'enfuit précipitamment de la Mecque et alla se réfugier à Yatrit où il avait de nombreux partisans. Cette ville reçut le nom de Médinataalnabi, ville du prophète, nom qu'elle a conservé. C'est par antonomase qu'on l'appelle simplement Médina, Mahomet mourut avant d'avoir accompli ses desseins; malheureusement son œuvre ne périt point avec lui, et son esprit, surnageant au-dessus de la pompe funèbre qui entoura son cercueil, fut recueilli par ses successeurs. Il laissait pour héritage un empire, avec des germes si féconds de puissance que, privés même de son influence, ils se développèrent d'eux-mêmes. Il faut même dire que sa mort, loin de nuire à la religion qu'il avait fondée, lui imprima en quelque sorte un caractère surnaturel. Tant qu'il vécut, beaucoup d'Arabes ne virent en lui qu'un novateur ambitieux; ses partisans mêmes confondirent le souverain et le prophète; à peine eut-il fermé les yeux qu'il fut généralement regardé comme envoyé de Dieu, son représentant sur la terre. D'un autre côté, cette mort devint le signal de la guerre étrangère; on comprit qu'il fallait occuper la nation pour l'empêcher de voir le joug. Toutefois, les scheiks des tribus, dépouillés par la concentration du pouvoir aux mains de Mahomet de toute leur autorité, tentèrent de rétablir un ancien gouvernement; mais Abou-Beckra, beau-père de Mahomet et puissant parmi les Arabes, parvint à déjouer leurs projets, et il se fit élever à l'empire sous le nom de calife ou vicaire du prophète. Des proclamations envoyées par toute l'Arabie eurent bientôt amené sous les murs de Médine une troupe nombreuse de cavaliers et de fantassins. Ces hommes étaient presque sans vêtements et sans armes, mais ils apportaient de l'enthousiasme, du courage et le désir des combats. Le prophète promettait la victoire ou le ciel! tous demandaient à grands cris qu'on les conduisît à l'ennemi. Tout semblait concourir en faveur des armes arabes, et ils durent croire que Dieu lui-même aplanissait tous les obstacles qui auraient pu s'opposer à leurs marches. La Perse était agitée par des dissensions qui l'affaiblissaient; déchirée par les partis qui se disputaient l'empire, elle ne pouvait opposer de résistance efficace à l'ennemi audacieux qui l'attaquerait. La Syrie était depuis longtemps abattue et sans forces. L'empire grec de Constantinople, héritier dégénéré de Rome, ne se soutenait que par des souvenirs de sa grandeur passée, et par une apparence menteuse de force, à travers laquelle il était facile de découvrir sa faiblesse. Les grands, l'empereur lui-même, tous occupés de disputes théologiques, tantôt ariens, tantôt nestoriens, ou dominés par d'autres erreurs, oubliaient que le salut de l'État se trouvait entre leurs mains; les rênes de l'empire flottaient incertaines; l'empereur convoquait des assemblées et n'avait point d'armée. L'Italie, les Gaules, l'Espagne épuisées par des guerres longues et sanglantes, avaient depuis longtemps reçu les chaînes forgées dans les sauvages régions du Nord, et gémissaient accablées sous le poids. L'Afrique plusieurs fois conquise et reconquise était au pouvoir des Grecs qui en avaient chassé les Vandales; mais amollis par la paix, ils avaient perdu l'antique vigueur qui avait paru se ranimer sous l'ascendant de Bélisaire. Abou-Beckra créa deux armées, l'une alla subjuguer la Syrie, l'autre envahit les provinces limitrophes de la Perse. Avant leur départ, le calife leur donna une instruction dont les dispositions extraites du Coran ont constitué durant plu-

sieurs siècles le droit de la guerre des Musulmans. « Soldats, quand vous rencontrerez l'ennemi, souvenez-vous que vous êtes enfants d'Ismaël. Pressez-vous autour de vos drapeaux et soyez dociles à la voix de vos chefs. Ne tournez jamais le dos à l'ennemi, car c'est pour la cause de Dieu que vous allez combattre; conduits par ce motif sacré, vous vous précipiterez sans crainte au milieu des rangs ennemis, que jamais vous ne compterez. Si Dieu vous donne la victoire, vous n'en abuserez point, et vos épées ne se teindront ni du sang des vieillards, ni de celui des enfants et des femmes; vous épargnerez aussi ceux qui vous demanderont grâce. Quand vous traverserez le pays ennemi, n'abattez pas les arbres, respectez surtout les palmiers, ne brûlez ni les champs ni les maisons. Vous pouvez seulement prendre ce qui vous sera nécessaire et emmener les troupeaux. Emparez-vous des villes et forteresses, renversez jusqu'aux fondements celles qui pourraient servir d'asyle à vos ennemis; mais que le besoin seul de la défense vous y oblige. Chargez de chaînes le superbe, le rebelle ou le traître; frappez de mort celui qui osera vous résister, mais usez de compassion envers les vaincus qui s'humilieront, afin que Dieu vous traite un jour avec miséricorde. Soyez francs et généreux dans vos traités avec l'ennemi, piquez-vous envers tous d'exactitude et de loyauté, et ne manquez jamais à vos promesses. » Les deux armées obtinrent de brillants succès. Les Perses furent constamment battus; plusieurs villes ouvrirent leurs portes. La terreur précédait les Arabes. Quand ils arrivaient devant une ville, ils sommaient les habitants de se rendre, et d'embrasser l'islamisme, s'ils n'aimaient mieux être réduits en esclavage, ou bien encore racheter leur vie et leurs biens, en payant un tribut qu'on appelait le tribut du sang. Cette sommation jetait la terreur dans la ville assiégée, parce que les habitants n'ignoraient pas que si la ville était prise d'assaut, ils seraient tous égorgés; aussi, découragés à l'aspect de ces farouches ennemis, ils ne songeaient pas même à se défendre. Le calife ne jouit pas longtemps des avantages remportés par ses armées; au moment où l'antique cité de Damas recevait les Arabes dans ses murs, Abou-Beckra expirait après vingt-sept mois de règne. Plus puissant et plus heureux, son successeur Omar renversa la monarchie des Perses, soumit toute la Syrie, s'empara de Jérusalem, envahit l'Égypte, et malgré tous les efforts des Grecs, se rendit maître d'Alexandrie; il ne fallut que six ans pour tant de conquêtes. Que pouvaient opposer des hommes énervés par la servitude ou par le goût immodéré des plaisirs, à des armées dont la discipline austère et surtout le fanatisme religieux triplait les forces qu'augmentaient encore la soif du pillage, la certitude du triomphe et la conviction que la mort sur le champ de bataille ouvrait les portes du ciel à ceux qui succombaient? La prise d'Alexandrie par les Arabes ne fut pas moins fatale aux sciences qu'elle ne l'était pour les Grecs dont elle anéantissait le commerce. Amron, général d'Omar, aimait la poésie et les lettres, mais il ne put sauver la fameuse bibliothèque, dont les livres servirent, dit-on, pendant plusieurs mois à chauffer les bains publics. La possession de l'Égypte devait tôt ou tard entraîner la conquête de l'Afrique. Les successeurs d'Omar y envoyèrent plusieurs armées à diverses époques; mais les divisions qui régnèrent parmi les Arabes pour la succession au califat, retardèrent cette conquête, et rendirent souvent inutiles les plus brillantes victoires. Ce ne fut qu'après que le quatrième successeur de Mahomet, Moavie, eût rendu le califat héréditaire dans sa famille que les Arabes portèrent leurs armes conquérantes jusqu'au rivage de l'Océan. « Le Dieu de Mahomet, s'écria le général Ocba-ben-Nafe, en poussant son cheval dans les flots, si la profondeur de ces eaux n'opposait à mon courage un obstacle invincible, j'irais plus loin encore porter la connaissance de ton saint nom. » Toute la Mauritanie fut subjuguée; Carthage, dernier boulevart des Grecs, fut prise et ruinée; Constantine eut le même sort. Il faut dire que les Maures opposèrent peu de résistance et qu'ils favorisèrent la conquête de leur pays plus qu'ils ne s'y opposèrent. Ils crurent retrouver des frères dans les Arabes; ils avaient mêmes mœurs, mêmes habitudes, même goût pour la vie nomade; ils se disaient descendus des Sabiens. Esclaves des Grecs, après l'avoir été des Carthaginois, des Romains et des Grecs, ils accueillirent les Arabes comme des libérateurs. Tandis que les Arabes, sous la conduite de Moussa-ben-Noséir, achevaient de soumettre l'Afrique, imposant aux vaincus l'islamisme ou la servitude, le calife Walid gagnait des batailles sur l'empereur de Constantinople, s'emparait du pays habité par les Turcs, traversait la

Tartarie, prenait Samarcande et pénétrait jusqu'aux bords de l'Indus. Cependant Moussa, maître de toutes les places que les Goths possédaient sur la côte septentrionale de la Mauritanie, à l'exception de Tanger et de Ceuta, tourna ses yeux vers l'Espagne dont la brillante conquête devait le combler, lui et ses Arabes, d'honneur, de gloire et de richesses. Il n'ignorait pas qu'avec tous les éléments dont se composent la force et la prospérité des peuples, un sol riche et fertile, un beau climat, une population nombreuse, l'Espagne était faible, languissante, incapable de repousser l'agression d'un ennemi puissant. Livrée depuis deux siècles à des conquérants superbes, humiliée, abattue, épuisée par de longues guerres, couverte de ruines et de débris, elle n'était plus cette Espagne généreuse et puissante qui avait si noblement combattu pour sa liberté contre les tyrans du monde; elle n'était plus cette Espagne dont les courageux habitants savaient s'ensevelir sous les remparts détruits de leurs cités, et livrer aux flammes leurs villes pour les empêcher de tomber aux mains des vainqueurs. Les Romains y avaient apporté pour prix de l'asservissement le goût du luxe et des plaisirs; l'amour des beaux-arts avait remplacé l'amour de la patrie; et quand le faible empire d'Occident, marchant à grands pas dans les voies de la décadence, laissait entrevoir sa dissolution prochaine, l'Espagne, renfermant dans son sein tous les germes de destruction que ses dominateurs y avaient déposés, semblait attendre de Rome le signal de sa propre ruine. Lorsque cette contrée fut devenue la proie des Goths, ceux-ci n'usèrent de leur puissance que pour opprimer les indigènes : séparés d'eux par les mœurs, ils s'en séparèrent encore par les lois. Cette fausse politique des Goths pouvait bien servir à consolider leur puissance sur un peuple énervé, mais aussi tout ce peuple devenait inutile s'il s'agissait de repousser l'ennemi du dehors; ce fut là ce qui arriva quand les Arabes se montrèrent sur les rivages de l'Andalousie. Les Espagnols laissèrent à leurs tyrans le soin de résister à l'agression. Il y avait d'ailleurs en Espagne un nombre infini de juifs qui, réduits par les Goths à la plus basse condition, secondèrent les Arabes de tout leur pouvoir. Quant aux Goths eux-mêmes, n'étant pas soutenus par la nation et désunis entre eux par la discorde, corrompus par l'abus des richesses et plongés dans la fange du vice, ils furent vaincus presque sans combattre, et l'Espagne devint mahométane. Nous devons ajouter que ce qui contribua le plus à la rapidité des conquêtes des Arabes, ce fut que leurs généraux, s'éloignant par politique des préceptes trop rigoureux de l'islamisme se montrèrent humains, généreux, fidèles observateurs des traités, et protecteurs des peuples soumis. Par exemple, en Espagne, et ce qui eut lieu dans cette contrée, avait été aussi pratiqué souvent dans toute l'Asie où les Arabes avaient pénétré; on laissait aux habitants des villes conquises la liberté d'en sortir ou d'y rester. Ceux qui prenaient le premier parti perdaient tous leurs biens, parce qu'on ne voyait en eux que des ennemis. Les autres conservaient au contraire l'entière disposition de leurs propriétés, à la condition de payer au calife un tribut modéré. On leur accordait le libre exercice de leur religion et la possession de leurs églises, sans qu'il leur fût permis pourtant de pratiquer en public les cérémonies du culte; ils conservaient aussi le droit de se régir par leurs lois. Des exemptions nombreuses, des privilèges faits pour tenter la cupidité étaient offerts à ceux qui embrassaient l'islamisme. Ainsi, d'une part, la faiblesse des peuples assaillis, d'autre part, le fanatisme guerrier des agresseurs concoururent au septième siècle pour favoriser la propagation du mahométisme. Une religion prêchée, le glaive d'une main, la coupe des voluptés de l'autre, offrant l'esclavage ou la liberté, la misère ou la richesse, ne pouvait pas manquer de trouver de nombreux prosélytes chez des hommes en qui les longs exemples de corruption qu'ils avaient sous les yeux avaient presque éteint le souvenir des saintes doctrines et les mâles vertus de la religion de J.-C. Vers le milieu du huitième siècle, le dernier prince de la race d'Ommeyah, Mérouan II fut détrôné par Aboul-Abbas qui, se disant issu directement d'un oncle paternel de Mahomet, prétendait avoir seul des droits légitimes sur son héritage. Mérouan avait du courage et de grands talents militaires, mais la fortune l'avait abandonné, ou pour mieux dire, aveugle instrument de la Providence divine, elle l'avait conduit à sa perte. Suivant les usages de l'Orient, tous les membres de la famille d'Ommeyàh furent inhumainement massacrés; un seul parvint à se sauver et à gagner les déserts de la Mauritanie. Quelques années auparavant, les émirs qui gouvernaient l'Espagne au nom des califes, apprenant que leurs

maîtres étendaient leurs frontières jusqu'aux rives de l'Oxus, voulurent de leur côté porter leurs armes jusque-là victorieuses au-delà de la Péninsule; ils franchirent la chaîne des Pyrénées, descendirent, comme un torrent, dans les fertiles plaines du Languedoc et se portèrent vers l'Italie en traversant la Provence. Quelques Espagnols réfugiés dans les montagnes des Asturies profitèrent du départ pour la Gaule d'une partie de leurs ennemis, et sous la conduite d'un de leurs princes, dont le vrai nom et l'origine sont encore un problème, connu sous le nom de Pélage, ils jetèrent les fondements de la monarchie qui devait rendre un jour à l'Espagne sa liberté, ses lois, ses mœurs antiques, sa religion. Heureusement, les émirs, plus tentés de l'espoir de conquérir la Gaule que de la gloire stérile de s'emparer de quelques rochers, ne songèrent qu'à porter de puissantes armées au cœur de ce riche pays. Plusieurs d'entre eux payèrent leur témérité de leur sang. Alsama fut tué dans une bataille sous les murs de Toulouse; Ambisa périt dans une autre bataille sur les bords du Rhône; Abdérahman, venu après eux, perdit la victoire et la vie entre Tours et Poitiers (733-115). Il avait mis en déroute l'armée du duc d'Aquitaine, Eudes; et celui-ci, bien qu'ennemi de Charles Martel, se confiant à la noblesse du héros français, ne craignit point de lui demander du secours. Charles répondit à l'appel; la politique autant que l'humanité l'exigeait. Il fallait arrêter dans son cours ce fléau dévorant qui menaçait de s'étendre sur toute l'Europe. Les destins de la France et des États voisins tenaient peut-être à l'issue de cette guerre; les Arabes, vainqueurs, auraient planté les étendards de l'islamisme sur les rivages de la Baltique. Abdérahman se trouvait sous les murs de Tours lorsqu'il apprit qu'une puissante armée se réunissait pour venir l'attaquer. Alors, redoublant d'efforts contre la ville, il l'emporta d'assaut, et dans sa colère il permit le pillage et le massacre des habitants; il partit aussitôt après pour aller à la rencontre de l'armée ennemie. La fortune longtemps indécise, finit par se déclarer pour les Français. Abdérahman fit les plus grands efforts pour rallier ses troupes; il tomba percé de coups sur le champ de bataille. Les débris de l'armée arabe furent poursuivis jusqu'aux environs de Narbonne, d'où la fatale nouvelle alla répandre en Espagne la consternation et le deuil. Ce fut environ vingt ans après cette bataille célèbre que les scheiks de l'Andalousie, mécontents des émirs qu'on leur envoyait, et même des califes qui avaient transféré le siège de leur gouvernement de Damas à Bagdad, ce qui en les éloignant de l'Espagne les empêchait de surveiller l'administration des émirs, se réunirent en secret et délibérèrent d'appeler au trône le prince qui avait échappé au massacre de la race d'Ommeyàh, ce qu'ils exécutèrent heureusement. Dès ce moment, l'Espagne se rendit indépendante du califat d'Orient, et elle eut ses califes particuliers. Cordoue devint la capitale de nouvel empire qui se maintint pendant trois siècles. Quant à celui de Bagdad, démembré peu à peu par la révolte des gouverneurs des provinces, se trouva réduit à la ville de Bagdad et à son territoire. Les Musulmans ne reconnaissaient plus dans le calife dépossédé qu'une vaine suprématie. Dans la seconde moitié du XIIIe siècle, le Mongol Houlacon, descendant du fameux Dgenghiz-Khan, renversa pour toujours le califat d'Orient. Les califes trouvèrent un asile en Égypte, mais tout en leur rendant de grands honneurs, les sultans d'Egypte ne leur laissèrent qu'un titre sans autorité. Cet état de choses ne se maintint que jusqu'au moment où le sultan des Turcs, Sélim II, s'empara de l'Égypte, détruisit le pouvoir des sultans Manlouk, emmena le calife, Mostanzed-Billàh, prisonnier à Constantinople, et après la mort de ce prince, se déclara lui-même prince des croyants et vicaire du prophète, prétendant ainsi unir le pouvoir spirituel au pouvoir temporel. C'est ce qu'a fait, presque à la même époque, Henri VIII d'Angleterre, qui, après avoir contesté au pape son autorité spirituelle, se déclara lui-même chef de l'Église anglicane. Et il faut convenir que, sous le point de vue moral, Sélim est bien plus excusable que le cinq fois bigame Henri VIII. Celui-ci, élevé dans la foi catholique, s'était élevé avec force contre Luther et ses doctrines; il écrivit même à ce sujet un livre de controverse qui lui valut de la part de Luther, par cette aménité de mœurs et de style qui lui était ordinaire, le titre d'Ane couronné. Sélim, privé des lumières de la foi, pouvait ne pas avoir, sur la sainteté et la vérité de la religion, les mêmes idées qu'un chrétien; il avait, d'ailleurs, un grand motif d'ambition qui lui prouvait pas exister au même degré chez le roi d'Angleterre : c'était de dominer surtout l'islamisme. Henri ne pouvait espérer d'exercer son pouvoir usurpé que sur ses états. Des débris du califat il s'était formé plusieurs principautés qui, trop faibles pour se soutenir contre les Turcs d'un côté, les Persans de l'autre, disparurent au bout de peu de temps pour se fondre dans les deux grands empires mahométans d'Ispahan et de Constantinople. Pour compléter cette notice sur l'origine et les progrès de l'islamisme, nous devons ajouter qu'après la mort du prophète, les Arabes lui choisirent des successeurs moins dans sa propre famille que parmi ses compagnons. Ce fut à ce titre qu'Abou-Beckra, Omar et Othman furent élus. Ces élections trouvèrent pourtant des contradicteurs : à chacune d'elles, Aly, époux de Fatime, fille de Mahomet, opposait ses prétentions ; et, après qu'Othman eut péri dans une émeute populaire, provoquée, dit-on, par lui-même, il se fit proclamer vicaire du prophète. Moavie, parent d'Othman et comme lui appartenant à la race d'Ommeyàh, ne voulut point reconnaître un prince qu'il désignait comme auteur ou complice de la mort du calife. Moavie prit les armes pour soutenir sa désobéissance ; ses troupes le saluèrent, à Damas, du même titre qu'Aly avait pris. Quelques Arabes, voulant prévenir la guerre civile, qui était imminente, formèrent le projet de faire périr les deux concurrents. Ce projet ne fut exécuté qu'à demi. Aly fut tué, Moavie ne fut que blessé. Les partisans d'Aly suscitèrent à Moavie un rival dans la personne de Hussein, fils d'Aly ; mais Hussein, préférant la douce obscurité d'une vie tranquille aux orageuses grandeurs du califat, reconnut les droits de Moavie, et parut renoncer sans regret à ceux qu'il pouvait tenir de son père ; mais, à la mort de Moavie, l'ambition se rallumant dans son cœur, il courut après les grandeurs qu'il avait d'abord dédaignées ; trahi par la fortune, il périt sur un champ de bataille, et sa tète sanglante orna le char de triomphe du calife Yézid. Toutefois les partisans d'Aly ne crurent point que la perte d'une bataille eût décidé définitivement la question, et ils persévérèrent dans le schisme, de même que les Perses qu'Aly avait attachés à sa cause. Encore aujourd'hui les Perses modernes sont alydes. Au fond la doctrine de tous est la même, sauf ce qui concerne les traditions, comme nous le dirons bientôt ; la différence essentielle qui distingue les alydes des autres musulmans, c'est que les premiers ne comptent pas au nombre des successeurs de Mahomet les trois premiers califes ; ils ne reconnaissent pas non plus la légitimité de la race d'Ommeyàh. Au reste, les musulmans de toutes les sectes vénèrent Aly comme l'apôtre le plus zélé de l'islamisme, le disciple de prédilection et le bras droit du prophète. Vers le milieu du xe siècle, l'Egypte, qui avait conquis son indépendance, rentra, par la faiblesse de ses princes, sous la domination des califes ; mais, à la même époque, une puissance nouvelle s'élevait dans l'ancienne province d'Afrique. Elle avait été fondée par Abou-Muhamad Obeidala, qui se prétendait issu directement d'Aly et de Fatime, mais qui n'était au fond, suivant plusieurs historiens, qu'un soldat audacieux et entreprenant, d'abord serrurier de profession et, suivant quelques-uns, juif de naissance. Il avait pris le titre de calife, usurpé, disait-il, par les Abbassides, et transmis le sceptre à ses descendants, qu'on désigna par le nom de califes alydes ou fatimites. L'un d'eux, Almoaz-Ledin-Allah eut la passion des conquêtes, et tandis qu'il subjuguait la province de Fez, son général Giaffar s'emparait d'Alexandrie, de Fostat et de toutes les villes du Delta. Ce fut lui qui jeta les fondements de la ville du Caire. Les fatimites conservèrent le sceptre pendant deux cents ans, et durant tout ce temps, les Egyptiens furent alydes. Après la chute du trône fatimite, l'Egypte passa au pouvoir du fameux Salah-Eddin, qui reconnut la suprématie du calife de Bagdad, mais cette suprématie n'était que de nom. Il en était de même dans l'Afrique occidentale, où Joussef-ben-Tapofir, après avoir fondé la ville de Maroc, refusa le titre d'almuménin, prince des croyants, sous prétexte qu'il n'appartenait qu'au calife d'Orient, et permit seulement qu'on lui donnât celui d'al-muzlimin, prince des musulmans, et celui de nazareddin, défenseur de la foi. Quant au fond de la religion, c'était celle des Abbassides ; et les Almoravides, c'était le nom par lequel on désignait les Maures de Maroc, se piquaient d'être fidèles observateurs de la loi du prophète. Il paraît toutefois qu'ils s'étaient bien relâchés sur ce point, lorsqu'ils se furent emparés de l'Espagne, puisque ce fut la nécessité qui se faisait sentir d'une prompte réforme qui donna tant de partisans au prétendu réformateur Muhamad. Cet homme était une espèce d'aventurier qui avait suivi les cours d'études des meilleurs professeurs de Cordoue et de Bagdad et qui, de retour en Afrique, où il était né, se mit à prêcher la réforme et à déclamer contre la corruption toujours croissante ; et,

comme il ne cessait d'annoncer l'arrivée prochaine du méhédi, ou docteur de la loi, chargé d'instruire les hommes, de les ramener dans la bonne voie et de faire régner sur la terre la justice et la bonne foi, ses disciples lui donnèrent lui-même le nom de Méhédi, et prirent celui d'Almohades. Ces Almohades renversèrent la puissance des Almoravides, tant en Afrique qu'en Espagne, mais ils ne firent subir aucun changement à la religion, quoiqu'ils se fussent partout annoncés comme réformateurs. Mahomet avait annoncé l'unité de Dieu et prêché l'aumône, la foi, la prière et en général les vertus morales que les païens eux-mêmes avaient recommandées. Ses doctrines formaient la matière d'un certain nombre de pièces en vers ; ces pièces, recueillies par Abou-Beckra, furent mises en ordre, sous le titre de Coran, livre par excellence, seul livre dont la lecture soit recommandée aux mahométans et dont il leur est même ordonné de savoir par cœur une partie. L'islamisme a produit deux sectes principales, celle des sunnites et celle des schiites, c'est-à-dire ceux qui admettent les traditions orales du prophète et ceux qui les rejettent pour s'en tenir à la lettre du Coran. Les seuls Persans sont schiites ; tous les autres musulmans, Turcs, Syriens, Egyptiens, Africains, sont sunnites. Ces deux sectes principales ont une infinité de subdivisions ; toutes, il est vrai, sont tenues pour orthodoxes, les unes par les partisans de la tradition orale, les autres par leurs adversaires. Cette diversité de sentiments a rendu ennemis les sunnites et les schiites. On assure que cette animosité était autrefois poussée si loin qu'un article du code sunnite portait qu'on se rend plus agréable à Dieu en tuant un seul schiite qu'en immolant trente-six chrétiens. Les mahométans de Maroc admettent les traditions avec les uns, et ils pensent avec les autres qu'Aly était le successeur légitime de Mahomet. Pour ce qui est de ces traditions mêmes, les sunnites sont tous d'accord sur le fond, bien qu'ils diffèrent entre eux dans la pratique, suivant la doctrine qu'ils suivent ; ils pensent au reste que toutes les doctrines traditionnelles sont également bonnes. On en compte quatre principales : celle d'Hanifa, suivie par les Ottomans, celle de Malec, adoptée par les Africains, celle de Saféï, que les Arabes préfèrent, et celle d'Hanbal. Toutes sont orthodoxes, mais cette dernière a paru si austère, qu'elle a été abandonnée. Les écrits de ces quatre docteurs ont produit une foule de commentaires, dont les auteurs émettent des systèmes particuliers qui les rendent aussi chefs de secte ; mais, comme nous l'avons dit, toutes ces sectes sont tolérées, parce qu'au fond elles n'offrent rien, dans leurs opinions, qui soit contraire à la loi. Ces opinions, d'ailleurs, bien qu'elles aient leur source dans les divers passages du Coran, qui ont fait naître tant de commentaires, se trouvent liées aux opinions philosophiques sur lesquelles chaque docteur peut se donner large carrière sans craindre le reproche d'hérésie. Ce fut sous le règne des Abbassides que la philosophie, importée de la Grèce, se répandit à Bagdad, et de là dans tous les pays où régnait l'islamisme, principalement en Egypte et en Espagne. Ce qui devrait surprendre, si nous n'avions vu la même chose en France, dans les temps moins éloignés, c'est que, de tous les philosophes grecs, celui dont les idées avaient été exclusivement adoptées, c'était Aristote : Pythagore, Zénon, Socrate, Platon lui-même, maître d'Aristote, y étaient à peine connus. Ce dernier nom dominait dans toutes les écoles, sur tous les enseignements. Il est pourtant vrai qu'il existe entre les doctrines du Coran et celles du philosophe grec une contradiction trop frappante pour qu'elle ait pu ne pas être aperçue par les docteurs musulmans. En effet, suivant Aristote, la matière est coéternelle avec Dieu ; Dieu n'est donc point créateur, mais seulement ordonnateur. Dans le Coran, au contraire, on voit partout l'unité absolue de Dieu posée comme principe, et Dieu n'est pas seulement ordonnateur de la matière, mais il l'a créée par sa toute-puissance. Pour concilier ces deux doctrines opposées, ou tout au moins pour déguiser cette opposition, il fallut recourir aux commentateurs d'Aristote, et les docteurs musulmans s'adressèrent surtout à ceux de l'école néo-platonicienne, qui enseignaient le panthéisme. Cette doctrine, que « tout est Dieu, esprit ou matière, » se rapprochait assez des maximes si répandues dans le livre de Mahomet : Dieu seul est Dieu, il n'y a pas d'autres Dieu que Dieu, tous les docteurs n'ont pas admis toutefois cette espèce de transaction, et ceux qui s'en tiennent strictement à la lettre du Coran, les schiites, beaucoup moins accommodants que leurs adversaires, regardent la plupart des philosophes Arabes comme fort peu orthodoxes, et ils combattent avec force toutes les doctrines qui tendent à faire la matière éternelle. De là, il est résulté une division dans l'école. Les uns, sous le nom d'ascharites, disciples d'Al–Aschàri, admettent un fatalisme absolu, et cette opinion qui est celle du plus grand nombre est seule regardée comme orthodoxe; les seconds, motazalistes, admettent le libre arbitre, expliquant par là l'origine du mal, qu'on ne saurait, disent-ils, attribuer à Dieu, qui est le bien suprême. Dans des temps plus voisins du nôtre, il s'est formé une troisième école d'idéalistes ou contemplatifs, qui reconnaissent Platon pour maître. Pour rester dans l'orthodoxie avec les ascharites, ils prétendent que leur doctrine se retrouve dans Aristote; mais qu'elle forme le sens occulte du philosophe de Stagyre. Une autre chose qui n'est pas moins faite pour étonner, c'est de voir les différents effets qu'a produits l'invasion du mahométisme dans les diverses contrées où il s'est établi. En Asie, en Afrique, le mahométisme a éteint les lumières et commandé l'ignorance; il faut excepter la ville de Bagdad et ses fameuses écoles; en Espagne l'arrivée des Arabes fit naître le goût des arts et des lettres. Cette production de résultats opposés issus d'une même cause, peut-être attribuée avec assez de probabilité, aux modifications que cette cause a reçues par son contact avec les opinions et les habitudes déjà existantes dans les pays où elle a été transplantée. Ainsi, dans l'Arabie où l'islamisme devait rencontrer des hommes grossiers, farouches, aguerris par l'habitude constante de terminer par les armes toutes les discussions qui s'élevaient de tribu à tribu, une religion qui faisait de la guerre un devoir, qui ordonnait de convertir les infidèles sous la puissance du glaive, ou de les réduire en esclavage, qui promettait les plus séduisantes récompenses, soit sur la terre, soit dans le ciel, qui flattait les goûts dominants en permettant à la sensualité de se satisfaire sans contrainte par la pluralité des femmes, l'islamisme devait produire des guerriers courageux, intrépides, mais durs, impitoyables pour l'ennemi qui osait résister, avides de pillage et peu scrupuleux envers les personnes du sexe. Ces conséquences à peu près inévitables pouvaient d'ailleurs se concilier avec les vertus antiques de l'Arabe, son respect inviolable pour les droits de l'hospitalité, sa fidélité à garder la parole donnée, ses mœurs patriarcales dans la famille. Quand l'islamisme franchit les déserts qui le séparaient de la Perse, de la Syrie et de l'Égypte, il dut prendre, même sans le vouloir, la couleur des mœurs locales, soit parce que l'homme est naturellement porté à l'imitation, soit parce que le changement de climat peut influer sensiblement sur le moral, soit enfin parce que la politique exige des concessions qui, bien que peu importantes à l'origine, finissent par acquérir assez de force pour faire fléchir la rigueur des principes. Les Perses, nourris des doctrines de Zoroastre se trouvaient naturellement disposés à recevoir des doctrines austères. En substituant le Coran à leurs livres sacrés, ils ne voulurent pas admettre des doctrines traditionnelles; ils s'en tinrent au texte, à la lettre de la loi; ils devinrent schiites, et alydes, chez les Syriens, et les habitants de la Palestine; les apôtres de la loi nouvelle ne trouvèrent pas en fait de religion, des idées fixes et bien arrêtées; les mœurs n'étaient pas non plus extrêmement pures; des idées de trafic, de commerce maritime, d'enrichissement occupaient généralement les esprits. Ces contrées avaient eu tant de maîtres, avaient éprouvé tant de vicissitudes qu'il ne s'y trouvait plus ni amour de la patrie, ni haine du despotisme, ni même désir de liberté; aussi quand les Arabes se montrèrent, ils n'opposèrent aucune résistance; il leur importait peu d'obéir aux Arabes ou aux Grecs, pourvu qu'on les laissât se livrer à leurs occupations ordinaires. Comme ils se soumirent sans opposer aucun obstacle on leur accorda d'amples conditions, et quoique leur religion fût le christianisme, ou pour mieux dire le nestorianisme entaché de judaïsme, comme ils retrouvaient dans le Coran beaucoup de leurs propres principes, ils ne s'effarouchèrent nullement de voir parmi eux des mahométans; un grand nombre d'entre eux embrassèrent même la religion nouvelle; mais ce fut avec aussi peu de ferveur qu'ils en avaient montré pour l'ancienne, de sorte qu'encore aujourd'hui c'est parmi les Syriens, qu'on trouve chez les docteurs la morale la plus relâchée. Il devait en être autrement en Égypte. Ce n'étaient plus, il est vrai, ces prêtres jaloux de leur science qui s'entouraient de hiéroglyphes et de mystères; ils avaient disparu avec les Ptolémées et les Romains, et les dieux de l'Olympe avaient pris la place d'Osiris et d'Isis. Les mœurs grecques avaient succédé aux mœurs égyptiennes; et après la naissance du christianisme, le goût des controverses avait passé de la Grèce à Alexandrie, et pendant plu-

sieurs siècles les doctrines des néo-platoniciens y prévalurent. La religion s'y soutint aussi, mais elle eut à combattre contre les hérésies qui infectaient la contrée, principalement contre l'arianisme et ses diverses branches. Le mahométisme n'eut pas de grands obstacles à vaincre pour s'y acclimater, et quand les troupes grecques eurent été définitivement expulsées, les Égyptiens devinrent presque tous musulmans; un bien petit nombre resta fidèle à la loi de ses pères; leurs descendants sont aujourd'hui désignés par le nom de cophtes. Tout en imposant leur religion, les Arabes puisèrent dans le commerce des vaincus ces habitudes de l'école, qui transformèrent tous les docteurs de la loi en chefs de secte, aux controverses théologiques et philosophiques, ils mêlèrent le goût des lettres et de la poésie; et l'islamisme qui marchait toujours entouré de ténèbres et d'ignorance, l'islamisme qui par la destruction de la bibliothèque d'Alexandrie paraissait vouloir condamner les vaincus à l'idiotisme et à la stupidité, établit dans Alexandrie un foyer de lumière, qui peu de temps après se développa dans Cordoue avec beaucoup d'éclat. Dans la Péninsule espagnole, les indigènes, sans énergie et sans vigueur, vivaient abattus sous le joug des Goths. L'arrivée des Arabes ne leur causa point de surprise, et bien que la mémoire de Sagonte et de Numance ne fût point perdue, bien que le sentiment qui avait produit l'héroïque défense des habitants de ces villes ne fût pas éteint dans les cœurs, ils ne résistèrent point parce que leur résistance n'aurait pu tourner qu'à l'avantage de leurs oppresseurs. Ils ne tardèrent pas même à s'accoutumer à ces nouveaux maîtres qui leur accordaient, pour prix de leur soumission, des conditions avantageuses; et de leur côté, les Arabes qui n'avaient pas occasion d'user de rigueur, qui voulaient d'ailleurs former des établissements durables dans les pays qu'ils avaient conquis, s'attachèrent à faire participer leurs nouveaux sujets au bienfait des connaissances qu'ils apportaient de l'Égypte. C'est à dater de la fondation du califat de Cordoue dans le huitième siècle que l'Espagne qui, par l'incurie des Goths, se voyait dépouiller par le temps et plus souvent encore par la main des hommes, de tous les monuments dont les Romains l'avaient dotée, prit sous la domination des Arabes une vie nouvelle, transforma ses marais et ses landes en champs fertiles, se sillonna de cours d'eau depuis le sommet des montagnes jusqu'au fond des plaines et des vallées, se couvrit d'édifices publics et particuliers, fit des écoles célèbres se former dans ses villes, et quand les Almoravides et les Almohades vinrent successivement se mêler aux Arabes, reçut de ses nouveaux hôtes ces mœurs chevaleresques, mélange de galanterie, de courage et de générosité, qu'elle imposa elle-même à la France et à l'Italie. Si l'on doutait de cette vérité on n'aurait qu'à consulter l'histoire de l'Espagne, même dans les écrivains espagnols; ils sont tous forcés de convenir que l'expulsion des Maures a eu pour leur pays dans ce moment critique de fâcheuses conséquences. Nous ne parlons pas de l'effet qu'a produit dans la Sicile, la Calabre, la Sardaigne, la Corse et les Baléares, le séjour momentané des Arabes; ce séjour n'a pas été assez long pour que l'effet pût être sensible. Nous n'avons guère parlé jusqu'ici que de l'influence du mahométisme, sur les populations qui n'ont pas été forcées de l'embrasser, et à qui l'exercice de leur religion avait été accordé. Mais il est un point sur lequel nous devons insister, afin de répondre à ceux qui, dans leur système sacrilège, comparent la religion du Christ à celle de Mahomet et veulent démontrer que l'une n'a produit ni plus de bien ni plus de mal que l'autre; c'est d'indiquer les résultats nécessaires de l'islamisme, tels qu'on les peut remarquer dans les pays tout à fait mahométans; tels que la Turquie d'Europe et d'Asie, la Perse, etc., sur les mœurs privées, et même sur les formes du gouvernement. On a pu voir par tout ce que nous avons dit que notre intention est de rendre à la vérité un hommage sincère. Nous avons montré ce qu'avec de la bonne foi et de la justice, on ne peut refuser aux mahométans. Voyons maintenant de dont on doit accuser les doctrines antisociales qu'ils professent. Or voici les funestes résultats de ces doctrines : la captivité, l'avilissement, l'abrutissement des femmes, la corruption qui est une suite inévitable de cette situation, l'emploi des eunuques et l'établissement de l'esclavage, une ignorance qui laisse les musulmans en arrière des autres peuples, l'asservissement des sujets, le despotisme des souverains, et mille autres inconvénients non moins graves. Une chose certaine c'est qu'avant la naissance de l'islamisme les femmes grâce à leur réhabilitation par le christianisme, jouissaient en Asie d'une assez grande liberté, et les mœurs n'en étaient pas plus mauvaises. Aujourd'hui les mœurs des femmes sont très corrompues; pour mieux dire, elles n'ont pas de mœurs, malgré les verrous qui se ferment sur elles, malgré les eunuques qui les gardent. Et comment, pourrait-il en être autrement? Vendues dès leur enfance comme une marchandise, et enfermées immédiatement dans le harem de l'acheteur pour servir à ses plaisirs, exposées à tous les caprices du maître souvent injuste ou bizarre, punies pour la plus légère contravention de la main des eunuques qui leur infligent le châtiment réservé à l'infâme, quel sentiment de grandeur ou de générosité pourraient-elles nourrir dans leur cœur flétri? Le désir d'obtenir la faveur du maître les occupe toutes entières la nuit et le jour, non qu'elles éprouvent pour lui la moindre inclination; mais elles veulent améliorer leur sort, l'emporter sur leurs compagnes, exercer dans leur prison une sorte de domination qui les console en partie de leur captivité. L'unique sentiment qui les anime n'est donc composé que d'orgueil, de jalousie, de dépit, de désir de vengeance. Des femmes qui n'ont de distractions d'aucune espèce n'ont que trop de temps pour chercher dans leur tète les moyens de nuire à une rivale, plus heureuse; aussi le harem a-t-il été souvent le théâtre de scènes de crime et de désordre. Pour garder ces femmes, du moins elles les riches, il faut des eunuques et des esclaves. Ainsi pour satisfaire les désirs d'un tyran subalterne, il faut qu'une portion considérable d'hommes tombe dans la dégradation physique, et par contre-coup dans la corruption morale; quant aux simples esclaves, il n'en faut pas seulement pour garder le troupeau du harem, il en faut pour servir la personne du maître, pour tous les travaux qu'il ordonne, pour obéir à sa volonté comme un instrument obéit au ressort qui le fait mouvoir. Le Coran ne permet pas seulement l'esclavage, il le recommande comme un droit de la guerre. Aussi quand les Barbaresques s'emparent d'un vaisseau, lorsque les Arabes surprennent une caravane, lorsqu'après un combat le vaincu rend ses armes, matelots, passagers, voyageurs, soldats, tous sont réduits en servitude et deviennent la propriété de quiconque les achète. Le christianisme commença par proscrire l'esclavage et rendre à l'homme sa dignité. Que nos philosophes comparent les préceptes de Jésus-Christ : « Aimez votre prochain comme vous-mêmes, faites du bien à vos ennemis, » avec la loi de sang du Coran chap. 8, 9 et 47. « Combattez les infidèles jusqu'à ce que vous ayez exterminé toutes les fausses religions. Mettez-les à mort, ne les épargnez point. Quand vous les aurez affaiblis à force de massacre, réduisez ceux qui resteront en esclavage, écrasez-les sous le poids du tribut. » Et qu'ils nous disent, s'ils ont encore quelque pudeur, s'il est possible de comparer et de mettre en balance des doctrines séparées par un tel abyme. Et cependant cette loi sanguinaire et cruelle, malgré tout ce qu'elle a dû perdre de son caractère par le contact des doctrines des peuples civilisés, est regardée aujourd'hui encore par les mahométans, comme une loi sacrée qu'ils exécutent à la lettre quand ils en ont l'occasion. Du reste ils se donnent large carrière pour trouver cette occasion, car ils donnent le nom d'infidèles, non seulement aux chrétiens mais encore aux juifs, aux Parsis, aux Hindous, aux Tartares, etc. Aussi a-t-il fallu le concours unanime de toutes les puissances de l'Europe pour obtenir des Musulmans et spécialement des Turcs, des Maures et des Marocains une espèce de droit des gens qui permette aux agents de ces puissances et aux voyageurs de résider parmi eux avec sûreté. On ne saurait douter que Mahomet n'eût défendu à ses sectateurs l'étude des lettres et de la philosophie. Il sentait qu'il avait besoin d'entretenir les Arabes dans leur ignorance native pour les mieux subjuguer et en faire des instruments dociles de ses volontés. Ce fut même à cette loi, que malgré l'hésitation et la répugnance d'Amrou, la bibliothèque d'Alexandrie périt par les flammes. Consulté par le général arabe, le calife Omar répondit : « Si ces livres contiennent les mêmes choses que le Coran, ils sont inutiles; s'ils contiennent des doctrines différentes, ils sont dangereux; dans l'un et l'autre cas il faut les détruire. » C'était bien là sans doute l'esprit du Coran recueilli traditionnellement de la bouche de Mahomet. On a conclu de là que ce dernier était lui-même très ignorant; on se fonde d'ailleurs sur ce que son livre est rempli de fables, et de fautes grossières de physique, de géographie et de chronologie. D'ailleurs ne se donne-t-il pas lui-même le titre de *Prophète non lettré?* Tout cela est exact, mais nous n'y voyons pas la preuve positive de son ignorance. S'il avait été

aussi ignorant qu'on le présume, il n'aurait su ni deviner l'opportunité des circonstances où il se trouvait, ni apprécier la situation des états voisins, ni concevoir que l'ignorance dans les autres lui était nécessaire pour prendre sur eux un ascendant réel. Quant aux erreurs historiques et géographiques que son livre présente, elles appartiennent à son temps plus qu'à lui. Serait-on fondé à traiter Homère d'ignorant parce qu'il regardait l'océan, comme un grand fleuve circulant autour de la terre? Au fond son livre, écrit en style élégant et poétique, prouve qu'avant de l'écrire il avait consulté des chrétiens, des juifs, surtout des nestoriens. Or ce n'est pas un ignorant qui recherche de telles conférences. Cela ne doit pas nous empêcher de reconnaître que, dans l'origine, l'étude des lettres avait été sévèrement prohibée, mais il faut ajouter que ce précepte tomba au bout d'un siècle en désuétude, et que dès le second siècle de l'hégire, on vit beaucoup de musulmans s'appliquer avec ardeur aux sciences, aux lettres et aux beaux-arts. Il est vrai qu'après les temps d'illustration, c'est-à-dire l'âge des califes abbassides de Bagdad et des califes de Cordoue, et surtout à l'époque où les Tartares ont ruiné Bagdad, où les Turcs ensuite se sont rendus maîtres de l'Asie-Mineure et renversé l'empire grec, l'islamisme a repris son système, qui consiste à opposer des obstacles à la propagation des lumières. Ce n'est que depuis un petit nombre d'années que les Turcs ont souffert que la civilisation européenne s'introduisît dans leur vaste empire; encore a-t-il fallu pour remporter cette victoire sur leurs préjugés les efforts soutenus des deux derniers souverains, et les communications plus fréquentes qui, par l'effet de leurs soins, se sont établies entre leurs états et les états voisins. Ce que nous devons faire remarquer ici, c'est que bien différente de l'islamisme, la religion de J.-C., loin de nuire au progrès des lettres, comme on l'a soutenu, a sauvé l'Europe de la barbarie et de l'ignorance; commençons d'abord par reconnaître avec les auteurs sacrés qu'on doit appeler : « Heureux l'homme qui s'est procuré la sagesse (ou la science), et à multiplier ses connaissances; acquisition plus précieuse que toutes les richesses de l'univers, et à laquelle on ne peut comparer aucune des choses qui excitent la cupidité des hommes. Ce trésor prolonge la vie, donne à l'homme la véritable gloire, et fait qu'il coule ses jours dans la paix et l'innocence. » Sol. Prov. c. 3, v. 13, [L'Écriture et surtout l'Evangile fourniraient vingt passages semblables, desquels il résulte à l'évidence que loin de détourner de l'étude des lettres; le christianisme la recommandait fortement. On sait quelle multitude d'orateurs et d'écrivains éloquents produisirent les premiers siècles de l'église; ce qui faisait dire à Julien l'Apostat. « Les chrétiens nous égorgent avec nos propres armes; ils se servent de nos connaissances pour nous faire la guerre. » Il fit plus : il défendit aux chrétiens de fréquenter les écoles et d'enseigner les lettres. L'invasion des hordes du Nord au v° siècle porta aux lettres un coup terrible qui manqua de les faire périr. On vit alors beaucoup d'hommes embrasser la vie monastique, et ces hommes, partageant leur temps entre le travail, l'étude et la prière, devinrent les gardiens des livres que les barbares avaient épargnés. Lorsque longtemps après on fonda les universités, tous les emplois furent remplis par des Clercs. Les nobles regardaient l'étude comme une dégradation de la noblesse, et les serfs ne pouvaient s'instruire parce que cela leur était défendu. Rome imitait dans leur zèle pour la science les clercs et les moines. Ce fut de Rome que Charlemagne attira auprès de lui des chantres pour sa chapelle et des maitres pour ses écoles. Ajoutons que tous les peuples qui n'ont pas reçu les lumières de la foi chrétienne sont restés dans le même état d'ignorance et de barbarie; que ceux qui ont embrassé le christianisme se sont civilisés, éclairés, instruits; que ceux qui l'ont abandonné après un temps plus ou moins long, sont retombés dans l'ignorance. Ces faits, qui sont incontestables, répondent mieux que nous ne pourrions le faire au reproche qu'on adresse à la religion de n'avoir pas favorisé la culture des lettres. La doctrine d'un fatalisme inflexible et d'une prédestination absolue est textuellement écrite dans le Coran; il en résulte que les mahométans ne prennent aucune précaution pour se garantir de la peste et des autres maladies contagieuses. On sait quels tristes résultats a pour eux-mêmes cette négligence insensée, ceux qu'elle a eus souvent pour l'Europe; c'est encore là un des effets de l'islamisme. Une autre effet, non moins désastreux de cette religion, c'est l'asservissement des peuples et le despotisme des souverains. « La religion mahométane, a dit Montesquieu, qui ne parle que de gloire, agit encore sur les hommes avec cet esprit destructeur qui l'a fondée.» Les mahométans, il est vrai, ne sont plus assez forts aujourd'hui pour détruire, mais ce n'est point la volonté qui leur manque. On sent de quelle manière ils traiteraient les chrétiens que de nos jours encore ils qualifient de *chiens*, s'ils avaient autant de puissance destructrice qu'ils ont de haine. Un philosophe du xviiie siècle, ennemi acharné du christianisme, a écrit pourtant ces paroles remarquables : « Sous le joug d'une religion qui consacre la tyrannie en fondant le trône sur l'autel, qui semble imposer silence à l'ambition en permettant la volupté, qui favorise la paresse naturelle en interdisant les opérations de l'esprit, il n'y a point d'espérance pour les grandes révolutions; l'esclavage est établi pour jamais.» Certes, nous ne voudrions pas qu'on sortît de l'esclavage par des révolutions; mais l'auteur de ce passage croit comme nous que le mahométisme et toute religion de même espèce amènent le peuple à la servitude et le souverain au despotisme. Le sceptique Bayle qui, pour prouver la tolérance qui constitue l'esprit du Coran, parle des conventions que les musulmans ont toujours faites avec les chrétiens pour leur accorder le libre exercice de leur religion, passe sous silence l'ordre que Mahomet donne aux siens de poursuivre les infidèles jusqu'à extermination complète; il convient toutefois qu'ils exercent contre eux des persécutions secrètes plus dangereuses encore qu'une persécution ouverte. Volney, dans son *Voyage en Syrie*, prouve victorieusement que le gouvernement despotique des Turcs est le résultat naturel et nécessaire des doctrines du Coran. Si maintenant nous parcourons les diverses propositions que les philosophes ont avancées pour mettre en collision le christianisme et l'islamisme, et tirer de là cette conséquence, si bien démentie par les faits, que les deux religions sont fondées sur les mêmes bases, que l'une n'est pas supérieure à l'autre, que toutes deux s'appuient sur des miracles, etc., etc. nous nous convaincrons que c'est la mauvaise foi qui les a dictées, car il n'est pas possible que tout en voulant établir un fait pour en déduire une conséquence, ils n'aient pas senti qu'ils mentaient à leur conscience. Jésus-Christ, disent-ils, n'avait point fait d'études, il a eu pour disciples des hommes aussi ignorants que lui; l'un d'eux, un peu plus instruit que les autres, ne s'est servi de ce qu'il avait appris que pour décrire et décréditer la philosophie; ce sont là tout autant de traits de ressemblance entre Jésus-Christ et Mahomet. Il y a plus que de l'inconvenance à vouloir établir un pareil parallèle; c'est une haine profonde qui se cache sous des formes révoltantes. Jésus-Christ était Dieu, la source de toute lumière; il n'avait besoin d'aucun secours humain pour apprendre les lettres. Si vous ne voulez pas convenir qu'il est Dieu, vous déplacez la question, vous niez sa divinité; nous avons réfuté ailleurs cette sacrilége imposture. Ici, il nous suffit d'établir que, sans lettres et sans études, il a confondu les docteurs juifs toutes les fois qu'ils ont voulu conférer avec lui; il avait choisi pour disciples des hommes ignorants, mais il leur avait promis de leur envoyer le Saint-Esprit, et il tint sa promesse; tous ces hommes dépourvus d'instruction, pris dans les dernières classes du peuple, se trouvèrent tout-à-coup en état d'aller prêcher l'Évangile devant les habitants des villes, où les lumières brillaient du plus vif éclat, au milieu du siècle auquel Auguste avait donné son nom. Les sages d'Athènes, de Rome, d'Antioche, les entendirent, et plusieurs d'entre eux, abjurant leur fausse sagesse, embrassèrent la doctrine nouvelle qui leur était présentée. Si l'Apôtre s'est élevé contre la philosophie, c'est moins contre elle que contre l'abus qu'on en avait fait. La Providence, dit-il, s'est servie d'hommes sans lettres pour confondre les faux savants; et comme on lui reprochait son style sévère et dépourvu d'agréments, il répondit qu'il n'était point pour cela un ignorant; c'était dire, je sais ce que je fais, et je dédaigne les vains secours de l'art (II Cor., cap. 11, v. 6). Du reste, il dépréciait si peu les lettres, qu'il recommande à son disciple Timothée de lire, d'étudier et d'instruire les autres, parce que ce sont là les devoirs d'un évêque. Ce qui doit trancher la question, c'est ce fait incontestable : Partout où il a pénétré, le christianisme a fait disparaître la barbarie, et adouci les mœurs; c'est chez les chrétiens qu'encore aujourd'hui les lettres sont cultivées avec le plus de succès; partout où l'on voit l'islamisme dominer exclusivement, la civilisation est interdite, les lettres dédaignées et l'ignorance dans toutes les classes. Si l'on a vu de temps en temps des exceptions à cette dernière règle, c'est

que les chefs des Etats, peu convaincus de la sainteté exclusive du Coran, ont eu assez de force pour faire violence à leurs préjugés, et s'entourer d'Européens éclairés. L'Egypte nous offre aujourd'hui un exemple de ce fait. On n'a pas craint, en continuant le parallèle, d'opposer les mœurs de Mahomet aux mœurs de Jésus-Christ. Ici, disons-le sans hésiter, il y a non-seulement de la mauvaise foi, mais de l'impudeur. Nous avons reconnu dans Mahomet ses qualités guerrières, administratives, grandes pour l'époque où il vécut; nous avons reconnu en lui l'esprit d'observation; mais pour ce qui est de ses mœurs, nous devons dire de même que jamais un homme ne poussa plus loin l'amour du plaisir, et ne se montra moins scrupuleux sur les moyens d'assouvir ses passions. S'il permit à ses sectateurs la pluralité des femmes, c'est parce qu'il en eut lui-même un grand nombre et qu'il ne voulait pas s'en priver. S'il écrivit ses chapitres 33 et 36 du Coran, ce fut pour justifier ses habitudes lubriques. Il ne montra pas moins d'ardeur pour les richesses que pour les plaisirs sensuels; outre la part qu'il s'était réservée sur tout le butin, laquelle était du cinquième, il s'attribuait encore le droit de prélever en dehors de sa part, ce qui lui convenait; de recevoir des présents; de ne suivre pour loi sur toutes choses, que sa volonté. S'il permit à ses sectateurs la pluralité des sexes. Oui, cela est vrai. Mais la défense n'était que pour les autres; et dans son chapitre 66, il supposa une révélation divine qui lui permettrait de se livrer impunément aux excès qu'il condamnait dans ses sectateurs; et il avait su prendre tant d'ascendant, lui, homme de génie, sur ces hommes grossiers et sauvages, qu'ils le croyaient inspiré; et ce n'était point à des hommes sauvages et grossiers que s'adressaient les apôtres, ces hommes sans lettres, et ils ne se disaient point inspirés pour excuser leurs propres vices; en condamnant le vice dans les autres, ils donnaient l'exemple des mœurs les plus pures. Si des apôtres, nous remontons à leur divin maître, qu'on se souvienne qu'il ne craignit pas de dire à ses ennemis les plus acharnés : Qui de vous me convaincra de péché? (Joan., c. 8, v. 46.) Que lui reprochait-on en effet? De faire de bonnes œuvres le jour du sabbat, de ne pas suivre les traditions phariséennes, de fréquenter les pécheurs et les publicains, de traîner après lui des flots de peuple; mais rien de tout cela n'était contraire à la loi divine. S'il les jugea dignes de sa mort, ce ne fut point parce qu'il avait commis des crimes, c'était pour avoir dit : Je suis le fils de Dieu. Pilate, appelé à confirmer la sentence, le livra au peuple par faiblesse ou par indifférence pour la justice, tout en proclamant toutefois l'innocence de cet homme dont on voulait le supplice. Les incrédules ont examiné, analysé, disséqué avec soin toutes les actions, toutes les paroles de Jésus-Christ; les juifs eux-mêmes s'étaient livrés à cette recherche, et ni les uns ni les autres, n'ont pu rien trouver à blâmer, ou à censurer. Les juifs n'ont pas eu d'autre imputation à lui faire que de s'être annoncé comme étant le Messie promis par les prophètes. Les philosophes se rejettent ici sur un autre argument. Ils prétendent que la religion de Mahomet ne s'appuie pas plus sur des miracles tout comme la religion chrétienne; que leurs fondateurs n'ont pas plus l'un que l'autre de preuves d'une mission divine. Il y a là mensonge évident, car ce serait trop peu que d'appeler une telle assertion simplement erronée. Mahomet a formellement déclaré qu'il n'avait pas été envoyé sur la terre pour faire des miracles, mais pour convertir les hommes, et leur donner la foi qui persuade. Quand les habitants de la Mecque lui demandèrent des miracles pour preuve de sa mission, il leur répondit que Moïse et Jésus-Christ en avaient fait un grand nombre, et que cependant ils avaient trouvé beaucoup d'incrédules; que les miracles dépendent de Dieu seul, et qu'il donne le pouvoir d'en faire quand il le juge à propos; que pour lui, sa mission consistait à annoncer aux hommes les promesses de Dieu et les menaces de sa justice. Les incrédules n'ont pas l'air d'ajouter foi à cet aveu formel; ils persistent à soutenir que Mahomet a fait des miracles. Ce qu'ils ne disent pas, c'est que ce n'est que longtemps après la mort de l'imposteur qu'on a parlé de ces prétendus prodiges, qu'aucun monument ne confirme, que personne n'a vus s'opérer; que les premiers apôtres de l'islamisme n'alléguaient point, ce qu'ils n'auraient pas manqué de faire, s'ils avaient été réels, ou si simplement ils avaient eu l'apparence de prodiges, comme ceux qu'opérèrent les magiciens de Pharaon. Ces miracles, d'ailleurs, sont si peu avérés que les musulmans tant soit peu instruits n'hésitent pas à les désavouer. Tout ce qu'ils allèguent comme preuve de la mission divine de leur prophète, c'est la rapidité des succès qu'il obtint, et les progrès que fit sa doctrine; mais ils gardent le silence sur toutes les circonstances qui accompagnèrent l'apparition de Mahomet, circonstances dont il sut profiter : ce fut là son vrai, mais son seul miracle. Les miracles de Jésus-Christ ne sont pas seulement prouvés par les écrits de ses apôtres qui n'annoncent que ce qu'ils ont vu de leurs yeux, examiné avec soin, touché de leurs mains; ils le sont par les aveux forcés des juifs, des païens, et des premiers hérétiques qui avaient intérêt à les nier. Tous ont attribué ces miracles à la magie, mais aucun ne les a niés. N'y eût-il d'ailleurs que le don des langues accordé aux apôtres pour qu'ils pussent aller prêcher la parole divine chez tous les peuples de la terre, il faudrait reconnaître là le doigt de Dieu. Les voyages des apôtres sont constatés, et ce fait seul doit suffire pour prouver le miracle; la simple raison permet-elle de croire, que des hommes du peuple, ignorants et grossiers, sans aucune instruction, eussent pu, nous ne disons pas entreprendre, mais seulement concevoir le projet de s'ériger en prédicateurs, et de partir pour des pays lointains dont la langue leur était inconnue? Mais, dit-on, les musulmans croient aux miracles de Mahomet par la même raison que les chrétiens allèguent pour justifier leur croyance en ceux de Jésus-Christ; car de même que les apôtres ont certifié les miracles de leur maître, de même Abou Beekra, Omar, Othon, Aly lui-même, certifièrent à cinquante mille Arabes que l'ange Gabriel apportait à Mahomet les feuillets du Coran écrits en lettres d'or sur du vélin blanc. D'ailleurs, ajoute-t-on, le Coran n'a jamais été imité, ni contredit, ni falsifié; et si les dogmes qu'il renferme n'avaient pas été conformes à la plus saine raison, ils n'auraient pas été accueillis et reçus par la moitié des habitants du globe. Mais en premier lieu, il est faux que les musulmans instruits croient au miracle de l'ange Gabriel; il est faux qu'Abou Beekra et ses successeurs aient affirmé devant qui que ce soit qu'ils avaient été témoins des miracles dont il s'agit. Nous voulons bien croire que le Coran n'a jamais été falsifié. Nous devons donc nous en tenir à la parole de Mahomet, qu'il n'a pas été envoyé pour faire des miracles, mais pour donner la foi aux hommes. Quant à la *sublime* morale de ce livre (nous avons déjà fait voir quelles furent les causes des progrès rapides que fit l'islamisme), morale à laquelle on attribue le prompt établissement de l'islamisme, il suffit de l'analyser pour se convaincre qu'elle n'a aucun caractère divin. Le symbole des musulmans se réduit à un petit nombre d'articles, l'existence d'un seul Dieu créateur, la mission de Mahomet, le caractère sacré de son livre, la providence de Dieu, la prédestination absolue, l'interrogation du sépulcre, c'est-à-dire le jugement de chaque homme après sa mort; l'anéantissement total, même des anges et des hommes à la fin du monde; la résurrection des hommes et des anges; le jugement universel; l'intercession de Mahomet dans ce jugement, en faveur de ses sectaires, qui seuls auront droit à la vie éternelle; la compensation entre les hommes des torts qu'ils se seront faits respectivement; un lieu de purification pour ceux dont les bonnes et les mauvaises actions, mises dans la balance, se trouveront former un poids égal; le pont aigu ou étroit sur lequel tous les hommes devront passer, que les justes traverseront heureusement pour aller en paradis, d'où les méchants seront précipités dans l'enfer, où règnera un feu éternel; enfin les délices du paradis, lesquelles consisteront en jouissances physiques. La première réflexion qui se présente à l'esprit, quand on a vu ces articles de la foi musulmane, c'est qu'il faut être poussé d'un esprit bien injuste et bien détracteur, pour oser comparer ce symbole à la divine simplicité de l'Évangile. Ensuite on se dit que tous ces dogmes, dont quelques-uns ne peuvent paraître raisonnables qu'à des ennemis acharnés du christianisme, ne sont point dus à Mahomet qui n'a fait que les emprunter aux diverses religions dont il avait connaissance. Ainsi le dogme de l'unité de Dieu lui vient des juifs et des ariens qui l'entendent comme lui, et qui nient comme lui que Jésus-Christ soit fils de Dieu, parce que Dieu est un et indivisible. Mahomet donne une autre raison qui certes doit paraître bien convaincante : Dieu ne peut pas avoir de fils puisqu'il n'a pas de femme. Que cette raison ait paru excellente aux Arabes qui les premiers l'entendirent de la bouche de l'homme qu'ils vénéraient comme l'envoyé de Dieu, cela peut se concevoir aisément; mais n'est-ce pas se jouer de la crédulité humaine, au dix-neuvième siècle, ou pour mieux dire insulter à la raison publique, que de mettre sérieusement de tels dogmes en parallèle avec la doctrine du christianisme sur ce même point? Nous n'examinerons pas ici s'il est bien facile de concilier le dogme d'une providence éclairée et sage, veillant sur les besoins des hommes, avec celui de la prédestination absolue et de l'inflexible fatalité, qui les conduit malgré eux ou à leur insu à toutes les actions bonnes ou criminelles dont leur vie se compose, et qui ne sauraient justement leur être imputées puisqu'ils y sont poussés par une force qui domine leur volonté; contentons-nous de dire que cette doctrine qui détruit la liberté de l'homme et fait Dieu auteur du péché, était celle des Arabes idolâtres au milieu desquels Mahomet était né. L'interrogation du sépulcre n'a pu paraître un dogme raisonnable qu'à des hommes déterminés à trouver tout bien d'un côté pour pouvoir tout censurer de l'autre. On suppose qu'aussitôt après qu'un mort est enseveli, un ange et un démon viennent se disputer son âme, qui reste au pouvoir de l'un ou de l'autre, suivant la conduite que le défunt a tenue de son vivant; mais comment faire concorder cette doctrine avec celle de la balance où les œuvres sont pesées, ou même avec celle du pont étroit que les bons traversent pour aller en paradis, du haut duquel les méchants sont précipités dans l'enfer. Comment concevoir d'ailleurs que les plaisirs sensuels font toutes les joies du paradis. On croit que toutes ces idées sont uniquement des expressions allégoriques ou métaphoriques d'anciens écrivains que Mahomet avait lus, et qu'il a voulu que ses sectaires les prissent à la lettre. Le dogme de la résurrection des hommes et des anges n'est qu'une copie mal faite de la résurrection des chrétiens. Il ne faut pas s'imaginer d'ailleurs que tous ces articles soient exposés clairement et avec ordre et méthode dans le Coran; il faut les découvrir au milieu des digressions qui composent une bonne partie de ce livre, et qui sont tirées pour la plupart des évangiles apocryphes ou du Talmud des juifs, ou même des traditions populaires des Arabes. Au reste tout musulman est tenu d'admettre sans examen et de croire tout ce qui est contenu dans ce livre, car ses premières paroles sont une injonction formelle de croire, et la menace d'un châtiment terrible contre ceux qui ne croiront pas. Si du dogme on passe à la morale, on sera forcé de convenir qu'elle est très incomplète, et souvent très imparfaite; car elle prescrit très rigoureusement une foule de pratiques extérieures, et elle dispense l'homme des vertus intérieures. Ainsi aux purifications et aux ablutions, avant la prière, de même qu'à la circoncision, qui ont été de tout temps en usage dans l'Arabie où elles étaient une nécessité du climat, Mahomet ajoute l'obligation de prier cinq fois par jour, de faire l'aumône et d'observer le *ramadan* (carême de vingt-neuf jours); mais c'est tout, et il n'est pas dit un seul mot de l'amour du prochain, de la piété envers Dieu, de l'humilité, de la mortification des sens, de la reconnaissance envers Dieu et envers les hommes, de la pénitence, ni enfin d'aucune de ces vertus chrétiennes ou morales qui nous sont tant recommandées. Aussi un musulman croit-il fermement qu'elles sont inutiles et qu'il lui suffit pour se rendre agréable à Dieu de pratiquer très exactement tout ce qui lui est ordonné pour les ablutions, la prière, le pèlerinage à la Mecque, etc., Dieu ne tenant aucun compte de la pureté de cœur, de la foi la plus vive, de la charité la plus sincère à celui qui manquerait, aux heures prescrites, de faire les prières d'usage. Le livre par excellence ne donne pas de meilleurs préceptes sur beaucoup d'autres matières, telles que la polygamie, le concubinage et le divorce. Tout musulman peut avoir quatre femmes et autant de concubines qu'il en peut nourrir; toutes ses esclaves lui appartiennent de même, bien qu'elles ne soient pas dans la classe des concubines; il peut faire divorce sur le moindre prétexte. Aucune disposition n'a pourvu au traitement des esclaves, de sorte qu'ils sont tout-à-fait dépendants du caprice du maître; la barbare coutume de mutiler des hommes pour la garde des femmes est aussi autorisée par le silence absolu du législateur sur ce point. La vengeance n'est pas défendue, chacun peut donc se faire justice sans crainte d'exciter le courroux céleste; quant à la loi humaine, la vengeance paraît légitime, pourvu qu'elle se renferme dans la loi du talion. Le parjure, l'apostasie même, si elle est forcée, c'est-à-dire si l'on y est conduit par les événements, sont des faits excusables; l'idolâtrie seule est un crime qui rend le musulman indigne de la miséricorde divine. Les défenseurs de l'islamisme ont prétendu qu'en permettant le divorce, Mahomet n'avait fait que suivre l'exemple de Moïse; mais ils n'ont pas réfléchi que Moïse avait mis des bornes à cette triste faculté, tandis que Mahomet donnait aux maris une liberté illimitée. Le divorce chez les juifs n'était permis que dans le cas d'adultère de la femme; à peine un musulman a-t-il besoin d'alléguer un prétexte; le plus frivole suffit. Nous avons déjà parlé de la tolérance des mahométans, principalement à l'égard des chrétiens, nous ne reviendrons pas sur ce sujet. Nous savons pareillement à quelles causes, étrangères au mérite de la doctrine de Mahomet, cette doctrine put faire tous les progrès, qu'on voudrait faire passer comme des résultats de sa sainteté. L'islamisme s'établit par la force du glaive et la séduction des voluptés sur des peuples efféminés, énervés, ou grossiers, ignorants et sauvages. Ce ne fut pas ainsi que le christianisme, né dans l'obscure Palestine, s'étendit peu à peu sur la terre, et subjugua des peuples policés, puissants, versés dans les arts et les lettres, malgré les persécutions incessantes et le martyre des ses adeptes. Jésus-Christ et les apôtres ont converti les hommes, non en exterminant les fidèles, non en les réduisant en esclavage, mais en souffrant avec résignation l'injure dont ils prêchaient le pardon, en proscrivant la servitude, en appelant tous les hommes à jouir du bienfait d'une religion de paix et d'amour. C'est en employant tour à tour le raisonnement, la morale, tous les moyens de persuasion qu'au bout d'environ quatre siècles, le christianisme a triomphé de ses ennemis; il a fini par adoucir les barbares du Nord; il se fait écouter des insulaires de la mer du Sud; mais nulle part il n'a pu vaincre la résistance des musulmans; c'est qu'il n'est point facile de retirer un homme d'une route large et commode, où toutes ses passions peuvent librement le satisfaire, pour le faire entrer dans un sentier étroit et semé d'épines. Cela ne prouve pas en faveur des effets favorables de l'islamisme sur les mœurs publiques et privées des musulmans, et s'il faut en croire tous les voyageurs qui ont séjourné parmi eux, surtout en Turquie, la dépravation la plus complète règne dans toutes les classes, surtout dans celle des riches, car l'argent en Turquie absout de tout, même des plus grands crimes. Si, comme nos philosophes le prétendent, le mahométisme est une espèce de déisme, on peut se convaincre par les effets ordinaires qu'il produit sur les populations qui lui sont soumises, de quels résultats avantageux serait suivi le déisme, s'il était possible qu'il vînt jamais s'acclimater et s'étendre dans nos contrées. Il est vrai toutefois de dire qu'on rencontre chez les musulmans quelques vertus morales, l'hospitalité, par exemple, la fidélité aux conventions faites librement: mais nous devons dire que ces vertus sont moins chez eux un effet de leurs principes religieux, qu'un effet de leur tempérament et surtout des coutumes traditionnelles de leurs ancêtres. Les philosophes proposent une dernière objection qui, bien que spécieuse, n'est pas insoluble. Il n'est plus question, disent-ils, de décider si l'une des deux religions est vraie, l'autre fausse; si l'une a des preuves solides qui manquent à l'autre. La question est de savoir si un musulman peut comprendre pourquoi sa religion est fausse, et s'il peut se rendre un compte exact de la différence qui existe entre les deux croyances; en d'autres termes, si un musulman n'est pas fondé à croire sa religion bonne, comme un chrétien croit la sienne; s'il n'a pas enfin le droit de penser que le chrétien se trompe, avec autant de raison qu'en peut avoir le chrétien à penser que le musulman est dans l'erreur. Ainsi que nous l'avons dit, l'objection n'est pas invincible. Nous convenons que des hommes tout-à-fait ignorants et dépourvus de sens et de jugement, l'un musulman, l'autre chrétien, ne pourront pas juger de la validité des preuves, ni de la vérité de la mission des fondateurs, ni de tout ce qui constitue la foi. Ils croiront, l'un et l'autre, ce qu'on leur a dit de croire, et si l'un des deux peut paraître plus excusable que l'autre, ce sera certainement le plus stupide, car il n'a pas dépendu de lui de ne voir son erreur. Si maintenant nous supposons dans ces deux hommes du jugement et de la raison, nous leur demanderons compte de leur ignorance, parce qu'il a dépendu d'eux de savoir, et qu'ils ne l'ont pas fait; car le chrétien a résisté aux préceptes de sa religion qui lui ordonne expressément de s'instruire, et qui lui en fournit les moyens; le musulman aura obéi, à la vérité, au précepte de la sienne qui lui défend de chercher l'instruction; mais cette défense est si extraordinaire qu'elle doit lui paraître suspecte. Son devoir est donc de connaître les motifs de cette proscription de la science, pour qu'il puisse décider dans sa conscience si ces motifs sont ou ne sont pas légitimes. Or le musulman dès son enfance a entendu dire que sa religion est établie sur les prodiges nombreux opérés par le prophète. S'il a le désir de s'instruire, il cherchera à savoir si ces prodiges ont eu des témoins, s'ils

ont été nécessaires, si les témoins sont dignes de foi. Il se demandera ensuite comment l'islamisme s'est établi sur la terre; et s'il procède à cet examen avec sincérité et consciencieusement, il devra se faire la même réponse que nous faisons nous-mêmes. S'il ne fait pas cet examen, il ne peut s'en prendre qu'à lui; et s'il persiste dans son erreur, qui dira que cette erreur est innocente? On insiste: ces absurdités qui vous révoltent, nous dit-on, ne font pas la même impression sur l'esprit d'un musulman que sur le vôtre, son enfance, il a contracté l'habitude de les respecter. Nous convenons qu'un musulman aura plus de difficultés à vaincre qu'un chrétien; mais il n'est pas impossible qu'il triomphe de cette espèce d'affection qu'on conserve longtemps pour les principes qu'on a reçus dans l'enfance. Au fond, il s'agirait ici d'une question importante qui ne pourrait être résolue que par une discussion théologique qui n'est point de notre sujet, qui d'ailleurs se trouverait ici déplacée. Revenons plutôt à l'argument de prédilection des philosophes. Un chrétien, disent-ils, n'a pas d'autre preuve des miracles de Jésus-Christ et de ses apôtres, que la tradition telle qu'elle existe, et la présomption de bonne foi que peuvent inspirer les témoins de ces miracles. Il en est de même d'un musulman à l'égard des miracles de Mahomet. Ainsi présentée, la question peut paraître douteuse; mais il faut ajouter que les miracles de Mahomet sont. puérils, insignifiants ou absurdes, dans tous les cas, indignes de la majesté de Dieu, au lieu que les miracles de Jésus-Christ sont inhérents à la religion même, si bien que sans le miracle de la résurrection, par exemple, le christianisme ne pourrait pas subsister. Les miracles de Mahomet, au contraire, sont tout-à-fait indépendants de la religion qu'il a fondée. Aussi n'est-ce point sur ces prétendus miracles que les docteurs musulmans se fondent pour établir la vérité de leur religion; ils ne pourraient pas d'ailleurs recourir à ce genre de preuves sans se mettre en contradiction avec le Coran, où Mahomet dit, en termes exprès, qu'il n'est pas venu pour faire des miracles, qui seraient inutiles, mais pour instruire les hommes, enfin les miracles de Jésus-Christ sont avoués par les ennemis naturels du christianisme et par Mahomet lui-même, tandis que ceux de Mahomet paraissent apocryphes aux musulmans éclairés. Une preuve, dit-on encore, pour être convaincante doit être comprise par tous, ignorants ou savants. Cela est faux et absurde. Il n'est pas possible qu'un ignorant puisse acquérir, sur des choses aussi abstraites que la vérité ou la fausseté d'une religion, des preuves aussi sensibles, aussi multipliées que le savant en puise dans ses méditations. Qui pensera qu'un sauvage se donne à lui-même des preuves aussi abondantes de l'existence de Dieu qu'un philosophe tel que Locke ou Descartes. Tout ici doit être relatif; telle preuve qui fait sur un individu une vive et juste impression, glisse sans s'arrêter sur l'esprit d'un autre. En supposant même que l'idée que nous avons de la sainteté de notre religion serait produite en partie par l'éducation que nous avons reçue, et que l'enthousiasme d'un musulman pour la sienne peut naître de la même cause, il n'en serait pas moins vrai que nous avons de plus que le musulman, pour persister dans notre croyance, le secours du bon sens et de la raison; car si le chrétien et le musulman se livrent à l'examen consciencieux de leurs croyances, le premier restera convaincu que plus il pèse, il analyse, il compare les preuves du christianisme, plus ces preuves acquièrent de force et d'autorité dans son esprit; le second, au contraire, s'il a procédé avec bonne foi, s'apercevra qu'il a été depuis l'enfance jouet de l'erreur et que sa croyance manque par la base. Il ne nous reste qu'à dire quelques mots sur les écrivains qui ont parlé de Mahomet ou étudié la valeur morale ou sociale du mahométisme. Le premier qui se présente est le comte de Boulainvilliers. Mais on ne doit nullement s'en rapporter à lui, si l'on veut se former une idée exacte de Mahomet et de sa religion. Il n'avait fait que copier les écrivains Arabes, sans montrer même beaucoup de discernement, et il semble n'avoir écrit qu'en haine du christianisme. M. Guys, dans son *Voyage en Grèce*, assure que l'ouvrage de Boulainvilliers contient beaucoup d'erreurs. L'anglais Sale a traduit le Coran et a mis en tête de son ouvrage une préface apologétique. Sa traduction est très infidèle, parce que plutôt déiste que chrétien, il a cherché à dissimuler le sens du texte toutes les fois que le sens propre aurait pu choquer des oreilles plus religieuses que les siennes. Les auteurs de l'Histoire universelle l'ont victorieusement réfuté, tome 15. Durier a donné une traduction française de la version anglaise et de la préface; mais comme il paraît avoir adopté les idées de son original, il ne mérite pas grande confiance. Voltaire, dans ses *Questions sur l'Encyclopédie*, et dans son *Essai sur l'histoire générale*, a copié le comte de Boulainvilliers et le traducteur du Coran, Sale; et comme on peut le croire, il a enchéri sur les deux premiers. L'auteur de l'article *Mahométisme* dans l'ancienne Encyclopédie a cru de son côté ne pouvoir mieux faire que de copier Voltaire. Il y a encore deux Vies de Mahomet, l'une par Gagnère, l'autre par Maracci; elles sont fidèles. Maracci a donné de plus une réfutation complète et solide du Coran sous ce titre : *Alcorani textus universus*, etc., in-fol., Paris, 1698. Il était plus en état que personne de faire un pareil travail; il avait employé quarante ans de sa vie à étudier la langue des Arabes. On peut consulter encore avec fruit les *Mémoires de l'Académie des inscriptions*, tome 32, in-4°; les *Mémoires du baron de Tott sur les Turcs*, etc.; le *Voyage de Volney*; les *Observations sur les lois, le gouvernement et la religion des Turcs*, etc.　　　J.

MAHON ou **PORT-MAHON** (*Portus Magorum*), capitale de l'île Minorque, l'une des Baléares. Elle a un évêque et un port situé à la partie méridionale de l'île sur un golfe. Elle est bâtie sur une hauteur escarpée, ses maisons sont basses, mais charmantes, et les rues larges et bien alignées; la cathédrale et le palais du gouverneur sont des bâtiments remarquables. Le port est large, commode et sûr; il a une lieue de longueur sur 1000 à 1200 mètres de largeur; il est encaissé entre deux coteaux escarpés, et les navires peuvent y naviguer sans craindre les rochers. Le commerce y est assez actif; Mahon fut fondée par l'amiral carthaginois Magon; elle appartient aux Espagnols; les Français et les Anglais l'ont prise et reprise plusieurs fois. Près de 20,000 habitants.

MAHRATTES (LES), peuple de l'Inde, qui occupait dans le Dekkan le pays qui s'étend d'une mer à l'autre et disputait la souveraineté de l'Inde aux peuples voisins; mais ils furent complètement défaits en 1761 par Ahmed-Shah, roi du Caboul. Quand les Anglais eurent défaits Tippoo-Saïb et se furent emparés de ses états, les Mahrattes voulurent défendre contre eux l'indépendance de l'Hindoustan; ils se mesurèrent longtemps avec eux, mais ils ne purent éviter leur entière défaite dans l'année 1818, et depuis lors ils sont entièrement dépendants des Anglais qui leur ont donné deux radjahs, dont l'un réside à Pourah et l'autre à Najpore, tous deux pensionnaires de la puissance britannique.

MAHUDEL (NICOLAS), antiquaire et numismate, né à Langres le 21 novembre 1673, entra chez les jésuites, en sortit, et resta treize mois à la Trappe et en sortit encore; se fit médecin et se fixa à Montpellier, puis à Lyon, enfin à Paris, où il mena une vie laborieuse, et fut pendant quelque temps membre de l'Académie des inscriptions (son valet de chambre ayant dénoncé au lieutenant de police une correspondance que Mahudel entretenait avec l'Espagne, il fut arrêté et mis à la Bastille, quand il en sortit, il perdit sa place d'académicien). Il mourut à Paris le 7 mars 1747, dans de grands sentiments de piété. Il a composé : 1° *Dissertation historique sur les monnaies antiques d'Espagne*, Paris, in-4°, 1725; 2° *Lettres sur une médaille de la ville de Carthage*, in-8°, 1741; 3° *Histoire des médailles*, il a en outre été l'éditeur des nouvelles Lettres de Guy-Pantin, Amsterdam, 1718, 2 vol. in-12, et de l'utilité des voyages, par Baudot de Dairval, 1727, 2 vol. in-12; enfin, il a laissé manuscrit une Bibliothèque des illustres Langrois.

MAHUZZIM ou **MAOZIM**, dieu des Chaldéens, dont Antiochus voulut établir le culte parmi les Juifs. Les interprètes sont partagés sur la nature et les fonctions de ce dieu. Les uns y voient l'Antechrist, les autres le dieu Mars, d'autres les aigles romaines, que la superstition avait aussi divinisées, et quelques-uns Jupiter Olympien, dont Antiochus avait fait mettre la statue dans le temple de Jérusalem.

MAHY (BERNARD), jésuite, né à Namur en 1684, prêcha avec réputation pendant vingt-sept ans dans différentes villes des Pays-Bas. Il prêchait à la cathédrale de Liége lorsqu'une mort subite l'enleva le 8 avril 1744. Il a donné au public l'Histoire du peuple hébreu jusqu'à la ruine de la synagogue, Liége 1742, 3 vol. in-12, le style en est trop oratoire.

MAI (*chron.*), le troisième mois du calendrier de Romulus, et le cinquième de l'année julienne; il était consacré à Apollon. Tableau de Mai (*hist.*), tableau que la corporation des orfèvres offrait autrefois à la Vierge et que l'on suspendait à la porte de l'église, le 1er du mois de mai. Champ de Mai (*hist.*), cérémonie qui eut lieu à Paris, dans le Champ-de-Mars le 1er juin 1815. Napoléon y jura d'observer les constitutions de l'empire et reçut les serments du peuple et de l'armée (V.FRANCE.) Mai, se dit aussi d'un arbre qu'on a coupé et qu'on plante, le premier jour de mai, devant la porte de quelqu'un en signe d'honneur.

MAIA (*myth. anc.*), fille d'Atlas et de Pléione, mère de Mercure et nourrice d'Arcas. Maïa, surnom employé par quelques auteurs, comme épithète de Cibèle, ou de la Terre fille de Faune et femme de Vulcain (Voy. MAJESTA). Maïa (*astron.*), nom d'une des Pléiades.

MAIA *maia* (*crust.*), genre de crustacés appartenant à la famille des oxyrhynques, dans l'ordre des décapodes, établi par Lamarck aux dépens des cancers de Herbst et des inachus de Fabricius. Depuis son établissement cette coupe générique a été modifiée et singulièrement restreinte : elle ne renferme plus aujourd'hui que les espèces peu nombreuses, qui viennent se grouper autour du *maïa squinado* de nos côtes. Les principaux caractères que présente ce genre; sont d'avoir la tige mobile des antennes externes insérée dans le canthus interne de l'orbite, et à découvert. Les pinces sont pointues. Les espèces qui rentrent dans ce genre, semblent propres aux mers d'Europe et représentent les plus grands crustacés décapodes que nous ayons sur nos côtes. Nous citerons parmi les espèces de ce genre le maïa squinade (*maïa squinado*), qui peut être considéré comme le type de cette coupe générique. Le corps de cette espèce est couvert de poils crochus et sa longueur égale ordinairement 10 à 12 centimètres; elle est commune dans la Manche, dans l'Océan et dans la Méditerranée, et elle se trouve jusque sur les côtes septentrionales de l'Afrique. Les pêcheurs prennent ce crustacé avec des filets traînants, et mangent sa chair; mais elle est généralement peu estimée. Les anciens qui connaissaient parfaitement cet animal, le regardaient comme doué de raison et le représentaient suspendu au cou de Diane d'Éphèse, comme un emblème de la sagesse. On le voit aussi figuré sur quelques-unes de leurs médailles. Une autre espèce, le maïa verruqueux (*maïa verrucosa*, Fab.), plus petite que la précédente, est fort commune dans la Méditerranée et dans les possessions françaises d'Afrique.　　　J. P.

MAIADE (*anc. jurispr.*), droit exclusif qu'avaient certaines personnes de vendre leur vin pendant tout le cours du mois de mai. On disait aussi *maïenque*, *maïesque* ou *majesque* et *machure*.

MAIER (JEAN), carme, natif de Ghela ou Geel, village de Brabant, était versé dans le grec et dans le latin; il mourut à Anvers en 1577. Il a laissé des Commentaires sur les épîtres de saint Paul, sur le Décalogue, des Discours latins et grecs, mais on croit que ces ouvrages ont été la proie des flammes.

MAIER (MICHEL), alchimiste, était né en 1568 à Rheimbourg dans le duché de Holstein. L'empereur Rodolphe II l'honora du titre de son médecin, et se fixa en 1620 à Magdebourg, et y mourut en 1622, à 54 ans. Il livrait sa raison, sa fortune et son temps à l'alchimie, cette folie ruineuse. Parmi les ouvrages de chimie qu'il a donnés au public sur cette matière, les philosophes, qui le sont assez peu pour vouloir faire de l'or, distinguent et recherchent son *Atalanta fugiens*, 1618, in-4°, et sa *Septimana philosophica*, 1620, in-4°; ouvrage où il a consigné ses délires. On a encore de lui : 1° *Silentium post clamores, seu tractatus revelationum fratrum Roseæ Crucis*, 1617, in-8°; 2° *De fraternitate Roseæ Crucis*, 1618, in-8°; 3° *Jocus Severus*, 1617, in-4°; 4° *De Rosea Cruce*, 1618, in-4°; 5° *Apologeticus revelationum fratrum Roseæ Crucis*, 1617, in-8°; plusieurs écrivains ont cru que cette société des frères de la Rose-Croix avait été l'origine de celle des Francs-Maçons. Il paraît cependant que l'objet de celle-là tenait à la physique, et si on en croit quelques auteurs, à la magie et que la dernière a été d'abord proscrite par des motifs différents, tolérée ensuite par une suite du relâchement, arrivé dans les mœurs de ce siècle, soupçonnée d'être enfin un des grands mobiles des révolutions dirigées contre la religion et l'ordre public. On peut consulter le Voile levé et la Conjuration contre l'Eglise catholique, deux volumes qui ont paru en 1792 (Voy. le *journal hist. et litt.*, 1er juin 1792, p. 188); *Cantilenæ intellectuales*, Rome, 1622, in-6, Rostock, 1623, in-8°; 7° *Museum Chymani*, 1708, in-4°; 8° *Arcana arcanissima, id est, hyroglyphica ægyptio-græca*, in-4°.

MAIGNAN ou **MAGNAN** (EMMANUEL), *Magnanus*, religieux minime, né à Toulouse, le 17 juillet 1601, apprit les mathématiques sans maître, et les professa à Rome où il y a eu pendant longtemps, en cette science, un professeur minime français. Kircher lui disputa la gloire de quelques-unes de ses découvertes en mathématiques et en physique.

Revenu à Toulouse, le père Magnan fut honoré d'une visite de Louis XIV, lorsque, venant d'épouser l'infante d'Espagne, il passa par cette ville en 1660. Ce monarque, frappé des talents de ce religieux, voulu l'attirer dans la capitale ; mais le père Maignan s'en défendit avec autant de douceur que de modestie. Il mourut à Toulouse le 29 octobre 1676, après avoir placé par les charges de son ordre. Sa patrie plaça son buste avec une inscription honorable, dans la galerie des hommes illustres. Le père Maignan a enrichi le public des ouvrages suivants : 1° *Perspectiva horaria*, 1648, in-fol., Rome. C'est un traité de catoptrique, dans lequel l'auteur donne de bonnes règles sur cette partie de la perspective. On y trouve aussi la méthode de tailler les cristaux pour les lunettes d'approche. Celles que le père Maignan a fit conformément à ces règles étaient les plus longues qu'on eût encore vues ; 2° un Cours de philosophie en latin, in-fol., Lyon, 1673, et Toulouse, 1763, 4 tom. in-4°, il n'est plus d'aucun usage pour les écoles. L'auteur y attribue à la différente combinaison des atomes tous les effets de la nature, suivant Descartes fait naître de ces trois sortes de matières. Si l'on jugeait de son esprit par ce système, on n'en concevrait point une idée fort brillante, il faut cependant observer qu'il s'éloignait infiniment d'Epicure, en supposant, non-seulement pour l'existence, mais encore pour la combinaison des atomes, un être souverainement puissant et sage. Il se défendit le mieux qu'il put contre ses critiques dans sa *philosophia sacra*, qui fut suivie de plusieurs appendices. 3° *De usu licito pecuniæ*, 1673, in-12. Le père Maignan s'écarte, dans ce traité sur l'usure, de l'opinion commune des théologiens et son sentiment a été depuis adopté par une multitude de juristes et de commerçants. Cependant à bien prendre la chose, l'ancienne doctrine théologique subsiste toujours et se retrouve dans les subtilités mêmes qu'on imagine pour l'éluder, et qui prouve précisément qu'on ne l'a pas bien comprise, et qu'on lui donne une rigueur et une étendue qu'elle n'a pas. On remarque qu'en général il avait du penchant pour les singularités. Il fit bien des efforts pour concilier les différentes opinions de l'école, entre autres celles des thomistes sur la grâce, avec celle des sectateurs de Molino, mais ses efforts ne servirent qu'à montrer combien cette matière est obscure, impénétrable (Voy. MERLIN Charles). Le père Sagneus, son élève, a écrit sa vie, elle parut à Toulouse en 1697, in-4°, sous ce titre : *De vita moribus et scriptis Emmanuelis Magnani*. On peut encore consulter : *Projet pour l'histoire du père Maignan, et apologie de la doctrine de ca philosophie*, en forme de lettre à tous les savants, particulièrement à ceux de l'ordre des Minimes, par le père H. P., du même ordre, 1703, in-12.

MAIGNET (ETIENNE), né en Auvergne en 1767, était avocat à l'époque de la révolution. Il fut, en 1790, l'un des administrateurs du Puy-de-Dôme, puis député à l'Assemblée législative en 1791, et enfin à la Convention en 1792. Dans le procès de Louis XVI, il vota la mort de ce prince sans appel et sans sursis. Envoyé en mission dans les départements, il eut la triste gloire de commencer avec Couthon les démolitions de Lyon, et porta ensuite la terreur dans le midi. C'est à lui que furent dues les commissions révolutionnaires d'Orange et de Bédouin, qui firent tant de victimes ; et un arrêté rendu par lui, le 6 mai 1794, ordonna de brûler Bédouin. Son nom devint en horreur dans tout ce pays. Poursuivi après le 9 thermidor par la réprobation publique, il se justifia mal, et fut décrété d'arrestation, le 5 avril 1795, sur la proposition de Tallien. Goupilleau, dans un rapport fait à la Convention, raconta des choses horribles sur les cruautés de Maignet et sur le sang qu'il avait versé dans le Comtat. L'amnistie vint mettre fin aux poursuites contre l'odieux représentant. Maignet retourna à Ambert, reprit ses fonctions d'avocat, et devint même maire de la ville. On le croyait guéri de sa fièvre révolutionnaire, lorsqu'il eut l'imprudence de rentrer dans la carrière politique, en acceptant sa nomination à la chambre des représentants pendant les cent-jours, ce qui lui valut de quitter la France en 1815. Grâce à la révolution de 1830, Maignet rentra dans son pays, et mourut, en 1834, bâtonnier de l'ordre des avocats du barreau d'Ambert.

MAIGRE, adj. des deux genres, qui n'a point de graisse, ou qui en a très peu, qui est sec et décharné. Pop., Maigre échine, une personne très maigre. Jours maigres, jours auxquels l'Eglise défend de manger de la viande. Repas maigre, repas où l'on ne sert point de viande. Fig., Maigre chère, mauvaise chère. Maigre, se dit par analogie, d'un terrain aride qui rapporte peu. Maigre s'emploie aussi figurément dans plusieurs acceptions. Fam., un maigre divertissement , un

divertissement peu agréable. Fam., une maigre réception, une mauvaise, une froide réception. En termes de peinture, pinceau, crayon, trait maigre ; couleur, touche maigre, etc. Dans ces locutions, maigre est l'opposé de moelleux, de large, de nourri. En termes d'archit., colonne maigre, moulure maigre, etc., colonne dont le fût est trop allongé, moulure trop menue, etc. En termes de maître à écrire, lettre, caractère, écriture maigre, lettre, caractère, écriture grêle, dont les pleins ne sont pas assez prononcés. Maigre s'emploie comme substantif, au masculin, et signifie alors la partie de la chair où il n'y a aucune graisse. Il se dit aussi des aliments maigres, de ceux où il n'entre ni viande, ni graisse, ni jus de viande. Faire maigre, manger maigre, s'abstenir de manger de la chair.

MAIGRE (*poiss.*), on désigne sous ce nom les sciènes proprement dites (Voy. SCIÈNE). J. P.

MAIGREUR, s. f., l'état du corps des personnes et des animaux maigres. Il s'emploie figurément dans les arts du dessin et de littérature.

MAIGRIR, v. n., devenir maigre.

MAIGROT (CHARLES), né à Paris en 1652, vicaire apostolique à la Chine, et docteur de la maison de Sorbonne, vivait dans le séminaire des missions étrangères, lorsqu'il fut envoyé à la Chine, à peine eut-il rempli quelque temps les fonctions de missionnaire, qu'il fut nommé à l'évêché de Conon (*in partibus*), avec le titre de vicaire apostolique. L'abbé Maigrot était un homme d'un zèle ardent. Il désapprouva la conduite des Jésuites, il condamna la mémoire de leur plus digne missionnaire, le père Mathieu Ricci, et déclara les rites observés pour la sépulture absolument superstitieux et idolâtres, dans les lettrés, il ne vit que des athées et des matérialistes. Le mandement publié en 1693, dans lequel il prononçait ces anathèmes déplut à la plupart des ouvriers évangélistes. L'empereur en fut fort irrité, M. de Tournon, patriarche d'Antioche, légat apostolique à la Chine, tâcha d'adoucir ce prince, et loua beaucoup dans l'audience publique qu'il eut de l'empereur en 1706, la science de M. de Conon dans la langue et les affaires chinoises. Le monarque le fit venir, l'interrogea, en fut surpris de ce que ses réponses ne répondaient pas à l'idée que lui en avait donnée M. de Tournon. De quatre caractères gravés au-dessus du trône dont on lui demanda l'explication, Maigrot n'en put lire que deux qui étaient des plus ordinaires et n'en put expliquer aucun. L'empereur en témoigna sa surprise dans un décret qu'il lui adressa le second jour d'août de la même année ; peu après l'exila et se plaignit de ce que les missionnaires lui avaient caché plusieurs démarches de M. Maigrot dont il n'avait été instruit que par l'imprudence d'un ecclésiastique son ami, nommé *Guetti*, qui dans un interrogatoire, n'eut pas la présence d'esprit de les voiler. Maigrot finit sa carrière à Rome le 28 février 1730. On a de lui des *Observations latines* sur le livre XIX de l'*histoire des jésuites*, de Jouvenci. Cet ouvrage, plein d'animosité, a été traduit en français sous ce titre : *Examen des cultes chinois*, comme si un homme qui ignorait la langue chinoise au point que nous venons de le dire, pouvait être juge du sens des paroles et des usages de ce peuple. « Ce qu'il y a de plus singulier, dit l'abbé Bérault, c'est que M. Maigrot ne put se défendre de les avoir pratiqués lui-même dans la province de sa juridiction. Un mandarin étant mort le 17 novembre 1699, à Fotchcou, capitale de Fokien, sa famille lui rendit pendant sept jours les honneurs accoutumés. Le corps était exposé dans l'appartement réservé pour cet usage ; on voyait devant le cercueil le cartouche ou petit tableau, avec l'inscription ordinaire, posé sur une table, qui était en forme d'autel, c'est un retable, des chandeliers, des fleurs et des parfums. Le vicaire apostolique, en habit de deuil, alla par civilité dans cette maison le dernier jours de la cérémonie, s'approcha de la table, offrit devant le tableau, les bougies et des pastilles qu'il mit ensuite sur la table, puis fit quatre prosternements, et frappa quatre fois la terre du front. Le fait est constaté par les reproches publics et démeurés sans réplique, que lui firent ensuite les chrétiens de Fotchcou, sur ce qu'il n'était pas d'accord avec lui-même. De ces faits incontestables et qu'on n'a pas contestés, parce qu'ils étaient trop notoires, il s'ensuit au moins que M. Maigrot ne savait pas trop à quoi s'en tenir sur la question des cérémonies, et que ceux à qui l'on en faisait un crime, ou n'étaient pas véritablement coupables, ou qu'il l'était lui-même beaucoup plus qu'eux. » Maigrot mérita cependant la bienveillance des pages Clément XI, Innocent XIII et Benoît XIII.

MAIL, s. m., espèce de petite masse cylindrique de bois, garnie d'un cercle de fer à chaque bout, qui a un long manche un peu pliant et dont on se sert pour jouer en poussant, en chassant avec force une boule de buis. Il signifie aussi le jeu où l'on fait usage du mail. Il signifie encore le lieu, l'allée où l'on joue au mail. Boule de mail, la boule avec laquelle on joue au mail.

MAILLA ou **plutôt MAILLAC** (JOSEPH - ANNE – MARIE DE MOYRIA DE), savant jésuite, né en 1679, au château de Maillac, dans le Bugey, devint missionnaire à la Chine, où il passa en 1703. Dès l'âge de 28 ans, il était si versé dans les caractères, les arts et les sciences, la mythologie et les anciens livres chinois, qu'il étonnait les lettrés même. L'empereur Kang-Hi, mort en 1722, l'aimait et l'estimait. Ce prince le chargea, avec d'autres missionnaires de lever la carte de la Chine et de la Tartarie chinoise, qui fut gravée en France l'an 1732. Il leva encore des cartes particulières de quelques provinces de ce vaste empire. L'empereur en fut si satisfait, qu'il fixa l'auteur dans sa cour. Le P. de Mailla traduisit aussi les grandes *annales de la Chine*, en français, et fit passer son manuscrit en France, l'an 1737. Cet ouvrage intitulé *Histoire générale de la Chine*, a été publié à Paris par les soins de M. l'abbé Grossier, en 13 vol. in-4°, 1777 à 1785, amas de contes, de fables et d'anachronismes de tous les genres, si on en excepte les derniers temps, qui en sont moins chargés. C'est le jugement qu'ont porté de ses fameuses *annales* tous les savans non prévenus, et il est étonnant qu'après cela M. Grossier en ait entrepris l'édition. « Les historiens chinois, disent les auteurs anglais de la *Nouvelle histoire universelle* (livre IV, ch. 11), ont ridiculement appliqué à l'état ancien de leur monarchie les notions confuses que la tradition leur avait transmises, touchant la création du monde, la formation de l'homme, le déluge et l'institution des arts, de tout cela, ils ont composé un système monstrueux d'histoire, etc. » M. Boyer, auteur très versé dans l'histoire chinoise, n'a pas meilleure opinion des anciens monuments de ce peuple, M. Fouquet, évêque titulaire d'Eleuthéropolis, a publié en 1729, une *table chronologique* de l'empire chinois, rédigée par un seigneur tartare. Cette table fixe le vrai commencement de la véritable chronologie des Chinois au règne de *Lie-Vang*, l'année 434 avant J.-C.; et on pourrait pour d'excellentes raisons, la fixer à un temps postérieur, comme a fait le célèbre M. Goguet, dans son profond et lumineux ouvrage sur l'*origine des lois*, tome III, dissert. 3. » On peut assurer hardiment, dit-il, que jusqu'à l'an 206, avant J.-C., leur histoire ne mérite aucune croyance. C'est un tissu perpétuel de fables et de contradictions, c'est un chaos monstrueux dont on ne saurait extraire rien de suivi et de raisonnable. » Le style de ces annales ne vaut pas mieux que les choses. Aussi l'éditeur a-t-il tâché de les réformer, quoiqu'avec un faible succès : il a supprimé les harangues amphigouriques et d'une monotonie insupportable, des hyperboles révoltantes, et une infinité d'endroits parfaitement ridicules. Le P. de Mailla mourut à Pékin le 28 juin 1748, dans sa 79e année, après un séjour de 45 ans à la Chine. L'empereur Kien-Lung fit les frais de ses funérailles. Ce jésuite était un homme d'un caractère vif et doux, capable d'un travail opiniâtre, et d'une activité que rien ne refroidissait. Sa confiance apparente, dans les rodomontades chinoises doit être considérée comme une faiblesse indispensable chez cette nation vaine et violente. On trouve son *éloge* à la tête du tome XXVII des lettres édifiantes (*voy.* LE COMTE DU HALDE).

MAILLARD (OLIVIER), fameux prédicateur cordelier, né en Bretagne dans le XVe siècle, docteur en théologie de la faculté de Paris, fut chargé d'emplois honorables par le pape Innocent VIII, par Charles VIII, roi de France, par Ferdinand, roi d'Aragon, etc. Il mourut à Toulouse le 13 juin 1502. Il laissa des sermons remplis de plates bouffonneries, de traits ridicules. Ses *Sermons latins* furent imprimés à Paris, depuis 1511 jusqu'en 1530, en 7 parties qui forment 3 vol. in-8° La pièce la plus originale de ce prédicateur est son sermon prêché à Bruges le cinquième dimanche de carême, en 1500, imprimé sans date in-4°, où sont marqués en marge, par des *hem! hem!* les endroits où le prédicateur s'était arrêté pour tousser. On se tromperait si on croyait que la manière de prêcher du P. Maillard était celle généralement en usage de son temps. Nous avons des sermons de son siècle qui, sans être éloquents et méthodiques, sont du moins instructifs et décents. On a encore de lui la *Confession générale du frère Olivier Maillard*, Lyon, 1526, in-8°.

MAILLE, s. f., chaque nœud que forme le fil, la soie, la laine, etc., dans des tissus serrés et sans intervalles. Il signi-

fie aussi, l'ouverture que les nœuds laissent entre eux. Il se dit en outre de petits annelets de fer dont on formait des armures, en les entrelaçant les uns dans les autres. Maille, en termes de tisserand, l'ouverture pratiquée dans les lisses du métier à tisser, et qui sert à recevoir les fils de la chaîne. Maille se dit encore des marques, des taches qui paraissent sur les plumes de perdreau lorsqu'il devient fort. Il se dit en outre dans certaine tache ronde qui vient sur la prunelle de l'œil, et qui gêne la vue.

MAILLÉ (URBAIN DE), marquis de Brézé, maréchal de France, gouverneur d'Anjou, se signala de bonne heure par son courage. Il commanda l'armée d'Allemagne en 1634, et gagna la bataille d'Avent le 20 mai 1635. Il fut envoyé en ambassade en Suède et en Hollande, et élevé à divers honneurs par la faveur du cardinal de Richelieu, son beau-frère. Il mourut en février 1650, à 53 ans.

MAILLÉ DE BRÉZÉ (ARMAND DE), amiral de France, duc de Fronsac et de Caumont, marquis de Graville et de Brézé, né en 1619, commença à se distinguer en Flandre en 1638. L'année suivante, il commanda les galères du roi, puis l'armée navale, et défit la flotte d'Espagne à la vue de Cadix, en 1640. Il fut envoyé ambassadeur en Portugal en 1641, et remporta l'année suivante de grands avantages sur mer contre les Espagnols; mais il échoua devant Tarragone. Des services lui méritèrent la charge de surintendant-général de la navigation et du commerce. Il fut tué sur mer d'un coup de canon, au siège d'Orbitello, en 1646, à 27 ans.

MAILLE (LOUIS), prêtre du diocèse d'Aix en Provence, prit part à l'affaire des filles de l'Enfance, et se retira à Rome dans le but de les servir auprès d'Innocent XI; qui protégeait leur institution, il ne réussit pas dans son projet; mais la connaissance qu'il fit de la plupart des cardinaux l'engagea à se fixer dans cette capitale, où il fut nommé professeur au collège de la Sapience. L'abbé Maille s'acquitta de cette charge avec distinction, et obtint l'estime de Clément XI. Cependant le cardinal de Janson, ministre du roi de France auprès du Saint-Siège, s'étant plaint de lui comme attaché à la cause du jansénisme, il fut arrêté et enfermé au château Saint-Ange, où il demeura l'espace de 5 ans, pendant lesquels il toucha néanmoins les émoluments de sa chaire de professeur, remis en liberté à la mort de Louis XIV, il rentra en France et fut placé par le cardinal de Noailles chez les doctrinaires de Saint-Charles, à Paris, où il mourut le 4 août 1738, âgé de 81 ans.

MAILLE (N.), oratorien, né en 1707, à Brignoles, au diocèse d'Aix, professa successivement dans sa congrégation, les humanités, la rhétorique, la philosophie et la théologie, pendant 10 ans, quoiqu'il n'eût aucun degré dans la cléricature, il remplissait avec une exactitude exemplaire tous les devoirs de la communauté, et était assidu à tous les exercices. Sa conformité d'opinions sur les matières de la grâce, et de sentiments à l'égard de la société des jésuites avec M. de Fitz-James, évêque de Soissons, le fit appeler par ce prélat pour professer la théologie dans son séminaire épiscopal, avec offre de l'élever aux ordres. Le P. Maille refusa cette offre et se retira à Marseille, où il mourut le 4 mai 1762, âgé de 55 ans. On a de lui : 1° *Le père Berruyer convaincu d'arianisme, de pélagianisme et de nestorianisme*, 2 vol. in-12, 1755; 2° *Le père Berruyer convaincu d'obstination dans l'arianisme*, etc., 1756, 1 vol. Les imputations d'arianisme, et à plus forte raison d'obstination dans cette hérésie, dont le père Maille chargeait Berruyer, étaient peu charitables et nullement vraies; puisque ce dernier, dès 1754, avait adhéré à la censure de son livre, par un acte de soumission lu en Sorbonne (*Voy.* BERRUYER).

MAILLEBOIS (JEAN-BAPTISTE DESMARETS, marquis DE), se signala d'abord dans la guerre de la succession d'Espagne. Les campagnes d'Italie en 1733 et 1734, où il donna diverses preuves de ses talents militaires, furent le principal fondement de sa réputation. Il fut ensuite envoyé en Corse, qui était toujours en guerre avec les Génois : il soumit cette île, qui se révolta aussitôt après son départ; mais ce n'est qu'en suivant ses plans que le roi de France la soumit de nouveau en 1769. Son expédition dans la Corse lui valut le bâton de maréchal. C'est en cette qualité qu'il commanda en Allemagne en 1741 et en Italie, dans la guerre de 1741, où il cueillit de nouveaux lauriers, en défendant les droits de l'infant don Philippe, depuis duc de Parme. Il mourut le 7 février 1762, dans sa quatre-vingtième année. Le marquis de Pezai a donné ses campagnes d'Italie, imprimées au Louvre, en 1775, en 3 vol. in-4°, avec un volume de cartes, forme d'Atlas.

MAILLECHORT, (*technol.*), alliage de cuivre, de zinc et de nickel. On se sert du maillechort pour remplacer l'argent dans le service de la table. *Couvert, cuiller à ragoût de maillechort*.

MAILLER, v. n., t. de chasse: Il se dit des perdreaux à qui les mailles viennent. Il s'emploie aussi avec le pronom personnel. *Fer maillé, treillis de fer qui se met à une fenêtre.*

MAILLET, s. m., marteau à deux têtes qui est ordinairement de bois. Maillet d'armes (*anc. t. milit.*), arme contondante. Les Français se servirent de maillets d'armes au combat des Trente en 1361 (*Voy.* MAILLOTIN). Maillet (*blason*), espèce de marteau qu'on représente dans les armoiries et qui est plus petit que la mailloche. Maillet (*zool.*), espèce de squale.

MAILLET (BENOIT DE), né à Saint-Mihiel en Lorraine, le 12 avril 1656, d'une famille noble, fut nommé, à l'âge de 33 ans, consul général de France en Egypte : emploi qu'il exerça pendant seize ans avec beaucoup d'intelligence. Il soutint l'autorité du roi contre les janissaires, et étendit le commerce de la France dans cette partie de l'Afrique. Louis XIV récompensa ses services par le consulat de Livourne, le premier et le plus considérable des consulats français. Enfin, ayant été nommé, en 1715, pour faire la visite des échelles du Levant et de Barbarie, il remplit cette commission avec tant de succès, qu'il obtint la permission de se retirer avec une pension considérable. Il se fixa à Marseille où il mourut le 30 janvier 1738 âgé de 82 ans. C'était un homme d'une imagination impétueuse et d'un jugement faible, il aimait beaucoup la louange et la gloire de l'esprit le touchait si vivement, que pour acquérir la réputation d'en avoir il crut devoir s'abandonner aux plus étranges paradoxes. Il s'occupa de l'origine de notre globe, il a laissé sur ce sujet des observations qu'on a données au public sous le titre de *Telliamed*, in-8°. C'est le nom de Maillet renversé, (cet ouvrage a été d'abord mis en ordre par J. A. Guer. Amsterdam, 1748, in-8°). L'abbé de Mascrier, second éditeur de cet ouvrage, l'a mis en forme d'entretiens, Paris, 1755, 2 vol. in-12. C'est un philosophe indien qui expose à un missionnaire français son sentiment sur la nature du globe et sur l'origine de l'homme. Croirait-on qu'il le fait sortir des eaux, et qu'il donne pour lieu de la naissance de notre premier père, un séjour qu'aucun homme ne pourrait habiter ? L'objet principal est de prouver que tous les terrains dont est composé notre globe, jusqu'au plus hautes de nos montagnes, sont sortis du sein des eaux ; qu'ils sont tous l'ouvrage de la mer, qui se retire sans cesse pour les laisser paraître successivement (Voltaire s'est moqué des montagnes formées par des coquilles ainsi que de l'homme poisson ; il revint souvent à la charge, et les amis de Telliamed l'accusèrent d'envie envers l'ouvrage et son auteur). *Telliamed* fait les honneurs de son livre à l'illustre Cyrano de Bergerac, auteur des voyages imaginaires dans le soleil et dans la lune. Dans l'épître badine qu'il lui adresse, le philosophe indien ne nous annonce que des rêveries que comme un tissu de rêveries et de visions. On ne peut pas dire tout-à-fait qu'il ait manqué de parole, mais on pourrait lui reprocher de ne les avoir pas écrits dans le même goût que son épître à Cyrano, il traite de la manière la plus grave le sujet le plus extravagant, il expose son sentiment ridicule avec tout le sérieux d'un philosophe. De six entretiens dont l'ouvrage est composé, les quatre premiers offrent quelques observations curieuses. Dans les deux autres, on ne trouve que des conjectures, des rêveries, des fables, quelquefois amusantes, mais toujours absurdes. M. Buffon a adopté une partie du *Telliamed* dans son *Histoire naturelle*, mais il en a abandonné ou modifié plusieurs points de vue dans le système des *époques de la nature*, attribuant au feu primitif et à celui des volcans, ce qu'il avait regardé comme l'ouvrage des eaux ; personne n'a mieux apprécié les rêves de Maillet que M. de Luc, dans ses lettres physiques et morales, tome 2, p. 312, 317, 376, 573, il développe avec autant d'esprit que de vérité les prodiges d'extravagance, née dans le cerveau de cet empirique spéculateur, dont la féconde imagination transformait des schistes saillants en proue de vaisseau (Voy. BOULANGER LINNÉ). On a encore de Maillet une *Description de l'Egypte*, dressée sur ses mémoires par l'éditeur de Telliamed, 1743, in-4°, ou 2 vol. in-12 (*Voy.* MASCRIER), on trouve la vie de Maillet à la tête de son Telliamed, édition de Paris, 1755, 2 vol, in-12.

MAILLOT, s. m., morceau de toile ou d'étoffe dans lequel on laçait un petit enfant pour le coucher. Il se dit, par extension, des langes et des bandes dont on enveloppe un enfant au berceau.

MAILLOT, *pupa* (*Moll.*), genre établi par Draparnaud aux dépens des bulimes de Brugnière qui eux-mêmes avaient été retirés des genres *helix* et *turba* de Linné. Lamarck le rangea dans sa famille des colimacées ; quelques zoologistes les confondaient avec les clausilies dont ils ne diffèrent du reste que par de très faibles caractères. L'animal des maillots paraît avoir une organisation semblable à celui des hélices ; mais les tentacules inférieurs ou antérieurs sont proportionnellement plus courts, et ils sont même peu distincts dans certaines espèces. La masse viscérale occupant la spire est en même temps beaucoup plus considérable ; de sorte que la spire est plus longue et plus développée. De là résulte la forme allongée, cylindroïde, en général, de la coquille, avec des modifications d'âge ou d'espèce qui lui donnent des formes variées. Dans la coquille adulte, le dernier tour est ordinairement plus étroit que la partie moyenne, plus renflée. Le bord de la coquille, d'abord très mince et tranchant, devient dans la coquille adulte plus épais, élargi et réfléchi, ou replié en dehors, et chez quelques espèces des plis ou saillies dentiformes plus ou moins prononcées se forment à l'intérieur de cette ouverture. La coquille est quelquefois presque lisse ; mais le plus souvent elle présente des stries longitudinales. Ces stries sont plus ou moins prononcées et quelquefois remplacées par des côtes longitudinales. Plusieurs espèces des Indes et des Antilles, longues de 27 à 38 millimètres, très épaisses, avec des côtes longitudinales très saillantes, tels sont : le maillot momie (*pupa mumia*), le maillot bombé (*pupa sulcata*), etc. Les espèces indigènes, beaucoup plus petites, sont proportionnellement plus minces ; tels sont : le maillot à trois dents, le maillot araine, le maillot mousseron et le maillot fragile. J. P.

MAILLOTINS (*hist.*) se dit des hommes du peuple de Paris qui, pour s'opposer à la perception de nouvelles taxes décrétées par le duc d'Anjou, régent de France pendant la minorité de Charles VI, se portèrent à l'Arsenal le 1er mars 1381, s'y armèrent de maillotins, massacrèrent les percepteurs et élargirent tous les prisonniers. Un mouvement analogue eut lieu en même temps à Rouen. La révolte de Maillotins ne fit qu'attirer sur le peuple de la capitale, et même sur les bourgeois qui étaient étrangers à ce mouvement, un redoublement d'exactions. Les supplices infligés aux prétendus fauteurs du soulèvement des Maillotins se prolongèrent jusqu'en 1383. Maillotin (*technol.*) se dit, dans quelques endroits, d'un pressoir à olives.

MAILLY D'HAUCOURT (JOSEPH-AUGUSTIN, comte DE), maréchal de France, né le 5 avril 1708, chargea, à Weissembourg, avec cent cinquante gendarmes, un corps de cavalerie et d'infanterie qui avait culbuté deux régiments français, et le força à la retraite. A la bataille de Pavie, séparé de l'armée française, il la rejoignit en traversant un gros corps de cavalerie ennemie auquel il enleva quatre canons et cent cinquante prisonniers. A Rosback, après avoir fait des prodiges de valeur, il fut blessé à la tête d'un coup de sabre et fait prisonnier, étant tombé sans connaissance. Lorsque la paix eut mis un terme à ses travaux militaires, on le nomma en 1771 directeur général des camps et armées des Pyrénées et des côtes de la Méditerranée. Son département se ressentit bientôt de son activité et de la sagesse de son administration. Les beaux-arts, l'agriculture, le commerce, la perfection de l'éducation militaire, rien ne lui fut étranger ; ces provinces changèrent de face sous son autorité. Le roi le créa en 1783 maréchal de France, et lui confia en 1790 le commandement d'une des quatre armées décrétées par l'assemblée nationale ; mais, lorsque l'assemblée exigea le serment civique, Mailly, à qui cette démarche répugnait, donna sa démission. Dès qu'il apprit, au 10 août, les dangers qui environnaient la famille royale, oubliant son grand âge, il se rendit aux Tuileries. Arrivé auprès du roi, il tira son épée et mit un genou à terre : « Sire, dit-il, nous voulons relever le trône, ou mourir à vos côtés. » Il dirigea la résistance des gardes suisses contre les brigands, puis retourna au château et traversa les appartements au milieu des boulets. Sans un ingénieux dévoûment d'un homme du peuple, confondu parmi les assassins, il eût été massacré à coups de hache en gagnant le Pont-Royal. Le vieux guerrier devait pourtant succomber sous la hache révolutionnaire. Arrêté en Picardie, il périt sur l'échafaud à Arras, le 26 mars 1794. « Vive le roi ! dit-il d'une voix forte avant de mourir. Je meurs fidèle à mon roi, comme l'ont été mes ancêtres.. »

MAIMBOURG (Louis), célèbre jésuite, né à Nancy en 1610, se fit un nom par ses prédications. Obligé de sortir de la compagnie de Jésus par ordre du pape Innocent XI, en 1682, pour avoir écrit contre le saint-siége en faveur du clergé de France, il fut gratifié d'une pension du roi, qui sollicita en vain ses supérieurs de ne pas l'exclure de la société. Les jansénistes eurent en lui un ennemi ardent. Il se signala contre eux en chaire et dans le cabinet, et attaqua surtout le *Nouveau Testament* de Mons. Il se choisit une retraite à l'abbaye Saint-Victor de Paris, où il mourut d'apoplexie en 1686. Maimbourg était d'un caractère plein de hardiesse et de vivacité. On a de lui un grand nombre d'ouvrages historiques, qui forment 14 vol. in-4°, et 26 vol. in-12. Nous nommerons seulement l'*Histoire des croisades*, 2 vol. in-4°, ou 4 vol. in-12, écrite avec agrément, mais remplie de faits douteux, quoique l'auteur ait puisé ceux qui paraissent les moins croyables dans des historiens célèbres et souvent contemporains ; l'*Histoire de la décadence de l'empire de Charlemagne*, 2 vol. in-12. L'auteur y discute assez bien les querelles de l'empire et du sacerdoce ; l'*Histoire de la Ligue*, in-4°, ou en 2 vol. in-12. On y trouve des choses assez curieuses, entre autres la pièce fondamentale de la Ligue, qui est l'acte d'association de la noblesse française; *Histoire du pontificat de saint Grégoire-le-Grand et de celui de saint Léon*, fortement attaquée, ainsi que l'ouvrage suivant, par le cardinal Sfondrati, dans sa *Gallia vindicata*, 2 vol. in-4° ou in-12 ; *Traité historique des prérogatives de l'Eglise de Rome*. Il y établit très bien l'autorité de l'Eglise contre les protestants : mais il n'a pas le même succès lorsqu'il sort de là, et qu'il prétend réfuter ce que Scheelstrate a écrit sur les actes du concile de Constance ; plusieurs ouvrages de controverse ; les Histoires de l'arianisme, des iconoclastes, du luthérianisme, du calvinisme, du schisme des Grecs, du grand schisme d'Occident, etc. Il y a des inexactitudes, mais beaucoup de détails approfondis. Les protestants, dont il avait peint la secte au naturel, l'ont décrié avec fureur ; et, sur ces déclamations, bien des orthodoxes l'ont jugé d'abord, sans autre examen. On rend aujourd'hui plus de justice à sa fidélité dans les citations. Ce qui prévient toujours contre lui, c'est l'enflure de son style pompeux jusqu'à l'emphase, avec une surcharge de traits pittoresques qui, dans le genre grave de l'histoire, ôtent à la vérité l'air de la vraisemblance ; des *Sermons contre le Nouveau Testament de Mons*, 2 vol. in-8°. On sent assez qu'Arnauld et Nicolle ne l'ont pas laissé parler seul.

MAIMON (Salomon), philosophe allemand, naquit en 1753 à Neschwitz en Lithuanie, d'un rabbin orthodoxe, à l'âge de 11 ans, il avait, dit-on, toutes les connaissances exigées d'un rabbin : dès lors il s'occupa entièrement de l'étude des livres cabalistiques. L'ouvrage de Wolff sur la métaphysique lui étant tombé entre les mains ; il le lut avec avidité. Ce traité fit naître en lui des doutes qu'il communiqua à son compatriote Moïre Mendelssohn; celui-ci remarqua dans les observations de Maïmon des arguments qui annonçaient à la fois de la subtilité et de la profondeur. Il l'engagea à continuer son travail ; mais Maïmon ne put jouir longtemps des avantages qu'on lui avait procurés. La vie lui était devenue insupportable, lorsqu'il trouva de nouvelles ressources qu'il perdit encore. Il retourna à Berlin, où il vécut d'aumônes pendant quelque temps. Enfin il rencontra de nouveaux protecteurs : le comte de Kalkreuth l'accueillit dans l'une de ses terres, près de Freistadt, où il mourut en 1800. Outre les observations qu'il fit en hébreu sur la philosophie de Wolf, il réfuta la Critique de la raison pure de Kant. Personne n'a signalé avec plus de sagacité quelques-unes des principales erreurs de cette nouvelle analyse de l'esprit humain que présente la Critique de la raison pure ; ce sont particulièrement les défauts de la doctrine des catégories qu'il s'est attaché à mettre en évidence ; et on peut dire qu'il y a parfaitement réussi, en prouvant de la manière la plus positive que dans le système de Kant les mêmes objets, quels que soient les noms qu'on leur donne, sont en même temps causes et effets : ce qui constitue un cercle vicieux. En général, on doit avouer que Maïmon a fait preuve d'autant de perspicacité que de sagesse dans la réfutation qu'il a faite de la philosophie transcendantale du professeur de Kœnigsberg. Peut-être a-t-il été moins heureux lorsqu'il a attaqué les principes fondamentaux de sa morale, quoiqu'ils ne puissent être adoptés, comme nous l'avons démontré à l'article KANT; mais nous remarquerons ici combien sont vains tous les systèmes fameux qui ont plus de célébrité que d'utilité réelle.

Imaginés par des esprits proclamés sublimes, ils sont réfutés par esprits de la même force; les doctrines sont erronées et les réfutations le sont aussi. En effet, si Maïmon se montra judicieux pour attaquer les opinions des autres philosophes et pour indiquer les lacunes et les fautes qui se trouvaient dans leurs systèmes, il ne put leur substituer des doctrines plus cohérentes et plus vraisemblables. Le meilleur de ses traités philosophiques est intitulé : *Recherches critiques sur l'esprit humain*, ou *Tableau des facultés de connaître et de vouloir*, Leipzig, 1797, in-8°. C'est la dernière de ses nombreuses productions. On trouve la liste de ses ouvrages dans le Dictionnaire de Meusel On distingue : 1° un *Essai de philosophie transcendantale*, Berlin, 1790, in-8°; 2° un *Commentaire* hébreu sur le More Nebuchin, ou *Doctor perplexorum*, de Moïse, Maïmonide, ibid., 1791, in-4°; 3° un *Traité* de logique, 1794; 4° une *Exposition* de la théorie des catégories d'après Aristote, ibid., in-8°; 5° un *Parallèle* de Bacon et de Kant, et l'*Histoire des progrès de la métaphysique en Allemagne*, depuis le temps de Leibnitz et de Wolf, 1793, in-8°. Les mémoires où il raconte les événements de sa vie, et qui sont les plus intéressants de ses ouvrages, ont été suivis de l'*Histoire de ses écrits*, en dialogue, publiée par M. Bonterwek, dans son journal intitulé : *Nouveau musée* consacré à la philosophie et à la littérature, vol. II, cahier 1, n° 6, et cahier 2, n° 7, 1804. L'extrait de son autobolecographie se trouve dans la *Galerie* des tableaux historiques du XVIIIe siècle, par Samuel Bain, t. V. Maïmon a travaillé au *Magasin* psycologique de M. Moritz. A un vrai talent pour les spéculations de la philosophie la plus abstraite Maïmon joignait beaucoup de légèreté, de bizarrerie et d'entêtement ; il avait un fond de scepticisme qui le conduisit à examiner, non-seulement les systèmes des philosophes, mais encore les fondements de la croyance religieuse de sa nation. On peut consulter, pour l'exposé de ses doctrines philosophiques, le grand ouvrage M. Dégérando, intitulé : *Histoire des systèmes des philosophies comparées*, etc.

MAIMONIDE ou **BEN MAIMON** (Moïse), célèbre rabbin, né à Cordoue en 1139, étudia sous Averroès. Après avoir fait de grands progrès dans les langues et dans les sciences, il alla en Egypte, et devint premier médecin du sultan Saladin et de ses deux successeurs. Maimonide eut un grand crédit auprès de ces princes, et mourut comblé de gloire, d'honneurs et de richesses en 1209. On a de lui : un excellent *Commentaire* en arabe sur la *Mischna*, traduit en hébreu et en latin, et imprimé avec la *Mischna*, Amsterdam, 1698, 16 vol. in-fol.; un *Abrégé du Talmud*, en 4 parties, sous le titre de *Iad Chazakha*, c'est-à-dire *Main forte*, Venise, 1550, 4 vol. in-fol. Cet abrégé, écrit très élégamment en hébreu, passe chez les Juifs pour un excellent ouvrage ; un traité intitulé : *More Nebochim* ou *Nevochin*, c'est-à-dire le *Guide de ceux qui chancellent*. Maimonide l'avait composé en arabe; mais un juif le traduisit en hébreu du vivant même de l'auteur; il parut à Venise en 1551, in-fol. Buxtorf en a donné une bonne traduction latine, 1629, in-4°. Ce livre contient en abrégé la théologie des juifs appuyée sur des raisonnements philosophiques qui déplurent d'abord et firent grand bruit, mais qui furent dans la suite adoptés presque généralement; un ouvrage intitulé *Sepher Hammisoth*, c'est-à-dire le *livre des préceptes*, hébreu-latin, Amsterdam, 1640, in-4°. C'est une explication des 613 préceptes affirmatifs et négatifs de la Loi; un traité d'*Idolatria*, traduit par Vossius, Amsterdam, 1642, 2 vol. in-4°; de *Rebus Christi*, traduit par Genebrard, 1573, in-8°; *Aphorismi secundum doctrinam Caleni*, Bologne, 1489, in-4°; *Tractatus de regimine sanitatis*, Lyon, 1535, in-fol.; *Liber de cibis vetitis*, ouvrage curieux, traduit en latin par Marc Woeldicke, et publié à Copenhague en 1734, in-4°. On a encore de Maimonide plusieurs Epitres et d'autres ouvrages qui lui ont acquis une grande réputation. Les Juifs l'appellent l'Aigle des docteurs, et le regardent comme le plus beau génie qui ait paru depuis Moïse le législateur. Maimonide est souvent cité sous les noms de *Moses Ægyptius*, à cause du son séjour en Egypte; de *Moses cordubensis*, parce qu'il était de Cordoue. On l'appelle aussi le Docteur. Il est souvent désigné par le nom de *Rambam*, composé des lettres initiales R. M. B. M., qui indiquent son nom entier, c'est-à-dire Rabbi, Moïse, Ben (fils de) Maïmon. Les Juifs ont coutume de désigner ainsi les noms de leurs fameux rabbins par leurs lettres initiales.

MAIN (*Mœnus Maganus*), rivière d'Allemagne, formée du Main-Blanc et du Main-Rouge qui partent du Fichelgebirge, en Franconie, se réunissent à Steinham, traversent les cercles du Haut et Bas-Main, reçoivent plusieurs rivières, telles que la Rednitz, la Saale, la Schwarzach, la Hohr, fournissent ensemble un cours d'environ 115 lieues, et se jettent dans le Rhin en face de Mayence. Le Main est navigable depuis Bamberg.

MAIN (HAUT), cercle de Bavière, a pour bornes au N.-E. les duchés de Saxe-Meininger, Saxe-Hildburghausen et Saxe-Cobourg-Gotha ; au S.-E. le royaume de Wurtemberg et le grand duché de Bade ; à l'O, le grand duché de Hesse-Darmstadt ; au N.-O, l'électorat de Hesse. Il a environ 37 lieues de long et 32 de large, et une superficie de 284 lieues carrées. La population est de 444,500 habitans.

MAIN (BAS), autre cercle de Bavière, qui est borné au N. par les duchés de Saxe-Cobourg-Gotha, Saxe-Meiningen et Saalfeld, la principauté de Reuss, la Prusse et la Saxe ; à l'E., le royaume de Bohême ; au S., par les cercles de la Reger et de Rezat ; et à l'O., par celui de Haut-Main. Il a environ 38 lieues de long sur 27 de large, et 532 lieues carrées de superficie. On évalue sa population à 50,000 individus. Il est arrosé par le Main, le Tauber, la Regnitz, la Wisent, la Baunach, la Kinsig, l'Eger, la Saale, etc. Sa surface est entrecoupée de montagnes boisées et de vallées. On y recueille toutes les espèces de céréales, du vin estimé, du lin, du tabac, du chanvre, etc. On y élève beaucoup de gros et de menu bétail, et des porcs, mais peu de chevaux. Il y existe beaucoup de mines de fer, de cuivre, de houille et de sel, des carrières de marbre, de grès, etc. L'industrie manufacturière y est de peu d'importance. On en exporte du grain, du sel, des fruits, du chanvre, de la laine, du vin. Ce cercle est divisé en 48 présidiaux et a pour chef-lieu Wurtzburg.

MAIN-ET-TAUBER, cercle du grand duché de Bade, qui se divise en 8 bailliages. Le sol, entrecoupé de coteaux et hérissé de forêts, est peu fertile ; cependant il fournit assez de grains, de chanvre et de fruits pour la consommation et l'usage des habitans. On y élève une grande quantité de gros et de petit bétail et de porcs, dont on fait un commerce très lucratif. L'industrie manufacturière y est à peu près nulle. Les principales rivières sont : le Main, la Tauber, le Karnau, la Mudau, l'Elz, le Kirchbach, l'Iaxt, l'Umpter, etc. Le climat de ce cercle est sain et assez tempéré. Ses bornes sont : au N., la Bavière ; à l'E. et au S., le royaume de Wurtemberg, et à l'O., le cercle du Neckar. 95,000 habitans.

MAIN, s. f., partie du corps humain, qui est à l'extrémité du bras, qui s'étend depuis le poignet jusqu'au bout des doigts, et que la conformation rend propre à toute sorte d'actions et d'ouvrages. Lever la main sur quelqu'un, se préparer, être prêt à le frapper. Battre des mains, applaudir, rapprocher et frapper l'une par l'autre les deux mains en signe de satisfaction. Imposition des mains, cérémonie que font les évêques dans la consécration des nouveaux évêques et dans l'ordination des prêtres ; elle consiste à tenir les mains étendues sur la tête de celui qui reçoit la consécration, l'ordination. Par exagération : J'en mettrais ma main au feu, j'assure que la chose est ainsi, j'en répondrais à mes risques et périls. A la main, avec la main. A la main, signifie aussi dans la main, avoir sans cesse l'argent à la main, dépenser, payer continuellement. Mettre l'épée à la main, tirer l'épée pour s'en servir. A la main, signifie quelquefois sous la main, proche, à portée. Cheval à deux mains, cheval qui sert à la selle et à la voiture. A pleines mains, abondamment. A main armée, les armes à la main. Aux mains, se dit en parlant de l'action de combattre. Fig. Mettre aux mains deux ou plusieurs personnes, les engager dans quelque dispute, dans quelque discussion. De main, se joint à plusieurs substantifs pour spécifier la nature ou l'emploi des personnes ou des choses qu'ils désignent. Fig. Coup de main, entreprise hardie, dont l'exécution est prompte. Fig. Homme de main, homme d'exécution, homme brave, hardi. Prov. Jeux de main, jeux de vilain, les jeux de main ne conviennent qu'à des gens mal élevés. Revers de main, donner avec le revers de la main. Fam. En un tour de main, en aussi peu de temps qu'il en faut pour tourner la main. Tour de main, tour de subtilité, d'adresse. De main en main, de la main d'une personne à celle d'une autre, et de celle-ci à d'autres successivement, jusqu'à la dernière. Fig. De longue main, depuis longtemps. De la main, avec la main. Lettres de la main, lettres censées écrites et signées par le roi, sans être contre-signées par un secrétaire d'état. Fig. et fam. Gagner quelqu'un de la main, le prévenir, le deviner dans quelque affaire. De la main, signifie aussi figurément, de la part. De

la main à la main, annuellement, sans formalité, sans écrit. De la première main, de la main de celui qui a le premier recueilli, fabriqué ou mis en vente la chose dont il s'agit. Fig. Tenir une nouvelle de la première main, la savoir de source, la savoir de celui qui est censé en avoir été instruit le premier. Dans la main, dans les mains, se dit souvent au figuré, en parlant d'une chose dont on confie la garde, le soin ou l'exécution à quelqu'un. En main, dans la main. Avoir preuve en main, avoir la preuve écrite, la preuve matérielle de ce qu'on avance et pouvoir l'exhiber. Au billard, être en main, avoir sa bille dans la main et non sur le tapis. Fig. En bonnes mains, dans les mains, à la disposition d'une personne honnête, sûre, intelligente, capable. En main tierce, dans la main d'un tiers. En main propre, dans la main même de la personne intéressée. Par les mains, dans les mains. Par menace, cet homme passera par mes mains, je me vengerai de lui, je le punirai, je le traiterai comme il le mérite. Sous la main, proche, à portée, il signifie aussi sous l'autorité, sous la dépendance. Fig. Sous main, secrètement, en cachette. Main, s'emploie dans une foule d'autres locutions particulières tant propres que figurées. Fig. Avoir la main bonne, la main heureuse, réussir ordinairement dans les choses qu'on entreprend. Fam. Avoir la main légère, être prompt à frapper. Avoir la main légère, se dit encore d'un filou qui dérobe adroitement. Avoir la main sûre, avoir une main ferme, qui ne tremble point. Fig. et fam. Avoir les mains nettes, se conduire avec probité, administrer fidèlement, ne faire aucun profit illégitime. Fig. et fam. Avoir le cœur sur la main, être ouvert, franc, sans dissimulation. Fig. Donner la main à quelqu'un, l'aider en quelque affaire, le favoriser. Fig. Donner la main à quelque chose, y consentir. En terme de guerre. Faire main-basse, n'épargner personne, passer tout au fil de l'épée. Faire main-basse, signifie par extension piller. Fam. Faire crédit de la main à la bourse, ne point faire de crédit, ne vendre qu'argent comptant. Fig. Forcer la main à quelqu'un, le contraindre à faire quelque chose. Fig. Lier les mains à quelqu'un, le réduire à l'inaction dans une affaire. Mettre la main sur quelqu'un, le frapper. Mettre la main sur quelque chose, s'en saisir, ou simplement le trouver. Fig. Mettre la main à quelque chose, l'entreprendre, s'en mêler. Fig. Mettre la main sur sa conscience, examiner de bonne foi si l'on a fait tort à quelqu'un, si l'on a commis quelque injustice. Fig. et fam. Se laver les mains de quelque chose, déclarer qu'on en est innocent, qu'on n'y a point participé. Se tenir par la main, être d'intelligence. Fig. et fam. Sortir des mains de quelqu'un, échapper à quelqu'un par qui l'on est retenu. Tendre la main, demander l'aumône. Main, en termes d'équitation s'emploie dans plusieurs phrases ou locutions dont quelques-unes passent du propre au figuré. Fig. Tenir la main haute à quelqu'un, le traiter avec sévérité, sans lui rien passer. Fig. Lâcher la main à quelqu'un, lui donner plus de liberté qu'à l'ordinaire. Lâcher la main dans une affaire, céder de ses prétentions, rabattre du prix qu'on demandait. Fig. et adv. Haut-la-main, avec autorité, en surmontant tous les obstacles, avec promptitude. Main, en jurisprudence s'emploie dans un certain nombre de locutions et de phrases. Lever la main, lever la main vers le ciel, pour jurer et affirmer par serment. Saisir entre les mains de quelqu'un, s'opposer à la délivrance des deniers qui sont entre ses mains. Fig. Donner d'une main et retenir de l'autre, faire donation de quelque chose, sans néanmoins s'en dessaisir. Se payer par ses mains, s'indemniser sur ce qu'on a en sa possession et qui appartient à un débiteur. Vider ses mains, se dessaisir d'une somme qu'on a entre les mains, et la payer à qui il est ordonné par justice. Main, à certains jeux de cartes, s'emploie figurément dans diverses acceptions ; ainsi l'on dit : Avoir la main, être le premier à jouer. Donner la main, céder à son adversaire l'avantage de cette primauté. Perdre la main, perdre cet avantage pour avoir mal donné les cartes. Fig. et pop. Il a la main chaude, se dit de celui qui gagne plusieurs mains de suite à certains jeux où le gagnant fait toujours. Faire une main, faire une levée, prendre une carte de son adversaire avec une carte supérieure. Main, se dit figurément pour écriture, caractère d'écriture d'une personne. Main, se dit aussi en parlant de mariage, comme dans ses prétentions : offrir, proposer, donner à quelqu'un sa main ; lui proposer de l'épouser, l'épouser. Main, s'emploie aussi dans plusieurs phrases figurées, où il marque action, puissance. Avoir une main de fer, avoir une autorité dure et despotique. Avoir la main légère, user de son pouvoir, de son autorité avec modération. Avoir les mains longues, avoir des grands moyens de servir ou de nuire. Main, se dit aussi des extrémités des animaux, quand il y a un pouce distinct des quatre autres doigts. Main, se dit aussi d'une pelle de tôle, à manche de bois très court, dont on se sert pour prendre et pour porter de la braise, de la cendre, etc. Main, se dit aussi d'un assemblage de vingt-cinq feuilles de papier.

MAIN-D'ŒUVRE, s. f., façon, travail de l'ouvrier.

MAIN-FORTE, s. f., assistance qu'on donne à quelqu'un pour exécuter quelque chose. Il se dit ordinairement du secours qu'on prête à la justice, afin que la force demeure à ses agents et que ses ordres soient exécutés.

MAIN-LEVÉE, s. f., terme de jurisprudence, acte judiciaire ou volontaire qui lève l'empêchement résultant d'une saisie, d'une opposition, d'une inscription.

MAIN-MORTE. Droit de main-morte territoriale (anc. jurispr.), droit en vertu duquel les seigneurs de fiefs héritaient des biens de leurs tenanciers, lorsque ceux-ci mouraient sur le territoire du seigneur. Droit de main-morte personnelle, droit que possédaient quelques seigneurs sur l'héritage d'un homme né leur vassal, quand même cet homme avait établi son domicile dans un lieu franc.

MAINATE, gracula (ois.), genre de passereaux de la famille des sturnidées, dont les principaux caractères sont : d'avoir un bec fort, élevé, comprimé, un peu arqué ; des narines, en partie recouvertes de plumes soyeuses et percées près du front ; deux larges lambeaux charnus qui partent de l'occiput et se dirigent sur les côtés de la tête ; des joues nues et des tarses de médiocre longueur, robustes. Les mainates étaient rangés par Linné et Latham le grand genre gracula, avec les merles, les quiscales, les coracines, les picucules, etc. On a reconnu depuis la nécessité de répartir ces espèces dans divers genres, et les mainates forment l'une des coupes génériques, bien distinctes du reste des autres. Plusieurs auteurs ont conservé à ce genre le nom de gracula, mais Cuvier lui donne celui de eulabes, et Brisson celui de mainatus, Les mainates sont, au dire des voyageurs, des oiseaux qui se font rechercher par la douceur de leur caractère et la facilité avec laquelle ils se laissent apprivoiser ; ces oiseaux apprennent, dit-on, des airs et même des phrases qu'ils répètent avec autant de facilité que les perroquets ; ils montrent même, dit-on , beaucoup plus d'aptitude que ces derniers. Ainsi les mainates sont de tous les oiseaux ceux qui reproduisent le mieux le langage de l'homme. Les mainates vivent en troupes, leur régime est à la fois animal et végétal ; il consiste en vers, en insectes, en graines et en fruits. Leur nid, à la formation duquel travaille également le mâle, est assez grossier et garni en dedans d'un duvet abondant ; leur ponte est de trois ou quatre œufs grisâtres, tachetés de vert olive. Nous citerons le mainate religieux de Sumatra (gr. religiosa), d'un noir bleuâtre avec une tache blanche sur l'aile, et le mainate de Java (gr. javana), plus petit que le précédent, de même couleur. J. P.

MAINE (Etat du), l'un des Etats-Unis de l'Amérique du Nord, forme l'extrémité nord-est de cette vaste confédération. Il s'étend sur un espace de 32,000 milles carrés entre le Bas-Canada au nord, le Nouveau-Brunswick à l'est, le New-Hampshire à l'ouest, et l'Océan Atlantique au midi. Ses plus grandes dimensions se développent du 43° au 47° 50' de latitude septentrionale et du 68° 30' au 73° de longitude occidentale du méridien de Paris. Son sol, onduleux et traversé par plusieurs chaînes de montagnes qui viennent se souder à la grande chaîne des montagnes Vertes, présente une déclivité constante depuis la base de cette dernière chaîne jusqu'à la mer. Il est coupé par un grand nombre de rivières qui, prenant leur source sur le versant occidental des montagnes Vertes, se rendent à l'Océan en suivant une direction parallèle et après avoir formé dans leur cours des lacs, dont plusieurs ont une assez grande étendue, entre autres le Moose-Head, le plus grand de tous, qui a près de 80 lieues carrées de superficie, le Sebaumook, le Chesunbook, le Schoodie. Les rivières les plus considérables sont, du nord au sud, le Saint-Jean, qui traverse le territoire du Nouveau-Brunswick, pour aller prendre son embouchure dans la baie de Fundy ; le Penobscot, la Sainte-Croix, le Kennebec, l'Androscoggin, le Saco. Toute la côte est découpée en baies profondes et multipliées, parmi lesquelles on doit citer celles de Carco, Penobscot, Frenchman, Englishman, Mathias et Passamaquoddy. Une bordure d'îles serrées et de toutes dimensions, et dont les plus remarquables sont l'île de Moos, l'île Manan et les

îles Fox, s'avance à une assez grande distance dans la mer, et contribue, avec la profondeur des baies, à mettre à l'abri de tous les caprices des flots et des vents les bâtiments qui viennent se reposer à ces excellents mouillages. Les montagnes élevées qui l'enceignent au nord et qui sillonnent quelques parties du pays y occasionnent des variations considérables dans la température. L'été y est généralement très chaud, l'hiver très rigoureux. Le sol, sablonneux et riche, produit en abondance la plupart des végétaux des climats tempérés. On y récolte surtout le seigle, l'orge, le maïs, le chanvre et les herbages. Les pâturages y sont excellents, et offrent pour l'élève du bétail de précieuses ressources. Les parties montueuses sont couvertes d'immenses forêts, où le chêne, le hêtre, l'érable, le bouleau et surtout diverses espèces de pins alimentent une exploitation considérable et lucrative ; en même temps qu'on tire des flancs des montagnes le fer, le cuivre, le plomb, l'aimant, l'antimoine, et que la pêche fournit parmi d'autres espèces de poissons de grandes quantités d'un saumon très estimé. Le Maine est divisé en dix comtés. Sa population s'est accrue en moins d'un siècle dans une proportion dont quelques parties des Etats-Unis ont seules offert un exemple. Elle était en 1759 de 13,000 habitants, en 1790 de 96,500, en 1820 de 298,500, en 1830 de 400,000, en 1836 de 555,000, dont 2,500 nègres libres : l'esclavage y est inconnu. On compte dans cet Etat plus de vingt villes, dont la population varie de 3,000 à 6,000 habitants, à l'exception de Portland, qui en recense 16,000 environ. Les principales sont : Augusta, la capitale, située dans l'intérieur, sur le Kennebec, assez élégante, mais peu remarquable ; Portland, la plus considérable de toutes , autrefois chef-lieu du district du Maine, qui n'a rien perdu de son importance ni de sa prospérité en descendant du premier rang. Assise sur la baie Casco, à l'extrémité méridionale de l'Etat, contre le flanc intérieur d'une presqu'île qui s'arrondit dans l'Océan, elle doit à l'un des ports les plus vastes et les plus sûrs du monde de voir affluer dans son sein presque tout le commerce de la contrée. Un phare dressé sur un promontoire très élevé y guide les navigateurs, et des ouvrages de défense la protégent contre les agressions du dehors. La ville, construite sur un plan régulier, dresse sur de larges rues les façades en briques de ses maisons et de ses édifices, parmi lesquels l'hôtel-de-ville, le palais-de-justice et l'hospice se distinguent par une certaine élégance d'architecture monumentale. Brunswick, centre de tout le mouvement scientifique et artistique du pays, et où le legs généreux d'un riche citoyen a permis de réunir, à côté d'établissements d'éducation largement organisés, des collections d'histoire naturelle et de tableaux dignes de nos belles collections d'Europe. Eastport, ville insulaire, sur la baie de Fundy, reliée au continent par un pont jeté sur la mer. Hallowel et Bath, où se fait un commerce important ; Waterville, Bangor, Gordiner, dotés d'écoles pour les diverses branches de l'instruction ; Thomastown, Belfast, Wiscasset, Waldoborough, Camden, Prospect, Berville, Saco, Kennebunk, Waren , York , Castine, Mathias, Paris, etc., toutes ces villes sont situées dans la région maritime et à une assez courte distance de la côte. Les parties les plus reculées de l'intérieur, celles que couvrent les forêts et les montagnes ne présentent que des centres relativement peu considérables de population, disséminés suivant que l'ont voulu les besoins de l'exploitation et la facilité des communications. Le Maine, qui occupe une partie de la contrée connue dans l'origine sous la désignation de Nouvelle-Angleterre, a été l'un des premiers points de l'Amérique septentrionale sur lesquels les Européens fondèrent des établissements. Situé entre l'Acadie et le Canada, il fut de bonne heure visité par les aventureux navigateurs qui plantèrent dans ces contrées l'étendard de la France et semblait destiné à devenir lui-même une colonie française. Jean Verrazano et après lui Samuel Champlain en avaient reconnu les côtes longtemps avant que l'Anglais Georges Weymouth entreprit pour la première fois de remonter le Pénobscot qu'il avait découvert (1605). Quoi qu'il en soit, les émigrants anglais s'établirent sans obstacle sur cette terre à laquelle ils donnèrent le nom de leur mère-patrie. Quelques années après, elle fut accordée par charte spéciale à la compagnie de Plymouth, sur laquelle on trouvera d'amples renseignements à l'article ETATS-UNIS, et en 1622, la compagnie concéda à sir Ferdinand Georges et à Mason tout le territoire compris entre le Merrimac et le Kennebec d'une part, entre le fleuve Saint-Laurent et l'Océan d'autre part. C'est à cette époque que furent fondés les deux établissements de Portsmouth dans le Maine et du Dover dans le

New-Hampshire. Bientôt les persécutions religieuses attirèrent vers les mêmes contrées des émigrants qui cherchaient sur leurs rives désertes un coin où ils pussent pratiquer en paix leur culte ; et en 1632, les colons du Maine, se joignant à ceux du Massachusetts, entrèrent pour leur part dans la ligue qui avait pour objet et qui eut pour résultat de transporter d'Angleterre en Amérique le gouvernement des colonies établies sur les terrains de Plymouth. Cependant jusqu'alors et même à plusieurs années de là, le Maine n'avait encore acquis qu'une importance fort secondaire, et tous les efforts de ses propriétaires n'avaient pu parvenir à en rendre le développement aussi rapide que l'était celui de la plupart des établissements environnants. Aussi, après la mort de sir Georges, les colons, rendus maîtres d'eux-mêmes et du sol par l'abandon où les laissèrent les héritiers du fondateur, s'empressèrent-ils de s'assurer une protection dont ils pouvaient avoir besoin en s'annexant à la colonie du Massachusetts, laquelle se fit ensuite confirmer cette cession moyennant le paiement d'une somme de 1200 livres aux héritiers. Depuis cette époque, le Maine, devenu district du Massachusetts, a partagé les destinées de cette colonie, soit sous la domination britannique, soit pendant la guerre de l'indépendance ; et c'est comme partie intégrante de l'Etat du Massachusetts qu'il a été incorporé, en 1780, dans la confédération des Etats-Unis. En 1820, le Maine, qui, comme nous l'avons dit, avait vu sa population s'accroître jusqu'au chiffre de près de 300,000 habitants, obtint de se constituer en Etat indépendant et d'avoir ses représentants au congrès de l'Union. Aucun événement digne d'être rapporté n'a marqué jusqu'ici cette nouvelle phase de son existence. Il nous suffira de rappeler la contestation de limites qu'irrita un moment le conflit engagé, en 1839, entre les habitants du Maine et quelques colons anglais du Nouveau-Brunswick qui s'étaient établis sur les bords de l'Aroostook et sur la droite de la rivière Jean pour y exploiter les forêts. Les deux gouvernements de Londres et de Washington, saisis de la question, parvinrent à lui donner une solution pacifique, en remettant à une commission le soin de tracer d'une manière plus précise la ligne de délimitation entre leurs territoires respectifs. Les habitants du Maine, actifs et industrieux, savent trouver dans l'heureuse situation de leur pays et dans ses ressources naturelles les éléments d'un commerce considérable. Le mouvement général pour l'année 1841-42, la dernière qui nous soit connue, a atteint la valeur de 8,285,000 fr., dont 3,035,000 fr. à l'importation et 5,250,000 fr. à l'exportation. Il s'est effectué, entrée et sortie réunies, par l'intermédiaire de 2,304 navires transportant une masse de 245,825 tonneaux. Le jaugeage des bâtiments de ses divers ports s'élevait alors à 281,430 tonneaux. Les principaux articles d'exportation sont les bois de charpente et de construction, parmi lesquels le pin occupe la première place, le poisson sec, la potasse, les gros meubles, le bœuf et le porc salés, les grains, la glace dont on charge chaque année plusieurs bâtiments à destination des Etats du Sud, etc. L'industrie y fait des progrès incessants, et l'on y fabrique des quantités assez considérables de toile de chanvre, d'étoffes de coton et de laine, ainsi que les draps, la chapellerie, les cuirs et les cordages. Trois lignes de chemins de fer relient cet Etat aux Etats voisins : l'une qui s'étend d'Augusta à Athènes sur une longueur de 46 lieues de 4,000 mètres, la seconde, d'Augusta à Charlestown, mesure 55 lieues ; la troisième, qui n'a que 24 lieues, est établie entre Amboy et Candem. La dette de l'Etat du Maine était, en 1839, de 2,775,000 fr.   V. DE NOUVION.

MAINE, ancienne province de France, du territoire de laquelle on a formé, en 1790, les départements de la Mayenne et de la Sarthe. Elle était bornée au nord par la Normandie ; à l'ouest, par la Bretagne ; au midi, par l'Anjou ; à l'est, par le Perche. Anciennement habitée par les *Cenomani*, qui lui donnèrent leur nom (*Cenomania*), elle fut, sous les successeurs de Clovis, gouvernée par des comtes, et forma ainsi un comté qui, compris ensuite dans le duché de France, devint au xe siècle héréditaire dans la famille de Hugues Ier, qui en avait reçu l'investiture de Hugues-le-Grand, duc de France. Henri, duc de Normandie, fit passer ce comté sous la domination anglaise ; Philippe-Auguste le reprit sur Jean-sans-Terre ; et, en 1246, saint Louis le donna à son frère Charles, depuis roi de Sicile, dont les descendants le possédèrent jusqu'en 1481. Louis XI, auquel il échut alors par héritage, le réunit à la couronne de France.

MAINE-ET-LOIRE (département de). Ce département est formé de la partie occidentale de l'Anjou, et est compris dans le bassin de la Loire. Il est borné au nord par les départements de la Sarthe et de la Mayenne ; à l'ouest, par celui de la Loire-Inférieure ; au sud-ouest, par celui de la Vendée ; au sud, par celui des Deux-Sèvres ; au sud-est, par celui de la Vienne ; à l'est, par celui d'Indre-et-Loire. Sa superficie est de 722,163 hectares, dont environ 440,166 sont en terres labourables, 80,023 en prairies, 61,838 en bois et forêts, 48,271 en landes, pâtis et bruyères, 88,260 en vignes, 14,396 en vergers, pépinières, cultures diverses, etc. Son revenu territorial est évalué à 24,000,000 francs. Les rivières navigables de ce département sont : la Loire, le Loir, la Sarthe du Mans à la Mayenne ; la Mayenne, de Laval à la Loire ; l'Oudon, de Segré à la Mayenne ; l'Authion, de Beaufort à la Loire ; le Lavon, de Saint-Georges-Châtelaison à la Loire. Le sol, composé de landes et de bruyères, est assez fertile ; il produit céréales, légumes secs, chanvre, noix, pommes, melons excellents, vins rouges et blancs estimés ; des mines de fer, des marbres de toute couleur, du granit, des ardoises, des grès à paver, des pierres à sculpter, des eaux minérales. On y trouve du gibier et du poisson en abondance. On y élève des bœufs, des chevaux, des mérinos. On y fabrique des toiles, des étamines, des droguets, des bougies, des serges. Il possède des raffineries de sucre, de salpêtre, des blanchisseries de cire. Il fait un grand commerce d'eaux-de-vie, d'huile de lin, de chenevis, de noix. Ce département, un des plus fertiles de France, a 33 routes, dont 9 routes royales et 24 départementales. Il est divisé en cinq arrondissements, dont les chefs-lieux sont : Angers, chef-lieu du département ; Baugé, Beaupréau, Saumur et Segré. Il renferme 34 cantons et 389 communes ; sa population est de 477,270 habitants, parmi lesquels on compte 2,744 électeurs. Il envoie sept députés à la législature. Il forme le diocèse de l'évêché d'Angers, suffragant de l'archevêché de Tours. Il possède, à Angers, une cour royale et le chef-lieu d'une circonscription académique. Il fait partie de la 12e division militaire, dont le quartier-général est à Nantes, et du 21e arrondissement forestier, dont le chef-lieu est à Tours.

MAINE (ANNE-LOUISE-BÉNÉDICTINE DE BOURBON, duchesse DU), petite-fille du grand Condé, née en 1676, eut l'esprit et l'élévation de sentiments de son grand-père. Elle fut mariée en 1692 à Louis-Auguste de Bourbon, duc du Maine, fils de Louis XIV et de madame de Montespan, né en 1670. Ce prince montra de bonne heure beaucoup d'esprit. Madame de Maintenon, chargée de veiller à son éducation, fit imprimer en 1677 le recueil de ses thèmes, sous ce titre : *Œuvres d'un jeune enfant qui n'a pas encore 7 ans* : Louis XIV les vit avec le plus grand plaisir. Tout ce qui concernait cet enfant l'intéressait extrêmement : aussi le combla-t-il de bienfaits. Il fut colonel-général des Suisses et Grisons, fit plusieurs campagnes, et fut pourvu de la charge de grand-maître de l'artillerie en 1688. La duchesse du Maine sut gagner son cœur, et le gouverner sans lui déplaire. Elle employa son esprit et son crédit à procurer au duc du Maine et à ses enfants un rang égal au sien. De degrés en degrés ils parvinrent à tous les honneurs des princes du sang, et obtinrent, en 1714, de Louis-le-Grand un édit qui les appelait, eux et leur postérité, à la succession et à la couronne, dans le cas où la race masculine et légitime des princes du sang viendrait à s'éteindre. Cet édit fut en partie l'ouvrage de madame du Maine, qui eut la douleur de voir son édifice ébranlé du temps de la régence : le duc fut seulement confirmé dans les honneurs de prince du sang. Louis XIV l'avait aussi nommé surintendant de l'éducation de son successeur ; mais cette clause de son testament n'eut pas son exécution. La duchesse, dans son premier dépit, excita des troubles en Bretagne, et mit dans ses intérêts le prince de Cellamare, ambassadeur d'Espagne ; ce fut alors qu'eut lieu la conspiration connue sous ce nom, à laquelle l'Espagne prit part, et qui avait pour but d'ôter la régence à Philippe d'Orléans ; mais elle fut découverte. La duchesse du Maine fut arrêtée en 1718, et conduite au château de Dijon, et son époux à celui de Dourlens, et ils n'obtinrent leur liberté qu'en 1720. Le duc du Maine mourut en 1736 avec de grands sentiments de religion. La duchesse se livra alors entièrement à son goût pour les sciences et les arts. Elle les accueillit à Sceaux dont elle avait fait un séjour charmant, et les protégea jusqu'à sa mort, arrivée en 1753, dans la 76e année de son âge.

MAINE DE BIRAN (MARIE-FRANÇOIS-PIERRE-GONTHIER), conseiller d'Etat, né à Grateloup près Bergerac, en 1766, mort à Paris en 1824, servit dans les gardes-du-corps avant la révolution. Député au corps-législatif, il fit partie en 1813 de cette commission qui osa élever la voix contre les volontés du maître. Après la restauration, Maine de Biran siégea à la chambre des députés où il vota constamment dans le sens du ministère. Cet homme d'État, livré aux sciences métaphysiques, mérita un rang parmi les idéologistes modernes. On a de lui : *Influence de l'habitude sur la faculté de penser*, ouvrage qui remporta le prix proposé par la classe des sciences morales et politiques de l'Institut, Paris, an XI (1803), in-8°; un Mémoire sur la décomposition de la pensée ; un Examen des leçons de La Romiguière, et un Article sur Leibnitz. Il laissa en manuscrit un Traité de la folie, publié sous le titre de *Rapport du physique et du moral* (1834, in-8°), par V. Cousin, qui a réuni dans le même volume les Essais philosophiques les plus remarquables de cet auteur, afin de présenter, par cette juxtaposition, l'ensemble des idées originales qui servent de base au système métaphysique de Maine de Biran ; système dont le principe a plus d'un rapport avec celui de Fichte.

MAINFROI, ou TANCRÈDE, tyran de Sicile, fils naturel de l'empereur Frédéric II. Conrad, enfant légitime de Frédéric, étant mort en 1254, laissa un fils, nommé Conradin, dont Mainfroi (que nous appellerons Tancrède) fut le tuteur. A la faveur de ce titre, il se rendit maître du royaume de Naples et de Sicile, qu'il gouverna despotiquement pendant près de onze ans. Toujours inquiet et violent, il fit la guerre au pape Innocent IV, dévasta ses Etats et battit ses troupes. Il enleva à l'Eglise le comté de Fondi, et fut enfin excommunié par Urbain IV. Ce pontife français appela Charles d'Anjou, frère de saint Louis, en Italie, et lui donna l'investiture des royaumes de Naples et de Sicile. Le nouveau roi fit la guerre à Tancrède, usurpateur de ces deux royaumes. On prétend que celui-ci fit proposer un accommodement à Charles, qui répondit en ces termes : « Allez vers le sultan de Lucéria (il appelait ainsi Tancrède, qui tirait du secours des Sarrasins de Lucéria), et dites-lui que je ne veux ni paix ni trève avec lui, et que dans peu je l'enverrai en enfer, ou qu'il m'enverra en paradis. » Une bataille dans les plaines de Bénévent, en 1266, décida de tout ; Tancrède y périt, après avoir combattu en désespéré. Sa femme, ses enfants, ses trésors, furent livrés au vainqueur. On trouva son cadavre tout couvert de sang et de boue ; on l'enterra dans un fossé auprès du pont de Bénévent. On crut devoir le priver de la sépulture ecclésiastique, pour intimider les usurpateurs et réprimer le crime par cet exemple.

MAINLAND DE SHETLAND, île de Shetland, la plus considérable du groupe de ce nom. Sa longueur est de 25 lieues, sa largeur de 7 à 8 lieues, et sa superficie de 85 lieues carrées. Montagneuse dans l'intérieur, elle est plate sur ses côtes, où elle offre une assez grande quantité de pâturages, qui nourrissent de petits chevaux très vigoureux, du gros et du menu bétail. Le sol est si stérile qu'il n'y croît que de chétifs genévriers. On y trouve une mine de fer et une de cuivre. Son chef-lieu est Lerwick. 15500 habitants.

MAINT, AINTE, adj. collect., plusieurs; dans quelques locutions on l'emploie indifféremment au singulier ou au pluriel; souvent il se répète. Il est familier.

MAINTENAY, (Arrondissement de Montreuil) ce village est assis sur la droite de la rivière d'Authie qui sépare les départements du Pas-de-Calais et de la Somme. L'abbaye de Marmoutiers-les-Tours, possédait un prieuré fondé au XIe siècle par Enguerrand, seigneur de Maintenay. Cette première dotation s'accrut en 1237, par l'abandon que fit aux religieux Marie, comtesse de Ponthieu, des vicomtes de Fresne et de Villers-sur-Authie, à l'exception toutefois de la haute justice (Archives du Pas-de-Calais). Après la journée de Crécy (1346), Edouard III, roi d'Angleterre, fit inhumer au prieuré de Maintenay, les corps des princes et des chevaliers français qui avaient succombé dans cette bataille désastreuse. Ce roi assista en grand deuil à leurs funérailles. Durant plusieurs siècles le prieuré de Maintenay fut donné en commande. Il valait en 1789, 10,000 livres de revenu. Le dernier titulaire de ce bénéfice fut l'abbé de Mirbourne, grand vicaire d'Autun. Le village de Maintenay, qui comprend actuellement celui de Roussent, fut brûlé en 1554 par les Impériaux sous les ordres du duc de Savoie. L'ABBÉ PARENTY.

MAINTENIR, v., act., tenir ferme et fixe. Il se dit plus ordinairement au sens moral, et signifie, conserver dans le même état. Maintenir, signifie aussi affirmer, soutenir. Maintenir s'emploie souvent avec le pronom personnel et alors il

signifie demeurer dans le même état. Il se dit aussi au sens moral.

MAINTENON, (FRANÇOISE D'AUBIGNÉ, marquise de), petite-fille de Théodore Agrippa d'Aubigné, naquit le 15 août 1635, dans une prison de Niort, où étaient enfermés le calviniste Constant d'Aubigné, son père, et sa mère Anne de Cardillac. Françoise d'Aubigné était destinée à éprouver toutes les vicissitudes de la fortune. Elle fut trop heureuse à 16 ans d'épouser le burlesque Scarron, qui logeait auprès d'elle à Paris, dans la rue d'Enfer. Cet homme singulier était sans biens et perclus de tous ses membres; mais sa famille était ancienne dans la robe et illustrée par de grandes alliances. Son oncle était évêque de Grenoble, et son père conseiller au parlement de Paris. Mademoiselle d'Aubigné fut plutôt son amie et sa compagne que son épouse. Elle se fit aimer et estimer par le talent de la conversation, par son esprit, par sa modestie et sa vertu. Scarron étant mort le 27 juin 1660, sa veuve retomba dans la misère. Elle fit solliciter long-temps et vainement auprès de Louis XIV une pension dont son mari avait joui. Ne pouvant l'obtenir, elle résolut de s'expatrier. Avant de partir, elle fut présentée à madame de Montespan, qui lui fit un bon accueil et lui dit qu'il fallait rester en France; elle lui demanda un placet qu'elle se chargea de présenter au roi. La pension fut accordée. Madame Scarron alla remercier madame de Montespan, qui fut si charmée des grâces de sa conversation qu'elle la présenta au roi. On rapporte que le roi lui dit : « Madame, je vous ai fait attendre long-temps ; mais vous avez tant d'amis que j'ai voulu avoir seul le mérite auprès de vous. » Sa fortune devint bientôt meilleure. Madame de Montespan, voulant cacher la naissance des enfants qu'elle allait avoir du roi, jeta les yeux sur madame Scarron, comme sur la personne la plus capable de garder le secret et de les bien élever ; celle-ci s'en chargea et en devint la gouvernante. Elle mena alors une vie gênante et retirée, avec sa modeste pension seulement et le chagrin de savoir qu'elle ne plaisait point au roi. Ce prince avait un certain éloignement pour elle ; il la regardait comme un bel-esprit; et quoiqu'il eût lui-même de l'esprit naturel, il ne pouvait souffrir ceux qui en faisaient parade. Louis XIV l'estimait cependant, et il se souvint d'elle lorsqu'il fut question de chercher une personne de confiance pour mener aux eaux de Baréges le duc du Maine, né avec un pied difforme. Madame Scarron conduisit cet enfant ; comme elle écrivait au roi directement, ses lettres effacèrent peu à peu les impressions désavantageuses que ce monarque avait prises sur elle. Bientôt même il la récompensa avec munificence. Elle profita de ces bienfaits pour acheter, en 1674, la terre de Maintenon, dont elle prit le nom. Le monarque, qui ne pouvait d'abord s'accoutumer à elle, passa de l'aversion à la confiance et de la confiance à l'amour. Madame de Montespan, inégale, bizarre, impérieuse, servit beaucoup par son caractère à l'élévation de madame de Maintenon. Le roi lui donna la place de dame d'atours de madame la Dauphine et pensa bientôt à l'élever plus haut. Ce prince était résolu de rompre tout attachement où la conscience et l'exemple qu'il devait à ses sujets pouvaient être compromis. Il voulait mêler aux fatigues du gouvernement les douceurs innocentes d'une vie privée. L'esprit doux et conciliant de madame de Maintenon lui promettait une compagne agréable et une confidente sûre. Elle avait trop de vertu pour prendre la qualité de maîtresse et trop peu de naissance pour pouvoir aspirer à celle de reine. Ce titre lui manqua; elle eut tout le reste. Le P. de La Chaise, confesseur du roi, lui proposa de légitimer sa passion pour elle par les liens indissolubles d'un mariage secret, mais revêtu de toutes les formalités de l'Eglise. La bénédiction nuptiale fut donnée vers la fin de 1685, par monseigneur du Harlai, archevêque de Paris, en présence du confesseur et de deux autres témoins. Louis XIV était alors dans sa 48e année, et la personne qu'il épousait dans sa 50e. Ce mariage fut long-temps problématique à la cour, quoiqu'il y en eût mille indices. Madame de Maintenon entendait la messe dans une de ces tribunes qui semblaient n'être que pour la famille royale ; elle s'habillait et se déshabillait devant le roi, qui l'appelait *madame* tout court. Louis l'honora comme si elle avait été sur le trône ; il l'aima autant et plus qu'il n'avait fait des autres personnes du sexe auxquelles il s'était attaché. Le bonheur de madame de Maintenon fut de peu de durée. C'est ce qu'elle dit depuis elle-même dans un épanchement de cœur : « J'étais née ambitieuse, je combattais ce penchant; quand des désirs que je n'avais plus furent remplis, je me crus heureuse, mais cette ivresse ne dura que trois semaines. » Son élévation ne fut pour elle qu'une retraite. Renfermée dans son appartement, elle se bornait à la société de deux ou trois dames retirées comme elle ; encore les voyait-elle rarement. Louis XIV venait tous les jours chez elle, après son dîner, avant et après le souper. Il y travaillait avec ses ministres, pendant que madame de Maintenon s'occupait à la lecture ou à quelque ouvrage de main, ne s'empressant jamais de parler d'affaires d'État, paraissant souvent les ignorer et rejetant bien loin ce qui avait la moindre apparence d'intrigue et de cabale. Elle était plus occupée de complaire à celui qui gouvernait que de gouverner ; et cette servitude continuelle dans un âge avancé la rendit plus malheureuse que l'état d'indigence qu'elle avait éprouvé pendant sa jeunesse. La modération qu'elle s'était prescrite l'empêcha de profiter de sa place, autant qu'elle aurait pu, pour faire tomber des dignités et de grands emplois dans sa famille. Elle n'avait elle-même que la terre de Maintenon, qu'elle avait achetée des bienfaits du roi, et une pension de 48,000 l. Le roi lui disait souvent : « Mais, madame vous n'avez rien à vous ! — Sire, répondait-elle, il ne vous est pas permis de me rien donner. » Elle n'oublia pas pourtant ses amis ni les pauvres. Le marquis de Dangeau, Barillon, l'abbé Testu, Racine, Despréaux, Vardes, Bussi, Montchevreuil, mademoiselle Scudéri, madame Deshoulières n'eurent qu'à se féliciter de l'avoir connue. Madame de Maintenon ne regardait sa faveur que comme un fardeau que la bienfaisance seule pouvait rendre léger. « Ma place, disait-elle, a bien des côtés fâcheux ; mais aussi elle me procure le plaisir de donner. » Dès qu'elle vit luire les premiers rayons de sa fortune, elle conçut le dessein de quelque établissement en faveur des filles de condition nées sans biens. Ce fut à sa prière que Louis XIV fonda en 1686, dans l'abbaye de Saint-Cyr, village situé à une lieue de Versailles, une communauté de trente-six dames religieuses et de vingt-quatre sœurs converses, pour élever et instruire *gratis* trois cents jeunes demoiselles qui devaient faire preuve de quatre degrés de noblesse du côté paternel. Cette maison fut dotée de 40,000 écus de rente, et Louis XIV voulut qu'elle ne reçût de bienfaits que des rois et des reines de France. Les demoiselles devaient être âgées de sept ans au moins et de douze ans au plus ; elles n'y pouvaient demeurer que jusqu'à l'âge de vingt ans et trois mois, et en sortant on leur remettait 1,000 écus. Madame de Maintenon donna à cette maison toute sa fortune. Elle en fit les règlements avec Godet-Desmarets, évêque de Chartres. Son goût pour cet établissement devint d'autant plus vif qu'il eut un succès inespéré. A la mort du roi, arrivée en 1715, elle se retira tout-à-fait à Saint-Cyr, où elle donna l'exemple de toutes les vertus. Tantôt elle instruisait les novices, tantôt elle partageait avec les maîtresses des classes les soins pénibles de l'éducation. Souvent elle avait des demoiselles dans sa chambre et leur enseignait les éléments de la religion, à lire, à écrire, à travailler, avec la douceur et la patience qu'on a pour tout ce qu'on fait par religion et par les goûts qu'elle inspire. La veuve de Louis XIV assistait régulièrement aux récréations, était de tous les jeux, et en inventait elle-même. Cette femme illustre mourut en 1719, pleurée à Saint-Cyr, dont elle était la mère, et des pauvres, dont elle était la plus généreuse bienfaitrice. Entre les portraits divers qu'on en a faits, nous rapporterons celui du dauphin, duc de Bourgogne, esprit juste et solide, et dont le témoignage est ici particulièrement remarquable. « Une femme que la Providence élève au-dessus de son état, et qui ne se méconnaît pas ; une femme qui se voit au comble de la faveur et n'a point d'ambition ; une femme plus riche de richesses que pour secourir les malheureux, de crédit que pour les protéger ; une femme qui ne donna jamais que des conseils pleins de sagesse et qui ne craint rien tant que d'en donner ; qui serait capable de conduire les plus grandes affaires, et qui ne voit de grande affaire pour elle-même que celle de son salut. » Madame de Maintenon est auteur, parce qu'on a imprimé ses *Lettres* après sa mort. Elles ont paru en 1756, en 9 vol. in-12. Elles sont écrites avec beaucoup d'esprit, comme celles de madame de Sévigné, mais avec un esprit différent. Le cœur et l'imagination dictaient celles-ci ; elles respirent le sentiment, la liberté, la gaieté. Celles de madame de Maintenon sont plus sérieuses, plus réfléchies ; il semble qu'elle les ait écrites pour la publicité. Son style froid, précis et austère est plutôt celui d'un penseur et d'un philosophe que celui d'une femme. C. E. H.

MAINTIEN, s. m., conservateur. Maintien signifie aussi contenance, air du visage, habitude du corps. N'avoir point de maintien, avoir l'air gauche et embarrassé.

MAINUS (Jason), né à Péraro en 1435, d'une famille obscure, fut l'artisan de sa fortune, aussi prit-il pour devise : *Virtuti fortuna comes non deficit.* Il enseigna le droit avec tant de réputation, qu'il eut jusqu'à 3,000 disciples, et que Louis XII, roi de France, étant en Italie, honora son école par sa présence. Ce prince lui ayant demandé pourquoi il ne s'était pas marié, il répondit que c'était pour obtenir la pourpre à sa propre recommandation ; mais Louis XII ne jugea pas à propos de la demander. Ce jurisconsulte mourut à Padoue en 1519, à 84 ans. Sa jeunesse avait été orageuse et libertine, mais l'âge le corrigea de tous ses vices. On a de lui des commentaires sur les Pandectes et sur le Code de Justinien, in-fol., et d'autres ouvrages qui, pour la plupart, ne sont que des compilations.

MAINVIELLE (Pierre), fils d'un riche marchand d'Avignon, naquit en 1765, il était associé dans une maison de commerce quand la révolution éclata ; il en embrassa les principes avec l'enthousiasme le plus exagéré, et figura dans toutes les scènes désastreuses qui affligèrent le Comtat. Mainvielle fut un de ceux qui provoquèrent les supplices du 11 juillet 1791. Il participa au vol de l'argenterie des églises, fut lieutenant du féroce Patrix, et suivit Jourdan *Coupe-Tête*, (Voy. ce nom), dans l'expédition contre la ville de Carpentras, qui tenait encore pour le Saint-Siége. D'autres horreurs encore exercées contre les citoyens dont Mainvielle et ses compagnons s'étaient érigés les juges, les firent arrêter ; ils allaient être condamnés, mais l'amnistie du 19 mars 1792 les rendit à la liberté. Mainvielle fut ramené en triomphe dans Avignon avec ses complices, puis nommé quelque temps après député suppléant à la Convention, où il vint siéger après la démission de Rebecqui en avril 1792. Sur la dénonciation de Duprat, qui l'accusait d'avoir voulu l'assassiner, il fut arrêté en arrivant à Paris ; mais justifié de ce crime, il alla prendre place à la Convention nationale. Un décret d'accusation l'atteignit de nouveau, le 31 juillet, comme complice de Barbaroux et coupable de correspondance avec les fédéralistes du Midi, il parut devant le tribunal révolutionnaire, fut condamné à mort le 30 octobre et exécuté le lendemain. Il mourut avec cette espèce d'intrépidité que donnent les boissons fortes ou le délire du désespoir ; et sur l'échafaud, jusqu'au dernier moment, lui et Duprat ne cessèrent de chanter la *Marseillaise.*

MAIO ou MAYO, une des îles du cap Vert, qui possède trois petites villes et dont le chef-lieu est Pinosa. Le sol, sablonneux et peu fertile, produit du grain, des fèves, des yams, des patates, des melons d'eau, des citrouilles, des figues, des oranges et des citrons. Il n'est arrosé que par un petit ruisseau. Il y a un étang d'eau salée d'environ 1 lieue carrée de superficie et où les navires anglais viennent annuellement s'approvisionner de sel. Les bords des côtes sont très poissonneux. Cette île est située par les 15° 10′ de latitude nord, et 25° 30′. de longitude occidentale.

MAIORQUE ou MAJORQUE (*Mallorca*), la plus grande des îles Baléares, entre 39° 16′ et 39° 57′ de latitude nord et 0° 4′ et 1° 11′ de longitude est. Le sol est très montagneux, et la chaîne qui la traverse du nord-est au sud-est, offre plusieurs volcans éteints. L'air y est sain, le climat varié. On y récolte presque sans aucune peine des vins excellents, de l'huile, du chanvre, du safran et toute espèce de légumes. Les campagnes, coupées de vergers où croissent une immense quantité de citronniers, d'orangers, de figuiers, d'oliviers, offrent à l'œil l'aspect le plus pittoresque. Si les habitants étaient moins indolents on posséderait plus d'industrie, ils pourraient tirer un meilleur parti des nombreuses carrières de marbre, de granit, de jaspe, de porphyre, d'agate, de grenat, qu'on trouve dans les montagnes. Mais le *commerce*, entièrement concentré à Palma, se réduit en vins, huile, soie et fruits exportés en France, en Angleterre et à Alger. Maiorque contient 2 villes principales et 32 villages. Son chef-lieu est Palma. Les Maures ayant possédé cette île jusqu'au XIIIe siècle, où Jacques Ier, roi d'Aragon, en fit la conquête, la langue parlée par les habitants se trouve être un mélange d'arabe et de catalan. Ils sont généralement connus par leur hospitalité, leur humeur enjouée, leur ignorance et leur superstition. 190,000 habitants.

MAIRAN (Jean-Jacques d'Ortous de), physicien et mathématicien distingué, d'une famille noble de Béziers, naquit dans cette ville en 1678, et mourut d'une fluxion de poitrine à Paris le 20 février 1771. Il fut un des membres les plus illustres de l'académie des sciences et de l'académie française. Attaché de bonne heure à cette première compagnie, il succéda en 1741 à Fontenelle dans la place de secrétaire perpétuel. Il la remplit avec un succès distingué jusqu'en 1744, et montra le talent d'exprimer avec clarté les matières les plus abstraites (chargé de trouver, pour jauger les vaisseaux, un nouveau procédé qui prévint les réclamations et les fraudes, il visita, avec Varignon, qui lui fut associé pour ce travail, presque tous les ports de la Méditerranée : leur projet, soumis à l'académie, fut accueilli après quelques débats, et reçut la sanction du roi). Ses principaux ouvrages sont : 1° *Dissertation sur la glace*, dont la dernière édition est de 1749, in-12. Ce morceau de physique, où il y a quelques idées systématiques, a été traduit en allemand et en italien. 2° *Dissertation sur la cause de la lumière des phosphores*, 1717, in-12; 3° *Traité historique et physique de l'aurore boréale*, imprimé in-12 en 1733, et fort augmenté en 1754, in-4°. L'auteur y développe un système plus savant que vraisemblable, et cherche dans l'atmosphère solaire ce qu'il faut chercher certainement dans la nôtre. 4° *Lettres au père Parennin*, contenant diverses questions sur la chimie, in-12; ouvrage curieux, et où l'auteur, cherchant à s'instruire, instruit lui-même ; 5° un grand nombre de mémoires parmi ceux de l'académie des sciences (depuis 1719), dont il donne quelques volumes ; 6° plusieurs dissertations sur des matières particulières, qui ne forment que des petites brochures. Il serait à désirer qu'on les réunit. 7° *Éloges des académiciens de l'académie des sciences*, morts en 1741, 1742, 1743, in-12, 1747. Il n'a pas cherché à imiter Fontenelle, mais à mieux faire que lui, et, au jugement de bien des gens, il y a réussi. Il était très sensible aux critiques et aux éloges, et s'associait volontiers aux hommes et aux femmes qui distribuaient la célébrité ; de là ses liaisons avec madame Geoffrin, qu'il fit sa légataire. Unissant beaucoup de douceur à une physionomie spirituelle et agréable, il eut l'art de s'insinuer dans les esprits et de se frayer un chemin vers la fortune. Le duc d'Orléans, régent, l'honora d'une protection particulière, et lui légua sa montre par testament. M. le prince de Conti le combla de bienfaits. Le chancelier d'Aguesseau, remarquant en lui des vues nouvelles et des idées aussi fixes qu'ingénieuses, le nomma président du *Journal des savants*, place qu'il remplit à la satisfaction du public et des gens de lettres. C'était un ami de Voltaire.

MAIRAULT (ADRIEN MAURICE), fils d'un receveur des décimes du clergé, né à Paris en 1708, mort dans cette ville en 1746, à 38 ans, était devenu veuf de la fille du marquis de Villiers. Cet écrivain avait l'esprit cultivé, un goût sain et beaucoup de littérature. Il fut lié avec l'abbé Desfontaines, et il travailla avec ce critique aux jugements sur les écrits modernes. Nous connaissons de lui : 1° une traduction des Églogues de Némésien et Calpurnius, en français, in-12, recommandable par sa fidélité et son élégance ; 2° l'Histoire de la dernière révolution de Maroc ; 3° Pièces fugitives.

MAIRE, s. m., le premier officier municipal d'une ville, d'une commune. Maire du palais, le principal officier qui avait l'administration des affaires de l'état sous les rois de la première race. Maire de Londres (*hist.*), nom du premier magistrat de la ville de Londres, élu annuellement par tous les corps de métiers. Le Maire de Londres porte le titre de lord-maire. A la mort du roi d'Angleterre, le lord-maire est le premier officier civil du royaume pendant l'interrègne. Ce magistrat a été établi par la grande charte imposée à Jean-sans-Terre, en 1215, et ratifiée par Henri III en 1217. Il portait d'abord le titre de bailli, en 1189, il reçut de Richard celui de maire. Sous le règne de Charles II et de Jacques II, la ville de Londres perdit le privilège d'élire son maire. Guillaume III le lui rendit et il a été confirmé par un acte du parlement. Maire du palais royal (*féod.*), sénéchal de France, celui qui avait le commandement sur tous les domestiques. Maire, titre que prenaient les possesseurs de certains petits fiefs. Maire se disait quelquefois pour prévôt, il se disait aussi d'un juge bas-justicier, chef d'un corps d'artisans, administrateur, régisseur. Maire de châtel, lieu où réside le seigneur châtelain. Maire se prenait quelquefois adjectivement pour majeur ou majeure. Le juge-maire. Maire-âge, le temps de la majorité. Détroit de Le Maire ou Du Maire (*géog.*), détroit situé au sud de l'Amérique ; il sépare l'île des états de la Terre de feu.

MAIRE (JEAN LE), poète, né à Bavai dans le Hainaut, en 1473, mort en 1524, est auteur de poésies, dans lesquelles on remarque une imagination enjouée, de l'esprit et de la facilité ; mais peu de justesse, point de goût ni de délicatesse, ni même de décence. On a encore de lui : *Traité des schismes et des conciles*, etc., Paris, 1547. Ce traité, qui

n'est qu'une invective sanglante contre Jules II, a été reçu avec avidité par les protestants, qui l'ont traduit en latin et en ont donné plusieurs éditions.

MAIRE (JACQUES LE), fameux pilote hollandais, partit du Texel le 14 juin 1615 avec deux vaisseaux qu'il commandait, et découvrit, en 1616, le détroit qui porte son nom, vers la pointe la plus méridionale de l'Amérique. Il mourut à Batavia, en prison, pour avoir donné atteinte aux privilèges de la compagnie hollandaise. On a une Relation de son voyage dans un Recueil de voyages à l'Amérique, Amsterdam, 1622, in-fol., en latin.

MAIRET (JEAN), poète, né le 4 janvier 1604 à Besançon, où il mourut en 1686, fut gentilhomme du duc de Montmorenci, auprès duquel il se signala dans deux batailles contre Soubise, chef du parti huguenot. Sa *Sophonisbe*, jouée en 1629, dans laquelle, pour la première fois, on observa les règles de l'unité, eut un grand succès, quoique les bienséances les plus communes y fussent violées. On a de lui douze tragédies, qui offrent quelques belles tirades, mais encore plus de mauvaises pointes et d'insipides jeux de mots. Quelques-unes de ces pièces pèchent contre les bonnes mœurs, et elles sont très faiblement versifiées. Il est cependant le premier en France qui ait composé des ouvrages dignes du nom de tragédie. Il ouvrit la carrière dans laquelle entra Rotrou, et ce ne fut qu'en les imitant que Corneille parvint à les surpasser.

MAIRIE, s. f., office du maire. Il signifie aussi le temps durant lequel on exerce cette fonction. Il signifie encore le bâtiment où se tient l'administration municipale. Mairie du palais, dignité de maire du palais.

MAIRONI DA PONTE (JEAN), né à Bergame le 16 février 1748, mort le 29 janvier 1833, s'appliqua à l'étude des sciences naturelles, et surtout de la minéralogie et de la géologie, sur lesquelles il publia un assez grand nombre de bons mémoires. Ses *Trois règnes de la nature*, imprimés en 1821, sont un catalogue des êtres organisés et inorganiques de la province de Milan. Ses publications sur l'agriculture méritent aussi d'être citées avec éloge.

MAIRONIS (FRANÇOIS DE), fameux cordelier, vit le jour à Maironis, village de la ville de Barcelonnette en Provence. Il enseigna à Paris avec tant de réputation, qu'il y fut nommé le *Docteur éclairé*. C'est le premier qui soutint l'acte singulier appelé *sorbonique*, dans lequel celui qui soutient est obligé de répondre aux difficultés qu'on lui propose depuis six heures du matin jusqu'à six heures du soir, sans interruption. On a de François de Maironis divers traités de philosophie et de théologie, in-folio. Il mourut à Plaisance, ville de France, en 1325.

MAIS, conjonct. adversative. Il sert à marquer opposition, exception, différence. Il s'emploie aussi pour rendre raison de quelque chose dont on veut s'excuser. Il sert encore à marquer l'augmentation ou la diminution. *Mais* s'emploie aussi, dans la conversation, au commencement d'une phrase qui a quelque rapport à ce qui a précédé. Il sert quelquefois de transition pour revenir à un sujet qu'on avait laissé, ou simplement pour quitter celui dont on parle. Il est quelquefois adverbe dans le langage familier, et alors il se joint toujours au verbe *pouvoir*, par une négation pour une interrogation. *Mais* se prend quelquefois substantivement pour signifier objection, difficulté.

MAÏS, *zea* (bot.), genre de plantes monocotylédones, de la famille des graminées. Il se compose de plantes annuelles à tige droite, simple, à feuilles planes, larges et grandes, munies d'une courte ligule. Leurs fleurs sont monoïques ; les mâles forment une grappe rameuse terminale ; les femelles sont sessiles, réunies en un épi simple, dans lequel les épillets sont rangés en séries nombreuses, rapprochées par paires ; cet épi est muni d'une enveloppe serrée, formée par des gaines de feuilles dont le limbe a avorté ; il est surmonté d'une sorte de houppe soyeuse, formée par les stigmates très longs et saillants. Les fleurs mâles sont réunies en épillets géminés, pédiculés, biflores. Le fruit qui succède aux fleurs femelles est un caryopse presque réniforme, renfermant un embryon épais. Ce genre ne renferme qu'une seule espèce, le maïs cultivé (*zea maïs*, Lin.) connue sous les noms vulgaires de blé de Turquie, blé d'Inde et gros millet. Sa haute importance comme céréale l'a rendue l'objet de plusieurs traités spéciaux auxquels nous renvoyons, ne pouvant donner à cet article tout le développement nécessaire. Nous citerons principalement l'excellent ouvrage de M. Bonafons (*Histoire naturelle, agricole et économique du maïs*, Paris, 1836). Le maïs, originaire du nouveau monde, a été acclimatée en Europe au XVIᵉ siècle, suivant le plus grand nombre des botanistes ; cependant, si l'on en croit quelques auteurs, cette graminée existerait en Afrique depuis les temps les plus reculés ; c'est ce que prouverait la découverte faite par M. Rifaud, en 1819, de maïs renfermé dans le cercueil d'une momie, à Thèbes, après trente ou quarante siècles. Quoi qu'il en soit, le maïs se trouve aujourd'hui cultivé sur une grande partie de la surface du globe. Le maïs est une des plantes les plus précieuses pour l'homme ; outre la farine fournie par ses grains, le fourrage fourni par ses extrémités, sa paille et ses rafles, son parenchyme renferme une certaine quantité de matière sucrée qui fournit un sucre aussi bon que celui fourni par la canne. **J. P.**

MAISEROI (PAUL-GÉDÉON JOLY DE), natif de Metz, lieutenant-colonel du régiment de Bresse, infanterie, s'appliqua autant à la théorie qu'à la pratique de sa profession. L'Académie des inscriptions le reçut au nombre de ses membres. Il mourut le 9 février 1780, après avoir publié plusieurs ouvrages estimés ; tels sont : *Essais militaires*, 1763, in-8°; *Traité de stratagèmes permis à la guerre*, 1765, in-8°; *Traité des armes défensives*, 1767, in-4°; *Nouveau cours de tactique, théorique, pratique et historique*, 1766, 2 vol. in-8°; *Tableau général de la cavalerie grecque; Institutions militaires de l'empereur Léon*, traduites du grec, avec des notes, 1770, 2 vol. in-8°.

MAISIÈRES (PHILIPPE DE), né dans le château de Maisières, au diocèse d'Amiens, en 1312, porta successivement les armes en Sicile et en Aragon ; revint en sa patrie, où il obtint un canonicat ; entreprit ensuite le voyage de la Terre-Sainte, et servit un an dans les troupes des infidèles pour s'instruire de leurs forces. Son mérite lui procura la place de chancelier de Pierre, successeur de Hugues de Lusignan, roi de Chypre et de Jérusalem, à qui ses conseils furent très utiles. A son retour en France, l'an 1372, Charles V lui donna une charge de conseiller d'Etat, et le fit gouverneur du dauphin, depuis Charles VI. Enfin Maisières, dégoûté du monde, se retira l'an 1380 chez les Célestins de Paris. Il y finit ses jours, sans prendre l'habit ni faire les vœux, et mourut en 1403, après leur avoir légué tous ses biens. C'est lui qui obtint de Charles VI, en 1395, l'abrogation de la coutume que l'on avait alors de refuser le sacrement de pénitence aux criminels condamnés à mort. Les principaux ouvrages de Maisières sont : *le Pèlerinage du pauvre pèlerin; le Songe du vieux pèlerin*. Dans l'un il expose les règles de la vertu, et dans l'autre il donne les moyens de faire cesser les vices ; *le Poirier fleuri en faveur d'un grand prince*, manuscrit, etc. On lui a attribué le *Songe du vergier*, 1491, in-fol.; mais il est plutôt de Raoul de Presle.

MAISON, s. f., bâtiment servant de logis, d'habitation, de demeure. Fam., garder la maison, rester chez soi, ne pas sortir. Prov., il est fait comme un brûleur de maisons, se dit d'un homme mal habillé et tout en désordre. Maison royale, maison qui appartient au roi et où il peut habiter avec sa cour. Maison d'éducation, maison où l'on prend en pension des enfants pour les instruire. Maison de prêt, maison où l'on prête de l'argent sur des effets déposés en nantissement. Maison de commerce, maison où l'on fait le trafic de marchandises. Maison de ville, maison commune, l'hôtel où s'assemblent les officiers municipaux. Maison d'arrêt, de force, de détention, de correction, lieux légalement et publiquement désignés pour recevoir ceux qu'on vient d'arrêter ou ceux qui ont été condamnés à la détention. Maison de charité, maison où l'on donne des secours aux indigents. La maison de Dieu, l'église. Petites-maisons, nom donné autrefois à un hôpital de Paris, où l'on enfermait les aliénés. Prov., il est à mettre aux petites-maisons, c'est un homme sans raison, qui fait ou qui dit des choses folles. Maison signifie aussi par extension, le ménage, tout ce qui a rapport aux affaires domestiques. Avoir une bonne maison, donner souvent à manger. Faire bien les honneurs de sa maison, bien recevoir ceux qu'on invite. Faire une bonne maison, amasser beaucoup de bien, se mettre en état de bien établir sa famille. Maison se dit encore de ceux qui demeurent et vivent ensemble dans une maison, qui y composent une même famille. Il se prend quelquefois pour les gens attachés au service de la maison. Fam., faire maison nette, renvoyer à la fois tous ses domestiques, et faire maison neuve, en prendre d'autres. Maison militaire du roi, les troupes destinées à la garde de la personne du roi. Maison signifie figurément race, famille ; il ne

se dit que des familles nobles et illustres. La maison royale, les princes du sang. Cette maison est éteinte, le dernier de la race est mort. Relever sa maison, acquérir des biens et des honneurs qui rendent à la famille dont on sort les avantages qu'elle avait perdus. Maison se dit aussi d'une compagnie, d'une communauté d'ecclésiastiques, de religieux.

MAISON DORÉE, palais immense et magnifique, que fit bâtir Néron après l'incendie de Rome. L'emplacement de cet édifice occupait non-seulement tout le mont Palatin, mais encore les vallées qui le séparaient des monts Esquilin et Cœlius, et une partie même de l'Esquilin contenait des montagnes, des forêts, des lacs, des plaines, des maisons de campagne fastueuses. Le nom de *Domus aurea*, palais doré, lui fut donné en raison de la prodigieuse quantité d'or, d'argent, de tableaux, de statues et de pierres gravées qu'on y avait accumulé. Ce monument fut dépouillé d'une partie de ses richesses par Othon et Vitellius, afin de satisfaire l'avidité des cohortes prétoriennes, qui leur avaient donné le trône.

MAISONS. Les Lacédémoniens avaient des maisons simples et sans faste. Lycurgue leur avait défendu d'employer pour bâtir d'autres instruments que la hache et la scie. Il faut excepter les temples des dieux et les édifices publics, qui demandaient nécessairement de la grandeur et de la noblesse. A Athènes, pendant plusieurs siècles, les maisons ne furent que de bois, et couvertes de boue. Mais sous Solon on commença à élever des murailles de brique et de pierre, et à les couvrir de bois et de tuile. Enfin, dans le siècle de Périclès, les maisons devinrent à la fois plus régulières, plus belles et plus commodes, celles des marchands, des artisans et des simples citoyens n'offraient rien de bien remarquable ; mais celles des grands ou des riches étaient des palais, dont la grandeur et la magnificence égalaient ceux des rois et des princes. L'or, l'argent, l'ivoire et les sculptures, les dorures, les marbres les plus rares y brillaient de toutes parts. Les maisons étaient ordinairement divisées en deux parties, l'une pour la femme, l'autre pour le mari. Dans l'une et l'autre était un vaste péristyle ; au-devant du vestibule, et à droite et à gauche du péristyle s'élevaient des portiques où l'on prenait le frais. Aux deux côtés du vestibule de la maison de la femme étaient le thalame ou chambre à coucher, et l'amphithalame ou salle de visite : chez les hommes le vestibule était entre les salles de bibliothèque et de travail. Des salles de bain, des étuves, se trouvaient tantôt chez le mari, tantôt chez la femme, quelquefois chez tous les deux. Enfin il y avait aussi deux ou plusieurs salles à manger; mais le plus souvent la salle ordinaire faisait partie de l'appartement des femmes, et la salle des festins de celui du mari. A Rome, les premières maisons furent construites en bois, et couvertes de chaume ou de paille. Après l'incendie de la ville par les Gaulois, elles furent rebâties d'une manière plus commode et plus solide. Cependant on ne les couvrait encore que de lattes ou de planches minces. Elles s'embellirent peu à peu pendant les siècles suivants, surtout pendant le règne d'Auguste. Mais ce ne fut qu'après l'incendie de Rome par Néron que les constructions devinrent belles et riches sous lui. On força les particuliers à bâtir en pierre d'Albe ou de Gabie ; chaque maison avait un portique sur la rue, et était isolée des deux voisines; on prodigua au dehors les plus beaux ornements de l'architecture, et au dedans les matières les plus précieuses. La distribution et l'arrangement intérieur des habitations varièrent dans les différents temps, et selon le goût des propriétaires.

MAISONS DE CAMPAGNE. Les auteurs n'ont rien transmis concernant les maisons de campagne des Grecs; quant à celles des Romains, les descriptions qu'ils en ont faites attestent que le luxe et la magnificence y éclataient encore plus que dans leurs maisons de ville. La maison de campagne de M. Scaurus fut évaluée à une somme d'environ 19,375,000 fr. La plupart étaient d'une grandeur et d'une étendue surprenantes. Elles renfermaient plusieurs familles d'artisans et d'autres gens de service, en sorte qu'elles ressemblaient à de petites villes. Ces maisons n'étaient généralement point élevées, et communément n'avaient que le rez-de-chaussée et un étage. Cependant, dans les plus grandes, il y avait une grosse tour, beaucoup plus élevée que le reste, dont le toit était en plate-forme, au haut de laquelle était une salle à manger, afin que les convives prissent le plaisir de la table et de la vue en même temps. Ces maisons étaient ordinairement situées, ou près de la mer, ou dans quelque paysage agréable. On en voyait un grand nombre à Baies ; mais l'emplacement en était tellement disputé que toutes étaient assez petites en comparaison de celles du reste de l'Italie. Les jardins et les parterres faisaient un des principaux ornements de ces maisons. Dans les premiers temps on cultivait principalement dans les jardins des arbres à fruit et des herbes potagères; mais sous les empereurs on ne chercha plus que l'agrément et l'ornement. On y voyait des fontaines, des cascades, des pièces d'eau, des allées couvertes, des bois et des volières remplies des oiseaux les plus rares. Les arbres étaient taillés en diverses figures par des esclaves qui avaient fait de cet art une étude particulière, et les bosquets étaient peuplés de statues magnifiques.

MAISONFORT (LE MARQUIS DE LA), né en 1767, dans le Berry, était avant la révolution, officier de cavalerie. Après avoir émigré et servi dans l'armée des princes, jusqu'à l'époque du licenciement, il alla se fixer à Brunswick, et s'y associa avec Fauche-Borel pour l'établissement d'une imprimerie, mais il quitta cette entreprise pour remplir diverses missions dans l'intérêt de la famille royale. Ce fut dans ce but qu'il alla à Hambourg, à Saint-Pétersbourg et à Londres, il eut quelques démêlés avec son ancien associé; mais il n'en continua pas moins à servir la cause royale. Venu à Paris en 1810, il y fut arrêté et renfermé au Temple, et conduit ensuite à l'île d'Elbe, d'où il parvint à s'échapper. Réfugié en Russie, il y trouva un protecteur dans M. de Blacas, qui résidait dans cette capitale avec le titre d'agent de Louis XVIII. Le marquis de la Maisonfort rentra en France en 1814, fut nommé maréchal-de-camp et conseiller d'état, chargé du contentieux de la maison du roi. Dans le mois de mars 1814, il suivit le roi à Gand, et revint avec lui dans le mois de juillet; deux mois après, il accompagna à Lille le duc de Berry, qui était chargé de présider le collége électoral de cette ville. Le marquis de la Maisonfort fut nommé député par le département du Nord. Elu secrétaire de la Chambre, il vota d'abord avec le côté droit, puis il s'attacha au ministère. Lorsque la loi d'amnistie fut discutée, il prononça un discours remarquable dont toutes les biographies ont cité ce passage : « On vous a parlé de la clémence d'Henri IV, sans doute « pour ne pas vous rappeler la sévérité de Louis XVIII. Eh « bien! cette clémence, toute admirable qu'elle puisse être, « appartient autant aux événements qu'au caractère person- « nel de ce bon roi; ne comparons rien, car le présent ne « ressemble point au passé; n'imitons rien, car l'avenir lui « ressemblera moins encore. Obéissons aujourd'hui comme « alors aux circonstances, et ramassons les débris que le temps « laisse derrière lui. Les guerres de la Ligue, les querelles « des Valois et des Guises, les différences de religion avaient- « elles le plus léger rapport avec la révolution? Henri IV, en « rentrant dans Paris, retrouva-t-il Jacques Clément et Bus- « sy Leclerc? Les Seize lui demandèrent-ils des places et des « honneurs? Sans doute quelques rebelles, parents de toute « sa cour, lui vinrent des serments de fidélité; mais ils te- « naient des places fortes, et il eût fallu les combattre. « Henri IV fut généreux, mais il le fut pour des hommes « qui, s'ils avaient méconnu le successeur du dernier des « Valois, avaient toujours respecté, on pourrait dire honoré « en lui le roi de Navarre. » Il s'exprima ainsi sur l'amende- ment de M. de Roncherolles : « Ces indemnités qu'on veut, « par des sophismes, faire regarder comme des confiscations, « sont conformes à la justice la plus évidente : la commis- « sion, en les proposant, n'a fait que céder à la raison. » Et il termine ainsi son opinion : « L'amnistie datée de Saint- « Ouen, le 2 mai 1814, n'a été qu'un arrangement avec des « factions que l'on croyait expirantes; la déclaration de Cam- « bray, un ordre du jour pour frapper de terreur des révol- « tés sous les armes; l'ordonnance du 4 juillet, un sacrifice « à la crainte de la guerre civile, au danger le plus évident « encore de la guerre extérieure. Tous ces actes ont été faits « sous des influences plus ou moins dangereuses, plus ou « moins criminelles; tandis que le projet de loi que l'on vous « présente à seul, pour la première fois, un caractère qui le « rend digne de vous. Emané de la bonté du roi, cher à son « cœur, important à ses yeux et présenté par un ministre qui « a votre estime, il ne lui reste plus qu'à recevoir de vous « aujourd'hui, cette haute sanction qui seule peut lui donner « le caractère que l'Europe désire. » Après la session, le mar- quis de la Maisonfort fut nommé directeur du domaine ex- traordinaire de la cour, ensuite ministre plénipotentiaire au- près du grand duc de Toscane. Il était revenu à Paris par congé, il retournait à son poste, lorsqu'il mourut à Lyon, le 3 octobre 1827, après avoir demandé et reçu les sacrements

de la religion avec de grands sentiments de piété. C'était un homme de beaucoup d'esprit; dès sa jeunesse, il s'était fait connaître par des romances, entre autres celle de Grèselidis et les Adieux de la présidente de Tourvel au chevalier de Valmont. En 1798, il fit imprimer des lettres de la Mythologie, qu'il avait composées et qu'il intercala une édition qu'il donna de celles de Demoustier. On a encore de lui : Tableau politique de l'Europe depuis la bataille de Leipsick (18 octobre 1813), jusqu'au 13 mars 1814, imprimé en Allemagne, et réimprimé en France sans nom d'auteur. M. Barbier lui attribue : 1° Etat réel de la France à la fin de 1795, 1796, 2 vol. in-18 ; 2° Dictionnaire historique et biographique des hommes marquants de la fin du XVIIIe siècle, et plus particulièrement de ceux qui ont figuré dans la révolution française, Hambourg, 1800, 3 vol. in-8°, 2° édition, 1806, 4 vol. On en a fait un abrégé ou imitation en 2 vol. in-8°, qui est très incomplet et très fautif, 2° édition, 1816, 3 vol. in-8°. En lisant les différents écrits du marquis de la Maisonfort, on est obligé de convenir qu'ils sont d'un homme d'esprit, et que leur auteur avait beaucoup d'instruction. Le Moniteur du 10 octobre 1827 lui a consacré une notice nécrologique.

MAISONNETTE, s. f., diminutif de maison. Maison basse et petite.

MAISSIAT (MICHEL), ingénieur géographe, né le 19 septembre 1770 à Nantua, s'enrôla en 1792 dans le bataillon volontaire de son département qui fut envoyé d'abord à l'armée des Alpes, puis à celle du Rhin. Bientôt nommé lieutenant, il fit les campagnes de 1793 et de 1794, dans une demi-brigade d'infanterie légère. Les journaux du temps ont vanté la manière dont il se défendit dans une île du Rhin, au-dessous du village d'Hœrdin en avant de Lauterbourg. Le 20 août 1793, il se trouva cerné avec un petit détachement par l'armée victorieuse des Autrichiens et des émigrés; malgré le grand nombre des ennemis qui lui étaient opposés il parvint, au bout de quatre jours, après s'être fortifié d'abord dans le village de Neufbourg, à ramener la plus grande partie de ses troupes à Lauterbourg. Ce ne fut pas le seul fait d'armes de cet intrépide officier; aux affaires de Tripstadt, il avait été chargé de reconnaître seul une batterie, bientôt entouré par les ennemis, il faillit tomber en leur pouvoir, mais sa présence d'esprit le sauva et lui permit même de sauver l'armée d'un grand danger; car, en examinant la position des ennemis, il remarqua des troupes cachées dans un chemin creux, et ce fut de cette observation que dépendit la prise des retranchements de Tripstadt. L'habileté qu'il montra dans d'autres reconnaissances militaires le fit distinguer des chefs de l'armée qui l'appelèrent à l'état-major et avec une commission d'ingénieur géographe. Ce fut en cette qualité qu'il fit les campagnes de 1795 à 1800. Rentré en France après la bataille de Hohenlinden, il continua à se livrer à des travaux topographiques. Parmi ceux qui lui ont valu la juste réputation dont il a joui, nous citerons la Carte générale des quatre départements réunis de la rive gauche du Rhin (Mont-Tonnère, la Sarre, le Rhin et Moselle, la Roër), il fit cette carte sous la direction du colonel Tranchot, et il y travailla jusqu'à la fin de 1815, époque où toutes les minutes, à l'exception de celles qui furent reconnues pour être sa propriété particulière, furent remises aux Prussiens, conformément au traité de Paris. En 1820, cette carte avait été jugée digne du prix décennal que Bonaparte avait institué en faveur de l'ouvrage de topographie le plus exact et le mieux exécuté. Elle n'était point encore achevée, mais la feuille d'Aix-la-Chapelle, qui était entièrement l'œuvre de Maissiat, était exécutée avec la plus grande perfection sous tous les rapports de l'art et des principes. Maissiat fut nommé, en 1818, professeur de topographie à l'école d'application du corps royal d'état-major, et chef d'escadron au corps des ingénieurs géographes militaires, il était membre de la Légion-d'Honneur, de l'ordre de Saint-Louis et de celui de Danebrog. Il est mort à Paris le 4 août 1822. On a de lui : 1° Tables portatives de projections et de verticales, Aix-la-Chapelle, 1806. Ces tables sont très utiles pour les levées sur le terrain en pays de montagnes. 2° Mémoire sur quelques changements faits à la boussole et au rapporteur, suivi de la description d'un nouvel instrument nommé goniomomètre, Paris, 1812, in-8°. On trouve dans ce mémoire la manière actuellement adoptée de faire les levées à la boussole et tous les détails nécessaires, tant sur la construction de son instrument que sur celle du nouveau rapporteur et du grammomètre qui sert à donner la hauteur et l'inclinaison des écritures des plans. 3° Tables des projections de lignes de *plus grande pente*, etc., Paris, 1819; 2ᵉ édition, 1822, in-12 ; 4° *Notice sur une nouvelle échelle destinée à relever sur les plans et cartes topographiques la mesure des inclinaisons des pentes*, Paris, 1822, in-8°. On a encore de lui des cartes gravées et lithographiées sur différentes échelles. En général, tous les ouvrages de Maissiat se rapportent à l'art de figurer le terrain : la méthode de l'auteur consiste à employer les courbes horizontales équidistantes, elle conduit à une expression exacte du relief, des formes et de tous les accidents du terrain. Augoyat a publié une notice sur sa vie, Paris, 1822, in-8°.

MAITRE (ANTOINE LE), avocat au parlement de Paris, né en 1608, d'Isaac Le Maistre, maître des comptes, et de Catherine Arnauld, sœur du fameux Arnauld, plaida dès l'âge de 21 ans, et obtint tous les suffrages. Le chancelier Séguier le fit recevoir conseiller d'Etat, et lui offrit la charge d'avocat-général au parlement de Metz ; mais il ne crut pas devoir l'accepter. Il se retira peu de temps après à Port-Royal, et y mourut en 1658. On a de lui : des Plaidoyers, beaucoup moins applaudis à présent qu'ils ne le furent lorsqu'il les prononça ; la Traduction du Traité du sacerdoce de saint Jean Chrysostôme, avec une belle préface, in-12 ; une Vie de saint Bernard, in-4° et in-8°, sous le nom du sieur Lamy (toutes les éditions ne portent pas ce nom) : elle est moins estimée que celle du même saint par Villefore ; la Traduction de plusieurs traités de ce père ; plusieurs Ecrits en faveur de Port-Royal ; la Vie de D. Barthélemy des Martyrs, avec du Fossé, Paris, 1663, in-4° ; Liège, 1697, in-8° : bien écrite.

MAISTRE (LOUIS-ISAAC LE), plus connu sous le nom de Sacy, frère du précédent et neveu d'Antoine Arnauld, naquit à Paris en 1613. Après avoir fait ses études sous les yeux de l'abbé de Saint-Cyran, il fut élevé au sacerdoce en 1648, et choisi pour diriger les religieuses et les solitaires de Port-Royal-des-Champs. La réputation de janséniste qu'avait ce monastère lui occasiona des désagréments. Le directeur fut obligé de se cacher en 1660, et en 1661, il fut renfermé à la Bastille, d'où il sortit en 1668. Il demeura à Paris jusqu'en 1675, qu'il se retira à Port-Royal, et fut obligé d'en sortir en 1678. Il alla se fixer à Pompone, et y mourut en 1684. On a de lui la Traduction de la Bible, avec des explications du sens spirituel et littéral, tirées des saints Pères ; du Fossé, Huré, Le Tourneux, en ont fait la plus grande partie. Cet ouvrage, plus élégant que savant, est en 32 vol. in-8°, Paris, 1682, et années suivantes. C'est l'édition la plus estimée. L'auteur refit trois fois la traduction du Nouveau Testament, parce que la première fois le style lui en parut trop recherché, et la seconde fois trop simple. La traduction du P. Carrières, aujourd'hui plus répandue, est moins élégante, mais plus fidèle, et surtout plus orthodoxe. La Bible de Sacy ne doit être lue qu'avec précaution ; l'auteur, attaché au parti de Jansénius, y laisse percer quelquefois sa doctrine en interprétant à sa manière les passages de l'Ecriture qui peuvent y avoir rapport ; une Traduction des Psaumes, selon l'hébreu et la Vulgate, in-12 ; une Version des Homélies de saint Mathieu, en 3 vol. in-8° ; la Traduction de l'Imitation de Jésus-Christ, sous le nom de du Beuil, prieur de Saint-Val, Paris, 1663, in-8° ; celle de Phèdre, in-12, sous le nom de Saint-Aubin ; de trois comédies de Térence, in-12 ; des Lettres de Bongars ; du Poème de saint Prosper sur les ingrats, in-12, en vers et en prose ; *les Enluminures de l'almanach des Jésuites*, 1654, in-12, dont Racine s'est moqué dans une de ses Lettres. Il était assez étrange, en effet, que des gens de goût et de piété pussent écrire des satires qui blessaient l'un et l'autre ; *Heures de Port-Royal*, que les jésuites appelaient *Heures à la janséniste* ; et elles méritaient ce nom. L'exercice durant la messe est tiré sans aucun changement de la Théologie familière de Saint-Cyran, condamnée en 1643 par Gondy, archevêque de Paris, et à Rome en 1654; *Lettres de Piété*, Paris, 1690, 2 vol. in-8°. L'*Abrégé de l'histoire de la Bible*, avec des figures, publié sous le nom de *Royaumont*, qu'on attribue communément à Sacy, est, selon quelques-uns, de Nicolas Fontaine, qui avait été son compagnon de prison, et qui a fait son éloge dans les *Mémoires de Port-Royal*. Cet ouvrage, très répandu, est sèchement écrit, d'une narration froide et parasite, quelquefois indiscrète et peu assortie à l'âge pour lequel il fut fait. Quoique les erreurs du parti n'y soient pas prodiguées, elles ne laissent pas de se montrer dans l'occasion. On l'a remplacé avantageusement par l'*Histoire abrégée de la religion avant la venue de Jésus-Christ*, Paris, 1814, 1 vol. in-12 ; et l'*Histoire abrégée de l'Eglise*, par Lhomond, 1 vol. in-12.

MAISTRE (JOSEPH, comte DE). Il est peu d'hommes de notre époque à qui la religion et la saine philosophie doivent autant qu'au célèbre écrivain dont nous allons esquisser la vie. Venu dans une époque d'incrédulité, d'argutie, d'apostasie, de révolutions sociales, politiques et religieuses, J. de Maistre se jeta seul en quelque sorte au devant du torrent de l'impiété et du désordre ; il le combattit non-seulement avec un courage infatigable, mais aussi avec une verve, un génie et une vigueur de conviction qui lui assurèrent la victoire et une immense influence sur son siècle. Cet illustre écrivain naquit à Chambéry, le 1ᵉʳ avril 1753, d'une ancienne famille originaire du Languedoc, entra en 1775 dans la magistrature, et fit partie des magistrats délégués par le gouvernement sarde auprès du sénat de Savoie. Il publia de bonne heure quelques Opuscules politiques dans lesquels il montrait les principes qui devaient enfanter la révolution française, et dans plusieurs occasions il prédit cette grande catastrophe. Nommé sénateur en 1787, il émigra en Piémont par suite de l'irruption des Français en Savoie, et s'établit en 1793 à Turin. Il publia quelques Opuscules en faveur des Savoisiens et contre les nouvelles lois qu'on leur avait imposées. De Maistre fit paraître ensuite son excellent ouvrage, intitulé *Considérations sur la France*, qui eut un succès européen. Louis XVIII, qui se trouvait alors au château de Ham, en Westphalie, avait écrit à l'auteur une lettre de félicitation ; elle fut trouvée parmi plusieurs pièces saisies après le 18 fructidor, et le directoire en ordonna la publication. Charles-Emmanuel ayant été obligé de quitter le Piémont pour passer en Sardaigne, De Maistre accompagna ce prince, qui le nomma, en 1799, régent de la chancellerie. En 1803, il partit pour Saint-Pétersbourg, en qualité de ministre plénipotentiaire, et se fit connaître dans cette cour par ses talents diplomatiques, la fermeté de ses principes et la sagesse de sa conduite. Il paraît que le motif de son retour tient à l'expulsion des jésuites, avec lesquels il avait des relations intimes ; mais ce rappel ne fut point une disgrâce. De nouvelles dignités l'attendaient à la cour de son roi ; et à sa mort, arrivée le 25 février 1821, il était ministre d'Etat, régent de la grande-chancellerie de Sardaigne, membre de l'Académie de Turin. Toute la vie politique et littéraire du comte De Maistre peut se résumer dans une opposition constante aux principes de la philosophie moderne. Lorsqu'il vit s'approcher sa dernière heure, il puisa, dans la religion qu'il avait pratiquée pendant toute sa vie, des consolations puissantes. Peu de temps auparavant il avait écrit, en annonçant sa fin prochaine au comte de Marcellus, ancien député de la Gironde, ces paroles remarquables : « Je finis avec l'Europe, c'est s'en aller en bonne compagnie... » Ses principaux écrits sont : *Eloge de Victor-Amédée*, Lyon, 1775, in-8° ; *Discours prononcé par les gens du roi, à la rentrée du sénat de Savoie*, 1784, in-8° ; deux *Lettres d'un royaliste savoisien à ses compatriotes*, 1793, in-8° ; *Adresse de quelques militaires savoisiens à la nation française*, 1796, in-8°. Mallet-Dupan fut l'éditeur de cet ouvrage, où l'auteur démontre l'injustice des lois françaises contre les émigrés, notamment contre les sujets du roi de Sardaigne ; *Jean-Claude Tétu, maire de Montagnole*, 1795, in-8°, brochure politique contre certaines dispositions du Directoire français ; *Considérations sur la France*, Londres (Lausanne), 1796, in-8°. Cet ouvrage eut un grand nombre d'éditions, on en fit trois clandestines à Paris, à Lyon et en Suisse, dans les années 1796 et 1797. La seule revue et corrigée par l'auteur est celle de Paris, 1821, in-8° ; *Essai sur le principe générateur des constitutions politiques et des autres institutions humaines*, Pétersbourg, 1810, in-8°, troisième édition, Paris, 1821, in-8°, avec les Considérations, etc. L'auteur y établit que la puissance divine est la source immédiate de toute autorité sur la terre ; *Sur les délais de la justice divine dans la punition des coupables*, traduit du grec de Plutarque, avec des notes, Lyon, in-8° ; *du Pape*, par l'auteur des *Considérations sur la France*, Lyon, 1819, 2 vol. in-8° ; 2ᵉ édition, augmentée et corrigée par l'auteur, 1821, 2 vol. in-8°..... L'auteur considère le pape sous quatre points de vue, savoir : 1° dans ses rapports avec l'Eglise catholique ; 2° avec les souverainetés temporelles ; 3° avec la civilisation et le bonheur des peuples ; 4° avec les Eglises schismatiques ; *de l'Eglise gallicane dans ses rapports avec le souverain pontife, pour servir de suite à l'ouvrage intitulé du Pape*, par l'auteur de Considérations sur la France, Paris, 1821, in-8° ; Lyon, Rusand, 1822 (posthume). L'abbé Baston publia une réfutation du livre de De Maistre intitulé *Réclamations pour l'Eglise de France*, et pour la vérité, contre l'ouvrage de M.

De Maistre, intitulé *du Pape et sa suite* ; *les Soirées de Saint-Pétersbourg, ou Entretiens*, etc., Paris, Nicole, 1821, 2 vol. in-8°. Cet ouvrage posthume eut un succès prodigieux. On y remarque une morale pure et religieuse, l'amour de l'ordre et de la justice, de l'élévation dans la pensée, de la force et de l'éloquence dans le style. Il a paru une *Défense des Soirées de Saint-Pétersbourg par un ami de la sagesse et de la vérité*, insérée dans un ouvrage qui a pour titre *Opuscules théologiques*, Paris, 1822, in-8° ; *Lettres d'un gentilhomme russe sur l'inquisition espagnole*, Paris, 1822, in-8°. De Maistre laissa en manuscrit un *Examen de la philosophie de Bacon*, publié à Paris, 1836, 2 vol. in-8°.   E. B.

MAITRE, s. m., celui qui a des sujets, des domestiques, des esclaves. Fam., avoir un bon maitre, être au service ou dans la dépendance d'un homme puissant par qui l'on peut être protégé. Prov., par une façon de parler empruntée de l'Ecriture : nul ne peut servir deux maitres, il est difficile de vaquer à deux emplois à la fois, etc. Prov., tel maitre, tel valet ; les valets prennent les habitudes de leurs maitres. Maitre signifie aussi celui qui commande, qui domine soit de droit, soit de fait. Heurter, frapper en maitre, frapper à la porte d'une maison plusieurs coups de suite ou seulement un coup très fort. Se rendre maitre d'une place, etc., s'en emparer par la force, par la conquête. Se rendre maitre de la conversation, y jouer le principal rôle, la diriger sur le sujet qu'on préfère. Se rendre maitre du feu, arrêter les progrès d'un incendie. Etre maitre de ses passions, les dompter, les vaincre. Prov., trouver son maitre, avoir affaire à quelqu'un de plus fort, de plus habile que soi. Vous êtes mon maitre, se dit à celui par qui l'on a été vaincu à un jeu, dans quelque exercice. Maitre signifie encore propriétaire. Prov., l'œil du maitre, la surveillance, la sollicitude du propriétaire. Prov., l'argent n'a point de maitre, rien ne fait connaitre à qui appartient une pièce de monnaie perdue. Maitre signifie en outre celui qui enseigne quelque art ou quelque science. Fig., le temps est un grand maitre, avec le temps on apprend beaucoup de choses, qu'on ignore, qu'on ne peut prévoir. Prov., jurer sur la parole du maitre, adopter aveuglément et soutenir les opinions d'un homme à qui l'on a pour ainsi dire soumis sa raison. Maitre se dit aussi de celui qui, après avoir été apprenti, était reçu avec les formes ordinaires dans quelque corps de métier. Il se dit encore aujourd'hui des artisans qui emploient ou dirigent quelques ouvriers, qui ont des ateliers, qui font des entreprises, etc. Maitre-valet, maitre-garçon, maitre-clerc, celui qui est le premier entre ses compagnons, dans une maison, dans une boutique, dans une étude. En termes de marine, maitre d'équipage, le premier sous-officier de manœuvre, qui a autorité sur toutes les personnes de l'équipage. Maitre, se joint quelquefois à certains termes d'injure. Fam., un maitre homme, un homme entendu, habile, qui sait se faire obéir, se faire servir. Maitre signifie aussi savant, expert en quelque art. Il se dit particulièrement des grands peintres. Les petits maitres, certain nombre de graveurs qui sont ainsi désignés dans les catalogues d'estampes. Maitre, en termes de palais et de pratique, est aussi un titre qu'on donne aux avocats, aux avoués et aux notaires. Prov., et en mauvaise part, maitre gouin, homme rusé, fin et adroit. Pop., maitre aliboron, homme ignorant, stupide, ridicule, qui ne se connait en rien. Fam., petit-maitre, homme qui se fait remarquer par une élégance recherchée dans sa parure, par des manières libres et un peu avantageux avec les femmes. Maitre est aussi le titre des personnes revêtues de certaines charges. Maitre est encore un titre qu'on donne aux chefs des ordres militaires, des ordres de chevalerie. Grand-maitre de l'université de France, titre donné à diverses époques au chef de l'université de France. Maitre, se prend quelquefois pour premier ou principal, en parlant des choses inanimées qui sont de même nature. Maitre de la cavalerie, commandant de la cavalerie romaine, soumis immédiatement aux ordres du dictateur. C'était quelquefois le sénat et le peuple qui le choisissaient parmi les consulaires ou les anciens préteurs ; mais le peuple seul, avec l'agrément du sénat, pouvait le destituer et le remplacer. On croit que le maitre de la cavalerie avait pour marque distinctive de ses fonctions six licteurs et la robe prétexte. Il avait aussi la prérogative d'avoir un cheval, tandis que le dictateur allait toujours à pied. Maitre de la milice, officier qui avait l'autorité militaire dans un département, en remplacement du préfet du prétoire. Ce fut Constantin qui institua cette fonction.

MAITRE-JEAN (Antoine), de Méry, près Troyes. Après d'excellentes études à Paris, l'amour du pays natal le ramena à Méry, où il passa ses jours dans l'exercice de la chirurgie. Il donna, au commencement du xviii° siècle, chez Lefebvre, imprimeur à Troyes, un *Traité des maladies de l'œil* (1707, in-4°). Cet ouvrage qui, faute de prôneurs, fut d'un débit très difficile, est devenu loi pour tous les oculistes. Il a été six ou sept fois réimprimé et traduit en toutes les langues. Les lumières de Maitre-Jean dans la chirurgie étaient le résultat des connaissances profondes qu'il avait cultivées en étudiant, dans tout le cours de sa vie, sur tous les objets relatifs à l'art de guérir. Il avait été élève du célèbre Méry, avec qui il entretenait une correspondance suivie.

MAITRESSE, s. f. Ce mot a presque toutes les acceptions de celui de maitre. Fam., une maitresse-femme, une femme habile, intelligente, ferme, qui impose, qui sait prendre de l'ascendant. Petite-maitresse, femme qui est d'une élégance recherchée dans son ton, dans ses manières, etc. Maitresse se dit aussi d'une fille, d'une veuve recherchée ou promise en mariage, ou simplement aimée de quelqu'un. Il signifie encore femme ou fille qui vit avec un homme dans un commerce d'amour et de galanterie.

MAITRISE, s. f., qualité de maitre ; il se disait autrefois en parlant des métiers. Maitrise ou grande-maitrise se dit de certaines charges ou dignités. Maitrise se dit aussi quelquefois de l'emploi de maitre de chapelle dans une église cathédrale. Maitrise sans qualités se disait du droit de maitrise accordé à des individus qui n'avaient point fait d'apprentissage et sans examen préalable de leur capacité. Maitrise particulière des eaux et forêts, juridiction qui connaissait en première instance de ce qui avait rapport aux bois, à la chasse, à la pêche, etc., tant au civil qu'au criminel. Maitrise (*mus. relig.*) se dit de l'école dans laquelle les enfants de chœur d'une cathédrale reçoivent leur éducation musicale ; il se dit aussi du logement réservé au maitre de musique d'une cathédrale, logement où se tient l'école de musique.

MAITRISER, v. a., gouverner en maitre, avec une autorité absolue. Figur., maitriser ses passions, ses sentiments, les dompter, les vaincre, s'en rendre maitre. Maitriser la fortune, faire tourner les événements à son avantage par la force de son caractère ou par l'habileté de sa conduite.

MAITTAIRE (Michel), grammairien et bibliographe de Londres, né en France, en 1668, de parents protestants qui se réfugièrent en Angleterre après la révocation de l'édit de Nantes, s'est signalé par sa vaste érudition. La république des lettres lui doit : 1° de bonnes éditions de quelques auteurs anciens, entre autres du *Corpus poetarum latinorum*, Londres, 1713 ou 1721, 2 vol. in-folio ; 2° *Annales typographici*, La Haye, Amsterdam et Londres, 1719-41 ; 5 tom. ou 9 vol. in-4° ; le tome 2 a paru en 1722, le tome 5 en 1725 ; cet ouvrage, plein de détails bibliographiques curieux et recherchés et auquel on ne peut reprocher que très peu de fautes, comprend le titre de tous les livres imprimés depuis l'origine de l'imprimerie jusqu'en 1557 ; en 1733, Maittaire a donné une nouvelle édition du tome 1er, qui porte pour titre tome 4° ; elle est considérablement augmentée ; cependant l'auteur avertit qu'il y faut toujours joindre la 1re édition de 1719, parce qu'il s'y trouve des choses non réimprimées dans la 2e ; enfin, en 1741, a paru la table de tout l'ouvrage, sous le titre de tome 5e en 2 parties ; ce volume est le plus utile ; 3° *Historia Stephanorum*, Londres, 1709, in-8° ; c'est l'histoire des Estienne, imprimeurs de Paris ; 4° *Historia typographorum aliquot parisiensium*, 1717, 2 t. en 1 vol. in-8° ; 5° *Græcæ linguæ dialecti*, Londres, 1706, 1742, in-8° ; La Haye, 1738, in-8° ; 5° *Miscellanea Græcorum aliquot scriptorum carmina*, grec-latin, Londres, 1722, in-4°. Maittaire obtint la permission de venir en France, où il se lia avec les principaux savants. Au lieu de se plaindre de son exil, on l'entendait rendre justice aux bonnes intentions de Louis XIV. Maittaire mourut à Londres, le 7 août 1747.

MAIUS (*myth. lat.*), le Dieu suprême des Tusculaniens. Maïus était vraisemblablement une personnification de la Terre considérée comme un être mâle. Selon quelques mythographes, Maïus, pris pour *Maximus*, est une épithète de Jupiter, considéré comme le chef suprême des dieux.

MAIUS (Junianus), gentilhomme napolitain, enseigna les belles-lettres à Naples, avec réputation, sur la fin du xve siècle, et eut pour disciple le célèbre Sannazar. Il se mêlait d'interpréter les songes, et il se fit un nom en ce genre, tant il est facile d'abuser du public, curieux de savoir l'avenir. On a de lui : 1° des épitres ; 2° un dictionnaire intitulé : *Opus de priscorum proprietate verborum*, Naples, 1475, in-folio, réimprimé à Trévise, en 1477; 3° une édition de Pline-le-Jeune, Naples, 1746, in-folio.

MAIUS (JEAN-HENRI), théologien luthérien, né à Pfortzheim, dans le marquisat de Bade-Dourlach, en 1653, était très versé dans la littérature hébraïque. Il enseigna les langues orientales dans plusieurs académies, et en dernier lieu à Gressen, où il fut pasteur et où il mourut, l'an 1719. Il était profond dans l'antiquité sacrée et profane. On a de Maïus un très grand nombre d'ouvrages; on y trouve beaucoup de savoir, mais aussi presque partout les préjugés de sa secte. Les principaux sont : 1° *Historia animalium Scripturæ sacræ*, in-8°; 2° *Vita J. Reuchlini*, 1687, in-8°; 3° *Examen historiæ criticæ Ricardi Simonis*, in-4°; 4° *Synopsis theologiæ symbolicæ*, in-4°; 5° *Moralis*, in-4°, et *Judicæ*, in-4°; 6° *Introductio ad studium philologicum, criticum et exegeticum*, in-4°; 7° *Paraphrasis epistolæ ad Hebræos*, in-4°; 8° *Theologica evangelica*, 1701 et 1719, 4 parties in-4°; 9° *Animadversiones et supplementa ad Cocceii lexicon hebræum*, 1703, in folio; 10° *Œconomia temporum veteris et novi Testamenti*, in-4°; 11° *Synopsis theologiæ christianæ*, in-4°; 12° *Theologia Lutheri*, in-4°; 13° *Theologia prophetica*, in-4°; 14° *Harmonia evangelica*, in-4°; 15° *Historia reformationis Lutheri*, in-4°; 16° *Dissertationes philologicæ et exegeticæ*, Francfort, 1711, 2 vol. in-4°, etc. Il a aussi donné une édition de la Bible hébraïque, in-4°. Son fils, de même nom que lui, s'est distingué dans la connaissance du grec et des langues orientales.

MAJESTA, divinité allégorique des Romains, fille de l'Honneur et de la déesse Reverentia, avait, selon quelques-uns, donné son nom au mois de mai.

MAJESTÉ, s. f., grandeur suprême, caractère auguste qui imprime le respect. Il se dit par extension en parlant des personnes et des choses qui ont un air de grandeur propre à inspirer de l'admiration, du respect. Majesté est aussi un titre particulier qu'on donne aux empereurs, aux rois et à leurs épouses. Sa majesté impériale, l'empereur d'Autriche, que l'on qualifie aussi de sacrée majesté, mais seulement quand on lui parle. Sa majesté très chrétienne, le roi de France. Sa majesté catholique, le roi d'Espagne. Sa majesté très fidèle, le roi de Portugal. Sa majesté britannique, sa majesté suédoise, sa majesté danoise, le roi d'Angleterre, le roi de Suède, le roi de Danemark. On a donné aussi, dans le moyen-âge, ce titre d'honneur aux papes, aux princes, et même aux grands du royaume, qui jouissaient des prérogatives de la souveraineté sur une ou plusieurs provinces. Gondemar, roi des Visigoths d'Espagne, en 610, est le premier roi qui ait pris le titre de majesté. Titre donné à de simples évêques par le pape Sylvestre au xe siècle. Loi de majesté (*hist. rom.*), loi portée par Auguste, qui prononçait la peine de mort contre tout individu coupable d'un délit envers l'État ou le chef de l'État. Jugement de majesté, jugement prononcé en vertu de la loi de majesté. Sceau de majesté (*diplom.*), nom que l'on donnait au grand sceau des empereurs d'Allemagne; il s'est dit aussi du grand sceau féodal de l'électeur de Maïence.

MAJESTUEUX, EUSE, adj., qui a de la majesté, de l'éclat, de la grandeur.

MAJEUR, EURE, adj. comparatif, qui est plus grand, plus important, plus considérable. En matière ecclésiastique, ordres majeurs, la prêtrise, le diaconat, le sous-diaconat, par opposition aux quatre ordres mineurs. Excommunication majeure, excommunication qui retranche entièrement de l'Eglise et de toute communion avec les fidèles, par opposition à excommunication mineure. En musique, tierce majeure, tierce composée de deux tons. Majeur signifie quelquefois grand, important, considérable, absolument et sans comparaison. Force majeure, force à laquelle on ne peut résister. Cette expression est principalement usitée, en jurisprudence. Majeur signifie aussi, en jurisprudence, qui a atteint l'âge prescrit par les lois, pour user et jouir de ses droits et pour pouvoir contracter valablement. Majeur s'emploie substantivement au pluriel masculin, et signifie alors les ancêtres ou les prédécesseurs. Dans cette acception, il est vieux.

MAJEUR (Le lac), en italien, *lago Maggiore*, le *Verbanus lacus* des anciens. Il est situé dans la haute vallée du Tessin, qui y entre à Magadino et en sort à Cesto-Calende. Séparant la Suisse et la Lombardie du royaume sarde, il appartient en partie, sa rive orientale, au canton de Ticino et à la Lombardie, et en partie au Piémont, sa rive occidentale. Ses eaux sont élevées à 230 mètres au-dessus du niveau de la mer. Sa plus grande longueur est de 14 lieues; sa plus grande largeur d'une lieue et demie. Il est d'une profondeur

prodigieuse, et en face du roc appelé *Canero*, une sonde de mille mètres n'atteint point le fond. Au milieu s'élèvent les îles Borromées, où le comte Vitalien Borromée fit bâtir, en 1672, une magnifique villa et de délicieux jardins.

MAJEURE, s. f., t. de logique, la proposition d'un syllogisme qui contient le grand terme ou l'attribut de la conclusion. Majeure s'est dit aussi de l'acte que soutenaient les étudiants en théologie, la deuxième année de leur licence, et qui durait depuis huit heures du matin jusqu'à six heures du soir.

MAJOLI (SIMON), né à Aoste, en Piémont, devint évêque de Volturara, dans le royaume de Naples, et mourut vers l'an 1598. C'était un grand compilateur. Il s'est fait connaître surtout par son ouvrage intitulé *Dies caniculares*, imprimé plusieurs fois in-4° et in-folio, traduit en français par Rosset, Paris, 1610 et 1643, in-4°.

MAJOR, s. m., officier-supérieur qui dirige l'administration et la comptabilité d'un régiment, et qui est chargé en outre de tout ce qui concerne le recrutement et l'état civil du corps. Major se dit d'un officier-supérieur qui, dans une place de guerre, est spécialement chargé des détails du service, sous l'autorité du commandant. Etat-major se dit en général des officiers et des sous-officiers d'un corps. Il se dit aussi des officiers-supérieurs d'un corps de troupes. Chef d'état-major, officier chargé de remplir auprès d'un officier-général ayant un commandement supérieur ou auprès d'un chef de service à l'armée, des fonctions analogues à celles que remplit le major-général auprès du généralissime. Etat-major de l'artillerie, du génie, officiers d'artillerie ou du génie, qui ne sont point attachés aux régiments de l'arme. Etat-major des places, corps des officiers destinés à remplir les fonctions de chefs d'état-major, d'aides-majors-généraux et d'aides-de-camp, ou à seconder les officiers de ces divers grades. Etat-major signifie aussi le lieu où sont les bureaux de l'état-major. Adjudant-major, officier chargé de commander et de surveiller le service dans un régiment, ainsi que de diriger l'exécution des manœuvres. Chirurgien-major, le premier chirurgien d'un régiment. Aide-major, chirurgien adjoint au chirurgien-major. Tambour-major, celui qui commande et dirige les tambours d'un régiment. On dit dans un sens analogue, trompette-major. Sergent-major, le premier des sous-officiers d'une compagnie. Ronde-major, celle que fait le major.

MAJOR (GEORGES), disciple de Luther, né à Nuremberg en 1402, fut élevé à la cour de Frédéric III, duc de Saxe. Il enseigna à Magdebourg, puis à Wittemberg, fut ministre à Eisleben, et mourut en 1574. Tandis que le maître rejetait la nécessité des bonnes œuvres, le disciple soutenait qu'elles étaient si essentiellement nécessaires pour le salut, que les petits enfants ne sauraient être justifiés sans elles. On a de lui divers ouvrages en 3 vol. in-fol. Ses partisans furent nommés *majorites*.

MAJORAT (*ancien droit féodal*), c'était autrefois un fidéicommis graduel, successif, indivisible et perpétuel, institué par le testateur dans l'intention de conserver jusqu'aux derniers temps son nom, ses armoiries, la noblesse de sa race, en rendant ses biens inaliénables entre les mains des aînés de sa famille. Son nom venait du latin *major* ou *natu major*, aîné, parce que c'était toujours à l'aîné des enfants que les biens devaient être transmis. Les majorats, dit-on, ont paru pour la première fois en Espagne; ils doivent, suivant cette tradition, leur origine à quelques lois faites à Toro, ville du royaume de Léon, dans une assemblée des états de l'an 1505. Comme ces lois ne se trouvent plus et que peut-être même elles n'ont jamais existé, on fait sortir les majorats de la loi que le roi Alphonse promulgua l'an 132 pour régler la succession à la couronne qui n'est pas autre chose, dit-on encore, qu'un majorat, étrange manière de raisonner! Qu'on se fût exprimé de la sorte en France où les femmes ne pouvaient pas succéder au trône, non plus qu'aux terres saliques parce qu'elles ne pouvaient satisfaire à la condition de la possession: le service militaire, cela se conçoit; mais en Espagne où les femmes succédaient à la couronne de même qu'aux majorats, ce langage doit paraître un peu surprenant. Quand la Franche-Comté passa de la domination espagnole à la domination Française, cette province ayant en vertu des traités, conservé ses usages et ses privilèges, les majorats s'y maintinrent, ceux du moins qui existaient; mais peu de temps après, il ne fut pas précisément défendu d'y fonder de nouveaux majorats; mais on mit tant d'entraves à leur formation qu'on y renonça; et il fallut se contenter des substitutions, telles que l'usage les tolérait alors en France. On voyait aussi des majorats, *majorazgos*, dans le Cambresis, la Flandre et l'Artois. Ces provinces ayant appartenu longtemps à l'Espagne en avaient adopté les usages. Mais on s'y écartait des principes espagnols touchant les substitutions, et les majorats y étaient soumis à la loi commune de France sur cette matière. Les majorats étaient perpétuels d'après leur nature et l'intention des fondateurs; nous voulons dire l'intention présumée ou primitive, car il n'était pas défendu à celui qui créait un majorat d'y apposer telle clause qu'il jugeait convenable, et de fixer à deux, trois, quatre le nombre des degrés de substitution. Il avait d'ailleurs une grande liberté pour ce qui concernait la dérogation aux lois de Toro, et il n'avait pas besoin de l'autorisation du prince pour fonder un majorat, à moins qu'il ne voulût y attacher une dignité. — En général, la disposition de la novelle 159, qui restreint à quatre le nombre des degrés de la substitution, n'avait pas lieu dans les majorats, et après la quatrième génération, la liberté d'aliéner les biens substitués ne pouvait revivre qu'autant qu'elle aurait été insérée dans l'acte de fondation; dans les cas ordinaires, ce majorat appartenait aux descendants en ligne directe et à défaut les collatéraux issus d'une souche commune, soit agnats, soit cognats du testateur, appelés à l'infini, chacun à son rang pour recueillir le majorat sans aucune préférence des mâles au préjudice des femelles, à moins que le fondateur n'eût réglé la chose autrement. Il importe peu d'ailleurs que certaines personnes aient été nommées et appelées et que d'autres, pouvant avoir droit, n'aient été ni appelées ni nommées... Il ne résulte de là qu'un droit de préférence en faveur de ceux qui sont nommés sur ceux qui ne le sont pas. Cela n'exclut nullement ces derniers qui viennent à leur rang, après ceux qui ont été nommés. Si le testateur n'avait pas marqué l'ordre de dévolution de son majorat on suit les mêmes règles que pour les successions *ab intestat*. On sent qu'avec ce caractère de perpétuité imprimé aux majorats, la représentation a lieu à l'infini, tant dans la ligne directe que dans la ligne collatérale. Dans son traité des majorats d'Espagne, Molina a parfaitement développé les principes de la matière. Le seul mot de majorat, selon cet auteur, renferme toutes les substitutions possibles jusqu'à l'infini. Le testateur en disant j'institue à titre de majorat est censé avoir dit : de majorat constitué avec tous les caractères d'inaliénabilité d'indivisibilité et de perpétuité qu'il tient de la loi. Du reste le majorat ne s'éteint pas avec ceux qui ont été appelés nommément; il se transmet et se constitue en faveur de tous ceux qui sont de la famille. Le mot *majorat* renferme tout. — La perpétuité est tellement de la nature du majorat, continue le même Molina, que lors même qu'il n'aurait été fait que pour une seule personne et ses descendants, il ne finit pas au dernier de ceux-ci; mais il passe successivement à tous les membres de la famille, et si la descendance directe est éteinte, il passe de plein droit aux collatéraux du testateur ou de l'institut tant du côté paternel que du côté maternel. Au reste, il en est à peu près en Espagne comme il en a été en France. Seulement la destruction des majorats s'est fait attendre en Espagne, un peu plus qu'il n'a fallu attendre en France l'abolition des substitutions. Les majorats avaient déjà reçu plusieurs atteintes avant la constitution qui les a supprimés. Quand les Français envahirent l'Espagne ils trouvèrent les esprits disposés à s'affranchir des institutions féodales. Quand ils voulurent s'emparer traîtreusement de cette contrée (ce ne fut point la faute de nos armées : elles obéissaient), ils éprouvèrent une vive résistance; des juntes se formèrent, et ces juntes s'arrogèrent la puissance administrative et législative firent comme avaient fait nos assemblées constituantes et législatives. Aujourd'hui l'Espagne n'a plus de majorats et elle ne s'en plaint pas.

MAJORAT. Louis XVI, *prince doué d'un cœur excellent et de qualités précieuses qui*, à tout autre époque auraient rendu la France heureuse, mais par malheur d'un caractère faible et irrésolu, s'était laissé arracher par son ministre Necker (à qui l'ingrate révolution aurait dû ériger des statues, car on peut bien affirmer qu'il en fut le premier artisan), son funeste consentement à la double représentation du tiers-état, et à ce qu'on votât par tête et non par ordre. Le résultat prévu ne se fit pas attendre, et par son fameux décret du 19 juin 1790, l'assemblée nationale déclara que la noblesse héréditaire était à jamais abolie. En conséquence elle supprima les titres de prince, de marquis, comte, vicomte, vidame, baron, etc., etc. Un second décret du 27 septembre 1791, soumit à des amendes et à d'autres peines tout citoyen français

qui insérerait dans un acte quelconque une des qualifications supprimées. Ainsi cette assemblée que domina constamment une minorité factieuse et turbulente, en abolissant toutes les distinctions sociales, ne fit qu'ouvrir une vaste arène à tous les ambitieux niveleurs qui voulaient abattre tout ce qui s'élevait autour d'eux pour rester de bout au-dessus des ruines; provoquer les haines particulières en blessant les intérêts d'une classe nombreuse qui par essence était le soutien du trône; diviser la nation en spoliateurs et spoliés; jeter dans les finances un désordre épouvantable; saper imprudemment toutes les bases constitutives de l'antique monarchie. La noblesse et le clergé avaient fait vainement entendre de justes réclamations; ces deux ordres avaient depuis longtemps offert de renoncer à tous leurs privilèges pécuniaires et de *consentir* à une égale répartition des impôts; on ne voulut rien entendre; les novateurs philosophes, *gros chacun d'un jacobin*, comme disait Rivarol, ne devaient se montrer satisfaits que lorsqu'il n'y aurait plus ni clergé ni noblesse. — Quand Napoléon fut poussé en quelque sorte au pouvoir par Mme de Beauharnais qu'il épousa par reconnaissance autant que par une sorte de préjugé superstitieux qu'il éprouva toujours, il entrevit que ce mariage lui donnerait les moyens d'opérer une fusion dans les partis qui tenaient la France encore divisée, fusion que dans sa propre ambition il regardait comme *nécessaire*, et ce fut là sans doute ce qui lui donna cette espèce d'idée de prédestination qu'il attachait à la durée de son union avec Joséphine. Pour triompher de cette pensée, que la nation du reste partageait avec lui, car l'opinion générale a toujours attribué à son divorce, le changement qui s'opéra dans sa fortune, il eut besoin d'un motif, d'un aiguillon puissant. Ce fut cette ambition désordonnée qui a fini par le perdre. — On peut présumer que lorsqu'il fit insérer dans la loi du 13 floréal an XI (3 mai 1803), le chapitre 6° qui permettait aux pères et mères de donner à un de leurs enfants, par acte entre-vifs ou par testament, la portion disponible de leurs biens, à la charge de les rendre à leurs enfants nés ou à naître, au premier degré seulement, ce qui formait une véritable substitution, il nourrissait déjà l'idée de ressusciter la noblesse et de fonder pour elle des majorats. Il développa ses intentions, lorsque parvenu au plus haut degré de puissance, il était certain de ne pas trouver d'opposition à sa volonté, et que les plus fiers républicains, enchaînés par la vanité dans leurs chaises sénatoriales, s'y maintenaient impassibles, ne conservant de mouvement que pour donner leur signe de consentement à la volonté du maître. Ce fut donc par le sénatus-consulte du 1er mars 1808, que se déroula le nouveau système féodal qui devait donner des *fidèles* au second Charlemagne. Les majorats sortirent de ce sénatus-consulte avec des titres héréditaires de *duc*, de *comte* et de *baron*, attachés à chacun d'eux, transmissibles par ordre de primogéniture dans la ligne masculine. Mais il fallait donner aux possesseurs des majorats les moyens de soutenir leurs dignités. Des biens plus ou moins considérables furent affectés à la dotation des majorats. Ces biens devaient être libres de tous privilèges et hypothèques, non grevés de substitution en vertu des articles 1048 et 49 du Code. Les rentes sur l'état et les actions de la banque de France pouvaient faire partie de ces biens, si toutefois elles avaient été préalablement immobilisées. — Napoléon s'exprimait dans son préambule de la manière suivante : « Le but de cette institution a été non-seulement d'entourer notre trône de la splendeur qui convient à sa dignité, mais encore de nourrir au cœur de nos sujets une louable émulation, en perpétuant d'illustres souvenirs, et en conservant aux âges futurs l'image toujours présente des récompenses, qui, sous un gouvernement juste, suivent les grands services rendus à l'état. » Les nouveaux titulaires devaient dans le mois de l'institution de leur majorat prêter un serment ainsi conçu : « Je jure d'être fidèle à l'empereur et à sa dynastie, d'obéir « aux constitutions, lois et règlements de l'empire, de servir Sa Majesté en bon loyal et fidèle sujet, d'élever mes enfants dans les mêmes sentiments de fidélité et d'obéissance, et *de marcher à la défense de la patrie toutes les fois que Sa Majesté ira à l'armée.* » Cette dernière clause qui tendait à faire revivre les obligations des anciens Leudes, et dont l'effet était de rendre les mutations fréquentes par le penchant un peu vif du suzerain pour les expéditions militaires, imposait aux possesseurs des fiefs, les majorats n'étant pas autre chose, une obligation qui ne pouvait manquer d'être dangereuse. Il est vrai que les fidèles de l'empire parvenaient presque toujours, par le crédit de leurs familles ou de leurs amis, ou en prétextant leurs fonctions à la cour, à se soustraire à l'exigence de la dernière clause du serment. Quand la restauration est venue, on convertit le sénat en chambre des pairs; il fallait bien conserver les majorats. Ces deux institutions tenaient l'une à l'autre par intérêt de vanité et d'origine commune. L'intention du roi était d'ailleurs de rendre ses titres à l'ancienne noblesse, sans pourtant lui restituer des priviléges devenus incompatibles avec le nouvel ordre de choses. La charte de 1814 autorisa les anciens nobles à reprendre leurs titres, et la noblesse nouvelle à conserver les siens. Les choses restèrent en cet état jusqu'en 1830. La nouvelle monarchie se trouvait, sinon dominée par l'opinion républicaine qui surgissait de toutes parts, du moins obligée de faire des concessions. La charte de 1830 reçut d'assez grandes modifications; toutefois la noblesse fut maintenue de même que la pairie; celle-ci seulement perdit l'hérédité. Quant aux majorats, il n'en fut pas alors question, mais le 13 mai 1835 il parut une loi qui interdisait pour l'avenir toute institution de majorat; et cela devait infailliblement arriver, ou bien il fallait autoriser les substitutions de tout le monde, c'est assez que les deux articles cités du Code aient autorisé la substitution au premier degré. On conçoit même sans effort le motif qui a déterminé le législateur. Un père peut avoir un fils prodigue, livré à l'obsession ennemie de gens qui aspirent à le dépouiller. En telle circonstance, la loi devait donner au père les moyens de venir au secours de ses petits-enfants; c'est ce qu'elle a fait, en lui permettant de grever de substitution le fils légataire de la portion disponible de ses biens. Et ces derniers mots sont à remarquer; ce n'est que sûr la quotité disponible que la substitution tombe; le père ne peut pas priver son fils de la libre disposition de la portion non disponible. Dans les majorats au contraire, il s'agissait d'une véritable substitution de biens de père en fils, et il y avait là une véritable anomalie entre la défense générale de substituer et le sénatus-consulte de l'an viii, et même ce sénatus-consulte était en opposition avec la disposition restreinte des deux articles cités. La restauration avait pu tolérer les majorats par la tendance qu'elle avait naturellement à faire revivre les institutions de l'ancienne monarchie sous laquelle les substitutions étaient permises et même favorisées; mais la monarchie de juillet, que les agitateurs de cette époque voulaient entourer (c'est-à-dire étouffer) d'institutions républicaines, ne devait pas souffrir cette institution fondée sur l'inaliénabilité des biens et des titres, tandis qu'elle avait dû consentir à la mutilation de la pairie. Aussi dès qu'elle se sentit assez forte pour lutter contre une opposition malveillante, elle fit rendre la loi de 1835, ayant soin toutefois de régler le sort des majorats déjà existants. Ainsi il fut décidé que ces majorats ne pourraient pas s'étendre au-delà de deux degrés, l'instituant non compris; que tout fondateur d'un majorat pourrait le révoquer en totalité ou en partie, ou modifier à son gré les conditions de l'institution; que cette faculté néanmoins ne pourrait être exercée dans le cas où il existerait un mariage non dissous ou laissant des enfants; mais dans ces cas même le majorat devait s'éteindre après les deux degrés à compter de l'appelé. Ainsi, quand le terme marqué par la loi nouvelle sera arrivé, tous les biens formant les dotations resteront libres dans les mains des derniers possesseurs, ceux même qui étaient grevés d'un droit de retour en faveur du domaine de l'état, sans que cette continuation de possession puisse porter atteinte à l'expectative ouverte en faveur du domaine, dans le cas prévu par l'acte d'institution. Napoléon en donnant des majorats à ses nobles voulut aussi les doter de biens suffisants. Pour cela il eut recours aux biens du domaine; mais il stipula le droit de retour pour le cas où il ne se présenterait plus d'appelé. La loi nouvelle a voulu faire cesser la contradiction entre le sénatus-consulte et le Code; mais elle n'a pas voulu dépouiller les possesseurs des biens qui leur auraient été donnés.

M.

MAJORDOME, s. m., mot tiré de l'italien et qui signifie maître-d'hôtel. On l'emploie en parlant des officiers qui servent en cette qualité à la cour de Rome, dans les autres cours d'Italie et en Espagne.

MAJORIEN (JULIUS VALERIUS MAJORIANUS), empereur d'Occident, était fort jeune lorsqu'il fut élevé à l'empire en 457, du consentement de Léon, empereur d'Orient. Il suivit la fortune du fameux Ricimer, qui paraissait dédaigner un trône, mais qui voulait régner sous le nom d'un monarque impuissant. Dès qu'il fut monté sur le trône impérial, il réduisit les Visigoths, et forma le projet de perdre les Vandales. Pour mieux connaître les forces de ses ennemis, il se déguise, passe en Afrique et va trouver Genséric leur roi, en qualité d'ambassadeur, sous prétexte de lui faire des propositions de paix. Il remarque dans le monarque vandale plus de fierté que de valeur, ne trouve dans ses troupes ni discipline ni courage, et aperçoit dans ses sujets un penchant extrême à la révolte. De retour en Italie, il hâta les préparatifs de la guerre et passa en Afrique. Genséric n'avait plus d'espoir, et sa perte était assurée, s'il n'avait trouvé parmi les Romains des traîtres qui lui livrèrent la plus grande partie de leurs vaisseaux. Majorien repassa en Italie pour réparer sa perte. Le Vandale, craignant les armes de ce héros, lui fit demander la paix, et l'obtint. Ricimer, généralissime des troupes de Majorien, jaloux de la gloire que ce prince s'était acquise, fit soulever l'armée, et massacra l'empereur en 461, après un règne de trois ans et quelques mois. Majorien était un prince courageux, entreprenant, actif, vigilant, aimé de ses sujets et craint de ses ennemis.

MAJORIN, premier évêque des donatistes en Afrique, vers l'an 386, avait été domestique de Lucile, dame fameuse dans cette secte, s'il ne fut ordonné parce qu'on voulait l'opposer à Cécilien. Quoique Majorin ait été le premier évêque de ce peuple rebelle, il ne lui donna pas son nom; Donat, son successeur, eut ce malheureux avantage.

MAJORITE (hist. rel.), membre d'une secte luthérienne fondée par Georges Major. Les majorites croyaient que les enfants eux-mêmes ne peuvent être sauvés sans bonnes œuvres.

MAJORITÉ, s. f., la pluralité des votants, des suffrages, dans une assemblée délibérante, dans un corps politique; des individus dans un pays, dans une nation. Majorité absolue, celle qui se compose de la moitié des voix plus une. Majorité relative, celle qui se forme simplement de la supériorité du nombre des voix obtenues par un des concurrents. Majorité signifie aussi absolument le parti qui, dans une assemblée, réunit ordinairement le plus grand nombre de suffrages. Majorité, en jurisprudence, signifie l'état de celui qui est majeur. Majorité signifie aussi la place de major. Dans ce sens il est vieux. Majorité (hist.) âge qui, à Rome, était fixé à 25 ans. Chez les Germains, les Ripuaires et les Burgundes, la majorité était fixée à l'âge où l'on peut porter les armes, c'est-à-dire à 15 ans. Majorité du roi, âge qui, selon les coutumes des Francs, était fixé à 15 ans; sous la seconde race, on le recula à 21 ans. Philippe-le-Hardi, en 1270, fixa la majorité de son fils à 14 ans accomplis, et Charles V, en 1374, ordonna que les rois de France seraient majeurs à 13 ans et un jour. Charles IX est le premier à qui se soit appliquée cette règle de la majorité du roi. La majorité du roi est maintenant fixée à 21 ans, comme celle de tous les citoyens. Majorité féodale (anc. légist.), âge auquel on faisait ou recevait l'acte de foi et hommage. Cet acte était fixé pour tout homme tenant fief à 20 ans et pour les filles à 15 ans accomplis.

MAJUMA, jeux ou fêtes que les peuples des côtes de la Palestine célébraient et que les Grecs et les Romains adoptèrent dans la suite. La fête n'était d'abord qu'un divertissement sur l'eau; dans la suite ce fut un spectacle régulier que les magistrats donnaient au peuple à certains jours. Ces spectacles ayant dégénéré en fêtes licencieuses, les empereurs chrétiens les défendirent, mais ils ne purent obtenir leur entière abolition.

MAJUSCULE, adj. des deux genres, terme d'écriture et d'imprimerie. Il n'est usité que dans ces expressions, lettre majuscule, caractère majuscule, grande lettre, lettre capitale. Il est quelquefois substantif féminin.

MAKI, lemur (mam.), genre de quadrumanes établi par Linné et Brisson. Ce genre ne pouvait manquer d'embrasser des êtres assez différents, et ne réunissait même pas tous ceux qui doivent aller ensemble. M. Geoffroy a établi dans ce genre plusieurs divisions mieux caractérisées. Ces animaux ont les quatre pouces bien développés et opposables et le premier doigt de derrière armé d'un ongle pointu et relevé; les autres ongles sont plats. Leur pelage est laineux. leurs dents commencent à nous montrer des tubercules aigus engrenant les uns dans les autres comme dans les insectivores. Les makis proprement dits, lemur, L., sont des espèces à museau allongé, à queue très longue et touffue. Ils ont à la mâchoire inférieure six incisives en bas, comprimées et couchées en avant, quatre en haut, droites, dont les internes sont écartées l'une de l'autre, des canines tranchantes, six molaires de chaque côté en haut, six en bas ; des oreilles peu volumineuses. Ce sont des animaux très agiles, que l'on a nommés singes à museau de renard, à cause de leur tête pointue. Ils vivent de fruits. Les espèces en sont nombreuses et n'habitent que dans l'île de Madagascar, où elles paraissent remplacer les singes qui, dit-on, n'y existent pas. Elles ne diffèrent guère entre elles que par les couleurs. Le mococo, Buff., xiii, 22 (*lemur catta*, L.) gris-cendré, à queue annelée de noir et de blanc. Le vari (L. *macaco*), varié par de grandes taches de noir et de blanc. Le maki rouge (*L. ruber*, F. C.) marron vif ; la tête, les mains, la queue et le ventre noirs ; une tache blanche sur la nuque, une touffe rousse à chaque oreille. Le mongous (*lemur mongos*, L.), Buff., xiii, 26, tout brun, le visage et les mains noires et d'autres espèces voisines ou variétés, telles que : le mongous à front blanc (*L. albifrons*, Geof.), Audeb. makis, pl. 3 ; brun, le front blanc. Les indris (*lichanotus*, Illig.) ont les dents comme dans les précédents, excepté qu'il n'y a que quatre incisives en bas. On n'en connaît qu'une espèce sans queue, de 3 pieds de haut. L'indri de Sonnerat (*lemur indri*), 2e Voy., pl. 86, noir, à face grise, à derrière blanc, que les habitants de Madagascar apprivoisent et dressent comme un chien pour la chasse. Les loris, vulgairement singes paresseux (*stenops*, Migr.) ont les dents des makis, seulement des pointes plus aiguës aux mâchoulières ; le museau court d'un dogulu ; le corps grêle, leurs yeux rapprochés, point de queue, la langue rude. Ils sont nocturnes, se nourrissent d'insectes, quelquefois de petits oiseaux ou quadrupèdes, et sont d'une lenteur excessive à la marche. M. Carlisle leur a trouvé, à la base des artères des membres, la même division en petits rameaux que dans les Vr. paresseux. On en reconnaît deux espèces, l'une et l'autre des Indes orientales. Voyez l'article Loris.   J. P.

MAL, s. m., ce qui est contraire au bien, ce qui est mauvais, nuisible, désavantageux, préjudiciable, etc. Prov., mal d'autrui n'est que songe, on est peu touché du malheur des autres. Mal signifie aussi ce qui est contraire à la vertu, à la probité, à l'honneur. Induire quelqu'un en mal, le porter à mal faire. Mettre une femme à mal, la séduire. Mal signifie encore douleur physique, maladie. Mal vénérien, mal contracté dans un commerce impur. Mal d'enfant, les douleurs d'une femme qui accouche. Mal caduc, haut mal, l'épilepsie. (*Voyez l'article* Epilepsie.) Prov., aux grands maux les grands remèdes, on le dit au propre et au figuré. Prov. et fig., tomber de fièvre en chaud mal, voir empirer sa position après un malheur, en éprouver un plus grand. Mal signifie souffrance, travail. Mal signifie en outre dommage, perte, calamité. Il signifie également inconvénient. Mal signifie, dans plusieurs locutions, discours désavantageux sur quelqu'un, ou interprétation défavorable et fausse donnée à quelque chose. Mal s'emploie aussi comme adverbe, et alors il signifie de mauvaise manière, autrement qu'il ne faut, qu'il ne convient, qu'on ne désirerait. Prendre mal une chose, s'en offenser. Se trouver mal, tomber en faiblesse, en défaillance. Être mal avec quelqu'un, être brouillé avec lui. Être mal, être sérieusement malade. Mal est adjectif dans les locutions : bon gré, malgré, bon an, mal an ; il a servi de même à former les mots malheur, malsain, etc. Mal des ardents, érysipèle ou anthrax épidémique, ou toute autre maladie inflammatoire caractérisée surtout par un sentiment de chaleur ardente. Mal d'aventure. On appelle ainsi de petits abcès qui surviennent le plus ordinairement à la suite d'un coup ou d'une piqûre près d'un des ongles de la main. Souvent aussi on a donné ce nom au panaris. Mal d'estomac, le vulgaire donne ce nom à toutes les sensations pénibles qui ont leur siège dans la région épigastrique, lors même que l'estomac y est tout-à-fait étranger. Lorsqu'une douleur nerveuse a réellement son siège dans l'estomac, elle a reçu le nom de gastralgie. Mal de mer, nausées ou vomissements pénibles dont sont ordinairement tourmentés ceux qui vont sur mer pour la première fois, et quelquefois même ceux qui voyagent depuis longtemps sur cet élément.

MAL (théol.) Le mal existe : il couvre la terre. L'imperfection, l'inégalité, la douleur, le péché, sont partout en ce monde, et la raison nous fait entrevoir, la foi nous découvre dans l'autre vie un abîme où tous les maux qui désolent la terre et ces maux incomparablement plus affreux se sont donné un rendez-vous dont les horreurs épouvantent l'imagination. Le fait de l'existence du mal et l'explication du péché et de ses suites est un des plus terribles et des plus dangereux problèmes que l'on puisse offrir à la raison hu-

maine. Il fatigua constamment la philosophie antique, et la précipita dans les plus absurdes erreurs, dans les théories les plus contradictoires. Toute philosophie sérieuse s'en est vivement préoccupée, et on le conçoit sans peine ; car le mal tient une si grande place dans l'homme, dans l'histoire de l'humanité et dans l'univers, et il est en même temps un mystère enveloppé de ténèbres si profondes qu'il a dû intéresser au plus haut point la raison, piquer sa curiosité, solliciter ses investigations et commander un examen attentif. Aussi tous les systèmes philosophiques, tous les symboles de croyances religieuses contiennent des solutions plus ou moins satisfaisantes, plus ou moins vraies, plus ou moins fausses, du grand problème du mal ; mais le plus souvent ces solutions renferment ou soulèvent des difficultés plus grandes que le problème en question. A la naissance de la philosophie en Orient, les uns nièrent le mal en le divinisant dans un vaste système de panthéisme absolu ; les autres l'attribuèrent à la matière ; la plupart s'efforcèrent de l'expliquer en imaginant plusieurs dieux ou génies, artisans et gouverneurs du monde, les uns bons et les autres mauvais et auteurs les uns du bien et les autres du mal. On simplifia ensuite cette théorie en réduisant ces dieux à deux principes, éternels, indépendants, l'un bon et l'autre mauvais. Les philosophes grecs se partagèrent ; les stoïciens attribuèrent le mal à la fatalité, à une nécessité aveugle, à l'imperfection essentielle de la matière première et éternelle, à l'impuissance où Dieu, qu'ils envisageaient comme l'âme du monde, se trouvait d'y apporter remède. Platon et ses disciples rejetaient le mal sur la maladresse et l'impuissance des dieux inférieurs chargés par le Dieu suprême d'organiser et de régir l'univers ; ils croyaient aussi que la matière éternelle renfermait un principe mauvais essentiellement rebelle à Dieu. Les épicuriens tranchèrent la difficulté en attribuant tout au hasard, la création comme le gouvernement des choses de ce monde. Presque tous les systèmes que nous venons d'indiquer aboutissaient aux sombres et désespérantes conceptions du fatalisme. « De ces différentes opinions, dit un écrivain catholique, sont nées dans la suite les diverses hérésies qui ont affligé l'Eglise. La difficulté de la question paraissait augmentée depuis que la révélation avait fait connaître le mal survenu dans le monde par la chute du premier homme. Comment se persuader que Dieu, qui avait laissé tomber la nature humaine, ait eu assez d'affection pour elle pour s'incarner, souffrir et mourir, afin de la relever et de la sauver ? Presque tous (les hérétiques des premiers siècles) attaquèrent la réalité de l'incarnation. Les valentiniens renouvelèrent le polythéisme de Platon, multiplièrent à plaisir les éons ou génies gouverneurs du monde. Les marcionites et ensuite les manichéens les réduisirent à deux principes, l'un bon et auteur du bien, l'autre méchant et auteur du mal. Plusieurs renouvelèrent la fatalité des stoïciens, et crurent comme eux à la matière éternelle. Pélage, pour ne pas donner dans les excès des manichéens, soutint que les maux de ce monde sont la condition naturelle de l'homme, et non la peine du péché originel. Pour répondre aux manichéens, qui objectaient la multitude des crimes dont le monde est rempli, il prétendit qu'il ne tenait qu'à l'homme de les éviter tous et de faire constamment le bien, sans avoir besoin d'aucun secours surnaturel. Les prédestinatiens et leurs successeurs crurent trancher le nœud de la difficulté en attribuant tout à la puissance arbitraire de Dieu, sans se mettre en peine de la concilier avec sa bonté. De ce chaos d'erreurs sont sortis ces derniers temps les divers systèmes d'incrédulité ; et dans le fond ce ne sont que les vieilles opinions ramenées sur la scène. On a renouvelé de nos jours toutes les objections des épicuriens et toutes celles des manichéens contre la Providence divine, soit dans l'ordre de la nature, soit dans l'ordre de la grâce ; Bayle s'est appliqué à les faire valoir. Les sociniens, révoltés contre les blasphèmes des prédestinatiens, sont redevenus pélagiens. Les déistes ont principalement argumenté sur l'épargne avec laquelle Dieu a distribué les dons de la grâce et les lumières de la révélation ; ils n'ont pas vu qu'ils faisaient cause commune avec les athées, qui se plaignent de ce que Dieu n'a pas assez prodigué aux hommes les bienfaits de la nature. Les indifférents, qui sont le très grand nombre, incapables de débrouiller ce chaos, ont conclu qu'entre le théisme et l'athéisme, entre la religion et l'incrédulité, c'est le goût seul et non la raison qui décide. » Le bon sens du philosophe, la raison éclairée par la lumière évangélique ont fait bonne justice de l'athéisme, du polythéisme, de l'épicurisme et du dualisme ; ces diverses erreurs ne peuvent plus prendre racine dans aucune théorie philosophique de quelque valeur. Personne aujourd'hui ne pense plus à faire valoir les arguments de Bayle ou des philosophes incrédules du dernier siècle ; mais la plupart des rationalistes de nos jours travaillent à faire prévaloir sous des formes nouvelles les solutions données autrefois par les panthéistes et les pélagiens ; et quoique les protestants modernes aient généralement abandonné les principes de Luther et le sombre fatalisme de Calvin, il se rencontre encore, parmi ceux que la foi n'a pas pénétré de sa vive et paisible lumière, bien des esprits qui s'agitent au bord de l'abîme creusé à plaisir par une imagination malade ou par une raison égarée. Le problème du mal, si terrible et si obscur en apparence, n'est pourtant pas insoluble ; car il suffit, pour en donner une solution plausible, de bien poser la question et d'en éclaircir les termes en attachant à chacun de ceux-ci une idée nette et précise. C'est ce que nous essaierons de faire. 1° Qu'est-ce que le mal en général et quelles en sont les diverses espèces ? 2° Quelle est l'origine du mal, c'est-à-dire pourquoi le mal est-il possible, et comment a-t-il existé sur la terre ? 3° La possibilité et l'existence du mal, la distribution des biens et des maux en ce monde se concilient-elles avec la notion de Dieu et de ses perfections ? Voilà, selon nous, les trois points de vue sous lesquels nous devons envisager le mal pour en expliquer la présence dans le monde et dans l'homme. Et disons-le une fois pour toutes avant d'entrer en matière : sans prétendre sonder les dernières profondeurs de cet abîme, nous croyons fermement que la saine raison et la foi véritable nous donnent sur ce point des principes évidents ou du moins des principes incontestables qui vengent la Providence divine de toute imputation d'injustice, de cruauté, etc., en même temps qu'ils restituent à la nature humaine sa dignité et qu'ils affranchissent l'homme de l'empire d'une fatalité aveugle et d'un désespoir aussi insensé qu'inévitable.

1° *Qu'est-ce que le mal en général ?* — Le mal se rencontre partout, et cependant on ne trouve dans aucune langue humaine son exacte définition. On ne peut clairement définir que ce qui est, or, le mal n'est rien de réel en tant que mal ; c'est une négation, ou plutôt une privation d'être, de vérité, de bien ; c'est en un sens, le non-être, ou le néant, le faux, l'opposé du bien. Le mal n'existe donc pas en soi ; il n'est ni un être réel, ni une substance, ni une nature ; on ne peut lui assigner aucune propriété positive, aucun attribut qui le distingue du néant. Séparez par la pensée tout ce que l'on nomme mal du sujet réel et concret, de l'être substantiel dans lequel il existe, essayez ensuite de vous en former une image ou une idée positive, vous ne le pourrez pas : l'imagination et la raison s'y refusent également. Dès que vous lui donnez, même par une simple hypothèse, un attribut, une réalité, une participation de l'être, quelque chose de positif enfin, la notion du mal vous échappe aussitôt. Du reste, tout attribut, toute réalité, toute participation de l'être tire de Dieu même son origine, a son type en Dieu qui est l'être par essence et le souverain bien ; mais le mal ne peut venir de Dieu, il ne peut avoir en lui son type ; l'affirmer, ce serait une contradiction dans les termes. Ainsi, quoiqu'il existe des êtres réellement mauvais, des êtres en qui le mal réside, ce mal n'est pas un être en soi : ce n'est pas même un mode réel de ce qui est, et on ne peut pas dire rigoureusement que ce soit une manière d'être ; parce que ce langage indiquerait quelque chose de réel et de positif. Il serait plus exact de dire que le mal est une manière de n'être pas. Le mal considéré généralement et en soi, abstraction faite du sujet ou de l'être concret dans lequel il réside, c'est donc le néant, c'est-à-dire l'opposé de l'être, du vrai, du bien et de l'ordre. L'être et le néant sont indéfinissables ; le vrai, c'est l'être considéré comme l'objet d'une perception adéquate de l'intelligence ; le bien, c'est encore l'être considéré comme l'objet auquel la volonté s'unit par le désir, par la jouissance et pour chercher, pour trouver dans cette union sa fin, sa perfection, son bonheur ; l'ordre, c'est toujours l'être considéré dans l'ensemble des relations qui découlent de son essence, ou qui sont appropriées à sa nature, mais sans être fondées, au moins immédiatement, sur l'essence des choses, quand il s'agit des créatures. Le mal peut donc être considéré sous quatre points de vue, comme l'être lui-même dont il est toujours une négation partielle ; il commence là où l'être, le vrai, le bien et l'ordre cessent d'exister ; on ne peut donc le concevoir que comme non-être. C'est ainsi que tous les Pères, sans une seule exception à nous connue, presque tous les théologiens catholiques, en

un mot, tous les grands métaphysiciens du christianisme, et en particulier, l'auteur des écrits attribués à saint Denis l'aréopagite, Tertullien, Origène, Grégoire de Nysse, saint Basile, saint Augustin, saint Ambroise, saint Léon, Boëce, saint Anselme, saint Bernard, saint Thomas, saint Bonaventure, Leibnitz, Bossuet, Fénélon, et une foule d'autres posent en principe général que le mal n'est rien de positif, de substantiel, qu'il n'a aucune réalité objective ; et ils en concluent qu'il n'émane pas de Dieu, qu'il n'a pas sa raison ni son origine en Dieu, c'est une négation, une limitation, une privation, une déchéance du bien. Écoutons l'auteur du *Livre des noms divins* ; il consacre tout le IVe chapitre, le plus long de cet ouvrage, à la question qui nous occupe. « Nous ne craindrons pas de dire que le mal ne peut provenir du bien, et, s'il provient du bien, il n'est pas le mal. Il n'est pas dans la nature de la chaleur de produire le froid, ni dans la nature de ce qui est bon de produire ce qui n'est pas bon. Si tout ce qui est vient du bien, car la nature du bien est de produire et de conserver, comme celle du mal est de corrompre et de détruire, rien de ce qui est ne vient du mal, et le mal ne peut être par lui-même, puisqu'il serait le mal pour lui-même (et par conséquent, il se détruirait lui-même.) Le mal ne peut donc exister qu'autant qu'il n'est pas absolument le mal, qu'autant qu'il renferme quelque partie du bien, qui est tout ce qu'il y a de positif en lui. » (*De divin nominib.*, c. IV, n° 21). Le philosophe auquel nous empruntons ce passage nous prouve ensuite que le mal ne vient pas de Dieu, parce qu'il n'est pas et qu'il ne peut pas être en lui, ni absolument ni accidentellement ; qu'il n'existe pas dans les bons anges (n° 22), ni dans les démons comme quelque chose de réel ou de positif, parce qu'ils ne sont mauvais qu'à raison de ce qui leur manque, qu'à raison des biens qu'ils possédaient et dont ils se sont dépouillés volontairement (n° 23) : il en est de même dans les âmes perverses (n° 24). Le mal n'est pas, comme réalité, dans les brutes (n° 25) ; la nature considérée dans son ensemble ne le renferme pas (n° 26) ; il n'est pas dans les corps, en tant que corps (n° 27), ni même dans la matière, en tant que matière (n° 28). Ainsi, pour tous les êtres, purs esprits, âmes et corps, le mal consiste dans la diminution et la ruine des biens qui leur sont propres. Bien plus, cette privation n'a pas en soi une force propre de contredire le bien, car si elle est totale, elle n'est qu'une impuissance absolue ; partielle, on ne la conçoit douée de quelque énergie qu'en la considérant en ce en quoi elle n'est pas privation (n° 29). D'où il suit que le mal étant l'opposé du bien, comme tout bien procède d'une cause unique et totalement parfaite, le mal résulte nécessairement de défectuosités multiples et particulières. Il n'est donc le résultat naturel d'aucune réalité ; car ce qui est contre nature, ne dérive pas de la nature, comme ce qui est irrégulier n'a pas sa raison dans la règle, ni le désordre dans l'ordre, ni les ténèbres dans la lumière. Dès lors, tout ce qui est, même ce qui est mauvais, a le bien, ou son apparence, pour principe et pour fin. On ne peut pas faire les choses mauvaises autrement que par amour du bien ; car personne ne peut agir en se proposant directement le mal. « Ainsi, le mal n'est pas une substance, mais un accident des substances, et on le fait non point en vue de lui, mais en vue du bien (n° 31). — « On ne doit donc pas attribuer au mal une existence propre et indépendante, ni un principe dans lequel il trouve sa raison d'être..... Donc le mal fausse la voie, n'atteint pas le but, trahit la nature, n'a ni cause ni principe formels, est en dehors de la fin, des prévisions, des désirs, et ne subsiste réellement pas. Par suite, il est une privation, une défectuosité, une faiblesse, un dérèglement, une erreur, une illusion ; il est sans beauté, sans vie, sans intelligence, sans raison, sans perfection, sans fixité, sans cause, sans manière d'être déterminée. Il est infécond, inerte, impuissant, désordonné, plein de contradiction, d'incertitude, de ténèbres, il n'a pas de substance et n'est absolument rien de ce qui existe (n° 32). » Nous pourrions citer un grand nombre de passages de saint Augustin, car il ne donne pas à sa controverse contre le manichéisme une autre base que cette théorie du mal : « Tout ce qui est, est bon, dit-il, et le mal dont je cherchais l'origine ne peut être une substance. S'il était une substance, elle serait bonne. Incorruptible elle serait un grand bien ; corruptible, elle ne pourrait être corrompue qu'autant qu'elle serait préalablement bonne. » (*Confess.*, lib. VII, c. 12). — « Il est facile de voir que la corruption ne nuit que parce qu'elle attaque l'état naturel d'un être, et par conséquent elle n'est pas sa nature, mais contre sa nature. » (*Contra epist. faudam.*, c. xxxv). — « Toutes les natures sont bonnes, parce que leur auteur est souverainement bon; mais parce qu'elles ne sont pas comme lui souverainement et immuablement bonnes, le bien peut-être augmenté et diminué en elles; or la diminution du bien est le mal. » (*Enchirid.*, c. xii). — « Si avant la commixtion dont parlent les manichéens (la commixtion du mauvais principe avec le bon), le bien n'existait à aucun degré dans ce qu'ils appellent le mal souverain, comment aurait-il pu s'y trouver une connaissance quelconque du bien, et d'où viendrait ce mouvement si digne de louanges, qui a porté, suivant eux, le souverain mal à s'unir au bien? » (*De duab. anim. cout. manich.*, c. xii). « Le mal, dit saint Ambroise, n'est que l'indigence du bien. » (*Lib. de Isaac*, c. vii). — « La vraie foi catholique confesse, dit saint Léon-le-Grand, que la substance de toutes les créatures soit spirituelles, soit corporelles est bonne, et que le mal n'est point une nature, parce que Dieu, qui est l'auteur de toutes choses, n'a fait que ce qui est bien, *nihil non bonum fecit.* » (*Epist.* 93 *ad Turibium*, c. vi). — Boèce exprime philosophiquement la même pensée : « Le mal n'est donc rien, dit-il, puisqu'il ne peut-être fait par celui qui peut faire toutes choses. — *Malum igitur nihil est, cum id facere ille non possit, qui nihil non potest.*» (*De consolat. philos.* lib. iii, Pros. xii). Enfin, Origène démontre la vérité de cette théorie par cet argument aussi péremptoire qu'il est court : « Le bien et l'être sont une même chose, dit-il ; or, d'une part, le mal est le contraire du bien, et de l'autre, le contraire de l'être c'est le non-être; d'où il suit que le mal est précisément le non-être ou le néant. » (tom. ii, *in Joann.*). Saint Thomas résume toute l'argumentation des Pères sur la nature du mal. Il distingue le mal considéré en soi du sujet en qui le mal réside, en d'autres termes, il distingue le mal de ce qui est mauvais. Ce qui est mauvais est une réalité, mais le mal, en tant que mal, n'est rien, c'est la négation, la privation de l'être : et le docteur Angélique le prouve par trois raisons fondées sur ce principe général : le bien est une réalité, c'est l'être en tant qu'il est désirable; or, le mal est précisément opposé au bien, et par conséquent à l'être, en tant que l'être est désirable; il est donc impossible que le mal soit quelque chose de réel et de positif. Car, 1° de même que toute réalité provient nécessairement de la cause première et universelle de l'être, ainsi toute réalité provient nécessairement du bien suprême et universel, puisque le bien suprême ne peut être conçu comme distinct de la cause première et universelle ou de l'être infini. Or, rien ne peut provenir du bien suprême et universel que le bien particulier et limité; comme il ne peut sortir de la cause première et universelle de l'être que l'être particulier et limité; donc, toute réalité est nécessairement un bien particulier, et en tant que réalité elle ne peut être opposée au bien; d'où il suit que le mal étant ce qui est opposé au bien, le mal, en tant que mal, ne peut être une réalité, mais la simple privation d'un bien particulier, privation qui ne peut se rencontrer que dans un être réel qui est lui-même nécessairement conçu comme un bien particulier. 2° Toute réalité tend d'une manière quelconque à l'union avec ce qui est approprié à sa nature ; or, tout ce qui provoque une tendance d'un genre quelconque à l'union, possède nécessairement en soi quelque bien ; donc, toute réalité positive tend à s'unir avec un bien quelconque, et ainsi toute réalité est nécessairement conforme au bien sous un rapport; le mal au contraire, ne peut avoir, en tant que mal, aucune conformité, aucune ressemblance avec le bien, puisqu'il est opposé au bien comme les ténèbres sont opposées à la lumière; le mal n'est donc pas une réalité; car s'il était une réalité, il n'éprouverait ni ne provoquerait aucune tendance à l'union avec d'autres réalités; il serait donc essentiellement privé de toute force attractive, de toute puissance de se mouvoir et de tendre à une fin, ce qui est contradictoire avec la notion de tout être réel. 3° Enfin, l'être en tant qu'être est souverainement désirable; car toute chose désire naturellement la conservation de son être propre, évite nécessairement tout ce qui tendrait à le détruire, et résiste de tout son pouvoir à l'action des causes qui tendraient à l'anéantir; donc, l'être est essentiellement désirable, et comme lui c'est le bien même; d'où il suit que le mal, considéré comme mal, étant de tout point et absolument opposé au bien et par là même absolument opposé à l'être, à l'être même et à tous les degrés de l'être. Or, il implique contradiction que l'être soit ainsi opposé à l'être; donc, le mal en soi ne peut être

conçu comme une réalité. Toutefois le mal ne peut résider que dans un sujet réel, parce qu'il est une privation du bien; et il n'y a qu'un sujet réel, ou un être subsistant, qui puisse être privé de quelque chose; il y a donc une différence essentielle entre ce qui est mauvais et le mal même (*De Malo*, q. 1°, art. 1). Fénélon a mis cette haute métaphysique à la portée de tout esprit un peu cultivé : « L'être, la vérité et la bonté ne sont qu'une même chose, dit-il; en voici la preuve. La bonté et la vérité ne peuvent convenir au néant; car le néant ne peut jamais être ni vrai ni bon à aucun degré : donc la vérité et la bonté ne peuvent convenir qu'à l'être. Pareillement l'être ne peut convenir qu'à ce qui est vrai ; car ce qui est entièrement faux, n'est rien ; et ce qui est faux en partie n'existe aussi qu'en partie. Il en est de même de la bonté : ce qui n'est qu'un peu bon n'a qu'un peu d'être ; ce qui est meilleur est davantage ; ce qui n'a aucune bonté n'a aucun être. Le mal n'est rien de réel ; il n'est que l'absence du bien ; comme une ombre n'est que l'absence de la lumière. Il est vrai qu'il y a certaines choses très réelles et très positives que l'on nomme mauvaises, non à cause de leur nature réelle et véritable, qui est bonne en elle-même en tout ce qu'elle contient, mais par la privation de certains biens qu'elles devraient avoir et qu'elles n'ont pas. » (*De l'exist. de Dieu*, 2e partie, chap. iii). Concluons avec Bonnet, que le mal n'a point de nature ni de subsistance. Car qui ne sait qu'il n'est autre chose qu'une simple privation, un éloignement de la loi, une perte de la raison et de la droiture? Ce n'est donc pas une nature, mais plutôt une maladie, la corruption, la ruine de la nature. De cette vérité, qui est si connue, le docte saint Jean Chrysostôme a tiré cette conséquence : comme le mal, dit ce grand évêque (*Homil. II, in Act.*), n'a point de nature ni de subsistance en lui-même, il s'ensuit qu'il ne peut pas subsister tout seul; de sorte que s'il n'est soutenu par quelque mélange de bien, il se détruira lui-même par son propre excès. » (*Discours sur l'honneur. — II. point*). Saint Thomas déduit les mêmes conséquences de la notion du mal ; il démontre que le mal ne peut exister en soi, mais seulement dans le bien fini, comme dans son sujet ; que le mal ne peut anéantir tout le bien, ou tout l'être concret dans lequel il réside, sans se détruire lui-même : et pour expliquer sa pensée, il distingue trois sortes de bien ; l'une qui est directement opposée à tel mal en particulier et que ce mal détruit par là même totalement; par exemple, la lumière qui est totalement détruite par les ténèbres, et la vue qui l'est pareillement par la cécité. Il est une seconde espèce de bien qui ne peut être ni totalement détruit, ni même diminué par le mal, et ce bien c'est l'être concret dans lequel le mal réside ; par exemple, les ténèbres qui résident dans l'air, ne diminuent en rien la substance de l'air. Il est une autre espèce de bien que le mal ne détruit pas entièrement, mais qu'il diminue, c'est l'activité du sujet en qui réside le mal, ou la faculté qu'il possède d'agir conformément à sa nature ; ainsi l'ignorance, l'erreur, qui sont le mal de l'intelligence, ne la détruisent point totalement, mais elles diminuent sa puissance d'agir conformément à sa nature, elles lui rendent plus difficile la connaissance de la vérité. De même le péché, qui est le mal propre de la volonté, diminue l'aptitude naturelle de celle-ci à recevoir la grâce, et augmente la difficulté qu'elle éprouve de se porter au bien. Résumons : le mal n'existe pas en soi, mais seulement dans le bien, dans l'être fini ; il n'est pas une réalité dans l'être en qui il réside, mais une négation, une limitation, une privation, une diminution, une déchéance de l'être, du vrai, du bien, de l'ordre; il n'existe pas de mal absolu, de mal suprême, comme il existe un bien absolu et suprême; le mal pur, le mal en soi ne se conçoit pas même comme possible, car ce serait le néant absolu. Le mal considéré généralement est donc ce qui est opposé au bien, ou plutôt à l'être, à la vérité, à la bonté, à l'ordre, et par conséquent à la beauté; on ne peut mieux le définir qu'en le nommant une *privation de l'être.* Mais la privation de l'être peut se concevoir de plusieurs manières : 1° comme une simple négation, ou comme l'absence d'une perfection dans tel ou tel être donné ; par exemple, la matière exclut la notion et la réalité de substance spirituelle, la pierre n'est pas douée de la faculté de voir ou de sentir, la brute ne possède pas la liberté morale ; il est évident que cette privation de l'être n'est pas un mal proprement dit, puisqu'elle est une suite nécessaire de la nature des êtres créés, ou plutôt elle est cette nature même ; puisqu'il serait contraire à la nature de la matière d'être une substance spirituelle ; puisque la pierre, restant pierre, ne peut ni voir ni sentir, et que la brute cesserait d'être telle, si elle avait la liberté morale. 2° La privation de l'être peut se concevoir comme une limitation dans les perfections ou les propriétés qui constituent son essence, ou qui conviennent à sa nature ; ainsi la substance matérielle peut être plus ou moins étendue, la lumière plus ou moins lumineuse, le lion peut être plus ou moins courageux, le cheval plus ou moins agile, l'homme peut posséder divers degrés d'intelligence, connaître un nombre plus ou moins grand de vérités, et les connaître plus ou moins parfaitement ; en d'autres mots, une nature peut être plus ou moins complète, plus ou moins bonne, sans changer essentiellement ; bien plus, toute nature créée étant nécessairement finie, et par là même essentiellement imparfaite. Cette privation de l'être n'est point un désordre, c'est un mal, mais un mal improprement dit ; c'est l'imperfection qui est le principe d'inégalité dans les créatures de même espèce, comme la négation ou l'absence de l'être est, dans le cas précédent, le principe de la diversité des espèces et des natures dans les êtres. Cette limitation de l'être est le mal d'imperfection, le mal qu'on est convenu de nommer, nous ne savons pas trop pourquoi, le *mal métaphysique.* 3° La privation de l'être se conçoit aussi comme une diminution, une déchéance du bien qui doit ou qui devrait se trouver dans un être de telle nature donnée. Cette diminution ne peut résulter que d'un acte volontaire et libre posé par un être intelligent et limité, par un être doué d'une liberté morale défectible ; cette déchéance constitue donc non-seulement une imperfection, mais une imperfection voulue contrairement à l'ordre établi par celui qui est l'ordre même, l'ordre absolu, essentiel, parfait, c'est-à-dire par Dieu, qui est la substance même de l'ordre. Ainsi, l'être intelligent et libre est voulu par Dieu avec tel degré d'être, de vie intellectuelle et morale ; il a reçu de son auteur le pouvoir, les moyens et le commandement de parvenir à tel degré de développement, et il refuse librement de tendre à cette fin, il n'atteint pas ce développement, il omet ce qui doit le conduire au terme, ou il fait ce qui l'en éloigne, en un mot, il viole la loi de l'ordre, et se prive ainsi volontairement d'un bien qu'il devait conserver ou acquérir ; cette privation constitue le mal moral, ou le péché qui résulte de l'abus volontaire de nos facultés morales et principalement de la liberté. 4° La privation de l'être se conçoit enfin comme une peine, une souffrance, un châtiment infligés aux créatures, tantôt comme le triste et nécessaire apanage de leur nature ou de la condition que Dieu leur a faite, tantôt comme la juste punition du péché, comme la suite des perturbations de l'ordre moral auquel l'ordre physique est sagement subordonné, de telle sorte que le premier ne peut être violé, renversé, sans que le second n'en ressente un peu plus tôt ou un peu plus tard le contrecoup. Ainsi l'homme innocent et fidèle avait reçu de la pure libéralité du créateur le privilège d'être exempt de toute souffrance et de la mort, devenu coupable, il a perdu ce privilége, et il s'est condamné lui-même à souffrir dans son âme et dans son corps et à mourir. Ce renversement de l'ordre, primitivement établi de Dieu, les douleurs qui en sont la suite constituent ce que l'on nomme le *mal physique.* Ce mal règne sur la terre depuis le péché seulement, et il régnera éternellement, car l'enfer n'est que le mal physique suprême, et il est de foi que les tourments des réprouvés ne finiront point. Ainsi, l'inégalité des créatures, leur imperfection, leur déchéance par le péché ou la perturbation de l'ordre moral, la souffrance qui, en droit, aurait pu être la condition naturelle de tout être tiré du néant et en particulier de l'homme, et qui néanmoins, en fait, n'est que le juste châtiment du péché, voilà tout ce que l'on peut nommer *mal*, et tels sont les quatre termes du grand problème que nous devons essayer de résoudre et que nous allons formuler dans la question suivante.

II. *Origine du mal.* — D'où vient la possibilité du mal, quel est le principe de cette possibilité ; comment le mal existe-t-il sur la terre, quelle est sa cause efficiente ? Pour bien préciser le sens de ces questions, il faut d'abord reprendre les distinctions que nous venons d'établir, et ensuite montrer le rapport qui existe entre les diverses privations de l'être ou les différentes espèces de mal. 1° Nous n'avons qu'un mot à dire de l'inégalité des créatures. Il est manifeste qu'elle vient de Dieu, et qu'elle n'est pas un mal, mais plutôt un bien. Elle vient de Dieu ; car, elle est fondée sur la diversité des essences qui constitue la diversité des espèces, et cette diversité spécifique résulte elle-même des divers degrés d'être ou de perfection que Dieu communique aux créatures en les pro-

duisant ; Dieu est donc la cause efficiente de la distinction spécifique et numérique des êtres, ou de l'inégalité des créatures spécifiquement ou numériquement distinctes. Cette inégalité n'est pas un mal, mais un bien ; car Dieu produit les êtres, dit saint Thomas, pour manifester en eux et par eux sa bonté, ses perfections ; or, une seule espèce d'être, un même degré de perfection, ne manifesteraient pas suffisamment la bonté et la sagesse de Dieu : la perfection de l'ensemble des êtres, ou la beauté et la perfection de l'univers impliquent donc la multiplicité, la distinction spécifique et numérique, et par suite l'inégalité des créatures. Du reste, n'est-il pas évident que cette inégalité est la condition nécessaire, le principe de l'ordre et de l'harmonie qui règnent dans le monde ? Si tout était soleil dans le monde, à quoi serviraient la lumière et la chaleur, puisqu'il n'y aurait absolument rien à éclairer, à échauffer, à féconder ; si tout était œil dans le corps, où serait la beauté du corps, cette beauté qui résulte principalement de la diversité, de l'exacte proportion, de l'ensemble des parties ; si tous les hommes étaient rois, à quoi bon tant d'autorités dont aucune n'aurait personne à commander ; si tous les hommes possédaient la force, la beauté, la santé, l'intelligence, la vertu au même degré, si tous étaient également parfaits, chacun se suffirait à soi-même et personne ne pourrait être utile aux autres, et dès lors combien de vertus seraient impossibles ? L'ordre et l'harmonie sont un bien ; qui penserait à le nier ? L'inégalité seule des créatures en est le principe ; elle est donc aussi un bien. 2° L'imperfection des créatures qui est aussi une privation du bien absolu, l'imperfection naturelle, ou comme dit l'école, le *mal métaphysique*, n'est pas un mal proprement dit, mais seulement un moindre bien, un bien relatif, partiel, incomplet ; ce n'est point un désordre, il ne renferme rien de contraire à l'essence des choses ou à la volonté divine qui est le principe de l'ordre. Cette imperfection, cette limitation, pour mieux dire, est nécessairement voulue par Dieu, comme la condition naturelle de l'existence des créatures, c'est l'attribut essentiel, inséparable de leur nature d'être créé. Tout ce qui sort du néant est essentiellement limité, car il ne peut être ni éternel ni infini. Ces limites constituent l'imperfection, la privation ; imperfection et privation qui sont dans la nature des choses : une créature souverainement parfaite serait Dieu ; c'est bien le cercle le plus carré qu'on puisse demander ; c'est une impossibilité absolue ; car il répugne même dans les termes, que ce qui a commencé soit éternel, et que ce qui a reçu l'être le possède en propre. Que la limitation et l'imperfection soient un moindre bien, rien de plus évident. Mais, ou bien il y a imperfection totale, c'est-à-dire absence de tout bien, de tout être, et alors il ne reste plus rien, pas même le sujet de la privation, mais le néant pur, et le mal lui-même, ou la limitation, l'imperfection, disparaissent avec la substance en laquelle seule il était possible ; c'est en ce sens que les anciens Pères ont dit que le mal absolu ne se pouvait concevoir, parce qu'il se détruit par son excès même : ou bien il y a seulement imperfection partielle, et dans ce cas elle n'est que la limitation d'un bien fini, c'est le bien lui-même qui est tout ce que limité ; le bien subsiste donc, au moins en tant qu'être concret, en tant que sujet de la privation, et il subsiste avec les propriétés réelles qui constituent son essence, il reste avec la capacité non moins réelle de recevoir des perfections ultérieures compatibles avec sa nature. Il n'y a donc point ici encore de mal proprement dit, il n'y a pas désordre, mais seulement un bien qui n'est ni infini ni absolu, un bien limité, relatif. Du reste, il est clair, comme nous le verrons plus loin, que dans l'hypothèse de la création, le mal métaphysique est absolument nécessaire, et il s'explique par cette nécessité même. 3° Le mal physique, considéré dans son origine, sa cause peut se concevoir, ou bien comme une suite nécessaire de l'imperfection native des créatures, comme leur condition naturelle ; ou bien comme une suite de la perturbation volontaire de l'ordre moral, comme le châtiment du péché. Or, il n'est pas un mal proprement dit ni sous l'un ni sous l'autre de ces deux points de vue, mais un véritable bien qui a pour auteur un Dieu souverainement sage, infiniment juste et bon. Qu'est-ce que le mal physique, en tant qu'il est une suite nécessaire de l'imperfection des créatures, en tant qu'il est leur condition naturelle ? C'est la variabilité, le mouvement, la production, le développement, la lutte mutuelle et la destruction des êtres matériels ; c'est le travail de l'esprit et de la volonté que les êtres intelligents doivent accepter ou s'imposer pour tendre à leur fin suprême qui est de connaître la vérité, d'aimer et de posséder le souverain bien ; c'est enfin, dans les êtres composés d'un corps et d'une âme, le même travail de l'esprit et de la volonté uni à l'action extérieure plus ou moins inséparable d'une certaine fatigue, d'une certaine souffrance physique. Or, rien en cela n'est un mal proprement dit ou un désordre, c'est là, au contraire, le résultat inévitable des lois générales qui régissent l'univers, et ces lois ne sont elles-mêmes que l'expression des rapports naturels qui existent entre les différents êtres de la création : ces lois sont bonnes en ce sens qu'elles établissent l'ordre, qu'elles sont conformes à l'essence des êtres et qu'elles les conduisent à leur fin propre, en même temps qu'elles concourent à l'harmonie de l'ensemble. On ne peut regarder comme mauvais pour une nature particulière que ce qui la combat, l'affaiblit, la dépouille de ses instincts et de ses facultés propres, que ce qui l'empêche d'arriver à sa fin, qui est précisément de concourir comme moyen à la fin générale de la création. Mais ce qui modifie une nature, ce qui la développe ou la limite, ce même qui la détruit, si cette destruction n'est pas contraire à son essence et qu'elle contribue au maintien de l'ordre général, cela n'est point un mal proprement dit, mais un bien. On ne peut bien juger de la bonté, de la perfection des parties d'un tout que par les rapports qu'elles ont avec ce tout : ainsi l'ombre se combine avec la lumière, et c'est de cette combinaison que ressort la vérité et la beauté du tableau. « La nature totale, l'ensemble des mondes étant formé d'êtres divers, dont les lois respectives ne sont pas les mêmes, il s'ensuit assurément que ce qui convient à l'un ne convient pas à l'autre. Mais dans cet antagonisme même, dans ce déplacement des forces et des éléments de l'univers, il n'y a qu'une transformation au bénéfice de l'ordre général, et ce qui semble périr sous une forme revit en réalité sous une forme nouvelle. D'après cela, la fureur et la convoitise des brutes, et les autres qualités qu'on nomme ordinairement funestes parce qu'elles fatiguent et blessent d'autres organisations, ne sont point un mal. Otez au lion sa force et sa fureur, ce n'est plus un lion ; ôtez au chien sa sagacité à discerner les personnes de la maison, pour les accueillir, d'avec les étrangers pour les écarter, ce n'est plus un chien, et vous avez privé le monde de deux classes d'êtres qui l'embellissent, le complètent et entrent dans l'ordre universel pour y remplir d'utiles fonctions... Même la perte de la vie n'est pas pour les corps une complète ruine et une entière destruction ; car, en se décomposant, ils conservent encore quelques qualités et manières d'être, et les éléments dont ils étaient formés retrouvent une place dans la totalité des choses et continuent à subsister, du moins à l'état passif et avec la capacité de recevoir des modifications nouvelles et. une organisation ultérieure. » (Introd. aux œuv. de S. Denys l'areop., par M. Darboy.) Tout ce qui précède n'est que l'explication et le développement de ce principe de saint Thomas : « Il est sage de ne pas tenir compte d'un défaut partiel, quand ce défaut contribue à la perfection du tout : Ad prudentem gubernatorem pertinet, negligere aliquem defectum bonitatis in parte, ut faciat augmentum bonitatis in toto. » (D. Thom. contra gent., lib. II, cap. 71.) Considéré comme une suite nécessaire de l'imperfection des créatures, ou plutôt de la création elle-même, le mal physique n'est que le résultat des lois générales du monde, c'est le maintien de l'ordre établi ; ce n'est donc pas un mal véritable, mais un bien comme la création elle-même : prétendre le contraire ce serait affirmer que la création est mauvaise, impossible, que le néant est préférable à l'être fini ; or, c'est là une contradiction dans les termes, une absurdité manifeste. Que si nous envisageons le mal physique comme une suite du péché, toutes les difficultés disparaissent ; car l'ordre physique étant subordonné à l'ordre moral, celui-ci ne peut être troublé que celui-là ne ressente le contre-coup des révolutions opérées par les êtres intelligents qui abusent de leur liberté pour violer les lois de leur nature. Dès lors ce mal ne vient pas de Dieu, il est exclusivement l'ouvrage de l'homme ou de tout être libre qui se meut volontairement, sciemment en opposition avec Dieu, principe et substance de l'ordre, législateur suprême et arbitre souverain des destinées de toute créature. Mais si tous les maux qui affligent l'humanité dans son état présent, maux de l'âme et de l'esprit, souffrances du corps, crimes, ignorances, erreurs, maladies et mort, ne sont que le triste résultat et le juste châtiment d'un premier acte mauvais, du péché d'une créature qui a violé sa loi et posé son vouloir désordonné contre le vouloir souverainement efficace, sage, équitable et bon du Créateur, n'est-il pas évident que Dieu

n'est l'auteur du mal physique qu'en tant qu'il est l'auteur de l'ordre et du bien? car l'ordre c'est le bien, et plus l'ordre est parfait, plus aussi le châtiment du péché ou du désordre par excellence est terrible, inévitable. Or, ceci n'est point une hypothèse mais une réalité ; l'homme ne souffre que parce qu'il est coupable. Dieu lui avait donné librement et gratuitement le privilége de l'impassibilité et de l'immortalité ; il ne lui donnait à aucun titre, et il ne s'était engagé à le conserver au premier père de la race humaine et à toute sa postérité, qu'à la condition formellement exprimée que ce père serait ne le perdrait point en péchant ; la condition n'ayant pas été remplie, le privilége n'existe plus : où est l'injustice, la cruauté, sinon en celui qui, par sa propre faute, a perdu pour lui-même et pour tous ses descendants un faveur que Dieu ne devait à personne? L'homme a repoussé la grâce et il a perdu le bienfait surnaturel que le Créateur y avait attaché ; il est retombé dans la condition de sa nature, mais sans rien perdre de son essence, car Dieu, dit l'Église catholique, aurait pu le créer tel qu'il est aujourd'hui, soumis aux mêmes infirmités, aux mêmes passions, aux mêmes douleurs ; en un mot, l'homme pouvait sortir des mains de Dieu avec toutes les misères qui l'accablent, moins le péché (V. Péché originel). Ainsi d'une part, l'homme, même coupable, n'éprouve aucune souffrance qui ne soit pas une suite sinon nécessaire, du moins naturelle de sa condition d'homme ; et de l'autre, il est certain que l'homme n'est soumis aux misères de sa condition que parce qu'il s'est dépouillé lui-même d'un privilége qu'il tenait de la pure libéralité de Dieu. Il y a plus encore ; le mal physique envisagé comme châtiment n'est pas seulement une justice, c'est aussi une nécessité ; car Dieu ne peut pas plus se dispenser de punir le péché que de vouloir et de maintenir l'ordre. Dieu veut nécessairement l'ordre, et il ne serait plus ni juste, ni bon par essence s'il en était autrement ; il cesserait d'être Dieu, si les créatures pouvaient impunément se soustraire à l'empire qu'il a établi pour le bien général. C'est donc en vain que les êtres libres voudraient s'agiter, se révolter, ils ne pourront jamais sortir de l'ordre divinement institué. Or, Dieu a une double législation : l'une de raison , de justice et de bonté pour les créatures intelligentes, l'autre de puissance et de force pour les êtres matériels ; et ces deux législations n'en font qu'une, parce que la seconde est subordonnée à la première, elle en est la sanction ; l'homme n'échappe donc à la première que pour tomber dans la seconde : quand il se révolte contre le pouvoir divin par le péché, quand il s'oppose à la loi morale, expression de la volonté de Dieu, il devient sujet de la force et se brise contre les lois générales qui régissent le monde. Tout l'univers est formé sur un même plan, et chaque classe d'êtres est régie par des lois qui concourent toutes à l'accomplissement d'un dessein unique ; les êtres matériels ne peuvent se révolter contre Dieu, soumis qu'ils sont à des lois inévitables et nécessaires ; ces lois font partie de l'ensemble général de l'ordre ou du vouloir divin ; toute désobéissance dans un être libre, tout péché place donc le coupable dans un état d'opposition avec le plan divin manifesté partiellement par les lois générales de l'univers. Le vouloir divin s'exécute infailliblement par l'accomplissement de ces lois nécessaires, et comme il est un, parce qu'il se résume dans une fin unique et suprême, l'homme ne peut se révolter contre Dieu sans que la nature, qui lui est soumise, ne s'arme pour venger son auteur. C'est dans la nature considérée comme l'ensemble des lois générales qui punit elle-même le mal moral, et châtie le pécheur pour le faire rentrer dans l'ordre divinement établi. Ainsi demander pourquoi et comment le mal physique est possible, pourquoi il règne dans un monde créé par celui qui est le souverain bien, par la puissance absolue, gouverné par la justice et la sagesse suprêmes, c'est demander pourquoi le pécheur ne renverse pas du même coup l'ordre physique et l'ordre moral ; pourquoi, étant le maître de celui-ci, il ne l'est pas encore dans celui-là ; pourquoi le premier est subordonné au second de telle sorte qu'on ne puisse violer celui-ci sans se mettre en opposition avec celui-là ; pourquoi il y a unité, sagesse dans le plan de l'univers ; pourquoi Dieu ne bouleverse pas ce plan et ne suspend pas les lois nécessitantes de la nature, toutes les fois qu'il plaît à une créature libre de l'outrager ; pourquoi enfin il ne substitue pas les injustes caprices de chaque coupable aux lois de l'ordre universel. Autant vaudrait demander pourquoi Dieu n'ôte pas au feu son activité ou aux corps leur pesanteur spécifique, quand un fou s'avise de se précipiter dans une fournaise ardente ou de se jeter à l'eau.

C'est donc la nature armée de ses lois, c'est l'ordre même qui châtie le coupable dans son corps et dans son âme; dans le corps par la maladie, la douleur et la mort prématurée, dans l'âme par la souffrance, les chagrins, le remords, l'ignorance, l'erreur, la convoitise, les désirs trompés, etc.; avant le péché, rien de tout cela n'existait, et tout cela est justice, sagesse, depuis le péché. Ce n'est pas assez dire; le mal physique qui atteint les coupables est un grand bien, parce qu'il est un puissant moyen de prévenir, d'expier et de réparer le péché même : il n'est pas seulement la sanction de l'ordre moral, mais encore il s'harmonise merveilleusement avec lui. Il est la source féconde des vertus les plus parfaites et le principe du mérite : la compassion, la charité, le dévouement seraient impossibles s'il n'y avait ni douleur à soulager, ni pauvres à secourir, ni ignorants à instruire, ni malheureux à consoler, à servir, à sauver des périls qui les menacent. Il n'y aurait plus de place sur la terre ni dans le cœur de l'homme pour le courage, la résignation, l'héroïsme, si le mal ne régnait pas en ce monde. Quoi de plus grand, de plus digne d'admiration que le juste aux prises avec l'adversité? Si tout ici-bas était jouissance et délices pour l'homme même coupable, il se persuaderait facilement que cette terre d'exil est sa patrie, que ces jouissances sont tout son bonheur; il oublierait sa véritable fin, se fixerait dans le mal, ne penserait plus ni à rentrer dans la voie du devoir, ni à se préparer par la vertu une autre gloire, d'autres richesses, d'autres joies que celles du temps. L'homme perdrait donc en vertus, en mérites, en grandeur dans l'ordre moral ce qu'il gagnerait en bien-être dans l'ordre physique. Résumons : 1° L'homme souffre parce qu'il est une créature imparfaite, bornée dans toutes les parties de son être, et incapable par-là même de jouir ici-bas d'un bonheur pur et sans mélange; il faudrait, pour qu'il en fût autrement, que Dieu dérogeât sans cesse aux lois générales de la nature. 2° La foi enseigne que, dans le principe, Dieu avait réellement dérogé à ces lois et accordé à l'homme avec la grâce et l'innocence l'heureux privilège de ne point souffrir, d'être exempt de toutes les misères attachées à sa condition d'homme. 3° Il est aussi de foi que l'homme est déchu, par sa faute, de cet état d'innocence, qu'il s'est privé lui-même de ce bonheur en se dépouillant de la grâce qui en était la source : il ne souffre donc que parce qu'il est coupable, que parce qu'il l'a voulu, et les descendants du premier coupable ne souffrent eux-mêmes que parce qu'ils naissent privés de la grâce que Dieu ne doit à personne; il ne souffrent que les maux dont leur condition naturelle est le principe et par conséquent l'explication. 4° Les coupables ne souffrent que parce que l'ordre physique étant la sanction de l'ordre moral auquel il est subordonné, tout crime place son auteur sous le coup des lois immuables de la nature, et la nature, fatalement soumise à Dieu, est toujours armée du glaive inexorable de la douleur pour venger son maître, pour rétablir l'ordre moral; cependant, elle est, non pas le bourreau qui tue, mais le sage médecin qui ne porte le fer et le feu dans les plaies que pour guérir, qui ne retranche les parties malades que pour sauver le corps entier; elle ne sévit contre un individu que pour prévenir la perte de plusieurs; elle ne frappe le corps que pour guérir l'âme; elle n'afflige l'âme que pour la ramener dans la voie. Le plus souvent donc l'homme ne doit accuser que lui-même de ses malheurs; il ne peut les imputer qu'à la sagesse et à la miséricordieuse bonté de Dieu : s'il était plus modéré dans ses désirs, plus raisonnable, plus sage dans ses projets, plus soumis aux lois de sa nature, plus sobre, plus tempérant, plus ami de lui-même, plus ennemi des voluptés et des vices qui énervent le corps dans la même proportion qu'ils dégradent l'âme, il verrait disparaître la plupart des maux qui l'accablent. 5° Enfin, si vous ôtez le mal physique, qui est tout à la fois le juste châtiment et le remède le plus efficace du péché, l'ordre moral est livré aux caprices des coupables, menacé d'une ruine totale parce qu'il n'a plus de sanction suffisante; au contraire, laissez subsister la souffrance, et l'ordre moral subsiste lui-même dans toute sa beauté, parce que le malheur porte les coupables au repentir, contribue puissamment à développer dans l'homme toutes les belles qualités de l'esprit et du cœur, à l'élever au plus haut point d'héroïsme, à épurer, à perfectionner la vertu du juste, à lui donner plus d'éclat et de mérite, à faire naître des vertus nouvelles qui sont comme la mesure de notre grandeur morale. Concluons donc avec Leibnitz, que « permettre le mal, comme il le permet, c'est la plus grande bonté :

Si mala sustulerat , non erat ille bonus. »

Du reste, ajoutons-nous avec M. Frayssinous, « Prenons garde de nous tromper sur le bonheur. On n'est heureux ni par la fortune, ni par les dignités, ni par le savoir, ni par les plaisirs du monde, ni par la solitude; mais on est heureux par le témoignage d'une conscience sans reproche : c'est là que se trouvent la paix, le plaisir solide de l'âme, le bonheur; et dans cette matière, nos écrivains sacrés se sont montrés bien plus éclairés que tous les sages de l'antiquité. Ce bonheur est au pouvoir de tous, et il n'est au pouvoir de personne de nous le ravir; il est indépendant de tous les accidents de la vie humaine; il reste dans nous quand tout périt autour de nous. L'homme vertueux peut bien souffrir, mais, dans le calme de son âme pure, il ne voudrait pas changer sa destinée contre celle des méchants qui semblerait être les plus heureux des mortels; et les chaînes dont il pourrait être chargé lui seraient plus douces que toutes les couronnes du vice triomphant. » (*Conf. T. I, sur la Provid. dans l'ordre moral.*) La thèse que nous venons de soutenir a soulevé bien des objections; mais comme elles s'attachent presque toutes à la distribution inégale des biens et des maux, et que la solution de ces difficultés se déduit des principes que nous allons poser sur la nature, sur l'existence du mal moral, nous renvoyons à la IIIe partie de notre travail l'exposé de ces objections et de nos réponses. D'ailleurs, quoique le mal physique ait, en droit, la raison de son existence dans l'imperfection native et nécessaire des créatures et de l'homme en particulier, comme, en fait, il n'existe que par suite du mal moral dont il est la punition et le remède, son existence sous un Dieu divinement bon et sage ne s'explique avec une clarté parfaite que par le péché qui n'est pas seulement une imperfection ou un moindre bien, mais un mal réel, positif, effectif, absolu, le seul mal proprement dit; toutes les obscurités, les difficultés du problème complexe qui nous occupe, se concentrent donc en un seul point, l'existence du mal moral qui est le dernier des quatre termes de ce problème. 6° Le mal du péché est-il une créature de Dieu? a-t-il du moins le fondement de sa possibilité en Dieu? Comment peut-on expliquer son origine et concilier le fait de son existence avec la notion de Dieu? On a imaginé bien des systèmes; dans des hypothèses pour porter en Dieu sinon le péché même ou sa cause efficiente, du moins la raison première de sa possibilité. Les panthéistes qui n'ont pas nié absolument l'existence du mal, ont soutenu que le mal même du péché n'étant que l'opposé du bien, que le monde et tous les êtres qu'il renferme n'existant en vivant que par l'opposition, les deux termes de cette opposition, le mal et le bien, sont également nécessaires, également produits par la cause première; que Dieu voulant faire le monde, ne pouvait pas plus le produire sans le mal proprement dit, que le peintre ne pourrait faire un tableau sans ombre; que le mal n'est que l'ombre de Dieu comme le bien est son image, tombées l'une et l'autre dans le fini et soumises aux conditions de l'espace et du temps, etc.; nous ne perdrons pas le temps à réfuter ces éblouissantes absurdités : exposons simplement nos réponses aux questions qui viennent d'être posées. D'abord le mal, comme tel, n'est pas créature de Dieu : Dieu est le bien absolu, infini; or, le bien absolu ne peut pas plus produire le mal que la lumière ne peut répandre les ténèbres; l'être ne produit pas le néant, ni la vérité l'erreur, ni l'ordre le désordre, ni la sainteté le péché; ce serait une contradiction dans les termes. Le péché en tant que péché n'est pas une substance, il n'y a pas de mal moral objectif; nous l'avons démontré. Quand donc l'intelligence trompée d'une créature et sa volonté séduite se décident pour le mal, elles s'éloignent du vrai et du bien, elles se privent d'une portion d'être, d'une perfection, d'une réalité, elles descendent vers le néant par un acte désordonné, et ce qu'il y a de positif dans cet acte n'est pas mauvais en soi, ce qui est mauvais n'est nullement imputable à Dieu, parce qu'il n'a pas et qu'il ne peut même pas avoir en Dieu la raison d'exister ou même d'être possible, comme nous le montrerons plus loin. On dit : le mal moral n'est pas nécessaire en soi; or, ce qui n'est pas nécessaire en soi ne peut exister que parce que Dieu le veut ou le permet; ce mal n'existe donc que parce que Dieu l'a voulu ou permis. Dans le premier cas on nie, et dans le second on limite la bonté divine. Les disciples d'Épicure ajoutent : si le mal moral suit la nécessité de la liberté, Dieu qui a fait les êtres libres, est la vraie cause du mal; si, au contraire, ce mal ne suit pas nécessairement de la liberté, ou bien Dieu n'avait pas prévu ce mal, et il manque de sagesse; ou bien il l'a prévu, mais il n'a pu l'empêcher, et alors il n'est pas tout puissant; ou enfin il l'a pu, mais il ne l'a point voulu, et dans ce cas il n'est ni infiniment bon ni infiniment saint. On répond, en substance, que si la possibilité du mal moral est la condition nécessaire d'un bien plus grand que celui qui pourrait résulter de l'impossibilité absolue du mal, il suit que le péché, tout en restant un mal réel, n'est cependant pas un mal absolu, puisqu'il concourt à la perfection de l'ensemble des êtres, et qu'ainsi il rentre dans l'ordre universel. Or, d'une part, il est évident que la possibilité du mal est une suite nécessaire de la liberté morale, et de l'autre, que l'existence de créatures douées de cette liberté est un bien plus grand que leur non-existence. Tout se réduit donc à prouver que le libre arbitre des créatures implique la possibilité du mal moral, et qu'il est lui-même un plus grand bien. Or, en fait, le péché ou l'infraction des lois de l'ordre moral ne vient que de la libre volonté de la créature intelligente; et en droit, il est absolument impossible lui assigner une autre cause. D'un autre côté, on essaierait en vain de concevoir des créatures qui seraient à la fois libres et incapables de faire le mal; car le bien, en elles, ne pourrait dériver nécessairement de la perfection de leur volonté, qu'autant que cette perfection serait absolue et sans limites, c'est-à-dire, invinciblement portée au bien par sa propre nature; si on la suppose imparfaite, le bien ne peut en dériver nécessairement, à moins d'une action extérieure, irrésistible qui imposerait à la créature une véritable nécessité d'obéir à la loi; or, cette action serait précisément la destruction de la liberté morale : donc, l'imperfection de l'être intelligent, l'existence d'une loi morale, et la liberté étant données, le mal moral est possible; car la liberté d'une créature imparfaite est elle-même nécessairement imparfaite, par conséquent défectible ou capable de se porter au mal comme au bien, d'observer ou de transgresser la loi morale essentiellement obligatoire. Or, 1° l'imperfection de la créature n'est pas un mal proprement dit, c'est une suite nécessaire de son essence. L'incréé seul est parfait ou infini. Cette imperfection n'est donc pas un mal que Dieu puisse empêcher; elle est même un bien en ce sens que la création est un bien elle-même, et que création et imperfection sont des termes corrélatifs. Se plaindre de l'imperfection des êtres créés, c'est se plaindre de ce qu'il y a des créatures; c'est accuser Dieu d'avoir communiqué hors de lui l'intelligence, la force, l'amour, la vie, l'être. 2° La loi morale est un bien et un bien nécessaire, elle dérive de l'essence des choses, puisqu'elle subordonne les créatures à Dieu et qu'elle leur trace la voie qu'elles doivent suivre pour atteindre leur fin, le bonheur suprême : elle est nécessaire comme Dieu même, n'étant, à vrai dire, que la plus haute manifestation de la sagesse infinie, la consécration de l'ordre qui est lui-même l'expression de la volonté souverainement droite, bonne et sainte de Dieu. 3° Enfin, la liberté même imparfaite, est une grande perfection dans l'être intelligent, sa prérogative la plus excellente : c'est un bien fini, à la vérité; mais c'est l'unique moyen d'arriver à la vertu, et par la vertu au véritable bonheur, à la seule félicité conforme à la nature de l'être intelligent. Elle est donc pour celui-ci le plus grand bien, le principe de sa prééminence sur les autres créatures, la condition nécessaire d'un monde parfait et digne de Dieu. La possibilité du mal moral se concilie donc avec la bonté et la sagesse divines. Otez cette possibilité, il n'y a plus de libre arbitre; sans libre arbitre, la nature humaine, la créature intelligente n'existe plus; sans l'homme et l'ange, l'univers n'est plus qu'une immense machine dont on ne connaît plus le but, une œuvre inutile et bien inférieure au monde actuel, c'est-à-dire moins digne de Dieu. On répond à la seconde difficulté, que le mal n'est pas une suite nécessaire de la liberté, que Dieu l'a prévu, ou plutôt qu'il le voit éternellement, parce qu'il possède une science infinie qui embrasse d'une seule vue tous les futurs, et que tous les points de la durée successive correspondent actuellement à la durée qui est en Dieu un présent éternel; que cette prescience n'influe en rien sur la détermination des créatures libres, parce que cette prescience ou plutôt cette science suppose son objet et ne le crée point; que Dieu pourrait empêcher le mal, et même l'empêcher efficacement, mais qu'il ne pourrait le rendre *absolument impossible* sans anéantir la liberté dans son essence; que Dieu veut empêcher le mal, mais qu'il le veut d'une volonté subordonnée aux libres déterminations des créatures, qu'il leur ménage des moyens surabondants de prévenir ce mal et de le réparer quand il a été commis, etc. Voilà en peu de mots comment on explique, en philosophie, la possibilité et l'origine du mal;

et pour confirmer cette explication vraie et plausible, on emprunte à Rousseau ces pages justement célèbres et qui résument si bien toute cette discussion : « Si l'homme est actif et libre, il agit de lui-même; tout ce qu'il fait librement n'entre point dans le système ordonné (ou nécessaire) de la Providence, et ne peut lui être imputé. Elle ne veut point le mal que fait l'homme en abusant de la liberté qu'elle lui donne, mais elle ne l'empêche pas de le faire, *soit que de la part d'un être si faible ce mal soit nul à ses yeux*. (Il fallait bien faire cette concession à la philosophie incrédule du XVIIIe siècle; du reste, il ne faut pas l'oublier, c'est un déiste qui parle), soit qu'elle ne pût l'empêcher sans gêner sa liberté, et faire un mal plus grand en dégradant sa nature. Elle l'a fait libre afin qu'il fît, non le mal, mais le bien par choix. Elle l'a mis en état de faire ce choix en usant bien des facultés dont elle l'a doué; mais elle a tellement borné ses forces, que l'abus de la liberté qu'elle lui laisse ne peut troubler l'ordre général. Le mal que l'homme fait retombe sur lui sans rien changer au système du monde, sans empêcher que l'espèce humaine elle-même ne se conserve malgré qu'elle en ait. Murmurer de ce que Dieu ne l'empêche pas de faire le mal, c'est murmurer de ce qu'il la fit d'une nature excellente, et de ce qu'il mit à ses actions la moralité qui les ennoblit, de ce qu'il lui donna droit à la vertu. La suprême jouissance est dans le contentement (légitime) de soi; c'est pour mériter et obtenir ce contentement que nous sommes placés sur la terre et doués de la liberté, que nous sommes tentés par les passions et retenus par la conscience. Que pouvait de plus en notre faveur la puissance divine elle-même? Pouvait-elle mettre de la contradiction dans notre nature, et donner le prix d'avoir bien fait à qui n'eut pas le pouvoir de mal faire? Quoi! pour empêcher l'homme d'être méchant, fallait-il le borner à l'instinct et le faire bête? Non, Dieu de mon âme, je ne te reprocherai jamais de l'avoir faite à ton image, afin que je pusse être libre, bon et heureux comme toi! C'est l'abus de nos facultés qui nous rend malheureux et méchants. Nos chagrins, nos soucis, nos peines viennent de nous. Le mal moral est incontestablement notre ouvrage, et le mal physique ne serait rien sans nos vices qui nous l'ont rendu sensible. N'est-ce pas pour nous conserver que la nature nous fait sentir nos besoins? La douleur du corps n'est-elle pas un signe que la machine se dérange, et un avertissement d'y pourvoir? La mort..... les méchants nous empoisonnent-ils pas leur vie et la nôtre? Qui est-ce qui voudrait toujours vivre?... Homme, ne cherche plus l'auteur du mal; cet auteur c'est toi-même. Il n'existe point d'autre mal que celui que tu fais ou que tu souffres, et l'un et l'autre te viennent de toi. Le mal général ne peut être que dans le désordre, et je vois dans le système du monde un ordre qui ne se dément point. Le mal particulier n'est pas dans le sentiment de l'être qui souffre; et ce sentiment, l'homme ne l'a pas reçu de la nature (lisez : de Dieu auteur des lois de la nature), si fort de la douleur. La douleur a peu de prise sur quiconque ayant peu réfléchi, n'a ni souvenir, ni prévoyance (singulier commentaire de ce principe absurde : *l'homme qui pense est un animal dépravé!*) Otez nos funestes progrès, ôtez nos erreurs et nos vices, ôtez l'ouvrage de l'homme, et tout est bien. » (Rousseau, *Emile*, profess. de foi du vicaire savoyard.) Ce langage est beau, éloquent; cette argumentation est vigoureuse, triomphante. L'esprit néanmoins n'est pas encore entièrement satisfait de cette explication; quoique vraie, elle est incomplète; elle laisse toujours subsister cette grave difficulté, savoir : comment concevoir que de Dieu, principe essentiellement bon et infini, absolu, il puisse sortir une créature qui ait en soi quelque chose de mauvais, ou du moins le principe, la cause et le germe du mal? Si la créature n'a pas eu dès le moment de sa création ce principe, ce germe funeste, comment a-t-elle pu commettre le mal? Elle l'a certainement commis, puisqu'il existe partout; elle en portait donc la cause en elle-même. Qui lui a donné cette puissance? Dire que l'homme était libre, et que, porté au mal, tenté par l'ange déchu, il prévariqua librement, ce n'est pas répondre à la question, c'est la porter plus haut et reculer la difficulté sans la résoudre. Nous franchissons tous les degrés intermédiaires, toutes les distances; une créature est devenue coupable en cédant aux suggestions d'une autre créature déjà mauvaise; l'ange est tombé d'abord, puis il a entraîné l'homme dans sa chute : tout cela se conçoit sans peine. Mais nous parlons de la première créature tombée; cette créature avait en soi le principe du mal, puisqu'elle l'a commis. D'où le tenait-elle? De Dieu? Cela est impossible; car il est essentiellement bon, et il ne peut donner le principe du mal qui n'est pas en lui. D'une autre créature? Non encore; il s'agit précisément de la première créature mauvaise. Mais celle-ci le tenait peut-être d'elle-même? Impossible; car pour se donner une chose il faut avant tout la posséder. De qui donc le tient-elle? D'un principe éternel, indépendant de Dieu et mauvais par essence? Les manichéens l'ont prétendu; et tout absurde qu'il est, leur système ne paraît pas aussi misérable qu'on a coutume de le dire. Quand une fois la difficulté est arrivée au point où nous venons de la pousser, il est plus aisé de concevoir comment un génie aussi profondément philosophique, aussi subtil que celui de saint Augustin pût tomber dans cette erreur et la défendre longtemps de la meilleure foi du monde. Mais puisque c'est une erreur, il est possible de la constater et de donner une réponse à la difficulté proposée. Quelle est-elle? Avant de chercher cette solution, commençons par avouer qu'il est dans le vaste domaine de l'intelligence un certain nombre de questions obscures sur lesquelles on peut assurer d'avance que certains esprits se tromperont presque toujours, sur lesquelles du moins ils n'arriveront que bien difficilement à une solution rationnelle satisfaisante. Ces questions sont celles que la raison ne peut éclaircir et résoudre que par la combinaison logique de plusieurs principes, ou vérités évidentes subordonnées les unes aux autres, fortement liées entre elles, et embrassées toutes ensemble par un seul et ferme regard de l'intelligence qui les concentre sur un même point, pour éclairer d'une lumière plus vive la proposition à démontrer, et qui est comme la résultante nécessaire des principes évidents qui servent à l'expliquer et à l'établir. Or, tous les esprits ne sont pas capables d'un tel effort; tous n'ont pas cette calme et énergique vigueur qui s'empare de plusieurs vérités à la fois, les entasse les unes sur les autres, s'élève avec elle à une hauteur d'où il est facile d'embrasser un vaste ensemble, les combine, et, si on peut ainsi dire, les pétrit avec force, pour en former un tout homogène. Bien plus, il est peu d'hommes superficiels qui puissent comprendre ces sortes de démonstrations. Pour peu qu'ils soient enflés d'orgueil, contents d'eux-mêmes et disposés à s'adjuger un brevet de capacité philosophique, au lieu de céder à l'évidence de l'autorité ou à l'autorité de l'évidence, ils affirmeront presque toujours doctoralement et d'un air infaillible, que les vérités ne sont ni démontrées, ni démontrables. Ce que l'on a de mieux à faire avec de tels esprits, c'est de garder le silence et de contenir cette colère rationnelle dont M. de Maistre a dit qu'il est bien difficile de se défendre. (*Soirées de Saint-Pétersbourg*). La possibilité du mal moral est une question de ce genre; il faut, pour la résoudre, grouper et serrer étroitement les unes avec les autres plusieurs vérités-principes, et en saisir la résultante logique et nécessaire. Ces vérités se rattachent aux trois points suivants: 1° La création est possible; 2° elle n'est possible qu'à la condition que les êtres créés sont eux-mêmes finis ou imparfaits; 3° Dieu, en créant, ne pouvait mieux faire, ni manifester d'une manière plus parfaite sa puissance, sa sagesse, sa justice et sa bonté qu'en donnant l'être à des créatures intelligentes douées de liberté. Il nous reste bien peu de chose à dire sur les deux premières propositions.

1° *La création est possible* ou bien Dieu n'est pas Dieu. Ôtez à Dieu le pouvoir de créer, de féconder le néant, vous lui ôtez la puissance infinie, vous détruisez son essence. Du reste, le fini existe, il est distinct de l'infini, il n'a pas toujours existé: la création est donc un fait trop évident pour qu'une intelligence douée d'une raison saine puisse en contester la réalité; aussi on n'a jamais opposé à la possibilité et à l'existence de ce fait que des systèmes absurdes, contradictoires. ((*V. Création*, iv° partie.) Qu'il nous suffise de rappeler ici deux vérités importantes: la *première*, que Dieu n'a pu trouver qu'en lui-même et dans son infinie bonté le motif qui l'a déterminé à créer; car tout motif déterminant est une cause efficace, toute cause efficace ou réelle domine son effet, au moins sous quelque rapport, et la volonté divine ne peut être dominée par rien, parce que rien ne lui est supérieur sous aucun rapport; elle ne peut donc être déterminée que par elle-même, par sa bonté, qui est portée par sa nature même à communiquer l'être ou le bien, c'est-à-dire, à créer. C'est le raisonnement de saint Augustin et de saint Thomas. « Qui quærit quare Deus mundum voluerit facere, causam quærit voluntatis Dei. Sed omnis causa efficiens est; omne autem efficiens majus est quam id quod efficitur. Nihil autem majus est voluntate Dei: non ergo ejus causa quærenda est. (*De civit. Dei* — et ailleurs: De Genes. cont. Manich., l. 1,

c. 2. — S. Thom. Sam., p. 1, q. 19, art. 2 et seq.) Première vérité: La bonté divine seule est le principe de tout ce qui existe; d'où il suit que tout ce qui existe comme réalité est bon. — Seconde vérité: La bonté divine seule est aussi la fin de tout ce qui est; c'est-à-dire que Dieu, en se déterminant à créer, crée toutes choses pour être lui-même leur fin dernière, leur bonheur, et leur bonheur ce en sens qu'il se donne aux divers êtres créés selon la mesure de leur capacité. (*S. Thom.*, ibid.) Aussi tous les êtres aspirent-ils chacun à sa manière et selon sa propre nature à posséder Dieu. Tous viennent de lui, et, à ce titre, ils lui sont tous plus ou moins semblables; ils tendent à lui comme à leur fin, et c'est toujours par bonté que Dieu se pose comme leur suprême et nécessaire: « Produxit enim (Deus) res in esse propter suam bonitatem communicandam creaturis, et per eas repræsentandam. (1 p., q. 47, art. 1.) — Omnia appetunt Deum ut finem, appetendo quodcumque bonum, sive appetitu intelligibili, sive sensibili, sive naturali qui est sine cognitione : quia nihil habet rationem boni et appetibilis nisi secundum quod participat Dei similitudinem. (*Id. ibid*, q. 44, art. 4, ad. 3me.)

11° *La création n'est possible qu'à la condition que les créatures considérées en elles-mêmes et dans leur ensemble, seront finies ou imparfaites.* Une créature ou un monde infinis seraient une contradiction dans les termes; nous l'avons démontré. D'ailleurs, il n'y a et il ne peut y avoir qu'un seul être absolument infini, ou infiniment parfait, et il implique qu'il puisse en exister plusieurs. Nous ferons seulement ici deux observations importantes, parce qu'elles répandent un grand jour sur la question qui nous occupe: 1° quoique la créature et la création soient nécessairement limitées, imparfaites, elles sont ou peuvent être indéfiniment perfectibles, en ce sens que Dieu peut produire une série d'êtres sans nombre qui participent à des degrés divers de ressemblance, des êtres, par conséquent, plus ou moins parfaits, selon qu'ils retracent plus ou moins complètement en eux-mêmes les perfections infinies de Dieu; et en ce sens, que toute créature aspirant à l'union avec Dieu, qui est sa fin, son bien, son achèvement, sa perfection, cette union quand il s'agit de créatures intelligentes, peut se resserrer indéfiniment. 2° L'imperfection des créatures n'est pas, à proprement parler imputable à Dieu, sinon en ce sens qu'étant le principe de leur perfection essentiellement limitée, il ne peut les produire sans cette limitation. Leibniz explique très clairement l'origine de cette limitation ou la cause du mal métaphysique: « Les anciens, dit-il, attribuaient la cause du mal à la matière, qu'ils croyaient incréée et indépendante de Dieu; mais nous qui dérivons tout être de Dieu, où trouverons-nous la source du mal? La réponse est qu'elle doit être cherchée dans la nature idéale de la créature, autant que cette nature est renfermée dans les vérités éternelles qui sont dans l'entendement de Dieu, indépendamment de sa volonté. Car il faut considérer qu'il y a une imperfection originale dans la créature avant le péché, parceque la créature est limitée essentiellement; d'où vient qu'elle ne saurait tout savoir, et qu'elle se peut tromper et faire d'autres fautes. Platon a dit dans le *Timée* que le monde avait son origine de l'entendement joint à la nécessité. D'autres ont joint Dieu et la nature. On y peut donner un bon sens. Dieu sera l'entendement et la nécessité, c'est-à-dire la nature essentielle des choses, sera l'objet de l'entendement, en tant qu'il consiste dans les vérités éternelles. Mais cet objet est interne, et se trouve dans l'entendement divin. Et c'est là dedans que se trouve non-seulement la forme primitive du bien, mais encore l'origine du mal (métaphysique), c'est la région des vérités éternelles, qu'il faut mettre à la place de la matière, quand il s'agit de chercher la source des choses. Cette région est la cause idéale du mal (pour ainsi dire) aussi bien que du bien; mais à proprement parler, le formel du mal (de l'imperfection) n'en a point d'efficiente, car il consiste dans la privation, comme nous allons voir, c'est-à-dire dans ce que la cause efficiente ne fait point. C'est pourquoi les scholastiques ont coutume d'appeler la cause du mal déficiente.» (*Théodicée*, part. I. § 20). Pour établir cette vérité, Leibniz se sert d'une comparaison aussi juste qu'ingénieuse: considérant l'inertie naturelle des corps comme une parfaite image de la limitation originale des créatures, il fait voir ainsi que la privation constitue le formel des imperfections qui caractérisent la substance et même les actions de la créature: « Posons, dit-il, que le courant d'une même rivière emporte avec soi plusieurs bateaux qui ne diffèrent entre eux que dans la charge, les uns étant chargés de bois, les autres de pierre, et les uns plus les autres moins.

Cela étant, il arrivera que les bateaux les plus chargés iront plus lentement que les autres, pourvu qu'on suppose que le vent ou la rame, ou quelque autre moyen semblable ne les aide point. Ce n'est pas proprement la pesanteur qui est la cause de ce retardement, puisque les bateaux descendent au lieu de monter, mais c'est la même cause qui augmente aussi la pesanteur dans les corps qui ont plus de densité... C'est donc que la matière est portée originairement à la tardiveté, ou à la privation de vitesse ; non pas pour la diminuer par soi-même, quand elle a déjà reçu cette vitesse, car ce serait agir ; mais pour modérer par sa réceptivité l'effet de l'impression, quand elle le doit recevoir. Et, par conséquent puisqu'il y a plus de matière mue par la même force du courant lorsque le bateau est plus chargé, il faut qu'il aille plus lentement... Comparons maintenant la force que le courant exerce sur les bateaux et qu'il leur *communique*, avec l'action de Dieu qui produit et conserve ce qu'il y a de positif dans les créatures, et leur donne de la perfection, de l'être et de la force : comparons, dis-je, l'inertie de la matière avec l'imperfection naturelle des créatures, et la lenteur du bateau chargé avec le défaut qui se trouve dans les qualités et dans l'action de la créature, et nous trouverons qu'il n'y a rien de si juste que cette comparaison. Le courant est la cause du mouvement du bateau, mais non pas de son retardement ; Dieu est la cause de la perfection dans la nature et dans les actions de la créature, mais la limitation de la réceptivité de la créature est la cause des défauts qu'il y a dans son action. Ainsi les platoniciens, Saint-Augustin et les scholastiques ont eu raison de dire que Dieu est la cause du matériel du mal, qui consiste dans le positif (ou dans le sujet en qui le mal réside), et non pas du formel, qui consiste dans la privation, comme l'on peut dire que le courant est la cause du matériel du retardement, sans l'être de son formel, c'est-à-dire, il est la cause de la vitesse du bateau sans être la cause des bornes de cette vitesse. En général, la perfection est positive ; c'est une réalité absolue ; le défaut est privatif ; il vient de la limitation et tend à de privations nouvelles. Ainsi c'est un dicton aussi véritable que vieux : *bonum ex causâ integrâ, malum ex quolibet defectu* ; comme aussi celui qui porte : *malum causam habet non efficientem, sed deficientem.* Et j'espère qu'on concevra mieux le sens de ces axiomes après ce que je viens de dire » (*Théod. ibid.*) Dieu n'est donc pas la cause de l'imperfection des créatures, mais seulement de ce qui est perfection en elles. Nous concluons de tout ce qui précède que c'est uniquement parce que Dieu est amour et bonté, 1° qu'il crée, 2° qu'il se pose comme la fin nécessaire et suprême des créatures, les attirant à lui par les lois qu'il leur impose, 3° qu'il crée des êtres à son image, des êtres plus parfaits qui puissent s'unir plus intimement à lui comme à leur fin. Ainsi, la création toute entière n'est donc qu'un cercle immense d'amour et de bonté, comme parle l'auteur des livres attribués à saint Denis l'aréopagite ; l'existence et la nature des êtres créés, la loi fondamentale qui leur est imposée d'aspirer à l'union avec Dieu, cette union au souverain bien ou à Dieu comme leur fin dernière et leur félicité, tout est l'effet de l'amour de Dieu pour l'ouvrage de ses mains, tout est une preuve éclatante de la bonté infinie bien plus encore que de la sagesse et de la justice du créateur (1). C'est dans cette conception aussi vaste et belle qu'elle est vraie que nous devons chercher la solution claire et complète du problème du mal ; c'est à la lumière de ces vérités capitales que nous allons pénétrer dans les profondeurs d'un mystère que l'on a toujours considéré comme le plus effrayant de tous les mystères ; et nous le rendrons peut-être plus effrayant encore en le présentant comme le résumé de tous les mystères de l'amour divin ; car on ne peut bien connaître le mal que par le bien, et pour avoir la mesure exacte des rigueurs de la justice de Dieu envers les coupables, il faut sonder avant tout les incommensurables abîmes de sa bonté. C'est ce que nous allons démontrer par le développement de notre troisième proposition, savoir : Dieu, en *créant*, ne pouvait donner une preuve plus éclatante de sa puissance, de sa sagesse, de sa justice et de sa bonté qu'en produisant des êtres doués d'intelligence et de liberté, des êtres capables de pécher. 1° *De sa puissance*, car, dans la création, il est impossible de concevoir rien de plus grand, de plus parfait, c'est-à-dire, de plus semblable à Dieu, que la perfection même, que les êtres doués comme lui de la triple faculté de connaître le vrai, d'aimer le bien, d'agir par eux-mêmes. Nous ne perdrons pas le temps à prouver que le plus imparfait des êtres pensants est à une distance indéfinie des créatures même les plus parfaites qui n'ont pas reçu l'intelligence en partage. Or, la puissance de l'ouvrier se manifeste par l'excellence de son œuvre ; la puissance divine éclate donc bien plus dans la création d'un être intelligent et libre que dans la production des mondes les plus parfaits. 2° *De sa sagesse*. Pour produire une œuvre, il faut d'abord la concevoir et en combiner tous les éléments ; et plus une œuvre est parfaite, plus aussi l'ouvrier qui l'a conçue fait preuve d'intelligence et de sagesse. Au reste il est bien évident que la sagesse divine ne se manifeste nulle part avec plus d'éclat que dans le gouvernement des êtres libres. En effet quand la puissance divine abandonne les êtres intelligents à leurs propres volontés, et que cependant la sagesse combine si bien tout le plan de l'univers, que les actes même les plus contraires, les plus désordonnés de ces agents libres concourent admirablement au maintien de l'ordre universel et rentrent dans le plan général au lieu d'en empêcher la réalisation, en un mot que Dieu tire le bien du mal, et souvent le plus grand bien du plus grand mal, il est clair comme le jour que sa sagesse n'a point de bornes, puisque, d'une part, elle a tout prévu, même les actes libres qui ne résultent nullement des lois générales et nécessaires, puisqu'elle a tout disposé de manière à ce que rien ne puisse déconcerter ses desseins de manière à ce que sa volonté souverainement droite et sage s'accomplisse par les actes même mauvais qui lui sont le plus opposés. 3° *De sa justice et de sa sainteté.* La justice consiste principalement à donner à chacun ce qui lui est dû, à rendre à chacun selon ses œuvres, mais selon les œuvres seulement dont il était responsable, c'est-à-dire, à récompenser les bons et à punir les méchants ; or, il n'y a point de responsabilité morale, il n'y a point d'œuvres méritoires ni démérítoires, il n'y a ni bons ni méchants là où il n'y a pas intelligence et liberté : ôtez les êtres libres, il n'y a plus de justice, mais une aveugle fatalité. Toute manifestation de la sainteté divine est impossible : Dieu ne peut plus montrer l'horreur que le péché lui inspire, ni l'amour qu'il témoigne à l'homme vertueux ; car il n'y a plus ni péché à défendre ou à punir, ni bonnes œuvres à prescrire et à récompenser : le vice et la vertu n'existent plus, on ne les conçoit même plus comme possibles. La miséricorde ne saurait plus éclater dans le pardon. Dans un monde soumis à la nécessité, tous les attributs moraux de la divinité disparaissent sans laisser le plus obscur vestige : la puissance toute seule éclate, et encore son action est-elle infiniment restreinte. L'être intelligent, si toutefois des êtres intelligents peuvent exister et se concevoir sans liberté, n'est plus qu'un brillant automate complètement étranger aux pensées, aux sentiments et aux actes qui font seuls la grandeur et la dignité de l'homme : raison, conscience, délibération, élection, tentations, luttes intérieures, remords, vice et vertu, tout en lui ne serait que le jeu purement mécanique et fatal des ressorts simulés dont les mouvements ne se conçoivent plus que comme une suite invariable de combats sans courage, de victoires sans honneur et de défaites sans honte. Au contraire, supposez qu'il existe des êtres libres, tout change et s'agrandit dans le monde ; les mots de vice et de vertu, de justice, de sainteté, de miséricorde ont un sens : bien plus, le mal même donne au bien plus de prix et de mérite, le vice fait mieux ressortir l'éclat d'un beau jour : la générosité brille d'avantage à côté de l'avarice, la sainteté des mœurs à côté des orgies de la débauche, la clémence au milieu des fureurs de la vengeance, etc. Dieu lui même paraît dans toute sa grandeur, sa justice, sa sagesse, sa puissance, parce qu'il domine sans la contraindre cette multitude de volontés libres et opposées ; il règle jusqu'à leurs dérèglements mêmes, réprime le désordre, châtie les coupables, pardonne au repentir, fait d'un ver de terre un ange, et tire d'un amas de boue un être assez pur, assez noble et beau, pour que la

(1) « Impletus videatur circulus ille amoris, quem Hierotheus Divusque Dyonisius dicebant circulum esse bonum, a bono in bonum perpetuo revolutum. Namque Deus optimus maximus, nedum principium sit universi, verum medium etiam et finis : principium quidem, ut creat et producit ; ut creata seu producta ad seipsum retrahit medium ; finis vero prout redeuntia perficit : fit inde ut unus continuus habeatur circulus, qui a Deo incipiens, transit in mundum, in Deum denique desinit. Id quo fiat dilucidius, consideremus quod regem illum a quo universa et creata sunt, et pendent, bonum et pulchrum et justum nuncupamus. Bonum, inquam, ubi creat ; ubi vero allicit, excitat atque rapit, pulchrum ; ubi autem pro cujusque merito, complet et perficit, justum dicimus. » (*Francisc. Heredia, Orat. in concil. Trid Labb. T. XIV. p. 1111.*) L'univers n'est donc que le commentaire de cette parole : *Deus charitas est:* Dieu est amour !

sainteté même habite en lui et que le Très-Haut repose avec complaisance ses regards sur lui. 4° *Enfin de sa bonté.* La bonté consiste à communiquer l'être, la vérité, le bien; et l'infinie bonté consiste à communiquer l'être infini avec toutes ses perfections; mais il est évident que Dieu ne peut communiquer l'être infini qu'à un autre lui-même, et nullement à la créature qui est essentiellement limitée. Dieu, dans l'acte de la création, manifestera donc plus ou moins parfaitement sa bonté aux créatures, selon qu'il leur communiquera l'être plus ou moins abondamment, l'être doué de perfections plus ou moins grandes. Or, Dieu seul est la mesure de toute perfection; d'où il suit que la perfection des êtres, ou la mesure de la bonté divine à leur égard consiste précisément dans la somme d'être qu'ils reçoivent, ou dans leur ressemblance plus ou moins parfaite avec Dieu. En quoi donc consiste la perfection infinie de Dieu? Il est clair que tous les attributs divins se réduisent aux quatre perfections suivantes : 1° Dieu est de soi, il est à lui-même son principe, il est par lui-même et par lui seul tout ce qu'il est. 2° Dieu est une intelligence, il est la vérité même, la science et la sagesse infinies. 3° Il est une activité ou une puissance illimitée, il peut réaliser tout ce qui est possible, et son pouvoir forme une équation parfaite avec sa volonté. Dieu est charité par essence, il est un amour infini du bien suprême ou de la bonté infinie. Voilà les seuls attributs distincts de la divinité; les autres n'en sont que des conséquences, des applications, des combinaisons exprimées dans un langage et en des termes divers que l'on emploie seulement pour se faire mieux comprendre. Créer un être fini qui participe d'une manière essentiellement finie à ces attributs primitifs de la nature divine; c'est donc créer un être formé à l'image et à la ressemblance de Dieu; c'est, de la part du créateur, témoigner à cet être et par le seul fait de sa création, une bonté plus grande que celle que Dieu pourrait déployer en tirant du néant des êtres qui ne seraient pas faits à son image. A la vérité ces perfections peuvent être participées ou possédées à des degrés divers par la créature intelligente; mais quels que soient ces degrés de perfection dans un être créé, quelle que soit la ressemblance de celui-ci avec Dieu, cette perfection est nécessairement bornée, et cette ressemblance imparfaite, il y aura toujours une distance infinie entre Dieu et la créature même la plus parfaite que nous puissions concevoir: il est même très vrai que la créature libre même la plus parfaite est aussi essentiellement défectible en soi, ou aussi capable, de sa nature, de faire le mal, que la créature libre la moins parfaite; nous ferons même voir un peu plus loin que la première a plus à craindre, en un sens, de tomber dans le mal que la seconde; et, qu'en tout cas, si elle pèche elle tombe de plus haut et dans un abime plus profond, à tel point que sa chute peut même être sans remède. Les principes qui viennent d'être posés sont trop évidents pour qu'ils aient besoin de preuves ou d'explications; contentons-nous donc de les appliquer. Qu'est-ce qu'une créature douée de liberté morale? C'est précisément un être créé à l'image et à la ressemblance de Dieu; c'est de tous les êtres finis celui qui participe d'avantage, quoique à des degrés divers, aux attributs primitifs, essentiels de la divinité. Qu'est-ce, en effet, que la liberté morale dans son principe, son essence et son but? On la considère communément comme une faculté, comme une simple puissance distincte des autres facultés de l'homme ou de l'ange: cela est vrai dans une certaine mesure mais il faut s'expliquer nettement. La liberté n'est pas une faculté à part comme l'intelligence, la sensibilité, la volonté ou l'activité, elle en est virtuellement et non pas réellement distincte. La liberté c'est l'être moral tout entier, c'est l'homme même, c'est son âme. On commence à se faire à ce langage philosophique; car on nomme l'âme une force, une liberté, le moi; ce qui veut dire simplement une substance spirituelle, intelligente, active, qui se possède ou qui est maîtresse d'elle-même et de l'usage qu'elle fait de ses facultés. L'idée de liberté morale est donc complexe; elle renferme dans son concept l'idée d'intelligence ou puissance de connaître le vrai, celle d'activité ou puissance d'agir par soi et en son nom, celle d'amour ou puissance motrice qui détermine l'activité à payer en acte en vue d'un bien, d'une fin dernière. Etre libre c'est donc pouvoir agir de soi-même et par soi en vue d'une fin bonne ou considérée comme telle. Pour être libre, il faut donc: 1° pouvoir agir, ou posséder l'activité, 2° agir de soi-même et avec la conscience qu'on se détermine par soi-même, c'est-à-dire avec connaissance de cause et après délibération, en un mot avec intelligence. 3° agir en vue d'une fin aimée, voulue comme un bien réel

ou apparent, c'est-à-dire, avec amour de ce qui est ou de ce qui paraît être le bien, la perfection, la fin, en un mot le bonheur de l'agent libre. L'acte de la liberté morale ne se peut concevoir comme possible sans ces trois facultés, et il ne peut exister qu'autant qu'elles entrent en exercice. Le pouvoir d'agir sans l'intelligence n'est que la spontanéité de la brute; l'intelligence sans l'activité ne peut rien produire; c'est une lumière stérile; l'intelligence et l'activité, sans l'amour et le désir du bien, sont des facultés inertes qui ne passeront jamais à l'acte, ou qui n'agiront point énergiquement en vue d'un but moral. Donc la liberté c'est tout à la fois, l'intelligence, l'activité et l'amour réunis pour connaître le vrai, aimer le bien et s'unir à lui par une série d'actes bons moralement. Et ces trois facultés sont elles-mêmes essentiellement bonnes, puisqu'elles sont opposées au mal. L'intelligence n'est-elle pas opposée à l'ignorance et à l'erreur; l'activité à l'impuissance et à l'inertie; l'amour du bien à l'indifférence et à la haine, qui n'est à proprement parler que l'indifférence, car l'indifférence est le mépris du bien ou l'estime égale que l'on fait du bien et du mal. Ces trois puissances sont les attributs essentiels de l'être libre, ou plutôt ils sont l'être libre lui-même. L'être est-il bon, vaut-il mieux que le néant? Donner l'être dans ce qu'il y a de plus noble, de plus parfait, est-ce une preuve de bonté? Proposer de semblables questions, c'est les résoudre. En Dieu, principe essentiellement bon, tout est bien, tout est perfection; or, en Dieu se réunissent l'intelligence sous le nom de sagesse, parce qu'elle ne peut se tromper, l'activité sous le nom de toute-puissance, parce qu'elle ne reconnaît point de bornes que celles de l'impossible absolu ou de l'absurde et du contradictoire; et enfin l'amour sous le nom de bonté, parce que la volonté divine est parfaitement ordonnée, elle se porte nécessairement au bien, elle hait essentiellement le mal quel qu'il soit. Dieu est-il bon, infiniment bon en lui-même? Est-il bon en donnant à ses créatures ce qui est en lui nécessairement bon, ce qui est la somme de ses perfections premières? Qui pourrait le nier, ou seulement en douter? Mais, en Dieu, ces perfections sont infinies et limitées dans la créature; oui, sans nul doute, car il n'en peut être autrement. Faut-il en conclure que le bien devient un mal parce qu'il est limité? Autant vaudrait dire que quelques francs donnés à un homme qui ne possède absolument rien, précipitent cet homme dans l'indigence et deviennent la pauvreté même. Il nous semble plus raisonnable de conclure, au contraire, que plus une créature est intelligente, active, aimante, plus elle est semblable à Dieu, et plus, par conséquent, elle est bonne, parfaite; que ces facultés sont bonnes absolument en elles-mêmes. Mais sont-elles bonnes relativement à la créature essentiellement finie et imparfaite? Question ridicule que nous faisons uniquement pour épuiser toutes les hypothèses. Autant vaudrait demander s'il est bon pour le pauvre qui ne possède rien de recevoir quelques francs. Il est clair que rien de ce qui est bon absolument et en soi ne peut jamais être relativement mauvais, car alors il serait en soi ne serait pas absolument bon. En donnant l'intelligence, l'activité et l'amour du bien à la créature, Dieu la rend semblable à lui, c'est-à-dire, à l'être infiniment bon et parfait par essence; or, peut-il n'être pas bon à la créature de ressembler à l'être essentiellement bon? Peut-on même concevoir que Dieu puisse donner à ses créatures une marque plus évidente de bonté que cette ressemblance même? Il nous semble que la réponse à ces questions est trop claire. Poursuivons cependant, et considérons la liberté morale sous un autre point de vue : elle ne nous apparaît jusqu'alors que comme l'image et la ressemblance de Dieu dans l'être fini, en tant qu'elle est une participation à un degré fini de trois attributs divins. Mais il est en Dieu un attribut primordial, une perfection essentiellement première qui est la base et le principe des perfections divines dont nous venons de parler, un attribut qui est la raison de tous les autres et de leur infinité en Dieu : on le nomme *Aséité.* Dieu est de soi, il est à lui-même son principe adéquat, éternellement il est par soi tout ce qu'il est. Evidemment, Dieu aura mis le comble à ses bienfaits, il aura épuisé toute la puissance de son amour du moment qu'il communiquera cette perfection à une créature autant qu'elle peut lui être communiquée ; or, voilà précisément ce qu'il fait en créant un être doué de la liberté morale. Expliquons-nous. Il répugne qu'une créature existe de soi, qu'elle ait en soi, dans sa nature le principe de son être. Dieu, tout puissant et bon qu'il est, ne peut pas faire qu'une créature existe par elle-même, ni qu'elle soit de sa nature tout ce qu'elle est ; elle serait et ne serait pas créature, le créé serait incréé. Toutefois, Dieu peut faire qu'une créature soit maîtresse non-seulement d'elle-même et de ses facultés, mais aussi de son sort éternel, et qu'ainsi elle puisse dire en un sens très véritable pendant toute l'éternité : « Je ne suis pas de moi-même, mais je suis par moi-même, par mon intelligence et ma volonté du secours divin, tout ce que je serai éternellement : je ne suis pas, je ne puis pas être le principe de mon existence; mais je suis réellement le principe du mode selon lequel je vivrai éternellement : je ne suis pas Dieu; mais je suis divinisée, je possède Dieu et Dieu se doit à moi pour l'éternité, parce que je l'ai voulu en remplissant librement les conditions du pacte qu'il a daigné faire avec moi. Un ver de terre a été transformé en un ange digne de jouir éternellement de Dieu même; cette transformation est pour moi un bonheur d'autant plus parfait, d'autant plus divin, qu'elle est l'ouvrage de ma volonté soutenue par la grâce; je ne pouvais rien sans cette grâce, il est vrai; mais cette grâce ne pouvait agir sans moi, ni malgré moi. » Tel est le langage que tout être libre aura le droit de parler s'il le veut. Or, nous ne pensons pas qu'il soit possible de donner une plus grande idée de la noblesse, de la sublimité d'une créature, de rêver plus de grandeur ou plus de magnifiques destinées. Concluons donc que Dieu, tout Dieu qu'il est, ne saurait mieux faire éclater sa bonté quand il crée, qu'en donnant à l'être à des créatures libres, parce qu'il leur donne, avec la liberté morale, la ressemblance la plus parfaite avec lui-même, c'est-à-dire, une participation à ses perfections qui est la plus abondante qu'on puisse concevoir. Tenons fortement ces deux principes, qui résument tout ce qui précède : 1° Dieu ne crée que par amour, et c'est encore par amour qu'il se pose comme la fin suprême et nécessaire des créatures; 2° c'est par le plus grand amour que Dieu crée des êtres semblables à lui, c'est-à-dire des êtres libres qui doivent embellir en eux, pendant leur épreuve, cette ressemblance divine en appliquant leurs facultés à connaître, à aimer et à servir celui qu'ils sont appelés à voir, à aimer et à posséder éternellement. Plusieurs conséquences découlent de cette notion de la liberté morale et jettent un grand jour sur la question de l'origine du mal proprement dit : 1° ce mal est possible; 2° cette possibilité n'est pas un mal, mais un bien, mais la condition nécessaire du plus grand bien; 3° cette possibilité n'est pas, à proprement parler, imputable à Dieu; elle n'a pas en Dieu son fondement; 4° l'impossibilité d'une peine éternelle infligée à la créature libre, ou l'impossibilité du plus grand mal physique, serait une contradiction, c'est-à-dire la négation de la possibilité du mal moral, de la vraie notion de la liberté et par suite de la bonté divine qui est le principe de cette liberté; d'où il suit, en dernière analyse, que l'enfer n'est possible que parce que Dieu a donné aux créatures la plus grande preuve de sa bonté. Ces conséquences ont besoin d'une courte explication : 1° le mal moral est possible. Cette possibilité résulte du seul fait de l'existence des êtres libres, ou de la manifestation la plus haute de la bonté divine. En effet, la création de l'être libre implique : 1° l'imperfection de cet être; 2° sa loi nécessaire, indispensable de tendre à Dieu comme à sa fin; 3° loi d'y tendre d'une manière conforme à sa nature, c'est-à-dire librement. Nous l'avons démontré, l'imperfection est de l'essence de la création, et l'imperfection de la créature libre consiste en ce qu'elle est limitée dans son intelligence, son activité, son amour du bien; elle n'est donc ni infaillible, ni toute puissante, ni infiniment bonne : d'où il suit qu'elle peut se tromper, défaillir et s'égarer dans la recherche, la poursuite et la pratique du bien; elle peut voir, vouloir et faire comme vrai, comme bien et comme parfaitement conforme à l'ordre, ce qui est précisément l'opposé du vrai, du bien et de l'ordre, elle peut faire le mal, en un mot, commettre le péché, car si elle ne le pouvait pas absolument elle serait parfaite comme Dieu, c'est-à-dire infaillible, toute puissante, souverainement bonne, infinie comme lui. Le mal est donc possible parce que la créature est imparfaite; mais cette imperfection consiste, non dans ce que la créature créé tient du créateur, non dans ce qu'il possède, mais dans ce qui lui manque, dans ce qu'il n'a pas reçu de Dieu, et qui, par conséquent, n'est rien en lui. La loi de glorifier Dieu et de tendre à Dieu comme à la fin dernière de toutes choses, est aussi une conséquence nécessaire de la création. Nous l'avons prouvé, et d'ailleurs il est clair de soi que Dieu se pose nécessairement comme la fin de ses œuvres; et en se posant ainsi, c'est le bonheur des créatures qu'il a en vue aussi bien que sa propre gloire, car il veut leur union avec le sou-

verain bien, ou leur plus grand bonheur : mais il veut ce bonheur à des conditions qui découlent de l'essence des choses. Tout être a ses lois qui lui sont imposées par sa nature, d'une part, et de l'autre, par sa fin dernière. C'est un axiome : point d'activité libre sans lois morales qui la dirigent; ce qui veut dire simplement : tout être est créé pour une fin ou pour être aussi heureux que sa nature le comporte; il doit aller à sa fin ou tendre à son bonheur, et y tendre par la seule voie qui peut l'y conduire; cette voie, pour les êtres libres, c'est précisément la loi morale. En effet, l'être libre est la plus parfaite image de Dieu; il a donc ses lois comme Dieu même a les siennes, ou plutôt il n'y a qu'une même loi pour Dieu et pour l'être libre formé à son image, une loi qui ressort de la nature des choses, une loi que Dieu ne peut pas enfreindre, parce qu'il ne peut rien faire qui soit contraire à ses attributs, une loi que la créature libre doit observer, mais qu'elle peut violer parce qu'elle est imparfaite. L'obligation de l'accomplir et le pouvoir de l'enfreindre résultent également de sa nature : elle est obligée au même titre que Dieu, parce qu'elle porte en soi, malgré son imperfection, l'image de la divinité. Pour l'être libre comme pour Dieu, il n'y a que deux lois. Quelles sont-elles? La première loi, pour Dieu, c'est l'amour infini de lui-même ; parce que Dieu seul est la perfection infinie, la perfection par essence, il doit s'aimer infiniment et pour lui-même : la droite raison veut qu'un être infiniment parfait et infiniment aimable en soi et par son essence soit aimé infiniment par celui qui est capable d'aimer sans mesure. Dieu doit aimer aussi les êtres créés ; c'est sa seconde loi. Il doit les aimer tous selon la mesure des perfections dont ils sont doués, selon leur amabilité, c'est-à-dire selon qu'ils ressemblent davantage à Dieu même, source de toute perfection. Or, les êtres libres sont l'image la plus parfaite de Dieu ; nous l'avons démontré : la droite raison veut donc que Dieu les aime plus qu'il n'aime les autres êtres qui sont moins parfaits. Toutefois, les êtres libres sont nécessairement finis imparfaits; Dieu ne peut donc les aimer d'un amour infini et pour eux-mêmes; il s'aime nécessairement d'un amour de préférence, parce qu'il est seul infiniment aimable. Ces deux lois de Dieu sont imposées par lui, ou plutôt par la nature même des choses aux êtres libres. Ceux-ci doivent, comme Dieu, aimer ce qui est aimable, et aimer chaque chose selon son degré de perfection et d'amabilité ; or, Dieu est le plus parfait ou le plus aimable de tous les êtres, la créature doit donc l'aimer pour lui-même et par-dessus toutes choses; cet amour même fera seul son plus grand bonheur ; car le bonheur c'est l'union au bien, la bonheur parfait c'est l'union la plus étroite au bien suprême. Or, on ne s'unit étroitement au bien que par l'amour. La possession même du bien, si on ne l'aime pas, ne peut rendre heureux, tandis que le mal que l'on prend pour le bien et que l'on possède avec amour, cause la joie, le plaisir, c'est-à-dire l'image imparfaite et passagère de la félicité. Il est vrai encore que l'homme ne peut être heureux que par la possession et l'amour du bien suprême ou de Dieu. qu'il commence toujours par agrandir, par embellir les objets de sa convoitise avant d'y attacher son cœur. Mais à peine le possède-t-il, qu'il les tourne en tout sens, il en voit les limites, et bientôt s'apercevant qu'il ne s'est passionné que pour le néant, il se fatigue à recommencer une pénible recherche. Dieu est le centre vers lequel gravitent nécessairement les esprits et les volontés; c'est leur élément, leur vie, le lieu de leur repos. C'est encore Dieu qu'ils désirent et qu'ils cherchent, lors même qu'ils l'ignorent; c'est lui qu'ils poursuivent, lors même qu'ils le fuyent pour s'attacher aux créatures; car c'est l'infiniment bon qu'ils pensent trouver en elles, trompés qu'ils sont par de vaines apparences : ils prennent l'image de la divinité pour la divinité elle-même. Tout homme a son Dieu qu'il possède et adore dans son cœur ou dans ses rêves d'espérance; car sa raison aveuglée, son cœur séduit commencent toujours par diviniser ce qu'ils préfèrent au Dieu véritable : mais à peine l'être libre, qui est fait pour Dieu, a-t-il porté la main sur l'idole fragile qu'il avait fait prendre pour le terme de son bonheur, qu'à l'instant même, surpris de n'avoir embrassé qu'une ombre de la perfection souveraine, irrité de ne saisir que le néant, il rejette l'idole avec mépris, la brise avec fureur, et se précipite, le désespoir dans l'âme, vers de nouvelles illusions, jusqu'à ce qu'enfin, reconnaissant ses erreurs, épuisé de fatigues, il demande à la mort le néant et la fin de ses maux, ou à Dieu le commencement de la paix et du bonheur que l'on goûte dès cette vie dans la ferme espérance de le posséder un jour et de s'enivrer au torrent des éternelles délices dont il est la source. Cette espérance, seule capable de fixer les désirs de l'homme avant qu'ils ne soient comblés par la possession pleine de l'infini, nous promulgue au fond de notre être la première de toutes les lois morales : *Un seul Dieu tu adoreras et aimeras parfaitement.* Telle est la condition première du vrai bonheur. La seconde loi dérive de la première ; elle lui est semblable. La créature libre est l'image la plus parfaite de Dieu, elle doit s'aimer aussi ; mais elle est moins aimable que Dieu, elle doit donc s'aimer moins que Dieu, préférer Dieu à elle-même, parce qu'il est infiniment préférable : elle le sait, le voit, et sa volonté, son amour ont leur règle nécessaire dans les lumières de l'intelligence. Les autres créatures libres sont comme nous, autant que nous semblables à Dieu ; nous leur devons donc un amour égal à celui que nous avons pour nous-même. Voilà ce que la raison enseigne ; et elle ajoute que Dieu, étant infiniment aimable, mérite un amour infini ; cependant la créature n'est pas capable d'un tel amour, parce qu'elle est limitée ; il suffit donc, mais il faut qu'elle aime Dieu de tout l'amour dont elle est capable. Nous voici bien près de l'Evangile : « Si vous aspirez à la vie éternelle, au bonheur véritable, dit J.-C., observez les commandements. » Quels commandements? « Vous aimerez le Seigneur votre *Dieu* de tout votre cœur, de toute votre âme, de tout votre esprit : c'est là le premier et le plus grand précepte. Et le second est semblable au premier : Vous aimerez votre prochain comme vous-même. » Quoi de plus juste? Puisque l'homme est destiné à vivre éternellement dans la société de Dieu, à quoi pourrait-il employer légitimement, utilement la vie présente, qui est le noviciat, l'apprentissage du bonheur éternel, sinon à progresser dans la connaissance et l'amour de celui dont la vue et la possession doivent faire toute sa félicité? Ces deux préceptes renferment toute la loi, dit encore l'Evangile ; ils sont la loi universelle, nécessaire des êtres libres et constituent ce que l'on nomme l'ordre moral, parce que la créature est dans l'ordre quand elle les accomplit ; au contraire, si elle les viole, elle fait le mal, elle s'écarte de la voie qui peut seule la conduire à son but, elle s'égare, elle est dans le désordre, et si elle se perd, si elle continue de s'égarer jusqu'à la fin de son épreuve. Or, cette loi de vérité et de justice qui régit Dieu lui-même, est aussi une loi d'amour et de bonté, car Dieu ne se propose la fin de ses êtres libres que pour être lui-même leur félicité, que pour leur communiquer le seul bien capable de les rendre heureux d'un bonheur conforme à leur nature. La loi morale est donc, comme la création des êtres libres, un bienfait immense. Mais cette loi est imposée à un être libre et imparfait ; elle doit donc s'accomplir librement et elle peut être violée. Rien de plus facile à expliquer que la possibilité et le fait de cette violation. Pour qu'elle existe, il suffit que l'être n'aime pas Dieu par-dessus toutes choses, qu'il s'aime autant que Dieu, qu'il aime les créatures sans raison autant ou plus que lui-même, ou lui-même plus que ses semblables, ou enfin les créatures autant que Dieu. Et que faut-il pour tomber dans l'un de ces désordres? Il suffit qu'une intelligence bornée perde de vue la prééminence de Dieu sur toutes choses, ou l'égalité des créatures libres, ou leur supériorité relativement aux êtres sans raison, qu'elle fixe trop longtemps ou trop exclusivement ses regards sur l'amour de ses créatures, et qu'elle se détourne de Dieu : l'amour, en effet, suit la direction de l'intelligence, et parce que l'être libre peut user à son gré de l'intelligence, l'appliquer aux objets qu'elle veut, autrement elle ne serait pas libre, il suit que si elle se détourne de Dieu pour s'arrêter à elle-même ou aux créatures qui sollicitent son attention et son amour, c'est uniquement sa faute : elle fait librement le mal, et Dieu qui veut et qui commande le contraire, Dieu qui sollicite aussi bien puissamment et par mille moyens l'attention et l'amour de la créature, n'est absolument pour rien dans le mal que fait celle-ci : le désordre n'existe que parce qu'elle l'a voulu librement et malgré Dieu ; elle en est seule la cause efficiente, elle le produit parce qu'elle est libre et imparfaite. Toutefois, elle pouvait facilement et malgré son imperfection accomplir sa loi et faire le bien. Il ne fallait pour cela que le connaître, l'aimer et le vouloir selon l'ordre établi de Dieu et manifesté par lui à la conscience, c'est-à-dire appliquer l'intelligence à l'amour à Dieu, vérité infinie et bien suprême, suivre l'impulsion naturelle qui porte ces deux facultés vers leur objet le plus excellent, vers Dieu qui se manifeste si clairement par ses œuvres avec ses amabilités infinies. Pour faire le bien, il suffit à l'être libre de suivre les lumières de son intelligence éclairée par Dieu

même, d'obéir à l'impulsion de son cœur naturellement porté au bien et doucement attiré vers lui par le créateur, d'agir enfin conformément aux lois qu'il porte gravées en lui-même. Il est clair que s'il renverse un ordre si naturel, si facile à connaître et à suivre, pour s'en créer un autre à son gré, il agit contrairement aux lumières de la raison et de la conscience, en préférant à la vérité souveraine, à la raison infinie les rêves mensongers, les erreurs insensées d'une raison séduite par les passions ; il viole les lois de sa volonté, l'oppose sciemment à la volonté souverainement droite de Dieu, en aimant les choses d'un amour injuste et pervers parce qu'il est sans proportion avec son objet ; son activité désordonnée pose des actes contraires à la droite raison, à la vérité, au bien, à la conscience, elle s'attaque à la loi qui découle de l'essence divine, que Dieu suit nécessairement, loi d'amour et de bonté qui est clairement écrite au fond de tout être doué d'intelligence ; en un mot, il se met en opposition avec la volonté toute puissante de Dieu : osons le dire, car rien n'est plus vrai ; la créature met son intelligence, son amour, sa volonté à la place des attributs divins, elle se fait Dieu contre Dieu en le parodiant au lieu de l'imiter, car tout péché, dit saint Augustin, n'est qu'une parodie, une imitation perverse de la divinité ; ce serait la destruction même de Dieu, si Dieu pouvait cesser d'être : en un sens, tout pécheur est athée, et tout péché un déicide, parce qu'il égale, ou plutôt parce qu'il préfère le fini à l'infini ; or, placer le fini au-dessus de l'infini ou seulement à son niveau, c'est détruire jusqu'à la notion de Dieu. Voilà le mal moral dans sa nature et son origine : s'il arrive, il est évident que Dieu n'en n'est pas la cause efficiente et responsable ; car le mal ne résulte que de la liberté d'un être imparfait ; cette liberté elle-même est le plus grand des biens finis, et Dieu l'ayant accordée par bonté, il doit la respecter, il ne peut la violenter sans se contredire, sans reprendre d'une main ce qu'il a donné de l'autre. Donc, la créature libre étant donnée, le mal moral, et un mal immense est nécessairement possible, sans qu'il ait été déposé en germe dans la créature, car une chose est très possible sans qu'elle existe elle-même en germe ; par exemple, la créature a été possible de toute éternité, et cependant elle n'existait pas même en germe. 2° Mais cette possibilité n'est pas un mal en soi. Dans son principe, qui est la liberté, elle est un bien immense ; en soi, elle est indifférente, elle n'est ni un bien ni un mal avant de payer à l'acte. Dire, en effet, que le mal est possible, c'est dire précisément qu'il peut arriver ou n'arriver pas, et par conséquent demeurer simplement possible ; et c'est la seule notion que l'on puisse se faire de la possibilité du mal ; car si elle ne pouvait pas se concilier avec la non existence du péché, elle se lierait nécessairement avec son existence ; le mal serait donc non plus seulement possible, mais nécessaire. Une simple possibilité qui rendrait le mal nécessaire, serait une contradiction dans les termes, elle serait elle-même un mal, et le mal existerait réellement alors même qu'il ne serait que possible. Donc le mal est essentiellement distinct de sa possibilité, et en supposant que celle-ci a sa raison en Dieu, le mal existant ne serait pas imputable à Dieu comme à sa cause première. Allons plus loin : la possibilité du mal est un bien relativement à Dieu ; parce qu'elle résulte de la création des êtres libres, laquelle est la plus éclatante manifestation de ses attributs et spécialement de sa bonté ; cette assertion est démontrée. Elle est un bien relativement à l'être qui en est doué, puisqu'elle est sa perfection, ou le principe et en même temps le résultat de sa ressemblance avec Dieu. La condition nécessaire, le principe du plus grand bien même limité, peut-elle être un mal? Evidemment non. S'il m'était impossible de faire le mal, quel mérite aurais-je à faire le bien ? Aucun. Pourrait-on même appeler bien ce que je ferais nécessairement? Non. La possibilité du mal est donc la condition nécessaire du mérite, de la vertu, du bien moral : comment pourrait-elle être un mal par rapport à moi? Est-ce un mal que de pouvoir faire le bien? Autant vaudrait demander si le bien est un mal, ou si le mal est un bien. La possibilité du bien et celle du mal s'impliquent l'une l'autre ; ou plutôt, ces deux possibilités corrélatives ne sont qu'une seule et même idée considérée sous deux points de vue. Et comme cette possibilité est encore la condition nécessaire de l'existence de l'ordre moral, demander si elle est un bien ou un mal, c'est demander si la sagesse, la justice, la bonté, la miséricorde, la sainteté, la vertu, l'ordre, la vérité sont un bien ou un mal ; poser de telles questions, c'est les résoudre.
— 3° Poursuivons : supposons vrai ce qui vient d'être démon-

tré faux, savoir : que la simple possibilité du mal moral est un mal en soi et relativement à la créature; supposons même qu'elle est le plus grand de tous les maux, est-elle imputable à Dieu? Non, à bien dire. 1° Dieu est le souverain bien, la sainteté par essence, et il est, de sa nature, essentiellement opposé au mal moral, ou au péché, qui est le mal, non pas souverain puisqu'il n'en existe point, mais le plus grand des maux. Ce mal peut-il avoir son fondement, son principe dans le souverain bien? ce serait une contradiction. Or, si la possibilité du mal avait sa raison en Dieu, elle pourrait aussi trouver en lui son principe; et, par suite, le mal lui-même ne serait plus essentiellement opposé de tout point au bien suprême, car il est évident que deux choses essentiellement opposées, contradictoires, l'une ne peut avoir dans l'autre le principe positif, la raison, le fondement de sa possibilité. Est-ce la lumière qui rend les ténèbres possibles, l'erreur a-t-elle sa première raison d'être, ou le fondement de sa possibilité dans la vérité? Est-ce à la vérité que cette possibilité doit être imputée? Les ténèbres ont-elle le droit de dire à la lumière : sans vous nous ne serions pas même concevables? Le néant peut-il accuser l'être de sa non-existence? Or, le mal et le souverain bien ne sont pas moins opposés l'un à l'autre que les ténèbres, l'erreur et le néant à la vérité et à l'être. Mais ce n'est point là résoudre la difficulté, c'est la déplacer; car enfin le mal est possible; or, tous les possibles n'ont-ils pas en Dieu ou dans les œuvres sorties de ses mains leur raison d'être possibles? Qu'importe que la possibilité du mal ne vienne pas immédiatement de Dieu, si elle en procède médiatement, ne lui est-elle pas imputable? N'a-t-il pas posé hors de lui un être en qui et par qui le mal est possible? Comment donc cet être peut-il avoir sa raison en Dieu si la possibilité du mal inhérente à cette créature est absolument incompatible avec la nature et l'être même du créateur? Cette difficulté, qui paraît sérieuse au premier coup-d'œil, nous conduit à examiner. 2° Si Dieu a réellement posé hors de lui le principe, la cause du mal, ou du moins la condition de sa possibilité : S'il l'a fait, ce ne peut être qu'en créant des être libres, et dès lors toute la question se réduit à savoir en quoi consiste, dans la créature libre, la possibilité du mal, d'où lui vient précisément le pouvoir de pécher. Est-ce de sa liberté même? Est-ce de l'imperfection, ou, comme on dit du néant de la créature? Est-ce, au contraire, de sa perfection, de sa puissance, de sa haute dignité, de l'excellence de ses prérogatives comme être libre? On répond communément que la possibilité du mal a sa raison dans la liberté en tant que cette liberté imparfaite implique le pouvoir d'abuser d'elle-même et des facultés qui sont ses éléments constitutifs; et qu'ainsi le mal vient de l'imperfection, de la faiblesse de la créature. Mais ce n'est là que reculer la difficulté. Reste toujours cette question ultérieure : comment et pourquoi, étant imparfaite, la créature peut-elle abuser de son intelligence, de sa volonté, de son activité? M. Bautain et quelques autres philosophes prétendent, au contraire, que le mal n'est point le résultat de la faiblesse, l'effet de l'imperfection de la créature, mais bien une preuve terrible de sa force, de sa puissance, une suite librement voulue de sa perfection même. Il y a du vrai dans ces réponses qui paraissent se contredire; mais elles sont incomplètes. Il nous semble qu'il est nécessaire de les expliquer et de les compléter l'une par l'autre. Le mal prouve tout à la fois la perfection et l'imperfection de la créature libre, il dérive à la fois de l'une et de l'autre, mais non de la même manière. Il faut distinguer deux choses dans le péché, l'acte réel et très positif par lequel il se consomme, et l'opposition de cet acte avec l'ordre moral. ou comme disaient les scholastiques, le matériel et le formel du péché. L'acte matériel a son principe positif, sa cause dans les éléments constitutifs de la liberté, dans l'intelligence, la volonté, l'activité, dans les perfections même de la créature; mais l'opposition de cet acte avec la loi morale, ou si l'on veut, le formel du péché, l'acte considéré, non en lui-même, mais bien en tant qu'opposé à la règle des mœurs, à son principe dans l'imperfection des éléments ou des facultés qui constituent l'être libre. En d'autres termes, la perfection de la créature est l'occasion, la condition sine qua non du formel du péché, parce qu'elle est la cause immédiate de l'acte peccamineux ou du matériel du mal moral; et l'imperfection est la cause déficiente du formel de ce mal, ou ce qui constitue l'opposition de l'acte positif à la loi. Si la créature libre n'était pas douée d'intelligence, de volonté, d'activité elle ne pourrait point agir moralement, ses actes ne seraient point susceptibles d'être conformes ou contraires à l'ordre moral;

et si l'être libre avait une intelligence, une volonté, une activité infiniment parfaites, il serait essentiellement impeccable comme Dieu. S'il pèche, ce n'est donc point parce qu'il est une intelligence, une volonté, une activité; la vérité qu'il connaît, le bien qu'il aime et qu'il poursuit ne sont pas la puissance de faire le mal, mais bien un obstacle au péché, par la raison bien simple que le mal est précisément l'opposé de l'être, du vrai et du bien, et qu'il implique contradiction que la vérité connue, le bien voulu, aimé, pratiqué puissent devenir mal, ou le causer, ou même le rendre possible. La possibilité du péché formel n'a donc sa raison que dans l'imperfection même de l'intelligence, dans ce qu'elle ignore, dans ce qu'elle n'est point; dans l'imperfection de la volonté, c'est-à-dire, dans ce en quoi elle n'aime pas le bien, dans ce en quoi elle n'est pas voulu; enfin dans l'imperfection de l'activité, c'est-à-dire, dans ce en quoi elle ne poursuit pas le bien, dans ce en quoi elle n'est pas une puissance, mais faiblesse, impuissance, inertie. Or, peut-on dire que Dieu a produit cette imperfection, qu'il en est la cause, ou seulement qu'elle a en lui sa raison d'être? ce serait un non sens : Cette imperfection n'est rien de positif en soi ni dans l'être créé; or, ce qui n'est rien n'est pas produit, n'a pas de cause ni de raison d'être. Ou bien si on veut que Dieu en soit le principe, la cause, il faudra nécessairement ajouter qu'il la produit comme la lumière produit les ténèbres, la vérité, l'erreur, l'ordre, le désordre, l'être et le néant; qu'il en est cause comme le riche qui fait une aumône est cause de l'indigence de celui qui la reçoit. Il serait difficile de soutenir une absurdité plus lumineuse. Tout revient donc à dire que le mal est possible au même titre que la création elle-même; car, d'une part, cette possibilité résulte évidemment de la création d'êtres qui sont à la fois libres et imparfaits, et d'un autre côté, la création n'est possible que dans l'hypothèse où Dieu crée des êtres libres et imparfaits. Sans doute, Dieu crée librement; mais dès qu'il se détermine à le faire, il se propose nécessairement une fin digne de lui, nous ne disons pas avec les partisans de l'optimisme, que cette fin doit être la plus digne de lui, mais seulement qu'elle doit être une manifestation à un degré quelconque de la sagesse et de sa bonté; or, cette fin digne de Dieu ne peut pas être autre que lui-même, c'est sa gloire par le bonheur des créatures, et cette gloire consiste essentiellement dans la manifestation de ses attributs; mais à quoi bon et à qui Dieu manifesterait-il ses attributs, s'il n'existait pas des êtres intelligents, et à quoi bon des êtres intelligents sans liberté, sans intelligence, sans activité sans amour du bien? C'est le raisonnement de saint Thomas et des plus célèbres philosophes. D'ailleurs, il faut bien sortir de l'hypothèse pour entrer dans le fait même de la création telle que le créateur l'a conçue et réalisée. Or, Dieu a créé des êtres libres et en même temps imparfaits, et il suit du fait de leur existence que le mal moral est nécessairement possible. Si donc cette possibilité est incompatible avec l'existence d'un Dieu souverainement bon, il faut avouer nettement que la création d'un être intelligent, actif, aimant le bien implique contradiction; proclamer que Dieu cesse d'être Dieu s'il produit des êtres formés à son image et qui manifestent plus parfaitement que tous les autres ses attributs; qu'il peut concevoir, mais non réaliser des êtres possibles qui seuls rendent raison du fait de la création; or, c'est limiter sa puissance et enchaîner sa bonté; c'est donc anéantir la notion même de Dieu. Imputer au créateur la possibilité du mal en supposant qu'elle est elle-même un mal, c'est dire au Très-Haut : tu n'as pas le droit de créer, de manifester tes perfections; si tu crées, tu ne produiras que des êtres sans raison, de pures machines, tu créeras sans but moral digne de ta sagesse : tu iras jusqu'à la brute, mais là, en face de l'être libre que tu conçois, de l'être seul digne de toi, tu t'arrêteras, tu n'iras pas plus loin : *Huc usque venies, et non ibis amplius (Job).* Ce langage impie ne fait pas moins injure au bon sens qu'à Dieu même. En deux mots : Dieu peut créer, ou il n'est pas Dieu; donc le mal est possible, et cette possibilité n'est nullement imputable à Dieu, ou bien il implique contradiction qu'elle soit un mal. — 3° Non seulement Dieu peut créer, il crée, il a créé des êtres libres : quel but s'est-il proposé, et quels moyens met-il en œuvre pour l'atteindre? Nous répondons : 1° *Dieu crée des êtres libres pour rendre possible le bien moral; il ne se propose pas une autre fin.* Tout ce que nous avons dit jusqu'alors en est la preuve. 2° *Tout ce que Dieu fait en créant des êtres libres, il le fait dans le dessein d'empêcher ou de réparer le mal moral, mais sans violenter ni détruire la liberté.* La raison *a priori* de cette assertion est évidente : Dieu est sage ; or, il se propose comme fin dernière sa propre gloire, et il met sa gloire à rendre heureux les êtres libres qui consentent à travailler avec lui à leur propre félicité ; donc, tout dans les desseins de Dieu est coordonné, subordonné même à la perfection, à la félicité des êtres moraux, par la raison qu'un Dieu infiniment sage coordonne et subordonne tout à ce qu'il veut comme fin dernière. L'univers et la créature libre nous fournissent une double preuve de fait à l'appui de cette vérité. D'abord, le bon sens le plus vulgaire comprend que l'univers est fait pour l'homme, l'homme pour Dieu et que tous les êtres rappellent à l'homme cette fin sublime de manière à ne lui permettre pas de la perdre de vue, à moins qu'il ne s'obstine follement à fermer les yeux à la lumière. Tout porte l'homme vers Dieu ; tout lui révèle la grandeur, la bonté, la sagesse, les amabilités infinies du créateur ; tout existe ou doit exister dans le cœur de l'homme l'admiration, la reconnaissance, l'amour, la confiance qu'il doit éprouver pour celui qui est son principe et sa fin ; tout lui annonce, lui fait désirer et espérer le bonheur de s'unir à Dieu dans le temps par la pratique du bien, pour commencer et préparer l'union ineffable qui se consommera dans l'éternité. — De même, tout dans le monde avertit l'homme de ne point s'opposer aux desseins d'amour que Dieu a conçus en sa faveur, tout lui fait redouter le malheur de se séparer de Dieu en cette vie par le péché qui prépare et qui consomme le malheur de la séparation éternelle du souverain bien. Il serait superflu et trop long d'entrer dans le détail ; tout ce qui démontre l'existence de Dieu et sa providence dans l'ordre moral, démontre notre assertion. Mais il n'est nullement nécessaire de chercher nos preuves en dehors de l'être libre ; nous les trouvons en nous, et elles sont si claires, même dans l'homme qui est le plus imparfait des créatures douées de liberté, qu'elles semblent écrites au fond de notre nature avec les rayons du soleil. L'être libre est évidemment destiné à jouir de Dieu et à se préparer à cette jouissance par la vertu. La notion vraie de la liberté et celle du bien moral ou de la sainteté, sont tellement semblables, corrélatives qu'une exacte analyse les réduit à une seule et même idée ; de sorte que les éléments de la liberté morale, considérée dans ce qu'elle a de positif, sont les éléments et les principes mêmes de la sainteté et du bien moral. Qu'est-ce que le bien moral, la vertu, la sainteté ? C'est l'union avec Dieu par la soumission et la conformité de l'intelligence, de l'activité des créatures libres aux attributs divins correspondant à ces trois facultés ; c'est la vérité, le bien, la vertu, cherchés, aimés, pratiqués par l'être moral. Or, notre intelligence est faite exclusivement pour la vérité ; elle la cherche, la poursuit en tout, même depuis la chute, avec une incroyable ardeur et une persévérance infatigable. Qu'était-ce donc lorsque la créature libre sortit innocente des mains de Dieu ? Et la vérité que l'homme poursuit, celle qui peut seul rassasier son immense désir de voir et de savoir, c'est la vérité infinie, c'est Dieu ; c'est donc à Dieu que l'homme veut s'unir, c'est lui qu'il cherche aussi nécessairement que la vérité. — L'activité, principe des œuvres, n'étant que le pouvoir de réaliser ce que l'intelligence perçoit comme vrai, ce que la faculté d'aimer poursuit comme bon, est par là même la condition nécessaire ou, pour mieux dire, le principe immédiat du bien, de la vertu ; c'est la perfectibilité envisagée sous le point de vue pratique, le moyen d'union avec Dieu : et quand cette faculté passe à l'acte, si l'homme en use légitimement, c'est-à-dire, conformément aux lois de la nature, il s'approche de Dieu, car son activité se porte naturellement vers l'unique objet dont la possession peut le perfectionner, comme elle l'éloigne naturellement de ce qui lui dégrade et l'avilit et repousse instinctivement ce qui n'est point proportionné à sa nature et à ses besoins. Donc l'activité porte naturellement l'homme à s'unir à Dieu, à se sanctifier. — L'amour du bien, motif qui détermine l'activité à passer à l'acte, n'est pas moins naturel à l'homme : l'homme veut nécessairement sa félicité, et il la veut infinie, éternelle, immuable ; le souverain bien seul peut satisfaire son immense désir du bonheur ; mais ce bien, c'est encore Dieu et Dieu seul ; c'est pour l'être libre, l'union intime avec Dieu, la possession de Dieu. Donc, l'amour, troisième élément de la liberté morale, c'est l'amour même de Dieu, le désir inné, presqu'invincible de s'unir à lui, et par conséquent, de se sanctifier. — Enfin, la dernière prérogative de l'être libre, c'est-à-dire, le sublime pouvoir de se faire à lui-même son sort éternel, avec le concours

de Dieu librement accepté, ce pouvoir n'est pas autre chose que la somme des éléments constitutifs de la liberté, c'est la liberté morale elle-même. Ce pouvoir est donc un moyen direct, immédiat de sanctification et nullement de péché ; c'est pour cette fin uniquement que Dieu l'accorde, et de sa nature il tend à cette fin. Ainsi, tout ce que l'homme tient de Dieu, tout ce qui est en nous et hors de nous existe positivement pour porter l'homme au bien, pour empêcher le mal et le réparer, pour faciliter la pratique du bien ; d'où il suit que, bien loin d'être la cause du mal et de sa possibilité, Dieu est exclusivement le principe de tout bien, de même notre liberté et ses éléments essentiels sont le principe de toute vertu, et dans ce qu'ils ont de réel, de positif, ils sont, non pas le fondement de la possibilité du mal, mais du bien seul ; donc enfin la raison de cette possibilité ne réside ni en Dieu, ni dans ce que nous tenons de lui. — Nous pourrions nous arrêter ici, car s'il est une fois bien démontré que la simple possibilité du mal n'est pas même imputable à Dieu, qu'elle n'a pas en lui sa raison, il est évident que toutes les difficultés s'évanouissent et que l'existence même du mal se concilie avec celle du souverain bien, considéré comme principe de tout ce qui existe, aussi facilement que la création du monde avec l'existence de l'infini, que l'existence des ténèbres avec celle de la lumière. Il faudrait, pour mettre cette vérité dans tout son jour, franchir les limites du monde de la nature, et pénétrer, le flambeau de la foi à la main, dans les magnificences du monde surnaturel. Qu'est-ce que Dieu fait dans l'homme et hors de l'homme par la grâce, par la rédemption et les mystères qui la préparent, l'accompagnent et la suivent ? Ce n'est pas ici le lieu d'embrasser tout l'ensemble de la religion pour présenter dans un seul tableau l'admirable économie des moyens intérieurs et extérieurs de sanctification que Dieu a ménagés à l'ange et à l'homme. Pour prévenir la chute de l'ange, il l'élève au-dessus de tous les ouvrages de ses mains, il en fait sa plus parfaite image, lui communique sans mesure ses dons les plus excellents, l'inonde des flots de sa lumière, lui dévoile sa grandeur et ses amabilités infinies, lui ouvre tous ses trésors et lui demande seulement de reconnaître sa propre dépendance vis-à-vis du créateur duquel il tient l'être et la vie, par lequel seul il peut recevoir la vérité, le bien, la félicité. Que pouvait-il, que devait-il faire de plus pour déterminer un être libre à lui rendre hommage et à puiser ainsi le bonheur dans celui qui en est la source unique, inépuisable ? Pouvait-il faire davantage sans violenter la liberté de l'ange ? De même, pour prévenir la chute de l'homme, il le comble de tous les biens temporels et surnaturels ; il l'établit roi de la terre et en soumet tous les êtres à son empire ; il se manifeste à lui dans la lumière de la grâce pour le préparer aux splendeurs de la gloire ; il l'éclaire par la révélation et par son Verbe intérieur. La grâce est comme un prélude et un commencement du mystère de l'incarnation, c'est le Verbe qui se fait la lumière et le spirituel de l'âme ; il vit et il agit en elle ; il nourrit l'homme d'un aliment céleste : l'homme innocent est encore esprit, ou, pour nous servir d'une belle expression de saint Augustin, il est spiritualisé même dans sa chair, et Dieu se communique à lui comme esprit. Toutes les facultés de l'homme élevées et fortifiées par la grâce louent Dieu ; il plaît à Dieu et Dieu lui plaît ; Dieu descend vers l'homme pour converser familièrement avec lui, et l'homme s'élève vers Dieu sans effort. Ne semble-t-il pas que dans cet heureux état il en coûte plus à l'homme pour pécher et se révolter contre Dieu que pour l'aimer et lui obéir ? Ce n'est donc point à Dieu que la chute originelle et ses funestes suites doivent être imputées. La difficulté du problème de l'existence du mal ne consiste plus à savoir comment Dieu a pu permettre la chute de l'homme, puisque cette permission est tout expliquée par le double fait de la liberté et de l'existence de l'ordre moral, mais bien de savoir comment l'homme a pu tomber, comment il est devenu assez aveugle, assez ingrat, assez ennemi de Dieu et de lui-même pour se révolter contre son auteur. C'est la question qui reste à examiner. Mais comme la chute de l'homme a été précédée de celle de l'ange, comme celui-ci a sollicité l'homme à pécher, c'est par l'ange que le mal a commencé : l'homme n'en a pas la triste initiative ; ce n'est qu'après avoir été tenté, séduit, qu'il a péché pour la première fois, c'est donc au tentateur qu'il faut remonter pour saisir l'abus primitif de la liberté, la production originaire du mal. Qu'est-ce que l'ange et comment est-il tombé ? Toutes les traditions parlent de créatures spirituelles qui ont existé avant l'homme et qui tiennent le premier rang dans l'ordre hiérarchique des êtres créés. « Les anges, dit M. Bautain, dont nous allons reproduire en substance les conceptions ou explications philosophiques relativement à la question présente, se conçoivent *en eux-mêmes* comme des formes pures, des existences substantielles douées d'activité et de causalité, des Monades, et, *relativement à leur origine*, comme des idées divines vivifiées immédiatement par le Verbe. Distraite du moi absolu, tant en idéalité qu'en réalité, la créature purement intelligente a pour caractère essentiel la puissance de se déterminer elle-même dans sa forme, de décider ainsi du mode de son existence sous l'influence actuelle de la vie ; elle a la puissance de répondre à l'action vitale, à l'excitation du dehors, puis celle de rentrer en soi, de se comprendre elle-même dans sa détermination, d'avoir la conscience de sa puissance avec le pouvoir de se dire : je suis et je sais que je suis, je veux et je sais que je veux. Ce caractère est la liberté pure. » Il n'en est pas ainsi de l'homme, être complexe dont l'existence est comme mêlée à tout ce qui l'entoure et dépendante non-seulement des lois du monde physique, mais encore et surtout des relations multiples, intimes, qui unissent l'homme à l'homme, dans la famille, dans la société et l'humanité. L'ange, au contraire, est tout ce qu'il est par Dieu seul, sans le concours ou la médiation d'aucune créature. Appelé à la vie par un seul acte vivificateur, il décide aussi de sa forme, de sa destinée, par un seul acte de sa liberté, parce qu'il n'est point soumis aux lois d'un développement successif qui serait incompatible avec sa nature infiniment simple en elle-même. Dieu crée l'ange comme la lumière, par un seul *Fiat* de sa toute puissante volonté, et il se pose comme sa fin. De même l'ange prononce sur ce qu'il veut être, sur ce qu'il sera éternellement par une seule réaction positive ou négative vers l'action de Dieu ; car le don de la vie, fait par Dieu à la créature céleste, devient tellement la propriété de celle-ci qu'il impliquerait contradiction qu'elle en fût privée soit par Dieu, soit par elle-même, de même il est de l'essence de cette créature qu'elle soit maîtresse de se faire à elle-même, et par un seul acte, sa manière d'exister, sa destinée, et que cet acte décisif s'accomplisse dès le premier moment, c'est-à-dire à l'instant même où l'ange a conscience de lui-même et de l'action de Dieu sur lui. Appelé à la vie par l'action prévenante du créateur, il dut répondre à l'instant, et réagir pour se mettre en rapport avec son principe vivificateur. Cette réaction se conçoit comme préparée en trois moments. Au premier, l'ange a le sentiment de la vie qui lui est communiquée ; au second, il a la conscience de son sentiment ; au troisième, sa personnalité se pose, il comprend son moi, et il se connaît comme doué de la puissance de se prononcer par l'acte du libre arbitre. Participant autant que le peut la créature à la vie, à l'amour, à la science et à la gloire de l'infini, sentant l'action de Dieu en lui et le contemplant, tout inondé de lumière, brillant de beauté, libre, immortel en face de Dieu, il a le pouvoir et le devoir d'admettre continuellement la vertu vivifiante de son premier principe et de réagir vers elle avec amour. Telle est sa loi et la condition à laquelle son bonheur est attaché ; mais il a aussi le pouvoir de violer cette loi, de résister à Dieu, de se séparer de l'être qui le soutient, de former son intelligence au rayon divin qui l'éclaire, et son cœur à l'amour qui le vivifie. Il peut vouloir se suffire à lui-même et vivre de son propre fond, parce qu'il se sent libre et qu'il se sait immortel : il peut donc refuser le don qui lui est offert, et opposer ainsi son vouloir à la volonté de celui qui l'a créé et qui le conserve. C'est dans ce droit de participer à la vie divine, ou au pouvoir formidable de repousser le don de Dieu, de dédaigner son amour, que se montre la grandeur de l'ange, la puissance de sa liberté, dont l'acte consiste précisément dans le choix qu'il fait entre Dieu et lui-même, dans la préférence qu'il accorde à Dieu en l'aimant plus que soi-même, ou à soi-même en se préférant à Dieu. Or, il faut bien que le choix se fasse, et que l'être libre décide s'il vivra de la vie divine ou de sa vie propre, pour Dieu ou pour soi. Dans l'un et l'autre cas, la détermination aura nécessairement son effet. Dans le premier, la vie de la créature, alimentée par sa source divine, recevra tout son développement ; la vérité, la lumière, la beauté, la gloire, le bien, la félicité s'épancheront par torrents du sein de Dieu dans le sein de l'ange. Dans le second, l'étincelle de la vie divine, qui ne peut s'éteindre parce qu'elle est devenue la propriété éternelle de la créature, ne sera plus qu'un feu sombre, âpre, une faim et une soif brûlantes, et comme un ver rongeur qui se dévore sans cesse sans pouvoir mourir. Comment concevoir une détermination semblable ? Comme elle a son prin-

cipe dans l'exaltation du moi, que l'Ecriture nomme si bien *l'orgueil de la vie*, elle se conçoit d'autant plus facilement que la créature est elle-même douée d'une vie plus abondante, d'une liberté, c'est-à-dire d'une intelligence, d'une activité, d'un amour plus parfaits. Plongée pour ainsi dire dans la lumière de la vérité, ayant le sentiment de sa force, la conscience de sa beauté, enivrée des délices de l'existence personnelle, elle a bien droit de se complaire dans la contemplation d'elle-même, mais aussi il est à craindre qu'elle ne vienne à oublier Dieu, à vouloir vivre, jouir, agir par elle seule et pour elle, à se confier en soi jusqu'au dédain de l'autorité, à se perdre dans ses rêves de grandeur et d'indépendance. C'est ce que l'on voit tous les jours parmi les hommes. Ainsi le danger de la chute pour l'être libre est vraiment en raison de son excellence, de son élévation, et, s'il tombe, son crime sera plus grand, sa chute plus effroyable, sa ruine plus profonde, son châtiment plus terrible ; ce crime même un mal sans remède, parce qu'il voudra toujours ce qu'il a voulu une fois, il préférera toujours l'indépendance à la subordination. On ne peut trouver ni en Dieu, ni dans l'ange, un motif qui autorise à croire que le sort que celui-ci s'est fait à lui-même puisse jamais changer. Dieu l'a fait libre et il ne peut le contraindre dans l'exercice de sa liberté, car il sait sur lui que par amour, et l'amour prévient, invite, sollicite, mais il ne violente pas. Cet amour s'est montré à l'ange autant qu'il pouvait se manifester à une créature, autant qu'il a méprisé ; il s'est préféré à Dieu après l'avoir connu autant qu'une créature peut le connaître sans cesser d'être libre ; il n'y a plus rien qui puisse le porter à renoncer librement à lui-même et à son illusion. Son choix est donc irrévocable et il en subira éternellement les conséquences. Quelles sont ces conséquences dans la plus excellente des créatures douées de liberté ? Elles ressortent de la nature même de sa prévarication. « Toute son existence ne sera donc qu'une contradiction perpétuelle entre sa volonté et le vouloir divin, entre ce qu'elle est au fond comme idée divine et ce qui apparaît d'elle au dehors dans la réalité ou dans sa manière d'exister. Cette existence ne sera qu'un mensonge se reproduisant perpétuellement sous de nouvelles formes, une métamorphose incessamment renouvelée. Furieuse dans son activité, et avec sa faim brûlante, elle sera, suivant l'apôtre saint Pierre, comme un lion rugissant, tournant autour d'autres créatures intelligentes et cherchant à les dévorer ; elle sera enfin un exemple terrible de l'amour méprisé, de l'orgueil humilié. Et c'est bien elle, elle seule qui a voulu cet état violent si contraire à sa nature, à sa loi. Si elle est dans le dénûment, dans la privation, c'est parce qu'elle a refusé le don qui lui était offert ; si elle est abattue, opprimée, c'est parce qu'elle s'est exaltée en elle-même, c'est parce qu'elle s'est mise en opposition avec le vouloir de Dieu, avec sa puissance. Elle est dans les tourments, mais la cause de ses tourments est en elle et non en Dieu, c'est l'énergie de son opposition, l'ardeur de son vouloir propre ; et son tourment durera tant qu'elle voudra, ce qui est contraire à sa loi, et elle le voudra toujours, parce qu'un infini n'a pu la porter à se renoncer dans son orgueil, à reconnaître ni à avouer sa dépendance. Elle ne veut point de l'amour ni de la lumière divine ; elle ne veut point jouir de la vie par grâce, et, puisqu'elle ne peut se détruire et ne peut vouloir se détruire parce qu'elle ne veut pas se renoncer ; puisqu'il faut qu'elle vive et subsiste, la volonté de son créateur étant immuable, toujours elle vivra, et elle vivra dans l'égoïsme, dans la haine et les ténèbres, dans l'illusion, le mensonge et la mort » (Bautain, *Philosophie du Christianisme*, t. II, lett. 37ᵉ). Ainsi, conclut le même auteur en se résumant : « Le commencement du mal est dans l'exaltation de l'esprit, dans l'orgueil de la vie, dans l'admiration de la créature à la vue de sa propre excellence, dans la conscience réfléchie de sa puissance. — L'effet immédiat du mal conçu par la créature libre est le dédain, le mépris de la grâce, le reniement du don de la vie, la prétention à l'indépendance. La conséquence infaillible du mal, c'est la dégradation de la créature dans sa forme essentielle, dans toutes ses qualités, dans toutes ses facultés. La propagation du mal s'est faite dès l'origine et se fait encore dans le monde moral par le mensonge, par l'illusion, par la séduction, et son résultat définitif, c'est l'agonie éternelle de la créature pervertie et déchue » (*Id. ibid.*). Il nous est facile maintenant d'expliquer la chute de l'homme ou l'introduction du mal au sein de l'humanité. L'homme n'est pas un être simple comme l'ange, et il est moins parfait que lui ; il est néanmoins soumis à la même loi, mais cette loi dut s'accomplir d'une autre manière. Cette loi lui fut manifestée dès le commencement. Aussitôt que l'homme parvint au sentiment, à la connaissance et à la conscience de lui-même par le fait de sa création et sous l'influence de l'action vivifiante que Dieu exerçait sur lui, il se vit dans sa double nature en rapport avec Dieu et avec le monde extérieur, il sentit en lui-même la double action de Dieu et du monde, il eut la conscience du pouvoir de réagir librement vers l'un et vers l'autre pour puiser en chacun l'aliment propre à l'une et à l'autre des deux natures dont il se composait. Et comme il n'y a point d'activité libre sans loi morale qui la dirige, cette loi fut promulguée à l'homme au moment même où il acquit la conscience de sa liberté. Dieu lui parla d'abord en père et en bienfaiteur, puis en législateur et en maître, voulant lui inspirer la reconnaissance et l'amour, la confiance et la foi avant de lui imposer un précepte et de mettre sa fidélité à l'épreuve. Il commence donc par le bénir : « Croissez et multipliez-vous. » Ensuite il lui donne la terre et l'établit roi : « Je vous ai donné toutes les plantes, etc., dominez sur les poissons de la mer, sur les oiseaux du ciel, et sur tout animal qui se meut sur la terre. » Alors seulement Dieu fait un commandement et une défense : « Mangez de tous les fruits du paradis ; mais ne mangez pas du fruit de l'arbre de la science du bien et du mal. » Enfin, le Seigneur sanctionne le précepte par cette menace ou plutôt par cette instruction paternelle : « Car le jour où vous en mangerez, vous mourrez. » Ailleurs, le texte sacré est plus explicite ; il ajoute que Dieu, après avoir créé l'homme et la femme, « leur donna le conseil, et une langue et des yeux, et des oreilles, et un cœur pour penser ; et il les remplit d'intelligence : il créa en eux la science de l'esprit, remplit leur cœur de sagesse, et leur montra les biens et les maux ; il fit luire ses regards sur leurs cœurs, pour leur manifester la grandeur de ses œuvres, afin qu'ils célébrassent la sainteté de son nom, et le glorifiant dans ses merveilles... Il leur donna des préceptes, et il les fit hériter d'une loi de vie, et il établit avec eux une alliance, et il leur apprit sa justice et ses jugements. Et leurs yeux virent les merveilles de sa gloire, et leurs oreilles entendirent l'éclat de sa voix, et il leur dit : « Gardez-vous de tout ce qui est inique ; et il ordonna à chacun d'eux de veiller sur son prochain. » (*Ecclésiastiq.*, ch. XVII.) Cette loi de vie donnée à l'homme, et les merveilles de la gloire de Dieu qui sont dévoilées à la créature, doivent s'entendre de l'élévation de celle-ci à une fin surnaturelle, de sa destination à la vision intuitive et immédiate de l'essence divine. C'est par la promesse de ce bonheur incompréhensible que Dieu sollicita la reconnaissance et l'amour de l'homme, sa fidélité, son obéissance à la loi de vérité et d'amour. Envisagée au point de vue philosophique, cette parole enseignait à l'homme : 1° Que n'étant point de soi, ne pouvant ni subsister ni vivre par soi, l'homme ne peut être à soi ou pour soi, ni disposer de ses facultés, mais qu'il se doit en toute justice et tout entier à celui par qui il est, et qu'ainsi sa loi première, fondamentale, est la même que celle de l'ange, loi d'amour, de dépendance entière à l'égard de Dieu ; 2° que l'homme doit croire à Dieu et non à soi-même ou aux créatures, tout espérer, tout attendre, tout craindre de Dieu seul, et lui obéir en toutes choses ; 3° que l'homme doit dominer la nature et non lui être soumis, que le corps doit être soumis à l'âme avec toutes ses puissances et l'âme à Dieu ; 4° enfin, que l'homme ainsi éclairé sur ses droits et ses devoirs, et placé dans le monde pour y représenter la Divinité, doit maintenir l'ordre établi de Dieu, et le maintenir d'abord en lui-même, puis au dehors, vis-à-vis de toutes les créatures, et même en face de l'ange tombé. Telle était sa loi et la condition de sa félicité. Il fallait que l'homme acceptât librement cette loi, « qu'il complétât pour ainsi dire par un acte humain l'acte divin qui l'avait appelé à l'existence, consentant à exister tel que Dieu le veut et sous la condition posée, » et posée par la nature même des choses, mais non, comme on le croit trop souvent, par la libre volonté de Dieu ; car, bien que l'objet du précepte ait pu être changé, le précepte en lui-même, dans son essence et son esprit, ne fait qu'exprimer les rapports essentiels de l'homme avec les différents êtres. Ce n'est pas ici le lieu de le démontrer ; du reste, cette assertion s'explique assez d'elle-même pour peu qu'on se rappelle des principes que nous avons posés plus haut. Comment l'homme a-t-il violé cette loi de justice et d'amour ? Pour l'observer, il doit se tenir à la place qui lui est assignée par sa nature, au-dessous de Dieu et dans sa dépendance, au-dessus du monde physique dont il est roi et non pas esclave. Or, cette

dépendance implique l'humble soumission de l'esprit par la foi, de l'activité par l'espérance, de la faculté d'aimer le bien par la charité, par l'amour de Dieu. De même, la supériorité de l'homme sur la nature lui fait un devoir de ne pas chercher en elle sa fin, c'est-à-dire la vérité, la force, le bonheur, et par conséquent de dominer les sens qui inclinent naturellement l'âme vers les objets matériels. Si cette double loi est enfreinte, l'ordre essentiellement voulu par le Créateur est renversé, et le mal règne. Cette loi est publiée, sanctionnée, facile à garder ; l'homme est libre, il faut qu'il exerce sa liberté ; l'épreuve est donc nécessaire. Adam n'a pas à choisir, seulement entre Dieu et lui-même comme l'ange, mais entre lui-même et le monde et Dieu. Au moment où l'homme doit se prononcer, l'ange déchu et envieux, le tentateur cherche à le séduire, à le porter à se préférer à Dieu et à chercher sa fin, son bonheur dans la créature. Il lui tient à peu près le même langage qu'il s'est parlé à lui-même au moment de sa propre chute. Il ébranle sa foi en la parole de Dieu par une question captieuse, il embarrasse sa raison par le doute et le mensonge ; il trouble sa confiance, supposant à Dieu des vues intéressées dans la défense qu'il a faite ; il nie hardiment la parole révélée : « Non, dit-il, vous ne mourrez point de mort. » Ayant ainsi représenté Dieu comme un être menteur, jaloux, impuissant et ennemi de l'homme, il affaiblit en celui-ci le sentiment du devoir, l'excite à violer la loi, l'entraîne enfin à se révolter ouvertement par l'esprit, par le cœur et les actes contre le législateur suprême ; il lui fait une promesse bien séduisante pour un être fait à l'image de Dieu et dont la loi fondamentale est de se rendre semblable à son auteur : « Vous serez comme Dieu ! » A cette parole l'orgueil s'exalte, et l'homme, séparé de Dieu, opposé à Dieu dans son intelligence, sa volonté, cherche hors de Dieu la science, la vie, le bien qui ne sont qu'en Dieu. Son imagination, charmée par l'illusion des sens, l'entraîne vers la matière, et lui persuade qu'il trouvera en celle-ci sa perfection, sa fin, son bonheur : il porte la main sur le fruit mystérieux qu'il préfère à la divinité et mange sa propre condamnation. La mort est entrée dans son âme séparée de Dieu, qui est sa vie, bientôt elle frappera le corps même ; car le privilège de l'immortalité était attaché à la grâce que l'homme a repoussée. Voilà le crime de l'homme, et il est clair qu'il renverse entièrement l'ordre établi de Dieu, qui est préférable à tout, et à qui tout vient d'être préféré. Dieu a parlé, donné, promis et menacé, le démon a parlé et promis à son tour ; et c'est à la parole du démon que l'homme a cru, c'est en sa promesse qu'il a espéré, au mépris de la parole, des dons, des promesses et des menaces de Dieu ; l'homme a tenté de se faire Dieu sans Dieu et malgré lui ; il a mis sa raison séduite, son activité faussée, son amour perverti en opposition avec la raison divine, avec la puissance, l'amour et le vouloir du Créateur ; à l'instant même, et par un juste châtiment qui n'est que l'application d'une loi fondée sur la nature même des choses, l'esprit rebelle du prévaricateur subit à son tour la révolte des sens, le joug humiliant des passions charnelles, et l'homme tombe ainsi corps et âme dans l'esclavage de la nature : en voulant se faire Dieu par l'orgueil, il s'est privé de la vie divine pour vivre selon ses appétits sensuels, qui sont la loi des brutes. Orgueil de la vie, concupiscence de la chair, concupiscence des yeux, c'est-à-dire exaltation désordonnée du moi qui s'est fait le centre et la fin de toutes choses, voilà l'origine du mal au sein de l'humanité, et la liberté de l'homme suffit à elle seule pour l'expliquer. L'ange, doué d'une liberté plus parfaite que celle de l'homme, a pu déchoir ; il a eu l'initiative du mal, et ce mal s'explique facilement par la liberté ; or, le péché de l'homme sollicité au mal par l'esprit de ténèbres est un crime moins grand que celui de l'ange, il est proportionné au degré d'être, d'intelligence, d'activité, d'amour qui constitue la liberté humaine ; celle-ci rend donc raison du mal dont elle est le principe, la cause adéquate, et le péché de l'homme n'est pas plus imputable à Dieu que celui de l'ange ; il n'a pas même en Dieu la raison de sa possibilité. Quant aux suites de la chute, elles s'expliquent d'elles-mêmes. En péchant, l'homme viole sa loi fondamentale et brise les rapports qui l'unissent au souverain bien ; il oublie Dieu, le méprise, repousse ses dons, lui préfère la créature ; il se sépare volontairement de Dieu qui est l'être, la vérité, le bien et l'ordre par essence, il s'oppose à Dieu par son intelligence séduite, son activité faussée, son amour désordonné ; or, Dieu est le principe et la source unique de toute science, de toute force, de toute sainteté, de toute vie, de toute félicité; est-il étonnant que l'homme séparé de Dieu, opposé à Dieu, ne soit plus qu'ignorance et mensonge, faiblesse et infirmité, corruption et vice, maladie, souffrance, mort et malheur, et cela pour l'éternité, s'il veut éternellement demeurer opposé à Dieu? Le châtiment du péché est donc l'œuvre de l'homme seul, c'est l'homme qui se l'inflige à lui-même volontairement, nécessairement, en se séparant de Dieu; c'est lui qui se condamne, ou plutôt il est condamné à souffrir par la nature même des choses. S'il en pouvait être autrement, Dieu cesserait d'être Dieu, et l'homme *le deviendrait en péchant,* s'il restait heureux en lui-même et par lui-même. La transmission du péché originel et de sa peine s'explique aussi facilement, pourvu que l'on n'ajoute rien au dogme catholique défini par le concile de Trente (V. *Péché originel*). La liberté humaine est donc seule la raison de la possibilité et de l'existence du mal moral, seule elle l'explique et l'accomplit. La raison demande encore comment Dieu, qui est infiniment bon, a pu créer des êtres peccables, tout en prévoyant leur péché et les suites affreuses qu'il aurait pour eux. Il n'aurait donc tiré du néant des créatures aussi parfaites que pour les exposer à une chute plus profonde, à un malheur sans fin; et cela dans le but égoïste de manifester par elles et à leurs dépends sa puissance, sa justice, sa gloire! — Nous ajoutons d'abord : et sa bonté; car c'est l'amour qui éclate principalement dans le don que Dieu fait à un être de la liberté morale, nous l'avons démontré. Du reste, il est trop évident que la prescience divine, ou plutôt la science infinie ne rend pas Dieu responsable du péché de la créature : Dieu prévoit ou plutôt il voit de toute éternité dans sa science infinie l'usage et l'abus que ses créatures feront de leur liberté; mais cette connaissance n'influe absolument en rien sur les déterminations libres, par la raison que toute connaissance suppose son objet et ne le fait pas exister. Ce que l'on voit existe avant d'être vu, et Dieu n'est pas plus responsable de l'acte libre qu'il a vu, ou plutôt qu'il voit de toute éternité comme existant, que je ne suis responsable moi-même d'un acte qui s'accomplit sous mes yeux. Ce que Dieu voit existe donc actuellement pour lui; parce qu'il est impossible de transporter en Dieu, qui est éternel, les notions du temps et de ses différences; il n'y a point en lui avant et après; sa durée est un présent éternel sans vicissitude ni succession; Dieu est tout entier dans tous les points de la durée par sa science, comme il est tout entier dans tous les points de l'espace par son immensité. Il n'y a donc pas en Dieu prescience proprement dite; mais bien une science infinie dont l'acte éternel embrasse tout, et perçoit comme présents les événements futurs; elle n'est donc pas la cause efficiente ni même déterminante des actes libres; au contraire, la réalisation de ces actes qui est précisément l'objet de la connaissance divine est logiquement antérieure à cette connaissance même. Au reste Dieu connaît les événements dans leurs causes et il les voit tels que ces causes les produisent. Or, nous l'avons prouvé, l'être libre est seul responsable de ses actes moraux, il peut toujours faire ce qu'il ne fait pas, ou omettre ce qu'il fait; et en particulier, le mal qu'il fait n'est imputable qu'à lui seul, il n'a qu'en lui seul et en ce qu'il ne tient pas de Dieu sa cause, la raison de sa possibilité. Dieu voit donc et coordonne, si l'on veut, dans l'économie de sa Providence, les œuvres bonnes ou mauvaises de l'être libre; mais il les voit, les coordonne telles qu'elles doivent être, ou plutôt telles qu'elles sont pour lui, c'est-à-dire toujours libres. — En deux mots : Dieu sait et voit l'avenir de l'être libre, mais il ne le fait pas lui-même. — On ajoute : Dieu a prévu et permis le mal; il ne l'a ni voulu ni accompli; soit : mais il pouvait l'empêcher; donc il le devait, sa sainteté, sa justice, sa bonté l'exigent impérieusement. — Dieu pouvait empêcher le mal. — Oui, sans doute, dans sa puissance absolue et son infinie sagesse, Dieu trouverait la force et les moyens d'empêcher l'être libre de pécher jamais. Toutefois il n'oppose au péché que les secours de la raison et de la grâce parce qu'il ne veut point violer le libre arbitre de la créature, et il le violerait, il se contredirait lui-même en ôtant d'une main ce qu'il aurait donné de l'autre, s'il opposait sa toute-puissance absolue à l'abus de la liberté; la possibilité de cet abus est une conséquence rigoureuse de la liberté elle-même; cette liberté est par sa haute manifestation de la sagesse, de la puissance, de la justice et de la bonté divines; nous l'avons prouvé; donc l'abus, s'il vient à exister, même après avoir été prévu, n'est nullement incompatible avec les attributs divins. Cette réponse suffit, car elle est péremptoire. Allons plus loin cependant; car on peut

faire jaillir de l'objection même une lumière qui en montre la fausseté. Dieu pouvait de sa puissance absolue, mais de sa puissance absolue seulement, empêcher le mal, le rendre impossible; rien de plus vrai. «Mais, dit très bien le P. de Ravignan, supposer qu'il le puisse, et surtout qu'il le doive simplement et toujours pour chaque homme, dans l'ordre présent et actuel du monde, dans cet état présent et relatif, c'est vouloir un autre monde, une autre terre et d'autres cieux; c'est vouloir une autre humanité, un autre genre de rédemption et de salut. Dieu, selon vous, n'aurait donc pas pu créer ainsi l'homme et le monde; il n'aurait donc pu choisir un ordre et un état moral de liberté où le péché et la réprobation fussent possibles à sa volonté déréglée. Il ne l'aurait pas pu... Il n'y a qu'un seul ordre, un seul état de choses qui soit impossible et répugne à l'essence de Dieu; c'est celui où la damnation serait fatalement encourue par suite d'une inflexible nécessité qui nous enchaînerait au mal moral. Mais on demande à Dieu les raisons et les motifs de ce qu'on nomme, à tort peut-être, la permission divine du péché, la raison des abus prévus de la liberté humaine. Je vais répondre. La sainteté de Dieu brille à mes yeux de tout son éclat quand m'apparaît une expression infinie de la haine divine pour le mal, pour ses causes et ses suites. La justice divine me pénètre d'une religieuse terreur et me saisit d'admiration, quand du mal lui-même je vois Dieu tirer un plus grand bien, une réparation plus éclatante et plus glorieuse. La miséricorde et la bonté de Dieu se peignent à mes regards sous les traits les plus ravissants, quand les richesses de la grâce divine sont dispensées à ceux qui s'en montrèrent le plus criminellement indignes. La présence du mal moral sur cette terre m'apporte aussi les plus hautes, les plus salutaires, les plus consolantes pensées. Je tremble à la voix retentissante des prophètes de l'ancienne et de la nouvelle loi lorsqu'ils font gronder sur la tête des pécheurs le tonnerre des vengeances divines. Il faut donc, m'écriai-je en moi-même, que Dieu haïsse infiniment le mal, puisqu'il le poursuit de pareils anathèmes et le bannit éternellement de son aspect. Le péché, son châtiment, sa réparation divine s'expriment aussi avec une incomparable énergie dans la langue du calvaire. Là, dans ce sacrifice sanglant d'un homme-Dieu, se satisfait pleinement une justice infinie. Ce sang, ces larmes, ces ignominies, ces tortures, cette agonie, cette mort, nous en disent plus et mille fois plus que l'embrâsement de l'univers, que l'abaissement de toute créature, que les douleurs et la destruction de la nature entière. Car Dieu, dans cette humanité sacrée, dans cette croix dont les opprobres ont la dignité même infinie et divine, Dieu se fait rendre, il rend lui-même à sa justice le plus complet, le plus inimitable hommage. Cette auguste expiation, ce sacrifice d'un homme-Dieu répare tout, compense tout, replace Dieu sur son trône suprême, le fait à jamais roi du monde et des cœurs. Le péché causa cette réparation, cette justice, cette gloire. *Mais si le Calvaire est la réparation due à la sainteté et à la justice de Dieu outragées,* il est aussi en même temps le rachat gratuit de l'homme, car il aliéna tristement sa liberté; il est sa rançon payée sans mesure. Dieu pouvait-il lui donner un témoignage d'amour plus éclatant? Il lui a donné son fils, suivant la langue révélée; il lui a donné ses mérites, sa grâce; quoi de plus? Il l'appelle aux douceurs du repentir, il reçoit dans ses bras l'enfant prodigue, il rapporte sur ses épaules la brebis fugitive. La présence du mal sur la terre, n'est-elle pas compensée, surpassée même par tous ces biens? *L'homme est-il donc abandonné et proscrit parce qu'il est libre?* Jetons enfin les yeux sur le juste aux prises avec l'adversité et les passions humaines. Il lutte haletant et opprimé, il se relève, il grandit et apparaît dans toute la sérénité du plus glorieux triomphe. Oui, s'il y a un Dieu, il mérite d'être ainsi reconnu, vengé, manifesté, servi : ses athlètes, ses défenseurs et ses amis peuvent être honnis du monde et persécutés pour lui, seuls ils ont en partage les gloires et les conquêtes durables de la guerre avec ses honorables cicatrices; ils sont les soldats toujours vaillants et victorieux. — Voilà pourquoi nos yeux *rencontrent le pécheur ici-bas.* » (*Confér. de 1846.* — *Univers du 12 mars*). — On accuse surtout la bonté divine, et on ne voit pas, ou ne veut pas *voir* que la bonté se manifeste essentiellement sous deux points de vue bien différents, opposés même : être bon c'est aimer le bien; mais c'est aussi haïr le mal, souverainement bon, c'est aimer souverainement le bien suprême et le préférer à tout; c'est haïr pardessus tout ce qui est le plus grand mal, ce qui est essentiellement et de tout point opposé au bien. Sous un autre rapport, être aussi bon qu'il est possible envers quelqu'un, c'est aimer un ennemi, c'est lui faire tout le bien dont il est capable après lui avoir accordé un pardon généreux. Il est facile d'appliquer cette notion de la bonté divine, infinie, de montrer qu'elle éclate souverainement dans la permission, la réparation du mal, dans le châtiment du pécheur, et surtout dans le pardon que Dieu lui offre, dans les grâces qu'il prodigue non seulement aux ingrats qui l'outragent et qui consentent à les accepter, à se repentir, mais encore à ceux mêmes qui les repoussent obstinément, à ceux mêmes qui les mépriseront jusqu'à la fin et se fixeront volontairement dans le mal, dans le mépris et la haine de Dieu pour l'éternité. Si la miséricorde n'apparaît pas ici dans tout son éclat, que pourrait faire de plus le tout-puissant en faveur des ingrats qui l'outragent et qui l'outrageront à jamais? Ainsi, quelle que soit la malice de l'être libre et son inconcevable dépravation, Dieu, comme parle l'Écriture, dispose toutes choses à l'égard de la créature intelligente avec un grand respect. Car il lui laisse toujours, quoiqu'elle fasse, les deux plus grandes choses du monde après Dieu, la grâce et la liberté. Si l'injustice ou la cruauté pouvaient se concevoir en Dieu, de qui dérive toute justice et tout bien, il faudrait dire que sa bonté pour la créature qui abuse de son libre arbitre l'a rendu injuste et cruel en quelque sorte envers lui-même, tant il s'est montré libéral et magnifique envers le pécheur, et surtout envers le pécheur impénitent ou le réprouvé. Il a tellement voulu le bonheur de celui-ci, qu'il a tout fait pour le rendre participant de sa propre félicité par la communication de la science divine, du bien, de l'amour et de la vie; et s'il n'a pas rendu la créature impeccable, c'est uniquement parce qu'il a pour ainsi dire restreint en sa faveur l'exercice de sa toute-puissance, et comme renoncé à la souveraineté absolue qui lui est essentielle en lui donnant avec la liberté, le pouvoir de décider, de choisir entre elle et Dieu, de déterminer elle-même le mode de son existence pour l'éternité, s'en remettant à elle pour son avenir, la rendant maîtresse de son sort, et ne posant d'autres limites à sa grandeur, à sa félicité futures que celles que la créature voudra poser elle-même; de telle sorte qu'elle fût non seulement heureuse comme Dieu, mais encore qu'elle pût comme lui s'attribuer autant que cela est possible à un être créé, la gloire de s'être fait à elle-même sa propre félicité. — La prévision et la permission du mal n'en rendent pas Dieu responsable, elles se concilient avec sa sainteté, sa justice, sa bonté; elles manifestent même ces divins attributs. Mais, non seulement Dieu permet et prévoit le mal de la créature libre, il l'opère encore, dit-on; car il n'est pas simplement spectateur du péché résultant des actes libres de l'ange et de l'homme, il agit encore lui-même sur eux, en eux et avec eux, et cela dans l'ordre naturel par un concours incessant, par l'action continue qu'il exerce sur les éléments constitutifs de la liberté, principe de nos déterminations, c'est-à-dire sur l'intelligence, la volonté, l'activité, en un mot, sur la puissance de produire physiquement les actes librement voulus par nous. Il agit en particulier dans l'ordre surnaturel par la grâce qui opère en nous le voir, la foi, le vouloir et le faire, comme parle saint Paul : *Deus est qui operatur in nobis velle et perficere*. Nous avouons tout cela, ou plutôt nous le proclamons, car nous ne comprenons pas qu'il en puisse être autrement. Si Dieu ne soutenait pas lui-même ses créatures, s'il ne les conservait pas lui-même par une action immédiate et incessante, elles ne pourraient subsister, ni vivre, car Dieu est la source première et unique de l'être, et la vie par laquelle toute vie est alimentée : séparer un fleuve de sa source, n'est-ce pas le tarir; priver un être des aliments nécessaires à sa subsistance, n'est-ce pas le faire mourir ? N'est-ce pas en Dieu, dit encore saint Paul, que nous avons le mouvement, la vie et l'être ? *In ipso movemur, vivimus et sumus*. Disons plus encore: de même que l'être et la vie nous sont communiqués et continués sans cesse par Dieu, puisque nous ne sommes que par l'être et que nous ne vivons que par la vie; ainsi nous n'agissons que par la puissance que Dieu nous a donnée et qu'il nous donne sans cesse, car cette puissance ne passe à l'acte que parce que Dieu la soutient et l'excite continuellement. C'est la doctrine communément admise par les philosophes et les théologiens catholiques, et spécialement par saint Thomas. Mais gardons-nous de confondre l'instrument avec l'agent qui s'en sert, la puissance d'agir, avec la liberté qui en détermine l'usage et qui constitue seule la responsabilité de l'agent : c'est de Dieu que nous tenons le pouvoir immédiat d'agir, de faire le bien, d'user de nos facultés, mais ce pouvoir, Dieu le met au service de notre libre arbitre. Rendons cette vérité sensible par une comparaison : un mécanicien dirige une machine à vapeur; la vapeur et non le mécanicien qui est la cause première et efficiente du mouvement, elle le produit; mais c'est le mécanicien seul qui dispose de cette force et qui fait marcher la machine dans le sens qu'il veut; c'est lui seul qui est responsable des mouvements qui s'effectuent, bien qu'il n'en soit pas le principe, car il est la cause, non du mouvement, mais de la direction qui lui est imprimée. Ainsi en est-il dans l'acte de la liberté morale. Cet acte présuppose la vue de l'intelligence, l'exercice de la volonté et de l'activité; or, sans le concours de Dieu, soit immédiat, soit résultant d'une loi générale, l'être libre ne peut ni voir, ni vouloir, ni agir; mais ce n'est pas ce concours qui fait voir à cet être ce qu'il voit, vouloir ce qu'il veut et agir comme il l'entend. Le concours divin ne me donne que la capacité, le pouvoir immédiat d'user de mes facultés; c'est ma liberté seule qui détermine et règle cet usage. C'est en ce sens, du moins la foi permet de le croire, que Dieu opère en nous, par sa grâce, par l'ordre surnaturel, le voir, le vouloir et le faire; c'est en ce sens que nous sommes par la grâce, non pas seule, mais agissant avec nous, tout ce que nous sommes dans l'ordre du salut. Nous ne pouvons, sans la grâce, ni voir, ni vouloir, ni agir surnaturellement, mais ce n'est pas cette grâce qui voit, qui veut et qui agit seule en nous; elle est seulement la lumière dans laquelle nous voyons, l'amour, l'attrait, la force par lesquels nous voulons et nous agissons. Mais c'est notre libre arbitre qui use comme il l'entend de cette lumière, de cet amour, de cette force; c'est lui qui accepte ou qui repousse le don de Dieu, lui qui coopère à la grâce ou qui lui résiste. Aussi la raison qui me démontre que je ne puis rien dans l'ordre de la nature sans le concours naturel de Dieu, la foi qui m'oblige de croire que je ne puis accomplir aucune œuvre surnaturellement bonne sans la grâce, permettent de penser que le concours divin et la grâce même ne peuvent rien sans le libre consentement de ma volonté, et qu'ainsi l'efficacité de ce concours et de cette grâce dépendant en dernière analyse de ma liberté: de même à peu près que je ne puis vivre sans respirer l'air, et que l'air ne peut me faire vivre si je ne veux pas me servir des organes de la respiration. Il est donc toujours vrai que si, d'une part, Dieu opère en moi le voir, le vouloir et le faire, même quand je pèche, de l'autre ce péché reste parfaitement libre sous l'influence de l'action divine, parce qu'elle n'a d'effet que par mon libre consentement, et qu'elle n'a pas d'autre effet que celui que je veux librement : en d'autres mots, Dieu me fait voir, vouloir et faire précisément ce que je veux, parce qu'il ne violente pas mon libre arbitre et qu'il se borne à lui donner le pouvoir immédiat d'user de lui-même comme il l'entend. Or, c'est dans la détermination même en ce qu'elle a de contraire à la loi que consiste le mal; donc, la difficulté proposée rentre dans celle que l'on tire de la concession même de la liberté morale. Observons, en terminant cette question, que tous les sophismes de Bayle et des autres philosophes qui attaquent la bonté divine par le fait de l'existence du mal moral, reposent sur deux erreurs fondamentales: 1° ils considèrent toujours la bonté de Dieu en elle-même, comme infinie non-seulement en soi, mais aussi dans ses manifestations; ils l'envisagent isolément et en faisant abstraction des autres perfections divines; ils présentent comme essentiellement contraire à la notion de cette bonté tout ce qui n'en découle pas immédiatement: selon leur manière de raisonner, il est permis à Dieu de se montrer bon, infiniment bon; mais il ne peut sans cruauté manifester sa sagesse, sa puissance, sa justice. Cependant la bonté n'est pas séparée des autres perfections divines, elle s'allie avec elles, et Dieu n'est pas moins Dieu en les manifestant que lorsqu'il fait éclater sa miséricorde; et les œuvres de la sagesse, de la puissance et de la justice se concilient aussi bien avec celles de la bonté, que la sagesse, la puissance et la justice se concilient elles-mêmes avec la bonté. Il y a plus encore; ces perfections envisagées d'une manière concrète, telles qu'elles existent réellement en Dieu, ne sont pas réellement distinctes les unes des autres, et toutes concourent ensemble à la production des êtres, spécialement à la création des êtres libres, comme nous l'avons démontré. 2° Ces philosophes entendent communément par bonté divine cette perfection qui porte Dieu à rendre l'homme heureux, à aimer non pas précisément le bien suprème, l'ordre absolu, mais le bien qui est fini et relatif à la créature libre, l'ordre particulier et relatif à l'homme principalement : ils mesurent donc cette bonté aux désirs, aux caprices, aux exigences et aux besoins d'un être fini ; c'est à celui-ci qu'ils rapportent toutes choses ; c'est lui, et non pas Dieu, qu'ils placent au centre de tout ce qui existe ; c'est lui qui est, selon eux, la fin suprème, la règle de tout. Or, il n'est guère possible de se faire une idée plus fausse de la bonté divine. Car cette perfection est précisément l'amour infini du bien suprème, de l'ordre général et absolu ; d'où il suit qu'elle se manifeste en se posant elle-même comme la fin dernière et le centre de toute la création. Dieu veut donc avant tout l'ordre général, le bien suprème, absolu, puis le bien relatif de la création toute entière, et enfin celui des individus autant que le comporte leur nature et la place qu'ils tiennent ou qu'ils se sont faite à eux-mêmes dans le plan universel conçu par la sagesse et réalisé par la puissance divines. Il en est de Dieu comme d'un excellent prince dont la bonté consiste à aimer, à récompenser chaque citoyen d'un amour proportionné à son mérite et à la somme de bonheur dont la société lui est redevable. 3°. Le mal, proprement dit, le péché considéré comme mal en soi n'est rien de positif, il n'est pas en soi une réalité ; il n'a pas en Dieu ni dans ce que la créature tient de Dieu la raison de sa possibilité, bien moins encore la cause de son existence ; il est exclusivement le fait de la créature libre, et il a son principe dans l'imperfection de celle-ci ; cette imperfection n'est pas, à vrai dire, imputable à Dieu ; elle est la condition nécessaire de toute liberté créée, c'est-à-dire du plus grand bien fini que l'on puisse concevoir, du bien moral ; la possibilité et l'existence du péché se concilient aussi facilement avec la notion de Dieu que la création elle-même, parce que celle-ci implique sinon le fait, du moins la possibilité du mal ; bien plus, ce mal est en un sens très véritable la plus haute manifestation des attributs moraux de la divinité, c'est-à-dire, de la sainteté, de la justice, de la bonté, de la miséricorde. Voilà ce que nous croyons avoir démontré. Il reste encore à éclaircir un des termes du problème que nous nous sommes proposé de résoudre. Il est clair que le mal physique a sa raison dans le fait du mal moral, il est le châtiment et le remède du péché : mais « la distribution des biens et surtout des maux de cette vie, la profonde misère de l'homme ici-bas, la punition effrayante du pécheur impénitent condamné à des supplices éternels, peuvent-elles se concilier avec la notion d'un Dieu infiniment sage, juste, saint et bon ? » Avant d'exposer sommairement ce point de vue de la Providence divine dans l'ordre moral, nous croyons utile d'examiner comment cette question, qui a tant occupé la raison humaine et donné lieu à des sophismes sans nombre, a été résolue par les anciens justes qui furent tout à la fois les premiers philosophes et les premiers théologiens. « A proprement parler, dit Bergier, cette question fait tout le sujet du livre de Job ; de l'aveu des savants, ce livre a près de quatre mille ans d'antiquité. L'erreur des amis de Job était de penser qu'un Dieu bon et juste ne peut affliger les hommes, à moins qu'ils ne l'aient mérité par leurs crimes. Job réfute ce faux préjugé ; c'est un juste souffrant qui fait l'apologie de la Providence. 1° Le saint patriarche fait parler Dieu lui-même, pour apprendre aux hommes que sa conduite et ses desseins sont impénétrables, et qu'il n'en doit compte à personne. Il leur demande qui lui a servi de conseiller et de guide dans la manière dont il a arrangé l'ouvrage de la création, c. 9, 10, 12, 26, 33, etc. De là nous tirons déjà deux conséquences : la première, que les mêmes raisons qui justifient Dieu sur le degré de bien ou de mal, de perfection ou d'imperfection qu'il a donné aux créatures, le justifient aussi sur la quantité de biens et de maux, de bonheur ou de souffrance qu'il leur distribue ; la seconde, que les notions que nous tirons de la conduite et de la bonté des hommes ne sont pas applicables à la bonté et à la conduite de Dieu. » Ce que nous avons dit prouve la justesse de ces deux réflexions. 2° Job pose pour principe que l'homme est souillé par le péché dès sa naissance. « Qui peut, dit-il, rendre pur l'homme formé d'un sang impur, sinon Dieu seul ? » Que l'homme soit jamais exempt de péché aux yeux de Dieu, c. 4, 9. Les afflictions qu'il éprouve peuvent donc toujours être un châtiment, et servir à l'expiation de ses fautes. 3° Il soutient que Dieu dédommage ordinairement en ce monde le juste affligé, et punit l'impie insolent dans la prospérité : cette vérité est confirmée par les bienfaits dont Job lui-même est comblé sur la fin de ses jours, c. 21, 24, 27, 42. 4° Il compte sur une

récompense après la mort. « Quand Dieu m'ôterait la vie, dit-il, j'espérerais encore en lui... Je sais que mon Rédempteur est vivant ; qu'au dernier jour je me relèverai de la terre, et que je verrai mon Dieu dans ma chair (selon beaucoup d'interprètes : mon Dieu incarné)... Les leviers de ma bière porteront mon espérance, elle reposera avec moi dans la poussière du tombeau... Accordez, Seigneur, à l'homme condamné à mourir, quelques moments de repos, jusqu'à celui auquel il attend, comme le mercenaire, le salaire de son travail (ou de la souffrance), c. 13, 14, 17, 19, etc. » De ces trois dernières vérités, il s'ensuit qu'il n'y a point de mal pur, de mal absolu dans le monde, puisqu'il doit en résulter un très grand bien, savoir l'expiation du péché et un bonheur éternel. David, après avoir avoué que la prospérité des méchants est un mystère et une tentation continuelle pour les gens de bien, se consolait de même en réfléchissant sur la fin dernière des méchants, Ps. 72. Salomon, dans l'Ecclésiaste, après avoir allégué ce scandale, concluait que Dieu jugera le juste et l'impie. c. 4, 8, 9 (Diction. Art. Mal.). » Ces principes sont vrais ; mais parce qu'ils sont puisés dans les enseignements de la foi, ils ne satisfont pas les philosophes qui ne les admettent point ; ils ne prennent que la moitié de nos dogmes, afin de les attaquer plus facilement ; ils les séparent les uns des autres, ils tronquent le catholicisme, et ce n'est qu'après l'avoir défiguré et rendu méconnaissable, qu'ils le présentent comme une doctrine absurde, indigne de Dieu et de l'homme, immorale et révoltante pour la raison. Cette tactique est ancienne, mais elle n'est ni habile ni loyale. Abordons nettement la difficulté : la voici toute entière. 1° Comment, sous un Dieu bon, le mal peut-il surpasser le bien sur la terre ? 2° Comment, sous un Dieu juste, le méchant peut-il prospérer tandis que le juste est condamnée à souffrir ? 3° L'enfer n'est-il pas un mal hors de proportion avec le péché ? Reprenons une à une ces difficultés : 1° Est-il vrai que la somme des biens n'égale pas en cette vie celle des maux ? Les payens mécontents de leurs dieux se plaignaient communément de ce que Prométhée et Epiméthée avaient formé un animal aussi faible et aussi misérable que l'homme ; ils applaudissaient à la fable du vieux Silène enseignant au roi Midas cette sentence : que le premier et le plus grand des biens est de ne point naître ; et le second, de sortir promptement de cette vie (Cicer. Tuscul., l. I). Pline accusait la nature d'être une marâtre ; l'Ecriture elle-même déclare que l'homme est rempli de beaucoup de misères, et la plupart des philosophes nous ont légué des tirades plus ou moins éloquentes sur les maux qui accablent l'homme : les poètes ont chanté en vers pleins de larmes les raisonnements des philosophes, et les historiens semblent avoir pris à tâche de confirmer ces raisonnements par les faits qu'ils racontent. Bayle a conclu de tout cela « que l'homme est méchant et malheureux ; qu'il y a partout des prisons et des hôpitaux ; que l'histoire n'est qu'un recueil des crimes et des infortunes du genre humain. » L'exagération est trop évidente ; car enfin il y a plus de maisons et de palais que d'hôpitaux et de prisons ; et il nous semble que l'on pourrait ajouter qu'il y a aussi plus de biens que de maux dans la vie de la plupart des hommes. Euripide a dit avec raison, à notre avis :

Mala nostra longe judico vinci a bonis.

Et nous croyons avec Leibnitz et Descartes, que « la raison naturelle nous apprend que nous avons plus de biens que de maux en cette vie » (Descart., t. I, lett. IX) ; que c'est « un défaut commun des historiens qu'ils s'attachent plus au mal qu'au bien » (Leibnitz, Théod., P. II, n° 148). On exagère le mal et on ne tient pas compte du bien. Chacun se trompe soi-même et à plaisir sur ce point. L'homme, en effet, est si fermement qu'il vit sous l'empire souverain d'un Dieu bon et qu'il est fait lui-même pour le bonheur, même dès cette vie, que les plus grands biens font sur lui peu d'impression, tandis que les moindres maux suffisent pour lui rendre la vie amère, insupportable. Voilà pourquoi il n'apprécie ordinairement la plupart des biens de ce monde que quand il en est privé. C'est la maladie qui donne à ses yeux du prix à la santé, comme l'indigence à la richesse, la faiblesse à la force, la laideur à la beauté. Il est bien rare que l'on s'estime heureux d'avoir deux bons yeux ; mais on s'estimerait malheureux s'il fallait les perdre. Au contraire, on regarde comme très réels des maux qui par la privation momentanée d'un bien en font mieux sentir le prix ; de tels maux sont pourtant un bien. On ne veut compter au nombre des biens physiques que ce qui cause un plaisir sensible ; et c'est encore une autre erreur, car le plaisir est si peu le bien qu'il devient souvent, par l'excès, un très grand mal. L'homme ne jouit pas des biens présents et très réels parce qu'il les possède sans y penser; le plus souvent il s'en prive par sa faute, ou bien il en empoisonne la jouissance par ses désirs immodérés, par des craintes chimériques, en même temps qu'il se crée des maux imaginaires ou qu'il se condamne à souffrir les justes châtiments de ses désordres. Qu'il cesse d'abuser des créatures et de ses propres facultés, qu'il ne s'exagère plus à plaisir la douleur qu'il endure, qu'il cesse de ressembler à cet homme ridicule de la fable, lequel, mordu par un insecte, s'étonnait que Jupiter ne foudroyât pas sur-le-champ un tel monstre, qu'il soit assez grand, assez homme pour ne se noyer pas dans la première goutte d'amertume qu'il se rencontre sur son passage, assez raisonnable pour croire qu'il n'est pas le centre de l'univers, et que ce qui est mal pour lui est un bien dans l'ensemble; il bénira la Providence au lieu de blasphémer; il se résignera, et sa résignation unie à l'espoir d'un avenir meilleur lui rendra son épreuve plus douce. Est-il donc si difficile à l'homme de souffrir quand il se souvient que quelques jours de souffrances lui mériteront, s'il veut, un bonheur éternel. Du reste, tous les raisonnements du monde ne prévaudront jamais contre un fait universel, incontestable : Or, dit très bien M. Frayssinous, « qu'on étale, tant qu'on voudra, toutes les misères de l'homme, il est vrai pourtant qu'il en est bien peu qui soient assez malheureux pour désirer la mort et pour préférer le néant à leur existence actuelle; que, suivant le cours ordinaire de la vie, nous éprouvons bien souvent des sentiments de plaisir et de joie; que les maux que nous souffrons sont presque toujours tempérés par quelques consolations, du moins par l'espérance. » Il est donc faux qu'il y ait plus de mal que de bien pour l'homme sur la terre, et parmi les maux qui existent, la plupart sont l'ouvrage de l'homme, le résultat des lois générales qu'il enfreint; la plupart sont un bien en ce sens qu'ils expient, réparent ou préviennent le mal moral, qu'ils épurent et perfectionnent la vertu et lui préparent de plus magnifiques récompenses. 2° « Comment, sous un Dieu juste, se fait-il que le méchant prospère, tandis que la vertu est condamnée à souffrir? » On parle sans cesse des triomphes du vice et des malheurs de l'innocence : n'est-ce pas chose convenue de montrer d'un bout de l'univers à l'autre, et depuis Caïn jusqu'au dernier scélérat heureux et un peu célèbre,

L'innocence à genoux tendant la gorge au crime.

« On dirait que la vertu n'est dans ce monde que pour y souffrir, pour y être martyrisée par le vice effronté et toujours impuni. On ne parle que des succès de l'audace, de la fraude, de la mauvaise foi; on ne tarit pas sur l'éternel désappointement de l'ingénue probité. Tout se donne à l'intrigue, à la ruse, à la corruption, etc. » (De maistre Soirée, T. 1.) Depuis Leibniz, qui a dit en propres termes : « Il a plu au souverain maître de laisser dans cette vie la plupart des crimes impunis et la plupart des vertus sans récompense, » jusqu'aux auteurs ascétiques qui nous répètent sans cesse que Dieu châtie rudement ceux qu'il aime, et méprise assez les biens de ce monde pour les refuser à ses serviteurs et les prodiguer à ses ennemis, presque tout le monde paraît croire qu'il faut aller chercher dans une autre vie la justification de la providence. « Les méchants sont heureux dans ce monde, mais ils seront tourmentés dans l'autre: les justes, au contraire, souffrent dans celui-ci; mais ils seront récompensés dans l'autre. » Voilà ce qu'on dit, ce qu'on lit partout. Cette explication est bonne, en ce sens qu'elle justifie Dieu; mais elle est incomplète, et même fausse dans sa généralité. C'est ce que le comte de Maistre a démontré jusqu'à l'évidence dans ses Soirées de St. Pétersbourg. Qu'il nous suffise d'énoncer les principes qui sont comme la base de cet excellent ouvrage. 1° « Il est évidemment faux que le crime soit en général heureux, et la vertu malheureuse en ce monde : » au contraire, les biens et les maux sont une espèce de loterie où chacun peut tirer un billet blanc ou noir. Il faudrait poser ainsi la question : « Pourquoi, dans l'ordre temporel, le juste n'est pas exempt des maux qui peuvent affliger le coupable; et pourquoi le méchant n'est pas privé des biens dont le juste peut jouir? » Or, le simple énoncé de cette question en démontre l'absurdité; car elle revient à celle-ci : « La Providence, qui a l'éternité pour récompenser et pour punir, est-elle obligée de couronner dès cette vie, immédiatement tout acte de vertu, et d'attacher à tout crime

un châtiment immédiat? » Évidemment non, car ce serait le renversement de l'ordre moral et une sorte de violence imposée à la liberté de l'homme. 2° L'expérience démontre le principe que nous venons de poser, en sorte que, dans la supposition, même la plus favorable à ceux qui attaquent la Providence, il est constant que les maux de tous genres tombent sur le genre humain, à peu près comme les balles sur une armée, sans aucune distinction d'innocents et de coupables. « Or, si l'homme de bien ne souffre pas parce qu'il est homme de bien, et si le méchant ne prospère pas parce qu'il est méchant, l'objection disparaît et le bon sens a vaincu. » La question : pourquoi le juste souffre-t-il? revient à cette autre qui est toute différente : pourquoi l'homme souffre-t-il? Pourquoi le mal est-il sur la terre? Toutes les traditions répondent : parce que l'homme est coupable, le mal règne très justement, et Dieu n'en peut être le premier auteur. Il est vrai que saint Thomas a dit : « Dieu est l'auteur du mal qui punit, mais non de celui qui souille » (Sum. p. 1, q. 49, art. 11).) Mais il faut ajouter : Dieu est l'auteur du mal physique, comme le monarque qui fait une loi juste est l'auteur du châtiment qui atteint le coupable, et il ne cesse pas plus d'être bon que l'homme de bien ne cesse d'être tel parce qu'il punit justement son fils. Ainsi, le mal physique n'est entré dans le monde que par la faute des créatures libres; il n'y est que comme remède ou expiation du mal moral, et par conséquent il n'a pas, il ne peut pas avoir Dieu pour auteur direct. Maintenant, si c'est une loi générale que tout homme, en qualité d'homme, soit sujet à tous les maux qui affligent l'humanité coupable, où sont, en Dieu, l'injustice, la cruauté? 3° La plus grande somme de bonheur, même temporel, appartient, non pas à chaque homme vertueux, mais à la vertu; et la plus grande somme de mal, même temporel, tombe, non pas sur chaque coupable, mais sur le crime. Demander à Dieu que tout acte de vertu soit récompensé sur-le-champ, que tout crime soit immédiatement puni, ce serait demander la destruction de l'ordre moral, ou la création d'un autre monde régi par d'autres lois. En fait, le crime est généralement puni dès ce monde; il y a des châtiments qui atteignent généralement les coupables et qui ne frappent jamais l'innocent, ou qui ne le frappent que par exception; par exemple, le remords; tout méchant, d'après une loi établie de Dieu, est son bourreau à lui-même, dit Leibniz, réfutant le principe faux que nous avons cité; l'opinion publique qui flétrit ordinairement la vie et honore la vertu même malheureuse; les lois humaines qui, dans toute société, punissent mille coupables au moins pour un innocent qu'elles frappent par suite d'une erreur toujours plus rare qu'on ne le croit communément; les maladies, dont la plupart ont leur cause dans le vice et surtout dans les plaisirs coupables. On l'a dit avec vérité, la table tue plus d'hommes que la guerre : « Êtes-vous étonné du grand nombre des maladies, disait Sénèque, comptez-les cuisiniers. » C'est un fait qu'elles se transmettent des pères aux enfants; il est écrit que la juste peine de celui qui offense son Créateur est d'être mis sous la main du médecin (Eccli. 38); que tous les enfants qui naissent après avoir été conçus dans des nuits coupables sont des témoins d'iniquité contre leurs pères (Sag. 4); les passions tourmentent leurs esclaves, etc. Voilà des maux qui n'affligent le juste que par exception et qui se tournent en bien pour lui. Au contraire, la douce paix de la conscience, l'estime des hommes, l'exemption de certaines maladies cruelles et plus nombreuses qu'on ne pense, la protection des lois humaines, la victoire sur les penchants mauvais, les joies de la vertu, sont autant de biens solides que les méchants ne possèdent jamais ou presque jamais. C'est un principe incontestable et démontré par l'expérience, que les vices moraux peuvent augmenter le nombre et l'intensité des maux physiques jusqu'à un point qu'il est impossible d'assigner; et réciproquement, que ce hideux empire du mal physique peut être resserré par la vertu, jusqu'à des bornes qu'il est tout aussi impossible de fixer. Ainsi, l'immense majorité des maux tombe sur le crime, et les plus grands biens sont le partage de la vertu. Sans doute, il reste encore bien des crimes impunis, bien des vertus sans récompense; mais la vie humaine est une épreuve; le bien se tourne souvent en mal pour le méchant, et le mal en bien pour le juste, si tant est qu'il y ait sur la terre un seul homme qui n'ait rien à expier. Il suffit pour justifier la Providence, que cette épreuve ne soit pas éternelle, et qu'elle nous prépare ici-bas à une félicité supérieure. 3° L'enfer est-il un mal hors de proportion avec le péché? Posons seulement ces deux principes évidents : 1° L'homme est libre de choisir entre Dieu et la créature; il faut que ce choix se fasse et qu'il arrive au temps où il sera irrévocable, autrement l'épreuve n'aurait point de terme, et il se pourrait que l'homme n'atteignît jamais sa fin; ce qui serait contradictoire. 2° Le juste choisit Dieu, et le préfère à la créature, il se fixe dans cette préférence, et Dieu devient son partage pour l'éternité : le pécheur impénitent préfère la créature, renie Dieu, ses bienfaits et son amour; il se fixe dans ce choix insensé; il ne veut pas glorifier la bonté, mais la justice divine. Je ne veux pas de toi, dit-il au Créateur, et Dieu lui répond : Ta volonté soit faite! car je me suis ôté le droit de la violenter. Le pécheur se prive donc de Dieu, qui seul est sa fin, le bien suprême, et il trouve dans cette privation même et dans l'incompréhensible désespoir qui l'accompagne, le souverain malheur; car la perte de Dieu, c'est l'enfer dans ce qu'il a de plus horrible; le reste n'est qu'accessoire. Ce n'est donc pas Dieu, mais l'être libre et le péché qui font l'enfer et son éternité. Dieu, comme parle l'Écriture, tire du cœur même des coupables le feu qui les dévore, et les réprouvés ne recueillent dans l'éternité que les maux qu'ils ont semé dans le temps. *Producam ergo ignem de medio tui, qui comedat te.* (Ezech. 28, ps. 9). *In operibus manuum comprehensus est peccator.* **J.**

MALABAR ou MALEBAR, pays de l'Hindoustan, sur la côte occidentale du Dekkan. On donne, en général le nom de Malabar à tout le pays qui s'étend entre la crête de la chaîne occidentale des monts Ghates et le golfe d'Oman, depuis le mont Delli, le Lymirica des anciens, qui le sépare du Canara sous le 12° 38' de latitude Nord, jusqu'au cap Comorin, formant l'extrémité méridionale de la Péninsule hindoustanique, sous le 8° 55'. La tradition rapporte qu'une immense muraille, appuyée d'un côté contre les derniers contre-forts des Ghates, et baignant de l'autre côté, ses premières assises dans la mer, protégeait autrefois le Malabar contre les incursions de ses voisins du Canara. Cependant les voyageurs qui ont parcouru le pays, entre autres F. Marie de Sainte-Catherine de Sienne, qui a fait des recherches spéciales à ce sujet, n'ont pu découvrir le moindre vestige de ce monument. Le Malabar est, de toutes les Indes orientales, la province qui fut le plus anciennement visitée par les navigateurs européens. C'est devant la fameuse Calicut, dont le nom devint alors si célèbre, que Vasco de Gama jeta, pour la première fois, son ancre en vue du continent Indien, le 20 mai 1498. Là, comme en Amérique, les Européens furent accueillis par les indigènes avec la plus naïve confiance; et là comme en Amérique, ils payèrent la plus touchante hospitalité par le pillage et le massacre. Deux années ne s'étaient pas écoulées que la florissante Calicut avait vu ses maisons ruinées, sa prospérité anéantie, et que le zamorin qui avait ouvert son palais à l'envoyé du Portugal était engagé dans une guerre désespérée à la suite de laquelle il devait laisser à ses hôtes la paisible possession de sa puissance et de ses États. Après Gama, arrivèrent successivement Cabral, Juan de Nueva, et bientôt les deux Albuquerque, qui soumirent au sceptre portugais toutes les villes du Malabar, gorgèrent leurs vaisseaux de richesses et de butin, et surent, par les succès de leur aventureuse intrépidité, se faire admirer malgré toutes les iniquités dont ils se sont couverts. Les Portugais n'avaient point encore enlevé les dernières dépouilles des vaincus, que déjà les Hollandais leur disputaient le commerce de ces riches contrées. La France ne fut pas la dernière à montrer son pavillon dans ces mers; et si son premier établissement à Surate ne remonte qu'à 1668, c'est que, dans l'Inde comme partout ailleurs, la France sut respecter même les droits des peuples ignorants ou faibles. Quelques années plus tard, en 1727, la compagnie fondée par Colbert obtint des indigènes la cession de Mahé, dans le Malabar, où elle établit le comptoir qu'elle possède encore aujourd'hui. On sait, et ce n'est pas ici le lieu de le redire, quels furent l'origine et les développements de la puissance anglaise dans ces contrées. Le Malabar était trop rapproché des premiers établissements de ce peuple envahisseur pour échapper longtemps à sa domination. A cette époque, il faisait partie de l'immense empire que la victoire moins que ses hautes facultés administratives avait réuni sous les lois de Hyder-Ali, sultan de Mysore, et dont hérita le fameux Tippoo-Saëb, son fils. La guerre qui, commencée en 1790, se termina en 1799 par la mort de Tippoo et par la conquête définitive de ses états, rendit les Anglais maîtres du Malabar dont ils sont restés depuis en possession. Cette province fait désormais partie de la présidence

de Madras. Elle est divisée en un certain nombre de petits États du royaume dont la plupart ne se composent que d'une ville avec son territoire, et dont les chefs vivent sous la dépendance immédiate des Anglais suivant le système général de gouvernement institué par la compagnie pour toute cette partie de ses possessions. Calicut ou Calicot, ou plus exactement encore Kalicata, autrefois capitale de tous les États du Malabar est demeurée chef-lieu de la province. A l'époque où y aborda Vasco de Gama, le zamorin ou empereur de cet état tenait sous sa domination directe les six principautés de Cananore, Cranganore, Cochin, Perka, Coulan, Travancore. La ville n'avait alors, à proprement parler, ni port, ni abri, mais elle n'en était pas moins le plus fameux marché de la côte pour les épices, les drogues, les pierres précieuses, les soies, les calicots auxquels elle a donné son nom, l'or, l'argent, etc. Rasée vers la fin du siècle dernier, elle fut rebâtie par les Anglais, mais elle a perdu presque toute son importance commerciale. Les navires du golfe Arabique vont à peu près seuls y chercher des épiceries, quelques pierreries, un peu d'or et d'argent qu'ils échangent contre des marchandises d'Europe. Elle contient environ 5,000 maisons, bâties en bois de teck entrelacé de branches de palmier. La France possède encore aujourd'hui à Calicut une loge, c'est-à-dire une factorerie composée d'une maison et d'un terrain adjacent, où elle a le droit de faire flotter son pavillon et de former des comptoirs. Cette loge n'est plus occupée que par un gardien indigène. Cochin, chef-lieu de la principauté du même nom, est situé à 90 lieues au sud de Calicut, à l'embouchure de la rivière Cali-Coylang qui y forme un port sûr et commode. Le roi de Cochin, vassal du zamorin à l'autorité duquel il cherchait à se soustraire, contracta une alliance étroite avec Cabral, et fut l'auxiliaire fidèle des Portugais dans leurs luttes contre son suzerain. Plus tard, cette ville devint le siége d'un comptoir hollandais, avant de tomber sous l'autorité britannique. Elle est bâtie dans le goût de Calicut, sur un plan assez régulier, et contient 30,000 habitants. Les vicissitudes par lesquelles elle a passé ne lui ont pas fait perdre toute activité commerciale; elle expédie des quantités notables de poivre, de cardamome, de pierres précieuses, de bois de teck et de sandal, de noix de coco, et autres marchandises. Ses principaux échanges se font avec Bombay, Surate, l'Arabie, la Chine et les îles orientales. Sa population réunit des Hindous, des Parsis, des Arabes, des chrétiens, des Arméniens et des juifs. Près de cette ville, et dans sa dépendance, se trouve Colan, petit village, siége d'un évêché catholique occupé par un évêque portugais dont le diocèse embrasse l'île de Ceylan. La province de Cochin, dont la superficie est d'environ 350 lieues carrées comprend une population totale de 200,000 habitants; son revenu d'environ un million de francs. Trivanderam, au sud de Cochin, chef-lieu de la province de Travancore est la résidence d'été du radjah de ce pays. La ville grande, élégante et bien peuplée, doit au goût remarquable du souverain actuel pour les usages et pour les arts européens, d'être devenue la plus importante du Malabar. Elle avait, depuis longtemps déjà dépossédé du rang de capitale la ville de Travancore assise à l'extrémité du royaume, sur le golfe de Manaar, au milieu d'un sol aride et blanc, d'où les anciens rois du pays avaient reçu le surnom de Bennati Somban ou rois de la Terre-Blanche. C'est près de cette dernière que se trouve le château de Padmanabouram, résidence habituelle du radjah. Non loin de là aussi s'élève le village de Torala, frontière du Carnatic, dernière limite, dit le voyageur Paulin, à laquelle il soit permis aux femmes nobles du Malabar de s'avancer de ce côté, par cette étrange raison qu'étant d'un sang plus noble que les indigènes de Madoura et de la côte de Coromandel, elles dérogeraient en posant le pied sur ce territoire. Andjenga, ville du même état, au nord de Trivanderam, sur la côte occidentale, mérite encore d'être citée pour ses fabriques de cordes de coco, et son commerce florissant. Le royaume de Travancore, qui s'étend depuis les frontières du Cochin, jusqu'au cap Comorin, occupe, sur une superficie de 1800 lieues carrées, l'extrémité sud-ouest de la Péninsule. Le cap Aigu qui la termine, moins dangereux que le cap des Tempêtes, est cependant redouté des navigateurs. Abrupte et imposant, il dresse à 1300 verges au-dessus des eaux de l'Océan sa crête couverte d'arbres touffus et derrière laquelle serpentent vers le nord les sévères sommets des Ghates. A ses flancs, vers la mer, sur une anfractuosité d'où elle domine l'étendue, apparaît de loin aux regards du matelot, comme une pensée d'espoir, comme une consolante prière, une chapelle de la Vierge que saint François-Xavier y fît élever par les Indiens qu'il avait convertis à la parole du Christ. Le Travancore était, avant la conquête, l'un des Etats les plus puissants et les plus riches de la côte. Son sol fertile produit les grains, le sagou, la canelle, la casse, l'encens; on y trouve de magnifiques forêts peuplées de buffles, de tigres et d'éléphants. Sa population est de 1,500,000 habitants; son revenu de 7 millions de francs environ. Mahé, petite ville, au nord du Malabar, sous le 11° 42' de latitude nord, à 6 lieues sud-est de Cananor, est l'un des rares débris qui sont restés à la France de ses anciens établissements dans l'Inde. La ville est située sur la rive gauche et près de l'embouchure d'une petite rivière navigable, pour les bâtiments de 60 à 70 tonneaux, jusqu'à une distance de 2 à 3 lieues dans l'intérieur. L'entrée de cette rivière est barrée par des rochers, et les navires, quelque petits qu'ils soient n'y peuvent pénétrer. La superficie totale du territoire de Mahé, est de 585 hectares. Sa population était, en 1842, de 3,132 individus, dont 18 européens, 130 Topas ou gens à chapeaux, c'est-à-dire descendants du commerce des Européens avec les femmes indiennes, et 2,984 Indiens. On cultive à Mahé, le cocotier, le poivrier, et quelques autres arbres; les produits qu'on y livre au commerce consistent en noix, en huile de coco, calou, arack, jagre, riz en paille et poivre. Il n'y a, du reste, aucune industrie. Citons encore Cananor, ville fortifiée, sur la mer, ancienne capitale d'une principauté, l'une des villes de la côte qui contient le plus d'Européens; elle est grande et bien bâtie; la plupart de ses maisons sont construites en terre recouverte d'un lattis; elle fait avec l'Arabie et Sumatra des échanges assez importants de poivre, de bois de sandal et de nageoires de requins, contre des chevaux, du camphre, du benjoin, du sucre et de l'opium; c'est l'un des principaux points militaires de la compagnie anglaise; sa population est de 11,000 habitants. Tellitcherry, petit port à 2 lieues nord de Mahé, dans lequel la compagnie a établi un arsenal et un entrepôt considérable de marchandises indigènes. Edapalli où se trouve le palais du grand prêtre des Brahmes. Barkale, célèbre par son temple et par l'étang sacré dans les eaux duquel le roi doit se purifier une fois chaque année. Le sol du Malabar, traversé de distance en distance par les branches qui se détachent des monts Ghates et qui vont en s'abaissant jusqu'à la mer, est très accidenté, et présente une succession de vallées et de coteaux entre lesquels coulent un grand nombre de rivières. Ses terrains bas, en grande partie humides et marécageux, sont généralement fertiles; mais ils sont exposés, par la configuration du pays, à d'étranges variations. Pendant une partie de l'année, les rivières gonflées par les pluies se précipitent des montagnes entraînant dans leur cours d'immenses quantités de sable qu'elles charrient vers la mer. Mais lorsque les vents soufflent du sud-ouest, c'est à dire pendant les mois de juin et de juillet, les flots de l'Océan rejetant à la côte le limon qu'ils ont reçu, obstruent les embouchures, et forcent les rivières à s'épandre dans les vallées où elles se transforment en lacs, et déposent les matières dont elles sont chargées, jusqu'à ce qu'elles se fraient vers l'Océan un nouvel écoulement. Au milieu de ces transformations toujours subites et quelquefois durables, il n'est pas rare de voir les habitants obligés de quitter leurs champs inondés pour aller se bâtir de nouvelles cabanes, et chercher d'autres terres à cultiver dans le lit abandonné des fleuves. Les habitants du Malabar appartiennent à la famille Malabare dans laquelle sont compris tous les peuples qui occupent la partie méridionale de l'Inde, c'est-à-dire les Malabares proprement dits, les Tamouls qui habitent le Carnatic, les Telinga qui vivent près de la côte d'Orissa. Ils paraissent descendre du mélange des Hindous conquérants avec quelques peuplades primitives dont on retrouve encore des débris dans les gorges reculées des montagnes. La couleur des Malabares est beaucoup moins foncée que celle des Tamouls. Comme toutes les populations de l'Inde, celles-ci sont divisées en quatre castes profondément séparées, entre lesquelles les mœurs et les préjugés ne permettent aucun rapprochement. Mais il est à remarquer que chez eux, la noblesse héréditaire n'est pas le privilège d'une caste; elle se compose de familles dont la plupart appartiennent à la quatrième caste, à celle des artisans ou tchoutries, tandis qu'un petit nombre seulement descendent de la caste des guerriers ou tchatrias. Cette classe porte le nom de Naïrs; par un bizarre privilège, les femmes qui en font partie, bien que n'ayant qu'un seul époux, jouissent cependant du droit incontesté de partager leur cou-

che avec tout homme de leur caste que le caprice les porte à appeler à cette faveur. On assure que leurs maris les voient avec la plus parfaite indifférence faire un très fréquent usage de cette faculté. Parmi les classes inférieures, les Maquois et les Paravas, répandus sur la côte où ils se livrent à la pêche et à la fabrication des toiles si propres à la couleur foncée de leur peau. Les populations de l'intérieur, au contraire, ont le teint beaucoup plus clair; elles sont remarquables par leur aptitude pour les travaux de la terre et leur adresse à façonner le bois. Les juifs sont nombreux dans le Malabar, où ils forment deux classes non moins différentes de mœurs que de couleur Les Juifs blancs, établis principalement à Cranganore et à Cochin font remonter aux temps antérieurs au christianisme leur arrivée dans ces contrées. Au ve siècle, dit leur tradition, ils formaient dans le Malabar un état indépendant ayant ses lois, ses institutions, son territoire, ses chefs, et faisaient un commerce considérable. A l'époque des invasions européennes, ils possédaient d'immenses richesses, et vivaient au milieu de toutes les jouissances du luxe asiatique. Aujourd'hui ils n'ont plus conservé de tout cela que des souvenirs incertains, en faveur desquels semblent toutefois protester la pompe de leurs cérémonies religieuses, et la splendide vétusté de leurs synagogues. Mais la ruine, en s'étendant sur eux, n'a pu les contraindre à chercher des ressources dans le travail qui leur paraîtrait une humiliante derogation; et ils aiment mieux trouver dans l'inconduite de leurs femmes les moyens de persévérer dans leur orgueilleuse oisiveté. Les Juifs noirs, plus nombreux que les précédents et dont le teint, légèrement olivâtre est loin d'atteindre à la nuance des Indiens aborigènes, ne seraient, si l'on en croit les prétentions des Juifs blancs, que d'anciens esclaves de ceux-ci, rendus à la liberté et initiés au culte judaïque par leurs maîtres. Mais loin d'accepter cette origine, ils se prétendent, au contraire, issus en ligne directe d'une colonie d'Israélites échappée aux rigueurs de la première captivité. Ils sont, du reste, plus instruits et de mœurs moins dépravées que leurs coreligionnaires à peau blanche dont ils ne se rapprochent que par leur avidité que ne tempère aucun scrupule. Ils ne se livrent en commun à aucune cérémonie religieuse; ils n'ont pas de prêtres, et chacun d'eux cherche sa règle de conduite dans l'interprétation personnelle des livres sacrés. Le christianisme, on le pense bien, a dès longtemps porté dans ces régions lointaines les semences de la parole de vérité. A peine les apôtres se furent-ils dispersés par le monde que saint Thomas, celui que saint Fortunat de Poitiers appelle le pieux apôtre des Perses, parcourait le Dekkan, convertissait une partie des populations du Malabar, et suivant l'opinion reçue, recevait la palme du martyre à Maliapour, la 30e année de l'ère moderne. Plus tard, il est vrai, l'hérésie de Nestorius, prêchée à ces chrétiens peu éclairés a entraîné une partie, principalement ceux de la côte; mais il est à remarquer que ce n'est qu'en empruntant le nom vénéré du saint apôtre qu'on a pu les faire dévier de la foi qu'il leur avait enseignée, et ils s'appellent encore aujourd'hui les chrétiens de saint Thomas. Quant aux chrétiens fidèles de la montagne, ils se désignent sous le nom de chrétiens Syriens de Malayala, et continuent à professer dans toute leur simplicité les dogmes de l'église apostolique primitive. Ils sont fort nombreux et épars dans tout le pays. Un voyageur anglais qui les a visités, et qui a publié à ce sujet des détails pleins d'intérêt sous le titre de Relation des chrétiens de saint Thomas, M. Buchanan, en a compté, dit-il, jusqu'à cinquante-deux communautés qui toutes reconnaissent le patriarche d'Antioche. A l'époque de l'invasion portugaise, et peu de temps après, à la voix de l'apôtre des Indes, de saint François-Xavier, bon nombre des anciens nestoriens reconnurent leur erreur et revinrent au catholicisme dont ils ne se sont plus écartés. Les chrétiens du Malabar forment entre eux une association politique particulière, ayant ses chefs, et son administration indépendante. Ils sont réputés nobles, et jouissent de toutes les prérogatives attachées à cette qualité. Le mahométisme a aussi ses représentants dans le Malabar. Ce sont les descendants d'une colonie qui se rendit au viiie siècle, de l'Arabie dans la partie méridionale du Dekkan. Ils ont conservé leurs croyances, leurs coutumes, leurs lois, et vivent à leur gré sous la seule autorité de leurs chefs. Adonnés au commerce, à la navigation et même aux beaux-arts, ils occupent un rang distingué dans la population générale du pays. Quant aux Indiens proprement dits du Malabar à leurs mœurs, à leur religion, etc., nous devons nous borner à renvoyer à l'article INDE. Les principales production du Malabar sont les palmiers et cocotiers, le riz, le poivre, le bois de charpente, l'indigo et le sel, qui alimentent un commerce assez considérable.   V. DE NOUVION.

MALABRANCA (latin), dominicain, neveu du pape Nicolas III, fut fait cardinal et évêque de Velletri en 1278, puis légat de Bologne. Il fut chargé des affaires les plus délicates; il rétablit la paix dans Florence, qui était déchirée par les Guelfes et les Gibelins, et s'acquit l'estime et l'affection des peuples par son intégrité et ses talents. Il mourut en 1294. On lui attribue la prose *Dies iræ*, que d'autres croient être de Humbert, cinquième général des dominicains. Il avait pour parent Hugolin Malabranca, qui de religieux augustin devint évêque de Rimini et puis patriarche de Constantinople, vers 1290, et dont on a quelques ouvrages de théologie.

MALACHIE, le dernier des douze petits prophètes et de tous les prophètes de l'Ancien Testament. Origène et Tertullien ont pris occasion de ce nom, qui signifie Ange du Seigneur, pour avancer que ce prophète avait été effectivement un ange qui prenait une forme humaine pour prophétiser. Mais ce sentiment n'est pas suivi et ne doit pas l'être ; il sert seulement à prouver que les grands hommes ont quelquefois du goût pour l'extraordinaire. D'autres croient, avec les Juifs, que Malachie est le même qu'Esdras; mais cette opinion manque de preuves. L'opinion commune est qu'il était de là tribu de Zabulon, né à Sopha. Quoi qu'il en soit, il paraît certain que Malachie a prophétisé du temps de Néhémie, sous le règne d'Artaxercès-Longuemain, dans le temps où il y avait parmi les prêtres et le peuple de Juda de grands désordres, contre lesquels le prophète s'élève, c'est-à-dire vers 408 jusqu'à 412 avant Jésus-Christ. Les prophéties qui nous restent de lui sont en hébreu, et contiennent trois chapitres. Il prédit l'abolition des sacrifices judaïques, et l'institution d'un nouveau sacrifice qui serait offert dans tout l'univers. Il instruisit les prêtres de la pureté qu'ils doivent apporter dans leurs offrandes, et prédit le jugement dernier et la venue d'Elie.

MALACHIE (Saint), né à Armagh en Irlande, l'an 1094, fut successivement abbé de Benchor, évêque de Connor, et enfin archevêque d'Armagh en 1127. Il se démit de son archevêché en 1135, après avoir donné une nouvelle face à son diocèse par son zèle et par ses exemples. Il mourut à Clairvaux entre les bras de saint Bernard, son ami, en 1148. On lui attribue des Prophéties sur tous les papes, depuis Célestin II jusqu'à la fin du monde; mais cet ouvrage a été fabriqué, dit-on, dans le conclave de 1590, par les partisans du cardinal Simoncelli, qui eurent soin de bien caractériser celui qu'ils voulaient élever au souverain pontificat. Saint Bernard, qui a écrit la vie de saint Malachie, et qui a rapporté ses moindres prédictions, ne fait aucune mention de celle-ci. Aucun auteur n'en a parlé avant le commencement du XVIIe siècle. Ce silence de quatre cents ans est une forte preuve de supposition. On peut voir le père Ménestrier, dans son Traité sur les prophéties attribuées à saint Malachie. Il faut convenir néanmoins qu'il y a quelques-unes de ces dénominations qui s'accordent avec les circonstances rares et remarquables, comme celle de *Peregrinus apostolicus* qui, dans cette longue liste, désigne Pie VI, et qui paraît vérifiée par le voyage de ce pape en Allemagne, entrepris pour les intérêts de l'Eglise et du siége apostolique, sans y attacher autre chose qu'un intérêt de curiosité. M. Henrion a rapporté les prophéties de saint Malachie dans les notes de son Histoire de la Papauté, 2e édit., Paris, 1835 (voy. t. 2, p. 24 et 336 notamment). Jean Germano a publié *Vita, gesti e predizioni del padre san Malachia*, Naples, 1670, 2 vol. in-4°.

MALACHITE (mine), pierre couleur de mauve. Nom du cuivre carbonaté vert. Voyez CUIVRE.   J. P.

MALACHINS (ins.), genre de coléoptères, famille des malacodermes, tribu des mélyrides de Latreille (*Règne anim. de Cuvier*). On trouve plusieurs espèces aux environs de Paris, remarquables par leurs couleurs agréables (*M. æneus bipustulatus*, *elegans*, etc.   J. P.

MALACOBDELLA, genre d'annélides de la famille des hirudinées, établi par M. de Blainville (*Dict. des sciences nat.*, art. *Vers*) et offrant pour caractères distinctifs: corps ovale, très déprimé, continu ou sans articulations visibles; tête non distincte, avec une simple bifurcation antérieure et sans aucun indice de points oculaires; disque d'adhérence beaucoup plus étroit que le corps; bouche antérieure; anus bien évident à la racine dorsale de la ventouse postérieure; orifice

des organes de la génération situé au tiers antérieur du ventre. Nous citerons la malacobdelle des myes (*malacobdella grossa*, Lin.), que l'on regarde comme le type de ce genre. Suivant M. Blanchard, qui a étudié avec soin cette annélide et a donné sur elle de nombreux détails (*Acad. des sc.* 1845), le système nerveux ne ressemble en rien à celui des autres hirudinées. En effet, les centres nerveux se trouvent le long des flancs, à droite et à gauche du tube digestif. Vers l'extrémité antérieure du corps se remarque, de chaque côté de l'œsophage, un ganglion arrondi qui peut être considéré comme le représentant d'une moitié de la masse médullaire, située dans la tête des animaux articulés et désignée sous le nom de cerveau. Une commissure longue et étroite unit entre eux ces ganglions en passant au-dessus du canal digestif; mais les cordons qui partent de ces mêmes ganglions pour se diriger en arrière ne se réunissent pas en-dessous de ce tube et ne forment pas un collier autour de l'œsophage. Ils restent éloignés l'un de l'autre, jusqu'à l'extrémité postérieure du corps; enfin ils ne présentent, dans la plus grande partie de leur longueur, que des vestiges de ganglions, et c'est seulement dans la partie correspondante à la ventouse anale que ces centres nerveux se montrent de nouveau d'une manière bien distincte. Nous renvoyons pour plus de détails au mémoire de M. Blanchard.   J. P.

MALACODERMES, *malacodermi* (*ins.*), famille d'insectes de l'ordre des coléoptères pentamères formée par Latreille, dans son *Histoire des crustacés, des arachnides et des insectes*, 1829. Cinq tribus rentrent dans la famille de cet auteur ; ce sont les cébrionites, les lampyrides, les mélyrides, les clairones et les ptiniores. Les principaux caractères que présente cette famille sont les suivants : corps presque toujours de consistance molle. Prosternum point dilaté ni avancé antérieurement en forme de mentonnière et très rarement prolongé en pointe reçue dans une cavité de l'extrémité antérieure du mésosternum. Tête inclinée en avant. Antennes ne se logeant pas dans une fossette sous le corselet. Les malacodermes sont assez nombreux en espèces, peu remarquables généralement sous le rapport de la taille ou des couleurs. Cependant quelques espèces présentent des couleurs assez brillantes et métalliques. Le plus grand nombre de ces insectes fréquentent les fleurs, les végétaux, le bois mort ; quelques-uns vivent à terre. Les malacodermes sont carnassiers, surtout à l'état de larves ; presque tous sont pourvus d'ailes. Leur organisation intérieure présente cela de remarquable que le tube alimentaire est plus long que le corps ; le jabot court ; le ventricule chylifique allongé ; l'intestin grêle, presque toujours filiforme ; le rectum long. M. Laporte de Castelnau, dans son *Hist. nat. des animaux articulés*, tout en adoptant les cinq tribus de Latreille, y a établi quelques subdivisions ; dans la première rentrent ses rhipicérites, atopites, cyphonites ; dans la deuxième, ses lycusites, lampyrites, téléphorites ; dans la troisième, les malachites, dasydites ; dans la quatrième, les tillites, prionocérites, notoxites et corynétites ; dans la cinquième enfin, rentrent ses ptinites. Il ajoute une sixième tribu, celle des xylotrogues, qu'il partage en atractocérites et rhysodites.   J. P.

MALACOLOGIE (zool.), histoire des animaux mous ou mollusques. Dénomination employée par M. de Blainville, pour désigner cette branche d'histoire naturelle.   J. P.

MALACOPTÉRYGIENS (poiss.), division de la classe des poissons renfermant ceux dont les rayons sont composés de pièces osseuses articulées par synchondrose, qui rendent le rayon flexible quand les pièces ont de la longueur. Cuvier a établi trois ordres dans cette division (*Règne animal*). I. Les abdominaux, qui comprennent cinq familles : cyprénoïdes, ésoces, siluroïdes, salmonoïdes et clupéoïdes. II. Les subrachiens, trois familles : gadoïdes, poissons plats et discoboles. III. Les apodes ne renferment qu'une seule famille, celle des anguilliformes. Voyez ces mots.   J. P.

MALADE, adj. des deux genres ; qui éprouve, qui souffre quelque altération dans la santé. Avoir l'air malade, paraître malade. Malade se dit également des animaux ; il se dit aussi des parties du corps. Il se dit par extension de plusieurs choses inanimées. Il se dit figurément des corps politiques, des établissements publics ou autres, du cœur, de l'esprit, de l'imagination. Ironiquement et familièrement, vous voilà bien malade, vous vous plaignez injustement, vous n'avez pas sujet de vous plaindre. Familièrement, il n'en mourra que les plus malades, se dit pour se moquer d'un danger qui menace plusieurs personnes et dont on croit pouvoir se tirer sans peine. Malade s'emploie substantivement.

MALADETTA (*géograph.*), la plus haute montagne des Pyrénées, en Espagne, près des frontières de France et des sources de la Garonne. Le pic de Néthon en est le point culminant. Hauteur, 3,481 mètres. On l'appelle aussi le Mont-Maudit.

MALADIE, s. f., rien n'est plus difficile que de définir ce mot. Suivant quelques modernes, ce serait une altération notable survenue, soit dans la disposition matérielle des solides ou des liquides, soit dans l'exercice d'une ou de plusieurs fonctions. Galien la définissait un état contre nature dont la principale condition est de nuire à l'exercice des fonctions. Cette définition serait peut-être la meilleure de toutes si, à l'exemple de Requin, on y ajoutait que l'altération notable des fonctions est relative à la santé habituelle de l'individu; car, après le dérangement et même l'abolition d'une fonction, il arrive souvent qu'un nouveau type de santé se constitue et se maintient. On divise communément les maladies en *externes*, ainsi appelées, soit parce qu'elles attaquent des parties ou des organes sensibles à la vue, soit parce qu'elles se guérissent par l'opération de la main ou par des topiques; et *internes*, dont le nom vient de ce qu'elles n'attaquent que les organes et les fonctions qui sont hors de la portée des sens, ou de ce qu'elles sont produites par une cause interne. Les premières sont du ressort de la chirurgie, et les secondes du domaine de la médecine proprement dite. On distingue les maladies en sporadiques, endémiques et épidémiques.

MALADIF, IVE, adj., valétudinaire, qui est sujet à être malade.

MALADRERIE, s. f., hôpital anciennement affecté aux personnes malades de la lèpre, et qu'on appelait aussi léproserie.

MALADRESSE, s. f., défaut d'adresse. Il s'emploie aussi au sens moral.

MALADROIT, OITE, adj., qui manque d'adresse. Il s'emploie aussi au sens moral. Il s'emploie substantivement, au propre et au figuré.

MALAGA, province d'Espagne. Elle est bornée au nord par les provinces de Séville et de Cordoue, à l'est par celle de Grenade, au sud par la Méditerranée, et à l'ouest par la province de Cadix. Elle a 35 lieues environ dans sa plus grande longueur de l'est à l'ouest, et 17 de largeur du nord au sud, et 513 lieues carrées de superficie. Elle se divise en 6 districts : Malaga, Ronda, Antequera, Velez-Malaga, Marbella et Estopona. Elle forme le diocèse de Malaga et ressortit en appel à la chancellerie royale de Grenade. Les principales chaînes de montagnes qui la couvrent sont la Sierra-Ronda, la Sierra-Antequera et une foule d'autres petites chaînes qui renferment des mines d'or, d'argent, et des carrières de marbre. Les principales rivières sont le Guadalorce, le Guadalmedina, le Guadiaro, le Seco, le Genal, le Cacin, etc. Les productions du pays consistent en coton, fruits indigènes et exotiques en abondance, qui ont remplacé la culture de la canne à sucre et surtout des fameux vins connus sous le nom de vins de Malaga. La population compte un peu plus de 400,000 habitants, qui s'adonnent fort activement à l'occupation de la pêche. Malaga est le chef-lieu de cette province. Cette ville possède un port sur la Méditerranée. Elle contient plusieurs établissements de bienfaisance et d'instruction publique et une foule de fabriques surtout de soieries. On y remarque la cathédrale, le palais épiscopal, la douane et surtout le quartier de l'Alameda, promenade plantée d'orangers et de lauriers-roses. Cette ville, siège d'évêque, est bâtie à l'embouchure du Guadalmedina, dans la Méditerranée. Elle est flanquée d'une double muraille, hérissée de tours et dominée par un vieux château-fort. Son port est fermé par un môle qui se prolonge de 1,500 mètres dans la mer et qui est terminé par un phare. Elle fut fondée par une colonie de Phéniciens et fut très florissante sous les Carthaginois et sous les Romains. En 714 elle tomba au pouvoir des Maures qui n'en furent expulsés qu'en 1487. 50,000 habitants. Velez-Malaga, autre ville de la même province, chef-lieu du district qui porte son nom, s'élève également sur les bords de la Méditerranée et y a un port défendu par un château-fort. On cultive dans ses environs la canne à sucre. On y voit des fabriques de savon, des distilleries d'eau-de-vie et de liqueurs, 20 moulins à huile et une raffinerie de sucre. 12,000 habitants.

MALAGHETTA (CÔTE DE), ou DU POIVRE, territoire de la Guinée septentrionale qui se compose des petits royaumes de Marra, de Mitombo, de Sanguin, de Quoja et de Krou, et a pour chef-lieu le Grand-Sestre. Il a environ 55 lieues de longueur. Ses principales rivières sont le Sestos, le Sanguin

et la rivière des Esclaves. Le pays montagneux vers le nord, plat et marécageux vers le sud, produit du riz, du coton, de l'indigo, de la gomme, de la cassave, des patates et surtout du poivre, dit *malaghette*, d'où il tire son nom. Il gît par 4° 20' et 7° 32' de latitude nord, et par 9° 50' et 11° 40' de longitude ouest.

MALAGRIDA (GABRIEL), jésuite, né en 1689, à Mercajo, dans le Milanais, passa de bonne heure en Amérique, où il remplit pendant 29 ans les fonctions de missionnaire dans le Maragna et le Brésil. Il y aurait probablement terminé ses jours, si la reine de Portugal, Marie-Anne d'Autriche, ne l'eût appelé à Lisbonne pour lui donner sa confiance dans les affaires qui regardaient la religion. Don Jean V n'eut pas moins de considération pour ce religieux, qu'il regardait comme un homme de Dieu, en 1750, lorsqu'il revint pour la deuxième fois, le roi Joseph alla le recevoir en personne, tant était grande la vénération qu'il avait pour ce jésuite. Dans le temps du tremblement de terre en 1755, il s'éleva avec beaucoup de liberté contre les désordres de la capitale et publia : *Judicium de vera causa terræ motus quem passa est Ulisipo die* 1 nov. 1755. Ce zèle déplut à certaines personnes, et ceux qui étaient persuadés que les événements naturels ne tenaient en rien aux dispositions de la Providence, le regardèrent comme un homme égaré; tandis que la plupart ne voyaient dans ses prédications que les notions toutes simples du christianisme. Un ancien père de l'Eglise (saint Ephrem) avait fait sur le même sujet une touchante homélie, où l'on trouve toutes les raisons que Malagrida développait dans son ouvrage, conformes d'ailleurs aux sentiments de l'Eglise, qui, dans l'oraison *Contra terræ motus*, s'exprime de la sorte : « Terram quam vidimus nostris iniquitatibus trementem, « superno numere firma, ut mortalium corda coguoscant, et « te indignante talia flagella prodire, et te miserante cessare. » Le 11 février 1759, il fut arrêté comme complice du duc d'Aveiro (*Voy.* ce nom), et le 12 déclaré coupable de lèze-majesté. En effet, Aveiro avait conspiré contre le roi Joseph, qui manqua d'être atteint d'un coup de feu, tandis qu'il se promenait dans sa voiture; et l'on se plut à impliquer Malagrida dans cette conjuration. Après trois ans de prison, on le tira de son cachot, et, sans dire un mot du crime qu'on lui avait attribué, on le livra à l'inquisition comme faux prophète et faux dévot. L'inquisiteur général D. Jean de Bragance, frère du roi, avec tous les assesseurs du tribunal, refusèrent de le trouver coupable. On créa un nouveau tribunal, présidé par Paul Carvalho, frère du ministre, et on instruisit le jugement du prisonnier sur deux ouvrages qu'on prétend qu'il a composés dans sa prison : la *Vie héroïque et admirable de la glorieuse sainte Anne*, et la *Vie et l'empire de l'Antechrist*, ouvrages qui, s'ils étaient réels, ne prouveraient qu'un simple délire dans le vieillard, affaibli par les horreurs d'une prison de trois ans. Mais il est certain que les prétendus fragments qui en ont été cités dans le procès de Malagrida, sont de la composition du fameux Pierre Norbert, qui écrivait alors à la solde de Carvalho, sous le nom de l'abbé Platel. C'est au moins ce qu'avance un auteur dont la saine critique égale l'élégance du style. Nous le laisserons parler un moment : « Duo illa opuscula quæ nullus mortalium adhuc vidit, aut « videbit unquam, alterum inscriptum a Malagridæ vita « sanctæ Annæ, alterum historia imperii Antechristi, a Mala- « grida aut fungunt in carcere conscripta merum fuisse boni « Platelii commentum; multi non sine, argumentis arbitran- « tur. Quid enim abhorrebat ne iste Platelius amoribus illius « Norberti, qui suppositiam Juliopolitani episcopi approbatio- « nem nimirum episcopi manum mentibus, famosæ orationi « funebri apposuit. Qui teste P. Thoma de Poitiers, alia multa « in hoc ipso genere factitavit? Adde quod absurdissimæ de- « lirationes, perridiculæ ineptiæ fatuitas et stultitia, quibus « redundant illa fragmenta, quæ ex commemoratis Malagridæ « suppositiis opusculis excerpta esse dicuntur sane olent « cerebrum hominis aut mente capti, aut super quam dici « possit, stolidi, bardi atque insciti. Nego igitur ea Malagridæ « fuisse dicamus? Malagridæ ne mente capti? At reclamant « domini quæsitores, qui cum capitis damnarunt, et, quam « maxima possunt contentione, nobis persuadere conantur, « Malagridam mentis compotem ea scripsisse; qua quidem « tanta, tamque diligenti asseveratione existimationi suæ con- « sulere voluerunt, ne scilicet quis eam suspicari posset ho- « minem amentem ob ea quæ in amentia ipsa scripsisset « ultimo supplicio ab æquissimis judicibus affectum fuisse. « An Malagridæ sano mente utentis? At quis sibi persuadeat « tam inepte tamque solide scribere potuisse jesuitam, qualis

« cram Malagrida, non mediocriter litteratum, et non modo
« in severioribus disciplinis satis eruditum, verum etiam in
« amœribus probe versatum, ut argumento sunt multa, quæ
« diversis temporibus scripsit, quorum nonnulla, cum in car-
« cerum abreptus fuit, intercepta fuerunt, unguibus reperta
« est tragediæ inscripta ; aman, opus ingenio elaboratum, per-
« politum, in suo genere perfectum? Cum igitur opera neque
« Malagridæ mente capto neque Malagridæ sanæ mentis com-
« poti adscribi possint, restat, ut insigni scriptori nostræ
« Platellio tribunantur; præsertim quia neque hominis inge-
« nium neque confingendi quodlibet, commuiscendique in-
« veterata consuetudo multum videtur ab hac scribendi ratione
« discrepare. » Quoi qu'il en soit, Malagrida, d'après la teneur
de ces deux écrits, fut jugé hérétique, et livré au bras séculier, qui le condamna à être brûlé vif, ce qui fut exécuté le
21 septembre 1761. « L'excès du ridicule, dit Voltaire, et de
« l'absurdité, fut joint à l'excès d'horreur. Malagrida ne fut
« mis en jugement que comme un prophète, et ne fut brûlé
« que pour avoir été fou, et non pas pour avoir été parricide »
(Siècle de Louis XV, chap. 33). L'auteur du Testament politique du maréchal de Belle-Ile, imprimé en 1762, p. 95, s'exprime de la sorte sur cet événement : « Je ne parle point ici
« d'une société de religieux que le ministre de Lisbonne a
« voulu associer à ce régicide, mais j'ose dire qu'il est aussi
« facile de prouver que les jésuites n'ont point trempé dans
« cette conjuration, que de démontrer les ressorts de l'accu-
« sation... J'ai d'excellents Mémoires qui éclaircissent cette
« affaire... Malheur aux rois qui, dans des cas aussi graves,
« négligent de voir tout par eux-mêmes. » Le philosophe Maupertuis, dans une réponse à une Lettre de M. de la Condami-
mine, datée de Mantoue, le 27 mars 1759, où celui-ci avait
fait l'apologie des jésuites, relativement à cette affaire, dit :
« Je vous remercie de la relation que vous m'avez envoyée de
« la conjuration de Portugal. Pour ce qui concerne les jé-
« suites, je pense en tout comme vous pensez vous-même. Il
« faut qu'ils soient bien innocents, s'ils peuvent échapper au
« supplice; mais je ne saurais les croire coupables, quand
« même j'apprendrais qu'on les a fait brûler vifs. » La reine
ayant déclaré innocentes toutes les personnes impliquées
dans la prétendue conspiration, par un décret solennel
du 7 avril 1781, il ne doit pas rester plus de doute à l'égard
du père Malagrida qu'à l'égard des autres (V. Jésuites, Aveiro,
Pombal, Tavora). L'abbé de Longchamp a publié sous le
titre de Malagrida, une tragédie en 3 actes, Lisbonne, 1763,
in-12.

MALAGUETTE, s. f., espèce de poivre qu'on nomme aussi
graine de paradis.

MALAI, s. m., nom d'une langue très répandue dans les
îles de l'Inde orientale. Plusieurs écrivent malais, et quelques-uns disent la langue malaise.

MALAIS, MALAISIE. On distingue sous le nom général de
Malaisie la partie occidentale des grandes divisions géographiques de l'Océanie. Quelque soit le système que l'on adopte
au sujet de ces divisions, qu'on les borne à trois avec Malte-
Brun, Walckenaer et Balbi, qu'on n'en porte à quatre avec Dumont-d'Urville, ou qu'on aille jusqu'à cinq, ainsi que le propose M. de Rienzy, les limites de la Malaisie restent invariables. Elles enceignent toutes les terres occupées par la population indigène dans laquelle domine le type Malais, et
principalement les îles que les anciens géographes comprenaient sous les noms de grand Archipel-Asiatique, Archipel-
Indien ou Archipel-d'Orient. Voici comment se dirige la ligne
qui en marque la circonscription : partant d'un point situé à
environ 2 degrés au nord de la pointe nord-ouest de Sumatra, cette ligne coupe en deux parties égales le détroit de Malacca, se recourbe parallèlement à l'extrémité de cette presque
île, au sud de Sincapour dont elle fend le détroit, puis remonte au nord en suivant le 103e de longitude orientale jusqu'au 5e de latitude nord; de là, elle court obliquement jusqu'à la jonction du 117e de longitude avec le 20e parallèle
qu'elle suit pendant un espace de 10 degrés et demi. Elle
redescend alors perpendiculairement à l'équateur jusqu'à un
degré de la ligne, puis se recourbe en demi-cercle vers
l'ouest, entre l'île Guiloio et l'île Waigiou, descend, dans la
direction du sud-est, le long de la terre des Papous jusqu'au
point d'intersection du 133e de longitude est et du 5e sud;
elle court ensuite directement au sud pendant quatre degrés,
puis à l'est jusqu'à la rencontre du 129e degré, va rejoindre,
par une direction est-sud-est, le 14e 30, par 119e de longitude, et enfin va se perdre dans la mer des Indes parallèlement à l'équateur. La Malaisie mesure ainsi, du nord au sud,

une étendue de 34 degrés, coupée en deux parties presque
égales par la ligne équatoriale ; de l'est à l'ouest sa plus
grande dimension est d'environ 40 degrés. La superficie totale de ses terres est évaluée à 97,700 lieues carrées. Parmi
la multitude des îles rassemblées dans cet espace, et dont
nous aurons plus loin occasion d'indiquer les principales, il
nous suffira de citer ici les îles de la Sonde, Bornéo, les Soulou, les Philippines, les Célèbes et les Moluques. Mais avant
d'aborder avec quelques détails la description géographique
de cette contrée, il convient d'esquisser en traits généraux les
principaux caractères de la race qui l'habite et qui lui a donné
son nom. La race malaisienne, dont la descendance ou les
dérivations couvrent une partie considérable de l'hémisphère
oriental, forme l'une des cinq grandes divisions auxquelles
Blumenbach a ramené toutes les variétés de l'espèce humaine
répandues sur le globe ; elle est la première variété de l'espèce Neptunienne, dans la classification en quinze espèces
proposée par Bory de Saint-Vincent, et la onzième espèce
dans la classification en seize espèces proposée par A. Desmoulins. Son type se reconnaît aux caractères suivants : teint
jaune, cheveux noirs, souples, abondants et frisés, la tête
faiblement déprimée sur les tempes, le front légèrement
bombé, le nez gros et aplati, la bouche très grande, la mâchoire inférieure un peu fuyante, l'angle facial ouvert de 80
à 85 degrés. Quelques familles, particulièrement dans le voisinage de la Chine, ont les yeux bridés et obliques comme les
Chinois ; c'est la conséquence des rapports des Chinois avec
les femmes des îles de la Malaisie où les attire un commerce
assez fructueux. Les Malais sont de taille moyenne, bien proportionnés, et ne sont nullement enclins à cette obésité qu'on
remarque chez leurs voisins du céleste empire. Les savants se
sont beaucoup occupés de découvrir, soit par les traditions,
soit par induction, si les Malais sont originaires de Java, de
Sumatra, ou même, dans cette dernière île, d'un district ou
d'une vallée plutôt que d'un autre district ou d'une autre
vallée. Nous pensons que de pareilles recherches ne valent
ni le temps ni la peine qu'on y dépense. Il nous suffit, quant
à nous, de savoir par le témoignage de tous les voyageurs que
c'est dans les îles groupées autour de la pointe de la presque
île de Malacca que l'on trouve encore aujourd'hui les populations où s'est conservé dans toute sa pureté le type primitif,
et nous doutons fort qu'on parvienne jamais à en tracer la
généalogie jusqu'à une époque bien reculée. Quant aux dérivations de cette souche, on les rencontre non-seulement
dans les îles de la Malaisie proprement dite, mais sur les côtes
avoisinantes du continent asiatique, à la Nouvelle-Hollande,
à la Nouvelle-Guinée, à la Nouvelle-Zélande, aux îles Mariannes, aux Carolines, aux îles de la Société, en un mot sur
presque toute l'étendue de l'Océanie et même au-delà dans
certaines peuplades de Madagascar et des côtes occidentales
de l'Amérique. Ainsi dispersés sur plus d'un tiers de la circonférence du globe, et séparés les uns des autres par de vastes
mers, les peuples de race malaisienne parlent partout différents dialectes d'une même langue que le temps et l'éloignement n'ont que faiblement altérée ; mais il n'en est pas de
même des mœurs, des habitudes, du caractère, des aptitudes,
des dispositions, qui se sont profondément modifiées sous les
influences particulières auxquelles ils ont été soumis, et qui
présentent parfois d'une île à une île voisine des contrastes
frappants. On peut cependant indiquer quelques traits principaux qui sont d'une application assez générale. Doués d'un
esprit actif et de facultés intellectuelles supérieures à celles
de presque toutes les autres races colorées, les Malais sont inquiets, turbulents, âpres au gain, rudes au travail. Ils aiment, dit M. de Rienzi, les migrations lointaines, la guerre
et la navigation, les entreprises hasardeuses, les périlleuses
aventures, les fêtes et le pillage, les jeux et les combats, la
vengeance et la galanterie. Marins infatigables, ils sillonnent
incessamment, dans leurs pirogues, les innombrables canaux
que formule la mer entre leurs îles, et sont pour ainsi dire les
pourvoyeurs et les entremetteurs du commerce dans toute
cette partie du monde. Mais on s'accorde à leur attribuer une
mauvaise foi et une perfidie qui ont été exagérées, suivant
les uns, et qui, suivant les autres, défient toute exagération.
Haineux, implacables et cruels, ils ne renoncent jamais à une
vengeance, et leur vengeance ne connaît pas de bornes. Ils
se font un jeu de la trahison, un mérite du pillage, et ne
reculent pas devant les crimes les plus audacieux pour assouvir leur avidité; aussi est-il expressément défendu aux capitaines des navires européens qui fréquentent ces parages
d'en recevoir plus de deux ou trois à leur bord, et seulement

dans les cas d'extrême nécessité. Du reste, et autant qu'on en peut juger par les traditions et par l'étude attentive du pays, les Malais paraissent avoir été, dès une époque fort reculée, initiés à la pratique d'une civilisation relative. Leurs croyances religieuses n'étaient pas seulement, comme chez les hordes sauvages de l'Afrique, un prétexte barbare à des cérémonies cruelles ou burlesques; ils avaient des dogmes arrêtés, un culte régulier pour l'accomplissement duquel ils élevaient des monuments dont on retrouve encore sur le sol d'importants souvenirs. Habiles dans l'art de cultiver la terre, ils ne l'étaient pas moins à en tirer de son sein les métaux qu'elle renferme, à les convertir en instruments de travail ou de destruction, à les faire servir à augmenter les jouissances ou à alléger les nécessités de la vie. Ils savaient assouplir à leur volonté l'instinct des animaux sauvages, et en faire les auxiliaires de leurs travaux. Les sciences et les arts ne leur étaient pas étrangers, et parmi les premiers peuples du monde, ils connurent les éléments des mathématiques et se servirent de l'écriture pour conserver et transmettre leurs traditions. Arrivés à ce point, et comme si cette civilisation rudimentaire eût atteint la limite extrême de leurs facultés intellectuelles et de leur aptitude morale, ils se sont arrêtés, attendant que le mouvement des siècles leur apportât les éléments de progrès nouveaux. Et depuis quatre siècles que l'Europe les convie à la suivre, ils paraissent s'obstiner dans une jalouse immobilité. Quel rôle leur est réservé dans les transformations futures du monde? C'est le secret de l'avenir. Aujourd'hui les Malais sont les barbares de l'Orient comme au temps des Romains les Gaulois et les Celtes étaient les barbares de l'Occident, et nul ne saurait dire si, comme ceux-ci, ils édifieront quelque jour les institutions de la race vaincue sur les ruines des institutions de la race victorieuse, ou si, comme les Indiens du Nouveau-Monde, ils s'effaceront du sol à mesure que les peuples de l'Ancien-Monde multiplieront leurs établissements. Jusqu'à présent leur transformation n'a pris aucun caractère général; elle a suivi, au contraire, toutes les influences accidentelles. Restés idolâtres partout où ils sont restés maîtres de leurs rivages, les Malais ont accepté la loi de Mahomet dans les îles où le commerce attirait les navigateurs arabes; ils ont subi l'hérésie de Calvin en même temps que la domination hollandaise; l'église anglicane en a conquis un bon nombre sur les côtes où l'Angleterre a jeté ses marchands missionnaires; le bouddhisme et le brahmanisme comptent aussi parmi eux, dans le voisinage de la Chine et de l'Inde, leur part de sectateurs, tandis que plus heureux, les habitants des îles espagnoles et portugaises ont été appelés par le zèle d'infatigables apôtres dans le sein du catholicisme. Presque tous les Malais mâchent le bétel et se liment les dents dont ils enlèvent l'émail afin de les disposer à recevoir une teinte d'un noir mat et foncé. Quelques particularités dignes d'attention distinguent les divers groupes de population aborigène épars dans les îles de la Malaisie; nous aurons occasion de les signaler plus loin en nous occupant de ces îles. Nous renvoyons aussi à ce sujet aux articles MALACCA, SINGAPOUR, NOUVELLE-GUINÉE, NOUVELLE-HOLLANDE, NOUVELLE-ZÉLANDE et POLYNÉSIE.

La Malaisie est la partie de l'Océanie où les terres occupent comparativement à la mer, l'espace le plus considérable. La disposition capricieuse et irrégulière d'une si grande multitude d'îles presque toutes contiguës, divise l'Océan en un certain nombre de bassins ou de grands lacs, ou plutôt encore de mers intérieures communiquant entre elles et avec le grand Océan par de nombreux détroits. Ce sont : la mer de Chine, comprise entre les côtes du céleste empire, Malacca, Bornéo, Palamau, Luçon et Forose, et communiquant par le détroit de foukienne avec la mer de Gorée, par le détroit de Formose avec l'Océan pacifique, par le détroit de Sincapour et celui de Malacca avec la mer des Indes; la mer de Soulou ou des îles Philippines, entre ces îles et celles de Soulou, Bornéo, Palassau, communiquant avec l'Océan Pacifique par le détroit de San Bernardino; la mer de Célèbes, entre l'île de même nom et les îles Bornéo, Soulou, Mindanao, communiquant avec la mer de la Sonde par le détroit de Macassar; la mer des Moluques, entre ces îles, la nouvelle Guinée, les îles Timor et Célèbes, communiquant avec l'Océan, par les détroits de Torres et de Florès; la mer de la Sonde, entre Java, Bally, Lombock, Sumbawa, Flores, Célèbes et Bornéo, communiquant avec l'Océan par les détroits de Bally de Lombock d'Allas, de Sapy, de Mangaray; la mer de Java, entre les îles de Java, Bornéo et Sumatra, communiquant avec l'Océan par le détroit de la Sonde, et avec la

mer de la Chine par les détroits de Banca et de Gaspard. La plupart des îles de la Malaisie, et de l'Océanie en général, sont montagneuses, de nature volcanique, et présentent des cratères éteints ou fumants, le plus souvent les uns et les autres. Quant aux îles basses, elles sont presque sans exception, formées de ces roches artificielles que créent au sein de l'Océan les Madrépores, les Millépores et les Tubepores, et sur lesquels le mouvement de la mer a lentement entassé des sables, des végétaux, et les autres matières légères que charrient ses flots. Mais la description de ces caractères généraux trouvera plus naturellement sa place à l'article *Océanie*. Bornons-nous donc à quelques détails sur les principales îles de la Malaisie.

1° *Iles de la Sonde*. C'est ainsi que l'on nomme cette grande chaîne d'îles presque toutes longues et étroites, séparées les unes des autres par des bras de mer très resserrés, et dont la succession formant une courbe assez régulière, embrasse par le midi tout l'archipel de la Malaisie. Sumâtra ou Soumatra est la plus grande et la plus occidentale. Cette île, qui n'a pas moins de 376 lieues de longueur sur une largeur variant de 20 à 90 lieues, est située sous l'équateur qui la divise en deux parties presque égales. Elle s'étend obliquement du 6° nord au 6° sud, et de 93° 30' au 103° 15' de longitude orientale du méridien de Paris. Une chaîne de montagnes la parcourt dans le sens longitudinal, offrant des sommets dont quelques-uns, comme l'Ophir et le Gounong-Kossumbra atteignent jusqu'à 2,000 ou 2,500 mètres de hauteur. Nul ne saurait dire par combien de cratères aujourd'hui refroidis ont un jour été vomies les laves et les roches que les siècles ont ainsi entassées: on ne connaît même, et encore très imparfaitement que quelques-uns des volcans, qui continuent à bouillonner au sein de la chaîne. Les seuls que l'on ait reconnus sont au nombre de six, dont le plus remarquable et le plus élevé est le Gounong-ber-Api. Le climat de cette île a été longtemps représenté comme n'offrant d'autres perspective qu'une mort prématurée aux Européens assez imprudents pour aller y tenter des établissements. Sa côte occidentale a même été surnommée *côte de la peste*, par suite de la fréquence des maladies contagieuses dont elle est le siège. Mais on est revenu de ces exagérations, et l'on a reconnu que si les terres basses et marécageuses qui bordent la mer exhalent sous les rayons du soleil des émanations qui ne tardent pas à devenir fatales à ceux qui les respirent, il y a, dans l'intérieur, et principalement sur les revers des montagnes, une vaste région dont la salubrité ne le cède à celle d'aucun autre pays. La température, du reste, est loin d'être aussi élevée que pouvait le faire supposer la position géographique de cette île. Elle y dépasse rarement 30 degrés centigrades. Les saisons, comme dans la plupart des pays intertropicaux, y sont alternativement sèches et pluvieuses; la première règne pendant toute la durée de la mousson de sud-est, c'est-à-dire de mai à septembre; la seconde pendant la mousson du nord-ouest, de décembre en mars. —Les eaux qui descendent de crêtes forment, dans les bassins des montagnes, quelques grands et magnifiques lacs, et, dans les vallées, des rivières et des torrents qui se rendent à la mer à travers des cascades, des cataractes, et mille accidents qui défient la description. Les plus remarquables de ces cours d'eau sont : le Sinkel, le Siak, l'Andragiré, le Jambic et le Moesic. — Le sol de Sumatra, admirablement approprié à la culture des végétaux de luxe ou de consommation industrielle, paraît ne convenir que médiocrement aux productions de première nécessité. On y récolte le riz, le maïs, le bétel, le sagou, la canne à sucre, du café de qualité médiocre, le gingembre, la coriandre, le cumin, le tabac, l'ananas, le melon, les oranges, les citrons, les mangoustans, le poivre noir dont il se fait un commerce considérable, le chanvre, les iguames, les patates douces, le girofle, le coton, l'indigo et une immense quantité de plantes tinctoriales et médicinales, les fruits des palmiers, des cocotiers, de l'arbre à pain, le camphre, le benjoin, etc. Les forêts, encore inviolées dans la plus grande partie de l'île abondent en bois de construction, d'ébénisterie et de teinture. On y trouve l'ébénier, le teck, les bois de fer, l'arbre à parasol et plusieurs espèces de bois léger dont on tire des mats et d'autres pièces propres aux constructions navales. — Mais c'est dans le règne minéral que consiste la principale richesse de cette île, et la découverte assez récente d'une mine de diamant, dans le district de Doladoulo, paraît devoir y ajouter encore. Les mines d'or de Sipini et de Caye, celles de Bonjol et de Campon-Hardi, plus abondantes encore, ajoutent leurs paillettes et leurs énormes pépites aux dix à douze mille onces d'or de lavage que recueillent annuellement les Malais de Padang et de Menang-Kabou. Cette dernière localité produit aussi un minerai, dont on fait le meilleur acier connu. Les environs de Palembang fournissent des quantités considérables d'étain ; enfin on rencontre, dans la région montagneuse, le cuivre, le fer, l'arsenic, le soufre, le salpêtre, des marbres, et des granits, de la houille, le nappal, le pétrole. Ajoutons que, le long de sa côte se dresse le rocher insulaire de Poulo-Pisang, masse énorme d'un cristal de roche d'une merveilleuse beauté, et que le corail hérisse de recifs le pourtour de ses rivages. — Parmi les animaux qu'on y remarque, nous citerons l'éléphant, le rhinocéros, l'hippopotame, le tigre, l'ours, l'antilope, le sanglier, le daim, la civette, la loutre, l'orang-outang et des myriades de singes, le crocodile, mille espèce de reptiles et d'oiseaux, et enfin d'innombrables insectes, animaux les plus importuns, si non les plus dangereux des habitants. L'île de Sumatra sur laquelle les hollandais ont, depuis longtemps établi leur domination, se divise naturellement, quant à sa population, en deux parties : la partie hollandaise, comprenant à peu près toutes les terres situées au sud de la ligne, et la partie indépendante, entre l'équateur et l'extrémité septentrionale de l'île. La partie indépendante comprend, elle-même, un certain nombre de petits états ou pachaliks, relevant tous plus ou moins directement de trois principaux gouvernements ou royaumes, savoir : le royaume d'Achem, le royaume de Siak, le Battak. Le sultan d'Achem a été longtemps l'un des souverains les puissants de la Malaisie. Son empire s'étendait non seulement sur la plus grande partie de l'île, mais encore sur un grand nombre des îles voisines, et sur presque toute l'étendue de la péninsule de Malacca. Il faisait un commerce considérable, et ses navires qu'on ne porte pas à moins de cinq cents, visitaient les ports du Japon et de l'Arabie. Aujourd'hui son autorité ne s'étend pas au-delà d'un rayon assez étroit autour de sa capitale, située à la pointe septentrionale de Sumatra. La ville d'Achem qui a subi elle-même le contre-coup de cet état de choses, a vu également diminuer sa richesse et son importance. Sa population qui s'élevait autrefois à 40,000 habitants s'est graduellement réduite à 15 ou 18,000. Disséminées sur une vaste étendue de terrain et parmi des bouquets de bois et des touffes de verdure qui les dérobent à la vue, ses 8,000 maisons de bambous ressemblent plutôt à un camp planté dans une forêt qu'à une ville populeuse. Ses habitants se livrent à la pêche, à la fabrication des étoffes de soie et de coton. On y remarque une fonderie de canons fort renommée dans ces parages, — Pedir, ville maritime, Telesan-coway et Moukki sont, après la capitale, les villes les plus importantes du royaume. Le royaume de Siak, depuis que tous les chefs de bourgades sont parvenus à s'y rendre indépendants, est plutôt une agglomération de petites principautés qu'un état régulier. Situé sur la côte orientale de l'île, il comprend, en majeure partie une population maritime qui pratique la piraterie avec toute l'audace et toute la cruauté qui la distinguent dans ces régions. Le commerce régulier y est néanmoins assez actif. Siak, la capitale nominale n'a pas plus de 3,000 habitants. Le Battak sur la côte occidentale, occupe un pays qui n'est, à vrai dire, qu'une immense et sauvage forêt répandue dans les gorges et sur les flancs des montagnes. On n'a que des notions fort incertaines sur ce peuple qui paraît former une espèce de confédération assez mal définie, reconnaissant pour chef un prince ou pacha dont la résidence est sur les bords du lac de Toba, au cœur des montagnes. Les Battas, dont on porte le nombre à deux millions, offrent dans leur caractère et dans leurs usages, des particularités remarquables. Actifs, intelligents, hospitaliers, ils ont depuis longtemps secoué l'ignorance si générale encore parmi les autres naturels. Versés dans la science de la lecture et de l'écriture, ils se sont créé un alphabet qui leur est propre, et dont les caractères se lient de gauche à droite. Ils emploient pour leurs livres un papier fait d'écorce d'arbre préparée à cet effet. Mais l'anthropophagie est restée chez eux un goût ou plutôt une institution nationale. En effet, avec quelques délices qu'ils paraissent savourer cet horrible aliment, ils ne mangent cependant que les prisonniers de guerre, ou certains criminels que la loi condamne à être mangés vifs. Rien n'égale l'affreux tableau qu'on nous trace de ces scènes où descendants d'hommes, excités par une atroce appétit se réunissent autour du patient attaché à un arbre, et coupent tour à tour quelque partie de son corps qu'il dévorent toute sanglante, jusqu'à ce qu'il ne reste plus qu'un squelette décharné. —La partie hollandaise de l'île

de Sumatra présente aussi trois principales divisions. Le gouvernement de Padang, qui a pris le nom de sa capitale et de la rivière qui la traverse, forme l'extrémité septentrionale des possessions. Bien que fondée aux xviie siècle par les hollandais, la ville de Padang n'a jamais réuni plus de 10 à 12,000 habitants. Elle est la résidence du gouverneur ; son ressort s'étend jusqu'au port de Natal au nord et jusqu'à Bencoulen au sud. — Le Menang-Kabou, a tiré son nom du puissant empire dont il occupe la place et de sa capitale aujourd'hui bien déchue, bien qu'elle soit restée le chef-lieu de la province hollandaise. Très peu d'européens s'y sont établis ; les indigènes excellent dans la fabrication de certains objets de luxe en filagrane d'or et d'argent. La recherche de l'or, qui abonde sur presque toute la surface du pays, est la principale occupation des habitants. — Le royaume de Palembang, à l'extrémité méridionale de l'île, est la plus récente conquête des hollandais qui ne lui ont imposé leur suzeraineté qu'en 1821. Sa capitale, bâtie sur le Mousi, compte environ 25,000 habitants, Chinois, Siamois, Malais ou Javanais. Le sol de cette province paraît être le plus fertile de l'île entière ; mais c'est à peine si les habitants se donnent la peine de recueillir quelques-unes des productions qu'il offre sans culture. Le sultan passe sa vie dans les mollesses du harem ; les prêtres mahométans monopolisent le commerce, et donnent l'exemple de la plus cynique improbité ; la justice et la loyauté sont des mots vides de sens ; pour tout dire en un mot, la filouterie y est légalement reconnue, et fait l'objet d'une corporation sous la protection de l'autorité. Autour de Sumatra se groupent un certain nombre de petites îles qui en sont comme des dépendances, et dont quelques-unes appartiennent aux hollandais. Il nous suffira de nommer les principales. L'île Babi ou du Cachem qui a vingt lieues de tour ; les Banjak ; Nias qui compte 200,000 habitants toujours en guerre les uns contre les autres pour alimenter leur commerce d'esclaves, et dont les femmes passent pour les plus belles de toute la Malaisie ; Mentao ou Batu ; Si-Birou ; Si-Bara ou Bonne-Fortune ; Poggy et Nassau, la Cythère de la Malaisie ; Engano ou trompeuse, dont les habitants n'ont jamais connu l'usage d'aucun vêtement, et se construisent, entre les branches des arbres, les nids où ils établissent leur demeure ; Billitown célèbre par ses mines de fer et l'intrépidité de ses pirates ; Branca où l'on recueille chaque année 40,000 quintaux d'étain de lavage ; Lingan et les Bintang occupées par des Malais indépendants ; Roupat-Way, etc. Les Sumatriens sont beaucoup moins avancés dans la civilisation que ne pourraient le faire supposer l'ancienneté de leurs relations avec les Européens et leur voisinage de la Chine. Leur industrie ne va guère au-delà des ouvrages en or qu'ils exécutent assez habilement. La chasse est leur occupation favorite et leur principale ressource ; le jeu dont ils poussent la passion jusqu'à la frénésie, est leur penchant le plus remarquable. La femme est chez eux tout à la fois une esclave et une bête de somme ; c'est à elle que sont dévolus les plus durs travaux, et il dépend de la volonté de son maître de lui infliger les plus cruels chatiments. —Java, séparée de Sumatra par le détroit de la Sonde, bien que moins étendue que celle-ci, a été de tout temps regardée comme l'île principale de la Malaisie, elle est la plus importante possession des Européens dans le monde maritime. Sa plus grande longueur, d'orient en occident est de 245 lieues, sa largeur de 30 à 50, sa superficie de 5,700 lieues. Elle est située entre les 102° 30' et 112° de longitude orientale, et les 6° et 8° 30' de latitude méridionale. Comme Sumatra elle est parcourue dans toute sa longueur par une chaîne de montagnes remarquables par leur structure abrupte et par les larges plateaux qui en couronnent presque invariablement la cime. C'est une série non interrompue de volcans vomissant périodiquement les uns des flammes, d'autres des laves et des rochers, d'autres de la fumée, d'autres de la boue, ou même encore des masses diluviennes d'eaux chaudes. Six rivières navigables et une infinité de ruisseaux descendent de ses gorges pour se rendre à la mer. Le climat, la nature du sol, les productions végétales naturelles de cette île ne diffèrent pas sensiblement, en général, de ce que nous avons dit à propos de Sumatra, à ces exceptions près : que la chaleur dans les parties basses de l'île s'élève quelquefois à plus de cinquante degrés, et qu'on y trouve, pour tous les genres de culture, des natures de sol d'une admirable fécondité. L'histoire de Java, énigme enfouie dans le sein du passé, a défié jusqu'ici tous les efforts de la science. Nul n'a pu percer encore le mystère des siècles qui ont laissé dans cette île des traces si imposantes. Des ruines de monuments gigantesques, des pyramides encore debout, des palais dont les débris couvrent des espaces immenses; des tombeaux, des statues, des colonnes, des corniches, des obélisques, des animaux sculptés sur des socles ou fouillés dans la pierre, toutes ces œuvres d'une civilisation féconde, d'un peuple puissant et éclairé, qu'on y rencontre de toutes parts sont autant de défis jetés à notre curiosité. Les Égyptiens ont-ils autrefois envoyé des colonies jusque dans ces parages, ou bien seraient-ce là les productions d'une civilisation indienne aujourd'hui perdue? C'est ce que nous ne tenterons pas de décider. Mais nous remarquerons que la population indigène de cette île n'a rien qui la distingue essentiellement de celle des îles voisines, si non une taille un peu moins élevée, et plus de douceur dans les mœurs. L'île de Java, presque entièrement soumise à la Hollande, est, depuis 1825, divisée en vingt régences, sous la puissance immédiate du gouvernement hollandais qui a succédé à la compagnie des Indes orientales. La seule partie encore indépendante se compose des districts sur lesquels règnent deux princes issus de l'antique famille des empereurs de Matarem. Le premier, qui a conservé le titre d'empereur, règne sur une population d'un million d'âmes; sa résidence est à Sourakasta, grande ville, ou plutôt réunion de village peuplée de 100,000 habitants. Le second, sultan de Djokjokarta compte 600,000 sujets.

Batavia, capitale hollandaise de Java, est aussi la capitale de toutes les possessions néerlandaises dans l'Inde. Elle est bâtie au nord-ouest de l'île, sur la rivière Tjiliwong. Construite primitivement avec les débris d'une ancienne ville javanaise, elle était, par ses eaux croupissantes et par sa mauvaise disposition, d'une insalubrité presque toujours funeste aux Européens. Elle a été, dans ce siècle rebâtie dans des conditions qui en ont rendu le séjour aussi agréable que peu dangereux. De belles et larges rues y laissent circuler l'air, et sont ornées de façades des monuments publics ou des élégantes constructions particulières. Presque toutes ces charmantes habitations sont isolées et entourées de jardins, et elles se succèdent ainsi sans interruption sur une longueur de plus d'une lieue. Assise au fond d'une large baie, Batavia a un port assez spacieux pour recevoir une flotte tout entière, mais peu profond. On n'y peut entrer que par un étroit canal que protègent des môles et que défendent des travaux militaires considérables. Sa population est de 55,000 âmes; dont 24,000 Javanais et Malais, 15,000 Chinois, 1,000 Arabes, 12,000 Esclaves et 3,000 Européens. — Sourabaya, ne le cède guère à Batavia, et compte 50,000 habitants. Elle est bâtie vers l'extrémité orientale de l'île, à l'embouchure du Kediri qui y forme un port sûr et commode. Les Hollandais, les Malais et les Chinois en composent la population habitent des quartiers séparés. Celui des Hollandais rappelle de tous points la physionomie de nos grandes cités commerciales. — Samarang, entre les deux précédentes compte près de 40,000 habitants; mais la mer en accumulant les sables dans son port a nui à sa prospérité. — Nous devons citer encore Chéribon, célèbre par le tombeau du premier sectateur de Mahomet qui ait apporté le Coran dans cette île, Tagal, Japara, Joana, Rambang où se fait principalement le commerce du bois de teck, etc. La population totale de l'île de Java est d'environ 5 millions d'âmes et se divise ainsi qu'il suit : Indigènes 4,475,000; Chinois 400,000; Européens, Maures, Malais, Baliens, etc., 125,000. La conformation des naturels rappelle, à certains égards le type Malais, mais modifié, et, pour ainsi dire dégénéré par le mélange avec d'autres races venues probablement de l'Hindoustan. Ils sont moins grands, moins robustes que les Malais de race primitive; ils ont aussi moins de sauvagerie dans les mœurs, de rudesse dans les formes, et beaucoup plus de douceur dans le caractère. Leur teint est pâle, leur chevelure longue et soyeuse. Peu portés aux travaux de l'industrie, aux fatigues d'une vie aventureuse, ils bornent le plus souvent leur occupation à donner à leurs champs les soins faciles qu'ils réclament, et se laissent aller sans effort aux douceurs d'une molle oisiveté. Quelques-uns cependant s'occupent de la fabrication des teintures que fournissent certaines plantes; d'autres se livrent à la préparation des peaux, à la fabrication du sel, du papier ou de la teinture des étoffes. Mais ce sont de rares exceptions. Leur religion la plus répandue est le mahométisme; mais ils se montrent peu ardents à en suivre les préceptes. Les femmes jouissent, parmi eux, d'une condition plus douce que dans tout le reste de la Malaisie. Elles filent le coton, tissent la toile et vaquent aux soins du ménage. L'autorité du gouverneur hollandais de

Java s'étend sur trois autres îles qui n'en sont séparées que par d'étroits bras de mer. — Maduca, au nord-est, dont le sol est d'une extrême fertilité, a 60,000 habitants qui obéissent à trois princes indigènes, établis dans les villes de Bongkalan, Parmokassan et Soumanap. Cette île est l'une des 20 régences de Java. — Bally, à l'est, a été surnommée la Petite-Java. On lui donne un million d'habitants; mais cette estimation paraît très exagérée. Elle est gouvernée par des princes indépendants dont les principales résidences sont Karrang-Assem, Giangour, Tabanan, Bliling, Kloug-Kloug. Les habitants, généralement bien faits et de couleur peu foncée sont actifs et intelligents. Ils trouvent, dans les productions d'un sol fertile pays les éléments d'un commerce avantageux. Imbus des traditions religieuses de l'Inde, ils reconnaissent pour dieux Chiva, Brahma, Vichnou et plusieurs autres personnages de la mythologie hindoue, et se montrent scrupuleux observateurs de leurs lois. — Lombock, à l'est de la précédente, est peu connue. Ses habitants, placés sous l'autorité d'un radjah, se livrent à l'agriculture. En suivant, vers l'est, le groupe des îles de la Sonde, on rencontre Sambawa, autrefois florissante et peuplée, aujourd'hui presque déserte par suite d'une effroyable éruption qui en fit périr, en 1815, une partie des habitants; on y trouve des mines d'or, de cuivre et de fer. Vient ensuite Comoro, petite île dans la dépendance de l'un des princes de Sambawa; puis Florès qui n'a pas moins de 60 lieues de longueur, et qui exporte de l'huile de coco, du bois, de l'écaille et de la canelle; Chundana, nommée aussi île du bois de Sandal, tirant toute son importance de l'exploitation de ce bois; Sobrao, peuplée de Malais catholiques; Lomblam, Panter, Ombay dont les habitants sont anthropophages; Timor longue de 105 lieues, large de 20 à 25. Cette île, dont les Hollandais et les Portugais se partagent la possession, produit du riz, du maïs, du coton, du tabac, de l'indigo. Plusieurs de ses rivières charrient de l'or et du cuivre; mais tout son commerce se borne à la cire, au bois de Sandal et aux nids d'hirondelles. Elle est malsaine, et les habitants sont sujets à des maladies cutanées. Le siége de l'établissement hollandais est à Concordia, port médiocre; celui des Portugais est à Dillé. — Citons encore, pour clore cette énumération fort incomplète, l'île Roti, où se recrutent les harems de la plupart des souverains de la Malaisie; Roma, Welace, Buber, et enfin Timor-Laut. Toutes ces îles sont sous la puissance d'une multitude de petits princes indépendants. Les mœurs, les usages, les lois, les croyances religieuses et même les caractères physiques de leurs habitants varient de l'une à l'autre, d'un village au village voisin. On ne connaît bien, au reste, de la plupart, que leur position géographique. Les Hollandais y ont établi quelques comptoirs qui n'ont acquis jusqu'ici qu'une très médiocre importance. Le commerce général des Indes orientales néerlandaises a occupé, en 1844, 3,364 navires jaugeant 584,314 tonneaux. La valeur totale de ces transactions s'est élevée à 230 millions de francs, dont 77 millions à l'importation, et 153 millions à l'exportation; dans ces chiffres, le commerce français est compris pour une somme totale de 5,510,000 francs, et notre pavillon pour 1/50 du mouvement général.

2° Bornéo et dépendances. L'île de Bornéo ou, comme l'appellent les naturels, Poulo-Kalemantan, la plus grande des îles du globe, occupe le centre de la Malaisie, au nord des îles de la Sonde; elle est coupée en deux parties par l'équateur qui la traverse dans sa plus grande largeur. Elle s'étend, du 7° de latitude nord, au 4° 20' de latitude sud, et du 106° 40' au 116° 43' de longitude orientale, sur une superficie de 40,000 lieues carrées. Bien qu'elle ait été visitée dès les premières années du XVIᵉ siècle par les Européens, l'intérieur en est encore aujourd'hui à peu près inconnu. La difficulté de franchir les terrains marécageux et insalubres qui l'enceignent dans le voisinage de la mer, et la longueur du voyage qu'exigerait cette reconnaissance, ont jusqu'ici arrêté tous les explorateurs. On sait cependant qu'elle est sillonnée par deux grandes chaînes de montagnes se dirigeant à peu près dans le sens des quatre points de la boussole, et qui recèlent plusieurs volcans. Un grand nombre de rivières rayonnent du centre à la mer par tous les points de la circonférence; quelques-unes sont navigables et offrent les seules voies par lesquelles on puisse pénétrer à quelque distance de la mer. Tels sont : au nord, le Kanabatangan; à l'est, le Kouran, le Passir et le Kotti; au sud le Reyang et le Bandjar-Massing; à l'ouest, le Kappoccas le plus grand fleuve de l'île, le Varoceni, le Ponthianak, la Sambas, la

Lava, le Pogoro et la Soukanada. Deux lacs principaux et de dimensions considérables, sont signalés dans la partie montueuse : le Kini-Ballon vers le nord ; le Danao-Malayou plus rapproché du centre. La température moyenne, dans les régions où elle n'est pas modifiée par le voisinage des montagnes, varie de 25 à 35 degrés centigrades. Quant aux conditions climatériques, elles diffèrent peu de celles que nous avons indiquées en parlant de Sumatra. On retrouve ici, en général, les productions des îles de la Sonde et de l'Inde ; quelques-unes cependant acquièrent à Bornéo des qualités supérieures : le camphre, qui y abonde, et qui est le plus estimé du monde ; le benjoin, le dammar, le poivre, le riz, la gomme sang-dragon. Les mines d'or sont nombreuses dans l'île, surtout dans la province de Bornéo. Elles sont presque exclusivement exploitées par les Chinois, et fournissent par année environ 140,000 onces de métal. On y trouve aussi du diamant dans des mines qu'exploitent les naturels. Parmi les animaux, on remarque le Pongo à tête pyramidale, espèce de singe d'une force redoutable, l'orang-outang, le bœuf sauvage, l'ours. L'hirondelle, dont le nid est si estimé des gastronomes chinois , y est très multipliée ; le ver à soie y est indigène , et les abeilles déposent dans les forêts une cire qui est un article important d'exportation. La population de Bornéo est estimée à 4 millions d'âmes, mais tout ce qu'on sait à ce sujet ne va guère au delà des vagues notions de nos conjectures : les principaux indigènes , désignés dans quelques parties sous le nom de Dayahs, paraissent résulter du croisement des Malais avec des émigrants venus de l'Hindoustan. Ils sont grands, bien faits, et la couleur de leur peau est moins foncée que celle des Malais. Industrieux et adroits , ils excellent dans l'art du forgeron , et dans la fabrication des armes ; mais ils se distinguent par une paresse excessive. Ils n'ont, du reste, abandonné encore aucune des traditions de la barbarie primitive ; constamment en guerre de tribu à tribu, pour éviter les surprises pendant leur sommeil , ils construisent leurs cabanes sur des pieux élevés, et n'y peuvent entrer qu'à l'aide d'échelles mobiles. Outre le Dayahs qui sont les plus nombreux et les plus répandus des habitants de Bornéo, il y existe, on le comprend, une foule de peuplades de races diverses qui s'y sont établies à des époques indéterminées , et dont le type s'est modifié sous l'influence de mille croisements. Les Igolotés , au teint jaune noirâtre, aux cheveux laineux et crépus, sont répandus dans les montagnes intérieures ; ils y vivent à l'état de nature, sans travail et sans prévoyance. Les Eidahans , moins foncés en couleur, résident dans le nord. Sobres, courageux et industrieux , mais féroces et sanguinaires , ils sont la terreur de leurs voisins. Les Tejdongs, pirates intrépides et cruels, vivent de rapines et de brigandages. Les Malais qui habitent les côtes, les seuls que l'on connaisse un peu , paraissent venus de Java ou de Sumatra. Ils se montrent généralement très jaloux d'empêcher les communications entre les Européens et les indigènes. Dix chefs ou sultans principaux , presque tous Malais ou Arabes , et desquels relèvent une multitude de petits despotes, se partagent la souveraineté de l'île, les uns indépendants, les autres tributaires des Hollandais. La partie de l'île, soumise aux Hollandais se divise en deux résidences. La résidence de la côte occidentale comprend : le royaume de Sambar peuplé de pirates fameux, dont les cabanes sont établies sur les rivières comme des nids d'oiseaux aquatiques ; le royaume de Moumpava, grande colonie de Chinois qui se livrent à l'exploitation des mines , et ont couvert le pays de villes et de villages où ils conservent les traditions de la mère patrie ; le royaume de Douthianak , le plus sain de la côte , et où les Chinois font un grand commerce ; sa capitale est la résidence du gouverneur hollandais ; le royaume de Landack , où sont les mines de diamant ; le Royaume de Matan. La résidence des côtes orientale et méridionale, dont le siège est à Bandjer-Massing , s'étend sur les états du sultan dont les Hollandais pacifièrent en 1787, les sujets en proie à une affreuse guerre civile , et qui , pour ce service, reconnut leur suzeraineté. Parmi les états indépendants qui occupent les deux tiers de l'île environ , nous ne citerons que celui de Varouni ou Bornéo proprement dit. Situé sur la côte nord-ouest, cet état obéit à un sultan dont l'autorité s'étendait autrefois sur l'île entière à laquelle il a donné le nom de sa capitale. Cette ville est, par son étendue et par son commerce, la plus importante de l'île ; elle est bâtie sur le fleuve même qui forme en cet endroit un port commode et sûr ; ses maisons de bois supportées sur des pilotis élevés au-dessus du niveau des marées

sont entourées de canaux étroits sur lesquels sont jetés par intervalles des ponts de bois ; aussi lui a-t-on donné le nom un peu ambitieux de Venise de la Malaisie. Les îles dépendantes de Bornéo sont : au nord le groupe de Cagayan, à l'est les Maratuba , au sud Paulo-Laut et Solombo, à l'ouest les groupes d'Anamba et de Nantuna. Presque toutes sont habitées par des pirates malais qui infestent ces mers et sont redoutés des marins.

3° *Groupe des Soulou.* — Cet archipel, qui a pris le nom de l'île principale, s'étend, au nord-est de Bornéo , du 6° au 7° degré nord sur une longueur de cent lieues environ. M. Rienzi, dans sa remarquable description de l'Océanie , porte à 162 le nombre des îles qui en font partie, et qu'il divise en quatre groupes : les Bassilon comprenant 34 îles ; les Soulou comprenant 57 îles ; les Tawi-Tawi comprenant 55 îles, et les Cagayan comprenant 6 îles. L'île de Soulou , qui a donné son nom à l'archipel , est peu étendue ; mais elle a une grande importance par la richesse de ses productions végétales et par la quantité d'ambre gris et de perles qu'on recueille sur ses côtes. Bewan, sa capitale et résidence du sultan, a 6,000 habitants. La plupart de ces îles sont habitées par une population qui paraît issue de celle de Bornéo, dont elle reproduit assez fidèlement les divers caractères. Le plus grand nombre pratiquent la piraterie ; d'autres se livrent à un commerce régulier ; quant à l'agriculture qui a atteint sur quelques points un développement remarquable , elle est presque exclusivement professée par des Chinois. Un mahométisme relâché est la religion la plus répandue.

4° *Groupe des Philippines.* — C'est le groupe le plus septentrional de la Malaisie. Il s'étend , du nord au sud , sur une longueur de près de 300 lieues ; sa largeur est d'environ 150 lieues. On n'évalue pas moins de mille le nombre des îles disséminées dans cet espace, et que peuplent 4 ou 5 millions d'habitants. Les principales sont : Luçon ou Manille , Mindanao , Matsbate , Samar , Mindaro , Palawon , Lubon , Panay, Leyte , Bohol , Zebou , Calamian , etc. Toutes ces îles sont couvertes de montagnes, la plupart volcaniques, très élevées, abruptes, et dont les éruptions répandent périodiquement la ruine et la dévastation dans les contrées qui les avoisinent. Des tremblements de terre, fréquents et terribles, bouleversent de temps en temps le sol tout entier, et engloutissent les rocs, les villages, les habitants dans des gouffres sans fond ou sous les débris des monts arrachés de leur base. Malgré ces ravages périodiques et ces caprices sauvages de la nature, l'extrême fécondité de ces îles, secondée par les alternatives de pluie et de chaleur qui en marquent les saisons, y prodigue aux habitants l'abondance de tout ce qui est nécessaire à la vie. Le climat toutefois éprouve , surtout à l'époque des chaleurs , une fâcheuse influence de la multitude d'eaux qui descendent des montagnes en rivières et en torrents, débordent dans les plaines durant la saison des pluies, et y forment des marais, des tourbières que dessèchent ensuite les rayons du soleil. Le riz , le café, le sucre, le cacao, l'indigo, le bois de sandal , les bois de teintures , l'ébène et surtout le tabac sont les principales productions végétales de ces îles. On y trouve de l'or dans les rivières , du soufre dans le voisinage des volcans, de l'ambre *sur* les côtes, des métaux et des marbres dans les parties montagneuses. La poudre d'or , l'ambre gris et les écailles y sont l'objet d'une exportation considérable. Le règne animal n'y est pas moins riche ; on y remarque le tayouan , espèce de chat, pourvu d'un appareil semblable aux membranes des chauves-souris , une multitude de reptiles ; le ver à soie y vit à l'état sauvage, et l'on y fait chaque année dix récoltes de son précieux produit. La population des Philippines comprend environ 7,000 Européens et 60,000 Chinois. Quant aux indigènes, on peut les diviser en trois classes. Les nègres, race noire, à cheveux crépus et laineux, sont regardés communément comme les habitants primitifs. Chassés des côtes et des plaines par les Malais qui vinrent des pays voisins s'établir dans leurs îles, ils se sont progressivement retirés dans le cœur des montagnes où ils vivent encore protégés par la profondeur des forêts. Paresseux, perfides, inaccessibles à toute idée de civilisation, jaloux de leur molle indépendance, ils vivent à l'état de nature, livrés à tous les caprices de leurs instincts grossiers. Les Malais ou Indiens, établis sur les côtes, sont cités parmi les plus industrieux et les plus remarquables de toute la Malaisie. Lapeyrouse assure qu'ils ne lui ont paru en rien inférieurs aux peuples d'Europe. Ils cultivent la terre avec intelligence, sont charpentiers, menuisiers, forgerons, orfèvres , tisserands, maçons , etc. « J'ai parcouru leurs villages, dit le célèbre navigateur, je les ai trouvés bons, hospitaliers, affables. » Plus petits de taille que la plupart des autres Malais, ils ont aussi en général le teint plus blanc, le nez plus proéminent. La troisième classe comprend les métis, issus du mélange des Malais avec les Européens et les Chinois. Ils participent de cette double origine et ne se distinguent que par la frivolité de leur caractère. Bien que les Espagnols soient censés possesseurs de toutes ces îles, ils ne sont maîtres, en réalité, que des côtes du plus grand nombre. Beaucoup de populations indigènes y ont conservé jusqu'ici toute leur indépendance, et continuent à vivre sous l'autorité de leurs chefs, ne se reconnaissant même pas tributaires du gouvernement espagnol. Ce gouvernement qui forme une capitainerie générale, a son siége principal à Manille, dans l'île de Luçon, capitale administrative et politique, première ville commerciale de l'archipel, et la plus importante de toutes les villes de l'Océanie. Fondée par les Espagnols aussitôt après la conquête de l'île, en 1571, elle s'est rapidement élevée à une grande prospérité, et compte aujourd'hui 140,000 habitants. Le commerce qu'elle fait avec la Chine, l'Angleterre, Sincapoure, les Etats-Unis, l'Espagne, Java, les Moluques et autres pays de l'Océanie, l'Inde, la France, la Belgique, les villes Anséatiques, le cap de Bonne-Espérance et l'Amérique du Sud, a occupé, en 1844, 471 navires jaugeant 154,772 tonneaux, et a atteint une valeur de 41,701,000 francs, dont 22,368,000 fr. à l'importation, et 19,333,000 fr. à l'exportation. Nous renvoyons pour les détails qui concernent particulièrement la situation de l'île de Luçon et des autres îles de l'archipel, à l'article PHILIPPINES. C'est ici toutefois le lieu de mentionner l'existence, dans l'île de Panay, d'une population dont il serait difficile de découvrir les analogies ou la filiation, et dont M. de Rienzi nous fait la description. Ce sont des noirs, d'une taille au-dessous de quatre pieds, mais bien faits. Ils vivent dans les bois et les montagnes. Leurs cheveux ne sont pas crépus comme ceux des Africains; leur peau n'est pas si noire, leur nez n'est pas épaté, leurs joues ne sont pas saillantes. Ils mènent du reste une vie fort paisible, loin des Malais et des Espagnols. M. de Rienzi les a appelés Mélano-Pygmées.

5° *Groupe des Célèbes*. Ce groupe comprend l'île principale dont il porte le nom, et quelques petites îles voisines de ses côtes. L'article consacré ci-avant à l'île de Célèbes, comprenant tout ce qui peut être intéressant de savoir sur cette île, nous n'avons pas à nous y arrêter. Rappelons seulement quelques particularités relatives à la population indigène. On y distingue plusieurs tribus ou variétés, généralement peu connues, mais issues, autant qu'on en puisse juger, de souche malaisienne. On regarde les touradjas ou alfouras, qui occupent une grande partie de l'île, depuis le centre jusqu'au nord, comme ceux qui s'y sont le plus anciennement établis. Ils sont de petite taille, assez blancs de peau, d'un caractère doux, d'un esprit crédule et peu développé. Leurs yeux sont ovales, leurs cheveux noirs et lisses; leur taille est bien prise, mais ils ont très peu ou point de barbe. Leurs femmes, au dire de M. Dumont-d'Urville, sont surtout peu séduisantes. Une bouche très éloignée des narines, un nez court et épaté, des yeux ternes, très distants l'une de l'autre, une face aplatie et souvent comprimée de haut en bas, et, pour l'ensemble une expression d'épaisse stupidité, tel est le portrait qu'il en trace. Les Mangkakars, les Manadouas, les Bonys, répandus sur les autres parties de l'île, ne diffèrent pas sensiblement les uns des autres quant à la conformation physique, et doivent être placés au premier rang parmi la famille malaisienne. Moins cuivrés que la plupart des habitants des autres îles, ils sont grands, forts, bien faits, vifs, entreprenants; portés à la colère, ils n'en sont pas moins habiles à la ruse, surtout quand ils ont quelque vengeance à satisfaire. Leurs femmes, nous dit M. de Rienzi sont chastes, constantes, douces, aimantes et dignes d'être aimées. Chasseurs et guerriers, ils aiment la poésie, la danse et la parure; il n'est pas rare d'en trouver qui sachent lire et écrire. Parmi les îles voisines, quelques-unes seulement méritent d'être mentionnées; elles sont, du reste, fort peu connues. L'île Bouton au sud-est est citée pour la prodigieuse quantité de perroquets qui peuplent ses forêts, et pour ses rotangs qui atteignent une longueur de plusieurs centaines de mètres. Les trois Xulla, c'est-à-dire Tagliabo, Bessi, Mangola offrent d'admirables forêts; Toukan-Bessi, Paling, Limbe, Banka, Mantrau, Togolanda, Songui, Siao, enfin Calauro et Salayer à la pointe méridionale, sont les plus importantes.

6° *Groupe des Moluques*. Ces îles occupent la partie la plus orientale de l'archipel malaisien. On ne comprenait autrefois sous ce nom que les petites îles situées sous la ligne, entre 15' de latitude sud et 50' de latitude nord, et dont les principales sont Ternate, Tidor, Mothier, Machian et Bachian. Peu à peu, toutes les îles qui produisent les épiceries, Banda, Amboine, Ceram, Guilolo, Bouro, et autres adjacentes ont été rangées sous la même dénomination. Ce que nous avons dit ci-dessus des caractères géologiques, du climat, des phénomènes atmosphériques, et des productions minérales et animales dans les Philippines convient également aux Moluques qui présentent sous ce rapport, avec les premières, une identité presque parfaite. La seule différence qu'on y puisse remarquer, c'est que le sol des Moluques, même dans les parties basses, étant généralement spongieux ou rocailleux, n'y permet pas la culture des grains qu'on récolte aux Philippines. C'est, du reste, dans la culture des arbres à épices qui y sont d'une extrême fécondité, que s'est concentrée toute l'activité des Européens qui s'y sont établis. Les navigateurs Chinois découvrirent les premiers, longtemps avant que les navires européens eussent franchi le cap des Tempêtes, les précieuses productions dont la nature avait doté ces îles; et bientôt le girofle et la muscade qu'ils en tirèrent en quantités considérables se répandirent jusqu'aux plus lointaines extrémités de l'occident. Plus tard, ils en furent chassés par les Portugais, qu'expulsèrent à leur tour les Hollandais, aujourd'hui tranquilles possesseurs de toutes ces terres. Avides et jaloux d'un si riche domaine, les Hollandais voulurent ôter à leurs rivaux tout moyen d'en partager avec eux les produits. Comme ils ne pouvaient défendre à la fois toutes les côtes d'un si grand nombre d'îles, ils imaginèrent de concentrer la culture des épices dans quelques-unes, et de faire disparaître des autres tous les arbres qui portent ces fruits. A cet effet, des détachements de travailleurs parcouraient chaque année tous les rivages et abattaient tous les arbres qui y avaient poussé depuis la visite précédente. C'est seulement en 1824 que le gouverneur Van-der-Capellen mit fin à cet usage barbare, qui coûtait à la Hollande un subside de 20,000 rixdales destinés à indemniser les princes indigènes dont elle anéantissait ainsi le commerce et les revenus. Les Moluques sont divisées en trois gouvernements, desquels relèvent un grand nombre de comptoirs, et dont les siéges sont Amboine, Banda et Ternate. La ville d'Amboine, bâtie dans la petite île du même, est la capitale des possessions hollandaises. Elle est petite, mais bien bâtie ; les rues en sont propres et régulières. On y compte 7,000 habitants. Les Chinois sont les seuls étrangers qu'y soient admis, encore sont-ils obligés de s'y faire naturaliser. Tous sont marchands, mais ils ne peuvent vendre que certains objets désignés dans la permission qui leur en est accordée moyennant un droit assez élevé; encore le commerce leur est-il interdit avec tout pays qui n'est pas compris dans le domaine océanique de la Hollande. (V. AMBOINE). Les îles de Céram et de Bourou (voyez ces mots), font partie du groupe administratif d'Amboine. Deux races d'hommes les habitent; sur les côtes, les Malais, pirates intrépides et cruels, dont la Hollande s'est vue forcée d'acheter le repos à prix d'argent; à l'intérieur les Alfouras dont les mœurs et le caractère se rapprochent beaucoup de ceux des Alfouras de Célèbes. Le groupe administratif de Banda, placé sous l'autorité du gouverneur de Nassau, ville capitale de l'île Banda-Neira, comprend toutes les petites îles ou îlots disséminés au sud de l'Archipel, presque tous habités par une faible population indigène régie par des chefs tributaires des Hollandais. Quant à l'île de Banda, les Européens en sont exclusivement propriétaires, depuis qu'ils en ont exterminé le dernier indigène. Le groupe administratif de Ternate ou des Moluques, embrasse tout le nord de l'Archipel, entre autres l'île de Guilolo, voisine de celle de Ternate, et la plus considérable de toutes. Cette île, de forme très irrégulière et peu connue est restée sous les lois de ses chefs indigènes ou sultans, qui sont assez nombreux dans l'intérieur. Quant aux côtes, elles sous l'empire de deux chefs étrangers : la partie septentrionale obéit au sultan de Ternate qui règne en même temps sur les îles Makian, Motir et Mortay. Le sultan de Tidor, île située au sud-ouest de Guilolo, en possède la côte méridionale. Les autres îles les plus considérables du groupe sont les îles du Gasse, Lyong, Kakek, Passage, Lawn, Psaug, Bon, Gorongo, Lilobo, Wida, Botchian, Oby, Misol, Key, etc., etc. Ces îles, toutes plus ou moins remarquables par les accidents de leur conformation, n'ont guère été visitées jusqu'ici que sur quelques points de leurs rivages. Le commerce des Moluques est, comme nous l'avons dit, l'objet d'un monopole rigoureux. Aucun navire de commerce, même des navires Hollandais venant d'Europe, n'est admis à faire le commerce dans les îles à épices. Tous les ans, le gouverneur de Java envoie, dans chaque île, un navire qui reçoit le produit de la colonie. Il y a un contrat passé par le gouvernement avec un armateur chargé de faire ce transport à Batavia. Banda produit annuellement 5,000 picles de muscade, macis et savon de muscade; Amboine produit environ 1000 picles de girofle; Ternate produit, par les impôts en argent que paient les princes Indiens des îles voisines, une somme d'environ un million. Céram et Guilolo ne rapportent aucun revenu aux Hollandais qui y sont sans influence réelle.

Victor DE NOUVION.

MALAISE, s. m., état incommode du corps dans lequel les fonctions, sans être assez dérangées pour qu'il y ait maladie, ne s'exécutent pas avec une pleine liberté. Fig., être dans le malaise, être à l'étroit, être mal dans ses affaires.

MALAISÉ, ÉE, adj., difficile. Il signifie aussi incommode, dont on ne peut se servir avec facilité. Il signifie encore, qui est à l'étroit dans sa fortune.

MALAKA, presqu'île de la Péninsule située au-delà du Gange. Elle est située entre les 1° 15′ et 10° 35′ de latitude septentrionale et les 100° 40′ et 103° 20′ de longitude orientale. Une haute chaîne de montagnes la traverse dans toute son étendue et la sépare en deux parties égales. Outre cette presqu'île, il y a la province de Malaka qui est dans la dépendance des Anglais et qui conjointement avec les îles de Pinang et de Singhapour, relève depuis l'année 1830 de la présidence anglaise de Calcutta, dans le Bengale. L'État de Salengor borne cette province au nord, celui de Pahang à l'est, celui de Djohor au sud-est et le détroit de Malaka au sud-ouest. La ville du même nom qui en est la capitale, est située sur une petite rivière sur la côte occidentale du détroit. Un résidant anglais la gouverne, et elle est sous la dépendance de l'archevêque de Goa, primat des Indes portugaises. Il y existait un fort hollandais qui a été détruit. La ville où habitent les Chinois est située sur l'autre rive du fleuve. Cette ville n'a pas de ports, mais une rade assez vaste et assez commode. Elle est bien déchue de son ancienne splendeur, et son importance commerciale est presque nulle aujourd'hui. Outre les Malais répandus dans toute la presqu'île, on y trouve beaucoup de Chinois, des Hindous, des Portugais catholiques, des Anglais et des Hollandais. Cette ville possède un collège anglais-chinois, enrichi d'une bibliothèque curieuse et une imprimerie chinoise et anglaise. Le détroit de Malaka est un canal qui sépare la presqu'île de l'île de Sumatra; il a environ 212 lieues de long sur 70 dans sa plus grande largeur.

MALAKAIRE (hist. relig.), membre d'une petite secte russe qui vit habituellement de laitage et observe les jeûnes rigoureux. Les malakaires se distinguent par la pureté de leurs mœurs; ils rejettent le culte des images et la tradition.

MALANDRIN (hist.), nom qui fut donné à des voleurs bohémiens ou arabes du temps des croisades. Il s'est dit aussi des soldats anglais licenciés qui, sous le roi Jean (1360), se réunirent en bandes pour piller et ravager certaines provinces. Bertrand Duguesclin délivra la France des malandrins, en les disciplinant et les emmenant avec lui en Espagne.

MALAPERT (CHARLES), poète et mathématicien, né à Mons en Hainaut, en 1581, se fit jésuite, enseigna la philosophie à Pont-à-Mousson, alla en Pologne où il fut professeur de mathématiques, et eut ensuite le même emploi à Douai. Philippe IV le demanda pour enseigner cette science à Madrid, dans l'université qu'il venait d'y former, mais Malapert mourut en chemin à Vittoria en Catalogne, le 5 novembre 1630. Il nous a laissé : 1° des Poésies, imprimées à Anvers en 1634. Sa latinité est pure, sa diction nette, ses images vives et toujours variées; il n'a nullement donné dans les jeux de mots et les mauvaises pointes si communes en son temps; 2° plusieurs ouvrages concernant les Mathématiques, imprimés à Douai, 1620-1633.

MALAPTÉRURE, malapterurus (poiss.). Ce nom qui vient du grec (μαλακός, mou; πτέρον, nageoire; ούρά, queue), a été appliqué par Lacépède à un genre établi par lui aux dépens des silures dans l'ordre des malacoptérygiens abdominaux, dont les ventrales sont suspendues sous l'abdomen et en arrière des pectorales, sans être attachés aux os de l'épaule, de la famille des ésoces, et établi par Cuvier (Règne animal, II,

p. 298), qui lui donne pour caractères distinctifs : nageoire dorsale nulle, une petite adipeuse seulement sur la queue; les pectorales sont entièrement dépourvues d'épines, et leurs rayons sont mous. La tête de ces poissons est recouverte comme leur corps, d'une peau lisse. Leurs dents sont en velours et disposées, tant en haut qu'en bas, sur un large croissant. Leurs mâchoires et leurs viscères ressemblent à ceux des silures. On ne connaît encore qu'une seule espèce de ce genre remarquable, c'est le malaptérure électrique, silurus electricus, Lin. Ce poisson, qui habite le Nil et le Sénégal, possède comme le gymnote, le trichiure etc., des propriétés électriques; ce qui lui a valu de la part des Arabes le nom de raasch ou tonnerre. Ce poisson a de trente-cinq à quarante centimètres de longueur. Sa couleur uniforme est un brun grisâtre, couvert de petites taches noires peu nombreuses et éparses sur la surface de son corps. Nous nous proposons de décrire dans un article particulier auquel nous renvoyons (V. POISSONS ÉLECTRIQUES), les organes ou appareils auxquels le malaptérure doit sa faculté électrique.   J.-P.

MALART, s. m., le mâle des canes sauvages.

MALARTIC (ANNE-JOSEPH-HIPPOLYTE, comte DE), lieutenant-général, né à Montauban le 3 juillet 1730, mort à l'Île-de-France le 28 juillet 1800, fut nommé par Louis XVI colonel du régiment de Vermandois, puis commandant en chef de la Guadeloupe. De retour dans sa patrie, il fut fait maréchal-de-camp et servit en France jusqu'en 1792. Gouverneur des établissements français à l'est du Cap de Bonne-Espérance, les îles de France et de Bourbon furent préservées par ses soins des horreurs de la révolution, en même temps qu'il les protégeait contre les attaques de l'Angleterre. Cependant l'état même d'indépendance où Malartic s'était placé fut considéré par le Directoire comme une révolte, et, au mois de juillet 1796, des commissaires furent envoyés pour destituer le gouverneur et faire proclamer les lois révolutionnaires. A peine arrivés, ils n'eurent que le temps de se rembarquer, afin d'échapper au ressentiment populaire. C'est ainsi que Malartic mérita, sous plus d'un rapport, l'inscription flatteuse que les habitants de l'Île-de-France mirent sur son tombeau, dans le-Champ-de-Mars : Au sauveur de la colonie.

MALATESTA (SIGISMOND), seigneur de Rimini, fameux capitaine du XVᵉ siècle, réunit dans sa personne un mélange singulier de bonnes et de mauvaises qualités. Philosophe, historien et homme de guerre très expérimenté, il était ambitieux, impie, sans foi et sans humanité. Malgré l'excommunication lancée contre lui, par le pape Pie II, pour son impiété, il se rendit très redoutable dans les guerres qu'il eut avec ses voisins. Étant entré au service des Vénitiens, il prit sur les Turcs Misitra, qui est près l'ancienne Sparte, et plusieurs autres places de la Morée. A son retour, il tourna ses armes contre le pontife qui l'avait anathématisé; mais ce fut sans succès, et il mourut en 1467, âgé de 51 ans. Il laissa des enfants qui l'imitèrent dans sa bravoure, mais non pas dans ses vices et son irreligion.

MALAVAL (JEAN), chirurgien, né à Pesan, diocèse de Nîmes, en 1669, mort en 1758, âgé de 89 ans, vint de bonne heure à Paris; il contracta une liaison étroite avec Hecquet, qui lui fit abjurer la religion protestante, dans laquelle il était né. Malaval s'adonna particulièrement à ce qu'on appelle la petite chirurgie, à la saignée, à l'application de cautères, de ventouses, etc. Les Mémoires de l'académie royale de chirurgie renferment plusieurs observations de cet habile homme.

MALAVAL (FRANÇOIS), né à Marseille, le 27 décembre 1627, perdit la vue dès l'âge de 9 mois. Cet accident n'empêcha pas qu'il n'apprît le latin et qu'il ne se rendît habile par les lectures qu'on lui faisait; il s'attacha surtout aux auteurs mystiques, et ne sut pas assez distinguer ceux qui méritaient sa confiance d'avec ceux dont il devait se méfier. La perte de la vue lui facilitait le recueillement qu'exigent les écrivains remplis des idées du quiétisme Molinos; il les publia en France, mais avec des adoucissements, dans sa Pratique facile pour élever à la contemplation, livre qui fut censuré à Rome dans le temps de l'affaire du quiétisme. L'auteur n'avait erré que par surprise; il se rétracta, et se déclara ouvertement contre les erreurs de Molinos. Cette docilité peut faire croire que, comme d'autres mystiques de bonne foi, mais qui se accoutumés au langage d'une théologie exacte, il s'était moins égaré quant au fond des choses que quant aux expressions. Elles sont difficilement justes dans les matières qui embrassent les voies intérieures et quelquefois extraordinaires par où Dieu conduit les âmes, et dont le secret n'est pas susceptible d'une explication générale et précise (Voyez DUSBROCH, TAULERE, FÉNÉLON, JEAN DE LA CROIX, etc.). La piété de Malaval lui mérita un commerce de lettres avec plusieurs personnes distinguées, entre autres avec le cardinal Bona, qui lui obtint une dispense pour recevoir la cléricature, quoique aveugle. Ce pieux ecclésiastique mourut à Marseille en 1719, à 92 ans. On a de lui : 1° des Poésies spirituelles, réimprimées à Amsterdam en 1714, in-8°, sous le titre de Cologne. Elles font plus de plaisir aux personnes pieuses qu'aux gens de goût; 2° des Vies des saints, entre autres celle de saint Philippe Beniti ou Benizzi, cinquième général des Servites; 3° Discours contre la superstition populaire des jours heureux et malheureux, inséré dans le Mercure du mois de juin 1688; 4° plusieurs ouvrages manuscrits dont on trouvera la liste dans le Dictionnaire de Moréri, édit. de 1759.

MALAVISÉ, ÉE, adj., imprudent, indiscret qui parle ou agit mal à propos, et sans y prendre garde. Il est aussi substantif.

MALCHUS, serviteur du grand-prêtre Caïphe, qui, s'étant trouvé dans le jardin des Oliviers avec ceux qui étaient envoyés pour arrêter Jésus, eut l'oreille coupée d'un coup d'épée par saint Pierre; mais Jésus l'ayant touchée, la guérit.

MALCHUS, célèbre solitaire du IVe siècle, né au territoire de Nisibe, se retira dans une communauté de moines qui habitaient le désert de Chalcide en Syrie : il la quitta sous prétexte d'aller consoler sa mère devenue veuve; mais il fut pris par les Sarrasins, qui voulurent le forcer d'épouser une captive. Après des aventures singulières, il fut rendu à son monastère. Saint Jérôme a écrit son histoire avec autant d'élégance que d'énergie; c'est un des plus beaux morceaux des écrits de ce saint docteur.

MALCOLM II, fils de Kennetg III, ne succéda pas immédiatement à son père, malgré le vœu des Etats. Constantin IV, fils de Culen, et Grime, petit-fils de Duff, occupèrent le trône avant lui; mais enfin il y monta en 993, fit déclarer la couronne héréditaire, divisa le royaume en baronnies, et régna 30 ans; il eut deux filles : Béatrix, mère de Duncan Ier ou Donald VII, qui succéda à son grand-père, et Doada, mère de Macbeth.

MALCOLM IV, petit-fils de David, roi d'Ecosse, monta sur le trône l'an 1153, et mourut l'an 1165. Ce prince aima la paix, fonda des églises et des monastères, et se rendit recommandable par sa pureté, sa douceur et sa piété. Il mourut en 1165, à l'âge de 25 ans.

MALCOLM (sir JOHN), naquit, le 2 mai 1769, à Burnfoots, près de Sangholm, en Ecosse. Il n'avait que 13 ans lorsqu'il partit, comme cadet, pour les Indes; et dix ans plus tard, au siége de Seringapatam, il attira l'attention du gouverneur général, marquis de Cornwallis. Il retourna dans sa patrie en 1794; mais après un court séjour, il s'embarqua de nouveau pour l'Inde, où la connaissance qu'il avait acquise de la langue et des mœurs des indigènes, jointe aux preuves d'habileté qu'il avait déjà données, lui fit confier bientôt les missions les plus importantes. Aucun ambassadeur anglais n'avait paru en Perse depuis le règne d'Elisabeth; en 1800, Malcolm y fut envoyé, et réussit à négocier une alliance offensive et défensive contre les Afghans. A son retour à Calcutta, il fut nommé secrétaire du gouverneur général, marquis de Wellesley (Voy. WELLINGTON). Il fut chargé d'une nouvelle mission à la cour de Perse, auprès de laquelle il fut accrédité une troisième fois en 1808, avec ordre de travailler à faire échouer l'alliance projetée entre Napoléon et le Chah, et une quatrième en 1810. A son départ il fut revêtu de la dignité de khan. La Perse lui doit l'introduction de la pomme de terre, qui y est appelée de son nom, aluh e Malcolm (prune de Malcolm). Les fruits de son séjour dans cette partie de l'Asie sont : une Histoire de la Perse, Londres, 1815, 2 vol. in-4°, 2e édit. 1828, in-8°, très estimée, et qui a été traduite en français par M. Benoist, continuée et annotée par Langlès, Paris, 1821, 4 vol. in-8°, et des Esquisses de la Perse, Londres, 1827, 2 vol., tableau des mœurs de ce pays. A son retour en Angleterre, en 1812, il fut nommé chevalier; puis, en 1813, il repartit pour les Indes, où il se distingua dans la guerre contre Holkar, et à la cessation des hostilités contre les Mahrattes et les Pindaris, il fut choisi pour gouverneur civil et militaire de tous les pays conquis. Sir John Malcolm a publié sur son administration un ouvrage remarquable, intitulé : A Memoir of central India, Londres, 1823, 2 vol., où l'on trouve une foule de renseignements curieux sur des pays peu connus et sur les mœurs de leurs habitants. Nommé

major-général, il revint en Angleterre, où les directeurs de la compagnie des Indes-Orientales lui accordèrent une pension considérable en récompense de ses services. Ayant ensuite (1827) été appelé au poste de gouverneur de la présidence de Bombay, une de ses mesures les plus sages, fut celle qui a permis aux Européens d'y affermer des terres, soit pour la culture, soit pour l'établissement de fabriques. De retour en Angleterre, en 1831, il est mort à Windsor, le 31 mai 1833. Outre les ouvrages déjà cités, nous avons de lui une Esquisse de l'histoire politique de l'Inde, Londres, 1811, incorporée plus tard dans sa grande Histoire politique de l'Inde, de 1784 à 1823, Londres, 1826, 2 vol.; une Esquisse des Seiks, Londres, 1812, et un Ecrit sur l'administration de l'Inde anglaise, Londres, 1833.

MALCONTENT, ENTE, adj., qui n'est pas aussi satisfait qu'il espérait ou qu'il avait droit de l'être. Il est vieux. Malcontent (hist.), se dit des seigneurs qui, en 1573, se plaignaient de l'inobservance des ordonnances et demandaient l'assemblée des Etats. Le duc d'Alençon, frère du roi, Henri de Montmorency et le vicomte de Turenne étaient à la tête des malcontents. A la malcontent (cost), se dit d'une espèce de coiffure qui consiste à porter les cheveux presque ras.

MALDIVES et **LAKÉDIVES,** archipel d'environ 12,000 ilots, qui pour la plupart ne sont que des écueils. Elles s'étendent au S.-O. du cap Comorin, et, par l'élévation du plateau maritime dont elles se détachent, concourent avec Ceylan à former le bassin méridional du Dekkan. Le nombre des îles un peu étendues et qui ont une population permanente, n'est que de 40 à 50; mais celles-là sont bien peuplées, bien cultivées, et offrent une très riche végétation. Les productions consistent principalement en riz, blés, fruits du sud, noix de coco, dont une espèce particulière est appelée noix des Maldives. La dénomination de Maldives signifie proprement îles Malaies, celles de Lakédives, les cent mille îles. Elles forment 17 groupes, districts naturels gouvernés par des chefs indigènes. Les habitants, probablement de race hindoue, sont mélangés d'Arabes et autres mahométans. Ils ont le teint d'un jaune cuivré et professent l'islamisme. Male, jolie ville et port dans l'île du même nom, est la résidence du sultan des Maldives.

MALDONADO (Diégo DE CORIA), carme espagnol du XVIe siècle, connu par deux ouvrages singuliers, à cause des prétentions qu'il y a fait valoir. L'un est un Traité du tiers-ordre des carmes, en espagnol. Il y assure que les frères qui le composent descendent immédiatement du prophète Elie : il compte parmi les grands hommes qui en font profession le prophète Abdias; et parmi les femmes illustres, la bisaïcule du Sauveur du monde, qu'il appelle sainte Emérintienne. L'autre ouvrage que ce bon Père a composé est une Chronique de l'ordre des carmes, in-fol., Cordoue, 1598, en espagnol. Il y avance des propositions fort bizarres.

MALDONAT (JEAN), célèbre jésuite, né à Casas de la Reina dans l'Estramadure, en 1534, fit ses études à Salamanque. Il s'y distingua, et enseigna le grec, la philosophie et la théologie avec un succès peu commun. Il entra chez les jésuites à Rome en 1562, et vint à Paris l'année suivante pour y professer la philosophie et la théologie. Maldonat y eut un nombre si prodigieux d'écoliers que son auditoire était rempli trois heures avant qu'il commençât sa leçon; et, la salle étant trop petite, il était souvent obligé de la donner dans la cour du collège. Il enseigna ensuite à Poitiers. Le cardinal de Lorraine, voulant accréditer un établissement qu'il avait à cœur, l'attira dans l'université où il avait fondée à Pont-à-Mousson. De retour à Paris, il continuait d'enseigner avec réputation, lorsqu'il fut accusé d'avoir fait faire au président Montbrun un langage universel en faveur de sa Société, et d'enseigner des erreurs sur l'immaculée Conception. Maldonat fut mis à couvert de la première affaire par un arrêt du parlement de Paris; et de la seconde par une sentence de Pierre de Gondi, évêque de la même ville, l'an 1575. La Sorbonne lui avait suscité cette querelle, parce qu'il avait dit que l'immaculée Conception n'était pas une doctrine certaine et incontestable. Sa justification rendit l'envie encore plus ardente à le persécuter; le savant jésuite se déroba à ses poursuites en se retirant à Bourges. Il y demeura environ 18 mois, au bout desquels le pape Grégoire XIII l'appela à Rome, pour y travailler à l'édition de la bible grecque des Septante. Maldonat y mourut quelque temps après, en 1583. Ce jésuite était un des plus savants théologiens de sa Société, et un des plus beaux génies de son siècle. On a de lui : d'excellents Commentaires sur les Evangiles, dont les meilleures éditions sont celles de Pont-à-Mousson, in-fol., 1595, et les suivantes jusqu'en 1617; car celles qui ont été faites depuis, sont altérées; des Commentaires sur Jérémie, Baruch, Ézéchiel et Daniel, imprimés en 1609, in-4°; un Traité des Sacrements, avec d'autres opuscules, imprimés à Lyon en 1614, in-4°; un Traité de la grâce, un du péché originel, un des rites de l'Eglise; des Scolies sur les Psaumes, les Proverbes, les Cantiques, l'Ecclésiaste et Isaïe; et plusieurs pièces publiées à Paris en 1677, in-fol. Ce volume est orné d'une préface consacrée à son éloge. Un Traité des anges et des démons, Paris 1617. Cet ouvrage, curieux et rare, n'a été imprimé qu'en français, et a été traduit sur le latin, qui n'a jamais vu le jour, par François Arnault, seigneur de Laborie; *Summula casuum conscientia*, dont la morale a paru un peu relâchée; *Tractatus de cæremoniis*, qui a été imprimé pour la première fois à Rome, en 1781, in-4°, par les soins de François-Antoine Zaccaria, dans la *Bibliotheca ritualis*.

MALE, s. m., mot qui désigne le sexe de l'homme dans notre espèce, le sexe masculin dans toutes les espèces d'animaux, il est corrélatif de femelle. Mâle est aussi adjectif des deux genres. En botanique, fleurs mâles, celles qui n'ont que des étamines sans pistil. Encens mâle (Voy. OLIBAN). Mâle, signifie par extension, fort, ayant l'apparence de la force qui convient au sexe masculin. Il se dit également au sens moral. Il se dit dans le langage de l'art, de ce qui est très expressif, énergique ou grave, imposant. Mâle (*archit.*), il se dit particulièrement des proportions de l'ordre dorique, parce que, selon Vitruve, ces proportions sont modelées sur celles de l'homme, comme les proportions de l'ordre ionique ont été calculées d'après celles de la femme. Le dorique est mâle et l'ionique femelle. Mâle (*marine*), se dit d'un bâtiment qui résiste bien à la lame et n'embarque pas d'eau. Mâles, nom des gonds portant les mamelons qui entrent dans les anneaux des femelots. Mâle (*technol.*), se dit de la partie des forces, ciseaux ou tenailles qui est mobile.

MALEBRANCHE, OU **MALBRANCQ** (JACQUES), savant jésuite, né à Saint-Omer en 1580, mort en 1653 à Tournai, a traduit en latin plusieurs livres de piété, et donné une histoire estimée *de Morinis et Morinorum rebus*, 1629, 1647 et 1654, en 3 tom. in-4°. Elle commence à l'an 309 avant J.-C., et finit à l'an 1313. Il a continué cette histoire jusqu'à l'an 1553, que Térouane, capitale de ces peuples, fut détruite par Charles-Quint. On conservait cette continuation manuscrite à Tournay.

MALEBRANCHE (NICOLAS), né à Paris en 1638, entra dans la congrégation de l'Oratoire en 1660. Il s'adonna d'abord, par le conseil de l'un de ses confrères, qui ne connaissait pas la trempe de son esprit, à un genre d'étude pour lequel il n'était pas né. Il abandonna les commentaires sur l'Ecriture sainte et les discussions théologiques, qui avaient servi à fortifier ses bons principes, pour se livrer tout entier aux méditations philosophiques. Le Traité de l'homme de Descartes, qu'il eut occasion de voir, fut pour lui un trait de lumière. Il lut ce livre avec transport, connut dès-lors son talent, et sut en peu d'années autant que Descartes. Ses progrès furent si rapides qu'au bout de dix ans il avait composé le livre de la Recherche de la vérité. Ce livre parut en 1674. Il est peu d'ouvrages où l'on sente plus les derniers efforts de l'esprit humain. Personne ne possédait à un plus haut degré que lui l'art si rare de mettre les idées abstraites dans leur jour, de les lier ensemble, et de les fortifier par cette liaison. Sa diction, pure et châtiée, a toute la dignité que les matières demandent, et toute la grâce qu'elles peuvent comporter. Son imagination, forte et brillante, y dévoile les erreurs des sens, et de cette imagination qu'il décriait sans cesse, quoique la sienne fût fort noble et fort vive. La Recherche de la vérité eut trop de succès pour n'être pas critiquée. On attaqua surtout l'opinion qu'on voit tout en Dieu, opinion chimérique peut-être, mais admirablement exposée. L'illustre philosophe compare l'Etre suprême à un miroir qui représente tous les objets, et dans lequel nous regardons continuellement. Dans ce système, nos idées découlent du sein de Dieu même, mais elles se dénaturent et se corrompent dans les intelligences souillées par les erreurs et les crimes. Ces opinions déplurent à Arnauld. Le Traité de la nature et de la grâce, publié en 1680, ne contribua pas beaucoup à les lui faire goûter. Ce traité, dans lequel l'auteur propose sur la grâce un système différent de celui du célèbre docteur, fut l'origine d'une guerre. La mort de cet athlète redoutable, arrivée en 1694, la termina. Tandis que le P. Malebranche essuyait des contradictions dans son pays, sa philosophie

pénétrait à la Chine. Un missionnaire jésuite écrivit à ceux de France qu'ils n'envoyassent à la Chine que les gens qui sussent les mathématiques et les ouvrages du P. Malebranche. L'Académie des sciences sut aussi lui rendre justice; elle lui ouvrit ses portes en 1699. L'illustre oratorien reçut d'autres témoignages d'estime. Jacques II, roi d'Angleterre, lui fit une visite. Il ne venait presque point d'étrangers à Paris qui ne lui rendissent le même hommage. Les qualités personnelles du P. Malebranche aidaient à faire goûter sa philosophie. Cet homme d'un si grand génie était, dans la vie ordinaire, modeste, simple, enjoué, complaisant. Ses récréations étaient des divertissements d'enfant. Cette simplicité, qui relève dans les grands hommes tout ce qu'ils ont de rare, était parfaite en lui. Dans la conversation il avait autant de soin de se dépouiller de la supériorité qui lui appartenait que les petits esprits en ont de prendre celle qui ne leur appartient pas. Quoique sa santé toujours très faible, il parvint à une longue vie, parce qu'il sut se la conserver par le régime. Son corps était devenu transparent à cause de sa maigreur; on voyait, pour ainsi dire, avec une bougie, à travers ce squelette. Sa vieillesse fut une longue mort, dont le dernier instant arriva le 15 octobre 1715. Le P. Malebranche, plus occupé d'éclairer son esprit que de charger sa mémoire, retrancha de bonne heure de ses lectures celles qui n'étaient que de pure érudition. Le P. Malebranche est plus lu à présent comme écrivain que comme philosophe. Ses systèmes sont presque généralement regardés comme des illusions sublimes. Son principal mérite, du moins celui qui le soutiendra le plus longtemps, n'est pas d'avoir eu des idées neuves, mais de les avoir exposées d'une manière brillante, et, pour ainsi dire, avec tout le feu d'un poète, quoique l'auteur n'aimât pas les vers. Il riait de bon cœur de la contrainte que les poètes s'imposent, contrainte qui est plus souvent une occasion de fautes que de beautés. Les principaux fruits de sa plume, non moins vive et noble que lumineuse, sont : la *Recherche de la vérité*, dont la meilleure édition est celle de 1712, in-4°, en 4 vol. in-12; *Conversations chrétiennes*, 1677, in-12. L'auteur y expose la manière dont il accordait la religion avec son système de philosophie. Le dialogue, dit de Fontenelle, y est bien entendu, et les caractères finement observés; mais l'ouvrage parut si obscur que censeurs que la plupart refusèrent leur approbation. Mézerai l'approuva enfin comme un livre de géométrie. Traité de la nature et de la grâce, 1684, in-12, avec plusieurs Lettres et autres écrits pour le défendre contre Arnauld, 4 vol. in-12. *Méditations chrétiennes et métaphysiques*, 1683, in-12. C'est un dialogue entre le Verbe et lui, et le style a une noblesse digne d'un tel interlocuteur. L'auteur a su y répandre un certain sombre auguste et majestueux, propre à tenir les sens et l'imagination dans le silence, et la raison dans l'attention et le respect; *Entretiens sur la métaphysique et la religion*, 2 vol. in-12, 1688. Il n'y a rien dans ce livre qu'il n'eût déjà dit en partie dans ses autres ouvrages; mais il présente les mêmes vérités sous un nouveau jour. Le vrai a besoin de paraître sous diverses formes, suivant la différence des esprits; *Traité de l'amour de Dieu*, 1697, in-12. Cet ouvrage renferme tout ce que l'auteur pouvait dire d'instructif sur ce sujet; mais il ne produira jamais ces mouvements tendres et affectueux qu'on éprouve en lisant d'autres traités sur la même matière. *Entretiens entre un chrétien et un philosophe chinois sur la nature de Dieu*, 1708, in-12; une *Réfutation* du livre de Boursier, intitulé *Action de Dieu sur les créatures*, in-12. Dans ce livre, Boursier avait détruit la liberté de l'homme; Malebranche le rétablit, quoiqu'il y ait peu d'hommes qui, dans leurs ouvrages, aient plus employé que lui l'action de Dieu. Il la fait entrer dans toutes les parties de sa philosophie. Ses adversaires le lui ont reproché plus d'une fois, et c'est la vraie cause pour laquelle, dans le temps actuel, sa philosophie est si peu goûtée : mais ceux qui regardent l'action immédiate du Créateur comme un agent qui intervient dans un grand nombre de choses, surtout de celles que l'ombre du mystère couvre depuis cinq mille ans aux yeux et aux spéculations des plus habiles physiciens et des plus profonds métaphysiciens, n'en ont pas une opinion défavorable; plusieurs même sont persuadés qu'on y trouve des solutions et des explications qu'on chercherait en vain ailleurs : on ne peut nier qu'elles n'aient un rapport sensible avec la doctrine du grand homme qui a dit : «Non longe est ab unoquoque nostrum; in ipso enim vivimus, et movemur, et sumus.» *Traité de l'âme*, in-12, imprimé en Hollande. Nous ne connaissons, selon lui, notre âme que par le sentiment intérieur, par conscience, et nous n'en avons point d'idée. Cela peut servir, dit-il, dans la *Recherche* de la vérité, à accorder les différents sentiments de ceux qui disent qu'il n'y a rien qu'on connaisse mieux que l'âme, et de ceux qui assurent qu'il n'y a rien qu'ils connaissent moins. Quoi qu'il en soit de cet accord, il est incontestable que le sentiment intérieur du *moi* produit une connaissance plus intime, plus vive, plus évidente que toutes celles qui résultent des idées ; *Défense* de l'auteur de la Recherche de la vérité contre l'accusation de M. de La Ville, Cologne, 1682, in-12. Ce La Ville est le P. Le Valois, jésuite, auteur des Sentiments de Descartes, etc.

C. M.

MALÉDICTION, s. f., imprécation, vœu pour qu'il arrive du mal à quelqu'un. Fam., la malédiction est sur cette maison, le malheur paraît attaché à cette maison.

MALÉFICE, s. m., action par laquelle on est censé causer du mal, soit aux hommes, soit aux animaux et aux fruits de la terre, en employant des moyens cachés et surnaturels.

MALÉFICIÉ, ÉE, adj., maltraité par l'effet de quelque maléfice. On le dit aussi et plus ordinairement, d'une personne maltraitée par la nature ou par quelque maladie.

MALEGOUVERNE (hist. ecclési.), il se disait de l'avant-cour des monastères, dans laquelle la règle n'est pas de rigueur. Chez les feuillants, l'office des valets s'appelle la malegouverne.

MALENCONTREUX, EUSE, adj., qui est sujet à éprouver des revers, des accidents. Il se dit aussi des choses et signifie qui annonce et qui cause du malheur.

MALENTENDU, s. m., paroles ou actions prises dans un autre sens que celui où elles ont été dites ou faites.

MALÉKITE (hist. rel.), nom que l'on donne aux membres d'un des quatre rites orthodoxes. Chez les mahométans, les malekites regardent comme sacré le livre appelé *Sunna*, où la tradition a recueilli les paroles et les actes de leur prophète.

MALERMI, ou **MALERBI** (NICOLAS), Vénitien, moine camaldule du xve siècle, est auteur d'une Traduction italienne de la Bible, imprimée pour la première fois à Venise, en 2 vol. in-fol., 1471, sous le titre de *Biblia volgare istoriata*. On a encore de lui la *Legenda di tutti santi*, Venise, 1475, in-fol., rare.

MALESHERBES (CHRÉTIEN-GUILLAUME DE LAMOIGNON DE), né à Paris le 16 décembre 1721, fut d'abord substitut du procureur-général, puis conseiller au parlement de Paris, enfin premier président de la cour des aides en 1750. On le chargea en même temps de la direction de la librairie, qu'il conserva jusqu'en 1768. Dupe de l'école philosophique qui préparait un si sombre avenir à la France, il mit son influence aux ordres des philosophes : non-seulement il toléra, mais il favorisa la publication d'ouvrages contraires à la religion et à l'autorité royale. En même temps, il faisait comme président d'une cour souveraine, tout ce que l'on pouvait attendre de son dévoûment au bonheur du peuple. Il parvint à soustraire un grand nombre de victimes aux persécutions des financiers, et s'opposa, avec une énergie trop noble dans son principe pour qu'on ne l'excuse pas les écarts, à l'établissement de nouveaux impôts et de tribunaux d'exception pour fait de contrebande. La cour des aides n'ayant pas été comprise dans la suppression des parlements en 1771, Malesherbes composa des remontrances dans lesquelles on trouve quelques-uns des principes que proclamèrent plus tard les destructeurs de la monarchie : il les terminait en demandant la convocation des états-généraux. C'était demander, sans le savoir, l'abdication du roi. Il fut exilé, et la cour des aides dissoute. La mort de Louis XV ramena les anciens parlements, et après quatre ans d'exil, Malherbes reprit sa présidence. Toujours attaché à son système de réforme, il présenta encore des remontrances au nouveau monarque, mit quelque temps après sous ses yeux un tableau effrayant de l'état du royaume, et lui proposa aussi d'entendre la nation elle-même. Louis XVI n'était plus maître du choix de ses ministres. Turgot et Malesherbes lui furent indiqués par la voie publique : il les accepta l'un et l'autre comme un gage de réconciliation. Ce dernier refusa d'abord ; mais sur un ordre positif, il se chargea du département de Paris et de la maison du roi, auquel la police était attachée. Croyant tempérer seulement les rigueurs du pouvoir, alors qu'il en affaiblissait les ressorts, il fit sortir indistinctement de prison une multitude de détenus, dont la plus grande partie se composait de fous et de misérables qui ne pouvaient exister ailleurs. Il demanda aussi avec instance la suppression des lettres de cachet, dont on avait abusé dans les dernières années du règne de Louis XV. Mais, ne se flat-

tant pas de l'obtenir, il créa un tribunal de famille pour juger les cas où ce moyen rigoureux devrait être employé. Le premier ministère de Malesherbes ne dura que neuf mois, il donna sa démission le 12 mai 1776, lors du renvoi de Turgot. Rendu à l'indépendance, il résolut de voyager, et ce fut sous le nom de M. Guillaume qu'il parcourut la France, la Suisse et la Hollande, observant la nature, les mœurs et l'esprit des peuples. Les lettres et les sciences vinrent à leur tour charmer sa retraite. Il était devenu membre de l'Académie des sciences en 1750, et en 1759 de celle des inscriptions ; en 1775 il avait été reçu à l'Académie française. C'est pendant son éloignement des affaires publiques qu'il composa plusieurs ouvrages de morale et de politique. Cependant les troubles et le désordre public augmentèrent, Louis XVI appela de nouveau Malesherbes au ministère en 1787, peu de temps après l'assemblée des notables. Comme on n'avait voulu que se couvrir de la popularité de ce nom, on ne lui confia aucun pouvoir, et ses avis furent à peine écoutés. Il demanda encore sa retraite, et l'obtint quelque temps avant la convocation des états-généraux. Les crimes qui ensanglantèrent la révolution dessillèrent ses yeux, si malheureusement prévenus en faveur des doctrines d'où ces désordres étaient sortis : il gémit sur la direction qu'il avait d'abord donnée à ses opinions, et pleura sur les malheurs de sa patrie. C'est avec une simplicité sublime, et croyant ne remplir que le devoir le plus ordinaire, qu'il exposa sa tête pour sauver Louis XVI. La Convention venait de décréter que le roi serait mis en jugement devant elle : il sollicita le dangereux honneur de le défendre. Son vœu ayant été exaucé au milieu de l'étonnement et de l'attendrissement universels, il se rendit à la prison du Temple le 14 décembre 1792. Quand le roi le vit entrer, il courut se jeter dans ses bras. Le digne vieillard ne pouvait s'exprimer ; il pressait et baisait les mains de Louis. Pendant les débats du procès, Malesherbes assista presque toujours aux séances dans une tribune. Mais à l'instant où le décret de mort fut rendu, les trois défenseurs parurent à la barre. Tronchet et Desèze ayant parlé les premiers sur la faible minorité qui venait de prononcer la mort, Malesherbes, presque hors de lui-même, voulut tenter un dernier effort. Dès les premières paroles, il se trouble ; la multitude de ces sentiments l'oppresse. En sortant de la Convention, Malesherbes, qui, d'après les assurances que venaient de lui donner quelques députés influents du côté droit, n'avait point encore perdu l'espoir qu'un sursis à l'exécution serait accordé, se fit conduire au Temple. Cette entrevue fut la dernière qu'il eut avec l'infortuné monarque ; il sollicita vainement l'autorisation de le revoir le lendemain... Il quitta Paris peu de jours après la mort du roi, et retourna dans sa terre de Malesherbes, accablé de regrets et de douleur pour le passé, d'inquiétude pour l'avenir. Il fut bientôt après frappé dans l'objet de ses affections les plus chères : sa fille, la présidente de Rosanbo, fut arrachée de ses bras par ordre du comité de sûreté générale, et traînée en prison. Il conjura les tyrans de lui permettre de partager les fers d'une fille chérie : cette faveur était du nombre de celles qu'ils ne refusaient pas. Dès le lendemain il fut arrêté, conduit aux Madelonnettes et renfermé ensuite dans la maison d'arrêt de Port-Royal. Traduit le 22 avril 1794 au tribunal révolutionnaire, avec sa fille et sa petite-fille, tous trois furent condamnés à mort, et un seul jour dévora trois générations... En sortant de la porte de la Conciergerie pour monter sur la charrette destinée à le conduire au supplice, Malesherbes heurta d'une jambe le seuil très élevé de cette porte, et faillit tomber : « Un Romain, à ma place, serait rentré, dit-il en riant. » Il montra, dans ses derniers moments, ce courage tranquille, exempt d'ostentation et d'efforts, qui n'appartient qu'à la vertu, et l'on peut dire que son âme ne demanda grâce pour ses erreurs. Outre des *Remontrances* et un grand nombre de manuscrits perdus ou inédits, on a de ce magistrat : *Mémoires sur le mariage des protestants*, 1785 ; *Mémoires sur l'état civil des protestants*, 1787 ; *Mémoires sur la librairie et sur la liberté de la presse*, 1809, in-8° ; *Œuvres choisies de Malesherbes*, 1809, in-8°. C'est un extrait de ses plus célèbres Remontrances ; *Mémoires pour Louis XVI*, 1792. Malesherbes s'occupait aussi de botanique et d'histoire naturelle ; il avait suivi dans sa jeunesse les leçons de Jussieu. On lui doit sur ce sujet les ouvrages suivants : *Observations sur les pins, les orchis, le mélèze et les bois de Sainte-Lucie* ; *Mémoires sur les moyens d'accélérer les progrès de l'économie rurale en France* ; *Observations sur l'Histoire naturelle de Buffon*, publiées par Abeille, Paris, 1796, 2 vol. in-8°. On a publié en 1802 une *Vie de Malesher* bes, in-12. Gaillard publia en 1805 son *Eloge* historique, et Boissy-d'Anglas fit paraître, en 1818, sur la vie, les opinions et les écrits de Malesherbes, un *Essai* qui excita de vives réclamations de la part de la famille. Dubois a donné aussi en 1806 une *Notice* sur Malesherbes, qui ne nous paraît pas en tout conforme à la vérité. En 1819, on éleva par souscription à ce ministre un monument qui décore la grande salle du Palais de Justice, et sur lequel Louis XVIII fit placer une inscription qu'il composa lui-même.

MALESHERBIA (*bot.*), genre de plantes de la famille des passiflorées, établi par Ruiz et Paron (*Prodr.* 44) pour des sous-arbrisseaux du Pérou. J. P.

MALESPEINES (MARC-ANTOINE-LÉONARD DE), conseiller du Châtelet, mort en 1768, naquit à Paris en 1700, de Léonard, imprimeur du roi, distingué dans sa profession. Il eut à la fois le goût des lettres, de la jurisprudence, et sut se concilier l'amitié de ses confrères et l'estime du public. Nous avons de lui une *Traduction de l'essai sur les hyeroglyphes de Warburton*, 1744, in-12, 2 vol. Il a laissé d'autres ouvrages manuscrits. Il était frère de Martin Augustin Léonard, prêtre, mort en 1768, à 72 ans, dont nous avons : 1° *Réfutation du livre des règles pour l'intelligence de l'Ecriture sainte*, in-12, 1727; 2° *Traité du sens littéral des saintes écritures*, in-12.

MALET (CLAUDE FRANÇOIS DE), général français, né à Dole, le 27 juin 1754, d'une ancienne famille noble de Franche-Comté, servit d'abord dans les mousquetaires, où il entra à l'âge de 16 ans, et dans lesquels il resta jusqu'à la réforme de ce corps. Il se retira ensuite dans sa ville natale avec un brevet de capitaine de cavalerie. Ayant embrassé les principes de la révolution avec la plus grande chaleur, il obtint le commandement des gardes nationales de Dole, et partit avec un bataillon de volontaires pour l'armée du Rhin. Son avancement fut rapide. Le général Beauharnais le prit pour son aide-de-camp, et déjà dans le mois de mai 1793, Malet était adjudant-général, grade dans lequel il fut alors employé à Besançon, il fit les guerres du Rhin et d'Italie; nommé en 1799 général de brigade. Il servit à l'armée des Alpes sous Championet, et obtint ensuite un commandement dans l'intérieur de la France. Rappelé en 1805 à l'armée d'Italie, il contribua aux succès qu'obtint Masséna, qui le nomma gouverneur de Pavie. Républicain par système et par conviction, Malet n'avait pas craint de faire connaître sa haine pour l'empereur; l'opposition qu'il manifesta aux projets de Bonaparte, l'arrêta au milieu d'une carrière qui aurait pu devenir brillante; il fut disgracié. Alors il revint à Paris, se lia avec le reste du parti républicain, et inquiéta tellement la police, qu'il fut arrêté par mesure sûreté (1808). Cependant il ne fut pas mis en jugement, les preuves de ses projets de conspiration n'étant point assez évidentes, déjà depuis quatre ans il était en prison, lorsqu'il obtint sa translation dans une maison de santé (1812). Ayant dès lors plus de facilité pour communiquer avec ses amis, il renoua avec adresse tous les fils de sa vaste conjuration; l'influence de quelques chefs royalistes, l'appui d'un bataillon de la garde de Paris, et surtout une exécution prompte, tels furent les moyens sur lesquels il compta pour renverser le gouvernement impérial. L'absence de Bonaparte lui parut une circonstance favorable dont il s'empressa de profiter. Dans la nuit du 23 au 24 octobre, il s'échappe de la maison où il est renfermé, se présente aux casernes et annonce aux soldats la mort du tyran : il se rend ensuite à la Force, d'où il fait sortir les généraux Guidal et Lahorie, et court à l'état-major de la place pour s'emparer du général Hullin. Pendant ce temps-là, un bataillon de la garde de Paris, commandé par un officier nommé Souillier, occupait l'Hôtel-de-Ville; quelques compagnies s'étaient dirigées du côté de la préfecture de police (*Voy. art.* FROCHOT). Malet, arrivé auprès du général Hullin, lui annonce la mort de Bonaparte et la création d'un gouvernement provisoire; comme ce général manifestait quelque méfiance, Malet, pour qui tous les instants étaient précieux, lui tira un coup de pistolet. Cette imprudence fit connaître ses projets; il fut aussitôt arrêté, au moment où il armait un second pistolet. Traduit le lendemain devant un conseil de guerre avec les généraux Guidal et Lahorie, il montra dans les débats une fermeté et une présence d'esprit peu communes. Malet fut condamné à être fusillé; il subit, le 29 octobre 1812, son jugement avec un courage héroïque. M. l'abbé Lafon, qui avait partagé les dangers de cette conspiration, en a publié une histoire avec des détails officiels, Paris, 1814, in-8. On peut consulter aussi les ouvrages suivants : *Histoire des sociétés secrètes de l'armée*, 1815. *Malet, ou coup-d'œil sur l'origine, les éléments, le*

but et les moyens des conjurations formées par ce général et autres ennemis de la tyrannie, par M. P. Al. Lemare, Paris, 1814, in-8; enfin, *l'Histoire des conjurations de Malet*, avril 1815, in-8. Brochure qui n'a pas été mise en circulation (*Voy.* le n° 863 de la *Biographie de la France*). Cet ouvrage contient le texte de la proclamation que devait publier Malet : cette proclamation se trouve aussi dans le recueil intitulé : *Echo des salons de Paris*, t. Ier, p. 299.

MALEVILLE (GUILLAUME), né en 1699, à Domme près de Sarlat, fut curé dans son lieu natal. Il est auteur des ouvrages suivants : *Lettres sur l'administration du sacrement de pénitence*, 1740, 2 vol. in-12; 2° *Les devoirs des chrétiens*, 1750, 4 vol. in-12; 3° *Prières et bons propos pour les prêtres, et particulièrement pour les pasteurs*, 1752, in-16 : 4° *Religion naturelle et révélée, ou dissertations philosophiques, théologiques et critiques contre les incrédules*, 1756-1758, 5 vol. in-12; 5° *Histoire critique de l'ecclesisme ou des morceaux platoniciens*, 1766, 2 vol. in-12; 6° *Doutes proposées aux théologiens sur leurs opinions, qui paraissent fortifier les difficultés des incrédules contre quelques dogmes catholiques*, 1768, in-12 de 228 p.; 7° *Examen approfondi des difficultés de l'auteur d'Emile contre la religion chrétienne*, 1769, in-18. Tous ces ouvrages ont paru sans nom d'auteur. L'abbé Maleville a publié en outre, *Mémoire sur la prétendue défense de la tradition orale de l'abbé Gissoy*, 1759, in-12; l'abbé Gissou était un ecclésiastique du diocèse de Sarlat, dont il est parlé dans les *Nouvelles ecclésiastiques* de 1734, pour une thèse soutenue chez les jésuites de Toulouse. Les lettres sur l'administration du sacrement de la pénitence furent critiquées dans le Dictionnaire des livres jansenistes, tom. II, p. 541; on reprochait à l'auteur d'affecter un rigorisme outré, d'éloigner de la communion, de citer comme autorité des écrits jansénistes. L'abbé Maleville répondit par une défense des Lettres sur la pénitence, 1760, in-8, que nous ne connaissons point. Nous ne savons pas l'époque de la mort de cet auteur. Il paraîtrait d'après la *France littéraire*, de 1756, qu'il avait donné sa démission de sa cure. On dit dans la *Biographie des vivants*, à l'art. de son neveu, que l'abbé Maleville était docteur de Sorbonne; mais son nom ne se trouve point sur les listes.

MALEVILLE (JACQUES, marquis de), pair de France, né à Domme, dans le Périgord, en 1741, d'une famille distinguée, était neveu du précédent. Il exerça d'abord la profession d'avocat à Bordeaux, et vivait retiré, lorsque la révolution éclata. Partisan des idées nouvelles, il les défendit avec modération, nommé en 1790 membre du Directoire de son département, il ne tarda pas à en être le président ; ce fut en cette qualité qu'il rédigea une adresse des électeurs de la Dordogne à l'assemblée constituante. Cette adresse fut insérée dans le procès-verbal de la séance. En 1791, Maleville devint membre du tribunal de cassation, et il le présida pendant quelque temps, en vertu du choix de ses collègues. Il entra au conseil des Cinq-Cents en 1795 (brumaire an IV) ; ce fut dans cette assemblée qu'il se lia particulièrement avec MM. Portalis, Lebrun, Barbé-Marbois et d'autres personnes célèbres de l'époque ; ce fut là encore qu'il se prononça fortement en faveur des ascendants des émigrés, et ne craignit point de dire, dans le premier discours qu'il prononça, « qu'il n'avait pas l'honneur d'avoir des émigrés dans sa famille. » On le vit ensuite attaquer avec véhémence la loi du 9 floréal an III, qui avait ordonné le partage, à titre de présuccession, des biens des ascendants des émigrés, et il s'attacha à faire ressortir l'énorme injustice d'une administration qui punissait si cruellement les parents d'un tort auquel ils étaient étrangers, et qui, plus impitoyable que la mort, les dépouillait, avant l'âge, des biens qu'ils n'auraient dû quitter qu'avec la vie. Il appuya, avec la même énergie, la proposition d'abroger la loi monstrueuse du 3 brumaire an IV, qui plaçait un très grand nombre de Français en état de prévention et de surveillance, et qui excluait de toutes les fonctions électorales les parents et les alliés des émigrés. Il demanda encore que l'on remplaçât selon les formes légales les magistrats que le Directoire avait introduits illégalement dans le tribunal de cassation pour en corrompre l'indépendance. Plusieurs fois ses discours furent interrompus par les murmures et les cris de mécontentement. Les journaux du parti dominant l'attaquèrent aussi par les plus véhémentes récriminations ; mais il y répondit par une brochure adressée à ses collègues et à ses commettants. Il continua de marcher dans les mêmes principes, et des journaux s'attachèrent à tout ce qu'il croyait contraire à l'équité. Enfin, il s'éleva, dans l'intérêt de la société et des familles, contre cette législation corruptrice, née du bouleversement de toutes les idées morales, qui accordait aux enfants nés hors du mariage les avantages de la légitimité. En un mot, il combattit toutes les mesures contraires à la justice ; et certes, il y avait alors du courage à tenir le langage de la raison. Le blâme qu'il avait jeté sur la journée du 18 fructidor, le mit en butte à toutes sortes d'accusations. Réélu député au conseil des Anciens, sa nomination fut annulée, sous prétexte que les opérations du collège électoral qui lui avaient donné ses suffrages étaient illégales. Maleville resta sans fonctions jusqu'à l'époque où fut établi le gouvernement consulaire ; alors le sénat le nomma membre du tribunal de cassation, et bientôt après les suffrages de ses collègues l'appelèrent à présider la section civile de ce tribunal, en remplacement de Tronchet, il y siégea jusqu'au 1er avril 1814. Alors il vota pour la déchéance de Bonaparte ; il défendit l'acte constitutionnel qui avait été rédigé par le sénat, et fit paraître à cette occasion une brochure anonyme. Louis XVIII le nomma sénateur dans le mois de juin 1814, Maleville ne prit aucune part au gouvernement des cent jours. Il présida le collège électoral de la Dordogne en 1815, et reçut en 1817 le titre de marquis ; car jusqu'alors il avait porté celui de comte. Le marquis de Maleville est monté à la tribune dans un grand nombre de circonstances ; presque tous ses discours ont été imprimés à part, par ordre de la Chambre : sans être ministériel, il votait souvent en faveur du ministère ; quelquefois aussi il donnait son suffrage avec les membres de l'opposition. Il se retira, vers 1822, dans son pays natal où il est mort en 1824. Son éloge a été prononcé à la Chambre des pairs, dans la séance du 20 octobre 1824, par M. le comte Portalis (Voy. le *Moniteur* du 26 janv. 1825). Il avait toujours aimé et pratiqué la religion : dans ses derniers moments, il lui demanda ses consolations et ses espérances.

MALEVILLE (PIERRE JOSEPH DE), pair de France et conseiller à la cour de cassation, était l'aîné du précédent. Pierre Joseph de Maleville naquit en 1778 à Domme, dans le département de la Dordogne. Après s'être exercé quelque temps au barreau de Paris, il entra dans la carrière administrative. Il se fit connaître de bonne heure par un *Discours sur l'influence de la réformation de Luther*, 1805, in-8, qui obtint une mention honorable de l'Institut (Voy. sur cet ouvrage les *Annales littéraires et morales*, 1805, tom. III). Ce discours qui annonçait beaucoup de recherches, d'études et de talent, n'est cependant point exempt de taches qu'il faut attribuer à la jeunesse de l'auteur. Maleville fut sous-préfet à Sarlat en 1804 ; puis il fut appelé en 1811 à la cour d'appel à Paris, en qualité de conseiller. Le 1er avril 1814, il publia une adresse au sénat pour demander le rétablissement des Bourbons. Dans le mois de juin 1815, le département de la Dordogne le nomma membre de la Chambre des députés, et il fut de l'opposition. Le 5 juin, il demanda par une motion d'ordre et d'après l'exemple du parlement anglais, que les paroles et les sentiments du chef de l'état ne fussent jamais cités dans les discussions législatives ; dans la même séance il fit une proposition qui fut développée le surlendemain, et dont l'objet était de réprimer par l'intervention des jurés les abus de la liberté de la presse, sur lesquels Fouché, alors ministre de la police, avait appelé l'attention des députés. Dans le développement de sa proposition, Maleville exposa que les provocations indirectes au renversement du gouvernement et les cris séditieux contre lesquels le ministre demandait une loi, devaient être réprimés, mais qu'on ne devait pas leur appliquer les dispositions sévères portées dans le Code pénal contre les provocateurs directs. Il se plaignit de ce que des acclamations, réputées alors séditieuses, tel que le cris de *vive le roi*, avaient été punies par quelques tribunaux, de peines qu'il qualifia d'atroces ; il demanda que les provocations indirectes et les cris séditieux fussent punis correctionnellement ; enfin, dans le même discours, il proposait la disposition suivante : « La publication des actes des puissances ennemies, déjà insérée dans les journaux étrangers, pourra

avoir lieu librement par la voie des journaux français, sans donner lieu à aucune responsabilité contre les éditeurs, sauf au gouvernement à en faire insérer les explications dont il les jugerait susceptibles. » Cette proposition et d'autres semblables, auxquelles les événements ne permirent pas de donner suite, explique assez l'opinion politique de Maleville ; mais la proposition suivante la fit connaître toute entière : après la bataille de Waterloo, il demanda, dans la séance du 23 juin, que l'on reconnût Louis XVIII. Ce qui le fit dénoncer dans la séance du 30 suivant. Sous la Restauration, il fut tour-à-tour premier président de la Cour royale de Metz, de celle d'Amiens et conseiller à la Cour de cassation. En 1824, il succéda à son père dans la Chambre des pairs. La dernière fois qu'il parut à la tribune, ce fut le 27 mars 1832 ; lorsqu'on discuta le projet de loi qui rétablissait le divorce, institution révolutionnaire contre laquelle son père s'était élevé en 1800, et qu'il avait essayé vainement de faire rejeter du Code civil. Lui aussi s'opposa de toutes ses forces au rétablissement de cette loi, il envisagea la question sous tous les rapports religieux et moral, mais il ne réussit pas à convaincre ses collègues. Il est mort le 12 avril 1832, après avoir réclamé et reçu les secours de la religion. En 1816, il avait publié les *Benjamites rétablis en Israël*, poème traduit de l'hébreu, in-8°. L'original de ce poème n'a jamais existé. L'auteur dit, dans sa préface, qu'il a été composé du temps des Machabées ; mais l'on peut croire qu'il ne comptait point passer pour un simple traducteur. La pensée morale du poème est que les hommes doivent consacrer leurs sentiments au besoin de la concorde. Maleville travaillait depuis plusieurs années à un grand ouvrage pour lequel il avait fait beaucoup de recherches ; c'était une comparaison des anciennes Mythologies ; cette production importante allait être publiée lorsqu'il périt victime du choléra. L'ouvrage dont nous venons de parler est achevé ; il a pour titre : *Conférence des Mythologies ou les Mythes et les mystères des différentes nations païennes anciennes et modernes, ainsi que des cabalistes juifs et des anciens hérétiques comparés ensemble et expliqués* ; il aura au moins 8 vol. in-8°. M. le comte Portalis a fait l'éloge de Maleville à la Chambre des pairs dans la séance du 31 janvier 1834.

MALEZIEU (NICOLAS DE), né à Paris en 1650, mort le 4 mars 1727, reçut de la nature des dispositions heureuses pour toutes les sciences. Le grand Bossuet et le duc de Montausier, chargés de chercher des gens de lettres propres à être mis auprès du duc du Maine, jetèrent les yeux sur lui. En 1696, il fut choisi pour enseigner les mathématiques au duc de Bourgogne. L'Académie des sciences se l'associa en 1699, et deux ans après il entra à l'Académie française. Le duc du Maine le nomma chef de ses conseils, et chancelier de Dombes. On a de lui : *Eléments de géométrie de M. le duc de Bourgogne*, in-8°, 1715.

MALFAISANCE, s. f., disposition à faire du mal à autrui. Il est peu usité.

MALFAISANT, ANTE, adj., qui se plaît à nuire, à faire du mal aux autres. Il se dit aussi des choses nuisibles à la santé.

MALFAITEUR, s. m., qui commet des crimes, qui fait de méchantes actions.

MALFAMÉ, ÉE, adj., qui a mauvaise réputation. On écrit aussi mal famé en deux mots.

MALFILASTRE, ou **MALFILATRE** (JACQUES-CHARLES-LOUIS), né à Saint-Jean de Caen, le 8 octobre 1733, mort à Paris en 1767, cultiva les muses et vécut presque toujours dans l'indigence qu'elles traînent après elles. Ses mœurs étaient douces et simples, son caractère timide ; et, par une suite naturelle de ce caractère, il fuyait le grand monde et aimait la solitude. Son poème de *Narcisse* dans l'île de Vénus, imprimé en 1769, offre des détails heureux, mais l'invention en est médiocre. On trouve dans les Recueils palinodiques de Caen et de Rouen des Odes de Malfilastre, qui étincellent de strophes vives et sublimes. Les *Observations* critiques par Clément, et le *Journal* de Palissot, contiennent aussi quelques fragments de poésie, et de morceaux d'imitation des *Géorgiques* de Virgile, qui font regretter qu'une mort prématurée ait enlevé Malfilastre dans la force de l'âge à la littérature et à sa patrie.

MALGRÉ, préposition, contre le gré de. Il se dit aussi par rapport aux choses dans le sens de nonobstant. Malgré tout, quoi qu'on fasse, quoi qu'il arrive. Adv., bon gré, mal gré, de gré ou de force. Malgré que, loc. conjonctive, quoique ; on ne l'emploie qu'avec le verbe avoir, et dans ces phrases, malgré que j'en aie, malgré qu'il en ait, etc., de dépit de moi, en dépit de lui, etc.

MALHABILE, adj. des deux genres, qui n'est point intelligent, qui manque de capacité, d'adresse.

MALHABILETÉ, s. fém., manque d'habileté, de capacité, d'adresse.

MALHERBE (FRANÇOIS DE), poète, né à Caen, vers l'an 1555, se retira en Provence, où il s'attacha à la maison de Henri d'Angoulème, fils naturel de Henri II. Ses enfants moururent avant lui. Un d'eux ayant été tué en duel par de Piles, gentilhomme provençal, il voulut, à l'âge de 73 ans, se battre contre le meurtrier. Ses amis lui représentèrent que la partie n'était pas égale entre un vieillard et un jeune homme. Il leur répondit : « C'est pour cela que je veux me battre ; je ne hasarde qu'un denier contre une pistole. » On vint à bout de le calmer, et, de l'argent qu'il consentit à prendre pour ne pas poursuivre de Piles, il fit élever un mausolée à son fils. Malherbe eut plusieurs démêlés. L'humeur le dominait absolument, et cette humeur était brusque et violente. L'avarice était un autre défaut dont Malherbe fut souillé. On disait de lui qu'il demandait l'aumône, le sonnet à la main. Sa licence était extrême lorsqu'il parlait des femmes. Rien ne l'affligeait plus dans ses derniers jours que de n'avoir plus les talents qui l'avaient fait rechercher par elles dans sa jeunesse. Il ne respectait pas plus la religion que les femmes. Son confesseur lui représentant le bonheur de l'autre vie avec des expressions plates et triviales, il l'interrompit en lui disant : « Ne m'en parlez plus, votre mauvais style m'en dégoûterait. » Cet homme singulier, et d'un caractère sinistre, mourut en 1628, après avoir vécu sous six rois. Il fut regardé comme le prince des poètes de son temps. Il méprisait pourtant son art, et traitait la rime de puérilité. «Un bon poète, disait-il, n'est pas plus utile à l'État qu'un bon joueur de quilles. » Il se donna cependant la torture pour le devenir, et travaillait avec une lenteur prodigieuse. Aussi ses œuvres poétiques sont-elles en petit nombre. Elles consistent en *Odes*, *Stances*, *Epigrammes*, *Chansons*, etc. Les meilleures éditions de ses *Poésies* sont celles de 1722, 3 vol. in-12, avec les remarques de Ménage ; et celle de Saint-Marc, à Paris, en 1757, in-8°. Outre ses *Poésies*, on a encore de Malherbe une *Traduction* très médiocre de quelques *Lettres* de Sénèque, et celle du 33ᵉ livre de l'*Histoire* romaine de Tite-Live. Ce qui éternise sa mémoire, c'est d'avoir, pour ainsi dire, fait sortir la langue française de son berceau. Semblable à un habile maître qui développe les talents de son disciple, il saisit le génie de notre langue, et en fut en quelque sorte le créateur.　　D.

MALHERBE (JOSEPH-FRANÇOIS-MARIE), bénédictin, né en 1733 à Rennes, mort en 1827, professa d'abord la philosophie à Saint-Germain-des-Prés de Paris (1774). Il devint bibliothécaire à la cour de cassation, puis du tribunal jusqu'à sa suppression, et enfin censeur de la librairie (1812). Dom Malherbe fut chargé de revoir la dernière édition des Œuvres de saint Ambroise donnée par les bénédictins ; et, après la mort de dom Bourotte, il fut choisi pour continuer l'*Histoire* du Languedoc. Dans l'intervalle de ces travaux, il se livrait à des expériences chimiques dont il faisait ses délassements, et s'occupait de recherches historiques sur les assemblées d'États-généraux. On connaît de lui en mss. deux opuscules historiques et une *Traduction* française de la *Physica subterranea*, de J.-C. Becher.

MALHEUR, s. m., mauvaise fortune, mauvaise destinée. Jouer de malheur, jouer malheureusement, et figurément, éprouver une contrariété qui résulte du hasard. Être en malheur, avoir une mauvaise veine. Porter malheur, se dit d'une personne dont la présence cause ou est censée causer malheur. Prov. Il n'y a qu'heur et malheur dans ce monde. Tout y dépend des circonstances, et souvent ce qui cause la ruine des uns, fait la fortune des autres. Malheur, signifie aussi désastre, infortune, accident fâcheux. Prov., à quelque chose malheur est bon ; quelquefois une infortune nous procure des avantages que nous n'aurions pas eus sans elle. Malheur s'emploie quelquefois avec la proposition à, par imprécation. Par malheur, loc. adv., par l'effet d'un accident, d'un hasard malheureux.

MALHEUREUX, EUSE, adj., qui n'est pas heureux. Prov., être malheureux comme les pierres, être habituellement malheureux, ou être extrêmement malheureux. Malheureux, se dit également des choses, et signifie misérable, affligeant, digne de pitié. Passion malheureuse, passion dont l'objet ne répond pas aux désirs de celui qui l'éprouve. Mal-

heureux, en parlant des choses, signifie aussi funeste, désastreux, calamiteux, fâcheux. Malheureux, signifie encore, qui porte malheur, qui cause ou annonce des malheurs. Fig., avoir la main malheureuse, réussir mal dans ce qu'on entreprend, ou choisir mal entre les personnes et les choses. Malheureux, signifie par exagération, qui manque des qualités qu'il devrait avoir, qui est mauvais, méprisable dans son genre. Mémoire malheureuse, mémoire qui retient difficilement, qui manque au besoin. Malheureux exprime quelquefois la grande infériorité de la personne ou de la chose qu'il qualifie, à l'égard d'une autre personne ou d'une autre chose. Malheureux, est quelquefois substantif, et signifie un homme misérable. Il signifie aussi, un méchant homme, un homme vil et méprisable. Malheureuse, s'emploie aussi quelquefois comme substantif, mais ne se dit guère que d'une femme méprisable, de mauvaise vie.

MALHONNÊTE, adj. des deux genres, qui manque, qui est contraire à l'honneur, à la probité. Il se dit des personnes et des choses. Il signifie aussi incivil, dans ce sens il suit toujours les noms des personnes auxquelles on le joint, dans le premier sens au contraire il le précède toujours.

MALHONNÊTETÉ, s. f., incivilité, manque de bienséance. Il se dit aussi des paroles et des actions inciviles.

MALICE, s. f., inclination à mal faire, à nuire, à causer de la peine. Il peut s'appliquer aux choses. Dans le langage des *casuistes*, la malice du péché, la malignité du péché. Fam., ne pas entendre malice à quelque chose, faire ou dire quelque chose sans mauvaise intention. Prov. et fig., un innocent fourré de malice, celui qui est malicieux et qui feint d'être simple et bon. Malice, se dit aussi d'une action faite avec malice. Malice se prend souvent dans un sens qui n'a rien d'odieux, et il signifie alors, une simple disposition à la gaieté et à la plaisanterie. Il signifie aussi, une action faite, une parole dite dans la seule intention de badiner, et de se divertir. Entendre malice à quelque chose, y donner un sens détourné, un sens malin.

MALICIEUX, EUSE, adj., qui a de la malice, où il y a de la malice. Il s'emploie aussi dans le sens de gai et plaisant.

MALIGNITÉ, s. f., inclination à faire, à penser, à dire mal. Il se dit figurément de certaines choses. Malignité, s'emploie aussi au sens physique, et signifie qualité nuisible, dangereuse.

MALIN, IGNE, adj., qui prend plaisir à nuire, à faire ou à dire du mal. Il se prend souvent dans un sens qui n'a rien d'odieux, et il signifie alors, qui se plaît à dire ou à faire des choses malicieuses, seulement pour s'amuser, se divertir. Il se dit dans les deux sens en parlant des choses. Maligne joie, joie que l'on a du mal d'autrui, et qu'on voudrait cacher. Fam., malin vouloir, intention maligne, intention de nuire. L'esprit malin, le diable. Malin en parlant des personnes signifie quelquefois, fin, rusé. Il s'emploie quelquefois substantivement. Malin, se dit aussi, au sens physique, et signifie qui a une qualité mauvaise, nuisible. Fièvre maligne, fièvre intermittente ou rémittente, accompagnée d'accidents graves, qui surviennent inopinément et qu'il est difficile de prévoir.

MALINA (myth. sept.), nom du soleil chez les Groënlandais, ils considèrent cet astre comme divinité femelle qui a pour frère *Anninga*, dieu de la lune. *Malina* se réjouit de la mort des hommes, et *Anninga* de celle des femmes.

MALINES, ville du royaume de Belgique, située sur la Dyle et le canal de Louvain. Elle possède des brasseries, des corroieries, des fabriques de savon, d'aiguilles, de couvertures, d'étoffes de laine et de dentelles très estimées. Elle fait un grand commerce d'huile et de produits de ses fabriques ; elle a des établissements de bienfaisance et d'instruction publique. On y remarque l'hôtel de ville et la cathédrale qui possède un superbe carrillon et un clocher de 114 mètres de hauteur. Malines est un chef-lieu d'arrondissement, le siége d'un archevêché et la patrie du fameux peintre Jean Boll. — 20,000 habitants.

MALINES, s. f.; dentelle très fine qui s'est fabriquée originairement dans la ville de Malines, en Flandre.

MALINGRE, adj. des deux genres, qui a peine à recouvrer ses forces et la santé, après une maladie, ou qui est d'une complexion faible et sujette à se déranger. Il est familier.

MALINGRE (CLAUDE), sieur de Saint-Lazare, né à Sens en 1580, mort vers l'an 1653, à l'âge de 73 ans, a travaillé beaucoup mais avec peu de succès, sur l'histoire Romaine, sur l'histoire de France et sur celle de Paris. C'était un auteur famélique, qui publiait le même ouvrage sous plusieurs titres différents, et qui avec toutes ses ruses parvenait difficilement à les vendre. Tout ce que nous avons de lui est écrit de la manière la plus plate et la plus rampante. On ne peut pas même profiter de ses recherches; car il est aussi inexact dans les faits qu'incorrect dans le style. Le moins mauvais de tous ses livres est son *Histoire des dignités honoraires de France*, in-8°, parce qu'il y cite ses garants; ses autres écrits sont : 1° *L'histoire générale des derniers troubles arrivés en France, sous Henri III et sous Louis XIII*, in-4°; 2° *Histoire de Louis XIII*, in-4°; 3° *Histoire de la naissance et des progrès de l'hérésie de ce siècle*, 3 vol. in-4°. Le premier est du père Richeome; 4° *Continuation de l'histoire Romaine depuis Constantin jusqu'à Ferdinand III*, 2 vol. in-fol., compilation indigne de servir de suite à l'histoire de Coeffeteau; 5° *Histoire générale des guerres de Piémont*, c'est le second volume des mémoires du chevalier Boivin de Villard, qui sont très curieux, 2 vol. in-8; 6° *Histoire de notre temps sous Louis XIV*, continuée par Duverdier, 2 vol. in-8°, mauvais recueil de ce qui est arrivé en France depuis 1643 jusqu'en 1645; 7° les *Annales et les antiquités de la ville de Paris*, 2 vol. in-8°. On trouvera le titre de ses autres productions dans les *Mémoires* de Niceron, tom. 44, et dans la *Bibliothèque historique de la France*, tom. 3.

MALIQUE, (*acide*), chim. — Cet acide découvert par Schéele dans le suc de pomme aigre, et plus tard par Donovan, dans les baies de Sorbier, se produit dans un grand nombre de plantes pendant le cours de la végétation, et semble former dans les plantes, comme une transition avec d'autres acides qui comme l'acide citrique, l'acide tartrique, etc., s'en rapprochent beaucoup et se rencontrent conjointement avec lui dans le raisin, en proportions qui varient suivant le degré de maturité du grain. Cet acide extrait de la pomme dans un état de pureté parfaite, fut considéré comme un acide particulier et reçut le nom d'*acide sorbique*, jusqu'au moment où MM. Braconnot et Labillardière démontrèrent chacun de son côté, que l'acide sorbique ne différait en rien de l'acide malique. Cet acide existe soit libre soit combiné, dans presque tous les fruits et surtout dans les fruits rouges, on le rencontre aussi parfois dans d'autres parties des plantes, ainsi Thomas Everitt est même parvenu à le retirer en quantité notable des tiges de rhubarbe. Extrait pur des baies de sorbier, l'acide malique se présente sous forme de mamelons, incolore, il est sans odeur, d'une grande acidité, déliquescent, très soluble dans l'eau et dans l'alcool. Chauffé, il entre en fusion vers + 81°, et se décompose à + 167° en eau, et en deux acides pyrogénés (*acides maléique et paramaléique*, du professeur Pelouze). Traité à chaud par l'acide azotique, l'acide malique est transformé en acide oxalique; il forme avec les alcalis des sels neutres très solubles et incristallisables, et des sels acides susceptibles de cristalliser; il s'unit au protoxyde de plomb pour donner naissance à un sel peu soluble dans l'eau froide et cristallisant en aiguilles brillantes et nacrées. La composition de l'acide malique est suivant M. Liebig $C_8 H_4 O_4$ pour l'acide anhydre, et $C_8 H_4 O_4 H_2 O$, pour l'acide hydraté. J. P.

MALKNT, (*rabbinisme*), flagellation religieuse en usage chez quelques juifs modernes : elle consiste à se faire appliquer 30 coups de nerf de bœuf sur le dos, par une personne qui en même temps récite 3 fois les 13 mots qui composent le 38e verset du psaume 78.

MALLASPIS, (*ins.*), genre de coléoptères de la famille des longicornes, tribu des prioniens, créé par Serville (*Ann. de la soc. ent. de France*, I. 129), pour des insectes de l'Amérique méridionale. M. *Scutellaris*, *le cicapis*, *xanthaspis*, etc. J. P.

MALLE, s. f., coffre de bois de la forme d'un carré long, couvert de peau, fermant à clef et servant à renfermer les hardes, les effets qu'on porte en voyage. Malle-poste, ou simplement malle, voiture par laquelle l'administration des postes envoie les lettres aux bureaux de destination, et dans laquelle on reçoit des voyageurs. Courrier de malle, préposé de l'administration des postes chargé d'accompagner les lettres, et de les remettre aux différents bureaux de la route qu'il parcourt. Malle, se dit aussi d'une sorte de panier, dans laquelle les petits merciers portent leurs marchandises. Prov. et fig., trousser en malle, enlever par surprise et promptement; cette locution a vieilli.

MALLÉABILITÉ, s. f., l'on fait sentir les deux l, dans ce mot et dans le suivant. Qualité de ce qui est malléable.

MALLÉABLE, adj. des deux genres, qui est dur et ductible, qu'on peut battre, forger et étendre à coups de marteau.

MALLEMANS. Il y a eu quatre frères de ce nom, tous les quatre natifs de Beaune, d'une ancienne famille et auteurs de plusieurs ouvrages. Le premier, CLAUDE, entra dans l'oratoire, d'où il sortit peu de temps après. Il fut pendant 34 ans professeur de philosophie au collège du Plessis, à Paris, et fut l'un des plus grands partisans de celle de Descartes. Dans la suite, la pauvreté le contraignit de se retirer dans la communauté des prêtres de Saint-François-de-Sales, où il mourut, en 1723, à 77 ans. Ses principaux ouvrages sont : 1° le *Traité physique du monde, nouveau système*, 1779, in-12; 2° le *Fameux problème de la quadrature du cercle*, 1684, in-12; 3° la *Réponse à l'apothéose du Dictionnaire de l'Académie*, etc. Ces ouvrages sont une preuve de sa sagacité et de ses connaissances.—Le second était chanoine de Sainte-Opportune; on lui attribue quelques ouvrages de géographie.—Le troisième, ÉTIENNE, mourut à Paris en 1716, à plus de 70 ans, laissant quelques poésies.—Le quatrième, JEAN, d'abord capitaine de dragons et marié, embrassa ensuite l'état ecclésiastique, et devint chanoine de Sainte-Opportune à Paris, où il mourut en 1740, à 91 ans. On a de lui un très grand nombre d'ouvrages. Les principaux sont : 1° diverses dissertations sur les passages difficiles de l'Écriture sainte; 2° traduction française de Virgile, en prose, 1706, 3 vol. in-12. L'auteur prétend avoir expliqué cent endroits de ce poète dont toute l'antiquité avait ignoré le vrai sens; cette traduction entreprise pour les dames a été trouvée généralement rampante et même barbare; 3° *Histoire de la religion depuis le commencement du monde jusqu'à l'empire de Jovien*, 6 vol. in-12, ouvrage qui eut peu de succès, parce qu'il est écrit d'un style languissant; 3° *Pensées sur le sens littéral des dix-huit premiers versets de l'Evangile de saint Jean*, 1718, in 12. L'auteur appelle cet ouvrage *histoire de l'éternité*, et cette expression énergique a un sens très vrai, relativement à l'ouvrage commenté, mais ce commentaire est plein de singularités et de rêveries. Mallemans était un savant plein d'un esprit bizarre et opiniâtre, plein de lui-même et toujours prêt à mépriser les autres.

MALLÉOLE, s. f. Les malléoles, vulgairement appelées chevilles du pied, sont deux saillies osseuses, situées l'une au côté interne et l'autre au côté externe de la partie inférieure de la jambe. La première est une éminence du tibia; la seconde est formée par l'extrémité tarsienne du péroné. Elles constituent une sorte de mortaise dans laquelle est enclavé l'astragale. Elles donnent attache aux ligaments, et présentent chacune une coulisse dans laquelle glissent des tendons musculaires.

MALLEROT (PIERRE), sculpteur, connu sous le nom de *La Pierre*, est célèbre par plusieurs beaux morceaux. Les principaux sont : 1° la colonnade du parc de Versailles; 2° le péristyle et la galerie du château de Trianon; 3° le tombeau du cardinal de Richelieu, en Sorbonne, sous les ordres de Girardon; 4° le mausolée de Girardon, à Saint-Landry, à Paris; 5° la chapelle de MM. de Pomponne, à Saint-Merry, et de MM. de Créqui et de Louvois, aux Capucins de Paris, etc.

MALLES (Madame, née BEAULIEU), auteur de romans moraux et d'ouvrages destinés à l'amusement et à l'instruction de la jeunesse, s'est fait une grande réputation, surtout par les ouvrages suivants : 1° *Lucas et Claudine, ou le bienfait et la reconnaissance*, Paris, 1816, 2 vol. in-12; 2° *Contes d'une mère à sa fille*, Paris, 1817, 3 vol. in-12, 2e édition augmentée, 1820, avec 12 gravures; 3° *Le Robinson de douze ans*, histoire curieuse d'un mousse abandonné dans une île déserte, Paris, 1818, in-12, 6e édition, revue et corrigée, 1826; 4° *Contes à ma fille*, 1819, in-12, 3e édition, revue et corrigée, 1826; 5° *Lettres de deux jeunes amies, ou les leçons de l'amitié*, ouvrage destiné à l'instruction et à l'amusement des jeunes personnes, Paris, 1820, 2 vol. in-12; 6° *Geneviève dans les bois*, Paris, 1820, in-18, réimprimé dans la même année; 7° *Quelques scènes de ménage*, Paris, 1820, 2 vol. in-12; 8° *La Labruyère des jeunes demoiselles, ou principaux caractères des jeunes personnes*, ouvrage utile et amusant, Paris, 1821, in-12, fig., 2e édition, 1824; 9° *Conversations amusantes et instructives sur l'histoire de France*, à l'usage de la jeunesse de l'un et de l'autre sexe, Paris, 1822, 2 vol. in-12, ornés de deux planches; 10° *Instructions familières d'une institutrice sur les vérités de la religion pour disposer les élèves à la première communion*, Paris, 1824, in-12; 11° *La jeune Parisienne au village*, Limoges, 1824, in-12.

MALLET (CHARLES), né en 1608, à Montdidier, docteur de Sorbonne, archidiacre et grand-vicaire de Rouen, mourut en 1680, à 72 ans, durant la chaleur des disputes où il était entré avec Arnauld à l'occasion de la version du *Nouveau-Testament* de Mons. Cette querelle produisit divers écrits de part et d'autre. Ceux de Mallet sont : 1° *Examen de quelques passages de la version du Nouveau-Testament*, etc., 1667, in-12 ; il y accuse les traducteurs d'un grand nombre de falsifications et même d'avoir une morale corrompue touchant la chasteté ; 2° *Traité de la lecture de l'Ecriture sainte*, Rouen, 1669, in-12 ; l'auteur prétend qu'elle ne doit point être donnée au peuple en langue vulgaire ; il est certain que cet usage peut avoir des inconvénients ; si la lecture des livres sacrés et particulièrement celle du Nouveau-Testament est en général très avantageuse, il y a aussi beaucoup de passages dont les ignorants ou les esprits mal disposés peuvent abuser, puisque, dès le temps de saint Pierre, les hommes faibles et peu instruits, comme dit cet apôtre, trouvaient dans les Epitres de saint Paul de quoi s'égarer ; il faut donc en cela, comme dans les meilleures choses, de la circonspection, des modifications et des exceptions raisonnables, qu'on doit abandonner aux jugements des pasteurs des âmes *(voyez ALGASIE, ARUNDEL, EUSTOCHIONE, MARCELLE, PRODICUS)* ; 3° *Réponse aux principales raisons qui servent de fondement à la nouvelle défense du Nouveau-Testament de Mons*, ouvrage posthume, Rouen, 1682, in-8°. Arnauld répondit à ces écrits d'une manière qui ne fit pas plus d'honneur à sa modération qu'à sa théologie et à sa logique.

MALLET (EDME), né à Melun, en 1713, occupa une cure auprès de sa ville natale jusqu'en 1751, qu'il vint à Paris, pour y être professeur de théologie dans le collége de Navarre. Il était docteur agrégé de cette maison. L'ancien évêque de Mirepoix, Boyer, d'abord prévenu contre lui, ensuite mieux instruit, récompensa d'un canonicat à Verdun sa doctrine et ses mœurs. On l'avait accusé de jansénisme auprès de ce prélat, tandis que la *Gazette ecclésiastique* l'accusait d'impiété. L'abbé Mallet ne méritait ni l'une ni l'autre de ces inculpations. Il mourut à Paris, en 1555. Ses principaux ouvrages sont : 1° *Principes pour la lecture des poètes*, 1745, in-12, 2 vol. ; 2° *Essai sur l'étude des belles-lettres*, 1747, in-12 ; 3° *Essai sur les bienséances oratoires*, 1753, in-12 ; 4° *Principes pour la lecture des orateurs*, 1743, in-12, 3 vol. ; 5° *Histoire des guerres civiles de France sous les règnes de François II, Charles IX, Henri III et Henri IV*, traduite de l'italien d'A-vila, 1757, 3 vol. in-4°. L'abbé Mallet se borne, dans ses ouvrages sur les poètes, sur les orateurs et sur les belles-lettres, à exposer d'une manière précise les principes des grands maîtres et à les appuyer par des exemples choisis, tirés des auteurs anciens et modernes. Les leçons de la morale chrétienne sont très bien fondues avec les règles de la littérature ; attention très importante et du plus grand effet, quand on veut instruire la jeunesse. Le style de ses différents écrits est net, facile, sans affectation. Il s'était engagé à donner à l'*Encyclopédie* les articles de la théologie et des belles-lettres ; il en a effectivement fourni plusieurs ; mais s'il a su éviter les écueils du faux bel-esprit et de la fausse philosophie dans lesquels ont donné ses associés, il eût été prudent de ne pas se joindre à eux et de ne pas mêler son travail avec le leur et de ne point accréditer par de bons articles une compilation informe et mauvaise, dirigée principalement contre la religion *(voyez DIDEROT)*. Le même reproche a été fait depuis à M. Bergier, et les esprits justes l'ont trouvé bien fondé. L'éloge de Mallet est imprimé à la tête du 6° volume de l'*Encyclopédie*, in-folio.

MALLET (PAUL-HENRI), né à Genève, en 1730, fit ses études avec succès. Il fut nommé, en 1752, professeur royal de belles-lettres à l'académie de Copenhague. Un traité qu'il publia sur l'*histoire des anciens peuples du Nord* attira sur lui l'attention du roi, qui le désigna pour donner au prince royal des leçons de langue et de littérature française. Lorsque l'éducation du prince fut terminée, Mallet revint à Genève, où il fut nommé, en 1764, professeur d'histoire à l'académie ; il devint aussi membre du conseil des deux cents, puis résident du landgrave de Hesse-Cassel près des républiques de Berne et de Genève. Après avoir refusé de se charger de l'éducation du comte du Nord (depuis Paul Ier), il s'attacha à Riount-Stuart, et accompagna ce jeune seigneur en Italie et en Angleterre, où il reçut un favorable accueil à la cour. La reine se chargea de lui faire connaître les nouvelles littéraires du continent, et se fit son correspondant à ce titre. Revenu dans sa patrie, Mallet y jouissait d'une douce tranquillité, lorsque la révolution de Genève arriva et vint lui enlever presque toute sa fortune ; il perdit en outre les pensions qu'il recevait du duc de Brunswich et du landgrave de Hesse-Cassel. Le gouverne-

ment français, qui en fut instruit, lui en accorda une, mais il n'en jouit pas longtemps ; il mourut à Genève, le 8 février 1807, d'une attaque de paralysie. Mallet était membre des académies d'Upsal, de Lyon, de Cassel, de l'académie des inscriptions et de l'académie celtique de Paris. Il a cultivé l'histoire avec succès ; ses ouvrages en ce genre se font remarquer par la sagesse de la critique et l'élégance du style. Nous citerons : 1° *De la forme du gouvernement de Suède*, Copenhague, 1746, in-8° ; 2° *Histoire du Danemark*, Copenhague, 1758-77, 3 vol. in-4°, et Genève, 1788, 9 vol. in-12, augmentée et continuée jusqu'à l'an 1778 ; cette histoire, écrite d'un style facile et avec beaucoup d'impartialité, a été traduite en allemand, en anglais et en russe ; l'introduction renferme un précis très curieux de l'ancienne mythologie des peuples du Nord, Copenhague, 1759-60, 6 vol. in-8° ; 4° *Histoire de la maison de Hesse*, 1766-85, 4 vol. in-8° ; 5° une traduction du *Voyage de Willame Coxe en Pologne, Russie, Suède et Danemarck*, Genève, 1786, 4 vol. in 8° ; 6° *Histoire de la maison de Brunswich*, 1767, 1785, 4 vol. in-8° ; 7° *Histoire de la maison et des Etats de Mecklembourg*, 1796 ; il n'en a paru que les 2 premiers volumes ; 8° *Histoire des Suisses ou Helvétiens*, Genève, 1803, 4 vol. in-8° ; ce n'est guère qu'un abrégé d'un ouvrage de Muller ; mais cet abrégé est fort intéressant et bien écrit ; 9° *Histoire de la ligue anséatique*, 1805, in 8°.

MALLET-PRÉVOT, frère aîné du précédent, mort à Genève en 1811, s'adonna à la géographie. On a de lui une carte des environs de Genève, remarquable par son exactitude ; une carte générale de la Suisse romande, en 4 grandes feuilles ; une carte générale de la Suisse et une description de Genève ancienne et moderne.

MALLET-DUPAN (JACQUES), écrivain politique, né à Genève, en 1743 ou 1750, perdit son père à l'âge de 10 ans ; néanmoins il reçut une éducation soignée. Il avait 23 ans lorsqu'il fut présenté à Voltaire, qui lui reconnut des talents et le plaça près du landgrave de Hesse-Cassel, en qualité de professeur de littérature française. Son caractère indépendant ne pouvait supporter les habitudes des cours ; il ne resta que quelques mois auprès de ce prince. Il avait publié à Cassel un discours intitulé : *De l'influence de la philosophie sur les lettres*. Attiré à Londres par la réputation du fameux Linguet, qui y était exilé, il proposa à ce dernier de rédiger avec lui les *Annales politiques*. L'association eut lieu, mais elle ne dura pas longtemps. Linguet fut mis à la Bastille en septembre 1779. Mallet continua les *Annales politiques*, en y substituant le titre de *Mémoires politiques, historiques et littéraires sur l'état présent de l'Europe* ; il en publia en effet 5 volumes à Genève. Le succès n'ayant pas répondu à son attente, il abandonna l'entreprise. En 1782, il fit paraître sur la révolution de Genève un écrit qui excita le mécontentement de tous les partis. Ne pouvant plus rester dans cette ville, il se rendit à Paris, où il ne tarda pas à obtenir le privilège d'un *Journal historique et politique de Genève*. Ce journal fut accueilli de la manière la plus favorable ; l'auteur y introduisit des recherches statistiques et des considérations diplomatiques, à l'exemple des publicistes français et allemands ; ce qui n'avait point encore été fait en France. On y remarquait, non-seulement l'étendue dans les vues, mais encore une grande indépendance, malgré la censure ministérielle. Son système politique était simple : il voulait une monarchie appuyée sur les lois et tempérée par une aristocratie sage. Lorsqu'en 1787 les troubles de la Hollande eurent amené celui des Provinces-Unies (?) et pays l'invasion des Prussiens, le gouvernement français essaya de soutenir les patriotes armés contre la maison d'Orange. Mallet blâma la conduite du ministère français, et prétendit qu'on allait commettre la même faute qui avait été faite lors de la guerre des Etats-Unis. L'article, avant d'être imprimé, devait être soumis à la censure de M. de Vergennes. Ce ministre le supprima, et en renvoya un autre tout-à-fait opposé dans le sens, avec l'injonction de l'insérer dans le journal. Mallet se hâta d'aller auprès du ministre et de lui rapporter le privilège de son journal. Etonné de cette résolution, M. de Vergennes lui dit : « Je ne reprends point ce que j'ai si bien placé ; je sacrifierai mon article, vous sacrifierez le vôtre, et nous resterons bons amis. » Cette manière de terminer cette querelle était honorable pour le ministre et le journaliste. En 1788, le *Mercure de France* fut réuni au *Journal historique et politique de Genève* ; seulement ce dernier mot fut supprimé dans le titre. La rédaction de la partie politique de ce journal n'avait pas présenté jusqu'alors de grandes difficultés ; mais les orages qui menaçaient la France ne tardèrent pas à rendre cette tâche périlleuse. Mallet, dont les opinions monarchiques n'étaient pas équivoques, se trouva dans une position dangereuse. Si l'on ajoute foi à ses plaintes, il essuya cent quinze dénonciations, trois décrets de prises de corps, deux appositions de scellés, quatre assauts dans sa maison et la confiscation de tous ses biens. Il ne pouvait continuer son journal qu'avec la plus grande peine ; il recevait à chaque instant des injonctions d'écrire dans le sens de la révolution. Cependant le roi, persuadé de ses sentiments, l'honorait de son estime et le regardait comme un homme capable de le servir dans les projets les plus importants. Il lui donna, au mois de mai 1792, une mission secrète auprès de l'empereur et du roi de Prusse ; Mallet s'en acquitta avec succès. Les révolutions se succédèrent avec tant de rapidité qu'il lui fut impossible de rentrer en France. Il se retira à Genève et ensuite à Berne. Il était dans cette dernière ville lorsqu'il inséra dans la *Quotidienne* un article dans lequel il attaquait avec beaucoup de force la conduite de Bonaparte, qui venait d'envahir l'Italie. Ce général intima au grand conseil de Berne l'ordre d'exiler Mallet ; ce qui fut exécuté. Il se retira à Fribourg en Brisgau, d'où il passa en Angleterre, vers la fin de 1799. Il publia à Londres le *Mercure tritannique*. Le ministère ne lui témoigna pas d'abord un grand intérêt ; Mallet en fut amplement dédommagé par le succès prodigieux qu'obtint son journal. Cet écrit fut bientôt entre les mains de tout le monde, et son auteur vit augmenter sa réputation de publiciste, malgré quelques erreurs et des méprises qui venaient du défaut de renseignements précis. Mallet-Dupan souffrait depuis longtemps de la poitrine ; le séjour d'Angleterre aggrava son mal, et il mourut de consomption, le 10 mai 1800, à Richemond. Le gouvernement anglais, qui s'était montré indifférent au mérite de l'écrivain politique, vint après sa mort au secours de sa famille ; madame Mallet obtint une pension, et son fils fut placé avantageusement. Outre les journaux dont nous avons parlé, on a de Mallet : 1° *Discours de l'influence des lettres sur la philosophie*, Cassel, 1772 ; 2° *Discours sur l'éloquence et les systèmes politiques*, Londres, 1775, in-12 ; 3° *Mémoires historiques, politiques et littéraires*, Genève, 1779, 1782 ; il n'en a paru que 5 volumes ; 4° *Considérations sur la nature de la révolution française et sur les causes qui en prolongent la durée*, Londres, 1793, in-8° ; 5° *Correspondance politique pour servir à l'histoire du républicanisme français*, 1796, in-8°. Les ouvrages de cet auteur se font remarquer par un style ferme et énergique ; mais on doit y reprendre des métaphores multipliées et un usage trop fréquent d'épithètes dures et injurieuses.

MALLEVILLE (Claude de), l'un des premiers membres de l'Académie française, né à Paris, mort en 1647, âgé d'environ 50 ans, avait été secrétaire du maréchal de Bassompierre, auquel il rendit de grands services dans sa prison. Malleville avait un esprit assez délicat, et un génie heureux pour la poésie ; mais il négligea de mettre la dernière main à ses vers. Le sonnet intitulé la *Belle matineuse* est celui de ses ouvrages dont on a le plus parlé. Ses poésies ont été imprimées en 1649, à Paris, et en 1659, in-8°.

MALLIER, s. m. le cheval qu'on met dans le brancard d'une chaise de poste.

MALLINCKROT (Bernard), savant philosophe du XVIIe siècle, doyen de l'église cathédrale de Munster, donnait à l'étude une partie de la nuit, et passait le jour à des recherches. L'empereur Ferdinand le nomma à l'évêché de Rootzbourg, et quelque temps après il fut nommé évêque de Minden ; mais il ne put prendre possession ni de l'un ni de l'autre de ces deux évêchés. Son ambition était extrême : il voulut se faire élire en 1650, évêque de Munster, mais il ne put y réussir, il s'éleva contre le nouveau prélat, et suscita des séditions jusqu'en 1655 qu'il fut déposé de sa dignité de doyen. Cependant, aidé par le peuple ameuté, il s'enfuit dans le comté de Marck où il resta deux ans ; mais il eut l'imprudence de venir dans son pays natal. L'évêque de Munster le fit aussitôt arrêter et conduire au château d'Ottenstein, où on lui donna des gardes (1657). Mallinckrot mourut dans ce château en 1664, regardé comme un génie inquiet, et un homme fier et hautain. On a de lui en latin, 1° *Un Traité de l'invention et du progrès de l'imprimerie*, en manuscrit, Cologne, 1639, in-4°. 2° *Traité de la nature et de l'usage des lettres*, Cologne, 1656, in-4°. 3° *Un traité des archichanceliers du saint empire romain, des papes, et cardinaux allemands de la principauté des trois métropoles d'Allemagne et chanceliers de la cour de Rome*, 1715, in-4°. Cette dernière édition est ornée d'une préface historique par Gott Strave, qui contient des détails intéressants

sur la vie et les ouvrages de l'auteur. Ces ouvrages sont recommandables par la profondeur des recherches.

MALLIOT (Joseph), archéologue, né le 10 mars 1735 à Toulouse, mort à 76 ans, fut nommé, en 1763, professeur de dessin au collége de Sorrèze, d'où il retourna au bout de cinq ans à Toulouse. Il devint ensuite professeur de fortifications. On n'avait point, avant lui, de connaissances exactes sur les costumes de l'antiquité. Malliot a laissé : *Recherches sur les costumes, les mœurs, les usages religieux, civils et militaires des anciens peuples*, d'après les auteurs les plus célèbres et les monuments antiques, 13 vol. in-4°, ornés de trois cents planches gravées ; *Recherches* historiques sur les antiquités, les curiosités, les établissements, les principaux endroits, certains usages de Toulouse, et sur la vie de quelques artistes qui firent l'ornement de cette ville, ouvrage manuscrit. Malliot a aussi publié beaucoup de Mémoires. Les principaux sont : *Notice* sur le palais de justice de Toulouse (l'ancien parlement) ; *Notice* sur les bibliothèques publiques de Toulouse ; *Recherches* historiques sur les capitoles, etc.

MALLODON (ins), genre de coléoptère de la famille des longicornes, contenant des espèces de grande taille presque toutes propres à l'Amérique. J. P.

MALLUS ou **MALLUM** (*archéol*) assemblée des Francs dans laquelle les procès les plus importants étaient portés devant les Rachembourgs. Sous la deuxième race, les Rachembourgs furent remplacés par les Schepenen ou Scabini. Dans la langue franque, la mallum s'appelait Mall ou Mael. Vertot l'appelle la Mallée, M. Guizot écrit Mâl.

MALMAISON (la), ce château, devenu célèbre par le séjour qu'y fit l'impératrice Joséphine, dépend de la commune de Ruel, et est situé à 12 kilomètres environ de Paris, sur la route de Saint-Germain-en-Laye. Son nom seul, car les bâtiments actuels sont modernes, remonte à l'époque de l'invasion des Normands, au IXe siècle ; le manoir dont il occupe l'emplacement fut alors dévasté par ces pirates et pour cela nommé *Mala-Mansio*, dénomination qui plus tard fut traduite par Male-Maison, ou Malmaison. A l'époque de la révolution, ce petit domaine appartenait au financier Lecouteulx de Canteleu qui le vendit à Joséphine ; celle-ci, devenue la femme du premier consul, en fit restaurer les bâtiments, décorer l'intérieur et agrandir le parc par l'acquisition de plusieurs terrains qui y furent enclavés ; une salle de théâtre, une bibliothèque, une galerie de tableaux où figuraient quelques chefs-d'œuvre des peintres anciens à côté des plus belles compositions de David, de Gérard, de Girodet, contribuèrent aussi à embellir cette charmante habitation ; enfin, la Malmaison dut encore à Joséphine une école d'agriculture, une bergerie destinée au perfectionnement de la race des mérinos, et des serres magnifiques, où Joséphine avait réuni les plantes et les fleurs exotiques les plus rares. Elle s'y réfugia en 1814, y reçut la visite de l'empereur Alexandre et du roi de Prusse Frédéric Guillaume, et y mourut bientôt après. La Malmaison a été depuis habitée par Marie-Christine, reine douairière d'Espagne.

MALMENER, v. a., réprimander, maltraiter de paroles et d'actions. Il signifie aussi faire essuyer à quelqu'un un grand échec, une grande perte.

MALMESBURY (James Harris, comte de), pair d'Angleterre, né le 20 avril 1746, à Salisbury, mort en 1832, occupa les hauts emplois de la diplomatie dans diverses cours de l'Europe. Il publia une *Introduction* à l'histoire de la république de Hollande, de 1777 à 1787, in-8°, 1788. On a les *Œuvres* de James Harris, avec une *Notice* sur sa vie et sur son caractère, par son fils, 2 vol. in-4°, 1807.

MALMOE, ville de Suède, située sur le Sund, presque vis-à-vis de Copenhague par les 55° 36' 37" de latitude N. et par les 10° 41' 4" de longitude orientale. Cette jolie ville est défendue par un château fort qui la domine. Il faut citer entre autres monuments qu'elle contient l'église de Saint-Pierre et sa place. Son commerce est considérable tant par l'exportation de ses céréales, dont on fait jusqu'à 12,000 chargements par année que par ses produits industriels qui sortent de ses raffineries de sucre, de ses manufactures de draps, de tapisseries, de chapeaux, de tabac, de savon et d'empois. Les navires de fort tonnage qui ne peuvent avancer jusque dans son port, qui n'est qu'un bassin artificiel, se trouvent néanmoins en sûreté dans sa rade large et profonde. Sa population s'élève à environ 5,000 habitants. Elle est le chef-lieu de la préfecture de Malmohus, qui est bornée au N. et à l'E. par le Cattegat et la préfecture de Christianstadt, au S. par la mer Baltique, et à l'O. par le Sund.

MALO ou **MACLOU**, ou **MAHOULT** (Saint), fils d'un gentilhomme de la Grande-Bretagne, et cousin-germain de saint Samson et de saint Magloire, fut élevé dans un monastère d'Irlande, puis élu évêque de Gui-Castel; son humilité lui fit refuser cette dignité. Le peuple voulant le contraindre de l'accepter, il passa en Bretagne, et se mit sous la conduite d'un saint solitaire nommé Aaron, proche d'Aleth en Bretagne. Quelque temps après, vers 541, il fut élu évêque de cette ville, et y fit fleurir la religion et la piété. Il se retira ensuite dans la solitude auprès de Saintes, et y mourut le 15 novembre 565. C'est de lui que la ville de Saint-Malo tire son nom, parce que son corps y fut transporté après que la ville d'Aleth eut été réduite en un village nommé Guidalet ou Guichalet, et que le siège épiscopal fut transféré à Saint-Malo.

MALOTRU, UE. s., terme d'injure et de mépris par lequel on désigne une personne maussade, mal faite, grossière.

MALOUET (Pierre-Victor), ministre de la marine sous Louis XVI, naquit à Riom, en 1740, d'une famille honorable, mais peu fortunée. Elevé chez les oratoriens, il pensa d'abord à entrer dans leur congrégation, mais détourné de cette carrière, il fit ses études de droit, puis renonça au barreau pour s'occuper de poésie; il composa même une tragédie et deux comédies. Sur les observations de Lekain, il quitta ce genre de littérature, et fut nommé à 18 ans chancelier du consulat de Lisbone. Étant entré en 1763 dans la marine, il fut employé à Saint-Domingue et à Cayenne. Revenu en France en 1779, il fut nommé l'année suivante intendant de la marine à Toulon. Il occupait cette place lorsque les troubles révolutionnaires vinrent à éclater; député par le bailliage de Riom aux états généraux de 1789, il s'y fit remarquer par une grande modération, et quoiqu'il parût désirer quelques réformes dans le gouvernement, il fut toujours sincèrement attaché à la cause de la monarchie. Il avait contribué à la réunion des trois ordres, néanmoins il s'opposa à ce que cette assemblée se déclarât nationale, persuadé que cette dénomination était contraire à la constitution de la monarchie, il combattit aussi de toutes ses forces la déclaration des droits de l'homme, se déclara pour le veto suspensif, et chercha, mais inutilement, à faire réprimer les journaux incendiaires et les écrits séditieux, qui, avec la corruption, répandaient dans la dernière classe de la société l'esprit de révolte et d'insubordination. Il défendit et fit acquitter le chef d'escadre Albert de Riom, inculpé dans la révolte des matelots de Toulon. En 1790, il défendit les prérogatives royales, et demanda que le roi fût temporairement investi du pouvoir dictatorial; cette demande fut écartée par une forte majorité. Après avoir fait annuler le décret de prise de corps lancé en 1781 contre son ami Raynal, il s'opposa avec énergie au projet d'organisation de la marine et à celui qui tendait à établir une haute cour nationale, sommant l'assemblée de statuer sur les crimes de lèze-nation; le 25 juin, malgré les vociférations menaçantes du tribunal, il protesta avec force contre la manière illégale dont le malheureux Louis XVI était conduit prisonnier à Paris. A l'époque du funeste voyage à Varennes, il arracha une affiche qui proclamait la république, dénonça cette affiche à l'assemblée, et repoussa comme attentatoire à la nouvelle constitution, le projet de suspendre l'exercice du pouvoir royal. Lorsque la marche de la révolution prit tout-à-fait un caractère effrayant, Malouet fut appelé au conseil du roi, où il redoubla d'efforts pour retarder la chute de la monarchie, jusqu'à la terrible journée du 10 août 1792: un si noble dévouement devait le signaler à la hache révolutionnaire. Après avoir échappé aux massacres de septembre, il se rendit à Londres d'où il écrivit au conseil exécutif, pour obtenir la permission de venir défendre Louis XVI, au péril de sa vie. La convention passa à l'ordre du jour, et, pour toute réponse, inscrivit le courageux pétitionnaire sur la liste des émigrés. Malouet publia la défense de Louis XVI. Rentré en France vers 1801, il fut regardé comme suspect et arrêté, mais relâché presqu'aussitôt, il fut nommé commissaire général de la marine à Anvers, pour y diriger les travaux immenses projetés dans ce port; en 1808, il fut maître des requêtes, et deux ans après, Napoléon le nomma conseiller d'état et commandant de la Légion-d'Honneur. Il fut éloigné du conseil et exilé à 40 lieues de Paris. A l'époque de la restauration, le gouvernement provisoire le nomma commissaire au département de la marine; le 13 mai, le roi le fit ministre secrétaire d'état au même département, et le créa peu après chevalier de Saint-Louis. Malouet continua de montrer beaucoup de zèle et d'activité dans son administration; mais ses travaux achevèrent de ruiner sa santé déjà affaiblie par les troubles d'une vie agitée, il mourut le 7 septembre 1814. Malouet

avait eu toujours beaucoup de goût pour les lettres, qu'il cultivait au milieu de son administration. Il a laissé plusieurs écrits sur les colonies et l'esclavage des nègres. Ils ont pour titre : *Mémoires sur l'esclavage des nègres*, 1788, in-8°; 2° *Mémoires sur l'administration du département de la marine*, 1790, in-8°; 3° *La Collection de ses opinions*, 3 vol. in-8°; Paris, 1791 et 1792, in-8°; 4° *Défense de Louis XVI*, 1792, in-8°; 5° *Examen de cette question : quel sera pour les colonies de l'Amérique le résultat de la révolution française*, Londres, 1797, in-8°; 6° *Collection des mémoires et correspondances secrètes et officielles sur l'administration des colonies et notamment sur la Guyane*, Paris, 1802, 5 vol. in-8°; 7° *Considérations historiques sur l'empire de la mer chez les anciens et les modernes*, Anvers, 1810, in-8°. 8° *Le Poëme des quatre parties du jour* a été inséré dans les *Soirées provençales* de M. Béranger; 9° *Divers morceaux dans les Archives littéraires*, et des lettres dans les *Mélanges philosophiques et littéraires*, Paris, 1804, 4 vol. in-8°. Suart, après la mort de son ami, a publié sur sa vie et sur ces écrits une notice qui fut insérée dans la *Gazette de France* du 14 septembre 1814.

MALOUINES, groupe de deux grandes îles et de plusieurs petites, situées dans l'océan atlantique austral, à la pointe méridionale de l'Amérique du sud, et en face du détroit de Magellan. La plus orientale des deux grandes îles s'appelle Ile-Orientale; par les Anglais *East-Falkland*, et par les Espagnols *Isla de la Soledad*; l'autre Ile-Occidentale et *West Falkland*. Les côtes de ces îles sont profondément découpées par les courants qui y ont creusé une foule de baies et de rades sûres pour les vaisseaux. Le sol, entrecoupé de collines, de plaines et de vallées, est assez fertile. La végétation y est vigoureuse, mais on n'y voit guère que des mousses, des lichens et des plantes anti-scorbutiques, et pas un arbuste à cause des exhalaisons maritimes. Découvertes en 1594 par Richard Hawkens, sous le règne de la reine Elisabeth, ces îles furent découvertes, disent les Espagnols, par Americ Vespuce dès 1502, mais rien n'est moins prouvé que cette assertion. Vers le milieu du XVIIᵉ siècle, des navigateurs partis de Saint-Malo leur donnèrent le nom de Malouines, et en 1764 Bougainville y fonda un établissement, auquel nous fûmes forcés de renoncer sur les réclamations de l'Espagne. Mac Bride, capitaine anglais, s'y était établi vers la même époque, mais avec plus de réussite, grâce à l'entêtement des Anglais. En 1828, le gouvernement de Buenos-Ayres fit occuper le port de la Soledad, et depuis, les Anglais y ont formé un lieu de relâche.

MALPIGHI (Marcel), médecin et célèbre anatomiste, né à Crevalcuore, près Bologne, le 10 mars 1628, mort à Rome en 1694, professa la médecine à Bologne, à Pise, à Messine. La Société royale de Londres se l'associa en 1669. Le cardinal Antoine Pignatelli, qui l'avait connu à Bologne pendant sa légation, étant monté sur le trône pontifical sous le nom d'Innocent II, l'appela à Rome, et le fit son premier médecin. Ce savant laissa un grand nombre d'ouvrages en latin, qui prouvent qu'il s'était beaucoup occupé de l'anatomie, mais aussi qu'il était peu versé dans les belles-lettres; sa diction est mauvaise et difficile à comprendre. On les a réimprimés tous à Venise, 1735, in-fol., avec des notes de Faustin Gavinelli. Malpighi n'était pas égoïste : il ne rougissait point d'attribuer la plupart de ses découvertes à son ami Borelli, qu'il avait connu à Pise.

MALPIGHIACÉES (bot.), famille de plantes dicotylédonées polypétales, hypogynes, dont les caractères sont : calice 5, parti dont souvent plusieurs folioles (4 en général), portent extérieurement deux glandes. Autant de pétales alternes plus longs à onglets filiformes; à limbes entiers ou frangés, à préfloraison convolutive. Etamines le plus souvent en nombre double; filets le plus souvent soudés à leur base, très rarement libres; anthères biloculaires, introrses, avec un connectif plus ou moins développé. Ovaires au nombre de trois, le plus souvent dictincts, ou plus ordinairement soudés en tout ou en partie, contenant chacun un ovule ascendant sur un funicule large et pendant. Autant de styles distincts ou soudés dans une étendue plus ou moins grande; stigmates terminaux. Carpelles en nombre égal ou réduits par avortement, tantôt confondus en un seul fruit drupacé ou ligneux, tantôt distincts dès le principe, ou se séparant seulement à la maturité. Les végétaux de cette famille sont des arbres ou arbrisseaux ou même des lianes remarquables par les découpures de leur système ligneux partagé en plusieurs lobes auxquels s'interpose l'écorce, ou finissant même par se fractionner en plusieurs gros faisceaux qui simulent autant de branches tordues ensemble. Leurs feuilles sont généralement opposées, simples, le plus souvent entières, munies de glandes sur les parties ou sur leur face inférieure. Ces diverses parties couvertes de poils ordinairement attachés par le milieu et fourchus ou couchés sur les surfaces. L'inflorescence est indéfinie, axillaire ou terminale en grappes, en corymbes ou en ombelles, le plus souvent 4 flores. Ces fleurs sont rouges ou jaunes, plus rarement blanches. Les genres très nombreux sont répartis dans plusieurs tribus, selon que les carpelles sont dépourvus ou munis d'ailes, et selon la forme qu'elles affectent.   J. P.

MALPIGHIER, *malpighia* (bot.), genre de famille des malpighiacées à laquelle il donne son nom de ladécandrie trigynie dans le système de Linné. Le grand groupe des Malpighiers de Linné a été beaucoup modifié et restreint par les botanistes modernes. Tel qu'il a été limité aujourd'hui, le genre malpighia se compose de petits arbres et d'arbrisseaux qui habitent l'Amérique, dont les feuilles sont opposées, entières ou bordées de dents épineuses, portées sur un court pétiole; ces feuilles présentent chez quelques espèces des poils en navette, et sont accompagnées de deux petites stipules tombantes. Leurs fleurs sont rouges, rosées ou blanchâtres, sessiles ou pédiculées, réunies le plus souvent en ombelles ou en corymbes, pour la plupart axillaires; elles sont portées sur un pédicelle articulé sur un pédoncule, et au point marqué par cette articulation se trouvent deux bractéoles; chaque fleur présente un calice bifide à cinq divisions munies chacune de deux glandes manquant quelquefois sur une, deux ou trois d'entre elles. Corolle de 5 pétales à long onglet, à limbe denticulé; 10 étamines toutes fertiles, dont les filaments se réunissent en tube à leur partie inférieure; 3 styles tronqués à leur extrémité; un ovaire glabre, à 3 loges. Le fruit est charnu et renferme un endocarpe osseux partagé en trois noyaux faiblement réunis entre eux le long de l'axe central, présentant à leur côté externe 3-5 ailes ou crêtes. Parmi les vingt espèces que renferme ce genre, nous citerons : le malpighier glabre (*malpighia glabra*), qui croît dans les parties chaudes de l'Amérique où il porte le nom de cerisier des Antilles. C'est un arbrisseau toujours vert qui atteint 4 à 5 mètres de hauteur, ses feuilles sont ovales, aiguës, très entières, portées sur un pétiole court, ses fleurs sont purpurines, petites, réunies en ombelle; le fruit qui leur succède est une sorte de drupe rouge de la forme et de la grosseur d'une cerise, d'une saveur aigrelette, mais assez agréable au goût. Nous citerons encore le malpighier brûlant (*malp. urens* Lin.), des Antilles, dont les feuilles hérissées de poils en navette produisent un effet analogue à celui des orties.   J. P.

MALPLAISANT, **ANTE**, adj., désagréable, fâcheux. Il se dit plus ordinairement des choses que des personnes. Il vieillit.

MALPROPRE, adj. des deux genres, qui manque de propreté, qui est sale.

MALPROPRETÉ, s. f., défaut de propreté, saleté.

MALSAIN, **AINE**, adj., qui est habituellement malade, qui n'est pas sain, qui a en soi le principe de quelque maladie. Il signifie aussi en parlant des choses, qui est contraire à la santé.

MALSÉANT, **ANTE**, adj., messéant, contraire à la bienséance.

MALSONNANT, **ANTE**, adj., t. de théologie, hasardé, téméraire, qui semble contraire à la véritable doctrine. Cela est malsonnant se dit, par extension, d'un discours, d'une expression qui semble contraire à la morale, à la bienséance.

MALT (ILE DE). Cette île est située à 25 lieues des côtes méridionales de la Sicile, au milieu de la Méditerranée. Le sol n'est qu'un rocher recouvert d'une légère couche végétale qui a été apportée à grands frais de la Sicile et de la Provence; on la cultive avec le plus grand soin, et elle produit des oranges très estimées, des limons, des grenades, un peu de blé, du miel, de l'indigo, du coton, dont les habitants fabriquent tous les ans des bas et des étoffes qu'ils exploitent en grande quantité pour une somme de 180,000 à 200,000 fr. Le pays abonde en gibier, et les côtes sont extrêmement poissonneuses. Cette île contient 3 villes, 6 bourgs, 16 villages, 10 petits, la plupart fortifiés, et un grand nombre de forteresses. La capitale est La Vallette. Homère, dans l'Odyssée, parle de cette île qu'il nomme Ὑπέρια (Hyperie). Les phéniciens s'en emparèrent vers 1519 avant notre ère et

en firent une de leurs plus puissantes colonies. Son premier nom fut alors changé en celui d'Ogygie. Les Grecs à leur tour chassèrent les Phéniciens et s'y établirent vers 732, avant J.-C., et la nommèrent Μελίτη, sans doute à cause de l'excellent miel qu'elle produit. Aux Grecs succédèrent les Carthaginois, et sous leur empire, Malte vit s'étendre ses relations commerciales et sa puissance. Rome, comprenant de quelle importance devait être pour elle cette île riche et si bien située, fit tout ce qu'elle put pour s'en emparer. Le consul Cornelius la soumit lors de la première guerre punique; mais les Romains ne purent s'y maintenir que l'an 242 avant J.-C., après la victoire navale de C. Lutatius. Tranquilles possesseurs de cette île, les Romains lui donnèrent le titre de municipe, laissèrent les habitants se gouverner par leurs propres lois, et se contentèrent de placer un propréteur qui relevait du préteur de Sicile. Le commerce et les manufactures y firent de rapides progrès; les tissus de lin et de coton se distinguaient, entre autres produits, par la finesse et la perfection du travail, et jouissaient dans l'antiquité d'une grande réputation. Dans le partage de l'empire romain, l'île de Malte échut à Constans. Mais au v⁰ siècle de notre ère, elle tomba au pouvoir des Vandales déjà maîtres de la Sicile; les Goths en chassèrent bientôt ceux-ans après; et l'île retomba sous la puissance romaine dans le vi⁰ siècle. Prise dans le ix⁰ par les Sarrasins, elle fut reconquise par les Grecs, puis reprise par les Sarrasins sur lesquels les Normands la conquirent en 1120. Elle passa des mains de ceux-ci à celles des Allemands, par le mariage de Constance, héritière de Sicile, avec Henri IV, fils de l'empereur Barberousse, et dès lors Malte ne fut plus qu'un fief d'Allemagne, dont Guillaume le Gros, amiral de Sicile, fut le premier comte. Charles d'Anjou, frère de Saint-Louis, la posséda un instant, et deux ans après les Vêpres Siciliennes (1285), elle passa aux rois d'Aragon et de Castille et devint l'apanage d'un fils naturel du roi espagnol et de quelques favoris. En 1530 (24 mars), Charles-Quint fit donation de cette île à l'ordre des chevaliers de Saint-Jean de Jérusalem, en réservant toutefois tous les droits de suzeraineté aux rois de Sicile. Elle resta sous leur domination jusqu'en 1798, et eut à subir pendant cet intervalle plusieurs attaques de la part des Musulmans. Dragut l'assiégea en 1550 et fut forcé de se retirer devant la résistance acharnée que lui opposèrent les chevaliers. Soliman ne fut pas plus heureux en 1565. Enfin, en 1798 Bonaparte la prit en se rendant en Egypte et y laissa le général Vaubois avec 4,000 hommes. Celui-ci fut obligé de rendre l'île aux Anglais après la plus vigoureuse résistance, et un terrible blocus qui, commencé en 1798, ne se termina qu'en septembre 1800. Depuis, Malte a appartenu à l'Angleterre à laquelle elle a été cédée par le traité de 1814. Les Anglais y ont établi un gouverneur et une garnison de 4,000 hommes; et cette île est devenue l'entrepôt de leur commerce dans la Méditerranée; une flotte y vient souvent stationner pour observer les éventualités politiques dans le Levant et les états baignés par la Méditerranée. La prospérité de Malte grandit chaque jour. Elle tend à devenir le centre de la navigation par la vapeur qui rattache la France et l'Italie aux côtes de l'Egypte et de la Turquie, l'occident à l'orient. Déjà le monopole des grains a été aboli, et l'on a imposé à l'importation un droit variable, comme en Angleterre, suivant le prix de la denrée. La population de Malte est d'environ 100,000 habitants.

MALTE, s. m., (on prononce l'L et le T), terme emprunté de l'anglais, drèche, orge préparée pour faire de la bière.

MALTE (ORDRE DE). Il en est de l'ordre des chevaliers, appelés d'abord de St-Jean de Jérusalem, ensuite de Rhodes et enfin de Malte, comme de la plupart des anciens établissements qui ont de la célébrité. Son origine enveloppée d'un nuage épais, est presque impénétrable à l'œil perçant de la plus prévoyante critique. C'est ce qu'on en rapporte de Guillaume de Tyr, auteur qui, au jugement de l'abbé de Vertot, doit passer pour original en ce qui concerne les hospitaliers de Saint-Jean, c'est dans l'ordre de Saint-Benoît que cet établissement a pris naissance. Des marchands d'Amalfi, dit-il (L. xviii, pp. 933-935), qui trafiquaient dans la Palestine, ayant à cœur de visiter les lieux saints, obtinrent du calife d'Egypte une place dans la ville de Jérusalem. Sur ce terrain ils construisirent un hospice pour la commodité de leur nation, et en face de l'église de la Résurrection, ils en érigèrent un, sous l'invocation de la Sainte Vierge pour les religieux bénédictins, qu'ils firent venir de leur pays avec un abbé. Les fondateurs étant Latins et le service se faisant suivant leur rit, le monastère prit le nom de *Monasterium de Latina*. Guillaume de Tyr ajoute que les Omalfitains établirent aussi dans la même ville un monastère de religieuses, sous le titre de Sainte-Marie-Magdeleine, pour les femmes qui venaient visiter les saints lieux, et nomme Agnès l'abbesse qui le gouvernait lorsque Jérusalem tomba au pouvoir des Francs. La charité, dit-il, engagea les religieux du monastère latin à former un hospice, dédié à Saint-Jean l'aumônier, pour les pèlerins, tant malades qu'en santé, tous réduits à une profonde misère par les mauvais traitements qu'ils éprouvaient de la part des infidèles; et ces pieux établissements étaient soutenus par les sommes que les Amalfitains faisaient passer annuellement à Jérusalem. Ni cet historien, ni Jacques de Vitri, qui le copie en ceci, ne nous apprennent quel fut proprement l'état des personnes qui desservaient l'hospice des pèlerins, sous les ordres de l'abbé de Sainte-Marie. Mais Sperius, dans sa chronique, assure positivement que c'étaient des oblats ou frères laïques, de l'ordre de Saint-Benoît, et que telle est l'origine des chevaliers de Saint-Jean. *Fratres St-Johannis in Jerusalem*, dit-il, *qui alio nomine dicuntur hospitalarii, primo fuerunt fratres laïci sub abbatte B. Maria de Latinis ordinis S. Benedicti professi*. De ces autorités et d'autres semblables on a inféré que ces hospitaliers ne furent point militaires dans leur institution, et qu'ils ne le devinrent dans la suite que par la nécessité où l'abbé Sainte-Marie se trouva de les armer pour aller escorter les pèlerins que les Arabes attaquaient sur les chemins. Alors, dit-on, ayant un capitaine à leur tête pour les commander en campagne, ils ne voulurent bientôt plus reconnaître d'autre supérieur dans l'hospice, et secouèrent tellement le joug de l'abbé et des moines, qu'ils quittèrent même la règle de St-Benoît pour suivre celle de St-Augustin, comme plus conforme à leur état. Mais tout ce récit adopté par D. Mabillon (Ann. B. L. 69, n° 10), est fortement combattu par le P. Antonio Paoli dans un savant ouvrage, publié à Rome en 1781, sur l'origine et l'institut primitif de l'illustre établissement dont nous parlons. Suivant cet auteur, le monastère de Sainte-Marie et l'hospice établi pour les pèlerins, n'ont jamais rien eu de commun. Il n'y a pas de preuve, dit-il, que le premier ait existé avant la conquête de Jérusalem par les Francs; et la fondation du second, qui n'a jamais eu d'autre patron que saint Jean-Baptiste, paraît concourir avec cette époque. Ce ne fut point du monastère, ajoute-t-il, que furent tirés ceux qui desservaient cet hospice; et jamais ils n'ont professé d'autre règle que celle de St-Augustin, en s'obligeant aux trois vœux monastiques qu'elle prescrit. Il est porté même à croire qu'ils furent militaires, aussi bien qu'hospitaliers, par leur première institution. Les bornes étroites où nous sommes obligés de nous renfermer, ne nous permettent pas de discuter les preuves dont l'auteur appuie ses opinions. Il nous suffit de dire qu'étant presque toutes négatives, elles n'opèrent pas, malgré la grande érudition dont est semé l'ouvrage, une entière conviction. Laissant donc au lecteur à décider la question touchant l'origine et le premier état militaire et hospitalier de l'ordre de St-Jean, nous nous bornerons à donner la suite des grands maîtres avec les principaux traits de leur gouvernement, sur quoi nous prévenons que notre principal guide pour la chronologie sera le père Sébastiano Paoli dans son excellent ouvrage qui a pour titre : *Codice diplomatico del sacro ordini militare Gerosolimitano, oggi di Malta*. Ainsi, quand nous citerons des chartes pour appuyer nos époques, c'est à ce recueil que nous enverrons, à moins que nous n'indiquions d'autres sources. Mais avant que d'entamer ce dénombrement, il est à propos de tracer une idée succincte de la constitution de l'ordre, tel qu'il existait avant la révolution. On distingue dans l'orde de Malte cinq classes : 1° les chevaliers de justice qui doivent faire preuve de seize quartiers de noblesse, huit paternels et huit maternels; 2° les chapelains conventuels; 3° les servants d'armes; 4° les prêtres frères d'obédience; 5° les donats, qui ne portent que la croix à trois branches. Les trois premières classes forment ce qu'on appelle le triumvirat. Elles concourent à l'élection du grand-maître. Ce sont ces trois classes qui composaient les assemblées de langues à Malte, et les chapitres provinciaux dans les grands prieurés respectifs. Les prêtres d'obédience étaient attachés à l'ordre, et faisaient leurs vœux pour posséder des bénéfices auxquels il avaient été nommés. La demi-croix de donat se conférait à des personnes laïques, que le grand-maître voulait récompenser pour services rendus à la religion. Les chevaliers, les chapelains conventuels, les servants d'armes sont reçus de minorité (bas âge), ce qui ne peut se faire sans dispense du pape; ou de majorité, c'est-à-dire à seize ans accomplis, suivant l'âge de leur réception. La dot ou passage à payer au trésor est plus ou moins considérable. Dans le rang des chevaliers, il faut distinguer celui des pages du grand-maître, qui en avait 24 destinés à son service. Ils y étaient admis depuis 12 ans jusqu'à 15 ans, après avoir préalablement fait leurs preuves. Celles des chapelains conventuels et des servants d'armes consistaient à établir cinq générations de la bourgeoisie la plus honorable. Quant aux frères d'obédience, les statuts n'exigeaient que la légitimité. Pour éviter la confusion que la multiplication pouvait occasionner, on partagea le corps en huit langues ou nations, savoir : la française qui en a toujours eu trois, celle Provence, ville d'Auvergne, et celle de France proprement dite; l'italienne, l'aragonnaise, l'allemande, la castillane et l'anglaise qui étant devenue nulle depuis que le schisme a séparé de l'église le royaume d'Angleterre, on lui a substitué en 1782, sous le magistère d'Emmanuel de Rohan, la langue bavaroise, dite anglo-bavaroise, ce qui fait en tout huit langues. L'hérésie a fait éprouver de grandes pertes à l'ordre en Allemagne, telles que celles du grand prieuré de Hongrie, que les jésuites avaient envahi les revenus, des bailliages de Brandebourg et de St-Joseph, sans parler des grands prieurés de Suède et de Danemarck. Les principales charges de l'ordre sont les grand-croix, baillis capitulaires qui composent le conseil du grand-maître. Les voici par ordre : l'évêque de Malte, le prieur de l'église, les chefs (autrement dit les piliers) des huit langues, savoir : 1° le grand commandeur de la langue de Provence, il faisait les fonctions de président de la chambre du trésor, celui de St-Jean de Malte était sous son inspection; il gouvernait l'artillerie et la partie des approvisionnements; 2° le maréchal qui se prenait dans la langue d'Auvergne, il avait le commandement des troupes de la ville Valette dans l'absence du grand-maître; c'est sous sa garde que l'étendard de la religion était conservé dans l'auberge (hôtel de sa langue); 3° le grand hospitalier pour la langue de France, dont la charge est de veiller au soin des malades; il nommait aux places du commandeur et du prieur de l'infirmerie; ce dernier présidait les douze prêtres frères d'obédience chargés du spirituel, dans l'intérieur de l'hôpital; 4° l'amirale de la langue d'Italie, il était le premier né des tribunaux de la marine, et surveillait les arsenaux des galères et des vaisseaux; par sa prééminence il mettait en possession le général et les capitaines des galères, quoique ces emplois fussent à la nomination du grand-maître; 5° le grand conservateur pour la langue d'Aragon. Ses fonctions étaient de signer les billets de solde et de visiter l'argenterie de l'hôpital; 6° le turcopolier dans la langue anglo-bavaroise, qui commandait la cavalerie légère, et veillait aux gardes dans la campagne; 7° le grand bailli, pris dans la langue d'Allemagne. Il avait l'inspection sur les forteresses de Tripoli en Barbarie, et avant la révolution sur celles du Goze; 8° le grand chancelier pour la langue de Castille, élu alternativement par le grand prieur de ce nom, et par celui de Portugal. Sa prérogative était de surveiller les affaires de la chancellerie, et de nommer le vice-chancelier. Outre les deux prélats, les piliers des huit langues et les baillis capitulaires, ceux de grâce, tel que le général des galères, composaient aussi le conseil. Les langues contenaient respectivement plus ou moins de prieurés. La langue de Provence était composée de deux grands prieurés de St-Gilles, de Toulouse et de Manosque; la langue d'Auvergne, du seul grand prieuré de ce nom et du bailliage de Bourganeuf; la langue de France, des grands prieurés de France, d'Aquitaine, de Champagne, des grands bailliages de St-Jean-de-Latran, dit de la Morée, et de la trésorerie lès Corbeil; la langue d'Italie, les sept grands prieurés de Rome, Lombardie, Venise, Bèse, Barlette, Messine, Cepone; des bailliages de Sainte-Euphémie, de Naples, St-Sébastien, la Roccella, Venose et Crémone; la langue d'Aragon, la grande Castellanie (prieuré) d'Emposto; des grands prieurés de Catalogne, de Navarre; des bailliages de Majorque, de Négrepont et de Capse; la langue anglo-bavaroise, du grand prieuré de Bavière, d'un bailliage effectif de trois dignités *in partibus* de grand prieur d'Angleterre, des baillis de l'Aigle et d'Arménie (le Saint Siége s'était réservé la nomination de ces trois titres); la langue d'Allemagne, du grand prieuré de ce nom, de celui de Bohême, de celui de Pologne, institué en 1776, du grand prieuré de Hongrie; des bailliages de Brandebourg et de St-Joseph; la langue de Castille, des deux grands prieurés de Castille, de Portugal, des bailliages de Leze et d'Acre. L'évêque de Malte et le prieur de l'Église le prenaient toujours dans le rang des chapelains conventuels et étaient grand-croix. Ce dernier était un prélat en dignité, élu par le grand-maître et le conseil. Il présidait le corps des chapelains conventuels dans l'église majeure de St-Jean. Seul, il gouvernait le spirituel de l'ordre, et par ses vicaires généraux dans tous les grands prieurés. L'évêque n'avait de juridiction que sur le clergé des deux îles de Malte et du Goze. Dans les grands prieurés sont comprises les commanderies, auxquelles les chevaliers parviennent suivant leur rang d'ancienneté. Cette élection, appelée émulation, se faisait à Malte, dans les assemblées des langues respectives. Les chapelains conventuels et les servants d'armes avaient des commanderies qui leur étaient affectées, et pour lesquelles ils concouraient également les uns et les autres. Le grand-maître, à compter du jour de son élection, conférait tous les cinq ans une commanderie de grâce dans chacun des grands prieurés. Les grands prieurs jouissaient de cette prérogative; mais ce n'était qu'autant qu'ils avaient rempli toutes leurs obligations, surtout celle de faire par eux-mêmes ou de faire faire tous les cinq ans, la visite des dignités, commanderies ou bénéfices de leur district. Le chapitre général est le tribunal suprême qui se convoquait rarement. Il avait seul le pouvoir de faire des changements dans les statuts, d'imposer des torces qu'on appelait responsions. Nous ne pouvons rien assurer de positif sur leur premier habillement. On prétend que la croix de toile blanche à huit pointes, qu'ils portent sur leur habit devant la poitrine est de l'institution primitive. La croix d'or, pendue au cou, n'est, dit-on, que pour l'ornement. Cependant Guibert de Nogent (Gesta dei, l. v, p. 408), nous apprend qu'au siége d'Autriche en 1098, les croisés, pour se mieux distinguer des infidèles, commencèrent à porter au cou des croix d'argent ou d'autre métal suivant leurs facultés; et il n'est pas vraisemblable que les hospitaliers ne les aient pas imités en ce point. Ainsi la croix d'or parait aussi ancienne parmi eux que la croix de toile. A la guerre contre les infidèles, ils portent une soubreveste rouge, en forme de dalmatique, avec une croix blanche sans pointes par devant et par derrière. Nous en verrons ci-après l'origine. Nous observerons enfin que l'ordre dont il s'agit est composé des deux sexes. Dès la fondation de l'hôpital de St-Jean, on s'aperçut qu'il fallait pourvoir aux besoins des femmes comme à ceux des hommes. C'est ce qui donna lieu à un second établissement, à la tête duquel on mit une dame romaine, que Guillaume de Tyr, comme on l'a déjà dit, nomme Agnès; ce qui est confirmé par un ancien manuscrit de la reine de Suède. Agnès fit observer la même règle que celle des hospitaliers dans son monastère, qu'elle soumit au chef de l'ordre. Cet institut se répandit en divers lieux, et subsistait encore avant la révolution.   O. B.

MALTE-BRUN (CONRAD), dont le véritable nom était Malte-Conrad-Brunn, né en 1775 dans le Jutland, en Danemarck, mort à Paris le 8 décembre 1826, était destiné à l'état ecclésiastique; mais, au lieu de se livrer à des études sérieuses, il rédigea un Journal des théâtres. Ayant publié, en 1796, le Catéchisme des aristocrates, pamphlet virulent contre la noblesse et contre les souverains coalisés pour faire la guerre à la France, il dut s'expatrier. A Hambourg, il se fit chef d'une association dite de Scandinaves unis, dont le but était de former une république fédérative des trois royaumes de Suède, de Danemarck et de Norwége. Il parait qu'il avait choisi douze prosélytes qui, comme autant d'apôtres, allaient répandre les nouvelles doctrines dans les différentes parties du Nord. Poursuivi par les tribunaux de Copenhague, Malte-Brun fut condamné, par contumace, au bannissement perpétuel des Etats du Danemarck. Il vint alors à Paris, et son premier soin fut de se faire affilier à une loge de francs-maçons, qui lui procura d'utiles protecteurs dans sa carrière littéraire en France. Rédacteur du Journal de l'Empire, il en prit sans peine l'esprit, et paya son tribut d'éloges à Buonaparte. Malte-Brun possédait à fond la géographie, et coopéra, sous la direction de Mentelle, à la Géographie mathématique, physique et politique, 16 vol. in-8° avec atlas. Après avoir publié un Tableau de la Pologne ancienne et moderne, 1 vol. in-8°, il fit paraître un ouvrage périodique intitulé Annales des voyages, de la géographie et de l'histoire, qui eut beaucoup de succès. Quelques démêlés avec les propriétaires du Journal de l'Empire lui firent perdre sa place de rédacteur, et de ce moment il publia un journal pour son

compte, le Spectateur. Il ne cessait pas pour cela de songer à régénérer le Nord; mais, ses efforts échouant de ce côté, il s'occupa aussi inutilement d'une nouvelle colonie en Amérique. Sur ces entrefaites parut son Précis de géographie universelle, 5 vol. in-8°. Lors de la restauration, Malte-brun travailla pour la Quotidienne, et sut aussi en saisir la couleur. Quand le débarquement de Buonaparte à Cannes contraignit Louis XVIII à se retirer à Gand, il fit paraitre l'Apologie de ce monarque (1815). Au retour du roi, il travailla de nouveau au Journal des Débats, qu'il enrichit d'articles savants, critiques, littéraires et politiques.

MALTHÉE, malhea (poiss.), genre de poissons de l'ordre des acanthoptérygiens, à pectorales pédiculées, établi par Cuvier aux dépens des baudroies (Règn. anim., t. II, p. 252). J.-P.

MALTHUS (THOMAS-ROBERT), célèbre économiste anglais, membre de la Société royale de Londres et associé de l'Institut de France, mort à Bath le 29 décembre 1833, âgé de 69 ans, se fit connaître par un Essai sur le principe de la population, ou Vue de ses effets anciens et présents sur le bonheur de l'humanité, avec des recherches sur les moyens de diminuer les maux qu'elle occasione, in-8°, 1798 : ouvrage dont le mérite fut si généralement apprécié, qu'il eut en très peu de temps cinq éditions; la dernière est de 1817, 3 vol. in-8°. Il fut traduit en français sur la 4e édition, par P. Prevost, professeur de physique à Genève, 1803, 3 vol. in-8°. Néanmoins le système de l'auteur fut combattu par plusieurs écrivains anglais et allemands. En 1804, Malthus créa une chaire d'économie politique dans le collège de la Compagnie des Indes du Hertfordshire. Parmi les nombreuses publications qui suivirent l'Essai sur la population, la plus importante est Principes d'économie politique.

MALTOTE, s. f., exaction, perception d'un droit qui n'est pas dû, qui n'est pas légal. Par abus on a appelé de ce nom toute espèce de perception d'impôts. Il signifie aussi, familièrement, le corps des maltôtiers.

MALTRAITER, v. a., Traiter durement en actions ou en paroles. Il signifie aussi faire préjudice à quelqu'un, ne pas le traiter favorablement, soit à tort, soit à raison.

MALUS (ÉTIENNE-LOUIS), célèbre physicien, né à Paris, le 23 juin 1755, d'une famille honnête dont le chef était trésorier de France, fit de brillantes études et obtint des succès très grands, surtout dans les sciences mathématiques. Admis à l'âge de 17 ans à l'école militaire; il allait être nommé officier du génie lorsque la loi des suspects de 1792, qui atteignit sa famille le força de quitter l'école. Son courage et les mauvaises dispositions ne lui permirent pas de renoncer à la carrière qu'il avait résolu d'embrasser, il entra dans les rangs de l'armée en qualité de simple soldat; mais son mérite n'y resta pas longtemps obscur. Employé aux réparations du port de Dunkerque, il y fit longtemps un service obscur; mais ayant été remarqué par M. Lapère, ingénieur en chef chargé des travaux, celui-ci le désigna au gouvernement pour entrer à l'école polytechnique. Monge, qui connaissait Malus, le comprit au nombre des élèves qu'il destinait à devenir instructeurs de leurs camarades. Pendant 3 ans, cet élève se livra avec une ardeur infatigable aux études les plus compliquées, déjà même il s'occupait du grand problème de la direction des rayons lumineux, et préludait aux travaux qui devaient l'immortaliser un jour. La carrière des sciences lui fut momentanément fermée par la perte de sa fortune : il fut obligé d'entrer dans l'arme du génie, où il reprit son rang d'ancienneté. Malus fit d'abord partie de l'armée de Sambre-et-Meuse, il se trouva au passage du Rhin et à toutes les affaires de la campagne de 1797. Désigné pour l'expédition d'Egypte, il prit part aux batailles de Chebréis et des Pyramides, aux combats de Jabisk et aux siéges d'El-Arich et de Jaffa. Après cette dernière affaire, il fut chargé de relever les remparts de cette ville et de former des hôpitaux militaires, mais il fut attaqué de la peste dont il se guérit seul, et sans le secours de la médecine. Il fortifia ensuite Damiette, marcha contre les Turcs débarqués à Aboukir, et assista à la bataille d'Héliopolis, au combat de Coraïm, et à la seconde prise du Caire. Lors de la capitulation, il revint en France, où il arriva 26 octobre 1801. Le mauvais état de sa santé lui ayant fait obtenir un congé, il en profita pour aller en Allemagne où il épousa la fille du chancelier de l'université de Giessen, qu'il avait connue lorsqu'il était à l'armée de Sambre-et-Meuse, et qu'il allait épouser lorsqu'il fut appelé pour l'armée d'Egypte. A son retour, le gouvernement français le chargea de constructions importantes à Anvers et à Strasbourg, dès lors il se livra entièrement à ses recherches sur la direction des rayons lumineux lorsqu'ils sont réfléchis ou refractés sur des surfaces de courbures quelconques. Pour mieux faire connaître toute l'importance de ses travaux, nous emprunterons le passage suivant au discours que M. Biot, membre de l'Institut, prononça sur la tombe de Malus, le 25 février 1812, au nom des professeurs et des élèves de l'Ecole polytechnique : « Un premier mémoire sur l'optique, approuvé par l'Institut et inséré dans la *Collection de l'Ecole polytechnique*, dit M. Biot, rappela les élégants essais d'analyse auxquels il s'était autrefois exercé, et prouva qu'au milieu des hazards de la guerre il n'avait pas désappris à manier le calcul, ce puissant instrument de l'esprit humain. Bientôt après il réalisa, par une expérience ingénieuse, la différence importante que la théorie indiquait entre les angles, sous lesquels se réfléchit la lumière à l'intérieur ou à l'extérieur des corps, quoique toujours à une distance infiniment petite de leur surface. Cette théorie de la lumière qu'il devait enrichir un jour de découvertes nombreuses, semblait être spécialement destinée ; elle avait été l'objet de ses premières pensées à l'Ecole polytechnique : elle fut aussi le sujet de ses derniers travaux. La classe des sciences de l'Institut ayant proposé pour sujet du prix : *De la recherche des lois de la double refraction*, M. Malus entreprit un nombre immense d'expériences sur cette matière importante et difficile. Il reconnut, il prouva la vérité d'une loi découverte par Huyghens, et méconnue par Newton, il remporta le prix : mais ce qui était bien plus important que le prix même, et ce que personne n'aurait espéré, parce que personne ne le soupçonnait, il découvrit dans les affections des rayons lumineux, des propriétés toutes nouvelles, extrêmement remarquables, qui paraissent tenir de très près à la nature même de la lumière, et qui sont devenus entre ses mains la source d'un nombre infini de phénomènes jusqu'alors absolument ignorés. Ici, nous ne devons plus regarder Malus comme un simple homme de mérite ; c'est un homme de génie qui se place au premier rang parmi les inventeurs. Les savants français et étrangers s'empressèrent également de reconnaître ce talent extraordinaire ; la classe des sciences de l'Institut lui fit place parmi ses membres, où il succéda à un autre homme de génie, l'inventeur des Aérostats (Montgolfier). La société d'Arcueil s'honorait d'être la première à jouir de ses découvertes. La société de Londres lui décerna une médaille d'or, sorte d'hommage qui, par son indépendance, a quelque chose de pareil à celui de la postérité. Cette justice qu'on lui rendait si pleine et si entière, ne faisait que l'enflammer davantage. Il continua à suivre ses belles recherches avec un zèle infatigable, avec une sagacité vraiment merveilleuse. Cependant, ce plaisir d'invention qui devait être extrême pour lui, n'a jamais suspendu un seul instant les devoirs qu'il avait contractés, soit au comité des fortifications où il avait été appelé, soit à l'Ecole polytechnique où il avait été nommé examinateur pour la physique et la géométrie descriptive. On se rappelle encore avec douleur cette dernière fois, où déjà consumé par la maladie, il voulut encore remplir, et remplit en effet ces fonctions pénibles avec tout le feu de la jeunesse, avec toute la force qu'il ne pouvait puiser que dans son âme ; car son corps n'en avait déjà plus ; il allait être appelé à diriger les études de cette Ecole polytechnique qu'il avait tant aimée, dont il connaissait si bien le but et les avantages, qu'il aurait si aisément gouvernée par le seul frein de l'honneur et du respect, et qui, frappée de sa perte, vient ici pleurer sur son cercueil, entouré de l'estime publique qu'il méritait, d'amis nombreux qui appréciaient son génie et aimaient sa personne, comblé des soins d'une excellente épouse, mort dans des places éminentes, où son talent, ses services et sa probité l'avaient conduit, déjà célèbre depuis quatre ans par de grandes découvertes dans les sciences, voyant s'ouvrir devant lui une vaste carrière de travaux et de gloire, arrivé enfin au terme de tous ses vœux, de tous ses désirs, il meurt, il meurt avant sa 37ᵉ année, et il nous est enlevé pour toujours, et les sciences ont perdu en lui le flambeau qui allait les éclairer. » Malus était mort le 23 février 1812. Il faut encore consulter le discours que prononça M. Delambre, secrétaire perpétuel de la classe des sciences physique et mathématique de l'Institut, et qui se trouve dans les Mémoires de cette compagnie, année 1812. Malus a laissé des Essais d'optique analytique.

MALVACÉES, *malvaceæ* (bot.), famille de plantes établie par Jussieu, dans la classe des dicotylédonées polypétales hypogynes, qui présente pour principaux caractères : tige ligneuse ou herbacée, à suc aqueux ou mucilagineux ; feuilles alternes, simples ou composées, toujours accompagnées de stipules libres, assez grandes à la base des pétioles ; calice libre à préfloraison valvaire, pétales en nombre égal aux divions du calice à préfloraison ordinairement tordue, manquant quelquefois ; étamines en nombre égal ou multiple, soit isolées soit en faisceaux, opposées aux pétales ; carpelles distincts ou soudés entre eux, et souvent verticillés autour d'une colonne centrale qui devient libre par suite de la déhiscence ; graines variant par leur structure dans les divers groupes de cette famille, mais généralement presque dépourvues de périsperme ; les poils épars sur les diverses parties sont en étoile ou en pinceaux, et forment ainsi souvent un enduit tomenteux. On a réparti les genres nombreux de cette famille dans trois sous-familles renfermant chacune plusieurs tribus. I. Malvacées proprement dites, comprenant quatre tribus : 1° malopées, 2° sidées, 3° malvées, 4° hibiscées. II. Bombacées, renfermant les adansonies et les hélictérées. III. Sterculiacées, formant une seule tribu. Et IV. Byttnériacées, dans laquelle rentrent : 1° les lasiopétalées, 2° les byttnériées, 3° les hermanniées, les dombeyacées, et 5° les ériolænées. Les Malvacées sont des arbres, des arbrisseaux ou des plantes herbacées, très abondantes sous les tropiques en Amérique principalement. Le plus grand nombre de ces plantes sont imprégnées d'une substance mucilagineuse qui leur donne les propriétés émollientes qui les distinguent. C'est à cette famille qu'appartiennent les *gossypium* dont les graines sont recouvertes de filaments qui constituent le coton ; *theobroma*, célèbre par l'usage de la matière fournie par son embryon et connue sous le nom de cacao, etc. Nous parlerons dans des articles particuliers des plantes remarquables de cette famille. J.-P.

MALVASIA (CHARLES-CÉSAR), noble Bolonais et chanoine de la cathédrale, né en 1616, mort dans sa ville natale, en 1693, cultiva les arts et les lettres dans le XVIIᵉ siècle. Nous lui devons une assez bonne Histoire en italien, des peintres de Bologne, in-4°, 2 vol., 1678. Le comte Malvasia y fait paraître un peu trop d'enthousiasme ; mais ce sentiment est pardonnable dans un compatriote. On attaqua ce livre avec chaleur, et il fut défendu de même ; cependant, on ne peut jamais le laver de la tache d'avoir porté un jugement insensé contre Raphael, le prince de la peinture. On a encore de lui un ouvrage qui a pour titre : *Marmora felsinea*, 1690, in-4°. La liste de ses ouvrages se trouve dans les *Notizie degli scrittori Bolognesi*, d'Orlandi, p. 80.

MALVEILLANCE, s. f., mauvaise volonté pour les hommes en général, ou pour quelqu'un en particulier.

MALVEILLANT, ANTE, adj., qui a de la malveillance, où il y a de la malveillance. Il s'emploie souvent comme substantif au masculin et signifie, celui qui veut du mal à quelqu'un, qui est mal intentionné pour quelque chose.

MALVENDA (THOMAS), Dominicain, né à Xativa, en 1566, professa dans son ordre la philosophie et la théologie avec beaucoup de succès. Le cardinal Baronius, à qui il écrivit pour lui indiquer quelques fautes qui lui étaient échappées dans son *Martyrologe*, trouva tant de discernement dans la lettre de ce dominicain, qu'il souhaita l'avoir auprès de lui. Il engagea son général à le faire venir à Rome, afin de profiter de ses avis. Malvenda fut d'un grand secours à ce célèbre cardinal. On le chargea en même temps de réformer les livres ecclésiastiques de son ordre, commission dont il s'acquitta avec discernement. Il mourut à Valence en Espagne, le 7 mai 1628, à 62 ans. Ses ouvrages sont : 1° un traité *de Antechristo*, dont la meilleure édition est celle de Venise, 1621, in-fol. ; 2° une nouvelle Version du texte hébreu de la Bible, avec des notes imprimées à Lyon en 1650, en 5 vol. in-fol. Ces ouvrages sont estimés des savants ; mais son traité de l'Antechrist renferme quelques idées qui pourraient être appuyées sur des preuves plus solides. On a encore de lui : *Annales ordinis prædicatorum*, Naples, 1627, in-fol.

MALVERSATION, s. f., faute grave, commise par cupidité, dans l'exercice d'une charge, d'un emploi, dans l'exécution d'un mandat.

MALVEZZI (VIRGILIO, marquis DE), né en 1599, à Bologne, de parents illustres, savait les belles-lettres, la philosophie, la musique, le droit, la médecine, les mathématiques et même la théologie ; il servit avec distinction dans les armées de Philippe IV, roi d'Espagne, qui l'employa dans la guerre et dans la négociation, et le nomma son ambassadeur en Angleterre. Il réussit dans ces deux genres. Il mourut à Bologne en 1654, à 55 ans, laissant divers écrits : 1° *Discorsi sopra Cornelio Tacito*, Venise, 1625, in-4° ; 2° *Opere historiche et politiche*, 1656, in-12 ; 3° *Raggioni per le qualighi letterari Credono di non potersi aveuzare nelle corti*, etc. Ces écrits lui firent un nom. On trouvera le titre des autres ouvrages de Malvezzi dans Orlandi, *Notizie degli scrittori Bolognesi*, et dans les *Mémoires de Niceron*, t. 4. Il y a eu un cardinal de ce nom, archevêque de Bologne, qui s'est distingué par son animosité contre les jésuites, à l'époque de leur destruction.

MALVOISIE, s. m., vin grec qui est fort doux. Il se dit aussi du vin muscat cuit, de quelque pays que ce soit.

MALVOULU, **UE**, adj., à qui l'on veut du mal, pour qui l'on est mal disposé. On écrit aussi, mal voulu. Il est peu usité.

MAMACHI (THOMAS-MARIE), savant religieux de l'ordre de Saint-Dominique, naquit dans l'île de Chio, le 3 déc. 1713, étant venu fort jeune en Italie, il se fit bientôt remarquer par la vivacité et la pénétration de son esprit. Ces heureux talents, secondés par un grand amour de l'étude, lui acquirent de grandes connaissances dans les sciences théologiques, qu'il enseigna avec distinction au couvent de Saint-Marc, à Florence. Appelé à Rome, en 1740, il y fut professeur au collège de la Propagande, puis théologien de la Carrasata. Ses liaisons avec Concina, Orsi, Dinelli, développèrent encore son goût pour l'érudition. Le crédit de ses protecteurs et sa célébrité lui attirèrent les faveurs de Benoît XIV, qui lui conféra le titre de maître en théologie, et le créa consultateur de l'*Index*. Il paraît que la théologie de Mamachi se sentait un peu des circonstances où il se trouvait, car après s'être montré l'ami des jésuites sous le pontificat de Clément XIII, qui aimait ces religieux, il se déclara contre eux lorsque Clément XIV fut monté sur le trône pontifical, et servit de toutes ses forces le pape dans le dessein qu'il avait eu de détruire la société. Il avait lieu de s'attendre à jouir des faveurs de Clément, mais ce pape mourut sans rien faire pour lui. Sous Pie VI, il fut fait maître du secrétaire de l'*Index* et dirigea le *Journal Ecclésiastique*, qui parut à Rome depuis 1785. S'étant rendu en 1792 à Cornetto, près de Montéfiascone, où il avait coutume d'aller passer la belle saison, il fut attaqué d'une fièvre bilieuse, qui mit fin à ses jours au commencement de juin de la même année. Mamachi écrivait avec une grande facilité et était doué d'une rare mémoire; son érudition embrassait presque toutes les sciences, et il possédait très bien l'art de la discussion polémique. Mais si ses belles qualités lui firent beaucoup de partisans, la dureté et les hauteurs qu'il répandit partout dans ses critiques lui firent aussi beaucoup d'ennemis, parmi lesquels se trouvait le célèbre Tiraboschi. Les variations qu'il parut mettre dans sa manière de penser le firent surnommer le théologien *à tout vent*, et il fut dépeint comme l'une des plusieurs brochures qui parurent à Rome en 1792. Mamachi a laissé un grand nombre d'ouvrages parmi lesquels nous citerons : 1° *De ethnicorum oraculis, de cruce Constantino viso et de Evangelicæ Cronotaxi*, Florence, 1738; 2° *Ad Joannem dominicum Mansium de ratione temporum Athanasiarum, de quæ alicot synodis, quarto sæculo celebrais epistola quatuor*, Rome, 174°; ces lettres contiennent des expressions peu ménagées que le sujet ne demandait pas, et qu'indépendamment du mérite de Mausi, l'état de Mamachi devait lui interdire. 3° *Originum et antiquitatum Christianorum libri* 20, de 1749 à 1755, Rome, 5 volumes. La première idée de cet ouvrage appartient à Joseph Bingham, anglais, qui le poussa jusqu'à 8 vol., dont le dernier parut en 1722; il fut ensuite traduit en latin par Jean-Henri Greschawe, et publié à Halde, en 1734, 38; mais on doit au père Mamachi d'y avoir fait d'excellentes corrections. Il en publia successivement 5 vol.; l'ouvrage n'est point achevé. 4° *De costumi de primitivi christiani*, Rome, 1753 et 1757, 3 vol. in-8°. Cette matière avait été traitée dans le 3° vol. des *Origines*; l'ouvrage essuya de la part de l'auteur de la *Storia letteraria d'Italia* quelques critiques insérées dans le 9° vol. de cette collection, p. 307. 5° *Annalium ordinis prædicatorum*, etc., Rome, 1756; 6° *De animabus justorum in sinu Abrahamæ ante Christi mortem expertibus beatæ visionis Dei libri duo*, Rome, 1766, 2 vol. Il y réfute Cadonici, Petri, Daitham et Natalie, qui prétendaient que les saints de l'Ancien-Testament ont joui de la vision intuitive de Dieu avant la descente de Jésus-Christ aux enfers. 7° *Del Dritto libero della Chiesa dacquistare e dipossedere beni temporali*, Rome, 1762; le père Genovesi y est très maltraité. 8° *La pretesa filosofia de moderni increduli esaminata e discussa*, Rome, 1769, et Venise, 1770; 9° *Orthodoxia palafoxiana*, Rome, 1772, 3 vol.; le père Favre, jésuite, y répondit, Lugano, 1773; 10° *Epistolarum ad Justinum febronium de legitima romani pontificis auctoritate libri duo*, Rome, 1776 et 1777, contre de Hontheim. 11° *De laudibus Leonis X*, P. M., 1741.

MAMANIVA (*myth. ind.*), idole monstrueuse des Banians.

T. XIV.

MAMBRÉ, Amorrhéen, homme puissant qui a donné son nom à une portion de la terre de Chanaan, nommée la Vallée de Mambré, frère d'Aner et d'Eschol; ils étaient tous trois amis d'Abraham. Ils l'aidèrent à combattre les Assyriens, et à délivrer Loth que ces peuples avaient fait prisonnier.

MAMBRÈS, l'un des magiciens qui s'opposèrent à Moïse dans l'Egypte, et qui s'efforcèrent d'imiter par leurs prestiges les vrais miracles de ce législateur. Les noms de Janès et Mambrès ne se trouvent pas dans l'Ancien Testament, mais dans les Epîtres de saint Paul (2 Tim., 3), qui les avait appris sans doute par quelque tradition ou quelque histoire encore subsistante de son temps.

MAMBRIN (*philol.*), roi Maure dont il est question dans les livres de chevalerie; son armet ou son casque enchanté le rendait invulnérable. Renaud lui enleva cette coiffure et le tua. Don Quichotte prit un plat à barbe pour l'*armet de Mambrin*.

MAMBRUN (PIERRE), poète latin de la société des Jésuites, né à Clermont-Ferrand, en Auvergne, l'an 1600, mort à La Flèche, en 1661. Ce religieux avait de l'élévation dans le génie, de l'élégance et de la facilité dans la composition. Ses ouvrages sont écrits purement, sa versification exacte et harmonieuse; il possédait parfaitement son Virgile, et a été un de ses plus heureux imitateurs. Nous avons de lui : 1° des églogues; 2°, des géorgiques en quatre livres, *De la culture de l'âme et de l'esprit*; 3° un poème héroïque de douze livres, intitulé : *Constantin*, ou l'*Idolâtre terrassé*, La Flèche, 1661, in-fol., et Paris, 1652, in 4°. Il est précédé d'une dissertation latine sur le poème épique, écrite et raisonnée supérieurement.

MAMELLES, *mamma* (*anat.*). Les mamelles sont des glandes qui forment le caractère distinctif de la classe d'animaux qui ont reçu, en raison de ces organes, le nom de mammifères. Dans les diverses familles de cette classe, la position et le nombre des mamelles varient. Dans l'espèce humaine, les mamelles forment deux corps hémisphériques situés à la partie supérieure et antérieure de la poitrine, et séparés l'un de l'autre par un sillon plus ou moins profond. Au centre de chaque surface hémisphérique s'élève le mamelon, petite éminence conoïde d'un rouge plus ou moins foncé dans laquelle viennent aboutir les vaisseaux lactifères. La base du mamelon ou auréole présente les orifices d'un certain nombre de follicules sébacés. La forme hémisphérique des mamelles chez la femme est due à un tissu abondant adipeux, sous-jacent à la peau, et entourant de toutes parts les glandes mammaires, organes spéciaux de la sécrétion lactée. On voit dans les glandes mammaires deux modes différents de structure : elles se composent soit d'un amas de tubes terminés en cul-de-sac, soit de canaux ramifiés (conduits lactifères), dont les ramifications les plus déliées supportent des grappes de vésicules (cellules lactipares, visibles au microscope seulement). Cette dernière disposition est propre à la femme et aux femelles de tous les autres mammifères, si l'on en excepte l'ornithorhynque, chez lequel se rencontre le premier mode de structure. Les mamelles, toujours apparentes chez la femme, sont dépourvues de graisse chez les animaux, et ne se développent qu'à l'époque de l'allaitement; le mamelon, ordinairement creux et dans lequel aboutissent un ou deux réservoirs dans lesquels les vaisseaux lactifères versent le lait, n'est percé que d'un ou de deux orifices. Chez les marsupiaux, les mamelles affectent une disposition toute particulière rendue nécessaire par l'état informe et à peine ébauché des petits qui sont reçus dans la poche abdominale de la mère pour y subir, en quelque sorte, une seconde gestation, suspendus chacun à une tétine, qui, pénétrant au fond de la bouche, y verse incessamment le lait exprimé par la contraction d'un appareil musculaire particulier. Nous parlerons aux articles propres à chaque famille des modifications que subissent ces organes. J. P.

MAMELON, s. m., le bout de la mamelle. Il se dit figurément de toute éminence arrondie.

MAMELUK, empire des Mameluks (*hist.*), se dit de la période de l'histoire d'Egypte pendant laquelle cette milice redoutable disposa, selon son caprice, du trône de ce pays. Le corps des mameluks fut créé vers 1230 par les sultans Sahartz, qui firent acheter à cet effet plusieurs milliers de jeunes Circassiens et Mingréliens, réduits à l'esclavage par les Tatars. En 1250, les mameluks mirent à mort le dernier prince Turcoman et placèrent un d'entre eux sur le trône; ils se donnèrent ainsi successivement quarante-sept chefs, dont le dernier fut vaincu par Sélim, en 1517. Ainsi finit l'empire des mameluks. Gouvernement des beys mameluks, pouvoir que les mameluks conservèrent par leurs chefs qui portaient le titre de beys sur les provinces d'Egypte. Il périt un grand nombre de beys et de mameluks dans la guerre contre les français, et enfin Méhémet-Ali, pacha d'Egypte, anéantit les restes de cette milice puissante, le 1er mars 1811. Les Mameluks avaient peu d'enfants, mais ils se recrutaient toujours d'esclaves achetés sur la mer Noire. Mameluks de la garde se dit d'un corps de la garde impériale dont le noyau fut formé de cavaliers recrutés en Egypte et qui reçut sa dernière organisation en 1804. Les mameluks avaient conservé leur costume oriental. A la chute de Napoléon, plusieurs d'entre eux furent massacrés par les réactionnaires du midi de la France, le reste se dispersa.

MAMERCUS, tyran de Catane, se ligua d'abord avec Timoléon, puis le trahit pour faire alliance avec les Carthaginois. Timoléon le battit, le fit prisonnier, et le conduisit à Syracuse, où il devait être jugé par le peuple. Mamercus, voyant que l'on ne voulait pas l'entendre, essaya inutilement de se donner la mort en se frappant la tête contre des degrés ; n'ayant pu y parvenir, il subit le dernier supplice, 340 ans av. J. C.

MAMERCUS (Emilius), célèbre Romain, fut nommé trois fois dictateur. Dans sa première dictature, 316 de Rome, il défit les Fidénates ; dans la seconde, 326 de Rome, il réduisit à un an et demi le terme de la censure, qui était de cinq ; dans la troisième il défit les Véiens, les Falisques et les Fidénates liguées.

MAMERT (Saint), célèbre archevêque de Vienne en Dauphiné, institua, dit-on, les Rogations en 469 ; mais il paraît qu'elles ont été en usage plus tôt à Milan, où elles furent instituées par saint Lazarre, archevêque de cette ville. Des calamités publiques, que quelques auteurs prétendent avoir été des volcans ou des tremblements de terre, furent l'occasion des pieuses supplications établies ou adoptées par saint Mamert, et qui ont passé depuis dans toute l'Eglise. Ce vertueux prélat mourut en 475. On lui attribue deux *Sermons*, l'un sur les Rogations, l'autre sur la Pénitence des Ninivites ; et le beau cantique *Pange lingua gloriosi præmium certaminis*, qui néanmoins est plus vraisemblablement de son frère CLAUDIEN MAMERT.

MAMERTIN (Claude), orateur du IVe siècle, florissait à Trèves, et fut élevé au consulat par Julien-l'Apostat en 362. Pour remercier ce prince, il prononça en sa présence un *Panégyrique* en latin, que nous avons encore. On le croit fils de Claude Mamertin, qui prononça vers l'an 291, deux *Panégyriques* à la louange de Maximien Hercule, prince qui méritait cet honneur à peu près autant que Julien. Le père et le fils se déshonorèrent par la flatterie la plus lâche.

MAMERTINS, habitants de Mamertium. On a donné particulièrement ce nom à des soldats mercenaires, natifs de Mamertium, qui passèrent en Sicile à la prière d'Agathocle. Lorsqu'ils furent entrés au service de ce général, ils réclamèrent le droit de voter dans l'élection des magistrats de Syracuse, et soutinrent leur prétention par la force des armes. La sédition ayant été apaisée par l'autorité de quelques chefs, ils eurent ordre de sortir de la Sicile. La ville de Messine les reçut dans ses murs avec beaucoup d'humanité ; mais ils ne reconnurent ce bienfait que par la perfidie ; ils égorgèrent une partie des habitants, épousèrent leurs femmes, s'emparèrent de tous leurs biens, et demeurèrent maîtres de cette ville importante, à laquelle ils donnèrent leur nom. Menacés par les Carthaginois, ils appelèrent les Romains à leur secours, et furent ainsi cause de la première guerre punique, vers l'an 180.

MAMILLAIRE, adj. des deux genres, t. d'anat., qui a rapport aux mamelles.

MAMMALOGIE (zool.). On donne ordinairement ce nom à la partie de l'histoire naturelle qui a pour objet l'étude des mammifères.　　　　　　　　　　　　　　J. P.

MAMMÉA (Julie), fille de Julius Avitus et de Mœsa, parente d'Héliogabale, fut mère de l'empereur Alexandre-Sévère. Cette princesse avait de l'esprit et des mœurs. Elle donna une excellente éducation à son fils, et devint son conseil lorsqu'il monta au trône impérial. Après la mort d'Héliogabale, elle écarta les flatteurs et les corrupteurs, ne mit dans les premières places que des hommes de mérite. Prévenue en faveur du christianisme, et se trouvant à Antioche, elle envoya chercher Origène, pour s'entretenir avec lui sur cette religion, qu'elle embrassa, selon plusieurs auteurs. Des soldats gaulois, mécontents de la discipline qu'Alexandre leur faisait

garder, et poussés à la rébellion par le Goth Maximin, la massacrèrent ainsi qu'Alexandre-Sévère à Mayence, en 235.

MAMMÉEN, ENNE (hist. rom.), qui appartient à Mamméa. Il se dit des jeunes garçons et des jeunes filles pour l'éducation desquels Alexandre Sévère fonda des revenus : il les appela Mamméens et Mamméennes, du nom de sa mère Mamméa.

MAMMIFÈRES, *mammalia* (zool.). Les mammifères dont M. de Blainville a proposé de changer la dénomination en celle de pilifères, forment la première classe du grand type des vertébrés. L'homme se place à leur tête ; et, quoique très semblable à eux par le plan général de son organisation, il s'élève par son intelligence au premier rang de la création. C'est dans cette classe que l'on rencontre les êtres dont les mouvements sont les plus variés, les sensations les plus délicates et l'intelligence la plus développée. C'est dans cette classe aussi que l'homme trouve les animaux les plus utiles soit pour sa nourriture, soit pour ses travaux et les besoins de son industrie. La classe des mammifères se distingue principalement des autres classes par leur mode de développement et d'alimentation pendant les premiers temps de la vie. Ces animaux sont tous vivipares et ne portent pas avec eux, pendant la période embryonnaire, un amas de matières nutritives, comme chez les animaux ovipares ; ils puisent directement dans le sang de leur mère la substance nécessaire à leur existence ; et, après la naissance, le jeune vit aux dépens de la mère, qui l'allaite pendant un temps plus ou moins long. Le lait (voyez ce mot) est sécrété par des glandes particulières nommées mamelles ; ces organes, qui ne se rencontrent dans aucune autre classe du règne animal, ont fait donner aux animaux qui en sont pourvus le nom de mammifères. Le nombre et la position des mamelles varie beaucoup, et le plus souvent en rapport avec le nombre des petits. Tantôt les petits naissent les yeux ouverts, et peuvent de suite courir et chercher leur nourriture ; d'autres viennent au monde les yeux fermés et dans un état de faiblesse telle qu'ils peuvent à peine se mouvoir ; il en est même qui naissent en quelque sorte avant terme, car leur corps est à peine ébauché, et ils ne pourraient vivre s'ils ne se greffaient pour ainsi dire à la tétine de leur mère, où ils restent suspendus pendant fort longtemps. Chez la plupart des animaux qui naissent dans cet état d'imperfection, la peau du ventre forme au-devant des mamelles une poche servant à loger et à protéger les petits. Tels sont les kangouroos, les sarigues et les autres mammifères de l'ordre des marsupiaux. Les jeunes achèvent leur développement dans l'intérieur de cette poche, suspendus chacun à une tétine, qui verse dans leur gosier le lait dont l'expulsion est déterminée par la contraction des muscles entre lesquels se trouvent les glandes mammaires. —*Squelette*. Le squelette des mammifères présente toujours dans sa conformation la plus grande analogie avec celui de l'homme ; il détermine la forme générale du corps. Le squelette se divise, comme le corps, en trois parties : la tête, le tronc et les membres. La tête se compose de deux portions principales, le crâne et la face. Le crâne est une espèce de boîte osseuse, de forme ovalaire, qui occupe toute la partie postérieure et supérieure de la tête et qui loge le cerveau et le cervelet. Huit os en forment les parois par leur réunion, savoir : le frontal ou coronal, en avant ; les deux pariétaux, en haut ; les deux temporaux, sur les côtés ; l'occipital, en arrière, et le sphénoïde et l'ethmoïde, en bas. A l'exception du dernier, tous ces os ont la forme de grandes lames minces, d'une texture très compacte, et tous s'articulent entre eux de manière à être complètement immobiles et très solides, par des sutures engrenées très parfaitement. Le crâne présente à sa base une multitude de trous servant au passage des vaisseaux sanguins du cerveau et des nerfs qui naissent de l'encéphale. Un de ces trous, creusé dans l'os occipital et beaucoup plus grand que les autres, est traversé par la moelle épinière, et il existe, près de son bord et de chaque côté, une apophyse large et convexe appelée condyle, qui sert à l'articulation de la tête sur la colonne vertébrale. Sur les côtés de la base du crâne, on remarque encore deux apophyses très grosses, appelées mastoïdes, auxquelles s'insèrent des muscles qui descendent obliquement vers la poitrine à la partie antérieure du cou et qui servent à faire tourner la tête sur la colonne vertébrale. La face est formée par la réunion de quatorze os de formes très diverses, et présente cinq grandes cavités destinées à loger les organes de la vue, de l'odorat et du goût. Tous ces os, excepté celui de la mâchoire inférieure, sont complètement immobiles et s'articulent entre eux ou avec les os du crâne. Les deux principaux sont les os maxillaires supérieurs, qui constituent la presque-totalité de la mâchoire supérieure et qui s'articulent avec le frontal, de façon à concourir aussi à la formation des orbites et des fosses nasales ; en dehors, ils s'articulent avec les os jugaux ou os des pommettes, et en arrière avec les os palatins, qui, à leur tour, se joignent au sphénoïde. Les orbites sont deux fosses coniques, dont la base est dirigée en avant ; la voûte de ces cavités est formée par une portion de l'os frontal, et le plancher par les maxillaires supérieurs ; en dedans, c'est l'ethmoïde et un petit os appelé lacrymal qui complètent leurs parois ; et en dehors, elles sont formées par l'os jugal et le sphénoïde, qui en occupe aussi le fond, où se trouvent les ouvertures servant au passage du nerf optique et des autres branches nerveuses appartenant à l'appareil de la vision. A la voûte de l'orbite, on remarque une dépression qui loge la glande lacrymale, et à sa paroi externe se trouve un canal qui descend verticalement dans les fosses nasales et livre passage aux larmes. Le nez est formé en majeure partie par des cartilages, ce qui fait que, dans le squelette, l'ouverture des fosses nasales est très grande ; la portion du nez formée par les deux petits os nasaux est peu saillante ; les fosses nasales sont très étendues ; supérieurement elles sont creusées dans l'os ethmoïde, dont tout l'intérieur est rempli de cellules ; inférieurement elles sont séparées de la bouche par la voûte du palais, qui est formée par les os maxillaires supérieurs et par les deux os palatins ; enfin, elles sont séparées entre elles sur la ligne médiane par une cloison verticale formée supérieurement par une lame de l'ethmoïde et inférieurement par un os particulier, le vomer. Dans l'intérieur de ces fosses sont deux os distincts qui forment les cornets inférieurs, et on y remarque l'ouverture des sinus frontaux sphénoïdaux et maxillaires, cavités creusées dans l'épaisseur des os dont elles portent les noms. C'est dans l'os maxillaire supérieur que sont implantées toutes les dents de la mâchoire supérieure ; dans le jeune âge, il est formé de plusieurs pièces, et chez la plupart des animaux, on en distingue toujours une portion antérieure qu'on appelle l'os inter-maxillaire. La mâchoire inférieure est formée de deux moitiés distinctes chez plusieurs animaux, mais qui, chez l'homme, se soudent de très bonne heure et se confondent complètement. Cet os appelé maxillaire inférieur a une ressemblance grossière avec un fer à cheval dont les extrémités coudées s'élèveraient beaucoup. Il s'articule avec les temporaux par un condyle saillant, situé à chacune de ses extrémités et reçu dans une cavité nommée glénoïdale ; enfin, au-devant de ces condyles, s'élève de chaque côté une apophyse appelée coronoïde, qui sert à l'insertion de l'un des muscles releveurs de la mâchoire ; ces muscles se fixent tous vers l'angle de la mâchoire et à peu de distance du point d'appui sur lequel ce levier se meut. Dans la plupart des cas, c'est au contraire vers la partie antérieure des mâchoires qu'est appliquée la résistance que ce même levier doit vaincre pendant la mastication ; aussi ces muscles, quoique très puissants ne peuvent produire que des effets très faibles ; et, pour écraser entre les dents des corps les plus durs, on est obligé de porter ceux-ci aussi loin que possible vers le fond de la bouche, de manière à raccourcir le bras de levier de la résistance et à le rendre égal ou même plus court que celui de la puissance. Ces muscles se fixent à la face interne aussi bien qu'à la face externe de la mâchoire, et vont prendre leur point d'appui sur les côtés de la tête jusqu'au haut des tempes, en passant entre les parois latérales du crâne, et une arcade osseuse, nommée zygomatique, qui s'étend de la pommette jusqu'à l'oreille et qui sert aussi à l'insertion de ces organes. Outre les vingt-deux os qui composent essentiellement la tête, il existe quatre osselets appartenant à l'appareil de l'ouïe, et l'on peut aussi considérer comme une dépendance de la tête, l'os hyoïde, qui est suspendu aux os temporaux par des ligaments et qui est placé en travers de la partie supérieure du cou, où il sert à porter la langue et à soutenir le larynx. La tête est soutenue par la colonne vertébrale, la pièce la plus importante de tout le squelette et qui sert de soutien à toutes les autres. C'est une espèce de tige osseuse qui règne dans toute la longueur du corps et qui se compose d'un grand nombre de petits os appelés vertèbres, placés bout à bout et solidement unis entre eux. Le nombre des vertèbres varie dans les animaux ; chez l'homme, on en compte trente-trois, qui se distinguent en cervicales, au nombre de sept ; douze dorsales, cinq lombaires, cinq sacrées et quatre coccigiennes. Cette colonne présente plusieurs courbures, et augmente de grosseur depuis son extrémité antérieure jusqu'au commencement de la

portion sacrée ; les cinq vertèbres de cette partie se soudent entre elles de manière à ne plus former qu'un seul os nommé sacrum. Cependant chez les cétacés (baleines, cachalots, etc.) qui n'ont pas de membres postérieurs, les vertèbres correspondantes à celles qui forment le sacrum sont aussi mobiles que les autres. Après le sacrum vient la queue, ou chez les animaux qui n'en ont pas, un rudiment de queue nommée le coccyx. Les vertèbres sont traversées par un trou qui, en se réunissant, forme un canal qui s'étend depuis le crâne jusque vers l'extrémité du corps et loge la moelle épinière. Chaque vertèbre forme un disque épais, garni de quatre petites apophyses situées sur les côtés et d'une apophyse appelée épineuse, située en arrière du canal qui sert à limiter la flexion de la colonne en arrière. Ces apophyses servent de point d'attache aux muscles puissants qui s'insèrent le long de sa face supérieure. Les vertèbres cervicales ne s'articulent qu'entre elles ou avec la tête, mais chacune des douze vertèbres dorsales porte une paire d'arceaux longs et aplatis qui se recourbent autour du tronc, de façon à former une sorte de cage osseuse, destinée à loger le cœur et les poumons. Ces arceaux, au nombre de douze, sont les côtes ; ces côtes, qui s'articulent avec le corps de la vertèbre, se continuent à leur extrémité avec une tige cartilagineuse qui, dans les sept premières côtes ou vraies côtes, viennent se joindre au sternum, os impair, qui occupe en avant la ligne médiane du corps, et sert à compléter les parois de la cavité thoracique ; les cinq dernières paires de côtes ou fausses côtes n'arrivent pas au sternum, mais se joignent aux cartilages des côtes précédentes. L'extrémité supérieure des membres antérieurs où l'épaule est formée par un os, l'omoplate, qui se trouve suspendu dans les chairs, s'appuie souvent sur le sternum par un os intermédiaire nommé clavicule ; cet os qui existe surtout chez les animaux dont les membres antérieurs sont très mobiles et se portent beaucoup en avant, forme un arc-boutant qui sert à limiter le mouvement dans ce sens ; ces membres se continuent par un bras formé d'un seul os, l'humérus ; un avant-bras presque toujours formé de deux os, le radial et le cubital, qui, dans l'homme, forment le coude ; puis enfin une main, formée elle-même de deux rangées de petits os qui constituent le poignet ou carpe, d'une rangée d'os nommée métacarpe et de doigts composés chacun de deux ou trois os (et plus chez les cétacés), qui constituent autant de phalanges. Si l'on excepte les cétacés, ils ont tous deux membres postérieurs ; la partie supérieure de ces membres, fixée au sacrum par un fibre-cartilage et formant avec lui une ceinture au bassin, qui dans la jeunesse, en trois os qui se soudent plus tard ; l'iléon, qui tient au sacrum ; le pubis, qui se réunit en avant à celui du côté opposé ; et l'ischion, situé postérieurement et inférieurement. Au point de réunion de ces trois os, est la fosse cotyloïde, où s'articule l'os de la cuisse ou fémur, qui correspond à l'huméral et qui porte la jambe formée de deux os, le tibia, analogue du radial, et le péroné, analogue du cubital ; ces membres sont terminés par le pied, lequel se compose de parties analogues à celles de la main, savoir d'un tarse, d'un métatarse et de doigts. La tête, comme nous l'avons vu, s'articule sur l'atlas, ou première vertèbre cervicale, au moyen de deux tubercules ou condyles ; cette articulation ne permet que le mouvement de la flexion, mais l'atlas tourne lui-même avec la plus grande facilité sur la vertèbre suivante, l'axis, et donne ainsi à la tête un mouvement de rotation qui s'étend jusqu'à l'épaule.

Le cerveau remplit exactement la cavité du crâne, et il est plus compliqué dans les mammifères que dans tous les autres animaux. L'œil est logé dans l'orbite, cavité creusée comme nous l'avons vu, en partie dans le crâne et en partie dans la face, et est protégé par deux paupières et un rudiment de troisième. L'odorat s'exerce au moyen d'une membrane nommée pituitaire, toujours enduite d'une humeur visqueuse, et qui tapisse l'intérieur du nez ; la sensation est d'autant plus fine que l'étendue de cette membrane est plus grande. Le goût a pour siège toute la surface interne de la bouche ; mais surtout la langue, qui est pour l'ordinaire volumineuse, molle et très mobile ; et toujours attachée à un os nommé hyoïde, suspendu aux os du crâne par des ligaments. L'oreille ou l'appareil de l'ouïe située sur les parties latérales de la tête, est un organe très compliqué dans ces animaux : nous en parlerons avec plus de détail dans un article spécial. Il présente toujours à l'extérieur une conque ou pavillon qui sert à recueillir les sons, cette conque donne entrée au conduit auditif fermé à son extrémité interne par une membrane que l'on nomme *tympan*. Derrière cette membrane est une cavité appelée *caisse*, dans laquelle il se trouve une petite quantité d'air qui s'y introduit par un conduit dont l'entrée est au fond de la gorge (*trompe d'Eustachi*). On admet que les vibrations de cet air, en agissant sur la substance nerveuse, déterminent la sensation de l'ouïe. La peau offre chez les mammifères des particularités remarquables. Chez un petit nombre, elle est nue; mais chez la plupart, elle est garnie de poils servant à la protéger et à conserver la chaleur développée dans l'intérieur du corps. Ces poils varient beaucoup; on les appelle piquants lorsqu'ils sont très gros, pointus, très raides et qu'ils ressemblent à des épines (porc-épic, hérisson). On les appelle soies lorsqu'ils sont moins gros, moins résistants, quoique encore très raides (sanglier); les crins ne diffèrent des soies que par un peu plus de souplesse. La laine est une espèce de poil long, très fin et contourné en tous sens; enfin, le duvet ou la bourre se compose de poils d'une finesse ou d'une mollesse extrême, et qui, en général, se trouvent cachés au-dessous d'une couche plus ou moins épaisse de poils ordinaires que l'on nomme quelquefois *jar*. Quelquefois les poils se soudent entre eux et forment des lames solides ou écailles (pangalins). La plupart des mammifères ont la bouche garnie de lèvres charnues et mobiles; leur mâchoire supérieure est, comme nous l'avons vu, invariablement fixée au crâne, l'inférieure seule est mobile; la plus souvent, toutes les deux sont garnies de dents; mais la forme de ces dents et leur nombre varient beaucoup. On nomme incisives, celles qui sont placées en devant et qui sont ordinairement assez larges et taillées obliquement en biseau à leur extrémité libre, de manière à pouvoir couper, laniaires ou canines, celles qui au nombre de deux seulement pour chaque mâchoire, limitent de chaque côté les incisives; elles sont ordinairement plus longues que toutes les autres, pointues en forme de cône, et par conséquent propres à déchirer; enfin mollaires, celles situées en arrière des canines et dont la partie saillante hors des gencives, ou la couronne, selon suivant la nature des aliments; elle est plate ou à tubercules mousses dans les animaux qui se nourrissent de substances végétales, anguleuse et tranchante chez ceux qui dévorent les autres animaux. L'une ou l'autre des trois sortes de dents peut manquer, tantôt à une seule mâchoire, tantôt aux deux. Quelques mammifères en manquent, même tout-à-fait. Lorsque les dents se prolongent hors de la bouche, elles se nomment défenses (l'éléphant). Les dents paraissent chez les petits lorsque le lait commence à ne plus suffire à leur nourriture; elles paraissent presque toujours successivement. Il n'est peut-être aucun mammifère, parmi ceux qui ont des dents, ou quelques-unes de ces organes ne soient renouvelés, c'est-à-dire que certaines espèces de dents tombent et sont remplacées une ou plusieurs fois par des dents qui se développent dessous, durant ou derrière elles. La conformation des dents qui est en rapport nécessaire avec la nature des aliments a les connexions les plus intimes avec toutes les parties de l'animal, puisque non-seulement les organes de la digestion, mais encore ceux du mouvement et même ceux de la sensibilité, doivent être appropriés au genre de nourriture que l'animal doit rechercher, saisir et digérer, aussi les modifications du système dentaire fournissent-elles d'excellents caractères pour classer les mammifères. Nous renvoyons pour plus de détails à l'ouvrage de M. Fréd. Cuvier (des dents des mammifères considérées comme caractères zoologiques). La cavité générale du tronc est divisée dans les mammifères en deux cavités secondaires, la poitrine en avant, qui contient l'œsophage, les poumons et le cœur, et l'abdomen en arrière où se trouvent l'estomac et l'intestin, le foie, la rate, les reins et ceux des organes génitaux qui ne sont pas extérieurs. La poitrine est entourée par les côtes qui la protégent presque exclusivement et séparée de l'abdomen par le diaphragme, cloison membraneuse convexe du côté de la poitrine, percée de trous pour laisser passer des vaisseaux, des nerfs et l'œsophage, munie de fibres musculaires qui, en se contractant, aplatissent sa convexité, et par là augmentent la cavité de la poitrine aux dépens de celle de l'abdomen. Les poumons sont deux grandes masses cellulaires qui remplissent presque toute la poitrine; leurs cellules sont si petites qu'on ne peut les distinguer qu'au microscope; elles communiquent dans des petits tuyaux, et tous ces tuyaux débouchent les uns dans les autres aboutissent pour chaque poumon à un seul nommé *branche*. Les deux branches s'unissent dans la trachée artère

qui s'ouvre dans le gosier à la base de la langue; c'est à cette extrémité supérieure de la trachée que se trouve le larynx ou organe de la voix, laquelle existe chez tous les mammifères, et est produite par les mouvements variés qu'impriment à l'air les pièces du larynx. La trachée ainsi que les bronches et leurs premiers rameaux sont soutenus par des anneaux cartilagineux et élastiques, en sorte que lorsque la poitrine se dilate, l'air extérieur se précipite par son poids dans les cellules du poumon, et il en sort lorsque cette cavité se resserre. Le cœur est situé en avant dans la poitrine, entre les deux poumons; sa pointe donne obliquement contre le côté gauche. Il est composé de quatre cavités, deux plus grandes et à parois plus fortes, les ventricules, deux plus petites à parois plus minces, les oreillettes. Lorsque le ventricule postérieur ou gauche se contracte, il pousse le sang qu'il contient dans le tronc des artères que l'on nomme l'*aorte*, d'où il se distribue à toutes les parties pour les nourrir: il en revient par les veines, et finit par rentrer dans le cœur par les troncs communs de toutes les veines, les veines caves supérieure et inférieure, qui débouchent dans l'oreillette droite; celle-ci transmet le sang qui a besoin d'être renouvelé par la respiration au ventricule droit, d'où il passe tout entier dans les poumons par l'artère pulmonaire; il en revient après la respiration par les veines pulmonaires qui le portent dans l'oreillette gauche, d'où il repasse dans le ventricule correspondant, et ainsi de suite. Cette circulation s'accomplit avec une grande rapidité; chez l'homme, par exemple, chaque partie du cœur se contracte, terme moyen, soixante fois par minute. Les artères, au moment où elles reçoivent le sang, se dilatent avec force. C'est cette dilatation perceptible au toucher sur les artères superficielles détermine ce qu'on appelle le *pouls*. La température du sang et celle de tout le corps est plus élevée que celle de l'atmosphère; ce qui tient à l'activité de la respiration; c'est ce qui fait que dans les oiseaux où elle est plus grande, le sang est plus chaud, et que dans les reptiles où la respiration est moindre, la température du corps est presque en équilibre avec celle du fluide ambiant. L'urine retenue pendant quelque temps dans une vessie située dans la partie inférieure de l'abdomen sort dans les deux sexes par les orifices de la génération. Les mâles et les femelles sont en général presque semblables chez les mammifères; les mâles ont comme les femelles des mamelles; mais elles sont généralement sans fonctions. Elles peuvent cependant quelquefois secréter du lait, et M. de Humboldt parle dans son *Voyage en Amérique* d'un homme qui avait allaité son fils pendant cinq mois.

Les mammifères quoique réunis par les rapports les plus importants présentent une très grande variété de formes, d'organisation et de mœurs. Pour faire apprécier par exemple les différences qu'ils éprouvent dans la taille et dans la proportion du corps, il suffit de citer les musaraignes, dont la taille surpasse à peine celle des oiseaux-mouches, et la baleine qui est le plus grand des animaux vivants dans nos mers actuelles. En rapprochant les uns des autres le singe, la chauve-souris, le lièvre, le lion, la loutre, le phoque, le cheval, l'éléphant, la girafe, la baleine, on peut ainsi se faire une idée des modifications sans nombre qu'a subies le plan du type, pour s'approprier à la station, au vol, à la natation; pour constituer un grimpeur ou un sauteur, pour s'accommoder à toutes les conditions physiologiques et biologiques. Jamais néanmoins l'empreinte du type n'est assez effacée pour qu'on puisse sous aucun rapport comparer les états transitoires des mammifères aux états permanents des vertébrés inférieurs. — Pour nous résumer, nous allons rappeler les particularités principales que présente chacun de leurs grands appareils.

Système nerveux. Encéphale très développé, un corps calleux, une voûte à trois piliers; des lobes latéraux au cervelet. Sens complets. — *Système osseux*. Mâchoire supérieure complètement immobile; mâchoire inférieure immédiatement articulée au crâne par son condyle; point d'os carré. Dents portées par les maxillaires seulement. Sept vertèbres cervicales (excepté l'aï qui en a neuf et le lamantin qui en a six.) — *Système de la circulation*. Circulation complète, cœur à quatre loges; crosse aortique courbée à gauche, sang chaud. — *Système digestif*. Viscères abdominaux séparés de la cavité thoracique par le diaphragme, et n'exerçant aucune pression sur les organes de la respiration. — *Système de la respiration*. Des poumons libres dans le thorax, à cellules très nombreuses, recevant l'air par une trachée assez longue; ramifications bronchiques se terminant toutes dans le tissu du poumon , côtes et diaphragme servant au mécanisme de la respiration. — *Système de la reproduction*. Une chambre d'incubation ou matrice dans laquelle le fœtus contracte une liaison organique avec sa mere; un placenta. Petits vivants, mamelles; allaitement. — *Peau*, garnie de poils. — *Classification*. Linné reconnait trois grandes divisions dans la classe des mammifères : les unguiculés, les ungulés et les mammifères pisciformes. Les unguiculés renferment quatre ordres distingués par leurs incisives; ce sont : les *primates* à quatre incisives à chaque machoire; les *brutæ* qui n'en ont pas; les *feræ* à deux, six ou dix dents incisives, coniques à chaque mâchoire et les *glires* qui n'en ont que deux seulement à chaque mâchoire. Les ungulés comprennent deux ordres : les *pecora*, qui n'ont pas d'incisives à la mâchoire supérieure et les *bellua* qui en ont aux deux mâchoires. La troisième division des mammifères est formée par les cétacés; (*cete*) quarante genres sont répartis entre ces sept ordres. Buffon ne croyant pas à la sincérité de ces rapports que l'on découvre à la première vue, et frappé des défectuosites de la méthode, au lieu de chercher à la perfectionner, n'adopta ni plan ni nomenclature; son *Histoire naturelle des quadrupèdes*, le place plutôt parmi les grands écrivains que parmi les grands naturalistes. On ne peut lui refuser cependant, d'avoir rendu d'immenses services à la science par ses vues philosophiques, et en attirant à l'étude approfondie des animaux, par l'attrait et la magnificence de ses tableaux. Enfin après plusieurs ouvrages entrepris sous l'influence de Linné et de Buffon, apparait Cuvier. Pallas le premier avait cherché à fonder les rapports des animaux sur l'etude de l'anatomie. Ce fut en 1797, que Cuvier et Geoffroy publierent une nouvelle classification des mammifères, en adoptant les trois grandes divisions de Linné. Les unguiculés comprenaient neuf ordres : les quadrumanes, les cheiroptères, les plantigrades, les pédimanes, les vermiformes, les betes féroces, les rongeurs, les édentés et les tardigrades; les ungulés se composaient de trois ordres : les pachydermes, les ruminants et les solipèdes; les mammifères dont les pieds sont en nageoires, formaient deux ordres : les amphibies et les cétacés, ces coupes furent principalement établies sur la nature des dents et les modifications des membres. Après plusieurs modifications parait enfin le *Règne animal* du grand zoologiste; dans ce dernier ouvrage il supprime la tribu des pédimanes; divise ses carnassiers en theiropteres insectivores, carnivores et marsupiaux; et réunit les solipèdes aux pachydermes. Mais Cuvier ne reconnut pas parmi les mammifères, le type des marsupiaux , c'est à M. de Blainville qu'était réservé l'honneur de cette détermination scientifique que Cuvier adopta dans la suite. Dans son *Prodrome d'une nouvelle di tribution systématique du Règne animal*, ce savant divise les mammifères en deux sous-classes; les monodelphes et les didelphes. La dernière classification dont nous ayons à parler, est celle de M. Isidore Geoffroy Saint-Hilaire, (1845), la plus complète de toutes celles proposées jusqu'ici. Sans nous étendre plus longuement sur les méthodes modernes, nous donnerons ci-après un tableau à l'aide duquel l'économie de cette classification remarquable sera facilement saisie; c'est au jourd'hui la plus généralement suivie. M. Isidore Geoffroy donne à son système le nom de *Classification parallélique*. En effet la classe entière des mammifères se trouve représentée par trois lignes distinctes et parallèles, dans lesquelles les animaux marchent à côté les uns des autres : les mammifères avec os marsupiaux, les mammifères sans os marsupiaux et les bipèdes. Nous allons suivre le tableau de cette méthode jusqu'aux tribus, nommant les genres que chaque groupe contient, et renvoyant pour chacun d'eux, aux articles qui leur sont consacrés.

CLASSE DES MAMMIFÈRES.

QUADRUPÈDES SANS OS MARSUPIAUX. (*Bassin bien développé*). — *Ordre* 1. PRIMATES. Dents dissimilaires , membres antérieurs terminés par des bras , extrémités formées par des mains. — *Famille* 1. SINGES. Dents de trois sortes, quatre incisives contiguës opposées, entre deux canines verticales; ongles similaires, le pouce excepté. — *Tribu* 1. PITHÉCIENS. Semi-bipèdes; cinq molaires de chaque côté de chaque mâchoire. G. troglodyte, orang, gibbon. — *Tribu* 2. CYNOPITHÉCIENS. Quadrupèdes; ongles courts, cinq molaires. G. nasique, semnopithèque, lolobe, miopithèque, cercopithèque, macaque, magot, cynopithèque, theropithèque, cynocéphale. — *Tribu* 3. CÉBIENS. Quadrupèdes; ongles courts, six molaires. G. saïmiri, callitriche, nyctipitheque, sajou, lagotri-

che, eriode, atèle, hurleur, saki, brachyure. — *Tribu* 4. HAPALIENS. Quadrupèdes; ongles en griffes, cinq molaires. G. ouistiti. — *Famille* 2. LÉMURIDÉS. Dents de trois sortes, deux ou quatre incisives supérieures par paires, quatre incisives et canines inférieures proclives; deuxième doigt postérieur à ongle subulé. — *Tribu* 1. INDRISIENS. Incisives inférieures au nombre de deux. G. arahi, propithèque, indri. — *Tribu* 2. LEMURIENS. Incisives inférieures au nombre de quatre; tarses ordinaires. G. nycticèbe, loris, perodicticle, cheirogale, matis. — *Tribu* 3. GALAGIENS. Incisives inférieures au nombre de quatre; tarses allongés. G. microcèbe, galago. — *Famille* 3. TARSIDÉS. Dents de trois sortes, dents antérieures contiguës, verticales; première paire supérieure très grande: deuxième et troisième doigts postérieurs à ongles subulés. G. tarsier. — *Famille* 4. CHÉIROMYDÉS. Dents de deux sortes, une barre. G. chéiromys. — *Ordre* 2. TARDIGRADES. Dents dissimilaires; membres antérieurs terminés par des bras; extrémités formées par des crochets. — *Famille* 5. BRADYPODÉS. G. bradype, cholèpe. — *Ordre* 3. CHEIROPTÈRES. Dents dissimilaires; membres antérieurs terminés par des ailes. — *Famille* 6. GALEOPITHÉCIDÉS. Expansions membraneuses latérales constituant de simples parachutes. G. galéopithèque. — *Famille* 7. PTÉROPODÉS. Expansions membraneuses latérales constituant de véritables ailes , phalange onguéale existant au doigt indicateur de l'aile. — *Tribu* 1. PTÉROPODIENS. Ailes insérées sur les côtés du dos. G. roussette, pachysome, macroglosse, céphalote. — *Tribu* 2. HYPODERMIENS. Ailes insérées sur la ligne médiane du dos. G. hypoderme. — *Famille* 8. VESPERTILIONIDÉS. Expansions membraneuses latérales constituant de véritables ailes ; phalange onguéale manquant à tous les doigts de l'aile ; lèvres offrant la disposition ordinaire. — *Tribu* 1. TAPUOZOÏENS. Nez simple ; membrane interfemorale peu développée; queue courte. G. taphien, emballonure. — *Tribu* 2. MOLOSSIENS. Nez simple ; membrane interfemorale peu développée; queue longue, à demi enveloppée. G. cheiromèle, mioptère, molosse, nyctinome, dinope. — *Tribu* 3. VESPERTILIENS. Nez simple; membrane interfemorale peu développée; queue très développée. G. vespertilion, nycticée, lasyure, oreillard. — *Tribu* 4. NYCTÉRIENS. Nez creusé d'une cavité. G. nyctère. — *Tribu* 5. RHINOLOPHIENS. Nez surmonté d'une feuille. G. rhinopome, rhinolophe, mégaderme. — *Famille* 9. NOCTILIONIDÉS. Expansions membraneuses latérales constituant de véritables ailes ; phalange onguéale manquant à tous les doigts de l'aile ; une double fissure labiale. G. noctilion. — *Famille* 10. VAMPIRIDÉS. Expansions membraneuses latérales constituant de véritables ailes ; phalange onguéale existant au doigt médius de l'aile ; dents offrant la disposition ordinaire. — *Tribu* 1. STENODERMIENS. Nez simple. G. stenoderme. — *Tribu* 2. PHILLOSTOMIENS. Nez surmonté d'une feuille. G. glossophage, vampire, phyllostome. — *Famille* 11. DESMODIDÉS. Expansions membraneuses latérales constituant de véritables ailes ; phalange onguéale existant au doigt médius de l'aile ; dents de la mâchoire supérieure très grandes et fortement comprimées. G. desmode. — *Ordre* 4. CARNASSIERS. Dents dissimilaires; membres antérieurs terminés par des pattes; dents plus ou moins en série unique. — *Section* 1. CARNIVORS. Non empetrés; molaires alternes, à couronnes au moins en partie tranchantes ; circonvolutions cérébrales plus ou moins développées. — *Famille* 12. POTIDÉS. Doigts profondément divisés. G. kinkajou. — *Famille* 13. VIVERRIDÉS. Doigts peu profondément divisés. — *Tribu* 1. URSIENS. Plantigrades; membres courts; mâchelières toutes tuberculeuses. G. ours, melours, raton, coati. — *Tribu* 2. MUSTÉLIENS. Plantigrades ou semi-digitigrades; membres courts, corps allongé, une tuberculeuse en haut. G. blaireau, taxidée, mydas, thiosme, ratel, glouton, huron, melogale, moufette, zorille, martre, putois, aonyx, loutre, luride, enhydre. — *Tribu* 3. VIVERRIENS. Plantigrades ou semi-digitigrades; membres courts ou moyens; deux tubercules en haut et un en bas. G. ictide, paradoxure, hemigale, cynogale, mangouste, crossarque, galidie, galidictis, suricate, ailure, civette, genette, bassaride, ichneumie, cynictis. — *Tribu* 4. CANIENS. Digitigrades; membres plus ou moins allongés; deux tubercules en haut et en bas. G. otocyon, jennec, renard, chien, hyénopode, cyon. — *Tribu* 5. HYÉNIENS. Digitigrades; membres plus ou moins allongés ; corps surbaissé en arrière ; tuberculeuses nulles ou rudimentaires. G. hyène, protèle. — *Tribu* 6. FÉLIENS. Digitigrades; membres plus ou moins allongés, les postérieurs plus développés que les antérieurs; tuberculeuses nulles ou rudimentaires. G. guépard, chat, tigre, lynx. — *Section* 2.

AMPHIBIES. Empêtrés; circonvolutions cérébrales plus ou moins développées. — *Famille* 14. PHOCIDÉS. Mâchelières comprimées; point de défenses. G. phoque, pélage, steinmatope, stenorhynque, otarie. — *Famille* 15. TRICHÉCHIDÉS. Molaires cylindriques; deux défenses à la mâchoire supérieure. G. morse. — *Section* 3. INSECTIVORES. Non empêtrés; molaires opposées à couronne en partie hérissées de pointes, lobes cérébraux lisses. — *Famille* 16. EUPLÉRIDÉS. Plantes velues. G. euplère. — *Famille* 17. TUPAÏDÉS. Plantes nues; corps couvert de poils, yeux bien développés, queue touffue. G. tupaïa. — *Famille* 18. GYMNURIDÉS. Plantes nues; corps couvert de poils, yeux bien développés, membres postérieurs bien développés, queue écailleuse. G. gymnure. — *Famille* 19. MACROSCÉLIDÉS. — Plantes nues; corps couvert de poils, yeux bien développés, membres postérieurs extrêmement allongés. G. macroscélide. — *Famille* 20. SORICIDÉS. Plantes nues; corps couvert de poils, yeux très petits, pattes antérieures établies sur le même type que les postérieures. G. musaraigne, urotrique, hygaline, desman. — *Famille* 21. TALPIDÉS. Plantes nues; corps couvert de poils, yeux très petits, pattes antérieures converties en pelles ou pioches. — *Tribu* 1. TALPIENS. Membres antérieurs pontadactyles en forme de pioche. G. taupe, scalope, condylure. — *Tribu* 2. CURYSOCHLORIENS. Membres antérieurs tridactyles, en forme de pioche. G. chrysochlore. — *Famille* 22. ÉRINACÉIDÉS. Corps couvert de piquants. G. tanrec, ériculé, hérisson. — *Ordre* 5. RONGEURS. Dents dissimilaires, membres antérieurs terminés par des pattes, dents en série interrompue par une large barre. — *Famille* 23. SCIURIDÉS. Fortement claviculés; cinq molaires à la mâchoire supérieure. — *Tribu* 1. SCIURIENS. Membres postérieurs beaucoup plus longs que les antérieurs. G. ptéromys, polatouche, écureuil, tamie. — *Tribu* 2. ARCTOMYENS. Membres postérieurs presque égaux aux antérieurs. G. spermosshile, marmotte. — *Famille* 24. MURIDÉS. Fortement claviculés; quatre molaires au plus, yeux de grandeur ordinaire, point d'abajoues extérieurs. — *Tribu* 1. CASTORIENS. Membres postérieurs un peu plus longs que les antérieurs, pattes postérieures entièrement palmées, queue plate, quatre molaires. G. castor. — *Tribu* 2. MURIENS. Membres postérieurs un peu plus longs que les antérieurs, pattes postérieures non palmées ou palmées en partie seulement, queue arrondie ou comprimée, deux, trois ou quatre molaires. G. myopotame, hydromys, ondatra, campagnol, lemming, otomys, rat, acomys, hamster, etenomys, pephagomys, aulacode, capromys, dactylomys, nelomys, echimys. — *Tribu* 3. GLIRIENS. Membres postérieurs beaucoup plus longs que les antérieurs; ongles très courts, très recourbés, acérés. G. loir. — *Tribu* 4. DIPODIENS. Membres postérieurs beaucoup plus longs que les antérieurs; ongles allongés, peu recourbés, pouce antérieur rudimentaire. G. gerbille, merione, gerboise, gerbo. — *Tribu* 5. HELAMYENS. Membres postérieurs beaucoup plus longs que les antérieurs, ongles allongés, peu recourbés, pouce antérieur bien développé. G. helamys. — *Famille* 25. PSEUDOSTOMIDÉS. Fortement claviculés, quatre molaires au plus, yeux de grandeur ordinaire, des abajoues extérieurs. G. pseudostome, diplostome. — *Famille* 26. SPALACIDÉS. Fortement claviculés; quatre molaires au plus, yeux très petits. G. bathyergue, georyque, nyctoclepte; spalax. — *Famille* 27. HYSTRICIDÉS. Imparfaitement claviculés; corps couvert de piquants. G. porc-épic, éréthizon, athérure, coendou. — *Famille* 28. LÉPORIDÉS. Imparfaitement claviculés; corps recouvert de poils, dents antérieures au nombre de quatre à la mâchoire supérieure. G. lièvre, lagomys. — *Famille* 29. CAVIDÉS. Imparfaitement claviculés; corps recouvert de poils, dents antérieures au nombre de deux en haut et en bas. — *Tribu* 1. VISCACIENS. Queue longue. G. hapalotis, chinchilla, lagotis, viscache. — *Tribu* 2. CAVIENS. Queue courte ou nulle. G. dolichotis, agouti, cobaye, kerodon, cabiai, paca. — *Ordre* 6. PACHYDERMES. Dents dissimilaires; membres antérieurs terminés par des colonnes, estomac simple ou divisé en poches placées bout-à-bout, dont la première seule communique avec l'œsophage. — *Famille* 30. HYRACIDÉS. Ongles dissimilaires. G. daman. — *Famille* 31. ÉLÉPHANTIDÉS. Ongles similaires, trompe bien développée. G. éléphant. — *Famille* 32. TAPIRIDÉS. G. tapir. — *Famille* 33. RHINOCÉRIDÉS. G. rhinocéros. — *Famille* 34. HIPPOPOTAMIDÉS. Ongles similaires; trompe rudimentaire ou nulle, plusieurs sabots de forme symétrique. G. hippopotame. — *Famille* 35. SUIDÉS. Ongles similaires; trompe nulle, deux sabots principaux aplatis en dedans. G. phacochère, sanglier, babiroussa, pécari. — *Famille* 36. ÉQUIDÉS. Ongles similaires; trompe nulle, un seul

sabot. G. cheval. — *Ordre* 7. RUMINANTS. Dents dissimilaires; membres antérieurs terminés par des colonnes; estomac très compliqué, œsophage communiquant à la fois avec trois poches stomacales. — *Famille* 37. CAMÉLIDÉS. Semelles calleuses; sabots moyens et de forme symétrique, six incisives inférieures et deux supérieures. G. chameau, lama. — *Famille* 38. ANTILOPIDÉS. Sans semelles calleuses; sabots très grands, convexes en dehors, aplatis en dedans, huit incisives en bas, point en haut. — *Tribu* 1. MOSCHIENS. Prolongements frontaux nuls. G. musc, chevrotain. — *Tribu* 2. CAMELOPADALIENS. Prolongements frontaux, subsistant au moins chez le mâle et consistant en des bois permanents non ramifiés. G. girafe. — *Tribu* 3. CERVIENS. Prolongements frontaux subsistant au moins chez le mâle, et consistant en des bois caducs ordinairement ramifiés. G. renne, élan, cerf, cervule. — *Tribu* 4. ANTILOPIENS. Prolongements frontaux subsistant au moins chez le mâle, et consistant en des cornes à noyau osseux. G. antilope, gazelle, acélaphe, chamois, bosélaphe, bouquetin, moufflon, ovibos, bœuf. — *Ordre* 8. ÉDENTÉS. Dents similaires ou nulles. — *Famille* 39. DASYPODÉS. Corps couvert de plaques cornées, disposées par bandes transversales. G. apar, cachicame, tatou, tatusie, priodonte, cholamyphore. — *Famille* 40. MYRMÉCOPHAGIDÉS. Corps couvert de poils. G. oryctérope, myrmécophage, tamandua, dionyx. — *Famille* 41. MANIDÉS. Corps couvert d'écailles imbriquées. G. pangolin.

QUADRUPÈDES AVEC OS MARSUPIAUX (*bassin bien développé*). — *Ordre* 1. MARSUPIAUX CARNASSIERS. (Parallèles aux carnassiers des mammifères sans os marsupiaux). — *Famille* 1. DASYURIDÉS. De grandes canines entre lesquelles sont huit incisives supérieures et six inférieures; pouces postérieurs médiocres ou rudimentaires. G. thylacine, sarcophile, dasyure, phascogale. — *Famille* 2. DIDELPHIDÉS. De grandes canines entre lesquelles se trouvent dix incisives supérieures et huit inférieures, pouces postérieurs très développés bien opposables. G. didelphe, micouré, hémiure, chironecte. — *Famille* 3. PÉRAMÉLIDÉS. De grandes canines entre lesquelles sont dix incisives supérieures et six inférieures; membres postérieurs très développés, à pouces courts G. péramèle. — *Famille* 4. MYRMÉCOBIDÉS. Point de grandes canines de forme ordinaire, dents nombreuses; pieds postérieurs tétradactyles. G. myrmécobe. — *Famille* 5. TARSIPÉDIDÉS. Point de grandes canines de forme ordinaire; dents en très petit nombre; pieds postérieurs pentadactyles, à pouces opposables. G. tarsipède. — *Ordre* 2. MARSUPIAUX FRUGIVORES. (Parallèles aux rongeurs des mammifères sans os marsupiaux). — *Famille* 6. PHALANGIDÉS. Six incisives à la mâchoire supérieure; pouces postérieurs bien développés et opposables; une longue queue. G. couscous, phalanger, acrobate, acropète, pétauriste. — *Famille* 7. PHASCOLARCTIDÉS. Six incisives à la mâchoire supérieure; pouces postérieurs bien développés et opposables; point de queue. G. phascolarcte. — *Famille* 8. MACROPODÉS. Six incisives à la mâchoire supérieure; pouces postérieurs non existants, membres postérieurs très développés. G. dendrolague, potoroo, hétérope, kanguroo. — *Famille* 9. PHASCOLOMIDÉS. A chaque mâchoire, deux grandes dents antérieures suivies d'une barre. G. phascolome. — *Ordre* 3. MONOTRÈMES. (Parallèles aux édentés des mammifères sans os marsupiaux). — *Famille* 10. ORNITHORHYNCHIDÉS. Bec corné, élargi, aplati; quelques dents. G. ornithorhynque. — *Famille* 11. ÉCHIDNIDÉS. Bec corné allongé, point de dents. G. échidné.

MAMMIFÈRES BIPÈDES (*bassin rudimentaire ou nul*). — *Ordre* 1. LYRÉNIDÉS. (Parallèles aux pachydermes des quadrupèdes sans os marsupiaux). — *Famille* 1. MANATIDÉS. Queue large et arrondie. G. lamantin. — *Famille* 2. HALICORIDÉS. Queue terminée par une nageoire triangulaire; des défenses à la mâchoire supérieure. G. dugond. — *Famille* 3. RYTINIDÉS. Queue terminée par une nageoire triangulaire, point de défenses. G. rytine. — *Ordre* 2. CÉTACÉS. (Parallèles aux ruminants et aux édentés des quadrupèdes sans os marsupiaux, les deux dernières familles parallèles aussi aux monotrèmes des marsupiaux). — *Famille* 4. DELPHINIDÉS. Tête moyenne; dents coniques ou bien une ou deux défenses. G. marsouin, delphinaptère, dauphin, inie, platanée, delphinorhynque, heterodon, narval. — *Famille* 5. PHYSÉTÉRIDÉS. Tête extrêmement grande, mâchoire inférieure garnie de dents, la supérieure dépourvue de fanons. G. physétère, cachalot. — *Famille* 6. BALÉNIDÉS. Tête extrêmement grande, mâchoire inférieure dépourvue de dents, la supérieure garnie de fanons. G. balénoptère, baleine. Nous n'entrerons pas dans d'autres détails sur cette classification remarquable; et nous renvoyons pour chaque genre aux articles particuliers qui leur sont consacrés. **J. P.**

MAMMIFÈRES FOSSILES. Nous avons déjà parlé à l'article fossiles, des débris que l'on a trouvés dans les anciennes couches du globe, et qui ont appartenu à des animaux qui en ont habité la surface, à des époques très reculées. Comme nous l'avons dit, les naturalistes et principalement Cuvier, sont parvenus à se former une idée très juste et très complète de presque tous ces animaux. Le principe anatomique développé par Cuvier, et nommé par lui principe de la corrélation des formes explique comment ce savant est parvenu à de tels résultats. Ce principe consiste en ceci, que toutes les parties des animaux sont entre elles dans un tel rapport, que la forme de l'une étant donnée, l'on peut, en général, en déduire celle de toutes les autres. En effet tous les organes d'un animal devant concourir au même but, doivent se trouver coordonnés d'une manière conforme à l'espèce. Outre ce principe, il existe certaines corrélations, qui bien que purement empiriques paraissent constantes, et qui n'ayant jamais été démenties par les faits ont fini par acquérir presque toute la valeur d'un principe logique. C'est ainsi qu'il est constant que tous les animaux à cornes soutenues par un prolongement osseux sont des ruminants. On comprendra facilement que ces animaux fossiles, ont pu prendre place dans nos classifications zoologiques, et y être rangés d'après des caractères certains dans les genres, familles et ordres qui leur conviennent. Nous allons faire connaître les principaux fossiles mammifères qui prennent place dans les genres déjà connus, ou qui en forment de nouveaux. Commençons par énumérer les premiers. Le genre vespertilion a un représentant découvert dans les platrières de Montmartre. Les ours fossiles, assez nombreux, se rencontrent dans plusieurs lieux de l'Europe, et presque toujours dans des cavernes où leurs os sont mêlés avec ceux d'animaux dont les analogues vivants ne se rencontrent aujourd'hui que dans la zône torride. Les cavernes à ossements ont aussi fourni les débris de deux espèces de putois, d'un glouton qui ne paraît pas différer de l'espèce vivante. Les chiens fossiles viennent encore des cavernes à ossements; notre-loup et notre renard y sont représentés par des espèces très voisines si ce ne sont les mêmes. Deux dents recueillies près de Beaugency, indiquent par leur volume une espèce gigantesque. Dans les platrières de Montmartre, on a découvert les restes d'une grande espèce voisine des coatis ou des mangoustes et une genette très voisine de la genette commune. On trouve dans les cavernes à ossemens, mêlés aux débris d'ours et jusque dans les terrains d'alluvion où sont enfouis des ossements d'éléphants une espèce d'hyène qui a dû être très abondante dans l'ancien monde. Le genre chat y est représenté par plusieurs espèces parmi lesquelles nous citerons les *felis spelœa* et *antiqua* de Cuvier, dont le premier est un très grand animal. Les phoques se trouvent également à l'état fossile, une espèce devait être environ deux fois et demi aussi grande que notre phoque commun. On connaît aussi quelques fragments de morse. Les platrières de Montmartre ont encore fourni le squelette complet d'un loir assez semblable au loir commun. Les brèches osseuses qui remplissent les fissures d'un grand nombre de terrains calcaires, sur les côtes de la Méditerranée, présentent comme enchâssés dans un ciment rougeâtre, des ossemens fossiles mêlés à des fragmens de rocher et à des coquilles. Dans ces brèches on a trouvé des lagomys, animaux dont le genre n'existe plus qu'en Sibérie, des lièvres, des campagnols et des rats. Les schistes de la Bohème ont fourni un campagnol, et ceux d'Æningen, un animal voisin du cabiais, mais d'une espèce inconnue. Dans les tourbières de plusieurs lieux de la France et de l'Allemagne, on a découvert les restes de castors qui sans doute sont ceux d'individus nourris autrefois par nos rivières. L'animal le plus curieux sans aucun doute, de ceux qui se trouvent à l'état fossile et qui se rapprochent des genres vivants appartient à l'ordre des édentés. C'était probablement un pangolin d'une taille gigantesque connu par une seule phalange onguéale, trouvé parmi les ossements de rhinocéros de mastodontes et d'hippopotames dans le Palatinat. On a retrouvé dans les terrains qui forment aujourd'hui la base de nos grandes plaines depuis l'Espagne jusqu'aux rivages de la Sibérie des milliers de cadavres de l'*éléphant fossile, mammouth* des Russes (*elephas primigenitus,* Blum). On en retrouve abondamment les débris dans toute l'Amérique septentrionale, ses défenses sont encore si bien conservées dans les pays froids, qu'on les emploie aux mêmes usages que l'ivoire frais; on en a même trouvé des individus avec leur chair, leur peau et leurs poils qui étaient restés gelés depuis la dernière catastrophe du globe. Il était haut de cinq à six mètres couvert d'une laine grossière et rousse, et de longs poils raides et noirs qui lui formaient une crinière le long du dos. Il ressemblait assez à l'éléphant des Indes. Les Chinois prétendent que cet animal vit sous la terre et périt sitôt qu'il aperçoit la lumière. Les restes d'hippopotames sont très communs en Allemagne, en Angleterre, en France et surtout en Italie, et se rapprochent beaucoup de l'espèce vivante d'Afrique, quoique de taille différente. Les ossements de rhinocéros s'y trouvent aussi en abondance; les uns manquaient d'incisives comme nos rhinocéros d'Afrique, les autres en avaient comme nos rhinocéros des Indes orientales, les principales différences entre ces espèces perdues et celles existant aujourd'hui consistaient dans les formes de la tête et la taille; l'une de ces espèces (*rhinoceros minutus,* Cuv.), à peine plus grande que le cochon, habitait principalement la France. Les *chevaux* existaient à cette époque. Parmi les *cerfs* et les *bœufs,* on en connaît plusieurs espèces différentes de celles qui peuplent actuellement le globe. Une espèce de cerf retrouvée dans un calcaire marneux d'eau douce avait la taille du chevreuil mais était bien différente. Les marnières et les tourbières de l'Angleterre, de la France et de l'Allemagne renfermaient les restes d'un cerf de taille supérieure même à celle de l'élan; ses bois élargis et branchus ont jusqu'à douze et quatorze pieds d'une pointe à l'autre en suivant les courbures. Parmi les cétacés fossiles qui rentrent dans nos genres actuellement connus, nous citerons : un *lamantin* qui diffère des espèces vivantes par une tête plus allongée et différemment conformée, ses débris ne sont pas rares en France dans les couches de calcaire grossier marin, on les a trouvé mêlés aux débris de morses, réunion bien remarquable, puisque les lamantins habitent aujourd'hui les mers de la Zône torride, tandis que le morse est confiné dans la mer glaciale. On a tiré des formations du calcaire grossier, des *dauphins,* un *marsouin,* un *rorqual,* qui ne paraissent pas s'éloigner beaucoup des espèces actuellement existantes. Une *baleine* différente des baleines vivantes est connue seulement par une portion de tête découverte en 1779, par un marchand de vin dans sa cave. Les platrières de Montmartre ont encore fourni les squelettes d'une petite *sarigue,* voisine de la *marmose* dont le genre est aujourd'hui confiné dans le nouveau monde, et celui d'une espèce beaucoup plus grande de la même famille, d'une *thylacine,* genre aujourd'hui confiné à la nouvelle Hollande.

Les principaux genres nouveaux de mammifères fossiles sont les trogonthériums, les mégathériums, les mégalanyx, les mastodontes, les palœothériums, les laphidons, les anoplothériums, les anthracothériums, les chœropotames, les adapis, les déinothériums, les élasmothériums et les ziphius. — Les *irogonthériums* sont des rongeurs très voisins de nos castors, propres aux couches sableuses de la Russie. L'un (*Trogonth. Cuvierii*), était plus grand que nos castors actuels et en diffère en outre un peu par la dentition. L'autre de la taille de nos castors rentre absolument dans le genre suivant Cuvier. — Les genres *mégathérium* et *mégalanyx,* appartiennent à l'ordre des édentés. On n'a encore trouvé qu'une seule espèce de chaque genre dans l'Amérique. Le *megathérium* semble par ses caractères génériques, participer des tatous et des paresseux; mais sa taille égalait celle des plus grands rhinocéros. Ses ongles devaient être d'une longueur et d'une force extraordinaire; sa charpente est très solide. Le *mégalanyx* lui ressemblait beaucoup pour les caractères, mais sa taille était un peu moindre, et ses ongles étaient plus longs et plus tranchants. Les *mastodontes* étaient des animaux très voisins des éléphants, comme eux pourvus d'une trompe, nous leur avons consacré dans cette encyclopédie, un article particulier auquel nous renvoyons. Les *palœathériums, laphidons, anaplothériums, anthracathériums, chéropotames* et *adapis,* appartiennent également à l'ordre des pachydermes et forment un groupe d'animaux contemporains, dont les ossements ensevelis dans les mollasses et les couches anciennes de gravier du midi de la France, dans les gypses mêlés de calcaire et dans les bancs marneux d'eau douce recouverts de bancs marins. Les *palœothériums* dont les os fourmillent dans les platrières des environs de Paris, ressemblaient aux tapirs par la forme générale, par celle de la tête, et notamment par la brièveté des os du nez, ce qui annonce qu'ils avaient comme ces animaux une petite trompe, et par les six dents incisives et les deux canines à chaque mâchoire; mais ils se rapprochaient des rhinocéros par leurs molaires et par leurs pieds divisés tous quatre en trois doigts, tandis que dans les tapirs ceux de d°vant en ont quatre. Cuvier en a distingué sept espèces qui ne different guère entre elles, que par la taille qui varie depuis celle du cheval (*P. magnum*), jusqu'à celle d'un agneau (*P. minus*). — Les *lophiodons* se rapprochent encore plus des tapirs en ce que leurs molaires inférieures ont des collines transverses. Les espèces de ce genre, assez nombreuses, ne paraissent guère différer entre elles que par la taille qui varie depuis celle du rhinocéros à celle d'un petit agneau. Les *anoplothériums* trouvés dans les platrières des environs de Paris présentent deux caractères qui ne s'observent dans aucun autre animal; des pieds à deux doigts, dont les métacarpes et les métatarses demeurent distincts, et ne se fendent pas en canons comme ceux des ruminants; et des dents en série continue, et que n'interrompt aucune lacune, six incisives à chaque machoire, une canine et sept molaires de chaque côté, tant en haut qu'en bas. L'anoplothérium le plus commun dans nos platrières, est un animal haut comme le sanglier, mais plus allongé et portant une queue très longue et très forte, rien n'indique que le museau soit terminé ni en trompe ni en boutoir; en somme, il devait avoir à peu près les proportions de la loutre, mais plus en grand. Il nageait bien et devait probablement fréquenter les lacs dans le fond desquels ses os ont été incrustés dans le gypse qui s'y déposait. Un animal qui forme un sous-genre de cette division, le *xiphodon* est très remarquable, svelte et léger comme la plus jolie gazelle (*xiph. gracile*), il devait paître en bondissant autour des lacs qu'habitaient les anoplothériums. — Le genre des *anthracothériums*, forme le passage entre les genres précédents et les cochons. Deux espèces approchaient du rhinocéros pour la taille, les autres étaient beaucoup moindres. — Les *chéropotames* dont les ossements se trouvent melés à ceux des palœothériums et des anoplothériums ont les molaires postérieures carrées en haut, rectangulaires en bas, étant quatre fortes éminences coniques, entourées d'éminences plus petites. Les canines sont petites. On n'en connait encore qu'une espèce de la taille du cochon de Siam. Le genre *adapis* ne renferme également qu'une espèce de la taille du lapin, il devait tenir de près aux anoplothériums. Deux autres genres de pachydermes sont d'un âge postérieur à celui des précédents, et se trouvent dans les mêmes formations que les mastodontes et l'éléphant fossile. Le genre *déinothérium* ne comprend qu'une espèce qui devait être au moins double de notre hippopotame pour la longueur; ses molaires ressemblent à celle du lapin, mais sa machoire inférieure portait deux énormes défenses presque égales à celles d'un éléphant. Ses débris se trouvent melés à ceux des rhinocéros, de mastodontes et d'éléphants. — Le genre *élasmotherium*, connu seulement par la machoire inférieure a été découvert en Sibérie, ses dents étaient en double croissant et ondulées. — Enfin les *ziphius* forment dans l'ordre des cétacés un genre entièrement nouveau, voisin des cachalots et des hyperoodons. — Suivant Cuvier, c'est à Stanesfield en Angleterre que l'on trouve le plus ancienne trace de mammifères connue. Ces débris appartiennent à un animal de l'ordre des marsupiaux. C'est dans les formations de calcaire grossier qui recouvre les argiles superposées à la craie que l'on retrouve des gisements incontestables de mammifères fossiles : là se présente une population de mammifères toute composée d'animaux marins. Ce sont les dauphins, les lamantins et les morses fossiles que nous avons signalés plus haut. Ce n'est que dans les couches qui ont succédé au calcaire grossier, et dans des lacs d'eau douce que les mammifères terrestres commencent à se montrer avec abondance. C'est là que l'on trouve les palœothériums, les lophiodons, les anoplothériums, les anthracothériums, les chéropotames, les adapis. Parmi ces pachydermes on trouve d'autres animaux appartenant aux ordres des insectivores, des carnassiers, des rongeurs, des marsupiaux, etc. Quant aux ruminants, on en connait à peine quelques fragments qui se rapportent à cette époque. Au-dessus des terrains qui contiennent tous ces ossements, se trouvent des formations marines dues, selon Cuvier, à une nouvelle irruption de la mer qui aurait submergé toute cette population d'animaux terrestres. C'est à ce dépôt formé par la mer que l'on rapporte quelques cétacés fort semblables à ceux de nos jours. Quand la mer se fut retirée, apparurent de nouvelles races d'animaux terrestres. Ce sont eux qui couvraient le globe lors de sa dernière grande révolution et leurs débris remplissent nos couches meubles et superficielles. C'est à cet âge qu'appartiennent le mammouth,

les mastodontes, les rhinocéros, les hippopotames, les cerfs les bœufs et les ours fossiles, ainsi que les déinothériums, les élasmothériums, les mégathériums, les mégalonyx, etc. Cette population qui a précédé immédiatement celle qui couvre aujourd'hui notre globe ressemble plus que toutes les autres à la population actuelle; mais on n'y trouve encore ni singes ni hommes (V. *fossiles, terre*).   J. P.

MAMMONE, dieu des richesses chez les Phéniciens, était le même que Plutus chez les Romains. De là cette grande leçon de l'Evangile, qui rend si bien l'opposition du culte de Dieu avec l'esprit d'avarice : *Non potestis Deo servire et Mammonæ.* Souvent ce mot se prend pour les richesses mêmes, comme le Sauveur dit : *Facite vobis amicos de mammona iniquitatis.*

MAMMOUTH (paléont.). V. MAMMIFÈRES, FOSSILES et MASTODONTE.   J. P.

MAMURIUS (VETURIUS), artiste qui vivait sous le règne de Tarquin. Ce prince lui ordonna de faire onze boucliers semblables à celui qui était tombé du ciel, afin qu'on ne pût le distinguer de ceux qui étaient l'ouvrage des hommes ; il ne demanda d'autre récompense de son travail que l'honneur d'être nommé dans les légendes que les prêtres saliens chantaient à la fete des Ancilles. On lui accorda sa demande.

MAMURRA, chevalier romain, natif de Formium, accompagna Jules-César dans les Gaules, en qualité d'intendant dés ouvriers. Il y amassa des richesses immenses, qu'il dépensa avec la même facilité qu'il les avait acquises. Il fit bâtir un palais magnifique à Rome, sur le mont Cœlius. C'est le premier qui fit incruster de marbre les murailles et les colonnes. Catulle a fait des *Epigrammes* très satiriques contre lui. Il y accuse non-seulement de concussion, mais encore de débauche avec César : abomination très commune parmi les hommes les plus célèbres de l'ancienne Rome.

MAN (ILE DE). Elle est située entre les 54° 4' et 54° 27' de latitude N., et les 6° 37' et 7° 7' de longitude O, au milieu de la mer d'Irlande, à une distance presque égale de l'Irlande, de l'Ecosse et de l'Angleterre. Elle a environ 12 lieues de longueur du N. au S., sur 3 à 5 de largeur de l'E. à l'O., et environ 30 lieues de circonférence. Divisé en 19 paroisses, elle compte quatre villes dont Castletown est le chef-lieu, et Douglas la principale et la plus remarquable. L'intérieur de l'ile est très montueux, aussi les villes et les villages se trouvent-ils sur le littoral. Les divers ports comptent un grand nombre de bateaux caboteurs qui se livrent à la pêche du hareng, qui, depuis juillet jusqu'à la fin de septembre, est extrêmement productive dans ces parages. Le sol est assez fertile dans l'île de Man : le blé, l'orge, l'avoine, le chanvre, les légumes, etc., y croissent en abondance. Les habitants y élèvent une grande quantité de bétail qui est d'une assez petite espèce et qui forme un commerce d'exportation assez considérable. Il y existe des mines de plomb, de fer, de cuivre, des carrières de granit, de pierres à ardoise et à chaux. 42,000 habitants.

MANA (*myth. lat.*), déesse étrusque adoptée par les Romains. C'était une des divinités qui présidaient à la naissance des enfants; on l'appelait aussi *Mana geneta* (V. GENETA).

MANAHEM, fils de Gaddi, général de l'armée de Zacharie, roi d'Israël, était à Théria lorsqu'il apprit la mort de son maitre, que Sellum avait tué pour régner en sa place. Il marcha contre l'usurpateur, qui s'était enfermé dans Samarie, le tua et monta sur le trône, où il s'affermit par le secours de Phul, roi des Assyriens, auquel il s'engagea à payer un tribut. Ce prince gouverna pendant 10 ans, et fut aussi impie envers Dieu qu'injuste envers ses sujets. Il mourut l'an 761 avant J.-C.

MANAHEM, de la secte des Esséniens, se mêlait de prophétiser. Hérode, depuis nommé le Grand, était encore jeune lorsque Manahem lui prédit qu'il serait roi des Juifs, mais qu'il souffrirait beaucoup dans sa royauté. Cette prédiction fit que ce prince eut toujours beaucoup de respect pour les Esséniens.

MANAHEM, fils de Judas Galiléen, et chef des séditieux contre les Romains, prit de force la forteresse de Massada, pilla l'arsenal d'Hérode-le-Grand, mort depuis peu, arma ses gens et se fit nommer roi de Jérusalem. Eléazar, homme puissant et riche, souleva le peuple contre cet usurpateur, qui fut pris et puni du dernier supplice.

MANAHEM prophète chrétien, frere de lait d'Hérode Antipas, fut un des pretres d'Antioche à qui le Saint-Esprit ordonna d'imposer les mains à Paul et à Barnabé, pour les envoyer precher l'Evangile aux gentils. On croit que ce Manahen était du nombre des 72 disciples, et qu'il mourut à Antioche. Il en est parlé au chap. 15 des Actes des apôtres.

MANAKIN, *pipra* (ois.), genre de la famille des pipradées, dans l'ordre des passereaux, et qui présente pour caractères principaux un bec court, assez profondément ouvert, déprimé, trigone à sa base qui est un peu élargie, à mandibule supérieure voutée, échancrée vers la pointe; des narines situées à la base du bec, triangulaires; des ailes médiocres; une queue très courte; des tarses grêles, allongés scutellés, et des doigts faibles à ongles très petits. Le genre pipra, dans lequel Gmelin et Latham confondaient les vrais manakins et les coqs de Roche, ne renferme plus aujourd'hui que les premiers. Les mœurs de ces oiseaux sont peu connues; ce que l'on en sait, c'est qu'ils habitent les grands bois de l'Amérique méridionale, d'où ils ne sortent jamais pour se répandre dans les campagnes environnantes. Ces oiseaux se réunissent en petites troupes de huit à dix pour chercher leur nourriture qui consiste en baies, en petits fruits sauvages et en insectes. Les manakins ne restent ainsi attroupés que pendant quelques heures le matin, et passent le reste de la journée solitaire dans les endroits les plus ombragés de la forêt. Leur chant qu'ils ne font entendre que pendant leurs réunions, consiste en un gazouillement faible mais assez agréable. Leur vol est rapide mais peu soutenu. Ils établissent leur nid dans les boussailles, et la femelle y pond 5 à 6 œufs. Leur plumage richement coloré, les fait rechercher par les amateurs. Nous citerons principalement : le manakin tijé (*pipra pareola*, Lin.), d'un beau noir velouté, avec une calotte bleue chez le mâle et rouge chez la femelle, du Brésil. Le manakin militaire (*pipra militaris*, Shaw.), également du Brésil, à front et croupion rouges; à manteau noir, avec la gorge et le devant du cou d'un gris bleuâtre. Le manakin longipenne (*P. caudata*), le manakin à tête rouge (*P. rubrocapillata*), le manakin à tête d'or (*P. aurocapillata*), du Brésil, le manakin rubis, le manakin bleu, le manakin chaperonné, du même pays, sont remarquables par leurs brillantes couleurs. J. P.

MANANT, s. m., t. d'ancienne pratique, habitant d'un bourg ou d'un village. Il s'est dit aussi absolument, dans le langage ordinaire, d'un paysan. Il se dit par extension d'un homme grossier, mal élevé.

MANAS (phil. ind.), il se dit dans les systèmes de *Nyaya* et de *Veséhica*, de l'âme sensible, instrument de l'intelligence, que l'on distingue de l'âme connaissant et voulant ou *atma*. *Gôtama* présente ce sens interne, à peu près comme les philosophes modernes de l'Europe décrivent ce qu'ils appellent la conscience psychologique.

MANASAROVARA, grand lac de l'empire chinois, dans la province du Tibet. Il est situé entre un beau plateau qui le domine au N. et à l'O., entre une prolongation de la chaîne de Caïlas à l'E. et l'Himalaya au S. Il y a 5 lieues de longueur sur 4 de large et git par 31° latitude N., et 38° 39' longitude E. Ses eaux sont claires et limpides. Ce lac est sacré chez les Hindous et les Tartares chinois; ceux-ci y portent les cendres de leurs parents morts; ceux-là en font un objet de saint pèlerinage. Les lamas et ghylums, sortes de prêtres et de moines, habitent aux environs dans des lieux véritablement pittoresques et, dit-on, sous des cabanes décorées de chevelures, de draps et de banderolles de diverses couleurs. Les plus beaux chales cachemyrs se fabriquent dans deux villes qui se trouvent aux environs de ce lac et qui se nomment Coté et Ouprang.

MANASSÉ (géog. anc.), province de Palestine, ainsi nommée du fils aîné de Joseph. Manassé ou la tribu de Manassé, était partagée en deux demi-tribus, l'une à l'est du Jourdain, et au nord-est de la Palestine, l'autre à l'ouest du Jourdain, entre la tribu d'Ephraïm et celle d'Issachar. On les appelait demi-tribu de Manassé au delà du Jourdain, et demi-tribu en deçà du Jourdain, ou quelquefois demi-tribu orientale, demi-tribu occidentale.

MANASSÈS ou **MANASSÉ**, était fils aîné de Joseph et d'Aseneth, et petit-fils de Jacob. Son nom signifie l'oubli, parce que Joseph dit : « Dieu m'a fait oublier toutes mes peines et la maison de mon père. » Manassès naquit en Egypte l'an 1712 avant J.-C. Jacob étant au lit de la mort, Joseph lui amena ses deux fils, Manassès et Ephraïm, afin que le saint vieillard leur donnât sa bénédiction; et, comme il vit que son père mettait sa main gauche sur Manassès, il voulut lui faire changer cette disposition : Jacob insiste à vouloir les bénir de cette manière, en lui disant que l'aîné serait père de plusieurs grandes familles, mais que son cadet serait plus

grand que lui, et que des nations entières sortiraient de son sang. On voit encore ici, comme dans beaucoup d'autres endroits de l'Histoire sainte, la confiance religieuse que l'on avait dans la bénédiction paternelle, confiance si bien d'accord avec les événements, et si bien assortie à l'esprit du commandement qui prescrit le respect envers les auteurs de nos jours, et qui en fait découler notre prospérité terrestre.

MANASSÈS, roi de Juda, ayant succédé à son père Ezéchias à l'âge de 12 ans, vers l'an 674 avant J.-C., signala les commencements de son règne par tous les crimes et toutes les abominations de l'idolatrie. Il rebâtit les hauts lieux que son père avait détruits, dressa des autels à Baal, et fit passer son fils par le feu en l'honneur de Moloc. Le prophète Isaïe, qui était beau-père du roi, s'éleva fortement contre tant de désordres; mais Manassès, loin de profiter de ses avis, le fit saisir et couper par le milieu du corps avec une scie de bois. La colère de Dieu éclata enfin contre ce tyran vers la 22e année de son règne, l'an 677 avant J.-C. Assarhaddon, roi d'Assyrie, envoya une armée dans ses Etats. Il fut pris, chargé de chaînes, et emmené captif à Babylone. Son malheur le fit rentrer en lui-même. Dieu, touché de son repentir, le tira des fers du roi de Babylone, qui lui rendit ses Etats. Manassès revint à Jérusalem où il s'appliqua à réparer le mal qu'il avait fait. Il abattit les autels profanes qu'il avait élevés, rétablit ceux du vrai Dieu, et ne négligea rien pour porter son peuple à revenir au culte du Seigneur. Il mourut l'an 643 avant J.-C., à 67 ans, après en avoir régné 55. Nous avons sous son nom une Prière que l'on suppose qu'il fit pendant sa captivité. On la trouve ordinairement à la fin de la Bible, avec les livres non canoniques. Plusieurs saints Pères la citent. Elle est pleine d'onction, et exprime les sentiments d'une pénitence vive et sincère. Amon, son fils, lui succéda.

MANASSÈS, jeune clerc, issu du sang royal, usurpa par simonie, en 1069, le siége épiscopal de la ville de Reims. Sa mauvaise conduite dans l'exercice de cette dignité ayant excité des murmures, en vain on le cita au tribunal des légats du pape et dans plusieurs conciles : il fallut le condamner par contumace, et on prononça sa sentence de déposition au concile de Lyon, tenu l'an 1080. Elle fut confirmée par celui de Rome la même année. Manassès, non moins indocile que coupable, voulut encore se maintenir sur son siége par les armes; mais, après de vains efforts, il quitta Reims et passa en Palestine, alors se théâtre des croisades, où il ne fut pas meilleur guerrier qu'il n'avait été prélat vertueux. Il fut fait prisonnier dans un combat, et ne recouvra sa liberté qu'en 1099.

MANAVA-DHARMA-CHASTRA (phil. ind.), recueil des lois de Manou; un des livres sacrés des Hindous qui, avec les Védas, offre l'ensemble de toutes les conceptions primordiales de leur philosophie. On croit que cet ouvrage est antérieur à la conquête d'Alexandre.

MANBOTE ou **MANBOUTE** (anc. jurispr.), amende payée par celui qui avait commis un meurtre. La manbote revenait au seigneur ou aux parents de la victime.

MANBOUR (anc. législ.), gouverneur, gardien, procureur, administrateur de la personne ou des biens d'un particulier. Les femmes mariées et les mineurs avaient des manbours. On disait aussi mainbourg.

MANCENILLIER, *hippomane* (bot.), genre de la famille des euphorbiacées dont les principaux caractères sont les suivants : fleurs monoïques, les mâles réunies par petits groupes en un faux épi interrompu; chacune d'elles présentant un calice turbiné bifide et un filament court, terminé par deux anthères adnées extrorses. Les femelles sont solitaires; elles se composent d'un calice triparti, d'un ovaire sessile, creusé généralement de sept lobes uniovulées, surmonté d'un style court et épais que terminent sept stigmates aigus et étalés. Le fruit qui succède à ces fleurs est charnu et renferme plusieurs coques ligneuses, indéhiscentes, monospermes, qui se réunissent en une noix inégale et sinueuse à sa surface. Ce genre ne renferme qu'une seule espèce, célèbre par ses terribles propriétés, c'est le mancenillier vénéneux (*hippomane mancenilla*, Lin.). Cet arbre croît sur le bord de la mer aux Antilles, dans l'Amérique méridionale, non port et ses dimensions rappellent notre poirier; il ne dépasse guère cinq à sept mètres de hauteur, et son tronc, qui a trois ou quatre décimètres de diamètre, est couvert d'une écorce grise et grisâtre, qui laisse couler à la moindre incision le suc laiteux qui abonde dans toutes les parties de l'arbre. Les feuilles sont alternes, ovales, dentelées en scie; leur pétiole est accompagné à sa base de deux stipules, et porte deux glandes à son sommet. Les fleurs mâles sont embrassées par une bractée qui porte une glande de chaque côté de sa base ; les fleurs femelles sont solitaires à la base de l'épi mâle. Le fruit ressemble pour la forme et la couleur à une petite pomme d'api, et c'est de cette ressemblance que lui vient le nom de mancenillier (en espagnol *manzanilla*, petite pomme). L'arbre en est souvent couvert et la terre n'en est pas jonchée tout autour. Bien que l'on ait exagéré les effets délétères du mancenillier, il n'en est pas moins vrai cependant que son suc laiteux et son fruit sont des plus violents. Ce que l'on a rapporté sur les dangers de s'endormir sous son feuillage, qui donnait la mort, semble faux, si l'on en croit quelques voyageurs ; cependant quelques autres maintiennent le fait. Nous renvoyons au reste pour plus de détails au mémoire de M. de Tussac (*Jour. de bot.*, 1813, Desvaux).

MANCHE, s. m., la partie d'un instrument, d'un outil, par laquelle on le tient pour en faire usage. Le manche de la charrue, la partie de la charrue que tient le laboureur. Le manche d'un gigot, d'une épaule de gigot, la partie par où on les prend pour les découper. Prov. et fig., branler au manche, n'être pas ferme dans le parti qu'on a embrassé, dans la résolution qu'on a prise. Il signifie plus ordinairement être menacé de perdre sa fortune ou sa place. Prov. et fig., jeter le manche après la cognée, abandonner une affaire, une entreprise, par chagrin, par dégoût, par découragement. En hist. nat., manche de couteau, espèce de coquillage bivalve.

MANCHE, s. f., partie de vêtement dans laquelle on met le bras. Prov. et fig., avoir une personne dans sa manche, en disposer à son gré. Prov. et fig., il a la manche large, se dit d'un casuiste, d'un directeur relâché. Fig. et fam., il ne se fera pas tirer par la manche, il fera volontiers telle chose. Prov. et fig., c'est une autre paire de manches, c'est une autre affaire, ce n'est pas la même chose. Manche, en termes de marine, se dit d'un tuyau de cuir, drap, toile ou autre étoffe rendue autant qu'il est possible imperméable, servant à conduire des liquides ou des gaz d'un lieu dans un autre. Manches à vent, manches qui font l'office de ventilateurs, et qui conduisent l'air extérieur dans les entreponts, à travers les sabords, etc. Manche, en géographie, se dit d'un canal, d'un espace étroit de mer renfermé entre deux terres. Il se dit particulièrement du canal compris entre les côtes de France et celles d'Angleterre, et qu'on nomme autrement Pas-de-Calais.

MANCHE (la). Les Français appellent ainsi la partie de l'Océan atlantique resserrée entre les côtes de France, au midi, et celles d'Angleterre, au nord, et que les anciens appelaient *Britannicus Oceanus*. Les anglais lui ont conservé cette dénomination et l'appellent *British-Channel* (détroit britannique). Cette mer s'ouvre à l'ouest entre l'île d'Ouessant et le cap Land's End, à l'extrémité sud-ouest de la Grande-Bretagne, et va se rétrécissant à mesure qu'elle approche du détroit qui la fait communiquer à la mer du Nord et qui porte le nom de Pas-de-Calais. Elle a 200 kil. de largeur à son entrée, 155 à Saint-Malo, 125 à Cherbourg et 116 à Dieppe. La navigation y est assez désagréable, parce que la mer y est courte, et les vents d'ouest y soufflent presque continuellement. Les marées y sont très hautes. La Manche est très poissonneuse et on y trouve en abondance le hareng, la raie, le merlan, le maquereau, la sole, le turbot. On connaît la réputation des huîtres du rocher de Cancale.

MANCHE (département de la), ainsi nommé de la mer de la Manche, le long de laquelle il se prolonge. C'est l'un de nos départements maritimes, formé des trois districts de l'ancienne Normandie, l'Avranchin et le Cotentin. Il est borné au nord par la Manche, à l'ouest par l'Océan, au sud par les départements de la Mayenne et d'Ille-et-Vilaine, à l'est par ceux du Calvados et de l'Orne. Sa superficie est de 593,776 hectares, dont environ 380,416 sont en terres labourables, 94,056 en prairies, 46,294 en landes, bruyères, 23,958 en bois et forêts, 20,259 en vergers, pépinières et jardins, etc. Son revenu territorial est évalué à 31,813,000 francs. Ce département possède plusieurs rivières navigables, la Vire, la Taute, l'Ouve, la Clève, la Madeleine, la Sée et la Céluue, mais aucune d'elles n'est importante. Ses grandes routes sont au nombre de trente et une, dont huit routes royales et vingt-trois départementales. L'industrie manufacturière y est en grande activité ; il y a une foule de manufactures de draps fins, de toiles, de serges, de dentelles, de fils de coton, de verres à vitres, de poêles, de chaudrons de zinc, de quincaillerie, de de coutellerie commune, des papeteries, etc. Il y a des car-

rières de granit aux îles Chosey, de pierres à ardoises, etc. Le climat est humide, le sol partout plat et sablonneux, marécageux dans quelques parties, produit du grain, du lin, chanvre, des pommes à cidre. Il renferme beaucoup de pâturages, où l'on élève du gros et du menu bétail, et surtout une grande quantité de chevaux très estimés, qui sont l'objet du principal commerce du pays. Les ports principaux de ce département sont : Cherbourg, Granville et Harfleur ; il est divisé en six arrondissements, dont les chef-lieux sont : Saint-Lo, chef-lieu du département, Valognes, Cherbourg, Coutances, Avranches et Mortain. Il renferme quarante-neuf cantons et six-cent quarante-cinq communes. Sa population est de 594,382 habitants, parmi lesquels on compte 3,385 électeurs. Il envoie à la chambre huit députés. Ce département forme le diocèse de l'évêché de Coutances, suffragant de l'archevêché de Rouen ; il est compris dans le ressort de la cour royale de Caen et de l'académie de la même ville. Il fait partie de la quatorzième division militaire, dont le chef-lieu est Rouen, et de la quinzième conservation forestière. Cherbourg est le chef-lieu du 1er arrondissement maritime.

MANCHE, en espagnol *Mancha*, province d'Espagne, dans la Nouvelle-Castille, qui se divise en trois districts et a pour chef-lieu Cuidad-Real. Elle est riche en mines de mercure en exploitation, et de plusieurs autres métaux. Ses principales rivières sont la Guadiana, le Jucar, l'Azuer, le Tage, le Mundo, le Monte, les Fresnedas. La Manche est environnée presque entièrement des sierras d'Oca, d'Alcaraz et de la Morena. L'intérieur ne présente que des marais et de vastes plaines nues, et ressemblant à un véritable désert. Dans les parties qui sont cultivées, on y récolte des céréales qui ne suffisent pas à la consommation du pays, de la soie, de la soude, du safran. Les habitants, au nombre de près de 400,000, élèvent du gros et du menu bétail, et des mulets de belle race. Cette province a 57 lieues environ dans sa plus grande longueur de l'est à l'ouest, 45 lieues du nord au sud, et 1,764 lieues carrées de superficie ; elle est bornée au nord par celle de Tolède, au nord-est par celle de Cuenca, à l'est et au sud-est par celle de Murcie, au sud par celle de Jaen et de Cordoue, et à l'ouest par celle d'Estramadure.

MANCHESTER, ville d'Angleterre, située dans le Lancastershire. Après Londres et Liverpool, c'est la ville d'Angleterre la plus riche, la plus populeuse et la plus manufacturière. Elle possède des fabriques immenses de coton, de fils les plus fins, de velours de coton, de futaines, de calicots, de coutils, d'étoffes de soie, de laine et de poils de chèvre, dont on fait une exportation considérable. L'industrie s'étend aussi sur de petits ouvrages de lacets or filé en tresse. On y voit des fonderies de canons, des fabriques de chapeaux, d'acide sulfurique et de métal. Manchester ne possède pas seulement ce nombre considérable de fabriques et les diverses industries dont nous venons de parler, elle fournit encore avec ses environs une grande quantité de machines et de métiers mécaniques, si recherchés des autres villes manufacturières d'Angleterre et de plusieurs villes du continent. Si Manchester est parvenue aujourd'hui à ce haut degré de richesse et de prospérité, il n'en faut pas seulement rechercher la cause dans l'industrie de ses habitants, mais surtout dans les immenses et inépuisables mines de houille qui alimentent ses fabriques et ses manufactures, et dans les facilités de transports et de communications que lui présentent le chemin de fer qui la fait communiquer avec Liverpool, le nombre de canaux et de rivières qui lui permettent d'écouler dans les villes les plus commerçantes de l'Angleterre ses produits manufacturiers. La population de cette riche et florissante cité a considérablement augmenté depuis quelques années. En 1824, on comptait 165,000 habitants ; en trois années il y a eu un accroissement prodigieux de 30,000 habitants ; en 1830, le chiffre s'élevait à 200,000, aujourd'hui il passe 250,000.

MANCHETTE, s. f., ornement fait de mousseline, de batiste, de dentelle, qui s'attache au poignet de la chemise. Prov. et fig., vous m'avez fait là de belles manchettes, vous avez fait une équipée, une étourderie qui me met dans l'embarras.

MANCHETTE DE NEPTUNE (polyp.). On donne vulgairement ce nom au rétépore commun (*rét. cellulosa*), qui ressemble en effet à une dentelle de pierre par la délicatesse de sa structure.　　　J. P.

MANCHON, s. m., espèce de sac, ouvert par les deux bouts, ordinairement recouvert d'une fourrure, quelquefois d'une étoffe, et ouaté intérieurement, dans lequel on met les deux mains pour les garantir du froid.

MANCHOT, OTTE, adj., estropié ou privé de la main et du bras. Il s'emploie aussi substantivement.

MANCHOT, *aptenodytes* (*ois.*), genre de l'ordre des palmipèdes, de la famille des impennes, qui présente pour principaux caractères : un bec robuste ou grêle, convexe en dessous, dilaté et renflé à la base de la mandibule inférieure, des ailes tout-à-fait impropres ou vol, réduites à de simples moignons aplatis en forme de nageoires, et n'ayant plus que des vestiges de plumes, d'apparence squameuse, et des tarses très portés en arrière, très gros, très courts et fort élargis ; les doigts, au nombre de quatre, trois devant, réunis par une membrane entière, et un pouce petit, collé à la partie inférieure du bord. — Les manchots ont une grande analogie de forme et de structure avec les pingouins, mais ils s'en distinguent non-seulement par les caractères que nous avons présentés, mais encore par leur habitat. Les manchots, par exemple, ont le corps revêtu d'un simple duvet serré, offrant plutôt l'apparence de poils que de plumes ; leurs ailes sont dépourvues de pennes. Chez les pingouins, au contraire, le corps est couvert de véritables plumes, et les ailes sont pourvues de rémiges, fort courtes à la vérité. D'un autre côté, tandis que ces derniers habitent exclusivement l'hémisphère austral, les manchots ne se rencontrent que dans les mers du Sud. L'organisation de ces oiseaux les rend essentiellement aquatiques ; aussi, leurs mouvements sont-ils prestes et faciles dans leur élément ; mais à terre, où ils ne viennent que momentanément, ils sont gauches et embarrassés. Lorsqu'ils nagent, tout leur corps est submergé, leur tête seule sort de l'eau ; on en rencontre à plus de cent trente lieues de toute terre, ce qui vient à l'appui des assertions des voyageurs qui disent que les manchots passent plusieurs jours de suite à la mer sans prendre terre. Ils nagent et plongent avec une vitesse singulière ; un fait surprenant, c'est que lorsque ces oiseaux rencontrent un obstacle sur leur trajet, au lieu de le tourner, ils le franchissent en s'élevant à quatre ou cinq pieds hors de l'eau ; on les voit même quelquefois bondir à la surface de la mer, et exécuter des sauts répétés. Sur le continent les manchots sont livrés sans défense à leurs ennemis, et leur nombre a considérablement diminué ; ces oiseaux sont même complétement disparus dans certaines lieux où l'homme a fait de fréquentes apparitions. Ces oiseaux ont, comme on le conçoit, d'après leur conformation, une démarche lente et lourde, ils tiennent leur corps dressé perpendiculairement sur leurs pieds courts et posés à l'arrière de l'abdomen. A terre, on les rencontre en bandes nombreuses, marchant lentement, debout à la file les uns des autres. On croirait, dit Permetty, voir de loin des enfants de chœur en surplis et en camail noir. Ces oiseaux, qui ne peuvent se soustraire aux atteintes de leurs ennemis ni par la course, ni par le vol, paraissent très indolents, et même très confiants, c'est ce qui leur a fait donner par les voyageurs une réputation de stupidité qu'ils ne méritent peut-être pas. Ils ne songent à fuir que lorsque l'on se trouve à quelques pas d'eux ; ils cherchent alors quelquefois à se défendre, et s'élancent sur leur ennemi en lui donnant des coups de bec aux jambes, qui peuvent du reste être dangereux pour des jambes nues, car ils pincent si fortement qu'ils enlèvent la chair. On s'accorde à dire que le cri du manchot ressemble à s'y méprendre au braiment de l'âne. La femelle creuse dans le sable des terriers profonds où elle pond deux œufs ou souvent un seul. On a réparti les six ou sept espèces du genre manchot dans quatre divisions, qui sont : 1° les manchots proprement dits (*aptenodytes*) ne renfermant qu'une seule espèce, le grand manchot (*apt. patagonica*) ; 2° les sphéniques (*sphéniscus*), espèce unique, sphénisque du cap (*sph. de Mersus*), du cap ; — 3° pygoscelis, espèce unique, le pygoscelis papou (*pyg. papua*) ; — 4° et le genre gorfou, dont nous avons fait l'objet d'un article particulier. M. Viellot a établi sous le nom de manchot une famille de palmipèdes qui répond au genre aptenodytes de Forster, et à la sous-famille des sphéniscinées de G. R. Gray.   **J. P.**

MANCINELLI (Antoine), né à Velletri, en 1432, enseigna les belles lettres en divers endroits d'Italie avec beaucoup de succès, et mourut après 1506. On a de lui : 1° quatre poèmes latins (*De floribus, De figuris, De poetica virtute, De vita sua*, Paris, 1506, in-4° ; 2° *Epigrammata*, Venise, 1500, in-4° ; 3° des notes sur quelques auteurs latins (la liste de ses écrits se trouve dans les *Mémoires de Niceron*, t. 38, ainsi que dans la *Biblioth. mediæ et infimæ latinitatis*, de Fabricius, avec les additions de Mausi, t. 1).

MANCINI (Paul), baron romain, reçut les ordres sacrés après la mort de sa femme, Vittoria Coppoti. Il avait eu deux fils de ce mariage : l'aîné, François-Marie Mancini, fut nommé cardinal à la recommandation de Louis XIV, le 5 avril 1660 ; le cadet, Michel-Laurent Mancini, épousa Héronymine Mazarini, sœur puinée du cardinal Mazarin ; il en eut plusieurs enfants, entre autres Philippe Julien, qui joignit à son nom celui de Mazarin, et Laure-Victoire Mancini, mariée en 1651 à Louis, duc de Vendôme, et mère des deux fameux princes de ce nom. Olympe Mancini, nièce du cardinal, comtesse de Soissons, fut obligée de quitter la France, étant impliquée dans l'affaire de la Voisin (*V*. ce mot), et mourut à Bruxelles. Sa sœur, Marianne Mancini, duchesse de Bouillon, également accusée, s'en tira mieux. Tout le monde connaît les illustres descendants de Michel-Laurent Mancini. Paul Mancini cultivait la littérature et aimait les gens de lettres ; c'est un goût qui passa à sa famille. L'académie des humoristes lui doit son origine.

MANCINI (Jean-Baptiste), né d'une famille différente du précédent, mourut à Boulogne, sa patrie, vers l'an 1640. Il se fit de puissants amis et composa divers ouvrages de morale, dont Scudery a traduit une partie en français. Cet auteur avait de l'imagination, mais point de goût ; son style est enflé et extravagant.

MANCINUS (C. Hostilius), lieutenant de Calpurnius Pison, en Afrique, l'an de Rome 604, puis consul en 615. Envoyé en Espagne contre les Numantins, il se laissa battre, quoiqu'il eût trente mille hommes sous ses ordres, par quatre mille ennemis. Pour sauver son armée, il fit un traité ignominieux. Le sénat et le peuple indignés ne voulurent pas confirmer ce traité, et l'on proposa de le livrer aux ennemis. Lui-même eut la générosité d'appuyer cette proposition. En conséquence il fut chassé du sénat et livré tout nu, pieds et mains liés, aux ennemis, qui ne voulurent pas le recevoir. Par suite, il fut réintégré dans ses droits.

MANCIPATION, espèce d'aliénation volontaire, par laquelle le propriétaire transférait à un autre la propriété d'une chose, en observant certaines formalités. Cet acte se faisait en présence de cinq témoins, et celui qui recevait la chose à titre de mancipation donnait au vendeur une pièce de monnaie, en employant une formule prescrite. Les objets dont on pouvait transférer la propriété par l'acte de mancipation s'appelaient *res mancipii*.

MANCO-CAPAC, fondateur et premier Inca de l'empire du Pérou. Après avoir rassemblé un certain nombre de Péruviens sur les bords du lac de Cusco, il leur persuada qu'il était fils du soleil, envoyé sur la terre, avec Coya-Ocella, sa sœur et sa compagne, pour rendre les hommes meilleurs. Il leur apprit à adorer intérieurement, et comme un dieu suprême, mais inconnu, Pachacamac, c'est-à-dire l'âme ou le soutien de l'univers, et extérieurement, et comme un dieu inférieur, visible et connu, le soleil son père. Il lui fit dresser des autels et offrir des sacrifices. Le Pérou, avant la révolution de 1557, était un empire particulier, dont les souverains étaient très riches, à cause des mines d'or et d'argent que renferme ce pays : mais les Espagnols, commandés par François Pizarre et Diègue d'Almagro, soumirent ce royaume au roi d'Espagne, et depuis ce temps, le Pérou fut habité par des Espagnols créoles et par des Indiens naturels du pays, dont une partie embrassa le christianisme. Ce royaume, quoique naguère asservi à un prince étranger, était dans une situation beaucoup plus heureuse que lorsque des guerres destructives et atroces, les sacrifices humains et d'autres fléaux dévastaient ses provinces.

MANDAGOT (Guillaume de), d'un illustre famille de Lodève, compila le 6° livre des *Décrétales* par ordre du pape Boniface VIII. Il mourut à Avignon, en 1321, après avoir été successivement archevêque de Nîmes, prévôt de Toulouse, archevêque d'Embrun, puis d'Aix, et enfin cardinal et évêque de Palestine. On a de lui : un traité de l'élection des prélats, qui a eu plusieurs éditions ; nous connaissons celle de Cologne, 1601, in-8°.

MANDAITE (*hist. rel.*), nom qu'on donne aux chrétiens de Saint-Jean établis à Bassora.

MANDANES, philosophe et prince indien, renommé pour sa sagesse, fut invité par les ambassadeurs d'Alexandre-le-Grand à venir au banquet des fils de Jupiter. Il les renvoya, en leur disant « qu'Alexandre n'était point le fils de Jupiter, quoiqu'il commandât à une grande partie de l'univers ; qu'il ne se souciait point des présents d'un homme qui n'avait pas de quoi se contenter lui-même... Je méprise ses menaces, ajouta-t-il ; l'Inde suffit pour me faire subsister si je vis, et la mort ne m'effraie point, parce qu'elle changera ma vieiltesse et mes infirmités en une meilleure vie. » Peut-être Mandanes est-il un des hommes vertueux qui, au milieu de la gentilité, ont conservé la notion du vrai Dieu, de ses jugements et de ses récompenses, comme Jéthro, Job, les trois Mages, le centurion Cornélius.

MANDANT, s. m., celui qui, par un mandat, donne pouvoir à un autre d'agir en son nom.

MANDAR (JEAN-FRANÇOIS), oratorien, né en 1732, à Marine, près Pontoise, fut nommé, en 1782, supérieur du séminaire de Saint-Magloire, et ensuite supérieur du collège de Juilly. Son talent pour la chaire lui valut l'honneur de prêcher devant le roi, et de prononcer, en 1772, le panégyrique de saint Louis devant l'académie française. Ce panégyrique a été traduit en espagnol. On a encore du père Mandar plusieurs sermons, parmi lesquels on distingue celui sur le ciel, et quelques pièces de poésies imprimées avec des mélanges du P. Viel, en 1815. Le P. Mandar mourut à Paris en 1803.

MANDAR (MICHEL-PHILIPPE), connu sous le nom de Théophile, naquit à Marine, département de Seine-et-Oise, en 1759. Pendant les troubles de la révolution, il se distingua par l'exaltation de ses principes qu'il avait le talent de communiquer avec une facilité extraordinaire d'élocution, et qu'une très grande force de poumons lui permettait de débiter dans les plus vastes enceintes, même sur les places publiques. Quoique républicain exagéré, il ne participa point aux excès de cette époque, et, au milieu des scènes de barbarie qui se reproduisaient si souvent dans la capitale, il fit entendre plusieurs fois la voix de la raison et celle de l'humanité, il réclama vivement dans le *Moniteur* du 22 juillet 1791, contre le serment des *Tyrannicides*, qu'un groupe de furieux avait prêté au Champ-de-Mars, déclarant que cette démarche lui faisait horreur, et qu'il se séparait de ceux qui en avaient donné l'exemple. Lors des massacres de septembre, il se trouvait vice-président de la section du Temple, et se rendit chez Danton, ministre de la justice, où s'étaient déjà réunis plusieurs ministres, Lacroix, président du Corps législatif, Pétion, maire de Paris, Robespierre, Camille Desmoulins, Manuel, plusieurs membres de la Commune, les présidents des 48 sections, etc.; et comme on ne s'occupait que des moyens d'arrêter les progrès de l'armée prussienne qui s'était déjà emparée de Verdun, il interrompit la délibération, et s'adressant au terrible Danton, lui dit : « Toutes les mesures de salut extérieur sont-elles prises? — Oui, lui répondit celui-ci. — Occupons-nous donc à l'heure même de l'intérieur. Et il proposa d'assembler sur-le-champ toute la force-armée, et demanda que tous les citoyens présents se rendissent par groupes auprès des prisons, où l'on massacrait, pour arrêter par leurs discours ces buveurs de sang. » Mais Danton le regardant froidement, lui dit : « Assieds-toi, cela était nécessaire. » Sans perdre courage, il tira à part Robespierre et Pétion, et proposa au premier de le faire nommer dictateur, comme le moyen le plus sûr d'arrêter les massacres; mais celui-ci s'y opposa en disant : « Garde-toi de cela, Brissot serait dictateur. » Théophile Mandar fut revêtu, en 1793, du titre de commissaire national du conseil exécutif de la république française, et la Convention lui accorda une gratification de 1,500 livres. Depuis cette époque, il vécut dans un état d'indigence; à diverses reprises il reçut des secours des divers gouvernements qui se sont succédé en France; ce qu'on lui donnait ne l'arrachait momentanément à la misère que pour l'y laisser ensuite retomber plus malheureusement. Les dernières années de sa vie furent très pénibles : il est mort à Paris le 2 mai 1823. La haine qu'il portait au gouvernement impérial lui mérita l'honneur d'être présenté à l'empereur de Russie. Les principaux ouvrages de Mandar sont : 1° *Voyages de W. Coxe en Suisse*, traduit de l'anglais, 1790, 3 vol. in-8°; 2° *Voyage au pays des Hottentots par W. Paterson*, traduit de l'anglais, 1791, in-8°; 3° *De la souveraineté du peuple et de l'excellence d'un État libre, par Needham*, traduit de l'anglais et enrichi de notes de J.-J. Rousseau, Mably, Bossuet, Raynal, Condillac, Montesquieu, Letrône, 1791, 2 vol. in-8°; 4° *Des insurrections*, ouvrage philosophique et historique, 1793, in-8°; 5° *Le génie des siècles*, poème en prose, 2° édit., 1795, in-8°, à la suite de laquelle on trouve un Discours prononcé contre les journées des 2 et 3 septembre; 6° *Voyage et retour de l'Inde par terre et par une route en partie inconnue jusqu'ici, par Th. Howel, suivi d'observations sur le passage de l'Inde par l'Egypte et le grand Désert, par James Capper*, traduit de l'anglais, 1790, in-4°; 7° *Adresse au roi de la Grande-Bretagne, sur l'urgence, les avantages et la nécessité de la paix*, 2° édit., 1799, in-8°, et

quelques autres brochures de circonstance. Il a aussi contribué à la traduction de la Description de l'Indoustan, par le major James Rennel, et il y a joint des notes. Il a laissé en manuscrit deux ouvrages, l'un *de la Gloire et son frère*, et l'autre, *le Phare des rois*, poème en seize chants, où l'on trouve le Chant du crime, qu'en fit prohiber l'impression en 1809. Mandar avait des formes extérieures d'une exiguité extraordinaire. Bonaparte qui avait lu quelques passages du *Phare des rois*, fut étonné en voyant l'auteur, et dit qu'il ne reconnaissait pas en lui l'homme du manuscrit. L'empereur Alexandre ayant fait la même remarque, Mandar lui dit : Il n'y a rien de si petit que l'étincelle.

MANDARIN, s. m., titre que l'on donne à tous les gens en place en Chine, mais qui est étranger à la langue chinoise.

MANDARIN (relation), mot tiré de la langue portugaise et adopté d'après les Portugais, par les autres Européens. Le véritable nom chinois des mandarins paraît être *co-han*, qui signifie ministre. Les places des mandarins ne sont ni héréditaires ni inamovibles : ils ne forment point un corps, et se divisent en mandarins civils ou lettrés, et mandarins militaires. Il y a, dans chacune de ces deux classes, des grands mandarins et de simples mandarins. Les neuf ordres de mandarins lettrés ont pour emblèmes divers animaux. Mandarin de l'ordre de la grue, du lion, de l'aigle, etc. Mandarin linguiste, nom que l'on donne quelquefois à la langue savante des Chinois. On dit quelquefois aussi, la langue mandarine.

MANDAT, s. m., t. de jurispr. Acte par lequel on commet le soin d'une affaire, à quelqu'un qui s'en charge gratuitement. Mandat, en termes de commerce, écrit portant l'ordre de payer une certaine somme à la personne qui y est dénommée. Mandat se dit aussi des instructions spéciales que, dans quelques gouvernements, les électeurs donnaient aux députés qu'ils envoyaient à l'assemblée législative. Mandat, signifie encore un rescrit du pape, par lequel il mandait à un collateur ordinaire de pourvoir celui qu'il lui nommait, du premier bénéfice qui vaquerait à la collation.

MANDATAIRE, s. m., celui qui est chargé d'un mandat, d'une procuration, d'une mission pour agir au nom d'un autre. Mandataire s'est dit aussi de celui en faveur de qui le pape avait expédié un mandat.

MANDATUM (*liturg.*), mot latin par lequel on désigne le lavement des pieds du jeudi saint.

MANDCHOURIE, contrée de l'empire chinois. Elle est bornée à l'ouest par la Mongolie, au sud par la Corée, à l'est par la mer du Japon, au nord par la mer d'Oktok et le gouvernement d'Irkoutsk. Sa superficie est d'environ 95,000 lieues carrées. Elle comprend les trois provinces de He-Loung-Kiang, Hing-King et Ching-King. Quatre petites chaînes de montagnes la traversent; la plus fameuse est le Tchang-Pe-Chan ou Changan-Alin dont il est tant parlé dans l'histoire des Mandchous. L'Amour est le plus grand fleuve de la contrée; ses bords présentent des aspects riants; la nature y est belle et féconde comme sur la côte. On y voit le mûrier, l'abricotier, le pêcher; on y récolte le froment, l'orge, le sarrasin, le tabac et le jinchen, plante médicinale estimée des Chinois. Les bestiaux y trouvent de vastes pâturages et occupent la plus grande partie des habitants. Les montagnes peu fertiles sont en revanche remplies de renards, de zibelines, de lynx, de sangliers, d'ours tachetés, de loups que les Mandchous aiment à chasser. La pêche y est abondante. On y trouve des mines de fer, de cuivre; mais les habitants ne les exploitent pas. Beaucoup d'entre eux sont nomades ou ichtyophages. On ne voit guère d'industrie un peu perfectionnée que dans le sud-ouest. Leur commerce est en harmonie avec leurs mœurs. Ils exportent des pelleteries, du poisson, des bestiaux, et reçoivent les objets de parure des Chinois et des Russes (Voy. CHINE).

MANDELSLO (JEAN-ALBERT), né en 1616, dans le Mecklembourg, fut page du duc de Holstein, et suivit en qualité de gentilhomme, les ambassadeurs que ce prince envoya en Moscovie et en Perse l'an 1636. On a de lui une Relation de ses voyages, 1727, in-fol., traduite par Wicquefort; elle est estimée. Mandelslo mourut à Paris en 1644.

MANDEMENT, s. m., ordre par écrit et rendu public, de la part d'une personne qui a autorité et juridiction; ordonnance d'un supérieur, d'un juge, etc. Mandement, se dit particulièrement d'un écrit qu'un évêque fait publier dans l'étendue de son diocèse, et par lequel il donne aux fidèles des instructions ou des ordres relatifs à la religion. Il signifie aussi, la lettre, le billet qu'on donne à quelqu'un, portant ordre à un receveur ou fermier de payer quelque somme. En ce sens il vieillit.

MANDEMENT (anc. jurispr.), étendue d'une juridiction, ressort, territoire. On disait aussi le mandé, mandement des tailles, état, arrêté de ce qu'on une province devait payer de tailles pour une année. Mandement de collocation (jurispr.), acte que le greffier délivre à chacun des créanciers colloqués dans une distribution par contribution. Mandement d'exécution, formule qui termine les grosses des jugements et des actes, et les rend exécutoires.

MANDER, v. a., envoyer dire, faire savoir par lettre, ou par message. Mandons et ordonnons, premiers mots du mandement qui termine les actes publics faits ou rendus au nom du roi. Mander quelqu'un, lui donner avis ou ordre de venir. Il a mandé ses équipages, ses chevaux, etc.; il a donné ordre qu'on lui envoyat.

MANDEVILLE (JEAN DE), médecin anglais au XIVᵉ siècle, voyagea pendant 34 ans en Asie et en Afrique. Il publia à son retour une Relation de ses voyages en latin, en français et en anglais. On la trouve dans le Recueil de Bergeron, La Haye, 1735, in-4°; elle est pleine de fautes et de faits incroyables. Le Voyage de Jérusalem a paru en latin sous ce titre : *Itinerarius a Terræ Anglicæ in partes Jerosalymitanas*, en caractères gothiques, in-4. A la fin du livre on lit : *Editus anno MCCCCLV, in civitate Leodiensi*, mais ce ne peut être que la date du manuscrit sur laquelle s'est faite cette impression. Il mourut à Liége le 17 novembre 1372. On voit son épitaphe chez les Guillemites, où il s'était retiré et où il fut enterré. Il ne faut pas le confondre avec Henri de Mandeville ou Mondeville, médecin-chirurgien de Philippe-le-Bel. C'est le même que He:mondauville (Voy. ce nom).

MANDEVILLE (BERNARD DE), médecin hollandais, né à Dordrecht en 1670, mort à Londres en 1733, à 63 ans, s'est fait un nom malheureusement célèbre par des ouvrages impies et scandaleux. On dit qu'il vivait comme il écrivait, et que sa conduite ne valait pas mieux que ses livres. On a de lui : 1° un poëme anglais intitulé : *The grumbling hive*, c'est-à-dire, l'Essaim d'abeilles murmurant, sur laquelle il a fait des remarques. Il publia le tout à Londres en 1723, in-8°, en anglais et l'intitula : la Fable des abeilles. Il prétend dans cet ouvrage que le luxe et les vices des particuliers tourne au profit, au bien et à l'avantage de la société. Il s'oublie jusqu'à dire que les crimes même sont utiles, en ce qu'ils servent à établir une bonne législation. Ce livre traduit de l'anglais en français, parut à Londres en 1744, en 4 vol. in-8°; 2° *Pensées libres sur la religion*, qui, aussi bien que sa Fable des abeilles, firent grand bruit dans un temps où l'impiété n'était pas encore si commune qu'elle l'est devenue depuis; 3° *Recherches sur l'origine de l'honneur et sur l'utilité du christianisme dans la guerre*, 1720, in-8°. Il contredit dans ce livre beaucoup d'idées fausses et téméraires qu'il avait avancées dans sa Fable des abeilles, et il y reconnaît la nécessité de la vertu par rapport au bonheur. Van-Esten a traduit en français les Pensées libres, La Haye, 1723, 1 v. in-12. Ses paradoxes, touchant le luxe, ont été solidement réfutés par J.-J. Rousseau et par l'abbé Pluquet, dans son *Traité philosophique et politique sur le luxe*, Paris, 1786.

MANDIBULES (zool.), on nomme ainsi en ornithologie les deux parties du bec qu'on distingue en mandibule supérieure et mandibule inférieure. On donne ce nom dans les insectes à la première paire des mâchoires (Voy. INSECTES). J.-P.

MANDJADI (myth. ind.), arbre du Malabar, dont les Indiens emploient les feuilles dans leurs cérémonies religieuses.

MANDOLINE, s. f., instrument de musique à cordes et à manche, dont on joue avec une plume.

MANDORE, s. f., instrument de musique à cordes et à manche, dont on joue avec les doigts.

MANDRAGORE, *mandragora*, (bot.), genre de plantes de la famille des solanacées créé par Tournefort. Il renferme des espèces herbacées vivaces qui croissent dans les parties méridionales de l'Europe. Ces plantes ont une racine charnue, épaisse, en cône allongé, souvent bifurquées en deux grosses branches volumineuses, égales entre elles, et que l'on a comparées aux deux cuisses d'un homme, de là le nom d'*anthropomorphon*, qu'on donnait autrefois à l'espèce la plus connue. La tige reste rudimentaire, et leurs feuilles radicales sont nombreuses, réunies en une touffe serrée, longues souvent de plus de 30 centimètres. Les fleurs sont portées sur des pedoncules radicaux; elles présentent un calice quinquéfide, une corolle campanulée, à cinq lobes plissés; cinq étamines

fixées au fond du tube de la corolle; ovaire à deux loges, renfermant de nombreux ovules portés sur des placentas adhérents à la cloison; le style simple est terminé par un stigmate presque capité. Le fruit est une baie entourée à sa base par le calice renfermant de nombreuses graines un peu réniformes. Parmi les espèces de ce genre nous citerons : la mandragore officinale, *mandr. officinarum*, Linn., connue vulgairement sous le nom de mandragore femelle. C'est une plante narcotique et stupéfiante, et ses propriétés existent dans la racine. Son nom générique tiré du grec, μανδρά, étable; αγυρος, nuisible (nuisible aux bestiaux), indique assez ses propriétés malfaisantes. La racine est noirâtre à l'extérieur, blanchâtre à l'intérieur; ses feuilles grandes, d'un vert glauque, sont ciliées à leur bord, longuement pétiolées. Les fleurs sont grandes, de couleur violacée. Les étamines sont barbues au sommet, et portent à leur base une grande quantité de poils blancs qui ferment la gorge de la corolle. Son fruit de forme ovale porte à son sommet une grande pointe; il est jaunâtre et répand une odeur forte et vireuse. Cette plante qui jouait un rôle important dans la sorcellerie au moyen-âge, n'est plus employée aujourd'hui qu'à l'extérieur en cataplasmes contre les tumeurs squirreuses. Elle croit dans la Calabre et la Sicile. J.-P.

MANDRE (hist. eccl.), mot qui signifie dans les écrivains de l'Eglise d'Orient, un monastère, habitation d'un religieux solitaire, grotte occupée par un anachorète.

MANDRILL (mamm.), espèce du genre lynocéphale (Voy. ce mot). J.-P.

MANDRIN, s. m., poinçon dont les serruriers se servent pour percer le fer à chaud. Il se dit aussi d'une pièce sur laquelle les tourneurs et les tabletiers assujétissent les ouvrages qui ne peuvent être tournés entre les pointes.

MANDRIN (LOUIS), fils d'un maréchal-ferrant, naquit à Saint-Etienne-de-Saint-Geoire, village près la côte St-André en Dauphiné. Il porta le mousquet de bonne heure; mais las du métier de soldat, il déserta, fit de la fausse monnaie et enfin la contrebande. Devenu chef d'une troupe de brigands au commencement de 1754, il exerça un grand nombre de violences, et commit plusieurs assassinats. On le poursuivit pendant plus d'une année sans pouvoir le prendre. Enfin on le trouva caché sous un amas de fagots dans un vieux château dépendant du roi de Sardaigne, d'où on l'arracha malgré l'immunité du territoire étranger, sauf à satisfaire à sa majesté sarde pour cette espèce d'infraction. Il fut condamné à la roue le 24 mai 1755, par la chambre criminelle de Valence, et exécuté le 26 du même mois. Comme ce malheureux excita pendant quelque temps la ridicule curiosité des français et qu'on en a parlé même beaucoup chez l'étranger, il n'est pas déraisonnable de lui donner une place dans ce Dictionnaire. Ce scélérat avait une physionomie intéressante, le regard hardi, la repartie vive; il était d'ailleurs gangrené de vices, jureur, buveur, débauché, et il ne mérite pas plus l'attention des lecteurs philosophes que Cartouche, dont les oisifs parlent tant (Voy. ce mot). Lagrange de Montpellier a fait une comédie sur Mandrin, 1755, in-12, et en 1826, MM. Benjamin et Etienne Arago un mélodrame. On a écrit plusieurs fois sa vie : nous citerons celle par Regley, Paris, 1755, in-8°.

MANDUCATION, s. f., action de manger. Il se dit particulièrement en parlant de l'Eucharistie.

MANÉAGE, s. m., t. de mar. Travail gratuit que les matelots sont obligés de faire pour charger sur un navire, ou pour en décharger les planches, le merrain, le poisson, etc.

MANÉGE, s. m., exercice qu'on fait faire à un cheval pour le dresser. Il signifie aussi un lieu où l'on exerce les chevaux pour les dresser, et où l'on donne des leçons d'équitation. Manège, se dit figurément, de certaines manières d'agir adroites et artificielles.

MANES (dieux), génies ou âmes des morts, ou, selon d'autres, divinités infernales. Ces deux opinions, contradictoires en apparence, se concilient aisément en songeant que les âmes des morts n'ont pu être divinisées et faire partie des déités infernales. Les Perses, les Egyptiens, les Phéniciens, les Assyriens et toutes les nations de l'Asie honoraient les ombres. Les Bithyniens, en inhumant leurs morts, les suppliaient de ne pas les abandonner, et de revenir quelquefois parmi eux. Orphée fut le premier qui apporta parmi les Grecs l'usage d'évoquer les mânes. Les Thesprotes lui dédièrent un temple à l'endroit où l'on croyait qu'il avait su rappeler au jour l'ombre d'Eurydice. Le culte des dieux mânes se répandit dans le Péloponèse, et on leur adressait des vœux dans les malheurs publics. Les Athéniens célébraient une fête solennelle en l'honneur des mânes dans le mois Anthestérion, pendant laquelle on ne pouvait se marier. Les mânes étaient honorés dans toute l'Italie. Les autels qu'on leur élevait dans la Lucanie, l'Etrurie et la Calabre étaient toujours au nombre de deux, et placés l'un près de l'autre. On les entourait de branches de cyprès, et dans le sacrifices qu'on leur offrait l'on avait soin de n'immoler la victime que lorsqu'elle avait les yeux fixés vers la terre. Ses entrailles, traînées trois fois autour de l'enceinte sacrée, étaient ensuite jetées dans les flammes. Il fallait consumer tout l'animal, et même les liens qui l'avaient attaché; la cérémonie ne devait commencer qu'à l'entrée de la nuit. Ceux qui voulaient conserver quelque commerce particulier avec les mânes s'endormaient auprès des tombeaux. Le cyprès était consacré à ces dieux. Le nombre neuf leur était dédié, comme le dernier terme de la première progression numérique, ce qui le faisait regarder comme l'emblème du terme de la vie. Les fèves, dont la forme ressemblait, suivant les anciens, à celle des portes infernales, leur étaient aussi consacrées. Le bruit et le son de l'airain et du fer leur était insupportable, et les mettait en fuite; mais la vue du feu leur était agréable: aussi tous les peuples d'Italie renfermaient des tombeaux des lampes tétragones. Les riches chargeaient des esclaves du soin de les allumer et de les entretenir. C'était un crime que de les éteindre, et les lois romaines punissaient avec rigueur ceux qui violaient ainsi la sainteté des tombeaux. Les Romains rendaient aux mânes un culte, et croyaient qu'ils veillaient à la garde des tombeaux. Les augures avaient coutume de les invoquer dans leurs cérémonies. Les uns dérivent leur nom de la déesse Mania, qu'ils font mère de ces divinités, d'autres de *manis*, vieux mot qui signifie bon ou propice. Les Romains avaient coutume de mettre ces mots *Diis Manibus*, ou *D. M.* en tête des épitaphes, pour avertir de respecter les tombeaux. On distingue des mânes bons et méchants. Ceux-ci se nommaient spécialement Larves, Lémures.

MANÈS (*myth.*), roi de Méonie, fils de Jupiter et de Tellus, épousa Calliroé, fille de l'Océan, qui le rendit père de Cotys. Selon quelques historiens, Manès est le même que Méon, premier roi de Lydie, et il eut pour fils Atys. On place son règne 1580 ans avant J.-C.

MANÈS ou **MANY**, hérésiarque du IIIᵉ siècle, fondateur de la secte des Manichéens, né en Perse dans l'esclavage, avait pour tout bien une figure agréable. Une veuve, dont il était l'esclave, le prit en amitié, l'adopta et le fit instruire par les mages dans la philosophie des Perses. Manès trouva chez sa bienfaitrice les livres de l'hérétique Térébinthus, et y puisa les dogmes les plus extravagants, professés d'abord par l'Egyptien Sciptianus, maître de ce dernier. Il les sema dans la Perse, où ils se répandirent rapidement. L'imposteur se qualifiait d'Apôtre de J.-C., et se disait le Saint-Esprit qu'il avait promis d'envoyer. Il s'attribuait le don des miracles; et le peuple, séduit par l'austérité apparente de ses mœurs, ne parlait que de l'ascendant qu'il avait sur toutes sortes d'esprits. Il envoya douze de ses disciples prêcher dans les provinces voisines de la Perse, puis dans l'Inde, dans la Chine et en Egypte. Sa renommée parvint jusqu'à la cour de Perse. Le roi l'ayant appelé pour voir un de ses fils attaqué d'une maladie dangereuse, ce charlatan chassa les médecins, et promit la guérison du malade avec le seul remède de ses prières. Le jeune prince étant mort entre ses bras, son père lui fit mettre aux fers cet imposteur, qui se sauva de prison. Il fut repris peu de temps après par les gardes du roi de Perse, qui le fit écorcher vif. La doctrine de Manès (laquelle dans le IIᵉ siècle avait déjà eu Cerdon pour apôtre) roulait principalement sur la distinction de deux principes, l'un bon, l'autre mauvais, mais tous deux souverains, tous deux indépendants l'un de l'autre. L'homme avait aussi deux âmes, l'une bonne, l'autre mauvaise. La chair était, selon lui, l'ouvrage du mauvais principe; par conséquent, il fallait empêcher la génération et le mariage. C'était un crime à ses yeux que de donner la vie à son semblable. Ce fou d'une espèce singulière attribuait aussi l'ancienne loi au mauvais principe, et prétendait que tous les prophètes étaient damnés. Il défendait de donner l'aumône, traitait d'idolâtrie le culte des reliques, et ne voulait pas qu'on crût que J.-C. se fût incarné et eût véritablement souffert. A ces absurdités il en ajoutait un grand nombre d'autres. Il soutenait, par exemple, que « celui qui arrachait une plante, ou qui tuait un animal, serait lui-même changé en cet animal ou en cette plante. »

Ses disciples, avant de couper un pain, avait soin de maudire celui qui l'avait fait, lui souhaitant « d'être semé, moissonné et cuit lui-même comme cet aliment. » Ces absurdités, loin de nuire aux progrès de cette secte, ne servirent qu'à l'étendre. Le manichéisme est, de toutes les hérésies, celle qui a subsisté le plus longtemps. Après la mort de Manès, les débris de sa secte se dispersèrent du côté de l'Orient, se firent quelques établissements dans la Bulgarie, et vers le Xᵉ siècle se répandirent dans l'Italie; ils eurent des établissements considérables dans la Lombardie, d'où ils envoyaient des prédicateurs qui pervertirent beaucoup de monde. Les nouveaux manichéens avaient fait des changements dans leur doctrine. Le système des deux principes n'y était pas toujours bien développé; mais ils en avaient conservé toutes les conséquences sur l'incarnation, sur l'Eucharistie, sur la Sainte-Vierge et sur les sacrements. Beaucoup de ceux qui embrassèrent ces erreurs étaient des enthousiastes, que la prétendue sublimité de la morale manichéenne avait séduits: tels furent quelques chanoines d'Orléans, qui étaient en grande réputation de piété. Le roi Robert les condamna au feu, et ils se précipitèrent dans les flammes avec de grands transports de joie en 1022. Les manichéens firent beaucoup plus de progrès dans le Languedoc et la Provence. On assembla des conciles contre eux, et on brûla plusieurs sectaires, mais sans éteindre la secte. Ils pénétrèrent même en Allemagne, et passèrent en Angleterre. Partout ils firent des prosélytes; mais partout on les combattit et on les réfuta. Le manichéisme, perpétué à travers tous ces obstacles, dégénéra insensiblement, et produisit dans les XIIᵉ et XIIIᵉ siècles cette multitude de sectes qui faisaient profession de réformer la religion et l'Eglise: tels furent les albigeois, les pétrobrusiens, les henriciens, les disciples de Tanchelin, les populicains, les cathares. Les anciens manichéens étaient divisés en deux ordres: les auditeurs, qui devaient s'abstenir du vin, de la chair, des œufs et du fromage; et les élus qui, outre une abstinence très rigoureuse, faisaient profession de pauvreté. Ces élus avaient seuls le secret de tous les mystères, c'est-à-dire des rêveries les plus extravagantes de la secte. Il y en avait douze parmi eux qu'on nommait maîtres, et un treizième qui était le chef de tous les autres, à l'imitation de Manès, qui, se disant le Paraclet, avait choisi douze apôtres. Les savants ne sont pas d'accord sur le temps auquel cet hérésiarque, dont le 1ᵉʳ nom était Curbicus, commença à paraître: l'opinion la plus probable est que ce fut sous l'empire de Probus, vers l'an 280. Saint Augustin, qui avait été dans leur secte, est celui de ceux des Pères qui les a combattus avec le plus de force. Bausobre, savant protestant, a publié une Histoire du manichéisme, pleine de recherches, en 2 vol. in-4°; mais il fait trop d'efforts pour justifier cette secte des infamies et des abominations qu'on lui a imputées. Il peut se faire qu'il y ait eu de l'exagération dans ce que certains auteurs en ont écrit; mais il en reste assez de vrai pour qu'un homme sage ne s'intéresse pas à leur apologie. Les empereurs chrétiens furent principalement déterminés à sévir contre eux, par les crimes dont ils s'étaient rendus coupables: la morale corrompue qui résultait de leurs principes, leur aversion pour le mariage et pour l'agriculture, le libertinage secret par lequel ils séduisaient les femmes, leurs parjures, la licence avec laquelle ils calomniaient l'Eglise et ses ministres, etc., sont des excès qui ne peuvent être tolérés par un gouvernement sage. Lorsque l'impératrice Théodora les poursuivit à feu et à sang, ils étaient mêlés avec les ennemis de l'empire, et placés sur les frontières; la politique, plus que la religion, dirigeait sa conduite... C'est toujours la conduite des hérétiques, encore plus que leur doctrine, qui a décidé de la douceur ou de la rigueur avec laquelle on les a traités. Aucune hérésie ne s'est reproduite sous des formes plus différentes que celle des manichéens. On peut consulter là-dessus un traité plein de recherches: *Laurentii Anticottii dissertatio de antiquis nocivæ manichæis*. L'auteur aurait pu donner encore plus d'étendue à son catalogue, en y plaçant plusieurs nouveaux philosophes, Bayle, entre autres, qui a fait tous ses efforts pour justifier la doctrine de cette vieille secte; et Voltaire, dont les déclamations perpétuelles contre la Providence ne sont réellement qu'une espèce de manichéisme. Les théologiens font observer que cette hérésie, ainsi que quelques autres, a pris sa source dans l'ignorance du péché originel, ou dans le refus de reconnaître ce dogme fondamental qui explique toutes les espèces de contrariétés qu'on trouve dans l'ordre moral et même dans l'ordre physique. (*V.* MANICHÉISME.)

MANESSE (Denis-Joseph), ancien chanoine régulier de l'abbaye de Saint-Jean-des-Vignes (diocèse de Soissons), prieur puis curé de Branges, né à Landrecies en 1743, mort en 1820 au château de Soupire (Aisne), exerçait gratuitement la médecine avant la révolution. Réfugié alternativement en Angleterre, en Allemagne et en Russie, il continua de consacrer à l'étude des sciences les instants qu'il n'employait point au soulagement de ses compagnons d'infortune, fut reçu des Académies d'Erfurt et de Saint-Pétersbourg, et ne rentra en France qu'à la restauration. Outre un important ouvrage intitulé *Oologie*, ou *Description des nids et des œufs d'un grand nombre d'oiseaux d'Europe*, qui avait occupé toute sa vie, et qu'il a laissé manuscrit, on a de lui un Traité de la manière d'empailler et de conserver les animaux, les pelleteries et les laines, Paris, 1787, in-8º.

MANESSON-MALLET (Alain), né à Paris en 1630, et mort en 1706, ingénieur des camps et armées du roi de Portugal, et ensuite maître de mathématiques des pages de Louis XIV. Il était habile dans sa profession et bon mathématicien. Il a fait quelques ouvrages : 1º *les Travaux de Mars* ou *l'Art de la guerre*, en 1671, 3 vol. in-8º, avec une figure à chaque page, dont quelques-unes offrent des plans intéressants ; 2º *Description de l'univers*, contenant *les différents systèmes du monde, les cartes générales et particulières de la géographie ancienne et moderne, et les mœurs, religion et gouvernement de chaque nation*, Paris, 1683, en 5 vol. in-8º. Ce livre est plus recherché pour les figures que pour l'exactitude. Comme l'auteur avait beaucoup voyagé et avait levé lui-même les plans qu'il a fait graver dans son livre, les curieux ne sont pas fâchés de l'avoir dans leur bibliothèque ; 3º une Géométrie, 1702, 4 vol. in-8º.

MANÉTHON, célèbre historien, grand-prêtre d'Héliopolis en Égypte, florissait vers l'an 300 avant J.-C. Il composa en grec par ordre de Ptolémée Philadelphe (vers 250 avant J.-C.) l'histoire d'Égypte, ouvrage souvent cité par les anciens, et surtout par Josèphe. Il l'avait tirée des écrits de Mercure et des annales que les prêtres conservaient dans l'intérieur des temples. Il ne nous reste de cet ouvrage précieux que des extraits de Jules Africain, qui en avait fait un abrégé, et transcrits par Georges le Syncelle. Il comptait trente dynasties de rois d'Égypte, et donnait à ce pays environ 6,000 ans d'antiquité avant Alexandre. Nous avons de Manéthon un poème sur le pouvoir des astres qui président à la naissance des hommes, imprimé à Leyde en 1698.

MANFRED ou **MAINFROI**, prince de Tarente, fils de l'empereur Frédéric II et de la belle Blanche, fille du comte Boniface Lancia, naquit en 1231, et fut chargé, à la mort de son père, du gouvernement de l'Italie en l'absence de Conrad IV. La haine d'Innocent IV lui fournit bientôt l'occasion de déployer son habileté et son énergie. Il comprima la révolte que le peuple avait excitée et remit l'Apulie pacifiée aux mains de son frère Conrad. Ce service aurait dû cimenter l'union de ces deux princes ; mais la calomnie ne tarda à les diviser. Les plus proches héritiers du trône étant morts, on accusa Manfred de les avoir empoisonnés, et cette accusation fut renouvelée avec plus de force encore lorsque Conrad lui-même descendit dans la tombe, le 21 mai 1254. Il est pourtant permis de ne pas le croire coupable de ce crime, lorsqu'on voit les grands de l'empire confier la tutelle de son neveu Conradin. Le pape n'avait d'ailleurs pas hésité à jeter sur Conrad lui-même les soupçons du meurtre de ses propres enfants, et l'on ne doit pas oublier le ressentiment de la cour de Rome contre tous les descendants de Frédéric II, qui se manifesta contre Manfred par une sentence d'excommunication. Manquant d'argent pour payer ses troupes et voyant plusieurs vassaux prêts à prendre les armes, Manfred dut entrer en négociations avec le pape, le 27 septembre 1254. Il reconnut tenir ses possessions comme fief immédiat du Saint-Siège, et à ce prix l'excommunication fut levée. Mais la réconciliation ne fut qu'apparente. Le pape trouva bientôt un prétexte pour recommencer les hostilités. Manfred ayant défait les soldats de l'Église à la bataille de Foggia, le 2 décembre 1254, cette victoire lui soumit toute l'Apulie et la plus grande partie de la Calabre. Hors d'état de lui résister, Alexandre IV, successeur d'Innocent, fit offrir le royaume d'Apulie au prince Edmond, fils de Henri III d'Angleterre, tout en essayant d'amuser son redoutable ennemi par de belles promesses ; mais Manfred ne tomba pas dans le piège. Dès l'an 1257, il s'était rendu maître de tout le royaume des Deux-Siciles ; le bruit de la mort

de Conradin s'étant répandu, il se fit proclamer roi à Palerme, le 11 août 1258, et lorsque cette nouvelle fut démentie, il refusa de déposer la couronne. Le pape l'excommunia de nouveau avec tous ses partisans, parmi lesquels on comptait les premiers prélats du royaume. Manfred, de son côté, s'allia avec les Gibelins de Toscane. Après la mort d'Alexandre, Urbain IV continua la même politique contre Manfred. En 1263, il appela Charles d'Anjou, frère de saint Louis, en Italie et lui donna l'investiture des royaumes de Naples et de Sicile. Manfred marche aussitôt contre Rome et oblige le pape à s'enfuir à Pérouse où il mourut (2 oct. 1264). Clément IV, son successeur, ne se montra pas moins intraitable ; il repoussa toute proposition d'accommodement, et le 6 janvier 1266, il couronna à Rome Charles d'Anjou. La trahison du comte Richard de Caserta livra à celui-ci le passage du Garigliano, et le 26 février 1266, la bataille de Bénévent le débarrassa de son compétiteur. Manfred y périt. Quelques jours après, on retrouva son corps couvert de blessures, et on le jeta dans une fosse près du pont de Bénévent. L'archevêque de Cosenza le fit déterrer plus tard et transporter dans une vallée aride sur les confins de l'Abruzze et du Picenum, mais sans lui accorder la sépulture ecclésiastique à cause de l'excommunication qui avait été prononcée contre lui. Les historiens en général ont représenté comme un monstre ce prince qu'il faut placer parmi les souverains les plus remarquables de son siècle, tant par ses talents militaires que par la sagesse de son administration et la protection qu'il accorda aux lettres. Doué d'une beauté peu commune, d'un caractère enjoué, plein de douceur et d'amabilité, libéral, instruit et brave, on peut dire qu'il possédait les qualités comme il avait tous les défauts de son illustre père. Sous son gouvernement ferme et énergique, le royaume des Deux-Siciles jouit d'une prospérité qu'il dut vivement regretter depuis. C'est Manfred qui a fait construire le port de Salerne et qui a fondé la ville de Manfredonia. A l'exception de sa fille Constance, qui épousa, en 1262, Pierre d'Aragon, d'où naquirent les prétentions des princes espagnols sur la couronne de Naples, toute sa famille partagea son funeste destin. Sa femme mourut des mauvais traitements qu'elle eut à souffrir. Sa fille Béatrix passa 18 ans en prison, et ses trois fils, dont l'un, Henri, fut aveuglé, restèrent 31 ans dans les fers sans aucune communication avec le reste du monde.

MANFREDI (Barthélemi), peintre de Mantoue, disciple de Michel-Ange, de Caravage, mort à Rome, vers 1605 à l'âge de 33 ans, avait une facilité prodigieuse ; il a si bien saisi la manière de son maître, qu'il est difficile de ne pas confondre les ouvrages des deux artistes. Ses sujets les plus ordinaires étaient des *Joueurs de cartes* ou *de dés*, et des *Assemblées de soldats* (le musée de Paris possède trois de ses tableaux : les *Vendeurs chassés du Temple*, une *Assemblée de buveurs*, et *Une femme qui se fait donner la bonne fortune par deux Bohémiennes*).

MANFREDI (Eustache), célèbre mathématicien, naquit à Bologne, le 20 septembre 1674. Dès ses premières années, son esprit donna les espérances les plus flatteuses, il devint professeur de mathématiques à Bologne, en 1698, et surintendant des eaux du Bolonais, en 1704. La même année, il fut mis à la tête du collège de Montalte, fondé par Sixte-Quint à Bologne, pour les jeunes gens destinés à l'état ecclésiastique, il y rétablit la discipline, les bonnes mœurs et l'amour de l'étude qui en étaient entièrement bannis. En 1711, il eut une place d'astronomie à l'Institut de Bologne, et dès lors il renonça absolument au collège pontifical, à la jurisprudence dans laquelle il avait été nommé docteur, et à la poésie même qu'il avait toujours cultivée jusque-là. Il fit bâtir dans sa maison un observatoire, et il y admettait ses frères et ses amis qu'il avait initiés dans les sciences exactes, ainsi que plusieurs de ses amis. Ses *sonnets*, ses *canzoni*, et plusieurs autres morceaux imprimés à Bologne, 1713, in-16, réimprimés en 1793, sont une preuve de la supériorité de ses talents dans ce genre ; l'Académie des sciences de Paris et la société royale de Londres se l'associèrent, l'une en 1726, l'autre en 1729, et elles le perdirent en 1739. Les qualités de son cœur égalaient celles de son esprit, bienfaisant, officieux, libéral, modeste, il se fit peu de jaloux et beaucoup d'amis. On a de lui : 1º *Ephemerides motuum celestium ab anno 1715 ad annum 1750 cum introductione et variis tabulis*, Bologne, 1715-1725 en 4 vol. in-4º. Le 1er vol. est une excellente introduction à l'astronomie, les 3 autres contiennent des calculs ; ses deux sœurs l'aidèrent beaucoup dans cet ouvrage si pénible et si estimé pour son exactitude et sa justesse, 2° *De transitu mercurii per solem anno* 1728, Bologne, 1724, in-4°; 3° *De annuis inerrantium stellarum aberrationibus*; Bologne, 1729, in-4". Il y réfute les astronomes qui regardaient ces aberrations comme l'effet de la parallaxe annule de la terre : sentiment aujourd'hui généralement reconnu pour faux, et qui était le fruit d'une excessive prévention, en faveur du système de Copernic, auquel l'auteur fut toujours opposé. La vie de Manfredi a été écrite par Fabroni; on la trouve dans les *Vitæ Italorum*.

MANFREDI (Lelio), auteur italien du XVIIe siècle, traduit de l'espagnol *Tyran-le-Blanc*, Venise, 1538, in-4°. L'original espagnol est de Barcelonne, 1497, in-fol., et fort rare. M. de Caylus l'a mis en français, Londres, sans date; Paris, 1740, 2 vol. in-12.

MANGANÈSE (*Min.*), les espèces de ce genre minéralogique ont pour caractère commun de donner avec la soude, une fritte verte qui, par le refroidissement devient vert bleuâtre; et avec le borax, au feu d'oxydation, un vert violet ou rouge améthyste. On range les espèces du genre manganèse dans cinq divisions : manganèses sulfurés, manganèses oxydés, mang. carbonatés, mang. silicatés et mang. phosphatés; 1° Les *manganèses sulfurés*, comprennent une seule espèce l'alabandine (manganblende des allemands), substance légèrement métalloïde, d'un noir brunâtre, à poussière verte, se présentant en petites masses cristallines, en veines ou en enduits, sa pesanteur spécifique = 3,9. C'est un monosulfure qui contient 37° de soufre. Elle se trouve en petites veines dans les manganèses roses et les minerais de tellure en Transylvanie; 2° Les *manganèses oxydés*, comprennent toutes les espèces que les arts ont pu mettre à profit; car le manganèse ne peut être utilisé qu'à l'état d'oxyde; les espèces de cette division ont la propriété de donner plus ou moins de chlore par leur action sur l'acide chlorhydrique. Ces espèces sont la pyrolusite, la brannite, l'acerdèse, la hausmannite et la psilomelane; les usages des manganèses oxydés sont de trois sortes : ils peuvent servir à la préparation du chlore au moyen de l'acide chlorhydrique; à la préparation de l'oxygène par l'action de la chaleur, et à la décoloration ou purification du verre dans les verreries; 3° *manganèses carbonatés* (diallogite). *Voyez* carbonate de manganèse; 4° *manganèses silicatés*, la principale espèce est le rhodonite ou bisilicate rose de manganèse, isomorphe avec le pyroxène, que l'on trouve en Transylvanie en masses laminaires clivables en prismes de 87° 5'; 5° les *manganèses phosphatés*, dont les espèces sont des phosphates doubles de manganèse et de fer. L'une d'elles la triplite est anhydre, les autres espèces sont hydratées. Toutes sont sans usage.
J.-P.

MANGANÈSE (*chim.*), ce métal que l'on obtient de la décomposition du bi-oxyde par le charbon, fut découvert pour la première fois par Gahn, en 1774; il est solide, d'un gris blanc; d'une texture grenue, d'une densité de 8, 013, très cassant, très dur, mais attaquable à la lime; infusible au plus haut feu des forges ordinaires, il ne le devient qu'à 160° du pyromètre de Wegwood. L'air et l'oxygène secs sont sans action sur le manganèse à la température ordinaire; mais lorsque ces deux corps sont humides, ils le ternissent et le transforment en oxyde. L'eau décompose peu à peu ce métal à la température ordinaire et le convertit partiellement en un oxyde de couleur verte; cette décomposition est rapide à la chaleur rouge. Le manganèse s'unit en cinq proportions avec l'oxygène, pour former : 1° un protoxyde, MnO qui se trouve dans la nature, uni à l'acide carbonique et à l'acide phosphorique; 2° un sesquioxyde Mn_2O_3, qui se rencontre aussi dans la nature à l'état d'hydrate d'un noir métallique; 3° un péroxyde qui se présente quelquefois en aiguilles, d'un éclat métallique, mais le plus souvent en masses amorphes, friables, tachant les doigts en noir, c'est la substance que les anciens désignaient sous le nom de magnésie noire, le prenant pour un oxyde de fer; 4° l'acide manganique MnO_3, qui s'obtient par la calcination au contact de l'air, du péroxyde de manganèse et de la potasse; il se forme un manganate de potasse; cet acide ne semble pas pouvoir se séparer des bases auxquelles il est uni; il se décompose immédiatement en protoxyde et en acide hypermanganique plus stable, Mn_2O_7. Les acides manganique et hypermanganique s'unissent aux bases pour former des manganates et des hypermanganates. On emploie dans les verreries le péroxyde pour blanchir le verre fondu, en projetant de petites quantités de ce minéral dans la matière en fusion; c'est ce qui lui a valu le nom vulgaire de savon des verriers. Lorsque la proportion d'oxyde est trop grande, le verre prend une belle teinte violette. On emploie également le péroxyde à préparer en grand le chlore et les hypochlorites alcalins. J.-P.

MANGANON (*ant. gr.*), nom primitif et générique de toutes les machines de guerre, chez les Grecs. On dit au pluriel *mangana*.

MANGEABLE, adj. des deux genres, qui peut se manger sans dégoût.

MANGEAILLE, s. f., ce qu'on donne à manger à quelques animaux domestiques, à des oiseaux. Il se dit aussi familièrement de ce que mangent les hommes.

MANGEANT (Luc-Urbain), pieux et savant prêtre de Paris, naquit dans cette ville, en 1656, et y mourut en 1727. Nous avons de lui deux éditions estimées, l'une de saint Fulgence, évêque de Ruspe, Paris, 1684, in-4°, et l'autre de saint Prosper, Paris, 1711, in-folio, avec des avertissements fort instructifs. Il a donné aussi une édition de la Bible de Sacy, avec le latin et des notes. Liège, 1702, 3 vol. in-folio.

MANGEART (Dom Thomas), bénédictin de la congrégation de Saint-Vannes et de Saint-Hidulphe, né à Metz, en 1695, fit beaucoup d'honneur à son ordre par ses connaissances. Elles lui méritèrent les titres d'antiquaire, bibliothécaire et conseiller du duc Charles de Lorraine. Il préparait un ouvrage fort considérable, lorsque la mort l'enleva, en 1762, avant qu'il eût mis le dernier ordre à son livre, dont on doit la publication à M. l'abbé Jacquin. Cette production a paru en 1763, in-fol., sous ce titre : *Introduction à la science des médailles, pour servir à la connaissance des dieux, de la religion, des sciences, des arts et tout ce qui appartient à l'histoire ancienne, avec les preuves tirées des médailles*. Les traités élémentaires sur la science numismatique étant trop peu étendus et les dissertations particulières trop prolixes, le savant bénédictin a réuni en un seul volume tous les principes contenus dans les premiers et les notions intéressantes répandues dans les autres. Son ouvrage peut servir de supplément à l'*Antiquité expliquée* de dom Montfaucon. On a encore de lui un *Octave des sermons*, avec un traité sur le purgatoire, Nancy, 1739, 2 vol. in-12.

MANGENOT (Louis), chanoine du Temple, né à Paris, le 9 octobre 1768, est connu par quelques églogues, dont la meilleure est le *Rendez-vous*. On y trouve agréablement réuni tout ce qui forme la beauté de ce genre de poésie. On a donné ses *OEuvres*, 1 vol. in-8°, 1776.

MANGEOIRE, s. f., l'auge où mangent les chevaux, les bêtes de somme. Prov. et fig., tourner le dos à la mangeoire, faire tout le contraire de ce qu'il faudrait pour arriver au but qu'on se propose.

MANGER, v. a., mâcher et avaler quelque aliment. Il s'emploie absolument et sans régime. Pop., manger comme un chancre, manger excessivement. On dit dans le même sens, manger comme quatre. Manger signifie aussi prendre ses repas. Donner à manger, tenir une maison où les gens viennent prendre leur repas en payant. On le dit aussi d'un particulier qui reçoit à sa table ses amis, ses connaissances. Manger signifie aussi figurément, consumer, dissiper en débauches ou en folles dépenses. Manger se dit par extension de plusieurs choses inanimées qui en consument, en absorbent, en rongent, en minent d'autres. En grammaire, cette voyelle finale se mange, se dit d'une voyelle finale qui s'élide, qui ne se prononce pas, à cause de la rencontre d'une voyelle qui commence par le mot suivant. Famil., manger ses mots, la moitié de ses mots, se dit d'une personne qui ne prononce pas bien toutes les lettres ou toutes les syllabes des mots. Manger s'emploie dans un grand nombre de phrases figurées et proverbiales. L'appétit vient en mangeant, le désir de s'enrichir ou de s'élever augmente à mesure que l'on acquiert de la fortune ou des honneurs. Manger quelqu'un, quelque chose des yeux, regarder avidement quelqu'un, quelque chose. Manger quelqu'un de caresses, lui faire de grandes caresses. Par menace, je le mangerais à la croque-au-sel, se dit d'un homme à qui l'on se croit très supérieur en force. Manger les crucifix se dit en parlant des hypocrites, des dévots outrés qu'on voit sans cesse agenouillés dans les églises.

MANGER, s. m., ce qu'on mange, ce dont on se nourrit. Fam., il en perd le boire et le manger, se dit de celui qui est entièrement absorbé par une occupation, par une passion.

MANGERIE, s. f., action de manger, de manger beaucoup. Il se dit figurément des frais de chicane, des exactions. Dans l'une et l'autre acception, il est populaire.

MANGET (Jean-Jacques), ou *Jacob*, né à Genève, en 1652, s'était d'abord destiné à la théologie, mais il quitta cette étude pour celle de la médecine. L'électeur de Brandebourg lui donna des lettres de médecin honoraire de sa personne en 1699, et Manget conserva ce titre jusqu'à sa mort, arrivée à Genève en 1742, à 90 ans. On a de lui un grand nombre d'ouvrages; les plus connus sont : 1° *Bibliotheca anatomica*, 1699, 2 vol. in-fol.; c'est un recueil de ce que les écrivains du xviie siècle ont publié de plus intéressant sur l'anatomie; 2° une *Collection des diverses pharmacopées*, Genève, 1683, in-fol.; 3° *Bibliotheca pharmaceutico-medica*, 1703, 2 vol. in-fol.; 4° *Bibliotheca medico-practica*, 1778, 4 vol. in-fol.; 5° le *Sepulchretum* de Bonnet, avec des commentaires, 1700, 3 vol. in-fol.; 6° *Bibliotheca chimica*, 1702, 2 vol. in-fol. avec fig.; 7° *Bibliotheca chirurgica*, 4 tomes en in-folio ; 8° *Bibliotheca scriptorum medicorum veterum et recentiorum*, Genève, 1731, 4 tomes en 2 vol. in-fol.; il a fait entrer dans cet ouvrage la *Bibliothèque des écrivains médecins* de Lindanus, augmentée par Mercklin, avec un grand nombre de fautes qui s'y trouvaient. M. Eloi, médecin de Mons, en a donné une beaucoup plus exacte, depuis, 1757, 4 vol. in-4°. Tous les ouvrages de Manget sont en latin. Daniel Leclerc, auteur d'une *Histoire de la médecine*, l'aida beaucoup. Un écrivain qui a enfanté tant de volumes, n'a pas pu être toujours original et exact ; mais ses recueils sont utiles à ceux qui ne peuvent pas avoir de bibliothèques nombreuses. On trouve des détails sur Manget dans l'*Histoire littéraire de Genève*, par Senebier, tome 2, et une notice sur sa vie dans les *Mémoires de Trévoux*, mars 1743.

MANGEUR, EUSE, celui, celle qui est dans l'habitude de manger beaucoup. Il s'emploie ordinairement avec une épithète.

MANGEY (Thomas), savant théologien anglais, chapelain de Witth-Hall, à Londres, prébendier de Durham, né à Leeds, en 1684, mourut le 11 mars 1755. C'est à ses soins que l'on doit la belle édition de *Philon le Juif*, grec et latin, Londres, 1742, 2 vol. in-fol. Il a publié aussi plusieurs traités contre Toland pour prouver la divinité de J.-C., et il a encore laissé des sermons.

MANGIN, grand-vicaire du diocèse de Langres, sa patrie, a publié : 1° *Questions nouvelles et intéressantes sur l'électricité*, 1749, in-12; 2° *Introduction au saint ministère*, 1750, in-12; 3° *Annonces dominicales*, 1757, 3 vol. in-12; 4° *Sciences des confesseurs*, 1757, 6 vol. in-12 ; 5° *Histoire ecclésiastique et civile du diocèse de Langres et de celui de Dijon*, 1766, 3 vol. in-12.

MANGIN (Charles), architecte, né à Métry près de Meaux, le 2 mars 1721. On lui doit plusieurs bâtiments publics existant à Paris, qui font honneur à son goût et à son intelligence, tels que la halle au blé, la gare, le séminaire du Saint-Esprit, les fondations et l'élévation du portail de la ci-devant église de Saint-Barthélemi, la restauration du portail de Saint-Sulpice, l'élévation de ses tours, l'église du Gros-Caillou et un grand nombre d'autres bâtiments, tels que la maison de la Rive, des châteaux, etc., etc.. Il est mort à Nantes, où il s'était retiré depuis quelques mois, le 4 février 1807, âgé de 86 ans.

MANGIN (Claude), jurisconsulte, né en 1786 à Metz, mort le 3 février 1835 à Paris, embrassa de bonne heure la profession d'avocat et fut nommé procureur du roi dans sa ville natale, en 1815. Trois ans après, De Serres, alors garde-des-sceaux, lui confia la direction des affaires civiles au ministère de la justice. Nommé en 1821, procureur-général à Poitiers, il déploya une courageuse énergie dans les poursuites que provoqua la conspiration de Berton. Un siége à la cour de cassation, qu'il regardait comme son premier criminaliste, lui fut accordé en 1826. Il porta le dévoûment, en 1829, jusqu'à abandonner ce siége inamovible pour accepter, sur les instances du comte de La Bourdonnaye, la place si délicate de préfet de police. Mangin honora ses nouvelles fonctions par ses lumières et par son désintéressement. Il entreprit de codifier tous les règlements de police, et cette heureuse entreprise eût été mise à fin, si les événements ne l'eussent dépouillé trop tôt de sa magistrature. Dans l'hiver de 1830, on le vit, quoique pauvre et chargé de onze enfants, prélever 25,000 francs sur son traitement personnel, pour les distribuer à la classe indigente : c'est que Mangin était, avant tout, chrétien, et que la religion est la source de la charité. Cependant, un coup d'État que les résistances systématiques de l'opposition faisaient juger nécessaire à Charles X, se préparait en silence. Chose incroyable ! on en fit un mystère au

magistrat chargé d'assurer la tranquillité de la capitale, aussi bien qu'au sous-secrétaire d'État de la guerre, par les soins duquel une force armée suffisante eût pu être appelée à appuyer les mesures que les ministres, dans leur entière bonne foi, regardaient comme l'application de l'art. 14 de la charte. Le 26 juillet seulement, à une heure du matin, le préfet de police apprit du président du conseil que les célèbres ordonnances étaient signées. Entrevoyant tous les dangers de l'État, il se plaignit de n'avoir pas été prévenu. « Mais vous m'aviez répondu de la tranquillité de Paris, lui dit naïvement le ministre. — Oui, pour les temps ordinaires, répliqua Mangin, mais non dans le cas d'un coup d'État. » Il n'en fit pas moins son devoir avec courage, pendant que sa femme, sur un lit de douleur, demeurait exposée aux balles des insurgés. Et, lorsqu'il dut quitter Paris pour Bruxelles, le 1er août, bien loin de puiser dans la caisse de la préfecture des sommes qu'il eût remises au roi comme un secours dans l'exil, il respecta la spécialité du dépôt confié à sa probité. A Luxembourg, où il s'était rendu pour se rapprocher de Metz, il y avait une garnison prussienne. « Si vous faisiez connaître l'état actuel de la ville de Metz, lui suggéra-t-on, vous vous assureriez la bienveillance du cabinet de Berlin. » La vive et prompte réponse de Mangin surprit l'étranger de la part d'un homme réduit à une si cruelle pénurie, mais elle lui conquit son estime. Après avoir vécu quatre ans à Soleure avec sa nombreuse famille, l'ancien avocat reparut au barreau de Metz : « En plaidant une cause, dit-il, je n'oublierai pas que j'ai été magistrat ; dans l'exposé des faits, dans l'application des lois, je procéderai comme si je faisais un rapport. » Il plaida vingt-neuf causes, dans les six mois qui précédèrent sa mort, et il les gagna toutes. Un procès au conseil d'État, pour lequel il avait rédigé son dernier Mémoire, chef-d'œuvre de logique et de concision, le ramena à Paris : il devait y succomber. Mangin expira presque isolé dans cette ville où il exerçait naguère la première magistrature. S.

MANGOLD (Joseph), né à Rhelingen en Souabe, en 1716, entra chez les jésuites, et enseigna avec réputation la philosophie dans l'université d'Ingolstadt. Il y publia, sur la nature de la lumière et sur les couleurs, un traité qui fit beaucoup de bruit, intitulé : *Systema luminis et colorum, novam de refractione theoriam complectens, cum prævia dissertatione de sono*, Ingolstadt, 1753, in-8°. On y observa des vues neuves qui, dans une matière où s'en faut bien que toutes les recherches soient épuisées, pouvaient conduire à des résultats intéressants (V. Grimaldi). Il donna ensuite un cours entier de philosophie, Ingolstadt, 1755, 3 vol. in-4°. Il enseigna la théologie pendant sept ans, et remplit divers emplois honorables jusqu'à la suppression de la société. A cette époque, il fut continué dans le gouvernement du collège, par la volonté expresse de l'évêque-prince et du magistrat d'Augsbourg, et s'acquitta de cette charge avec autant de zèle que de prudence pendant trente-quatre ans. Le pape Pie VI, à son passage par Augsbourg, en 1782, lui fit un accueil très distingué, l'appelant *venerabilis pater*. Il mourut à Augsbourg, le 11 mai 1787, à l'âge de 71 ans.

MANGOT (Claude), fils d'un avocat de Loudun en Poitou, fut protégé par le maréchal d'Ancre, et, par un caprice singulier de la fortune, il devint, en moins de dix-huit mois, premier président de Bordeaux, secrétaire-d'état et garde-des-sceaux. En 1616, après le massacre de son protecteur, il fut obligé de remettre les sceaux, et mourut dans l'obscurité.

MANGOT (Jacques), frère du précédent, célèbre avocat-général au parlement de Paris, mort en 1587, à 36 ans, était un magistrat éloquent, intègre et ennemi de la brigue, de la fraude et des factions. Il donnait tous les ans aux pauvres la dixième partie de son revenu. On ne lui reprochait qu'une longueur assommante dans ses plaidoyers, qui ont été publiés, de même que quelques pièces de vers latins.

MANGOUSTAN, *garcinia* (bot.), genre de la famille des guttifères, de la dodécandrie monogynie de Linné. Ce genre se compose de végétaux arborescens, dont l'un des caractères les plus remarquables est de renfermer un suc jaune, qu'ils laissent couler lorsqu'on incise leur tronc. Leurs feuilles sont simples, portées sur un pétiole court et renflé ; leurs fleurs sont hermaphrodites omnisexuelles, et présentent l'organisation suivante : Calice persistant, à quatre sépales, corolle à quatre pétales ; étamines au nombre de seize ou davantage, à filets libres et distincts ou réunis à leur base en plusieurs faisceaux, à anthères ovales ou presque arrondies ; pas de style ; stygmate à 4-8 lobes. A ces fleurs succède un fruit arrondi, surmonté par le stigmate, renfermant sous une couche extérieure coriace une chair succulente et divisé en 4-8 loges. Les graines sont anguleuses, velues, munies d'une arille. Parmi les espèces de ce genre, nous citerons principalement le mangoustan (*garcinia mangostana*, Lin.). C'est un fort bel arbre qui croît dans les Moluques et qui s'est répandu dans l'Inde et dans une grande partie des régions intertropicales, où il est cultivé à cause de la bonté de son fruit. Les feuilles sont ovales, aiguës au sommet, veinées; ses fleurs, de couleur rouge, sont terminales et solitaires; leurs étamines sont libres; leur stigmate est à 6-8 lobes. Son fruit est de la grosseur d'une orange moyenne; son péricarpe est de couleur foncée à l'extérieur, plus pâle à l'intérieur; il forme une sorte d'écorce spongieuse qu'on regarde comme astringente et vermifuge; on l'emploie en Chine pour teindre les étoffes en noir. La chair est blanche, molle et très fondante, d'une saveur très sucrée accompagnée d'une légère acidité, d'une odeur qui rappelle celle de la framboise. Cette chair, que l'on détache du péricarpe comme les oranges, est très rafraîchissante et un peu laxative; on lui attribue quelques propriétés contre les fièvres, le scorbut, les inflammations, etc.   J. P.

MANG-TAAR (*myth. sept.*), l'enfer des Iacoutes.

MANGUE, *crossarchus* (*mam.*), genre de mammifères carnassiers, voisin des mangoustes et des suricates, établi par J. Cuvier. Les principaux caractères de ce genre sont d'avoir le museau prolongé de beaucoup au-delà des mâchoires et jouissant d'une extrême mobilité; il est terminé par un mufle sur le bord duquel s'ouvrent les narines; ce mufle, très mobile, rappelle par sa forme celui des coatis. Les dents sont en même nombre que chez le suricate, mais elles ressemblent pour la forme à celles des mangoustes. Les oreilles sont assez petites, arrondies, et la conque présente dans son milieu deux lobes très saillants, situés l'un au-dessus de l'autre. La pupille est ronde, et la langue couverte dans son milieu de papilles cornées est douce sur les bords. Les pieds sont pentadactyles comme chez les mangoustes, mais il n'y a aucune trace de la petite membrane interdigitale; le doigt du milieu est le plus long de tous, et le pouce le plus court. La plante du pied, qui pose tout entière sur le sol dans la marche, présente cinq tubercules, dont trois sont placés à la commissure des quatre grands doigts, et les deux autres plus en arrière; il y a le même nombre de tubercules à la paume, et ces organes sont disposés à peu près de la même manière. La queue, d'un tiers moins longue que le corps, est comprimée. On ne connaît qu'une espèce de ce genre, la mangue obscure (*crossarchus obscurus*). Elle mesure un peu moins d'un pied depuis le bout du museau jusqu'à l'origine de la queue, qui a sept pouces. Son pelage est d'un brun uniforme, seulement avec une teinte un peu plus pâle sur la tête. Cet animal habite les côtes occidentales de l'Afrique et principalement Sierra-Leone. Fr. Cuvier a étudié avec soin les mœurs de cet animal, dont la ménagerie a possédé un individu, et les a décrites (*Mam.*, *lith.*, liv. 47). Cet individu était fort doux et très apprivoisé; il recherchait les caresses et tendait sa gorge ou son dos aux visiteurs. Il était d'une extrême propreté et avait bien soin de ne jamais salir l'endroit où il avait coutume de se coucher. Il se nourrissait habituellement de viande, mais il mangeait aussi volontiers du pain, des carottes et des fruits desséchés.   J. P.

MANGUIER, *mangifera* (*bot.*), genre de la famille des anacardiacées, de la pentandrie monogynie de Linné, comprenant des arbres originaires de l'Inde, à feuilles simples, entières, à nervures pennées, dépourvues de stipules, alternes, dont les fleurs sont petites, de couleur blanche ou rougeâtre, réunies en panicules terminales et offrant les caractères suivants: calice régulier, quinqueparti, corolles à cinq pétales étalés, plus longs que le calice, cinq étamines dont quatre ordinairement plus courtes, peu développées ou stériles; pistil formé d'un ovaire libre, sessile, sur le côté duquel s'attache le style. Le fruit est un drupe quelquefois très volumineux, plus ou moins comprimé, dont la chair est molle et pulpeuse, dont le noyau est ovale oblong, presque réniforme, comprimé, de consistance dure et crustacée, uni-loculaire: la surface externe de ce noyau est sillonnée, rugueuse, revêtue en entier de sortes de fibres ligneuses assez semblables à des poils. L'espèce la plus remarquable de ce genre est le manguier des Indes (*mangifera indica*, Lin.). C'est un bel arbre originaire des Indes orientales, cultivé aujourd'hui à l'Ile-de-France et dans l'Amérique intertropicale; son écorce est épaisse, raboteuse, brune et se termine par une cime formée de rameaux dichotomes ou trichotomes. Ses feuilles sont oblongues, lancéolées aiguës, ondulées sur leurs bords; ses fleurs sont très petites, réunies au sommet des rameaux en longues grappes paniculées; leur pédicule est rougeâtre; leurs pétales de couleur rougeâtre, marqués à leur base d'une tache plus foncée. On connaît le fruit du manguier aux Antilles sous les noms vulgaires de mangue ou *mango*. Il varie beaucoup de couleur; on en possède des variétés jaunes, vertes et rouges; son volume est celui d'un petit melon et pèse jusqu'à trois kilogrammes; sa chair est jaune, la saveur sucrée et fondante, très agréable, en fait un aliment aussi sain qu'abondant. On en fait des compotes et des confitures. Son écorce desséchée est regardée comme très efficace pour les contusions, et le suc résineux qui en découle passe pour un excellent remède contre les diarrhées chroniques.   J. P.

MANHART (FRANÇOIS-XAVIER), né à Inspruck en 1696, jésuite en 1712, mort à Hall, petite ville du Tyrol, en 1773, s'est distingué dans divers genres de littérature et a enseigné la plupart des sciences dans différents collèges et académies, avec une réputation brillante. On a de lui: 1° *Dissertationes theologicæ de indole*; *ortu, ac progressu et fontibus sacræ doctrinæ*, Augsbourg, 1749, in-8°; 2° *Bibliotheca domestica bonarum artium ac eruditionis studiosorum usui instructu et aperta*, Augsbourg, 1762, in-8°; 3° *Idea magni Dei, contra atheismum hujus ævi*, Augsbourg, 1765, in-8°; 4° *Antiquitates christianorum*, Augsbourg, 1767, in-8°.

MANHEIM, ancienne capitale du Palatinat, aujourd'hui chef-lieu du cercle du Bas-Rhin, dans le grand duché de Bade (*voy.*), compte 24,000 habitants. Elle est sur la rive droite du Rhin, au confluent du Neckar avec ce fleuve. Un pont de bateaux établit la communication entre les deux rives du Rhin; celles du Neckar, qui coule au-dessous de la ville, sont jointes par un autre pont en pierres. Manheim est une des villes les plus régulièrement bâties; elle est de forme ovale et divisée en 112 carrés, par 11 rues parfaitement percées et bien espacées, que 10 autres rues pareilles coupent à angles droits. Autour de la ville, des jardins couvrent le terrain qu'occupaient les fortifications. Sur la place d'armes, s'élève une fontaine que décorent plusieurs statues en bronze, fondues par Crépello. Un groupe en pierre, chef-d'œuvre de Vander Brand, orne la belle et grande place du marché. Le palais du grand-duc, un des plus vastes de l'Allemagne, a 750 pieds de longueur et forme tout le côté de la ville tourné vers le Rhin. Il se compose de trois corps de bâtiments carrés, derrière lesquels s'étend, en partie le long du fleuve et dans un circuit assez considérable, un parc anglais servant de promenade aux habitants. L'aile gauche fut, aux murs extérieurs près, consumée par le feu pendant le siège de 1795. L'aile droite, construite par l'électeur Charles-Théodore et consacrée dès l'origine aux sciences et aux arts, renferme une galerie de tableaux, un cabinet d'histoire naturelle, une collection de plâtres et d'antiquités, enfin une bibliothèque; mais ces collections autrefois riches, ont été singulièrement réduites depuis que Manheim a changé de domination. Parmi les édifices on distingue l'ancien collège et l'église dite des jésuites, surmontée d'un dôme orné à l'intérieur de belles peintures à fresque, l'arsenal, la bourse et le théâtre avec une belle salle de bal. On sait que les premières représentations des plus célèbres drames de Schiller ont illustré cette scène. Manheim possède, en outre, un gymnase, un observatoire, une nouvelle douane spacieuse et d'une belle apparence, etc. Grâce à sa situation sur deux grandes rivières, Manheim a pu prendre une certaine importance à son commerce, qu'augmente encore l'accession du grand-duché aux douanes allemandes. Cette ville sert d'entrepôt au transit qui s'effectue entre la Suisse, le Wurtemberg et la Hollande. Elle fait aussi le commerce des denrées coloniales et des produits de son sol, parmi lesquels il faut citer les tabacs, le houblon, les céréales, les vins, les graines oléagineuses, etc. L'espèce de liqueur d'anis édulcorée, appelée Eau de Manheim, est renommée. L'industrie y fait aussi des progrès sensibles. Déjà Manheim possède des raffineries de sucre, des manufactures de tabac; un atelier pour la construction des machines, etc. On y fabrique aussi des tabatières en chrysocale connu sous le nom d'or de Manheim. Un chemin de fer lie Manheim avec Heidelberg. On s'occupe activement de celui-qui, par Kehl, doit unir Manheim à Strasbourg et à Bâle. Un double service de bateaux à vapeur remonte et descend le Rhin pendant toute la belle saison. Chaque année, un grand nombre d'étrangers, attirés par la beauté et les agréments de cette ville, viennent y fixer leur séjour. Un château fort que l'électeur Frédéric IV fit construire, en 1606, dans le village de Manheim, fit de celui-ci une ville que des réfugiés de Pays-Bas, chassés de leur pays par les persécutions religieuses, peuplèrent en majeure partie. Prise et reprise plusieurs fois durant la guerre de trente ans, elle fut entièrement détruite en 1688, après un siége de 17 jours, sort qu'éprouvèrent également, par les ordres de Louvois, onze autres villes du Bas-Palatinat. L'ayant reconstruite, en 1699, l'électeur Frédéric-Guillaume la fit fortifier à la Cochoorn. Il en fit sa résidence en 1720, et lors de la translation du siège du gouvernement à Munich, en 1777, on chercha à dédommager Manheim par la création de plusieurs établissements scientifiques. En 1801, la ville, dont les fortifications avaient été rasées, échut aux souverains de Bade par le traité de paix de Lunéville.

MANIA (*myth. rom.*), divinité romaine, la mère des Lares. La déesse de la folie chez les Grecs. (*Voy.* MANIES.)

MANIABLE, adj. des deux genres, qui est aisé à manier, qui se prête à l'action de la main. Il signifie aussi qui est aisé à mettre en œuvre. Il signifie figurément, traitable.

MANIAQUE, adj. des deux genres, possédé de quelque manie. Il se prend aussi substantivement.

MANICHÉISME (*hist., théol., phil.*), système théologico-philosophique de Manès, hérésiarque du III° siècle, qui professa le dualisme ou le dithéisme, et donna son nom à une secte si fameuse par sa durée, sa diffusion, ses ravages, ses variations, ses défenseurs et ses adversaires, que nous ne pouvons nous dispenser d'entrer dans quelques détails pour en donner une juste idée à nos lecteurs. Nous en ferons connaître 1° *l'origine*, 2° *les erreurs*, 3° *l'histoire et les progrès;* 4° nous exposerons le système qu'elle a suivi dans sa lutte contre l'Église, et les moyens que celle-ci a mis en œuvre pour se défendre et sauver la civilisation chrétienne.

I. *Origine du manichéisme.* — L'histoire de l'esprit humain, nous apprend que le double problème de l'origine du monde et de celle du mal a toujours été l'écueil contre lequel sont venus se briser tous les théologiens, tous les philosophes qui ont prétendu expliquer ce double mystère sans le secours de la révélation, et en prenant leur point de départ dans les seules inductions de la logique, ou dans les systèmes métaphysiques et les raisons de convenance qui sont accessibles aux investigations de l'intelligence humaine laissée à ses propres lumières. Dès le commencement, les hommes connurent l'esprit mauvais tel que nos livres saints le représentent, père du mensonge et de la guerre, artisan du mal, ennemi du genre humain, génie puissant mais déchu et nécessairement inférieur à Dieu dont il est l'ouvrage. Cette tradition répandue dans tout l'univers, fut bientôt obscurcie par l'ignorance et les passions, car, en voulant l'expliquer, l'ancien paganisme et la philosophie primitive l'altérèrent profondément. Les prêtres et les savants défigurèrent à l'envi l'idée si simple et si grande de l'Être suprême qui s'était lui-même révélé aux premiers hommes; ils ne comprirent pas assez le dogme de la Providence pour le concilier avec l'existence du mal sur la terre; et parce qu'ils ne virent point dans la liberté de la créature déchue la cause première et suffisante du péché et de ses tristes suites, ils firent de l'ange tombé un être éternel, mauvais par essence, une divinité indépendante du créateur et rivale de Dieu même. Ce fut en Orient et surtout dans la Perse que la croyance en un seul Dieu fut complétement niée par les explications, les allégories et les systèmes dualistes des mages qui avaient très probablement corrompu l'enseignement attribué au second Zoroastre, contemporain du prophète Daniel. Au commencement de l'ère chrétienne, Saturnin, Bardesanes, Basilides, Marcion et plusieurs autres gnostiques enseignèrent cette erreur qu'ils avaient tous puisée dans les doctrines orientales. Vers le milieu du III° siècle, il ne restait plus qu'un petit nombre de leurs disciples, et le gnosticisme vaincu par l'Église était menacé d'une dissolution prochaine, d'une ruine totale. Mais le charme que cette erreur séduisante avait exercé sur un grand nombre d'esprits n'était pas détruit, comme le prouvèrent les rapides progrès et la vaste extension du manichéisme, nouvelle hérésie qui tenait par plusieurs points aux doctrines dualistes de la gnose-hérétique. Le vieux génie des religions naturelles et rationalistes de l'Orient se réveilla tout-à-coup à la voix de Manès, réunit encore une fois sous ses forces, et tenta d'imprimer au christianisme triomphant une direction rétrograde vers le paganisme antique qui se mourait partout. L'âme humaine fut de nouveau identifiée à l'émanastique avec la divinité, et l'homme et Dieu se trouvèrent emprisonnés à la fois dans la sphère de la nature et soumis aux lois inévitables d'un fatalisme absurde. Le nouveau système emprunta aux gnosti-

ques leur langage, leurs allégories, leurs spéculations tirées de la philosophie orientale et de la mythologie indienne, et l'hérésiarque Manès présenta sous une forme plus ou moins nouvelle les doctrines impies, les dogmes absurdes et les principes immoraux de ces impurs sectaires. Toutefois, il est probable que Manès considérait les mythes comme de simples voiles qui recouvraient des croyances abstraites; car on donna à ces mythes une valeur objective, et l'on fit même consister la principale marque de la vocation divine et de la prééminence de Manès en ce que, mettant de côté ce qui n'était qu'images et allégories sans réalité, il enseignait la vérité sans figure et la présentait toute nue. Nous avons sur la personne de Manès des documents puisés à des sources orientales et grecques; ils diffèrent beaucoup dans les détails. D'après les documents orientaux qui sont les moins anciens, Manès était mage d'origine, et par conséquent sectateur de la religion de Zoroastre. Il possédait la géométrie, la musique, la médecine, la peinture et les autres sciences cultivées par les mages. Ayant embrassé le christianisme dans l'âge mûr, il étudia l'Écriture sainte et fut même élevé au sacerdoce, selon quelques auteurs. Il voulut réformer la doctrine des mages et le christianisme, et entreprit de concilier les deux systèmes. Son syncrétisme lui porta malheur. On s'aperçut bientôt qu'il altérait la foi chrétienne et on le chassa de l'Église (*Mém. de l'Acad. des Inscr.*, t. LVI, in-12). Selon la tradition grecque, Manès (*Mani, Manchœus*), qui porta d'abord le nom de Koubric, était né en Perse, dans l'esclavage vers l'an 240. Il fut acheté à l'âge de sept ans par une veuve fort riche, qui l'adopta et le fit instruire avec soin dans toutes les sciences des mages dont il suivit d'abord la religion. A cette époque l'empire des Perses avait été délivré de la domination des Parthes par les Sassanides, et la nouvelle dynastie voulant affermir sa puissance en travaillant à l'amélioration religieuse du peuple, s'efforça de remettre en honneur le zoroastrisme qui était devenu, sous les Arsacides, un dualisme grossier, un culte purement extérieur, sans élévation, sans esprit. Les magusiens, partisans de cette religion dégradée, furent dispersés, et il y a tout lieu de croire que Manès prit une part active à ce mouvement religieux. Enrichi par la mort de sa mère adoptive, il conçut le dessein de faire oublier sa première condition; et comme il croyait exceller dans la dialectique et le talent de la parole, il prit le nom de Manès qui signifie discours dans la langue persane. Saint Cyrille de Jérusalem, qui écrivait soixante-dix ans après Manès, ne convient pas que ce novateur ait embrassé le christianisme, bien moins encore qu'il ait été élevé au sacerdoce (*Catéch. 6 note 26 de Grandeolas*). Quoi qu'il en soit, Manès ne fut pas longtemps chrétien si jamais il le fut, car ayant trouvé parmi les effets de sa bienfaitrice les ouvrages qu'un marchand sarrasin nommé Scythianus avait composés en Égypte vers le milieu du II° siècle, pour démontrer, selon les principes combinés de la philosophie grecque et de la philosophie orientale, que le monde est l'ouvrage de deux principes éternels, indépendants, l'un bon et l'autre mauvais, Manès lut et traduisit ces livres (1), adopta cet absurde système en le modifiant et l'enseigna à quelques disciples. Thomas, Buddas et Hermas, qui furent ses premiers sectateurs, s'efforcèrent de répandre la nouvelle doctrine et pénétrèrent même en Égypte et dans les Indes. Les innovations religieuses de Manès lui ayant suscité des persécutions dans sa patrie, il s'éloigna pour un temps, visita les contrées plus orientales de l'Hindostan, du Turkestan et de Katai (Chine septentrionale). Il revint ensuite dans la Perse. Pour accréditer ses erreurs et séduire la multitude, il osa vanter ses prétendus miracles, et dans l'espoir de profiter de ses connaissances médicales, il promit de guérir par ses prières le fils du monarque persan. On congédia les médecins qui désespéraient de le sauver. Manès pria; l'enfant mourut, et l'imposteur qui jeté dans une prison; mais il corrompit ses gardes et s'enfuit en Mésopotamie, où il se donna pour le Paraclet de l'Évangile. Il s'annonça comme un réformateur de la religion, comme un envoyé céleste qui tenait de Dieu même la mission d'enseigner aux hommes toute vérité. Pour mieux surprendre la foi des peuples, il s'efforça d'allier ses

(1) Ainsi, d'après les documents grecs, l'auteur de la nouvelle doctrine ne serait point Manès, mais Scythianus. Celui-ci aurait eu pour disciple et pour héritier Térébinthus, qui se faisait appeler Bouddha, et prétendait être né d'une vierge. Ce Térébinthus était l'époux de la mère adoptive de Koubric, qui devint à son tour l'héritier et le disciple de Scythianus. Ce sentiment est adopté par la plupart des Pères de l'Église.

erreurs avec quelques-uns des dogmes les plus connus de la doctrine chrétienne ; il emprunta à l'Eglise son langage, prit le ton et les manières d'un prophète inspiré, afin de séduire le chrétien Marcel, dont l'exemple pouvait entraîner un grand nombre de catholiques dans l'apostasie, parce que l'éclat de ses vertus et l'abondance de ses aumônes le rendaient vénérable et cher à tout le monde. Marcel profita de cette ouverture pour attirer le novateur à une conférence avec Archélaüs, évêque de Cascar. Dans cette conférence, dont les actes existent encore et qui se tint publiquement en présence de plusieurs païens vers 273, Archélaüs prouva clairement que Manès n'était point envoyé de Dieu, qu'il ne donnait aucun signe d'une semblable mission, que sa doctrine, directement contraire aux textes les plus formels de l'Ecriture et à l'enseignement de la tradition, était encore absurde en elle-même et en opposition manifeste avec les premiers principes de la raison. Le protestant Beausobre, qui s'est fait l'apologiste du manichéisme, révoque en doute l'authenticité de ce monument, mais sans donner une seule raison solide. L'historien Socrate qui écrivait au commencement du ve siècle, puisa dans ces actes les renseignements qu'il donne sur la personne et la doctrine de Manès. Saint Cyrille de Jérusalem et saint Epiphane paraissent aussi les avoir consultés. Le témoignage de ces auteurs ne permet pas d'élever un doute sérieux sur la valeur historique de cette pièce importante dont les manichéens n'ont jamais démontré la fausseté et à laquelle on ne peut opposer aucun monument, aucun témoignage digne de foi. Confondu publiquement sur tous les points, Manès ne fut pas plus heureux dans une nouvelle conférence qu'il eut avec un saint prêtre nommé Tryphon. Le peuple de Diodoride indigné de ses blasphèmes, menaça de le lapider : le nouveau Paraclet, redoutant le martyre, prit la fuite, rentra dans sa patrie, où il retomba bientôt entre les mains du roi de Perse, Baharam, qui le condamna comme corrupteur de la religion à être écorché vif : son corps fut jeté aux bêtes, et l'on suspendit sa peau à la porte de la ville de Dschondischapour. Ceci se passait vers 277. Les disciples de l'hérésiarque ne se déconcertèrent point et répandirent partout l'infâme doctrine de leur maître. Les uns la prêchèrent dans la Mésopotamie et la Syrie où elle était née ; les autres la portèrent au fond de la Perse et jusque dans l'Inde ; d'autres enfin s'établirent en Egypte. Mais avant de faire l'histoire de cette hérésie, essayons d'exposer le système religieux conçu par Manès et modifié ensuite par ses principaux sectateurs.

II. *Système manichéen.* L'édifice doctrinal du manichéisme est si frappant et d'un genre si particulier, malgré les traits nombreux et évidents de ressemblance qui rappellent le dualisme gnostique de Basilide et de Marcion, que l'on sent de suite le besoin de rechercher à quelles sources puisa Manès, quels éléments religieux il combina les uns avec les autres pour en former un nouveau syncrétisme et l'opposer à la foi de l'Eglise. Les savants sont loin d'être d'accord sur les sources du manichéisme. Ceux qui ont puisé dans les documents des Orientaux prétendent que le système manichéen est une fusion de la doctrine zende avec le symbole chrétien, et ils s'appuient sur le témoignage du savant arabe Aboulfaradsch, écrivain du xiiie siècle, d'après lequel Manès, d'abord sectateur de Zoroastre, aurait ensuite embrassé le christianisme, et serait devenu prêtre à Chivaz, capitale de la province d'Huzitis, en Perse. D'autres savants soutiennent, au contraire, que Manès n'a jamais été chrétien, et même qu'il ne connut le christianisme qu'après avoir formé son système et envoyé ses disciples prêcher sa doctrine. Il ne la modifia en la combinant avec des idées chrétiennes que dans le dessein de la rendre plus attrayante pour les sectateurs de l'Evangile. Il imita en ce point les gnostiques, faisant un choix arbitraire des textes du Nouveau-Testament qui lui paraissaient appuyer son système et rejetant les autres comme autant d'interpolations. Cette opinion est appuyée sur le témoignage à peu près unanime des pères et des écrivains ecclésiastiques. Une preuve intrinsèque à l'appui de ce sentiment, c'est que, au fond, le manichéisme ne renferme, à vrai dire, aucun élément qui soit véritablement chrétien. Le Christ de Manès n'a de commun avec le Christ historique de l'Evangile que le nom ; et encore l'hérésiarque regarde-t-il ce nom même comme le résultat d'un abus de mots, comme ayant une signification purement accommodative dont on peut abuser (κxτxρχστικον). Georgi, dans son livre intitulé *Alphabetum thibetanum* (Rome, 1762), fait dériver le manichéisme du bouddhaïsme, et prétend que Manès était considéré par les

siens, du moins en Orient, comme une nouvelle incarnation de Buddha. Baur a très bien démontré, dans son ouvrage sur le *Système de la religion manichéenne*, l'irrécusable affinité du manichéisme avec le bouddhaïsme. Enfin, il suffit de comparer les dogmes du manichéisme avec la gnose de Basilide et de Marcion, pour rencontrer des analogies profondes et nombreuses, dont il serait difficile de rendre raison sans admettre que Manès fit des emprunts à ces deux sectaires dont les doctrines s'étaient certainement répandues dans l'Asie-Mineure et dans la Perse. Dans quelle proportion ces divers éléments se mêlèrent-ils pour former le système manichéen ? Le savant historien allemand Dœllinger va nous l'apprendre. « Quelques traits principaux de la doctrine de Zoroastre, dans laquelle Manès avait grandi, forment incontestablement la base de son système. De ce nombre sont le dualisme de la lumière et des ténèbres, d'Ormuzd, le Dieu bon, et du mauvais principe, Ahriman ; les attaques de ce dernier contre le royaume d'Ormuzd ; l'existence d'un monde lumineux et pur, antérieur à la création proprement dite ; le génie du soleil, Mithra, correspondant au Christ manichéen ; le mélange et l'antithèse du bien et du mal, c'est-à-dire des œuvres d'Ormuzd et d'Ahriman, mélange et antithèse qui pénètrent l'univers entier. Mais, indépendamment de cet accord, la doctrine manichéenne se distingue de la doctrine zende par des différences essentielles ; le dualisme manichéen lui-même est au fond un autre dualisme que celui des Perses. En effet, là c'est la matière qui, comme mal radical, se pose en face de la Divinité, tandis qu'ici c'est l'élément mauvais et impur d'Ahriman qui est simplement mêlé à la création bonne et pure d'Ormuzd. Aussi la métempsycose des manichéens, de même que leur abstinence de la chair et du mariage, est-elle étrangère à la religion persane, qui permet l'usage de l'une et de l'autre et enseigne la résurrection des corps. Plusieurs points fondamentaux, sur lesquels le manichéisme s'éloigne de la doctrine zende, se retrouvent dans la religion bouddhaïque. Celle-ci, au temps de Manès, subsistait pour le moins depuis huit cents ans, et se trouvait répandue dans une grande partie de l'Asie orientale. Le bouddhaïsme considère pareillement la formation de tout ce qui existe comme le mal primitif, admet la métempsycose, et voit dans le cours entier de la vie temporelle un procédé nécessaire d'expiation et de purification. En outre, il place le salut de l'homme dans une séparation complète d'avec ce qui est matériel et sensible, dans l'anéantissement de toute passion et de tout penchant. Le Christ manichéen tient à peu près la même place que Bouddha : le docétisme (voyez ce mot) est maintenu pour l'un comme pour l'autre. D'après les deux doctrines, la fin du monde ne doit avoir lieu que lorsque tout élément spirituel se sera dégagé de la matière. Manès s'étant arrêté longtemps dans les pays où le bouddhaïsme dominait et où il domine encore (l'on cite un certain Bouddha comme son précurseur ou comme son disciple ; c'était probablement le mari de la mère adoptive du novateur) et les manichéens ayant réellement prétendu par la suite que Zoroastre, Bouddha, Christ et Manès sont une seule et même personne, c'est-à-dire la Divinité s'incarnant de temps à autre pour le salut des hommes, il est très vraisemblable que des éléments de la doctrine de Bouddha et de Zoroastre sont fondus dans le manichéisme. Mais on peut encore indiquer une troisième source de cette doctrine, à savoir la gnose que Basilide, selon le témoignage d'Archélaüs, avait aussi enseigné en Perse (*Act. disput. Archel. LV, Routh. IV,* p. 275). Dans son système, on rencontre déjà plusieurs dogmes manichéens, tels que l'aspiration des puissances ténébreuses vers le royaume lumineux ; le mélange de la lumière avec l'Hyle ; les efforts des âmes liées dans l'Hyle pour ressaisir leur liberté et rentrer dans le royaume de la clarté ; la formation du monde sortie de ce mélange ; toute la marche du monde, considérée comme procédé de purification pour les âmes lumineuses retenues prisonnières. L'exposition qui sera présentée tout à l'heure de la doctrine manichéenne, prouvera que, existant déjà en substance, dans les doctrines de Zoroastre, de Bouddha et de Basilide, Manès se borna à en réunir les diverses parties dans un système puissamment coordonné, à faire ressortir davantage le dualisme absolu de l'esprit et de la matière avec ses conséquences et à donner à cet ensemble un riche vêtement mythico-poétique. (*Dœllinger ; Origin. du christian.,* t. I, ch. 24). Entrons maintenant dans l'exposé de la doctrine enseignée par cette secte extravagante. Le système religieux de Manès comprend le dogme, la morale, le culte et la hiérarchie.

1. *Le dogme.* — 1° *Principe et règle de la croyance.* A l'exemple des gnostiques dualistes, les manichéens rejetaient l'Ancien Testament comme l'ouvrage du mauvais principe ; ils décriaient les lois et les institutions de Moïse, les actions des plus illustres personnages de la nation choisie , et s'attachaient à faire ressortir les prétendues contradictions qu'ils s'imaginaient rencontrer entre la religion promulguée par Moïse et l'Evangile. Ils avouaient que la doctrine du Sauveur est incomparablement plus parfaite que celle de la synagogue, mais ils se réservaient toujours et en tout, comme les gnostiques, le droit de tronquer, d'interpoler, d'altérer et surtout d'interpréter à leur gré le texte des évangiles et des épîtres de saint Paul. Ils accusaient les catholiques d'avoir eux-mêmes corrompu les passages de ces livres qui réfutaient leur doctrine. Ils forgèrent donc un nouvel évangile et plusieurs autres livres tout remplis de leurs erreurs et qu'ils mirent entre les mains de leurs prosélytes dont l'étonnante crédulité n'était égalée que par la vénération profonde et superstitieuse qu'ils témoignaient à leurs maîtres. Manès avait lui-même donné l'exemple en exposant sa doctrine et en racontant ses prétendus miracles dans quelques ouvrages qui portaient les titres fastueux d'*Evangile vivant*, de *Trésor*, de *Mystères* et d'*Epître fondamentale*. Ses premiers disciples publièrent ou adoptèrent pareillement des ouvrages apocryphes, entre autres un Evangile qu'ils attribuaient à l'apôtre saint Thomas, et des histoires fabuleuses sous les titres de *Mémoires* et d'*Actes des apôtres*. Ils commentaient ces livres et ceux des chrétiens avec une licence effrénée et sans autres règles que les exigences de leur système impie; aussi portaient-ils dans leur exégèse l'arbitraire et l'audace jusqu'à l'extravagance, comme le prouve saint Augustin, principalement dans les livres *De Genesi ad Litt. Lib. imperf. de Genesi. De Lib. arbit. adv. Manich. Cont. Epist. fundam. De Morib. Manich.*, etc. — 2° *Dieu.* — Le dogme fondamental du système manichéen était, comme nous l'avons déjà dit, le dualisme absolu sortant de la question de l'origine du mal. Deux êtres éternels, indépendants, l'un bon et l'autre mauvais par essence et dont l'éternel combat produit le mélange de bien et de mal que l'on voit dans l'univers, Dieu et satan, l'esprit et la matière, la lumière et les ténèbres sont en présence comme dominateurs suprêmes de deux empires opposés et sans commencement. On le voit, ce dualisme est formulé d'une manière positive et plus absolue que celui des gnostiques et sectateurs de Zoroastre. Toutefois cette formule rigoureuse est un peu adoucie par une sorte de prépondérance originelle que Manès accorde au bon principe sur le mauvais; c'est pour cette raison que les manichéens ne voulaient pas que l'on donnât au mauvais principe le nom de Dieu. L'être bon par essence, l'être primitif, Dieu le Père est une lumière infiniment pure et toute spirituelle. Dans son royaume éternel qu'il a fondé au-dessus de la terre lumineuse, il environné d'Eons excellents et bienheureux comme lui, et ces Eons engendrés par lui, ce royaume, cette terre lumineuse ne forment avec Dieu qu'une seule et même substance. Le mauvais principe, Satan, l'Hyle, domine dans son empire ténébreux, fondé sur la terre maudite, et il est entouré d'êtres mauvais engendrés par lui, de démons de son espèce et qui lui sont substantiels. La nuit, le limon impur, l'ouragan, le feu et la fumée forment les cinq régions de son empire, habitées par des animaux divers et par des hiérarchies de démons. L'Archon, ou le mauvais principe, habite lui-même dans la région la plus élevée. — 3° *Trinité.* — Les manichéens nièrent le mystère de la trinité en essayant d'en rendre compte par le système oriental des émanations décroissantes: ayant posé en principe que la lumière subit plusieurs dégradations successives, à mesure qu'elle s'éloigne de sa source, ils prétendirent que Dieu le Père est la lumière pure et centrale; le Fils est la lumière empruntée qui brille dans le soleil et les astres; le Saint-Esprit n'est plus que la lumière inférieure qui réside dans l'air. Comme ils soumettaient Satan, le principe des ténèbres, à la même loi des émanations décroissantes, ils rangeaient pareillement en plusieurs hiérarchies subordonnées les esprits mauvais, les anges des ténèbres. — 4° *Création.* — A l'origine, l'empire de la lumière était séparé du royaume des ténèbres et celui-ci ne limitait que par un seul côté l'incommensurable circonférence de la terre lumineuse. Mais comme l'empire ténébreux renferme la plénitude de la vie matérielle communiquée par la génération, comme la matière ou le mal est naturellement dans un état perpétuel de

lutte et de discorde , la discorde enfante la guerre, la guerre produit des mouvements rapides et violents dans l'espace; il arriva que plusieurs mauvais génies poussés jusqu'aux dernières limites de leur domaine, aperçurent dans toute sa beauté la lumière qui leur était jusqu'alors inconnue, et saisis tout à coup d'un violent désir de s'unir à elle, ils résolurent de s'en rendre maîtres. Le bon principe voulant garder les frontières menacées de son empire, fit émaner de sa substance un être, une force dont il fit l'âme du monde, la mère de la vie, qui s'émane à son tour dans l'homme primitif, armé, par le principe lumineux, des cinq éléments impurs de l'Hyle, pour soutenir le combat contre elle, car la matière ne pouvait être vaincue que par son mélange avec la lumière. Il répandit donc quelques rayons lumineux dans l'empire des ténèbres, et il s'opéra une compénétration des deux principes jusqu'alors entièrement divisés. Ce mélange produisit le monde composé de bien et de mal, et ce monde fut ainsi l'ouvrage des deux principes. Du reste, la doctrine de Manès sur cette création du monde par les deux principes, et sur la part de chacun dans cette œuvre commune, était si parfaitement inintelligible, ou du moins si vague et si obscure que, selon le témoignage formel de Théodoret, les manichéens se divisèrent en plus de soixante-dix sectes qui, bien que réunies dans la croyance des deux principes, ne pouvaient s'accorder entre elles ni sur la nature de ces deux êtres, ni sur leurs opérations combinées pour produire les différents êtres, ni sur les conséquences spéculatives ou morales qu'ils déduisaient de cette étrange doctrine. Voici sur ce point, les explications communément admises dans les divers systèmes du manichéisme. L'homme primitif, qui, comme le *Logos* de Philon, est à la fois l'âme du monde et la source de toute vie, ayant été uni à la lumière, au feu, au vent, à l'eau et à la terre, c'est-à-dire aux cinq éléments les plus purs du royaume de l'Hyle, soutint d'abord seul la lutte contre cet empire; mais les démons absorbèrent une portion de sa lumière et ils étaient sur le point de le subjuguer, lorsque le bon principe, invoqué durant la lutte , envoya une émanation nouvelle de sa puissance, l'esprit vivant (*spiritus potens*). C'est le Démiurge, ou le créateur manichéen. Il forma le monde visible en mêlant à la matière le rayon lumineux dérobé à l'homme primitif par les puissances ténébreuses, et en assignant à chaque être un rang proportionné à sa nature, c'est-à-dire à la somme des éléments bons ou mauvais qui prédominent en lui. Ce Démiurge plaça au haut du ciel les parties les plus nobles de l'homme primitif, il en fit le soleil et la lune; des corps des démons qui avaient dérobé des portions plus ou moins grandes du rayon lumineux, il forma les étoiles du firmament; les autres parties lumineuses qui étaient plus étroitement unies à la matière devinrent les créatures du monde terrestre que nous habitons. Ainsi, la matière lumineuse et vivificatrice est répandue dans toute la nature, et la vie divine (*Jesus patibilis*) est renfermée jusque dans les êtres placés au plus bas degré de la création matérielle. Cette vie, ce Jésus que les manichéens nomment le fils de Dieu, est enchaîné dans la matière, soupire après sa délivrance, souffre, naît, meurt et revit dans chaque plante, se fane avec elle, est crucifié en chaque arbre. Il suit de là : 1° que la création n'est point, de la part du Dieu bon, un acte libre, mais bien le résultat fatal du mélange inévitable des deux principes; 2° que la divinité, bonne elle-même, est captive, souillée, souffrante, dans la partie de son être qui se trouve liée fatalement à la matière impure; 3° que le but et la fin de toutes choses consistent à opérer graduellement la dissolution du mélange qui s'est fait entre le bien et le mal, à délivrer l'esprit des liens de la matière, à dégager la lumière des ténèbres, afin de rétablir finalement, et dans toute sa pureté, l'antagonisme primitif des deux principes tel qu'il existait avant que les mauvais génies aient fait irruption dans l'empire du bien. — 5° *L'homme.* « L'homme, dit Alzog analysant Dœllinger, l'homme, comme toutes les créatures, est un composé de matière et d'esprit, tirant son origine du mélange de la lumière. Et voici le mode de sa naissance. Pour empêcher le soleil d'attirer la semence lumineuse encore disséminée dans la matière, l'Archon des ténèbres engagea les autres démons à lui abandonner les parties lumineuses en leur possession, afin d'en former une image sur le modèle de l'homme primitif et de procurer par là la durée à leur empire. Alors, avec sa femme (Nébrod), il engendra le premier homme, Adam, type du Dieu solaire (du Christ) quant à son âme, et du principe des ténèbres quant à son corps; mais pour empêcher l'homme, acquérant la conscience de son origine céleste, d'essayer de se relever vers sa patrie véritable, l'Esprit des ténèbres lui associa une compagne, et l'homme, déjà soumis à l'instinct animal, devint de plus l'esclave de la volupté, dont Eve fit naître le désir dans son cœur, et de là naquirent des enfants de plus en plus captifs dans les liens de la matière »(t. I, p. 212, de l'*Hist. univ. de l'Eglise*). La première satisfaction de l'appétit sexuel fut donc considérée par les manichéens comme le premier péché. Il y a donc deux âmes dans l'homme : l'une est lumineuse, et elle émane du bon principe dont elle est une partie intégrante; l'autre est sensuelle, grossière, produite par Satan et fatalement portée au mal. L'essence divine, souillée dans les âmes qui émanent du bon principe, la volonté humaine soumise à la double nécessité qui résulte de l'action de Dieu et de celle de Satan ou de la matière sur les deux âmes dont l'homme est doué, telles sont les conséquences qui découlent des conceptions dualistes de Manès, relativement à la nature de l'homme. — 6° *L'incarnation et la rédemption*. Les âmes humaines émanées du bon principe doivent être délivrées; il faut que la lumière se dégage des ténèbres, que l'esprit brise le joug de la matière, car le monde, tel qu'il apparaît dans le système manichéen, est produit par la lutte des deux principes et sa création est un premier triomphe du bien sur le mal. Cette victoire en présage d'autres et promet la rédemption physique et morale de l'homme. Pour opérer cette délivrance, le Christ, le Dieu solaire, la première émanation, le premier rayonnement, le fils de la lumière éternelle, incréée, est descendu du soleil sur la terre, mais il n'est pas réellement né, comme homme de la femme. La matière formée par Satan, et comme lui essentiellement mauvaise, ne pouvait s'unir au Christ, parce qu'il n'y a point d'alliance possible entre la lumière et les ténèbres. D'ailleurs, le Christ venant briser les liens de la matière ne pouvait se constituer lui-même dans l'esclavage d'un corps humain ; il ne s'incarna donc pas réellement, mais il prit un corps fantastique, et il n'y eut point en lui union personnelle de la nature divine avec la nature humaine. Ce fut sur le Thabor seulement qu'il révéla sa nature véritable, essentiellement incorporelle et lumineuse. Sa naissance, sa vie, ses souffrances, sa mort, sa résurrection, ne furent que des apparences illusoires : elles servirent néanmoins à montrer, d'une manière symbolique, combien l'âme est enchaînée à la matière, ce qu'elle souffre dans cette dure captivité, et comment elle peut en sortir. Le vrai but de la mission de ce Fils de l'homme primitif, ne fut donc pas d'expier les péchés des hommes, de satisfaire pour eux, mais de les instruire en leur apprenant à subjuguer les passions charnelles, à se dégager des entraves de la matière, à se purifier de plus en plus, pour arriver à la vraie justification, qui ne s'opère complètement qu'à la mort par la séparation de l'esprit et des éléments grossiers de la matière dont est formé le corps humain. La doctrine du Christ ayant été mal comprise par les apôtres et interprétée dans un sens judaïque, elle avait besoin d'être ramenée à sa pureté première. Le Paraclet fut donc envoyé aux hommes, et il parut précisément dans la personne de Manès pour leur donner l'intelligence de la vérité. — Avant cette rédemption partielle de l'humanité par le Christ, une rédemption supérieure s'était déjà opérée, et voici comment. « Le Dieu solaire, dit Alzog (*loco cit.*, p. 243), transforme les plus nobles puissances du soleil et de la lune en jeunes filles éblouissantes de beauté, en jeunes hommes non moins ravissants : il les fait apparaître aux démons des deux sexes, et cette vue les enflamme de désirs et de passions ardentes; mais bientôt les génies s'évanouissent, les démons entrent dans une agitation terrible; dans leur impuissante fureur, les vapeurs légères qui s'échappent de leur sein enveloppent les semences lumineuses répandues dans le monde, et leur font prendre un rapide essor vers l'éther où les attire le soleil, dont le désir s'accomplit avec le succès de sa ruse. » Ainsi, les manichéens considéraient la rédemption dans son ensemble, la rédemption totale, comme une palingénésie divine, comme la régénération successive de Dieu par lui-même; car elle n'avait pas d'autre but que de fournir à l'âme, aux semences lumineuses disséminées dans l'univers, et qui sont autant de parties intégrantes de la divinité, les moyens de se dégager des ténèbres, de se séparer de la matière, pour rentrer dans le foyer commun et central de la lumière incréée. — 7° *Application de la rédemption aux âmes humaines*. A la mort, les âmes s'élèvent du monde inférieur, au moyen du cercle animal, espèce de machine que Manès comparait à douze seaux d'eau continuellement en mouvement, et parviennent dans la lune, et

de là dans le soleil, où elles achèvent de se purifier (1) avant d'entrer dans leur véritable demeure, qui est l'éther le plus élevé. Mais cette migration finale est précédée d'une métempsycose terrestre que subissent les moins parfaits. Ces âmes passent dans le corps des *élus* de la secte, ou dans les plantes et les arbres, ou enfin dans les animaux qui occupent le plus bas degré de l'échelle purificatrice. Ainsi, le mouvement total de la vie créée s'effectue en deux sens contraires, selon que les parcelles lumineuses, les âmes montent ou descendent pour remonter encore. — 8° *Consommation finale des êtres créés*. Dès que les âmes seront délivrées et purifiées, toutes ces émanations divines rentreront en Dieu et se confondront, s'identifieront avec sa substance : c'est alors seulement que le monde actuel sera détruit. La création matérielle tout entière sera dévorée par le feu, réduite en salpêtre, c'est-à-dire à l'état où elle se trouvait avant le mélange : elle ne sera point, elle ne pourra jamais être anéantie, par cela même qu'elle est improduite. Mais, pour concilier son indestructibilité avec la victoire finale du bon principe, Manès supposa qu'elle serait réduite à être pour toujours une sorte de cadavre frappé comme d'une mort immortelle; ses cendres seront un jour reléguées dans l'abîme ténébreux d'où elle est sortie, et les âmes séduites par elle et non purifiées, incapables, pour cela, de remonter vers l'empire de la lumière, seront condamnées à faire éternellement, lumineuses de tristesse et sans espoir de salut, la garde autour de ce sépulcre auquel elles seront liées à jamais.

II. *Morale du manichéisme*. — Les dogmes impies de Manès anéantissant la distinction du bien et du mal, et la conscience même de l'homme en niant le libre arbitre, furent tout à la fois le principe d'une morale excessivement et ridiculement austère en apparence, et la source féconde de l'immoralité la plus révoltante, de crimes inouïs, abominables et sans remords. L'âme divine de l'homme ne pouvait, selon les manichéens, effectuer son retour à Dieu que par la pratique d'un grand nombre d'austérités, absolument indispensables pour la dégager des liens de la matière; car les âmes sensuelles devaient être tourmentées après la mort par les mauvais génies et emprisonnées pour un temps plus ou moins long dans la matière, dans les plantes, et quelquefois dans les corps des plus vils animaux, selon la nature des crimes qu'elles avaient commis. Ce qui caractérise principalement la doctrine morale du manichéisme, c'est qu'elle portait tout entière sur l'extérieur, sans s'appliquer à la perfection intérieure de l'âme. Tout consistait à délivrer celle-ci des entraves de la matière. Elle se bornait donc à prescrire une abstinence sévère, l'assujétissement des passions charnelles et le dépouillement des biens visibles. Les devoirs du manichéen le plus fervent, de celui que la secte nommait *élu* ou *parfait*, étaient tous compris dans les trois sceaux qu'il fallait apposer sur la bouche, sur les mains et la poitrine. Le premier sceau fermait la bouche à tout blasphème, c'est-à-dire à toute parole contre le manichéisme, au vin, que l'on regardait comme la bile du prince des ténèbres, à la chair et à tout aliment provenant des animaux , parce que la chair était considérée comme la production la plus impure de ce monde. Par le sceau des mains il était défendu de tuer les animaux, d'arracher ou de couper les plantes, de cueillir les fruits des arbres. La vie des plantes et celle des animaux devait être aussi respectée que la vie même de l'homme, parce que les animaux et les plantes renfermaient des parties lumineuses émanées du bon principe, et souvent des âmes humaines par suite de leur migration expiatrice. Tout manichéen conséquent tremblait de commettre un meurtre en coupant un brin d'herbe, en écrasant un insecte, en détachant un fruit; il ne devait avoir à démêler que le moins possible avec le monde matériel; la perfection consistait à ne rien possé-

(1) Voici d'après l'Evangile de Philippe, forgé par les gnostiques et adopté par les manichéens, la formule caractéristique que l'âme, dégagée de la terre, doit adresser aux puissances supérieures en l'abordant : « Le Seigneur me révéla ce que l'âme « doit dire lorsqu'elle monte au ciel, et comment elle doit parler « à chacune des puissances supérieures. Je me suis reconnue « moi-même, dit-elle; je me suis rassemblée de tous côtés, « et je n'ai engendré à l'Archon aucun enfant; au contraire, « j'ai extirpé ses racines, j'ai réuni mes membres, et je sais qui « tu es, car je suis aussi une des puissances supérieures. De cette « manière, elle sera laissée en liberté, dit le Seigneur; mais si « elle a engendré des enfants, elle sera retenue en bas jusqu'à ce « qu'elle puisse reprendre et retirer ces mêmes enfants dans son « sein. » (S. *Epiphan. Hær. XXVI*.)

der, à se livrer tout entier à la vie contemplative, à s'abstenir du travail, et surtout de l'agriculture qu'il est impossible d'exercer sans commettre un nombre incalculable de meurtres, de forfaits. Néanmoins les sectaires consentaient à manger les fruits cueillis et les aliments préparés par d'autres mains ; les uns, c'est-à-dire les parfaits, s'imaginaient faire en cela une œuvre très méritoire, parce qu'ils ne pouvaient manquer de délivrer par là les particules du principe lumineux renfermées dans la matière ; les autres, et c'était sans doute le plus grand nombre, prenaient des aliments pour ne pas mourir de faim : mais avant de manger, ils avaient grand soin de se retirer à l'écart pour accabler des plus effrayantes malédictions les infâmes meurtriers qui avaient eu l'audace de cueillir ces fruits et de préparer ces aliments. Ainsi quand on présentait un pain à un disciple de Manès, il disait aussitôt : « Retirez-vous un peu que je fasse ma bénédiction. » Alors, prenant le pain, il disait à voix basse : « Je ne t'ai pas fait. » Puis il le jetait en haut, maudissant celui qui l'avait fait ; et il ajoutait : « Je ne t'ai pas semé ; que celui qui t'a semé soit semé lui-même ! Je ne t'ai pas moissonné ; que celui qui t'a moissonné soit moissonné lui-même ! Je ne t'ai pas fait cuire ; que celui qui t'a fait cuire soit cuit lui-même ! » Tel était le *Benedicite* manichéen. Après les protestations et ces imprécations, le sectaire mangeait sans crainte (V. *Fleury, hist. eccles.*). Les élus s'abstenaient rigoureusement de manger des œufs et du fromage, parce que ces aliments ne contenaient, pensaient-ils, aucune particule de la substance divine. Le troisième sceau obligeait à garder la chasteté et le célibat. C'était une conséquence des principes fondamentaux de la secte. D'après ces principes, les âmes ou les portions de la lumière incréée se trouvaient, par le fait de la génération, plus étroitement enchaînées à la matière ; les manichéens réprouvaient donc le mariage, parce qu'il ne peut aboutir, disaient-ils, qu'à perpétuer la captivité des âmes. Mais comme le célibat ne pouvait être imposé à tout le monde, les époux devaient du moins éviter et empêcher autant que possible la génération des enfants, afin que la substance divine ne fût pas de nouveau mêlée à la matière et souillée par son contact avec le mauvais principe. L'observation rigoureuse de ce point de la morale manichéenne conduisait directement aux crimes contre nature (1). Aussi est-il bien constant qu'il se commettait de grands désordres dans les réunions secrètes des manichéens. Cent fois il a été constaté juridiquement et par les aveux mêmes des sectaires, qu'ils se livraient à des crimes abominables, à d'affreux dérèglements que la brute ne connaît point. On avait déjà reproché aux gnostiques les mêmes turpitudes. C'est là un écueil inévitable contre lequel on a toujours vu se précipiter toutes les sectes qui ont osé condamner l'union légitime que la nature établit elle-même entre l'homme et la femme et que Dieu a consacrée dès l'origine en la bénissant, que Jésus-Christ a ennobli et sanctifié en l'élevant à la dignité de sacrement de la loi de grâce. Les manichéens condamnaient aussi la guerre, le gouvernement civil et toute espèce d'autorité, et ils ne permettaient point aux élus de remplir les charges publiques. Telle était la morale du manichéisme.

III. *Culte.* — Par une conséquence rigoureuse de leurs erreurs sur Dieu, la Trinité, l'Incarnation et la nature des corps, les manichéens honoraient le soleil et les astres, non seulement comme les symboles de la lumière éternelle et le séjour des âmes pures, mais aussi comme étant la substance de Dieu même ; ils tenaient pour une idolâtrie le culte de la croix, de la sainte Vierge, des saints, et l'honneur rendu aux reliques et aux images. Ils méprisaient le baptême d'eau et les autres sacrements qu'ils remplaçaient par des cérémonies de leur invention, auxquelles ils attribuaient la vertu d'effacer tous

les péchés. Ils avaient deux cultes bien distincts, l'un exotérique, et l'autre ésotérique : celui-ci n'était que pour les initiés, les parfaits, à l'exclusion des auditeurs. Le premier se composait simplement de prières et de lectures, et ces lectures étaient ordinairement faites dans le principal ouvrage de Manès, qui avait pour titre : *Epistola fundamenti* ou *lettre sur la doctrine fondamentale*. Ces manichéens du second ordre se glorifiaient orgueilleusement de ce que leur culte divin, sans temple, sans autel ni sacrifices, sans images ni encens, tout spirituel, pur de tout élément païen et judaïque, faisait un contraste frappant avec celui des sémi-chrétiens, c'est-à-dire, selon leur langage, des catholiques demeurés esclaves des pratiques vaines, grossières du judaïsme et du paganisme. Ils jeûnaient le dimanche, parce que le jeûne était, à leurs yeux, l'action la plus propre à séparer l'homme de la matière et à le sanctifier ; leur principale fête se célébrait dans le mois de mars en mémoire du martyre de Manès : c'était le *Béma*, Βῆμα, c'est-à-dire fête de la chaire du docteur. On plaçait dans le lieu de la réunion une chaire magnifiquement ornée et posée sur cinq degrés figurant les cinq degrés de la hiérarchie manichéenne. Nul n'avait le droit de siéger dans cette chaire, ce qui signifiait que nul docteur n'était venu ni ne viendrait jamais enseigner à la place de Manès, le premier, le suprême et unique docteur. Les pratiques du culte ésotérique réservé aux seuls élus demeuraient entièrement secrètes et mystérieuses ; tout manichéen initié devait jurer et se parjurer mille fois plutôt que de trahir ses coreligionnaires en dévoilant les usages religieux qui se pratiquaient dans l'ombre, et le plus souvent au milieu des ténèbres de la nuit dans des maisons bien gardées. Il y a tout lieu de croire qu'il s'accomplissait alors des œuvres abominables qui n'auraient pu se faire au grand jour sans provoquer le blâme, et sans doute aussi l'intervention du pouvoir politique, et une sévère application des lois en vigueur au sein même de la société païenne, comme nous le verrons plus loin. L'histoire accuse les parfaits d'avoir célébré, comme les gnostiques, l'Eucharistie avec des rites tellement criminels, honteux, abominables, que notre langue et le respect que nous devons à nos lecteurs ne nous permet pas de les retracer(1). Beausobre, Lardner, Morheim, Kœlln et plusieurs autres critiques protestants ont essayé de venger les manichéens de cette accusation, la comparant aux calomnies des païens contre les premiers fidèles. Nous en sommes d'autant moins surpris, que les protestants ne font en ceci que défendre ceux qu'ils se donnent pour ancêtres, ou du moins pour précurseurs. Car Luther et Calvin prétendaient remonter par Wiclef et Jean Hus, aux Albigeois, aux Vaudois et au célèbre Arnaud de Brescia ; or ceux-ci étaient eux-mêmes les descendants, en ligne directe, des manichéens du XIe siècle, des pauliciens et des bulgares, comme nous le démontrerons plus bas. Le protestant Baur pense que ces désordres peuvent être considérés comme la conséquence naturelle des doctrines gnostiques et manichéennes ; mais il soutient qu'ils ne furent jamais sanctionnés publiquement : nous l'avouons sans peine ; car de semblables abominations ne peuvent pas même être soumises à l'approbation d'une société secrète dont les membres seraient parvenus au plus bas degré de la dégradation morale. Que ces abominations aient fait partie de la discipline secrète du manichéisme, et que l'on doivent les imputer à une fraction nombreuse de manichéens, c'est un fait qu'il est bien difficile de révoquer en doute. Car les manichéens ont été plusieurs fois convaincus, par suite de recherches judiciaires et par leurs propres aveux, qu'ils s'étaient commis dans leurs réunions des forfaits de ce genre. Ces horreurs furent juridiquement constatées à Carthage en 421, devant le tribun Ursus, et en 428, en présence d'une assemblée d'évêques, puis en Paphlagonie et dans les Gaules, et enfin à Rome, dans une réunion d'ecclésiastiques et de laïques, présidée par saint Léon-le-Grand. Celui-ci, fort des aveux de plusieurs personnes qui avaient convaincu abusé et de

---

(1) On peut consulter Titus de Bostres, II, 33. — Saint Augustin, qui devait bien connaître une secte dont il avait soutenu les doctrines pendant neuf ans, s'exprime ainsi : « *Præceptum : Non « mœchaberis*, ita violatis, ut hoc maxime in conjugio detestemini, « quod filii procreantur, ac sic auditores vestros, dum cavent, ne « feminæ quibus miscentur, concipiant, etiam uxorum adulteros « faciatis. — Metuentes in particulam Dei sui sordibus carnis « afficiant, ad explendam tantum libidinem feminis impudica con-« junctione miscentur » (*Contr. Faust.* XV, 7.) Et ailleurs : « Nonne vos estis, qui filios gignere, eo quod animæ ligentur in « carne, gravius putetis esse peccatum, quam ipsum concubi-« tum? Nonne vos estis, *qui nos solebatis monere*, ut quantum fieri « posset, observaremus tempus, quo ad conceptum mulier, post « genitalium viscerum purgationem apta esset, eoque tempore a « concubitu temperaremus, ne carni animæ implicaretur? » (*De « Moribus Manichæor.*, n° 65.)

(1) Saint Augustin en parle ainsi : « Qua occasione vel potius « execrabilis superstitionis quadam necessitate coguntur eluti « eorum velut eucharistiam conspersam cum semine humano « sumere, ut etiam sicut de aliis cibis, quos sumunt, subs-« tantia divina purgetur » (*De Hæres. XLVI*). Saint Cyrille de Jérusalem fait clairement allusion à cette monstruosité dans sa VIe catéchèse, 33. Une secte gnostique avait une eucharistie semblable, au rapport de saint Épiphane, qui avait été lui-même initié à ces horribles mystères. La pudeur ne permet pas de citer ici, même en latin ou en grec, le passage de ce Père (*Hœrs. XXVI*, 4).

ceux d'un évêque manichéen, en parla dans ses Discours au peuple, et l'écrivit aux évêques catholiques : Valentinien III confirma le témoignage du pape par un décret sévère qu'il rendit contre les manichéens. Enfin, ceux-ci convenaient eux-mêmes que ces infamies se pratiquaient réellement par des hommes qui formaient une secte à part sous le nom de Catharistes (purs), secte assez nombreuse qui professait les dogmes fondamentaux du manichéisme et dont les membres se comptaient eux-mêmes au nombre des disciples de Manès. Toute la question se réduit donc à savoir si les honteux excès dont nous parlons doivent être imputés à la secte manichéenne toute entière, ou seulement à quelques fractions de cette même hérésie qui eut toujours des ramifications si nombreuses si étendues.

IV. *Organisation hiérarchique du manichéisme.* — Parmi ceux qui adoptaient la doctrine de Manès, le grand nombre ne pouvant ou ne voulant pas se soumettre à tous les sacrifices qu'elle imposait, il fallut diviser la secte en deux classes, celle des auditeurs ou catéchumènes, et celle des élus ou des parfaits. Les premiers pouvaient se marier, manger de la chair, sans toutefois tuer eux-mêmes les animaux, posséder des biens, cultiver la terre, exercer un commerce, remplir les charges publiques, en un mot vivre à peu près comme les autres hommes ; ils étaient comme des catéchumènes qu'un enseignement à la fois religieux et philosophique, mystique et allégorique, préparait pendant un temps plus ou moins long à l'initiation supérieure. Les élus, qui formaient la race sacerdotale proprement dite, évitaient scrupuleusement tout contact avec le monde matériel et ses biens, pratiquaient la perfection de la vie manichéenne dans toute sa pureté, ne mangeaient que pour ne pas mourir de faim, s'abstenaient du mariage, renonçaient au travail des mains, à la propriété, aux plaisirs des sens, la musique seule exceptée ; en un mot ils mettaient tous leurs soins à développer et à purifier la partie lumineuse de leur nature. Il n'est pas bien démontré qu'il y ait eu un baptême spécial pour le catéchumène jugé digne d'entrer dans la classe des élus, ni que ce baptême fût administré avec l'huile, comme le rapporte Turibius, évêque d'Astorga. Comme les élus ne pouvaient ni cueillir ni amasser eux-mêmes, sans péché, les olives dont ils faisaient grande consommation, et les autres végétaux nécessaires à leur subsistance, ils en étaient abondamment pourvus par les auditeurs, à qui ils accordaient facilement, par un juste retour, la rémission des fautes commises dans ces occupations profanes et ces exercices meurtriers. Ces fautes du reste ne pouvaient atteindre ni souiller l'âme, susceptible de honte et de remords, à la vérité, mais incapable du mal lui-même. C'est pourquoi les élus, au témoignage de saint Ephrem, ne voulaient pas même que l'on pensât à se repentir ou à faire pénitence des péchés commis, parce qu'on ne faisait par-là, disaient-ils, qu'entretenir et augmenter le mal. Les auditeurs étaient pénétrés de la vénération la plus profonde pour les parfaits, les considérant comme des êtres d'une nature supérieure : ils attachaient un grand prix à la bénédiction que ceux-ci leur donnaient par l'imposition des mains. Les élus travaillaient aussi à délivrer les parcelles lumineuses renfermées dans les plantes et les fruits ; il leur suffisait pour cela de s'en nourrir et d'assurer, par leur propre continence, la purification et le retour de ces âmes dans le royaume de la lumière. Pour eux, ils s'élevaient, immédiatement après la mort, dans le soleil, et de là ils se réunissaient à la lumière incréée, sans passer par les épreuves de la métempsycose. Les âmes des simples auditeurs n'avaient pas, au sortir de cette vie, de sort plus heureux à attendre que de passer immédiatement dans le corps d'un parfait, pour s'élever ensuite, après la mort de celui-ci, dans la région solaire et de là dans le royaume de la lumière pure. Aux élus seuls appartenait le privilége de se livrer à toutes les pratiques les plus ridicules et les plus infâmes de la magie, et l'honneur du sacerdoce. Le sacerdoce manichéen formait une hiérarchie complète divisée en cinq degrés. Au sommet de cette hiérarchie, douze élus prenaient le nom de maîtres, un treizième était leur chef, à l'imitation de Manès, qui se disait le Paraclet, et qui avait douze apôtres. Au-dessous des maîtres étaient soixante-douze évêques, qui tenaient la place des soixante-douze disciples, et un grand nombre de prêtres et de diacres.

III. *Histoire du manichéisme.* — Malgré l'extravagance et l'immoralité révoltante de ses principes, l'hérésie manichéenne fit des progrès rapides et subsista longtemps. Comme elle reproduisait en substance la plupart des erreurs des pre-

miers hérétiques qui se rattachaient aux branches diverses du gnosticisme, la nouvelle secte ne tarda pas à réunir les débris épars de presque toutes celles qui avaient autrefois désolé l'Église. Effrayés par le malheureux sort de leur chef, les manichéens se dispersèrent et se répandirent en Judée, dans l'Asie-Mineure, dans la Chine, en Égypte, au nord de l'Afrique et dans presque toutes les contrées de l'empire romain. De la Perse, où elle était née et proscrite, l'hérésie s'étendit en tout sens dans un rayon de plus de mille lieues, et pénétra même jusqu'aux extrémités de l'Occident. Dans le feu des persécutions les plus violentes, et sous le coup des réfutations les plus victorieuses, les manichéens se multiplièrent dans les ténèbres dont ils s'enveloppaient avec le plus grand soin. Le gnosticisme leur avait frayé le chemin en Orient, en Italie, dans les Gaules et en Afrique ; aussi il y avait, dès le IVe siècle, un grand nombre de ces hérétiques à Rome et à Carthage ; ils passèrent même en Espagne, où ils prirent le nom de *priscillianistes*, de l'hérésiarque Priscillien, qui fut leur chef dans cette province. Protégés en 491 par la mère de l'empereur grec Anastase, ils jouirent de la liberté religieuse pendant vingt-sept ans et devinrent très nombreux, surtout en Orient. Vers le milieu du VIIe siècle, une autre manichéenne zélée, Gallinice, éleva ses deux fils (Paul et Jean) dans ses propres erreurs, et les envoya prêcher en Arménie, où les succès étonnants de Paul firent donner à ses nombreux adeptes le nom de *pauliciens*. La doctrine de cette nouvelle secte enfanta, par son mélange avec celle de Mahomet, l'hérésie tracassière des iconoclastes. Les pauliciens s'étant divisés en deux sectes ennemies, se firent une guerre sanglante au commencement du IXe siècle ; puis bientôt réconciliés et même réunis par Théodote, devenus redoutables et persécutés en 844 par l'impératrice Théodora, qui en fit périr, dit-on, plus de cent mille, les sectaires se liguèrent avec les Sarrasins pour combattre les empereurs de Constantinople : ils se bâtirent des places fortes, se retranchèrent en Arménie, où ils luttèrent longtemps, les armes à la main et souvent en bataille rangée contre leurs souverains légitimes, tant leur nombre s'était augmenté à la faveur des hérésies et des schismes qui agitaient et déchiraient l'Église et l'empire d'Orient. Condamnés et chassés de toutes parts, ils passaient sans cesse d'une province à l'autre, conservant toujours de secrètes intelligences et des affiliations jusque dans l'intérieur de la capitale. La secte semblait être indestructible ; cependant, vaincus plusieurs fois en Arménie et dans l'Asie-Mineure, ils succombèrent dans une grande bataille, sous le règne de l'empereur Basile, vers la fin du IXe siècle, et furent entièrement dispersés. Ce fut à cette époque qu'ils se réfugièrent dans la Bulgarie, séparée alors de Constantinople, et qu'ils reçurent le nom de Bulgares. Jean Zimiscès, maître de cette contrée, les relégua dans les déserts de la Thrace, près de Philippopolis. De là, plusieurs pénétrèrent en Italie et se tinrent cachés en Lombardie pendant le Xe siècle. Ils firent peu de bruit, mais, profitant des troubles et des désordres qui agitaient Rome et déshonoraient le Saint-Siége, trop souvent occupé alors par des pontifes simoniaques et quelquefois immoraux, ils formèrent dans le secret, plusieurs établissements, et séduisirent d'autant plus facilement les catholiques peu instruits que la conduite scandaleuse et la coupable négligence des évêques Lombards autorisaient leurs déclamations contre le clergé, et favorisaient l'exécution de leur dessein et le succès des ruses, des machinations qu'ils surent toujours mettre en œuvre avec un zèle aussi prudent qu'infatigable. Attentifs à tout ce qui se passait autour d'eux et habiles à s'en prévaloir pour étendre leur secte, connaissant à fond le déplorable état moral du clergé de France et d'Allemagne avant la réforme de Grégoire VII, ils conçurent le hardi projet de conquérir ces contrées et d'y fixer leur demeure : ils y envoyèrent donc leurs missionnaires. Dès le commencement du Xe siècle, en 1017, une femme manichéenne, venant d'Italie, s'établit à Orléans, où elle parvint à séduire, par les apparences de la piété d'une morale austère, jusqu'à dix chanoines de Sainte-Croix ; ils furent connus, et l'autorité civile s'en mêla. On découvrit, et ils avouèrent eux-mêmes qu'ils avaient pratiqué les abominables mystères de la secte, et comme ils s'opiniâtrèrent, dans le fol espoir d'obtenir les secours d'en haut, le droit romain, qui était encore la législation en vigueur, leur fut appliqué à la lettre. Les chanoines se précipitèrent eux-mêmes dans les flammes, et furent brûlés vifs avec leur institutrice. Les sectaires s'étaient trompés en comptant beaucoup trop tôt sur la corruption des clercs et sur l'ignorance des peuples. La corruption était grande et 'ignorance profonde, sans nul doute; mais les hérétiques ne connaissaient pas le respect que les savants, les rois et les peuples professaient pour l'intégrité de la foi, l'extrême importance qu'ils attachaient à l'unité religieuse, sanctionnée d'ailleurs par le pouvoir civil, l'honneur et l'effroi qu'inspirait une doctrine subversive de toute religion, de toute morale, de toute société. Peu d'années après l'exécution d'Orléans, des manichéens découverts dans le midi de la France furent traités avec la même rigueur. Vers le milieu du même siècle, d'autres sectaires paraissent à Goslar, résidence des empereurs d'Allemagne, et sont pendus par ordre impérial. Souvent persécuté et à plusieurs reprises, presque entièrement anéanti, le manichéisme dégénérait insensiblement; toutefois, ses adeptes, si mal accueillis partout, ne se découragèrent pas. Ceux qui avaient échappé aux recherches se tinrent cachés dans des antres pour célébrer leurs mystères et pour se créer un parti en attendant des jours meilleurs, des circonstances plus favorables. « Mille ans s'étaient écoulés depuis la naissance de J. C., dit Bossuet, et le prodigieux relâchement de la discipline menaçait l'Église d'Occident de quelque malheur extraordinaire. C'était peut-être aussi le temps de ce terrible déchaînement de Satan, marqué dans l'Apocalypse (XX, 2, 3, 7), après mille ans, ce qui peut signifier d'extrêmes désordres; mille ans après que le fort armé, c'est-à-dire le démon victorieux, fut lié par Jésus-Christ venant au monde » (Hist. des Variat., L. XI). Quoi qu'il en soit, les manichéens passèrent inaperçus pendant le reste du onzième siècle, mais ils avaient des ramifications partout, même dans le clergé et jusque dans l'intérieur des couvents de moines et de religieuses. Mais, enhardis par les succès qu'ils avaient obtenus en secret, ils s'organisèrent, conçurent le vaste projet de s'établir dans toute la France, et ne craignirent plus de se produire en public. Il paraît même qu'ils s'étaient concertés de manière à prêcher en même temps dans toutes les provinces. En effet, nous les trouvons, au commencement du XIIe siècle, tout à la fois dans le Nord et dans le Midi, et leurs nombreux missionnaires semblent tous animés du même esprit et déterminés à tout entreprendre avec le ferme espoir de gagner le peuple, les nobles, le clergé, et de substituer leur religion au catholicisme. Il s'éleva du temps de la réforme une grande controverse sur la question de savoir si les nouveaux manichéens qui parurent en France sous les noms d'Albigeois, de Henriciens, de Petrobrusiens, de Cathares et de Catharistes (purs et purificateurs), de Popelicains et de Bulgares (1), etc., professaient la même doctrine que les premiers disciples de Manès. Les catholiques disaient aux protestants : La vérité n'est pas d'hier ni d'aujourd'hui; elle est éternelle, immuable; or votre doctrine est nouvelle, inouïe, inconnue dans l'Église chrétienne; montrez-nous donc qu'elle a été enseignée avant vous, ou bien avouez que vous êtes dans l'erreur. Les protestants embarrassés fouillèrent dans l'histoire des sectes, et se donnèrent pour ancêtres les Albigeois et les Vaudois. Les catholiques leur prouvèrent jusqu'à l'évidence que, si les Albigeois s'accordaient en quelques points avec les docteurs de la réforme, ils professaient aussi bien d'autres doctrines justement flétries par les protestants eux-mêmes, et que ceux-ci devaient rougir de se donner de pareils aïeux. Ce point historique a été discuté, éclairci par plusieurs savants critiques, entre autres par Bossuet. Celui-ci démontra que les Albigeois étaient des manichéens venus de l'Orient en Occident. Il est

(1) Bulgares, était le nom commun de ces différentes sectes, parce qu'elles venaient toutes de la Bulgarie. Un ancien auteur, cité par Vignier, que les protestants ont nommé le restaurateur de l'histoire, nous apprend que « dès que l'hérésie des Bulgares commença à se multiplier dans la Lombardie, ils avaient pour évêque un certain Marc, qui avait reçu son nom de la Bulgarie, et sous lequel étaient les Lombards, les Toscans et ceux de la Marche; mais qu'il vint de Constantinople dans la Lombardie un autre pape nommé Nicétas, qui accusa l'ordre de la Bulgarie, et que Marc reçut l'ordre de la Drangarie. » Rénier a puise le même sentiment, et l'ancien auteur, cité par Vignier, ajoute que cette hérésie «apportée d'outre-mer, à savoir de Bulgarie de là s'était épanchée par les autres provinces, où elle fit après en grande vogue au pays de Languedoc, de Toulouse et de Gascogne signament, qui la fit dire aussi des Albigeois, que l'on appela semblablement Bulgares, » à cause de leur origine. « Je ne veux pas répéter, dit Bossuet, ce que Vignier remarque de la matière dont on tournait en nom de Bulgares (V. ce mot, autrefois synonyme de sodomie, d'usurier; son dérivé ne se trouve plus que dans la bouche d'hommes grossiers ou trop ignorants pour en connaître la signification.) Le mot en est trop infâme; mais l'origine en est certaine (Hist. des Variat.) »

résulté de cet examen et de toutes les recherches historiques qui ont été faites depuis Bossuet, que ces nouveaux manichéens admettaient, comme leurs ancêtres, deux principes éternels, l'un du bien, l'autre du mal; qu'ils attribuaient la création au principe mauvais; qu'ils rejetaient l'Ancien-Testament, les mystères de la trinité, de l'incarnation et de la rédemption, les sacrements et en particulier le mariage, le culte des saints, des reliques et des images, l'éternité des peines, la résurrection des corps, etc.; enfin qu'ils se livraient au plus affreux libertinage dans leurs assemblées nocturnes, et principalement dans la célébration de leurs mystères (Hist. des variat., l. 11; Labb., t. x, p. 1534). Les enquêtes judiciaires, les aveux des nouveaux manichéens, les témoignages aussi nombreux que formels des auteurs du temps les plus dignes de foi, la réprobation unanime des peuples manifestée par les plus terribles exécutions et par des souvenirs traditionnels dont on retrouve encore des traces longtemps après l'extinction de ces sectes infâmes, tous les monuments sont d'accord sur ce point, qu'il est désormais impossible de révoquer en doute sans ébranler la certitud · des faits historiques les plus incontestables. Il n'est pas plus permis de douter que les nouveaux sectaires n'aient formé des associations secrètes nombreuses, fortement organisées, étroitement unies entre elles, répandues dans presque toutes les provinces de la France, soumises à une direction commune et habilement distribuées pour tirer parti des circonstances favorables et agir de concert sur plusieurs points à la fois. Il suffit, pour s'en convaincre, de rapprocher les événements, leurs dates et les divers théâtres sur lesquels ils se sont accomplis. En 1105, Tanquelin profite de l'excommunication lancée par le pape contre le clergé de Liège, pour prêcher le manichéisme dans cette ville. Instruit, éloquent, voluptueux jusqu'à l'infamie, il gagne d'abord les femmes victimes de sa brutalité; puis, fidèle aux habitudes immorales de la secte, il attire les hommes par la double amorce des plaisirs et de la curiosité. Après avoir séduit beaucoup de monde, il se produit en public, accompagné de 3,000 hommes en armes, prêche sur les places avec un équipage de roi, s'égale insolemment à Jésus-Christ, et déclare, au nom de l'Esprit saint, dont il se vante de posséder la plénitude; que les sacrements, le mariage, l'ordre sacerdotal, les prêtres, les évêques ne sont rien. Entouré de ses gardes et suivi d'une multitude incroyable, il parcourt les principales villes de la Flandre, se fixe à Anvers, où il ne trouve qu'un seul prêtre, et ce prêtre est scandaleux; il séduit tout le peuple, qui est ignorant et corrompu; il inspire un tel fanatisme qu'on ne rougit pas, dit-on, de lui construire un temple (Pagi, an. 1126, n. 3, 4). Les magistrats, les évêques, les princes n'osent pas le faire arrêter; et ce n'est qu'après beaucoup de désordres et de meurtres que le sectaire est tué dans une barque par un prêtre, en 1115. Il fallut le temps et des efforts aux missionnaires de l'évêque de Cambrai pour réparer les maux causés par Tanquelin. Vers le même temps un moine apostat, Henri, qui donna son nom aux henriciens, choisit le moment où l'évêque du Mans est à Rome pour prêcher les mêmes doctrines dans la ville épiscopale. Il se rencontre avec un clergé nombreux, et les fidèles sont éclairés : il change donc la tactique de Tanquelin. Il sort d'un couvent du Midi, se déguise en ermite, marche nu-pieds, même en hiver, menant une vie fort austère en apparence. Il est beau de visage, doué d'une éloquence populaire qui entraîne la multitude. Les églises ne peuvent plus contenir la foule qui se presse pour l'entendre; il prêche sur la place publique, se donne pour un envoyé du ciel, pour un prophète. Il commence par des satires contre le clergé, et finit par gagner le peuple aux doctrines de Manès et surtout aux pratiques infâmes de la secte. Il érige en principe la plus affreuse licence, prescrit dans l'Église certaines purifications qui exigent, en public, une nudité complète; s'il n'interdit pas le mariage, il le déshonore par des abominations que la pudeur ne permet pas de nommer. Le clergé du Mans fit de vains efforts pour résister à ce faux prophète qui ameutait la populace contre tous ceux qui osaient le contredire. Cependant, à force de douceur et de patience, l'évêque du Mans parvint à désabuser son peuple. Henri démasqué, convaincu de crimes énormes, couvert de mépris et accablé des malédictions du peuple, quitta la province pour porter ses doctrines et ses turpitudes dans le midi de la France. Toutefois le manichéisme ne s'éteignit pas entièrement dans l'Ouest ni au Nord. Le comte de Soissons le protégea, et les sectaires se répandirent dans les villages du Soissonnais, prêchant leurs doctrines et tenant des assemblécs nocturnes où, après avoir éteint les flambeaux, ils se livraient sans honte à toute la brutalité de leurs passions. Ils massacraient même de jeunes enfants, et de leurs corps réduits en cendres ils faisaient un pain abominable pour le distribuer aux initiés. C'était l'affreuse Eucharistie qu'ils avaient pratiquée en Orient, et qu'on avait trouvée aussi chez les manichéens orléanais. L'évêque les interrogea. Fidèles à la célèbre maxime de leurs ancêtres : « Jurez, parjurez-vous, gardez-vous seulement de trahir le secret de la secte (1). » Ils renièrent unanimement leur doctrine et firent profession de la foi catholique : mais ils ne purent se défendre sur l'accusation d'avoir tenu des assemblées secrètes. L'évêque voulut attendre l'avis du concile de Beauvais avant de porter la sentence ; mais le peuple, craignant qu'on ne jugeât les sectaires avec trop d'indulgence, profita de l'absence du prélat pour enlever les hérétiques, et les brûla hors de la ville. Ils furent traités avec la même rigueur en Flandre, à Arras, en Bourgogne, à Cologne, à Bonn et même en Angleterre. Partout dans le nord de la France, leurs tentatives échouèrent devant la vigilance des évêques, et l'indignation du peuple, qui les livrait lui-même aux supplices, quand les magistrats tardaient de faire exécuter les lois. Ces mouvements populaires que l'Eglise condamnait prouvent du moins que l'unité catholique inscrite en tête du droit public de cette époque, était considérée par les peuples comme la base de l'édifice social du moyen-âge. Henri, chassé du Mans, s'empressa de rejoindre son maître Pierre de Bruys. Ces deux hérésiarques se partagèrent le midi de la France. Pierre parcourut le Dauphiné où il se créa un parti nombreux ; chassé par les seigneurs et les évêques réunis, il corrompit la Provence et le Languedoc ; et dès qu'il se crut en force, il employa la violence contre les catholiques. Il rebaptisait les peuples, persécutait les prêtres, emprisonnait les moines et les religieuses, les forçait à violer leurs vœux de chasteté, saccageait les églises, profanait et renversait les autels, abattait les croix et brûlait les images. Suivi par des bandes de brigands et protégé par quelques seigneurs, peut-être aussi favorisé par la négligence des évêques, il exerça ces ravages pendant plus d'un quart de siècle. À la fin cependant, le peuple se lassa et il se fit justice. Après plus de vingt-cinq ans de prédications fanatiques, incendiaires, de violences inouïes, Pierre se présente un jour sur la place de Saint-Gilles dans le Languedoc, dresse un amas de croix abattues, d'images brisées, d'autels renversés et des autres objets servant au culte catholique, puis il y met le feu. À ce spectacle, le peuple en fureur s'empare de ce forcené et le fait périr dans les flammes. Ceci se passait en 1147. Dans le même temps, Henri séduisait et ravageait les provinces limitrophes de Toulouse, le Poitou, l'Auvergne, l'Aquitaine et même le comté de Saint-Gilles. Il gagna plusieurs nobles et des populations entières, il eut partout, comme au Mans, des succès prodigieux ; mais partout aussi il laissa des traces honteuses de sa profonde immoralité. Chassé d'une ville pour ses crimes, il passait dans une autre, et y laissait toujours de nombreux partisans. Le mal était à son comble dans ces malheureuses contrées, quand l'abbé de Cluni, Pierre-le-Vénérable, jeta le premier cri d'alarme. Il ne connaissait que certaines erreurs de Pierre de Bruys, et il en adressa la réfutation aux évêques d'Arles, de Die, de Gap et d'Embrun. C'était leur mettre les armes à la main et en même temps exciter leur vigilance pastorale. Mais les évêques du Midi ne montrèrent pas à beaucoup près le même zèle que ceux du Nord : ils avaient l'autorité en main, ils pouvaient s'en servir, étouffer l'hérésie naissante et préserver leur patrie des épouvantables calamités qui fondirent bientôt sur elle. Ils gardaient le silence, tandis que les seigneurs dont ils étaient les fils ou les parents se laissaient gagner par les sectaires, leur donnaient asile et protection. Ceci doit d'autant moins nous étonner que la simonie et l'intrigue étaient, dans le Midi surtout, les deux voies qui conduisaient le plus ordinairement à l'épiscopat. Les nobles du pays, convoitant pour leurs familles les richesses du clergé, élevaient leurs enfants jeunes encore et sans vocation aux premières dignités de l'Église. Saint Bernard s'en plaignait souvent dans ses lettres. « Des écoliers encore enfants, dit-il avec une amère ironie, des adolescents impubères sont promus aux dignités ecclésiastiques à cause de la noblesse de leur sang, et passent de dessous la férule au gouvernement

du clergé, plus joyeux quelquefois d'être soustraits aux verges que d'avoir obtenu un commandement ; plus flattés d'échapper à l'empire de leurs maîtres que de parvenir à celui qui leur est conféré. » Cette plainte, un peu exagérée sans doute, explique assez le défaut de vigilance et d'énergie que l'histoire reproche aux évêques des provinces méridionales. « C'est une chose bien déplorable, disait encore le même saint après son voyage dans le Languedoc, qu'il se trouve non-seulement des prélats séculiers, mais encore, dit-on, des membres du clergé et même des évêques, qui, bien loin de les poursuivre comme ils le devraient, les tolèrent à cause du profit qu'ils en retirent et des présents qu'ils en reçoivent (*Serm.* 65 *in cantic.*). » Pierre-le-Vénérable n'avait pas été entendu et le mal s'étendait de jour en jour. Un autre moine, Héribert, qui connaissait mieux les manichéens, exposa leurs affreux principes, les moyens de séduction qu'ils mettaient en œuvre, le nombre de leurs prosélytes, non-seulement dans le peuple et la noblesse, mais encore dans le clergé, dans les monastères et jusqu'au fond des cloîtres de religieuses. Mais vainement il sonna l'alarme partout où il y avait des chrétiens, on ne voulut pas croire au danger, et l'hérésie marchait à grands pas. Henri prêchait toujours et se livrait aux mêmes turpitudes avec d'autant plus d'assurance qu'il était soutenu par les seigneurs, et entre autres par Alphonse, comte de Toulouse, l'un de ses plus ardents prosélytes. À la même époque, un disciple d'Abeilard s'étant concerté, sans nul doute, avec les manichéens du midi de la France, devint un de leurs plus zélés missionnaires. C'était le célèbre démagogue Arnaud de Bresse. Dans le but de faire une puissante diversion et d'occuper le pape à Rome pour l'empêcher d'exercer sa surveillance dans nos provinces méridionales ; il prêcha le manichéisme en Italie, mais avec certaines modifications habilement appropriées aux dispositions des peuples qu'il voulait séduire. Il déclama contre l'ignorance, les richesses, la corruption et la puissance temporelle des clercs, des moines, des évêques et des papes. Le peuple et les nobles toujours prêts à s'emparer des biens ecclésiastiques, écoutèrent volontiers l'orateur qui dissimulait habilement les erreurs manichéennes. Le clergé assez peu édifiant de l'Italie devint bientôt le jouet de la foule ignorante et fanatisée. Innocent II condamna le prédicateur incendiaire au silence. Arnaud, déguisé en apôtre de la primitive Eglise, s'établit à Zurich et répandit ses erreurs dans tout le pays : il gagna les nobles, trompa l'évêque de Constance et même un légat du pape. Saint Bernard leur écrivit pour les désabuser ; et le pape ayant lu sa lettre, donna ordre d'arrêter le sectaire. Arnaud parvint à s'échapper, se rendit probablement dans le midi de la France pour se retremper dans l'esprit de la secte et se concerter avec les apôtres du manichéisme. Ses prédications portèrent bientôt leurs fruits à Rome où le peuple et les grands résolurent de secouer le joug du pape. Arnaud sortit tout à coup de sa retraite et parut dans la capitale du monde chrétien où il mit bientôt toute la ville en combustion. Le pape Lucien II voulut arrêter le mouvement révolutionnaire ; cette tentative lui coûta la vie. Eugène III, son successeur, s'enfuit avec les évêques et les cardinaux dont les palais furent abattus. Sous prétexte de rétablir l'ancienne grandeur de Rome, les disciples d'Arnaud élurent un sénat, se soumirent au patrice Jourdain et se livrèrent au plus affreux brigandage. S. Bernard écrivit au peuple romain et à l'empereur Conrad ; le pape agit de son côté, excommunia les rebelles et les menaça de marcher contre eux à la tête des Triburtins. Les Romains se soumirent et Eugène rentra dans la ville. La *Biographie universelle* prétend qu'il fit exiler Arnaud : C'est une erreur. Le pape dut permettre à l'hérésiarque de séjourner dans la ville où ses nombreux partisans le vénéraient comme un apôtre. (*Baron.*, an. 1155, n. 1.) L'année suivante, Eugène n'était plus en sûreté à Rome, et il se retira en France. Arnaud profita de cette retraite qui ressemblait à une fuite pour souffler le feu de la révolte ; mais comme le peuple était contenu dans le devoir, l'hérésiarque souleva le clergé inférieur, dont trois papes parvinrent à grand peine à réprimer l'insubordination. Un de ses disciples ayant assassiné un cardinal, Adrien IV interdit l'office divin dans toute la ville, jusqu'à ce qu'on eût chassé Arnaud et ses partisans. L'interdit dura depuis Noël jusqu'à Pâques ; alors seulement le peuple céda. Le novateur protégé par les nobles embrasa toute la Toscane. Mais il tomba enfin entre les mains de Frédéric Barberousse, fut livré au préfet de Rome et brûlé vif sur la même place où sa puissante parole avait tant de fois excité le peuple à la révolte. On jeta ses cendres dans le Tibre,

---

(1) « Jura, perjura, secretum prodere noli. » Saint Augustin, qui devait si bien connaître le manichéisme, rapporte ce vers dans son traité des hérésies (*V. in Hæres. Priscillian.*)

dans la crainte que le peuple ne rendît à ses reliques des honneurs sacriléges. Mais son œuvre lui survécut, car le fer ne tue pas les idées. Le peuple infatué de ses erreurs, voulut faire la loi à l'empereur. Une bataille se livra dans les rues de Rome. Plus de mille disciples d'Arnaud furent jetés dans le Tibre, et deux cents restèrent prisonniers : les autres vinrent dans le midi de la France, où ils s'unirent aux Vaudois pour se confondre ensuite avec les nouveaux manichéens, dont la secte devint le rendez-vous de tous les hérétiques dispersés. Pendant qu'Arnaud de Bresse soulevait Rome et l'Italie contre le pape, posait la première pierre du schisme d'Occident, préparait la réforme protestante en donnant origine aux Vaudois que les disciples de Luther et de Calvin ont toujours considérés comme leurs ancêtres, Henri prêchait toujours dans le Languedoc. Eugène III, fuyant la révolte excitée par Arnaud, apprit sans doute, en traversant le midi de la France, les ravages du manichéisme ; aussi, avant d'examiner les erreurs de Gilbert de la Gorée au concile de Reims, il porta contre les nouveaux sectaires, en 1148, le premier décret que le Saint-Siége ait dirigé contre eux. Il mérite d'être cité, parce que l'esprit de l'Eglise y paraît tout entier. « Comme le siége apostolique apporte une grande attention à soutenir ce qui est selon la droiture, et à éviter ce qui s'écarte de la règle, nous ordonnons, par l'autorité du présent décret, que personne ne protége ni n'appuie les hérétiques et leurs adhérents dans la Gascogne, en Provence ou ailleurs, et ne leur donne un lieu de retraite dans ses terres. Que si quelqu'un les laisse demeurer chez lui ou y séjourner quand ils sont en voyage, qu'il soit frappé du même anathème dont Dieu frappe les âmes dans sa colère, et que jusqu'au temps où il ait fait une satisfaction convenable, on cesse de célébrer l'office divin dans ses domaines. » (Labb. t. x, p. 1113.) Le pape, dans ce décret, n'use que de son pouvoir spirituel ; il aurait pu, en invoquant le droit public de l'époque et le principe qui servait de base à la constitution du gouvernement féodal, déclarer la déchéance des seigneurs qui protégeaient les hérétiques au lieu de veiller à l'intégrité de la foi. C'était le droit et le devoir du pape, inscrits l'un et l'autre par les peuples et par les souverains temporels dans la loi générale de tous les états chrétiens. Le pape Eugène ne le fit point, et la mesure qu'il prit était néanmoins insuffisante ; il le sentait lui-même et les événements ne le prouvèrent que trop. Il envoya une légation dans le Midi. Elle se composait de plusieurs évêques ayant à leur tête le cardinal Albéric, et Geoffroi, évêque de Chartres, une des lumières de l'église gallicane ; il leur adjoignit S. Bernard, la gloire de son époque par sa science, ses vertus, son éloquence et ses miracles. C'est sur lui que l'on fondait toute l'espérance du succès ; et il eut, en effet, tous les honneurs de cette mission. Il écrivit d'abord au comte de Toulouse une lettre qui est un document précieux dans l'histoire des nouveaux manichéens : en voici quelques passages : « Quel désordre, seigneur, l'hérétique Henri n'a-t-il pas causé dans l'Eglise? Ce loup ravissant contrefait la brebis dans vos Etats ; mais apprenez à le connaître par les effets que ses prédications produisent..... Voilà ce qui m'oblige à faire ce voyage malgré mes infirmités. Je pars pour le pays où ce monstre fait le plus de ravages et où personne ne lui résiste ; car, quoique son impiété soit connue dans la plupart des villes du royaume, il trouve auprès de vous un asile où, sans crainte et à l'abri de votre protection, il déchire le troupeau de Jésus-Christ. Je l'avoue, toutefois, il n'est pas étonnant que ce serpent vous ait trompé, puisqu'il a les dehors de la vertu. Apprenez à le connaître : c'est un imposteur qui a secoué le joug des supérieurs de son ordre ; il a d'abord demandé l'aumône, et il a prêché ensuite pour vivre. Ce que les rétributions pouvaient lui fournir au-delà du nécessaire, il le dépensait au jeu ou à des plaisirs plus criminels ; courant le jour après les applaudissements des auditeurs et passant la nuit chez les courtisanes. Informez-vous des raisons qui l'ont contraint de quitter Lausanne, le Mans, Poitiers et Bordeaux, et vous apprendrez qu'il n'ose y retourner, parce qu'il y a laissé des marques trop honteuses de son libertinage. » Le saint abbé réfuta partout l'hérésie avec une force et une éloquence irrésistibles ; Dieu confirma la vérité de sa parole par des miracles si nombreux, si éclatants et si bien attestés qu'il est impossible à la critique la plus sévère de les révoquer en doute. Après avoir ramené plusieurs bourgades à la foi, il vint à Toulouse qui était comme le centre et la forteresse de l'hérésie. Il y prêcha, et les conversions furent si nombreuses qu'on se croyait pour toujours délivré des ma-

nichéens. Les nobles et les magistrats firent serment de punir ceux qui donneraient un refuge aux hérétiques. Bernard invita les principaux sectaires et Henri lui-même à une conférence ; mais ils prirent la fuite, craignant de se commettre avec un si grand docteur, peut-être aussi de soulever contre eux les populations indignées des plus retentissants. Albéric fut mal reçu dans la ville d'Albi : presque tous les habitants étaient manichéens ; ils s'organisaient en mascarade montés sur des ânes et lui donnèrent un charivari des plus retentissants. Le lendemain de son arrivée il se trouvait à peine trente assistants à la messe du légat. S. Bernard vint prêcher quelques jours après, le jour de la fête de saint Pierre, et réfuta si victorieusement l'hérésie qu'ayant sommé son immense auditoire de se prononcer, tous s'écrièrent qu'ils détestaient le manichéisme. Henri prit la fuite ; arrêté par des paysans et livré à l'évêque de Toulouse, il fut mis en prison, où il mourut peu de temps après. Il y avait plus de quarante ans qu'il travaillait sans relâche à séduire les populations et à les soulever contre l'Eglise, à renverser par la base l'ordre social tout entier. S. Bernard, accablé d'infirmités, quitta trop tôt la contrée : Albéric et Geoffroi moururent de fatigue dans cette glorieuse mission. Les Henriciens et les Pétrobruciens, confondus sous le nom d'Albigeois, se dispersèrent ; mais profitant bientôt des troubles qui agitaient alors l'Eglise romaine réduite à lutter contre l'antipape Victor et en même temps contre le roi de Sicile et l'empereur Frédéric Barberousse, ils remuèrent de nouveau tout le midi de la France, et se firent de nombreux prosélytes, surtout parmi les diverses bandes de brigands qui infestaient alors les provinces méridionales. Leur audace et leurs violences ne pouvaient plus être réprimées que par l'autorité politique ; et celle-ci tolérait et protégeait même les hérétiques malgré les plaintes et les avertissements des évêques. Alexandre III, 124 évêques et 414 abbés se réunissent à Tours en 1163, et le concile ordonne aux princes chrétiens, sous peine d'excommunication, de prêter à l'Eglise leur concours, de priver les hérétiques de tout commerce, de les emprisonner et de confisquer leurs biens s'ils s'opiniâtrent dans l'erreur. Ces dispositions puisées dans le droit romain étaient devenues la législation du moyen-âge. Ce décret va plus loin que celui d'Eugène III, qui défendait seulement de protéger ou de favoriser l'hérésie. Mais le mal était devenu plus grand ; il s'agissait de punir des hérétiques relaps, et de ramener au devoir des princes qui trahissaient leurs serments. Ce décret demeura sans exécution, parce que le pape dut s'occuper d'autres affaires non moins graves et plus pressantes. Vingt-huit ans après la mission de saint Bernard, les nouveaux manichéens sont plus redoutables et plus nombreux que jamais. Ils consentent à conférer avec les catholiques (1176), mais ils dissimulent tant qu'ils peuvent leurs doctrines ; ils n'en sont pas moins convaincus et condamnés. Plus fiers et plus insolents malgré cet échec, ils tiennent eux-mêmes une assemblée générale présidée par un prétendu pontife suprême, venu des frontières de la Bulgarie ; ils organisent leur secte, divisent les provinces méridionales en évêchés manichéens (V. Dom Vaissette, hist. du Languedoc, l. xix, c. 4), consacrent de nouveaux évêques et leur assignent précisément pour siéges leurs villes épiscopales des catholiques, ils désignent Toulouse et Carcassonne pour leurs métropoles ; en un mot, ils forment le projet de détruire, au mépris des lois constitutives de la société politique, le catholicisme, pour établir à sa place un culte nouveau, antisocial et réprouvé par le droit public de l'époque : et ce projet, ils tentent de l'exécuter immédiatement à main armée. Ils ont sous la main des hommes dont ils disposent à leur gré : ce sont des bandes composées de brigands, de malfaiteurs, de gens sans aveu et qui prennent divers noms selon les diverses provinces dont ils sortent par milliers. Brabançons, Basques, Aragonais, Navarrais, Routiers, Courriers, Triaverdins, Coteraux ou Catharès, etc., se mettent en campagne. Tous ces hommes, plus vils les uns que les autres, capables de tout, dignes missionnaires des doctrines manichéennes, se partagent les provinces, les parcourent les armes à la main, chargent les prêtres et les évêques catholiques, les maltraitent, les emprisonnent, pillent et ruinent les églises et les monastères, brûlent tout ce qui sert au culte, dévastent le pays, le couvrent de ruines et de sang, immolent à leur aveugle fureur tous ceux qui rejettent leur doctrine ou qui résistent à leurs passions brutales, sans épargner la veuve ou l'orphelin, l'âge ou le sexe (Labb., t. x, p. 1522). Voilà des faits bien avérés et connus de tout le monde et que les historiens hostiles à l'église se gardent bien de raconter, quand, tout occupés de faire l'apologie des Albigeois, ils nous les présentent comme des modèles de vertus, des précurseurs de la civilisation moderne, des victimes innocentes du fanatisme populaire, de la cruelle intolérance des évêques et des papes, qui les font brûler et massacrer pour de simples opinions. Pour ces historiens protestants, incrédules et quelquefois gallicans (1), l'histoire des Albigeois ne commence guère qu'à la croisade prechée contre eux près de trente ans après que les sectaires eurent commencé leurs brigandages. Telle est la science ou la bonne foi de ceux qui attaquent l'Eglise ou la papauté. Nous y reviendrons. Les évêques, cédant à l'orage, prenaient la fuite; d'autres se laissaient gagner à l'erreur. Un seul, celui de Limoges, ayant appris que les *Coteraux* dévastaient le territoire et les églises de son diocèse, fit un appel à la milice et au peuple dont il était seigneur temporel, et défit en 1177, ces bandes de malfaiteurs. La plupart des seigneurs, au contraire, et même des évêques entrèrent dans leur parti et favorisèrent ouvertement des doctrines, si commodes pour les passions. Le comte de Toulouse, Raymond V, longtemps indifférent, et même accusé à bon droit de fomenter l'hérésie, finit par comprendre le *danger* de sa position, et ne se trouvant point en force pour réprimer les sectaires qui ravageaient ses états, il écrivit au roi de France une lettre qui répand un grand jour sur toute cette histoire, et que les apologistes des Albigeois se gardent bien de rapporter. C'est pour nous un motif de plus de la mettre sous les yeux de nos lecteurs. Cette lettre est adressée au chapitre général de Citeaux, chargé par le comte de solliciter l'intervention armée du roi très chrétien : « Cette hérésie, dit Raymond, a gagné jusqu'aux prêtres. Nos anciennes églises, si vénérables, sont désertes et tombent en ruine. On refuse le baptème; l'eucharistie est en abomination; la papauté méprisée, on rejette la création de l'homme, la résurrection de la chair et tous les sacrements; et ce qu'il n'est pas permis de dire, on introduit deux principes. Personne ne songe à s'opposer à ces méchants. Pour moi, je suis prêt à employer contre eux le glaive que Dieu m'a mis en main; mais je reconnais que mes forces ne sont pas suffisantes, parce que plusieurs nobles de mes Etats sont infectés de cette erreur et entraînent une grande multitude. J'ai donc recours à vous, je sollicite votre conseil, votre secours et vos prières; car sachez bien que l'hérésie s'est fortifiée à tel point qu'elle ne peut plus être extirpée que par la main et le bras puissant de Dieu. *Le glaive spirituel ne suffit plus, nous en avons l'expérience, il faut y joindre le glaive matériel.* Je désire donc qu'on engage le roi de France à venir dans ces contrées, bien persuadé que les graves désordres dont nous gémissons ne tiendraient pas contre sa présence. Pour moi, je lui ouvrirai mes villes et mes autres places; je lui indiquerai quiconque tient à l'hérésie, et dussé-je y prodiguer mon sang, il n'y aura point d'entreprise où je ne l'aide à écraser nos ennemis et tous ceux qui le sont de Jésus-Christ » (*Pagi*, an. 1177, n. 17; *Fleury, hist.* t. xv, p. 445). Cette lettre n'est pas un monument suspect : elle nous fait connaître et les doctrines et les ravages des nouveaux manichéens, et l'insuffisance des peines spirituelles, et la faiblesse du comte en face d'une secte qui a su gagner les prêtres et les seigneurs de ses Etats, et la crainte qu'il éprouve de s'adresser directement au roi dont il a encouru la disgrâce en répudiant Constance, sœur du monarque. Déjà les rois de France et d'Angleterre avaient résolu de veiller à la sûreté de leurs peuples et d'arrêter par les armes les progrès du manichéisme qui menaçait d'envahir leurs Etats. La guerre est donc sur le point d'éclater; les princes n'ont pas attendu que l'église ait poussé le cri d'alarme; les excès des Albigeois, les dangers dont ils menacent la société parlent assez haut, et il faudrait fermer les yeux à l'évidence pour ne pas voir que cette guerre toute défensive est juste et indispensablement nécessaire. Les papes ont différé jusqu'à présent de conseiller ce moyen extrême; et les circonstances actuelles nous en donnent une preuve bien frappante. Les deux rois renoncent tout-à-coup à l'entreprise. Qui peut les arrêter? Le pape Alexandre, sans aucun doute; car il veut tenter une fois encore les voies de la douceur et de la persuasion. A sa demande, douze missionnaires partent pour le Midi, revêtus des pleins pouvoirs spirituels et temporels par

le pape et les monarques; ils arrivent à Toulouse, métropole de la secte, et restent muets d'étonnement au spectacle des progrès, de l'audace et des abominables turpitudes des hérétiques, maîtres absolus non seulement du peuple et des seigneurs, mais encore du clergé qu'ils tyrannisent : *dominabantur in clero* (*Baron*, an. 1178, n. 30). Ils sont reçus au milieu des huées de la populace. Une première conférence ranime l'espérance des catholiques; les sectaires se cachent; Pierre Moran, surnommé par eux Jean l'Evangéliste, est saisi, convaincu d'hérésie et de brigandage, condamné à mort et emprisonné en attendant le supplice que décernent les lois du temps, conformes, en ce point, à celles qui nous régissent aujourd'hui. Mais il abjura ses erreurs et sauva sa vie par une pénitence de quarante jours et un pèlerinage de trois ans, après lesquels ses biens, non pas confisqués, mais seulement séquestres, lui furent rendus. Quel criminel justement condamné à mort refuserait sa grâce, s'il pouvait l'obtenir à ce prix? Ce fut l'événement le plus mémorable de cette mission. A cette époque, on pouvait encore remédier au mal en punissant quelques chefs d'hérétiques, et en réduisant les autres et les seigneurs qui les favorisaient à maintenir l'ordre dans les provinces; une vigoureuse résistance et le sang de quelques fauteurs des troubles, véritables chefs de brigands (une peu loin actuelles punfralent du dernier supplice (1) auraient suffi pour prévenir d'épouvantables calamités, des guerres civiles qui ensanglanteront pendant longtemps nos provinces méridionales. Le pape Alexandre ne le voulut point, et il commit une faute qui coûtera cher à l'Europe, une faute qu'il aurait évitée en suivant le conseil du comte de Toulouse, qui connaissait mieux que personne la grandeur du mal et la nature du remède qu'il convenait d'y apporter. On le comprit bientôt. Les prédications fanatiques et les brigandages continuaient dans le Midi. Trois cents évêques, la plupart seigneurs temporels, s'assemblent au IIIe concile de Latran; les ambassadeurs des princes y assistent pour sanctionner les peines temporelles décernées contre l'hérésie. L'Eglise s'exprime ainsi dans le préambule de son décret : « Quoique l'Eglise, comme parle saint Léon, se borne à prononcer des peines spirituelles par la bouche de ses ministres, et ne fasse point d'exécutions sanglantes, elle est pourtant aidée par les lois des princes chrétiens, afin que la crainte des châtiments corporels engage les coupables à recourir au remède spirituel. » L'Eglise ne veut pas d'exécutions sanglantes; mais persécutée, attaquée, troublée extérieurement dans l'exercice de son culte elle invoque les lois civiles : quoi de plus juste? N'est-ce pas là un droit dont elle use encore aujourd'hui, même dans les pays protestants, et sous les gouvernements constitutionnels qui proclament la liberté des cultes sans en imposer aucun à la nation? Le concile distingue ensuite deux sortes d'hérétiques, ceux qui se contentent de prêcher l'erreur, et ceux qui prétendent l'établir par le fer et par le feu sur les ruines du catholicisme. Il anathématise les premiers, les sépare de sa communion et les prive de la sépulture chrétienne, en un mot leur inflige des peines purement spirituelles. C'est son droit imprescriptible, et l'Eglise l'exerce encore aujourd'hui partout. Mais il décerne des peines temporelles contre ceux qui ravagent les provinces, il recommande même aux catholiques de repousser la force par la force. C'est le droit naturel de tout homme, des catholiques comme des autres; il est permis à chacun de se défendre contre tout agresseur injuste. Laissons parler le concile : « Quant aux Brabançons, disent les Pères, aux Aragonais, Navarrais, Basques, Coteraux et Triavardins (en d'autres termes, quant aux bandes de brigands), qui ne respectent ni les églises, ni les monastères, ni n'épargnent ni veuves, ni orphelins, ni âge, ni sexe, mais pillent et désolent tout comme des païens..., nous enjoignons à tous les fidèles, pour la rémission de leurs péchés, de s'opposer courageusement à ces ravages, et de défendre par les armes le peuple chrétien contre ces malheureux. Nous ordonnons aussi que leurs biens soient confisqués, et qu'il soit

---

(1) Nous n'avons plus de lois contre l'hérésie, mais nous en avons contre les effets de l'hérésie : « L'attentat, dit notre Code pénal, art. 91, ou le complot dont le but sera, soit d'exciter la guerre civile en armant ou en portant les citoyens à s'armer les uns contre les autres, soit de porter la dévastation, le massacre et le pillage dans une ou plusieurs communes, seront punis de la peine de mort, et les biens des coupables seront confisqués. » Les complices emportant les mêmes peines : or, notre législation actuelle, sur la complicité, atteint directement ceux qui se trouvent dans le cas des seigneurs toulousins (art. 59 à 61).

---

(1) Nous citerons, entre autres, l'auteur des *Siècles Chrétiens*, l'abbé Ducreux, qui accuse les légats et Simon de Montfort, loue Raymond VI, comte de Toulouse, et ne dit pas un mot des violences commises par les nouveaux manichéens.

permis aux princes de les réduire en servitude. » (*Labb.*, t. X, p. 1522.) Le concile fait encore une distinction entre les simples prédicants ou chefs de secte, et ceux qui soudoient, reçoivent et protégent les bandes de malfaiteurs, comme faisaient la plupart des seigneurs du Midi ; il veut que l'on dénonce ceux-ci, qu'on les excommunie nommément tous les dimanches et fêtes, et qu'on délie leurs sujets de toute obligation de fidélité, d'hommage et d'obéissance, tant qu'ils persévéreront dans l'hérésie : c'était une conséquence légale de l'excommunication nominativement dénoncée ; et cette peine est encore purement spirituelle. Tel est, dans sa teneur, le décret que plusieurs écrivains ont nommé une loi sanguinaire, une provocation au meurtre, une oppression du faible par le fort. Il faut bien en convenir cependant, notre Code pénal est incomparablement plus sévère (art. 91 et 59 à 62) ; car il envelopperait dans la même peine les bandes de malfaiteurs et tous les complices, c'est-à-dire en première ligne les prédicants qui souffleraient le feu de la révolte, et ensuite tous ceux qui recevraient, favoriseraient, aideraient, conseilleraient les coupables, et seraient ainsi les premiers auteurs du désordre : et notre législation est sage, juste ; car elle ne frappe le crime dans sa source que pour préserver les innocents. Le décret du concile était insuffisant ; il ménage les premiers auteurs du mal, en leur infligeant que des peines spirituelles qu'ils méprisent. Aussi les brigandages reprennent leur cours, et les catholiques du Midi abandonnés à eux-mêmes, tandis que l'élite des chevaliers chrétiens combat l'islamisme en Orient, voient leurs églises profanées, incendiées, ruinées de fond en comble, leurs évêques chassés, persécutés ou séduits par les nouveaux docteurs ; et ils sont réduits eux-mêmes à fuir pour échapper aux tourments et à la mort ; car les sectaires ne leur laissent plus que le choix entre l'apostasie et le bourreau. Un légat vient à leur secours, se met à la tête d'une petite armée de catholiques soutenus par les troupes auxiliaires de Philippe-Auguste, et remporte quelques victoires ; mais les bandes n'en continuent pas moins leurs ravages, commettant des excès inouïs avec d'autant plus d'audace que leur abominable doctrine étouffe toute pudeur, tout remords, et que la plupart des seigneurs favorisaient le manichéisme, sinon toujours en public, du moins en secret. Le pape Lucius comprit qu'on ne parviendrait à détruire les bandes qu'en frappant leurs chefs, leurs protecteurs et leurs fauteurs de peines temporelles. Il assemble donc un concile à Vérone en 1184, et de concert avec les évêques, les seigneurs et les princes, parmi lesquels l'empereur d'Allemagne tenait le premier rang, il décerne des peines même temporelles contre les docteurs et les fauteurs des hérétiques, en ces termes : « Et parce que la sévérité de la discipline ecclésiastique est quelquefois méprisée par ceux qui n'en comprennent pas la vertu, nous ordonnons que ceux qui seront manifestement convaincus des erreurs ci-dessus mentionnées, s'ils sont clercs ou religieux, soient dépouillés de tout ordre et bénéfice, et livrés à la puissance séculière pour recevoir la punition convenable ; si ce n'est que le coupable, si tôt qu'il sera découvert, fasse abjuration entre les mains de l'évêque du lieu. Il en sera de même du laïque, et il sera puni par le juge séculier s'il ne fait abjuration. Ceux qui seront seulement suspects seront punis de même, s'ils ne prouvent leur innocence par une purgation convenable. Mais ceux qui retomberont après l'abjuration ou la purgation seront laissés au jugement séculier, sans plus être écoutés. » Le concile enjoint aux évêques négligents du Midi, sous peine de suspense temporaire, d'appliquer ces peines et de visiter leurs diocèses pour les purger de la contagion du manichéisme. Et comme toutes ces mesures demeureront sans résultat, comme l'expérience l'a bien démontré, si les seigneurs protégent les hérétiques et refusent leur concours à l'Église pour l'application des peines temporelles, le concile ajoute : « Nous ordonnons, de plus, que les comtes, les barons, les recteurs et les consuls des villes et des autres lieux promettent par serment, suivant la monition des évêques, d'aider efficacement l'Église en tout ce que dessus, contre les hérétiques et leurs complices, quand ils en seront requis, et qu'ils s'appliqueront de bonne foi à exécuter, selon leur pouvoir, ce que l'Église et l'empire ont statué sur cette matière ; sinon ils seront dépouillés de leurs charges et ne seront admis à aucune autre, outre qu'ils seront excommuniés et leurs terres mises en interdit. La ville qui résistera à ce décret, ou qui, étant avertie par l'évêque, négligera de punir les contrevenants, sera privée du commerce des autres villes et perdra la dignité épiscopale. En général, tous les fauteurs d'hérétiques

seront notés d'infamie perpétuelle, et comme tels exclus de l'office d'avocats et de témoins, et de toute autre fonction publique. » (*Labb.*, t. X, p. 1737.) Ainsi l'Église décerne des peines spirituelles ; l'empereur, les seigneurs et les magistrats les sanctionnent, selon le droit romain et la législation de ce temps, par des peines temporelles ; l'Église et l'empire étendent ces peines aux fauteurs et aux complices de l'hérésie qui exerçait partout à main armée d'affreux ravages. Ainsi le concile frappe, non l'hérésie spéculative, mais la secte armée et dévastatrice ; il ne punit pas pour le seul crime d'hérésie ou, comme on l'a dit tant de fois, pour de simples opinions ; mais il châtie des attentats aux mœurs publiques, des attentats contre la liberté du culte catholique, contre la vie et la propriété de ceux qui le professent, attentats qu'on punirait de nos jours, dans les coupables et dans leurs complices, plus sévèrement que dans ces siècles de barbarie, comme on est convenu de les appeler en haine de l'Église et en dépit de l'histoire, du moins quant au fait qui nous occupe. Il suffirait néanmoins de connaître ce fait, et, le connaissant, de comparer le décret de Vérone avec les articles de notre Code pénal (91, 59 à 62, 291 à 293, 330 à 340) pour comprendre qu'on ne peut blâmer le premier sans déchirer le second. Ce décret ne fut pas mieux exécuté que les précédents, parce que les papes, occupés à une nouvelle croisade envoyée dans la Palestine, ne font que passer sur le trône pontifical et n'ont pas le temps de rien entreprendre en faveur des catholiques du Midi. Les hérétiques ne rencontrent aucun obstacle sérieux à l'accomplissement de leurs desseins jusqu'au pontificat d'Innocent III ; ils demeurent en paix pendant un quart de siècle. Ils en profitent pour se fortifier dans le Midi de la France et pour s'étendre au loin. Ils fondent des évêchés en Espagne, ils envoient des missionnaires dans la France proprement dite, dans les comtés de Nevers et d'Auxerre, puis en Lorraine et en Alsace, et jusque dans la Bavière ils se répandent même en Italie, dans la Romagne, à Modène, dans la Toscane, et jusque dans la campagne de Rome. Il est manifeste qu'ils veulent envahir tout l'Occident. Ennemis de toute autorité, ils flattent les princes pour les gagner, et se mettent à leurs pieds chaque fois qu'ils en espèrent la protection. Le fils de l'empereur Barberousse, Henri VI, ne leur échappe que par la vigilance du pape Urbain III. Le fils et le successeur de Raymond V se déclare ouvertement pour eux, à la mort de son père ; ce jeune débauché ne voit pas l'abîme que les sectaires creusent sous ses pas ; il fréquente leurs assemblées nocturnes, se met à leurs genoux et se laisse aller à un fanatisme tellement aveugle que, menacé de perdre ses États, selon la loi du temps, il répond : « Je ne l'ignore pas ; mais c'est un parti pris, je sacrifierais pour eux jusqu'à ma tête. » (*Hist. de l'Égl. gallicane, T. X*). Voilà donc le manichéisme qui commence une ère nouvelle. Il forme une société religieuse et politique : c'était le but qu'il voulait atteindre dès son origine ; mais toutes ses tentatives ont échoué pendant neuf siècles. Maintenant il a un culte public, une hiérarchie organisée, un souverain puissant et dévoué qui le protège, un peuple enthousiaste dont les bras sont prêts à s'armer pour le servir. Les évêques se taisent, les catholiques se cachent ou prennent la fuite : les manichéens sont maîtres dans le Midi, et la France est menacée ; la contagion gagne rapidement partout ; encore quelques années, et les sectaires qui ont partout des secrètes affiliations peuvent lever l'étendart et conquérir l'Europe à leurs doctrines. Il s'agit donc de l'existence de l'Église catholique, car l'Orient est perdu pour elle, et toutes ses espérances reposent désormais sur l'Occident. Si le manichéisme l'envahit, c'en est fait du christianisme et de la civilisation : celle-ci, en effet, n'est pas moins menacée que l'Église, car la doctrine de Manès renverse par la base la religion, la morale, la famille, elle détruit tous les éléments de l'ordre public et de la sociabilité. Un vaste complot est organisé pour opérer un bouleversement total, et ce complot est en voie d'exécution dans le Midi. « Je ne trouve partout, dit Étienne de Tournay, qui voyageait alors dans ces contrées, que des villes consumées ou des maisons en ruine. J'y ai vu, dit-il dans une autre lettre, des églises brûlées ou presque détruites, et les lieux qui servaient auparavant d'habitation aux hommes devenus la retraite des animaux. » (*V. Vaissette, L. XIX, c. 84-85*). Toulouse est le centre de l'hérésie : « Elle y avait été adoptée par la presque totalité de la noblesse ; plus grand est le seigneur, plus il avait accordé protection ; elle comptait des sectateurs jusque parmi les abbés et les chanoines. » (*Hist. d'Innocent III, par le protestant Hurter, T. II, L. XIII*). Raymond VI, prince aux mœurs inhomètanes, la favorise de tout son pouvoir : il donne les charges aux manichéens et aux Juifs, il interdit la sanctification du dimanche, paie des troupes de baladins pour tourner en dérision le culte catholique, dévaste les couvents, les églises qu'il change en forteresses et quelquefois en écuries ; ses bandes courent partout, « abattant les croix, brûlant les tableaux, les statues, les reliques, couvrant les autels des ordures des chevaux. » (*Hist. de l'Egl. gall.*, L. XIX). Il persécute les évêques, les prive de leurs revenus et de la dîme, et ses soldats s'amusent à faire mourir de faim les prêtres et les religieux en les enfermant sous clé dans leurs églises. Son neveu, le vicomte de Béziers, le comte de Foix, si tristement fameux par sa cruauté, le comte de Comminge, le vicomte de Béarn et leurs petits vassaux agissaient comme Raymond, exemptant d'impôts les hérétiques, pressurant le clergé, vexant les fidèles et se livrant partout à des excès inouïs. C'est Huster, encore protestant, qui raconte la honteuse et sanglante histoire de ces coryphées du manichéisme. (*Hist. d'Innocent III, tout le Liv. XIII*). Voici le tableau qu'un historien moderne peu suspect de favoriser l'Eglise ou les papes, nous retrace de ces horreurs trop peu connues : « Les montagnards du Midi, dit M. Michelet, qui aujourd'hui descendent en France et en Espagne pour gagner de l'argent par quelque petite industrie, en faisaient autant au moyen-âge; mais alors la seule industrie était la guerre. Ils maltraitaient les prêtres tout comme les paysans, habillaient leurs femmes des vêtements consacrés, battaient les clercs et leur faisaient chanter la messe par dérision. C'était encore un de leurs plaisirs de salir, de briser les images du Christ, de lui casser les bras et les jambes, de le traiter plus mal que les Juifs à la passion. Ces routiers étaient chers aux princes, précisément à cause de leur impiété qui les rendaient insensibles aux censures ecclésiastiques. La guerre était effroyable, faite ainsi par des hommes sans foi et sans patrie, contre qui l'Eglise elle-même n'était plus un asile, impies comme nos modernes et farouches comme des barbares. C'était surtout dans l'intervalle des guerres, lorsqu'ils étaient sans chef et sans solde, qu'ils pesaient cruellement sur le pays, volant, rançonnant au hasard. Leur histoire n'a guère été écrite ; mais à en juger par quelques faits, on pourrait y suppléer par celle des mercenaires de l'antiquité, dont nous connaissons l'exécrable guerre contre Carthage.» (*Hist. de France*, t. II, p. 472). Ces paroles n'ont pas besoin de commentaire; elles font justice des romans historiques inventés de nos jours en faveur des Albigeois contre les prétendues cruautés d'Innocent III et des princes qui, à sa voix, prirent les armes contre les nouveaux manichéens. Ce n'est pas tout; cette contagion non moins anti-sociale qu'anti-chrétienne menaçait d'envahir tout l'occident. Du fond de la Hongrie, où la secte manichéenne était assez puissante pour expulser les évêques et faire trembler la puissance royale jusqu'en Espagne, où elle se concertait avec les Sarrasins pour anéantir la civilisation chrétienne en Europe; de l'Allemagne, des Pays-Bas et de l'Angleterre, où elle était importée par des bandes indisciplinées de tisserands, jusque dans le royaume de Naples et sur les côtes maritimes de la France méridionale, elle comptait de nombreux sectateurs d'une incroyable ardeur de prosélytisme. Innocent III, dès le commencement de son pontificat (1198), comptait près de mille cités infectées par l'hérésie. Il voyait les cathares ou patarins (c'est ainsi que l'on nommait les manichéens en Italie) s'établir dans les états romains, remplir dans plusieurs villes les charges publiques, braver aux portes mêmes de Rome l'autorité pontificale et toutes les lois de la pudeur, corrompre les populations et massacrer le gouverneur qu'il avait lui-même établi à Viterbe, en qualité de monarque temporel. Que devait-il faire? Le droit de l'époque, que nous n'avons pas à discuter ici, et que les historiens impar-

tiaux, surtout parmi les protestants, ont considéré non-seulement comme une nécessité dans ces siècles de barbarie, mais encore comme une institution féconde en résultats heureux pour la civilisation européenne (1), le droit de l'époque imposait aux papes, chargés par la Providence et par les peuples de veiller au salut de la société spirituelle et temporelle, l'obligation de ramener à des principes d'ordre, de justice et d'humanité les peuples et les souverains qui travaillaient trop souvent à replonger l'Europe dans une barbarie pire que celle d'où l'on commençait à sortir. Son droit et son devoir lui prescrivaient d'apporter un remède prompt, efficace aux grands maux qui désolaient le midi de la France et qui menaçaient de tout envahir. Les prédécesseurs d'Innocent III ont épuisé depuis soixante ans les moyens de douceur et de persuasion : ils n'ont rien négligé pour éclairer des populations séduites, égarées, fanatisées par la plus absurde, la plus immorale, la plus antichrétienne et la plus antisociale de toutes les doctrines. Il y a déjà plus de vingt ans que Raymond V déclarait que la force des armes, une croisade, était le seul moyen d'en finir avec les Albigeois; or, depuis cette époque le mal n'a fait que s'accroître et les événements n'ont que trop bien démontré que le comte de Toulouse ne se trompait point, maintenant que les manichéens ont pris un immense développement et qu'ils ne mettent plus de bornes à leur audace, le pape est donc réduit, ou à sévir contre les manichéens selon les lois, même civiles, qui régissent les peuples chrétiens depuis près de huit siècles, ou à sacrifier le catholicisme, toutes les institutions sociales et les principes de la civilisation européenne, pour admettre des doctrines abominables proscrites, dès leur origine, dans tous les Etats sans en excepter la société païenne. Telle est la vraie position d'Innocent III en face des événements. En homme de sens et de cœur, en homme de génie et de conscience qui connaît son droit et son devoir, le pape accepte cette position; il ne veut ni ne peut trahir les grands intérêts dont il est le défenseur de par Dieu, de par les rois, les lois et les peuples; il prend le parti d'user de tout son pouvoir pour extirper l'hérésie et réprimer ses détestables excès. Commencera-t-il, comme c'est son droit et comme on l'a dit si souvent, par le fer et le feu, par la guerre, le meurtre et l'incendie? Oui, s'il ne prend conseil que de l'expérience et des lois civiles et des vœux manifestés par les princes et les peuples catholiques menacés d'un mal immense qui envahit rapidement toutes les contrées et qui dévore jusqu'aux dernières sources de la vie religieuse et sociale. Il n'en fait rien cependant; et malgré l'inutilité si bien démontrée des missions, il veut les essayer encore; il a résolu de n'employer les armes, pour sauver l'Eglise et l'Europe, qu'à la dernière extrémité. Il commence par écrire des lettres énergiques où il dépeint l'hérésie sous les plus vives couleurs, il la démasque, en montre le danger et les conséquences, et n'oublie rien pour en inspirer une juste horreur à tous les chrétiens. (*Ep.* 2, 99, L. X, 149 *et passim*). Et comme l'hérésie a toujours facilement raison en face d'un clergé ignorant, corrompu, mercenaire, méprisé, il s'élève avec indignation contre les mauvais pasteurs qui font ou qui laissent blasphémer le nom de Dieu, et il les rappelle énergiquement à leur devoir dans ses lettres et dans les conciles. Il recommande instamment de prêcher la vraie doctrine, de réfuter l'erreur; il presse les ministres de la parole de déployer tout le zèle dont ils sont capables pour ramener les hérétiques dans le sein de l'Eglise. C'est sur ce moyen qu'il compte le plus; et il choisit les docteurs les plus distingués de son temps pour les envoyer dans les provinces les plus infectées de manichéisme pour convertir les sectaires. Enfin, il emploie les censures et les tribunaux ecclésiastiques, et il ordonne aux princes d'appuyer les sentences de l'Eglise, non pas en massacrant les hérétiques; comme la loi en fait un devoir quand ils sont très dangereux, mais en condamnant à l'exil ceux dont l'exemple est contagieux; c'était encore le droit du temps; car celui qui était excommunié par l'Eglise, l'était aussi par l'Etat; l'excommunication entraînait la mort civile. Innocent III est loin encore de penser à une croisade. Il espère que ses légats pourront, avec le loyal concours de l'autorité civile, extirper une hérésie, qu'il a déjà extirpée lui-même dans les Etats pontificaux sans verser une seule goutte de sang, quoique ses sectaires qui s'étaient révoltés et avaient mis à mort le jeune gouverneur Parentius, à Viterbe. En 1199, un an après son exaltation, le pape envoie dans le Midi deux commissaires apostoliques (1), Gui et Rainier, il stimule le zèle

---

(1) Ceux qui n'ont étudié le moyen-âge que dans les romans historiques ou les histoires romanesques, ne savent guère que le pouvoir temporel alors, c'était, comme dit M. Guizot, la force pure, un brigandage intraitable; ils ignorent que la classe, nommée aujourd'hui le petit peuple, était à un degré d'ignorance, de brutalité, de férocité tel qu'elle était très difficile à gouverner (*Id., Cours d'histoire*, une leçon). Ils oublient que tout ce que l'Eglise put obtenir des rois et des seigneurs, ce fut la *trêve de Dieu*, c'est-à-dire que, sur sept jours de la semaine, il n'y en eut plus que trois où il leur fût permis de s'égorger, de piller, de ravager les villes et les campagnes; les quatre autres jours, comme aussi durant le carême et l'Avent, il lui parut au peuple de respirer, de cultiver la terre, et de se hasarder sur les routes, sans s'exposer à être volé, massacré. Voilà comment l'histoire du moyen-âge.

(1) MM. Barreau et Daragon, dans leur roman historique intitulé : *Monfort et les Albigeois*, Paris, 1840, t. 1, p. 6, parlent de

des évêques, écrit une lettre vigoureuse au manichéen Raymond VI et lui découvre la profondeur de l'abîme où il se précipite. Cette première tentative demeure sans succès. En 1204, les commissaires apostoliques sont remplacés par trois légats, le frère Rodolphe, Pierre de Castelnau et le cardinal Paul; à ceux-ci viennent se joindre l'évêque espagnol d'Osma, saint Dominique, trente religieux de Cîteaux conduits par douze abbés. Or, voici ce qu'ils rencontrèrent à leur arrivée dans le Midi : une population immense tout infectée de manichéisme, égarée par sa haine contre l'Eglise et prête à se livrer aux derniers excès; des villes toujours en guerre et en proie aux plus affreux brigandages; une noblesse profondément pervertie et toute dévouée à une secte qui flatte ses plus viles passions. « Armagnac, Comminge, Béziers, Toulouse, dit encore M. Michelet, n'étaient jamais d'accord que pour faire la guerre aux églises. Les interdits ne les troublent guère: le comte de Comminge gardait paisiblement trois épouses à la fois. Le comte de Toulouse, Raymond VI, avait un harem; dès son enfance, il recherchait de préférence les concubines de son père. Cette Judée de la France, comme on a appelé le Languedoc, ne rappelait pas l'autre seulement par ses bitumes et ses oliviers; elle avait aussi Sodôme et Gomorrhe. » (Hist. de France, t. II, p. 409). Le pape avait dit aux légats : « Nous voulons que votre modération fasse taire l'insolence des ignorants, et que vous évitiez avec soin dans vos paroles et vos actions, ce qui pourrait donner prise à des reproches de la part des hérétiques. » (Inn., l. 7, ép. 76, 79). Fidèles à suivre cette instruction, et cédant aux prières et aux exemples de Diégo d'Osma et de saint Dominique, les missionnaires renvoient leurs équipages, parcourent les provinces pieds nus, prêchent, confèrent, n'employant contre l'hérésie que la patience, la prière, la parole et l'exemple des vertus apostoliques rehaussées encore par l'éclat de plusieurs miracles. Tant d'efforts opèrent un petit nombre de conversions, n'aboutissent, après plusieurs années, qu'à mieux constater la grandeur du mal, et se terminent, en 1208, par l'assassinat du chef de la légation, Pierre de Castelnau. Il disait souvent que Dieu attendait, pour faire refleurir la religion dans le Languedoc, que cette terre eût été arrosée du sang d'un martyr; et il demandait ardemment au ciel la grâce d'être lui-même la victime. Il fut exaucé, il tomba frappé à mort, en disant à son meurtrier, qui était écuyer du comte de Toulouse : « Que Dieu vous pardonne; pour moi, je vous pardonne! » Pierre était légat du pape, ambassadeur du chef suprême de l'univers chrétien, envoyé pour ramener à l'ordre, par la voie de la persuasion et des peines purement spirituelles, des peuples et des seigneurs qui travaillaient à la ruine de toute société religieuse, politique et domestique, au nom d'une secte dont les doctrines prêchent et autorisent le meurtre et tous les crimes. Le comte de Toulouse accepte la responsabilité d'un attentat contre le droit des gens, car il a fait publiquement des menaces de mort contre Pierre, et il récompense son assassin. C'est alors seulement que le pape prêche la croisade contre les Albigeois, et qu'il invite les catholiques à venger l'outrage fait au monde chrétien dans la personne de son représentant. Il déclare absous de leur serment tous ceux qui ont promis au comte de Toulouse fidélité, société ou alliance, et permet à tout catholique de poursuivre sa personne, d'envahir ses terres, principalement pour les purger de l'hérésie (1). Cependant il donne les plus sages

(1) Fleury regrette que le pape ne cite pas les canons « qui défendent de garder la foi aux méchants: » sur quoi il insinue qu'Innocent III a raisonné ainsi : « On ne doit pas garder la foi à qui ne la garde pas à Dieu; or, les méchants ne la gardent pas à Dieu; donc, etc. ; » Fleury manque lui-même de fidélité et de mémoire en ce point. D'abord le pape ne parle point des méchants en général; mais des seuls hérétiques excommuniés; c'est à ceux-là que les canons défendaient de garder, non pas la foi conjugale, filiale, commerciale ou domestique, mais la foi politique et féo-

instructions à ses légats, chargés de suivre les opérations de la croisade; il recommande la clémence et la prêche d'exemple en accueillant le repentir, même le plus suspect : bien plus encore, il entrave la marche des légats et du comte de Montfort, par les ménagements dont il use avec Raymond VI, dans l'espoir de le ramener à de meilleurs sentiments (Hist. de l'Egl. gall., l. XXIX). Le comte, épouvanté, cède à l'orage et se soumet; il prend la croix, devient chef de la croisade, préside au sac de Béziers et au siége de Carcassonne, après avoir déclaré, de concert avec les autres seigneurs, que les habitants de toute place qui résistera aux croisés seront passés au fil de l'épée. « N'eût été cette peur, dit un poëte du temps, G. de Tudèle, jamais, je vous en donne ma parole, les hérétiques n'auraient été soumis par les croisés. » Selon le même poëte, cette sentence fut exécutée à la lettre contre Béziers, non par les croisés, mais par les goujats de l'armée, par les ribauds, à la suite d'une provocation sanglante, le jour de Sainte Magdeleine, que les manichéens blasphémateurs nommaient la concubine du Christ. Les apologistes des sectaires et du comte de Toulouse, les détracteurs du comte de Montfort se gardent bien de nous faire connaître ces petites circonstances qui dérangeraient un peu leurs combinaisons historiques et ne laisseraient plus de place à leurs appréciations peu loyales. Ils oublient, sans doute, qu'il est aussi peu honorable pour l'historien de calomnier par le silence que par le mensonge. En revanche, s'ils ne disent pas toute la vérité, ils y ajoutent quelquefois. Ainsi, ils portent à trente et même à soixante mille le nombre d'habitants passés au fil de l'épée lors de la prise de Béziers, tandis que le légat du pape en compte à peine vingt mille, et Pierre de Vaux-Cernay, auteur contemporain, sept mille seulement (Hist. des Albigeois). Simon de Montfort ne prit le commandement des Croisés qu'après le siége de Carcassonne. Il fut choisi par tous les chefs et n'accepta le périlleux honneur que Raymond même lui décernait qu'en cédant aux instances, et nous pourrions dire, aux menaces du légat. Le comte de Toulouse qui avait tout promis et tout juré l'abandonna pour se livrer à Pierre d'Aragon avec lequel il s'unit bientôt contre les Croisés, après les avoir trahis plusieurs fois et trompé le pape même. Les légats l'excommunièrent de nouveau : la guerre devint plus ardente. Les batailles se multiplièrent ainsi que les siéges; le sort des armes changea souvent la position des catholiques et des sectaires, et souvent aussi il y eut d'atroces représailles. La guerre une fois engagée, elle se fit comme elle se faisait alors, comme elle pouvait se faire avec des bandes indisciplinées, comme elle s'est constamment faite dans les conflits religieux et politiques par des citoyens d'une même patrie engagés dans des partis différents; il y eut des excès plus ou moins grands de part et d'autres. « Si les parfaits (nom des docteurs manichéens), dit Hurter, périssaient, les catholiques, sur le bûcher, les prêtres catholiques éprouvaient le même sort. Les soldats de l'armée catholique, comme les partisans de l'hérésie, avaient à opter entre l'apostasie et les supplices: Là, des garnisons entières étaient vouées à la mort aux applaudissements du peuple; ici on coupait les oreilles, le nez, les lèvres aux prisonniers, au milieu des cris féroces et des blasphèmes contre la Vierge Marie » (t. II, page 436). Il y a toutefois cette différence, que les croisés avaient pour eux le droit public, dont ils firent parfois une application trop rigoureuse, tandis que les sectaires n'étaient inspirés que par une aveugle fureur, et qu'ils étaient en état de révolte permanente contre le pouvoir légitime. Le plus grand crime que l'on reproche aux croisés, après le sac de Béziers, c'est la mort de quatre cents Albigeois brûlés vifs après la prise de Lavaur. On doit terrible de la guerre les mettait à la discrétion du vainqueur dans une ville prise d'assaut, après une longue résistance et des pertes considérables du côté des assiégeants; mais les catholiques gémissaient depuis un demi-siècle sous l'oppression barbare des manichéens; mais le triomphe de la secte eût été le renversement de tous les principes de l'ordre moral et politique. Montfort, en leur offrant la vie sous la condition d'abjurer, se montra incomparablement plus généreux qu'ils ne l'étaient eux-mêmes, quand ils étaient vainqueurs. Du moins, il fut toujours loyal. Ré-

quatre légats envoyés par le pape pour éteindre l'hérésie dans le Midi et dans les provinces centrales de la France : ils accusent les cardinaux Pierre de Capoue et Octavien d'avoir fait brûler, d'après les instructions d'Innocent III, l'hérésiarque Terri, et massacrer la population de Charité, petite ville sur la Loire : c'est là du roman tout pur. Pierre et Octavien n'avaient d'instructions et de mission que pour terminer la scandaleuse affaire du divorce de Philippe-Auguste; ils n'assistèrent ni de près ni de loin à l'exécution de Terri; les habitants de la Charité, excommuniés par l'évêque d'Auxerre, en appelèrent au légat qui leva l'excommunication et les envoya à Rome où le pape leur délivra un témoignage d'orthodoxie; l'évêque réclama; mais pas un des suspects ne perdit la vie et rien ne contredit cette assertion.

dale : et parmi les canons qui le défendent, nous citerons seulement le vingt-septième du troisième concile de Latran, que Fleury rapporte, en ajoutant que tout le monde était d'accord sur ce point. Pourquoi tronquer un texte et oublier au liv. 76 d'une histoire ce que l'on a dit au liv. 73?

duit quelquefois à une poignée de braves en face d'une armée innombrable, au milieu d'une population ennemie, n'était-il pas contraint de déployer une rigueur extrême contre des fanatiques qui se faisaient du parjure un précepte de religion? Le plus souvent il ne pouvait garder les prisonniers, ni les renvoyer sans grossir le nombre de ses ennemis. Du reste, il n'était pas toujours maître de comprimer le sauvage enthousiasme des hordes indisciplinées dont il était obligé d'accepter les services. Est-il besoin de rappeler ici la grandeur militaire de ce Macchabée du XIIIe siècle? Qui ne connaît la célèbre bataille de Muret, le plus glorieux fait d'armes peut-être dont l'histoire ait conservé le souvenir? Quel homme de guerre que celui qui ose entreprendre de combattre et qui détruit une armée de cent mille hommes avec mille soldats seulement? Cette victoire inespérée hâta le premier dénoûment de ce grand drame de la croisade des Albigeois. La guerre se rallume encore; mais elle est plus politique que religieuse; Raymond VI combat avec des mercenaires espagnols pour reconquérir ses états, dont le comte de Montfort a reçu l'investiture des deux puissances; il succombe glorieusement dans cette nouvelle lutte et meurt loué de tous et même par ses ennemis. Le chapelain de Raymond VII, fils du rival de Montfort, lui a rendu ce témoignage : « J'ai entendu le dernier comte de Toulouse (Raymond VI), quoiqu'il eût été son ennemi, le louer avec admiration pour sa fidélité, sa prévoyance, sa bravoure, enfin pour toutes les qualités qui conviennent à un bon prince » Cet éloge d'un ennemi contemporain est la meilleure réfutation des préjugés étroits qui enfantèrent plus tard des calomnies haineuses qu'on regrette de trouver encore dans les histoires et les biographies modernes. La croisade, qui était devenue une guerre de succession, reprit son caractère religieux en 1226. Raymond VII violait comme son père ses serments : il fut excommunié, et le roi Louis VIII se croisa avec ses barons (1). Les villes, les châteaux et les forteresses se rendirent jusqu'à quatre lieues de Toulouse. Imbert de Beaujeu continua la guerre; Raymond se soumit aux règlements qui lui furent imposés par le pape Grégoire IX; l'inquisition établie pendant quelques années à Toulouse, et l'université que le souverain pontife fonda dans cette ville firent disparaître peu à peu jusqu'aux dernières traces d'une hérésie qui avait si longtemps désolé nos provinces du Midi. Raymond VII, dernier comte de Toulouse, conclut un traité avec saint Louis, le cimenta par le mariage de sa fille unique avec le frère du roi de France, et ainsi la croisade contre les nouveaux manichéens du Languedoc se termina par l'entière extinction d'une secte révolutionnaire par la réunion de cette province à la couronne de France. Le résultat général de cette grande entreprise répond donc aux vues du sage pontife qui l'avait commencée. « Cette hérésie qui, selon Bossuet, menaçait la terre d'un embrasement général, et n'avait fait que s'étendre tant qu'on avait disputé avec elle, déclina rapidement dès qu'on eut tiré l'épée, et les innombrables dupes rentrèrent en foule dans le sein de l'Eglise » (Solut. de grands problém. 3e probl. t. II, c. 55). Innocent III, avait compris son époque et bien rempli la mission qu'il tenait de Dieu et des peuples : son siècle lui rendit justice en le mettant au nombre des plus grands papes, et la croisade qu'il avait publiée contre le manichéisme au nombre des plus utiles et des plus grandes entreprises de son pontificat. « C'était, dit un ancien chroniqueur, un homme d'un haut esprit, d'une sagesse et d'une probité rares, qui n'eut point son égal en son temps; il fit en sa vie des choses merveilleuses » (Continuat. de Guillaume le Breton). — « Les âges philosophiques (ceux du moins qui se décernent cette gloire) ont seuls voilé cette admirable figure de pape, parce qu'ils n'ont pas voulu le voir au milieu de son siècle, en rapport avec les mœurs et les idées publiques; et ayant détaché le grand homme de son temps, ils l'ont donné à juger à des temps qui n'avaient avec lui rien de commun. Triste philosophie! triste équité! triste poésie! (Laurentie, hist. de France, t. II, p, 483). Cependant le jour et la justice commencent

à se faire. Un pasteur protestant que la science et sa bonne foi ont ramené à l'Eglise, s'est chargé de réhabiliter, avant son retour, la glorieuse mémoire de l'illustre pontife. « Quiconque, dit-il, connaît et apprécie la position dans laquelle se trouvait à cette époque le pape, et les idées qu'on avait généralement de sa charge, conviendra qu'Innocent ne pouvait s'empêcher d'approuver ces mesures (la croisade) et qu'il devait y recourir » Hurter, hist. d'Inn. t. II, p. 755). Terminons cette histoire peut-être trop longue du manichéisme par ces réflexions du savant historien : « Il est à croire, quoiqu'on ne puisse le prouver, que cette secte n'a jamais été totalement éteinte; qu'elle s'est cachée de plus en plus pour échapper à la vigilance de l'Eglise et à la sévérité de la puissance séculière, et qu'enveloppée sous le voile mystérieux qu'elle osait à peine découvrir, elle conserve une haine d'autant plus profonde contre l'Eglise et le pouvoir temporel. En comparant l'organisation intérieure d'une certaine secte révolutionnaire (les francs-maçons), et les tentatives contre l'Eglise depuis une soixantaine d'années, avec les principes connus des cathares, on est obligé de reconnaître quelques rapprochements. Les deux sociétés ont pour principe l'indépendance de l'homme de toute autorité supérieure. Toutes deux vouent la même haine aux institutions sociales, et particulièrement à l'Eglise et à ses ministres, toutes deux communiquent seulement le secret à celui dont on s'est assuré par une longue épreuve, et imposent l'obligation de le garder même envers les plus proches parents. Chez toutes deux, les chefs sont inconnus à la foule; la division est faite par provinces placées sous des maîtres particuliers; mêmes signes de reconnaissance dans la manière de parler et de s'entendre, de sorte que nous ouvons dire, avec quelque raison, que tout le bouleversement qui mine depuis plus d'un demi-siècle les fondements de la société européenne n'est autre chose que l'œuvre des Albigeois, transmise par eux à leurs successeurs, les francs-maçons » (Hurter, L. XIII).

III. Lutte du manichéisme contre l'Eglise et la civilisation. — Comment la société et l'Eglise se défendent? — Il nous reste à expliquer en peu de mots les étonnantes conquêtes, la longue durée, et enfin la chute d'une secte infâme, la seule contre laquelle l'Esprit-Saint a prémuni expressément les fidèles par la bouche de saint Paul : « L'Esprit dit expressément que dans les derniers temps quelques-uns abandonneront la foi en suivant des esprits d'erreur et des doctrines de démons, qui enseigneront le mensonge avec hypocrisie, et dont la conscience sera flétrie d'un cautère, qui défendront de se marier et obligeront de s'abstenir des viandes que Dieu a créées pour être reçues avec action de grâces par les fidèles et par ceux qui connaissent la vérité, parce que tout ce que Dieu a créé est bon, et on ne doit rien rejeter de ce qui se mange; avec action de grâces, puisqu'il est sanctifié par la parole de Dieu et par la prière » (I. Tim., IV). Le temps, fidèle interprète des prophéties, nous a découvert la cause de celle-ci en nous montrant que, de toutes les sectes, le manichéisme est celle « qui a le plus longtemps et le plus dangereusement infecté le christianisme : le plus longtemps, par tant de siècles qu'on lui a vu occuper, et le plus dangereusement, parce que, sans rompre avec éclat comme les autres, elle se tenait cachée autant qu'il était possible dans l'Eglise même, et s'insinuait sous les apparences de la même foi, du même culte, et encore d'un extérieur étonnant de piété. C'est pourquoi l'apôtre saint Paul a marqué si expressément son hypocrisie. Jamais l'esprit de mensonge n'a été plus justement attribué à aucune secte..., la facilité qu'ils avaient à trahir leur conscience y faisait voir une certaine insensibilité que saint Paul exprime admirablement par le cautère qui rend les chairs insensibles en les mortifiant » (Hist. des Variat., L. XI). Entrons dans le détail : les dogmes anti-chrétiens, impies et absurdes, la morale dégradante, abjecte et anti-sociale du manichéisme devaient paraître bien révoltants aux esprits droits et aux cœurs vertueux, si on les leur eût présentés à découvert; mais nulle secte ne sut jamais déguiser aussi perfidement ses doctrines et ménager plus habilement la crédulité même ou exploiter la curiosité de ceux qu'elle voulait séduire. Les manichéens avaient un zèle et une adresse incroyables pour s'insinuer dans les esprits et les cœurs, pour se faire des partisans nombreux et dévoués. Quelques-uns, pour mieux tromper les catholiques, affectaient de n'employer que les expressions de l'Ecriture et le langage de l'Eglise sur nos dogmes les plus importants, la Trinité, l'Incarnation, la maternité divine de Marie, le culte de la croix,

<hr />

(2) Loys prist la croix de l'autorité de sainte Eglise pour aler contre les B...... en Aubigeois, qui estoient contreres à la foi chrétienne (Vie de saint Louis, par le confesseur de la reine Marguerite). Le P. Daniel rapporte une épitaphe où il est dit de Gui de Montfort que « pour la foi il monrut contre les B ..... en Albigeois, » et sur cette lettre B......, il fait ce renvoi naïf : le mot est tout au long dans l'épitaphe, au monastère des religieuses de Montargis (V. les éclaircissements de M. Guizot, 1er volume de l'Histoire des Albigeois).

le Baptême (1), l'Eucharistie (2). D'autres, avec Aristocrète, un de leurs plus célèbres docteurs, renouvelaient le système des éclectiques alexandrins, prétendant que les religions païenne, juive et chrétienne, s'accordent et se ressemblent pour le fond et ne diffèrent que par des cérémonies ou des croyances purement accessoires. Tous se vantaient non-seulement d'enseigner la vérité, mais encore de la rendre parfaitement intelligible, et méprisant la foi qui oblige à croire ce que l'on ne comprend pas, ils promettaient de n'enseigner que ce qu'ils pouvaient démontrer évidemment par la raison. Affichant une hardiesse incroyable d'interprétation, ils prétendaient pénétrer, à l'aide d'une exégèse extravagante, les plus profonds mystères de la foi auxquels ils substituaient, avec une rare impudence, les erreurs les plus absurdes, des contradictions manifestes, de révoltantes immoralités. Proscrits dès leur naissance, ils crurent pouvoir se permettre sans crime la dissimulation, le mensonge, le parjure, la calomnie, la trahison et les fausses professions de foi. Des paroles qui ne respiraient que l'humilité la plus sincère, l'affectation d'une morale austère et d'une vie mortifiée par la pénitence et le jeûne, une vie pauvre, un extérieur modeste et composé, une adresse singulière à travestir et à dénier la doctrine, la conduite et les mœurs du clergé catholique, à rendre l'Eglise odieuse et méprisable, une attention continuelle à ménager par l'adulation et à réunir dans une haine commune toutes les sectes séparées du catholicisme, une habileté extrême pour mettre en œuvre tout ce qui peut flatter l'orgueil et piquer la curiosité en augmentant le désir de connaître à fond une doctrine condamnée à s'envelopper des ombres du mystère ; enfin l'hypocrisie la plus profonde unie au prosélytisme le plus ardent, le plus perfide, le mensonge dans la faiblesse, l'audace et la cruauté dans la force, tels furent les moyens que les manichéens employèrent constamment pour séduire les âmes simples. Tant de sophismes et de fourberies, une morale si commode pour les passions, expliquent suffisamment les progrès rapides et la longue durée du manichéisme ; on conçoit comment il put gagner un si grand nombre d'hommes inexpérimentés, ignorants, corrompus, et quelquefois même les plus beaux génies et les cœurs les plus droits ; car, malgré la pénétration de son esprit et sa loyauté, saint Augustin tomba dans cette erreur, et la secte sut le retenir pendant neuf ans ; mais enfin détrompé, il attesta qu'il avait embrassé le manichéisme sans le bien connaître, moins encore par conviction que par l'envie et la joie maligne de contredire et d'embarrasser les catholiques, et surtout de mériter les applaudissements des coryphées du parti, qui le comblaient des plus grands éloges toutes les fois qu'il avait paru triompher dans la discussion. Mais une fois converti, il consacra ses talents, son génie, sa vie, ses travaux, sa vie toute entière à la défense de la vérité et de l'Eglise, les manichéens trouvèrent en lui un adversaire d'autant plus redoutable qu'il les connaissait mieux, et qu'il était plus habile à démasquer leur hypocrisie et à confondre leur système. Le manichéisme était une des sectes dont on revenait le plus difficilement, parce qu'il avait, pour tromper les simples, des prestiges et des illusions inouïes, et que les sectaires savaient, en débitant les absurdités les plus palpables, mêler dans leurs discours *je ne sais quoi de si éblouissant, et une force si prodigieuse de séduction*, dit Bossuet, qu'il était bien difficile d'échapper à leurs piéges. Un autre caractère des manichéens est qu'ils excellaient dans l'art de dissimuler ; « ils cachaient ce qu'il y avait de plus abominable dans leur secte avec un artifice si profond, continue le même auteur, que non-seulement ceux qui n'en étaient pas, mais encore ceux qui en étaient, y passaient un long temps sans le savoir : ceux qui connaissaient tout le mystère en dérobaient soigneusement l'abominable secret jusqu'à ce qu'on y eût été préparé en passant par tous les degrés de la corruption. » Enfin , ils déployaient une adresse inconcevable à se confondre parmi les

fidèles et à s'y cacher sous l'extérieur des plus fervents catholiques. On conçoit qu'ils aient pu porter le fanatisme jusqu'aux derniers excès, jusqu'à mourir plutôt que d'abjurer leurs détestables principes ; on conçoit qu'ils aient réussi à faire mépriser et haïr l'Eglise, à déposer dans les esprits et dans les cœurs ces préjugés aveugles, cette haine profonde, qui armeront plus tard contre le catholicisme Wiclef et Jean Huss. Luther et Calvin. — Il nous reste à examiner comment la société politique et l'Eglise se défendirent contre une secte qui menaçait de détruire à la fois la famille, l'Etat, la civilisation, la morale et la religion. — Dès son origine, le manichéisme fut proscrit dans son premier auteur, Manès, par le roi de Perse, et plus tard il fut rudement poursuivi par les empereurs romains, qui voulaient peut-être châtier en lui les ennemis de l'empire, les Perses chez qui il avait pris naissance, et qui tenaient surtout à punir les infâmes abus de la magie dont la secte faisait profession. Dioclétien publia, en 296, un édit portant que les chefs des manichéens seraient brûlés avec leurs livres abominables, que les sectaires de condition seraient condamnés aux mines et leurs biens confisqués, et que les autres auraient la tête tranchée. Cette loi fut maintenue par les empereurs chrétiens, mais le temps et la coutume en adoucirent la rigueur. Plusieurs lois promulguées dans la suite par Valentinien, Gratien, Théodose, et par les empereurs suivants, restreignirent la peine de mort aux principaux chefs de la secte, ordonnèrent que les autres seraient bannis des villes de l'empire, les déclarèrent infâmes, privés du droit de tester, de succéder même aux biens paternels et maternels, incapables de contracter, de paraître en justice et de remplir aucune charge ; elles proscrivirent surtout leurs assemblées, et comme ils mettaient en œuvre toutes les fourberies pour échapper aux recherches, il fut ordonné à tout le monde de les dénoncer, même sans les formalités juridiques. En un mot, parmi les sectes proscrites par les lois impériales, et qui sont au nombre de trente-sept dans le *Code Théodosien*, le manichéisme est traité avec plus de rigueur que les autres. L'Eglise seconda l'empire, mais elle n'employa, jusqu'au XIIIᵉ siècle, que les armes spirituelles : ses plus illustres docteurs, l'évêque Archélaüs, saint Victorin, évêque de Pettau, le prêtre Piérius, qui dirigea l'école d'Alexandrie avec tant de gloire qu'on le surnommait le nouvel Origène, saint Anatole, évêque de Laodicée, Théodoret, saint Epiphane, saint Augustin, saint Cyrille de Jérusalem, saint Léon-le-Grand, saint Bernard, et après eux un grand nombre d'auteurs publièrent successivement de savantes réfutations ; on assembla souvent des conciles qui prononcèrent des peines rigoureuses contre ces fanatiques sectaires ; enfin, on prêcha la Croisade, et des armées nombreuses marchèrent contre ces ennemis de toute morale, de tout ordre et de toute autorité. La persuasion et la science, la force et les châtiments, tout fut mis en œuvre pour ramener ces fanatiques sectaires et mettre un terme à leurs brigandages ; il fallut vingt ans de guerre pour triompher de leur opiniâtreté à soutenir, les armes à la main, un système qui laissait toutes les passions sans frein et tous les crimes sans remords. C'est au nom de ces bandes dévastatrices, c'est pour réhabiliter leur mémoire que l'on a calomnié et que l'on calomnie encore l'Eglise et les princes qui sauvèrent la civilisation. On imprimait encore en 1846 : « On n'a vu longtemps que des hérétiques (l'histoire dit : des brigands) dans ces hommes dans lesquels il faut voir les précurseurs de la civilisation moderne. Les Albigeois tiraient leur origine des manichéens d'Arménie, ils avaient pour but de régénérer les mœurs de la société européenne (sic). Pour cela, ils ne se contentaient pas de prêcher l'Evangile (ils l'ont bien prouvé aux catholiques du Midi), comme les moines et les prêtres, persuadés que leurs discours ne seraient pas plus efficaces que les sermons prononcés dans les temples du catholicisme, s'ils ne joignaient l'exemple au conseil, et s'ils ne pratiquaient pas eux-mêmes les vertus (les vertus des manichéens) qu'ils voulaient propager ; ils firent vœu d'indigence, marchèrent pieds nus, s'abstinrent de toutes les jouissances de la vie matérielle (quels apôtres !), se conduisirent enfin de manière à édifier les mêmes peuples dont les mauvaises mœurs du clergé scandalisaient depuis longtemps. Ils eurent ainsi bientôt tous les cœurs » (*Revue Indépendante*, décembre 1846). Que répondre à des hommes qui font ainsi doublement mentir l'histoire en dénaturant les faits en eux-mêmes et par des appréciations aussi niaisement injustes ? Rien. Nous les renvoyons, non pas aux chroniques du temps ou aux traditions populaires, mais à l'historien protestant du manichéisme et du pape Innocent III, ou à M. Michelet. Que nos lecteurs se

(1) On leur demandait, par exemple, s'ils recevaient le baptême ; ils le juraient au besoin ; mais ils entendaient par l'eau du baptême la doctrine purifiante de Jésus-Christ. Ils usaient fréquemment de semblables équivoques, dit le moine Ecbert, et il fallait une adresse infinie pour pénétrer le vrai sens de leur langage allégorique.

(2) Voici une équivoque qu'on n'aurait jamais devinée : ils rejetaient l'eucharistie ; et quand on leur demandait s'ils consacraient le corps et le sang de Jésus-Christ, ils l'affirmaient hardiment, voulant dire que leur propre corps, qu'ils formaient en quelque sorte en mangeant, le corps de Jésus-Christ, parce que, selon saint Paul, tout chrétien est membre du Sauveur. Telle était la bonne foi des sectaires.

souviennent et comparent : le contraste n'a pas besoin de commentaire. J.

MANIE, s. f., folie qui n'est pas complète comme la démence, et qui se manifeste par accès intermittents. Il se dit, quelque fois, d'une folie dans laquelle l'imagination est constamment frappée d'une idée particulière. (*Voy.* MONOMANIE.) Il signifie, par extension, habitude bizarre, contraire à la raison. Il signifie encore, par extension, goût porté jusqu'à l'excès.

MANIES (*myth. gr.*), divinités grecques, les mêmes que les furies suivant Pausanias. Manies, (*myth. rom.*), se dit quelquefois des larves. Manies (*ant. rom.*), personnages fabuleux représentés par des masques dont on faisait peur aux enfants.

MANIEMENT, s. m. (on prononce maniment), action de manier. Le maniement des armes, l'exercice de pied ferme qu'on fait faire aux soldats, pour leur apprendre à bien manier l'arme. Maniement se dit figurément, pour administration, gestion.

MANIER, v. a. prendre, tâter, toucher avec la main. Prov. je ne l'ai vu ni manié, cela ne m'est tombé ni sous les yeux, ni sous les mains, je ne sais où cela est. Manier signifie aussi se servir de quelque outil, de quelque instrument, etc. Il signifie encore employer la matière propre à quelque ouvrage. Il s'emploie figurément dans les deux sens qui précèdent en parlant des productions de l'esprit : Manier un esprit, un caractère, une personne, les tourner, les gouverner à son gré. En terme de manège, manier un cheval, le faire aller, le mener. Manier, signifie particulièrement, avoir à sa disposition, administrer, gérer, manier une affaire, la diriger, la conduire; fam. cela ne se manie pas ainsi, cela n'est pas aisé à manier, se dit à une personne qui, dans une affaire, s'avise de mauvais expédients.

MANIÈRE, s. f. façon, sorte. Manière, employé absolument, signifie quelquefois, façon d'agir habituelle. Manière de parler, expression, locution. Prov. Manière de parler, chose dite sans conséquence, et avec une exagération notoire; prov. faire quelque chose par manière d'acquit, négligemment, et parce qu'on ne peut guère s'en dispenser. Par manière de dire, de conversation, sans avoir aucun dessein formé d'en parler, sans y mettre d'importance. Manière signifie aussi espèce, apparence. Manière en peinture, s'écrit de la façon de composer et de peindre qui est propre à un artiste, à une école. Il se dit par extension, en parlant des ouvrages de littérature. Manière, signifie aussi, affectation, recherche, exagération. Manière sau pluriel, se dit de la façon d'être ou d'agir dans le commerce de la vie. De manière que, locution conjonctive, de sorte que. De manière à, locution prépositive. De façon à.

MANIÉRÉ, ÉE, adj. qui est remarquable par quelque affectation dans son maintien, dans ses manières, il signifie en littérature, en peinture, en sculpture, etc., qui a de la manière, où il y a de la manière.

MANIFESTAIRE, (*hist. relig.*) nom donné à des anabaptistes de Prusse qui se croyaient dans l'obligation absolue d'avouer toutes leurs opinions religieuses, chaque fois qu'ils étaient interrogés à ce sujet.

MANIFESTATION, s. f., action par laquelle on manifeste quelque chose; il est plus particulièrement usité dans les matières de religion.

MANIFESTE, adj., des deux genres, notoire, évident, connu de tout le monde.

MANIFESTE, s. m., écrit public par lequel un prince, un état, un parti, une personne de grande considération, rend raison de sa conduite dans quelque affaire importante.

MANIFESTER, v. a., faire connaître, découvrir, mettre au grand jour. Il s'emploie aussi avec le pronom personnel.

MANIGANCE, s. f., manœuvre secrète, procédé artificieux, petite intrigue.

MANIGANCER, v. a., traîner secrètement quelque petite intrigue; il est familier.

MANIHOT, (bot.), manihot, Plum. Janipha, Kunth. Genre de la famille des euphorbiacées, de la monœcie décandrie de Linné. Il renferme des arbres et des arbrisseaux à suc laiteux, abondant, à feuilles alternes et palmées, dont les fleurs d'un brun jaunâtre sont réunies en grappes paniculées, axillaires ou terminales; ces fleurs sont monoïques, et présentent un périanthe simple ou un calice campanulé, divisé profondément en 5 lobes; dans les mâles on trouve 10 étamines dont les filets libres et distincts les uns des autres sont alternativement longs et courts, et s'insèrent sur le bord d'un disque charnu et comme festonné, les fleurs femelles ont leur ovaire posé sur un disque charnu, il est creusé de

3 loges uni-ovulées, et il supporte à son extrémité, un style court, terminé par trois stigmates à plusieurs lobes réunis en une masse comme rugueuse; à ce pistil succède un fruit qui se partage à la maturité en trois coques bivalves. — Nous citerons le manihot comestible (*jatropha manihot, Lin.*) connu sous les noms vulgaires de manioc, magnioc. C'est un sous-arbrisseau de l'Amérique méridionale. Ses feuilles sont palmées, à lobes lancéolés, lisses, très entiers. La partie utile de cette plante est la racine qui acquiert souvent un volume considérable et dont le tissu renferme une grande quantité de fécule. A l'état frais elle contient en même temps, en grande abondance, un suc laiteux vénéneux; mais la substance qui lui donne ces propriétés délétères est très volatile car elle disparaît par l'effet de la cuisson. Ce suc frais distillé devient un poison si violent, que quelques gouttes appliquées sur la langue d'un chien le fait périr en quelques minutes. Pour employer la racine de manioc, on la lave, on la pèle, on la râpe, et on la soumet à une forte pression pour en extraire le suc, la matière qui reste alors constitue la farine de manioc. Quand on la râpe, il s'écoule un suc qui dépose une fécule très estimée, cette fécule desséchée sur des plaques chaudes, se présente sous la forme de petits grains irréguliers et durs, qui constituent le *tapioka* ou *sagou blanc*. J. P.

MANILIA, loi décrétée l'an de Rome 686, 68 ans avant J.-C., sous les auspices du tribun C. Manilius, en vertu de laquelle Pompée fut chargé de la conduite de la guerre contre Mithridate. On connaît la belle harangue que Cicéron prononça en faveur de cette loi.

MANILIUS (C.), tribun du peuple l'an de Rome 686, 68 ans avant J.-C., proposa plusieurs lois populaires. Il chercha à s'assurer une protection puissante en proposant une loi qui donnait à Pompée le commandement de la guerre contre Mithridate et Tigrane, avec des pouvoirs immenses. Cette loi fut appuyée par Cicéron, qui prononça à cette occasion le discours connu sous le nom de *Pro lege Manilia*.

MANILIUS (M. ou C.), auteur d'un poème didactique sur l'astronomie ou pour mieux dire sur l'astrologie. La diction est généralement remarquable par l'énergie et même par la pureté et l'élégance, ce qui a engagé quelques critiques à le placer parmi les poètes du siècle d'Auguste; mais la dureté de sa versification et la bizarrerie assez fréquente de ses constructions doit faire douter fortement de cette hypothèse. On ignore de même quelle était sa patrie; deux vers de son poème (le 41 et le 776), donneraient à entendre qu'il était de Rome; mais il est possible que ces vers aient été interpolés. Au reste aucun auteur ancien ne fait mention de ce poète ni de ses ouvrages. Dans un petit nombre de manuscrits il est nommé Manlius ou Mallius. Les meilleures éditions des astronomiques de Manilius sont celles de Scaliger, Leyde, 1600, et de Bentley, Londres, 1738.

MANILLE, ville située sur la côte occidentale de l'île de Luçon et capitale des possessions espagnoles dans la Malaisie. Elle se partage en deux villes parfaitement distinctes; d'un côté la forteresse ou la ville militaire, avec ses fortifications; de l'autre l'immense et populeux faubourg de Binondo, dont toutes les issues donnent sur la campagne. Un beau pont en pierre est jeté entre ces deux quartiers. Dominée par une infinité de grands édifices sombres et sévères, des églises gigantesques, des couvents et des casernes qui ont l'air de prisons d'état, Manille, cité triste comme on en voit peu, abrite derrière ses noires murailles, les hauts fonctionnaires, la noblesse et la riche bourgeoisie. La plupart de ses édifices ne manquent pas pourtant de majesté, et ils témoignent hautement de la puissance de la nation espagnole à l'époque de leur construction. On remarque surtout le palais du gouvernement, le palais épiscopal et la cathédrale. Au milieu de la ville est une place d'armes médiocrement spacieuse, où l'on voit un simulacre de jardin botanique et une statue de Ferdinand VII. Les rues sont droites, larges, pavées; mais les maisons n'ont qu'un étage avec un balcon ou une galerie couverte surplombant la voie publique. Dans le jour toutes les portes sont fermées; la ville ne s'anime que le soir après le coucher du soleil; d'élégants équipages ducaux promènent quelques-uns ont jusqu'à quatre. chevaux s'élancent en même temps de toutes les portes cochères et se dirigent vers l'*Alaméda*, belle et gracieuse promenade tracée sur les glacis au bord de la mer. A Binondo, la physionomie change; c'est le quartier des commerçants, et tout y est constamment en mouvement. On y trouve quelques beaux édifices dédiés au culte, au commerce, à l'industrie. En somme Manille est une capitale vaste, opulente, industrieuse et c'est la ville la plus considérable de l'Océanie. On n'y compte pas moins de 150,000 habitants.

MANIPA (*relation*), idole à neuf têtes, adorée dans les royaumes de Tangut et de Barantola.

MANIPULAIRE, s. m., t. d'antiq. rom. Chef d'une des compagnies dont la cohorte romaine était composée. Il est aussi adjectif des deux genres, et signifie alors qui appartient au manipule.

MANIPULE, (*ant. rom.*), il se dit de l'enseigne d'un peloton de la milice Romaine. Le manipule fut primitivement une poignée d'herbe ou de foin, ce fut ensuite une haste surmontée d'une main de bronze, au-dessous de laquelle on suspendait un bouclier, une couronne, etc. Il se dit aussi du peloton lui-même qui était le tiers de la cohorte; il se composa d'abord d'une centaine d'hommes; après la bataille de Cannes, il comprit jusqu'à 200 hommes ou deux centuries. Après Marius le mot Manipule ne désigna plus qu'un peloton, un groupe formé d'un nombre indéterminé de soldats. Manipules de cordelettes (*diplom.*), se dit quelquefois des quipos ou nœuds dont les Péruviens se servaient en place d'écriture. Manipule pyrotechnique (*hist. mil.*), faisceau de pétards liés ensemble qu'on jetait à la main dans les rangs ennemis.

MANIPULE, s. m., ornement que le prêtre catholique porte au bras gauche lorsqu'il célèbre la messe, et que le diacre et le sous-diacre portent aussi quand ils servent à l'autel.

MANIPULE (*médec.*), s. m., ce mot est quelquefois employé dans les formules pour indiquer la quantité d'une substance médicamenteuse quelconque que la main peut contenir, ou que l'on peut empoigner d'une seule main. Cette quantité est désignée, dans les formules, par la lettre M, suivie de chiffres qui indiquent le nombre de poignées que l'on doit prendre; ainsi M ij signifie deux poignées. Mais on conçoit que, selon la grandeur des mains, il doit exister de grandes différences dans les quantités ainsi mesurées: aussi les auteurs du Codex ont-ils indiqué, pour certaines substances, à quel poids équivaut la poignée.

MANIPULER, v. a., t. de chim. et de pharm. Opérer avec la main sur les substances qu'on extrait, qu'on décompose, qu'on mêle, etc. Il s'emploie aussi absolument.

MANIQUE, s. f., espèce de gant ou demi-gant que certains ouvriers se mettent à la main, pour qu'elle puisse résister au travail.

MANITOU, (*myth. amér.*), il se dit des fétiches des habitants de la baie d'Hudson, et de la plupart des sauvages de l'Amérique septentrionale. Chaque peuplade et même chaque individu, choisit un être vivant ou inanimé et prend pour son Manitou l'esprit qu'il attribue à cet être. Le grand Manitou se dit chez ces peuples pour le grand esprit, l'être suprême.

MANLIUS (M., CAPITOLINUS), le plus célèbre de ceux qui ont porté ce nom, fut le sauveur du Capitole. Consul l'an de Rome 362, avant J.-C. 392, il remporta une victoire sur les Eques, sur le mont Algide, et reçut les honneurs du triomphe. Deux ans après, lorsque Rome fut prise par les Gaulois, il se réfugia dans le Capitole, à la tête de quelques soldats et de quelques sénateurs; l'ennemi ayant tenté de surprendre cette forteresse à la faveur de la nuit, Manlius se réveilla au cri des oies, et renversa les Gaulois des murailles et de la citadelle. Cette action lui fit donner le surnom de Capitolinus. Dans la suite, mécontent du sénat, qui élevait Camille, son rival de gloire, aux premières dignités, et le laissait dans l'oubli, il passa dans le parti de la multitude, et proposa d'abolir les taxes qui pesaient sur les citoyens. Le dictateur Cornelius Cossus le fit arrêter comme rebelle; mais le peuple, qui le regardait comme son père, prit le deuil, et lui rendit la liberté. Cet événement ne fit qu'augmenter l'ambition de Manlius; il excita des troubles, et conçut le projet d'usurper la souveraine puissance. Alors les tribuns du peuple eux-mêmes devinrent ses accusateurs; il fut cité dans le Champ-de-Mars; mais le peuple, qui voyait de là le Capitole, qu'il avait sauvé, ne put se résoudre à le condamner. On convoqua l'assemblée dans un autre endroit, et, Manlius ayant été condamné à mort, on le précipita de la roche Tarpéienne, l'an de Rome 370. Sa maison fut abattue, et l'on défendit à ses descendants de prendre le prénom de Marcus.

MANLIUS, (L., IMPERIOSUS), père de Manlius Torquatus, fut nommé dictateur l'an 363 avant J.-C. Il fut obligé d'abdiquer la dictature, les tribuns du peuple s'étant soulevés contre lui à cause des levées qu'il entreprit de faire, afin de livrer la guerre aux Herniques. Son despotisme lui fit donner le nom d'Imperiosus, et ses violences le rendirent odieux au peuple romain. Il fut sur le point d'être accusé en sortant de charge.

MANLIUS, (L., TORQUATUS), fils de Manlius Imperiosus. Comme il avait une grande difficulté à parler, son père regardant ce défaut comme un obstacle qui empêcherait son fils de parvenir, le relégua à la campagne, où il resta quelque temps enfermé avec les esclaves, occupé aux travaux les plus vils. Vers ce temps son père ayant été cité en justice par le tribun Marcus Pomponius, Manlius Torquatus résolut de sauver son père, malgré son injustice envers lui; il alla secrètement chez le tribun, et, le poignard à la main, lui fit jurer qu'il abandonnerait son accusation. Cette action généreuse toucha le peuple, qui le nomma l'année d'après tribun des soldats. La guerre que les Romains faisaient à cette époque contre les Gaulois fournit à Manlius l'occasion de signaler sa valeur. Un Gaulois d'une taille gigantesque ayant défié au combat le plus brave des Romains, Manlius demanda la permission de le combattre, le tua, et s'empara de ses dépouilles. C'est à cette époque qu'il fut nommé Torquatus, de *torques*, espèce de collier qu'il enleva à son ennemi. Quelques années après il fut créé dictateur, et eut la gloire d'être le premier Romain élevé à cette dignité avant d'avoir été consul. Il fut ensuite nommé consul, 347, 344 et 340 ans avant J.-C. Cette dernière année il fut envoyé contre les Latins. Le jeune Manlius, son fils, accepta dans le cours de cette guerre un défi qui lui fut présenté par un des chefs des ennemis. Les généraux romains avaient fait défense d'en accepter aucun; mais le jeune héros, animé par le souvenir de la victoire que son père avait remportée dans une pareille occasion, attaqua et terrassa son adversaire. Victorieux, mais désobéissant, il revint au camp, où il reçut par ordre de son père une couronne et la mort. Cette sévérité le rendit odieux au peuple, et, quoique le sénat lui eût décerné les honneurs du triomphe, la jeunesse romaine lui refusa les hommages qu'elle avait coutume de rendre aux généraux vainqueurs. On offrit quelque temps après la censure à Torquatus; mais il refusa cette charge, en disant que le peuple ne pourrait souffrir sa sévérité, ni lui les vices du peuple. La sévérité de son caractère fit donner aux édits rigoureux le nom de *Manliana edicta*.

MANLIUS (TORQUATUS), deux fois consul, 235 et 224 avant J.-C. Pendant son premier consulat il soumit la Sardaigne tout entière aux Romains, et reçut le triomphe. Rome se trouva alors sans guerre, ce qui ne s'était vu depuis Numa, et le temple de Janus fut fermé pour la seconde fois. Après la bataille de Cannes Torquatus s'opposa à ce qu'on relachât les prisonniers romains que les Carthaginois avaient faits. L'année suivante il remporta une victoire célèbre sur les Carthaginois et les Sardiens, où Magon et Hannon furent faits prisonniers. L'an 212 avant J.-C. il refusa le consulat. Il fut cependant, l'an 208 av. J.-C., nommé dictateur et ensuite député en Grèce.

MANLIUS (VULSON), édile curule 199 ans av. J.-C. avec P. Cornélius Scipion. Ces deux magistrats firent représenter dans le cirque et le théâtre les jeux romains, dans lesquels ils déployèrent une magnificence jusque-là sans exemple à Rome. Consul, 191 an av. J.-C., il fut le commandement de l'armée de L. Scipion en Asie, fit la guerre aux Gallo-Grecs, et les subjuga. A son retour il reçut les honneurs du triomphe, après une forte opposition. Manlius Vulson distribua alors quarante-deux deniers par tête aux soldats, et quatre-vingt-quatre aux centurions; il doubla la paie des paisants, et tripla celle des cavaliers.

MANMADIN (*myth. ind.*), le Dieu de l'amour, fils de Vichnou et de Lakchmi.

MANIVEAU, s. m., petit plateau d'osier sur lequel on range certains comestibles pour les vendre.

MANIVELLE, s. f., pièce de fer ou de bois qui se replie deux fois à angle droit, et, placée à l'extrémité d'un arbre ou essieu, sert à le faire tourner.

MANNE, *manna* (*bot.*). On donne ce nom à la matière concrète et sucrée qui exsude de plusieurs espèces de frênes et principalement du *fraxinus ornus* et du *fr. rotundifolia*, arbres qui croissent abondance pratique-t-on à la partie en Italie et en Sicile. Cette substance qui s'écoule naturellement par l'épiderme et par les fentes de l'écorce, ne fournit pas une assez grande quantité aux besoins de l'homme, aussi pour la faire couler en plus grande abondance pratique-t-on à la partie supérieure et sur l'un des côtés du tronc des incisions longitudinales profondes, par lesquelles le suc propre de la sève s'échappe et forme en se concrétant la manne. Cette substance varie à l'infini par la couleur, la saveur, l'odeur et la pureté; ces variétés dépendent non-seulement des procédés d'extraction, mais encore de la saison pendant laquelle on l'a recueillie. On distingue dans le commerce trois sortes de manne. La manne en larmes, la plus pure de toutes se recueille aux mois de juillet et d'août; elle se présente en morceaux irréguliers, secs, blanchâtres, d'un aspect cristallisé ou granuleux, d'une saveur douce et sucrée; à l'état frais, elle est employée par les habitants en guise de sucre, et ce n'est qu'avec le temps qu'elle acquiert ses propriétés laxatives. La manne en sorte qui se récolte en septembre et octobre, se desséchant moins promptement à cause de la température moins élevée de la saison, coule le long de l'arbre, s'y salit et y subit un commencement de décomposition. Cette variété se présente en petites lames nombreuses, agglutinées par un liquide sirupeux; la saveur en est plus sucrée que celle de la précédente, mais aussi plus nauséabonde; c'est la plus usitée en médecine. La manne grasse qui se récolte dans les derniers mois de l'année, coule le long de l'arbre, et vient s'amasser au pied, dans de petites fosses préparées à l'avance; elle y forme des masses poisseuses, mêlées de corps étrangers. Sa saveur est désagréable, et son odeur très nauséabonde. La manne en larmes, analysée par M. Thénard, a donné, 1° un principe sucré cristallisable, nommé mannite; 2° du sucre incristallisable en petite quantité; 3° enfin, une matière muqueuse, également incristallisable, d'odeur et de saveur nauséabondes et dans laquelle paraît résider la propriété purgative de la manne.　　　J. P.

MANNE (LOUIS-CHARLES-JOSEPH DE), l'un des conservateurs et administrateurs de la bibliothèque royale pour les livres imprimés, naquit à Paris le 19 septembre 1773. Le temps qu'il n'employait pas aux fonctions de sa place, était destiné spécialement aux recherches géographiques. Il a publié en 1802, une notice raisonnée des ouvrages de Dauville, à laquelle M. Barbier du Bocage a fourni des remarques et quelques détails. Depuis longtemps il s'occupait à élever à ce célèbre géographe un monument digne de lui. Seul propriétaire des planches gravées, des dessins et des fonds des cartes de d'Anville, il se proposait de donner une édition complète de ses œuvres; elle était même annoncée en 6 vol. in-4° dont l'impression était commencée à l'imprimerie royale depuis plusieurs années. Ce savant n'a pu la voir terminer : il est mort à Paris le 23 juillet 1832. C'était un homme instruit, modeste et sage. Nous croyons savoir que ses principes religieux ne bornaient pas à la théorie. Eprouvé par de longues souffrances, il n'a point attendu ses derniers moments pour recevoir les sacrements; il les a demandés avec instance. Ses sentiments de foi et de résignation ont édifié et consolé ceux qui l'approchaient; sa maladie ne tenait point à l'épidémie qui régnait alors dans la capitale. De Manne était membre de la société asiatique.

MANNEQUIN, s. m., panier long et étroit, dans lequel on apporte des fruits et de la marée du marché. Il se dit aussi d'un panier d'osier à claire-voie, dans lequel on élève des arbres destinés à regarnir un jardin. Mannequin se dit en outre d'une figure imitant le corps humain, dont tous les membres ont des jointures brisées qui imitent le jeu des articulations, et sur laquelle les peintres et les sculpteurs ajustent des draperies, après lui avoir donné l'attitude de la figure qu'ils veulent représenter. Cette figure sent le mannequin, elle manque de naturel. Fig. et fam., c'est un vrai mannequin, c'est un homme nul, sans caractère, que l'on fait mouvoir comme on veut.

MANNERT (CONRAD), historien et géographe distingué, naquit le 17 avril 1756, à Altdorf en Bavière. Après avoir fait ses études à l'ancienne université de cette ville, il fut nommé professeur à l'école principale de Nuremberg, fonction qu'il échangea, en 1788, contre celle de recteur au gymnase de Saint-Gilles de la même ville. En 1797, il fut chargé d'une chaire de philosophie à l'université d'Altdorf, et en 1808, il passa à celle de Landsut en qualité de professeur ordinaire d'histoire avec le titre de conseiller aulique; mais cette université ayant encore été supprimée (1826), il fut appelé à Munich où il mourut le 25 septembre 1834. Comme historien, Mannert, habitué à puiser les faits aux sources mêmes, fut surtout un excellent critique, ainsi que le prouvent son Histoire des Vandales (Leipz., 1785); son Histoire des successeurs immédiats d'Alexandre (ibid., 1787); son Abrégé de l'histoire de l'empire germanique (ibid., 1803; 3° éd., 1813); et son Histoire de la Bavière (ibid., 1826, 2 vol.); ouvrages auxquels

on peut ajouter encore les suivants : première Histoire de la Boïarie (Nuremb., 1807); l'empereur Louis IV (Landshut, 1812); Manuel de l'histoire ancienne (Berlin, 1818). Cependant le principal titre de gloire de Conrad Mannert est sa grande Géographie des Grecs et des Romains, qu'il publia d'abord seul, mais pour laquelle il s'adjoignit plus tard le savant M. Ukert (Nuremb., 1792-1825, 10 vol. in-8°). Il existe une seconde édition de plusieurs volumes de cet ouvrage qui a répandu une vive lumière sur le monde des anciens à l'aide des recherches et découvertes modernes. Ses observations sur l'étude de la diplomatique, publiées sous le titre modeste de Miscellanea (Nuremb., 1793), méritent aussi d'être mentionnées.

MANNING (ROBERT), prêtre catholique, né en Angleterre, vint faire ses études à Douai dans le collége anglais, et y prit les ordres. Il y fut ensuite professeur de théologie et se livra à la controverse contre les protestants. Retourné dans son pays, il y exerça avec beaucoup de zèle les fonctions de missionnaire. On a de lui les ouvrages suivants : 1° La controverse moderne, 1720; 2° la Conversion et la réformation de l'Angleterre comparées, 1725; 3° le Combat singulier. Il mourut dans le comté d'Essex, le 4 mars 1730.

MANNORY (LOUIS), né à Paris en 1696, avocat au Parlement, s'est distingué autant dans la littérature que dans le barreau. (Il avait été condisciple de Voltaire sous le père Porée, mais leur amitié cessa en 1746, lorsque Mannory se chargea de la cause de Travenol contre le nouvel académicien.) On a de lui : 1° une Traduction de l'oraison funèbre de Louis XIV, par le père Porée, l'original est bien rendu; 2° des Observations critiques sur quelques tragédies de Voltaire, qui montrent qu'il connaissait les règles de l'art dramatique; 3° Voltariana, 1748; c'est un recueil de critiques contre Voltaire; 4° des Mémoires et des Plaidoyers qui ont été recueillis en 18 vol. in-12. Mannory mourut en 1777.

MANNOZZI ou MANNOZI (JEAN), dit JEAN de Saint-Jean, du nom du lieu de sa naissance qui est un village près de Florence, fut un peintre célèbre. Cet artiste, mort en 1636, âgé de 46 ans, a illustré l'école de Florence, par la supériorité de son génie. Il rendait parfaitement la poétique de son art; rien n'est plus ingénieux et mieux exécuté que ce qu'il peignit dans les salles du palais du grand duc, pour honorer non les vertus politiques de Laurent de Médicis, mais son caractère bienfaisant et son goût pour les beaux-arts. Mannozzi réussissait particulièrement dans la peinture à fresque. Le temps n'a point de prise sur les ouvrages qu'il a faits en ce genre; ses couleurs sont, après plus d'un siècle, aussi fraîches que si elles venaient d'être employées. Ce maître était savant dans la perspective et l'optique, il a si bien imité des bas-reliefs de stuc qu'il faut y porter la main pour s'assurer qu'ils ne sont point de sculpture.

MANOEL (don FRANCESCO), poète lyrique portugais, naquit à Lisbonne en 1734. Il se consacra d'abord à l'étude de la musique; mais il ne tarda pas à y renoncer pour ne plus s'occuper que de littérature et de poésie. Les premiers qui reconnurent en lui un poète furent des étrangers qui visitaient les ruines de Lisbonne après le tremblement de terre de 1755, et à qui il servait de cicérone. Les Portugais, qui jusque-là n'avaient pas lu ses poésies, l'apprécièrent alors, et sa réputation alla toujours croissant; mais l'envie s'attacha bientôt à son talent. On révoqua en doute son orthodoxie, on lui fit un crime d'avoir traduit le Tartufe de Molière et on le dénonça à l'inquisition. Le 4 juillet 1778, celle-ci voulut se saisir de lui; mais il parvint à s'échapper et s'enfuit à Paris où le marquis de Marialva, ambassadeur du Portugal, le prit sous sa protection et mit sa vieillesse à l'abri du besoin. On estime surtout ses Odes et sa traduction des Fables de La Fontaine. Il a aussi traduit l'Obéron de Wieland. Manoël mourut le 25 février 1819. Ses œuvres complètes ont été imprimées sous le titre de Filinto Elysio (2° édit., Paris, 1818-19, 11 vol.).

MANOEUVRE, s. f., action ou opération de la main. Il signifie principalement en termes de marine, l'action de gouverner, de conduire un vaisseau, de régler ses mouvements, de lui faire faire toutes les évolutions nécessaires, soit pour la route, soit pour le combat. Manœuvre se dit aussi des mouvements qu'on fait exécuter à des troupes. Manœuvres au pluriel se dit de tous les cordages destinés à manier les voiles et à faire les autres services du vaisseau. Il se dit figurément des moyens qu'on emploie pour arriver à ses fins; et alors il se prend le plus souvent en mauvaise part.

MANOEUVRE, s. m., celui qui travaille de ses mains. On ne

l'emploie guère qu'en parlant de ceux qui servent les maçons, les couvreurs, etc. Il se dit figurément et par mépris d'un homme qui exécute grossièrement et par routine un ouvrage d'art. Fig., travail, ouvrage de manœuvre, se dit des ouvrages d'art et de littérature, qui n'exigent que du temps et de la patience.

MANŒUVRER, v. n., t. de mar., faire la manœuvre. Ce vaisseau manœuvre bien, il exécute bien ses mouvements. Manœuvrer se dit aussi en parlant des troupes qui exécutent des mouvements. Il se dit dans un sens plus étendu en parlant de l'art qu'un général déploie pour réussir dans ses projets, soit qu'il veuille attaquer l'ennemi, soit qu'il veuille l'éviter. Manœuvrer signifie figurément prendre des mesures pour faire réussir une affaire. Il s'emploie ordinairement en mauvaise part.

MANOIR (féod.), il s'est dit au moyen-âge, de toute habitation à laquelle était jointe une certaine étendue de territoire. Le manoir comprenait souvent douze arpents de terre; mais cette étendue variait suivant les localités. Tout possesseur de trois manoirs était tenu, dès le temps de Charlemagne, de marcher en personne à la guerre. Il y avait diverses sortes de manoirs que leurs qualifications distinguent suffisamment et qu'on appelait manoir seigneurial, manoir libre ou ingénu, et manoir servile. On disait aussi en ce sens Manse.

MANOU (myth. ind.), il se dit de quatorze personnages héroïques; chaque manou est le chef d'un Manwatara. Les Manous s'appellent aussi les mahébadieus. Il y a déjà paru sept manous. Le septième manou s'appelle Vevaswata.

MANOUVRIER, s. m., ouvrier qui travaille de ses mains et à la journée.

MANQUE, s. m., défaut, absence, privation. Trouver quelque chose de manque, le trouver de moins où il devait être. Manque s'emploie quelquefois en forme de préposition, et signifie faute. Au billard, un manque-à-toucher se dit lorsque le joueur n'atteint pas la bille sur laquelle il joue.

MANQUEMENT, s. m., faute d'omission. Il se dit aussi pour défaut, manque. En ce sens il est moins usité que manque.

MANQUER, v. n., faillir, tomber en faute. Il se dit à peu près, dans le même sens, en parlant des armes à feu, lorsqu'on veut tirer et que le coup ne part pas. Manquer signifie aussi tomber, périr. Il signifie également en parlant des choses, se dérober, s'affaisser. Le pied lui a manqué, le pied lui a glissé. Manquer signifie figurément faillir, faire banqueroute. Il signifie aussi défaillir. Il signifie encore faire faute. Manquer, en parlant d'une personne ou d'une chose, signifie aussi qu'elle est de moins là où elle devrait se trouver. Manquer, suivi de la préposition de signifie avoir faute de. Manquer de parole, manquer de foi, ne pas tenir sa parole, n'avoir pas de bonne foi. Il ne manque pas d'esprit, d'ambition, etc., il a de l'esprit, de l'ambition, etc. Manquer avec de et un verbe à l'infinitif, signifie omettre, oublier de faire quelque chose. Il signifie aussi courir quelque risque, être sur le point d'éprouver quelque accident, dans ce sens il est familier. Manquer, suivi de la préposition à, signifie ne pas faire ce qu'on doit à l'égard de quelqu'un ou de quelque chose. Manquer à quelqu'un, manquer aux égards, aux respects qu'on lui doit. Manquer est quelquefois actif, et signifie en général ne pas réussir dans ce qu'on a entrepris, ne pas rencontrer ce qu'on cherchait, etc. Manquer une pièce de gibier, la tirer et ne pas la tuer. Par menace, s'il me manque je ne le manquerai pas, il veut compter sur les effets de mon ressentiment. Fam., l'avoir manqué belle, avoir échappé à un grand danger.

MANRIQUEZ (ANGE), de Burgos, moine de l'ordre de Cîteaux, docteur en théologie à Salamanque, évêque de Badajoz l'an 1645, naquit en 1577 à Burgos. Il est mort l'an 1649, après avoir donné les annales de son ordre; on y chercherait en vain l'exactitude et la critique. Il a fait d'autres ouvrages dont on trouve la liste dans la *Nova bibliotheca Hispanæ* de Nicol Antonio.

MANS (LE) (*Cenomanum, Subdinnum, Vindinum*), ancienne capitale du Maine, aujourd'hui chef-lieu du département de la Sarthe. Fondé dans le iie siècle par les Romains qui en firent une place importante, fut entouré par eux d'une muraille que l'on voit encore presque entièrement dans la partie nord-est de son enceinte sur une longueur de 4 à 500 mètres, et dont il reste trois tours rondes assez bien conservées. Successivement pris par les Armoricains en 486, par Clovis en 510, par Thierry, roi de Bourgogne, en 598, et par Clo-

taire II, la même année, le Mans fut pris et saccagé par les Bretons et les Normands en 818, 844, 849, 865 et 866. Les comtes d'Anjou s'en rendirent maîtres en 1036, 1051, 1060 et 1062; puis les ducs de Normandie, les Anglais et enfin les Français en 1448. Le Mans ayant embrassé le parti de la ligue, Henri IV l'assiégea et le prit en personne. Pendant la révolution eut lieu sous ses murs la fameuse bataille qui mit fin aux guerres de la Vendée (1793). Les monuments les plus remarquables du Mans sont la cathédrale, bel édifice gothique dont la construction dura près de quatre siècles, et ne fut achevée qu'en 1434; l'église de la Couture, celle de St-Julien-du-Pré, l'hôtel-de-ville et celui de la préfecture. Il a des fabriques de cire, de bougies, de siamoises, de dentelles, d'étamines, de couvertures, de savon, des brasseries et des tanneries. Son commerce consiste en fer, bestiaux et volailles. 23,000 habitants.

MANSARD (FRANÇOIS), fameux architecte français, né à Ax et non à Paris en 1598, mourut en 1666. Cet artiste, si applaudi du public, avait beaucoup de peine à se satisfaire lui-même. Colbert lui ayant demandé ses plans pour les façades du Louvre, il lui en fit voir dont ce ministre fut si content, qu'il voulut lui faire promettre qu'il n'y changerait rien. L'architecte refusa de s'en charger à ces conditions, voulant toujours, répondit-il, se réserver le droit de mieux faire. Les magnifiques édifices élevés sur les plans de Mansard sont autant de monuments qui font honneur à son génie et à ses talents pour l'architecture. Il avait des idées nobles et magnifiques pour le dessin général d'un édifice, et un goût exquis et délicat pour tous les genres d'architecture qu'il employait. Ses ouvrages ont embelli Paris, ses environs et la province. Les principaux sont : le Portail de l'église des Feuillans, rue St-Honoré; l'église des filles Sainte-Marie, rue Saint-Antoine; le Portail des Minimes de la Place Royale; une partie de l'hôtel de Conti, l'hôtel Bouillon, celui de Toulouse et l'hôtel de Jars. L'église du Val-de-Grâce a été bâtie sur son dessin et conduite par ce célèbre architecte jusqu'au dessus de la grande corniche du dedans, mais des envieux lui firent interrompre ce magnifique bâtiment, dont on donna la conduite à d'autres architectes. Mansard a aussi fait les dessins du château de Maisons, dont il a dirigé les bâtiments et les jardins. Il a fait encore construire une infinité d'autres superbes châteaux, ceux de Balleroy en Normandie, de Choisy-sur-Seine, de Gèvres en Brie, une partie de celui de Fresne, où il y a une chapelle qu'on regarde comme un chef-d'œuvre d'architecture; c'est lui qui a inventé cette sorte de couverture brisée qu'on nomme mansardes.

MANSARD (JULES-HARDOUIN), neveu du précédent, mort en 1708, à 69 ans, fut chargé de la conduite de presque tous les bâtiments de Louis XIV. C'est sur ses dessins qu'on a construit la galerie du Palais-Royal, la place de Louis-le-Grand, celle des Victoires. Il a fait le dôme des Invalides, et mis la dernière main à cette magnifique église, dont le premier architecte fut Libéral Bruant. Mansard a encore donné le plan de la maison de Saint-Cyr, de la cascade de Saint-Cloud, de la Ménagerie, de l'Orangerie, des Ecuries, du château de Versailles et de la Chapelle, son dernier ouvrage, qu'il ne put voir finir avant sa mort.

MANSARDE, s. f., t. d'archit., fenêtre pratiquée dans la partie presque verticale d'un comble brisé. Il signifie aussi une chambre pratiquée sous un comble brisé.

MANSFELD (MAISON DE), une des plus anciennes de l'Allemagne. Elle tirait son nom d'un château situé dans l'ancien cercle de la Haute-Saxe. Cette famille, aujourd'hui éteinte, brilla d'un vif éclat dès le commencement du xiie siècle, où HOYER, l'un des premiers comtes de Mansfeld, généralissime de l'empereur Henri V, mourut glorieusement à la bataille de Welfsholz, en 1115. Lors de la réformation, le comte ALBERT embrassa chaudement la cause de Luther, né dans son comté, et devint un des principaux soutiens du protestantisme. Le comte VOLRATH, cinquième fils du précédent, se signala à la bataille de Montcontour et mourut en 1578. Le comte PIERRE-ERNEST fut gouverneur du Luxembourg et de Bruxelles; il mourut en 1604, après avoir obtenu le titre de prince du Saint-Empire. Son fils légitime, le prince CHARLES, qui se distingua dans les guerres de Flandre et de Hongrie, ne laissa pas de postérité.

MANSFELD (PIERRE-ERNEST, comte DE), frère naturel de ce dernier, un des plus célèbres hommes de guerre de son temps, fut élevé dans la religion catholique par son parrain l'archiduc Ernest d'Autriche, et rendit, ainsi que son frère, d'importants services au roi d'Espagne, dans les Pays-Bas, et à

Rodolphe II en Hongrie. Il arriva ainsi à se faire légitimer par ce dernier ; mais comme, malgré des promesses solennelles, on refusait de lui accorder la dignité de son père et les biens que celui-ci avait possédés dans les Pays-Bas, il se rangea, en 1610, du parti des princes protestants, embrassa le culte réformé, et devint un des plus dangereux ennemis de la maison d'Autriche. Pierre-Ernest s'unit, en 1618, aux mécontents de la Bohème, auxquels il amena des renforts. Il combattit longtemps dans ce pays et sur le Rhin pour la cause de l'électeur palatin Frédéric, fut mis au ban de l'empire et ravagea les terres des princes ecclésiastiques. Il éprouva plusieurs défaites, mais sans s'avouer vaincu. Avec l'argent de la France et de l'Angleterre, il leva, en 1625, une armée, dans le but d'envahir les états héréditaires de l'empereur. Battu près de Dessau par Wallenstein, cet échec ne l'empêcha pas de continuer sa marche vers la Hongrie, et de se réunir avec le prince de Transylvanie, Bethlen Gabor. Lorsque celui-ci changea de parti, Pierre-Ernest, après avoir licencié ce qui lui restait de troupes, avait formé le projet de passer par Venise en Angleterre, avec le petit nombre de partisans qu'il avait retenus, lorsqu'il tomba malade dans un village près de Zara, et mourut, en 1626, âgé de 40 ans. Son corps fut inhumé à Spalatro. Un comte Wolfgang de Mansfeld prit aussi une part très active à la guerre de 30 ans. Des deux lignes principales dans lesquelles était divisée la maison de Mansfeld, la luthérienne, celle de d'Eisleben, s'éteignit en 1710. Le comte Henri-François, de la branche catholique, reçut, en 1690, du roi Charles II d'Espagne, la principauté de Fondi, dans le royaume de Naples, et plus tard, l'empereur Léopold Ier, lui conféra la dignité de prince de l'Empire. Henri-Paul-François, dernier comte de Mansfeld et prince de Fondi, vendit cette principauté, et mourut, en 1780, sans postérité mâle. Sa fille unique apporta ses biens allodiaux en mariage à la maison princière de Colloredo, qui joignit alors à ce nom celui de Mansfeld. L'ancien comté de Mansfeld, situé dans la Thuringe septentrionale, et qui avait une population de 59,000 habitants sur 19 milles carrés géographiques, fut séquestré, en 1570, pour cause de dettes, par la Saxe électorale, et l'évêché de Magdebourg. Il renferme les petites villes de Mansfeld et d'Eisleben. Incorporé à la Prusse en 1814, il fait aujourd'hui partie de la régence de Mersebourg (prov. de Saxe).

MANSI (Jean-Dominique), clerc régulier de la Mère de Dieu, puis archevêque de Lucques, mort le 27 septembre 1769, est connu par la traduction en latin des Commentaires et du Dictionnaire de la Bible de dom Calmet, et par le supplément à la nouvelle édition des Conciles faite à Venise, 1728, 1732. On désirerait plus de netteté et de pureté dans le latin de ce pieux archevêque.

MANSION (V. lang.), demeure, habitation. Mansion, anc. t. milit. Camp ou campement. Mansions des Saliens (ant. rom.), espèce de reposoirs, où les Saliens qui portaient les ancilles, ou boucliers sacrés, pendant les fêtes de Mars, s'arrêtaient pour reprendre du repos et de la nourriture. Mansion sous l'empire Romain, lieu de repos, de relais, étape. C'est dans une mansion entre Héraclée et Constantinople, qu'Aurélien fut assassiné par deux de ses gens en 275. Journée, et plus tard demi-journée de chemin.

MANSIONNAIRE (hist. ecclés.), officier qui demeurait près de l'église, afin de la garder, le mansionnaire passait souvent la nuit dans l'église même. Les basiliques avaient des mensionnaires, ou gardiens chargés de les nettoyer et de les orner (Fleury). Mansionnaire (hist.), officier des rois de France de la 2e race, chargé de faire préparer et meubler les appartements royaux. C'était un maréchal du palais. Le chef des mansionnaires avait le titre de comte. Comte des mansionnaires.

MANSO (Jean-Gaspard-Frédéric), poète, critique et historien allemand, naquit à Blasenziell (Saxe-Gotha), le 26 mai 1759. Après avoir fait ses humanités dans la maison de son père et au gymnase de Gotha, il étudia la théologie à l'université d'Iéna ; mais en continuant de se livrer à la philologie. En 1785, il fut placé d'abord comme adjoint et plus tard comme professeur au gymnase de Gotha, d'où il passa, en 1790, à celui de Marie-Magdeleine, à Breslau, et, trois ans après, la direction de cet établissement lui ayant été confiée, il remplit honorablement cette charge jusqu'à sa mort, arrivée le 9 juin 1826. Indépendamment de son édition des poésies de Méléagre (Gotha, 1789), ce fut d'abord par des traductions que Manso fixa sur lui l'attention ; puis il fit paraître ses propres poésies dont il faut mentionner

l'*Art d'aimer* (Berlin, 1794), son épitre à Garve *sur la science calomniée*, et ce qu'il a appelé, à l'exemple de Herder, ses *Forêts poétiques*, insérées dans les mélanges (Leipz., 1801, 2 vol.). Parmi ses ouvrages en prose, on remarque surtout les suivants : *Essais sur quelques sujets mythologiques des Grecs et des Romains* (Leipz., 1794) ; *Sparte*, excellent essai sur l'histoire, la constitution et les mœurs des Lacédémoniens (Leip., 1800, 2 tome en 4 vol.) ; *Vie de Constantin-le-Grand* (Leipz., 1817) ; *Traités et morceaux variés* (Bresl., 1821) ; *Histoire de l'état prussien depuis la paix de Hubertsbourg* (Francf., 1819-20, 3 vol.), ouvrage très important dont une nouvelle édition a été publiée en 1835 ; enfin son *Histoire de l'empire des Ostrogoths en Italie* (Bresl., 1824). Il a traduit Virgile, Bion, Muschus, l'*OEdipe* de Sophocle ; ses traductions ne brillent pas toujours par l'exactitude, mais on ne saurait lui contester l'élégance et le sentiment poétique.

MANSOURAH, province de la Basse-Egypte, bornée au N., par la province de Damiette, à l'E. par celle de Charkieh, au S. et à l'O. par le pays de Garbieh. Sa superficie est de 112 lieues carrées ; le cours oriental du Nil se décrit à l'O. et au N.-O., le canal d'Achmoun l'arrose au N., et le lac Menzabeh, s'étend au N.-E., bien que cette plaine renferme des terres incultes. La culture du coton, généralement répandue, y est avantageuse par la qualité de ses produits, qu'on expédie dans tous les ports de la Méditerranée et surtout à Marseille. Mansourah est le chef-lieu de cette province. Elle est située sur la rive du Nil et s'élève dans une belle position ; ses rues sont étroites ; ses maisons, construites en briques, tombent pour la plupart en ruines, tant est grande l'incurie de ses habitants. Cette ville renferme de belles mosquées et plusieurs filatures de coton. Son commerce est considérable en riz, coton, et sel ammoniac. Cette ville est célèbre par la captivité du notre roi saint Louis et le massacre de la garnison française, en 1798 10,000 habitants.

MANSTEIN (Christophe-Hermann de), né à Saint-Pétersbourg, le 1er septembre 1711, servit longtemps avec distinction dans les armées de Russie en qualité de colonel. Il passa en 1745 au service du roi de Prusse, fut nommé général major d'infanterie, en 1754, et se distingua dans toutes les occasions par sa bravoure et son habileté dans l'art de la guerre. En 1757, il fut blessé à la bataille de Kolin, et peu de temps après, tué près de Leutmeritz, universellement regretté par tous ceux qui l'avaient connu : ses ennemis mêmes lui donnèrent des larmes. Manstein, dans les moments de loisir que lui laissait le métier pénible de la guerre, se livrait à l'étude, il savait la plupart des langues d'Europe. On a de lui des *Mémoires historiques, politiques et littéraires sur la Russie*, Lyon, 1772, 2 vol. in-8°, avec des plans et des cartes. Ces mémoires commencent à la mort de Catherine Ire, en 1727, et finissent en 1744. Ils contiennent les événements dont il a été le témoin oculaire ou dont il a eu une connaissance particulière, il a ajouté un supplément où il remonte aux temps des anciens czars, et s'étend surtout sur Pierre Ier ; il y donne à la fin de l'ouvrage une idée du militaire de la marine, du commerce, etc., de ce vaste empire. C'est un morceau d'histoire aussi précieux par la candeur de l'historien, témoin des faits qu'il raconte, qu'intéressant par rapport aux faits eux-mêmes. Hume ayant reçu l'original français de ces mémoires, les fit traduire en anglais et les publia à Londres ; il en parut peu après une traduction allemande à Hambourg, M. Hubert publia une édition française à Leipzig, en 1771 ; et l'année d'après, Voltaire publia celle de Lyon. Il en a paru une nouvelle édition augmentée en 1781. On sait que Voltaire, à la prière de l'auteur avait retouché le style de ces mémoires, et que cette correction donna lieu à l'anecdote du *Linge sale*, qui a indisposé si fort le roi de Prusse contre le blanchisseur. *Voyez* Frédéric II.

MANSUÉTUDE, s. f., débonnaireté, douceur d'âme, bénignité, patience. Il n'est guère usité que dans le langage de la dévotion.

MANTE, s. f., espèce de vêtement de femme, ample et sans manches, qui se porte par-dessus les autres vêtements dans les temps froids. Il se dit aussi d'un vêtement semblable que les dames de la cour portent dans les deuils. Il se dit aussi d'un certain habit que portent quelques religieuses.

MANTE (hist. ecclés.), chape de laine à capuchon que le pape porte quelquefois, jadis le premier diacre revêtissait le pape du souverain pontificat, en lui mettant la mante. Mante (comm.), grande couverture de lit qu'on fabriquait autrefois à Montpellier, à Avignon et à Paris.

MANTES (*Medunta*), ancienne capitale du Mantois, dans l'Ile-de-France, aujourd'hui chef-lieu d'arrondissement du département de Seine-et-Oise. Cette ville dont l'origine est fort ancienne joua par sa position un rôle important dans le moyen âge. Elle fut prise et brûlée en 1087, par Guillaume-le-Conquérant, qui mourut quelque temps après. Les Anglais s'en emparèrent vers le milieu du XIV° siècle; Duguesclin la reprit en 1364; mais lors des guerres désastreuses du règne de Charles VII, elle retomba au pouvoir des Anglais qui la gardèrent jusqu'en 1449. En 1591, Henri IV qui séjourna souvent dans cette ville y convoqua une assemblée du clergé de France, qui fut plus tard transférée à Chartres. En 1593, il y eut à Mantes une réunion de députés des calvinistes; enfin en 1641, Richelieu y tint encore une assemblée du clergé de France. La belle exposition de cette ville, la salubrité de son air, la suavité, le pittoresque de ses paysages lui firent surnommer *la Jolie*. Placée vis-à-vis de Limay, à laquelle elle communique par une île intermédiaire qui est le point d'intersection des deux ponts jetés sur la Seine, le contact des rapports qui résulte de la proximité donne à ces deux villes un mouvement relatif. Cette cité est bien bâtie; elle renferme des monuments dignes d'attention, tels que l'église gothique de Notre-Dame, la tour de l'église Saint-Maclou. On y compte 4,000 habitants environ dont le commerce consiste en blé, vins, cuirs.

MANTEAU, s. m., vêtement ample et sans manches qui se met par-dessus l'habit, et qui prend ordinairement depuis les épaules jusqu'au-dessous des genoux. Fig., s'envelopper de son manteau, se résigner, attendre son sort avec calme au milieu des dangers. Fig., vendre, débiter sous le manteau, vendre clandestinement des livres défendus. Rôles à manteau, rôles de certains personnages de comédie, pour lesquels à raison de leur âge, de leur condition, ou de leur caractère, le manteau était un vêtement d'usage. Manteau long, espèce de manteau étroit, ordinairement fait de soie noire, que les ecclésiastiques portent avec la soutane. Manteau de deuil, long manteau noir que portent aux enterrements, les plus proches parents du défunt. Manteau de cour, espèce de robe sans corsage, ouverte par devant et à queue traînante, qui s'attache au bas de la taille et que portent les dames de la cour, les jours de présentation et de cercle. Manteau, signifie figurément, apparence, prétexte dont on se couvre. Manteau, en termes de blason, la fourrure terminée sur laquelle est posé l'écu. Manteau en termes de fauconnerie, la couleur des plumes d'un oiseau de proie. Manteau de cheminée, la partie de la cheminée qui fait saillie, dans la chambre au-dessus de l'âtre, au-dessus du foyer.

MANTEGNA (ANDRÉ), peintre et graveur, né dans un village près de Padoue, en 1430, fut d'abord occupé à garder les moutons. On s'aperçut qu'au lieu de veiller sur son troupeau il s'amusait à dessiner; on le plaça chez un peintre qui, charmé de sa facilité, de son goût dans le travail, et de sa douceur dans la société, l'adopta pour son fils et l'institua son héritier. Mantegna, à l'âge de 17 ans, fut chargé de faire le tableau de l'autel Sainte-Sophie de Padoue, et les quatre évangélistes. Jacques Bélin, admirateur de ses talents, lui donna sa fille en mariage. Mantegna fit pour le duc de Mantoue le *Triomphe de César*, qui a été gravé de clair-obscur, en 9 feuilles: c'est le chef-d'œuvre de ce peintre. Le duc, par estime pour son rare mérite, le fit chevalier de son ordre. On attribue communément à Mantegna l'invention de la gravure au burin pour les estampes. Cet artiste mourut à Mantoue, vers l'année 1505. Le musée de Paris possède quatre tableaux de ce maître et quelques gravures, les tableaux représentant le *Parnasse*, les *Vices chassés par la Sagesse*, un *Calvaire* et la Vierge sur un trône avec l'enfant Jésus.

MANTELET, s. m., espèce de petit manteau. Mantelet se dit aussi d'une grande pièce de cuir qui s'abat sur le devant et sur les côtés des calèches. Mantelet, en termes de guerre, se dit d'une sorte de machine composée de plusieurs madriers, que l'on poussait devant soi, dans l'attaque des places pour se mettre à couvert des coups de fusil.

MANTELETS, machines de guerre destinées à protéger les soldats dans l'assaut et dans les travaux des sièges. Les mantelets étaient faits de bois ou d'osier. Ils étaient à deux étages, couverts l'un de planches et l'autre de claies, avec les côtés d'osier, et revêtus en dehors de terre et de cuirs trempés dans l'eau ou de quelque autre matière peu susceptible de brûler. Ils avaient ordinairement huit ou neuf pieds de hauteur sur seize de long, et étaient suspendus sur des roues, à l'aide desquelles on les transportait d'un endroit à un autre. On en mettait quelquefois sur les béliers, et toujours sur l'hélépole.

MANTELIUS (JEAN), né à Hasselt, ville du comté de Looz, dans la principauté de Liége, le 23 septembre 1599, se fit augustin, enseigna les belles-lettres, et surtout la rhétorique avec distinction, fut successivement prieur à Anvers, à Bruxelles, à Ypres, à Hasselt, à Cologne, visiteur de sa province, et mourut le 23 février 1676. On a de lui: 1° *Hasseltiani*, Louvain, 1663, in-4°; c'est une description de la ville de Hasselt et de ses environs; 2° *Historiæ Lossensis libri decem*, Liége, 1717, in-4°; cette histoire, écrite d'un beau style, et mêlée de réflexions agréables, est utile pour l'histoire générale des Pays-Bas; on voit à la fin *Stemma comitum Lossensium*, par le même auteur, puis une collection de diplômes et une petite description historique des villes du comté de Looz, par Laurent Robyns, avocat de Liége; 3° carte de la principauté de Liége et comté de Looz, Amsterdam, 1639. Celle du P. Leclerc, jésuite, est beaucoup plus exacte et mieux exécutée. Mantelius a encore fait un grand nombre d'ouvrages ascétiques, écrits en latin, d'un style poli, et quelques pièces de vers.

MANTELURE, s. f., le poil du dos d'un chien lorsqu'il n'est pas de la même couleur que celui des autres parties du corps.

MANTICA (FRANÇOIS), cardinal, né à Udine, en 1534, enseigna le droit à Padoue, avec réputation, et fut attiré à Rome par le pape Sixte-Quint, qui lui donna une charge d'auditeur de Rote. Clément VIII le fit cardinal en 1596. Il mourut à Rome, le 28 janvier 1614, à 80 ans. On a de lui: 1° *De conjecturis ultimarum voluntatum libri XII*, in fol.; 2° un traité intitulé *Lucubrationes vaticanæ, seu de tacitis et ambiguis conventionibus*, 2 vol., in-fol.; 3° *Decisiones Rotæ romanæ*, in-4°.

MANTICORA (ins.). Suivant Pline, les anciens donnaient ce nom à un monstre fabuleux à figure humaine. Fabricius a établi sous ce nom un genre de la tribu des cicindélètes, de l'ordre des coléoptères (*Syst. Eleutherat.*, t. Ier, XIX, 167). Dans ce genre rentrent deux espèces de l'Afrique méridionale, les *mant. tuberculata* et *latipennis*. J. P.

MANTIDES, *mantidæ* (ins.), synonyme de mantiens, préféré par quelques entomologistes. Nous avons décrit à l'article MANTIENS les mœurs de ces insectes; nous donnerons ici leur classification. M. Blanchard, dans son *Histoire des insectes*, Didot, 1845, répartit ces espèces dans treize genres formant trois groupes: 1° les érémophilites g. *eremophila*; 2° les mantites, g. *metallentica*, *mantis*, *schizecephala*, *acanthops*, *oxypilus*, *harpax*, *hymenopus*, *toxodera* et *vates*; 3° les empusites, g. *empusa*, *blepharis* et *phyllocrania*. Les mantides ou mantiens sont de beaux insectes de grande taille parés généralement de couleurs vives et ayant souvent des taches brillantes. J. P.

MANTIENS, *mantii* (ins.), tribu de l'ordre des orthoptères, dont les principaux caractères sont les suivants: tête libre, prothorax beaucoup plus long que les deux autres parties du thorax, les pattes antérieures en crochets et armés de fortes épines, les autres seulement propres à la marche; tarses de cinq articles; abdomen muni de filets articulés. Linné comprenait autrefois sous le nom de mantis, non-seulement la tribu des mantiens, mais encore les insectes connus sous le nom vulgaire de spectres, et qui forment aujourd'hui la tribu des phasmiens. La tribu des mantiens en est de nos jours bien distinctement séparée, non-seulement par les caractères zoologiques, mais encore par le genre de vie. Les mantiens offrent un aspect particulier qui les fait reconnaître au premier abord. Leur corps étroit et élancé, leurs élytres parcourues par de nombreuses nervures, embrassant les côtés du corps; leurs pattes antérieures parfaitement disposées pour saisir une proie offrent une conformation toute particulière; ces pattes ont un grand développement; les cuisses sont épaisses et garnies en dessous d'épines acérées, les jambes arquées et également épineuses, se replient contre les cuisses de manière à constituer une pince préhensile retenant avec force les insectes que la mante a pu saisir. Ces insectes constituent la seule tribu carnassière de l'ordre des orthoptères; leurs mouvements sont très lents, ils semblent se traîner avec peine sur les arbrisseaux où se tiennent des heures entières, au soleil, sur la même feuille, attendant qu'un insecte vienne à passer; ils jettent alors en avant leurs pattes antérieures, qu'ils replient aussitôt et saisissent ainsi leur proie. Ils la sucent et rejettent leur dépouille à laquelle ils ne touchent pas. Leur vol, quoique rapide, est lourd et droit, et de courte durée. Dans l'attente, les mantiens se reposent seulement sur leurs quatre pattes postérieures, le corselet et les pattes antérieures redressés, quelquefois ces dernières croisées l'une sur l'autre, ce qui les a fait comparer à des êtres priant, d'où le nom vulgaire de *Prega-Diou* (Prie-Dieu), qu'on leur donne dans le Midi. On les regardait même, à une époque reculée, comme des animaux divins, et une espèce de l'Afrique australe est, au dire de Sparmann, l'objet d'un véritable culte de la part des Hottentots.　　　　　　　　　　　J. P.

MANTILLE (*costume*), longue et large écharpe noire qui fait partie du costume national des Espagnoles. La mantille se porte ordinairement sur la tête et se croise sur le menton, de manière à ne laisser voir exactement que les yeux. Echarpe de soie noire que les femmes portent un peu flottante sur les épaules, et serrée sur la taille, comme une imitation plus ou moins exacte de la mantille espagnole. Mantille garnie de velours, de dentelle.

MANTINÉE (*géog.*), ville du Péloponèse, dans l'Arcadie, à l'est, sur l'Orphis, près de la frontière de l'Argolide, à égale distance de Tégée et d'Orchomène. Cette ville est surtout célèbre par la bataille qu'Epaminondas, général thébain, y livra aux armées combinées du Péloponèse, de l'Achaïe et d'Athènes, l'an 364 avant J. C. Ce grand homme y fut tué au sein de la victoire. Philopémen y remporta aussi une victoire sur Machanidas, 206 av. J. C. Mantinée fut prise par Antigone, qui la nomma Antigonie. L'empereur Adrien y bâtit un temple, et y institua des jeux quinquennaux en l'honneur de son favori Antinoüs.

MANTO, prophétesse fameuse, fille de Tirésias. Prise à Thèbes par les Epigones, elle fut envoyée à Delphes comme un présent digne du dieu qui y résidait, et séjourna quelque temps dans le temple, où elle rendit des oracles en qualité de prêtresse. Elle alla ensuite à Claros, en Ionie, où elle fonda un oracle d'Apollon. Elle épousa Rhacius, souverain de cette contrée, et en eut un fils nommé Mopsus. De là, étant allée en Italie, elle épousa Tibérinus, roi d'Albe, ou dieu du Tibre. De ce mariage naquit Ocnus, qui bâtit une ville et la nomma Mantoue en l'honneur de sa mère. Selon une ancienne tradition, Manto avait été si affligée des malheurs de Thèbes, sa patrie, qu'elle succomba à sa douleur, et les dieux la changèrent en fontaine. On voyait son tombeau à Mégare, près du temple de Bacchus. Quelques-uns croient que ce fut elle qui conduisit Enée aux enfers, et qui vendit les livres sybillins à Tarquin-le-Superbe. Elle reçut, après sa mort, les honneurs divins. Quelques-uns supposent qu'il y eut plusieurs Manto, et distinguent celle d'Italie de celle de Grèce.

MANTOUE, délégation du royaume Lombard-Vénitien; elle est bornée au nord-est par la province de Vérone, à l'est par celle de Palesine, au sud par les duchés de Modène et de Parme, au nord et à l'ouest par les duchés de Crémone et de Brescia. Ce pays présente une surface plane et découverte; le Pô, qui la parcourt dans sa partie méridionale, reçoit à ses confluents de droite et de gauche l'Oglio, grossie de la Chiese, la Secchia et le Mincio, dont l'eau couvre une grande étendue de terres au centre. Mantoue est le chef-lieu de cette délégation; ses rues sont longues, régulières et bien pavées; ses maisons, en général, sont basses et bâties en briques; ses places publiques sont belles; les Français ont décoré la place Virgile d'une statue en l'honneur de ce poète. Son commerce consiste en produits manufacturiers, en blé, maïs, riz, soie et chevaux. Son territoire est fertile dans beaucoup d'endroits; mais les marais qui couvrent le littoral du Pô et du Mincio rendent en été l'air insalubre et exposent la ville aux maladies pestilentielles. L'hiver s'y montre rude et rigoureux. L'art et l'eau encore la nature l'ont rendue inattaquable; placée au milieu des rivières et des marais, elle est encore défendue au sud-est par de fortes murailles, et au nord par la citadelle de Porto. 25,000 habitants. Les Romains, les Lombards et Charlemagne furent tour-à-tour maîtres de ce pays. Plus tard, Mantoue s'érigea en république et se mit sous la protection des empereurs d'Allemagne. En 1630, les impériaux la saccagèrent; en 1797, les Français s'en emparèrent; elle devint, jusqu'en 1814, le chef-lieu du département du Mincio, du royaume d'Italie.

MANTRA (*philos. ind.*). Il se dit des prières des Hindous. Les Mantras forment en général la deuxième partie de chacun des quatre livres des *Vedas*.

MANTUAN (JEAN-BAPTISTE), célèbre graveur italien, père de Diana Mantuana, qui s'est aussi distinguée dans cet art. Le père et la fille ont laissé plusieurs morceaux au burin.

MANTURNA (*myth. rom.*), divinité romaine qui était in-

voquée afin que la nouvelle épouse pût se plaire dans la demeure conjugale.

MANUCE (ALDE). *Aldus Pius Manutius Romanus* ou *Alde-l'Ancien*, fut le chef de la famille de ces imprimeurs de Venise, non moins célèbres par leurs excellents travaux typographiques que par leurs connaissances littéraires et leur infatigable activité. Il naquit à Bassano, en 1446. Après avoir achevé ses études à Ferrare, il fut choisi pour précepteur du jeune prince de Carpi, Albertius Pius, qui, par reconnaissance, lui permit de prendre le surnom de Pius, et en 1482, il se rendit à Mirandole. Il avait déjà atteint l'âge viril lorsqu'il se mit à apprendre le grec, et dès 1488, il établit une imprimerie à Venise. Il perfectionna singulièrement son art encore dans l'enfance; réformant les caractères gothiques, il répandit les caractères antiques, dits romains, et inventa les lettres italiques (*V.* INCUNABLES); il améliora la ponctuation et employa le premier les deux points et le point et virgule. Il veilla d'ailleurs avec le plus grand soin non-seulement à la beauté de l'impression, mais à la correction du texte, et, dans ce but, il fonda même dans sa maison une société de savants avec lesquels il discuta les versions à adopter. Il mourut assassiné, en 1516. Sans parler des préfaces qu'il a mises à plusieurs des ouvrages sortis de ses presses, nous avons de lui une grammaire grecque, 1515, in-4°, un dictionnaire grec, 1497, in-4°, une grammaire latine, 1501 et 1508, in-4°, et une *Introduction à la langue hébraïque*, imprimée pour la première fois avec la grammaire de Lascaris, 1501, in-4°. Son fils, Paul, né à Venise, en 1512, étudia spécialement la langue latine qu'il écrivait avec beaucoup de pureté. Il fut chargé pendant quelque temps de la bibliothèque Vaticane par Pie IV, qui le mit à la tête de l'imprimerie apostolique, et fut employé également à la bibliothèque de Venise. L'imprimerie Aldine, fermée depuis la mort de son père, fut rouverte en 1503, et Paul Manuce continua à en diriger les travaux jusqu'à sa mort arrivée, en 1574, à Rome, où il s'était rendu sur l'invitation de Grégoire XIII. Nous avons de lui, outre des commentaires sur différents auteurs, un recueil de lettres et de préfaces (1558), qui a été réimprimé plusieurs fois. Son fils, Alde, dit le Jeune, né en 1545, hérita de son savoir. Il n'avait que quatorze ans lorsqu'il écrivit un traité d'orthographe latine. Il professa ensuite les langues anciennes à Venise, à Bologne, à Pise et à Rome, où il mourut en 1597, dans une grande pauvreté, après avoir été obligé de vendre l'imprimerie de son père qu'il avait dirigée pendant quelque temps. On a de lui des annotations à Velléius Paterculus, Horace, Salluste, Eutrope, et plusieurs traités sur les antiquités romaines insérés dans le *Thesaurus* de Gævius et Sallengre.

MANUEL (NICOLAS), de Berne, fit jouer en cette ville, en 1522, deux misérables farces qui furent imprimées. L'une est intitulée : *Le Mangeur de morts*, et l'autre : *L'Antithèse entre Jésus-Christ et le pape*. Quoique Berne fût encore catholique en apparence, on ne lui fit point un crime de ces deux infâmes platitudes contre l'Eglise. Les nouvelles erreurs ayant déjà infecté la plupart des habitants, il fut fait conseiller peu de temps après et employé à plusieurs négociations. Il est traducteur du *Recueil des procédures contre les jacobins exécutés à Berne, en 1509, pour crime de sorcellerie, auquel traité sont accouplés des cordeliers d'Orléans pour pareille imposture*, Genève, 1566, in-8°. C'était une tête singulièrement exaltée par le fanatisme de la prétendue réforme. Il mourut à Berne, le 30 avril 1530.

MANUEL (PIERRE-LOUIS) naquit à Montargis, en 1751. Quoique fils d'un potier, il fit de bonnes études, et entra dans la congrégation des doctrinaires, chez lesquels il resta peu de temps. Arrivé à Paris, il fut d'abord répétiteur de collège, puis précepteur du fils d'un banquier, qui lui assura une pension viagère. Il vivait avec ce revenu dans une position assez indépendante, lorsqu'un pamphlet qu'il publia le fit renfermer pendant trois mois à la Bastille. La révolution ayant éclaté, Manuel en embrassa les principes avec chaleur, devint membre de la municipalité de Paris, et fut nommé, en 1791, procureur-syndic de la commune. Ce fut lui qui, de concert avec le maire Pétion, provoqua l'insurrection du 20 juin 1792. On le vit ce jour-là se promener dans le jardin des Tuileries, sous les fenêtres du prince et rire avec ses familiers du triste état où il l'avait réduit. Après les désordres, l'administration départementale ayant repris le dessus, suspendit de leurs fonctions Manuel et Pétion. Louis XVI approuva cette suspension, mais l'assemblée législative rendit les places à ces deux révolutionnaires. Manuel prit une part active à la journée du 10 août; le 12 il parut à la barre pour demander que le roi fût transféré au Temple; il l'obtint sans peine et conduisit lui-même, le lendemain, la famille royale dans sa nouvelle demeure. Élu député à la convention, il proposa, dès la première séance, que son président fût logé aux Tuileries; le 7 octobre, il déclara à Louis XVI que la royauté était abolie; le 18, il fit supprimer la croix de Saint-Louis, et attaqua ensuite la religion dans la personne de ses ministres. Plusieurs biographes font dater de cette époque le changement qui s'opéra dans les opinions et dans la conduite de Manuel, et l'attribuent aux fréquentes visites qu'il rendait au roi dans sa prison; ils disent aussi qu'il ne joua aucun rôle dans les massacres de septembre, et qu'il est de notoriété publique que plusieurs personnages marquants durent leur salut à ses soins, entre autres madame de Lourzel, madame de Staël et Beaumarchais, son ennemi particulier. En effet, le 5 novembre 1792, jour où Louvet accusa Robespierre devant la convention, Manuel déclarait que « les massacres du 2 septembre avaient été la Saint-Barthélemi du peuple, qui, dans ce moment, s'était montré aussi méchant qu'un roi, et que tout Paris était coupable pour avoir souffert ces assassinats. » Nous ne savons si, par tous ces motifs, Manuel peut être justifié d'avoir pris part à ces scènes d'horreur; mais toujours est-il certain que, dans la matinée du 2 septembre, il savait ce qui devait se passer et qu'il ne fit rien pour l'empêcher. Quoi qu'il en soit, la modération récente de Manuel et la manière dont il s'exprima pendant la discussion du procès de Louis XVI, exaspérèrent au plus haut degré la Montagne. Le 16 novembre, il demanda que tout Français sorti de France après le 2 septembre et retiré en pays neutre ne pût être considéré comme émigré; le 6 décembre, il fit la motion que le roi fût entendu; il le défendit avec la plus grande énergie, et vota l'appel au peuple et la détention. Il était secrétaire lors du recensement des votes; soupçonné de les falsifier, il fut accablé d'injures par tous les régicides. Les tribunes le couvrirent de huées, et personne n'osa le défendre. A la suite de ces violences, il donna sa démission, en écrivant à l'assemblée que « composée comme elle l'était, il lui était impossible de sauver la France, et que l'homme de bien n'avait plus qu'à s'envelopper dans son manteau. Il ne vota point dans la question du sursis. Manuel se retira alors à Montargis, et y fut assassiné, dans le courant de mars, par une bande de furieux qui l'accablèrent de coups de pierres et de bâtons, et le laissèrent pour mort. Il survécut cependant, mais sa perte était jurée. Arrêté peu de temps après, par ordre des comités de salut public et de sûreté générale, il fut conduit à la Conciergerie. Son apparition y inspira une sorte d'effroi général. On le poussa contre un pilier encore teint du sang des victimes immolées le 2 septembre, en lui disant : « Vois, malheureux, le sang que tu as fait répandre; il s'élève contre toi. » Accablé d'un traitement aussi barbare, Manuel en appela à la postérité de l'erreur de ses contemporains. Mandé comme témoin dans le procès de la reine, loin d'accuser cette princesse, il loua son courage et plaignit ses malheurs. Traduit au tribunal révolutionnaire, il se défendit avec courage et présence d'esprit, et convint qu'il aurait désiré que le roi, qu'on lui reprochait d'avoir voulu sauver, fût envoyé en Amérique. Il rappela ses services révolutionnaires avec une force de vérité qui eût convaincu des juges, mais qui ne pouvait rien sur des assassins. « Non, dit-il, le procureur de la commune du 10 août n'est point un traître; je demande qu'on grave sur ma tombe que c'est moi qui fis cette journée. » Lorsqu'il entendit sa condamnation, il pâlit et tomba dans un abattement qu'il ne put surmonter. Il fut décapité le 14 novembre 1793, à l'âge de 42 ans. Manuel parlait avec facilité; il ne manquait pas d'érudition, mais son style se ressent de l'emphase que l'on peut reprocher à presque tous les orateurs de cette époque : Il a publié : 1° *Lettre d'un garde-du-corps*, 1786; 2° *Coup d'œil philosophique sur le règne de saint Louis*, 1786; 3° *l'Armée française*; 4° *la Police de Paris dévoilée*; 5° *Lettres sur la révolution, recueillies par un ami de la constitution*, 1792, in-8°; 6° *Opinion de Manuel, qui n'aime pas les rois*, 1792, in-8°. Il fut aussi l'éditeur des *Lettres écrites par Mirabeau à Sophie de Ruffey, marquise de Monnier*. La publication de ces lettres, dont il avait saisi l'original lors de la prise de la Bastille, le fit décréter d'ajournement personnel en 1792, par la famille de Mirabeau; mais l'influence que lui donnait sa position actuelle ne permit pas à cette famille de suivre l'affaire.

MANUEL (JACQUES-ANTOINE), naquit à Barcelonnette, dans les Basses-Alpes, en 1775. Son père, d'abord notaire, devint consul de la vallée de Barcelonnette. Le jeune Manuel faisait à Nîmes, en 1789, sa seconde année de philosophie, lorsque cette ville fut le théâtre de rixes sanglantes entre les protestants et les catholiques; le collège même ayant été envahi, les pensionnaires se virent forcés de l'abandonner et de retourner dans leurs familles. Manuel se rendit en Piémont, chez un oncle, riche négociant. Il y était depuis deux années, quand la guerre éclata entre la France et la Sardaigne. Il revint alors à Barcelonnette, où il servit pendant un an dans la garde nationale que l'on avait créée peu auparavant. Entré, en 1793, comme volontaire dans un bataillon levé en vertu de la loi de réquisition, il parvint bientôt au grade d'officier, fit en cette qualité les campagnes d'Italie, et se trouvait capitaine de cavalerie à la paix de Campo-Formio. Une maladie grave et les sollicitations de sa famille le déterminèrent alors à demander sa retraite. Rentré dans ses foyers, il suivit la carrière du barreau, et après avoir été attaché à celui de Digne, il s'établit à Aix, où il se fit remarquer par son talent. Pendant quinze ans, Manuel ne s'était occupé que de sa nombreuse clientèle. Son rôle politique date du retour de Napoléon au 20 mars. Il vint à Paris, et ne tarda pas à être nommé membre de la chambre des représentants par le département des Basses-Alpes. Jusqu'à la nouvelle du désastre de Waterloo, il avait pris rarement la parole; mais, à cette époque, ce fut lui qui demanda la formation du gouvernement provisoire et qui fit passer à l'ordre du jour sur la proposition de proclamer Napoléon II. Dans cette dernière occasion, Manuel avait entraîné les suffrages par son éloquence vive et animée. Il présenta ensuite et défendit une adresse au peuple français, dans laquelle le nom du jeune Napoléon n'était point prononcé. Cette adresse, malgré les paroles adroites de l'orateur, ne fut point adoptée. Au reste, la position de la chambre devenait difficile : pendant qu'elle délibérait, les alliés étaient aux portes de Paris. Manuel présenta un projet de constitution; il se discutait au bruit du canon, lorsque le gouvernement provisoire déclara, par nu message à la chambre, qu'il cessait ses fonctions. Manuel réclama aussitôt l'ordre du jour, et la discussion fut continuée. Des troupes occupèrent le lendemain les avenues de la chambre, la seconde restauration eut lieu. Manuel vendit ses propriétés, et se fixa à Paris, où il ouvrit un cabinet de consultations, le conseil de discipline des avocats ayant refusé, à cause de ses opinions républicaines, de l'admettre au nombre des membres du barreau de la capitale. Aux élections de 1817, il ne lui manqua que peu de voix pour être élu député de la Seine; à celles de 1818, il eut à opter entre le Finistère et la Vendée; il se décida pour ce dernier département. Manuel siégeait au côté gauche; c'était un des orateurs les plus assidus à la tribune; il parlait facilement et sur tous les sujets, et surtout contre les propositions du ministère. Un discours qu'il prononça en faveur de Grégoire avait commencé à indisposer contre lui quelques-uns de ses collègues, lorsque, dans la séance du 27 février 1823, il se permit d'appeler *crime nécessaire* l'assassinat de Louis XVI. Des cris : *A l'ordre!* l'interrompirent aussitôt; le tumulte fut à son comble; il chercha vainement à parler un sens à sa phrase moins défavorable; il ne fut point écouté, et, le 3 mai 1823, il entendit prononcer son exclusion. Manuel déclara qu'il ne céderait qu'à la violence. En effet, il se présenta le lendemain à la séance, protesta contre l'illégalité de l'ordre du président qui lui enjoignit de sortir, et ne consentit à se retirer qu'au moment où des gendarmes vinrent pour le saisir. Depuis lors, il vécut dans la retraite, et mourut à Maisons-sur-Seine, le 20 août 1827. Manuel s'exprimait avec élégance, c'était un heureux improvisateur; mais souvent il s'emportait au-delà des limites dictées par la prudence la plus commune. Il avait une qualité que semble repousser le défaut que nous venons de signaler : il pouvait résumer une longue discussion et en faire un tableau succinct, clair et lumineux. Ce n'était pas l'éloquence ardente de Foy; ce n'était point la chaleur et l'éclat qu'il fallait chercher en lui, mais la force, l'énergie et la simplicité. Il est à regretter que la direction donnée à un si beau talent ait été nuisible à sa patrie; car on peut affirmer que les doctrines de Manuel ont eu la plus grande influence sur les événements qui se sont opérés depuis. Du reste, il ne fut ni avide ni ambitieux On lui attribue les *Mémoires justificatifs* des maréchaux Soult et Masséna et grand nombre d'autres mémoires et discours.

MANUEL COMNÈNE, quatrième fils de l'empereur Jean Comnène et d'Irène de Hongrie, né à Constantinople en 1120, mort le 24 septembre 1180, fut couronné empereur dans cette ville en 1143, au préjudice d'Isaac, son frère aîné, homme farouche et emporté, que son père avait privé par son testament de la succession impériale. Ses États ayant été inondés par les armées de la seconde croisade, les Grecs se conduisirent à leur égard comme des ennemis déclarés : il est vrai que tous les procédés des croisés n'étaient pas à l'abri de reproches. La guerre que Manuel soutint contre Roger, roi de Sicile, qui avait pénétré dans l'empire, fut d'abord malheureuse ; mais enfin il vint à bout de chasser les Siciliens hors de ses provinces. Il passa ensuite dans la Dalmatie, et de là dans la Hongrie avec des succès variés. Après avoir repoussé les sultans d'Alep et d'Icone, il descendit en Egypte à la tête d'une flotte et d'une armée. Quelques Grecs ont écrit qu'il aurait conquis ce royaume, sans la trahison d'Amauri, roi de Jérusalem, avec lequel il s'était ligué pour cette expédition ; mais cette trahison est bien moins certaine que le mauvais succès de Manuel. Il ne réussit pas mieux dans la guerre contre le sultan d'Icone. Engagé dans les défilés près Myriocéphales, son armée fut écrasée, et il ne sauva sa vie qu'à travers mille dangers. Peu de temps après, il réunit une armée, et défit Arzedior, sultan d'Icone, qui ravageait l'Asie. Comme Manuel avait scandalisé l'Eglise grecque, en dogmatisant sur les mystères, et en se livrant aux chimères de l'astrologie judiciaire, il se sentit des remords avant de mourir, et, en signe de pénitence, il se revêtit d'un habit de moine. Les latins, qui le regardent comme une des causes du mauvais succès de la croisade, n'en parlent pas favorablement ; et les Grecs, qu'il avait surchargés d'impôts, n'en font pas tous l'éloge.

MANUEL PALÉOLOGUE, fils de Jean VI Paléologue, et empereur de Constantinople après lui, fut encore moins heureux que son père. Les Turcs lui déclarèrent la guerre l'an 1391, lui enlevèrent Thessalonique, et furent sur le point de se rendre maîtres de Constantinople. Comme ses prédécesseurs, il vint demander aux Latins des secours qu'il ne put obtenir. Enfin, las des infortunes qu'il éprouvait, il remit le sceptre à Jean VII Paléologue son fils, et prit l'habit religieux deux jours avant sa mort, arrivée en 1425. Il était âgé de 77 ans, et en avait régné 35. La douceur de son caractère le fit aimer de ses peuples. Il avait de la prudence et de la justice dans son gouvernement ; mais, comme il ne parut presque point à la tête de ses armées, qu'il n'employa que des troupes étrangères et qu'il négligea de discipliner les soldats de sa nation, il prépara la ruine de l'empire. Il est auteur d'un Recueil d'ouvrages imprimés sous son nom : on y trouve du style et de l'éloquence.

MANUEL, ELLE, adj., qui se fait avec la main. Distribution manuelle, se dit particulièrement de ce que les chanoines reçoivent pour leur assistance à certains offices ou offices particuliers. Manuel est aussi substantif, au masculin, et sert de titre à certains livres ou abrégés, pour annoncer qu'on doit en faire un fréquent usage, et les avoir pour ainsi dire toujours à la main.

MANUFACTURE, s. f., la fabrication de certains produits de l'industrie. Il signifie aussi le bâtiment où l'on fabrique, et souvent tout ce qui est nécessaire pour garnir les ateliers. Il signifie encore les ouvriers de la manufacture. Il s'emploie quelquefois au figuré.

MANUFACTURER, v. a., fabriquer des ouvrages dans une manufacture. On dit plus ordinairement fabriquer.

MANUFACTURIER, s. f., entrepreneur, propriétaire d'une manufacture. Il se dit aussi d'un ouvrier qui travaille dans une manufacture.

MANUMISSION (ant. rom.). Il se disait particulièrement d'un affranchissement qui n'était point complet et qu'on accordait de trois manières spécifiées par ces trois expressions : manumission entre amis ; manumission par l'honneur de la table ; manumission par lettres. La manumission complète s'appelle vindicte.

MANUSCRIT, ITE, ad., qui est écrit à la main, par opposition à ce qui est imprimé. Il est aussi substantif au masculin. Il se dit particulièrement de certains écrits précieux par leur ancienneté, ou par leur objet, ou par leur matière et leur rareté.

MANUTENTION, s. f., administration, gestion. Il signifie aussi, en parlant des choses morales, maintien, conservation. Il est peu usité en ce sens. Manutention signifie encore l'établissement où se fabrique le pain pour la troupe.

MANZI (GUILLAUME), né à Civita-Vecchia, s'établit à Rome, s'y consacra à l'étude de l'histoire et des langues, et y mourut le 24 février 1824. Son occupation favorite était de re-

chercher d'anciens manuscrits. En 1812, il trouva et publia la Traduction de l'Hécube d'Euripide, par Matteo Bandello ; en 1814, le Raggionamento de' costumi delle donne di Francesco de Barberino ; en 1815, un Recueil d'opuscules ; en 1818, le Traité de la peinture de Léonard de Vinci, d'après un manuscrit du Vatican plus correct que ceux qui avaient paru auparavant. La nouvelle édition imprimée à Rome en 2 vol. in-4° fut dédiée à Louis XVIII. On lui doit aussi des Traductions de divers traités de saint Jean Chrisostôme et de Cicéron. Toutes ces éditions sont enrichies de discours préliminaires et de notes savantes. Manzi a en outre publié des ouvrages originaux, savoir : Dissertation sur les fêtes, les jeux et le luxe des Italiens au XIVe siècle ; une Traduction de Velleius Paterculus (1813) ; et une Traduction des œuvres complètes de Lucien (Lausanne, 1819).

MANZO (JEAN-BAPTISTE, marquis de VILLE), servit quelques années dans les troupes du duc de Savoie et dans celles du roi d'Espagne, puis se retira à Naples, sa patrie, pour cultiver à loisir les muses et les lettres. Ce fut un des principaux fondateurs de l'académie degli Oriosi de Naples. Il mourut en 1645, à 84 ans. On a de lui : 1° Paradosi, overo dell' amore dialoqui, Milan, 1608, in-4° ; 2° Rime, 1635, in-12 : 3° Vita del Tasso, 1634, in-12. Manzo n'était pas un poëte du premier rang : mais on ne doit pas le compter non plus parmi ceux du dernier.

MAPPEMONDE, s. f., carte à la fois hydrographique et géographique, représentant toutes les parties du globe terrestre divisé en deux hémisphères par un grand cercle.

MAPPUS ou MAPP (MARC), médecin botaniste, né à Strasbourg, le 28 octobre 1632, s'appliqua à la médecine et fut fait professeur de botanique dans son pays natal. Il était chanoine de Saint-Thomas, lorsqu'il mourut, le 9 août 1701. On a de lui : 1° Historia medica de acephalis, Strasbourg, 1687, in-4° ; 2° Catalogus plantarum horti medici argentinensis, 1691, in-4° ; 3° Historia plantarum alsaticarum, publiée par Jean Christian Hermann, Strasbourg, 1742, in-4°, ouvrage plein de recherches disposées par ordre alphabétique ; 4° un grand nombre de dissertations intéressantes, entre autres sur le thé, le café, le chocolat et sur la rose nommée vulgairement de Jéricho, sur les remèdes superstitieux, sur les boissons chaudes, etc.

MAQUEREAU, scomber (poiss.), genre de poissons de l'ordre des acanthoptérygiens, de la famille des scombéroïdes. Les maquereaux se distinguent des autres genres de la famille des scombéroïdes, en ce que leur première dorsale, outre les fausses pinnules, est séparée de la seconde par un grand intervalle et que leur queue n'a point de carène sur les côtés, mais seulement deux petites crêtes. Un fait digne de remarque, c'est que, parmi les douze espèces de ce genre, les unes ont une vessie natatoire, tandis que les autres n'en offrent aucun vestige. Les maquereaux sont des poissons voyageurs qui vivent en grandes troupes et paraissent à des époques déterminées dans chaque parage. Leur chair très estimée donne lieu à de grandes pêches. Nous ne nous occuperons ici que du maquereau commun (scomber scombrus, Lin.). Cette espèce est ornée des plus brillantes couleurs, mais qui se ternissent rapidement peu de temps après sa sortie de la mer. Son corps est fusiforme, sa tête en cône comprimé, sa queue se rétrécit en pointe jusqu'à la naissance de la nageoire caudale. A sa sortie de l'eau, le maquereau a le dos d'un beau bleu métallique, tandis que le ventre est vert irisé et réflétant l'or et le pourpre ; ces couleurs sont séparées par des raies ondulées noires qui n'atteignent pas le ventre. Le dessus de la tête est bleu tacheté de noir ; tout le reste du corps est d'un blanc argenté ou nacré à reflets dorés. Les maquereaux que l'on voit sur nos marchés ont de 35 à 50 centimètres. On en pêche à l'entrée de la Manche qui atteignent 65 centimètres de longueur, mais leur chair est moins délicate. Il parait prouvé aujourd'hui que notre maquereau commun était le scomber des anciens ; c'était avec ce poisson que se préparait le garum, cette liqueur si recherchée par les Romains, mais qui souleverait probablement le cœur de nos gourmands modernes. On a longtemps agité la question de savoir dans quels parages les maquereaux passaient l'hiver ; on croit aujourd'hui certain qu'ils se retirent dans les mers du Nord. J. P.

MAQUETTE, s. f., t. de sculpture, modèle informe et en petit d'un ouvrage de ronde-bosse.

MAQUIGNON, s. m., marchand de chevaux. Ce mot étant devenu une sorte d'injure, on dit maintenant marchand de chevaux. Il se dit figurément et familièrement de celui qui, dans l'espoir de quelque profit, s'intrigue pour ménager des marchés de charges, d'offices, etc., pour faire des mariages.

MAQUIGNONNAGE, s. f., métier de maquignon, moyens que les maquignons emploient pour recommander leurs chevaux, pour les faire paraître meilleurs qu'ils ne sont. Il se dit figurément et familièrement de certains commerces secrets, illicites et de certains moyens frauduleux qui servent à intriguer dans les affaires.

MARA, genre de rongeurs établi par M. Lesson dans la division des caviens (*Compl. de Buffon*, t. 5, 1836), pour une espèce voisine des lobayes et des agoutis, connue depuis longtemps sous le nom de mara. Le système dentaire des maras est le même que celui des kérodons : les molaires sont au nombre de huit à chaque mâchoire, et elles représentent chacune un double cœur lamelleux, ce qui les éloigne beaucoup des chloromys ; il n'y a pas de canines, et les incisives sont au nombre de quatre, deux à chaque mâchoire. Les oreilles sont assez saillantes. Les jambes sont élevées, grêles, d'égale longueur, n'ayant, comme les agoutis, que trois doigts aux pieds de derrière, quatre à ceux de devant ; les doigts antérieurs sont petits, courts, mais les deux moyens dépassent les latéraux ; les trois postérieurs sont médiocres, celui du milieu déborde les externes, les ongles ont une forme trinquêtre. La queue est rudimentaire et nue. On ne connaît qu'une seule espèce de ce genre : le mara ou lièvre pampa d'Azara, mara magellanique, Lesson (*mara magellanica*). Sa taille à l'âge adulte est de 80 centimètres, et sa hauteur de 35 centimètres au train de devant, 55 à celui de derrière ; la queue n'a que 3 centimètres. Son pelage est doux, soyeux, très fourni, de couleur brune sur le dos et sur la région externe des membres, tandis que les poils sont annelés de blanc et de roux clair sur les flancs, le cou, les joues et derrière les extrémités, ce qui leur donne une teinte jaune cannelle ou fauve ; le dessous du corps et le dedans des membres sont blancs ; une tache d'un noir violâtre occupe toute la région lombaire à l'extrémité du dos ; les moustaches sont noires et luisantes ; les oreilles sont bordées de poils qui forment un léger pinceau à leur sommet. Le mara habite les pampas de la Patagonie et les parties australes de l'Amérique, surtout vers les rivages du détroit de Magellan. Ces animaux vivent par paires ; ils courent avec beaucoup de légèreté, mais se fatiguent bientôt, et un chasseur à cheval peut facilement les prendre au lacs. On les apprivoise facilement. J. P.

MARA (GERTRUDE-ELISABETH), une des plus grandes cantatrices des temps modernes, naquit à Cassel, le 23 février 1749. C'est sous la direction de son père Schmehling, musicien de la ville, qu'elle fit de si grands progrès sur le violon, qu'à 9 ans elle donnait déjà des concerts à Vienne, et qu'à 10 ans elle joua à Londres devant la reine. Une dame de la cour l'ayant décidée à abandonner le violon, pour se livrer au chant, elle eut pour maître Paradisi ; à 14 ans, elle chanta à la cour avec beaucoup de succès. Au bout de quelques années, son père retourna avec elle à Cassel, et la conduisit, en 1766, à Leipzig, où, dirigée par Hiller, elle devint *prima donna*, et perfectionna ses connaissances sur le piano. Frédéric II, l'ayant entendue en 1770, l'appela à Berlin. Son union avec le violoncelle Joseph Mara, en 1774, lui suscita de nombreux désagréments. Congédiée, en 1780, par le roi irrité, elle retourna à Leipzig, d'où elle alla, en 1782, à Vienne, et ensuite, par la Suisse, à Paris. Elle y éclipsa la célèbre Todi, et obtint le titre de première cantatrice des concerts de la reine. Sa réputation la devança à Londres, où elle se rendit, en 1784, et fut accueillie avec le plus grand enthousiasme. Elle se mit ensuite à voyager, et en 1808, à Moscou, elle épousa, dit-on, après la mort de son mari, dont elle était séparée depuis longtemps, Florio, qui l'accompagnait dans ses voyages. L'incendie de Moscou (1812) lui ayant fait perdre sa maison et sa fortune, elle se retira à Reval, en Esthonie, et y donna des leçons pour vivre. Elle mourut dans cette ville le 20 janvier 1833.

MARABOUT, s. m., nom donné, dans quelques contrées de l'Afrique, à un prêtre mahométan attaché au service d'une mosquée. Il se dit figurément et populairement d'un homme laid, mal bâti. Marabout se dit aussi d'une sorte de cafetière de cuivre battu et étamé, qui a le ventre très large et qu'on nomme autrement cafetière du Levant. Marabout se dit encore d'un oiseau dont la queue fournit des plumes auxquelles on donne le même nom et qui servent d'ornement à diverses coiffures de femme.

MARACAYBO, golfe de la mer des Antilles, sur la côte septentrionale de la Colombie. Il est situé entre 10° 40' et 12° de latitude nord et entre 72° 15' et 74° 30' de longitude ouest. Son entrée de la pointe Espada à la pointe Cucuy est de 18 lieues ; Dans l'intérieur, il a 55 lieues de l'est à l'ouest et 40 lieues du nord-est au sud-est. Maracaybo est aussi le nom d'un lac de la Colombie, dans le département de la Lulia, à l'ouest. Ce lac, de forme circulaire, a 40 lieues du nord au sud et 35 lieues de l'est à l'ouest. La navigation en est très facile, même pour les gros navires. Les coups de vents y sont rares ; mais la brise du nord y souffle avec violence, et les légères embarcations s'y trouvent quelquefois en danger. Au nord-est de ce lac, dans un endroit nommé Géna, il existe une mine de poix. Dans les grandes chaleurs, l'air se charge de ces émanations bitumineuses, la brise les condense sur le lac qui s'enflamme spontanément. La nuit ces feux servent de guide au navigateur ; c'est pourquoi ils l'appellent lanterne de Maracaybo. C'est encore le nom d'une ville de la Colombie, chef-lieu du département de la Lulia. Elle est située sur un terrain aride et sablonneux ; ses maisons, bâties en maçonnerie, sont entourées de lianes et couvertes de roseaux ; c'est ce qui lui donne l'air d'un village de chétive apparence ; le port est obstrué d'une barre de sable mouvant qui en interdit l'entrée aux gros navires, qui trouvent dans le lac un commerce plus actif. Le nombre des habitants s'élève à 22,400.

MARACCI ou **MARRACCI** (LOUIS), membre de la congrégation des clercs réguliers de la Mère de Dieu, né à Lucques, en 1612, mourut en 1700. Il s'est fait un nom célèbre dans la république des lettres par plusieurs ouvrages savants, mais particulièrement par son *Alcorani textus universus*, Padoue, 1698, 2 vol. in-folio. C'est le texte entier de l'Alcoran, avec une version latine fort exacte. L'auteur y a joint une vie de Mahomet, des notes et une réfutation de l'Alcoran appuyée sur des passages formels des docteurs musulmans les plus accrédités. C'est de lui que Sale a emprunté toute son érudition arabique, sans lui en faire honneur et en le critiquant même mal à propos. Il eut une grande part à l'édition de la *Bible arabe*, Rome, 1671, 3 vol. in-fol. Ce savant professa l'arabe dans le collége de la Sapience avec beaucoup de succès. Innocent XI, qui respectait autant ses vertus qu'il estimait son savoir, le choisit pour son confesseur.

MARAICHER, s. m., jardinier qui cultive un de ces terrains qu'à Paris on appelle marais.

MARAIS. *Causes de leur formation*. La terre abandonnée aux seules forces de la nature, ne tarde pas à se couvrir d'une multitude de végétaux, qui attirent, entretiennent l'humidité, s'opposent à l'évaporation et à l'écoulement des eaux. Celles-ci creusent imperceptiblement des fondrières dans lesquelles se précipitent les terres voisines. Leur niveau s'élève, elles se déplacent, charrient dans les fonds, et se répandent dans les vallées ; les herbes se multiplient dans ces sols humides, et le marais est formé. Les joncs, les roseaux, les reptiles s'en emparent. L'humidité et la chaleur y développent une foule d'insectes qui deviennent la proie des oiseaux aquatiques. Quelquefois c'est un fleuve enflé par les pluies, des orages, ou la fonte des neiges, qui se déborde, et s'étend dans les prairies voisines ; les eaux qu'il y a versées, moins élevées que les rives ne peuvent reprendre leur cours ; elles séjournent, deviennent stagnantes, pourrissent le terrain et constituent le marais. Quelquefois enfin une correspondance souterraine entre le sol et une rivière donne souvent naissance à une mare où l'eau conserve toujours le niveau du courant ; elle peut se combler, mais les dépenses de cette opération en excédent souvent les avantages. Il est néanmoins souvent nécessaire d'y procéder : la première chose à faire dans ce cas, est de chercher qu'elle en est la partie la plus basse. Si la pente n'est pas bien sensible, on ouvre en ligne droite, autant du moins que cela se peut, un large fossé que l'on commence toujours par la partie inférieure, afin de ne pas être gêné par les eaux. On le mène par les lieux les plus bas du terrain et en ligne droite, parce que les coudes ralentissent singulièrement la vitesse du fleuve, qu'on accélère en rétrécissant d'autant plus le fond de la saignée que le cours est moins abondant. Lorsqu'on se présente sur un marais, et qu'on y rencontre de vieilles souches de saules ou autres troncs qui ont une certaine élévation, et poussent encore des branches, ou que des touffes de grands joncs, de glaïeuls, etc., retiennent l'eau par leurs racines et forment, d'espace en espace, des cavités dans lesquelles l'eau s'arrête et croupit, on commence par les couper, afin de mieux juger de l'inclinaison du terrain, et de ne pas se tromper sur la partie vers laquelle on doit diriger l'écoulement. Si cette opération ne donne pas une indication suffisante, il faut recourir au niveau. — *Ouvertures des fossés.* Si la pente est au contraire trop rapide, qu'il faille la ralentir, on élargit le fond du fossé, afin de multiplier le frottement. Il faut dans tous les cas, donner aux côtes du fossé, une inclinaison de 45 degrés, si on l'ouvre dans un terrain ferme et compacte, et de 30 à 35 s'il est peu consistant comme l'est ordinairement celui des marais. Cette grande inclinaison est nécessaire pour obvier à l'inconvénient des pluies, des gelées qui emportent les bords et le comblent rapidement. La largeur du fossé principal dans laquelle doivent se réunir les eaux du marais et celles des bassins inférieurs, doit être proportionnée à la masse qu'il est dans le cas de recevoir, et à la pente qu'on lui donne. Il suffit pour donner à ces côtes inclinés, une consistance capable de résister à l'action des gelées et des eaux, de planter en bordure deux à trois rangs d'osiers, leurs racines seront assez grandes, la seconde année, pour retenir les terres et les empêcher de tomber, et leur tonte dans la troisième, couvrir deux fois les avances que leur plantation aura exigées; mais il faut les planter dans la partie supérieure des glacis, afin que leur développement ne gêne jamais le cours de l'eau. On aura soin de ne point laisser les *terres* des fossés sur leurs bords, à moins que le ruisseau n'ait besoin d'être encaissé; hors ce cas, l'exhaussement qu'elles occasionnent empêcherait les eaux des terres voisines de couler. Bonnes ou mauvaises elles serviront à remplir les contre-bas. Cette opération aidera à niveler les terres et à les mélanger; mais on ne peut donner trop de soin surtout dans les premières années à l'entretien de ces fossés, il faut les biner, ou en d'autres termes, les curer, pour les tenir en bon état. Au grand fossé destiné à recevoir les eaux, en aboutissent d'autres creusés latéralement et assez profonds pour qu'on puisse les recouvrir et les reconstruire en pierres brutes. On les charges de terre meuble, pour qu'il n'arrêtent pas la charrue dans son cours, si la pierre est rare et trop éloignée, on emploie la division par petits enclos, avec des fossés suffisants, et soutenus sur leurs bords par des plantations d'arbres. Il faut avoir soin d'observer si le sommet des côtés est humide, imprégné d'eau dont la filtration rendrait les ravins marécageux, dans ce cas, il faut les recueillir dans un fossé qu'on pratique en forme de ceinture qu'on ouvre un peu au-dessous des endroits mêmes où est le siége de l'humidité ou des eaux souterraines, cette ceinture doit être pratiquée dans un sens incliné, de manière à ce que le fossé ne se gorge jamais, et qu'il déverse ses eaux dans un canal ménagé au-dessous du terrain. Ce fossé présente même un nouvel avantage, ce qu'au besoin, il peut servir à former des irrigations. On construit le canal principal et les conduits latéraux, aussitôt que la retraite des eaux le permet, on ne doit pas craindre que les grandes eaux, lorsqu'elles arrivent, s'échappent par de nouvelles issues; les rivières, les conduits et les sangsues sont ordinairement assez multipliés, et assez bas, relativement au sol pour leur donner issue. Si l'on découvre plus tard des parties de l'intérieur qui offrent encore de petites sources, ou des suintements, on fait pour elles ce que l'on a pratiqué pour les premières. — *Conduits en pierres.* Le terrain qu'une multitude de sources et de fontaines rendraient marécageux, serait impraticable à la charrue, si on ne recouvrait les fossés dont on l'a coupé. Plusieurs agronomes ont conseillé de les recombler avec du bois ou des pierrailles; ils prétendaient que lorsqu'ils sont ainsi construits ils peuvent durer trente ans. Ce laps de temps paraît un peu long; des eaux chargées d'un grand quantité de terres, comme celles qui roulent sur des champs cultivés, doivent obstruer promptement des saignées ou des pierres, et des broussailles qui doivent finir par se putréfier, présentent un obstacle continuel à leur cours. Il n'est pas d'ailleurs toujours facile de trouver sur les lieux la quantité de pierres nécessaire, mais il l'est presque toujours de pouvoir s'en procurer, pour construire des conduits en pierre sèche, dont la main d'œuvre ne coûte presque rien; si les matériaux sont rares, on emploie les petits enclos. Quelle que soit celle de ces deux méthodes qu'on adopte, on peut y avoir confiance. Elles sont d'un excellent usage et peu coûteuses; car avec la quantité de pierres employées dans une toise de fossé, suivant le système des agronomes, on peut faire au moins dix à douze toises de conduits. — *Différentes formes des conduits.* Lorsque le sol est ferme, deux pierres appuyées l'une contre l'autre, sous un angle de 60 degrés, forment un excellent conduit. On en contient les deux côtés par de grosses pierres dont on remplit les interstices par d'autres plus petites pour assurer la

solidité de la voûte. On les recouvre à leur partie supérieure d'une pierre brute et large qu'on soutient des deux côtés; puis on le charge d'un lit de petits cailloux sur lesquels on jette de la terre qui s'amalgame avec eux. Cette construction ne peut du reste s'employer que quand le conduit ne doit recevoir qu'un petit courant d'eau; dans le cas contraire, on élève au fond du fossé deux petits murs parallèles qu'on recouvre par les pierres les plus larges. On charge ces conduits avec des pierres plus petites, ensuite avec de la terre, sans craindre qu'ils se comblent ni qu'ils s'effondrent. — *Le fond est plus bas que le niveau des eaux.* Dans ce cas le marais est plus difficile à assainir. Le seul moyen à employer est de creuser un bassin qui égoutte le terrain environnant, et dont les terres, rejetées tout au tour servirent à exhausser le terrain. — *Nécessité de brûler les marais.* Dans cet état de choses, et en admettant que le sol soit labouré deux ou trois fois à la bêche, ou retourné par des labours croisés, s'il est réellement couvert de mousses, de joncs, de roseaux, de prêles, de glaïeuls, en un mot de plantes aquatiques, la culture est insuffisante, on ne peut détruire ces plantes qu'en les brûlant. Un grand nombre d'agriculteurs n'approuvent pas cette opération, et la regardent même comme destructive des principes huileux, nécessaires à la végétation; mais l'expérience ne justifie pas leurs théories. Divers propriétaires l'ont soumise à la pratique et n'en ont obtenu aucun résultat. Ils ont brûlé et ils ont obtenu des fruits. Ce n'est pas qu'il faille prendre cette méthode comme une règle générale, le brûlis n'est plus un moyen exclusif, mais il donne un résultat certain et avantageux; à la vérité si on brûlait fréquemment le même terrain, on finirait par l'appauvrir, mais le brûlis et l'incinération d'un terrain marécageux, pratiqués une première fois avec les précautions convenables, sont non-seulement utiles et nécessaires, mais indispensables. De quelle autre manière en effet détruire les mousses, les prêles, les joncs, les roseaux, les queues de renard et une multitude de plantes aquatiques qui surchargent le sol des marais, et qui, semblables à des polypes, repoussent de chacune de leurs parties coupées, et souvent même des plaies qu'on leur fait? Les labours à la bêche, souvent répétés, les passages réitérés d'une herse de fer ne les empêchent pas de renaître; ils contribuent même à les multiplier. Leurs graines mûrissent à différentes époques. Les façons qu'on donne pour les détruire servent à les répandre et à les propager. Dans les terrains sarclées et binées trois fois, on a peine à extirper le chiendent, et l'on prétendrait par la culture, détruire les plantes que l'humidité seule appelle à la végétation, souvent deux mois après qu'elles ont été arrachées. — *Pelage du terrain.* Lorsque le terrain par les saignées, les sangsues et même quelquefois, l'arrachement des vieilles souches, est assez sec ou débarrassé pour recevoir la charrue où la bêche, on procède au brûlis. On commence par peler, et quelquefois on fait enlever la superficie à la bêche, plus souvent à la charrue. On ouvre le marais par les bords, on forme une spirale dont les voûtes diminuent jusqu'au centre. On exécute cette opération sur les deux côtés du grand fossé d'écoulement, chaque raie ou passage de la charrue coupe avec le contre, verticalement, et détache horizontalement avec le soc une portion du sol de neuf à dix pouces de largeur. On règle la profondeur de la charrue en raison de l'épaisseur des mottes, sur la qualité du terrain; s'il est pauvre, les racines n'ont pu pénétrer bien avant dans la terre, trois ou quatre pouces de profondeur sont plus que suffisants; mais la superficie qu'on sépare du sol, doit être d'autant plus épaisse que celui-ci est marécageux. Dans cette sorte de terrain, qui offre naturellement beaucoup de vase, les racines des plantes plongent profondément, il faut donc enfoncer davantage la charrue, et de six à sept pouces, s'il est possible. — *Cônes de gazon.* Le sol, après le passage de la charrue, présente de grandes lames de gazon retourné; on le coupe à la bêche de manière à en former à peu près des carrés, qu'on dresse sur leur épaisseur, pour offrir à l'air plus de points de contact, et les dessécher plus vite. Lorsqu'elles sont à ce point qu'elles ne contiennent presque plus d'humidité, on les rassemble entre les fauchaisons et la moisson, et même au mois de septembre, en cônes d'un mètre environ de haut, on tourne le gazon dans l'intérieur du cône, on met le feu à cet amas avec de la bruyère sèche ou du menu bois dont il ne faut qu'une petite quantité. Plus la combustion est lente, plus elle est concentrée, et meilleures sont les cendres qui en résultent; lorsque cette opération se fait sans beaucoup de fumée, les principes que les mottes renferment sont moins évaporés; il est bon, à cet égard, d'imiter la prudence du charbonnier, et de le prendre en cela pour modèle. Le feu doit consumer l'intérieur et noircir peu à peu les gazons. Le cône ne doit s'affaisser que graduellement sous le poids des parties supérieures, et les cendres d'abord rouges, conserver, après leur refroidissement, une teinte jaunâtre ou d'un gris sale. — *Dispersion des cendres.* On peut attendre, si l'on veut, une petite pluie pour répandre les cendres que donne la combustion. Les lieux où les cônes ont été brûlés sont chargés de principes de fertilité : la végétation y serait désordonnée; en conséquence, il est bon d'en enlever trois pouces de surface, qu'on répand et qu'on disperse comme des cendres. D'après cela lorsqu'on veut incinérer de mauvaises herbes, des feuilles, de la bruyère ou du gazon, on doit multiplier les tas, le terrain profite de la chaleur; la charrue succèdera à la dispersion des cendres; mais il faut que le cultivateur soit très réservé sur le choix des végétaux qu'il veut semer la première année. Le froment, par sa riche récolte, est pour lui d'un grand attrait; mais, comme la grenaison en est d'autant moins assurée, que ce terrain neuf ne produit, pour ainsi dire, qu'une paille gourmande, ce qu'il a de mieux à faire est de ne lui confier, dans la première année, que des semences de chanvre, d'orge, de navette et d'avoine.　J.

MARAIS (Marin), célèbre musicien, né à Paris, en 1656, fit des progrès si rapides dans l'art de jouer de la viole, que Sainte-Colombe, son maître, ne voulut plus lui donner de leçons passé six mois. Il porta la viole à son plus haut degré de perfection, et imagina le premier de faire filer en laiton les trois dernières cordes de basses, afin de rendre cet instrument plus sonore. On a de lui diverses pièces de viole et plusieurs opéras; celui d'*Alcionne* passe pour son chef-d'œuvre. On y admire surtout une tempête qui fait un effet prodigieux : un bruit sourd et lugubre, s'unissant avec les tons aigus des flûtes et autres instruments, rend toute l'horreur d'une mer agitée et le sifflement des vents déchaînés. Ce musicien mourut en 1728.

MARALDI (Jacques-Philippe), savant mathématicien et célèbre astronome de l'Académie des sciences, né à Périnaldo, dans le comté de Nice, le 21 août 1665, mort en 1720, vint de bonne heure en France. En 1700, il travailla à la prolongation de la fameuse méridienne jusqu'à l'extrémité méridionale du royaume. En 1718, il alla avec trois autres académiciens terminer la grande méridienne du côté du septentrion. «A ces voyages près, dit Fontenelle, il passa toute sa vie renfermé dans l'observatoire, ou plutôt dans le ciel, d'où ses regards ne sortaient point.» Son caractère était celui que les sciences donnent ordinairement à ceux qui s'en occupent par goût et sans vanité : sérieux, simple, droit. Il donna un grand nombre d'Observations curieuses et intéressantes dans les *Mémoires* de l'Académie. Celles qu'il fit sur les abeilles et sur les pétrifications reçurent un accueil distingué.

MARALDI (Jean-Dominique), neveu du précédent, fut aussi un astronome de mérite, et on lui doit plusieurs Dissertations savantes. Il fit imprimer le *Cœlum australe* de la Caille, son ami. Après avoir demeuré longtemps à Paris, il retourna à Périnaldo, lieu de sa naissance, où il mourut en 1788.

MARAN (Dom Prudent), bénédictin de la congrégation de Saint-Maur, né à Sézanne en Brie, fit profession en 1703, âgé de 19 ans, et mourut le 2 avril 1762, après avoir fait honneur à son ordre par son érudition et ses ouvrages. Sa charité, son amour pour l'Eglise et les qualités de son cœur lui méritèrent les regrets des gens de bien. On a de lui : une bonne *Edition* des œuvres de saint Cyprien. Il continua ce travail interrompu par la mort de Baluze, y ajouta une préface excellente et la *Vie* du saint docteur, et corrigea les notes. Il eut beaucoup de part à celles de saint Basile et de saint Justin; *Divinitas Domini* Jesu Christi *manifesta in Scripturis et traditione*, 1746, in-fol.; la *Divinité de notre Seigneur* Jésus-Christ *prouvée contre les hérétiques*, 1751, 3 vol. in-12. C'est la traduction du précédent. L'un et l'autre sont solides. C'étaient sans doute les progrès alarmants du socinianisme qui avaient engagé le zélé et prévoyant auteur à entreprendre ce travail, progrès qui, quelques années après, parvinrent jusqu'à une apostasie et une conjuration générale; la *Doctrine de l'Ecriture et des Pères sur les guérisons miraculeuses*, 1754, in-12; les *Grandeurs de* Jesus-Christ *et la défense de sa divinité*, 1755, in-12. Ces différentes productions décèlent un homme savant; mais on y trouve rarement l'écrivain élé-

gant et précis. La mort le surprit lorsqu'il s'occupait d'une nouvelle *Edition* des Œuvres de saint Grégoire de Nazianze.

MARANA (Jean-Paul), né vers 1642, à Gênes ou aux environs, d'une famille distinguée, n'avait que 27 à 28 ans, lorsqu'il fut impliqué dans la conjuration de Raphaël de la Torre, qui voulait livrer Gênes au duc de Savoie. Après quatre ans de prison, il se retira à Monaco, où il écrivit l'histoire de ce complot. S'étant rendu à Lyon, il la fit imprimer en 1682, in-12, en italien. Marana avait toujours eu du goût pour Paris. Il s'y rendit en 1682, et gagna la bienveillance du père Lachaise, qui lui obtint une pension de Louis XIV. C'est pendant son séjour dans cette capitale qu'il publia son *Espion turc*, en 6 vol. in-12, augmenté d'un 7e en 1742; titre imaginé pour débiter des choses hardies et répréhensibles et pour répandre des nouvelles fausses ou vraies. On a donné une suite de cet ouvrage, qui est actuellement en 9 vol. in-12, mais qui n'est plus lu que par la jeunesse oisive et crédule. Beaucoup d'auteurs l'ont imité, et nous avons eu une foule d'*espions* des cours qui n'étaient jamais sortis de leurs cabinets ou de leurs galetas. Marana vécut à Paris depuis 1682 jusqu'en 1689. Pendant ce temps, et outre l'*Espion* déjà cité, il écrivit une histoire de Louis XIV, dont le duc de Saint-Plon a publié un extrait, Paris, 1690. Marana a aussi donné des *Entretiens moraux*, *ibid.*, 1696, in-8°. Le désir de la retraite le porta à se rendre dans une solitude d'Italie, où il mourut en 1693. *V.* le *Mémoire sur la vie et les ouvrages de Marana*, par Dreux du Radier, inséré dans le *Journal de Verdun*, septembre et octobre 1751

MARANDÉ (N. de), conseiller de Louis XIII et de Louis XIV, a publié, en 1654, un ouvrage intitulé : *Inconvéniens d'estat procédans du jansénisme*, in-4°. L'auteur y parle d'un bouleversement formé contre les religions, et rapporte à ce sujet une lettre circulaire, où l'on trouve tout l'esprit de l'assemblée de Bourgfontaine. (*V.* Filleau.) Mais, indépendamment d'un dessein formel et prémédité, il prouve que l'esprit et les œuvres de cette secte opèreront ce funeste effet, et causeront en même temps la perte de l'Etat, événement que le siècle suivant a vu pleinement réalisé; car c'est indubitablement au jansénisme réuni depuis longtemps secrètement et enfin ouvertement au philosophisme et au huguenotisme qu'il faut attribuer les scènes de 1789 et suivantes, et particulièrement l'esprit d'impiété et la haine de la religion, qui, comme il est évident, en furent les grands mobiles. « Indépendamment des conséquences pernicieuses, dit un judicieux théologien, que l'on peut tirer de la doctrine de Jansénius, la manière dont elle a été défendue a produit les plus tristes effets : elle a ébranlé dans les esprits le fond même de la religion et à préparé les voies à l'incrédulité. Les déclamations et les satyres des jansénistes contre les souverains pontifes, contre les évêques, contre tous les ordres de la hiérarchie, ont avili la puissance ecclésiastique. Leur mépris pour les pères qui ont précédé saint Augustin a confirmé les prétentions des protestants et des sociniens contre la tradition des premiers siècles. Les faux miracles qu'ils ont forgés pour séduire les simples et qu'ils ont soutenus avec un front d'airain ont rendu suspects aux déistes tous les témoignages rendus en fait de miracles; l'audace avec laquelle plusieurs fanatiques ont bravé les lois, les menaces, les châtiments, a jeté un nuage sur le courage des anciens martyrs. L'art avec lequel les écrivains du parti ont su déguiser les faits, ou les inventer au gré de leur intérêt, a autorisé le pyrrhonisme historique des littérateurs modernes. Enfin le masque de piété sous lequel on a couvert mille impostures et souvent des crimes, a fait regarder les dévots en général comme des hypocrites et des hommes dangereux. » Le livre de Marandé est devenu fort rare. On peut en voir le précis dans le *Journal hist. et lit.*, 1er septembre 1791, p. 13.

MARANGONI (Jean), savant antiquaire, chanoine de la cathédrale d'Agnani, naquit à Vicence, en 1673, et fut nommé protonotaire apostolique. Il aimait les lettres et les cultivait. Un goût particulier le portait vers l'étude des monuments antiques, et il avait acquis des connaissances fort étendues dans ce genre d'érudition. Il fut pendant trente ans adjoint à Monseigneur Boldatti, pour l'extraction des corps saints dans les cimetières de Rome. Sur la fin de ses jours, il se retira dans la maison de Saint-Jérôme *della Carita*, et y mourut dans de grands sentiments de piété, le 5 février 1753, âgé de 80 ans. On a de lui divers ouvrages de littérature sacrée et profane, dont les principaux sont : *Thesaurus parochorum, seu vitæ et monumenta parochorum qui sanctitate, martyrio, pietate, etc., illustrarunt Ecclesiam,* Rome, 1726, 2 vol.; 2° *De* *passione Christi considerationes sexdecim*; 3° *Exercizi per la novena del sancto Natale*; 4° *Delle memorie sacre et civile dell' antica città di novade cggidi citta nuova, nella provinchia di Piceno*; 5° *Delle cose gentilesche e profane transportate ad usoe ad ornamento delle chieze dissertaz*; 6° *Delle memorie sacre :: profane del anfiteatro flavio di Roma*; 7° *Chronologiœ romanorum pontificum supresres in pariete australe basilicœ sancti Pauli apostoli ostiensis depictœ seculo Vᵒ*, etc. On trouve dans la *Storia letteraria d'Italia*, tome 7, la liste de tous les ouvrages imprimés ou inédits de ce savant italien, avec son éloge.

MARANHAO, île du Brésil dans la province de ce nom. Elle est située entre la baie de Saint-Marcos, à l'ouest et celle de Saint-José, à l'est de l'Atlantique. Au sud, elle est séparée du continent par le Rio-de-Mosquito. Elle a 12 lieues de long sur 8 lieues de large. La rapidité des courants rend son accès difficile. Elle est fertile et bien peuplée. Les Français s'en emparèrent en 1612, et bâtirent sur la côte occidentale une ville qu'ils nommèrent Maranhao. Maranhao, province du Brésil. Elle est bornée au nord-ouest par la province de Para, au sud et au sud-ouest par la province de Goyaz, à l'est par la province de Piauhy, au nord par l'Océan atlantique. Sa longueur du nord au sud est de 230 lieues, et sa plus grande largeur est de 160 lieues. La Serra-do-Itapicura et la Serra-do-Negro coupent sa partie centrale, étendent leurs rameaux vers le nord et le sud, séparent le bassin du Tocantino de celui de Paranayba, elle donne naissance au Litapicuru, au Miarim, au Pindare, qui se jettent dans l'Atlantique. On trouve des lacs dans cette province ; celui de Gata est le plus considérable. Son climat est salubre et agréable, bien qu'il soit situé sous l'équateur. On y compte 190,000 habitants. Le chef-lieu de cette province est Maranhao ; elle est située dans l'île du même nom. Le terrain sur lequel elle est bâtie est irrégulier ; ses rues sont larges et pavées en grande partie ; ses maisons, assez bien construites, n'ont qu'un étage. Le palais du gouverneur est vaste ; la maison des jésuites est devenue la résidence de l'évêque. Trois forts défendent l'entrée du port. La population s'élève à 12,000 habitants, parmi lesquels se trouvent beaucoup de noirs.

MARANTA (*bot.*), genre de la famille des cannées, de la monandrie monogynie de Linné, renfermant des végétaux croissant pour la plupart dans l'Amérique tropicale. Le rhizome de ces plantes, plus ou moins développé, renferme dans son tissu une fécule abondante ; leur tige est herbacée ou sous-frutescente, terminée par des fleurs disposées en épis ou en grappes. Ces fleurs, dont l'organisation est très curieuse, présentent un calice formé de deux rangs de sépales, dont les trois extérieurs plus petits, herbacés et verts, distincts et séparés, dont les trois intérieurs, plus longs, pétaloïdes, plus ou moins soudés à leur base en un tube qui porte les parties plus intérieures de la fleur ; plus en dedans, on observe deux staminodes pétaloïdes placés du côté supérieur de la fleur ; un staminode inférieur interne, dressé, émarginé, et auriculé enveloppe un autre staminode interne et l'étamine. Ces divers staminodes proviennent de la transformation des étamines qui entraient dans le plan normal de la fleur ; elles sont épanouies en lames pétaloïdes, et constituent les pièces les plus apparentes de la fleur. L'ovaire est adhérent ou infère, creusé d'une seule loge dans laquelle se trouve un seul ovule ; il est surmonté d'un style recourbé au sommet et embrassé par le filet pétaloïde de l'étamine, qui lui forme comme une gaîne. Le fruit est charnu, il renferme une seule graine à tégument dur et rugueux. Nous citerons l'espèce la plus importante, le maranta à feuilles de balisier (*M. arundinacea*, Lin.), que l'on cultive en grand dans les Antilles, les Etats-Unis et l'île de France, à cause de la fécule qu'elle fournit, connue sous le nom d'*arrow-root*. La partie souterraine est de forme très singulière ; le bas de sa tige descend en se rétrécissant jusqu'à son point d'attache au tubercule, qui est allongé, horizontal, charnu, blanc ; c'est pour ce tubercule que l'on cultive la plante. La tige, haute d'un mètre, est herbacée, rameuse vers le haut, renflée à ses nœuds. Les feuilles inférieures présentent une longue gaîne, large, dressée contre la tige qu'elle entoure, se terminant par un court pétiole et par une lame grande, ovale, lancéolée, qui va en décroissant progressivement. Les fleurs sont blanches, portées par deux sur chaque rameau de l'inflorescence. Comme nous l'avons déjà dit, le tubercule du *M. arundinaceœ* fournit la fécule connue sous le nom d'*arrow-root*.   J. P.

MARASME, s. m., maigreur extrême, consomption.

MARASQUIN, s. m., liqueur spiritueuse qui se fait avec une espèce de cerise appelée *marasca*.

MARAT (JEAN-PAUL), né en 1744, de parents calvinistes, à Beaudry, pays de Neufchâtel, étudia la médecine, acquit diverses connaissances en physique et en chimie, apprit l'anglais, et vint ensuite chercher fortune à Paris. Il y resta longtemps dans la misère, s'occupant d'anatomie, faisant le métier de charlatan, vendant des simples et un spécifique qui guérissait de tous les maux. Un assez mauvais ouvrage politique, écrit en anglais et intitulé *the Chains of slavery* (les Chaînes de l'esclavage), fit connaître son nom, ignoré jusque-là. Il en publia bientôt un autre plus considérable, intitulé : *De l'Homme, ou des principes de l'influencr de l'âme sur le corps, et du corps sur l'âme*. Marat vint à se faire quelques protecteurs, qui obtinrent pour lui le titre de médecin des écuries du comte d'Artois ; mais la révolution lui fournit les moyens de devenir un personnage important. Dès les premiers jours qui suivirent le 14 juillet 1789, il se fit remarquer par des pamphlets sanguinaires. Appuyé de Danton, qui n'estimait néanmoins ni sa personne ni son talent, il entreprit de rédiger une feuille intitulée *l'Ami du peuple* ; il y insultait tous les matins le roi, la reine et l'Assemblée nationale elle-même, où il conçita d'abord tout au plus deux ou trois complices de ses fureurs. Décrété d'accusation, il échappa à toutes les recherches, tantôt par la fuite, tantôt à force d'audace. En 1790, la commune le poursuivit, et le district des Cordeliers le mit sous sa protection. Le 1ᵉʳ août, il présenta à l'Assemblée un plan de législation criminelle. Bientôt la journée du 10 août 1792 constata toute son influence. Devenu membre de la commune usurpatrice, il fut nommé président de ce terrible comité de surveillance, qui s'empara de tous les pouvoirs, et organisa les massacres de septembre. C'est Marat qui proposa le premier à Danton de déblayer les prisons d'une manière prompte, en les incendiant, et il signa l'épouvantable circulaire que le comité de la commune adressa, le 5 septembre, à toutes les municipalités de France, pour les inviter à imiter les massacres. Elu député de Paris à la Convention : « Ne comptez plus, dit-il, sur l'assemblée telle qu'elle est formée ; cinquante ans d'anarchie vous attendent, et vous n'en sortirez que par un dictateur vrai patriote et homme d'Etat. » Plusieurs députés pressèrent l'Assemblée de prononcer son arrestation ; ils ne purent l'obtenir, et Marat, tirant un pistolet de sa poche, s'écria : « Si vous m'aviez mis en état d'arrestation, je me brûlais la cervelle au pied de cette tribune. » On sut depuis que l'arme n'était pas chargée. Acharné à la perte des chefs du côté droit de la députation de la Gironde, qui paraissaient vouloir préserver la république des forfaits qu'il méditait, il demanda, le 6 décembre, que Louis XVI fût jugé à la suite d'un appel nominal, « afin que le peuple connût les traîtres qui se trouvaient dans la Convention. » Il s'opposa à ce qu'on accordât les conseils au roi, vota sa mort dans les vingt-quatre heures, combattit les propositions d'appel au peuple et de sursis. Dans un des numéros de son journal du mois de décembre, il avait parlé de son dégoût pour la place de député, annonçant qu'il l'aurait déjà quittée, sans la certitude d'événements qui ne pouvaient tarder d'avoir lieu. « Massacrez, disait-il du peuple, massacrez deux cent soixante-dix mille partisans de l'ancien régime, réduisez au quart les membres de la Convention. » Comme président de la société des Jacobins, il signa la fameuse adresse qui provoquait l'insurrection du peuple contre la majorité de cette assemblée. Attaqué à ce sujet par les chefs de la Gironde, il fut décrété d'accusation le 13 avril 1793 ; mais, conduit en pompe devant le tribunal révolutionnaire, d'accusé qu'il était, il devint accusateur de témoins produits contre lui ; et, acquitté par un jury composé de ses complices, il reparut à la tribune. Le 10 mai, il demanda à la Convention qu'elle décrétât la liberté absolue des opinions ; « afin, ajouta-t-il, que je puisse envoyer à l'échafaud la faction des hommes d'Etat qui m'a décrété d'accusation. » Le 1ᵉʳ juin, il pressa le conseil-général de la commune d'envoyer une députation à la barre, pour demander, au nom du peuple souverain, qu'on répondît d'une manière satisfaisante à leur désemparer, à la pétition dans laquelle ce conseil proscrivit dix-sept députés. Le lendemain, ces membres furent en effet décrétés d'accusation. Après tant de forfaits, Charlotte Corday délivra la société de ce monstre. Marat n'avait pas 5 pieds de haut ; sa tête était d'une grosseur démesurée et sans proportion avec son corps ; son regard était sinistre ; sa physionomie dans un état perpétuel de contraction, et son corps dans une agitation continuelle. Son costume dégoûtant rendait son extérieur plus hideux encore. Cet homme n'était pas absolument dépourvu de talents; ses ouvrages sur l'électricité et sur l'optique le prouvent; mais le délire révolutionnaire éteignit tout ce qu'il y avait de bon en lui. Il écrivait et parlait avec facilité; mais ses écrits et ses discours étaient incorrects, diffus, incohérents; et ce fut par ces défauts mêmes qu'il plut à la populace. Après sa mort, on lui décerna des honneurs presque divins. Sur toutes les places de Paris, on lui érigea des arcs-de-triomphe et des mausolées; sur celle du Carrousel, on bâtit à sa gloire une espèce de pyramide, dans l'intérieur de laquelle on plaça son buste, sa baignoire, son écritoire, sa lampe, et l'on y posa une sentinelle. Enfin, la France indignée fit justice de cette apothéose: ses restes furent arrachés du Panthéon, foulés aux pieds et traînés dans la boue, par la même populace qui l'avait divinisé. P.

MARATHON (*temps hér.*), fils d'Épopée, qui s'établit dans la partie maritime de l'Attique et donna son nom au bourg de Marathon. On l'appelle aussi Marathus. Marathon (*géog. anc.*), bourg de l'Attique, au nord-est d'Athènes, près de la mer Égée. Taureau de Marathon (*temps hér.*), taureau qui ravageait le territoire de Marathon; il fut pris vivant et sacrifié à Apollon Delphion par Thésée. Selon quelques auteurs, c'est le même que le taureau de Crète qui passe dans l'Attique. Bataille de Marathon (*hist. anc.*), victoire que les Athéniens, commandés par Miltiade, remportèrent sur les Perses, l'an 490 av. J. C.

MARÂTRE, s. f., belle-mère. Ce mot ne s'emploie que dans un sens restreint et se dit d'une femme qui maltraite les enfants que son mari a eus d'un autre lit. Il se dit par extension d'une mère qui n'a point de tendresse pour ses enfants, qui les traite durement.

MARATTI (CHARLES), peintre et graveur, né en 1623, à Camerino, dans la Marche d'Ancône, mort à Rome en 1713, étudia les ouvrages de Raphaël, des Carrache et du Guide, et se fit, d'après ces grands hommes, une manière qui le mit dans une haute réputation. Ce peintre sut allier la noblesse avec la simplicité de ses airs de tête; il avait un grand goût de dessin. Ses expressions sont ravissantes, ses idées heureuses et pleines de majesté, son coloris d'une fraîcheur admirable. Il a parfaitement traité l'histoire et l'allégorie. Il était très instruit dans ce qui concerne l'architecture et la perspective. On a de lui plusieurs planches gravées à l'eauforte, où il a mis beaucoup de goût et d'esprit. On a aussi gravé d'après lui d'habile maître.

MARAUD, AUDE, s., t. d'injure et de mépris, vil et impudent coquin.

MARAUDER, v. n., aller en maraude.

MARAUDEUR, s. m., celui qui va en maraude.

MARAVEDIS (*archéol.*), ancienne monnaie de cuivre des Almoravides: *Maravedis de plata antiqua*, monnaie de compte d'Espagne qui vaut un centime et demi. Il faut 36 de ces maravédis pour faire un réal de *plata antiqua*. *Maravedis de vellon*, monnaie de compte d'Espagne, valant 78/100 de centime. Pour faire un réal de vellon, il faut 34 de ces maravédis. Il y avait autrefois en Espagne des *maravédis combrenos*, *maravedis noirs et blancs*, maravedis d'or, maravedis alfonsi. On ne connaît pas leur valeur précise.

MARBACH (JEAN), ministre protestant d'Allemagne, né à Lindau en 1521, mort à Strasbourg en 1581, est auteur d'une satire contre les jésuites, imprimée en 1578, sous ce titre : *Fides Jesu et Jesuitarum, hoc est collatio doctrinæ Domini Jesu Christi cum doctrina Jesuitarum*. Il écrivit aussi contre le père Canisius, un des plus redoutables adversaires de sa secte. Il ne faut pas le confondre avec Philippe Marbach, protestant, né à Strasbourg, le 29 avril 1550, et mort le 28 septembre 1611, qui a publié une apologie du fameux livre de *la Concorde*, composé par quelques luthériens vers l'an 1580, et qui a donné naissance à la secte des concordistes.

MARBODE, évêque de Rennes, natif d'Angers, et selon d'autres, du Mans, mérita le siège par son savoir et sa piété. Il en avait donné des preuves à Angers, dont il avait été chanoine, et où il avait présidé les écoles depuis 1067 jusqu'en 1081. Il fut fait archidiacre de la même Église, puis élevé sur le siège de Rennes l'an 1096. Il gouverna son diocèse avec beaucoup de sagesse et de capacité. Il fut aussi chargé de la conduite de celui d'Angers, pendant l'absence de Rainauld, évêque de cette ville. Son esprit brilla beaucoup au concile de Tours en 1096, et à celui de Troyes en 1114. Marbode, devenu aveugle, quitta son évêché sur la fin de sa

vie, pour prendre l'habit monastique dans l'abbaye de Saint-Aubin d'Angers. Il mourut saintement dans cette retraite en 1123, à 88 ans. On a de lui six Lettres, les Vies de saint Licinus, évêque, et de saint Robert, abbé de la Chaise-Dieu; des Éloges des Saints en vers; un Commentaire sur les Cantiques, et plusieurs autres ouvrages recueillis par dom Beaugendre, et imprimés à Rennes, 1708, à la suite de ceux d'Hildebert, in-fol. Ces ouvrages, estimés dans leur temps, peuvent servir dans le nôtre à éclaircir plusieurs points de discipline.

MARBOURG, cercle de Styrie, dans l'empire d'Autriche. Sa superficie est de 170 lieues carrées. Son territoire est montagneux; la Drave l'arrose dans toute sa longueur; le Muhr la limite dans sa partie du nord. Cette province renferme des mines de fer, du sel gemme et des carrières de marbre; il y a une source d'eaux minérales. Marbourg en est le chef-lieu. Elle est située sur la rive gauche de la Drave. Cette ville possède un château. Son commerce est considérable en blé et en vin. Ses foires sont nombreuses. Sa population est de 7,000 habitants. Marbourg, ville de la Hesse-Électorale, chef-lieu de la province de la Haute-Hesse, est située sur le bord de la Lahn, qui la divise en deux parties qui se communiquent au moyen d'un pont en pierre. Elle est le siège d'un consistoire et d'une surintendance luthérienne et d'une inspection calviniste. Sa porte principale est située sur le versant d'une colline dont le sommet est couronné d'un château-fort. La population s'élève à 8,000 habitants, parmi lesquels on compte beaucoup de calvinistes et de luthériens.

MARBRE, *marmor* (*min.*). On donne vulgairement le nom de marbre indistinctement à toute espèce de roche susceptible de poli, qui, par sa blancheur ou par les couleurs plus ou moins vives qui la distinguent, peut être employée pour la sculpture et la décoration des édifices. Les minéralogistes ne donnent ce nom qu'aux seules pierres calcaires qui, outre cette propriété, sont assez tendres pour se laisser rayer par une pointe de fer, et qui font effervescence avec l'acide nitrique; ils en séparent toutes les matières dures, telles que les granites, les porphyres, les jaspes et les poudingues siliceux. Les marbres ainsi compris sont tantôt unis ou d'une seule couleur, tantôt veinés ou bariolés de diverses nuances; ils sont grenus, saccaroïdes ou à grain salin, compactes ou sublamellaires. Les marbres à texture compacte paraissent le plus souvent comme pétris de coquilles ou de fragments d'encrines et de madrépores; ceux qui sont cristallins ne renferment pas de corps organisés apparents. Les marbres ne se montrent généralement que dans les formations secondaires et primaires, depuis les dépôts jurassiques jusqu'aux terrains cambriens. Le nombre des variétés de marbre est considérable; nous nous contenterons de définir les principaux termes génériques usités dans le commerce. On nomme marbres antiques ceux qui ont été employés par les anciens, et dont les carrières sont perdues ou épuisées. Les marbres brèches sont ceux composés de fragments anguleux différemment colorés, réunis par une pâte plus ou moins distincte; ce ne sont le plus souvent que des variétés de marbres veinés dont les veines sont coupées transversalement par la surface de la roche, en sorte que celle-ci paraît formée de fragments réunis. Les marbres lumachelles sont ceux qui contiennent des fragments de coquilles nombreux et très apparents, dont la coupe se dessine ordinairement en blanc sur un fond gris ou noir. Parmi les marbres veinés nous citerons la sainteanne, gris foncé, veiné de blanc; le languedoc, rouge de feu, rubanné de blanc; le portor, noir à veines jaunes; le bleu turquin, bleuâtre, à veines grises; le vert antique, blanc ou gris à veines serpentineuses. Parmi les marbres unicolores, nous citerons le paros blanc et le Carrare, le rouge antique, le jaune antique et les marbres noirs. Le grand-deuil, noir à taches blanches; la brèche violette, à fragments blancs sur fond violet; sont des marbres brèches. J. P.

MARBRE. Table de marbre (*hist.*) se dit particulièrement d'une table formée d'une seule pièce de marbre qui se trouvait dans la grande salle du Palais-de-Justice, à Paris. La table de marbre servait de théâtre aux clercs de la basoche, pour y représenter des farces, sottes ou moralités. La table de marbre fut détruite par un grand incendie, en 1618. Il se disait par extension de trois juridictions qui siégeaient au Palais : 1° la connétablie et maréchaussée de France; 2° l'amirauté; 3° la réformation générale des eaux et forêts. Cette dernière, appelée particulièrement chambre de la table de marbre, conserva cette dénomination jusqu'à la suppression du parlement. Marbre africain (*minér.*), marbre rouge-brun, avec des veines blanches et des filets verts. Marbre d'Auvergne, couleur de rose, mêlé de violet, de vert et de jaune. Marbre de Balbacaire, verdâtre avec quelques taches rouges. Marbre balzato, brun clair avec des filets gris très déliés. Marbre de Barbançon, marbre commun veiné de noir et de blanc. Marbre de la Sainte-Baume, blanc et rouge mêlé de jaune. Marbre blanc des Pyrénées, marbre qui ressemble à celui de Carrare. Marbre de Gènes, bleu turquin mêlé de blanc. Marbre de Boulogne, espèce de brocatelle. Marbre du Bourbonnais, rouge sale ou gris bleuâtre avec des veines jaunes. Marbre de Caen, rougeâtre avec filets ; il ressemble au jaspe, et il est fort estimé. Marbre fier, marbre sujet à éclater. Marbre pouf, celui qui ne retient pas ses arêtes. Marbre filardeux, marbre couvert de filets. Marbre terrasseux, celui qui a des endroits tendres et qu'il faut remplir avec du mastic. Marbre brut, marbre tel qu'il sort de la carrière. Marbre ébauché, marbre préparé pour la sculpture. Marbre (marine), cylindre du treuil à chevilles, sur lequel s'enroule la drosse qui sert à manœuvrer le gouvernail d'un grand bâtiment.

MARBRE, polychrus (mam.), nom d'une espèce du genre agame (voyez ce mot), dont Cuvier a fait un genre particulier, et qui habite l'Amérique méridionale. Il paraît du reste avoir les mœurs des agames. J. P.

MARBRER, v. a., imiter par la peinture le mélange et la disposition des différentes couleurs qui se trouvent dans certains marbres. Il se dit aussi en parlant, soit du papier sur lequel on imite le marbre, en y appliquant différentes couleurs, soit de la tranche et de la couverture des livres, que l'on tachète en y appliquant de la coupe-rose et d'autres substances colorantes.

MARBRERIE, s. f., métier de scier et de polir le marbre ; emploi du marbre à des ouvrages communs, tels que les chambranles de cheminées, marches d'escaliers, etc.

MARBREUR, s. m., artisan qui marbre du papier ou des tranches, des couvertures de livres.

MARBRIER, s. m., artisan qui travaille à scier, à polir le marbre, ou qui fait avec le marbre de ces ouvrages communs appelés ouvrages de marbrerie. Il se dit également de celui qui fait le commerce du marbre.

MARBRIÈRE, s. f., carrière d'où l'on tire le marbre.

MARBRURE, s. f., imitation du marbre sur du papier ou sur la tranche, sur la couverture d'un livre. Il se dit aussi de la peinture que l'on met sur les boiseries, lorsqu'elle imite le marbre.

MARC, s. m., demi-livre, poids qui contient huit onces. Au marc la livre, manière de répartir ce qui doit être reçu ou payé par chacun, en proportion de sa créance ou de son intérêt dans une affaire. On dit maintenant : Au marc le franc.

MARC, s. m., ce qui reste de plus grossier de quelque fruit, de quelque herbe ou de quelque autre substance dont on a extrait le suc par expression, filtration, ébullition ou autrement. Il se dit aussi de ce que l'on pressure à la fois de raisins, de pommes, d'olives, etc.

MARC. Liturgie de saint Marc (hist. eccl.), ancienne liturgie de l'Église d'Alexandrie dont se servent encore les Coptes et qui est attribuée à l'évangéliste saint Marc ; elle a été insérée dans la collection des liturgies orientales. Congrégation de Saint-Marc ou chanoines réguliers de Saint-Marc de Mantoue (comm. relig.), congrégation fondée à Mantoue, par un prêtre nommé Spinola, au commencement du XIIIe siècle. Ces chanoines furent réformés en 1452 ; leur nombre diminua bientôt tellement qu'en 1584 le plus considérable des deux couvents qui leur restaient fut donné aux camaldules ; peu après la congrégation s'éteignit. Lion de Saint-Marc (hist.), V. LION. Lion de Saint-Marc, ordre de chevalerie de la république de Venise ; les armes de l'ordre de Saint-Marc étaient un lion ailé de gueules, avec cette devise : Pax tibi, Marce evangelista.

MARC (Saint), évangéliste, converti à la foi après la résurrection de Jésus-Christ, fut le disciple et l'interprète de saint Pierre. On croit que c'est lui que cet apôtre appelle son fils spirituel, parce qu'il l'avait engendré à J.-C. Lorsque saint Pierre alla à Rome pour la seconde fois, Marc l'y accompagna. Ce fut là qu'il écrivit son Evangile, à la prière des fidèles, qui lui demandèrent qu'il leur donnât par écrit ce qu'il avait appris de la bouche de saint Pierre. Il existe un exemplaire de cet Evangile, que l'on prétend être de sa main, et qui est composé de sept cahiers, dont deux, retenus par l'empereur Charles IV, qui avait trouvé le tout à Aquilée, furent soigneusement gardés à Prague ; les cinq autres le fu-

rent à Venise. Montfaucon et d'autres prétendent qu'ils sont écrits sur du papyrus d'Egypte ; d'autres, tels que Scipion Maffei, soutiennent qu'ils sont sur du papier fait de coton ; on dit qu'ils sont devenus presque illisibles. Il faut bien qu'ils le soient, puisque l'on ne s'accorde point sur la langue dans laquelle saint Marc les a composés, les uns prétendant qu'ils sont en grec, et les autres en latin. On assure que cet Evangile n'est presque qu'un abrégé de celui de saint Mathieu. L'auteur emploie souvent les mêmes termes, rapporte les mêmes histoires, et relève les mêmes circonstances. Il ajoute quelquefois de nouvelles particularités, qui donnent un grand jour au texte de saint Mathieu. On y trouve, comme dans les trois autres historiens de J.-C., cette simplicité inimitable, qui rend la vérité des faits sensible par la nature même de la narration. Ce n'est pas ainsi qu'on invente, dit J.-J. Rousseau. Les évangélistes ne visent pas à inspirer de l'admiration pour leur maître ; ils parlent froidement de sa doctrine, de ses miracles ; ils ne font point des réflexions pour en renouveler l'éclat ; ils racontent ses supplices et son ignominie, comme les acclamations des peuples : Ibi crucifixerunt eum, et latrones, unum a dextris et alterum a sinistris : voilà la catastrophe et l'événement principal de cette histoire. Saint Jérôme rapporte que le dernier chapitre de l'Evangile de saint Marc, depuis le verset 9, ne se trouvait point d'un son temps dans les exemplaires grecs ; mais il n'en est pas moins authentique, puisqu'il est reconnu par saint Irénée et par plusieurs anciens Pères, et que d'ailleurs il se trouve dans d'autres exemplaires. Pour ce qui est de la Liturgie et de la vie de saint Barnabé, qu'on a attribuées à cet écrivain sacré, il est certain que ni l'une ni l'autre ne sont de lui. L'empereur Claude ayant chassé de Rome tous les Juifs, saint Marc alla en Egypte pour y prêcher l'Evangile, et fonda l'Eglise d'Alexandrie. Voilà ce qu'une tradition ancienne et constante nous apprend : les autres circonstances de sa vie et de la mort de cet évangéliste, rapportées dans ses Actes, sont incertaines ; cependant ces Actes sont anciens ; ils paraissent avoir été connus en Egypte dès le IVe siècle. On croit posséder ses reliques à Venise. V.

MARC, hérétique et disciple de Valentin dans le IIe siècle, admettait la quaternité dans Dieu, composée de l'ineffable, du silence, du Père, de la vérité. Il s'attachait particulièrement à séduire les femmes, surtout celles qui étaient riches ou belles. La cupidité, la luxure et l'ambition ont été de tout temps la source des hérésies. Marc prenait des calices remplis d'eau et de vin ; puis, feignant de les consacrer à la façon des catholiques, il les faisait paraître pleins d'une liqueur rouge, à laquelle il donnait le nom de sang. Il est bon de faire observer que si, au second siècle, la croyance de l'Eglise chrétienne n'avait pas été que, par la consécration de l'Eucharistie, le pain et le vin sont changés au corps et au sang de J.-C., l'hérésiarque Marc ne se serait pas avisé de vouloir rendre ce changement sensible par un miracle apparent ; et si l'on n'avait pas cru que le sacerdoce donnait aux prêtres des pouvoirs surnaturels, cet imposteur n'aurait pas eu recours à un prestige pour persuader qu'il avait la plénitude du sacerdoce. Marc permettait aux femmes de consacrer. Saint Irénée décrit les superstitions et les impostures de ce Marc, chef des Marciens.

MARC (Saint), Romain, succéda au pape Silvestre Ier, le 18 janvier 336, et mourut le 7 octobre de la même année. On lui attribue une Epitre adressée à saint Athanase et aux évêques d'Egypte ; mais les critiques la mettent au nombre des ouvrages supposés.

MARC, évêque d'Aréthuse, sous Constantin-le-Grand, sauva la vie à Julien, qui fut depuis empereur. Il assista au concile de Sardique en 347, et à ceux de Sirmich en 351 et en 359. Quoique la formule qu'il dressa dans ce dernier concile ne fût ni précise ni assez contraire aux ariens, il paraît cependant que ses sentiments étaient orthodoxes. Les païens le persécutèrent sous le règne de Julien-l'Apostat, parce qu'il avait détruit un temple consacré aux idoles. Il employa le reste de ses jours à convertir les partisans du paganisme. Il mourut sous Jovinien ou Valens. Saint-Grégoire de Nazianze fait de lui un grand éloge. L'Eglise grecque honore sa mémoire le 23 de mars.

MARC, surnommé l'Ascétique, célèbre solitaire du IVe siècle, dont nous avons neuf Traités dans la bibliothèque des Pères.

MARC-ANTOINE RAIMONDI, graveur, natif de Bologne, prit du goût pour la taille-douce à la vue des estampes d'Albert Durer. Il essaya ses forces contre ce célèbre graveur. Il se mit à copier la Passion que ce maître avait donnée en 36 morceaux, et grava sur ses planches, ainsi que lui, les lettres A. D. La preuve de ses talents fut complète. Les connaisseurs s'y trompèrent; cependant Albert Durer s'en aperçut, et fit un voyage exprès à Venise pour porter ses plaintes contre son rival. Marc-Antoine a été à l'égard de Raphaël ce qu'Audran fut dans le siècle dernier pour le célèbre Le Brun : il a été son graveur favori, et en répandant ses ouvrages et sa gloire, il s'est dressé à lui-même un trophée immortel. Il est à regretter qu'il ait fait souvent un abominable usage de ses talents. Ce fut lui qui grava, d'après les dessins de Jules Romain, les planches qui furent mises au-devant des sonnets infâmes de l'Arétin. Le pape Clément VII le fit mettre en prison, d'où il s'échappa pour se retirer à Florence. Il mourut vers l'an 1540.

MARC-AURÈLE (Marcus Aurelius Antonius Augustus) le Philosophe, né l'an 121 de J.-C., de l'ancienne famille des Annius, fut adopté par Antonin-le-Pieux avec Lucius Verus. Après la mort d'Antonin, en 161, on proclama, d'une voix unanime, Marc-Aurèle, qui prit pour collègue Lucius Verus, et lui donna sa fille Lucile en mariage. Ce choix ne lui fit pas honneur; car Verus déshonora le trône par une vie molle et des mœurs infames. Marc-Aurèle ménagea avec plus d'art l'honneur du manteau de philosophe, qu'il avait pris dès l'âge de 12 ans. Sa vie publique parut sobre et austère comme celle d'un stoïcien. Devenu empereur, il remit en vigueur l'autorité du sénat, et assista à ses assemblées avec l'assiduité du moindre sénateur. Non-seulement il délibérait sur toutes les affaires militaires, civiles et politiques, avec les plus sages de la ville, de la cour et du sénat, mais encore il déférait à leur avis plutôt que de s'en tenir au sien. « Il est plus raisonnable, disait-il, de suivre l'opinion de plusieurs personnes éclairées, que de les obliger à se soumettre à celle d'un seul homme. » S'il était attentif à consulter, il ne l'était pas moins à faire exécuter. Il disait « qu'un empereur ne devait rien faire ni lentement ni à la hâte, et que la négligence dans les plus petites choses influait sur les plus grandes. » Le peuple romain, depuis longtemps dégradé, toujours porté à l'adulation et à la bassesse, voulut lui élever des temples et des autels. Marc-Aurèle le refusa, en disant, dans le style d'une vanité pardonnable en quelque sorte dans ces temps de ténèbres : « La vertu seule égale les hommes aux dieux. Un roi juste a l'univers pour son temple, et les gens de bien en sont les prêtres et les ministres. » Une peste générale ravagea l'empire sous son règne. A ce fléau succédèrent les tremblements de terre, la famine, les inondations, les chenilles, et tout cela devint si terrible que l'empire romain semblait toucher à sa fin. Les Germains, les Sarmates, les Quades et les Marcomans, profitant de ces calamités, firent une irruption dans l'empire, l'an 170, pénétrèrent en Italie, et ne furent chassés qu'après avoir fait beaucoup de ravages. Marc-Aurèle s'en vengea sur les chrétiens, qui en étaient innocents, et qui avaient partagé les malheurs de l'empire avec les païens. Il ordonna contre eux une persécution cruelle. Il y eut un grand nombre de martyrs, parmi lesquels on distingue l'illustre sainte Félicité, dame romaine, avec ses sept fils. Les barbares ayant fait une nouvelle irruption, l'empereur les repoussa encore, et employa les moments de tranquillité que lui donna la paix à faire ou à réformer les lois, à combattre le luxe et la licence générale. Une nouvelle ligue des Marcomans et des Quades le jeta dans de grands embarras. Le peuple ne pouvant payer de nouveaux impôts, Marc-Aurèle fit vendre les plus riches meubles de l'empire, les pierreries, les statues, les tableaux, la vaisselle d'or et d'argent, les habits mêmes de l'impératrice et ses perles. Cette guerre fut plus longue et d'un succès plus douteux que les premières. Ce fut pendant sa durée que Marc-Aurèle, se trouvant resserré par les ennemis dans une forêt d'Allemagne, obtint par les prières de la légion Mélitine, laquelle était chrétienne, une pluie abondante qui désaltéra son armée près de périr de soif. Warburton a démontré la vérité de ce miracle contre les mauvaises plaisanteries de Voltaire. Weston, autre Anglais, protestant, l'a également établie, dans une Dissertation publiée en 1748, contre Le Clerc et Moyle. L'événement a paru si peu naturel, même aux païens, que Porphyre et Claudien l'ont attribué à des enchanteurs. Tertullien en parle comme d'un fait public et incontestable, et renvoie deux fois les Romains à la lettre de Marc-Aurèle qui le rapporte et en fait honneur au dieu des chrétiens. Marc-Aurèle y disait que par hasard il avait obtenu de la pluie par les prières des soldats chrétiens : *Christiano-*

rum forte militum precationibus impetrato imbro (Tertull. *Apol.*, c. 3; Eusèbe, *Hist.*, l. 5, c. 5). Tous les bons latinistes savent que le mot latin *forte* n'exprime ici aucun doute et qu'il ne signifie autre chose que par hasard, comme si on disait, il arriva que. Marc-Aurèle eût connaissance des païens, en parlant plus clairement. L'original de l'édit de ce prince existait encore lorsque Tertullien et saint Jérôm: écrivaient. Saint Apollinaire rappela le souvenir du miracle à Marc-Aurèle lui-même, auquel il adressa une Apologie pleine de force et d'éloquence en faveur des chrétiens. Cet empereur défendit qu'on accusât des hommes dont il connaissait l'innocence et la vertu; il ordonna, renchérissant sur Trajan, qu'on punît les délateurs; mais, par une inconséquence extrême, il voulut néanmoins que les accusés subissent la peine décernée contre eux : tant il est vrai que la faiblesse, le respect humain, l'asservissement aux préjugés dominants ont souvent les mêmes effets qu'une cruauté déclarée. Si les chrétiens étaient des scélérats, pourquoi punir les accusateurs? Et si c'étaient des gens de bien, pourquoi les punir eux-mêmes? Dans ces temps de ténèbres, la justice se ressentait du désordre général de la morale. Les barbares vaincus se soumirent en 175, la même année qu'Avidius Cassius se fit proclamer empereur. Marc-Aurèle fit des préparatifs pour marcher contre lui; mais ce rebelle fut tué par un centenier de son armée. On envoya la tête de ce misérable à l'empereur, qui refusa de la voir, et pardonna à toutes les villes qui avaient embrassé son parti. Il se rendit à Athènes, y établit des professeurs publics, auxquels il assigna des pensions et accorda des immunités. De retour à Rome, après huit ans d'absence, il donna à chaque citoyen huit pièces d'or, leur fit une remise générale de tout ce qu'ils devaient au trésor public, et brûla devant eux, dans la place publique, les actes qui les constituaient débiteurs. Il éleva aussi un grand nombre de statues aux capitaines de son armée, morts dans la dernière guerre. Après avoir désigné pour lui succéder son fils Commode, il se retira pour quelque temps à Lavinium, et se livra à la philosophie avec plus d'enthousiasme que jamais. Il disait souvent : « Heureux le peuple dont les rois sont philosophes, et dont les philosophes sont les rois ! » Maxime réprouvée par l'expérience, et qui, fût-elle vraie, pouvait être, dans sa bouche et dans son application, regardée comme l'expression de l'orgueil et de l'égoïsme; mais tel était l'aveuglement de ces prétendus sages; ils ne pratiquaient le bien que pour en parler eux-mêmes avec emphase et en faire parler les autres. Une nouvelle irruption des peuples du Nord le força à reprendre les armes. Il marcha contre eux, tomba malade à Vienne en Autriche, et mourut à Sirmich, l'an 180, dans sa cinquante-neuvième année, après un règne de dix-neuf ans, regardé comme un prince doué de grandes vertus, mais qui avait aussi des vices; entre lesquels on remarque une vanité incompatible avec la vraie sagesse, une facilité qui dégénérait en faiblesse, et qui a causé de très grands maux, surtout aux chrétiens; un attachement déraisonnable pour des hommes qui le déshonoraient, et qu'il eût écartés du trône s'il eût été aussi zélé pour le bien public que pour sa réputation personnelle. Le choix de Vérus pour être son collègue, et celui de l'infâme Commode pour lui succéder, suffisent pour faire attribuer à l'exagération les éloges que les philosophes modernes lui ont prodigués. Il avait épousé la fameuse Annia Faustina, femme d'un libertinage effréné. Au lieu de la contenir dans le devoir, il récompensait ceux qui s'accommodaient de ses amours, et se couvrait lâchement d'une honte qu'un sauvage même n'aurait pu supporter. Jacques Marchand a fait une Dissertation pour réhabiliter la mémoire de cette Messaline; mais toutes ces apologies faites au xviii° siècle, contre le témoignage de l'ancienne histoire, n'ont aucune prise sur un esprit solide. On a de Marc-Aurèle xii livres de · *Réflexions morales*, Londres, grec et latin, 1707, in-8°. Glascow, 1752; traduits du grec en français par madame Dacier, avec des remarques, Paris, 1791, 2 vol. in-12. Jean-Pierre Joly a donné une version des Pensées de ce prince, Paris, 1770, in-8°. Cet empereur a renfermé dans ces Réflexions ce que la morale des stoïciens offre de meilleur. On y reconnaît souvent des livres saints où les anciens sages ont puisé la plupart de leurs maximes morales, comme dans ce passage suivant, qui énonce une importante et sublime vérité, mais qui n'est rien moins qu'une découverte de Marc-Aurèle : « L'ame vraiment grande et élevée est celle qui reçoit sans répugnance ce que le ciel lui envoie et de bien et de mal ;...... qui se remet entièrement et de toute sa volonté, pour ce qui concerne sa destinée et sa conduite, entre les mains de la Divinité;... qui ne demande qu'à marcher dans le chemin de sa loi; qu'à suivre Dieu, dont toutes les voies sont droites et tous les jugements sont justes. » Ce même prince, qui parlait si magnifiquement de la Divinité, porta la superstition aux plus grandes extravagances. On le vit multiplier les sacrifices et introduire des religions étrangères, qui avant lui avaient été inconnues des Romains. Il fit des démarches répétées auprès du sénat pour obtenir que l'on rendit les honneurs divins à Adrien, son prédécesseur, dont plusieurs vices avaient rendu la mémoire infâme. Il porta l'impiété encore plus loin, en mettant au nombre des déesses l'abominable Faustine, en lui élevant un temple, en lui érigeant des statues d'argent, en instituant en leur nom une communauté de filles qui, de son nom, furent appelées Faustiniennes; en obligeant les nouvelles mariées de venir avec leurs maris offrir un sacrifice à la prétendue déesse. A la mort de Lucius Vérus, son collègue, dont le nom était en horreur à tous les gens de bien, il força le sénat de l'honorer comme un Dieu. Gataker et les auteurs de la Vie de Marc-Aurèle, qui est à la tête de ses Réflexions morales, édition de Glascow, 1752, ont fait de vains efforts pour excuser l'idolâtrie et les différents vices de ce prince. Toute son histoire prouve un caractère faux, altier, égoïste et corrompu par système; l'égarement de son esprit égala celui de son cœur : il fut l'ennemi des chrétiens par superstition et par philosophie. Aussi les tyrans les plus crapuleux ont moins persécuté le christianisme que les empereurs qui se décoraient du nom de philosophe. Ce Commode dont on nous donne une si mauvaise idée, le brutal Caligula, ce sanguinaire Tibère, n'ont pas persécuté; mais le philosophe Trajan, le philosophe Antonin, mais le philosophe Marc-Aurèle, le philosophe Julien ont été persécuteurs. De tous les empereurs philosophes, il n'y a que Tite qui n'ait pas persécuté; mais il ne régna que deux ans.

MARC D'AVIANO, ainsi nommé parce qu'il était natif d'Aviano, bourg de Frioul, appartenant aux Vénitiens, fut célèbre par le don des miracles qu'on lui attribuait. L'empereur Léopold le fit venir à Vienne; et il parcourut un grand nombre de provinces, trouvant partout les peuples rassemblés pour le voir et recourir à l'efficacité de sa bénédiction et de ses prières. Il mourut vers l'an 1690.

MARC EUGÉNIQUE, qu'on appelle aussi Marc d'Ephèse, parce qu'il était archevêque de cette ville, fut envoyé en 1439 au concile de Florence, au nom des évêques grecs. Il y soutint le schisme avec beaucoup d'ardeur, et ne voulut point signer le décret d'union. De retour à Constantinople, il s'éleva contre le concile de Florence. On a de lui plusieurs écrits composés à ce sujet, qui se trouvent dans la Collection des conciles, et d'autres ouvrages dans lesquels il y a beaucoup d'emportement contre les Latins et le siége de saint Pierre. Il mourut peu de jours après sa dispute avec Barthélemi de Florence, en protestant « qu'il ne voulait pas qu'aucun de ceux qui avaient signé l'union assistât à ses funérailles et priât Dieu pour lui. » Tant il est vrai que le fanatisme érige en idoles les objets les plus hideux et les plus tristes! Marc d'Ephèse jugeait que la scission de l'Eglise chrétienne, de cette épouse unique de Jésus-Christ, était un bien auquel il fallait tout sacrifier. Il avait un frère appelé Jean, qui vint avec lui à Florence, et qui publia aussi un écrit contre le concile tenu dans cette ville.

MARCA (PIERRE DE), évêque de Conserans, né à Gan, en Béarn, le 24 janvier 1594, se distingua de bonne heure par son esprit et par son zèle pour la religion catholique; il travailla à la faire rétablir dans le Béarn, et eut le bonheur de réussir. C'est en reconnaissance de ses soins qu'il obtint la charge de président au parlement de Pau, en 1621, et celle de conseiller d'Etat en 1639. Après la mort de sa femme, il entra dans les ordres et fut nommé à l'évêché de Conserans, l'an 1642. Mais le saint-siége, offensé de ce que, dans le livre la Concorde du sacerdoce et de l'empire, il avait porté atteinte aux prérogatives de la chaire apostolique, lui refusa longtemps ses bulles, et il ne les obtint qu'en 1647, après avoir interprété ses sentiments d'une manière favorable et promis les corrections nécessaires, dans un autre ouvrage qu'il fit imprimer à Barcelone, in-4°, et qui se trouve dans les éditions in-fol. du livre précédent. Il fit plus, il déféra à Innocent X neuf propositions, réfutées par onze règles, où la vraie doctrine de la hiérarchie est établie : on remarque que ces neuf propositions contiennent presque tout le système de Fébronius. L'habileté avec laquelle il remplit une commission qu'on lui donna en Catalogne, lui mérita l'archevêché de Toulouse,

en 1652. Il s'était tant fait aimer en Catalogne, qu'ayant été attaqué d'une maladie qui le mit à l'extrémité, la ville de Barcelonne, entre autres, fit un vœu public à Notre-Dame de Montserrat, qui en est éloignée d'une journée, et y envoya en son nom douze capucins nu-pieds, sans sandales, et douze jeunes filles aussi pieds nus, les cheveux épars et vêtues de longues robes blanches. Marca se disposait à se rendre à Toulouse, lorsque le roi le fit ministre d'Etat en 1658. Il était d'un caractère facile et flexible, mais sans jamais se laisser aller à des impulsions contraires au devoir. Persuadé de l'importance qu'il y avait à s'opposer aux sectes naissantes, il s'appliqua à arrêter les progrès du jansénisme. Il s'unit avec les jésuites contre le livre du fameux évêque d'Ypres, et dressa le premier le projet d'un Formulaire où l'on condamnerait les cinq propositions dans le sens de l'auteur. Son zèle fut récompensé par l'archevêché de Paris; mais il mourut le jour même que les bulles arrivèrent en 1662, à 68 ans. Ce prélat réunissait plusieurs talents : l'érudition, la critique, la jurisprudence. Son style est ferme et mâle, assez pur, sans affectation et sans embarras. Ses principaux ouvrages sont, De concordia sacerdotii et imperii, dont la meilleure édition est celle qui fut donnée après sa mort par Baluze, Paris, 1704, in-fol. C'est un des ouvrages les plus savants que nous ayons sur cette matière. On ne peut guère lui comparer que l'excellent traité de l'Autorité des deux puissances. Si les principes n'en sont pas toujours exactement les mêmes, c'est que Baluze n'a pas déféré à la volonté expresse du prélat, qui, en mourant, lui avait indiqué divers changements à faire. Quant au supplément et aux notes de Baluze, ils sont tout-à-fait étrangers à de Marca; Histoire de Béarn, Paris, 1640, in-fol. On y trouve des éclaircissements utiles sur l'origine des rois de Navarre, des ducs de Gascogne, des comtes de Toulouse, etc. : on y prend une grande idée de l'érudition de l'auteur; Marca hispanica, 1688, in-fol. C'est une description savante et curieuse de la Catalogne, du Roussillon et des frontières. La partie historique et la géographie y sont traitées avec exactitude, et cet ouvrage peut être très utile pour connaître les véritables bornes de la France et de l'Espagne; Dissertatio de primatu lugdunensi et cæteris primatibus, 1644, in-8°, très savante; Relation de ce qui s'est fait depuis 1653 dans les assemblées des évêques, au sujet des cinq propositions, Paris 1657, in-4°. C'est contre cette Relation, peu favorable au jansénisme, que Nicole publia son Belga percontator, 1657, in-4°, dans lequel il expose les scrupules d'un prétendu théologien flamand sur l'assemblée du clergé de 1656; des Opuscules publiés par Baluze, en 1669, in-8°; d'autres Opuscules mis au jour par le même, en 1681, in-8°. Ces opuscules renferment plusieurs Dissertations intéressantes : un Recueil de quelques Traités théologiques, les uns en latin, les autres en français, donnés au public, en 1668, in-4°, par l'abbé de Faget, cousin-germain du savant archevêque. L'éditeur orna cette collection d'une Vie en latin de son illustre parent. Elle est étendue et curieuse.

MARCASSIN, s. m., petit sanglier au-dessous d'un an qui suit encore sa mère.

MARCASSITE (min.), nom donné autrefois à une espèce de fer sulfuré connue sous le nom de pyrite cubique. V. FERS SULFURÉS. J.P.

MARCASSUS (PIERRE DE), né à Gimont en Gascogne, vers 1584, fut chargé de l'éducation d'un neveu du cardinal de Richelieu, et devint ensuite professeur de rhétorique au collège de la Marche, à Paris, où il mourut en 1664. On a de lui des histoires, des romans et des pièces de théâtre, qui n'ont pas autant de mérite du côté de la composition que du côté de la décence et du respect pour les mœurs. On a aussi de lui des traductions qui sont au-dessous de celles de l'abbé de Maroles, son ami. Voyez les Mémoires de Nicéron, t. 31.

MARCEAU (FRANÇOIS-SÉVERIN DES GRAVIERS DE), général français, né à Chartres, le 1er mars 1769, s'engagea, à l'âge de 17 ans, dans le régiment de Savoie-Carignan. Il avait été destiné d'abord par son père à la carrière du barreau, et il avait fait des études qui ne furent point inutiles à son avancement. Il n'était encore que sergent à l'époque où éclata la révolution. Marceau se trouvait à Paris par congé, le 14 juillet 1789; il figura dans cette journée fameuse d'une manière active en marchant à la tête d'un détachement de la section de Bon-Conseil. Un congé absolu fut la récompense de sa conduite. De retour à Chartres, il s'enrôla de nouveau dans le bataillon d'Eure-et-Loire, et presque aussitôt après il en fut nommé commandant. Il ne tarda pas à partir pour la frontière, et il servit dans le corps d'armée commandé par Lafayette. Marceau n'était pas seulement partisan de la réforme politique, annoncée en 1789; il était devenu républicain, si l'on en juge par la harangue qu'il adressa à ses soldats pour les engager à combattre pour la cause de la république. Il se trouvait avec son bataillon dans la ville de Verdun, lorsqu'elle se rendit aux Prussiens. On sait que Beaurepaire se tua de désespoir. Marceau protesta contre la reddition; néanmoins ce fut lui qui fut envoyé, comme étant le plus jeune des officiers, pour porter au roi de Prusse les clefs de cette ville. Après s'être fait remarquer à la fin de cette première campagne, il demanda à quitter le commandement de son bataillon, dont l'indiscipline était pour lui une cause continuelle de mécontentement. Il obtint une compagnie de cavalerie dans la légion germanique, que l'on venait de créer, et qui fut envoyée sur ces entrefaites dans les départements de l'ouest, où avait éclaté l'insurrection vendéenne. Il était à peine arrivé à cette destination qu'il fut dénoncé par Bourbotte et arrêté comme complice de Westermann; mais il obtint sa liberté. Quelque temps après, marchant au secours de Saumur, attaqué par les royalistes, il rencontre ce même représentant qu'entraînaient une troupe de Vendéens; il fond sur eux, délivre Bourbotte, lui donne son cheval, et lui dit: « Il vaut mieux qu'un soldat comme moi périsse qu'un représentant du peuple. » Devenu général de brigade, à l'âge de 22 ans, il prit par intérim le commandement en chef, et gagna le 12 décembre, secondé par Kléber, la terrible bataille du Mans, où périrent 10,000 républicains et 20,000 Vendéens. Avant le combat, les députés en mission dans la Vendée lui remirent la destitution de Westermann, et lui ordonnèrent de l'éloigner sur-le-champ de l'armée. Marceau garda la destitution dans sa poche, et après le gain de la bataille il publia hautement les obligations qu'il avait au général Westermann, et le fit conserver. Ce fut dans cette circonstance qu'une Vendéenne jeune et belle, le casque en tête et la lance à la main, poursuivie par des soldats, tombe aux pieds de Marceau : « Sauvez-moi, » s'écrie-t-elle. Il la relève, la rassure, et se détermine à la sauver; mais une loi punissait de mort un républicain qui faisait grâce à un Vendéen pris les armes à la main. Marceau, dénoncé, allait être conduit au supplice; Bourbotte accourt de Paris, et l'arrache à la mort; mais ni la protection de ce député, ni les larmes de Marceau ne purent sauver la jeune Vendéenne : elle fut décapitée. Après la défaite du Mans, Marceau poursuivit les Vendéens avec la plus grande vigueur, et les atteignit à Savenay, où, secondé encore par les efforts de Kléber et de Westermann, il anéantit leur armée, dont les malheureux débris furent envoyés à Nantes, pour y être noyés ou fusillés. Marceau quitta enfin cette terre arrosée du sang des Français. C'est dans cette campagne que commença la liaison intime de Marceau et de Kléber. Ce dernier avait désigné le jeune Marceau pour commander en chef les deux armées de l'ouest. Envoyé en qualité de général de division contre les ennemis de l'extérieur à l'armée des Ardennes, puis à celle de Sambre-et-Meuse, il continua à se distinguer par sa bravoure, ses talents et son humanité. Ses qualités le rendirent cher aux soldats français, et même aux troupes ennemies. A Fleurus, il commandait l'aile droite de l'armée, et eut deux chevaux tués sous lui. Sa division fut presque détruite; il combattit alors comme un simple soldat, à la tête de quelques bataillons. Aux batailles de l'Ourthe et de la Roër, il conduisait l'avant-garde. En octobre 1794, à la tête de sa division, il s'empara du camp retranché de la ville de Coblentz, et servit avec la même valeur durant la campagne de 1795. Dans le Hunsdruck, il battit partout l'ennemi, malgré les obstacles que lui opposait le terrain. En 1796, il fut chargé de bloquer Mayence et de couvrir la frontière de France, tandis que Jourdan s'avançait en Franconie; et, le 24 juillet, il se rendit maître de la forteresse de Kœnigstein. Jourdan ayant été repoussé par l'archiduc Charles, Marceau prit le commandement d'une des divisions chargée de couvrir la retraite de cette armée en déroute, et vint à bout de contenir l'ennemi sur tous les points où il se trouva. Dans deux combats qu'il livra près de Limbourg, il déploya sa valeur et ses talents ordinaires; mais, le 19 août, tandis qu'il arrêtait l'ennemi, pour donner le temps à l'armée française de passer les défilés d'Alteinkirchen, il reçut un coup de feu, dont il mourut quelque temps après. A l'instant où il fut blessé, les officiers et les soldats l'environnèrent de larmes aux yeux, et il les consola lui-même avec le plus grand courage, refusant d'être transporté au-delà du Rhin, ce qui fut cause qu'il se trouva, le lendemain, en la

puissance des Allemands, qui entrèrent dans Alteinkirchen. Les généraux Kray et Hadkick se rendirent aussitôt auprès de lui, et lui prodiguèrent toutes les marques d'estime et d'intérêt. L'archiduc Charles lui envoya son chirurgien, mais sa blessure était mortelle, et il expira le 21 septembre 1796, âgé de 27 ans. Son corps ayant été recommandé aux Français, l'archiduc le rendit à condition qu'on l'informerait du jour où il serait inhumé, afin que l'armée autrichienne pût s'unir à l'armée française pour lui rendre les honneurs militaires. En effet, il fut enterré le 25 septembre, au bruit de l'artillerie des deux armées, dans le camp retranché de Coblentz, dont il s'était emparé en 1794. Ses restes furent réunis, en 1799, à ceux de Hoche et de Chérin; et la ville de Chartres, sa patrie, lui vota, en 1801, l'érection d'un monument public. Le tombeau où reposent ses cendres fut sur les dessins de Kléber. On lui a aussi érigé une pyramide à la place où il reçut le coup mortel. Ce monument, qu'avaient constamment respecté les armées ennemies jusqu'à ce que les pays situés sur la rive gauche du Rhin fussent réunis à la Prusse, a changé de forme par quelques arrangements de territoire adoptés par le gouvernement prussien, qui a cru devoir faire annoncer par les journaux que rien n'avait été changé dans sa destination. Marceau est sans aucun doute l'un des généraux français qui, par leurs talents, leur courage et leurs vertus, ont le plus honoré leur patrie. Un célèbre poète, Byron, a célébré en ces termes la mémoire de ce guerrier : « Sa vie fut glorieuse, courte, immortelle; il se battit pour rendre la liberté; il fut pur comme la cause qu'il avait embrassée, noble comme Paul-Emile et Brutus, il fut magnanime, et ses amis ont pleuré son tombeau. » Child-Harold, chant 3, strophe 36. On trouve de curieux renseignements sur le général Marceau dans les Notices historiques publiées par Sergent-Marceau, 1720, 1 vol. in-12, avec fig.

MARCEL 1er (Saint), Romain, successeur du pape Marcellin en 308, se signala par son zèle et par sa sagesse. La juste sévérité dont il usa envers un apostat le rendit odieux au tyran Maxence, qui le bannit de Rome. Il mourut en 1310. Il est appelé martyr dans les sacramentaires de Gélase 1er et de saint Grégoire, ainsi que dans les martyrologes attribués à saint Jérôme et à Bède. Le pape saint Damase a composé son épitaphe en vers.

MARCEL II (Marcel-Servin), natif de Montepulciano, fils du receveur général des revenus du Saint-Siège à Alfiuo, fit ses études avec distinction et plut au pape Paul III, qui le nomma son premier secrétaire. Il accompagna en France le cardinal Farnèse, neveu de ce pontife, et s'y fit estimer par ses mœurs et son savoir. De retour à Rome, il obtint de son bienfaiteur le chapeau de cardinal, et fut choisi pour être un des présidents du concile de Trente. Il succéda, sous le nom de Marcel, au pape Jules III, le 9 avril 1555, et mourut d'apoplexie vingt-un jours après son élection dans le temps qu'il se disposait à pacifier les troubles, à réformer les abus et à faire fleurir la science et la piété dans l'Eglise. Il était si ennemi du népotisme qu'il ne voulut pas permettre à ses neveux de venir à Rome.

MARCEL ou **MARCEAU** (Saint), célèbre évêque de Paris, mort le 1er novembre, au commencement du ve siècle. Il y a plusieurs autres saints de ce nom : saint Marcel, martyrisé à Châlons-sur-Saône, l'an 179; saint Marcel, capitaine dans la légion trajane, qui eut la tête tranchée pour la foi de Jésus-Christ, à Tanger, le 30 octobre, vers l'an 298; saint Marcel, évêque d'Apamée, et martyr en 383.

MARCEL, fameux évêque d'Ancyre dès l'an 314, assista au concile de Nicée, en 325, et y signala son éloquence contre l'impiété arienne. Il s'opposa à la condamnation de saint Athanase au concile de Tyr, en 335, et à celui de Jérusalem, où il s'éleva avec zèle contre Arius. Les ariens, irrités, le persécutèrent avec fureur et condamnèrent son Traité contre Astère, surnommé l'avocat des ariens, comme contenant les erreurs de Sabellius; ils le déposèrent à Constantinople, en 336, et mirent à sa place Basile, qui s'était acquis de la réputation par son éloquence. Marcel d'Ancyre alla à Rome trouver le pape Jules, car c'est toujours au siége de Pierre que les évêques opprimés ou calomniés avaient recours comme au centre de l'unité de l'Eglise. Le pape, qui le jugea innocent, le reçut à sa communion, et déclara, dans un concile tenu à Rome en 341, que la doctrine contenue dans son Traité contre les ariens était conforme à celle de l'Eglise. L'illustre persécuté fut encore absous et rétabli au concile de Sardique, en 347. Marcel ayant été informé, sur la fin de sa vie, que saint Basile avait donné à saint Athanase des soupçons sur sa catholicité, lui envoya une profession de foi, dans laquelle il condamnait expressément le sabellianisme. Il mourut dans un âge très avancé, en 374. Après ces témoignages si favorables à Marcel, on ne peut guère douter que saint Hilaire, saint Basile, saint Chrysostôme, Sulpice Sévère, qui ont imputé le sabellianisme à cet évêque d'Ancyre, n'aient été trompés par les clameurs des ariens. Il ne nous reste de Marcel qu'une lettre écrite au pape Jules, deux confessions de foi dans saint Épiphane, et quelques fragments de son livre contre Astère, dans la critique qu'en a faite Eusèbe de Césarée.

MARCEL (Saint), natif d'Apamée, d'une famille noble et riche, distribua tous ses biens aux pauvres pour se retirer auprès de saint Alexandre, instituteur des acémètes. Saint Marcel fut abbé de ce monastère après Jean, successeur d'Alexandre, vers 447, et mourut après l'an 485. Sa sainteté et ses miracles l'ont rendu célèbre en Orient.

MARCEL (Guillaume), chronologiste et avocat au conseil, né à Toulouse, en 1647, mort à Arles, commissaire de marine, le 27 décembre 1708, est auteur des *Tablettes chronologiques pour l'histoire de l'Église*, in-8°, ouvrage estimé, qui réunit l'exactitude et l'esprit de recherches à l'orthodoxie et à la sagesse des principes. En lui donnant un peu plus de développement et d'étendue, on en ferait le meilleur livre élémentaire d'histoire ecclésiastique. L'*Histoire abrégée de l'Église*, par Lhomond, est presque le seul ouvrage en ce genre qui puisse servir à l'instruction de la jeunesse.

MARCELLE (Sainte), dame romaine, étant devenue veuve après sept mois de mariage, embrassa la vie monastique. Plusieurs vierges se mirent sous sa conduite, et la ville de Rome fut bientôt remplie de monastères, où on imitait la vie des solitaires d'Orient. Marcelle consultait souvent saint Jérôme dans ses doutes, et nous avons les réponses de ce saint docteur dans les onze lettres qu'il lui écrivit. La lecture des livres saints faisait ses délices, « non par esprit de dispute ni pour en faire parade comme les pharisiens, dit saint Jérôme, mais pour les mettre en pratique, mériter de les comprendre par l'accomplissement exact de toutes les lois qu'ils renferment. » Elle eut beaucoup à souffrir durant le sac de la ville de Rome, l'an 409. Les Barbares voulaient lui faire découvrir des trésors qu'elle avait cachés, à l'imitation de saint Laurent, dans le sein des pauvres. Alarmée du danger que courait l'innocence de Principie, sa chère fille spirituelle, elle se jeta aux pieds des soldats et les conjura de l'épargner; ceux-ci, oubliant leur férocité, conduisirent Marcelle et Principie dans l'église de Saint-Paul, qui, selon les ordres d'Alaric leur chef, devait servir d'asile, de même que celle de Saint-Pierre. Elle survécut peu au désastre de sa patrie, et mourut en 410. Saint Jérôme a écrit élégamment sa Vie dans la Lettre à Principie, liv. 3, ép. 9, édition de Pierre Casinus.

MARCELLIENS, hérétiques du quatrième siècle, attachés à la doctrine de Marcel, évêque d'Ancyre, que l'on accusait de faire revivre les erreurs de Sabellius, c'est-à-dire de ne pas distinguer assez les trois personnes de la sainte Trinité, et de les regarder seulement comme trois dénominations d'une seule et même personne divine. Il n'est aucun personnage de l'antiquité sur la doctrine duquel les avis aient été plus partagés que sur celle de cet évêque. Comme il avait assisté au premier concile de Nicée, qu'il avait souscrit à la condamnation d'Arius, qu'il avait même écrit un livre contre les défenseurs de cet hérétique, ils n'oublièrent rien pour défigurer les sentiments de Marcel et pour noircir sa réputation. Ils le condamnèrent dans plusieurs de leurs assemblées, le déposèrent, le firent chasser de son siége, et mirent un des leurs à sa place. Eusèbe de Césarée, dans les cinq livres qu'il écrivit contre cet évêque, montre beaucoup de passion et de malignité; et c'est dans cet ouvrage même qu'il laisse voir à découvert l'arianisme qu'il avait dans le cœur. Vainement Marcel se justifia dans un concile de Rome, sous les yeux du pape Jules, l'an 341, et dans le concile de Sardique, l'an 347; on prétendit que, depuis cette époque, il avait moins ménagé ses expressions, et mieux découvert ses vrais sentiments. Parmi les plus grands personnages du quatrième et du cinquième siècle, les uns furent pour lui, les autres contre lui. Saint Athanase même, qui avait été fort attaché, et qui, pendant longtemps, avait vécu en communion avec lui, parut s'en retirer dans la suite, et s'être laissé persuader par les accusateurs de Marcel. Tout ce que l'on peut dire, c'est que, dans la fermentation qui régnait alors entre tous les esprits, et vu l'obscurité des mystères sur lesquels on contes-

tait, il était très difficile à un théologien de s'exprimer d'une manière assez correcte pour ne pas donner prise aux accusations de l'un ou de l'autre parti. S'il ne fut pas prouvé très clairement que le langage de Marcel était hérétique, on fut du moins convaincu que ses disciples et ses partisans n'étaient pas orthodoxes. Photin, qui renouvela réellement l'erreur de Sabellius, avait été diacre de Marcel, et avait étudié sous lui : l'égarement du disciple ne pouvait manquer d'être attribué au maître. Il est donc très difficile aujourd'hui de prononcer sur la cause de ce dernier.

MARCELLIN (Saint), Romain de naissance, succéda au pape saint Caïus en 296, et se signala par son courage durant la persécution. Les donatistes l'ont accusé d'avoir sacrifié aux idoles; saint Augustin le justifie pleinement dans son livre : *de Unico Bapt. contra Petilianum*, cap. 16. Eusèbe, qu'on ne peut soupçonner d'une omission aussi considérable, ne dit pas un mot de ce fait, et Théodoret prouve bien davantage, puisqu'il parle expressément de Marcellin, ainsi que de la persécution où l'on veut qu'il ait idolâtré. Cet historien assure au contraire que ce pape se distingua par la fermeté de son courage. C'est cependant sur cette calomnie que l'on a bâti la prétendue histoire du repentir de Marcellin dans un concile de Sinuesse qui n'a jamais existé. Il n'y a jamais eu que le donatiste Pétilien et les sectaires de son temps qui aient soutenu cette imputation; les premiers donatistes n'ont jamais reproché à l'Église une pareille chute de son chef, quelque attentifs qu'ils fussent, pour appuyer leur mauvaise cause, à recueillir les plus légères fautes des évêques catholiques, et surtout celles des papes. Marcellin tint le saint-siége un peu plus de huit ans, et mourut le 24 octobre 304, également illustre par sa sainteté et par ses lumières. Après sa mort, la chaire de Rome vaqua jusqu'en 308, tant il était périlleux d'y monter, à cause de l'implacable cruauté des persécuteurs.

MARCELLIN (Saint), regardé comme le premier évêque d'Embrun, mourut vers 374. Les actes de sa vie sont fort incertains. Il ne faut pas le confondre avec saint Marcellin, prêtre, qui reçut la couronne du martyre à Rome avec saint Pierre exorciste, en 304, ni avec Flavius Marcellin, tribun, à qui saint Augustin adressa ses premiers écrits contre les pélagiens, et son grand ouvrage de la *Cité de Dieu*. Il mourut l'an 413.

MARCELLIN, officier de l'empire et comte d'Illyrie, né dans la Dalmatie, fut chancelier de l'empereur Justin, et, selon Cassiodore, de l'empereur Justinien. Il est auteur d'une chronique intitulée *Chronicon rerum orientalium in Ecclesia gestarum*, qui commence où celle de saint Jérôme se termine, en 379, et qui finit en 534. On l'a continuée jusqu'en 566. Cassiodore dit que Marcellin avait encore donné deux ouvrages, l'un intitulé *de Temporum qualitatibus et positionibus locorum*; l'autre *de Urbibus Cœli et Hierosolymis*; mais ils ne sont pas parvenus jusqu'à nous.

MARCELLUS (Marcus-Claudius), le Grand ou l'Ancien, célèbre Romain, après avoir été édile et augure, fut nommé consul, pour la première fois, l'an 222 avant J. C., fit la guerre avec succès contre les Gaulois, et tua de sa propre main le roi Viridomare, qui régnait dans l'Insubrie (le Milanais). Ayant eu ordre de passer en Sicile, et n'ayant pu ramener les Syracusains par la voie de la douceur, il les assiégea par terre et par mer. Archimède retarda la prise de Syracuse pendant trois ans par des machines qui détruisaient de fond en comble les ouvrages des assiégeants; mais cette ville fut enfin obligée de se rendre. Marcellus avait ordonné qu'on épargnât l'illustre ingénieur qui l'avait si bien défendue, et n'apprit sa mort qu'avec une douleur extrême. Ce général ne signala pas moins sa valeur dans la guerre contre Annibal. Il le vainquit deux fois sous les murs de Nole, et mérita qu'on l'appelât l'Épée de la république, comme Fabius, son collègue dans le consulat et dans le généralat, en avait été appelé le Bouclier. Les succès de Marcellus lui suscitèrent des envieux : il fut accusé devant le peuple par un tribun jaloux de sa gloire. Ce grand homme vient à Rome, et s'y justifie par le seul récit de ses exploits; le lendemain il est élu consul pour la quatrième fois, et part tout de suite pour continuer la guerre. Sa mort ne fut point digne d'un si grand général. Quoique âgé de 60 ans, il avait la vivacité d'un jeune homme. Cette vivacité l'emporta au point d'aller lui-même, presque sans escorte, à la découverte d'un poste qui séparait le camp des Romains d'avec celui d'Annibal. Le général carthaginois y avait fait cacher un détachement de cavalerie numide qui fondit à l'improviste sur la petite troupe des Romains, laquelle fut presque entièrement taillée en pièces. Marcellus fut tué dans cette embuscade l'an 208 avant J. C. Annibal le fit enterrer avec pompe. La vie de Marcellus a été écrite par Plutarque, qui l'a mis en parallèle avec Pelopidas.

MARCELLUS (Marcus-Claudius), consul, un des descendants du précédent, joua un rôle dans les guerres civiles, et prit le parti de Pompée contre César. Celui-ci ayant été vainqueur exila Marcellus, et le rappela ensuite à la prière du sénat. Lorsqu'il allait s'embarquer au Pyrée pour retourner en Italie, un de ses compagnons d'exil, irrité de n'avoir pas obtenu la même grâce, le tua de deux coups de couteau, l'an 46 avant Jésus-Christ. C'est pour lui que Cicéron prononça son oraison *pro Marcello*, l'une des plus belles de cet orateur.

MARCELLUS (Marcus-Claudius), petit-fils du précédent et fils de Marcellus et d'Octavie, sœur d'Auguste, épousa Julie, fille de cet empereur. Le sénat le créa édile. Marcellus se concilia, pendant son édilité, la bienveillance publique. Rien ne flattait davantage les Romains que la pensée qu'il succéderait un jour à Auguste. Sa mort prématurée fit évanouir ces espérances, ce qui fit dire à Virgile que « les destins n'avaient fait que le montrer au monde. » Le *Tu Marcellus eris*, que ce grand poète sut employer avec tant d'art au vie livre de son *Énéide*, fit verser bien des larmes aux Romains, et surtout à la famille de Marcellus. Ses obsèques se firent aux dépens du public, et l'on honora sa mémoire par tout ce que l'estime et les regrets surent imaginer.

MARCELLUS, médecin de Séide en Pamphylie, vivait sous l'empereur Marc-Aurèle. Il composa deux poèmes en vers héroïques : l'un sur la lycanthropie, espèce de mélancolie qui frappe ceux qui en sont attaqués de l'idée opiniâtre qu'ils sont changés en loups ; l'autre sur les poissons.

MARCELLUS, branche de la maison Claudia plébéienne, commença à devenir célèbre l'an de Rome 423 (331 av. J.-C.), et s'éteignit 23 ans av. J.-C., dans la personne du jeune Marcellus, neveu et gendre d'Auguste.

MARCESCENT (bot.). On donne ce nom aux organes foliacés qui dessèchent sur la plante avant de s'en détacher. J. P.

MARCET (Alexandre), médecin, né à Genève, en 1770, mort à Londres, le 19 octobre 1822, fut exilé de sa patrie par le parti démocratique à l'époque de la révolution, et se fixa en Angleterre. Il revint pourtant à Genève après la restauration, siégea au conseil représentatif, et donna un cours de chimie dans le laboratoire du Musée. On doit à ce savant médecin plusieurs ouvrages et un grand nombre de mémoires.

MARCHAND, ande, celui, celle qui fait profession d'acheter ou de vendre. Marchan l forain, celui qui parcourt avec ses marchandises les villes, les foires, etc. Prov., il faut être marchand ou larron, un marchand doit être loyal. Prov. et fig., marchand qui perd ne peut rire, on n'est pas disposé à rire quand on a éprouvé une perte, un revers. Marchand se dit aussi quelquefois de celui qui achete pour son usage, pour sa consommation. Marchand se prend quelquefois adjectivement et signifie, qui est de bon débit, de bonne qualité, qui a les qualités requises pour être vendu. Prix marchand, le prix auquel les marchands vendent entre eux. Place marchande, place commode pour vendre la marchandise. Marine marchande, les bâtiments et les équipages employés par le commerce, par opposition à marine militaire, qui signifie la marine de l'État.

MARCHAND (Jean-Louis), né à Lyon le 2 février 1669, passe pour le plus grand organiste qu'il y ait jamais eu : Rameau le reconnut pour son maître, et apprit de lui les principes les plus lumineux de l'harmonie. Marchand vint fort jeune à Paris, et s'étant trouvé, comme par hasard, dans la chapelle du collège de Louis-le-Grand, au moment où l'on attendait l'organiste pour commencer l'office divin, s'offrit pour le remplacer. Son jeu plut tellement que les jésuites le retinrent dans le collège, et fournirent ce qui était nécessaire pour perfectionner ses talents. Marchand conserva toujours l'orgue de leur chapelle, et refusa constamment les places les plus avantageuses qu'on lui offrit ; le désintéressement avec autant de part à ses refus que la reconnaissance. Il était un esprit si indépendant qu'il négligea autant sa célébrité que sa fortune. Il mourut à Paris en 1732, à 63 ans. On a de lui deux Livres de pièces de clavecin très estimées des connaisseurs ; et tout ce que Rameau a écrit sur la musique est en grande partie le fruit des leçons de ce grand maître.

MARCHAND (Prosper), né en 1675, à Guise en Picardie, fut élevé dès sa jeunesse dans la librairie à Paris, et dans la connaissance des livres. Il entretint une correspondance réglée avec plusieurs savants, entre autres avec Bernard, continuateur des *Nouvelles de la république des lettres*, et lui fournit les anecdotes littéraires de la France. Marchand alla le joindre en Hollande (1711), pour y professer en liberté la religion protestante qu'il avait embrassée. Il y continua quelque temps la librairie ; mais il quitta ensuite ce négoce, pour se consacrer uniquement à la littérature. La connaissance des livres et de leurs auteurs, et l'étude de l'histoire de France furent toujours son occupation favorite. Il fut aussi un des principaux auteurs du *Journal littéraire* de La Haye de 1713 à 1737, et il fournit des extraits dans la plupart des autres journaux. Il a eu part au *Chef d'œuvre d'un inconnu* de Saint-Hyacinthe, et a donné des notes sur la *Satyre Ménippée*. Ce savant mourut dans un âge avancé en 1756. Il légua le peu de bien qui lui restait à une société fondée à La Haye, pour l'éducation d'un certain nombre de pauvres. Sa bibliothèque, l'une des mieux composées pour l'histoire littéraire, est restée par son testament avec ses manuscrits à l'université de Leyde. On a de lui : 1° l'Histoire de l'imprimerie. Cet ouvrage, rempli de discussions et de notes, parut en 1740 à La Haye, in-4°. L'érudition y est tellement prodiguée, l'auteur a tellement accumulé les remarques et les citations, que quand on est à la fin de ce chaos, on ne sait guère à quoi s'en tenir sur les points qu'il discute. M. Mercier, abbé de Saint-Léger de Soissons, a donné en 1773, un supplément à cette *Histoire*, plein de recherches et d'une exactitude très rare dans l'état actuel des sciences ; il en a paru une seconde édition en 1775, in-4° ; 2° un Dictionnaire historique, ou Mémoires critiques et littéraires, imprimé à La Haye en 1758, en 2 petits vol. in-fol. On y trouve les singularités historiques, les anecdotes littéraires, des points de bibliographies discutés ; mais il y a trop de remplissage ; le style n'est pas pur, et l'auteur se livre trop à l'emportement de son caractère. Il est difficile d'entasser plus d'érudition sur des choses si peu intéressantes, du moins pour le commun des lecteurs ; 3° une nouvelle édition du Dictionnaire et des Lettres de Bayle, du *Cymbalum mundi*, etc.

MARCHAND-DE-BARBURE (François-Roger-Fidèle), naquit à Béthune (Pas-de-Calais), vers 1734, se voua d'abord au service militaire, entra dans les gardes du corps, puis dans la maréchaussée et la gendarmerie, et enfin dans le corps des vétérans nationaux. Cette vie toute militaire ne l'empêcha pas de se livrer à l'étude des sciences physiques. Il eut des relations avec Buffon et Dolomieu, obtint d'eux des éloges, et devint membre des académies de Châlon-sur-Marne et du Mans. Marchand mourut à La Flèche, le 17 octobre 1802. On a imprimé après sa mort, ses Essais historiques sur la ville et le collège de La Flèche, Angers, 1803, in-8°. Plusieurs autres ouvrages sont restés manuscrits : 1° Dictionnaire ou Encyclopédie raisonnée et réfléchie des trois règnes de la nature ; 2° Les phénomènes de la nature expliqués par le système des molécules organiques vivantes ; 3° Les secrets des arts, de la physique et de la chimie ; 4° Le trésor des champs ; 5° La médecine ramenée à ses principes ; 6° La minéralogie du département de la Sarthe ; 7° Les fruits de mes études ; 8° Dictionnaire de la maréchaussée ; 9° Contes de l'ancien temps, extraits de Roland le Furieux.

MARCHANDER, v. a., demander le prix de quelque chose ; plus souvent, contester ce prix. Il s'emploie aussi absolument. Il se dit quelquefois au sens moral. Fig., ne pas marchander sa vie, ne pas hésiter à l'exposer, à en faire le sacrifice. Fig. et fam., ne pas marchander quelqu'un, ne point l'épargner, l'attaquer brusquement, soit de fait, soit de paroles. Marchander, signifie aussi figurément et familièrement, hésiter, balancer. En ce sens il est neutre.

MARCHANDISE, s. f., ce qui se vend, se débite, soit en gros, soit en détail, dans les boutiques, magasins, foires, etc. Marchandises de contrebande, celles qu'on fait entrer dans son pays ou qu'on en fait sortir par fraude. Faire valoir sa marchandise, la vanter, en faire remarquer les qualités. Prov. et fig., bien débiter sa marchandise, faire valoir ce qu'on dit par la manière dont on le dit. Fig. et fam., marchandise mêlée, assemblage de bon et de mauvais. Marchandise, se dit quelquefois par trafic. Fig., faire métier et marchandise d'une chose, etre accoutumé à la faire habituellement quelque chose dans des vues intéressées, en faire une espèce de trafic. Prov. et fig., Moitié guerre, moitié marchandise, se dit d'un procédé, d'une conduite équivoque et douteuse.

MARCHANGY (Louis-Antoine de), avocat général à la cour de cassation, né à Clamecy, en 1774, mort le 26 mai 1826 se distingua comme magistrat lors du procès relatif au complot de La Rochelle. Comme député, il défendit à la chambre les vrais principes qu'il avait professés en qualité d'organe du ministère public. Son premier ouvrage, le *Bonheur*, poëme en quatre chants, 1804, in-8°, avait été assez bien accueilli ; cependant sa réputation littéraire a plutôt pour base la *Gaule poétique*, ou l'*Histoire de France considérée dans ses rapports avec la poésie, l'éloquence et les beaux-arts*, 4 vol. in-8°, 1813, 1815. Cet ouvrage est plein d'érudition, mais écrit d'un style prétentieux et romantique.

MARCHANT (PIERRE), né à Couvin dans l'Entre-Sambre-et-Meuse, principauté de Liége, l'an 1585, se fit récollet, se distingua par sa science et sa régularité, et fut élevé aux premières charges de son ordre. En 1639, il fut fait commissaire-général, avec plein pouvoir sur les communes et provinces de son ordre, dans l'Allemagne, les Pays-Bas, les Iles-Britanniques. Il est le fondateur de la province dite de Saint-Joseph. Dans la Flandre, il est, avec la vénérable sœur Jeanne de Jésus, le principal auteur de la réforme des franciscaines, nommées *Nééring* de Gand. Cette congrégation est connue sous le nom de Réforme des sœurs franciscaines de la pénitence de Limbourg, qui fut approuvée par Urbain VIII l'an 1034. Cet homme, plein de zèle pour la discipline religieuse, mourut à Gand, le 11 novembre 1661. On a de lui : 1° *Expositio litteralis in regulam sancti Francisci*, Anvers, 1631, in-8° ; 2° *Tribunal sacramentale*, Gand, 1643, 2 vol. in-fol. et un 3° à Anvers, 1651, théologie aujourd'hui oubliée, qui renferme plusieurs choses plus pieuses que solides. Entre autres le traité intitulé : *Sanctificatio sancti Joseph in utero*, qui a été aussi imprimé séparément et condamné à Rome, le 19 mars 1633, comme il devait l'être de toute raison ; les *Constitutions de la congrégation des religieuses*, qu'il a établie, etc. — Son frère Jacques MARCHANT, doyen et curé de Couvin, s'est distingué aussi par sa science et sa piété ; on estime encore son *Ortus pastorum*, ouvrage savant, quoique d'une critique peu sévère, édifiant et utile, et où il y a des choses curieuses qu'il serait difficile de trouver ailleurs ; et quelques autres Traités, recueillis en 1 vol. in-fol., Cologne, 1635. Il mourut en 1648.

MARCHE, s. f., frontière militaire d'un Etat. Il n'est plus usité que dans le nom de certains pays, comme la marche Trévisane, la marche d'Ancône, etc.

MARCHE, s. f., Action, mouvement de celui qui marche. Il se dit souvent de l'action de marcher, sous le rapport de la distance et de la durée. Il se dit principalement en parlant des troupes, des armées. Marche forcée, par opposition à marche ordinaire, marche dans laquelle on fait faire à des troupes, beaucoup plus de chemin qu'elles n'ont coutume d'en faire dans le même espace de temps. Fausse marche, le mouvement que fait une armée qui feint de marcher sur un point, et qui se porte sur un autre. En termes de marine, ordre de marche, se dit de certains ordres ou arrangements, dans lesquels les bâtiments de guerre se placent pour éviter les abordages en faisant route. Marche, se dit encore des processions et des cérémonies solennelles. La marche d'un vaisseau, le degré de sa vitesse. La marche des astres, des corps célestes, leur mouvement réel ou apparent. Marche, au jeu des échecs, se dit du mouvement particulier auquel chaque pièce est assujettie. Il se dit aussi, dans un sens analogue, au jeu de dames et à quelques autres jeux. Marche, signifie figurément, conduite, manière d'agir, de procéder. Marche, se dit encore d'un air de musique composé pour régler et animer la marche des troupes. Il se dit aussi d'un air de musique qui a le mouvement d'un air militaire.

MARCHE, ancienne province de France, l'une des trente-deux gouvernements militaires du royaume. Elle forme aujourd'hui le département de la Creuse, et une partie de celui de la Haute-Vienne. Elle était bornée au nord par le Berry et le Bourbonnais, à l'est par l'Auvergne, au sud par le Limousin, à l'ouest par l'Angoumois et le Poitou. Elle se divisait en haute et basse Marche, qui avaient pour capitales Guéret et Bellac. Elle tirait son nom, qui signifie frontière (*mark, margo, margrave, marchia, marquis*), de sa position sur les confins de l'Aquitaine. Comprise du temps de César dans le pays des Lemovices, et sous Honorius dans l'Aquitaine première, elle fut ensuite soumise aux Visigoths comme le reste du Limousin et ne commença à avoir des comtes particuliers que vers 927. Confisquée par Philippe-le-Bel, elle fut érigée en comté-pairie en 1316, par Philippe-le-Long, et appartint successivement à Louis Ier de Bourbon et aux Armagnacs.

Louis XI la donna ensuite aux Bourbons-Montpensier ; enfin elle fut définitivement réunie à la couronne par François Ier en 1531. (*V.* FRANCE.)

MARCHE, s. f., degré, partie d'un escalier sur laquelle on pose le pied pour monter ou descendre. Fig., être sur les marches du trône, se dit d'un prince appelé par sa naissance à remplacer celui qui règne. Marche, se dit aussi des pièces de bois sur lesquelles les tisserands, etc., posent les pieds pour faire mouvoir leurs métiers.

MARCHE (OLIVIER DE LA), chroniqueur et poète, fils d'un gentilhomme bourguignon, né en 1526, fut page, puis gentilhomme de Philippe-le-Bon, duc de Bourgogne. Louis XI, mécontent de La Marche, voulut que Philippe lui livrât ce fidèle serviteur ; mais ce prince lui fit répondre que « si le roi ou quelque autre attentait sur lui, il en ferait raison. » Après la mort de Philippe-le-Téméraire, tué à la bataille de Nancy, en 1477, Olivier de La Marche eut la charge de grand-maître d'hôtel de Maximilien d'Autriche, qui épousa l'héritière de Bourgogne. Il eut la même charge sous l'archiduc Philippe, et fut envoyé en ambassade à la cour de France après la mort de Louis XI. Il mourut à Bruxelles, en 1501. On a de lui des mémoires ou chroniques, imprimés à Lyon en 1562, et à Bruxelles en 1616, in-4°. Ces mémoires, inférieurs à ceux de Comines pour le style, leur sont peut-être supérieurs pour la sincérité. *Traités et advis de quelques gentilshommes françois sur les duels et gages de bataille*, in-8°, Paris, 1586 ; *Triomphe des dames d'honneur*, 1520, in-8° ; et plusieurs autres ouvrages tant imprimés que manuscrits.

MARCHE (JEAN-FRANÇOIS DE LA), évêque de Saint-Pol-de-Léon, né dans le diocèse de Quimper, en 1720, avait été capitaine dans le régiment de la reine, infanterie. Au commencement de la révolution, son siège fut supprimé ; mais il n'en continua pas moins à exercer ses fonctions jusqu'au moment où, averti qu'on venait le saisir, il se déroba aux rigueurs dont le clergé fidèle était menacé. Le 20 août 1791, l'évêque de Léon donna, de Londres, une lettre pastorale et une ordonnance pour prémunir ses diocésains contre le schisme. Il s'occupa aussi de secourir les prêtres déportés qui abordaient en Angleterre, et proposa une souscription générale, que Burke seconda par un petit écrit. Les secours ne suffisant plus, une motion fut faite au parlement pour consacrer une somme annuelle au soulagement de ces honorables proscrits. Cette somme fut accordée à l'unanimité, et l'évêque de Léon chargé de présider à la distribution. Il obtint encore pour les ecclésiastiques français le château de Winchester, où il en rassembla plus de huit cents. Il donnait en même temps des secours spirituels et temporels aux prisonniers de sa nation. Ce pieux évêque termina sa carrière le 25 novembre 1806, laissant à peine de quoi fournir aux frais de son inhumation.

MARCHÉ, s. m., lieu public où l'on vend les choses nécessaires pour la subsistance et les différents besoins de la vie. Marché franc, marché où l'on ne paye pas de droit pour vendre. Marché, signifie aussi, la réunion de ceux qui vendent et qui achètent dans le marché. Marché, signifie encore, la vente de ce qui se débite dans le marché. Marché, se dit quelquefois de ce qu'on a acheté, de ce qu'on rapporte du marché. Marché, se dit en outre de toute convention verbale ou écrite, renfermant les conditions d'une vente. Prov. et fig., mettre à quelqu'un le marché à la main, lui donner le choix de tenir ou de rompre un engagement, de le conclure ou d'y renoncer, et lui témoigner qu'on est indifférent sur le parti qu'il prendra. Fam., c'est un marché d'or, c'est un marché très avantageux. Marché, signifie également, le prix de la chose qu'on achète ou qu'on vend ; et alors il ne s'emploie guère qu'avec les mots bon, grand, meilleur, pour exprimer un prix peu élevé, ou un prix inférieur à un autre. Vivre à bon marché, vivre sans qu'il en coûte beaucoup d'argent. Prov., on n'a jamais bon marché de mauvaise marchandise, la mauvaise marchandise coûte toujours trop cher, relativement à ce qu'elle vaut. Prov. et fam., en être quitte, en sortir à bon marché, sortir d'un danger avec moins de perte, de dommage qu'on n'en avait à craindre. Fig. et fam., faire bon marché d'une chose, la prodiguer, ne pas l'épargner. Fig. et fam., avoir bon marché de quelqu'un, avoir facilement sur lui l'avantage. Fam., par-dessus le marché, en outre, de plus.

MARCHÉ, *forum*. Il y avait à Athènes et à Rome de grandes places environnées de beaux édifices où se tenaient les marchés. A Rome les marchés étaient ornés de magnifiques bâtiments, qui contenaient les boucheries et les greniers publics. C'était à ces places que se tenaient tous les neuf jours, à Rome, des foires nombreuses, appelées *nundinæ*, où se rendaient les habitants de la campagne pour y vendre leurs denrées, et pour s'instruire en même temps de tout ce qui concernait la religion et le gouvernement.

MARCHENA (Joseph), né vers 1770, à Utrera en Andalousie, se destina à l'état ecclésiastique; mais, recherchant avec avidité les ouvrages philosophiques prohibés en Espagne, il y puisa des opinions contraires à la religion catholique et osa les manifester. Les inquisiteurs le forcèrent de quitter l'Espagne. Il se sauva en France, où son attachement au parti girondin le fit arrêter. Il obtint ensuite une place dans les bureaux du comité du salut public, en même temps qu'il coopérait à la rédaction de l'*Ami des lois*. Ayant écrit plus tard des pamphlets contre Tallien, Legendre et Fréron, il fut obligé de quitter la France, où le corps législatif lui permit bientôt de rentrer. En 1801 il fut attaché à l'administration de l'armée du Rhin. A l'époque de la première invasion des Français en Espagne, le gouvernement de Joseph le nomma chef d'une division du ministère de l'intérieur. En même temps il rédigeait un journal en faveur du nouveau système, et faisait jouer à Madrid ses traductions espagnoles du *Tartufe* et du *Misanthrope*. Rentré en France avec l'armée, il s'établit à Nîmes, où il publia un grand nombre de traductions espagnoles d'ouvrages philosophiques français. Après la révolution de 1820, il se hâta de rentrer en Espagne, et mourut à Madrid, dans l'indigence, au commencement de 1821. On a de Marchena : *Quelques réflexions sur les fugitifs français*, 1795, in-8°; *Essai de théologie*, 1797, in-8°. Cet écrit, très peu orthodoxe, fut réfuté par Heckel dans un écrit intitulé : *Heckel à Marchena sur les prêtres insermentés*, in-8°; *Fragmentum Petronii ex Bibliotheca sancti Galli antiquissimo manuscripto excerptum, nunc primum in lucem editum*, 1800, in-8°; ce fragment est supposé. C'est Marchena lui-même qui en est l'auteur; les savants l'ont cru longtemps de Pétrone, à cause de la pureté du latin; *Coup d'œil sur la force, l'opulence et la population de la Grande-Bretagne, par le D. Clarke*, 1802, in-8°; *Emilio o de la education*, Bordeaux, 1817, 3 vol. in-12; *Cartas Persianas escritas en frances por Montesquieu*, 1818, in-8°, 1821, in-12; *Novelas de Voltaire*, Bordeaux, 1819, 3 vol. in-12; *Manual de inquisidores, para uso de la inquisicion*, 1819, in-8°, traduit du français; *la Europea despues del congreso de Aquisgran*, 1820, in-12, traduit du français; *de la Libertad religiosa*, traduit du français d'A. Benoît, 1820, in-8°; *Lecciones de filosofia moral y elocüencia*, 1820, 2 vol. in-8; *Julia o la nueva Heloysa*, 1821, 4 vol. in-12; *Description des provinces Basques*. C'est au moyen des traductions de Marchena que l'esprit public a été perverti dans les villes d'Espagne, et l'on doit rejeter en partie sur cet écrivain la responsabilité des malheurs que sa patrie a éprouvés depuis la mort de Ferdinand VII.

MARCHEPIED, s. m., degrés plus ou moins nombreux qui conduisent à une estrade. Il se dit aussi d'un escabeau, à deux ou trois degrés, dont on se sert pour atteindre à quelque chose. Marchepied d'une voiture, espèce de degrés ordinairement de fer, qui sont le plus souvent brisés, de manière à se replier l'un sur l'autre, et qui servent à monter dans une voiture. Marchepied, se dit quelquefois figurément, d'un moyen de parvenir à un poste élevé. Marchepied, se dit encore d'un petit chemin le long des rivières pour le halage des bateaux.

MARCHER, v. a., aller, s'avancer d'un lieu à un autre, par le mouvement des pieds. Il se dit des hommes et des animaux. Fam., marcher à quatre pattes, marcher sur les mains et sur les pieds, à peu près à la manière des quadrupèdes. Fig. et fam., marcher à pas de loup, marcher avec précaution et sans faire de bruit. Marcher à pas de géant, se dit pour exprimer un progrès rapide. Fig., marcher sur les pas, sur les traces de quelqu'un, imiter ses actions, suivre ses exemples. Fig., marcher sur les épines, être dans une conjoncture difficile. Fig. et fam., il ne faut pas lui marcher sur le pied, se dit d'un homme susceptible qu'il est dangereux de choquer. Marcher entre des précipices, rencontrer de tous côtés des dangers. Marcher, signifie aussi, s'avancer de quelque manière que ce soit, à pied, à cheval, ou autrement. Il se dit particulièrement des troupes, des armées. Marcher, signifie encore, tenir un certain rang dans les cérémonies. Marcher, se dit souvent des choses inanimées qu'on fait mouvoir en mouvement. Marcher, s'emploie figurément, en parlant des personnes, et il exprime en général une idée de progrès. Marcher droit, être irréprochable dans sa conduite, franc dans

ses procédés. Marcher d'un même pas dans une affaire, agir de concert avec les mêmes sentiments. Marcher, se dit aussi figurément, des choses. L'action de ce drame ne marche pas, marche lentement, elle n'avance pas, ou n'avance pas assez vite vers le dénoûment. Ces vers marchent bien, le mouvement en est facile. En termes de chapelier, marcher l'étoffe d'un chapeau, le fouler, le comprimer, soit à froid, soit à chaud.

MARCHESINI (N.), né à Reggio, se fit religieux dans l'ordre de Saint-François. Selon Sixte de Sienne, Possevin et Oudin, il vivait vers 1430; et selon Wadding et du Cange, vers 1300. Ce pieux religieux est particulièrement connu par un ouvrage intitulé : *Mammotrectus, sive expositio in singula Biblia capitula*, publié par les soins de Helin de Lauffen, chanoine de la collégiale de Lucerne, et imprimé à Mayence par Pierre Schœffer, de Gernsheim, en 1470 ou 1480, in-fol.; édition très rare. Le même ouvrage a été imprimé plusieurs fois sous les différents titres de *Mammotractus, Mammetrectus* et *Mammotrepton*. Sixte de Sienne dit que l'auteur a donné ce titre à son ouvrage pour signifier que c'était comme une mamelle qu'il présentait aux jeunes clercs qui n'étaient point versés dans les sciences. Du reste, le style en est peu soigné. Wadding attribue à ce religieux d'autres ouvrages qui sont restés manuscrits et que l'on conserve à Assise et à Rome.

MARCHETTI (Alexandre), savant littérateur italien, né à Pontormo en Toscane, sur la route de Florence à Pise, le 17 mars 1633, d'une famille illustre, montra dès ses premières années des talents et du goût pour la poésie et les mathématiques. Il fut ami du savant Borelli, et lui succéda en 1679 dans la chaire des mathématiques à Pise. Il mourut d'apoplexie au château de Pontormo en 1714, à 82 ans. On a de lui : des Poésies, 1704, in-4°, et des Traités de physique et de mathématiques estimés, parmi lesquels on distingue celui : *De resistentia fluidorum*, Florence, 1699, in-4°. On a aussi de lui une Traduction en vers italiens de Lucrèce, Londres, 1717, in-8°, et Amsterdam (Paris), 1754, in 2 vol. in-8°. Cette dernière édition, publiée par M. Gerbault, a plus d'éclat que de correction; sa version est estimable par sa fidélité, et rend avec précision toutes les absurdités de l'original. Il a moins bien réussi dans la traduction italienne en vers libres des œuvres d'Anacréon, Lucques, 1707, in-4°. Sa Vie est à la tête de ses poésies, réimprimées à Venise, en 1755, in-4°. (On peut voir aussi ce qu'en dit Fabroni dans la 4° Décade de *Vitæ italorum doct. excellent.*) On voit assez par le choix des originaux qu'il traduisait, quel était son goût en matière de philosophie et de morale.

MARCHETTI (Jean), archevêque d'Ancyre, né le 10 avril 1753, à Empoli en Toscane, mort le 15 novembre 1829, dut à la protection du cardinal Torreggiani, son compatriote, les moyens de compléter son éducation. Le duc Mattei, l'ayant choisi pour son secrétaire, lui laissa tout le temps nécessaire pour s'appliquer aux sciences sacrées. A cette époque, l'*Histoire ecclésiastique* de Claude Fleury commençait à jouir en Italie d'une célébrité qu'elle devait moins à son mérite qu'à la protection des jansénistes. Marchetti se fit un devoir d'en signaler les défauts et de mettre l'opinion en garde contre les attaques dont l'autorité pontificale et la conduite personnelle des papes étaient l'objet dans cet ouvrage. La haine des jansénistes ne manqua pas de poursuivre le courageux défenseur des droits du Saint-Siége, et Marchetti se vit privé de la position que les différents titres de Vitalien Borromée lui avait assurée auprès du duc François Sforza Cesarini, son pupille. La bienveillance de Pie VI le soutint dans sa disgrâce. Maître de sa liberté, Marchetti se voua aux exercices du ministère sacerdotal, tout en enrichissant de ses articles le *Journal ecclésiastique* de Rome et son supplément, tout en continuant à se signaler par de nouveaux et utiles ouvrages. La multiplicité de ses occupations ne l'empêchait pas de prêcher la parole de Dieu avec autant de zèle que de talent, et on le vit, d'ailleurs, expliquer l'Ecriture sainte dans l'église de Jésus, au milieu d'un immense concours d'auditeurs. Une si prodigieuse activité unie à un si rare mérite était vivement appréciée. Marchetti, déjà examinateur du clergé romain, fut prié de se charger de la dispensation des bénéfices ecclésiastiques que ce pieux et noble personnage avait à sa disposition. Pie VI, de son côté, le nomma président du collège et de l'église de Jésus, fonctions que Marchetti conserva jusqu'en 1814, époque de l'heureux rétablissement de la compagnie. Rome ayant été occupée par les Français, on l'enferma au château Saint-Ange, d'où il ne sortit que pour être exilé du territoire de la république romaine. Il se retira alors près d'Empoli. Les Français s'étant emparés de la Toscane, on lui fit subir une nouvelle mais courte captivité. Le calme dont il jouit après le départ des conquérants lui permit de publier encore quelques bons ouvrages. Bientôt, Pie VII ayant été élu à Venise, il alla reprendre à Rome ses fonctions et ses utiles travaux. Le temps de l'épreuve n'était point passé cependant. On le soupçonna d'avoir conseillé l'excommunication prononcée par Pie VII contre Buonaparte, acte de courage qu'il faillit expier par le dernier supplice; il en fut quitte néanmoins pour la prison et l'exil, d'abord à l'île d'Elbe, puis à Empoli. Ces persécutions, souffertes pour la plus sainte des causes, le désignaient à la bienveillance de Pie VII, heureusement rétabli sur le trône, en 1814. Marchetti devint archevêque d'Ancyre, président de l'académie ecclésiastique, gouverneur du prince, fils de la reine d'Etrurie. L'administration du diocèse de Rimini, en qualité de vicaire apostolique (car il refusa d'être évêque titulaire), lui fut ensuite confiée. De retour à Rome, il reçut de Léon XII la charge de secrétaire de la congrégation des évêques et réguliers; mais la prudence du pape ayant fait écarter une mesure que son zele lui avait suggérée, il crut devoir se démettre de cette charge, et alla finir ses jours dans sa patrie. Il nous serait impossible de mentionner tous les écrits de cet illustre et savant prélat : nous citerons : *Critica della storia ecclesiastica et di discorsi del signor abate Fleury*, 2 vol. in-8°, traduite en allemand, en espagnol et en français. M. Henrion a mis à profit cette excellente critique, pour rectifier, dans l'*Histoire générale de l'Eglise*, les erreurs de Bérault-Bercastel, abréviateur de Fleury; *Difesa della Critica al Fleury*, in-8°; *L'autorità suprema del Romano Pontefice dimostrata da un solo fatto*, in-8°; *Le Raciniane, ovvero Lettere d'un cattolico ad un partigiano della storia ecclesiastica di Bonaventura Racine*, in-8°; *Trattenimenti di famiglia su la storia della Religione con le sue prove*, 2 vol. in-8°; *Della civile e cristiana educazione della gioventù : Lettere critico morali*, 2 vol. in-8°; *Gli offici del sacerdozio cristiano espoti a forma d'un ritiramento di trenta giorni*, 3 vol. in-8°; *Lezioni sacre dall' ingresso del popolo di Dio in Cananea fino alla schiavitù Babilonica*. 12 vol. in-8°, 1803-1808; *Della Chiesa quanto allo stato politico della città*, 3 vol. in-8°. Indépendamment de beaucoup d'autres ouvrages imprimés, Marchetti laissa plusieurs manuscrits : *La chimica della favola; Della servitù e libertà della Chiesa cristiana; Storia critica delle Università degli studj*.

MARCHI (François DE), gentilhomme romain, né à Bologne, dans le xvie siècle, fut un des plus habiles ingénieurs de son temps. Il est auteur d'un bon ouvrage intitulé : *dell' Architettura militare*, imprimé à Brescia, en 1599, grand in-fol., orné de 161 fig. C'est la seule édition qui en ait été faite, quoique plusieurs biographes aient écrit le contraire. Ce livre est très rare, et, s'il en faut croire les Italiens, cette grande rareté ne provient que de ce que plusieurs ingénieurs français, qui se sont approprié beaucoup d'inventions de Marchi, en ont retiré du commerce autant d'exemplaires qu'il leur a été possible. (Louis Marini en a publié une superbe édition, Rome, 1810, 5 vol. in-fol., ou 6 vol. in-4°. Le premier volume contient des prolégomènes, et la *Bibliotheca istorico-critica di fortificazione permanente*; le deuxième volume renferme *Nuova lezione e commenti*; l'ancien texte forme le 3e vol., et les deux derniers, les planches. On peut consulter sur cet ingénieur une Notice très exacte dans le tome 6 des *Scrittori Bolognesi*, par M. le comte Fantuzzi (Voy. aussi la Notice sur Marchi, par Venturi).

MARCHIENNES, sur la Scarpe (département du Nord, arrondissement de Douai), est une ancienne abbaye d'hommes fondée en 643 par Adalbald, l'un des plus puissants seigneurs du nord des Gaules. On y suivit d'abord l'institut de saint Colomban et l'église dédiée aux saints apôtres Pierre et Paul fut consacrée le 29 octobre 653 par saint Amand et saint Aubert. L'abbaye avait pris de nombreux accroissements lorsqu'en 675 sainte Rictrude, veuve du fondateur, s'y retira avec ses filles et y introduisit des religieuses dont elle devint la première abbesse. Toutefois les religieux diminuèrent de nombre et Marchiennes ne fut bientôt plus qu'une abbaye de femmes où se trouvaient quelques prêtres pour les besoins du service religieux. La dissolution pénétra dans cette retraite et les excès des religieuses furent tels que vers 1024 Baudouin IV dit le Barbu, comte de Flandre, les expulsa de leur monastère; il y établit à leur place des religieux Bénédictins qu'il mit sous la conduite du célèbre Séduin qui avait déjà donné au monastère de saint Vaast d'Arras de nombreux exemples de sa piété. Cependant le monastère n'en était point arrivé à

cette époque sans avoir eu à souffrir des incursions des barbares et notamment dans les invasions des Normands en 851 et 879. A une époque qu'il est difficile de préciser, l'abbaye donna naissance à une ville qui eut au moyen âge une certaine importance. En 1340, lorsqu'à l'instigation de Robert d'Artois, Edouard d'Angleterre eut revendiqué le trône de France, Marchiennes fut assiégée par Guillaume de Hainaut son allié; après une vive résistance énergiquement soutenue par les arbalétriers de Douai qui s'y étaient portés en masse, la ville et l'abbaye de Marchiennes tombèrent au pouvoir des Hennuyers qui les livrèrent au pillage. Elles étaient à peine sorties de leurs ruines lorsque les Français de la garnison de Tournay leur firent subir le même sort. François Ier, au mois de décembre 1521, s'avançant à la tête de son armée pour délivrer Tournay qu'assiégeait Charles-Quint, se présenta au pont de Marchiennes, mais effrayé d'une inondation qui désolait alors le pays, il n'osa traverser ces plaines marécageuses et retourna par Cambrai. L'abbaye de Marchiennes eut à souffrir des désordres qui agitèrent le nord de la France. Pendant les troubles religieux, une troupe d'iconoclastes dévasta l'église de Marchiennes et pilla l'abbaye, mais au moment où chargée de ses dépouilles elle se retirait dans les marais, Ferry de Guyon, bailli d'Anchin, à la tête des paysans rassemblés en hâte, lui courut sus et lui fit éprouver une sanglante défaite. A cette époque Marchiennes était renommée pour ses fabriques de drap; il existe encore en effet un règlement du 22 décembre 1570, portant défense à tous fabricants de faire des draps à poil sans la permission du seigneur. Lorsque Richelieu, après avoir assuré son pouvoir, eut résolu de consacrer les dernières années de sa vie à l'affaiblissement de la puissance de la maison d'Autriche, il porta la guerre sur les frontières du nord et Louis XIV, ou pour mieux dire Mazarin continua cette politique. Marchiennes, assiégée en 1645 par les maréchaux de Tussion et de Rantzau, fut obligée de recevoir la loi du vainqueur. Plus tard, en 1712, les alliés y enfermèrent leurs provisions de guerre et de bouche pour toute la campagne, aussi le maréchal de Villars, vainqueur à Denain, s'empressa de l'assiéger et s'en rendit maître après un siège de trois jours. Lorsqu'à la fin du siècle dernier la France eut décrété la suppression des communautés religieuses, le monastère de Marchiennes, qui était alors fort et puissant, fut abandonné et les religieux cherchèrent à l'étranger une sécurité que ne pouvait offrir leur patrie; plusieurs cependant dévoués aux intérêts de la religion n'hésitèrent point d'exposer leur vie pour porter encore dans les campagnes le flambeau de la religion. Quant à la ville de Marchiennes, son histoire militaire n'est point encore terminée; elle servit en effet d'avant-poste dans les guerres de la révolution, mais les Autrichiens s'en emparèrent le 13 novembre 1793, à la faveur d'une nuit obscure, et y séjournèrent jusqu'en 1794. Depuis lors Marchiennes ouverte et désarmée, devenue simple chef-lieu de canton, perdit toute importance; une seule chose pourrait maintenant sauver son nom de l'oubli; c'est la beauté de ses asperges que l'on retrouve jusque dans le jardin d'Abotsfhore que Walter-Scott se plut à cultiver lui-même si longtemps. Marchiennes est la patrie de Jacques Lessolée et des frères Corbineau, qui ont su dans les temps modernes conquérir une si belle réputation militaire. A. D'HÉRICOURT.

MARCHIONI (CARLO), architecte et sculpteur d'Arezzo, florissait dans le xiie siècle, sous le pontificat d'Innocent III. Il fut employé à Rome et dans sa patrie. Comme il vivait dans un siècle qui ignorait les règles judicieuses des anciens dans l'architecture, il ne faut pas s'étonner si la plupart des ouvrages de Marchioni sont surchargés de sculptures sans goût et sans choix.

MARCIAGE ou **MARCIAIGE** (féod.), droit qu'avait un seigneur de prendre une année sur trois la récolte entière des fruits que la terre produit naturellement, tels que les foins, les osiers, la moitié de ceux qui proviennent de la culture; auquel cas le tenancier était quitte du cens, cette année là. Dans la coutume du Bourbonnais, droit de corvée dû à merci, c'est-à-dire à la volonté du seigneur.

MARCIANA, sœur de l'empereur Trajan, morte en l'an 113 de J. C., était, dit-on, un modèle de vertu et de grandeur d'âme. Son frère la fit déclarer augusta. Elle vécut dans une intelligence parfaite avec Plotine, sa belle-sœur, et cette union charma la cour. Marciana devint veuve; mais on ignore le nom de son mari.

MARCIEN, empereur de Constantinople, naquit vers l'an 391, d'une famille de Thrace peu illustre. Destiné à être empereur romain, il fut d'abord simple soldat. Etant parti pour aller s'enrôler, il rencontra le corps d'un homme qui venait d'être tué; il s'arrêta pour considérer ce cadavre et fut aperçu : on le crut auteur du meurtre, et on allait le faire périr par le dernier supplice, lorsqu'on découvrit le coupable. Enrôlé dans la milice, il parvint de grade en grade aux premières dignités de l'empire. Le trône de Constantinople, déshonoré par la faiblesse de Théodose II, l'attendait, et ses vertus l'y portèrent après la mort de cet empereur en 450. En effet, Pulchérie, sœur de Théodose, étant devenue maîtresse de l'empire d'Orient, et voulant affermir son autorité, crut devoir la partager avec Marcien, homme versé dans le métier de la guerre, et qui joignait à une connaissance profonde des affaires beaucoup de zèle pour la foi catholique et une vertu rare. Il était veuf, et avait eu de son premier mariage une fille nommée Euphémie, qui épousa Anthème, depuis empereur d'Occident. Pulchérie, en offrant sa main à Marcien, lui déclara le vœu qu'elle avait fait de vivre dans la virginité, et il fut convenu entre eux que le mariage n'y donnerait aucune atteinte. Tout l'Orient changea de face, dès qu'il eut la couronne impériale. Attila envoya demander au nouvel empereur le tribut annuel que Théodose II lui payait. Marcien lui répondit d'une manière digne d'un ancien Romain : « Je n'ai de l'or que pour mes amis, et je garde le fer pour mes ennemis. » Les orthodoxes triomphèrent, et les hérétiques furent réprimés. Il publia une loi rigoureuse contre ces derniers, rappela les évêques exilés, fit assembler, à la prière de saint Léon, en 451, un concile général à Chalcédoine, et donna plusieurs édits pour faire observer ce qui y avait été décidé. On se rappelle avec plaisir les belles paroles de cet empereur, prenant séance parmi les Pères de ce concile: « Nous venons assister à votre concile, à l'exemple du pieux empereur Constantin, non pour y exercer aucune autorité, mais pour y protéger la foi, afin qu'on ne puisse plus désormais induire personne par de mauvais conseils à se séparer de vous » (*Conc. Chalc.*, act. 6). Les impôts furent abolis, le vice puni et la vertu récompensée. Son règne fut appelé l'âge d'or. Ce grand homme se préparait à marcher contre Genséric, usurpateur de l'Afrique, lorsque la mort l'enleva à l'estime et à l'affection des deux empires d'Orient et d'Occident, en 457, à l'âge de 69 ans, et après un règne de six années, pendant lesquelles il s'était acquis la réputation d'un prince laborieux et d'un génie facile.

MARCIEN, officier auquel Gallien confia le commandement de l'Illyrie, conjointement avec Claude. Ces deux capitaines soumirent les barbares, et revinrent rejoindre Gallien , qu'ils assassinèrent, l'an 390.

MARCION, hérésiarque, né dans le IIᵉ siècle, à Sinope, ville de Pont, dont son père était évêque, s'attacha d'abord à la philosophie stoïcienne. Ayant été convaincu d'avoir corrompu une vierge, il fut chassé de l'église par son père. Le désespoir l'obligea de quitter sa patrie, et de se rendre, en 143, à Rome, où il prit l'hérétique Cerdon pour son maître. Cet enthousiaste l'initia dans la doctrine des deux principes, l'un bon et l'autre mauvais, et partageant entre eux l'empire de l'univers. Pour mieux soutenir ce faux dogme, il s'adonna tout entier à l'étude de la philosophie et à l'art des sophismes. Le fanatique élève de Cerdon ajouta de nouvelles rêveries à celles de son maître. Il attaqua l'Ancien-Testament par de mauvaises chicanes; on en jugera par l'objection suivante : Dieu, dans la Genèse, dit à Adam, après le péché, *Adam, où êtes-vous?* « Pourquoi cette demande? observe gravement Marcion ; Dieu ignorait donc où était Adam? » Marcion n'admettait de résurrection que pour ceux qui suivraient sa doctrine. Ce corrupteur de vierge condamnait le mariage, ne recevait que ceux qui faisaient profession de continence. La chair était, selon lui, l'ouvrage du mauvais principe, et J. C. n'avait paru sur la terre qu'avec un corps fantastique. Il assurait que le Messie, descendu aux enfers, avait délivré Caïn, les Sodomites et tous les autres impies, ennemis du Dieu créateur, mais qu'il y avait laissé les patriarches, les prophètes et ces justes qui étaient ses adorateurs fidèles. Quelques anciens ont prétendu qu'il avait admis trois principes : un bon, père de J. C.; un méchant, qui était le diable; un troisième, entre l'un et l'autre, qui était le créateur du monde. On assure qu'il admettait aussi la métempsycose et l'éternité de la matière. Cette hérésie, partagée entre plusieurs sectes particulières, se répandit à Rome, en Egypte, dans la Palestine, la Syrie, la Perse et l'île de Chypre. Les marcionites s'abstenaient de la chair, n'usaient que d'eau, même dans les sacrifices, et faisaient des jeûnes fréquents. Les disciples de Marcion avaient un grand mépris et une grande aversion pour le Dieu créateur. Théodoret avait connu un marcionite, âgé de 90 ans, qui était pénétré de la plus vive douleur toutes les fois que le besoin de se nourrir l'obligeait à user des productions du Dieu créateur : comble d'absurdité, et dont on ne croirait pas l'esprit humain capable, s'il n'en existait tant d'autres exemples; punition éclatante de l'envie de dogmatiser contre la foi de l'Eglise, et qui devait suffire pour ôter toute croyance aux novateurs. On a vu courir des fanatiques à la mort comme à une félicité assurée; mais l'on voit assez la grande différence qu'il faut faire entre le délire de quelques forcenés et le courage calme et réfléchi avec lequel des millions de chrétiens, des sages, des philosophes, des magistrats, des témoins oculaires, instruits et convaincus des faits par leurs yeux et leurs sens, ont souffert la mort dans toutes les plages de la terre. Tertullien dit, *De præscript.*, ch. 30, que Marcion se repentit, et qu'on lui promit à Rome de le recevoir dans l'Eglise, à condition qu'il s'efforcerait de détromper ceux qu'il avait pervertis. Il mourut en travaillant à ce qu'on lui avait prescrit. Quelques auteurs pensent que cela convient plutôt à Cerdon qu'à Marcion. On dit que Marcion avait fait un livre intitulé *les Antithèses*, dans lequel il prétendait montrer plusieurs contrariétés entre l'Ancien et le Nouveau-Testament. C'est lui qui, rencontrant saint Polycarpe à Rome, et lui demandant : *Noscis nos?* reçut pour réponse, *Nosco primogenitum Satanæ.*

MARCIONISME (*hist. relig.*), doctrine de Marcion, hérésiarque de Sinope qui vivait au IIᵉ siècle et admettait les deux principes. Marcion suivit en partie les erreurs des Cerdoniens, il ne tolérait que les plaisirs purement spirituels, et condamnait le mariage; sa doctrine se répandit rapidement en Perse.

MARCIONITES, nom de l'une des plus anciennes et des plus pernicieuses sectes qui soient nées dans l'Eglise au second siècle. Du temps de saint Epiphane, au commencement du cinquième, elle était répandue dans l'Italie, l'Egypte, la Palestine, la Syrie, l'Arabie, la Perse et ailleurs; mais alors elle était réunie à la secte des manichéens par la conformité des sentiments. Marcion, auteur de cette secte, était de la province du Pont, fils d'un saint évêque, et dès sa jeunesse il fit profession de la vie solitaire et ascétique; mais ayant débauché une vierge, il fut excommunié par son propre père, qui ne voulut jamais le rétablir dans la communion de l'Eglise, quoiqu'il se fût soumis à la pénitence. C'est pourquoi ayant quitté son pays, il s'en alla à Rome, où il ne fut pas mieux accueilli par le clergé. Irrité de la rigueur avec laquelle on le traitait, il embrassa les erreurs de Cerdon, y en ajouta d'autres, et les répandit partout où il trouva des auditeurs dociles : on croit que ce fut au commencement du pontificat de Pie Iᵉʳ, vers la cinquième année d'Antonin-le-Pieux, le 144ᵉ ou 145ᵉ de Jésus-Christ. Entêté, comme son maître, de la philosophie de Pythagore, de Platon, des stoïciens et des Orientaux, Marcion crut comme lui résoudre la question de l'origine du mal, en admettant deux principes de toutes choses, dont l'un, bon par nature, avait produit le bien, l'autre, essentiellement mauvais, avait produit le mal. La principale difficulté qui avait exercé les philosophes, était de savoir comment un esprit, tel que l'âme humaine, se trouvait renfermé dans un corps, et assujetti ainsi à l'ignorance, à la faiblesse, à la douleur; comment et pourquoi le Créateur des esprits les avait ainsi dégradés. La révélation, qui nous apprend la chute du premier homme, ne paraissait pas résoudre assez la difficulté, puisque le premier homme lui-même était composé d'une âme spirituelle et d'un corps terrestre; d'ailleurs, il semblait qu'un Dieu tout-puissant et bon aurait dû empêcher la chute de l'homme. Les raisonneurs crurent mieux rencontrer, en supposant que l'homme était l'ouvrage de deux principes opposés, l'un père des esprits, l'autre créateur ou formateur des corps. Celui-ci, disaient-ils, méchant et jaloux du bonheur des esprits, a trouvé le moyen de les emprisonner dans des corps; et pour les retenir sous son empire, il leur a donné la loi ancienne, qui les attachait à la terre par des récompenses et des châtiments temporels. Mais le Dieu bon , principe des esprits, a revêtu l'un d'entre eux, qui est Jésus-Christ, des apparences de l'humanité, et l'a envoyé sur la terre pour abolir la loi et les prophètes, pour apprendre aux hommes que leur âme vient du ciel, et qu'elle ne peut recouvrer le bonheur qu'en se réunissant à Dieu; que le moyen d'y parvenir est de s'abstenir de tous les plaisirs qui ne sont pas spirituels. Nous montrerons ci-après les absurdités de ce système. Conséquemment Marcion condamnait le mariage, faisait de la continence et de la virginité un devoir rigoureux, quoiqu'il y eût manqué lui-même. Il n'administrait le baptême qu'à ceux qui gardaient la continence; mais il soutenait que, pour se purifier de plus en plus, on pouvait le recevoir jusqu'à trois fois. On ne l'a cependant pas accusé d'en altérer la forme, ni de le rendre invalide. Il regardait comme une nécessité humiliante, le besoin de prendre pour nourriture des corps produits par le mauvais principe; il soutenait que la chair de l'homme, ouvrage de cette intelligence malfaisante, ne devait pas ressusciter; que Jésus Christ n'avait eu de cette chair que les apparences; que sa naissance, ses souffrances, sa mort, sa résurrection, n'avaient été qu'apparentes. Selon le témoignage de saint Irénée, il ajoutait que Jésus-Christ, descendu aux enfers, en avait tiré les âmes de Caïn, des sodomites et de tous les pécheurs parce qu'elles étaient venues au-devant de lui, et que sur la terre elles n'avaient pas obéi aux lois du mauvais principe créateur; mais qu'il avait laissé dans les enfers Abel, Noé, Abraham et les anciens justes, parce qu'ils avaient fait le contraire. Il prétendait qu'un jour le Créateur, Dieu des juifs, enverrait sur la terre un autre Christ ou Messie pour les rétablir, selon les prédictions des prophètes. Plusieurs marcionites, pour témoigner le mépris qu'ils faisaient de la chair, couraient au martyre, et recherchaient la mort; on n'en connaît cependant que trois qui l'aient réellement soufferte avec les martyrs catholiques. Ils jeûnaient le samedi, en haine du Créateur, qui a commandé le sabbat aux juifs. Plusieurs, à ce que dit Tertullien, s'appliquaient à l'astrologie judiciaire; quelques-uns curent recours à la magie et au démon, pour arrêter les effets du zèle avec lequel Théodoret travaillait à la conversion de ceux qui étaient dans son diocèse. Le seul ouvrage qui ait été attribué à Marcion, est un traité qu'il avait intitulé, Antithèses ou Oppositions; il s'y était appliqué à faire voir l'opposition qui se trouve entre l'ancienne loi et l'Evangile, entre la sévérité des lois de Moïse et la douceur de celles de Jésus-Christ; il soutenait que la plupart des premières étaient injustes, cruelles et absurdes. Il en concluait que le Créateur du monde, qui parle dans l'ancien Testament, ne peut pas être le même Dieu qui a envoyé Jésus-Christ; conséquemment il ne regardait point les livres de l'ancien Testament comme inspirés de Dieu. De nos quatre Evangiles, il ne recevait que celui de saint Luc, encore en retranchait-il les deux premiers chapitres qui regardent la naissance de Jésus-Christ; il n'admettait que dix des épîtres de saint Paul, et il en ôtait tout ce qui ne s'accordait pas avec ses opinions. Plusieurs Pères du second et du troisième siècle ont écrit contre Marcion; saint Justin, saint Irénée, un auteur nommé Modeste, saint Théophile d'Antioche, saint Denis de Corinthe, etc.; mais un grand nombre de ces ouvrages sont perdus. Les plus complets qui nous restent sont les cinq livres de Tertullien contre Marcion, avec ses traités de Carne Christi et de Resurrectione carnis; les dialogues de recta in Deum fide, attribués autrefois à Origène, mais qui sont d'un auteur nommé Adamantius, qui a vécu depuis le concile de Nicée. Origène lui-même, dans plusieurs de ses ouvrages, a relevé les erreurs de Marcion, mais en passant, et sans attaquer de front le système de cet hérétique. Bayle, dans l'article Marcionites de son dictionnaire, prétend que les Pères n'ont pas répondu solidement aux difficultés de Marcion, et il cite pour preuve les réponses données par Adamantius et par saint Basile, à une des principales objections des marcionites. Nous les examinerons ci-après; mais il ne parle pas des livres de Tertullien, et il est forcé d'ailleurs de convenir qu'en général le système de Marcion était mal conçu et mal arrangé. Dans l'article Manichéisme, nous avons fait voir que les Pères ont réfuté solidement les objections des manichéens, qui étaient les mêmes que celles des marcionites; mais il est bon de voir d'abord de quelle manière le système de ces derniers est combattu par Tertullien. Dans son premier livre contre Marcion, ce Père démontre qu'un premier principe éternel et incréé est souverainement parfait, par conséquent unique; que la souveraine perfection découle évidemment de l'existence nécessaire; qu'il n'y a pas plus de raison d'admettre deux premiers principes que d'en admettre mille. Il fait voir que Dieu supposé bon par Marcion, ne l'est pas en effet, puisqu'il ne s'est pas fait connaître avant Jésus-Christ; qu'il n'a rien créé de ce que nous voyons; que, selon le système de Marcion, il a très mal pourvu au salut des hommes; qu'il a laissé captiver les esprits, dont il était le père, sous le joug du mauvais principe, et a laissé celui-ci faire le mal, sans s'y opposer; qu'il est donc impuissant ou stupide. Bayle lui-même a fait cette dernière réflexion contre le principe pré-

tendu bon des manichéens. Dans le second livre, Tertullien prouve que Dieu, tel que les livres de l'ancien Testament nous le représentent, est véritablement et souverainement bon; que sa bonté est démontrée par ses ouvrages, par sa providence, par ses lois, par son indulgence et sa miséricorde envers les pécheurs, même par les corrections paternelles dont il use à leur égard, et par la sagesse des lois de Moïse, que Marcion censure mal à propos. Il est donc faux que l'ancien Testament ne soit pas l'ouvrage du Dieu bon, et que celui-ci ne soit pas le Créateur. Dans le troisième, Tertullien fait voir que Jésus-Christ s'est constamment donné comme envoyé du Créateur, et non par un autre; qu'il a été ainsi annoncé par les prophètes; que sa chair, ses souffrances, sa mort, ont été réelles et non apparentes. Il prouve la même chose dans le quatrième, en montrant que Jésus-Christ a exécuté ponctuellement tout ce que le Créateur avait promis par les prophètes. Il met au grand jour la témérité de Marcion, qui rejette l'ancien Testament, duquel Jésus-Christ s'est servi pour prouver sa mission et sa doctrine, et qui retranche du nouveau tout ce qui lui déplaît. Dans le cinquième, il continue de prouver, par les épîtres de saint Paul, que Jésus-Christ est véritablement le Fils et l'envoyé du Créateur, seul Dieu de l'univers. Dans son traité de Carne Christi, il avait déjà prouvé la réalité et la possibilité de la chair de Jésus-Christ; et dans celui de Resurrectione carnis, il fait voir que la résurrection future des corps est un dogme essentiel de la foi chrétienne; d'où il résulte encore que la chair ou les corps sont l'ouvrage du Dieu bon, et non du mauvais principe. Mais pourquoi ce Dieu bon a-t-il laissé pécher l'homme? Telle est la grande objection des marcionites. Il l'a permis, répond Tertullien, parce qu'il avait créé l'homme libre; or, il était bon à l'homme d'user de sa liberté. C'est par là même qu'il est fait à l'image de Dieu, qu'il est capable de mérite et de récompense. Adamantius, dans les dialogues contre Marcion, répond de même que Dieu a laissé à l'homme l'usage de sa liberté, parce qu'il n'est pas de la nature de l'homme d'être immuable comme Dieu. Saint Basile dit que Dieu en a usé ainsi, parce qu'il n'a pas voulu que nous l'aimassions par force, mais de notre plein gré. Les Pères des siècles suivants ont dit que Dieu a permis le péché d'Adam, parce qu'il se proposait d'en réparer avantageusement les suites par la rédemption de Jésus-Christ. (V. Péché originel, rédemption.) Voilà les réponses que Bayle trouve insuffisantes et peu solides. Dieu, dit-il, pouvait empêcher l'homme de pécher, sans nuire à sa liberté, puisqu'il fait persévérer les justes sur la terre par des grâces efficaces, et que les saints dans le ciel sont incapables de pécher. Il ne s'ensuit point de là que les justes et les bienheureux cessent d'être libres, sont immuables comme Dieu, aiment Dieu par force, etc. Si les marcionites avaient ainsi répliqué aux Pères de l'Eglise, nous pensons que ceux-ci n'auraient pas été fort embarrassés à les réfuter. Ils auraient dit, sans doute, 1º qu'il est absurde de prétendre que, par bonté, Dieu doit donner à tous les hommes, non-seulement des grâces suffisantes, mais des grâces efficaces. Il s'ensuivrait que plus l'homme est disposé à être ingrat, infidèle à la grâce, plus Dieu est obligé d'augmenter celle-ci; comme si la malice de l'homme était un titre pour obtenir de plus grands bienfaits. Dire que Dieu le doit, parce qu'il le peut, c'est supposer qu'il doit épuiser, en faveur de l'homme, sa puissance infinie. Autre absurdité. 2º Les Pères auraient fait voir qu'en raisonnant sur ce principe, le bonheur même des bienheureux ne suffit pas pour acquitter la bonté de Dieu. Ce bonheur n'est infini que dans sa durée; mais il pourrait augmenter, puisqu'il y a entre les saints divers degrés de gloire et de bonheur, et que la félicité des uns a commencé plus tôt que celle des autres. Bayle et les autres apologistes des marcionites raisonnent donc sur un principe évidemment faux, en supposant que la bonté de Dieu, jointe à une puissance infinie, doit toujours faire le plus grand bien, et n'en faire moindre qu'un autre est un mal. L'absurdité de cet entêtement n'a pas échappé aux Pères de l'Eglise, puisqu'ils ont posé le principe directement contraire. (Voy. Manichéisme.) Les autres maximes sur lesquelles Bayle se fonde, savoir, que Dieu ne peut ni faire ni permettre le mal, qu'à son égard permettre et vouloir c'est la même chose, etc., ne sont pas moins fausses; elles sont réfutées ailleurs. (V. Bon, Mal, Fatalisme, etc.) Marcion eut plusieurs disciples qui se firent chefs de secte à leur tour, en particulier Apelles et Lucien. Pourquoi n'auraient-ils pas eu comme lui le privilège de former un système à leur gré? Quelques-uns admirent trois principes au lieu de deux ; l'un bon, l'autre juste, le troisième méchant. (*Voyez* les *Dialogues d'Adamantius*, section 1, note c, page 804. On ne peut pas citer une seule hérésie qui n'ait eu différentes branches, et dont les sectateurs ne se soient bientôt divisés ; celle des marcionites, ou se fondit dans la secte des manichéens. Mosheim, *Hist. o. rist. sæc.* 2 § 63, est convenu que Beausobre, en parlant des marcionites, dans son Histoire du manichéisme, a trop suivi son penchant à excuser et à justifier tous les hérétiques. Malheureusement nous nous trouvons souvent dans le cas de lui reprocher le même défaut, et il en a encore donné quelques preuves dans l'exposé qu'il fait de la conduite et de la doctrine de Marcion. Il fait ce qu'il peut pour mettre de la suite et de l'ensemble entre les dogmes enseignés par cet hérésiarque ; mais ses efforts sont assez superflus, puisqu'il est incontestable que tous les anciens sectaires ont été très mauvais raisonneurs. De simples probabilités ne suffisent pas pour nous autoriser à contredire les Pères de l'Église, qui ont lu les ouvrages de ces hérétiques, qui souvent les ont entendus eux-mêmes et ont dispute contre eux. Il serait donc inutile d'entrer dans la discussion des divers articles sur lesquels Beausobre ni Mosheim ne veulent pas ajouter foi à ce que disent les Pères de l'Église touchant les marcionites.

MARCITE (*hist. relig.*), membre d'une secte fondée au ii° siècle par Marcus, disciple de Simon le magicien. Les Marcites conféraient le sacerdoce aux femmes. On les appelait aussi les parfaits.

MARCIUS (Caius), consul romain, vainqueur des Privernates, des Tuscans et des Falisques, fut le premier des plébéiens qui fut honoré de la charge de dictateur, vers l'an 354 avant Jésus-Christ.

MARCK, bourg du Calaisis, situé sur la route royale de Calais à Gravelines. On croit que Mercure donna son nom à cette commune en latin : *Mercurium et Merck* en langue romane. La seigneurie de ce lieu relevait, au moyen age, du comté de Guines. Lambert d'Ardres cite un seigneur de Merck, nommé Elembert qui épousa une Anglaise du nom de Mathilde. Elle mourut en odeur de sainteté, et les historiens de Calais, Bernard et Lefebvre, prétendent qu'il s'est opéré des miracles à son tombeau, sur lequel on avait élevé un oratoire près de la tour de l'église paroissiale. Les parents de cette bienheureuse vinrent d'Angleterre enlever son corps furtivement, et on ne put, depuis, découvrir le lieu où il fut transporte. La seigneurie de Marck, fut réunie en 1148, à la baronnie d'Ardres, par le mariage d'Arnoul, descendant d'Elembert avec Adeline d'Ardres. Une bulle d'Alexandre III de 1164 et une charte d'Adam, évèque de Térouanne du 12 février 1223, établissent que l'abbaye de Licques possédait alors à Marck des terres et diverses mouvances seigneuriales (Archives de Licques). Une charte de Mahaud, comtesse d'Artois et de Saint-Pol, datée de 1267, prouve que l'abbaye de Cercamps, reçut d'elle toute la dime du lieu nommé Herewighe au territoire de Marck (Archives de Cercamps). Edouard III, roi d'Angleterre, emporta le château de Marck l'épée à la main et ruina cette bourgade pendant le fameux siège de Calais de 1347. Elle subit le sort de cette ville et demeura au pouvoir de l'Angleterre, jusqu'à la reprise de Calais par le duc de Guise en 1557. Deux ans auparavant (1555), des conférences pour la paix s'étaient tenues à Marck, entre les plénipotentiaires de France, d'Angleterre et d'Espagne. On y remarquait le cardinal de Lorraine pour la France ; milord Arundel pour l'Angleterre, Antoine Perrenot, cardinal de Granville et évèque d'Arras, pour l'Espagne, et le cardinal Poll pour le pape. Le marquis de Valençay, gouverneur de Calais, procura en 1630 l'extension du territoire communal, par la construction d'une digue qu'il opposa à la mer et qu'il prolongea jusqu'à Gravelines. Ce travail fut exécuté avec tant de soins et une telle solidité, qu'on put établir de suite des fermes et une quantité d'habitations sur ce sol nouveau, que l'on nomma les *Hemmes* et qui est d'une grande fertilité. En 1648, les troupes espagnoles commandées par le baron de Licques, brûlèrent le bourg de Marck après l'avoir pillé. Les calvinistes avaient bâti, sous la domination anglaise, un temple à quelque distance de l'église paroissiale. On ne voyait encore les ruines au commencement du xviii° siècle. Les pauvres avaient été dotés d'un hôpital dont il ne reste plus de vestiges (Annales de Calais, par Bernard). Abbaye de Capelli. La bienheureuse Ide, comtesse de Boulogne, mère de Godefroy de Bouillon, avait fondé en 1091, au territoire de Marck en un endroit nommé Bonchamp, un monastère pour des religieux bénédictins. Le pape Urbain II,

leur accorda des priviléges et les rendit exempts de la juridiction de l'évèque diocésain. Il voulut que cette maison prit le nom de Capella Pontificis, d'où lui vint celui de Capelle. Dans le recueil des lettres de saint Bernard, on en trouve une à son cher fils l'abbé de Capelle. Cette abbaye fut détruite par Edouard III, roi d'Angleterre, en 1346, quand il vint mettre le siège devant Calais. Le monastère de Saint-Jean au mont Térouanne, fut le religieux avec ce qu'ils avaient pu emporter de plus précieux. Les moines de Capelle avaient un prieuré à Ardres, qui succéda à une prévôté de dix chanoines fondée par Arnoul comte du Boulonnois. L'abbé PARENTY.

MARCK (EVRARD DE LA), nommé par quelques auteurs le cardinal de Bouillon, était d'une maison illustre et fertile en grands hommes. Elu évèque de Liége, en 1505, son premier soin fut de méditer sur les importantes obligations de son nouvel état. Il se prépara à recevoir la prêtrise et à être sacré évèque par une retraite de six semaines dans la chartreuse de Liége. Monté sur le siège épiscopal, il s'occupa à réparer les maux que les guerres avaient faits dans la province qu'on venait de lui confier, et à la mettre en état de bonne défense, en fortifiant les villes et plusieurs châteaux. Il empêcha par des lois sévères que ses sujets ne prissent part aux guerres qui désolaient les pays voisins, fit fleurir la religion, et signala surtout son zele à prémunir son diocèse contre les nouvelles erreurs qui commençaient de son temps à infecter les nations voisines. Malgré sa vigilance extrême, l'hérésie s'étant glissée dans ses Etats, il ne se donna point de repos qu'il ne l'eût extirpée : ceux qui refusèrent de se rendre à ses instructions furent bannis, et les plus obstinés à répandre l'erreur punis du dernier supplice. Attaché d'abord aux intérêts de la France, Evrard les abandonna, croyant, pour le bien de son Etat et pour celui de l'Allemagne, devoir s'attacher à Charles d'Autriche, roi d'Espagne, qui lui donna l'archevêché de Valence, et lui obtint le chapeau de cardinal du pape Léon X, l'an 1521. Le cardinal Polus, envoyé en Angleterre, par Paul III, pour y travailler à faire rentrer ce royaume dans le sein de l'Église, ayant appris que Henri VIII avait mis sa tête à prix, trouva un asile sûr auprès d'Evrard, qui le reçut avec les marques d'honneur et de distinction dues à son mérite et à sa dignité. Le pape le récompensa en le créant légat *a latere*. Il mourut le 15 février 1538. On voyait, dans la capitale et dans tout le pays de Liége, un grand nombre de monuments de sa munificence. Il enrichit de plusieurs pièces rares et précieuses le trésor de son église, et fonda une procession mémorable nommée la *Translation de saint Lambert*.

MARCK (GUILLAUME DE LA), baron de Lumain, d'abord chanoine tréfoncier de Liége, puis un des généraux des calvinistes dans les Pays-Bas, décapité à Maestricht, en 1485, se signala moins par son courage que par un fanatisme sanguinaire qui le fit considérer comme le Des Adrets de la Belgique. On ne peut se faire une idée des tourments qu'il faisait essuyer aux catholiques, surtout aux pretres et aux religieux qui tombaient entre ses mains. C'est lui qui fit périr les célebres martyrs de Gorcum par des supplices que les Busiris n'auraient pas inventés, et qui exerça des tourments plus affreux encore envers le savant et pieux Musius.

MARCK (ROBERT DE LA), troisième du nom, connu d'abord sous le nom de seigneur de Flouranges, puis duc de Bouillon et prince de Sedan, se distingua par sa valeur sous les règnes de Louis XII et François Ier, et fut surnommé le *Jeune Aventureux*. Il se trouva à la bataille de Novare, et y reçut quarante-six blessures ; il se trouva également aux batailles de Marignan et de Pavic, en 1525. Fait prisonnier dans cette dernière, il fut conduit à l'Ecluse en Flandre ; il y écrivit l'*Histoire des choses mémorables arrivées en France, en Italie et en Allemagne, depuis 1503 jusqu'en 1521*. Le style en est simple, clair et naïf ; mais la partialité pour la France y était trop marquée. Il fut fait maréchal de France en 1526. S'étant jeté dans Péronne en 1536, il y fut assiégé par une armée d'impériaux : il soutint quatre assauts, malgré le feu de soixante-douze pièces de canon, et força les ennemis à se retirer avec une perte considérable. Il mourut l'année suivante.

MARCONVILLE ou MARCOUVILLE (JEAN de), seigneur de Montgoubert, vit le jour dans le Perche, vers 1540. Il n'est guère connu que par un traité moral et singulier assez bon pour son temps, et recherché encore par les bibliomanes ; il est intitulé : *De la bonté et la mauvaiseté des femmes*, un vol. in-16, Paris, 1564-1586. On a encore de lui : *De l'heur et malheur du mariage*, Paris, 1564, in-8° ; *De la bonne et* *mauvaise langue*, Paris, 1573, in-8°. Marconville vivait encore en 1574; mais on ignore l'époque de sa mort.

MARCOSIENS, secte d'hérétiques du second siècle, dont le chef fut un nommé Marc, disciple de Valentin. Saint Irénée a réfuté leurs erreurs avec son zèle et son génie ordinaires. Ce Marc entreprit de réformer le système de son maître, et y ajouta de nouvelles rêveries; il les fonda sur les principes de la cabale et sur les prétendues propriétés des lettres et des nombres. Valentin avait supposé un grand nombre d'esprits ou de génies qu'il nommait des éons, et auxquels il attribuait la formation et le gouvernement du monde; selon lui, ces éons étaient les uns mâles, les autres femelles; et les uns étaient nés du mariage des autres. Marc, au contraire, persuadé que le premier principe n'était ni mâle, ni femelle, jugea qu'il avait produit seul les éons par sa parole, c'est-à-dire par la vertu naturelle des mots qu'il avait prononcés. Comme le premier mot de la Bible en grec est εν αρχη, *in principio*, Marc conclut gravement que ce mot était le premier principe de toutes choses; et comme les vingt-quatre lettres de l'alphabet étaient aussi les signes des nombres, il bâtit sur la combinaison des lettres de chaque mot et des nombres qu'elles désignaient, le système de ses éons et de leurs opérations. Selon saint Irénée, il les supposa au nombre de trente; selon d'autres, il les réduisit à vingt-quatre, à cause des vingt-quatre lettres de l'alphabet. Il se fondait encore sur ce que Jésus-Christ a dit dans l'Apocalypse : « Je suis l'*alpha* et l'*oméga*, le principe et la fin, » et sur quelques autres passages dont il abusait de même. Il conclut enfin que par la vertu des mots combinés d'une certaine manière, on pouvait diriger les opérations des éons ou des esprits, participer à leur pouvoir et opérer des prodiges par ce moyen. Rien n'était plus absurde que de supposer qu'en créant le monde, Dieu avait parlé grec, et que l'alphabet de cette langue avait plus de vertu que celui de toute autre langue quelconque. Mais les pythagoriciens avaient déjà fondé des rêveries sur les propriétés des nombres, et l'on était encore entêté de cette philosophie au second siècle. Ce n'est pas sans raison que les anciens Pères ont remarqué que les hérésies sont sorties de différentes écoles de philosophie; mais l'absurdité de celle des marcosiens ne fait pas beaucoup d'honneur à la mère qui lui a donné la naissance. Par le moyen d'un prestige, Marc eut le talent de persuader qu'il était réellement doué d'un pouvoir surnaturel, et qu'il pouvait le communiquer à qui il voulait. Il trouva le secret de changer en sang, aux yeux des spectateurs, le vin qui sert à la consécration de l'eucharistie. Il prenait un grand vase et un petit, il mettait dans le dernier le vin destiné au sacrifice, et faisait une prière; un moment après, la liqueur paraissait bouillir dans le grand vase, et l'on y voyait du sang au lieu de vin. Ce vase était probablement la machine hydraulique que les physiciens nomment la fontaine de Cana, dans laquelle il semble que l'eau se change en vin; ou par une préparation chimique, Marc donnait au vin la couleur du sang. En faisant opérer par quelques femmes ce prétendu prodige, il leur persuada qu'il leur communiquait le don de faire des miracles et de prophétiser, et par des potions capables de leur troubler les sens, il les disposait à satisfaire ses désirs déréglés. Ainsi, par l'enthousiasme joint au libertinage, il parvint à en séduire un grand nombre, et à former une secte. Saint Irénée se plaint de ce que cette peste s'était répandue dans les Gaules, principalement sur les bords du Rhône : mais quelques femmes sensées et vertueuses, que Marc et ses associés n'avaient pu séduire, dévoilèrent la turpitude de ces imposteurs; d'autres qui avaient été séduites, mais qui revinrent à résipiscence, confirmèrent la même chose, et firent détester leurs corrupteurs. Ces hérétiques avaient plusieurs livres apocryphes et remplis de leurs rêveries, qu'ils donnaient à leurs prosélytes pour des livres divins. Suivant le témoignage de saint Irénée, l. I, c. 21, ils avouaient que le baptême de Jésus-Christ remet les péchés; mais ils en donnaient un autre avec de l'eau mêlée d'huile et de baume, pour initier leurs prosélytes, et appelaient cette cérémonie la rédemption. Quelques-uns cependant la regardaient comme inutile, et faisaient consister la rédemption dans la connaissance de leur doctrine. Au reste, ces hérétiques n'avaient rien de fixe dans leur croyance; il était permis à chacun d'y ajouter ou d'en retrancher ce qu'il jugeait à propos; leur secte n'était, à proprement parler, qu'une société de libertinage. Il s'en détacha une partie, qui forma celle des archontiques. (Voy. Tillemont, t. 2, p. 291.) Il est bon d'observer que si, au second siècle, la croyance de

l'Église chrétienne n'avait pas été que, par la consécration de l'eucharistie, le pain et le vin sont changés au corps et au sang de Jésus-Christ, l'hérésiarque Marc ne se serait pas avisé de vouloir rendre ce changement sensible par un miracle apparent; et si l'on n'avait pas cru que le sacerdoce donnait aux prêtres des pouvoirs surnaturels, cet imposteur n'aurait pas eu recours à un prestige, pour persuader qu'il avait la plénitude du sacerdoce. C'est pour cela même qu'il est utile à un théologien de connaître les divers égarements des hérétiques anciens et modernes, quelque absurdes qu'ils soient : la vérité ne brille jamais mieux que par son opposition à l'erreur. Mosheim, aussi attaché à justifier tous les hérétiques qu'à déprimer les Pères de l'Église, conjecture qu'il n'y avait peut-être ni magie, ni fraude dans les procédés des marcosiens; qu'ils ont été calomniés, ou par quelques femmes qui voulaient quitter cette secte pour se réconcilier à l'Église, ou par quelques spectateurs ignorants de leur liturgie, qui auront pris pour magie des usages fort simples, desquels ils ne concevaient pas la raison. Il ne peut pas se persuader que ces hérétiques aient été assez insensés et assez corrompus pour se livrer à toutes les folies et à tous les désordres qu'on leur prête. (*Hist. christ. sæc.* 2, § 59, note.) Mais sur de simples présomptions destituées de preuves, est-il permis de suspecter le témoignage des Pères, témoins oculaires ou contemporains des choses qu'ils rapportent, qui ont pu interroger plusieurs marcosiens détrompés et convertis? Quand ces hérétiques seraient aussi innocents qu'il le présume, en coupe la chaîne que nous tirons de leur manière de consacrer l'eucharistie n'en serait pas moins solide, et Mosheim n'y répond rien.

MARCOTTE et **MARCOTTAGE**, (*bot*.). Le marcottage ou multiplication par marcottes, est un procédé de multiplication très employé en horticulture, et qui repose uniquement sur la production de racines adventives par des branches enterrées avec certaines précautions. Ce système, fondé sur ce que la tige, les branches, et quelquefois même les feuilles de certaines plantes sont susceptibles lorsqu'elles sont plongées dans la terre humide de produire des racines adventives, n'est pas applicable à toutes les plantes; car tandisque chez quelques-unes la production de ces racines adventives est si facile qu'on les voit se développer spontanément à l'air, à hauteur souvent assez considérable au-dessus du sol; chez d'autres, les rameaux détachés se flétrissent avant de prendre racine. Souvent on multiplie les plantes par de simples rameaux détachés et mis en terre, auxquels donne le nom de boutures. Dans le cas où, comme nous l'avons dit, la plante est difficile à reproduire des racines adventives, on a recours aux marcottes, laissant alors tenir au pied mère la branche qui doit servir à la multiplication; on la courbe avec précaution et on l'enfonce dans la terre humide sur une certaine longueur, dépouillée de feuilles; on maintient cette portion ainsi enterrée et l'on redresse l'extrémité qui reste ainsi à l'air. La branche recevant ainsi du pied mère auquel elle tient, la sève nécessaire, continue à végéter, tandis que sa portion enterrée dans la terre, pourra développer des racines adventives. Lorsqu'on reconnaît que cet enracinement a eu lieu, on coupe la branche entre sa portion enracinée et la tige, et l'on obtient ainsi un nouveau pied distinct du premier. Dans le cas où une marcotte simple, comme celle que nous venons de décrire ne réussirait pas, on facilite la naissance des racines par des incisions, des entailles, des déchirures, ou par la torsion de l'écorce. Il faut aussi avoir soin de ne point séparer la marcotte du pied mère trop brusquement; mais peu à peu pour qu'elle puisse s'habituer en quelque sorte à se suffire à elle-même. Nous renvoyons au reste pour plus de détails aux ouvrages spéciaux.   J. P.

MARCOUL (Saint), *Marculphus*, né à Bayeux, de parents nobles, devint un célèbre prédicateur. Il fonda, secondé par le roi Childebert, un monastère à Nanteuil, près Coutances, et mourut saintement l'an 558. On réclame particulièrement son assistance contre le mal des écrouelles. C'est là que les rois de France allaient faire eux-mêmes, ou par un de leurs aumôniers, une neuvaine après avoir été sacrés à Reims, en reconnaissance de la grâce qui leur avait été communiquée de guérir les écrouelles par l'intercession de ce saint.

MARCULFE, moine français, que l'on prétend avoir vécu dans le VIIe siècle, fit, à l'âge de 70 ans, un recueil des formules des actes les plus ordinaires. Si ces formules sont dans un style barbare, ce n'est pas la faute de l'auteur; on ne parlait pas mieux alors. Son ouvrage, très utile pour la connaissance de l'antiquité ecclésiastique et de l'histoire des rois de France de la première race, est divisé en deux livres : le premier contient les chartes royales, et le deuxième les actes des particuliers. Jérôme Bignon publia cette collection en 1613, in-8°, avec des remarques pleines d'érudition. Baluze en donna une nouvelle édition dans le *Recueil des capitulaires*, 1677, 2 vol. in-fol., qui est la plus exacte et la plus complète.

MARCUZZI (SÉBASTIEN), savant ecclésiastique, naquit à Trévise le 20 septembre 1725. Son père était professeur de musique et excellent organiste. Marcuzzi suivit d'abord la même profession; mais il étudia ensuite la théologie, le droit canon et civil, et devint habile dans toutes les branches des connaissances humaines. Après avoir pris, en 1755, le bonnet de docteur en théologie à Padoue, il retourna à Trévise, où pendant deux ans il ouvrit des cours fréquentés par la jeune noblesse; en 1757, il alla à Cividà-del-Friuli où il demeura en qualité de chapelain et d'organiste de la célèbre collégiale de cette ville, et s'y acquit l'estime générale. Rappelé à Trévise, il y occupa la chaire du droit depuis 1763 jusqu'en 1770. Marcuzzi fut mis à cette époque à la tête d'une des principales paroisses de la ville et chargé de la direction et de l'instruction des jeunes ecclésiastiques; il fut aussi nommé examinateur synodal. Il mourut universellement regretté, le 19 février 1790. On a de lui : 1° *Dissertatio in Math.* 21, 9 : *Quicumque dimiserit*, etc., *in qua hic locus ex Hebræorum antiquitatibus illustratur et catholicæ sententiæ auctoritas prædicatur*, Trévise, 1752; 2° *Dissertazione sopra i maracoli*, Trévise, 1761 ; 3° *Reflessioni e pratiche per le differenti feste e tempi dell' anno*, nuova traduzione dal francese, Castel-Franco, 1762 ; 4° *Discorso sopra la passione del nostre signori, con un breve raggionamento intorno all eloquanza sacra*, Trévise, 1763; 5° *Epistola pastoralis Hieronymi-Henrici Beltrinni Miazzi* ; 6° *Episcopi peltreusis, elogium*, Trévise, 1779 ; 7° *Notizie intorno a monsignor Girolamo Henrico Beltrarinni Miazzi*, etc., *arrichite con note*, etc., Venise, 1780. L'évêque Miazzi avait eu Marcuzzi pour maître dans ses lettres et pour directeur dans son éducation ecclésiastique. On trouve dans le 43° vol. du *Giornale de letterali d'Italia*, Modène, 1798, page 61, l'éloge de Marcuzzi et la liste de ses ouvrages imprimés et de ceux restés manuscrits.

MARCY (BALTHASAR), sculpteur, de Cambrai, mort en 1674, âgé de 54 ans, était frère de Gaspard, aussi sculpteur, qui mourut en 1679, âgé de 56 ans. Ces deux savants artistes ont travaillé ensemble au *Bassin de Latone*, à Versailles, où cette déesse et ses enfants sont représentés en marbre. On voit encore plusieurs grands ouvrages qui font honneur à l'habileté et au goût exquis de ces frères.

MARDAITE (*hist. relig.*), nom primitif de la nation du Liban, chez laquelle se repandit la doctrine de Maron et qui forma les Maronites.

MARDI, s. m., le troisième jour de la semaine. Mardi-gras, le dernier jour de carnaval.

MARDIN, ville de la Turquie d'Asie, résidence du commandant turc, qui relève du pacha de Bagdad qui lui confère l'investiture de cette province. Cette ville est située sur le penchant d'une colline escarpée, ceinte d'une muraille et munie de tours et de bastions; ses maisons sont en pierres, percées de petites fenêtres grillées; ses rues sont tortueuses; sa position domine une plaine fertile : de beaux jardins s'étendent au-dessous de la ville. Le versant opposé de la montagne est couvert de vignes; les pistaches, les poires, les prunes y sont en abondance. Le commerce de Mardin consiste en toiles de coton et de lin. Sa population est de 28,000 habitants, Turcs, Arméniens, juifs, Chaldéens.

MARDOCHÉE, oncle ou plutôt cousin-germain d'Esther, femme d'Assuérus, roi de Perse. Ce prince avait un favori, nommé Aman, devant qui il voulait que tout le monde fléchit le genou. Le seul Mardochée refusa de se soumettre à cette bassesse, qui, d'ailleurs, dans les temps où les hommes s'érigeaient en dieux et en recherchaient les honneurs, pouvait passer pour un rit d'idolâtrie : considération grave et plus que suffisante pour justifier le refus de Mardochée. Aman, irrité, obtint une permission du roi de faire massacrer tous les Juifs en un même jour. Il avait déjà fait élever devant sa maison une potence de 50 coudées de haut pour y faire attacher Mardochée. Celui-ci donna avis à la reine sa cousine de l'arrêt porté contre sa nation. Cette princesse profita de la tendresse que le roi lui témoignait pour lui découvrir les noirceurs de son favori. Le roi, heureusement détrompé, donna la place d'Aman à Mardochée, et obligea ce ministre scélérat à mener son ennemi en triomphe, monté sur un cheval, couvert du manteau royal et le sceptre à la main, dans les rues

de la capitale, en criant devant lui : « C'est ainsi que le roi honore ceux qu'il veut honorer. » Aman fut pendu ensuite à ce gibet même qu'il avait destiné à Mardochée. La plupart des critiques croient que Mardochée est auteur du livre canonique d'*Esther*, quoique quelques passages paraissent être d'une autre main, que ceux d'Esther. On lui attribue aussi un traité des rites et coutumes juifs, qui est entre les talmudiques; mais il est incontestable que ce dernier livre est d'un temps fort postérieur à Mardochée. Il peut avoir été composé par quelque juif du même nom.

MARDONIUS, gendre de Darius, beau-frère de Xerxès, roi de Perse, commanda les armées de ce dernier prince contre les Grecs, prit la ville d'Athènes, et remporta divers autres avantages; mais la fortune l'abandonna à la bataille de Platée, où il perdit la victoire et la vie l'an 490 avant J. C.

MARDUEL (CLAUDE-MARIE), curé de Saint-Roch, à Paris, occupa d'abord cette cure, par la résignation que lui en fit son oncle en 1787. Ayant refusé de prêter le serment prescrit par la constitution civile du clergé, il fut obligé de quitter cette place, qu'il ne reprit qu'en 1801, après le Concordat. En 1802, Marduel attira sur lui l'attention publique par le refus qu'il fit d'admettre dans l'église de Saint-Roch, le corps de la demoiselle Chamerois, qui avait été attachée comme danseuse à l'Académie de musique, le convoi, accompagné de tous les acteurs de la capitale, se rendit alors à l'église de Saint-Thomas, où le curé, M. Ramond-Lalande, reçut le corps de la défunte avec les cérémonies d'usage et fit chanter solennellement le service des morts. La conduite du curé de Saint-Roch ayant été improuvée par le gouvernement de cette époque, l'archevêque de Paris lui ordonna trois mois de retraite au séminaire. Cet événement fournit à M. Andrieux le sujet d'une pièce de vers intitulée *Saint-Roch et Saint Thomas*. En 1815, Marduel refusa également l'entrée de son église au cercueil de mademoiselle Raucourt, actrice du Théâtre français. Cet événement produisit beaucoup de tumulte, et l'autorité royale de Louis XVIII intervint même dans cette affaire. Le curé Marduel n'avait suivi que les usages ecclésiastiques et s'était conformé aux défenses canoniques. Ce généreux ecclésiastique faisait le plus noble emploi de sa fortune, en la partageant avec les pauvres de sa paroisse. Il est mort dans les premiers jours du mois de janvier 1833. Le gouvernement a fait environner ses funérailles de précautions que rien ne commandait, et qui ont été signalées dans les journaux de l'époque.

MARE, s. f. (on prononce mâre), petit amas d'eau dormante, qui se forme naturellement par l'abaissement du sol, ou qu'on se procure artificiellement dans les villages et dans les fermes, pour des usages communs ou domestiques.

MARE (PHILIBERT DE LA), conseiller au parlement de Dijon, où il naquit en 1615, écrivait en latin presque aussi bien que le président De Thou, sur lequel il s'était formé. Il mourut en 1687, après avoir publié plusieurs ouvrages; le plus connu est *Commentarius de bello burgundico*. C'est l'histoire de la guerre de 1635. Elle fait partie de son *Historicorum Burgundia conspectus*, in-4°, 1689. L'auteur donne dans cet ouvrage un catalogue des pièces relatives à l'histoire de Bourgogne, qu'il se proposait de composer.

MARE (NICOLAS DE LA), doyen des commissaires du Châtelet, né à Noisy-le-Grand, près Paris, en 1637, mort en 1723, fut chargé de plusieurs affaires importantes sous le règne de Louis XIV. On a de lui un *Traité de la police*, en 3 vol in-fol., auxquels Le Clerc du Brillet en a ajouté un quatrième. Cet ouvrage est trop vaste pour qu'il ne s'y soit pas glissé quelques fautes ; mais ces inexactitudes ne doivent pas empêcher de reconnaître la profondeur des recherches. On y trouve dans un grand détail l'histoire de l'établissement de la police, les fonctions et les prérogatives des magistrats, et les règlements qui la concernent.

MARE (PAUL-MARCEL DEL), né à Gênes, en 1734, d'une famille juive, se convertit au christianisme à l'âge de 19 ans. S'étant consacré à l'état ecclésiastique, il obtint, en 1787, la chaire d'Ecriture sainte à Pise. C'est dans cette ville qu'il mourut le 17 février 1824. Controversiste de l'école janséniste, Del Mare publia plusieurs écrits qu'a frappé l'*Index* pontifical, entre autres un traité *De locis theologicis*, 1789. Vers la fin de sa vie, revenant à des sentiments plus dignes de sa piété et de son savoir, il adhéra lui-même à la condamnation de ses opinions. Del Mare était d'une charité inépuisable, et il destina, par testament, le peu qui lui restait à doter des jeunes gens qui voudraient entrer dans le monastère de St-Benoît, à Pise.

MARÉCAGE, s. m., grande étendue de terrain humide et bourbeux comme le sont les marais.

MARÉCAGEUX, EUSE, adj., qui est de la nature du marécage. Air marécageux, air qui s'élève ordinairement des marecages, ou toute autre émanation de la même espèce.

MARÉCHAL, s. m., artisan dont le métier est de ferrer les chevaux et de les traiter quand ils sont malades.

MARÉCHAL, (hist.), titre d'une dignité qui n'était primitivement que celle d'un officier de cavalerie. « Que celui qui occira un maréchal, ayant sous ses ordres douze chevaux, soit condamné à payer onze sols (loi salique). » Le maréchal, dans les armées féodales du xe siècle, était le second du connétable de chaque contingent. Chaque officier de ce grade s'appelait maréchal-de-camp de l'host ou de bataille ; celui de l'armée royale avait le titre de maréchal du roi, ou de maréchal de France. Avant François 1er, l'état de maréchal de France n'était que temporaire et donné par commission ; il n'y en avait généralement que deux, quoique sous Charles VII, on en voie quatre à la fois. Ce fut François 1er qui créa les maréchaux de France à vie au nombre de quatre ; ils avaient chacun leur département. Leurs fonctions devinrent plus importantes par la suppression du connétable, en 1627 ; c'est pourquoi ils se donnèrent des aides-maréchaux qui prirent bientôt le titre de maréchaux-de-camp ; le nombre de ceux-ci s'étant accru dans la suite du règne de Louis XIII, le lieutenant-général fut créé comme grade intermédiaire entre le maréchal de France et le maréchal-de-camp. Sous Louis XIV, il y eut jusqu'à vingt maréchaux de France. Maréchal de la foi, titre donné dans le xme siècle à Gui de Lévi, commandant la croisade contre les Albigeois. Maréchal, se dit dans l'ordre de Malte, du second dignitaire de l'ordre. Le maréchal ou grand maréchal était de la langue d'Auvergne. Maréchal de l'armée de Dieu et de l'Eglise, titre du général qui fut élu par les barons anglais révoltés contre Jean-Sans-Terre, en 1215. Maréchal ou maréchal des nonces, titre de l'officier qui dans les dietes de Pologne, présidait les délibérations et maintenait l'ordre. Maréchal d'empire, se dit dans l'histoire du règne de Napoléon, des généraux ayant un rang analogue à celui des maréchaux de France. Les maréchaux d'empire furent Berthier, Murat, Moncey, Jourdan, Massena, Augereau, Bernadotte, Soult, Brune, Lannes, Mortier, Ney, Davoust, Bessières, Kellermann, Lefevre, Perignon et Serrurier.

MARÉCHAL DE SALON (François MICHEL, dit LE), est aussi célèbre dans l'histoire de Louis XIV que Martin de Gallardon dans celle de Louis XVIII. Cet homme, maréchal de la petite ville de Salon, en Provence, arriva tout droit à Versailles pour entretenir le roi. Ce prince convint que le maréchal lui avait dit une chose qui lui était arrivée il y avait plus de vingt ans, et que lui seul savait, parce qu'il n'en avait jamais fait part à qui que ce fût. Dès que cet homme eut vu le roi, il parut empressé de s'en retourner, content d'avoir accompli sa mission. On se perdit en conjectures sur le but de cette mission. Du choc de mille opinions bizarres résulta celle qui s'accrédita parmi le peuple : que Michel était venu annoncer à Louis XIV, comme Nathan à David, que Dieu aurait égard à l'pénitence qu'il faisait alors, mais qu'en expiation du scandale qu'il avait donné à ses peuples dans les jours de sa jeunesse, il verrait sa puissance aussi abaissée qu'elle était alors élevée ; que la guerre et la famine désoleraient ses Etats, et qu'il assisterait lui-même aux funérailles de sa postérité, dont à peine il échapperait un faible rejeton. Ce que nous avons de plus plus certain à cet égard, c'est qu'il est peu d'exemples, s'il en est, dans l'antiquité, qu'un prince, après un cours de prospérités aussi flatteuses que l'avaient été celles de Louis-le-Grand, ait reçu, avec autant de résignation et de constance que ce monarque, la dure leçon de l'adversité. Les guerres malheureuses, les horreurs de la famine, la mort de ses enfants, rien ne l'ébranla, rien même ne parut l'étonner.

MARÉCHAL (PIERRE SYLVAIN), homme de lettres, né à Paris, le 15 août 1750, suivit d'abord la carrière du barreau ; mais désespérant d'y réussir, il se fit écrivain, et débuta dans le genre pastoral par quelques pièces publiées sous le nom du Berger Sylvain. Ces essais lui procurèrent la place de sous-bibliothécaire au collège Mazarin. En 1781, il fit paraître un second recueil de vers sur des sujets plus graves que les premiers, mais qui n'annonçait point encore les principes révoltants qu'il devait bientôt afficher ouvertement. Lorsqu'il eut secoué ce qu'il appelait les préjugés, il osa publier une foule de brochures dans lesquelles il osa manifester sa haine

contre toutes les religions et surtout contre celle de son pays. Ces divers ouvrages lui enlevèrent sa place au collège de Mazarin, et lui valurent un emprisonnement de quatre mois à Saint-Lazare. Plusieurs de ses livres furent même brûlés par la main du bourreau. Pendant la révolution, Maréchal se montra grand partisan des crimes de cette époque ; il fut l'ami de Chaumette ; et après l'avoir aidé à élever des autels à la Raison, il composa des discours en l'honneur de la Déesse et les hymnes de ce nouveau culte. Sur la fin de ses jours il se vit méprisé et se retira à Montrouge ; afin, disait-il, de jouir du soleil plus à son aise. C'est là qu'il mourut le 18 janvier 1803, agé de 53 ans. Ce Berger Sylvain avait une taille, un maintien et une figure qui étaient loin de justifier le nom qu'il s'était donné ; tout en lui inspirait le mepris, et semblait n'avoir été fait que pour s'allier à ses honteuses productions. Parmi les ouvrages qu'il a laissés, nous citerons : 1° Bergeries, Paris, 1770 in-12 ; 2° L'âge d'or, ibid, 1782, in-8° ; Fragments d'un poème moral sur Dieu, Paris, 1781, in-8°, reimprimé sous ce titre : Le Lucrèce français, 1798, in-8° ; ce poème est très immoral et irréligieux ; 4° Tombeau de Jean-Baptiste Rousseau, 1779, in-12 ; 5° Livre échappé au deluge, 1784, in-12. Ce sont des psaumes en style oriental ; cet ouvrage lui fit perdre la place de sous-bibliothécaire au collège Mazarin ; 6° Recueil des poètes moralistes français, 1784, 2 vol. in-8° ; 7° Costumes civils actuels de tous les peuples, 1784, in-8° ; 8° Paris et la province, ou choix des meilleurs monuments d'architecture en France, 1727, in-4° ; 9° Almanach des honnêtes gens, 1788. Ce calendrier, où Maréchal a placé des saints de sa façon, et où, par un impie rapprochement, il a mis Jésus-Christ entre Miron et Spinosa, fut lacéré par la main du bourreau, et l'auteur fut envoyé à Saint-Lazare. 10° Voyage de Pythagore, 1798, 6 vol. in-8°. On y voit quelques traces d'érudition, mais il fallait être aussi aveugle que Lalande par l'esprit de parti pour oser le comparer à l'Anacharsis de l'abbé Barthelemi. 11° Pour et contre la Bible, 1801, in-8° ; 12° Dictionnaire des athées, Paris, 1800, in-8°. Lalande y a ajouté un supplément de 120 pages, digne sous tous les rapports d'en faire partie. Ce triste ouvrage, où l'auteur a mis le sceau de son impiété, ne se recommande sous aucun titre, le style en est grossier, incorrect, les détails insipides : aussi est-il tombé dans l'oubli. 13° Histoire universelle en style lapidaire, Paris, 1800, en grand in-8°, imprimé en lettres capitales. Ce livre ne vaut pas mieux que le précédent ; Maréchal a coopéré à plusieurs autres ouvrages et fourni des articles aux Révolutions de Paris, publiées par Prud'homme. Sylvain Maréchal a fait en outre plusieurs poèmes, la plupart oubliés aujourd'hui. Cet auteur a beaucoup écrit ; on trouvera la liste complète de ses ouvrages dans la notice qu'il a donnée lui-même sur sa vie et sur ses ouvrages. (Recueil des poésies philosophiques du xviiie siècle) ainsi que dans le Dictionnaire des Anonymes.

MARÉCHAL. (AMBROISE), archevêque de Baltimore, né en 1769, à Ingré, près d'Orléans, fit au séminaire de cette ville sa théologie de la manière la plus brillante ; il fut envoyé, en 1792, aux Etats-Unis, immédiatement après avoir été ordonné prêtre par dispense d'age. Il célébra sa première messe à Baltimore, et fut envoyé dans une mission pour s'y former à l'usage de la langue anglaise. On l'employa ensuite, soit dans le séminaire, soit dans le collège de Georges-Town, avant que les jésuites en eussent pris possession. Lorsque le Concordat de 1801 eut permis aux évêques d'établir leurs séminaires, M. Emery, supérieur de Saint-Sulpice, rappela d'Amérique plusieurs sujets de sa Congrégation : Maréchal, qui était de ce nombre, revint en France en 1803 ; il fut successivement professeur dans les séminaires de Saint-Flour, d'Aix et de Lyon, et rédigea une Dissertation sur la dévotion au Sacré-Cœur, qui eut du retentissement. Le pieux missionnaire se fit remarquer par son zèle et ses talents. En 1811, lorsque Bonaparte persécuta les sulpiciens, Maréchal demanda à retourner aux Etats-Unis. On voulut le nommer évêque de New-York, après la mort de M. Concas son ami, mais il refusa cet honneur. Peu de temps avant la mort de M. Léonard-Néal, archevêque de Baltimore, Maréchal fut nommé coadjuteur de ce prélat (27 juillet 1817), avec le titre d'archevêque de Stauropolis. Chacun a admiré la conduite prudente et sage de ce prélat, qui se fit chérir de ses diocésains, et qui parvint à terminer et à consacrer la nouvelle cathédrale de Baltimore. Après un voyage qu'il fit en Europe, en 1822, pour les besoins de son diocèse, il retourna en Amérique, rétablit la paix et la concorde dans plusieurs localités où régnait la division. On ne saurait dire et surtout apprécier tous les bienfaits que répandit ce vénérable prélat. Il est mort le 28 janvier 1828, laissant de profonds regrets dans un pays où il fit tant de bien. La Gazette de Baltimore lui a consacré un article chronologique, et son oraison funèbre a été prononcée en chaire au moment de ses funérailles. La vie agitée du missionnaire ne lu a sans doute par permis de nous laisser des monuments de son savoir. Il a choisi la meilleure part, celle de l'humilité et du sacrifice!

MARÉCHALLERIE, s. f., l'art du maréchal ferrant.

MARÉCHAUSSÉE, s. f. On nommait ainsi la juridiction des maréchaux de France (Voy. CONNÉTABLE). Maréchaussée, s'est dit aussi d'un corps de gens à cheval, qui était établi pour la sûreté publique et qu'on a remplacé par la gendarmerie.

MARÉE, s. f., le flux et le reflux, le mouvement périodique des eaux de la mer, par lequel ces eaux s'élèvent et s'abaissent, généralement deux fois le jour, en se portant des pôles à l'équateur et de l'équateur aux pôles. Prendre la marée, prendre le temps où la marée est favorable, pour entrer dans un port ou pour en sortir. Fig. et fam., avoir vent et marée, avoir toutes choses favorables pour réussir dans ses desseins. Aller contre vent et marée, poursuivre obstinément ses projets, malgré toutes les difficultés qui s'y opposent. Marée, se dit aussi du poisson de mer qui n'est pas salé. Prov. et pop., arriver comme marée en carême, arriver à propos.

MARÉES, oscillations régulières et périodiques des eaux de l'Océan. Un grand nombre d'hypothèses ont été émises pour expliquer les fluctuations de l'Océan. Nous ne nous arrêterons pas à exposer les différents systèmes sur ce phénomène; Képler, le premier, reconnut que l'attraction exercée par la lune est la principale cause qui produit ces fluctuations; mais il était réservé au grand Newton de prouver que cette opinion est en harmonie avec les lois de la gravitation. C'est en effet à l'action attractive du soleil et surtout de la lune que sont dues les marées. En considérant isolément l'action de la lune, il devient évident que c'est l'inégalité de cette action qui produit les marées, car il n'y en aurait pas si la lune agissait d'une manière uniforme sur toute l'étendue de l'Océan, c'est-à-dire si elle imprimait des forces égales et parallèles au centre de gravité de la terre et à toutes les molécules de la mer; car alors le système entier du globe étant animé d'un mouvement commun, l'équilibre de toutes les parties serait maintenu. Cet équilibre n'est donc troublé que par l'inégalité et le non-parallélisme des attractions exercées par la lune. L'attraction s'exerçant en raison inverse du carré des distances, on conçoit en effet que les molécules de la mer les plus rapprochées de la lune seront plus fortement attirées que celles qui sont en quadrature avec elle, dont la direction oblique se décompose; les premières seront plus légères et les dernières plus pesantes. Il faut donc, pour que l'équilibre se rétablisse, que les eaux s'élèvent sous la lune, afin que la différence de poids soit compensée par une plus grande hauteur. Les molécules de la mer, situées dans le point correspondant de l'hémisphère opposé, moins attirées par la lune que par le centre de la terre à cause de leur plus grande distance, se porteront moins vers la lune que le centre de la terre : celui-ci tendra donc à s'écarter des molécules qui seront dès lors à une plus grande distance de ce centre et qui seront encore soutenues à cette hauteur par l'augmentation de pesanteur des colonnes placées en quadrature et qui communiquent avec elles. Ainsi il se formera sur la terre deux ménisques d'eaux, l'un du côté de la lune, et l'autre du côté diamétralement opposé, ce qui donnera à notre globe la forme d'un sphéroïde allongé, dont le grand axe passera par le centre de la terre et par celui de la lune. Cependant, par suite du mouvement de rotation de la terre sur son axe, la partie la plus élevée de l'eau est portée au-delà dans la direction du mouvement diurne, mais l'eau obéit encore à l'attraction qu'elle a reçue, et continue à s'élever après qu'elle a quitté sa position directe sous la lune, quoique l'action immédiate de cet astre ne soit plus aussi forte. Il en résulte que la marée n'atteint sa plus grande élévation qu'après que la lune a cessé d'être au méridien du lieu où elle se forme. La lune passant tous les jours au méridien supérieur au méridien inférieur de chaque lieu en vertu du mouvement de rotation de la terre, elle y produira donc deux élévations et deux dépressions des eaux, ce qui a lieu effectivement. Il nous faut dire maintenant de quelle manière l'attraction exercée par le soleil se combine avec l'attraction exercée par la lune, soit en y ajoutant la sienne, soit en l'y opposant. La force attractive exercée par le soleil sur la terre est de beaucoup supérieure à celle que déploie la lune;

mais vu la distance du soleil, les forces déployées des deux côtés se rapprochent beaucoup du parallélisme. Comme nous avons vu que les marées n'étaient produites que par l'inégalité d'action de la lune, l'action du soleil beaucoup plus égale doit être moins propre à produire le même effet. On a calculé que son influence est d'environ deux fois et demie plus faible que celle de la lune; mais elle est pourtant assez intense pour produire un flux et un reflux; de sorte qu'il y a en réalité deux marées, une lunaire et l'autre solaire, dont les effets s'ajoutent ou se retranchent, suivant la direction des forces qui les produisent. Ainsi, quand la lune est pleine ou nouvelle, les deux astres se trouvant dans le même méridien leurs efforts concourent et l'effet doit être le plus grand possible. Quand au contraire, la lune est en quadrature, elle tend à élever les eaux que le soleil tend à abaisser et réciproquement, de sorte que les efforts se combattant, l'effet devient le plus faible possible (Voy. MER). J. P.

MARENGO (géog.), ville des États Sardes, près d'Alexandrie, sur la Barmida. Marengo donnait son nom, avant 1814, à un département français, dont le chef-lieu était Alexandrie. Bataille de Marengo (hist.), victoire remportée sur les Autrichiens, le 14 juin 1800, par les Français, sous les ordres du premier consul Bonaparte. L'arrivée du corps de Desaix décida la victoire de Marengo. A la marengo (art cul.), manière d'accommoder la volaille, en la dépeçant, la faisant saisir par un feu ardent et achevant de la cuire avec des champignons et de l'huile d'olive. Brun marengo, ou absol., marengo, couleur brune, mêlée de petits points blancs semblables à la poussière. Un habit de drap marengo, une redingotte brun marengo.

MARESCALCHI (FERDINAND, comte DE), né à Bologne, en 1764, mort à Modène, en 1816, appartenait à une illustre famille des États de l'Église, et exerçait, comme sénateur, une haute influence dans sa cité natale. Lorsque Bologne, à la suite des événements politiques qui changèrent la face de l'Italie, eut été soustraite à la domination pontificale. Marescalchi, partageant le sort de ses concitoyens, fut associé aux destinées nouvelles de ce pays; il devint successivement membre du directoire exécutif de la république cispadane, et ministre de la république cisalpine à Vienne. Il présidait, en qualité de directeur, la république cisalpine, quand il approche des Austro-Russes, commandés par Souvarow, le força de se rendre en France. En 1802, une consulte, qui avait pour objet d'organiser définitivement le gouvernement de l'ancienne Lombardie, ayant été convoquée à Lyon par le premier consul, Marescalchi, comme homme d'État en fit partie. Buonaparte s'annonçait comme le protecteur de la religion, dont il venait de relever les autels en France; un concordat, récemment conclu avec le pape, rassurait en ce moment les esprits sur l'avenir. Marescalchi pensa que la république italienne devait reconnaître pour président l'homme qui seul avait les moyens d'établir et de conserver l'ordre. Appelé à Paris, en qualité de ministre des relations extérieures du nouveau royaume d'Italie, personne ne pouvait offrir plus de garanties qu'il n'en présentait par son noble caractère et par ses talents, dans la situation délicate où il se trouva placé jusqu'en 1814. En même temps qu'il soutenait son rang avec dignité et magnificence, il employait son influence à prévenir les mesures qui eussent compromis les intérêts religieux ou politiques de sa patrie : heureux d'empêcher le mal, s'il ne lui était pas donné de faire toujours prévaloir le bien! Le secret de cette belle âme avait été deviné, puisqu'à la chute du trône impérial, l'impératrice Marie-Louise, fille de François 1er, devenue duchesse de Parme, de Plaisance et de Guastalla, ne crut pas pouvoir remettre en d'autres mains qu'en celles de Marescalchi le gouvernement de ces trois États. Mais l'empereur d'Autriche, au service duquel il était entré, ne tarda pas à le rapprocher de Bologne, en le nommant son ministre à Modène. C'est là qu'une mort prématurée vint abréger la carrière de Marescalchi. Nous l'avons considéré comme homme politique; il doit être également apprécié comme protecteur des lettres. A un cœur bon et généreux, il joignait un esprit éclairé, et il se plaisait à cultiver les sciences dont il encourageait les progrès. On citait sa magnifique bibliothèque, et sa galerie de tableaux passait en Italie, ce pays des beaux-arts, pour l'une des plus belles collections qu'il fût donné à un particulier d'offrir à l'admiration de ses concitoyens.

MARESCOT (ARMAND-SAMUEL, marquis DE), pair de France, ancien inspecteur-général du génie, né à Tours le 1er mars 1758, d'une famille originaire d'Italie, connue sous le nom de Marescotti. La maison à laquelle il appartient fut une des cent familles nobles choisies dans cette contrée en 975, par l'empereur Othon, et la branche d'où il sort s'établit vers l'an 1290 en France, où elle exerça des fonctions honorables dans la chancellerie, dans les armées et dans la maison militaire du roi. Destiné à la carrière des armes, le jeune Marescot, qui était l'aîné de la famille, fut placé au collége de la Flèche, puis à l'Ecole militaire de Paris, et entra ensuite dans le corps royal du génie, en 1788. Il n'était encore que lieutenant après douze ans de service, lorsqu'il perdit son père. Tout le portait à quitter les armes : sa nouvelle position sociale qui le mettait à la tête de sa famille, et qui laissait sous sa direction ses deux frères et sa sœur, un mariage récent et enfin son goût pour les sciences, étaient des motifs suffisants pour quitter la carrière pénible qu'il avait embrassée ; mais alors éclata la révolution : elle le retint dans les camps. Il était capitaine en 1792, lorsqu'il fit partie d'un corps de 7 à 8,000 hommes commandés par le général de Dillon. Cette petite armée formée à Lille se dirigea sur Tournay ; mais la garnison autrichienne de cette ville fit une sortie à laquelle ne s'attendaient pas les Français. Ceux-ci, croyant avoir été trahis, massacrèrent le général Dillon et le colonel du génie Berthois, et peu s'en fallut que Marescot ne pérît victime de cette funeste prévention. De retour à Lille, Marescot fut le seul officier du génie qui se trouvât dans cette vaste place qu'il fallait mettre en état de défense. Forcé d'avoir des aides, il s'adjoignit quatre officiers de la garde nationale, et bientôt cette ville put résister aux attaques des Autrichiens qui la bombardèrent vainement. Marescot fut alors blessé d'un éclat de pierre. Peu de temps après, l'armée française se porta en Belgique : il y suivit en qualité d'aide de camp son ami le général Champmorin, assista au siége d'Anvers et y servit même comme officier du génie. La perte de la bataille de Nerwinde en 1793 le ramena avec l'armée sur la frontière du Nord. Dumouriez lui ayant fait part de son projet de fuite, Marescot refusa de l'accompagner et rentra à Lille où tantôt seul, tantôt soumis à des commandants qui changeaient souvent, il déploya la plus grande activité pour mettre cette ville en état de défense et pour fortifier une foule de villages et de positions souvent attaquées, tels que Menin, Tourcoing, Armentières, Commines. Parmi les travaux offensifs qu'il fit alors exécuter, on cite la ligne de la Deule et du canal de Lille à Douai, et un camp retranché sous Lille pour un corps de 15 à 18 mille hommes. Il se trouva un combats livrés par Pichegru dans ces diverses localités. Dénoncé par le club des révolutionnaires de Lille, il fut appelé à Paris ; mais le ministre de la guerre Bonchotte, qui le connaissait et l'estimait, l'envoya avec le grade de chef de bataillon au siége de Toulon, ville alors occupée par les Anglais. C'est là qu'il connut Bonaparte avec lequel il eut, après la prise de cette ville, une vive altercation, et même, selon quelques mémoires du temps, un duel. Du grade de chef de bataillon d'artillerie, Bonaparte s'était élevé à celui de général de brigade, et les représentants-commissaires l'avaient nommé commandant de la place et des côtes adjacentes. Le nouveau commandant ordonna à Marescot d'apporter chez lui tous les papiers, plans, cartes et mémoires de la place. Marescot, s'appuyant sur les réglements militaires, refusa de déplacer ces différentes pièces. Bonaparte renouvela sa demande, Marescot, persistant dans son refus, se contenta de lui envoyer un Mémoire qu'il avait composé sur Toulon pour le ministre de la guerre. Rien ne reste n'indique que l'affaire fût poussée plus loin ; Marescot s'était distingué à la prise de Toulon. A son arrivée, il avait fait faire une ligne de circonvallation, dans le but de resserrer la garnison ; il avait organisé un corps de travailleurs qui fut le modèle de l'institution des bataillons de sapeurs, et l'un des premiers il entra dans la redoute anglaise gardée par 1,500 hommes et 36 bouches à feu. Rappelé ensuite (1794) sur la frontière du Nord pour défendre Maubeuge, il arriva dans cette ville au moment où les Autrichiens venaient d'ouvrir un long boyau de tranchée : il le détruisit dans une sortie, fortifia différentes positions, et mit cette place hors de toute espèce d'attaques. Chargé aussitôt après de la direction du siége de Charleroi, il le poussa avec autant de zèle que de talent ; mais la défaite essuyée le 3 juin 1794, par les généraux Desjardins et Charbonnier, força les Français à se retirer. Lorsque le général Jourdan eut réuni l'armée de Sambre-et-Meuse, Charleroi ne tarda pas à être investi. Un nouveau siége de cette ennemis (16 juin 1794) fit abandonner le siége une seconde fois ; néanmoins il fut repris le 18, et poussé avec peu d'activité, faute de moyens.

Saint-Just., qui était commissaire de la convention à cette armée, s'impatientait de la lenteur des attaques, il se porta même à de cruels excès envers des officiers habiles ; il reprochait dans un conseil de guerre à Marescot de n'avoir d'autre but que de faire briller ses talents ; il voulait que l'on prît la ville par un assaut, et comme son avis ne fut point adopté, il donna au général Jourdan l'ordre d'arrêter et de faire fusiller Marescot et deux des généraux qui commandaient le siége. Le général Jourdan refusa courageusement d'exécuter un pareil acte ; il eut en effet à se louer de Marescot qui, en poussant le siége de Charleroi avec une nouvelle activité, concourut efficacement au gain de la fameuse bataille de Fleurus (26 juin). Charleroi se rendit. La retraite des armées ennemies laissa à découvert les places de Valenciennes, Condé, Lequenoy et Landrecies. Cette dernière ville fut d'abord assiégée ; Marescot fit ses dispositions avec tant d'habileté, qu'elle se rendit après sept jours de tranchée Ses succès lui valurent le grade de chef de brigade, ou de colonel. De nouveaux efforts ayant été couronnés par la prise successive des villes du Quesnoy, de Valenciennes et de Condé, il fut nommé général de brigade, puis général de division. Après le siége de Maestrecht, dont il s'empara (8 novembre 1794), Marescot avait bien mérité de la république ; cependant on le porta sur la liste des émigrés, et ses biens furent mis en vente ; mais il dut à Carnot, membre du comité de salut public, d'être rayé de la fatale liste et de rentrer dans ses propriétés. Après avoir été l'année suivante à l'armée des Pyrénées-Orientales, et avoir fait démolir les fortifications de Fontarabie en représailles de la destruction du fort d'Andaye, il fut chargé de l'exécution du traité conclu avec l'Espagne et du commandement de tout le pays conquis. Envoyé ensuite à Landau pour défendre cette forteresse, il s'en acquitta de la manière la plus heureuse ; et lorsque les Autrichiens, trompés sur sa situation, eurent quitté les environs de cette place, il s'empressa de rendre aux habitants des campagnes les bestiaux et les grains qu'il leur avait enlevés pour la subsistance de la garnison. La défense du fort de Kekl lui fut confiée plus tard ; mais il n'était plus temps : cette place capitula (9 janvier 1797). Pendant les années 1797 et 1798, le général Marescot fut employé aux armées de Rhin-et-Moselle, d'Allemagne, de Mayence, du Danube et du Rhin. En 1799, il commandait à Mayence. Après la révolution du 18 brumaire an viii (9 novembre 1799), Bonaparte le nomma premier inspecteur-général du génie (2 janvier 1800). Marescot accompagna le premier consul dans la campagne d'Italie, et ce fut après avoir examiné si le passage du grand Saint-Bernard était praticable que l'armée franchit les Alpes par cette route difficile. Lorsque la campagne eut été si glorieusement terminée par la victoire de Marengo, Marescot revint à Paris, où il donna tous ses soins à l'administration du génie. Après avoir inspecté en 1802 et 1803, avec l'amiral Rosilly, les côtes depuis Rochefort jusqu'à l'île de Walcheren, il eut le commandement du corps du génie dans tous les camps qui furent formés depuis Montreuil jusqu'à Dunkerque ; il fit avec Bonaparte la campagne d'Allemagne, et assista à la bataille d'Austerlitz. Ayant été chargé en 1808 d'inspecter les places françaises des Pyrénées d'une mer à l'autre, et au-delà des monts toutes les places correspondantes occupées par les Français, il suivit l'armée du général Dupont qui se rendit honteusement dans les plaines de Baylen. Marescot avait été tout-à-fait étranger à ce traité qu'il avait signé seulement comme témoin ; cependant il fut arrêté à son retour en France, et destitué de ses grades, dignités et traitements ; il subit en outre une détention de trois ans, et fut exilé à Tours, où il resta jusqu'à la chute de Bonaparte. Le 8 avril 1814, le gouvernement provisoire le réintégra dans son grade de premier inspecteur-général du génie, et le comte d'Artois le nomma commissaire du roi dans la 20e division militaire (Périgueux). Louis XVIII lui conserva son titre de comte et son grade militaire ; il le nomma membre d'une commission chargée de déterminer le classement des places fortes, et grand'croix de Saint-Louis. Après le 20 mars 1815, il refusa d'abord d'aller à l'armée ; mais ayant consenti à être employé comme inspecteur dans l'Argonne et dans les Vosges, il fut mis à la retraite sous la seconde restauration. Marescot a été néanmoins compris dans la promotion à la pairie du 5 mars 1819, et il reçut plus tard le titre de marquis. Il est mort à Vendôme le 25 septembre 1832. On a de lui plusieurs ouvrages estimés : 1° Relation des principaux siéges faits et soutenus en Europe par les armées françaises depuis 1792. Paris 1806, in-8° ; 2° Mémoire sur l'emploi des bouches à feu pour lancer les grenades en grande quantité (dans la collection de l'Institut de 1799); 3° *Mémoire sur la fortification souterraine* (dans le tome IV du *Journal de l'Ecole Polytechnique*; 4° plusieurs autres *Mémoires*, manuscrits repandus dans le corps du génie, ou déposés dans les archives de cette arme.

MARESTIER (JEAN-BAPTISTE), ingénieur de la marine, mort à Brest, en 1832, ayant été chargé d'aller reconnaître les progrès de la navigation à vapeur en Angleterre et aux Etats-Unis, publia à son retour, sur les bateaux à vapeur des Etats-Unis, un ouvrage qui lui mérita les plus honorables suffrages. Marestier, chargé de construire le premier bateau à vapeur, s'acquitta de cette tâche avec succès.

MARETS DE SAINT-SORLIN (JEAN DES), né à Paris, en 1596, fut un des premiers membres de l'académie française. Le cardinal de Richelieu, qu'il aidait dans la composition de ses tragédies, le fit contrôleur général de l'extraordinaire des guerres et secrétaire général de la marine du Levant. Il mourut à Paris, en 1676, chez le duc de Richelieu, dont il était l'intendant. Les derniers jours de Des Marets tinrent beaucoup de la folie. Ses vers sont laches, trainants, incorrects; sa prose est semée d'expressions ampoulées, qui en rendent la lecture encore plus fatigante que celle de ses poésies.

MARETS (SAMUEL DES), né à Oisemond, en Picardie, l'an 1599, devint ministre de plusieurs églises protestantes, puis professeur de théologie à Sedan, à Bois-le-Duc et à Groningue, où il mourut, l'an 1673. Bayle prétend nous faire admirer l'étendue de son savoir, mais le fruit de son travail se réduit à peu près à des matières de controverse, et si l'on retranchait de ce qu'il a publié, en ce genre, les personnalités, les injures, les hors-d'œuvre, les inepties, telles que les dissertations pour prouver que le pape est l'Antechrist, etc.; le recueil en restérait plus considérable. Plusieurs de ses ouvrages ont été réfutés par des protestants, qui estiment cependant son *Collegium theologicum*, Groningue, 1673, in-4°. C'est à lui et à Henri, son fils ainé, qu'on doit l'édition de la Bible française, imprimée en grand papier in-fol., Elzevir, 1669, sous ce titre : *La sainte Bible française*, édition nouvelle sur la version de Genève, avec les notes de la Bible flamande, et celle de Jean Diodati et autres. etc., par les soins de Samuel et Henri Des Marets, père et fils, Amsterdam, Elzevir, 1669, 3 vol. in-fol. Des Marets cite les endroits qu'il n'est pas besoin de citer, et où il n'y a d'ordinaire aucune difficulté. S'il rapporte quelque chose qu'il ait pris de bons auteurs, il le gâte entièrement par ce qu'il y mêle. De plus, son langage est un galimatias perpétuel. Dans les notes qu'il a prises des autres, il choisit ordinairement celles qui favorisent le plus les préjugés, sans examiner si elles sont vraies. On a encore de ce théologien un *Catéchisme latin sur la grâce*, publié en 1551. Ce n'est presque qu'une traduction de celui que Feydeau, janséniste fameux, avait publié l'année d'auparavant. Dans ce catéchisme, Des Marets soutient que les jansénistes sont unis de sentiments avec les calvinistes, sur la grâce.

MARFORIO, nom d'une statue antique que le peuple de Rome avait placée en face de celle de Pasquin, près de la place Navonne, au coin de la rue des libraires. Quand on voulait attribuer à Pasquin un mot satirique on le préparait par une question placée dans la bouche de Marforio. *Marforio transporté au Capitole est maintenant condamné au silence.*

MARGARITONE ou **MARGARITON**, habile peintre et sculpteur, naquit à Arrezza en 1212, et florissait sous le pape Urbain IV, dont il était estimé. Il mourut dans sa patrie en 1289, à 77 ans. Margaritone, quoique déjà fort vieux, était contemporain de Cimabue et de Giotto. Il construisit dans sa patrie une cathédrale d'après les dessins de Lapo.

MARGATE, ville et port d'Angleterre, dans le comté de Kent. Cette ville est agréablement située, ses maisons sont belles, de très beaux édifices entourent ses places publiques; elle a de belles promenades, des lieux de réunion ou affluent les personnes qui se rendent à ses bains de mer, et renferme des monuments d'art, des édifices et des établissements d'utilité publique. Son commerce consiste en blé et en poisson, qu'elle expédie à Londres; elle reçoit en importation le fer, la houille, le bois de construction, du goudron, de l'étain et du chanvre; ses paquebots font un commerce journalier avec la capitale de l'Angleterre. — 15000 habitants.

MARGE, s. f., le blanc qui est autour d'une page imprimée ou écrite, et principalement le blanc qui est à droite du recto, à gauche du verso et au bas des pages. Fig. et fam., avoir de la marge, avoir plus de temps ou plus de moyens qu'il n'en faut pour exécuter quelque chose.

MARGELLE, s. f., la pierre percée ou l'assise des pierres qui forme le rebord d'un puits.

MARGINAL, ALE, adj., qui est à la marge, il n'est guère usité que dans cette expression : note marginale.

MARGINER, v. a., écrire sur la marge d'un manuscrit, d'un livre imprimé.

MARGON (GUILLAUME PLANTAVIT DE LA PAUSE DE), né dans le diocèse de Béziers, vint de bonne heure à Paris, et s'y fit rechercher pour la vivacité de son esprit. Il débuta, en 1715, par une brochure intitulée : *Le jansénisme démasqué*, qui cependant fut très maltraitée par le P. de Tournemine, dans le *Journal de Trévoux*. L'abbé de Margon, d'autant plus sensible à la critique de ses ouvrages qu'il l'exerçait avec plaisir sur ceux des autres, lança plusieurs lettres contre le journaliste et contre ses confrères. De nouvelles satires contre des personnes accréditées suivirent ces premières productions de sa malignité. La cour se crut obligée de le reléguer aux iles de Lérins, d'où il fut transféré au château d'If, lorsque ces iles furent prises par les Autrichiens, en 1746. La liberté lui fut rendue à condition qu'il se retirerait dans une maison religieuse : il choisit un monastère de bernardins, où il mourut en 1760. On a de lui plusieurs ouvrages écrits avec chaleur : les *Mémoires de Villars*, 3 vol. in-12; les *Mémoires de Berwick*, 2 vol. in-12. Il en a paru de meilleurs, à tous égards, en 1778, et qui paraissent effectivement avoir été écrits par le maréchal lui-même, comme le titre l'annonce; ceux de Tourville, 3 vol. in-12; *Lettres de Fitz Moritz*, une brochure contre l'académie française, intitulée *Première séance des états calotins*; *Plusieurs brevets de la calotte* : l'abbé De Margon eut beaucoup de part aux satires publiées sous ce nom; quelques pièces de poésie manuscrites, qui valent beaucoup mieux que sa prose.

MARGOT (V. lang.), ancien diminutif de Marguerite. Margot nom vulgaire de la pie. La Fontaine a dit : L'aigle reine des airs avec margot la pie. On dit quelquefois substantivement une margot. Margot se dit figurément d'une femme bavarde.

MARGRAVE, s. m., titre de quelques princes souverains en Allemagne.

MARGRAVIAT, s. m., état, dignité, seigneurie d'un margrave.

MARGUERITE, s. f., petite fleur blanche ou rouge, ou blanche et rouge, qui vient au commencement du printemps. Il se dit aussi de la plante qui porte cette fleur. Reine-marguerite, plante du genre des asters, qui nous a été apportée de la Chine.

MARGUERITE, ile des Antilles, près de la côte septentrionale de la Colombie, dans le département de Maturino, dont elle forme une province. Elle a 15 lieues de longueur, sur 7 de large; elle est séparée du continent par un canal qui a 6 lieues de largeur. Son territoire est aride, sablonneux et couvert de rochers qui présentent presque autant de points fortifiés. Les perroquets et les oiseaux d'espèces variées y sont en grand nombre. La population est de 18.000 habitants dont 400 nègres, qui se livrent à la pêche des perles près de l'île de Coche. Elle expédie aussi pour le continent un grand nombre de poissons et de tortues qui abondent sur ses côtes. Cette ile fut découverte en 1498 par Christophe Colomb. Elle gît par 11° de latitude N. et par 60° 25' de longitude O.

MARGUERITE (Sainte), vierge célèbre, que les Grecs appellent *Marine*, reçut la couronne du martyre, à ce que l'on croit, à Antioche de Pisidie, vers 275. Les *Actes* n'ont pas d'authenticité : aussi l'Eglise n'en a voulu rien insérer dans le bréviaire romain. Elle est nommée dans les Litanies qui ont été insérées dans l'ancien Ordre romain, ainsi que dans les plus anciens calendriers des Grecs. Ce fut dans le XIe siècle, durant les croisades, que son culte passa d'Orient en Occident; il y devint bientôt célèbre. Sa fête a lieu le 20 juillet. Vida a fait deux *Hymnes* en l'honneur de cette sainte.

MARGUERITE (Sainte), reine d'Ecosse, était petite-nièce du roi saint Edouard-le-Confesseur, et sœur d'Edgard, qui devait succéder au saint roi. Guillaume-le-Conquérant les obligea de chercher leur salut dans la fuite. Ils abordèrent en Ecosse, et furent accueillis par Malcolm III, qui s'intéressa d'autant plus à leur malheur qu'il en avait éprouvé un semblable, et soutint en leur faveur une guerre sanglante contre les généraux de Guillaume. Marguerite donna à l'Ecosse le spectacle de toutes les vertus. Elles touchèrent tellement Malcolm, qu'il lui demanda sa main. La princesse fut mariée et couronnée reine l'an 1070. Unie à Malcolm, elle ne se servit de l'ascendant qu'elle eut sur ce prince que pour faire fleurir la religion et la justice, pour procurer le bonheur des Ecossais, et pour inspirer à son mari ces sentiments qui en ont fait un des plus vertueux rois de l'Ecosse. Dieu bénit ce mariage en leur donnant des enfants qui ne dégénérèrent pas de la vertu de ceux dont ils avaient reçu le jour. Edgar, Alexandre et David, leurs fils, illustrèrent successivement le trône d'Ecosse par leurs vertus et leur piété. Mathilde, leur fille, épousa Henri Ier, roi d'Angleterre. Ce qui distingua surtout ce couple heureux, fut leur tendresse pour les pauvres et les infortunés. Malcolm fit bâtir la cathédrale de Durham, et fonda les évêchés de Murray et de Cathneff, réforma sa maison et porta des lois somptuaires. Marguerite eut la douleur de perdre son mari, tué au siége du château d'Alnwick, dans le Northumberland, et ne survécut pas longtemps à cette perte. Elle mourut le 16 novembre 1093, dans la 47e année de son âge, et fut canonisée en 1251 par Innocent IV. Sa Vie a été écrite par Thierri, moine de Durham, son confesseur, et par saint Alfred. On lit le nom de Malcolm III dans plusieurs calendriers d'Ecosse.

MARGUERITE DE CORTONE (Sainte), née à Alviano en Toscane, se livra dans sa jeunesse à tous les désirs d'une nature corrompue; mais la vue du cadavre d'un homme auquel elle s'était abandonnée la changea en un instant : elle expia ses fautes par une rude et longue pénitence, entra dans le tiers-ordre de saint François, on elle fut l'exemple de toutes les vertus, et mourut à Cortone le 22 février 1207. Benoît XIII la canonisa en 1728. Sa Vie, écrite par son confesseur, a été publiée par Bollandus. On y voit des prédictions dont quelques-unes paraissent relatives à ces derniers temps.

MARGUERITE DE RAVENNE, ainsi nommée du lieu où elle fit sa résidence ordinaire, était née à Russi, petite ville entre Faënza et Ravenne; elle perdit la vue n'ayant que trois mois, et l'on assure que dès sa plus tendre enfance elle s'accoutuma aux plus grandes austérités. Les maladies dont elle fut accablée pendant 14 ans, sa patience invincible dans les insultes qu'elle eut à souffrir, son empressement à gagner les âmes à J.-C., la rendirent l'objet de la vénération du public; on lui demanda des avis de tous les côtés, et D. Séraphin de Ferme, chanoine régulier de Saint-Jean-de-Latran, écrivit ceux qu'elle lui dicta pour une société nommée du bon Jésus, où toutes sortes de personnes entrèrent alors, et qui devint depuis une congrégation de clercs réguliers. Rien n'est plus sage que ces avis, et, à l'exception de ce qui concerne les austérités qui y sont marquées pour ceux et celles qui étaient entrés dans la société, il n'y a rien qui ne convienne parfaitement à tout chrétien. Marguerite mourut le 23 janvier 1505, étant âgée de 63 ans. A la demande de Frédéric II, duc de Mantoue, le pape Paul III fit informer, en 1537, des miracles qui se faisaient à son tombeau; mais on ne suivit pas cette affaire : et c'est prématurément que Ferrarius lui a donné le titre de Bienheureuse, et l'a placée dans le catalogue des saints d'Italie.

MARGUERITE, MARIE ALACOQUE, née en 1645, à Leuthecourt en Bourgogne, montra dès son enfance beaucoup de piété et de vertu. Dès l'âge de dix ans, elle se dévoua à la contemplation, et parut être favorisée de grâces extraordinaires. En 1671, elle entra au monastère de la Visitation de Sainte-Marie de Paray-le-Monial en Charolais, fut admise au noviciat après trois mois d'épreuves, et fut dès lors un modèle de sagesse, de soumission et de patience. Elle mourut le 17 octobre 1690, après avoir servi à répandre la dévotion au sacré cœur de Jésus. Languet, archevêque de Sens, a écrit la Vie de cette religieuse; il y a joint quelques-uns de ses écrits.

MARGUERITE, fille aînée de Raimond Bérenger III, comte de Provence, et prince de Catalogne, épousa saint Louis en 1234. Elle suivit ce prince en Egypte l'an 1248, et accoucha à Damiette, en 1250, d'un fils surnommé Tristan, parce qu'il vint au monde dans de fâcheuses conjonctures. Trois jours auparavant elle avait reçu la nouvelle que son époux avait été fait prisonnier; elle en fut si troublée que, croyant voir à tout moment sa chambre pleine de Sarrasins, elle fit veiller auprès d'elle un chevalier de 80 ans, qu'elle pria de lui couper la tête, s'ils se rendaient maîtres de la ville. Le chevalier le lui promit, et lui dit bonnement (selon Joinville) « qu'il en avait eu la pensée avant qu'elle lui en parlât. » Tels étaient, dans ces temps que nous regardons comme barbares, le respect pour la vertu et l'horreur de tout ce qui pouvait lui porter quelque atteinte, même involontaire. Si l'on en doit blâmer l'excès, on doit condamner tout autrement la lâcheté basse et l'infâme corruption qui prodigue ce que nos ancê-

tres regardaient comme au-dessus du prix de la vie. Les Sarrasins ne purent surprendre Damiette; mais le jour même que la reine accoucha, les troupes pisanes et génoises, qui étaient en garnison, voulurent s'enfuir, parce qu'on ne les payait pas. Cette princesse, pleine de courage, fit venir au pied de son lit les principaux officiers, et les harangua d'un ton si ferme et si mâle, qu'elle obligea ces lâches à ne point sortir. De retour en France, elle fut le conseil de son époux, qui prenait ses avis en tout, quoiqu'il ne les suivit pas toujours. Elle mourut à Paris en 1285, à 76 ans. Comme aînée de sa sœur Béatrix, qui avait épousé le comte d'Anjou, frère du roi, elle voulut prétendre à la succession de la Provence, mais elle ne réussit pas, la coutume du pays étant que les pères ont droit de choisir un héritier. Son douaire était assigné sur les Juifs, qui lui payaient par quartier 219 liv. 7 sous 6 deniers. C'était une des plus belles femmes de son temps, et encore plus sage que belle. Un poète provençal lui ayant dédié une pièce de galanterie, elle l'exila aux îles d'Hières. Son esprit était si judicieux, que des princes la prirent plusieurs fois pour arbitre de leurs différends.

MARGUERITE D'AUTRICHE, fille unique de l'empereur Maximilien Ier et de Marie de Bourgogne, naquit en 1480. Après la mort de sa mère, on l'envoya en France, pour y être élevée avec les enfants du roi Louis XI. Peu de temps après, elle fut fiancée au dauphin, qui monta sur le trône sous le nom de Charles VIII. Mais ce monarque, ayant donné sa main, en 1491, à Anne, héritière de Bretagne, renvoya Marguerite à son père avant la consommation du mariage. Ferdinand et Isabelle, roi et reine de Castille et d'Aragon, la firent demander, en 1597, pour leur fils unique, Jean, infant d'Espagne. Ce prince étant mort peu de temps après, elle épousa, en 1508, Philibert-le-Beau, duc de Savoie. Veuve trois ans après, et n'ayant point d'enfant, elle se retira en Allemagne auprès de l'empereur son père. Elle fut dans la suite gouvernante des Pays-Bas, et s'y acquit l'estime publique par sa prudence, par son zèle contre le luthéranisme et d'autres sectes naissantes, aussi contraires au repos de l'Etat qu'au bien de la religion. Cette princesse mourut à Malines, le 1er septembre 1530, à 50 ans. Marguerite laissa divers ouvrages en prose et en vers, entre autres : le Discours de ses infortunes et de sa vie. Jean Le Maire composa à sa louange la Couronne margueritique, imprimée à Lyon en 1549. Toutes les fleurs de cette couronne ne sont pas également vives; mais l'on trouve dans ce recueil des choses assez curieuses sur cette princesse, et plusieurs de ses saillies.

MARGUERITE DE FRANCE, fille de François Ier, née en 1523, cultiva les lettres et répandit ses bienfaits sur les savants, à l'exemple du roi son père. Elle se maria en 1559 avec Emmanuel-Philibert, duc de Savoie. Ce prince apprécia tout le bonheur de posséder une telle femme, et ses sujets la nommèrent de concert la Mère des peuples. Henri III ayant passé à Turin à son retour de Pologne, elle se donna tant de mouvement pour que ce monarque et les seigneurs de sa suite fussent bien traités, qu'elle gagna une pleurésie dont elle mourut le 14 septembre 1574. Cette princesse savait le grec et le latin, et joignait à ces connaissances des vertus supérieures et une piété tendre.

MARGUERITE DE FRANCE, fille de Henri II, née le 14 mai 1552, épousa, en 1572, le prince de Béarn, qui fut ensuite Henri IV. La jeune princesse avait alors tout l'éclat de la beauté et de la jeunesse, mais son mari n'eut pas son cœur : elle prétendit même, dans la suite, n'avoir donné à ce mariage qu'un consentement apparent et forcé. Henri s'attacha à différentes maîtresses; et Marguerite n'imita que trop ses désordres. Etant venue à la cour de France en 1582, elle s'abandonna à toutes ses faiblesses. Le roi Charles IX, son frère, beaucoup plus sage et plus vertueux que ne le dépeignent tant d'écrivains, la fit rentrer pour quelque temps en elle-même par un traitement ignominieux. Marguerite, profitant de l'excommunication lancée par Sixte-Quint contre son époux, s'empara de l'Agenois et s'établit à Agen, d'où ses désordres et ses vexations la firent chasser. Contrainte de se sauver en Auvergne, elle s'y conduisit en courtisane et en aventurière. Sa vie fut très agitée, jusqu'au moment qu'elle fut enfermée au château d'Usson, dont elle se rendit maîtresse, après avoir assujetti le cœur du marquis de Canillac, qui l'y avait renfermée. Henri IV, devenu roi de France, fit solliciter l'annulation de son mariage à Rome. Le pape nomma des commissaires pour examiner sur les lieux les motifs de cette demande, qui étaient que Marguerite avait été violentée à contracter ce mariage, et que le roi et la princesse, étant parents au troisième degré, n'avaient pu se marier sans dispense. Marguerite prétendit qu'au moment même de contracter mariage, et en présence du prêtre, on lui donna un petit coup sur le derrière de la tête, pour lui faire incliner, et que c'est la seule marque de consentement qu'on en obtint. Les commissaires ayant tout examiné, rendirent une sentence, par laquelle ils déclarèrent que le mariage était nul : elle fut confirmée par Clément VIII, en 1599. Marguerite, libre de ses liens, quitta son château o'Usson en 1605, et vint se fixer à Paris, où elle fit bâtir un beau palais, rue de Seine, avec de vastes jardins qui régnaient le long de la rivière ; elle y vécut jusqu'en 1615, année de sa mort, dans le commerce des gens de lettres et dans les exercices de piété. Ce fut la dernière princesse de la maison de Valois, dont tous les princes étaient morts sans postérité. On a d'elle : des Poésies, parmi lesquelles il y a quelques vers heureux ; des Mémoires depuis 1565 jusqu'en 1582, publiés en 1628 par Auger de Mauléon. Marguerite s'y peint comme une vestale. Le style y est naïf et agréable, les anecdotes curieuses et amusantes. Godefroi en a donné une bonne édition à Liége, in-8°, 1713. Mongez, chanoine régulier, a donné l'Histoire de cette princesse, 1777, in-8°. Il y règne un ton leste et un philosophisme qu'autrefois l'histoire ne connaissait pas.

MARGUERITE DE VALOIS, reine de Navarre, sœur de François Ier, et fille de Charles d'Orléans, duc d'Angoulème, et de Louise de Savoie, naquit à Angoulème, le 21 décembre 1492. Elle épousa, en 1509, Charles, dernier duc d'Alençon, premier prince du sang et connétable de France, mort à Lyon, après la prise de Pavie, en 1525. La princesse Marguerite, affligée de la mort de son époux et de la prise de son frère, qu'elle aimait tendrement, fit un voyage à Madrid, pour y soulager le roi durant sa maladie. François Ier, de retour en France, lui témoigna sa gratitude. Il l'appelait ordinairement sa Mignone, et lui fit de très-grands avantages lorsqu'elle se maria, en 1526, à Henri d'Albret, roi de Navarre. Jeanne d'Albret, mère de Henri IV, fut le fruit de ce mariage. L'ardeur qu'elle avait de tout apprendre lui fit écouter quelques théologiens protestants, qui l'infectèrent de leurs erreurs. Elle les déposa en 1533 dans un petit ouvrage de sa façon, intitulé le Miroir de l'âme pécheresse, qui fut censuré par la Sorbonne. Sur la fin de ses jours, elle ouvrit les yeux à la vérité, et mourut sincèrement convertie, le 2 décembre 1549, au château d'Odos en Bigorre. Cette princesse aimait les arts, et en cultivait quelques-uns avec succès. Elle écrivait facilement en vers et en prose. Ses poésies lui acquirent le surnom de Dixième Muse. On la célébra en vers et en prose. On dit d'elle que c'était une « Marguerite qui surpassait en valeur les perles d'Orient. » Il est difficile de croire à la vertu que quelques historiens lui ont supposée, quand on connaît ses ouvrages, qui sont très souvent obscènes, et que les jeunes libertins lisent encore aujourd'hui avec plaisir. La Fontaine y a puisé le fond de plusieurs de ses contes. On a d'elle : Heptameron, ou les nouvelles de la reine de Navarre, 1560, in-4°; et Amsterdam, 1698, 2 vol. in-8°, fig. de Romain de Hogue : ouvrage qui n'a été recherché par des lecteurs corrompus qu'à raison de son opposition avec les bonnes mœurs; les Marguerites de la Marguerite des princesses, recueillies en 1547, in-8°, par Jean de La Haye, son valet de chambre. On trouve dans ce recueil de poésies : quatre Mystères, ou comédies pieuses, et deux Farces. Ces pièces singulières, où le sacré est mêlé avec le profane, sont sans élévation, et n'offrent que beaucoup de naïveté : un poème fort long, fort insipide, intitulé le Triomphe de l'Agneau; la Complainte pour un prisonnier, apparemment pour François Ier, est un peu moins mauvaise.

MARGUERITE, fille de Waldemar III, roi de Danemarck, et femme de Haquin, roi de Norwége, fut placée, l'an 1387, sur le trône de Danemarck et sur celui de Norwége, par la mort de son fils Olaüs, qui avait uni dans sa personne ces deux royaumes. Albert, roi de Suède, tyran de ses sujets nobles, les souleva contre lui; ils offrirent leur couronne à Marguerite, dans l'espérance qu'elle les délivrerait de leur roi. Le tyran succomba après sept ans d'une guerre aussi cruelle qu'opiniâtre, et se vit forcé de renoncer au sceptre en 1394, pour recouvrer sa liberté qu'il avait perdue dans la bataille de Falcoping. Marguerite, surnommée la Sémiramis du Nord, maîtresse de trois couronnes par ses victoires, forma le projet d'en rendre l'union perpétuelle. Les états-généraux de Danemarck, de Suède et de Norwége, convoqués à Colmar en 1397, firent une loi solennelle d'après laquelle les trois royaumes devaient ne composer qu'une seule monarchie. Cet

acte célèbre, connu sous le nom de l'Union de Colmar, reposait sur trois bases : la 1re, que le roi continuerait d'être électif; la 2e, que le souverain serait obligé de faire son séjour tour à tour dans les trois royaumes; la 3e, que chaque État conserverait son sénat, ses lois, ses priviléges. Cette union des trois royaumes, si belle au premier coup d'œil, fut la source de leur oppression et de leurs malheurs. Marguerite elle-même viola toutes les conditions de l'union. Les Suédois ayant été obligés de lui rappeler ses serments, elle leur demanda s'ils en avaient les titres. On lui répondit en les lui montrant. « Gardez-les donc bien, répliqua-t-elle; et moi je garderai encore mieux les villes, les places fortes et les citadelles du royaume... » Marguerite ne traita guère mieux les Danois que les Suédois; et elle mourut peu regrettée des uns et des autres à Flensbourg, en 1412, à 59 ans. Le duc de Poméranie, son neveu, qu'elle avait associé au gouvernement des trois royaumes, lui succéda sous le nom d'Éric XIII. Marguerite eut les talents d'une héroïne et quelques qualités d'une princesse. Lorsque la loi ne gênait point ses projets, elle la faisait observer avec une fermeté louable; et l'ordre public était ce qu'elle aimait le mieux, après ses intérêts particuliers. Ses mœurs n'étaient pas trop régulières; elle tâchait de réparer cette irrégularité par de bonnes œuvres, et surtout par les dons qu'elle faisait aux églises; mais, dans la morale de l'Evangile, rien ne peut suppléer à la pureté du cœur et à la droiture de l'esprit. Sa politique était adroite et souvent astucieuse. Le roi Waldemar, démêlant dans sa fille encore jeune la fierté de son âme et les ressources de son esprit, disait que la nature s'était trompée en la formant, et qu'au lieu d'une femme elle avait voulu faire un héros.

MARGUERITE D'ANJOU, fille de René d'Anjou, roi de Sicile, et femme de Henri VI, roi d'Angleterre, était une princesse entreprenante, courageuse, inébranlable. Elle eut tous les talents du gouvernement, et toutes les vertus guerrières. Elle prit un tel empire sur son mari, qu'elle régna sous son nom. La nation anglaise, que sa fermeté avait irritée, résolut de changer de maître. Richard, duc d'York, profita de la fermentation des esprits, pour faire valoir ses droits à la couronne. Il se mit à la tête d'une armée, battit Henri VI, en 1455, à Saint-Albans, et le fit prisonnier. Marguerite voulut le rendre libre pour l'être elle-même. Son courage était plus grand que ses malheurs. Elle lève des troupes, délivre son mari par une victoire, devient général de son armée, et entre à Londres en triomphe. Les rebelles ne furent pas découragés. Ils livrèrent bataille à la reine à Northampton, en 1460, le comte de Warwick à leur tête. Marguerite fut vaincue, et Henri fait prisonnier une deuxième fois. La reine court de province en province pour se faire une armée, quoique Londres et le parlement lui furent opposés. Elle rassembla 18,000 hommes, marcha contre le duc d'York, le vainquit et le tua à Wakefield, atteignit Warwick et eut le bonheur de remporter sur lui une victoire complète, en 1461, à Barnds-Heats, près Saint-Albans. Le comte de La Marche, devenu duc d'York par la mort de son père, soutenu par Warwick, se fit couronner roi d'Angleterre sous le nom d'Édouard IV. Marguerite fut plus que jamais dans la nécessité de se battre. Les deux armées ennemies se trouvèrent en présence à Tawton, aux confins de la province d'York. Ce fut là que se donna la plus sanglante bataille qui ait jamais dépeuplé l'Angleterre. Warwick fut pleinement victorieux, et le jeune Édouard IV affermi sur le trône. Marguerite, abandonnée, passa en France, pour implorer le secours de Louis XI, qui le lui refusa. Cette princesse intrépide repasse en Angleterre, donne une nouvelle bataille vers Exham, en 1462, et la perd encore. Obligée de se réfugier chez son père, elle revint bientôt pour dompter les rebelles. Après avoir soutenu, dans douze batailles, les droits de son mari et de son fils, elle mourut en 1482, la reine, l'épouse et la mère la plus malheureuse de l'Europe. La postérité l'aurait plus respectée, si elle n'avait pas souillé sa gloire par le meurtre du duc de Glocester, oncle du roi son époux, dont le crédit excita son envie, et qu'elle fit périr sous prétexte d'une conspiration.

MARGUERITE, duchesse de Parme, gouvernante des Pays-Bas, était fille naturelle de l'empereur Charles V, et d'une demoiselle noble de Flandre. Elle fut élevée auprès de Marguerite d'Autriche, fille de l'empereur Maximilien Ier, puis auprès de Marie, sœur de Charles V, et veuve de Louis, roi de Hongrie. L'empereur son père la maria à Alexandre de Médicis, duc de Florence. Après que ce prince eut été assassiné, l'an 1537, on la maria en secondes noces à Octave Farnèse, neveu du pape Paul III. Octave, ayant fait le voyage d'Afrique avec son beau-père, revint après deux ans d'absence, et reçut de Marguerite de grands témoignages de tendresse. Il fut fait duc de Parme et de Plaisance. La duchesse fut extrêmement aimée des peuples des Pays-Bas, auxquels le roi Philippe II, son frère, la donna pour gouvernante en 1559. Elle avait pour maxime que la terreur était un mauvais moyen pour s'attacher les Belges et se concilier leur respect. Le duc d'Albe étant venu la remplacer, en 1567, elle se retira en Italie, et se livra à la piété, dont elle avait goûté autrefois les douces impressions sous la direction de saint Ignace de Loyola. Avant de mourir, elle eut la douce consolation de voir, l'an 1578, son fils Alexandre de Parme, gouverneur des Pays-Bas, après don Juan d'Autriche, qui avait remplacé dans cet emploi don Louis de Requesens, successeur du duc d'Albe. Marguerite mourut à Ortone dans le royaume de Naples, au mois de janvier 1586 ou 1587. Les historiens parlent très avantageusement des qualités de cette princesse. Non-seulement elle avait un esprit supérieur à celui qu'on eût pu supposer dans une personne de son sexe, mais elle avait toute la force et le courage d'un homme.

MARGUILLIER, s. m., celui qui a le soin de tout ce qui regarde la fabrique et l'œuvre d'une paroisse, ou les affaires d'une confrérie.

MARGUNIO (EMMANUEL), fils d'un marchand de Candie, vint à Venise avec son père en 1547, et y ouvrit une imprimerie grecque, de laquelle sont sortis beaucoup d'ouvrages. Sa maison ayant été consumée par un incendie, il retourna dans sa patrie et devint évêque de Cérigo. Il mourut dans l'île de Candie en 1602 à 80 ans. On a de lui en grec des *hymnes anacréontiques*, publiés à Augsbourg en 1592, par Hœschelius, réimprimés en 1601, in-8°, ils sont une preuve de ses talents pour le genre lyrique. On a de lui d'autres poésies dans le *corpus poetarum grœcorum*, Genève, 1903-1614, 2 vol. in-f°.

MARI, s. m., époux, celui qui est uni à une femme par le lien conjugal. Mari commode, mari qui, par intérêt ou par quelque autre cause laisse vivre sa femme peu régulièrement.

MARIABLE, adj. des deux genres, qui est en état d'être marié ou mariée. Il est familier.

MARIAGE, s. m., union d'un homme et d'une femme par le lien conjugal. Mariage de conscience, mariage entre personnes qui ont eu ensemble un commerce illicite. Fig. et fam., Mariage sous la cheminée, union secrète contractée entre un homme et une femme, sans que les formalités légales aient été remplies. Mariage *in extremis*, union conjugale contractée dans un temps où l'une des parties est en danger de mort. Mariage, signifie aussi, la célébration des noces. Il signifie encore le bien que les parents donnent à leurs enfants en les mariant, et qu'on appelle dot pour les filles. Prov., un bon mariage payera tous, se dit en parlant d'un homme qui a l'espoir de rétablir ses affaires par un mariage avantageux. Mariage de raison, celui auquel les parties sont déterminées par le raisonnement plutôt que par la passion. Mariage de convenance, celui qui est fondé sur des rapports de condition, de famille ou d'intérêt, mais sans que l'union soit inégale quant à l'âge et aux autres qualités. Mariage d'argent, celui qui n'est fondé que sur des motifs d'intérêts et dans lequel les autres convenances sont peu consultées ou même sacrifiées. Ces trois expressions s'emploient par opposition à mariage d'inclination. Mariage réchauffé (*anc. jurisp.*), mariage d'un veuf ou d'une veuve. Mariage clandestin, mariage contracté sans les solennités requises; par exemple, ailleurs qu'à l'église. Les mariages clandestins étaient nuls quant aux effets civils, bien qu'ils fussent quelquefois confirmés quant à l'alliance. Mariage de conscience, mariage où les formalités ont été remplies, mais secrètement, les mariages de conscience n'étaient légitimes qu'aux yeux de la religion. Mariage inégal, mariage entre noble et roturier. Les mariages inégaux étaient valables, mais toutes les conventions portées au contrat pouvaient être annulées. Mariage à la morganatique, ou mariage morganatique. Mariage de la main gauche; union légitime, contractée entre *un noble et une roturière*, à cette condition que la femme et les enfants se contenteront de certains biens et revenus stipulés, et s'abstiendront du titre et des autres biens paternels. Mariage à mort-gage, mariage à l'occasion duquel un père ou une mère mariant une terre à leur enfant se réservant le droit de la racheter. Mariage par paroles de présents, mariage où les parties contractantes après s'être transportées à l'église et présentées au curé pour recevoir la bénédiction nuptiale, sur le refus de cet ecclésiastique, déclaraient en présence de notaires amenés par elles, qu'elles se prenaient pour conjoints et requéraient les dits notaires

d'en donner acte. Mariage secret, mariage fait avec les formalités requises, mais sans publicité. On disait aussi mariage de conscience. Les mariages secrets étaient nuls, quant aux effets civils, lorsqu'on les tenait cachés pendant toute la vie de l'un des conjoints, mais ils restaient valables quant à l'union et au sacrement. Mariage par échange, mariage qui était contracté entre deux personnes serves appartenant à deux seigneurs différents, et à la suite duquel le seigneur de l'époux donnait à l'autre seigneur une serve en échange de l'épouse. Devoir de mariage se disait de la nécessité où se trouvait une fille ou une veuve, ayant moins de soixante ans et possédant un fief de corps, de se marier pour faire rendre au seigneur les services attachés à ses fiefs. Si elle ne se mariait pas, elle devait indemniser le seigneur. On disait aussi, service de mariage. Mariage avenant, dot qu'une fille noble orpheline qui se mariait, pouvait exiger de ses frères. Mariage encombré, aliénation indûment faite des biens de la femme. Bref de mariage encombré, bref au moyen duquel la femme était réintégrée dans ses biens. Mariage divis ou mariage distinct et séparé, dot d'une fille, distinguée du reste des biens de ses parents. Mariage, nom que les jurés cordiers donnaient à la corde qu'ils devaient fournir au bourreau de Paris, pour étrangler les criminels. Mariage du doge avec l'Adriatique (*hist.*) cérémonie qui avait lieu, tous les ans, à Venise le jour de l'Ascension : le doge monté sur le navire le Bucentaure, allait jeter une bague dans les flots de l'Adriatique en prononçant une formule qui commençait par ces mots : *Desponsumus*, etc., nous l'épousons. Mariage républicain, supplice imaginé à Nantes par Carrier : ce proconsul faisait attacher ensemble un homme et une femme et ordonnait de les jeter dans la Loire. Mariage philosophal (*art hermot.*), l'union du soleil et de la lune dans le mercure hermétique. Mariage (*marine*), se dit de la réunion de deux cordages par des amarrages plats. Mariage, nom d'un jeu de cartes, où le principal avantage est de réunir dans sa main un roi et une dame de même couleur. Il se dit, à ce jeu, de la réunion d'un roi et d'une dame dans la main du même joueur. Mariage d'atout, le roi et la dame de la couleur retournée. Mariage sur table, celui qui a lieu quand le joueur qui donne a retourné le roi et tient la dame dans son jeu, ou réciproquement. Mariage de rencontre, levée composée d'un roi et d'une dame de la même couleur. Ordinairement les mariages de rencontre ne se comptent pas.

MARIAGE (*ant.*). — *En Judée et en Asie*. Chez les Hébreux le mariage était une obligation rigoureuse; celui qui ne mariait pas ses enfants était déshonoré. Cependant une fille mariée avant l'âge de 12 ans et demi pouvait quitter son mari si elle le désirait. Dans les premiers temps, les mariages des Hébreux ne consistaient que dans le consentement mutuel de ceux qui s'y engageaient, et l'union n'en était pas moins regardée comme indissoluble. Les festins nuptiaux duraient sept jours. Les Assyriens et quelques autres nations assemblaient tous les ans dans un même lieu toutes les filles qui étaient en âge d'être mariées; un crieur public les mettait à prix les unes après les autres, en commençant par les plus belles. Les plus riches citoyens achetaient à l'enchère celles qui leur plaisaient. Cet argent servait à marier les moins jolies, ou celles qui étaient tellement disgraciées de la nature que personne n'en aurait voulu. Quand le crieur offrait les laides, il avait soin de demander si quelqu'un voulait en prendre une moyennant telle somme qu'il indiquait; le marché se faisait au rabais, et on l'adjugeait à celui qui se contentait du prix. De cette manière toutes les filles trouvaient à se marier. — *Mariage en Grèce*. A Lacédémone les hommes ne se mariaient point avant trente ans, et les filles avant vingt. Les filles ne portaient à leurs maris d'autre dot que l'honneur et la vertu. Ainsi les femmes n'étaient point recherchées pour leurs richesses, mais seulement pour leur beauté, leur agilité et leurs mérites. Le jour marqué le jeune époux venait le soir enlever, comme de force, sa fiancée d'entre les bras de sa mère, et la conduisait à sa maison, accompagnée d'une seule femme, que les Latins appelaient *pronuba*. Aussitôt que la jeune épouse était entrée chez son époux, cette femme qui l'avait suivie lui coupait les cheveux fort près de la peau, en présence des parents du mari; ensuite elle lui ôtait ses habits et sa chaussure de fille, et lui faisait prendre un habit et une chaussure d'hom me. Ainsi travestie, on la conduisait sans lumière au lit nuptial, où on la laissait seule. Il n'y avait point de festin de noce. Après la cérémonie le jeune marié allait souper dans les salles communes avec ceux de son âge, et se couchait seul comme à l'ordinaire; mais vers le milieu de la nuit, il se levait sans bruit, et allait furtivement trouver sa nouvelle épouse, puis revenait se coucher avec ses compagnons. Dans le reste de la Grèce c'était aux pères que l'on demandait les filles en mariage; les mères n'avaient aucune autorité sur ce point. Lorsqu'on était convenu de la dot, et que le contrat était signé, on fixait le jour du mariage, en prenant garde que ce jour ne fût du nombre de ceux que l'on regardait comme malheureux. Les cérémonies étaient à peu près les mêmes partout, à quelques différences près. Les Béotiens conduisaient la nouvelle épouse à la maison de son mari dans un charriot, dont on brûlait l'essieu devant la porte aussitôt qu'elle en était descendue, pour lui faire entendre qu'elle ne devait plus quitter sa nouvelle demeure. Dans l'île de Cos le fiancé s'habillait en femme le jour de ses noces. Chez les Macédoniens on faisait manger aux mariés du pain coupé avec une épée. Chez les Galates ils buvaient pendant le festin dans la même coupe. Les Athéniens se mariaient ordinairement en hiver, surtout pendant le mois appelé *gamélion* de γαμήν, se marier. Le quatrième jour du mois était le plus heureux pour la cérémonie. Le mariage était toujours précédé de sacrifices, dans lesquels les aruspices consultaient la volonté des dieux. Le jour du mariage on faisait au fiancé une espèce de coiffure composée de figues, de fruits de palmier et de légumes. Avec cet ajustement il se présentait dans la maison du père de la fiancée, où il l'enlevait, pour ainsi dire, d'entre les bras de sa mère, et la conduisait chez lui. Alors la mère précédait les époux portant devant eux une torche de pin. Elle était ordinairement accompagnée de jeunes garçons, qui chantaient des chansons en l'honneur de l'hyménée. Après un grand festin, qui se donnait aux parents des époux, on conduisait la nouvelle mariée au lit nuptial. La compagnie retirée, deux troupes de jeunes garçons et de jeunes filles chantaient l'épithalame à la porte de l'appartement. Tous les mariages en Grèce se faisaient le soir à la clarté des flambeaux; il y avait un flambeau plus gros que les autres, et qu'on nommait le flambeau nuptial. Une cérémonie du mariage qui paraît avoir été en usage dès les premiers temps était de mettre la main de la fille dans la main de celui qui l'épousait. Elle était regardée chez les Grecs comme la plus essentielle. — *Mariage chez les Romains.* A Rome le mariage légal se contractait de trois manières différentes : 1° par confarréation; 2° par coemption; 3° par cohabitation. L'âge fixé par les lois pour se marier était à 14 ans pour les garçons et 12 pour les filles. Cependant, pour se soustraire aux charges imposées aux célibataires, on prit la coutume de se fiancer à des enfants; mais Auguste annula par une loi tout engagement contracté avant l'âge légal. Ainsi que chez les Grecs, c'était au père seul qu'on faisait la demande. Quand le contrat était dressé, on le scellait du cachet des parents qui étaient présents. On donnait ordinairement une fête, et le mari présentait à son épouse un anneau, qu'elle mettait au dernier doigt de sa main droite. Outre les préliminaires des fiançailles, on ne faisait jamais aucun mariage sans avoir consulté les auspices et fait des sacrifices au ciel et à la terre, que l'on regardait comme les premiers époux. On en faisait un aussi à Minerve, déesse de la virginité, et un à Junon, comme présidant au mariage; ensuite à toutes divinités qu'on voulait se rendre favorables. On ôtait le fiel des animaux qu'on immolait dans ces sacrifices. On évitait surtout de se marier un des jours qui étaient considérés comme malheureux. Les noces étaient aussi défendues les jours de fêtes publiques, et pendant tout le mois de mai. Cette défense ne regardait que les filles; car on permettait aux veuves de se remarier les jours de fêtes, afin qu'elles fussent vues de moins de monde. Le jour des noces on coiffait la mariée, en observant de séparer ses cheveux avec la pointe d'une pique; on la couronnait avec de la verveine qu'elle avait cueillie elle-même, et on lui mettait une ceinture de laine tenue par un nœud appelé *nodus herculeus*, que son mari lui ôtait après la cérémonie. Outre cela la nouvelle épouse était revêtue d'une grande robe flottante, et on lui couvrait la tête d'un grand voile blanc ou de couleur safran, appelé *flammeum*. Ce voile était quelquefois garni de diamants. Dans les premiers siècles de Rome on mettait sur la tête des fiancés une espèce de joug de charrue, pour leur apprendre que le mariage était un joug. C'est de là qu'on a appelé cet engagement *conjugium*, et les époux *conjuges*. Le mariage se célébrait dans la maison du père de l'épouse ou du plus proche parent. Au moment de sortir de la maison paternelle pour aller dans celle de son mari, l'épouse

se jetait dans les bras de sa mère ou de sa plus proche parente, d'où on l'arrachait avec une sorte de violence, pour qu'elle ne parût pas s'être ennuyée de l'état de fille. En sortant de la maison paternelle, elle était conduite par deux jeunes garçons, qui la tenaient par la main; un troisième portait devant elle le flambeau de l'hymen, qui était d'épine blanche. Derrière on portait une quenouille et un fuseau garnis de laine, et des corbeilles, dans lesquelles étaient ses bijoux, sa toilette et des jouets d'enfants pour ceux qui devaient naître. Lorsqu'elle était arrivée à la porte de la maison de son mari, on lui demandait qui elle était, et elle répondait à son mari : *Ubi tu Caius, ibi ego Caia*, formule qui revenait à dire : où vous serez maître, je serai maîtresse, et qui faisait sans doute allusion à deux époux célèbres dont le souvenir s'est perdu. La porte était ornée par des mains de l'épous de bandes frottées d'huile ou de graisse de porc ou de loup. On croyait par là détourner les maléfices. La mariée ne montait pas sur le seuil de la porte; mais on l'enlevait par-dessus. On regardait comme un mauvais augure si elle le touchait avec le pied. Quand elle était dans la maison, on lui en donnait les clefs, pour lui marquer qu'elle devait avoir soin du ménage, et on la faisait asseoir sur la toison d'une brebis immolée, pour l'avertir de l'obligation où elle allait être de travailler les étoffes pour habiller son mari et ses enfants. Les deux époux touchaient le feu et l'eau, comme principes de toutes choses. Toutes ces cérémonies, ainsi que le festin des noces, étaient accompagnées de chansons et de cris de joie, où l'on faisait entrer le nom de Thalassius, parce que le Romain avait vécu heureusement et fort longtemps avec sa femme, qui avait été du nombre des Sabines enlevées. Après le souper les femmes appelées *pronubæ* conduisaient l'épouse dans la chambre de son mari, et la mettaient au lit. Le mari jetait, avant de fermer la porte, des noix aux jeunes gens, annonçant par là qu'il abandonnait les amusements puérils; alors une troupe de garçons et de jeunes filles chantaient l'épithalame; ensuite on renvoyait les convives avec de petits présents. Lorsque c'était une veuve qui se remariait, on avait grand soin d'ôter de la chambre nuptiale non seulement le lit des premières noces, mais aussi tous les meubles qui avaient servi au défunt. On changeait même la porte de la chambre, pour détourner les mauvais présages qui avaient annoncé la mort du premier mari. Les parents faisaient des présents à la nouvelle mariée la veille, le jour et le lendemain des noces. Le dernier jour le mari donnait à ses parents et à ses amis un grand repas, que les Latins appelaient *repotia*, et pendant lequel la jeune mariée, assise à son côté sur le même lit, tenait des propos si peu retenus que pour désigner en général des discours où régnait une licence outrée on disait que c'étaient des discours de jeune mariée. Après le festin du lendemain le nouveau marié faisait des sacrifices à Jupiter, à Junon, à Vénus et aux dieux domestiques. Ces cérémonies avaient lieu dans les mariages par *confarréation* et *coemption*; jamais pour les mariages par *cohabitation*. Dans toutes les classes on ne pouvait contracter de mariage légal qu'entre citoyens romains, à moins d'une permission spéciale, qu'on ne pouvait obtenir que du peuple romain ou du sénat et, sous l'empire, des empereurs. L'ancien usage ne permettait pas à un citoyen romain d'épouser une affranchie. La loi Poppéenne défendit seulement aux sénateurs, à leurs fils ou petits-fils d'épouser une affranchie, une actrice ou la fille d'un acteur. Mais les mariages avec les étrangers ne se contractèrent réellement qu'après le décret de Caracalla, qui accorda les droits de citoyen à toutes les nations de l'empire. Jusque là on avait regardé comme bâtards les enfants nés d'un Romain avec une étrangère ou d'une Romaine avec un étranger. Les lois romaines défendaient la polygamie.

MARIAGE (Sacrement de). C'est dans les saintes Écritures que nous trouvons les titres authentiques de l'institution du mariage qui est la source de la famille et de la société. La Genèse nous apprend que Dieu, après avoir créé l'homme, dit : Il n'est pas bon que l'homme soit seul. Il résolut donc de lui faire un aide qui lui fût semblable; alors, ayant fait venir devant Adam tous les animaux de la terre et tous les oiseaux du ciel afin qu'il donnât un nom à chacun d'eux, le premier homme n'y trouva pas un aide semblable à lui. Alors Dieu lui envoya un sommeil profond pendant lequel il prit une de ses côtes et mit de la chair à sa place. Il forma la femme de la côte et la mena ensuite devant Adam. A la vue de celle que Dieu venait de lui donner pour compagne, le père du genre humain s'écria : pour cette fois : voici l'os de mes os, la chair de ma chair. Celle-ci s'appellera d'un nom pris de celui de l'homme. C'est pourquoi l'homme quittera son père et sa mère et s'attachera à sa femme, et ils seront deux dans une même chair (*Gen.* ch. 2, v. 18 et suiv.). Dieu les bénit ensuite et leur dit : Croissez et multipliez-vous, remplissez la terre et vous l'assujettissez (ch. 1, v. 28). Nous voyons d'après cet admirable et touchant récit, que le mariage est une société formée par Dieu même entre l'homme et la femme pour s'entre aider mutuellement toute leur vie et pour propager et conserver des êtres qui leur sont semblables. Donc l'unité est la loi naturelle du mariage et cette unité exclut la polygamie. L'indissolubilité est la conséquence logique rigoureuse de l'unité. Si l'homme et la femme ne forment qu'une même chair, si l'homme doit quitter son père et sa mère pour s'attacher à sa femme, rien ne peut les séparer, les diviser. Qui oserait rompre les liens que Dieu a formés ! « De tous les biens terrestres, dit un docteur célèbre, le plus étroit et le plus inviolable est celui du mariage ; voilà pourquoi Dieu fit Ève d'une côte d'Adam, signifiant par là que l'homme et la femme sont moins deux qu'un, qu'ils sont indivisibles et inséparables. Comme une même chair ne peut être divisée et doit demeurer une, de même l'époux ne peut être séparé de l'épouse, puisqu'il est une même chair avec elle, et cette unité de chair n'est que l'image de l'unité d'amour et de volonté qui doit régner entre eux. » En faisant aussi comparaître devant Adam cette multitude d'êtres d'un rang si inférieur et parmi lesquels il ne trouve pas d'aide qui lui soit semblable, le Seigneur lui fait comprendre qu'il est nécessaire qu'il lui donne une compagne de la même nature et du même ordre que lui. Admirable instruction, où l'homme apprend par l'établissement même du mariage que sa compagne étant comme lui d'un rang supérieur au reste des êtres animés, il doit la chérir et la respecter comme lui-même. La nature du mariage consiste dans le lien perpétuel qui unit les époux jusqu'à la mort de l'un d'eux et non pas dans le consentement même qu'ils se donnent. Car ainsi que l'explique très bien le catéchisme du concile de Trente, l'essence d'une chose permanente, comme le mariage qui est un engagement stable, ne peut consister dans une action passagère et fugitive telle que le consentement, mais dans l'engagement permanent qui résulte du consentement des deux parties. On distingue trois choses dans le mariage : le consentement, le contrat civil réglé par la société et la sanction donnée par la religion ou le sacrement. Lorsque les familles ne vivaient pas réunies et ne formaient pas des corps de nation, le père était à la fois roi et pontife dans chaque famille ; il disposait du mariage de ses enfants ; il n'avait d'autre dessein que de se conformer aux vues de la nature, ou pour mieux dire, aux vues de Dieu qui a uni l'homme et la femme pour qu'ils s'aident mutuellement dans les labeurs de la vie et afin qu'ils propagent et conservent le genre humain. Chez les peuplades errantes, étrangères au christianisme et qui n'ont aucune loi connue, le mariage n'y est encore qu'un contrat naturel. Ne possédant rien, et vivant de leur chasse et de leur pêche, les familles chez ces tribus sauvages n'ont pas de stipulations d'intérêts à régler. Chez les peuples qui ont des demeures fixes, les lois règlent et déterminent les droits et les intérêts matériels des familles et des divers membres de chaque famille, le mariage y est devenu un contrat civil, sans cesser pour cela d'être un contrat naturel. Il est même très essentiel de distinguer dans le mariage ce qui tient à la loi naturelle et à la loi civile. C'est pour n'avoir pas fait cette distinction, et pour avoir confondu les obligations naturelles du mariage avec celles qui proviennent des conventions, que tant d'hommes se sont égarés sur cette matière et n'ont vu dans le mariage qu'une association ordinaire, pouvant être rompue soit au gré des parties, soit par le défaut d'exécution des conventions. Cependant les obligations naturelles du mariage, telles que celles des époux entre eux, des pères envers leurs enfants et de ceux-ci envers leurs parents ayant Dieu pour auteur, sont inviolables et ne sont pas livrées à la discrétion des hommes. Dès lors toute loi civile opposée à la loi naturelle du mariage et aux règles établies par Dieu est nulle de soi. Car aucune puissance ne peut s'élever contre ce que Dieu a établi. Sous la loi de nature ou non écrite et sous la loi de Moïse, le mariage pouvait être considéré comme un signe sacré, parce qu'il représentait l'union qui devait exister entre Jésus-Christ et son Église, mais il n'est réellement sacrement que dans l'Église catholique, parce que ce n'est que dans son sein qu'il confère la grâce que notre Seigneur y a ajoutée. Les pères

pensent que notre Seigneur institua le sacrement de mariage lorsqu'il assista aux noces de Cana (*S. Maxim., hom.* 1, *in epiph. S. Cyril., in Joann.,* l. 4, c. 22 et 26). Outre cette première institution, on croit qu'il prescrivit après sa résurrection certaines cérémonies sacrées pour la célébration du mariage. L'Écriture et tous les pères nous enseignent d'ailleurs que le mariage est un véritable sacrement. Saint Paul nous dit que c'est un sacrement et un grand sacrement en Jésus-Christ et en son Église (*Ephes.,* ch. 5, v. 52). Saint Ignace, dans sa lettre à saint Polycarpe, le considère comme une chose sainte. Saint Irénée l'appelle un sacrement (l *adv. Hæres.*). Tertullien lui donne aussi plusieurs fois ce nom dans ses écrits (liv. 5, *contra Marcion.,* ch. 18; liv. 4, *ad uxorem,* ch. 8). Saint Chrisostome assure que c'est un vrai sacrement et un grand sacrement (*Homél.* 20, *in cap.* 5, *eph.*). Saint Ambroise déclare que Dieu est le protecteur du sacrement de mariage, que l'on ne peut profaner sans s'attirer sa colère et son indignation (lib. 4, *de Abrah.,* c. 7). Suivant saint Augustin, outre le lien qui existe dans tous les mariages, il y a celui des chrétiens le sacrement qui le relève au-dessus de ceux des infidèles et des juifs (*lib. de Fid. et oper.,* 6, cap. 7). Saint Jérôme, saint Léon et les autres pères des IVe et Ve siècles, mettent le mariage au nombre des sept sacrements. Les Églises orientales, séparées de l'Église romaine avant le pontificat de saint Grégoire-le-Grand, ont la même foi. Au XVIe siècle, Jérémie, patriarche de Constantinople, ayant été consulté par les luthériens, condamna leurs erreurs en cette matière et déclara que dans tout l'Orient les chrétiens croient que le mariage est un des sept sacrements et qu'il en confère la grâce (*Censur. Jerem. patr. Constant. sec.* 16, *adv. hæres. novat.* cap. 7). Les conciles de Florence et de Trente, en déclarant que le mariage est un sacrement, n'ont donc pas enseigné une doctrine nouvelle, mais ont reproduit et consacré l'antique et universelle tradition de l'Église. Le mariage a tous les caractères d'un sacrement ; il est un signe sensible ; il est la figure d'un des plus grands mystères de la religion, de l'union indissoluble de Jésus-Christ avec son Église. C'est ce que nous enseigne saint Paul dans son épître aux Éphésiens (ch. 5, v. 44 et suiv.). Écoutez saint Paul, dit saint Chrisostome ; c'est de lui que vous apprendrez que le mariage des chrétiens est le symbole de l'amour que Jésus-Christ a pour son Église. Le mariage est un sacrement dans le sens propre ; il est le canal des grâces que Dieu répand sur ceux qui le reçoivent avec des dispositions chrétiennes. C'est ce qu'enseigne le concile de Trente, et il déclare que le mariage dans la loi évangélique est plus excellent que les mariages anciens, à cause de la grâce qu'il confère par Jésus-Christ, et que c'est avec raison que les saints pères, les conciles et la tradition universelle ont enseigné de tous les temps qu'il doit être mis au rang des sacrements de la loi nouvelle (*Sen.* 24).

Le sacrement de mariage, comme tous les autres, produit deux sortes de grâces. La grâce sanctifiante ou habituelle, et la grâce actuelle, nommée sacramentelle. Il augmente la première dans ceux qui se marient en état de grâce, et c'est un effet qui est commun à tous les autres sacrements des vivants. D'après le catéchisme du concile de Trente, les grâces actuelles attachées au sacrement de mariage, unissent le mari et la femme par les liens d'une mutuelle charité, en sorte qu'ils sont entièrement satisfaits dans l'amour qu'ils ont l'un pour l'autre, sans chercher à se satisfaire par des sentiments ou par des actions illicites. C'est ainsi, comme le dit saint Paul, que le lit nuptial est sans tache. Lorsque les époux sont fidèles à observer les règles de la chasteté conjugale, ils conservent ces grâces, et Dieu leur en accorde d'autres pour les soutenir dans son amour ; mais s'ils se rendent les esclaves des passions honteuses, ils perdent tous les secours de Dieu, ils ne peuvent les recouvrer que par la pénitence. Il n'est inutile sans doute que nous fassions remarquer que le mariage n'est un sacrement que pour ceux qui se marient dans le sein de l'Église, suivant ses lois et en observant ses cérémonies. Le mariage des infidèles et des hérétiques est valide quoiqu'il ne soit pas un sacrement ; il ne l'était pas lorsqu'ils l'ont contracté, on ne le réhabilite pas après leur conversion. Il y a dans ce sacrement, comme dans tous les autres, la matière, la forme et le ministre ; suivant le sentiment de plusieurs théologiens, les paroles ou les signes que les parties emploient pour exprimer qu'elles se donnent réciproquement leurs corps, est la matière du sacrement. L'acception réciproque qu'elles se font de ce don en est la forme. Suivant ce sentiment, les deux parties appliquant et acceptant la matière du sacrement, il en résulte qu'elles en sont les ministres et que le curé n'en est que le témoin nécessaire; mais d'après l'opinion la plus commune, la plus généralement reçue, la tradition que les parties se font de leur corps est la matière du sacrement; les paroles employées par le prêtre pour bénir le mariage en sont la forme, et le prêtre en est le ministre. Cette opinion est plus en harmonie avec la doctrine des pères que la précédente. Ils pensent que sans la bénédiction du prêtre le mariage ne serait pas légitime. Saint Ignace, dans sa lettre à saint Polycarpe, dit que les mariages doivent se faire suivant l'avis de l'évêque, afin qu'ils soient selon le Seigneur, pour sa gloire, et non l'effet des passions. Tertullien nous apprend que le mariage est consacré par la bénédiction du prêtre. C'est ce que nous voyons encore dans les ouvrages de saint Ambroise, de saint Isidore de Séville, dans le concile de Carthage de l'année 390, dans la lettre du pape Innocent I à Victria, évêque de Rouen. Or jamais l'Église n'a considéré cette bénédiction comme une simple cérémonie, ne produisant aucun effet. Donc le prêtre qui donne cette bénédiction et qui en prononce les paroles, est le véritable ministre du sacrement du mariage. S'il ne l'était pas, il serait difficile de vérifier la vérité de cet axiome : *Accedit verbum ad elementum et fit sacramentum*, puisque les parties peuvent exprimer leur consentement par signes, aussi bien que par parole. Il y a plus, ces expressions : *Ego vos in matrimonium conjungo*, que le prêtre prononce en unissant les époux, ne seraient pas véritables; elles n'opéreraient pas ce qu'elles signifient. Vainement l'on dit que dans les Églises d'Orient on ne se sert pas des mêmes paroles que dans l'Église latine. Qu'importe, puisqu'elles sont équivalentes. Les formules de l'ordination et de l'absolution ne sont pas non plus les mêmes dans les deux églises; mais ayant le même sens, cette différence n'altère en rien la validité des sacrements de l'ordre et de la pénitence. Nous ajoutons que l'évêque étant le ministre de tous les sacrements, il ne le serait pas pourtant de celui du mariage, si les époux étaient les ministres de leur union. Remarquons encore que dans l'opinion qui fait des parties qui s'unissent en mariage les ministres du sacrement, on semble perdre de vue l'institution primitive du mariage. Le consentement y est bien, sans doute, mais ce n'est pas lui qui créa le lien indissoluble; mais Dieu qui, présentant au premier homme la première femme, assista comme témoin et comme ministre à cette union sacrée qu'il bénit et sanctifia, laissant ainsi à toutes les générations des hommes la plus haute idée qu'elles pussent concevoir de la dignité du lien conjugal et l'immuable règle d'après laquelle il devait être à jamais contracté. Toutefois avant le concile de Trente, il y avait des mariages à la fois valides et illicites, nommés clandestins parce qu'ils n'avaient pas reçu la bénédiction du prêtre. Les empereurs et les rois carlovingiens, frappés des graves inconvénients qui résultaient des mariages clandestins, déclarèrent que la bénédiction nuptiale était essentielle au mariage. Ces lois, en se prononçant dans ce sens, reproduisaient la doctrine de l'Écriture et des pères qui, en nous apprenant que Jésus-Christ a élevé le mariage à la dignité de sacrement, nous indiquent par là même qu'il ne peut être célébré qu'à l'Église par le ministère des prêtres. C'est d'ailleurs ce que nous disent les pères. Saint Ignace dit expressément que Dieu a ordonné aux chrétiens de se marier avec la bénédiction de l'Église (*Ig., ep. 8 ad Polycarp.*). Tertullien nomme concubinages les mariages non contractés en face de l'Église (*lib. 2, de pudic., cap. 4*). Saint Gregoire de Nazianze nous dit que c'est l'évêque qui bénit les mariages des chrétiens. Saint Jérôme traite d'adultères les mariages clandestins (*cap. 5, in Epiph.*). Saint Ambroise ne veut pas de mariage sans la bénédiction du prêtre. Conformément à cet enseignement des pères, les grecs n'ont cessé de regarder les mariages clandestins comme nuls et invalides. Dans l'Église latine on les considéra aussi comme frappés de nullité jusqu'au IIIe siècle; mais depuis cette époque jusqu'au concile de Trente, on les considéra seulement comme illicites et défendus. Le concile de Latran, célébré sous le pape Innocent III, les avait défendus et avait soumis ceux qui les contracteraient nonobstant cette défense, à une pénitence. Toutefois il ne prononça pas leur nullité. Le concile de Trente reconnut la validité de ceux qui avaient été contractés dans les temps antérieurs à la célébration; mais il décida que ceux qui auraient lieu à l'avenir seraient nuls, et qu'il n'y aurait de valides que ceux qui seraient précédés de la publication des bans, et célébrés en face des autels avec toutes les cérémonies religieuses par le propre curé des parties. Le mariage clandestin se faisant sans bénédiction nuptiale, n'était pas réellement un sacrement, mais un contrat purement humain. Or le concile qui, d'après la tradition, avait reconnu le mariage pour un des sept sacrements de la loi évangélique, ne pouvait maintenir les mariages clandestins. Il résulte d'ailleurs évidemment de la doctrine du concile, que les personnes qui se bornent à contracter leur union devant l'officier de l'état civil, ne sont pas réellement mariées. Les plus simples éléments de la foi nous font connaître cette vérité. Tous les catéchismes portent, d'après la décision formelle du dernier concile œcuménique, non que l'Église se borne à bénir le mariage déjà existant, mais que le mariage sous la loi nouvelle a été élevé à la dignité de sacrement; en sorte que le sacrement constitue, à proprement parler, pour les catholiques, le mariage même. Si l'Église reconnaît la validité des mariages des infidèles et ne les réhabilite pas après leur conversion, c'est qu'elle n'a d'autorité que sur ceux qui sont devenus ses enfants par le baptême. Ses lois ne sauraient obliger les infidèles qui, pour le mariage, demeurent sous l'empire de la loi naturelle et des lois positives des états dont ils sont membres. Si elle ne réhabilite pas non plus les mariages des hérétiques, c'est par indulgence. Comme il est de foi, ainsi que nous le verrons plus bas, qu'elle a le droit d'établir des empêchements aux mariages, rien ne s'oppose à ce qu'elle accorde des dispenses aux hérétiques, comme elle accorde même aux catholiques. Mais la dispense n'est pas un abandon du droit; elle l'établit au contraire avec une nouvelle force, puisque la dispense seule rend valides les mariages ainsi contractés. Cela est tellement vrai, que treize ans après le concile de Trente, où il avait assisté, l'évêque d'Evreux fit un règlement par lequel il exigea que, pour purger le vice de clandestinité, l'on joignît ou l'on fît succéder à l'abjuration des protestants une sorte de réhabilitation. Cependant l'usage contraire a prévalu, du moins en France, et y est devenu une règle de consentement exprès de toute l'Église. Il n'est pas vrai non plus que les décrets de la vingt-quatrième session du concile de Trente n'aient pas la même autorité que les autres, parce que le concile n'aurait pas, dit-on, joui alors de sa liberté. Mais le concile ne s'est jamais plaint de ce prétendu défaut de liberté. Aucune église ne s'en est jamais fait un titre pour rejeter ces décrets. Unanimement adoptés dès qu'ils ont paru, ils sont reçus depuis trois siècles par l'église universelle comme une règle invariable de foi. L'espérance de ramener dans le sein de l'unité l'Allemagne luthérienne, ne put jamais porter Bossuet à consentir que l'on tînt un instant leur autorité en suspens. Tous les catholiques reconnaissent également l'œcuménicité du Concile de Trente non moins sacré pour eux que les autres conciles généraux. On ne peut donc méconnaître les règles qu'il a portées sur les mariages. Leur désobéir c'est cesser d'être catholique. De tous les temps les hommes ont reconnu que le mariage était un acte essentiellement religieux. Sous la loi naturelle, les patriarches disposaient des mariages de leurs enfants, mais ils n'oubliaient pas que Dieu en est le souverain arbitre. Abraham en envoyant son serviteur chercher une épouse pour Isaac son fils, lui dit : le Seigneur enverra son ange devant vous et vous fera trouver dans ma famille une épouse pour mon fils. Ce serviteur dit, en voyant Rebecca, voilà l'épouse que Dieu a préparée au fils de mon maître. Laban et Bathuel disent aussi : c'est Dieu qui a conduit cette affaire. (Genèse, ch. 44.) Les Israélites appelaient aussi la bénédiction de Dieu sur les mariages de leurs enfans. Raguel bénit sa fille Sara et le jeune Tobie, lors de leur mariage, en leur disant : que le Dieu d'Abraham, que le Dieu d'Isaac, que le Dieu de Jacob soit avec vous, que lui-même vous unisse et qu'il accomplisse sa bénédiction en vous. (Ch. 7, v. 15.) Les païens eux-mêmes, malgré leur dégradation profonde, avaient le sentiment que la divinité devait présider aux mariages. Aussi avaient-ils des dieux pour les noces qui étaient accompagnées de sacrifices, de pompes et de solennités. Les premiers chrétiens se crurent encore plus obligés que les infidèles à recommander leur mariage au Seigneur qui en avait fait un sacrement. Aussi se mariaient-ils, comme nous l'avons dit un peu plus haut, à l'église en présence des autels, par le ministère des prêtres. Mais les hommes de nos jours ne sont-ils pas plus éclairés que ceux des siècles passés. Ils savent mieux ce qui convient à l'humanité. Aussi les législateurs de 1792 et les auteurs ou Code civil ont-ils sécularisé le mariage et en ont fait un acte purement civil. Pour nos sophistes, le mariage n'est plus l'union ineffable des âmes qui représente l'union mystérieuse de Jésus-Christ et de son Eglise. Ce n'est qu'un rapprochement des corps constaté par la loi. Il ne produit plus que des effets civils comme les ventes, les baux à ferme et autres contrats. Les lois civiles, qu'on le sache bien, ne peuvent créer un lien moral. Elles ne peuvent prescrire des devoirs au cœur ni commander à ses affections. Certes, bien grossière est votre erreur, législateurs du dix-neuvième siècle, si vous avez cru fortifier le mariage en l'arrachant à l'autorité de l'Eglise, en le dépouillant de ce qui le rendait vénérable et sacré, en le plaçant sous la protection d'un maire. Au lieu de l'élever avec la religion au-dessus des passions des hommes dont il doit régler les penchants et fixer l'inconstance, vous l'avez rangé imprudemment parmi les lois variables de l'humanité. Mais vous distinguez l'homme et le chrétien, mais ces deux qualités dans le même individu sont inséparables. Comme homme et comme chrétien nous sommes les enfants de Dieu, nous devons reconnaître son autorité, sa souveraineté et notre dépendance, la raison et religion nous font un égal devoir de lui obéir, elles n'approuvent donc pas cette vaine distinction que les méchants n'ont imaginée, que pour se soustraire à sa puissance. Pour être homme et en remplir tous les devoirs, il faut véritablement être chrétien. Le christianisme n'est, suivant saint Paul, que la perfection de l'homme social, car Jésus-Christ n'est pas venu pour détruire la loi, mais pour l'accomplir, pour la perfectionner. On s'effraie des profanations scandaleuses qui auraient lieu si le Code civil exigeait la réception du sacrement pour la validité du mariage. Mais le mariage étant invalide aux yeux de la religion sans le sacrement, c'est donner un scandale plus grand encore que de se contenter du contrat civil, c'est déclarer que l'on ne se tient pas pour obligé par les lois de l'Eglise. Le Code civil, qui consacre cette désobéissance, n'est-il pas une protestation toujours subsistante contre la foi, une invitation permanente faite au peuple de renoncer à la religion, de se passer de Dieu, de mépriser les enseignements de l'Eglise, de s'affranchir de son autorité? Que faites-vous encore en excluant de vos lois le mariage religieux, vous engagez les familles à se priver des bénédictions du ciel qui les sanctifient et les rendent heureuses, vous tarissez la source des grâces pour les hommes, et vous ouvrez la porte à tous les désordres et à toutes les calamités. On a beau multiplier les arguments et les sophismes, jamais on ne fera que celui qui se croit marié par la déclaration faite en présence de l'officier civil et qui ne voit qu'une simple cérémonie dans la bénédiction du prêtre, ne cesse d'être catholique. L'Eglise est une société composée de membres professant la même foi, participant aux mêmes sacrements sous la juridiction des pasteurs légitimes et d'un chef visible qui est le pape, vicaire de Jésus-Christ sur la terre. Or, la doctrine de cette société est que le mariage a été élevé à la dignité de sacrement par Jésus-Christ, et que ce sacrement s'administre à l'Eglise par un prêtre avec des cérémonies religieuses, dès lors ceux qui ne croient pas à ce sacrement pour la validité du mariage, à la nécessité de la présence du prêtre, à l'efficacité, à la vertu des cérémonies religieuses, ne professant pas la foi de l'Eglise et ne participant pas à tous ses sacrements, se placent eux-mêmes hors de son sein et ne comptent plus parmi ses enfants. Voici ce qu'écrivait Pie VI en 1793 à l'évêque de Luçon : « Pour avoir droit aux effets civils, rien n'empêche que les fidèles ne fassent la déclaration exigée par l'assemblée nationale, sans perdre un moment de vue que ce n'est pas du tout s'engager dans le lien du mariage, mais simplement remplir un acte purement civil. (Du Vat., le 28 mai 1793, tom. 2, p. 262.) » Quelle impiété ! Non-seulement le Code civil déclare que le mariage fait à la mairie est suffisant, mais dans l'esprit et l'intention de ses auteurs, le mariage religieux, le sacrement est comme non-avenu, comme s'il n'était pas. Aux yeux du législateur, deux personnes mariées aux pieds des autels, selon les lois de l'Eglise, ne seraient pas réellement mariées. L'acte civil est placé au-dessus de la sanction religieuse. L'Eglise, dont les doctrines sont invariables et doivent être rigoureusement observées, serait donc obligée, d'après vous, de céder devant la loi des hommes. Ainsi, vous faites violence aux règles établies par le suprême modérateur de l'univers. Lorsque le prince des apôtres comparut avec Jean devant les magistrats de Jérusalem, il leur dit qu'il n'y avait pas de salut en aucun autre que celui de Jésus-Christ, et vous prétendez que l'on peut administrer le mariage dont ce divin Sauveur a fait un sacrement, sans invoquer ce divin Sauveur ! mais vous ne pouvez croire que les vrais fidèles regardent le mariage civil comme un acte sérieux. A leurs yeux c'est un acte sans valeur devant Dieu. Ils savent très bien que ce n'est pas l'officier de l'état civil qui a été chargé par J.-C. d'unir les deux époux. Ce n'est pas à lui qu'il a été dit : tout ce que vous lierez et délierez sur la terre sera lié et délié dans le ciel. Les paroles sacramentelles que le prêtre prononce en vertu de ses pouvoirs divins, ne sauraient être suppléées par les expressions du Code civil. Il nous serait impossible de signaler ici tous les embarras, toutes les difficultés que suscitent au ministère sacerdotal les mariages contractés devant l'officier de l'état civil avant l'application du sacrement. La religion n'étant plus consultée aujourd'hui, beaucoup de personnes se marient sans connaître leurs devoirs. Par suite du mariage civil, les pasteurs se voient comme contraints de donner la bénédiction nuptiale à des personnes qui n'ont aucune disposition pour recevoir le sacrement de mariage. De leur refus il pourrait naître des scandales. Combien n'y a-t-il pas d'individus qui, après avoir rempli les formalités civiles, se réunissent et vivent maritalement sans songer aux prescriptions de l'Eglise ? On en voit qui, après la déclaration faite devant l'officier de l'état civil, vont demander à leurs curés la bénédiction nuptiale, mais ne voulant pas remplir les obligations imposées par la religion, ils répondent à leurs curés : vous ne voulez pas nous marier de suite, nous allons nous réunir parce que nous sommes mariés à la commune. Il se rencontre souvent dans ces prétendus mariages des empêchements dirimants dont l'Eglise ne juge pas convenable de dispenser. Voilà donc deux personnes mariées aux yeux de la loi, mais leur union est criminelle aux yeux de la religion, ce n'est qu'un honteux et scandaleux concubinage. Ce n'est cependant à la religion à céder devant la loi humaine, ce n'est pas à Dieu à obéir aux hommes, mais aux hommes à obéir à Dieu, à renoncer à leurs passions. Ces deux personnes ne peuvent se sauver qu'en se séparant. Il arrive tous les jours dans les classes ouvrières que des jeunes hommes se hâtent de contracter des mariages civils afin de s'aider de la dot de leurs femmes. Parmi celles-ci, plusieurs veulent que leur union reçoive la sanction de l'Eglise, mais leurs prétendus, usant de leurs droits comme maris aux yeux de la loi, s'emparent des biens de leurs épouses. Incrédules, sans respect pour les lois de la religion, ils éludent le sacrement. Les femmes, de leur côté, persistent à ne pas vouloir habiter avec leur maris avant la bénédiction du prêtre. Les parents des femmes interviennent, ils sont les premiers à les presser de se réunir avec ceux qu'ils nomment leurs maris, parce qu'ils ne veulent pas les nourrir. Alors ces infortunées sont comme forcées d'abandonner la religion et de renoncer à leur salut. Par ces faits qui se répètent fréquemment, l'on peut apprécier toute l'immoralité de la loi sur le mariage, et combien même elle est opposée à la liberté religieuse. En présence des mariages contractés devant l'officier de l'état civil, que devient le commandement de l'Eglise : hors le temps, noces ne feras; afin d'éviter les réunions scandaleuses des personnes mariées à la commune, les pasteurs sont forcés d'administrer le sacrement de mariage pendant l'avent, le carême et la semaine sainte. Oh! si jamais la France rentre dans un état d'ordre, de moralité et de bonheur, que les révolutions promettent, mais qu'elles ne donnent jamais, parce que cet état est une récompense que Dieu accorde aux peuples religieux ou à ceux qui, après s'être éloignés de la religion, se replacent sous sa tutelle. Oh ! alors, la France, reconnaissant qu'il n'y a de sécurité et de prospérité que pour les nations qui obéissent à Dieu et non aux hommes, s'empressera de déclarer qu'il n'y a de mariage que lorsqu'il est conclu au nom de Jésus-Christ, en face de l'Eglise et consacré par ses ministres. Les personnes qui veulent se marier s'épargneraient beaucoup de chagrins, si elles s'assuraient d'abord de la volonté de Dieu, si elles réfléchissaient que tous les états ne conviennent pas à tous les hommes, que chacun de nous a une vocation particulière, et si par la prière, par la fréquentation des sacrements on apprenait à connaître ce que Dieu exige de nous. Loin de là, on entre sans examen, sans préparation dans le mariage, sans connaître les devoirs qu'il impose. On n'apporte à ce sacrement que des vues charnelles, on ne veut que satisfaire ses passions, la volupté, la cupidité, on reçoit avec les plus mauvaises dispositions, souvent en état de péché mortel, ce divin sacrement qui exige tant de pureté, tant de sainteté, et que l'on ne doit recevoir qu'en état de grâce. Il ne faut donc pas être surpris si un sacrement ainsi professé, au lieu d'être une source de grâces, attire la colère, la malédiction de

Dieu. Les enfants qui naissent de ces mariages multiplient les ennemis de Dieu, les réprouvés. « Ceux qui embrassent le mariage, disait l'ange Raphaël à Tobie, de manière à bannir Dieu de leur cœur et de leur esprit, et qui ne pensent qu'à satisfaire leurs passions, comme les animaux sans intelligence, le démon a pouvoir sur eux. (Ch. 6, v 17.) » Ce n'est pas assez de s'assurer que l'on est appelé au mariage en général, on doit encore faire avec une grande prudence le choix de la personne que l'on veut épouser. « Le sage, dit l'Ecriture, demande une épouse qui ait du bon sens, qui parle peu et à propos (Eccl. ch. 26, v. 18), qui soit douce, affectueuse, qui craigne Dieu. Celui qui en a trouvé une de ce caractère a trouvé un trésor. (Prov. ch. 3, v. 10; ch. 18, v. 18.) »

Les deux époux doivent avoir une naissance à peu près égale. Si un homme d'une grande qualité prenait une femme d'un rang inférieur et d'une éducation qui ne serait pas en harmonie avec sa position sociale, il serait à craindre qu'il ne la méprisât à la longue, ou qu'après sa mort ses enfants ne manquassent de respect pour elle. L'âge des deux époux ne doit pas être trop disproportionné. Une grande différence dans les âges devient ordinairement une occasion de fréquentes dissensions. Une femme doit éviter de prendre un mari impie, libertin et dont la profession serait condamnée par la religion, et dont les biens seraient mal acquis. Les Saints Pères nous enseignent que dans un choix si important on ne doit être dirigé par aucune passion aveugle, et que l'on doit plus rechercher les qualités religieuses que les avantages temporels. Bien qu'après le péché Dieu ait consenti à ce que le mariage servît de remède à la concupiscence, on se ferait une idée bien basse du sacrement de mariage, si on ne le regardait que comme un moyen de satisfaire ses désirs charnels. Il ne faut donc avoir en vue, lorsqu'on entre dans le mariage, que de mettre au monde des enfants de Dieu, des cohéritiers du royaume de Jésus-Christ. C'est d'ailleurs le conseil que l'ange Raphaël donnait aussi au jeune Tobie. « Or, la troisième nuit étant passée, lui dit-il, vous recevrez cette jeune fille dans la crainte du Seigneur et dans le désir d'avoir des enfants, plutôt que poussé par un désir des sens, afin que vous participiez à la bénédiction de Dieu et que vous ayez des enfants de la race d'Abraham. (Ch. 6, v. 22.) » Les enfants de famille qui se marient ne doivent pas oublier de prendre conseil de leurs pères et de leurs mères. Les lois romaines déclarent non valables les mariages des enfants de famille faits sans le consentement de leurs pères et de leurs mères. Les grands privilèges accordés aux soldats ne les affranchissaient pas de cette règle. Ces lois furent longtemps en vigueur sous les empereurs chrétiens. Dans les commencements, l'Eglise regardait comme nuls les mariages contractés contre la disposition de ces lois. Mais les lois romaines ayant perdu leur autorité légale dans la plus grande partie du monde, on ne fit plus de ce défaut de consentement une cause de nullité pour les mariages des enfants de famille. Le concile de Trente n'a pas non plus exigé ce consentement pour la validité des mariages. Il est cependant dans l'esprit de l'Eglise que les enfants ne contractent pas une union de cette importance sans s'aider des conseils et des lumières de leurs parents. « Les enfants étant une portion que la nature a détachée de leurs parents, ne doivent pas oublier, dit un théologien célèbre, la source d'où ils sont sortis et mêler le sang qu'ils en ont reçu avec celui d'une famille étrangère, sans leur agrément. C'est une injustice que les païens eux-mêmes ont condamnée, ajoute ce théologien, et qui attira de grands malheurs sur Esaü, la perte des bonnes grâces de son père et de Dieu même. » Mais les parents doivent laisser à leurs enfants la plus grande liberté dans le choix d'un état, ils ne doivent pas les pousser dans le mariage par des menaces ou des violences, ni les y engager par des caresses et des sollicitations séduisantes. Les parents ne doivent prendre part aux mariages de leurs enfants que pour leur donner de bons conseils, les instruire de leurs devoirs, que pour les mettre sous la direction d'hommes dont la piété, la capacité leur donnent lieu d'espérer qu'ils n'auront en vue que le salut de leurs enfants, et que par leurs prières on connaîtra l'état où ils sont appelés, les parents eux-mêmes feront des prières et des bonnes œuvres afin de ne pas se tromper sur une affaire de cette importance. Le mariage devant décider du sort des époux pour toute la vie, des droits et de l'état des enfants et de la tranquillité des familles, on ne saurait prendre trop de précautions pour mettre ceux qui le contractent à l'abri de toute surprise, pour empêcher que

les mariages soient infectés d'aucune nullité, pour assurer leur publicité, leur authenticité. Aussi le concile de Trente a-t-il décidé que tout mariage avant d'être célébré serait publié dans les paroisses des contractants, aux messes solennelles pendant trois jours de dimanche ou de fête. C'est ce que l'on nomme la publication des bans. Le concile de Latran, tenu sous Innocent III, avait déjà fait une loi générale de l'établir et que nous venons d'énumérer, montrent qu'il ne s'agit pas ici d'une vaine formalité. Aussi l'on doit être surpris de la facilité avec laquelle les personnes qui se marier demandent des dispenses de bans. C'est apporter au sacrement du mariage une bien mauvaise préparation que la violation des lois de l'Eglise. Aussi les personnes qui ont obtenu des dispenses de bans, sont censées de mauvaise foi, si après leur mariage elles ont reconnu quelque empêchement public qu'elles ignoraient, lorsqu'elles l'ont contracté, et qu'elles auraient pu découvrir si les bans avaient été publiés. Avant de publier les bans, on doit être bien sûr du consentement et de la liberté des parties, surtout si elles sont mineures, afin d'empêcher que ceux qui ont autorité sur elles ne les forcent à se marier contre leur gré. Dans ce cas on se garderait bien de faire la proclamation des bans. Ce serait un grand crime de gêner les parties dans un engagement où il va pour elles de leur salut éternel. L'on est obligé, sous peine de péché mortel et d'excommunication, de révéler à l'évêque ou au curé les empêchements que l'on sait exister dans les mariages. Cette révélation est donc d'un devoir rigoureux. La chose est d'ailleurs d'une très grande importance, car il s'agit du salut des âmes, de mettre obstacle à la profanation d'un sacrement et à tous les maux qui en sont la suite, d'empêcher l'injustice que l'une des deux ferait à celle qui ignore peut-être cet empêchement. Les parents, les alliés sont obligés de faire cette révélation ainsi que les personnes qui ne seraient pas de la paroisse où se fait la proclamation des bans. L'Eglise exige généralement et sans distinction qu'on lui découvre tout ce qui peut former obstacle au mariage qu'elle annonce. On doit faire cette révélation le plus tôt possible, afin d'empêcher que les parties ne continuent inutilement la publication des bans, et ne causent des dépenses. Si les parties ont obtenu la dispense des trois bans, on est toujours obligé à cette révélation par religion, afin d'empêcher la profanation du sacrement, et par charité, afin que les parties connaissent l'obstacle qui s'oppose à leur union.

Les causes légitimes de la demande en dispense de bans sont la crainte des oppositions sans fondement, qui ne feraient que retarder un mariage, la crainte encore que l'une des parties ne change de sentiments; on peut aussi demander cette dispense si l'une des parties est obligée de faire un voyage pressé qui ne lui permet pas d'attendre les trois publications, si l'Avent et le Carême approchent, et par suite du délai que nécessiterait la publication des trois bans on devait éprouver un dommage considérable soit spirituel, soit temporel. Il est bon que les parties fassent part à leur pasteur des motifs qui les portent à demander la dispense de la publication des bans, afin que lui-même puisse les communiquer à l'évêque diocésain en lui adressant cette demande, et il serait peut-être convenable que l'on refusât ces dispenses si le curé ne certifiait pas que les motifs qui les font demander sont véritables. On compte deux sortes d'empêchements au mariage : les dirimants et les prohibitifs. Les premiers font que ceux en qui ils se rencontrent sont inhabiles à se marier ensemble et rendent leurs mariages nuls; les empêchements prohibitifs ou empêchants rendent le mariage illicite, de manière que l'on ne peut se marier avec ces empêchements sans un grand péché. Mais avant d'examiner en quoi consistent ces divers empêchements, voyons si l'Eglise a le pouvoir d'établir des empêchements au mariage. On sent que ceux qui prétendent que le mariage est un acte purement civil, et que le sacrement n'est pas nécessaire pour sa validité, lui refusent ce pouvoir; ils prétendent qu'il n'appartient qu'à la puissance temporelle; mais l'Eglise étant une société qui a un gouvernement particulier et des lois qui lui sont propres, a pu et a dû fixer les principes qui doivent régir les actes de ses enfants et tracer les conditions et les solennités qui peuvent les rendre valides. C'est en usant de ce droit inhérent à toute société régulière, et sans lequel elle ne pourrait se conserver, qu'elle a déclaré à quelle condition les mariages auraient lieu, quelles sont les personnes capables de se marier, et quelles sont celles qui ne le peuvent pas. Les souverains exigent de leurs sujets certaines conditions pour la validité du contrat civil; l'Église à qui Jésus-Christ a confié ses sacrements, et qu'il a rendue dépositaire de son autorité, a sans doute le même droit pour exclure du sacrement de mariage ceux que sa sagesse juge convenable d'en éloigner. — Ajoutons que certaines fonctions spirituelles sont attachées au sacrement de mariage comme à celui de l'ordre, telles sont celles d'élever des enfants pour l'Église, d'entretenir la société. Or, l'Église exerce sur les sacrements qui ont des fonctions spirituelles une certaine juridiction, car, pour remplir ces fonctions, il est nécessaire d'avoir des dispositions spéciales et une capacité propre; mais il n'y a que l'Église qui puisse reconnaitre quels sont ceux de ses enfants qui ont ou qui n'ont pas ces dispositions, cette capacité : c'est donc à elle seule à déclarer inhabiles à recevoir ces sacrements et à en exercer les fonctions les personnes en qui elle remarque une trop grande opposition soit à la dignité, soit à la sainteté des fonctions qui leur sont attachées; nous voyons d'ailleurs par la tradition qu'elle a toujours exercé ce droit. Ainsi, dans les premiers temps de l'Eglise, se fondant sur ces paroles de saint Paul : Ne vous mariez pas à des infidèles (1 Cor., ch. 7, v. 39; 2 Cor., ch. 6, v. 14), elle déclarait nuls les mariages contractés entre des chrétiens et des païens. Les lois des empereurs devenus chrétiens confirmèrent cette discipline. Divers conciles, notamment celui de Laodicée, en 366, défendirent aux chrétiens de donner leurs filles en mariage aux juifs, aux païens, aux hérétiques. On compte quinze empêchements dirimants ou qui rendent le mariage nul; ils sont renfermés dans les vers suivants :

Error, conditio, votum, cognatio, crimen,
Cultus disparitas, vis, ordo, ligamen, honestas,
Amens, affinitas, si clandestinus et impos,
Si mulier sit rapta, loco nec reddita tuto.

Nous allons examiner chacun de ces empêchements, mais sans suivre d'ailleurs exactement l'ordre dans lequel ils sont écrits dans ces vers. L'erreur annule le mariage lorsque l'on croit épouser une personne autre que celle qui se présente, ainsi que cela arriva à Jacob, qui, croyant épouser Rachel, reconnut qu'on lui avait donné Lia. Si l'erreur ne tombe que sur la qualité de la personne, comme si on la croyait plus belle, plus riche, ou de meilleure naissance, le mariage n'en serait pas moins valide; il conserverait toute sa force. L'erreur dans la condition anéantit le mariage; ainsi, si l'on croyait épouser une personne libre et que l'on épousât une esclave, il n'y aurait pas de mariage; il serait nul. La force ou la crainte d'un grand mal dont on est menacé est aussi une cause de nullité du mariage, mais celui qui, le sachant nul, le consomme, commet un grand crime, à moins qu'il ne veuille le ratifier en le consommant, car ces sortes de mariage deviennent valides lorsqu'on y ajoute le consentement sans renouveler les solennités religieuses. La folie perpétuelle d'une des parties est un empêchement : elle fait qu'il n'y a pas de consentement. Le lien ou le mariage ratifié ou consommé rend nul tout autre mariage. Le vœu solennel de religion ou de chasteté perpétuelle est aussi un empêchement à tout mariage. Ce n'est pas seulement dans le moyen âge et depuis que le vœu solennel est devenu une cause de nullité dans le mariage, l'histoire de l'Eglise prouve que dans tous les siècles les personnes qui en embrassant volontairement et librement la profession religieuse ont fait vœu de célibat, n'ont pu contracter postérieurement des mariages, et que si elles ont osé le faire malgré les prohibitions de l'Eglise, ces mariages ont été considérés comme nuls et invalides. L'ordre est aussi un empêchement au mariage; ainsi les prêtres, diacres et sous-diacres, ne peuvent se marier. L'écrivain distingué, qui a traité dans cet ouvrage la matière du célibat, a montré avec raison et d'après des monuments historiques incontestables que les ministres des autels dans l'Eglise catholique avaient été toujours obligés de vivre dans la continence, et que l'ordination excluait à jamais les sous-diacres, diacres et prêtres du mariage. Autrefois les lois civiles, en France, d'accord avec les lois de l'Église, défendaient aux prêtres de se marier et prononçaient la nullité de leurs mariages. Les révolutionnaires de 92 invitèrent les prêtres à secouer ce qu'ils appelaient un joug barbare; peu d'entre eux néanmoins profitèrent de la licence et du règne de l'athéisme et de l'anarchie, qui ne fut autre que celui de la philosophie pratique du xviiie siècle. Le culte catholique fut enfin rendu à la France. Le gouvernement de Bonaparte, que l'on ne peut certes accuser de trop de dé-

férence pour la religion, réprima, autant qu'il le put, les funestes exemples que quelques prêtres tentèrent de donner en se mariant. Sous la Restauration, la magistrature arrêta, par de notables décisions, les tentatives sacriléges de certains prêtres. La jurisprudence de cette époque se fondait principalement sur l'article de la charte qui avait fait du catholicisme la religion de l'Etat; quoique cet article ne figure pas dans la charte de 1830, le mariage des prêtres doit être défendu aujourd'hui comme sous le gouvernement de 1815. Les concordats de 1817 et de 1801, ainsi que la charte de 1830, sont autant d'obstacles aux mariages. En ce qui concerne le concordat de 1817, il ne s'agit pas de savoir s'il interdit le mariage aux prêtres; la solution affirmative de cette question ne peut être un instant douteuse, puisqu'il remet en vigueur le concordat passé entre le souverain pontife Léon X et le roi François Ier. Mais ce concordat était-il légal? est-il encore en vigueur? Le roi Louis XVIII l'ayant fait dans les limites de son pouvoir constitutionnel, et les chambres ne pouvant exercer leur contrôle que sur l'accroissement qu'il fit éprouver au budget, sa légalité ne saurait être contestée. Mais a-t-il conservé son efficacité depuis la révolution de juillet. Louis XVIII, en traitant avec le chef visible de l'Eglise, ne traita pas en son nom personnel, mais comme chef politique de la France. Dès lors, la convention intervenue entre lui et le chef de l'Eglise ne peut être détruite que par le concours des deux puissances qui l'ont formée. C'est là le principe de l'éternelle justice qui régit les sociétés. Le nouveau pouvoir, en se substituant à l'ancien, n'a rejeté que le privilége qui faisait du catholicisme la religion de l'Etat; mais il a expressément reconnu que cette religion était celle de la majorité des Français, et, comme l'ancien pouvoir, il lui a garanti sa protection. Il suit rigoureusement de ces stipulations qu'il lui a conservé tous les droits qui existaient en sa faveur, à l'exception néanmoins de celui qui en faisait une religion privilégiée. Si donc aujourd'hui l'on diminuait les droits des catholiques et les garanties du concordat de 1817, la protection accordée par la charte serait illusoire; d'ailleurs, si agissant suivant le droit du plus fort et non d'après les principes de justice on avait voulu anéantir les effets du concordat de 1817, c'était le moment de le faire au mois d'août 1830, alors qu'on démolissait si bien : si on ne l'a pas fait, c'est parce qu'on a voulu conserver le concordat. On ne peut donc aujourd'hui permettre le mariage des prêtres sans violer le concordat de 1817 et la charte de 1830; les catholiques auraient lieu de croire qu'il n'y a plus pour leur religion ni garantie, ni protection. Mais dans la supposition même où le concordat de 1817 n'existerait plus, celui de 1801 serait toujours un obstacle invincible au mariage des prêtres. On lit dans le préambule du concordat de 1801 que le gouvernement reconnaît la religion catholique, apostolique et romaine, pour être celle de la très grande majorité des Français, et que Sa Sainteté attend en ce moment le plus grand bien et le plus grand éclat de l'établissement du culte catholique en France. En reconnaissant ainsi que le catholicisme est la religion de la très grande majorité des citoyens français, le gouvernement s'est imposé l'obligation de respecter et de faire respecter tout ce qui est inhérent au dogme et à la discipline de l'Eglise catholique. Si le gouvernement avait entendu faire une distinction, il ne se serait pas ainsi expliqué : religion catholique; mais, en se servant de ces termes, il a entendu reconnaître la religion catholique sans en rien retrancher, sans y rien ajouter. Si l'on eût fait quelques modifications, quelques retranchements, on n'aurait plus reconnu la religion catholique, mais une opinion humaine que le gouvernement aurait adoptée en guise de religion. Mais en reconnaissant la religion catholique sans distinction, il a par conséquent garanti l'existence du célibat ecclésiastique, et il s'est inhibé le droit d'y porter atteinte; mais le souverain pontife a déclaré qu'il attendait le plus grand bien et le plus grand éclat de l'établissement du culte catholique en France; or, on ne pense pas qu'il attendit ce grand bien, ce grand éclat, de l'abolition du célibat. L'église a de tous les temps attaché avec grande importance au maintien et à l'observation des canons des conciles sur cette matière; c'est par là que ses ministres se sont rendus dignes des divines fonctions du sacerdoce. Le célibat fut toujours pour l'Église un puissant moyen d'action sur la conscience et la conduite des fidèles; c'est le célibat qui lui a conquis l'estime, la confiance et la vénération des peuples. En faisant le concordat de 1801, avec le gouvernement français, Pie VII dut croire que ce gouvernement, en reconnaissant le catholicisme, garantissait de la part des peuples le respect et le maintien de tout ce qui concourait à sa prospérité et à son éclat : si ce n'eût pas été l'intention du gouvernement, un concordat aurait été inutile, on n'avait qu'à ériger une église nationale. Mais ce qui prouve qu'en faisant ce traité avec le chef de l'Eglise le gouvernement français reconnaissait le dogme et la discipline de l'Eglise, c'est le discours que prononça Portalis-l'Ancien en le présentant au corps législatif : « Quelques personnes, disait-il, se plaindront de ce que l'on n'a pas conservé le mariage des prêtres; mais lorsque l'on admet ou que l'on conserve une religion, il faut la régir d'après ses principes. Mais s'arroger arbitrairement de perfectionner les idées et les institutions religieuses sont des prétentions contraires à la nature des choses. On ne pourrait entreprendre de perfectionner une religion sans convenir qu'elle est vicieuse, et conséquemment sans la détruire par les moyens dont on userait pour l'établir. » Il est donc bien évident, d'après ce discours, que le gouvernement en reconnaissant la religion catholique comprenait le dogme et la discipline dans sa reconnaissance, et qu'il pensait que le mariage des prêtres ne serait plus permis sous l'influence du concordat de 1801 comme il l'avait été pendant l'anarchie révolutionnaire. L'intention du gouvernement est aussi bien clairement manifestée par la loi du 18 germinal an x, loi du reste dont nous ne reconnaissons pas l'autorité, soit inconstitutionnelle, parce qu'elle statue sur des matières qui ne tombaient pas dans les attributions des pouvoirs politiques, mais que nous citons ici pour mieux faire connaître la pensée du gouvernement. Or, cette loi, dans l'art. 6, met les infractions des canons reçus en France au nombre des cas d'abus. Dès lors le gouvernement ne peut permettre le mariage des prêtres contre les canons de l'Eglise de France qui le défendent; s'il en souffrait ou s'il en sanctionnait la violation, il serait le premier infracteur de ce qu'il ne voulait pas qu'on enfreignît. Par l'art. 9 de la même loi, les archevêques sont chargés de veiller au maintien de la foi et de la discipline dans les diocèses dépendant de leurs métropoles; ils sont également autorisés à connaître des réclamations et plaintes portées contre la conduite et les décisions des évêques suffragants. Il résulte évidemment de la lettre et de l'esprit de cet article que le gouvernement a entendu garantir l'existence de la foi et de la discipline; il a voulu que les archevêques eussent une autorité réelle pour en assurer la conservation, et leur a promis son concours pour arrêter les abus et les désordres qui pourraient être les suites de la violation ou du mépris de la loi et de la discipline. Si ce n'était pas l'intention, disons mieux, la volonté du gouvernement, on ne pourrait se rendre raison de l'art. 9. Le pouvoir n'avait aucun conseil à donner aux archevêques en matière de foi et de discipline; il avait encore moins le droit de leur imposer des prescriptions. Reconnaissons donc, si l'on ne veut pas que l'art. 9 soit illusoire, que le gouvernement a voulu prêter son appui aux archevêques pour le maintien de la foi et de la discipline; aussi M. Locré nous apprend-il, dans le tome 4e de la *Législation civile*, p. 410, que dans le conseil d'Etat, sous l'empire, on s'occupa non de la question de savoir s'il fallait souffrir le mariage des prêtres, mais des moyens que l'on devait prendre pour le réprimer. En 1806, le gouvernement impérial décida qu'en considération de la religion et des mœurs, on ne devait pas tolérer le mariage des prêtres qui, depuis le concordat, s'étaient mis en communion avec leurs évêques et avaient continué ou repris leurs fonctions; mais nous disons encore que la charte de 1830, qui a reconnu le catholicisme pour être la religion de la majorité des Français, et qui lui a promis protection et liberté, serait seule un obstacle au mariage des prêtres.

Nous avons déjà dit, et Portalis-l'Ancien l'a dit avant nous, qu'en reconnaissant le catholicisme, sans exception, sans distinction, on comprend le dogme et la discipline dans cette reconnaissance. Les pouvoirs législatifs même ne pourraient donc aujourd'hui, sous l'empire de la charte, permettre le mariage des prêtres sans diminuer les promesses de garantie et de protection faites par cette loi politique à la religion catholique. Si le gouvernement sanctionnait une loi dans ce sens, il agirait arbitrairement contre la nature même des choses; il détruirait la religion dont il a reconnu l'existence, et qu'il a promis de protéger; il manquerait aussi à ses engagements et serait infidèle à ses serments. Il y a plus, le gouvernement de juillet 1830, en refusant au catholicisme le privilège d'être la religion de l'Etat, et en le mettant au même rang politique des autres cultes, s'est inhibé le droit d'intervenir dans ses lois, sa discipline et son administration; il

lui a seulement promis sa protection, comme il l'a promise à tous les autres cultes; mais s'il permettait le mariage des prêtres, il détruirait la discipline ecclésiastique sur le célibat, il ferait ce qu'il n'a pas le droit de faire, ce que même il s'était imposé le droit de ne pas faire; il faut même dire que toute loi qui permettrait le mariage des prêtres se jouerait de la liberté religieuse. Faite sous l'influence des haines irréligieuses, elle serait comme une censure amère de la discipline de l'Eglise; elle ôterait aux prêtres qui auraient la lâcheté de profiter de la licence qu'elle leur accorde tout espoir de repentir, en les enlaçant dans les liens du mariage et dans les embarras d'une famille. Elle rendrait d'ailleurs leur conversion difficile par l'éclat que leurs scandales recevraient. Cette loi serait également immorale : elle enseignerait le mépris de la religion, elle autoriserait le parjure, elle inviterait même les prêtres à s'en rendre coupables, en leur offrant pour récompense la mariage qui est un état honorable, mais qui pour le prêtre, quoi qu'on fasse, quoi qu'on dise, sera toujours un état de dégradation et d'avilissement. Ainsi, il n'y aurait pas seulement tolérance du mal dans la loi, il y aurait aussi invitation à le commettre. Si nous insistons tant d'ailleurs sur cette question, c'est parce que nous n'ignorons pas que beaucoup d'hommes aux opinions malfaisantes seraient émerveillés de parvenir au renversement de la religion en France par le mariage des prêtres; ils savent qu'il y amènerait infailliblement le mépris du sacerdoce, celui des choses saintes, le désordre des mœurs et par suite de grands bouleversements et sa ruine. Aussi tout gouvernement sage s'opposera toujours à des propositions, à des lois qui pourraient favoriser d'aussi criminels, d'aussi scandaleux mariages. Le catholicisme est pour la France le don de Dieu; elle lui doit ses grands hommes et les plus beaux monuments de sa patrie. Pauvre France! où veulent donc le mener aujourd'hui de si nombreux sophistes avec le mépris de la religion! Oh! ne sois pas plus longtemps dupe de leurs discours, ne te laisse pas aveugler par leurs séduisantes et mensongères théories. Vois donc que la route qu'ils sèment de fleurs conduit aux abimes! L'impuissance absolue ou relative de l'un des contractants est aussi un empêchement dirimant; elle annule le mariage, puisque la fin ou le but de son établissement, qui est la procréation des enfants, ne peut être rempli. L'empêchement de proximité ou de parenté est de trois sortes, savoir, une proximité naturelle que l'on nomme une liaison de sang, consanguinité; la proximité légale, naissant de l'adoption; l'affinité charnelle et l'affinité spirituelle. L'empêchement de parenté existe en tout degré pour les personnes qui descendent les unes des autres, en sorte que personne ne peut épouser ses descendants ou ascendants, en quelque degré que ce soit. L'empêchement de parenté entre personnes qui ne sont pas liées les unes des autres, mais qui viennent d'un auteur commun, s'étend jusqu'au quatrième degré inclusivement. On compte les degrés de parenté par génération. Le père et le fils sont au premier degré, le petit-fils au second, les frères et les sœurs sont entre eux au premier degré, les germains au second, les issus de germains au troisième, et leurs enfants au quatrième. Ceux-ci ne peuvent pas encore se marier; mais l'un d'eux peut épouser l'enfant de l'autre qui est au cinquième, et lorsque les degrés sont inégaux, le plus éloigné emporte le plus proche En étendant ainsi les empêchements jusqu'au quatrième degré, l'Eglise s'est montrée très sage et très prudente; elle a multiplié les liens d'union entre les chrétiens en multipliant les alliances entre diverses familles; elle a prévenu beaucoup de péchés dont la liberté de se voir entre parents pourrait être l'occasion, s'ils avaient l'espoir de se marier ensemble. L'affinité charnelle se contracte entre le mari et les parents de sa femme, entre la femme et les parents du mari. Après la mort de l'un ou de l'autre, le survivant ne peut se marier avec ses alliés jusqu'au quatrième degré inclusivement, ou le mariage est nul. Cette affinité se contracte aussi par un commerce illégitime; mais si elle vient du crime, elle ne rend le mariage nul que jusqu'au second degré inclusivement. Les degrés de l'affinité suivent ceux de la parenté. Les parents au premier degré de la femme, ses frères et sœurs, sont alliés au premier degré du mari. Il n'y a toutefois entre les parents du mari et ceux de la femme aucune alliance qui les empêche de se marier ensemble. Le mari est le seul de sa famille qui contracte l'affinité avec les parents de sa femme. Un père et un fils peuvent épouser l'un la mère et l'autre la fille; deux frères peuvent épouser deux sœurs, ou l'un d'eux peut épouser la mère et l'autre la fille : l'alliance est personnelle et ne passe pas de l'un à l'autre. L'affinité spirituelle se contracte entre le baptisant et le baptisé et les père et mère de ce dernier, entre le baptisé, le confirmé et entre le parrain et la marraine du confirmé et du baptisé. Tous ceux qui sont dans ce cas ne peuvent sans dispense contracter un mariage entre eux. L'Église, pénétrée d'une juste horreur pour le crime, a décidé que des mariages fondés sur l'homicide ou l'adultère sont nuls. L'empêchement du crime provient ou de l'adultère ou de l'homicide séparément, ou de ces deux crimes réunis. Un adultère ne peut épouser la personne avec laquelle il a péché, s'il lui a promis de l'épouser lorsque sa légitime épouse serait morte. Il n'est pas nécessaire pour que l'empêchement existe que la promesse jointe au crime d'adultère soit sincère, l'empêchement ne venant pas de la valeur de la promesse qui est essentiellement nulle; et une promesse feinte, lorsqu'elle paraît vraie à l'extérieur, peut également porter au crime que l'Église a cru défendre en vue d'arrêter. Il importe peu d'ailleurs que la promesse ait été précédée ou suivie de l'adultère : il suffit qu'elle ait été donnée ou acceptée virtuellement et implicitement. Remarquons également que la promesse que se font deux personnes de s'épouser après la mort de ceux à qui Dieu les a unis est criminelle et nulle, lors même qu'elle est séparée de toute vue d'adultère et faite sans serment. L'homicide produit seul l'empêchement au mariage lorsque les deux parties ont procuré la mort du mari ou de la femme de l'un des deux dans la vue de se marier ensemble, et lors même que sur les deux complices du meurtre un seul aurait eu cette intention. L'homicide et l'adultère joints ensemble sont un empêchement, lorsque l'une des parties tombées en adultère fait mourir, même à l'insu de l'autre, son conjoint; à plus forte raison y a-t-il empêchement si tous les deux sont complices du meurtre. On ne doit pas permettre à un homme qui a assassiné sa femme d'en épouser une autre avec laquelle il a mal vécu, quoiqu'il prétende qu'il n'avait pas celle-ci en vue. Un scélérat capable de tant de crimes est bien capable d'ajouter le mensonge pour tromper ceux de qui il attend cette permission. On encourt l'empêchement de crime, quoique l'on ignore que l'Église l'ait établi; et si par suite de cette ignorance on avait épousé la personne avec qui on l'aurait encouru, le mariage n'en serait pas moins nul, et pour le réhabiliter, il faudrait une dispense de l'Église qui ne s'obtient que très difficilement. Un catholique ne peut se marier avec un infidèle. Dans ce cas, le mariage est nul. On comprend la sagesse de cet empêchement : l'Église n'a pas voulu que les fidèles s'exposassent à perdre la foi en se mariant avec des infidèles. Nous avons vu en parlant du droit qu'a l'Église d'établir des empêchements, que celui-ci remonte à l'origine même du christianisme. L'empêchement d'honnêteté publique naît des fiançailles que l'on aurait contractées avec une personne, ou de la promesse qu'on lui aurait faite de l'épouser. On ne peut se marier avec les parents au premier degré de la personne que l'on a fiancée ou que l'on a promis d'épouser : ainsi, celui qui est fiancé avec une femme, ou qui lui a promis de se marier avec elle, ne peut épouser, si cette femme meurt ou s'ils se dégoûtent l'un de l'autre, ni sa mère, ni sa sœur, ni sa fille, si cette femme était veuve. Cet empêchement ne passant que le premier degré, on peut épouser les autres parents; mais si le mariage avait lieu entre une partie qui a fiancé une personne ou qui lui a promis de la prendre pour épouse, et une autre partie parente au premier degré de la personne qu'on ne veut plus, le mariage serait nul. L'empêchement d'honnêteté publique se contracte par un mariage non consommé. Il s'étend alors jusqu'au quatrième degré. La clandestinité est aussi un empêchement au mariage, et tout mariage qui est considéré comme clandestin est nul, s'il est contracté hors de la présence du propre curé et deux témoins, ainsi que l'exige le concile de Trente. Les motifs les plus sages ont engagé ce concile à déclarer ces mariages comme nuls et invalides. Comme ils ne pouvaient pas être prouvés juridiquement, il arrivait souvent que des personnes mariées en secret et dégoûtées l'une de l'autre se mariaient publiquement à d'autres en face de l'Église, et vivaient dans un adultère perpétuel sans qu'on pût l'empêcher. On voyait aussi des hommes mariés secrètement qui prenaient les ordres sacrés et jouissaient des bénéfices, et l'on n'avait aucun moyen de s'opposer à cet abus.

Le mariage clandestin se faisant sans aucune cérémonie religieuse, sans la bénédiction nuptiale, n'était donc pas un sacrement, mais un contrat purement humain, où l'Église n'avait aucune part. Il était donc essentiel que le concile exigeât que tous les mariages des chrétiens fussent revêtus du sceau de la religion et fussent élevés à la dignité de sacrement. On prétend que l'Église n'a pu établir la clandestinité pour empêchement dirimant; mais il y a dans le mariage le sacrement et le contrat civil. Si les princes peuvent défendre à leurs sujets le contrat civil, leur tracer les règles, les principes suivant lesquels on doit les rédiger; s'ils peuvent déclarer les personnes qui sont habiles au mariage et celles qui ne peuvent se marier, l'Église a bien sans doute le même droit; elle a bien pu déclarer nuls et invalides les mariages où l'on n'aurait pas observé les rites et les cérémonies dont elle a prescrit l'observation. Le mariage contracté entre le ravisseur et la personne ravie est nul, à moins que la personne ravie n'ait été remise en liberté. On distingue deux sortes de rapt : l'un qui est l'effet de la violence et l'autre celui de la séduction. Le premier a lieu lorsqu'on tire par force ou par menaces une personne d'un lieu où elle était en sûreté pour la remettre dans la puissance du ravisseur. Si une fille mineure était enlevée contre son aveu, bien que du consentement de son père ou de son tuteur, cet enlèvement suffirait pour annuler le mariage. Il serait encore nul quoiqu'elle se laissât enlever volontairement, mais contre le gré des personnes qui ont autorité sur elle. Le mariage d'une personne enlevée par violence, mais qui y aurait donné depuis son adhésion serait nul, à moins qu'elle n'eût été mise en liberté avant sa célébration et hors de la puissance du ravisseur. Quoique le ravisseur puisse épouser sans dispense de l'Église la personne qu'il a ravie, après l'avoir mise en liberté, si elle consent au mariage, il n'en est pas moins soumis à l'excommunication que le rapt lui a fait encourir, et il est obligé de s'en faire absoudre avant de recevoir le sacrement. Le rapt de séduction a lieu lorsqu'on engage un mineur par caresses, promesses, par artifices, à sortir de la maison de son père ou de son tuteur, pour se placer sous la puissance du ravisseur. C'est un véritable empêchement dirimant; car l'on ne doit pas distinguer là où la loi ne distingue pas. La séduction nuit encore plus que la violence à la liberté du mariage. Le premier aliène l'esprit, le second l'aveugle et enchaîne le cœur. Il aveugle tellement les jeunes personnes qu'elles foulent aux pieds les devoirs les plus communs, les vertus les plus précieuses de leur sexe, la pudeur, la chasteté. Terminons ce qui concerne les empêchements dirimants en disant que, lors qu'une personne mariée de bonne foi avec un de ces empêchements, vient à le connaître, elle ne peut plus user du droit que donne aux époux un empêchement tenu et valable; autrement elle se rendrait coupable de fornication. Si le public connaît l'empêchement, les parties doivent se séparer, non-seulement de lit, mais d'habitation, jusqu'à ce qu'elles aient obtenu une dispense et célébré de nouveau leur mariage avec les solennités requises, afin que le public soit certain de la validité de leur union. Si l'empêchement est secret, les parties doivent garder la continence, vivant comme frères et sœurs; mais elles ne sont pas obligées de se séparer d'habitation, ni de se présenter de nouveau devant leur pasteur; mais, après avoir obtenu la dispense, elles se contenteront, pour réhabiliter leur mariage, de renouveler leur consentement réciproque. Les empêchements prohibitifs ou empêchants ne touchent pas à la validité du mariage, mais le rendent seulement illicite, en sorte qu'en se mariant malgré ces empêchements, le sacrement est valide pour le lien, mais la célébration est un très grand péché. Il y a trois empêchements prohibitifs : le vœu, la défense de l'Église, les fiançailles. Les vœux simples de chasteté, de célibat ou d'entrée en religion n'empêchent pas la validité du mariage, mais ils le rendent illicite et criminel. Celui qui s'est lié par des vœux de cette espèce commet un sacrilège chaque fois qu'il use des droits du mariage, à moins qu'il n'ait été relevé de son vœu par une dispense de l'Église. Il n'est excusable que son conjoint exige le devoir du mariage. Ceux que l'on dispense des vœux simples sont soumis à des pénitences convenables, à des bonnes œuvres équivalentes. On ne doit pas faire des vœux de cette sorte sans y avoir mûrement réfléchi et sans avoir pris conseil d'un directeur sage et éclairé. Par la défense de l'Église, on comprend la défense que l'Église fait de se marier ailleurs que dans l'Église paroissiale, sans une permission expresse. La défense que l'Église fait aux excommuniés de recevoir le sacrement de mariage; ce sacrement étant un sacrement des vivants, suppose la vie de la grâce dans ceux qui le reçoivent; on se rendrait coupable de sacrilège et de profanation en le recevant lorsqu'on est lié par l'excommunication. L'Église défend aussi de se marier depuis le premier dimanche de l'Avent jusqu'au jour de l'Epiphanie inclusivement, et depuis le premier jour de carême jusqu'au jour de Quasimodo aussi inclusivement. Toutefois, pour des causes légitimes, l'Eglise permet de se marier pendant ces temps de pénitence ; mais ceux qui obtiennent ces permissions doivent s'abstenir de toute pompe, de tout éclat, de toute réjouissance ; le mariage doit se faire autant que cela est possible à l'heure où il y a le moins de monde à l'église. L'Eglise défend aussi le mariage des catholiques avec les hérétiques. Cette défense se trouve portée par divers conciles, principalement par ceux d'Elvire, de Laodicée, par le troisième de Carthage et le concile général de Chalcédoine. Chez les Grecs, le mariage n'est pas seulement défendu et illicite, comme dans l'Eglise latine, mais il est nul et invalide. On conçoit la sagesse de cette défense : l'Eglise ne veut pas que les catholiques s'exposent, eux et leurs enfants, au danger de perdre la foi. L'Eglise veut éviter aussi la profanation du sacrement ; car, dans la supposition où les parties en seraient elles-mêmes les ministres, le catholique l'administre et le reçoit d'une personne indigne. Si c'est le prêtre qui en est le ministre, comme nous le croyons, le catholique est cause qu'il l'administre à une personne que son hérésie en rend indigne. Disons ici que le pacte que l'on est d'usage de faire dans ces sortes de mariages d'élever les enfants en partie dans la religion catholique et en partie dans l'hérésie est criminel et abominable devant Dieu. Comment un catholique sincère peut-il convenir de donner une partie de ses enfants au démon ? Par fiançailles on entend une promesse de mariage qui doit avoir lieu dans l'avenir. Tant que cette promesse existe, que les parties ne se sont pas mutuellement rendu leur parole ou que l'Eglise n'a pas déchargé de l'obligation qu'elle entraîne, ceux qui sont liés par cette promesse ne peuvent se marier à d'autres ; et si, comme on le fait dans certains pays, on ajoute le serment à sa promesse, on devient parjure en le violant ; et ni le pape ni les évêques ne peuvent dispenser de cet empêchement ; ils ne le pourraient le faire sans être complices du parjure. Dans de telles circonstances, les parties doivent se rendre volontairement leur parole, ou bien il est nécessaire que l'official décharge une partie pour cause de droit ; s'il n'existe pas une telle cause, il faut qu'il déclare que, par tolérance, la partie est déchargée de sa parole. Ce mot *tolérance* montre que l'Eglise n'en agit ainsi que pour empêcher que ces mariages aient des résultats funestes ; encore même impose-t-elle des pénitences aux parties, parce que sans raison elles violent leur parole et la sainteté du serment. L'Eglise, qui a le pouvoir d'établir des empêchements au mariage, a aussi celui d'en dispenser ; il fait partie du pouvoir des clefs exercé dans l'Eglise, au nom de Jésus-Christ, par les premiers pasteurs, par les évêques, dans l'étendue de leur diocèse, par le pape dans toute l'Eglise. Il y a des dispenses qui sont accordées par l'évêque diocésain ; il y en a d'autres qui sont réservées au pape. Pour les prêtres, aucun ne peut accorder des dispenses, s'il n'en a reçu un pouvoir spécial. Ce pouvoir n'est pas d'ailleurs arbitraire : ceux qui en ont l'exercice ne doivent en user que selon l'esprit de Jésus-Christ, selon les règles, pour le bien et l'édification de l'Eglise et pour le salut des particuliers. Toute dispense qui ne serait pas fondée sur une véritable nécessité, sur la raison du plus grand bien de l'Eglise, serait contraire à l'esprit de la religion. Ainsi, le concile de Trente veut que ceux qui, se sachant parents au degré prohibé, ont néanmoins contracté mariage, soient séparés sans espérance d'obtenir des dispenses, parce que quiconque « méprise témérairement les préceptes salutaires de l'Eglise, ne mérite pas d'en éprouver facilement la bonté. » Si, après avoir observé toutes les solennités requises, on découvre un empêchement dont il est probable que les parties n'ont pas connaissance, l'on pourra accorder, d'après le même concile, la dispense plus aisément et gratuitement. « Pour les mariages à contracter, dit encore le concile, l'on ne donnera aucune dispense des empêchements dirimants, ou l'on n'en accordera que rarement, pour des causes justes et raisonnables, et gratuitement. » Pour ce qui est du second degré de parenté, on n'en donnera jamais de dispense, si ce n'est en faveur des grands princes et pour quelque intérêt public (Concile de Trente, sess. 24, *de reform. matr.*, cap. 5). Si donc il se trouve quelque empêchement dirimant au mariage, bien qu'il soit de ceux dont on peut obtenir la dispense, la règle est de se soumettre à la loi de l'Eglise et de regarder cet empêchement comme une preuve que Dieu ne veut pas que le mariage ait lieu. Des raisons majeures peuvent seules autoriser la demande d'une

dispense. Ceux qui ne consultent que la passion, les intérêts temporels, pour former leur demande, sont très coupables aux yeux de Dieu ; ceux qui les accordent aussi facilement ne le sont pas moins ; car, dans ce cas, comme dit saint Bernard, ils ne dispensent pas, mais ils dissipent (*lib.* 3 *de Considerat., cap.* 4). Pour connaître d'une manière bien certaine les raisons majeures pour lesquelles on peut demander et accorder des dispenses, c'est chose difficile. On ne peut tracer là-dessus que des règles générales. Il est bon d'être instruit de ce que dit à ce sujet le concile de Trente : « Comme il est expédient au bien public, dit-il, de relâcher quelquefois de la sévérité de la loi et de s'accommoder à la nécessité du temps et aux différents accidents qui arrivent, pour procurer même avec plus d'avantage l'utilité commune, aussi dispenser trop souvent de la loi et accorder tout indifféremment à l'exemple plutôt qu'à la considération de la chose et des personnes, ce serait donner une ouverture générale à la transgression des lois. Que tous sachent donc qu'ils sont obligés d'observer les saints Canons exactement et sans distinction, autant qu'il sera possible ; que si quelque raison juste et pressante et quelque avantage plus grand, comme il arrive quelquefois, demandent qu'on use de dispense à l'égard de quelques personnes, il y sera procédé par ceux à qui il appartient de la donner, quels qu'ils soient, avec connaissance de cause, mûre délibération et gratuitement ; et toute dispense accordée autrement sera censée subreptice. » (Concile de Trente, sess. 24, *de reform., cap.* 18.) Quelques siècles avant, saint Bernard avait donné les mêmes règles : « Où il y a, disait-il, une nécessité pressante, la dispense est excusable. Où il y a une utilité évidente, je dis utilité commune et non pas utilité propre, la dispense est louable. Où il n'y a ni utilité ni nécessité, ce n'est pas une dispensation fidèle, mais une cruelle dissipation. » (*Lib.* 3 *de consider., cap.* 4.) Les dispenses sont nulles lorsqu'elles sont obreptices et subreptices. Elles sont obreptices lorsque le fait que l'on expose pour les obtenir est faux en partie ou dans son entier ; elles sont subreptices lorsqu'on a supprimé dans la supplique quelque chose de vrai que l'usage ou le droit exige que l'on exprime. S'il n'y a pas d'empêchements au mariage, ou s'ils sont levés par une dispense et lorsque les parties se sont préparées à la réception de ce sacrement par la prière, la confession, la divine nourriture de l'eucharistie et bonnes œuvres , le mariage est célébré en face de l'Eglise, par le propre curé des parties contractantes, en présence de deux ou trois témoins, et l'acte de mariage est retenu par le curé sur un registre particulier. L'évêque de chaque diocèse a le pouvoir de célébrer le mariage de ses diocésains résidant dans son diocèse ; il peut aussi permettre que le mariage ait lieu devant tout prêtre à qui il juge convenable de confier le pouvoir d'administrer ce sacrement. Le curé dans chaque paroisse peut aussi déléguer pour cette cérémonie les vicaires ou de simples prêtres habitués de sa paroisse ; il peut aussi autoriser à cet effet un prêtre étranger à sa paroisse ; mais, dans ce cas, le curé doit être présent à la célébration du mariage, ou donner sa permission par écrit. Par le propre curé des parties, on entend celui du lieu où elles demeurent ordinairement. Si une personne fait sa résidence dans un lieu pendant un certain temps de l'année et ailleurs pendant une autre partie de l'année, c'est le curé du lieu où elle fait ses pâques, où elle a coutume de se dire domiciliée dans ses actes, où elle a son principal établissement, qui célèbre le mariage. Si les deux parties ne sont pas de la même paroisse, le concours des deux curés est nécessaire, mais le curé qui délivre le certificat de la publication des bans donne par là même son consentement au mariage et y concourt suffisamment. Lorsque les parties obtiennent la dispense des trois bans, ce qui est très rare, le mariage célébré par l'une des deux parties est valable ; on présume avec raison que l'évêque l'a approuvé par la dispense des bans. Comme il est le premier pasteur des pasteurs, son consentement équivaut à celui des deux curés. Si les bans n'ont été publiés que dans la paroisse de l'une des parties dont le curé a célébré le mariage, dans ce cas ce mariage serait nul, d'après certains auteurs, comme infecté du vice de clandestinité ; le mariage étant célébré par un des deux curés à l'insu de l'autre, il ne serait pas vrai, comme le prescrit le concile de Trente, que les parties seraient mariées devant leur propre curé ou avec sa permission. L'omission d'une solennité requise entraîne la violation de la loi et la peine de nullité. Quelques auteurs prétendent que cette nullité n'affecte que le mariage des mineurs et non ceux dont les deux parties sont majeures ; mais le concile n'ayant pas fait de distinction entre les majeurs et les mineurs et exigeant dans tous les cas la présence du propre curé des parties, il semblerait que, lorsque le curé de l'une d'elles n'a pas concouru d'une manière quelconque au mariage, ce mariage est frappé de nullité. Le curé des mineurs est celui de leurs pères, mères ou tuteurs, lors même que leur domicile de fait serait dans une autre paroisse, mais dans ce cas les bans doivent être publiés dans ce dernier domicile et dans celui des personnes qui ont les mineurs placés sous leur dépendance. Si une personne qui contracte mariage n'a pas six mois de résidence dans une nouvelle paroisse, son propre curé est celui de la paroisse où elle habitait avant le changement de résidence; si elle change de diocèse, le propre curé est celui de son ancienne habitation, s'il ne s'est pas écoulé un an depuis qu'elle a changé de domicile. Si, par état ou par profession, cette personne n'a aucun domicile, on doit alors, suivant le concile de Trente (sess. 34, cap. 7, de reform.), s'adresser à l'évêque de la partie qui en a un, pour lui demander la dispense du défaut de domicile; mais l'évêque ne peut l'accorder qu'en connaissance de cause et après une information pour s'assurer de la vérité des faits exposés. La dispense n'est accordée que sous la condition que l'évêque n'a pas été trompé. S'il l'a été, le mariage peut être déclaré nul. Si les deux parties sont girovagues, c'est-à-dire sans domicile, elles doivent se présenter devant l'ordinaire du lieu où elles se proposent de se marier. C'est ce que les rituels, pour la plupart, prescrivent. Si le propre curé des parties est suspend, interdit, excommunié, hérétique, schismatique, on doit recourir à l'évêque diocésain ou à un autre prêtre, commis par l'évêque pour bénir les mariages des paroissiens des prêtres frappés de censure. Néanmoins, si le curé n'avait pas été déposé de sa cure, ni dépouillé de son titre, le mariage qu'il bénirait serait valable; mais le curé intrus, qui n'est pas curé par la force du droit, qui n'a pas d'institution canonique de l'évêque légitime, qui n'est pas en un mot envoyé par l'Église, qui ne lui a donné aucun pouvoir, ne peut par conséquent agir en curé, ni rendre par sa présence un mariage valide. Le concile de Trente ne s'est pas contenté d'ailleurs de frapper de nullité les mariages contractés devant d'autres prêtres que le propre curé des parties; il a puni par la suspence tout prêtre qui, sans autorité, administrerait la bénédiction nuptiale à des parties dont il ne serait pas le curé, et sa suspence dure jusqu'à ce qu'il ait obtenu l'absolution du curé qui devait célébrer le mariage. Le concile de Trente exige aussi, pour la validité du mariage, la présence de deux ou trois témoins. Le concile ordonne aussi, mais sans y attacher la peine de nullité, que les curés tiendront un registre sur lequel ils inscriront les noms des contractants, ainsi que le jour et le lieu où le mariage aura été célébré.

Expliquons ici quelques-unes des cérémonies qui accompagnent et suivent le mariage. Les parents accompagnent les futurs à l'église, pour montrer que le mariage se fait de leur bon gré. Cet usage est fort ancien dans l'église, ainsi qu'on le voit dans un concile de Carthage (4 ch. 11). La jeune fille porte une guirlande ou couronne de fleurs sur la tête, comme une marque de la virginité qu'elle a conservée et des victoires qu'elle a remportées sur la chair (saint Chrysost. Hom. in, 1 Cor., c. 3). Le prêtre bénit un anneau et le donne premièrement à l'époux, pour témoigner à celui-ci, comme parlent les pères, que l'église scelle et cachette son cœur, par ce sacrement, afin que le nom ni l'amour d'aucune autre femme ne puissent y entrer, tant que celle qu'il épouse en ce moment vivra; à son tour le mari met l'anneau à la main de sa femme, afin qu'elle sache que jamais son cœur ne doit recevoir de l'affection pour aucun homme, tant que celui que le Seigneur vient de lui donner pour mari sera sur la terre (Tertullien, lib. 2, ab uxor. Cap. 9, de div. offic. lib. 2). L'anneau est un gage de l'amour et de fidélité inviolable que deux époux se doivent; on n'en donne qu'un pour montrer que la polygamie est défendue (saint Isidor). L'anneau se met à la main, afin que les personnes mariées aient sans cesse sous les yeux le souvenir de la promesse qu'ils se sont faite. L'usage de l'anneau nuptial remonte à la plus haute antiquité chez les Juifs et chez les Païens (Gén. 38, Exod. 35, Isa. 1). En bénissant l'anneau, le prêtre demande à Dieu d'accorder la grâce de son Saint-Esprit à la personne qui doit le porter, afin que, fortifiée à sa vue comme d'une arme puissante, elle puisse résister à toutes les armes de l'ennemi et le considérer comme un gage de la vie éternelle, de l'amour de Jésus-Christ, aussi bien que de celui de son mari. Le mari et la femme se présentent la main l'un à l'autre, pour exprimer comme par un serment de fidélité l'amour réciproque qu'ils vont se jurer, ils se présentent la main droite, parce qu'elle est ordinairement plus forte que la gauche, et que deux mains droites jointes ensemble ont été de tous les temps, chez tous les peuples, le symbole de la fidélité, de là vient cet usage antique de jurer per dexteram. Le mari met sa main sur celle de sa femme pour montrer qu'il est le chef de sa femme, qu'elle lui doit être soumise, qu'il doit lui garder une fidélité inviolable. «Avec quel front, dit Grégoire de Nazianze, voulez-vous exiger la pureté de vos femmes, si vous êtes un impudique? Comment leur demandez-vous ce que vous ne leur donnez pas? Voulez-vous qu'elles soient chastes, comportez-vous chastement envers elles.» La coutume de se donner ainsi les mains droites dans les mariages est aussi très ancienne; l'Ecriture nous dit que, Raguel en mariant sa fille Sara avec le jeune Tobie, prit la main droite de la jeune fille et la mit dans la main droite du jeune homme. C'est en se tenant ainsi la main l'un à l'autre, que les époux se font les promesses solennelles de leur mariage, qui les obligent à quatre choses principales; la première, la fidélité; la seconde, l'amour réciproque, la troisième, la chasteté conjugale; la quatrième, l'éducation des enfants. Dans ces promesses sont compris la communauté des biens, les secours et assistances réciproques. L'église oblige les époux à répondre et à la demande que le prêtre fait aux parties, si elles ne reconnaissent et ne jurent pas devant Dieu et en face de l'église, de prendre tel ou telle pour son époux ou son épouse, pour s'assurer que la plus entière liberté règne dans leur mariage. L'étole que dans certains diocèses, le prêtre met sur les mains des parties comme pour les lier, marque que le lien du mariage est indissoluble. Le prêtre unit ensuite en ces termes les parties, je vous conjoins au nom du Père, du Fils et du Saint-Esprit. Ces paroles, suivant les pères, montrent que ce qui est fait sur la terre est ratifié au ciel, et que c'est Dieu qui forme ce nœud indissoluble. Aussi le prêtre, comme ministre de Jésus-Christ, use de ces expressions: que l'homme ne sépare pas ce que Dieu a uni. Quelle est belle et touchante la bénédiction du prêtre sur les époux; elle rappelle celle que Dieu donna au commencement du monde à Adam et à Eve; nous voyons aussi dans l'Ecriture, que Jacob reçut la bénédiction de son père Isaac, au moment où il allait chercher une épouse, et Raguel en mariant Sara avec Tobie, les bénit, en se servant des expressions que l'église répète encore aux personnes qui se marient, que le Dieu d'Abraham, le Dieu d'Isaac, le Dieu de Jacob soit avec vous, que lui-même vous unisse, et qu'il accomplisse sa bénédiction en vous. Après la bénédiction nuptiale, les nouveaux époux assistent au saint sacrifice, suivant une coutume qui nous vient des apôtres, ainsi que l'insinuent dans leurs écrits le pape Evariste au Ier siècle et Tertullien dans le IIe siècle. En assistant au divin sacrifice, les époux rendent les promesses qu'ils ont faites plus saintes et plus vénérables, étant comme scellées du sang du Fils de Dieu. Ils couronnent et accomplissent la grâce du mariage par la participation, sinon réelle et effective comme autrefois au sacrifice, du moins spirituelle. On étend pendant la messe le voile sur la tête des mariés, pour faire entendre suivant Tertullien et saint Isidore, que la femme doit être soumise à son mari, et selon saint Ambroise, que les plus précieux ornements d'une femme sont la pudeur et la modestie; ce voile marque suivant d'autres pères, les soins et les embarras du mariage, qui, semblables à une grosse et pesante nuée, viennent fondre sur leur tête, il signifie aussi la protection de la grâce divine à l'ombre de laquelle les mariés seront préservés de tout ce qui pourrait porter atteinte à la sainteté et postérité de leur alliance. Saint Ambroise fait remonter l'institution du voile au moment où Rébecca voyant Isaac son mari, commence de se couvrir et voile le visage, pour montrer que la pudeur doit toujours devancer le mariage. Si l'on étend le voile sur le mari, c'est pour lui montrer, dit saint Isidore, qu'il doit avoir de grand égards pour la pudeur de sa femme et traiter son corps avec honneur et respect et qu'il prend sa part aux charges du mariage. Dans toutes les parties du mariage, l'Eglise remet devant les yeux des époux la sainteté de l'union qu'ils viennent de contracter, la principale fin du mariage, qui est de donner des enfants à Dieu et à l'église, l'indissolubilité du mariage. L'alliance de Jésus-Christ avec son église que ce sacrement représente, l'union des cœurs des époux en Dieu et pour Dieu, leurs devoirs réciproques, et particulièrement ceux de la femme à qui l'église souhaite que le joug qu'elle s'impose, soit un joug d'amour et de paix et à qui aussi elle propose pour modèle toutes les femmes saintes et vertueuses de l'Ancien-Testament. Le jour du mariage est un jour saint que l'église défend de profaner par des divertissements contraires à l'esprit de religion ; un festin où les parents et les amis sont invités n'est pas interdit. Notre Seigneur l'a lui-même autorisé, en assistant aux noces de Cana. On peut donc se réjouir mais d'une manière chrétienne ; mais en n'oubliant pas que l'intempérance, les danses, les chansons profanes, les paroles et les actions licencieuses sont toujours condamnées par l'Église, dans les temps de noces comme dans les autres. Dans plusieurs pays, on bénit après le mariage le lit nuptial, c'est le prêtre qui fait cette touchante et instructive bénédiction, afin d'éloigner tous les esprits immondes et munir les nouveaux mariés contre la malice de Satan, qui s'efforce par tous les moyens de troubler le repos et le salut des hommes ; elle est encore établie pour réprimer l'ardeur de la concupiscence, afin que les mariés se conduisent avec une modestie vraiment chrétienne et rendent leur couche honorable. Cette bénédiction a lieu pour mettre les fondements d'une sainte amitié entre les époux, et pour leur montrer que tout doit être rempli de bénédictions chez eux, et que le diable ne doit y avoir aucune part. Lorsqu'on a lu dans le livre de Tobie, que le démon de l'impureté Asurodée avait égorgé les sept premiers maris de Sara, et que sa puissance fut arrêtée par l'ange Raphaël, et par les prières des deux jeunes mariés, on s'explique très bien et l'on trouve bien naturelle la bénédiction du lit nuptial par les prêtres, qui sont, ainsi que le dit l'Écriture, les anges visibles du Seigneur, et dont les prières énervent les efforts du malin esprit et les rendent inutiles et sans effet.

Le mariage, validement contracté, est indissoluble. Notre Seigneur l'a ainsi décidé en disant : que l'homme ne sépare pas ce que Dieu à uni. (Math., ch. 19, v. 6). Nous avons déjà traité cette matière en parlant du divorce, nous nous bornerons seulement ici à montrer par la tradition que l'église n'a jamais varié sur ce point, qu'elle a toujours professé le dogme de l'indissolubilité du lien conjugal : « Une femme mariée est liée, dit saint Paul, par la loi du mariage à son mari ; mais à sa mort, elle est dégagée du lien qui l'unissait à lui. Si donc elle épouse un autre homme, elle sera tenue pour adultère. (Rom., 7, v. 2, et suiv.). » Ce même apôtre, dit encore : « la femme est sous le joug du mariage, tant que son époux est vivant ; quant à ceux qui sont mariés, ce n'est pas moi, mais le Seigneur qui leur fait ce commandement, qui est, que la femme ne se sépare pas de son mari, que si elle s'en sépare, qu'elle demeure sans se marier, ou se réconcilie avec son mari, et que le mari reste pareillement avec sa femme. (1 Cor., ch. 7, v. 10). » Les canons des apôtres qui sont de la plus haute antiquité, proscrivent le divorce en ces termes. « Si un laïque, y est-il dit, après avoir renvoyé sa femme en prend une autre, ou épouse une femme séparée de son mari, il doit être exclu de la société des fidèles. « La femme, dit saint Jean-Chrysostôme, est sous la loi ; et de même que l'esclave fugitif traîne partout avec lui la chaîne de son maître, ainsi une femme qui abandonne son mari, au lieu de chaîne, a une loi qui la suit, l'accuse d'adultère, condamne même ceux qui l'accueillent, et lui crie : il vous reste un époux ; car si vous faites ce us adultère ; car la femme est soumise à la loi du mari tant qu'il vit, et quiconque l'épouse, est un vil adultère (tom. 5). » Saint Augustin dit aussi : « Une femme ne peut devenir l'épouse d'un second mari avant la mort du premier, elle ne cesse d'être l'épouse du premier qu'à sa mort, et non pas s'il tombe dans l'adultère, car une femme peut bien, pour cause d'adultère, se séparer de son mari ; mais elle ne peut rompre le lien qui l'attache à lui, quand même elle ne se réconcilierait jamais avec lui. (De adult., cap. 5).» Du temps de ce père, comme de nos jours, on prétendait que les évangélistes se contredisaient sur ce point et que si, de saint Marc et de saint Luc, il résulte que le divorce n'est aucunement permis, on pourrait induire du texte de saint Mathieu, qu'il l'est pour cause d'adultère ; mais saint Augustin remarque très judicieusement, que, bien que les évangélistes emploient diverses expressions, ils ne se contredisent pas, et que le passage de saint Mathieu s'explique par ceux de saint Marc et de saint Luc. Aussi comme il est dit dans ces deux évangélistes, que tout homme qui répudie sa femme pour se marier avec une autre est adultère, il faut conclure que l'adultère même ne donne ce droit à un homme, mais l'autorise seulement à se séparer de corps d'avec sa femme. Saint

Jérôme et beaucoup d'autres pères ne sont pas moins formels que saint Augustin ; il n'est pas un seul pape qui n'ait improuvé et condamné le divorce, on le verra par les écrits qui nous restent de ceux qui ont eu à se prononcer sur cette matière. On sait avec quelle force Nicolas Ier, résista au divorce de Lothaire ; Léon IV et Célestin III, s'opposèrent au divorce que Philippe-Auguste voulait faire de la reine Ingelburge. En 303, le concile d'Elvire ordonna que les femmes qui auraient abandonné leurs maris et se seraient unies à d'autres, seraient privées de la communion à la mort (Canon, 8). Le concile d'Arles, en 314, rappelle aux fidèles qui surprennent leurs femmes en adultère, qu'il leur est défendu de se remarier à d'autres, quoique la loi civile le leur permette. Le concile de Milève en Afrique, célébré en 416, et où saint Augustin se trouva, s'exprime ainsi : « Il nous a plu, suivant la doctrine des apôtres et de l'Evangile, que ni le mari renvoyé par sa femme, ni la femme renvoyée par son mari n'épousent d'autres personnes ; qu'ils restent au contraire dans cet état, ou qu'ils se réconcilient (Can., 17). » Les Grecs ont professé pendant les huit premiers siècles, comme les latins, le dogme de l'indissolubilité du lien conjugal, ainsi que le prouvent les ouvrages des divers pères Grecs ; mais les différents schismes qui ont déchiré l'église grecque et l'ont séparée de l'église romaine, affaiblirent plusieurs points de l'ancienne foi, et notamment celui de l'indissolubilité du lien conjugal, qu'ils permirent de rompre pour cause d'adultère. Cette déviation des principes catholiques, fut aussi un résultat des lois civiles publiées par les empereurs, qui, pour ménager les sentiments des païens tolérèrent le divorce. Aussi cette conduite de leur part fut souvent l'objet des censures des évêques, et c'est à ce sujet que saint Jérôme disait : *les Césars font des lois, Jésus-Christ fait les siennes et Paul et Papinien n'ont pas la même jurisprudence.* (Ep., 84, *ad ocean*). Cependant lorsque deux époux consentent volontairement et librement à entrer dans un ordre religieux, ils peuvent se séparer, si l'un des deux seulement contractait l'engagement religieux, le lien du mariage subsistant toujours on n'admettrait pas l'autre à la confession religieuse. Pareillement un homme marié n'est pas promu aux ordres sacrés, si la femme de son côté ne fait pas vœu de continence ; si un mariage n'a pas été consommé, alors un des conjoints peut embrasser la vie religieuse sans le consentement de l'autre qui devient libre, mais si au lieu d'entrer dans un ordre religieux, il se faisait promouvoir aux ordres sacrés, il devrait être déclaré suspens de ses ordres et condamné à revenir avec sa femme. La raison qu'en donne Jean XX, c'est que ni la loi divine, ni la loi ecclésiastique n'ont donné à la promotion aux ordres sacrés l'effet de pouvoir dissoudre le mariage. (Extravag. cass. unic. de voto et vit. rédempt.). Nous avons dit dans notre article sur le divorce, que la loi civile ne permettait plus en France la rupture du lien conjugal, il semble toutefois qu'elle le tolérerait dans le cas de la condamnation à la mort civile. Le conjoint du mort civilement pourrait convoler à de secondes noces ; mais en abolissant le divorce, le législateur a sans doute en l'intention d'empêcher la rupture du lien conjugal. Par conséquent, il a du moins virtuellement mis un obstacle insurmontable, par la loi abolitive du divorce, au mariage des conjoints des condamnés à la mort civile. Si ces derniers pouvaient se remarier, la loi naturelle serait également violée, puisque la loi civile dissoudrait un contrat qui ne peut être brisé que par la mort naturelle ; l'institution divine du mariage serait violée, puisque l'homme séparerait ce que Dieu a uni ce qui est défendu à l'homme. La loi civile qui autoriserait un homme ou une femme mariés à abandonner son conjoint dans le malheur, serait une loi cruelle et barbare. C'est lorsqu'une personne est dans l'affliction qu'elle a surtout besoin des consolations, des secours du conjoint, que la nature et la religion lui ont donné pour supporter les chagrins et les douleurs de la vie.

Dieu étant l'auteur du mariage, comme nous l'apprenons par l'Ancien Testament et le Nouveau, où nous voyons que notre Seigneur demanda aux Pharisiens s'ils n'avaient pas lu qu'au commencement Dieu créa un homme et une femme, et notre Seigneur ayant lui-même élevé le mariage à la dignité de sacrement, il s'ensuit que le mariage est un état saint et honorable. Cependant saint Paul nous avertit qu'il viendrait des séducteurs qui condamneraient le mariage et défendraient aux fidèles de se marier, la prédiction ne tarda pas à se réaliser, bientôt parurent les disciples de Simon le Magicien, Basilide, Saturnin, Cerdon, Corpacrate, les sectes des gnostiques, les eucratites, les marcionites, les hiéracites, les manichéens, les adamites, les eustéthiens, les origénistes, les valériens et d'autres qui condamnèrent le mariage et regardaient comme un crime la procréation des enfants. Mais les pères, les plus saints docteurs de l'Eglise, repoussèrent, pulvérisèrent toutes les erreurs, tous les sophismes de ces hérétiques. Ils démontrèrent la sainteté du mariage en montrant surtout que Dieu l'a institué dès la naissance du monde avant le péché. A tous les réprobateurs du mariage ils opposaient l'exemple de Jésus-Christ qui honora de sa présence les noces de Cana, et la défense qu'il fait de séparer ce que Dieu a uni. (Math. ch. xix, v. 6.) Ils font voir encore que le mariage est destiné à sanctifier les époux, et que les enfants qui en proviennent sont saints. L'apôtre saint Paul donne sans doute à la virginité la prééminence sur le mariage, mais il décide qu'il vaut mieux se marier que de brûler d'un feu impur, que les enfants des fidèles sont saints, qu'une vierge qui se marie ne pèche pas. Il veut le mariage soit honorable et le lit nuptial sans tache. Les pères aussi préfèrent la virginité à l'état de mariage parce qu'elle est plus excellente en elle-même et plus agréable à Dieu, mais ils n'ont jamais dit que le mariage fût un mal. Ils le regardent au contraire comme un état saint, comme un grand sacrement, ainsi que nous l'avons dit plus haut. Ils blâment seulement ceux qui entrent dans le mariage par des vues charnelles et non pour répondre à celles que Dieu s'est proposées en l'instituant. « Nous admirons la virginité, disent les pères du Concile de Gangres et la séparation d'avec le monde, pourvu qu'elles soient jointes à la modestie et à l'humilité, mais nous honorons aussi le mariage et nous souhaitons que l'on pratique tout ce qui est conforme aux divines Ecritures. » Si le mariage n'était pas un état saint, Dieu ne l'aurait pas permis aux hommes, et ceux-ci ne se seraient pas sanctifiés dans cet état. Les anciens patriarches si aimés de Dieu et qu'il favorisa de tant de grâces, étaient mariés. C'est par sa femme qu'Abraham est devenu le père des croyants. Moïse était marié, et cependant il devint le législateur et le conducteur du peuple de Dieu Isaïe fut marié et il devint un grand prophète. La généreuse mère des Machabées fut glorieusement bénie dans les fruits de son mariage. Bien que saint Pierre fût marié, Jésus-Christ le choisit pour être le chef de son Eglise. Si des hommes charnels déshonorent le mariage par une vie déréglée, c'est qu'ils s'éloignent de la fin de son institution ; mais l'abus que l'on fait des meilleures choses n'en rendent pas l'usage modéré, criminel. « On serait injuste de condamner, dit Tertullien, l'état du mariage, parce qu'il y a de mauvais chrétiens qui s'y corrompent et s'y pervertissent. » S'il est difficile de s'y sauver, ce sont nos passions qui font naître ces difficultés. Mais pour que le mariage sanctifie ceux qui sont engagés dans cet état, il faut qu'ils remplissent leurs devoirs envers Dieu, tous les devoirs qu'ils se doivent mutuellement et ceux dont ils sont obligés de s'acquitter envers leurs enfants. Qu'on ne s'imagine pas que l'état du mariage dispense des devoirs de piété, des pratiques de la religion. Ce serait se faire une étrange illusion que de croire qu'une institution sainte qui a Dieu pour auteur et qui a été élevée par Jésus-Christ à la dignité de sacrement, pût affranchir des devoirs que la religion nous impose, où serait alors la garantie de l'existence de la famille contre les passions, elle serait bientôt la proie des vices les plus monstrueux et envahie, bouleversée par toute sorte de désordres. Mais le mariage, loin d'être institué pour favoriser la licence des passions, a pour objet de les réprimer, de les contenir dans les bornes de la vertu et de l'honneur. L'un des premiers devoirs qu'impose le sacrement du mariage aux parents, c'est d'élever leurs enfants dans la vertu et la vérité. Ils répondent devant Dieu des âmes de leurs enfants. On comprend, par les soins que l'éducation des enfants exige, les dangers que présentent les mariages mixtes, c'est-à-dire les unions où une partie est catholique et l'autre hérétique, et comme il est difficile dans ce cas de les élever dans les vrais principes et dans la pratique de la religion, les erreurs du père ou de la mère et le défaut de l'observation de la religion de la part de celui qui est engagé dans les liens de l'hérésie, influent d'une manière bien funeste sur leur avenir dans ce monde et dans l'autre. Aussi on ne saurait trop improuver ces mariages qui ne sont en général déterminés que par l'intérêt ou la volupté. Avec une foi vive et intelligente, on ne contracte pas de pareilles unions. Mais où trouver des termes assez énergiques pour blâmer ces parents insensés, qui consentent que leurs enfants soient éle-

vés dans l'hérésie, et pourquoi les fait-on sortir de cette Eglise sainte qui naquit le jour où naquirent les jours, pour adopter les folles opinions, les turpitudes de moines, de prêtres apostats. Comment des personnes qui se disent catholiques peuvent-elles convenir que leurs enfants soient enrôlés dans les rangs d'hommes qui ne possèdent ni la vérité ni la vie, et cela à une époque où tout ce qu'il y a d'intelligent et de progressif dans le protestantisme converge vers l'Eglise catholique, à une époque où les enfants mêmes de Luther ne craignent pas de jeter des malédictions sur sa mémoire, et de le classer parmi les grands malfaiteurs de l'humanité? Il est vrai que l'Eglise prend les plus grandes précautions pour assurer le bienfait de l'éducation catholique aux enfants issus des mariages mixtes, en demandant à la partie catholique qu'elle s'engage à élever ses enfants dans sa religion. Disons ici, puisque l'occasion s'en présente, que l'humanité et la liberté religieuse doivent la plus grande reconnaissance aux deux derniers souverains pontifes Pie VIII et Grégoire XVI, d'heureuse mémoire, ainsi qu'au vénérable et saint confesseur Clément Auguste, archevêque de Cologne, pour avoir résisté avec force aux entreprises du roi de Prusse Guillaume III, qui, croyant gouverner les consciences comme on administre les intérêts matériels, voulait imposer le joug de l'hérésie à ses sujets catholiques et les forcer à élever leurs enfants dans une religion différente de la leur. Ajoutons pour compléter ce que nous voulons dire au commandement sur le devoir des parents envers leurs enfants qu'ils ne sauraient leur inspirer un trop grand amour de Dieu, qu'ils sont obligés également de les instruire dans la religion et de les former à leur prière, et d'exciter en eux des sentiments d'amour, d'adoration et de reconnaissance, qu'ils doivent les prévenir de bonne heure contre le mensonge et la duplicité, leur rappeler souvent les vœux de leur baptême, leur rappeler souvent combien tout ce qu'ils voient dans le monde y est contraire et condamné par les maximes de l'Evangile, écarter loin d'eux tout ce qui pourrait corrompre leurs cœurs, les adresser à des confesseurs prudents, éclairés, qui leur donnent de sages avis, les diriger dans la lecture des livres, leur demander compte de ceux qu'ils lisent, leur interdire toute lecture frivole ou immorale, comme celle des comédies, des romans, toute chanson profane, aussi les punir avec sévérité lorsqu'ils sont indociles, obstinés, emportés, menteurs d'habitude, gourmands, etc. Nous ne nous étendrons pas davantage sur les devoirs des parents, en ce qui concerne leurs enfants, nous avons déjà traité cette matière au mot éducation, et le lecteur peut y revenir. Les Pères de l'Eglise et beaucoup d'écrivains catholiques ont d'ailleurs traité, et pour ainsi dire épuisé cette matière.   P. de P.

MARIALES (XANTES), dominicain vénitien, d'une famille noble, enseigna quelque temps la philosophie et la théologie. Il se renferma ensuite dans son cabinet sans vouloir aucun emploi dans son ordre, pour se livrer entièrement à l'étude, il mourut à Venise en 1660, à plus de 80 ans. On a de lui plusieurs ouvrages de théologie dont le plus connu est en 4 vol. in-fol. Il parut à Venise en 1669, sous le titre de *Biblioteca interpretum ad universam summam de Thomæ*. Le prolégomène *contra novatores*. qui est à la tête du premier volume, a été mis à l'index par un décret du 20 juin 1662 ; 2° plusieurs déclamations en italien contre la France, lesquelles attirèrent de fâcheuses affaires à l'auteur, et le firent chasser deux fois des états de Venise.

MARIAMNE, fille d'Alexandre, fils du roi Aristobule, et d'Alexandra, fille du grand sacrificateur Hyrcan, épousa Hérode-le-Grand, dont elle eut Alexandre et Aristobule. Le roi l'aimait éperdument. Sa beauté et sa faveur excitèrent l'envie ; ses ennemis vinrent à bout de la perdre dans l'esprit de son mari. Elle fut accusée faussement de lui avoir manqué de fidélité. Ce prince, ombrageux, cruel et crédule, la fit mourir 28 ans avant J.-C., et en conçut ensuite un repentir si vif qu'il en perdait l'esprit dans certains moments, jusqu'à donner ordre à ceux qui le servaient d'aller quérir la reine pour la venir voir et le consoler dans ses ennuis. Hérode se remaria à une princesse nommée aussi MARIAMNE, fille de Simon, grand sacrificateur des Juifs ; mais cette princesse fut envoyée en exil, sur l'accusation d'avoir conspiré contre le roi son époux.

MARIANA (JEAN), né à Talavera, dans le diocèse de Tolède, en 1537, entra chez les Jésuites en 1554, et devint dans cette savante école un des plus habiles hommes de son siècle. Il savait les belles-lettres, le grec et l'hébreu, la théologie, l'histoire ecclésiastique et profane. Il enseigna à Rome, en

Sicile, à Paris et en Espagne avec réputation, et mourut à Tolède le 16 février 1624, à 87 ans. On a de lui une Histoire d'Espagne (*Hist. de rebus hispaniæ*), en 30 livres qu'il traduisit lui-même du latin en espagnol. La meilleure édition du texte espagnol est celle de 1678, Madrid, en 2 vol. in-fol., elle est conforme à celle de 1608, ibid., 2 vol. in-fol., à laquelle Mariana avait présidé. Les éditions latines de l'histoire de Mariana, sont celles de Tolède, 1592, in-fol., qui ne contient que 20 livres; de Mayence, en 1605, en 2 vol. in-4°, et de la Haye, en 1733, en 4 vol. in-fol. Celle-ci est effacée par une plus belle et plus correcte, faite à Madrid en 1819. Nous en avons une traduction française par le père Charenton, jésuite, imprimée à Paris en 1725, en 6 vol. in-4°. Mahudel y a ajouté une dissertation historique sur les monnaies antiques d'Espagne. Mariana, comparable aux plus fameux historiens de l'antiquité, supérieur au président de Thou pour la noblesse et pour l'élégance du style, est encore plus juste et plus impartial que ce célèbre historien. Son histoire ne va que jusqu'en 1516. L'édition de Madrid, que nous avons indiquée, renferme des continuations jusqu'en 1678, *Pedro Mantuano*, Cohon-Truel, Ribeyro de Macedo ont relevé dans Mariana plusieurs fautes contre la chronologie, la géographie et l'histoire : Mais leurs critiques ne sont pas toutes justes. En vain, l'abbé de Mably, dans son traité De la manière d'écrire l'histoire, a tenté de ruiner la réputation de Mariana comme historien, en même temps qu'il avoue ne l'avoir pas lu, inconséquence qui devint plus saillante encore par l'estime extrême de cet abbé pour Tite-Live, dont aucun historien n'a autant approché que Mariana pour le style et la manière; et qui, quant au fonds des choses, montre partout une crédulité et une prévention que l'historien d'Espagne n'a certainement ni surpassées ni égalées. 2° Des scolies ou courtes notes sur la Bible, in-fol. On y trouve une dissertation très savante et très judicieuse sur l'édition de la Vulgate; il y est aussi traité du texte et des anciennes versions de l'Écriture. Cette dissertation se trouve avec l'ouvrage suivant dans l'édition de Menochius, par le père Tournemine. 3° Un traité *de ponderibus et mensuris*, Tolède, 1596, in-8°. Cette édition est rare et fort recherchée. 4° Six opuscules imprimés à Cologne, 1609, in-fol., parmi lesquels se trouve un traité *de moneta mutatione*. Cet ouvrage, où il s'avisa de blâmer les changements qui se faisaient en Espagne dans les monnaies, le fit mettre en prison. Plusieurs écrivains ont mal à propos confondu cet ouvrage avec le précédent. (V. le Journal hist. et litt., 1er octobre 1786, p. 189.) 5° Un fameux traité de *Rege et regis institutione*, Tolède, 1599, in-4°; il y enseigne sur le tyrannicide une doctrine qu'on ne saurait trop condamner, « et a exposé par là, dit Bayle (au mot *Mariana*), les jésuites, surtout en France, à de sanglants reproches et à des injures très mortifiantes que l'on renouvelle tous les jours, qui ne finiront jamais, que les historiens copieront passionnément les uns des autres. » Ce traité fut condamné par le parlement de Paris et censuré par la Sorbonne; mais, avant qu'il n'essuyât aucune flétrissure, les jésuites l'avaient désapprouvé; « notre père général, dit Richeome, dans l'examen de Lanti-Coton, étant adverti, l'an 1610, commanda qu'il fût corrigé, et en eût vu aucun exemplaire sans correction, si les hérétiques, qui pensaient faire leur profit de ce livre, ne l'eussent aussitôt réimprimé. » Du reste longtemps avant lui et avant l'existence de la société, des théologiens d'un nom tout autrement illustre, avaient enseigné la même opinion sur les tyrans. (V. JOUVENCI, SANTAREL.) 6° Un ouvrage en espagnol, touchant les défauts du gouvernement de sa société, qui a été imprimé en espagnol, en latin, en Italien et en français. Mariana, dit-on, ne voulait pas le rendre public; mais un franciscain le lui enleva dans sa prison et le fit imprimer à Bordeaux en 1625, in-8°. Les jésuites lui demandèrent de lui produire l'original en espagnol, que personne ne put jamais montrer, d'où ils conclurent que le livre était pour le moins altéré et défiguré, et que l'éditeur pour cette raison ne l'avait fait exactement qu'après la mort de Mariana. Il est vraisemblable néanmoins, que le fond de l'ouvrage était de lui, et pourquoi n'aurait-il pas cru voir ou même vu réellement quelques défauts dans le régime de sa société! Quel est le gouvernement qui n'en ait pas! Le meilleur est celui qui en a le moins. La vie de Mariana a été écrite par Tamaio de Vargas.

MARIANNES (Archipel des), îles de la Polynésie. La pointe méridionale de Guam, la plus méridionale et la principale des Mariannes qui sont au nombre de 17, se trouve par

13° 10′ de latitude nord et 142° 20′ de longitude est. Toutes les autres îles de l'archipel courent presque directement au N. de Guam, disposées à la suite les unes des autres comme les grains d'un chapelet. Les plus importantes d'entre elles sont : Rotta, Tinian, Saypan, Anatajam, Pagam, Guguan, Alamaguan, Agrigan ou Assomption, Mangs, Gui. Cette chaîne longue d'environ 150 lieues, est située à 110 lieues à l'E. de Luçon. Ses terres sont un mélange de grès, de calcaire, de produits volcaniques et madréporiques. Les unes, comme Guam, Rotta, Saypan et Assomption, sont extrêmement fertiles, quoique leur végétation semble moins puissante, moins vigoureuse, moins splendide que ne l'est ordinairement celle des îles placées comme elles entre les tropiques; les autres offrent pour la plupart un aspect triste et stérile, étant souvent privées d'eau et couvertes de montagnes nues et calcinées. Le point le plus saillant de ce système généralement peu élevé, est le volcan de l'Assomption qui a 1950 mètres de hauteur. La plus haute montagne de Guam atteint à peine 645 mètres. Saypan et Pagan ont encore chacune un volcan; celui de la première paraît être seul en activité. Les terrains de Rotta s'élèvent en amphithéâtre : ailleurs on ne voit guère que des pitons coniques aux flancs escarpés. Guam possède des eaux ferrugineuses. Ces îles sont dévastées à différentes époques de l'année par de violents ouragans, et la chaleur y est constamment accablante, excepté pendant les mois de juillet et d'août, où règnent des brises de mer assez fraîches. Les Mariannes espagnoles, catholiques et dépendantes du gouvernement des Philippines, sont les seules îles réellement civilisées de la Polynésie. A Guam, île de 30 lieues de circuit, des clochers s'élèvent au-dessus de tous les villages et des croix sur tous les promontoires. Agagna, sa capitale, résidence du gouverneur de l'archipel, est une jolie petite ville propre et élégante, avec des rues larges et régulières. Elle compte 2,000 habitants. Guam produit riz, maïs, coton, indigo, cacao, tabac, betel, curcuma, canne à sucre, raisins, cocos, fruits à pain, oranges, citrons, mangues, ananas, pastèques, bananes, ignames, patates, etc. Il n'y avait autrefois aucun mammifère; les Espagnols y ont introduit des chevaux, des ânes, des bœufs, des cochons, des chèvres. On ne porte qu'à 4,500 âmes la population de Guam, et à 6,000 seulement celle de tout l'archipel. Les indigènes ont pris tout-à-fait les mœurs et les goûts des Espagnols; ils sont passionnés pour la musique et pour les combats de coqs; mais ils ont le travail en horreur. Du reste les Mariannais, à quelque race qu'ils appartiennent, sont la population la plus indolente peut-être qui soit au monde, aussi ne tire-t-elle qu'un médiocre parti du sol. Ce fut Saavedra qui prit possession des Mariannes, découvertes et appelées Îles des Larrons, par Magellan. Des missionnaires qui les colonisèrent en 1668, leur donnèrent, en honneur de Marie-Anne d'Autriche, le nom qu'elles portent aujourd'hui. Leur histoire présente une longue série de guerres d'extermination. Un Chinois occasionne des révoltes, des missionnaires sont massacrés, des boucaniers anglais aident les Espagnols dans l'œuvre de destruction des naturels. Il y eut ensuite des révoltes dans la garnison, et en 1693, un terrible ouragan renversa les maisons et déracina presque tous les arbres. Nonobstant ces malheurs, l'archipel était pacifié et chrétien en 1699. Il n'a aujourd'hui pour toute garnison que 150 soldats, et ne rapporte absolument rien à l'Espagne.

MARIANUS SCOTUS, savant moine écossais, né en 1028, se retira en 1056 dans un monastère à Cologne, puis en 1059, dans l'abbaye de Fulde, et mourut à Mayence en 1088, après avoir enseigné pendant quelque temps la théologie à Ratisbonne. Il était parent du vénérable Bède. On a de lui une *Chronique* qui est estimée. Elle va depuis le commencement du monde jusqu'en 1083 de J.-C., et a été continuée jusqu'en 1200 par Dodechin, abbé au diocèse de Trèves.

MARICA, nymphe que le roi Faunus épousa, et de qui il eut Latinus. Elle donna son nom à un marais proche de Minturnes, sur le bord duquel il y avait un temple de Vénus, que quelques-uns confondent avec Marica : cette dernière est, selon Lactance, la même que Circé.

MARIE, sœur aînée de Moïse et d'Aaron, et fille d'Amram et de Jocabed, naquit vers l'an 1578 avant J.-C. Lorsque la fille de Pharaon trouva Moïse exposé sur le bord du Nil, Marie, qui était présente, s'offrit pour aller chercher une nourrice à cet enfant. La princesse ayant agréé ses offres, Marie courut chercher sa mère, à qui l'on donna le jeune Moïse à nourrir. On croit que Marie épousa Hur, de la tribu de Juda; mais on ne voit pas qu'elle en ait eu des enfants.

Après le passage de la mer Rouge et la destruction entière de l'armée de Pharaon, Marie se mit à la tête des femmes de sa nation, et entonna avec elles le magnifique cantique *Cantemus Domino*, pendant que Moïse le chantait à la tête du chœur des hommes. Lorsque Séphora, femme de ce dernier, fut arrivée dans le camp, Marie eut quelques démêlés avec elle, et intéressa dans son différend son frère Aaron. L'un et l'autre murmurèrent contre Moïse; Dieu en fut irrité et il frappa Marie d'une lèpre, dont il la guérit à la prière de Moïse, après l'avoir cependant condamnée à demeurer sept jours hors du camp. Elle mourut près Cadès, vers l'an 1452 avant J.-C., âgée d'environ 126 ans.

MARIE. Assurément quelqu'hésitation est permise à l'écrivain qui doit parler de Marie, la très-sainte et auguste mère du Sauveur. Mais si l'élévation et la difficulté de ce sublime sujet effraient à juste titre notre faiblesse, il y a dans cette grande et douce figure de la reine des anges quelque chose d'ineffable qui nous attire avec un mystérieux et irrésistible attrait. Quel est le cœur catholique qui ne doit pas à ce nom trois fois béni quelques-unes des plus saintes émotions et des plus douces joies de sa vie? Quel est le nom qu'invoquent tous les affligés, qu'implorent tous les faibles, qu'appellent tous les malheureux, et quel est le nom que bénissent tous ceux qui l'ont invoqué? C'est le nom de Marie, la consolatrice des affligés. Aussi quel est le cœur vraiment chrétien qui ne tressaille de bonheur d'entendre ou de redire les gloires et les bienfaits de la reine du ciel? C'est ce doux sentiment de piété filiale qui guide notre plume en ce moment, et ce travail que nous aurions refusé, si nous n'avions consulté que nos moyens, nous l'entreprenons par amour et par reconnaissance. L'histoire de la sainte Vierge ne commence pas à son immaculée conception, elle précède l'existence des siècles. Avant la création de l'univers, Marie était déjà l'objet des complaisances du Très-Haut: elle était déjà présente à ses yeux avec cet assemblage de dons surnaturels, avec cette multitude de grâces et de priviléges qui la caractérisent. Elle était le chef-d'œuvre de Dieu, le type sur lequel il devait former toute la création. Nous voyons dans l'Ecclésiaste (ch. 1.), qu'elle est créée avant tout dans l'esprit-saint, que Dieu seul la comprend, qu'elle est répandue sur tous ses ouvrages, sur toutes choses, selon le partage qu'il en a fait. L'auteur du livre de la Sagesse nous dit (ch. 7), qu'elle connaît les ouvrages de Dieu, les dirige, et qu'elle était présente lorsqu'il formait l'univers. Job nous apprend (ch. 28), que Dieu, l'a vue, l'a découverte, l'a préparée et en a sondé la profondeur lorsqu'il donnait une loi aux pluies, un chemin aux foudres et aux tempêtes. Ainsi donc, ô Marie, Dieu vous a vue lorsqu'il posait la terre sur ses fondements. Il vous a vue comme l'idée sur laquelle il voulait tout régler; vous êtes la règle sur laquelle le reste des créatures a été créé, il vous a découverte aux anges; aux hommes comme le modèle de la perfection. Il vous a préparée pour être la trésorière, la dispensatrice des lumières, des grâces et de la sainteté. Vous êtes donc, ô Marie, le premier, le plus grand de ses ouvrages; à peine le monde est-il tiré du néant, que déjà l'œuvre du Créateur se trouve altérée par la coupable crédulité d'Adam et d'Eve, qui ne surent pas résister aux perfides suggestions du Démon. Mais Marie paraît aussitôt pour réprimer l'orgueil du prince des ténèbres, pour assurer que son triomphe n'aurait pas toutes les suites déplorables qu'il s'imagine, et qu'un jour elle-même ruinera son empire. « Sache, dit le Seigneur parlant au séducteur, que je mettrai une inimitié irréconciliable entre toi et une femme qui t'écrasera la tête, et que tu tâcheras en vain de la mordre au talon (Gen. 3 et 5.).» Toutes les pages de l'Ancien Testament nous parlent de Marie. Ici, ce sont les prophètes qui annoncent ses grandeurs et ses gloires. Là, ce sont des signes, des figures, des grâces merveilleuses, des vertus singulières dont elle sera ornée, et qui l'élèveront au-dessus de toutes les créatures. Isaïe nous dit qu'une vierge concevra et enfantera un fils sans cesser d'être vierge (ch. 7). Jérémie annonce que Dieu a fait sur la terre un nouveau prodige, une femme portera dans son sein un homme parfait, c'est-à-dire, d'après les interprètes, un homme-dieu (ch. 31). Qui est celle-ci qui, semblable à l'aurore, nous annonce le lever du soleil, s'écrie Salomon (cant. 5)? Les pères font observer avec raison que le cantique des cantiques n'est qu'une allégorie continuelle de la mère de Dieu. L'Eglise lui fait aussi une juste application de tout ce qui est dit dans les livres saints de la sagesse créée. A quel être créé, si ce n'est à Marie, pourrez-vous appliquer ce qui est dit dans l'Ecclésiastique? Ce n'est assurément qu'à la reine des anges et des hommes,

qu'à celle qui devait être la mère de Dieu, que le panégyriste inspiré a pu faire dire « qu'elle est née avant toute créature, qu'elle est sortie de la bouche du Très-Haut, que le créateur de l'univers, celui qui l'a créée lui a fait connaître sa volonté et s'est reposé en elle comme dans son tabernacle. Qu'elle a allumé dans les cieux une lumière qui ne s'éteindra jamais, et couvert toute la terre comme d'un nuage, que le Seigneur lui a donné Israël pour héritage et l'empire sur tous les peuples, sur toutes les nations, qu'elle sera tout admirée et glorifiée dans les armées du Seigneur, dans l'assemblée de tous les saints, parmi la multitude des élus et qu'elle sera bénie de tous ceux qui seront bénis de Dieu. » C'est Marie que tous les livres de l'Ancien Testament nous montrent dans le ciel, comme le temple et le tabernacle du Très-Haut, comme une mer immense qui réflète les rayons de la lumière divine, comme le trône auprès duquel tout ce qu'il y a d'élevé dans les célestes demeures s'incline de respect. Au reste tous les prophètes, en nous parlant du fils de Dieu, nous ont parlé aussi de l'être par excellence de la Vierge mère dans le sein de laquelle il devait s'incarner. Il n'est aucun interprète du Saint-Esprit qui n'ait parlé de vous, ô Vierge sainte, s'écrie saint André-de-Crète. Ne soyez pas surpris, dit Sophronius, si tant de personnages s'empressent de publier les grandeurs de Marie, puisque Dieu lui-même en a fait l'éloge dès l'origine du monde. Comme il était nécessaire, disent saint Jean Chrysostôme et saint Grégoire de Nysse, de préparer le monde au mystère ineffable de l'incarnation, il fallait aussi préparer par les prophéties l'esprit humain à croire une mère toujours vierge, une pure créature véritablement mère de Dieu. Toutes les vertus sublimes, tous les traits héroïques, tous les exemples illustres que nous admirons dans les grands personnages de l'Ancien Testament sont autant de figures, ainsi que le remarquent les pères de l'Eglise, des vertus que Marie réunit en elle seule dans un degré éminent. Ainsi Eve créée dans l'état d'innocence, est un symbole de Marie conçue sans péché. Elle nous est représentée par l'innocence d'Abel, par la piété d'Henoc, par la justice de Noé, par la foi d'Abraham, par l'obéissance d'Isaac, par la droiture de Jacob, par la pureté de Joseph, par la douceur de Moïse, par le zèle de Josué, par la force de Samson, par la sainteté de David, la sagesse de Salomon, les douleurs de Job, les larmes de Jérémie, la fidélité de Sara, l'amabilité de Rébecca, la fécondité de Lia, les grâces de Rachel, la beauté d'Asa, la prudence d'Obigaïl, le dévouement d'Esther pour son peuple, le courage de Judith, ses triomphes sur Holopherne, et par la fermeté de la mère des Machabées. Nous reconnaissons encore avec les pères des figures de Marie qui a porté le véritable fruit du salut, dans l'arbre de vie planté dans le paradis terrestre, dans l'arc-en-ciel qui parut après le déluge, parce qu'elle est aussi pour le genre humain un signe de paix et de réconciliation avec Dieu; elle est aussi figurée par l'échelle mystérieuse que vit Jacob, puisque c'est par elle que les hommes montent au ciel. Sa féconde virginité est aussi excellemment représentée par le buisson ardent que vit Moïse, par la verge miraculeuse d'Aaron, une seule, fleurit dans le tabernacle; la toison de Gédéon toute couverte de la rosée du ciel, tandis que toute la terre qui l'environne reste sèche, est, d'après saint Ambroise, une des plus singulières figures de la mère de Dieu. C'est aussi avec raison que les pères trouvent des figures de Marie ornées des sept dons du Saint-Esprit dans le chandelier d'or massif dont les sept branches rendent une lumière éclatante. Vous êtes aussi, ô Marie, l'autel sacré où Jésus s'est offert comme une victime innocente pour le salut des hommes, vous êtes aussi la tour de David à laquelle sont attachés mille boucliers et toutes les armes des plus intrépides guerriers. Vous êtes encore véritablement la porte du ciel, car c'est par vous que nous avons reçu celui qui seul pouvait nous en ouvrir l'entrée. Nous voyons au livre des rois, la reine mère accompagner, presque à chaque règne, le souverain régnant; ne trouve-t-on pas dans ce fait la domination visible de Marie comme mère de Dieu? Le règne des rois chez les juifs était la figure de celui de Jésus-Christ, la mention honorable des reines mères représente la domination secondaire de Marie. L'arche d'alliance, faite d'un bois incorruptible, et qui inspirait une si profonde vénération aux peuples et aux rois, était également une figure bien sensible de la mère de Dieu, à qui l'Eglise donne d'ailleurs ce nom de *fœderis arca*. L'arche contenait la manne, la loi, la verge d'Aaron. Or, n'est-ce pas de Marie que nous tenons la loi, avec l'auteur de la loi, le fondateur du sacerdoce éternel, l'auteur même du salut? Le trône de Salomon d'or pur et d'un ivoire éclatant, dit Pierre Damien, n'en est pas une moindre figure, c'est dans le sein de la Sainte-Vierge, plus précieux que l'or le plus pur, plus éclatant que l'ivoire, que le véritable Salomon a paru comme sur son trône, lorsque le Verbe divin s'est fait chair. On n'ignore pas que les mythologies païennes renfermaient dans leur obscurité des faits des traditions primitives. Or, dans la conception de Minerve sortie du cerveau de Jupiter, il est facile de voir la sagesse créée, et cela est d'autant plus raisonnable, qu'elle fut toujours vierge et qu'on ne lui prêta jamais aucune faiblesse. Parmi toutes les fables que la mythologie nous raconte sur la fille de Jupiter et de Latone, appelée Diane sur la terre, la Lune ou Phébé dans le ciel, et Hécate dans les lieux inférieurs, et qui était la déesse de la chasteté, on reconnaît aisément quelques traits défigurés des traditions primitives sur Marie, qui est la fille bien-aimée de Dieu, qui exerce un empire secondaire au ciel et sur la terre et même au purgatoire, pour en arracher les âmes des justes qui y souffrent pour les péchés qu'ils n'ont pas achevé d'expier pendant leur vie mortelle. On sait que les Gaulois avaient un grand respect pour les prêtresses vierges et que les druides rendaient chez ce peuple, un culte particulier à la Vierge qui devait enfanter. On sait aussi qu'ils élevèrent à Chartres un temple et une image avec cette inscription : à la Vierge qui doit enfanter. Le Puy-en-Velay et Clermont, en Auvergne, prétendent avoir possédé de semblables monuments. Plus de deux mille ans avant Jésus-Christ, Jason, roi des Argonautes, ayant fait construire un temple, l'oracle d'Apollon, interrogé sur le nom qu'on lui donnerait, répondit qu'il serait un jour consacré à la mère de Dieu, ce qui eut lieu effectivement. Le père Canisius, jésuite, rapporte que les Egyptiens, avertis par le prophète Jérémie que leurs idoles seraient un jour renversés lorsqu'une vierge portant un enfant sur ses bras, entrerait dans leur pays, dressèrent des autels à cette vierge, et lui rendirent de profonds hommages. L'antiquité païenne donna le signe symbolique de la Vierge à l'un des douze signes du zodiaque, qui correspond précisément au mois où Marie a reçu une entière glorification. Nous voyons dans les révélations de Catherine Emmerich, si appréciées dans la savante Allemagne, et qui en effet sont dignes de l'être, que les Chaldéens possédaient plusieurs annonces, plusieurs symboles, plusieurs tableaux prophétiques de la Vierge, mère de Dieu, mais qui étaient mêlés aux inventions de Satan. Mais enfin les ombres, les figures vont disparaître et faire place à la réalité; le temps où le mystère de l'incarnation devait s'accomplir s'approchant, Dieu résolut de donner au monde la Vierge, dans le sein de laquelle son fils unique allait prendre un corps et une âme semblables aux nôtres. Il existait à Nazareth, ville de la Galilée, deux époux avancés en âge, Joachim, appelé aussi Héli, et Anne, tous les deux de la tribu de Juda et de la race royale de David. Ils se faisaient remarquer par une profonde piété et par une vive confiance dans l'accomplissement des divines promesses. Il y avait plus de vingt ans qu'ils étaient mariés, et malgré la ferveur des supplications qu'ils ne cessaient d'adresser au Seigneur, ils n'avaient eu encore aucun enfant. Anne supportait non sans peine, quoique avec une entière résignation à la volonté de Dieu, l'opprobre que sa stérilité lui attirait dans Israël. Mais le Seigneur eut pitié de son humble servante. Au moment marqué dans ses conseils, une pieuse tradition, conservée par les pères de l'Eglise, nous apprend que les deux saints époux furent avertis séparément par un ange qu'ils auraient bientôt une fille qui serait la gloire d'Israël et la consolation de son peuple. Effectivement, le huit décembre de la même année elle fut conçue dans le sein d'Anne, sans participer à la souillure commune. Aussi est-elle, comme l'enseigne l'Eglise, le jardin fermé et la fontaine scellée du cantique des cantiques (ch. 4, v. 12), dont Catherine Emmerich, que nous avons nommée plus haut, vit dans une de ses visions deux représentations dans un temple des Chaldéens. Marie est le temple de l'adorable Trinité, elle ne pouvait donc être assujettie à la loi qui nous rend tous coupables dans le sein de nos mères. *Non pro te lex constituta est.* Marie, choisie de Dieu de toute éternité et préférablement à toutes les autres créatures, pour être la mère de son fils, devait nécessairement être exempte du péché originel, pour être digne de sa haute destinée. Nous ne reproduirons pas ici la doctrine de l'Eglise sur l'immaculée conception. Nous ne pourrions que répéter ce qu'a déjà dit dans ce recueil l'écrivain distingué qui a traité cette matière, nous dirons seulement que la croyance à l'immaculée conception de

Marie est chère à tous les catholiques, qu'ils y sont attachés du fond de leurs entrailles, si je puis m'exprimer de la sorte, et que le plus beau jour de leur vie sera celui où l'Eglise en fera un article de foi. Remarquons néanmoins que Marie fut non-seulement exempte du péché originel dès le premier moment de sa conception, mais que devant être mère de Dieu, médiatrice des hommes auprès de son divin fils, et la reine du ciel et de la terre, elle reçut aussi, dès ce premier moment, une grâce supérieure à celle de tous les anges et de tous les saints réunis. Suivant saint Paul (1, cor. ch. 3, v. 6), et saint Thomas (3, p. 9, 27, a. 5, ad. 1), le Seigneur donne à chacun une grâce proportionnée à la dignité qu'il lui destine. Il convenait donc que Marie fût ornée dès le premier instant d'une existence d'une grâce immense et d'un ordre supérieur à la grâce du reste des hommes, et à celle des anges dont elle fut aussi la médiatrice, puisqu'elle accéléra par ses prières la venue de Jésus-Christ, qui leur mérita la grâce de la persévérance. C'est donc avec raison que les pères nous disent que la grâce ne descendit pas goutte à goutte en Marie comme dans les autres saints, mais comme la pluie sur une toison. Que l'âme de Marie, semblable à une toison, reçut heureusement toute la rosée de la grâce sans en perdre une seule goutte. Marie déclare elle-même dans l'Ecclésiastique, ainsi que l'explique saint Bonaventure (serm. 3, de b., v.), qu'elle possède pleinement ce que les autres saints n'ont qu'en partie. C'est pour le même motif que le prophète-roi a dit, que les fondements de cette cité de Dieu seraient posés sur les montagnes, c'est-à-dire d'après les interprètes que les commencements de la vie de Marie seraient plus riches en grâces que les dernières années des saints (ps. 28). C'est dans le même sens qu'Isaïe, s'élevant par l'esprit prophétique, dans les siècles à venir, s'écriait que la montagne de la maison du Seigneur s'élèverait sur le sommet de toutes les autres montagnes, et que les nations y accourraient en foule (ch. 2, v. 2). Aussi les pères enseignent-ils que Marie est la montagne que Dieu a choisie pour sa demeure, et qu'elle a été si élevée en sainteté qu'il ne convenait pas à Dieu d'avoir une autre mère, ni à Marie d'avoir un autre fils que Dieu. Mais en recevant dans le sein de sainte Anne la grâce sanctifiante, Marie reçut également le parfait usage de la raison avec une lumière divine correspondante aux grâces dont elle était enrichie, de telle sorte qu'aussitôt que son âme fut unie à son corps, elle reçut toutes les lumières nécessaires pour connaître la beauté de la vertu, l'infinie bonté de Dieu et tous ses titres à l'amour des hommes et au sien en particulier, à cause des grâces et des privilèges immenses dont il l'avait favorisée. Aussi, dès ce moment, Marie ne cessa pas un seul instant, soit pendant les neuf mois qu'elle resta dans le sein de sa mère, soit durant sa vie mortelle, d'aimer Dieu de toutes ses forces et de s'appliquer à lui plaire, et de se conformer à sa volonté et de s'unir à lui par de fervents actes d'amour. Aussi Marie est-elle comparée au platane planté le long des eaux. Plante du Seigneur, elle crut toujours au courant des grâces divines. Elle est également comparée à la vigne qui s'accroît sans cesse jusqu'à ce qu'elle atteigne la cime de l'arbre auquel elle est attachée, de même Marie s'éleva continuellement de perfection en perfection, toujours unie à Dieu, son unique soutien. Ajoutons que l'âme qui possède une habitude de vertu, lorsqu'elle est fidèle à correspondre aux grâces actuelles qu'elle reçoit de Dieu, produit toujours un acte égal en intensité à l'habitude qu'elle possède, de sorte qu'elle acquiert chaque fois un nouveau et double mérite égal à la somme de tous les mérites acquis jusqu'alors. Cette augmentation, disent les théologiens, fut accordée aux anges, quand ils étaient dans la voie, elle fut certainement accordée à Marie pendant sa vie terrestre, et principalement lorsqu'elle reposait dans le sein de sa mère. A chaque moment Marie doubla les grâces sublimes qu'elle avait reçues, parce qu'elle y correspondait parfaitement à chaque que d'elle faisait, elle doubla donc par suite ses mérites à tout instant, réjouissons-nous donc de la naissance de Marie qui eut lieu le 8 septembre de l'année 3985, et qui apporta au monde des trésors infinis de grâce, de mérite et de sainteté; oui, réjouissons-nous de ce qu'elle naquit si sainte, si chère à Dieu et si pleine de grâces, réjouissons-nous en, puisqu'elle vint au monde non-seulement pour elle, mais encore pour notre avantage. Exacts et fidèles observateurs de la loi, saint Joachim et sainte Anne ne manquèrent pas d'en remplir toutes les prescriptions; le jour de la cérémonie légale pour les filles étant arrivé, ils donnèrent à la leur le nom de Marie, qui signifie en syriaque dame, maîtresse, souveraine, et en hébreux étoile de la mer que le pilote ne perd jamais de vue pour éviter les écueils, les naufrages. George de Venise nous apprend même que les juifs cachaient avec le plus grand soin, parmi leurs traditions les plus sacrées, la signification du nom de Marie, qui veut dire la plus excellente de toutes les créatures le chef-d'œuvre de toutes. Ils la nommaient *Mitraton* ou reine de ceux qui sont admis à contempler la divine essence, parce qu'elle est toujours présente devant le trône de la majesté du Très-Haut, et que c'est par elle que les autres créatures sont admises en sa présence. Les cabalistes veulent aussi que mitraton représente le nombre 999, lequel nombre donne le nom de Marie. D'après Galatus, les deux noms Mirian Sarah sont renfermés dans ce texte d'Isaïe *ad multiplicandum imperium*. Mirian Sarah signifie Marie souveraine, tout y est mystérieux, les Septante l'ont traduit indéclinable. C'est le vénérable *Tetrogrammaton*, nom d'un sens profond. Les pères nous apprennent que Dieu lui-même aurait imposé ce nom à la sainte Vierge, parce qu'elle seule pouvait en remplir toute la signification, et qu'il aurait fait connaître à cet égard sa volonté à ses parents par l'ange qui la leur annonça. « Ce sont les trois personnes de la très-sainte Trinité qui vous ont donné ce nom, s'écrie un savant et saint docteur, afin qu'en l'entendant prononcer toutes les puissances des cieux, de la terre et des enfers fléchissent les genoux. Ce nom, dit-il encore, a une telle vertu, que le ciel applaudit, la terre se réjouit, les anges même tressaillent de joie, toutes les fois qu'on le prononce. » Assurément, dit saint Bernard, la mère de Dieu ne pouvait avoir un nom qui lui convînt mieux, qui signifiât mieux son excellence, ses grandeurs, sa dignité. Marie, dit-il encore, est une belle et brillante étoile élevée sur la vaste et grande mer du monde; la perdre de vue c'est courir le risque de s'égarer, de donner contre les écueils et faire naufrage. Etes-vous accablé par les plus amères adversités, invoquez le saint nom de Marie, dit Albert le Grand. Le nom de Marie, dit saint Antoine de Padoue, est un sujet de joie et de confiance pour tous ceux qui le prononcent avec respect, il est plus doux à la bouche que le miel le plus agréable, à l'oreille qu'un chant mélodieux, plus délicieux dans le cœur que la joie la plus douce. Quel nom, dit Alain de Citans, après celui de Jésus, doit-on publier avec plus d'éloges que celui de Marie; quel nom doit être plus souvent dans la bouche des fidèles et dans leur cœur que le nom de Marie. C'est avec raison qu'on le compare à une huile précieuse dont l'odeur se répand de tous côtés. Quatre-vingt jours après la naissance de Marie, ses parents, suivant la loi de Moïse, la portèrent au temple et offrirent au Seigneur l'holocauste prescrit. Marie elle-même s'offrit en sacrifice à Dieu comme la plus humble de ses servantes, et Dieu la reçut pour sa fille bien-aimée, pour l'épouse sans tache de son esprit et la mère future de son fils. La reconnaissance de sainte Anne et de saint Joachin alla d'ailleurs plus loin que l'holocauste d'usage, ils vouèrent leur fille au service du Seigneur et s'engagèrent solennellement à ramener leur fille au temple et à l'y consacrer à Dieu dès qu'elle serait en âge d'y être reçue. La cérémonie terminée, les deux époux reprirent avec leur fille le chemin de Nazareth. Pendant trois ans, Marie, cet enfant de la grâce et du miracle, fit les délices de ses parents et s'éleva comme un de ces lis dont notre Seigneur vante la beauté dans l'Evangile. Marie, à proprement parler, n'eut pas d'enfance. Elle avait à peine trois ans lorsque sa précoce ferveur, la sagesse de ses dis ours, sa vive et profonde piété à une époque de la vie où les autres enfants n'ont pour ainsi dire qu'une existence physique, firent juger à ses parents que l'heure de la séparation était venue. Ils firent donc le voyage de Jérusalem pour rendre au Seigneur le dépôt qu'il leur avait confié; la cérémonie qui eut lieu à ce sujet, se fit avec une célébrité extraordi naire. Suivant Isidore de Thessalonique, saint Joachin et sainte Anne furent accompagnés non-seulement de leurs parents, mais encore des premiers personnages de Jérusalem. Dieu voulut sans doute que Marie se présentât au temple avec tout l'appareil convenable à ses hautes destinées. Le même écrivain, ainsi que saint André de Crète et George de Nicomédie, nous disent que le ciel fut en fête ce jour-là, et que les anges gardiens du temple, empressés autour de Marie, la suivirent invisiblement, célébrant sa venue dans le temple par de mélodieux concerts. Anne, portant Marie dans ses bras et ayant la tête voilée, s'avança avec Joachin vers le ministre du Très-Haut. Les deux époux renouvelèrent entre ses mains le vœu qu'ils avaient fait de consacrer Marie au service du temple, la placèrent à ses pieds; le prêtre acceptant cette

enfant au nom de Dieu, bénit Joachin et sa pieuse compagne ainsi que l'assemblée. Cette présentation fut sans doute accompagnée d'un sacrifice, comme le fut celle de Samuel. Que se passa-t-il alors dans l'âme de Marie? Par quels liens sacrés s'unit-elle à celui qui l'avait préférée aux vierges et aux reines de tant de peuples. C'est un secret entre elle et Dieu. Mais on peut affirmer avec raison que jamais oblation ne fut plus favorablement accueillie du Très-Haut. Les pères latins et grecs s'accordent à regarder la consécration de la sainte Vierge comme l'acte de religion le plus agréable à la divinité qui eût été fait jusque là depuis l'origine du monde.

On ne sait pas le nom du prêtre qui reçut la sainte Vierge au nombre des filles du Seigneur, mais saint Germain de Constantinople et Georges de Nicomédie, pensent que ce fut Zacharie, père de saint Jean-Baptiste. Les liens de parenté qui unissaient les deux familles, le rang élevé que Zacharie occupait dans le sacerdoce et l'affection tendre et bienveillante, que Marie eut pour Zacharie et sainte Elisabeth, donnent à ce sentiment un haut degré de vraisemblance. Des hérétiques ont cherché à nier que la sainte Vierge eût passé les premières années de sa vie dans le temple, mais des dénégations, des systèmes ne peuvent détruire un fait. Celui du séjour de Marie dans le temple, est rapporté dans une lettre intitulée *Lumen*, qui est de saint Exodius, contemporain des apôtres et évêque d'Antioche de Syrie, il écrivait dans une ville où les juifs et les chrétiens étaient nombreux, dans un temps où le temple de Jérusalem était encore debout, à une époque où les fidèles suivaient avec une profonde vénération les traces de Jésus-Christ et de sa divine mère, et l'église de Jérusalem se composait alors en grande partie d'une foule de chrétiens parents de la sainte Vierge et de saint Joseph. Les pères de l'Eglise bien instruits des traditions chrétiennes ont rapporté d'ailleurs ce fait comme certain. On peut donc le regarder comme un des faits historiques les mieux constatés. D'ailleurs l'Eglise qui ne sanctionne jamais les faits douteux, lui a donné un caractère authentique en instituant en l'honneur de la présentation de la sainte Vierge, une fête qui se célèbre le 21 novembre. Mais que se passa-t-il au temple pendant que Marie y demeurait? Quels furent alors ses goûts, ses habitudes, ses pratiques de dévotion. Nous n'avons sur ce sujet que quelques passages des pères. Nous voyons d'après ce qu'il nous disent qu'elle était bonne, affable, compatissante, qu'elle ne cessait d'écouter les longues plaintes des malheureux, elle était la première dans les veilles, la plus exacte à accomplir la loi divine, la plus profonde en humilité, la plus parfaite dans chaque vertu. Sa présence sanctifiait tout ce qui l'entourait, et sa vue éloignait la pensée des choses de la terre. Quoique peu favorisée du côté des richesses, elle était libérale envers les pauvres. Saint Ambroise nous découvre la source pure et sacrée où elle puisait ses aumônes, elle se privait de tout et n'accordait que peu d'aliments à la nature. Ses jeûnes fréquents et rigoureux tournaient au profit des pauvres Elle s'imposait le travail le plus pénible, les œuvres de miséricorde les plus rebutantes, elle se revêtait des habits les moins beaux, elle dormait sur la dure, elle parlait peu et méditait beaucoup, l'amour divin dont son cœur était embrasé lui faisait aimer la retraite, elle ne trouvait de plaisir que dans les communications intimes qu'elle avait avec Dieu. «Jamais personne, dit saint Ambroise, ne fut doué du plus sublime don de contemplation. Son esprit toujours d'accord avec son cœur ne perdait jamais de vue celui qu'elle aimait plus ardemment que tous les séraphins ensemble, toute sa vie ne fut qu'un exercice continuel du plus pur amour de son rêve, lorsque le sommeil venait appesantir ses paupières, son cœur veillait et priait encore. Jamais non plus on ne la vit oisive; une partie de son temps était occupée par la lecture des livres saints dont elle avait une intelligence infuse et profonde, elle possédait à fond la langue de Moïse, qui n'était plus en usage de son temps, mais qui était celle des livres saints; l'esprit-saint lui en avait donné une connaissance surnaturelle, aussi bien que tous les mystères renfermés dans ces livres. Nous apprenons également par les pères qu'elle excellait dans la broderie, et dans l'art de travailler en laine, en fin et en or, et que jamais personne ne sut faire d'aussi beaux ouvrages; mais elle ne faisait usage de son art et de son habileté, que pour des ouvrages destinés à l'autel ou aux prêtres. Les chrétiens ont perpétué l'opinion traditionnelle de l'adresse de Marie à filer le lin en appelant *fil de la Vierge*, les réseaux d'une éclatante blancheur et d'une contexture presque vaporeuse qui planent sur les vallons pendant les h u mides matinées de l'automne. Chez les premiers chrétiens les fiancées, en souvenir des occupations domestiques que la reine des vierges ne dédaignait pas, lui consacraient toujours une quenouille entourée de bandelettes de pourpre et chargée d'une laine sans tache. Au milieu des travaux de son sexe, Marie se conservait toujours dans l'union avec Dieu, aussi les pères nous assurent que l'on avait une si haute idée de son éminente sainteté que tous la regardaient avec une profonde vénération. Huit ou neuf ans s'étaient écoulés depuis que la sainte Vierge était dans le Temple un objet d'admiration pour les anges et les hommes, lorsque son père et peu après sa mère moururent. Marie eut le cœur brisé à cette première douleur qui était le prélude de tant d'autres; elle pleura, car son âme comme celle de son divin fils, ne fut jamais ni sèche, ni insensible. C'est à cette époque qu'un historien, Descouture, a rattaché le vœu de virginité perpétuelle que fit Marie, on ne voit en effet nulle part que ce vœu ait été connu de ses parents; et sans leur aveu, il ne pouvait produire aucun effet aux yeux des lois civiles et religieuses de la Judée. Après leur mort, tombant sous l'autorité d'un tuteur, elle dut se regarder comme plus libre de se vouer exclusivement et pour toujours au service du Seigneur. On ne connaît pas le nom du tuteur de Marie, mais ce dut être sans doute un des prêtres qui desservaient le temple; ils étaient, par office, les tuteurs des orphelins, qui y étaient consacrés au Seigneur. Dès que Marie eut atteint sa quatorze ou sa quinzième année, les prêtres du temple songèrent à la marier. instruite de ce projet, elle en conçut de vives alarmes et représenta, ainsi que le rapporte un ancien auteur cité par saint Grégoire de Nisse, qu'ayant été consacrée par ses parents au service du temple, et qu'ayant elle-même ratifié dans la suite cette consécration, elle n'avait pas d'autre désir que d'y passer sa vie en qualité de vierge, et que si on voulait montrer quelque respect pour la volonté de ses parents et lui faire plaisir, on n'avait qu'à la laisser dans l'état où elle était; les prêtres louèrent la piété de Marie, mais comme chez les juifs, la stérilité était un opprobre, et toute leur gloire consistant aussi dans une postérité qui aurait un jour quelque consanguinité avec le Messie, on ne tint aucun compte des sollicitations de Marie, et on lui chercha un époux digne d'elle dans sa tribu et dans la race de David. Alors Marie ne jugeant pas à propos de faire connaître le vœu secret quelle avait fait de demeurer toujours vierge, pria le Seigneur de la protéger et de prendre d'elle un soin tout particulier. L'on croit qu'après de longues et ferventes prières, une inspiration divine lui fit connaître l'homme qui lui serait donné pour époux ne serait pour elle qu'un protecteur, un père et un gardien de sa chasteté. Les prêtres du Temple, afin de procéder au choix de l'époux qu'on lui donnerait, convoquèrent une réunion de proches parents de Marie, de la tribu de Juda et de la race de David. Divers prétendants dont plusieurs possédaient de grandes fortunes, se mirent sur les rangs; mais les prêtres fixèrent leur choix sur Joseph, homme pauvre, avancé en âge, qui gagnait sa vie à la sueur de son front. Il était, suivant quelques auteurs, oncle de la Sainte-Vierge, suivant d'autres, il était son cousin germain, toujours est-il qu'il était un de ses plus proches parents, de la même tribu qu'elle et du sang royal de David. Prévenu dès son jeune âge d'une grâce spéciale, il n'avait jamais voulu se marier, et avait résolu de garder une virginité perpétuelle jusqu'à la mort. S'il consentit à épouser Marie, c'est que, connaissant sa haute vertu et son amour singulier pour la chasteté, il était assuré de vivre toujours vierge dans le mariage. On croit qu'avant de se marier, l'un et l'autre étaient tombés d'accord à ce sujet. Les noces de la sainte Vierge, furent célébrées, à ce que l'on croit, le 22 janvier. C'est au moins en ce jour que l'on en fait la fête, dans la majeure partie des églises. L'église d'Arras la fait le 23, et plusieurs églises de Flandre, la célèbrent le 24. Jamais on ne vit aucun mariage plus saint et plus digne d'être honoré. Ce ne furent pas, dit Gerron, deux époux qui s'unirent ensemble; mais une virginité qui s'allia avec une autre ! Après leur union, Marie et Joseph, renouvelèrent le vœu de virginité, cet acte de religion, dit saint Thomas, était trop important pour que des personnes si parfaites s'en dispensassent. Le vœu de virginité avait été jusqu'alors inconnu. C'est Marie, dit St Ambroise, qui la première leva sur la terre l'étendard de la virginité. Dieu voulut que cette très pure Vierge, fût mariée, dit saint Jérôme, pour que l'on sût qu'elle était de la tribu de Juda et de la race de David; attendu que chez les Juifs, on ne pouvait connaître la généalogie des femmes que par

celle des maris; pour qu'on ne lui fît pas un crime de sa grossesse miraculeuse, ce qui eût été inévitable, si elle n'avait pas été mariée, parce qu'étant obligée de porter l'enfant Jésus en Egypte, elle avait besoin dans ce voyage du secours d'un époux; afin que, suivant la remarque de saint Ignace, martyr, le démon ignorât la conception miraculeuse du Messie, il ne pouvait croire qu'il fût né d'une vierge, sa mère étant mariée. Saint Joseph et la sainte Vierge, vécurent à Nazareth, après leur mariage, menant la vie la plus sainte, la plus parfaite; Marie ne paraissait jamais en public. La retraite, dit saint Ambroise, avait pour elle des attraits merveilleux. La charité seule la rendait visible à ceux qui en ressentaient tous les effets. Il y avait plus de deux mois que Marie demeurait avec Joseph, lorsque Dieu lui envoya l'ange Gabriel. C'était au moment, dit saint Bernard, où elle s'immolait à son Dieu dans la ferveur de la plus sublime contemplation, et où elle méditait sur le mystère ineffable qu'elle ne savait pas devoir s'opérer dans son sein. Cet ange qui est un des sept qui se tiennent debout devant le trône de Dieu, s'humilia profondément devant elle, et la voyant déjà sur le trône où elle domine les anges et les saints, il lui dit: Je vous salue, ô pleine de grâces, le Seigneur est avec vous, vous êtes bénie entre toutes les femmes. Marie s'étant troublée en entendant ces paroles, l'ange la rassura et lui dit: Ne craignez pas Marie, car vous avez trouvé grâce devant Dieu, vous concevrez dans votre sein, et vous enfanterez un fils, à qui vous donnerez le nom de Jésus, il sera grand et appelé fils du Très-Haut. Dieu lui donnera le trône de David, son père; il régnera éternellement sur la maison de Jacob, et son règne n'aura pas de fin. Marie ne pouvant allier dans son cœur la qualité de mère avec le vœu de virginité, dit à à l'ange : Comment cela se fera-t-il? je ne connais pas d'homme. La vertu du Très-Haut vous couvrira de son ombre, répondit l'ange, c'est pourquoi le fruit qui naîtra de vous, sera appelé Fils de Dieu, et pour donner un signe qui confirmât la vérité de ses paroles, il ajouta, Elisabeth votre cousine, a conçu elle-même un fils dans sa vieillesse, et voici le sixième mois de la grossesse de celle qui est nommée stérile, parce qu'il n'y a rien d'impossible à Dieu. Marie éclairée d'une lumière surnaturelle, s'anéantit devant les décrets de Dieu, et dit : voici la servante du Seigneur, qu'il soit fait selon votre parole. A ce moment l'ange disparut et le Saint-Esprit forma du sang de la Sainte-Vierge le corps le plus beau qui fut jamais, et ayant créé l'âme la plus parfaite, unit l'une et l'autre substantiellement à la personne divine du Verbe éternel. C'est ainsi que l'ange de lumière traita de notre salut avec l'Eve nouvelle, et que la faute de l'Eve pécheresse, qui avait conspiré notre perte avec l'ange infernal, fut glorieusement réparée. C'est ainsi qu'une simple mortelle fut élevée à la dignité de mère de Dieu, sans cesser d'être vierge. Tous les esprits célestes adorèrent au même instant l'homme-Dieu, qu'elle portait dans son sein. Ne poussons pas plus avant, dit saint Chrisostôme, dans ce mystère, et ne demandons pas comment le Saint-Esprit put opérer cette merveille dans Marie. Cette génération divine est un abime très profond, que nul regard curieux ne peut sonder. Demander comment et pourquoi ce prodige s'est accompli, ce serait l'avilir et comme le dégrader en voulant le comprendre, il est certain que ce mystère de l'incarnation ne serait plus par excellence l'œuvre de Dieu, si l'on pouvait en rendre raison. Instruite par la lumière de la grâce, et inspirée aussi par la charité, Marie résolut d'aller à Hébron, offrir ses sincères félicitations à Elisabeth; la longueur du voyage et le mauvais état des chemins ne purent la retenir. Elisabeth ayant appris l'arrivée inattendue de Marie accourt à sa rencontre. En la voyant Marie la salua, en lui disant : la paix soit avec vous. Elisabeth saisie d'un profond respect à la vue de sa cousine, et connaissant par inspiration le mystère de l'incarnation du Verbe opérée dans Marie, s'écria : vous êtes bénie entre toutes les femmes, et le fruit de vos entrailles est béni ; et d'où me vient ce bonheur, que la mère de mon Seigneur vienne vers moi, car votre voix, n'a pas plutôt frappé mon oreille, lorsque vous m'avez saluée, que mon enfant a tressailli dans mon sein, et vous êtes bien heureuse d'avoir cru, parce que ce qui vous a été dit de la part du Seigneur sera accompli. La réponse de Marie fut le sublime cantique si connu sous le nom de *magnificat*. Eclairée par une lumière surnaturelle, elle vit tout à coup les anciennes prophéties et leur parfait accomplissement. Dans cette célèbre entrevue et dans cet admirable entretien, dit saint Ambroise, Marie et Elisabeth prophétisèrent toutes deux par l'Esprit-Saint dont elles étaient remplies et par le mérite de leurs enfants ; Marie demeura trois mois dans la maison de Zacharie, la remplissant de grâces et de bénédictions. Si le Seigneur bénit Obédédom et tout ce qui était à lui, au point d'en rendre un roi jaloux, pour avoir gardé l'arche d'alliance dans sa maison pendant trois mois, quelles grâces ne dut pas attirer sur sa cousine et sur tous les siens, les trois mois de séjour que fit chez elle Marie, dont l'arche d'alliance n'était que la figure. La pureté dans laquelle vécut saint Jean-Baptiste fut, dit saint Ambroise, un effet de cette onction et de cette grâce répandue dans son âme par la présence de la sainte Vierge. La visite de la sainte Vierge à sainte Elisabeth, renferme de si grandes merveilles que l'église en célèbre chaque année la fête le 2 juillet. Rien ne manifeste davantage le pouvoir que le Sauveur donne à sa mère, dit saint Bernard, que sa conduite dans ses premières grâces. C'est par son intermédiaire qu'il a répandu ses premiers bienfaits en sanctifiant saint Jean-Baptiste dans le sein d'Elisabeth. Origène, saint Basile, saint Grégoire de Nisse, rapportent qu'à quelques mois de la visite dont Marie l'avait honoré, Zacharie soutint publiquement dans le temple, la maternité virginale de Marie, et qu'il confirma par sa mort ce grand témoignage. Joseph s'étant aperçu de la grossesse de Marie, songea à la quitter, parce que suivant saint Jean Chrysostôme, n'étant pas instruit du mystère ineffable opéré en elle, et ne pouvant s'expliquer l'état où il voyait celle dont il avait admiré la sublime pureté, il ne voulait pas l'affliger sous aucun rapport ; il fallait, dit ce père, qu'aux approches de la naissance du Seigneur, il parût déjà beaucoup de marques d'une plus grande perfection que tout ce que l'on s'était imaginé de plus parfait jusque-là sur la terre. Suivant saint Bernard, saint Joseph pénétrant de lui-même le mystère de l'incarnation et mu par un sentiment d'humilité semblable à celui qui fit dire à saint Pierre : Seigneur, éloignez-vous de moi, parce que je suis un pécheur, songea aussi à s'éloigner de la sainte Vierge, lorsqu'elle fut enceinte du Sauveur du monde ; mais un ange du Seigneur lui apparut en songe, et lui dit : « Joseph, fils de David, ne craignez pas de prendre avec vous Marie votre femme ; car, ce qui est conçu en elle a été formé par le Saint-Esprit, elle enfantera un fils que vous appellerez Jésus, parce que ce sera lui qui sauvera son peuple en le délivrant de ses péchés. » A son réveil, Joseph adorant les voies inscrutables de la Providence, ne songea plus à se séparer de sa femme, et la retint auprès de lui. Les neuf mois de la grossesse étaient accomplis lorsqu'on publia dans la Judée, un édit de César-Auguste, pour faire le dénombrement des peuples soumis à son empire. D'après cet édit, on était obligé, pour éviter la confusion, de se rendre au lieu de son origine, de se faire inscrire sur des registres publics et de payer par tête la somme marquée. César et ses conseillers ne consultaient en cela que l'orgueil et la cupidité. Mais, ils contribuèrent à leur insu à l'accomplissement des prophéties qui annonçaient que le Messie naîtrait à Bethléem.

Fidèles à une antique coutume, les Juifs firent inscrire par tribu et par famille. David étant né à Bethléem, ses descendants regardaient cette ville comme le berceau de leur maison. C'est là qu'ils se réunirent pour donner leur nom et l'état de leurs terres, conformément à l'édit de César. Saint Joseph et la sainte Vierge se rendirent donc dans cette ville comme leurs autres parents issus de la race de David. Mais à leur arrivée ils trouvèrent toutes les hôtelleries occupées. Ils furent obligés de se retirer dans une caverne creusée dans le roc attenant à une hôtellerie près des portes de la ville et qui servait d'étable banale aux Bethléémites et de retraite aux pasteurs dans les nuits orageuses. Ce fut là, vers minuit, qu'un vendredi vingt-cinq décembre de l'an quatre mille, la sainte Vierge mit au monde, sans secours et sans douleur, le Sauveur des hommes ! Qui pourra exprimer les sentiments de joie, de vénération et de tendresse dont Marie était pénétrée lorsqu'elle tint pour la première fois entre ses mains ce divin enfant qu'elle adorait comme son Dieu et qu'elle aimait comme son fils ? Cependant Marie ressentit vivement tout ce que sa pauvreté imposait de privations, de souffrances et d'humiliations à son fils. Au même instant des bergers qui passaient la nuit dans les champs veillant à la garde de leurs troupeaux, instruits par un ange de la naissance du Seigneur, se hâtèrent d'aller dans la grotte pour lui rendre leurs adorations et leurs hommages. Trois mages chaldéens, conduits par l'étoile prédite longtemps à l'avance par Balaan, vinrent aussi l'adorer et lui présentèrent de l'or comme à un roi, de l'encens et de la myrrhe comme à un

Dieu. Marie voulut apprendre des bergers et des mages tout ce qui leur était arrivé à l'occasion de la naissance de son fils. Elle en conservait le souvenir au fond de son cœur et en faisait l'objet continuel de ses méditations. Le huitième jour après sa naissance le fils de Dieu fut circoncis et nommé Jésus. D'après saint Epiphane, la cérémonie eut lieu dans la caverne où l'enfant-Dieu était né, et saint Bernard présume avec assez de vraisemblance que Joseph en fut le ministre. Le quarantième jour de la naissance étant arrivé, Marie accompagnée de saint Joseph, fut à Jérusalem pour présenter l'enfant au temple et pour sa purification, ainsi que le prescrivait la loi de Moïse. Toutefois cette loi n'était nullement faite pour Marie, qui avait conçu par la seule opération du Saint-Esprit et qui était devenue mère sans cesser d'être Vierge ; mais elle ne discutait pas la loi, elle l'observait. Loin de manifester au monde le prodige étonnant de sa maternité virginale, elle voulut se perdre humblement dans la foule, elle se souvint de ses devoirs comme fille d'Abraham, et négligea, pour les remplir, ses prérogatives comme mère de Dieu. Marie et Joseph offrirent donc en sacrifice deux tourterelles et deux pigeonneaux, comme l'ordonnait la loi du Seigneur. En ce moment un saint vieillard nommé Siméon à qui il avait été révélé qu'il ne mourrait pas qu'il n'eût vu le Christ du Seigneur, entra dans le parvis par un mouvement du Saint-Esprit. A la vue de l'enfant, il le prit dans ses bras, et bénit Dieu en disant qu'à présent il mourrait en paix, puisqu'il avait vu le Seigneur destiné pour être exposé à la vue de tous les peuples, pour être la lumière des nations et la gloire d'Israël. Saint Joseph et la sainte Vierge étaient dans l'admiration de ce que l'on disait de Jésus, et Siméon les bénit, puis s'adressant à la sainte Vierge, il lui dit : « Cet enfant que vous voyez est pour la perte et pour le salut de plusieurs dans Israël, et pour être en butte à la contradiction ; et votre âme même sera percée d'un glaive, afin que les secrètes pensées du cœur de plusieurs soient découvertes. » Il survint aussi une prophétesse nommée Anne, fille de Phanaël, de la tribu d'Oser, qui était veuve et fort avancée en âge. Cette sainte veuve se tenait continuellement dans le temple, servant Dieu nuit et jour dans le jeûne et la prière. Voyant l'Enfant-Dieu, elle se mit hautement à louer le Seigneur et à parler de lui à tous ceux qui attendaient la rédemption d'Israël. Joseph et Marie ayant accompli tout ce qui était ordonné par la loi, s'en retournèrent à Nazareth ; ils ne tardèrent pas à voir la réalisation de ce qui leur avait été prédit au sujet des persécutions que l'on ferait subir à Jésus-Christ. A peine étaient-ils de retour chez eux qu'un ange du Seigneur apparut à Joseph pendant son sommeil et lui dit : « Levez-vous, prenez l'enfant et sa mère, fuyez en Egypte et demeurez-y jusqu'à ce que je vous dise d'en sortir, parce que Hérode cherchera l'enfant pour le faire mourir. » Joseph s'étant levé à l'instant fit ce que l'ange lui avait prescrit : Hérode étant mort peu de temps après qu'il eut fait massacrer les saints innocents, l'ange apparut de nouveau à saint Joseph et lui dit : « Prenez l'enfant et sa mère et retournez-vous-en dans la terre d'Israël, car ceux qui en voulaient à l'enfant sont morts. » Joseph s'en vint donc dans la terre d'Israël avec Jésus et sa mère ; mais entendant dire qu'Archélaüs régnait dans la Judée à la place d'Hérode son père, et craignant qu'il n'eût hérité avec le trône de sa cruauté et de son ambition, il se retira à Nazareth d'après un avertissement qu'il avait reçu du ciel. C'est dans cette retraite obscure que la mère de Dieu nourrit et éleva son divin enfant avec tout le respect et l'amour qu'il méritait. Jésus ayant atteint l'âge de douze ans, la sainte Vierge et Joseph furent inspirés de Dieu de le mener avec eux à Jérusalem, pour la fête de Pâques. La solennité étant passée, l'enfant Jésus, au lieu de s'en revenir avec eux, demeura dans la cité de David, sans qu'ils s'en aperçussent. Pensant qu'il serait avec ceux de leur compagnie, ils firent un jour de chemin avant de le chercher parmi leurs parents et ceux de leur connaissance. Ne l'ayant pas trouvé, ils retournèrent à Jérusalem pour l'y chercher. Trois jours après ils le trouvèrent assis au milieu des docteurs, les écoutant, les interrogeant. Tous ceux qui l'entendaient étaient extrêmement surpris de sa sagesse et de ses réponses. Ils furent fort étonnés de le voir ; sa mère lui dit : « Mon fils, pourquoi avez-vous agi de la sorte avec nous ? Voilà que nous vous cherchions, votre père et moi, fort affligés. » Il leur répondit : « Pourquoi me cherchiez-vous ? Ne saviez-vous pas qu'il faut que je sois occupé à ce qui regarde le service de mon père ? » Mais ils ne comprirent pas ce qu'il leur disait. Ensuite étant parti avec eux, il alla à Nazareth car il leur était soumis. Sa mère conservait toutes ces choses dans son cœur. C'est tout ce que les écrivains sacrés nous disent de Marie et de son fils pendant les trente années de la vie cachée de J.-C. On ne sait pas précisément le temps où mourut saint Joseph. Mais il est certain qu'il n'était plus en vie lorsque Jésus-Christ commença à prêcher l'Evangile. Jamais mort ne fut plus précieuse devant Dieu, puisqu'il expira entre les bras de Jésus et de Marie. Quelque résignée que fut la sainte Vierge, il est sûr qu'elle fut très sensible à la mort de saint Joseph. Après avoir été le modèle des filles et des femmes mariées sans avoir cessé d'être vierge, elle devait être le modèle le plus parfait des veuves. Le temps de prêcher l'Evangile étant venu, notre Seigneur se retira dans le désert pour se préparer par quarante jours de jeûne et de prières, à l'œuvre du salut du monde. Ces quarante jours étant expirés, il vint rejoindre sa chère mère à Nazareth avec ses premiers disciples. Il passa quelques jours avec elle et lui communiqua sans doute le plan et l'économie de tous ses travaux. Alors il se fit des noces à Cana en Galilée. Les époux, qui étaient parents de la sainte Vierge, l'y invitèrent avec son fils et ses disciples. Or, le vin manqua pendant le repas. Marie s'en aperçut la première. Comme elle était bonne et obligeante, elle voulut éviter à ceux qui l'avaient conviée la confusion que leur défaut de prévoyance allait leur attirer. Elle se tourna donc vers Jésus qui était placé près d'elle et lui dit avec intention : Ils n'ont pas de vin. Jésus lui dit d'une voix basse et accentuée : Femme, qu'y a-t-il de commun entre vous et moi? mon heure n'est pas encore venue. Marie qui savait que si l'heure de la manifestation n'était pas encore arrivée, Jésus-Christ malgré ses austères paroles l'avancerait à sa considération, dit avec cette foi qui déplace les montagnes : Faites tout ce qu'il vous dira. Or il y avait là six grandes urnes de pierre servant aux purifications. Sur l'ordre de Jésus elles furent remplies d'eau jusqu'au bord et il les changea en un vin délicieux. C'est ainsi que Jésus-Christ fit son premier miracle par l'intercession miséricordieuse de sa mère. Après cela, Jésus vint avec sa mère et ses disciples à Capharnaüm. Saint Bernard et saint Epiphane disent que Marie l'accompagnait souvent dans ses courses évangéliques, non-seulement pour avoir la consolation de l'entendre plus souvent, mais aussi afin d'avoir soin de lui dans ses voyages. Elle fut avec lui à Jérusalem pour la fête de Pâques, d'où elle le suivit sur le bord du Jourdain, où le Sauveur commença à conférer son baptême. D'après les Pères, Marie quoique exempte du péché originel et de toute faute actuelle, reçut le baptême de la main de son fils. Personne n'observa la loi actuelle avec plus de perfection et n'en remplit plus excellemment tous les devoirs. Elle ne voulut donc pas être privée d'un sacrement qui est le sceau qui caractérise tous les fidèles, et personne ne pouvait le lui conférer que son fils. Il n'est plus parlé de Marie dans l'Evangile, sauf dans deux circonstances. Premièrement lorsqu'une femme entendant l'instruction du Seigneur s'écria : Heureux les flancs qui vous ont porté et le sein qui vous a nourri. Mais plutôt heureux, reprit le Seigneur, ceux qui écoutent la parole de Dieu et la mettent en pratique. Admirable leçon donnée par notre Seigneur. C'est comme s'il avait dit : Oui ma mère est heureuse d'avoir été choisie pour me former un corps et me procurer la naissance; mais elle est surtout heureuse d'avoir cru, et c'est ce que vous devez imiter en elle. En second lieu, l'Evangile parle encore de Marie lorsque Jésus étant venu dans un endroit où il instruisait le peuple, quelqu'un lui dit que sa mère était là. Mais Jésus répondit, en montrant ses disciples : Voici ma mère et mes frères, car quiconque fait la volonté de mon père qui est au ciel, c'est celui-là qui est mon frère, ma sœur et ma mère. Cette réponse paraîtrait un peu sèche, si l'on ne comprenait pas qu'elle était nécessaire par suite de la disposition où se trouvaient ceux à qui Jésus annonçait en ce moment le royaume des cieux. Ils ne le regardaient que comme un pur homme. Le Seigneur voulut leur montrer aussi la divinité était unie à sa personne, quoiqu'ils s'opiniâtrassent à ne pas l'y reconnaître, malgré les paroles et les œuvres qui l'y manifestaient. Il leur faisait voir aussi que lorsqu'il s'agit de la gloire et des intérêts de Dieu, on doit les préférer aux parents et aux amis. Lorsque l'époque de la passion fut arrivée, Marie se trouva à Jérusalem presque en même temps que son divin fils. L'ovation passagère dont il fut l'objet la remplit d'amertume, parce qu'elle prévoyait qu'il serait bientôt changée en des cris d'exécration. Aimant son divin fils, plus qu'aucune mère n'aima jamais son fils, aucune ne ressentit

jamais aussi plus vivement les traitements indignes qu'on lui fit éprouver. Aussi l'Eglise déclare-t-elle qu'il n'y eut jamais de mère plus affligée. Sans un miracle elle n'aurait pu survivre à la douloureuse et ignominieuse passion de Jésus-Christ; et cependant, par un courage surnaturel au-dessus de son sexe et de sa qualité de mère, elle l'accompagna au Calvaire et assista à sa mort au pied de la croix. Elle se cloua aussi mystiquement sur la croix avec son divin fils; elle s'offrit en holocauste avec lui. C'était pour ainsi dire le même sacrifice que celui de son fils. L'amour faisait l'office de sacrificateur; il immolait Jésus-Christ à son père pour l'expiation des péchés de tous les hommes, et lui faisait souffrir tous les opprobres, toutes les douleurs que son fils souffrait. D'ailleurs, l'amour tendre et compatissant de Marie pour son fils faisait dans son âme ce que les clous, les épines, la lance faisaient sur le corps adorable du Sauveur. Toutes les plaies divisées en chaque membre de ce corps, se trouvaient réunies ensemble dans son cœur. Marie est donc nommée à bon droit la reine des martyrs. Dans les autres martyrs, dit saint Bernard, le grand amour qu'ils avaient pour Dieu adoucissait la douleur que leur causait leurs tourments; mais l'amour extrême que la sainte Vierge avait pour son fils faisait son martyre. Comme elle a aimé Jésus-Christ que tous les saints ensemble, son martyre a été plus amer et plus douloureux que le leur. Avant de rendre le dernier soupir, notre Seigneur dit à sa mère, en lui désignant le disciple qu'il aimait et qui était aussi au pied de la croix : Femme, voilà votre fils; et il dit au disciple : Voilà votre mère. Dès ce moment cet apôtre devint le fils adoptif de Marie qui adopta tous les hommes pour ses enfants, ainsi que l'expliquent les pères de l'Eglise. Par cette disposition, Marie connut qu'il ne lui était pas donné de suivre son fils au tombeau, et qu'elle n'était pas au terme de son pèlerinage sur la terre. Elle se résigna aux décrets divins par amour pour nous qu'elle adoptait dans la personne de saint Jean. Le sacrifice de Marie, dit un auteur moderne, égala presque alors, humainement parlant, le sacrifice de Jésus. Il consentit volontairement à mourir pour nous; elle à vivre. Il y a longtemps que les pères de l'Eglise ont dit : Les martyrs ont été tels parce qu'ils sont morts pour Jésus-Christ; mais Marie a été telle en mourant avec Jésus-Christ, ou plutôt en lui survivant. La manière dont le Sauveur désigna à sa mère saint Jean pour son fils, fut digne et simple comme tous les actes de sa vie. S'il n'employa pas une appellation plus tendre, c'est que, connaissant le pouvoir du nom de mère, il ne voulut pas, dit saint Jean Chrysostôme, donner une nouvelle pointe à sa douleur. Quelques pères ont cru qu'il ne l'employa pas pour ne point lui attirer des mauvais traitements de la part des bourreaux. Au reste, ce nom de femme dans la langue hébraïque, est un nom de respect et d'honneur qui équivaut à celui de madame dans la langue française. Le père Croiset remarque dans la vie de la sainte Vierge, que toutes les fois que Jésus-Christ lui parlait en public, il se servait de ce terme respectueux plutôt que de celui de mère. Il y a des auteurs qui croient que par cette dénomination Jésus-Christ voulut nous faire comprendre que sa mère était une seconde Eve qui devait réparer sous l'arbre de la croix, par la mort de son fils, tout le mal que la première avait fait sous l'arbre funeste qui avait été l'occasion de la désobéissance, source de tous nos maux. Bien que l'Evangile ne nous dise pas qu'après sa résurrection Jésus-Christ se soit fait voir en particulier à sa mère, on n'a jamais douté qu'il se soit montré à elle et que même il n'ait eu avec elle de fréquents entretiens. Si saint Jean dit que notre Seigneur se montra premièrement à Madeleine, cela doit s'entendre, dit l'abbé Rupert, relativement aux personnes que Dieu avait choisies pour être les témoins de sa résurrection et la faire connaître aux hommes. Il est aussi certain que la sainte Vierge se trouva avec les disciples lorsque Jésus-Christ monta aux cieux. Elle se retira ensuite avec les apôtres dans le Cénacle, pour y attendre la descente du Saint-Esprit. Une âme pieuse a fait connaître que cette flamme merveilleuse sous la figure de laquelle le Saint-Esprit apparut le jour de la Pentecôte, se reposa d'abord sur la tête de la sainte Vierge, et qu'ensuite elle se divisa en autant de langues de feu qu'il y avait de personnes dans le Cénacle, sur la tête desquelles ces langues vinrent. La sainte Vierge reçut donc ce jour autant de grâces et de dons que tous les autres ensemble. Le Père l'avait distinguée par une prédilection bien marquée dans son immaculée conception en qualité de sa fille bien-aimée; le fils, par un assemblage merveilleux de tous les dons, de toutes les grâces comme sa mère chérie, il était bien juste que le Saint-Esprit la distinguât, en qualité de son épouse, par une plénitude surabondante de grâces. Si Dieu laissa Marie sur la terre après l'ascension de son fils, ce fut pour qu'elle devînt la mère de l'Eglise naissante et la plus douce consolation des disciples et des apôtres à qui Jésus-Christ avait promis de ne pas les laisser orphelins. Marie resta à Jérusalem jusqu'à la persécution qui s'éleva contre l'Eglise de cette ville, vers l'année 44. Il ne nous est rien resté du séjour que Marie fit à Ephèse. Uniquement occupés de la propagation de la foi, les apôtres mirent au rang des choses secondaires tout ce qui ne rentrait pas d'une manière saillante dans cet absorbant intérêt. Pleins de leur haute mission, tout entiers au salut des âmes, ils s'oublièrent eux-mêmes si profondément, qu'à peine nous ont-ils laissé un petit nombre de documents sur les travaux évangéliques qui changèrent la face du monde. Que Marie ait partagé le sort des apôtres, cela se conçoit. Les dernières années de sa vie s'écoulèrent dans une contrée étrangère, et ne furent signalées par aucun fait marquant. Cependant l'état florissant de l'Eglise d'Ephèse et les éloges que saint Paul donne à sa piété, indiquent les soins fructueux de Marie et les bénédictions qui la suivaient partout où elle allait. On croit que la sainte Vierge suivit saint Jean dans ses voyages, et ce fut sans doute dans ces entretiens avec elle qu'il perfectionna la science merveilleuse qu'il déploie dans son Evangile. Aidé des lumières de celle que les pères ont comparée au chandelier d'or à sept branches, saint Jean pénétra plus que personne dans le mystère incompréhensible de l'essence incréée du Verbe, et sa pensée s'élève d'un vol hardi dans les hauteurs des cieux. Cependant les disciples de Jésus-Christ ayant prêché l'Evangile sur tous les points de l'univers, Marie jugea que sa mission dans ce monde était remplie, et que l'Eglise pouvait désormais se soutenir par ses propres forces. Mais avant de quitter cette terre, elle voulut revoir les sites de la rédemption. Saint Jean, pour qui ses moindres désirs étaient des ordres, fit aussitôt ses préparatifs de départ et la ramena à Jérusalem. Elle se retira sur la montagne de Sion, dans la maison qui avait été sanctifiée par la descente du Saint-Esprit. Saint Jean se hâta d'instruire les fidèles de Jérusalem que Marie était revenue parmi eux pour mourir. Ils la revirent toujours pauvre, toujours humble, toujours la même. Sérieuse mais non malade, elle reçut les fidèles sur un petit lit de pauvre apparence. Il y avait dans son air plein de noblesse quelque chose de si touchant et de si solennel, que l'assemblée fondit en larmes. Elle seule demeura calme dans cette vaste chambre où se pressaient une foule d'anciens disciples et de nouveaux chrétiens, également avides de la contempler. Tandis qu'on se pressait pour recevoir sa bénédiction, on vit arriver dans la chambre, par une merveille dont Marie seule avait le secret, tous les apôtres, saint Thomas près, et quelques-uns même des disciples qui étaient répandus dans le monde et qui furent transportés miraculeusement dans cette chambre pour y rendre leurs derniers devoirs à celle qu'ils honoraient comme leur chère mère. Marie adressa à tous des paroles de consolation et exhorta les apôtres et les disciples à prêcher l'Evangile avec plus de courage et de zèle que jamais, et assura toute l'Eglise de sa tendresse et de sa protection. Dans ce moment, elle vit paraître son divin fils qui, accompagné des anges et de tous les bienheureux, venait recevoir son âme si pure et la conduire dans le séjour de l'éternel bonheur. Ce ne furent ni l'âge, ni la maladie, ni le dérangement des humeurs qui rompirent les liens terrestres qui attachaient Marie à la vie, ce fut le feu de l'amour divin qui, n'étant plus modéré, opéra cette séparation. Il avait fallu un miracle continuel pour que les liens naturels qui attachaient l'âme au corps de Marie, pussent subsister. A sa mort Dieu cessa de faire ce miracle. Il ne suspendit plus l'effet du feu de l'amour divin, et le laissa agir dans toute sa force sur ce cœur sans tache qui, ne pouvant plus naturellement soutenir ses douleurs, termina sa souffrance la plus pure, la plus sainte de toutes les vies. Marie n'était plus, mais son visage avait pris l'expression d'un sommeil tranquille. Une lumière surnaturelle plus brillante que celle du soleil, remplit la chambre où Marie venait d'expirer. Toute la milice céleste, dit saint Jérôme, vint au-devant de la mère de Dieu, chantant des hymnes et des cantiques qui furent entendus de l'assemblée sainte. Tous les fidèles de Jérusalem s'empressèrent de vénérer le saint corps de Marie. Nul ne se présenta sans obtenir quelque grâce. Les Juifs même non convertis eurent part à ses bienfaits. Le lendemain les fidèles apportèrent, avec une sainte profusion, les parfums les plus précieux et les étoffes

les plus fines. On embauma ce corps divin suivant les usages des Juifs, mais il exalait une odeur plus suave que les parfums les plus précieux. Les apprêts funéraires terminés, on le plaça sur un lit portatif rempli d'aromates, on le couvrit d'un voile somptueux. Les apôtres réclamèrent l'honneur de le porter sur leurs épaules jusqu'au tombeau qui lui avait été préparé à Gethsémani. Tous les chrétiens de Jérusalem suivaient, portant des flambeaux allumés et chantant des psaumes. Par les soins des saintes femmes de Jérusalem, le tombeau s'était dépouillé de son aspect sinistre; la grotte ne présentait à la vue qu'un berceau de fleurs. Les apôtres y déposèrent doucement et avec un grand respect le corps de Marie et en fermèrent l'entrée avec une grosse pierre. De tous les panégyriques qui furent entendus dans cette circonstance, celui d'Hiérothée fut le plus remarqué. Saint Denis, qui raconte cette scène comme témoin oculaire, dit qu'en louant Marie, l'orateur était presque hors de lui-même. Pendant trois jours, suivant Juvénal, patriarche de Constantinople, les apôtres et les fidèles prièrent et veillèrent près du tombeau, mêlant leurs voix et leurs cantiques avec ceux des anges qui ne cessèrent de faire entendre leur ravissante harmonie depuis le moment où Marie avait rendu le dernier soupir. Saint Thomas ayant paru après les funérailles, demanda avec instance d'avoir la consolation d'honorer le saint corps de Marie. Vaincus par ses prières, les apôtres ôtèrent la pierre qui fermait l'entrée du sépulcre. Mais ils n'y trouvèrent que les fleurs à peine fanées sur lesquelles le corps avait reposé, les draps et les linges dont il avait été revêtu et qui répandaient une odeur céleste dont tout l'air fut embaumé et qui fut sentie de tous les fidèles. Ils refermèrent le tombeau convaincus, dit saint Jean Damascène, que le Verbe divin qui avait voulu s'incarner dans les entrailles de Marie, n'avait pas permis que ce corps si pur fût sujet à la corruption; mais qu'il avait voulu le ressusciter trois jours après sa mort. Le Verbe divin, continue saint Jean Damascène, ayant conservé sa mère toujours pure, toujours sans tache, toujours vierge, voulut aussi que son corps si pur et si saint fût incorruptible et jouît dès sa mort de la gloire des cieux. Ainsi saint Thomas qui, ne s'étant pas trouvé avec les autres apôtres lorsque le Seigneur leur apparut la première fois, après qu'il fut sorti du tombeau, rendit un témoignage incontestable de la vérité de sa résurrection, en mettant la main dans la plaie du côté du Seigneur, et en voyant les cicatrices de ses mains et de ses pieds, devint aussi par son apparition tardive après les funérailles de Marie, la cause qu'on s'assura de la vérité de sa glorieuse assomption en corps et en âme dans le ciel. Par la glorieuse assomption de Marie qui a porté dans son sein la source de la sainteté, furent réalisées, ainsi que l'explique très bien saint Jean Damascène, ces paroles prophétiques de David : Levez-vous, Seigneur, et entrez dans votre repos vous et l'arche par laquelle vous faites glorifier votre nom (Ps. 131, v. 8).

Le corps très pur de la Vierge immaculée, qui n'était en quelque sorte qu'une même chair avec celle de Jésus-Christ, n'était pas, dit saint Augustin, une proie pour les vers et la corruption. La seule pensée en fait horreur. Qui pourrait croire que Jésus-Christ, qui a conservé son intégrité pendant sa vie, ne l'ait pas préservé de la corruption à sa mort? L'un ne lui était pas plus difficile que l'autre. Si le corps des saints doit être éternellement dans le ciel, peut-on croire que Notre-Seigneur ait laissé celui de sa bienheureuse mère sur la terre jusqu'à la fin des siècles? et tandis qu'il fait honorer les ossements de ses serviteurs et qu'il autorise par des miracles éclatants le culte qu'on leur rend, laisserait-il le corps de sa mère dans l'oubli et sans culte, s'il fût resté sur la terre? Les premiers fidèles furent si persuadés de la vérité de l'assomption de Marie, qu'ils en célébrèrent la mémoire avec une solennité extraordinaire. Dès que la paix eut été rendue à l'Eglise par Constantin, elle ne célébra aucune de ses fêtes avec plus de magnificence que celle de l'Assomption. Voici ce jour si vénérable, s'écrie saint Augustin, ce jour qui surpasse toutes les solennités que nous faisons en l'honneur des saints, jour si auguste, si sacré et si consolant, ce jour auquel nous croyons que la sainte Vierge a passé de ce monde dans le séjour de la gloire. On trouve dans un calendrier de l'Eglise romaine, que les savants bénédictins ont fixé la date à l'année 386, la fête de l'Assomption marquée au 15 août. Elle est aussi indiquée à cette même date dans un calendrier manuscrit de l'Eglise de l'année 801, écrit de la main de saint Agobard, évêque de cette ville. Le nom d'Assomption donné dans tous les siècles à cette fête manifeste assez la foi de l'Eglise touchant ce mystère ; il n'y a aucun saint, aucun martyr, aucun apôtre, dont elle ait appelé la mort et l'entrée dans le ciel assomption. On appelle le jour heureux où ils sont entrés dans la joie du Seigneur, naissance, solennité, triomphe ; mais au triomphe seul de Marie l'Eglise a donné le nom d'assomption, parce que dans ce jour son âme, reprenant son corps, entra en triomphe dans le séjour de la gloire, et, s'élevant au-dessus de toutes les créatures, alla se placer immédiatement au-dessous de Dieu. Mais on peut comprendre, dit saint Bernard, avec quelle gloire la reine de l'univers est montée au ciel, avec quels sentiments de respect et d'amour tant de légions d'anges sont venues au-devant d'elle. Si l'œil de l'homme n'a jamais vu, si son oreille n'a jamais entendu ce que Dieu prépare à ceux qui l'aiment, qui pourra expliquer ce qu'il a préparé à sa mère, qui l'a plus aimé elle seule que tous les hommes ensemble, et que lui-même a aimée avec une tendresse qui passe tout ce que l'on peut en penser. A la divinité près, dit Pierre Damien, l'assomption de la Sainte-Vierge se fit avec plus de pompe que l'ascension de Jésus-Christ. Dans l'ascension, il n'y eut que les anges qui vinrent au-devant de lui, mais, dans l'assomption de Marie, le fils de Dieu lui-même vint au-devant de sa mère. Une pieuse tradition nous apprend aussi, dit Gerson, que le jour de l'assomption de la très sainte Vierge, le purgatoire demeura vide, Marie ayant obtenu la grâce de faire son entrée triomphante dans les cieux, suivie de toutes les âmes qui gémissaient dans ce lieu d'expiation. Suivant des interprètes, la réception que Salomon fit à sa mère n'était qu'une figure de celle que le Sauveur fit à Marie lorsqu'elle entra dans les cieux. C'est en ce jour que toute la cour céleste, dans l'admiration et le ravissement, s'écria : Quelle est celle-ci qui s'élève du désert, de cette terre toute couverte de ronces et d'épines, brillante comme le soleil, enrichie des plus précieux dons, et appuyée sur son bien-aimé notre Seigneur et notre Dieu ? C'est en ce jour que se vérifia également ce prodige que saint Jean admira dans le ciel : une femme revêtue du soleil, ayant la lune sous ses pieds et une couronne de douze étoiles sur la tête. La gloire de Marie dans les cieux n'est pas une gloire qui soit semblable à celle des autres saints. Les grâces ne sont pas les mêmes dans tous les saints ; chacun d'eux a brillé par quelque vertu qui faisait son caractère ; or à cette différence de grâces répond dans les cieux une diversité de gloire ; chaque saint a son trait distinctif, sa beauté particulière ; mais la Sainte-Vierge, étant remplie de grâces, réunit aussi toutes les vertus, tous les genres de sainteté, tous les dons surnaturels, tous les privilèges particuliers, quels qu'ils puissent être, dont Dieu gratifie ses serviteurs. C'est pour cela qu'elle a dans le ciel toutes les récompenses, qu'elle tient un rang supérieur à tous les esprits bienheureux et de tous les saints. Aussi Arnaud de Chartres dit-il avec raison que la gloire de Marie dans le paradis n'est pas comme celle des bienheureux, et qu'elle forme un ordre à part ; et l'on peut affirmer, ajoute-t-il, que si sa gloire n'est pas pareille à celle de Jésus-Christ, c'est du moins en quelque façon la même. Après avoir retracé la vie de Marie, avons-nous besoin d'insister particulièrement sur ses grandeurs. Elles ressortent de tout ce que nous venons de dire dans cet écrit. En disant d'ailleurs que Marie est mère de Dieu, ne résume-t-on pas par cette expression toutes les grandeurs de Marie. Lorsque l'Evangile vous dit que Marie est mère de Dieu, que voulez-vous de plus, s'écrie saint Thomas de Villeneuve ; Marie est mère de Dieu, tout est dit ; la pensée de l'homme et le génie de l'ange n'inventeront jamais une plus belle apologie de ses grandeurs. Dire seulement de Marie qu'elle est mère de Dieu, c'est surpasser, dit saint Anselme, toute grandeur imaginable. Que toute créature se taise, s'écrie saint Pierre Damien ; qu'elle soit saisie d'un saint tremblement et qu'elle se garde de porter les yeux sur une dignité si haute. Dieu habite dans le sein d'une vierge, et il a avec elle l'identité d'une même nature. La dignité de mère de Dieu est infinie dans son genre, dit Suarez ; car plus une chose est rapprochée de son principe, plus elle participe de sa gloire ; or, pour la maternité divine, la Sainte-Vierge est unie au Verbe divin, qui a pris d'elle la nature humaine. Elle lui est unie de l'union la plus intime, la plus forte, puisque, en vertu du lien ineffable qui l'attache au Verbe divin, elle donne la vie de l'homme au Fils de Dieu, et par là elle fait le Fils unique de Dieu son fils propre, son fils unique. La dignité de mère de Dieu est donc de l'ordre le plus élevé ; elle touche à l'union personnelle du Verbe avec notre nature. Marie, suivant saint Thomas, contracte une union suprême avec une

personne infinie ; sa dignité de mère de Dieu est donc infinie. Après Dieu, dit Albert-le-Grand, il n'y a rien de si grand que d'être mère de Dieu. Selon saint Bernard, la maternité divine donne à Marie une sorte d'égalité avec Dieu, parce que, pour concevoir et enfanter un Dieu, il ne faut rien moins qu'une effusion infinie de grâces. La Sainte-Vierge, par cela qu'elle est mère de Dieu, dit encore le Docteur angélique (saint Thomas) possède une dignité en quelque sorte infinie, à cause du bien infini auquel elle est unie, et sous ce rapport elle ne peut être élevée à une dignité plus haute. La céleste Vierge, dit saint Liguori, est immensément supérieure à toute créature. S'il est impossible de trouver un fils plus grand, il est impossible de concevoir une mère plus grande que Marie. C'est l'état le plus parfait que Dieu ait pu conférer à une pure créature. Dieu a donné à Marie tout ce qu'il pouvait lui donner en la faisant mère de Dieu. Devenir la mère de Dieu, dit aussi saint Bonaventure, c'est avoir atteint la dignité la plus haute qu'il soit au pouvoir de Dieu de conférer à une créature. Dans la gloire infinie dont Marie jouit au plus haut des cieux, elle n'oublie pas ceux qui sont encore exilés sur la terre ; elle ne cesse d'intercéder pour eux auprès de Dieu. Elle est leur médiatrice auprès de Jésus-Christ ; depuis dix-neuf siècles, elle ne cesse pas un seul instant de répandre des grâces sur les hommes, de couvrir la terre de ses bienfaits. Il n'est pas un empire, une province, une ville, une famille, un homme qui l'aient invoquée sans avoir ressenti les doux effets de sa bonté. Dans tous les besoins de l'esprit et du corps, l'intercession de Marie est puissante et efficace. Marie est la maîtresse des docteurs, l'institutrice des apôtres, la lumière des aveugles, la porte du ciel, l'échelle des pécheurs, l'espoir des désespérés, le port des naufragés, l'unique auxiliaire de ceux qui sont dénués de secours, le canal par où toutes les grâces descendent du ciel sur la terre. La maternité divine de Marie et sa bonté miséricordieuse pour les hommes justifie donc tous les titres, toutes les prérogatives que l'Eglise reconnaît et honore en elle. Elle est donc la reine du ciel et de la terre. Elle est un abîme de grâces, un océan de gloire, un monde de richesses divines, le chef-d'œuvre de la création, l'honneur du ciel et de la terre, l'arche du Dieu vivant, le principe de notre régénération, la rédemptrice des hommes, la cause de notre salut, le sceptre de la foi orthodoxe, l'espérance des affligés, l'auxiliatrice des faibles, le refuge des malheureux, la joie des élus, la protectrice de l'Eglise, des empires, des familles, de tous les chrétiens. Celui, dit un père de l'Eglise, qui a établi cette loi : « Honorez votre père et votre mère, » a voulu, afin de l'accomplir lui-même, environner sa mère de toute grâce, de toute gloire, de toute puissance, et que tous les hommes dussent à son intercession leur pardon et leur salut. Ainsi s'expliquent tous les témoignages de la reconnaissance, tous les élans de l'âme, toutes les inspirations de la tendresse, pour honorer, louer, bénir et glorifier sur cette terre celle dont Dieu a fait la mère de son fils unique et qu'il a établie la dispensatrice de toutes les grâces qu'il répand sur la terre. Que les hérétiques, les sectaires ne soient donc plus surpris que l'Eglise, d'un bout de la terre à l'autre, proclame, avec un saint enthousiasme, les grandeurs et les gloires de Marie. Ne demandez plus pourquoi la liturgie sacrée déploie toutes ses pompes les jours où l'Eglise célèbre les fêtes consacrées à honorer la reine de l'univers. La reconnaissance et le respect des peuples vous disent aussi pourquoi ils ont élevé en son honneur les temples les plus majestueux. En honorant ainsi Marie, les catholiques ne lui rendent pas le culte de latrie, qui n'est dû qu'à Dieu. Nous adorons l'humanité sainte en Jésus-Christ à cause de son union personnelle avec le Verbe consubstantiel au Père ; mais la maternité divine de Marie n'établit pas, entre Dieu et la Vierge Marie, une unité d'un ordre pleinement identique à l'incarnation, une union hypostatique avec une personne divine, comme elle existe, par l'effet de l'incarnation, entre le Verbe éternel et l'adorable humanité qu'il a unie à sa personne divine ; aussi nous ne rendons à Marie qu'un culte secondaire, inférieur à celui que nous rendons à son fils, mais, parce qu'elle est revêtue d'une dignité éminemment supérieure à celle des anges et des saints, et comme aussi elle est plus éminente en sainteté et plus excellente en grandeur que toute autre créature, nous l'honorons d'un culte à part, d'un culte qui n'est dû qu'à elle et que nous nommons hyperdulie, pour la distinguer de celui dont nous honorons les saints, que nous nommons culte de dulie ; ce qui marque la différence que l'Eglise met entre le crédit de Marie auprès de Dieu et celui des autres saints, nous nous adressons à Marie en sa qualité de mère de Dieu, de distributrice de toutes les grâces, de dispensatrice de tous les trésors divins ; en nous adressant aux autres saints, nous disons avec l'Eglise : Priez pour nous, intercédez pour nous ; mais à Marie, nous disons : Accordez-nous, sauvez-nous, usez du pouvoir de mère que vous avez reçu de Jésus-Christ, et faites que ce divin Fils, qui a bien voulu vous appartenir, reçoive par vous nos prières. L'Eglise ne demande rien à Dieu sans employer l'intercession de Marie. Dans toutes les messes, dans tous les offices, dans toutes les cérémonies, dans les bénédictions, les consécrations, l'administration des sacrements, dans toutes ses prières, elle invoque Marie ; toujours, dans tout ce qu'elle fait, elle a recours à sa médiation. De même que le Père éternel a voulu que l'Eglise ne lui fit aucune demande que par les mérites de son Fils, le Fils a voulu que toutes les prières lui fussent présentées par sa mère. Aussi l'Eglise commence toutes les heures de l'office divin par invoquer Marie, et les termine aussi toujours par une antienne qu'elle chante en son honneur. Remplie de reconnaissance et de tendresse pour celle qui est sa protectrice, et désirant faire passer ses sentiments dans l'âme des fidèles, elle a institué diverses fêtes en son honneur, soit pour honorer ses mystères, soit pour perpétuer sa reconnaissance pour des bienfaits reçus. Elle célèbre la fête de l'immaculée conception le 8 décembre, celle de l'expectation ou des désirs du cœur de Marie à l'approche de la naissance du Sauveur le 18 du même mois, celle des noces de la Sainte-Vierge avec saint Joseph le 23 janvier, celle de la Purification et de la présentation de Jésus au temple le 2 février, celle de l'Annonciation le 25 mars, celle de la Compassion le vendredi avant le dimanche des Rameaux, celle de notre-dame auxiliatrice, ou secours des chrétiens, établie par Pie VII le 24 mai ; celle de la Visitation le 2 juillet. Le même jour, l'Eglise grecque célèbre la fête de la ceinture de la Sainte-Vierge, pour honorer la mémoire du jour où l'impératrice Pulchérie fit déposer à Constantinople, dans l'église de Notre-Dame-des-Bloquernes, cette ceinture qui avait été trouvée dans son tombeau, par Juvénal, patriarche de Jérusalem. La fête de Notre-Dame du Mont-Carmel tombe au 16 juillet, celle de Notre-Dame-des-Anges le 2 août ; celle de Notre-Dame-des-Neiges, établie pour perpétuer le souvenir du prodige qui fit ériger, à Rome, la célèbre église de Sainte-Marie-Majeure, le 5 août. Le 15 du même mois a lieu la fête de l'Assomption, et le dimanche qui suit l'octave de cette fête, l'Eglise célèbre celle du Saint-Cœur de Marie. Le 31 août, on célèbre encore, dans l'Eglise grecque et même dans quelques églises d'Espagne, une seconde fête de la ceinture de la Sainte-Vierge, afin d'honorer l'offrande qu'elle fit, à ce que l'on croit, ce jour là, dans le temple, suivant l'usage de sa nation, qui obligeait les femmes grosses à offrir à Dieu la ceinture qu'elles avaient portée jusque-là. Cette offrande se faisait lorsque la grossesse devenait apparente. Après leurs couches, elles en prenaient une autre qu'elles ne quittaient jamais, et c'est celle que le patriarche de Jérusalem, comme nous l'avons dit un peu plus haut, découvrit dans son tombeau. L'Eglise célèbre, le 8 septembre, la fête de la Nativité de la Sainte-Vierge ; le dimanche dans l'octave de la Nativité, celle du Saint-nom de Marie, établie par le pape Innocent XI, en reconnaissance de la victoire éclatante remportée par Sobieski, roi de Pologne, qui s'était placé sous la protection toute-puissante de Marie avant d'en venir aux mains avec les infidèles, le 10 septembre 1683. Le 24 septembre, l'Eglise célèbre la fête de Notre-Dame-de-la-Merci, ou de la rédemption des captifs. Le premier dimanche d'octobre, a lieu celle du Saint-Rosaire, établie par Clément XI, à l'occasion d'une double victoire remportée sur les Turcs par l'intercession de Marie, la première à Semlin, par les troupes de l'empereur Charles-François ; la seconde à Corfou, dont le siège fut levé. Le 21 novembre, a lieu la fête de la Présentation de Marie au temple. Indépendamment de ces fêtes établies dans l'Eglise universelle, beaucoup d'Eglises particulières célèbrent aussi des fêtes en l'honneur de Marie, pour lui exprimer leur reconnaissance pour des grâces reçues et dont ces fêtes conservent la mémoire. L'Eglise a aussi consacré le samedi à Marie. C'est, d'après saint Bernard, pour honorer la foi inébranlable de Marie et son deuil après la mort de son divin Fils, que l'Eglise a ainsi consacré le samedi à la Sainte-Vierge. D'éclatants miracles ont souvent prouvé que cette consécration était agréable à Dieu et les plus grands saints lui ont rendu, en ce jour, des hommages plus assidus et plus fervents. On a remarqué que notre Seigneur, pendant sa vie

mortelle, opéra ce même jour ses plus grands miracles. Le pape saint Innocent Ier, prescrivit l'abstinence le samedi pour honorer les douleurs de Marie, et les pères du concile de Clermont sous Urbain II, ordonnèrent de chanter tous les samedis la messe et l'office de la Sainte-Vierge, lorsqu'il n'y aurait pas de fête d'un rit plus élevé ; les pères de ce concile furent déterminés à porter cette prescription par un miracle continuel qui se passait à Constantinople. Il y avait dans cette ville un tableau de la Sainte-Vierge, qui demeurait voilé toute la semaine jusqu'aux vêpres du vendredi, pendant lesquelles une main invisible tirait le rideau et laissait l'image de Marie découverte jusqu'au samedi soir ; le Seigneur faisait ainsi connaître que le samedi était particulièrement consacré à la vénération de sa divine mère. Le même motif qui a engagé l'église à consacrer à Marie un jour de la semaine, le samedi, l'a porté à lui dédier un mois tout entier, et comme l'on offre à un ami ce que l'on a de meilleur, ce qui peut lui être le plus agréable, l'on a choisi pour le consacrer à Marie le plus beau mois de l'année, le mois de mai, où la terre se couvre de sa plus brillante parure et où l'air est embaumé du parfum des fleurs. Par un rescrit du 21 mars 1815, Pie VII accorde à ceux qui feront pendant ce mois des prières publiques ou particulières ou d'autres œuvres de piété en l'honneur de Marie, trois cents jours d'indulgence chaque jour, et au jour que l'on choisira, une indulgence plénière, pourvu que l'on remplisse les obligations prescrites pour l'obtenir. Ces diverses indulgences sont applicables aux âmes du purgatoire. Le mois d'août est aussi consacré au Saint-Cœur de Marie. Des esprits durs et inquiets ont dit : Pourquoi honorer ainsi son cœur d'une manière spéciale ? Mais le cœur, n'est-ce pas ce qu'il y a de plus précieux dans l'homme ? Ne disons-nous pas, chaque jour, qu'un homme n'est digne d'estime que par le cœur ? Dieu lui-même nous recommande de l'aimer de tout notre cœur, il veut le posséder sans partage ; or quel cœur, après celui de Jésus, est plus digne d'amour et de vénération que celui de Marie, exempt du péché originel, il est l'œuvre la plus parfaite du créateur, Marie l'a reconnu, l'a chanté elle-même au jour de l'extase de son humilité, en disant, que celui qui est puissant a fait en elle de grandes choses (Luc, 1, v. 41). Toutes les vertus se trouvent réunies dans le cœur de Marie, dans un admirable degré de perfection. Quelle pureté nous avons vu dans l'histoire de sa vie, avec quel soin elle fuyait le monde et ses occasions ? Dès ses plus tendres années, elle vit dans la retraite et la solitude, elle préfère sa virginité, à l'honneur d'être Mère de Dieu ; quelle humilité profonde ! la fille des rois prend pour époux un homme pauvre et se condamne à toutes les humiliations d'une pareille condition. Si on la loue, elle attribue de suite à Dieu l'objet des éloges qu'on lui adresse ; quelle foi vive, ardente ! elle fait descendre dans son sein le Verbe éternel, et malgré toutes les épreuves où l'on la mettent le supplice et la mort de son fils, cette foi est si constante qu'elle ne se dément pas un seul instant. Parlerons-nous de sa sublime résignation au milieu de tous les outrages dont elle et son fils sont l'objet : toujours elle se tait et conforme sa volonté à celle de Dieu. Que dirons nous des relations qui unissent Marie à Dieu. Celui par qui tout a été créé, qui existe de toute éternité reçoit la vie et sa chair de Marie ; lui qui donne la nourriture à tout ce qui existe s'est accru de sa substance. Jésus le Dieu Sauveur en tant qu'homme est l'os de ses os, la chair de sa chair ; quelle émotion profonde éprouvait le cœur de Marie, lorsqu'elle portait son divin fils dans ses entrailles virginales, lorsqu'elle le tenait entre ses bras, de quelle pitié son cœur se remplit dans les relations intimes qu'elle eut pendant trente ans, avec Jésus, qui l'associa à toutes les grandes choses qu'il venait accomplir pour le salut de l'humanité. En cela, Dieu avait de nouvelles, d'ineffables vues de bonté et d'amour pour nous. Il a initié à la grande œuvre de la régénération, la plus excellente et la plus parfaite des créatures, afin que dans le ciel, près du tribunal de la justice divine, elle soit et notre médiatrice, notre protectrice, afin que sa main bénie versât sur nous les grâces que cette TOUTE PUISSANTE SUPPLIANTE obtiendrait chaque jour de la miséricorde de Dieu. C'est ainsi que le Seigneur accomplit de grandes choses par elle, et voilà pourquoi toutes les nations l'appellent *bienheureuse !* Voilà pourquoi, comme nous l'avons dit en commençant, toutes les souffrances et toutes les misères l'invoquent ; et tous ceux qui l'ont invoquée avec foi et amour, bénissent son nom ; car *on n'a jamais entendu dire qu'aucun de ceux qui ont eu recours à Marie, ait été abandonné !!...* P.

MARIE DE CLÉOPHAS, ainsi nommée parce qu'elle était femme de Cléophas, autrement Alphée, est appelée dans l'Evangile, sœur de la mère de Jésus. Elle avait pour fils saint Jacques-le-Mineur, saint Simon et saint Jude, et un nommé Joseph, frères, c'est-à-dire cousins germains du Seigneur. Elle crut de bonne heure en J.-C., le suivit au Calvaire, et fut présente à sa sépulture. Etant allée à son tombeau le dimanche de grand matin avec quelques autres femmes, elles apprirent de la bouche des anges que J.-C. était ressuscité, et elles coururent en porter la nouvelle aux apôtres. On ne sait aucune autre particularité de la vie de Marie.

MARIE (Sainte), esclave de Tertullus, sénateur romain, consacrait spécialement au jeûne les jours où les païens célébraient leurs fêtes impies. Durant la persécution de Dioclétien, son maître, qui l'estimait à cause de son exactitude et de sa fidélité à remplir tous ses devoirs, craignant de la perdre, employa tous les moyens possibles pour l'engager à sacrifier aux idoles; mais rien ne put ébranler sa constance. A la fin, le juge fit instruit de ce qui se passait. Il la fit enlever, et tourmenter avec tant de cruauté, que le peuple en murmura hautement; de sorte qu'on fut obligé de la détacher de dessus le chevalet, et la sainte alla terminer sa vie par une heureuse mort dans une solitude. Baluze a publié les Actes sincères de cette sainte, Miscel, tom. 2, p. 115.

MARIE ÉGYPTIENNE (Sainte), quitta son père et sa mère à l'âge de 12 ans, et mena une vie déréglée à Alexandrie jusqu'à l'âge de 17 ans. La curiosité l'ayant conduite à Jérusalem avec une troupe de pèlerins, pour assister à la fête de l'Exaltation de la Sainte-Croix, elle s'y livra aux derniers excès de la débauche. S'étant mêlée dans la foule pour entrer dans l'église, elle se sentit repoussée par trois ou quatre fois, sans pouvoir y entrer. Marie, frappée d'un tel obstacle, prit la résolution de changer de vie et d'expier ses désordres par la pénitence. Puis, étant retournée à l'église, elle y entra facilement et adora la croix. Le jour même, elle sortit de Jérusalem, passa le Jourdain, et se retira dans la vaste solitude qui est au-delà de ce fleuve. Elle y passa 47 ans, sans voir personne, vivant de ce que la terre produisait, et menant la vie la plus austère. Un solitaire, nommé Zozime, l'ayant rencontrée vers l'an 430, la prit d'abord pour un spectre, tant les ardeurs du soleil et les injures de l'air l'avaient défigurée. Marie le rassura, lui demanda sa bénédiction, lui raconta son histoire, et le pria de lui apporter l'Eucharistie. Zozime s'alla trouver l'année suivante, le jour du jeudi saint, et lui administra le sacrement. Il y retourna l'année d'après, et trouva son corps étendu sur le sable, avec une inscription tracée sur la terre : « Abbé Zozime, enterrez ici le corps de la misérable Marie. Je suis morte le même jour que j'ai reçu les saints mystères. Priez pour moi. » On ajoute que Zozime étant embarrassé pour creuser une fosse, un lion vint se charger de ce travail. L'histoire de Marie a été écrite par un auteur contemporain; cependant quelques critiques la révoquent en doute, à cause des circonstances extraordinaires qu'elle contient : mais si cette raison était suffisante pour rejeter le témoignage des contemporains, les histoires les plus avérées seraient en danger d'être reléguées parmi les fables.

MARIE, femme du bourg de Bathecor, et fille d'Eléazar, s'était réfugiée avec son mari dans Jérusalem; elle s'y trouva pendant le siège de cette ville par Titus. Une horrible famine réduisit les habitants à se nourrir de corps morts. Un jour les soldats, après lui avoir volé tous ses bijoux, lui prirent encore tout ce qui était nécessaire pour la vie. Cette femme, mourant de faim, arracha de sa mamelle son fils, le tua, et le fit cuire, en mangea une partie, et garda le reste pour une autre fois. Les soldats entrèrent à l'odeur de ce mets cruel, et la forcèrent de le leur montrer. Elle leur offrit d'en manger; mais ils en eurent tant d'horreur qu'ils se retirèrent en frémissant. Ainsi se vérifiait la prophétie de Moïse, dans le cantique Audite, cœli, faite 15 siècles auparavant : Congregabo super illos mala, et sagittas meas complebo in eis : consumentur fame.

MARIE D'OIGNIES (Sainte), née à Nivelles vers 1177, fut mariée à l'âge de 14 ans, et continua les austérités qu'elle avait coutume de pratiquer dès sa plus tendre jeunesse. Les deux époux distribuèrent d'un commun accord leurs biens aux pauvres et se consacrèrent au service des lépreux dans une ladrerie nommée Villembrouck, peu éloignée de Nivelles. Au bout de douze ans, fatiguée par l'affluence de peuple que l'éclat de ses vertus y attirait, Marie crut devoir se retirer au prieuré d'Oignies, nouvellement bâti sur la Sambre,

et y mourut le 23 juin 1213, à l'âge de 36 ans. Le célèbre Jacques de Vitri, que la réputation de ses vertus avait attiré dans ce désert, a écrit sa Vie, qui a été insérée dans Surius et les Acta sanctorum. Buisseret, évêque de Namur, l'a traduite en français, Louvain, 1602, in-12. On en a donné une nouvelle édition corrigée, Namur, 1719. Arnauld d'Audilly en a publié aussi une traduction; mais il y a fait plusieurs retranchements, dont quelques-uns sont raisonnablement motivés.

MARIE-MADELEINE DE LA TRINITÉ, fondatrice de l'ordre de la miséricorde, avec le père Yvan, prêtre de l'Oratoire, naquit à Aix en Provence, en 1616; son père était soldat. Elle fut élevée avec grand soin par sa mère, et demandée en mariage à l'âge de 13 ans par un homme riche, dont elle refusa la main. Pour marcher plus sûrement dans la voie du salut, elle se mit sous la direction du P. Yvan, qui composa pour elle un livre intitulé Conduite à la perfection chrétienne. Une maladie dont elle fut affligée en 1632 lui fit prendre la résolution de fonder l'ordre de la Miséricorde, pour y recevoir des filles de condition noble sans biens et sans dot. Marie-Madeleine exécuta heureusement ce pieux dessein. Cette sainte fondatrice établit à Aix, en 1637, la première maison de son institut, dont elle fut la première supérieure. Elle mourut saintement à Avignon en 1678, à 62 ans, après avoir fondé plusieurs maisons de son ordre. Voyez sa Vie par le P. Croiset, jésuite, imprimée à Lyon, en 1696, in-8°.

MARIE DE L'INCARNATION, dont le nom était Barbe d'Avrillot, épousa Acarie, maître des comptes, et après sa mort se fit carmélite, en 1614. Elle perfectionna dans ce nouvel état les grandes vertus dont elle avait donné l'exemple dans le monde, et se sanctifia surtout par son zèle, sa charité, sa patience et sa mortification. Elle mourut à Pontoise l'an 1618, regardée comme la fondatrice des carmélites en France. Pie VI la mit au nombre des bienheureux en 1791. André Duval, professeur en Sorbonne, et Maurice Marin, barnabite, ont écrit sa Vie. L'abbé de Montis en a donné une autre en 1778. Marguerite Acarie, sa fille, entra aussi chez les carmélites, sous le nom de sœur Marguerite du Saint-Sacrement, en 1605, quelques années avant sa mère, et mourut après de longs travaux et beaucoup de souffrances, en 1660, à l'âge de 70 ans. Tronson, curé de Saint-Sulpice, a écrit sa Vie, Paris, 1690, in-8°.

MARIE DE L'INCARNATION, nommée auparavant Marie-Guyert, naquit à Tours le 18 octobre 1599. Après la mort de son mari, elle entra à l'âge de 32 ans chez les Ursulines à Tours, où elle composa, pour l'instruction des novices, un très bon livre intitulé l'École chrétienne. Appelée à la conversion des filles du Canada, elle passa à Québec en 1639, où elle établit un couvent de son ordre, qu'elle gouverna avec beaucoup de sagesse et de prudence. Elle y mourut en 1672. Outre son École chrétienne, on a d'elle un volume in-4° de Retraites et de Lettres. Dom Claude Martin, son fils, a publié sa Vie, qui a aussi été écrite par le P. de Charlevoix, jésuite, 1724, in-12. Les écrits de cette religieuse respirent cette onction sublime qu'on ne trouve que dans les saints.

MARIE D'ARAGON, fille de Sanchez II, roi d'Aragon, et femme de l'empereur Othon III, périt par une mort aussi honteuse que sa vie, si l'on en croit plusieurs historiens. Ils prétendent que cette princesse, ayant en vain sollicité un comte de Modène de satisfaire à ses désirs, l'accusa du crime qu'il n'avait point voulu commettre. L'empereur, trop crédule, fit trancher la tête à cet innocent cru coupable. La femme du comte, ayant appris la vérité de son mari mourant, offrit de prouver son innocence par l'épreuve du feu. On porta un fer dans un grand brasier, et lorsqu'il fut tout rouge, la comtesse le prit sans s'émouvoir, et le tint entre ses mains sans se brûler. L'empereur, surpris et épouvanté, fit jeter dans un bûcher en 998 l'impératrice, qui expia par ce supplice la mort injuste du comte de Modène. Quoi qu'il en soit de cette histoire en particulier, on ne peut nier que les épreuves judiciaires qui, pour de fréquents abus, furent ensuite proscrites par les canons, n'aient servi souvent à faire triompher la vérité avec éclat. Le zèle de la justice et la difficulté de la découverte, la simplicité des temps, la grande confiance dans le Juge éternel, l'espèce de théocratie qui gouvernait les peuples chrétiens durant ces siècles, rendirent ces épreuves très souvent efficaces; et il faudrait se résoudre à nier les faits les mieux avérés, si l'on voulait s'élever indifféremment contre ce qui en est rapporté par une multitude d'auteurs contemporains, souvent par des témoins oculaires et irréprochables.

MARIE-THÉRÈSE, impératrice, reine de Hongrie et de Bohême, naquit le 13 mai 1717, de l'empereur Charles IV et d'Elizabeth Christine de Brunswick-Wolfenbuttel. L'empereur, ayant perdu l'archiduc Léopold son fils unique, avait élevé sa fille aînée, Marie-Thérèse, dans la perspective de la faire héritière de ses vastes Etats. Dès 1713, il avait fait la fameuse Pragmatique-Sanction, par laquelle, au défaut d'enfants mâles, sa succession devait passer à l'aînée de ses filles; disposition à laquelle il s'occupa, pendant près de 30 ans, de donner un caractère sacré, en la faisant ratifier par toutes les puissances de l'Europe, qui pouvaient avoir quelque intérêt à en empêcher l'exécution. Marie-Thérèse fut mariée le 12 février 1736, à François-Etienne de Lorraine, depuis empereur sous le nom de François Ier, et monta sur le trône après la mort de Charles VI, arrivée le 20 octobre 1740. Les événements qui suivirent cette mort firent bientôt voir que le prince Eugène avait eu raison de dire « qu'une armée de cent mille hommes garantirait mieux la Pragmatique-Sanction que cent mille traités. » L'Europe fut inondée de manifestes, avant-coureurs de l'orage qui se formait contre cette princesse. Le roi de Prusse, au milieu des glaces et des frimats, parcourt, à la tête de ses troupes, la Silésie, et reçoit à Breslau l'hommage des Etats de cette belle province; à cette conquête il joint celle de la Moravie. D'un autre côté, l'électeur de Bavière, Charles-Albert, pressait la France de lui procurer les couronnes de Bohême et de l'Empire; il vint à bout de la mettre dans ses intérêts, quoiqu'elle eût adhéré solennellement à la Pragmatique-Sanction lors de l'échange du grand-duché de Toscane contre les duchés de Lorraine et de Bar. Les premiers efforts de Charles-Albert furent suivis des succès les plus brillants; il se fit couronner archiduc d'Autriche à Lintz, roi de Bohême à Prague, empereur sous le nom de Charles VII à Francfort en 1742. Marie-Thérèse, ne se trouvant pas en sûreté à Vienne, avait été obligée de prendre la fuite dès l'an 1741. Dans ces tristes circonstances, elle va se jeter entre les bras des Hongrois, assemble les Etats de ce royaume, se présente à eux, tenant sur ses bras le fils qu'elle venait de mettre au monde, et leur adresse en latin ces paroles : « Abandonnée de mes amis, persécutée par mes ennemis, attaquée par mes proches parents, je n'ai de ressource que dans votre fidélité, dans votre courage et ma constance. Je remets entre vos mains la fille et le fils de vos rois, qui attendent de vous leur salut. » A ce spectacle, les Hongrois, peuple fier et belliqueux, qui, depuis deux cents ans, n'avait cessé de repousser le joug de la maison d'Autriche, passent tout-à-coup de l'aversion au dévoûment le plus sincère, tirent leurs sabres et s'écrient d'une voix unanime : *Moriamur pro rege nostro Maria Theresa.* Jamais secours ne vint plus à propos, et jamais peut-être il n'en fut de moins attendu. A peine restait-il à Marie-Thérèse une ville pour y faire ses couches, comme, étant enceinte et dans un moment de profonde amertume, elle l'écrivit à la princesse Charlotte de Lorraine, sa belle-mère. C'était là le terme de ses malheurs. Au milieu de tant de revers, cette auguste princesse a pour elle ses grands talents, sa fermeté et l'amour de ses peuples. Des bords de la Drave et de la Save, il sort des peuples inconnus jusqu'alors qui se joignent aux Hongrois. Kevenhuller à leur tête recouvre l'Autriche; Lintz, Passau, Munich ouvrent leurs portes aux Autrichiens; Marie-Thérèse ménage une alliance avec l'Angleterre, qui lui fournit des secours d'argent et de troupes; elle tâche d'ébranler le roi de Sardaigne, et détache le roi de Prusse de la ligue, en lui cédant, le 11 juin 1742, presque toute la Silésie et le comté de Glatz. Elle se fait couronner reine de Bohême à Prague, le 11 mai 1743. Seize mille Anglais traversent la mer, se joignent aux Autrichiens, aux Hanovriens, aux Hessois, et marchent vers Francfort. Georges II et son fils, le duc de Cumberland, se rendent au camp; la bataille d'Ettingen se donne le 27 juin 1743; la victoire se déclare pour les armes de Marie-Thérèse, et ôte à l'électeur de Bavière tout espoir de conserver l'empire. Le roi de Sardaigne, à qui on avait cédé la propriété de quelques contrées du Milanais, arma pour la reine de Hongrie. Ses troupes furent souvent victorieuses, et procurèrent à la maison d'Autriche des avantages qui compensèrent bien les sacrifices qu'elle lui avait faits. Le traité de Breslau n'arrêta que pour un temps le roi de Prusse. Il fit une nouvelle irruption en Bohême en 1744, pendant que l'électeur de Saxe, roi de Pologne, concluait un traité d'alliance à Varsovie avec Marie-Thérèse. En 1745, le foyer de la guerre fut transporté dans les Pays-Bas. Presque toutes les villes ouvrirent leurs portes à Louis XV. Les plaines de Fontenoi, de Rocoux, de Lawfeldt étaient couvertes de morts, les eaux de la Meuse et de l'Escaut rougies

du sang des vainqueurs et des vaincus : au milieu des revers et des succès qui se balançaient, Marie-Thérèse a la consolation de placer, le 4 octobre 1745, la couronne impériale sur la tête de son époux. La cérémonie se fit à Francfort comme en temps de paix. Sur ces entrefaites, le roi de Prusse remportait de nouveaux avantages à Friedberg et à Prandnitz. Elle se délivra encore de cet ennemi, par le traité de Dresde, le 25 décembre de la même année. Enfin, après huit ans de guerre, une paix universelle fut accordée à l'Europe par le traité d'Aix-la-Chapelle, signé le 18 octobre 1748 ; et Marie-Thérèse, qu'on avait cru opprimer, parut y recevoir un triomphe éclatant. Tous ses soins furent alors de fermer les plaies de son peuple, de réparer les maux occasionnés par la guerre. Mais, à l'imitation de Frédéric, elle voulut conserver un grand nombre de troupes : ce qui nuisit beaucoup à ses Etats, eut de mauvais effets sur les mœurs et le caractère des peuples, donna à l'administration une marche de violence et de despotisme, et prépara les événements fâcheux arrivés sous les règnes suivants. Cette princesse ignorait que, pour défendre ses Etats, c'était un moyen aussi mauvais qu'inutile d'avoir de grandes armées sur pied. Cependant toutes ses vues se portaient sur la chose publique. Les ports de Trieste et de Fiume furent ouverts à toutes les nations ; Livourne étendit son commerce dans le Levant et dans les Indes orientales ; le port d'Ostende reçut des navires chargés de productions de la Hongrie; des canaux ouverts dans les Pays-Bas apportèrent dans le sein de ses cités les richesses des deux Indes ; Vienne fut agrandie et embellie; des manufactures de draps, de porcelaine, de glaces, d'étoffes de soie, etc., s'établirent dans ses vastes faubourgs; et on vit bientôt les imitateurs dans les arts se mettre au pair de leurs modèles. Pour faire fleurir les sciences, Marie-Thérèse érige des universités, des collèges, parmi lesquels on admirait celui qui portait son nom à Vienne; elle fonde des écoles pour le dessin, la peinture, l'architecture; elle forme des bibliothèques publiques à Prague, à Inspruck; des observatoires magnifiques s'élèvent à Vienne, à Gratz, à Tyrnau, et sont enrichis de télescopes qui découvrent les secrets des cieux aux Hall, aux Boscowich, aux Halloy : les Van Swiéten, les Strock, les Métastase, les Chapelain reçoivent les bienfaits que méritent leurs talents. L'on peut douter cependant si, en répandant ainsi les sciences et généralisant l'instruction dans ses Etats, en encourageant les lettres et les études spéculatives, elle fit à ses peuples autant de bien qu'elle voulut leur en faire. Ses soins s'étendaient sur toutes les classes des citoyens : les soldats blessés, vieux et infirmes, reçurent les secours spirituels et temporels, dans des hôpitaux propres et salubres; les veuves d'officiers, les demoiselles nobles, etc., trouvèrent des ressources dans divers établissements formés par l'humanité et la piété de cette bonne princesse. La paix semblait devoir durer longtemps, surtout après que la France, si longtemps rivale de l'Autriche, eut fait une alliance avec elle le 1er mai 1756; mais elle fut troublée par une irruption subite que fit le roi de Prusse en Saxe pendant le mois d'octobre de la même année. Il marche vers la Bohême ; Brown l'arrête par la bataille de Lowositz, où les deux partis s'attribuent la victoire. Au printemps de l'an 1757, Frédéric paraît à la tête de cent mille combattants sur les hauteurs de Prague : le combat s'engage sous les murs de cette capitale; Brown blessé est obligé de céder et de se retirer dans la ville; le vainqueur la bloque et la bombarde; Daun arrive, repousse et culbute les Prussiens à Chotzemitz, fait lever le siège, sauve la Bohême par cette victoire, et rend aux troupes le courage et cette confiance que le bruit des victoires de Frédéric semblait leur avoir fait perdre. C'est à l'occasion de cette victoire que Marie-Thérèse établit l'ordre militaire de son nom, le 18 juin 1757. Cette guerre fut des plus sanglantes; jamais on n'avait livré tant de combats. Les Autrichiens eurent des succès et des revers; mais ils furent plus souvent vainqueurs que vaincus. Ils triomphent à Hochkirchen, à Kunersdorf, à Maxen, à Landshut, à Tœplitz; le prince Charles s'empare de Breslau, Nadasti de Schweidnitz, et Haddick et Lascy de Berlin. On admire surtout l'expédition de Laudon contre Schweidnitz, par laquelle il enleva, le 1er octobre 1761, cette ville en une nuit, et avec la ville, une nombreuse garnison, une artillerie formidable et des magasins immenses. Les armes de Marie-Thérèse ne parurent essuyer qu'un revers considérable pendant cette guerre : ce fut la bataille de Leuthen ou de Lissa, où l'armée fut presque détruite, le 5 décembre 1757. Cette déroute fut suivie de la prise de Breslau et de dix-sept mille Autrichiens. Le traité de Hubersbourg, conclu le 15 février 1763, remit l'Allemagne sur le pied où elle était avant la guerre. Marie-Thérèse réussit à faire élire Joseph, son fils, roi des Romains, l'an 1764 ; elle rétablit l'ancien ordre de Saint-Étienne, et prit le titre de reine apostolique, en mémoire du zèle ardent pour la foi et de l'espèce d'apostolat que ce grand roi avait exercé sur le trône. Ce titre, donné à Étienne par Sylvestre II, avait été renouvelé pour Marie-Thérèse par un bref de Clément XIII, en 1758. Étant à Inspruck à l'occasion du mariage de son fils Léopold, depuis grand-duc de Toscane, avec l'infante Marie-Louise d'Espagne, elle perdit son époux, l'empereur François Ier, qui y fut enlevé par une mort inopinée, le 18 août 1765. Depuis ce moment, elle ne quitta point le deuil, et ne crut pouvoir alléger sa tristesse qu'en fondant à Inspruck un chapitre de chanoinesses, dont la fonction fut de prier pour le repos de cet époux chéri. En 1772, elle fit une convention avec Frédéric II, roi de Prusse, et avec Catherine II, impératrice de Russie, pour démembrer la Pologne, en vertu d'anciens traités : cette convention lui donna presque toute la Russie Rouge ; Lemberg devint la capitale de ses nouveaux États, qui furent appelés Lodomerie et Gallicie. Par la mort de Maximilien-Joseph, électeur de Bavière, arrivée en 1777, la guerre se ralluma entre la Prusse et l'Autriche ; mais elle ne fut pas féconde en événements, les armées paraissant toujours se tenir sur la défensive ; elle fut terminée par la paix de Teschen, le 13 mai 1779, qui augmenta les États de la maison d'Autriche d'une petite portion de la Bavière. Après un règne long et heureux, Marie-Thérèse vit approcher sa fin avec le courage qui la caractérisa pendant toute sa vie. Sa mort fut celle d'un héros chrétien qui quitte la vie sans se plaindre, et les grandeurs sans les regretter : elle expira à Vienne, le 29 novembre 1780. La postérité la regardera toujours comme une des plus grandes princesses qui aient régné. Elle avait un air de grandeur relevé par les charmes de la beauté qui la faisait passer pour la plus belle princesse de l'Europe ; des mœurs pures et douces ennoblissaient ses graces ; une élocution énergique, un son de voix majestueux, la connaissance des langues en usage dans ses États, un abord riant, en un mot, tout son extérieur montrait qu'elle était faite pour régner. Si on pouvait désirer quelques traits pour compléter son éloge, ce serait un caractère plus ferme, des vues plus soutenues, et une opposition plus vigoureuse à des projets qui combattaient ses véritables intentions. La religion, pendant son règne, fut toujours respectée et regardée comme le plus ferme appui du trône, et comme le gage le plus assuré de la fidélité des sujets. Les jurements furent sévèrement défendus, la débauche et la licence réprimées, les mauvais lieux supprimés, les jeux de hasard interdits. Mais la pente d'un siècle entraîné par une fausse philosophie, la contagion toujours croissante des vices qui en sont les fruits nécessaires, l'altération des mœurs publiques l'affaiblissement des anciens principes d'ordre et de vertu, n'ont pas permis que son zèle fût couronné d'un plein succès. Dernier rejeton de la maison de Hapsbourg, qui, pendant plusieurs siècles, avait occupé le premier trône et tant d'autres trônes de l'Europe, avec une chaîne de prospérités qui la firent surnommer *Felix*, elle a paru, par les événements qui ont suivi sa mort, avoir emporté dans le tombeau les bénédictions de sa famille.

MARIE STUART, reine de France et d'Ecosse, née le 7 décembre 1542, au château de Lilinthgow, petite ville à sept lieues d'Edimbourg, de Jacques V, roi d'Ecosse, et de Marie de Lorraine, hérita du trône de son père huit jours après sa naissance. Henri VIII, roi d'Angleterre, voulut la marier avec le prince Edouard, son fils, afin de réunir les deux royaumes ; mais ce mariage n'ayant pas eu lieu, elle épousa, en 1558, François II, alors dauphin de France, fils et successeur de Henri II. François II étant mort en 1560, elle repassa en Ecosse, et se maria en secondes noces à Henri Stuart, son cousin, plus connu sous le nom de lord Darnley. Ce prince ayant péri par la main des rebelles, Marie fut contrainte d'épouser le comte de Bothwell, un des meurtriers de son époux. Les factieux, à la tête desquels était le comte de Murray, fils naturel de Jacques V, voulant perdre la reine comme ils s'étaient défaits du roi, déchirèrent son honneur et sa vertu par des calomnies atroces, que le fanatisme de secte et d'une philosophie ennemie de tous les héros chrétiens a transmises jusqu'à nous. On supposa des lettres d'amour au comte de Bothwell, dont les originaux ne furent jamais exhibés ; on l'accusa du meurtre de son mari, et, par ses manœuvres, on parvint à soulever l'Ecosse contre elle. Abandonnée de son armée, elle fut obligée de se rendre aux conjurés, et de céder

la couronne à son fils. On l'obligea de nommer régent le comte de Murray, qui l'accabla de mauvais traitements, et déguisa d'autant moins son caractère qu'il se voyait au but de ses vœux et de ses artifices. La brutalité du régent procura à la reine un parti. Elle se sauva de prison, leva 6,000 hommes ; mais elle fut vaincue et obligée de chercher un asile en Angleterre, où elle ne trouva qu'une prison, et enfin la mort, après 18 ans de misère et de captivité. Elisabeth la fit d'abord recevoir avec honneur dans Carlisle ; mais elle lui fit dire qu'« étant accusée du meurtre de son époux, elle devait s'en justifier. » On nomma des commissaires, et on la retint prisonnière à Teuksburi, sous prétexte d'instruire son procès. Le grand malheur de la reine Marie fut d'avoir des amis dans sa disgrâce ; Elisabeth craignit qu'elle ne lui échappât et ne remontât sur le trône. Elle prétendit avoir découvert une conspiration. Le procès des accusés fut bientôt fait : un grand nombre d'hommes illustres, et d'autres trop connus par leur attachement à la reine Marie ou à la foi catholique, périrent du dernier supplice. La plupart des historiens les ont considérés comme parfaitement innocents, et comme des victimes préparatoires à un plus grand sacrifice. Après ces sanglantes exécutions, Elisabeth fit juger Marie, son égale, comme si elle avait été sa sujette. « Quarante-deux membres du parlement, » dit Voltaire, qui, d'ailleurs, applaudit toujours aux cruautés exercées contre les catholiques, « et cinq juges du royaume allèrent l'interroger dans sa prison à Fotteringhai. Elle protesta, mais elle répondit. Jamais jugement ne fut plus incompétent, et jamais procédure plus irrégulière. On lui représenta de simples copies de ses lettres, et jamais les originaux ; on fit valoir contre elle le témoignage de ses secrétaires, et on ne les lui confronta point ; on prétendit la convaincre sur la déposition de trois conjurés qu'on avait fait mourir, et dont on aurait pu différer la mort pour les examiner avec elle. Enfin, quand on aurait procédé avec les formalités que l'équité exige pour le moindre des hommes ; quand on aurait prouvé que Marie cherchait partout des secours et des vengeurs, on ne pouvait la déclarer criminelle. Elisabeth n'avait d'autre juridiction sur elle que celle du puissant sur le faible et sur le malheureux. » Mais sa politique cruelle demandait le sacrifice de cette illustre victime. Marie fut condamnée à mort ; elle la reçut avec une fermeté d'âme dont les plus grands hommes ne sont pas toujours capables. On lui refusa son aumônier, et toutes ses demandes relatives à sa sépulture. Le comte de Kent, préposé à l'exécution, lui reprocha jusqu'au dernier moment sa superstition, c'est-à-dire la foi catholique. Il paraît qu'on avait résolu de lui arracher sa religion avec la vie ; mais son courage fut au-dessus de tout. Le comte, insultant le crucifix qu'elle avait dans ses mains, lui dit que c'était dans le cœur qu'il fallait porter J.-C. Marie répondit paisiblement « que, quand on avait son image sous les yeux, son amour s'allumait plus aisément dans le cœur. » Lorsqu'il fallut quitter ses habits, elle ne voulut point que le bourreau fît cette fonction, disant « qu'elle n'était point accoutumée à se faire servir par de pareils gentilshommes.» Après avoir fait quelques prières, elle eut la tête tranchée, le 18 février 1587, à 44 ans. La tête ne fut séparée du corps qu'au troisième coup, et le bourreau montra aux quatre coins de l'échafaud cette tête qui avait porté deux couronnes, comme on pourrait y montrer celle d'un fameux scélérat. Telle fut la fin tragique de la célèbre Marie Stuart, princesse aussi belle que vertueuse. Reine de France par son mariage avec François II, reine d'Ecosse par sa naissance, elle passa près de la moitié de sa vie dans les chaînes, et mourut d'une mort cruelle. Son attachement à la religion catholique, ses droits sur l'Angleterre, et, si l'on en croit quelques historiens, sa beauté, firent tous ses crimes. Ce dernier grief serait incroyable sans les anecdotes trop connues de la coquetterie d'Elisabeth et de sa jalousie contre Marie, qui allait jusqu'à ne pouvoir entendre prononcer son nom. La douceur de son caractère, les grâces de son esprit, la protection dont elle honora les lettres, le succès avec lequel elle les cultiva, sa fermeté dans ses malheurs, son attachement à la religion de ses pères, ont rendu sa mémoire chère à tous les hommes sensibles, mais surtout aux catholiques, qui l'ont considérée comme une martyre de leur religion.

MARIE DE MÉDICIS, fille de François II de Médicis, grand-duc de Toscane, et femme de Henri IV, roi de France, naquit à Florence le 26 avril 1573. Son mariage avec Henri IV se célébra en 1608, et elle fut nommée régente du royaume en 1610, après la mort de ce roi. Le duc d'Epernon, colonel général de l'infanterie, força le parlement à lui donner la régence : droit qui jusqu'alors n'avait appartenu qu'aux Etats-généraux. Marie de Médicis, à la fois tutrice et régente, acheta des créatures avec l'argent que Henri-le-Grand avait amassé pour rendre sa nation puissante. L'Etat perdit sa considération au-dehors, et fut déchiré au-dedans par les princes et les grands seigneurs. Les factions furent apaisées par un traité de 1614, qui accorda aux mécontents ce qu'ils voulurent ; mais ces factions se réveillèrent bientôt après. Marie, entièrement livrée au maréchal d'Ancre et à sa femme Galigaï, irrita les rebelles par sa conduite. La mort de ce maréchal, assassiné par ordre de Louis XIII, éteignit la guerre civile. Marie fut reléguée à Blois, d'où elle se sauva à Angoulème. Richelieu, évêque de Luçon, et depuis cardinal, réconcilia la mère avec le fils en 1619. Mais Marie, mécontente de l'inexécution du traité, ralluma la guerre, et fut bientôt obligée de se soumettre. Après la mort du connétable de Luynes, son grand adversaire, elle fut à la tête du conseil ; et, pour mieux affermir son autorité renaissante, elle y fit entrer Richelieu, son favori et son surintendant. Ce cardinal, élevé au faîte de la grandeur à la sollicitation de la reine, ne voulut plus dépendre d'elle ; Marie de Médicis le fit dépouiller du ministère. Le roi, qui l'avait sacrifié par faiblesse, lui sacrifia sa mère ainsi par une autre faiblesse. La reine se vit obligée de fuir à Bruxelles en 1631. Depuis ce moment, elle ne revit plus son fils, ni Paris, qu'elle avait embelli de ce palais superbe appelé Luxembourg, d'aqueducs ignorés jusqu'à elle, et de la promenade publique qui portait le nom de la Reine. Du fond de sa retraite, elle demanda justice au parlement de Paris, dont elle avait tant de fois rejeté les remontrances. On voit encore aujourd'hui sa requête : « Supplie Marie, reine de France et de Navarre, disant que depuis le 23 février aurait été prisonnière au château de Compiègne sans être ni accusée ni soupçonnée. » Quelle leçon et quelle consolation pour les malheureux ! la veuve de Henri-le-Grand, la mère d'un roi de France, la belle-mère de trois souverains, manque du nécessaire et meurt dans l'indigence! Ce fut à Cologne, le 3 juillet 1642, à 68 ans. La source des malheurs de cette princesse, née avec un caractère jaloux, opiniâtre et ambitieux, fut d'avoir reçu un esprit trop au-dessous de son ambition. Elle n'avait pas été plus heureuse sous Henri IV que sous Louis XIII. Les maîtresses de son époux lui causaient les plus grands chagrins, et elle ne les dissimulait pas. Elle ne cessait de lui en faire des reproches aussi fondés qu'inutiles. Naturellement violente, elle poussa un jour la vivacité au point de lever le bras pour le frapper. Cependant elle avait de la religion et de la piété ; elle avait fondé, en 1620, le monastère des religieuses du Calvaire. Voy. sa Vie, publiée à Paris en 1774, 3 vol. in-8°. Nous avons encore l'Histoire de la mère et du fils, Amsterdam, 1730, 2 vol. in-12, qui porte le nom de Mézeray ; mais on s'accorde à croire que cet ouvrage, si curieux à consulter pour ce qui concerne cette reine, est de Richelieu lui-même, et fait partie d'une histoire complète que ce fameux ministre avait composée.

MARIE-THÉRÈSE D'AUTRICHE, fille de Philippe IV, roi d'Espagne, née à Madrid en 1638, épousa en 1660 Louis XIV, et mourut en 1683. C'était une princesse foncièrement sage et vertueuse; mais Louis XIV, qui était alors dans l'âge de la dissipation et de la galanterie, l'estima plus qu'il ne l'aima. La patience avec laquelle elle supporta ses infidélités répondait à toutes ses autres qualités. Louis la pleura, et dit à sa mort : « Voilà le seul chagrin qu'elle m'ait donné. » On prétend que c'est elle qui, occupée encore dans l'autre monde du salut de son époux, apparut au fameux maréchal de Salon. Cette princesse pieuse et modeste avait des sentiments très élevés : témoin la réponse qu'elle fit un jour à une carmélite qu'elle avait priée de l'aider à faire son examen de conscience, pour une confession générale. Cette religieuse lui demanda si, avant son mariage, elle n'avait pas cherché à plaire aux jeunes gens de la cour du roi son père : « Oh non ! ma mère, répondit-elle, il n'y avait point de rois. »

MARIE LECZINSKA, reine de France, fille de Stanislas, roi de Pologne, duc de Lorraine, et de Catherine Opalinska, née le 23 juin 1703, suivit son père et sa mère à Weissembourg en Alsace, quand ils furent obligés de quitter la Pologne. Elle y demeurait depuis six ans, lorsqu'elle fut demandée en mariage par le roi Louis XV. Elle épousa, le 5 septembre 1725, ce monarque, dont elle eut deux princes et huit princesses. Instruite par un père sage et éclairé, elle fut sur le trône le modèle des vertus chrétiennes, ne s'occupant qu'à mériter la

tendresse du roi son époux, à inspirer des sentiments de religion aux princes ses enfants, et à répandre des bienfaits sur les églises et dans le sein des malheureux. Ennemie des intrigues de cour, elle coulait des jours tranquilles au milieu des exercices de piété. Mais la mort prématurée du dauphin son fils, père de Louis XVI, suivie bientôt après celle du roi Stanislas son père, la pénétra de la plus vive douleur. Cette princesse, si digne des regrets de la France, succomba le 24 juin 1768, à l'âge de 65 ans. L'abbé de Boismond prononça son Oraison funèbre devant l'Académie française, le 22 novembre 1768. L'abbé Proyart a écrit sa Vie.

MARIE-ANTOINETTE-JOSEPHE-JEANNE-D'AUTRICHE, reine de France, naquit à Vienne, le 2 novembre 1755 de Marie-Thérèse, reine de Hongrie et de Bohème, et de François Ier. Aux avantages réunis de la naissance et de l'éducation, elle joignit tous les autres dons de la nature. Louis XVI n'était encore que dauphin lorsque le duc de Choiseul négocia son mariage avec Marie-Antoinette. Le jeune prince fiancé à la plus gracieuse, à la plus belle des archiduchesses, fille de Marie-Thérèse-le-Grand, se distinguait déjà par la pureté de ses mœurs. Entre les deux augustes fiancés, le mariage se fit le 16 mai 1770 ; quelques semaines après, les affreux malheurs de la place Louis XV (qu'il faut attribuer à la négligence de la police), répandirent encore l'effroi parmi les peuples, regardant comme de mauvais augure les têtes attristées, ensanglantées par tant de morts! Ainsi que le dauphin, Marie-Antoinette s'intéressa vivement au sort des victimes, et envoya au lieutenant de police tout l'argent qu'elle possédait, afin de secourir les plus infortunés. Simple, bonne, aimable, elle était chérie dans son intérieur ; mais le public, excité par un parti qui cherchait sans cesse à jeter de la défaveur sur le gouvernement et le souverain, se montra de bonne heure rigoureux envers elle. Louis XVI avait été sacré roi le 11 juin 1775 ; à l'exemple de son époux, qui exempta le peuple du droit de joyeux avénement, Marie-Antoinette fit remise du droit de ceinture de la reine : ce qui n'empêcha pas quelque temps après les malveillants de répandre le bruit qu'elle faisait passer de France des sommes considérables à l'empereur Joseph II. Jeune, et détestant l'étiquette des cours, une grande liberté régnait autour d'elle : on ne manqua pas d'en tirer des inductions les plus odieuses. Le 19 décembre 1778, Marie-Antoinette donna le jour à une princesse, connue dans son enfance et dans son adolescence sous le titre de madame Royale, et depuis duchesse d'Angoulème, dauphine et saluée dans l'exil, comme reine sous les noms de Marie-Thérèse, veuve de Louis XIX, fils du roi Charles X. Princesse qui fut aussi appelée la prisonnière du Temple, la fille des martyrs, l'héroïne de Bordeaux et l'ange consolateur du bannissement. En vain on connaissait de cette princesse une foule de traits de générosité et de grandeur d'âme ; en vain on l'avait entendue répondre à Pontecoulant, major-général des gardes-du-corps, qui l'avait offensée, que la reine ne vengeait point les injures de la dauphine ; en vain, pendant le cruel hiver de 1788, elle envoya aux pauvres de Paris plus de 500 louis de sa cassette ; poursuivie par la haine des factieux, elle eut la douleur de voir s'accréditer les calomnies les plus atroces, dont le Palais-Royal était le principal foyer. Des écrivains contemporains de Louis-Joseph d'Orléans ont prétendu que ce prince avait un jour osé déclarer à la reine l'amour qu'il ressentait pour elle, et que Marie-Antoinette n'y avait répondu que par le plus méprisant dédain : de là, disent-ils, toute la haine du duc d'Orléans contre celle qu'il désignait aux fureurs de la populace sous le nom de l'Autrichienne. La fatale affaire du collier, à laquelle elle était entièrement étrangère, fut le prélude de malheurs plus grands encore. La fille de Marie-Thérèse avait prévu les maux que préparaient à la France le désordre des finances, la faiblesse du souverain, l'esprit d'indépendance et d'irréligion qui se manifestait de toutes parts ; elle s'opposa de tout son pouvoir à la convocation des Etats-généraux. Son esprit droit et éclairé lui faisait entrevoir les résultats d'une assemblée qui, mettant aux prises des intérêts opposés, devait nécessairement produire une secousse dont un gouvernement plus ferme n'aurait pu se garantir. Forcée de céder aux volontés du roi, elle commença à essayer son âme aux grandes douleurs. Elle parut dans la première séance des Etats, debout et avec une grande simplicité. Sans cesse on l'entendait répéter : « Que le roi soit tranquille et respecté ; pour moi, je serai toujours heureuse de son bonheur. » Les hommages publics qu'elle reçut alors cessèrent bientôt par l'intrigue de ses ennemis : ils firent entendre des menaces et des injures qui blessèrent sa fierté sans intimider son courage. L'empereur et le roi de Naples lui offrirent dans leurs Etats un asile qu'elle refusa, pour ne point séparer sa fortune de celle du roi, unique objet de sa sollicitude. Peu de temps après mourut le dauphin, qui expira à Meudon dans ses bras, le 3 juin 1789. Cette perte fut suivie du départ du comte d'Artois, le prince de la cour de France qui lui avait témoigné le plus d'attachement. Livrée désormais presque seule aux calomnies de ses ennemis, elle dévorait au fond de son âme les affronts qu'elle présageait encore. Un repas donné par quelques militaires de la maison du roi restés fidèles, et où le roi et la reine s'étaient montrés, fut odieusement travesti à la tribune par Mirabeau, qui, après avoir demandé que la personne du roi seule fût déclarée inviolable, allait intenter un procès à la reine sous prétexte que c'était elle qui avait fait donner ce repas, dans lequel, suivant quelques libellistes factieux, « on avait insulté, menacé l'assemblée nationale, et foulé aux pieds la cocarde tricolore. » Les démagogues auxquels s'adressait l'orateur allèrent encore plus loin : dans les comités du Palais-Royal, il fut résolu qu'on envelopperait dans un même complot et qu'on ferait égorger dans le même jour le roi, la reine et leurs enfants. Le 5 octobre, une horde de brigands ramassés parmi tout ce que Paris renfermait de plus pervers et de plus corrompu, part pour Versailles, sous la conduite d'un huissier nommé Maillard; quelques heures après survient La Fayette, avec huit mille hommes chargés de faire accepter la constitution au roi, et de le ramener à Paris; à peine arrivé, il s'empare des postes, signifie à Louis XVI les volontés des factieux, puis se retire et s'en va dormir contre son roi, comme a dit l'abbé Delille. Cependant, le général, héros des révolutionnaires, était allé se livrer au sommeil, le crime veillait et agissait. Au milieu de la nuit, cette horde cannibale assiégea les portes du château, parvint à les briser et à s'introduire dans les appartements. Cette lie de la populace des faubourgs, en apercevant le prince, propriétaire du Palais-Royal, se mit à hurler des cris féroces, parmi lesquels on distinguait ces mots : Vive notre roi d'Orléans! Cette foule, armée de mauvais fusils, de sabres et de piques, demandait qu'on lui indiquât l'escalier conduisant aux appartements de l'Autrichienne. Dans la cour des Princes, à six heures du matin, elle rencontra le duc d'Orléans et ce fut lui, à ce qu'on assure, qui leur montra de la badine qu'il tenait à la main, les corridors qu'il fallait suivre pour arriver à la chambre de la reine. Bientôt les brigands sont parvenus jusqu'aux portes de la salle des gardes, et avec des barres de fer et des haches, ils les frappent à coups redoublés; les panneaux dorés tombent, les gardes du corps se défendent derrière un grand coffre où l'on place le bois, et qui leur sert de barricade, frêle et faible défense entre eux et les assassins armés de longues piques; une de ces piques a atteint M. de Varicourt, il tombe, vingt brigands se précipitent sur lui, malgré leur rage, malgré le sang qui s'échappe de nombreuses blessures qu'il a déjà reçues, il trouve le moyen de se faire entendre, et d'une voix forte il crie à ses camarades qui sont à l'autre bout de la salle : la reine! la reine! oh! mes amis, sauvez la reine! M. Durepert, autre garde-du-corps, vient de prendre un passage qui lui est connu pour parvenir chez sa majesté, l'avertir du danger qu'elle court et la conduire dans l'appartement du roi. Ce brave officier est arrêté dans l'étroit corridor déjà s'emplissant des flots d'assassins. Avec son mousqueton, il abat les baïonnettes croisées devant lui, il se fait jour à travers cette muraille d'hommes; mais d'autres brigands sont derrière ce premier rang; ceux-ci l'enveloppent, l'entraînent sur le pallier du grand escalier. Sa présence d'esprit lui est restée tout entière : un de ses compagnons d'armes, le brave l'Huillier accourut à son secours. Prenez garde, l'Huillier, lui crie-t-il, prenez garde, vous allez être assassiné par derrière. A ce cri, la fureur des révolutionnaires redouble, Durepert est terrassé, le fer d'une longue pique touche à sa poitrine, il s'en saisit, se redresse, se lève et se met à courir vers la chambre du roi; il n'y était pas encore entré, que les meurtriers y parviennent; mais alors plusieurs gardes-du-corps font une subite irruption de la chambre royale et leur enlèvent Durepert. Parmi ses libérateurs, bâtons-nous de le nommer, Miomandre de Sainte-Marie, son ami d'enfance. « Durepet, lui crie celui-ci, repose-toi un instant, je sais ce que tu voulais faire, je vais te remplacer. » Après ces mots, Miomandre, à force de courage, a pu mettre un assez long intervalle entre lui et les sicaires du Palais-Royal; tout-à-coup au milieu de l'effroi, du trouble qui agite le château, il aperçoit une femme : « Madame, lui crie-t-il,

sauvez la reine, on en veut à sa vie. Je suis seul ici contre deux mille tigres; mes camarades ont été forcés de quitter notre salle. » A peine a-t-il proféré ce cri de salut, qu'il referme la porte par laquelle la femme qu'il a aperçue a fui pour aller avertir la reine. Afin de lui donner le temps d'arriver jusqu'à Marie-Antoinette, il s'adosse à cette porte et lui tout seul entreprend de la défendre et d'arrêter les deux mille tigres qui hurlent de rage en arrivant sur lui. L'héroïque Miomandre accablé par le nombre, est atteint d'un coup de fusil qui lui fracasse la tête. Cependant les hommes et les femmes armés se dirigeaient en furie vers l'appartement de Marie-Antoinette; une des femmes de sa Majesté, entendant ces rugissements sauvages, ouvrit la porte de l'antichambre et vit un garde-du-corps, M. Durepert, tenant son fusil à travers la porte et qui était assailli par une multitude qui lui portait des coups; son visage était couvert de sang; il se retourna et lui cria : Madame, sauvez la reine; on vient pour l'assassiner. Elle ferma soudain la porte sur cette malheureuse victime de son devoir, poussa le grand verrou, et prit la même précaution en sortant de la pièce suivante, et après être arrivée à la chambre de la reine, elle lui cria : Madame! madame! sortez du lit, ne vous habillez pas; sauvez-vous chez le roi... La reine se jette hors du lit; on lui passe un jupon sans le nouer, et ces deux dames la conduisent vers l'œil-de-bœuf; une porte du cabinet de toilette de la reine qui tenait à cette pièce n'était jamais fermée que de son côté. Quel moment affreux! ce jour-là, elle se trouva fermée de l'autre côté... On frappe à coups redoublés. Un domestique d'un valet de chambre vient ouvrir; la reine entre dans la chambre de Louis XVI et ne l'y trouve pas... Allarmé pour les jours de la reine, il était descendu de son côté, dans les appartements de Marie-Antoinette; quand il pénétra dans la chambre, il n'y trouva que les gardes-du-corps. Ils étaient venus là comme au poste le plus périlleux; ces fidèles serviteurs, en voyant le roi arriver, l'entourent et lui répètent : Ah! fuyez, la reine est sauvée! A peine Louis XVI a-t-il cédé à ces instances, que la bande des assassins se rue dans la chambre de la reine et ses cris de fureur redoublent; car leur victime leur a échappé : à peine vêtue elle a fui vers la chambre du roi. Dans cette affreuse journée et plus affreuse nuit, Marie-Antoinette se montra aussi grande, aussi courageuse que son illustre mère, et ce fut sans peur qu'elle se montra seule au peuple, alors que de toutes parts les cannibales demandaient sa tête. Elle sut garder pendant tout le trajet de Versailles à Paris son même sang-froid, sa même dignité au milieu de cet affreux cortège, composé d'assassins et de mégères aux mains sanglantes, qui avaient pris pour enseigne les têtes coupées des gardes-du-corps, portées au bout de longues piques et dégouttantes encore de sang! La reine suivit le roi avec toute sa famille, et reçut pendant quelques jours aux Tuileries des marques du plus vif intérêt : tant l'amour du roi était gravé au fond du cœur des Français! tant il fallait qu'on eût travaillé l'esprit du peuple pour le porter à ces excès sacrilèges! Marie-Antoinette profita de cette occasion pour chercher à ramener les révolutionnaires, en faisant annoncer aux indigents la restitution de leurs effets engagés au Mont-de-Piété. Mais le souvenir de ses bienfaits était fugitif, ou plutôt ses actions les plus généreuses étaient livrées à d'odieuses interprétations. Le roi, dont le courage et la patience étaient lassés par les outrages impunis auxquels sa famille et lui-même étaient exposés, et surtout par les violences récemment exercées contre lui pour l'empêcher de se rendre à Saint-Cloud, résolut de quitter Paris avec sa famille dans la nuit du 20 au 21 juin suivant. La reine l'accompagna. Lorsque Louis XVI fut reconnu, elle insista un moment pour le déterminer à forcer le passage; mais sur l'observation faite par ce prince que toute résistance serait inutile et compromettrait les jours de sa famille, elle se résigna. Le spectacle de cette résignation fut grand et touchant sans doute; car Barnave lui-même, envoyé à Varennes comme commissaire de l'Assemblée constituante, avec Péthion, La Tour-Maubourg, pour ramener la famille royale à Paris, ne s'exprimait plus depuis cette époque qu'avec enthousiasme sur le caractère de cette princesse, qu'il s'accusait d'avoir trop longtemps méconnue. « Pourquoi tous les Français, lui dit-il, ne peuvent-ils être témoins de votre loyale résignation ? — J'ai toujours été ce que vous me voyez, lui dit-elle : les circonstances seules ont changé. » Rentrée au château des Tuileries, la reine y fut séparée du roi jusqu'à ce qu'ils eussent tous deux donné les éclaircissements qui leur furent demandés sur l'ob et de leur voyage. Au mois de mai 1792, on la signala de nouveau comme dirigeant un prétendu comité autrichien, qui n'existait que dans la tête des malveillants. Cette réunion, dont on effrayait si ridiculement, mais avec tant de perfidie, une multitude déjà remplie des plus folles terreurs, n'était autre que le cercle habituel qui se rassemblait tous les jours chez la reine, et qu'on avait qualifié d'autrichien, parce que le comte de Mercy-Argenteau, ambassadeur d'Autriche, y venait assidument. Les journées du 20 juin et du 10 août trouvèrent l'auguste fille de Marie-Thérèse aussi grande, aussi majestueuse devant la révolte que les 5 et 6 octobre. Dans cette journée où la révolution posa le bonnet rouge des Jacobins sur le front de Louis XVI, une des plus grandes tortures de son auguste compagne fut d'assister avec le petit dauphin et madame Royale à ce long et hideux défilé des faubouriens dans la grande salle des Tuileries ; elle n'y était pas seule, madame la princesse de Lamballe, madame la princesse de Tarente, madame de Chimay, madame de Duras, madame de Mackeau, madame de la Roche-Aimon, madame de Tourzel avaient voulu lui former une cour au jour du péril. Ce n'avait été qu'à regret que Marie-Antoinette s'était vue forcée de rester dans cette salle. A chaque instant, elle répétait : « Je voudrais être auprès du roi, c'est là qu'est ma place ; derrière la table du conseil, elle était assise entre ses deux enfants ; elle regardait avec des yeux fixes et qu'avaient rougis les larmes, défiler la horde sanguinaire qui lui vociférait l'injure en passant ; sa fille versait des pleurs ; le petit dauphin s'était bientôt rassuré et souriait avec l'heureuse ignorance de son âge à tout ce qu'il voyait : ce pauvre enfant, on l'avait aussi coiffé de l'ignoble bonnet rouge et sous le poids de cette coiffure, son beau front ruisselait de sueur. Les étendarts portés par cette sale populace étaient des symboles de la plus atroce barbarie ; il y en avait un qui représentait une potence à laquelle une méchante poupée était suspendue avec cette inscription :

MARIE-ANTOINETTE A LA LANTERNE.

La fille de l'impératrice Marie-Thérèse vit passer cet étendart sans changer de couleur. Dans la terrible nuit du 10 août, Marie-Antoinette apparut à tous les yeux avec l'intérêt et la majesté qu'inspire une épouse, une mère, une reine. Comme épouse, elle ne quittait pas les côtés de Louis XVI, comme mère, elle veillait sur ses enfants, qu'elle tenait incessamment par la main ; comme reine, elle se montrait bien du sang de Marie-Thérèse, elle grandissait avec les dangers de cette effroyable nuit. Ce fut au plus fort du péril que la grande et majestueuse reine, arrachant un pistolet de la ceinture du vieux d'Affry, le présenta à Louis XVI, en s'écriant : Sire, c'est le moment de vous montrer. On se rappelle par quel beau dévouement la sœur de Louis XVI, madame Elisabeth, se fit passer pour elle, au moment où tant de dangers menaçaient ses jours. Le 10 août, les bataillons arrivés de Marseille cernèrent le château. On avait d'abord cherché à encourager les soldats de garde à le défendre ; la reine voulait y périr, et fit tous les efforts pour décider Louis XVI à combattre et à mourir les armes à la main ; mais, entraînée par la retraite du monarque au sein de l'assemblée, elle y conduisit ses enfants. Le peuple, animé, l'accablait de toutes parts d'invectives et de menaces. Un instant il parut déterminé à lui fermer le passage et à la séparer de son époux ; mais la fermeté du maire de Paris retarda le crime. Renfermée, avec sa famille dans la loge du journaliste, elle y entendit prononcer la déchéance du monarque et le décret de la Convention, qui s'arrogeait le droit de le juger. Le lendemain, elle accompagna le roi au Temple, après avoir passé une nuit affreuse dans une chambre des Feuillants, privée des choses les plus nécessaires. On ne permit à aucune des dames de sa suite de partager sa captivité. Madame de Lamballe, qui demandait cette faveur, fut jetée dans une autre prison. Séparée de cette amie, Marie-Antoinette ne devait plus la revoir jusqu'au jour où des cannibales, ivres de sang, lui présentèrent les lambeaux épars de son corps et sa tête ensanglantée. Dans sa prison, la famille royale fut livrée à Santerre et à cette Commune du 19 août, qui avait si bien mérité son nom, en s'emparant du pouvoir de vive force, et qui le mérita encore mieux par les tourments inouïs qu'elle fit éprouver aux malheureux captifs. Les nouveaux municipaux appartenaient à la dernière classe du peuple, et s'étaient fait remarquer comme les plus féroces jacobins de la capitale. Devenus les geôliers de leur roi, deux d'entre eux étaient chargés de le garder à vue. Se plaçant au milieu des royales victimes, ils observaient leurs mouvements, interprétaient

leurs gestes, leurs moindres paroles, les injuriaient et les menaçaient d'un prochain supplice. Lorsque la santé du fidèle Hue, qui seul avait pu obtenir de demeurer auprès de la reine, se fut altérée, les princesses durent se servir elles-mêmes. La fille des césars se vit forcée de faire son lit et de balayer sa chambre. Le reste du temps était employé à resserrer plus fortement encore les liens de l'amitié tendre qui avait toujours uni l'époux et l'épouse, les parents et les enfants. Un si touchant spectacle redoubla la rage des scélérats chargés de les surveiller : on décida qu'ils seraient désormais séparés. Les princesses, désolées, se jetèrent aux pieds des municipaux, pour obtenir la révocation de cette mesure atroce. Leurs prières touchèrent les geôliers. « Eh bien ! dit l'un d'eux, ils dîneront ensemble aujourd'hui. » Sans doute, un des plus cruels, un des plus affreux jours de la vie de Marie-Antoinette fut le 20 janvier ; voici le récit d'un témoin oculaire, du loyal et véridique Cléry : A huit heures, le roi, ayant achevé sa confession, sortit de la petite tourelle attenant à sa chambre, et demanda aux commissaires de le conduire vers sa famille. Les municipaux répondirent que cela ne se pouvait pas, mais qu'on la ferait descendre s'il le désirait. A huit heures et demie, la porte s'ouvrit. La reine parut la première, tenant son fils par la main, ensuite madame Elisabeth et Madame Royale. Oh ! qui pourra redire cette grande et déchirante scène, cette entrevue suprême ? Où trouver des paroles pour raconter ces royales douleurs, ces désespoirs de l'époux et de l'épouse, ces déchirements du frère et de la sœur et ces dernières caresses, ces dernières bénédictions du père à ses enfants ? Le prêtre, accoutumé à voir de près les misères, les chagrins et les angoisses de la vie, n'avait jamais entendu de gémissements semblables. Tombé à genoux près de la porte de la tourelle, il priait Dieu pour le roi, qui allait mourir, et plus encore pour cette famille isolée, captive, qui allait rester après lui. Pendant plus d'un quart d'heure, c'était plus que des larmes et des sanglots, c'étaient des cris perçants qui devaient être entendus hors de l'enceinte de la tour. La reine, le petit dauphin, madame Elisabeth et Madame Royale s'étaient précipités dans les bras de Louis XVI, et ne mettaient aucun frein à leur désespoir ; leurs paroles entrecoupées de gémissements, leurs adieux, leurs prières se confondant ensemble, formaient une grande lamentation que les municipaux eux-mêmes ne pouvaient entendre sans en être attendris. Enfin les larmes succédèrent aux cris, et des paroles suivies aux sanglots entrecoupés. Une de ces solennelles conversations que l'on a auprès d'un lit d'agonie, s'engagea alors entre le roi et les princesses, qui le tenaient toujours embrassé ; ce dernier entretien se faisait à voix basse ; et, pendant que Louis parlait, sa fille, jeune et belle enfant, était à genoux devant lui pour recueillir ses paroles... ses paroles qu'elle n'a point oubliées. Le dauphin levait aussi ses petits bras vers son père, et voulait être embrassé. Louis XVI le prit dans ses bras, l'y tint pendant quelques instants en silence, le couvrant de baisers et de larmes, puis le posa à terre, entre ses genoux ; car, n'ayant pu soutenir la douleur des siens, il avait été forcé de s'asseoir. Après une assez longue pause, pendant laquelle on n'avait entendu que le bruit des pleurs, le roi reprit la parole. Ni le prêtre, ni Cléry, ni les municipaux ne purent rien distinguer ; on voyait seulement qu'après chaque phrase de Louis, les sanglots des princesses redoublaient durant quelques minutes, et en suite le roi recommençait à parler. Il fut aisé de juger à leurs mouvements que lui-même leur avait appris sa condamnation. A dix heures moins un quart, le roi se leva le premier, et tous en firent autant... J'ouvris la porte, dit Cléry. La reine tenait le roi par le bras droit ; leurs majestés donnaient chacune une main à monsieur le dauphin. Madame Royale, à gauche, tenait le roi embrassé par le milieu du corps ; madame Elisabeth, du même côté, mais un peu en arrière, avait saisi le bras de son auguste frère. Tous firent quelques pas vers la porte... Et alors les gémissements les plus douloureux éclatèrent de nouveau. « Je vous assure, dit le roi, que je vous verrai demain matin, à huit heures. — Vous nous le promettez ! dirent-ils tous ensemble. — Oui, je vous le promets. — Pourquoi pas à sept heures ? demanda la reine. — Eh bien ! oui, à sept heures, répondit le roi, adieu, adieu ! » Quelques jours après, Louis XVI n'était plus ! La Convention avait promis au roi martyr que « la nation française, toujours grande, toujours juste, s'occuperait du sort de sa famille. » Elle s'en occupa.

Le 11 juillet, le comité de salut public ordonna au maire de Paris de séparer la reine de son fils. Dans une espèce de délire, la malheureuse mère éloigna de toutes ses forces les municipaux du lit sur lequel reposait le dauphin. « Donnez-moi la mort, s'écriait-elle, plutôt que de me séparer de mon enfant. » Enfin, vaincue par les menaces des bourreaux, qui lui annonçaient qu'ils allaient tuer son fils, s'il ne leur était livré, Marie-Antoinette leva les yeux au ciel, couvrit le dauphin de ses larmes, et resta seule avec sa douleur. Désormais elle n'avait rien à redouter de la haine de ses ennemis! Le 10 août, la Convention, à la suite d'un rapport de Barrère, et sur la proposition formelle de Billaud-Varennes, décréta qu'elle serait traduite au tribunal révolutionnaire. Transférée presque aussitôt de la tour du Temple dans les prisons de la Conciergerie, on l'enferma dans une chambre obscure et malsaine, où son gardien, nommé Barrazin, qui faisait dans cette prison son ban de galérien, eut plus d'égards pour elle que n'en avait eu le geôlier du Temple. Barrazin fut remplacé par le citoyen Bault, qui, ainsi que sa femme, chercha le moyen d'adoucir un peu les rigueurs qui lui étaient commandées envers sa royale prisonnière. Madame Bault, malgré les ordres de la commune, qui enjoignait de ne donner à la reine que le pain et l'eau des prisonniers, prépara elle-même les aliments. A la place de l'eau fétide de la Seine, elle fit apporter tous les jours de l'eau pure d'Arcueil, que la reine avait l'habitude de boire à Trianon. Des marchandes de fleurs et de fruits de la Halle, qui servaient autrefois les maisons royales, apportaient furtivement au guichet des melons, des pêches, des bouquets que la concierge faisait parvenir à sa prisonnière, comme un témoignage de la fidélité de leur cœur dans leurs humbles conditions. L'intérieur du cachot rendait ainsi à la captive quelque image et quelque odeur de ses jardins qu'elle avait tant aimés. Madame Bault, pour affecter plus de rigueur et d'incorruptibilité dans sa surveillance, n'entrait jamais chez la princesse. Son mari seul s'y présentait accompagné des administrateurs de la police. Ces administrateurs de police s'aperçurent un jour qu'on avait tendu une vieille tapisserie entre le lit et la muraille pour assainir le cachot. Ils gourmandèrent Bault de cette tolérance, qui sentait, selon eux, le courtisan. Bault feignit d'avoir tapissé le mur pour assourdir le caveau et pour empêcher que la plainte ne fût entendue des autres détenus. L'humidité du sol avait fait tomber en lambeaux les deux seules robes, l'une blanche, l'autre noire, que la reine eût en sa possession et qu'elle portait alternativement. Ses trois chemises, ses bas, ses souliers, constamment imbibés d'eau, étaient dans le même délabrement. La fille de madame Bault raccommoda ces vêtements et ces chaussures, et distribua secrètement, comme des reliques, les pièces et les débris qui s'en détachaient. Cette jeune fille, introduite tous les matins dans le cachot, et attendrissant, par sa grâce et sa gaîté, la rudesse des gendarmes, aidait la reine à s'habiller et à retourner les matelas de son lit. Elle coiffait la prisonnière. Ses cheveux, jadis si touffus et si blonds, blanchissaient et tombaient d'une tête de trente-sept ans, comme si la nature eut eu la prescience de la brièveté de sa vie. La reine écrivait, à l'aide d'une pointe d'aiguille, les pensées qu'elle voulait retenir, sur l'enduit de la muraille. Un des commissaires, qui visita sa chambre après son jugement, releva quelques-unes de ces inscriptions. La plupart étaient des vers allemands ou italiens, allusions à son sort. Glorieuse et touchante destinée des poètes, de prêter leur voix à tous les bonheurs et à toutes les infortunes de la vie! comme si aucune félicité ou aucune misère n'était complète à moins d'avoir été exprimée dans cette langue de l'immortalité! Les autres inscriptions étaient des versets de l'Imitation, des psaumes et de l'Evangile. La muraille du côté opposé à la fenêtre était couverte. C'étaient les pages de pierre du livre de sa passion. Le commissaire voulut un jour les copier; l'inflexibilité de ses collègues les fit couvrir à l'instant d'une couche de chaux pour que ce gémissement d'une reine n'eût pas même d'écho dans la république. Le 17 octobre, Marie-Antoinette fut interrogée secrètement dans une salle obscure, où plusieurs témoins l'entendirent sans pouvoir être aperçus. « C'est vous, dit le président Hermann, qui avez appris à Louis Capet l'art de la dissimulation avec laquelle il a trompé le peuple. — Oui, répondit la reine, le peuple a été trompé; mais ce n'est ni par mon mari, ni par moi. — Vous n'avez cessé, poursuivit le président, de vouloir détruire la liberté. Vous vouliez remonter au trône sur les cadavres des patriotes. — Nous n'avons jamais désiré que le bonheur de la France. Nous n'avions pas besoin de remonter sur le trône, nous y étions. » Le 14 octobre, elle parut

pour la première fois devant le tribunal révolutionnaire, présidé par Hermann. Parmi les jurés se trouvaient un perruquier, un peintre, un tailleur, un menuisier et un recors. Ses défenseurs furent Tronçon-du-Coudray et Chauveau-Lagarde, qui remplirent leur périlleux ministère avec tout le courage et le dévouement que permettaient les circonstances, bien persuadés d'ailleurs que leurs efforts seraient inutiles. Le premier témoin qui déposa contre la reine fut Lecointre de Versailles, et le quatrième l'infâme Hébert. Sa déposition, tissu de faits calomnieux, racontés avec une atroce perfidie, tendait à confirmer toutes les fables qu'il avait contribué lui-même à répandre parmi le peuple. La dernière et la plus affreuse de ces accusations imputait à la reine d'avoir perverti les mœurs de son jeune fils. Mais le peuple resta muet au récit de ces épouvantables calomnies; et les furies qui remplissaient l'auditoire éprouvèrent, pour la première fois, le sentiment de l'indignation. La reine, interpellée sur toutes ces horreurs, fut révoltée; sa figure, pâle jusque-là, se couvrit de rougeur, et, avec une expression qu'il est impossible de peindre, elle s'écria : « Si je n'ai pas répondu, c'est que la nature se refuse à répondre à une pareille imputation faite à une mère. » Puis, se recueillant un moment, et se tournant vers le peuple, auquel elle adressa directement la parole, avec une émotion vraiment sublime, elle ajouta : « J'en appelle ici à toutes les mères qui m'entendent. » A ces mots un tumulte confus s'éleva, et des marques non équivoques d'intérêt pour l'infortunée éclatèrent de toutes parts. En général, pendant le cours des débats, qui durèrent deux jours et qui se prolongèrent pendant la nuit, Marie-Antoinette répondit avec une noblesse, une promptitude et une facilité qui étonnèrent les tyrans. Elle comparaissait au tribunal en habits de deuil. Ramenée sans cesse au souvenir de son époux, elle demeura sans soupirs et sans larmes : des douleurs telles que les siennes ne pouvaient avoir d'expression. A la fin des débats, le président lui demanda s'il ne lui restait plus rien à dire pour sa défense : « Rien, dit-elle. Je ne connais pas les témoins; j'ignorais qu'ils allaient déposer contre moi : eh bien ! personne n'a articulé un fait positif. Je ferai observer que j'étais la femme de Louis XVI, et qu'il fallait que je me conformasse à ses volontés. » Condamnée à mort sur la déclaration du jury, portant : « qu'elle avait coopéré à des mœnœuvres contre-révolutionnaires, et entretenu des intelligences dont le but était de fournir aux ennemis de la France des secours en argent, de leur ouvrir l'entrée du territoire français, d'y faciliter les progrès de leurs armes, et d'allumer la guerre civile dans l'intérieur de la république. » Marie-Antoinette entendit prononcer son jugement sans laisser paraître sur son front aucune marque d'altération. Le président lui ayant demandé si elle avait des réclamations à faire sur l'application de la peine, elle secoua la tête en signe de négation, et sortit de la salle d'audience sans adresser la parole à personne. C'était le 16 octobre 1793; il était près de quatre heures et demie du matin. Ramenée à la Conciergerie, elle fut enfermée dans les cabinets des condamnés. Ses bourreaux, pour l'insulter jusqu'à la fin, lui envoyèrent un prêtre assermenté : elle refusa de l'entendre et de lui parler; mais celui-ci ayant osé lui dire « qu'elle devait offrir sa vie en expiation de ses crimes : — Dites de mes fautes, reprit vivement l'infortunée princesse, mais de mes crimes, jamais (1) ! » Laissée seule jusqu'au moment de son martyre, transie de froid, elle s'enveloppa les pieds d'une couverture et s'endormit tranquillement. A cinq heures du matin, le rappel fut battu dans les rues de Paris; à sept heures, toute la force armée était sur pied; des canons avaient été placés à l'extrémité des ponts, places et carrefours, depuis le Palais-de-Justice jusqu'à la place de la Révolution (Louis XV). Vers les sept heures du matin, le 16 octobre, le premier huissier du tribunal vint lire à la reine une ordonnance qui lui enjoignait de quitter sa pauvre robe de deuil. Les monstres s'étudiaient à martyriser à qui mieux mieux la royale victime. La veille, Fouquier-Tinville l'ayant trouvée trop forte après la fatigue des séances qui commençaient à neuf heures du matin et qui ne finissaient que fort tard dans la nuit, avait conçu l'horrible pensée de la faire saigner pour l'énerver. Les choses allèrent si vite qu'ils n'en eurent pas le temps. Bault, qui, lorsqu'il n'était pas vu, ne manquait pas d'égards pour son auguste prisonnière, et qui, dans la nuit précédente, avait donné à la reine tout ce qu'il fallait pour écrire à sa belle-

(1) On assure qu'un ecclésiastique fidèle avait pu pénétrer jusque dans sa prison, et qu'il lui avait apporté les secours et les consolations de son ministère.

sœur 'Elisabeth, permit à sa servante Rosalie d'aller aider l'illustre condamnée à sa dernière toilette : elle lui passa un simple déshabillé de piqué blanc; elle lui peigna ses longs cheveux, naguère les plus beaux du monde, et que la douleur d'être séparée de ses enfants avait blanchis dans une nuit. Rosalie mit à celle qui avait porté la couronne un pauvre bonnet rond. Pendant cette triste toilette, la reine s'aperçut de la douleur de la jeune fille et lui dit : « Rosalie, il faut avoir plus de courage! » A neuf heures, la reine entra en prière, et comme on lui avait dit que le curé de Sainte-Marguerite était en prison en face d'elle, elle s'approcha de la fenêtre, regarda la croisée qu'on lui avait indiquée, et, ayant aperçu le prêtre, elle se mit à genoux, « et l'on m'a dit, a écrit Marie-Thérèse, fille de Marie-Antoinette, que ce pieux ecclésiastique voyant la reine prosternée dans son cachot, lui avait donné le prêtre, ou sa bénédiction. » Comme onze heures sonnaient à la Conciergerie, la porte s'ouvrit avec fracas. Marie-Antoinette, qui s'était remise à prier, se releva pour savoir qui entrait chez elle avec tant de bruit; quand elle fut debout, vers la porte, elle vit deux hommes : c'était Henri Samson, bourreau et un de ses aides. Ils la firent asseoir, et Henri Samson lui coupa les cheveux, et quand cette opération fut terminée, le valet de l'échafaud lui lia fortement les mains. La reine ne prononça pas une parole, ne proféra pas une seule plainte; elle se souvenait du roi des rois, qui avait enduré avec la douceur d'un agneau les outrages et les douleurs de la passion. A onze heures dix minutes, la veuve de Louis XVI, la mère de Louis XVII, la fille et la sœur des Césars monta dans la fatale charrette sous l'arcade de droite, auprès du grand escalier du palais. Le grand perron du parlement avait chacune de ses marches couverte de spectateurs; ils étaient là depuis la petite pointe du jour. Le spectacle que tout ce monde venait voir en effet était étrange et saisissant, une reine menée à l'échafaud comme la dernière des criminelles ! Aussitôt que la princesse, qui jadis avait ébloui les Français de sa beauté et des magnificences du trône, apparut dans le tombereau de la guillotine, les mains attachées derrière le dos, assise sur une banquette cahotante entre le bourreau et le prêtre assermenté, les cris de vive la république ! à bas les rois ! à bas les reines ! s'élevèrent de plusieurs parties de la cour. Marie-Antoinette tourna la tête du côté d'où partaient les vociférations, et sur ses traits nobles et beaux encore personne ne put apercevoir aucune trace de colère. La mansuétude du ciel lui était venue comme une grâce de plus. Les gendarmes eurent de la peine à frayer un passage à la charrette du bourreau; la lenteur, à travers les huées, était une torture de plus : on ne la lui épargnait pas. Dans la rue Saint-Honoré, presque en face de l'Oratoire, une toute jeune fille que sa mère tenait par la main, quand la charrette passa devant elle, fit une révérence à la reine, et de sa petite main lui envoya un baiser. Alors on vit de l'attendrissement sur les traits de la noble victime; touchée de cette preuve de respect et d'amour; elle qui n'avait pas pleuré devant les outrages, fondit en larmes à la vue de cet enfant à qui l'on avait appris à la plaindre. Sur les marches de l'Eglise de Saint-Roch, il y avait une grande foule rassemblée..., les furies de la guillotine y étaient arrivées de bonne heure pour voir passer la victime et l'injurier à leur aise; assises sur les degrés, elles riaient, elles causaient en attendant le tombereau rouge; enfin, la rage des furies put s'assouvir, car le comédien Gramont, qui commandait le cortége, lui fit faire halte pendant près de cinq minutes. La royale condamnée, partie de la Conciergerie à onze heures quelques minutes, n'arriva sur la place de la Révolution qu'après midi et demi (1). Dans la rue Royale, il y avait de chaque côté une triple haie de soldats et plusieurs pièces de canon. Quand la charrette fut arrivée entre les deux pavillons du garde Meuble, elle fit une autre pause; de là la noble victime vit l'échafaud et la machine rouge qui l'attendaient.... Alors ses lèvres pâles s'agitèrent, ses yeux se levèrent vers le ciel ! Elle priait avec ferveur le Dieu qui avait soutenu Louis XVI, son royal époux, à pareil sacrifice, à semblable immolation. Elle ne pouvait porter ses mains ni à son cœur, qui allait cesser de battre, ni à ses yeux, qui allaient bientôt cesser de voir; elles étaient toujours étroitement liées derrière le dos, et cela avait été une horrible torture pendant le long trajet sur le mauvais pavé des rues... Au bout de quelques instants la charrette avança encore... et puis, elle s'arrêta; ce fut sa dernière pause. Détournant le

(1) Journées mémorables de la révolution française, racontées par un père à son fils.

regard de l'instrument du supplice, la reine le fixa sur le château des Tuileries et sur le jardin qu'elle avait vus tout brillants de l'éclat des illuminations lorsqu'elle y vint pour la première fois.... Bientôt le bourreau Samson, ému, tremblant comme il l'avait été le 21 janvier, fit descendre la victime. La fille de Marie-Thérèse ne démentit point alors sa fortitude : elle monta les marches de l'échafaud sans chanceler, et Samson a dit : « Elle est morte comme son mari. » En arrivant sur les planches, au niveau de la guillotine, elle posa par mégarde son petit pied sur le pied de l'exécuteur et lui dit : « Ah! pardon, monsieur. » Puis, levant les yeux : « Seigneur, dit-elle, éclairez et touchez mes bourreaux. Adieu pour toujours, mes enfants, je vais rejoindre votre père. » On rapporte que le prêtre assermenté qui avait été à côté d'elle depuis la Conciergerie jusqu'à l'échafaud, et auquel elle n'avait pas voulu adresser une seule fois la parole, après lui avoir donné une dernière bénédiction, lui dit au moment où le bourreau lui prenait les mains pour la coucher sur la planche à bascule : « Que la pensée du Dieu qui a souffert pour nous vous donne du courage, » et qu'elle lui avait répondu d'une voix ferme : « Ah! monsieur, il y a plusieurs années que je n'ai fait l'apprentissage, ce n'est pas à l'heure où tous mes maux vont finir qu'on me verra en manquer. » Samson alors lui fit signe, et, comme un agneau qui ne se débat pas, Marie-Antoinette se laissa étendre sur la fatale planche...; une minute après l'aide du bourreau montra à la foule pressée autour de l'échafaud cette tête blanchie avant l'âge, cette tête qui avait été ceinte de la plus belle couronne qui fût sous le soleil. Chaque fois que le sang coulait, chaque fois qu'un grand crime était commis, le peuple révolutionnaire criait : « Vive la république ! à bas les tyrans. » Ce cri du 21 janvier fut celui du 16 octobre. Un arrêté du comité du salut public avait ordonné que les hardes, que la dépouille des condamnés fussent remises à l'administration des hôpitaux pour servir aux pauvres, ainsi qu'aux prisonniers qui n'étaient pas en état de se vêtir; conformément à cet arrêté, les derniers vêtements de la reine furent portés à l'hôpital de la Salpêtrière, et ont été religieusement conservés par la personne qui les reçut. Son corps fut précipité dans la fosse où Louis XVI avait été jeté huit mois auparavant. Dans les comptes sanglants que tenaient les conventionnels, il est porté à l'article dépense 7 francs pour la bière de la veuve Capet. L'héroïque veuve de Louis XVI a eu pour soutien dans son cachot la religion, et c'est à tort, nous avons de bonnes raisons de le croire, que l'on avance que les secours spirituels du catholicisme lui avaient manqué à ses derniers moments; je tiens de M. l'abbé Magnien, curé de Saint-Germain-l'Auxerrois, que pendant la captivité de Marie-Antoinette à la Conciergerie, il avait trouvé le moyen, à l'aide de catholiques fervents, de pénétrer sous le nom de Charles, et revêtu de l'uniforme de garde national dans le cachot de la reine, de lui dire la messe, et, de ses propres mains, de lui donner la sainte communion. Quelques doutes avaient été élevés à cet égard, l'assertion formelle du saint prêtre que je viens de nommer ont effacé de mon esprit toute espèce d'incertitude, aussi je n'ai pas hésité dans les Journées mémorables de la révolution française de répandre cette divine consolation sur les derniers moments de l'auguste et royale victime du 16 octobre.   Vte WALSH.

MARIE D'AUTRICHE, reine de Hongrie et de Bohême, fille de Philippe, archiduc d'Autriche et roi d'Espagne, et de Jeanne d'Aragon, et sœur des empereurs Charles V et Ferdinand Ier, née à Bruxelles, le 13 septembre 1505, épousa, en 1521, Louis, roi de Hongrie, qui périt l'an 1529 à la bataille de Mohacz. Cette mort toucha sensiblement la reine, qui ne voulut jamais songer à de secondes noces, quoiqu'elle fût recherchée par plusieurs princes. Son frère, Charles V, lui donna le gouvernement des Pays-Bas, dont elle se chargea en 1531. Elle fit la guerre au roi Henri II; et dans le temps que l'empereur Charles V, son frère, assiégeait Metz, l'an 1552, elle fit une diversion en se jetant sur la Picardie. Sa prudence la rendit extrêmement chère aux peuples qu'elle gouverna pendant vingt-quatre ans. Elle passa en Espagne en 1556, et y mourut en 1558, peu de jours après la mort de Charles V. Erasme lui dédia un livre intitulé Vidua christiana, imprimé en 1529.

MARIE Ire, reine d'Angleterre, naquit le 11 février 1515, de Henri VIII et de Catherine d'Aragon. Edouard VI, en mourant, avait déclaré Jeanne sa cousine héritière du trône, et en avait écarté Marie, à qui il appartenait de droit. Le duc de Northumberland, beau-père de Jeanne, la proclama reine;

mais Marie eut bientôt un parti formidable. Elisabeth, sa sœur, vint d'ailleurs la rejoindre avec mille chevaux. Le rebelle fut arrêté, et Marie fit trancher la tête à sa rivale, au beau-père, au père et à l'époux de cette infortunée. La nouvelle reine était attachée à la religion catholique; pour la faire triompher, elle épousa, en 1554, Philippe II, fils de Charles-Quint. Ces deux époux travaillèrent à ce grand ouvrage avec un zèle ardent, auquel ils crurent devoir joindre la sévérité. Le parlement entra dans leurs vues. « Il avait poursuivi sous Henri VIII les protestants, dit Voltaire ; il les encouragea sous Edouard VI ; il les brûla sous Marie. » « Huit cents personnes furent, dit cet historien, livrées aux flammes.» Mais on sait que sa haine contre la religion catholique lui fait tout défigurer. Houced, auteur anglais, n'en compte que 277, et Rapin Thoyras 284. Ces écrivains ne sont pas suspects, et on peut croire que ce nombre est encore exagéré. Le cardinal Polus, évoqué par le pape Jules III pour réunir l'Angleterre à l'Eglise romaine, désapprouva hautement ces exécutions. Ce prélat disait avec raison que le seul moyen d'éteindre l'hérésie était d'édifier les hérétiques, et non pas de les égorger. Mais Henri VIII et Edouard avaient aigri les catholiques en inondant l'Angleterre de leur sang ; et cet exemple devint fatal aux partisans du schisme et de l'hérésie. Le caractère de Marie contrastait d'ailleurs avec les moyens violents, et on la vit plus d'une fois opposer une raison souple et douce à la morgue de ses plus fougueux ennemis. Cette princesse secourut Philippe son époux contre la France; sa flotte décida de la victoire de Gravelines, précédée de l'entière défaite des Français à Saint-Quentin ; mais Calais lui fut enlevé par le duc de Guise, et la flotte qu'elle envoya n'arriva que pour voir les étendards de la France arborés sur le port. Elle préparait une seconde flotte de cent-vingt vaisseaux, lorsqu'elle mourut le 17 novembre 1558. Son zèle pour la religion n'était point assez éclairé; mais elle avait d'excellentes qualités, des mœurs pures et des vertus solides. Le luxe et le vice furent bannis de sa cour. Linguet, dans une très mauvaise continuation de l'Histoire universelle de Hardion, peint Marie avec des couleurs affreuses, tandis qu'il prodigue les éloges à Elisabeth, qui inonda l'Angleterre du sang des catholiques. Telle est la justice de la balance philosophique. Les rigueurs exercées contre les sectaires sont des crimes abominables, mais le massacre des catholiques fait les héros. Cette reine d'Angleterre a laissé des Lettres : les unes, en latin, ont mérité les éloges d'Erasme ; les autres, en français, ne sont pas dignes d'attention.

MARIE II, reine d'Angleterre, fille aînée de Jacques II, roi d'Angleterre, naquit au palais de Saint-James en 1662, épousa, en 1677, Guillaume-Henri de Nassau, prince d'Orange, et passa en Hollande avec son époux, où elle demeura jusqu'en 1689. Elle aida ce prince à détrôner Jacques II, repassa en Angleterre, y fut proclamée reine conjointement avec son époux, et ne rougit pas d'occuper du vivant de son père le trône qui lui appartenait. Elle mourut dans le palais de Kinsington, en 1695, à 33 ans.

MARIE-CLOTILDE-ADÉLAIDE-XAVIÈRE DE FRANCE, reine de Sardaigne, fille du vertueux dauphin marié à Marie-Josèphe de Saxe, et sœur de Louis XVI, de Louis XVIII et de Charles X, naquit à Versailles le 23 septembre 1753. La comtesse de Marsan, chargée de son éducation, se distinguait, au milieu d'une cour relâchée, par sa piété et l'austérité de ses mœurs. Le bon exemple de ses parents et de sa gouvernante ne pouvaient manquer d'influer sur l'élève, douée d'ailleurs d'un caractère doux et facile à diriger. Comme la piété véritable n'exclut pas un certain enjouement, qui n'est alors que l'effet d'une conscience pure, Marie-Clotilde ne perdit rien de la gaîté de son âge ; mais les pratiques religieuses devinrent si conformes à ses inclinations, qu'elle aurait désiré suivre l'exemple de madame Louise sa tante, et se consacrer tout-à-fait à Dieu. Des raisons politiques empêchèrent qu'elle ne réalisât ce désir. Son frère avait arrêté son mariage avec le prince de Piémont, fils de Victor-Amédée III. Fiancée par procuration à Versailles, le 27 août 1775, elle se mit aussitôt en route pour Turin. Quoique les plaisirs l'environnassent, elle les fuyait tous ; uniquement livrée aux œuvres de piété et de charité, elle forma plusieurs associations de dames, consacrées au soulagement des indigents et des malades. La révolution française vint la blesser dans ses affections les plus chères. Elle eut la triste consolation d'embrasser le comte d'Artois, lorsque ce prince, forcé de quitter Paris en juillet 1789, se réfugia en Piémont. Mais la résignation de Marie-Clotilde fut mise à de rudes épreuves lorsqu'elle apprit successivement la mort tragique de Louis XVI, de Marie-Antoi-

nette, de madame Elisabeth, et de Louis XVII. Elle eut aussi à gémir sur les malheurs de sa nouvelle famille, causés tantôt par l'invasion des Français, tantôt par une paix onéreuse, tantôt par les troubles politiques que la France excitait dans le Piémont. Son époux parvint au trône, le 16 octobre 1796, et prit le nom de Charles-Emmanuel IV. Marie-Clotilde ne se prévalut du titre de reine que pour accorder une plus efficace protection aux lettres, aux arts, et surtout à la religion. Des sacrifices de toute espèce exigés par la France, des vexations de tout genre exercées par elle, avaient déjà considérablement affaibli le Piémont, lorsque le Directoire déclara la guerre à Charles-Emmanuel, le 6 décembre 1796. A cette calamité se joignit encore celle des discordes intestines fomentées par des émissaires français et par des esprits que séduisaient les nouveautés. Cependant tel fut l'empire de la vertu sur les cœurs les plus pervertis et les imaginations les plus exaltées, qu'au milieu des cris des mécontents on n'entendit aucune plainte, aucun propos offensant contre la reine. Après la perte de la bataille de Novi, Charles-Emmanuel, contraint de quitter sa capitale, se réfugia en Toscane avec la reine. Il s'embarqua à Livourne le 24 février 1799, et se rendit en Sardaigne. Pendant ce temps les Russes, commandés par Souvarow, avaient chassé les Français de presque toute l'Italie. Charles-Emmanuel quitta la Sardaigne, dans l'espoir que, soutenu par les Russes et les Autrichiens, il pourrait recouvrer le Piémont. Mais, les Français ayant repoussé les Austro-Russes, ce prince et Marie-Clotilde se rendirent à Florence, puis à Rome, et à Naples, où Ferdinand IV régnait encore. Tant de chagrins différents ayant causé au roi une maladie cruelle, la vertueuse reine lui prodigua les soins les plus tendres. Toujours fidèle à ses principes religieux, elle passait le reste de sa vie dans les églises, auprès des malades, soulageant les pauvres, et offrant partout l'exemple de la patience, de l'humilité et de la douceur. Au moment même où elle donnait ses soins à Charles-Emmanuel, une maladie conduisait lentement au tombeau cette aimable princesse, qui ne se permettait pas la moindre plainte, et qui montrait toujours sur son visage cette douce tranquillité, fruit d'une conscience pure et sans tache. Elle succomba enfin, à Naples, le 7 mars 1802, à l'âge de 43 ans. Petite-fille de roi, sœur de roi, femme de roi, elle ne se rappela le rang élevé où l'avait placée la Providence que pour secourir les infortunés. Ses vertus étaient connues depuis longtemps en Italie, en France, dans toute l'Europe ; et, durant le séjour de cette princesse à Rome, Pie VII en avait été témoin lui-même ; aussi, par une bulle du 10 avril 1808, ce pontife la déclara vénérable, et le roi son époux eut la consolation d'assister à l'auguste et sainte cérémonie à laquelle cette bulle donna lieu. Charles-Emmanuel avait abdiqué sa couronne (en juin 1802) en faveur de son frère, Victor-Emmanuel, qui la céda à son autre frère en août 1822.

MARIE-CAROLINE, reine de Naples et de Sicile, archiduchesse d'Autriche, et dernière fille de François Ier, et de l'impératrice Marie-Thérèse, naquit à Vienne le 13 août 1752, et fut mariée, dès l'âge de 15 ans, à Ferdinand IV, roi de Naples, sur lequel elle prit bientôt un grand ascendant. L'invasion des troupes françaises, en 1798, l'obligea de se retirer en Sicile ; mais les succès du cardinal Ruffo lui rouvrirent les portes de sa capitale en 1800, et elle y resta jusqu'en 1806, époque où Ferdinand fut obligé de retourner en Sicile par suite d'une nouvelle invasion des troupes françaises. La mésintelligence s'étant mise entre Marie-Caroline et les Anglais qui lui disputaient le pouvoir, ceux-ci obligèrent Ferdinand de la renvoyer en Autriche en 1811. Elle y mourut au château d'Hizendorf près Vienne, en 1814.

MARIE-LOUISE-THÉRÈSE, reine d'Espagne, fille de l'infant don Philippe, duc de Parme, naquit dans cette ville le 9 décembre 1754, et fut mariée, le 4 septembre 1765, à Charles, prince des Asturies, depuis Charles IV. Elle eut d'abord beaucoup de peine à gagner le cœur de son époux ; mais elle prit ensuite sur lui une telle influence que c'était elle qui dirigeait les affaires. Elle disposa des places et des revenus de l'Etat avec le trop fameux Godoï, qu'elle avait présenté à Charles IV, dont il devint le favori. Ce prince, ayant été dépouillé de ses Etats, en 1808, par Buonaparte, se retira à Marseille et ensuite à Rome avec la reine. Marie-Louise, ramenée par l'infortune, chercha et trouva dans la religion les consolations les plus solides et les seules véritables. Elle passa le reste de sa vie dans des exercices de piété, et mourut au mois de décembre 1819.

MARIE-LOUISE, infante d'Espagne et reine d'Etrurie, fille de Charles IV et de Marie-Louise, naquit à Madrid le 6 juillet 1782. Elle épousa l'infant don Louis de Bourbon, fils aîné du duc de Parme, qui prit sous Buonaparte le titre de roi d'Etrurie, et mourut en 1803. Marie-Louise avait un fils et fut nommée régente du royaume. Sa cour devint une des plus brillantes de l'Europe. Privée de ses Etats, ainsi que son père, elle se retira auprès de lui, à Fontainebleau, où il se trouvait alors, puis à Compiègne. Enfin, Buonaparte lui ordonna de se rendre à Parme; mais on la conduisit à Nice. Assujétie dans cette ville à la surveillance la plus rigoureuse, elle envoya successivement deux de ses gentilshommes en Hollande pour négocier sa délivrance avec l'Angleterre. Ce projet ayant été découvert au moment où il allait être exécuté, les deux gentilshommes furent arrêtés et condamnés à mort; elle fut elle-même mise en jugement et condamnée par une commission militaire à être enfermée à Rome, dans un monastère, avec sa fille. Son fils fut envoyé à Marseille auprès de Charles IV. Cette princesse a écrit elle-même les détails de tout ce qu'elle eut à souffrir, et Lemierre-d'Argy les a traduits en français, sous le titre de *Mémoires de la reine d'Etrurie*, Paris, 1814, in-8°. La chute de Buonaparte ayant rendu la paix à l'Europe, Marie-Louise fit valoir, au congrès de Vienne, ses droits sur les états de Parme, Plaisance et Guastalla; mais sa demande fut écartée par l'Autriche. Le renouvela en 1815, et le congrès lui accorda, pour elle et pour ses enfants, la principauté de Lucques, dont elle ne prit possession qu'en 1817, sous le titre de duchesse de Lucques. Elle se fit aimer de ses nouveaux sujets par des dispositions sages et bienveillantes, et mourut en mai 1825. Son fils lui a succédé et pris le titre de duc.

MARIE Anne-Christine-Victoire de Bavière, fille de Ferdinand de Bavière, naquit à Munich en 1660, et épousa, en 1680, à Châlons en Champagne, Louis, dauphin, fils de Louis XIV. Elle eut d'abord cette envie de plaire qui, dans une princesse, supplée aux agréments de la figure. Cette envie se dissipa bientôt. La dauphine n'aima plus que sa retraite, et, après les premières fêtes, sa maison eut plutôt l'air d'un monastère que d'une cour; aussi ne fut-elle pas aussi regrettée qu'elle le méritait : dans un pays de dissipation et de frivolité tel que la cour, la sagesse et la vertu sont très peu de chose. Elle mourut en 1690 des suites de ses couches à la naissance du duc de Berry. Près d'expirer, elle embrassa son fils en lui disant : « C'est de bon cœur, quoique tu me coûtes bien cher. » Elle dit au duc de Bourgogne : « N'oubliez jamais, mon fils, l'état où vous me voyez; que cela vous excite à la crainte de Dieu, à qui je vais rendre compte de mes actions. Aimez et respectez toujours le roi et le dauphin votre père; chérissez vos frères, et conservez de la tendresse pour ma mémoire. » C'est alors que Louis XIV dit au dauphin, en le tirant du chevet de sa femme morte : « Voilà ce que deviennent les grandeurs. » Son Oraison funèbre, par Fléchier, est un des meilleurs ouvrages de cet orateur.

MARIE-Adélaïde de Savoie, fille aînée de Victor-Amédée II, naquit à Turin en 1685. Par le traité de paix conclu dans cette ville en 1696, elle fut promise au duc de Bourgogne, père de Louis XV, depuis dauphin, après la mort de son père, le vieux dauphin. Ce mariage se célébra l'année d'après. La princesse était propre à faire le bonheur de son époux par son caractère, son esprit et sa beauté. Sa conversation spirituelle égayait souvent Louis XIV, alors très difficile à distraire. Elle était admise aux secrets de la politique; mais, quelques papiers trouvés chez elle après sa mort (qui précéda de six jours celle de son époux), elle se servait de ces secrets pour informer son père de toutes les décisions qui intéressaient sa politique. La France la perdit en 1712, dans la 26e année de son âge, au moment où elle lui annonçait les plus beaux jours : « Je sens, disait-elle quelque temps avant sa mort, que mon cœur grandit à mesure que ma fortune s'élève. » Une maladie aiguë, attribuée au poison, l'emporta en peu de jours. Le dauphin, son époux, et le duc de Bretagne, son fils, ne tardèrent pas à la suivre. Le jour-même que la dauphine mourut, le dauphin tomba malade, et comme on s'entretenait auprès de lui de la manière dont la princesse avait été traitée : « Soit que les médecins l'aient tuée, dit le religieux prince, soit que Dieu l'ait appelée, il nous faut également adorer ce qu'il permet et ce qu'il ordonne. »

MARIE Josephe de Saxe, naquit à Dresde, le 4 novembre 1731, de Frédéric-Auguste III, roi de Pologne et électeur de Saxe. Elle fut mariée en 1747 à Louis, dauphin, mort à Fontainebleau en 1765. La tendresse qui unissait ces deux époux était d'autant plus forte que la vertu la plus pure en resserrait les liens. Les soins pénibles et assidus qu'elle donna

au dauphin pendant sa dernière maladie, et les larmes qu'elle ne cessa de répandre depuis la mort de ce prince, peut-être d'autres causes qui ne sont pas bien connues, hâtèrent la sienne. Une maladie de langueur, qui la consumait depuis plus d'un an, l'emporta le 13 mars 1767. Elle mourut avec la résignation qu'inspirent la religion et la vertu.

MARIE de Bourgogne, fille de Charles-le-Téméraire, duc de Bourgogne, née à Bruxelles en 1457, hérita, dès l'âge de 20 ans, de tous les Etats de son père, tué au siège de Nanci en 1478. Louis XI, à qui les ambassadeurs de Bourgogne la proposèrent pour son fils, la refusa par une mauvaise politique. Marie épousa Maximilien, fils de l'empereur Frédéric, et porta les Pays-Bas à la maison d'Autriche. On dit que ce prince était si pauvre qu'il fallut que sa femme fît la dépense des noces, de son équipage et de ses gens. Marie mourut à Bruges en 1482, d'une chute de cheval. Elle fut fort regrettée des Flamands, qui cependant lui avaient donné de grands désagréments, jusqu'à faire le procès à ses ministres, et jusqu'à les décapiter en sa présence.

MARIE, fille d'Albert V, duc de Bavière, épousa Charles d'Autriche, fils de l'empereur Ferdinand, qui pour père avait abandonné le gouvernement de la Styrie, de la Carinthie et de la Carniole. Ayant appris que son mari, pressé par quelques gentilshommes luthériens, allait accorder à ces sectaires une existence légale dans ses Etats, elle se disposa à retourner en Bavière et à y porter ses enfants dans une corbeille, allant à pied et mendiant son pain. L'archiduc, informé des préparatifs de ce voyage secret, en ayant demandé les raisons, fut si frappé de la réponse de sa femme, qu'il l'aimait tendrement, qu'il ne fut plus question de ce projet. Marie mourut à Gratz en 1608, dans le couvent de Sainte-Clair qu'elle avait fondé. Ferdinand II, son fils, fut l'héritier de sa piété et de ses vertus.

MARIE, ordre de Sainte Marie des Lis (*ordre cheval.*), ordre de chevalerie institué en 1043 ou 1048 par Garcias VI roi de Navarre; l'enseigne de cet ordre est l'écu de Navarre entouré d'un collier chargé de cinq G; du collier pend une médaille représentant un lis ouvert et couronné. On l'appelait aussi l'ordre du Lis. Ordre de Sainte Marie de Mercède, ordre établi par le roi d'Aragon, vers 1232. Les chevaliers de Sainte Marie Mercède avaient pour mission de racheter les esclaves. Ordre de Sainte Marie du Rosaire, ordre militaire institué par saint Dominique en 1209, ou 1213, pour combattre les hérétiques. Ordre de Sainte Marie Teutonique, nom donné quelques fois à l'ordre teutonique. Ordre du vase de la Vierge Marie, (voy. vase). Ordre de la glorieuse Vierge Marie, ordre de chevalerie institué en 1233 et confirmé par Urbain IV en 1262; ses chevaliers avaient pour mission de soulager la veuve et l'orphelin, et de reconcilier les familles; comme ils n'avaient point de maison commune et vivaient chacun tranquillement dans leur famille, on les appela par dérision les frères joyeux, les frères de la jubilation, etc. Ordre de Marie Thérèse, ordre institué par l'impératrice, reine de Hongrie, en mémoire de deux victoires remportées en juin 1757. Les Maries (hist.), nom d'une fête qu'on célébrait à Venise, le 21 février, en mémoire de la délivrance de quelques jeunes filles faites prisonnières par les Istriens.

MARIE (Joseph-François), docteur de Sorbonne, et mathématicien, naquit à Rhodez le 25 novembre 1738. Etant venu à Paris, il embrassa l'état ecclésiastique, prit sa licence en Sorbonne et fut nommé professeur de philosophie au collège du Plessis. En 1762, il succéda à l'abbé la Caille, dans la place de censeur royal, et dans la chaire de mathématiques au collège Mazarin. Nommé en 1782, conjointement avec l'abbé Guénée, sous ami, sous-précepteur des princes, fils de M. le comte d'Artois (depuis Charles X), il obtint, un an après, l'abbaye de Saint Amand, en Bosse, au diocèse d'Angoulème. Il eut la principale part à l'éducation des princes, et lors de la révolution, il sortit de France avec eux; Louis XVIII sut apprécier les talents et les agréments de la conversation de l'abbé Marie, qui suivit ce monarque dans tous ses voyages; il s'était concilié la bienveillance de la famille royale, et demeurait avec elle à Mittaw, quand le roi fut obligé de quitter cette ville en 1801, pour se rendre à Warsovie, arrivé à Memel, l'abbé Marie devait se remettre en route le 25 février; mais à trois heures du matin, au moment de monter en voiture, on le trouva dans son lit ayant un couteau enfoncé dans le côté, il avait les mains jointes et était prêt de rendre le dernier soupir. Ne sachant à quoi attribuer cet événement tragique, on se rappela que l'abbé Marie avait un frère dont le cerveau était aliéné, et l'on crut qu'atteint subitement d'un accès de démence, il s'était détruit lui-même. M. Huc et le conseil de Dannemarck obtinrent qu'on l'enterrât dans le cimetière. L'abbé Marie avait 63 ans, sa perte et le genre de sa mort affligèrent sensiblement la famille royale. On cite de lui une Vie des pères, des martyrs et des autres principaux saints, traduite de Butter et conjointement avec l'abbé Fossard, 1746 et années suivantes, 12 vol. in-8°. L'abbé Marie eut la plus grande part aux notes. Il a donné aussi de nouvelles éditions des ouvrages suivants de la Caille : 1° Tableaux de Logarithmes ; 2° des leçons de mathématiques ; il travaillait à la traduction des lettres d'Euter, à une princesse d'Allemagne ; mais Condorcet en ayant publié une édition, l'abbé Marie ne voulut plus faire imprimer la sienne, et nous croyons qu'il eut tort ; car il aurait publié ces lettres sans les nombreux retranchements que s'était permis Condorcet. Il existe aussi plusieurs lettres de l'abbé Marie au duc de Berry, elles se trouvent dans les mémoires sur la vie de ce prince, par M. de Chateaubrilland, Paris, Lenormant, 1820, in-8°.

MARIÉ, ÉE, participe. Il est quelquefois substantif. Prov. et fig., se plaindre que la mariée est trop belle, se plaindre d'une chose dont on devrait se louer.

MARIE-GALANTE, île des Antilles françaises. Elle est située par le 16° de latitude de N. et le 63° 20' de longitude O. Elle a 4 lieues de long sur 3½2 de large. De hautes falaises taillées à pic défendent l'abord de cette île, excepté dans sa partie S.-E., où la côte se montre nue et découverte ; mais un banc de récifs, qui s'étend vers l'est jusqu'à la Capesterre en interdit l'entrée aux navires qui ne peuvent s'en approcher sans danger. Un grand nombre de montagnes couvrent le pays ; elles sont couvertes de forêts qui abondent en bois de campêche. Sa population est d'environ 12,000 habitants. On y cultive le café, la canne à sucre, le coton, le cacao ; on y élève des bêtes à cornes, des chevaux et des mulets. Elle fut découverte par Christophe Colomb en 1493. Les Anglais et les Hollandais s'en disputèrent la possession et s'en rendirent maîtres à des époques différentes. Les Français qui, en 1647, y envoyèrent une colonie, la recouvrèrent en 1763, et depuis la révolution, elle a suivi le sort de la Guadeloupe (voy.), dont elle est éloignée de 8 lieues.

MARIENBOURG, ville forte de Belgique, dans la province de Namur, sur la rive gauche de l'Eau Blanche ; elle est bâtie au milieu d'une plaine, est au nombre des places fortes de première classe et contient une place d'armes où aboutissent les 7 rues dont se compose cette ville. Marie Thérèse de Houane, en 1546, y fit construire un fort ; plus tard elle fut le théâtre des guerres et passa successivement aux Espagnols, aux Français, au roi des Pays-Bas et enfin aux Belges, depuis 1830.

MARIENBOURG, ville du royaume de Prusse, dans la province de la Prusse occidentale. Elle est située sur la rive droite de la Nogat ; cette ville est entourée de murs, renferme des églises pour le culte catholique et les sectes dissidentes. Son commerce en exportation consiste en blé, bois de charpente et poisson. 5,000 habitants.

MARIER, v. a., unir un homme et une femme par le lien conjugal, selon les lois de l'État, ou leur administrer le sacrement de mariage. Il se dit aussi de ceux qui font ou qui procurent un mariage, soit par autorité paternelle, soit par office d'amitié. Cette fille est bonne à marier, elle est en âge d'être mariée. Marier, joint au pronom personnel, signifie, lorsqu'on parle d'un homme, prendre une femme, et lorsqu'on parle d'une femme, prendre un mari. Il s'emploie aussi dans le sens réciproque. Marier signifie figurément allier deux choses ensemble, les joindre l'une avec l'autre. Marier les couleurs, les assortir.

MARIETTE (PIERRE-JEAN), fils de Jean Mariette, libraire et graveur de Paris, mort en 1742, et libraire lui-même, naquit en 1694. Il avait reçu de son père le goût de la gravure, et l'avait fortifié dans ses voyages en Allemagne et en Italie, il vendit son fonds de librairie en 1750, et acheta une charge de secrétaire du roi, et contrôleur de la chancellerie. Alors uniquement occupé du recueil de ses estampes, qu'il augmentait et perfectionnait sans cesse, il jouissait dans sa vie retirée des plaisirs de l'esprit. Une maladie longue et douloureuse termina ses jours le 10 septembre 1774. On a de lui : Traité des pierres gravées, Paris, 1750, 2 vol. in-fol. ; 2° Lettres à M. de Caylus ; 3° Lettres sur la fontaine de la rue de Grenelle ; 4° les Descriptions qui se trouvent dans le recueil des planches gravées d'après les tableaux de M. Crozat, 1729, 2 vol. in-fol. Le catalogue de ses estampes a été dressé par

M. Basan, et parut en 1775, in-8°. C'est un des plus complets en ce genre.

MARIGNAN, Marignano ou Melegnano en italien, ville du roy. Lombard-Vénitien, sur le Lambro, à 14 kil. S. E. de Milan ; 4,000 hab. Vieux château. Les Guelfes et les Gibelins y conclurent la paix en 1279. François Ier y remporta, en 1515, sur les Suisses et le duc de Milan, une victoire mémorable, connue sous le nom de Bataille des Géants.

MARIGNAN (JEAN-JACQUES MÉDICHINO, marquis de), célèbre capitaine, né en 1497 de Bernadin de Médichino, à Milan, où il mourut le 8 novembre 1555, s'acquit la protection Jérôme Morone, chancelier, principal ministre de Sforce, duc de Milan. Ce prince voulant se défaire d'Hector Visconti, seigneur milanais, Médichino fut choisi, par le conseil de Morone, avec un autre officier, pour l'assassiner. Mais le meurtre ne fut pas plus tôt exécuté que le duc résolut d'en sacrifier les instruments, dans la crainte de passer pour l'auteur d'un si lâche assassinat. Le compagnon de Médichino fut le premier immolé ; et la mort de l'un fut un avis pressant pour l'autre de mettre sa vie en sûreté. Il entra, en 1528, au service de l'empereur, auquel il livra le château de Musso, dont il avait eu le gouvernement, et reçut en échange la ville de Marignan, dont il prit le nom de marquis de Marignan. Dès lors, chargé des emplois militaires les plus considérables, il acquit la réputation d'un grand capitaine. Il défit en Toscane l'armée française, commandée par le maréchal Strozzi, et s'empara l'année suivante, après un siége de huit mois, de la ville de Sienne, qui s'était révoltée contre l'empereur Charles-Quint. Le marquis de Marignan avait autant d'esprit que de talents pour la guerre ; mais sa fourberie, son avarice et surtout sa cruauté ternirent la gloire de ses exploits. Irrité de la longue résistance des Siennois, il tourna sa rage contre les malheureux habitants de la Champagne, et en fit pendre aux arbres plus de 5,000 de tout sexe et de tout âge. Jean Ange de Médicis, qui fut pape sous le nom de Pie IV, était son frère. La plupart des écrivains qui ont parlé du marquis de Marignan disent qu'il n'était point de la maison des Médicis de Florence, dont il n'avait pris le nom que par vanité, à la faveur de la ressemblance avec le sien. Marc-Ant. Misaglia, auteur de sa vie, assure le contraire, et prouve assez bien qu'il était issu d'une branche de Médicis établie à Milan.

MARIGNY (ENGUERRAND DE), comte de Longueville, d'une famille noble de Normandie, fut grand-chambellan, principal ministre et coadjuteur du royaume de France sous Philippe-le-Bel : il s'avança à la cour par son esprit et par son mérite. Devenu capitaine du Louvre, intendant des finances et bâtiments, il en usa, dit-on, mal de sa grandeur. Le comte de Valois, à qui il avait donné un démenti en plein conseil, réussit à le faire condamner au dernier supplice, après la mort de Philippe-le-Bel, en 1315. Le confesseur du comte de Valois lui inspira des remords sur la condamnation de ce ministre, dont le procès n'avait pas été instruit selon les formalités requises. Marigny fut un grand homme d'État, injustement maltraité par Mézerai, et par les autres historiens qui l'ont suivi sans en examen. Les malheureux ont souvent tort, au tribunal de l'histoire comme aux autres.

MARIGNY (JACQUES CARPENTIER DE), fils du seigneur du village de ce nom, près Nevers, fut ecclésiastique et vécut en épicurien. De retour d'un voyage en Suède, il s'attacha au cardinal de Retz, et entra dans toutes les intrigues de la Fronde. Il fut un des principaux auteurs des plaisanteries qu'on publia contre Mazarin dans le tumulte de ces troubles. Le parlement mit sa tête à prix. Après la détention du cardinal de Retz, Marigny suivit le prince de Condé en Flandre. C'était un de ces hommes libertins qui sacrifient tout à la saillie et au plaisir, et qui meurent dans la crapule, après avoir vécu dans la débauche. Une apoplexie l'emporta en 1670. On a de lui : un Recueil de Lettres en prose et en vers, imprimées à La Haye en 1673, in-12. On y trouve quelques bonnes plaisanteries et quelques traits d'esprit ; un Poëme sur le Pain bénit, 1673, in-12, dans lequel il y a plus de sales équivoques que de véritables saillies. Son humeur satirique lui attira des éloges et des coups de canne. Gui-Patin lui attribue un libelle intitulé Traité politique composé par Williams Alleyn, où il est prouvé, par l'exemple de Moïse, que tuer un tyran n'est pas un meurtre, Lyon, 1658, in-16. On prétend que l'auteur de cette production en voulait à Cromwell, lorsqu'il le mit au jour. Dans une maladie que Marigny eut en Allemagne, et dont il pensa mourir, l'évêque luthérien d'Osnabruck lui ayant demandé si la crainte d'être enterré avec les luthériens n'ajoutait pas à l'inquiétude que lui donnait son état : « Monseigneur, lui répondit Marigny mourant, il suffira de creuser deux ou trois pieds plus bas, et je serai avec des catholiques. » Réponse pleine de sens, et qui faisait toucher au doigt, à ce monseigneur, la nouveauté de sa religion.

MARIGNY (AUGIER DE), prêtre, mort à Paris en octobre 1762, dans un âge fort avancé, était un écrivain du troisième ordre. Nous avons de lui : une *Histoire du XIIe siècle*, en 5 vol. in-12, 1750 ; une *Histoire des Arabes sous le gouvernement des califes*, 1750, 4 vol. in-12 ; *Révolutions de l'empire des Arabes*, 4 vol. in-12. Ces deux derniers ouvrages sont farcis de contes, de fables, de visions, de conversations ridicules, d'anecdotes puériles, et enfin de toutes les rêveries des peuples orientaux. Le style est presque toujours conforme à la bizarrerie des faits.

MARIGNY (AUGUSTE-ETIENNE-GASPARD DE BERNARD DE), né à Luçon, en 1754, commandait le parc d'artillerie de Rochefort. Il se trouva à Paris avec le marquis de Lescure, le 10 août 1792. Après avoir fait d'inutiles efforts en faveur de la monarchie, il retourna dans le Poitou. Bientôt éclata à Saint-Florent, le 5 mars 1793, l'insurrection vendéenne, à laquelle il prit une part active. Arrêté peu de temps après avec Lescure, on le conduisit à Bessières ; mais il fut délivré par La Rochejaquelein, dont il était aussi parent. On lui confia le commandement du parc d'artillerie, dont la plus grande partie avait été prise aux ennemis par les Vendéens. Marigny forma le siège de Thouars ; et, s'étant emparé de Saumur, il parvint à faire accepter une capitulation aux républicains, qui, enfermés dans le château, semblaient vouloir s'y défendre jusqu'à la dernière extrémité. A l'affaire de Luçon, dans laquelle Charette commandait l'avant-garde, Marigny avait sous ses ordres une partie de l'aile droite, où se trouvait l'artillerie. S'étant égaré, il n'arriva que lorsque Charette, battu par les républicains, faisait sa retraite. On ne saurait expliquer le motif qui l'empêcha de voler au secours de l'avant-garde, si ce n'est peut-être que, regardant toute résistance comme impossible, il voulut épargner une plus grande effusion de sang. Quoi qu'il en soit, de ce moment Charette devint son ennemi juré. Marigny se trouva de nouveau compromis après la défaite de Mortagne, parce qu'il avait dirigé son artillerie vers Beaupréau et Saint-Laurent, au lieu de la faire marcher sur Chollet : mais il donna pour excuse que, plusieurs généraux ayant opiné de faire passer la Loire à l'armée, il avait partagé leur avis et agi en conséquence. Il se concilia l'estime de l'armée par son intrépidité à la bataille de Laval, et après la défaite de Dol, lorsqu'il arrêta sur la route d'Antrain les troupes qui fuyaient. Surpris au Mans peu de temps après, il eut à peine le temps de se sauver avec ces mêmes troupes, dont il rassembla les débris, et qu'il conduisit à Savenai. Malgré sa valeur et celle des autres chefs, l'armée royale fut détruite. Marigny, errant sur la rive droite de la Loire, chercha sans succès à soulever les Bretons. Après avoir repassé la Loire, en mai 1794, il organisa dans la Vendée de nouveaux corps auxquels on donna le nom d'armée du centre ou du Poitou. Il s'empara de Mortagne, mais il l'évacua aussitôt à la vue de l'ennemi qui approchait avec des forces supérieures. Charrette et Stofflet, qui, depuis la mort de La Rochejaquelein, commandaient les deux autres principales armées, tinrent à Cerizaie un conseil où Marigny se trouva, et dans lequel on concerta un plan d'opérations uniformes : l'on convint de ne licencier les troupes qu'après avoir chassé les républicains de la rive droite de la Loire. Les trois chefs jurèrent d'observer ces conditions ; mais, dans un autre conseil tenu à Jallais, de vives discussions eurent lieu entre les trois généraux pour le choix d'un général en chef : ne pouvant s'accorder, ils se séparèrent mécontents, et laissèrent leurs troupes commençaient à être découragées. Celles de Marigny surtout, manquant de vivres, désertaient journellement. Resté avec une poignée de soldats, prêts aussi à le quitter, il leur conseilla de retourner dans leurs foyers, et se retira lui-même. Cependant on forma un conseil de guerre, et Charette, qui y remplissait les fonctions de rapporteur, conclut à l'application de la peine de mort contre Marigny. D'abord les chefs ne voulurent qu'effrayer celui-ci ; mais Stofflet, trois mois après, donna l'ordre de le fusiller. Marigny se trouvait malade dans un château près Cerizaie. Quoique averti du danger, il ne voulut point fuir, et les gens de Stofflet l'arrêtèrent. Il demanda un confesseur : on eut la barbarie de le lui refuser. Il protesta de son innocence, et donna lui-même le signal de l'exécution. Marigny était d'une taille élevée, avait une force prodigieuse, était gai, affable, spirituel ; mais les malheurs de la Vendée parurent changer son caractère, et il se montra parfois emporté et sanguinaire. On ne peut cependant lui refuser un dévouement sans bornes à la royauté, et une valeur qui allait souvent jusqu'à l'héroïsme. « La mort de ce chef est un des événements les plus déplorables de la guerre de la Vendée, » dirent unanimement les royalistes et les républicains ; et ils dirent vrai.

MARIKOWZKI (MARTIN), né à Rosenau en Hongrie, dans le comté de Gœmer, l'an 1728, fit ses études en médecine à Halle en Saxe, parcourut ensuite une grande partie de l'Europe, et retourna dans sa patrie, en 1757 ; il embrassa la religion catholique à Presbourg, et alla comme médecin seconder la charité active de Paul, comte de Forguch, évêque de Watsen, pour les pauvres de son diocèse. Après la mort de ce prélat, il se retira à Sirmich, dans l'Esclavonie, où il s'appliqua à examiner les causes des épidémies qui avaient fait périr plus de soldats dans ces contrées que les armes des Turcs. Il consigna ses observations dans un journal qu'il intitula : *Ephémérides sirmiennes*, que l'on commença à imprimer à Vienne en 1763. Ce journal a été continué après sa mort arrivée en 1772. Les Hongrois lui sont encore redevables d'une traduction en leur langue du livre intitulé : *Avis au peuple sur sa santé*, par M. Tissot.

MARILLAC (CHARLES DE), fils de Guillaume de Marillac, contrôleur-général des finances du duc de Bourbon, naquit en Auvergne vers 1510. D'abord avocat au parlement de Paris, il s'y distingua tellement par son éloquence et par son savoir, que le roi François Ier le chargea de diverses ambassades importantes. Il devint abbé de Saint-Pierre de Melun, maître des requêtes, évêque de Vannes, archevêque de Vienne, et chef du conseil privé. Dans l'Assemblée des notables tenue à Fontainebleau, en 1560, il se fit admirer par une belle harangue. Elle roula entièrement sur la réformation des désordres de l'État, et sur les moyens propres à prévenir les troubles qui menaçaient le royaume de la part des huguenots. La douleur que lui causa la vue des maux qui allaient inonder la France le mit au tombeau le 2 décembre 1560, à 50 ans. On a de lui des mémoires manuscrits, qu'on trouve dans plusieurs bibliothèques. Le chancelier de l'Hôpital lui adressa un poème.

MARILLAC (MICHEL DE), neveu du précédent, né à Paris, le 9 octobre 1563, avait été dans sa jeunesse un des plus zélés partisans de la ligue formée par les catholiques contre les huguenots. Porté à la piété, il se fit faire un appartement dans l'avant-cour des Carmélites du faubourg Saint-Jacques, à Paris, afin de passer dans leur église quelques heures la nuit et le jour. Devenu maître des requêtes, il ne laissa pas de continuer à prendre soin des bâtiments et des affaires du couvent. C'est ce qui le fit connaître de Marie de Médicis, qui y allait souvent, parce qu'elle en était fondatrice. Cette princesse le recommanda au cardinal de Richelieu, qui le fit directeur des finances, en 1624, et garde des sceaux deux ans après. Ce ministre le fit ensuite enfermer au château de Caen, puis dans celui de Châteaudun. Il y mourut en 1632, dans la pauvreté, quoiqu'il eût été pendant quelque temps dans les finances. Il ne subsista dans sa prison que des libéralités de Marie de Creil, sa belle-fille, qui fit encore les frais de ses modiques funérailles. Ce magistrat avait publié, en 1628, une ordonnance qui réglait presque tout. Mais ce code, appelé par dérision le *Code Michau*, du nom de baptême de Marillac, fut rejeté par le parlement, et tourné en ridicule par les plaisants du barreau. Comme ce n'était qu'un recueil des anciennes ordonnances, et de celles qui avaient été faites aux derniers États-généraux, on voyait bien que le mépris des officiers du parlement tombait moins sur l'ouvrage que sur son auteur. On a encore de lui : une *Traduction* des Psaumes, 1630, in-8°, en vers français, qui ne rendent que faiblement l'énergie de l'hébreu : d'autres *Poésies*, bonnes pour le fond, mais faibles dans la manière ; une *Dissertation* sur l'auteur du livre de l'*Imitation*.

MARILLAC (LOUIS DE), frère du précédent, gentilhomme ordinaire de la chambre de Henri IV, mérita par ses exploits le bâton de maréchal de France, que Louis XIII lui accorda en 1629. Son frère, Michel de Marillac, s'était élevé, comme nous l'avons dit, de la charge de conseiller au parlement de Paris à celle de garde des sceaux et d'intendant des finances. Ces deux hommes, qui devaient leur fortune au cardinal de Richelieu, se flattèrent, dit-on, de le perdre et de succéder à son crédit. Le maréchal fut un des principaux.

acteurs de la *Journée des dupes*. Il offrit, à ce que l'on a prétendu, de tuer de sa propre main son bienfaiteur. Mais, si ces faits avaient été bien avérés, il n'aurait pas fallu tant d'efforts pour obtenir contre lui une sentence de mort. Richelieu fit arrêter le maréchal en 1630, dans le camp de Félizzo, en Piémont, au milieu de l'armée qu'il commandait. Son procès dura près de deux années. « Le cardinal ne se contenta pas, si l'on en doit croire l'auteur de l'*Histoire générale*, toujours suspect dans ces sortes de récits, de priver le maréchal du droit d'être jugé par les chambres du parlement assemblées, droit qu'on avait déjà violé tant de fois; ce ne fut pas assez de lui donner dans Verdun des commissaires dont il espérait de la sévérité; ces premiers juges ayant, malgré les promesses et les menaces, conclu que l'accusé serait reçu à se justifier, le ministre fit casser l'arrêt. Il lui donna d'autres juges, parmi lesquels on comptait les plus violents ennemis de Marillac, et surtout ce Paul Hay-du-Châtelet, connu par une satire atroce contre les deux frères. Jamais on n'avait méprisé davantage les formes de la justice et les bienséances. Le cardinal leur insulta au point de transférer l'accusé, et de continuer le procès à Ruel, dans sa propre maison de campagne.... Il fallut chercher toutes les actions du maréchal. On déterra quelques abus dans l'exercice de sa charge, quelques anciens profits illicites et ordinaires, faits autrefois par lui ou par ses domestiques dans la construction de la citadelle de Verdun : « Chose étrange, disait-il à ses juges, qu'un homme de mon rang soit persécuté avec tant de rigueur et d'injustice! Il ne s'agit dans mon procès que de foin, de paille, de pierre et de chaux. » Cependant ce général, chargé de blessures, et après 40 années de services, fut condamné à mort, sous le même roi qui avait donné des récompenses à trente sujets rebelles. Il eut la tête tranchée à la place de Grève à Paris, le 10 mai 1632. Plusieurs de ses amis lui avaient offert de le tirer de la prison; mais il avait refusé, parce qu'il se reposait sur son innocence. Quelque temps après, le cardinal railla amèrement les magistrats qui avaient condamné l'infortuné Marillac. Il faut avouer, leur dit-il, que Dieu donne aux juges des lumières qu'il n'accorde pas aux autres hommes, puisque vous avez condamné le maréchal de Macillac à mort. Pour moi, je ne croyais pas que ses actions méritassent un si rude châtiment. » Discours qui ne s'accorde guère avec le passage que nous venons de copier. Sa mémoire fut rétablie par arrêt du parlement, après la mort du cardinal-ministre.

MARIN (P. CARVILIUS MARINUS), prit la pourpre impériale dans la Mœsie, à la fin du règne de l'empereur Philippe. Il s'était distingué contre les Goths; c'est ce qui lui fit donner le titre de César, par les troupes, l'an 249; mais il n'en jouit pas longtemps. Les soldats, indignés de sa mauvaise conduite, le massacrèrent dans le temps que Philippe envoyait une armée pour dissiper son parti. Ce qu'il y a de remarquable, c'est qu'il fut mis au rang des dieux.

MARIN, INE, adj., qui est de mer. En Mythologie, les dieux marins, les dieux de la mer. Marin signifie aussi qui est spécialement destiné à la marine. Lieue marine, lieue de vingt au degré. Trompette marine, instrument de musique, qui n'avait qu'une seule corde et dont on jouait avec un archet. Aigue-marine, pierre précieuse du même genre que l'émeraude, mais d'une couleur bleuâtre, presque semblable à celle de l'eau de mer. Marin se dit substantivement, au masculin, d'un homme de mer, de celui dont la profession est de servir à bord des bâtiments de mer pour les gréer et les manœuvrer. Fam. Marin d'eau douce se dit par mépris d'un homme qui a navigué seulement sur les rivières, ou qui a peu navigué sur mer.

MARIN (JEAN), né à Ocana, petite ville du diocèse de Calahora, en 1654, se fit jésuite en 1671, passa une grande partie de sa vie à expliquer l'Ecriture Sainte et à enseigner la théologie, il fut choisi pour être confesseur du prince Louis Philippe, roi d'Espagne, et mourut à Madrid le 20 juin 1725, peu de temps après son auguste pénitent, décédé à la fleur de sa jeunesse. Il est auteur d'un grand nombre d'ouvrages ascétiques et théologiques, entre autres d'une théologie en 19 vol. in-fol.. peu connue hors d'Espagne.

MARIN (MICUEL-ANGE), religieux minime, né à Marseille en 1697, d'une famille noble originaire de Gênes, fut employé de bonne heure en son ordre dans les chaires et dans la direction. Il fut quatre fois nommé provincial. Fixé dès sa jeunesse à Avignon, il y prêcha la controverse aux juifs avec un succès peu commun; c'est aussi dans cette ville qu'il fit imprimer plusieurs ouvrages qui lui firent une réputation

distinguée parmi les écrivains ascétiques; son nom arriva jusqu'à Clément XIII qui l'honora de trois brefs pleins d'éloges flatteurs et mérités. Ce pontife le chargea de recueillir en un seul corps d'ouvrage, les actes des martyrs; il en avait déjà composé 2 vol. in-12, lorsqu'une hydropisie de poitrine l'enleva à ses amis, c'est-à-dire aux gens de bien, le 3 avril 1767, dans la 70° année de son âge. Sa conversation respirait la vertu; elle était animée par cette douce chaleur d'imagination qui se fait sentir dans ses livres. Les principaux sont: *Conduite de la sœur Violet, décédée en odeur de sainteté*, Avignon, in-12; 2° *Adélaïde de Witzbourg ou la pieuse pensionnaire*, in-12; 3° *La parfaite religieuse*, ouvrage solide et sagement écrit, in-12; 4° *Virginie* ou *la Vierge chrétienne*, roman pieux très répandu, 2 vol. in-12; 5° *La Vie des solitaires d'Orient*, 9 vol. in-12 ou 3 in-4°; 6° *Le baron de Van-Hesden, ou la république des incrédules*, 5 vol. in-12; 7° *Théodult, ou l'enfant de bénédiction*, in-16; 8° *Parfalla* ou la comédienne convertie, in-12; 9° *Agnès de Saint-Amour*, ou la *fervente novice*, 2 vol. in-12; 10° *Angélique ou la religieuse selon le cœur de Dieu*, 2 v. in-12; 11° *La marquise de los Valientes ou la dame chrétienne*, 2 v. in-12; 12° *Retraite pour un jour de chaque mois*, 2 vol. in-12; 13° *Lettres ascétiques et morales*, ouvrage posthume précédé de l'éloge de l'auteur, 2 vol. in-12, 1769. Le père Marin a su, dans ses romans moraux, conduire ses lecteurs à la vertu par les charmes de la fiction. L'éloge du père Marin, inséré dans le Mercure du mois de juillet 1767, a été réimprimée en tête de ses *Lettres spirituelles*, et séparément avec des additions, Avignon, 1769, in-12 de 23 pages.

MARIN, statuaire, mort le 18 septembre 1824, à 75 ans, remporta le grand prix, passa plusieurs années à Rome, et fut pendant longtemps professeur à l'école de Lyon. Son ciseau produisit notamment la statue de Torcy, haute de douze pieds, l'un des ornements de Bordeaux; Télémaque, que l'on admire au château de Fontainebleau; Tourville, l'un des monuments gigantesques de la cour du château de Versailles; divers groupes et portaits exécutés par Lucien Buonaparte.

MARINADE, s. f., viande marinée, enveloppée de pâte et frite à la poêle.

MARINE. C'est l'ensemble de tout ce qui concerne la navigation sur mer et forme la puissance navale d'une nation. L'histoire nous autorise à considérer la navigation comme un des éléments principaux de richesse et de puissance pour un peuple; mais lorsque cette richesse et cette puissance n'ont pas en même temps une autre base, elles semblent participer de l'inconstance de l'élément sur lequel elles reposent; l'histoire nous fournit de nombreux exemples qui confirment notre observation. Nous pouvons citer parmi les peuples anciens les Phéniciens, les Egyptiens et les Carthaginois; parmi les peuples modernes, les Vénitiens, les Hollandais, les Espagnols et les Portugais, qui tous avaient acquis par la navigation une grande puissance et de grandes richesses et dont ils ne conservent plus aujourd'hui que le souvenir. La marine semble n'avoir jamais été pour la France qu'un objet secondaire; elle fut presque nulle jusqu'au règne de Louis XIII. Alors le génie actif et fécond du cardinal de Richelieu sut la tirer de son anéantissement. La charge de grand-maître, chef et surintendant-général de la navigation et du commerce de France, dont ce ministre fut pourvu, lui procura les moyens d'exécuter tout ce qu'il crut utile à ses vues sur cet objet. Il s'attacha particulièrement à rassembler des bois de construction, à bâtir des magasins et à acheter un grand nombre de vaisseaux, et par là il mit en état de disputer aux Anglais un empire qu'ils commençaient à usurper. Cependant, comme les entreprises de cette nature ne peuvent se perfectionner que par des gradations lentes, il restait encore beaucoup à faire à la mort de ce ministre, et il était réservé à Louis XIV de faire respecter dans tout le monde connu le pavillon français Lorsque ce prince monta sur le trône, la France n'avait encore qu'un petit nombre de vaisseaux de guerre, avec deux ports simplement ébauchés. Mais grâce aux soins et à l'habileté du ministre Colbert, la marine française se trouva, dès l'année 1669, composée de trente vaisseaux de ligne dont deux de 130 canons, un de 120 et deux autres de 110. Il y avait encore quarante-un vaisseaux, depuis 45 jusqu'à 60 canons, dix-sept frégates, cinq tartanes et six galiotes. Ces forces maritimes, sans compter les galères, étaient distribuées dans les ports de Toulon et de Brest, auxquels l'augmentation de la marine a fait depuis ajouter les ports de Rochefort, de Lorient et de Cherbourg, qui, comme les précédents, ont tous les bâtiments nécessaires à la construction, à l'équipement et à l'avitaillement des vaisseaux. La France comptait, sous le règne de Louis XIV, jusqu'à cent vaisseaux de ligne avec un nombre égal de vaisseaux inférieurs. Elle avait 160,000 matelots classés. C'est à cette époque que notre commerce maritime a commencé à devenir florissant. Mais, en 1756, notre marine militaire fut tellement anéantie que l'on fit mettre en vente les agrés et approvisionnements maritimes, sous le prétexte que, n'ayant plus de flottes, nous n'avions plus besoin d'arsenaux. La marine marchande suivit la décadence de la marine militaire; dans l'une comme dans l'autre, le personnel et le matériel étaient presque complètement anéantis. Le personnel de la marine se compose au moyen de l'inscription maritime. Sont compris dans l'incription maritime : 1º les marins de tous grades et de toute profession, naviguant dans l'armée navale ou sur les bâtiments de commerce; 2º ceux qui font la navigation ou la pêche de mer sur les côtes ou dans les rivières, jusqu'où remonte la marée, et pour celles où il n'y a pas de marée, jusqu'à l'endroit où les bâtiments de mer peuvent remonter; 3º ceux qui naviguent sur les pataches, allèges, bateaux et chaloupes dans les rades et dans les rivières, jusqu'aux limites ci-dessus indiquées. Tout Français qui commence à naviguer ne peut s'embarquer ni être employé sur les rôles d'équipages d'un bâtiment de l'Etat ou du commerce, que sous la dénomination de mousse, depuis l'âge de 10 ans jusqu'à 15 ans accomplis, et sous celle de novice au-dessus de ce dernier âge. Le Français compris dans l'inscription maritime est dispensé de tout service public autre que celui de l'armée navale, des arsenaux, de la marine et de la garde nationale dans l'arrondissement de son quartier. Tout marin inscrit est tenu de servir sur les bâtiments et dans les arsenaux de l'Etat lorsqu'il en est requis; mais lorsqu'il n'est pas actuellement commandé, il est libre de s'embarquer sur des navires marchands ou bateaux de pêche. Il est accordé aux marins inscrits des pensions suivant leurs grades, âges, blessures ou infirmités. Ces pensions sont réglées sur la durée de leurs services à bord des bâtiments et dans les arsenaux de l'Etat, et sur les navires du commerce. Le nombre des marins inscrits est d'environ cent dix mille partagés en :

Marins embarqués sur la flotte. 14,000
Officiers mariniers et matelots du commerce. . . 51,500
Capitaines, maîtres, pilotes. 14,900
Ouvriers. 14,900
Mousses. 12,300

Le plus haut grade de la marine est celui d'amiral qui correspond à celui de maréchal dans l'armée de terre. Il n'y a que trois amiraux en France; avant 1830 on n'en comptait que deux. Les grades immédiatement inférieurs sont ceux de vice-amiral et de contre-amiral. Le premier correspond à celui de lieutenant-général dans l'armée de terre, et le second à celui de maréchal-de-camp. Le personnel de l'armée de mer est de 50,000 hommes environ. Ce chiffre comprend les marins actuellement embarqués sur la flotte et ceux qui, n'étant pas actuellement embarqués, sont à la disposition du gouvernement pour les besoins du service. Le matériel de la marine comprend généralement tout ce qui a rapport à la construction des vaisseaux, à leur conservation, à leurs mouvements, à la police des ports et à celle des arsenaux. Nos forces navales, en temps de paix, consistent en quarante vaisseaux, cinquante frégates, deux cent-vingt bâtiments de guerre de moindre force répartis ainsi qu'il suit :

Vaisseaux du 1ᵉʳ rang, de 120 canons. 10
Id.　　2ᵐᵉ　　de 100 canons. 10
Id.　　3ᵐᵉ　　de 90 canons. 15
Id.　　4ᵐᵉ　　de 80 canons. 5
Frégates du 1ᵉʳ rang, de 60 canons. 17
Id.　　2ᵐᵉ　　de 50 canons. 17
Frégates du 3ᵐᵉ rang, de 40 canons. 16
Corvettes à gaillards de 30 bouches à feu. . . 8
Id.　　sans gaillards de 30　Id. 12
Bricks de　　　　20　Id. 30
Corvettes avisos de　　16　Id. 10
Bricks avisos de　　　10　Id. 20
Canonières, bricks de　　4　Id. 10
Goëlettes, cutters, etc., de 6 à 10 bouches à feu, et
bâtiments de flottille de 4 bouches à feu et au-dessous.　40
Bâtiments à vapeur de 150 chevaux et au-dessus. . . 40
Corvettes de charge de 800 tonneaux. 20
Gabarres de 380 tonneaux. 30

Total des bâtiments de tous rangs. . . . 310

Sur les 40 vaisseaux et les 50 frégates désignés ci-dessus, 20 vaisseaux et 25 frégates sont entretenus à flot. 20 vaisseaux et 25 frégates restent sur les chantiers au 22/24 d'avancement. Tous les bâtiments d'un rang inférieur sont entretenus à flot. En outre, de cet état naval, il est tenu en chantier une réserve de vaisseaux et de frégates qui ne peut excéder le nombre de 13 pour les vaisseaux, et de 16 pour les frégates. Sous le rapport maritime la France se divise en cinq arrondissements qui se subdivisent en quartiers. A la tête de chaque arrondissement se trouve un préfet maritime chargé de l'administration de plusieurs ports. Enfin l'ensemble de la marine française comprend cinq cents lieues de côtes, soixante-quinze ports de commerce et de pêche, dont dix peuvent être considérés comme étant de premier ordre. Cinq grands ports militaires, dix-huit mille navires et bateaux, donnant en masse une capacité de cent cinquante mille tonneaux. Cinq grands arsenaux renfermant un mobilier naval d'une valeur immense. Six établissements coloniaux et plusieurs comptoirs dans l'Inde. Cinq cents millions de valeurs commerciales en armements maritimes. Enfin trois millions d'habitants du littoral vivant plus ou moins de la pêche et du commerce, et qui, au moyen de l'inscription, fournissent le personnel de la marine. Il ne sera, sans doute, pas sans intérêt de donner, en finissant cet article, un état des forces navales de l'Angleterre, cette dangereuse rivale de la France. L'armée de mer de l'Angleterre se compose, quant au personnel, de marins royaux ou d'élite. 9,000
Matelots. 20,000
Etat-major. 7,244

Total du personnel de l'armée de mer. . . 36,244

Le matériel se compose de vaisseaux de plus de
100 canons. 22
Vaisseaux de plus de 74. 99
Id.　　de plus de 42 et au-dessus. 104
Bâtiments à vapeur. 22
Id.　　de 4 à 40 canons. 310

Total. 557

La marine n'est pas seulement un moyen de puissance, c'est aussi un moyen de civilisation. La France et l'Angleterre semblent avoir oublié leurs anciennes inimitiés pour rivaliser de zèle dans les voies de la civilisation où elles paraissent devoir devancer longtemps encore les autres nations. Nos vaisseaux ont porté sur tous les points du globe ces pieux et intrépides missionnaires qui se dévouent à la propagation des lumières et de la foi et auxquels est réservée quelquefois la couronne des martyrs. L'Angleterre a suivi notre exemple ; malheureusement la différence de religion a souvent amené entre les nationaux français et anglais de fâcheux conflits, qu'il serait important de prévenir, dans l'intérêt de la civilisation et de l'humanité.　　　　P. LEDOUX.

MARINE (Sainte), vierge de Bithynie, vivait, à ce qu'on croit, vers le VIIIᵉ siècle. Son père, nommé Eugène, se retira dans un monastère, et la laissa dans le monde, à l'âge de la dissipation et des plaisirs. Cette conduite imprudente lui causa des remords. Son abbé lui ayant demandé le sujet de sa tristesse, il lui avoua qu'il venait du regret d'avoir laissé son enfant. L'abbé, croyant que c'était un fils, lui permit de le faire venir dans le monastère. Eugène alla chercher sa fille, lui coupa les cheveux, et la revêtit d'un habit de garçon, en lui recommandant le secret de son sexe jusqu'à sa mort. Elle fut reçue dans le monastère sous le nom de frère Marin, et y vécut d'une manière exemplaire. On dit qu'ayant été accusée d'avoir abusé de la fille de l'hôtel où elle allait quérir les provisions pour le monastère, elle aima mieux se charger de cette faute que de déclarer son sexe. On la mit en pénitence à la porte du monastère, et on la chargea de l'éducation de l'enfant. Enfin elle mourut environ trois ans après. L'abbé, ayant reconnu, après sa mort, ce qu'elle était, eut beaucoup de douleur de l'avoir traitée avec tant de rigueur. Ses reliques furent transportées de Constantinople à Venise, en 1230.

MARINELLA (LUCRÈCE), dame vénitienne du XVIIᵉ siècle, a laissé quelques ouvrages en italien : 1º *la nobilia delle donne*, Venise, 1601, in-8º; elle y soutient la prééminence de son sexe au-dessus des hommes; 2º *la Vita di Maria Virgine*, en prose et en vers, Venise, 1602, in-4º, fig. ; 3º *l'Arcadia felice*, 1705, in-12; 4º *l'Amore inamorato*, Parme, 1618 ; in-4º; 5º *Rimes*, 1693, in-12. Elle était la fille du suivant.

MARINELLO ou **MARINELLI** (JEAN), médecin italien du

xvi⁰ siècle, né à Modène, mort à Venise, est auteur d'un ouvrage intitulé : *Gli ornamenti delle donne, tratti dalle scritture d'una rena greca*, Venise, 1774, in–12; il est aussi sous ce titre : *le Medecine pertinenti alle infernita delle donne*. Le meilleur de ses ouvrages est un *Commentaire sur les œuvres d'Hippocrate*, en latin, Venise, 1575, in-fol.

MARINER, v. a., faire cuire du poisson, et l'assaisonner de telle sorte, qu'il puisse se conserver longtemps. Il signifie aussi assaisonner certaines viandes d'une manière qui les rend mangeables plus promptement. Il signifie encore laisser tremper de la viande dans du vinaigre assaisonné d'ognons, d'ail, de thym, etc., afin de l'attendrir et de lui donner du goût.

MARINEUS ou **MARINÉO** (Luc), Sicilien, enseigna avec réputation les belles-lettres à Salamanque, et s'acquit l'estime de Ferdinand-le-Catholique et de Charles-Quint, qui le fit chapelain de la Cour. Il mourut en 1534. On a de lui : 1° *de Laudibus Hispaniæ*, lib. vii; 2° *de Aragoniæ regibus et eorum rerum gestarum*, lib. vi, 1059; 3° *de rebus Hispaniæ memorabilibus*, lib. xxii *ab origine gentis ad Carolum V*, Alcalla, 1533, in-fol., en espagnol, ibid., 1539, in-fol.; 4° des épitres familières, 1514, in-fol., et un grand nombre de harangues sur des sujets intéressants. (voy. sur Marinéo le tom. 2, p. 359 de la biblioth. hisp. nov. de mé. Antonio, et le 2⁰ vol., p. 16 de la bibliot. sic. de Mongitoire).

MARINGOUINS (*ins.*), nom donné aux cousins dans diverses contrées de l'Amérique et surtout dans les Antilles.

J. P.

MARINI (JEAN-BAPTISTE), connu sous le nom de *Cavalier Marin*, naquit à Naples, au mois d'octobre 1569. Son père, jurisconsulte habile, voulut qu'il le fût aussi ; mais la nature l'avait fait poète. Obligé de fuir la maison paternelle, il devint secrétaire du grand-amiral de Naples, et passa ensuite à Rome. Le cardinal Aldobrandin, neveu du pape Clément VIII, se l'attacha et l'emmena avec lui dans sa légation de Savoie. Marini avait l'humeur fort satirique ; il se fit quelques partisans à la cour de Turin, et beaucoup plus d'ennemis. La haine qu'il inspira au poète Murtola par sa *Murtoléide*, satire sanglante, fut si vive que ce rimeur tira sur lui un·coup de pistolet, qui porta à faux et blessa un favori du duc. Murtola fut arrêté; Marini, sachant de quoi est capable l'amour-propre d'un poète humilié, demanda et obtint sa grâce. Les autres ennemis du poète italien vinrent enfin entièrement à bout de le perdre à la cour de Savoie. Appelé en France par la reine Marie de Médicis, il se rendit à Paris, mit au jour son poème d'*Adonis* et le dédia assez mal à propos au jeune Louis XIII. On y trouve quelques allégories ingénieuses, de beaux vers, mais beaucoup de licence et des tableaux offensants pour les mœurs ; il est semé de concetti et de pointes. Sans ces défauts, l'ouvrage serait intéressant. En 1622, Marini alla se fixer à Rome ; et, après la mort de Grégoire XV, il retourna à Naples, où il mourut en 1625. Son style, appelé *marinesco*, corrompit la poésie italienne, et fut le germe d'un mauvais goût qui régna pendant tout le xvii⁰ siècle. Ses principaux ouvrages sont : le poème *la Strage degli innocenti*, Venise, 1633, in-4°. On raconte que ses poésies licencieuses ayant indisposé contre lui le pontife, qu'il mit aux arrêts, et qu'ayant composé en peu de jours le *Massacre des Innocents*, ce poème lui obtint sa grâce ; *Rime*, trois parties in-16; la *Sampogna*, 1620, in-12; la *Murtoléide*, 1626, in-4°, et depuis in-12; *Lettere*, 1627, in-8°; *Adone*. Il y a plusieurs éditions de l'original italien.

MARINI (GAETAN), né le 18 décembre 1742 à Saint-Archangelo, ville du diocèse de Rimini, s'appliqua à l'étude de la philosophie, des mathématiques, de l'histoire naturelle et des langues grecque et hébraïque. Plus tard, il s'occupa, à Bologne, d'archéologie ; à Ravenne, du droit civil et canonique. Rome devait être le théâtre de sa gloire : il s'y rendit en 1764, et désormais l'étude des inscriptions, des médailles, des diplômes ou chartes, et celle de la littérature grecque et latine l'absorbèrent entièrement. Marini fut préfet des archives du Saint-Siége, bibliothécaire du Vatican, camérier d'honneur de Pie VII, résident à Rome du duc de Wirtemberg, agent de la république de Saint-Marin, membre de plusieurs sociétés savantes, et en particulier correspondant de l'Académie des inscriptions et belles-lettres de Paris, où il mourut le 17 mai 1815; car il avait dû y suivre les archives du Vatican. Ses œuvres imprimées sont en grand nombre. Les principales sont : *Degli archiatri pontefici*, Roma, 1784; *Scrizioni antiche delle ville e palazzi albani*, Roma, 1785; *Atti e monumenti de' fratelli Arvali*, Roma, 1795; *Ruolo de' professori dell' ar-*

chiginnasio romano, Roma, 1797; *J. Papiri diplomatici*, Roma, 1805; *Memorie storiche degli archivi della Santa Sede*, Roma, 1825. Le dernier de ses ouvrages qu'on publia de son vivant, est le recueil de tous les papyrus alors connus. Parmi ses œuvres inédites, on cite le recueil des inscriptions *doliaires*, ou sur terre-cuite, autrement briques écrites, et celui qui a pour titre *Inscriptiones christianæ latinæ et græcæ ævi milliarii*. Ce dernier renferme neuf à dix mille inscriptions chrétiennes. Plusieurs savants dédièrent leurs ouvrages à Marini, qui reçut d'ailleurs de grands témoignages d'estime de la part de l'empereur Joseph II, de Ferdinand IV, roi de Naples, de l'archiduc Ferdinand, gouverneur de Milan, de Charles, duc de Wirtemberg, du pape Pie VIII et de tous les cardinaux. Encore aujourd'hui, le savant cardinal Lambruschini, qui l'avait connu, fait le plus grand éloge de son mérite littéraire comme de ses vertus chrétiennes.

MARINIANA, seconde femme de l'empereur Valérien, et mère de Valérien-le-Jeune, suivit son époux en Asie, l'an 258, et fut faite prisonnière en même temps que lui, par Sapor, roi de Perse. Spectatrice des affronts inouïs que ce prince barbare faisait souffrir à Valérien, elle-même exposée aux insultes de Sapor, elle mourut dans la prison où elle avait été renfermée. On la mit au rang des divinités, et il est marqué sur une de ses médailles, « qu'elle faisait dans le ciel la félicité des dieux : » telle était l'absurde théologie du paganisme.

MARINIER, s. m., batelier, celui dont la profession est de conduire les bâtiments sur les rivières et les canaux navigables. Officiers mariniers, tous les bas officiers qui servent à la manœuvre d'un vaisseau. Cette dénomination a vieilli, on dit maintenant sous-officiers de marine.

MARINIS (DOMINIQUE DE), se fit aussi dominicain et devint archevêque d'Avignon, où il tint deux chaires pour son ordre, et où il mourut en 1669. On a de lui des commentaires sur la Somme de saint Thomas, imprimés à Lyon en 1663, 1666 et 1668, 3 vol. in-fol.

MARINIS (LÉONARD DI), célèbre dominicain, fils du marquis de Casa-Maggiore, d'une famille noble de Gènes, naquit dans l'île de Chio, en 1509; le pape Jules III l'envoya nonce en Espagne. Il y plut tellement au roi Philippe II, par son esprit de conciliation, qu'il le nomma archevêque de Lanciano. Il parut avec éclat au Concile-de-Trente, et ce fut lui qui dressa les articles qui concernent le sacrifice de la messe, dans la 22⁰ session. Les papes Pie IV et Pie V, dont il avait mérité l'estime, lui confièrent diverses affaires importantes. Ses vertus et ses lumières lui acquirent l'amitié de saint Charles Borromée. Marinis mourut évêque d'Albe, en 1573, à 64 ans. Les Barnabites lui doivent leur constitution. C'est l'un des évêques qui travaillèrent, par ordre du concile de Trente, à dresser le *Catechismus ad parochos*, Roma, 1566, in-fol.; et à rédiger le *Bréviaire* et le *Missel romain*.

MARINONI (JEAN-JACQUES), naquit en 1616 à Udine, dans le Frioul, et mourut à Vienne en Autriche en 1755. Le génie, l'architecture et l'astronomie remplirent son temps et ses études ; ses succès lui méritèrent une place dans l'académie de Berlin, et le firent appeler à la cour d'Autriche, qui l'employa à réparer plusieurs fortifications. La république des lettres lui doit plusieurs ouvrages parmi lesquels on distingue : *Speculâ Domestica de re ichnographicâ* (on trouvera sur lui de plus amples détails dans la *Storia letteraria de Italia*, vol. 14 p. 244, il est fréquemment cité par Apostola-Zeno dans ses lettres).

MARIO-BETTINO, jésuite italien de Bologne, entra dans la compagnie l'an 1595, à l'âge de 17 ans, enseigna pendant 10 ans la morale et les mathématiques à Parme, et mourut à Bologne le 17 novembre 1657. On a de lui : *Rubenns*, *tragœdia pastoralis*, Parme, 1614, in-4°; 2° *Clodevens, seu Ludovicus, Tragicum sylviludum*, imprimé plusieurs fois en Italie et en France, en italien et en français; 3° *Lycæum et moralibus politicis et poeticis*, Venise, 1626, in-4°; en prose, la seconde partie, qui contient une variété singulière de poésies est intitulée : *Eutrapeliarum seu urbanitatum poeticarum*, lib. iv; 4° *Apiarum philosophiæ mathematicæ*, Bologne, 1642-1648, 2 vol. in-fol., ouvrage curieux et plein de recherches. Il y montre que la physique et la géométrie renferment des paradoxes plus étonnants que tout ce que nous présente la foi des mystères. On y trouve entre autres celui-ci : *Le contenu est plus grand que le contenant*.

MARIO-NUZZI, peintre, naquit l'an 1600 à Penna, dans le royaume de Naples; il est plus connu sous le nom de Mario di Fiori, parce qu'il excellait à peindre des fleurs. On admire dans ses tableaux un beau choix, une touche légère, un coloris brillant; son pinceau lui acquit une grande réputation, des amis puissants et une fortune considerable. Il mourut à Rome en 1673 à 70 ans.

MARION (SIMON), avocat au Parlement de Paris, né en 1540 à Nevers, plaida pendant 35 ans avec une réputation extraordinaire. Henri III, instruit de son mérite, le chargea de régler les limites d'Artois avec les députés du roi d'Espagne; des lettres de noblesse furent la récompense de ses services. Il devint président aux enquêtes, puis avocat-général au Parlement de Paris, et mourut en cette ville en 1605, à 65 ans. On a de lui des plaidoyers qu'il fit imprimer en 1594, sous le titre d'*actiones forenses*, ils eurent beaucoup de succès dans leurs temps. La fille unique de Marion épousa Antoine Arnauld, père de cette nombreuse famille devenue si célèbre par ses opinions et son dévouement à Port-Royal.

MARIONNETTE, s. f. On appelle ainsi de petites figures de bois ou de carton, qui représentent des hommes ou des femmes, et que l'on fait mouvoir ordinairement par des fils, quelquefois par des ressorts, quelquefois simplement avec la main. Prov. et fig. il a fait jouer les grandes marionnettes, il a employé les grands moyens pour réussir. Fig. et fam., c'est une marionnette, c'est une personne légère, frivole, sans caractère, qui cède facilement aux impulsions étrangères.

MARIOTTE (EDME), Bourguignon, et prieur de Saint-Martin-sous-Beaune, fut reçu à l'Académie des sciences en 1666, et mourut le 12 mai 1684, après avoir mis au jour plusieurs écrits, qui sont encore estimés, et qui le furent beaucoup dans le XVIIe siècle. Ce savant enrichit l'hydraulique d'une infinité de découvertes sur la mesure et sur la dépense des eaux, suivant les différentes hauteurs des réservoirs. Tous ses écrits furent recueillis à Leyde, en 1717, 2 volumes in-4°.

MARITAL, ALE, adj., t. de palais, qui appartient au mari.

MARITI (JEAN), né à Florence, embrassa l'état ecclésiastique et alla dans l'île de Chypre où il séjourna de 1760 à 1768, il parcourut ensuite la Syrie et la Palestine et mourut vers l'an 1798. Il a publié : 1° *Voyage dans l'île de Chypre, la Syrie et la Palestine*, Lucques et Florence, 1769-1776, 9 vol. in-8°, fig. Les 4 premiers vol. qui contiennent la relation des voyages de l'auteur, et qui renferment des détails curieux sur l'île de Chypre et sur la partie de la Syrie la plus voisine de la Palestine, ont été traduits en français en 2 vol. in-8°, Paris, 1791. Les 5 derniers volumes consacrés à l'histoire de Jérusalem, ne valent pas la relation du voyage. 1° *Histoire de la campagne d'Ali-Bey dans la Syrie en 1771*, Florence, 1772, in-8°; 3° *Sur le vin de Chypre*, 1772, in-8°; 4° *Histoire du temps de la résurrection ou de l'église du Saint Sépulcre*, Livourne, 1787, in-8°; 5° *Histoire de Faccardin, grand Emir de Drusses*, Livourne, 1787, in-8°; 6° *Histoire de l'état présent de la ville de Jérusalem*, Livourne, 1790, 2 vol in-8°. Ce n'est qu'une réimpression de la dernière partie des ouvrages, on y trouve quelques détails intéressants, mais les plans qui l'accompagnent ne méritent aucune confiance. 7° *Voyage dans les collines du Pisan et du Florentin*, 1797, in-8°, il n'en a paru que le tome 1er.

SIARITIME, adj. des deux genres, qui est proche de la mer. Il signifie aussi qui est adonné à la navigation sur mer. Il signifie encore qui est relatif à la mer, à la navigation sur mer.

MARIUS (CAIUS), célèbre général romain, fut sept fois consul. Né d'une famille obscure à Cerreticum, dans le territoire d'Arpinum, et occupé dans sa jeunesse à labourer la terre, il embrassa la profession des armes pour se tirer de son obscurité. Il se signala au siège de Numance (135 ans avant J.-C.), sous Scipion-l'Africain, qui vit en lui un grand homme de guerre. Sa valeur et ses intrigues l'élevèrent aux premières dignités de la république. Il fut tribun, préteur et gouverneur de la Bétique, qu'il purgea des brigands. Il passa en Afrique dans son premier consulat, l'an 107 avant J.-C., et vainquit Jugurtha, roi de Numidie, et Bocchus, roi de Mauritanie. On l'envoya ensuite en Provence contre les Teutons et les Ambrons. On dit qu'il en tua 200,000 en deux batailles, et qu'il fit 80,000 prisonniers : nombre exagéré, comme dans presque toutes les anciennes relations de combats et de victoires. En mémoire de ce triomphe, le vainqueur fit élever une pyramide, dont on voit encore les fondements sur le grand chemin d'Aix à Saint-Maximin. L'année suivante

fut marquée par la défaite des Cimbres. Il y en eut, dit-on, 100,000 de tués, et 60,000 prisonniers. Marius, devenu consul pour la sixième fois, l'an 100 avant J.-C., eut Sylla pour compagnon dans la guerre des alliés. Il visita l'Asie; et excita Mithridate contre les Romains, afin de se rendre nécessaire à la république. Mais Sylla obtint le commandement de l'armée contre ce roi. Marius souleva le peuple en sa faveur. Sylla vint alors à Rome à la tête de ses légions, et obligea Marius de se cacher dans les marais de Minturnes, en Campanie. Il fut accueilli par une femme appelée Junia, qui lui céda une chambre et apaisa sa faim. Un soldat sombre, chargé d'apporter sa tête, qui était mise à prix, le découvrit dans sa retraite; mais cet illustre proscrit, lançant sur lui un regard terrible, s'écria : « Soldat, oserais-tu tuer Caïus Marius ? » Frappé de terreur, le Cimbre laissa tomber son épée, et jura qu'il n'attenterait point aux jours de ce grand capitaine. Les Minturnois, frappé de cette aventure, lui donnèrent une barque pour passer en Afrique : il y rejoignit son fils, aux environs du lieu où fut Carthage. Là, il reçut quelque consolation, à la vue des ruines d'une ville autrefois si redoutée, qui avait éprouvé comme lui les plus cruelles vicissitudes de la fortune; mais bientôt il fut contraint de quitter cette triste retraite. Le messager qui lui en apporta l'ordre lui ayant demandé une réponse : « Tu annonceras, répondit Marius, à celui qui t'a envoyé, que tu as vu Caïus Marius, banni et fugitif, assis sur les ruines de Carthage. » Le préteur d'Utique attaché à Sylla, était résolu de le sacrifier aux vues de ce général. Marius, après avoir échappé à différents périls, fut rappelé à Rome par Cornélius Cinna, qui, privé par le sénat de la dignité consulaire, ne crut pouvoir mieux se venger qu'en faisant soulever les légions, et en mettant à leur tête Marius. Rome fut bientôt assiégée et obligée de se rendre. Cinna y entra en triomphe, et fit prononcer l'arrêt du rappel de Marius. Des ruisseaux de sang coulèrent aussitôt autour de ce héros vindicatif et sanguinaire. On tua sans pitié tous ceux qui venaient le saluer et à qui il ne rendait pas le salut. Tel était le signal dont il était convenu. Les plus illustres sénateurs périssent par les ordres de ce cruel vieillard; on pilla leurs maisons, ou confisqua leurs biens. Les satellites de Marius, choisis parmi tout ce qu'il y avait de plus détestables bandits en Italie, se portèrent à des excès si énormes, qu'il fallut enfin prendre la résolution de les exterminer. On les enveloppa de nuit dans leur quartier, et on les tua tous à coups de flèches. Cinna se désigna consul pour l'année suivante, et nomma Marius avec lui de sa propre autorité. C'était le septième consulat de ce vieillard barbare, mais il n'en jouit que quinze ou seize jours : une maladie, causée par la grande quantité de vin qu'il prenait pour s'étourdir sur les remords de ses crimes, l'emporta, l'an 86 avant J.-C. Marius, élevé parmi les pâtres et des laboureurs, conserva toujours quelque chose de sauvage et même de féroce. Son air était grossier, le son de sa voix dur et imposant, son regard terrible et farouche, ses manières brusques et impérieuses. Sans autres qualités que celle d'excellent général, il parut longtemps le plus grand des Romains, parce qu'il était le plus nécessaire contre les Barbares qui inondaient l'Italie. Dès qu'il ne marcha plus contre les Cimbres et les Teutons, il fut déplacé, cruel, et le fléau de sa patrie et de l'humanité. S'il parut quelquefois sobre, austère dans ses mœurs, il le dut à la rusticité de son caractère; s'il méprisa les richesses, s'il préféra les travaux aux plaisirs, c'est qu'il sacrifiait tout à la passion de dominer; et ses vertus, comme presque toutes celles des hommes ambitieux, prirent leur source dans ses vices. On trouve l'histoire des proscriptions de Marius dans Appius. Rutilius Rufus avait écrit sa vie; celle qu'a laissée Plutarque est pleine d'intérêt : il avait le projet de le comparer avec Pyrrhus; et Du Haillan a osé refaire ce morceau qui n'existait pas dans les manuscrits de Plutarque.

MARIUS, LE JEUNE, fils du précédent, tenait du caractère féroce de son père. Après avoir usurpé le consulat, à l'âge de 25 ans, l'an 82 avant J.-C., il assiégea le sénat, qui s'opposait à ses entreprises, et fit périr tous ceux qu'il croyait ses ennemis. Battu par Sylla, il s'enfuit à Préneste, où il se tua de désespoir.

MARIUS (MARCUS AURELIUS MARIUS AUGUSTUS), l'un des trente tyrans des Gaules, sous le règne de Gallien, était un homme d'une force extraordinaire, qui avait été ouvrier en fer. Ayant quitté sa forge pour porter les armes, il s'avança par degrés, et se signala dans les guerres contre les Germains. Après la mort de Victorin, il fut revêtu de la pourpre impériale par le crédit de Victoria, mère de cet empereur. Il n'y avait que trois jours qu'il portait ce titre, lorsqu'un soldat, son compagnon dans le métier d'armurier ou de forgeron, l'assassina. Ce qui ferait penser cependant qu'il régna plus longtemps, c'est qu'on a de lui un grand nombre de médailles. De Boze le fait régner depuis le commencement de septembre ou d'octobre de l'an 267, jusqu'à la fin de janvier ou février 268. On a prétendu que son assassin, en lui plongeant une épée dans le sein, lui dit ces paroles outrageantes : *C'est toi qui l'as forgée.*

MARIUS, évêque d'Avenches, dont il transporta le siége à Lausanne en 596, mourut la même année, à 94 ans. Il est auteur d'une chronique qui commence à l'an 445 et finit à l'an 581. Elle pèche quelquefois contre la chronologie.

MARIUS (MAXIMUS), écrivain qui vivait sous Alexandre Sévère, composa une histoire des empereurs romains, qui commençait à Trajan, et finissait à Héliogabale. Cet ouvrage, qui n'est point parvenu jusqu'à nous, avait le mérite de l'exactitude et de la fidélité. Quelques-uns accusent néanmoins son auteur d'avoir mêlé beaucoup de fables à ses récits.

MARIUS (MERCATOR), un des antagonistes les plus fougueux de Célestius et de Nestorius, florissait entre les années 425 et 430. Il a laissé en latin un grand nombre d'ouvrages ou plutôt de traductions du grec en latin, toutes y sont relatives aux hérésies de son temps. Ces ouvrages ont été imprimés à Paris en 1673 et 1688.

MARIUS (LÉONARD), natif de Goës en Zélande, fut docteur et professeur en théologie à Cologne, vicaire-général du chapitre de Harlem, et pasteur du Béguinage à Amsterdam ; il se rendit habile dans les langues grecque et hébraïque et dans l'Ecriture Sainte, et travailla avec zèle et souvent avec un succès éclatant à la conversion des hérétiques, il a laissé un bon commentaire sur le Pentateuque, Cologne, 1621, in-fol.; et la défense catholique de l'hiérarchie ecclésiastique, contre Marc-Antoine de Dominis, Cologne, 1619. Ces écrits sont en latin; l'auteur mourut à Amsterdam le 18 octobre 1652 à l'âge de 64 ans, on conserve au collège de Sainte Pulcherie, à Louvain, un grand nombre de précieux manuscrits de ce savant sur l'Ecriture Sainte.

MARIVAUX (PIERRE CARLET DE CHAMBLAIN DE), naquit à Paris en 1688. Sa finesse d'esprit lui fit un nom dès sa jeunesse. Le théâtre fut son premier goût; mais voyant que tous les sujets des comédies de caractère étaient épuisés, il se fraya une route nouvelle dans cette carrière si battue, en analysant les replis les plus secrets du cœur humain, et en mêlant le sentiment à l'épigramme. Ce qui régnait principalement dans sa conversation, dans ses comédies et dans ses romans, était un fond de philosophie, qui, malgré quelques écarts et des vues fausses, avait pour l'ordinaire un but utile et moral. Son respect pour les mystères était sincère : il ne comprenait pas comment certains hommes se montraient si incrédules sur des choses essentielles et raisonnables, et si crédules pour des futilités et des absurdités. Il dit un jour à lord Bolingbroke, qui était de ce caractère : « Si vous ne croyez pas, ce n'est pas du moins faute de foi : » propos qui a beaucoup de rapport avec ce qu'a dit un autre du symbole des athées, réduit à ces mots : *Credo omnia incredibilia.* « Je crois tout ce qui n'est pas croyable. » Quoique ses revenus fussent fort médiocres, sa bourse était toujours ouverte aux pauvres. Il mourut à Paris le 11 février 1763, à 75 ans. Ses ouvrages sont : ses *Pièces de Théâtre*, recueillies en 5 vol. in-12; l'*Homère travesti*, 2 vol. in-12; le *Spectateur français*, 1 vol. in-12, écrit d'un style maniéré, mais estimable d'ailleurs par un grand nombre de pensées fines et vraies; le *Philosophe indigent*, 2 vol. in-12. Il offre de la gaîté et de la philosophie. *Vie de Marianne*, 4 vol. in-12; le *Paysan parvenu*, 3 vol. in-12. On y trouve des peintures fort offensantes pour les mœurs : défaut qui se fait remarquer plus ou moins dans la plupart des ouvrages de Marivaux. *Pharsamon*, en 2 vol. : ce roman a paru sous le nom de *Nouveau don Quichotte*, dont avait donné auparavant l'*Esprit de Marivaux*, Paris, 1769, in-8°.

MARJOLAINE, *majorana* (bot.), genre établi par Tournefort dans la famille des labiées, de la didynamie gymnospermie de Linné. Le genre considéré par plusieurs botanistes, comme une simple section des origans, s'en distingue par un calice un pendant la maturation, et non fermé de poils comme chez ces derniers, divisé en deux lèvres dont la supérieure est grande et présente seulement trois petites dents à son bord, tandis que l'inférieure plus courte est profondément bilobée;

Chez les origans, il est cylindrique et à cinq dents égales. De plus, les épis de fleurs sont plus courts chez les marjolaines que chez les origans. Parmi les espèces de ce genre, nous citerons comme la plus généralement connue et la plus répandue dans les jardins : la marjolaine commune (*majorana crassa*), connue sous le nom vulgaire de marjolaine. Cette plante originaire de l'Afrique septentrionale est cultivée dans tous les jardins ; sa tige est sous frutescente, ses feuilles sont pétiolées, ovales, obtuses au sommet, entières sur les bords, couvertes de poils cotonneux blanchâtres : ses fleurs sont petites, blanches, réunies en petits épis serrés, tétragones, agglomérés et pédonculés. Cette plante exhale une odeur très agréable, sa saveur est chaude, on l'emploie comme plante médicinale, soit à l'intérieur en infusion, soit à l'extérieur en lotions et en fumigations, soit enfin plus en plus employée dans diverses parties de l'Europe comme condiment dans la préparation de la plupart des mets. Cette plante, souvent cultivée dans nos jardins pour sa seule odeur aromatique, se met ordinairement en bordures. Elle se multiplie sans difficulté par éclats; mais on peut également l'obtenir avantageusement de semis que l'on fait au premier printemps. La plante décrite par Linne sous le nom d'*origanum majorana*, rentre évidemment dans le même genre et a souvent été confondue avec la précédente; mais elle s'en distingue en ce qu'elle est annuelle et que ses feuilles sont presque glabres, de plus elle est originaire de la Palestine et du Portugal.

J. P.

MARLOT (dom GUILLAUME), qu'un écrivain appelle le restaurateur de l'histoire rémoise, naquit à Reims, en 1596, d'une famille ancienne et honorable. Il entra de bonne heure à l'abbaye de Saint-Nicaise, où il fit profession. Après avoir passé par les différentes charges du monastère, il fut fait grand-prieur, et favorisa de tous ses efforts la réforme de la congrégation de Saint-Maur, qu'on avait introduite à Reims en 1634. Après la paix des Pyrénées, Marlot fut envoyé en Flandre pour réclamer, suivant les conditions du traité, la restitution du prieuré de Fives, qui dépendait de Saint-Nicaise, et que le roi d'Espagne avait donné au baron de Mercy. Ce bon religieux ayant obtenu, non sans peine, ce qu'il réclamait, demeura dans ce prieuré en qualité d'administrateur; il y passa le reste de ses jours à terminer ses travaux historiques, et y mourut en 1667, l'année où Louis XIV signait dans ce même village la capitulation de Lille. Dom Marlot a laissé un assez grand nombre d'ouvrages; voici ceux qui ont été publiés : 1° *L'Oraison funèbre de Gabriel de Sainte-Marie* (Guillaume Giffort), *archevêque de Reims*, in-4°, Reims, 1629; 2° *le Théâtre d'honneur et de magnificence préparé au sacre des rois*, in-4°, Reims, 1643 et 1654; 3° *le Tombeau du grand saint Rémy, et l'histoire des translations jusqu'à la cinquième*, in-8°, Reims, 1647 ; 4° *Monasterii sancti Nicasii remensis initia et ortus*, imprimé dans l'appendice de Guibert de Nogent; 5° *Brevis et ingenua discussio an tornacensis civitas, vel Bavacum in Hannonia, Nerviorum caput sit ac primaria sedes episcopalis*, opuscule, in-4°, imprimé à Lille en 1662; 6° *Metropolis remensis historia*, en deux volumes in-fol., le premier imprimé à Lille du vivant et sous les yeux de l'auteur, en 1666, le second imprimé à Reims, en 1679, douze ans après sa mort; 7° *l'Histoire de la ville, cité et université de Reims*, 4 vol. in-4°, Reims 1843-1847. Cet ouvrage, qui était demeuré inédit jusqu'ici, a été longtemps regardé comme la traduction du précédent, et c'est ainsi qu'on parlent la plupart des biographies. C'est une erreur. Le texte français est original aussi bien que le texte latin; ce sont, sur le même sujet, deux ouvrages entièrement distincts, et dont le plan n'est pas le même; dans le dernier le cadre est plus vaste, le récit plus riche en faits et en détails historiques; l'histoire latine s'arrête à 1605, l'histoire française va jusqu'en 1663. L'académie de Reims, qui vient de publier cet ouvrage, l'a enrichi de notes critiques, de documents peu connus, de pièces justificatives dont un grand nombre étaient inédites.

B.

MARLY-LE-ROI, joli bourg du département de Seine-et-Oise, distant de Paris de 4 lieues. Il est situé sur la rive gauche de la Seine et sur la lisière de la forêt de ce nom et possède quelques belles maisons de campagne. C'est entre Marly et le village de la Chaussée que Rennequin Sualem exécuta sur place cet appareil hydraulique qui devait faire monter les eaux de la Seine jusqu'à Versailles. Cette machine étant tombée dans un état complet de vétusté, M. Cécile l'a remplacée, en 1826, par une machine à vapeur, aussi simple qu'admirable. Elle élève sur les arcades de Marly près de 134 mètres cubes d'eau par 24 heures, de là elle est refoulée au haut d'une tour d'où elle coule dans un autre magnifique aqueduc. 1,168 habitants. Ce bourg était au moyen-âge une baronie qui appartenait aux Montmorency.

MARMARA (mer de), entre l'Europe et l'Asie, entre le 40° 40' 20'', et le 41° 5' de latitude N., et le 24° 40' et le 27° 40' de longitude à l'E. Cette mer a 60 lieues de l'E. à l'O. dans sa longueur et 20 lieues dans sa plus grande largeur, près du détroit des Dardanelles; au S.-O., elle communique à l'archipel, et par le canal de Constantinople au N.-E., à la mer Noire; elle baigne le territoire de Constantinople et les côtes de la Turquie asiatique. Cette mer est parsemée d'un grand nombre d'îles, dont la plus importante est Marmara qui lui donne son nom. Le littoral de la Turquie d'Asie présente un aspect varié et pittoresque; la marée est à peine sensible, la navigation peu dangereuse, bien qu'il y existe un courant continuel et général qui transporte dans ce détroit, puis dans l'archipel, les eaux de la mer Noire.

MARMARA, île de la Turquie d'Asie, située dans la partie orientale de la mer de ce nom; sa longueur est de 4 lieues, sur 2 lieues de large; son territoire est fertile, mais montagneux; on y cultive la vigne, l'olivier et le coton; on y récolte le blé et l'orge, et on y élève grand nombre de troupeaux de moutons. On tire de ses montagnes une quantité de beaux marbres blancs; de là dérive son nom actuel de Marmara.

MARMARIQUE, contrée d'Afrique, bornée au N. par la Méditerranée, à l'E. par l'Egypte, à l'O. par la Cyrénaïque. Du côté du S. on ne peut guère lui assigner de bornes précises. Quelques auteurs ont compris dans cette contrée la Cyrénaïque; d'autres au contraire l'ont extrêmement resserrée, et ne l'étendent pas au-delà de la Cyrénaïque à l'O., et de la Lybie inférieure, à l'E. Selon Ptolémée cette contrée renfermait vingt-sept villes, dont onze sur le bord de la mer, et les seize autres dans l'intérieur des terres.

MARMELADE, s. f., confiture de fruits presque réduits en bouillie.

MARMENTEAU, adj., t. d'eaux et forêts, il se dit des bois de haute futaie mis en réserve, qu'on ne coupe point, et qui servent à la décoration d'une terre. Il s'emploie quelquefois substantivement.

MARMITE, s. f., vase de terre ou de métal à trois pieds, où l'on fait ordinairement cuire les viandes dont le bouillon sert à faire le potage. Il se dit aussi de ce que la marmite contient. Prov. et fig., la marmite est renversée dans cette maison, le maître de cette maison n'invite plus à dîner. Fam., cela fait bouillir, fait aller la marmite, se dit de ce qui contribue particulièrement à faire subsister une maison. Fig. et fam., un écumeur de marmites, un parasite. Marmite de Papin, vase de métal très épais, dont le couvercle ferme hermétiquement, et dans lequel on peut porter l'eau à la plus haute température.

MARMITON, s. m., celui qui est chargé du plus bas emploi dans une cuisine.

MARMOLY, CARVAJAL (Louis), célèbre écrivain du seizième siècle, natif de Grenade, a laissé plusieurs ouvrages. Le principal et le plus connu est celui intitulé: *Description générale de l'Afrique*, que Nicolas Perrot d'Ablancourt a traduit d'espagnol en français. Cet ouvrage peu exact n'a été estimé pendant longtemps que parce qu'on n'avait rien de mieux sur cette matière; la version française parut à Paris en 1667 en 3 vol. in-4°. L'original espagnol a été imprimé à Grenoble en 1573 en 3 volumes in-fol. Cette première édition est fort rare. L'auteur s'est trouvé au siège de Tunis en 1536, et avait été 8 ans prisonnier en Afrique.

MARMONTEL (Jean-François), né à Bort, en Limousin, le 11 juillet 1728, de parents peu favorisés de la fortune, reçut gratuitement d'un prêtre les premiers éléments du latin, et fit ses humanités dans un collége de jésuites en Auvergne. Ses rapports avec Voltaire le détournèrent d'embrasser l'état ecclésiastique. Ce philosophe l'appela à Paris en 1745, et Marmontel, après avoir composé plusieurs morceaux de poésie, couronnés par l'Académie française, fit jouer des tragédies qui obtinrent le suffrage du public. Il dut à la protection de madame de Pompadour la place de secrétaire et d'historiographe des bâtiments. Une parodie le fit priver du privilége du Mercure de France, et mettre pour quelques jours à la Bastille. Cependant l'Académie lui ouvrit ses portes (1763); il en était secrétaire au moment de la révolution. Lorsqu'il vit le trône près de s'écrouler sous les coups des factieux, il quitta la ca-

pitale pour se retirer à la campagne avec sa femme, nièce de l'abbé Morellet. Réduit à la détresse, il appréciait alors à leur juste valeur les théories du philosophisme. Député en 1797, au conseil des Anciens, par le département de l'Eure, il y apporta des sentiments de modération et même de religion. Mais, les élections de son département ayant été cassées, il rentra dans son asile champêtre, où il mourut le 31 décembre 1799. Parmi ses nombreux ouvrages, nous citerons: *Denis-le-Tyran*, tragédie jouée en 1748; *Aristomène*, tragédie jouée le 30 avril 1749. Ces deux pièces, quoique médiocres, obtinrent assez de succès; les *Héraclides*, 1751; *Egyptus*, 1753; *Hercule mourant*, *Numitor*, en 1751 et 1779, ne furent pas jouées, ou tombèrent aux premières représentations; des opéras-comiques, tels que le *Huron*, 1768, 2 actes; *Lucile*, 1 acte, 1766; *Sylvain*, 1 acte, 1770; *l'Ami de la maison*, 3 actes, 1771; *Zémire et Azor*, 4 actes, 1771; des tragédies lyriques, comme *Didon*, 3 actes, 1783; *Pénélope*, 3 actes, 1785; *Contes moraux*, 1765, 3 vol. in-12. L'élégance et la facilité du style, la peinture douce et riante de la vertu, concourent à en rendre la lecture agréable. Cependant tous les contes n'ont pas le même mérite. Dans quelques-uns, l'auteur perd de vue la morale, qui était le but de sa composition; dans d'autres, il donne des leçons où la jeunesse apprend à se tromper elle-même par de fausses images de bonheur; *Bélisaire*, 1767, in 8°. Les six premiers chapitres de cet ouvrage sont écrits avec feu et éloquence; dans les six derniers, l'action manque entièrement, et on les prendrait pour autant de traités sur la politique, cousus sans art les uns après les autres. La Sorbonne condamna ce pitoyable ouvrage pour les principes philosophiques que l'auteur y avait semés sans trop de déguisement; les *Incas*, ou la *Destruction de l'Empire du Pérou*, 1777, 2 vol. in-8°. Ce n'est ni une histoire, ni un roman, ni un poëme; mais c'est assurément un mauvais ouvrage; *Eléments de littérature*, 1787, 6 vol. in-12. Cet ouvrage est estimé. Les règles que l'auteur expose sont sûres et précises; mais ses réflexions savantes et ses définitions, quelquefois abstraites, les rendent presque inutiles à ceux qui n'ont pas de connaissances en littérature; *Poétique française*, 1774, 3 vol. in-8°; l'*Observateur littéraire*, 1746, in-12. Ces deux ouvrages offrent une saine critique; la *Pharsale de Lucain*, traduite en français, 1766-72, 2 vol. in-8°; *Nouveaux contes moraux*, 1792, 2 vol. in-12. Ils n'ont pas la grâce et la finesse des premiers, mais on n'y peut-être un but plus moral; des *Epîtres*, des *Discours* et divers morceaux fournis à l'*Encyclopédie*. Ses œuvres posthumes sont: une *Logique*, une *Grammaire*, un *Traité de morale*, une *Histoire de la Régence*, dans laquelle l'auteur juge presque toujours d'après saint Simon; enfin ses *Mémoires*, 4 vol. in-8°, 1804: l'auteur s'y peint avec assez d'impartialité. On a aussi publié, après la mort de Marmontel: *Leçons d'un père à ses enfants, sur la langue française, la logique, la métaphysique et la morale*. Ses œuvres réunies ont été imprimées, Paris, 1820, 7 vol. in-8°.

MARMOT, s. m., espèce de singe qui a une barbe et une longue queue. Marmot se dit aussi d'une petite figure grotesque de pierre, de bois, etc. Il se dit figurément et familièrement d'un petit garçon, on en forme aussi le substantif féminin marmotte, qui se dit d'une petite fille. Fig. et fam., croquer le marmot, attendre longtemps.

MARMOTTE *arctomys* (mam.), genre de mammifères rongeurs, dont les principaux caractères sont: la tête grosse, la queue courte ou moyenne; dix mâchelières supérieures et huit inférieures, toutes tuberculées; les incisives sont pointues. Ces caractères sont ceux de l'ancien genre marmotte, qui forme aujourd'hui les genres *lipura*, *aplodontia*, *arctomys*, *citillus*, *spermophylus* et *cynomys*. Les vraies marmottes (*arctomys*), ont pour caractères distinctifs: vingt-deux dents, dont quatre incisives, dix molaires supérieures et huit inférieures, point de canines. La première molaire supérieure est beaucoup plus petite que les autres; elle ne présente qu'un seul tubercule et une seule racine. Les quatre suivantes ont trois racines divisées transversalement en trois collines par deux sillons profonds; les quatre postérieures sont échancrées sur leur côté externe. Les incisives sont très fortes, très longues, et taillées en biseau à leur face interne. Les membres sont courts, ce qui donne à ces animaux une démarche lourde et embarrassée; mais la disposition de leurs clavicules et leurs ongles robustes les rendent très propres à creuser la terre. Les doigts, au nombre de quatre aux pieds de devant et cinq à ceux de derrière, sont réunis par une membrane jusqu'à la première phalange. Leur corps est gros et trapu, et leurs formes lourdes rappellent en petit celles de l'ours, d'où le nom de *arcto-mys* (rat-ours). Les yeux sont latéraux, à pupille ronde ; la lèvre supérieure est fendue et divisée en deux parties par un sillon ; les oreilles sont très courtes, presque entièrement cachées dans les poils. Le type du genre est la marmotte commune ou des Alpes (*arctomys marmotta*) ; elle a plus d'un pied de longueur sans la queue ; son pelage, d'un gris jaunâtre, est teinté de cendré vers la tête, et noirâtre en dessus ; les pieds sont blanchâtres et le tour du museau d'un blanc grisâtre ; la queue, assez courte, est noirâtre à son extrémité. La marmotte se trouve sur le sommet de toutes les montagnes élevées de l'Europe, près des glaciers, et en France dans les Alpes et les Pyrénées ; elle vit en petites sociétés composées d'une à trois familles, qui travaillent en commun à creuser leur habitation ; ce terrier a la forme invariable d'un ⊰ couché : la branche d'en haut a une ouverture par où les habitants entrent et sortent ; celle d'en bas, dont la pente va en dehors, ne leur sert qu'à faire leurs ordures et à les pousser hors de leur habitation. Ces deux branches, assez étroites, aboutissent à un cul-de-sac profond et spacieux qui est le lieu de séjour, et est soigneusement tapissé de mousse et de foin. Chacun sait que ces animaux passent l'hiver, plongés dans un sommeil léthargique, qui, comme celui de tous les animaux hibernants, n'est point un sommeil, mais une suspension plus ou moins complète de toute circulation, et par conséquent aucun genre de nutrition ne pouvant s'opérer, il n'est point vrai que pendant ce temps les marmottes se nourrissent de leur propre graisse. Les marmottes passent la majeure partie de leur vie dans leur terrier, qu'elles ne quittent que pendant les plus beaux jours pour paître ou jouer sur l'herbe ; l'une d'elles, postée sur un rocher voisin, fait toujours sentinelle, et, à la moindre apparence de danger, fait entendre un sifflement aigu, qui est le signal de la retraite. Dès que le froid se fait sentir, ces animaux bouchent avec soin les deux ouvertures de leur terrier, et se blottissent dans le foin et la mousse pour s'engourdir ; cet engourdissement dure depuis le mois de décembre jusqu'en avril, et quelquefois plus longtemps, suivant la rigueur de la saison. La marmotte ne produit qu'une fois par an ; sa portée n'est que de quatre ou cinq petits. La marmotte en captivité est, dit-on, fort douce et s'attache même à son maître ; elle est d'une excessive propreté, et, comme les chats, se met à l'écart pour faire ses ordures. Les autres espèces de marmottes ont des mœurs analogues à celles de la nôtre, et n'en diffèrent guère que par une livrée de couleur différente.　J. P.

MARMOTTER, v. a., parler confusément entre ses dents.

MARMOUSET, s. m., petite figure grotesque. Marmouset se dit aussi d'un petit chenet de fonte, en forme de prisme triangulaire, dont une extrémité est ornée d'une figure quelconque.

MARNE (*géol.*). On donne le nom de marne à une espèce de roche composée de calcaire et d'argile, avec ou sans sable, dans des proportions très variables. Elle prend diverses dénominations, suivant la partie qui domine ; ainsi, lorsque le calcaire y est en plus grande quantité, on la nomme marne calcaire ; si c'est l'argile, on la nomme marne argileuse, et lorsque le sable s'y trouve abondamment, c'est la marne sablonneuse. On distingue facilement la marne de l'argile, dont les caractères extérieurs sont d'ailleurs les mêmes en ce qu'elle fait effervescence avec les acides, quel que soit le mélange.— Cette roche, très commune dans la nature, se trouve à peu près dans tous les étages des terrains secondaires ; elle forme des lits ou des bancs d'une épaisseur plus ou moins grande, alternant fréquemment avec des calcaires et des argiles. Les diverses variétés de marnes se distinguent par leur couleur, leur texture et les substances minérales qu'elles renferment. Leurs couleurs sont très variées : le jaune, le vert, le rouge, le gris, qui forment leurs principales nuances, sont dus aux oxydes de fer et de manganèse ; on en connaît aussi de tout-à-fait blanches. Leur texture est tantôt compacte, tantôt feuilletée et terreuse. Elles renferment surtout du mica, de l'oxyde de manganèse, le quartz ou silex, la magnésite, etc. On emploie la marne argileuse délayée dans l'eau aux mêmes usages que l'argile plastique, c'est-à-dire entre dans la fabrication des poteries, des tuiles, des ardoises, etc. ; mais l'usage le plus fréquent de la marne est celui destiné à l'amendement des terres. Dans les environs de Paris, c'est surtout la marne calcaire, friable, que l'on exploite et qui est la plus recherchée par les agriculteurs. Les marnes sont quelquefois riches en débris organiques fossiles ; ainsi, celles des environs d'Aix, en Provence, contiennent une grande quantité d'insectes et

de poissons ; celles des environs de Paris renferment des coquilles marines et lacustres.

Moyen de s'assurer de la bonté de la marne. — On fait sécher une certaine quantité de la substance qu'on veut éprouver, à un soleil ardent, à l'action du feu ; on la réduit en poudre fine et on la délaie dans l'eau ; on traite ensuite le mélange par un peu d'acide nitreux, qu'on laisse tomber goutte à goutte jusqu'à ce que l'effervescence ait cessé ; on met alors dans un second verre autant de gouttes du même acide qu'on en a mis dans le premier, et on ajoute une demi-cuillerée d'eau ; on laisse tomber peu à peu dans ce mélange de la terre calcaire réduite en poudre fine, ayant le soin de remuer chaque fois jusqu'à ce que l'effervescence cesse. Comme la quantité d'acide, dans les deux cas, est la même, la quantité de terre calcaire employée dans la seconde expérience sera exactement la même que celle qui se trouvait dans la marne employée dans la première. Il faut observer, néanmoins, que dans toutes les marnes la terre calcaire contenant de l'air fixe et de l'eau, a sur le sol beaucoup moins d'action que la chaux ; il faut donc plus de terre calcaire contenue dans la marne pour produire un effet certain qu'il ne faut de chaux vive.

Emploi de la marne. — On l'emploie sur les récoltes en végétation, surtout dans les terres légères. L'argile que contient la marne ajoute alors à la consistance du sol ; cet engrais détruit l'oseille sauvage dont les terres légères sont souvent infectées. On peut douter de l'utilité de la marne sur les prairies humides, principalement si l'herbe est mêlée de joncs. Pour la rendre efficace dans de telles situations, il faudrait en mettre une quantité très considérable, et même alors son effet ne peut jamais être si utile que celui de la chaux, parce que celle-ci, non seulement tue toutes les plantes nuisibles, telles que les roseaux, mais en accélère la putréfaction et enrichit le sol en épurant ses productions. Il faut encore remarquer que la partie argileuse de la marne, qui est très utile sur les terres légères, est perdue sur les prairies basses qui sont en général d'une terre grasse et substantielle. Il suit de là que dans tous les cas où on peut se procurer de la chaux et de la marne avec une égale facilité, il faut donner la préférence à la chaux dans les terres profondes, dans les prés aigres et mouillés, et à la marne pour les terres légères, graveleuses et peu profondes. Jamais peut-être la marne ne peut être employée avec plus d'effet que sur les terrains légers mis en prés artificiels : l'expérience des fermiers dans les endroits où l'on emploie beaucoup la marne confirme ce principe, et il n'y a probablement aucun moyen possible d'employer les terres sablonneuses ou graveleuses plus utilement que de les amender par la marne, après les avoir mises en prés artificiels. Il existe deux substances qu'on dit être des marnes, leur ressemblant singulièrement : la première est une sorte de pierre onctueuse et tendre, de diverses couleurs, composée d'argile et de magnésie ; cette substance ne fait pas effervescence avec les acides, mais d'après ses composants, on peut la juger utile dans tous les cas où la marne le serait ; l'autre substance est de couleur bleuâtre, et ressemble beaucoup à la marne argileuse ; elle est extrêmement nuisible à la végétation, comme l'ont éprouvé en divers endroits les cultivateurs trompés par sa ressemblance avec la marne ; elle contient de l'acide vitriolique et du fer, deux substances qui sont de véritables poisons pour les végétaux. On peut s'assurer de la présence du fer dans cette terre par une expérience très simple : on n'a qu'à en faire brûler un petit morceau dans le feu avec de l'huile, barrer ensuite cette terre brûlée et y appliquer l'aimant pour voir si elle y adhère. On peut encore découvrir la présence du fer dans cette terre en la faisant bouillir une heure ou deux dans de l'eau de pluie ; puis, laissant évaporer, on obtient une poudre qui, mêlée à une infusion de noir de galle, donne une couleur noire si la terre contient du fer. Il y a des endroits où il est d'usage de cuire la marne et de la réduire en chaux ; elle acquiert alors plus d'activité sous un moindre volume.

MARNE, rivière de France, qui prend sa source près du hameau de la Marnotte, dans l'arrondissement de Langres, département de la Haute-Marne, traverse ce département, et, dans son cours, arrose ceux de la Marne, de Seine-et-Marne, Seine-et-Oise, et entre dans le département de la Seine où elle se jette dans le fleuve de ce nom. Sa course est capricieuse ; ses détours sont nombreux ; elle fuit dans la plaine, se replie sur elle-même pour mieux dessiner les coteaux couverts de vignes qui la dominent et qui sont d'un aspect enchanteur ; Elle est navigable, depuis Saint-Dizier, une bonne partie de l'année, et transporte à Paris tous les produits de son littoral, tels que le fer, le bois de construction, de charpente, de chauffage, le charbon, les grains, les vins, le chanvre, les bouteilles, les cloches pour les jardins et les paniers d'osier.

MARNE (département de la). Ce département, qui tire son nom de la rivière de la Marne, comprend, outre le Rémois, une portion de la Champagne proprement dite et la Champagne-Pouilleuse. Il est borné au N. par le département des Ardennes, à l'E. par le département de la Meuse, au S.-E. par celui de la Haute-Marne, au S. par celui de l'Aube, à l'O. par ceux de Seine-et-Marne et de l'Aisne. Sa superficie est de 817,087 hectares, dont 614,825 en terres labourables, 78,901 en bois et forêts, 38,454 en prairies, 18,493 en vignes, 16,961 en landes, pâtis, bruyères. Son revenu territorial est évalué à 16,290,000 francs. Un grand nombre de rivières l'arrosent; les principales sont : la Seine, la Marne et l'Aube. De vastes plaines, qui autrefois étaient connues sous le nom de Champagne-Pouilleuse occupent une grande partie de ce département tendant principalement vers le sud, dont le sol, formé de tuf crayeux, est à peine recouvert d'une légère couche de terre végétale. Quelques touffes d'herbes offrent aux troupeaux une nourriture insuffisante et privée de sa qualité nutritive; cette partie est entièrement aride et n'est nullement susceptible de quelques rapports qui résulteraient d'un nouveau genre d'exploitation et de culture. Dans la partie de l'est à l'ouest, le pays est boisé, marécageux; le sol devient plus ou moins limoneux, tourbeux, rouge, sablonneux, et a beaucoup gagné par les progrès de l'agriculture. On y trouve des plantations de pins de Genève et de pins d'Écosse, qui promettent des résultats avantageux. On y cultive, selon la nature du sol, le seigle, l'orge, le sarrasin et des melons (à Châlons) renommés; on cultive aussi le chanvre, le lin, les plantes oléagineuses et les osiers, dont les plans sont assez nombreux. Les vins qu'on récolte dans ses montagnes sont très estimés et font la principale richesse du pays; les expéditions, tant dans l'intérieur de la France que dans l'étranger, sont très considérables, surtout en vins mousseux d'Aï, Cumières, Verzy et Verzenay. Des prairies et des pâturages s'étendent le long des rivières et nourrissent un grand nombre de moutons anglais, métis et du pays; il y a aussi des chèvres du Tibet dont on espère les plus grands résultats; le commerce de laine fait aussi une grande partie de sa richesse industrielle et agricole. Reims renferme des manufactures de draps, de casimirs de Reims, de Silésie, de flanelles, de châles façon cachemire, et des filatures de laine en très grande quantité. Le chef-lieu du département est Châlons-sur-Marne, ville qui renferme une école des arts et métiers à l'usage des jeunes gens qui se destinent aux arts industriels et mécaniques. Ce département contient vingt-trois grandes routes, dont huit routes royales et quinze départementales; il est divisé en cinq arrondissements dont les chefs-lieux sont : Châlons-sur-Marne, Epernay, Reims, Sainte-Menehould et Vitry-le-Français. Il renferme 32 cantons et 690 communes. Sa population est de 345,245 habitants, parmi lesquels on compte 2,308 électeurs représentés par six députés. Il forme deux diocèses, l'archevêché de Reims et l'évêché de Châlons. Il est compris dans le ressort de la cour royale de Paris et de l'académie de la même ville. Il fait partie de la deuxième division militaire, dont le quartier-général est à Châlons, et de la deuxième conservation forestière.

MARNE département de la HAUTE-). Ce département, où se trouve le cours supérieur et la source de la Marne, est formé de la partie sud-est de l'ancienne Champagne. Il est borné au nord par le département de la Marne, à l'est par ceux de la Marne et des Vosges, au sud-est par celui de la Haute-Saône, au sud par celui de la Côte-d'Or, et à l'ouest par celui de l'Aube. La superficie du département est de 725,013 hectares, dont environ 335,611 sont en terres labourables, 174,275 en bois et forêts, 35,528 en prairies, 27,970 en landes, pâtis, bruyères, 13,136 en vignes, etc. Il est traversé au sud-est par une chaîne de montagnes qui se joint au nord-est aux monts Faucilles, et au sud à ceux de la Côte-d'Or. Toutes les rivières dont ce département est arrosé descendent de cette montagne sur le plateau de laquelle Langres se trouve placée; les principales sont l'Aube et la Marne. Le territoire de la Haute-Marne offre de belles vallées, des plaines fertiles, où l'on rencontre quelques étangs. Ses coteaux sont couverts de vignes, de belles prairies s'étendent le long de ses cours d'eau. Ses montagnes, bien boisées, présentent çà et là des rochers nus et stériles. Des terres jusque-là incultes ont été rendues à la culture par le dessèchement des marais; enfin la

terre produit partout où elle peut être cultivée. Ce département renferme beaucoup de mines de fer, des hauts-fourneaux, martinets, fonderies, filleries pour le fer. On fabrique des limes, des rapes, des outils, des poêles à frire; et la coutellerie de Langres, de Nogent-le-Roi, est très estimée. Son principal commerce consiste en blés, vins, miel, lin, fer, merrains, planches, bois de charpente et coutellerie. Ce département ne possède ni rivières navigables ni canaux; ses grandes routes sont au nombre de quinze, dont six routes royales et neuf départementales. Il est divisé en trois arrondissements dont les chefs-lieux sont : Chaumont, chef-lieu du département, Langres et Vassy; il renferme vingt-huit cantons et six cent quatre-vingt-huit communes. Sa population est de 255,969 habitants, parmi lesquels on compte 1,064 électeurs représentés à la chambre par quatre députés. Ce département forme le diocèse de l'évêché de Langres, suffragant de l'archevêché de Lyon. Il est compris dans le ressort de la cour royale de Dijon et de l'académie de la même ville. Il fait partie de la dix-huitième division militaire, dont le chef-lieu est aussi Dijon, et du dix-septième arrondissement forestier dont Chaumont est le chef-lieu.

MARNE (JEAN-BAPTISTE DE), né à Douai le 26 novembre 1697, se fit jésuite en 1716, devint confesseur de Jean-Théodore de Bavière, cardinal, évêque et prince de Liége, et mourut dans cette ville en 1790. Nous avons de lui : la *Vie de saint Jean Népomucène*, Paris, 1711, in-12; *Histoire du comté de Namur*, Liége, 1654, in-4°, enrichie de plusieurs Dissertations critiques. En 1780, on en a donné à Bruxelles une nouvelle édition, en 2 vol. in-8°, augmentée de la Vie de l'auteur, et des notes par Paquot.

MARNER, v. a., terme d'agriculture, répandre de la marne sur un champ.

MARNIÈRE, s. f., espèce de carrière d'où l'on tire de la marne.

MAROBODUUS (MARCOMAN), élevé à Rome dans sa jeunesse s'éleva par la suite dans son pays à la souveraine puissance, et soumit de plus à son empire les Boïohemi, les Semnones, les Burgundiones et les Longobardes. Enfin Auguste, craignant un tel accroissement de puissance, envoya Tibère contre lui; mais une révolte, qui éclata dans la Pannonie et l'Illyrie, engagea le prince romain à faire la paix avec Maroboduus. Quelque temps après, la puissance de ce chef ayant encore pris de nouveaux accroissements dans la Germanie, les nations occidentales de cette contrée se liguèrent contre lui Arminius, chef des Chérusques, était à la tête de la coalition. Après un premier combat, où les armées eurent un succès égal, Maroboduus n'osa offrir de nouveau la bataille, et se retira dans le Boïohemum, d'où il envoya demander des secours à Tibère, qui les lui refusa d'abord, et qui plus tard, craignant Arminius, y consentit l'an 17 de J.-C. Peu de temps après, Maroboduus s'étant rendu odieux par la dureté de son gouvernement, ses sujets rappelèrent Catualda, qu'il avait exilé chez les Gothons, et Maroboduus, abandonné de tout le monde, fut obligé de se réfugier sur les terres de l'empire, d'où il implora la protection des Romains. Tibère lui accorda une retraite à Ravenne, l'an 19 de J. C., et lui assigna une pension. Il se servit souvent du son nom pour contenir les Hermundures. Ce dernier survécut dix-huit ans à sa disgrâce, et perdit par son attachement à la vie la réputation qu'il avait acquise par son habileté.

MAROC (Empire de), l'un des états barbaresques du nord de l'Afrique, occupe l'extrémité nord-ouest de ce continent, sur une superficie totale de 24 à 25 mille lieues géographiques carrées, comprise entre les 28° 20' et 35° 50' de latitude nord, et les 3° 40' et 12° 40' de longitude occidentale du méridien de Paris. Il est borné au nord par le détroit de Gibraltar et la Méditerranée; à l'ouest par l'océan Atlantique; au sud par le Sahara; à l'est, il confine à l'Algérie, en suivant une ligne qui a été déterminée ainsi qu'il suit, par le traité du 18 mars 1845 : « Cette ligne commence à l'embouchure de l'Oued (c'est-à-dire cours d'eau) Adjeroud dans la mer; elle remonte avec ce cours d'eau jusqu'au gué, où il prend le nom de Kis; puis elle remonte encore le même cours d'eau jusqu'à sa source, qui est nommée Ras-el-Aïoum, qui se trouve au pied des trois collines portant le nom de Menasseb-Kis, lesquelles, par leur situation à l'est de l'Oued, appartiennent à l'Algérie. De Ras-el-Aïoum, cette même ligne remonte sur la crête des montagnes avoisinantes, jusqu'à ce qu'elle arrive à Drâ-el-Doum; puis elle descend dans la plaine nommée El-Aoudj. De là, elle se dirige à peu près en ligne droite sur Haouch-Sidi-Aïéd. Toutefois le Haouch lui-même reste à 500 coudées (250 mètres) environ du côté de l'est, dans les limites algériennes. De Haouch-Sidi-Aïed, elle va sur Djerf-el-Baroud, situé sur Foued-Bou-Naïm; de là, elle arrive à Kerbour-Sidi-Hamza; de Kerbour-Sidi-Hamza à Zoudj-el-Begbal; puis longeant à gauche le pays des Ouled-Ali-Ben-Talha, jusqu'à Sidi-Zahir, qui est sur le territoire algérien, elle remonte avec la grande route jusqu'à Aïn-Takbalet, qui se trouve entre l'Oued Bou-Erda et les deux oliviers nommés El-Toumiat, qui sont sur le territoire marocain. De Aïn-Takbalet, elle remonte avec l'Oued Roubban jusqu'à Ras-Asfour; elle suit au-delà le Kef, en laissant à l'est le Marabout de Sidi-Abd-Allah-Ben-Mehammed-el-Hamlili; puis, après s'être dirigée vers l'ouest, en suivant le col de El-Mechèmiche, elle va en ligne droite jusqu'au Marabout de Sidi-Aïssa, qui est là la fin de la plaine de Missiouin. Ce Marabout et ses dépendances sont sur le territoire algérien. De là, elle court vers le sud jusqu'à Koudiet-el-Debbagh, colline située sur la limite extrême du Tell (c'est-à-dire le pays cultivé). De là, elle prend la direction sud jusqu'à Kheneg-el-Hada, d'où elle marche sur Teniet-el-Sassi, col dont la jouissance appartient aux deux empires de France et de Maroc. Dans ces limites, le Maroc est formé de la réunion de cinq États autrefois indépendants, dont quatre ont porté le nom de royaumes, et qui sont soumis aujourd'hui à l'autorité de l'empereur ou sultan; ils correspondent à autant de provinces, qui sont : Fez, au Nord; Maroc, à l'ouest; Souze, au sud-ouest; Darah, au sud; Tafilet, à l'est. La grande chaîne de l'Atlas qui traverse l'Algérie en deux branches principales, entre dans le Maroc par l'extrémité nord-est, et la coupe diagonalement jusqu'à la pointe sud-ouest, pour aller se perdre dans les sables du désert, après avoir réuni ses deux branches au centre même de l'empire et projeté deux rameaux secondaires, l'un sur le cap Ceuta, l'autre sur le cap d'Agader. Durant cet immense trajet, elle élève fréquemment ses cimes au-delà de la limite des neiges éternelles, et répand ainsi sur le pays un double bienfait, en rafraîchissant les vents et en y déversant les eaux qui s'amassent sur ses pics. De nombreuses rivières, dont quelques-unes sont considérables, surtout à l'époque de la fonte des neiges, sillonnent les vallées du Maroc, et déchirent ses 300 lieues de côtes. Nous citerons : la Malouia ou Mlouia, qui a plus de cent lieues de cours, mais se dessèche pendant l'été; le Gàres, le Biguer, le Mahar, le Gomera, le Rucen, tous six débouchant dans la Méditerranée; le Loukkos, le Sbou, le Guérou, l'Omm'er-Rbia, le Tensift, le Souze, qui se jettent dans l'Océan; enfin, prenant leur source sur le versant méridional de l'Atlas : le Draa ou Darah, qui coule d'abord vers le sud jusqu'au grand lac Debia, tourne ensuite brusquement à l'ouest et vient prendre son embouchure dans l'Océan un peu au-dessous du cap Noun, contrairement à l'opinion répandue jusqu'ici, qui le faisait disparaître dans les sables (Voir la carte du Maroc, par M. Renou, membre de la commission scientifique de l'Algérie); le Ziz et le Guir, qui se perdent tous deux dans des lacs sans issue. Les côtes du Maroc jettent dans la mer plusieurs caps qui se présentent dans l'ordre suivant, en partant de la frontière de l'Algérie : le cap Tres-Forcas, devant Melilla; le cap Negro, près de Tetouan; le cap Ceuta, l'une des colonnes d'Hercule, au point le plus resserré du détroit de Gibraltar; le cap Spartel, à l'autre entrée du détroit dans l'Océan; le cap Blanc, au-dessous d'El-Brèdja; le cap Cantin, et le cap d'Agader. Le climat du Maroc, surtout dans la partie occidentale, abritée par l'Atlas contre le souffle brûlant du Simoun et rafraîchie par les brises de mer, est cité généralement comme le plus agréable et le plus sain de toute l'Afrique. L'été seul y entretient pendant trois mois une sécheresse fatigante; mais dès que septembre a ramené les pluies, la température s'adoucit, et l'on pourrait se croire dans les plus délicieuses provinces d'Espagne et de Portugal. Mais dans la partie méridionale les pluies sont beaucoup plus rares, les vents plus secs et souvent dangereux pour les constitutions les plus robustes. Quant aux villes de la côte, même celles du midi, Lamprière qui y a fait une assez longue résidence, en compare le climat à celui des pays les plus tempérés de l'Europe. Le sol de ce pays, montueux et tourmenté à l'intérieur, présente, le long de l'Océan, une lisière plane qui paraît être l'œuvre de la mer. C'est, en effet, un mélange d'argile et de sables recouvert d'une couche de marne et de débris d'animaux que les flots y auront sans doute lentement accumulés. Toutes les plaines sont d'une admirable fertilité. Sans engrais, presque sans labour, les habitants en retirent d'abondantes récoltes en froment, riz, orge, avoine, pois, fèves,

chanvre et lin. L'oranger, le citronier, l'olivier, tous les fruits des provinces méridionales de la Péninsule, le tabac, le coton, les gommes, le safran, la canne à sucre, y offrent de précieuses et faciles ressources. Bien qu'un quart ou un tiers à peine de ses terres arables soit ensemencé, le Maroc exporte en Europe de grandes quantités de grains. Mais sa principale production, celle à laquelle l'Arabe s'adonne avec une prédilection marquée, c'est le bétail. L'Arabe enlève sa tente et abandonne son champ quand l'épuisement du sol ou l'inconstance de ses goûts le lui conseillent; mais il emmène ses troupeaux qui trouvent partout d'excellents pâturages. C'est là sa richesse, son unique propriété, le seul objet de sa sollicitude; aussi le Maroc renferme-t-il une immense quantité de bestiaux. Un savant étranger en a établi, par des calculs beaucoup plus ingénieux que certains, le dénombrement suivant : chameaux et dromadaires, 500,000; chevaux, 400,000; ânes et mulets, 2,000,000; bœufs et vaches, 5 à 6,000,000; chèvres, 10 à 12,000,000; moutons, 40 à 45,000,000. On connaît les qualités des chevaux arabes; les bœufs et les moutons sont petits, mais la viande en est excellente; le cuir de ces derniers et la laine des autres, sans rivale jusqu'ici, sont l'objet d'un commerce considérable. Les forêts, qui couvrent la plus grande partie de l'empire, pourraient faire l'objet d'exploitations inépuisables et lucratives, si l'apathie des habitants ne dédaignait une telle source de fortune. On y trouve, suivant les climats et les expositions, le chêne d'Europe, le chêne à gland doux, le chêne-liège, le cèdre, l'arbousier, le dattier, l'acacia, le thuya et cent autres essences. Mais on n'y entend jamais retentir la hache du bûcheron, comme si l'Arabe craignait de troubler le repos qu'y goûtent les lions, les panthères, les tigres, les hyènes dont elles sont peuplées. On comprend qu'il n'apporte pas plus d'ardeur à rechercher et à extraire les métaux qui gisent au flancs ou dans le sein des montagnes; aussi ignore-t-on quelle peut en être la richesse. On y cite seulement quelques gisements de cuivre, de fer, d'étain et d'antimoine. La population totale du Maroc a été fort diversement estimée. Les uns la portent à 15 millions d'âmes, tandis que d'autres pensent qu'elle ne dépasse pas 6 millions. Le chiffre le plus probable paraît être de 8 à 9 millions. On la divise en six classes principales : les Maures, les Arabes, les Schelluhs, les Berberes, les Juifs et les Nègres; ces classes comportent elles-mêmes un certain nombre de subdivisions que nous allons indiquer. Les Maures, qui sont les plus nombreux, puisqu'on n'en porte pas le chiffre à moins de 3 millions, forment deux divisions : les Maures proprement dits, descendants des peuples primitifs de la Mauritanie et de la Numidie, auxquels s'est mêlé le sang de leurs envahisseurs; les Phéniciens, les Romains, les Arabes; et les Andalous, race dégénérée, descendant de ceux qui furent chassés d'Espagne, lorsque la conquête de Grenade et la fuite de Boabdil-el-Chico mirent fin à la dynastie mauresque dans ce pays. Les Maures habitent presque exclusivement les villes, remplissent les hauts emplois relevant du gouvernement, et forment un corps militaire. Leur langue est le mogreb ou arabe occidental, mêlé de mots espagnols. Toute leur éducation consiste à étudier le Koran et à apprendre à manier un cheval et les armes à feu. Ils sont généralement bien faits, de taille moyenne et bien prise; mais tendant avec l'âge à un excès d'embonpoint. Leur teint se nuance depuis le jaune clair jusqu'au brun noir, suivant que le sang noir est plus ou moins entré dans leur lignée. Leur costume est pittoresque et gracieux. Il consiste en une chemise à larges manches, un caleçon flottant, le caftan à manches courtes, une ceinture de couleurs éclatantes, la toque rouge, autour de laquelle s'enroule en forme de turban une longue bande de mousseline, et la chaussure en maroquin jaune. Ceux qui ont fait le pèlerinage de la Mecque, ne peuvent se coiffer que du turban. Les femmes ne peuvent sortir que le visage couvert, et enveloppées dans les plis d'une large draperie. Elles sont instruites à ne connaître d'autre loi que la volonté de leur époux. Les traits saillants du caractère des Maures sont la paresse, l'apathie, l'orgueil, l'ignorance et la sensualité. Ils méprisent tous les autres peuples et les traitent de barbares. L'exercice militaire à cheval est le seul pour lequel ils fassent quelquefois violence à leur apathie; du reste, ils sont hospitaliers, et montrent, dans l'infortune, le courage et la résignation qu'inspire le fatalisme aux sectateurs de Mahomet. Les Arabes forment une population d'environ 1,200,000 âmes. Un petit nombre vivent sédentaires dans les villes et ont conservé le nom d'Arabes; les autres mènent la vie errante et sont désignés sous le nom de Bédouins. Originaires du désert, ils en ont conservé les traditions, vivent sous la tente et paissent leurs troupeaux. Quand l'herbe manque au lieu où ils ont dressé leur camp ou Douar, ou quand la vermine s'est tellement multipliée autour d'eux qu'elle leur ôte tout repos, ils vont chercher ailleurs un sol meilleur, des nuits plus tranquilles. Ils choisissent de préférence les lieux voisins des sources ou de quelque tombeau sacré. Ils sont sveltes, mais de taille au-dessous de la moyenne. Leurs femmes, jolies, dit-on, dans leur première jeunesse, ne tardent pas à perdre toute grâce, toute fraîcheur, toutes formes, sous le poids des rudes travaux qui leur sont dévolus. Bien que pillard, avide et dissimulé, le Bédouin est hospitalier; sa parole est sacrée. Les Schelluhs, au nombre de 1,500,000 environ, sont disséminés dans les montagnes de l'Atlas, dans la région de Tafilet et de Souze. Doués d'une grande énergie de caractère, actifs et intelligents, tout en eux respire la liberté dont ils jouissent dans leur sauvage pays. De taille moyenne, mais bien constitués et robustes, ils rachètent, par leurs formes athlétiques, ce qui manque d'énergie aux traits assez épais de leur visage. Ils ne sont pas nomades, et habitent des villages composés de chaumières recouvertes de toits d'ardoises. La chasse est leur occupation de prédilection, ce qui ne les empêche pas de se livrer à l'agriculture. Partout où leurs vallées présentent un terrain propre à recevoir la semence, il est enclos et cultivé. Ils sont généreux, francs et hospitaliers, et évitent le commerce des Arabes et des Maures de la plaine. Les Berbères, dont la classe comprend aussi les Kabyles, les Amazighs et les Touariks, sont une autre race de montagnards, voisine de celle des Schelluhs. On en porte le nombre à plus de 2 millions. Disséminés sur toute l'étendue de la chaîne, de Fez au Sahara, ils vivent, comme ceux dont nous venons de parler, dans des villages bâtis de pierre et d'argile. Quelques tribus cependant, s'abritent sous les tentes; d'autres n'ont d'autres retraites que les cavernes des rochers. Robustes et vigoureux, ils chassent, cultivent la terre et élèvent une grande quantité d'abeilles. On a cru retrouver en eux les rejetons directs de la souche aborigène, refoulée et retenus dans les profondeurs de l'Atlas par les peuples conquérants qui ont successivement envahi leur pays. Leur langue n'a aucune ressemblance avec l'arabe; elle se rapproche, au contraire, sensiblement avec celle des Schelluhs; ce sont comme deux dialectes d'une même langue qui s'est conservée, sauf de très légères variations, sur toute la largeur du continent, des bords du Nil au cap Noun, chez les montagnards de l'Abyssinie et des confins de l'Egypte, aussi bien que dans les gorges reculées de l'Atlas. Les Juifs venus dans le Maroc comme les Maures après avoir été chassés de Grenade, y composent aujourd'hui une population de 350,000 individus établis dans les villes. Comme dans tout l'Orient, les Juifs sont placés au Maroc dans la plus misérable condition civile et sociale; mais ils y ont porté aussi ce génie particulier qui les rend, sous certains rapports, les maîtres, les dominateurs de ceux dont ils se résignent à être les esclaves les plus méprisés. Ils sont, au Maroc, soit comme interprètes, soit comme agents, les entremetteurs nécessaires de toutes les affaires commerciales qui se traitent avec les Européens; ils s'y livrent aussi à quelques professions, entre autres à celle de mécaniciens. Ils sont riches; mais ils ne s'enrichissent, ou plutôt encore ils ne vivent qu'à la condition de refouler au-dedans d'eux-mêmes tout ce qui pourrait ressembler au sentiment de leur dignité comme hommes. Un quartier séparé leur est assigné dans les villes, et presque toujours, ce quartier, comme nous en trouvons encore des exemples même en Italie, est entouré de murs et se ferme à la nuit tombante. Méprisés, insultés, maltraités par les Maures, ils n'ont d'autre ressource que d'accepter en silence les injures et les coups; d'autre vengeance que de tromper, dans leurs marchés, amis et ennemis. Malheur au Juif qui lèverait la main, même sur un enfant dont il aurait reçu quelque insulte; il ne le ferait qu'aux dépens de sa vie. S'il passe devant une mosquée, il doit quitter sa chaussure; s'il rencontre le dernier des valets de la maison de l'empereur, il doit se tenir debout, immobile et nu-pieds, jusqu'à ce que ce valet ait passé. Les vêtements de couleur lui sont interdits : un bournou noir, un bonnet noir, des souliers noirs, le signalent à tous les yeux comme un être dégradé. Enfin, et comme si ce n'était pas assez, on a voulu l'avilir jusque dans sa femme; et lorsque celle-ci passe dans les rues, elle est obligée de se découvrir la moitié du visage, pour être distinguée des mauresses qui se couvrent toute la figure, la prunelle exceptée. Les femmes juives ont une grande réputation de beauté; mais elles ne sont pas moins renommées pour leur libertinage. Les Nègres ou Boukkariès, dont on estime le nombre à 120,000, sont des esclaves amenés de la Guinée ou du Soudan par les caravanes. Leur condition est moins dure qu'on ne pourrait le supposer, et ne va pas au-delà des devoirs de la domesticité. Il n'est pas rare d'en voir qui acquièrent une certaine importance dans la famille, et qui, après avoir obtenu leur liberté, arrivent à des postes élevés. Leur fidélité bien connue leur a valu l'honneur d'être presque seuls admis dans la garde de l'empereur, composée de 5,000 hommes. Trois cents Européens environ, deux cents renégats et quelque familles errantes de bohémiens ou sidinafirs, qui pratiquent la magie et la médecine surnaturelle, complètent le dénombrement de la population. L'histoire du Maroc ne comporte pas un long résumé. Comme celle de tous les peuples placés sous le joug immobile du Koran, dès qu'elle n'a plus à enregistrer de conquêtes ou d'exterminations, elle se renferme invariablement dans le cercle étroit des révolutions de palais. La loi de Mahomet a pétrifié les sociétés auxquelles elle a été imposée; elle leur a interdit le mouvement, et le mouvement est la première condition de la vie. La Mauritanie, dont faisait partie le royaume actuel de Maroc, fut conquise par les Arabes mahométans sous le règne d'Omar, 3e khalife des musulmans. Ce pays fut d'abord gouverné par des émirs, au nom des khalifes de Syrie. Ce ne fut que vers le milieu du IIe siècle que quelques chefs des provinces septentrionales de l'Afrique commencèrent à se révolter contre l'autorité du khalife de Damas et se proclamèrent indépendants. La dynastie des Aglabites régnait à Tunis et celle des Edrysites régnait à Fez, lorsque, dans le xe siècle, les Fatimites, conquérants de l'Egypte, établirent leur autorité souveraine sur les provinces barbaresques. Bientôt après, Zeiri, placé à la tête de ces provinces, se révolta contre son maître, et usurpa le pouvoir. Il fut le chef d'une dynastie qui porte son nom et qui compta neuf règnes, jusqu'à Hassan-Ben-Ali, qui fut le dernier. Pendant cet intervalle, il s'était formé sur les confins du Sahara, une secte puritaine, composée de croyants venus d'Egypte, de Nubie, et du nord de l'Afrique. Réunis par le fanatisme, ardents, déterminés et avides, ces sectaires, qui ont été désignés depuis sous le nom de Marabouts ou Almoravides, sortirent un jour de leur désert sous la conduite de leur chef Aboubeker, qui se faisait appeler prince des fidèles (Emir-Al-Moumenin). S'avançant vers le Nord, ils s'emparèrent successivement de Salé, Safy, Tanger, Ceuta, et de tout le pays occidental, depuis Tripoli jusqu'à l'Océan. Ce fut là qu'Aboubeker établit le siège de sa puissance. Ses successeurs continuèrent cette guerre de conquête et de propagande; et leur autorité s'étendit un jour des provinces méridionales d'Espagne à la chaîne des Monts de la Lune, au-delà du Sahara. Les Almoravides peuvent être regardés comme les véritables fondateurs de l'empire de Marrakech, Magreb, ou Maroc, qui s'est renfermé depuis dans des limites beaucoup plus étroites, mais qui n'a pas cessé d'être indépendant. On leur attribue la fondation de la ville qui a plus tard donné son nom à cet empire dont elle est aujourd'hui la capitale. La dynastie des Almoravides fut, à son tour, vers le milieu du xiie siècle, renversée par celle des Almohades, qui avait pour chef Mohammed-Abd-Allah, descendant en ligne droite, à ce qu'il prétendait, d'Ali, gendre de Mahomet. En 1287, première date qui paraisse avoir quelque certitude au milieu d'une confusion inextricable de noms et d'événements, les Almohades furent dépossédés par les Mérinites, auxquels succédèrent les Oatazes. Ceux-ci furent chassés, vers 1519, par les Khalifes. Enfin, en 1547, un schérif, ou descendant de Mahomet, s'empara du trône; et si sa postérité ne put échapper aux agitations et aux événements qui marquent partout l'histoire du despotisme, du moins paraît-il certain qu'elle n'a pas cessé, jusqu'à nos jours, de régner sur l'empire. Son dernier descendant, aujourd'hui régnant, est Abder-Rhaman, auquel la France se vit naguère dans la nécessité de faire sentir le poids de ses armes. Une attaque perfide, tentée contre un détachement français à la poursuite d'Abd-el-Kader, sur le territoire ami du Maroc, fut le motif de cette guerre. La bataille de l'Isly, où 8,500 fantassins français dispersèrent une innombrable armée de cavaliers dont les camps couvraient plus d'une lieue d'étendue; le bombardement de Tanger et celui de Magador en furent les principaux événements. Un traité de bon voisinage et de commerce entre la France et le Maroc en fut la conséquence. Le gouvernement de l'empire de Maroc est despotique dans toute la rigueur du mot. L'empereur, qui prend aussi le titre de sultan et celui d'*iman* ou pontife, est à la fois le maître de l'Etat et le chef de l'Eglise. Son pouvoir ne connaît aucune borne; sa volonté est la loi de tous, à quelques écarts qu'elle se laisse emporter. Il ordonne, juge et punit; tout le monde obéit et se soumet. Dans les lieux où il fait sa résidence, l'empereur ne s'en remet d'ordinaire sur personne des soins de l'administration; dans les provinces, il confie la tâche de faire exécuter ses ordres à des khalifes ou pachas dont le pouvoir s'exerce sans contrôle, et qui en profitent généralement pour se livrer aux exactions les plus effrontées. Rien n'est à l'abri de leur cupidité; obligés de déposer dans le trésor impérial la somme d'impôt qui leur est indiquée annuellement, ils s'attribuent tout ce qu'ils peuvent extorquer en excédent, et amassent ainsi des richesses qu'une disgrâce et une confiscation vient presque invariablement leur arracher, après quelques années, pour en grossir le trésor du despote. « Tiens le peuple dans la misère, et il ne se révoltera point. » Telle est la maxime qui semble inspirer tous les actes du gouvernement. Sept pachas se partagent les provinces; ils résident à Fez, Maroc, Mequinez, Tanger, Salé, Taroudant et Soueïrah; vingt-neuf kaïds, ou sous-gouverneurs, administrent, sous leurs ordres, des portions plus restreintes de territoire. Tous ces dignitaires sont autant de petits despotes investis, du droit d'user et d'abuser des hommes et des choses dans les limites de leur gouvernement, et sous le bon plaisir de la volonté impériale. L'armée permanente de terre de l'empire se compose d'environ 16,000 hommes, par égale portion de cavalerie et d'infanterie, distribués, en temps de paix, non loin de la résidence de l'empereur. Mais la population valide des villes et des campagnes, forme une espèce de milice qui se lève quand l'ordre lui en est donné. Cette milice ne reçoit aucune paie; on fournit à chaque soldat un cheval, et lorsque les miliciens sont amenés dans la capitale, on leur fait un présent de mince valeur. La garde de l'empereur est une armée de 5,000 hommes, dont 3,500 sont Nègres, 1,500 sont des Arabes recrutés dans le désert. Les forces de mer se bornent à trois petits bâtiments, portant ensemble quarante pièces de canon et quelques chaloupes, avec un corps de 1,500 hommes au plus. Les revenus de l'empereur s'élèvent à la somme de près de 14 millions, dont 8 à 9 millions suffisent à ses dépenses; aussi le trésor enfermé dans le palais de Mequinez contient-il une réserve qu'on n'estime pas à moins de 260 millions, et qui s'accroît chaque année. La ville capitale de l'empire est Maroc, nommée par les Arabes Marrakesh. Elle est située dans l'intérieur, au pied de l'Atlas, sur la rivière Tensift, par 31° 37' de latitude nord, et 9° 55' de longitude occidentale. Elle est entourée d'une forte muraille à machicoulis en bois de tapia, haute de 30 pieds et garnie de tours carrées espacées, les unes des autres, de cinquante pas. Le développement de cette muraille est de six milles ou environ deux lieues; mais la ville ne contient que 30,000 habitants. Des jardins et des terrains nus occupent la plus grande partie de l'espace enclos. On y compte dix-neuf mosquées, deux *emdrasas* ou collèges et un hôpital. La principale mosquée, appelée El-Koutoubia, est remarquable surtout par sa tour carrée, haute de 250 pieds, et aussi large au sommet qu'à la base. On en fait remonter la construction au XII⁰ siècle. La mosquée El-Moazin, qui passe pour la plus ancienne, est très grande. Elle a sept cours, ouvrant les unes sur les autres. Ses portes passent pour être celles de Séville, emportées par le conquérant Almansor. Le monument nommé Bel-Abbas, est un immense pavillon où sont réunis un mausolée, une mosquée, et un hôpital pour 1,500 malades. La mosquée Beni-Jusef a un collège de *talebs*, ou étudiants qui y sont attachés. L'Emdrasa-del-Emshia est aussi un collège et une mosquée. Les rues de cette ville sont étroites, tortueuses et fréquemment traversées par des arches et des portes qui peuvent en interdire la circulation. Le pavé y est inconnu, et la pluie les transforme en cloaques immondes. Les maisons, à un seul étage, ont des toits en terrasses, et présentent à la rue, quelques trous percés dans la muraille. L'intérieur rappelle les maisons espagnoles, avec une cour entourée d'arcades et ornée d'une fontaine qui y entretient la fraîcheur. Le bazar nommé El-Kaisseria, présente une longue file de boutiques couvertes, où l'on vend de la soie, des châles, des mouchoirs, des tapis, des habits, du linge, des armes, du thé, du sucre, des bottes, de la sellerie, de la poterie, de la corderie, de la passementerie, des fruits, etc. Le Millah, ou quartier des Juifs, clos de murs, est populeux et d'une saleté repoussante. Un vaste château d'eau alimenté par les montagnes, distribue de l'eau dans toute la

ville. Ses principales industries consistent en fabriques de papier, de maroquin et de soieries. Le palais du sultan est en dehors de l'enceinte, et entouré de murailles pareilles à celles de la ville. Il occupe un espace d'environ 1370 mètres sur 550. Ce terrain est divisé en jardins carrés, autour desquels s'élèvent les pavillons qui contiennent les appartements. Les chambres, pavées en tuiles de couleur, n'ont d'autres meubles que des tapis et des coussins. Le sultan a aussi, dans la ville, trois immenses jardins, dont l'un, appelé Sabt-el-Mahmonia, est planté et orné avec un art irréprochable. La province de la ville de Maroc est le chef-lieu, comprend tout le pays entre l'Omm-er-Rbia, l'El-K'sab, l'Atlas et la mer. En voici les autres villes : Azemmour ou Azamor, à l'embouchure de l'Omm-er-Rbia, ville de 3,000 âmes; entourée de murailles tombant en ruines, et défendue par quelques pièces de canon, sans commerce et sans vie. El-Bridja ou Mazagan, bâtie, par les Portugais, sur un bon mouillage. Elle est défendue par des redoutes, et fait quelque commerce. Saffy ou Asfi, autrefois Safia, bâtie, dit-on, par les Carthaginois, au sud du cap Cantin, sur une rade excellente. Cette ville, qui a 12,000 habitants, est petite, mais assez bien défendue. Elle était autrefois la principale résidence des négociants européens de l'empire, et faisait un grand commerce qui s'est perdu depuis que le séjour en a été interdit aux étrangers au profit de Mogador. L'empereur y a un palais. Soueïra ou Mogadore, qui a acquis une certaine célébrité depuis qu'elle a été démantelée et prise par l'escadre française, le 15 août 1844, est le port le plus important de l'empire. Elle passait jusqu'alors pour être parfaitement défendue du côté de la mer. Du côté de terre, elle est surtout protégée contre les incursions des Arabes. On n'y entre qu'en passant sous de grandes voûtes de pierre où les portes sont construites. Elle est régulière et bien bâtie; les rues en sont tirées au cordeau, mais très étroites; les maisons y ont plusieurs étages. On y remarque la place du marché, entourée de portiques, la douane et les magasins. Son port est formé et abrité par une petite île portant le même nom, située à un quart de mille de la côte, et défendu par un fort hérissé d'artillerie qui fut détruit par les feux des vaisseaux français dans l'attaque du 15 août. L'empereur y a, dans cette ville, un palais qu'il occupe rarement. Le comptoir de Mogadore est composé d'une douzaine de maisons de différents pays. Elles y jouissent d'une assez grande tranquillité, grâce aux énormes impôts auxquels elles se soumettent. Elles envoient en Europe du cuir, des peaux, de la gomme, des plumes d'autruche, du cuivre, de la laine, de la cire, de l'ivoire, des dattes, des figues, des raisins, des huiles, des olives, des nattes, des tapis, et importent en échange des draps, des toiles, de la poudre, des canons, du plomb, du fer en barre, de la quincaillerie, de l'horlogerie, du thé, des épices, etc. La population de la ville est de 17,000 âmes. Klàa, Tadla, Dai, Ar'mat, Tinmàl, sont de petites villes de l'intérieur. La province de Fez embrasse tout le nord de l'empire. La ville de Fez, qui en est le chef-lieu, est bâtie au centre des terres sur le ruisseau dont elle porte le nom, et qui est l'un des affluents du Sbou. Son pourtour, qui est d'environ quatre milles, est garni d'un double mur en brique, de 4 mètres de hauteur. Toutes ses maisons sont également en briques, et n'ont vue que sur la cour. Les rues sont pavées, mais très étroites et presque incessamment couvertes de treilles ou de maçonnerie, ce qui les rend fort malsaines. Dans la plupart des quartiers, on trouve des boutiques garnies de toutes sortes de denrées et de marchandises de consommation ou d'usage. Il y a une garnison d'environ 5,000 soldats à la solde du sultan (Voy. Fez). Non loin de cette ville, au sud-ouest, et toujours dans l'intérieur, se trouve Mequinez ou Meknes, résidence habituelle du sultan, et la plus belle ville de l'empire. Garnie d'une triple enceinte de murailles hautes de quinze pieds et larges de trois, elle renferme un immense palais impérial, construit dans le style mauresque, et une multitude de mosquées. Elle est propre, bien aérée et très salubre. Sa population, qui est de 56,000 âmes, est renommée comme offrant, par ses mœurs et ses usages, la plus haute expression de la civilisation barbaresque. Il s'y fabrique une grande quantité de carreaux de faïence, destinés à recouvrir le sol et les murs des appartements. Les autres villes de l'intérieur sont : Safrou ou Soforo, Teza, Temessouin, Onezzan, Basra, Tagnant, Kars-el-Kebir, etc., qui n'offrent rien de remarquable. Sur la côte, en remontant du sud au nord-est, on trouve successivement : Dar-Beida, petit port de mer, qui peut recevoir des vaisseaux d'un assez fort tonnage. Rabat, ville de 27,000 âmes, à l'embouchure et sur la rive gauche du Bouragrag, entourée de murailles et garnie de forts; et Salé, ville forte aussi, qui compte 23,000 habitants, assise en regard, sur la rive opposée. Ces deux villes, si fameuses autrefois par les brigandages des pirates auxquels elles servaient de refuge, ont dû aux pillages exercés par ces fléaux de la mer, une grande opulence. Elles étaient alors indépendantes. Leur conquête et leur réunion à l'empire, dont elles font aujourd'hui partie, et les mesures prises pour mettre fin à leurs courses maritimes, ont singulièrement ralenti leur prospérité, que leurs fabriques de tissus de coton, et le commerce régulier, alimenté par les vins, les oranges, les figues, les grenades, qu'on récolte dans leurs environs, n'a pu suffire à entretenir. Ces deux villes sont bien bâties, et malgré leur décadence, on y voit encore quelques habitants fort riches. Elles renferment un très grand nombre de Juifs. On remarque dans la première les ruines d'un château qu'on dit avoir été bâti par le célèbre empereur Almanzor, le mausolée de ce héros de l'Afrique mauresque, la tour de Kassen et le tombeau du sultan Sydy-Mohamet. Méhédia, l'ancienne Mamora, à l'embouchure du Sbou, a un havre pour les petits bâtiments. C'est une ancienne possession portugaise. Elle avait alors une double enceinte dont il n'existe plus que les ruines. Elle est située dans l'une des parties les plus agréables et les plus fertiles de l'empire. Larache ou El-Araich, qui n'a que 4,000 habitants, est, de tous les ports de la côte, le seul où la flotte impériale puisse trouver un abri sûr pour l'hiver. Cette ville, autrefois sous la domination espagnole, est assez bien bâtie, à l'embouchure du Loukkos, et dans un pays ravissant qui lui a fait donner le nom de Jardin des plaisirs. Ses rues sont pavées; la place, entourée de portiques de pierre, est fort belle. Ses maisons sont couvertes en tuiles; sa physionomie, en général, rappelle plus l'Espagne que l'Afrique. Elle produit du blé, de l'huile, de la cire et du bois de construction. Arzilla, ancien fort portugais, est aujourd'hui un misérable village. Tanger, bâtie sur l'Océan, un peu au-dessous du cap Spartel, est la première place de commerce de l'empire. Elle est assise sur le flanc d'un escarpement, contre lequel s'étagent ses maisons autour d'une baie d'environ trois milles de largeur. Elle est ceinte de murailles flanquées de tours, et à trois portes fortifiées. Le défaut d'entretien a mis ces travaux de défense dans le plus déplorable état. Ses forts sur la mer avaient été l'objet de soins plus intelligents; les dangers que présente la navigation dans ses eaux, en rendent en outre l'attaque fort difficile, ce qui ne préserva pas la ville d'être réduite à merci sous le feu de l'escadre française commandée par le prince de Joinville, dans la journée du 6 août 1844. Un château, nommé Al-Kasbah, domine la ville et la rade, et sert de résidence au gouverneur. Les rues, à l'exception de celle qui conduit à travers la ville de la porte de mer à la porte de terre, sont étroites, tortueuses; la plupart ne sont pas pavées. Les maisons, construites dans le style barbaresque, n'ont qu'un étage surmonté d'une terrasse. La principale mosquée est grande et belle. Sa tour, remarquablement haute, est travaillée en marqueterie colorée, ainsi que le pavé du temple, autour duquel règne une colonnade de piliers, avec une fontaine au centre. Près de là on voit encore les ruines de l'ancienne Tingis, la Cæsarea de Ptolémée. La population de Tanger est de 9 à 10,000 âmes, y compris 2,500 Juifs, entre les mains desquels se trouve presque tout le commerce. On y compte environ 1,500 Nègres, 300 Berbers, et une centaine de chrétiens. Presque toutes les nations de l'Europe y entretiennent des consuls. Tetouan, ville de 16,000 âmes sur la Méditerranée, paraît ne se recommander à l'attention que par la beauté de ses femmes. Près de la côte septentrionale, de Ceuta à la frontière algérienne, l'Espagne possède quatre forêts ou *presidios*, plantés sur des îlots de roches, et où sont établis des postes d'observation, mais qui ne seraient pas sans importance en temps de guerre. Ce sont : Ceuta, à l'entrée du détroit, en face de Gibraltar, peuplé de 6,500 âmes, avec des fortifications bien entretenues; c'est le chef-lieu du gouvernement des *presidios*. Penon de Velez de la Gomera, en regard de Malaga, bourgade composée seulement de deux rues. Alhucemas, en face de Motril, dont on a dit avec raison que c'est une prison aussi bien pour ceux qui en ont la garde que pour ceux qui y sont gardés. Mellila ou Mlila, en face d'Almeria, sur une presqu'île escarpée; la population de ces trois derniers postes n'est que d'environ 2,500 âmes.

La province de Souze forme l'extrémité méridionale du Maroc. Sa capitale, Tarudant, située sur la rivière de Souze,

dans une vaste plaine inculte, à vingt milles au sud de l'Atlas, est regardée comme la ville frontière de l'empire. Elle était défendue par une muraille qui tombe en ruines. Ses maisons, bâties en terre, n'ont qu'un rez-de-chaussée. Elle n'est, du reste, occupée que par la population ouvrière; les gens de distinction habitent le château qui en est très proche. Toutes les maisons, disposées sans ordre dans l'enceinte, sont entourées d'un jardin, et ressemblent à autant de maisons de campagne. Cette ville a 21,000 habitants; on y fabrique des haïcks qui sont l'objet de son principal commerce; on y travaille aussi le cuivre. Les autres villes de l'intérieur sont peu connues et sans importance. On cite Tedsi, qui a 14,000 habitants, Ouzioua, Tenzert, Igli, Akka, station des caravanes de Tombouctou. Sur la côte, deux villes seulement méritent une mention : Agader ou Agadir, l'ancienne Santa-Cruz des Portugais, qui n'a pu se relever des ruines dont l'a couverte Sydy-Mohamed, bien qu'elle ait le plus grand et le meilleur port de l'empire; et Assa ou Moessa, sur les frontières de l'état de Sidi-Hecham. La province de Dra'a ou Draha, à l'est de la précédente, est traversée par la rivière qui lui a donné son nom ainsi qu'à la ville qui en est la capitale. On n'en connaît guère que la ville de Tatta, située au Sud, et où se tient, tous les ans, au retour du pèlerinage de la Mecque, une foire considérable. Quoique touchant au désert, cette province est d'une grande fertilité. On rencontre, dans ses vastes campagnes, des petites villes, des villages, des châteaux bien fortifiés, ayant chacun son gouvernement patriarcal. Les habitants sont laborieux, braves, zélés mahométans; l'aisance règne généralement parmi eux, et leurs troupeaux rappellent ceux des anciens patriarches. La province de Tafilet, au sud-est de l'empire, est moins connue encore. La ville capitale, située sur le Ziz, compte suivant les uns 10,000, suivant d'autres 100,000 habitants. C'est une ville ouverte et fort étendue, entremêlée de jardins et de plantations de dattiers. On y fabrique un maroquin très estimé, des couvertures de laine, des coussabes, des pagnes. Sa population est divisée en nobles et en esclaves. Les juifs y sont nombreux. On est à peu près sans renseignements sur les autres villes, Er-Bizam, Bou-Amm, Gourlan, Fida, Medrara, Tebelbelt, Zayane, Tezerin, Tammegrout, Mincina, etc., etc. Cette province produit des grains, des légumes, des fruits, des chevaux de bonne race et de beaux bestiaux. Le tabac, l'ivoire, la gomme et les plumes d'autruche y sont l'objet d'un commerce assez important. Le commerce général de l'empire du Maroc s'opère, partie par mer, avec l'Europe, partie par les caravanes qui sillonnent l'Afrique au sud et à l'est en se rendant jusqu'à Tomboctou et jusqu'à la Mecque. Il serait impossible d'apprécier avec quelque probabilité l'importance du mouvement des affaires par caravanes. Quant au commerce par mer, on peut poser quelques données approximatives, sous réserve de l'immense développement avec lequel s'exerce la contrebande sur ces côtes. D'après les renseignements publiés par le gouvernement français, le commerce du Maroc avec l'Europe a atteint, de 1836 à 1841, une valeur moyenne de 24 millions de francs. En 1842, il a été de 10,800,000 fr., dont 10,300,000 à l'importation, et 8,200,000 à l'exportation. L'Angleterre a à elle seule les trois quarts de ce commerce qui occupe, pour les ports de Tanger, Mogador et Saffy, 773 navires jaugeant près de 33,000 tonneaux. Il a été porté au Maroc des sucres bruts et raffinés, des épiceries et drogueries, de la soie écrue, du café, des tissus de coton, de soie, de lin, de chanvre, de laine, des draps, de la quincaillerie, du coton, du corail, du papier, de la parfumerie, de la verrerie et de la porcelaine, des galons et fils d'or, du soufre, du fer de Bucnos-Ayres, etc. Voici un aperçu approximatif du chiffre de l'exportation annuelle des principaux produits naturels et fabriqués de cet empire : laine, il s'en exporte annuellement plus de 1,200 cantari (le cantari pèse 50 kilog. 45); cire, 2,500 cant.; cuirs secs de vache, bœuf et chameau, 1,500 cant.; peaux de chèvre, 150,000 douzaines; gomme arabique, 3,000 cant.; Sandaraque, 4,000 cant.; cuivre (sans renseignements); amandes amères, 6,000 cant.; huile d'olive, 2,500 cant.; orseille (la production en est considérable); dents d'éléphants ou morfil, 8 à 10 cant.; plumes d'autruche, 10 cant.; dattes, 300 cant.; écorce d'orange, graine d'anis, 900 cant.; écorce d'arbres, 89,000 quintaux métriques. Céréales (froment): Pour donner une idée de l'immense quantité de blé qui pourrait être exportée du Maroc, il suffit de dire que des seules plaines de Dar-el-Beïda, on tire le chargement de 250 navires de 150 à 700 tonneaux. Sangsues; ce commerce est monopolisé par l'empereur qui en afferme le privilége pour la somme de 234,000 fr. par an. Autres articles d'exportation moins importants : volailles, antimoine, chanvre, ceintures de laine et de soie, cornes de bœuf, indigo, maroquins rouges et jaunes, miel, pyrethre, réglisse, burnous, bonnets, chaussures, châles et tapis de Fez, graines de coriandre, de sésame, etc. Victor DE NOUVION.

MARŒUIL, *Mareolum* (Pas-de-Calais), abbaye de chanoines réguliers de l'ordre de Saint-Augustin. Ce monastère était situé sur la rivière de Scarpe, à 5 kilomètres d'Arras, près de l'ancienne voie romaine de cette ville à Térouanne. Si l'on en croit Ferri de Locre, sainte Bertille aurait fondé, au viie siècle, cette abbaye pour des religieuses bénédictines. Ce dont on ne peut douter, c'est que Fulbert, évêque de Cambrai et d'Arras, y établit, en 935, des chanoines réguliers. Cette maison ayant été détruite, quelques années après, par la mauvaise foi des laïques, le roi Lothaire en ordonna le rétablissement par un diplôme daté de 977. (*Histoire d'Arrouaise*, par dom Gosse.) Au commencement du xiie siècle, l'église de Marœuil était desservie par des chanoines séculiers, qu'Alvise, évêque d'Arras, réformateur de la discipline monastique, remplaça, en 1132, par des réguliers. Le premier abbé qui vint prendre la direction du monastère fut Bauduin, religieux d'Eaucourt près Bapaume. Peu après, il se soumit à la réforme d'Arrouaise ; ce qui fut confirmé par le pape innocent II, en 1135. On trouve dans Ferri de Locre et dans le tome 3 des *Mémoires manuscrits* du père Ignace, à la bibliothèque d'Arras, le catalogue des abbés de Marœuil. Le dernier de ces prélats fut dom Dorlencourt, qui mourut en 1822, vicaire-général d'Arras. Le cartulaire de Marœuil a été déposé aux archives départementales du Pas-de-Calais, avec une partie des archives de ce monastère. Il ne reste des bâtiments que le quartier abbatial. Les lieux claustraux furent démolis, ainsi que l'église, pendant la révolution de 1790. On a formé dans ce manoir une rue déjà très habitée, et l'église paroissiale a été bâtie sur les ruines de celle des religieux. On vénère à Marœuil le corps de sainte Bertille, qui y mourut vers le milieu du viie siècle. Il est un but de pèlerinage encore très fréquenté le jour de la fête (8 octobre) et pendant l'octave. Cette terre, ancienne propriété de sainte Bertille, appartenait aux évêques d'Arras. L'un d'eux, Pierre de Tanchicourt, avait fait rebâtir le château en 1490, et ses successeurs en firent longtemps leur maison de campagne ; mais Gui de Sève, qui tint le siège d'Arras depuis 1671 jusqu'en 1724, négligea de l'entretenir, et ce monument gothique fut démoli par son successeur, Baglion de la Salle. Marœuil renferme actuellement plusieurs usines, et notamment une fabrique de sucre indigène. L'abbé PARENTY.

MAROLLES (CLAUDE DE), gentilhomme de la province de Touraine, mérita par sa valeur, son adresse et sa probité, d'être fait gentilhomme ordinaire du roi, lieutenant des Cent-Suisses et maréchal-de-camp. Il se signala dans un combat singulier contre Marivault, en 1589. Celui-ci ayant défié Marolles, le combat se donna avec grand appareil aux portes de Paris, le lendemain de l'assassinat du roi Henri III. Marivault était royaliste, et Marolles ligueur. Le premier rompit sa lance dans la cuirasse de son adversaire, et la fut faussée ; et l'autre porta si adroitement son coup dans l'œil de son ennemi, qu'il y laissa le fer de sa lance avec le tronçon, pénétrant jusqu'au derrière de la tête. Le royaliste, renversé par terre, expira en un demi-quart d'heure. Marolles n'exigea d'autre marque de sa victoire que l'épée et le cheval du vaincu. On le ramena à Paris en triomphe, au son des trompettes et au milieu des acclamations publiques. Marolles signala son courage en France, en Italie, en Hongrie et ailleurs, et mourut en 1635, à 69 ans.

MAROLLES (MICHEL DE), abbé de Villeloin, fils du précédent, né à Genillé en Touraine, le 22 juillet 1600, mort à Paris en 1681, était né avec une ardeur extrême pour l'étude. Depuis l'année 1619, qu'il mit au jour la Traduction de Lucain, jusqu'en 1681, qu'il publia, in-4°, l'Histoire des comtes d'Anjou, il ne cessa de travailler avec une application infatigable. S'il ne fut pas le plus élégant des traducteurs, on lui eut du moins l'obligation d'avoir frayé le chemin à ceux qui vinrent après lui. Malgré sa sécheresse, il est communément exact et fidèle à rendre, non-seulement le sens, mais tous les mots de la phrase qu'il traduit. L'abbé de Marolles joignait à beaucoup d'érudition l'amour pour les arts. Il fut un des premiers qui recherchèrent avec soin les estampes. Il en rassembla près de cent mille, dont il forma un recueil qui est aujourd'hui un des ornements du cabinet du roi. Il

se mêla d'être poète, et enfanta, en dépit d'Apollon, cent trente-trois mille cent vingt-quatre vers, parmi lesquels il y en a deux ou trois de bons. Il disait un jour à Linières : « Mes vers me coûtent peu. — Ils vous coûtent ce qu'ils valent, » lui répondit ce satirique. L'abbé de Marolles, à l'imitation du du président De Thou, fit imprimer, avant sa mort, ses Mémoires, que l'abbé Goujet a publiés en 1755 en 3 vol. in-12. C'est un mélange de quelques faits intéressants et d'une infinité d'anecdotes minutieuses et insipides. On a encore de lui : des *Traductions de Plaute*, de *Térence*, de *Lucrèce*, de *Catulle*, de *Virgile*, d'*Horace*, de *Juvénal*, de *Perse*, de *Martial*, 1545, 2 vol. in-8° ; de *Stace*, d'*Aurelius-Victor*, d'*Ammien Marcellin*, de *Grégoire de Tours*, 2 vol. in-8° ; d'*Athénée* : celle-ci est très rare ; une suite de l'*Histoire romaine de Coëffeteau*, in-fol. ; une Version du *Bréviaire romain*, 4 vol. in-8° ; les *Tableaux du Temple des Muses*, tirés du cabinet de Favereau, sont estimés des curieux. La version le jour à Paris, en 1655, in-fol. ; cette édition a été effacée par celle d'Amsterdam, 1733, in-fol. Les planches ont été dessinées par Diépenbeck, et gravées la plupart par Bloëmaërt. Cet infatigable écrivain avait commencé à traduire la Bible. Surpris, dit-on, par le fameux Isaac La Pezrère, Marolles inséra dans sa version les notes de ce visionnaire. L'archevêque de Paris De Harlay en fit saisir et brûler presque tous les exemplaires. Il ne nous en reste que la traduction des livres de la Genèse, de l'Exode, et des 23 premiers chapitres du Lévitique. Cette version fut imprimée à Paris, 1671, in-fol. Deux Catalogues d'estampes, curieux et recherchés, 1668, in-8°, et 1672, in-12.

MARON (Jean), écrivain syrien, du parti des monothélites, a donné, selon quelques auteurs, son nom aux maronites. Fauste Nairon, disciple d'Abraham Echelensis, a combattu fortement cette opinion, dans une Dissertation publiée à Rome en 1679, et a dérivé le nom de Maronites de saint Maron, célèbre anachorète du xive siècle, dont Théodoret a écrit la vie. Il y a une lettre de saint Chrysostôme à un Maron, moine et prêtre ; c'est sans doute le même. On peut consulter la préface du Missel syriaque des Maronites, imprimé à Rome.

MARONITE (*géogr.*), peuple chrétien de la Turquie d'Asie, en Syrie. On l'appelait primitivement *Mardaïte*, qui n'a conservé que le nom qui désigne son culte. Les Maronites, dont il est déjà question au vi^e siècle, professent les principes religieux qui ont été prêchés parmi eux, à cette époque, par un moine nommé Maron, principes qu'on accusait de monothélisme. Néanmoins ils sont toujours restés soumis à l'Eglise de Rome, ou, selon quelques auteurs, ils ont renoncé au monothélisme en 1282. Le pape permet le mariage de leurs prêtres. La langue vulgaire des Maronites est l'arabe et leur langue savante le chaldéen. Leur constitution est une république militaire. Les moines maronites vivent dans des grottes et des cellules taillées dans le roc, sur les flancs du Liban. 150,000 âmes.

MAROQUIN, s. m., cuir de bouc ou de chèvre, apprêté avec de la noix de galle ou du sumac. Papier maroquin, papier de couleur, apprêté de manière à ressembler au maroquin.

MAROQUINER, v. a., apprêter des peaux de veau ou de mouton, comme on apprête des peaux de bouc ou de chèvre, pour en faire du maroquin.

MAROSIE, dame romaine, fille de Théodora, monstre d'impudicité et de scélératesse, ne le céda pas à sa mère en méchanceté. Sa beauté, ses charmes et son esprit lui soumirent les cœurs des plus grands seigneurs de Rome. Elle se servit d'eux pour faire réussir ses desseins ambitieux, s'empara du château Saint-Ange, et destitua les papes à sa fantaisie. Elle fit déposer et périr Jean X, en 928, et plaça en 931 sur le trône pontifical Jean XI, qu'elle avait eu du duc de Spolette. Elle avait d'abord épousé Adelbert, et après la mort de son époux, elle se maria à Gui, fils du même Adelbert. Gui étant mort, elle contracta un troisième mariage avec Hugues, beau-frère de Gui. Albéric, son fils, qu'elle avait eu d'Adelbert, ayant reçu un soufflet de ce Hugues, assembla ses amis en 932, le chassa de Rome, et mit Jean XI, son frère utérin, en prison avec sa mère, laquelle mourut misérablement.

MAROT (JEAN), né à Matthieu, près Caen, l'an 1463, mort en 1523, fut père de Clément Marot. Jean prenait la qualité de secrétaire et de poète de la maguanime reine Anne de Bretagne. Il vécut sous Louis XII et sous François Ier. Il accompagna le premier de ces monarques dans ses expéditions en Italie, afin de célébrer ses exploits. Si ce poète n'eut ni l'enjouement ni le génie de son fils, il n'en eut ni la licence ni l'irréligion. Il paraît certain que ce nom de Marot n'était qu'un surnom, et qu'il s'appelait Jean Desmarets. Ses poésies ont été goûtées de son temps. Ses ouvrages en vers sont : la *Description des deux voyages de Louis XII à Gênes et à Venise*; le *Doctrinal des princesses et nobles dames*, en vingt-quatre rondeaux; *Epîtres des dames de Paris au roi François Ier*; autre *Epître des dames de Paris aux courtisans de France étant en Italie*; *Chant royal de la Conception de Notre-Dame*; cinquante *Rondeaux*, etc.; la *Noblesse*, *l'Eglise* et le *Labour*, poème où les trois ordres plaident la cause de François Ier, qui avait excité du mécontentement à la suite de nouveaux impôts. Ces ouvrages ont été imprimés à Paris en 1723, in-8°.

MAROT (CLÉMENT), fils du précédent, naquit à Cahors en Querci l'an 1495. Il fut, comme son père, valet de Chambre de François Ier, et page de Marguerite de France, femme du duc d'Alençon. Il suivit ce prince en 1521, fut blessé et fait prisonnier à la bataille de Pavie. Clément Marot s'appliqua avec ardeur à la poésie, et s'y rendit supérieur à son père. De retour à Paris, il fut accusé d'hérésie et mis en prison : son irréligion et son étourderie lui méritèrent ce châtiment. Il fut obligé de comparaître devant le lieutenant-criminel. On lui entendit reprocher ses écrits licencieux, et les histoires les plus scandaleuses de sa vie. Tout ce qu'il obtint, après bien des sollicitations, fut d'être transféré des prisons obscures et malsaines du Châtelet dans celles de Chartres. C'est là qu'il écrivit son Enfer, satire sanglante contre les gens de justice, et qu'il retoucha le Roman de la Rose. Il ne sortit de prison qu'après la délivrance de François Ier, en 1526. A peine fut-il libre qu'il reprit son ancienne vie. Une nouvelle intrigue avec la reine de Navarre, qu'il ne cacha pas davantage que la première, lui causa des chagrins non moins mérités. Toujours fougueux, toujours imprudent, il s'avisa de tirer un criminel des mains des archers. Il fut mis en prison, obtint son élargissement, donna dans de nouveaux travers, et fut obligé de s'enfuir à Genève. On prétend que Marot corrompit dans cette ville la femme de son hôte, et que la peine rigoureuse qu'il avait raison d'appréhender fut commuée en celle du fouet, à la recommandation de Calvin. De Genève il passa à Turin, où il mourut dans l'indigence en 1544. Ce poète avait beaucoup d'agrément et de fécondité dans l'imagination ; mais le goût qui devait le régler lui a manqué. On a de lui des *Epîtres*, des *Elégies*, des *Rondeaux*, des *Ballades*, des *Sonnets*, des *Epigrammes*. L'ouvrage de Marot qui fit le plus de bruit est sa Traduction en vers d'une partie des Psaumes, chantée à la cour de François Ier, et censurée par la Sorbonne. Cette version est entièrement dénuée de cette sublimité ravissante et de cette poésie d'expression qui caractérisent l'original. Etait-il possible que Marot, dont tout le mérite consistait dans l'art de plaisanter avec un tour épigrammatique, dans un style le plus souvent comique, trivial et bas, rendît l'harmonie et la noble simplicité de l'hébreu ? Pour chanter des objets tels que ceux dont les Psaumes sont remplis, ou en parler dignement, il faut être pénétré de l'esprit qui a inspiré ces divins cantiques ; et cela est bien loin de l'esprit de secte et de la manie de dogmatiser. De là le ton pédant et didactique, la sécheresse et l'ennuyeuse verbosité de presque tous les ouvrages de piété composés par des gens de parti. Le langage de Marot a tellement vieilli, que ces Psaumes sont aujourd'hui inintelligibles : nouvelle preuve de la sagesse avec laquelle l'Eglise catholique emploie dans sa liturgie une langue immuable et universelle. — Michel MAROT, son fils, est aussi auteur de quelques vers. Les OEuvres des trois Marot ont été recueillies et imprimées ensemble à La Haye, en 1731, en 4 vol. in-4°, et en 6 vol. in-12.

MAROTTE, s. f.., espèce de sceptre qui est surmonté d'une tête coiffée d'un capuchon bigarré de différentes couleurs et garni de grelots. Il devrait porter la marotte, c'est un extravagant. Marotte se dit figurément et familièrement de l'objet de quelque affection folle et déréglée.

MARQUANT, ANTE, adj. verbal, qui marque, qui se fait remarquer. On le dit des personnes et des choses. Cartes marquantes se dit, à l'impériale et à quelques autres jeux, des cartes qui valent des points à celui qui les a.

MARQUARD-FREHER, né à Augsbourg, en 1565, d'une famille féconde en personnes lettrées, étudia à Bourges, sous le célèbre Cujas, et se rendit habile dans les belles-lettres et le droit. De retour en Allemagne, il devint conseiller de l'électeur palatin et professeur de droit à Heidelberg. Il quitta sa chaire et fut employé par l'électeur Frédéric IV dans les affaires les plus délicates. Ce prince l'envoya, en qualité de

ministre, en Pologne, à Mayence et dans plusieurs autres cours. Freher mourut à Heidelberg, en 1614, à 49 ans. On a de lui un grand nombre d'ouvrages. Les principaux sont : 1° *Origines palatinæ*, in-fol., très savant ; 2° *De inquisitionis processu*, ouvrage de jurisprudence dont la 5e édition a paru à Wittemberg, 1679, in-4° ; 3° *De re monetaria veterum et hodierni apud Germanos imperii*, 1695, in-4°, traité utile qu'on trouve dans le tome 11 des *Antiquités romaines* de Grévius ; 4° *Rerum bohemicarum scriptores*, 3 vol. in-fol., Francfort et Hanôvre, le premier en 1600, le 2e en 1602, le 3e en 1611 ; cette collection, réimprimée en 1717, est utile et nécessaire pour l'histoire d'Allemagne ; 6° *Corpus historiæ Franciæ*, in-fol., moins estimé, etc. Freher joignait à une vaste littérature beaucoup de goût pour la peinture antique et pour la science numismatique. Il est différent de Jean FREHER, qui a écrit contre Francus.

MARQUE, s. f., empreinte, signe mis sur un objet pour le reconnaître, pour le distinguer d'un autre. Droit de marque, droit qu'on perçoit sur certaines marchandises qui doivent être marquées. Marque se dit particulièrement de la flétrissure imprimée avec un fer chaud sur l'épaule d'une personne condamnée à cette peine. Marque se dit aussi de l'instrument avec lequel on fait une empreinte sur la vaisselle, sur du drap, etc. Marque se dit d'une espèce de chiffre secret dont les marchands se servent pour indiquer sur leurs marchandises le prix qu'elles leur ont coûté. Il se dit encore d'une croix, d'un signe par lequel un homme qui ne sait point écrire supplée au défaut de signature. Marque signifie aussi la trace que laisse sur le corps une contusion, une blessure, une brûlure, etc. Marque signifie également la trace, l'impression qu'un corps laisse sur un autre, à l'endroit où il l'a touché, où il a passé. Marque se dit aussi d'une tache ou autre signe qu'une personne ou un animal apporte en naissant. Marque se dit quelquefois d'un titre de dignité. Marque se prend quelquefois dans le sens de distinction. Marque signifie aussi ce qu'on emploie pour se souvenir ou pour faire souvenir de quelque chose. Marque se prend, dans une acception générale, pour indice. Il signifie plus spécialement présage. Il signifie aussi témoignage, preuve. Famil., une marque que j'ai fait cela, une preuve que j'ai fait cela. Lettre de marque, commission dont tout capitaine ou patron d'un navire armé en course doit être pourvu, sous peine d'être réputé pirate ou forban.

MARQUEMONT (DENIS-SIMON DE), cardinal, archevêque de Lyon, né à Paris, en 1572, fut nommé archevêque en 1612, et mourut à Rome, en 1626, à l'âge de 54 ans. Il se rendit célèbre par ses diverses ambassades et par l'étendue de son zèle ; il avait établi une congrégation de docteurs qui s'assemblaient une fois la semaine, dans son palais, pour traiter des affaires concernant le diocèse dont il était chargé. Ce fut par son conseil que saint François de Sales mit en clôture les religieuses de la Visitation que ce dernier avait fondées.

MARQUER, v. a., mettre une marque à une chose pour la distinguer d'une autre. Il signifie particulièrement imprimer avec un fer chaud un signe flétrissant sur l'épaule d'un condamné à cette peine. En France cette peine est abolie. Marquer signifie encore laisser des traces, des vestiges ; il se dit au sens moral dans cette dernière acception. Marquer signifie aussi mettre une marque pour se souvenir ou se faire souvenir. Marquer signifie également indiquer, donner lieu de connaître. Marquer signifie encore mander, indiquer, soit de bouche, soit par écrit. Marquer s'emploie neutralement dans plusieurs acceptions. Fam., cela marquerait trop, cela serait trop remarqué, et, dans un autre sens, cela décèlerait trop l'intention qu'il faut cacher. Cet homme ne marque point, il ne se fait pas remarquer. Papier marqué, parchemin marqué, papier, parchemin qui est marqué avec un timbre pour servir aux actes qui font foi en justice. Etre né marqué, avoir apporté en naissance quelque signe. Cheval marqué en tête, cheval qui a l'étoile ou la pelote au front. Fig., ouvrage marqué au bon coin, ouvrage bien fait. Fig., être marqué sur le livre rouge, être noté pour quelque faute. Avoir les traits marqués, avoir les traits du visage prononcés. Marqué, au sens moral, signifie évident, remarquable.

MARQUET (FRANÇOIS-NICOLAS), né à Nancy, en 1687, pratiqua avec succès la médecine dans sa patrie, et s'occupa toute sa vie de la botanique. Les fruits de ses recherches sur cette science sont consignés dans trois volumes in-fol., forme d'Atlas, qui sont entre les mains de son gendre, M. Buchoz, qui les a fait passer en grande partie dans un ouvrage publié à Paris, en 1762, intitulé : *Traité historique des plantes* qui croissent dans la Lorraine et les trois évêchés, 10 vol. in-8°. Marquet est encore auteur : 1° de la méthode pour apprendre par les notes de la musique à connaître le pouls, Paris, 1768, in-12 ; 2° des observations sur la guérison de plusieurs maladies notables, 2 vol. in-12. Il mourut le 26 mai 1759.

MARQUETER, v. a., marquer de plusieurs taches.

MARQUETERIE, s. f., ouvrage de bois de diverses couleurs appliqués par feuilles minces sur de la menuiserie, de manière à former des compartiments. Marqueterie de marbre, ouvrage de marbre de diverses couleurs formé de lames minces appliquées sur une dalle de pierre. Marqueterie se dit figurément des ouvrages d'esprit composés de morceaux qui n'ont pas entre eux de véritable liaison.

MARQUETS (ANNE DES), natif du comté d'Eu, religieuse dominicaine, à Poissy, possédait les langues grecque et latine, et faisait assez bien les vers. On a d'elle : 1° une traduction en vers français des poésies pieuses et des épigrammes de Flamino, le latin à côté, Paris, 1569, in-8° ; 2° traduction d'après les vers latins de Claude d'Espense, des collectes de tous les dimanches, Paris, 1605, in-8° ; elle entretenait un commerce littéraire avec ce savant, qui lui fit une gratification dans son testament ; 3° sonnets et devises, Paris, 1562. Anne perdit la vue quelque temps avant sa mort, arrivée vers 1588.

MARQUION (Pas-de-Calais), chef-lieu de canton civil de l'arrondissement d'Arras. Cette commune est située sur les confins de l'Artois et de l'ancien Cambresis, à 3 myriamètres sud-est d'Arras, sur la route royale de cette ville à Cambrai. Elle a tiré son nom du mot marchio, qui signifie officier préposé à la garde des marches ou frontières. La seigneurie de Marquion faisait partie du comté d'Oisy dès 1224. Son terrage appartenait à l'abbaye de Cantimpré à Cambrai. « En 1711, dit M. Harbaville, le maréchal de Villars, pour tenir en échec le duc de Marlborough, qui venait de passer la Sensée, posta la gauche de son armée au ruisseau de Marquion » (Mémorial historique du Pas-de-Calais, t. 1er, p. 215).

MARQUIS, s. m. On appelait ainsi autrefois un seigneur préposé à la garde des marches, des frontières d'un État, et c'est de là que vient le titre de marquis de Brandebourg. Marquis était plus récemment un titre de dignité qu'on donnait à celui qui possédait une terre érigée en marquisat par lettres-patentes ; c'est aujourd'hui un simple titre de noblesse confirmé ou conféré par le roi. Fig. et fam., c'est un marquis de Carabas se dit d'un homme qui possède ou qui se vante de posséder un grand nombre de terres.

MARQUIS (JEAN-JOSEPH), député aux états-généraux, né le 14 avril 1747, à Saint-Mihiel, exerçait la profession d'avocat lorsque le tiers-état du bailliage de Bar-le-Duc le choisit pour son député à cette assemblée ; pendant la session il ne fit rien de remarquable. Il fut ensuite nommé l'un des juges de la la haute cour nationale séant à Orléans, puis député à la Convention dans le procès de Louis XVI. Il vota pour la détention et l'appel au peuple. Devenu membre du conseil des Cinq-Cents, il donna sa démission en 1797. En 1799, il fut chargé, en qualité de commissaire du gouvernement, d'organiser les quatre nouveaux départements de la rive gauche du Rhin. En 1800, les consuls le nommèrent préfet de la Meurthe, et il resta dans ce département jusqu'en 1811, où la faiblesse de sa vue et autres infirmités le forcèrent à demander sa retraite. Depuis cette époque jusqu'en 1815 il siégea au corps législatif, et s'est retiré ensuite dans son lieu natal, où il est mort en 1823. M. Barbier, dans son Dictionnaire des anonymes, lui attribue l'ouvrage qui a pour titre : Observations de la ville de Saint-Mihiel sur l'échange du comté de Sancerre, Paris, 1787, in-8°. Il s'était fait chérir dans le département qu'il administrait, et un écriteau assez singulier avait été placardé à la porte de l'hôtel de la Préfecture pour exprimer toute la satisfaction qu'éprouvaient ses administrés ; on y lisait ce jeu de mots : le baron Riouffe (c'était le nom de son successeur) pourra devenir comte, mais il ne sera jamais marquis.

MARQUISAT, s. m., titre de dignité qui était attaché à une terre dont la seigneurie s'étendait sur un certain nombre de paroisses. Il se disait aussi de la terre même qui avait ce titre.

MARQUISE, s. f., titre que l'on donne à la femme d'un marquis.

MARQUISE, chef-lieu de canton civil et ecclésiastique de l'arrondissement de Boulogne (Pas-de-Calais). Ce bourg, situé sur la route royale de Calais à Boulogne, est cotoyé par la petite rivière de Slack, qui baigne sa partie orientale. Marquise existait avant l'invasion des Normands, et jouissait du titre de vicomté dès le xiie siècle. D'anciens titres font mention de Robert, vicomte de Marquise, en 1121. « On voyait en ce lieu, dit Bertrand, une forteresse qui servait de boulevard aux frontières du Boulonnais contre les barbares et les entreprises des comtes de Guines et de Flandre. Elle était située sur le bord d'un marais formé par la Slack, au midi du bourg. On la rasa en 1589, après que les ligueurs, qui s'en étaient emparés, en furent chassés » (Topographie du Boulonnais, t. II, page 200). Les religieux prémontrés de Notre-Dame de Licques, et les bénédictins du prieuré de Beussent possédaient à Marquise diverses mouvances et censives (archives de Licques). Ce bourg est renommé pour la pureté de ses eaux ; on y remarque, sur l'ancienne place publique, une source abondante qui donne constamment cinq à six pouces d'une eau très limpide qui ne diminue point même dans les plus grandes sécheresses. Les carrières de marbre et les mines de fer qu'on exploite dans les communes voisines donnent beaucoup de vie et d'avenir à Marquise. On y compte plusieurs brasseries importantes, des tanneries et des raffineries de sel. Il s'y tient un marché chaque semaine et deux foires par an.

MARRAINE, s. f., celle qui tient un enfant sur les fonds du baptême.

MARRI, IE (vieux langage), adj., fâché, repentant.

MARRIER (dom MARTIN), religieux de Cluny, fut pendant quinze ans prieur de Saint-Martin-des-Champs. Il était né à Paris, le 4 juillet 1572, et mourut dans la même ville en 1644, à 72 ans. On lui doit un recueil curieux et très utile aux historiens ecclésiastiques ; il le publia in-fol., en 1614, sous le titre de Bibliotheca Cluniacensis, avec des notes que lui fournit André Duchène, son ami. C'est une collection de titres et de pièces concernant les abbés de l'ordre de Cluny. On y trouve quelques vies des hommes illustres de cet ordre. On a encore de lui l'histoire latine du monastère de Saint-Martin-des-Champs, où il avait fait profession, in-4°, Paris, 1637. D. Germ. Cheval a publié la Vie de dom Marrier, Paris, 1644, in-8° de 30 pages, avec son portrait.

MARRON, s. m., fruit de l'espèce de châtaignier appelé marronnier. Marron d'Inde, fruit du marronier d'Inde. Marrons glacés, marrons confits et couverts de caramel. Prov. et fig., se servir de la patte du chat pour tirer les marrons du feu, se servir adroitement d'un autre pour faire une chose dangereuse dont on espère de l'utilité et qu'on n'ose faire soi-même. Couleur marron, couleur approchant de celle du marron. Marron, en termes de guerre, pièce de cuivre ou petit anneau que les rondes déposent, à chaque poste, dans une boîte destinée à cet usage.

MARRON (PAUL-HENRI), l'un des pasteurs calvinistes de Paris, et président du consistoire, naquit à Leyde, le 12 avril 1754, d'une famille française et réfugiée, originaire du Dauphiné. Dès son adolescence, il se consacra au ministère pastoral auprès des églises dites wallonnes, et fit des études analogues à sa vocation. Après avoir terminé d'une manière brillante ses cours à l'université de sa ville natale, sous Rulenkenius, Walckenaer et Schuttens, il fut reçu en 1774, candidat au ministère, et, dès l'année suivante il desservit l'église française de Dordrecht, où il resta 6 ans. En 1782, les états généraux de Hollande, l'envoyèrent à leur ambassade de Paris, avec le titre de chapelain. Ayant été enveloppé en 1788, dans la disgrâce du parti patriote, par suite de l'entrée des Prussiens dans la Hollande, Marron fut suspendu de ses fonctions et rappelé à La Haye ; mais les protestants de Paris, qui venaient d'obtenir de Louis XVI leur réintégration dans l'état civil, lui proposèrent de rester au milieu d'eux, en qualité de pasteur ; il y consentit. Le culte protestant s'établit alors dans la capitale, d'abord dans la rue Mondétour, puis à l'ancien Musée cour de Gebelin, rue Dauphine, et enfin dans la rue Saint-Thomas du Louvre, dans l'ancienne église de Saint-Louis. La révolution trouva le pasteur Marron, très disposé à la seconder, et dès le 15 octobre 1793, c'est-à-dire plus de trois semaines avant l'abjuration de Gobel, il porta à la convention quatre coupes, en faisant remarquer que c'étaient les seules pièces d'argenterie de son culte. Cette démarche qu'il faut attribuer, selon quelque personne, à la peur, n'empêcha pas le pasteur Marron d'être mis en prison pendant la terreur : il fut incarcéré, la veille de la fête de l'Être suprême, et recouvra la liberté le surlendemain de la mort de Robespierre. Il ne put d'abord reprendre ses fonctions pastorales, celle du moins de la prédication, et, pendant quelque temps, il fut attaché au ministère des relations extérieures, puis au bureau de traduction de l'agence nationale des lois. Lorsqu'il eut repris l'entier exercice de son ministère, il présenta en 1802 un projet pour l'organisation du culte protestant ; quoique ce projet ne fut point adopté, il n'en est pas moins vrai que Marron eut une grande part à la loi du 18 germinal, et par conséquent à la formation du consistoire dont il fut nommé le président : il fut en même temps pasteur du temple établi à l'Oratoire. Marron s'était de bonne heure livré à la poésie latine ; lorsqu'il était encore étudiant, il fit dans cette langue une *Elégie* en l'honneur d'un homme distingué par son mérite, depuis grand pensionnaire de Hollande, M. de Bleiswyck, qui venait d'être nommé curateur de l'université de Leyde. Cette pièce fut traduite en vers grecs, par un Macédonien nommé T. Zechani, alors étudiant dans la même université, elle fut réimprimée dans les deux langues. Depuis cette époque Marron continua de cultiver les muses latines et françaises, et ses poésies, dans la première de ces langues formeraient un recueil considérable. Il eut soin d'encenser l'idole du jour ; et, à chaque événement un peu remarquable du règne de Bonaparte, des vers latins venaient célébrer la gloire du héros ; c'est sans doute ce qui lui valut la croix de la légion d'honneur. A l'époque de la restauration, il fit aussi des vers pour les Bourbons : une élégie latine en leur honneur, composée en 1814, est, suivant le jugement de quelques critiques, ce qu'il a fait de mieux en ce genre. Le pasteur Marron trouva moyen d'avoir quelque crédit pour presque tous les ministres qui se sont succédé depuis le retour de la famille royale ; ainsi il servit puissamment les intérêts de ses coreligionnaires sous l'abbé de Montesquiou, sous M. Decaze et à d'autres époques encore ; il devait surtout cette influence à M. Guizot, protestant comme lui, longtemps conseiller d'état et ministre déjà deux fois depuis la révolution de juillet. Un conseil fut créé auprès du ministère de l'intérieur, dans l'intérêt du protestantisme. Le pasteur Marron prit part à la réunion des luthériens et des calvinistes, qui se fit en 1817 dans le temple des Billettes. Sous un pasteur aussi tolérant, ou du moins qui comprenait le christianisme d'une manière très large, une pareille fusion devait se faire sans peine, car il était peu touché par quelques différences dans les croyances religieuses. Le pasteur Marron est mort le 31 juillet 1832, à l'âge de 78 ans, d'une attaque de choléra-morbus survenue à la suite d'une chute qu'il avait faite précédemment. Il nous reste à apprécier dans Marron l'homme, le pasteur et l'écrivain ; son caractère particulier se dessine nettement : on ne peut lui refuser beaucoup d'adresse, et dans les circonstances difficiles de l'habileté, de la prudence, quelquefois cependant, de l'indécision ; il avait plus de réputation au dehors que parmi les siens, et plusieurs de ses collègues en parlaient avec assez peu d'estime ; ils lui reprochaient un mariage peu séant (il avait épousé sa domestique) ; ils l'accusaient de n'être pas étranger à l'esprit d'intrigue, et d'avoir la manie de faire parler de lui dans les journaux ; il avait en effet à sa disposition toutes les trompettes de la renommée. Comme pasteur, nous connaissons moins Marron, ses opinions n'étaient point fixes, et nous ne saurions présenter son système théologique ; mais les protestants de France lui doivent beaucoup de reconnaissance pour les services que leur rendit, pendant longtemps d'une manière gratuite, le fondateur de l'église réformée de Paris. Notre tâche sera plus facile et plus agréable, en ne considérant Marron que comme écrivain : quoiqu'il ne fut pas un homme de génie, et qu'aucun grand ouvrage ne soit sorti de sa plume, nous devons dire, pour rendre hommage à la vérité, que la littérature et notamment les lettres classiques perdent en lui un homme plein de goût, un poète gracieux et élégant, et un savant d'une érudition très variée. Il a fait imprimer plusieurs *Discours* ou *fragments de discours*, qu'il prononça dans les diverses circonstances solennelles qui se sont présentées durant la longue durée de son ministère. Collaborateur de quelques journaux littéraires, tels que le *Journal encyclopédique*, la *Revue encyclopédique*, le *Magasin encyclopédique*, il a aussi fourni de nombreux articles à la *Biographie universelle*, surtout pour la poésie latine et pour l'histoire littéraire de la Hollande ; la *Galerie française* se comptait parmi ses rédacteurs. Mirabeau lui fut associé pour sa *Philippique aux Bataves*, sur le Stathouder. Marron était membre de plusieurs corporations savantes, telles que l'institut de Hollande, les sociétés de Harlem, de Leyde, Gromirgue, les sociétés royales et académiques des sciences de Londres, l'Athénée des Arts de Paris, etc.

MARON, ONNE, adj., il se dit dans plusieurs colonies, d'un nègre qui s'est enfui dans les bois pour y vivre en liberté. On le dit aussi des animaux qui, de domestiques, sont devenus sauvages. Il se dit aussi de celui qui exerce sans titre, l'état d'agent de change, ou courtier. Il s'emploie aussi substantivement.

MARRONNIER D'INDE (*bot.*), nom vulgaire de l'*Æsculus hippocastanum*, Lin. Ce bel arbre est aujourd'hui répandu dans presque toute l'Europe ; on le regarde comme originaire des montagnes situées dans le nord de l'Inde ; ce ne fut qu'en 1615, que Bachelier le rapporta de Constantinople. C'est un arbre de très haute taille, dont le tronc est droit ; la cime est conique, ses bourgeons sont très gros ; leurs écailles sont chargées à l'intérieur d'un duvet épais, et à l'extérieur d'une matière glutineuse abondante, qui donne un abri aux jeunes pousses, ce qui leur permet de résister aux plus grands froids. Les feuilles sont grandes, digitées, à sept folioles en coin à leur base, élargies à leur partie supérieure, aiguës au sommet, dentées à leur bord ; les fleurs se montrent vers la fin d'avril ou en mai ; elles sont blanches avec des taches rouges et forment des thyrses élégants ; elles ont 5 pétales et 7 étamines déjetées vers le bas et redressées à leur extrémité. Ovaire à 3 loges renfermant chacune 2 ovules ; tout le monde connaît le fruit qui succède à ces fleurs ; il ne contient que 2–4 graines très grosses, par suite de l'avortement d'une partie des ovules ; leur test est d'une belle couleur d'acajou, et marqué d'un hile très large, plus pâle que le reste. Le marronnier d'Inde se place par son port élégant, la beauté de son feuillage et l'abondance de ses fleurs, au premier rang des arbres d'agrément. Son bois blanc et mou ne peut guère servir qu'au chauffage ; son écorce amère, renferme une substance alcaline particulière, l'*esculine* ($C^8 H^9 O^5$). On l'utilise pour le tannage et pour la teinture en jaune ; cette substance est faiblement fébrifuge et vermifuge. On a également cherché à utiliser les graines du marronnier, en dépouillant sa fécule de son amertume, et M. Merat qui a fait des essais à ce sujet a obtenu une fécule, qui, dit-il, l'emporte même sur la fécule de pomme de terre ; cependant jusqu'à ce jour ces essais n'ont pas amené de résultats positifs. En Turquie on les broie et on en fait manger la farine aux chevaux, d'où le nom d'*hippocastane* (*châtaigne de cheval*), qu'on lui donne dans nos départements méridionaux. J. P.

MARRUBE, *marrubium* (*bot.*), genre de la famille des labiées de la didynamie gymnospermie de Linné. Ce genre renferme des plantes vivaces qui croissent naturellement dans les parties moyennes de l'Europe, dans la région méditerranéenne et dans l'Asie tempérée. Elles sont généralement revêtues de poils nombreux qui les font paraître cotonneuses ; leurs feuilles sont opposées, rugueuses, souvent incisées. Les fleurs sont réunies en faux verticilles multiflores à l'aisselle de feuilles florales semblables à celles que porte le reste de la tige ; elles sont de plus accompagnées de petites bractées plus courtes que le calice ; elles ont pour caractères : un calice tubuleux, marqué de 5-10 nervures, terminé par 5-10 dents aiguës, égales entre elles, une corolle bilabiée à lèvre supérieure dressée, étroite entière ou bifide, dont l'inférieure est étalée, divisée en trois lobes, le médian plus large et échancré ; 4 étamines ne dépassant pas le tube de la corolle ; un style divisé à son sommet en deux branches courtes et obtuses. On a partagé les marrubes en deux sous-genres, les *marrubium* à lèvre supérieure échancrée ou bifide, à feuilles le plus souvent crénelées, et les *lagopsis* à lèvre supérieure entière et à feuilles inasées pinnatifides. Nous ne citerons que le *marubium commun* (*M. vulgare*), qui appartient à la première division. C'est une plante commune le long des chemins, dans les lieux incultes, etc., dont la tige est droite, tétragone, très velue, à feuilles ovales, rugueuses, crénelées. Les fleurs sont petites blanches, nombreuses. Toute la plante répand une odeur forte, aromatique, mais désagréable ; leur saveur est amère, chaude, un peu âcre, elle renferme une huile essentielle, un principe amer, et à ce qu'il paraît de l'acide gallique. On l'emploie comme stimulant, et comme elle facilite l'expectoration, elle est usitée à la fin des catarrhes et des péripneumonies. On l'a également conseillée comme stomachique. J. P.

MARS, s. m., une des planètes. Mars dans l'ancienne nomenclature chimique, signifiait le fer, et l'on donnait le nom de *Mars*, à tous les médicaments dans lesquels il entre du fer. Mars, signifie aussi le troisième des mois de l'année

Prov. Cela vient comme mars en carême, se dit d'une chose qui ne manque jamais d'arriver à une certaine époque. Champ de mars, assemblée que les principaux de la nation française, tenaient au mois de mars, pour régler les affaires de l'État. Mars, se dit par extension, au pluriel, des menus grains qu'on sème au mois de mars, tels que les orges, les avoines, etc.

MARS (*myth.*), et plus anciennement *Mavors*, dont Mars n'est qu'une contraction. C'est l'*Arès* des Grecs, le dieu qui présidait à la guerre. Les plus anciens poètes le font fils de Jupiter et de Junon, tandis que les poètes postérieurs racontent que Junon l'enfanta seule, pour se venger de ce que Jupiter avait ainsi mis au monde Pallas. C'est une divinité pélasgienne dont le culte passa de la Thrace en Grèce. Dans les temps les plus reculés, Mars était le symbole de la puissance divine; mais les Grecs en firent celui de la guerre, de la force brutale, de l'audace, de la destruction, ou le dieu des combats; par opposition à Minerve, symbole de la valeur unie à la science militaire. Plus tard, on le représenta comme le protecteur de l'innocence, etc. Son culte s'établit de bonne heure à Rome. Selon la tradition, Romulus et Remus, les fondateurs de cette ville, étaient fils de Mars et de Rhéa Sylvia. Plusieurs temples lui étaient dédiés, ainsi que le Champ-de-Mars, et il avait des prêtres particuliers, appelés flamines et saliens, qui étaient chargés de la garde de son bouclier tombé du ciel. C'est de sa fête que le mois de mars a reçu son nom. Mars était en même temps le dieu du printemps. Les Romains lui avaient consacré le feu, les soldats, les chevaux, les oiseaux de proie, les vautours, les coqs, les pies et les loups. Ils lui offraient en outre les sacrifices appelés *Suovetaurilia*, du mélange de deux sortes de victimes. En temps de paix, ils le désignaient sous le nom de *Quirinus*; et temps de guerre, sous celui de *Gravinus*. Ils lui donnaient pour sœur et pour épouse Bellone (voy.), tandis que les Grecs, sans lui reconnaître d'épouse particulière, lui donnaient un grand nombre de maîtresses. Il aima surtout passionnément Aphrodite. Trahi par Hélios, et surpris dans les bras de cette déesse par Vulcain, qui les enveloppa d'un réseau de fer, il se vit livré aux risées de l'olympe par l'époux outragé. De cet adultère naquirent, selon Simonide, Harmonie et Eros. Lorsque Mars partait pour la guerre, il était constamment accompagné de ses fils Phobos et Deimos (la crainte et l'effroi), qui attelaient et conduisaient son char, ainsi que d'Engo et d'Eris (la discorde), qui combattaient à ses côtés. Les poètes d'un âge postérieur seuls lui font jouer un rôle dans la guerre des géants. Selon Claudien, il fut le premier à les attaquer et tua Pelorus et Mimos; mais obligé de fuir devant Typhée, il se changea en poisson pour lui échapper. Dans le combat contre les Aloïdes, Ætus et Ephialtes, il fut fait prisonnier et jeté dans un cachot de fer où il passa 13 mois, jusqu'à ce qu'il fut délivré par Mercure, à qui la mère des vainqueurs avait révélé son infortune. Il combattit deux fois Hercule; la première il fut blessé, et la seconde Jupiter les sépara en lançant entre eux sa foudre. Il tua Halirrothius, fils de Neptune et de la nymphe Euryte, qui avait fait violence à sa fille Alcippe. Neptune l'accusa de ce meurtre devant les douze dieux, qui l'acquittèrent : le jugement eut lieu sur une colline près d'Athènes, qui prit dès lors le nom d'Aréopage, ou colline d'Arès. Dans la guerre de Troie, il embrassa le parti des Troyens et fut blessé par Diomède. Il combattit aussi contre Minerve qui le terrassa d'un coup de pierre. Il ne nous reste qu'un très petit nombre de statues de ce dieu, où il est représenté tout nu, ou bien couvert du casque et de la chlamide. Quelques groupes le représentent avec Vénus, et des bas-reliefs avec Rhéa Sylvia.

MARSAIS (CÉSAR CHESNEAU DU), né à Marseille le 17 juillet 1676, mort à Paris en 1756, entra dans la congrégation de l'Oratoire; mais le désir d'une plus grande liberté la lui fit quitter bientôt après. Il prit, à Paris, une pension dans laquelle il élevait, suivant sa méthode, un certain nombre de jeunes gens. Le bruit s'étant répandu qu'il leur enseignait l'irréligion, cette pension fut supprimée. Ce fut alors que les auteurs de l'Encyclopédie l'associèrent à leur informe compilation. Il y fit plusieurs articles de grammaire, qui sont répandus dans les six premiers volumes. Du Marsais avait donné plus d'une fois des preuves d'impiété. Appelé pour présider à l'éducation de trois frères dans une des premières maisons du royaume, il demanda dans quelle religion on voulait qu'il les élevât, question qui nuisit infiniment à sa fortune, dans un temps où la religion était respectée et regardée comme l'unique sanction des mœurs. Il s'était fait connaître par divers ouvrages où l'impiété paraissait à découvert. Les incrédules qui avaient été liés avec lui par les mêmes sentiments lui firent un crime de son retour au christianisme dans ses derniers moments; quelques-uns prétendirent que ce retour n'avait pas été sincère, que c'était l'effet de la faiblesse du malade, etc.; mais quand cela serait, quand la révolution qui se fait si fréquemment dans les esprits forts, lorsqu'ils se voient au bord du tombeau, ne serait pas le fruit d'une pleine conviction, elle prouverait au moins qu'ils n'ont jamais été bien persuadés des erreurs qu'ils ont enseignées ou adoptées, et qu'ils n'ont jamais été incrédules de bonne foi. « Ce n'est pas une foi éteinte, dit Bayle, qu'on peut bien citer en cette matière, ce n'est qu'un feu caché sous la cendre. Ils en ressentent l'activité dès qu'ils se consultent, et principalement à la vue de quelque péril. On les voit alors plus tremblants que les autres hommes. Le souvenir d'avoir témoigné plus de mépris qu'ils n'en sentaient pour les choses saintes et d'avoir tâché de se soustraire intérieurement à ce joug, redouble leur inquiétude. » Les principaux ouvrages de Du Marsais sont : *Exposition de la doctrine de l'Église gallicane, par rapport aux prétentions de la cour de Rome*, in-12. Cet ouvrage n'a paru qu'après la mort de l'auteur. On s'imagine aisément comment cette matière a été traitée par un homme aussi ennemi du christianisme en général que de la religion catholique et du siége apostolique en particulier; *Exposition d'une méthode raisonnée pour apprendre la langue latine*, in-12, 1722; *Traité des tropes*, 1730, in-8°, réimprimé en 1771, in-12. Cet ouvrage explique les différents sens qu'on peut donner au même mot; il est plein de justesse, de précision et de clarté. L'auteur y développe en grammairien habile ce qui constitue le style figuré; les *Véritables principes de la grammaire*, ou *Nouvelle grammaire raisonnée pour apprendre la langue latine*, 1726, in-4°. Il n'a paru que la préface de cet ouvrage; un *Abrégé de la Fable* du P. Jouvenci, disposé suivant sa méthode, 1731, in-12; une *Réponse* manuscrite à la Critique de l'histoire des oracles, par le P. Baltus. On n'en a trouvé que des fragments imparfaits dans ses papiers. Cet effort inutile et le silence de Fontenelle prouvent combien l'ouvrage de Baltus est solide : les raisonnements sont vains contre des faits avérés, conformes d'ailleurs à des principes incontestables; *Logique*, ou *Réflexions sur les opérations de l'esprit*, ouvrage fort court et superficiel. On l'a réimprimé avec les articles que Du Marsais avait fournis à l'Encyclopédie, Paris, 1762, 2 part. in-12. Nous ne dirons rien de quelques autres ouvrages impies qu'on lui attribue, et qui sont tombés dans l'oubli. Les philosophes ont parlé de Du Marsais avec beaucoup d'éloges. Ils le considèrent comme le coryphée et le modèle de cette nuée d'instituteurs initiés aux dogmes de la secte, qui se sont répandus dans toutes les provinces de l'Europe pour détruire ce qu'ils appellent les préjugés, c'est-à-dire toutes les notions chères à l'homme chrétien et à l'homme solidement vertueux.

MARSEILLE (MASSILIA), chef-lieu du département des Bouches-du-Rhône, évêché suffragant d'Aix, 8° division militaire, située sur les bords de la Méditerranée, dans la Basse-Provence, à 82 myriamètres au S. de Paris; latitude N. 43° 17', longitude E. 3° 2'. Elle est fort ancienne, grande, riche, commerçante et une des plus importantes villes de France. On la divise en vieille et nouvelle ville; celle-ci est régulière, bien bâtie, ornée de places et de fontaines et ceinte de boulevards, ornée d'allées d'arbres et séparée de la première par la belle promenade du Cours et la place de la Canebière. Parmi les édifices publics on remarque l'église cathédrale, la plus ancienne des Gaules, celle des Chartreux, l'Hôtel-de-ville, les fontaines publiques qui entretiennent la salubrité et la propreté des rues, le Lazaret, le plus beau du monde. Elle possède en outre plusieurs belles places publiques : la place Castellane, la place Saint-Ferréol, les places de la Comédie, Royale, Monthyon et la Bourse. Mais le monument qui a élevé Marseille à ce haut degré de grandeur et de richesse qu'elle a atteint aujourd'hui, c'est le port qui se prolonge dans la ville, de l'E. à l'O., sur une longueur de 1000 mètres et une largeur d'environ 400. L'entrée resserrée par deux rochers sur lesquels s'élèvent au N. le fort Saint-Jean, et au S., celui de Saint-Nicolas, est fort étroite, difficile et peu profonde; plusieurs bâtiments y naviguent difficilement à la fois, et une frégate n'y passerait pas avec son artillerie à bord. Le port est du reste très sûr, et peut contenir plus de 1,200 navires; malheureusement, comme il sert d'égoût à toute la ville, il est sujet à s'encombrer, ce qui nécessite l'emploi de machines constamment employées au curage.

L'intendance sanitaire est située à la limite N. du port, et presque en face de l'entrée ; vis-à-vis est le bassin du carénage ; autour s'élèvent la Douane, la Bourse et l'enceinte des chantiers. Au midi, et dans le fond même du port, est un canal intérieur, garni de ponts-levis qu'entourent dans tous les sens les magasins de la douane. La police du port et celle de la rade se font au moyen de pataches de la douane, armées de caronades. Il n'est pas au monde de hâvre plus sûr et plus calme. Quand on entre dans le port, il ne faut pas ranger de trop près la pointe du canal à cause de quelques roches cachées sous l'eau et que l'on nomme mangevin ; on gouverne un peu à droite du milieu de l'entrée, en contournant le fanal, on passe entre le premier pilier et la tour carrée de Saint-Jean, rangeant la tour un peu plus que le pilier à cause des roches perdues qui en assurent la base. Il n'y a guère qu'un peu plus de 5 mètres d'eau à l'entrée ; mais en dedans du port on en trouve plus de 6 et 6 à 8 en dehors. Quand le vent ne permet pas d'entrer, on s'amarre par 12 ou 15 brasses sur les bouées et corps morts placés à quelques encablures du fort Saint-Jean ; ce dernier fort porte un phare qui garde les navires pendant la nuit. Outre le port qui tient au continent, Marseille a d'autres ports sur un groupe d'îles situé à une demi-lieue de ses côtes ; ce sont les ports ou calanques du Frioul, de Pomègue et de Ratonneau. Ce dernier construit à bras d'hommes, à l'aide d'une immense digue qui a réuni deux îles, Ratonneau et Pomègue, est un des chefs-d'œuvre de notre siècle ; il sert de quarantaine aux navires, et les vaisseaux de ligne peuvent y mouiller. Un peu plus en avant et presque en tête de la rade est située l'île d'If, rocher hérissé de batteries, avec des tours et des constructions qui ont longtemps servi de prison d'État. Ratonneau et Pomègue ont des hôpitaux pour les maladies suspectes et présentant quelque caractère contagieux. Les navires construits à Marseille se font remarquer par la beauté de leurs formes, par la finesse de leur marche et par la perfection de leurs aménagements ; mais la main-d'œuvre y est d'un prix très élevé. C'est des chantiers de Marseille que sont sortis les plus belles frégates et les plus beaux avisos de la marine du pacha d'Egypte. Marseille était très commerçante dans l'antiquité ; son industrie surpassa bientôt celle de toutes les autres cités ; on y fabriquait du temps de Strabon et de Pline des bijoux, des ornements en corail, des cuirs et du savon ; elle introduisit dans les Gaules l'usage des bracelets et des colliers en or ; on en voit encore à Arles qui sont fabriqués sur ces gracieux modèles. La vigne et l'olivier constituaient ses richesses agricoles ; son beau mouvement de navigation était, le principe de sa gloire et la source de ses trésors. Elle était comme aujourd'hui favorisée par sa position et avait devant elle la Numidie, à droite l'Ibérie, à gauche l'Italie, et derrière les Gaules, pays riches, territoires féconds, états puissants. Aussi le commerce d'échange y fut-il considérable. Les Phocéens, pères de la colonie grecque de Marseille, y avaient naturalisé leur habileté dans la navigation et leurs galères de cinquante rames allongées et rapides. Marseille vainquit les Barbares sur la mer, et fournit au monde maritime Pythéas et Eutymènes, astronomes célèbres. Elle s'ouvrit à l'intérieur et par le Rhône des voies navigables qui lui donnaient accès sur les principaux marchés des Gaules. Protectrice des villes centrales comme Cabellio (Cavaillon), et Avenio (Avignon), elle échelonnait en même temps ses colonies sur tout le littoral de la Méditerranée, Tauraentum, Antibes, Nice, Monaco, Agde et Ampurias. Cette puissance de période s'arrêta au temps où Marseille osa prendre les armes contre César. Vaincue et réunie à l'empire romain, elle chercha à regagner dès lors comme ville commerciale l'importance qu'elle venait de perdre comme cité maritime ; ses vaisseaux, protégés par les flottes romaines, parcouraient l'univers alors connu, ils portaient au N. les produits du Midi, à l'Occident ceux de l'Orient ; ils sillonnaient toutes les mers, chargés des parfums et des pelleteries de la Syrie, de l'Asie mineure, des tissus de l'Inde, des soies de Tripoli, du papier d'Egypte, des blés de l'Afrique, des chevaux de l'Ibérie et des riches étoffes de la Perse, de Constantin à Charlemagne. Son commerce languit, et il ne se réveille sous ce grand empereur que pour tomber de nouveau après sa mort et jusqu'à l'époque des croisades. Il est à remarquer, du reste, que dans ces temps de misères féodales, Marseille demeure ce qu'elle avait été jusqu'alors, une ville gouvernée par ses propres institutions. Sa législation commerciale faisait l'admiration des anciens ; et l'on croit que le Code célèbre connu sous le nom de Consulat de la mer, code que tous les peuples se disputent, fut l'ouvrage des Marseil-

lais. Dans les statuts municipaux du port, on remarque une foule de dispositions qui feraient aujourd'hui encore honneur aux nations les plus civilisées. Tels sont entre autres le respect des propriétés particulières dans les guerres entre les puissances, et l'abolition du droit d'épaves, qui est la confiscation des débris que la tempête jette sur les plages. A l'époque des croisades, Marseille sembla renaître, et elle s'enrichit d'une branche importante de ses échanges, qui s'est continuée jusqu'à nous, sous le nom de commerce du Levant. Des consuls nommés par Marseille, et distribués sur toutes les échelles du Levant, devinrent des arbitres entre les nationaux et des protecteurs vis-à-vis des puissances dominantes. Les droits et les devoirs de ces autorités étaient sagement réglés, nettement définis. Grâce à cette organisation féconde, les relations avec le Levant prirent bientôt une extension prodigieuse. Marseille, demeurée république de 1214 à 1257, tomba au pouvoir des comtes de Provence, et supporta les tristes conséquences de l'esprit belliqueux de ses nouveaux maîtres. En peu d'années, sa décadence fut complète ; prise d'assaut et pillée pendant 15 jours par les troupes aragonaises, elle s'affaissa sous ce désastre, et le sceptre du commerce du Levant, péniblement conquis, passa entre les mains des républiques italiennes. René chercha à ranimer cette puissance éteinte ; mais ses efforts n'aboutirent qu'à des demi-résultats. En 1282, le trésorier de la ville de Marseille ayant rendu ses comptes, la recette ne monta qu'à 5,654 florins d'or, ce qui fait 59.430 francs environ, et c'était probablement là tout le revenu de la ville. Quand la Provence fut réunie au royaume, Marseille se trouvait dans une de ses phases de langueur et d'inertie ; une nouvelle renaissance, lente et graduelle date pour elle de ce temps. Déjà sous Louis XII elle était assez puissante pour armer contre Venise et porter un dommage notable au commerce de sa rivale ; elle établissait des communications directes avec les ports de l'Océan, et y expédiait quatre galères. Sous François Ier, on voit mentionner, pour la première fois en Provence, des distilleries, des fabriques de pâtes, de tapis, de tissus de coton et de chapeaux ; des ateliers d'orfèvrerie et d'ébénisterie. Sous Charles IX, ces industries augmentent encore de la fabrication de la soie ; on confectionne du velours à Marseille, mais on est obligé d'aller le faire marquer à Lyon. Ces progrès furent interrompus par les guerres religieuses et par l'invasion d'une horrible peste, et recommencèrent sous l'administration de Sully ; ils s'arrêtèrent durant le règne de Louis XIII. A cette époque, les exportations s'élevaient à plus de 12,000,000 ; les importations, à plus de 15,000,000 : 200 navires suffisaient à ces échanges. Enfin, Colbert arriva ; avant lui, 200 navires desservaient le mouvement du port ; il en fallut 1,500, peu d'années après son entrée au ministère. En 1669, la franchise du port est consacrée par un édit spécial, et cette mesure, alors utile, au milieu de mille entraves qui régnaient dans l'intérieur, donna un élan imprévu aux transactions lointaines. Après Colbert, le mouvement s'arrête jusqu'en 1780 : à cette époque, Marseille éprouva de nouveau une impulsion des plus vives et des plus fécondes. De 1783 à 1792, la valeur moyenne des exportations fut de 60,080,000 livres. Sa population, s'il faut en croire M. le comte de Girard, était de 140,000 âmes ; et la masse totale de ses opérations, y compris les produits des fabriques, s'élevait à 300,000,000 de francs. On faisait annuellement sur place pour 150,000,000 d'assurances. Marseille comptait alors 38 fabriques de savon, 40 fabriques de chapeaux, 12 raffineries de sucre, 12 fabriques d'indiennes peintes, 20 fabriques de bas de soie, 20 de liqueurs, 10 tanneries, 10 amidonneries, 8 verreries, etc. La révolution elle-même n'arrêta ce mouvement que lorsque la guerre maritime eut éclaté entre la France et l'Angleterre. En 1792, le mouvement du port de Marseille comprenait 2,440 navires jaugeant ensemble 361,780 tonneaux. La guerre détruisit cette prospérité. Ce qui nous restait d'influence commerciale dans le Levant ne put survivre à Aboukir. La politique de Napoléon, son système de licences mal dirigé, des tarifs et des droits de douane exagérés, tout contribua à faire déchoir Marseille et à la livrer à la misère. Tout commerce d'échange avait cessé ; on s'adonna à la fabrication des produits chimiques et à l'industrie locale. Au retour de la paix, Marseille vit renaître ses chances de richesse commerciale ; elle court vers quelques privilèges, et malgré les défauts de notre système commercial, elle a atteint des jours de prospérité qu'elle n'avait jamais connus jusque-là à aucune époque. La conquête d'Alger et nos possessions dans le nord de l'Afrique contribueront beaucoup à agrandir son commerce. Si l'on relève les importations et les exportations du port de Marseille pendant les cinq dernières années de la restauration, et qu'on en compare les chiffres aux totaux du reste de la France, on trouve que cette ville contribue pour un peu plus d'un cinquième à la masse des importations du royaume, et pour près d'un dixième à celle de ses exportations. Poussant plus loin ce système de rapprochement, d'où ressortent tant de déductions heureuses, on trouve encore que Marseille ne connaît que deux maîtres dans le monde pour l'importance du mouvement de son port : Londres et Liverpool. Si l'on juge de l'importance du commerce extérieur de Marseille par le relevé qui précède, elle a quintuplé de 1814 à 1836. Quelques chiffres parallèles complèteront cette situation. Les recettes de la douane du Hâvre se sont élevées en 1828 à 26,624,244 fr., et celles de 1838 à 24,921,081 fr.; celles de la douane de Nantes ont été de 12,546,786 fr. en 1832, et de 11,593,793 fr. en 1833. En étendant cette comparaison au transit des marchandises, on trouve que la totalité du transit a été pour toute la France en 1832 de 144,425 quintaux métriques, dont :

Pour Marseille.	50,208,
Pour le Hâvre.	39,383,
Pour Bayonne.	12,759,

c'est-à-dire 36/100es pour la première, 28/100es pour la seconde, 9/100es pour la troisième. A elle seule, Marseille a ainsi plus d'un tiers du transit général, le Hâvre un peu plus d'un quart, Bayonne le onzième. Les bureaux par lesquels Marseille expédie la plus grande partie de ses transits sont ceux de Verrière, Joux et Belgrade, pour la Suisse, Capareillan, pour la Savoie ; Saint-Louis, pour l'Allemagne. Et les principaux articles de cette exportation sont : les cafés, les sucres, les huiles d'olives, les cotons, les fers, les plombs, les soufres, les jus de réglisse, etc. Quoique les entraves apportées à ce commerce par une fiscalité soupçonneuse aient été fort adoucies depuis la révolution de juillet, il est sujet encore à une foule de vexations qui devront disparaître le jour où prévaudra en matière de douanes, un système vraiment éclairé : par les premières améliorations obtenues, on peut juger de celles à obtenir. Il nous reste à dire quelques mots sur les monuments de Marseille et sur sa physionomie. Deux portions distinctes partagent la ville, comme nous l'avons dit ; la ville vieille et la ville neuve. La première est située sur la hauteur, vers le nord, au-dessus du port. Ses rues sont étroites, rapides et bordées de vilains bâtiments ; la seconde au contraire est élégante, bien bâtie ; une rue magnifique qui s'étend en ligne directe de la porte d'Aix à la porte de Rome la sépare de la première, et forme une délicieuse promenade, qui s'appelle le Cours. Marseille possède encore quelques restes d'antiquités romaines, telles sont les caves de Saint-Sauveur, le mur et les colonnes de la Major, les colonnes de Saint-Victor, des sarcophages, etc. Le moyen-âge et la renaissance y ont aussi laissé des traces de leur passage ; entre autres la porte de la Joliette et le monument de Saint-Lazare qui, selon la tradition provençale, fut le premier évêque de Marseille, après avoir été ressuscité par le Sauveur. La grotte de Saint-Victor est peut-être le plus ancien lieu de cette ville, consacré par la religion chrétienne ; car c'est là que les premiers chrétiens se réunissaient pour célébrer les saints mystères, et y honorer les reliques des martyrs. Marseille a donné le jour à beaucoup d'hommes éminents, parmi lesquels il faut citer Puget, Mascaron, Dumarsais, le pieux Belzunce, dont le dévouement vivra autant que le souvenir de la fatale peste de 1720, les échevins Estelle et Moustiers, l'amiral Paul, Honoré d'Urfé, Barbaroux, etc. R-y.

MARSHAM (JEAN), chevalier de la Jarretière, né à Londres, en 1602, étudia avec distinction à l'école de Westminster et à Oxford. Il voyagea en Italie, en France et en Allemagne, et par la vue des monuments antiques, il se perfectionna dans l'ancienne histoire et la chronologie. De retour à Londres, il devint, en 1638, l'un des six clercs de la chancellerie. Le parlement lui priva de cette place, parce que, dans le premier feu de la guerre civile, il suivit le roi et le grand sceau à Oxford. Sur le déclin des affaires du malheureux et infortuné Charles I, il retourna à Londres. Ne pouvant, comme la plupart des autres royalistes, avoir aucun emploi, il se renferma dans son cabinet et se livra tout entier à l'étude jusqu'à sa mort, arrivée à Londres, le 25 mai 1685, à l'âge de 83 ans, Charles II honora ce bon citoyen du titre de chevalier et de baronnet. On a de lui : 1° *Diatribæ cronologicæ*, in-4°, Londres, 1645. L'auteur y examine assez légèrement les principales

difficultés qui se rencontrent dans la chronologie de l'ancien Testament ; 2° *Canon chronicus ægyptiacus, hebraïcus, græcus,* in-fol., 1672, Londres : ouvrage recherché et cher. L'auteur y a fondu une partie du précédent ; on sait quelle obscurité couvre le commencement de la monarchie des Egyptiens ; le chevalier Marsham a tâché de débrouiller ce cahos. Il montre que les dynasties étaient non pas successives, mais collatérales. M. l'abbé Guérin du Rocher a dit des choses encore plus satisfaisantes sur cet objet. On reproche à Marsham d'avoir mêlé aux vérités qu'il a mises au jour plusieurs opinions fausses ; il prétend, par exemple, que les Juifs ont emprunté des Egyptiens la circoncision et les autres cérémonies, et que l'accomplissement des 70 semaines de Daniel finit à Antiochus Epiphanes. Ces erreurs, plus d'une fois solidement réfutées, n'empêchent pas que Marsham ne fut un homme érudit ; elles prouvent seulement le jugement et la solidité des principes ne dirigeaient pas toujours ses connaissances. Marsham est l'auteur de la savante Préface qui est à la tête du *Monasticon anglicanum* de Dugdale.

MARSIGLI (LOUIS-FERDINAND), d'une ancienne maison patricienne de Bologne, naquit dans cette ville le 10 juillet 1658. Dès sa première jeunesse il fut en relation avec les plus illustres savants de l'Italie, mathématiciens, anatomistes, physiciens, historiens et voyageurs. Il fit un voyage à Constantinople avec le Baile de Venise (c'est ainsi que cette république qualifiait son ambassadeur à la Porte). Ce voyage lui donna le moyen de s'instruire lui-même de l'état des forces ottomanes. Après onze mois de séjour en Turquie, il revint à Bologne, et rassembla les différentes observations faites dans ses courses. L'empereur Léopold était alors en guerre contre les Turcs ; Marsigli entra à son service, et montra, par son intelligence dans la fortification et la science de la guerre, combien il était au-dessus du simple officier. Blessé et fait prisonnier au passage du Raab, en 1683, il se crut heureux d'être acheté par deux Turcs, frères, avec qui il souffrait beaucoup plus par leur misère que par leur cruauté. On voit, par une Relation de sa captivité, qu'un troisième Turc qui vivait avec eux, ayant été chargé d'enchaîner toutes les nuits à un pieu dans leur cabane. La liberté lui ayant été rendue l'année d'après, il fut fait colonel en 1683. Dans la même année, il fut envoyé deux fois à Rome, pour faire part aux papes Innocent XV et Alexandre VIII, des grands succès des armées chrétiennes. Lorsque les puissances belligérantes songèrent à terminer la guerre par une paix durable, entre l'empereur et la république de Venise d'une part, et la Porte ottomane de l'autre. Le comte de Marsigli fut employé, comme homme de guerre et comme négociateur, pour établir les limites entre ces trois puissances. Cette négociation l'ayant obligé de se rendre dans le pays où il avait été esclave, il demanda si ses patrons vivaient encore, et fit donner à l'un d'eux un *tamariol*, espèce de bénéfice militaire. Le grand vizir, charmé de sa générosité, lui en accorda un beaucoup plus considérable qu'il n'eût osé espérer. La succession d'Espagne ayant rallumé, en 1701, une guerre qui embrâsa l'Europe, l'importante place de Brissach se rendit, par capitulation, au duc de Bourgogne, après treize jours de tranchée ouverte. Le 6 septembre 1703, le comte d'Arco y commandait, et sous lui Marsigli, parvenu alors au grade de général de bataille ; une si prompte capitulation surprit l'empereur ; il nomma des juges qui condamnèrent le comte d'Arco à être décapité, et Marsigli, malgré tous les mémoires qu'il présenta pour sa défense, fut dépouillé de tous ses honneurs et perdit toutes ses charges avec la rupture de l'épée. Louis XIV, l'ayant vu à sa cour sans épée, lui donna la sienne et l'assura de ses bonnes grâces. Le comte de Marsigli chercha dans les sciences les consolations que les agitations du monde ne lui avaient pas procurées. Il parcourut la Suisse pour en connaître les montagnes, il passa ensuite à Marseille pour étudier la mer. Etant un jour sur le port, il y trouva le Turc qui l'attachait à un pieu, dans son esclavage, et le racheta. Le pape Clément XI le rappela de Marseille en 1709, pour lui donner le commandement de l'armée qu'il était question d'opposer aux troupes de l'empereur Joseph Ier. Cette guerre n'eut pas lieu ; il comptait finir ses jours en Provence, où il était retourné en 1728 ; mais des affaires domestiques l'ayant rappelé à Bologne, il y mourut d'apoplexie en 1730. (Dès le 11 juillet 1712, Marsigli avait fait présent au sénat de Bologne, de ses collections d'instruments de physique, de cartes et d'histoire naturelle, à condition que la garde en serait remise à un corps de savants, dont il rédigea les Règlements. C'est l'origine de l'institut de Bologne, auquel le sénat assigna ensuite un magnifique palais. Cette compagnie s'ouvrit en 1714. Six professeurs y donnent des leçons réglées. Il y a un riche cabinet et une belle imprimerie. Se souvenant de ses malheurs, Marsigli fit établir un tronc dans la chapelle de son institut, pour le rachat des chrétiens et principalement de ses compatriotes esclaves en Turquie. On a de lui : 1° *Essai physique de l'histoire de la mer*, traduit en français par Leclerc, et publiée à Amsterdam, en 1725, in-fol., avec 40 pl.; 2° *Danubius Pannonico-Mysicus, observationibus geographicis, physicis, astronomicis, hydrographicis, historicis physicis perlustratus*, en 6 vol. in-fol. C'est la description du Danube, depuis la montagne de Kalenberg, en Autriche, jusqu'au confluent de la rivière Jantra, dans la Bulgarie, ouvrage curieux et cher, mais qui renferme bien des hors d'œuvres et des inutilités; on y a donné peut-être plus à l'ostentation, à la parade scientifique, qu'aux connaissances vraiment utiles et agréables. Il a été traduit en français et imprimé à La Haye, 1744, 6 vol. in-fol.; 3° *De potione asiatica* (café), Venise, 1685, in-12; 4° *De fungorum generatione*, Rome, 1704, in-fol., 1732, en français et en italien, curieux et intéressant; 5° *Traité du Bosphore*, in-4°; 5° *Etat des forces ottomanes*, in-fol., qu'il composa en italien, et qu'il dédia, en 1661, à la reine Christine de Suède. Fontenelle a fait l'éloge de ce savant, imprimé dans les *Mémoires de l'Académie des sciences*, année 1730 (Voy. les *Mémoires sur la vie de M. le comte de Marsigli*, par L. D. C. H. D., Zurich, 1741, in-8°, et les *Mémoires de Nicéron*, tome 26, qui porte ses ouvrages au nombre de 20).

MARSILE, ou Marsille, ou Marcile de Padoue, surnommé Menandrin, fut recteur de l'université de Paris, dans laquelle il avait étudié et professé la théologie en 1312. On a de lui plusieurs ouvrages sur les droits du sacerdoce et de l'empire; mais, en voulant défendre les empereurs contre les entreprises des papes, il tombe dans l'extrémité opposée. Il est le premier qui, sans désavouer expressément la puissance ecclésiastique, entreprit de la ruiner, par un système qui l'enlevait des mains des premiers pasteurs. Il enseigna dans son livre intitulé *Defensor pacis* (car c'est toujours au nom de la paix que les ennemis de l'Eglise lui déclarent la guerre), qu'en tout genre de gouvernement, la souveraineté appartenait à la nation; que le peuple chrétien avait seul la juridiction ecclésiastique en propriété; que, par conséquent, il avait seul le droit de faire des lois, de les modifier, de les interpréter, d'en dispenser, d'en punir l'infraction; d'instituer des chefs pour exercer la souveraineté en son nom, de les juger et de les déposer, même le souverain pontife; que le peuple avait confié la juridiction spirituelle au magistrat politique, s'il était fidèle; que les pontifes la recevaient du magistrat, mais que, si le magistrat était infidèle, le peuple la conférait immédiatement aux pontifes mêmes; que ceux-ci ne l'exerçaient jamais qu'avec subordination à l'égard du prince et du peuple, et qu'ils n'avaient, par leur institution, que le pouvoir de l'ordre, avec une simple autorité de direction et de conseil, sans aucun droit de juridiction dans le gouvernement ecclésiastique, telle que serait l'autorité d'un médecin ou d'un jurisconsulte sur les objets de leur profession. Ce monstrueux système était trop favorable aux hérétiques pour ne pas trouver des partisans. Le moyen le plus sûr d'accréditer l'erreur est de détruire, s'il est possible, l'autorité qui la proscrit. Aussi tous les sectaires qui sont venus après Marsile ont-ils adopté la même doctrine, non-seulement contre l'Eglise, mais encore contre le prince. Mais jamais cette erreur n'a fait plus de progrès que dans le XVIII° siècle, où, chez toutes les nations, les compilateurs ont entassé des volumes, pour faire de la hiérarchie un chaos politique et une véritable anarchie. Outre le *Defensor pacis*, on a de Marsile : *de Translatione imperii romani*; un traité de *Jurisdictione imperiali in causis matrimonialibus*, in-folio. Marsile, se mêlant de tout, avait aussi exercé la médecine. Il mourut en 1328.

MARSILÉACÉES, *Marsileaceæ* (bot.), syn. *rhizocarpées*, famille de plantes cryptogames, à tiges rampantes, qui habitent le fond des eaux peu profondes, produisent en même temps des racines adventives et des feuilles dressées réduites à un simple filet cylindrique et filiforme dans la pilulaire (*pilularia*), formées probablement par un pétiole dépourvu de limbe, portant au contraire dans les marsilia deux paires de folioles disposées en croix, flottant à la surface de l'eau, ou s'élevant hors de ce liquide. Ces folioles cunéiformes sont parcourues par des nervures fines et dichotomes. Les feuilles présentent un caractère fort remarquable, c'est la faculté

que possèdent les folioles de se relever et de s'appliquer par paires l'une contre l'autre pendant la nuit, comme chez certaines légumineuses. Les organes de la reproduction sont contenus dans des conceptacles, sphériques dans la pilulaire, comprimés latéralement dans les marsiléa, portés tantôt sur la base des pétioles des feuilles, tantôt sur des pédicelles propres. Leur paroi est épaisse et coriace; elle se divise en plusieurs valves (quatre dans la pilulaire), ou loges, dont chacune contient deux sortes d'organes fixés sur un placenta saillant; les uns, placés dans la partie inférieure, sont de petits sacs avoïdes, formés d'une membrane très tenue, remplis d'une substance gélatineuse qui se gonfle par l'absorption de l'eau après la déhiscence des conceptacles; au centre, se trouve un corps unique elliptique renflé au sommet, formé d'une enveloppe crustacée, jaunâtre, lisse, contenant dans son intérieur une cellule très mince remplie de fécule : c'est l'embryon qui germe et se développe dans l'eau; ce sont des séminules analogues à celles des fougères. Vers la partie supérieure des mêmes loges des conceptacles, sont des sacs membraneux, claviformes, contenant au milieu d'un liquide gélatineux plusieurs corps sphériques jaunâtres qui s'échappent de ses sacs par la rupture de la membrane qui les forme. On les regarde généralement comme les organes mâles. Le genre Pilularia ne renferme qu'une seule espèce; mais le genre massiléa comprend de nombreuses espèces répandues sur tout le globe, particulièrement dans les régions intertropicales,   J. P.

MARSOLLIER (JACQUES), né à Paris en 1647, prit l'habit de chanoine régulier de Sainte-Geneviève. Il fut envoyé à Usez pour rétablir le bon ordre dans le chapitre de cette ville, pour lors régulier. Marsollier s'y fixa et en fut prévôt, dignité dont il se démit. On travaillait alors à séculariser la cathédrale d'Usez; mais cette affaire n'ayant pas été terminée dans ce temps-là, Marsollier fut fait archidiacre. Il mourut dans cette ville, en 1724, après avoir publié plusieurs histoires qu'on lit avec plaisir. Son style est en général assez coulant. Quoiqu'il emploie quelquefois des expressions trop familières et même basses, il est pourtant facile de sentir qu'il cherche l'ornement. Il y a un air trop oratoire dans la plupart de ses discours : extrêmement long dans ses récits, il ne les finit qu'à regret, et y mêle souvent des circonstances minutieuses. Ses digressions sont fréquentes et prolixes. Ses portraits ont une espèce de difformité ennuyeuse, et plus de vérité que de finesse. Il a encore le défaut d'annoncer fréquemment ce qu'il doit dire dans la suite de son histoire; ces annonces interrompent la narration, et empêchent le plaisir de la surprise. On a de lui : l'*Histoire du cardinal Ximenès*, 1693, 2 vol. in-12, réimprimée plusieurs fois depuis; *Histoire de Henri VII*, roi d'Angleterre, réimprimée en 1727, 2 vol. in-12. C'est le chef-d'œuvre de l'auteur; *Histoire de l'inquisition et de son origine*, in-12, 1693. Cette histoire, quoique incomplète, est plus digne de foi que celle publiée par Llorente; la *Vie de saint François de Sales*, en 2 vol. in-12. Elle a été réimprimée plusieurs fois, et traduite en italien par l'abbé Salvini; la *Vie de madame de Chantal*, 2 vol. in-12; la *Vie de dom Rancé*, abbé et réformateur de la Trappe, 1703, 2 vol. in-12. La vérité n'a pas toujours conduit la plume de Marsollier, comme dom Gervaise le démontre dans un jugement critique, etc., imprimé à Troyes en 1744, in-12; *Entretien sur plusieurs devoirs de la vie civile*, in-12, 1715. Sa morale est verbeuse; l'*Histoire de Henri de la Tour d'Auvergne, duc de Bouillon*, en 3 vol. in-12, peu estimée; une *Apologie d'Erasme*, in-12, qui a souffert des contradictions; *Histoire de l'origine des dîmes et autres biens temporels de l'Eglise*, Paris, 1589, in-12. C'est le trait commun de tous les ouvrages de Marsollier, homme savant et laborieux, mais dont la manière de voir avait quelque chose de paradoxal, et dont le jugement ne paraissait pas toujours dirigé par des principes bien fermement établis. On dirait quelquefois qu'il cherche plutôt à se distinguer qu'à dire le vrai. Dans son *Histoire de l'inquisition*, il n'a pas fait difficulté de copier le protestant et socinien Limborch; et, dans son *Apologie d'Erasme*, il est de si bonne composition qu'il aurait presque lui-même besoin d'apologie.

MARSOLLIER DES VIVETIÈRES (BENOIT-JOSEPH), auteur dramatique, né à Paris en 1750, mort à Versailles en 1817, donna, en 1774, son premier opéra-comique, qui fut suivi de quelques comédies en prose pour le théâtre dit Italien, et d'un grand nombre d'autres pièces à ariettes, dont la plupart sont encore représentées aujourd'hui.

MARSOUIN, s. m., cétacé du genre des dauphins, mais à

museau obtus. Pop. et par injure, gros marsouin se dit d'un homme laid, mal bâti et mal propre.

MARSUPIAUX (mam.). Ce mot, tiré du latin (*marsupium*, bourse), a été donné au groupe des mammifères aplacentaires, qui comprend les marsupiaux proprement dits et les animaux qu'Et. Geoffroy a désignés sous le nom de monotrèmes. Les sarigues, les premiers animaux qui furent connus de ce type curieux, donnèrent lieu à cette dénomination par cette poche abdominale où le jeune trouve d'abord une poche incubatrice, et plus tard un asile et un refuge. L'existence de cette poche qu'on a comparée à une seconde matrice, outre celle d'un véritable utérus, a valu encore aux marsupiaux le nom de didelphes (δις δελφυς, double matrice). Nous devons à Etienne Geoffroy une première théorie de la génération des marsupiaux dans laquelle le savant anatomiste pense que le produit de la génération de ces singuliers mammifères quitte l'utérus dans l'état d'ovule gélatineux, rappelant l'état permanent d'une méduse, et se met en communication organique avec la mamelle de la mère, à l'aide d'une connexion intime de vaisseaux continus. Au moment où le jeune se détache de la tétine et naît définitivement, une trace de sang indique à la mamelle que la séparation vient d'avoir lieu. Plus tard Geoffroy abandonne cette idée d'une continuité vasculaire entre le jeune et sa mère, et considère l'adhérence de l'embryon à la tétine comme un simple contact. Les monotrèmes, nom sous lequel on désigne le second groupe des marsupiaux, et qui comprend les deux genres ornithorhyque et echidné ont un orifice unique, comme l'indique leur nom (μονος τρημα, un seul trou), une sorte de cloaque dans lequel les voies génitales urinaires et fécales débouchent à la fois. Ces animaux singuliers, d'abord éloignés des mammifères, ont été l'objet de nombreuses recherches, et les découvertes successives de l'anatomie et celles de l'embryologie ont montré de la manière la plus évidente que ces animaux devaient prendre place dans le grand groupe des mammifères. En effet, les monotrèmes, comme les marsupiaux, ont la mâchoire supérieure immobile; leur mâchoire inférieure n'est pas articulée avec un os carré; le crâne repose sur l'atlas par deux condyles; les globules du sang sont circulaires, l'aorte se courbe à gauche; les poumons, composés d'un tissu spongieux, sont divisés et subdivisés en cellules très petites, et appendus librement dans la cavité thoracique; celle-ci est séparée de la cavité abdominale par le diaphragme; il existe des mamelles qui acquièrent un développement plus considérable à l'époque de la gestation; la peau est garnie de poils. Cependant, bien que les marsupiaux aient de grandes affinités avec les autres mammifères, on a cru devoir en faire une classe distincte, parce qu'ils ne paraissent pas posséder le lien organique qu'établissent les vaisseaux allantoïdiens chez les placentaires. Les particularités organiques les plus remarquables peuvent se résumer de la manière suivante : *Système nerveux* : pas de corps calleux, ou un corps calleux tout-à-fait rudimentaire. *Système osseux* : des os marsupiaux articulés et mobiles sur le pubis. Les marsupiaux, si l'on en excepte l'opossum de Virginie, sont confinés dans l'hémisphère austral, et appartiennent en général à l'Australie, où les différents genres semblent correspondre à ceux des mammifères placentaires sur les autres continents. La plupart des auteurs qui ont classé les mammifères aplacentaires ont généralement pris pour point de départ de leur système la disposition du système dentaire. Le groupe s'est trouvé ainsi morcelé, et ses représentants furent différemment répartis dans les ordres des mammifères placentaires. Ainsi les marsupiaux furent d'abord considérés par G. Cuvier, comme constituant la quatrième famille de ses carnassiers, et c'est la place que leur a conservée Fréd. Cuvier. Les monotrèmes faisaient partie de l'ordre des édentés. Nous donnerons ici le tableau de la distribution méthodique des marsupiaux par M. Owen; nous réservant de traiter plus longuement dans des articles spéciaux, des caractères propres à chaque famille et à chaque genre.

1ᵉ Tribu, Sarcophages (*Carnivores*). Trois espèces de dents et de longues canines à chaque mâchoire. Estomac simple; pas de cœcum.

Famille Dasyuridés. G. thylacine, dasyure, phascogale. Deux genres fossiles représentant des formes transitoires : *Phascolotherium* et *thylacotherium*.

2ᵉ Tribu, Entomophages (*Insectivores*). Trois espèces de dents à chaque mâchoire. Estomac simple; cœcum de longueur médiocre.

1ʳᵉ *Famille* Marcheurs. G. myrmecobe. 2ᵉ *Famille* Sauteurs. G. chœrope, péramèle. 3ᵉ *Famille* Grimpeurs. G. didolphe, cheironecte.

3ᵉ Tribu, Carpophages (*Frugivores*). Incisives antérieures grandes et longues à chaque mâchoire; canines inconstantes. Estomac simple, ou accompagné d'une glande particulière; cœcum très long.

1ʳᵉ *Famille* Phalangistidés. G. phalanger, petaure, S. G. couscous, psendocheire, tapoa, pelauriste, belidie, acrobate. 2ᵉ *Famille* Phascolarctidés. G. phascolarcte.

4ᵉ Tribu, Poephages (*Herbivores*). Incisives antérieures grandes et longues à chaque mâchoire; canines existant à la mâchoire supérieure seulement, ou manquant. Estomac complexe; cœcum long.

Famille Macropodidés. G. potoroo, kanguroo. S. G. lagochèles, halmaturus, macropus, osphranter.

5ᵉ Tribu Rhizophages (*Rongeurs*). Deux incisives en biseau à chaque mâchoire; pas de canines. Estomac accompagné d'une glande spéciale; cœcum court, large, avec un appendice vermiforme.

Famille Phascolomydés. G. phascolome, diprotodon (fossile).

Quant aux monotrèmes, on les distingue en deux genres : l'ornithorhynque et l'échidné. Le premier ne comprend qu'une espèce qui est aquatique (*Ornithorhynchus paradoxus*); le second comprend deux espèces terrestres (*Echidna lystrix* et *Echidna setosa*). L'ornithorhynque se distingue par son cerveau sans circonvolutions; par son bec élargi, armé de quelques dents; par sa langue courte et non extensible, par son gland bifurqué, par son corps entièrement dépourvu d'une armure épineuse; par d'autres caractères, enfin, dont nous parlerons à l'article *Ornithorhynque*. Disons quelques mots des marsupiaux fossiles. On a découvert dans les grottes de la vallée de Wellington, dans la Nouvelle-Hollande, une grande quantité d'ossements encroutés d'un sédiment rougeâtre semblable aux brèches osseuses du littoral de la Méditerranée. On y a reconnu des os de potoroo, de phascolome, de phalanger, de kanguroo et de dasyure. On en a aussi rencontré qui appartenaient à des espèces perdues telles que les kanguroos, titan et atlas qui sont d'un tiers plus grands que le kanguroo géant. Le *nototherium* de M. Owen, pachyderme marsupial de la taille d'un cheval. Une petite espèce de sarigue a été découverte par Cuvier dans les plâtres des environs de Paris (*didelphis Cuvieri*).

MARSY (François-Marie de), né à Paris en 1714, entra de bonne heure chez les jésuites, où il cultiva avec fruit les heureux talents qu'il avait reçus de la nature. A peine avait-il vingt ans, qu'il donna au public plusieurs poèmes latins, qui furent applaudis des amateurs de la bonne latinité. Le plus estimé est celui qui parut en 1736, in-12, sous le titre de *Pictura*. Le jeune poète y chante ce bel art avec des grâces, une variété et une harmonie bien rares. La sécheresse des préceptes est cachée sous les charmes de l'expression et des images. De Marsy, ayant quitté les jésuites, n'abandonna pas la carrière des lettres. Il s'y acquit de la gloire par quelques ouvrages utiles; mais il se couvrit d'opprobres par son *Analyse de Bayle*, qu'il publia en 1754, en 4 vol in-12, et qu'on a depuis réimprimée en Hollande avec une suite de quatre autres volumes. Cette compilation infâme des ordures et des impiétés répandues dans les ouvrages du philosophe protestant fut proscrite par le parlement de Paris, et l'auteur renfermé à la Bastille. En 1782, du Bois de Launay donna sous le même titre un ouvrage excellent, et une solide réfutation du premier, Paris, 2 vol. in-12. Dès que Marsy eut obtenu la liberté, il continua l'*Histoire moderne*, pour servir de suite à l'*Histoire ancienne* de M. Rollin, dont il avait déjà publié plusieurs volumes; c'est moins une histoire qu'une description géographique et historique. Il travaillait au douzième lorsqu'une mort précipitée l'enleva en décembre 1763. L'ouvrage a été continué et porté jusqu'à 30 vol. in-12. On a encore de lui : l'*Histoire de Marie Stuart*, 1743, en 3 vol. in-12. Fréron travailla avec lui à cet ouvrage, qui aurait été plus complet si les auteurs avaient consulté quelques livres où les calomnies de Buchanan, répétées par Hume, Robertson, etc., sont péremptoirement réfutées; *Mémoires de Melleville*, traduits de l'anglais, 1745, 3 vol. in-12. Cette traduction paraît faite avec soin; *Dictionnaire abrégé de peinture et d'architecture*, 2 vol. in-12, assez bien fait; le *Rabelais moderne*, ou les *OEuvres de Rabelais mises à la portée de la plupart des lecteurs*, 1752, 8 vol. in-12. C'est la seule édition de Rabelais qui mérite quelque attention; mais il ne fallait pas tant de volumes pour des turlupinades ; *le Prince*, traduit de Fra-Paolo, 1751, in-12.

MARSYAS (*myth.*), musicien célèbre par son habileté à jouer de la flûte et par sa dispute avec Apollon, était de Cé- lènes en Phrygie, et avait eu pour père Olympus, ou Hyagnis, ou OEagrus. Les poètes en ont fait un Silène ou un Satyre, Il jouait de la flûte avec tant de perfection qu'il passa pour l'inventeur de cet instrument. Epris des charmes de Cybèle, il suivit cette déesse à Nysa, où il eut l'imprudence de faire à Apollon un défi, dont la condition fut que le vaincu serait écorché tout vif par le vainqueur. Les Muses, ou selon Dio- dore, les habitants de Nysa furent pris pour arbitres. Les deux champions firent briller tout leur talent, et ce ne fut pas sans peine qu'Apollon remporta la victoire. Le dieu lia aussitôt son rival à un arbre, et l'écorcha tout vif. La mort de Marsyas causa un deuil universel. Les Faunes, les Satyres et les Dryades le pleurèrent, et de leurs larmes naquit un fleuve de Phrygie qui fut nommé Marsyas. Les villes libres avaient dans la place publique une statue de Marsyas, qui était comme un symbole de leur liberté, à cause de la liai- son intime de Marsyas avec Bacchus, surnommé Liber. Il y avait à Rome dans le forum une de ces statues avec un tribunal dressé tout auprès, où l'on rendait la justice. Les avocats qui gagnaient leurs causes avaient soin de couronner cette statue de Marsyas, comme pour le remercier du succès de leur élo- quence, et pour se le rendre favorable en qualité d'excellent joueur de flûte ; car on sait combien le son de cet instrument influait alors dans la déclamation, et combien il était capable d'animer les orateurs et les acteurs. On voyait de plus à Rome, dans le temple de la Concorde, un Marsyas garrotté, peint de la main de Zeuxis. Plusieurs monuments le repré- sentent attaché à un arbre, les mains liées derrière le dos ; devant lui est Apollon, une lyre à la main. On conservait à Célènes la peau de ce musicien. Toutes les fois qu'on jouait de la flûte elle s'agitait et répondait, dit-on, au lieu qu'elle ne produisait ni son ni mouvement quand on jouait de la lyre.

MARTABAN, province de la région Transbrahm apoutri- que, appartenant aux Anglais : elle est bornée au N. et à l'E. par l'empire Birman ; au S. par la province d'Yé, et à l'O. par le golfe du même nom. Sa superficie est de 1550 lieues car- rées. Cette province, arrosée par plusieurs cours d'eau, est fertile et montagneuse ; son climat est agréable et salubre. On récolte le coton, l'indigo, le poivre noir, et en petite quantité le sucre et le tabac ; les noix d'arec y abondent. Les îles du Thaleagn produisent le chanvre en grande quantité. Les forêts qui s'étendent au N. de Martaban donnent le bois de tek, du sapan et d'autres bois recherchés. On trouve dans ces montagnes des mines d'antimoine, de l'ivoire, cardamome, de la cire et du miel ; elle tire de la Chine et du Laos la lupe, les rubis, des drogues, des sabres, des couteaux, du gin- seng, du mercure, de l'assa-fœtida, de l'alun et du borax. L'entrée du golfe Martaban est très dangereuse à cause de ses bas fonds qui y sont nombreux, et de ses marées. Dans le xviie siècle, les Portugais y avaient des comptoirs et plusieurs autres établissements qui sont tombés dans les mains des Anglais. Martaban est le chef-lieu de cette province. Elle est située au pied d'une colline du même nom, et se compose de deux longues rues qui n'ont pas moins d'un tiers de lieue de longueur ; ses rues ne sont pas pavées, ce qui en fait, dans les saisons des pluies, des voies boueuses et impraticables ; toutes ses maisons sont bâties en bois et sur pilotis. Une grande pagode d'une élévation d'environ 50 mètres est le seul monument remarquable. Sa population se compose en- viron de 2,000 individus, tant Anglais qu'indigènes. Cette place est défendue par une longue palissade qui la sépare de ses faubourgs.

MARTAINVILLE (ALPHONSE), homme de lettres et journa- liste, né en 1777, en Espagne, de parents français, fit ses études au collège de Louis-le-Grand ; il les termina à l'époque la plus orageuse de la révolution. Quoiqu'il fût encore très jeune, il s'en montra le plus ardent ennemi. Traduit à 17 ans au tribunal révolutionnaire, il dut son salut moins à sa grande jeunesse qu'à l'influence d'Antonnelle, un des jurés, qui avait connu sa famille. On répéta dans tout Paris, et l'on consigna dans les journaux la réponse qu'il fit à Coffinhal, président du tribunal : « Comment t'appelles-tu, lui demanda ce juge assassin ! — Alphonse Martainville. — Oh ! de Martainville, sans doute ? — Citoyen président, je suis ici pour me *raccourcir* et non pas pour me *rallonger*. »Cette courageuse naïveté sauva le jeune Martainville. Après le 9 thermidor, il joua un rôle ho- norable dans la courte réaction qui eut lieu contre le parti ja-

cobin, et il fut un des chefs des jeunes gens que ce parti appe- lait la *jeunesse dorée de Fréron*. Après un voyage de plusieurs années en Italie et dans le Levant, Martainville vint à Paris. Il composa à l'époque du sacre et du mariage de Napoléon avec Marie-Louise, et dans plusieurs autres circonstances, des chansons très hardies qui ont compromis plus d'une fois sa liberté ; elles eurent dans le monde une grande vogue clan- destine, et ont été réimprimées, depuis la Restauration, dans plusieurs recueils. En 1814, il arbora l'un des premiers la cocarde blanche, et fit éclater pour la cause des Bourbons un zèle et un dévouement qui ne se sont point démentis. Au mois de mars 1815, il rédigea une adresse énergique aux volon- taires-royaux ; elle fut affichée sur tous les murs de la capitale. Peu de jours avant le départ du roi, Martainville, à la tête d'une compagnie de ces défenseurs du trône, se signala par plusieurs actions, et il fut un des derniers à s'éloigner. Au moment où la chambre des députés des Cent Jours venait de décréter l'acte additionnel et de prononcer la peine de mort contre ceux qui provoqueraient le retour des Bourbons, il fit distribuer à cette chambre même, et répandre dans Paris et les provinces, une adresse signée de lui et dans laquelle il déclarait à ces représentants qu'ils n'avaient d'autre parti à prendre que d'aller se jeter aux pieds du roi. Il travailla en- suite pour différents théâtres, et se distingua toujours par son amour pour les Bourbons. Tour à tour attaché au *Journal de Paris*, à la *Gazette de France*, à la *Quotidienne*, au *Drapeau Blanc*, il s'y fit goûter par des articles piquants, par une fran- chise d'opinions et une verve de style qui lui suscitaient des procès avec les libéraux. Ce fut à l'occasion du compte qu'il rendit de la tragédie de *Germanicus*, représentée en 1817, que le fils de l'auteur, M. Arnault, ayant maltraité de propos et de voies de fait en public Martainville, celui-ci lui intenta un procès en police correctionnelle ; il plaida lui-même sa cause, et son adversaire, dont il prouva les provocations, fut con- damné à un jour de prison et à 50 francs d'amende. Le même jour (25 juin), MM. Martainville et Arnault, fils, se battirent au pistolet : deux fois les balles furent échangées entre les combattants, et Martainville reçut à la cuisse une légère con- tusion. Cependant le bruit s'étant répandu qu'il avait été blessé grièvement, il écrivit à ses journalistes, ses confrères, pour démentir cette nouvelle. Martainville est auteur de plu- sieurs productions dans lesquelles il a su allier la gaîté au bon goût ; ce sont : 1° *Les suspects et les fédéralistes*, vaudeville en un acte, 1795, in-8° ; 2° *Grivoisiana* ou *Recueil facétieux*, 1801, in-8° ; 3° (avec Etienne), *Histoire du Théâtre-Français pendant la révolution*, 1802, 4 vol. in-12 ; cet ouvrage, dont le sujet n'est que trop intéressant, est bien écrit et dans un bon esprit ; 4° *Chanson pour la naissance du roi de Rome* (dans les *Hommages poétiques* de Lucet). Il a donné à diffé- rents théâtres plusieurs pièces, parmi lesquelles on remarque (avec Tinot) : *George-le-Taquin* ou *le Brasseur de l'île des Cygnes*, la *Queue du diable*, la *Cassette précieuse*, ou *un, deux, trois, quatre*, l'*Intrigue de carrefour*, *M. Crédule*, *Pataquès*, le *Pied de mouton*, *Taconnet*, *Une demi-heure de cabaret* ; il a encore donné, en 1817, un chant funèbre latin, exécuté à Vincennes pour l'anniversaire de la mort du duc d'Enghien. Martainville joignait au talent le courage de l'écrivain, et il est du petit nombre des critiques qui ne craignaient pas de signer leurs jugements quelquefois sévères. Des infirmités pré- coces, suite d'une jeunesse très orageuse, le forcèrent à se re- tirer de la carrière ; il est mort à Sablonville, le 27 août 1830. Il eût parcouru une carrière bien plus brillante s'il eût eu moins de goût pour les plaisirs et des principes plus assurés sur des points importants.

MARTE, *mustela* (*mam.*), genre de mammifères établi par Linné, et placé par Cuvier à la tête des carnassiers digiti- grades, formant (avec M. Is. Geoffroy, sous le nom de musté- liens, la troisième famille de son sous-ordre des carnivores à molaires dont les unes tranchantes, mais non hérissées de pointes.Chaque mâchoire présente six incisives, deux canines, et parmi les mâchelières deux carnassières et deux tubercu- leuses ; mais le nombre des fausses molaires varie quelquefois de quatre à six à la mâchoire supérieure, et de six à huit à l'inférieure, d'où il résulte que le nombre de leurs dents va- rie de trente-quatre à trente-huit. Les carnassières ressem- blent assez à celles des chats, mais les inférieures sont sur- tout remarquables par un talon assez étendu que présente leur partie postérieure. Les pieds sont courts comparativement à la longueur de leur corps effilé, et terminés chacun par cinq doigts réunis dans une grande partie de leur longueur par une membrane ; les ongles sont arqués et très pointus, excepté dans les zorilles. La pupille est allongée transversalement comme chez les animaux crépusculaires. Près de l'anus sont de petites glandes qui sécrètent, surtout quand ces animaux sont en colère, une humeur d'une odeur toujours désagréable et souvent fétide. Les martes sont des animaux cruels et sanguinaires : elles ne se nourrissent que de proies vivantes, et ce n'est que poussées par la faim qu'elles mangent quelques fruits. Les espèces qui habitent les bois poursuivent continuellement les oiseaux et les petits mammifères. « La ruse dans l'attaque, l'effronterie dans le danger, un courage furieux dans le combat, une cruauté inouïe dans la victoire, un goût désordonné pour le carnage et le sang, sont des caractères qui appartiennent à toutes les espèces de cette famille sans exception. » Leur corps long, grêle, vermiforme, leurs jambes courtes et leur souplesse, leur permettent de passer par les plus petits trous, pourvu que leur tête puisse y entrer ; aussi pénètrent-ils dans les basses cours, où ils mettent tout à sang. Ils n'épargnent rien, et n'assouvissent leur faim que lorsqu'ils ont mis à mort tout ce qui les entoure. Les martes sont cruelles par instinct et n'épargnent même pas les animaux de leur genre. Les espèces les plus fortes attaquent et tuent les plus faibles, et cependant les mâles, loin de manger leurs petits comme cela arrive parfois chez les chats et les cochons, en prennent le plus grand soin et partagent avec la femelle leur éducation. Les martes habitent les forêts les moins fréquentées, et ne s'approchent guère des habitations de l'homme, si l'on en excepte toutefois la fouine et la belette. On a divisé le genre marte en quatre sections : I. Les martes proprement dites (*mustela*), qui ont six fausses molaires à la mâchoire supérieure et huit à l'inférieure. Nous citerons la marte commune (*M. Martes*, L.) ; elle a 50 centimètres environ de longueur, non compris la queue ; elle est d'un brun lustré, avec une tache d'un jaune clair sous la gorge, ce qui la distingue de la fouine. La zibeline (*M. zibellina*, L.), qui habite les régions les plus septentrionales de l'Europe, de l'Asie et de l'Amérique du Nord, est remarquable par sa fourrure très précieuse dont il se fait un commerce immense en Russie. Les plus estimées viennent de la Sibérie. La zibeline ressemble beaucoup à la marte commune pour les mœurs et les formes, et n'en diffère que par les couleurs et la finesse de son pelage. Elle est d'un brun lustré, noirâtre en hiver, plus pâle en été, quelquefois entièrement blanche ou roussâtre dans certaines variétés accidentelles. Elle a le dessous de la gorge grisâtre, le devant de la tête et les oreilles blanchâtres, et le dessous des pieds garni de poils jusque sous les doigts, ce qui la distingue très bien de la marte commune. La fouine (*M. foina*, L.), dont nous avons déjà parlé dans un article particulier, appartient à cette division. — II. Les putois (*putorius*, Cuv.) n'ont que quatre fausses molaires à la mâchoire supérieure, six à l'inférieure, et point de tubercule intérieur à la carnassière inférieure. Leur tête est moins allongée que chez les martes. Le putois commun (*M. putorius*, L.), plus petit que la marte commune, est d'un brun noirâtre assez foncé sur les membres, mais plus clair et plus fauve sur les flancs ; il a le bout du museau, des oreilles, et une tache derrière l'œil blancs. Il existe une variété blanche et une jaunâtre ; la première assez rare. Le furet (*Put. furo*) ne diffère du putois que par son pelage d'un blanc jaunâtre et ses yeux roses, ce qui pourrait bien n'être qu'un effet d'albinisme. L'hermine (*Put. erminæ*) ressemble beaucoup à la belette, un peu plus grande que celle-ci ; son pelage, en été, d'un beau marron plus ou moins pâle en dessus, est d'un blanc jaunâtre en dessous, avec la mâchoire inférieure blanche ; sa queue est brune avec l'extrémité noire. En hiver son pelage devient entièrement blanc, si ce n'est le bout de la queue qui reste noir. On sait que cette fourrure fait l'objet d'un commerce considérable. Cet animal est d'autant plus commun que l'on remonte davantage vers le Nord. La belette (*Put. mustela*) n'a que 16 centimètres de longueur, non compris la queue ; son corps effilé est d'un brun roux en dessus, blanc en dessous. Ce joli animal déploie à la chasse une agilité et un courage remarquables ; il attaque le surmulot et même de jeunes lapins. — III. Les zorilles (*zorilla*, Is. G.) ont le système dentaire des putois, mais des ongles robustes, non pointus, propres à fouir la terre, mais non à grimper. La seule espèce de ce genre est le zorille (*zorilla variegata*, Less.), blaireau du Cap, Kolbe. Cet animal a plus d'un pied du bout du museau à l'extrémité de la queue, qui a 8 pouces (0 m. 217) à peu près de longueur. Il est noir, avec plusieurs taches blanches sur la tête, et des lignes longitudinales blanches sur le corps en dessus, ou blanc avec des taches ou des lignes noires.

La première variété se trouve au cap de Bonne-Espérance, et la seconde au Sénégal et sur les bords de la Gambie. Du reste cet animal a le même genre de vie que les martes, à cela près que ses ongles n'étant pas conformés pour grimper sur les arbres, il se creuse un terrier qu'il habite pendant le jour, et dans lequel il se retire à la moindre apparence de danger. Les martes ne tombent pas l'hiver en léthargie. Réduites en captivité, elles s'apprivoisent assez bien, mais jamais assez cependant pour s'attacher à leur maître. Les martes ont assez d'intelligence, si l'on en juge par l'adresse et la ruse qu'elles déploient pour surprendre leurs ennemis ; mais c'est purement une intelligence de meurtre et de cruauté qui ne les empêche pas de tomber dans la plupart des pièges qu'on leur tend. Toutes ces espèces ne sortent guère de leur retraite que la nuit, ou si elles s'y hasardent pendant le jour, c'est en se glissant furtivement sous le feuillage et en prenant toutes les précautions nécessaires pour ne pas être aperçues par les animaux qu'elles veulent surprendre pour en faire leur proie.   J. P.

MARTEAU, s. m., outil de fer qui a un manche ordinairement de bois, et qui est propre à battre, à forger, à cogner. Il se dit particulièrement, dans l'administration forestière, d'un marteau de fer dont le gros bout porte une marque en relief que l'on imprime sur des arbres en les frappant. Prov. et fig., il faut être enclume ou marteau, se dit dans des circonstances où il est presque inévitable de souffrir du mal ou d'en faire. Marteau d'horloge, marteau qui dans une horloge frappe sur le timbre pour annoncer les heures. Fig. et fam., graisser le marteau, donner de l'argent au portier d'une maison afin de s'en faciliter l'entrée. Prov., n'être pas sujet au coup de marteau, n'être point assujetti à obéir sur le champ et au premier signal. Fig. et fam., avoir un coup de marteau, avoir quelque manie, quelque bizarrerie. Fig. et fam., perruque à trois marteaux, perruque qui avait une longue boucle entre deux nœuds. Marteau, en terme de facteur d'instruments, se dit des petites tringles de bois que l'on fait mouvoir en touchant le clavier d'un piano, et dont une extrémité, garnie de peau, sert à frapper les cordes de l'instrument. Marteau, en terme d'anatomie, est le nom d'un des quatre osselets de l'oreille.

MARTEAU, *malleus* (moll.), genre de coquilles bivalves de la famille des submytilacées de M. de Blainville, des malléacées de Lamarck, que Linné comprenait dans son genre huitre. Les principaux caractères de ce genre sont : coquille irrégulière subéquivalve, le plus souvent très auriculée de chaque côté du sommet et prolongée en arrière de son corps de manière à ressembler à un marteau. L'animal est peu connu ; il est pourvu d'un byssus assez petit, et son manteau se prolonge en arrière par des lobes ouverts assez grands. Entre le sommet et l'auricule inférieure existe une échancrure oblique pour le passage du byssus ; charnière sans dents, linéaire, fort longue et céphalique ; ligament simple, triangulaire et inséré dans une fossette conique, oblique, et en partie extérieure. Les espèces de ce genre, peu nombreuses, appartiennent aux mers de l'Inde et de l'Australasie. Les espèces connues ont été divisées en deux sections : la première renferme celles qui sont malléiformes, par le prolongement des oreilles ; la seconde celles qui ne le sont pas. Dans la première catégorie, nous citerons le marteau vulgaire, *malleus vulgaris*, la plus grande espèce du genre et la mieux connue. Les deux lobes de la tête du marteau sont étroits, allongés, presque égaux ; la couleur est le plus souvent noire, et le sinus du byssus est bien séparé de celui du ligament. Elle est répandue dans tous les points de l'Océan des grandes Indes et Austral. Le marteau blanc, *malleus albus*, Lamk. Cette coquille est de la forme de la précédente, mais sa couleur est constamment blanche, et le sinus du byssus n'est pas distinct de celui du ligament ou est confondu avec lui. Dans la seconde section on range le marteau raccourci, *malleus decurtatus*, Linck. Cette espèce est allongée, aplatie, avec un lobe auriculaire fort court. De la Nouvelle-Hollande.   J. P.

MARTEL, s. m., marteau, mot ancien qui n'est plus en usage que dans cette locution figurée : martel en tête, inquiétude, ombrage, souci.

MARTEL (François), chirurgien de Henri IV, vers l'an 1590, sauva la vie à ce prince par une saignée, et obtint pour ce service le titre de premier chirurgien après la mort d'Antoine Portail. Il est auteur de l'*Apologie pour les chirurgiens contre ceux qui publient qu'ils ne doivent se mêler que de remettre des os rompus ou démis*. Dans cet ouvrage, il rapporte plusieurs guérisons qu'il avait faites à la cour, sous les yeux des médecins et chirurgiens que le roi avait nommés pour examiner son habileté. Il a encore écrit des paradoxes sur la pratique de chirurgie, où l'on trouve beaucoup de choses que les chirurgiens modernes ont introduites dans leur art, comme le pansement à froid, l'abus des sutures, les bandages, etc. Ses œuvres sont imprimées avec la *Chirurgie* de Philippe de Flesselle, médecin à Paris, chez P. Trichar, in-12, 1635.

MARTEL (Gabriel), jésuite, né au Puy en Velai, le 14 avril 1680, remplit avec succès les différents emplois de sa compagnie jusqu'à sa mort, arrivée le 14 février 1756. Il est connu par un ouvrage intitulé : *Le chrétien dirigé dans les exercices d'une retraite spirituelle,* 2 vol. in-12; ce livre a été réimprimé en 1764 avec des augmentations considérables. On a encore de lui : *Exercice de la préparation à la mort,* 1725, in-12.

MARTELAGE, s. m., terme d'administration forestière, la marque que les agents des eaux et forêts font avec leurs marteaux aux arbres qu'on veut réserver dans les triages mis en vente.

MARTELER, v. a., battre à coups de marteau. Il signifie figurément faire avec effort un travail d'esprit; il signifie aussi donner de l'inquiétude, du souci.

MARTELET, s. m., petit marteau dont quelques ouvriers se servent pour des ouvrages délicats.

MARTELEUR, s. m., celui qui dans une forge est chargé de faire travailler le marteau.

MARTELLI (Louis), poëte italien, né à Florence, vers 1499 ou 1500, mort à Salerme, dans le royaume de Naples, en 1527, âgé d'environ 28 ans, fit des vers sérieux et d'autres bouffons. Les premiers furent imprimés à Florence, 1548, in-8°; les autres se trouvent dans le tome 2e des *Poésies à la Barniésque.* Cet auteur fut un des restaurateurs du théâtre italien. Sa tragédie de *Tullia* est fameuse parmi ses compatriotes; on la trouve dans le recueil de ses vers de l'édition de Florence (on estime encore ses odes et ses canzoni). Il mourut au service de Servante de San Severino, prince de Salerme.

MARTELLI (Vincent), frère du précédent, se fit aussi connaître par le talent de la versification, en 1607. On publia à Florence, in-8°, le recueil de ses lettres et de ses poésies italiennes.

MARTELLI ou **MARTELLO** (Pierre-Jacques), secrétaire du sénat de Bologne, et professeur des belles-lettres dans l'université de cette ville, au 17e siècle, a écrit en vers et en prose avec succès. Ses *versi e prose* ont été recueillis en 7 vol. in-8°, imprimés à Rome, en 1729; ce recueil renferme des tragédies et des romans. Martello, né à Bologne, le 28 avril 1665, mourut dans cette ville le 10 mai 1727. Au jugement de Maffey, il a été un des meilleurs poëtes italiens. Sa vie, écrite par lui-même jusqu'à l'an 1718, se trouve dans la *Recolta* de Calogera, tome 2. Martello avait été envoyé à Rome, en Espagne et en France, pour diverses négociations. Parmi ses tragédies, on cite l'*Alceste* et le *Cicéron*; son *Secretario eternate* renferme six satires contre les charlatans littéraires. Il introduisit en Italie les vers *martellioni,* de douze syllabes, assez semblables à nos alexandrins.

MARTELLIÈRE (Pierre de La), avocat au parlement de Paris, et depuis conseiller d'Etat, était fils du lieutenant-général au bailliage du Perche, et mourut en 1631. Il se distingua dans la cause de l'université de Paris contre les jésuites, qui sollicitaient leur rétablissement. Après ce que les Pasquier et les Arnauld avaient dit contre la société, il semblait que la satire devait être épuisée; mais La Martellière montra qu'ils avaient été réservés: il appelle les jésuites faux, ambitieux, politiques, vindicatifs, assassins des rois, corrupteurs de la morale, perturbateurs des Etats de Venise, d'Angleterre, de la Suisse, de Hongrie, de Transilvanie, de Pologne, de l'univers entier. Il les peint tous comme des Châtel et des Barrière, portant le flambeau de la discorde depuis trente ans dans la France, et y allumant un feu qui ne devait plus s'éteindre. Son plaidoyer, extrêmement applaudi au barreau, fit encore à l'impression lorsqu'il vit le jour, en 1612, in-4°. On le mit à côté des *Philippiques* de Démosthènes, des *Catilinaires* de Cicéron, mais il n'est comparable en rien aux ouvrages de ces grands hommes; il en remplace la véhémence par un emportement qui tient de la fureur. C'est un ramas de toutes les figures de la rhétorique, rassemblées sans choix, avec tous les traits de l'histoire ancienne et moderne que sa mémoire put lui fournir. Jacques de Montholon fit voir, dans un plaidoyer publié en 1612, que tout ce que La Martellière avait avancé n'était qu'un tissu de calomnies et de faits improuvés, démentis par les témoignages

les plus authentiques qu'il produisit. Le plaidoyer de La Martellière fut supprimé à Rouen, à Amiens, en Guienne, etc., et les libraires qui se chargèrent de le répandre furent punis sévèrement. Le P. Gimont Desclavolles, dans son *Avis sur le plaidoyer de La Martellière,* Paris, 1612, in-8°, a réfuté les principales assertions de cet avocat, dont il avait donné des preuves en une foule de circonstances. M. Rey, maître de pension, a publié une notice sur ce vénérable ecclésiastique. L'*Abeille de la Nouvelle-Orléans* lui a consacré aussi un article intéressant, 2 août 1832 (*V.* l'*Ami de la religion,* n° 2013.

MARTÈNE (Edmond), bénédictin de Saint-Maur, né le 22 décembre 1654, à Saint-Jean-de-Losne, au diocèse de Langres, mort en 1739, se signala dans sa congrégation par des vertus et par des recherches. L'étendue de ses connaissances n'ôta rien à la simplicité de ses mœurs, son amour pour l'étude ne ralentit point son assiduité aux offices et aux exercices claustraux. On a de lui un grand nombre d'ouvrages. Les principaux sont : *Commentaire* latin sur la règle de saint Benoît, Paris, 1690, in-4°. C'est une compilation, mais elle est bien faite, et c'est en partie dans ce livre que D. Calmet a puisé le sien sur la même matière; un traité *de Antiquis monachorum ritibus,* Lyon, 1690, 2 vol. in-4°; et 1738, in-fol.; un autre *Traité sur les anciens rites ecclésiastiques touchant les sacrements,* en latin, Reims, 1700 et 1701, 3 vol. in-4°. Il y a un tome 4e publié en 1706; un *Traité* latin sur la discipline de l'Eglise dans la célébration des offices divins, in-4°; un *Recueil d'écrivains et de monuments ecclésiastiques,* qui peut servir de continuation au *Spicilége* de dom d'Achéry. Il parut en 1717, sous ce titre : *Thesaurus novus anecdotorum,* 5 vol. in-fol.; *Voyage littéraire,* publié avec dom Durand, Paris, 1717 et 1724, en 2 vol. in-4°. *Veterum scriptorum..... amplissima collectio,* Paris, 9 vol. in-fol., etc. Tous ces ouvrages sont des trésors d'érudition. L'auteur y ramasse avec beaucoup de soin tout ce que des recherches laborieuses et une lecture immense ont pu lui procurer; mais il se borne à recueillir, et il ne se pique pas d'orner ce qu'il écrit. Il a laissé en manuscrit des *Mémoires* pour servir à l'histoire de sa congrégation.

MARTENS (Georges-Frédéric de), publiciste distingué, naquit à Hambourg, le 22 février 1756. Il étudia à Gœttingue, visita successivement Wetzlar, Ratisbonne et Vienne pour se perfectionner dans la science du droit, fut nommé professeur à Gœttingue en 1784, et anobli en 1789. De 1808 à 1813, il exerça les fonctions de conseiller-d'état, et y réunit bientôt celles de président de la section des finances au conseil-d'état du royaume de Westphalie. En 1814, il fut nommé conseiller privé de cabinet par le roi de Hanovre, et en 1816, accrédité près de la diète de Francfort. Il mourut dans cette ville le 21 février 1821. On estime son *Recueil des principaux traités d'alliance, de paix,* etc., *depuis* 1761 (Gœtt., 1791-1818, 14 vol.; nouv. édit., 1817-37, 20 vol. in-8°, dont un de table); son *Introduction au droit des gens positif de l'Europe* (ibid., 1796); Ses *Cas remarquables du nouveau droit des gens européen* (ibid., 1800, 2 vol. in-4°); son *Cours diplomatique,* ou *Tableau des relations extérieures des puissances de l'Europe* (Berlin, 1801, 3 vol. in-8°); et son *Esquisse d'une histoire diplomatique des affaires publiques de l'Europe et des traités de paix, depuis le* xve *siècle* (Berlin, 1807).

MARTENS (Charles de), neveu du précédent, a marché dignement sur ses traces dans les *Causes célèbres du droit des gens* (Leipz., 1827, 2 vol. in-8°); et dans le *Guide diplomatique* (Paris, 1832, 2 vol.), qui est une seconde édition du *Manuel diplomatique,* ou *Précis des droits et des fonctions des agents diplomatiques* (Paris et Leipz., 1822). Enfin M. Ch. de Martens a continué le *Recueil des principaux traités* dû à son père.

MARTHE, sœur de Lazare et de Marie, demeurait avec son frère et sa sœur, à Béthanie, près Jérusalem. Le Sauveur honora plusieurs fois de sa présence la maison de cette vertueuse famille. Un jour Marthe, étant occupée à le recevoir, se plaignit de ce que sa sœur était assise aux pieds de Notre-Seigneur pour l'écouter, au lieu de la seconder dans son travail, le Sauveur lui répondit : « Marthe, Marthe, vous vous empressez et vous vous troublez par le soin de beaucoup de choses, une seule chose cependant est nécessaire. » Après la mort de Lazare, elle alla au-devant de Jésus-Christ, et lui dit : « Seigneur, si vous aviez été ici, mon frère ne serait pas mort. » Jésus lui répondit : « votre frère ressuscitera. » Marthe témoigna depuis qu'elle le reconnaissait pour Christ et le fils du Dieu vivant. Elle le servit à table quelque temps après, à Béthanie, dans la maison de Simon le lépreux, et depuis ce temps il n'est plus parlé d'elle dans l'Evangile.

MARTIAL (Saint), évêque et apôtre de Limoges sous l'empire de Dèce, est plus connu par la tradition que par les anciens historiens. On lui attribue deux épîtres qui ne sont pas de lui.

MARTIAL D'AUVERGNE (c'était son nom de famille), naquit vers l'an 1440, et fut procureur au parlement et notaire au Châtelet de Paris, son pays natal. Il mourut en 1508, regardé comme un des hommes les plus aimables et un des esprits les plus faciles de son siècle. Ses ouvrages sont : les *Arrêts d'amour*, les poètes provençaux lui en avaient fourni le modèle. Ce sont des pièces badines, assez ingénieuses, et dont le principal mérite est une grande naïveté. Benoît de Court, savant jurisconsulte, a commenté fort sérieusement ces badinages. Il étaie une grande érudition dans son Commentaire, où il développe fort bien plusieurs questions du droit civil que l'on ne serait pas tenté d'y aller chercher. Ce Commentaire, avec les Arrêts, fut imprimé chez Griphe, à Lyon, in-4°, 1533; in-8°, à Rouen, 1687; et en Hollande, 1731, in-12. Ces Arrêts, au nombre de 53, sont écrits en prose, au commencement chez Griphe, à Rouen, 1687; et en Hollande, 1731, in-12. Ces Arrêts, au nombre de 53, sont écrits en prose, au commencement il y a en vers ainsi que la fin; un *Poème historique de Charles VII*, en 6 ou 7,000 vers de différentes mesures, sous le titre de *Vigiles de la mort du roi*, etc., Paris, 1493, in-fol. L'auteur lui a donné fort mal à propos, et par une idée très peu ingénieuse, la forme de l'office de l'Eglise, que l'on nomme Vigiles. Au lieu de Psaumes, ce sont des récits historiques, dans lesquels le poète raconte les malheurs et les glorieux exploits de son héros. Les leçons sont des complaintes sur la mort du roi. Le cœur du poète parle dans tous ses récits avec beaucoup de naïveté. Il sème sur sa route des portraits fidèles, mais grossiers; des peintures énergiques, mais basses, de tous les états qu'il passe en revue; des maximes solides, qui respirent l'amour de la vertu et la haine du vice. Il y a de l'invention et du jugement dans le poème, mais peu d'exactitude dans la versification; l'*Amant rendu cordelier de l'observance d'amour*, poème de 234 strophes, in-16. C'est un tableau des extravagances où jette la passion de l'amour. La scène se passe dans un couvent de cordeliers, où l'auteur est transporté en songe : *Dévotes louanges à la Vierge Marie*, in-8°, poème historique de la vie de la Sainte Vierge, rempli de fables pieuses que le peuple adoptait alors, et qui n'est qu'une légende fort mal versifiée. Les poésies de Martial d'Auvergne ont été réimprimées à Paris, 2 vol. in-8°, 1724.

MARTIAL, ALE, adj., guerrier. *Cour martiale*, sorte de tribunal militaire. *Loi martiale*, loi qui autorise l'emploi de la force armée dans certains cas, et en observant certaines formalités.

MARTIAL, se disait autrefois, en chimie et en pharmacie, des substances dans lesquelles il entre du fer.

MARTIAL (H...), ecclésiastique de la Nouvelle-Orléans, naquit à Bordeaux en 1770, de parents peu aisés. Il sortit de France à l'époque de la révolution, quoiqu'il ne fût pas encore engagé dans les ordres sacrés, et acheva ses études théologiques à Rome. Ayant été ordonné prêtre en 1794, il entra comme précepteur dans une famille honorable de Torli; depuis, il visita l'Italie avec son élève, et il la visita avec fruit. De retour en France à l'époque du concordat, il s'établit à Bordeaux, avec MM. Giraudot et Larrouy, un pensionnat qui acquit en peu de temps de la vogue, et qui méritait la confiance des pères de famille. Les exigences universitaires le forcèrent, à ce qu'il paraît, de rompre son établissement; il passa en Amérique avec M. Du Bourg, et commença un établissement du même genre à la Nouvelle-Orléans. Cette maison prospéra par ses soins et son activité, lorsque le local qu'il occupait et qui appartenait à des Ursulines leur devint nécessaire. M. Martial, obligé de se retirer, passa au Kentuckey en mai 1825, avec cinquante élèves qui furent reçus dans le collège de Saint-Joseph de Bardstown. M. Flaget, évêque du diocèse, apprécia le mérite de l'abbé Martial, et le fit son grand-vicaire. Il le chargea, en 1826, de faire un voyage en Europe pour les intérêts de la mission. L'abbé Martial visita en effet la France et l'Italie, et recueillit les dons des princes et des fidèles pour l'église de Kentuckey. Le Saint-Père, le roi de Naples, les cours de Sardaigne et de Modène, lui firent des présents pour son évêque; Charles X donna une garniture d'autel pour la cathédrale. L'abbé Martial retourna aux Etats-Unis, au printemps de 1828, fit un voyage au Canada, et se fixa à la Nouvelle-Orléans, où il était supérieur des Ursulines. Le 28 juillet 1832, il perdit tout-

à-coup la connaissance; la violence du mal fit craindre qu'on ne pût lui administrer les sacrements, mais il reprit ses sens et put les recevoir. Cet excellent prêtre mourut trois jours après, laissant son respectable évêque, tout le clergé et ses amis consternés d'une telle perte. Doué des qualités les plus attachantes, il les relevait encore par une piété, une activité et une sagesse

MARTIAL (M. VALÉRIUS), célèbre poète épigrammatiste latin, florissait vers la fin du premier siècle de Jésus-Christ. Né à Bilbilis en Espagne, d'une famille peu illustre, il fut d'abord destiné à la jurisprudence; mais il montra peu de goût pour cette carrière. A vingt ans il fut envoyé à Rome pour y achever ses études, et s'y livra exclusivement à la poésie. Il paraît que ce fut deux ans après qu'il se fixa dans cette capitale, où il demeura trente-cinq années, vivant du fruit de ses talents poétiques. Titus et Domitien faisaient de lui beaucoup de cas, et le dernier le créa chevalier et tribun, et lui accorda les prérogatives du père de famille chargé de trois enfants. Martial reconnut ses bienfaits par des adulations emphatiques et exagérées, aussi contraires à la vérité qu'au bon goût. Sous Trajan, soit dépit de voir ses ouvrages peu estimés du prince, soit désir de revoir sa patrie, il quitta Rome, et retourna en Espagne, où il épousa une femme riche nommée Marcella. Il vécut encore quelques années; car il envoya de là à Rome, l'année 100, un livre d'épigrammes. On ignore la date précise de sa mort. Il nous reste de ce poète quinze livres d'épigrammes, dont le premier, qui est intitulé *Spectacula*, n'est un recueil de petites pièces sur les spectacles donnés au peuple par Titus et par Domitien; et dont les deux derniers sont appelés *Xenia* ou *Apophoreta*, parce qu'ils ne contiennent que des espèces de devises à placer sur les cadeaux (*Xenia*) que l'on distribuait à la fête des Saturnales ou dans d'autres occasions. La publication du recueil des épigrammes de Martial forme presque une époque dans l'histoire de l'épigramme; ces petites pièces fugitives ne sont plus, comme dans Catulle, quelques vers isolés et sans saillie; presque toutes, au contraire, se terminent par une pointe, un trait, pour lequel l'auteur réserve tout le sel et le mordant de son génie. Ce n'est point cependant que Martial égale Catulle; celui-ci avait le génie de l'épigramme, l'autre n'en avait que l'esprit; assez souvent on voit qu'il cherche en vain un trait qui lui échappe. Il a quelque chose de maniéré et d'énigmatique dans quelques pièces, ce qui a été remarqué surtout à la fin du troisième livre, dans le septième et le onzième; de plus, beaucoup de ses traits, de ses allusions, n'ayant rapport qu'à des circonstances éphémères ou locales, à des ridicules du jour, du moment, à des individus qui n'existent plus, ont perdu pour nous de leur sel. Ce qu'on peut reprendre à juste titre chez Martial, c'est l'exagération dégoûtante avec laquelle il prodigue à Domitien les noms de père de la patrie, de dieu, et la lâcheté avec laquelle il le poursuivit après sa mort; c'est la licence effrénée qui fait le fond d'un grand nombre de ses épigrammes, et qui en rend la lecture vraiment dangereuse. Les meilleures éditions de Martial sont celles de Colusson, *ad usum Delphini*, Paris, 1680, et des Deux-Ponts, 1780.

MARTIALE (EAU), fontaine sacrée de Rome, dans laquelle Néron se baigna. On attribua à ce sacrilège la santé languissante qu'il eut depuis. *Cour martiale*, se dit particulièrement d'un tribunal créé après le 10 août pour juger les Suisses et les autres défenseurs des Tuileries. Cour martiale, nom qui a été donné, sous la république, aux conseils de guerre. *Loi Martiale*, loi anglaise sur les attroupements. Cette loi fort sévère est un des actes d'Elisabeth. Loi martiale se dit particulièrement de la loi du 21 octobre 1789. Chaque fois que la loi martiale était proclamée, on devait tirer le canon d'alarme, arborer le drapeau rouge à la maison commune, et en tête de la troupe chargée de dissiper le rassemblement, trois sommations devaient précéder l'emploi de la force.

MARTIALE (hist., litt.), nom des assemblées littéraires que l'abbé Dangeau tenait chez lui tous les mardis.

MARTIANAY (JEAN), né à Saint-Sever-Cap, au diocèse d'Aire, en Gascogne, le 30 décembre 1647, entra dans la congrégation de Saint-Maur, et s'y distingua par son application à l'étude du grec et de l'hébreu; il s'attacha surtout à la critique de l'Ecriture-Sainte, et ne cessa de travailler jusqu'à sa mort, arrivée à Saint-Germain-des-Prés en 1717, à 70 ans. On a de lui et du P. Pouget une nouvelle édition de saint Jérôme, en 5 vol. in-fol., dont le premier parut en 1693, et le dernier en 1706. Cette édition offre des prolégomêmes savants; mais elle n'est ni aussi méthodique ni aussi bien exécutée que celles de plusieurs autres Pères données par quelques-uns de ses confrères. Elle trouva des censeurs parmi les protestants et les catholiques. Simon et Le Clerc la critiquèrent avec vivacité et quelquefois avec justesse. On lui reprocha principalement de n'avoir pas orné son texte de notes grammaticales et théologiques, et d'avoir distribué, dans un ordre embarrassant, les Lettres de saint Jérôme, qu'il a mêlées tantôt avec ses commentaires, tantôt avec ses ouvrages polémiques. Le style de ses préfaces, de ses prolégomènes et de ses notes n'est pas assez naturel. Malgré ces défauts, l'édition de ce saint Père par Martianay est la meilleure que nous ayons. La *Vie de saint Jérôme*, 1706, in-4°. l'auteur l'a tirée des propres écrits du saint; aussi est elle un tableau fidèle. Deux écrits en français, 1689 et 1693, 2 vol. in-12, dans lesquels il défend, contre le P. Pezzon, bernardin, l'autorité de la chronologie du texte hébreu de la Bible. Ils sont savants, mais mal écrits et pleins d'aigreur. *Vie de Madeleine du Saint-Sacrement*, carmélite, 1711, in-12. Il a encore donné le *Nouveau-Testament* en français avec des scolies, les trois *Psautiers de saint Jérôme*, et une ancienne *Version* de l'Évangile selon saint Matthieu, qui n'avait pas vu le jour; elle parut l'an 1695; un *Commentaire* manuscrit sur l'Écriture-Sainte, où il se proposait d'expliquer le texte sacré par lui-même; mais il n'eut pas le temps d'achever cet ouvrage utile. Le dernier ouvrage qu'il fit imprimer est une *Apologie* de la bulle *Unigenitus*.

MARTIANUS (MINCUS-FELIX-CAPELLA), né à Madaure en Afrique, vers la fin du vᵉ siècle, fut élevé à Carthage. On ignore s'il fut chrétien. Il parvint à la dignité de proconsul. Il nous reste de Capella un ouvrage en neuf livres, intitulé *Satyricon*, qui n'est qu'une espèce de recueil de *mélanges*. Les deux premiers livres forment un ouvrage allégorique détaché et particulier; c'est l'apothéose de la philosophie, et son mariage avec Mercure ou l'Éloquence. Les sept livres suivants traitent de sept sciences qui alors formaient le cercle des études, savoir : la grammaire, la dialectique, la rhétorique, la géométrie, l'astrologie, l'arithmétique et la musique. Cet ouvrage, écrit en style barbare, fut en grande vogue dans les écoles du moyen âge. Goez a donné une bonne édition des trois premiers livres, Nuremberg, 1791.

MARTIGNAC (ÉTIENNE-ALGAY, sieur DE), né à Buevis-la-Gaillarde, en 1620; et selon Moréri, en 1628, a donné en français diverses traductions en prose de quelques poètes latins. Elles sont meilleures que celles que l'on avait publiées avant lui sur les mêmes auteurs; mais elles sont fort au-dessous de celles qui ont vu le jour depuis. Il a traduit : 1° les trois comédies de Térence, auxquelles les solitaires du Port-Royal n'avaient pas voulu toucher; 2° Horace; 3° Perse et Juvenal; 4° Virgile; 5° Ovide, tout entier en 9 vol. in-12. Ces versions sont en général fidèles, exactes et claires, mais elles manquent d'élégance et de correction ; on a aussi de lui une traduction de l'Imitation de Jésus-Christ. Il avait commencé celle de la Bible. Son dernier ouvrage fut : *Éloges historiques des évêques et archevêques de Paris*, in-4°. (On cite aussi de lui un *Journal chrétien* sur divers sujets de piété, tiré des saints Pères et des entretiens sur les anciens auteurs.) Ce laborieux écrivain mourut en 1698, âgé de 70 ans. Martignac rédigea les Mémoires in-12 attribués à Gaston, duc d'Orléans, qui s'étendent depuis 1608 jusqu'à la fin de janvier 1636. Les matériaux lui avaient été fournis par un officier attaché à ce prince.

MARTIGNAC (JEAN-BAPTISTE-SILVÈRE-GAYE, vicomte DE) ministre de Charles X, naquit le 20 juin 1770, en Guyenne. Tout ce qui précède sa vie politique est peu connu. Ce que nous avons pu recueillir de plus certain, c'est qu'il fut d'abord avocat à Bordeaux, où son éducation le fit remarquer même au milieu des talents que comptait alors le barreau de cette ville. La noble conduite qu'il tint sous la Restauration et pendant les Cent-Jours lui valut l'honneur d'être signalé par un journal monachique à l'attention de Louis XVIII, qui le nomma, en 1815, chevalier de la légion d'honneur. La place de procureur-général près la Cour royale de Limoges lui fut donnée bientôt après comme récompense de ses services et de ses talents. En 1821, le gouvernement le chargea de présider le collège de Normandie pour les élections. C'était le désigner à la députation, et il fut en effet nommé à la Chambre, où les grâces de son esprit et de son talent pour la tribune lui acquirent quelque influence. Il suivit le duc d'Angoulême dans la campagne d'Espagne en 1823, avec le titre de commissaire-civil pour

l'armée. Pendant cette expédition, il se conduisit avec sagesse et avec prudence; on le regarda comme l'auteur de la fameuse ordonnance d'Andujar. À son retour il fut reçu en audience particulière par le roi, et nommé ministre d'état. Réélu à la Chambre en 1824, par le collège de Normandie, il fut le rapporteur sur l'élection de Benjamin-Constant; il fit admettre ce député sur ses conclusions. Martignac n'était point un homme d'opposition, il votait dans la Chambre avec le ministère, et son talent fut plus d'une fois utile à M. de Villèle; aussi ce ministre le fit nommer, le 4 août 1824, directeur-général de l'enregistrement et des domaines. Lors de la chute de M. de Villèle, en 1828, Martignac fut appelé au ministère de l'intérieur. Son caractère conciliant le porta à faire quelques concessions à un parti qu'il crut peut-être gagner; mais l'on n'a jamais révoqué en doute son attachement à la monarchie; son éloquence de tribune déconcerta souvent l'opposition. On se rappelle avec quel art, dans la séance du 14 juin 1828, il traversa la proposition de l'Abbey-de-Pompières pour la mise en accusation du précédent ministère, il eut d'abord un beau mouvement qui émut toute la Chambre, et les cris de *Vive le roi* furent répétés même par la gauche. La révolution continuait ses effrayants progrès, et Martignac était trop pénétrant pour ne pas les apercevoir. À la vue de cette opposition violente qui se signalait chaque jour par quelque exigence et par quelque éclat, il s'écria un jour en pleine Chambre : *Eh! messieurs, nous marchons à l'anarchie*; et ce mot, arraché à un sentiment profond, à sa réserve habituelle, ne s'est que trop vérifié. Le 8 avril 1829, il fit retirer les deux projets de loi sur l'organisation départementale et municipale, qui étaient déjà de fâcheuses concessions faites au parti libéral, mais que celui-ci avait amendées de manière à dépouiller la royauté de toute influence. Le 8 août 1829, le ministère Martignac, car on l'appelait souvent ainsi, fit place à un ministère qui suivit un système différent. Martignac obtint une pension de 12,000 francs, et continua de siéger à la Chambre des députés, ne déviant jamais de sa conduite sage et modérée. Après la révolution de 1830, qui l'avait profondément blessé dans ses affections, il conserva beaucoup de mesure; et lorsque, paraissant pour la première fois à la tribune, il parla avec respect du prince dont il avait eu la confiance, l'estime qu'il avait su se concilier le fit écouter avec intérêt au milieu de tant de passions qui agitaient les esprits; on admira encore plus son noble procédé que son beau talent dans la défense de M. de Polignac. C'est le moment le plus honorable de la vie de cet orateur politique, qui ajouta un nouveau lustre à son courageux dévoûment en refusant la magnifique récompense que lui offrait l'ancien ministre; trait de désintéressement d'autant plus remarquable que Martignac n'était pas riche. La dernière fois qu'il parut à la tribune, ce fut dans la séance du 15 novembre 1831, pour combattre la proposition de Bricqueville contre la famille de Charles X. Son discours est un chef-d'œuvre d'art, de tact, de logique, de noblesse et de sensibilité. L'orateur méritait de terminer là sa carrière politique ; il était déjà atteint d'une maladie de langueur qui l'a enlevé à l'âge de 54 ans; les progrès en furent hâtés peut-être par le chagrin que lui causaient les événements. Il voulut mourir dans les bras de la religion, il demanda et vit plusieurs fois le curé de sa paroisse, et reçut tous les sacrements le matin même de sa mort (3 avril 1832). Le pasteur fut édifié de ses dispositions chrétiennes. Les obsèques ont eu lieu le jeudi 6, dans l'église de l'Assomption ; des pairs, des députés, des amis du défunt y assistèrent en grand nombre. MM. Roy, Hyde de Neuville et Salvandy prononcèrent son éloge. Martignac avait tout ce qu'il faut pour charmer dans le monde : des manières aimables, une conversation spirituelle, des réparties fines, un grand fonds d'indulgence et de bonté. S'il fit des fautes comme ministre, sa conduite, après sa disgrâce, fut noble et courageuse, et Dieu récompensa ses qualités estimables en lui donnant les moyens de se préparer, par les souffrances, à une mort chrétienne. M. de Martignac a laissé un *Essai historique sur la révolution d'Espagne et sur l'intervention de 1832*. C'est le résultat de ses recherches lors de la campagne d'Espagne. On dit qu'il s'est exercé dans un genre plus léger, et qu'il fit représenter avec succès plusieurs vaudevilles; un grand nombre de journaux lui ont consacré des notices nécrologiques.

MARTIN (Saint), né vers 316, à Sabarie, dans la Pannonie (aujourd'hui Szombathely), d'un tribun militaire, fut forcé de porter les armes, quoiqu'il eût beaucoup de goût pour la solitude. Il donna l'exemple de toutes les vertus, dans une profession qui est ordinairement l'asile des vices. Il coupa son habit en deux, pour couvrir un pauvre qu'il rencontra à la porte d'Amiens. On prétend que Jésus-Christ se montra à lui la nuit suivante, revêtu de cette moitié d'habit. Martin était alors catéchumène ; il reçut le baptême, et renonça à la milice séculière, pour entrer dans la milice ecclésiastique. Après qu'il eut passé plusieurs années dans la retraite, saint Hilaire, évêque de Poitiers, lui conféra l'ordre d'exorciste. De retour en Pannonie, il convertit sa mère, et s'opposa avec zèle aux ariens, qui dominaient dans l'Illyrie. Fouetté publiquement pour avoir rendu témoignage à la divinité de Jésus-Christ, il montra, au milieu de ce supplice, la constance des premiers martyrs. Cet illustre confesseur de la foi, ayant appris que saint Hilaire était revenu de son exil, alla s'établir près Poitiers. Il y rassembla nombre de religieux, qui se mirent sous sa conduite. On l'arracha à la solitude, en 374. Il fut ordonné évêque de Tours, avec l'applaudissement général du clergé et du peuple. Sa nouvelle dignité ne changea point sa manière de vivre. Au zèle et à la charité d'un évêque, il joignit l'humilité et la pauvreté d'un anachorète. Pour vivre moins avec le monde, il bâtit auprès de la ville, entre la Loire et une roche escarpée, le célèbre monastère de Marmoutiers. Saint Martin y rassembla quatre-vingts moines, qui retraçaient dans leur vie celle des solitaires de la Thébaïde. Après avoir converti tout son diocèse, il fut l'apôtre des Gaules ; il dissipa l'incrédulité des gentils, détruisit les temples des idoles, et confirma ses prédications par des miracles sans nombre : les éléments lui obéissaient. L'empereur Valentinien, étant venu dans les Gaules, le reçut avec honneur. Le tyran Maxime, qui, après s'être révolté contre l'empereur Gratien, s'était emparé des Gaules, de l'Angleterre et de l'Espagne, l'accueillit d'une manière non moins distinguée. Le saint évêque se rendit auprès de lui, à Trèves, vers l'an 383, pour en obtenir quelques grâces. Maxime le fit manger à sa table, avec les plus illustres personnes de sa cour, et le fit asseoir à sa droite. Quand on offrit à boire, l'officier présenta la coupe à Maxime, qui la fit donner à Martin, pour la recevoir ensuite de sa main ; mais l'illustre prélat la donna au prêtre qui l'avait accompagné à la cour. Cette sainte hardiesse, loin de déplaire à l'empereur, obtint son suffrage et celui des courtisans. Martin, ennemi des hérétiques, mais ami des hommes, profita de son crédit auprès de ce prince, pour empêcher qu'on ne condamnât à mort les priscillianistes, poursuivis par Ithace et Idace, évêques d'Espagne. L'évêque de Tours ne voulut pas d'abord communiquer avec des hommes qui avaient poussé le zèle trop loin (car, s'ils avaient mérité la mort, ce n'était pas à des évêques à la solliciter), mais il le fit ensuite pour sauver la vie à des sectaires qu'il espérait pouvoir être gagnés à la vérité, et pour empêcher que des innocents ne fussent enveloppés dans leur punition (ce qui, selon la remarque de Sulpice Sévère, serait infailliblement arrivé). Il ne tarda pas à se repentir de cette complaisance, comme d'une faiblesse indigne de l'épiscopat, et ce fut l'époque, dit le même auteur, d'une espèce d'affaiblissement du don des miracles qui l'avait illustré jusqu'alors. Il paraît néanmoins qu'il avait pris le bon parti ; car il n'y avait encore aucune loi qui défendît de communiquer avec ces évêques, lesquels n'étaient ni hérétiques ni excommuniés ; mais peut-être avait-il agi avec un peu d'incertitude et de pusillanimité, sans cette conscience éclairée et assurée qui exclut la perplexité et prévient les remords. En retournant à Tours, il s'enfonça à 8 lieues de Trèves, dans la sombre forêt du Grunewald, à une demi-lieue d'Andethanna (aujourd'hui Antwen), et y pleura sa faiblesse ; là un ange lui apparut et le consola. Rendu à son diocèse, il s'y prépara à aller jouir de la récompense de ses travaux. Il mourut à Candes, le 11 novembre de l'an 400. On a conservé sous son nom une *Profession de foi* touchant le mystère de la sainte Trinité. Saint Martin est le premier des saints confesseurs auxquels l'Eglise latine a rendu un culte public. L'église où reposait son corps était considérée comme l'asile le plus sûr de la France : les rois les plus violents et les moins religieux n'osaient la violer. Son tombeau a été illustré par une multitude de miracles avérés, et les peuples y recouraient dans toutes les calamités avec une extrême confiance. Sulpice Sévère, son disciple, a écrit sa *Vie* ; on ne peut conseiller une meilleure lecture aux prêtres et aux évêques. On y trouve la pureté et l'élégance du siècle d'Auguste, réunies à la fidélité de l'histoire et à l'édification des vertus chrétiennes. Paulin de Périgueux et Fortunat de Poitiers ont donné en vers, d'après Sulpice Sévère, la *Vie* de saint Martin ; mais ils ont défiguré, par une poésie

un peu agreste, la belle prose de l'auteur qu'ils copiaient. Nicolas Gervaise a aussi donné une *Vie* de ce saint pleine de recherches, Tours, 1699, in-4°.

MARTIN DE DUME (Saint), originaire de la Pannonie, alla visiter les lieux saints, et débarqua, à son retour, en Galice, où les Suèves, infectés de l'arianisme, avaient établi leur domination. Il y instruisit dans la foi le roi Théodomire, et ramena les peuples de ces contrées à l'unité catholique. Il y fonda plusieurs monastères ; le principal fut celui de Dume, près la ville de Prague, qui faisait autrefois partie de la Galice et qui dépend aujourd'hui du Portugal. On érigea Dume en évêché, par respect pour le mérite de Martin, qu'on éleva sur ce nouveau siége en 567. Les rois des Suèves voulurent qu'il fût l'évêque de la cour ; ce qui l'a fait appeler évêque de la famille royale. Il monta depuis sur le siége de Brague, et mourut le 20 mars 580. Nous avons de lui une *Collection de quatre-vingt-quatre canons*, divisée en deux parties, l'une pour les devoirs des clercs, l'autre pour ceux des laïques ; elle se trouve dans le *Recueil des conciles* dans le 1er tome de la *Bibliothèque canonique* de Justel ; *Formule d'une vie honnête*, ou traité des quatre vertus cardinales ; ce traité est adressé à Myron, roi de Galice, qui avait prié le saint de lui donner une règle de conduite ; on le voit dans le *Spicilége* de D. d'Achéry, t. 10, p. 626, et dans la *Bibliothèque des pères*, où il est suivi d'un livre du même saint, intitulé *Des mœurs*. Il a traduit du grec en latin un *Recueil de sentences des solitaires d'Egypte*, qu'on trouve dans l'*Appendice des Vies des pères*, par Rosweide, Anvers, 1628.

MARTIN (Saint), de Todi, dans le duché de Spolette, pape après Théodore, en 649, mérita la chaire pontificale par ses vertus et ses lumières. Il tint d'abord, après son élévation, un nombreux concile à Rome, dans lequel il condamna l'hérésie des monothélites, avec l'*Ecthèse* d'Héraclius et le *Type* de Constant. Ce fut la cause du sa disgrâce auprès de ce dernier prince. Après qu'on eut vainement tenté de l'assassiner, on l'enleva scandaleusement de Rome pour le conduire dans l'île de Naxos, où il essuya la prison, les fers, la calomnie et toutes sortes d'outrages. Enfin, il fut relégué dans la Chersonèse Taurique, aujourd'hui la Crimée, où ce saint pape mourut de misère et de souffrances, le 15 septembre 655, après plus de deux ans de captivité et six de pontificat. On a de lui dix-huit *Epîtres* dans la *Bibliothèque des pères* et dans l'édition des *Conciles* de Labbe.

MARTIN II, ou MARIN Ier, fut trois fois légat à Constantinople pour l'affaire de Photius, et occupa le saint-siége après le pape Jean VIII, en 882. Il condamna Photius, rétablit Formose dans son siége de Porto, et mourut en 884, avec la réputation d'un homme pieux et éclairé.

MARTIN III, ou MARIN II, Romain de naissance, successeur du pape Étienne VII, en 942, mourut en 946, après avoir signalé son zèle et sa piété dans la réparation des églises et le soulagement des pauvres.

MARTIN IV, appelé *Simon de Brion*, et non *de Brie*, né au château de Montpensier, dans la Touraine, d'une famille illustre, fut successivement garde-des-sceaux du roi saint Louis, cardinal et enfin pape après la mort de Nicolas III, en 1281. Il avait été chanoine et trésorier de l'Eglise de Saint-Martin de Tours ; ce qui l'engagea à prendre le nom de Martin, en l'honneur de ce saint. Il résista à son élection jusqu'à faire déchirer son manteau, quand on voulut le revêtir de celui du pape. Ce pontife, né avec un amour vif pour la vérité et la justice, signala son pontificat par plusieurs anathèmes. Après avoir excommunié l'empereur Michel Paléologue, comme fauteur de l'ancien schisme et de l'hérésie des Grecs, il lança ses foudres sur Pierre III, roi d'Aragon, usurpateur de Sicile, après le massacre des Vêpres siciliennes (le 29 mars 1282), dont ce prince avait été le promoteur. Le pontife alla plus loin : il publia une croisade contre Pierre III, le priva, non-seulement de la Sicile, mais encore de l'Aragon, qu'il donna à Philippe-le-Hardi, roi de France, pour un de ses fils, qui ne tarda point à aller avec une armée faire valoir cette donation. Si l'on s'étonne de voir les papes donnassent des royaumes qui ne leur appartenaient pas, faut-il être moins surpris en voyant des princes accepter de pareils présents ? N'était-ce pas convenir que les papes avaient le droit de disposer des couronnes et de déposer les monarques à leur gré ? Ce qui prouve que cette jurisprudence était alors généralement reçue, c'est que les rois mêmes ne la contestaient pas ; on a donc tort aujourd'hui d'en accuser uniquement les papes. L'expédition de Philippe fut malheureuse : il mourut, en 1285, d'une contagion qui s'était mise dans son armée. Le pape mourut la même année à Pérouse, après avoir tenu le siége quatre ans et cinq jours depuis sa consécration.

MARTIN V, Romain, nommé auparavant *Othon Colonne*, de l'ancienne et illustre maison de ce nom, cardinal-diacre, fut intronisé sur la chaire pontificale, en 1417, après l'abdication de Grégoire XII et la déposition de l'antipape Benoît XIII, pendant la tenue du concile de Constance. Jamais pontife ne fut inauguré plus solennellement : il marcha à l'église, monté sur un cheval blanc, dont l'empereur Sigismond et l'électeur palatin, à pied, tenaient les rênes. Une foule de princes et un concile entier fermaient la marche. Après l'avoir ordonné prêtre et évêque, on le couronna de la triple couronne que les papes portaient depuis environ deux siècles. Son premier soin fut de donner une bulle contre les hussites de Bohême, dont les ravages s'étendaient tous les jours. Le premier article de cette bulle est remarquable en ce que le pape y veut que « celui qui sera suspect d'hérésie jure qu'il reçoit les conciles généraux et en particulier celui de Constance, représentant l'Eglise universelle, et qu'il reconnaisse que tout ce que ce dernier concile a approuvé et condamné doit être approuvé et condamné par tous les fidèles. » Il paraît suivre naturellement de là que Martin V approuve la supériorité des conciles sur les papes, laquelle fut décidée dans la 4e et la 5e session ; mais d'autres prétendent que Martin ne parlait que des décrets doctrinaux contre les sectaires, et s'appuient sur un acte authentique, pour servir de monument à la postérité, par lequel ce pape déclara solennellement, dans la dernière session, « qu'il voulait tenir et observer inviolablement tout ce qui avait été décerné, conclu et déterminé conciliairement dans les matières de foi par le concile de Constance ; qu'il approuvait et ratifiait tout ce qui avait été fait ainsi conciliairement dans les matières de foi, mais non ce qui avait été fait autrement et d'une autre manière. » Ils ajoutent que les décrets de la 4e et de la 5e session ne regardent que les temps de schisme, et les papes dont la légitimité n'est contestée, comme elle l'était alors. Martin présida aux dernières sessions du concile, au commencement de 1418. La joie que causa l'arrivée du pape à Rome fut si grande qu'on ne marqua le jour dans les fastes de la ville, pour en conserver éternellement la mémoire. Le schisme n'était pas encore bien éteint. L'anti-pape Benoît XIII vivait encore, et après sa mort, arrivée en 1424, les deux seuls cardinaux de sa faction élurent un chanoine espagnol, Gilles de Mugnoz, qui prit le nom de Clément VIII. Ce prétendu pape se démit quelque temps après, en 1429, et, pour le dédommager de cette ombre de pontificat qu'il perdait, le pape lui donna l'évêché de Majorque. C'est ainsi que Martin termina heureusement le schisme funeste qui avait fait tant de plaies à l'Eglise pendant un demi-siècle. Le pape, toujours pressé par les princes de réformer l'Eglise, avait convoqué à Pavie un concile, qui fut transféré ensuite à Sienne, et enfin dissous sans avoir rien statué. Martin crut devoir apaiser les murmures des gens de bien en indiquant, à Bâle, un concile qui ne devait être tenu que sept ans après. Il mourut dans cet intervalle, en 1431, à 63 ans. Ce pape avait les qualités d'un prince et les vertus d'un évêque. L'Eglise lui fut redevable de son union, l'Italie de son repos, et Rome de son rétablissement. Les censeurs, déterminés à censurer tous les papes, l'accusent d'avoir aimé à thésauriser ; mais le témoignage que saint Antonin lui rend sur cet article, joint à l'usage qu'il a fait de ses trésors, le justifie surabondamment. On a de lui quelques ouvrages.

MARTIN (RAIMOND), dominicain, l'un des hommes de son siècle le plus savant dans les langues hébraïque et arabe, était de Subérat en Catalogne. Il fut employé, en 1264, par Jacques Ier, roi d'Aragon, à examiner le *Talmud*, et envoyé à Tunis, vers 1268, pour travailler à la conversion des Maures. Ce religieux mourut vers 1286. On a de lui un excellent Traité contre les Juifs. Il parut en 1651, à Paris, avec de savantes remarques de Joseph de Voisin, et à Leipsig, en 1687, sous le titre de *Pregio fidei christianæ*. L'édition de Leipsig est enrichie d'une savante introduction par Carpzovius. Cet ouvrage est divisé en 8 parties : la première n'est écrite qu'en latin ; les deux dernières sont en latin et en hébreu. Les curieux peuvent consulter ce que dit, sur ce livre et sur son auteur, le père Touron, dans le tome premier de son *Histoire des hommes illustres de l'ordre de Saint-Dominique*.

MARTIN LE POLONAIS ou DE POLOGNE, *Martinus Polonus*,

né à Troppau, en Silésie, de la famille noble de Strépori, dominicain, fut pénitencier et chapelain des papes Clément IV, Grégoire X, Innocent V, Jean XXI et Nicolas III, qui le nomma, en 1278, à l'archevêché de Gnesne. Il allait en prendre possession, lorsqu'il mourut à Bologne dans le courant de la même année. On a de lui : des Sermons, 1484, in-4°, et une Chronique des papes. Cette chronique parut imprimée pour la première fois, par les soins de Jean Hérald, à la suite de celle de Marianus Scottus, Bâle, 1559. Elle finit, dans cette édition, à l'élection de Nicolas III. Dans le corps de l'ouvrage est le fameux passage de la papesse Jeanne. Il se trouve aussi dans l'édition d'Anvers, 1574, faite par Suffridus Petri, qui dit y avoir inséré des additions, lesquelles font un tiers de la chronique, ajoutant qu'il a rempli les lacunes, etc. On estime beaucoup plus celle de Jean Fabricius Cæsar, prémontré, Cologne, 1616, in-fol., et qui a été suivie dans celle de Strasbourg, 1685, in-fol. Dans ces dernières, la chronique finit à Clément IV, et l'on n'y trouve point ce fameux passage dont la supposition a été démontrée par Blondel, ministre protestant, dans un Traité particulier, et par Bayle, *Dict. crit. art. Polonus et papesse*, par les Pères Echard et Quetif, etc., *Scriptores ord. Præd.*, p. 365 et seq. On a une traduction française de cette chronique, 1303, in-fol. Martin de Pologne manquait de critique et de philosophie. Cependant son ouvrage ne laisse pas d'être utile. Il est connu sous le nom de *Chronique martinienne*. Elle n'est pas commune. On y trouve des particularités curieuses qu'on chercherait vainement ailleurs.

MARTIN (DOM CLAUDE), bénédictin de la congrégation de Saint-Maur, naquit à Tours, en 1619, d'une mère pieuse, qui fut dans la suite supérieure des Ursulines de Québec, où elle mourut saintement. Le fils, héritier de ses vertus, se consacra à Dieu de bonne heure, et devint supérieur du monastère des Blancs-Manteaux, à Paris, où il demeura 6 ans. Il mourut en odeur de sainteté, en 1696, à 77 ans, dans l'abbaye de Marmoutier, dont il était prieur. On a de lui plusieurs ouvrages de piété : 1° *Méditations chrétiennes*, Paris, 1669, en 2 vol. in-4°, peu recherchées à présent ; 2° les Lettres et la Vie de sa mère, 1677, in-4°, réimprimé à Amsterdam, en 1723, en 2 vol. in-8°. Cet ouvrage estimable fut traduit en anglais ; 3° *La pratique de la règle de Saint-Benoît*, plusieurs fois réimprimée (Voy. sa Vie, par D. Martenne, Tours, 1697, in-8°).

MARTIN (DAVID), théologien protestant, né à Vevel, dans le diocèse de Lavaur, en 1639, se rendit habile dans l'Ecriture Sainte, dans la théologie et la philosophie. Après la révocation de l'édit de Nantes, il passa en Hollande, fut ministre à Utrecht, et mourut en cette ville d'une fièvre violente, en 1721, à 82 ans. Il écrivait et parlait avec aisance, mais d'une manière un peu douceâtre, son style n'ayant ni douceur, ni correction. On a de lui : 1° une Histoire du Vieux et du Nouveau Testament, imprimée à Amsterdam, en 1700, en 2 vol. in-fol., avec 424 belles estampes, qu'on a aussi appelée *Bible de Mortier*, du nom de l'imprimeur ; 2° huit Sermons, sur divers textes de l'Ecriture Sainte, 1708, in-8° ; 3° un Traité de la Religion naturelle, 1713, in-8° ; 4° *Le vrai sens du psaume CX*, 1715, contre Jean Masson ; 5° deux Dissertations critiques, Utrecht, 1722, in-8° ; l'une sur le verset 7 du chap. 5 de la première Epître de saint Jean... *Tres sunt in cœlo*, etc., dans laquelle il prouve l'authenticité de ce texte ; l'autre sur le passage de Josèphe touchant J.-C., où il fait voir que ce passage n'est point supposé ; 6° une Bible, Amsterdam, 1707, 2 vol. in-fol., et avec de plus courtes notes, in-4° ; 7° une édition du Nouveau Testament, de la traduction de Genève, Utrecht, 1690, in-4° ; 8° Traité de la religion révélée, où il fait voir que les livres du Vieux et Nouveau Testament sont d'inspiration divine, réimprimé à Amsterdam, en 1723, en 2 vol. Cet ouvrage estimable fut traduit en anglais. (Martin était en correspondance avec plusieurs savants, tels que Dacier, Sacy, Euper, etc.)

MARTIN (DOM JACQUES), bénédictin de Saint-Maur, né à Fanjaux, petite ville du Languedoc, en 1694, entra dans cette savante congrégation en 1709. Après avoir professé les humanités en province, il parut, en 1727, dans la capitale. Il y fut regardé comme un homme bouillant et singulier, savant bizarre, écrivain indécent et présomptueux. Tous ses ouvrages se ressentent de son caractère ; les principaux sont : 1° *Traité de la religion des anciens Gaulois*, Paris, 1727, 2 vol. in-4°. Cet ouvrage offre des recherches profondes et des nouveautés curieuses ; mais son auteur paraît avoir trop bonne opinion de lui-même, et ne rend pas assez de justice aux autres. Il prétend que la religion des Gaulois étant, à quelques égards, une dérivation de celles des patriarches, l'explication des objets de leur culte peut servir à l'interprétation de divers passages de l'Ecriture. Ce système est plus singulier que vrai; 2° *Histoire des Gaules et des conquêtes des Gaulois*, 1754, 2 vol. in-4°. Le second volume, publié par D. Brezillac, neveu de l'auteur, est un *Dictionnaire géographique des Gaules*, et la suite de l'histoire jusqu'à l'an 526 ou 528 avant J.-C.; 3° *Explication de plusieurs textes difficiles de l'Ecriture*, Paris, 1730, 2 vol. in-4°. On y trouve le même goût de critique, le même feu, la même force d'imagination, le même ton de hauteur et d'amertume que dans les ouvrages précédents. Plusieurs estampes indécentes dont il souilla ce commentaire sur l'Ecriture Sainte, et une foule de traits satiriques, aussi déplacés que les estampes, obligèrent l'autorité séculière d'en arrêter la vente; 4° *Explication de divers monuments singuliers, qui ont rapport à la religion des plus anciens peuples, avec l'examen de la dernière édition des ouvrages de saint Jérôme*, et un *Traité sur l'astrologie judiciaire*, enrichie de figures en taille-douce, Paris, 1730, in-4°. La vaste érudition de cet ouvrage est ornée de traits agréables; mais le style en est trop animé; 5° *Eclaircissements littéraires sur un projet de bibliothèque alphabétique*. L'érudition et les mauvaises plaisanteries sont prodiguées dans cet écrit, qui ne plaît point à ceux qui aiment le choix et la précision; 6° une Traduction des confessions de saint Augustin, laquelle parut à Paris, en 1751, in-8° et in-12. Dom Martin mourut à Saint-Germain-des-Prés, en 1751. C'était un des plus savants et des meilleurs écrivains qu'ait produit la congrégation de Saint-Maur; il n'aurait fallu qu'un ami éclairé pour diriger son goût et son imagination.

MARTIN (THOMAS-IGNACE), laboureur à Gallardon (Eure-et-Loire), acquit une sorte de célébrité depuis 1816, en remplissant à l'égard de Louis XVIII une mission analogue à celle que le maréchal de Salon avait remplie à l'égard de Louis XIV. En admettant que le rôle de Martin ait été extraordinaire à cette époque, il faut convenir que ses prédictions postérieures à la révolution de 1830 n'ont pas été justifiées par l'événement. Cet homme singulier mourut en 1834.

MARTIN DORP, savant professeur de Louvain, fut, selon le témoignage d'Erasme, le premier qui allia l'étude des belles lettres à celles de la philosophie et de la théologie. Il mourut à la fleur de l'âge, en 1523. Barlaud, son ami, lui a consacré un bel éloge dans sa chronique des ducs de Brabant. On a de lui : 1° *Epistola de hollandarum maribus*, imprimée par Martin d'Alost; 2° *Oratio de laudibus academiæ Lovaniensis*, Louvain, 1513, etc.

MARTIN (ANDRÉ), prêtre de l'Oratoire, né à Bressuire, mort à Poitiers, en 1695, se signala dans sa congrégation par son savoir. On a de lui : 1° *La philosophie chrétienne*, imprimée en 7 vol. sous le nom d'*Ambroise Victor*, et tirée de saint Augustin, dont cet oratorien avait fait une étude particulière; 2° des Thèses fort recherchées, qu'il fit imprimer à Saumur, in-4°, lorsqu'il y professa la théologie. Ces ouvrages ont été mis à l'index, comme jansénistes.

MARTIN (EDME), jurisconsulte, né à Pailli près de Sens, en 1714, fit d'excellentes études au collège de Montaigu, et se destina, jeune encore, aux fonctions de l'enseignement. Nommé professeur de droit canonique à l'université de Paris, il remplit ses fonctions avec le plus grand succès pendant 25 ans. C'est à lui surtout qu'on fut redevable d'un établissement d'une nouvelle école de droit, située sur la place Sainte-Géneviève, où est encore maintenant la faculté de droit. Ce jurisconsulte éclairé prononça un discours pour l'ouverture de cette nouvelle école, et mourut à Ivry-sur-Seine, en 1793. On a de lui : *Institutiones juris canonici, ad usum scolarum accommodata*, Paris, 1788, 2 vol. in-8°, 1789, in-4°. Traité dirigé avec beaucoup de méthode, sur le modèle des Institutes de Justinien, mais qui parut malheureusement à une époque qui devait bientôt le rendre inutile. Mais cet ouvrage, divisé en 4 livres, n'en est pas moins un monument précieux pour l'histoire, car il constate l'état dans lequel se trouvait la science du droit à la fin du XVIII° siècle.

MARTIN-PÊCHEUR, *alcedo* (ois.). Les martins-pêcheurs formaient pour Linné une famille assez étendue, divisée aujourd'hui en plusieurs sections. Le nom générique de martin-pêcheur ne s'applique plus aujourd'hui qu'à un groupe assez restreint dont notre martin-pêcheur d'Europe est le type. Nous traiterons ici du groupe entier, en indiquant les sections dont cette famille est susceptible. Les martins-pêcheurs appartiennent à l'ordre des passereaux, famille des alcédidées.

Leurs principaux caractères sont : un bec long, gros, droit, plus ou moins comprimé, très rarement échancré et incliné vers le bout; des narines situées à la base du bec, étroites; des tarses courts, placés un peu en arrière du corps; quatre ou trois doigts, l'externe presque aussi long que celui du milieu, auquel il est uni dans une grande partie de sa longueur; une queue généralement courte et les ailes d'une médiocre longueur. Les martins-pêcheurs ont une forme toute particulière, qui les distingue des autres familles, et ils ont entre eux une très grande analogie sous le rapport des couleurs; lustré chez les uns, mat chez les autres, leur plumage, généralement brillant, présente des couleurs tranchées où le bleu domine sous diverses nuances. Leur corps est épais, court et ramassé; leur tête est allongée, grosse et presque toujours couverte de plumes étroites plus ou moins longues, et formant une sorte de huppe immobile en arrière. Parmi ces oiseaux, les uns ont des habitudes essentiellement aquatiques, et fréquentent le bord des fleuves ou des mers; les autres, au contraire, ne vivent qu'au sein des forêts touffues et humides. Cette différence d'habitation produit nécessairement une différence dans le régime; ainsi, tandis que les premiers vivent de poissons, les seconds sont insectivores, ce qui les a fait distinguer en martins-pêcheurs, et martins-chasseurs. Tous, du reste, recherchent la solitude, et fuient toute société, même celle de leurs semblables. Leur vol, rapide et bas, est peu soutenu. La seule espèce dont on connaisse bien les mœurs, est notre martin-pêcheur d'Europe (*alcedo ispida*). Cet oiseau qui vit toujours seul, excepté à l'époque des amours, a un caractère sauvage et méfiant qui rend son approche très difficile. Il passe des heures entières perché sur une branche ou sur une pierre, à guetter sa proie, et aussitôt qu'il aperçoit un poisson, il fond dessus avec la rapidité de l'éclair et l'enlève. Un fait digne de remarque, est la manière dont cet oiseau traite sa proie. Avant de la déglutir, il la conserve quelque temps dans son bec, la tourne et la retourne, la bat contre une pierre ou un tronc d'arbre, la pétrit en quelque sorte, puis l'avale, la tête la première. Lorsque l'hiver ou la crue des eaux force le martin-pêcheur à quitter le bord des rivières, il exerce son habileté sur les bords des ruisseaux d'eau vive, aux dépens des insectes aquatiques et des vers qu'il voit à sa portée. Au rapport des voyageurs, les martins-chasseurs font dans les forêts, ce que les martins-pêcheurs font sur le bord des rivières et des mers; ils attendent, tranquillement perchés sur une branche, qu'un insecte ou un ver se montre et passe à portée d'être saisi. Les martins-pêcheurs ne chantent point, ils ne font entendre que des cris aigus. Ils nichent, soit dans les trous que creusent les rats d'eau le long des berges, ou dans les trous pratiqués dans les troncs des vieux arbres. Les œufs généralement blancs varient en nombre suivant les espèces. Nous suivons la division du groupe des martins-pêcheurs en deux sections : les martins-pêcheurs à bec droit, pointu et quadrangulaire, (*g. alcedo*, L.), parmi lesquels nous citerons : le martin-pêcheur d'Europe, (*alcedo ispida*), qui habite presque tout l'ancien continent; il a le dessus du corps d'un vert d'aigue-marine, le dessous roux-marron, la gorge blanche et les joues rousses et vertes. Les martins-pêcheurs bicolores, (*al. bicolor*, Gm.); du Bengale, (*al. tengalensis*, Gm.); pourpre, (*al. purpurea*, Gm.); à tête bleue, (*al. cærulcocephala*, Gm.); huppé, (*al. cristata*, Gm.), etc., appartiennent à cette division. Une espèce à bords mandibulaires garnis de dents en scie et à queue arrondie, forme le genre *syma* de Lesson; c'est le *s. torotoro* qui habite la Nouvelle-Guinée (Voy. CÉRX). II. Les martins-chasseurs à bec épais, large à sa base; à mandibule supérieure échancrée ou sans échancrure; à queue allongée et à tarses robustes, (*dacelo*, Leach). Nous citerons : le martin-chasseur trapu, (*dacelo concreta*, Tem.), qui a le dessus du corps et la moustache d'un beau bleu d'azur; une calotte verte à reflets dorés, encadrée par une bande noire qui part de l'angle du bec; rémiges noires; nuque, partie postérieure du cou, poitrine, ventre et abdomen roux. Le martin-chasseur, oreillon bleu, (*d. cyanotis*, Tem.), de Sumatra; martin-chasseur à tête rousse, (*d. ruficeps*, Cuv.). Le martin-chasseur à tête blanche, (*d. albicilla*). Quelques espèces à bec conique court, à rectrices intermédiaires très longues, terminées en palette, forment le genre *tanysiptère*, de Vigors; tel est le tanysiptère des forêts, (*tan. olea*). Le genre *melidore* de Lesson, à bec robuste, énorme, à mandibule supérieure terminée par un crochet et garnie de cils rigides à sa base, (*melidora euphrosiæ*), de la Nouvelle-Guinée. Le genre *todiramphus* de Lesson, à bec droit, déprimé comme celui des todiers et à queue longue, dont les espèces (todier sacré, *sacer*, et todier dieu, *divinus*) jouaient un grand rôle dans l'ancienne théogonie des habitants de l'Archipel de la Société, comme oiseaux favoris du grand Dieu Oro. **J. P.**

MARTIN (*ois.*), genre de l'ordre des passereaux, présentant pour caractères principaux : un bec en cône allongé, légèrement arqué, comprimé latéralement, à mandibule supérieure un peu échancrée, l'inférieure droite et plus courte, et dont la commissure forme un angle comme chez les étourneaux ; un espace nu autour des yeux ; des narines latérales, ovales, à moitié fermées par une membrane garnie de plumes étroites ; quatre doigts, un derrière et trois devant, dont l'extérieur est réuni par sa base à celui du milieu ; la première rémige fort courte et les trois suivantes les plus longues. Les martins appartiennent tous à l'ancien continent ; ils ont les mœurs des étourneaux et vivent comme eux en grandes troupes. Ces oiseaux se nourrissent d'insectes qu'ils vont chercher jusque sur le dos des bestiaux. Nous ne parlerons ici que du martin ordinaire (*Cossyphus tristis.* Derm.) C'est le merle des Philippines de Buffon. Il est de la taille du merle commun, a neuf pouces et demi de longueur. Le bec et les pieds sont jaunes, ainsi qu'une place nue, triangulaire, derrière les yeux. Le haut de la tête et le dessus du cou sont d'un noir brun ; le dos, le bas de la poitrine et les couvertures des ailes et de la queue sont d'un brun marron ; la gorge, le dessous du cou et le haut de la poitrine d'un noir grisâtre ; le ventre est blanc ainsi que les flancs et les plumes anales. Les martins ont un ramage très varié et assez agréable, mais qui devient fatigant à la longue. La femelle fait tous les ans deux pontes de quatre œufs chacune dans des nids grossièrement construits qu'ils placent à l'aisselle des branches des arbres, ou même dans les greniers, lorsqu'ils en trouvent l'occasion. Leur attachement pour leurs petits est tel qu'ils poursuivent le ravisseur à coups de bec, et que s'ils découvrent où leurs petits ont été placés, ils s'y introduisent pour leur apporter à manger. On apprivoise facilement les jeunes, qui apprennent à parler et qui contrefont d'eux-mêmes les cris des poules, des coqs, des moutons et des autres animaux domestiques. **J. P.**

MARTINE (Sainte), issue d'une des plus illustres familles de Rome, scella sa foi par l'effusion de son sang dans le xi° siècle. Son culte est très ancien ; et nous voyons que, du temps de saint Grégoire-le-Grand, les fidèles allaient dans la chapelle consacrée à sa mémoire. En 1256, le pape Alexandre IV dédia une église sous son invocation. On fit en 1634 la translation de ses reliques trouvées sur les ruines de l'ancienne église. Urbain VIII en fit bâtir une plus grande et plus belle, inséra l'office de la sainte dans le Bréviaire romain, et eu composa lui-même les hymnes.

MARTINEAU (Isaac), jésuite d'Angers, né en 1640, mort en 1720, professa dans son ordre, et y occupa les premières places. La petite vérole l'avait défiguré. En 1682, le jeune duc de Bourbon, devant passer de rhétorique en philosophie dans le collége de Louis-le-Grand, les jésuites dirent au prince de Condé « qu'ils avaient un excellent professeur de philosophie pour M. le duc, mais qu'ils n'osaient le faire venir à Paris, parce qu'il était horriblement laid. » Le prince voulut qu'on l'appelât, et dès qu'il l'eut vu, il dit : « Il ne doit pas faire peur à qui connaît Pélisson ; qu'il vienne chez moi, on s'accoutumera à le voir, et on le trouvera beau. » Il plut effectivement à la cour ; sa figure était désagréable, son âme était belle. On le choisit pour confesseur au duc de Bourgogne, qu'il assista dans ses derniers moments. On a de lui : 1° *Les psaumes de la pénitence avec des réflexions*, in-12 ; 2° des Méditations pour une retraite, in-12 ; 3° *Les vertus du duc de Bourgogne*, in-4°, 1712.

MARTINET (*ois.*), genre très voisin des hirondelles, dont il diffère principalement par les pieds dont le pouce, placé de côté, se dirige le plus ordinairement en avant et quelquefois en arrière, selon le besoin de l'oiseau ; par la brièveté de l'humérus dont les apophyses sont très larges ; par la fourchette ovale et par le sternum sans échancrure vers le bas, toutes circonstances propres à augmenter la puissance du vol. Les autres caractères génériques des martinets sont : bec très court et couvert de plumes presque jusqu'à la pointe ; les tarses et les doigts plus courts et plus gros que chez les hirondelles, et les ongles plus crochus ; les ailes plus longues et moins larges ; la queue ordinairement composée de dix pennes. Les martinets sont des oiseaux aériens au plus haut degré ; ils se posent très rarement, et lorsque cela leur arrive, c'est toujours sur des lieux élevés, contre des murailles ou

des arbres ; et si par hasard ils tombent à terre, leurs longues ailes et leurs pieds très courts leur font éprouver beaucoup de peine à s'élever, et ils sont obligés de se traîner jusqu'à quelque motte ou quelque pierre qui leur permette de faire agir leurs longues ailes. Les martinets boivent et mangent en volant. Leur principale nourriture consiste en insectes. Leur vue est si nette, dit Spallanzani, que ces oiseaux aperçoivent distinctement un objet de moins de cinq lignes de diamètre à la distance de trois cent quatorze pieds. Les martinets sont peu nombreux en espèces ; on n'en connaît que deux en Europe : le martinet noir ou commun, et le martinet à ventre blanc. La première espèce est toute noire, à l'exception de la gorge qui est blanchâtre ; la seconde, plus grande, a les parties supérieures d'un gris brun, ainsi qu'un plastron à la poitrine. La gorge et le ventre sont blancs. Les martinets émigrent comme les hirondelles. **J. P.**

MARTINET, s. m., marteau qui est mu ordinairement par la force de l'eau, et qui sert dans les forges, dans les moulins à papier, etc.

MARTINET, s. m., espèce de fouet qui est formé de plusieurs brins de corde attachés au bout d'un manche, et dont les maîtres d'école se servent pour corriger les enfants.

MARTINEZ (Pasqualis), chef de la secte dite des martinistes, a été souvent confondu avec son disciple principal, saint Martin. On n'a jamais su précisément quelle était sa patrie ; seulement, on assure, d'après son langage, on a présumé qu'il était Portugais, et même Juif. Il s'annonça, en 1754, par l'institution d'un rite cabalistique d'élus, dit *cohens* (en hébreu, *prêtres*), qu'il introduisit dans quelques loges maçonniques de France, notamment à Marseille, à Toulouse et à Bordeaux. Après avoir prêché aussi sa doctrine à Paris, il s'embarqua vers 1778 pour Saint-Domingue, et termina au Port-au-Prince, en 1779, sa carrière théurgique. Ses écrits et ceux de ses élèves donnent lieu de croire que sa doctrine est cette *cabale* des Juifs, qui n'est autre que leur métaphysique, ou la science de l'être, comprenant les notions de Dieu, des esprits, de l'homme dans ses divers états.

MARTINGALE, s. f., t. de manége, courroie qui tient par un bout à la sangle sur le ventre du cheval, et par l'autre à la muserolle pour empêcher qu'il ne porte au vent, et ne donne de la tête. Martingale, en termes de jeu, manière de jouer qui consiste à porter, à chaque coup, le double de ce qu'on a perdu sur le coup précédent.

MARTINI (Jean-Baptiste), religieux franciscain, né à Bologne en 1706, mort le 23 août 1784, est placé au rang des plus célèbres musiciens. On accourait en foule aux messes et aux oratorios qu'il faisait exécuter. Il ouvrit un cours musical, dont la réputation s'étendit dans toute l'Italie ; et les plus célèbres compositeurs de cette époque, frappés de l'ensemble de sa méthode, venaient le consulter avec utilité. Les ouvrages qu'il publia achevèrent de mettre le sceau à sa réputation, en donnant un nouveau lustre à son art. Nous citerons : l'*Essai de contre-point (Saggio fondamentale di contrappunto)*; l'*Histoire de la musique*, 1757-81, 3 vol. in-fol. et in-4°. Il a laissé en outre des sonates, des messes, des motets, des psaumes, des *stabat*, etc. Le rare mérite de ce religieux était rehaussé par la douceur de son caractère et la simplicité de ses mœurs.

MARTINI (Antoine), archevêque de Florence, né à Prato, en Toscane, en 1720, mort en 1809, montra toute sa vie un attachement inviolable au saint-siége. On a de lui : une traduction italienne du Nouveau-Testament, Turin, 1769 ; une traduction de l'Ancien-Testament, aussi en italien, 1776. Ces deux traductions valurent à son auteur un bref honorable de Pie VI, du 17 mars 1778 ; des Instructions morales sur les sacrements, 1785 ; des Instructions dogmatiques, historiques et morales sur le Symbole, 2 vol.

MARTINI (Jean-Paul-Egide), musicien, né à Freystadt (Haut-Palatinat) en 1741, mort en 1816, fut attaché au prince de Condé, puis au comte d'Artois, en qualité de directeur de musique, et devint surintendant de celle du roi. La révolution lui fit perdre sa place, qu'il recouvra sous la Restauration. On lui doit : un ouvrage remarquable sur la musique, intitulé *Mélopée moderne*, 1790 ; une *Ecole d'Orgue*, 1801 ; six recueils de romances ; plusieurs opéras ; des compositions estimées pour la musique d'église.

MARTINIEN (Martinus Martinianus), s'avança par son courage dans les armées de Licinius, qui lui avait donné le titre de maître des officiers du palais. Cet empereur, poursuivi par Constantin, prit Martinien pour collègue en 323. Ces deux princes réunis résolurent de livrer bataille à leur compétiteur. Elle se donna le 18 septembre, auprès de Chalcédoine. Constantin, ayant été vainqueur, fit périr Licinius et Martinien.

MARTININGI (Ascagne), natif de Berne, fut chanoine régulier, abbé et général de l'ordre de saint Augustin, et mourut en 1600. On a de lui un grand *Commentaire latin* sur la Genèse, en 2 vol. in-fol. Cet ouvrage est une compilation savante, mais assez mal digérée. On y trouve toutes les différentes éditions, les phrases et les expressions hébraïques, avec les explications littérales et mystiques de près de 1200 Pères.

MARTINISME (*hist. rel.*), doctrine secrète, mystique et fort obscure de certains illuminés. Les martinistes se réunissaient en loges, comme les francs-maçons. Ils formaient deux sectes qu'ordinairement on confond : les uns étaient disciples d'un Portugais nommé Martinez, et les autres de saint Martin, qui est mort au commencement de ce siècle.

MARTINIQUE (La), l'une des petites Antilles dans l'Amérique septentrionale. Elle est située entre 14° 23' et 14° 58' latitude N., et 63° 10' et 63° 39' longitude E. Sa longueur est de 16 à 20 lieues; sa largeur de 10 lieues, sa circonférence de 50 lieues, et sa superficie de 87,146 lieues carrées. L'île est montagneuse. La plus haute montagne s'élève à 1110 mètres au-dessus du niveau de la mer. De nombreux ruisseaux l'arrosent et fournissent de l'eau bonne et limpide. Elle est traversée par quelques canaux. Le sol est généralement volcanique et fertile; il produit des patates, melons, ananas, bananes, du sucre, du café, du cacao, du girofle, du coton, de la casse, de l'indigo. Les bois y sont nombreux; ils occupent la plus grande partie de l'île, puisqu'il n'y a de cultivé que les bords de la mer. Elle est environnée de baies, où l'on trouve d'excellents ports, mais exposés aux orages. On emploie à la Martinique 17,622 hectares carrés à la culture de la canne à sucre; 9,481 en plantes alimentaires; 3,861 à celle du café; 719 à celle du cacao; 491 en coton; en tout 32,174 dont le rapport est en :

Sucre blanc	5,000,000	kilog.
Sucre brut	23,000,000	—
Sirops	4,000,000	litres.
Café	1,400,000	kilog.
Coton	125,000	—
Cacao	160,000	—
Rhum et tafia	600,000	litres.

Ces différentes productions rendent environ 20,000,000 de francs. La Martinique est obligée d'exporter à la métropole les produits qu'elle livre au commerce, si l'on excepte les sirops et le tafia, qu'elle peut vendre à l'étranger. Les exportations sont, années communes, de 18,701,279 francs. Les importations sont de France, si ce n'est pour les objets que la métropole ne fournit point. Ces importations consistent en farines, huile d'olive pour table, poissons secs et salés, fumés, viandes salées, savon, linge, habillements, tissus de toutes sortes, bois feuillard, boissons, chandelles, suif, chapeaux de feutre et de soie. On y importe d'Amérique des planches à jouer, des chevaux et de la morue. D'après les derniers recensements, la population s'élève à 98,273 individus, ainsi répartis : 9,867 blanc; — 11,067 mulâtres; — 77,339 nègres.

La colonie est administrée par un conseil privé, formé par le gouverneur, le commandant militaire, l'ordonnateur, le directeur général de l'intérieur, le procureur-général, trois conseillers coloniaux, un contrôleur et un secrétaire archiviste. Deux bataillons de 1,172 hommes composent la garnison de l'île; il y a encore 81 hommes de l'artillerie de la marine, 27 ouvriers d'artillerie, une compagnie de sapeurs, une brigade du train de 26 hommes et une brigade de 33 gendarmes. L'histoire de la Martinique est celle de toutes les Antilles. Découverte par les Espagnols, elle est restée, après de nombreuses contestations, à l'une des nations européennes qui vinrent lui disputer la possession du Nouveau Monde qu'elle devait à Christophe-Colomb. C'est le 18 juin 1635 que les deux Français L'Obvé et Duplessis en prirent possession au nom de la France. Mais la multitude d'insectes et de serpents qui s'offrirent à leur vue, et l'aspect menaçant des Caraïbes indigènes les détournèrent du projet d'y fonder une colonie. D'Énambuc, gouverneur de Saint-Christophe, devait le réaliser. Parti en 1635 à la tête de 100 hommes d'élite, il vint y jeter les fondements d'un établissement. Pendant plus de vingt ans les nouveaux colons firent une guerre acharnée aux indigènes, justement indignés à la vue de l'envahis-

sement de leur sol par des étrangers. En 1658, on commença à bâtir la ville de Saint-Pierre, et en 1672, la citadelle de Fort-Royal, aujourd'hui démantelée. Les Anglais s'en emparèrent en 1762, et renouvelèrent leur occupation plusieurs fois depuis. Elle a été rendue à la France en 1814. La Martinique est très sujette aux tremblements de terre : les plus funestes sont ceux de 1766, 1779, 1780, 1788, 1813, 1817, 1823 et 1839. La martinique est divisée en quatre arrondissements : le Fort-Royal, le Marin, Saint-Pierre et la Trinité, qui sont subdivisés en vingt-sept paroisses. On y compte 2 villes, le Fort-Royal chef-lieu, et Saint-Pierre; 4 bourgs et 20 villages.

MARTINISTE, s. des deux genres. Il se dit de certains illuminés qui prétendent être en commerce avec les intelligences célestes et les âmes.

MARTINIUS (Mathias), écrivain protestant, né à Freinhague, dans le comté de Waldeck, en 1572, fut disciple de Piscator, et enseigna avec réputation à Paderborn et à Brême; il parla beaucoup au synode de Dordrecth en 1618, et mourut en 1630, à 58 ans. Son principal ouvrage est un *Lexicon philologicum*, 1701, 2 vol. in-fol. C'est une source dans laquelle plusieurs savants ont puisé. Cet ouvrage est fait avec assez de soin. Sa Vie est à la tête de son Dictionnaire.

MARTINON (Jean), né à Brioude en Auvergne l'an 1585, se fit jésuite en 1603, professa la théologie avec distinction pendant vingt ans à Bordeaux, et y mourut le 5 février 1662. On a de lui une *Théologie* en 5 vol. in-fol., et un 6e contre Jansénius.

MARTINUSIUS (Georges), dont le vrai nom était Wtisinovisch, cardinal et ministre d'État du royaume de Hongrie, naquit l'an 1482, dans la Croatie, et eut, étant jeune, l'emploi de chauffer les étuves chez Jean Zapoli, alors simple gentilhomme. Il embrassa la vie monastique dans l'ordre de Saint-Paul, premier ermite, apprit les belles-lettres, et revint auprès de Jean Zapoli, qui était devenu roi. Il le suivit pendant ses revers en Pologne, et lui rendit les services les plus signalés, souvent au péril de sa vie. Par cette conduite, il gagna tellement les bonnes grâces du prince, que celui-ci le nomma son premier ministre, lorsqu'en 1536, par un accord fait avec l'empereur Ferdinand Ier, il fut assuré dans la possession de ce que les armes lui avaient acquis; et lors de sa mort, arrivée en 1540, il lui confia la tutelle de son fils Jean-Sigismond. Il l'avait nommé auparavant à l'évêché du Grand-Waradin. Martinusius gouverna en despote, se brouilla avec Isabelle, veuve du prince, qui l'avait tiré du néant, et s'attacha à l'empereur Ferdinand Ier, qui lui obtint de Jules III le chapeau de cardinal. Quelque temps après, on l'accusa de négocier avec les Turcs; Ferdinand crut même l'effet de ces négociations si prochain, qu'il pensa ne pouvoir le prévenir qu'en faisant assassiner Martinusius, vers l'an 1551, dans le château de Vints, que le cadinal avait fait bâtir sur les ruines d'un monastère qu'il avait détruit, et dont le supérieur, au rapport de De Thou et d'Ascagne Centurio, lui prédit sa fatale destinée. Martinusius était un grand ministre, un ecclésiastique zélé et de mœurs intègres; mais sa conduite à l'égard de Ferdinand, devenu son souverain, ne paraît point être exempte de reproches.

MARTOS (Petrowich-Ivan), directeur de l'Académie des beaux-arts de Saint-Pétersbourg, 1763, né à Itchnia (Poltawa), dans la Petite-Russie, mort le 17 avril 1835, âgé de plus de 80 ans, était le plus habile sculpteur de sa patrie. Ses productions peuvent marcher de front avec celles des plus grands artistes de l'Europe. Il nous suffira de citer : son Groupe colossal en bronze de Minin et Pozkarsky, à Moscou; son Monument de l'empereur Alexandre, à Taganrock; du duc de Richelieu, à Odessa; de Lomonosow, à Archangel; et de Potemkin, à Cherson, etc. La simplicité distinguait les figures de Martos; dans ses draperies, il est souvent supérieur à Canova.

MARTYN (Thomas), célèbre professeur de botanique à l'Université de Cambridge, et membre de la Société royale de Londres, né en 1756, mort à Londres le 3 juin 1825, introduisit une innovation dans ses cours, en les faisant en anglais, au lieu de les faire, selon l'usage, en latin. Il laissa les ouvrages suivants : *Plantæ cantabrigiensis*, 1763, in-8; *Catalogus horti botanici cantabrigiensis*, 1771, in-8; *Antiquités d'Herculanum*, traduites de l'italien, 1773, in-4°; *Éléments d'histoire naturelle*, 1775, in-8; Nodder, peintre en botanique du roi d'Angleterre, grava trente-huit dessins pour cet ouvrage, et y joignit des explications pour éclaircir le système de Linné : *la Langue de la botanique, ou Dictionnaire des termes de cette science*, 1793, in-8; 3e édition, 1807; *Flora rustica*, 1791 à

1794, 4 vol. in-8; *le Dictionnaire du jardinier et du botaniste*, par Miller, 1803 à 1807, 4 vol. in-fol., etc.

MARTYR (PIERRE), d'Anghiera, dans le Milanais, né l'an 1455, mort en 1525, se rendit célèbre par sa capacité dans les négociations. Ferdinand V le Catholique, roi de Castille et d'Aragon, lui confia l'éducation de ses enfants, et l'envoya en qualité d'ambassadeur extraordinaire, d'abord à Venise, et de là en Egypte. Il se signala dans l'exercice de ses fonctions par son intégrité et son intelligence. De retour en Castille, il obtint des pensions et de riches bénéfices. On a de lui divers ouvrages écrits avec clarté, élégance et intérêt : une Histoire en latin de la découverte du Nouveau-Monde, intitulée *de Rebus oceanicis, sive de Navigatione, et terris denovo repertis*, 1585, in-4°; une Relation curieuse de son ambassade en Egypte, 1500, in-fol., intitulée *de Legatione babylonica* (on donnait alors quelquefois le nom de *Babylone* au Grand-Caire); un Recueil de lettres, in-fol., et Amsterdam, 1670, 1350, in-fol., sous le titre de *Epistolæ de rebus hispanicis*, très rare. Quoique la plupart aient été composées longtemps après les événements, elles renferment cependant des détails exacts sur l'histoire du xve siècle.

MARTYRE. On désigne par ce mot le supplice souffert par un chrétien catholique lorsqu'il confesse Jésus-Christ. On distingue les martyrs des confesseurs; ceux-ci sont ainsi nommés, parce qu'ayant confessé la foi au milieu des tourments, ils ont survécu aux supplices; les martyrs sont ceux qui sont morts au milieu des tortures. Aussitôt que les chrétiens étaient arrêtés, on les conduisait devant les magistrats; s'ils niaient qu'ils étaient chrétiens, on les relâchait la plupart du temps, quelquefois néanmoins on exigeait d'eux quelque acte d'idolâtrie, ou qu'ils blasphémassent contre notre Seigneur Jésus-Christ. S'ils avouaient qu'ils étaient chrétiens, on cherchait à les séduire par des promesses, ou à les effrayer par des menaces; mais si nonobstant ces promesses et l'appareil du supplice dont on cherchait à les épouvanter, ils confessaient toujours leur foi, on les soumettait aux plus cruels supplices. Les plus ordinaires étaient de placer les chrétiens sur un chevalet, dans toute l'étendue de leurs corps attachés par des cordes aux pieds et aux mains et tirées avec des poulies, de les pendre par les mains, avec des poids attachés aux pieds, de les battre de verges ou de les frapper avec de gros bâtons, ou des fouets armées de pointes appelés scorpions, ou avec des lanières de cuir cru ou garnies de plomb. D'autrefois on les faisait rôtir sur les grils et on les déchirait avec des peignes de fer. Souvent on leur déchirait les côtes jusqu'aux entrailles, pour rendre les plaies plus sensibles, on y versait du vinaigre ou l'on y mettait du sel, et lorsqu'elles commençaient à se fermer, on les rouvrait; la longueur des tortures dépendait du caractère plus ou moins cruel des magistrats. Pendant que les chrétiens supportaient ces supplices, les magistrats les interrogeaient toujours, et les greffiers écrivaient exactement les questions des juges et les réponses des martyrs. Ces procès-verbaux étaient conservés dans les registres publics, ils furent recueillis par les chrétiens, et c'est ce que nous nommons actes des martyrs; dans ces interrogatoires, on pressait souvent les chrétiens de dénoncer leurs frères et surtout les ministres de leur religion; ainsi que de livrer les livres sacrés; mais sur toutes ces questions les martyrs gardaient le silence le plus profond, ou ils disaient que Dieu les avait instruits, et que leurs livres étaient gravés dans leur cœur. On nommait traditeurs ou traîtres ceux qui découvraient d'autres chrétiens ou qui livraient leurs livres. Après l'interrogatoire, on les envoyait au supplice ou on les remettait en prison, pour les éprouver plus longtemps, ou pour leur faire subir de plus longues tortures. Ces prisons étaient des cachots obscurs et infects, on leur mettait aux pieds et aux mains des fers, et au cou de grandes pièces de bois, aux jambes des entraves pour les tenir écartées et élevées, quelquefois on remplissait la prison de morceaux de verre, ou de pots de terre cassés, et on les y étendait tout nus et déchirés, suivant les caprices de leurs tyrans, on ne laissait corrompre leurs plaies et on leur donnait peu de nourriture, ou bien on leur fournissait tout ce qui leur était nécessaire, afin de recommencer leurs tortures. Comme dans cet état ils opéraient beaucoup de conversions, l'on défendait en général de les laisser voir, d'autrefois, afin d'ébranler leur constance on permettait à de proches parents de les visiter. Toutefois, malgré les prohibitions sévères des tyrans, les fidèles parvenaient presque toujours auprès des martyrs, pour les soulager et les consoler; c'était surtout le devoir des diacres qu'ils remplissaient avec zèle.

Après avoir surmonté les tourments, les chrétiens subissaient divers genres de mort, on leur coupait la tête presque toujours. D'autres fois on les lapidait, on les brûlait vifs, on les précipitait du haut d'un rocher, on les écorchait tout vivants, on les faisait traîner par des chevaux ou des taureaux indomptés, on les jetait à l'eau avec des pierres au cou. Les fidèles ne craignaient pas de s'exposer au martyre pour recueillir leur sang, pour conserver leur corps et leurs cendres, pour racheter leurs restes des mains des bourreaux.

MARTYRISER, v. a., faire souffrir le martyre. Il signifie aussi, figurément et par exagération, faire souffrir de grandes douleurs, de grands tourments.

MARTYROLOGE. On donne ce nom à des listes ou catalogues de martyrs. Ces listes n'indiquent ordinairement que le nom, le lieu, le jour et le genre du martyre de chaque saint. D'après Baronius, le pape saint Clément, disciple des apôtres, aurait introduit le premier l'usage de recueillir les actes des martyrs ; le martyrologe d'Eusèbe de Césarée, fait au ive siècle, qui était très célèbre dans l'antiquité, fut traduit par saint Jérôme ; mais il n'en reste plus que la partie renfermant les noms des martyrs, qui souffrirent dans la Palestine, les dernières années de la persécution de Dioclétien. On regarde comme très suspect le martyrologe attribué à Bède, attendu qu'il renferme des noms de saints qui ont vécu après cet auteur. Dans le ixe siècle, Florus, sous-diacre de Lyon, Wandelbert, moine de l'abbaye de Trèves, Uward et Roban-Maur, religieux français, publièrent des martyrologes ; mais celui de Roban-Maur, n'est qu'une suite de celui de Bède et de Florus. Celui d'Adon n'est non plus qu'une suite de celui d'Uward. Dans le xie siècle, Névelon fit un abrégé de celui d'Adon et y ajouta les noms de quelques saints. On connaît encore le martyrologe des Cophtes, déposé dans le collège des Maronites à Rome, celui de Notker, religieux de l'abbaye de Saint-Gal, en Suisse. Celui d'Augustin-Bellin de Padoue, celui de François Morali, celui de Vandermeulen, celui de Baronius, qui est le martyrologe moderne de l'Eglise romaine. Galerini, protonotaire apostolique en avait auparavant dédié un à Grégoire XIII ; mais ce pape ne l'approuva point. On assigne plusieurs causes à la différence qui existe entre les martyrologes ; la malignité des hérétiques et l'ignorance de quelques chrétiens, qui ont supposé des actes ou les ont interpolés. La perte des actes véritables, dont nous avons parlé dans notre article sur les martyrs, le défaut de discernement de la part des légendaires, qui ont adopté des actes, sans les soumettre au creuset de la critique, et qui s'en sont rapportés à des opinions populaires sans fondement. Plusieurs auteurs néanmoins, entre autres Tillemont, Baillet, Brutler et les bollandistes se sont appliqués à purger les vies des saints de tous les faits apocryphes. Dom Ruinard a publié en 1689, un recueil des actes sincères des martyrs, qui portent avec eux un caractère évident d'antiquité et de vérité, et plusieurs sont tirés des monuments authentiques. Le père Honoré de Sainte-Marie, dans ses *Réflexions sur les règles et l'usage de la critique*, nous dit néanmoins que cette collection renferme des actes, qui ne devraient pas y figurer d'après les règles mêmes posées par le savant dom Ruinard. Nous ne parlerons pas des martyrologes composés par les Anglais Fox, Bray et Clarke, où se trouvent des noms de personnes que des actes de sédition ou d'emportement firent punir. Nous ne dirons rien non plus de ceux qui ont été composés par les calvinistes de France. Nous nous ressouvenons de ce que dit saint Augustin : « ce ne sont pas les supplices, mais la cause qui fait les martyrs.» Or les protestants qui figurent dans tous les martyrologes anglais et calvinistes, ne sont morts que par suite des excès dont ils s'étaient rendus coupables. Ce que l'on ne peut pas reprocher aux martyrs de l'Eglise catholique, qui souffraient toutes les persécutions avec la plus grande résignation, à qui l'on n'imputait aucune violence, et qui étaient des modèles de patience et de douceur, et dont les dernières paroles étaient toujours des prières de bénédiction et de miséricorde pour leurs bourreaux.

MARTYRS. Ce mot signifie témoin, nous l'employons pour désigner une personne qui affirme par sa mort la vérité des faits qui servent de fondement au christianisme. Notre Seigneur, en confiant à ses apôtres la mission de prêcher la foi dans l'univers, leur fit connaître tous les périls dont elle serait environnée. Il leur prédit qu'ils seraient traînés devant les princes et les magistrats, et qu'ils seraient condamnés à mort, et que cela leur arriverait, parce qu'ils seraient haïs de tout le monde à cause de lui, et afin qu'ils lui rendissent témoignage, jusqu'aux extrémités de la terre. (Saint Matth., ch. 24, v. 9; saint Luc, ch., 21, v. 12, 13, 16 et 17. Actes des apôtres, ch., 1, v. 8). Cette prophétie reçut bientôt son accomplissement. Dans tous les lieux où les apôtres et leurs disciples annoncèrent l'Evangile, les échafauds furent dressés et les bûchers allumés. Pendant trois siècles, le berceau de l'Eglise flotta sur une mer de sang. Ceux qui embrassaient la foi, étaient regardés comme des victimes dévouées à la mort. Aussi, Tertullien dit-il que la foi chrétienne est un engagement pour le martyre. Mais le christianisme étant la seule religion qui ait triomphé des persécutions, et cette circonstance prouvant réellement la protection puissante de celui qui lui a promis que tous les efforts des démons et des hommes pour la vaincre et la détruire seraient impuissants. Ses ennemis ont prétendu que le nombre des martyrs n'a pas été considérable, que jusqu'à Domitien l'église n'a pas été persécutée et jouit depuis d'une tranquillité parfaite. Mais tous les monuments de l'histoire ecclésiastique et profane renversent ces assertions des sophistes, et les convainquent de mensonge. La première persécution que l'Eglise éprouva fut excitée à Jérusalem par les juifs, et poursuivie par Hérode-Agrippa; de nombreux confesseurs et martyrs rendirent alors témoignage à la vérité de la religion; les actes des apôtres nous parlent du martyre de saint Etienne, diacre, que les juifs lapidèrent. (Ch. 7, v. 57), de saint Jacques-le-Majeur, que le roi Hérode fit mourir par l'épée. (Ch. 12, v. 2). Flavien Josèphe, historien juif, rapporte aussi que saint Jacques-le-Mineur et quelques autres chrétiens furent lapidés par ordre d'Anames, grand sacrificateur des juifs. Le martyre de ce saint apôtre, de saint Siméon et de quelques autres parents du Sauveur est aussi rapporté par Eusèbe, d'après Hégésippe, auteur presque contemporain. (Josèphe, *Antiquités judaïques*, liv. 20, ch. 8; Eusèbe, *Histoire ecclésiastique*, liv. 3, ch. 32). Il y eut aussi une violente persécution sous Néron; on sait que ce prince rejeta sur les chrétiens l'incendie de Rome, dont il était l'auteur : « C'était, dit Tacite, des gens haïs par leur infamie, et que le peuple appelait chrétiens à cause du Christ, leur auteur qui fut puni du dernier supplice sous le règne de Tibère, par Ponce-Pilate, gouverneur de la Judée; mais cette pernicieuse secte, après avoir été réprimée pour quelque temps, pullulait tout de nouveau, non seulement dans le lieu de sa naissance, mais dans Rome même, qui est comme l'égout de toutes les ordures et de toutes les infamies. On se saisit donc d'abord de tous ceux qui s'avouaient de cette religion, et par leur confession, on en découvrit une grande multitude (*multitudo ingens*), qui furent moins convaincus du crime d'incendie, que de la haine du genre humain. On insulta même à leur mort, en les couvrant de peaux de bêtes sauvages, et les faisant dévorer par les chiens. On les attachait en croix pour servir la nuit de feu et de lumière. Néron donnait ses jardins pour le spectacle auquel il avait ajouté le plaisir du cirque, et on le voyait se mêler, parmi le peuple, en habit de cocher, ou assis sur un char; mais quoique ces cruautés fussent exercées sur des coupables, qui avaient mérité le dernier supplice, on ne laissait pas que d'en avoir pitié, parce que Néron les faisait mourir, non pour l'utilité publique, mais pour assouvir sa cruauté. (*Annal.*, l. 15, ch. 44). » Suétonne (*Vie de Néron*) parle également de cette persécution en ces termes. *Il punit les chrétiens, espèces d'hommes d'une superstition nouvelle et adonnés à la magie.* Sénèque-le-Philosophe, Juvénal et l'ancien commentateur de ce poète, rapportent aussi que *Néron punissait les magiciens, en les faisant couvrir de peau, de cire et d'autres matières combustibles, qu'on leur plaçait un pieu pointu sous le menton pour les faire tenir droits, et qu'on les faisait brûler tout vifs pour éclairer les spectateurs.* (Sénèque, Epître 14, Juvénal, Satire, 4 et 8). Or la conformité de ce supplice, avec celui dont Néron, suivant Tacite, punissait les chrétiens, et le nom de magiciens que Suétonne donne aux chrétiens, démontrent que Sénèque, Juvénal et son commentateur ont parlé des chrétiens sous le nom de magiciens. L'on ne fera pas sans doute ici une chicane, et l'on ne dira pas que sous le nom de magiciens, Suétonne a entendu parler d'autres personnes que des chrétiens qu'il nomment *christiani* : mais dans la vie de Claude, en parlant de notre Sauveur, il l'appelle *chrestus*. Longtemps après Suétonne, les païens, comme on peut le voir dans l'apologétique de Tertullien (ch. 3), et dans les institutions divines de Lactance (liv. 4, ch. 7), disaient souvent *chrestus* pour *christus* et *chrestiani* pour *christiani*, et ces

auteurs leur faisaient le reproche de poursuivre des innocents dont ils ignoraient même les noms. Que l'on ne dise pas non plus avec Dodwel et d'autres sophistes, que la persécution de Néron se renferma dans Rome. Si elle ne s'était pas étendue au loin, comment Tacite aurait-il pu dire que les chrétiens étaient détestés du genre humain. Par la répression antérieure dont il parle, on voit qu'ils étaient déjà poursuivis depuis longtemps, et il fait sans doute allusion à l'édit de Claude, qui avait chassé les juifs de Rome, parce que, suivant ce que dit Suétonne, dans la vie de cet empereur, ils y faisaient du bruit à l'occasion du Christ.

Les pères nous ont conservé aussi le souvenir de la persécution de Néron. C'est dans cette persécution que saint Pierre et saint Paul furent martyrisés à Rome, ainsi que nous l'apprenons par une lettre de saint Clément de Rome, dans laquelle, après avoir parlé de la mort de ces saints apôtres, il dit : « Ces hommes divins furent suivis par une grande multitude d'élus qui ont souffert les outrages et les tourments pour nous en donner l'exemple » (*Epist.* 1, n° 6). Saint Polycarpe, dans sa lettre aux Philippiens, leur propose l'exemple de saint Paul et des autres apôtres qui sont tous dans le Seigneur avec lequel ils ont souffert. Clément d'Alexandrie dit que les apôtres sont morts, comme Jésus-Christ, pour les églises qu'ils avaient fondées (Strom., liv. iv, chap. 5). L'on a cherché à contester la certitude du martyre de la plupart des apôtres, en s'autorisant des dires d'un nommé Héracléon; mais l'on n'ignore pas avec quelle force Clément Alexandrin a réfuté depuis des siècles cet hérésiarque qui appartenait à la secte des Valentiniens, qui soutenant l'inutilité du martyre, était par conséquent intéressé à nier celui des premiers disciples de Jésus-Christ (Strom., chap. 9). Domitien déclara aussi une guerre violente au christianisme. Brutias, historien païen, ainsi qu'on le voit dans la version de la chronique d'Eusèbe par saint Irénée, rapporte que Domitien fit mourir plusieurs chrétiens, et que Domitille, nièce de l'empereur, fut reléguée dans l'île Pontia pour avoir confessé publiquement qu'elle était chrétienne. Dion, dans sa Vie de Domitien, nous apprend que ce prince fit mourir plusieurs personnes accusées d'athéisme, et qui avaient embrassé les mœurs des juifs, et que du nombre de ces victimes se trouvaient les consuls Acilius Fabrio et Clémens. Ce dernier avait épousé Domitille, qui fut reléguée, dit toujours Dion, dans l'île Pandataire. Suivant Dion, beaucoup d'autres furent aussi dépouillés de leurs biens pour le même crime d'athéisme, et parce qu'ils suivaient les usages des religions. L'on sait que les païens des premiers siècles du christianisme confondaient toujours les chrétiens avec les juifs, et qu'ils adressaient toujours aux chrétiens le reproche d'athéisme. Pline, dans sa lettre à Trajan, dit qu'il a trouvé des personnes qui ont renoncé à la religion chrétienne depuis vingt ans; ce qui fait remonter précisément l'apostasie de ces malheureux à la persécution de Domitien, qui ne la commença, suivant Dion, que la quinzième année de son empire. Juvénal désigne évidemment cette persécution lorsqu'il dit qu'après avoir fait mourir d'illustres personnages, il périt lorsqu'il commençait à sévir contre des artisans et des personnes de basse condition. En persécutant des hommes du peuple, Domitien ne put avoir d'autre motif que celui qui provenait de la différence des religions. C'est dans ce temps-là que l'apôtre saint Jean fut mené à Rome, et plongé dans l'huile bouillante sans en recevoir aucune atteinte. Exilé ensuite dans l'île de Pathmos, il y écrivit l'Apocalypse. Une autre persécution eut lieu sous Trajan. Nos sophistes se plaisent à nous vanter la bonté de ce prince; mais ils ne peuvent révoquer en doute qu'il se montra injuste et cruel pour les chrétiens en présence de la lettre que Pline lui adressa et de la réponse qu'il lui fit. On voit dans la première de ces lettres que Pline trouva un grand nombre de chrétiens dans la province dont il était gouverneur, qu'il envoya au dernier supplice tous ceux qui persistaient dans la confession de la foi chrétienne, qu'il avait soumis des filles, des esclaves à des tortures, et qu'il avait réservé plusieurs chrétiens pour les envoyer à Rome, parce qu'ils étaient citoyens romains. Pline ajoute que l'affaire lui a paru digne de toutes les réflexions de Trajan, à cause de la multitude de ceux qui sont engagés dans la profession du christianisme. Dans sa réponse, Trajan n'improuve pas la conduite de Pline ; il le loue au contraire de la manière dont il procède, et lui dit sans doute qu'il ne faut pas rechercher les chrétiens, mais que l'on doit punir ceux qui seront accusés et convaincus de l'être. Quelle justice ! quelle bonté ! Ou les chrétiens étaient coupables, ou ils ne l'étaient pas :

dans le premier cas, la justice commandait d'en faire une recherche exacte, aucune société ne pouvant et ne devant pas tolérer des hommes que leurs crimes rendent dangereux; mais si les chrétiens étaient exempts de tout reproche, pourquoi les punir à cause de leur religion? En vérité, la justice de Trajan n'était que de la tyrannie, et sa bonté était une véritable cruauté! On n'est donc pas étonné de voir ce prince condamner lui-même saint Ignace à mort en passant à Antioche, et l'envoyer à Rome pour y être exposé aux bêtes. (Voir la lettre de ce saint martyr aux Romains et celle de saint Polycarpe aux Philippiens.) Suivant Eusèbe (Hist. eccl., liv. III, chap. 33), la persécution fut si violente sous Trajan, que toute l'Asie en fut ébranlée. Les tombeaux des catacombes de Rome nous fournissent aussi la preuve de la persécution de Trajan. Sur l'un de ces tombeaux, on voit le nombre trente écrit en chiffres, et puis ces mots : Surra et Sénéc. cons., ce qui indique que dans cette tombe se trouvent réunies les dépouilles de trente personnes qui ont été martyrisées sous le consulat de Surra et Sénécion, qui étaient consuls précisément sous l'empire de Trajan. Le règne d'Adrien ne fut pas non plus favorable aux chrétiens. Sulpice Sévère et saint Jérôme placent la quatrième persécution sous son règne, et elle fut très violente, suivant saint Jérôme; il y eut beaucoup de martyrs en Italie, en Sardaigne et en Orient. Ceise nous apprend que sous l'empire d'Adrien les chrétiens tenaient leurs assemblées en cachette pour éviter les peines décernées contre eux (liv. I, n° 3; liv. 2, n° 18), et que lorsqu'ils étaient pris, on les mettait en croix, on leur faisait souffrir toutes sortes de tourments (liv. VIII, n°⁵ 39, 43, 48). La chronique des Samaritains porte aussi que cet empereur fit massacrer en Egypte beaucoup de chrétiens; il est vrai que l'apologie de la religion par Aristide et Quadrat, ainsi que la lettre de Sérénus Granianus, adoucirent la persécution. Mais la lettre que ce prince adressa à Minucius Fondanus prêtait beaucoup à l'arbitraire, puisqu'il y est dit que si quelqu'un se rend accusateur des chrétiens, et montre qu'ils agissent en quelque chose contre la loi, on doit les punir selon la qualité de la faute. Or, les lois de l'empire proscrivant le christianisme, c'était dire que tous ceux qui en faisaient profession devaient être punis. Les chrétiens eurent à subir une nouvelle persécution sous le règne d'Antonin-le-Pieux. Ce prince se montra d'abord très bien disposé en leur faveur. Il adressa aux Etats d'Asie une constitution où il va jusqu'à reprocher aux païens de chasser et de persécuter les chrétiens, parce qu'ils sont fidèles au culte de Dieu; mais dans la suite Antonin montra d'autres sentiments à leur égard, comme l'indiquent ces paroles d'un chronologiste juif : « Judas-le-Saint, prince de la nation juive, vécut sous trois empereurs qui persécutèrent les chrétiens et furent très favorables aux juifs, Antonin-le-Pieux, Marc-Aurèle et Commode. C'est sous le règne de ce prince qu'eut lieu l'emprisonnement du célèbre Pérégrin, qui d'abord souffrit beaucoup pour la foi, mais qui dans la suite y renonça (Lucien, Histoire de la mort de Pérégrin). Ajoutons à toutes ces preuves de la persécution que l'empereur Antonin fit éprouver à l'Eglise celle non moins forte que nous tirons de l'inscription suivante, trouvée sur le tombeau d'un martyr dans le cimetière de Calixte : « Alexandre n'est pas mort, il vit au-dessus des étoiles, et son corps repose dans cette tombe. Il a cessé de vivre sous l'empereur Antonin qui ne lui a payé que par de la haine ce qu'il devait de faveur et de bonté; car, tandis qu'il fléchissait les genoux pour sacrifier au vrai Dieu, il fut entraîné au supplice. Oh! malheureux temps où, au milieu de nos cérémonies sacrées et de nos prières, nous ne pouvons être en sûreté même dans ces cavernes. Quoi de plus misérable aussi que la mort! car nous ne pouvons pas même être ensevelis par nos amis et nos familles » (Arringhi Roma subterranea, tom. 2, p. 685). Ces dernières paroles nous font suffisamment connaître la violence de la persécution. Celle qui eut lieu sous Marc-Aurèle fut également très sanglante, ainsi que nous le montrent les paroles déjà citées du chronologiste juif, ainsi que les reproches que cet empereur, dans son livre des Réflexions morales, fait aux chrétiens d'aller à la mort avec trop d'ardeur et de mépris. Le gouverneur de Lyon ayant demandé à ce prince ses ordres relativement aux chrétiens qu'il avait fait arrêter et tourmenter à cause de leur religion, il répondit de faire punir de mort tous ceux qui persisteraient à confesser Jésus-Christ, et de mettre en liberté ceux qui le renieraient. Une infinité de chrétiens furent immolés à Vienne et à Lyon, après avoir subi les plus affreuses tortures, comme on peut s'en convaincre par le récit d'Eusèbe (Hist. eccl., liv. v,

chap. 1). Les deux églises de Lyon et de Vienne se virent privées durant cette persécution de ceux qu'elles considéraient comme leurs principaux appuis. Saint Pothin, évêque de Lyon, et quarante-huit fidèles, d'après ce que dit Grégoire de Tours, souffrirent le martyre en même temps. Le récit de leur martyre est rapporté dans la lettre que les églises de Lyon et de Vienne adressèrent aux fidèles de l'Asie et de la Phrygie, et qui nous a été conservée par Eusèbe. C'est aussi sous l'empire de Marc-Aurèle que saint Justin et saint Polycarpe, évêque de Smyrne, scellèrent la foi de leur sang, et que les fidèles de Smyrne s'excitèrent au martyre, à l'exemple de leur illustre évêque, ce qu'ils n'auraient pas fait, si la persécution n'avait pas emporté un grand nombre de fidèles.

Commode continua la persécution continuée par son père Marc-Aurèle. La huitième persécution eut lieu sous Sévère. Cet empereur défendit, sous de grièves peines, qu'on embrassât le christianisme et le judaïsme (Spartien, Vie de Sévère, p. 70). C'est aussi pour empêcher leurs réunions qu'il publia un rescrit, qui déférait au préfet de Rome ceux qui tenaient des réunions illicites (Baronius, à l'année 204). Sous ce prince il n'y eut presque pas de ville, suivant Eusèbe, qui n'eût ses martyrs (liv. 6, ch. 1), et l'on appelait les chrétiens gens à sarments et à poteaux, sarmentatii et semoxii, parce qu'on les attachait à des poteaux et qu'on les entourait de sarments pour les brûler (Tertul., l. Apologet., c. 40). C'est pendant la persécution de Sévère que saint Irénée, évêque de Lyon, et un très grand nombre de chrétiens de cette ville souffrirent le martyre. Suivant Oddon, dans sa Chronique, saint Irénée fut immolé avec une multitude innombrable de chrétiens. Une épitaphe en vers léonins, qui se lit dans l'église du saint à Lyon, en porte le nombre à 9,000. Saint Grégoire de Tours dit que saint Irénée avait converti presque tous les habitants de cette ville, qui furent associés à ses combats, en sorte que des ruisseaux de sang coulaient dans les rues. Caracalla, fils de Sévère, poursuivit les chrétiens avec la même haine que son père. Cécilien, auteur païen et contemporain de Sévère et de Caracalla, nous apprend, dans Minucius Félix, que sous leur règne les chrétiens étaient exposés aux supplices, aux croix et au feu. Dans le dessein de perdre entièrement le christianisme, le sophiste Fronton prononça contre les chrétiens diverses harangues où il les chargeait de toutes sortes de calomnies. La persécution ne s'interrompit pas sous les règnes de Macrin et d'Héliogabale. Alexandre, qui remplaça ce dernier sur le trône impérial, fit paraître beaucoup d'attachement pour les maximes des chrétiens et adora Jésus-Christ avec les autres dieux. Mais il ne put empêcher que, dans beaucoup de lieux, les chrétiens ne fussent poursuivis par les magistrats ou par la populace altérée de sang. Ce fut même sous son règne que Domitius Ulpianus recueillit, dans un ouvrage intitulé Du devoir des proconsuls, les rescrits des empereurs contre les chrétiens, afin que l'on sût quelles peines il fallait leur infliger. La persécution se ralluma avec plus de force que jamais sous l'empereur Maximin, qui avait fait massacrer Alexandre, son prédécesseur, et que les autres païens, Capitolin, Hérodien et Zozime, nous représentent comme un monstre qui avait pour maxime que l'on ne pouvait conserver l'empire que par la cruauté, et d'après ce que ces mêmes écrivains nous disent, ce prince la poussa jusqu'à ses dernières limites, il n'épargna ni l'âge, ni le sang des innocents, ni celui des premiers personnages de l'Etat; il ne ménagea pas non plus le sang des fidèles, ainsi que nous l'apprennent les auteurs chrétiens. Il les regardait, ainsi que tous les empereurs païens, comme les ennemis des dieux et de l'Etat. La chose dont il était animé contre la famille d'Alexandre, où il y avait plusieurs personnes qui faisaient profession du christianisme, le porta à commander de faire mourir tous les pasteurs de l'Eglise (Eusèbe, liv. 6, ch. 48). On voit donc qu'en suivant l'ordre des persécutions, depuis l'ascension de notre Seigneur jusqu'au règne de Maximin, et en nous appuyant sur les monuments les plus certains, l'Eglise fut mise à de cruelles épreuves, et qu'elle fut glorifiée par une multitude de martyrs. Mais on nous oppose un passage d'Origène, où il est dit (liv. 3, n° 8) : que l'on peut aisément compter ceux qui sont morts pour la religion chrétienne, parce qu'il en est mort un petit nombre, et par intervalles, Dieu ne voulant pas que cette race d'hommes fût entièrement détruite. Mais il est évident qu'Origène, dans ce passage, ainsi qu'on l'a très bien fait remarquer avant nous, ne parle du petit nombre des martyrs, que par comparaison avec celui des chrétiens qui n'avaient pas péri; ce qu'il est facile de conclure des der-

nières expressions de ce prince : « Dieu ne voulant pas, etc. »
Du reste, si les sophistes avaient voulu connaître sur ce point
le sentiment d'Origène, ils auraient parcouru ses écrits et y
auraient vu qu'il était persuadé du grand nombre des martyrs (lib. 2, cont. Cels., in epist. ad Rom., c. 5, l. 1, cont. Cels.),
Ils auraient éclairci le passage dont ils font tant de bruit, si
réellement il était obscur par les écrits des Pères contemporains d'Origène. Saint Cyprien, dans son exhortation aux
martyrs, les encourage par cette raison « que sous la loi nouvelle le nombre des martyrs ne peut se compter. » Saint
Irénée dit « que le grand nombre des martyrs est la marque
à laquelle on peut reconnaître la véritable Eglise et la distinguer des autres sectes. » Il ne fallait que s'avouer chrétien, suivant Tertullien, pour être conduit aux échafauds
toujours dressés ou aux arènes. Mais poursuivons nos investigations. Nous voici arrivés au règne de Dèce. A en croire
Voltaire, qui n'a su lire l'histoire ou qui ne l'a jamais lue
que suivant les inspirations de ses criminelles passions, ce
prince n'était pas un barbare. Cependant, dès le commencement de son règne, il publia un édit contre les chrétiens;
une des plus sanglantes persécutions que l'on eût encore vue
en fut la suite. Outre ceux qui furent condamnés à mort par
les juges, un grand nombre furent mis en pièces par les po-
pulaces païennes que l'on avait excitées contre eux. Beaucoup de chrétiens prirent aussi la fuite. Saint Cyprien, saint
Grégoire, saint Denis d'Alexandrie, se cachèrent pendant
quelque temps. Une grande partie des chrétiens d'Egypte se
réfugia en Arabie; d'autres se sauvèrent dans les déserts
(Hist. eccl., ch. 9). On peut juger de la fureur de la persécution, par le grand nombre des chrétiens que la cruauté des supplices effraya, fit renoncer à Jésus-Christ et dont la réconciliation occupa longtemps l'Eglise. [C'est durant cette persécution qu'Origène fut mis en prison; on le chargea de chaînes,
on lui mit au cou un carcan de fer et des entraves aux pieds.
On lui fit souffrir plusieurs autres tourments. C'est alors
qu'il composa son exhortation au martyre, pour animer ceux
qui étaient dans les fers avec lui. La guerre sanglante que
Dèce fit à l'Eglise, est encore prouvée par les actes procon-
sulaires et présidiaux dressés par les païens, conservés dans
les registres publics, et que les chrétiens, en donnant de
l'argent aux greffiers, transcrivaient. On peut voir, dans dom
Ruinard, plusieurs de ces actes; entre autres, ceux de saint
Achate, de saint Maximin, des saints Pierre, Paul et Denis,
ainsi que des saints Lucien et Marcien, qui tous reçurent la
couronne du martyre sous Dèce. Le règne de Valérien fut de
très courte durée; il fut cependant assez long pour faire
souffrir beaucoup l'Eglise. Lactance rapporte, dans son ouvrage de la mort des persécuteurs, que ce prince se laissa
entraîner dans une fureur semblable à celle de Dèce et qu'il
y eut beaucoup de sang chrétien répandu sous son règne. En
258, il envoya un rescrit au sénat, dans lequel il ordonnait
que les diacres, les prêtres et les évêques seraient punis de
mort sans délai, que les sénateurs, les personnes qualifiées
et les chevaliers seraient d'abord privés de leurs biens et de
leurs dignités, et que s'ils persistaient dans leur religion,
ils seraient décapités. Que les femmes de qualité seraient
dépouillées de leurs biens, et ensuite exilées. Que les cé-
sariens, qui avaient déjà confessé Jésus-Christ ou qui le
confesseraient, perdraient leurs biens qui seraient acquis
au domaine impérial; qu'ils seraient inscrits sur le rôle
des esclaves et obligés de cultiver la terre. On peut voir, sur
cette persécution, la lettre 80e de saint Cyprien, celle de
saint Denis rapportée par Eusèbe. On peut voir aussi dans
les Actes des martyrs, par dom Ruinard, celles de saint
Fructueux, saint Euloge et saint Augure, qui furent martyrisés sous Valérien. Le rescrit que Gallien, fils de Valérien,
adressa aux évêques, et dans lequel il ordonnait qu'on leur
restituerait les lieux consacrés, et défendit qu'on les troublât
à l'avenir, ne peut laisser aucun doute sur la persécution
de Valérien (Eusèbe, Hist. eccl., liv. 7, ch. 13). Nous voyons
encore, dans Lactance, que l'empereur Aurélien ne profita
pas du châtiment que Dieu avait fait tomber sur Valérien et
qu'il provoqua la colère divine par sa propre cruauté, mais
que la mort le surprit dans le premier accès de sa fureur
contre les chrétiens, et que les édits de persécution n'étaient
pas encore parvenus à l'extrémité de l'empire, que son corps
était étendu sur la poussière. En 303 commença
contre l'Eglise une autre persécution dont la violence surpassa toutes celles qui l'avaient précédée. Dioclétien et Maximien Hercule, publièrent un édit qui prescrivait de dépouiller
tous les chrétiens des honneurs et dignités qu'ils pourraient

posséder; que, de quelque état et condition qu'ils fussent, on
devait les appliquer à la torture; que toutes les demandes
formées contre eux seraient accueillies, et qu'au contraire
ils ne seraient admis à ne rien demander en justice, lors
même qu'on les aurait outragés, qu'on leur aurait ravi leurs
biens et corrompu leurs femmes; qu'ainsi ils seraient privés
de tous leurs droits et facultés. Quelques jours après, un
deuxième édit ordonna de mettre les évêques en prison,
d'accorder la liberté aux chrétiens s'ils sacrifiaient, et de
tourmenter cruellement ceux qui refuseraient de le faire
(Lactance, Mort des persécuteurs; Eusèbe, Hist. eccl., liv. 8,
ch. 6). Pendant cette persécution, une ville de Phrygie, au
rapport d'Eusèbe (Hist. eccl., ch. 11, et de Lactance, Divin.
instit., liv. 5, ch. 11), fut entièrement brûlée avec ses habitants, son gouverneur et ses magistrats qui, étant tous chrétiens, refusèrent de sacrifier aux dieux. Toute la terre, dit Lactance, si l'on en excepte les Gaules gouvernées par Constance,
fut persécutée depuis l'Orient jusqu'à l'Occident. Trois féroces
tyrans, Dioclétien, Maximien Hercule et Galère exerçaient
leurs fureurs. Suivant Eusèbe, un nombre presque infini de
Grecs et de Barbares, de femmes et de jeunes filles, bravant
toute sorte de supplices, quittant la vie avec joie et courage. Les
bourreaux, rassasiés du sang de tant de malheureux, croyaient
se radoucir en leur faisant seulement crever les yeux. Une
multitude innombrable fut ainsi mutilée par un effet de cette
prétendue douceur. Dans les villes, les rues, les places publiques étaient quelquefois remplies d'échafauds couverts de
victimes et de cadavres. Eusèbe nous dit deux fois qu'il a été
témoin du supplice de trente, de quarante et même de cent
chrétiens immolés en même temps. Dioclétien et Maximien
Hercule firent périr tant de chrétiens, qu'ils se flattèrent d'avoir
détruit la religion chrétienne. C'est ce qui résulte de deux
inscriptions retrouvées sur deux colonnes en Espagne et recueillies par Baronius (année 304). Dioclétien, Jovien, Maximien Hercule, César-Auguste pour avoir étendu l'empire
romain dans l'Orient et dans l'Occident, et pour avoir éteint
le nom des chrétiens qui causaient la ruine de la république... Dioclétien, César-Auguste, pour avoir adopté Galère
dans l'Orient, pour avoir aboli partout la superstition des
chrétiens, pour avoir étendu le service des dieux. Sur une
médaille de Dioclétien, on dit aussi que ce prince a aboli le
nom chrétien et détruit de toutes parts la superstition du
Christ. « Nomine christianorum deleto superstitione Christi
ubique deleta. » La multitude des chrétiens qui scellèrent la
foi de leur sang sous le règne de Dioclétien fut si grande,
que l'on appelle ce règne l'ère des martyrs. Dioclétien et
Maximien ayant abdiqué le pouvoir en 305, Galère, l'un de
leurs successeurs poursuivit, dans les terres de sa domination, la persécution avec la même fureur que ses prédécesseurs. Il ordonna qu'après qu'on leur aurait fait souffrir divers
tourments, on les brûlât à petit feu (Lactance, De la mort
des persécuteurs). Attaqué d'une maladie cruelle dont il mourut en 310, ce prince rapporta cet édit et permit aux chrétiens le libre exercice de leur culte. Lactance nous apprend
aussi que son successeur Maximin continua, dans les premières années de son règne, la persécution en Orient et confirma les édits de ses prédécesseurs contre la foi chrétienne.
Mais ensuite il les rétracta ainsi qu'on le voit par la lettre de
Sabin, préfet du prétoire, aux gouverneurs des provinces, et
par la lettre de ce prince à Sabin lui-même (Eusèbe, Hist. eccl.,
liv. 9, ch. 1 et 9). On trouve dans ce dernier document la
preuve incontestable de la persécution de Dioclétien et de
Maximin. « Je crois, dit Maximin, que vous savez et que
chacun sait de quelle manière ces deux princes, nos pères et
nos prédécesseurs, ayant vu que presque tous les chrétiens
renonçaient au culte des dieux pour se faire de la secte des
chrétiens, ordonnèrent avec grande justice, que ceux qui
auraient quitté leur religion, seraient contraints par les supplices à la reprendre. » Tous les auteurs du quatrième et du
cinquième siècle, qui avaient sous leurs yeux les documents
des siècles précédents, nous assurent que le nombre des martyrs a été immense. « Des milliers et des milliers de martyrs,
disait saint Augustin à son peuple, vous environnent de tous
côtés. Mille et mille martyrs, dit-il ailleurs, ont rougi la terre
de leur sang. La terre, dit-il, dans un autre endroit, regorge
du sang des martyrs depuis Etienne. Le monde a embrassé
la foi, dit saint Jean Chrysostôme, et une infinité de peuples
ont mieux aimé être martyrs que d'y renoncer. » Dans les écrits
de tous les Pères voisins de l'ère des martyrs, vous trouvez le
même langage; tous disant que le nombre des martyrs est
infini; tous s'en prévalent aussi pour montrer la divinité de

la religion chrétienne, qui est indestructible parce qu'elle vient de Dieu. Qu'opposent les écrits des païens de cette même époque? ou le silence, comme Julien-l'Apostat, qui n'aurait pas manqué de contredire les chrétiens dans leurs témoignages, si le nombre des martyrs avait été aussi petit qu'on l'a dit treize cents ans après lui; ou bien les auteurs païens confirment les témoignages des Pères. C'est ce que nous voyons dans le Panégyrique de Julien-l'Apostat, par Libanius. Il oppose la conduite que Julien tint envers eux avec celle de ses prédécesseurs qui les avaient persécutés à force ouverte. « Ceux qui suivaient, dit-il, une religion corrompue, craignaient beaucoup et s'attendaient qu'on leur arracherait les yeux, qu'on leur couperait la tête, et qu'on verrait couler des fleuves de leur sang. Ils croyaient que ce nouveau maître inventerait de nouveaux genres de tourments, auprès desquels la mutilation, le fer, le feu, être submergé dans les eaux et être enterré tout vif, paraîtraient des peines légères, car les empereurs précédents avaient employé contre eux ces sortes de supplices, et ils s'attendaient à se voir exposés à de plus cruels, Cependant Julien pensa tout différemment, etc. » Il ne pensa pas toujours différemment, quoi qu'en dise le rhéteur Libanius. Il y eut, ainsi que l'histoire l'atteste, des martyrs sous son règne. Il approuva et encouragea même les violences que l'on exerça contre eux, et punit les gouverneurs qui les réprimaient. Ce n'était pas seulement dans l'empire romain que les chrétiens étaient persécutés; les monuments les plus authentiques nous prouvent que les rois de Perse, Sapor II, Jezdedger et Behram, trompés par les mages et les païens qui leur représentaient les chrétiens comme des ennemis de l'État, firent subir de violentes et sanglantes persécutions à l'Église dans le IVe et le Ve siècle.

Les inscriptions des catacombes de Rome nous apprennent aussi que le nombre des martyrs est loin d'être connu, tant il est considérable, et qu'il y en eut même sous des princes que nous n'avons pas signalés dans cet article comme persécuteurs de l'Église. Ainsi l'inscription relative à Gaudens, et que l'on croit être l'architecte qui dirigea la construction du Colysée, nous apprend qu'il souffrit la mort sous Vespasien. Sur un tombeau on rencontre cette inscription en langue latine, avec le nombre exprimé en chiffres : « Marcella et cinq cent cinquante martyrs du Christ. » Sur un autre : «Cent cinquante martyrs du Christ. » Sur un autre encore, on lit ces mots : « Ici reposent Medicus et plusieurs autres. » Sur une tombe, on lit le mot trente écrit en entier avec le monographe du nom du Christ, écrit avant et après. Sur une autre le nombre quinze est suivi de ces mots, in pace. Pour détruire l'importance de ces chiffres, on a prétendu qu'ils ne sont que le signe d'une série progressive, et qu'ils ne sont relatifs qu'à un certain ordre dans lequel ces inscriptions ont été placées ; mais ce n'est qu'une assertion imaginaire ; on n'a pu découvrir aucune série semblable, ni rien qui en approche. S'il n'était question que de nombres progressifs dans ces inscriptions, on ne les aurait pas entourés, comme on l'a fait parfois, d'une guirlande soutenue par des colombes, on ne verrait pas le monographe du Christ écrit avant et après ces chiffres. Ces inscriptions montrent donc que chaque tombeau renferme autant de corps de martyrs que le chiffre l'énonce ; ce qui est confirmé d'ailleurs par les paroles de Prudence, qui vivait dans le IVe siècle, c'est-à-dire dans un temps encore tout rempli des souvenirs des persécutions : « Plusieurs des marbres, dit-il, qui ferment ces tombeaux portent la seule indication d'un nombre ; on peut ainsi savoir combien de cadavres sont amoncelés dans un même lieu ; mais on ne peut connaître leurs noms. Je me souviens d'avoir appris que les restes de soixante personnes étaient ensevelis dans la même tombe. » Prudence nous explique ainsi une foule d'inscriptions qui, par la seule indication du nombre, nous montrent que beaucoup de chrétiens, dont on ignore les noms et la vie, ont rendu par leur mort témoignage à la divinité de Jésus-Christ. Cependant, pour réduire le nombre prodigieux des martyrs, on a prétendu que les catacombes n'étaient pas en la possession des chrétiens avant le IVe siècle ; mais l'inscription placée sur le tombeau des trente chrétiens qui souffrirent le martyre durant la persécution de Trajan, et dont nous avons parlé plus haut, démontre qu'ils en avaient la possession bien antérieurement. Dans l'inscription du tombeau du saint martyr Gaudens, dont il vient d'être aussi fait mention, plusieurs syllabes sont désignées par une sorte d'accentuation de signes qui n'ont été en usage que depuis Auguste jusqu'à Trajan (Actes des frères Arval, p. 760). En conséquence, conclut très bien le savant Wiseman, l'inscrip-

tion doit avoir été gravée avant le règne de ce dernier empereur. Mais Eusèbe et Nicéphore ayant dit, dans leurs ouvrages, que les chrétiens des trois premiers siècles avaient de belles églises, on a conclu qu'il n'y avait pas eu de persécution contre le christianisme. La persécution ne fut pas continuelle pendant les trois siècles dans toutes les parties de l'empire romain, et c'est pendant ces moments de repos que les chrétiens élevaient des églises, qui n'étaient belles d'ailleurs que par comparaison avec les oratoires et les souterrains où les persécutions les réunissaient. Les chrétiens étaient d'ailleurs trop prudents pour élever des temples magnifiques qui auraient pu exciter l'envie et la jalousie des païens. Leurs églises étaient assez publiques pour qu'on les connût, pour que l'on sût où ils se rassemblaient; mais elles étaient trop pauvres pour éveiller la cupidité de leurs persécuteurs. Au surplus, lorsque la guerre contre l'Église reprenait son intensité, les païens ne manquaient pas de s'emparer des temples chrétiens, de les détruire ou d'en tourner l'usage à leur profit. Les sophistes ont aussi conclu du laconisme des martyrologes que le nombre des martyrs était peu considérable ; car, disent-ils, les premiers fidèles étaient exacts à recueillir les actes de ceux qui avaient souffert pour la foi, et toutes les églises honoraient leur mémoire ; si donc les martyrologes contiennent peu de noms de martyrs, c'est qu'en réalité peu de personnes ont été victimes des tyrans. Ce n'est là raisonner que sur des suppositions ; rien ne prouve dans l'histoire que les premiers fidèles recueillissent exactement les actes des martyrs ; ils ne pouvaient même, au milieu des persécutions, rassembler les pièces, les documents, les renseignements nécessaires pour retenir ces actes. Les pasteurs ou fuyaient, ou se cachaient ; les membres des diverses familles se dispersaient, s'éloignaient de leur pays. Souvent la persécution était subite, inattendue, sans édits impériaux ; qui pouvait alors recueillir des faits qui n'avaient aucun éclat? Toutes les églises n'avaient pas d'ailleurs des hommes capables de la rédaction de ces actes. Il ne dut donc être rédigé qu'un très petit nombre d'actes de martyrs. Il n'est pas vrai non plus que chaque église célébrât la mémoire des martyrs étrangers avec celle de ses propres martyrs. Chaque église, suivant Sozomène (livre 5, chap. 3), avait bien un calendrier où étaient inscrits les noms de ses martyrs, mais il ne nous reste aucun de ces calendriers des trois premiers siècles ; ils ont péri sans doute, ainsi que les actes que les fidèles ont pu rédiger lors des diverses persécutions qui ravagèrent l'Église, ou lors des désastreuses invasions des barbares. Disons même que, de tous les calendriers qui ont précédé les martyrologes, il n'y en a que deux qui soient parvenus jusqu'à nous, et ils sont même postérieurs aux siècles de persécution. L'un est de l'Église de Rome ; il fut fait dans le IVe siècle, sous le pape Libère ; l'autre, qui est de l'Église de Carthage, fut dressé et publié dans le Ve siècle. Encore même ces deux calendriers sont défectueux ; les noms de tous les martyrs des lieux ne s'y trouvent pas ; il en devait être de même de tous les autres, soit à cause de la multitude des martyrs, soit à cause du feu de la persécution qui ne permettait pas de savoir ni les noms des victimes ni les lieux où leurs corps reposaient. C'est ce que prouvent les fouilles des catacombes où l'on a découvert les corps d'une multitude de martyrs dont les noms sont ignorés ; les nouveaux calendriers ne sont pas plus complets que les anciens ; loin de comprendre tous les martyrs des pays éloignés, ils ne nomment pas même tous ceux qui ont souffert la mort dans les contrées les plus voisines. On ne peut donc induire du laconisme des martyrologes que le nombre des martyrs a été très petit. Pour rédiger les premiers martyrologes, leurs auteurs s'aidèrent des actes des martyrs et des calendriers, des traditions et des dyptiques des églises, ainsi que des indices ou tables ecclésiastiques. Aussi les premiers martyrologes ne furent guère que des calendriers ; ils ne renfermaient aucun détail sur la vie des saints, et ne donnaient que les noms d'un très petit nombre de martyrs. Bède, Florus, Addonnamard parurent ensuite ; ils furent bientôt suivis d'autres hagiographes, plus attentifs les uns que les autres à remplir leurs martyrologes, à rassembler les noms des martyrs honorés dans les églises ; mais les actes des martyrs, non plus que les calendriers des premiers siècles, n'étant pas arrivés jusqu'à nous ni jusqu'à ces hagiographes, les martyrologes ne prouvent rien pour ou contre le grand nombre des martyrs. Au reste, tout ce que nous avons dit dans les lignes qui précèdent, en nous appuyant sur des documents historiques les plus irrécusables, démontre jusqu'à l'évidence que nous ne connaissons pas la cent-millième partie des noms des martyrs, et que la multitude en est presque infinie. Suivant les sophistes, les supplices que l'on reproche aux païens d'avoir employés contre les chrétiens ne sont qu'une invention de ces derniers ; mais les autorités que nous avons citées plus haut confirment la cruauté de ces supplices. Tacite nous dit qu'ils étaient soumis à des peines recherchées, *exquisitissimis pœnis.* Nous avons reproduit le passage où il décrit les supplices par lesquels on les tourmentait ; nous avons vu aussi ce que nous disent Sénèque et Juvénal. Sénèque, en particulier, parle de prisons, de chaînes, du fer, du feu, de bêtes féroces, d'hommes éventrés, de croix, de chevalets, de corps percés de pieux, de tuniques imbibées de poix, etc. (Ep. 14.) Lisez tous les auteurs païens ou chrétiens qui ont eu l'occasion de parler des persécutions éprouvées par les chrétiens, et vous verrez que tous s'accordent à reconnaître la cruauté de ces supplices ; vous y verrez que les uns expiraient sous la dent des bêtes féroces, d'autres sur des bûchers, sur des charbons, sur des grils, sur des fers ardents ; ceux-ci étaient déchirés avec des ongles de fer, ceux-là périssaient dans des étangs glacés, dans des chaudières d'huile bouillante ; d'autres étaient précipités du haut des rochers ; un grand nombre expirait par le supplice de la croix. Il y en avait qui étaient traînés et mis en pièces par des chevaux fougueux. On versait du plomb fondu, du vinaigre, dans les plaies saignantes de ceux que l'on avait mutilés. « Lorsque j'aurais cent langues et cent bouches, dit Lactance, témoin des persécutions de Dioclétien, je ne saurais raconter tous les différents genres de peines que les juges faisaient souffrir aux innocents. » « Combien de volumes ne faudrait-il pas, dit Tertullien, aussi témoin oculaire des persécutions antérieures, pour décrire les différentes espèces de cruautés exercées contre les chrétiens. » Mais ces supplices n'étaient pas dans les mœurs des Romains, ont dit les sophistes. Elles étaient donc bien douces les mœurs de ce peuple qui versait du sang comme de l'eau, qui demandait des spectacles sanglants pour l'amuser, qui éprouvait les plus grandes jouissances en voyant les combats du cirque et les gladiateurs s'égorger respectivement. Le temps des vertus romaines, avec la sagesse de ses lois, était passé avant la publication de l'Evangile ; la dégénération du peuple romain n'avait fait que s'accroître après la dissolution des mœurs et les proscriptions de Marius et Sylla. Le tableau hideux et révoltant des crimes des derniers temps de la république, ainsi que la haine générale contre le christianisme, donne toute sorte de certitude aux supplices dans lesquels les martyrs expiraient et sur lesquels les sophistes cherchent en vain à jeter du doute. Des crimes peuvent-ils nous surprendre dans un temps où les princes mettaient à mort arbitrairement pères, mères, frères, sœurs, tous ceux qui leur déplaisaient, et subissaient eux-mêmes le même sort ? Mais la promptitude avec laquelle on condamnait les martyrs vous fait douter de l'existence de ces supplices ; mais les condamnations judiciaires des idolâtres n'étaient pas soumises aux mêmes formalités que celles de nos jours. Il ne fallait que se dire chrétien pour être conduit aux arènes ou aux échafauds. Après trois ou quatre questions, Trajan condamna saint Ignace à servir de pâture aux lions. Le peuple allait encore plus vite ; il criait : « Aux lions les chrétiens ! » et la sentence était de suite exécutée. En vain Voltaire dit-il qu'il n'est pas vraisemblable que les empereurs condamnassent à mort. Les vraisemblances, les suppositions ne détruisent pas les faits. S'il avait bien lu l'histoire, s'il avait lu Tacite et Suétone, il aurait vu que les empereurs rendaient la justice en personne, et qu'ils prononçaient sur les causes capitales comme sur les autres. On ne peut donc douter ni de l'existence des supplices dont on usait contre les chrétiens ni de leur barbarie.

Mais est-il vrai, comme le répètent les sophistes de nos jours d'après ceux qui les ont précédés, que la religion n'ait pas été la seule cause qui ait fait condamner à mort les chrétiens des trois premiers siècles ? Quels reproches peut-on donc leur faire ? On les accusait d'athéisme, et sous ce rapport, ils étaient nuisibles. Oui, mais personne n'ignore qu'on ne leur adressait cette accusation que parce qu'ils condamnaient la pluralité des dieux et n'admettaient qu'un seul Dieu. Mais si les chrétiens étaient athées, ils n'étaient pas superstitieux et cependant les païens leur faisaient ce reproche contradictoire, parce qu'ils adoraient Jésus-Christ comme un Dieu. Mais enfin, les chrétiens troublaient-ils l'ordre social ? Etaient-ils voleurs, assassins, incendiaires ? Mais aucune accusation n'a jamais pesé sur eux à ce sujet. Tacite nous dit qu'ils étaient haïs du genre humain ; mais il ne nous dit pas quels étaient

les fondements de cette haine. Ils n'étaient donc haïs qu'à cause de leur religion, comme notre Seigneur l'avait lui-même prédit aux apôtres. Néron rejeta sur les chrétiens l'incendie de Rome ; mais Tacite ne dit pas que ce reproche fut justifié ; on voit au contraire, d'après ce qu'il rapporte, que personne ne fut la dupe de la conduite de Néron, qui voulait faire tomber sur des innocents la responsabilité d'un crime dont il était seul coupable. Et tous les Romains ne virent dans les supplices des chrétiens qu'un excès de barbarie qu'aucun motif ne pouvait faire approuver. Pline déclare dans sa lettre à Trajan « qu'il ne sait ce que l'on punit dans les chrétiens, si c'est le nom ou les crimes attachés à ce nom ; qu'il n'a jamais découvert les chrétiens coupables de quelque crime, et que même ils s'engagent entre eux à les éviter tous ; qu'il a fait tourmenter deux filles esclaves qui étaient diaconnesses, et qu'il n'a trouvé autre chose en elles qu'une superstition perverse et excessive. Dans les condamnations prononcées contre les chrétiens, on n'en voit aucune qui soit motivée sur la perpétration d'un crime ; toutes sont fondées sur le changement de religion. C'est aussi le seul motif de tous les édits de proscription lancés par les empereurs contre les chrétiens ; tous leur font un crime d'avoir abandonné le culte des dieux pour un culte nouveau. Si les chrétiens avaient été coupables de quelques crimes, de vol, d'assassinat, d'incendie, Ulpien n'aurait pas eu besoin de réunir dans son ouvrage des *Devoirs du proconsul,* les édits des princes qui les concernaient, afin de faire connaître les peines qui devaient leur être appliquées, puisque ces peines étaient déjà fixées par les lois. Si les chrétiens avaient mérité la mort par leurs crimes, Antonin-le-Pieux ne les aurait pas loués dans sa constitution aux états d'Asie. « Ils aiment mieux, dit-il, être « condamnés à la mort pour le nom de leur Dieu, que de de- « meurer en vie. Ainsi ils remportent la victoire en renon- « çant à la vie, plutôt que de faire ce que vous désirez. Dans « les calamités publiques, ils mettent, dit-il aussi, leur con- « fiance en Dieu, tandis que vous perdez courage. Vous ne « vous souciez pas du culte de l'immortel, et parce que les « chrétiens l'honorent, vous les chassez et les persécutez « jusqu'à la mort. » Lucien, en parlant des chrétiens sur un ton railleur dans l'histoire de la mort de Pérégrin, fait l'éloge de leur doctrine admirable, de leur charité, ainsi que des soins et de la diligence qu'ils mettent pour consoler ceux de leurs frères qui souffrent pour la religion. Si Julien l'Apostat avait pu reprocher des crimes aux chrétiens, il n'aurait pas négligé d'en parler dans ses écrits où il se montre animé d'une haine profonde contre le christianisme ; mais il se borne à leur faire les reproches ordinaires des païens, ceux d'athéisme et de superstition ; et il était si éloigné de condamner leur conduite, qu'il aurait voulu qu'elle fût suivie par les païens. Il écrivit à Arcosius de Galatie : « qu'il fallait « imiter les chrétiens dans l'hospitalité, dans le soin des sé- « pultures, dans la gravité des mœurs, dans la charité des « pauvres. Persuadez, lui disait-il, à tous les peuples de la « Galatie, d'être gens de bien par raison ou par crainte. « Etablissez aussi en chaque ville plusieurs hôpitaux pour « exercer l'humanité envers les étrangers, non-seulement de « notre religion, mais de celle des autres pourvu qu'ils soient « pauvres. Car il est honteux qu'aucun juif ne mendie, et que « les impies galiléens, outre leurs pauvres, nourrissent encore « les nôtres. » Dans un autre écrit, il dit aussi « que les im- « pies galiléens ont jeté les fidèles dans l'athéisme, en com- « mençant par la charité, l'hospitalité et le service des tables, « car ils ont plusieurs noms pour les œuvres qu'ils pratiquent « abondamment. » Dans le panégyrique de Julien, Libanius n'accuse pas non plus les chrétiens d'aucun crime. Cependant, s'ils en avaient commis, il n'aurait pas oublié de les relever, pour donner plus d'importance à son héros, pour mieux faire ressortir ses efforts pour le rétablissement du paganisme. Mais, dit-on, les chrétiens étaient séditieux. La raison politique fit condamner la plupart d'entre eux ; mais l'histoire ne fournit aucune preuve à cet égard ; on ne peut citer aucune condamnation de ce genre. Si vous dites qu'ils étaient séditieux parce qu'ils travaillaient à substituer au culte des idoles celui du vrai Dieu et à établir le règne de la vérité sur les ruines de l'erreur, oui, nous avouons franchement qu'ils étaient séditieux ; mais c'est là une des plus belles gloires des apôtres, des disciples de Jésus-Christ, de tous les fidèles et intrépides propagateurs de l'Evangile. Si vous les appelez séditieux, parce qu'ils éloignaient les hommes des vices, parce qu'ils les dirigeaient dans les voies de la vertu, parce qu'ils ne leur parlaient que de croix, de mortifications, de récompenses et de châtiments éternels, et que par ce langage austère, ils troublaient les consciences, comme on prétend que nos prêtres le font aujourd'hui, oui, nous avouons encore hautement qu'ils étaient séditieux, mais c'est aussi un reproche qui les glorifie. Mais si vous prétendez qu'ils étaient séditieux parce qu'ils troublaient l'ordre public et qu'ils se révoltaient contre les princes, c'est un mensonge. S'ils avaient été tels que vous les représentez, Tertullien aurait-il osé dire dans le III° siècle, qu'il défiait le gouvernement romain de trouver un seul chrétien coupable dans toutes les révolutions, dans toutes les conspirations qui avaient enlevé la vie et l'empire à trente-sept empereurs. « D'où sont sortis, disait-il, les Albius, les Niger, ennemis de l'empereur Sévère, ceux qui assassinent leur prince, qui forcent le palais à main armée. Si je me trompe pas, ces hommes étaient Romains, c'est-à-dire n'étaient pas chrétiens. Nous sommes les mêmes, ajoute-t-il, pour les empereurs que pour ceux avec qui nous avons des rapports. Il nous est également défendu de vouloir du mal à qui que ce soit, d'en dire, d'en faire, d'en penser même. Ce qui ne nous est pas permis contre l'empereur ne l'est pas contre personne. » Si les chrétiens avaient été condamnés effectivement pour cause de rébellion contre l'autorité ou de complicité d'assassinat contre les empereurs ses prédécesseurs, Julien l'Apostat en aurait trouvé des preuves dans les actes publics. Quel triomphe pour lui, s'il avait pu convaincre les chrétiens de crimes odieux et venger la mémoire des princes qui passaient pour des tyrans ! Il aurait aussi couvert de confusion les fidèles qui parlaient sans cesse de la pureté d'intention et de l'innocence des martyrs. Le silence absolu de Julien, sur cette accusation, prouve donc que les martyrs n'étaient coupables d'aucun crime politique. C'est donc avec raison qu'un écrivain célèbre dont les opinions sont d'ailleurs généralement hostiles au christianisme, a dit : « les chrétiens, soit qu'ils cherchassent à calmer la colère de Dioclétien, ou à obtenir la faveur de Constantin, pouvaient avancer avec la confiance que donne la vérité qu'ils avaient été fidèles pendant trois siècles aux principes d'une invariable fidélité. Ils pouvaient attester que le trône des Cesar aurait été inébranlable, si tous leurs sujets eussent appris, en recevant la foi chrétienne, à tout endurer sans résistance. » (Gibbon, t. IV, p. 404). « Qu'aucun chrétien, dans les trois premiers siècles, n'ait été condamné, dit Bossuet, pour crime de conspiration ou contre l'état ou contre les empereurs, c'est une des merveilles qui montre que Dieu agissait dans cet ouvrage. » Il est même surprenant que les païens ne leur aient pas faussement et méchamment imputé ce crime, pour autoriser leurs cruautés. Mais les chrétiens refusaient d'orner leurs portes de branches de laurier dans les réjouissances publiques, pour les victoires des empereurs; or, on pouvait regarder cette affectation pour un crime de lèse-matesté, d'où on peut conclure que les persécutions avaient d'autres motifs que la religion. Voltaire, qui le premier peut-être, a présenté cette objection, ou ne connaissait pas, ou a feint de ne pas connaître l'objet de ces réjouissances et les circonstances qui les accompagnaient. Dans ces fêtes, on ne se bornait pas à orner les portes de branches de laurier, on se livrait à toutes sortes d'excès, à mille superstitions ; on était obligé d'allumer des feux, de tendre des tils dans les rues, d'y faire de grands festins. Rome se changeait en taverne, on répandait le vin partout, de toutes parts on chantait des chansons obscènes ou des hymnes en l'honneur des faux dieux ; les chrétiens ne pouvaient donc prendre part à ces désordres condamnés par la religion. Les Romains ne se trompaient pas, du reste, sur leurs intentions, comme veulent le faire croire les sophistes, ils ne prenaient pas le refus d'orner les portes de laurier pour un crime politique, mais pour un mépris de leur religion. On ne pouvait pas condamner les chrétiens, continuent les sophistes, pour la seule cause de la religion chez les Romains, puisqu'ils admettaient tous les dieux des nations vaincues. On ne pouvait pas! Cela était pourtant, au témoignage de l'histoire. Ce n'est pas sur un, on ne pouvait pas, qu'on détruit un fait historique aussi bien établi. Les Romains admettaient les divinités étrangères, parce qu'elles étaient de la même trempe que les leurs, que c'étaient de fausses divinités; mais ils ne pouvaient souffrir une religion qui condamnait leur religion comme celles des autres peuples, et qui proscrivait le culte des idoles. Remarquons d'ailleurs ici, qu'il n'y avait de martyrs que parmi les catholiques, parce que eux seuls proscrivaient les autres religions, ainsi que nous l'apprennent Origène, saint Justin, Tertullien, saint Irénée, saint Cyprien,

Eusèbe, saint Epiphane. Les hérétiques n'eurent pas de martyrs. Plusieurs même de ces hérétiques soutenaient que le martyre est inutile, ou le considéraient comme une folie. Mais le concours des chrétiens auprès des martyrs et les lettres que ceux-ci écrivaient aux fidèles, sont une preuve, continuent les sophistes, que la religion n'était pas le seul motif qui les fit condamner à mort. Si cette observation relativement à l'empressement des fidèles auprès des martyrs était fondée, il faudrait en conclure qu'aucun chrétien ne mourait pour la foi, puisqu'ils accouraient partout auprès des confesseurs de la foi. Les diacres les visitaient souvent pour les servir, pour faire leur message, pour leur donner les soulagements nécessaires ; les autres fidèles allaient aussi les consoler et les encourager à souffrir. Ce concours des chrétiens auprès de leurs frères prisonniers pour la foi, ne donnait aucune inquiétude au pouvoir politique, il savait qu'il n'avait rien à craindre de leur part. Il s'imaginait, d'ailleurs, que le supplice des martyrs serait un exemple pour soumettre les autres chrétiens à ce qu'il exigerait d'eux. Les lettres que les martyrs écrivaient aux églises n'étaient pas de nature à inquiéter le pouvoir, martyrs n'y traitaient pas des affaires religieuses et ils les adressaient, non pas à un simple particulier, mais à tous les fidèles en général. Ces lettres étaient d'ailleurs ignorées des païens, elles étaient confiées à des évêques, à des diacres députés vers les martyrs et qui auraient mieux aimé mourir que de remettre aux tyrans ces dépôts sacrés. Ces lettres étaient lues ensuite dans les assemblées secrètes des fidèles dont elles faisaient la consolation et qu'elles fortifiaient contre la fureur des persécutions. On voit que tous les moyens que les sophistes inventent pour attribuer la mort des martyrs à une cause autre que celle de la religion, sont vains et chimériques, et n'ont pour objet que d'obscurcir la gloire de la religion et le mérite de ceux qui la défendent au prix de leur sang. Mais sont-ils mieux fondés lorsqu'ils disent que les chrétiens provoquaient les païens par leur conduite exaltée, par leur fanatisme? Non assurément. Si l'on excepte quelques martyrs, comme saint Polyeucte et saint Victor qui, en refusant leurs hommages aux idoles, les brisèrent dans une sainte indignation, on peut affirmer que tous les martyrs, en général, se conduisaient avec une sagesse et une résignation qui, loin d'irriter leurs bourreaux, devaient les désarmer. Tous, la tête courbée sous la hache ou le corps déchiré et brisé sur les chevalets, se montraient pleins de douceur, de patience, et n'avaient à la bouche que des mots de pardon pour leurs persécuteurs. Comment veut-on d'ailleurs, que ce fanatisme dont on parle ait conduit pendant trois siècles des millions de personnes séparées par des distances infinies, qui ne se connaissaient point, qui n'avaient jamais eu aucun rapport, et qu'il ait dominé les personnes d'un âge mûr comme les vieillards, les enfants comme les jeunes gens, les hommes instruits et éclairés aussi bien que les ignorants? Si les chrétiens étaient des fanatiques, comment se fait-il qu'étant si nombreux, ayant souvent des armes à la main, ils se soient laissé égorger comme de paisibles agneaux? Oh! ce n'est pas le rôle que jouent les fanatiques. Oui, il y eut des fanatiques dans ces scènes sanglantes que nous présente presque sans interruption l'histoire des trois premiers siècles de l'ère chrétienne, mais ce ne sont pas les chrétiens qui se laissaient conduire tranquillement à la mort, à qui l'on peut donner ce nom, mais à leurs persécuteurs qui s'acharnaient contre eux avec une fureur et une rage dont on n'aurait jamais cru les hommes capables.

Les martyrs de la Perse ne se firent pas moins admirer par leurs vertus, que ceux qui souffrirent la mort dans l'empire romain. On persuada aux rois de Perse que les chrétiens leur étaient moins attachés que les autres sujets, parce qu'ils professaient une religion romaine ; mais jamais on ne put leur reprocher aucun fait de félonie, et on ne les condamnait à mort que parce qu'ils refusaient d'adorer le soleil, la lune, le feu et l'eau, au lieu de Jésus-Christ. On nous parle d'un temple du feu qui aurait été brûlé sous le règne de Jesdedjed par Abdas, évêque de Suze, ou par un prêtre de son clergé. Mais les autres chrétiens auraient-ils dû souffrir pour le fait d'un seul homme. La persécution qui s'éleva d'ailleurs à cette occasion fut de courte durée. Mais quatre-vingts ans auparavant, Sapor II avait fait mourir des milliers de chrétiens à qui l'on ne reprochait que leur attachement au christianisme. D'autres persécutions qui donnèrent beaucoup de martyrs à l'Eglise eurent encore lieu pour ce seul motif, soit en Perse, soit en Afrique, sous la domination des vandales ariens. Les sophistes ont cherché aussi à expliquer, par des motifs humains, la constance, la fermeté des martyrs. L'on sait, d'après les témoignages historiques les plus incontestables, que plus les bourreaux redoublaient leur rage sur eux, et augmentaient la durée de leurs supplices, plus leur courage était invincible; jamais on ne remarquait en eux ni colère, ni jactance, mais une patience douce et calme, soutenue par une charité qui, sans cesse, rendait grâce à Jésus-Christ de souffrir pour lui, et à son exemple. On n'entendait sortir de leurs bouches ni plaintes, ni imprécations; leur physionomie n'était ni altérée par la douleur, ni enflammée par la colère; les spectateurs pleuraient d'attendrissement, les juges frémissaient de rage sur leur siége. Les martyrs ne paraissaient pas occupés de ce qui se passait autour d'eux, regardaient le ciel, répétaient de saintes prières, bénissaient leurs persécuteurs, leurs bourreaux. Ce n'est pas que leurs membres fussent impassibles, mais Dieu leur communiquait les grâces nécessaires pour supporter des tortures dont la cruauté et la durée étaient au-dessus des forces de la nature. Si celle-ci avait pu seule supporter ces supplices qui font encore frémir les sens et l'imagination, sa faiblesse se serait manifestée par la pâleur du visage, par la décomposition des traits, par des cris déchirants qui accusent l'agonie du corps, lors même que l'âme ne se rend pas; mais on n'a jamais rien vu de semblable dans les martyrs. Dieu seul sait jusqu'à quel point il élevait leurs âmes jusqu'à lui, tandis que leurs corps étaient livrés aux bourreaux; aussi leurs supplices produisaient-ils un grand nombre de prosélytes; il était même assez ordinaire de voir de nouveaux chrétiens se présenter au martyre, et les ministres de la persécution étaient souvent les premiers convertis. « La constance que vous nous reprochez, disait Tertullien aux païens, est une leçon; en la voyant, on n'est pas tenté d'en rechercher la cause? Quiconque examine notre religion, l'embrasse; alors il désire souffrir afin d'acheter, par l'effusion de son sang, la grâce de Dieu, de laquelle il s'était rendu indigne, et d'obtenir ainsi le pardon de ses crimes (Apol. ch. 50). » « Lorsque j'entendais, dit saint Justin dans sa célèbre apologie de la religion chrétienne, diffamer les chrétiens, et que de l'autre côté je les voyais courir avec intrépidité à la mort, à tout ce qui cause le plus d'effroi à la nature humaine, je concluais intérieurement qu'il était impossible que de tels hommes fussent vicieux et plongés dans le désordre. » Les païens, dans le doute, en voyant l'invincible patience des martyrs au milieu des tourments, ne pouvaient penser ni que le concert de tant de personnes et leur persévérance jusqu'à la mort fût un complot de vanité, ni qu'elles puissent soutenir de si grands tourments sans le secours de la divinité, ils en tiraient donc la conclusion que la religion chrétienne était divine et ils l'embrassaient. Mais suivant les sophistes de nos jours le courage des martyrs ne doit pas surprendre, parce qu'ils se préparaient aux supplices par une vie austère, parce qu'ils étaient crédules, qu'ils avaient l'imagination exaltée, croyant voir le ciel ouvert; que leur esprit était aliéné, et parce qu'enfin ils étaient des imposteurs, des fanatiques. On préparait les chrétiens au martyre par une vie dure comme celle des Lacédémoniens. Quelle comparaison? Sans doute à Sparte on habituait les citoyens à une vie dure! on les endurcissait contre le chaud et le froid; mais cette éducation ne les conduisait pas, que nous sachions, jusqu'à supporter un jour des douleurs inexprimables, à servir dans les bois de proie aux bêtes féroces, à mourir sur des brasiers, sur des échafauds, à avoir les membres brisés, disloqués sur des chevalets. On ne peut comparer l'austérité des Spartiates avec le courage des martyrs au milieu des plus affreux supplices. C'était par la pratique des vertus, de l'humilité, de la mortification, par la prière, par la réception du corps et du sang de Jésus-Christ, par le pardon des injures, par la résignation à la volonté de Dieu dans les maux de la vie, que les premiers chrétiens se préparaient au martyre. Leur vie, quant à l'extérieur, était comme la vie des autres hommes, en tout ce qui n'était pas contraire à la religion. On ne voit donc, dans les siècles de persécution, aucune éducation préparatoire au martyre. Parmi cette multitude de héros du christianisme figurent des personnes de tout âge, de tout sexe, de toute condition, qui passent sans interruption des uns d'une vie molle aux tourments et à la mort; d'autres, tels que sainte Agnès à 14 ans, sainte Félicité à 22 ans et nouvellement accouchée, sainte l'erpétua au même âge, saint Justin, qui n'avait pas eu le temps de se préparer au martyre; d'autres qui, comme saint Donatien et saint Rogatien qui

passent subitement de l'idolâtrie à la religion et à la mort; des milliers d'autres ne se doutaient pas seulement la veille de leur mort que le lendemain ils verseraient leur sang pour la foi. La religion a eu la douleur quelquefois de voir des hommes faibles, effrayés de la vue des supplices, la renier; mais elle eut en même temps la consolation de voir des païens convertis par la patience admirable des martyrs se déclarer de suite chrétiens, et prendre la place des lâches apostats. Mais les martyrs étaient des hommes simples et crédules? Mais l'histoire des trois premiers siècles nous montre parmi les martyrs d'illustres personnages, et même des philosophes, qui avaient quitté le paganisme, qu'ils honoraient par leur savoir et leur éloquence, pour embrasser la religion chrétienne. Tels sont les Polycarpe, les Ignace, les Irénée, les Clément de Rome et d'Alexandrie; les Justin, les Cyprien, ce n'étaient pas des hommes crédules et ignorants; dans leurs ouvrages brillent toutes les richesses de l'esprit et tout ce que la science possédait alors de merveilles. Mais les martyrs avaient l'imagination si exaltée, qu'elle leur faisait voir le ciel ouvert? Peu de martyrs ont reçu cette faveur comme saint Etienne, et cependant ils n'en ont pas montré moins de courage. Ce qui les soutenait, c'était la persuasion intime de la vérité de la religion, pour laquelle ils répandaient leur sang; c'était la conviction des récompenses qu'ils recevraient après leur mort; c'étaient les grâces qu'ils recevaient de Dieu et qui les remplissaient de joie, de force, d'espérance et de charité, au milieu des plus cruelles souffrances. Les martyrs avaient l'esprit aliéné? Mais des hommes qui répondaient avec tant de sagesse et de prudence à leurs persécuteurs, prouvaient qu'ils avaient conservé toute leur raison. Si l'on faisait des opérations douloureuses à des hommes dont l'esprit serait aliéné, quels cris, quels hurlements n'entendrait-on pas sortir de la bouche de ces infortunés. La force des martyrs ne venait pas de ce qu'ils étaient insensibles à la douleur, mais de leur foi vive et des secours divins. Mais les martyrs étaient des imposteurs? L'imposture a donc assez de chances pour balancer la perte de la vie? On commet des crimes dont le profit précède la peine; on n'en fait pas si l'on n'y a rien à espérer. L'appât d'un fol orgueil, d'une vaine renommée soutenait les martyrs? Mais leurs noms étaient toujours inconnus; beaucoup ne se donnaient d'autre nom devant leur juge que celui de chrétien. D'ailleurs l'amour de la vie aurait cédé, dans tant de personnes de conditions, d'âges, de pays différents, à des sentiments qui sont très rares. Si quelque enthousiaste consent à mourir pour les dogmes nouveaux qu'il veut accréditer, ceux qui n'y ont d'autre part que celle d'en être instruits par lui ne portent pas l'orgueil jusqu'à cet excès. Où sont les martyrs de Socrate? ni Platon, ni ses autres disciples ne s'associèrent à ses peines. Mais les martyrs étaient des fanatiques, des emportés? A-t-on jamais vu les mêmes exemples d'emportement, de fanatisme, pendant trois siècles, sur toute la terre. Mais rien ne ressemble moins à la conduite des fanatiques et des emportés que celle des martyrs; ils souffraient avec douceur, avec patience, ils ne cherchaient pas à se faire un nom; ils ne voulaient que Dieu pour témoin de leurs combats; ils lui rendaient grâces au milieu des plus cruelles tortures; ils étaient pleins de charité pour leurs ennemis; ils mouraient sans ostentation, sans faiblesse, ce qui exclut tout emportement, tout fanatisme. D'ailleurs les premiers chrétiens ne cherchaient pas la mort, ils l'acceptaient lorsqu'elle se présentait plutôt que de renoncer à Dieu. Les Pères condamnent tous ceux qui cherchent la mort de propos délibéré, qui vont se dénoncer eux-mêmes et qui provoquent, par leur conduite, la barbarie des bourreaux. La religion chrétienne reposant sur des faits et non sur des spéculations, on comprend que le témoignage des martyrs qui ont scellé de leur sang la vérité de ces faits, acquiert le plus haut degré de certitude que les hommes puissent désirer. C'est sur cette certitude morale que la société entière est réglée. C'est elle qui dicte les lois; les législateurs en règlent les dispositions d'après la connaissance qu'ils ont des caractères, des intérêts et des passions des hommes. C'est par elle que les juges se déterminent à prononcer les jugements qui décident de l'honneur, de la fortune et de la vie des hommes. Ils ne sont pas témoins des faits; les sens des autres suppléent aux leurs. C'est sur elle que sont fondés les droits civils. Ils sont établis dans des actes rédigés d'après le témoignage humain dont l'authenticité n'a pas d'autre base. C'est elle qui fait faire des progrès aux sciences; beaucoup n'ont pas d'autres fondements, et dans celles même qui sont fondées sur la certitude métaphysique et physique, où est l'homme qui n'ait pas besoin de s'aider des connaissances des autres. C'est sur cette certitude morale que sont établis les faits qui servent de fondement au christianisme. C'est pour soutenir la vérité des faits et des enseignements qu'ils avaient vus et entendus que sont morts les apôtres et les disciples de Jésus-Christ. Ils rapportent qu'ils ont vu le Verbe de vie revêtu d'une chair semblable à la nôtre, qu'ils l'ont vu et entendu faisant des miracles, prophétisant, enseignant la plus sublime doctrine ; qu'ils l'ont vu mort et ensuite ressuscité et monter au ciel. Non-seulement ils ont déposé de tous ces faits comme témoins oculaires, mais ils ont aussi donné leur vie pour en soutenir la vérité. Leur témoignage ne saurait donc être récusé. Les fidèles qui leur ont succédé attestaient qu'ils tenaient ces mêmes faits de témoins oculaires, qui avaient confirmé par des miracles leur mission divine, ainsi que par l'effusion de leur sang, et eux-mêmes sont morts pour soutenir la vérité des faits qu'ils rapportaient. Les martyrs suivants ont aussi signé de leur sang les faits qu'ils ont entendu rapporter aux témoins auriculaires ; il ne manque donc rien à la certitude de leur témoignage. Les faits, pour être anciens, ne perdent pas de leur valeur. Les choses que j'aurais vues et entendues, si j'avais vécu dans les siècles précédents, l'ont été par les contemporains. Ceux-ci en ont eu la certitude physique, ils me l'ont transmise sans qu'elle ait perdu de son poids, en passant de l'ordre physique à l'ordre moral. Je suis sans doute plus frappé d'un fait que je vois que d'un fait qui m'est attesté par des témoins oculaires. Mais il ne faut pas confondre l'impression qu'un fait opère sur moi avec la certitude qu'en a ma raison. Un homme qui scelle aujourd'hui de son sang la vérité de la religion, est aussi sûr de n'être pas trompé que les apôtres, puisqu'il s'appuie sur la tradition orale, les monuments et l'histoire, qui sont comme trois canaux par lesquels la certitude physique des témoins oculaires nous est transmise, et son témoignage a pour nous la même force que celui des apôtres et des disciples. Les diverses générations de martyrs forment donc une chaîne de dépositions irrécusables en faveur des faits qui servent de fondement à la religion. On ne saurait trouver ailleurs, hors de l'Eglise, cette ligne de semblables témoins. Ceux que l'on présente pour tels dans les autres religions, qu'ont-ils vu, qu'ont-ils entendu, qu'ont-ils attesté ? Différence décisive entre ces témoins et ceux de l'Eglise catholique, d'autant plus que nos martyrs étaient, ainsi que nous l'avons déjà dit, des hommes de tous les âges, de tous les caractères, de tous les états, et qu'ils souffraient, non dans les accès d'un enthousiasme furieux, mais avec tout le sang-froid de la réflexion et avec une patience inaltérable. Ils se soumettaient librement, non à une mort prompte, mais aux tortures les plus recherchées et aux douleurs les plus effroyables, et ils enduraient aussi les plus douloureux, les plus longs supplices avec une sécurité si merveilleuse, que les païens en étaient vivement touchés, et étaient plus efficacement attirés vers la religion qu'ils n'en étaient détournés par la terreur des supplices. Dieu ne pouvait assurément trouver des témoins plus dignes de lui, et donner à leurs souffrances des caractères plus évidemment surhumains.

Mais les protestants blâment le culte que nous rendons aux reliques des saints martyrs. A les en croire, ce culte est nouveau et superstitieux. L'histoire ne parle pas comme les protestants. Nous y voyons que, dès les premiers siècles, l'Eglise a honoré les restes des martyrs. Julien l'Apostat, qui déclamait aussi comme nos prétendus sages contre ce culte, nous dit qu'avant la mort de saint Jean l'Evangéliste, les chrétiens honoraient les tombeaux de saint Pierre et de saint Paul. (St. Cyrille, liv. x, p. 327 et 334.) Dans l'Apocalypse où l'on trouve le don des assemblées chrétiennes sous l'image de la gloire éternelle, il est dit : « Je vis sous l'autel les âmes de ceux qui ont été mis à mort pour la parole de Dieu et pour le témoignage qu'ils rendaient (ch. 6, v. 9). » Dès les premiers siècles de l'Eglise, les reliques des martyrs ont été déposées sous les autels, dans les lieux où ils se réunissaient. Nous voyons dans les actes du martyre de saint Ignace, que ce saint martyr souhaitait que tout son corps fût consumé, afin que les chrétiens ne fussent pas inquiétés pour en avoir recueilli les restes. Les rédacteurs de ces actes nous disent ensuite qu'il ne resta de son corps que les parties les plus dures qui furent recueillies dans un linge et transportées à Antioche comme un trésor inestimable, et laissées à la sainte Eglise par respect pour ce saint martyr. Les chrétiens firent cette translation avec une grande pompe. Il est

dit dans les actes du martyre de saint Polycarpe, évêque de Smyrne : « après son corps a été brûlé, nous avons recueilli ses os plus précieux que l'or et les pierreries, et nous les avons placés où il convenait dans ce lieu même. Lorsque nous pourrons nous y réunir, Dieu nous fera la grâce d'y célébrer avec joie et consolation le jour de son martyre, afin de renouveler la mémoire de ceux qui ont combattu, d'instruire et d'exciter ceux qui viendront après nous. » Les rédacteurs des actes de saint Ignace avaient dit aussi dans leur relation : « Nous vous avons marqué le jour et le temps, afin que, rassemblés dans le temps de son martyre, nous attestions notre union avec ce généreux athlète de Jésus-Christ.» Nous voyons dans Eusèbe que Dioclétien et Maximien croyant, d'après les honneurs que les chrétiens rendaient à leurs martyrs, qu'ils les adoraient comme des dieux, firent déterrer les corps de deux officiers chrétiens qu'ils avaient fait cruellement martyriser, Dorothée et Gorgonius. (Hist. eccl., liv. vii, ch. 6.) Lorsque Julien l'Apostat consulta l'oracle d'Apollon à Daphné, il fit déterrer, d'après l'interprétation qu'il donna à la réponse de l'oracle, le corps du saint martyr Babylas, évêque d'Antioche, avec les reliques des jeunes martyrs qui avaient été mis à mort avec lui, et remit ces précieuses dépouilles aux chrétiens, avec ordre de les transporter ailleurs, ce qu'ils firent, après les avoir mises sur un charriot ; ils les transportèrent avec pompe en chantant des psaumes de David et répétant après chaque verset : que ceux qui adorent les idoles soient confondus. Ces monuments historiques prouvent donc suffisamment que l'on n'a pas attendu au quatrième siècle pour honorer les reliques des martyrs. Mais les catholiques supposent aux reliques une vertu sanctifiante ? Oui, c'est notre croyance, et elle est fondée sur l'Ecriture. Nous voyons au livre des rois que les os du prophète Elisée avaient cette vertu (liv. iv, ch. 13, v. 21). Les actes des apôtres nous apprennent que l'ombre de saint Pierre, le tablier et les suaires de saint Paul possédaient la même vertu (ch. 5, v. 15 ; ch. 19, v. 2). Jésus-Christ n'a-t-il pas dit que le temple sanctifie l'or, et l'autel l'offrande. (Saint Math. ch. 23, v. 17 et 19.) Les reliques d'un saint auraient-elles moins de vertu qu'un temple et un autel ? C'est précisément parce qu'elles ont la vertu de sanctifier que les rédacteurs des actes du martyre de saint Polycarpe désiraient emporter son saint corps et communiquer avec lui. « Que si vous me dites, s'écrie saint Ambroise, pourquoi honorez-vous un corps réduit en poussière de qui Dieu ne se soucie plus ? Je réponds, ne savez-vous pas que la vérité a dit par le prophète que la mort des saints est précieuse devant Dieu, et que nous devons rendre beaucoup d'honneur aux amis de Dieu. J'honore dans les corps des martyrs les cicatrices qu'ils ont reçues pour le nom de Jésus-Christ. J'honore la mémoire de ceux qui sont vivants par la durée de leurs vertus. J'honore des cendres qui ont été consacrées par la confession de Jésus-Christ. J'honore des cendres les semences de l'éternité. J'honore les corps qui m'ont appris à aimer mon Seigneur et qui m'ont appris à ne craindre point la mort pour l'amour de mon Dieu. Mais pourquoi les fidèles n'honoreraient-ils pas les corps que les démons même révèrent ? qu'ils ont véritablement tourmenté dans les supplices, mais qu'ils glorifient dans le sépulcre ? J'honore enfin des corps que Jésus-Christ a honorés du martyre, et qu'il fera régner avec lui dans le ciel. (Amb. serm. de natali. SS. Nazari et Celsi.)»

Mais poursuivent les protestants : les catholiques emploient, pour honorer les martyrs, les mêmes honneurs que les païens pour adorer leurs idoles. Ils font des prières, des vœux, des encensements devant leurs reliques ; ils se prosternent devant elles, ils allument des flambeaux dans les lieux où elles sont placées, ils les ornent de fleurs. Oui, nous faisons toutes ces choses pour honorer les reliques des saints, mais nous n'avons pas pour nos saints néanmoins les mêmes sentiments que les païens avaient pour leurs dieux, nous ne leur attribuons aucun pouvoir absolu et indépendant, comme les païens aux idoles, ce qui ne convient qu'à la divinité. Tandis que les sectateurs du polythéisme faisaient de leurs dieux autant d'êtres supérieurs au-dessus desquels ils ne voyaient rien, nous regardons les saints comme de pures créatures qui ont reçu de Dieu toutes les grâces par les mérites de Jésus-Christ. Nous pensons encore qu'ils ne peuvent rien par eux-mêmes, mais qu'ils peuvent obtenir de Dieu tout ce qu'on leur demande, non par leur propre mérite, mais par celui du divin Sauveur. Dans les premiers siècles, les ennemis du christianisme reprochaient aussi aux chrétiens d'adresser aux reliques des martyrs le même culte que les païens à leurs dieux, mais les Pères repoussèrent ces calomnieuses accusations d'une manière bien victorieuse. « Pourquoi donc, dit Théodoret, évêque de Cyr, nous faites-vous des reproches, vous qui avez donné le titre de dieux à un si grand nombre d'hommes morts, à nous qui ne faisons pas des dieux de nos martyrs, mais qui les honorons seulement comme les fidèles témoins de sa vérité et ses très aimables serviteurs. Nous n'offrons point de sacrifice ni d'hostie aux martyrs, mais nous les honorons comme les saints et comme les amis de Dieu. (Théodoret de Curand. græcor. affectib. serm. 8.) » « Nous ne disons pas que les saints martyrs soient des dieux, répond saint Cyrille d'Alexandrie à Julien l'Apostat, ni nous ne les adorons pas d'un culte divin, mais d'un culte d'amour et d'honneur. Nous les honorons donc autant que nous le pouvons, comme de vaillants soldats de Jésus-Christ qui ont fortement combattu et qui ont gardé la pureté de la foi jusqu'à mépriser leur vie, qui ont surmonté tous les périls sans appréhender les terreurs de la mort, et qui par une force et une vertu si merveilleuses, se sont rendus dignes de nous être proposés pour modèles. Ainsi, loin qu'il y ait à dire aux honneurs que nous leurs rendons, leurs éclatantes actions nous obligent à les leur rendre tant que le monde durera. (Liv. x, contra Julianum.) » Eusèbe après avoir rapporté la lettre de l'église de Smyrne sur le martyre de saint Polycarpe, où il est dit que les païens, à la sollicitation des juifs, refusèrent aux chrétiens le corps du saint martyr, de peur qu'ils ne quittassent le culte de Jésus-Christ pour celui de Polycarpe, Eusèbe, disons-nous, ajoute qu'ils étaient bien mal instruits de notre religion qui ne permet pas de confondre le culte dû à Dieu avec celui que l'on rend à ses saints. (Hist. eccl. liv. iv, ch. 15.) Terminons ce que nous avons à dire à ce sujet par ce passage de saint Augustin répondant à Maxime de Madaure, insigne païen, et à Fauste le manichéen. L'illustre et saint docteur réfute avec sa force et sa logique habituelles tout ce que les hérétiques de tous les siècles ont pu dire contre le culte que nous rendons aux martyrs et aux saints. « Le peuple chrétien célèbre par des solennités les mémoires des martyrs, soit pour s'exciter à les imiter, soit pour participer à leurs mérites, soit pour être secouru par leurs prières. En sorte que nous n'offrons pas néanmoins le sacrifice à aucun martyr, mais au seul Dieu des martyrs, encore que nous dressions des autels aux mémoires, c'est-à-dire aux tombeaux des martyrs. Car quel évêque ou prêtre étant à l'autel, dans les lieux où reposent les corps des martyrs, a dit : O saint Pierre, ou bien ô saint Paul, ou bien ô saint Cyprien, nous vous offrons ce sacrifice? On l'offre à Dieu qui a couronné les martyrs sur les tombeaux, en mémoire de ceux qu'il a couronnés, afin qu'en la présence de ces lieux, nous soyons plus portés à enflammer notre charité, tant envers ceux que nous pouvons imiter, qu'envers celui qui peut nous en donner la grâce. Nous honorons donc les martyrs par cette même espèce d'honneur, d'amour et d'intimité dont nous honorons dans cette vie les saints serviteurs de Dieu, dont nous connaissons le cœur disposé pour la vérité de l'Evangile. Mais nous le faisons avec beaucoup plus de dévotion et de ferveur envers ceux qui sont certains de leur victoire et qui jouissent déjà de la couronne, et nous les louons avec beaucoup plus de confiance que quand ils sont encore exposés aux combats de cette vie. Et ce culte que l'on appelle du mot grec latrie, et que l'on ne peut exprimer en latin par un seul mot, parce que c'est proprement le culte que l'on doit à la divinité, nous ne le rendons qu'à Dieu et nous enseignons qu'il ne doit être rendu qu'à lui seul. Et comme l'offrande du sacrifice appartient à cette sorte de culte, ce qui fait que l'on appelle idolâtrie, quand on offre le sacrifice aux idoles, nous ne l'offrons jamais ni à aucun martyr, ni à aucune âme sainte, ni à aucun ange; si quelqu'un tombe dans cette erreur, on le reprend par la saine doctrine ou pour le corriger, ou pour le condamner, ou pour l'éviter. (Maxim. madaur. epist. 43, ap. August. Faust. manich. apud August. lib. xx, contra eumdem in cap. 4. August. lib. 20, contra Faust., cap. 21.)» P. P.

MARULLE (Pompée), habile grammairien de Rome, osa reprendre l'empereur Tibère sur un mot qu'il avait laissé échapper; et comme Capiton, l'un de ses courtisans, soutenait par flatterie que ce mot était latin, Marulle répondit que « l'empereur pouvait bien donner le droit de bourgeoisie à des hommes, mais non pas à des mots. »

MARULLE (Tacite), poète de Calabre au ve siècle, présenta à Attila un poème dans lequel il le faisait descendre des dieux. Il osa même traiter de divinité ce conquérant barbare. Attila ne répondit à ces basses flatteries qu'en ordonnant qu'on brûlât l'ouvrage de l'auteur. Il adoucit pourtant cette peine, de peur que sa sévérité n'arrêtât la verve des poètes qui auraient voulu célébrer sa gloire.

MARULLE (Michel), savant grec de Constantinople, se retira en Italie, après la prise de cette ville par les Turcs. Il s'adonna ensuite au métier des armes, et se noya l'an 1500, en traversant à cheval le Cecina, rivière près Volterra, où il est enterré. On a de lui des Epigrammes et d'autres pièces de poésie, en grec et en latin, pleines d'images licencieuses, Florence, 1479, in-4°; Paris, 1561, in-16. On a encore de lui Marulli Nœniæ, 1515, in-8, peu commun.

MARUM (Kiaran), évêque d'Ossory, en Irlande, fut élevé au collège des Irlandais, à Salamanque. Après avoir terminé ses études, il fut nommé vice-recteur et professeur dans le même établissement. De retour en Irlande, en 1798, il occupa successivement des chaires de philosophie et de théologie au collège de Carlow. Promu après la mort du docteur Lanigan à l'Evêché d'Ossory, il ne put recevoir l'institution canonique à cause des troubles dont l'Eglise était alors tourmentée (1811); il ne fut institué que le 14 octobre 1814, après le retour de Pie VII à Rome. Il gouverna son Eglise pendant l'espace de treize ans, et fut l'un des signataires de la déclaration des évêques d'Irlande, du 25 janvier 1826. Il est mort dans le mois de décembre 1827. On a trouvé chez lui pour tout argent six pièces valant 12 sous, ce qui montre qu'il était encore plus riche que le docteur Troy, archevêque de Dublin, chez lequel on n'a trouvé que cinq pièces ou 10 sous. La philosophie ne se récriera sans doute pas contre la richesse des prélats d'Irlande.

MARVELL (André), natif de Kingston-Upon-Hull, dans le comté d'York, en 1620, mort en 1673, à 53 ans, est auteur d'un petit essai historique touchant les conciles généraux, les synodes, etc., en anglais; il est estimé. On a encore de lui d'autres ouvrages moins connus.

MARYLAND (Etat du), l'un des Etats-Unis de l'Amérique septentrionale, appartient au groupe des Etats du Sud. Borné au nord par la Pensylvanie, à l'est par l'Etat du Delaware, à l'ouest par l'Etat de Virginie, dont le sépare en partie le district fédéral, il s'effile au sud en une longueur de terre que termine le cap Charles. La baie Chesapeake, fort étranglée à sa jonction avec l'océan Atlantique, le partage du nord au midi en deux parties inégales. Sa surface, qui présente une superficie de 10,800 milles carrés, projette ses contours irréguliers de 37° 10' au 39° 40' de latitude septentrionale, et du 77° 15' au 81° 50' de longitude occidentale du méridien de Paris. La chaîne des monts Alléghany le traverse à l'ouest et donne naissance au Potomac, la Severn, au Bush, au Gunpowder, au Patapsco, au Poplar et au Patuxent, qui vont se jeter dans la baie Chesapeake par le rivage occidental. De l'autre côté, et coulant de l'est à l'ouest, se trouvent l'Eck, le Chester, le Choptank, la Nanticoke et la Pokomoke. Le climat du Maryland est admirable, mais la température y est élevée. Quelques localités des parties montagneuses jouissent seules d'un ciel plus tempéré, et ne sont point exposées aux fièvres intermittentes qu'occasionnent ailleurs les chaleurs brûlantes de l'été. Le sol, riche et fécond, produit en abondance le blé, le maïs, le tabac, la patate, des fruits délicieux, et convient admirablement au cotonnier qu'on y a introduit il y a peu d'années. Les troupeaux de bœufs et de moutons qu'on y élève trouvent d'excellents pâturages, et sont l'une des richesses du pays. Les forêts recèlent le chêne, le frêne, le noyer, le pin, le cyprès, et les flancs des montagnes recèlent des gisements importants de fer, de cuivre, de plomb, de zinc et de houille. En aucune autre partie de l'Amérique septentrionale les productions naturelles du sol ne sont ni plus variées, ni plus belles que dans le Maryland. L'œil est sans cesse ravi par la profusion des fleurs et des fruits qui y poussent spontanément de toutes parts. Chaque bois, chaque champ, chaque sentier à travers la campagne, ressemblent aux plus fertiles vergers au milieu desquels l'art de l'horticulture aurait distribué toutes les magnificences du règne végétal. « Aucune description, dit mistress Trollope, ne peut donner une idée de la variété, de l'abondance et de la splendeur des fleurs et des arbustes qui étalent partout leurs magnifiques couleurs. » Des roses sauvages, d'une grandeur et d'un éclat sans pareils, décorent les buissons de leurs délicates nuances, qui s'échelonnent du rose le plus tendre au cramoisi le plus franc. L'acacia suspend dans l'air ses riches guirlandes exhalant le parfum de la fleur d'oranger; l'arbre chien étale ses splendidcs fleurs blanches au milieu de la verdure des bois; l'aune-poison, dont le contact seul produit une enflure douloureuse, suspend ses grappes fleuries qu'on prendrait pour des crépines de rideaux; l'arbre de Judée abonde partout. Les azalias blancs, jaunes et rouges, les kalmias de toute espèce, le trop odoriférant magnolias, le superbe rhododendron, y poussent avec une sauvage profusion. Le jasmin s'élance jusqu'au faîte des arbres les plus élevés de la forêt, et laisse retomber ses grosses fleurs d'un riche écarlate. Le sassafras étale orgueil-leusement son incomparable beauté. Au milieu de toutes ces merveilles, et comme autant de fleurs ailées aux couleurs resplendissantes, aux formes les plus variées, voltigent des nuées de papillons, disputant le suc parfumé des calices à des multitudes d'oiseaux-mouches, qui font resplendir au soleil l'éclat métallique de leur plumage diapré. Le Maryland est divisé en dix-neuf comtés; sa population qui était, en 1790, de 320,000 habitants, est aujourd'hui d'environ 500,000, dont un quart au moins de nègres esclaves. Malgré son peu d'é-tendue, on y compte un assez grand nombre de villes, dont une seule toutefois est considérable : nous ne voulons pas parler d'Annapolis, capitale de l'Etat, et qui n'a à ce titre d'autre droit que celui que donne la possession, mais de Bal-timore, qui ne compte pas moins de 110 à 115,000 habitants, et qui occupe le troisième rang parmi les villes des Etats-Unis. Bâtie sur la rivière de Patapsco et sur la rive occidentale de la baie Chesapeake, cette ville est, de toute l'Union, celle dont l'abord présente le plus noble spectacle. De loin, elle offre à l'œil étonné une foule de dômes et de tours; puis, à mesure qu'on en approche et qu'on y pénètre, elle déploie ses rues larges et aérées, qui ont toute la magnificence de la régularité sans en avoir la monotonie, grâce aux mouvements onduleux du sol sur lequel elles se promènent. Il en résulte, en effet, une variété d'aspects et de caractères qui laissent à chaque quartier sa physionomie particulière, et ajoutent la richesse des points de vue à l'élégant panorama des construc-tions. Outre les nombreux monuments dont elle est parsemée, toutes les maisons y ont un air de grandeur architecturale par suite de l'abondance du marbre blanc dont sont ornées leurs façades, et qui prête à la pureté de ses contours aux portiques des hôtels; aussi l'a-t-on souvent appelée la *ville aux monu-ments*. Il faut reconnaître toutefois qu'il y a, en général, plus de richesse que de goût et d'art dans la décoration de ses édi-fices; la cathédrale catholique, par exemple, où l'on remarque une certaine velléité d'imitation du Panthéon de Rome, et qui est regardée comme le chef-d'œuvre de l'art américain, ne supporterait pas la comparaison avec nos belles églises modernes d'Europe. Deux colonnes monumentales, dont l'une élevée à la mémoire de Washington, supporte à 50 mètres de hauteur la statue colossale du héros du Nouveau-Monde, et dont l'autre a été érigée en l'honneur des citoyens morts en défendant la ville, en 1814. L'Exange, où sont réunies la douane et la bourse, l'église unitarienne, l'athénée, la biblio-thèque publique, le théâtre, et une multitude de belles fon-taines, qui promènent par les rues la fraîcheur de leurs eaux, méritent surtout d'attirer l'attention. Nous renvoyons à l'ar-ticle consacré spécialement à cette ville pour les détails rela-tifs à son port et à ses accroissements. Contrairement à presque toutes les autres villes du Nouveau-Monde, Baltimore, malgré son admirable situation et la beauté de son ciel, a fait peu de progrès depuis la paix de 1815. Dans les années qui ont précédé cette époque, elle a dû au commerce sous pavillon neutre de rapides développements; mais dès que les Etats maritimes de l'Union purent appliquer aux besoins de leur commerce toutes les ressources qu'ils en retiraient, New-York, grâce aux admirables voies de communication que sa position lui permit d'établir, et qui monopolisèrent presque entièrement à son profit l'exportation des produits de l'inté-rieur, fit à ses rivaux de la côte une concurrence dont Balti-more ressentit plus qu'aucun autre les effets. Il est vrai que ses habitants ne sont pas restés inactifs en cette grave occur-rence, et qu'ils n'ont pas reculé devant d'héroïques efforts et de lourds sacrifices pour frayer des voies faciles aux marchan-dises que les crêtes de l'Alléghany détournaient vers New-York ou la Nouvelle-Orléans. Des chemins de fer, des canaux ont franchi les monts à l'aide de profondes tranchées et de longs souterrains, et sont allés se relier aux cours d'eau qui établissent les communications avec les grands lacs de l'inté-rieur et avec le Mississipi; mais ce remède audacieux a pu arrêter les progrès du mal sans parvenir à rendre à la ville les avantages que les événements lui avaient fait perdre. Frederikstown, chef-lieu du comté dont elle porte le nom, est

situés à l'ouest-nord-ouest de Baltimore, au pied des mon-tagnes et dans une gorge qui la défend contre les ardeurs de l'été, et en fait le séjour le plus salubre du pays. 4 à 5,000 habitants, descendants d'une petite colonie allemande qui s'y établit un jour, s'y livrent à l'agriculture et font un com-merce important de blé, de farine et de tabac. Tout, dans leurs monuments comme dans leurs habitations, respire l'ai-sance et le bien-être qu'ils doivent à leurs faciles travaux. Parmi les autres villes, il nous suffira de citer pour mention Snowhill, sur l'Océan, importante par son commerce, Drum-mund, Oxford, Hagustown, Cumberland, Hottingham et Wil-liams-Port, qui toutes jouissent d'une heureuse prospérité. Les détails étendus, que l'on trouvera à l'article ETATS-UNIS, sur les origines et l'histoire de la colonisation du Maryland, nous dispensent de nous y arrêter ici. En 1776, les Maryland-ais, qui depuis près d'un siècle déjà s'étaient mis en pos-session du droit de législation indépendante, et qui prirent à la guerre contre l'Angleterre une part glorieuse, se consti-tuèrent en Etat et furent incorporés dans la confédération. Leur constitution réalise dans son acception la plus étendue les institutions républicaines : tout citoyen est à la fois élec-teur et éligible; les électeurs nomment directement leurs re-présentants. Quant aux sénateurs, ils sont choisis par deux électeurs pour chaque comté, élus eux-mêmes par l'assemblée générale des citoyens. La plaie de l'esclavage, qui existe en-core dans ce pays, a produit sur ses habitants ses connue quelques nécessaires. S'accoutumant à regarder le travail comme le lot exclusif de la servitude, les Marylandais ont pris des habitudes d'indolence et d'oisiveté auxquelles les préoc-cupations d'affaires ne réussissent que médiocrement à les arracher. Livrés principalement à l'agriculture, ils vivent dans les campagnes, au milieu de leurs propriétés, comme les colons de nos Antilles, dont on leur reproche toutefois de ne pas avoir les mœurs hospitalières. Chaque année, ils livrent au commerce des quantités considérables de farine, de tabac, de bétail, dont le soin se partage avec l'exploitation des mines, le labeur de la population rurale. Quant aux autres indus-tries, la fabrication du verre et du papier sont celles qui ont pris le plus remarquable développement Le mouvement gé-néral du commerce de l'Etat, pour l'année 1841-42, a atteint la valeur de 46,610,000 francs, dont 22,085,000 à l'importa-tion, et 24,525,000 à l'exportation; il s'est effectué, entrée et sortie réunies, par l'intermédiaire de 802 navires transportant 169,611 tonneaux. L'effectif total de ses ports était, à la même époque, de 106,853 tonneaux. La dette de cet Etat était, en 1839, de 75,600,000 francs. V. DE NOUVION.

MASACCIO (THOMAS), né en Toscane, en 1402, mort à Florence, en 1443, à 41 ans, fut le premier de son siècle, qui apprit la bonne manière de peindre. Il fit paraître ses figures dans l'attitude qui leur convenait, et leur donna de la force, du relief et de la grâce; mais il ne put atteindre le point de perfection, ayant été à la fleur de son âge, non sans soupçon d'avoir été empoisonné. Le véritable nom de ce peintre est Thomas (Tomaso ou Maso), Guidi, né dans le Valderno, près de Florence. On voit encore dans différentes églises de Rome et de Florence, plusieurs de ses ouvrages, que Michel-Ange admirait.

MASANIELLO, d'où vient MASA ANIELLO, ou THOMAS ANIELLO, naquit à Amalfi en 1622, d'un vendeur de poissons qui vint s'établir à Naples. Il se mit à la tête d'une révolte, le 7 juil-let 1647, arma cent mille hommes, effraya le vice-roi qui se réfugia au château de l'Œuf, chassa les sénateurs, les nobles, immola leurs gardes, et eût porté bien plus loin ses attentats, sans la prudente conduite de l'archevêque, qui sut captiver sa confiance et son respect. L'histoire prouve que, dans ces sor-tes de commotions, quelque terribles qu'elles fussent, les prêtres ont cent fois sauvé l'Etat, le peuple n'écoutant et ne craignant plus rien, mais se désarmant au nom de son Dieu. Enfin, Masaniello eut une conférence avec le vice-roi et l'ar-chevêque. On y signa un traité où furent rétablis les privilé-ges accordés par Charles-Quint. Masaniello, qui s'était pré-senté avec des habits magnifiques et des pierres précieuses, quitta aussitôt ces riches vêtements et se jeta aux pieds du vice-roi. Celui-ci le releva, et l'invita à dîner à sa table. Ma-saniello redevint pêcheur; mais ensuite quatre bandits l'as-sassinèrent après un règne de dix jours. Le peuple réunit ses membres mutilés et l'enterra avec une magnificence royale.

MASBARET (JOSEPH DU), savant biographe, prêtre de la congrégation de Saint-Sulpice, à Orléans, professeur de phi-losophie et de théologie, au séminaire d'Angers, curé de Saint-Léonard, etc., naquit dans cette ville du Limousin, en

1697, et mourut le 19 mars 1783, âgé de 86 ans. Il fournit un grand nombre d'articles et des corrections pour le *Dictionnaire de Moréri* de 1732, le *Supplément* de 1739 et l'édition de 1759. La révision de ce dictionnaire l'occupa le reste de sa vie. Il donna aux *Mémoires de Trévoux*, d'importants articles, tels que la *Vie de Charles-Duplessis d'Argentré*, février 1743; celle de *François Babin*, célèbre conférencier d'Angers, octobre, même année; la *Réponse à une Critique* de cette *Vie*. Il légua au séminaire de Limoges ses manuscrits, dont une partie, savoir ses *Remarques sur le Dictionnaire-de Moréri*, en 6 vol. in-4°, passa à Barbier, bibliothécaire du roi; il en a publié plusieurs articles dans son *Examen critique* ou *Complément des Dictionnaires historiques* les plus répandus (1er vol., juin 1820).

MASCARADE, s. f., déguisement d'une personne qui se masque pour quelque divertissement. Il se dit aussi d'une troupe de gens déguisés et masqués. Il s'est dit également d'une danse exécutée par une troupe de gens masqués. Mascarade s'emploie quelquefois au figuré.

MASCARDI (AUGUSTIN), né à Sarzana, dans l'état de Gènes, en 1591, d'une famille illustre, se fit un nom par ses talents. Son éloquence lui mérita le titre de camérier d'honneur du pape Urbain VIII, qui lui donna une pension de 500 écus, et fonda pour lui, en 1628, une chaire de rhétorique dans le collège de la Sapience. Il mourut à Sarzana, en 1640, à 49 ans. On a de lui des *Harangues*, des *Poésies* latines, 1624, in-4°; et italiennes, 1663, in-12; et divers autres ouvrages dans ces deux langues. Le plus connu est son traité, in-4°; *Dell' arte historica*, assez bien écrit, et qui renferme quelques bonnes réflexions. Son *Histoire de la conjuration du comte de Fiesque*, médiocre, et remplie de harangues qui ne finissent point, a fait dire de lui qu'il enseignait mieux les préceptes de l'art d'écrire l'histoire, qu'il ne les pratiquait. Celle qu'a donnée depuis le cardinal de Retz n'est, pour ainsi dire, qu'une traduction libre de Mascardi. (*V. les mémoires de Nicéron*, t. 27.)

MASCARENHAS-NETO (DIEGO), portugais distingué, s'adonna à l'étude des lois et devint *Désembargador*. Lorsque les troupes françaises envahirent le Portugal, il fut chargé de plusieurs commissions qui déplurent à ses compatriotes, et qui le firent regarder comme l'un des ennemis de sa patrie: aussi, lorsque le Portugal fut délivré, la régence le déporta aux îles Açores. De là, Mascarenhas passa en Angleterre, puis en Suède, en Danemark et enfin en France. Pendant son séjour à Paris, il publia avec MM. Constancio et Xavier, un recueil intitulé: *Annales des sciences, des arts et des lettres*, qui était rédigé en langue portugaise et eut beaucoup de succès en Portugal et au Brésil. Ce recueil forme 16 vol. in-8°. En 1822, Mascarenhas rentra dans sa patrie et fut ensuite, par *interim* et pendant peu de temps, chargé d'affaires du Portugal à la cour de France. La province d'Algarve le nomma député aux cortez ordinaires de 1822. Témoin du changement politique opéré par don Miguel, il acquiesça à cette révolution, devint membre de l'ancien sénat municipal de Lisbonne, et signa une adresse au nouveau souverain de son pays. Mascarenhas vécut d'une manière tranquille dans les dernières années de sa vie, et mourut à Lisbonne, en 1827.

MASCARON, s. m., t. d'archit., tête ou masque fait de caprice, qu'on met pour ornement à la clef des arcades, aux fontaines, etc.

MASCARON (JULES), fils d'un célèbre avocat au parlement d'Aix, naquit à Marseille en 1634. L'héritage le plus considérable que son père lui laissa fut son talent pour l'éloquence. Il entra fort jeune dans la congrégation de l'Oratoire, où ses dispositions extraordinaires pour la chaire lui firent bientôt une grande réputation. Il parut d'abord avec éclat à Saumur. Le fameux Tannegui Le Fèvre, touché de son talent, qui s'annonçait avec tant de succès, dit un jour: « Malheur à ceux qui prêcheront ici après Mascaron! » Le jeune orateur s'étant signalé dans les plus grandes villes de la province, se montra à la capitale et à la cour, où il remplit douze stations, sans qu'on parût se lasser de l'entendre. Quelques courtisans crurent faire leur cour à Louis XIV en attaquant la liberté avec laquelle l'orateur annonçait les vérités évangéliques; mais ce monarque leur ferma la bouche en disant: « Il a fait son devoir, faisons le nôtre. » (Anecdote que plusieurs rapportent du P. Bourdaloue). L'évêché de Tulle fut la récompense de ses talents. Le roi lui demanda, la même année, 1671, deux oraisons funèbres, une pour madame Henriette d'Angleterre, et l'autre pour le duc de Beaufort. Comme le prince ordon-

nait les deux services solennels à deux jours près l'un de l'autre, le maître des cérémonies lui fit observer que le même orateur, étant chargé des deux discours, pourrait être embarrassé. « C'est l'évêque de Tulle, répondit le roi; à coup sûr il s'en tirera bien. » Au dernier sermon que Mascaron prêcha avant d'aller à son évêché, il fit ses adieux. Le roi lui dit: « Vous nous avez touchés dans vos autres sermons pour Dieu; hier vous nous touchâtes pour Dieu et pour vous. » De Tulle il passa, en 1678, à Agen, où le calvinisme lui offrit un champ proportionné à l'étendue et à la vivacité de son zèle. Les hérétiques, entraînés par le torrent de son éloquence, et gagnés par le charme de sa vertu, rentrèrent dans le bercail. L'illustre prélat eut, dit-on, la consolation de ne laisser à sa mort que 2,000 calvinistes endurcis dans leurs erreurs, au lieu de 30,000 qu'il avait trouvés dans son diocèse. Mascaron parut pour la dernière fois à la cour en 1694, et y recueillit les mêmes applaudissements que dans les jours les plus brillants de sa jeunesse. Louis XIV en fut si charmé qu'il lui dit : « Il n'y a que votre éloquence qui ne vieillit point. » De retour dans son diocèse, il continua de l'édifier et de le régler jusqu'à sa mort, arrivée en 1703. Sa mémoire est encore chère à Agen, par l'hôpital qu'il y fonda. La piété de ce vertueux évêque allait jusqu'au scrupule. Ayant été ordonné prêtre par Lavardin, évêque du Mans, qui avait déclaré en mourant qu'il n'avait jamais eu intention de faire aucune ordination, l'oratorien se fit réordonner, malgré la décision de la Sorbonne. Les Oraisons funèbres de Mascaron ont été recueillies en 1740, in-12. On trouve dans cet orateur le nerf de Bossuet, mais il n'a ni son élévation ni sa chaleur, moins encore la politesse et l'élégance de Fléchier. S'il avait eu autant de goût que l'un et l'autre; s'il avait su éviter les faux brillants, les antithèses recherchées, il aurait pu marcher d'un pas égal avec eux. « Quelquefois, dit Thomas, son âme s'élève; mais, quand il veut être grand, il trouve rarement l'expression simple. Sa grandeur est plus dans les idées. Trop souvent il retombe dans la métaphysique de l'esprit, qui paraît une espèce de luxe, mais un luxe faux, qui annonce plus de pauvreté que de richesse. On lui trouve aussi des raisonnements vagues et subtils; et l'on sait combien ce langage est opposé à celui de la vraie éloquence. » Il ne faut pas cependant confondre Mascaron avec les orateurs médiocres; en lisant attentivement ses sermons, on trouve une supériorité très décidée sur le plus grand nombre de nos prédicateurs modernes, qui ne l'estiment peut-être pas, et qui seraient heureux de lui ressembler.

MASCATE, ville et beau port de la province d'Oman dans l'Arabie-Heureuse. Elle est environnée de rochers, qui ferment l'accès à tous les vents et y rendent la chaleur insupportable. Son commerce d'exportation consiste en fruits secs, dattes, café, cardamome, qu'on expédie principalement dans la Perse et dans l'Inde. Il y a dans les environs des mines abondantes de plomb. Le seul édifice à citer est le palais du prince, qui habite ordinairement à Boreka, petite ville à 12 lieues ouest de Mascate, 7 à 8000 habitants.

MASCHERONI (LAURENT), mathématicien et poète italien, naquit à Bergame, en 1750. Après avoir fait d'excellentes études, il enseigna, dès l'âge de 18 ans, le grec et le latin dans le collège de sa ville natale, et embrassa l'état ecclésiastique. Bientôt il quitta les langues pour les sciences exactes: un livre de mathématiques lui étant tombé par hasard sous la main, il le lut avec avidité. Une nouvelle carrière s'ouvrit dès lors devant lui, et en peu de temps il fut en état de professer la géométrie à l'université de Pavie. C'est lui qui a imaginé le plan de la *géométrie du compas*, ouvrage original que Buonaparte, général en chef, rapporta d'Italie et fit connaître le premier en France. Cet ecclésiastique se montra partisan des changements politiques, que l'arrivée des Français apporta dans son pays. Elu député au corps législatif de la république Cisalpine, il avait tracé avec Grégoire Fontana la constitution de cet état nouveau fondé sur le modèle de la république française. En 1793, il fut envoyé à Paris par son gouvernement, pour y étudier le système des poids et mesures, et l'appliquer à l'Italie; mais ses nombreux travaux ayant altéré sa santé, il mourut dans cette capitale, le 14 juillet 1800. Il venait d'apprendre que ses concitoyens l'avaient nommé membre de la *Consulta* de Milan. L'institut de France envoya à ses funérailles une députation de quatre membres. Lalande a publié une courte notice sur lui dans le *Magasin encyclopédique*, 6e année, tome 2, page 416, et dans le *Journal de Paris*, 1800, page 1496. Le marquis Ferd. Landi a fait son éloge. On doit à Mascheroni: 1° *Sulle curve* che servono a delineare le ore ineguali degli antichi nelle superficie plane, Bergame, 1784, in-4°; 2° Nouvelles recherches sur l'équilibre des voûtes, en italien, Bergame, 1785, in-4°, avec 13 planches, ouvrage profond; 3° Géométrie du compas, Milan, 1795, in-8°; traduite en français par Carette, officier du génie, 1798, in-8°; 4° Invito di Dafni a Lesbia, poème, où il décrit avec autant de précision que de facilité les objets curieux de l'amphithéâtre de physique et du cabinet de l'histoire naturelle de l'université de Pavie. Il avait aussi fait un Discours poétique sur la fausse éloquence de la chaire, qui commença sa réputation littéraire.

MASCLEF (François), d'abord curé de Raincheval, dans le diocèse d'Amiens, où il naquit vers 1663, fut depuis le théologien et l'homme de confiance de Brou, son évêque, et eut sous lui la direction du séminaire. On la lui ôta après la mort de ce prélat, arrivée en 1706, sa façon de penser sur le jansénisme n'étant point du goût de Sabbatier, successeur de Brou, qui voulait dans les ecclésiastiques une entière soumission à l'Église. Masclef mourut en 1728. Ses principaux ouvrages sont : une Grammaire hébraïque, en latin, selon la nouvelle méthode que Masclef avait inventée pour lire l'hébreu sans se servir de points : système rejeté par la plupart des savants, préférable cependant à l'emploi des points massorétiques, invention rabbinique et sans autorité; les Conférences ecclésiastiques du diocèse d'Amiens, in-12; le Catéchisme d'Amiens, in-4°; une Philosophie et une Théologie manuscrites, qui auraient vu le jour, si on n'y avait pas dé couvert les traces des nouvelles erreurs.

MASCRIER (l'abbé Jean-Baptiste Le), de Caen, mort à Paris, en 1760, à 63 ans, est un de ces auteurs qui sont plus connus par l'art de rassembler des mémoires sur les ouvrages des autres, que par le talent d'en enfanter eux-mêmes. On a de lui : 1° Description de l'Égypte sur les mémoires de M. Maillet, 1735, in-4°, en 2 vol. in-12. Il y a des remarques judicieuses, et des anecdotes curieuses; mais il s'en faut bien que tout y soit exact, à l'égard de la forme, l'éditeur aurait pu proscrire l'enflure, l'affectation, la déclamation, la superfluité des mots et les répétitions importunes; 2° Idée du gouvernement ancien et moderne de l'Église, 1745, in-12; livre moins recherché que le précédent; 3° la traduction des Commentaires de César, latin et français, 1755, in-12; 4° Réflexions chrétiennes sur les grandes vérités de la foi, 1757, in-12; 5° Il a eu part à la nouvelle édition corrigée de l'Histoire générale des cérémonies religieuses, Paris, 1741, et à la Traduction de l'histoire du président de Thou; 6° Histoire de la dernière révolution des Indes orientales, curieuse, mais peu exacte; 7° Tableau des maladies, de Lommius, traduit du latin, 1780, in-12; 8° Des éditions des Mémoires du marquis de Feuquières, de l'Histoire de Louis XIV, par Pélisson; et de Telliamed. On voit, par le contraste de ces diverses ouvrages, que Le Mascrier ne savait pas choisir les objets de son travail, et qu'il publiait les délires du matérialisme avec autant de zèle que des ouvrages de piété.

MASCULIN, INE, adj., qui appartient, qui a rapport au mâle. En grammaire noms masculins, les noms substantifs ou adjectifs, qui désignent ou qualifient les êtres masculins et ceux qu'on leur assimile, quant au genre dans le langage. Terminaison masculine, la terminaison d'un mot dont l'e muet ne forme pas à lui seul la dernière syllabe, ou ne concourt pas à le former de manière à s'y faire sentir. En versification rimes masculines, rimes qui ont une terminaison masculine, et vers masculins, ceux dont les rimes sont masculines. Masculin, en grammaire est quelquefois substantif.

MASCULUS ou Mascolo (Jean-Baptiste), né à Naples, en 1583, entra chez les jésuites en 1598. Après avoir enseigné les belles-lettres et la philosophie, il s'adonna entièrement à la poésie, qui avait pour lui des attraits puissants et dans laquelle il réussissait supérieurement. Son latin est pur et élégant, ses pensées nobles et vraies, sa manière aisée, riche et abondante. Ses Lyricorum libri X lui ont fait surtout un nom distingué. Son Vesuvianum incendium anni 1531, en dix livres, est d'un pittoresque magnifique et terrible. On estime aussi ses Persecutiones Ecclesiæ, et ses Encomia cælitum, en style lapidaire. Ce dernier ouvrage ne se trouve plus chez les libraires, quoiqu'on en eût fait deux éditions, dont la dernière à Venise, 1669, a été réimprimée, et 1763, Vienne et Ausbourg, 12 petits volumes avec fig. Il mourut de la peste à Naples, en 1656, à l'âge de 74 ans. On a encore de lui : Lectiones veterum Patrum cum ponderatione et usu sentarium, ad conciones, et d'autres ouvrages. Urbain VIII, esti-

mait ce poète et lui fit des offres, que le refus constant de Masculus rendit inutiles.

MASDEU (Jean-François), historien, né à Barcelonne vers 1740, entra chez les jésuites et y occupa des emplois distingués. A la suppression de la Société, il se retira à Foligno, en Italie, où il s'occupa à mettre en ordre les matériaux qu'il avait réunis sur l'histoire d'Espagne. Les premiers volumes de cette histoire parurent en italien sous le titre d'Histoire critique d'Espagne, et de ses progrès dans les sciences, les lettres et les arts, Foligno, 3 vol., 1784. Il refit ces trois volumes en espagnol, et les publia à Madrid. Il continua ce grand ouvrage, dont il parut successivement vingt volumes, depuis 1783 jusqu'en 1800. L'auteur ne put achever un travail qui, d'après son plan, aurait exigé cinquante volumes. On doit lui reprocher de trop exalter la nation espagnole, et de se laisser aller quelquefois au plaisir de combattre les opinions d'autrui. Masdeu mourut à Valence le 11 avril 1817. L'instruction de ce religieux était encore rehaussée par toutes les vertus de son état.

MASEN ou Masenius (Jacques), jésuite, né à Dalen, dans le duché de Juliers, en 1606, se distingua dans sa société par ses connaissances dans la littérature et par ses talents. Il professa avec grand succès l'éloquence et la poésie à Cologne, où il mourut le 27 septembre 1681. De tous les ouvrages qu'il a donnés au public, celui qui a fait le plus de bruit de notre temps est son poème intitulé : Sarcotis ou Sarcothea, de 2486 vers latins. Sarcothea est le nom que Masénius donne à la nature humaine, qu'il représente comme la déesse souveraine de tout ce qui porte un corps. La perte de Sarcothea ou de la nature humaine (c'est-à-dire la chute du premier homme), en est le sujet. Ce poème a été tiré de l'oubli par M. Lauder, savant Écossais, qui a prétendu que Milton avait beaucoup profité de cet ouvrage. Il est vrai que l'on trouve dans ce poème les richesses de l'imagination réunies à celles de la langue romaine; mais le plan de l'ouvrage n'est pas heureusement conçu, et l'exécution a je ne sais quoi de languissant et de monotone. L'auteur fait, à la vérité, de très beaux vers; mais il entasse les mêmes idées sous différents mots, met tableaux sur tableaux, traits sur traits, nuances sur nuances, et épuise son sujet jusqu'à lasser la patience la plus intrépide. C'est un vrai abus de richesses; c'est une imagination féconde, qui ne sait s'arrêter où il faut. L'accusation de plagiat intentée contre Milton a produit plusieurs écrits rassemblés en un vol. in-12; à Paris, chez Barbon, 1756. L'abbé Dinouart, éditeur de ce recueil, y a ajouté le poème de Masénius, avec une traduction paraphrasée et les pièces du procès. Les autres ouvrages de ce jésuite sont : 1° Palæstra cloquentiæ ligatæ, 4 vol. in-12; 2° un traité intitulé : Palæstra styli romani; 3° Anima historiæ, seu Vita Caroli V et Ferdinandi, in-4°; 4° Une édition des Annales de Trèves de Brouwer, Liège, 1670, in-fol. Masénius est auteur des trois derniers livres; 5° Epitome annalium trevirensium, etc. Trèves, 1676, in-8°.

MASINISSA, célèbre roi des Numides et allié des Romains, était fils de Gala, roi de la Numidie Massylienne. Il prit d'abord le parti des Carthaginois contre les Romains; mais après la défaite d'Asdrubal, Scipion l'Africain (le premier des deux) ayant trouvé parmi les prisonniers un neveu de Masinissa, et le lui ayant renvoyé comblé de présents, ce trait fit tant d'impression sur le roi que de l'aversion la plus forte il passa tout-à-coup à une admiration sans bornes. Il joignit ses troupes à celles des Romains, et contribua beaucoup par sa valeur à la victoire qu'ils remportèrent sur Asdrubal et Syphax. Après le combat, il épousa Sophonisbe, femme de Syphax et fille d'Asdrubal, que le sort des armes avait faite sa prisonnière, et aux larmes et à la beauté de laquelle il ne put résister; mais Scipion n'ayant pas approuvé ce mariage, il envoya du poison à son épouse, afin de la soustraire au pouvoir des Romains, qui voulaient la faire paraître au triomphe du vainqueur. Pour le récompenser de ce sacrifice, P. Scipion accorda à Masinissa, en présence de l'armée, le titre et les honneurs de roi. A la bataille de Zama, Masinissa contribua puissamment à la défaite d'Annibal. Scipion lui donna alors les États de Syphax et une partie du territoire de Carthage. Ce prince montra en mourant l'estime qu'il avait pour les Romains en chargeant le second Africain de faire le partage de son royaume entre ses enfants. Il régna soixante ans, et mourut dans la quatre-vingt-dix-septième année de son âge, l'an 149 av. J.-C. A l'âge de 90 ans, il faisait tous les exercices d'un jeune homme, et il se tenait à cheval sans selle. Il était très sobre, et le lendemain d'une victoire qu'il avait remportée contre les Carthaginois on le trouva dans sa tente faisant son repas d'un morceau de pain bis. Il avait éprouvé des revers au commencement de son règne ; mais depuis son alliance avec les Romains jusqu'à sa mort, ce fut une suite continuelle de prospérités. Il laissa cinquante-quatre enfants, dont trois seulement étaient légitimes, Micipsa, Gulussa et Manastabal. Scipion divisa son royaume entre ces derniers, et fit aux autres de riches présents, qui leur tinrent lieu d'apanage. La mort de Gulussa et de Manastabal, qui arriva peu de temps après, laissa Micipsa maître de tous les États de son père.

MASIUS ou **MAES** (André), né à Lennich, près Bruxelles, l'an 1516, fut un des plus savants hommes du XVIe siècle. Il fit d'abord de grands progrès dans l'étude de la philosophie et de la jurisprudence, et devint secrétaire de Jean de Weze, évêque de Constance. Après la mort de cet évêque, il fut envoyé en qualité d'agent à Rome, et profita de son séjour en cette ville pour se rendre habile dans le syriaque. En 1558, il fut fait conseiller de Guillaume, duc de Clèves, où il mourut le 7 avril 1573. Personne de son temps ne le surpassait, ni peut-être même ne l'égalait dans la critique sacrée.

MASKELYNE (Névil), astronome anglais, né à Londres, le 6 octobre 1732, d'une famille ancienne, sentit de bonne heure un goût décidé pour les sciences astronomiques. Toutefois, il ne négligea point les études théologiques qu'il devait faire pour devenir ministre. En 1755, il accepta une cure dans les environs de Londres, et il y résida pendant quelques années. La plus grande partie de ses moments étaient employés à ses travaux de prédilection : il avait appris à fond la géométrie, l'algèbre et l'optique, et depuis 1748, époque où il observa la grande éclipse de cette année, il continua ses recherches sur la position et le mouvement des astres. Nommé en 1757 docteur en théologie, et en 1759 membre de la Société royale de Londres, il se lia avec Bradley et calcula, d'après les observations de ce grand astronome, la table de réfraction qui fut la seule employée pendant un grand nombre d'années. Choisi en 1761 pour aller à Sainte-Hélène observer le passage de Vénus, il se proposait d'y opérer sur la parallaxe de la lune, comme La Caille l'avait fait au cap de Bonne-Espérance. Il voulait aussi faire de nouvelles recherches sur la parallaxe de Syrius, que l'on ne connaissait encore qu'imparfaitement ; mais pour faire ces recherches, il lui fallait des instruments plus précis que ceux qu'il possédait ; en conséquence, il fit faire avec le plus grand soin un nouveau secteur. Malheureusement il ne put l'essayer avant son départ, et lorsqu'il fut arrivé, il y découvrit des irrégularités propres à rendre toutes ses expériences inutiles. Il trouva la cause de cette imperfection dans la manière dont le fil à plomb était suspendu. Il eut bientôt découvert un autre moyen de suspension ; mais n'ayant pas les instruments nécessaires pour pouvoir l'exécuter, il se contenta de rectifier quelques erreurs sans pouvoir toutes les détruire. Ce ne fut pas là le seul contre-temps qu'il éprouva pendant cette course scientifique. Les nuages couvrirent le soleil au moment du passage de Vénus, et il lui fut impossible de faire aucune observation. Son voyage n'en fut pas moins une époque intéressante dans l'histoire de l'astronomie. Il en résulta pour les secteurs, les quarts de cercle et autres instruments astronomiques une suspension du fil à plomb beaucoup meilleure, qui est aujourd'hui généralement adoptée. Il employa encore utilement le temps de la traversée et de son retour à vérifier les différentes méthodes qui servent à déterminer les longitudes en mer, et le résultat de ses observations l'engagea à confirmer tout ce que La Caille avait déjà découvert dans son voyage au cap de Bonne-Espérance. De retour en Angleterre, en 1765, il reçut la place de directeur de l'Observatoire de Greenwich, dans laquelle il succéda à Bliss, et y observa le ciel pendant quarante-neuf ans avec la plus rare exactitude. Maskelyne mourut le 9 février 1811. Jusqu'à lui, les observations des astronomes restaient enfoncées dans les observatoires, et devenaient entièrement inutiles ; Maskelyne obtint du conseil de la Société royale de Londres que le résultat de ses travaux serait imprimé par cahiers d'année en année ; ces cahiers forment 4 vol. in-fol. C'est depuis cette époque que les astronomes ont apporté dans leurs opérations une précision qu'il paraît désormais impossible de surpasser. Nous voudrions consigner ici toutes les découvertes que l'on doit au génie de Maskelyne, surtout sur le passage de Vénus qu'il fit de son observatoire de Greenwich.

MASNUY (Antonin), né à Neuville Saint-Vaast près d'Arras, en 1657, aumônier de l'hôpital Notre-Dame de Tournai, s'occupa d'astronomie et publia : *Tractatus de cometis, co-*

metæ anni 1680 et plurium præcedentium ab anno 843, et sequentium præsagium perpetuum utriusque Testamenti et posterioribus prophetis cum Apocalypsi convenientibus concordatum, in remedium omnium Ecclesiæ Romanæ adversitatum, collectore Malonoxio Vedasto Novavillano, Nosocomii D. V. Tomaci pastore indigno, Leodii Gerardus Grison, 1687, in-12.

MASO (Thomas finiguerra dit), orfèvre de Florence, né au XVe siècle, passe pour être l'inventeur de l'art de graver les estampes sur le cuivre, vers 1540 ; ou plutôt le hasard, qui fit trouver la poudre, l'imprimerie et tant d'autres secrets admirables, donna l'idée de multiplier un tableau, ou un dessin, par les estampes. L'orfèvre de Florence, qui gravait sur ses ouvrages, s'aperçut que le soufre fondu dont il faisait usage marquait dans ses empreintes les mêmes choses que la gravure, par le moyen du noir que le soufre avait tiré des tailles. Il fit quelques essais qui lui réussirent. Un autre orfèvre de la même ville, instruit de cette découverte, grava plusieurs planches du dessin de Sandro Botticello. André Montegna grava aussi d'après ses ouvrages. Cette invention passa en Flandre ; Martin d'Anvers et Albert Durer furent les premiers qui en profitèrent : ils produisirent une infinité de belles estampes au burin, qui firent admirer par toute l'Europe leurs noms et leurs talents, déjà connus pour la gravure en bois.

MASOUDY, célèbre historien arabe du Xe siècle de notre ère, naquit à Bagdad, on ne sait pas précisément dans quelle année, mais d'une famille illustre. Une partie de sa vie fut consacrée à de nombreux et longs voyages dont il rapporta une riche moisson de connaissances littéraires, historiques, géographiques et religieuses. Il revint dans sa ville natale où il fixa son séjour ; mais il fut obligé d'en sortir quelque temps avant sa mort, sans doute à cause de ses idées sur la religion qui ne s'accordaient point avec celles de ses concitoyens. Il est mort à Fastath, en Égypte, dans un âge peu avancé, l'an de 345 de l'hégire, ou 956 de J.-C. Il a laissé un grand nombre d'ouvrages ; un des plus importants a pour titre : *Moroudj Eddheheb*, ou les *Prairies d'or et les mines de pierres précieuses, présent offert aux rois les plus illustres et aux hommes instruits,* dont l'auteur donna deux éditions. La première, la seule connue en Europe, fut écrite l'an 332 de l'hégire ; la bibliothèque du roi en possédait trois manuscrits sous les nos 598, 599 et 599 A, qui étaient tous imparfaits en plusieurs parties ; mais depuis peu on en a recouvré un autre qui est fort bon et qui renferme en deux volumes l'ouvrage complet. M. Silvestre de Sacy a publié sur cet important ouvrage une excellente notice dans le 8e volume des Notices et extraits des manuscrits de la bibliothèque du roi, intitulé : *Kitab-Allenbih-We Alischrof,* ou l'*Indicateur.*

MASQUE, s. m., faux visage de carton ou d'autre matière, dont on se couvre la figure pour se déguiser. Fig., avoir un bon masque, se dit d'un acteur comique, dont la physionomie a beaucoup d'expression et de jeu. Masque, se dit également d'un faux visage de velours noir doublé que les dames se mettaient autrefois sur la figure pour se garantir du hâle ou du froid ; Masque, se dit encore d'une personne qui porte un masque pour se défigurer pendant le carnaval. Masque, signifie figurément apparence trompeuse sous laquelle on se cache, ou l'on s'efforce de se cacher. Il s'emploie souvent absolument dans la même signification Arracher, ôter le masque à quelqu'un, faire connaître la fausseté, la perfidie, etc. Masque, se dit encore d'une terre préparée et appliquée sur le visage de quelqu'un pour en prendre le moule. Masque s'emploie aussi comme un terme d'injure, pour reprocher à une femme sa laideur ou sa malice ; alors il est féminin. Dans ce sens il est populaire.

MASQUE DE THÉÂTRE (ant.), masque aux traits gigantesques qui couvrait la figure ou une partie de la tête. L'acteur ancien ne paraissait sur le théâtre que le visage couvert d'un de ces masques. Pour les fabriquer, on se servit d'abord de feuilles minces d'airain ; on les fit ensuite de cuir doublé d'étoffe, puis de bois. Ces masques de théâtre étaient de trois espèces, dont chacune avait un caractère distinctif. Masque tragique, celui qui servait pour les pièces héroïques : les traits en étaient imposants et propres à inspirer la terreur. Echylo fut le créateur des masques tragiques. Masque comique, masque auquel on donnait une expression grotesque et souvent quelque difformité risible. Masque satyrique, masque qui, devant servir dans des espèces de farces, permettait au sculpteur les formes les plus bizarres et les plus extravagantes. Les masques de femmes furent introduits les derniers sur la scène. Les masques d'esclaves étaient toujours fort laids. Les masques des danseurs se rapprochaient de la nature autant qu'il était possible. (*V.* MASQUES.) On se servait aussi de masques dans les fêtes des dieux ; surtout dans les bacchanales et quelquefois aux funérailles. Les isiaques portaient, dans leurs mystères, des masques représentant les différents animaux du zodiaque. Dans d'autres cérémonies, on portait des masques de lion, de loup, etc. Le masque de fer ou l'homme au masque de fer (*hist.*), se dit d'un prisonnier d'État dont la figure était cachée par un masque de velours noir à ressorts et qui fut transféré successivement de Paris en Bourgogne, et de là ensuite à Pignerol, à Exiles, aux îles Marguerites et à la Bastille, où il entra le 18 septembre 1698 et où il mourut le 19 novembre 1703. Il fut enterré dans le cimetière de la paroisse de Saint-Paul, et son acte d'inhumation fut dressé sous le nom de Marchiali. L'homme au masque de fer resta fort longtemps sous la garde du même gouverneur, M. de Saint-Mars, qui ne lui parlait qu'avec beaucoup de respect. Des précautions infinies furent prises pendant sa vie, pour qu'il ne pût communiquer au dehors, et à sa mort, pour qu'il ne restât aucune trace de sa véritable condition. L'existence de ce personnage dont Voltaire a parlé le premier a été contestée ; mais elle paraît certaine aujourd'hui. Selon les suppositions les plus vraisemblables, l'homme au masque de fer était un frère jumeau de Louis XIV, né le 5 septembre 1638, quelques instants après celui-ci et quand déjà Louis était proclamé dauphin de France. On a voulu trouver dans l'homme au masque de fer le duc de Beaufort, le duc de Monmouth, le secrétaire du duc de Mantoue, le duc de Vermandois, le patriarche d'Arménie, et enfin le surintendant Fouquet. Masque (*escrime*), armure de fil de fer à mailles très serrées et garnie de peau, qu'on se met sur le visage quand on fait des armes. L'usage du masque, dans les salles d'armes, ne date que de la fin du siècle dernier. Masque (*marine*), voile de civadière, ou bonnette basse que l'on oriente en avant du mât de misaine, pour garantir l'arrière du bâtiment de la fumée des cuisines; quand celles-ci sont sur le gaillard d'avant. Masque (*technol.*), ciselet gravé en creux ou en relief, dont beaucoup d'ouvriers se servent pour former des figures en relief ou en creux sur les métaux.

MASQUELIER (Nicolas-François-Joseph), dit *le Jeune*, graveur, né au Sars, près Lille, en 1750, mort en 1809, travailla pour la Galerie de Florence et pour le Musée français, publié par Robillard et Laurent. Ses gravures n'ont pas toutes le même mérite d'exécution. Nous citerons seulement : un Intérieur de corps-de-garde hollandais, d'après Leduc ; César jetant des fleurs sur le tombeau d'Alexandre, d'après Sébastien Bourbon ; l'Extrême-onction, d'après Jouvenet.

MASQUELIER (Louis-Joseph), graveur, né à Cisoing, près Lille, en 1741, mort en 1811, fut un des premiers qui essayèrent de graver à l'imitation du lavis. Parmi ses productions, on distingue sa Marine d'après Vernet, et surtout sa magnifique Galerie de Florence, dont il dirigea l'entreprise, et dans laquelle il grava lui-même plusieurs tableaux, statues, bas-reliefs ou camées, qui lui valurent une médaille d'or en 1802. On lui doit encore les trente-six premières livraisons des Tableaux de la Suisse (gravés en société avec Née) ; les Garants de la félicité publique, d'après Saint-Quentin ; et les Vœux du peuple confirmés par la religion, d'après Monet, etc.

MASQUER, v. act., mettre un masque sur le visage de quelqu'un pour le déguiser, et, dans une acception plus étendue, déguiser quelqu'un, en lui mettant outre le masque des habits qui ne soient pas les siens. Il s'emploie aussi avec le pronom personnel. Masquer, sans régime, signifie aller en masque ; dans ce sens il est vieux. Masquer, signifie figurément cacher quelque chose sous de fausses apparences. Masquer, signifie par extension couvrir, cacher une chose de manière à en ôter la vue. En terme de guerre, masquer une batterie, placer des troupes ou élever un ouvrage devant une batterie, pour que l'ennemi ne l'aperçoive pas.

MASQUES. Les anciens se servaient de masques non-seulement afin de se déguiser, mais encore dans une foule de circonstances solennelles ou publiques. Ainsi les représentations dramatiques, les triomphes, les fêtes des dieux, surtout les bacchanales, quelquefois même les funérailles étaient autant d'occasions où les principaux personnages portaient des masques. Mais c'était surtout pour la représentation des ouvrages dramatiques que les masques devenaient nécessaires. En effet les prodigieuses dimensions des théâtres anciens forçaient à donner à toutes les parties de l'acteur des proportions colossales. De là ces vases d'airain qui répercutaient et grossissaient la voix ; de là ces costumes qui haussaient la

taille de près d'un pied ; de là enfin ces masques qui donnaient aux héros et aux demi-dieux cet air de grandeur et de majesté qu'on supposait qu'ils avaient eu pendant leur vie. De plus, dans les pièces satiriques, on voyait souvent apparaître sur la scène non-seulement les Faunes, les Pans, les Satyres, mais encore les Cyclopes, les Centaures et tous les monstres et les animaux de la fable, et dès lors l'usage des masques devenait nécessaire. Enfin les mêmes acteurs se trouvaient obligés de représenter des personnages de différents genres, de différents caractères, et surtout de différents âges et de différents sexes, attendu qu'il n'y avait point d'actrices chez les anciens, et que c'étaient des hommes qui jouaient tous les rôles de femmes qui se trouvaient dans leurs pièces. De plus, ces masques empêchaient que l'on ne reconnût sur-le-champ la figure d'un acteur de sa connaissance, ce qui nuit à l'illusion. Ces masques ne ressemblaient point du tout aux nôtres : c'était une espèce de casque qui couvrait toute la tête, et qui, outre les traits du visage, représentait encore la barbe, les cheveux, les oreilles et jusqu'aux ornements que les femmes employaient dans leurs coiffures. Les premiers masques furent faits de feuilles d'airain. Dans la suite on les fit de cuir, doublé de toile ou d'étoffe ; mais ensuite on les fit tous de bois. C'étaient les sculpteurs qui les exécutaient d'après l'idée des poètes. Les masques variaient selon la différence des pièces tragiques ou comiques, et selon le sexe et l'âge des personnes qu'on avait à représenter. Les masques tragiques étaient affreux ; car, outre leur grandeur énorme, et une grande bouche ouverte, la plupart avaient encore l'air furieux, le regard menaçant, le poil hérissé, et une espèce de tumeur sur le front, qui ne servaient qu'à les rendre encore plus terribles. Les masques tragiques ne commencèrent à être en usage que du temps d'Eschyle. Ce fut ce poète, créateur véritable de la tragédie, qui, portant son génie sur la décoration de la scène et sur le costume des acteurs, en conçut la première idée. Auparavant on se barbouillait le visage de lie, ou l'on paraissait sans aucune espèce de déguisement. Les masques comiques devaient être ridicules. Il n'y en avaient point qui n'eussent quelque difformité, afin d'exciter la gaîté. Ceux des pièces satiriques étaient les plus absurdes de tous ; car, comme ce genre n'était fondé que sur l'imagination des poètes, il n'y avait point de figures si extravagantes que leurs masques ne représentassent. Les danseurs de l'orchestre avaient aussi des masques, mais sans aucune difformité. Ils représentaient les personnages au naturel. Les Grecs appelaient cette espèce de masques προσωπεῖον. au lieu que ceux de la tragédie, qui représentaient les ombres des morts, s'appelaient μορμολυκεῖον, et ceux qui représentaient les gorgones ou furies γοργονεῖον. On fabriqua d'abord les masques en écorce d'arbre, puis en cuir doublé de toile ou d'étoffe ; plus tard, on en fit en bois, en airain. Leur introduction en France date du xve siècle ; mais ils ne furent permis que dans les réjouissances publiques, ainsi que cela avait lieu chez les anciens aux fêtes de Bacchus, le dieu des spectacles. Ce n'est que vers la fin du règne de François Ier que les femmes de la ville et de la cour adoptèrent l'usage des masques pour garantir leur frais visage, et il est probable que les laides ne furent pas les dernières à s'en servir. Ces masques étaient de velours noir, doublés en taffetas blanc, et se fixaient dans la bouche à l'aide d'une petite verge en archal, terminée par un bouton de verre. On les nommait des loups, et ils ne tombèrent en désuétude qu'à l'époque de la régence du duc d'Orléans, où ils furent remplacés par le rouge et les mouches. Cependant on devait faire usage de ce dernier déguisement antérieurement à cette époque, si l'on s'en rapporte à ce que dit La Fontaine dans sa fable de la *Mouche et de la Fourmi*. Nos masques modernes dérivent de la joyeuse et bruyante Venise. On en distingue de deux espèces dans la fabrication : les masques en carton et les masques en cire. La base de ces derniers est la toile de lin fine et à demi usée. On fait aussi, depuis quelques années, des masques en tissu métallique. Les masques en cire se divisent en masques de Paris, légers et diaphanes, et en masques de Venise, moins transparents et bien plus lourds. Les masques à domino ne couvrent pas toute la figure ; ils n'ont pas de menton et sont terminés par une petite pièce de satin de diverses couleurs, taillée en pointe. En raison de cette faculté particulière qu'ont les Français de tout perfectionner ; l'industrie des masques, originairement importée d'Italie, est aujourd'hui toute française. Le premier établissement de ce genre ne remonte cependant pas au-delà de 1799, et est dû à un Italien du nom de Marassi. On voit par cette époque de 1799, à laquelle remonte l'industrie des masques en France, que ce fut en quelque sorte une création du besoin de s'amuser, de s'étourdir qu'éprouva tout-à-coup notre nation, à peine sortie des étreintes douloureuses de la terreur. Ainsi l'homme est fait : il passe de la douleur à la joie, et il en est de même des peuples qui ne sont qu'un homme multiple. Faisons, en terminant, cette remarque : que les divertissements du monde fournissent à la production industrielle un champ d'exploration infiniment plus vaste que celui de ses intérêts moraux et de première nécessité, tant il est vrai que le plaisir est une puissance. G. B.

MASQUIÈRES (FRANÇOISE), morte à Paris en 1728, était fille d'un maître-d'hôtel du roi. Elle fit son occupation de l'étude des belles-lettres, et particulièrement de la poésie française, pour laquelle elle avait du goût et du talent. Ses ouvrages poétiques, qui se trouvent dans un nouveau choix de poésies, 1715, in-12, sont : 1° la Description de la galerie de Saint-Cloud ; 2° l'Origine du luth ; 3° une Elégie, etc. Sa versification a de la douceur ; mais elle est faible et offre peu d'images.

MASSAC (RAYMOND DE), médecin d'Orléans du XVIᵉ siècle, s'occupait autant des belles-lettres que de sa profession. On a de lui : 1° *Pæan aurelianus*; poème considérable, inséré dans le Recueil des poèmes et panégyriques de la ville d'Orléans, 1646, in-4°. Il y célèbre l'heureuse température du climat d'Orléans, et fait l'éloge du collège de médecine et des médecins qui s'y sont distingués par leur science et leurs talents. 2° *Pugeæ, sive De lymphis pugiacis libri II, cum notis J. Le Vasseur*, Paris, 1599. C'est un poème sur la fontaine minérale de Pougues, à deux lieues de Nevers. Charles de Massac, fils de l'auteur, l'a traduit en vers français, Paris, 1605, in-8.

MASSACHUSETTS (état du), l'un des Etats-Unis de l'Amérique du Nord, formé d'une partie de la contrée désignée sous le nom de Nouvelle-Angleterre. Il occupe une superficie de 7,800 milles carrés, entre les états de New-Hampshire et de Vermont au nord, les états de Connecticut et de Rhode-Island au sud, l'état de New-York à l'ouest ; et à l'est l'Océan atlantique. Il est ainsi situé entre les 41° 13' et 42° 50 de latitude nord, et les 72° 15' et 75° 50' de longitude occidentale du méridien de Paris. Appuyé à l'ouest contre le versant oriental de la chaîne des montagnes Vertes, il présente, dans cette partie de son territoire, un sol hérissé de monts assez élevés et de profondes vallées. Plusieurs rivières le traversent pour se rendre à l'Océan, soit par les côtes mêmes du Massachusetts, soit en poursuivant leur cours à travers l'état de Connecticut : ce sont le Connecticut, la plus considérable de toutes, l'Housatonich, le Deerfied, le Miller, le Wertfield, la Chickopèe, le Tounton, le Charles, le Concord, et le Merrimack. Il est en outre séparé en deux parties dans la direction du nord au sud par le grand canal de New-Haven, qui opère la jonction du lac Memphamagos avec l'Océan, dans le golfe de Long-Island. La configuration de ses côtes est des plus irrégulières et projette dans la mer une longue presqu'île terminée par deux corps aigus dont l'un, le cap Malabar se dirige vers le sud, tandis que l'autre, qui a dû à l'abondance des morues qu'on y pêche le nom de cap Cod, se recourbant vers le nord en langue effilée, forme en face de Plymouth l'immense baie des Massachusetts. Quelques îles de médiocre étendue, mais qui ne sont pas sans importance industrielle se baignent à une courte distance de ses rivages, entre autres l'île Mathias qui produit et fabrique des lainages et livre au commerce de grandes quantités de sel ; l'île de Nantuckett, où l'on élève un nombre considérable de bestiaux et dont les marins se livrent à la pêche de la baleine, l'île Vineyard, etc. Le climat du Massachusetts, variable et tempéré peut, à certains égards, se comparer à celui de la France. Cette circonstance, jointe à ce que le sol, généralement sablonneux, est d'une fertilité médiocre relativement à celui de la plupart des autres parties de l'Amérique, contribue à donner un caractère particulier à l'aspect du pays. Ses principales cultures sont les grains, le blé, l'orge, le maïs, le houblon, le chanvre, le lin ; cependant le froment n'y est cultivé avec succès que dans les parties de l'intérieur, abritées contre les vapeurs salines de la mer. Certaines parties produisent de grandes quantités de fruits ; la plupart des arbres fruitiers qu'on y a importés de nos contrées septentrionales y ont parfaitement réussi et y donnent d'abondantes récoltes ; de ce nombre est le pommier qui s'y est multiplié avec une remarquable rapidité. Les vallées y sont couvertes d'excellents pâturages et nourrissent d'innombrables trou-

peaux. Les sapins, les bouleaux, les châtaigniers et l'érable à sucre en peuplent les forêts et les terrains ravineux, et sont l'objet d'une exploitation à laquelle président déjà quelques notions des principes de l'économie forestière européenne. Le Massachusetts est divisé en quatorze comtés. Sa population qui était, en 1790, de 378,500 individus, s'est élevée successivement, savoir : en 1820, à 523,000 ; en 1830, à 610,500 ; en 1836, à 700,000 âmes libres. Le Massachusetts n'a pas et n'a jamais eu d'esclaves. Cet état qui est l'un des plus riches de l'Union, et dont la population relative atteint un chiffre presque sans égal en Amérique (90 par mille carré) a vu dès longtemps ses campagnes se couvrir d'habitations, et les villes se grouper partout où l'industrie réunissait quelques familles de ses laborieux habitants. Basil-Hall, qui a visité ce pays après avoir parcouru de grandes étendues du continent américain, trouve encore de l'admiration pour en raconter les beautés, et nous trace le plus séduisant tableau de cette riante nature et de l'aspect du pays. Les vallons et les collines sont couvertes de vergers, quelquefois de prairies, de blé et plus souvent encore de maïs. Les fondateurs des florissants villages épandus dans les campagnes semblent avoir, dès l'origine, tracé une rue qui subsiste encore et qui n'a pas moins de quatre-vingts à cent verges de large, bordée à droite et à gauche d'une double rangée d'arbres. Les maisons, presque toutes détachées les unes des autres, s'élèvent à une distance de dix à douze verges, des charmantes promenades qui s'étendent le long de la voie publique. L'espace intermédiaire est ordinairement entouré d'une grille et planté en jardin. On y voit partout des arbustes rares, des fleurs brillantes et de vastes pelouses, que coupent de charmantes allées. Autour des portes, autour des fenêtres et jusque sur les toits s'élancent une multitude de plantes grimpantes ; et comme la plupart des bâtiments sont en bois peint en blanc avec des jalousies d'un vert foncé, l'effet de l'ensemble est vraiment délicieux. On comprend que dans un pays occupé par une population aussi industrieuse et aussi dense, les villes soient nombreuses. Nous ne pourrons qu'indiquer sommairement celles qui méritent une mention particulière. Boston est la capitale, Boston qui s'honore d'avoir vu naître Franklin, et qui est, après New-York, le premier port des Etats-Unis. Les renseignements que l'on peut trouver à l'article qui est spécialement consacré à cette ville nous laissent peu de chose à dire ici. Aussi nous suffira-t-il d'entrer dans quelques détails sur le mouvement de son commerce. Les derniers documents que nous possédions sont de 1843. Le mouvement du port de Boston en 1842, long cours et cabotage réunis, s'est élevé à 9,647 navires jaugeant 1,980,600 tonneaux, savoir : à l'entrée, 5,775 navires et 1,162,240 tonneaux à la sortie, 3,872 navires et 818,360 tonneaux. Dans ce chiffre total, le cabotage sous pavillon américain est compris pour 6,322 navires et 1,265,980 tonneaux ; l'intercourse avec les Indes occidentales pour 2,409 navires et 472,380 tonneaux, et la navigation avec les autres pays d'Europe, d'Asie, d'Afrique et d'Amérique, pour 916 navires et 242,242 tonneaux. L'ensemble des valeurs du commerce de Boston avec l'étranger a été de 101,094,000 fr. dont 56,708,000 fr. à l'importation et 44,386,000 fr. à l'exportation. Les échanges se sont répartis, par ordre d'importance, entre les pays suivants : les Indes occidentales, l'Angleterre, les états de l'Amérique du sud, la Chine et les Indes orientales, la Russie, la France, les états d'Italie, le Guatemala et le Mexique, les Pays-Bas et la Belgique, la Turquie et le Levant, le Danemarck et la Suède, l'Espagne et le Portugal. Les principales marchandises qui ont fait l'objet de ce commerce ont été : à l'importation, le sucre, le café, les tissus de soie, de coton, de lin, de chanvre et de laine, les peaux brutes, les laines, l'indigo, les vins, les spiritueux, le chanvre de Manille et le thé ; à l'exportation, les tissus de coton, les viandes et poissons salés, le sucre raffiné, les bois de construction, la farine, le café, le savon, les chandelles, le suif, l'huile de poisson, le tabac, et le numéraire, pour une somme de 4,593,000 fr. Les échanges directs entre Boston et la France ont occupé, à l'entrée, 12 navires du port de 3,100 tonneaux, et, à la sortie, 8 navires de 1,900 tonneaux. La France a reçu des viandes salées, sain-doux, bois de teinture, épices, thés et cafés, pour une valeur totale de 975,000 fr., et a expédié des tissus de soie, de coton, de chanvre, de lin et de laine, de la bijouterie et de l'horlogerie, des porcelaines et cristaux, des vins et eaux-de-vie, du savon, de la parfumerie, de l'huile d'olive, des fruits secs, des livres et gravures, des chaussures, pour une somme de 3,610,000 fr. Les principales industries de Boston sont la distillerie du rhum, la raffinerie du sucre, la brasserie, le papier de tenture, la corderie, la filature du coton et de la laine, la fabrication de la toile et des bougies de Spermacéti. Viennent ensuite : Charlestown, ville de 12,000 âmes, illustrée pendant la guerre de l'indépendance, et dont les chantiers lancent à la mer des vaisseaux de 120 à 130 canons (V. CHARLESTOWN). Cambridge, le berceau des lettres aux Etats-Unis (V. CAMBRIDGE). Salem, qui compte 16,000 habitants. Cette ville doit à ses pêcheries, dont elle répand le produit dans les Antilles, une opulente prospérité, et montre avec un légitime orgueil à l'étranger son musée d'histoire naturelle, l'un des plus riches du monde. C'est le port d'Amérique d'où sont sortis les marins les plus entreprenants, et ceux qui, les premiers, ont su profiter des avantages que présente le négoce avec la Chine, l'Inde et les îles de l'est. Salem est située sur une langue de terre resserrée entre deux bras de mer, et on la cite à juste titre pour ses beaux chantiers de construction. Lowel, la ville de la Nouvelle-Angleterre et peut-être de tous les Etats-Unis qui renferme le plus grand nombre de manufactures. Les eaux de la Merrimack, détournées de leur cours au-dessus des cascades qu'elles formaient en cet endroit, ont été conduites par un canal dans un immense réservoir, d'où elles se distribuent entre les cinquante ou soixante fabriques qui sont venues se grouper à l'entour. On ne sait, dit un voyageur, si, dans ces travaux gigantesques, c'est la hardiesse du plan ou la témérité de l'exécution qu'il faut le plus admirer. La principale industrie de Lowel est la filature et le tissage des étoffes communes qui servent à la consommation intérieure. Sa population s'élève à 24,000 habitants. Newburyport, la ville maritime la plus septentrionale de l'Etat; elle a des chantiers réputés et fait un commerce étendu. Marblehead, qui fait sur le banc de Terre-Neuve une pêche considérable. Plymouth, qui doit son origine à une colonie de puritains, et joint aux avantages qu'elle offre au commerce par l'étendue et la sûreté de son port, l'exploitation des minerais de fer qu'on trouve dans ses environs. Gloucester, qui possède à elle seule trois ports : un port principal dans lequel les plus forts navires peuvent entrer en pleine sécurité, deux ports secondaires, le Squam et le Sandy-Bey; son mouvement commercial est considérable. Barnstable, dont les vastes salines enrichissent les 5,000 habitants. Springfield, où l'on remarque une manufacture d'armes et un arsenal important. Taunton, citée pour ses fabriques de toile de coton, ses clouteries, ses papeteries, ses imprimeries et ses forges. Andover, où se trouve une école de théologie la plus importante de toute l'Amérique. Lynn, qui a des teintureries importantes, des fabriques de chocolat, et qui inonde les états de l'Amérique du sud des souliers de femme qu'elle y expédie annuellement par millions de paires. Amherst, qui livre chaque année au commerce 25 à 30,000 chapeaux de feuilles de palmier. New-Bedford, Willamstown, Beverly, Pittifuld, Dorchester, Roxbury, Fall-River, enfin Nantuket, bâtie dans l'île du même nom, qui fabrique des toiles à voile, des cordages, des tissus de laine, et dont le port est le rendez-vous des navires baleiniers. La population de toutes ces villes varie de 5,000 à 16,000 habitants, et elle jouit partout d'une aisance et d'un bien-être remarquables même aux Etats-Unis. Le Massachusetts est le premier point du continent nord américain sur lequel se soit assise d'une manière durable la colonisation britannique. C'est aux intrépides aventuriers qui vinrent un jour débarquer sur ses côtes encore vierges, et qu'on a justement surnommés les pionniers des états orientaux, qu'est due, en partie, la gloire des conquêtes accomplies par les européens dans cet immense désert qui s'étendait des bouches du Saint-Laurent à celles du Mississipi. Leurs premiers établissements ont été comme autant de ruches, d'où sont sortis des essaims d'émigrants robustes et déterminés qui ont porté à travers les forêts de l'Amérique septentrionale, la cognée du bucheron et le soc du laboureur, aussi bien que les idées d'indépendance, d'entreprise et de travail qui s'y sont perpétuées jusqu'à nos jours. Aujourd'hui encore, leurs descendants de la Nouvelle-Angleterre sont célèbres, entre tous les habitants de l'Union, par l'énergie de leur caractère et l'infatigable persévérance qu'ils déploient dans l'accomplissement de leurs desseins. L'histoire des commencements et des progrès de cet état se lie intimement à l'histoire générale des Etats-Unis qui y a son point de départ; aussi devons-nous nous borner à renvoyer le lecteur au résumé qu'en a tracé notre savant collaborateur à l'article Etats-Unis. Le Massachusetts a été admis dans l'union-fédérale et s'est

constitué en 1780. Les droits électoraux y relèvent exclusivement de la propriété. Est électeur tout citoyen qui possède une valeur de 1,410 fr., est éligible pour la chambre des représentants tout citoyen possédant en franc-alleu une terre de la valeur de 2,400 fr., ou une propriété personnelle de la valeur de 4,800 fr. L'éligibilité pour le sénat s'acquiert par la possession d'un franc-alleu de 7,200 ou d'une propriété de 14,400 fr. L'état du Massachusetts est de tous les Etats-Unis, l'un de ceux où l'industrie et le commerce ont atteint le plus remarquable développement. Nous en avons indiqué les principales branches à mesure que notre rapide revue des villes nous en a fourni l'occasion. Il convient d'y ajouter la fabrication des chapeaux de paille qui a pris une énorme extension, et l'exploitation des mines qui alimentent d'abondants gissements de minerais de fer, de cuivre, de plombagine, des carrières d'ardoises alumineuses et d'une pierre à chaux qui fournit l'asbeste. Le mouvement général de son commerce pour les années 1841-1842 s'est opéré sur un chiffre de 138,970,000 francs, dont 89,935,000 francs à l'importation et 49,035,000 fr. à l'exportation. Deux états seulement, New-York et la Louisiane, ont atteint un chiffre total plus élevé; pour les importations, le Massachusetts prend le second rang après New-York, et pour les exportations, le quatrième rang après New-York; la Louisiane et Alabama. Ce commerce s'est effectué, entrée et sortie réunies, par l'intermédiaire de 4,204 navires transportant une masse de 662,887 tonneaux. Le jeaugeage des bâtiments de ses divers ports s'élevait, à la même époque, à 494,895 tonneaux sur 2,092,390 tonneaux que comprend l'effectif total des Etats-Unis, soit un peu moins du quart. Le territoire de cet Etat est coupé par six chemins de fer représentant une longueur totale d'environ 122 lieues : de Boston à Providence, 17 lieues; de Providence à Stonington, 21 lieues; de Charlestown à Augusta, 55 lieues; de Boston à Lowel, 10 lieues; de Boston à Worcester, 18 lieues; de Quincy, 1 lieue. La dette du Massachusetts était, en 1839, de 21,450,000 fr.　V. DE NOUVION.

MASSACRE, s. m., tuerie, carnage. Il se dit plus ordinairement en parlant des hommes qu'on tue quand ils se défendent. Il se dit aussi quelquefois d'une grande tuerie de bêtes. Fig. et Fam., c'est un massacre, se dit en parlant de quelque chose de rare, de précieux, qui a été gâté par mégarde ou autrement. On le dit aussi d'un homme qui travaille mal, qui exécute mal ce qu'il a à faire. Massacre, en termes de vénerie, la tête du cerf, de daim, de chevreuil, mise debout sur la peau de la bête, ou sur une nappe étendue par terre, lorsqu'on fait faire la curée aux chiens.

MASSACRER, v. a., tuer, écorcher des hommes qui ne se défendent point. Par exagérat., il a été massacré, il a reçu un grand nombre de blessures. Il se dit quelquefois en parlant des animaux. Massacrer signifie figurément gâter, mettre en mauvais état. Il se dit aussi d'un mauvais ouvrier, d'un homme qui fait très mal ce qu'il a à faire.

MASSÆUS (CHRÉTIEN), surnommé Cameracenus, à cause du long séjour qu'il fit à Cambra, naquit à Warneton en 1469. Il entra dans la congrégation des clercs de la vie commune, enseigna les humanités à Gand, de là se rendit à Cambrai, où il exerça le même emploi depuis 1509 jusqu'à sa mort, qui arriva en 1546. Nous avons de lui : 1° une Grammaire latine, Anvers, 1536, in-4°. Despautère prétendit que Massæus avait pillé dans sa Grammatice, et le traita fort durement; Massæus lui répondit solidement, mais avec autant de modération que Despautère avait mis d'emportement à l'attaquer; 2° Chronicorum multiplicis historia utriusque Testamenti, lib. xx, Anvers, 1540, in-fol. Cette chronique est estimée. On dit que l'auteur employa 50 ans à la faire. Il a mis à la tête un calendrier égyptien, hébraïque, macédonien et romain; ce qui montre qu'il était versé dans les mathématiques aussi bien que dans l'histoire et les belles-lettres.

MASSAGE, s. m., action de masser les jambes du corps pour les assouplir.

MASSAGÈTES, peuple de la Scythie, qui, selon l'opinion la plus probable, occupait de grandes plaines, à l'E. de la mer Caspienne, au N. du Iaxarte. Quelques auteurs cependant les placent au N. du Danube, et d'autres les confondent avec les Gètes. Ce peuple avait à peu près les mêmes mœurs, les mêmes usages que les autres Scythes. On dit pourtant que chez eux les femmes étaient communes. Les Massagètes étaient braves, combattaient avec adresse soit à pied, soit à cheval. Aussi Cyrus tenta-t-il vainement de les subjuguer; ils restèrent toujours indépendants. Ils vivaient, dit Hérodote, de leurs troupeaux et des poissons de l'Araxe; ils n'ensemençaient point leurs terres. Le lait était leur boisson ordinaire. Ils faisaient mourir leurs vieillards, et se nourrissaient de leur chair. Les Massagètes adoraient exclusivement le soleil, et lui sacrifiaient particulièrement des chevaux.

MASSARD (JEAN), célèbre graveur, né à Belesme dans le Perche, le 22 avril 1740, était fils d'un cultivateur, qui l'envoya à Paris à l'âge de 15 ans pour suivre la carrière du commerce. Le jeune Massard entra chez un libraire en qualité de commis; mais il était doué des plus heureuses dispositions pour le dessin et la gravure. La vue des diverses figures dont on ornait les belles éditions de cette époque, lui fit naître le désir d'être graveur: il reçut les premières leçons d'un maître de dessin, puis il apprit à manier le burin sous Martinet, artiste médiocre qu'il eut bientôt surpassé. Il avait commencé par des ouvrages de librairie, et il s'était fait dans ce genre une grande réputation: ses succès l'enhardirent, et il grava des tableaux d'histoire dans lesquels il réussit également..Les principales planches qu'il composa pour la galerie de Florence, et qui sont les meilleures de cet ouvrage, sont: la *Cruche cassée*, la *Vertu chancelante*, d'après Greuse; *Charles Ier et sa famille*, d'après Van-Dyck, et la *Mort de Socrate*, d'après David. On remarque encore *Agar*, d'après Van-Dyck; la *Mère bien-aimée*, et la *Dame bienfaisante*, d'après Greuse; *Adam et Eve*, d'après Cignani. Massard mourut à Paris en 1822; il était membre de l'ancienne académie de peinture.

MASSARIA (ALEXANDRE), célèbre médecin, né à Vicence vers 1510, pratiqua son art avec succès à Venise, et l'enseigna avec beaucoup de réputation à Padoue, où il mourut le 17 octobre 1598, dans un âge avancé. Sa grande charité pour les pauvres le distingua non moins que sa science. Il était singulièrement attaché à la doctrine de Gallien, et disait qu'il aimait mieux errer avec cet ancien que d'avoir raison avec les modernes. Il a laissé un grand nombre d'ouvrages, entre autres: 1° *De peste*, Venise, 1579, in-4°; 2° *Disputationes duæ, quarum prima de scopis mittendi sanguinem in febrius, altera de purgatione in morborum principio*, Lyon, 1622, in-4°. Le traité de la Sagesse est encore regardé comme un chef-d'œuvre; il y détaille savamment les cas où elle convient, et ceux où elle est nuisible. Si on avait suivi sa pratique au lieu de celle de Botal, chez qui la saignée était un remède presque universel, on n'aurait pas tant prodigué le sang des hommes, ni peut-être leur vie. 3° *Pratica medica*, Venise, 1622, in-fol.

MASSE, s. f., (l'A est bref), amas de plusieurs parties de même ou de différente nature, qui font corps ensemble. Il se dit aussi d'un seul corps compacte. Il signifie aussi un corps informe. Fam., c'est une masse de chair, se dit d'une personne qui a le corps et l'esprit lourds. Masse, en physique, signifie la quantité de matière d'un corps, pour opposition à volume. Masse signifie aussi la totalité d'une chose dont les parties sont de même nature. Il se dit au sens moral. La masse des créanciers, tous les créanciers d'un failli. Masse se dit encore de l'ensemble d'un ouvrage d'architecture considéré sous le rapport des proportions. Masse, en peinture, signifie la réunion de plusieurs parties considérées comme ne faisant qu'un tout. Il se dit de même figurément et au sens moral. Masse se dit particulièrement des lits de pierre d'une carrière. Masse, en termes de commerce, une certaine quantité de marchandises semblables, dont le nombre et le poids est fixé par l'usage. Masse signifie encore le fonds d'argent d'une succession, d'une société. Il signifie, en termes d'administration militaire, une somme formée par les retenues faites sur la paie de chaque soldat, cavalier, etc., ou allouée, par abonnement, pour une dépense spéciale. Masse se dit en outre d'un gros marteau de fer qui est carré des deux côtés et emmanché de bois. Masse se dit aussi d'une espèce de bâton à tête d'or, d'argent, etc., qu'on porte en certaines cérémonies. Masse se dit encore d'un instrument particulier dont on se sert quelquefois pour jouer au billard, et, par extension, du gros bout d'une queue. Masse d'eau. En masse, loc. adv., tous ensemble, en totalité.

MASSÉ (JEAN-BAPTISTE), peintre du roi de France, né à Paris le 29 décembre 1687, mort le 26 septembre 1767, excellait dans la miniature. Il était protestant, mais rendant justice aux catholiques; il congédia un domestique de cette religion, qui l'avait servi longtemps avec fidélité, et qui voulait se faire calviniste pour lui plaire. Le recueil d'estampes représentant la grande galerie de Versailles et les deux salons

qui l'accompagnent, peint par le Brun, a été dessiné par Massé, et gravé, sous ses yeux, par les plus habiles maîtres. Cette collection parut en 1753, in-fol., avec une explication, in-8°.

MASSÉNA (ANDRÉ), duc de Rivoli et prince d'Essling, maréchal de France, né dans le comté de Nice, d'un marchand de vin, eut d'abord le grade de sous-officier au service du roi de Sardaigne. Ses premiers exploits furent contre les Piémontais, dont il venait d'abandonner la cause. Devenu général de division, il continua à se distinguer par son intelligence et par sa valeur. En 1796 s'ouvrit la fameuse campagne d'Italie. Le 22 juin, il repoussa, dans un combat très vif, les avant-postes de Beaulieu; c'est après ce brillant succès que Buonaparte le surnomma *l'Enfant chéri de la victoire*. À la suite d'une mission en Autriche, il vint à Paris, en 1797. Le 18 mai, on lui donna une fête dans la salle de l'Odéon, Il n'en fallait pas tant pour exalter l'amour-propre de Masséna: aussi le vit-on, au mois d'août, adresser, au nom de sa division, de vigoureuses adresses contre la majorité des conseils, qui, selon lui, sous le nom de faction clichienne, conspiraient ouvertement la ruine de la république. Au mois de février 1798, il fut chargé de l'invasion de Rome; mais les mécontents qui éclatèrent dans son armée le forcèrent à remettre le commandement au général Dallemagne. Ces plaintes étaient causées par son avarice, ses rapines et ses concussions. Il reçut enfin au mois de décembre le commandement en chef de l'armée d'Helvétie. Chargé de celui des forces françaises en Allemagne, il mit en pleine déroute, devant Zurich. l'armée russe, commandée par Korsakow. C'était la première défaite en bataille rangée que les Russes eussent éprouvée depuis un siècle. Souvarow, qui accourut au secours des siens, n'arriva que pour effectuer sa retraite et donner plus de lustre aux succès de son habile adversaire. Après tant de victoires, la république lui conféra, en 1800, le commandement de l'armée d'Italie: ce fut le tombeau de sa réputation. On reconnut alors que ce général, hardi dans l'action, n'était qu'un homme médiocre à la tête d'une armée nombreuse, et quand il s'agissait de diriger une campagne. Cependant, s'il fut malheureux dans le commandement, il ne se laissa point abattre par ses revers. Retiré dans Gênes, où il s'était retranché, il fit une défense vigoureuse, qui étonna les plus habiles généraux; on la compte au nombre des plus belles que puissent offrir les fastes militaires. Cette défense, en occupant la plus grande partie des troupes autrichiennes, favorisa l'irruption de Buonaparte, et par suite sa victoire de Marengo. Masséna, investi du commandement en chef de l'armée, fut bientôt, à cause de ses concussions, remplacé par Brune. Lié d'amitié avec Fouché, il trempa dans divers complots contre Buonaparte, qui ne laissa pas, lorsqu'il fut porté sur le trône, que de l'élever à la dignité de maréchal d'empire. Masséna conduisit à Naples Joseph Buonaparte en 1809, sauva l'armée tout entière à Essling par sa fermeté, et contribua au succès de la bataille de Wagram. La principauté d'Essling, des richesses immenses, et le commandement de l'armée de Portugal dans lequel Soult avait échoué, furent la récompense de ses services. Malgré quelques succès passagers, il fut obligé d'abandonner le Portugal à Wellington. Il encourut alors la disgrâce de son maître, qui l'éloigna de Paris en lui conférant le commandement de la huitième division militaire. Masséna était à Toulon lorsque Louis XVIII entra en France. Il arbora avec enthousiasme la cocarde blanche; mais, l'année suivante, lors de la fuite de l'île d'Elbe, il laissa le temps à Buonaparte, qu'il aurait pu arrêter à Sisteron, d'arriver jusqu'à Grenoble. Après la bataille de Waterloo, le gouvernement provisoire le mit à la tête de la garde nationale. Nommé ensuite membre du conseil de guerre chargé de juger le maréchal Ney, il se récusa comme les autres maréchaux. Masséna ne survécut pas longtemps à son parjure: il mourut à Paris le 4 avril 1817.

MASSEPAIN, s. m., sorte de pâtisserie faite avec des amandes pilées et du sucre.

MASSER, v. a., pétrir avec les mains les différentes parties du corps d'une personne qui sort du bain, de manière à rendre les articulations plus souples et la circulation des humeurs plus facile.

MASSETTE, *typha* (bot.), genre de plantes monocotylédones de la famille des typhacées, à laquelle elle a donné son nom, et qui présente pour caractères essentiels: fleurs très nombreuses, très serrées les unes contre les autres, et disposées en deux chatons cylindriques au sommet de la tige, le mâle immédiatement placé au-dessus du chaton femelle. Chaque fleur mâle est composée d'un calice de trois folioles linéaires sétacées et d'un seul filament trifurqué, portant trois anthères oblongues, quadrangulaires, pendantes; chaque fleur femelle présente un calice formé d'une houppe de poils et un ovaire porté sur un pédicule très délié, surmonté d'un style terminé par deux stigmates capillaires. L'ovaire vient une graine ovale, pointue, enveloppée d'une tunique membraneuse très mince, et le calice persistant lui sert d'aigrette. Les Grecs connaissaient les massettes, et les nommaient *typha*, dont on a fait le nom moderne Typha. Les espèces de ce genre sont peu nombreuses, elles croissent en général dans les étangs, les fossés aquatiques, le long des rivières et des ruisseaux. L'espèce la plus importante est la massette à larges feuilles, connue sous les noms vulgaires de masse d'eau, roseau des étangs, etc. (*typha latifolia*). Sa racine est vivace, rampante, noueuse, garnie de fibres presque verticillées; elle produit plusieurs tiges droites, très simples, cylindriques, dépourvues de nœuds, hautes de deux à trois mètres. Ses feuilles sont alternes, linéaires, planes, presque ensiformes, engainantes à leur base, aussi longues pour la plupart que les tiges mêmes. Ses fleurs sont très petites, très nombreuses; les mâles disposés en un chaton cylindrique long de 10 à 15 centimètres, de couleur jaune, contigu à l'épi femelle qui a la même forme, et qui, d'abord d'un vert obscur, devient brunâtre à la maturité des graines. Après la floraison, l'épi mâle se flétrit et tombe le plus souvent, et le chaton femelle reste seul au bout de la tige où il paraît former une sorte de massue. Cette plante croît en Europe, en Asie et en Amérique. J. P.

MASSEVILLE (Louis Le Vasseur de), ecclésiastique, né en 1647 à Juganville, au diocèse de Coutances, mourut à Valogne en 1733, à 86 ans, après avoir publié l'histoire sommaire de Normandie, en 6 vol. in-12, dont il y a eu plusieurs éditions: ouvrage faiblement écrit, mais rare et utile, faute d'un meilleur. Il faut, pour l'avoir complet, qu'il soit accompagné de l'*Etat géographique de Normandie*, Rouen, 1722, 2 vol. in-12. Masseville avait fait encore le *Nobiliaire de Normandie*; mais sur les instances d'un directeur, qui sans doute y vit des choses répréhensibles, il jeta son manuscrit au feu dans sa dernière maladie.

MASSIER, s. m., officier qui porte une masse dans certaines cérémonies.

MASSIEU (Guillaume), membre de l'académie des belles-lettres et de l'académie française, naquit à Caen en 1665, étant venu achever ses études à Paris, il entra chez les jésuites. Il en sortit dans la suite, et se chargea de l'éducation du fils de M. Sacy de l'académie française. L'abbé Massieu contracta une amitié étroite avec Tourreil et avec plusieurs autres savants. Il fut nommé, en 1710, professeur en langue grecque au collége royal, place qu'il remplit avec distinction jusqu'à sa mort, arrivée à Paris en 1722. L'abbé Massieu était un homme vrai, simple, modeste, orné seulement de sa vertu et des richesses de son savoir. Profond dans la connaissance des langues anciennes, il en profita pour connaître les génies des plus beaux siècles d'Athènes et de Rome. On a de lui: 1° Plusieurs savantes Dissertations, dans les mémoires de l'académie des inscriptions; 2° une belle Préface à la tête des œuvres de Tourreil, dont il donna une nouvelle édition en 1721; 3° il avait entrepris une Traduction de Pindare avec des notes; mais il n'en a donné que six odes. Le feu et l'enthousiasme de l'original ne se retrouvent point dans cette version. On estime davantage les notes que M. Vauvilliers a jugées propres à orner son essai de traduction du même poète; 4° *Histoire de la poésie française*, in-12, etc. Les recherches curieuses dont elle est remplie et l'élégante simplicité du style rendent cet ouvrage aussi utile qu'agréable; 5° un poème latin sur le café, que l'abbé d'Olivet a publié dans son recueil de quelques poètes latins modernes. L'ouvrage de l'abbé Massieu ne dépare point cette collection. Une édition très correcte du Nouveau Testament en grec, Paris, 1715, 2 vol. in-12. Bose a publié l'éloge de Massieu dans le recueil de l'académie des Inscriptions. Il ne faut pas le confondre avec l'abbé Massieu, qui nous a donné une bonne traduction de Lucien avec des notes, Paris, 1781 à 1787, 6 vol. in-12.

MASSIEU (Jean-Baptiste), évêque constitutionnel du département de l'Oise, né à Vernon en Picardie, était curé de Sergy, en 1789, et fut député du clergé du bailliage de Senlis aux états-généraux. Il fut un des premiers curés qui se réunirent au tiers-état, devint secrétaire de l'assemblée, en dé-

cembre 1789, prêta serment à la nouvelle constitution civile du clergé, et fut élu évêque constitutionnel de l'Oise, en février 1791. Nommé député à la Convention, il vota la mort de Louis XVI sans appel et sans sursis. Le 11 novembre 1793, il écrivit à la Convention qu'il renonçait à ses fonctions et qu'il allait se marier. En effet, il épousa la fille du maire de Givet. Massieu était alors en mission dans les Ardennes. Il y signala son zèle patriotique par des vexations et des cruautés de toute espèce, particulièrement contre les prêtres. Tout ce qui avait rapport au culte fut l'objet particulier de ses fureurs. On lit dans les Annales de la religion, rédigées par les constitutionnels de Mézières et de Charleville, qu'il fit promener un mannequin représentant le pape vêtu d'habits pontificaux et porté sur un âne; que de là il se rendit avec sa bande dans les églises, où l'on mit tout au pillage, et où l'on commit toutes sortes de profanations. Il prononça lui-même, dans l'église de Sédan, un discours contre le fanatisme. Sa conduite donna lieu à de vives plaintes après la terreur. Il fut arrêté le 9 août 1795, mais amnistié par la loi du 24 octobre de la même année. Il obtint, en 1797, la place de professeur à l'école centrale de Versailles, et ensuite celle d'archiviste au bureau de la guerre. Obligé de quitter la France, par la loi du 12 janvier 1816, comme régicide, il se retira dans les Pays-Bas et mourut à Bruxelles, le 6 juin 1818. On a de lui une Traduction de Lucien, Paris, 6 vol. in-12, qui passe pour mieux écrite que celle de Dulin de Boulu; mais elle lui est bien inférieure par l'exactitude et l'érudition.

MASSIF, IVE, adj., qui est ou qui paraît épais, pesant. Il signifie fréquemment grossier, lourd. Il se dit encore des bois précieux qui sont employés pleins et non en placage. Massif, s'emploie aussi comme substantif au masculin, et alors il se dit d'un ouvrage de maçonnerie destiné à porter un piédestal, un perron, etc., ou à recevoir un revêtement. Il se dit, en termes de jardinage, d'un plein bois ou d'un bosquet qui ne laisse point de passage à la vue.

MASSILIENS (Massaliais), nation célèbre de la Gaule, ainsi nommée de Massilie (Marseille), sa capitale. Ce fut surtout la sagesse de leur gouverneur qui rendit les Marseillais fameux. L'état était gouverné par un sénat composé de six cents membres nommés *Timuques* (τιμοῦχοι), c'est-à-dire honorables; leur charge était inamovible. Dans ce nombre on en choisissait quinze, qui formaient un conseil chargé de rendre la justice, et trois pour présider aux assemblées en qualité de premiers magistrats; les autres composaient l'assemblée chargée de délibérer sur les affaires d'état. Les lois étaient gravées sur des tables exposées sur les places publiques: elles furent longtemps religieusement observées. La religion y était extrêmement respectée. Diane Ephésienne était la déesse protectrice de la république, et dans toutes les colonies qu'ils établissaient ils lui érigeaient une statue semblable à celle du temple d'Ephèse. Les mœurs s'y conservèrent aussi dans toute leur pureté pendant plusieurs siècles. On avait banni les arts qui énervent. On punissait les oisifs. Le luxe était proscrit. Une dot ne pouvait jamais passer cent pièces d'or, dont cinq seulement étaient consacrées aux vêtements. Les femmes étaient modestes, les hommes sobres et économes. Le mensonge même était inconnu. Le suicide ne pouvait avoir lieu que précédé de l'assentiment des magistrats, qui alors délivraient du poison mis en réserve par la république; et sans doute ce cas n'arrivait que fort rarement. L'hospitalité était un devoir religieux. Les beaux-arts et les sciences étaient une des occupations favorites des Marseillais, et leur ville fut nommée l'Athènes des Gaules. Dans la suite, les richesses que les Marseillais acquirent engendrèrent le luxe, et le luxe les corrompit. La licence qui y régna même passa en proverbe.

MASSILLON (Jean-Baptiste), fils d'un notaire d'Hières en Provence, naquit en 1663, et entra dans la congrégation de l'Oratoire en 1681. Ses supérieurs lui ayant soupçonné, pendant son cours de régence, des intrigues avec quelques femmes, l'envoyèrent dans une de leurs maisons au diocèse de Meaux. Il fit ses premiers essais de l'art oratoire à Vienne en Dauphiné, pendant qu'il professait la théologie. L'oraison funèbre de Henri de Villars, archevêque de cette ville, obtint tous les suffrages. Ce succès engagea le P. de La Tour, alors général de sa congrégation, à l'appeler à Paris. Lorsqu'il y fit quelque séjour, il lui demanda ce qu'il pensait des prédicateurs qui brillaient sur ce grand théâtre: « Je leur trouve, répondit Massillon, bien de l'esprit et du talent; mais si je prêche, je ne prêcherai pas comme eux. » Il tint parole : il prêcha, et s'ouvrit une route nouvelle. Le P. Bourdaloue fut excepté du nombre de ceux qu'il ne se proposait point d'imiter. S'il ne le prit pas en tout pour son modèle, c'est que son génie le portait à un autre genre d'éloquence. Bourdaloue, comme un conquérant redoutable, entraine, subjugue, force de se rendre aux armes de la raison : Massillon, comme un négociateur habile, procède avec moins de rapidité, avec plus de douceur. L'un s'adresse à l'esprit, et le domine; l'autre s'attache à l'âme, la captive et l'attendrit. Le premier a la dignité, la force et le feu continu de Démosthènes; le second, l'adresse et l'art de Cicéron. Après avoir prêché son premier Avent à Versailles, il reçut cet éloge de la bouche même de Louis XIV : « Mon père, quand j'ai entendu les autres prédicateurs, j'ai été très content d'eux; pour vous, toutes les fois que je vous ai entendu, j'ai été très mécontent de moi-même. » En 1704, le P. Massillon parut pour la seconde fois à la cour, et y parut encore plus éloquent que la première. Les éloges flatteurs qu'il y recueillit n'altérèrent point sa modestie. Un de ses confrères le félicitant sur ce qu'il venait de prêcher admirablement, suivant sa coutume : « Eh! laissez, mon père, lui répondit-il, le diable me l'a déjà dit plus éloquemment que vous. » Les occupations du ministère ne l'empêchèrent pas de se livrer à la société; il oubliait à la campagne qu'il était prédicateur, sans pourtant blesser la décence. S'y trouvant chez Crozat, celui-ci lui dit un jour : « Mon père, votre morale m'effraie; mais votre façon de vivre me rassure. » Il se peut qu'il ait quelquefois accordé un peu trop à la complaisance ou à de pressantes sollicitations, comme il lui arriva dans la suite à l'égard de Dubois, auquel il eut la faiblesse de donner une attestation pour être prêtre : il eut, ce qui est plus grave encore, celle de le consacrer évêque. Au fond, cette complaisance ne prouverait-elle pas plus en faveur de Dubois qu'elle ne prouverait contre Massillon? Son esprit de conciliation le fit choisir dans les affaires de la Constitution, pour raccommoder le cardinal de Noailles avec le saint-siége : il ne négligea rien pour lui persuader l'indispensable nécessité d'acquiescer aux décrets du souverain pontife, acceptés par l'Eglise universelle; mais le temps où le cardinal devait être persuadé n'était pas encore venu. Le régent le nomma, en 1717, à l'évêché de Clermont. Destiné l'année suivante à prêcher devant Louis XV, qui n'avait que 9 ans, il composa ces Discours si connus sous le nom de Petit Carême, qu'on regarde communément comme son meilleur ouvrage. On souhaiterait que les ornements y fussent moins prodigués, les répétitions et les paraphrases plus rares. Mais les circonstances peuvent servir à excuser ces défauts. L'abbaye de Savigny ayant vaqué, le cardinal Dubois la lui fit accorder. L'Oraison funèbre de la duchesse d'Orléans, en 1723, fut le dernier discours qu'il prononça à Paris. Depuis, il ne sortit plus de son diocèse, où sa douceur, sa politesse et ses bienfaits lui avaient gagné tous les cœurs. Deux ans, il fit porter secrètement 20,000 livres à l'Hôtel-Dieu de Clermont. Il se faisait un plaisir de rassembler des oratoriens et des jésuites à sa maison de campagne, et de les faire jouer ensemble. Son diocèse le perdit en 1742. Il était âgé de 79 ans. Le caractère de son éloquence est un ton simple, noble, intéressant, affectueux, naturel, un style pur, correct, élégant, qui pénètre l'âme, sans la contraindre ni l'agiter. On trouva dans son portefeuille, après sa mort, douze éditions de ses Sermons qu'il retouchait sans cesse depuis sa promotion à l'épiscopat, et qui par conséquent n'ont jamais été prononcés en chaire tels que nous les lisons aujourd'hui. Le neveu de Massillon nous a donné une bonne édition de ses Œuvres de son oncle, à Paris, en 1745 et 1746, en 14 vol. grand in-12, et 12 tomes petit format. La meilleure et la plus belle de toutes est sans contredit celle en 14 vol. in-8°. On y trouve, un Avent et un Carême complets; plusieurs Oraisons funèbres, des Discours, des Panégyriques, qui n'avaient jamais vu le jour. Les Oraisons funèbres sont la partie la plus faible. On peut dire que Massillon, avec tout l'appareil de l'éloquence, y est moins éloquent que partout ailleurs. Quelques-uns des sujets qu'il a traités étaient propres à lui fournir de grands traits. Il parait avoir méconnu et le ton qui lui convenait, et les grandes ressources par lesquelles il pouvait les faire valoir. L'oraison funèbre du prince de Conti sent le rhéteur; elle offrait cependant au grand peintre mille tableaux intéressants; dix discours connus sous le nom de Petit Carême, les Conférences ecclésiastiques qu'il fit dans le séminaire de Saint-Magloire, en arrivant à Paris; celles qu'il a faites à ses curés pendant le cours de son épiscopat, et les Discours

qu'il prononçait à la tête des synodes, qu'il rassemblait tous les ans; des Paraphrases touchantes sur plusieurs Psaumes. L'auteur de tant de morceaux d'éloquence eût souhaité qu'on eût introduit l'usage de lire les sermons, au lieu de les prêcher de mémoire : il lui était arrivé, aussi bien qu'à deux autres de ses confrères, de rester court en chaire, précisément le même jour. Ils prêchaient tous les trois à différentes heures un vendredi-saint. Ils voulurent aller s'entendre alternativement. La mémoire manqua au premier; la crainte saisit les deux autres, et leur fit éprouver le même sort. Quand on demandait à notre orateur quel était son meilleur sermon : « Celui que je sais le mieux, » répondait-il. On attribue la même réponse au père Bourdaloue. Le célèbre père La Rue pensait, comme Massillon, que la coutume d'apprendre par cœur avait bien des inconvéniens : mais il faut convenir que l'usage contraire en aurait de plus grands encore; qu'il anéantirait l'action de l'orateur, gènerait la déclamation, et affaiblirait infiniment l'attention de l'auditoire. L'abbé de La Porte a recueilli en 1 vol. in-12 les idées les plus brillantes et les traits les plus saillants répandus dans les ouvrages de l'évêque de Clermont. Ce recueil a paru en 1748, in-12, et forme le 15e volume de l'édition grand in-12; il est intitulé Pensées sur différents sujets de morale et de piété, tirées, etc.

MASSINGER (Philippe), poète dramatique anglais, né à Salisbury, en 1584, fut élevé à Oxford, et quitta ensuite l'université de cette ville pour aller à Londres, où il se livra tout entier à la poésie. Ses tragédies et ses comédies eurent un applaudissement universel en Angleterre. Il les composait conjointement avec les plus grands poètes anglais de son temps, tels que Fletchert, Midleton, Rowe, Fielding. On le trouva mort dans son lit, le 28 mars 1640. (Voy. dans les Mémoires de la société de Manchester, t. 3, p. 123, un Essai sur les écrits dramatiques, de Messinger, par le docteur John Ferriar.)

MASSINI (Charles-Ignace), prêtre de l'Oratoire, naquit à Césène, le 16 mai 1702. Doué des plus heureuses dispositions, il s'appliqua d'abord à l'étude de la philosophie et de la jurisprudence. Ses progrès le firent bientôt remarquer du cardinal George Spinola, légat à Bologne, qui le prit pour son auditeur. Ce début dans la carrière de la fortune n'affaiblit pas le dessein qu'il avait conçu de se consacrer à Dieu, et il entra, en 1734, dans la congrégation de l'Oratoire à Rome. Massini y apporta un grand amour pour l'étude et le désir de se perfectionner dans la piété. Il étudia particulièrement l'Écriture Sainte et les Pères, ainsi que l'Histoire ecclésiastique, et devint, en peu de temps, aussi recommandable par l'étendue de ses connaissances qu'il l'était par les vertus de son état. Frappé de cécité vingt-cinq ans avant sa mort, Massini supporta cette infirmité avec une patience admirable, et mourut le 23 mars 1791, âgé de 89 ans. Il a laissé : 1° Vita del venerabile padre Mariano di Sozzini dell' Oratorio di Roma, Rome, 1747. Cette vie avait été ébauchée par le cardinal Leandro Colloredo. Le Père Massini refondit son travail et y mit la dernière main. Depuis, elle fut réimprimée avec des éditions de Massini, et la Vie d'une célèbre et pieuse dame romaine, nommée Flaminia Papi, ouvrage du même père Mariano Sozzini; 2° Vita del N. S. Gesù-Christo, tirée des saints Evangiles, Rome, 1759. Elle avait été composée en français par l'abbé Le Tourneux, et traduite en italien, Rome, 1757. Le père Massini y fit des changements utiles, et nécessaires, et l'enrichit d'Observations morales (Voy. Tourneux); 3° Vita del N. S. Gesù-Christo, con un appendice che contiene 15 Meditazioni sulla passione di Gesù-Christo, un' Instruzione per assister alla Santa Messa, etc., Rome, 1761; souvent réimprimée à Venise, à Turin et ailleurs. L'Appendix fut aussi imprimé à part, con un breve esercizio di divozione per le dominiche e ferte del Signore, etc.; 4° Raccolta delle Vite de' Santi per cioscheduno giorno dell' anno, etc., Rome, 1763, 13 vol. in-12; 5° Seconda Raccolta che contiene l'Appendice della Vite de' Santi per cioscheduno giorno dell' anno, Rome, 1767, 13 vol. in-12. A la tête se trouve la Vie de la sainte Vierge, du savant Père Micheli de la même congrégation, qui eut une grande part à ces travaux du Père Massini. Ces deux recueils ont été goûtés du public, et ont été souvent réimprimés à Rome, à Venise, à Trente et dans d'autres lieux. Ils complètent l'agiographie du nouveau Testament, et offrent ce que l'Histoire ecclésiastique contient de plus authentique et de plus édifiant, mis dans un ordre parfait et exposé dans un style simple, mais qui ne manque ni de clarté, ni même de l'élégance que comporte le sujet. Le Père

Massini a publié encore d'autres ouvrages, et notamment une traduction italienne du livre de l'Imitation. Il est regardé comme une des gloires de la savante congrégation à laquelle il appartenait.

MASSINISSA, roi d'une petite contrée d'Afrique, prit d'abord le parti des Carthaginois contre les Romains. Ils eurent en lui un ennemi d'autant plus redoutable que sa haine était soutenue par beaucoup de courage. Après la défaite d'Asdrubal, Scipion-l'Ancien ayant trouvé parmi les prisonniers le neveu de Massinissa, le renvoya comblé de présents, et lui donna une escorte pour l'accompagner. Ce trait de générosité fit tant d'impression sur l'oncle, que de l'aversion la plus forte il passa tout à coup à une admiration sans bornes. Il joignit ses troupes à celles des Romains, et contribua beaucoup par sa valeur et sa conduite à la victoire qu'ils remportèrent sur Asdrubal et Syphax. Massinissa épousa la fameuse Sophonisbe, femme de Syphax, aux charmes de laquelle il ne put résister. Scipion n'ayant pas approuvé un mariage si brusquement contracté avec une captive, la plus implacable ennemie de Rome, Massinissa s'en défit par un breuvage. Le général romain récompensa cette action atroce en lui accordant, en présence de l'armée, le titre et les honneurs de roi. Le sénat ajouta à ses États tout ce qui avait appartenu à Syphax dans la Numidie. Massinissa donna une marque de confiance bien distinguée à Scipion-le-Jeune; il le fit prier au lit de la mort de venir partager ses États entre ses enfants, et mourut à l'âge de 90 ans, l'an 149 avant Jésus-Christ. Ce prince laissa quarante-quatre enfants de différentes femmes.

MASSIVA, prince numide, fils de Gulussa et neveu de Massinissa, fut élevé par Gala, qui l'adopta après la mort de son père. Ayant été fait prisonnier par P. Scipion, ce général le renvoya à son oncle avec des présents et une escorte. Massiva se montra toujours opposé à Jugurtha, qui le fit assassiner, afin d'empêcher qu'il n'obtînt le royaume de Numidie, qu'il sollicitait du sénat.

MASSON (ANTOINE), religieux minime, mort à Vincennes, en 1700, dans un âge avancé, se fit un nom dans son ordre par sa piété, par son savoir et par ses ouvrages. Les principaux sont : 1° *Questions curieuses, historiques et morales sur la Génèse*, in-12; 2° *l'Histoire de Noé et du déluge universel*, 1687, in-12; 3° *l'Histoire du patriarche Abraham*, 1688, in-12; 4° un *Traité des marques de la prédestination*, et quelques autres livres de piété, nourris des passages de l'Écriture Sainte et des Pères. — Il ne faut pas le confondre avec Claude Masson, prêtre de l'Oratoire, dont on a des Sermons pour un Avent, un Carême, des Mystères, Panégyriques, etc., Lyon, 1693.

MASSON (ANTOINE), graveur du XVIIe siècle, né en 1636, à Louri, près d'Orléans, excella dans les portraits. Les *Disciples d'Emmaüs*, le portrait du vicomte de Turenne, ceux du duc d'Harcourt, du lieutenant-criminel de Lyon, etc., sont regardés comme des chefs-d'œuvre. Son burin est ferme et gracieux. On prétend qu'il s'était fait une manière de graver toute particulière, et qu'au lieu de faire agir sa main sur la planche (comme c'est l'ordinaire), pour conduire le burin selon la forme du trait que l'on y veut exprimer, il tenait au contraire sa main droite fixe, et avec la main gauche il faisait agir la planche suivant le sens que la taille exigeait. Plusieurs de nos graveurs modernes suivent cette manière. Cet habile artiste, membre de l'académie royale de peinture, mourut à Paris, en 1702, âgé de 66 ans. (On cite de lui la fameuse estampe des *Pèlerins d'Emmaüs*, d'après le Titien, connue sous le nom de *Nappe de Masson*, et l'*Assomption de la Vierge*, d'après Rubens. On trouvera sur ses autres ouvrages d'autres détails dans le *Manuel des amateurs*.)

MASSON (INNOCENT LE), chartreux, né à Noyon, en 1628, fut élu général de cet ordre en 1675, fit rebâtir la grande Chartreuse qui avait été presque entièrement réduite en cendres. Il s'acquit un nom par sa vertu et par ses livres de piété. Son meilleur ouvrage est sa nouvelle collection des *Statuts des chartreux*, avec des notes savantes, Paris, 1703, in-fol., très rare. Il y a cinq parties : la cinquième, contenant les priviléges de l'ordre, manque quelquefois. Il avait donné, en 1633, l'*Explication de quelques endroits des statuts de l'ordre des chartreux*, petit in-4°, qui doit avoir 166 pages. Ceux qui finissent à la page 122 ne sont pas complets. C'est une réponse à ce que l'abbé de Rancé avait dit des chartreux dans ses *Devoirs de la vie monastique*. Cet auteur mourut en 1703, à 75 ans, après avoir été pendant toute sa vie ennemi zélé des disciples de Jansénius, qui ne l'ont pas épargné dans leurs

écrits, et l'ont traité de mauvais théologien, de faux mystique, etc. Si, en se déclarant pour une secte, on peut être exalté jusqu'aux nues par ses partisans, il faut s'attendre aussi d'être ravalé jusqu'au néant lorsqu'on se déclare contre.

MASSON (JEAN), ministre réformé en France, en 1680, mort en 1750, s'était retiré en Angleterre pour y professer les nouvelles opinions. On cite de lui : *Jani templum reseratum, seu Tractatus chronologico-historicus*, etc., Amsterdam, 1700, in-8°; *Lettres antiques sur le nombre des descendants de Jacob qui passèrent de Chanaan en Egypte*, Utrecht, 1705, in-8; *Vita Horatii*, Leyde, 1707 ou 1708, in-8°; *Vita Ovidii*, Amsterdam, 1708, petit in-8°; *Vita Aristidis*, à la tête de l'édition de Discours de ce rhéteur publiée par Jebb, Oxford, 1722; *Notes sur les inscriptions recueillies par Grutter*, dans l'édition de Grævius, Amsterdam, 1707, 4 vol. in-fol.; *Sur les médailles des rois de la Comagène*, dans le *Tesoro britanico*, par Laym; *Annus solaris antiquus*, in-fol., dont le prospectus seul a été publié. On lui a attribué, par erreur, la *Vie de Bayle*, publiée sous le nom de Lamonnoye, et qu'il faut, suivant Barbier, restituer à Du Revest, écrivain réfugié.

MASSON DES GRANGES (DANIEL LE), prêtre, né en 1709, mort en 1760, avait autant d'esprit que de piété. Les particularités de sa vie sont ignorées, mais on connaît beaucoup son excellent ouvrage intitulé : *Le Philosophe moderne, ou l'Incrédule condamné au tribunal de sa raison*, 1759, in-12, réimprimé en 1765, avec des additions considérables. Les vérités que l'auteur traite sont rebattues; mais il les présente sous un nouveau jour; et, en dépouillant les preuves de la religion de ce qu'elles ont de trop abstrait, il les met à la portée de tout le monde.

MASSON (SAMUEL), frère du précédent, ministre à Dordrecht, vivait en 1733; il est le principal auteur de l'*Histoire critique de la république des lettres*, Utrecht, Amsterdam, 1712-18, 15 vol. in-12. Le précédent, ainsi que Jean et Philippe Masson, y ont aussi fourni plusieurs articles. C'est pour cela qu'on les nommait, suivant Prosper Marchand, les *maçons* et les *manœuvres* de la république des lettres.

MASSON (FRANÇOIS), botaniste anglais, né en 1741, dans la ville d'Aberdeen en Ecosse, de parents peu riches, fut d'abord simple jardinier; mais, entraîné par son goût pour la botanique, il visita successivement le cap de Bonne-Espérance, les Canaries, les Açores, Madère, les Antilles, pour y recueillir des graines et des plantes. Ses découvertes contribuèrent beaucoup à enrichir le jardin de Kew. Il mourut à Montréal, vers la fin de décembre 1805. On lui doit : *Stapelia nova, or a collection of several new species of that genus discovered, in the interior parts of Africa*, Londres, 1796, petit in-fol., orné de 41 planches d'une fort belle exécution, d'après les dessins faits sur les lieux; mais l'ouvrage, sous le rapport de la science, est inférieur à celui de Jacquin, qui parut dix ans plus tard.

MASSON (CHARLES-FRANÇOIS-PHILIBERT), littérateur, né en 1762, à Blamond, petit fort du pays de Montbéliard, passa fort jeune au service de Russie, où il devint major des grenadiers du grand-duc Alexandre, qui se l'attacha comme secrétaire. Il fut ensuite renvoyé par Paul Ier, à cause de ses principes en faveur de la révolution française, et se retira en Pologne, où il rédigea ses *Mémoires secrets sur la Russie, et particulièrement sur la fin du règne de Catherine II et le commencement de celui de Paul Ier*, Amsterdam, Paris, 1800-1803, 4 vol. in-8°, ouvrage qui renferme beaucoup de déclarations, de jugements hasardés et de principes révolutionnaires, que l'auteur désavoua ensuite dans les lettres qui forment le tome 4e ou le supplément et le correctif de l'ouvrage. On a encore de lui les *Helvétiens*, poème en dix-huit chants, qui ne fut prôné que par les enthousiastes des formes républicaines, et quelques autres ouvrages moins importants. Masson rentra en France en 1799, fut nommé quelque temps après secrétaire-général de la préfecture de Rhin-et-Moselle, et mourut à Coblentz, le 3 juin 1807.

MASSORETH (philol. sacrée), littéral; interprète, nom par lequel on désigne les docteurs juifs auteurs des travaux philologiques connus sous le nom de *Massore*, et particulièrement de l'invention des points-voyelles. Massoreth s'emploie aussi adjectivement en parlant des points-voyelles; les points Massoreths sont au nombre de treize. Quelques critiques font remonter l'invention des points Massoreths à Moïse lui-même; mais il paraît évident que ces signes n'existaient pas du temps de saint Jérôme, ni à l'époque où le *Talmud* fut composé, c'est-à-dire au Ve siècle. Quelques-uns les attribuent à l'école de Thibériade du VIᵉ siècle; d'autres enfin ne les font remonter qu'au IXᵉ siècle. Les philologues qui n'admettent point l'utilité des points Massoreths suivent un procédé particulier pour lire l'hébreu, dont toutes les voyelles ne sont pas écrites; ils donnent à chacune des consonnes non accompagnées d'une voyelle le son qui se trouve dans le nom que cette même consonne porte dans l'alphabet. La Bible du P. Hanbigant est imprimée sans points Massoreths.

MASSOULIÉ (ANTONIN), né à Toulouse, en 1632, se fit dominicain en 1647. Il fut prieur de la maison du noviciat, à à Paris, puis provincial de la province de Toulouse; enfin, assistant du général de son ordre en 1686. Ce modeste religieux refusa un évêché qui lui fut offert par le grand-duc de Toscane. Il mourut à Rome, en 1706, à 74 ans, honoré des regrets et de l'estime des savants de son ordre. Son principal ouvrage est un livre en 2 vol. in-fol., intitulé : *Divus Thomas sui interpres de motione divina et libertate creata*, etc. Il tâche d'y prouver que les sentiments de l'école des dominicains sur la promotion physique, la grâce et la prédestination, sont véritablement les sentiments de saint Thomas, et non point des inventions de Bannez, comme quelques auteurs l'ont prétendu. L'ouvrage fut attaqué par quelques théologiens de Douai, l'an 1722, et l'affaire fut portée à Rome, qui rendit, le 17 juillet 1729, un décret favorable à Massoulié (*V.* Benoît XIII). Il réfuta aussi les quiétistes dans deux écrits publiés in-12, 1699 et 1704.

MASSUE, s. f., sorte de bâton noueux beaucoup plus gros par un bout que par l'autre, et dont on se sert comme d'arme offensive. Fig., il a reçu un coup de massue sur la tête, se dit en parlant d'un événement fâcheux et imprévu qui est arrivé à quelqu'un.

MASSUET (dom RENÉ), bénédictin de la congrégation de Saint-Maur, né à Saint-Ouen-de-Mancelles, au diocèse d'Evreux, en 1665 ou 1666, professa la philosophie et la théologie dans plusieurs maisons de son ordre. Il étudia le grec à Rome, et, en 1703, il se fixa à Paris, dans l'abbaye de Saint-Germain-des-Prés. Il a publié : 1° une édition de saint Irénée, imprimée chez Coignard, à Paris, in-fol., 1710, plus ample et plus correcte que les précédentes, et enrichie de préfaces, de dissertations et de notes. Ces dissertations donnent un nouveau jour à des matières qui peut-être n'avaient jamais bien été éclaircies; 2° le cinquième volume des *Annales de l'ordre de Saint-Benoît*; 3° une *Lettre d'un ecclésiastique*, ou R. P. E. L. J. (révérend père Etienne Langlois, jésuite), dans laquelle il répond à une brochure contre l'édition de saint Augustin, donné par ses confrères (*V.* AUGUSTIN); 4° une seconde édition du saint Bernard de dom Mabillon. Dom Massuet mourut en 1716, à 50 ans. Son érudition, son application au travail et les qualités de son cœur lui méritèrent les regrets de sa congrégation; il mériterait un éloge complet sans ses liaisons avec un parti occupé à semer dans l'Eglise la division et le trouble, en combattant ses plus solennelles décisions, comme on le voit par ses lettres publiées par Schelhorn, dans le tome 13ᵉ des *Amœnitates litterariæ*.

MASTELLETTA (JEAN-ANDRÉ, *Donducci* dit), peintre, né à Bologne, en 1579, entra d'abord dans l'école de Carrache, et étudia quelque temps les ouvrages de Parmesan; mais on ne peut dire qu'il ait travaillé dans le goût de ces grands maîtres. Il se fit une manière singulière dans vouloir consulter la nature; il employait le noir plus qu'aucune autre couleur, et cette affectation déparait ses ouvrages. Il se retira dans un couvent, où il mourut en 1637. Le nom de Mastelletta lui avait été donné de l'état de son père qui faisait des cuvettes (*mastelli*). Ses mœurs étaient pures et son esprit modeste.

MASTIC. Ce mot est une abréviation de celui de mastication, lequel signifie action de mâcher. Cette dénomination provient donc assez improprement du nom d'une substance résineuse qui découle d'une espèce de pistachier, appelé lentisque, et que l'on recueille en larmes ou en grains jaunâtres susceptibles de pouvoir être mâchés. On appelle donc mastic toute composition propre à former un ciment destiné à souder, luter, boucher, coller, réunir les diverses parties d'un corps composé de plusieurs pièces. Le masticage est l'opération qui exige l'emploi du mastic. Cependant, par extension, on entend encore par mastiquer l'action de joindre, coller, rapprocher des parties séparées, de quelque substance que ce soit dont on se serve. On dit mastiquer avec de la terre, de la glaise, du goudron, etc. Il existe diverses sortes de mastics, savoir : le mastic dit des vitriers, le mastic faisant ciment, le mastic de fontainer. Le premier est un composé de craie à

l'état de blanc d'Espagne, de colle et d'huile mêlés, brassés et corroyés ensemble; on l'emploie plus fréquemment à fixer les carreaux de verres des fenêtres, et à empêcher le passage de l'air au travers des fentes du bois. Les peintres en bâtiments s'en servent aussi pour boucher les fissures et remplir les pores des corps dont la surface serait trop rugueuse, sans cet apprêt, pour recevoir convenablement les couches de peinture. Cette opération, en terme de pratique, se nomme rebouchage. La seconde espèce de mastic, dit mastic faisant ciment, se compose de plusieurs manières, selon les usages auxquels il est appliqué. Les uns ne sont qu'un composé de cire, de résine et de brique en poudre; les lapidaires en font usage pour monter et assujétir les pierres précieuses. C'est à peu près la même composition qui sert de lut dans les opérations du laboratoire. D'autres ont plus de consistance, comme le mastic dit de fontainer; ils ont pour base principale la chaux unie à des substances siliceuses, argileuses et calcaires, auxquelles on mêle encore de la limaille de fer et de l'eau forte ou autres acides. Ces sortes de mastics servent principalement à faire les joints de dalles, de terrasses, et généralement des conduits où l'eau passe; on les emploie même en enduits, comme au fond des bassins. Toutefois, le bitume, à raison de sa souplesse et de son inaltérabilité, nous paraît devoir entrer quelque jour dans la composition des mastics pour les rendre réellement hydrofuges et imperméables; car, bien qu'on les dise empreints de ces deux qualités, il n'y a pas lieu de s'y fier entièrement.

MASTICATION, s. f., terme de médecine, action de mâcher.

MASTICATOIRE, s. m., terme de médecine, sorte de médicament simple ou composé que l'on mâche pour exciter l'excrétion de la salive. On l'emploie quelquefois adjectivement, et alors il est des deux genres.

MASTITE, s. f., inflammation des mamelles, c'est-à-dire de la partie glanduleuse du sein et son tissu cellulaire interlobulaire. Des coups, des chutes peuvent causer l'inflammation aiguë ou chronique d'une mamelle, et déterminer sur un point de cet organe un engorgement, une induration à laquelle on donne communément le nom de *glande au sein*. Ces glandes ont une grande tendance à dégénérer en squirrhe; cependant, lorsqu'elles sont survenues accidentellement, par l'effet d'une cause locale, elles cèdent souvent à l'emploi réitéré des sangsues ou de topiques mercuriels, savonneux. C'est surtout à la suite des couches, pendant l'allaitement, que la mastite aiguë est fréquente. Souvent il se forme alors dans les mamelles un engorgement désigné vulgairement sous le nom de poil, soit par suite de l'impression d'un air froid sur les seins, soit par suite de gerçures au mamelon, et de l'irritation que la succion produit sur cet organe. La mastite s'annonce, dans ses divers cas, par un frisson bientôt suivi de chaleur; la fièvre cède au bout de vingt-quatre à trente-six heures, si l'engorgement se dissipe; si, au contraire, l'inflammation se déclare, les seins deviennent durs, tendus; la tension se propage aux aisselles; l'excrétion laiteuse est supprimée; la douleur est pongitive, et quelquefois si vive qu'il se manifeste des symptômes cérébraux. Ce n'est guère qu'au bout de quinze jours de durée de cette période inflammatoire que la fluctuation devient manifeste; quelques jours plus tard, un des points enflammés se soulève davantage; la peau s'amincit, et finit par se perforer pour donner issue au pus, et presque toujours il se forme successivement plusieurs foyers purulents. — Le plus sûr moyen de prévenir l'engorgement des mamelles chez les nouvelles accouchées est de faire téter l'enfant dès que les seins se remplissent. Lors même qu'il existe déjà quelque dureté, la succion exercée par l'enfant est le meilleur remède pour les dégorger; néanmoins il faut cesser d'allaiter avec le sein malade lorsque l'inflammation devient trop intense. En même temps, il faut déterminer une action dérivative, en excitant les fonctions de quelque autre organe, et particulièrement l'écoulement des lochies; on applique sur la mamelle quelque topique résolutif; on la couvre avec une peau de cygne ou d'agneau; ou, si le gonflement est plus prononcé, on a recours aux cataplasmes émollients et même narcotiques, et l'on a soin de faire téter l'enfant aussitôt qu'il est possible de le faire. Si la suppuration est inévitable, on emploie, selon la circonstance, les adoucissants ou les maturatifs. La collection purulente une fois établie, il est généralement préférable d'abandonner à la nature l'ouverture de l'abcès; c'est le moyen qu'il ne reste point d'engorgement indolent et que la cicatrice soit moins difforme. Mais il peut être utile d'en faire l'ouverture lorsque l'abcès est trop profondément situé et occasionnerait une trop grande désorganisation.

MASTODONTE (*mamm.*), genre de mammifères fossiles établi par Cuvier pour des animaux perdus fort voisins des éléphants par leur structure ; ce nom signifie *dents mamelonnées*. On connaît aujourd'hui six espèces, toutes caractérisées par des différences de forme et de proportion dans les dents molaires. L'espèce la plus anciennement connue sous le nom d'animal de l'Ohio est de la taille de l'éléphant ; ses énormes molaires ne sont pas rares dans les cabinets d'histoire naturelle. Les restes des mastodontes n'ont encore été rencontrés que dans des terrains meubles et très superficiels, d'où l'on a inféré que ces animaux devaient prendre rang parmi les plus récents de ceux dont les espèces n'existent plus vivantes sur le globe. Le grand mastodonte, animal de l'Ohio, éléphant carnivore de quelques auteurs (*mastodon giganteum*), a été souvent confondu avec l'éléphant fossile le mammouth. L'examen des parties retrouvées de cet animal a prouvé qu'il avait de grosses défenses recourbées, en haut, comme celles des éléphants ; que son nez devait être prolongé comme le leur en une énorme trompe, et que ses pieds étaient également pourvus de cinq doigts ; mais qu'il différait des éléphants vivants et fossiles, principalement par la structure des molaires, qui au lieu d'être composées de dents partielles étroites et réunies par une substance cémenteuse, offraient seulement à leur couronne de gros tubercules disposés par paires et ayant la forme de mamelons très saillants, de sorte que lorsque ces dents étaient usées elles présentaient sur leur couronne de doubles losanges plus ou moins rapprochés entre eux au lieu de montrer les rubans transversaux qu'on voit sur celles des éléphants. Les dépouilles de ce grand animal ont été trouvées très abondamment dans le sol d'attérissement des principales vallées des fleuves de l'Amérique-Septentrionale. Celles des autres espèces de moindre taille ont été rencontrées ou sur les plateaux élevés de l'Amérique du Sud, ou dans quelques points de la France, de l'Italie et de l'Allemagne.   J. P.

MASTOIDE, adj. f. (*anat.*), il se dit de l'apophyse à éminence en forme de mamelon, qui est placée à la partie inférieure et postérieure de l'os temporal.

MASUCCIO DE SALERNE, *Masutius Salernianus*, issu d'une famille noble, a fait 50 Nouvelles, à l'imitation de Boccace, imprimées en italien à Naples, 1476, in-fol., puis à Venise, 1484, in-fol. Elles sont intitulées : *Il Novellino*, etc. Cet auteur mourut vers la fin du xve siècle. Il est fort au-dessous de son modèle, et eût beaucoup mieux fait d'en choisir un autre dans un genre plus sage et plus utile.

MASURE, s. f., ce qui reste d'un bâtiment tombé en ruine. Il se dit figurément d'une méchante habitation qui semble menacer ruine.

MAT, ATE., adj. (le *t.* se prononce), qui n'a point d'éclat. Il ne se dit guère que des métaux qu'on met en œuvre sans y donner le poli. En peinture, coloris mat, couleur mate, coloris, couleur qui n'a point d'éclat. Mat, signifie aussi lourd, compacte. Il se dit aux échecs, du coup qui fait gagner la partie, en réduisant le roi auquel l'échec est donné à ne pouvoir partir de sa place sans se mettre de nouveau en échec, en prise. Etre échec et mat se dit du joueur qui a perdu.

MAT. La soif des richesses, le désir d'amasser, d'entasser, et peut-être plus encore le besoin de tout connaître de ce que la terre et l'onde enferment dans leur sein, poussa l'homme à traverser les mers. Dans ce dessein, il s'élança sur les flots, d'abord dans une frêle embarcation, plus tard, sur de solides maisons volantes ou majestueux vaisseaux. Mais quelque perfectionnement qu'il apportât dans l'art de la navigation, le mât joua le premier rôle. On le retrouve au plus lointain des âges. Le mât est donc de toute antiquité, presque aussi ancien que le premier navire. Une perche, un arbre se dressa, fixé par son pied au fond d'un monoxile, ou entre deux des planches du radeau. Des appuis latéraux, des appuis à l'avant et à l'arrière du navire vinrent bientôt le soutenir. Un trou percé à la tête du mât, garni d'un rond d'un disque de poulie, servit au passage de la corde qui devait élever la voile, en montant la vergue sur laquelle cette voile était attachée. Le mât resta ainsi longtemps, mince ou gros, suivant qu'il devait porter une voile plus ou moins vaste. Quand le navire grandit, un mât unique ne lui suffit plus. On en planta successivement deux, trois, quatre et même cinq dans la longueur de son pont supérieur. On ne leur laissa pas toujours la position verticale ; quelquefois de certaines inclinaisons furent jugées nécessaires, et le mât se

pencha un peu sur l'avant ou sur l'arrière ; quelquefois il se coucha sur la proue, à ce point que, par sa position, il devint presque parallèle à la quille. Dès ce moment, l'arbre le plus grand ne le fut plus assez, parce que les voiles se multipliaient, se superposant l'une à l'autre en trois, quatre ou cinq étages. Alors un mât finit par se composer de cinq mâts partiels, chacune des fractions de cette unité prenant un nom particulier. C'est au xvie siècle que le nombre des unités du mât fut le plus grand. Les nefs les plus importantes et quelques navires inférieurs, comme les caravelles célèbres qui portèrent Colomb aux terres américaines, eurent quatre mâts verticaux à peu près, et un mât penché sur la proue. L'usage a maintenant, dans toutes les marines européennes, réduit à trois les mâts verticaux, en conservant le mât oblique de l'avant. Ce mât oblique, que l'on nomme mât de beaupré dans certains bâtiments, abaisse sa tête jusqu'à devenir horizontal. Autrefois un mâtereau se dressait sur le beaupré portant une voile carrée, avantageusement remplacée par une ou plusieurs voiles triangulaires ; ce mâtereau a disparu. Dans l'état actuel des choses, voici ce que compose le mât un vaisseau de ligne et tout navire d'une certaine importance ayant trois mâts verticaux : sur l'avant, le beaupré qui s'élance hors du navire ; en arrière du beaupré, mais dedans, assez près de l'éperon du navire, se dresse le mât que nous appelons mât de misaine ; vers le milieu de la longueur totale du vaisseau s'élève le mât principal, le grand mât ; en arrière de celui-là, et assez près de la poupe, se place le mât d'artimon, le moindre de tous les mâts principaux ou bas-mâts. Quand le navire avait quatre mâts verticaux, le quatrième, appelé en France contre-artimon, se plantait entre l'artimon qui se reculait tout-à-fait sur la poupe, et le grand mât qui gardait sa position médiane. Pendant le moyen âge, le mât le plus grand ne se plaçait pas au milieu du navire, mais sur l'avant ; ce mât se nommait artimon. Sur les bas-mâts, on enta où l'on hissa d'autres mâts lorsqu'on voulut grandir la mâture et donner à la voilure un développement plus vaste en hauteur. Les premiers mâts qui se hissèrent sur les mâts inférieurs furent ceux qu'on appelle aujourd'hui mâts de hune ; sur ceux-ci on guinda des mâts qu'on appelle mâts de perroquet ; enfin, sur ces derniers on plaça des mâts légers qui se nommaient cacatois. Le beaupré aussi s'allongea ; on lui donna un boute-hors pour porter les triangles de toile appelés focs. Lorsque, le vaisseau devenu très grand, un seul arbre ne put plus suffire à faire les mâts principaux d'une seule pièce, on fit alors des mâts composés, dans lesquels plusieurs pièces vinrent concourir à un ensemble énergique ; une mèche servit de centre à un cylindre fait de cinq pièces principales : l'arbre du milieu, équarri sur quatre faces, et quatre autres pièces rapportées chacune sur une des faces de la pièce centrale. Des cercles de fer, des ligatures de corde, appelées roustures, comprimèrent les pièces latérales sur la mèche, et fortifièrent le système déjà solidifié par les clous, les chevilles, les adents intérieurs. Le mât d'artimon n'est pas un mât d'assemblage ou composé, mais un mât d'un seul brin, comme les mâts de hune et leurs supérieurs. Les mâts qu'on ente, parce que l'arbre principal n'est pas assez long pour pouvoir porter plusieurs étages de voiles, s'appellent mâts à pible ; ces mâts ne sont guère en usage qu'à bord des chebecks et des polacres. Dans le moyen âge, le mât principal des nefs, l'artimon, avait généralement une longueur totale égale à celle de la quille du navire ; aujourd'hui, il en est à peu près de même du grand mât des bâtiments à trois mâts. Mâter un navire, c'est le garnir de mâts. La mâture est une machine à l'aide de laquelle on mâte un navire. On désigne aussi par le mot de mâture l'ensemble des mâts d'un navire. Mât de beaupré, espèce de mât qui est placé obliquement sur la proue du vaisseau. Céler les mâts, abaisser les mâts et guinder les mâts, les remettre à leur hauteur. Mât de cocagne, espèce de mât rond et lisse, planté en terre, au haut duquel sont suspendus des prix qu'il faut aller détacher, en grimpant sans aucun secours.

MATADOR, s. m., terme emprunté de l'espagnol. Celui qui dans les combats de taureaux doit mettre l'animal à mort.

MATADOR, s. m., terme du jeu de l'hombre, il se dit des cartes supérieures. Matador, se dit figurément et familièrement d'un homme considérable dans son état, dans son corps.

MATAFLORIDA (N..... marquis DE), ancien ministre d'Espagne, né à Madrid vers l'an 1764, fut président de la régence royaliste de la Seu d'Urgel et l'un des généraux de l'armée de la foi, pendant le règne éphémère des Cortez révolutionnaires de 1820. Ce seigneur espagnol s'était retiré en

France et menait à Agen une vie paisible et retirée. Il est mort dans cette ville le 3 juillet 1832.

MATAMORE, s. m., faux brave.

MATAMOROS (Alphonse-Garcias y), chanoine de Séville, sa patrie au XVIᵉ siècle, fut professeur d'éloquence dans l'université d'Alcala. On a de lui : un *Traité des Académies et des hommes doctes d'Espagne*, à Alcala, 1553, in-8°. C'est une apologie des Espagnols contre ceux qui paraissent douter du savoir de cette nation. Matamoros était un homme de goût : son style est élégant, mais il affecte trop d'y répandre des fleurs.

MATANI (Antoine), né le le 23 juillet 1730, à Pistoie, où il mourut, le 21 juin 1779, fut fait successivement professeur en philosophie et en médecine dans l'université de Pise. On a de lui un grand nombre d'ouvrages, dont les principaux sont : *De anevrismaticis præcordiorum morbis animadversiones*, Florence, 1759 ; Francfort, 1766 ; *Heliodori larriscæi Capita opticorum e greco latine conversa*, Pistoie, 1658 ; *Relation historique et philosophique des productions naturelles du territoire de Pistoie*, en italien, Pistoie, 1762 ; *De nosocomiorum regimine*, Venise, 1709 ; *De remediis tractatus*, Pise, 1769. Matani a fourni un grand nombre d'articles à divers journaux d'Italie, et a laissé des manuscrits, entre autres une histoire littéraire fort avancée des écrivains de son pays.

MATELAS, s. m., une des principales pièces de la garniture d'un lit, espèce de grand coussin, piqué d'espace en espace, qui couvre toute l'étendue du lit, et qui est rempli de laine ou de bourre, etc. Matelas se dit encore des petits coussins piqués qu'on met aux deux côtés d'un carrosse.

MATELOT, s. m., il se dit, en général, de tout homme qui fait partie de l'équipage manœuvrier d'un bâtiment de mer. Il s'applique particulièrement au marin qui, par ses services, son âge et son aptitude comme homme de mer, a obtenu une certaine solde déterminée par les réglements. Matelot se dit par analogie, dans la tactique navale, de chacun des vaisseaux d'une ligne considéré par rapport à celui qu'il précède ou qu'il suit immédiatement. Il s'emploie aussi adjectivement dans l'acception qui précède.

MATELOTE, s. f., mets composé de plusieurs sortes de poissons apprêtés à la manière dont on prétend que les matelots les accommodent. A la matelote, loc. adv., à la mode, à la façon des matelots.

MATER, v. a. (l'A est bref), terme du jeu des échecs. Réduire le roi, par l'échec qu'on lui donne, à ne pouvoir sortir de sa place, ou à n'en pouvoir sortir sans se mettre de nouveau en échec. Mater, se dit au figuré pour mortifier, affaiblir. Il signifie encore humilier, abattre.

MATÉRIALISER, v. a., supposer matériel, considérer comme matériel. Matérialisé, adv., participe.

MATÉRIALISME. On entend par matérialisme le système qui n'admet d'autre substance que la matière. Cette définition demande quelques développements. L'observation découvre dans les hommes deux ordres de phénomènes entièrement distincts, soit en eux-mêmes, soit dans le mode de perception dont ils sont susceptibles. Le sens commun a consacré cette distinction dans le langage ; et quand les matérialistes rejetteraient la diversité essentielle des deux principes indiqués par les mots *matière* et *esprit*, ils ne pourraient nier la diversité des phénomènes spirituels et des phénomènes matériels. D'un côté l'étendue, l'impénétrabilité, la divisibilité, le mouvement, etc., de l'autre, la pensée, le sentiment, la volition, sont des propriétés d'une nature entièrement différente. Nous percevons les premières à l'aide de nos sens ; nous atteignons les secondes par la conscience, qui n'a rien de commun avec l'observation sensible. Le caractère propre des phénomènes spirituels, c'est l'unité, qui est impliquée dans tous les actes de la pensée et de la volonté ; ce qui distingue les phénomènes matériels, c'est la multiplicité. L'idéaliste est celui qui identifie tellement les notions d'être et d'unité, qu'il n'accorde au multiple qu'une existence purement phénoménale. Le matérialiste, au contraire, conçoit l'être, la substance, la cause, sous les attributs primitifs et essentiels de l'étendue, de la multiplicité, et il rattache les phénomènes spirituels de la pensée, du sentiment et de la volonté à la matière étendue et divisible, comme à son principe. C'est, en outre, à la matière ainsi conçue qu'il attribue les qualités que les spiritualistes réservent à Dieu seul, l'existence par lui, la nécessité, l'éternité. Et de même que les phénomènes intellectuels sont un produit de l'organisme, l'ordre qui règne dans la matière n'a d'autre principe

que la matière elle-même. Tel est le matérialisme, dégagé des formes particulières sous lesquelles il apparaît aux diverses époques de l'histoire. Nous ne voulons point tracer un tableau complet des différents systèmes imaginés dans le but d'expliquer les faits intellectuels, l'existence et la formation du monde, sous l'action d'un principe immatériel. Chez les Indiens, nous trouvons le matérialisme contenu dans le système appelé *sankya de kapila*, du nom de son auteur. Il est rigoureusement formulé chez les Grecs par l'école atomistique de Leucippe et de Démocrite, dont plus tard Epicure accepta et développa les théories. Nous n'avons pas des renseignements assez précis sur la doctrine des philosophes ioniens, pour déterminer d'une manière certaine leur sentiment sur l'existence et la nature de la substance spirituelle. Ils s'appliquaient principalement à la recherche des principes élémentaires des corps et de leurs transformations diverses ; leur philosophie n'était guère qu'une physique basée sur des observations fort incomplètes. Si nous exceptons les éléates, qui niaient la multiplicité, et les atomistes, qui niaient l'unité pour admettre la multiplicité absolue, les philosophes grecs reconnurent généralement l'existence d'un élément actif, distinct de la matière et principe de ses transformations ; mais la notion qu'ils se formaient de ce principe était plus ou moins dégagée de toute composition matérielle. Anaxagore distingua nettement la matière de l'intelligence ; c'est à celle-ci qu'il attribue la formation de l'univers. L'intelligence est l'âme universelle répandue dans toute la nature. Les âmes particulières ne sont point des substances séparées, mais des manifestations diverses d'un même esprit qui, entièrement uni à tous les corps, se révèle à différents degrés, selon le degré de perfection de l'organisme. L'âme de Platon n'est pas l'esprit pur, mais une essence plus subtile qui paraît retenir quelque chose de la nature matérielle. La ψυχή d'Aristote n'a pas une réalité substantielle propre ; c'est la forme du corps, c'est-à-dire son achèvement, sa perfection, son essence. Toutefois Platon et Aristote reconnaissent dans l'homme, ou si l'on veut, dans l'âme supérieure, un principe d'une nature simple, immatérielle, impérissable ; c'est le principe de la pensée, qui dérive de l'intelligence absolue. Il survit à la dissolution des organes, parce qu'il est incorruptible par son essence. On a demandé si, dans la pensée de Platon, l'intelligence, dans l'homme, possède une nature individuelle, et si elle la conserve après la mort. Il nous semble hors de doute que, selon Aristote, l'entendement n'est que l'apparition de la raison absolue à l'âme humaine ; que donc ce qu'elle a d'individuel est un résultat du corps, et périt avec lui ; mais que tel soit aussi le sentiment de Platon, c'est ce qu'il nous est impossible d'accorder. C'est, du reste, une question qui sort de notre sujet. Le matérialisme reparut sur la scène avec la philosophie d'Epicure. Les stoïciens ne firent que lui donner une forme moins grossière en distinguant l'élément passif, ou la matière première, et l'élément actif, c'est-à-dire un fluide subtil, igné, qui pénètre toutes les parties de la nature et forme les âmes des dieux et des hommes. De l'avénement du christianisme date l'affermissement et la propagation du culte de l'esprit. La religion chrétienne fut, dès l'origine, essentiellement spiritualiste, et c'est en vain que les matérialistes invoquent en leur faveur l'autorité de la plupart des Pères des premiers siècles. Les seuls écrivains ecclésiastiques que l'on puisse accuser de matérialisme sont Tatien et Tertullien, dont le premier fut le chef des encratites, et le second le défenseur des montanistes. En faveur de la spiritualité de l'âme, on peut citer saint Irénée [1], Origène [2], les Constitutions apostoliques [3], Arnobe [4], Eusèbe [5], Lactance [6], saint Hilaire [7], saint Basile [8], saint Grégoire de Nysse [9], saint Césaire [10], saint Ambroise [11], saint Jean Chrysostôme [12], saint Jérôme [13], saint Augustin [14], Némésius [15], Théodoret [16], Claudien Mammert [17], saint Grégoire-le-Grand [18]. Il faudrait des

(1) Irenæus, contr. hær., lib. XI, cap. 28, n° 3. — (2) Orig., de princip., lib. 1, cap. 7, n° 1. — (3) Constit. apost., lib. VI, cap. 2. — (4) Arnob., adv. gent., lib. XI, n° 8. — (5) Euseb., de incorp. et invisib. Deo. — (6) Lactantius, divin. Instit., lib. VII, cap. 12. — (7) S. Hilarius, Tract. in ps. 41, n° 7. — (8) S. Basilius, Homilia in illud attende tibi ipsi, n° 7. — (9) S. Greg. niss., de mortuis orat. — (10) S. Cæsarius, dial. CXI, inter. 156. — (11) S. Ambros., epist. XXX, IV, n° 3. — (12) S. J. Chrysost., in Genes. hom. XII, n° 3. — (13) S. Hieronym., in Zachar., lib. XI, cap. 12. — (14) S. August., passim vid. de dualitata. animæ, cap. III, n° 4. — (15) Nemat. de nat. hom., cap. 11. — (16) Theod., dial. XI. — (17) De statu animæ. — (18) S., Greg. Magn., Moral., lib. V, cap. 34, n° 61, 62.

passages nombreux et bien précis pour démontrer que les pères, au sujet de la spiritualité de l'âme, se sont rattachés à l'épicuréisme, si opposé à l'esprit du christianisme, tandis qu'ils se séparaient du platonisme, qui, au jugement des pères eux-mêmes, est, sur plusieurs points, si analogue aux idées chrétiennes ; mais ces témoignages n'existent pas. C'est d'après l'ensemble de leur doctrine, d'après les passages clairs et positifs, qu'il faut apprécier le sentiment des pères, et non d'après quelques mots équivoques ou peu exacts. Quelques-uns d'entre eux ont adopté l'opinion de plusieurs anciens philosophes, qui distinguaient le principe *intelligent* (*mens*) de l'âme proprement dite (*anima*), ou du principe vital qui conservait encore quelque chose de matériel. Tel est en particulier le sentiment de saint Irénée. Ce qui a contribué encore à répandre quelque obscurité sur le langage de certains docteurs de l'Église, c'est que plusieurs ont pensé que nul esprit créé n'est dégagé de toute enveloppe matérielle, et que la nature divine seule est exempte de tout mélange. Cette opinion, dont nous n'avons point à discuter ici la valeur théologique, est étrangère au matérialisme. Le dogme de la spiritualité de l'âme est un article de foi consacré par la définition du quatrième concile de Latran : « Creator... utramque de nihilo condidit creaturam, spiritualem et corporalem , angelicam videlicet et mundanam , ac deinde humanam, quasi communem ex spiritu et corpore constitutam. » Dans tout le cours du moyen-âge, la philosophie reçoit l'influence du spiritualisme chrétien, mais le matérialisme reparaît dans les temps modernes à la suite de la théorie sensualiste. Si, en effet, nous n'avons d'autres idées que celles qui nous viennent par l'intermédiaire des sens, comme les sens ne sont en rapport qu'avec le multiple et le contingent, il suit que l'unité, le nécessaire, supposé qu'ils existent, sont des réalités inaccessibles à notre intelligence. Si le sensualisme n'a pas pour conséquence nécessaire la négation de la substance spirituelle, il la relègue au rang de ces chimères dont il est impossible d'acquérir la notion et de constater l'existence. Le moi de Condillac n'est pas une essence immatérielle, c'est une collection de sensations ; or la sensation n'est pas une substance ; en outre, une collection n'est pas l'unité réelle, mais une unité purement logique et nominale.

Nous avons dit qu'être matérialiste, c'est considérer les phénomènes intellectuels, la pensée, le sentiment et la volonté, comme les attributs, le produit de la matière, c'est-à-dire de l'être conçu avec les caractères distinctifs de l'étendue, de la multiplicité, du mouvement, etc. Doit-on envisager comme une doctrine essentiellement différente, celle qui rattache à un même principe neutre les phénomènes spirituels et les phénomènes matériels ? La substance unique des panthéistes n'est en elle-même ni l'esprit ni la matière, mais l'esprit et la matière ont les deux formes sous lesquelles elle se manifeste. Par ce subtil détour, les panthéistes veulent échapper aux difficultés insolubles que soulève le matérialisme pur. Selon les matérialistes, le sujet immédiat, le principe de la pensée et de la volonté, c'est l'être en tant qu'étendu, multiple et divisible ; selon les panthéistes, ce n'est pas la *substance* en tant que matérielle qui produit l'intelligence, c'est la substance elle-même qui est le siége immédiat de la pensée aussi bien que de l'étendue et des autres propriétés appelées matérielles. C'est vainement qu'à l'aide de ce correctif, plus apparent que réel, les panthéistes prétendent éluder les preuves sans réplique qui renversent le système matérialiste. Le panthéisme n'est au fond qu'un matérialisme plus subtil, mais non moins absurde ; pour montrer que ces deux erreurs se confondent, du moins sous le point de vue qui nous occupe, il suffit de rétablir la notion exacte de substance, altérée de part et d'autre. L'incompréhensibilité absolue de la substance est une des fins de non-recevoir opposées aux spiritualistes par les matérialistes timides. Locke n'ose décider si la pensée est incompatible avec l'essence de la matière ; affirmer cette incompatibilité, ce serait, d'après lui, poser témérairement des bornes à la puissance divine. Il avance dans l'*Essai sur l'entendement humain* : « qu'il nous est impossible de découvrir par la contemplation de nos propres idées sans la révélation, si Dieu n'a point donné à quelques systèmes de parties matérielles, disposées convenablement, la faculté d'apercevoir et de penser (1). Les philosophes écossais ajournent la question de la nature de l'âme. Ils ne connaissent du sujet pensant que ses facultés, ses opérations ; mais ils prétendent que la nature intrinsèque des substances échappe

(1) Essai, liv. 4, ch. 3, § 6.

à nos moyens d'investigation. Kant exagéra encore ou plutôt érigea en système la réserve que s'imposait l'école écossaise. Il ne vit dans la substance qu'un sujet logique, produit nécessaire de l'entendement, et n'ayant qu'une valeur subjective. La substance des panthéistes est une x inconnue, un sujet abstrait, un *substratum* de soi, neutre et indifférent, également propre à devenir l'esprit ou la matière. Dans cette hypothèse, l'esprit n'est point comme esprit, une réalité substantielle distincte, ce n'est plus qu'un mode, une forme, une puissance de l'être, dont la matière est une autre forme, une autre puissance. L'esprit n'est donc pas plus un *mode* de la matière que la matière n'est un mode de l'esprit ; mais les deux manifestations d'un principe unique. C'est là ce qui distingue le panthéisme de l'idéalisme et du matérialisme proprement dit. Cette différence s'évanouit dès que, cessant de raisonner sur des abstractions, on restitue aux mots leur signification réelle. Par une précision purement intellectuelle, on considère la substance, en faisant abstraction de ses propriétés caractéristiques et des attributs qui constituent son essence déterminée, distincte et individuelle. Reste l'idée de *sujet*, de *substratum* : cette notion abstraite s'applique nécessairement à toute espèce de substances, puisqu'elle représente la propriété commune à toutes les substances, qui est d'exister en elles-mêmes et non dans une autre être, comme dans un sujet d'inhésion. On en conclut que la substance est identique dans tous les individus, quelle que soit la diversité de ses attributs. Il est difficile de concevoir un plus étrange abus de l'abstraction, car la substance ainsi conçue n'est qu'une abstraction transformée en réalité. Les péripatéticiens arrivèrent, par un procédé analogue, à la notion de la matière première, que les panthéistes n'ont fait que renouveler, en l'appliquant aux esprits comme aux corps. Mais cette distinction de la substance et des attributs qui expriment son essence déterminée, n'existe que dans notre entendement. Un sujet sans aucune propriété caractéristique serait le pur néant ; tout ce qui est, tout a la condition d'être déterminé, parce que l'indéterminé n'est rien de réel. On ne connaît pas l'individualité sans la détermination, ou il faut renverser les lois essentielles de l'intelligence humaine. Les substances ne nous sont point aussi complétement inconnues qu'on le suppose. Nous ne les percevons point indépendamment de leurs attributs ; mais les attributs affectent ou plutôt expriment la nature intrinsèque de la substance. Donc, s'il vrai que nous ne connaissons point le sujet sans ses propriétés, il est vrai aussi que nous ne pouvons, jusqu'à un certain point, le connaître au moyen de ses propriétés. Ainsi le panthéisme qui fait la substance spirituelle et matérielle à la fois, se résout nécessairement dans l'idéalisme absolu, par la négation de la matière, ou dans le matérialisme, pur par la négation de l'esprit. Nous ne comprenons point la substance tout entière ; dans toute chose il y a le côté obscur qui échappe à notre intelligence finie, mais il n'est pas nécessaire de connaître complétement la nature d'un objet pour affirmer avec certitude que telle propriété est incompatible avec son essence. On prouverait par le même raisonnement qu'il n'est pas impossible qu'un morceau de marbre compose actuellement un poème épique supérieur à l'*Énéide* et à l'*Iliade*. Ces conséquences ridicules pourraient être admises dans l'hypothèse d'une distinction réelle entre la substance et les attributs qui composent sa nature. Car si des attributs du sujet, on ne peut rien conclure, quant à son essence, il n'y a plus d'absurdité à prétendre que deux qualités, dont l'une exclut l'autre, peuvent appartenir à la même chose ; mais, si l'attribut est la substance elle-même en tant qu'elle est telle ou telle , il devient évident que deux propriétés, dont l'une est la négation de l'autre, ne peuvent être inhérentes à la même substance, qui autrement se détruirait elle-même. Or, il nous suffit des propriétés connues de l'esprit et de la matière, pour démontrer, jusqu'à la plus entière évidence, que ces deux principes sont essentiellement distincts. C'est ce qui ressortira de la suite de cet article. On nous objectera peut être que deux propriétés réelles et positives ne peuvent être incompatibles dans un même sujet ; que l'être n'est pas opposé à l'être ; que s'il y a des perfections incompatibles, on ne conçoit plus que l'infini puisse réunir, dans la simplicité de son essence, toutes les perfections des êtres créés. La manière dont toutes les perfections réelles des choses finies sont contenues éminemment dans l'essence divine est un des plus difficiles problèmes de la métaphysique, mais il n'est pas nécessaire de le résoudre pour démontrer, l'absurdité du matérialisme. Il suffit de savoir que l'unité est un des attributs essentiels du principe pensant, et la multiplicité, le caractère distinctif de la matière. La pluralité n'est pas, comme telle, une perfection positive, elle implique la limite et suppose, par conséquent, l'imperfection. La question dont nous parlions tout à l'heure n'est nullement engagée dans le débat qui nous occupe. Voici en quels termes Condillac lui-même condamne le doute exprimé par Locke : « Je ne sais comment Locke a pu avancer qu'il nous sera peut-être éternellement impossible de connaître si Dieu n'a point donné à quelque amas de matière, disposé d'une certaine façon, la puissance de penser. Il ne faut pas s'imaginer que pour résoudre cette question, il faille connaître l'essence et la nature de la matière. Les raisonnements qu'on fonde sur cette ignorance sont tout-à-fait frivoles. Il suffit de remarquer que le sujet de la pensée doit être un. Or, un amas de matière n'est pas un, c'est une multitude » (1). On objecte encore que les derniers éléments de la matière sont simples ; que du moins, la fausseté de cette hypothèse est loin d'être démontrée, et l'on fait ce raisonnement : si la distinction de l'esprit et de la matière ne repose que sur l'unité du principe pensant, comme l'unité appartient aussi et appartient nécessairement aux éléments primitifs de la matière, il n'y a plus de contradiction à supposer que la matière puisse penser. Cette objection est plus spécieuse que solide. Nous n'examinerons point si, dans l'hypothèse des monades, la faculté de pensée pourrait être accordée aux éléments simples des corps, s'il suffit à la monade d'être indivisible pour que la spontanéité, la liberté, soit compatible avec sa nature. Cette recherche est inutile au but que nous poursuivons. Car si le principe de la pensée et de la liberté est essentiellement simple, dès lors, il ne peut être le résultat d'un composé, de quelque manière que l'on varie les combinaisons de ses éléments. L'âme est de sa nature incorruptible et distincte de l'organisme complexe auquel elle est unie. La connaissance véritable de la substance spirituelle est indépendante du système auquel on la rattache relativement à l'essence de la matière. Dans l'hypothèse des éléments simples comme dans le système opposé, on démontre rigoureusement la distinction de l'âme et du corps. On peut chercher à pénétrer, autant qu'il est possible, la nature intrinsèque de la substance corporelle et les propriétés des éléments qui la composent, mais cette question n'est plus que secondaire ; la question principale a pour objet la nature du principe pensant et la distinction essentielle de l'âme humaine et de l'organisme. Avant de réfuter directement les matérialistes, écartons encore une difficulté préalable qu'ils nous opposent. Il s'agit ici moins d'une objection sérieuse que d'une disposition introduite dans les esprits par la philosophie empirique, par le peu d'habitude des spéculations rationnelles et l'application exclusive aux sciences purement physiques. Les matérialistes le deviennent, parce qu'à leurs yeux, l'observation sensible est le critérium unique de la certitude ; les seules réalités sont celles que l'on peut voir ou toucher ; ce qu'il est impossible d'imaginer doit être rangé parmi les chimères. C'est ainsi qu'ils nient l'existence d'un principe pensant, distinct de la matière, parce que ce principe ne tombe point sous les sens et que, malgré tous leurs efforts, ils ne peuvent se le représenter par aucune image. Ce n'est point ici le lieu de réduire à sa juste valeur cette théorie sensualiste de la connaissance. Contentons-nous d'observer que les matérialistes se condamnent eux-mêmes en niant la réalité de l'esprit, sous le prétexte que l'on ne peut se former une idée claire de la substance matérielle ; car la même difficulté peut être reproduite, avec plus de force encore, contre la substance matérielle, qui est moins connue et dont l'existence est moins clairement démontrée. Il me suffit du témoignage intérieur et irrécusable de la conscience pour savoir, de la manière la plus certaine, que je suis une force simple, intelligente et libre. Ces expressions ne sont point des termes vagues, des mots qui ne réveillent dans mon esprit aucune idée précise ; ces notions de cause ou de force, d'unité, d'intelligence, de liberté, deviennent distinctes et claires, du moment que je réfléchis sur moi-même et sur mes opérations. Si maintenant, nous recherchons quelle est la nature de la substance matérielle, nous sommes forcés de reconnaître qu'elle nous est moins clairement connue que celle de l'esprit. Celui-ci ne peut être étendu, divisible, etc.; ces propriétés appartiennent à la matière, il

n'en faut pas d'avantage pour conclure que la matière est essentiellement distincte de l'esprit. Mais si je veux pousser plus avant mes recherches sur sa nature intrinsèque, à quelque système que je me rattache, soit que je considère les éléments des corps comme essentiellement étendus et divisibles à l'infini, soit qu'avec Leibnitz et Bossuet, j'en fasse des unités indivisibles, des monades, je me trouve arrêté par les plus sérieuses difficultés. Ajoutons que l'existence de la matière n'est pas, comme celle de l'esprit, d'une évidence interne immédiate. Je l'admets cependant sur le témoignage de mes sens, et pour obéir à l'impression irrésistible de ma nature raisonnable. Mais rejeter l'existence d'un principe immatériel, à cause des obscurités que cette notion renferme, et admettre la réalité de la substance matérielle comme étant mieux connue et mieux démontrée, n'est-ce pas une contradiction évidente ?

Une autre inconséquence non moins frappante des matérialistes, c'est, d'une part, l'assurance avec laquelle ils attribuent à la matière les opérations intellectuelles, et, de l'autre, l'impuissance avouée par eux-mêmes d'expliquer, par la matière seule, les phénomènes physiologiques. Ses fonctions organiques et animales sont inexplicables par les propriétés purement physiques des molécules élémentaires. On a supposé des propriétés vitales ; mais que signifie cette expression ? Ces propriétés sont-elles un résultat de l'organisation, ou de simples abstractions, ou des forces immatérielles ? Soutenir qu'elles sont le résultat de l'organisation ou des abstractions de la pensée, c'est ne rien dire sur l'existence et la nature du principe de la vie. Quel est donc ce principe mystérieux qui conserve l'animation et le mouvement à la matière inerte ; qui maintient la forme et les propriétés de l'organisme, et le soustrait pour un temps à l'empire des lois communes, à l'action des forces générales de la nature ? Les matérialistes ne peuvent, sans se mettre en contradiction avec eux-mêmes, recourir à la supposition d'une cause immatérielle des phénomènes de la vie organique, tandis qu'ils considèrent les phénomènes de la vie intellectuelle et morale comme les propriétés de la matière. D'un autre côté, il est impossible que la matière, en tant que matière, produise des effets vitaux. Ces effets ne sont cependant pas des faits qui tombent sous les sens ; ils se réduisent en définitive à certaines figures, à certains mouvements ; en un mot, ils sont matériels. Le matérialiste, dans l'impuissance d'en assigner l'origine et les causes à l'aide des propriétés connues de la matière, n'hésite pas à rapporter des effets immatériels, tels que la pensée, la volition, à des causes physiques. Les phénomènes intellectuels sont aux antipodes des propriétés des corps ; ils se reconnaissent à des caractères tous opposés ; ils sont inétendus, indivisibles, impalpables, inaccessibles à tous nos sens corporels. Il est donc impossible de les assimiler aux phénomènes physiologiques, et de leur assigner une cause matérielle. Plus on réfléchit sur les caractères que présentent les faits intérieurs du moi, plus on se convainc de l'existence d'un principe distinct de l'organisme. On ne peut se former aucune idée d'un phénomène physiologique, si l'on ne connaît auparavant l'organe qui en est l'instrument, tandis que nous pouvons acquérir des notions distinctes et claires sur nos facultés intellectuelles et leurs actes, sans qu'il soit nécessaire d'étudier l'organe matériel et ses relations avec la sensation ou avec l'idée. Il y a plus, la connaissance la plus approfondie du phénomène organique et de ses lois ne contient en aucune façon l'idée du fait de conscience dont il est la condition extérieure. Prenons pour exemple la sensation qui semble se confondre, et que les matérialistes confondent en effet avec l'impression physique. Quand les physiologistes ont décrit dans le plus minutieux détail tous les faits matériels, sans lesquels la sensation ne serait pas produite, ont-ils réellement expliqué la sensation elle-même ? En ont-ils fait naître l'idée ? Je puis connaître toutes les conditions physiques du son, le mouvement vibratoire d'une corps élastique, la transmission de ce mouvement par l'air, la structure de l'oreille, l'agitation du nerf, etc., je puis observer tous ces faits et ignorer ce qu'est le son. Et quand j'éprouve la sensation, que je la rapproche des phénomènes matériels qui l'ont précédée, il m'est impossible de saisir le rapport qui unit des faits si dissemblables. La physiologie constate l'agitation nerveuse qui produit, ou du moins qui occasionne le fait de conscience, elle suit la trace du nerf jusqu'au cerveau, mais là se borne son domaine, là commence celui de la psycologie. Voici maintenant des preuves plus directes qui établissent rigoureusement l'immatérialité

(1) Essai sur l'origine des connaissances humaines, etc., première partie, sect. 1. ch. 1, § 7.

du principe intellectuel et la distinction essentielle de l'organisme. Nous devons nous borner à rappeler les plus importantes. La première est fondée sur l'unité et l'identité du moi. Le moi, tel qu'il est donné par la conscience, est simple et indivisible ; ce fait est indémontrable, puisqu'il est attesté immédiatement par le sens intime. Le moi est une unité réelle et vivante, sujet des pensées les plus diverses, des sensations les plus opposées, centre unique de tous les phénomènes de la vie intellectuelle. Que l'on essaie de concevoir le moi étendu et divisible, de le partager en parties égales. L'unité de la conscience est un fait que les matérialistes sont dans l'impuissance de révoquer en doute. Ce qu'ils attaquent, c'est la conclusion du moi psychologique ou moi ontologique, du moi donné par le sens intime au moi substantiel. Le moi ne serait donc qu'un mode, un résultat ; voyons si cette notion peut se concilier avec celle que nous donne la conscience. Je suis une force, une activité libre, je suis le principe de mes actes et j'en suis responsable : voilà ce que le sens intérieur me révèle de moi-même. Or, si le moi n'est qu'un mode, un résultat, il est évident qu'il n'est plus une cause libre. Il faut donc, ou rejeter l'autorité de la conscience, ou admettre que le moi de la conscience est une force, une cause, il n'y a point de milieu. Or, je ne puis concevoir une force, une cause libre, autrement que comme une réalité substantielle. Il est donc rigoureusement démontré que le moi est une substance simple et indivisible. Supposons d'ailleurs que le principe réel du moi est un organe quelconque, un composé ; il n'y a que quatre hypothèses possibles : Ou le moi est tout entier dans chaque partie, ou il est divisé entre toutes les parties, ou il est tout entier dans l'une seulement, ou il est le résultat unique du concours de toutes les parties. Examinons chacune de ces suppositions en particulier. Si le moi est tout entier dans chaque partie, il y a autant de moi que de parties, et il faut nier l'unité de la conscience. On ne peut admettre que le moi soit divisé entre toutes les parties ; je sens que je suis un et tout entier dans chacune de mes opérations. S'il est dans une partie seulement, on pourrait d'abord demander à quoi serviraient toutes les autres. D'ailleurs cette partie est simple ou composée ; si elle est simple, la question est résolue ; si elle est composée, il faut choisir entre les deux hypothèses précédentes et la quatrième qu'il nous reste à examiner. Si le moi était le produit unique du concours de toutes les parties, ou la résultante de toutes les forces particulières, la réflexion devrait le ramener aux principes dont il est un effet, une propriété ; il devrait se connaître étendu, divisible. Or, plus il réfléchit sur lui-même, plus il voit clairement qu'il est un, simple, indivisible. On objectera peut-être que la conscience, qui l'avertit des phénomènes intérieurs, n'atteint pas jusqu'à leur racine, à leur principe ontologique, mais qu'elle tombe uniquement sur le moi phénoménique. Dans cette supposition, le moi devrait se connaître au moins comme un produit, un résultat, et c'est en vain qu'il soutiendrait qu'il n'a de lui-même qu'une connaissance incomplète. Non sans doute, le moi psychologique n'est pas adéquat au moi ontologique ; mais l'un ne peut-être opposé à l'autre. La conscience ne contient pas l'âme toute entière, mais ce qu'elle nous en fait connaître est conforme à la réalité. Le nier, c'est renverser la base de toute certitude. Or la conscience m'atteste clairement que je suis une cause libre. Si donc je ne suis qu'une résultante, un produit fatal de principes que j'ignore, la conscience me trompe, le sentiment de ma personnalité n'est qu'une chimère. Voyons si l'unité réelle de la personne peut appartenir à l'organisme. Les matérialistes ont prétendu localiser le moi dans le cerveau. Admettons provisoirement la convergence de tous les nerfs vers un centre commun, les difficultés précédemment énoncées se reproduisent avec la même force. Cet organe central, ce point de réunion et de départ de tous les nerfs n'est pas une unité réelle, indivisible, mais purement nominale ; il faut y reconnaître autant de parties distinctes qu'il y a de nerfs qui en partent ou y aboutissent. Ajoutons que ce centre commun n'existe pas. Ce n'est pas la masse encéphalique que l'on peut considérer comme la substance du moi. « Le cerveau pris en masse, dit M. Flourens, l'encéphale est un organe multiple, et cet organe se compose de quatre organes particuliers : le cervelet, siége du principe qui règle les mouvements de locomotion ; les tubercules quadrijumeaux, siége du principe qui anime le sens de la vue ; la moelle allongée, siége du principe qui détermine les mouvements de respiration ; le cerveau proprement dit, siége, et siége exclusif de l'intelligence. » Remarquons encore que le cerveau proprement dit est double et se compose de deux lobes semblables, dont chacun est en relation avec le côté du corps qui lui est opposé. On a vainement cherché dans l'encéphale le point unique où tous les nerfs viennent se réunir, il n'existe point un *sensorium commune*. « Vos preuves et vos réflexions, dit Ch. Bonnet dans une lettre au professeur Malacarne, confirment ce que mon illustre ami Haller m'avait écrit à ce sujet ; loin de converger vers un centre commun ou vers une partie unique, vous m'apprenez que les nerfs des sens divergent au contraire à mesure qu'ils s'enfoncent dans le cerveau, et qu'ils tendent conséquemment à y occuper plus d'espace. » Pour expliquer comment il se fait que le même moi perçoive, se souvienne, juge, raisonne, etc., dans un système qui confond les facultés intellectuelles avec les organes cérébraux, Gall admet que toutes les facultés sont douées de la faculté perceptive d'attention, de souvenir, de mémoire, de jugement, d'imagination. Il reconnaît dans l'homme autant d'intelligences individuelles que de facultés ou d'organes. Selon Broussais, il n'est pas nécessaire d'avoir le sentiment personnel pour exister. « Les instincts suffisent,... et comme ils ne sont mis en jeu que par des perceptions, il en résulte que la perception n'implique pas non plus l'existence du sentiment personnel. Cependant la notion du moi se forme peu à peu, et l'homme, après s'être comparé à la nature et s'être comparé avec lui-même ; après avoir comparé entre elles ses perceptions, ses sentiments et ses instincts entre eux ; après avoir analysé leurs nuances et constaté leurs éléments, fait une distinction définitive qui consiste à le séparer de ces phénomènes par une distinction toute de sentiment, et à le désigner par le signe *moi*. » Nous ne rapportons ces citations que pour montrer au prix de quelles absurdités et de quelles contradictions les matérialistes s'efforcent d'éluder l'autorité de la conscience qui nous atteste l'unité et la personnalité du moi. La distinction du principe intellectuel et de l'organisme ne résulte pas avec moins d'évidence du fait de l'identité personnelle. Ce fait est attesté par la conscience et le souvenir dont il est la condition nécessaire, la certitude dont il est l'objet est irrésistible, et nulle objection ne peut l'ébranler ; le révoquer en doute serait ruiner la base même de toute certitude. Je sais que je suis le même aujourd'hui qu'il y a vingt ans. La perception de mon identité est aussi distincte, aussi claire que la perception de mon existence et de ma pensée actuelles ; ma conviction est pleine et entière dans un cas comme dans l'autre. Or, il faut nier l'identité personnelle, si le moi n'est pas substantiellement distinct des organes ; puisque le corps vivant, dans le renouvellement continuel de ses parties, n'est jamais identique à lui-même, ni quant à la substance, ni même quant à la forme. Cependant, au milieu des révolutions successives que subit son enveloppe matérielle, le moi demeure identique. A l'aide du souvenir, il a le pouvoir de se reporter aux diverses époques de son existence, et quelque reculée que soit la période à laquelle sa pensée le ramène, il se retrouve le même. Il contemple les phénomènes variés qui se succèdent sur le théâtre de la conscience, et au milieu de ces variations, il se connaît toujours un, toujours identique à lui-même.

Considérons maintenant quelques-unes des facultés intellectuelles et actives du moi. Nous commencerons par la perception intérieure, celle des opérations de l'intelligence qui semble offrir au matérialiste le moins de difficultés. En tant qu'elle appartient au sujet qui perçoit, et qu'elle est un acte du moi, la perception est une, indivisible comme le moi. Si le sujet de la perception était multiple, il y aurait autant de perceptions que de parties ; la perception serait étendue, divisible, etc. De cette hypothèse découlent les mêmes absurdités que nous avons déjà signalées en établissant l'unité du moi. La simple analyse de la perception extérieure fournit une preuve suffisante de l'immatérialité de son principe ; elle montre, dans un fait unique en apparence, trois faits distincts et irréductibles : l'impression organique ou le phénomène physiologique, la sensation, qui est d'une nature tout à fait différente, et la perception proprement dite, qui comprend le concept d'un objet, l'affirmation de son existence, et cet autre jugement par lequel le sujet se distingue de l'objet et le pose hors de lui. Si le matérialiste est dans l'impossibilité d'expliquer le fait de la sensation, cette impuissance éclate encore plus à l'égard de la perception même, ou, pour parler plus exactement, jamais l'organe seul, à quelques modifications qu'on le soumette, ne concevra l'idée et n'affirmera l'existence d'un objet extérieur. Réduite à la sensation, l'âme immatérielle ne pourrait sortir d'elle-même, parce que la sensation est un fait interne qui ne contient ni le concept, ni l'affirmation, ni même le soupçon d'une réalité distincte de la sensation elle-même. Ce que la sensation n'explique pas, l'impression organique l'explique moins encore. Cette impression est une action matérielle qui commence, se poursuit et se termine; qui, en un mot, s'accomplit tout entière dans l'organe; et comme elle se réduit en définitive à un mouvement particulier de molécules, de quelque manière que l'on diversifie ce mouvement, quelque variées que soient les combinaisons de ces molécules, il n'en sortira ni le concept, ni l'affirmation d'une réalité extérieure. Les informations de nos sens sont très différentes entre elles. S'il n'y a point en nous un principe distinct des organes, comment réunissons-nous ces impressions si diverses, pour les rapporter au même objet! « Si nous étions purement passifs dans l'organe de nos sens, dit Rousseau, il n'y aurait entre eux aucune communication; il nous serait impossible de connaître que le corps que nous touchons et l'objet que nous voyons sont le même. Ou nous ne sentirions jamais rien hors de nous, ou il y aurait pour nous cinq substances sensibles dont nous n'aurions nul moyen d'apercevoir l'identité (1). » Si la connaissance des corps ne peut être un produit du cerveau, les notions abstraites et générales, les concepts et les principes nécessaires et universels, comme les idées de bien et de mal, de vérité, de justice, d'infini, etc., les principes de causalité, de substance, etc., ne peuvent, à plus forte raison, être considérés comme le résultat des fonctions organiques, des propriétés de la matière. On ne conçoit rien de commun entre des idées qui n'ont rien de matériel, et sont indépendantes des corps, et les impressions purement physiques du système nerveux. Ce n'est donc que par une suite de transformations que l'impression organique pourrait devenir, comme la sensation de Condillac, un concept général, une vérité absolue. Or, un phénomène philosophique quelconque, transformé autant que l'on voudra, ne reproduira jamais qu'un phénomène de même nature, tombant sous les sens, individuel, contingent, et ne présentant à l'observation qu'un certain rapport des parties dans l'espace. On multipliera les transformations, on subtilisera indéfiniment la matière sans avancer d'un pas la solution du problème. Il y aura toujours un abîme entre une modification matérielle, visible, tangible, etc., et un concept universel, une idée que les sens ne peuvent atteindre, une vérité qui embrasse tous les temps et tous les lieux, qui exprime non-seulement ce qui est, mais ce qui ne peut pas ne pas être. Nous pourrions démontrer pour chacune de nos facultés intellectuelles en particulier, que nulle d'entre elles ne peut appartenir à l'appareil encéphalique. Qu'il nous suffise de citer pour exemple la faculté de comparer. « Une substance, dit M. de la Romiguière, ne peut comparer, qu'elle n'ait deux sentiments distincts ou deux idées à la fois. Si la substance est étendue ou composée de parties, ne fût-ce que de deux, où placerez-vous les deux idées? Seront-elles toutes dans chaque partie, ou l'une dans une partie et l'autre dans l'autre? Choisissez, il n'y a pas de milieu. Si les deux parties sont séparées, la comparaison est impossible; si elles sont réunies dans chaque partie, il y a deux comparaisons à la fois, et par conséquent deux substances qui comparent; deux âmes, deux moi, mille si vous supposez l'âme composée de mille parties. On ne peut donc regarder l'âme composée et matérielle sans lui ôter la faculté de comparer, ou sans admettre dans l'homme pluralité de moi, pluralité de personnes. Or l'âme compare, et il n'y a dans l'homme ni pluralité de moi, ni pluralité de personnes. Donc, l'âme n'est ni composée ni matérielle (2). » Les matérialistes n'ont pas encore réfuté cet argument qui, du reste, n'est pas nouveau. Le sceptique Bayle est forcé d'avouer qu'il forme une démonstration aussi assurée que celles de la géométrie; et que si tous n'en sentent pas l'évidence, c'est qu'ils n'ont pu ou n'ont pas voulu s'élever au-dessus des notions d'une imagination grossière (3). Les facultés actives de l'âme prouvent son immatérialité avec non moins d'évidence que ses facultés intellectuelles. Le principe qui pense est une volonté libre, qui dirige à son gré son activité. Je puis agir ou n'agir pas, m'appliquer à telle pensée, ou fixer mon attention sur un autre objet. C'est, comme l'unité du moi, une vérité indémontrable, parce qu'elle est

fondée sur le témoignage immédiat de la conscience. Or les volitions ne seraient pas libres, si elles n'étaient que l'effet de l'ébranlement ou de l'irritation de la substance cérébrale. Les principaux caractères de l'activité organique sont la nécessité, l'uniformité; les lois qui la régissent sont constantes, invariables. Qui oserait prétendre que le système nerveux, que le cerveau peut à son gré suspendre les lois de son action, arrêter le mouvement de ses parties, en changer la direction? La liberté dans le système matérialiste n'est qu'un mot vide de sens. Si tout est matière dans l'homme, les sensations doivent être entièrement passives, comme les modifications organiques avec lesquelles elles se confondent; toutes les impressions excitées dans le cerveau doivent être senties pendant toute leur durée. Or l'expérience prouve le contraire. Le moi a le pouvoir de se soustraire à la sensation qu'il éprouve, quoique l'impression physique continue d'exister; et il suffit de fixer son attention sur d'autres objets. Non-seulement la sensation cesse, quand l'attention est détournée, mais pour qu'elle se produise, un degré suffisant d'attention est nécessaire. Si le principe d'où l'attention dérive n'était pas distinct de l'organe, elle accompagnerait toujours et nécessairement la modification organique. Enfin il est des hommes qui luttent avec énergie contre l'exigence du corps, qui parviennent à comprimer les passions les plus violentes, à triompher des habitudes les plus invétérées. Conçoit-on ces luttes, ces victoires, si tout, dans l'homme, est corporel. Comment l'organisme pourrait-il arrêter lui-même l'impulsion qui le sollicite. Il faut donc qu'il existe en nous un principe distinct et indépendant des organes. Platon a développé cette preuve en termes magnifiques. « Peut-être, dit Simmias à Socrate, l'âme ressemble-t-elle à l'harmonie d'une lyre qui est, comme l'âme, quelque chose d'invisible, d'incorporel, de très beau, de divin, et qui cependant, cesse d'exister dès que la corde est rompue. » Socrate lui répond « que si l'âme est une harmonie, elle ne peut avoir d'autre ton que celui qui lui est donné par la tension ou le relâchement, la vibration ou toute autre modification des éléments dont elle est composée; qu'elle obéit à ses éléments et ne peut leur commander. » Puis il continue : « Cependant ne voyons-nous pas que l'âme fait tout le contraire? qu'elle gouverne tous les éléments dont on prétend qu'elle est composée, leur résiste pendant toute la vie et les dompte de toutes les manières, réprimant les uns durement et avec douleur, comme dans la gymnastique et la médecine; réprimant les autres plus doucement, gourmandant ceux-ci, avertissant ceux-là; parlant au désir, à la colère, à la crainte, comme à des choses d'une nature étrangère (1). » A ces preuves nombreuses tirées de l'étude de l'homme, ajoutons celle qui résulte des conséquences désastreuses du matérialisme appliqué à l'art, à la morale, à la religion, à la politique. Le matérialisme étouffe le sentiment de l'idéal; il anéantit l'art en le réduisant à l'imitation de la beauté physique. L'art a pour objet la représentation de l'invisible, de l'idée sous des formes sensibles; ôtez l'idée, reste la forme matérielle; les sens sont constitués juges suprèmes du beau, et l'art, au lieu d'élever l'âme à la contemplation des réalités intelligibles, des idées éternelles, par l'intermédiaire des formes sensibles, la retient dans les limites du monde matériel. La morale du matérialisme est la morale du plaisir ou de l'intérêt; si l'homme n'est que matière, sa loi suprème, c'est la satisfaction, la conservation, le bien-être du corps. Les mots de devoir, de vertu, de sacrifice, de bien et de mal, de mérite et de démérite, sont dépourvus de sens dans un système qui ramène toutes nos idées, tous nos actes, à des phénomènes physiques. D'ailleurs la loi morale est vaine si l'homme n'est pas un être libre, et l'homme des matérialistes est une pure machine. Le matérialisme, poussé dans ses dernières conséquences, est la négation de Dieu, de la vie à venir, et par suite, le renversement de toute religion. En politique, c'est la prédominance exclusive des intérêts matériels; c'est le triomphe de la force brutale sur le droit. Enfin ce système dégrade l'homme en le ravalant au niveau de la brute, dont il ne le distingue que par une organisation plus perfectionnée. Il nous reste à examiner les raisons que les matérialistes invoquent à l'appui de leur doctrine. En commençant cet article, nous avons discuté les fins de non-recevoir qu'ils nous opposent. Quant aux arguments directs qu'ils allèguent en leur faveur, ils sont tirés de certains effets de l'union de l'âme et du corps. Ce qui prouve, disent-ils, que l'âme n'est

(1) Émile, liv. iv, Conf. du vic. Sav. — (2) Leçons de philosophie. — (3) V. Nouvelles de la républ. des lettres, août 1684, art. 6.

(1) Phédon, trad. de M. Cousin, t. 1, p. 270.

pas un principe distinct de l'organisme, c'est que, dans l'exercice de ses facultés, elle est dans la dépendance absolue des dispositions du corps et en particulier du cerveau. Elle se développe, se fortifie et s'affaiblit avec le corps. Les altérations de la substance cérébrale amènent des altérations correspondantes dans les facultés intellectuelles. Enfin, pour déterminer l'espèce et le degré d'énergie des facultés de l'âme, il suffit de l'observation du corps, et en particulier du crâne, des traits du visage, du degré d'ouverture de l'angle facial. D'où les matérialistes concluent que le principe intellectuel n'est autre que l'organisation. Cette objection mille fois proposée a été mille fois réfutée. On répond, premièrement, que les faits allégués, quand on les admettrait sans restriction, ne légitimeraient pas la conclusion que l'on en tire, parce que ces faits reçoivent l'explication la plus satisfaisante dans l'hypothèse de l'union de l'âme et du corps. Il existe une relation très étroite entre l'âme et le corps humains. Les lois de cette union ne nous sont pas entièrement connues, le mode d'action réciproque des deux substances nous échappe. Mais nous savons que le corps et principalement le cerveau est l'instrument de l'âme; qu'elle en a besoin pour un très grand nombre de ses opérations. Il n'est donc pas étonnant que le principe intellectuel exerce ses facultés avec plus ou moins d'énergie selon le bon état et la perfection de l'instrument qu'il emploie. Puisque l'âme et le corps sont unis si étroitement, on conçoit qu'il existe entre ces deux substances certaines analogies qui permettent de conclure, avec plus ou moins de probabilités, de l'une à l'autre. Il est naturel qu'une organisation plus parfaite dénote une intelligence plus élevée. Aucun des faits allégués n'infirme les preuves nombreuses qui établissent l'immatérialité de l'âme; on pourrait les admettre sans restriction et demeurer spiritualiste; mais tant s'en faut qu'ils ne souffrent aucune exception. Car, il n'y a pas une correspondance adéquate entre le développement ou l'affaiblissement du corps, et le développement ou l'affaiblissement des facultés intellectuelles et morales. On a vu des hommes conserver dans un corps débile une force d'âme extraordinaire; des enfants d'une construction chétive annoncer des talents précoces, tandis que des hommes forts et robustes sont, moins heureusement partagés, sous le rapport intellectuel, que d'autres d'un tempérament faible et maladif. De tels faits fournissent une nouvelle preuve de la distinction du principe pensant et de l'organisme; car si l'âme était identique avec le corps, elle en subirait toutes les vicissitudes sans aucune exception, et il existerait toujours une exacte proportion entre l'état des facultés intellectuelles et celui des organes. Nous avons parlé précédemment de la lutte de l'âme contre les exigences du corps. Ce fait seul est une réfutation suffisante de l'objection que nous discutons actuellement. Ce n'est pas ici le lieu d'apprécier le degré de confiance que méritent les indications fondées sur les traits du visage, sur le degré d'ouverture de l'angle facial, sur les protubérances du crâne. Nous renvoyons aux articles où ces différents objets sont traités d'une manière spéciale. Nous passons également sous silence d'autres objections peu importantes ou faciles à résoudre, pour arriver au système cosmologique des matérialistes. Ce système est la négation d'un dieu créateur et organisateur du monde, c'est l'athéisme proprement dit, qui n'est que le sensualisme appliqué à l'étude de la nature. Sa connaissance du monde extérieur contient deux éléments distincts : l'un qui est l'objet immédiat de l'observation sensible, l'autre qui est conçu par la raison. Citons un exemple : je vois un fait qui commence; c'est une nuage qui se résout en pluie. Au moyen de mes sens, je vois le fait commencer; je saisis la forme, la couleur du nuage et de l'eau qui tombe, etc. Voilà ce qui fait l'objet de l'intuition sensible. Mais à la perception du fait extérieur viennent se joindre des notions, des jugements que l'intuition sensible du fait ne contient pas. Au phénomène je suppose une cause; sous les qualités du liquide je conçois la substance. A la vue des phénomènes qui succèdent à la pluie, tel que le développement plus actif de la végétation, le premier de ces deux faits m'apparaît lié au second, comme le moyen est coordonné par rapport à sa fin. Si je viens à réfléchir sur ces notions de changement, de cause et de but, de phénomène et de substance, je découvre une relation nécessaire du changement à sa cause, du phénomène à sa substance, du fait à sa fin. Aux jugements concrets individuels succèdent les principes universels et nécessaires. Mais là ne s'arrête point le travail de la pensée. L'effet n'a pas en lui-même la raison d'exister, il la tient

de sa cause; si la cause est à son tour un effet, la raison s'élève nécessairement à l'idée de la cause première, absolue, qui ne dépend d'aucune condition antérieure et de laquelle dépendent les existences conditionnelles. Cette première cause doit trouver en elle-même sa raison d'exister; elle est l'être par soi; l'existence réelle appartient à son essence; elle est donc nécessaire, et sa non-existence implique contradiction. C'est de cette manière encore que la raison s'élève à l'affirmation de la substance absolue et de la fin absolue. Or, nier la nécessité d'une cause efficiente du monde et d'une intelligence ordonnatrice de ses différentes parties, c'est appliquer à l'étude de la nature le système sensualiste sur l'origine, la nature et la portée de la connaissance humaine; c'est admettre implicitement que notre connaissance du monde est limitée au rapport de nos sens. Les sens en effet n'atteignent que le phénomène; la réalité substantielle, l'être, l'essence est hors des limites de leur action. A l'aide des sens, nous percevons deux phénomènes dont l'un succède à l'autre; mais ils ne nous apprennent point si le premier est lié au second comme la cause à son effet, comme le moyen à sa fin. Le matérialiste, réduisant notre connaissance du monde matériel aux informations des sens, est conséquent avec lui-même quand il rejette l'existence et la nécessité d'une cause première et d'une intelligence ordonnatrice. Son système cosmologique n'a pas une autre valeur que l'hypothèse psychologique sur laquelle il est fondé. Mais il va plus loin, et par une contradiction évidente, il accepte les notions de cause première, d'être nécessaire, en appliquant ces caractères à la matière. C'est sur ce terrain que nous devons le suivre. Le monde visible est le théâtre d'une suite non interrompue de transformations. Tous ces changements sont contingents, puisqu'ils existent en vertu d'une cause. Rien de ce que l'observation sensible nous découvre dans le monde matériel ne possède l'existence par soi. Constatons encore un fait : c'est que l'on ne considère chaque phénomène, il n'en est aucun dont la non-existence implique contradiction. Les matérialistes sont donc forcés d'attribuer l'existence par soi, la nécessité, l'éternité, à la substance matérielle considérée à part des phénomènes et des propriétés qui la manifestent, et de soutenir que les transformations, les phénomènes visibles, sont le développement nécessaire de l'essence de la matière. C'est là du reste une simple assertion des matérialistes. Quant aux preuves, ils n'en fournissent aucune. Ils disent bien que Dieu étant inaccessible à nos sens, il doit être mis au nombre de ces chimères dont un esprit raisonnable ne daigne plus s'occuper, ce qui ne les empêche pas d'attribuer à la matière des propriétés qu'il est impossible de constater par l'expérience, telles que la nécessité, l'éternité. Ils disent encore que l'essence de la matière étant inconnue, on ne peut démontrer qu'elle n'est pas nécessaire, et que ses qualités extérieures, ses formes successives ne découlent pas nécessairement de sa nature. Cet argument est purement négatif; il ne prouve pas la vérité du matérialisme et tend à ruiner la preuve physique de l'existence de Dieu sans ébranler les autres. Sous quelque point de vue qu'on envisage la matière, il est impossible de lui attribuer les caractères et les propriétés d'un principe. Pour échapper à l'argument tiré de la contingence des phénomènes, et élever la matière au rang d'un principe nécessaire, les matérialistes la dépouillent de toutes les propriétés dont les corps naturels sont doués; ils la conçoivent, à l'exemple des anciens philosophes et principalement des péripatéticiens, comme un sujet vague, indéterminé, un je ne sais quoi qui n'a aucune forme, aucune qualité assignable. Mais la matière ainsi comprise est le pur néant : c'est, si l'on veut, l'idée de la possibilité des corps; mais ce substratum neutre, indéterminé, indifférent à devenir toutes les substances singulières, n'est pas une existence réelle, c'est une abstraction de l'intelligence. C'est ainsi qu'en voulant élever la matière jusqu'à l'être absolu, on l'anéantit, on n'évite une difficulté que pour tomber dans une plus grande. Si l'on considère la matière à son état concret, c'est-à-dire avec les différents corps de la nature, exprimée dans les propriétés qui constituent leur essence, on ne peut soutenir la nécessité de son existence qu'à la condition de soutenir en même temps la nécessité de chacun des corps naturels en particulier, et des propriétés, des formes, sous lesquelles ils nous apparaissent. Or, ces formes, ces propriétés, les corps auxquels elles appartiennent sont évidemment contingents. Le mouvement n'est pas plus nécessaire à la matière que le repos, puisque les corps qui nous entourent sont tantôt en repos, tantôt en mouvement. Telle direction du mouvement n'est pas plus de l'essence de la matière que telle autre direction. La non-existence de la forme actuelle du monde n'implique pas contradiction ; il n'est aucun corps dont on ne conçoive l'anéantissement. Les corps naturels sont donc contingents : or, ces corps sont la matière elle-même. On ne peut donc la considérer comme un principe. On tire la même conséquence de l'ordre qui règne dans la nature. Les matérialistes, qui admettent le principe de causalité dans l'explication des phénomènes, ne rejettent le principe de finalité qu'en se mettant en contradiction avec eux-mêmes ; car ces deux principes sont du même ordre et sur la même ligne. A la vérité, les sens ne découvrent pas plus la relation du moyen à la fin que celle de l'effet à sa cause ; mais le domaine de la raison n'est pas limité à celui des sens. Il m'est impossible de ne pas voir la coordination du moyen à la fin entre deux phénomènes dont le premier n'a plus de signification sans le second. La notion de l'ordre se réduit dans l'idée du rapport des moyens à la fin. L'ordre ainsi conçu suppose une intelligence ordonnatrice. Cet axiome est, aux yeux de la raison, revêtu de la même autorité que les principes de substance et de causalité, et comme eux, il est indémontrable. Qui songe à établir sur des preuves directes la vérité du principe de causalité contre Hume, on lui répond que ses objections fondées sur le système exclusif de la sensation reposent sur une base ruineuse ; c'est aussi la seule réponse à faire aux matérialistes qui rejettent le principe de finalité. La notion d'ordre et la nécessité d'une intelligence, principe de l'ordre, apparaissent à l'esprit humain dès qu'il s'applique à l'étude de la nature. Mais règne-t-il dans le monde matériel un ordre véritable ? Pour le développement de cette preuve, qui dépasserait les limites d'un simple article, nous sommes obligés de renvoyer aux ouvrages spéciaux qui ont été composés sur le sujet. (*Voy.* Niewentit, Fénelon, M. de Châteaubriand.) Nous observerons seulement que l'existence de l'ordre est l'objet de la croyance primitive invincible, de l'esprit humain. C'est cette croyance qui rend possible l'induction. Si en effet, nous ne savions pas, *a priori*, qu'il existe dans la variété des phénomènes des lois universelles et constantes, les généralisations établies devraient n'embrasser que les faits observés ; or, elles s'étendent à tous les faits possibles, elles embrassent tous les temps et tous les lieux. De plus, nous sommes invinciblement portés à juger que ces sortes de généralisations, quoiqu'elles dépassent les faits observés, n'en sont pas moins légitimes quand les règles de l'induction ont été suivies. L'expérience ne fait que confirmer la croyance innée de notre esprit à l'existence des lois qui régissent les phénomènes. Attribuer au hasard ou à l'aveugle nécessité l'ordre admirable qui règne au sein de la nature, c'est outrager la raison et le sens commun. D'un autre côté, nier l'existence de cet ordre, c'est ne tenir compte ni des jugements primitifs de notre esprit, ni des enseignements de l'expérience. *Cœli enarrant gloriam Dei et opera manuum ejus annuntiat firmamentum*, Ps. 18.   J.

MATÉRIALISTE, s. des deux genres, celui, celle qui n'admet que la matière. Il s'emploie aussi adjectivement.

MATÉRIALITÉ, s. f., qualité de ce qui est matière.

MATÉRIAUX, s. m. pl., les différentes matières qui entrent dans la construction d'un bâtiment, comme la pierre, le bois, etc. Il se dit aussi figurément de tout ce qu'une personne qui se dispose à écrire l'histoire ou à composer quelque autre ouvrage d'esprit, rassemble de faits, d'idées, etc.

MATÉRIEL, ELLE, ad., qui est formé de matière. Il signifie aussi qui a rapport à la matière, qui tient de la matière. Matériel signifie encore grossier, qui a ou qui paraît avoir beaucoup de matière. Fig., un esprit matériel, se dit d'un homme qui a l'esprit lourd, pesant. Matériel, dans l'ancienne philosophie scolastique, signifiait qui est opposé à formel. En jurisprudence, faux matériel, celui qui est commis innocemment, et sans intention coupable ; par opposition à faux formel, celui que l'on commet sciemment et à mauvaise intention. Matériel, pris substantivement, signifie les objets de toute nature qui sont employés à quelque service public, par opposition à personnel, qui s'entend de toutes les personnes attachées à ce même service.

MATERNE (Saint), succéda à saint Valère dans le gouvernement de l'Eglise de Trèves, vers la fin du IIIᵉ siècle. Il quitta ce siége pour fonder celui de Cologne, qu'il remplit jusqu'à sa mort. Il assista à deux conciles tenus contre les donatistes, l'un à Rome, l'autre à Arles. Son corps fut transporté à Trèves, dans l'église de Saint-Mathias, où il fut enterré auprès de

saint Eucher et de saint Valère, ses prédécesseurs. Pappo, archevêque de Trèves, le transféra de là dans l'église métropolitaine en 1037. Quelques légendes le font mal à propos disciple de saint Pierre.

MATERNEL, ELLE, adj., qui est propre à la mère, qui est naturel à la mère. Côté maternel, ligne maternelle, la ligne de parenté du côté de la mère. Langue maternelle, la langue du pays où l'on est né.

MATERNITÉ, s. f., l'état, la qualité de mère.

MATERNUS DE CILANO (GEORGE-CHRÉTIEN), né à Presbourg, s'appliqua avec succès aux belles-lettres, à la physique, à la médecine, à l'étude de l'antiquité, et enseigna les sciences à Altenau, dans la Basse-Saxe, où il mourut le 9 juillet 1773. Les monuments de sa science sont : 1° *De terræ concussionibus* ; 2° *De causis lucis borealis* ; 3° *De motu humorum progressivo veteribus non ignito*, 1754, in-4° ; 4° *De saturnalium origine et celebrandi ritu apud Romanas*, 1759, in-4° ; 5° *Prolusio de modo furtum quærendi apud Athenienses et Romanos*, 1769, in-4° ; 6° une *Description de l'état civil et militaire de la république romaine*, en allemand, 3 vol. in-8° ; 7° plusieurs Dissertations insérées dans les journaux de *Curieux de la nature*.

MATH-OCCIDENTAL ou **WEST-MATH**, comté d'Irlande, dans la province de Leinster. Il est borné au N.-E. et à l'E. par le Meath-Oriental, au S. par le King's-County, et à l'O. par les comtés de Roscommon et de Longford. Il a 15 lieues de long sur 9 de large, et 96 lieues carrées de superficie. On y remarque la montagne Usneach, célèbre par les assemblées des druides. Ce pays arrosé par la Broma, l'Inny et le Shannon, a plusieurs grands lacs et est assez fertile. Il renferme environ 150,000 habitants.

MATH-ORIENTAL ou **EAST-MEATH**, autre comté d'Irlande, est situé dans la même province. Il est borné au N. par le comté de Cavan, à l'E. par celui de Loush, par la mer d'Irlande et par le comté de Dublin, au S. par les comtés de Kildare et de King's-County, à l'O. par celui de Meath-Occidental. Sa longueur est de 16 lieues sur 15 de largeur, et sa surface de 101 lieues carrées. Le pays, riche et mêlé de quelques collines et de vastes plaines, se divise en terres cultivées et en pâturages. Les premières forment le tiers du comté et produisent abondamment du blé, de l'orge des pommes de terre, de l'avoine, du seigle et du lin. Le Meath-Oriental possède une mine de cuivre et de belles carrières de pierre. La population est d'environ 205,000 habitants.

MATHAN, prêtre de Baal, fut tué devant l'autel de ce faux dieu, par les ordres du grand-prêtre Joïada, vers l'an 880 avant J. C.

MATHAN, fils d'Eléazar, fut père de saint Jacob et aïeul de saint Joseph, époux de la sainte Vierge.

MATHAT, fils de Lévi, et père d'Héli, que l'on croit être le même que Joachim, père de la vierge Marie.

MATHATHA, fils de Nathan, et père de Menna, un des ancêtres de Jésus-Christ selon la chair.

MATHATHIAS, fils de Jean, de la famille des Machabées, prêtre du Seigneur, descendant d'Aaron par Eléazar, se rendit célèbre pendant la persécution d'Antiochus Epiphanes. Les abominations qui se commettaient à Jérusalem après la prise de cette ville l'obligèrent de se retirer avec ses fils dans celle de Modin, où il était né. Ses fils étaient Jean, Simon, Judas, Eléazar et Jonathas. Il ne fut pas longtemps à Modin sans y voir arriver les commissaires envoyés par Antiochus, pour contraindre les habitants de cette ville à renoncer à la loi de Dieu, et à sacrifier aux idoles. Plusieurs cédèrent à la violence ; mais Mathathias déclara publiquement qu'il n'obéirait jamais aux ordres injustes d'Antiochus. Comme il cessait de parler, il aperçut un Israélite qui s'avançait pour sacrifier aux idoles. Animé à l'instant d'un enthousiasme divin, il se jette sur cet homme et sur l'officier qui voulait le forcer à cette impiété, et les tue tous les deux sur l'autel même où ils allaient sacrifier. Cette action ayant fait du bruit, il s'enfuit sur les montagnes avec ses fils et un grand nombre d'Israélites. Alors, formant un corps d'armée, il parcourut tout le pays, détruisit les autels dédiés aux faux dieux, et rétablit le culte du Seigneur. Ce grand homme, sentant que sa fin s'approchait, ordonna à ses fils de choisir pour général de leurs troupes Judas Machabée. Il les bénit ensuite, et mourut après avoir gouverné Israël durant l'espace d'une année, vers la 166ᵉ avant Jésus-Christ. C'est par lui que commence la principauté des Asmonéens, qui dura jusqu'à Hérode. La grande sacrificature y fut toujours jointe, depuis son fils Judas Machabée, qui en fut revêtu le premier.

MATHATHIAS, fils de Simon, petit-fils du grand Mathathias, fut tué en trahison, avec son père et un de ses frères, par Ptolémée, son beau-frère, dans le château de Doch, l'an 135 avant J. C.

MATHÉMATICIEN, s. m., celui qui fait son étude principale des mathématiques, qui s'occupe d'ouvrages ou de travaux relatifs à cette science.

MATHÉMATIQUE, adj. des deux genres, qui a rapport aux mathématiques ou qui résulte des procédés de cette science. Point mathématique, le point considéré abstractivement comme n'ayant aucune étendue.

MATHÉMATIQUES (de μάθησις, *science, discipline*). Ce nom, qui ne s'emploie plus qu'au pluriel, parce que les diverses parties de la science qu'il désignait dans l'origine, ont reçu des démarcations précises, ou sont devenues autant de sciences particulières, montre dans son étymologie, la science, l'importance et l'idée noble et juste que les anciens attachaient déjà aux connaissances auxquelles on l'avait donné. La mathésis, ou la science, était en effet chez les Grecs la réunion de toutes les connaissances évidentes et certaines ; quelques notions d'arithmétique, de géométrie, d'astronomie, de musique, et, plus tard, de mécanique et d'optique, constituaient son ensemble ; ce ne fut qu'après de longs travaux que chacune de ces parties reçut assez de développement pour constituer une branche à part. Nous n'examinerons point ici, comment cette séparation a pu s'effectuer, et par quel progrès rapide s'est élevé le vaste et majestueux édifice des mathématiques modernes ; cette partie historique de la science est indiquée suffisamment dans un grand nombre d'articles particuliers, et nous devons nous borner ici à considérer la science elle-même. Les modernes ont défini les mathématiques en général, la science des rapports des quantités, cette définition est vicieuse ou du moins très incomplète, car pour pouvoir s'occuper du rapport des quantités, il faut préalablement que ces quantités existent ou soient engendrées ; or, les lois de la génération des quantités rendent seules possibles les lois de leur comparaison ou de leurs rapports, et forment ainsi la partie la plus essentielle de la science. Une définition plus exacte, quoique plus ancienne, est celle qui fait simplement les mathématiques, science des quantités ; mais elle est loin de donner une idée précise de la haute importance de leur objet. Cependant, toute restreinte que puisse paraître cette définition, nous allons essayer de montrer, en la développant, qu'elle renferme implicitement la conception de l'objet des mathématiques, et qu'elle est conséquemment meilleure que celle qu'on a voulu lui substituer. La quantité, prise en général, est une loi formelle de l'entendement, en vertu de laquelle nous concevons successivement le même objet comme un ou plusieurs, unité ou multitude, c'est-à-dire comme formant un ensemble composé de parties. En examinant avec attention les intuitions que nous avons des objets sensibles, nous reconnaissons facilement que la représentation des parties rend seule possible et précède nécessairement celle du tout. Par exemple, nous ne pouvons nous représenter une ligne, telle petite qu'elle soit, sans la décrire par la pensée, c'est-à-dire, sans en produire successivement toutes les parties d'un point à un autre et sans par là rendre enfin sensible cette intuition. Il en est de même de toutes les parties du temps, telle que la plus petite. Nous ne nous la représentons que par la progression successive d'un instant à un autre, d'où résulte enfin un ensemble de parties du temps une quantité de temps déterminé. D'après cette loi, tous les phénomènes du monde physique, considérés dans leur forme, sont perçus d'abord comme des agrégats de parties données primitivement, ou comme des ensembles susceptibles de plus et de moins, d'augmentation et de diminution ; tous ces phénomènes sont donc des quantités ; et, par conséquent, la science des quantités embrasse l'universalité des phénomènes ou les lois de la forme du monde physique. Tel est en effet l'objet élevé des mathématiques. Pour mieux préciser cette déduction, remarquons que l'espace et le temps, ces conditions primordiales du monde physique, sont eux-mêmes des quantités, parce qu'aucune de leurs parties ne peut être l'objet d'une intuition sans être renfermée dans des limites, des points ou des instants ; de telle manière que cette partie n'est encore qu'un espace ou qu'un temps, et que l'espace ne se compose que d'espaces, le temps que de temps. Or, les phénomènes du monde physique, savoir les objets extérieurs et les représentations intérieures que nous en avons, nous apparaissent nécessairement dans le temps et dans l'espace, car ce sont les intuitions pures du temps et de l'espace qui servent de base à toutes les intuitions que nous avons des objets, et particulièrement le temps pour tous les objets physiques en général, et l'espace pour tous les objets physiques extérieurs ; le temps et l'espace sont donc les formes du monde physique, et c'est en les considérant ainsi, c'est-à-dire, non ce qu'ils sont en eux-mêmes, abstraction faite des objets, mais comme appartenant aux objets, ou aux phénomènes physiques donnés *à posteriori*, que le plus grand métaphysicien de notre époque a si bien défini les mathématiques : la science des lois du temps et de l'espace. A l'aide de cette définition ou de cette détermination de l'objet général des mathématiques, il nous devient facile de donner la classification des diverses branches de cette science. Observons d'abord que les lois du temps et de l'espace peuvent être considérées en elles-mêmes, et dans les phénomènes physiques auxquels elles s'appliquent. La considération *in concreto* de ces lois est l'objet des mathématiques pures ; leur considération *in abstracto*, celui des mathématiques appliquées. Occupons-nous d'abord des mathématiques pures, dont les autres dépendent nécessairement. D'après ce qui précède, leur objet général est la quantité considérée dans le temps et dans l'espace, or la loi formelle de quantité appliquée au temps, donne la succession des instants, ou le nombre, c'est-à-dire la conception de l'unité synthétique de la diversité d'une intuition homogène ; appliquée à l'espace, elle donne la conception de la conjonction des points ou de l'étendue. Les nombres et l'étendue forment donc deux déterminations particulières de l'objet général des mathématiques pures, et donnent ainsi naissance à deux branches distinctes de ces sciences. La première est l'algorithmie, ou la science des nombres ; la seconde, la géométrie, ou la science de l'étendue. L'algorithmie se divise en deux branches principales dont l'une a pour objet les nombres considérés en général, ou les lois des nombres, c'est l'algèbre, et dont l'autre a pour objet les nombres considérés en particulier ou les faits des nombres, c'est l'arithmétique. Les faits des nombres étant subordonnés à leurs lois, l'arithmétique n'a d'autres subdivisions que celles qu'elle emprunte de l'algèbre ; nous ne nous occuperons donc que de cette dernière.

1. Les nombres pouvant être envisagés sous le rapport de leur construction ou de leur génération, et sous celui de leur relation ou de leur comparaison, nous aurons deux espèces de lois distinctes, savoir : les lois de la génération des nombres, et les lois de la comparaison des nombres.

2. La génération des nombres se présente à son tour sous deux aspects différents ; d'après le premier, la génération d'un nombre est donnée par une construction individuelle et indépendante qui fait connaître sa nature ; d'après le second, la génération de tous les nombres est donnée par une construction universelle, qui fait connaître leur mesure ou leur évaluation, par exemple, l'expression $x = \sqrt{a}$ nous donne la nature du nombre x, tandis que l'expression équivalente (m)

$$x = 1 + \frac{1}{2}(a-1) - \frac{1}{8}(a-1)^2 + \frac{1}{16}(a-1)^3 - \text{etc...}$$

porte sur la mesure du nombre x, et nous donne son évaluation. Or, la forme $\sqrt{a}$ se rapporte uniquement aux nombres qui sont les racines d'autres nombres, c'est donc un mode individuel de génération, tandis que la forme $A + Ba + Ca^2 + \text{etc.}$, à laquelle se réduit l'expression (m) peut se rapporter à un nombre quelconque, c'est donc un mode universel de génération. Ce que nous venons de dire des deux aspects sous lesquels se présente la génération des nombres peut également s'appliquer à leur comparaison, ainsi la réunion de tous les modes individuels et indépendants de la génération et de la comparaison des nombres forme une branche particulière de l'algèbre, et la réunion de tous les modes universels de cette génération et de cette comparaison forme une autre branche. M. Wronski, à qui l'on doit cette importante distinction, nomme la première théorie, et la seconde technie. Nous conserverons ces dénominations.

3. La théorie de l'algèbre a donc pour objet les lois individuelles et indépendantes de la génération et de la comparaison des quantités numériques. Or, parmi ces lois il faut distinguer celles qui constituent les éléments de toutes les opérations numériques possibles, de celles qui constituent la réunion systématique de ces éléments. Ainsi, trois algorith-

mes, ou trois modes primitifs élémentaires de génération se présentent d'abord, leurs formes sont

$$1 \ldots A \dagger B = C, \; 2 \ldots A \times B = C, \; 3 \ldots A^B = C,$$

et ils engendrent successivement les nombres entiers, les nombres fractionnaires, les nombres irrationnels; et, de plus, nous conduisent aux nombres dits imaginaires, en remarquant la fonction différente du nombre B, dans les deux branches $A + B = C$, $C - B = A$ du premier algorithme, fonction qui porte sur la qualité de ce nombre et lui donne un état positif et négatif.

4. Ces algorithmes primitifs essentiellement différents, sont donc les éléments de la science, qui ne peut tirer que d'eux seuls les matériaux de ses constructions en les faisant dériver de leurs propres combinaisons; mais parmi tous les algorithmes dérivés, dont le nombre est indéfini, il en est deux dont la dérivation est nécessaire, pour la possibilité même de la science, et que cette nécessité fait ranger dans la classe des algorithmes élémentaires, ce sont, la numération et les facultés. La numération a pour objet la génération d'un nombre, par la combinaison des deux premiers algorithmes, en resserrant ces algorithmes composants entre des limites données, de manière que l'on puisse néanmoins obtenir, dans tous les cas, la génération complète du nombre proposé. Sa nécessité se manifeste particulièrement dans l'arithmétique qui ne serait pas possible sans cet algorithme et sa forme générale est

$$A_\varphi x + B_{\varphi_1} x \dagger C_{\varphi_2} x \dagger D_{\varphi_3} x \dagger \text{etc.}$$

A, B, C, D, etc., étant des quantités indépendantes de x et ψx, $\Phi_1 x$, $\psi_1 x$, etc., des fonctions quelconques de x liées entre elles par une loi. Les facultés, dont la forme générale est

$$\varphi x . \varphi_1 x . \varphi_2 x \; \varphi_3 x . \varphi_4 x \ldots \text{etc.}$$

ont pour objet la génération d'une quantité numérique, par la combinaison des deux derniers algorithmes élémentaires, en resserrant de même les algorithmes composants entre des limites données. Sa nécessité se manifeste dans l'algèbre, particulièrement pour la génération de certaines quantités transcendantes qui ne serait pas possible sans cet algorithme.

5. La numération et les facultés sont liées entre elles par le second algorithme primitif qui entre comme partie constituante dans leur composition, et établit conséquemment entre ces algorithmes dérivés une espèce d'unité qui permet de passer de l'un à l'autre. La transition de la numération aux facultés est opérée par les logarithmes, et celle des facultés à la numération, par les fonctions dérivées nommées si-

nus et cosinus. Les logarithmes et les sinus terminent définitivement le système de tous les algorithmes élémentaires.

6. M. Wronski a donné aux trois algorithmes primitifs

$$A \dagger B = C, \; A \times B = C, \; A^B = C,$$

les noms respectifs de sommation, reproduction et graduation; nous nous servirons dans ce qui va suivre de ces dénominations, sans lesquelles nous serions obligés à chaque instant d'employer des périphrases.

7. Avant de passer à la réunion systématique des algorithmes élémentaires primitifs et dérivés, procédons à la déduction des objets de la comparaison élémentaire des nombres. La relation réciproque des nombres, considérée dans toute sa généralité, consiste dans l'égalité ou l'inégalité de ces nombres; mais l'égalité, dans sa simplicité élémentaire, n'a d'autres lois que celles de l'identité, et ne peut former l'objet d'une considération particulière, il nous reste donc seulement à nous occuper de l'inégalité. Or, l'inégalité de deux nombres peut être envisagée selon la relation des quantités A ou B avec C dans chacun des algorithmes primitifs, et c'est cette relation qui prend le nom de rapport. Nous avons donc, pour les rapports de sommation

$$C - A = B, \; C - B = A \, ;$$

pour les rapports de reproduction

$$\frac{C}{A} = B, \; \frac{C}{A} = A \, ;$$

et pour les rapports de graduation

$$\frac{\text{Log. } C}{\text{Log. } A} = B, \; \sqrt{C} = A,$$

mais les deux relations des deux premières espèces de rapports étant les mêmes, et la première de la troisième espèce étant identique avec celles de la seconde, il n'existe réellement que trois rapports différents, et même on ne tient compte que des deux premiers,

$$C - A = B, \; \frac{C}{A} = B,$$

auxquels on donne les noms de rapport arithmétique, et de rapport géométrique. Deux rapports égaux, arithmétiques ou géométriques, constituent une proportion, et une suite de rapports égaux, dont les termes moyens sont les mêmes, forme une progression. La théorie de la comparaison élémentaire des quantités a donc pour objet les rapports, les proportions et les progressions. Nous résumerons toute la partie élémentaire de la théorie de l'algèbre dans le tableau suivant :

THÉORIE DE L'ALGÈBRE. PARTIE ÉLÉMENTAIRE.	GÉNÉRATION.	ALGORITHMES THÉORIQUES primitifs.	SOMMATION.	ADDITION. SOUSTRACTION.
			REPRODUCTION.	MULTIPLICATION. DIVISION.
			GRADUATION.	PUISSANCES. RACINES.
		ALGORITHMES THÉORIQUES dérivés.	Immédiats.	NUMÉRATION. FACULTÉS.
			Médiats.	LOGARITHMES. SINUS.
	COMPARAISON.	Relation d'inégalité. = ÉGALITÉ.		
		Relation d'égalité. = RAPPORTS.	RAPPORT ARITHMÉTIQUE. RAPPORT GÉOMÉTRIQUE.	

8. La réunion des algorithmes élémentaires, qui forme la partie systématique de la théorie de l'algèbre, n'est pas une simple combinaison de ces algorithmes comme dans la formation des algorithmes dérivés; c'est une véritable réunion systématique, d'après laquelle les quantités numériques reçoivent de nouvelles déterminaisons et de nouvelles lois dans leur génération et dans leur comparaison. Sans remonter ici aux principes philosophiques de cette réunion, qui ne sont point notre objet, nous allons exposer comment elle se manifeste dans la science. Si nous envisageons deux algorithmes élémentaires comme concourant à la génération d'une quantité, nous pourrons considérer cette génération de deux ma-

nières : 1° comme étant donnée indistinctement par l'un et par l'autre de ces algorithmes; 2° comme étant opérée par l'influence distincte de l'un de ces algorithmes sur l'autre. Par exemple, soit

$$m = A \dagger B, \; m = C,$$

la double génération d'un nombre m, au moyen des deux algorithmes primitifs élémentaires de la sommation et de la graduation; la réunion de ces deux générations, $A \dagger B = C$, si elle était généralement possible, nous permettrait de considérer indistinctement chacun de ces algorithmes primitifs comme pouvant donner la génération d'un nombre m, et toutes les fois que nous aurions $m = A \dagger B$, nous pourrions conclure qu'il existe une autre génération équivalente du même nombre $m = C_0$, ou réciproquement. Or, une telle identité systématique de génération n'est pas possible pour les algorithmes primitifs élémentaires, qui sont indépendants les uns des autres, et les circonstances particulières où l'on peut avoir ; soit $A+B = C_0$, soit $A+B = E \times F$; soit $E \times F = C_0$, ne peuvent jamais permettre de considérer généralement la génération d'un nombre comme donnée indistinctement par l'un et par l'autre des algorithmes qui entrent dans chacune de ces réunions. Mais si les algorithmes primitifs élémentaires ne peuvent, dans leur réunion, donner lieu à une identité systématique, il n'en est pas de même des deux autres algorithmes élémentaires dérivés; la numération et les facultés. En donnant au premier de ces algorithmes la forme

$$A_0 \dagger A_1 x \dagger A_2 x^2 \dagger A_3 x^3 \dagger \text{ etc.} \dots \dagger A\omega x\omega$$

et au second la forme

$$(x \dagger a_1)(x \dagger a_2)(x \dagger a_3)\dots(x \dagger a\omega)$$

il est prouvé, que si l'on a, pour la génération d'une quantité quelconque φx,

$$\varphi x = A_0 \dagger A_1 x \dagger A_2 x^2 \dagger \text{ etc.} \dots \dagger A\omega x\omega$$

on aura aussi,

$$\varphi x = (x \dagger a_1)(x \dagger a_2)(x \dagger a_3)\dots(x \dagger a\omega)$$

et réciproquement. De sorte que l'on a généralement, pour l'identité en question, l'expression (n)

$$A_0 \dagger A_1 x \dagger A_2 x^2 \dagger \text{ etc.} \dots \dagger A\omega x\omega =$$
$$(x \dagger a_1)(x \dagger a_2)\dots\dots(x \dagger a\omega)$$

Les quantités A_0, A_1, A_2, se trouvent déterminées par les quantités a^1, a^2, a^3, etc., ou réciproquement. Or, les lois de la détermination de ces quantités les unes au moyen des autres, forment une partie distincte et essentielle de l'algèbre, on lui a donné le nom de théorie des équivalences. Dans son *introduction à l'analyse des infiniment petits*, il a démontré les deux belles équivalences, trouvées par Jean Bernouilli,

$$\sin x = x - \frac{x^3}{1.2.3} + \frac{x^5}{1.2.3.4.5} - \frac{x_7}{1.2.3.4.5.6.7} \text{ etc.}$$
$$= x.\left(1 - \frac{x}{\pi}\right).\left(1 + \frac{x}{\pi}\right).\left(1 - \frac{x}{2\pi}\right).\left(1 + \frac{x}{2\pi}\right)\dots\text{etc.}$$
$$\cos x = 1 - \frac{x^2}{1.2} + \frac{x4}{1.2.3.4} - \frac{x^6}{1.2.3.4.5.6} + \dots \text{ etc.}$$
$$= \left(1 - \frac{2x}{\pi}\right).\left(1 + \frac{2x}{\pi}\right).\left(1 - \frac{2x}{3\pi}\right).\left(1 + \frac{2x}{3\pi}\right)\dots\text{etc.}$$

et il en a tiré plusieurs conséquences très remarquables pour la sommation des séries infinies.

9. En examinant maintenant la seconde manière suivant laquelle le concours de deux algorithmes élémentaires peut opérer la génération des quantités, on voit facilement que ces deux algorithmes devant être considérés comme distincts l'un de l'autre, il en résulte, pour leur réunion, une diversité systématique, qui se manifeste de trois manières : 1° par l'influence de la sommation dans la génération des quantités où domine la graduation; 2° par l'influence de la graduation dans la génération des quantités où domine la sommation ; et 3° par l'influence réciproque de la sommation et de la graduation dans la génération des quantités où dominent l'un et l'autre de ces algorithmes.

10. L'influence de la sommation, dans la génération des quantités où domine la graduation, a lieu lorsqu'on considère les fonctions d'une ou de plusieurs quantités variables comme exprimant la génération par graduation des quantités numériques, tandis qu'on envisage la variation de ces quantités par rapport à la sommation. Par exemple, φx, étant la génération par graduation d'une quantité quelconque, si x varie par addition ou soustraction, c'est-à-dire, devient $x \dagger \Delta$ ou $x - \Delta$, la variation correspondante de φx sera due nécessairement à l'influence de l'algorithme de la sommation. C'est cette variation qu'on nomme en général différence, et les lois qui la régissent forment l'objet de la théorie des différences. Les éléments de la sommation pouvant être considérés comme réels ou idéals, c'est-à-dire comme finis, ou infiniment petits, la théorie des différences a deux branches qui sont : le calcul des différences et le calcul différentiel. Si

l'on envisage, en outre, les éléments de la sommation comme indéterminés, on a le calcul des variations.

11. Le second cas de la triple diversité systématique, que nous examinons donne naissance à un calcul nouveau dont l'importance pour l'algorithmie n'est pas encore développée, quoiqu'il en constitue une partie nécessaire. Cependant ce calcul a cela de remarquable, que sa découverte n'est point le résultat d'un problème à résoudre, ou d'un besoin manifesté par la science, mais qu'elle a été obtenue *à priori* par le géomètre dont nous suivons les principes dans cette classification, et qu'elle résulte des hautes déductions philosophiques qu'il a données de toutes les branches de l'algorithmie. La seule application qui ait encore été faite de ce calcul est la détermination de la forme et de la nature des racines des équations. Sans nous prononcer sur l'utilité dont il pourra devenir un jour, nous croyons que l'exposition que nous en allons faire ne sera pas sans intérêt pour nos lecteurs. Si l'on considère les fonctions d'une ou de plusieurs variables, comme exprimant la génération par sommation des quantités numériques, on peut évidemment et sous un point de vue opposé aux précédents, envisager la variation de ces quantités par rapport à la graduation. Par exemple, soit y une fonction φx de la variable x, ou soit

$$y = \varphi x;$$

Si nous concevons que x varie, par un accroissement que reçoit son exposant, l'exposant de y recevra un accroissement correspondant, de manière qu'en désignant par γx l'accroissement de l'exposant de x et par γy celui de l'exposant de y nous aurons

$$y' \dagger \gamma y = \varphi\ (x' \dagger \gamma^x).$$

Ainsi divisant ces valeurs dérivées par la valeur primitive $y = \varphi x$, il viendra (o)

$$y^{\gamma y} = \frac{\varphi(x' \dagger \gamma^x)}{\varphi x}$$

et ce sera l'accroissement par graduation de la fonction φx, correspondant à un accroissement pareil de la variable x. Or, cet accroissement par graduation est nécessairement soumis à des lois particulières dont l'ensemble forme l'objet d'un calcul particulier. C'est ce calcul que son auteur, M. Wronski, a nommé calcul des grades, en désignant par le nom de grades les quantités γx γy. Les grades pouvant être considérés comme finis, ou comme infiniment petits, le calcul des grades se divise comme le calcul des différences, en deux branches particulières ; la première sera le calcul des grades finis, ou simplement le calcul des grades, et la seconde le calcul des gradules, en nommant gradules les grades infiniment petits. Pour avoir l'expression générale du grade et du gradule d'une fonction quelconque au moyen d'autres algorithmes connus, faisons dans (o)

$$x' \dagger \gamma^x = x \dagger \xi$$

et prenons ξ pour l'accroissement des différences qui vont nous servir à exprimer les grades ; nous obtiendrons

$$y^{\gamma y} = \frac{\varphi(x \dagger \xi)}{\varphi x} = 1 \dagger \frac{\varphi(x \dagger \xi) - \varphi x}{\varphi x}$$
$$= 1 \dagger \frac{\Delta \varphi\ (x \dagger \xi)}{\varphi x}$$

ou (p)

$$y^{\gamma y} - 1 = \frac{\Delta \varphi(x \dagger \xi)}{\varphi x}.$$

Or, d'après la théorie des différences, Fx étant une fonction quelconque de x, et la caractéristique L désignant les logarithmes naturels, dont e exprime la base, on a

$$\Delta LFx = LFx - LF(x - \xi) = 1.\frac{Fx}{F(x-\xi)}$$

d'où l'on tire

$$e^{\Delta LE^x} = \frac{Fx}{F(x-\xi)} = 1 \dagger \frac{Fx - F(x-\xi)}{F(x-\xi)}$$
$$= 1 \dagger \frac{\Delta Fx}{F(x-\xi)}$$

et, par suite

$$\Delta F x = F(x - \xi) . (e^{\Delta L F^x} - 1),$$

En vertu de cette expression, on a donc

$$\Delta \varphi(x + \xi) = \varphi x . (e^{\Delta L \varphi (x - \xi)} - 1)$$

Substituant cette valeur dans (p), nous trouverons (q)

$$y^{\gamma y} = e^{\Delta L \varphi(x + \xi)}$$

et, prenant les logarithmes des deux membres de cette dernière égalité,

$$\gamma y . Ly = \Delta L \varphi(x + \xi),$$

d'où définitivement, remplaçant y par φx

$$\gamma \varphi x = \frac{\Delta L \varphi (x + \xi)}{L \varphi x}$$

Telle est l'expression générale du grade d'une fonction x. Lorsqu'il s'agit du gradule, la quantité ξ est infiniment petite et la différence devient une différentielle, on a simplement alors

$$g \varphi x = \frac{d L \varphi x}{L \varphi x},$$

la lettre latine g désignant les gradules. En partant de cette dernière expression on trouve pour les gradules des fonctions élémentaires les expressions générales suivantes :

$$g(x^m) = g x$$

$$g L x = \frac{1}{L L x} g x$$

$$g(a^x) = L x . g x$$

$$g \sin x = \frac{x L x . \cot x}{L \sin x}$$

$$g \cos x = -\frac{x L x . \tan g x}{L \cos x}, g x$$

Ce ne sont là que les gradules du premier ordre, car il faut remarquer que les grades et les gradules admettent comme les différences et les différentielles, tous les ordres possibles, positifs ou négatifs ; mais nous ne pouvons entrer dans de plus grands détails ; ce qui précède est suffisant pour donner une idée exacte de la nature de ce nouveau calcul, et nous devons renvoyer ceux de nos lecteurs qui voudraient l'approfondir à *l'introduction à la philosophie des mathématiques*, où il est exposé dans tout son ensemble.

13. Il nous reste à examiner l'influence réciproque de la sommation et de la graduation dans la génération des quantités où dominent l'un et l'autre de ces algorithmes. Cette influence qui ne peut se manifester que dans les nombres déjà produits par leur génération et non dans cette génération elle-même, est l'objet de la théorie des nombres. La théorie des nombres ne peut avoir, comme celle des différences, deux branches correspondant aux parties finies et infiniment petites qu'on peut considérer dans cette dernière, puisque l'influence systématique qui fait son objet ne s'exerce que sur les nombres donnés par leur génération ; mais elle admet aussi la considération de la détermination et de l'indétermination de ces nombres, c'est-à-dire, qu'on peut envisager les nombres, comme donnés par eux-mêmes ou immédiatement, et comme donnés par d'autres nombres ou médiatement. Dans le premier cas la théorie prend le nom de théorie des nombres déterminés, et dans le second celui de théorie des nombres indéterminés. C'est cette dernière qu'on nomme vulgairement analyse indéterminée. Remarquons, pour mieux fixer l'idée qu'on doit attacher à l'objet de la théorie des nombres, que l'algorithme de la sommation nous fait concevoir les nombres comme des agrégations d'unités, tandis que celui de la graduation, ainsi que celui de la reproduction, apportent dans leur nature la considération de l'existence des facteurs. Ces deux caractères distinctifs, réunis dans un même nombre, constituent l'influence systématique réciproque qui fait l'objet de la théorie en question, et cette réunion ne peut se présenter que comme une diversité systématique, puisque par leur nature essentiellement différente les algorithmes primitifs ne peuvent jamais donner indistinctement la génération d'un nombre. Or, en considérant, d'une part, un nombre donné comme formé par l'addition de plusieurs quantités et, de l'autre, comme formé par le produit de plusieurs facteurs, ces quantités et ces facteurs sont nécessairement liés par des lois particulières qui régissent la possibilité de cette double génération. Ce sont précisément l'ensemble de ces lois dont se compose la théorie générale des nombres.

14. La comparaison systématique des quantités numériques a nécessairement pour objet, comme la comparaison élémentaire, l'égalité ou l'inégalité qui peut exister entre ces quantités, mais en ayant égard aux nouvelles déterminations de leur nature apportées par leur génération systématique. Par exemple, la génération d'une fonction quelconque φx d'une variable x, étant (r),

$$\varphi x = A_0 + A_1 x + A_2 x^2 + A_3 x^3 + \text{etc.}$$

si l'on y joint la considération de l'équivalence entre cette génération par sommation, et celle par graduation qui doit aussi avoir lieu (s)

$$\varphi x = (x + a_1)(x + a_2)(x + a_3)(x + a_4) \ldots \text{etc.}$$

et si l'on remarque que lorsqu'un des facteurs de cette dernière génération devient zéro, ce qui la rend elle-même zéro, la première doit aussi devenir zéro en y donnant à la variable x la valeur qui rend le facteur zéro, on verra que cette circonstance est généralement exprimée en donnant à l'égalité (r) la forme (t)

$$0 = A_0 + A_1 x + A_2 x^2 + A_3 x^3 + \text{etc.}$$

relation qui implique nécessairement la même relation avec zéro des facteurs de la fonction de graduation (s), considérés séparément, c'est-à-dire, que la variable x au second membre de l'égalité (t) reçoit des valeurs déterminées, dont le nombre est égal à celui des facteurs (s) qui réduisent à zéro ce second membre. L'égalité (t) n'est donc plus une simple identité, on la nomme alors équation, et la théorie des équations forme la partie principale de la comparaison théorique systématique de l'algèbre. L'inégalité des quantités reçoit également, en la considérant sous la circonstance de la réunion systématique des algorithmes opposés, un caractère particulier qui la rend inéquation ; mais comme les inéquations n'ont une signification déterminée, qu'au moyen des relations d'équations, on peut considérer toute la théorie de la comparaison systématique comme se réduisant à la théorie des équations. Nous terminerons ici tout ce qui a rapport aux diverses branches de la partie systématique de la théorie de l'algèbre, en les réunissant dans le tableau suivant :

THÉORIE de L'ALGÈBRE Partie systématique.	GÉNÉRATION.	Diversité dans la réunion des algorithmes élémentaires...	Influence partielle.	De la sommation dans la graduation : DIFFÉRENCES.	Déterminées....	Réelles : CALCUL DES DIFFÉRENCES.
						Idéales : CALCUL DIFFÉRENTIEL.
					Indéterminées : CALCUL DES VARIATIONS.	
				De la graduation dans la sommation : GRADES.		
			Influence réciproque des algorithmes primitifs opposées : THÉORIE DES NOMBRES.			
		Identité dans la réunion des algorithmes élémentaires : ÉQUIVALENCES.				
	COMPARAISON.	Relation d'égalité : ÉQUATIONS (de différences, de congruences, d'équivalences).				
		Relation d'inégalité : INÉQUATIONS.				

15. Procédons maintenant à la déduction des diverses parties de la technie de l'algèbre, et, d'abord, précisons l'objet général de cette branche essentielle de l'algorithmie. Dans la théorie, la génération ou la construction des quantités est donnée immédiatement par des algorithmes simples ou composés qui ne peuvent faire connaître que la nature de ces

quantités, mais non leur détermination numérique ou leur valeur comparative à une unité. Cette valeur ne peut jamais être donnée qu'accidentellement par la théorie de l'algèbre, et seulement dans le cas où les opérations dont la réunion constitue la nature d'une quantité, et donne sa génération, peuvent s'effectuer par l'application des procédés primitifs ou des six règles élémentaires de la science (l'addition, la multiplication, l'élévation aux puissances, et leurs procédés inverses). Par exemple, soit une quantité m, dont la génération est donnée par l'expression

$$m = \sqrt[2]{5}$$

Cette génération ne nous fait évidemment connaître immédiatement que la nature, ou la construction primitive de la quantité m, et ce n'est qu'en lui appliquant le procédé de l'extraction des racines que nous pouvons déterminer sa valeur numérique.

$$m = 2,23606. \ldots$$

Or, dans tous les cas où cette application des procédés ou des règles primitives ne peut s'effectuer d'une manière immédiate, la valeur des quantités n'est plus donnée accidentellement, et cependant la détermination de cette valeur est exigée impérieusement pour la possibilité de la science. Il est vrai cependant que lorsqu'un mode quelconque particulier de génération, ou qu'une fonction particulière est donnée, on peut, par l'application des lois générales de la génération systématique des quantités, obtenir les lois particulières de la génération élémentaire de cette fonction, et ces lois particulières peuvent à leur tour servir à la détermination de la nature primitive de la fonction, et par suite à la détermination de sa valeur. Mais une telle détermination théorique ne saurait avoir de loi générale, et chaque fonction particulière exige nécessairement une détermination particulière, de sorte que le nombre des fonctions, ou des modes différents, dont la génération des quantités peut être produite par la combinaison des algorithmes simples ou composés, étant indéfini, cette détermination est elle-même indéfinie et conséquemment impossible dans toute l'étendue de la génération systématique des quantités. Il se présente donc le problème nécessaire d'une génération secondaire, différente de la génération primaire que donnent les algorithmes simples ou composés de la théorie élémentaire de l'algèbre. Or, cette génération secondaire, devant embrasser dans tous les cas la détermination numérique des quantités, doit être universelle, c'est-à-dire, doit pouvoir s'appliquer indistinctement à toutes les quantités. La technie de l'algèbre a donc pour objet général la génération et la comparaison universelles des quantités. Avant de passer à la recherche des algorithmes capables de donner cette génération universelle, faisons remarquer la différence caractéristique qui les distingue dès l'abord des algorithmes théoriques ; ces derniers, formant des procédés de construction, sont pour ainsi dire identiques avec les quantités mêmes qu'ils produisent, tandis que les premiers devant former des procédés d'évaluation, sont indépendants des quantités qu'ils évaluent. En un mot, les algorithmes théoriques font partie de la nature même des quantités, tandis que les algorithmes techniques doivent être indépendants de cette nature et se rapportent évidemment à une fin, à un but à atteindre, étranger à la nature des quantités. Cette fin ou ce but qui apparaît dans les procédés de la technie, la sépare complètement de la théorie, et ne permet pas de confondre ensemble, comme on l'avait toujours fait, ces deux branches si distinctes de la science. La théorie est proprement la partie spéculative de l'algorithmie, tandis que la technie en est la partie pratique, ou, pour mieux dire, présente un caractère d'action, un art ($\tau\acute{\epsilon}\chi\nu\eta$).

16. La génération secondaire qui fait l'objet principal de la technie de l'algèbre, devant présenter la détermination numérique des quantités, ne peut évidemment avoir lieu que par l'emploi arbitraire des algorithmes primitifs élémentaires, puisqu'en dernier lieu l'évaluation numérique d'une quantité se réduit à la réalisation des opérations primitives données par ces algorithmes. Mais les deux algorithmes immédiats, la numération et les facultés, nous offrent la possibilité d'obtenir la génération d'une quantité quelconque, par le moyen des limites arbitraires dont ils sont susceptibles ; ainsi, pour obtenir la génération secondaire en question, il faut pouvoir, à l'aide d'une fonction arbitraire, transformer, au moyen des algorithmes primitifs, toute fonction théorique, donnée immédiatement ou médiatement, en fonctions de numération ou de facultés. Cette fonction arbitraire sera dans sa plus grande généralité la quantité qu'on nomme dans les applications de l'arithmétique, mesure ou unité de l'évaluation des quantités. Or, la transformation de toute fonction théorique en fonctions de numération ou de facultés, par l'emploi d'une mesure arbitraire suivant laquelle elle doit être évaluée, exige évidemment une détermination de la relation qui se trouve entre cette fonction et la fonction arbitraire servant de mesure, c'est-à-dire la détermination du rapport géométrique de ces fonctions, car c'est généralement sur ce rapport que se fonde l'opération arithmétique nommée mesure. De plus, la génération secondaire qui fait l'objet de la transformation dont il s'agit, devant être opérée par l'emploi des algorithmes primitifs, cette transformation doit être subordonnée à la forme de l'algorithme employé. Ceci posé, si nous désignons par Fx, une fonction quelconque d'une variable x, et par φx une fonction arbitraire servant de mesure, ou dans laquelle la fonction Fx doit être transformée, l'opération de cette transformation en fonctions de numération ou de facultés, aura les formes respectives

$$Fx = A \dotplus \Phi x, \text{ et } Fx = A \times \Phi x,$$

A étant une quantité dépendante ou indépendante de x et Φx une quantité dépendante de la mesure φx.

17. Occupons-nous d'abord de la fonction de numération. Pour qu'on puisse généralement décomposer Fx, en deux quantités A et Φx, telles que Φx soit dans tous les cas comparable avec la mesure φx, il faut nécessairement que Φx devienne zéro lorsque φx le devient, car sans cela le rapport de ces deux fonctions ne pourrait devenir l'objet d'une détermination générale. Ainsi la quantité A doit être telle que

$$Fx = A$$

lorsque la variable x reçoit la valeur qui rend $\varphi x = 0$, et, par conséquent, $\Phi x = 0$, d'où il suit que cette quantité est indépendante de x. Maintenant le rapport des quantités Φx et φx étant

$$\frac{\Phi x}{\varphi x}, \text{ ou } \frac{\varphi x}{\Phi x},$$

si nous ne considérons en premier lieu que le rapport direct $\dfrac{\Phi x}{\varphi x}$ nous aurons, en le désignant par $F_1 x$,

$$\frac{\Phi x}{\varphi x} = F_1 x,$$

et cette fonction $F_1 x$ qui doit avoir dans tous les cas une valeur déterminée, pourra subir une transformation ultérieure.

$$F_1 x = B \dotplus \Phi_1 x.$$

$\Phi_1 x$ étant une quantité toujours comparable avec φx, c'est-à-dire qui devient zéro lorsque $\varphi x = 0$, et B une quantité telle que l'on ait dans le même cas

$$F_1 x = B.$$

Exprimant de nouveau par $F_2 x$ le rapport direct des quantités $\Phi_1 x$ et φx, nous pourrons transformer la fonction $F_1 x$, en

$$F_2 x = C \dotplus \Phi_2 x$$

et en poursuivant successivement ces décompositions, nous trouverons, en rassemblant les résultats,

$$Fx = A \dotplus \Phi x$$
$$\Phi x = (B \dotplus \Phi_1 x) . \varphi x$$
$$\Phi_1 x = (C \dotplus \Phi_2 x) . \varphi x$$
$$\Phi_2 x = (D \dotplus \Phi_3 x) . \varphi x$$
$$\text{etc.} = \text{etc.}$$

et, en substituant,

$$Fx = A \dotplus B\varphi x \dotplus C(\varphi x)^2 \dotplus D(\varphi x)^3 \dotplus \text{etc.}$$

ce qui est la forme générale de ce qu'on appelle séries, du moins dans le cas simple où les transformations s'effectuent avec la même mesure φx.

18. Si nous opérons les mêmes transformations en nous servant du rapport inverse $\dfrac{\varphi x}{\Phi x}$, nous obtiendrons successivement,

$$F x = A + \Phi x; \quad \frac{\varphi x}{\Phi x} = {}_{,}F x$$

$${}'F x = B' + \Phi_{,} x; \quad \frac{\varphi x}{{}_{,}\Phi x} = {}_{2}F x$$

$${}_{2}F x = C' + \Phi_{2} x; \quad \frac{\varphi x}{{}_{2}\Phi x} = {}_{3}F x$$

etc. = etc.

D'où, en substituant,

$$F x = A + \cfrac{\varphi x}{B' + \cfrac{\varphi x}{C' + \cfrac{\varphi x}{D' + \text{etc.}}}}$$

ce qui est la forme générale de ce qu'on appelle fractions continues, également dans le cas simple d'une même mesure φx. Les séries et les fractions continues sont donc les deux branches particulières de la classe générale des procédés techniques qui dépendent de l'algorithme de la numération.

19. Reprenons maintenant la seconde forme de transformation

$$F x = A \times \Phi x,$$

qui répond à· l'emploi de l'algorithme des facultés. Ici la quantité A peut être réellement dépendante ou indépendante de la variable x, et les transformations de ce second cas diffèrent essentiellement de celles du premier, où cette quantité A est nécessairement indépendante de x, c'est-à-dire une quantité constante. En considérant la quantité A comme dépendante de x, elle doit être telle qu'étant réduite à zéro par une valeur particulière de x, cette même valeur rende $F x$ égale à zéro, afin que la fonction Φx ait une valeur finie. Ainsi cette quantité A étant généralement comparable avec $F x$, forme elle-même la mesure de cette fonction ; désignant donc par $f_0 x$ la fonction arbitraire A, la première transformation deviendra

$$F x = f_0 x \times \Phi x,$$

et les autres transformations seront

$$\Phi x = f_{,} x \times \Phi_{,} x$$
$$\Phi_{,} x = f_2 x \times \Phi_2 x$$
$$\Phi_2 x = f_3 x \times \Phi_3 x$$
etc. . . . etc. . .

Les fonctions arbitraires $f_{,}x, f_2 x, f_3 x$, étant respectivement prises pour la mesure des fonctions $\Phi, \Phi_{,} x, \Phi_2 x, \Phi_3 x$, etc. Substituant donc chacune de ces transformations dans celle qui la précède, on obtiendra la génération technique.

$$F x = f_0 x . f_{,} x . f_2 x . f_3 x . . .$$

le nombre des facteurs étant indéfini. Ce qui est la forme générale des produites continues.

20. Lorsqu'au contraire la quantité A est indépendante de x, la transformation

$$F x = A \times \Phi x,$$

n'est visiblement possible que par l'emploi de l'algorithme des facultés, en rendant les facteurs indépendants de la variable. On a alors la forme générale

$$F x = (\psi z)^{\varphi x | \xi}$$

z et ξ étant deux quantités données, ψz désignant une fonction de z, déterminée convenablement, et φx la fonction arbitraire de x prise pour mesure, car de cette manière tous les facteurs finis $\psi z, \psi(z+\xi), \psi(z+2\xi)$, etc., formant la faculté, sont indépendants de la variable x. C'est la forme générale des facultés exponentielles. Les séries, les fractions continues, les produites continues et les facultés exponentielles, forment donc les objets de la partie élémentaire de la technie, et constituent quatre algorithmes techniques primitifs, à l'aide de chacun desquels on peut obtenir la génération technique ou l'évaluation numérique d'une fonction quelconque. Les lois fondamentales de ces quatre algorithmes dont l'ensemble compose la partie élémentaire de la génération technique.

21. Les quatre algorithmes techniques primitifs que nous venons de déduire et qui forment les deux classes de génération technique, dépendantes de l'emploi de la numération et des facultés, ou, dans son principe, de l'emploi de la som-

mation et de la graduation, ne peuvent par leur combinaison que reproduire les algorithmes théoriques, de manière qu'il n'existe point proprement, quant à la forme de génération, d'algorithmes techniques dérivés. Cependant en ayant égard au procédé direct ou inverse que l'on peut suivre dans la détermination de la fonction $F x$, pour obtenir sa génération technique, il se présente une classe particulière d'algorithmes techniques dérivés qui forme ce que l'on appelle les méthodes d'interpolations. En effet, il entre dans les séries, dans les fractions continues, et dans les facultés exponentielles, des quantités constantes dont la valeur résulte des déterminations particulières de la fonction proposée $F x$, que ces algorithmes doivent évaluer. Or, pourvu que ces déterminations particulières soient connues ou du moins puissent être obtenues à l'aide de circonstances données, il devient toujours possible, en suivant un procédé inverse, d'évaluer généralement la fonction $F x$, à laquelle se rapportent les déterminations particulières qu'on aura employées. C'est ce procédé inverse qui est l'objet de l'interpolation.

22. La réunion systématique des algorithmes techniques élémentaires ne peut consister que dans la forme générale de ces algorithmes, et cette forme générale est nécessairement la forme primitive de toute la science des nombres. Sans entrer ici dans des développements qui sont interdits, remarquons que la forme générale des séries est

$$F x = + B \varphi x + C \varphi x^2 + D \varphi x^3 + \text{etc.} . . .$$

ce qui se réduit en principe à un agrégat de termes de la forme (α)

$$F x = \Phi_0 + \Phi_{,} + \Phi_2 + \Phi_3 + \Phi_4 + \text{etc.} . . .$$

que celle des fractions continues

$$F x = A + \cfrac{\varphi x}{B + \cfrac{\varphi x}{C + \cfrac{\varphi x}{D + \text{etc.}}}}$$

se ramène pareillement à un agrégat de termes de la forme

$$F x = \Phi_0 + \Phi_{,} + \Phi_2 + \Phi_3 + \Phi_4 + \text{etc.}$$

et, qu'enfin les formes générales des produites continues et des facultés exponentielles, en supposant que la multiplication des facteurs soit effectuée, deviennent encore des agrégats de termes semblables à (γ). Ainsi tous les algorithmes techniques élémentaires peuvent être ramenés à un agrégat de termes, et c'est donc dans cette forme que se trouve leur réunion systématique, c'est-à-dire l'algorithme technique systématique, qui doit réunir tous les algorithmes élémentaires et embrasser tous les procédés techniques, doit se présenter lui-même sous cette forme (α). Si nous désignons par $\Omega_0, \Omega_{,}, \Omega_2$, des fonctions arbitraires de la variable x, prises pour la mesure, fonctions qui peuvent être liées par une loi, ou n'avoir entre elles aucune liaison, et par $A_0, A_{,}, A_2$, etc., des quantités indépendantes de x, nous aurons pour la forme de la génération technique systématique, l'expression générale (β).

$$F x = A_0 \Omega_0 + A_{,} \Omega_{,} + A_2 \Omega_2 + A_3 \Omega_3 + \text{etc...}$$

Cette loi, dont la généralité absolue s'étend sur toute l'algorithmie, puisqu'elle embrasse l'application même, indépendante et immédiate des algorithmes primitifs et opposés de la sommation et de la graduation, a été nommée par M. Wronski, à qui elle est due, loi suprême ou universelle.

23. Jusqu'ici nous n'avons considéré la technie de l'algèbre que sous le point de vue de la génération des quantités ; il nous reste à la considérer sous celui de leur relation ou de leur comparaison. Cette relation, qui porte généralement sur l'égalité ou l'inégalité des quantités, doit se présenter ici avec les caractères de fin ou de but, qui distingue la technie de la théorie ; ainsi en ne tenant compte que des égalités, parce qu'elles sont les conditions des inégalités, la comparaison technique consiste dans la formation universelle des égalités et dans leur transformation ou résolution, c'est-à-dire dans la résolution universelle des équations. Les lois respectives de cette formation et de cette solution forment, les premières, la partie élémentaire de la comparaison technique, et les secondes, la partie systématique de cette même comparaison. C'est ce que M. Wronski a nommé le canon algorithmique et le problème universel. Telles sont donc enfin toutes les parties intégrantes de la technie de l'algorithmie ; leur ensemble peut former le tableau suivant :

TECHNIE de L'ALGEBRE.

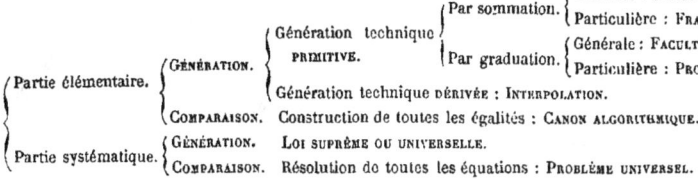

- Partie élémentaire.
  - GÉNÉRATION.
    - Génération technique PRIMITIVE.
      - Par sommation.
        - Générale : SÉRIES.
        - Particulière : FRACTIONS CONTINUES.
      - Par graduation.
        - Générale : FACULTÉS EXPONENTIELLES.
        - Particulière : PRODUITES CONTINUES.
    - Génération technique DÉRIVÉE : INTERPOLATION.
  - COMPARAISON. Construction de toutes les égalités : CANON ALGORITHMIQUE.
- Partie systématique.
  - GÉNÉRATION. LOI SUPRÊME OU UNIVERSELLE.
  - COMPARAISON. Résolution de toutes les équations : PROBLÈME UNIVERSEL.

Mathématiques appliquées. D'après la déduction philosophique que nous avons donnée de l'objet général des mathématiques, on voit que leur application est universelle, et qu'il doit exister autant de branches différentes des mathématiques appliquées, qu'il peut exister de sciences différentes pour le savoir humain. On comprend même que ces sciences n'acquièrent un degré plus ou moins grand de certitude qu'en vertu de cette application, et suivant que leurs lois fondamentales s'appuyent plus ou moins sur des lois mathématiques. Nous n'avons pas besoin sans doute de faire remarquer qu'il s'agit ici des sciences proprement dites, c'est-à-dire, des sciences dont l'objet est réalisable dans l'espace et dans le temps, car la certitude des sciences philosophiques dérive d'une toute autre source, appelée par leur nature à donner l'explication des lois des mathématiques, elles ne peuvent évidemment tirer leur validité de ces mêmes lois. Cette application universelle des mathématiques ne peut être soumise à une classification déterminée, qu'en remarquant que, parmi tous les objets des sciences humaines, on peut distinguer ceux qui sont donnés par la nature ou par l'ensemble des phénomènes physiques, de ceux qui sont donnés par l'art, ou sont les produits de l'action de l'homme. Nous aurons donc pour point de départ : 1° l'application des mathématiques aux objets de la nature, ce qui forme les sciences dites physico-mathématiques; 2° l'application des mathématiques aux objets de l'art; ce qui forme une classe de sciences qu'on pourrait nommer pragmatico-mathématiques.

I. *Sciences physico-mathématiques.* La matière, abstraction faite de sa nature, nous apparaît comme quelque chose de mobile dans l'espace; or, dans un mouvement il y a

deux choses distinctes à considérer, savoir : les lois qu'il suit en s'effectuant, et les forces motrices qui le produisent. Cette considération partage les sciences physico-mathématiques en deux branches principales, dont la première a pour objet général les lois des forces motrices, c'est la mécanique, et dont la seconde a pour objet général les lois du mouvement. Cette dernière, qui se compose, comme nous allons le voir, de plusieurs autres branches ou sciences très importantes, n'a point reçu de dénomination en français. La mécanique se divise en quatre branches particulières, dont les deux premières ont pour objet l'équilibre des forces motrices des corps solides et fluides; ce sont : la statique et l'hydrostatique; et dont les deux secondes ont pour objet l'action des forces motrices des corps solides et fluides; ce sont : la dynamique et l'hydrodynamique. Les lois du mouvement peuvent être considérées 1° en elles-mêmes ou *in abstracto*; 2° dans les objets ou *in concreto*. Les lois du mouvement abstrait forment l'objet d'une science à laquelle on n'a point encore donné de nom en France, parce qu'on l'a confondue avec la dynamique; d'après plusieurs mathématiciens allemands, nous la désignerons sous celui de phoronomie (de φορά *transport* et de νόμος *lois*). Les lois du mouvement concret forment l'objet de plusieurs sciences, qui sont : 1° l'hydraulique, ou la science du mouvement des fluides; 2° la pneumatique, ou la science du mouvement des gaz; 3° l'astronomie, ou la science du mouvement des corps célestes; 4° l'optique générale, ou la science du mouvement de la lumière; et 5° enfin, l'acoustique, ou la science du mouvement du son. Le tableau suivant va compléter cette classification, en la présentant d'une manière plus systématique.

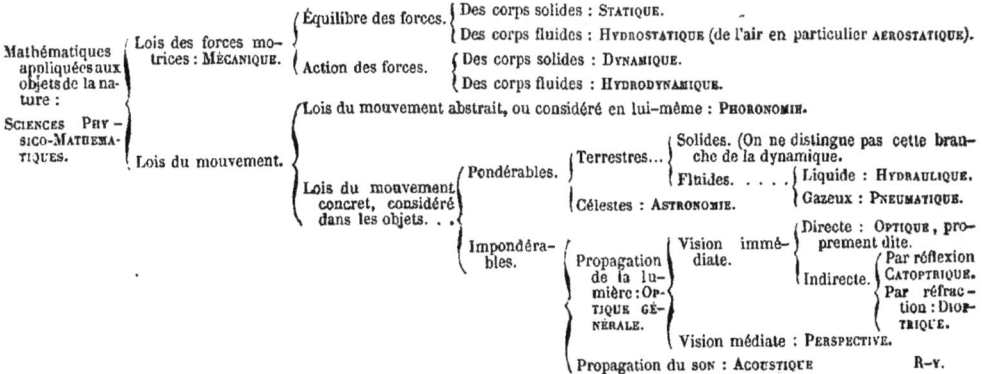

Mathématiques appliquées aux objets de la nature : SCIENCES PHYSICO-MATHÉMATIQUES.

- Lois des forces motrices : MÉCANIQUE.
  - Équilibre des forces.
    - Des corps solides : STATIQUE.
    - Des corps fluides : HYDROSTATIQUE (de l'air en particulier AÉROSTATIQUE).
  - Action des forces.
    - Des corps solides : DYNAMIQUE.
    - Des corps fluides : HYDRODYNAMIQUE.
- Lois du mouvement.
  - Lois du mouvement abstrait, ou considéré en lui-même : PHORONOMIE.
  - Lois du mouvement concret, considéré dans les objets.
    - Pondérables.
      - Terrestres...
        - Solides. (On ne distingue pas cette branche de la dynamique.)
        - Fluides.
          - Liquide : HYDRAULIQUE.
          - Gazeux : PNEUMATIQUE.
      - Célestes : ASTRONOMIE.
    - Impondérables.
      - Propagation de la lumière : OPTIQUE GÉNÉRALE.
        - Vision immédiate.
          - Directe : OPTIQUE, proprement dite.
          - Indirecte.
            - Par réflexion : CATOPTRIQUE.
            - Par réfraction : DIOPTRIQUE.
        - Vision médiate : PERSPECTIVE.
      - Propagation du son : ACOUSTIQUE

R–y.

II. *Sciences pragmatico-mathématiques.* On ne peut établir ici une classification déterminée, parce que les diverses branches de l'application des mathématiques aux arts, soit physiques, soit intellectuels, sont aussi indéterminées que le sont ces arts. Voici les principales :

Arpentage,	Balistique,
Architecture,	Chronologie,
Navigation,	Gnomonique,
Fortification,	Géodésie, etc.

Pour les développements on doit recourir aux articles de ce dictionnaire, qui traitent en particulier les sciences que nous venons de mentionner.

Mathématiques pures, celles qui considèrent les propriétés de la grandeur d'une manière abstraite, et *mathématiques mixtes,* celles qui les considèrent dans certains corps ou sujets particuliers.

MATHENEZ, en latin MATHENESIUS ou MATENESIUS (JEAN-FRÉDÉRIC DE), né à Cologne vers 1580, docteur en théologie, professeur d'histoire et de langue grecque, puis chanoine et curé de Saint-Cunibert, dans sa ville natale, donna ses soins aux pestiférés, et mourut de la contagion en 1622. C'était un critique savant, qui exerça sa plume sur des matières singulières : son stile est trop négligé. On a de lui : 1° *De triplici coronatione germanica, lombardica et romana,* Cologne, 1622, in-4°; 2° *De luxu et abusu vestium;* 3° *Critices christiana, libri* II, Cologne, 1611, in-8°. (Voy. *Biblioth. colon.* du père Hartzeim.)

MATHIAS (Saint). Le décide Judas ayant laissé, par sa mort, la place d'apôtre vacante, Joseph, appelé Barsabas, que sa piété avait fait surnommer le Juste, et Mathias furent les deux hommes sur lesquels on jeta les yeux pour l'apostolat. Les fidèles prièrent Dieu de se déclarer sur un des deux; le soit tomba sur Mathias, l'an 33 de J. C. On ne sait rien de certain sur la vie et la mort de cet apôtre. Ce que l'on dit de sa prédication en Ethiopie et de son martyre n'est point appuyé sur des témoignages contemporains. Les anciens hérétiques lui ont attribué un *Evangile* et un livre de traditions, reconnus apocryphes par toute l'Eglise. On croit avoir à Rome des reliques de cet apôtre; cependant il se pourrait, disent les Bollandistes, que les reliques qui sont à Sainte-Marie-Majeure ne fussent point de l'apôtre, mais d'un saint de ce nom, évêque de Jérusalem vers l'an 120.

MATHIAS, empereur d'Allemagne, naquit en 1557 de Maximilien II et de Marie, fille de Charles-Quint. Il était frère de Rodolphe II, contre lequel il fut quelque temps révolté. A la mort de Battori, il prétendit à la couronne de Pologne; mais l'empire et l'Espagne déjouèrent ses projets. De nouvelles discussions s'élevèrent au sujet de la succession à l'empire : Mathias, ayant surmonté tous les obstacles, succéda à son frère Rodolphe en 1612. La capitulation qu'il signa en montant sur le trône différa essentiellement de celle de ses prédécesseurs. Elle bornait l'emploi des subsides donnés par les Etats au seul usage pour lequel ils étaient accordés. Elle lui défendait de traduire les procès pour les péages électoraux devant un autre tribunal que celui des sept électeurs. Elle l'obligeait à prendre lui-même l'investiture des fiefs possédés par la maison d'Autriche. Elle permettait aux électeurs d'élire un roi des Romains, du vivant de l'empereur, quand ils le jugeraient utile et nécessaire pour le bien de l'empire, et même malgré l'opposition de l'empereur régnant. L'empire était alors en guerre avec les Turcs. Après des succès contre-balancés par des pertes, Mathias eut le bonheur de la finir en 1516, par un traité conclu avec le sultan Achmet. Mais, en 1618, il en vit commencer une qui désola l'Allemagne pendant trois ans, et qui fut excitée par les protestants de Bohème, pour la défense des nouvelles erreurs. Il mourut à Vienne en 1619.

MATHIAS CORVIN, roi de Hongrie, deuxième fils de Jean Huniade, s'acquit par sa bravoure le nom de Grand. Il était né à Clausemberg, en Transylvanie, en 1445. Ladislas V d'Autriche, roi de Hongrie et de Bohème, le renferma dans une prison en Bohème, ce qui n'empêcha pas qu'après la mort de ce prince il ne fût élu roi de Hongrie le 24 janvier 1458. George Podiebrack, successeur de Ladislas en Bohème, rendit la liberté à Mathias. Plusieurs grands seigneurs hongrois s'opposèrent à son élection, et sollicitèrent Frédéric IV de se faire couronner. Les Turcs profitèrent de ces divisions. Mathias les chassa de leur Hongrie, après avoir forcé l'empereur Frédéric de lui rendre la couronne sacrée de saint Etienne, dont il s'était emparé, et qui, selon les lois du royaume, était nécessaire au couronnement des rois. Podiebrack, fauteur des Hussites, ayant été excommunié par Paul II, les catholiques de Bohème, qu'il persécutait. présentèrent la couronne du royaume à Mathias; mais elle lui fut disputée par Uladislas VI, fils de Casimir, roi de Pologne, qui succéda à Podiebrack. La guerre se ralluma entre l'empereur et Mathias. La fortune fût si favorable à celui-ci, qu'ayant assujéti une partie de l'Autriche, il prit Vienne et Neustadt, qui en étaient les principaux boulevards. L'empereur vaincu désarma le vainqueur, en lui laissant la Basse-Autriche, en 1487. L'année d'auparavant, Mathias avait convoqué à Bude une assemblée dans laquelle il donna des lois contre les duels, contre les chicanes dans les procès, et contre quelques autres abus. Il se préparait à faire de nouveau la guerre aux Turcs lorsqu'il mourut d'apoplexie à Vienne en Autriche, l'an 1490. Ce héros, heureux dans la paix et dans la guerre, n'ignorait rien de ce qu'un prince doit savoir. Mathias parlait plusieurs langues de l'Europe; il était d'un caractère fort enjoué et se plaisait à dire de bons mots : Gélati Martio de Nardi, son secrétaire, en publia un recueil. Les lettres et les beaux-arts eurent en lui protecteur. Il appela à lui les savants de l'Europe et les meilleurs peintres de l'Italie. Il avait à Bude une très-belle bibliothèque, riche en livres et en manuscrits.

MATHIAS A CORONA, carme de Liége, mort l'an 1676, âgé de 78 ans, est auteur d'une vaste Théologie en plusieurs volumes in-fol., Liége, 1663, aujourd'hui ignorée.

MATHIAS de SUÈDE, que quelques-uns nomment mal à propos Matthieu, fut chanoine à Lincaping, confesseur de sainte Brigitte, et mourut à Stockholm avec cette sainte; car, selon les auteurs de sa vie, elle eut connaissance de sa mort par révélation, lorsqu'elle était à Rome. Mathias a traduit la Bible en gothique ou suédois, et y a joint de courtes notes pour l'usage de sainte Brigitte; le père Possevin croit que cet ouvrage a été anéanti pendant la révolution de la Suède.

MATHIEU (SAINT), *apôtre et évangéliste*. Jésus-Christ, nous disent les saints Evangiles, ayant guéri un paralytique, sortit de Capharnaüm et marcha sur les bords du lac de Génésareth, enseignant le peuple qui le suivait en foule. Ayant aperçu Mathieu qui était assis à son bureau, il l'appela, et celui-ci se mit à sa suite. Les autres apôtres avaient quitté leurs barques et leurs filets pour suivre le Sauveur; saint Mathieu quittait un poste avantageux pour les fatigues et la pauvreté : il ne l'ignorait pas, et pourtant, sans balancer un instant entre Jésus et l'argent, il abandonne tout avec courage, brise les obstacles, et, les yeux fixés sur son divin modèle, il le suit avec une constance énergique, sans plus regarder jamais en arrière. Il se nommait Lévi avant sa conversion : Galiléen de naissance, il exerçait la profession de publicain ou de receveur des tributs pour les Romains, profession qui, par sa nature, était très-odieuse aux Juifs, mais fort en honneur auprès des Romains. C'était sans nul esprit de retour que saint Mathieu avait renoncé à ses fonctions; pourtant il rassembla encore plusieurs de ceux qui les exerçaient, et les réunit dans un festin que daigna partager son divin maître. Le saint apôtre nourrissait secrètement l'espérance que les paroles du Sauveur descendraient aussi comme une rosée céleste dans le cœur de ses amis. Un chrétien est doublement heureux, quand il peut partager son bonheur avec ses frères. L'orgueil des pharisiens fut scandalisé de la condescendance charitable du Sauveur, qui ne dédaignait pas, disaient-ils, de manger avec les publicains. Ils oubliaient, les hypocrites, que Jésus était venu pour sauver ce qui avait péri, et qu'il faisait ses plus chères délices de converser avec les pécheurs. Ce fut la seconde année de la prédication publique de notre Seigneur que s'opéra la conversion de saint Mathieu. Bientôt il fut agrégé au collège apostolique, et devint ainsi un des princes et des fondateurs de l'Eglise. Tant que son divin maître resta sur la terre, la vie de saint Mathieu, comme celle des autres apôtres, entièrement occupée à recueillir et à méditer les paroles de Jésus-Christ, se passa dans une grande obscurité. Mais après l'ascension du Sauveur, il entra immédiatement dans la longue et pénible carrière de l'apostolat. Il prêcha d'abord dans la Judée et dans les contrées voisines, jusqu'à la dispersion des apôtres. C'est quelque temps avant cette séparation qu'à la prière des juifs convertis, il écrivit son évangile. C'est ainsi que plus tard saint Marc écrivit le sien, pour céder aux pieuses instances des fidèles de Rome; saint Luc, pour s'opposer au cours des fausses histoires de Jésus-Christ qu'on mettait en circulation; et saint Jean, pour se rendre aux invitations réitérées des évêques d'Asie, et laisser un témoignage authentique de la vérité contre les hérésies de Cérinthe et d'Ebion. Tous, cependant, écrivaient sous une inspiration spéciale de l'Esprit saint. Les évangiles, en effet, ne sont-ils pas la plus excellente partie de l'Ecriture? N'est-ce pas là que nous trouvons dans l'histoire de celui qui a voulu être notre modèle, la morale la plus pure jointe à la pratique la plus conforme à cette morale divine? Dans son évangile, saint Mathieu insiste principalement sur les préceptes moraux et sur la généalogie du Sauveur pour faire voir l'accomplissement des promesses selon lesquelles le Messie devait sortir de la race d'Abraham et de David, puissant motif, surtout pour les juifs, de croire en lui. Saint Mathieu quitta la Judée après y avoir opéré un grand nombre de conversions, et alla prêcher la foi aux barbares de l'Orient. Nous lisons dans Clément d'Alexandrie que le saint apôtre, se livrant à l'exercice de la contemplation, menait une vie très austère, ne mangeant point de viandes et ne vivant que d'herbes, de racines et de fruits sauvages. Selon saint Ambroise, Dieu lui ouvrit le pays des Perses. Socrate et Rufin nous assurent qu'il porta l'Evangile jusque dans cette partie de l'Ethiopie qui confine l'Egypte. Florentinius nous apprend que, suivant l'opinion commune, le saint mourut à Luch, dans le pays de Sennar, qui faisait partie de l'ancienne Nubie. On lit dans Fortunat qu'il souffrit le martyre à Naddave en Ethiopie, et Dorothée rapporte qu'il fut enterré honorablement à Hiéropolis, dans la Parthie. On transporta depuis ses reliques dans l'Occident, et le pape Grégoire VII annonce à l'évêque de Salerne, dans une lettre écrite l'an 1080, qu'elles étaient exposées à la vénération publique dans une église dédiée sous l'invocation du saint. Saint Irénée, saint Jérôme, saint Augustin, trouvent un figure des quatre évangélistes dans les animaux mystérieux d'Ezéchiel et de l'Apocalypse. L'aigle est le symbole de saint Jean, il s'élève jusque dans le sein de la divinité pour y contempler la génération éternelle du Verbe; le veau est le symbole de saint Luc, qui commence par faire mention du sacerdoce du Sauveur; le lion signifie saint Marc, qui explique la dignité royale de Jésus-Christ; et l'emblème de saint Mathieu est l'homme, parce qu'il *commence son évangile par la génération temporelle du Sauveur.*

MATHIEU (Jean-Baptiste-Joseph), ecclésiastique, né le 9 février 1764, à Montigny-le-Roi, près de Langres, fut élevé par les soins de son oncle M. Piaclot, curé de Thivet, l'une des victimes de l'impiété révolutionnaire. Ordonné prêtre en 1788, le jeune Mathieu fut envoyé comme vicaire à Bérus, dans les environs de Tonnerre, et il y resta jusqu'après le 10 août 1792. Obligé de quitter sa paroisse, parce qu'il n'avait pas prêté le serment, il ne sortit pas de France; il se cacha dans les environs de Chaumont et se rendit très utile aux fidèles, en remplissant autant qu'il était possible, les fonctions de son ministère. Mais les démagogues du pays le poursuivirent avec fureur, les recherches devinrent de jour en jour plus actives et plus multipliées; enfin, il n'eut bientôt plus d'autre asile, que quelques caves humides: une fois, entre autres, il fut contraint de se réfugier dans une citerne sans eau. Plusieurs infirmités furent la suite de ce dévouement, en sorte qu'il ne put accepter aucune fonction à l'époque du concordat; mais, malgré les douleurs qu'il éprouvait presque continuellement, il sut se rendre utile en préparant les enfants à la première communion, et en recueillant des matériaux pour l'histoire ecclésiastique et civile de Langres, de Chaumont, de Châtillon-sur-Seine, de l'abbaye de Clairvaux, etc. C'est ainsi que se sont passées les 27 dernières années de sa vie. Il est mort à Autreville, d'une attaque d'apoplexie foudroyante, le 9 juillet 1829. Il a laissé des manuscrits précieux qui, sans doute, ne seront pas perdus pour l'histoire du pays de Langres.

MATHIEU DE LA REDORTE (le comte Maurice-David-Joseph), lieutenant général et pair de France, né d'une ancienne et honorable famille de protestants de Saint-Afrique, entra au service militaire, dès l'âge de 15 ans, comme cadet, dans le régiment suisse de Meuron. En 1783, il suivit ce régiment au cap de Bonne-Espérance, puis il quitta bientôt ce corps pour passer dans la légion française de Luxembourg, qui, en vertu de la capitulation faite avec le gouvernement hollandais, était destinée à servir dans les Indes. Maurice Mathieu était lieutenant, lorsqu'il revint en France, en 1789: alors il entra dans le régiment royal-dragons, dont son oncle M. de Muratet était colonel. Il fit les campagnes du Rhin de 1792 à 1798. A cette époque il fut envoyé à l'armée d'Italie avec le grade d'adjudant général. Il se distingua dans la campagne de Rome et de Naples, contribua puissamment à la prise de Terracine, et dut à sa valeur le rang de général de brigade. Lorsque les hostilités furent reprises entre les Napolitains et les Français, il continua de servir à l'armée d'Italie: il se signala surtout à Calvi, à Autricoli, devant Capoue. Blessé dans cette dernière affaire, il fut obligé de se retirer momentanément du service. Sur ces entrefaites, le roi de Naples et le pape lui envoyèrent simultanément leur portrait, en reconnaissance de la générosité de sa conduite et de la discipline qu'il avait entretenue dans ses troupes, pendant le long séjour qu'il avait fait dans leurs états. Promu en 1799 au grade de général de division, il fut nommé commandant de la onzième division militaire. Après avoir présidé dans le mois de juillet 1803, le collège électoral de l'Aveyron, il fut employé l'année suivante dans le Brisgaw, sous les ordres du maréchal Augereau. Pendant cette campagne, Maurice Mathieu donna les preuves du plus grand talent et d'un courage extraordinaire. Après s'être distingué par une suite non interrompue d'actions d'éclat, il conclut avec le général Jellachich la capitulation, en vertu de laquelle l'armée autrichienne fut prisonnière de guerre. Le général Maurice Mathieu, fit avec non moins de gloire, en 1806 et 1807, les campagnes de Prusse et de Pologne; son nom est cité plusieurs fois avec les plus grands éloges dans les bulletins de l'armée. En 1808, il fut envoyé en Espagne, et resta dans ce pays jusqu'en 1813: les actions brillantes par lesquelles il se signala pendant cette guerre, sont trop nombreuses pour que nous les rapportions ici. Nous citerons seulement la bataille de Tudela, où il enfonça le centre de l'armée espagnole. Après s'être illustré devant Baraguer et Tarragone, au col d'Ordol et à Villa-Franca, il rentra en France. C'était le plus ancien général de division de l'armée française, et il était couvert de blessures. Les récompenses n'avaient pas manqué à sa gloire: décoré de presque tous les ordres militaires de l'Europe, il était comte et grand officier de la légion d'Honneur depuis 1804. Nommé chevalier de Saint-Louis sous la restauration, il fut aussi inspecteur général d'infanterie dans les 11e et 20e divisions militaires. Pendant les Cent-Jours, il se retira dans sa terre de la Redorte, et ne fut pas employé sous la seconde restauration, il resta quelque temps sans fonctions; mais en 1817, il fut nommé au commandement de la 19e division militaire à Lyon, où il remplaça le général Canuel. Elevé en 1817 à la dignité de pair, il siégea dans la chambre haute, jusqu'à sa mort qui a eu lieu le 1er mars 1833: son convoi a été conduit directement au cimetière du Père-Lachaise. Le général Maurice Mathieu avait épousé une demoiselle Clary, sœur de l'épouse de Joseph Buonaparte.

MATHIEU, conventionnel, mort le 31 octobre 1833, à Condat, près Libourne, vota la mort de Louis XVI, sans appel au peuple ni sursis. Mathieu écrivait tranquillement, lorsqu'une mort subite l'enleva au milieu de ses travaux.

MATHILDE ou **MAHAUD** (Sainte), reine d'Allemagne, mère de l'empereur Othon, dit le Grand, et aïeule maternelle de Hugues Capet, était fille de Thierri, comte de Ringelheim, seigneur saxon. Elle épousa Henri-l'Oiseleur, roi de Germanie, et devint mère de l'empereur Othon, de Henri, duc de Bavière, et de Brunon, évêque de Cologne, honoré dans l'Eglise d'un culte public. Après la mort de son époux, en 936, elle fut maltraitée par ses fils Othon et Henri, et obligée de se retirer en Westphalie. Othon la fit revenir, et se servit utilement de ses conseils; Henri se réconcilia aussi avec sa mère. Elle fonda plusieurs monastères et un grand nombre d'hôpitaux, et mourut dans l'abbaye de Quedlinbourg, en 968. Sa vie, écrite quarante ans après sa mort, par l'ordre de l'empereur saint Henri, a été publiée par les Bollandistes, *Act. sanct.*, t. 7, p. 361.

MATHILDE ou **MAUD** (Sainte), fille de sainte Marguerite, reine d'Ecosse, et première femme de Henri Ier, roi d'Angleterre, imita les vertus de sa mère. Elle fit bâtir à Londres deux grands hôpitaux, celui de l'église de Christ et celui de Saint-Gilles. Elle mourut l'an 1118, et fut enterrée à Westminster, auprès de saint Edouard le Confesseur. C'est par son ordre que Thierri, moine de Curham, écrivit la vie de sainte Marguerite, dont il avait été le confesseur. On l'honore le 30 avril.

MATHILDE, comtesse de Toscane, fille de Boniface, marquis de Toscane, soutint avec zèle les intérêts des papes Grégoire VII et Urbain II, contre l'empereur Henri IV, son cousin, et remporta sur ce prince de grands avantages. Elle fit ensuite une donation solennelle de ses biens au Saint-Siège, et mourut en 1115, à 76 ans. Les ennemis des souverains pontifes l'ont accusée d'avoir eu des liaisons trop étroites avec Grégoire VII; mais la vertu de ce pape et celle de Mathilde ont fait passer cette accusation pour une calomnie dans l'esprit de tous les historiens équitables. Aucun fait, aucun indice n'a fait tourner ses soupçons en vraisemblances. La vérité de la donation de la comtesse Mathilde n'a jamais été révoquée en doute; c'est un des titres les plus authentiques que les papes aient réclamés; mais ce titre même fut un sujet de querelle. Mathilde possédait la Toscane, Mantoue, Parme, Reggio, Plaisance, Ferrare, Modène, une partie de l'Ombrie, le duché de Spolette, Vérone, presque tout ce qui est appelé aujourd'hui le patrimoine de Saint-Pierre, depuis Viterbe jusqu'à Orviette, avec une partie de la Marche d'Ancône. Le pape Pascal II ayant voulu se mettre en possession de ces Etats, Henri IV, empereur d'Allemagne, s'y opposa. Il prétendit que la plupart des fiefs que la comtesse avait donnés étaient mouvants de l'empire. Ces prétentions furent une nouvelle étincelle de guerre entre l'empire et la papauté; cependant à la longue il fallut céder au Saint-Siège une partie de l'héritage de Mathilde.

MATHILDE (Caroline), princesse de Brunswick, Hanôvre, reine de Danemarck, sœur du roi d'Angleterre George III, naquit en 1751. Elle était le onzième et dernier enfant de Frédéric-Louis, prince de Galles, père de George III. Mathilde devint reine de Danemarck, en 1766, par son mariage avec son cousin Christian VII, la reine douairière Julie Marie, d'un caractère ambitieux, la prit en aversion, et encore davantage lorsque Mathilde accoucha d'un fils, qui ôtait tout espoir à la vieille reine, de gouverner à la mort de Casimir, faible et valétudinaire. Ce prince avait pour favori un médecin appelé Struensée, que Mathilde chercha à mettre dans ses intérêts, lorsqu'elle se vit abandonnée du roi son époux. Cette liaison donna lieu à des bruits scandaleux que la reine-mère excitait. Elle fit craindre au roi pour sa vie, accusa

Mathilde, Struensée devenu ministre, et Brandt ami de ce dernier. La jeune reine fut arrêtée, emprisonnée, condamnée comme adultère, et son mariage rompu. A l'intercession de George III, on lui permit de passer à Hanovre, où elle fut traitée comme une reine, et mourut à 24 ans. Elle laissa plusieurs enfants, entre autre Frédéric VI, roi actuel de Danemarck. *Voyez* pour plus de détails, *Mémoires d'une reine infortunée*, Londres, 1766, 1 vol. in-12; *Mémoires authentiques*, etc., ou *Histoire des comtes Struensée et Brandt*, etc., par l'abbé Roman, Paris, 1807, 1 vol. in-8°; les *Cours du Nord*, etc., trad. de l'angl. de John Brown, par M. Cohen, Paris, 1819, 3 vol. in-8°.

MATHON DE LA COUR (CHARLES-JOSEPH), né à Lyon, en 1738, d'un père qui s'était fait remarquer par ses connaissances en mathématiques, vint jeune à Paris, où il se fit connaître par les prix qu'il remporta à l'académie des inscriptions, et dans d'autres sociétés littéraires. De retour à Lyon, il y encouragea les arts, et aidait de sa bourse les jeunes gens qui annonçaient des dispositions. C'est à lui que l'on doit les premiers succès de la société philanthropique, les secours pour les mères nourrices, un établissement pour arracher les jeunes enfants à l'oisiveté. Il chercha aussi à faire jouir tous les quartiers de la ville, de l'eau du Rhône, vive, légère et salutaire à divers maux. Arrêté après le siége de sa ville natale, en 1793, il fut condamné à mort par le tribunal révolutionnaire de Lyon. On a de lui plusieurs discours couronnés : *Lettres sur les peintures exposées au salon* en 1763, 65 et 67, où l'on remarque une foule d'observations fines; *Collection des comptes rendus concernant les finances depuis* 1778 jusqu'en 1787; des *Idylles* en prose; des *Éloges* et beaucoup d'*Analyses* dans le *Journal de Lyon* qu'il établit. Il a aussi travaillé au *Journal de musique* et au *Journal des dames*.

MATHOU ou **MATHOUD** (DOM CLAUDE-HUGUES), né à Mâcon, d'une *bonne* famille, embrassa la règle de Saint-Benoît dans la congrégation de Saint-Maur, l'an 1639, à l'âge de 17 ans, et se distingua par ses connaissances dans la philolosophie et la théologie. Gondrin, archevêque de Sens, si connu par ses variations à l'égard du formulaire d'Alexandre VII, voulut l'avoir pour grand vicaire, et le fit ensuite entrer dans son conseil. Ce religieux mourut à Châlons-sur-Saône, le 29 avril 1705, âgé de 84 ans, dans le monastère de Saint-Pierre, où il s'était retiré dès l'an 1685. Nous avons de lui : 1° l'édition en latin des œuvres du cardinal Robert Pullus, et de Pierre de Poitiers, Paris, 1655, in-fol. avec dom Hilarion Lefebvre; 2° *De vera senonum origine christiana*, contre Launoy, Paris, 1687, in-4°; 3° *Catalogus archiepiscorum senonensium*, Paris, 1688, in-4°. Cet ouvrage manque d'ordre et de critique.

MATHURIN (saint), prêtre et confesseur, en Gâtinais, au 4° ou 5° siècle. Les actes de sa vie, donnés par Montbritius, ne méritent aucune croyance. (*Voyez* la *Gallia christiana*, et les nouveaux bréviaires de Paris et de Sens). Il y avait à Paris, une ancienne église sous l'invocation de saint Mathurin. Le chapitre de Paris la donna en 1226 aux religieux de la Sainte-Trinité, pour la rédemption des captifs. C'est de là qu'ils ont été appelés Mathurins.

MATHURIN DE FLORENCE, habile peintre, lia une étroite amitié avec Polydore; ces deux peintres travaillèrent de concert. Ils firent une étude particulière de l'antique, et l'imitèrent. Il est difficile de distinguer leurs tableaux, et de ne pas confondre les ouvrages de ces deux amis. Ils excellaient à représenter les habits, les armes, les vases, les sacrifices, le goût et le caractère des anciens. Mathurin mourut en 1526, aimé et estimé.

MATHUSALEM, fils d'Hénoch, père de Lamech, et aïeul de Noé, de la race de Seth, naquit l'an 3317 avant Jésus-Christ, et mourut l'année même du déluge, 2348 avant Jésus-Christ, âgé de 969 ans : c'est le plus grand âge qu'ait atteint aucun mortel sur la terre. Il faut éviter de le confondre avec Mathusael, arrière petit-fils de Caïn, et père d'un autre Lamech.

MATIÈRE. Peut-on donner une définition de la matière, abstraction faite des qualités qui la manifestent? Et si on parvient à donner cette définition, sera-t-elle compréhensible pour tout le monde, c'est-à-dire pour l'ignorant comme pour le savant? Voilà deux questions préjudicielles qu'il n'est pas facile de résoudre. Nous ne l'entreprendrons pas, car ce serait nous aventurer sur une mer inconnue sans espoir de découvrir un nouveau monde. Répétons donc après les autres que qu'ils ont dit de plus ou moins vague sur un sujet qui, dans son espèce, est aussi insondable que la nature de

Dieu. Proclamons que Dieu seul sait tout; inclinons-nous devant cette toute-majesté puissante et balbutions sur ce qu'il a bien voulu nous permettre d'entrevoir à travers le prisme de nos sens étroits et bornés. Au premier coup d'œil, rien de plus aisé à concevoir, en apparence, que l'idée de la matière, par opposition à l'idée de l'esprit. Si, en effet, l'esprit, par sa nature immatérielle, ne peut être saisi par aucun de nos organes, la matière sera, au contraire, tout ce qui tombera sous nos sens, tout ce que nous pouvons voir, entendre, toucher; tout ce qui sera coloré, sonore, odorant, savoureux, résistant, doux ou rude au toucher, etc.; en un mot, la matière sera l'ensemble des corps au milieu desquels nous vivons. Cependant cette idée si claire en apparence, commence à s'obscurcir dès qu'on y regarde de plus près. Et d'abord, qu'est-ce que toutes ces qualités par lesquelles nous connaissons la matière? Qu'est-ce que la couleur, le son, l'odeur, la forme, le froid, le chaud, l'âpre ou le poli, la solidité, la pesanteur? La science, lorsqu'elle a examiné ces qualités, a reconnu que la plupart d'entre elles n'ont en elles-mêmes aucune réalité; elle démontre que les corps ne sont ni savoureux, ni sonores, ni colorés, ni odoriférants; que les saveurs, les odeurs, les sons, les couleurs sont de pures sensations. Voilà donc, d'après tout cela, que la matière en général, ou les corps en particulier qui la composent, ne sont plus que de simples apparences. Avions-nous donc tort, en commençant cet article, de nous demander s'il est possible de donner une définition intelligible et sensible de la matière? Nous ignorons donc profondément l'essence de ce que l'on nomme matière; nous ne connaissons d'elle que ses modes, et parmi ces modes, il en est un grand nombre qui ne nous révèlent rien hors de nous-mêmes. Ainsi, ni l'odorat, ni le goût, ni l'ouïe ne nous apprennent qu'il y a des corps; nous ne leur devons que de pures sensations, sans aucune idée d'extériorité. Cependant ces modes, nous sommes intimement convaincus qu'il y a encore autre chose : c'est la substance, que nos sens ne peuvent atteindre, mais que notre raison conçoit comme le support nécessaire des qualités sensibles. Ainsi, il nous faut imaginer des supports en toute chose; il nous faut toucher pour croire; nous sommes incrédules à l'endroit de la matière, comme en toute chose; nous ne pouvons admettre aucune réalité qui n'ait une qualité tactile, aussi parmi les qualités que nous supposons témoigner la matière, celles que nous percevons par le sens du toucher ont-elles été soigneusement distinguées de celles que nous percevons par les autres sens. Le sens du toucher a donc un degré de certitude apparente plus positif que tous nos autres sens, puisqu'il nous révèle palpablement quelque chose d'extérieur à nous. De là, la distinction des qualités premières et des qualités secondes. Toutes les qualités premières ont été ramenées à l'étendue et à la solidité : la figure sera donc une modification de l'étendue; la solidité, l'impénétrabilité, la résistance seront une seule et même chose; la dureté, la mollesse, la fluidité seront des modifications de la solidité et ses divers degrés; la rudesse et le poli des surfaces n'exprimeront que les sensations attachées à certaines perceptions de la solidité. Mais en quoi les qualités premières se distinguent-elles des qualités secondes? Voici comme la science s'en tire. Nous connaissons les qualités premières, nous ne connaissons pas les qualités secondes, nous supposons seulement qu'elles existent. Les qualités secondes sont des causes inconnues de sensations connues. Nous connaissons directement l'étendue et la solidité et toutes leurs modifications diverses; nous en avons la notion la plus claire et la plus distincte : nous ne connaissons pas les qualités qui rendent les corps propres à exciter en nous les sensations des sons, des odeurs, des saveurs, du chaud et du froid; aucun de nos sens ne nous les manifeste. De là vient, comme l'a observé Locke, que nous les concevons plutôt comme des puissances que comme des qualités. Ainsi : 1° la notion de substance, qui n'est que l'idée de l'existence, à laquelle participent les corps; 2° les qualités premières, qui nous donnent la perception de la réalité extérieure; 3° les qualités secondes, par lesquelles l'homme achève de se mettre en relation avec les corps; voilà comment se décompose pour nous l'idée complexe de la matière. Divers problèmes ont été agités au sujet de la matière. On s'est, par exemple, demandé si la matière est ou non divisible à l'infini (*Voyez*, sur cette question, les mots DIVISIBILITÉ et ATOME). On s'est demandé si la matière est éternelle, incréée, ou si elle a commencé d'exister. La Bible répond à cette question : Dieu créa le ciel et la terre. Nous n'en savons pas plus et n'en pouvons savoir davantage. Des doutes ne peuvent être élevés sur ce sujet, dans l'*Encyclopédie catholique*. Nous devons croire que la matière cessera un jour d'exister, car si elle était éternelle, elle serait coexistante à Dieu, et dès lors nous dérogerions à la foi qui nous enseigne à fuir le dualisme du manichéisme, c'est-à-dire la croyance à deux principes coéternels dont l'un serait Dieu, la source du bien, et l'autre la matière, principe des maux éternels. Il est vrai qu'on a mis en avant ce principe de raison que « rien ne se fait de rien, » en vertu duquel on a nié la création de la matière ; mais cette assertion est toute idéologique, et n'a de fondement nulle part. Il faut aux hommes une idée de Providence ; or, cette idée est coulée bas dès qu'il est avec Dieu quelque chose qui lui est égal, car alors il est limité dans sa vaste unité omnipotentielle. Cependant l'homme veut une solution sur la question de la permanence de la matière. Qui la lui donnera ? Nul de nous ne le peut. Nos sens, encore une fois, ne vont pas jusque là. Ce ne pourra donc être que la foi qui arrive au secours de l'homme quand sa raison ne peut dépasser telle ou telle limite. Or, la foi, que nous apprend-elle ? Que la matière renaîtra en Dieu, un jour, le jour qu'il lui plaira, plus parfaite que nous ne la connaissons, disons mieux, que tous les êtres renaîtront pourvus de sens supérieurs à ceux qu'ils possèdent actuellement, et qui leur permettront par conséquent de pénétrer plus avant dans les incommensurables splendeurs de l'Être qui meut tout du fond de son insondable unité. On a enfin agité la question de savoir si la matière peut penser. Locke, qu'il ne faut pas ranger parmi les athés, Locke, philosophe éminemment spiritualiste, s'est presque prononcé pour l'affirmative, dans la crainte religieuse de borner la toute-puissance de Dieu. Nous devons dire après lui que cette croyance est contradictoire. Si la matière pense, elle est alors, en quelque sorte, comme un ministre que Dieu a chargé de ses volontés. Que ferait-il, lui, pendant qu'elle gouverne, elle ? Cette seule question détruit le doute de Locke et de tous ceux de son école, puisqu'ils attribuent, par ce doute, à Dieu un agent responsable de sa virtualité, et qu'ils frappent celle-ci de sommeil. C'est donc, sous une autre forme, donner à Dieu un participant de sa puissance, et conséquemment aboutir à la négation, premièrement, de l'unité de l'Être absolu ; secondement, au rejet indirect de la notion d'une Providence qui règle tout par elle-même, librement et sans aucune contrainte fatidique. Résumons-nous. Nous croyons fermement qu'il n'y a que Dieu qui est éternel ; qu'il a créé la matière ; que celle-ci lui obéit comme toutes choses qu'il a créées, car que savons-nous s'il n'y a pas autre chose que la matière ; que l'éternité de toutes choses est dépendante de la volonté de Dieu qui les a engendrées de son unité, et que par conséquent tout peut cesser d'être, comme tout peut continuer d'exister, selon que Dieu le voudra ; et que suivant qu'il plaira à chacun d'adopter l'une ou l'autre de ces hypothèses, car Dieu a voulu la liberté, ces deux hypothèses réunies se concilient d'une manière amiable par celle d'une Providence qui, nécessairement affectueuse pour les objets de sa création, ne peut que vouloir leur progression indéfinie tant au spirituel qu'au corporel, dans le sein de l'Être infini qui les connaît tous. F. B.

MATIÈRE, s. f., ce dont une chose est faite. Matières d'or et d'argent, les espèces fondues, les lingots et les barres employés pour la fabrication des monnaies. Dans les manufactures, matières premières, les matières avant qu'elles soient mises en œuvre. Matière, en termes de philosophie, la substance étendue, divisible, impénétrable, et susceptible de toute sorte de forme et de mouvements. Matière, se dit aussi par opposition à esprit. Matière, en termes de médecine, se dit des substances évacuées par haut et par bas. Matière purulente, le pus qui sort d'une plaie, et de la manière de les préparer et de les administrer. Matière, au sens moral, signifie le sujet sur lequel on écrit ou parle. Il signifie aussi cause, sujet, occasion. En ce sens il s'emploie sans article. En jurisprudence, matière civile, ce qui donne action au civil ; matière criminelle, ce qui donne action au criminel. Matière, se dit aussi en parlant de quelques-unes des parties qui composent la science du droit. En matière de, loc. prépositive. En fait de, quand il s'agit de.

MATIÈRE (*phil.*), se dit des connaissances acquises qui sont liées entre elles par l'unité de la conscience. Matière première (*écon. polit.*), se dit relativement à un genre d'industrie des matières déjà modifiées par une autre industrie, auxquelles on veut donner une nouvelle main-d'œuvre. Les matières premières, absolument parlant, n'existent qu'au fond de la mine ou dans le sein de la nature. Le sucre brut, matière

première pour le raffineur est déjà le produit de plusieurs industries : le sucre raffiné sera matière première pour le confiseur. Matière subtile (*anc. phys.*), nom donné par Descartes à un fluide subtil qui, selon lui, remplissait tout l'espace et faisait mouvoir le mécanisme de l'univers. Matières sommaires (*jurisp.*), affaires qui, à raison de leur urgence, ou de leur faible importance, doivent être jugées sans une longue procédure. Matière (*anc. technol.*), se disait pour mortier, ciment ; il se dit aussi pour bois, comme *materies* en latin, et ὕλη en grec.

MATIÈRES FÉCALES. Les excréments humains font un fumier excellent et si actif qu'il ne doit être employé qu'allié à d'autres substances et à petite dose. Il serait bon de jeter de temps à autre dans les fosses d'aisance de la chaux, de la sciure de bois, de la tourbe ou de la terre pour absorber les urines auxquelles les excréments sont mêlés. Lorsqu'on emploie la chaux en quantité suffisante, les fosses deviennent inodores, et le fumier qu'on obtient est si sec, si friable, qu'on peut le prendre à la main. Il ne faut jamais employer les excréments sans mélange. Leur activité les rendrait nuisibles. Deux charretées de ce fumier, mêlées à dix de terre et une de chaux, suffisent pour une acre de blé ou d'orge. Dans le premier cas, on le répand au commencement du printemps, et dans le second, quand on sème. On l'enterre à la herse ou lorsque la plante est encore très jeune. Cet engrais est très favorable aux récoltes semées au semoir. L'exemple de plusieurs siècles et de plusieurs pays prouve que les matières fécales sont un engrais avantageux pour les terres froides et pour la plupart des productions. Si le contraire arrive, cela vient de ce que la saison, ou le sol, ou la quantité ne convenait pas. Les Flamands emploient les matières fécales dans leur état naturel, en les faisant servir, la première année, à la culture des plantes à huile, à chanvre et à lin, la seconde, à rapporter de beaux grains. Quelquefois aussi il les font dessécher et les réduisent à l'état pulvérulent, pour s'en servir pour la végétation du colza. Les fourrages, soit secs, soit verts, provenant des terres fumées de la sorte, n'ont jamais paru déplaire aux bestiaux. On voit dans les transactions de la société des arts de Londres pour 1799, les expériences que M. S. Middleton a faites avec ces engrais. « J'en ai répandu sur mes terres ces quatre ou cinq dernières années, dit-il, pour la valeur de cent livres sterling environ, à raison de deux à quatre charges par acre. Il en est résulté une fertilité si étonnante, qu'aucun autre engrais ne peut lui être comparé ; du moins la première année ; la seconde, ses effets sont encore sensibles, mais la troisième, ils sont à peu près nuls : d'où je conclus que, lorsqu'il s'agit d'une terre en bon état, l'emploi de deux charges par acre chaque année suffit pour la maintenir constamment telle ; et que s'il est question d'une terre épuisée, il faut en mettre quatre à cinq charges par acre, si on continue à mettre annuellement la moitié, on lui conservera une grande fertilité. Un fermier du Lancashire a recueilli 56 busticls de blé par acre, ce qui est si fort au-dessus de la moyenne, qu'on ne savait comment expliquer ce fait. Je suis porté à croire que les matières fécales contenues dans le compost qu'il avait répandues dans son champ, ont occasionné cet étonnant produit. Il avait répandu quatre-vingts tonnes de ce compost, formé de matières fécales, de cendres, de charbon et de balayures des rues, et le terrain sur lequel il le mit était de onze acres. C'était donc un peu plus de sept tonnes par acre. On ne sait pas dans quelles proportions étaient ces diverses substances ; mais il n'y a pas d'apparence qu'il y ait eu moins de quatre tonnes de matières fécales. Il est certain, ajoute l'auteur, que l'herbe que produit cet engrais, peut engraisser le gros bétail en beaucoup moins de temps que toute autre. »

MATIGNON (JACQUES GOYON DE), maréchal de France, prince de Mortagne, comte de Thorigny, né à Gacé, en Normandie, l'an 1525, signala son courage à la défense de Metz, d'Hesdin, et à la journée de Saint-Quentin, où il fut fait prisonnier en 1557. Deux ans après, la reine Catherine de Médicis, qui le consultait dans les affaires les plus importantes, lui fit donner la lieutenance générale de Normandie. Cette province fut témoin plusieurs fois de sa valeur. Il battit les Anglais, contribua à la prise de Rouen, en 1557, empêcha d'Andelot de joindre, avant le combat de Saint-Denis, l'armée du prince de Condé, et se distingua à la bataille de Jarnac, à celles de la Roche-Abeille et de Moncontour. Il pacifia la Basse-Normandie, où il commandait l'armée du roi, en 1574, et prit le comte de Montgommery dans Domfront. Henri III récompensa ses services en 1579, par le bâton de maréchal de France et par le collier de ses ordres. Les années 1586 et 1587 ne furent pour lui qu'une suite de victoires. Il secourut Brouage, défit les huguenots en plusieurs rencontres, prit leurs meilleures places, et leur eût enlevé la victoire de Coutras, si le duc de Joyeuse, qu'il allait joindre, n'eût témérairement précipité le combat. Au sacre de Henri IV,'en 1594, il remplit les fonctions'de connétable, et, à la reddition de Paris, il entra dans cette ville à la tête des Suisses. Ce général mourut dans son château de l'Esparre, en 1597, également regretté de son prince et des soldats. La mort le surprit pendant qu'il était à souper.

MATIGNON (CHARLES-AUGUSTIN DE), comte de Gacé, maréchal de France, né en 1647, sixième fils de François de Matignon, comte de Thorigny, servit en Candie, sous le duc de La Feuillade, et fut blessé dangereusement dans une sortie. De retour en France, il fut employé en diverses occasions, se signala à la bataille de Fleurus, au siège de Mons et de Namur, et fut nommé lieutenant-général en 1693. La guerre s'étant rallumée, il suivit, en 1703, le duc de Bourgogne en Flandre, obtint le bâton de maréchal en 1708, et fut destiné à passer en Ecosse à la tête des troupes françaises, en faveur du roi Jacques. Cette expédition n'ayant pas réussi, il revint en Flandre, et servit sous le duc de Bourgogne à la bataille d'Oudenarde. Il mourut à Paris en 1729.

MATIN, s. m., espèce de chien servant ordinairement à garder une cour et à d'autres usages domestiques. Mâtin, est aussi un terme d'injure populaire.

MATIN, s. m., la première partie, les premières heures du jour. Il s'emploie aussi adverbialement. Fam., un de ces matins, un beau matin, se dit d'un jour, d'un temps qui n'est pas déterminé. Fig. et poétiq., les portes du matin, l'aurore ou le levant. Fig. et poétiq., le matin de la vie, les premières années de la vie. Prov., il faudrait se lever de bon matin pour le surprendre, il est fin et précautionné. Matin, signifie aussi tout le temps qui s'écoule depuis le moment où on se lève jusqu'à l'heure du dîner. Il signifie aussi encore tout le temps qui s'écoule depuis minuit jusqu'à midi.

MATINÉE, s. f., la partie du matin qui s'écoule depuis le point du jour jusqu'à midi. Fam., dormir la grasse matinée, dormir très avant dans le jour.

MATINER, v. act., il se dit d'un mâtin, et, par extension, de tous les chiens qui couvrent une chienne d'une espèce plus belle que la leur. Il signifie figurément et populairement, gourmander, maltraiter de paroles.

MATINES, s. f., pl. T. de liturgie cathol., la première partie de l'office divin, contenant un certain nombre de psaumes et de leçons qui se disent ordinairement la nuit.

MATIR, v. act., rendre'mat de l'or ou de l'argent, sans le polir ni le brunir.

MATOISERIE, s. f., qualité du matois. Il signifie aussi tromperie, fourberie. Il est familier dans les deux acceptions.

MATO-GROSSO, province du Brésil. Elle est bornée au N. par la province de Para, à l'E., par celle de Goyaz, au S., par celle de Saint-Paul et par le Paraguay, au S.-O. et à l'O., par les états du Rio-de-la-Plata et le Pérou. Elle a, du N.-O. au S.-E., 450 lieues de longueur et 300 de largeur. Une longue chaîne de montagnes qui, dans plusieurs endroits, porte les noms de Campos, Parexis, Serra, Crucumanacu et Cordilera-Geral, traverse cette province du N.-E. au S.-O. Ses rivières les plus importantes sont l'Uraguay, le Xingu, le Topayos, le Madeira, la Parana, le Paraguay, la Cuyaba, le Toguary et le Mondego. Des tribus sauvages et indépendantes, dans lesquelles il est difficile de pénétrer, habitent ce pays peu connu jusqu'à ce jour. Cette province fertile renferme des plaines immenses où l'on récolte le riz, le millet, le manioc, le coton, le sucre et le tabac. Les coteaux produisent le raisin, les légumes et toutes espèces de fruits; ses forêts, d'une vaste étendue, sont peuplées de bois de teintures, d'ébénisterie et de charpente. On y trouve l'arbre qui nourrit la cochenille, la gomme-copal, le sang-dragon, le kina de diverses qualités, la manne : on y trouve aussi des plantes médicinales, entre autres l'ipécacuanha et le jalap. Tous les animaux domestiques originaires d'Europe y multiplient avec succès.

MATON DE LA VARENNE (P. A. L.), homme de lettres, né à Paris en 1760, mort presque ignoré à Fontainebleau en 1816, fut persécuté pendant la révolution. On a de lui plusieurs ouvrages. Nous citerons : 1° *Réflexions d'un citoyen sur la nécessité de conserver la vénalité des offices inférieurs*, 1790, in-8; 2° *Mémoires pour les exécutions des jugements criminels*, id.; 3° *Plaidoyer pour Samson, exécuteur, et contre Trud'homme, Gorsas*, id.; 4° *Les crimes de Marat et des autres*

égorgeurs, 1793, in-8, traduit en allemand; 5° *Valdeuil*, ou *les habitants de Saint-Domingue*, id.; 6° *Camille et Formose*, histoire italienne, 1795, in-12; 7° *Histoire particulière des événements qui ont eu lieu en France pendant les mois de juin, juillet, août, septembre* 1792, *et qui ont opéré la chute du trône*, 1800, in-8. Maton de la Varenne fut aussi l'éditeur du *Siècle de Louis XV*, par Arnoux-Loffrey, ou plutôt Moufe d'Angerville, 1796, 2 vol. in-8°; ainsi que des Œuvres de Bissy, précédées de son éloge historique. Voyez, sur cet homme de lettres, le *Dictionnaire des Anonymes* de M. A. A. Barbier.

MATOU, s. m., chat mâle et entier. Il se dit figurément et populairement d'un homme désagréable par la figure et par le caractère.

MATRALES, fête qu'on célébrait à Rome le 11 juin, en l'honneur de Matuta ou Ino. Les dames romaines pouvaient seules participer aux cérémonies de la fête, et entrer dans le temple. Une seule esclave y était admise, et on la renvoyait après l'avoir légèrement souf:fletée en mémoire de la jalousie qu'Ino avait conçue contre une de ses esclaves. Les Romaines n'offraient des vœux à cette déesse que pour les enfants de leurs frères ou de leurs sœurs, parce que Matuta avait été trop malheureuse pour les siens propres. Le sacrifice qu'elles offraient consistait en un gâteau de farine, de miel et d'huile.

MATRAS, s. m., globe de verre surmonté d'un col qui lui sert d'ouverture. On donne aux matras différentes formes, selon l'usage auquel on les destine. Ceux qui servent aux sublimations sont aplatis par le fond; ceux qu'on emploie à la concentration des acides azotique et sulfurique, ou à la dissolution des métaux dans ces acides, ont le col très long, afin de condenser l'acide qui peut se volatiliser avec l'eau, et de ne laisser échapper que celle-ci. Ceux qui serventà la digestion des substances végétales dans un véhicule ont le col large et court pour faciliter la sortie du marc après l'opération.

MATRICAIRE, *matricaria* (bot.), genre de plantes de la famille des composées sénécionidées, qui renferme des espèces pour la plupart propres à l'Europe; ce sont des plantes herbacées annuelles, dont les feuilles multipartites sont divisées en lobes linéaires sétacés. Leurs fleurs en capitules sont portées sur les rameaux uniflores dont l'ensemble constitue un faux corymbe dans chacun d'eux; les fleurs du disque sont jaunes et celles du rayon blanches; les premières sont hermaphrodites, tubuleuses, terminées par quatre ou cinq dents; les dernières sont femelles, ligulées, rangées en une série. L'involucre est composé d'écailles presque égales entre elles, imbriquées, disposées en un petit nombre de séries; le réceptacle est nu, très développé, conique. Les fruits ou achaines qui succèdent à ces fleurs sont uniformes dans tout le capitule, surmontés d'un grand disque épigyne, le plus souvent dépourvus d'aigrette, plus rarement en présentant une en forme de couronne. Parmi les quinze espèces connues de ce genre nous citerons : la matricaire camomille (*M. chamomilla*, Lin.). Cette plante, d'une amertume très prononcée, mais plus faible que celle de l'*anthemis nobilis*, Lin., dont elle a les propriétés, est assez commune en Europe dans les champs, le long des chemins, etc.; sa tige, diffuse, rameuse, haute de 4 à 5 décimètres, est rougeâtre; ses feuilles ont leurs lobes linéaires très étroits, presque sétacés. Les capitules solitaires à l'extrémité des rameaux ou pédoncules nus sont larges de 3 centimètres. Les achaines sont tétragones, surmontés d'une aigrette courte en forme de couronne entière à son bord. Cette plante a une odeur douce et aromatique. La matricaire inodore (*M. inodora*, Lin.); cette plante ressemble beaucoup à la précédente et ne s'en distingue guère que par les lobes de ses feuilles presque toujours bi-ou tripartis, et par ses achaines à trois ou quatre angles à couronne entière, portant au sommet deux glandes. Cette plante est inodore et croît dans les mêmes lieux que la précédente.   J. P.

MATRICE, s. f., organe destiné, dans l'appareil générateur de la femme, à contenir le produit de la conception, depuis la fécondation jusqu'à la naissance. La matrice est placée dans la cavité du petit bassin, entre la vessie et le rectum, au-dessous des circonvolutions intestinales, et de manière que son fond se trouve en haut et son ouverture en bas. Déprimée sur deux faces opposées, elle a 2 pouces et demi à 3 pouces de longueur, 18 à 24 lignes de largeur et 10 à 12 d'épaisseur. Elle présente extérieurement une face antérieure ou pubienne, une postérieure ou sacrée, un bord supérieur, qui en forme le fond, et deux latéraux; on y distingue aussi trois angles, deux supérieurs ou latéraux, appelés angles tubaires,parce qu'ils sont situés près de l'insertion des trompes utérines, et un inférieur, qui forme ce qu'on nomme le col. Lisses et arrondies, et si rapprochées l'une de l'autre qu'on sent à peine la fente linéaire qui les sépare, chez les femmes qui n'ont point eu d'enfants, les lèvres de cet orifice sont ordinairement rugueuses et découpées, après plusieurs accouchements. Toute la capacité intérieure de l'utérus est divisée en cavité du corps et cavité du col. La première, de forme triangulaire chez la femme qui n'est point enceinte, contiendrait à peine une grosse fève de marais. Elle se termine, en haut et sur les côtés, par les orifices très petits des trompes, et la portion de cet organe située au-dessus de ces orifices constitue le fond de la matrice. Inférieurement, la cavité du corps se termine par une autre ouverture plus large, appelée orifice interne de la matrice ou orifice utérin. La cavité du col est une espèce de canal de 12 à 15 lignes de longueur, aplati d'avant en arrière, et un peu plus large dans son milieu qu'à ses extrémités : on y observe, surtout près de l'orifice vaginal, plusieurs follicules muqueux, dont le fluide s'épaissit quelquefois et forme des concrétions globuleuses que quelques anatomistes ont appelés œufs de Naboth. La matrice est recouverte extérieurement par le péritoine, qui se réfléchit de la face postérieure de la vessie et de la face antérieure du rectum, de manière à former deux feuillets qui s'adossent l'un à l'autre sur les parties latérales de l'utérus, après avoir compris dans leur écartement les trompes et les ligaments utérins. Au-dessous de cette membrane séreuse, on trouve le tissu propre de la matrice, qui n'a point, à la vérité, la couleur rouge des muscles proprement dits, mais qui n'en présente pas moins les caractères essentiels du tissu musculaire, puisqu'il jouit de la contractilité et qu'il contient de la fibrine. Les fibres du tissu propre forment d'abord, au-dessous du péritoine, une première couche mince, dense, élastique, cellulo-fibreuse, et quelquefois, mais pas toujours, évidemment musculeuse, dans laquelle les fibres n'ont aucune direction fixe. On rencontre ensuite une couche plus épaisse de fibres transversales, qui, réunies en différents plans, imbriqués à la manière des muscles constricteurs du pharynx, se portent tous en dehors, et convergeant vers les trompes, les ligaments de l'ovaire, le ligament rond et les ligaments postérieurs. Plus profondément se trouvent encore des fibres transversales ; mais les fibres longitudinales et obliques prédominent, surtout au col. Toutes ces couches ont pour base un tissu cellulo-fibreux jaune, surchargé de fibrine. Deux ordres d'artères arrivent à l'utérus : les utérines, fournies par l'artère hypogastrique, pénètrent dans sa substance par les côtés de son col ; les ovariques, données par l'aorte aux émulgentes, rampent dans le ligament large, se distribuent en partie à l'ovaire, et arrivent ensuite au bord du corps même de l'utérus : toutes, fortement serrées, hors de la gestation, au milieu du tissu qu'elles sillonnent, sont pliées et repliées un grand nombre de fois sur elles-mêmes. Les veines, distribuées comme les artères, présentent des dilatations connues sous le nom de sinus utérins, que l'on a regardées comme des cavités où stagne le sang, pour être ensuite exprimé dans l'utérus à l'époque des règles ; elles se rendent dans la veine iliaque interne, d'une part, et dans les veines ovariques de l'autre. Chez les solipèdes et chez les ruminants, ainsi que dans beaucoup d'autres mammifères, la matrice est divisée en trois cavités : une moyenne, qui représente le col, et deux latérales, connues sous le nom de cornes. Celles-ci s'écartent progressivement l'une de l'autre, et se contournent en dehors et en haut vers les régions lombaires ; elles ont une forme pyramidale, se recourbent sur elles-mêmes et se terminent chacune par une pointe arrondie, à laquelle sont attachées la trompe utérine et les ovaires. Cet organe constitue, hors le temps de la gestation, une cavité peu développée, à parois minces et blanches, formées cependant aussi d'une membrane séreuse, d'un tissu propre et d'une membrane muqueuse. Ces parois présentent intérieurement, dans les didactyles, de gros mamelons, appelés cotylédons, d'autant plus considérables que les femelles ont eu plus de gestations.

MATRICULE, s. f., le registre, la liste, le rôle sur lequel on écrit le nom des personnes qui entrent dans certaines sociétés, dans certaines compagnies. Il a vieilli. Il signifie aussi l'inscription sur la matricule. Il signifie encore l'extrait de la matricule, qui est délivré à la personne inscrite, afin qu'elle puisse prouver son inscription.

MATRIMONIAL, ALE, adj., t. de jurisprudence, qui appartient au mariage.

MATRONALES, fêtes solennisées par les dames romaines, aux calendes de mars. Ovide (*Fast.*, 3) assigne cinq causes à l'institution de cette fête : 1° la manière dont les Sabines terminèrent la guerre entre les Sabins et les Romains ; 2° le désir d'obtenir de Mars la même félicité qu'il avait accordée à ses enfants Rémus et Romulus ; 3° le vœu que la fécondité que la terre éprouve en mars fût accordée aux dames romaines ; 4° la dédicace d'un temple à Junon Lucine sur le mont Esquilin, faite aux calendes de ce mois ; 5° parce que Mars était fils de la déesse qui présidait aux noces et aux accouchements. La magnificence et la joie présidaient à la célébration de cette fête. Les femmes se rendaient le matin au temple de Junon, lui présentaient des fleurs, et s'en couronnaient elles-mêmes. De retour chez elles, elles passaient le reste du jour extrêmement parées, et y recevaient les félicitations et les présents que leurs amis ou leurs maris leur envoyaient en souvenir de l'heureuse médiation des Sabines. Dans la matinée du même jour, les hommes mariés se rendaient au temple de Janus, pour lui faire aussi leurs sacrifices. La solennité finissait par de somptueux festins que les maris donnaient à leurs épouses. Dans cette fête, les dames accordaient à leurs servantes les privilèges dont les esclaves jouissaient aux saturnales.

MATRONE, s. f., nom donné aux sages-femmes nommées dans certains procès pour visiter des femmes. Il ne s'emploie plus aujourd'hui dans le sens légal, attendu que l'usage même de consulter les matrones n'est plus admis par la législation. Il se dit par plaisanterie à une femme d'un certain âge, d'une certaine gravité, mais très rarement, parce que ce mot a pris une autre signification, et qu'il se dit, dans un langage très libre, des femmes qui tiennent une maison de prostitution. Matrone se dit aussi des dames romaines. (*Myth. rom.*) Surnom de Junon, protectrice des femmes nubiles. Surnom des Parques. Les matrones gabiennes.

MATTER (Christophe), jésuite, né en Silésie, l'an 1661, se dévoua aux missions parmi les infidèles, et partit pour les Indes en 1708. Il n'était pas prêtre, et ne pouvait que seconder les travaux des autres. Il rendit de grands services par ses connaissances médicales. On a de lui une relation curieuse de son voyage et des notions exactes sur les peuples et les différentes productions des environs de Goa. Stœcklein l'a insérée dans son *Weltbote*, t. 24, n° 508.

MATTEY ou **Mattéi** (Alexandre), cardinal, naquit à Rome, de la famille des princes de Mattey, le 20 février 1744. Devenu prélat et chanoine de Saint-Pierre, il se plaisait à catéchiser les enfants dans les paroisses, à visiter les malades dans les hôpitaux, à prêcher dans les oratoires et les couvents, et il passa ainsi toute sa vie dans des exercices de piété et de charité. Il fut successivement nommé, en 1777 et 1782, archevêque de Ferrare et cardinal, et tint, dans son diocèse, des synodes, des retraites et des conférences ecclésiastiques. Il entretint seul, à ses frais, plus de trois cents prêtres français qui, comme leurs confrères, étaient proscrits pour avoir refusé le serment constitutionnel. Lorsque Buonaparte marcha sur Rome, en 1797, le cardinal Mattey fut chargé de négocier avec lui, et eut part au traité de Tolentino. Ce traité délivra Rome de l'invasion des Français, mais ce ne fut pas pour longtemps ; car elle s'effectua l'année suivante, et le cardinal Mattey fut banni et privé de ses biens. Les temps étant devenus plus calmes, le cardinal retourna dans cette capitale, devint évêque de Palestrine, et conserva néanmoins jusqu'en 1807 l'administration de l'archevêché de Ferrare. En 1804, il tint, dans son nouveau diocèse, un synode dont on a imprimé les *Actes*, Rome, 1 vol. in-4°. Il renouvela les anciens statuts, et il en fit de nouveaux. A peine avait-il été transféré, en 1809, à l'évêché de Porto, auquel est attaché le titre de sous-doyen du sacré collège, que Napoléon le força de venir en France avec les autres cardinaux. N'ayant pas voulu assister au mariage de Buonaparte avec Marie-Louise d'Autriche, il fut privé de son bénéfice et envoyé en exil à Rhetel. La chute de Napoléon ayant permis au pape Pie VII et à ses cardinaux de revenir à Rome, Mattey fut nommé évêque d'Ostie et doyen du sacré collège. Il tint un synode à Velletri, dont le siège est uni à celui d'Ostie, et resta à Rome, où il continua ses anciennes et pieuses habitudes. Le 16 avril 1820, il assistait à l'office dans la basilique de Saint-Pierre, lorsqu'il fut frappé d'apoplexie, et mourut le 20 du même mois. On a de lui : *Méditations des vérités éternelles*, pour faire les exercices spirituels suivant la méthode de saint Ignace, distribués en huit jours, Rome, 1814, in-12.

MATTHIEU de Krocof ou Krocov, et non *de Cracovie*, comme plusieurs l'ont dit par erreur, fut ainsi nommé d'un château appartenant à sa famille, situé en Poméranie. Docteur en théologie, il se distingua d'abord à Prague, d'où il fut chassé par les hussites, ensuite à Paris, enfin à Heidelberg. Il fut élu évêque de Worms, en 1405, où il mourut en 1410. On conserve ses écrits sur la messe, sur l'eucharistie, etc., dans le monastère des chanoines réguliers de Franckenthal. Rainaldi (*ad an.* 1408, n. 59) dit qu'ayant été envoyé à Rome par l'empereur Robert, il avait été fait cardinal par Grégoire XII. On connait de ce prélat : *Sermo de emendatione morum et cleri*, prononcé au synode de Prague, en 1384 ; *Liber de squalore curiæ romanæ*, Bâle, 1551, et inséré dans le *Fasciculus rerum expetendarum* de Brown ; *De celebratione missæ*, etc., Memmingen, 1494, in-4° ; plusieurs autres ouvrages théologiques, conservés en manuscrit dans la bibliothèque impériale de Vienne. M. A.-A. Barbier lui attribue encore l'*Ars moriendi*, petit in-folio gravé en bois, ouvrage très rare, sur lequel on peut consulter le *Manuel du libraire*, par Brunet, et les autres ouvrages bibliographiques.

MATTHIEU DE WESTMINSTER, bénédictin de l'abbaye de ce nom en Angleterre, au XIVe siècle, a laissé une *Chronique* en latin, depuis le commencement du monde jusqu'à l'an 1307, imprimée à Londres en 1570, in-fol. Cet historien est crédule, peu exact, et écrivait d'une manière rampante.

MATTHIEU DEL NASSARO, excellent graveur en pierres fines, natif de Vérone, à Paris, où François Ier le combla de bienfaits. Ce prince lui fit faire un magnifique oratoire, qu'il portait avec lui dans ses campagnes. Matthieu grava des camées de toute espèce. On l'employa aussi à graver sur les cristaux. La gravure n'était pas son seul talent ; il dessinait très bien ; il possédait aussi parfaitement la musique ; le roi se plaisait souvent à l'entendre jouer du luth. Après la malheureuse journée de Pavie, Matthieu avait quitté la France, et s'était établi à Vérone ; mais François Ier dépêcha vers cet illustre graveur des courriers pour le rappeler en France. Matthieu y revint, et fut nommé graveur général des monnaies. Une fortune honnête et son mariage avec une Française le fixèrent dans le royaume jusqu'à sa mort, qui arriva peu de temps après celle de François Ier. Matthieu était d'un caractère liant ; il avait un cœur bienfaisant et l'esprit enjoué ; mais il connaissait la supériorité de son mérite : il brisa un jour une pierre d'un grand prix, parce qu'un seigneur, en ayant offert une somme trop modique, refusa de l'accepter en présent. Il mourut en 1548.

MATTHIEU OU LEVI (Saint), fils d'Alphée, et, selon toutes les apparences, du pays de Galilée, était commis du receveur des impôts qui se levaient à Capharnaum. Il avait son bureau hors de la ville, et sur le bord de la mer de Tibériade. Jésus-Christ l'enseignait depuis un an dans ce pays ; Matthieu quitta tout pour suivre le Sauveur qu'il mena dans sa maison, où il lui fit un grand festin. Il fut au nombre des douze apôtres. Voilà tout ce que l'Evangile en dit. Les sentiments sont fort partagés sur sa mort et sur le lieu de sa prédication. La plus commune parmi les anciens et les modernes, est qu'après avoir prêché pendant quelques années l'Evangile en Judée, il alla porter la parole de Dieu dans la Perse, ou chez les Parthes, où il souffrit le martyre. Avant d'aller annoncer la foi hors de la Judée, il écrivit, par l'inspiration du Saint-Esprit, l'Evangile qui porte son nom, vers l'an 36 de J.-C. On croit qu'il le composa dans la langue que parlaient alors les Juifs, c'est-à-dire en hébreu mêlé de chaldéen et de syriaque, et que l'original fut corrompu peu de temps après par les Nazaréens ou juifs convertis, qui étaient attachés aux cérémonies légales. Le texte grec que nous avons aujourd'hui, qui est une ancienne version faite du temps des apôtres, nous tient lieu d'original. Le texte chaldaïque, imprimé plusieurs fois, n'est qu'une traduction moderne faite d'après le grec. Aucun évangéliste n'est entré dans un plus grand détail des actions de Jésus-Christ que saint Matthieu.

MATTHIEU CANTACUZÈNE, fils de Jean, empereur d'Orient, fut associé à l'empire par son père en 1354. Jean Cantacuzène ayant abdiqué de peu de temps après le pouvoir souverain, Matthieu resta empereur avec Jean Paléologue. Ces deux princes ne furent pas longtemps unis. Ils prirent les armes, et une bataille donnée près de Philippes, ville de la Thrace, décida du sort de Matthieu : il fut vaincu, fait prisonnier, et relégué dans une forteresse, d'où il ne sortit qu'en renonçant à l'empire. Paléologue lui permit cependant de garder le titre de Despote, et lui assigna des revenus pour achever ses jours, après ce vain nom, dans une vie privée. On prétend qu'il se retira dans un monastère du mont Athos, où il composa des Commentaires sur le Cantique des cantiques qui ont été publiés à Rome.

MATTHIEU DE VENDÔME, célèbre abbé de Saint-Denis, ainsi nommé du lieu de sa naissance, fut régent du royaume pendant la deuxième croisade de saint Louis, et principal ministre sous Philippe-le-Hardi. Il se signala ses vertus, et surtout par sa douceur et sa prudence. Il jouit aussi d'une grande considération sous le règne de Philippe-le-Bel. Il mourut en 1286. On lui attribue une Histoire de Tobie, en vers élégiaques, Lyon, 1505, in-4°. Ce n'est pas certainement pour honorer sa mémoire qu'on lui donne cet ouvrage, qui est d'un style barbare et d'un autre Matthieu de Vendôme, poète du XIIe siècle.

MATTHIEU (PIERRE), poète et historiographe de France, né en 1563, à Pesmes, en Franche-Comté, fut d'abord principal du collège de Verceil, et ensuite avocat à Lyon. Il se montra zélé ligueur et fort attaché au parti des Guises. Etant venu à Paris, il abandonna la poésie, qu'il avait cultivée jusqu'alors, pour s'attacher à l'histoire. Henri IV, qui l'estimait, lui donna le titre d'historiographe de France, et lui fournit les mémoires nécessaires pour en remplir l'emploi. Ayant suivi Louis XIII au siége de Montauban, il y tomba malade et fut transporté à Toulouse, où il mourut en 1521. Matthieu était un de ces auteurs subalternes qui écrivent facilement, mais avec platitude. Il a composé : l'*Histoire des choses mémorables arrivées sous le règne de Henri-le-Grand*, 1624, in-8°. Elle est semée d'anecdotes singulières et de faits curieux ; *Histoire de la mort déplorable de Henri le-Grand*, Paris, 1611, in-fol. ; 1612, in-8° ; *Histoire de saint Louis*, 1618, in-8° ; *Histoire de Louis XI*, in-fol., estimée ; *Histoire de France sous François Ier, Henri II, François II, Charles IV, Henri III, Henri IV et Louis XIII*, Paris, 1631, 2 vol, in-fol.; publiée par les soins de son fils, qui a ajouté à l'ouvrage de son père l'Histoire de Louis XIII, jusqu'en 1621. Le grand défaut de Matthieu est d'affecter, dans le récit de l'histoire moderne, une grande connaissance de l'histoire ancienne. Il en rappelle mille traits étrangers à son sujet, et dont la citation met de la confusion et de l'obscurité dans la narration ; *Quatrains sur la Vie et la Mort*, dont la morale est utile et la versification languissante ; *la Guisiade*, tragédie, Lyon, 1589. Cette pièce est recherchée, parce que le massacre du duc de Guise y est représenté au naturel et avec toutes les horreurs qui ont accompagné ce lâche assassinat ; *Esther*, tragédie en cinq actes sans distinction de scènes et avec des chœurs, Lyon, 1585, in-12. Cette pièce fut jouée à Besançon avec un grand succès ; l'*Histoire d'Elius Sejanus* ; les *Prospérités malheureuses d'une femme Catanoise, grande sénéchale de Naples* ; *Remarques sur la vie de Villeroy*, Rouen, 1618, 1620, 1642, in-12. Les deux premières histoires sont une allusion continuelle au maréchal d'Ancre et à sa femme.

MATTHIOLE (bot.), genre de plantes dicotylédones, de la famille des crucifères, de la tetradynamie siliqueuse de Linné, dont les principaux caractères sont : calice fermé, à quatre folioles, dont deux renflées à leur base ; quatre pétales en croix, onguiculés ; six étamines libres, tétradynames, sans dents, les plus longues, un peu dilatées ; un ovaire supérieur allongé ; un style presque nul ; un stigmate à deux lobes connivens, renflés sur le dos ou munis d'une pointe ; une silique arrondie ou comprimée, allongée bivalve, à deux loges, couronnée par le stigmate ; les semences comprimées, quelquefois échancrées, placées sur un seul rang. Ce genre, que plusieurs botanistes ne regardent que comme une simple division du genre *cheiranthus* (giroflée), a été établi par Rob. Brown. Il faudrait, d'après les caractères de cette coupe, y comprendre notre giroflée des jardins (*cheiranthus incanus*), celle nommée quarantaine (*cheiranthus annuus*), et les *cheiranthus fenestralis, sinuatus, tricuspicatus*, etc. Nous citerons parmi les matthioles propres : la matthiole odorante (*matthiola odorantissima*), qui croit sur les collines arides dans la Tauride et les contrées septentrionales de la Perse. Ses tiges sont un peu ligneuses, rameuses à leur base, blanches et tomenteuses ainsi que toute la plante ; les feuilles très variables, allongées, la plupart sinuées presque pinnatifides ou inégalement dentées, quelquefois simples, entières, surtout les inférieures ; les grappes droites composées de fleurs d'un blanc sale ou d'un brun pourpre, très odorantes vers le soir. La matthiole de Tartarie (*M. Tatarica*) a ses tiges simples, droites, on à peine rameuses, glabres, hautes de 3 à 10 décimètres, à feuilles ovales, oblongues, aiguës, irrégulièrement dentées, à grappes allongées ; le calice blanchâtre et velu.   J. P.

MATTHIOLE (PIERRE-ANDRÉ MATTIOLI, plus connu sous le nom DE), né à Sienne, le 23 mars de l'an 1500, fit de grands progrès dans les langues grecque et latine , dans la botanique et la médecine. Il joignait à ces connaissances une littérature agréable. Matthiole exerça la médecine à Sienne , à Rome, à Trente, à Pavie, et fut médecin des empereurs Ferdinand Ier et Maximilien II, qui le fit conseiller aulique. Il mourut de la peste à Trente, en 1577, après avoir servi Ferdinand , archiduc d'Autriche, pendant dix ans, en qualité de premier médecin. On a de lui des Commentaires sur les six livres de Dioscoride , en latin, à Venise, chez Valgrise, 1565, très gros volume in-fol., avec de grandes figures très bien gravées sur bois. Malgré leurs défauts, ces Commentaires sont supérieurs à tout ce que les anciens ont écrit sur la botanique. L'original avait paru en italien, Venise, 1548, in-4°. L'auteur les traduisit en latin, 1554. Nous en avons une traduction française par Du Pinet, Lyon, 1565. Matthiole a laissé encore d'autres ouvrages sur la médecine, entre autres l'Art de distiller , ses Lettres, etc. On a donné une édition complète de ses ouvrages, Bâle, 1598, in-fol., avec des notes de Gaspard Bartholin ; la Vita di P. A. Mattioli, raccolta delle sue opere da un' academico Rozzo di siena.

MATTHYS (CHRISTIAN), Matthias, docteur luthérien , né vers l'an 1584, à Meldorp, ville du Holstein, dans le comté de Dithmarse. Son esprit inquiet, son caractère austère et inconstant, firent qu'il ne sut se fixer dans aucun pays. Il fut successivement professeur de philosophie à Strasbourg , recteur du collège de Bude-Dourlach, professeur en théologie à Altorf , prédicant à Meldorp, ministre et professeur en théologie à Sora, puis se retira à Leyde, fut ensuite pasteur à La Haye, et enfin alla terminer ses jours à Utrecht l'an 1655. On a de lui un grand nombre d'ouvrages de philosophie, d'histoire , de controverse, et sur l'Ecriture-Sainte. Les principaux sont : 1° Historia patriarcharum , Lubeck, 1640, in-4°; Theatrum historicum, Amsterdam, Elzevir, 1668, in-4°. Cet ouvrage est moitié moral, moitié historique.

MATTI (DOM EMMANUEL), né l'an 1663, à Oropesa, ville de la Nouvelle-Castille, réussit de bonne heure dans la poésie, et fit paraître ses essais l'an 1682, en un vol. in-4°. Cet heureux début fit naître dans le cœur d'une dame de très haut rang des sentiments trop tendres pour ce jeune poète. Il fit, pour s'y soustraire, un voyage à Rome. Innocent XII, charmé de son esprit et plus encore de sa vertu, le nomma au doyenné d'Alicante, où il mourut en 1737. Il avait aidé le cardinal d'Aguirre à faire sa collection des Conciles d'Espagne. Ses Lettres et ses Poésies latines (Madrid, 1705, 2 vol. in-12, Amsterdam, 1738, 2 vol. in-4°), prouvent qu'il avait la facilité et l'imagination.

MATTIOLI (le comte, GIROLAMO MAGNI ou), premier ministre du duc de Mantoue, fut l'objet de la haine du cabinet de Versailles, qui le fit enlever de Turin en 1679 ou 1685. On craignait que son habileté ne fît échouer les négociations entamées avec la cour de Piémont. Conduit au château de Pignerol, il mourut quelque temps après. Plusieurs écrivains ont prétendu reconnaître en lui l'homme au Masque de Fer; sans doute il y a dans la vie de ce seigneur quelques circonstances qui semblent s'accorder avec ce que l'on sait du personnage mystérieux qui fut enfermé dans la citadelle de Pignerol à cette époque; mais le problème est encore loin d'être éclairci. Voyez la véritable Histoire de l'homme au Masque de Fer, et un article du Magasin encyclopédique de 1800, signé C. D. O. (sixième année, VI, 472, 484). V. aussi l'article MASQUE DE FER.

MATURATION, s. f., progrès successif des fruits vers la maturité. Il se dit, dans un sens analogue, en parlant des tumeurs purulentes.

MATURE, s. f., collectif, tous les mâts d'un bâtiment. Il signifie aussi, le bois propre à faire des mâts. Il signifie encore l'art de mâter les bâtiments. Il signifie même quelquefois la machine destinée, dans les ports, à mâter les bâtiments. Il se dit également de l'atelier et des magasins établis pour confectionner, réparer, conserver les mâts et les bois de mâture.

MATURIN (le révérend CHARLES-ROBERT), poète et romancier, né à Dublin en 1782, mort en 1824 dans la même ville, entra dans l'état ecclésiastique et obtint la cure de St-Pierre, dans sa ville natale. Chargé de bonne heure d'une nombreuse famille, il ne tarda pas de se trouver dans une position difficile, que son goût pour la dépense dut rendre plus pénible encore. Pour augmenter son chétif revenu, il prit en pension des jeunes gens qu'il préparait aux examens du collège de la Trinité. Cette ressource étant insuffisante, il eut recours à la publication de quelques Nouvelles; il fit pa-

raître alors : Montorio, le Jeune Irlandais , le Chef Mélésien ; mais il n'en recueillit ni gloire ni argent. En 1816, il fit représenter sur le théâtre de Drury-Lane, sa tragédie de Bertram, qui obtint un immense succès. MM. Taylor et Charles Nodier en ont donné la traduction libre sous le titre de Bertram ou le Château de Saint-Aldabrand, Paris, 1821, in-8°. Le révérend Maturin donna ensuite ses tragédies de Manuel et de Frédolpho, qui furent mal accueillies; il n'en fut pas de même de son poème de l'Univers, de ses Sermons du carême de 1824, de ses Romans (pour et contre les femmes, Melmoth ou l'Homme errant, les Albigeois) qui réussirent tous. Les romans de Maturin ont été traduits en français. Maturin appartient à cette école qui est si peu en harmonie avec la douceur de nos mœurs, et qui cherche les émotions dans tout ce qu'il y a d'horrible et de surnaturel. Comme poète et romancier, il y a quelques rapports avec Anne Radcliffe, par la touche énergique et son coloris sombre. Il aurait pu prendre pour devise ce vers d'un auteur d'une Frédégonde, inédite :

Et pour m'intéresser, il me faut des horreurs.

MATURITÉ. Elle est le résultat de la maturation, et celle-ci correspond à la gestation des animaux. On dit donc qu'un fruit est mûr quand toutes les parties qui le composent ont atteint leur développement, et qu'il est sur le point de se détacher du végétal qui l'a produit. Cet état correspond, dans le règne animal, à celui d'un fœtus à terme. Les fruits étant composés de deux parties distinctes, le péricarpe et la graine, on peut considérer isolément les phénomènes qui se rattachent à la maturité de ces deux appareils. Dès que l'ovaire d'un fruit est fécondé, il devient un centre d'action. La sève, qui peu auparavant était appelée dans les pétales, les étamines et le style, change de route et se rend à l'ovaire, à peu près comme dans les familles des animaux le sang se porte, dès les premiers temps de la grossesse, aux fœtus. Les ovaires qui ont été fécondés commencent à grossir : ils ont noué, suivant l'expression consacrée. L'accroissement du péricarpe s'opère à la même époque que celui des ovules, mais ne lui est pas aussi subordonné qu'on serait naturellement porté à le croire. Ainsi, il n'est pas rare de voir des ovaires dont tous ou presque tous les ovules n'ont pas été fécondés, et qui, cependant, grossissent presque à l'ordinaire. On peut même dire qu'en général le développement du péricarpe est en raison directe du petit nombre d'ovules fécondés. La différence, si importante au point de vue économique, qui existe entre les fruits charnus et non charnus tient à ce que les péricarpes foliacés des premiers, étant munis de stomates ou pores, permettent l'exhalation de l'eau, tandis que ceux des seconds, en étant privés, se gorgent de liquides qui dilatent les cellules. La nature du fruit, sa saveur, dépendent principalement des modifications que subit la sève dans le parenchyme de leur péricarpe, et aussi des circonstances qui favorisent ou arrêtent cette élaboration. On ne sait absolument rien sur l'influence qu'exercent les cellules sur la sève; elle tient à la constitution intime des tissus; quant à celle qu'exerce la nature de cette sève, elle doit être de peu d'importance, puisqu'un arbre greffé sur une espèce différente conserve les qualités qui lui sont propres. La chaleur est une des causes qui déterminent le mieux la maturité; car elle tend particulièrement à faire développer, dans les péricarpes, la matière sucrée; cela n'a pas besoin de preuves, l'usage des serres, des cloches, des espaliers, des murailles de couleur foncée, a surtout pour but la concentration des rayons solaires sur les fruits. La lumière active aussi la maturité; son influence est surtout manifeste dans le degré de coloration offert par beaucoup de péricarpes. L'humidité, dans le commencement de la maturation, semble favoriser, sinon la maturité, au moins le développement des fruits ; plus tard, elle deviendrait nuisible en permettant aux cellules de se gorger continuellement de liquides. C'est pour éviter l'absorption de l'eau, pour donner plus de concentration aux sucs des fruits, et forcer les cellules à une élaboration plus complète, que l'on cueille certains fruits quelques jours avant leur entière maturité. Les transformations chimiques qui se lient à la maturité des péricarpes, qui la constituent pour ainsi dire, sont encore fort obscures. On peut avancer cependant qu'en général les proportions de sucre, de gomme et de principe aromatique, augmentent; tandis que celles de l'eau et des matières acides diminuent à mesure que se rapproche l'époque de la maturité. Si nous passons actuellement à la graine, nous voyons d'abord l'embryon entouré d'un liquide nommé amnios, qui va en diminuant, car il sert à nourrir le germe. Cette absorption s'effectue par le placenta, et est transmise par le cordon ombilical. Quand le liquide amniotique ne sert pas tout entier au développement de l'embryon, le reste se concrète et forme l'albumen. Tandis que dans le péricarpe, le voisinage de la maturité correspond avec une plus grande abondance de principes sucrés, c'est le contraire pour la graine, dans laquelle cette substance est de plus en plus remplacée par une matière féculente, huileuse ou charnue, suivant les plantes. Quant à l'eau, elle va toujours en diminuant, comme dans la maturation du péricarpe. Cette dernière circonstance, jointe à l'augmentation du carbone, à l'absorption et au dépôt de substances terreuses, tend à donner aux graines, à l'état de maturité, un poids supérieur à celui qu'elles possédaient primitivement, la faculté de résister avec plus de force aux intempéries et celle de se séparer de la plante-mère. L'expression maturité s'emploie encore dans un sens figuré. On dit : maturité de l'âge, développement complet de force intellectuelle et physique de l'homme. Maturité d'esprit, état d'un esprit ferme ; maturité de style, style solide.

MAUBEUGE, ville forte de France, chef-lieu de canton du département du Nord, dans l'arrondissement d'Avesnes. Elle est située sur la rive droite de la Sambre, entourée d'un mur d'enceinte, flanquée de tours et de bastions, et défendue par des forts et des ouvrages avancés. Cette ville est classée dans la troisième catégorie des places de guerre, et renferme des fabriques d'armes qui appartiennent au gouvernement. On y fabrique aussi des clous, des cylindres pour les manufactures de savon et des broches. Le marbre qui se trouve dans ses environs y est taillé à l'aide d'une machine hydraulique. Son commerce consiste en fers, vins, ardoises de Fumay, marbre et houille. Les Français et les Espagnols se la disputèrent souvent, et différentes fois elle fut prise et reprise. Enfin Louis XIV s'en rendit maître en 1649, et chargea Vauban d'y élever de nouvelles fortifications. En 1795, 65,000 Autrichiens l'assiégèrent et furent forcés de lever le siège par suite la victoire que remporta le général Jourdan. 6,363 habitants.

MAUCHARD (Bichard David), né à Marbach en 1696, devint médecin du duc de Wurtemberg, et professeur en médecine, en chirurgie et en anatomie à Tubingen, où il mourut le 11 avril 1752, avec une réputation distinguée. On a de lui un grand nombre de thèses de médecine estimées.

MAUCO (N.....), lieutenant général, né à Bayonne, le 8 octobre 1745, entra au service à l'âge de 21 ans, en qualité de simple soldat. Parvenu rapidement par son seul mérite au grade d'adjudant sous-officier dans le régiment de Vivarais, il quitta en 1766 le service militaire pour un emploi dans l'administration maritime à Bayonne : il était sous-chef au bureau des fonds, quand éclata la révolution. Bientôt il repartit pour l'armée. Après avoir acheté tous ses grades par une action d'éclat ou une blessure, il fut proclamé sur le champ de bataille, général de brigade le 17 pluviôse an II, puis général de division le 23 germinal suivant. Appelé à commander la 11e division militaire, il était encore à ce poste qu'il honorait par ses vertus, lorsque Buonaparte, dans lequel il avait d'abord cru voir un second Monck, se couvrit du sang du duc d'Enghien. Bientôt l'assassin de ce prince demanda l'empire ; le vote du général Mauco fut négatif. Admis aussitôt à la retraite avec une modique pension, il a vécu encore 23 ans. Il est mort à Solliers, près de Toulon, le 23 décembre 1827. Ce fut un sincère serviteur des Bourbons et un bon chrétien.

MAUCOMBLE (Jean-François-Dieudonné de), officier dans le régiment de Segur, né à Metz, en 1735, quitta l'état militaire pour cultiver la littérature. Il donna une tragédie bourgeoise, qui n'eut pas de succès, et ensuite deux mauvais romans. Il est encore auteur d'un Abrégé de l'histoire de Nîmes, in-8°, compilation pleine de tableaux passionnés en faveur du calvinisme. Ces ouvrages ne semblaient pas devoir lui mériter les éloges qu'on lui donne dans le Nécrologe français. Une maladie de poitrine termina les jours de cet écrivain en 1768.

MAUCROIX (François de), né à Noyon, le 7 janvier 1619, chanoine de l'église de Reims, fréquenta d'abord le barreau, mais dégoûté de la sécheresse de la jurisprudence, il se livra à la littérature. Il mourut à Reims, le 9 août 1708, à l'âge de 89 ans. Sa vieillesse fut celle d'un philosophe chrétien, qui jouit des biens que lui accorda la Providence, et supporte les maux en attendant patiemment un sort meilleur. On a de lui plusieurs traductions écrites d'un style pur, mais lan-

guissant. Les principales sont : 1° celle des Philippiques de Démosthènes ; 2° de l'Euthydémus, dialogue de Platon ; 3° de quelques Harangues de Cicéron ; 4° du Rationarium temporum, du père Petau, Paris, 1683, 3 vol. in-12 ; 5° de l'Histoire du schisme d'Angleterre, par Nicolas Sanderus ; 6° des Homélies de saint Jean-Chrysostôme, au peuple d'Antioche, 1681, in-8° ; 7° du traité de Lactance, De morte persecutorum, 8° des Vies des cardinaux Polus et Campege, 1675 et 1677, 2 vol. in-12. Maucroix était très lié avec Boileau, avec Racine et surtout avec La Fontaine. Cette union l'engagea à donner avec ce fabuliste, en 1685, en 2 vol. in-12, un recueil d'Œuvres diverses. On publia aussi en 1726 les Nouvelles œuvres de Maucroix. On y trouve des poésies qui manquent d'imagination et de coloris, mais qui ont du naturel et de la naïveté. (Les poésies de Maucroix ont été publiées en 1820, par M. Walckenaer, à la suite des Nouvelles œuvres diverses de Jean La Fontaine. Elles sont précédées d'une notice sur la vie de cet écrivain.)

MAUDEN (David), théologien, né à Anvers, en 1575, fut prévôt de Notre-Dame de la Chapelle, à Bruxelles, et doyen de Saint-Pierre de Breda. Il mourut à Bruxelles, en 1641, dans sa 66e année. On a de lui, en latin : 1° une Vie de Tobie, intitulée : le Miroir de la vie morale, Anvers, 1631, in-fol. ; 2° des Discours moraux sur le décalogue, Louvain, 1625, in-fol. ; 3° Apologie des monts-de-piété, Louvain, 1627, in-4° ; 4° l'Aléthologie, ou Explication de la vérité, Bruxelles, 1635, in-4°. Cette vérité ne regarde qu'un point historique assez peu important.

MAUDIRE, v. a., faire des imprécations contre quelqu'un. Maudire, quand il exprime une volonté de Dieu, signifie condamner, réprouver, abandonner. Maudire, signifie aussi détester une chose, exprimer l'horreur qu'on en a. Il signifie quelquefois adjectivement très mauvais. Il se dit aussi quelquefois, en parlant des personnes et des choses, pour s'en plaindre avec impatience et colère. Maudit est quelquefois substantif, comme dans cette phrase de l'Evangile. Allez maudits au feu éternel.

MAUDRU (Jean-Antoine), évêque constitutionnel des Vosges, né à Adomp (Vosges), le 5 mai 1748, mort à Belleville près Paris le 13 septembre 1820, remplit successivement les fonctions de vicaire et de curé dans la commune d'Aidolles. Élu évêque des Vosges par ses compatriotes, il fut sacré à Paris le 20 mars 1791. Arrêté au mois de mai 1794, on le traîna de brigade en brigade jusqu'à Paris, où il passa sept mois dans les cachots de la Conciergerie. Après le 9 thermidor, il revint à Saint-Dié, où il tint un synode le 26 juillet 1797. De là il se rendit au premier concile national tenu à Paris en la même année. À son retour, il fut accusé d'avoir occasionné des troubles par ses discours pastoraux, et fait l'office publiquement dans une église, sans s'être soumis au préalable à la loi du serment. Il reprit ses fonctions le 30 avril 1800, tint à Mirecourt un second synode dont les statuts ont été imprimés (Mirecourt, in-8°), puis se rendit au second concile national tenu à Paris en 1801. Lors de la conclusion du concordat, il donna sa démission et accepta la cure de Stenay. Maudru, s'étant prononcé pendant les cent-jours en faveur de la nouvelle révolution, fut exilé à Tours. Après l'ordonnance du 5 septembre, libre de quitter le lieu de son exil, il vint fixer sa résidence aux environs de Paris. Il a laissé : les Brefs attribués à Pie VI, convaincus de supposition, ou Lettres de Jean-Antoine Maudru, évêque des Vosges, au citoyen Thumery, prêtre de Saint Dié, 1795, in-8° ; sur les Rétractations, 1797, in-8° ; Instruction familière sur la constitution, in-8° ; Instruction pastorale sur les excommunications, in-8° ; sur les Serments, in-8° ; Lettre sur la liberté du culte, in-4° ; Lettre sur le concile, in-4° ; Lettre au préfet du département des Vosges sur la prétendue rétractation, in-4°.

MAUDUIT (Michel), prêtre de l'Oratoire, né en 1644, à Vires, en Normandie, mort à Paris, en 1709, à 65 ans, professa les humanités dans sa congrégation avec succès. Il se consacra ensuite à la chaire et aux missions. Après avoir rempli dignement ce ministère, il donna plusieurs ouvrages au public. Les principaux sont : 1° Traité de la religion contre les athées, les déistes et les nouveaux pyrrhoniens ; livre solide, dont la meilleure édition est de 1698 ; 2° les Psaumes de David, traduits en vers français, in-12. La versification en est faible et incorrecte ; 3° des Mélanges de diverses poésies, en 1681, in-12 ; recueil mêlé de bon et mauvais ; 4° des Analyses des Évangiles, 4 vol. in-12 ; des Actes des apôtres, 2 vol. ; des Épitres, 2 vol. ; de l'Apocalypse, 1 vol., à Paris, Rouen et Lyon, avec les Dissertations qui sont très recherchées aujourd'hui, et qui ont été réimprimées à Toulouse avec quelques changements. Ces analyses prouvent l'esprit d'ordre, le jugement et le savoir de l'auteur; on lui reproche cependant, non sans fondement, d'avoir souvent adopté des sentiments qui ne pouvaient lui plaire que parce qu'ils étaient nouveaux. Il s'appesantit sur des détails inutiles, en faveur de quelques points d'érudition très indifférents au résultat de la chose; et n'hésite point à critiquer, non-seulement la *vulgate*, mais encore l'opinon commune des interprètes et des pères en leur opposant quelques subtilité grammaticale grecque ou hébraïque; 5° *Méditations* pour une retraite ecclésiastique de dix jours, in-12; 6° *Dissertations sur la goutte*, 1689, in-12. Voyez l'*Eloge* de Mauduit dans le *Mercure*, mai 1709.

MAUDUIT (ANTOINE-RENÉ), professeur de mathématiques au collége de France, né à Paris, le 17 janvier 1731, et mort le 6 mars 1815, a laissé : 1° *Eléments des sections coniques démontrées par la synthèse*, 1757, in-8°; ouvrage qui a mérité les éloges de Lalande, qui le proclama l'un des meilleurs professeurs qu'on eût vu dans la capitale; 2° *Introduction aux éléments des sections coniques*, 1761; 3° *Principes d'astronomie sphérique*, ou *Traité complet de trigonométrie sphérique*, 1765, in-8°, traduit en anglais, par Crukett, en 1768; 4° *Leçons de géométrie théorique et pratique*, 1772, in-8°; 3° édition, 1807, 2 vol. in-8°; 5° *Leçons élémentaires d'arithmétique*, 1780, in-8°; 1804, in-8°; excellent ouvrage et le meilleur dans son genre; 6° *Neuf Psaumes*, traduits en vers français, 1814, in-12 de douze pages. Ces psaumes sont écrits d'un style élégant et correct; Mauduit en a laissé d'autres inédits qu'on assure n'être pas inférieurs aux premiers.

MAUDUIT-DUPLESSIS (THOMAS-ANTOINE chevalier de), naquit à Hennebon, le 12 septembre 1733. Plein d'enthousiasme pour les héros de la Grèce, il quitta à pied, à l'âge de 12 ans, son collége avec deux de ses camarades pour aller voir cette contrée, et s'embarqua avec eux à Marseille. Après avoir visité les champs de Marathon et les Thermopyles, ils se rendirent à Alexandrie, en Egypte, où la peste priva Mauduit de ses deux compagnons de voyage. Il partit seul pour Constantinople, où l'ambassadeur français lui facilita les moyens de retourner dans sa patrie, et le reconcilia avec son père, auquel le jeune voyageur présenta les plans dessinés de sa main des endroits les plus fameux qu'il avait visités. Ayant pris du service dans le corps de l'artillerie, il fit les guerres de l'Amérique septentrionale, sous les ordres du général Rochambau, et y obtint, après la prise de New-York, la décoration de Cincinnatus. De retour en France, il reçut la croix de Saint-Louis, et, en 1787, il fut nommé colonel du régiment du Port-au-Prince. Pendant près de quatre années, Mauduit-Duplessis sut comprimer dans la colonie l'esprit révolutionnaire, et forma des compagnies de volontaires royaux auxquels on donna le nom de *Pampons blancs*. Dans la suite, du 30 au 31 juillet 1790, il dissipa, à main armée, le comité de l'ouest, qui correspondait avec l'assemblée de Saint-Marc, composé de factieux. Mais l'arrivée au Port-au-Prince, le 2 mars 1791, des bataillons de Normandie et d'Artois, lesquels étaient imbus des nouvelles maximes, détruisit les sages mesures de Mauduit. On commença à répandre le bruit qu'il trompait les habitants sur la véritable situation des affaires en France; qu'il fabriquait de faux décrets de l'assemblée nationale, et il éclata une insurrection dans presque tout le pays; ferme à son poste, l'intrépide colonel n'écouta pas le conseil de ses amis, qui le conjuraient de s'éloigner du danger; son premier soin fut de mettre en sûreté le gouverneur, le comte de Blanchelande. L'insurrection avait gagné les propres soldats de Mauduit; ils l'entraînent dans leurs casernes, d'où ils font arracher les membres du comité qu'il avait dissous, et il se trouve au milieu d'une populace et d'une soldatesque effrénées. Deux de ses officiers, les frères d'Anglade, périssent en le défendant. A l'ordre qu'on lui donne de se mettre à genoux, il répond par un regard plein d'indignation. Un grenadier le blesse à la figure d'un coup de sabre : « Tu sais mal te servir du sabre pour un grenadier, lui dit Mauduit; c'est ici qu'il fallait frapper, » ajoute-il en découvrant sa poitrine; et il tomba mort percé de mille coups, le 4 mars 1791, à l'âge de 38 ans. Sa tête est coupée, ses membres mutilés, et portés en triomphe par ces dignes imitateurs des bourreaux de la capitale. Au milieu de cette scène d'horreur, on vit un rare exemple d'attachement et de fidélité. Un mulâtre, son domestique, employa plusieurs jours à rassembler ses membres épars, après les avoir mis dans une fosse et couvert

de terre, il se tua d'un coup de pistolet sur cette même fosse qu'il venait de creuser. M. de la Fosse de Rouville, a publié l'*Eloge historique du chevalier Mauduit-Duplessis*, Senlis, 1818, in-8°.

MAUGIS (JOSEPH), né à Namur, en 1711, entra dans l'ordre de Saint-Augustin, où il se distingua par sa piété et son savoir. Il enseigna avec réputation la théologie dans l'université de Louvain, où il mourut en 1780. On a de lui plusieurs *Dissertations* imprimées, et des *Traités* manuscrits.

MAUGRAS (JEAN-FRANÇOIS), parisien, prêtre de la doctrine chrétienne, enseigna avec succès les humanités dans les colléges de sa congrégation. Les chaires de Paris retentirent ensuite de son éloquence. Il se signala surtout par ses instructions familières; mais l'ardeur extrême avec laquelle il se livra à ce saint exercice, lui causa un crachement de sang, dont il mourut en 1726 à 44 ans. On a de lui : 1° des *Instructions chrétiennes pour faire un saint usage des afflictions*, en 2 petits vol. in-12; 2° une *Instruction chrétienne sur les dangers du luxe*; 3° *Quatre lettres en forme de consultation, en faveur des pauvres des paroisses*; 4° les *Vies des deux Tobie, de sainte Monique et de sainte Geneviève, avec des réflexions à l'usage des familles et des écoles chrétiennes*. Une piété tendre et éclairée, une douceur et une modestie peu communes, étaient les vertus qui distinguaient le père Maugras dans le monde. On les retrouve dans ses ouvrages.

MAUGRÉER, v. n., pester, jurer, il est peu usitée.

MAUGUIN (GILBERT), président de la cour des monnaies de Paris, publia contre le père Sirmond une dissertation intitulée : *Vindiciæ prædestinationis et gratiæ*, qu'on trouve dans le recueil publié à Paris, en 1650, 2 vol. in-4° sous ce titre : *Veterum scriptorum qui in IX seculo de gratiæ scripsere opere*. Il y soutient que Gotelscalc n'a point enseigné l'hérésie prédestinatienne. L'auteur n'a pas raison; mais il n'a rien oublié pour l'avoir. Ce magistrat mourut en 1674, dans un âge fort avancé.

MAULÉON (N... AUGER DE), sieur de Granier, ecclésiastique, natif de Bresse, se fit connaître au xviiᵉ siècle par l'édition des *Mémoires de la reine Marguerite*, Paris, 1628, de ceux de M. Villeroi , des *lettres du cardinal d'Ossat*, etc. Il fut reçu dans l'académie française, en 1633, mais on l'en retrancha l'année suivante.

MAULTROT (GABRIEL-NICOLAS), jurisconsulte, né à Paris , en 1714, mort le 12 mars 1803, fut reçu avocat au parlement, en 1733. Quoique versé dans les questions de droit civil, il s'attacha presque tout entier au droit canon , et se dévoua au parti appelant. Le spectacle de la révolution le ramena à d'autres sentiments. Cet avocat zélé du second ordre devint tout-à-coup un ardent défenseur des droits de l'épiscopat, et fut un de ceux de son parti qui se prononcèrent avec le plus de force contre la constitution civile du clergé. On a lieu d'être surpris du nombre de ses ouvrages, d'autant plus qu'il en composa une grande partie dans un état de cécité dont il avait été frappé à l'âge de 50 ans. Il a laissé : *Apologie des jugements rendus en France contre le schisme par les tribunaux séculiers*, avec l'abbé Mey, 1752, 2 vol. in-12, ouvrage condamné par Benoit XIV dans un bref du 20 novembre 1752; *Maximes du droit public français*, 1772, in-12; autre édition en 1745, 2 vol. in-4° et 6 vol. in-12, avec des réflexions sur le *Droit de vie et de mort*, par Blonde , avocat ; *les Droits de la puissance temporelle défendus contre la 2ᵉ partie des actes de l'assemblée du clergé de 1765 , concernant la religion*, 1777, in-12; *Mémoire sur la nature et l'autorité des Assemblées du clergé de France*, même année; *Dissertation sur la formulaire*, 1775, in-12 ; *Institution divine des curés, et leur droit au gouvernement général de l'Eglise*, 1778, 2 vol. in-12 ; *les Droits des prêtres dans le synode*, 1779, in-12; *les Droits du second ordre défendus contre les apologistes de la domination épiscopale*, 1779, in-12; *les Prêtres juges de la foi, ou Réfutation du Mémoire dogmatique et historique touchant les juges de la foi , par l'abbé Corgne*, 1780 , 2 vol. in-12; *les Prêtres juges dans les conciles avec les évêques, ou Réfutation du Traité des conciles en général de* l'abbé Ladvocat , 1780, 3 vol. in-12 ; *Dissertation sur les interdits arbitraires de la célébration de la messe aux prêtres qui ne sont pas du diocèse*, 1781, in-12; *Dissertation sur l'approbation des prédicateurs*, 1782, in-12 ; *l'Approbation des confesseurs introduite par le concile de Trente*, 1783, 2 vol. in-12; *Dissertation sur l'approbation des confesseurs*, 1784, 1 vol. in-12 ; *Juridiction ordinaire immédiate sur les paroisses*, 1784, 2 vol. in-12; *Traité des cas réservés au pape*, 1785, 2 vol. in-12; *Traité des cas réservés aux évêques*, 1786, 2 vol. in-12; *Traité* de la confession des moniales, 1786, 2 vol. in-12 ; Défense du second ordre contre les conférences ecclésiastiques d'Angers, 1787, 3 vol. in-12 ; l'Usure considérée relativement au droit naturel, 1787, 2 vol. in-12 ; Examen du principe du pastoral de Paris, publié par M. de Juigné, 1788 et 1789, 2 vol. in-12 ; Véritable nature du mariage, 1788, 2 vol. in-12 ; Examen des décrets du concile de Trente et de la jurisprudence française sur le mariage, 1788, 2 vol. in-12 ; Dissertation sur les dispenses matrimoniales, 1789, 1 vol. in-12 ; Origine et étendue de la puissance temporelle suivant les Livres saints et la tradition, 1789, 3 vol. in-12 ; Discipline de l'Eglise sur le mariage des prêtres, 1790, in-8° ; Observations sur le projet de supprimer en France un grand nombre d'évêchés, 1790 in-8 ; Défense de Richer, et chimère du richérisme, 1790, 2 vol. in-8° ; Autorité de l'Eglise et de ses ministres défendue contre l'ouvrage de M. Larrière, etc., 1792, in-8° ; Lettre à un ami sur l'opinion de M. Treilhard, relativement à l'organisation du clergé, 1790, in-8°, etc. D'autres ouvrages encore parmi lesquels on cite une Histoire du schisme d'Antioche, et une Histoire de saint Ignace, patriarche de Constantinople, sont sortis de cette plume féconde. Après la mort de Jabineau, Maultrot continua avec Blonde les Nouvelles ecclésiastiques, ou Mémoires pour servir à l'histoire de la constitution civile du clergé. Enfin il avait travaillé avec l'abbé Mey à la première édition du Droit public français, attribué à Michaut de Montblin, conseiller au parlement. Maultrot aurait pu être utile à l'Eglise, s'il avait écrit dans un autre sens.

MAUNOIR (JULIEN), né en Bretagne, en 1606, entra chez les jésuites où il se distingua par les missions qu'il fit dans sa patrie depuis 1640 jusqu'en 1683. Epuisé de travaux et de fatigues, il mourut saintement à Plevin, en Bretagne, âgé de 77 ans. Le père Boschet, son confrère, a écrit sa vie sous ce titre : Le parfait missionnaire, in-8°. Le père Maunoir a laissé quelques ouvrages de piété écrits en breton.

MAUPAS DU TOUR (HENRI CAUCHON DE), né au château de Cosson, en 1606, eut pour parrain Henri IV. Maupas fut successivement abbé de Saint-Denis de Reims (où il introduisit, en 1634, la nouvelle réforme de la congrégation de Sainte-Geneviève), grand aumônier de la reine Anne d'Autriche, évêque du Puy en Velay, et d'Evreux, où il mourut le 22 août 1680, âgé de 74 ans. Il a laissé : Discours funèbre sur l'archevêque de Reims (Guillaume de Gisfons, mort en 1629), Reims, 1629, in-8° ; Vie de madame de Chantal, Paris, 1644, in-4°. Elle a eu plusieurs éditions, et a été traduite en italien ; Vie de saint François de Sales, Paris, 1657, in-4°, avec sept gravures. Une sixième partie, imprimée en 1668, contient la bulle de canonisation du saint, pour laquelle Maupas avait été envoyé à Rome ; Oraison funèbre de saint Vincent de Paul, Paris, 1661, in-8° ; Statuts synodaux, Evreux, 1664-1665, in-8°. Ils furent dressés, à ce qu'on croit, par le célèbre archidiacre Boudon, auteur de la Sainteté de l'état ecclésiastique, et autres bons ouvrages.

MAUPEOU (RENÉ-NICOLAS-CHARLES-AUGUSTIN DE), né à Paris en 1714, succéda à son père en 1768 dans les fonctions de chancelier du royaume. Les querelles qui, à cette époque, divisaient les parlements et la cour acquirent une activité plus alarmante. Le nouveau chancelier crut mettre fin à tous les désordres en ayant recours à un coup d'autorité. Le parlement de Paris fut exilé. Celui de Rouen eut le même sort. On installa le conseil du roi à la place des magistrats absents, et le nom de parlement fut donné à cette commission transitoire. Cette mesure, représentée par l'esprit de parti comme une violence exercée sur un corps illustre et aimé du peuple, souleva l'opinion publique ; les avocats refusèrent de plaider, et quatre d'entre eux, ayant consenti à paraître devant le tribunal éphémère, reçurent le surnom flétrissant des quatre mendiants. Cependant le chancelier tint bon. Les plaintes s'apaisèrent peu à peu, et le nouveau parlement obtint un moment de crédit. Mais les divisions qui éclatèrent entre le chancelier d'un côté, et le duc d'Aiguillon et une partie de la cour de l'autre, ranimèrent les troubles. Le parti des anciens parlements, fort de cette division, reprit de la consistance. D'innombrables pamphlets furent lancés de part et d'autre. Le procès de Beaumarchais intervint au milieu de ces circonstances, et porta un dernier coup au parlement Maupeou. Le crédit du chancelier commençait à baisser à la cour ; la mort de Louis XV le ruina. A l'avénement de Louis XVI, les parlements furent rappelés (en 1774), et le courageux Maupeou fut exilé dans ses terres. Il mourut ignoré au Thuit, près les Andelys, le 29 juillet 1792. Quelque temps avant sa mort, il avait fait don à l'Etat d'une somme de 800,000 fr.

La paisible et heureuse obscurité où il a vécu depuis sa disgrâce, la fermeté avec laquelle il a constamment refusé de rendre les sceaux à moins qu'on ne lui fît son procès, condition qu'on n'a osé accepter, et l'acharnement avec lequel le parti philosophique l'a dénigré honorent sa mémoire. Quelque jugement qu'on porte de sa conduite dans l'affaire des parlements, il est très probable que si son ouvrage avait subsisté, la révolution n'aurait pas eu lieu sitôt. L'opération par laquelle Louis XVI l'a anéanti est la première des fausses démarches, et pour ainsi dire comme le premier anneau de la longue chaîne d'incertitudes de ce bon et trop malheureux prince.

MAUPERTUIS (PIERRE-LOUIS MOREAU DE), célèbre mathématicien et astronome, né à Saint-Malo, le 17 juillet 1698, entra dans les mousquetaires en 1718, et donna à l'étude le temps que lui laissait le service. Après avoir passé deux années dans ce corps, il obtint une compagnie de cavalerie dans le régiment de la Roche-Guyon ; mais il ne la garda pas longtemps. Son goût pour les mathématiques l'engagea à quitter la profession des armes, pour se livrer entièrement aux sciences exactes. Il obtint une place à l'Académie des sciences en 1723. Quatre ou cinq ans après, le désir de s'instruire le conduisit à Londres, où la Société royale lui ouvrit ses portes. De retour en France, il passa à Bâle pour converser avec les frères Bernouilli, l'ornement de la Suisse. Des connaissances nouvelles et l'amitié de ces deux célèbres mathématiciens furent le fruit de ce voyage. Sa réputation et ses talents le firent mettre en 1736 à la tête des académiciens que Louis XV envoya dans le Nord pour déterminer la figure de la terre. Il fut l'auteur et le chef de cette entreprise, qui fut exécutée avec beaucoup de diligence, quoique le succès ne répondît pas tout-à-fait aux espérances qu'on en avait conçues. Le prince royal de Prusse, devenu roi, l'appela auprès de lui pour lui confier la présidence et la direction de l'Académie de Berlin. Ce monarque étant alors en guerre avec la reine de Hongrie, Maupertuis en voulut partager les périls ; il s'exposa à la bataille de Molwits, et y fut pris par les hussards. Sa captivité ne fut ni dure, ni longue. Dès qu'il eut sa liberté, il partit pour la France, puis retourna en Prusse, où, à peine arrivé, il se repentit d'avoir quitté sa patrie. Frédéric le dédommagea de ses pertes par ses bienfaits, par la confiance la plus intime ; mais, né avec une triste inquiétude d'esprit, il eut plusieurs querelles qui empoisonnèrent ses jours. Les plus célèbres sont sa dispute avec Koënig, professeur de philosophie à Franeker, et celle qu'il eut avec Voltaire, laquelle fut une suite de la précédente. Le président de l'Académie de Berlin avait inséré dans un volume des Mémoires de cette compagnie pour l'année 1746, un Ecrit sur les lois du mouvement et du repos, déduites d'un principe métaphysique : ce principe est celui de la moindre quantité d'action. Koënig ne se contenta pas de l'attaquer, mais il en attribua l'invention à Leibnitz, en citant un fragment d'une lettre qu'il prétendait que ce savant avait écrite autrefois à Hermann, professeur à Bâle en Suisse. Maupertuis, piqué d'être soupçonné de plagiat, engagea l'Académie de Berlin à sommer Koënig de produire l'original de la lettre citée. Le professeur, n'ayant pu satisfaire à cette demande, fut exclu de l'Académie de Berlin dont il était membre. Cette affaire donna lieu à plusieurs écrits : ce fut alors que Voltaire intervint. Il avait été d'abord très lié avec Maupertuis, qu'il regardait comme son maître dans les mathématiques ; mais leurs talents étaient différents, ils étaient mutuellement jaloux l'un de l'autre : le philosophe l'était du bel-esprit, et le bel-esprit du philosophe. Cette jalousie éclata à la cour du roi de Prusse, dont les faveurs ne pouvaient être partagées assez également pour écarter loin d'eux la petitesse de l'envie. Voltaire, sensible à quelques procédés de Maupertuis, prit occasion de la querelle de Koënig pour soulager sa bile. En vain le roi de Prusse lui ordonna de rester neutre dans ce procès ; il débuta par une Réponse fort amère d'un académicien de Berlin à un académicien de Paris, au sujet du démêlé du président de l'Académie de Berlin et du professeur de Franeker. Cette première satire fut suivie de la Diatribe du docteur Akakia : critique sanglante de la personne et des ouvrages de son ennemi. Il y règne une finesse d'ironie et une gaîté tout-à-fait rares. L'auteur se moque de toutes les idées que son adversaire avait consignées dans ses Œuvres et surtout dans ses Lettres. Il se divertit principalement du projet d'établir une ville latine ; de celui de ne point payer les médecins lorsqu'ils ne guérissent pas les malades ; de la démonstration de l'existence de Dieu par une formule d'algèbre ; du conseil de disséquer des cerveaux de géants, afin de sonder la nature de l'âme ; de celui de faire un trou qui allât jusqu'au centre de la terre. Les traits lancés sur l'auteur du *Voyage au pôle* étonnèrent ses partisans, et firent rire les vrais philosophes, instruits et pleinement convaincus du charlatanisme de tous les savants à système et à préventions. On opposa aux satires de Voltaire les éloges dont il avait comblé son ennemi ; mais ils prouvaient mieux la *faiblesse* et les *petites vues* du poète que la sagesse de son adversaire. En 1738, Maupertuis était un génie sublime, un grand mathématicien, un Archimède, un Christophe Colomb pour les découvertes, un Michel-Ange, un Albane pour le style. En 1752, ce n'était plus qu'un esprit bizarre, un raisonneur extravagant, un philosophe insensé. Si Voltaire se satisfit en suivant sa vengeance, il s'attira une disgrâce éclatante. Les désagréments qu'il essuya l'ayant obligé de se retirer de la cour de Prusse au commencement de 1753, il se consola dans son malheur par de nouvelles satires. Il peignit Maupertuis comme un vieux capitaine de cavalerie travesti en philosophe ; l'air distrait et précipité, l'œil rond et petit, la perruque de même, le nez écrasé, la physionomie mauvaise, le visage plat et l'esprit plein de lui-même. Celui-ci lui envoya un cartel, auquel il ne répondit que par cette plaisanterie qui exprimait d'une manière piquante le caractère et le savoir de son antagoniste : « Dès que j'aurai un peu de « force, je ferai charger mes pistolets *cum pulcere yrio*, et « en multipliant la masse par le carré de la vitesse jusqu'à « ce que *l'action* et nous soyons réduits à zéro, je vous mettrai « du plomb dans la cervelle ; elle paraît en avoir besoin. » Cette farce finit d'une manière triste. Retirée d'abord par Voltaire sur la demande de Frédéric, la diatribe du docteur Akakia fut bientôt réimprimée par les soins de l'auteur. Le roi fit brûler cette seconde édition publiquement, et Voltaire quitta Berlin. Les circonstances de son départ déplurent tellement au souverain, qu'il fit arrêter Voltaire à Francfort, avec sa nièce, qui était venue l'y rejoindre, et on assure que le poète n'en fut pas quitte à ce prix. Cependant l'affaiblissement de sa santé obligea le président de l'Académie de Berlin de revenir en France. Il y passa depuis 1756 jusqu'au mois de mai 1758, qu'il se rendit auprès des Bernouilli, à Bâle, où il mourut très chrétiennement entre les bras de deux religieux, le 27 juillet 1759. Maupertuis était d'une vivacité extrême, qui éclatait dans sa tête et dans ses yeux, continuellement agités. Cet air de vivacité, joint à la manière dont il s'habillait et dont il se présentait, le rendait assez singulier. Un amour-propre trop sensible, quelque chose d'ardent, de sombre, d'impérieux, de tranchant dans le caractère, une envie de parvenir et de faire sa cour, nuisirent à son bonheur et firent tort à sa philosophie. Il fut quelquefois dans son style le singe de Fontenelle ; mais il ne put jamais atteindre la molle indifférence, l'égoïsme tranquille et raisonné du convive de madame de Tencin. Les ouvrages du président de l'Académie de Berlin ont été recueillis à Lyon, en 1756, en 4 vol. in-8°. Comme écrivain, il avait du génie, de l'esprit, du feu, de l'imagination ; mais on lui reproche des tours recherchés, une concision affectée, un ton sec et brusque, un style plus raide que ferme, des paradoxes, des idées fausses, etc. Ses principaux ouvrages sont : la *Figure de la terre déterminée* ; la *Mesure d'un degré du méridien* ; *Discours sur la figure des astres* ; *Eléments de géographie* ; *Astronomie nautique* ; *Dissertation physique à l'occasion d'un nègre blanc* ; *Vénus physique*, ouvrage que les libertins ont plus lu que les physiciens, et qu'un d'eux a reproduit, sous un titre et une forme différente, en y ceusant quelques morceaux de l'*Amour conjugal*, de Venette. L'auteur cependant y avait mis toute la décence que la matière comportait, il trace même quelquefois des images vastes et sublimes, lorsqu'il généralise ses idées, et voit la nature en grand ; *Essai de cosmographie* ; *Réflexions sur l'origine des langues* ; *Essai de philosophie morale*, où il y a d'excellentes choses, mais qui est de la plus verbiageuse prolixité ; plusieurs *Lettres* ; *Eloge de M. de Montesquieu*. Quoique, dans ce qu'il a écrit sur divers points de la physique du monde, il y ait des pensées qui favorisent ouvertement le matérialisme, on aurait cependant tort de le ranger parmi les ennemis du christianisme. Il paraît qu'il ne s'est abandonné à ses rêves que dans les moments où la manie des systèmes l'avait saisi ; car, dans d'autres circonstances, il rendait un hommage sincère à la religion : « Nous sommes, dit-il (t. 2 de ses œuvres, p. 175), si remplis de respect pour la religion, que nous n'hésiterions jamais de lui sacrifier notre hypothèse, et mille hypothèses semblables, si on nous faisait voir qu'elles con-

tinssent rien qui fût opposé aux *vérités*·de la foi, ou si cette autorité à laquelle tout chrétien doit être soumis les désapprouvait. » Dans l'*Essai de philosophie morale*, il réfute victorieusement ceux qui ont osé comparer la morale de Zénon, d'Epictète et celle d'autres froids raisonneurs, à la divine morale de l'Evangile.

MAUPERTUY (JEAN-BAPTISTE DROUET DE), né à Paris, en 1650, fit ses études au collège de Louis-le-Grand. Son esprit et son goût pour l'éloquence et pour la poésie de ses maîtres lui firent des admirateurs. Il parut ensuite au barreau, mais s'en dégoûta. Les fleurs d'une littérature légère et frivole lui avaient fait perdre le goût des fruits de la jurisprudence. Un de ses oncles, fermier-général, crut le guérir de son penchant pour le théâtre et les romans, en lui procurant un emploi considérable dans une des provinces du royaume. Maupertuy, loin d'amasser de la fortune, dissipa son patrimoine. De retour à Paris, à l'âge d'environ 40 ans, il renonça absolument au monde. Après une retraite de deux ans, il prit l'habit ecclésiastique en 1692, passa cinq ans dans un séminaire, se retira dans l'abbaye de Sept-Fonts, et cinq ans après dans une solitude du Berri. Son mérite lui procura un canonicat à Bourges en 1702. De Bourges, il passa à Vienne, d'où il revint à Paris, après avoir reçu les ordres sacrés. Il se retira quelque temps après, à Saint-Germain-en-Laye, où il mourut le 10 mars 1730. On a de lui un grand nombre de traductions françaises, et plusieurs livrés de piété : les *Sentiments d'un chrétien touché d'un véritable amour de Dieu* ; l'*Histoire de la réforme de l'abbaye de Sept-Fonts*, in-12. Cette histoire fut mal reçue et accusée d'infidélité ; l'*Histoire de la sainte église de Vienne*, in-4° ; *Prières pour le temps de l'affliction et des calamités publiques*, in-12 ; *De la Vénération rendue aux reliques des saints*, in-12 ; le *Commerce dangereux entre les deux sexes*, in-12 ; la *Femme faible ou les Dangers d'un commerce fréquent et assidu avec les hommes*, in-12, etc. Le style de ces différents ouvrage est ferme et énergique, mais il manque quelquefois de pureté et de précision.

MAUPITEUX, EUSE, adj., vieux mot qui signifiait cruel, impitoyable, et qui depuis a pris un autre sens dans cette phrase familière, peu usitée, faire le maupiteux, faire le misérable, se plaindre, se lamenter, sans en avoir autant de sujet qu'on veut le faire croire.

MAUR (SAINT), (*géogr.*), village de France, département de la Seine, sur la Marne, à 2 lieues sud-est de Paris. On remarque à Saint-Maur un beau canal souterrain qui joint deux points de la Marne. 700 habitants. Congrégation de Saint-Maur (*comm. relig.*), se dit d'une réforme de l'ordre des bénédictins, établie par Jean Renaud, abbé de Saint-Augustin de Limoges, et confirmée par le pape Urbain VIII, en 1627. La congrégation de Saint-Maur se divisait en 6 provinces, et sa maison chef d'ordre était l'abbaye de Noirmoutiers. Lors de la suppression des jésuites, en 1762, les bénédictins de Saint-Maur furent appelés à diriger six collèges ou écoles militaires, à Sorrèze, à Pont-Levoi, etc. La science historique doit aux bénédictins de Saint-Maur des travaux considérables, tels que, l'art de vérifier les dates, la collection des historiens de France, etc. Traité de Saint-Maur (*hist.*), traité que Louis XI conclut avec les princes ligués, à la suite de la guerre du bien public, le 29 octobre 1465, et par lequel il donna la Normandie en apanage à son frère.

MAUR (Saint), célèbre disciple de saint Benoit, abbé de Glanfeuil, en Anjou, aujourd'hui Saint-Maur-sur-Loire, mourut en 584. Quelques critiques modernes ont prétendu que saint Maur, abbé en Anjou, était différent de saint Maur, disciple de saint Benoît ; mais dom Ruinart les a réfutés dans son *Appendice* des Annales des Bénédictins, t. 1, p. 630. Il y avait une congrégation de bénédictins qui portait le nom de Saint-Maur. C'était une réforme approuvée par le pape Grégoire XV, en 1621. Cette congrégation se distingua par les vertus et le savoir de ses membres ; mais elle n'eut pas le don de persévérance.

MAURAND (PIERRE), homme riche, fut regardé, dans le XIIe siècle, comme le chef des *Albigeois* en Languedoc. Il se disait saint Jean l'Evangéliste, attaqua la divinité de Jésus-Christ, tantôt à découvert, tantôt avec des mots équivoques, et entraîna dans l'hérésie la plupart de ses compatriotes. Raimond V, comte de Toulouse, l'obligea de comparaître devant le légat du pape. Dans l'interrogatoire qu'on lui fit subir, il déclara que le pain consacré par le prêtre n'était pas le corps de Jésus-Christ. Les évêques, affligés du blasphème qu'ils venaient d'entendre, et du malheur de celui qui l'avait prononcé, déclarèrent Maurand hérétique et le laissèrent entre les mains du comte de Toulouse. Morand, qui avait trop d'esprit pour ignorer le faible de sa secte, eut trop de raison pour sacrifier sa vie au faux honneur qu'on trouve quelquefois à ne point se démentir. La grâce agit en même temps sur son cœur, et il prit le parti de réparer le scandale qu'il avait donné. Il alla, pieds nus et les épaules découvertes, se présenter à la porte de l'église; l'évêque de Toulouse et l'abbé de Saint-Sernin l'y reçurent et le frappèrent de verges pendant qu'il avançait vers l'autel, où le légat l'attendait. Maurand y fit abjuration de ses erreurs. Il promit de partir dans quarante jours pour la Palestine, et d'y servir trois ans les pauvres. Il vit sans regret raser celui de ses châteaux où les hérétiques tenaient auparavant leurs assemblées; et distribuer une partie de ses biens aux malheureux qu'il avait opprimés par sa puissance ou ruinés par ses usures. Une conversion d'un si grand éclat eut un grand effet; l'hérésie soutenue par le crédit de Maurand tomba en grande partie. Celui-ci mourut en 1199.

MAURE ou MORE (géogr.), nom d'un peuple ou plutôt d'une classe d'habitants d'origine arabe, répandus dans le nord-ouest de l'Afrique, où ils occupent principalement les villes. Il a été pris comme le Maure (exp. prov.), se dit d'un homme arrêté lorsqu'il fuyait, par allusion à la capture de Ludovic Sforce, duc de Milan, surnommé le Maure : ce prince fut arreté par les français, comme il sortait de Novarre, déguisé en suisse. Collier de Maure (archéol.), cercle de jonc tressé sur lequel on apportait les plats, pour ne pas salir la table. Les colliers de Maure ou tortils figurent dans quelques armoiries. Maure (hist.), se dit des habitants de l'ancienne Mauritanie et par suite des Arabes qui, après avoir conquis ce pays, passèrent de là en Espagne, vers l'an 713. Domination des Maures, se dit de l'empire des Arabes en Espagne. Cet empire s'étant divisé en une foule de petits états, ceux-ci furent successivement détruits par les Espagnols, rejetons de l'ancienne nation des Goths. Grenade, la dernière ville qui restait aux Maures, fut prise par Ferdinand-le-Catholique, en 1491. Ainsi finit la domination des Maures, qui avait duré près de huit siècles (V. MAURES). Maures, dénomination sous laquelle les Espagnols et les Portugais comprirent tous les peuples asiatiques et africains avec lesquels ils furent en guerre. Ils s'en servent encore aujourd'hui pour désigner plusieurs nations différentes de l'Asie et de l'Afrique. Maure-Hindoustani (linguist.), langue parlée dans toutes les grandes villes de l'Inde, et comprise par tous les mahométans de cette contrée. Le Maure-Hindoustani est proprement la langue des Indiens que nous appelons Mogols. Il s'écrit soit avec l'alphabet de Vanâgari, soit avec l'alphabet persan. Maure, se dit d'un dialecte du maure-hindoustani qu'on parle à Bombay.

MAUREL DE MONS (ÉTIENNE-MARTINI), archevêque d'Avignon, né à Aix, le 18 avril 1752, était, avant la Révolution, grand-vicaire de Viviers. Non-seulement il n'imita point la conduite de l'évêque, M. de Savines, qui cependant a fini par avouer ses erreurs et ses torts; il agit d'après les principes de ceux qui furent fidèles à l'Église. Après le concordat de 1802, il devint grand-vicaire de Paris. En 1805, il parvint à l'épiscopat, et le 21 avril de la même année, il fut sacré évêque de Mende. En 1821, le roi le nomma à l'archevêché d'Avignon, et il fut promu à la dignité de pair, le 5 novembre 1827. Sa santé l'ayant forcé d'aller respirer l'air de Nice, il est mort peu de temps après son retour à Avignon, le 4 octobre 1830. Ceux qui liront ses Mandements, le placeront parmi les plus zélés défenseurs du catholicisme au xixe siècle.

MAUREL (BARTHÉLEMI), naquit en juin 1758, à Lescondomines, paroisse de Maurel, diocèse d'Albi. Il commença ses études dans son lieu natal, et les acheva au collège d'Albi, dirigé, depuis la suppression des jésuites, par une société de bons ecclésiastiques. Il reçut les ordres à Castres, et fut nommé professeur de philosophie au collège d'Albi. Devenu, en 1788, vicaire de Sainte-Marianne d'Albi, il y établit des conférences sur la religion qui furent très suivies. La révolution vint l'arracher à ses paisibles fonctions; elle le força de se retirer dans son pays natal, et par la suite de quitter la France. Après la loi de déportation, il se rendit à Nice, et de là à Rome et à Ancône. C'est pendant les trois ans qu'il passa en Italie que furent composés les Discours auxquels il dut sa réputation. Le désir de revoir sa patrie le ramena en France, au commencement de 1796; il revint dans sa famille et n'y fut point oisif. L'exercice de son ministère faillit plusieurs fois lui coûter la liberté; mais la Providence permit qu'il échappât à tous les dangers. En 1801, il se rendit à Albi, et y prêcha successivement deux stations. M. d'Aviau, archevêque de

Bordeaux, l'attira dans cette ville, et l'y fixa, en lui donnant un canonicat de sa métropole. Ses Stations y étaient fort goûtées et fort suivies. De concert avec le vénérable prélat, l'abbé Maurel forma à Bordeaux un établissement de missionnaires avec lesquels il évangélisait les villes et les campagnes. En 1822, il se consacra aux retraites ecclésiastiques, dont l'usage reprenait en plusieurs diocèses. M. Rey, depuis évêque d'Annecy, et qui exerçait alors, en Savoie et en France, ce genre de ministère avec tant d'éclat et de succès, encouragea l'abbé Maurel à s'y dévouer également. Celui-ci fut appelé successivement dans plusieurs diocèses, surtout dans le midi de la France. Une première attaque d'apoplexie, qu'il essuya en 1825, le força de renoncer à cette carrière. Il avait été désigné pour prêcher à la cour le Carême en 1826; mais sa mauvaise santé ne lui permit pas de se rendre à Paris. Sa longue maladie fut un exercice continuel de résignation. Il mourut le 18 mai 1829. La notice que nous suivons, dit qu'on a toujours reconnu en lui un homme plein de l'esprit de Dieu, méditant ses sermons au pied de la croix, et ne soupirant qu'après le salut des âmes. La Retraite ecclésiastique de l'abbé Maurel est dédiée aux évêques de France. L'éditeur, qui est sans doute un ecclésiastique, mais qui ne s'est pas nommé, a fait précéder les discours d'une Introduction sur les Retraites ecclésiastiques. Les deux volumes de discours de Maurel, qui ont paru en 1833, se composent de discours et d'écrits divers. Les discours qui forment proprement la Retraite ecclésiastique sont au nombre de quinze.

MAURER (JEAN-RODOLPHE), né à Zurich en 1752, mort curé d'Affoltern en 1805, a laissé une Histoire abrégée de la Suisse, Zurich, 1780, 1806, in-4°.

MAURES (Histoire). La possession de l'Egypte, conquise par les Arabes, sous le calife d'Omar, devait entraîner tôt ou tard la conquête de la Mauritanie, nom par lequel on désignait alors toute la partie septentrionale de l'Afrique, depuis l'Egypte jusqu'à l'Océan. Les successeurs d'Omar y envoyèrent plusieurs armées à diverses époques; ils y fondirent même la ville de Caïrvan; mais les divisions qui naquirent souvent des prétentions au calife, rendirent presque toujours inutiles les victoires remportées sur les Africains. Cependant Orba, général du calife Yézid, parvint à soumettre tout le pays. Il porta même ses armes jusqu'à Suz, ville située sur le rivage occidental de l'Afrique. Là, poussant son cheval dans l'Océan, il s'écria : « Dieu de Mahomet, si la profondeur de ces mers n'opposait à mon courage un obstacle insurmontable, j'irais plus loin encore porter la connaissance de ton saint nom! » La nouvelle de la révolte des Berberes l'obligea de retourner sans délai sur ses pas; mais les Berberes défendirent avec tant de bravoure leur indépendance, que ce ne fut qu'à la longue qu'on réussit à les soumettre de nouveau. Abdelmélie venait de succéder à Yézid; c'était un prince sage, prudent et courageux. Il fit passer en Afrique des troupes considérables. Carthage, que les Grecs possédaient encore, fut prise et ruinée; la ville de Constantine eut le même sort; toute la Mauritanie fut conquise, à l'exception des places que les Goths occupaient sur la côte, en face de l'Espagne. Il est vrai que le peu de résistance qu'opposèrent les Maures favorisa beaucoup les Arabes; ils crurent, dès les premiers moments retrouver des frères dans les conquérants; ils avaient mêmes mœurs, mêmes habitudes, même goût pour la vie nomade; ils parlaient la même langue. Esclaves des Grecs, après l'avoir été des Carthaginois, des Romains et des Vandales, ils accueillirent les Arabes comme des libérateurs. Les Berberes seuls tinrent encore pendant quelque temps; mais lorsque le calife eut envoyé Moussa-ben-Nozeir, pour prendre le commandement des troupes, ce général qui, à de grands talents militaires, joignait beaucoup de prudence, entama des négociations qu'il conduisit avec tant d'habileté, que les Berberes finirent par se soumettre, et qu'ils lui fournirent même un corps de dix ou douze mille cavaliers qui, dès ce moment, firent partie de l'armée arabe. Ces Berberes vivaient avec les Maures en bonne intelligence, et ils se regardèrent mutuellement comme ne faisant qu'un seul peuple. Toutefois, il était facile de voir que les Maures et les Berberes formaient deux races ou deux familles distinctes. Quelle était donc l'origine des uns et des autres? On en est aux conjectures plus ou moins vraisemblables sur celle des Berberes. Sont-ils sortis de l'Arabie avec Meleck-Afriki qui, dans les premiers siècles de l'ère chrétienne, conduisit ses nombreuses tribus dans la Libye, et donna son nom à la contrée? Sont-ils originaires de Berberah, ville ancienne qui s'élevait sur la côte du Zanguebar? Sont-ils au contraire les descendants des Numides imparfaitement soumis par les carthaginois, ou même viennent-ils de ces Carthaginois qui survécurent à la ruine de leur patrie et allèrent chercher un asile dans les chaînes de l'Atlas? Leurs habitudes, qui ressemblaient assez à celles des Arabes; leur religion, qui était un mélange de certaines pratiques du judaïsme ou du christianisme, avec les grossières erreurs de l'idolâtrie, d'autres traits de ressemblance ou d'analogie avec les Arabes, la facilité avec laquelle ils se laissèrent persuader par Moussa, qu'ils étaient de la même race que ces derniers, semblent donner à la première opinion assez de probabilités. La seconde opinion a pour elle la conformité des noms. La troisième, fondée sur les rapports qui existent entre la langue des Berbères et celle des Chèlles que les savants regardent comme les restes des colonies envoyées par les Carthaginois sur les côtes de la Mauritanie, paraît assez plausible; et l'on peut conjecturer que les Berbérés, de même que les Chèlles, furent refoulés vers le sud, à l'époque de la première invasion des Arabes Sabéens sous la conduite de leur roi Meleck. On croit que cette langue des Berbères et des Chèlles est dérivée de la langue punique. Quant à l'analogie qu'elle offre aussi avec l'arabe, c'est un effet des rapports fréquents qui, dans les premiers âges, existèrent entre les Arabes, les Phéniciens et les naturels du pays déjà connus sous le nom de Numides. On n'a pas de notions plus positives sur l'origine des Maures proprement dits. Les uns, et parmi ceux-ci on compte leurs propres historiens, les font descendre des Arabes Sabéens; les principales tribus des Maures se sont toujours glorifiées de cette antique origine. Les autres, d'après Procope, pensent que la Mauritanie fut peuplée par les Gergériens et les Jébruéens, que Josué chassa de la Palestine. D'autres opinions encore, divisent les savants, et elles n'ont pas des bases plus solides. Ce qu'on peut affirmer, c'est qu'on a autrefois désigné sous le nom de Maures, les habitants de la Lybie et de la province d'Afrique, et que si, dans les temps moins reculés, on a également confondu sous cette dénomination toutes les peuplades africaines, on a plus spécialement appelé Maures les peuples qui habitent sur les bords de la mer et les plaines voisines, à la partie occidentale de l'Afrique. On ne saurait donc affirmer que les Maures et les Arabes aient eu un berceau commun, il est vrai, la même façon de vivre, les mêmes idées religieuses, la même langue; et cela prouve bien qu'il y a eu autrefois des émigrations considérables des peuples de l'Asie dans la Lybie, et que les Africains adoptèrent les mœurs de ces étrangers; mais l'origine des Africains n'en est pas moins incertaine. Ce qui résulta de cette ressemblance entre les Maures et les Arabes, ce fut la facile conquête de la Mauritanie. Les Arabes firent aisément parmi les vainqueurs de nombreux sectateurs de l'islamisme, ce qui dans la suite engendra communauté d'intérêts entre les deux peuples, surtout quand il s'agissait de la guerre sainte ou *algihed* (la guerre contre les chrétiens). L'histoire des Maures et des Numides ne fournit pas, sur ce point, de notions bien précises. On sait que les Numides habitaient sur le bord de la mer Méditerranée, entre la Lybie et la Mauritanie; qu'ils formaient deux nations : les Massasyliens, dont le pays fut souvent désigné par le nom de Mauritanie Césarienne, et les Massyliens ou Numides propres à l'est des premiers. On les fait descendre de Phut, fils de Cham, et de Mesraïm. Les Phéniciens et beaucoup d'autres peuples de l'Asie y envoyèrent des colonies nombreuses; de sorte que ce pays se peupla de tribus appartenant à toutes les nations alors connues. Qant au nom de Numide, c'est évidemment une altération du grec Nomade, qui signifie pasteur. Ceux qui, voisins de Carthage, furent subjugués par cette république, adoptèrent la législation des vainqueurs; ceux de l'intérieur, que les Carthaginois n'avaient pu soumettre, avaient des rois particuliers. On appelait souvent les Numides *infrœni*, à cause de leur coutume de monter à cheval sans selle et sans bride. Ils passaient pour belliqueux, mais ils n'attaquaient jamais l'ennemi que la nuit. La plus grande partie de ce pays est connue aujourd'hui sous le nom de Biledulgérid et comprend l'Algérie, Tunis et Tripoli. On sait que Massinissa, roi des Numides, fut l'allié fidèle des Romains, et qu'il contribua puissamment à la défaite d'Annibal, à la fameuse bataille de Zama. On connaît par Salluste, l'histoire de Jugurtha, qui n'arriva sur le trône que par des crimes, et qui, vaincu sous les murs de Cyrthe par les Romains aux ordres de Marius, finit par mourir en prison. Après le règne de Juba II, que César avait fait élever à Rome, la Numidie fut réduite en province romaine et complètement soumise sous le règne de Tibère. Quant à la Mauritanie, elle

s'étendait entre la Numidie et l'Océan. Ses habitants sont désignés, dans l'Ecriture, sous le nom de Maures ou Maurusiens, ce qui fit donner au pays le nom de Maurusie. L'empereur Claude en fit deux provinces, la Mauritanie tingitane, dont la capitale était Tiagis ou Tanger, et la Mauritanie césarée, dont la capitale était Julia-Césarea. Dans la suite il se forma une troisième Mauritanie entre les deux autres. Il paraît certain que dans les premiers temps, Alger, Tunis, Tripoli, Bugie, Tanger, Tlemcem, Fez et Maroc, étaient compris dans la Mauritanie. Sous le Bas-Empire, on y incorpora la Numidie et les deux Lybies; peu de temps après, elle devint province romaine. Depuis cette époque, l'histoire de la Mauritanie se trouve liée à celle de l'empire romain et de l'empire grec de Constantinople. Quand les Vandales, qui avaient envahi l'Espagne, poussés par les Goths qui venaient après eux, se virent contraints de traverser la mer et de passer en Afrique, empruntant des forces à leur désespoir, et ne trouvant d'ailleurs dans leurs ennemis aucune résistance efficace, ils fondèrent un empire qui, après une courte durée, fut renversé par le fameux Bélisaire, général de l'empereur Justinien; mais les Romains de Constantinople étaient dépourvus de courage, amollis, efféminés par une longue paix, n'éprouvant aucun de ces mouvements généreux par lesquels, aux mots de patrie et de liberté, l'âme se réveille forte et vigoureuse d'un long assoupissement; ils courbèrent humblement la tête sous le joug que les Arabes leur présentèrent, et la puissance des Grecs en Afrique tomba pour ne plus se relever. Cependant Moussa, que le calife, satisfait de son zèle, venait de nommer émir d'Almagre de l'Ouest (ce mot signifie proprement : heure du coucher du soleil), avait réuni une armée nombreuse, qui lui servit à soumettre les tribus du désert, et contenir les tribus indépendantes de Suz et des contrées voisines de cette ville. A ces tribus insoumises il opposa dix mille cavaliers sous les ordres de son fils Abdelaziz qui, bien que jeune encore, joignait à une grande valeur beaucoup de prudence. Mais bientôt les Maures, nation inconstante et perfide, comme le dit Salluste, comprirent qu'en recevant les Arabes ils n'avaient fait que changer de maîtres; et tandis qu'Abdelaziz pacifiait les terres d'Almagre, et que Moussa refoulait vers l'Atlas les tribus de Sahra et de Tafilet, ils tentèrent de recouvrer leur indépendance; l'émir ne leur laissa pas le temps de se fortifier, et bientôt il les contraignit à demander la paix. Pour en assurer la durée, il prit des otages dans les cinq tribus du pays les plus anciennes : Zénèta, Mazmuda, Zan-Hugo, Ketama et Hoara. Il fit plus, et convaincu que, pour éloigner ou prévenir toute occasion de révolte, il fallait occuper ces peuples naturellement belliqueux, mais inquiets et remuants, et pour les occuper il s'agissait de les conduire à une guerre étrangère. Il possédait toute la Mauritanie à l'exception de Tanger, Arzille et Ceuta, où les Goths se maintenaient encore. Les difficultés qu'offrait le siège de ces trois places l'avait empêché de l'entreprendre, et il conçut l'idée de conquérir l'Espagne, ce beau pays dont les Arabes-Maures ne parlaient qu'avec les plus vives expressions de regret, longtemps après leur expulsion, en se rappelant sa douce température, son beau ciel, ses richesses, la bonté de ses fruits, la variété de ses productions, la marche si constamment régulière des saisons, ses eaux pures et abondantes, ses monuments antiques, ses populeuses cités. Aussi, chaque jour, à leur prière du soir, tournés vers le Nord et les bras levés au ciel, ils suppliaient Allah de leur rendre l'Espagne. Moussa chargea son lieutenant Taric d'aller reconnaître le pays avec un détachement de cavaliers, et comme Taric n'éprouva pas beaucoup de résistance, et qu'il tira de cette expédition beaucoup de butin, l'émir, plein d'espérance, rassembla sans délai une armée considérable qu'il fit partir sous les ordres du même Tarie; celui-ci réussit au-delà de tout ce que l'émir lui-même pouvait souhaiter; il ne lui fallut qu'une bataille et une victoire pour renverser la monarchie des Goths et subjuguer l'Espagne (711-92 de l'Hég.). L'Arabe Ben-Kaledoun, auteur d'une Vie de Moussa, avance sans preuves que toute l'armée de Taric se composait de Berbers. Cela n'est pas vraisemblable : Moussa avait trop de prudence, pour confier à des tribus si récemment soumises et naturellement portées à l'indépendance, une aussi importante conquête; ce qu'il y a de vrai, c'est qu'il y avait dans l'armée de Tarie, outres les Arabes et les Egyptiens, des Berbères et des Maures en grand nombre, tous animés de l'espoir du pillage, voulaient être de l'expédition. Lorsque le vieux Moussa, jaloux de la gloire que venait d'acquérir son lieutenant et qu'il augmentait encore tous les jours par de nouveaux exploits, passa en personne en Espagne, l'année suivante, avec un corps de 18,000 hommes; ce corps était en grande partie composé de Berberes, et le renfort que lui amena bientôt après son fils Abdelaziz, avait été levé presque tout entier dans la Mauritanie. La moitié, au moins, de l'armée que l'émir Abdérahman conduisit en France, en 733, et qui fut presque toute détruite entre Tours et Poitiers par Charles Martel, était formée de tribus Maures et Berberes; et lorsque les scheiks andalous, syriens et égyptiens de l'Espagne, avertis depuis la conquête, par l'expérience, que le gouvernement des émirs, sans cesse agité, menacé constamment d'anarchie ou de despotisme, tendait à grands pas vers sa ruine, résolurent de se donner un souverain, ils appelèrent le jeune Abdérahman, seul rejeton échappé du poignard des Abbassides, et ils passèrent en Afrique, où il s'était réfugié pour lui offrir la couronne. Ce furent les cavaliers Maures et principalement ceux de la tribu de Zenète et de Kétama, qui l'accompagnèrent en Espagne, déterminés à suivre sa fortune et à s'attacher à son sort. Ce n'était pas encore cet esprit chevaleresque né chez les Maures d'Espagne vers le xie siècle, qui de l'Andalousie se répandit promptement par toute l'Europe, eut tant d'influence sur les mœurs, et y produisit les merveilles chantées par les poètes; mais c'était un dévouement absolu pour celui auquel on donnait sa foi, une confraternité d'armes que rien ne pouvait rompre, capable de produire tous les sacrifices. On sait que le jeune Abdérahman arriva heureusement sur les rivages andalous; qu'accueilli par la nation andalouse comme un libérateur, et et recevant continuellement de nouveaux secours de ses amis de la Mauritanie, il triompha de tous ses ennemis, et parvint à fonder, sur de solides bases, le califat d'Occident dont il établit le siége à Cordoue. Cependant les Maures occidentaux qui habitaient au sud de Tanger et de Ceuta, et qui avaient secoué le joug de l'émir d'Almagre et celui du calife d'Orient, à la faveur du mécontentement dont l'Egypte était agitée, avaient proclamé leur indépendance et s'étaient donné un souverain particulier. La ville de Fez n'existait pas encore; elle fut fondée en 806-191, par Edris-ben-Edris, sur un terrain que ce prince, à peine âgé de quinze ans, avait acheté des tribus Zenètes, de Zuaga et de Yargos, qui se composaient en entier de Juifs et de Sabéens; on y voyait même quelques chrétiens. Cette dynastie ne produisit que des princes faibles dont les mains chancelantes pouvaient à peine tenir le sceptre. Après un siècle d'existence, elle était sur les voies de la décadence et de la ruine, et vers l'an 930-318, Yahir-ben-Edris, assiégé dans sa capitale par le fatimite Obéidala, forcé de livrer ses trésors et de se soumettre au tribut, fut détrôné par l'émir de Méquinez. Les scheiks Zenètes eurent recours au calife de Cordoue; c'était Abderahman III qui, flatté de l'espoir de porter une double couronne, envoya une armée qui chassa le Fatimite de Fez et lui donna la vaine satisfaction de le proclamer dans cette ville. Il ne jouit pas longtemps de ce triomphe. Aboul-Casim, successeur d'Obéidala, reconquit ce royaume après avoir exterminé ou chassé les Andalous. Obéidala n'était qu'un aventurier qui se dit prophète, issu en ligne directe d'Ali et de Fatime, fille de Mahomet, s'empara de la province d'Afrique proprement dite, s'arrogea le titre de calife et le transmit à ses successeurs qui plus tard ajoutèrent l'Egypte à leurs domaines. On dit qu'Obéidala était Juif de naissance, des environs d'Emesse. Le royaume de Fez éprouva depuis ce moment des révolutions successives qui tantôt semblaient lui promettre l'indépendance, et tantôt le soumettre à la domination des Fatimites ou à celle des rois de Cordoue. En 960, Abdérahman fit passer en Afrique une armée considérable qui, soutenue par les Zenètes dont la fidélité ne s'était jamais démentie, reconquit toute la Mauritanie dans l'intervalle de quelques mois, refoula vers l'Egypte les Fatimites et fut de nouveau solennellement proclamé roi de Fez. Après la mort de ce prince, de nouvelles révolutions firent passer le royaume de Fez sous plusieurs maitres. L'émir Zegri, qui était de la famille d'Edris, avait fini par s'en emparer; mais sous le règne d'Hixem II, ou pour mieux dire sous l'administration de son ministre Almanzour, Fez rentra momentanément sous la domination espagnole. Lorsqu'en 1031-422, l'empire fondé par Abdérahman Ier à Cordoue, après avoir lutté pendant quelque temps contre les causes de ruine, finit par s'écrouler par la force des choses et la disposition générale des esprits, et que ses débris se formèrent dix ou douze états indépendants, dont les souverains prenaient le titre de roi, l'Afrique secoua tout-à-fait le joug de l'Espagne; on put même prévoir qu'elle changerait un jour de rôle avec la Pé-

ninsule, comme cela arriva sur la fin du xie siècle. Vers l'an 1050, un disciple d'Abou-Izag, Alfaqui de Suz, nommé Abdala, et recommandable par son érudition et sa science, engagea la tribu de Goudula à faire la guerre à celle de Lamtouna. Ces deux tribus vivaient dans les déserts de l'ancienne Gétulie, au delà de la grande chaîne de l'Atlas; elles se prétendaient issues d'une des plus anciennes tribus de l'Yémen, celle de Zanhaga, dont les scheiks descendaient de la famille d'Homaü, l'un des premiers rois de l'Arabie. La guerre eut d'heureux résultats pour la tribu de Goudula. Celle de Lamtouna se soumit, et toutes les tribus voisines, successivement forcées de subir le joug, reconnurent la domination d'Abdala. Comme les Lamtouniens se firent remarquer par leur courage et leur constance à supporter les fatigues, Abdala leur donna le nom de *Mourabitins* ou *Almoravides* (hommes de Dieu, adonnés au service de Dieu). Il conçut même le gigantesque projet de subjuguer toute la Mauritanie. Il y réussit en partie, et il établit sa résidence dans Agmat, entre l'Atlas et la mer. Bien que jouissant du pouvoir suprême, il ne voulut point prendre le titre d'émir, et il le conféra au scheik de la tribu de Lamtouna. Celui-ci étendit sa domination au loin; mais sur l'avis qui lui fut apporté que la guerre s'était rallumée dans le désert entre les deux tribus rivales de Lamtouna et de Goutama, il partit sur-le-champ pour le désert, afin de rétablir l'ordre, laissant le commandement, pendant son absence, à son cousin Joussef-ben-Taxfin. L'émir avait jeté les fondements de Maroc, dans un lieu qu'on appelait dans le pays EYLENA, et qui offrait un sol fertile et des sites agréables, mais qui n'avait été peuplé jusque-là que de bêtes féroces, qu'il en fallut chasser par des batteurs. Joussef termina les constructions, à l'exception des remparts qui furent l'ouvrage de son successeur. Tous les Arabes font de ce dernier le plus grand éloge; il avait toutes les qualités, toutes les vertus; on ne peut pas dire pourtant qu'il fut celle de la fidélité; car son cousin ne se fut pas plus tôt éloigné, qu'il mit tout en usage pour lui ravir l'empire. Il y réussit complètement, et quand l'émir revint de son expédition, ce dernier le trouva si solidement établi sur le trône, qu'il fut contraint de supporter ce qu'il ne pouvait empêcher, et de recevoir avec une apparente reconnaissance les riches présents que lui offrit son cousin. Peu de temps après, l'émir reprit le chemin du désert. Joussef, possesseur tranquille de l'autorité, s'en servit au profit de son humeur belliqueuse et conquérante. Il venait de se rendre maître de Fez et de toute l'Almagrie, lorsque les petits rois arabes de la Péninsule, après s'être fait, pendant un demi-siècle, une guerre d'extermination, affaiblis par les pertes qu'ils avaient éprouvées, et s'étant mis ainsi hors d'état de résister aux attaques de l'entreprenant Alphonse de Castille, qui s'était déjà mis en possession de Tolede, et de là menaçait à la fois Cordoue, Séville, Badajoz, s'adressèrent à Joussef pour lui demander le secours de ses armes. Vainement la voix prophétique du prince Al-Baxie, fils du roi de Séville se fit-elle entendre pour protester contre l'introduction des Maures en Espagne; vainement le Wali de Malaga, homme d'une expérience consommée, appuya-t-il de tout son pouvoir l'opinion du prince; leurs voix ne furent pas écoutées; comme autrefois devant Troie celle de Cassandre, elles se perdirent sous les voûtes du palais. Joussef accueillit favorablement la demande des rois andalous, mais il exigea qu'on livrât à ses troupes la forte ville d'Algésiras, ce qui lui fut accordé. Une armée immense de Maures passa la mer et se réunit dans la plaine de Zuluca, à quatre lieues au-dessous de Badajoz. De son côté, le roi de Castille n'avait point perdu de temps; il avait appelé aux armes tous ses sujets, Galiciens, Asturiens, Léonais, Castillans, et les rois d'Aragon et de Navarre lui amenèrent aussi leurs troupes (1086-479). Alphonse, après des prodiges de valeur, fut obligé de céder la victoire; mais il sut trouver dans son génie actif les plus grandes ressources, pour se mettre en état de rentrer bientôt en campagne. Joussef, obligé de retourner à Maroc, par la nouvelle de la mort de son fils qu'il avait laissé chargé de l'administration, confia le commandement de l'armée à son général Syr-ben-Ali-Bekir, auquel il donna en partant des ordres secrets que ce dernier ne tarda pas à mettre à exécution. Il s'agissait de conduire les opérations de la campagne de manière à ce que la désunion se glissât parmi les rois andalous. De nouvelles bandes africaines débarquèrent à Algésiras; on eût dit que toute la Mauritanie avait versé sur l'Espagne les flots de sa population. Joussef lui-même arriva, lorsqu'il jugea que le moment d'exécuter son plan était arrivé. Les rois andalous furent tous dépouillés les uns après les autres ; et le roi de Séville alla finir, dans les prisons d'Agmat, ses jours dévorés par des regrets impuissants. Toute l'Espagne musulmane subit le joug des Maures Almoravides ; le seul roi de Saragosse restait à subjuguer. Ce prince conjura l'orage en faisant représenter à Joussef, que ses états allaient servir de barrière entre les chrétiens et les Almoravides. Joussef signa un traité d'alliance avec le roi de Saragosse. Ce qui peut expliquer la rapide facilité avec laquelle Joussef parvint à s'emparer de tous les états musulmans, c'est qu'il régnait alors dans l'Andalousie une opinion générale, répandue par les astrologues, qui jouissaient d'un grand crédit parmi les Arabes, que le moment était arrivé de la chute des souverains andalous, et de l'avénement d'un prince africain. Cette prédiction, qui n'avait pas d'autre fondement qu'une vaine croyance dans l'infaillibilité de l'astrologie, avait produit sur les esprits les plus funestes effets. Persuadés que toute défense était superflue, livrés à la plus triste insouciance pour des révolutions qui leur semblaient inévitables, les peuples n'eurent ni la volonté ni le courage de s'armer pour la défense de leur prince et de leur patrie. Joussef eut pour successeur son fils Ali qui, voulant subjuguer l'Espagne entière, l'inonda de troupes nouvelles. Il vint ensuite lui-même prendre le commandement de l'armée, et quelques succès, que d'abord il obtint contre le roi de Castille, l'engagèrent à porter la guerre dans les états du roi de Saragosse. Mais il fut contraint de lever le siège après avoir perdu beaucoup de monde. Peu de temps après, Saragosse tomba au pouvoir du roi d'Aragon, Alphonse-le-Batailleur. Les Almoravides qu'on fit marcher contre lui furent complétement battus et ne purent empêcher la chute de Calatayad et de Daroca. Mais vers ce temps (1125-519) s'élevait en Afrique une puissance nouvelle qui menaçait de renverser les Almoravides. Elle était l'ouvrage d'un disciple d'Algazali de Bagdad, qui passait pour un grand philosophe. La condamnation d'un de ses livres par l'académie de Cordoue l'exaspéra ; il pria le dieu du ciel de le venger de ses juges iniques. Muhamad, un disciple, dit alors à son maître : «Prie aussi Dieu que je sois l'instrument de la vengeance » Ce vœu s'accomplit. Muhamad se fit, par ses déclamations contre la corruption du siècle, texte commun de tous les novateurs, des prosélytes nombreux. Obligé de sortir de Maroc, il s'établit non loin de cette ville, dans un lieu où se trouvaient plusieurs tombeaux, et il y construisit une cabane. La superstition et le fanatisme amenèrent auprès de lui un grand nombre d'habitants de Maroc, de Maures et d'Arabes. Ses déclamations devinrent alors plus fougueuses, ce qui lui attira plus d'auditeurs encore. Le roi donna l'ordre de se saisir à tout prix de sa personne. Muhamad averti à temps, se sauva au milieu de la nuit, et traînant après lui plusieurs milliers de disciples, il alla se réfugier à Tinmal, dans la province de Suz. Ce fut là que, son parti étant grossi au point de lui fournir une armée nombreuse, il résolut de ne plus différer l'exécution de son projet, et de renverser pour toujours l'empire établi par Joussef. Ce fut à Tinmal que son disciple favori, Abdelmoumen, qui lui succéda, lui donna le titre de *Méhédi*, ou docteur de la loi suscité pour l'instruction des hommes. Le Méhédi marcha sur Agmat avec dix mille cavaliers d'élite, et une foule innombrable de Berbers de Tinmal et des contrées voisines, unissant tous à un courage farouche l'intolérance d'un faux zèle. Les Almoravides essuyèrent plusieurs sanglantes défaites ; mais ce ne fut qu'au bout de trois ans que le Méhédi songea sérieusement à s'emparer de Maroc. Il avait employé ce temps à fortifier Tinmal, de manière à rendre cette place imprenable. Quarante mille hommes allèrent faire le siège de Maroc ; mais après quelques succès mêlés de revers, les Almohades levèrent le siège ; ce qui causa une vive douleur au Méhédi qui, depuis longtemps malade, n'avait pu suivre la marche de l'armée. En Espagne, les Almoravides n'étaient pas plus heureux. Le roi d'Aragon leur enleva plusieurs places et les défit dans toutes les rencontres qu'il eut avec eux ; toutefois ils obtinrent quelques avantages contre le roi de Castille et Léon. Cependant le Méhédi avait réuni trente mille cavaliers qu'il avait exercés aux manœuvres. Il joignit à ces troupes celles que lui fournirent plusieurs tribus, et il recommença la guerre. Ce fut Abdelmoumen qui reçut le commandement, et il justifia ce choix par une éclatante victoire ; il poursuivit les vaincus jusqu'aux portes de Maroc ; mais au lieu de faire sur-le-champ le siège de la ville, obligé de se conformer aux instructions du Méhédi, il reprit le chemin de Tinmal. A peine fut-il arrivé, que le Méhédi, après avoir donné de grands éloges à la valeur des troupes, réunit autour de lui les principaux scheiks, et leur annonça qu'il allait se séparer d'eux. Puis il rentra dans son habitation avec Abdelmoumen, auquel il donna ses dernières instructions : il mourut trois ou quatre jours après. Abdelmoumen fut désigné pour lui succéder (1132-526) ; et bientôt des victoires signalées l'eurent mis en possession de tous les états de Maroc, la capitale exceptée. Les Almoravides d'Espagne se soutinrent quelque temps encore à Cordoue et à Séville ; partout ailleurs ils furent expulsés. Un corps de troupes envoyé par Abdelmoumen se saisit d'Algésiras et lui-même s'empara de Maroc, où il se fit proclamer (1146-541). Abdelmoumen fit aussitôt passer en Espagne un grand nombre de troupes sous les ordres de son fils, Cid-Joussef, qui reprit les hostilités contre les chrétiens, tandis que le nouveau souverain de Maroc soumettait toute la contrée jusqu'à Tunis. Il se survécut que peu de temps à ses triomphes ; il mourut en 1163-558, laissant le sceptre à son fils Joussef-abu Jacoùb, qui fut immédiatement proclamé roi de Maroc et d'Espagne. Toute l'Espagne, en effet, reconnut les lois de l'Almohade Joussef, mais il périt au siége de Santarem. Il eut pour successeur son fils Jacoùb qui fit plusieurs fois le voyage de la Péninsule, amenant toujours avec lui de formidables armées.

Dans une de ces expéditions, dirigée contre la Castille, il gagna la mémorable bataille d'Alarcon. Ce fut, il est vrai, par la faute d'Alphonse de Castille, qui avait demandé du secours aux rois de Léon et de Navarre, et qui, entraîné par une ardeur irréfléchie, courut offrir le combat aux Almohades, sans attendre ses alliés. Pour perpétuer le souvenir de cette grande victoire, Jacoùb fit construire, à Séville, une grande mosquée flanquée de la tour fameuse connue sous le nom de *Giralda*. Cette tour n'eut d'abord que 172 pieds d'élévation. Elle était couronnée par un globe de fer doré d'un tel diamètre que, pour le faire entrer dans la ville, il fallut enlever le cintre de l'une des portes. Le pivot qui soutenait le globe pesait à lui seul 1,000 livres. On estima la valeur du globe à 100,000 dinars d'or. Ce fut l'architecte arabe Algeba qui dirigea les constructions ; le globe fut construit par Abou-Alaïb. Plus tard, le globe fut enlevé, et l'on y substitua une seconde tour, haute de 86 pieds ; une statue colossale, représentant la Foi, fut placée au sommet, qui se trouve à 258 pieds du sol. On monte à cette tour par un escalier en pente et sans degrés : le coup d'œil en est aussi beau que vaste. De retour à Maroc, et comme s'il eût pressenti sa fin prochaine, il fit reconnaître son fils Muhamad, qui prit le surnom d'Anaric Ledinola, qu'avait porté avec plus de justice Abdérahman III, roi de Cordoue. Cette précaution ne fut pas inutile ; Jacoùb mourut quand on s'y attendait le moins ; il avait à peine atteint sa quarantième année. Muhamad, plein de présomption et de vaine gloire, ne fut pas plutôt assis sur le trône, qu'il assembla une armée immense. Quand ses regards se portaient sur tous les milliers d'hommes qui couvraient tous les environs de Maroc, il ne put se défendre, disent ses historiens, d'un mouvement d'orgueil ; il pensait que d'un mot il pouvait faire mouvoir leurs masses énormes, que son autorité sur eux n'avait point de limites, que leur vie et leur mort étaient à lui, qu'ils n'existaient que pour lui. Avec ces hordes innombrables, ne pouvait-il pas devenir le maître du monde?... Rêve pompeux de l'ambition ! De tout cet appareil de grandeur et de force, rien ne devait lui rester qu'un souvenir amer, un regret déchirant ; par un tour de sa roue, la Fortune inconstante allait changer les grandeurs en misère, en deuil l'espoir du triomphe, et arroser de sang musulman les lauriers ennemis. Après une année entière passée en préparatifs, l'armée maure se rassembla entre Jaën et Baëza ; de là elle s'étendait jusqu'à la *Sierra-Morena* (montagne noire). Ce fut alors que le roi de Castille et ses alliés résolurent de l'attaquer (1212-609). Guidés par un pâtre habitant de ces lieux, les chrétiens arrivèrent, par des sentiers depuis longtemps abandonnés, au sommet des montagnes, à un lieu qui a reçu le nom de *Puerto-Real* (montagne royale). Ils y trouvèrent un vaste plateau sur lequel leurs bataillons purent s'étendre. Du haut de ce plateau, ils virent les Maures se ranger confusément en bataille dans la plaine que les Espagnols appellent *Navas de Tolosa*, et que les Arabes et les Maures ont toujours désignée par le nom d'*Alacòb*. Le signal du combat ne fut donné que le troisième jour. Les Maures avaient pour eux l'avantage du nombre, les chrétiens celui de la discipline et d'une valeur éprouvée par mille combats. Les Maures furent complétement défaits, et leur perte fut immense. Vainqueurs, ils auraient subjugué l'Espagne entière, et le sceau de la servitude, imprimé sur le front des

Espagnols, serait peut-être encore aujourd'hui une preuve vivante de leur triomphe ; vaincus, ils laissaient tomber sans appui l'empire almohade, préparant ainsi la ruine de l'islamisme, qui, depuis si longtemps, pesait sur la Péninsule. Muhamad, honteux de sa défaite, se rendit à Maroc, pour s'enfermer dans son harem, comptant noyer dans la débauche le souvenir de sa disgrâce. Il mourut au bout de quelques mois ; on dit qu'il fut empoisonné. Le pouvoir des Almohades ne lui survécut pas. Vingt ans après la bataille de Las Navas, la domination des Maures ne laissait plus de traces de son existence, bien que leur nombre se fût prodigieusement augmenté sous les deux dynasties fondées par Aben-Taxfin et Abdelmoumen. Le roi de Castille s'empara de Murcie, de Cordoue, de Séville ; les Portugais se rendirent maîtres de la plus grande partie de l'Algarve ; le roi d'Aragon prit Valence ; il ne restait aux Maures que quelques places, qui évidemment ne pouvaient pas tenir bien longtemps, réduites à leurs propres ressources. Cependant tout le littoral de l'Andalousie, depuis Algésiras jusqu'à Alméria, était encore occupé par les musulmans arabes ou maures, et toutes les villes comprises dans cette partie de l'Andalousie reconnaissaient l'autorité de Muhamad-ben-Alhamar, qui avait établi sa résidence à Grenade, ville fameuse que la nature a douée du sol le plus riche, du ciel le plus pur, du climat le plus doux, et que la fortune avait destinée à hériter de tous les débris des trônes musulmans, pour en former un nouvel empire, qui ne devait s'anéantir à son tour qu'après avoir jeté, pendant deux siècles le plus vif éclat. Si les musulmans, instruits par l'expérience du passé, avaient cherché à prévenir leur ruine ; si, bien convaincus que leur force ne pouvait naître que de leur union, ils s'étaient ralliés autour d'un centre commun, et s'ils avaient voulu dans leur chef de la bravoure, de la prudence et du génie, ils auraient tous imité les habitants de Grenade, et déféré à Muhamad Alhamar la puissance suprême. Possesseurs de l'Algarve et des rivages de la mer jusqu'au-delà de Valence, maîtres de Mérida, de Badajoz et des fertiles vallées qu'arrose le Guadalquivir, ils auraient formé encore un état riche et puissant que les rois de Castille auraient respecté. Mais, si quelque voix s'élevait en faveur de l'intérêt général, elle était aussitôt étouffée par les clameurs intéressées de vingt scheiks ambitieux qui, croyant avoir tous les mêmes droits au pouvoir, étaient peu disposés à faire pour d'autres les sacrifices qu'ils prétendaient exiger pour eux-mêmes ; de sorte que chacun ne songeait qu'à se faire un parti pour arriver par lui à la domination. De là tant de villes qui demandaient l'indépendance, tant d'intérêts divers ou opposés entre les Arabes, les Berbères et les Maures ; de là l'affaiblissement progressif qui devait aboutir à la dissolution. Ici commence une ère nouvelle pour les mœurs des habitants de la Péninsule espagnole : cet esprit chevaleresque que les Maures avaient importé de l'Afrique, et qui, trouvant enfin dans Grenade toutes les circonstances qui pouvaient le favoriser, s'y montra plein de force, de grandeur et de loyauté, et de là se communiqua aux nobles espagnols, qui, à leur tour, le transmirent aux autres nations européennes. Qu'il nous soit permis d'en citer quelques exemples. Ferdinand, qui avait réuni sous son sceptre tous les états des royaumes de Léon et de Castille, voulant s'agrandir vers le sud, faisait le siège de Jaën. Muhamad redoutait la puissance de ce prince ; il craignit que la chute de Jaën ne fût suivie du siège de Grenade ; il avait tenté d'y faire pénétrer des secours ; et, n'ayant pu y réussir, il prit tout-à-coup une résolution assez extraordinaire. Il s'avança seul vers le camp chrétien, se fit conduire auprès de Ferdinand ; et, lorsqu'il fut en sa présence, déclarant son nom et sa qualité, il lui offrit de devenir son vassal, et lui baisa la main, en signe de soumission. Ferdinand ne se laissa pas surpasser de générosité ; il reçut Muhamad dans ses bras, le remercia de la confiance qu'il lui avait montrée et en remettant entre ses mains, le nomma son ami et son allié, et lui promit de le maintenir dans tous ses domaines, à l'exception de Jaën, dont la possession par les Castillans servirait de garantie au traité de paix. Ainsi Muhamad perdit une de ses villes, mais il eut l'assurance de conserver son royaume et d'avoir le temps de consolider son ouvrage en travaillant au bonheur du peuple ; et le peuple, qui ne se trompe jamais aux intentions de son roi, le reçut à son retour avec de vives et sincères acclamations de joie. Sous le règne de Muhamad II, fils d'Aben Alhamar, le prince Philippe, frère du roi Alphonse de Castille, avait quitté Séville, par suite de quelque mécontentement, et s'était retiré

à Grenade, suivant l'usage alors reçu dans les deux cours de fournir réciproquement un asile aux nobles qui alléguaient quelque grief, sans que cela altérât au surplus la bonne intelligence entre les souverains. Muhamad II, par ses bons offices, avait ménagé une prompte réconciliation entre Alphonse et Philippe. Muhamad accompagna le prince et ses amis à Séville. Alphonse alla, suivi de toute sa cour, à la rencontre du roi de Grenade, qu'il combla d'honneurs et de marques d'affection. Cet événement donna lieu à de grandes fêtes, où Muhamad occupa toujours la première place. Comme il avait beaucoup d'amabilité et de grâce et qu'il parlait très bien la langue des Castillans, la reine Yolande se plaisait beaucoup à converser avec lui. Un jour qu'il était allé voir, elle le pria de lui accorder une chose qui dépendait de lui seul. Muhamad, qui n'imaginait pas qu'avec la reine il pût être question de politique ou d'affaires d'état, lui répondit courtoisement qu'il était à ses ordres et qu'elle pouvait disposer de lui. Sa surprise fut extrême lorsqu'il entendit la reine lui demander une trève nouvelle pour trois walis de ses états, qui, pour se maintenir dans leur révolte, s'étaient mis sous la protection d'Alphonse. Muhamad cacha le chagrin que lui causait cette demande indiscrète ; il promit à la reine tout ce qu'elle voulut, et il tint sa promesse, malgré le tort qu'elle lui causait. Longtemps après (1456-861, Ferdinand Narvaez, gouverneur d'Antéquira, la veille d'une de ses expéditions, avait détaché quelques cavaliers pour battre la campagne. Ceux-ci lui amenèrent un jeune homme de 22 à 23 ans, qu'ils avaient surpris au détour d'une colline. C'était un cavalier maure, richement vêtu, dont l'extérieur annonçait une haute naissance. Aux questions de Narvaez, il répondit d'une voix entrecoupée qu'il était fils de l'alcade de Ronda, mais il ne put continuer ; des larmes coulèrent de ses yeux. « Tu m'étonnes, lui dit Narvaez ; fils d'un guerrier intrépide, car je connais ton père, tu pleures comme une femme ! » Le jeune homme, faisant alors un effort sur lui-même, répliqua qu'il ne s'affligeait point pour lui, mais pour celle dont il allait devenir l'époux. « Elle m'attend, dit-il, et tes soldats m'ont arrêté au moment où, rempli d'une vive allégresse, j'allais revoir ma fiancée. — Tu es un noble cavalier, reprit Narvaez ; si tu me promets de revenir, je te permettrai d'aller voir ton épouse. » Le Maure accepta la proposition de Narvaez avec reconnaissance, et partant sur-le-champ d'Antéquira, il arriva au château qu'habitait sa fiancée, avant le lever du soleil. Celle-ci, le voyant tout troublé et apprenant de lui la cause de sa douleur, lui tint aussitôt ce langage : « Je suis ton épouse ; mon devoir est d'unir mon sort au tien : libre ou esclave, tu me verras toujours auprès de toi partager ta fortune. Cette cassette renferme des bijoux précieux : ils paieront ta rançon, et ils serviront à nous entretenir dans l'esclavage. » Les deux amants arrivèrent sur le soir à Antéquira. Narvaez leur fit le plus noble accueil ; et, donnant de justes éloges à la fidélité du cavalier à tenir sa parole et au dévouement de sa jeune compagne, il les renvoya l'un et l'autre à Ronda, comblés de présents, et il leur donna une escorte, pour les garantir de tout accident fâcheux. Le bruit de cette aventure se répandit par tout le royaume de Grenade, et elle devint le sujet de beaucoup de romances, où Narvaez, chanté par ses ennemis, dut trouver le prix le plus doux de sa bienfaisance. Quelque temps après, don Diègue de Cordoue et don Alonzo de Aguilar, ennemis l'un de l'autre, voulant confier à l'épée la décision de la querelle et n'ayant pu obtenir la permission de se battre en champ clos, la firent demander au roi de Grenade, qui la leur accorda. Au jour fixé, don Diègue parut en armes sur l'arène ; mais Aguilar, retenu par le roi de Castille, ne se présenta point ; les juges du camp le déclarèrent vaincu. Un cavalier grenadin, ami d'Aguilar, ne put souffrir qu'on lui fît cette injure, et il se présenta pour le remplacer, soutenant à haute voix qu'Aguilar était trop loyal chevalier pour manquer volontairement à un tel rendez-vous. Le roi, Aboul-Hacen, de qui ce cavalier était parent ne permit point le combat, sur le motif que ce serait violer le sauf-conduit accordé au cavalier castillan. Le Grenadin insista, et le roi donna ordre de l'arrêter ; et, comme il opposa de la résistance à ceux qui s'étaient avancés pour le prendre, le roi leur fit apporter l'ordre de le tuer ; mais Diègue de Cordoue, ne pouvant au fond s'empêcher d'estimer le généreux Grenadin, obtint d'Aboul-Hacen, par ses vives instances, la rétractation de l'arrêt de mort. Cet usage de combats singuliers était déjà fort ancien en Espagne, tant parmi les Maures que parmi les chrétiens. A la fin du xe siècle, époque où le fameux Almanzour, hagib du roi de Cordoue,

faisait aux chrétiens une guerre cruelle, dans une de ses excursions dans le royaume de Léon, après avoir fait un jour
la revue du camp, il dit au scheik Moushafa, qui l'accompagnait et dont il connaissait la bravoure : « Combien comptes-
tu parmi nous de bons soldats? Penses-tu qu'il s'en trouvât
mille?—Non, certes.—Cinq cents?—Encore non.—Cinquante?
— A te parler franchement, je n'en vois guère que trois. »
Cette réponse surprit Almanzour, qui allait en demander
l'explication, quand on vint l'avertir qu'un cavalier chrétien,
armé de toutes pièces, s'était présenté seul devant le camp,
pour offrir le combat à tous les cavaliers musulmans. Dans
ce temps où la force du corps et l'adresse, utiles auxiliaires
du courage, décidaient presque toujours de la victoire entre
deux combattants, il n'était pas rare de voir des défis de ce
genre précéder les batailles. Le cavalier chrétien donna la
mort aux deux premiers musulmans qui entrèrent dans la
lice ; et, comme il n'en paraissait pas d'autres il insultait les
ennemis par des bravades injurieuses. Les chrétiens applaudissaient ; les Arabes frémissaient d'indignation. Alors un
Andalous, qui passait pour vaillant, sortit des rangs, mais la
fortune trahit son attente; il tomba de cheval, mortellement
blessé. Cette troisième victoire excita, de la part des chrétiens,
de grands cris d'allégresse, et le vainqueur, s'étant rapproché de son camp, pour prendre un cheval frais qu'on lui
amenait, revint immédiatement devant celui des Arabes ; mais
Almanzour défendit que personne ne présentât pour le com
battre ; et, se tournant vers Moushafa, qui était venu le rejoindre : « Je vois bien, lui dit-il, que tu m'as dit tantôt la
vérité : je n'ai pas plus de trois guerriers dignes de ce nom.—
J'ai tout vu de mes yeux, et les choses se sont passées dans
les règles. Le cavalier chrétien est un brave, et je ne suis pas
surpris que nos musulmans soient effrayés.— Dis : déshonorés. Entends-tu les provocations de l'infidèle? Je n'y puis tenir davantage ; et, si tu ne vas point le combattre, j'y enverrai
mon fils, ou j'irai moi même. — Laisse-moi le soin de la
vengeance, répondit Moushafa. » Le cavalier chrétien soutint
pendant longtemps les efforts de ce nouvel adversaire ; mais
à la fin, épuisé par tant de combats, il succomba. Cet événement, bien que peu important par lui-même, fut suivi, pour
les chrétiens, d'un funeste résultat : le découragement s'empara d'eux, tandis que les Arabes sentirent se ranimer leur
ardeur. Almanzour se hâta de donner le signal du combat,
pour qu'elle n'eût pas le temps de se refroidir, et il remporta
une victoire complète. La chute des Almohades en Espagne
était une suite presque inévitable des révolutions qui eurent
lieu en Afrique. Cid Abou Joussef, de la race des Béni Mérin,
s'était saisi du trône de Maroc, et il y établit sa dynastie. Ce
fut lui que le roi de Grenade appela comme auxiliaire, lorsqu'il eut acquis la conviction qu'Alphonse, infidèle à sa parole, continuait de secourir, même ouvertement, les trois
walis rebelles, ce qui ne pouvait manquer d'aboutir à la ruine
totale de l'État. Le roi de Maroc, à qui Muhamad dut livrer
Algésiras et Tarifa, répondit à l'appel, et la Castille fut dévastée. Toutefois les princes chrétiens cette fois surent s'entendre, et les Maures furent obligés de regagner l'Afrique,
après avoir entrepris vainement le siége de Cordoue. De
même que Joussef ben Taxfin, Abou Joussef, et son fils Ja-
coûb après lui, laissèrent voir enfin que leur intention était
de devenir d'allié auxiliaire souverain absolu. Muhamad II
lui-même, ne pouvant plus se méprendre sur les desseins du
roi de Maroc, lui ferma les ports de l'Andalousie, reprit Malaga dont il s'était rendu maître, racheta de lui Algésiras, et
mit le siége devant Tarifa. Vers l'an 1328, les Africains passèrent de nouveau en Espagne, reprirent Algésiras, Marbella
et Ronda ; mais ils ne purent se maintenir longtemps dans
ces places. Les Andalous prirent les armes pour les repousser,
et les sanglantes révolutions qui agitèrent l'Afrique les obligèrent de repasser la mer. Aboul Hassan s'était emparé de
Fez et déclaré souverain indépendant de Maroc. Le roi de
Grenade se ligua avec lui contre les Almohades ; mais ces
deux princes ne se contentèrent pas d'assiéger Tarifa ; ils
voulurent encore faire des incursions sur les terres des Castillans. Ceux-ci, conduits par des chefs habiles, repoussèrent
les Maures ; réunissant ensuite leurs forces à celles du roi de
Portugal, ils leur livrèrent bataille entre Algésiras et Tarifa.
Les Maures éprouvèrent une perte immense ; le roi de Grenade
eut beaucoup de peine à rentrer dans ses états. Depuis ce
moment jusqu'à la chute de Grenade, les Africains n'ont fait
que des efforts peu soutenus pour rétablir leur domination en
Espagne. Les Grenadins eux-mêmes, de plus en plus resserrés
dans d'étroites limites, se trouvèrent peu à peu réduits à ne

posséder que Grenade et son territoire. Quand le mariage de
Ferdinand d'Aragon, maître de la Navarre, de l'Aragon, de
Murcie, de Valence, de la Catalogne, avec Isabelle, héritière
des États de Castille, qui comprenaient le Léon, l'Estramadure, la Galice, les Asturies, les deux Castilles et les trois
quarts de l'Andalousie, eut concentré dans les mêmes mains
toute la puissance espagnole, il ne fut plus question que d'expulser les Maures de la Péninsule, en s'emparant de Grenade,
leur dernière ressource. Grenade succomba après un long
siége (1492-897). Les Maures, forcés de se rendre, n'obtinrent
que des conditions calculées de manière à pouvoir devenir
plus ou moins étroites. Beaucoup de Maures passèrent en
Afrique ; d'autres se réfugièrent dans les Alpuxarras, ou furent
obligés de se disséminer dans l'intérieur ; mais bientôt un
décret d'expulsion rendu contre les juifs dut leur apprendre
ce qu'ils avaient à craindre pour eux-mêmes. Un second décret
bannit tous les Maures qui refusent d'embrasser le christianisme. Ceux-ci se révoltèrent ; on parvint à les soumettre,
en employant la force des armes ; de nouveaux décrets d'expulsion furent publiés, et l'on mit tant de rigueur dans
l'exécution, que la révolte éclata de nouveau dans les Alpuxarras. Il fallut bien du temps pour rétablir l'ordre. Quelques
voix généreuses, et pour mieux dire intéressées, se firent
entendre en faveur des Maures dans le conseil de Castille ;
on ne les écouta pas. Les opposants alléguèrent avec raison
que l'expulsion des Maures allait appauvrir le pays et tous
ceux qui les occupaient dans leurs terres. Les partisans de
l'expulsion firent valoir l'intérêt des croyances religieuses, et
cet intérêt l'emporta. Les Maures furent définitivement expulsés l'an 1609, après avoir lutté plus d'un siècle contre la
haine des Espagnols et leur zèle exagéré. Les uns, jetés dans
des galères génoises, espagnoles, napolitaines, furent transportés en Afrique, sans qu'aucune réclamation de leur part
fût admise ; les autres furent poussés vers les Pyrénées, et
200,000 mauresques, déplorables restes d'une nation nombreuse et puissante, traversèrent la France pour s'aller embarquer dans les ports de la Guienne et du Languedoc.
Ainsi disparut pour toujours du sol de l'Espagne ce peuple
brave, vif, ingénieux, éclairé, dont l'active industrie, vivi-
fiant les contrées que l'orgueil indolent des Goths avait vouées
à la stérilité, appela la prospérité, la richesse, l'abondance,
et leur ouvrit des canaux nombreux, larges et faciles ; dont
le courage, égal dans la fortune et dans les revers, entoura
de puissance l'astre brillant de ses califes ; dont le génie,
excrcé, développé par l'étude, plaça dans ses villes un foyer
permanent de lumières, qui, répandant au dehors leurs vives
émanations, éclairèrent l'Europe et y firent germer l'amour
de la science ; dont l'esprit chevaleresque, imprimant à ses
actions un caractère jusqu'alors inconnu de grandeur et de
noblesse, le couvre, aux yeux de la postérité, d'une teinte
vague de merveilleux, d'un vernis magique d'héroïsme qui
rappelle le temps d'Homère et montre les héritiers des demi-
dieux de la Grèce. En parcourant les campagnes de l'Andalousie, on eût dit d'un peuple de pasteurs qui ne demandait
pour tous biens à la terre que des pâturages pour ses troupeaux, et pour lui des fruits et des fleurs qu'il aimait à l'excès.
Dans l'enceinte même des villes, on retrouvait le Maure avec
son caractère, ses préjugés, ses habitudes ; et ses mosquées,
élevant leurs minarets dorés au milieu de l'éternelle verdure
des palmiers et des orangers, annonçaient des mœurs simples
et austères. Mais aussitôt que le fati vénéré prononçait le
nom sacré d'Algihed, ou que le son des instruments guerriers
se faisait entendre, le Maure, plein d'une ardeur martiale,
s'élançait sur son coursier impatient et volait au combat chercher la mort ou la victoire, dont l'une produisait le laurier,
dont l'autre conduisait au séjour céleste. Le courage excité
par le fanatisme place l'homme au-dessus des dangers, et le
Maure, altéré de sang, ne craignait pas de verser tout le
sien pour faire couler celui de l'ennemi. Le combat terminé,
tous les sentiments d'une généreuse bienveillance entraient
dans son âme, et plus d'une fois sa main a pansé la blessure
que son épée a faite. Ensuite, nouveau Cincinnatus, déposant
le glaive, il allait cultiver son champ, son jardin. Les eaux
du fleuve, de la rivière voisine, tributaires de son industrie,
venaient par des conduits qui serpentaient sur le flanc des
rochers, ou franchissaient le fond des vallées, fertiliser le sol,
féconder la terre la plus languissante, tapisser de prairies
le penchant des collines, ouvrir le calice des fleurs pour en
faire exhaler les parfums ; ou bien, si ses goûts le portaient
vers les arts, ou s'il préférait le commerce, on le voyait attaché à un métier docile, fabriquant ces étoffes de soie, ces

riches tissus qui effaçaient en beauté les étoffes et les tissus de l'Orient. Puis, chargé des produits de l'Espagne, il traversait la mer, et rapportait en échange tout ce que la Perse, la Syrie et l'Egypte pouvaient offrir d'objets de luxe à la richesse. Rien n'est stable sur la terre : ce peuple, qui semblait devoir, en traversant les siècles, arriver à la postérité la plus reculée, a passé comme une ombre, et le voyageur cherche en vain aujourd'hui dans les déserts solitaires de l'Andalousie cette terre jadis couverte d'habitants heureux. Semblables à ces météores qui, remplissent les airs de leurs clartés subites, vont s'éteindre dans le néant après quelques instants rapides d'existence, les Arabes, et après eux les Maures, remplirent soudain l'Espagne des fruits de leur génie; une auréole de gloire la ceignit tout entière depuis les Pyrénées jusqu'aux rochers de Gibraltar, depuis les bords de l'Océan jusqu'aux rivages où s'élève Barcelone. Un amour intolérant d'indépendance et de liberté, une humeur inconstante et légère, l'oubli progressif des vertus antiques, un malheureux penchant à l'insubordination et à la révolte, sans cesse excité par une imagination brûlante; des passions impétueuses, l'ambition, le désir de dominer, sources fécondes de décadence, ont détruit peu à peu l'ouvrage des Abdérahman, des Mohamad-Alhanian, des Joussef-ben-Taxfin. Trois millions de Maures, dit-on, sont sortis de l'Espagne, emportant avec eux leurs biens et leurs arts. Qu'ont mis les Espagnols à leur place? On n'a rien à répondre. Le deuil enveloppe ces mêmes contrées où la nature brillait autrefois parée des plus riches couleurs. Et si l'on pouvait croire que le nombre de trois millions soit exagéré, que l'on considère que le seul royaume de Grenade possédait 30 cités, 80 villes, et un nombre infini de villages; que Grenade avait 400,000 habitants; Baeza, Baza, Malaga, etc., 150,000, etc.; qu'on se rappelle que par l'expulsion des Maurisques en 1609, le royaume de Valence resta sans habitants; que les provinces de l'intérieur renfermaient des milliers de ces malheureux; qu'il était resté un grand nombre d'enfants qu'on avait cachés par compassion; que l'intérêt avait fait rendre le même service à beaucoup d'hommes et de femmes, mais qu'ils furent tous découverts et expulsés dans les années suivantes. Il ne reste donc de ce peuple industrieux que quelques monuments d'architecture, quelques canaux, quelques voies publiques. Nous avons dit quelques mots de la cathédrale et de la tour de Séville; ajoutons-y une très courte notice sur la fameuse mosquée de Cordoue, qui fait encore l'admiration des voyageurs. Les constructions en furent commencées par Abdérahman 1er, vers l'an 786-170; mais elles ne furent terminées que par son fils Hixem, qui, pour assurer au peuple des moyens d'existence, s'occupa tant qu'il vécut, à des travaux d'utilité ou d'embellissement dans Cordoue : le grand pont reconstruit, un nombre infini d'édifices soigneusement restaurés, des canaux pour amener l'eau dans la ville, des fontaines pour la distribuer. La mosquée, supérieure par sa beauté à toutes celles de l'Orient, avait 600 pieds de long sur 250 de large; elle avait en ce dernier sens 38 nefs et 19 seulement dans le sens de la longueur. Ces nefs sont soutenues par 1093 colonnes de jaspe de porphyre et de marbre. On entrait du côté du midi par 19 portes couvertes de lames de bronze du plus beau travail. La porte principale, celle du milieu, était ornée de lames d'or. Sur le comble le plus élevé, on voyait trois globes dorés, surmontés chacun d'une grenade. Ce vaste édifice était éclairé la nuit, s'il faut en croire les écrivains arabes, par 4700 lampes. La lampe de l'oratoire particulier était d'or massif. Pour ce qui est de l'Alhambra de Grenade, que le goût vandale des agents de Charles-Quint détruisit en partie pour pouvoir construire un palais destiné à ce prince, palais qui a jamais été et ne sera jamais terminé, nous ne pouvons que renvoyer à l'article spécial ALHAMBRA de cet ouvrage. Nous dirons seulement, avec l'auteur de cet article, que la sculpture des lions en marbre blanc appartient sans nul doute à l'école byzantine, qui prévalut en Europe dans le xie siècle, et se fit surtout remarquer dans les basiliques par les arcs surhaussés et par la substitution des voûtes aux anciens plafonds plans. Sous nos premiers rois de la troisième race, l'architecture changea de caractère : les piliers massifs, les tours gigantesques firent place aux colonnettes, aux tours à jour, aux pierres filigranées. Les Arabes avaient apporté en Espagne leurs découpures, leurs ogives, leurs ornements, et de proche en proche le genre arabe se répandit en France et en Italie. Du mélange de l'ancien gothique, du style byzantin et de l'architecture arabe se forma le genre qu'on a très improprement appelé gothique moderne, et qu'il fallait appeler simplement archi-

tecture sarrasine ou arabe ; car, quoique l'architecture maure ressemble à celle des Arabes par les colonnettes, les murs à jour, les points sculptés qui semblent jaillir de la voûte de l'édifice, elles diffèrent l'une de l'autre par un trait essentiel : l'architecture arabe a toujours employé l'ogive, tandis que l'architecture maure n'emploie que l'arc surexhaussé, ou cintre outrepassé, c'est-à-dire un cercle dont on aurait retranché toute la partie inférieure formant une section du cercle égale à un arc dont la corde aurait à peu près les deux tiers seulement d'un diamètre entier, pris au centre du cercle. A ce trait distinctif, il est aisé de reconnaître les monuments construits par les Maures après le xiie siècle, et ceux qui sont l'œuvre des Arabes. Les Maures d'Espagne étaient plutôt agriculteurs qu'architectes; les canaux d'irrigation de toute espèce, les prises et les conduites d'eau, les fontaines, tous les travaux hydrauliques dont il existe encore des traces sont l'ouvrage des Maures. Nous terminerons cet article en disant que, bien que nous désapprouvions la rigueur excessive dont on usa contre les Maures, nous ne sommes pas non plus du nombre des déclamateurs qui, sans connaître le fond de la question, crient au fanatisme et au despotisme. Il est certain qu'on usa de tous les moyens pour tâcher de convertir les Maures; mais tous les soins qu'on se donna furent infructueux; et soit qu'on les traitât avec douceur, soit qu'on usât de sévérité, les Maures en général restèrent mahométans dans le cœur; les conversions réelles furent très rares. On parvint même à découvrir, par les révélations de quelques-uns d'entre eux, qu'ils avaient conçu et préparé un vaste plan de conspiration : ce fut là ce qui motiva les deux décrets d'expulsion.   J. DE M.

MAURICE (Saint). Dioclétien venait d'affermir par la victoire son empire naissant, lorsque les Bagaudes, peuplade gauloise demi-sauvage qui habitait au pied des Alpes, prit les armes pour venger la défaite et la mort de Carin, qui avait osé lui disputer le droit suprême. L'empereur ordonne au césar Maximien de marcher contre les rebelles, et l'associe à l'empire. C'est dans cette expédition que les historiens les plus judicieux placent le martyre de la légion thébaine. Cette légion prenait son nom de la Thébaïde où elle avait été levée. Tous les soldats qui la composaient étaient chrétiens; aussi se distinguait-elle entre toutes les légions de l'empire par l'éclat de sa valeur. On dirait que Dieu même avait réuni sous le même drapeau ce grand nombre de fidèles pour montrer au monde que le héros chrétien, toujours prêt à mourir le glaive à la main pour la défense de son prince, dépose le glaive et meurt sans murmure de la main de son prince pour obéir à son Dieu. Maximien, ayant passé les Alpes, accorda quelques jours de repos à son armée. On se trouvait à Octodurum, ville alors considérable, bâtie sur le Rhône, au-dessus du lac de Genève. C'est là qu'un sacrifice solennel doit être offert aux dieux pour le succès des armes romaines. A cette nouvelle la légion chrétienne s'éloigne, pour ne pas souiller ses regards de ce spectacle profane, et va camper près d'Agaune, à trois lieues d'Octodurum. Maximien lui enjoignit de se réunir au reste de l'armée pour le sacrifice : tous les soldats refusèrent constamment de participer à cette cérémonie sacrilège. La légion sera décimée. Tous les martyrs désignés par le sort moururent avec un courage intrépide; leurs frères jurèrent de les imiter. Cette première décimation fut bientôt suivie d'une seconde, qui ne put faire un seul apostat. Tous les soldats qui survivaient s'écrièrent qu'ils n'obéiraient point, et qu'ils étaient résolus à tout souffrir plutôt que de trahir leur foi. Maurice, Exupère et Candide, leurs principaux officiers, nourrissaient leur zèle par des paroles pleines d'un feu divin; et tous, chefs et soldats, attendaient avec impatience le moment d'aller retrouver leurs compagnons, et s'y croyaient voir leur présenter du haut des cieux la palme du martyre. Cependant l'empereur fit représenter à la légion qu'il était de son plus grand intérêt de se rendre; qu'elle comptait en vain sur le nombre des soldats qui la composaient, et qu'ils périraient tous s'ils persistaient dans leur désobéissance. Bientôt il reçut cette sublime réponse : « Nous sommes vos soldats; mais nous sommes aussi les serviteurs du vrai Dieu. Nous vous devons le service militaire et l'obéissance; mais nous ne pouvons renier celui qui est notre créateur et notre maître, comme il est aussi le vôtre dans le temps même que vous le rejetez. Vous nous trouverez dociles à vos ordres dans toutes les choses qui ne sont point contraires à sa loi, et notre conduite passée doit vous en répondre. Nous sommes prêts à nous opposer à vos ennemis, en quelque lieu qu'ils soient; mais nous ne pouvons tremper nos mains dans le sang innocent. Nous avons fait serment à Dieu avant de vous le faire ; vous fieriez-vous au second serment, si nous allions violer le premier? Vous voulez que nous punissions les chrétiens, et nous le sommes tous. Nous confessons Dieu le Père, auteur de toutes choses, et Jésus-Christ son Fils. Nous avons vu massacrer nos compagnons sans les plaindre, et nous nous sommes même réjouis du bonheur qu'ils avaient eu de mourir pour leur religion. L'extrémité à laquelle on nous réduit n'est point capable de nous inspirer des sentiments de révolte. Nous avons les armes à la main, mais nous ne savons ce que c'est que de résister, parce que nous aimons mieux mourir innocents que de vivre coupables.» A la lecture de cette lettre, Maximien entra en fureur, et ordonna le massacre. Il avait espéré trouver dans la légion des traîtres ou des bourreaux; il n'y trouvait que des chrétiens fidèles et des victimes résignées. Il fallut charger le reste de l'armée de cette horrible exécution. Alors, chose digne d'une éternelle mémoire, on vit dix mille guerriers mettre bas leurs armes, et se laisser égorger comme des agneaux, s'exhortant mutuellement à la mort avec une joie pleine de sérénité et de douceur; pas un seul ne se démentit. Quelques officiers ou soldats de cette légion, alors absents du corps, furent massacrés dans les divers lieux où ils se trouvaient. Ursus et Victor souffrirent le martyre à Solodora ou Soleure; Octave, Adventitius et Solutor, à Turin. C'est ainsi que le grossier fanatisme de Maximien et sa stupide haine du christianisme privèrent l'empire de dix mille de ses plus braves défenseurs, et peuplèrent le ciel d'une légion de martyrs. Et, singulière bizarrerie d'une tyrannie désordonnée et d'un despotisme anarchique! plus d'unité dans l'exercice du pouvoir suprême, plus d'unité dans les persécutions et les fureurs, ni dans la justice et les récompenses. Partagé entre plusieurs maîtres, le monde, et le christianisme surtout, subissaient autant d'influences diverses, autant de fortunes contraires, que les césars montraient eux-mêmes de diversité dans leurs caractères, leurs vues, leurs passions, leurs lumières. Pendant que nos saints martyrs mouraient au pied des Alpes sous le fer des bourreaux, le palais de Dioclétien se remplissait de chrétiens, et plusieurs y occupaient des emplois de confiance intime. Un si profond désordre ne pouvait durer longtemps, et déjà tout appelait, tout annonçait un prochain renouvellement, tout pressentait le moment où Constantin allait réunir toutes les parties de ce grand corps par le lien de la grande unité chrétienne, la seule vraie, la seule durable, la seule qui fasse vivre les empires et ranime leur vieillesse. On touchait enfin à cet heureux instant qui devait placer sur le trône la foi victorieuse, et fermer cette carrière de trois siècles d'épreuves sanglantes que l'Église avait traversée avec tant de gloire.

MAURICE (MAURITIUS – TIBERIUS), empereur d'Orient, né à Arabisse en Cappadoce l'an 539, était d'une famille originaire de Rome. Après avoir occupé quelques places à la cour de Tibère Constantin, il obtint le commandement des armées contre les Perses. Il montra tant de bravoure que l'empereur lui donna sa fille Constantine en mariage, et le fit couronner empereur en 582. Les Perses ne cessaient de faire des incursions sur les terres des Romains. Maurice envoya contre eux Philippicus son beau-frère, qui eut d'abord des succès brillants; mais ils ne soutinrent pas. Comme les gens de guerre étaient extrêmement nécessaires dans ce temps malheureux, l'empereur ordonna, en 592, qu'aucun soldat ne se fît moine qu'après avoir accompli le temps de la milice; mais, sur les remontrances de saint Grégoire, il révoqua cet édit. Maurice donna un nouveau lustre à son règne en rétablissant sur son trône Chosroès II, roi de Perse, qui en avait été chassé par ses sujets. L'empire était alors en proie aux ravages des Arabes. Maurice leur accorda un tribut d'environ 100,000 écus, pour obtenir la paix; mais ces barbares recommencèrent la guerre à diverses reprises. Les Romains en firent périr plus de 50,000 dans différents combats, et leur firent près de 17,000 prisonniers. On leur rendit la liberté après avoir fait promettre au cagan ou chef des Abares qu'il renverrait tous les Romains qu'il retenait dans les liens. Le prince abare, infidèle à sa promesse, demanda une rançon de 10,000 écus. Maurice refusa la somme. Le barbare, furieux, fit passer les captifs au fil de l'épée. Théophylacte, auteur contemporain, qui a écrit l'histoire du règne de Maurice, ne dit rien de la demande du prince des Abares pour le rachat des prisonniers, ni du refus de Maurice, ni de leur massacre; et il est difficile de croire que cet empereur ait refusé, pour la délivrance de 12,000 soldats, une somme aussi

modique, tandis qu'il avait payé à ce même peuple un tribut considérable pour obtenir la paix. En 595, Romain, exarque de Ravenne, ayant amené une rupture avec les Lombards, ceux-ci assiégèrent Rome pendant quatre ans, et y causèrent de grands excès : les exhortations de saint Grégoire obtinrent la retraite des Lombards. Maurice envoya au peuple et aux soldats romains des vivres et de l'argent. En attendant, l'action atroce du cagan des Abares avait assez injustement fait révolter l'armée romaine contre Maurice, et élire Phocas pour empereur. Ce dernier, de simple centurion, était parvenu aux premières dignités militaires. Il poursuivit Maurice jusqu'auprès de Chalcédoine, le fit prisonnier, et le condamna à perdre la tête. On égorgea les cinq fils de ce prince infortuné aux yeux de leur père. Maurice, s'humiliant sous la main de Dieu, ne laissa échapper que ces paroles : «Vous êtes juste, Seigneur, et vos jugements sont équitables.» Sa mort suivit celle de ses fils, l'an 602. Plusieurs écrivains ont jugé ce prince par ses malheurs, au lieu de le juger par ses actions; ils l'ont cru coupable, et l'ont condamné. Il est vrai qu'il souffrit que l'Italie fût vexée; mais il fut le père des autres parties de son empire. Il rétablit la discipline militaire, abattit la fierté des ennemis de l'État, soutint par ses lois la foi chancelante, et anima la piété par son exemple. Il aima les sciences et protégea les savants.

MAURICE, arrière-petit-fils de Frédéric II, électeur de Sane, né en 1521, se signala dès sa jeunesse par son courage, et eut toujours les armes à la main tant qu'il vécut. Il servit l'empereur Charles-Quint en 1544 contre la France, et en 1546 contre la ligue de Smalkalde, à laquelle, quoique protestant et zélé protecteur de Luther, il ne voulut jamais s'unir avec les rebelles. L'empereur, pour le récompenser de ses services, l'investit, l'an 1548, de l'électorat de Saxe, dont il avait dépouillé Jean-Frédéric, son cousin. Maurice se ligua depuis avec quelques princes de l'empire pour la délivrance du landgrave de Hesse, que Charles V retenait prisonnier; et enfin avec cet empereur contre le margrave de Brandebourg, qui ravageait les provinces d'Allemagne. Il l'attaqua en 1553, gagna sur lui la bataille de Siversbausen, et mourut, deux jours après, des blessures qu'il avait reçues.

MAURICE (FRÉDÉRIC-GUILLAUME), maire de Genève, naquit en 1750 dans cette ville, d'une famille protestante originaire de France; préparé dès sa jeunesse aux emplois publics par l'étude de la jurisprudence, il fut bientôt membre du grand conseil, administrateur de l'hôpital général de Genève, directeur suprême des travaux publics, l'un des chefs de l'artillerie, enfin l'un des deux commandants supérieurs du corps entier des milices nationales. Il occupait cette dernière place lors de l'invasion des armées françaises dans son pays, en 1792. Alors il se retira dans un domaine héréditaire, où il se livra à l'étude et à la pratique de l'agriculture. Buonaparte le nomma maire de Genève, et, dans cette place qu'il occupa jusqu'en 1814, il parvint, malgré de grands obstacles, à faire quelque bien. A l'époque du rétablissement de l'indépendance du canton de Genève, il entra au conseil représentatif et souverain, mais depuis plusieurs années il était retourné tout-à-fait à la vie privée, lorsqu'il est mort en 1826. On lui doit un excellent *Traité des engrais*, tiré de *différents rapports faits au département de l'agriculture d'Angleterre, avec des notes, suivi de la traduction du mémoire de Kirwan sur les engrais, et de l'explication des principaux termes chimiques employés dans cet ouvrage*, Genève, 1801, 1806 et 1823, in-8°. Mais ce qui recommande surtout la mémoire de Maurice, c'est la création de la Bibliothèque britannique, qui a été continuée sous le nom de Bibliothèque universelle, et qu'il avait commencée avec ses deux amis, Ch. et M.-A. Pictet.

MAURICE (THOMAS), littérateur anglais, né le 25 septembre 1754 à Hertford, où son père exerçait la profession de maître d'école. Jeune encore, il fut abandonné par ses parents; mais il trouva un protecteur qui lui fit commencer ses études, et qui, voyant les succès par lesquels il témoigna sa reconnaissance, l'envoya à l'université d'Oxford. Maurice obtint la cure de Woodford, puis celle d'Epping. En 1786 il épousa la fille de Thomas Pearce, capitaine au service de la compagnie des Indes. Devenu veuf au bout de quatre ans de mariage, il entreprit d'écrire l'histoire de l'Inde; quoiqu'il ne fût pas secondé dans ses intentions par les directeurs de la compagnie des Indes, qui ne lui fournirent pas les documents qui lui auraient été nécessaires et dont ils pouvaient disposer, et qui ne l'aidèrent aucunement dans la publication de cet ouvrage, qui devait vivement les intéresser, il n'en continua pas moins son entreprise qui obtint un grand succès. Maurice était bibliothécaire adjoint au musée britannique, lorsqu'il mourut à Londres le 30 mars 1824. Parmi ses nombreux ouvrages, nous distinguons : 1° une *Histoire de l'Indostan*, 1795-1798, 2 vol. in-4° : c'est l'ouvrage le plus important que nous ayons sur l'Inde ; 2° *Histoire moderne de l'Indostan*, 1802, 1804, 2 vol. in-4° ; 3° *Défense de l'histoire de l'Indostan*, 1805, in-8° ; 4° *Supplément à l'histoire de l'Inde*, 1810, in-4° ; 5° *Antiquités indiennes*, 7 vol. in-8° de 1792 à 1800 ; 6° *Fragments sanscrits* ou *Extraits des livres sacrés des Brahmines sur divers sujets importants*, 1798, in-8° ; *la Fraude des Brachmanes dévoilée* ou *Efforts de la tribu sacerdotale de l'Inde pour donner à ses fausses divinités des attributs*, 1812, in-8°. Maurice a composé aussi plusieurs poèmes de différents genres et des tragédies.

MAURICE, *ordre de Saint-Maurice* (hist.), nom d'un ordre de chevalerie fondé en Savoie, selon quelques lexicographes, par Amédée VIII, en 1434, lorsque ce prince se retira à Ripaille. D'après les bénédictins, l'ordre de Saint-Maurice ne fut fondé qu'en 1572 par Emmanuel Philibert, dit Tête de fer. Cet ordre, qui fut depuis réuni à l'ordre de Saint-Lazare, avait pour but de combattre les hérétiques. Anneau de Saint-Maurice, anneau qui fut donné, vers 1233, à Pierre de Savoie, par Rodolphe, abbé du monastère de Saint-Maurice en Chablais. L'anneau de Saint-Maurice a été considéré, depuis cette époque, comme le signe de l'investiture du duché de Savoie, et tous les souverains de ce pays l'ont pris à leur avènement.

MAURICEAU (FRANÇOIS), chirurgien de Paris, né dans cette ville vers le milieu du XVIIᵉ siècle, s'appliqua pendant plusieurs années avec beaucoup de succès à la théorie et à la pratique de son art ; il se borna ensuite aux opérations qui regardent les accouchements des femmes, et il fut à la tête de tous les opérateurs en ce genre. On a de lui plusieurs ouvrages, fruits de son expérience et de ses réflexions : *Traité des maladies des femmes grosses et de celles qui sont accouchées*, 1694, in-4°, avec figures. Il y a plusieurs autres éditions de ce livre excellent, traduit en allemand, en anglais, en flamand, en italien et en latin.

MAURITANIE (royaumes de *Maroc*, *Fez*, et *Alger*), très grande contrée de l'Afrique occidentale. Dans sa plus grande étendue, la Mauritanie était renfermée entre le fleuve Ampsagas et l'Océan. Le fleuve Molochath ou Mulucha la divisait en occidentale et orientale. La première était la Mauritanie proprement dite ; et c'est là que régnait Bocchus du temps où Rome faisait la guerre à Jugurtha. La protection des armes romaines lui fit acquérir la contrée voisine à l'E., qui alors faisait partie de la Numidie ; et le nom de Mauritanie devint commun à deux provinces ; l'une à l'O. du fleuve Mulucha, s'appela Mauritanie Tingitane ; l'autre à l'E., fut nommée Mauritanie Césarienne. Une subdivision fut ensuite établie dans cette dernière, et il y eut une Mauritanie Césarienne et une Mauritanie Sitifensis. La Mauritanie était, dit-on, extrêmement fertile, excepté en quelques endroits déserts. On y voyait des arbres d'une grosseur prodigieuse, entre autres des ceps de vigne si énormes que deux hommes ne pouvaient les embrasser. Les éléphans, les panthères, les singes et les crocodiles s'y trouvaient en grande quantité, et c'est surtout de là que les Romains les tiraient pour les jeux. La Mauritanie forma d'abord un royaume, qui, après quelques temps d'indépendance, se plaça sous la protection des Romains. Auguste, encore collègue d'Antoine, la réduisit en province romaine ; mais, parvenu à l'empire, il la rendit à son gouvernement primitif, et lui donna pour roi Juba. Celui-ci laissa le trône à son fils Ptolémée, que Caligula attira à Rome, et assassina l'an de J.-C. 39. Deux ans après (sous Claude), un affranchi de Ptolémée voulut venger la mort de son maître ; de là une guerre qui se termina à l'avantage de Rome et à la suite de laquelle les Maures devinrent d'alliés sujets du peuple romain.

MAURITANIE (CÉSARIENNE), subdivision de la Mauritanie, bornée au N. par la mer, à l'O. par la Tingitane, à l'E. par la Sitifensis et au S. par des déserts ; Césarée en était la capitale, et le Chinalaph la rivière principale.

MAURITANIE (OCCIDENTALE), ancien royaume de Bocchus, nommé par suite Mauritanie Tingitane. (V. ce mot.)

MAURITANIE (ORIENTALE), portion de l'empire de Numidie annexée aux états de Bocchus par les Romains, formée ensuite les Mauritanies Césarienne et Sitifensis. (V. ces mots.)

MAURITANIE (SITIFENSIS), ainsi nommée de la ville principale Sitifi, avait à l'O. le Serbèle, qui la séparait de la

Mauritanie Césarienne, et à l'E. l'Ampsagas. Cette province, avec la Césarienne, avait anciennement fait partie de la Numidie.

MAURITANIE (TINGITANE), province orientale de la Mauritanie, entre le Mulucha à l'E., la chaine des monts Atlas au S., l'Atlantique à l'O., et au N. la Méditerranée. Tingis était la ville principale. Outre le Mulucha, on y remarquait la Sala et le Subur.

MAUROLYCO (FRANÇOIS), fameux géomètre, né à Messine le 16 septembre 1494, abbé de Sainte-Marie-du-Port en Sicile, se rendit très habile dans les belles-lettres et dans les sciences. Il enseigna les mathématiques à Messine avec réputation. Ce savant possédait à un tel degré l'art si nécessaire et si rare de s'exprimer avec clarté, qu'il rendait sensibles les questions les plus abstraites. (Il avait pour protecteurs le marquis de Vega, vice-roi de Sicile, le prince Geraci et le cardinal Alexandre Farnèse ; Geraci lui donna la riche abbaye de Sainte-Marie-del-Porto.) Ses principaux ouvrages sont : 1° une *Edition des Sphériques de Théodose*, in-folio ; 2° *Emendatio et restitutio conicorum Apollinii Pergæi*, in-fol. ; 3° *Archimedis monumenta omnia*, in-fol. ; 4° *Euclidis phenomena*, in-4° ; 5° *Martyrologium*, in-4° ; 6° *Sicanicarum rerum compendium*, in-8° ; 7° *Rime*, 1552, in-8° ; 8° *Opuscula mathematica*, 1575, in-4° ; 9° *Arithmeticorum libri* II, in-4° ; 10° *Photismus de lumine et umbra*, in-4° ; 11° *Problemata mechanica, ad magnetem et ad pyxidem nauticam pertinentia*, in-4° ; 12° *Cosmographia de forma, statu, numeroque cœlorum elementariorum*, in-4°. Maurolyco a une mémoire étendue joignait un esprit pénétrant et aisé. C'était un génie propre à la méditation ; il était toujours renfermé en lui-même, et ce n'était qu'avec peine qu'on lui arrachait quelques paroles sur d'autres sujets que celui de ses études favorites. Il fut enlevé aux lettres le 21 juillet 1575, à 81 ans. Sa vie a été écrite en italien par un de ses neveux, Messine, 1613, in-4°. Voyez encore *Elogi duomini illustri*, de Lor. Crasso.

MAURUS (TERENTIANUS), florissait sous Trajan, suivant les uns, et sous les derniers Antonins, suivant d'autres. Il était gouverneur de Sienne, aujourd'hui Asna, dans la Haute-Egypte. Nous avons de lui un petit poème latin sur les règles de la poésie et de la versification, écrit avec goût et avec élégance. On le trouve dans le *Corpus poetarum* de Mattaire ; et séparément sous le titre *De arte metrica*, 1531, in-4°.

MAURUS (HORTENSIUS), né à Vérone, s'attacha de bonne heure à la poésie latine, et plut à Ferdinand Furstemberg, évêque de Paderborn, qui cultivait lui-même les lettres avec goût, et qui conserva à Maurus son amitié jusqu'à sa mort. Ce poète se retira alors à Hanovre, où il mourut, à l'âge de 92 ans, le 14 septembre 1724, et fut enterré dans l'Église des catholiques. L'abbé Weissembach a recueilli les poésies de Maurus et les a publiées à Bâle, en 1782, avec d'autres poésies, sous le titre *Selecta veterum et recentiorum poemata, in gratiam litteratæ juventutis*, in-12. Il les avait déjà publiées séparément.

MAURY (JEAN-SIFFREIN), cardinal, naquit à Valréas, dans le comtat Venaissin, le 26 juin 1746. Passionné pour l'éloquence, il étudiait sans cesse Bossuet. En 1766, à peine âgé de 20 ans, il fit imprimer à Paris un *Eloge funèbre du dauphin*, et un *Eloge funèbre de Stanislas*. Ces deux pièces, qui n'obtinrent pas un grand succès, furent suivies de plusieurs autres qui annoncèrent le talent de l'auteur. En 1770, l'académie française avait proposé, pour prix d'éloquence, l'éloge de Fénelon ; l'abbé Maury se mit sur les rangs. La Harpe remporta le prix, et Maury obtint l'accessit. Ce fut son premier pas vers la fortune et la réputation. Un héritier du nom de Fénelon, nommé à l'évêché de Lombez, le fit son grand-vicaire et son official ; mais l'abbé Maury, décidé à suivre la carrière de la chaire, revint bientôt à Paris, qui offrait un plus vaste théâtre à son éloquence. Il fut choisi en 1772 pour prêcher le panégyrique de saint Louis devant l'académie française. Ce discours lui valut l'abbaye de la Frénade. Le panégyrique de saint Augustin, qu'il prononça en 1775, devant l'assemblée du clergé, parut supérieur à tout ce qu'il avait publié jusqu'alors. Dès ce moment, il fut appelé à prêcher à la cour, où il lui donna un Avent et un Carême. L'abbé Maury visait à l'académie. Très répandu dans les sociétés brillantes de la capitale, aimé des gens de lettres et même des philosophes, il fut élu en 1785, pour succéder à Le Franc de Pompignan. Il prononça son discours de réception le 27 janvier, et y donna aux philosophes assez d'éloges pour mériter que le duc de Nivernais le félicitait d'avoir su allier la philosophie a l'Évangile. Maury était étroitement lié avec l'abbé de Boismont, qui, en mourant, lui résigna le riche prieuré de Lihons. Ce fut comme titulaire de ce prieuré qu'il assista, lors de la convocation des états-généraux, aux assemblées du clergé du bailliage de Péronne, dans lesquelles il fut nommé député. Effrayé des déplorables événements du 14 juillet, il quitta Versailles et prit la fuite; mais, arrêté à Péronne et ramené à l'assemblée, il y deploya cette éloquence facile et en même temps énergique, qui le plaça à la tete des plus grands orateurs de l'assemblée. Il défendit les droits de l'Église et du clergé dans les séances des 17 octobre et 27 novembre 1790. Il signa ensuite la protestation du côté droit en faveur de la religion et de la monarchie, et celle du 29 juin 1791, relativement aux décrets qui avaient constitué prisonniers le roi et sa famille. Aussi intrépide du public qu'à la tribune, il évita souvent les dangers que lui faisait courir son opposition aux révolutionnaires, par son attitude imposante et un sang-froid imperturbable. Après la discussion sur les assignats, quelques misérables ayant crié, lorsqu'il sortit de l'assemblée : A la lanterne, l'abbé Maury! il s'approcha d'eux sans s'émouvoir, et leur dit : « Eh bien! le voilà l'abbé Maury, quand vous le mettriez à la lanterne, y verriez-vous plus clair ? » Tout le monde partit d'un éclat de rire, et l'on battit des mains. Ses discours à l'assemblée lui avaient acquis une réputation prodigieuse. Appelé à Rome par Pie VI, il y entra comme en triomphe, et Mesdames, tantes du roi, qui habitaient cette capitale, lui firent l'accueil le plus distingué. Le pape le nomm a archevêque de Nicée, in partibus, et l'envoya en qualité de nonce à la diète de Francfort, assemblée pour l'élection de François II. A son retour, il fut nommé, le 21 février 1794, cardinal et évêque de Monteliasione, l'un des meilleurs sièges d'Italie. Cependant la révolution française s'étendait comme un torrent; bientôt les armées de la république pénétrèrent jusqu'à Rome, et le sacré collège fut obligé de fuir. Maury, qui, plus que tout autre, devait craindre l'arrivée de ses compatriotes, se retira d'abord à Sienne, gagna ensuite Venise, après avoir couru les plus grands dangers, et passa de là en Russie. Lorsque les Russes eurent chassé les Français d'Italie, Maury vint assister au conclave réuni à Venise le 1er décembre 1799, pour l'élection de Pie VII, qu'il accompagna à Rome en qualité d'ambassadeur de Louis XVIII, alors retiré à Mittau. Il montra d'abord beaucoup d'ardeur pour les intérêts du roi, et se prononça vivement contre le gouvernement de Napoléon; mais ce zèle se refroidit tout-à-coup. Soit qu'il regardât la cause des Bourbons comme perdue, soit qu'il fût pressé du désir de rentrer en France, il écrivit, le 22 août 1804, à Buonaparte une lettre, dans laquelle il protestait au nouvel empereur de sa soumission et de sa fidélité. L'année suivante, il le vit à Gênes, obtint la permission de rentrer en France, et parut au mois de mai 1806 à Paris, où ses anciens amis furent bien étonnés de le voir sans cette monarchie qu'il avait défendue avec tant de talent et d'énergie. Loin de revenir sur ses pas, il s'attacha de plus en plus à son nouveau maitre, qui lui conféra le titre de cardinal français, et le nomma aumônier du roi Jérôme, son frère. Appelé dans la classe de l'Institut, qui représentait l'académie française, Maury y prononça un discours qui trompa l'attente de ses auditeurs. En abandonnant la cause qui avait fait sa gloire, il parut avoir perdu son talent. Cet échec le déconcerta; mais il se consola bientôt, grâce aux faveurs de Napoléon, qui, dans un moment d'humeur contre le cardinal Fesch, nomma tout-à-coup Maury au même siège (14 octobre 1810). Il prit aussitôt l'administration du diocèse que le chapitre métropolitain lui déféra. Cependant les affaires de l'Eglise prenaient tous les jours une tournure plus fâcheuse : le saint-père enlevé de Rome, avait été transféré à Savone. Le 3 novembre 1810, il adressa au cardinal Maury un bref, dans lequel il lui reprochait sa conduite et l'invitait à quitter l'administration du diocèse de Paris. La police de Buonaparte en fut instruite, et prit toutes les mesures possibles pour empecher que ce bref ne fût connu du public. Le cardinal feignit lui-même de n'en point avoir connaissance, et peut-être par crainte de s'exposer au ressentiment de Napoléon, en obéissant au saint-siège, il continua d'administrer, et se montra meme plus dévoué aux volontés de l'empereur. En 1811, il fut nommé membre d'une commission chargée de répondre à plusieurs questions sur les dispenses et les bulles, et siégea ensuite au concile tenu à Paris. Le pape, dont on rendait tous les jours la captivité plus dure, fut amené à Fontainebleau, où il reçut

le cardinal. Mais Maury lassa tellement sa patience, qu'il le congédia sévèrement. A la restauration (1814), Maury, après plus d'une mortification, quitta Paris, et prit le chemin de Rome. A son arrivée dans cette capitale, on l'enferma au château Saint-Ange. Après six mois de séjour dans cette forteresse, on le confina chez les lazaristes, avec défense de se présenter chez le pape et de paraître dans les cérémonies avec le saint collège. Son évêché de Monteliascone fut administré par un vicaire apostolique, et il donna sa démission de ce siége. Dès-lors, il vécut dans la retraite jusqu'à sa mort, arrivée le 11 mai 1817. Ainsi finit ce prélat, qui par ses talents s'était élevé aux plus hautes dignités, et qui, après avoir rempli une carrière honorable, flétrit les lauriers qu'il avait cueillis, en se laissant dominer par l'ambition. Les ouvrages qu'on a de lui sont : *Eloge funèbre de Monsieur le dauphin*, Sens, 1766, in-8°; *Eloge du roi Stanislas*, 1766, in-12 ; *Eloge de Charles V, roi de France*, Amsterdam, 1767, in-8° ; *Eloge de Fénelon*, 1771, in-8°; *Discours sur la paix*, 1767, in-8° ; *Panégyrique de saint Louis*, en présence de l'académie française, 1772, in-8°; *Réflexions sur les sermons nouveaux de Bossuet*, Avignon, 1781 ; *Discours choisis sur différents sujets de religion et de littérature*, 1777, in-12 : ce sont les discours cités ci-dessus; *Principes de l'éloquence pour la chaire et le barreau*, 1782, in-12 : cet ouvrage reparut sous ce titre : *Essai sur l'éloquence de la chaire*, 2 vol. in-8°; *Panégyrique de saint Vincent de Paul* : on le regarde comme le chef-d'œuvre du cardinal Maury ; *Mémoire justificatif de sa conduite*, daté du 12 mai 1814. Cette apologie ne changea pas l'opinion publique à son égard.

MAURY (Ernest), professeur de botanique et directeur du jardin della Sapienza à Rome, mort en 1835, âgé de 45 ans, avait publié en 1812, conjointement avec le docteur Sebastiani, un *Prodromus floræ romanæ*. Kunth lui a dédié une plante de la famille des térébinthacées.

MAUSCHBERGER (Léopold), né à Kralupen Bohème, l'an 1718, entra chez les jésuites, et enseigna les sciences avec beaucoup de réputation. On estime son *Motus localis gratium solidorum*, Olmutz, 1751, in-8°. On a encore de lui des Commentaires sur divers livres de l'Ecriture Sainte, un Cours de théologie et un Traité sur les lois.

MAUSOLE, fils et successeur d'Hécatomne, roi de Carie, et le prince le plus opulent de son siècle, épousa Artémise. Après sa mort (l'an 353 av. J.-C.), Artémise lui fit faire un tombeau d'une telle magnificence qu'il passa pour l'une des sept merveilles du monde, et que le nom de mausolée devint synonyme de riche tombeau. Quatre architectes distingués y travaillèrent : Scopas entreprit la façade de l'orient, Timothée celle du midi, Léomachide travailla au couchant, et Bruxis au septentrion. Pythis, qui se joignit à ces quatre artistes, éleva la majestueuse pyramide qui couronnait le monument, sur laquelle il plaça un char de marbre attelé de quatre chevaux. Le pourtour était de quatre cent onze pieds; il avait vingt-cinq coudées de haut, et était entouré de trente-six colonnes. Cet édifice coûta des sommes immenses, ce qui fit dire à Anaxagore, lorsqu'il le vit : « Voilà bien de l'argent changé en pierre. »

MAUSOLEE, s. m., grand et riche monument funéraire ; par allusion à celui que la reine Artémise fit élever à Mausole son mari. Il se dit quelquefois improprement du simulacre de tombeau qu'on élève dans les églises pour les services funèbres des princes et d'autres personnes considérables. (Voy. CATAFALQUE.)

MAUSSAC (Philippe-Jacques), conseiller au parlement de Toulouse, sa patrie, et président en la cour des aides à Montpellier, mort en 1650 à 70 ans; passait pour le premier homme de son temps pour l'intelligence du grec. On a de lui : 1° des Notes très estimées sur Harpocration ; 2° des remarques savantes sur le traité des monts et des fleuves, attribué à Plutarque ; 3° quelques Opuscules qui décèlent, ainsi que ses autres ouvrages, une critique judicieuse.

MAUSSADE, adj. des deux genres, désagréable, de mauvaise grâce. Le temps est maussade aujourd'hui, le temps est sombre, couvert. Maussade se dit aussi de quelque ouvrage mal fait, mal construit. Il se dit aussi des productions de l'esprit qui causent de l'ennui, du dégoût.

MAUTINUS (Jacques), médecin, né en Espagne, s'acquit par son art une grande réputation à Venise au commencement du XVIe siècle : il était versé dans les langues savantes. On a de lui des traductions en latin de quelques ouvrages d'Avicenne et d'Averroès : 1° *Paraphrasis Averroës de partibus et generatione animalium*, Rome, 1621, in-fol. Il a suivi une version hébraïque qui avait été faite d'après l'arabe. 2° *Super libros Platonis de republica*, Rome, 1539; 3° *Avicennæ seu IV primi, de universali ratione medendi versio latina*, Venise, 1530, etc.

MAUTOUR (PHILIBERT-BERNARD MOREAU DE), auditeur de la chambre des comptes de Paris, membre de l'académie des inscriptions, naquit à Beaune, le 23 décembre 1654, et mourut le 7 septembre 1737. Il est au rang des poètes médiocres qui ont produit quelques vers heureux. Ses poésies sont répandues dans le *Mercure*, dans le *Journal de Verdun*, et dans d'autres recueils. On a encore de lui : 1° une traduction du *Rationarium temporum* du père Petau, en 4 volumes in-12; 2° plusieurs Dissertations dans les mémoires de l'académie des belles-lettres. Elles font honneur à son savoir et à sa sagacité.

MAUVAIS, AISE, adj., le contraire de bon. Il se dit des choses tant physiques que morales qui ont quelque vice ou quelque défaut essentiel. Mauvais livre, livre dangereux. Mauvais lieu, lieu de prostitution. Femme de mauvaise vie, prostituée. Avoir mauvais visage, avoir le visage défait. Trouver une chose mauvaise, au sens physique et au sens moral, la trouver désagréable, la désapprouver. Mauvais signifie quelquefois nuisible, incommode, qui cause du mal ; il signifie encore sinistre, malheureux, funeste, qui fait craindre quelque mal. Mauvais, en parlant des personnes, signifie dangereux, enclin à faire du mal. Le mauvais ange, le diable, le démon. Pop., mauvaise bête, homme ou femme qui se plaît à dire ou à faire des méchancetés. Mauvais signifie encore qui n'a pas les qualités qu'il doit avoir. Mauvaise tête, personne sujette à beaucoup d'écarts et de travers, soit dans sa conduite, soit dans ses opinions. Mauvais signifie quelquefois malicieux, malin. Mauvais, avec la négative en parlant des personnes et des choses, signifie souvent assez bon, ou même fort bon, selon le ton qu'on y donne. Mauvais se prend substantivement, au masculin, pour signifier ce qu'il y a de mauvais dans la chose ou dans la personne dont il s'agit. Mauvais s'emploie aussi adverbialement : il fait mauvais, il est dangereux de sortir, il fait vilain temps. Trouver mauvais, désapprouver.

MAUVE, *malva* (bot.), genre de la famille des malvacées à laquelle il donne son nom, et qui présente pour principaux caractères : calice double, l'extérieur plus court et composé de deux à trois folioles distinctes; l'extérieur monophylle et semi-quinquéfide ; corolle de cinq pétales en cœur, ouverts, réunis par leur base et adhérents au tube staminifère ; étamines nombreuses ayant leurs filaments réunis inférieurement en un tube cylindrique, libres, distincts et inégaux dans leur partie supérieure, et terminés par des anthères arrondies ou réniformes; un ovaire supère, arrondi, surmonté d'un style cylindrique, divisé dans sa partie supérieure en huit branches ou plus, terminées chacune par un stigmate sétacé; fruit composé de plusieurs capsules disposées orbiculairement sur un réceptacle commun. Les mauves, très nombreuses en espèces, sont des plantes souvent herbacées, quelquefois frutescentes, à feuilles alternes, accompagnées de stipules; elles ont leurs fleurs disposées au sommet des tiges ou des rameaux, et le plus communément dans les aisselles des feuilles. Nous citerons, parmi les espèces les plus remarquables, la mauve à épis, *malva spicata*, Lin. ; ses tiges sont frutescentes, droites, rameuses, hautes de 3 à 4 pieds, garnies de feuilles ovales ou cordiformes, dentées en leurs bords, un peu cotonneuses et d'un vert blanchâtre, ainsi que toute la plante. Les fleurs sont jaunes, petites, sessiles, disposées en épis allongés, serrés, velus et terminaux ; le fruit est composé d'environ douze capsules monospermes. Cet arbrisseau croît naturellement à la Jamaïque. Parmi les espèces d'Europe, nous citerons la mauve sauvage (*malva sylvestris*), commune dans toute l'Europe; ses fleurs sont assez grandes, de couleur rose, rayées de rouge plus foncé. Cette espèce est émolliente, adoucissante, laxative, et on l'emploie en médecine. Les fleurs sont pectorales ; on l'emploie en infusion dans les rhumes et les maladies inflammatoires de la poitrine. Les anciens mangeaient ses feuilles, et les Chinois les arrangent encore aujourd'hui comme nous faisons des épinards. J. P.

MAUVE (*ois.*), nom vulgaire donné à quelques espèces de mouettes. J. P.

MAUVIEL (GUILLAUME), évêque constitutionnel de Saint-Domingue, né en 1756, mort en 1814, est auteur d'un Précis historique et critique sur les indulgences, Paris, 1800, in-8°. Il a aussi coopéré, avec Grégoire, à la rédaction des Annales de la religion, Paris, 1795-1803, 18 vol. in-8°. Mauviel était affilié aux Templiers.

MAUVIETTE (*ois.*), nom vulgaire de l'alouette des champs. J. P.

MAXENCE (M. AURELIUS-VALERIUS), tyran de Rome, était fils de l'empereur Maximien Hercule, qui avait gouverné et abdiqué en même temps que Dioclétien. Galérius, son beau-père, ne voulut point le nommer César lors de cette abdication, et par là s'attira la haine du jeune prince. Peu d'années après, Constance-Chlore, second Auguste, étant mort à Eboracum, dans la Flavie-Césarienne (l'an de J. C. 306), Maxence se fit proclamer à Rome par ses partisans. Il ne fut pas plus tôt sur le trône qu'il engagea Maximien à reprendre la pourpre. L'empire fut alors gouverné par six princes à la fois, Galérius, Constantin, Sévère Daza, Maximin, Maximien et Maxence. L'année suivante (307), il marcha à la tête de ses troupes et de concert avec Maximien, son père, contre Sévère. Celui-ci se renferma dans Ravenne, où il fut pris par Maximien, et mis à mort par l'ordre de Maxence. Galérius cependant refusa de le reconnaître ; il nomma Licinius (C. Val.) Licinianus César à la place de Sévère, et s'avança contre l'usurpateur avec des forces considérables ; mais après des succès variés, il fut obligé de se retirer et d'abandonner l'Italie et le titre de César à Maxence. Cependant des altercations s'étaient élevées entre celui-ci et son père, qui, après avoir abdiqué de nouveau, avait repris la pourpre, et l'on prévoyait déjà une guerre lorsque la mort de Maximien, à Arélate (en 310), fit cesser les craintes. Alors Maxence s'empara de l'Afrique, et s'y fit détester par sa tyrannie et par sa cruauté, surtout à l'égard des chrétiens. Pendant ce temps Galérius avait été emporté par une maladie cruelle, et Constantin, appelé à la conquête de l'Italie par les sujets de Maxence autant que par son ambition, marcha sur Rome. Le tyran sortit des murs de cette capitale pour lui livrer bataille ; il fut défait complétement et voulut se réfugier dans la ville ; mais le pont sur lequel il traversait le Tibre avec son armée en déroute s'étant écroulé sous ses pieds, il se noya le 28 octobre 312. Ce prince n'avait aucune des qualités de son père et avait tous ses vices. Avare et cruel, il comptait autant de coupables que de gens riches, et condamnait à mort quiconque excitait sa cupidité par sa magnificence ou par ses grands biens. Débauché et brutal, il enlevait aux maris leurs épouses et les leur renvoyait déshonorées. Oisif et lâche, il faisait agir pour lui ses généraux, et ne paraissait jamais devant ses troupes que pour leur faire des largesses ou commander des massacres publics. Il ignorait les premières règles de l'art militaire. Sa mauvaise administration causa à Rome une horrible famine.

MAXENCE (JEAN), moine de Scythie au VIe siècle, soutint à Constantinople, devant les légats du pape Hormisdas, la vérité de cette proposition : « Un de la Trinité a souffert dans sa chair. » Il eut en Orient et en Occident, des partisans et des adversaires. Sa proposition fut approuvée dans la suite par le 5e concile général et par le pape Martin. Il composa, contre les acéphales, un ouvrage que nous avons dans la Bibliothèque des Pères, et fut un des plus zélés défenseurs de la doctrine de saint Augustin.

MAXILLAIRE, adj. (*méd.*), qui a rapport à la mâchoire. Les artères maxillaires sont internes et externes : les internes naissent de la partie antérieure-inférieure de la carotide externe; les externes naissent postérieurement de l'extrémité supérieure de la carotide interne.

MAXIME, s. f., proposition générale, qui sert de principe, de fondement, de règle dans un art, dans une science, et particulièrement en matière politique et de morale. Maxime, en termes de musique, note qui vaut elle seule quatre mesures.

MAXIME OU PUPIEN (M. CLODIUS-PUPIENUS-MAXIMUS), empereur romain avec Balbin, était fils d'un forgeron ou, selon d'autres, d'un serrurier. Enrôlé dans les rangs de l'armée romaine, il parvint aux grades les plus élevés, et fut successivement revêtu des dignités de préteur, de consul (l'an 227 de J. C.), de préfet de Rome et de gouverneur de la Grèce, de la Bythinie et de la Narbonnaise. Après la défaite et la mort des deux Gordien (l'an 232), il fut élevé à l'empire par le sénat, avec Balbin et le jeune Gordien, pour mettre un terme à la tyrannie sans cesse croissante de Maximin. Il s'avançait contre lui à la tête d'une armée formidable lorsqu'il apprit qu'il avait été massacré par ses propres soldats à Aquilée. Les deux nouveaux empereurs furent alors unanimement reconnus, et ne s'occupèrent plus que des guerres étrangères. Maxime se préparait à porter ses armes chez les Parthes quand la garde prétorienne se révolta, et l'égorgea avec Balbin, pour donner l'empire au jeune Gordien seul, l'an de J. C. 239, dans la soixante-quatorzième année de sa vie. Il avait régné un an et trois mois. Ce prince était digne d'un meilleur sort. La pureté de ses mœurs, son incorruptible équité, son zèle pour l'ancienne discipline, son désintéressement justifient le choix que le sénat avait fait de lui librement. Sa taille était élevée, sa physionomie noble et mélancolique, son maintien grave.

MAXIME (MAGNUS MAXIMUS), empereur dans les Gaules, était Espagnol et général de l'armée romaine en Angleterre, où il se fit proclamer empereur en 383. Étant passé dans les Gaules, les légions, mécontentes de Gratien, le reconnurent. Trèves fut le siège de son empire. Gratien marcha contre ce rebelle; mais il perdit une bataille près Paris, par la trahison d'un de ses officiers, et fut tué à Lyon par Andragaste dans un festin. Maître des Gaules, de l'Espagne et de l'Angleterre, Maxime envoya des ambassadeurs à Théodose, pour insinuer à ce prince de l'associer à l'empire. On lui donna de l'espérance; mais, comme il vit qu'on ne voulait que l'amuser, il passa les Alpes et marcha contre Valentinien-le-Jeune, qui chercha un asile à Thessalonique, auprès de Théodose. Maxime, fondant sur l'Italie à la faveur de cette fuite, s'empara de Plaisance, de Modène, de Reggio, de Bologne, de Rome même. Théodose se disposa à punir l'usurpateur. Pour tromper Maxime, il fait les préparatifs d'une armée navale; Maxime donne dans le piége, et fait embarquer la plus grande partie de ses troupes. Théodose, à cette nouvelle, précipite sa marche, et atteint son armée dans la Pannonie. Il était secondé par une nombreuse cavalerie de Huns, d'Alains et de Goths, qui culbutèrent les Gaulois et les Germains de Maxime. Théodose marche vers Aquilée, où le tyran s'était réfugié, et la prend d'assaut. Les soldats de Maxime l'amènent au vainqueur, les pieds nus et les mains liées. Théodose s'attendait sur son malheur, après lui avoir reproché ses crimes; et il allait lui accorder la vie, lorsque les soldats lui tranchèrent la tête, le 26 août de l'an 388. Victor, son fils, qu'il avait fait auguste, fut pris au mois de septembre suivant, et décapité comme son père. Andragaste, général de la flotte de Maxime, et assassin de Gratien, n'espérant aucune grâce, se précipita dans la mer. Ainsi finit cette sanglante tragédie. Maxime avait de bonnes qualités; le christianisme avait eu d'heureux effets sur ses mœurs, et on ne peut guère lui reprocher l'usurpation du trône; encore Sulpice-Sévère insinue-t-il qu'il fut proclamé malgré lui. Cependant le même historien l'appelle ailleurs *Ferocis ingenii virum*, et cette dénomination n'est pas trop forte, s'il est vrai qu'il a refusé à Gratien les honneurs de la sépulture : mais son caractère s'adoucit beaucoup par les leçons de la foi chrétienne.

MAXIME (FLAVIUS ANICIUS PETRONIUS MAXIMUS), né l'an 395, d'une illustre famille, d'abord sénateur et consul romain, se revêtit de la pourpre impériale en 455, après avoir fait assassiner Valentinien III. Pour s'affermir sur le trône, il épousa Eudoxie, veuve de ce prince infortuné. L'impératrice ignorait son crime; Maxime lui avoua, dans un transport d'amour, que l'envie d'être son époux le lui avait fait commettre. Alors Eudoxie appela secrètement Genséric, roi des Vandales, qui vint en Italie le fer et la flamme à la main. Il entre dans Rome, où l'usurpateur était alors. Ce malheureux prend la fuite; mais les soldats et le peuple, indignés de sa lâcheté, se jetèrent sur lui et l'assommèrent à coups de pierres. Son corps fut traîné par les rues pendant trois jours, et après l'avoir couvert d'opprobres, ils le jetèrent dans le Tibre, le 12 juin de la même année 455. Son règne ne fut que de 77 jours.

MAXIME (Saint), évêque de Jérusalem, successeur de saint Macaire en 331, fut condamné aux mines sous l'empire de Maximien, après avoir perdu l'œil droit et le jarret pour la défense de la foi. Il parut avec éclat au concile de Nicée en 325, et à celui de Tyr en 335. Les ariens dominaient dans cette dernière assemblée. Saint Paphnuce, voyant qu'ils étaient les plus puissants, prit saint Maxime par la main en lui disant : « Puisque j'ai l'honneur de porter les mêmes marques que vous de mes souffrances pour J.-C., et que j'ai perdu, comme vous, un de ces yeux corporels pour jouir plus abondamment de la lumière divine, je ne saurais vous voir assis dans une assemblée de méchants, ni vous voir tenir un rang entre les ouvriers d'iniquité. » Il le fit sortir et l'instruisit de toutes les intrigues des ariens. Maxime ne se signala pas moins au concile de Sardique, en 347. Il tint, deux ans après, un concile à Jérusalem, où saint Athanase fut reçu à la communion de l'Église. Les ariens furent si irrités du résultat de ce concile qu'ils déposèrent Maxime. Ce saint évêque termina sa carrière en 350.

MAXIME DE TURIN (Saint), ainsi nommé parce qu'il était évêque de cette ville au ve siècle, est célèbre par sa piété et par sa science. Il assista au concile de Milan en 451, et à celui de Rome en 465. Sa suscription s'y voit la première après celle du pape Hilaire. Il ne survécut pas longtemps à ce concile. On a de lui des *Homélies*, dont quelques-unes portent mal à propos le nom de saint Ambroise, de saint Augustin et d'Eusèbe d'Émèse. Elles sont dans la Bibliothèque des Pères. Muratori a donné les Sermons de saint Maxime, avec des remarques, à la fin de l'édition des Œuvres de saint Léon, Venise, 1748. Il en avait publié auparavant dans ses *Anecdota*, tome 3, p. 6, plusieurs qui avaient jusqu'alors été inconnus : il les avait tirés d'un manuscrit de la bibliothèque Ambroisienne, qui a plus de mille ans d'antiquité, et qui est écrit en caractères lombards. Il a paru à Rome, 1785, une collection des œuvres de Maxime de Turin : *Opera Maximi-Tauriniensis*, in-fol., avec une préface du pape Pie VI.

MAXIME, abbé et confesseur dans le viie siècle, était de Constantinople, d'une famille noble et ancienne. Il s'éleva avec zèle contre l'hérésie des monothélites, qui le persécutèrent avec une violence inouïe. Il mourut dans les fers, en 662, des tourments qu'on lui fit endurer. Il nous reste de lui plusieurs ouvrages, dont le P. Combefis, dominicain, a donné une bonne édition, Paris, 1675, en 2 vol. in-fol. Ils consistent en des *Commentaires allégoriques* sur plusieurs livres de l'Écriture sainte, parmi lesquels on en trouve attribués à saint Denys l'Aréopagite, et en des traités contre les monothélites, etc.; mais il en reste quelques autres qui ne sont pas renfermés dans cette édition.

MAXIME DE TYR, philosophe platonicien, vint à Rome l'an 146, sous Marc-Aurèle, qui voulut bien être son disciple; il vécut, dit-on croit, jusqu'au temps de l'empereur Commode. Les 41 Discours qui nous restent de lui ont été publiés à Cambridge, 1703, in-8°; à Londres, 1740, in-4°, et traduits en français par Formey, Leyde, 1762, in-12. Il y a dans ses discours de l'éloquence, de l'énergie, et souvent des vues profondes et vraiment philosophiques. Le tableau qu'il fait de l'amour en général, sans distinction physique et morale de son objet, est une espèce de chef-d'œuvre; il semble se rapporter particulièrement à la poursuite des choses pures, sublimes, sans honte et sans remords.

MAXIME (le Sophiste), natif d'Éphèse, au ive siècle, se mêlait de philosophie et de magie. Il fut le maître de Julien l'Apostat, qui le combla d'honneurs et soumit ses ouvrages à sa censure. Ce prince, résolu de faire la guerre aux Perses, consulta les présages, dont aucun ne le flatta autant que la promesse que lui fit ce philosophe magicien. Il l'assura qu'il remporterait des victoires aussi mémorables que celles d'Alexandre, et lui persuada, dit-on, que l'âme de ce héros avait passé dans son corps. Il arriva précisément tout le contraire de ce qu'il avait prédit. Julien périt, et sa perte entraîna celle de Maxime. L'empereur Valens avait donné un arrêt de mort contre les magicosophistes; le maître de Julien expira à Éphèse dans les tortures, en 366. — Il faut le distinguer de MAXIME, natif d'Alexandrie, qui, quoique chrétien, faisait profession de la philosophie cynique, dont il portait l'habit, le bâton et les longs cheveux; ce qui le fit nommer le Cynique. Il menait une vie déréglée, et fut, pour ses infamies, fouetté publiquement en Égypte et relégué dans un désert. Il vint à Constantinople, et sut si bien feindre qu'il en imposa à saint Grégoire de Nazianze. Ayant acquis quelque crédit, il s'en servit pour supplanter le saint prélat et se faire ordonner évêque de Constantinople en 380. On ne tarda pas à le chasser du siége qu'il avait usurpé. Il s'adressa à l'empereur Théodose, qui le rejeta avec indignation, et son ordination fut désapprouvée au concile de Constantinople en 381. Il surprit le suffrage des évêques d'Italie, dans un concile où présida saint Ambroise, tenu la même année; mais l'empereur Théodose les désabusa en leur faisant connaître les artifices de cet imposteur.

MAXIMIANISTE (*hist. relig.*), membre d'une secte donatiste fondée par Maximien, diacre de Carthage, vers la fin du ive siècle.

MAXIMIEN-HERCULE, ou VALÈRE-MAXIMIEN (MARCUS-AURÉLIUS VALÉRIUS MAXIMIANUS HERCULIUS), empereur romain, naquit près Sirmich, l'an 250, d'un paysan. Il avait servi sous les règnes d'Aurélien et de Probus, et s'avança, dans les armées, par ses qualités guerrières. Dioclétien, avec qui il avait été soldat, l'associa à l'empire en 286, et lui donna en partage l'Italie, l'Afrique, les Gaules et l'Espagne. Sa valeur éclata contre plusieurs nations barbares, et entre autres contre les Bagaudes, paysans de la Gaule; mais il fut repoussé avec beaucoup de perte par Carausius, commandant de la flotte romaine, alors à Gescoriatum (Boulogne-sur-Mer), qui l'obligea à lui céder la Bretagne par un traité. Il fut plus heureux contre Aurelius Julianus, qui, après avoir pris le titre d'empereur, s'était retiré en Afrique; il le défit et le tua. Les Maures furent vaincus peu de temps après: il les poursuivit dans leurs montagnes, les força de se rendre, et les transporta dans d'autres pays. L'empereur Dioclétien, s'étant dépouillé de la pourpre impériale en 305, engagea Maximien à l'imiter. Il obéit; mais, sur la fin de l'année, Maxence, son fils, l'engagea à la reprendre. Maximien, ingrat envers son enfant, voulut le faire rentrer dans l'état de particulier. Le peuple et les soldats s'étant soulevés contre lui, il fut obligé de se retirer dans les Gaules auprès de Constantin, qui épousa sa fille Fausta. Aussi peu fidèle à son gendre qu'il l'avait été à son fils, il engagea sa fille à trahir son mari et à faire en sorte que la chambre où il couchait fût ouverte toute la nuit. Fausta lui promit tout, dans le dessein d'avertir Constantin, qui fit coucher un eunuque à sa place. Le meurtrier vient au milieu de la nuit, tue l'eunuque, et crie que Constantin est mort. Constantin paraît à l'instant avec ses gardes, reproche à ce monstre son ingratitude et ses crimes, le condamne à perdre la vie, lui accordant pour toute grâce la liberté de choisir son genre de mort. Le malheureux s'étrangla en 310, à l'âge de 60 ans, à Marseille. Féroce, cruel et avare, il avait toujours conservé la rusticité de sa naissance. Ses vices étaient peints sur sa figure. Sa haine contre les chrétiens alla jusqu'à faire massacrer des légions entières.

MAXIMIEN (GALERIUS-VALERIUS-MAXIMIANUS), plus connu sous le nom de Galère, naquit près de Sardique, de parents si pauvres que dans sa jeunesse il garda les troupeaux, ce qui lui fit donner le surnom d'Armentaire. Il s'avança dans les armées romaines par sa valeur. Dioclétien, qui l'avait créé César en Orient, l'an 292, lui fit épouser sa fille Valéria. Il fit d'abord la guerre aux Goths, puis aux Sarmates, ensuite à Narsès, roi des Perses, qui le défit entièrement l'an 397. Comme c'était par sa faute qu'il avait été vaincu, Dioclétien lui témoigna beaucoup de mépris, jusqu'à le laisser marcher à pied auprès de son char, l'espace d'un mille, tout revêtu qu'il était de la pourpre impériale. Ayant enfin obtenu la permission de lever de nouvelles troupes, il tailla en pièces les Perses dans un second combat. Narsès abandonna son camp aux vainqueurs qui y trouvèrent des richesses immenses, les femmes et les enfants du vaincu. Galère les traita avec toute la politesse due à leur rang; mais il ne les rendit à Narsès qu'à condition qu'il lui abandonnerait cinq provinces en deçà du Tibre. Cette victoire flatta tellement son amour-propre qu'il voulut se faire passer pour le fils de Mars. Dioclétien commença à le craindre, et avec raison; il le força à abdiquer le trône en 305. Proclamé Auguste, il gouverna comme Néron. Les peuples furent accablés d'impôts, et, lorsqu'ils ne pouvaient payer, on leur faisait souffrir les plus cruels supplices. On prétend qu'il faisait dévorer les hommes par les ours pour s'amuser. Les chrétiens eurent en lui un ennemi implacable; il les avait déjà persécutés sous Dioclétien, et avait fait mettre secrètement le feu à son palais de Nicomédie pour allumer la colère de cet empereur, à qui il persuada que les chrétiens étaient auteurs de cet incendie. Ses cruautés augmentèrent avec son âge: il força chaque particulier à donner une déclaration exacte de son bien, et fit crucifier ou brûler à petit feu ceux qu'il soupçonnait n'avoir pas accusé juste. Un grand nombre de pauvres furent jetés dans la mer, parce que ce tyran s'imaginait qu'ils cachaient leurs richesses pour ne pas payer. Le peuple romain, craignant d'être exposé à ces exécutions barbares, proclama empereur Maxence, qui le chassa de l'Italie en 306. Galère, obligé de fuir, fut bientôt attaqué d'une maladie qui ne fit qu'un ulcère de tout son corps. Dans cet état déplorable, il s'adressa au Dieu des chrétiens, après avoir imploré vainement ses fausses divinités, et publia un édit en faveur du christianisme. Il mourut, en 311, dans des douleurs horribles. Ce monstre conserva toujours la dureté féroce qui tenait de sa naissance. Au défaut d'éducation il joignait un caractère cruel et barbare. Sa figure annonçait son âme: il était excessivement grand et d'une épaisseur monstrueuse. Son aspect, sa voix, ses gestes, tout en lui faisait peur et portait un caractère de réprobation.

MAXIMILIEN Iᵉʳ, fils de Frédéric IV *le Pacifique*, empereur d'Allemagne, naquit le 22 mars 1459. Son mariage avec Marie, fille de Charles-le-Téméraire, dernier duc de Bour-

gogne, le rendit un des plus puissants princes de l'Europe. Créé roi des Romains en 1486, il se signala contre les Français, et monta sur le trône impérial après la mort de son père, en 1493. Nul roi des Romains n'avait commencé sa carrière plus glorieusement que Maximilien. La victoire de Guinegate sur les Français, Arras pris avec une partie de l'Artois, lui avaient fait conclure une paix avantageuse, par laquelle le roi de France lui cédait la Franche-Comté en pure souveraineté, l'Artois, le Charolais et Nogent à condition d'hommage. Jouissant en paix de toutes ces conquêtes, il épousa en secondes noces Blanche, fille de Galéas-Marie Sforce, duc de Milan. Ce n'était pas une alliance fort illustre; mais sa nouvelle épouse lui apportait des trésors dont il avait besoin. Charles VIII, roi de France, s'étant emparé du royaume de Naples, Maximilien, appelé en Italie par Jules II, courut lui disputer cette acquisition. Il s'était ligué avec le pape et divers autres princes pour chasser les Français, qui eurent bien de la peine à rentrer en France, en abandonnant leurs conquêtes; ils durent leur heureux retour à la journée de Fornoue, dont le succès leur ouvrit un passage. Maximilien eut ensuite à combattre les Suisses, qui achevaient d'ôter à la maison d'Autriche ce qui lui restait dans leur pays. L'année 1508 fut célèbre par la ligue de Cambrai, dont le pape Jules II fut le moteur. Maximilien y entra: ses troupes s'avancèrent dans le Frioul, et s'emparèrent de Trieste; mais elles furent forcées de lever le siège de Padoue. Après s'être uni avec le roi de France contre Venise, il se ligua avec l'Espagne et le pape contre la France. Il ménageait le pontife romain, flatté de l'espérance qu'il le prendrait pour coadjuteur dans le pontificat; il ne voyait plus d'autre manière de rétablir l'aigle impériale en Italie. Le pape s'étant moqué de la proposition qu'il lui en avait faite, Maximilien pensa sérieusement à lui succéder. Une de ses lettres à l'archiduchesse Marguerite sa fille est un témoignage subsistant de ce dessein bizarre. Jules II avait plaisanté plusieurs fois sur ses inclinations et sur celles de Maximilien. « Les électeurs, disait-il, au lieu de donner l'empire à Jules, ont accordé à Maximilien, et les cardinaux, au lieu de faire Maximilien pape, ont élevé Jules à cette dignité. » Maximilien, irrité par plusieurs motifs contre la France, s'unit contre elle avec l'Angleterre. Il servit en qualité de volontaire au siège de Térouane, en 1513, sous les ordres de Henri VIII. Pour ne pas oublier les torts dont il croyait avoir à se venger, il relisait souvent ce qu'il appelait son livre rouge. Ce livre était un registre où il avait consigné toutes les mortifications qu'il avait reçues de la part de la France. Louis XII ayant renouvelé les guerres en Italie, Maximilien forma le projet de chasser les Français du Milanais, et assiégea Milan avec 15,000 Suisses; mais ce prince, qui prenait toujours de l'argent, et qui en manquait toujours, n'en eut pas pour payer ces mercenaires. Ils se mutinèrent, et l'empereur fut obligé de s'enfuir, de crainte qu'il ne le livrassent aux Français. Voulant réaliser son projet favori d'une croisade, il parvint à faire croiser plusieurs seigneurs allemands et à retirer des sommes immenses de toute la chrétienté: le pape Alexandre VI donna à ces sommes une autre destination. Il eut ensuite à soutenir une guerre contre Robert, fils de l'électeur palatin. Ce fut dans cette occasion que, dans un combat, plusieurs Bohémiens, qui faisaient partie de l'armée de Robert, enlevèrent Maximilien de dessus sa selle, au moyen d'Eric, duc de Brunswick, qui reçut les coups que l'on portait à l'empereur. Maximilien ayant rallié son armée, obtint une victoire complète. Il mourut peu de temps après, âgé de 60 ans, à Inspruck, où l'on voit, dans l'église des Cordeliers, son mausolée, un des plus beaux qui aient jamais été élevés à la mémoire des rois. Il y eut un interrègne jusqu'au 20 octobre. Maximilien, né doux, affable, bienfaisant, était sensible aux charmes de l'amitié, aux agréments des arts, à la liberté d'un commerce intime. Son attachement à la justice et à la religion le rendit respectable à ses sujets, qui attribuèrent à sa piété et à sa vertu la manière toute singulière dont il fut retiré d'entre les précipices des Alpes tyroliennes, où il s'était engagé en poursuivant des chamois: c'était sur le Czirleberg, à deux lieues d'Inspruck. L'empereur était sur le point d'y mourir, et on avait déjà porté au pied de la montagne le Saint-Sacrement qu'il adora de loin, ne pouvant le recevoir, lorsqu'un jeune homme, qui ne parut plus depuis, le tira hors de danger. Ses bonnes qualités furent ternies par quelques défauts. Il régnait dans ses démarches un air d'incertitude qui le faisait courir d'engagements en engagements sans en tenir presque aucun. Son caractère était rempli de contradictions.

il était tour-à-tour laborieux et négligent, constant et léger, entreprenant et timide, le plus avide et le plus prodigue de tous les hommes. Il rendit un service important à l'humanité en abolissant, l'an 1512, la juridiction barbare et redoutable connue sous le nom latin de *Judicium occultum Westphaliæ* et sous celui de *Wehem gericht* en allemand. Ce tribunal consistait à députer des juges et des échevins si secrets, que leurs noms ont échappé aux plus laborieux érudits. Ces juges, en parcourant les provinces, prenaient note des criminels, les déféraient, les accusaient, et prouvaient leurs accusations à leur manière. Les malheureux inscrits sur ces livres funestes étaient condamnés sans être entendus ni cités. Quelques empereurs réformèrent à diverses reprises ce tribunal odieux ; mais Maximilien eut assez d'humanité pour rougir des horreurs qu'on y commettait en son nom, et le supprima entièrement. Dans des moments de loisirs, il cultivait les lettres, et le faisait avec succès : il composa quelques poésies et des mémoires de sa vie. Il a laissé de Marie de Bourgogne, Philippe, qui épousa Jeanne, héritière d'Espagne, et qui fut père de l'empereur Charles V et de Ferdinand Ier. On a composé sur Maximilien de nombreux écrits ; les principaux sont : *Der weisse Kœnig* (le roi sage et le roi blanc), livre singulier, contenant un extrait de ce qui est relatif à la naissance, aux études et aux actions les plus remarquables de Maximilien, qui est probablement l'auteur de cet ouvrage, lequel n'a paru qu'en 1775, orné de deux cent trente-sept planches ; et l'*Histoire du règne de l'empereur Maximilien Ier*, par D. H. Hegawisch, Hambourg, 1782, in-8°, en allemand.

MAXIMILIEN II, empereur d'Allemagne, fils de l'empereur Ferdinand Ier, né à Vienne le 1er août 1527, fut élu roi des Romains en 1562. Il avait déjà épousé Marie d'Autriche, fille de Charles-Quint, dont il eut quinze enfants. Il se fit élire roi de Hongrie et de Bohême, et succéda à l'empereur son père, en 1564 ; il eut la douleur de laisser prendre Zigeth par les Turcs, n'ayant pas d'armée à opposer à celle du grand Soliman, qui assiégeait la place en personne. En 1572, il concourut pour la couronne de Pologne avec le prince Sigismond, fils de Sigismond II, qui lui fut préféré. Cet empereur mourut à Ratisbonne, en 1576, à 50 ans, après en avoir régné douze. Son gouvernement fut gêné et faible. Les nouvelles erreurs, qui faisaient d'étranges ravages dans les provinces héréditaires, lui donnèrent un caractère d'inquiétude et d'ombrage qui nuisit beaucoup à la chose publique. C'était d'ailleurs un prince juste, équitable, pacifique. Il disait « que la force de l'empire et l'autorité de l'empereur consistaient toutes dans les catholiques et dans leur obéissance, parce que les hérétiques n'obéissaient que par caprice et qu'autant qu'ils trouvaient leur compte à obéir. »

MAXIMILIEN, duc de Bavière, s'est distingué le xviie siècle, par son courage, qui lui a acquis le titre de défenseur de l'Allemagne ; sa prudence lui mérita le surnom de Salomon, et son grand zèle contre les nouvelles sectes qui dévastaient l'Allemagne par le fer et le feu, le fit considérer comme un des principaux appuis de la religion catholique. Il gagna la bataille de Prague, en 1620, ayant le comte de Tilly pour lieutenant-général, contre Frédéric, électeur palatin, qui s'était fait déclarer roi de Bohême ; en reconnaissance de ses services, il fut nommé électeur de l'empire, en 1623, à la place du même comte palatin. Il mourut en 1651, âgé de 70 ans.

MAXIMILIEN (Emmanuel), électeur de Bavière, né le 10 juillet 1662, rendit de grands services à l'empereur Léopold. Il se signala au siége de Neuheusel, en 1685, à la défaite des Turcs, avant la prise de cette place, au siége de Bude, en 1686, et à la bataille de Mohatz, en 1687. Il commanda la principale armée de Hongrie la campagne suivante, et emporta Belgrade l'épée à la main, le 6 septembre 1689. Il se trouva ensuite au siége de Mayence, conduisit l'armée impériale sur le Rhin, en 1690, et passa en 1692, aux Pays-Bas, dont le roi d'Espagne lui donna le gouvernement, qui lui fut continué à vie en 1699. Mais, ayant pris le parti de la France dans la guerre de la succession d'Espagne, il fut entièrement défait en 1704, à Hochstedt, avec le maréchal de Tallard, et mis au ban de l'empire, le 29 avril 1706, en même temps que l'électeur de Cologne, son frère. L'Espagne et la France, ne pouvant le dédommager des pertes qu'il avait faites pour soutenir la cause de la maison de Bourbon, lui laissèrent Luxembourg et Namur, où il exerça une espèce de souveraineté jusqu'à la paix de Rastadt, qui le rétablit dans ses états. Il mourut à Munich, le 26 février 1726. C'était un prince courageux, plein de sentiments nobles et généreux,

bon général, quoique malheureux dans les dernières années, très zélé pour la religion, mais de mœurs qui n'étaient pas à l'abri de reproches. Son fils, Charles-Albert, depuis empereur, lui succéda.

MAXIMILIEN (Joseph), roi de Bavière, né le 27 mai 1756, mort le 13 octobre 1825, était frère de Charles II, duc de Deux-Ponts, neveu de l'électeur de Bavière. Dans sa jeunesse, il commandait le régiment d'Alsace, au service de la France, tandis que son frère était colonel propriétaire de celui de Deux-Ponts. En 1790, il se rangea sous les drapeaux de l'Autriche. A la mort de son frère, il lui succéda dans son duché, le 1er avril 1795, et succéda aussi en Bavière à son oncle, l'électeur Charles-Théodore, le 16 février 1796. Dirigé par son ministre Mongelas, les premiers actes de son gouvernement eurent pour objet des innovations. Il abolit les ordres mendiants et supprima plusieurs fêtes ; suppression qui fit murmurer le peuple. Il excita aussi les plaintes de la noblesse en réformant ses privilèges et ses immunités. Enfin, il paraissait vouloir imiter, autant que possible, les changements opérés en France, où la révolution avait tout bouleversé. Maximilien avait une prédilection marquée pour le pays et pour son gouvernement. Aussitôt qu'il se vit délivré de la présence des armées russes et autrichiennes, il se rapprocha de Buonaparte, devenu premier consul. La première preuve de déférence qu'il lui donna, consista à fermer, en 1802, l'entrée de ses Etats aux émigrés suisses et français. L'ambassadeur anglais Drake ayant été impliqué, en 1804, dans une correspondance contre Napoléon, devenu empereur, il lui fit intimer l'ordre de quitter la Bavière. En 1805, l'Autriche, se trouvant en guerre contre la France, demanda à Maximilien le passage dans ses Etats, pour un contingent de troupes qui devait se réunir à l'armée autrichienne. L'électeur s'y refusa, et se vit contraint de se retirer à Wurtzbourg. Au même moment, il conclut avec Napoléon un traité d'alliance offensive et défensive, et réunit 25,000 hommes de ses troupes à l'armée française, dont les victoires lui ouvrirent le chemin de sa capitale. Pour prix de son dévouement, Napoléon lui conféra, à la paix de 1806, le titre de roi de Bavière, et joignit à ses Etats le Tyrol et d'autres provinces. La victoire d'Austerlitz assura, pendant quelque temps, à Maximilien la tranquille possession de son nouveau royaume. Il reçut avec pompe, dans Munich, Buonaparte victorieux, et conclut le mariage de la princesse Amélie, sa fille aînée, avec le prince Eugène. La guerre ayant éclaté de nouveau, en 1808, entre l'Autriche et la France, il refusa encore le passage, par ses Etats, aux troupes autrichiennes, fut obligé de s'éloigner de sa capitale, et joignit ses troupes à l'armée française, ainsi que le firent plusieurs autres princes de la Confédération du Rhin. Il recouvra bientôt ses Etats, et en 1809, vint à Paris, où se trouvaient à cette époque d'autres princes souverains. Constant dans son alliance, il refusa toujours d'entrer dans aucune coalition contre Buonaparte, et fournit à celui-ci, en 1812, un nouveau contingent de troupes, pour agir contre la Russie. Napoléon avait réuni sous ses drapeaux l'Autriche, la Prusse et les autres souverains de l'Allemagne, dont la politique changea aussitôt après la campagne de Moscou. Tous se déclarèrent contre la France, et entraînèrent avec eux le roi de Bavière. Le prince de Wrède, son général, qui, à la tête de 25,000 hommes, avait jusqu'alors combattu avec les Français, les attaqua à Hanau, et commanda, en 1814 et 1815, l'armée bavaroise qui entra en France avec les armées coalisées. En novembre 1814, Charlotte-Auguste, fille du roi de Bavière, épousa l'empereur d'Autriche, et ce mariage resserra l'alliance contractée entre ces deux souverains. Le traité de Vienne, de 1814, fit perdre à Maximilien le Tyrol ; mais le traité de Paris lui donna, en dédommagement, d'autres provinces. Ce prince, naturellement bon, se laissa conduire aveuglément par ses ministres, auxquels il faut attribuer, en grande partie, les innovations qu'il introduisit dans ses Etats.

MAXIMIN (Saint), né à Poitiers, d'une famille illustre, gouverna l'Eglise de Trèves sous les empereurs Constantin et Constant. Il se distingua par son zèle contre les ariens. Saint Athanase et saint Paul de Constantinople ayant été chassés de leurs siéges par la faction de ces hérétiques, saint Maximin les reçut chez lui. Il obtint par son crédit auprès de l'empereur Constant la convocation d'un concile à Sardique, et y parla avec tant de force, que ces deux illustres confesseurs furent rétablis dans leurs églises. Etant allé revoir Poitiers, son pays natal, il y mourut vers l'an 349. Saint Paulin, son successeur, fit transporter son corps à Trèves, dans la chapelle de Saint-Hilaire, d'où saint Hidulphe le transféra dans l'église appelée depuis Saint-Maximin.

MAXIMIN (CAIUS-JULIUS-VERUS-MAXIMUS), surnommé Daza, empereur romain, né l'an 173, dans un village de l'Illyrie, était fils d'un paysan goth. Son premier état fut celui de berger. Lorsque les pâtres de son pays s'attroupaient pour se défendre contre les voleurs, il se mettait à leur tête. Sa valeur l'éleva, de degré *en degré*, aux premières dignités militaires. L'empereur Alexandre Sévère, son bienfaiteur, ayant été assassiné dans une émeute de soldats, que Maximin avait excitée, il se fit proclamer à sa place en 285. Il avait été bon général, il fut mauvais prince. Il exerça des barbaries inouïes contre plusieurs personnes de distinction, dont la naissance semblait lui reprocher la sienne. Il fit mourir plus de 4,000 personnes, sous prétexte qu'elles avaient conjuré contre sa vie. Incapable de modérer sa férocité, il faisait la guerre en brigand. Dans une expédition contre les Germains, il coupa tous les blés, brûla un nombre infini de bourgs, ruina près de 150 lieues de pays, et en abandonna le pillage à ses soldats. Ces victoires lui firent donner le nom de Germanique, et ses inhumanités ceux du Cyclope, de Phalaris, de Busiris. Les chrétiens furent les victimes de sa fureur. La persécution contre eux commença avec son règne ; ce fut à l'occasion d'un soldat chrétien, qui ne voulut pas garder une couronne de laurier dont Maximin l'avait honoré, parce qu'il crut que c'était une marque d'idolâtrie. L'empire fut inondé de sang. Les peuples, las d'obéir à ce tyran, se révoltèrent. Ils revêtirent les Gordien de la pourpre impériale, et, après la fin malheureuse de ces deux hommes illustres, le sénat nomma vingt-deux hommes pour gouverner la république. Maximin en conçut une telle colère, que, dans les accès de sa fureur, il hurlait comme une bête féroce, et se heurtait la tête contre les murailles de sa chambre. Après avoir un peu calmé ses chagrins par le vin, il résolut de se *mettre en marche* pour punir Rome. Il était devant Aquilée, lorsque ses soldats, craignant que tout l'empire ne se tournât contre eux, le sacrifièrent à la tranquillité publique et à leur propre dépit, en 238 ; il était âgé de 65 ans. Jamais, dit Capitolin, qui a écrit sa *Vie* et celle de son fils, jamais bête plus cruelle n'a marché sur la terre. Cet homme féroce était d'une taille énorme. On prétend qu'il avait plus de huit pieds de hauteur. Les historiens en parlent comme d'un géant. Les bracelets de sa femme pouvaient, dit-on, lui servir de bagues, dit-on qu'il lui fallait 40 livres de viande par jour pour sa nourriture, et huit bouteilles de vin pour sa *boisson*. Sa force était prodigieuse ; il traînait, dit-on, seul un chariot chargé, faisait sauter les dents d'un cheval d'un coup de poing, écrasait entre ses doigts des pierres, et fendait les arbres avec ses mains. Mais il ne faut pas douter qu'il n'y ait en cela beaucoup d'exagération ; on a voulu sans doute en faire un Goliath, un Samson et un Milon.

MAXIMIN, surnommé DAZA (GALERIUS-VALERIUS-MAXIMUS), fils d'un berger de l'Illyrie et berger lui-même, était neveu de Maximien-Galère par sa mère. Dioclétien, qui abdiqua bientôt après, lui donna le titre de césar en 305, et il prit de lui-même celui d'auguste en 308. Le christianisme eut en lui un ennemi d'autant plus furieux que ses mœurs étaient totalement opposées à la morale de l'Évangile. On prétend qu'il arma en 312 contre les peuples de la grande Arménie, uniquement parce qu'ils étaient chrétiens. Maximin avait toujours été jaloux de Licinius, empereur romain en même temps que lui. Il osa lui déclarer la guerre et s'unit à Maxence contre Constantin ; mais il fut vaincu en 313, entre Héraclée et Andrinople. Le vainqueur le poursuivit jusqu'au mont Taurus ; Maximin, furieux, fait massacrer un grand nombre de prêtres et de prophètes païens qui lui avaient promis la victoire, et donne un édit en faveur des chrétiens. Il cherchait, mais en vain, à réparer ses fautes : le mal était sans remède. Son armée l'avait abandonné, et Licinius ne cessait de le poursuivre. La mort lui parut le seul remède à ses malheurs. Il essaya inutilement de se la donner par le poison, lorsque tout-à-coup il se sentit frappé d'une plaie mortelle qui l'emporta, vers le mois d'août de la même année, après avoir souffert des douleurs horribles. Un feu intérieur le dévorait. Il commença par perdre les yeux, et il ne lui resta que les os et la peau, qui paraissaient comme un sépulcre horrible où son âme atroce était ensevelie. Depuis qu'il avait été élevé à l'empire, il ne s'était occupé qu'à tyranniser ses sujets, à boire et à manger. Le vin lui faisait souvent ordonner des choses extravagantes, dont il rougissait lui-même lorsque son ivresse était dissipée. Tout cruel qu'il était, il avait la sage précau-

tion d'ordonner qu'on n'exécuterait que le lendemain les ordres qu'il donnerait pendant le repas.

MAXIMUM, s. m., on prononce *maximom*, t. de mathématique emprunté du latin. L'état le plus grand auquel une quantité variable puisse parvenir. Il signifie aussi, dans le langage ordinaire, la somme la plus forte dans l'ordre de celles dont il est question. Il se dit également du taux au-dessus duquel il est défendu de vendre une denrée, une marchandise. Il s'emploie quelquefois au sens moral, et signifie, le plus haut point où une chose puisse être portée.

MAXIMUM. *Loi du maximum* (*législ.*), loi rendue par la convention le 29 septembre 1793 ; elle obligeait les marchands à ne pas dépasser un certain prix, dans la vente des marchandises de première nécessité. La loi du maximum fit disparaître les denrées dont elle fixait le prix, elle fut abrogée le 24 décembre 1794. Le maximum avait été élevé au prix que chaque denrée avait valu en 1790, d'après les mercuriales, avec un tiers en sus. La loi du maximum avait été précédée d'un arrêté pris par la commune de Paris dans le même sens, mais seulement pour la capitale. L'idée de cette loi était prise des Américains qui, dans la guerre de l'indépendance, l'avaient employée un moment.

MAY (THOMAS), né dans le Sussex, vers 1594, mort le 15 novembre 1650, suivit le barreau. Charles Ier lui ordonna d'écrire en vers la *Vie de Henri II* (1633, in-8°), et celle d'*Edouard III* (1633, in-8°) ; mais, croyant que ce prince ne l'en avait pas assez récompensé, il s'éloigna de sa cour. May prit alors le parti du parlement durant les guerres civiles, et en fut secrétaire. On a de lui plusieurs ouvrages en vers et en prose. Le plus connu est *Historiæ parlementi angliæ breviarium ab anno 1640 usque ad regis cædem*, Londres, 1641, in-12.

MAY (LOUIS DU), historien et politique du XVIIe siècle, Français de nation, mais protestant, passa sa vie dans quelques cours d'Allemagne, et mourut le 22 septembre 1681. Il a donné : *État de l'Empire*, ou *Abrégé du droit public d'Allemagne*, in-12 ; *Science des princes*, ou *Considérations politiques sur les coups d'État*, par Gabriel Naudé, avec des réflexions, in-8° ; *l'Avocat condamné*, ou *Réfutation du traité que le sieur Auberi a fait des prétentions du roi de France sur l'empire*. Quoique, en général, ses ouvrages soient faiblement écrits, et qu'il ne soit pas toujours impartial, on ne peut disconvenir qu'il n'y fasse paraître une profonde connaissance de la politique et du droit public. Il y a un abbé May, dont nous avons un Traité fort estimé sur les temples anciens et modernes.

MAYA (*myth. et phil. ind.*), la mère de la nature et des dieux du second ordre ; Brahma la produisit, puis il enfanta avec elle la *Trimourti*. Selon la philosophie des Védas, Maya est la matière ou l'illusion, source de tous les phénomènes et cause de la manifestation de toutes les existences individuelles. Maya exista d'abord comme élément liquide, ce fut l'âme primitive.

MAYANS Y SISCAR (GRÉGOIRE), savant Espagnol, né en 1697, à Oliva, dans le royaume de Valence, étudia la jurisprudence, et s'appliqua ensuite aux belles-lettres. Quelques productions le firent connaître avantageusement, et lui méritèrent la place de bibliothécaire de Philippe V ; ces occupations contrariant son amour pour l'étude, il les quitta pour rentrer dans son cabinet. Son érudition qui s'étendait presque à toutes les sciences, le fit bientôt connaître à toute l'Europe, et un grand nombre de savants, de littérateurs, et Voltaire lui-même, s'empressèrent de correspondre avec lui. Il a été cité avec éloge par Muratori, par Minckenius, par Marcou, par Heineccius, le docteur Edward Clarke, etc. Robertson le consulta pour son *Histoire du Nouveau Monde*. Ce savant mourut le 21 décembre 1781, âgé de 84 ans. On porte au nombre de 80 volumes les ouvrages qu'il a publiés. On en trouve la liste presque complète dans le *Ensayo de una biblioteca espanola de los majores escritores del reynado de Carlos III*, par Sempere-y-Guarinas. Nous nous contenterons de citer : 1° *Gregorii Manjasii de quinque jurisconsultorum fragmenta commentarii* ; Valence, 1723, 2 vol. in-4° ; 2° *Dissertationum juris liber I*, ibid., 1726 ; 3° *Institutionum philosophiæ moralis*, Madrid, 1779, 3 vol. in-4° ; 4° *Tractatus de hispana progenie vocis*, ibid., 1779, in-8°, traduit en espagnol, et augmenté par l'auteur ; 5° *Origen*, etc., ou *Origine de la langue espagnole*, livre qui contient une vaste érudition, ibid., 1737, 1780, 2 vol. in-8° ; *Le monde trompé par les faux médecins*, 1774, in-8°. Dans cet ouvrage l'auteur s'élève contre le charlatanisme de certains médecins, et conseille aux médecins instruits de préférer dans leurs cours l'usage des simples; 7° La *Rhétorique*, 2 vol. in-8°; 8° *Grammaire de la langue latine*, Valence, 1769, in-8; 9° un *Dictionnaire* des meilleurs écrivains espagnols, Madrid, 1771, 2 vol. in-8°; 10° une *Vie* très bien écrite, de Cervantes, laquelle est à la tête du *Don Quichotte*, édition de 1777. On trouve l'éloge de Mayans dans l'*Espana Sagrada* de Pères Florez.

MAYENCE (*Maguntia*), en allemand *Maintz*, ville du grand duché de Hesse-Darmstadt, siège épiscopal, située sur la rive gauche du Rhin. Sa forteresse est la plus formidable de toute l'Allemagne, elle appartient à la confédération germanique; sa garnison se compose de 17,000 Hessois, Prussiens et Autrichiens, et peut être regardée comme le boulevart de l'Allemagne. Cette ville s'étend en partie sur le penchant d'une colline et en partie dans le fleuve, et présente un demi-cercle. Au sud, à l'extrémité de la ville, est une citadelle ; au nord, deux lunettes ; au sud-ouest, six forts et une redoute retranchée. Tous ces ouvrages sont munis de casemates. Vers la fin du xviiie siècle on a élevé au nord, au-delà des glacis, des retranchements et des ouvrages avancés. La partie qui regarde le Rhin est également fortifiée ; un pont de bateaux, défendu par une tête de pont, traverse le fleuve et aboutit à Cassel et lie par conséquent les deux rives du Rhin par un système de fortifications bien ordonné ; mais la nature y contribue encore plus que l'art : tous les travaux sont tellement étendus qu'il ne faudrait pas moins de 30,000 hommes de garnison pour en défendre toutes les positions. La plupart de ses rues sont étroites et tortueuses; ses maisons sont vastes; leur élévation rend la ville sombre. Mayence renferme quelques beaux édifices tels que l'église Saint-Ignace et Saint-Étienne; ses promenades sur le Rhin sont très agréables et fréquentées. Le commerce de la ville consiste surtout en vins du Rhin et en jambons dits de *Mayence*. La navigation du Rhin offre aussi de grands avantages. La population est de 28,000 habitants, parmi lesquels on compte beaucoup de juifs. Les environs sont fertiles et bien cultivés. On peut faire remonter la fondation de Mayence à Claudius Drusus Germanicus, frère de Tibère, et commandant un camp romain, dont on voit encore les traces à 2 lieues de la ville. Sous les Romains, cette ville fut une barrière contre les invasions des Germains, qui sans cesse menacèrent la Gaule. Plus tard, Charlemagne y bâtit une église qui devint le siège d'un archevêché. Les Suédois, les Prussiens et les Français s'en emparèrent plusieurs fois. Le 31 décembre 1797, les Français la reprirent et en firent le chef-lieu du département de Mont-Tonnerre. En 1815, cette place fut réunie à l'état de Hesse-Darmstadt.

MAYENNE, rivière de France, affluent de la Loire. Elle prend sa source dans le département de l'Orne, et descend des hauteurs situées au nord-ouest d'Alençon. Elle arrose le département auquel elle donne son nom, ainsi que celui de Maine-et-Loire, et se joint à la Sarthe au-dessus d'Angers. Dans son cours elle baigne Mayenne, Laval et Château-Gontier. La longueur de son développement est de 155 kilomètres, dont 10 flottables depuis le confluent de l'Ernée et 95 navigables à partir de Laval. Les objets de transport consistent en vins, eaux-de-vie, vinaigre, grains, ardoises, pierres meulières, plâtre et bois de construction. C'est une *Meduana* des Romains.

MAYENNE (Département de la). A peu près circonscrit dans la vallée de la Mayenne qui lui donne son nom, et dont il possède presque tout le cours, ce département correspond à une partie de l'ancien Maine et à une partie de l'Anjou. Il est borné au nord ou au nord-est par le département de l'Orne, à l'est par celui de Maine-et-Loire, à l'ouest par celui d'Ille-et-Vilaine, au nord-ouest par celui de la Manche. Sa superficie est de 514,868 hectares, dont environ 354,299 sont en terres labourables, 69,339 en prairies, 26,380 en bois et forêts, 21,429 en landes, pâtis, bruyères, 8,596 en vergers, pépinières et jardins, etc. Son revenu territorial est évalué à 14,000,000. Le département, qui renferme des plaines ondulées, est traversé dans le nord-ouest de quelques chaînes de montagnes; la Mayenne qui le parcourt dans toute son étendue du nord au sud est la seule rivière navigable. Il y a un grand nombre de cours d'eau et d'étangs. Le sol est fertile dans les plaines arrosées et dans les arrondissements de Laval et de Château-Gontier; mais dans l'arrondissement de la Mayenne, le sol est sablonneux et ingrat, et ses productions ne suffisent pas à la consommation de ses habitants. On cultive le lin, le chanvre; les arbres fruitiers y sont nombreux; on récolte aussi du vin d'une médiocre qualité. On

trouve dans ses forêts le chêne, le hêtre et le châtaignier. On élève aussi une quantité de bestiaux dans les Landes et dans les prairies artificielles qui, en même temps sont propres à l'éducation des abeilles. Il y a des mines de fer, des carrières de marbres et d'ardoises. On fabrique dans ce pays une grande quantité de toiles, coutils, siamoises et serges. Le commerce consiste en vins, grains, cidre, eaux-de-vie, laines, volailles, toiles, fer, marbres, ardoises, bois de chauffage, de charpente et de construction. Comme nous l'avons dit, ce département n'a pas d'autres rivières navigables que la Mayenne. Ses grandes routes sont au nombre de 16, dont 5 royales et 11 départementales. Il est divisé en 3 arrondissements dont les chefs-lieux sont Laval, chef-lieu du département, Château-Gontier et Mayenne. Il renferme 27 cantons et 275 communes. Sa population est de 361,765 habitants, parmi lesquels on compte 1716 électeurs. Il envoie à la chambre cinq députés. Le département de la Mayenne forme, avec celui de la Sarthe, le diocèse de l'évêché du Mans, suffragant de l'archevêché de Tours. Il est compris dans le ressort de la cour royale d'Angers et de l'académie de la même ville. Il fait partie de la 4e division militaire, dont le quartier général est à Tours, et du 15e arrondissement forestier, dont le chef-lieu est Alençon.

MAYENNE, chef-lieu d'arrondissement dans le département de ce nom, tribunal de première instance et de commerce. Elle est située sur le penchant d'un deux coteaux et est partagée par la Mayenne en deux parties. Ses rues sont étroites, tortueuses et escarpées; ses maisons sont mal bâties, et sont pour la plupart très anciennes; l'hôtel-de-ville est un édifice moderne assez beau, le château des ducs de Mayenne est situé sur un rocher qui offre un coup-d'œil pittoresque; une partie sert de maison d'arrêt et est séparée de l'autre, qui sert de halle aux toiles par une terrasse plantée d'arbres, fréquentée par le public, qui est une des promenades des plus agréables de la ville. Elle est très renommée pour ses fabriques de toiles, de calicot, et de mouchoirs. Sa population est de 9,752 habitants. Les Anglais s'emparèrent en 1424 de la forteresse qu'on regardait comme imprenable. Charles IX l'érigea en duché-pairie en 1578, en faveur de Charles de Lorraine, qui prit le titre de duc de Mayenne; plus tard il passa à la maison de Charles de la Porte, qui épousa la fameuse Hortense Mancini, nièce du cardinal Mazarin, et qui lui apporta en dot cette ville, achetée par le cardinal en 1661.

MAYER (JEAN-FRÉDÉRIC), luthérien, né à Leipsig, le 6 décembre 1650, mort à Stettin le 30 mars 1712, enseigna la théologie à Wittemberg, fut fait ministre à Hambourg en 1686, puis professeur honoraire à Kiel, enfin en 1701, il devint surintendant des églises de la Poméranie et de l'île de Rugen, vice-chancelier de l'université de Gripswald. On a de lui un grand nombre d'ouvrages sur l'Ecriture Sainte. Les principaux sont : 1° la *Bibliothèque de la Bible*, dont la meilleure édition est celle de Rostock, en 1713, in-4°. L'auteur y juge à sa mode les différents écrivains juifs, chrétiens, catholiques, protestants, qui ont travaillé sur l'Ecriture sainte. 2° Un *Traité de la manière d'étudier l'Ecriture sainte*, in-4°; 3° un grand nombre de Dissertations sur les endroits importants de la Bible; 4° *Tractus de osculo pedum pontificis romani*, Leipsig, 1714, in-4°. Satire triviale, indigne d'un homme de lettres. Mayer avait de l'érudition; mais elle était sèche, son style ne l'embellissait pas.

MAYER (TOBIE), fameux astronome, naquit le 17 février 1723 à Marbach, dans le duché de Wurtemberg. Son père excellait dans l'art de conduire les eaux; le fils le vit opérer, et ne le vit pas sans fruit. Dès l'âge de quatre ans, il dessinait des machines avec autant de dextérité que de justesse. En 1750, l'université de Gottingue le nomma professeur de mathématiques, et la société royale de cette ville le mit bientôt dans la liste de ses membres. Il imagina plusieurs instruments propres à mesurer des angles en pleine campagne, avec plus de commodité et d'exactitude; il rendit par là de grands services à ceux qui veulent pousser la pratique de la géométrie plus loin que l'arpentage. Il fit voir qu'on pouvait encore montrer bien des choses dans la géométrie élémentaire même, et arriver à divers usages intéressants, en changeant les figures rectilignes en triangles. Il fit apercevoir la source de bien des erreurs qui se commettent dans la géométrie pratique, et prouva l'inexactitude des mesures, par des discussions subtiles sur la portée et la force de la vue. Il s'attacha à décrire plus exactement la surface de la lune, et dressa sur les mouvements de ce corps céleste des tables qui sont regardées comme les plus exactes. Par ce moyen, il a approché, plus que personne n'avait encore fait, de la solution du fameux problème des longitudes; ce qui a mérité une gratification à ses héritiers de la part du parlement d'Angleterre. Les modernes nous représentent la lune comme un globe semblable au nôtre, ayant une atmosphère, des rivières, etc., et n'hésitent pas à y supposer des habitants. Mayer ne croyait pas la lune si ressemblable à la terre; et si elle est environnée d'une sorte d'air (ce qui est au moins très douteux), il regardait comme une matière extrêmement subtile, et d'une tout autre nature que l'air nécessaire à la respiration des êtres vivants tels que nous les connaissons : ce qui suffit pour détruire la supposition qui y place des hommes. Vers la fin de sa vie, il s'était occupé de l'aimant, dont il assigna des lois différentes de celles qui sont reçues. Un épuisement total arrêta ses travaux et l'enleva à l'astronomie. Il mourut le 20 février 1762, à 39 ans. Quoique protestant par les préjugés de l'éducation, Mayer était fort attaché au christianisme. Il en donna des preuves pendant sa vie et surtout à sa mort. Ses principaux ouvrages sont : 1° *Nouvelle manière g nérale de résoudre tous les problêmes de géométrie, au moyen des lignes géométriques*, en allemand, Eslingen, 1741, in-8° ; 2° *Atlas mathématique dans lequel toutes les mathématiques sont représentées en 60 tables*, en allemand, Augsbourg, 1748, in-fol. ; 3° *Relation concernant un globe lunaire construit par la société cosmographique de Nuremberg, d'après les nouvelles observations*, en allemand, 1750, in-4°, plusieurs cartes géographiques très exactes; 5° huit mémoires, dont il enrichit ceux de la société royale de Gottingue. Il sont tous dignes de lui. Ses tables du mouvement du soleil et de la lune se trouvent dans le onzième volume des mémoires de cette académie. Les tables de la lune, publiées en 1753, ont été les premières où les erreurs ne vont qu'à deux minutes, tandis que dans les tables de Newton, de Halley et de Cassini, elles sont de 8 à 10. On a publié, en 1775, à Gottingue, in-fol., le tome premier de ses œuvres. Tobie Mayer avait commencé à écrire les mémoires de sa vie; on n'en a trouvé qu'un fragment qui a été publié en 1804 par le baron de Zach, qui avait déjà donné dans ses Ephémérides et dans sa Correspondance mensuelle divers détails sur cet illustre astronome; il ne faut pas le confondre avec Christian Mayer, jésuite, né en Moravie en 1719, auquel l'électeur Palatin avait confié la direction de l'observatoire de Manheim, et qui mourut en 1783, après avoir publié *de transitu Veneris*, in-4°, ouvrage superficiel, et quelques autres ouvrages; ni avec André Mayer, professeur de physique et de mathématiques, né à Augsbourg en 1716, et mort en 1782, auquel on doit une bonne carte de la Poméranie suédoise; un grand nombre de dissertations académiques, la plupart en latin, et quelques observations astronomiques, notamment : *Observations de l'entrée de Vénus sur le soleil, le 3 juin* 1769.

MAYERBERG (Augustin, baron de), conseiller de la chambre aulique impériale, se distingua sous le règne de l'empereur Léopold 1er, qui l'envoya en qualité d'ambassadeur auprès d'Alexis Michaëlowitz, grand-duc de Moscovie. Il s'acquitta de son ambassade avec dignité et en philosophe observateur. Nous devons à ses observations une relation de son voyage faite en 1661, imprimée en latin, in-fol., sans nom de ville et sans date, avec celle de Calvucci, son compagnon d'ambassade. On en a fait un abrégé en français in-12.

MAYERNE (Théodore Turquet, sieur de), baron d'Aubonne, né à Genève le 28 septembre 1773, fut appelé en Angleterre pour être médecin du roi Jacques 1er. Il s'y acquit une grande réputation, et mourut à Chelsea, près de Londres, en 1655, à 82 ans. Ses œuvres ont été imprimées à Londres en 1700, en un gros vol. in-fol. Il était calviniste, et le cardinal du Perron travailla en vain à sa conversion. (Il est l'inventeur de l'eau cordiale.) Louis Turquet de Mayerne, son père, né à Lyon vers 1550, mort à Genève en 1630, s'était fait connaître par une Histoire générale d'Espagne, en 2 vol. in-fol., et par sa Monarchie aristo-démocratique, ouvrage supprimé en France.

MAYET (Etienne), né à Lyon en 1731, se distingua par ses riches manufactures de soie. Sa réputation s'étant étendue jusqu'en Prusse, Frédéric II l'appela en 1777 pour fonder de semblables établissements à Berlin. En arrivant en Prusse, Mayet dirigea ses premiers efforts vers la culture du mûrier et l'éducation des vers; il s'occupa ensuite de la fabrication de la soie. Cette branche importante de l'industrie réussit dans ce pays : mais l'invasion de 1806 amena de grands changements dans le régime des manufactures, et Mayet, mis à la retraite, fut réduit à une modique pension. Il éprouva dans cette circonstance le regret bien vif de n'avoir pu entièrement mettre à exécution le système qu'il avait imaginé et dont il attendait les plus heureux résultats. Il est mort à Berlin dans le mois de juillet 1825. Les combinaisons industrielles n'étaient pas la seule occupation de Mayet : pendant toute sa vie, il s'était livré à la poésie française et l'avait cultivée avec succès. Outre un grand nombre de vers insérés depuis 1778 dans plusieurs recueils et journaux littéraires de France, il a publié plusieurs ouvrages littéraires, des pièces de théâtre, etc., etc.

MAYEUL ou **MAYOL** (Saint), quatrième abbé de Cluny, né à Avignon ou à Valensole, dans le diocèse de Riez, vers l'an 906, d'une famille riche et noble, fut chanoine, puis archidiacre de Mâcon. L'amour de la retraite et de l'étude lui fit refuser les plus brillantes dignités de l'Eglise. Il s'enferma dans le monastère de Cluny, et en devint abbé après Aymar. Les princes de l'Eglise et les princes de la terre eurent une estime particulière pour ses vertus. L'empereur Othon-le-Grand le fit venir auprès de lui pour profiter de ses lumières. En passant par les Alpes l'an 973, il fut pris par les Sarrasins, mis dans les fers, et racheté malgré lui. L'empereur voulut lui procurer la tiare, il refusa ce fardeau. Il mourut le 11 mai 994, avec une grande réputation de sainteté et de savoir. Il fut regardé comme le second fondateur de Cluny, par les soins qu'il prit d'augmenter les revenus de cette abbaye et de multiplier les monastères du son ordre. Syrus, moine de Cluny, et contemporain de saint Mayeul, a écrit sa Vie, publiée par D. Mabillon, *Act., Ben.*, tom. 7.

MAYNARD (François), l'un des quarante de l'académie française, était fils de Géraud, savant conseiller au parlement de Toulouse, dont on a un recueil d'arrêts sous le titre de *Bibliothèque toulousaine*, Toulouse, 1731, 2 vol. in-fol. Il fut secrétaire de la reine Marguerite, et plut à la cour de cette princesse par son enjouement. Noailles, ambassadeur à Rome, le mena avec lui en 1634. De retour en France, il y mourut le 28 décembre 1646, à 64 ans, avec le titre de conseiller-d'état, que le roi venait de lui accorder. On a de lui : des *Epigrammes* assez jolies; des *Chansons* qui ont quelque agrément; des *Odes* moins estimées; des *Lettres* en prose, 1646, in-4°, mêlées de bon et de mauvais; un poème intitulé *Philandre*; d'environ 3,000 vers, parmi lesquels il y en a quelques-uns d'heureux. Malherbe, qui fut son maître en poésie, ainsi que celui de Racan, disait de Maynard, qu'il tournait fort bien un vers, mais que son style manquait de force. Maynard était encore connu de son temps par ses *Priapées*, poésies infâmes, dignes d'un éternel oubli. Elles n'ont pas vu le jour.

MAYNE (Jasper), poète et théologien anglais, né en 1604 à Hatherlagh, fit ses études à Oxford, et entra dans l'état ecclésiastique. Il fut prédicateur du roi d'Angleterre et se fit un nom dans sa patrie par ses ouvrages, entre autres par la *Guerre du peuple, examinée selon les principes de la raison et de l'Ecriture*, 1647, in-4°, et par un poème sur la victoire navale remportée par le duc d'York sur les Hollandais, le 13 juin 1665.

MAYR (George), savant jésuite, né en Bavière, a donné entre autres ouvrages une traduction en grec de la vie du fondateur de son ordre, par Ribodeneira, Augsbourg, 1716. Il mourut à Rome le 25 août 1623, âgé de 58 ans.

MAZACA CÆZAREA, l'une des principales villes de la Cappadoce, dont elle fut ensuite capitale, était située dans le centre de la province à peu de distance du mont Argée, sur les confins de la Commauène et de la Sargarausène, et sur l'Halys. Tibère lui donna le nom de Césarée en l'honneur d'Auguste; mais Julien, irrité contre les chrétiens de Césarée, qui avaient ruiné les temples de Jupiter et d'Apollon, ôta à cette ville le nom donné par Tibère, et lui fit reprendre celui de Mazaca.

MAZANDERAN, province de Perse, située entre les 36° et 38° de latitude N., et les 48° et 52° de longitude E. Elle est bornée au N. par la Turkestan, au S.-E. par le Korançan, au S. par le Tabaristan et l'Irak Adjemi, à l'O. par le Ghilan. Elle a 80 lieues de long de l'E. à l'O., 20 lieues de largeur moyenne et environ 980 lieues carrées. Le pays s'élève graduellement depuis la baie d'Asterabad jusqu'à la chaîne des monts Albouy, qui le sépare de l'Irak-Adjemi. Aussi peut-on distinguer deux climats : celui des plaines ou de la côte, en général humide en hiver et tempéré en été, et celui des montagnes plus froid et plus rigoureux. Les rivières qui siltonnent le pays produisent beaucoup de marécages dont les exhalaisons corrompent l'air et occasionnent des maladies. Le sol est très fertile; mais les habitants n'en tirent aucun parti. Les principales productions sont : le riz, l'orge qui abonde surtout dans les montagnes, le coton, le chanvre, les cannes à sucre, le tabac, Il y a des orangers, des citronniers et d'autres arbres à fruit. Les exportations à l'étranger se réduisent à peu de chose. Une grande chaussée, construite par Châh-Abbas, vers le commencement du XVIIe siècle, facilite le commerce avec les provinces voisines. On évalue la population du pays à 700,000 individus. Les habitants forment en Perse un type tout particulier; leur teint est très basané, leur langage fort dur, leurs mœurs hautaines et peu hospitalières. Il y a parmi eux quelques tribus nomades. Cette province est une partie de l'ancienne Hyrcanie; elle est divisée en deux gouvernements, dont l'un comprend le Mazanderan proprement dit, et l'autre le Daghestan. Le chef-lieu est Lari.

MAZARD (Étienne), né à Lyon en 1660, perfectionna la chapellerie en France, et y introduisit l'usage du castor au lieu de laine. Il légua sa fortune, qui était considérable, à l'hôpital de la Charité de Lyon, en y fondant des dots pour marier de pauvres filles. Il mourut en 1736.

MAZARIN, en italien MAZARINI (Jules), né à Piscina dans l'Abruzze, le 14 juillet 1602, d'une famille noble, fit ses premières études à Rome avec l'abbé Colonne, depuis cardinal, et passa avec lui en Espagne, où il étudia à Alcala de Hénarès et à Salamanque. Ayant embrassé l'état militaire, il fut envoyé en 1625, avec le grade de capitaine, à la Valteline, où le pape avait une armée. C'est alors qu'il fit connaître son talent pour les négociations dans les missions importantes que lui confièrent les généraux Conti et Bagni auprès du duc de Feria, général des Espagnols, et du marquis de Cœuvres, général des armées françaises. Cette guerre terminée, il revint à Rome, prit le bonnet de docteur, et accompagna le cardinal Sacchetti à Turin. Il y étudia les intérêts des princes qui étaient en guerre pour Casal et le Montferrat. Le cardinal Antoine Barberini, neveu du pape, s'étant rendu en qualité de légat dans le Milanais et en Piémont pour travailler à la paix, Mazarin l'aida beaucoup à mettre la dernière main à ce grand ouvrage. Il fit divers voyages pour cet objet ; et, comme les Espagnols tenaient Casal assiégé, il sortit de leurs retranchements, et, courant à toute bride du côté des Français, qui étaient prêts à forcer les lignes, il leur cria : la paix! la paix! Elle fut acceptée et conclue à Querasque en 1631. La gloire que lui acquit cette négociation lui mérita l'amitié du cardinal de Richelieu et la protection de Louis XIII. Ce prince le fit revêtir de la pourpre par Urbain VIII, et, après la mort de Richelieu, il le nomma conseiller d'état et l'un des ses exécuteurs testamentaires. Louis XIII étant mort l'année d'après, 1643, la reine Anne d'Autriche, régente absolue, le chargea du gouvernement de l'État pendant la minorité de Louis XIV. « Le nouveau ministre affecta dans le commencement de sa grandeur, dit Voltaire, autant de simplicité que Richelieu avait déployé de hauteur. Loin de prendre des gardes et de marcher avec un faste royal, il eut d'abord le train le plus modeste. Il mit de l'affabilité et même de la mollesse sur un prédécesseur avait fait paraître une fierté inflexible. » Malgré ces ménagements, il se forma un parti contre lui. Les peuples, accablés d'impôts, et excités à la révolte par le duc de Beaufort, par le coadjuteur de Paris, par le prince de Conti, par la duchesse de Longueville, se soulevèrent. Le parlement ayant refusé de vérifier de nouveaux édits bursaux, le cardinal fit emprisonner le président de Blancmesnil et le conseiller Broussel. Cet acte de sévérité fut l'occasion des premiers mouvements de la guerre civile, en 1648. Le peuple cria aux armes, et bientôt les chaînes furent tendues dans Paris comme du temps de la Ligue. Cette journée, connue sous le nom de Barricades, ainsi que celle du 12 mai 1588, fut la première étincelle du feu de la sédition. La reine fut obligée de s'enfuir de Paris à Saint-Germain avec le roi et son ministre, que le parlement venait de proscrire comme perturbateur du repos public. L'Espagne, sollicitée par les rebelles, prend part aux troubles pour les fortifier; l'archiduc, gouverneur des Pays-Bas, se présente à la tête de 15,000 hommes. La reine, justement alarmée, écoute les propositions du parlement, las de la guerre et hors d'état de la soutenir. Les troubles s'apaisent, et les conditions de l'accommodement sont signées à Ruelle 11 mars 1649. Le parlement conserva la liberté de s'assembler, qu'on avait voulu lui interdire; et la cour garda

son ministre, dont le peuple et le parlement avaient conjuré la perte. Le prince de Condé fut le principal auteur de cette réconciliation. L'État lui devait sa gloire, et le cardinal lui dut sa sûreté; mais il fit trop valoir ses services, et ne ménagea pas assez ceux à qui il les avait rendus. Il fut le premier à tourner Mazarin en ridicule après l'avoir servi; à braver la reine, qu'il avait ramenée triomphante à Paris, et à insulter le gouvernement, qu'il défendait et qu'il dédaignait. On prétend qu'il écrivit au cardinal : A l'illustrissimo signor Facchino. Mazarin, forcé d'être ingrat, engagea la reine à le faire arrêter, avec le prince de Conti, son frère, et le duc de Longueville. On les conduisit d'abord à Vincennes, ensuite à Marcoussi, puis au Havre-de-Grâce, sans que le peuple se remuât pour le défenseur de la France. Le parlement fut moins tranquille; il donna en 1651 un arrêt qui bannissait Mazarin du royaume, et demanda la liberté des princes avec tant de résolution que la cour fut forcée d'ouvrir leurs prisons. Ils rentrèrent comme en triomphe à Paris, tandis que le cardinal prit la fuite du côté de Cologne. Ce ministre gouverna la cour et la France du fond de son exil. Il laissa calmer l'orage, et rentra dans le royaume l'année d'après. A la première nouvelle de son retour, Gaston d'Orléans, frère de Louis XIII, qui avait demandé l'éloignement du cardinal, leva des troupes dans Paris. Le parlement renouvela ses arrêts; il proscrivit Mazarin et mit sa tête à prix. Le prince de Condé, ligué avec les Espagnols, se mit en campagne contre le roi ; et Turenne, ayant quitté ces mêmes Espagnols, commanda l'armée royale. Il y eut de petites batailles données, mais aucune ne fut décisive. Le cardinal se vit forcé de nouveau à quitter la cour. Pour surcroît de honte, il fallut que le roi, qui le sacrifiait à la haine publique, donnât une déclaration par laquelle il le renvoyait son ministre en vantant ses services et en se plaignant de son exil. Il ne tarda pas à le rappeler. Le cardinal fut étonné de rentrer dans Paris, tout-puissant et tranquille. Louis XIV le reçut en père, et le peuple comme un maître. Les princes, les ambassadeurs, le parlement, le peuple, tout s'empressa à lui faire la cour. Telles sont les vicissitudes qui caractérisent l'esprit français. On lui fit un festin à l'Hôtel-de-Ville, au milieu des acclamations des citoyens. Il fut logé au Louvre. Un des plus importants services qu'il rendit depuis son retour fut celui de procurer la paix. Il alla lui-même la négocier en 1659, dans l'île des Faisans, avec don Louis de Haro, ministre du roi d'Espagne. Cette grande affaire y fut heureusement terminée, et la paix fut suivie du mariage du roi avec l'infante. Ce traité fit beaucoup d'honneur au génie et à la politique de Mazarin. Le mariage du roi avec l'infante n'était pas l'ouvrage d'un jour, ni l'idée d'un premier moment, mais le fruit de plusieurs années de réflexions. Cet habile ministre, dès l'an 1645 (c'est-à-dire 14 ans auparavant), méditait cette alliance, non-seulement pour faire céder alors au roi ce qu'il obtint par la paix de Munster, mais pour lui acquérir des droits bien plus importants encore, tels que ceux de la succession à la couronne d'Espagne. Ces vues sont consignées dans une de ses lettres aux ministres du roi à Munster. Le cardinal Mazarin ramena en 1660 le roi et la nouvelle reine à Paris. Maître en quelque sorte absolu, sous le nom modeste de ministre, il ne laissa paraître Louis XIV ni comme prince, ni comme guerrier, persuadé que rien ne nuit aux princes, aussi bien et plus encore qu'aux autres hommes, que de paraître trop tôt. Il était charmé qu'on lui donnât peu de savoir, quoiqu'il fût surintendant de son éducation ; peut-être pensait-il qu'un roi savant régnerait moins bien qu'un roi honnête homme ; il avait des exemples pour le croire, et l'événement le justifia. Il mourut en 1661, à 59 ans. Il tâcha de conserver jusqu'à la fin cette figure noble, cet air ouvert et caressant qui attache les cœurs. Il se mit un jour, à ce que l'on prétend, un peu de rouge, pour faire accroire qu'il se portait mieux, et donna audience à tout le monde. Quoiqu'il ne passât point comme ayant la conscience timorée, il eut en mourant des scrupules sur ses richesses. Un théatin, son confesseur, lui dit nettement qu'il serait damné, s'il ne restituait le bien qu'il avait mal acquis. — Hélas! dit-il, je n'ai rien que des bienfaits du roi. — Mais, reprit le théatin, il faut bien distinguer ce que le roi vous a donné, d'avec ce que vous vous êtes attribué. » Pour le tirer d'embarras, Colbert lui conseilla de faire une donation entière de ses biens au roi. Il le fit, et Louis XIV lui remit la donation au bout de trois jours. Le roi et la cour portèrent le deuil à sa mort : honneur peu ordinaire, et que Henri IV avait rendu mal à propos à la mémoire de Gabrielle d'Estrées. Outre les biens immenses que le cardinal Mazarin avait amassés, il posséda en même temps l'évêché de Metz, et les abbayes de Saint-Arnould, de Saint-Clément et de Saint-Vincent de la même ville ; celles de Saint-Denis en France, de Cluny, de Saint-Victor de Marseille, de Saint-Médard de Soissons, de Saint-Taurin d'Evreux, etc. Il laissa pour héritier de son nom et de ses biens, le marquis de La Meilleraie, qui épousa Hortense Mancini, sa nièce, et prit le titre de duc de Mazarin. Il avait un neveu qui fut duc de Nevers, et quatre autres nièces : l'une, nommée Martignozzi, fut mariée au prince de Conti ; les autres, nommées Mancini, le furent au connétable Colonne, au duc de Mercœur, au duc de Bouillon. On dit que Charles II fils de l'infortuné Charles Ier, roi d'Angleterre, lui en demanda une, et que le mauvais état de ses affaires lui attira un refus. On ajoute que, lorsque Mazarin vit le chemin du trône moins fermé à Charles II, il voulut renouer cette alliance, et qu'il fut refusé à son tour. De tous les portraits qu'on a faits de Mazarin, aucun ne nous paraît plus fidèle que celui qu'en a tracé le président Hénault. « Ce ministre, dit ce célèbre historien, était aussi doux que le cardinal de Richelieu était violent : un de ses plus grands talents fut de bien connaître les hommes. Le caractère de sa politique était plutôt la finesse et la patience que la force... Il pensait que la force ne doit jamais être employée qu'au défaut des autres moyens, et son esprit lui fournissait le courage conforme aux circonstances. Hardi à Casal, tranquille et agissant dans sa retraite à Cologne, entreprenant lorsqu'il fallut arrêter les princes, mais insensible aux plaisanteries de la Fronde ; méprisant les bravades du coadjuteur, et écoutant les murmures de la populace, comme on écoute du rivage le bruit des flots de la mer. Il y avait dans le cardinal de Richelieu quelque chose de plus grand, de plus vaste et de moins concerté ; et dans le cardinal Mazarin, plus d'adresse, plus de mesure et moins d'écarts. On haïssait l'un et l'on se moquait de l'autre ; mais tous deux furent les maîtres de l'Etat. » La France lui doit l'Alsace, qu'il acquit dans le temps que la France était déchaînée contre lui. L'abbé d'Allainval a publié en 1745, en 2 vol. in-12, les Lettres du cardinal Mazarin, où l'on voit le secret de la négociation de la paix des Pyrénées, et la relation des conférences qu'il a eues pour ce sujet avec don Louis de Haro, ministre d'Etat. Ce recueil est intéressant. Le cardinal développe ce qui s'est passé dans ces conférences, avec une netteté et une précision qui met en quelque façon le lecteur en tiers avec les deux plénipotentiaires. On a recueilli, en plusieurs vol. in-4°, la plupart des pièces faites contre Mazarin durant les guerres de la Fronde. La collection la plus complète en ce genre est celle de la bibliothèque de Colbert, en 46 vol. in-4° ; on y trouve un peu de sel, noyé dans un déluge de mauvaises plaisanteries. Antoine Aubery a donné son Histoire, 1651, 4 vol. in-12. Elle est lâchement écrite, et dégénère souvent en panégyrique.

MAZARREDO Y SALAZAR (JOSEPH-MARIE), amiral espagnol, né à Bilbao en 1744, entra dans la marine royale à 16 ans ; et de simple garde-marine, il monta peu à peu au grade le plus élevé. En 1780, il était major d'escadre, et il faisait partie de la flotte combinée d'Espagne et de France, sous le commandement du comte d'Estaing. Dans le port, il rendit un service signalé à toute la flotte assaillie d'une violente tempête à la sortie de la ville de Cadix, et parvint à la faire rentrer dans le port sans la moindre perte. L'année suivante, il sauva encore la flotte combinée des deux nations dans les parages des îles Sorlingues, en osant enfreindre les ordres mal conçus du comte de Guichen. Le comte en convint lui-même après l'événement. Il montra en 1782 la même habileté dans les manœuvres, quand l'escadre espagnole, revenue de Cadix, fut assaillie d'une bourrasque qui faillit la jeter à la côte. Ces grandes connaissances le firent choisir en 1793, par le gouvernement, pour rédiger un projet d'ordonnance pour la marine, qui fut adopté et revêtu de la signature du roi. Elevé au rang de général en chef de l'escadre espagnole, il protégea, dans les journées des 3 et 5 juillet 1797, la ville de Cadix contre les bombardements des Anglais. En 1799, il fit construire dans l'île de Léon un bel observatoire, auquel il attacha quatre astronomes. Après l'invasion des Français en Espagne, il accepta de Joseph Buonaparte le ministère de la marine, et mourut en 1812. Il a laissé des Rudiments de la tactique navale, Madrid, in-4°.

MAZÉAS (JEAN-MATHURIN), mathématicien, né à Landernau en 1716. Il avait embrassé l'état ecclésiastique, et fut pourvu, au collège de Navarre, de la chaire de philosophie qu'il remplit longtemps avec beaucoup de zèle et de succès. Il

obtint, en 1783, un canonicat du chapitre de Notre-Dame-de-Paris ; mais comme il distribuait chaque année aux pauvres la plus grande partie de son revenu, lorsque la révolution l'eut privé de son bénéfice, il se trouva dans un état voisin de l'indigence, et il alla se fixer à Pontoise avec un domestique fidèle, qui le nourrit pendant trois ans du fruit de ses propres épargnes. Cette dernière ressource allait lui manquer, lorsque ce digne serviteur hasarda de présenter un placet au ministre de l'intérieur qui le fit comprendre au nombre des savants malheureux auxquels la convention accordait des secours. Il obtint une pension de 1,800 livres, qui lui fut payée exactement jusqu'à sa mort, arrivée le 6 juin 1801. On lui doit : 1° Eléments d'arithmétique, d'algèbre et de géométrie, avec une introduction aux sciences coniques, Paris, 1758, in-8° ; ouvrage écrit avec une précision et une clarté peu communes, dont la dernière édition est de 1788. Il en donna un abrégé en 1775, in-12 ; 2° Institutiones philosophicæ, sive elementa logicæ, metaphisicæ, etc., Paris, 1777, 3 vol. in-12. Il a fourni un grand nombre d'articles au Dictionnaire des arts et métiers. Son frère, Guillaume, chanoine de Vannes, sa patrie, mort en 1776, a publié plusieurs mémoires intéressants, dans le Recueil des savants étrangers, et traduit de l'anglais la Dissertation de Warburton sur les tremblements de terre, Paris, 1754, 2 vol. in-12 ; Lettre d'un négociant à un lord sur l'île de Minorque, 1757, in-12 ; Pharmacopée des pauvres, avec des notes, 1758, in-12 ; Essai sur les moyens de conserver la santé des gens de mer, 1760, in-8°.

MAZELINE (PIERRE), sculpteur de Rouen, né en 1632, reçu à l'Académie de peinture et de sculpture en 1668, mort en 1708, âgé de 76 ans, a fait plusieurs morceaux estimés. On voit de ses ouvrages dans les jardins de Versailles.

MAZEPPA (JEAN), hetman ou général des Cosaques, né dans le palatinat de la Podolie, fut page du roi de Pologne, sous Jean Casimir. Un mari jaloux le lia sur le dos d'un cheval et l'abandonna à la rapidité de sa course. Le cheval était de l'Ukraine, où il le transporta Mazeppa. Quelques habitants du pays lui ayant prodigué des secours, il se fixa chez eux, devint secrétaire de Samoïlowitz, hetman des Cosaques de l'Ukraine, alors en guerre contre les Tartares, se distingua par sa valeur et son intelligence, et succéda à Samoïlowitz en 1687, ce chef ayant été déposé. Les premiers soins de Mazeppa furent de fortifier les frontières de son pays contre les Tartares, et de se faire des protecteurs puissants. Il se lia d'abord avec le czar Pierre, qu'il servit pendant 24 ans avec beaucoup de fidélité ; mais le dessein qu'il avait de se faire roi des Cosaques lui fit trahir ses engagements en 1708. Il avait alors 84 ans. Il prit le parti de Charles XII, roi de Suède, et grossit son armée de quelques régiments. Le czar envoya des troupes contre lui ; la capitale de son pays fut prise et rasée, et lui-même pendu en effigie, tandis que quelques-uns de ses complices mouraient par le supplice de la roue. Mazeppa, après la bataille de Pultawa, se sauva en Valachie, et de là à Bender, où il termina bientôt après sa longue carrière.

MAZET (ANDRÉ), médecin, né le 28 décembre 1793 à Grenoble, fut choisi pour accompagner le docteur Pariset, envoyé à Cadix afin d'observer l'épidémie connue sous le nom de fièvre jaune. Le fruit de leurs observations a été consigné dans l'ouvrage intitulé : Observations sur la fièvre jaune, faites à Cadix en 1819, par MM. Pariset et Mazet, Paris, 1820, in-4°., fig. Désigné par le gouvernement, Mazet partit deux ans après pour Barcelonne, avec les docteurs Bailly, Pariset, François et Bochoux. Mais, atteint, deux jours après son arrivée de la fièvre jaune, il y succomba le 22 octobre 1821. Ce médecin a publié quelques articles insérés dans le Journal complémentaire du Dictionnaire des sciences médicales.

MAZIO (RAPHAEL), cardinal, né à Rome le 24 octobre 1765, entra de bonne heure dans l'état ecclésiastique et se distingua dans les affaires par ses talents ; Pie VII l'attacha à la légation du cardinal Caprara, envoyé en France au commencement de ce siècle. Le cardinal Gonsalvi voulut l'avoir auprès de lui dans ses voyages et dans ses négociations auprès des grandes puissances pour les intérêts du saint-siége. Lorsque Pie VII fut de retour à Rome, il nomma Mazio secrétaire des lettres latines, et l'envoya ensuite au congrès de Laybach avec le cardinal Spina. Le même pontife le fit secrétaire de la congrégation consistoriale, et lui donna en 1820 le chapeau de cardinal avec le titre presbytéral de Sainte-Marie-de-Trastevère. Le cardinal Mazio est mort à Rome le 4 février 1832. Le cardinal Gazzala était mort le 29 janvier précédent, et le cardinal Guerrieri-Gonzaga mourut le 6 février suivant ; jamais Rome ne fit tant de pertes à la fois.

MAZOIS (François), architecte, né à Lorient en 1783, mort le 30 décembre 1826, étudia l'architecture sous Percier, et se rendit ensuite à Rome, d'où il passa à Naples, sur l'invitation de Joseph Buonaparte, qui lui donna la direction des bâtiments de la couronne. Mazois obtint la permission, jusqu'alors refusée, de dessiner les découvertes de Pompéia, et publia à Rome, en 1814, le 1er volume de ces *Ruines*. Le comte de Blacas, ambassadeur de Louis XVIII à Rome, le fit architecte de l'ambassade, le chargea de restaurer l'église française de la Trinité-des-Monts, et protégea de nouvelles recherches dans les ruines de Pompéia. Mazois, étant venu à Paris en 1819, fut nommé l'un des quatre inspecteurs des bâtiments civils, et membre du conseil des bâtiments. Cet artiste donna au public un autre ouvrage qui eut deux éditions, le *Palais de Scaurus*, ou Description d'une maison romaine. C'est Mazois que l'on chargea d'exécuter le quartier neuf des Champs-Élysées, sous le nom de Ville de François 1er.

MAZURE (F.-A.-J.), inspecteur général de l'université, né à Paris en 1776, passa les premières années de sa vie en Provence, où son père avait une emploi dans les finances. Dès l'année 1796, il fut attaché à l'école centrale de Niort, où il se fit remarquer par d'heureux essais de poésies. S'étant mis en relation avec M. de Fontanes, il fut nommé inspecteur à l'académie d'Angers à l'époque de l'organisation de l'université, et devint, en 1817, inspecteur général des études. En 1820, il fit partie de la commission de censure des journaux, et dès lors à la même époque, de la feuille intitulée *le Publiciste*, il paraissait sous l'influence de Serres. Mazure est mort à Paris le 8 novembre 1828, après avoir laissé quelques ouvrages dont les plus importants sont : la *Vie de Voltaire*, Paris, 1821, in-8° ; et l'*Histoire de la révolution de 1688 en Angleterre*, ib. 1825, 3 vol. in-8°. Ces deux écrits ne sont pas exempts d'erreurs. Ce dernier ouvrage, qui a obtenu et mérité des éloges, est loin d'être écrit avec une entière indépendance. On lui doit encore : *De la Représentation nationale*, ibid., 1822, in-8° ; et des *Leçons choisies*, à l'usage des écoles primaires de France, ibid., 1822, in-8°, 2e édit. C'était, dit l'*Ami de la Religion*, un homme modéré et religieux, mais qui avait fait quelques concessions à l'esprit de son siècle. On trouve dans le n° du 20 mars 1829, tom. 4, n. 10 du *Lycée*, une notice étendue sur Mazure.

MAZURES (Louis des), poète, natif de Tournay, fut premier secrétaire du cardinal de Lorraine en 1549. Après la mort de ce cardinal, il fut appelé à Nancy, où il remplit le même emploi auprès de Charles III, qui l'anoblit en 1553. Des Mazures, de catholique fut protestant et prédicant, il fit venir un huguenot de Metz pour le former à ce nouvel emploi. Le duc Charles, informé des désordres qu'il causait, ordonna de le saisir ; mais il prit la fuite à temps et se fit ministre à Metz. On a de lui quelques tragédies saintes, Genève, 1566, in-8°, où il n'y a ni régularité dans le plan, ni élégance dans les détails ; une traduction de l'Énéide en vers français, Lyon, 1560, in-4°. Quoiqu'il se dise saisi de la fureur poétique, sa traduction n'en est pas moins plus froide que glace. On a aussi de lui une traduction de quelques psaumes, laquelle est de la même valeur.

MAZZA (Angelo), poète, né le 21 novembre 1740 à Parme, où il mourut en 1817, traduisit en italien le poème anglais d'Akenside intitulé : *les Plaisirs de l'Imagination*, et le fit paraître sous la rubrique de Paris, pour échapper, dit-on, aux recherches de l'inquisition. Quelques années après, il obtint la chaire de littérature grecque. Retiré à Bologne, il y prit l'habit ecclésiastique ; mais, à son retour à Parme, il se maria. Vers cette époque parut sa traduction de Pindare. Métastase et Césarotti lui représentèrent souvent qu'il ne devait pas astreindre son génie à ne rendre dans sa langue que les idées des autres, et qu'il devait enrichir son pays de compositions originales. Mazza demeura constamment étranger aux factions politiques qui se partageaient l'Italie.

MAZZUCHELLI (Jean-Marie, comte de), né à Brescia le 28 octobre 1707, mort le 19 novembre 1765, avait entrepris un ouvrage très considérable ayant pour titre : *Gli scrittori d'Italia cioè notizie storiche e critiche intorno alle vite ed agli scritti dei litterati italiani*, Brescia, 1753-63, 6 vol. in-fol. Ils ne contiennent que les deux premières lettres. Chaque notice est une biographie complète à laquelle il serait difficile de rien ajouter. Plusieurs de ces notices, imprimées séparément, furent recherchées. Gaétani a publié la description des mé-

dailles des grands hommes du musée de Mazzuchelli sous ce titre : *Musæum Mazzuchellianum*, Venise, 1761-1763, 2 vol. in-fol. avec 208 planches, recueil rare. Le tome 3, qui devait terminer l'ouvrage, est resté inédit.

MAZZUOLI (François), appelé communément *le Parmesan*, né à Parme en 1503, mort en 1540, fit connaître dès son jeune âge, son talent pour la peinture. Il prit des leçons de son père Philippe et de ses oncles Pierre et Michel, tous les trois fameux peintres. A 14 ans, il peignit son beau tableau du *Baptême de Jésus-Christ*. L'envie de se perfectionner le conduisit à Rome ; il s'attacha aux ouvrages de Michel-Ange, et encore plus à ceux de Raphaël. Il a si bien saisi la manière de ce maître qu'on disait, même de son temps, qu'il avait hérité de son génie. On rapporte qu'il travaillait avec tant de sécurité pendant le sac de Rome, en 1527, que les soldats espagnols qui entrèrent chez lui en furent frappés. Les premiers se contentèrent de quelques dessins, les suivants enlevèrent tout ce qu'il avait. Protogène se trouva à Rhodes dans des circonstances pareilles, mais il fut plus heureux. Le Parmesan a fait beaucoup d'ouvrages à Rome, à Bologne et à Parme sa patrie. Son amour pour la musique le détournait souvent de son travail ; mais son goût dominant était pour l'alchimie, qui le rendit misérable toute sa vie. La manière du Parmesan est gracieuse ; ses figures sont légères et charmantes, ses attitudes bien contractées ; rien de plus agréable que son air de tête. Ses draperies sont d'une légèreté admirable ; son pinceau est léger et séduisant. Il a réussi principalement dans les vierges, dans les enfants, et parfaitement touché le paysage. Le Parmesan a gravé à l'eau-forte et au clair-obscur. On a aussi beaucoup gravé d'après ce maître.

ME, pronom personnel des deux genres, qui signifie la même chose que *se* et *moi*, mais qui s'emploie seulement comme régime du verbe ; toutefois, il est régime direct et régime indirect, et signifie, à moi. Il s'élide quand le verbe suivant commence par une voyelle. Il s'élide aussi devant les particules y et en. Le pronom me se met devant le verbe. La particule y unie au pronom me ne se met jamais après le verbe.

MÉAD (Richard), célèbre médecin, né en 1673, à Stepney, village près Londres, fit ses humanités à Utrecht, sous le célèbre Grævius, et de là se rendit à Leyde, où il étudia en médecine. Il voyagea en Italie, et prit le bonnet de docteur à Padoue. De retour dans sa patrie en 1696, il exerça l'art de guérir avec un succès qui décida de sa réputation. Il joignit à la théorie la pratique la plus brillante, la plus étendue et la plus heureuse. La Société royale de Londres lui accorda une place parmi ses membres, le collège des médecins se l'associa, et l'Université d'Oxford confirma le diplôme de celle de Padoue. Nommé médecin de Georges II, en 1727, il fut l'Esculape de la cour et de la ville. On assure que sa profession lui rapportait par an près de 100,000 livres, monnaie de France ; sa table était servie avec la magnificence d'un financier. Il mourut en 1754, à 81 ans. Tout le monde connaît ce qu'il fit pour son confrère Freind, renfermé dans la Tour de Londres. Le premier ministre étant tombé malade, Méad ne voulut lui ordonner aucun remède que Freind ne fût sorti de la Tour, et son refus obstiné procura l'élargissement du prisonnier. Ses principaux ouvrages sont : *Essai sur les poisons*, 1702, en anglais, traduit en latin par Josué Nelson, Leyde, 1737, in-8°, reproduit, et imprimé avec quelques variations à Paris, en 1813, par Orfila ; *Conseils et préceptes de médecine*, en latin, Londres, 1751, in-8° : c'est sa dernière production. On y trouve deux *Traités*, l'un de la folie, et l'autre des maladies dont il est parlé dans la Bible. Dans ce dernier, il prétend que les démoniaques dont il est parlé dans l'Évangile n'ont eu que des maladies purement naturelles. Ce qu'il y a de plus singulier, c'est que l'auteur fait profession de croire à l'Évangile, et l'Évangile nous dit expressément que telle maladie était l'opération de l'esprit malin. « L'on ne se persuadera jamais, dit Méad, que Dieu ait accordé aux diables le pouvoir de tourmenter les hommes à leur gré. » Eh ! qui a jamais pensé que les diables tourmentaient les hommes à leur gré ? Ils les tourmentent autant que Dieu le leur permet, et l'étendue de cette permission à d'autres règles que leur gré. On a démontré les erreurs de Méad sur cette matière, dans un ouvrage imprimé à Londres en 1775, intitulé : *A dissertation of the demoniacs* ; des *Opuscules*, Paris, 1757, 2 vol. in-8°. La *Description* de son cabinet a été imprimée à Londres, 1755, in-8°.

MÉAN (Charles de), seigneur d'Atrin, né à Liége, en 1604, et mort en 1674, se distingua dans plusieurs emplois honorables, par son zèle pour le bien public et ses lumières dans l'administration des affaires. Dans le temps que les nouvelles sectes infectaient les provinces voisines, il signala son attachement à la religion catholique par les mesures les plus propres à fermer l'entrée de l'hérésie dans sa patrie. Ses vastes connaissances dans les matières de droit le font considérer comme un des plus grands jurisconsultes de l'Europe. Quoique, dans son grand ouvrage intitulé : *Observationes et res judicatæ ad jus civile Leodiensium, Romanorum, aliarumque gentium*, il semblât avoir eu particulièrement en vue l'utilité de ses compatriotes, on y trouva effectivement des vues sûres et vastes sur la jurisprudence de diverses nations. Des différentes éditions qu'on en a faites, la meilleure est celle de Liége, 1740, 8 vol. in-fol., qui se relient en 4, avec des notes savantes de Louvreix, et une table des matières très étendue.

MÉAN (François-Antoine-Marie-Constantin prince de), archevêque de Malines et primat des Pays-Bas, naquit à Liége, le 6 juillet 1756, d'une illustre famille du pays. Il devint, en 1786, évêque suffragant de ce diocèse, sous le titre d'évêque d'Hippone, puis, en 1792, évêque de Liége. En 1801, il donna sa démission de ce siége, et fut promu, en 1817, à celui de Malines. Il parut d'abord entrer dans les vues d'un gouvernement dont il ne soupçonnait pas le but; mais quand il vit s'établir un système permanent de vexations, de tracasseries et d'oppressions qu'on ne prenait même pas la peine de déguiser, il s'unit à tout le clergé pour réclamer, et, en plusieurs circonstances, il adressa au roi les représentations les plus fortes, mais il ne put jamais rien obtenir. Il était dans la disgrâce la plus complète à l'époque de la révolution de 1830. Il est mort d'une attaque d'apoplexie foudroyante, le 15 janvier 1831.

MÉANDRE (*myth. gr.*), fils de Cercaphus et d'Anaxibie; il donna son nom à l'Anabénon, dans lequel il se noya. Selon quelques auteurs, Dion, fleuve de la grande Phrygie, fils de la Terre et de l'Océan. Méandre (*géog. anc.*), fleuve de l'Asie-Mineure; il prenait sa source en Phrygie, séparait la Lydie de la Carie, et se jetait dans la mer Égée, près de Milet. On a prétendu trouver, dans les diverses sinuosités que décrit le Méandre, toutes les lettres de l'alphabet grec, aujourd'hui le *Moïndre*. Méandre (*beaux-arts*), ornement employé dans l'architecture, dans les broderies; il offre des sinuosités et des entrelacements quelquefois très compliqués. Ce mot s'emploie particulièrement dans une pareille acception en parlant de l'antiquité; quand il s'agit d'édifices et de costumes modernes, on dit plus ordinairement une grecque.

MÉAULLE (N...), conventionnel, né vers 1757, fut d'abord élu par le département de la Seine-Inférieure, député à l'assemblée législative, où il ne siégea point. Mais à la Convention il vota la mort de Louis XVI sans appel ni sursis. Envoyé ensuite en mission, il prit part aux événements de Lyon et de la Vendée, et seconda les opérations révolutionnaires par lesquelles ses collègues et lui se vengèrent, contre les habitants de cette ville et de cette contrée fidèles, de leur amour pour leur roi et de leur haine pour le despotisme. A son retour, il fut accusé de déprédation et d'excès de tous genres; mais ces accusations n'eurent aucune suite. Quoiqu'il eût figuré au milieu des plus fougueux démagogues, il se déclara après le 9 thermidor contre les Montagnards, et surtout contre Robespierre; et cependant, devenu membre du comité de sûreté générale, il se prononça avec chaleur contre la réaction qui atteignait les agents de la terreur. Il se plaignit des poursuites dirigées contre les patriotes, et prit même la défense des membres du comité révolutionnaire de Nantes, que l'on voulait faire traduire devant un nouveau tribunal, après le jugement qui les avait acquittés. Méaulle demanda une espèce d'amnistie pour tous ceux qui avaient servi les passions atroces des représentants en mission. Après la session, il passa au conseil des Cinq-Cents, où il continua à défendre les terroristes du Midi, qu'on accusait de renouveler les scènes épouvantables de 1793. Il sortit de cette assemblée en 1797, entra au tribunal de cassation, dont il fit partie jusqu'en 1804. Alors il devint procureur-impérial près le tribunal criminel de Gand; puis à la recomposition des tribunaux, en 1811, il fut nommé substitut du procureur-général de la cour de Bruxelles; il remplit ces fonctions jusqu'en 1814, époque où il quitta la Belgique pour rentrer en France. Atteint en 1816 par la loi

du 12 janvier contre les régicides, il se réfugia à Gand, où il est mort dans le mois de novembre 1826.

MEAUX, ancienne capitale de la Brie, aujourd'hui l'un des chefs-lieux d'arrondissement du département de Seine-et-Marne. Son origine n'est pas bien connue. Sous les Romains, c'était déjà une place importante dont le nom était *Jatinum*, selon Ptolémée, et *Fixituinum*, selon la *Table Théodosienne*: c'était la capitale des Meldi, petit peuple gaulois dont, sans doute par erreur, César place le territoire sur les bords de l'Océan. Elle fut ensuite comprise dans la Gaule Belgique, puis dans la Gaule Lyonnaise, fit partie du royaume d'Austrasie jusqu'au règne de Clotaire II, passa en 862 sous la domination des Normands, et fut incendiée quelques années après. Comprise ainsi que la Brie dans le comté de Champagne, elle fut réunie à la couronne par Philippe-le-Bel. Dans les guerres de la Jacquerie, une partie de ses maisons et son château furent détruits par le feu. Les Anglais s'emparèrent de Meaux en 1421, la perdirent en 1436, et la reprirent en 1439. En 1593, elle était au pouvoir des ligueurs. L'Hôpital de Vitry, qui y commandait, la rendit à Henri IV moyennant 20,000 écus et la charge de gouverneur, et cette lâche défection fut regardée comme un acte de patriotisme par les habitants, qui firent graver au-dessus de leurs portes cette inscription : *Prima Henricum agnovi*, et élevèrent à Vitry, dans leur cathédrale, un magnifique mausolée. Meaux est située sur la Marne et le canal de l'Ourcq, au milieu d'une plaine fertile : elle possède un tribunal de première instance et de commerce. Sa cathédrale était très remarquable et possédait un chœur regardé comme un chef-d'œuvre : un incendie l'a malheureusement consumé en partie il y a une douzaine d'années. Meaux a une belle et vaste place, des promenades agréables, un musée, une bibliothèque publique, une salle de spectacle, des hôpitaux et des établissements d'utilité publique. Il y a des fabriques de calicots, d'indiennes, des tanneries, corroieries, mégisseries; on y fait de la colle-forte, du salpêtre, du vinaigre. Son commerce, assez important, consiste en blés, vins, farines, légumes, bestiaux, volailles, jardinage, fromage de Brie, laines, bois et charbon. Non loin de cette ville se trouve le rocher de Crecy, que ses grottes et ses pétrifications rendent très curieux. Meaux est le siége d'un évêché suffragant de l'archevêché de Paris, et qui a eu pour titulaire Robert Briçonnet et Bossuet. On y compte aujourd'hui 7,809 hab.

MÉCANICIEN, s. m., celui qui possède la science appelée mécanique. Il signifie aussi celui qui invente ou qui construit des machines.

MÉCANIQUE, s. f., la partie des mathématiques qui a pour objet la connaissance et l'application des lois du mouvement, de celles de l'équilibre, des forces mouvantes, etc. Il signifie aussi la structure naturelle ou artificielle d'un corps, d'une chose. La mécanique céleste, la science du mouvement des astres. Mécanique signifie quelque fois machine.

MÉCANIQUE. La mécanique est la science qui traite de l'action des forces sur les corps et de l'effet qui en résulte, soit qu'il y ait mouvement apparent, soit qu'il n'y ait qu'effort exercé sur eux. Il y a mouvement apparent toutes les fois que le concours des forces agissans sur un mobile opère son déplacement ou lui fait subir une modification, soit dans sa forme, soit dans son étendue. Il n'y a qu'effort lorsque le résultat des forces sollicitantes ne produit ni déplacement, ni altération quelconque; dans ce second cas, on dit que le mobile est en équilibre, ou plus exactement, que les forces qui agissent sur lui se font équilibre. A raison de ces deux circonstances bien distinctes, la mécanique se divise en deux sections principales, la statistique, qui traite de l'équilibre des corps, c'est-à-dire qui recherche les rapports qui doivent exister entre les forces pour que leurs efforts combinés se détruisent mutuellement, et la dynamique, qui détermine les lois générales du mouvement. Ces deux sections se subdivisent ensuite : en statistique proprement dite, qui ne s'occupe que des corps solides, et en hydrostatique, qui ne considère que les corps fluides et gazeux. De même encore on distingue la dynamique proprement dite qui traite des solides, et l'hydrodynamique qui s'applique aux fluides et aux gaz. Les deux divisions hydrostatique et hydrodynamique se confondent théoriquement en une seule branche qu'on appelle hydraulique; mais dans la pratique, cette dernière dénomination est plus particulièrement réservée à l'art des constructions et machines dites à eau. La théorie de la mécanique considère en général le mouvement sous deux conditions distinctes : le mouvement uniforme et le mouvement varié. On se fait l'idée du mouvement uniforme par la marche d'un corps qui, sous une impulsion quelconque, parcourt des espaces égaux en temps égaux. Un courrier qui fait le même nombre de lieues à l'heure, les aiguilles d'une montre qui décrivent des arcs égaux sur un cadran pendant le même temps, sont des exemples de ce mouvement. En toute circonstance, on doit concevoir qu'il est produit par l'effet d'une impulsion unique, qui, agissant sur un mobile, le conduit régulièrement et indéfiniment dans un même sens jusqu'à ce qu'une autre cause vienne l'arrêter ou modifier cette action. Plus l'espace parcouru dans un temps donné est grand, ou, ce qui est la même chose, plus le temps employé à parcourir un espace donné est court, plus on dit que le mouvement est rapide ou que la vitesse du mobile est grande. La notion de vitesse est donc inhérente à celle du mouvement, ou, plus positivement, c'est par elle que celui-ci peut être apprécié, mesuré, calculé, soumis enfin aux investigations mathématiques. Or, d'après l'explication ci-dessus, la vitesse étant en raison directe de l'espace parcouru et en raison inverse du temps employé, il en résulte que la vitesse peut être numériquement exprimée par le quotient du nombre qui représente l'espace parcouru, divisé par le nombre qui représente le temps correspondant. De là dérive la formule qu'en langage technique on écrit

$$V = \frac{E}{T},$$

et qu'en langage ordinaire on traduit par cette phrase: la vitesse est égale à l'espace divisé par le temps. C'est cette formule que l'on appelle équation du mouvement uniforme, et que l'on rend applicable, par des artifices d'analyse propres à la langue algébrique, à l'appréciation de toutes les autres espèces de mouvements. Le mouvement varié est celui pour lequel, à chaque instant, la vitesse du mobile est différente, c'est-à-dire qu'à chaque instant le mobile parcourt un espace variable pendant ce court intervalle supposé appréciable, comme il arrive, par exemple, dans la chute des corps graves dont la vitesse augmente à mesure qu'ils approchent de la terre, et dans l'animation graduée de certains objets en mouvement, les courses d'animaux et de charriots, la marche des locomotives, etc. Ces mouvements s'opèrent comme si, à chaque instant, le mobile était choqué par une impulsion nouvelle qui accélère ou retarde sa marche. Pour se rendre compte nettement de la vitesse dans cette sorte de mouvement, il faut concevoir qu'à un instant quelconque, qu'on peut d'ailleurs déterminer à volonté, la cause accélératrice ou retardatrice cesse tout-à-coup son action, en sorte qu'à partir de ce moment le mobile ne doit plus se mouvoir qu'en vertu de l'impulsion qu'il avait acquise jusque-là. En cet état de choses, le mouvement devient uniforme, et la vitesse, à l'instant déterminé, doit être évaluée par l'espace que le mobile parcourrait ainsi pendant l'unité de temps. C'est cette expression que l'on appelle vitesse initiale à un instant déterminé. Cette notion, due à Galilée, est devenue la source de grandes découvertes dont la théorie s'est enrichie dans les temps modernes. Par suite de ces notions purement élémentaires, tout problème de mécanique revient à déterminer la vitesse d'un mobile en un instant donné, soit qu'il s'agisse d'un mouvement uniforme, soit qu'il s'agisse d'un mouvement varié, et cette connaissance tient à deux éléments principaux, l'espace parcouru et le temps correspondant, que l'on a constamment pour but d'évaluer. Les opérations de la mécanique théorique ou pratique exigent fréquemment que l'on puisse comparer les forces des moteurs mis en action. La mesure de ces efforts, à défaut d'élément plus précis pour l'apprécier, est naturellement celle des vitesses qu'ils engendrent respectivement, et dont les rapports deviennent les moyens de comparaison les plus directs qu'on puisse établir. C'est assez généralement à la force humaine que l'on rapporte les actions des puissances, parce que c'est principalement à son profit que l'on dispose les combinaisons mécaniques. La force humaine est elle-même rapportée à la gravité, force à peu près constante dans la nature, qui se présente d'elle-même comme unité rationnelle propre à servir de mesure aux autres. En effet, les actes de marcher, soulever, n'étant autre chose qu'une sorte de lutte contre la pesanteur, il devient de conséquence nécessaire que l'influence de cette force serve de régulateur aux fonctions musculaires. Les expériences les plus précises qu'on ait jusqu'à présent obtenues ont donné pour résultat que l'action musculaire de l'homme, estimée en moyenne, et en tenant compte des temps de repos nécessaires à l'ouvrier, peut être représentée par l'effort qu'il faudrait opérer pour élever 111 mètres cubes d'eau à la hauteur d'un mètre pendant l'intervalle de 10 heures consécutives, c'est-à-dire que par la seule force des bras un ouvrier, de complexion moyenne, peut soutenir régulièrement le travail en élevant par heure 11-10

mètres cubes d'eau à la hauteur d'un mètre. La force dynamique d'un cheval est évaluée à sept fois celle de l'homme; ainsi, lorsqu'on dit qu'une machine est de la force de vingt chevaux, on entend qu'elle produit autant d'effet que vingt chevaux agissant ensemble pourraient en donner, ou que cent quarante hommes pourraient en produire. Les effets des machines à feu et à vapeur peuvent être rapportés au même mode d'évaluation; mais comme l'expansion des substances aériformes ou gazeuzes peut opérer des pressions considérables qui exigeraient des chiffres élevés pour en exprimer la force, on simplifie les calculs en ayant recours à une autre sorte d'unité. On sait, par exemple, qu'une colonne d'air atmosphérique peut faire équilibre à une colonne d'eau de même base, de 10 mètres 40 (ou 32 pieds) de hauteur : la force qui opère cette action prend le nom d'atmosphère; autant de fois qu'une machine peut donner cet effort, autant on dit qu'elle produit d'atmosphères; ainsi s'expliquent les locutions de machines à 2, 4, 8, 10 et plus d'atmosphères. Quoique chez les anciens l'art de la mécanique se soit manifesté par de nombreuses productions aussi remarquables par le mérite de l'invention que par l'excellence de l'exécution, et qui décélaient même dans l'industrie une admirable fécondité, il ne parait pas cependant que les principes théoriques y aient été poussés aussi loin que dans les temps modernes. Avant Archimède on ne connaît point d'auteur qui ait donné à la mécanique le caractère d'une science particulière soumise à une doctrine méthodique; des notions fugitives, imparfaites, répandues dans les écrits d'Aristote et de Platon, sont loin de pouvoir soutenir une discussion régulière. C'est donc au profond géomètre de Syracuse qu'il faut attribuer l'honneur d'avoir créé la science : ses découvertes sont des travaux de géant, quand on les rapporte à l'époque où il les a faites et au peu de ressources que lui offraient les temps antérieurs. Il démontra, le premier, la théorie du levier, dans laquelle il entrevit les lois générales de la mécanique, ainsi que cela a été confirmé depuis; il trouva la propriété des centres de gravité; il posa les premières bases de l'hydrostatique; il fut le véritable inventeur de la statique, et il explique les principes des machines simples qui s'y rapportent, le plan incliné, la vis et la spirale qui portent son nom. Son génie n'était pas moins fécond en application qu'en théorie : les récits que les historiens ont fait des belles machines qu'il a imaginées passeraient pour des fables si des expériences physiques de nos jours n'avaient reproduit les effets de quelques-uns. Toutefois, la mécanique, au temps d'Archimède et des géomètres de son école, se renfermait dans des considérations purement statiques, où, en n'ayant égard qu'au mouvement uniforme, on se bornait à la recherche du rapport qui doit exister entre la puissance et la résistance pour produire l'équilibre; encore ce problème ne fut-il résolu que pour un petit nombre de circonstances, trop restreint pour satisfaire à toutes les questions que la mécanique comporte; les propriétés dynamiques ne furent point abordées théoriquement dans l'antiquité. Ce n'est que du XVe au XVIe siècle, lorsque Galilée eut trouvé le moyen d'apprécier et d'exprimer la vitesse d'un mobile, que la mécanique est devenue la science générale du mouvement. Cet illustre physicien fit les premières applications de sa théorie à la chute des graves; il démontra par des expériences qu'à chaque intervalle d'unité de temps la vitesse d'un corps tombant croit dans la proportion de la série naturelle des nombres impairs, et comme cette série n'est elle-même que la suite naturelle des différences des carrés consécutifs, il établit ainsi la loi du mouvement des corps graves coincidant avec la loi générale d'attraction, découverte un peu plus tard par Newton. On doit encore à Galilée les premiers éléments du mouvement des corps dans les fluides et les premières notions du mouvement oscillatoire du pendule dont Huyghens devait approfondir et appliquer la théorie. Il serait trop long et d'ailleurs impraticable de suivre en leurs progrès les travaux des géomètres célèbres qui ont fécondé le nouveau champ ouvert par Galilée. Il nous suffira de dire qu'il ne fallut que deux à trois siècles pour envahir presque entièrement le vaste domaine de la science, et pour obtenir ce que plus de 20 siècles n'avaient point amené dans l'antiquité. Chose remarquable, ce fut moins aux études faites sur les explorations terrestres que la science fut redevable de son avancement rapide qu'à l'observation intelligente des phénomènes célestes (*V.* Astronomie). Plus la science avança, plus on s'aperçut que les mouvements qui s'exécutent avec la plus admirable régularité dans la nature sont ceux qui n'appartiennent point à notre monde isolément. La mécanique céleste fut reconnue plus parfaite que celle des objets qui ne dépendent que de notre globe, parce que la première opère dans le vide et indépendamment des frottements, résistances et autres influences étrangères à la nature propre des grands corps en mouvement, toutes considérations qui, pour la seconde, compliquent les formules mathématiques, et souvent les rendent inapplicables aux opérations terrestres. Telle fut l'importance de ces découvertes que bien que les unes vinssent après les autres et n'en fussent, en quelque sorte, que des dérivations, le mérite de chacune d'elles apparaissait avec autant d'éclat que si l'auteur qui l'avait produite en avait eu l'idée-mère. Tant il est vrai que dans les hautes spéculations mathématiques et principalement en mécanique, il ne suffit pas de la pensée créatrice, il faut encore y joindre la pensée fécondante sans laquelle l'influence de l'invention n'a qu'une extension bornée. Comme application de ce principe, rappelons que le grand Newton, qui semble avoir absorbé en lui toute la renommée astronomique des temps modernes, n'a cependant rempli que la moindre partie de son immense carrière; que ses théories même ont engendré des difficultés qui n'ont été résolues après lui que par des travaux non moins laborieux, non moins compliqués que ceux qu'il avait accomplis. Papin et Watt ont successivement attaché leurs noms à l'admirable conception de la vapeur; cependant une gloire nouvelle attend ceux de leurs successeurs, dont le zèle persévérant aplanira les obstacles qui paralysent encore les développements de cette belle invention. Sans doute, pour le vulgaire, la popularité s'attache aux premiers noms qui paraissent sur la scène; mais le public éclairé sait discerner le mérite et l'importance des perfectionnements; il n'ignore pas que les prémices de la nouveauté ne l'emportent pas toujours sur les trésors de la maturité. Les ouvrages qui traitent de la mécanique sont aujourd'hui très répandus dans les principales contrées de l'Europe. Indépendamment des écrits des savants auteurs originaux, les faces nouvelles que la science a présentées à d'assez courtes distances ont nécessité fréquemment l'apparition de nouveaux traités, non-seulement sur l'ensemble des connaissances mécaniques, mais aussi sur les branches spéciales très nombreuses, théoriques et pratiques. Les ouvrages techniques sont de deux sortes: ceux qui ont pour but d'approfondir les matières transcendantes de la science, et ceux qui se renferment dans l'exposition des principes élémentaires et usuels dont l'application est journalière. Dans la première classe sont rangées, en première ligne et à peu près exclusivement, en France, la mécanique analytique de Lagrange, et la mécanique céleste de Laplace, deux monuments remarquables qui renferment et résument les principes fondamentaux de l'idéologie moderne. Les ouvrages qui dépendent de la seconde classe sont plus nombreux : ce sont généralement ceux destinés à l'enseignement ordinaire; leur mérite propre et leur utilité doivent être rapportés à l'époque où ils ont paru; les plus récents sont nécessairement les plus complets. Toutefois, chacun d'eux nous paraît offrir un intérêt particulier, à raison du point de vue sous lequel il a été fait. C'est ainsi qu'on verra se dérouler, à peu près dans leur ordre chronologique, les faits successifs de la science dans les traités de Bossut, Marie, Prony, Poinsot, Francœur et Poisson, auxquels il faudra joindre un grand nombre de mémoires particuliers de Fourier, Ampère, et d'autres géomètres distingués, dont les travaux sont épars dans les recueils des académies et des sociétés savantes, sans préjudice de ceux de tant de savants ingénieurs nationaux et étrangers, où les applications spéciales sont traitées avec tous leurs développements. Ainsi se forme le corps de toute véritable science : à son sommet sont les initiateurs, à son milieu les vulgarisateurs, à sa base ses applicateurs, puis, dans la révolution qu'elle décrit, s'agitent d'une manière intelligente mille ouvriers rivaux qui perfectionnent indéfiniment la mise en œuvre à laquelle elle donne lieu.　　　　　　　　　　　　　　W‑R.

MÉCANISME, s. m., la structure d'un des corps et l'action combinée de ses parties. Fig., le mécanisme du langage, la structure matérielle des éléments de la parole, l'arrangement des mots et des phrases.

MÉCÈNE (CAIUS‑MÆCENAS), Romain célèbre par la faveur dont il jouit sous Auguste, et par la protection qu'il accorda aux lettres, descendait des anciens rois d'Étrurie, mais il ne voulut jamais monter plus haut qu'au rang de chevalier, dans lequel il était né; il était regardé comme la gloire de cet ordre, et Horace l'appelle avec raison *Mæcenas equitum decus*. Ce fut lui qui conseilla à Auguste de conserver le trône impérial, « de peur qu'il ne fût le dernier des Ro‑

mains, s'il cessait d'être le premier. » Il ajouta à cet avis quelques maximes auxquelles Auguste dut ce qu'il a fait de bon et d'utile pendant son règne. « Une conduite vertueuse, lui dit‑il, sera pour vous une garde plus sûre que celle des légions.... La meilleure règle, en matière de gouvernement, est d'acquérir l'amitié du peuple, et de faire pour ses sujets ce qu'un prince voudrait qu'on fît pour lui, s'il devait obéir au lieu de commander..... Évitez les noms de monarque ou de roi, et contentez‑vous de celui de césar, en y ajoutant le titre d'empereur, *imperator*, nom qu'on donnait aux généraux d'armées, ou quelque autre propre à concilier à la fois le respect et l'amour..... » Mécène prit tant d'empire sur l'esprit d'Auguste par sa prudence, qu'il lui reprochait durement ses fautes, sans que le prince s'en offensât. Un jour, Mécène, passant par la place publique, vit l'empereur jugeant des criminels avec un air de colère; il lui jeta ses tablettes, sur lesquelles il avait écrit ces mots: « Sors de là, bourreau, et retire‑toi. » Auguste prit en bonne part cette remontrance, quoique dure, et descendit aussitôt de son tribunal. Dans la suite, ce prince, s'étant engagé, après la mort de Mécène, dans de fausses démarches : « O Mécène ! s'écriat‑il dans l'amertume de sa douleur, si tu avais été encore en vie, je n'aurais pas aujourd'hui sujet de me repentir. » Lorsque cet empereur était indisposé, il logeait dans la maison de son favori. Celui‑ci fut brouillé pendant quelque temps avec son maître, qu'il croyait épris de sa femme Terentilla. Ce qui a transmis le nom de Mécène à la postérité plus sûrement que la faveur d'Auguste et les honneurs du ministère, c'est la protection qu'il accorda aux sciences, et les égards qu'il eut pour les gens de lettres. Il vivait avec Virgile et Horace dans la douceur d'un commerce libre et aisé. Virgile lui dédia ses *Géorgiques*, et Horace ses *Odes*. Il conserva au premier, dans les fureurs des guerres civiles, l'héritage de ses pères, et obtint le pardon de l'autre, qui avait combattu pour Brutus à la bataille de Philippes. On a quelques fragments de ses poésies dans le *Corpus poetarum* de Maittaire.

MÉCHAIN (PIERRE‑FRANÇOIS‑ANDRÉ), astronome, né à Laon, en 1744, mérita la bienveillance de Lalande, qui le fit nommer astronome hydrographe du dépôt des cartes de la marine. Il se livra spécialement à la recherche des comètes, et en découvrit onze en dix‑huit ans. Son admission à l'Académie des sciences lui donna une nouvelle ardeur. Choisi pour déterminer les différences terrestre et céleste entre les parallèles de Dunkerque et de Barcelonne, lorsque l'Assemblée constituante décréta l'établissement d'un nouveau système de mesures, fondé sur la grandeur du méridien terrestre, il mourut à Castellon de la Plana, en 1805. Méchain n'a rien publié séparément que les volumes de la *Connaissance des temps* de 1786 à 1794, et quelques *Mémoires* sur les comètes qu'il avait découvertes ou quelques longitudes géographiques.

MÉCHANCETÉ, s. f., penchant à faire du mal; se dit familièrement de l'opiniâtreté des enfants. Il signifie aussi action méchante; il signifie encore parole médisante, parole dite dans l'intention de nuire, d'offenser.

MÉCHANT, ANTE, adj. En parlant des choses tant physiques que morales, il signifie mauvais, qui ne vaut rien dans son genre. On l'applique aussi aux animaux. Il signifie aussi contraire à la qualité, à la justice; il signifie encore chétif, insuffisant. Méchanceté, en parlant des personnes, méchant qui manque de bonté, qui est porté à faire du mal. Fam., méchante langue, homme ou femme qui se plaît à médire. Méchant signifie aussi qui manque de mérite, de capacité, qui n'a pas les qualités qu'exige son état. Méchant se dit par forme de plainte légère et obligeante de celui qui a fait quelque petite malice ou qui est coupable de quelque petite négligence. Méchant est quelquefois substantif, et se dit alors d'un homme de mauvais caractère, d'un homme vicieux. Fam., faire le méchant, s'emporter en menaces.

MÈCHE, s. f., assemblage de fils de coton, de chanvre, etc., qu'on met dans les lampes avec de l'huile ou dont on fait des chandelles, des bougies, en les couvrant de suif, de cire. Il se dit également de la corde faite d'étoupe broyée et sèche dont les canonniers se servent pour mettre le feu au canon, et les mineurs à une mine. Fig. et fam., découvrir, éventer la mèche, découvrir le secret d'un complot. Mèche se dit encore du bout de ficelle attaché à l'extrémité du fouet. Mèche de cheveux, bouquet de cheveux séparé, en forme de mèche, du reste de la chevelure. Mèche se dit aussi de la spirale de fer ou d'acier d'un tire‑bouchon et de la partie d'un vilebrequin, d'une vrille, etc., qui sert à percer.

MÉCHER, v. a., terme de marchand de vin, faire entrer dans un tonneau la vapeur du soufre brûlant au moyen d'une mèche.

MECHOACAN ou **MICHOACAN**, un des états de la confédération mexicaine, dans l'Amérique septentrionale. Il est borné au nord par le Guanaxuato; au nord-est et à l'est par l'état de Mexico; au sud-ouest par la mer du Sud et l'état de Mexico. Sa longueur est de 76 lieues sur 63 de largeur, et sa superficie, de 3,466 lieues carrées. Il s'étend au milieu de vallées et de collines agréables, et possède quelques belles forêts; cet état est riche en mines d'argent, d'étain et de cuivre. Dans la nuit du 29 septembre 1759, une immense montagne volcanique, nommée *Zurollo*, s'éleva au milieu d'une plaine à près de 867 mètres au-dessus du niveau de la mer. Le sol est très fertile et produit des grains, des légumes et des fruits; le mûrier et le cotonnier y réussissent, et leurs productions sont un grand article du commerce de la province de Michoacan. Elle faisait partie du royaume indigène de Mechoacan, dont la capitale était Tzintzontzan, et avait pour habitants les Tarasques, célèbres par leurs mosaïques en plumes (Voy. Mexique). La population est de 425,000 habitants environ. Cette province a pour capitale Mechoacan ou Valladolid. Elle est bâtie au milieu d'une plaine agréable qui forme un plateau agréable élevé de 2,100 mètres au-dessus du niveau de la mer. Elle a de belles constructions; sa cathédrale est magnifique; on y voit une magnifique aqueduc; 25,000 habitants environ.

MECKEL (Jean-Frédéric), né en 1781, à Halle, où il mourut le 31 octobre 1833, publia de 1809 à 1810, la traduction des *Leçons d'anatomie comparée* de Cuvier, qu'il enrichit d'observations nouvelles et curieuses. Bientôt après parut son *Essai sur l'anatomie comparée*, 1809 à 1813, dans lequel il préluda dignement à son grand ouvrage intitulé *Système d'anatomie comparée*, dont le 1er volume, publié à Halle en 1821, produisit une vive sensation dans le monde savant. Cet ouvrage mit le sceau à la réputation de ce célèbre anatomiste. On lui doit quelques autres traités sur l'*Anatomie humaine et pathologique*, qui attestent aussi ses profondes connaissances.

MECKLEMBOURG, grand duché situé dans l'ancien cercle de la Basse-Saxe. Il est borné à l'est par la Poméranie, au sud par la marche de Brandebourg, à l'ouest par le Lunebourg, par le duché de Lauenbourg et le territoire de Lubeck, et au nord par la Baltique. Ce pays qui couvre une superficie de 264 milles carrés géographiques, a beaucoup de lacs et de forêts, mais point de montagnes. Le sol, excepté toutefois quelques parties sablonneuses, est doué généralement d'une assez grande fertilité, et est propre particulièrement à la culture des blés et aux pâturages. La population s'élève à plus de 515,000 âmes. Le Mecklembourg-Schwerin contient un grand nombre de petits lacs et en outre 62 qui ont chacun une longueur d'un quart de mille au moins; le lac de Muritz, le plus grand de tous ces lacs, a près de 4 milles de longueur sur près d'un mille de largeur. Le lac de Malchin (Malchinersee), se fait remarquer parmi tous les autres par le paysage pittoresque qui l'environne. Dans le Mecklembourg-Strelitz, la seigneurie de Stargard renferme à elle seule 53 lacs, dont le plus petit a au moins un quart de mille de long; le plus grand de tous est le lac de Tollen (Tollensee). Les principales rivières qui arrosent le Mecklembourg, sont le Warnow, qui a dans sa plus large largeur près de 800 mètres, et l'Elde, qui après avoir traversé plusieurs lacs reçoit les eaux du Stoer et se perd dans l'Elbe près de Dœmitz. On a l'intention de rendre l'Elbe navigable et de le joindre par un canal au Warnow; mais nous ne savons pas si ces travaux sont achevés. On s'occupe aussi de joindre le Havel à l'Elbe, et d'ouvrir deux grandes routes, l'une conduira de Wismar à Schwerin, et l'autra ira de Rostock, par Gustrow à New-Brandebourg. Les articles d'exportation consistent en blé, pois, fourrages, laine, chevaux, bétail, beurre, etc. A Sultze, il y a une saline assez importante. On trouve aussi dans le pays de la chaux, du gypse, de la houille et de la tourbe; les métaux y sont extrêmement rares. Avant l'invasion des peuples germaniques, les côtes du Mecklembourg actuel étaient habitées par des Hérules et des Vandales qui, lorsqu'ils se portèrent avec les autres peuples vers le midi, furent remplacés sur ces côtes par des tribus slaves venues de l'est. Les deux plus puissantes de ces tribus, les Obotrites et les Wilzes, ennemies l'une de l'autre, se firent des guerres presque continuelles. La première au temps de Charlemagne, était composée des Obotrites proprement dits (dans le Mecklembourg occidental), des Polabes (dans la principauté de Ratzebourg et le duché de Lauenbourg), et des Wagriens (dans le Holstein). En 782, les Obotrites vainquirent les Wilzes qui habitaient la partie orientale du Mecklembourg, entre le Warnow et la Piene. Depuis ce temps, le chef obotrite exerçait une sorte de suzeraineté sur les chefs wilzes des Rédariens, des Kessins, des Circipanes et des Tollenses. Des guerres longues et désastreuses accompagnèrent les efforts qu'on fit pour convertir au christianisme et subjuguer les Slaves. Le duc de Saxe et de Bavière, Henri-le-Lion, parvint enfin à conquérir le pays, et pour éteindre toute résistance, il le ravagea complétement; aussi le peu d'habitants qui survécurent au massacre n'osèrent plus faire aucune tentative pour conserver la religion de leurs ancêtres, et pour reconquérir leur liberté perdue. Henri cependant se réconcilia avec Pribislas chef des vandales, lorsqu'il eut embrassé le christianisme, et il donna même en mariage sa fille Mathilde à Henri Burwin, fils aîné de Pribislas; en 1167 il rendit à ce dernier ses pays héréditaires qu'il érigea en principauté; il garda cependant pour lui-même les comtés de Schwerin et de Danneberg, et les évêchés de Schwerin et de Ratzebourg. En 1170, Pribislas fut élevé à la dignité de prince de l'empire germanique, et c'est lui qui devint la souche des princes mecklembourgeois qui lui succédèrent, les quatre princes d'Europe qui soient slaves d'origine. Quant au nom de Mecklembourg, ils l'empruntèrent à une capitale obotrite, Meklinborg qui actuellement est un village situé entre Wismar et Bruel. Sous les successeurs de Henri Burwin, le pays fut partagé (1226), ce qui donna lieu à beaucoup de querelles de famille, par suite desquelles, lorsque Henri Burwin II fut mort, la dynastie se divisa en quatre lignes, celle de Mecklembourg, celle de Gustrow (ou ligne vandale), celle de Rostock et celle de Parchim : les deux dernières s'éteignirent bientôt. Jean surnommé le *Théologien*, fut reçu docteur en théologie par l'université de Paris, et mourut en 1264 laissant une réputation de science et de mérite. Henri-le-Lion son petit-fils, régna de 1302 à 1329 et acquit à sa famille la seigneurie de Stargard, que lui apporta en dot la fille du margrave Albert de Brandebourg, qu'il épousa. Albert et Jean, fils de Henri devinrent les tiges des lignes de Stargard et de Schwerin et furent nommés ducs en 1340 par l'empereur Charles IV. En l'année 1436, la ligne vandale s'éteignit, et Ulric II duc de Stargard, mourut en 1471; alors tout le Mecklembourg échut à Henri-le-Gros arrière petits-fils d'Albert. L'électorat de Brandebourg contesta la succession, et l'on conclut à Wittstock un traité en vertu duquel Henri garderait son héritage; mais après l'extinction des ducs mecklembourgeois, tout le pays devait appartenir au Brandebourg. Le petit-fils de Henri-le-Gros, Adolphe-Frédéric 1er et Jean-Albert II, établirent les branches de Schwerin et de Gustrow. Tous deux furent à cause de leur alliance avec le Danemarck destitués en 1627, par l'empereur Ferdinand II, qui nomma à leur place Wallenstein, duc de Mecklembourg; mais en 1632, Gustave-Adolphe rétablit les princes légitimes dans leur souveraineté. Dans la branche de Schwerin, les fils posthumes d'Adolphe-Frédéric 1er, devinrent la tige des branches collatérales de Grabow et de Strelitz; le fils aîné, Christian-Louis succéda en Schwerin. A la paix de Westphalie, la ligne de Schwerin, céda à la Suède la ville de Wismar et les bailliages de Pochl et de Neuklosted, et obtint comme indemnité les évêchés sécularisés de Schwerin et de Ratzebourg, ainsi que les deux commanderies de Malte, Mirow et Nemerow. En 1692, le duc Christian-Louis mourut sans postérité, et alors s'éleva sur sa succession une querelle entre Frédéric-Guillaume et Adolphe-Frédéric II, qui devait se compliquer par l'extinction en 1695, de la ligne de Gustrow. Par une convention faite à Hambourg, en 1701, on stipula que la branche aînée, celle de Grabow, aurait Schwerin et Gustrow; mais que le duc Adolphe-Frédéric de Strelitz obtiendrait la principauté de Ratzebourg, la seigneurie de Stargard, ainsi que Mirow et Némerow, et en outre une pension annuelle de 9,000 écus (environ 54,000 francs). On établit la même convention le droit de primogéniture et la succession par souche. A Frédéric-Guillaume, chef de la nouvelle branche de Schwerin, succéda en 1713, son frère Charles-Léopold, qui fut destitué par une commission impériale à cause d'une injustice qu'il avait commise envers les États en 1728. Il vit mettre à sa place son frère Christian-Louis, comme administrateur du pays. Une tentative de Charles-Léopold pour reconquérir le pouvoir de la force échoua complétement. Après sa mort (1774), Christian-Louis II fut proclamé duc régnant. Son fils-

Frédéric lui succéda en 1756, et à celui-ci, en 1785, son neveu, le grand-duc François-Frédéric, mort en 1831. Son fils Paul, le grand-duc actuel, lui succéda. Il racheta, moyennant 1,200,000 thalers (4,500,000 francs), et réincorpora à Schwerin la ville de Wismar et les bailliages cédés à la Suède à la paix de Westphalie. En vertu d'une décision rendue en 1803 par la députation de l'empire, sept villages lubeckois, enclavés dans le Mecklembourg, furent adjugés à ce duc en dédommagement de deux canonicats de la cathédrale de Strasbourg, sur lesquels il avait obtenu l'expectative par la paix d'Osnabruck. Dans la branche de Strelitz, le duc Adolphe-Frédéric II eut pour successeur son fils Adolphe-Frédéric III, et à celui-ci succéda son fils Adolphe-Frédéric IV, qui, à son tour, fut suivi sur le trône par son frère, le Charles-Louis-Frédéric. Ce dernier épousa successivement deux princesses de la maison de Hesse-Darmstadt, qui étaient sœurs. Les enfants de son premier mariage, qui lui ont survécu, sont le grand-duc actuel, George-Frédéric-Charles, né le 22 août 1779, qui prit les rènes du gouvernement en 1816; la princesse de la Tour et Taxis et la duchesse de Cumberland. De son second mariage est issu le duc Charles-Frédéric-Auguste, né le 30 novembre 1785, général au service de la Prusse et président du conseil d'État du même pays. Schwerin et Strelitz entrèrent en 1807 dans la confédération du Rhin; mais ils ne modifièrent que très peu leur ancienne constitution représentative. Le 25 mars 1813, tous les deux cessèrent de faire partie de cette confédération. Le grand duché de Mecklembourg-Schwerin a, sur 228 milles carrés, 412,000 habitants, dont 3,100 juifs, 41 villes, 11 bourgs et 2,001 villages. Le grand-duc en possède 95 milles carrés, contenant 990 villages. La noblesse se compose de 516 propriétaires ruraux, dont un a le titre de prince, 27 celui de comte et 263 celui de baron et de noble; 225 possèdent des biens bourgeois et 8 des biens roturiers. A cette noblesse appartiennent 102 milles carrés, où se trouvent 1269 villages et domaines, parmi lesquels il y a 180 terres alodiales et 795 fiefs principaux. Trois chapitres de demoiselles possèdent 6 milles carrés et trois quarts avec 61 villages. Les villes et leurs territoires occupent 24 milles carrés et un quart. Les revenus de l'État sont de 2,300,000 florins; la dette publique, y compris celle de Mecklembourg-Strelitz, s'élève à 9,000,000 et demi de florins. La capitale, Schwerin, a 12,630 habitants; la résidence grand-ducale, Ludwigslust, en a 3400. Le grand-duché de Mecklembourg-Schwerin a deux voix à la diète germanique en assemblée plénière; son contingent de troupes à la confédération germanique est de 3,580 hommes. Le grand-duché de Mecklembourg Strelitz a seulement une voix à l'assemblée plénière de la diète, et son contingent n'est que de 717 hommes. Ce dernier pays a une étendue de 36 milles carrés, 79,700 habitants, et 500,000 florins de revenus. Sa capitale, Neu-Strelitz, compte 5,800 habitants. A la bibliothèque grand-ducale de cette ville se trouvent des antiquités obotrites et quatorze pierres avec inscriptions en caractères runiques, qui sont le produit de fouilles faites dans le Mecklembourg. Les souverains de Mecklembourg-Schwerin et de Mecklembourg-Strelitz ont obtenu, en 1815, la dignité de grand-duc, et ils occupent tous deux la quatorzième place dans le conseil intime de la diète germanique. Ils ont des armoiries communes, et ils portent chacun ce titre : Grand-duc de Mecklembourg, prince de la Vandalie, de Schwerin et de Ratzebourg, comte de Schwerin et seigneur des pays de Rostock et de Stargard. Leurs pays se trouvent dans une étroite relation par suite de pactes de famille faits en 1701 et en 1751. Les députés des deux grands-duchés ne forment qu'un seul corps, aussi ces deux princes et ces États nomment-ils concurremment les membres de la haute cour d'appel à Parchim. Quant au reste, les deux princes gouvernent indépendamment l'un de l'autre. La religion dominante est la luthérienne. Rostock est le siège de l'université et du commerce du Mecklembourg. Le servage et les corvées ont été abolis dans ce pays en 1820, mais sans préjudice des conventions particulières faites antérieurement. Le Mecklembourg-Strelitz a, selon la description géographique des grands-duchés de Mecklembourg-Schwerin et de Mecklembourg-Strelitz (Neu. Strelitz, 1829), sur 22 milles carrés (dont la seigneurie de Stargard en a peu plus de 45 et celle de Ratzebourg un peu plus de 6), 9 villes, 2 bourgs et 392 villages. Les domaines se composent de 273 terres et la noblesse de 2 familles de comtes, 36 familles de barons et nobles et 14 familles bourgeoises qui, ensemble, possèdent 112 localités.

C. L.

MÉCOMPTE, s. m., erreur dans un compte, dans une supputation. Il signifie, par extension, espérance trompée, idée fausse ou exagérée qu'on s'est faite d'une chose.

MÉCONNAISSABLE, adj. des deux genres, qu'on ne peut reconnaître qu'avec peine.

MÉCONNAISSANCE, s. f., manque de reconnaissance, de gratitude.

MÉCONNAISSANT, ANTE, adj., qui manque de reconnaissance, qui oublie les bienfaits.

MÉCONNAITRE, v. a., ne pas reconnaître. Il signifie, par extension, désavouer quelqu'un, affecter de ne pas le connaître. Il s'emploie au sens moral, et signifie, ne pas rendre justice à une personne; ne pas apprécier une qualité, une chose, comme elle le mérite. Méconnaître, s'emploie aussi avec le pronom personnel, et signifie alors, oublier ce qu'on a été ou ce qu'on est, ce qu'on doit aux autres.

MÉCONTENT, ENTE, adj., qui n'est pas satisfait de quelqu'un, qui croit avoir sujet de s'en plaindre. Il se dit quelquefois des choses. Il s'emploie aussi substantivement. Il se dit particulièrement de ceux qui ne sont pas satisfaits du gouvernement, de l'administration des affaires publiques.

MÉCONTENTEMENT, s. m., déplaisir, manque de satisfaction.

MÉCONTENTER, v. a., rendre mécontent, donner sujet d'être mécontent. Mécontenté, ée, participe.

MECQUE (LA), ou **LA MEKKE,** ville d'Arabie, chef-lieu de la province du Hedjaz, située par les 21° 28' de latitude nord, et par les 37° 55' de longitude orientale du méridien de Paris. Assise au milieu d'un pays aride et inculte, cette ville, qui fut la capitale de l'Arabie, est devenue la ville sainte de l'islamisme, après avoir été la ville sainte des Arabes païens. Le temple où les anciens Arabes se rendaient tous les ans pour adorer leurs divinités, et qui n'était pas moins célèbre parmi eux que ne l'était le temple de Delphes parmi les Grecs, a fait place à la Kaaba vénérée. On sait que la loi du Koran impose à tout croyant l'obligation de visiter au moins une fois en sa vie le berceau et la tombe du prophète; c'est-à-dire La Mecque et Médine. Bien qu'un grand nombre de musulmans se dispensent d'accomplir ce devoir, cependant une immense affluence de pèlerins vient, chaque année, de toutes les extrémités des pays conquis par Mahomet et ses successeurs, se prosterner sur la dalle sacrée. Vingt caravanes arrivent à la fois du Maroc, du Soudan, de Stamboul, d'Oman, des bords du Nil, du Niger ou de l'Euphrate, de l'Inde ou des îles de la Sonde, amènent dans la ville presque autant de marchands que de dévots; et tous ces étrangers, dont le nombre atteint parfois 60 à 70 mille, échangent entre eux les productions du nord, du midi, de l'orient et de l'occident dont ils ont chargé leurs chameaux. Cependant les descriptions qu'on nous fait de cette ville ne répondent pas à l'idée qu'on en pourrait concevoir d'après son importance ou sa célébrité, et surtout d'après les épithètes de *Mère des villes,* de *Région des fidèles,* etc., etc., dont les Arabes manquent rarement de faire suivre son nom. C'est une ville de 30,000 âmes, pouvant en contenir le double, assez jolie même pour un Européen, avec des rues plus larges et plus droites qu'elles ne le sont d'ordinaire en Orient, avec des maisons ayant, sur la rue, façade en pierre percée de plusieurs étages de fenêtres. Cette particularité tout-à-fait exceptionnelle, est la conséquence de la nécessité où se trouvent les habitants d'offrir des logements et une circulation facile aux innombrables étrangers qui viennent les visiter. Le pavé est inconnu, et la poussière succède à la boue ou même aux eaux croupissantes que le soleil est seul chargé de faire disparaître. Du reste, pas un arbre, pas un gazon qui rompe ni l'intérieur ni l'extérieur, la sèche monotonie du paysage, qui abrite ou recouvre le sol sablonneux; pas un ruisseau, pas une fontaine qui jettent quelque fraîcheur dans l'air. Il n'y a à La Mecque qu'un seul monument, le temple. Tout le territoire dépendant de la ville est regardé comme sacré. Le pèlerin qui y vient pour la première fois, n'y peut mettre le pied qu'après avoir revêtu l'*ihram.* Il quitte ses habits et sa chaussure, et s'enveloppe le corps d'une double pièce d'étoffe de coton ou de laine, ordinairement blanche, qui ne laisse à découvert qu'une partie du bras droit. Son coude-pied doit aussi rester nu, et toute espèce de coiffure lui est interdite. Il ne peut reprendre ses habits qu'après avoir récité les prières et accompli les cérémonies nécessaires pour être admis à entrer dans le temple, et dont la dernière consiste à se faire raser la tête. La grande mosquée de La Mecque, qu'on désigne ordinairement, par excellence, sous les noms de Beit-

Allah (maison de Dieu), ou de El-Haram (le sanctuaire), est le plus grand des temples de l'islamisme ; il en est toutefois plusieurs, en Orient, qui le dépassent en beauté et même en richesse. Mais il renferme la fameuse Kaaba, et, sous ce rapport, il n'a point de rival. Disons en peu de mots ce que c'est que cette Kaaba. Suivant ce que racontent les musulmans, la Kaaba fut construite dans le ciel, 2,000 ans avant la création du monde ; elle était alors adorée par les anges. Adam l'érigea sur la terre au lieu qu'elle occupe encore aujourd'hui, et qui est directement au-dessous de celui où elle était placée dans le ciel. Dès qu'elle fut bâtie avec des pierres prises sur les cinq montagnes saintes, 10,000 anges furent commis à sa garde. La Kaaba disparut néanmoins pendant le déluge ; mais Abraham, chargé par Dieu de la reconstruire, retrouva les fondations posées par Adam, et rétablit les murailles. Il y plaça une grande pierre noire qui lui fut apportée par l'ange Gabriel, et qu'on y voit encore entourée d'un encadrement d'argent massif, pour la préserver des atteintes du temps. Tout bon musulman doit baiser cette pierre qui, au jugement dernier, recevra de Dieu la vue, l'ouïe et la parole, et signalera les bons et les méchants. A une époque qu'on ne dit pas, il se créa, près de la Kaaba, un puits miraculeux, dont l'eau saumâtre, tiède et laiteuse, a conservé jusqu'à nos jours la propriété de guérir toutes les maladies. Si, après en avoir bu, le malade n'est pas immédiatement guéri, ou même s'il succombe, ce qui n'est pas sans exemple, cela s'explique parce qu'il n'en a pas bu autant qu'il eût été nécessaire. La conséquence qu'on en doit tirer, c'est qu'il ne manque aux mahométans, pour jouir de l'immortalité, que de pouvoir boire indéfiniment l'eau du puits sacré. Il n'est pas rare, nous dit Burckhardt, de voir des malheureux hâter le terme de leur vie par une consommation excessive de ce breuvage. Les Arabes païens avaient fait de la Kaaba le temple de toutes leurs idoles ; on les y comptait par centaines, et il leur était ordonné d'y vivre en paix. Nous n'essaierons pas de dire combien de fois la Kaaba fut détruite par la vétusté ou par le feu, ou dévastée par les torrents sur le passage desquels elle se trouve, et rebâtie en pierre ou en bois jusqu'à ce que Mahomet en eût chassé les idoles, tout en ordonnant, par sa loi nouvelle, la continuation du pèlerinage dont ce lieu était l'objet. Depuis, la Kaaba eut bien des outrages encore à essuyer, soit des intempéries ou des accidents, soit de la part des hérétiques conquérants de la ville sainte. Mais le zèle des musulmans est toujours parvenu à la remettre debout ; celle qui existe aujourd'hui a été rebâtie en 1627, en pierre grise de La Mecque ; les dix mille anges préposés à sa garde ayant été reconnus insuffisants pour la préserver de tout mal, on en a porté le nombre à 70,000, chargés de la transporter en paradis quand sonnera la trompette du jugement dernier ; et tant que durera la Kaaba, durera la religion de Mahomet. Cette Kaaba est une construction de forme cubique (kaab, en arabe, signifie carré) de 16 pas de long sur 14 de large, et 12 à 13 mètres de haut. Une seule porte y donne entrée ; elle est revêtue d'argent rehaussé d'or. Les quatre côtés du monument sont recouverts d'un rideau de soie noire, nommé kéfoua, qui est renouvelé tous les ans, à l'époque du Hadj. On l'apporte du Caire, où il est fabriqué aux frais du grand-seigneur. Plusieurs prières y sont brodées en noir. La partie de ce kéfoua qui couvre la porte est richement brodée en argent. L'intérieur de la Kaaba consiste en une seule salle dont le plafond est soutenu par deux colonnes. Le pourtour en est décoré, par le bas, de marbre blanc, avec des inscriptions en relief et des arabesques, et dans la partie supérieure d'une épaisse étoffe de soie rouge, chargée de fleurs et d'inscriptions d'argent. Des lampes d'or sont suspendues au plafond. Quant à la mosquée, elle n'a que son étendue qui la distingue de toutes les autres mosquées. On estime à 35,000 le nombre de personnes qu'elle peut contenir dans l'action de la prière. Dix-neuf portes y donnent entrée, et cinq cents colonnes environ en supportent les diverses galeries. Du reste, aucune partie n'en est remarquable ni par le travail, ni par la matière. Un trou rond, dans lequel on prétend qu'Abraham et son fils Ismaël gâchaient le mortier qui leur servit à construire la Kaaba, et deux grandes dalles de vert antique, sous lesquelles reposent, dit-on, Agar et Ismaël, sont, de la part des pèlerins, l'objet d'une dévotion particulière. Les pèlerins visitent, en outre, à La Mecque, le Mouled-el-Neby, rotonde dans laquelle est né Mahomet ; le Mouled-Sitna-Fameth, lieu de naissance de Notre-Dame Fameth, sœur du prophète ; le Kobbet-el-Wahi, cellule où Mahomet est censé avoir reçu de l'ange Gabriel les feuillets du Koran ; le Mouled-el-Iman-

Ali, où naquit cet iman, cousin de Mahomet ; le lieu où naquit Aboubeker ; le tombeau de Khadidjeh, femme de Mahomet, et le tombeau d'Emineh, sa mère, etc. La population de La Mecque est un mélange de races diverses, et son caractère se ressent de la fusion des types qui ont concouru à la former. Les traits du visage, dans les classes supérieures, se rapprochent beaucoup de ceux des Bédouins, avec des formes élancées ; les hommes de basse classe, qui tiennent plus de l'Egyptien que de l'Indien, sont forts et musculeux. De riches vêtements, une table somptueuse, de nombreux esclaves, voilà tout ce qu'envie le Mekkawy ; il dédaigne tous ceux qui n'ont pas eu, comme lui, l'honneur de naître dans la ville sainte ; et comme signe de cette noble origine, il porte sur les joues et sur les tempes cinq entailles qui y ont été pratiquées quarante jours après sa naissance. La ville de La Mecque n'a, à proprement parler, qu'un seul objet de commerce : c'est le baume qui porte son nom et qu'on y apporte de l'intérieur de l'Arabie. On l'extrait de la plante nommée, par Linné, amyris balsamifera.　　　　V. DE NOUVION.

MÉCRÉANT, s. m., ce terme qu'on employait autrefois en parlant de tous les peuples qui ne sont pas de la religion chrétienne, et principalement des mahométans, ne se dit guère que par dénigrement, en parlant d'un chrétien qui ne croit point les dogmes de la religion et qu'on regarde comme impie.

MÉDAILLE, s. f., pièce de métal fabriquée en l'honneur d'une personne illustre, ou pour conserver le souvenir d'une action mémorable, d'un événement, d'une entreprise. On comprend sous le nom de médailles, les anciennes monnaies des Grecs et des Romains, etc. Médaille fausse, celle qui est contrefaite et qu'on veut faire passer pour antique. Médaille fruste, celle qui est presque entièrement effacée. Médaille fourrée, celle dont l'extérieur seulement est d'or ou d'argent. Fig. et fam., le revers de la médaille, le mauvais côté, les mauvaises qualités d'une personne ou d'une chose. Prov. et fig., c'est une tête de médaille, se dit d'une personne dont les traits sont grands et fort marqués. Médaille, se dit aussi d'une pièce d'or, d'argent ou de cuivre, qui représente un sujet de dévotion et que le pape a bénite. Médaille, se dit encore de certains prix qu'on donne aux poètes, aux orateurs, etc., qui ont obtenu les premiers rangs dans les concours ouverts par les académies ou par le gouvernement. Médaille, en architecture, se dit d'un bas-relief de forme ronde, sur lequel est représentée la tête de quelque personne illustre, ou quelque action mémorable.

MÉDAILLE (antiquités, beaux-arts). Le mot médaille a été introduit par les Italiens qui se sont les premiers occupés de réunir ces monuments, et qui appelaient les pièces de métal medaglie, medaglioni, du mot grec μέταλλον (métallon), en latin metallum, métal. Les médaillons sont les pièces dont la dimension ou le poids excède sensiblement ceux des médailles ordinaires. Les médaillons romains, soit en or, soit en bronze sont souvent bordés de cercles ou ornés de moulures et de découpures ou filigranes. Nous appelons médailles antiques les monnaies des anciens qui n'ont plus cours dans le commerce, et qui sont devenues des objets de curiosité, des monuments de l'art et des sujets d'études. Les médailles modernes sont celles qui sont frappées soit par ordre du gouvernement, soit par une ville, une société, ou même un particulier, pour rappeler le souvenir d'un événement important, ou pour perpétuer les traits d'un personnage célèbre. Tout le monde a le droit de graver une médaille, mais elle ne peut être frappée que sous la surveillance du gouvernement et à la monnaie des médailles. Les médailles des anciens, à l'exception d'un très petit nombre, ont toutes servi de monnaies, ce qui est prouvé par le rapport des pièces de diverses grandeurs entre elles pour le poids. Quelques médailles particulières, les contorniates, et quelques médaillons singuliers, semblent pourtant avoir été destinés à des usages différents. Les médailles font partie des monuments historiques d'un siècle ; et non-seulement elles doivent transmettre à la postérité les souvenirs des faits mémorables, mais elles peuvent encore faire connaître quel était l'état des arts, à l'époque dont elles portent la date. L'art de la gravure en médailles ne serait qu'un métier mécanique, si ses compositions n'étaient inspirées par une pensée poétique, embellies par le goût qui doit présider à la disposition du sujet, et vivifiées par l'esprit qui doit animer l'exécution. La gravure en médailles est, comme la sculpture, un art plus simple et plus uniforme que la peinture : les petits effets pittoresques ne doivent point y trouver place. Dans le bas-relief d'une médaille, il ne s'agit point de tromper l'œil et de rendre la nature par une imitation exacte qui produise de l'illusion ; c'est à la beauté des formes, à la pureté des contours que l'artiste doit s'attacher. L'uniformité de la couleur du métal rend le travail des médailles à peu près semblable à celui des bas-reliefs : la petitesse du champ oblige le graveur à ne pas trop compliquer ses sujets, et à y ménager le nombre des figures. Quand il est obligé d'employer les allégories, qui simplifient les compositions, il doit les rendre aussi claires qu'il est possible. Quand il est fixé sur le choix de son sujet, ce qui est la partie poétique de l'art, il faut qu'il s'occupe de la disposition, ce qui en est la partie raisonnée : il doit songer alors à remplir son cadre avec ménagement, c'est-à-dire en lui proportionnant les figures ; le champ doit être occupé, mais non trop rempli, le manque d'espace autour d'une figure semble la priver de mouvement, et lui donne une apparence colossale. Après tant de progrès dans les arts, nous sommes cependant inférieurs aux anciens dans celui de la gravure des médailles. Le monnayage est très perfectionné ; la forme de nos pièces est régulière ; mais les figures n'ont pas le beau caractère qui distingue celles des belles médailles grecques et romaines. Nos médailles se conserveront aussi moins longtemps, ce qui provient d'abord du trop de relief que nous leur donnons, des parties anguleuses et des arêtes vives que nous y prodiguons, enfin de la quantité de détails dont nous les surchargeons. Il semble que cet ouvrage minutieux doive être examiné à la loupe. Nos artistes, pour atteindre le grandiose, ne sauraient trop s'inspirer des chefs-d'œuvre de l'art numismatique des Grecs et des Romains. C'est là que, par une économie admirable, tout n'est point exprimé, et néanmoins tout se sent et se devine. Les contours sont purs, mais fermes, les formes principales vivement prononcées ; leurs médailles sont beaucoup moins grandes que les nôtres, et cependant les figures, dont les formes caractéristiques sont très saillantes, résistent à l'action du temps, aux frottements des corps durs, aux oxydations du métal, et conservent dans leurs restes effacés leurs traits distinctifs, leur physionomie, leur idéal. Il y a des médailles modernes frappées et d'autres moulées. Celles de grande dimension ont rarement été soumises à l'action du balancier ; celles qui ont été moulées sont quelquefois réparées à l'outil, pour donner plus de finesse à certaines parties. Les figures qui doivent orner la médaille, sont d'abord gravées en relief sur un morceau d'acier qu'on appelle le poinçon. Ce poinçon est ensuite enfoncé par le balancier dans un autre morceau d'acier que l'on nomme le coin, carré ou matrice, où il produit un creux qui est retouché et fini par le graveur, et ensuite trempé afin qu'il acquière la dureté nécessaire pour imprimer le métal. Sur l'un des deux coins, on grave ordinairement la tête et sur l'autre le sujet, qu'on appelle le revers. Le flan ou morceau de métal, avant d'être placé entre ces deux coins pour en recevoir l'empreinte, a été passé au laminoir qui lui donne l'épaisseur convenable, et au coupoir ou emporte-pièce, qui lui donne la forme nécessaire. Il est ensuite soumis à l'action du balancier. Afin d'éviter le dérangement du flan, on adapte autour du coin un cercle de fer appelé virole, qui contient les bords de la pièce. Les médailles sont frappées selon leur grandeur et leur épaisseur, depuis deux ou trois jusqu'à quarante coups de balancier. La première qui ait été frappée en platine, en 1797, a reçu deux mille coups (V. Millingen, hist. métallig. de Napoléon, p. 4, pl. v, n° 8). Toutes les espèces, en France, ont été fabriquées au marteau jusqu'au règne de Henri III. Les historiens varient sur le nom de l'inventeur du monnayage au moulin et au balancier. Les uns disent que ce fut un menuisier nommé Aubry Olivier, qui reçut des lettres patentes en date du 3 mars 1553. Selon d'autres, ce fut un graveur nommé Antoine Brulier ou Brucher, et Aubry Olivier n'en fut que le conducteur ou l'inspecteur. Il s'associa les graveurs Jean Rondel et Etienne De L'aulne, qui firent les poinçons et les carrés ; mais en 1585, Henri III défendit la monnaie au moulin, et les machines d'Aubry Olivier ne servirent plus qu'à frapper les médailles. Warin, célèbre par son talent pour la gravure des médailles, perfectionna ces machines, en leur donnant plus de force et de vitesse ; et, en 1640, on ne se servit plus à Paris que du balancier pour monnayer au moulin. En 1645, Warin fut nommé maître et directeur général des monnaies du royaume. Il y a en Europe beaucoup de cabinets de médailles. Les souverains en ont orné leurs musées et leurs bibliothèques ; des particuliers se sont rendus célèbres par leur goût pour ce genre de curiosités. C'est à la

renaissance des arts, c'est-à-dire dans le xve siècle, que l'étude des médailles antiques prit faveur. Pétrarque fut un des premiers qui les recueillit et qui en offrit quelques-unes à l'empereur Charles IV. Budé, en France, en fit une collection, et écrivit sous les monnaies des anciens ; il fut imité par du Choul et Jean Grossier. Le cabinet des médailles de France remonte au règne de Henri IV. Louis XIV l'augmenta considérablement et envoya dans toute l'Europe de savants voyageurs, chargés d'acheter et de recueillir tout ce qu'ils trouveraient de ce genre de monuments. La collection de Pellerin, qui montait à plus de trente mille médailles, fut achetée sous Louis XVI par les soins de l'abbé Barthélemy. Depuis ce temps le cabinet des médailles a continué d'être enrichi par des acquisitions importantes, et il a été classé d'une manière méthodique, qui rend les travaux numismatiques et les recherches qu'ils nécessitent extrêmement faciles. Les dernières acquisitions font monter à plus de cent cinquante mille le nombre des médailles qu'il renferme : et les savants chargés de la conservation de ce dépôt précieux ne cessent d'étudier et d'illustrer ces monuments. La connaissance des médailles ne s'acquiert pas au moyen des livres seuls, il faut y joindre la pratique, c'est-à-dire voir souvent les médailles, apprendre à les lire, à juger de leur authenticité, à les considérer sous leurs différents rapports ; tantôt relativement à l'histoire dont elles servent de principaux fondements, tantôt relativement aux arts auxquels elles servent souvent de modèles. On ne peut faire de véritables progrès dans cette science sans la connaissance des langues savantes, de l'histoire générale, de la géographie ancienne et moderne, de la chronologie et de la mythologie. Nous en développerons les règles et les principes à l'article Numismatique. On appelle médaille ou médaillon, en architecture, un bas-relief de forme ronde sur lequel est représentée la tête de quelque prince, de quelque personnage célèbre ou quelque action mémorable. Parmi les médailles antiques, on appelle frustes celles qui sont très effacées. Les médailles fausses sont celles que des faussaires ont fabriquées afin de les faire passer pour antiques. On dit proverbialement, retourner la médaille, ou montrer le revers de la médaille, lorsqu'on fait voir sous un aspect défavorable ce qui avait d'abord été montré sous un jour avantageux. Médaille, se dit figurément. Les coquilles sont les médailles du déluge. On nomme médailler une espèce d'armoire ou de cabinet à compartiments, rempli de tiroirs fort peu profonds, dans lesquels sont placés des cartons percés de trous ronds également distribués, pour classer les médailles. Le médailleur est celui qui fabrique les médailles ; ce terme peu usité n'est pas dans le dictionnaire de l'Académie, mais il est technique, on peut dire médailleur comme on dit monnoyeur. Le mot médailliste s'applique à l'homme qui s'occupe de médailles comme curieux, comme amateur, ou comme connaisseur. Il a été remplacé par le terme plus scientifique de numismatiste. On peut étudier les diverses séries de l'histoire des médailles, dans l'ouvrage le plus complet qui ait encore paru sur cette matière, le Trésor de Numismatique et de Glyptique, rédigé par M. Ch. Lenormant, Paris, 1834 et années suivantes. Ce qui vulgarisa beaucoup les médailles dans le xve siècle, c'est que les princes avaient l'habitude d'y faire placer leurs portraits et que les chevaliers les portaient presque toujours suspendues aux chaînes d'or qu'ils recevaient de la faveur de leurs souverains. Cet usage de porter des médailles comme ornement est encore fréquent dans l'orient, où les femmes les portent dans leurs coiffures ou suspendues à leur cou. Les médailles sont encore données aujourd'hui en récompense pour des faits militaires ou pour des actions généreuses. Les prix des académies sont ordinairement des médailles d'or ou d'argent, on en honore d'une médaille les inventeurs de procédés industriels, et ceux qui perfectionnent les procédés. Les médailles ne peuvent être frappées en France, que dans les ateliers de la monnaie de Paris ; l'administration surveille et dirige cette fabrication. Chacun a le droit de faire frapper des médailles sur l'autorisation qui en est demandée au ministre de l'intérieur, et en acquittant un droit fixé par un tarif. La monnaie des médailles qu'on nommait autrefois le balancier, fut établie sous le règne de Louis XIII, aux galeries du Louvre ; elle fut transportée, sous Napoléon, dans le bâtiment de la Monnaie. On a fondé dans cet établissement un musée monétaire, où le public est admis, et où sont exposées les monnaies et les médailles dans un ordre historique et chronologique. Le cabinet des médailles de la bibliothèque royale est aussi ouvert aux savants et aux amateurs, et on y a fait une exposition de médailles antiques et modernes, classées dans le même système que sa riche et intéressante collection. Il y a en Europe dans toutes les capitales des cabinets de médailles : les plus importants sont ceux de Vienne, de Londres (musée britannique), de Saint-Pétersbourg (ermitage), de Munich, de Milan, d'Upsal, de Venise (cabinet de Nané), de Velletri, de Dresde, de Rome, de Florence, de La Haye, etc. Celui de France l'emporte sur tous les autres par le nombre et l'importance de ses collections. Des amateurs possèdent aussi de belles collections de médailles, mais elles se disséminent à la mort des particuliers, et les pièces les plus intéressantes vont ordinairement enrichir les établissements publics.   Du Mersan.

MÉDAILLE (Pierre), jésuite, vivait dans le XVIIIᵉ siècle, et habita longtemps le Languedoc. Il prêcha avec succès plusieurs carêmes à Toulouse, et se fit avantageusement connaître par ses ouvrages de méditations. Il paraît, d'après le témoignage qu'on rendirent les théologiens de cette ville, et d'après une permission d'imprimer, qu'elles furent mises au jour en 1703 et en 1723. On en a fait une autre édition qui a pour titre : *Méditations sur les Evangiles pour toute l'année*, par le père Médaille, nouvelle édition augmentée, Besançon, Petit, 1819, 2 vol. in-18. « Les méditations de Médaille ont été souvent imprimées. Elles sont courtes, précises, simples, méthodiques, sans digression, sans détails oiseux, sans rien de trivial ni de recherché. Les principales vérités de la religion y sont tracées tour-à-tour, et les principaux devoirs du chrétien présentés à nos réflexions. Les dimanches, les fêtes, tous les jours du carême, ont une méditation particulière ; pour les autres temps, il y en a trois par semaine. Il y en a en tout trois cents méditations. Cette nouvelle édition est due aux soins d'anciens missionnaires du diocèse de Besançon, qui y ont ajouté un assez grand nombre de méditations. Il y en a pour tous les jours de l'année, et elles sont distribuées suivant l'ordre des dimanches. Les nouvelles méditations nous ont paru dans le goût des anciennes, et propres à compléter l'ouvrage de Médaille... »

MÉDAILLIER, s. m., meuble composé de plusieurs tablettes à tiroir dans lesquelles il y a de petites enfonçures de forme ronde et de différentes grandeurs, propres à recevoir des médailles. Il signifie aussi une collection de médailles.

MÉDAILLISTE, s. m., celui qui est curieux de médailles, qui s'y connaît, qui en a traité par écrit.

MÉDAILLON, s. m., médaille qui surpasse en poids et en volume les médailles ordinaires. Médaillon, en termes d'agriculture, a la même signification que médaille. Médaillon se dit aussi d'un bijou, d'un cadre de forme circulaire ou ovale, dans lequel on enferme un portrait, des cheveux, etc.

MÉDARD (Saint), né l'an 457, au village de Salency, à une lieue de Noyon, d'une famille illustre, fut élevé sur le siége épiscopal de la ville de Vermand, en 530. Mais, cette ville ayant été ruinée par les Huns et les Vandales, Médard transporta son siége à Noyon. Il monta ensuite sur celui de Tournay en 532. Il montra à son peuple le zèle d'un apôtre et les entrailles d'un père. On le força à garder ces deux évêchés, parce qu'on prévoyait qu'il en résulterait beaucoup de bien pour la propagation de l'Evangile. Depuis, ces deux diocèses restèrent unis pendant l'espace de cinq siècles. Saint Médard fit changer de face au diocèse de Tournay, convertit les idolâtres et les libertins, et retourna à Noyon, où il mourut le 8 juin de l'an 543. Ses reliques furent transportées peu après sa mort au bourg de Croui, à 200 pas de Soissons, où on éleva un oratoire, en attendant que l'église de l'abbaye que l'on bâtissait dans la ville fût en état de les recevoir. Ce monastère, qui porta le nom de la saint, devint bientôt très célèbre ; sous saint Grégoire pape, il fut déclaré le chef des autres monastères des bénédictins de France. Fortunat de Poitiers a écrit en vers la *Vie* de saint Médard. Nous avons encore une *Vie* du même saint, par Radbod II, évêque de Noyon et de Tournay ; celle qui fut écrite par un moine de Soissons, vers l'an 892, publiée par D. d'Achery, n'est d'aucune autorité. C'est saint Médard qui institua la fête si fameuse de la Rosière de Salency, institution aussi digne du zèle du saint évêque pour les bonnes mœurs, que parfaitement assortie au génie de son siècle ; temps d'une heureuse simplicité, où la vertu n'avait rien de commun avec la vanité et le bruit, où elle n'était recherchée que pour elle-même. L'imitation qu'on en a essayée en divers endroits, dans un temps où tout est mis en ostentation, n'a servi qu'à montrer combien les meilleures choses dégénèrent, et

que les philosophes n'ont pas, comme les saints, le talent de distinguer et d'encourager la sagesse.

MÈDE (Joseph), né à Essex en 1586, membre du collége de Christ à Cambridge, et professeur en langue grecque, refusa la prévôté du collége de la Trinité de Dublin, et plusieurs autres places, pour se livrer à l'étude sans distraction. Il mourut le 31 octobre 1638, à 52 ans. Ses ouvrages furent imprimés à Londres en 1664, en 2 vol. in-fol. On y trouve : 1° Des Dissertations sur plusieurs passages de l'Ecriture sainte ; 2° un grand ouvrage qu'il a intitulé *la clef de l'Apocalypse* ; 3° des Dissertations ecclésiastiques. Plusieurs de ses écrits, surtout la prétendue *Clef de l'Apocalypse*, sont remplis de fiel et d'une haine de l'église catholique qui va jusqu'au fanatisme le plus consommé.

MÉDECIN, s. m., celui qui exerce la médecine. Les médecins anciens avaient reçu des noms différents, selon la méthode qu'ils employaient pour guérir les maladies, tels que les gymnastes, les dogmatiques, les empiriques, les méthodistes, etc., selon la doctrine qu'ils professaient. Les Grecs eurent de bonne heure des médecins, et ne permettaient à aucun médecin d'exercer qu'il n'eût auparavant prêté serment devant les magistrats de traiter les maladies suivant les régles et la méthode d'Hippocrate. Pendant cinq siècles les Romains n'eurent pas de médecins. Ils se contentaient d'exposer les malades désespérés à la porte des maisons afin d'inviter les passants qui avaient eu le même mal à indiquer les remèdes qui les avaient guéris. Pendant cet espace de temps ils ne recoururent jamais à des médecins que pour des cas extraordinaires. La première fois ce fut l'an 304 de R., à l'occasion d'une peste qui enleva la moitié des citoyens ; la seconde, cent-cinquante ans après, ce fut pour un même fléau. La crainte de tels dangers engagea les Romains à envoyer des députés en Grèce, avec ordre d'en amener la statue d'Esculape. Ce ne fut que vers l'an 600 que les médecins commencèrent à acquérir quelque considération. Jules César fut le premier qui leur donna le droit de bourgeoisie, et Auguste les exempta de payer les impôts. A Athènes, ainsi qu'à Rome, les médecins faisaient tout à la fois les fonctions de médecins, de chirurgiens et de pharmaciens. Le moyen-âge et les temps modernes ont aussi compté un grand nombre de sectes médicales. Après avoir régné presque universellement, le galénisme fut ébranlé par l'alchimiste Paracelse et l'animiste Van-Helmont : les qualités élémentaires furent remplacées un moment par les éléments chimiques, et bientôt le goût dominant pour la chimie amena le système chémiatrique de Sylvius. Enfin parut Boerhaave, qui réunit les théories humorales aux théories mécaniques. Puis, Haller, en éclairant le vaste champ de la physiologie, et Morgagni, en posant les véritables bases de la pathologie, ont ramené tous les esprits dans la voie de l'expérimentation, ont enseigné à ne point séparer les symptômes des altérations des organes, et préparé les progrès que Pinel, Bichat et Broussais ont fait faire de nos jours aux sciences médicales.

MÉDECINE (*medicina*, de *medicari*, remédier).— *Divisions de la médecine*. C'est, dans son acception commune, l'art de connaître et de traiter les maladies. Dans un sens plus vaste on réunit sous ce mot l'idée d'une science complexe formée de plusieurs branches qui ont pour but de faire connaître l'homme physique dans son état physiologique et pathologique, dans les diverses influences qui agissent sur lui ; et l'ensemble des règles ou des procédés qui ont pour but la conservation de la santé ou le traitement des maladies. De la trois grandes divisions : la première, l'anthropologie, celle qui sert de point de départ à toutes les autres, comprend : l'anatomie qui fait connaître les diverses parties dont se compose notre corps, et la physiologie qui s'occupe de leurs fonctions. Dans une autre division rentre l'hygiène qui puise, dans les sciences précédentes, dans l'étude des agents extérieurs et de leur action sur le corps humain (physique et chimie médicales), les préceptes qu'elle donne pour la conservation de la santé. Enfin, à la troisième division se rattachent la pathologie ou la science des maladies (voy. ce mot) et la thérapeutique, ou la science de leur traitement. Ces deux branches de la médecine se subdivisent elles-mêmes en plusieurs branches secondaires, dont on trouvera l'énumération à chacun des articles qui leur sont consacrés dans cet ouvrage ; nous ferons seulement connaître ici, pour être fidèles au plan de ce dictionnaire, les différentes acceptions dans lesquelles on prend plusieurs mots auxquels celui de médecine se trouve souvent accolé ; ainsi on appelle : médecine légale, l'application des connaissances médicales à la solution des questions sur lequelles l'homme de l'art est consulté, soit par le pouvoir judiciaire, soit par le pouvoir législatif ou administratif; dans ce dernier cas, c'est plutôt encore la médecine politique, mot sous lequel on désigne les rapports de la médecine avec la science gouvernementale et l'hygiène publique. La médecine nautique nous offre les applications de la médecine à la conservation des marins. La médecine vétérinaire est la science des maladies appliquées aux animaux. Sous le nom de médecine populaire, on comprend des pratiques plus ou moins rationnelles, consacrées par la tradition, et qui se transmettent empiriquement en dehors de la science des indications. La médecine clinique est l'exercice de l'art de guérir au lit des malades. La médecine prophylactique celle qui enseigne à se préserver des maladies. La médecine expectante est celle qui abandonne les maladies à leur cours naturel, par opposition à la médecine perturbatrice qui cherche par des moyens énergiques à les faire avorter. Broussais a donné à un système qui a eu beaucoup de retentissement en France, il y a une vingtaine d'années, le nom de médecine physiologique (voy. IRRITATION). Au mot Hippocrate on verra dans quel sens on peut comprendre le mot de médecine hippocratique, qu'on entend souvent résonner de nos jours. Les autres significations dans lesquelles on peut prendre le mot médecine, sont trop connues ou trop claires pour qu'il soit nécessaire de les citer ici. Rappelons seulement qu'on donne vulgairement ce même nom à certaines préparations purgatives; usage si peu sans doute de l'abus qu'on en faisait autrefois, lorsque toute la science du médecin semblait se borner à ce genre de prescription. Passons à un sujet plus important, l'importance et la certitude de la médecine. L'une de ces questions se lie étroitement à l'autre. On sent, en effet, combien cette science perdrait de son utilité sociale et privée, si elle n'était, comme l'ont prétendu quelques esprits chagrins, qu'une science complètement conjecturale, condamnée à ignorer pour toujours la cause, la nature des maladies, et celle des remèdes qu'on peut leur opposer avec confiance.

Certitude de la médecine. — Il y a des maladies partout où il y a des hommes, et il y a un médecin partout où se trouve un malade; aussi la médecine est-elle aussi ancienne que le monde. Guérissez-moi ! tel est le cri que l'instinct de la conservation arrache partout à l'être souffrant, qu'il habite un palais ou une chaumière, qu'il vive au sein de l'ignorance, ou qu'il possède les connaissances les plus étendues. Maintenant nous le demandons, vaut-il mieux qu'il se confie pour sa guérison aux avis du premier venu, aux traditions incertaines d'un grossier empirisme qu'aux conseils de celui qui a mis à profit l'expérience de ses devanciers et la sienne propre, qui a consacré toutes ses méditations à l'étude des moyens les plus propres à soulager ses semblables? Mais, dira-t-on, pourquoi ne pas suivre plutôt la simple impulsion de l'instinct, et se confier à la nature du soin de notre guérison? Parce que l'instinct, partage des êtres dépourvus de raison, fait absolument défaut, dans la plupart des cas, chez l'homme qui devait prendre pour guide une faculté supérieure, et que l'on est fréquemment exposé à regarder comme de prétendues inspirations de l'instinct, ce qui n'est que le résultat de préjugés, d'opinions préconçues et toutes gratuites sur la cause de nos maladies. Quant à la nature, si parfois elle guérit, souvent aussi elle tue. Elle tue dans une fièvre pernicieuse, si l'on n'administre le quinquina avant le troisième accès; elle tue l'homme qui a un calcul dans la vessie, si l'art ne parvient à l'en débarrasser; celui qui tombe frappé d'apoplexie ou qui est atteint d'une pneumonie intense, s'il n'est saigné à temps. Sans doute, il ne faut pas que le médecin contrarie les tendances de la nature, mais quand ces tendances sont conservatrices; sans doute, quand la nature se refuse absolument à la guérison, le médecin ne guérit pas, mais il peut presque toujours quelque chose pour le soulagement du malade, et pour retarder les progrès de son mal. D'ailleurs persuadez donc à un homme livré aux angoisses d'une affection douloureuse et longue, qu'il faut s'en remettre à la nature, qu'il a tort de s'enquérir de ce qui peut lui apporter quelque soulagement! En vérité, ceux qui soutiennent de tels paradoxes ignorent complètement la nature humaine, ou n'ont jamais été malades! Il faut les attendre à la première atteinte de la maladie, comme le philosophe Montaigne qui, tout sceptique qu'il était à l'endroit de la science d'Esculape, parcourait les eaux minérales de France pour trouver un remède aux douleurs auxquelles il était sujet. Hippocrate l'a dit, il y a deux mille ans, avec un bon sens profond : *il y a des choses utiles et des*

choses nuisibles, donc il y a une médecine. Je ne sais rien à répondre à cela; et quand on aura rappelé les discussions des médecins entre eux, l'ignorance où ils sont le plus souvent de la cause et de l'essence des maladies, le caractère conjectural de leurs connaissances, ou n'aura pas prouvé le moins du monde que la médecine n'est qu'une fausse science aussi incertaine que trompeuse. Les discussions des médecins! Mais comptez donc les vérités sur lesquelles tout le monde est d'accord dans quelque ordre de connaissances que ce soit? N'a-t-on pas vu naguères Cuvier et Geoffroy-St-Hilaire ne pouvoir s'entendre sur l'explication du même fait? N'a-t-on pas dit avec quelque raison des sciences exactes elles-mêmes :

> Plus d'une erreur passe et repasse
> Entre les branches d'un compas.....

En a-t-on jamais conclu qu'il fallait supprimer l'astronomie, la physique et la chimie, ou désespérer d'arriver jamais à la vérité sur l'objet de ces sciences? On exagère, d'ailleurs, quand on représente les médecins en opposition sur toutes les vérités fondamentales de leur art. A part ces esprits excentriques qui ont horreur des voies frayées, et se jettent à corps perdu dans le paradoxe, soit par une disposition spéciale de leur esprit, soit dans des vues intéressées et pour attirer sur eux l'attention publique, on peut hardiment affirmer que l'immense majorité du corps médical n'a qu'une manière d'envisager les faits fondamentaux de la pathologie; ce qui est vrai surtout de notre époque, où les théories générales, brillantes conceptions d'une science aventureuse, sans appui dans l'expérience, ne trouvent plus aucun crédit. Quant aux différentes manières de traiter la même maladie, elles s'expliquent parfaitement pour le physiologiste qui sait que la nature elle-même emploie des moyens très divers pour triompher de la même affection; ainsi tantôt c'est par des sueurs, tantôt par des selles, quelquefois par des hémorrhagies, qu'elle mettra fin à une pneumonie, et c'est en imitant ces procédés, en sollicitant les crises diverses, que les thérapeutistes traiteront, l'un par la saignée, l'autre par l'émétique, un troisième par l'opium, etc. Sans doute, il serait à désirer que l'on connût mieux les causes des maladies qui échappent le plus souvent à l'analyse; mais est-il à dire pour cela que la médecine n'existe pas, et qu'il est inutile de poursuivre cette voie de recherches qui ne conduiront jamais à un résultat satisfaisant? Qui oserait poser à l'esprit humain ces limites qu'il ne doit pas franchir, et lui dire comme le Très-Haut : tu n'iras pas plus loin ! Est-ce que le chimiste connaît la cause de l'affinité, le physicien celle de l'électricité, l'astronome celle de la gravitation? Il y a pourtant une chimie, une physique, une astronomie. Le médecin n'est jamais sûr de son fait? Mais à quelle connaissance humaine appartient l'infaillibilité? D'ailleurs c'est aller trop loin, et il est des cas où l'analogie et l'induction nous fournissent une telle masse de probabilités qu'elles équivalent à la certitude. Ne demander à chaque chose que le genre de preuves dont elle est susceptible, est un précepte de logique dont on s'est départi trop souvent au sujet de la médecine qui, à défaut de certitude absolue, fournit, dans une foule de cas, une certitude relative suffisante pour se conduire. Un homme d'esprit, feu le docteur Double, caractérisait en peu de mots les services que l'on peut attendre de notre art, en disant : « La médecine guérit quelquefois, soulage souvent, console toujours. » Certes, la prévention la plus aveugle pourrait seule s'inscrire en faux contre ces consolantes paroles. Nous n'avons, dans ce qui précède, parlé que des services individuels que rend l'art de guérir. Que n'aurions-nous pas à dire de son importance sociale! des immenses services qu'elle rend à la civilisation dans toutes ces grandes questions d'hygiène publique qu'elle est appelée journellement à résoudre, dans ses rapports avec l'administration et la justice dont elle éclaire les décisions et les arrêts..... Dans l'impossibilité d'entrer à cet égard dans les développements que ne comporte pas la nature de cet ouvrage, nous terminerons cet article par un tableau sommaire des différentes phases par lesquelles a passé depuis son origine jusqu'à nos jours cette science, qui ne répond à ses détracteurs que par ses progrès incessants. Je ne sache pas de meilleure réfutation à leur opposer. Non, ce n'est pas une étude stérile et vaine que celle à laquelle tant de beaux génies ont consacré leurs veilles, et que l'on retrouve à tous les degrés de civilisation à toutes les périodes de l'histoire des sciences, entourée des respects et de la reconnaissance des peuples; cette science dont il est écrit dans un livre immortel : « *Honora medicum propter ne-cessitatem.... à Deo est omnis medela... Altissimus creavit de terra medicamenta, et vir prudens non abhorrebit illa.* » (*Ecclés.* xxxviii, 1, 2, 3, 4, 5, 6.)

Histoire de la médecine. — Si la médecine, comme science, ne date que d'Hippocrate, comme art, elle est contemporaine des premières sociétés. L'homme, en effet, sujet à la souffrance, ne fait qu'obéir à un mouvement naturel, dicté par l'instinct de la conservation, lorsqu'il cherche autour de lui les moyens de se soulager. Ce mouvement, vague dans son principe, et guidé par les plus grossières analogies, finit cependant par acquérir d'expériences journellement répétées, quelque chose de plus positif. Voilà l'art de guérir dans son origine. Un empirisme grossier guide nécessairement les premiers pas. L'étude des pratiques médicales encore en usage aujourd'hui chez les peuples sauvages, serait peut-être, à défaut de monuments historiques, les meilleurs moyens de se rendre compte de ce que ces pratiques pouvaient être dans ces *temps primitifs*; car l'homme obéit, dans tous les temps comme dans tous les lieux aux mêmes besoins, aux mêmes tendances; il est soumis aux mêmes lois; et si la médecine des Egyptiens différait de celle des Indous ou des Hébreux, c'était moins par le fonds que par la forme. Je veux dire que c'est sous l'inspiration des mêmes idées que naquirent, modifiées par les religions, le climat, les lois et les mœurs, les quelques procédés, les préceptes fort simples qui composaient alors tout le domaine de l'art. Ainsi partout nous voyons dans ces sociétés primitives, encore toutes pénétrées des idées religieuses au souffle desquelles elles s'élevèrent, et, soumises, pour la plupart, à un pouvoir théocratique, les premiers médecins mis au rang des dieux, les maladies regardées comme des châtiments de la colère céleste, et l'exercice de l'art remis aux mains du sacerdoce, qui avait seul, conformément à ces croyances, le pouvoir d'en détourner les effets. L'histoire de l'art se trouve ainsi mêlée à son berceau à celle des personnages symboliques ou réels que l'on trouve dans les antiques annales du genre humain. La médecine est encore un art sacré et mystérieux dont on conserve les archives dans les temples. Il y avait toutefois une sorte de mise en commun des lumières acquises, et d'appel à l'expérience publique, soit dans les récits de maladies suspendus aux colonnes des temples, soit dans l'exposition des malades sur la voie publique, où l'on pouvait recevoir les avis de ceux qui s'étaient trouvés dans une position semblable. La nécessité avait suggéré l'emploi de certains remèdes empiriques avant qu'on eut l'idée de faire de leurs études l'objet d'une profession ou d'un art particulier. Et puis dans ces premiers temps, la plupart des maladies internes étaient abandonnées à leur cours naturel et fatal, suivant les idées d'alors, ou bien on avait recours, pour s'en débarrasser, à des expiations, à des pratiques religieuses en dehors des procédés indiqués par l'art. On s'était occupé presque exclusivement d'abord des maladies externes plus accessibles aux sens, et partant d'un traitement plus facile. On serait même étonné que l'art de guérir ait pu rester pendant tant de siècles dans une aussi grande enfance, au sein d'une civilisation si avancée sous bien des rapports, si l'on ne savait que partout les préjugés, les coutumes, les lois même (notamment celles qui interdisaient de toucher aux corps morts) n'enrayaient les progrès qu'on aurait pu faire. Néanmoins malgré les entraves apportées à l'essor de ces connaissances, l'expérience devait ajouter peu à peu à la masse de faits recueillis empiriquement et transmis d'une génération à l'autre. Aussi acquiert-on, dans les ouvrages d'Hippocrate, la preuve qu'en Grèce du moins, et par un concours de circonstances particulièrement favorables à ce beau pays, l'art de guérir était déjà, à l'avénement de ce grand homme, en possession des procédés les plus importants de l'art. Entrons maintenant dans les particularités les plus brillantes du tableau dont nous venons de présenter le fonds. Le livre auquel commence toute histoire authentique, la Bible, bien qu'elle mentionne plusieurs maladies, ne nous donne pas de détails assez circonstanciés sur leur traitement pour nous instruire de ce qu'était la médecine chez les Hébreux. Ce silence, joint aux opinions que ce peuple était souvent châtié par Dieu, avait, sur l'origine de la plupart des maladies, qu'il regardait comme envoyées en punition de ses fautes, et à la défense sévère de toucher aux morts, dont le contact était regardé comme impur et sacrilége, donné à penser que cet art était peu cultivé chez eux, et se bornait à peu près aux connaissances qu'ils avaient puisées pendant leur captivité chez les Egyptiens. Plusieurs passages

des Saintes-Ecritures prouvent cependant qu'ils n'ignoraient pas l'art de réduire les fractures (*Ezéchiel*, cap. XXX, v. 27; *Jérém.*, cap. XXX, v. 12); l'efficacité des eaux thermales, et celle des bains froids, contre les maladies de la peau (*Rég,,* l. IV, cap. 5 et 18). La médecine y jouissait même d'une haute considération (*Eccl.*, cap. 38). C'est aux Lévites qu'elle était confiée; mais la médecine opératoire y était encore à naître, comme chez la plupart des peuples de l'antiquité. On ne voit pas même qu'on y pratiquât les opérations les plus urgentes. Celle de la circoncision s'y faisait avec un caillou tranchant. Mais dans l'hygiène, sur laquelle, comme législateur, il concentre toute sa sollicitude, Moïse montre une sagesse, une supériorité de vue qui a de tout temps excité la plus juste admiration (V. *le Lévitique*, etc.). L'horreur qu'il avait cherché à inspirer à son peuple pour les corps privés de vie, et la loi qui considérait comme impur pendant sept jours celui qui avait touché ou enseveli un cadavre, avait elle-même son principe dans les précautions particulières qu'il avait fallu prendre pour prévenir la propagation des maladies contagieuses si redoutables sous le ciel brûlant de l'Orient. (Consulter Th. Bartholin, *De morbis biblicis*, in-8°, 1682; D. Calmet, *De medicis et remedica Hebreorum*, in-4°, 1714; Carcassone, *Essai hist. sur la méd. des Hébreux*, in-8°, 1815.) L'Egypte, cette terre antique de la civilisation, ne paraît pas avoir poussé beaucoup plus loin les connaissances en médecine : à ses origines incertaines de l'art se perdent dans les récits fabuleux qui commencent leurs annales, et les noms mythologiques d'Isis et d'Osiris, de Thoth ou Hermès-Trismégiste, se confondent avec les premières lueurs de l'histoire des sciences. Une circonstance particulière à noter ici, et qui explique suffisamment l'état stationnaire de la médecine chez ce peuple si avancé sous quelques rapports, c'est l'obligation où était le sacerdoce, commis à la garde des livres sacrés attribués à Hermès, de se conformer aux préceptes qui y étaient renfermés. Celui qui perdait un malade était puni de mort s'il s'était écarté, dans le traitement, de ce Code sacré. De ces livres, au nombre de 42, et qui contenaient toute l'Encyclopédie religieuse et scientifique des premiers temps de l'Egypte, les six derniers seulement étaient consacrés aux sciences médicales. Les observations renfermées dans ces traités, fruit d'une expérience séculaire, et auxquelles le nom révéré d'Hermès ne servait probablement que de symbole, fournissaient aux prêtres-médecins d'utiles données sans doute pour le diagnostic, le pronostic et le traitement des maladies; mais les procédés grossiers suivis pour l'embaumement ne pouvaient donner des notions bien exactes sur l'anatomie, et cet asservissement opiniâtre au passé, l'absurde obligation où se trouvait tout praticien de ne traiter qu'une seule classe de maladies, et de n'en commencer le traitement qu'au cinquième jour, mettaient un obstacle invincible à tout progrès. La science était comme un dépôt sacré que chaque génération se croyait obligée de transmettre à la génération suivante dans l'état d'intégrité où elle l'avait reçu. Le régime alimentaire de la nation était, chose remarquable, fixé conformément à certaines règles d'hygiène auxquelles les rois eux-mêmes étaient tenus de se soumettre. La caste des prêtres-médecins jouissait d'une haute considération; elle ne recevait pas d'argent des particuliers, mais elle était largement rémunérée par l'Etat. (Consultez P. Alpini, *Medicina Ægyptionea*, 1745; M. Alberti, *Diss. de medici apud Ægyptios et Hebræos conditione*, 1742.) Les analogies que l'on a constatées entre la civilisation égyptienne et celle des Hindous, ne sont nulle part plus frappantes que dans l'état de la médecine chez ces deux peuples. Dans l'Inde aussi, toute la médecine était renfermée dans un certain nombre de prescriptions qui se transmettaient sans modification des pères aux enfants. Les Brahmes avaient seuls le droit de l'exercer, et chacun devait se borner à l'une des huit classes de maladies reconnues par les lois. Ces maladies étaient, suivant les idées répandues dans l'Orient, dues à des mauvais génies; d'où la nécessité des purifications et autres pratiques expiatoires dans le traitement des maladies, où le régime entrait aussi en grande considération. Telles sont les données les plus générales que nous possédons sur l'état encore si imparfait et si peu connu d'ailleurs de la médecine antique hors de la Grèce. Nous allons la voir maintenant débarrassée, dans ce pays, de quelques-unes des entraves qui le retenaient asservie dans l'immobile Orient, marcher d'un pas lent mais sûr vers l'époque où Hippocrate devait enfin lui faire prendre son rang parmi les sciences. Nous ne nous arrêterons pas longuement sur les origines de la médecine en

Grèce ; elle y fut ce qu'elle avait été partout ailleurs, et notamment chez les nations d'où elle tira sa civilisation première. Élevés après leur mort au rang des dieux ou des héros, les hommes qui avaient les premiers consacré avec succès leurs soins au soulagement de leurs semblables, reçurent un culte et des autels, à l'ombre desquels se transmirent les traditions qu'ils avaient laissées. Les noms de Chiron et d'Esculape, ceux de Mélampe, de Machaon et de Podalyre sont plutôt du domaine de la fable ou de la poésie que de celui de la science. D'ailleurs les traitements externes paraissent avoir été à peu près les seuls en usage dans ces temps fabuleux ; et avec quelque complaisance que se soient arrêtés certains érudits sur cette période aussi absurde que grossière de l'art, nous ne saurions partager leur admiration archéologique, qui rappelle un peu l'enthousiasme factice des traducteurs et commentateurs pour leur auteur favori. Mais cet état d'enfance, stationnaire chez les peuples dont nous venons de parler, ne pouvait qu'être transitoire en Grèce, la véritable patrie de l'art, la seule qui ait avec notre science moderne une filiation directe ; et la concentration des connaissances médicales dans une seule caste, d'une haute nécessité à l'époque où les temples étaient les foyers de toute organisation sociale, eût été fatale à leurs progrès ultérieurs. On ne peut disconvenir néanmoins que si la science des Asclépiades ne consista longtemps qu'en pratiques superstitieuses et en préceptes grossièrement empiriques, elle fut aussi dans la suite, par ses perfectionnements successifs, le point de départ de l'immense révolution que vint accomplir Hippocrate. Les écrits du père de la médecine en font foi. C'est dans les traditions non interrompues de cette expérience séculaire que ce grand génie puisa en partie les matériaux de ses immenses traités. Les temples de Cos, de Cnide, de Rhodes étaient devenus de véritables écoles où les faits étaient déjà soumis à une appréciation raisonnée, et le traitement dirigé d'après certaines vues rationnelles. Je n'en citerai pour preuve que l'opposition systématique qui existait déjà avant Hippocrate, entre Cnide, qui multipliait les espèces, des maladies et les remèdes, et Cos, qui considérait la pathologie en grand, et se montrait beaucoup plus réservé à l'endroit de la thérapeutique. Mais c'était des recherches des premiers philosophes que devaient sortir les premières spéculations d'un dogmatisme naissant ; et si, en s'étendant au corps humain, ces recherches ne donnèrent pas de sa nature et de ses dérangements des idées bien exactes, elles imprimèrent du moins une tendance plus philosophique à la science, et lui ouvrirent une voie plus large de progrès en la faisant sortir des mains qui en avaient jusque là conservé le monopole. C'était une ère nouvelle qui commençait pour la Grèce, marquée par une direction nouvelle des forces de l'intelligence. Mais les théories de ces philosophes n'étaient malheureusement qu'une déduction plus ou moins logique de leurs explications universelles du monde. Sans avoir observé le corps humain, ils crurent pouvoir déterminer à priori, et partant des hypothèses les moins démontrées, l'essence des actions vitales, les causes de la santé et celles des maladies. Vient enfin Hippocrate, qui ne rejetant que la fausse philosophie, et unissant le raisonnement aux faits, peut être regardé comme le fondateur du vrai dogmatisme, lequel ne se formule toutefois en tant que système, et ne reçoit son nom qu'après la naissance de la secte empirique. J'ai cherché à apprécier au mot Hippocrate le caractère de la révolution dont ce grand homme fut l'auteur, et l'influence qu'il exerça sur les destinées ultérieures de la science. J'y renvoie aussi ceux qui voudraient avoir des renseignements plus détaillés sur ses ouvrages et sur l'état des connaissances à l'époque où il écrivait, et je passe immédiatement à ses successeurs. Les successeurs d'Hippocrate ne furent pas toujours fidèles aux principes tracés par ce grand maître. Le mélange de ses doctrines avec celles des philosophes, notamment avec celles que Platon expose dans le *Timée*, vint bientôt en altérer l'esprit et la pureté. La doctrine des quatre éléments, des quatre humeurs cardinales et de leurs qualités fondamentales (le froid, le chaud, le sec, l'humide), doctrines dont on trouve déjà le germe dans Empédocle, de disciple de Pythagore, passa de l'enseignement de l'académie dans les écrits des médecins, où se perpétua de siècle en siècle jusqu'à la chute du Galénisme. A cet ancien dogmatisme succéda plus tard, vers le ivᵉ siècle avant l'ère chrétienne, un dogmatisme nouveau dû à l'impulsion que communiquent à la science Hérophile et Erasistrate, en fondant l'anatomie humaine, à Alexandrie. De là datent les premiers

essais de solidisme ou d'un dogmatisme plus rationnel, en ce qu'il cherche dans les organes eux-mêmes la cause des phénomènes qu'ils présentent. La médecine se partageait alors en trois branches : la diététique, la chirurgie et la pharmacie. Après Erasistrate, Asclépiade de Pruse en Bythinie admit également que toutes les causes actives des maladies sont dans les solides (iiᵉ siècle). Empruntant à Epicure le trop fameux système des atômes, il prétendit que du mouvement régulier ou irrégulier de ces atômes, de leurs proportions ou de leurs disproportions entre eux et avec les pores qu'ils tendent à traverser, résulte l'état de santé ou celui de maladies. Thémison de Laodicée (iᵉʳ siècle), rejetant entièrement toutes recherches sur les causes premières et sur l'essence des corps, admit dans nos organes l'existence des pores, qui trop relâchés ou trop resserrés, laissent passer les matières qu'ils devraient retenir ou retiennent celles qu'ils devraient laisser passer ; d'où la célèbre doctrine du *strictum* et du *laxum*, auxquels on ajouta plus tard une troisième classe le *mixtum* pour les maladies qui se montrent à la fois dans différents points de l'économie, participant à la fois de l'une et de l'autre classe. En opposition avec la secte méthodique dont nous venons de rappeler les principaux dogmes, naît la secte pneumatique (iᵉʳ siècle), laquelle, renouvelant les opinions d'Erasistrate sur le *pneuma*, et combinant cette théorie avec celle des qualités élémentaires, fait retomber la médecine dans le vague des causes premières et dans les subtilités des écoles philosophiques.

Longtemps avant l'époque où nous sommes parvenus (car nous suivons la filiation des idées plutôt que l'ordre chronologique), quelques médecins, convaincus de l'inutilité des efforts du dogmatisme pour constituer une théorie de la science, et formés par les Pyrrhoniens à l'esprit de critique et d'analyse, avaient prétendu qu'on ne peut fonder la médecine que sur les seules données de l'expérience. Telle est l'origine de la secte empirique qui, avant d'être constituée comme école, existait déjà comme méthode. Réaction modérée d'abord entre les mains d'Archagatus et de Sérapion contre les abus des théories, et se prévalant de ce que les recherches des dogmatistes sur la nature intime des maladies n'avaient fait faire aucun progrès à la pratique, cette école dépassa bientôt, comme toutes les réactions, les limites du vrai, et finit dans ses recherches sur les médicaments par dégénérer en un empirisme tellement aveugle qu'il va jusqu'à proscrire l'anatomie et la physiologie. Cette secte, qui conserve néanmoins une assez grande prépondérance jusque vers l'époque où paraît Galien, doit en partie sa faveur au scepticisme formulé par Sextus-Empiricus avec plus de vigueur qu'on n'en trouve chez ses devanciers. A l'exception de quelques travaux écrits dans un excellent esprit (Celse, Arétée, Dioscoride), la médecine, livrée aux sectes les plus diverses, ou à un grossier empirisme, était menacée de l'anarchie la plus complète, lorsque parut un homme auquel aboutissent, et dans lequel se résument tous les siècles précédents. GALIEN, né à Pergame l'an 131 de l'ère chrétienne, sous Adrien, renouvelant la tentative d'éclectisme avortée entre les mains d'Agathinus à Sparte et d'Archigène d'Apamée, rapproche toutes les doctrines, et de ce syncrétisme habilement coordonné, mais hérissé de subtilités dialectiques et de vues purement hypothétiques, résulte ce galénisme qui régna sans opposition pendant plus de treize siècles. Après Galien, on trouve encore quelques tentatives de ce genre ; mais on compte plus de compilateurs que d'éclectiques proprement dits. Des anciennes doctrines il n'est pas de traces, si ce n'est dans Cœlius-Aurélianus resté fidèle au méthodisme (iiiᵉ siècle). Oriban, contemporain et ami de l'empereur Julien (ivᵉ siècle), Aétius d'Arnide, Alexandre de Tralles (viᵉ siècle) écrivent avec honneur sur la médecine. Paul d'Egine (viiᵉ siècle) acquit une grande célébrité comme chirurgien et accoucheur. Avec ces hommes meurt enfin la médecine grecque qui n'avait pu se préserver de l'influence funeste des doctrines mystiques d'Alexandrie, et se débattait depuis près de cinq siècles dans une pénible agonie. La nuit épaisse de la barbarie couvre l'Occident ; tout le foyer de la science d'alors est chez les Arabes, qui ne sont guère au reste que des commentateurs et des traducteurs plus ou moins fidèles d'Aristote et de Galien. Cependant Rhazès, Avicenne, Avenzoav, Averrhoès laissent un grand renom, et l'Espagnol Albucasis donne un grand éclat à la chirurgie. (xᵉ, xiiᵉ siècles.) Lorsque des rapports plus intimes commencent à s'établir entre l'Orient et l'Occident, où l'esprit humain s'efforce de sortir des ténèbres de la barbarie, c'est Aristote qu'il prend pour son instituteur. Aussi se borne-t-on, en médecine, à commenter et à extraire les Arabes. Ainsi se perpétuent, sous l'empire exclusif de l'autorité et de la philosophie scholastique, l'aristotelisme et le galéno-arabisme. Ce dernier, qui se prêtait merveilleusement aux subtilités dialectiques de cette époque, se mêle aux rêveries des alchimistes et des astrologues, aux discussions sur les causes occultes et sur la puissance des charmes, qui était ni dans l'esprit du temps. Cependant, dès le xuⁱᵉ siècle, l'école de Salerne était célèbre; l'école de Montpellier, et peu de temps après, le collège de chirurgie de l'aris étaient fondées. Guillaume de Salicet, Lanfranc acquéraient quelque renommée dans la pratique de la chirurgie. Après eux, Gui de Chauliac la relève de son abaissement, et publie des ouvrages qui servent de guide aux chirurgiens pendant plus de deux siècles. Mais le plus grand événement du xivᵉ siècle, c'est la naissance de l'anatomie descriptive, cette science qui devait exercer une si heureuse influence sur le progrès de la médecine. Dès 1315, Mondino disséquait publiquement des cadavres humains. Le funeste préjugé qui avait si longtemps enrayé la marche de nos connaissances était vaincu. Cependant de l'étude des Arabes, qui n'avaient fait que copier la médecine grecque en la défigurant, à celle des sources mêmes, il n'y avait qu'un pas : il fut franchi lorsque la connaissance de la langue grecque fut devenue plus familière, et que l'imprimerie put répandre les chefs-d'œuvre de la médecine antique. C'est le signal d'une révolution ou d'une ère nouvelle pour cette science. Mais le mysticisme (l'alchimie, l'astrologie, la cabale) fausse la plupart des travaux entrepris à cette époque. Les promoteurs de cette fausse philosophie sont en même temps ceux du mouvement mystique : Cardan, Campanella, Raimond-Telle, Arnould-de-Villeneuve, Flud, Paracelse et Van-Helmont, dont le vitalisme mystique laissa son empreinte dans quelques doctrines du xviiᵉ siècle. Toutefois le règne du galénisme est fini, et les doctrines hippocratiques trouvent de savants interprètes. Le goût des anciens, et avec eux celui de l'observation, tend à se répandre de plus en plus par les travaux des Houllier, des Duret, des Foës. Jean Fernel s'élève à la plus haute renommée comme observateur. Dodoëns, Schenck, Félix Plater, Forestus marchent sur ses traces. L'essor nouveau de l'esprit humain se communique à toutes les branches de l'art de guérir. Les travaux des grands anatomistes du xviⁱᵉ siècle fondent la science. Dans cette pléiade illustre brillent au premier rang : Vésale, dont le grand ouvrage parut en 1543; Fallope, son disciple et son émule; Varole; Michel Servet qui découvre la petite circulation du sang en 1553; Eustachi qui, le premier, décrit le canal thoracique; Césalpin, Bauhin, puis enfin l'immortel Harvey qui démontre la circulation du sang en 1619. Ambroise Paré jette le plus grand lustre sur la chirurgie. La première édition de ses ouvrages parait en 1561. Nous touchons aux temps modernes. La science est en possession de tous les grands monuments de l'antiquité; mais il lui manque une chose, la méthode : Bacon et Descartes la lui apportent. On croirait au premier abord qu'à celui qui traça la méthode d'observation dans le monde physique devait appartenir nécessairement la plus grande part d'influence dans les sciences médicales. Il n'en est rien : Bacon, nous l'avons dit, fut presque ignoré du xviiᵉ siècle, et ce n'est que par l'entremise de la philosophie sensualiste que prit pour son chef, que la science d'Hippocrate le connut; d'ailleurs la philosophie cartésienne, vaste système qui embrassait tout, avait des explications toutes prêtes pour les phénomènes physiologiques. Telle était même à cet égard la variété de ses aperçus, l'abondance de ses ressources, qu'étudiée sous différents aspects, elle donne lieu aux trois grands systèmes qui dominent la médecine au xviiᵉ et au commencement du xviiiᵉ siècle, savoir : le système chimiatrique de Sylvius, le système iatro-mécanique de Borelli, l'animisme de Stahl, qui unit après les deux autres. Quelques mots sur chacun de ces systèmes. De la matière subtile de Descartes, et des ferments de Van-Helmont que l'auteur des tourbillons adoptait pour expliquer les diverses fonctions du corps, sort le système chimiatrique. Déjà Hogeland, ami et partisan de Descartes, avait donné une explication des fonctions du corps humain par la chimie; mais Sylvius en fait le premier un système complet, lié dans toutes ses parties. C'est dans les liquides que se passent tous les phénomènes physiologiques et pathologiques qu'on explique par des fermentations, des distillations, des effervescences. L'acrimonie acide ou alcaline de l'un des fluides de l'économie animale produit toutes les maladies. Toute la thérapeu-

tique consiste à neutraliser l'une ou l'autre de ces propriétés quand elles sont en excès. Ce système régna avec un certain éclat, et longtemps après qu'il eut cessé d'être enseigné, il laissa encore des traces dans les idées dominantes. Le système iatro-mécanique, appliquant aux sciences médicales cette partie du cartésianisme qu'on a appelé le système mécanique de Descartes, et suivant lequel les animaux ne sont que des atomes ou des machines perfectionnées, prétend également expliquer les phénomènes de l'économie animale d'après les lois de la mécanique. Ce système, dont Boulli est le fondateur, a aussi de nombreux partisans, séduits par le caractère scientifique de ses données. Il avait été préparé d'ailleurs par les progrès des sciences mathématiques et physiques, et par la découverte de la circulation, assimilée d'abord aux phénomènes de l'hydraulique. Les grandes découvertes de Newton avaient aussi fourni prétexte à de fausses applications du calcul à la médecine. Plus tard, le mécanisme s'allie dans quelques écoles à la chimiatrie, qui sert à expliquer les phénomènes pour l'interprétation desquels la physique fait défaut. Enfin du spiritualisme cartésien sort dans le siècle suivant une doctrine médico-psychologique suivant laquelle l'organisme, affranchi des forces chimiques ou mécaniques auxquelles les systèmes précédents prétendaient l'asservir, est soumis à un principe ou à une force immatérielle, l'âme, personnification de la nature médicatrice d'Hippocrate. Ce système, plus large que les précédents, et qui appartient essentiellement au mouvement spiritualiste du xviiᵉ siècle, ne fait d'abord que peu de prosélytes; mais il devient ensuite, en subissant quelques transformations, le point de départ des doctrines vitalistes de Montpellier. Entraînés par la filiation logique des idées, il nous a fallu omettre quelques noms célèbres, sur lesquels nous ne saurions cependant garder un silence absolu : tels sont, dans le domaine de l'anatomie, Aselli, Pecquet, Malpighi, Willis, Ruysch, Vieussens; et dans celui de l'observation médicale, Baillou, l'hippocratiste par excellence de la fin du xviⁱᵉ siècle, et Sydenham, celui de la fin du xviiᵉ siècle; Thomas Bartholin, célèbre à plus d'un titre; Morton, Baglivi, le rival de gloire de Sydenham; Ramazzini, Valsalva, Torti, Laneisi; enfin, parmi les opérateurs et les accoucheurs célèbres, Mauriceau et Dionis en France; Séverin et Marchetti en Italie; Fabrice de Hildens en Allemagne; Deventer en Hollande.

Boerhaave, le plus grand praticien de son temps (c'est-à-dire du commencement du xviiiᵉ siècle), associe aux théories mécaniques, base de son système, mais dont il ne fait pas cependant la règle des actions vitales, des théories chimiques fondées sur les altérations des humeurs; Van-Swieten le commente. Mais en opposition avec ces théories mécaniques et chimiques qui régnaient dans ces écoles, s'élève le vitalisme moderne qui, poursuivant l'étude du principe vital non plus d'une manière abstraite, mais dans ses effets visibles, jetait les bases du solidisme moderne. C'est ainsi qu'Hoffmann rapporte toutes les fonctions du corps aux mouvements de la fibre vivante, et toutes les lésions des fonctions, ainsi que les altérations qui en dépendent, aux altérations de ce mouvement qui, suivant qu'il est trop fort ou trop faible, constitue le spasme ou l'atonie, d'où, à quelques lésions humorales près, les différentes classes de maladies. Ce mécanico-dynamisme, qui assimile les phénomènes physiques à ceux d'une machine d'un ordre supérieur, produit en s'épurant la théorie nervoso-dynamique de Cullen, d'où découlent les théories de l'excitement en faveur à la fin du xviiiᵉ siècle et au commencement du xixᵉ; doctrines d'un ordre purement abstrait dans le Brownisme, mais combinées dans le vitalisme organique de Bordeu, de Bichat, dans la doctrine de l'irritation, et dans les doctrines italiennes avec la considération des tissus, et dont la doctrine des propriétés vitales est l'expression la plus avancée. Mais avant d'arriver là, voyons ce qui s'était fait de plus remarquable dans le domaine des faits, au xviiiᵉ siècle. De même que l'histoire naturelle, la médecine a ses nomenclateurs. Le travail le plus remarquable de ce genre est celui de Sauvages. Lorry, de Haen, Stoll, Pringle, Zimmermann, etc., soutiennent dignement l'honneur de la médecine d'observation. G. Hunter, Louis Petit, Desault, Scarpa, Sabatier, etc., portent avec l'académie royale de chirurgie, l'art opératoire à une grande hauteur. Jenner fait connaître en 1798 son immortelle découverte. (Voy. VACCIN.) Baudelocque perfectionne l'art des accouchements. Barthez soutient dignement l'antique renommée de l'école de Montpellier, Pinel et Corvisart celle de l'Ecole de Paris. Cependant un élément nouveau s'était introduit dans la science; lorsque le sensualisme eut, dans la moitié du XVIIIe siècle, détrôné pour un temps le cartésianisme, il dut surtout obtenir faveur chez des observateurs voués à l'étude de l'homme physique. De même, en effet, qu'on s'imaginait pouvoir tirer toute morale du traité des sensations, on devait à *fortiori* penser que la science de l'homme malade est tout entière dans les traités d'anatomie pathologique. Les beaux travaux de Morgagni, et des anatomistes qui marchèrent sur ses traces secondèrent merveilleusement cette disposition des esprits; de là l'organicisme moderne qui empreint tous les travaux entrepris dans la première moitié de ce siècle, et auquel la doctrine physiologique elle-même n'échappa pas complètement. (Voy. IRRITATION.) Quant à la médecine allemande, tombant dans un excès opposé, elle emprunte à la philosophie de la nature et à une métaphysique nébuleuse des systèmes plus ingénieux que solides, contre lesquels lutte d'ailleurs avec succès le bon sens des praticiens restés en grand nombre fidèles à la véritable observation. Nonobstant le talent de son auteur, la doctrine physiologique n'a, comme le contro-stimulisme (voy. Rasori, Tomasini), qu'une durée éphémère, et l'on reconnaît généralement aujourd'hui que si l'on peut s'élever par des théories partielles à la connaissance de quelques-unes des lois qui régissent la science, il n'est point, dans l'état actuel de nos connaissances, de théorie générale qui puisse nous dire le dernier mot de la science. C'est ce qu'ont compris les nombreux et grands esprits qui ont marché avec tant de succès depuis un demi-siècle dans la voie des méthodes expérimentales : les Chaussier, les Sœmmerring, les Meckel, les Tiedemann, les Magendie, les Bell, les Lobstein, dans les sciences anatomiques et physiologiques; les Percy, les Roux, les Boyer, les Dupuytren, les Graefe, les Scarpa, les Cooper, les Larrey, les Lisfranc, les Civiale, dans l'art opératoire; les Récamier, les Laennec, les Andral, et tant d'autres que je ne puis nommer, dans la pathologie interne. Voyez comme complément de cet article, où je ne saurais citer tous les noms illustres de la médecine contemporaine, les articles généraux consacrés à chacune de ses branches, articles où sont mentionnés les progrès dus à chacun de nos glorieux confrères (auscultation, médecine légale, accouchements, lithothritie, thiropeutique, etc., etc.). Disons pour terminer, qu'abandonné sans retour par l'opinion publique, l'organicisme pur a fait place à un expérimentalisme plus large et mieux entendu, caractérisé particulièrement par un retour aux traditions hippocratiques, dont nous avons signalé ailleurs le sens et la portée. Consultez Daniel Leclerc, pour la médecine ancienne, et la traduction de C. Sprengel, par M. Jourdan.

Docteur SAUCEROTTE.

MÉDÉE, magicienne fameuse, fille d'Etès, roi de Colchide, et nièce de Circé, apprit d'Hécate, sa mère, la connaissance des plantes et des enchantements. Lorsque Jason vint à la tête des Argonautes réclamer la toison d'or, Médée devint amoureuse du jeune héros, et ayant eu avec lui dans le temple d'Hécate une entrevue, où ils se jurèrent un amour éternel, elle le fit triompher par sa toute-puissance magique des obstacles qui s'opposaient à son entreprise; puis elle s'enfuit du palais de son père avec le vainqueur. Le roi de Colchos s'étant mis à leur poursuite, et ayant envoyé en avant Absyrthe, son fils, Médée, afin d'arrêter dans leur marche ceux qui la cherchaient, égorgea son frère, et en dispersa les membres palpitants sur le chemin par où son père devait passer. Quelques auteurs rejettent cet acte de barbarie sur Jason. Le prince grec, de retour à Iolchos, sa patrie, célébra sa victoire par des réjouissances publiques; mais comme son père Eson ne pouvait assister aux fêtes à cause de son grand âge, il pria Médée de le rajeunir. Celle-ci tira tout le sang de ce prince, et en fit couler un nouveau dans ses veines, ce qui lui rendit son ancienne vigueur. Les filles de Pélias, étonnées de ce prodige, prièrent Médée de rendre le même service à leur père. La magicienne le leur promit; et pour mieux les convaincre de la puissance de son art, elle découpa un vieux bélier, le mit dans une chaudière et en fit bientôt sortir un jeune agneau. Elle découpa de même le vieux Pélias, ou, selon Ovide, elle engagea les filles du prince à le disséquer elles-mêmes; et l'ayant mis dans la même chaudière, elle l'y laissa si longtemps qu'il fut entièrement consumé, en sorte qu'on ne put pas même lui donner la sépulture. Les habitants d'Iolchos furent tellement irrités de cette barbarie que Jason et Médée furent obligés de se réfugier à Corinthe, pour se dérober au juste châtiment de leur crime. Ils y vécurent pendant dix ans dans une union parfaite. Mais Jason,

étant devenu épris de Glaucé, fille de Créon, la demanda en mariage, et pour l'obtenir s'engagea à répudier Médée. Celle-ci, qui aimait toujours Jason malgré son infidélité, dissimula son chagrin pour se venger plus sûrement; et, ayant feint d'approuver cette alliance, elle empoisonna une robe qu'elle envoya par un de ses fils à sa rivale. Glaucé ne se fut pas plus tôt revêtue de cette fatale robe qu'elle fut dévorée par un feu secret, qui la consuma entièrement, ainsi que Créon, son frère, qui s'efforçait de la soulager. Peu satisfaite d'une vengeance si cruelle, Médée égorgea les deux enfants qu'elle avait eus de Jason, et montant ensuite sur un char que le Soleil lui avait donné, elle se retira chez Hercule, qui lui avait promis autrefois de la secourir si Jason lui manquait de foi. Arrivée à Thèbes, elle trouva qu'Hercule était devenu furieux; et ne pouvant attendre aucun secours de lui dans l'état où il était, elle alla chercher un asile à Athènes. Après s'y être fait purifier de ses crimes, elle épousa Egée, ou vécut en concubinage avec lui. Elle eut de ce prince un fils appelé Médus. Quelque temps après, voulant assurer le trône à son fils, elle tenta d'empoisonner Thésée, qui cherchait à se faire reconnaître de son père. Heureusement Egée le reconnut avant que le forfait fût consommé. Le père et le fils se réunirent, et Médée, pour éviter le châtiment qu'elle méritait, monta dans son char et disparut au milieu des airs. Elle alla dans la Colchide, où elle se réconcilia avec Jason, qui avait quitté Corinthe. Si l'on croit Justin, elle mourut dans sa patrie, après être rentrée dans les bonnes grâces de sa famille. Après sa mort, elle descendit aux Champs-Elysées, où elle épousa Achille, suivant une tradition conservée par Simonide. Selon Elien et quelques anciens historiens, tout ce que l'on publiait au désavantage de Médée était faux. Elle ne vint à Corinthe que parce qu'elle avait droit à la couronne de cette contrée; et effectivement elle y régna conjointement avec Créon. Diodore dit même que ce furent les Corinthiens qui invitèrent cette princesse à quitter Iolchos pour prendre possession d'un trône qui lui était dû. Mais ces peuples inconstants, soit pour venger la mort de Créon, dont ils accusaient Médée, soit pour mettre fin aux intrigues qu'elle formait dans la vue d'assurer la couronne à ses enfants, la lapidèrent avec eux dans le temple de Junon, où ils s'étaient réfugiés. A quelque temps de là, Corinthe fut affligée d'une maladie épidémique, qui faisait périr tous les enfants. L'oracle de Delphes avertit les Corinthiens qu'ils ne verraient la fin de leurs maux que lorsqu'ils auraient expié le meurtre dont ils s'étaient rendus coupables. Aussitôt ils instituèrent des sacrifices en l'honneur des fils de Médée, à qui depuis ils consacrèrent une statue qui représentait la Peur. Ce fait était connu de tout le monde lorsqu'Euripide entreprit de mettre Médée sur la scène. Les Corinthiens firent présent au poète de cinq talents, pour l'engager à mettre sur le compte de Médée le meurtre des jeunes princes. Ils espéraient, avec raison, que cette fable s'accréditerait par la réputation du poète qui l'emploierait, et prendrait enfin la place d'une vérité qui leur était peu honorable. Pour rendre plus croyable cette première calomnie, les poètes tragiques inventèrent tous les autres crimes dont l'histoire de Médée est chargée; les meurtres d'Absyrthe, de Pélias, de Créon et de sa fille, l'empoisonnement de Thésée.

MÈDES. Les Mèdes, quoique plus barbares que les Perses, avaient cependant beaucoup de traits de ressemblance avec eux. Ils avaient à peu près la même religion, les mêmes lois, le même gouvernement. Ils instituèrent d'abord un gouvernement républicain; mais ils ne le gardèrent que jusqu'en l'an 700 av. J.-C., époque à laquelle Déjocès parvint par artifice à se faire donner la couronne. Cyrus, roi de Perse, s'empara de la Médie, et la réunit, l'an 155 av. J.-C., à l'empire des Perses, dont elle ne fut jamais séparée depuis. Les Mèdes ne connaissaient d'autre art que celui de la guerre. Ils étaient surtout renommés pour dresser les chevaux et manier l'arc avec adresse. Ils empoisonnaient ordinairement leurs flèches. La polygamie était permise chez eux. C'est chez ce peuple que prit naissance la coutume de sceller les alliances avec le sang des contractants. Les Mèdes étaient remarquables surtout par leur respect pour leurs rois; ce respect allait jusqu'à l'adoration; il n'était permis ni de rire ni de cracher devant eux. Lorsque le monarque paraissait en public, il était précédé de musiciens et entouré d'une garde nombreuse, choisie dans la noblesse. Les mœurs des Mèdes, d'abord pures et sévères, s'amollirent dans la suite, et autant jadis ils s'étaient rendus redoutables par leur invincible courage, autant ils devinrent ridicules par l'excès de la mollesse et du faste.

MEDIAN, ANE, *colonne médiane* (*archit.*), nom donné par Vitruve aux deux colonnes qui sont au milieu du porche, et dont l'entre-colonnement est plus large que les autres. On dit aussi *entre-colonnement médian*; *porte médiane* (*ant. rom.*), la porte principale d'une ville, celle qui conduit au centre de la ville.

MEDIANOCHE, s. m., terme emprunté de l'espagnol. Repas en gras qui se fait après minuit sonné, particulièrement dans le passage d'un jour maigre à un jour gras.

MEDIANTE, s. f., t. de musique. La tierce au-dessus de la note tonique ou principale.

MEDIAT, ATE, adj., qui n'a rapport, qui ne touche à aucune chose que moyennant une autre, qui est entre deux. Il est opposé à *immédiat*.

MEDIATEUR, TRICE, celui, celle qui s'entremet pour opérer un accord, un accommodement entre deux ou plusieurs personnes, entre différents partis. On l'emploie adjectivement.

MEDIATISER, v. a., faire qu'un prince, qu'un pays en Allemagne ne relève plus immédiatement de l'empire.

MEDICAL, ALE, adj., qui appartient à la médecine. Il signifie quelquefois propice à guérir.

MEDICAMENT, s. m., remède qui est introduit dans l'intérieur du corps, ou qu'on applique extérieurement.

MEDICAMENTER, v. a., donner des médicaments à un malade. Il est quelquefois employé avec le pronom personnel.

MEDICATION, s. f., mot reçu dans le langage médical seulement, par lequel ceux qui l'ont introduit désignent les changements qu'on y fait, l'action des médicaments déterminée dans l'économie animale. Ce n'est pas cette signification, purement arbitraire, qu'on a coutume de lui attribuer; l'usage à peu près général veut qu'on entende par là l'administration d'un ou plusieurs agents thérapeutiques pour satisfaire à une indication déterminée, pour produire telle ou telle modification dans la structure ou les fonctions de l'organisme. Médication n'est donc pas tout-à-fait synonyme de traitement : celui-ci a pour but définitif, plus ou moins prochain, de guérir ou de pallier une maladie; celui de la médication est seulement de provoquer, sinon immédiatement, du moins très prochainement, un effet particulier qui n'est qu'une sorte d'intermédiaire par où l'on doit passer pour arriver au but définitif. Il est bien rare qu'un traitement ne comporte pas l'emploi simultané ou successif de plusieurs médications souvent fort différentes.

MEDICINIER *jatropha* (*bot.*), genre de la famille des euphorbiacées, de la monœcie monadelphie de Linné. Ce genre grandement modifié depuis son fondateur, se compose aujourd'hui d'arbres et d'arbrisseaux et de quelques herbes qui renferment tous un suc laiteux abondant; leurs feuilles sont alternes, quelquefois entières, plus souvent palmées ou lobées dans quelques cas hérissées de poils glanduleux qui sécrètent une humeur caustique. Leurs fleurs ordinairement de couleurs assez vives, sont monoïques, leur périanthe est le plus souvent double, c'est-à-dire composé d'un calice à 5 lobes et d'une corolle à 5 lobes également. Plus intérieurement se trouve un petit disque formé de 5 écailles glanduleuses. Les fleurs mâles présentent 8 à 10 étamines à filets soudés dans leur partie inférieure. Les fleurs femelles offrent un pistil dont l'ovaire est à 3 loges uni-ovulées, et porte à son sommet 3 styles bifides. A ces fleurs succède un fruit à 3 coques. Les médiciniers habitent tous les contrées chaudes du globes, soit dans l'ancien, soit dans le nouveau Continent. L'espèce la plus remarquable est le médicinier cathartique (*Jatropa curcas*, Lin.). Cette plante porte les noms vulgaires de médicinier, gros pignon d'Inde, ricin d'Amérique; elle est originaire d'Afrique et a été importée en Amérique, ou elle s'est naturalisée. Cet arbre haut de 4 mètres environ exhale de toutes ses parties une odeur vireuse narcotique, et laisse couler à la moindre blessure, un suc laiteux. Le tronc qui a un décimètre environ de diamètre, donne naissance à des branches nues dans une grande partie de leur longueur, marquées à leur surface de nombreuses cicatrices laissées par les feuilles qui sont tombées, celles qui restent ne se trouvent qu'à l'extrémité des branches. Les graines de cette plante sont très actives et constituent un violent purgatif à petite dose, à plus forte dose elles deviennent vénéneuses. On emploie l'huile obtenue de ces graines, en frictions pour le traitement de la gale et des dartres.

MÉDICIS (MAISON DE). Il est fait mention de cette famille dès le XIIIᵉ siècle, mais on la voit briller surtout au commencement du XIVᵉ. Elle est célèbre dans l'histoire de Florence. Ses immenses richesses lui acquièrent tout naturellement une immense puissance; il n'y a de pouvoir ici-bas, que celui qui prend sa source dans l'or. En 1342, Gautier de Brienne, duc d'Athènes, qui devait son élévation à cette famille prépondérante, ayant fait mettre à mort GIOVANNI *dei Medici*, sous le prétexte qu'il n'avait pas défendu assez vigoureusement Lucques, contre les Pisans, les Médicis lui jurèrent une haine implacable, et ils contribuèrent activement à délivrer leur patrie de sa tyrannie. Peu de temps après, la noblesse qui, depuis cinquante ans, avait été exclue du maniement des affaires, ayant essayé de reconquérir son ancienne autorité, ALAMANNO de Médicis, l'aîné de la famille appela le peuple aux armes et chassa les nobles. Plus tard, lorsque la ville de Florence vit les factions des Albizzi et des Ricci se disputer le pouvoir, les Médicis restèrent fidèles à la fortune de ces derniers, quoiqu'ils fussent les plus faibles. Un des fils d'Alamanno, BARTOLOMMEO de Médicis, entra même, en 1360, dans une conspiration contre les Albizzi. Cette conspiration ayant été découverte, il n'échappa au sort de ses complices que grâce à la protection de son frère SALVESTRO, qui exerçait des fonctions dans la magistrature. Nommé gonfalonier de la justice, en 1378, ce dernier rendit une loi qui, en abaissant le parti des Albizzi et en relevant le parti *démocratique*, jeta les fondements de l'influence prépondérante de sa maison. En 1393, dans une révolte contre les Albizzi et l'aristocratie, le peuple voulut mettre à sa tête VÉRI de Médicis, fils de Salvestro et chef de la famille; mais ce digne citoyen, qui aurait pu aisément, dans cette circonstance, se rendre maître de Florence, ne se servit de son influence que pour rétablir l'union et la paix. Malheureusement pour lui, les nobles ne tinrent point leurs promesses, et devenus suspects, tous les Médicis de la ligne de Salvestro furent bannis. Un d'entre eux, ANTONIO, soutenu par quelques amis, essaya, en 1397, de rentrer dans Florence; mais son entreprise échoua, et il paya de sa vie cette fatale entreprise. Une nouvelle conspiration, ourdie par le duc de Milan, en 1400, n'eut pour résultat que le bannissement de presque tout le reste de la famille des Médicis. Ceux qui restèrent à Florence ne s'occupèrent plus dès lors, que de leur commerce et du soin de relever leur maison. Giovani de Médicis, fut nommé successivement membre de la seigneurie en 1402, 1408 et 1417, un des dix du conseil de la guerre en 1414, et gonfalonier de la justice en 1421. C'est de lui qu'est issue la famille des grands ducs de Toscane, laquelle illustra plus les lettres qu'elle ne soutint le parti démocratique dans sa patrie.

MÉDICIS (CÔME de), dit *l'Ancien*, ou *le Père de la patrie*, né en 1389, de Jean de Médicis, gonfalonier de Florence, mort en 1428, joua, dans une condition privée, un rôle aussi brillant que le plus puissant souverain. La fortune favorisa tellement son commerce qu'il y avait peu de princes qui approchassent de son opulence. Il répandit ses bienfaits sur les sciences et les savants. Il rassembla une nombreuse bibliothèque (la *Laurentiana*), et l'enrichit des manuscrits les plus rares; il les faisait venir de l'Orient, à grands frais, sur ses vaisseaux marchands, qui parcouraient le monde alors connu. L'envie qu'inspirèrent ses richesses lui suscita des ennemis, qui le firent bannir de sa patrie. Il se retira à Venise, où il fut reçu comme un monarque. Ses concitoyens ouvrirent les yeux et le rappelèrent. Il fut, pendant trente-quatre ans, l'unique arbitre de la république et le conseil de la plupart des villes et des souverains de l'Italie. Ce grand homme mourut à Florence, en 1464, à 75 ans, comblé de félicité et de gloire. On fit graver sur son tombeau une inscription dans laquelle on lui donnait le glorieux titre de *Père du peuple*, de *Libérateur* et de *Père de la patrie*. Fabroni a donné *Magni Cosimi Medici vita*, Pise, 1789, 2 vol. in-4º.

MÉDICIS (LAURENT de), surnommé le *Magnifique* et le *Père des lettres*, né le 1ᵉʳ janvier 1448, était fils de Pierre, petit-fils de Côme et frère de Julien de Médicis. Les Pazzi, d'une ancienne famille fort riche et puissante de Florence, conçurent de la jalousie contre les Médicis : ils firent éclater une conjuration le 29 avril 1478. Julien fut assassiné en entendant la messe; Laurent ne fut que blessé, et le peuple le reconduisit à son palais, au milieu des acclamations. Laurent fut, comme son aïeul, le Mécène de son siècle. C'était une chose aussi honorable qu'éloignée de nos mœurs, de voir ce citoyen qui faisait toujours le commerce, vendre d'une main les denrées du Levant, et soutenir de l'autre le fardeau des affaires publiques, entretenir des facteurs et recevoir des ambassadeurs. Il attira à sa cour un grand nombre de savants par ses libéralités, envoya Jean Lascaris dans la Grèce, pour y recouvrer des manuscrits dont il enrichit sa bibliothèque; cultiva lui-même les lettres, mais avec peu de goût et avec moins de sagesse encore. On a de lui : des poésies italiennes, Venise, 1554, in-12; *Canzone a ballo*, Florence, 1568, in-4°; *la Compagnia del Mantellaccio*; *Beoni*, avec les sonnets de Burchiello, 1558 ou 1568, in-8°; toutes bagatelles qui ne montrent que trop qu'il y avait plus de parade que de solidité d'esprit dans le zèle qu'il montrait pour les sciences. Il mourut en 1492, à 44 ans. Sa passion pour les femmes et son irréligion ont fait tort à sa mémoire. Ses deux fils (Pierre, qui lui succéda et qui fut chassé de Florence en 1494; et Jean, pape sous le nom de Léon X) se signalèrent, comme leur père, par leur générosité et par l'amour des arts. Pierre mourut en 1504, laissant Laurent, dernier mâle de cette branche. Celui-ci, qui termina sa vie en 1519, fut père de Catherine de Médicis, laquelle épousa Henri II, roi de France. L'ouvrage de Fabroni, publié sous ce titre : *Laurentii Medicis Magnifici vita*, Pise, 1784, 2 vol. in-4°, a été surpassé par la *Vie de Laurent de Médicis*, publiée en anglais par W. Roscoë, et traduite en français par Thurot, 1799, 2 vol. in-8°.

MÉDICIS (JEAN de), surnommé *l'Invincible*, à cause de sa valeur et de sa science militaire, était fils de Jean, autrement dit Jourdain de Médicis, et eut pour fils unique Côme Ier, dit *le Grand*, qui, à l'âge de 18 ans, fut élu duc de Florence, après le meurtre d'Alexandre de Médicis, en 1537. Il fit ses premières armes sous Laurent de Médicis, contre le duc d'Urbin : servit ensuite le pape Léon X, après la mort duquel il passa au service de François Ier, qu'il quitta pour s'attacher à la fortune de François Sforce, duc de Milan. Lorsque François Ier se ligua avec le pape et les Vénitiens contre l'empereur, Médicis rentra au service de France. Il fut blessé à Governolo, petite ville du Mantouan, d'une arquebusade dans le genou; et, s'étant fait transporter à Mantoue, il y mourut le 29 novembre 1526, à l'âge de 28 ans. « Comme on lui dit (rapporte Brantôme), ayant été blessé à la jambe, qu'il fallait des gens pour le tenir pendant qu'on la lui couperait : « Coupez hardiment, répondit-il; il n'est besoin de personne»; et tint lui-même la bougie pendant qu'on la lui coupa, le duc de Mantoue étant présent. » Ses soldats s'habillèrent de noir, et prirent des enseignes de la même couleur, pour témoigner le regret de sa perte; ce qui fit surnommer l'infanterie toscane, qu'il avait commandée, *les bandes noires*.

MÉDICIS (LAURENT ou LAURENCIN de), descendant d'un frère de Côme-le-Grand, ambitionna le nom de *populaire*. Il tua, en 1537, Alexandre de Médicis, que Charles-Quint avait fait duc de Florence, couvrant sa jalousie contre ce prince sous le nom d'amour de la patrie. Il fut assassiné lui-même à Venise, en 1547, ne laissant point de postérité. On a de lui : *Lamenti*, Modène, in-12; *Aridosio commedia*, Florence, 1595, in-12.

MÉDIE, célèbre contrée d'Asie, bornée au nord par la mer Caspienne, au sud par la Perse, à l'est par l'Hyrcanie et la Parthie, et à l'ouest par l'Arménie. Elle s'appelait primitivement, dit-on, Arie. On croit qu'elle tira le nom de Médie de Médus, fils de Médée et d'Egée ou de Jason; selon la Bible, ce fut de Madaï, fils de Japhet. La Médie se divisait en deux parties principales; l'une au nord, qu'on nommait Médie Atropatie ou Atropatène; l'autre au sud, qui s'appelait grande Médie. Gaza était la ville principale de la première; Ecbatane était la capitale de la seconde et même de toute la Médie. Les montagnes principales de ce pays étaient les Zagros à l'O., et les Orontes au S. Le Gyndès, le Choaspes, le Gazan, l'Amardus et l'Araxe l'arrosent presque entièrement. La Médie forma d'abord un empire indépendant, et ensuite une province de l'empire de Perse (V. MÈDES). Cependant les deux noms de Mèdes et de Perses se prirent souvent l'un pour l'autre, et les guerres des rois de Perse contre la Grèce sont le plus souvent désignées par le nom de guerres médiques.

MÉDINA (MICHEL de), théologien espagnol, et religieux franciscain, mort à Tolède, s'est distingua dans son ordre par son érudition et par ses ouvrages. Les plus connus sont deux Traités dont on fait encore cas aujourd'hui : l'un du *Purgatoire*, et l'autre de la *Foi*.

MÉDINA (BARTHÉLEMI), théologien espagnol, de l'ordre de Saint-Louis, mort à Salamanque en 1581, à 35 ans. On a de lui des Commentaires sur saint Thomas, et une Instruction sur le sacrement de pénitence. Il passa pour avoir introduit l'opinion de la probabilité; quelques-uns de ses confrères ont fait de vains efforts pour lui enlever cette attribution : il faut bien se garder, au reste, de croire que cette opinion, quelque

fausse qu'elle puisse être, ait produit les maux que quelques déclamateurs lui attribuent. (V. ESCOBAR.)

MÉDINA (JEAN), célèbre théologien espagnol, natif d'Alcala, enseigna la théologie dans l'université de cette ville avec réputation, et mourut en 1546, âgé d'environ 56 ans. On a de lui divers Traités, qui furent bien accueillis par les théologiens, mais qui, dans un siècle très fécond en ouvrages de ce genre, parurent bientôt céder leur faveur à d'autres.

MÉDINE (géogr.), ville d'Arabie dans l'Hadjaz. On y voit le tombeau de Mahomet, qui y mourut en 632. Résidence des premiers kalifes, puis des imans. 8,000 âmes.

MÉDIOCRE, adj. des deux genres, qui est entre le grand et le petit, entre le bon et le mauvais. Un homme médiocre, un homme de peu de talent, d'esprit, de capacité. Médiocre, précédé de l'un des adverbes bien, fort, etc., se dit de ce qui est moins que médiocre. Il est quelquefois substantif au masculin.

MÉDIOCRITÉ, s. f., état, qualité de ce qui est médiocre. Il se dit absolument de cet état de fortune qui tient le milieu entre l'opulence et la pauvreté, entre l'élévation et la bassesse. Il signifie aussi insuffisance du côté de l'esprit, du mérite. Il se dit, dans le même sens, en parlant des ouvrages d'esprit.

MÉDIRE, v. n., dire du mal de quelqu'un soit par imprudence, soit par malignité.

MÉDISANCE. La médisance est une parole injurieuse par laquelle on noircit la réputation d'autrui. Il n'est pas même nécessaire de parler pour se rendre coupable de médisance; on peut le devenir par des actions ou des signes, comme font ceux qui témoignent de l'impatience, sourient malicieusement, ou remuent la tête lorsqu'on loue quelqu'un. Pour que la médisance existe, il n'est pas non plus nécessaire que l'on ait persuadé les personnes devant qui l'on a parlé du mal que l'on a dit de son prochain, il suffit que ce que l'on a dit tende à détruire ou à ruiner sa réputation. La médisance est directe ou indirecte; elle est directe, lorsqu'on lui impute un crime dont il est innocent; c'est même alors une calomnie, si on exagère une faute qu'il a commise, si on donne une fausse ou méchante interprétation à ses actions ou à ses paroles. Il y a médisance indirecte, si on nie le bien qu'un autre fait, si on le diminue, lorsqu'on garde un silence injurieux si on le loue. Les personnes qui racontent ce qu'elles ont entendu dire aux autres, au désavantage de leur prochain, pèchent aussi par médisance puisqu'elles obscurcissent également sa réputation. Dira-t-on, pour se justifier du péché, que l'on ne parle mal des autres que par manière d'entretien, que pour ne pas laisser tomber la conversation; mais, est-il permis de se donner un sujet d'entretien aux dépens de ses semblables? Est-il juste de nuire à quelqu'un pour se donner le plaisir de parler? Se justifiera-t-on sur la publicité du mal que l'on a répété, mais ce mal n'était pas connu de ceux que vous en avez instruit, ils l'auraient même toujours ignoré sans votre indiscrétion. Mais vous n'en avez parlé qu'à des personnes sages et discrètes; mais si vous vouliez, dit saint Jean-Chrysostôme, que l'on gardât le secret sur le mal que votre frère a commis, pourquoi en avez-vous parlé? Si vous vouliez que l'on se tût, vous deviez vous-même donner l'exemple du silence. C'est aussi un très grand mal de se justifier d'une médisance, sous prétexte que la personne sur le compte de laquelle on a médit a mal parlé de nous, ou vous a calomnié. Tous les enseignements de la religion nous apprennent que nous devons souffrir les injures avec patience. Les personnes qui composent, qui impriment, qui propagent des libelles où la réputation d'autrui est attaquée, se rendent aussi coupables du péché de médisance, si le mal publié dans ces libelles est véritable, ou de calomnie s'il est faux. Ceux aussi qui ayant des procès ou des contestations publient partout les causes de leur mécontentement, l'injustice qu'ils prétendent en recevoir, pèchent grièvement contre la charité, tant recommandée par Jésus-Christ qui nous ordonne de faire du bien à ceux qui nous font du mal, d'aimer ceux qui nous haissent, de prier pour ceux qui nous persécutent. Du reste, toutes les conditions de la vie sont infectées de ce vice; il règne dans les villes, comme dans les campagnes; les riches et les pauvres, les grands et les petits, les savants et les ignorants s'en rendent également coupables. C'est pourtant un très grand péché qui donne la mort à l'âme et entraîne la damnation éternelle. Il est dit dans les proverbes que le médisant est l'abomination des hommes, et que l'on ne peut avoir de communication avec lui (prov., ch. 24, v. 9). Saint

Paul met les médisants au nombre des ennemis de Dieu qui sont dignes de mort (Rom. 1, v. 30); il dit qu'ils ne seront pas les héritiers du royaume de Dieu (1 Cor., ch. 6, v. 10). Celui qui parle mal de son frère, parle contre la loi (ch. 4, v. 11). Les pères nous enseignent que la médisance est un homicide, un vol horrible aux yeux de Dieu, par lequel on fait perdre à ceux dont on dit du mal l'honneur qui est un bien préférable à tous les autres. Saint Bernard dit qu'en parlant mal de son prochain on se tue soi-même, parce qu'on perd la charité; on tue celui devant qui l'on parle parce qu'on lui fait concevoir du mépris pour celui de qui l'on médit ; on tue celui de qui l'on dit du mal parce que, s'il en a connaissance, il conçoit de l'indignation, de la haine contre le médisant (serm. 24, in cant. Cantic.). La médisance est plus ou moins grave, suivant que les personnes dont on médit sont dans une position plus ou moins élevée. Ainsi, la médisance contre les prêtres est plus grave que celle que l'on se permet contre les laïques, parce que, suivant saint Grégoire-le-Grand, elles rejaillissent sur Jésus-Christ, dont ils sont les ministres (liv. 12 de son registre, lettre 32) ; celle que l'on se permet contre les personnes investies de l'autorité publique est aussi plus criminelle que celle qui se fait contre les simples particuliers. C'est aussi un plus grand péché de médire d'un corps, d'une communauté que d'un particulier, parce que la médisance s'attache, dans ce cas, à un plus grand nombre de personnes. Il est aussi défendu de médire des personnes mortes qui ne peuvent plus défendre leur honneur, ni effacer les mauvaises impressions que la médisance attache à leur mémoire. Lorsque par ses médisances on a nui à la réputation de son prochain, on est obligé de réparer le tort qu'on lui a fait. Cette obligation est fondée sur le droit naturel, comme sur celle de restituer les choses volées. Il n'y a pas plus de raison d'exempter de cette obligation les médisants que les voleurs. Si la médisance a été publique, la réparation doit l'être aussi. Sans cette réparation, il n'y a pas, dit le Catéchisme du concile de Trente, de salut à espérer. Ceux qui ont médit des personnes mortes sont aussi obligés à réparer leur honneur, parce qu'elles vivent dans la mémoire des hommes. Si la médisance, outre le tort fait à la réputation, a causé quelque dommage à la fortune de celui de qui l'on a médit, on est obligé de lui restituer ce qu'on lui a fait perdre. Il importe donc de ne pas ajouter foi aux discours des médisants, de leur imposer silence, si l'on a autorité sur eux ; les reprendre ouvertement, sans être arrêté par le respect humain. Job aimait ses amis ; mais, sachant que l'on se rendait coupable de médisance en l'écoutant tranquillement, il n'y avait ni intérêt ni complaisance qui l'empêchât de remplir son devoir. « Je frappais sur la bouche du médisant malin, et je lui arrachais la proie d'entre les dents (ch. 29, v. 17).» Si on ne peut fermer la bouche au médisant, on doit lui témoigner son mécontentement par sa tristesse, par un visage morne, se retirer brusquement de la société où l'on se livre ainsi à la médisance, et étouffer dans son cœur les paroles indiscrètes que l'on a malheureusement entendues, et ne les jamais communiquer à personne. Il y a cependant des cas où l'on est obligé de parler des fautes de son prochain, lorsque la charité exige que l'on engage les autres à les éviter, lorsqu'il est bon que sa méchanceté soit connue, afin qu'on se mette en garde contre lui et que l'on ne tombe dans quelque péril, en lui accordant une trop grande confiance. On peut aussi parler des défauts du prochain pour l'utilité de ceux dont on les découvre, et dans la vue de s'exciter et d'exciter les autres à prier Dieu avec ferveur pour leur conversion ; mais, en parlant ainsi des vices du prochain, il ne faut pas qu'on s'abuse sur la fin que l'on se propose, que l'on y mêle quelque fin qui soit corrompue; qu'on se prétexte de la charité, la malignité ne nous fasse pas parler; que l'on n'interprète pas en mal les actions qui peuvent être bonnes. En parlant ainsi des torts du prochain, on ne doit pas enfin oublier qu'il n'est jamais permis de faire un mal pour procurer un bien.

MÉDISANT, ANTE, adj., qui médit. Il est quelquefois substantif.

MÉDITATIF, IVE, adj., qui est porté, livré à la méditation. Il se prend quelquefois substantivement.

MÉDITATION. On donne ce nom à la prière qui se fait sans proférer aucune parole, par la seule application de l'esprit à un sujet de piété. Aussi l'appelle-t-on souvent oraison mentale, par opposition à la prière vocale. Il y a deux sortes de méditations : la méditation actuelle et la méditation habituelle. La première est celle que l'on fait ordinairement le matin. On réfléchit plus ou moins de temps, d'après la règle donnée par le confesseur sur un sujet que l'on s'est proposé dès la veille, pour en tirer des conséquences morales relativement à sa conduite. On nomme la méditation habituelle, présence de Dieu, recollection, vie intérieure, ou souvenir habituel des vérités éternelles. Cette méditation établit un commerce intime entre Dieu et l'âme. C'est une élévation du cœur et de l'esprit vers les fins dernières. C'est un entretien céleste dont les besoins du cœur sont le sujet ordinaire, et dont le langage propre est la confiance. L'âme parle à Dieu comme un fils à son père, comme un ami à son ami ; car Dieu est tout cela pour nous. Il nous serait difficile de signaler en quelques mots tous les avantages de la méditation. Notre-Seigneur disait aux Juifs : « Le royaume de Dieu est au milieu de vous. » On peut dire de même qu'une personne qui médite a réellement en elle le royaume de Dieu. Car si elle pense au ciel, le ciel est dans son âme. Dieu est aussi en elle. Il y est par sa grâce, par la complaisance qu'il met à s'entretenir avec elle, par les communications dont il la favorise, par les lumières dont il l'éclaire, par la bonne volonté qu'il lui inspire pour son service. Lorsque nous méditons sur divers points de notre croyance, nous sommes assurés de recevoir, si nous ne l'avons déjà, le don précieux de la foi, et par notre persévérance nous l'augmentons en nous, en répétant souvent cette courte prière : Seigneur, augmentez en nous la foi. Au milieu des contradictions, des afflictions dont la vie est traversée, nous tomberions dans le désespoir, si nous n'étions pas soutenus par l'espérance aux immortelles destinées. Méditez chaque jour sur la Providence qui gouverne tout, qui règle tout avec sagesse. Alors le découragement ne vous atteindra pas, et quelque grandes et nombreuses que soient vos tribulations, vous mettrez votre espérance dans le Seigneur. Si vous ne méditiez pas, votre cœur s'endurcirait; penché vers la terre, il ne s'élèverait jamais vers le ciel. L'amour de Dieu nous rendra bon, doux, compatissant, charitable; l'amour de Dieu et l'amour du prochain en vue de Dieu vous feront entreprendre les œuvres les plus méritoires, vous porteront aux sacrifices, aux dévouements les plus sublimes. Si on ne médite point, on s'expose aussi à périr au milieu des dangers dont on est environné. Attirés par la concupiscence, entraînés par l'orgueil, sollicités par l'appât des plaisirs, nous penchons du côté du mal, et nous sommes toujours au moment de tomber dans l'abîme du péché et du vice. Mais la méditation est un moyen pour résister au mal. Elle est comme un contrepoids qui sert à établir l'équilibre dans une balance. Que les personnes qui vivent dans le monde ne disent pas que la méditation est le devoir exclusif des religieux, des prêtres, elles sont également obligées à méditer. Qui a plus besoin de méditations, celui qui court plus de dangers pour son salut, ou celui qui en court moins ? Évidemment c'est le premier. Les personnes du monde étant plus exposées au danger de perdre leur âme, sont plus obligées à méditer sur les vérités de la religion, afin de devenir plus fortes contre les scandales et les nombreuses occasions de perdre la foi et la vertu. Si elles ne méditent pas, pourront-elles échapper aux séductions des passions, aux tentations du démon ? Si les personnes qui vivent dans la retraite ont besoin de recourir à la méditation pour obtenir des grâces nécessaires à la conservation de leur foi et de leurs mœurs, oh ! combien plus vous, qui vivez au milieu du monde, devez-vous y chercher des secours divins. La méditation sera pour vous un bouclier contre les ennemis de la foi, le rempart le plus sûr contre toutes les attaques, le canal par où vous recevrez une multitude de grâces qui vous feront arriver par des sentiers assurés à l'heureuse éternité. Vous désirez aussi, dans toutes les circonstances de votre vie, que toutes vos actions soient empreintes de sagesse et de prudence; mais il n'en sera pas ainsi, si vous ne méditez. Aussi un homme pieux a dit, avec raison, que la méditation est pour l'âme ce que sont sur un vaisseau les provisions qui servent dans une longue traversée et dans les cas imprévus. Mais pour retirer de la méditation tous ces avantages, il faut qu'elle soit faite avec humilité. Dieu se communique aux simples et résiste aux orgueilleux. En commençant votre méditation, humiliez-vous en la présence de Dieu. Pensez à ce qu'il est à ce que vous êtes. Vous n'avez rien à vous, vous ne pouvez rien. Vous avez tout reçu de Dieu, et il peut tout. Sollicitez donc avec confiance les dons de sa grâce, mais avec la conviction profonde de votre néant. L'attention et le recueillement sont aussi exigés pour la méditation. Vous êtes en la présence de Dieu, vous lui parlez, il vous parle. C'est pour vous un immense honneur.

Si un prince de la terre vous parlait, vous l'écouteriez attentivement avec respect. Qu'est-ce qu'un grand de la terre? ce n'est qu'un homme comme vous et qui, comme vous, tient aussi tout ce qu'il a de Dieu. Il est donc essentiel que vous soyez recueilli en méditant. Vous vous occupez de Dieu, de votre âme, de l'éternité. Laissez donc les choses de la terre pour ne penser qu'à celles du ciel. Laissez-vous, vous-même pour communiquer plus intimement avec Dieu, pour ne faire qu'un avec lui. Mais vous avez des distractions en méditant; si vous n'en aviez pas, vous ne seriez pas homme. Ces distractions sont-elles volontaires ou non? Dans le premier cas, repoussez-les; dans le second, ne vous en inquiétez point, qu'elles ne vous détournent pas de la méditation. Ce serait rendre les armes au démon. Le succès de la méditation ne dépend pas de vous. Soyez seulement dans la résolution de bien faire, et Dieu vous aidera de sa grâce. Mais vous avez des dégoûts, des sécheresses, des répugnances; vous éprouvez diverses tentations. Qu'importe, ne vous découragez pas. Persévérez dans le pieux exercice de la méditation. On ne devient pas bon chrétien sans surmonter beaucoup d'obstacles. Ces sécheresses, ces dégoûts, ces tentations sont des épreuves qui purifient les âmes simples, et servent à celles qui sont infidèles à expier leurs fautes. Elles n'abattent, elles ne découragent que celles qui, dans la méditation, cherchent à flatter leur lâcheté, leur amour-propre. Tous les saints nous enseignent que l'oraison où l'on éprouve des souffrances, des humiliations, est plus agréable à Dieu que celle où nous n'éprouvons que des douceurs. Dieu aime les âmes généreuses et qui pour lui obéir et lui plaire savent souffrir quelque chose. Les âmes pieuses disent avec sainte Thérèse, dans l'état de langueur dont vous vous plaignez : Si je ne prie pas, je fais pénitence. Sur cette terre d'exil, nous ne saurions être toujours heureux. Notre divin modèle, Jésus-Christ, ne parut qu'un instant sur le Thabor. Il marcha toujours dans la voie des douleurs et des souffrances. Nous ne pouvons être ses disciples, si nous ne demeurons pas sur le Calvaire. Sachez, d'ailleurs, que Dieu qui est bon, qui est juste, qui connaît nos pensées, qui lit dans le fond de vos cœurs, bénira vos efforts et vous aidera par sa grâce, s'il voit dans la bonne intention de méditer, et vous viendrez à bout de ce qui vous paraissait d'abord impossible. Mais nous n'avons pas assez de talents, assez d'instruction pour méditer, disent certaines personnes. Ce n'est là qu'un prétexte qui cache une mauvaise volonté. Il ne faut ni talent, ni lumières pour s'acquitter de ce devoir. L'homme le plus ignorant réfléchit sur ses affaires, calcule les chances de succès et de ruine. Il en coûte moins, il est plus facile de réfléchir sur les choses du ciel. Si on ne le fait point, c'est qu'on ne le veut pas, c'est qu'on est lâche. Il ne faut pas, certes, faire de grands efforts d'esprit pour méditer. On choisit pour sujet ordinaire de méditation, la vie de Notre-Seigneur, les vertus de Marie. Tous les livres de piété, mais surtout ceux de considérations et de pensées chrétiennes, facilitent l'accomplissement de ce saint exercice. On lit quelques lignes, on réfléchit sur ce qu'on lit. On goûte, on roule dans son esprit les vérités qu'on a lues; on se les applique à soi-même. Ces réflexions, aidées de la grâce qu'il ne faut jamais oublier de demander à Dieu avant de lire, produisent de bons désirs, de saintes affections, des résolutions sincères. On a ainsi un incessant recours à Dieu, afin de lui demander la grâce de rechercher ou d'éviter ce qui peut être avantageux ou nuisible à l'âme. Parmi les livres où l'on peut choisir des sujets de méditation, nous citerons surtout les *Méditations* du Père L. Dupont, et les *Exercices spirituels* de saint Ignace. Aucun prétexte ne doit donc nous éloigner de la méditation. Persévérons toujours dans le saint exercice, et rappelons-nous ce que nous disent, à ce sujet, trois illustres saints. Leurs paroles sont bien propres à faire impression sur nous. « Celui qui abandonne l'oraison, dit sainte Thérèse, n'a pas besoin du démon pour le tenter, il se précipite lui-même dans l'enfer, il devient son plus dangereux démon. » « Sans oraison, dit saint Lignon, l'âme ne conservera pas longtemps l'état de grâce; sans oraison, pas de persévérance. Si au contraire on est fidèle à ce saint exercice, assurément l'on sera sauvé. » « Le péché mortel et l'oraison ne peuvent vivre ensemble dans une âme, dit saint Philippe Néri. »

MÉDITER, v. a., réfléchir sur quelque chose, l'examiner mûrement de manière à l'approfondir. Il s'emploie quelquefois sans régime. Il s'emploie neutralement avec la préposition sur. Méditer, signifie aussi projeter, penser à faire une chose, réfléchir aux moyens de l'exécuter. Il s'emploie neutralement avec plusieurs prépositions, pronoms, adverbes, conjonctions. Méditer, sans régime, signifie aussi, faire une méditation pieuse.

MÉDITERRANÉE. Les Méditerranées sont, comme l'on sait, les mers qui, ne faisant pas partie immédiate d'un océan, communiquent par un ou plusieurs détroits avec quelqu'une des grandes divisions maritimes (Voy. OCÉAN). Moins profondes que les océans, les méditerranées sont aussi moins salées et ne connaissent pas le mouvement des marées, au moins d'une manière aussi régulière que les grandes mers. Elles nourrissent des espèces moins considérables de poissons, d'hydrophytes et de polypiers; mais ces espèces y sont proportionnellement plus multipliées. Les baleines et les cachalots y pénètrent rarement; quant aux oiseaux, ce sont les espèces habituées aux émigrations qui les traversent, et l'on ne voit guère sur leurs bords, souvent plats et marécageux, que des échassiers qui y trouvent une nourriture abondante. On a observé dans les méditerranées, que les vents suivent toujours la direction des côtes. On y a constaté l'existence d'un courant général ordinairement parallèle à la principale direction des rivages dont il fait incessamment le tour, comme s'il voulait rapporter à l'océan d'où il est parti, le tribut des fleuves qu'il a reçus dans sa marche circulaire. On a dit que l'abaissement de la surface des mers, et leur tendance à s'isoler des océans voisins par un affaissement général, avaient pour cause l'évaporation. Cette opinion ne nous paraît pas admissible; c'est plutôt aux amas de matières de toute espèce, arrachées des continents et entraînées dans l'abîme par les rivières et les eaux des grandes pluies, qu'il faut attribuer la diminution des méditerranées et l'encombrement des passages par lesquels elles communiquent avec de grands réservoirs. La mer que tout le monde connaît sous le simple nom de Méditerranée, sépare l'Europe de l'Afrique, à peu près entre les 30° et 45° de latitude nord, et l'étendue de l'est à l'ouest depuis l'Asie jusqu'au détroit de Gibraltar, dans une longueur de plus de 900 lieues. On doit considérer comme ses dépendances la mer Noire (le *Pontus-Euxinus* des anciens), dont la mer d'Azof est un appendice, et la mer Adriatique, espèce de méditerranée secondaire, dans laquelle le canal d'Otrante donne entrée. Les traces de convulsions terrestres, visibles sur plusieurs points de ce bassin, nous apprennent comment la mer Noire s'est mise en communication avec la Propontide par le Bosphore; comment la mer de Marmara s'est réunie à l'Archipel; enfin comment se sont formées les passes qui séparent aujourd'hui la Morée de l'île de Cérigo; celle dernière de l'île de Crète; l'île de Crète de Corpathos; Corpathos de Rhodes; Rhodes de l'Anatolie. Il n'est pas douteux que le niveau de la Méditerranée n'ait été bien plus élevé qu'il ne l'est; ce qui le prouve, ce sont les traces qui existent sur certains points où des courants ont fait irruption, comme au Bosphore, aux Dardanelles, aux promontoires de Grèce et au détroit de Gibraltar. Telle qu'elle est aujourd'hui, cette mer forme un bassin naturel parfaitement caractérisé. C'est un fait incontestable que les rivages méditerranéens de la France ressemblent, par leurs productions et leur physionomie, aux bords de la Barbarie, et même de la Syrie, beaucoup plus qu'au littoral baigné par l'Océan depuis Dunkerque jusqu'à Bayonne. A coup sûr, la Flore et la Faune de la Provence ont plus d'analogie avec les produits végétaux du Delta d'Egypte, qu'avec ceux du golfe de Gascogne. La même remarque s'applique aux insectes. On voit croître les mêmes arbres sur tout le pourtour de la Méditerranée. Sans entrer dans une nomenclature qui fatiguerait le lecteur, nous rappellerons que le dattier y vit partout sans exception, ainsi que les cactus et les agaves; et que les vins y sont généralement remarquables par leur qualité liquoreuse. Quant aux hydrophytes, au lieu des laminariées, on y voit toutes les délicatesses des caulerpes et le *padina tournefortii*, qui révèlent l'élévation de la température des eaux; des polypiers, des spongiaires et des coraux précieux, qui continuent ici les forêts sousmarines des régions océanes. ... Les mêmes oiseaux sont communs à l'une et à l'autre rive; le froid des hivers les pousse alternativement d'Europe en Afrique et d'Afrique en Europe; Malte, la Corse et les Baléares sont les lieux de station où ces tribus voyageuses se reposent dans leurs pénibles émigrations. Un autre trait caractéristique de la Méditerranée, c'est qu'au lieu des grands cétacés et des requins qui n'y entrent pas, on y trouve une grande quantité de labres aux couleurs éclatantes et la murène qui paraît lui être propre. Nous ne parlerons pas ici de la Baltique, de la mer Rouge, du golfe Persique, de la mer de Chine, etc., qui sont aussi des méditerranées et dont les articles qui les concernent ont trouvé place à leur ordre alphabétique. La Méditerranée se divisait en plusieurs parties différentes, qui portaient chacune un nom particulier, et qu'on peut fixer à douze ; 1° la mer Ibérique ; 2° la mer des Gaules ; 3° la mer Ligustique ; 4° la mer de Tyrrhène ou Inférieure ; 5° la mer Adriatique ou Supérieure ; 6° la mer Ausonienne ou de Sicile ; 7° la mer Ionienne ; 9° la mer Egée, qui comprenait les mers Icarienne, Carpathienne, Myrtoenne, et une foule de golfes souvent appelés mers par les Grecs ; 10° la mer Phénicienne ou de Chypre ; 11° la mer de Lybie ou de Grèce ; 12° la mer d'Afrique.

MÉDIUM, s. n., t. emprunté du latin, moyen d'accommodement, tempérament propre à concilier des prétentions opposées, à rapprocher des esprits divisés. Médium en termes de musique, se dit des sons de la voix qui tiennent le milieu entre le grave et l'aigu.

MÉDOC (géogr.), ancien petit pays de France, compris aujourd'hui dans le département de la Gironde. Lesparre en était la ville principale. Le Médoc est encore renommé pour ses vins.

MÉDON, surnommé le Boiteux, était fils de Codrus, dix-septième et dernier roi d'Athènes. On substitua à cette dignité celle d'archontes, magistrats qui, au commencement, gouvernaient la république pendant toute leur vie. Médon fut le premier archonte, et fut préféré à son frère Nélée par l'oracle de Delphes, vers l'an 1068 avant Jésus-Christ. Il fit aimer et respecter son autorité.

MÉDULLAIRE, adj., qui a rapport à la moelle, qui en présente les caractères. Membrane médullaire, celle qui enveloppe la moelle des os. Cette membrane n'a qu'un seul feuillet. Elle tapisse le canal intérieur de l'os, et semble se continuer, à ses deux extrémités, avec la moelle qui les remplit. Elle envoie, en dehors, des prolongements dans la substance compacte, et fournit, en dedans, une infinité de prolongements analogues, qui se comportent comme le font en général les filaments et les lames des membranes celluleuses. Elle est composée d'un lacis de vaisseaux ramifiés, et ressemble sous ce rapport à la pie-mère cérébrale. Il n'y a chez le fœtus ni moelle ni membrane médullaire, et rien n'indique leur présence avant l'ossification. Lorsque, plus tard, le canal médullaire commence à se former, l'artère nourricière le remplit d'abord ; ce n'est qu'à une époque ultérieure que cette artère est rejetée sur les parois de la cavité, et que la membrane médullaire existe. — Artères médullaires, rameaux nourriciers qui pénètrent dans l'intérieur des os. — Canal médullaire, celui qui occupe le centre des os longs et renferme la moelle. — Rayons médullaires, en botanique, lames verticales qui partent de la moelle en tous sens, se dirigent vers la circonférence de la tige, et sont visibles, sous la forme de rayons, sur la coupe transversale du tronc d'un arbre.

MÉDUS, fils de Médée et de Jason ou d'Egée, donna, dit-on, son nom à la Médie. Médus, devenu grand, alla à la recherche de sa mère, qui avait été forcée de s'éloigner d'Athènes à l'arrivée de Thésée. Etant venu dans la Colchide, son oncle Persée, qui avait usurpé le trône, le fit arrêter parce qu'il avait appris de l'oracle qu'il serait mis à mort par un des petits-fils d'Eétès. Médus, pour éviter la mort, se fit passer pour Hippotès, fils de Créon, roi de Corinthe. Médée, étant venue dans la Colchide, n'eut pas plus tôt appris que l'on retenait en prison un des fils de Créon qu'elle résolut de hâter la mort d'un homme dont elle avait la famille en horreur, parce que Glaucé, fille de Créon, lui avait enlevé le cœur de Jason. Pour y réussir plus sûrement, elle dit à l'usurpateur que le prétendu Hippotès était véritablement un fils de Médée, envoyé par sa mère pour l'assassiner, et pria Persée de le lui livrer. Mais bientôt ayant reconnu son fils, elle l'arma du glaive qu'elle avait préparé contre lui, et lui ordonna d'en percer l'usurpateur. Après ce meurtre, Médée le fit connaître au peuple, qui le plaça sur le trône d'Eétès, dont il était l'héritier.

MÉDUSAIRES ou **MÉDUSES** (acal.). Les animaux qui rentrent dans cette division sont bien reconnaissables au premier abord par leur forme remarquable. Ils offrent la forme d'un disque plus ou moins bombé en ombrelle, quelquefois hémisphérique ou campaniliforme, muni en dessous de divers appendices appartenant aux organes de la respiration ou de la manducation, et souvent pendants ou flottants : d'où leur est venu le nom de méduses, en ce que ces appendices rappellent les serpents dont étaient coiffées les Gorgones et Méduse. La substance molle des médusaires a presque la consistance d'une gelée ; elle est souvent parfaitement diaphane,

ou délicatement nuancée de rose, de violet et d'azur. Ces acalèphes restent suspendues dans les eaux, et se meuvent par les contractions de leur ombrelle. On les rencontre souvent en pleine mer, réunies en troupes nombreuses ; quelquefois un vent violent les jette sur le rivage, où elles meurent presque aussitôt, présentant alors l'aspect de petites masses d'empois diversement colorées ; elles sont quelquefois vivement phosphorescentes dans l'obscurité. Comme la plupart des acalèphes, leur contact produit une sensation brûlante comme les orties. Les méduses, que l'on a longtemps considérées comme des animaux distincts et complets, ont été reconnues par les travaux récents des naturalistes comme le simple développement de certains polypes : c'est comme une fleur isolée du végétal qui l'a produite, et cependant destinée à donner des œufs devant renouveler une nouvelle génération de polypes. Le corps des méduses est en grande partie composé d'une substance demi-transparente, présentant la consistance d'une gelée, traversée en diverses directions par des fibres contractiles. L'épiderme peu distinct présente çà et là des groupes d'organes verticaux ou de capsules filifères qui sont des vésicules à parois rondes, élastiques, résistantes, ou ovales, et contenant à l'intérieur un filament très mince roulé en spirale, lequel sort brusquement en se déroulant, quand la capsule déjà mûre est touchée par un corps solide. Le mouvement s'exécute par les contractions de l'ombrelle et par les mouvements vibratiles et réguliers des appendices flottants de la face inférieure. L'appareil digestif varie beaucoup chez les méduses, et a servi principalement à établir les familles et les genres. La bouche, simple chez les nonostomes, multiple chez les polystomes, manque tout-à-fait chez les astomes. Cette bouche est tantôt nue, tantôt garnie de tentacules, souvent revêtue de cils vibratiles, ainsi que la cavité digestive, et armée de capsules filifères. La cavité digestive est concentrée dans une sorte de trompe, suspendue comme un pédoncule sous l'ombrelle, ou en occupant le centre et s'enfonçant dans l'épaisseur de cet organe. Dans ce dernier cas, cette cavité digestive est prolongée latéralement dans des appendices en forme de sac, dont le nombre varie suivant les familles. Chez d'autres médusaires, du sommet de l'ombrelle partent plusieurs canaux dirigés vers le bord où ils aboutissent dans un canal circulaire marginal. Lorsqu'une proie a été amenée dans la cavité digestive, elle ne tarde pas à être altérée et dissoute en quelque sorte par les sucs gastriques. Les organes respiratoires sont représentés par des canaux circulatoires simples ou ramifiés dans l'ombrelle, mais surtout par les cavités correspondant aux ovaires sous l'ombrelle. Les méduses se propagent par des œufs contenus dans des cavités spéciales sous l'ombrelle, ou produits dans l'épaisseur de la paroi de l'estomac. Ces œufs donnent naissance non pas à de jeunes méduses, mais à des formes animales tout-à-fait différentes, et qui devront passer par plusieurs phases avant d'acquérir leur forme définitive de méduse, qui même pourront présenter alternativement les phénomènes de la vie individuelle et de la vie collective. Nous devons à MM. Sars et de Siebold des observations très curieuses sur ces acalèphes : ainsi, d'après ces naturalistes, des œufs de certaines méduses sort d'abord un jeune animal ovoïde, revêtu de cils vibratiles et ressemblant à un infusoire. Cet infusoire, après s'être nourri pendant quelque temps des animalcules qu'il avale, se fixe et devient une sorte de polype pédicellé en forme de coupe, dont le bord est muni de huit tentacules contractiles ; ce polype s'allonge de plus en plus, et se divise transversalement en un certain nombre de tranches qui seront autant de jeunes méduses, qui, se détachant, deviendront à leur tour de vraies méduses. Cuvier, dans son Règne animal, avait simplement divisé les méduses en trois groupes : 1° les méduses proprement dites ayant une vraie bouche sous le milieu de l'ombrelle, et comprenant les équorées à bouche simple et non prolongée, les pélagies à bouche prolongée en pédoncule, et se divisant en bras ; les cyanées, qui ont en outre quatre cavités latérales. 2° Les rhizostomes qui n'ont point de bouche ouverte au centre, et qui paraissent se nourrir par la succion des ramifications de leur pédoncule : ce sont les vraies rhizostomes, les céphées et les cassiopées. 3° Les astomes sans bouche centrale, ni pédoncule ramifié, ni cavités ovariennes : ce sont les lymnorées et les favonies, les géryonies, les orythies, les bérénices, les eudores et les carybdées. M. de Blainville a formé avec les méduses l'ordre des pulmograstes ; nous renvoyons à son Manuel d'actinologie, 1834, ainsi qu'à l'Histoire des acalèphes de M. Lesson, 1843.   J.-P.

MÉDUSE, la plus célèbre des Gorgones, était, selon Hésiode, la seule des trois qui fût sujette à la vieillesse et à la mort. Dans sa jeunesse, Méduse était un modèle de beauté, et de tous les attraits dont elle était pourvue il n'y avait rien de si admirable que sa chevelure. Une foule d'amants s'empressèrent de la rechercher en mariage. Neptune en devint aussi épris, et s'étant métamorphosé en oiseau, il se fit aimer de Méduse, l'enleva et la transporta dans un temple de Minerve, que les deux amants profanèrent en s'y livrant à leur amour. Quelques mythologues disent seulement que Méduse osa disputer de beauté avec Minerve, et se préférer même à elle. La déesse en fut tellement irritée qu'elle changea en serpents les beaux cheveux dont Méduse se glorifiait, et donna à ses yeux la force de changer en pierre tous ceux qu'elle regardait. Un grand nombre d'habitants des bords du lac Tritonis sentirent le pernicieux effet de ses regards. Les dieux, voulant délivrer le pays d'un si grand fléau, envoyèrent Persée pour la tuer. Pluton fit présent au héros d'un casque, et Minerve d'un miroir, qui avaient, dit Hygin, la propriété de laisser voir tous les objets, sans que celui qui le portait pût être vu lui-même. Persée se présenta donc devant Méduse sans en être aperçu, et de sa main, conduite par Minerve même, coupa la tête de la Gorgone, qu'il porta depuis avec lui dans toutes ses expéditions. Il s'en servit pour pétrifier ses ennemis : c'est ainsi qu'il en usa à l'égard des habitants de l'île de Sériphe, qu'il changea en rochers, et à l'égard d'Atlas, qui fut transformé en une grande montagne. Du sang qui sortit de la plaie de Méduse quand sa tête fut coupée naquirent Pégase et Chrysaor; et lorsque Persée eut pris son vol par-dessus la Libye, toutes les gouttes de sang qui découlèrent de cette tête fatale se changèrent en autant de serpents : c'est de là, dit Apollodore, qu'est venue la quantité prodigieuse de ces animaux venimeux qui depuis ont infecté toute cette contrée. Persée, vainqueur de tous ses ennemis, consacra à Minerve la tête de Méduse, qui depuis ce temps-là fut gravée sur la redoutable égide et quelquefois sur la cuirasse de la déesse. Les anciens héros et princes de la Grèce portaient aussi l'image de la Gorgone sur leur bouclier. On la représente sous la forme d'une tête énorme, hideuse et hérissée de serpents. Quelques monuments cependant représentent Méduse avec un visage charmant, mais accablé de douleurs.

MEERBEECK (ADRIEN van), né à Anvers, en 1563, mort vers l'an 1627, régenta les humanités à Bornhem et à Alost. Il est connu par une *Chronique universelle*, mais principalement des Pays-Bas, depuis l'an 1500 jusqu'en 1620, en flamand, Anvers, 1620, in-fol., avec des portraits bien gravés; elle est estimée. Le but de l'auteur est de rétablir la vérité de l'histoire, étrangement altérée par les historiens protestants et surtout par Emmanuel van Meteren. Meerbeeck a soin de toujours citer ses garants.

MEERMAN (GÉRARD, baron), savant magistrat, né à Leyde, en 1722, fut nommé, en 1748, conseiller pensionnaire de Rotterdam, et en 1766, conseiller au haut tribunal de la vénerie de Hollande et de West-Frise. L'empereur le décora du titre de baron. Meerman est mort en 1771, après avoir publié, outre plusieurs ouvrages sur le droit civil et canonique: *Origines typographiæ*, La Haye, 1765, 2 tomes en 1 vol. in-4°, ouvrage estimé et traduit en français par l'abbé Goujet, 1762, in-8°.

MEERMAN DE DALEM (JEAN, le baron), écrivain hollandais, naquit à La Haye, le 1er novembre 1753, de Gérard Meerman, sénateur de Rotterdam. Les succès qu'il obtint dans ses premières études tiennent presque du prodige : avant l'âge de 10 ans, il avait traduit le *Mariage forcé* de Molière, et l'avait fait imprimer secrètement. Après avoir terminé ses cours de latinité à Rotterdam, il se rendit à l'université de Leipsig, puis il continua ses travaux littéraires à Dresde, à Wittemberg, à Berlin, à Postdam. De retour dans sa patrie, il y séjourna quelque temps, et alla ensuite à Gottingue, où il écrivit sa *Dissertation* sur les anciens rapports qui existaient entre l'empire et la Hollande. A la suite de cette thèse, soutenue le 17 octobre 1774, il fut reçu docteur en droit. Après de nouveaux voyages qu'il fit, surtout en Angleterre, en France et en Allemagne, il revint dans sa ville natale, dont il fut aussitôt nommé échevin ; mais sa passion pour les voyages l'engagea bientôt à donner sa démission, et il se remit en route pour parcourir la Prusse, l'Autriche et l'Italie. De 1797 à 1800, il visita le Danemark, la Suède, la Norwège, la Finlande et les régions les plus éloignées de la Russie, jusqu'à Jaroslaw. A son retour, il continua de se livrer à l'étude, sans néanmoins négliger les emplois auxquels il fut appelé. Il fut chargé suc-cessivement de la direction de la Compagnie des Indes orientales, de la surveillance du département maritime de Rotterdam, de la première magistrature de Leyde ; il devint aussi membre du collège des finances de la province de la Hollande ; enfin, l'armée française ayant envahi la Hollande, il fut nommé membre des états-généraux, qu'il présida quelquefois. La forme de l'ancien gouvernement ayant été changée en 1801, Meerman, que l'on rangeait parmi les orangistes, devint un des membres du gouvernement provisoire. Lorsque la Hollande fut érigée en royaume, il eut la place de chambellan de Louis Buonaparte, et fut chargé de l'organisation des établissements d'instruction publique, des rapports des différentes communions entre elles et de tout ce qui concerne l'Eglise, les arts et les sciences. On lui confia aussi la direction du Muséum royal. Plus tard, Buonaparte l'appela au sénat français. Le prince d'Orange étant rentré dans ses états en 1814, il retourna dans sa patrie, s'occupa de nouveau d'entreprises littéraires, et mourut le 15 août 1815. Ses principaux ouvrages sont : 1° une *Histoire de Guillaume, comte de Hollande et roi des Romains*, La Haye, 1783-1797, 5 vol. in-8°; cet ouvrage le plaça à la tête des historiens de son pays ; 2° *Parallèle des républiques de Grotius*; 3° *Relations de la Grande-Bretagne et de l'Irlande, de l'Autriche, de la Prusse et de la Sicile*, 1787-94, 5 vol. in-8°; 4° *Relations du nord et du nord-est de l'Europe*, 1803-1806, 6 vol. in-8°; 5° *Parallèle entre Josias, Antonin-le-Pieux et Henri IV*, La Haye, 1807, in-8°; 6° un poème intitulé : *Montmartre*, où il chante la vie pieuse et la mort de saint Denis, premier évêque de Paris ; 7° une traduction en vers hollandais de la *Messiade* de Klopstock, qu'il orna de superbes gravures ; 8° un autre ouvrage intitulé *de la Sagesse de Dieu*, où il développe les progrès de l'esprit humain, de la civilisation, des arts et des sciences pendant les six derniers siècles de l'ère chrétienne. Il a encore laissé plusieurs ouvrages inédits.

MEETING (polit.), mot anglais qui se dit d'une réunion populaire ayant pour objet de délibérer sur une question politique. En français, on l'a appliqué, non-seulement aux assemblées du peuple anglais, mais aux manifestations du même genre qui ont eu lieu en Belgique.

MÉFAIRE, v. n., faire le mal, faire une mauvaise action. Il est familier et peu usité.

MÉFAIT, s. m., mauvaise action. Il est familier.

MÉFIANCE, s. f., disposition à soupçonner le mal; crainte habituelle d'être trompé.

MÉFIANT, ANTE, adj., qui se méfie, qui est naturellement soupçonneux. On l'emploie aussi substantivement.

MÉFIER (se), v. pron., ne pas se fier à quelqu'un, à ce qu'il dit, à ce qu'il fait paraître, parce qu'on le soupçonne de peu de fidélité, de peu de sincérité.

MÉGACÉPHALA (ins.), genre de coléoptères de la famille des carabiques, tribu des cicindélètes, comprenant de beaux insectes étrangers à l'Europe (*Règne anim.*, t. 4). J. P.

MÉGACÉRA (grande corne) (ins.), genre de coléoptères de la famille des longicornes, tribu des lamiaires (*Ann. de la Soc. ent. de France*, IV, 42). J. P.

MÉGACHILE (ins.), genre d'insectes de la famille des osmiides, tribu des mellifères, de l'ordre des hyménoptères, établi par Latreille, qui lui donne pour caractères principaux : palpes maxillaires de deux articles; mandibules quadridentées ; un abdomen plan en dessus chez les femelles, etc. Les mégachiles sont nombreuses en espèces, répandues en Europe, surtout dans le midi et dans l'Afrique septentrionale ; ces insectes sont fort curieux par la manière dont ils bâtissent leur nid. Nous empruntons à M. Blanchard les détails suivants : Les femelles creusent dans le sable ou dans la terre un trou propre à servir de nid à leurs larves ; quelquefois même elles s'emparent d'une cavité dans de vieux troncs d'arbres ou dans des murailles. Le tout pour elles est d'avoir un endroit convenable. Quand elles ont ainsi trouvé une retraite, elles coupent des fragments de feuilles, et les emploient à garnir ces nids. Les mégachiles coupent les feuilles avec leurs mandibules, et les taillent toujours avec une netteté si parfaite qu'il semblerait que ces morceaux ont été enlevés à l'aide d'un emporte-pièce. Parmi les espèces de ce genre, nous citerons la mégachile de la rose à cent feuilles (*Meg. centuncularis*, Lin.), assez commune en France et surtout dans les jardins. Cette espèce pratique d'abord sur les bords des chemins ou dans les avenues, des trous formant à l'extérieur de longs tubes cylindriques. Quand ce premier travail est terminé, la mégachile se met à la recherche des feuilles nécessaires pour terminer son travail ; elle choisit de préférence celles de rosier. Elle en coupe des morceaux, les contourne, les rapproche les uns des autres, de manière à simuler la forme d'un dé à coudre. Puis elle les place au fond du tube ; elle garnit ce godet, pour lui donner plus de force, de plusieurs autres enveloppes, qui sont quelquefois au nombre de dix ; puis, après avoir déposé un œuf dans cette loge, avec une quantité suffisante de nourriture, elle la ferme avec soin, et construit une nouvelle loge au-dessus de la première, et ainsi de suite jusqu'à l'extrémité. J. P.

MÉGACLÈS, archonte annuel l'an 600 avant Jésus-Christ, pendant la magistrature duquel éclata une conjuration formée par Cylon. Le complot ayant été découvert, les conjurés se réfugièrent dans le temple de Minerve ; Mégaclès leur persuada de se présenter en jugement ; et, comme ils ne pouvaient se résoudre à quitter leur asile, il leur conseilla d'attacher un fil à la statue de la déesse, leur faisant entendre que, tant qu'ils tiendraient ce fil, ils ne seraient pas moins en sûreté que s'ils étaient dans le temple même ; mais ce fil s'étant rompu, quand ils furent vis-à-vis du temple des Furies, Mégaclès et ses collègues se saisirent de la plupart d'entre eux, alléguant que, puisque ce fil s'était rompu de lui-même, c'était une marque visible que la déesse leur refusait sa protection. Ceux qui furent pris furent lapidés sur-le-champ. On alla égorger ceux qui s'étaient réfugiés dans le temple des Furies, et il n'échappa que ceux qui purent aller se jeter aux pieds des femmes des magistrats. Ceux qui restèrent du parti de Cylon, étant devenus les plus forts, le vengèrent avec acharnement sur les descendants de Mégaclès.

MÉGADERME (*mamm.*). Ce mot, qui signifie grande peau, a été appliqué par M. Geoffroy à un genre de chauve-souris remarquable surtout par le grand développement que présente chez ces espèces, la peau au dessus des narines. Les espèces de ce genre singulier sont toutes propres à l'Afrique et aux Indes. Elles présentent pour caractères : des canines fortes et crochues, semblables, du reste, à celles de tous les chéiroptères, des fausses molaires au nombre de six, deux normales à la mâchoire supérieure et deux normales et deux anormales à l'inférieure ; les molaires sont au nombre de six à chaque mâchoire. Leurs yeux sont petits, et leur langue est douce. La conque externe des oreilles est d'une grandeur excessive, comparativement à la taille de l'animal ; celle d'un côté est réunie à celle de l'autre par son bord antérieur, et l'entrée du canal auditif est garnie en avant d'un oreillon formé de deux lobes, l'un externe, long et pointu, l'autre interne, plus court et arrondi. Les narines sont environnées et immédiatement surmontées d'un appendice charnu ou plutôt tégumentaire, de forme différente pour chaque espèce, mais qui chez toutes se compose essentiellement de trois parties : l'une verticale, une autre horizontale, et la troisième en fer-à-cheval. Les mégadermes sont privés de queue et leurs ailes sont très étendues. La troisième doigt des membres antérieurs manque de phalange onguéale. Ce qui les fait distinguer facilement des phillostaires et des rhinolophes, c'est qu'ils n'ont pas, comme les premiers, une langue divisée par un sillon profond et couverte de verrues, et des seconds, en ce qu'ils sont dépourvus de queue et qu'ils ont des oreillons. Nous citerons les mégadermes lyre et mégaderme feuille, qui tirent leur nom de la forme qu'affecte leur feuille nasale. J. P.

MÉGALÉSIENS (Jeux), jeux qui, chez les Romains, accompagnaient les Mégalésies. Les dames romaines y dansaient devant l'autel de Cybèle. Les magistrats y assistaient en robe de pourpre ; la loi défendait aux esclaves d'y paraître. Durant ces jeux, plusieurs prêtres phrygiens portaient en triomphe dans les rues de Rome l'image de la déesse ; on représentait aussi sur le théâtre des comédies choisies. Un grand concours de peuple et d'étrangers assistaient à ces jeux.

MÉGALOPOLIS, capitale de l'Arcadie, vers le sud, sur l'Hélisson, à peu de distance de son embouchure dans l'Alphée. Cette ville fut bâtie par Epaminondas, qui voulant réunir en un centre commun les forces trop dispersées de la ligue arcadienne contre Lacédémone, persuada à presque toutes les villes et bourgades de l'Arcadie, d'envoyer la plus grande partie de leurs citoyens dans cette ville nouvelle, vers l'an 372 av. J.-C. De là, le nom de Mégalopolis, à cause de la population et de la grandeur de cette ville nouvelle. Les Spartiates la contemplèrent long-temps d'un œil d'envie et de haine, sans oser l'attaquer, à cause de son alliance avec les Thébains ; mais sitôt que ceux-ci furent occupés tout entiers par la guerre sacrée, ils entrèrent dans l'Arcadie, et assiégèrent sa capitale, mais sans succès. Ce ne fut que

beaucoup plus tard que Cléomène, s'étant emparé de Mégalopolis par surprise, la fit piller et incendier par ses troupes. Elle fut rebâtie peu de temps après. Mégalopolis était célèbre surtout par le rôle important qu'elle joua dans les guerres de la confédération achéenne, dans laquelle elle entra en 232 av. J.-C., et par la naissance de Philopémen. Deux tyrans y avaient régné : Aristodème, vers l'an 336 av. J.-C., et Lysiade, soixante-dix ans après.

MÉGALOPUS (*poiss.*), genre de poissons de l'ordre des malacoptérygiens abdominaux, famille des clupées. (Règne anim., ii, 323.) J. P.

MÉGALOSOMA (*ins.*), genre de coléoptères de la famille des lamellicornes, tribu des scarabéides. J. P.

MÉGAPODE (*ois.*), genre de l'ordre des gallinacés, et formant en quelque sorte le passage entre cet ordre et celui des échassiers. Ce genre, établi pour un oiseau découvert par MM. Quoy et Gaimard dans les îles des Papous en 1818, présente pour caractères principaux : bec faible, aussi large que haut, dont la mandibule supérieure, un peu courbée à son extrémité, dépasse l'inférieure qui est droite ; narines ovales, placées vers le milieu du bec et couvertes d'une membrane garnie de quelques petites plumes ; œil entouré d'une peau nue ; pieds situés à l'arrière du corps ; jambes garnies de plumes jusqu'aux tarses, qui sont gros et robustes, comprimés surtout par derrière et couverts de grandes écailles ; quatre doigts très allongés, dont les trois antérieurs sont presque égaux, et dont le postérieur, plus court, est horizontal et posé à terre dans toute son étendue ; ongles très longs et très forts, à pointe obtuse ; ailes concaves, arrondies, dont les troisième et quatrième rémiges sont les plus longues et atteignent presque l'extrémité de la queue, qui est petite, cunéiforme et composée de douze à quatorze pennes. Les deux espèces trouvées par MM. Quoy et Gaimard ont été dédiées : l'une, à M. Freycinet, chef de l'expédition, l'autre, à la mémoire du célèbre et infortuné La Pérouse. Le premier, que les Papous nomment mankirio, a environ 13 pouces de longueur. La tête est petite, couverte de plumes étroites qui se relèvent légèrement en huppe à l'occiput ; les plumes dorsales sont au contraire longues et larges ; la peau du cou est brunâtre et recouverte seulement de quelques petits faisceaux de plumes courtes ; les parties supérieures sont d'un brun noir qui s'éclaircit au ventre et sous les ailes ; le bec, brun à son origine, est blanchâtre à la pointe. On connaît peu les mœurs de ces oiseaux. J. P.

MÉGAPODE, l'egapodus (*ins.*), genre d'insectes diptères de la tribu des asiliques. J. P.

MÉGARDE (par), loc. adv., faute d'attention, faute de prendre garde.

MÉGARE, fille de Créon, roi de Thèbes. Hercule l'épousa n'étant âgé que de 18 ou de 19 ans. Créon lui fut donnée en mariage pour récompense de ce qu'il était venu au secours de Créon contre Erginus, roi des Orchoméniens, et avait vaincu ce prince. Pendant qu'Hercule était descendu aux enfers, Lycus voulut s'emparer du royaume de Thèbes ; et, ne pouvant faire condescendre Mégare à l'épouser, il se préparait à l'y contraindre par la violence. Le héros reparut en cet instant, tua Lycus, et remit Créon sur le trône de Thèbes. Junon, irritée de la mort de Lycus, rendit Hercule si furieux, qu'il tua Mégare et les enfants qu'il avait eus d'elle. Suivant Apollodore, Hercule ne tua point Mégare, mais seulement les enfants qui lui étaient nés de cette princesse. Il la répudia dans la suite, ne pouvant supporter la vue d'une femme qui lui rappelait sans cesse le souvenir de la mort funeste de ses fils. On prétend même qu'il la maria à Iolas, le fidèle compagnon de ses travaux. Mégare avait eu d'Hercule trois fils, Créontiadès, Térimaque et Déicon. Le délire d'Hercule et la catastrophe sanglante joua en fut la suite, ont donné lieu à une pièce d'Euripide, qui est assez faible, et à une imitation de Sénèque le tragique, encore inférieure à l'original. Les deux pièces portent le titre d'*Hercule furieux*.

MÉGARE, capitale de la Mégaride, à quelques stades du golfe Saronique, et à peu près à la même distance de Corinthe et d'Athènes, avait été bâtie sur deux rochers ou plutôt entre deux rochers, par Mégarée, fils de Neptune. Cette ville était belle, mais petite ; beaucoup de temples l'ornaient, entre autres ceux dédiés à ceux de Jupiter Olympien, auprès duquel était un bois sacré d'Apollon et d'Isis. On montrait dans Mégare les tombeaux de plusieurs personnages fameux dans l'histoire mythologique. Tels étaient ceux d'Iphigénie, d'Adraste, de Corèbe, d'Orippe. Beaucoup de statues avaient été travaillées par Phidias et Praxitèle. Mégare ne fut jamais puissante, et ne joua aucun rôle parmi les états influents de la Grèce. Cependant elle fonda quelques colonies, parmi lesquelles on doit citer Thapse, Chalcédoine, Mégare-d'Hybla et Sélinonte. Mégare fut de plus assez fertile en hommes illustres ; tels furent les philosophes Euclide et Stilpon, qui y fondèrent une école où l'on s'occupait surtout de la dialectique, ce qui la fit nommer aussi Eristique (disputeuse). Théocosme l'architecte était aussi Mégarien.

MÉGARÉENS ou **MÉGARIENS**, petite nation de la Grèce, qui habitait la ville et le territoire de Mégare. Les Mégaréens étaient assez souvent en guerre avec leurs voisins. On parle peu de leurs exploits militaires, parce que, trop faibles pour entreprendre de lointaines conquêtes, ils restaient dans leur territoire, pour le défendre contre les voisins plus puissants qu'eux. Cependant ils se distinguèrent à la bataille de Salamine, où ils envoyèrent vingt vaisseaux, et à celle de Platée. Leurs femmes étaient regardées comme les plus immorales de la Grèce. Eux-mêmes passaient pour perfides, lâches, violateurs des droits de l'hospitalité. Leur mollesse et leur faste dans les édifices et les festins inspirèrent ce mot célèbre de Diogène : « Ils mangent comme s'ils devaient mourir en sortant de table ; ils bâtissent comme s'ils ne devaient jamais mourir. »

MÉGASTHÈNE, historien grec, composa, sous Séleucus Nicanor, vers l'an 292, avant Jésus-Christ, une histoire des Indes, qui est citée par les anciens, mais qui s'est perdue. Celle que nous avons aujourd'hui sous son nom est une ridicule supposition d'Annius de Viterbe ou bien de quelque auteur compilé par celui-ci.

MÉGE (Dom ANTOINE-JOSEPH), bénédictin de la congrégation de Saint-Maur, né à Clermont en Auvergne, mourut à Saint-Germain-des-Prés, en 1691, à 66 ans. Son Commentaire français sur la *Règle* de saint Benoît, Paris, 1687, in-4°, et la *Vie* du même saint, in-4°, 1690, sont estimés à cause de l'érudition qu'il y a répandue. Sa piété égalait son savoir.

MÉGÈRE, s. f., nom propre d'une des Furies, devenu nom commun, et signifiant, dans le discours ordinaire, une femme méchante et emportée.

MÉGIE, s. f., art de préparer en blanc les peaux de mouton et autres peaux délicates et de les rendre propres à divers usages.

MÉGISSERIE. De la peau des animaux nous nous faisons nos chaussures, nos gants, nos tabliers, nos sacs ; mais, pour atteindre à ce but, il y a diverses préparations industrielles différentes dans leur espèce. Ainsi la préparation que l'on donne aux cuirs pour les appliquer à notre chaussure n'est pas celle qu'il convient de donner à ces mêmes cuirs pour en tirer nos gants, les tabliers de nos sapeurs, nos sacs à poudre, etc. Or les préparations par lesquelles on fait passer la peau des animaux pour en tirer les objets signalés ici en dernier lieu, c'est-à-dire pour la blanchir d'abord, sauf ensuite à la teindre, pour lui donner le moelleux et la souplesse qu'elle avait à l'état de vie, ces préparations sont ce qu'on nomme mégisserie, art qui a beaucoup d'analogie avec celui du chamoiseur. Comme ce dernier, l'art de la mégisserie·a pour objet la saponification, l'extraction de la graisse et du mucus remplissant les interstices du tissu cellulaire, et le remplacement de ces matières par un corps onctueux, qui, pour le chamoiseur, est une substance grasse, et pour le mégissier, une pâte nommée *nourriture* et composée de farine, de jaune d'œuf, d'alun et de sel. Le mégissier choisit la p'au des animaux les plus jeunes et les plus faibles, tels que le chevreau et l'agneau ; celle de mouton est surtout employée, et l'on passe également, en mégie, les peaux de veau, de chèvre, de lapin, etc. Le mégissier prépare quelquefois les peaux sans les dépouiller de leur laine ou poil, pour des fourrures grossières. Les premières opérations de la mégisserie sont les mêmes que pour la chamoiserie. Ainsi, on trempe les peaux à l'eau douce ; on les met en chaux, on les rince, on les pèle, on les écharne, on les foule, puis on les fait fermenter dans une eau de son de blé, et on les foule dans la nourriture, puis on les fait sécher. Après un assez long repos, qui donne le temps à la préparation de s'incorporer convenablement dans les peaux, on leur fait subir une nouvelle préparation nommée ouverture, et qui consiste à les humecter, à les fouler et à les étirer sur le polissoir, lame de fer demi-circulaire, tranchante à sa partie convexe et fixée verticalement sur un pied. Elles peuvent alors être livrées au commerce ou à la teinture. Cette branche d'industrie est exploitée en France dans un grand nombre de départements ; mais c'est dans celui de l'Ardèche et surtout à An-

nonay, qu'elle est pratiquée avec le plus d'étendue et le plus de succès. Milhau (Aveyron), Grenoble (Isère), Saint-Jean, Saint-Hippolyte, le Vigan et Nîmes (Gard), jouissent aussi d'une réputation méritée.

MÉGISSIER, s. m., artisan dont le métier est d'apprêter les peaux de mouton, de veau, etc., pour les rendre propres à différents usages autres que ceux qui concernent le métier de corroyeur et celui de pelletier.

MÉHÉDI ou **MAHADI** (relig. mahom.), littéral., *directeur céleste*. Il se dit particulièrement de Mohammed, de la race d'Ali. C'est le douzième et le dernier iman, que les musulmans schiites attendent comme un messie et qui doit revenir un jour pour rétablir sur toute la terre le kaliphat universel. Méhédi est aussi le nom par lequel les Druses désignent la quatrième incarnation de Hakem. Méhédi (hist. mahom.), titre qu'ont porté les trois premiers souverains fatimites de l'Afrique, depuis Obeidollah (909) jusqu'à Moez, qui prit celui de kaliphe en 969, époque à laquelle il conquit l'Egypte.

MÉHÉE DE LATOUCHE, né à Meaux vers 1765, demeura longtemps en Pologne et en Russie, comme agent secret du gouvernement. Son exaltation révolutionnaire le fit nommer sécrétaire-greffier adjoint de la commune dite *du 10 août*. En cette qualité, il signa les actes préparatoires des massacres des 2 et 3 septembre, ainsi que l'ordre dans lequel il était dit : « M. le trésorier de la commune voudra bien payer aux nommés N... N... et N..., la somme de 48 fr., pour travaux faits (ou meurtres commis) à la prison de l'Abbaye. Paris, ce 3 septembre. » Cependant il fit afficher ensuite et distribuer aux quarante-huit sections une lettre contre le despotisme de Robespierre. Cette lettre fut dénoncée, brûlée, et l'auteur mis en prison. Par bonheur pour lui, le 9 thermidor arriva. Méhée publia à cette époque différents pamphlets, tels que *la queue de Robespierre*, qui fut saisie par la police. Lorsqu'il vit que les thermidoriens étaient menacés d'une réaction, il se rapprocha des sans-culottes. Il rédigea, en 1795, de concert avec Réal, le *Journal des patriotes de 1789*, plus connu sous la dénomination de *Journal du Père Duchesne*, et écrit dans le langage des halles. Celui qui avait critiqué le despotisme de Robespierre se déchaina contre le système modéré qu'il croyait avoir été adopté par la Convention : aussi obtint-il successivement plusieurs emplois dans la haute administration. Après le 18 brumaire, il publia son *Journal des hommes libres* ; mais Buonaparte, qui venait de rétablir le culte catholique, supprima un écrit dirigé contre cette religion et ses ministres. Méhée fut même fait prisonnier par un arrêté des trois consuls, qui le qualifiait de septembriseur. Exilé à Dijon, puis à Oléron, il parvint à passer en Angleterre, où il surprit la confiance de plusieurs émigrés. Il y publia un pamphlet qu'il désavoua dans la suite, intitulé *Alliance des royalistes et des jacobins*, lequel eut assez de vogue, parce que l'auteur semblait y promettre la déchéance du premier consul. De retour à Paris, il fit paraître un Mémoire, où il cherchait à justifier ses actions passées. Lors de la restauration, il se mit en devoir de publier plusieurs écrits ; mais, attaqué de toutes parts pour sa conduite révolutionnaire, il se vit bientôt réduit au silence. Pendant les cent-jours, il publia un nouveau Journal dans lequel il revenait à ses anciens principes. Compris, à la rentrée des Bourbons, dans l'ordonnance du 24 juillet 1815, il fut obligé de quitter la France, et se rendit en Allemagne. De là il vint à Bruxelles, en 1818, et fit imprimer à Liége, sur le manuscrit de Sainte-Hélène, une brochure intitulée: *C'est lui, mais pas de lui* : ouvrage où la critique et le style rappellent le rédacteur du *Patriote*. Chassé des Pays-Bas, il passa à Kœnigsberg, en Prusse, et, en 1819, obtint la permission de revenir à Paris. Quatre ans après, il parut de Méhée un Extrait de Mémoires inédits sur la révolution française, extrait qui se rapporte plus particulièrement à la fin tragique du duc d'Enghien, et qui est rempli d'assertions hasardées et souvent fausses. Depuis ce moment, Méhée végéta dans l'obscurité la plus profonde, et on ne se souvint de lui qu'à la nouvelle de sa mort, arrivée le 8 février 1827. Outre les écrits déjà cités, on a de lui : *Histoire de la prétendue révolution de 1792*, in-8°; *avec un examen de sa nouvelle constitution*, 1792, in-8°; *la Vérité tout entière sur les vrais auteurs de la journée du 2 septembre 1792, et sur plusieurs journées et nuits secrètes des anciens comités du gouvernement*, 1794, in-8°, signé Jehémési. Cette Vérité, où Méhée cache son nom et ses actions, ne convainquit ni les thermidoriens ni les royalistes: *Alliance des jacobins de France avec les ministres anglais*, 1804, in-8°; *Mémoires particuliers extraits de la correspondance d'un voyageur, avec M. Caron de Beaumar-*

...ris, sur la Pologne, la Lithuanie, la Russie, Pétersbourg, Moscou, la Crimée, etc., publiés par M. D., 1807, in-8°; Contes, Nouvelles et autres pièces posthumes de L. C. Pfeffel, traduits de l'allemand, 1815, 2 vol. in-12. Méhée de Latouche avait de l'instruction, et n'aurait point manqué d'un certain talent littéraire, si, pour plaire à la classe la plus abjecte, il n'avait adopté le langage furieux et grossier des jacobins.

MÉHÉGAN (GUILLAUME-ALEXANDRE de), naquit en 1721, à la Salle, dans les Cévennes, d'une famille originaire d'Irlande, venue en France à la suite de Jacques II. Méhégan se consacra de bonne heure aux lettres. Invité par Frédéric V à venir en Danemark, pour y professer la littérature française, il s'y rendit en 1750; mais il ne tarda pas à revenir en France, où il fut un des collaborateurs du *Journal encyclopédique*. Il fit paraître, en 1752, un ouvrage intitulé l'*Origine des guerres*, ou la *Religion naturelle mise en action*, livre plein des délires philosophiques devenus si communs dans ce siècle. En 1755, il donna les *Considérations sur les révolutions des arts*, remplies de paradoxes et jugements faux, et un petit volume de pièces fugitives en vers, qui valent moins encore que sa prose. L'année d'après, il publia les *Mémoires de la marquise de Terville* et les *Lettres d'Aspasie*, in-12. Le fond n'a rien de solide, le style en est guindé et précieux, et c'est en général le défaut dont l'auteur avait le plus à se défendre. Il était, si on l'ose dire, trop concerté, trop arrangé dans sa personne, ainsi que dans ses écrits, tout était affecté chez lui, jusqu'au son de sa voix. Il donna, en 1759 : l'*Origine, les progrès et la décadence de l'idolâtrie*, in-12, et en 1766, son *Tableau de l'histoire moderne*, en 3 vol. in-12. Il mourut le 23 janvier de la même année, avant que ce livre ne vit le jour. C'est de tous ses ouvrages celui qui prête le moins à la critique. Ce qui en rend la lecture fatigante, c'est que l'auteur a la manie ambitieuse de peindre tous les objets avec des couleurs brillantes. Pour animer ses récits, il raconte tout au présent, et prodigue les images. On trouve le même défaut dans l'*Histoire considérée vis-à-vis la religion*, les *beaux-arts et l'État*, 1767, 3 vol. in-12. L'amour du singulier dominait l'auteur, et se fait sentir, tant dans la manière que dans le fond des choses. Il n'a pas craint, dans ses *Considérations sur les révolutions des arts*, de donner la préférence au siècle de Louis XV sur celui de Louis XIV; de dire que « la morale n'a jamais été développée avec plus de vérité et plus de charmes que de nos jours; que ce sont nos écrivains modernes qui ont réduit les romans à l'image de la nature et l'école de la vertu; que nos tragédies modernes ont plus de pathétique et d'utilité que celles de Corneille et de Racine; que les maximes des tragédies de nos jours sont plus vraies, et inspirent plus d'humanité. » «Méhégan, dit un critique judicieux, n'avait sans doute pas lu tous ces ouvrages où la morale est si fort défigurée sous le pinceau philosophique; ces romans où la vertu n'est rien moins que le but de ceux qui les ont composés; ces tragédies où le sentiment a beaucoup plus d'appareil et de machinisme que de naturel et de réalité; ces tirades aussi déplacées qu'audacieuses, qui ne peuvent plaire qu'à des esprits gâtés, qui ne peuvent être pardonnées que par des ignorants, qui ne sentent pas combien elles sont hors de propos. »

MÉHERDATE, prince parthe, fils de Vonone, resta en otage chez les Romains, à la mort de Bardane. Vers l'an 49 de Jésus-Christ, quelques grands du pays des Parthes, las de la tyrannie de Gotarze, le demandèrent à Claude pour le mettre sur le trône, à la place du tyran. Il y consentit; mais, Méherdate ayant laissé échapper l'instant favorable, son compétiteur rassembla ses troupes, et le vainquit en bataille rangée. Méherdate tomba entre les mains du vainqueur, qui se borna à lui faire couper les oreilles et le laissa végéter dans le mépris.

MEHRAH (relig. mahom.), la partie de la mosquée qui correspond à la place de l'autel dans nos églises. L'iman qui officie se tient sur le mehrah.

MEHTER (hist. ott.), gardien des tentes et pavillons dans l'armée turque. Les methers sont chargés de la garde et du transport de tous les objets de campement. Concierge de l'hôtel du grand-visir.

MÉHUL (ETIENNE-HENRI), fils d'un cuisinier, naquit le 24 juin 1763, à Givet, département des Ardennes. Il fut un des plus grands musiciens qu'a produits la France. Il reçut d'abord de l'organiste de Givet des leçons dont il profita si bien, qu'avant à peine atteint l'âge de 10 ans, il touchait l'orgue du couvent des Récollets, et la population désertait l'église principale pour venir l'entendre. Il resta près de deux

années dans cette position; mais, à cette époque, un Allemand, nommé G. Hauser, particulièrement habile dans le style de l'Église, ayant été appelé pour toucher l'orgue de l'abbaye de Lavaldieu, située dans les Ardennes, le jeune Méhul n'eut plus de repos qu'il n'eût fait la connaissance de ce musicien, qui devint immédiatement son maître. Cependant de grandes difficultés se présentaient : une distance de plusieurs lieues séparait Givet de Lavaldieu, et le pauvre cuisinier n'aurait pu payer au couvent une pension pour son fils. L'abbé P. Lissoir (mort en 1808, aumônier des Invalides), aplanit tout, et admit l'enfant, alors âgé de 12 ans, en qualité de commensal de la maison. Méhul s'acquitta plus tard envers l'établissement, en remplissant, pendant deux années, les fonctions d'organiste-adjoint. L'ambition de ses parents se bornait à faire de lui un moine de Lavaldieu. L'existence douce et paisible qu'il menait dans le couvent l'aurait peut-être décidé à suivre ce parti, si la rencontre d'un colonel, en garnison à Charlemont, ne lui eût fourni l'idée et les moyens de se rendre à Paris. Là il se perfectionna dans l'étude du clavecin et de la composition sous Edelmann. Il publia quelques sonates de piano, mais son génie le portait vers le théâtre; le bonheur qu'il eut de faire la connaissance de Gluck acheva de décider de sa vocation. Avant l'âge de 20 ans, il avait déjà composé, comme morceaux d'études, trois opéras. Un quatrième, *Alonzo et Cora*, fut reçu à l'Académie royale de Musique; mais six années s'écoulèrent sans que son tour de représentation arrivât. Désolé d'un délai préjudiciable à sa réputation naissante, Méhul alla, son opéra d'*Euphrosine* à la main, frapper à la porte de l'Opéra-Comique, espérant que, sur ce théâtre, la mise en scène se ferait moins attendre; et, en effet, cet ouvrage fut donné en 1790. Il eut un succès prodigieux et mérité; c'est celui des ouvrages de Méhul où il a le plus fortement imprimé son cachet; c'est là qu'il s'est montré vraiment créateur. Quelques-uns des défauts qu'on lui reprocha plus tard s'entrevoient déjà, mais sans déparer cette belle production. La réussite d'*Euphrosine* fit hâter la mise en scène d'*Alonzo*. Ses autres ouvrages sont : *Stratonice*, *Horatius Coclès*, *Phrosine et Mélidore*, *Adrien et Timoléon*, *Ariodant*, *le jeune Henri*, l'*Irato*, *Une folie*, *Uthal*, *Joseph en Égypte*, les *Amazones*, la *Journée aux aventures*, *Valentine de Milan*. Méhul avait été inspecteur du Conservatoire et membre de l'Institut, dès la fondation de ces deux établissements. Il rentra, comme professeur de composition, à l'école royale de musique et de déclamation, lorsque l'ancien Conservatoire fut supprimé. Presque dès l'origine aussi, il était membre de la Légion-d'Honneur. Il aurait pu joindre à ces titres celui de maître de la chapelle de l'empereur; mais, par un désintéressement bien rare, lorsque cette place lui fut offerte, il déclara ne vouloir l'accepter qu'en la partageant avec Chérubini, que Napoléon avait le malheur de ne pas apprécier. Elle fut donnée sans partage à Lesueur. Deux morceaux, lus par lui à l'Institut, l'un sur l'état futur de la musique en France, et l'autre sur les travaux des élèves du Conservatoire à Rome, prouvent qu'il n'était pas étranger à l'art d'écrire. Comme compositeur, Méhul occupe certainement un des principaux rangs parmi les musiciens français. Plus de quarante opéras dont il est l'auteur, offrent la réunion des qualités et des défauts communs à l'école française à l'époque à laquelle Méhul écrivait : de la force et souvent du bonheur dans l'expression dramatique, mais peu de grâce dans la mélodie, le plus souvent d'ailleurs, écourtée ou bien gâtée par des accompagnements prétentieux; peu d'habileté à saisir ce qui convient aux voix et à tirer parti des ressources qu'offre leur réunion; un orchestre très bruyant, qui écrase et fatigue les parties vocales, sans pour cela produire de véritables effets; tels sont les défauts dominants des ouvrages de Méhul. Il faut dire, d'un autre côté, que ces vices portent souvent avec eux une compensation, insuffisante à la vérité, mais qui doit pourtant être comptée pour quelque chose.. Ce qui, chez Méhul, mérite surtout les éloges, c'est cette attention continuelle à saisir le sens du drame dans son ensemble, comme dans ses détails; à ne jamais perdre de vue le lieu et l'époque de l'action, et à donner à l'auditeur une juste et suffisante idée de tous les accessoires. De tous les compositeurs, Méhul serait celui qui aurait le plus approché de Gluck, si Salieri n'eût écrit les *Danaïdes* et *Tarare*; mais une place à l'un des côtés du grand-maître est encore assez honorable. C'est Méhul qui composa le *Chant du départ*. Cet artiste célèbre mourut à Paris, le 18 octobre 1817, âgé seulement de 54 ans.

MÉIBOMIUS (HENRI), né à Lubeck, en 1638, parcourut

l'Allemagne, l'Angleterre, la France, l'Italie ; professa la médecine, l'histoire et la poésie dans l'université de Helmstadt, et mourut en 1700. Quelque occupation que lui donnassent ses emplois et la pratique de la médecine, il trouva du temps pour publier divers ouvrages. Les principaux sont : *Scriptores rerum germanicarum*, in-fol., 1688, 3 vol. Cette collection renferme beaucoup de pièces sur les différentes parties de l'histoire d'Allemagne ; *Ad Saxoniæ inferioris historiam introductio*, 1687, in-4°. L'auteur y examine la plupart des écrivains de l'histoire de Saxe, dont les ouvrages sont imprimés ou manuscrits ; *Chronicon bergense*, compilation utile pour l'histoire de Saxe.

MEIGRET ou **MAIGRET** (Louis), écrivain lyonnais, s'est fait connaître par plusieurs ouvrages, mais surtout par un traité singulier sur l'orthographe française, 1542, in-4°. Cet ouvrage a eu beaucoup de partisans et beaucoup d'adversaires ; il était conforme à la prononciation, qui a presque autant changé depuis que l'orthographe ; ce qui prouve que ce système, souvent renouvelé, n'est pas meilleur ; et les spéculateurs modernes qui proposent des innovations de ce genre pourraient s'occuper de choses plus utiles. Il ne faut pas le confondre avec Georges MAIGRET, dont on a : 1° *Martyrographia augustiniana*, Anvers, 1625 ; 2° *Iconographia martyrum ordin. erem. S. Aug.*, Anvers, 1615, avec de belles figures.

MEILLEUR, EURE, adj. , comparatif de bon, qui est au-dessus du bon, qui a un plus haut degré de bonté que la personne ou la chose à laquelle on le compare. Meilleur , précédé de l'article le , est superlatif et signifie qui est au-dessus de tout dans son genre, pour la bonté , l'utilité. Il se prend quelquefois substantivement. Prov. , le meilleur n'en vaut rien se dit de deux ou plusieurs personnes presque également méchantes ou vicieuses.

MEINDARTZ (Pierre-Jean), archevêque schismatique d'Utrecht, né en 1684, à Groningue, mort en 1767, signala son opposition par plusieurs actes hardis, et publia toutefois plusieurs écrits pour sa justification. Nous citerons seulement un *Recueil de témoignages* en faveur de son Eglise, 1763, in-4°, réimprimé depuis en 2 vol. in-12 ; une *Lettre à Clément XIII*, datée du 10 octobre 1766, et imprimée à Utrecht, 1768, in-12.

MEINECKE (Jean-Henri-Frédéric), pasteur de l'église de Saint-Bloise de Quedlimbourg, né le 11 janvier 1745, mort en 1825, se distingua par les services qu'il rendit à l'instruction publique. On lui doit beaucoup d'écrits estimés, dont voici les principaux : 1° Une Traduction d'Elien avec des notes ; 2° un recueil de fables ; 3° une *Synopsis eruditionis universæ* ; 4° une Traduction de Lucrèce ; 5° les Synonimes allemands. Meinecke est aussi éditeur de divers ouvrages théologiques ; il a fourni plusieurs morceaux d'histoire naturelle à la société de Berlin dont il était membre. La science de l'érudition lui est encore redevable d'une édition de Théocrite.

MEINERS (Christophe), conseiller aulique, né à Warstade, en Hanovre, an 1747, mort le 1er mai 1810, professa la philosophie à l'université de Gottingue. En combattant dans ses écrits les systèmes abstraits de Kant, de Wolf et d'autres métaphysiciens inintelligibles, il voulut prouver, par l'histoire des peuples anciens et modernes, que la prospérité publique et le bonheur individuel sont inséparables des lumières et de la vertu. Nous citerons de lui : *Révision de la philosophie*, 1770 ; *Histoire de l'origine et des progrès de la philosophie chez les Grecs*, 1781 ; *Histoire et théorie des beaux-arts*, 1790 ; *Esquisse de l'histoire de la philosophie*, 1780 ; *Histoire de l'inégalité des différentes classes de la société chez les nations de l'Europe*, 1792 , 2 vol. ; *Histoire des femmes*, 1788 , 1789, 1799, 1800, 4 vol. in-4° ; *Histoire de l'humanité*, 1786-89 ; *Vies d'hommes célèbres de l'époque de la restauration des sciences*, 1795-96 ; *Histoire de la décadence des mœurs et des institutions politiques chez les Romains*, 1782 : cet ouvrage a été traduit en français par Breton ; *Histoire de toutes les religions*, 1806, 2 vol. Il avait donné une introduction à cet ouvrage dans son *Essai sur l'histoire de la religion des plus anciens peuples, particulièrement des Egyptiens* (1775).

MEININGEN ou **MEINUNGEN**, duché d'Allemagne qui est depuis 1826 borné au N. par la principauté d'Eisenach, la principauté de Saxe-Gotha, la Hesse électorale, le duché de Saxe-Weimar, la Prusse, la principauté de Schwarzbourg-Rudolstadt, celle d'Altenbourg ; à l'O. par la principauté d'Eisenach et la Bavière ; au S. par le royaume et le duché de Cobourg-Gotha ; à l'E. par la régence d'Erfurt, le duché de Leuchtemberg, la principauté de Reuss-Lobenstein, Ebersdorf et la Bavière. Sa forme est presque celle d'un fer à cheval ; la Saale et la Warra traversent ce duché. Le sol est

généralement montueux et couvert de forêts et renferme plusieurs mines de fer et de charbon de terre. Il a pour capitale Meiningen, petite ville forte, où réside le duc, et dont la population est d'environ 5,000 habitants. Ce duché fait partie de la confédération germanique, et il envoie un député à la diète ; son contingent à l'armée de la confédération est de 474 soldats.

MEISNER (Balthasar), luthérien , professeur de théologie à Wittemberg , né en 1587, mort en 1628, a laissé une Anthropologie, 1663, 2 vol. in-4°, et une Philosophie sobre, 1655 , 3 vol. in-4°. Il ne faut pas le confondre avec un auteur de ce nom , beaucoup plus moderne, dont nous avons de petits traités latins sur le thé, le café, etc. , écrits avec élégance et intérêt ; ni avec Ferdinand Meisner, jésuite , né à Glogau en Silésie , en 1739, dont on a des traités de physique estimés, entre autres , *De figura terraquei* ; *de viribus corporum* ; *de electricitate*, Breslau , 1765 , 1766 et 1767.

MEISSONIER (Juste-Aurèle), né à Turin, en 1695, mort à Paris, en 1750, dessinateur, peintre, architecte et orfèvre, montra dans tous ces différents genres un génie fécond et une exécution facile. Ses talents lui méritèrent la place d'orfèvre et de dessinateur du roi de France. Les morceaux d'orfévrerie qu'il a terminés sont de la plus grande perfection. Ses autres ouvrages ont été admirés des uns comme ayant la noble simplicité de l'antique, et critiqués des autres comme portant les traits d'une imagination bizarre et contraire au bon-goût. Hoquier a gravé, sous la conduite de ce maître, un grand nombre de planches.

MEISTER (Léonard), né en 1741, à Nefftenbach , canton de Zurich , fut nommé, en 1773, professeur d'histoire et de morale à l'école des arts de Zurich. Il mourut curé de Cappel, le 19 octobre 1811. La meilleure de ses compilations a pour titre : *Les hommes célèbres de l'Helvétie*, Zurich, 1781-82, 3 vol. in-8. Il publia aussi : *Mémoires pour l'histoire des arts et métiers, des mœurs et des usages*, Zurich, 1774, in-8° ; *Mémoires pour l'histoire de la langue et de la littérature allemande*, Heidelberg, 1780, 2 parties in-8° ; *Abrégé du droit public helvétique*, Saint-Gall, 1786, in-8° ; *Dictionnaire historique, géographique et statistique de la Suisse*, Ulm, 1796, 2 vol. in-8°. Rotermand a donné une liste de ses ouvrages qui s'élèvent à 80, tous en allemand : ils lui ont attiré une des fameuses épigrammes de Gœthe, intitulée *Xenies*.

MEISTERSOENGER (*hist. litt.*), il se dit des membres d'une corporation de poètes et de musiciens allemands qui remplacèrent les Minnesoengers vers la fin du xve siècle au xve. En 1378, l'empereur Charles IV accorda aux Meistersoengers des lettres de franchise et des armes particulières. On dit aussi maître-chanteur.

MEKHITHARISTE (*hist. eccl.*), moine arménien de Saint-Lazare, près de Venise. Les Mekhitharistes ont établi une école et une imprimerie pour les langues orientales.

MÉLA (Pomponius), géographe célèbre, naquit en Espagne de l'illustre famille Pomponia. Quelques commentateurs ont soutenu cependant qu'il était cette famille par adoption, et qu'il était le troisième fils du rhéteur Marcus Sénèque, auquel il dédia ses ouvrages. On ignore le nom de sa ville natale, et l'on doute du temps précis où il vécut. Il est certain cependant que ce fut après le règne de Caligula. Son ouvrage , qui est la première géographie générale qu'aient publiée les Romains, est intitulé *De situ orbis* ou *de chorographia*, et se compose de trois livres. Dans le premier, après quelques généralités, il décrit l'Afrique, l'Egypte , l'Arabie , la Phénicie, la Syrie et l'Asie mineure. Le second contient la Scythie, la Grèce dans toute son étendue, l'Illyrie, l'Italie, les Gaules et les îles de la Méditerranée. Le troisième fait connaître l'Espagne, les côtes de la Gaule sur l'Océan, la Germanie, la Sarmatie, l'extrême Scythie, l'Inde, la mer Erythrée avec les golfes Arabique et Persique, et l'Océan oriental. Généralement on remarque beaucoup d'exactitude et de discernement dans ce géographe, quoiqu'il n'ait pas, comme Strabon , vu les objets par lui-même. Sa narration est courte et précise ; mais il a su éviter la sécheresse dans la nomenclature par des descriptions agréables et des discussions physiques ; son style a de l'élégance et de l'intérêt, quelquefois même de l'éloquence. On ne peut guère lui reprocher que quelques erreurs et surtout des omissions importantes. On est étonné de chercher en vain dans son ouvrage Pharsale, Cannes, Leuctres, Mantinée, Ecbatane, Persépolis , Jérusalem.

MÉLALEUQUE, *melaleuca* (bot.), genre de plantes dicotylédones , à fleurs complètes , de la famille des myrtées. Ce genre présente pour caractères principaux : un calice à cinq divisions; cinq pétales insérés à l'orifice du calice; des étamines nombreuses, réunies en cinq faisceaux; les anthères à deux lobes; un ovaire inférieur, un style, un stigmate simple, une capsule faisant corps avec le calice, à trois valves, à trois loges polyspermes. Ce genre renferme de fort belles espèces, provenues pour la plupart de la Nouvelle-Hollande. On les cultive comme plantes d'ornement. Parmi les espèces les plus remarquables du genre, nous citerons : le mélaleuque à bois blanc (*mel. leucadendron*); cet arbre qui croît dans les Indes orientales, atteint de dix-huit à vingt mètres de hauteur; son tronc est noirâtre, revêtu d'une écorce de la nature du liége; les branches sont blanches, les rameaux très déliés sont garnis de feuilles alternes, presque sessiles, ovales, lancéolées, entières, aiguës à leurs deux extrémités, glabres, d'un vert pâle, un peu courbées en faucille, marquées de cinq nervures; les fleurs odorantes, éparses autour des rameaux, sessiles, presque agglomérées; la corolle fort petite; les pétales blancs, concaves; les filaments des étamines très longs; les anthères très petites, jaunâtres; les capsules de couleur cendrée, urcéolées, à la grosseur d'un grain de coriandre, à trois loges, remplies de semences brunes, fort petites, semblables à des paillettes. Dans les Indes on emploie son bois pour la construction des vaisseaux, il est dur, pesant et se conserve assez longtemps dans l'eau de mer; mais il se fond facilement et ne se prête pas au poli. On retire de ses feuilles une huile que l'on nomme huile de cajaput, de couleur verte, d'une odeur approchant de celle de la térébenthine, elle passe pour carminative emménagogue. 　　　　　J. P.

MÉLAM, s. m., substance blanche, granuleuse, insoluble dans l'eau, dans l'alcool et dans l'éther, découverte par Liebig dans le résidu insoluble qu'on obtient en distillant un mélange d'une partie de sulfocyanure de potassium avec deux parties de sel ammoniac. Cette substance, traitée par la potasse hydratée, donne naissance, sous l'influence de la chaleur, à deux produits, la mélamine et l'amméline, qui présentent tous les caractères des bases salifiables organiques, et qui sont le premier exemple de semblables composés formés artificiellement.

MÉLAMPE (*myth.*). Argien, fils d'Amythaon et petit-fils de Créthée et de Tyro, fut à la fois un fameux devin et un habile médecin. Il demeurait à Pylos, ville du Péloponèse. Ses domestiques lui ayant apporté de petits serpents qu'ils avaient trouvés dans un vieux chêne, il les fit élever avec grand soin. Ces animaux devenus grands, l'ayant trouvé un jour endormi, s'attachèrent chacun à une de ses oreilles, qu'ils nettoyèrent avec leur langue si parfaitement, qu'à son réveil il fut tout étonné de ce qu'il entendait le langage des oiseaux et mille autres choses qu'il ne comprenait pas auparavant. Il profita de ce don surnaturel, acquit une connaissance parfaite de l'avenir, et apprit d'Apollon la science de la médecine. Les filles de Prœtus étant devenues folles, il les guérit bientôt, en leur donnant de l'ellébore. Prœtus récompensa ce service en lui donnant l'aînée de ses filles en mariage. Mélampe, forcé par la tyrannie de son oncle Nélée, roi de Pylos, de quitter sa patrie, se retira chez son beau-père, qui lui donna une partie de son royaume. Nélée avait une fille nommée Péro, qui était célèbre par sa sagesse et sa beauté. Tous les princes voisins la recherchaient en mariage; mais Nélée ne la voulut donner qu'à celui qui lui amènerait les bœufs d'Iphiclus. Il n'y eut que Mélampe qui eut l'audace de tenter cette entreprise périlleuse; mais il fut pris et mis en prison en voulant l'exécuter. Il ne dut la vie qu'aux services qu'il rendit à Iphiclus en qualité de devin et de médecin. Comme ce prince était sans postérité, il lui enseigna le moyen d'avoir des enfants. Iphiclus en fut si reconnaissant, qu'il lui rendit la liberté, et lui donna en outre ses bœufs. Mélampe les conduisit au palais de Nélée, et celui-ci consentit alors à donner sa fille en mariage à Bias, frère de Mélampe. Quelques temps après les Argiennes ayant été attaquées d'une manie qui les faisait quitter leurs maisons, et courir dans les champs, Mélampe les fit revenir à leur bon sens. Anaxagore, qui régnait alors dans Argos, voulant lui témoigner sa reconnaissance pour un si grand service, lui céda la troisième partie de ses états. Les descendants de Mélampe y régnèrent pendant six générations. Ce héros reçut les honneurs divins après sa mort.

MÉLAMPODIUM (*bot.*), genre de plantes de la famille des composées sénécionidées, établi par Linné (gen. n. 989), pour des herbes de l'Amérique. 　　　　　J. P.

MÉLAMPYRE, *melampyrum* (*bot.*), genre de plantes dicotylédones, de la famille des rhinantées de Jussieu, qui présente pour caractères principaux : calice monophylle, tubuleux, à quatre découpures; corolle monopétale, à tube oblong et à limbe comprimé, partagé en deux lèvres, dont la supérieure en casque et ayant ses bords réfléchis, l'inférieure trifide; quatre étamines didynames; un ovaire supère, ovale, surmonté d'un style filiforme, terminé par un stigmate obtus; une capsule ovale, oblique, acuminée, à deux valves, à deux loges séparées par une cloison opposée aux valves, et contenant chacune deux graines gibbeuses. Les mélampyres sont des plantes herbacées annuelles dont les feuilles sont simples, opposées et les fleurs situées dans les aisselles des feuilles supérieures, ou disposées en épis terminaux, garnis de bractées. On en connaît une dizaine d'espèces, dont la plus grande partie croît naturellement en Europe. Le nom de *melampyrum*, formé de deux mots grecs (μέλας, noir, πυρος, blé), lui a été donné, à ce qu'il paraît, à cause de la ressemblance que présentent ses graines avec celles du froment, et leur couleur noirâtre. Parmi les espèces de ce genre, nous citerons : les mélampyre à crète (*mel. cristatum*), et mélampyre des champs (*mel. arvense*). La première assez commune dans les bois et les pâturages, a sa tige droite, haute de trois à quatre décimètres, simple ou plus souvent divisée en rameaux étalés. Ses feuilles sont étroites, lancéolées-linéaires, très entières. Ses fleurs sont rougeâtres, mêlées de blanc ou de jaunâtre, quelquefois entièrement blanches, disposées au sommet de la tige et des rameaux en épis ovales-oblongs, serrés et imbriqués de bractées d'un vert pâle. La seconde espèce, connue sous les noms vulgaires de blé de vache, queue de renard, rougeole, est commune dans les moissons. Ses fleurs purpurines mêlées de jaune, sont disposées en épis terminaux, plus longs que dans l'espèce précédente et accompagnées de bractées rouges. Ses graines mêlées avec celles du froment donnent au pain une couleur violâtre et une odeur piquante; on le dit malsain, mais cette opinion est combattue par plusieurs auteurs. 　　　　　J. P.

MÉLANCHTHON (Philippe), né à Bretten, dans le palatinat du Rhin, le 16 février 1497, fit ses études sous la direction du célèbre Reuchlin, son parent, lequel changea son nom allemand de Schwartzerdt, qui signifie *terre noire*, en celui de Mélanchthon, qui a la même signification en grec. C'était une espèce de pédantisme en usage chez les savants de ce siècle. Il fut envoyé à l'université de Heidelberg en 1509. Ses progrès furent si rapides, qu'on lui donna à instruire le fils d'un comte, quoiqu'il n'eût encore que 14 ans. Mélanchthon alla continuer ses études, en 1512, dans l'académie de Tubingen, y expliqua publiquement Virgile, Cicéron et Tite-Live. La chaire de professeur en langue grecque dans l'université de Wittemberg lui fut accordée en 1518, par Frédéric, électeur de Saxe, à la recommandation de Reuchlin. Les leçons qu'il fit sur Homère, et sur le texte grec de l'épître de saint Paul à Tite, lui attirèrent une foule d'auditeurs, et effacèrent le mépris auquel sa taille et sa mine l'avaient exposé. Son nom pénétra dans toute l'Allemagne, et il eut quelquefois jusqu'à 2,500 auditeurs. Il se forma bientôt une liaison intime entre lui et Luther, qui enseignait la théologie dans la même université. Ils allèrent ensemble à Leipzig en 1519, pour disputer avec Echius, la terreur et le fléau des novateurs. Les années suivantes furent une complication de travaux pour Mélanchthon. Il composa quantité de livres, enseigna la théologie, fit plusieurs voyages pour la fondation de colléges et pour la visite des églises. Il dressa, en 1530, la confession de foi, connue sous le nom de Confession d'Augsbourg, parce qu'elle fut présentée à l'empereur à la diète de cette ville. Son esprit de conciliation engagea le roi de France François Ier à lui écrire, en 1535, pour le prier de venir conférer avec les docteurs de Sorbonne. Ce prince le connaissait par les 12 articles qu'il lui avait fait présenter, où on est surpris de trouver celui-ci : « Primum igitur hoc omnes unani- « miter profitemur, politiam Ecclesiasticam rem esse sanctam « et utilem, ut sint utique aliqui episcopi qui præsint pluribus « Ecclesiarum ministris, item ut ROMANIS PONTIFEX PLÆSIT OM- « NIBUS EPISCOPIS. Opus est enim in ecclesia gubernatoribus, « qui vocatos ad ministeria ecclesiastica explorent et ordi- « nent... et inspiciant doctrinam sacerdotum; et si nulli essent « episcopi, tamen creari tales oporteret. » D'Argentré, *Collection judiciaire*, tom. 1er, pag. 387. « Plût à Dieu, s'écrie-t-il dans un autre endroit, que je pusse, non pas infirmer la domination spirituelle des évêques, mais en rétablir la domination; car je vois quelle Église nous allons avoir, si nous renversons la police ecclésiastique. Je vois que la tyrannie sera plus insupportable que jamais. » *Lib.* 4, *epist.* 104. *Voy.* encore, *Lib.* 1, *epist.* 17. Le disciple de Luther souhaitait ardemment de se rendre aux invitations assez peu réfléchies de François 1er; mais l'électeur de Saxe ne voulut jamais le permettre, soit qu'il se défiât de la modération de Mélanchthon, soit qu'il craignît de se brouiller avec Charles-Quint. Mélanchthon assista, en 1540, aux conférences de Spire, et y fit paraître beaucoup de science. Ayant eu occasion de voir sa mère pendant ce voyage, cette bonne femme, qui était catholique, lui demanda ce qu'il fallait qu'elle crût au milieu de tant de disputes. « Continuez, lui répondit son fils, de croire et de prier comme vous avez fait jusqu'à présent, et ne vous laissez point troubler par le conflit des disputes sur la religion. » Réponse qui prouve bien que l'esprit de parti ne s'accordait pas dans Mélanchthon avec ses persuasions les plus intimes. Il parut aux fameuses conférences de Ratisbonne, en 1541, et à celles qui se tinrent en 1548 au sujet de l'*Intérim* de Charles-Quint. Il composa la censure de cet *Intérim*, avec tous les écrits qui furent présentés à ces conférences. Enfin, après avoir essuyé bien des fatigues et des traverses pour son parti, il mourut à Wittemberg, en 1560, âgé de 64 ans. Mélanchthon n'avait rien du caractère impérieux de Luther et de Zwingle. Il haïssait les disputes, et n'y était entraîné que par le rôle qu'il avait à jouer dans ces querelles. Il paraît, par sa conduite et par ses ouvrages, qu'il n'était pas éloigné, comme Luther, des voies d'accommodement, et qu'il eût sacrifié beaucoup de choses pour la réunion des protestants avec les catholiques. Mais quel plan de réunion peut réussir à l'égard de ceux qui n'écoutent pas l'Eglise? et quelle sanction aurait-il, quel qu'il puisse être? Quoique Mélanchthon eût embrassé toutes les erreurs de son maître, il ne laissa pas que d'être ensuite zwinglien sur quelques points, calviniste sur d'autres, incrédule sur plusieurs, et fort irrésolu sur presque tous. On prétend qu'il changea quatorze fois de sentiment sur la justification; ce qui lui mérita le nom de *Brodequin d'Allemagne.* Dans le fond, cette inconstance était l'effet d'un esprit juste et conséquent. Après avoir rejeté l'autorité infaillible que Dieu a laissée à son Eglise, quelle autre autorité eût pu fixer sa croyance? Dès qu'on se détache de l'Eglise catholique, du sein de cette mère commune qui nous instruit et nous rassure, on perd de vue le point unique où se tient la précieuse et indivisible vérité, pour se perdre dans les régions immenses de l'erreur; sorti une fois de la barque de Pierre, symbole l'Eglise et de la grande assemblée des fidèles, on devient infailliblement le jouet des vents et des flots. Les inquiétudes de sa conscience augmentaient encore les incertitudes de son esprit. L'arrogance fougueuse de Luther, tant de sectes élevées sous ses drapeaux, tant de changements bizarres dans les choses les plus saintes, bourrelaient son cœur. Ses ouvrages ont été imprimés dans différentes villes d'Allemagne. La plus ancienne édition est celle de 1561, et la plus complète est celle qu'en a donnée Gaspard Peucer à Wittemberg, 15 t. en 4 vol. in-fol., 1601. On y remarque beaucoup d'esprit, une érudition très étendue, et surtout plus de modération qu'on n'en trouve dans les chefs de secte. Il faut convenir que Mélanchthon paraissait chercher la vérité; mais il ne prenait pas les chemins qui y conduisent. A ces erreurs sur la foi il joignait mille rêveries sur les prodiges, sur l'astrologie, sur les songes, pour lesquels il avait une crédulité surprenante. Joachim Camérarius a écrit sa Vie en latin, 1655, in-8°. Elle a été imprimée en 1777, à Halle, par les soins de G.-T. Strobel, qui nous apprend qu'à cette époque il avait déjà paru en Allemagne 277 ouvrages sur la vie et les écrits de ce célèbre théologien. J.-F.-W. Tischer a publié une Vie de Mélanchthon en allemand, dont la deuxième édition a paru à Leipsig, en 1801, in-8°.

MÉLANCOLIE, s. f., t. de médecine, la bile noire, l'humeur sécrétée par le foie, lorsqu'elle devient épaisse et noire. Il signifie aussi la disposition triste qu'on attribue à un excès de bile noire, ou qui provient de quelque autre cause morale. Prov., il n'engendre point la mélancolie, se dit d'un homme qui vit sans souci, qui est extrêmement gai. Mélancolie signifie encore cette disposition de l'âme, qui, se refusant aux vives impressions du plaisir ou de la joie, se plaît dans la rêverie, dans une méditation vague, et trouve du charme à s'occuper d'idées attendrissantes.

MÉLANCOLIQUE, adj. des deux genres, en qui domine la mélancolie. Il signifie aussi qui est triste, qui est chagrin. Il

se dit également des choses qui inspirent ou qui annoncent la mélancolie. Il est quelquefois substantif.

MELANDRI CONTESSI (GIROLAMO), médecin, né en 1784, à Bagnacavallo, dans les états pontificaux, obtint, en 1807, la chaire de chimie à l'université de Padoue, et l'occupa avec éclat jusqu'au 22 février 1833, époque de sa mort. Ses Mémoires sur les sciences chimiques et sur leurs applications sont contenus dans le *Journal de chimie et de physique de Pavie,* dans les mémoires de l'académie de Padoue, dans les *Annales des sciences du royaume Lombardo-Vénitien.* Il a déposé aussi, dans son *Traité de chimie,* publié en 1826, le fruit de ses observations sur divers points intéressants de la science.

MÉLANÉSIE. (*Voy.* OCÉANIE.)

MÉLANGE, s. m., ce qui résulte de plusieurs choses mêlées ensemble. Un bonheur sans mélange, un bonheur qui n'est troublé, interrompu par aucun évènement fâcheux. Mélange signifie aussi le croisement des races, l'accouplement de deux êtres animés d'espèces différentes. Mélanges, au pluriel, est le titre de certains recueils composés de pièces de prose ou de poésie, de petits ouvrages sur différents sujets. Mélanges est aussi le titre que l'on donne quelquefois, dans les ouvrages périodiques, à une réunion d'articles sur des objets variés. On donne ce même titre, dans les catalogues de livres, à la partie qui comprend les ouvrages qu'on n'a pas pu classer dans les autres divisions.

MÉLANGER, v. a., faire un mélange d'une chose avec une autre, ou de plusieurs choses ensemble. On l'emploie quelquefois avec le pronom personnel. Drap mélangé, drap dont la trame et la chaîne sont de laine de différentes couleurs.

MÉLANIE, *melania (moll.)*, genre de la famille des ellipsostomes, établi par Lamarck pour des coquilles que Linné rangeait parmi ses hélices et Brugnières parmi les bulimes. Ce genre, qui comprend des coquilles pour la plupart noires ou d'un brun foncé, présente pour principaux caractères : coquille ovale-oblongue, à spire assez pointue et souvent turriculée; l'ouverture ovale à péristome, discontinu ou modifié par le dernier tour de spire, à bord droit, tranchant, s'évasant en avant par la fusion de la columelle dans le bord gauche; un opercule corné et complet. Il diffère ainsi des bulimes et des limnées, parce qu'il est operculé. L'animal est dioïque spiral; le pied trachélien ovale, frangé dans sa circonférence; deux tentacules filiformes; les yeux à leur base externe; un mufle proboscidiforme. C'est avec les phasianelles que les mélanies ont évidemment le plus de rapports; mais l'opercule est corné; elles n'ont pas de callosité longitudinale sur la columelle, et enfin elles sont d'eau douce. Les mélanies habitent les eaux douces des pays chauds en Amérique et en Asie, où elles semblent remplacer les paludines qui y sont fort rares. Parmi les espèces de ce genre, nous citerons : la mélanie thiare, *M. amarula,* vulg. thiare fluviatile, de 4 à 5 centimètres, conique, ovale, épaisse; les tours de spire décroissant subitement, aplatis à la partie supérieure et garnis dans leur circonférence d'espèces d'épines droites à l'extrémité, de côtes assez saillantes au dernier tour : couleur d'un brun noirâtre en dehors et d'un blanc bleuâtre en dedans. La chair de l'animal est très amère, elle passe pour un bon remède contre l'hydropisie. La mélanie flambée, *M. fasciolata,* plus petite que la précédente, finement striée dans les deux sexes : de couleur blanche, ornée de flammes longitudinales jaunâtres d'Egypte. J. P.

MÉLANIE, dame célèbre par sa piété, sortait d'une illustre famille espagnole qui était originaire de Rome : elle était petite-fille de Marcellin, qui avait été élevé au consulat, et parente de saint Paulin de Nole. Après avoir perdu son mari et deux de ses fils, elle fit un voyage en Egypte, et visita les solitaires de Nitrie. Sa charité industrieuse et libérale répandit ses bienfaits sur les confesseurs orthodoxes que l'arianisme persécutait : elle en nourrit jusqu'à cinq mille pendant trois jours. Plusieurs catholiques ayant été relégués dans la Palestine, elle les suivit et se rendit à Jérusalem avec le prêtre Rufin d'Aquilée. Elle y bâtit un monastère, où elle mena une vie pénitente, sous la direction de Rufin. Publicola, fils de Mélanie et préteur de Rome, avait épousé en cette ville une femme d'un rang distingué nommée Albine. Il en eut, vers 388, une fille nommée aussi Mélanie, qui épousa Pinien, fils de Sévère, gouverneur de Rome, et en eut deux enfants, qu'elle perdit peu de temps après leur naissance.

Résolue alors de vivre dans la continence perpétuelle, elle fit part de ses sentiments à son mari, qui les approuva. Sa grand'mère fit un voyage en Italie vers 405, pour la confirmer dans sa résolution. L'ancienne Mélanie passa en Sicile avec Albine et sa petite-fille, en 410, lorsque les Goths allèrent assiéger Rome. Elle retourna à Jérusalem, où elle mourut 40 jours après son arrivée. On lui a reproché d'avoir montré pendant quelque temps trop de chaleur pour la cause d'Origène, que Rufin défendait; mais les louanges que lui ont données saint Augustin, saint Paulin, saint Jérôme, etc., ne permettent pas de douter de ses vertus, ni de son orthodoxie. Albine, Pinien, et la jeune Mélanie passèrent en Afrique, affranchirent 8,000 esclaves, y virent saint Augustin, et bâtirent deux monastères à Tagaste, l'un pour les hommes et l'autre pour les filles. Six ans après, ils allèrent s'établir à Jérusalem. La jeune Mélanie y mourut dans une cellule du mont des Oliviers, le 31 décembre 439, après avoir consumé ses jours dans les austérités incroyables.

MÉLANIE (MARIE-CATHÉRINE JANSEN, plus connue sous le nom de Sœur), naquit à Strasbourg, en 1751. Elle reçut dans sa famille une éducation toute chrétienne, et la fortifia encore dans les écoles de la congrégation de Notre-Dame, qu'elle fréquenta d'abord et dans laquelle elle entra à l'âge de 16 ans. Après les deux années d'épreuves ordonnées par le règlement de cet institut, fondé pour l'instruction de la jeunesse par le bienheureux Fournier dit de Mataincourt, elle fut consacrée à l'enseignement. La révolution vint l'enlever à ses modestes et utiles travaux. Elle suivit sa supérieure, la sœur de Zugmantel, qui se retira au château d'Osthoff, dans sa famille. Indépendamment des soins qu'elle rendit à sa bienfaitrice, elle se chargea encore de l'éducation de plusieurs enfants d'Altbronn, et les prépara à la première communion. La sœur Mélanie vint à Strasbourg, en 1800, se réunit à quelques-unes de ses anciennes compagnes, et toutes ensemble recommencèrent à s'occuper de l'instruction des jeunes filles du peuple. Devenue supérieure de ce petit établissement, elle ne voulut point le détourner de son but primitif, en fondant un pensionnat. Son école continua d'être celle des pauvres, et la sœur Mélanie entretint l'esprit de la religion dans sa communauté. Les protestants eux-mêmes rendirent hommage aux vertus et au désintéressement des sœurs de la congrégation de Notre-Dame. La sœur Mélanie mourut le 23 avril 1829, à Strasbourg. Ce fut sans contredit l'une des femmes les plus vertueuses du XIXe siècle.

MELANIENS (moll.), famille de mollusques gastéropodes, établie par Lamarck pour les genres melanie et melanopside.
　　　　　　　　　　　　　　　　J. P.

MÉLANION, fils d'Amphidamas et petit-fils de Lycurgue, roi d'Arcadie, épousa Athalante, fille d'Iasius, roi du pays, et en eut un fils nommé Parthénope.

MÉLANIPPE, fille d'Éole, épousa clandestinement Neptune, de qui elle eut deux fils. Son père en fut si irrité, qu'il fit exposer ces deux enfants aussitôt après leur naissance, et crever les yeux à Mélanippe, qu'il renferma dans une étroite prison. Les enfants ayant été nourris par des bergers, délivrèrent leur mère de la prison où elle était enfermée, et Neptune lui ayant rendu la vue, elle épousa Métaponte, roi d'Icarie.

MÉLANIPPIDES. Il y a eu deux poètes grecs de ce nom. L'un vivait 520 ans avant J.-C.; l'autre, petit fils du premier par une fille, florissait 60 ans après, et mourut à la cour de Perdiccas II, roi de Macédoine. On trouve des fragments de leurs poésies dans le Corpus poetarum græcorum, Genève, 1606 et 1614, 2 vol. in-fol.

MÉLANISME (terat.), le melanisme consiste dans la couleur noire ou très foncée de la peau, des poils et de l'iris. C'est l'opposé de l'albinisme.
　　　　　　　　　　　　　　　　J. P.

MÉLANOPSIDE (moll.), genre de mollusques de la famille des melaniens, établi par Lamarck pour les familles des coquilles d'eau douce.
　　　　　　　　　　　　　　　　J. P.

MÉLANOS (terat.), nom donné aux individus affectés de melanisme.
　　　　　　　　　　　　　　　　J. P.

MÉLART (LAURENT), né à Hui, dans la principauté de Liége, l'an 1578, devint Bourgmestre de cette ville, et consacra ses moments de loisir à l'étude de l'histoire de sa patrie. Les fruits de ses recherches sont consignés dans l'Histoire de la ville et château de Hui et de ses antiquités, Liége, 1641, in-4o. Il y a assez de critique pour le temps où l'auteur vivait; mais

le style en est si suranné qu'il faut avoir un glossaire pour en comprendre tous les termes.

MÉLAS, feld-maréchal Autrichien, né en Moravie, fit ses premières campagnes dans la guerre de Sept ans, contre la Prusse, comme adjudant du feld-maréchal Daun, et fut employé, en 1793, avec le grade de général-major sur la Sambre et dans le pays de Trèves. Il passa de là à l'armée sur le Rhin et ensuite à l'armée d'Italie, dont il eut le commandement en chef, en juin 1796. Mélas seconda puissamment Suwarow dans la campagne de 1799, et se distingua surtout aux batailles de Cassano et de Novi. Suwarow s'étant porté contre Masséna, dans la Suisse, il resta seul chargé de la conduite de 6 mille Autrichiens, avec lesquels il battit le général Championnet à Genola, et s'empara de Coni; puis ayant marché sur Gênes, il y perdit un temps précieux, pendant lequel Buonaparte envahit la Lombardie et se plaça sur les derrières de l'armée autrichienne. Mélas, après avoir réuni sous son commandement les différents corps de l'armée autrichienne, joignit les Français, le 16 juin, dans la plaine de Marengo. Il les repoussa d'abord sur plusieurs points; mais le général Desaix ayant rassemblé une colonne, formée en partie de la réserve, fit une dernière charge avec tant de rapidité, qu'il culbuta un corps considérable d'Autrichiens; mais il perdit la vie dans le combat. Mélas ne put réparer ce désordre, ni rallier son armée. La perte de cette bataille lui ôtant tout espoir de retraite, il se vit contraint de signer une capitulation, par laquelle le vainqueur lui permit de se retirer sous Mantoue, avec ses troupes et un immense bagage. Toutes les places qu'elles occupaient depuis la frontière de France jusque-là, furent remises aux Français, et on convint d'un armistice, pour avoir le temps d'envoyer à Vienne des propositions de paix. La conduite de Mélas fut blâmée généralement. On lui reprocha de s'être laissé couper toute communication avec l'Autriche; mais la marche de Buonaparte lui avait paru si gigantesque, qu'il ne la crut possible que lorsqu'il n'était plus temps de s'y opposer. On lui reprocha aussi d'avoir trop étendu ses ailes dans la plaine de Marengo; mais il avait pour but d'envelopper l'ennemi, et il était sur le point d'y parvenir, lorsque son aile gauche fut coupée (Voy. DESAIX). Mélas fut nommé, peu après, commandant en Bohème, et présida, en 1806, le conseil de guerre chargé de prononcer sur le sort du général Mack. Depuis il vécut dans la retraite, et mourut à Prague, en 1807.

MELASOMES, melasoma (ins.), famille de coléoptères hétéromères, établie par Latreille, composée d'insectes présentant en général des couleurs noires ou grises, d'où le nom de melasomes (μέλας, noir; σῶμα, corps). La plupart sont aptères et ont les élytres soudées; leurs antennes sont grenues peu ou pas renflées à l'extrémité, insérées sous les bords avancés de la tête; à mandibules bifides ou échancrées à leur extrémité, ayant enfin une dent cornée ou un crochet au côté interne des mâchoires; tous les articles des tarses entiers et les yeux oblongs et très peu élevés, ce qui indique, d'après les observations, leurs habitudes nocturnes. Les melasomes vivent presque tous à terre, soit dans le sable, soit sous les pierres, et souvent aussi dans les lieux bas et sombres des maisons, comme les caves et les écuries. Latreille divise cette famille d'après la présence ou l'absence des ailes. Les melasomes qui, dans la méthode de Linné, formaient le grand genre tenebrio, sont repartis par Latreille dans trois tribus : les piméliaires, les blapsides et les ténébriointes. M. Solier, qui a fait une sérieuse étude des coléoptères hétéromères, a cru devoir rejeter le nom de melasomes d'après les caractères assignés par Latreille aux mâchoires de ces insectes, parce qu'il faudrait alors y comprendre un assez grand nombre de genres classés parmi les taxicornes et les hélopiens. Il y a substitué celui de collaptérides, et donne pour caractères à cette nouvelle famille : lobe interne des mâchoires terminé par un crochet corné distinct, ou garni de cils nombreux au côté interne; élytres soudées entre elles et réunies au tergum du mesothorax dans la plupart, rarement libres, mais alors à menton trilobé antérieurement à métasternum très court, et fortement trilobé en arrière. La famille des collaptérides renferme à peu près les piméliaires et les blapsides de Latreille.
　　　　　　　　　　　　　　　　J. P.

MÉLASSE, s. f., sirop qui est le résidu du sucre après son extraction et sa cristallisation.

MELASTOMACÉES (bot.), famille de plantes dicotylédonées polypétales, périgynes, dont les principaux caractères sont :

calice tubuleux, à tube tantôt entièrement libre, tantôt soudé, avec l'ovaire, ou par toute sa superficie, ou seulement par ses nervures en nombre égal aux étamines, et dont le lobe se découpe en cinq, plus rarement en 4-6-3 lobes, à préfloraison valvaire, pétales en nombre égal et alternes, insérées sur un bourrelet saillant, courtement onguiculées, à préfloraison tordue; étamines insérées au même point en nombre double, fertiles ou stériles, rudimentaires ou manquant même tout-à-fait; filets libres filiformes, pliés dans le bouton ; anthères terminales, biloculaires, ovales ou linéaires, rétrécies en bec au sommet où elles s'ouvrent par un ou deux pores, plus rarement s'ouvrant par des fentes longitudinales, quelquefois éperonnées à leur base, articulées avec le filet par un prolongement inférieur de leur connectif, ovaire libre ou adhérent en tout ou en partie, nu ou garni de soies à son sommet, surmonté d'un style ou d'un stigmate simples, à plusieurs loges dont le nombre est égal à celui des pétales, contenant chacune plusieurs ovules anatropes, insérés à l'angle interne ou sur les cloisons. Le fruit est charnu lorsque le calice est adhérent, capsulaire lorsqu'il est libre, et dans ce cas se sépare en autant de valves. Les graines nombreuses sont tantôt réniformes, tantôt ovoïdes, oblongues ou anguleuses. Les espèces de cette famille sont des arbres, arbrisseaux et plus rarement des herbes, très abondantes dans l'Amérique tropicale. Leurs fleurs élégantes sont généralement groupées en cymes paniculées ou contractées, plus rarement solitaires. On a divisé cette famille en cinq tribus : les laloisiérées, les rhéxiées, osbeckiées, miconiées, charianthées. Ces tribus comprennent un grand nombre de genres qu'il serait trop long d'énumérer ici.　　　　J. P.

MELCHAM (*myth. occid.*), Dieu des Ammonites qu'on croit être le même que Moloch. Salomon bâtit un temple à Melcham; et Manassès dressa un autel à ce faux Dieu dans le temple de Jérusalem.

MELCHIADE ou **MILTIADE** (Saint), pape après saint Eusèbe, en 311, était originaire d'Afrique. Il eut le bonheur de voir, pendant son pontificat, la religion chrétienne s'étendre par toute la terre, et adoptée par Constantin, qui s'en rendit protecteur. Cette joie fut troublée par le schisme des donatistes. Il fit tous ses efforts pour les engager à se soumettre à la pénitence; mais il n'y réussit pas. Il mourut le 10 janvier de l'an 314.

MELCHISÉDECH, roi de Salem et prêtre du Très-Haut, vint à la rencontre d'Abraham, victorieux de Chodorlahomor, jusque dans la vallée de Savé. Figure du Messie, pontife éternel selon l'ordre de Melchisédech, il offrit à Dieu le pain et le vin, les présenta à Abraham, et le bénit. Le saint patriarche, voulant reconnaître en lui la qualité de prêtre du vrai Dieu, lui donna la dîme de tout ce qu'il avait pris sur l'ennemi. Il n'est plus parlé dans la suite de Melchisédech, et l'Ecriture ne nous apprend rien, ni de son père, ni de sa généalogie, ni de sa naissance, ni de sa mort. Les savants ont fait une infinité de questions inutiles, soit sur sa personne, soit sur la ville où il régnait. Quelques-uns ont cru qu'il était roi de Jérusalem; d'autres que Salem était une ville différente, située près Scythopolis, la même où arriva Jacob à son retour de Mésopotamie. Les Juifs prétendaient que Melchisédech était le même que Sem, fils de Noé; Origène a cru que c'était un ange. Les hérétiques nommés melchisédéciens, prenant à la lettre ce que dit saint Paul, que Melchisédech n'avait ni père ni mère, ni généalogie, soutenaient que ce n'était pas un homme, mais une vertu céleste, supérieure à Jésus-Christ même; d'autres ont prétendu que c'était le Saint-Esprit : mais il paraît certain que saint Paul a voulu précisément faire remarquer le silence de l'Ecriture sur l'origine et les liaisons terrestres de Melchisédech (tandis que dans toute autre occasion elle fait mention des ancêtres ou moins immédiats) comme un trait d'une plus grande ressemblance avec le pontife éternel, dont il était déjà la figure par son titre de prêtre du Très-Haut, et par la matière de son sacrifice.

MELCHISÉDÉCIENS, nom de plusieurs sectes qui ont paru en différents temps, surtout dans les premiers siècles de l'ère chrétienne. Les premiers furent une branche de théodotiens, et furent connus au IIIe siècle; aux erreurs des deux Théodotes, ils ajoutèrent leurs propres imaginations, et soutinrent que Melchisédech n'était pas un homme, mais la grande vertu de Dieu; qu'il était supérieur à Jésus-Christ, puisqu'il était médiateur entre Dieu et les anges, comme Jésus-Christ

l'est entre Dieu et les hommes. Sur la fin de ce même siècle, cette hérésie fut renouvelée en Egypte par un nommé Hiérax, qui prétendit que Melchisédech était le Saint-Esprit. Quelques anciens ont accusé Origène de cette erreur; mais il faut que ce reproche ait été bien mal fondé, puisque ni Huet, ni les éditeurs des œuvres d'Origène n'en font aucune mention. Les écrivains ecclésiastiques parlent d'une autre secte de melchisédéciens plus modernes, qui paraissent avoir été une branche des manichéens. Ils n'étaient, à proprement parler, ni juifs, ni chrétiens, ni païens; mais ils avaient pour Melchisédech la plus grande vénération. On les nommait *attingani*, gens qui n'osent toucher personne de peur de se souiller. Quand on leur présentait quelque chose, ils ne la recevaient point, à moins qu'on ne la mît à terre, et ils faisaient de même quand ils voulaient donner quelque chose aux autres. Ces visionnaires se trouvaient dans le voisinage de la Phrygie. Enfin, on peut mettre au rang des melchisédéciens ceux qui ont soutenu que Melchisédech était le Fils de Dieu qui avait apparu sous une forme humaine à Abraham, sentiment qui a eu de temps en temps quelques défenseurs, entre autres Pierre Cunéus, dans sa *République des Hébreux,* ouvrage savant d'ailleurs. Il a été réfuté par Christophe Schlégel, et par d'autres, qui ont prouvé que Melchisédech était un pur homme, l'un des rois de la Palestine, adorateur et prêtre du vrai Dieu. On demandera, sans doute, comment des hommes raisonnables ont pu se mettre dans l'esprit de pareilles chimères. C'est un des exemples de l'abus énorme que l'on peut faire de l'Ecriture-Sainte, quand on ne veut suivre aucune règle, ni se soumettre à aucune autorité. Saint Paul, dans l'Epître aux Hébreux, c. 7, pour montrer la supériorité du sacerdoce de Jésus-Christ sur celui d'Aaron et de ses descendants, lui applique ces paroles du ps. 109 : « Vous êtes prêtre pour l'éternité, selon l'ordre de Melchisédech; » et fait voir que le sacerdoce de celui-ci ne ressemblait point à celui des prêtres juifs. En effet, il fallait que ces derniers fussent de la famille d'Aaron, et nés d'une mère israélite; Melchisédech, au contraire, était sans père, sans mère et sans généalogie; l'Ecriture ne dit point qu'il eut pour père un prêtre; elle ne parle ni de sa mère, ni de ses descendants; sa dignité n'était donc attachée ni à la famille ni à la naissance. Saint Paul ajoute qu'il n'a eu ni commencement de jours, ni fin de vie, c'est-à-dire que l'Ecriture garde le silence sur sa naissance, sur sa mort, sur sa succession, au lieu que les prêtres juifs ne servaient au temple et à l'autel que depuis l'âge de 30 ans jusqu'à 60, et ne cessaient d'exercer leur ministère qu'après la mort de leurs prédécesseurs. Leur sacerdoce était donc très borné, au lieu que l'Ecriture ne met point de bornes à celui de Melchisédech; c'est ce qu'entend saint Paul, lorsqu'il dit que ce roi demeure prêtre pour toujours à un sacerdoce perpétuel; d'où il conclut que le caractère de Melchisédech était plus propre que celui des prêtres juifs à figurer le sacerdoce éternel de Jésus-Christ; et c'est dans ce sens qu'il dit que ce personnage a été rendu semblable au Fils de Dieu. Cependant, continue l'apôtre, Melchisédech était plus grand qu'Abraham, à plus forte raison que Lévi et qu'Aaron ses descendants, puisqu'il a béni Abraham, et a reçu de lui la dîme de ses dépouilles; donc le sacerdoce de Jésus-Christ, formé sur le modèle de celui de Melchisédech, est plus excellent que celui d'Aaron et de ceux qui lui ont succédé. Tel est le raisonnement de saint Paul. Mais en prenant à la lettre et dans le sens le plus grossier tout ce qu'il dit de Melchisédech, des cerveaux mal organisés ont fondé là-dessus les rêveries dont nous avons parlé.

MELCHITES. Ce nom, dérivé du syriaque *malck* ou *melck,* roi, empereur, signifie *royalistes* ou *impériaux,* ceux qui sont du parti ou de la croyance de l'empereur. C'est le nom que les eutychiens, condamnés par le concile de Chalcédoine, donnèrent aux catholiques qui se soumirent aux décisions de ce concile, et à l'édit de l'empereur Marcien qui en ordonnait l'exécution; pour la même raison, ceux-ci furent aussi nommés chalcédoniens par les schismatiques. Le nom de melchites, parmi les Orientaux, désigne donc en général tous les chrétiens qui ne sont ni jacobites ni nestoriens. Il convient, non-seulement aux Grecs catholiques réunis à l'Eglise romaine et aux Syriens maronites, soumis de même au Saint-Siège, mais encore aux Grecs schismatiques des patriarcats d'Antioche, de Jérusalem et d'Alexandrie, qui n'ont embrassé ni les erreurs d'Eutychès, ni celles de Nestorius. Les patriarches de ces trois siéges ont été obligés, en plusieurs choses, de recevoir la loi du patriarche de Constantinople, de se conformer aux rits de ce dernier siége, de se borner aux deux liturgies de saint Basile et de saint Jean-Chrysostôme, desquelles se sert l'Eglise de Constantinople. Le patriarche melchite d'Alexandrie réside au Grand-Caire, et il a dans son ressort les églises grecques de l'Afrique et de l'Arabie, au lieu que le patriarche cophte ou jacobite demeure ordinairement dans le monastère de Saint-Macaire, qui est dans la Thébaïde. Celui d'Antioche a juridiction sur les églises de Syrie, de Mésopotamie et de Caramanie. Depuis que la ville d'Antioche a été ruinée par les tremblements de terre, il a transféré son siége à Damas, où il réside et où l'on dit qu'il y a sept à huit mille chrétiens du rit grec ; on en suppose le double dans la ville d'Alep, mais il en reste peu dans les autres villes ; les schismes des Syriens jacobites, des nestoriens et des Arméniens ont réduit ce patriarcat à un très petit nombre d'évêchés. Le patriarche de Jérusalem gouverne les églises grecques de la Palestine et des confins de l'Arabie; son district est un démembrement de celui d'Antioche, fait par le concile de Chalcédoine ; de lui dépend le célèbre monastère du mont Sinaï, dont l'abbé a le titre d'archevêque. Quoique, dans tous ces pays, l'on n'entende plus le grec, on y suit cependant toujours la liturgie grecque de Constantinople ; ce n'est que depuis quelque temps que la difficulté de trouver des prêtres et des diacres qui sussent lire le grec a obligé les melchites de célébrer la messe en arabe.

MELCHTAL (ARNOLD DE), natif du canton d'Unterwald en Suisse, est un des principaux fondateurs de la liberté helvétique. Handenberg, gouverneur pour Albert d'Autriche, ayant fait enlever au père d'Arnold, riche propriétaire de Melchtal, une paire de bœufs de sa charrue : « Ces paysans, dit le valet du tyran, peuvent bien eux-mêmes traîner la charrue, s'ils veulent avoir du pain. » Arnold, irrité de ces paroles outrageantes, frappa le valet, lui cassa un doigt, et évita la vengeance du maître par la fuite; mais cette vengeance s'exerça cruellement sur le père, à qui le gouverneur fit crever les yeux. Arnold se joignit alors à Werner Stauffacher, à Walter Furst et à Guillaume Tell, et les fit soulever contre la domination de la maison d'Autriche. Tel fut le commencement de la république. Il paraît cependant que l'événement qui décida la révolte des Suisses, et provoqua les armes des Autrichiens, est différent de tout ce que l'on raconte communément à ce sujet, et n'est pas tout-à-fait si honorable à la liberté helvétique. Quoi qu'il en soit, l'empereur Albert d'Autriche, qui voulait punir les révoltés, fut prévenu par la mort. Le duc d'Autriche Léopold assembla contre eux 20,000 hommes. Les Suisses se conduisirent comme les Lacédémoniens; tout leur pays était une espèce de Thermopyles. Ils attendirent, au nombre de 4 ou 500, la plus grande partie de l'armée autrichienne au pas de Morgarten, et la mirent en fuite, en lançant sur elle des flèches et des pierres. Les autres corps de l'armée ennemie furent battus en même temps par un aussi petit nombre de Suisses. Cette victoire ayant été gagnée dans le canton de Schwitz, les deux autres cantons donnèrent ce nom à leur confédération. Petit à petit, les autres cantons entrèrent dans l'alliance. Berne ne se ligua qu'en 1352; et ce ne fut qu'en 1513 que le petit pays d'Appenzell se joignit aux autres cantons, et compléta le nombre de treize. Depuis cette époque, la liberté des Suisses s'est toujours maintenue malgré le défaut de leur constitution, qui est l'ensemble le plus mal ourdi qu'il y ait jamais eu dans aucun genre de gouvernement, ou plutôt qui ne forme aucun ensemble, et qui n'est qu'une union précaire de plusieurs petits Etats isolés, jadis opposés entre eux et affaiblis par de cruelles guerres civiles. Aussi les Suisses tant soit peu versés dans la politique sont-ils eux-mêmes surpris de leur indépendance : ils appellent leur république *Confusio divinitus servata*. On croit communément que c'est aux montagnes du pays qu'ils sont redevables de la conservation de leur liberté; cependant les cantons de Schaffouse, Zurich, Berne, Fribourg, Soleure, Bâle, ne sont pas plus défendus par les montagnes qu'une multitude d'autres provinces qu'on envahit tous les jours; et si une fois ces cantons étaient subjugués, le reste formerait difficilement un Etat florissant et durable.

MÉLÉAGRE, célèbre héros de l'antiquité, fils d'OEnée, roi de Calydon, et d'Althée, fille de Thestius. Les Parques, qui assistèrent à sa naissance, prédirent sa grandeur future. Clotho dit qu'il aurait de la vaillance; Lachésis qu'il serait doué d'une force extraordinaire, et Atropos qu'il vivrait au-

tant de temps que durerait un tison qui brûlait alors dans le foyer. Althée éteignit aussitôt ce tison, et le garda soigneusement, afin de conserver la vie à son fils. Méléagre se fit bientôt une grande réputation. Dans sa première jeunesse il prit part à l'expédition des Argonautes, ayant pour guide Léodatus, frère naturel d'OEnée. Il fut ensuite le chef de la fameuse chasse du sanglier de Calydon, que Diane avait envoyé pour se venger du mépris d'OEnée, qui l'avait oubliée dans ses sacrifices. Méléagre eut la gloire de tuer cet animal, et en offrit la peau et la hure à Atalante, qui lui avait porté le premier coup. Toxée et Plexippe, frères d'Althée, jaloux de cette préférence, voulurent disputer à Atalante cet honorable présent ; mais Méléagre les perça de son épée. Althée, ayant appris la victoire que son fils avait remportée sur le monstre, alla aussitôt en rendre grâce aux dieux ; mais, apprenant en même temps que ses frères avaient été tués par Méléagre, elle fut saisie d'un si vif ressentiment qu'elle jeta au feu le fatal tison auquel la vie de son fils était attachée. Méléagre mourut en effet dès qu'il fut consumé. Homère ne parle point de ce tison; quelques auteurs concluent de son silence que cette fable a été inventée après lui. Selon ce poète, après la mort du sanglier, Diane, toujours irritée, excita entre les Etoliens et les Curètes un violent démêlé pour la hure et la peau de l'animal. La guerre s'allume, et les Etoliens, quoique inférieurs en nombre, sont vainqueurs tant que Méléagre est à leur tête; mais Méléagre les abandonne, outré de ce qu'Althée, sa mère, au désespoir de la mort de ses frères, qu'il avait tués dans le combat, le dévouait aux Furies. La fortune changea alors, les Curètes reprennent l'avantage. Méléagre résiste aux supplications et aux présents de ses concitoyens, aux larmes même d'une mère. Cléopâtre seule, son épouse, le détermine à repousser l'ennemi, déjà maître des avenues du palais, et sur le point d'embraser la ville. Méléagre prend les armes, repousse l'ennemi ; mais il n'obtint plus la récompense qu'on lui avait proposée, et les Furies, appelées par les imprécations d'une mère, abrégèrent ses jours. La chasse du sanglier de Calydon est, ainsi que l'expédition des Argonautes et les guerres de Thésée et de Troie, un des événements les plus importants de l'antiquité héroïque. Tous les princes de la Grèce se rassemblèrent pour le combattre.

MÉLÉAGRE, poète grec, auteur de la première Anthologie, était de Gadare en Syrie, et vivait sous Séleucus II, environ un siècle avant Jésus-Christ. Il étudia et passa la plus grande partie de sa vie à Tyr, mais sur la fin de ses jours il passa dans l'île de Cos. Il est connu principalement par son Anthologie ou recueil d'épigrammes et de pièces fugitives. Il avait réuni dans cette collection des ouvrages de quarante-six poètes différents, et comme il avait choisi dans leurs œuvres ce qu'elles présentaient de plus brillant et de plus gracieux, il donna au recueil le nom d'Anthologie. Parmi ces poètes on distingue les noms fameux de Sapho, Alcée, Callistrate, Stésichore, Archiloque.

MÉLÉAGRE, un des lieutenants d'Alexandre-le-Grand, s'opposa vivement, après la mort de ce prince, à ce qu'on attendit l'accouchement de Roxane pour nommer un roi, et opina pour qu'on donnât la couronne à Aridée, frère d'Alexandre. Lors du partage des provinces il reçut la Lydie pour gouvernement; mais il n'en jouit pas longtemps : Perdiccas, qu'il avait choqué, le fit citer devant son tribunal, et le punit de mort comme ayant attenté à ses jours.

MÉLÈCE ou plutôt MÉLICE, *Melicius*, évêque de Lycopolis en Egypte, fut déposé dans un synode, tenu vers 305, par saint Pierre d'Alexandrie, pour avoir sacrifié aux idoles pendant la persécution. Ce prélat indocile forma un schisme en 306, et eut des partisans qu'on appela méléciens. Les méléciens n'errèrent pas d'abord dans la foi ; ils furent même des premiers et des plus ardents à combattre les ariens ; mais ceux-ci gagnèrent insensiblement leur amitié, et il se forma entre eux une ligue solennelle pour calomnier et persécuter saint Athanase, suivant la politique générale des sectaires, qui, tout divisés qu'ils sont, se réunissent dans le dessein de déchirer le sein de l'Eglise, et d'outrager les défenseurs de la doctrine catholique. Il ne faut pas confondre ces méléciens avec les méléciens catholiques, dont il est fait mention dans l'article suivant. Mélèce mourut vers 326, dans l'esprit de rebellion qui l'avait animé pendant sa vie.

MÉLÈCE DE MÉLITINE (Saint), ville de la petite Arménie, homme irréprochable, juste, sincère, craignant Dieu, et d'une douceur admirable, fut élu évêque de Sébaste en 337. Affligé et lassé de l'indocilité de son peuple, il se retira à Bérée, d'où il fut appelé à Antioche et mis sur le siège de cette ville du consentement des ariens et des orthodoxes, en 360. Plusieurs catholiques refusèrent de reconnaître Mélèce, sous prétexte que, les ariens ayant eu part à son élection, elle devait être censée irrégulière; ils furent appelés eustathiens, parce qu'ils continuèrent de tenir leurs assemblées à part depuis la mort de saint Eustathe. On donna le nom de méléciens aux orthodoxes qui se soumirent à saint Mélèce. Telle fut l'origine du schisme qui divisa longtemps l'Eglise d'Antioche. Quelque temps après, ayant défendu avec zèle la doctrine catholique, Mélèce fut déposé par les ariens, qui ordonnèrent à sa place un des leurs, nommé Euzoïus, et firent reléguer Mélèce au lieu de sa naissance, par l'empereur Constance. Les eustathiens élurent Paulin pour leur évêque, et il fut sacré par Lucifer de Cagliari, qui passait par Antioche en revenant du lieu de son exil; le schisme n'en fut que plus difficile à éteindre. Mélèce, de retour à Antioche, fut persécuté de nouveau, et envoyé deux fois en exil sous l'empire de Julien l'Apostat et sous celui de Valens. Enfin, l'an 378, Mélèce, qui n'avait que des vues pacifiques, proposa à Paulin qu'après la mort de l'un des deux, le survivant demeurât seul évêque, et que cependant ils gouvernassent l'un et l'autre dans l'Eglise d'Antioche..., des ouailles qui les connaissaient pour leurs pasteurs: la proposition fut acceptée. Le schisme ne fut pas terminé à la mort de Mélèce, et ne finit que sous l'épiscopat de saint Alexandre d'Antioche, vers l'an 415. Théodose, associé à l'empire par Gratien, convoqua un concile à Constantinople en 381, auquel Mélèce présida. L'empereur ne le connaissait que de réputation; mais, peu de jours avant d'être élevé à l'empire, il avait vu en songe l'illustre prélat le revêtir d'un manteau impérial. Quand les évêques, assemblés en concile, vinrent le saluer pour la première fois, il défendit qu'on lui montrât Mélèce, et à l'instant il courut à lui, et baisa la main qui l'avait couronné. Mélèce mourut à Constantinople, pendant la tenue du concile, avec la gloire d'avoir souffert trois exils pour la vérité. Les évêques le pleurèrent comme leur père. Saint Grégoire de Nysse et saint Chrysostôme nous ont laissé son Oraison funèbre.

MÉLÈCE SYRIQUE, protosyncelle de la grande Eglise de Constantinople, né en 1386 dans la capitale de l'île de Candie, et mort à Galata le 17 avril 1664, se distingua par son savoir. Il fut envoyé par son patriarche en Moldavie pour examiner une profession de foi, composée pour l'église de Russie, par Cyrille-Lucar. Cette profession fut adoptée en 1658 par toutes les églises d'Orient, dans un concile de Constantinople; Panagioti, premier interprète de la Porte, la fit imprimer en Hollande. On a encore de Mélèce une Dissertation que Renaudot a fait imprimer dans un recueil de *Traités sur l'Eucharistie,* 1709, Paris, in-4°. On peut consulter la *Vie de Mélèce,* par Dosithée.

MÉLÉCIENS, partisans de Mélèce, évêque de Lycopolis en Egypte, déposé dans un synode par Pierre d'Alexandrie, son métropolitain, vers l'an 306, pour avoir sacrifié aux idoles pendant la persécution de Dioclétien. Cet évêque, obstiné à conserver son siège, trouva des adhérents, et forma un schisme qui dura pendant près de cent cinquante ans. Comme Mélèce et ceux de son parti n'étaient accusés d'aucune erreur contre la foi, les évêques assemblés au concile de Nicée, l'an 325, les invitèrent à rentrer dans la communion de l'Eglise, et consentirent à les y recevoir. Plusieurs et Mélèce lui-même donnèrent des marques de soumission à saint Alexandre, pour lors patriarche d'Alexandrie; mais il paraît que cette réconciliation ne fut pas sincère de leur part: on prétend que Mélèce retourna bientôt à son caractère brouillon, et mourut dans son schisme. Lorsque saint Athanase fut placé sur le siège d'Alexandrie, les méléciens, jusqu'alors ennemis déclarés des ariens, se joignirent à eux pour persécuter et calomnier ce zélé défenseur de la foi de Nicée. Honteux ensuite des excès auxquels ils s'étaient portés, ils cherchèrent à se réunir à lui; Arsène, leur chef, lui écrivit une lettre de soumission l'an 333, et lui demeura constamment attaché; mais il paraît qu'une partie des méléciens persévérèrent dans leur confédération avec les ariens, puisque, du temps de Théodoret, leur schisme subsistait encore, du moins parmi quelques moines. Ce père les accuse de plusieurs usages superstitieux et ridicules. Il ne faut pas confondre le schisma-

tique dont nous venons de parler avec saint Mélèce, évêque de Sébaste et ensuite d'Antioche, vertueux prélat, exilé trois fois par la cabale des ariens, à cause de son attachement à la doctrine catholique. Ce fut à son occasion, mais non par sa faute, qu'il se fit un schisme dans l'Eglise d'Antioche. Une partie de son troupeau se révolta contre lui, sous prétexte que les ariens avaient eu part à son ordination. Lucifer de Cagliari, envoyé pour calmer les esprits, les aigrit davantage, en ordonnant Paulin pour prendre la place de saint Mélèce. C'est en parlant de ces deux derniers personnages que saint Jérôme écrivait au pape Damase : « Je ne prends le parti ni de Paulin ni de Mélèce. »

MÊLÉE, s. f., combat opiniâtre de deux troupes de gens de guerre s'attaquant corps à corps et se mêlant. Il signifie aussi batterie entre plusieurs individus. Il signifie encore, figurément et familièrement, contestation vive entre plusieurs personnes.

MELENDEZ-VALDEZ (JEAN-ANTOINE), célèbre poète Espagnol, né en 1754 à Ribera, en Estramadure, d'une famille honnête. Il fit ses études à Salamanque, et, à l'âge de 22 ans, y fut reçu docteur en droit. Ayant concouru pour une chaire de belles-lettres dans la même université, il l'obtint et la remplit avec succès. Né poète et nourri des classiques latins, grecs, italiens et espagnols, son premier début, l'*Eloge de la vie champêtre,* fut couronné en 1781 par l'académie espagnole, quoiqu'il eût pour concurrent don Thomas Yriarte, auteur du poème de la Musique et des fables littéraires. On reconnut dans l'ouvrage de Mélendez la pureté, l'élégance de Quevedo, les grâces de Villegas, et on attendit dans le jeune auteur un nouvel Anacréon espagnol. Son églogue de de Batylle lui mérita encore un prix de la même académie. Intime ami de Jovellanos, qu'il rappelle souvent dans ses poésies, cet excellent littérateur le guida dans ses études et l'encouragea dans ses premiers essais. En 1789, il fut nommé juge au tribunal d'appel de Sarragosse, et huit ans après (1797), il se rendit à Madrid pour y exercer les fonctions de fiscal ou procureur du roi. Les occupations de son emploi ne l'empêchant pas de se livrer à son goût favori, il donna plusieurs ouvrages de poésie qui augmentèrent sa réputation. Lors de l'invasion de l'Espagne par les Français en 1808, se trouvant en mission dans les Asturies, il fut témoin d'une émeute populaire. Elle l'effraya tellement qu'il prit la fuite sans savoir où se réfugier. Ayant rencontré l'armée française, il crut s'y trouver plus en sûreté. Il apprit bientôt et l'abdication de la famille royale, et le nom du nouveau souverain que Napoléon avait imposé à l'Espagne. Il prêta serment à Joseph Buonaparte, qui le nomma conseiller-d'état et directeur de l'instruction publique. La chute de Napoléon (en 1814), ayant ramené à Madrid le roi légitime, Mélendez fut exilé d'Espagne avec plusieurs autres partisans de Joseph, connus sous le nom de Josephins ou d'Afrancesados. Il vivait d'une pension que lui faisait le gouvernement français, quand il mourut à Montpellier, le 21 mars 1817, âgé de 63 ans. Ses poésies, recueillies en 3 vol., furent imprimées à Valladolid en 1798, et eurent plusieurs éditions. La pureté, le bon goût, l'élégance, la douceur, l'expression, sont les principales qualités qui distinguent ce poète. Il est tour à tour Pindare, Anacréon, Horace. Son cinquième volume contient un drame pastoral classique en son genre, intitulé : les *Noces de Gamache,* et qui obtint le prix de l'académie espagnole. Un autre morceau digne des plus grands éloges, est son poème de *la Chute de Luzbel,* nom que les Espagnols donnent à Lucifer, avant sa rébellion. Mélendez respecta toujours la morale, même dans les Chansons bachiques; ce qui n'est pas un léger mérite dans un poète de ce siècle, où l'on n'écrit guère en prose et en vers sans insulter aux mœurs.

MÊLER, v. a., mettre ensemble deux ou plusieurs choses et les confondre. Mêler le vin, mettre ensemble des vins de diverses sortes. En terme de jeu, mêler les cartes, battre les cartes. Fig. et fam., mêler les cartes, embrouiller les affaires. Fig., mêler ses larmes à celles de quelqu'un, pleurer avec lui, partager son affliction. Mêler se dit aussi figurément en parlant des choses morales, et alors il signifie joindre, unir une chose avec une autre. Mêler se joint souvent au pronom personnel, réfléchi ou réciproque. Se mêler d'une chose, en prendre soin. Prov., cette affaire se fera ainsi que le diable ne s'en mêle, cette affaire se fera malgré tous les obstacles. Se mêler d'une chose, signifie encore s'entremettre, s'ingérer mal à propos. Compagnie mêlée, compagnie moitié bonne, moitié mauvaise. Fig. et fam., il a les dents mêlées, se dit d'un homme qui, pour avoir trop bu, articule mal.

MÉLÈS, roi de Lydie, succéda à son père Aliarte, 747 ans avant J.-C., et fut père de Candaule, le dernier des Héraclides.

MÉLÈZE, *larix* (bot.). Les arbres de ce nom qui formaient pour Tournefort, un genre particulier de la famille des abiétinées, ont été réunis par Linné et plusieurs autres botanistes, au genre *pinus*. D'autres comme A.-L. de Jussieu et L.-C. Richard, les distinguent des vrais pins, mais les confondent avec les sapins, sous le nom générique commun d'*abies*. Quoiqu'il en soit, ce genre présente les caractères suivants : fleurs monoïques; *chatons mâles* ovoïdes, sessiles le long des rameaux, accompagnés à leur base d'écailles soudées entre elles, qui forment une sorte d'urcéole; les anthères s'ouvrent par une fente longitudinale : *chatons femelles* également sessiles, ovoïdes, feuillés à leur base; chaque écaille florigère est accompagnée d'une bractée membraneuse, colorée, persistante. Le cône qui succède à ces chatons femelles est dressé, formé d'écailles imbriquées, presque ligneuses amincies supérieurement, concaves à leur base, qui persistent après la chûte des graines, celles-ci au nombre de deux à la base de chaque écaille sont petites, coriaces, munies d'une aile persistante large, oblique; leur embryon à 5-7 cotylédons. Les mélèzes sont de beaux arbres à cime pyramidale, dont les branches pendent plus ou moins vers la terre, à feuilles planes, minces et linéaires, d'un vert gai ou glauque. Tout le monde connaît le mélèze d'Europe (*Larix europœa*, D.-C.). Ce bel arbre qui croît spontanément dans la plupart des chaînes de montagnes de l'Europe moyenne et méridionale, ainsi que dans l'Oural, la Sibérie et l'Amérique septentrionale, s'élève à 20 mètres environ, et peut atteindre même le double de hauteur avec un diamètre proportionné; sa racine est longue, pivotante. Ses branches sont très étalées ou un peu pendantes, ses feuilles d'un vert gai contrastent agréablement avec la couleur de son tronc. Les chatons de fleurs qui paraissent au printemps en même temps que les feuilles, sont d'un jaune clair dans les mâles, tandis que les femelles sont rougeâtres. Les cônes ovoïdes oblongs, dressés, longs d'environ 3 centimètres, de couleur jaunâtre ou roussâtre, sont mûrs en automne, mais ne s'ouvrent pour laisser sortir leurs graines, qu'au printemps suivant. Le mélèze joint à sa beauté des qualités précieuses. Son bois rougeâtre ou jaunâtre est dur et imprégné de résine, qui le rend presque incorruptible, ou qui du moins lui permet de résister plus longtemps à l'action des agents atmosphériques et de l'humidité, que celui des autres abiétinées. Il n'est pas sujet à se fendre, et les insectes l'attaquent rarement, ces qualités lui donnent une grande valeur pour la construction des charpentes ou des vaisseaux; les Vénitiens le regardaient comme préférable au chêne pour ce dernier usage. Dans le haut Dauphiné, la Savoie et le pays de Vaud, où le mélèze est très abondant, on en construit des maisons, en posant les uns sur les autres des troncs équarris assemblés dans les angles. La résine suintant à la surface de ces troncs superposés, ferme toutes les jointures, et forme comme une couche de vernis luisant et poli, qui rend le tout absolument imperméable à l'air et à l'eau. On emploie encore ce bois à divers usages dans la menuiserie. Comme combustible, il répand une grande quantité de chaleur, mais il s'enflamme avec peine et s'éteint assez facilement. Son écorce est utilisée pour le tannage et pour la teinture en brun, ses produits résineux sont la *térébentine de Venise*, qui a des usages assez nombreux dans les arts et en médecine; on l'obtient ordinairement des pieds arrivés à leur parfait développement dans lesquels on perce des trous avec des tarières, la résine qui s'écoule est reçue dans des baquets. Le second produit est celui connu sous le nom de *manne de Briançon*. J.-P.

MÉLIA ET MÉLIACÉES (bot.). Les méliacées (*meliaceœ*), forment une famille de plantes dicotylédonées, polypétales hypogynes, dont les principaux caractères sont : calice libre de 3-4-5 folioles distinctes ou soudées à une hauteur plus ou moins grande, pétales en nombre égal et alternes, plus longs, libres ou unis par leur base. Étamines en nombre double, insérées au même point que les pétales, à filets larges, aplatis bidentés ou bifides au sommet, soudés entre eux par leurs bords en un tube. Anthères introrses à 2 loges s'ouvrant longitudinalement, insérées entre les dents du filet, saillantes hors du tube ou cachées par lui. Disque tantôt presque

nul, tantôt élevant le pistil sous forme de colonne, tantôt l'entourant sous celle d'un anneau. Ovaire libre à loges égalant en nombre celui des pétales ou multiple, renfermant chacune deux ovules, style terminal, simple, égal au tube staminal ou plus court, terminé par un stigmate en tête, pyramidal ou discoïde, marqué d'autant de lobes qu'il y a de loges. Le fruit offre des formes variables, celle d'une baie ou d'une drupe, ou d'une capsule à déhiscence loculicide. Les graines sont souvent solitaires dans les loges par avortement. Les espèces de cette famille sont des arbres ou des arbrisseaux, croissant la plupart sous les tropiques. Leurs feuilles sont ordinairement alternes, rarement simples. Leurs fleurs sont ordinairement disposées en petites cymes, qui se groupent elles-mêmes en panicules, en corymbes, en grappes, en épis, à l'extrémité des rameaux, ou plus souvent encore aux aisselles des feuilles; plusieurs méliacées présentent un mélange de principes âcres, amers et astringents auxquels ils doivent des propriétés variables toniques et stimulantes dans les unes, émétiques et purgatives dans les autres. Les fruits d'un petit nombre d'espèces fournissent cependant un aliment doux et agréable. On a divisé cette famille en deux tribus, les *méliées* à feuilles simples, pennées ou bipennées à folioles souvent dentées, et les *trichiliées* à feuilles, une seule fois pennées, à folioles très entières. C'est à la première de ces tribus qu'appartient le genre *mélia*, L. (*Azedarach*, Tournet.), qui a donné son nom à la famille entière. Les végétaux de ce genre sont des arbres qui pour la plupart habitent les parties tropicales de l'ancien continent. Leurs branches sont marquées de larges cicatrices trilobées, laissées par la chûte des feuilles, les jeunes pousses et les inflorescences sont revêtues d'un duvet cotonneux d'aspect farineux. Leurs feuilles sont alternes et bipennées. Leurs fleurs sont portées sur des pédoncules axillaires, simples dans leur partie inférieure, rameux et paniculés dans la supérieure. L'espèce la plus connue de ce genre est l'*azedarach* vulgairement connu sous les noms de *faux sycomore*, *arbre saint*, *lilas des Indes*, *arbre à chapelet*, etc. C'est un arbre qui s'élève à 10 ou 12 mètres de hauteur, ses fleurs de couleur lilas ont une odeur agréable, leur tube staminal est d'un pourpre brun assez foncé. Ses fruits sont généralement regardés comme vénéneux, et c'est de là que vient le nom d'Azedarach, mot arabe qui signifie plante vénéneuse. La racine de cet arbre a une saveur amère et nauséabonde; on l'emploie en diverses contrées comme anthelmintique. Dans l'Inde on emploie la décoction des feuilles de cet arbre contre l'hystérie, on la regarde aussi comme astringente et stomachique. Quoique les fruits de l'azedarach contiennent en réalité un principe vénéneux, leur action ne paraît pas être aussi énergique que quelques auteurs l'ont prétendu, car on les emploie secs aux mêmes usages que la racine. Cet arbre réussit parfaitement dans nos départements méridionaux, mais ne résiste pas aux froids de l'hiver dans le nord. J. P.

MÉLICERTE, *melicerta* (zool.). Ce nom a été donné à un genre d'hyménoptères, à un genre de méduses, à une coupe de crustacés, à un genre d'infusoires et à une espèce de lépidoptère du genre de satyre. C'est un triste exemple de la confusion qui règne dans la nomenclature zoologique. J. P.

MÉLILOT, **MÉLILOTUS** (bot.), genre de plantes de la famille des légumineuses papilionacées. D'abord établi par Tournefort, ce genre fut réuni par Linné aux trifolium, et a été rétabli dans ces derniers temps et adopté par les botanistes avec de légères modifications. Tel qu'il est aujourd'hui, le genre mélilot renferme des plantes herbacées, glabres sur leurs diverses parties, à tige dressée ou ascendante, à feuilles pennées trifoliolées, fréquemment bordées de dents aiguës; dont les fleurs presque toujours jaunes, quelquefois blanches, sont petites, réunies en groupes, allongées, axillaires et terminales. Leurs principaux caractères sont : un calice campanulé, à cinq dents allongées, peu inégales; une corolle papilionacée, dont les ailes adhèrent au-dessus de l'onglet; à la carène qui est obtuse; dix étamines diadelphes, un pistil dont l'ovaire est rétréci à sa base en pédicule, et 2-8 ovulé. Le principal caractère de ces plantes consiste dans leur légume, entouré à sa partie inférieure par le calice qu'il dépasse, membraneux ou coriace, rugueux ou veiné à sa surface, indéhiscent, à 1-4 graines. C'est d'après la forme de ce légume que l'on a partagé les mélilots en trois sections : 1° *cœlorutis*, à légume marqué de sillons lacuneux; 2° *plagiorutis*, à légume marqué de sillons transverses, légèrement arqués; 3° *campylorutis*, à légume ové ou obové, marqué de veines arquées, rapprochées. C'est à la première section qu'appartiennent la plupart de nos espèces françaises, parmi lesquelles nous citerons le mélilot officinal (*M. officinalis*), plante annuelle qui croît communément dans presque toute l'Europe, dans les prés et le long des champs. On l'emploie en décoction à l'extérieur en lotions, particulièrement contre les inflammations de l'œil, et en lavements. Toute la plante est regardée comme émolliente. **J. P.**

MÉLINDE, ville du royaume de même nom, sur la côte de Zanguebar. Elle est située au milieu d'une plaine agréable, fertile, remplie d'orangers et ornée de mille jardins. Naguère riche, puissante et commerçante, on y comptait 200,000 habitants. Les Portugais s'étaient plu à l'embellir, et leur orgueil lui avait donné le nom de Belle (*Linda*). Les habitants étaient revêtus de soie et de pourpre; elle faisait un grand commerce avec la Perse, les Indes et la mer Rouge. On y voyait arriver de l'intérieur du continent des caravanes chargées d'or, de dents d'éléphants, de plumes d'autruche, de cuivre, de cire, d'aloès; mais depuis 1696, elle n'offre plus qu'une triste solitude en comparaison de son antique splendeur. Elle est par 3° de latitude méridionale, et par 38° 42' de longitude orientale.

MÉLIPONITES (*ins.*), groupe de la tribu des mallifères, caractérisé par des pattes postérieures, dont les jambes sont élargies et munies d'une espèce de peigne à l'angle interne, et le premier article des tarses inerme et dilaté à l'angle externe de sa base, et par une longue cylindrique presque aussi longue que le corps. Les méliponites se rapprochent beaucoup des abeilles; comme elles, elles constituent de nombreuses sociétés composées de trois sortes d'individus : des mâles, des femelles et des neutres; mais elles en diffèrent par un caractère singulier chez les hyménoptères, l'absence de l'aiguillon : on en retrouve bien les traces, mais c'est un organe tout-à-fait rudimentaire, n'ayant pas de véhicule pour la sécrétion du venin. L'absence de l'aiguillon influe beaucoup sur la manière de vivre de ces hyménoptères; on ne voit pas chez eux ces terribles combats à mort que se livrent les abeilles femelles. On connaît encore fort peu les mœurs de ces insectes intéressants, toutes les méliponites étant étrangères à l'Europe et habitant exclusivement les régions chaudes du nouveau continent, et quelques îles de l'archipel Indien. Ces hyménoptères établissent leur domicile dans le creux de certains arbres, ou entre les branches. Leurs nids, construits comme ceux des abeilles avec de la cire, consistent en une série de gâteaux superposés et disposés horizontalement; mais ils n'offrent, comme ceux des guêpes, des cellules que d'un seul côté. M. Spinola a publié dans les *Annales des sc. nat.*, 1840, un mémoire fort intéressant sur ces insectes. Les méliponites ne sont pas farouches; elles passent même au Brésil et à la Guiane pour être familières jusqu'à l'importunité. Leur miel est très agréable, et l'on a commencé au Mexique à transporter le couvain dans une ruche artificielle comme pour les abeilles. M. Blanchard n'admet que deux genres dans le groupe des méliponites : ce sont les genres *melipona* et *trigona*.

MÉLISSA, fille de Mélisseus, roi de Crète, selon la fable, eut soin, avec sa sœur Amalthée, de nourrir Jupiter de lait de chèvre et de miel. On dit qu'elle inventa la manière de préparer le miel : ce qui a donné lieu de feindre qu'elle avait été changée en abeille.

MÉLISSE, *melissa* (*bot.*), genre de plantes de la famille des labiées comprenant, non-seulement la *melissa* de Linné, mais encore une partie de ses *clinopodium* et *thymus*. Les mélisses sont des plantes herbacées, ou sous-frutescentes, qui sont répandues dans presque toute l'Europe et le nord de l'Asie; deux seulement se trouvent en Amérique et une seule dans les Indes orientales. Leurs fleurs sont purpurines, blanchâtres ou jaunes. Elles ont pour caractères principaux : un calice tubuleux, à 13 nervures, souvent strié, à limbe divisé en deux lèvres, la supérieure à 3 dents, l'inférieure bifide; dont la gorge est nue ou velue; corolle à gorge renflée, à limbe divisé en deux lèvres dont la supérieure est dressée, presque plane, entière ou émarginée; dont l'inférieure est étalée à trois lobes plans, entiers, ou émarginés; de quatre étamines didynames, dont les supérieures parfois stériles; d'un style à deux lobes, tantôt égaux, tubulés, tantôt inégaux, l'inférieur étant allongé, recourbé, aplani. Les achaines sont secs et lisses. Parmi les espèces assez nombreuses de ce genre, nous citerons surtout la mélisse officinale (*M. officinalis*). Cette espèce, qui varie beaucoup, s'élève quelquefois à un

mètre de hauteur. Ses feuilles sont ovales, élargies, crénelées sur leur bord. Ses fleurs sont blanches, ou d'un jaune pâle, groupées à l'aisselle des feuilles florales en faux verticilles distants. Cette plante exhale, surtout quand on la frotte, une odeur agréable de citron qui lui a valu le nom vulgaire de *citronelle*. Sa saveur est amère et un peu aromatique. On en fait souvent usage en médecine comme excitant et tonique, comme antispasmodique; on l'emploie encore comme cordial, stomachique, diurétique, emménagogue, etc. On en obtient par la distillation une huile essentielle qui partage les propriétés de la plante. **J. P.**

MÉLISSUS DE SAMOS, philosophe grec, disciple de Parménide d'Elée, exerça dans sa patrie la charge d'amiral avec un pouvoir et des priviléges particuliers. Il prétendait que cet univers est infini, immuable, immobile, unique et sans aucun vide, et qu'on ne pouvait rien avancer sur la Divinité, parce qu'on n'en avait qu'une connaissance imparfaite. Ce philosophe vivait vers l'an 444 avant J.-C.

MÉLITON (Saint), né dans l'Asie, gouverna l'Eglise des Sardes en Lydie sous Marc-Aurèle. Il présenta à ce prince en 171, pour les chrétiens, une Apologie, dont Eusèbe et d'autres anciens écrivains ecclésiastiques font l'éloge. Cette Apologie, non plus que les autres ouvrages de Méliton, n'est point parvenue à la postérité, excepté quelques fragments qu'on trouve dans la bibliothèque des Pères. On voit par ces fragments qu'il enseignait de la manière la plus claire que Jésus-Christ était véritablement Dieu avant tous les siècles et véritablement homme depuis sa naissance de la sainte Vierge. Ces passages ont servi merveilleusement à confondre les ariens et les eusébiens. Il donna dans un de ses ouvrages le catalogue des livres de l'Ancien-Testament, que l'Eglise universelle reconnaît pour canoniques : ce catalogue nous a été conservé par Eusèbe. Tertullien et saint Jérôme parlent de lui comme d'un excellent orateur et d'un habile écrivain. Sa vertu et sa modestie relevaient l'éclat de ses talents. L'Eglise honore sa mémoire le 1er avril.

MÉLITON ou **MÉLITHON**, est le nom du plus jeune des quarante martyrs de Sébaste, qui souffrirent la mort sous l'empereur Licinius. Comme il vivait encore lorsque les païens emmenèrent les corps de ses généreux compagnons, sa mère suivit le convoi en portant son fils mourant, reçut ses derniers soupirs, et le déposa sur le bûcher, qui consuma toutes ces victimes.

MÉLITOPHILES (*ins.*). Ce nom, qui vient du grec et signifie *qui aime le miel des fleurs*, a été donné par Latreille à une tribu de coléoptères pentamères de la famille des lamellicornes, composée d'insectes à corps déprimé, le plus souvent ovale, brillant, à corselet trapéziforme, ou presque orbiculaire; dans le plus grand nombre, une pièce axillaire occupe l'espace compris entre les angles postérieurs et l'extérieur de la base des élytres. Le sternum est souvent prolongé en manière de pointe ou de corne avancée. Les antennes ont dix articles dont les trois derniers forment une massue toujours feuilletée. Le labre et les mandibules sont cachés en forme de lames aplaties presque entièrement membraneuses. Les mâchoires se terminent par un lobe soyeux en forme de pinceau, sans dents cornées. Les larves vivent dans le vieux bois pourri, et l'on trouve l'insecte parfait sur les fleurs ou sur les troncs d'arbres d'où il suinte une liqueur qu'il suce. Latreille a proposé la division de cette section en trois sous-tribus : les trichiides, les goliathides et les cetoniides; et il y rapporte les genres *trichius*, *platygenia*, *cremastocheilus*, *goliathus*, *inca*, *cetonia*, *gymnetis* et *macronota*. Plusieurs ouvrages ont été publiés dans ces derniers temps sur cette tribu; nous citerons principalement la belle Monographie des cétaines de MM. Gory et Percheron (1833, 2 vol. in-8°), et les travaux de MM. Burmeister et Schaum (*Ann. de la Soc. ent. de France*, 1845). Les mélitophiles sont répandus sur presque toute les points du globe; cependant les pays chauds boisés et abondants en végétaux offrent un plus grand nombre d'espèces. Un fait digne de remarque est que les mélitophiles, pour la plupart, ont leurs élytres en partie soudées, et qu'ils déploient leurs ailes en ne soulevant que l'extrémité. Ils volent tous en se tenant placés obliquement et avec assez de rapidité, en produisant un bourdonnement assez fort. **J. P.**

MÉLITUS, orateur et poète grec, fut l'un des principaux accusateurs de Socrate, l'an 400 avant J.-C. Il soutint son accusation par un discours travaillé, plein d'une éloquence vive et brillante. On prétend que l'accusation d'athéisme, intentée contre Socrate, tombait à faux, puisque le philosophe ne se moquait que des faux dieux; mais, comme il n'est pas certain qu'il ait prêché l'unité de Dieu d'une manière à confondre cette accusation, il ne faut pas s'étonner qu'elle ait prévalu. Les Athéniens, accoutumés à absoudre et à condamner par caprice, condamnèrent Mélitus à mourir quelque temps après qu'ils eurent fait subir la mort à Socrate.

MELLAN (CLAUDE), dessinateur et graveur français, né à Abbeville le 23 mai 1598, mourut à Paris le 9 octobre 1688. L'œuvre de ce maître est considérable. Ses estampes sont la plupart d'après ses dessins : sa manière est des plus singulières. Il travaillait peu ses planches, souvent il n'employait qu'une seule taille ; mais l'art avec lequel il savait l'enfler ou la diminuer donne à ses gravures un très bel effet. Mellan n'a été surpassé par aucun graveur dans la manière de graver d'un seul trait, dont il est l'inventeur.

MELLIFÈRES, *mellifera* (*ins.*). Latreille désigne sous ce nom une des grandes familles de l'ordre des hyménoptères, qui correspond à celle des apiens de plusieurs entomologistes. Les caractères distinctifs de cette famille sont : des mâchoires et des lèvres généralement fort longues, constituant une sorte de trompe, la lèvre inférieure plus ou moins linéaire, avec l'extrémité soyeuse, les pattes postérieures généralement conformées pour recueillir le pollen des fleurs, à premier article des tarses très grand, en palette carrée ou triangulaire. L'allongement des mâchoires et des lèvres est souvent remarquable chez ces hyménoptères, puisque dans un grand nombre, ces parties atteignent une longueur égale ou même supérieure à celle du corps entier; chez quelques-uns, elles demeurent infiniment plus courtes. Les mellifères ont généralement un corps gros et court, souvent très velu; leurs antennes sont filiformes, peu longues; leurs yeux sont étendus surtout dans les mâles, et, en outre, on observe sur le sommet de la tête trois ocelles ou petits yeux lisses. Chez certains genres de cette famille, il existe trois sortes d'individus : des mâles, des femelles et des neutres, ou ouvrières, telles sont les abeilles et les bourdons. Les femelles et les neutres sont armés d'un aiguillon qui leur sert d'arme offensive et défensive, dont la blessure suffit pour tuer ou paralyser complètement les autres insectes ainsi atteints par ces mellifères. Les mœurs et l'instinct de ces hyménoptères sont vraiment admirables, et les placent au premier rang parmi les insectes. Pendant leur état de larve, les mellifères demeurent dans un état d'imperfection remarquable : ce sont des vers mous, blanchâtres, apodes, restant sans se déplacer dans une loge où leur nourriture leur est apportée; elles se transforment en nymphe dans la même loge, et le temps qu'elles passent sous cette forme varie suivant les genres et les espèces. Les mœurs des mellifères sont très variables, suivant les groupes et les familles, de sorte que nous ne pouvons en traiter d'une manière générale à toute la tribu. Nous renverrons donc aux articles propres à chacun d'eux, en nous contentant de donner ici les divisions établies dans cette tribu. M. Blanchard, dans son histoire des insectes (Didot, 1845), admet six familles : 1° les *apides*, caractérisés par des pattes postérieures, dont les jambes sont élargies avec le premier article des tarses dilaté à l'angle externe de sa base, et par une langue cylindrique longue que le corps. 2° Les *psythirides*, caractérisés par des pattes postérieures simples, sans dilatation ni poils propres à retenir le pollen non plus que l'abdomen, et par une langue cylindrique aussi longue que le corps. 3° Les *anthophorides*, caractérisés par des pattes postérieures, dont les jambes sont dilatées en forme de palette, ainsi que le premier article du tarse dont la partie inférieure est en outre munie d'une brosse, et par une langue toujours plus longue que la moitié du corps. 4° Les *andrénides,* caractérisés par des pattes postérieures, dont les jambes sont munies de longs poils pour la récolte du pollen, et par une langue courte. 5° Les *osmiides,* caractérisés par des pattes postérieures simples, impropres à récolter le pollen, ayant une seule brosse sous le premier article des tarses, et par l'abdomen offrant une palette garnie de poils étagés pour retenir le pollen. 6° Les *nomadides,* caractérisés par des pattes postérieures simples, sans dilatation ni poils propres à recueillir le pollen non plus que l'abdomen, et par une langue à peine aussi longue que la tête. La première de ces familles, celle des apides, se subdivise en trois groupes : les méliponites, les apites et les bombites (*V.* MÉLIPONITES et BOURDON). Nous allons parler ici du groupe des apides, qui ne contient que le genre abeille (*apis*). Dans ce genre intéressant, l'histoire d'une seule espèce est l'histoire du groupe entier; aussi ne nous occuperons-nous que de l'abeille commune, que tout le monde con-

naît. Nous emprunterons à M. Blanchard les détails intéressants qu'il a donnés dans son histoire des insectes (Didot, 1845). Les mâles des abeilles, auxquels on donne également le nom de faux-bourdons, sont plus gros que les neutres ou ouvrières : leur tête est plus arrondie, par suite du plus grand développement des yeux; les tarses ont leur premier article allongé. Les femelles, que l'on nomme reines, ont des ailes plus courtes que celles des mâles et des ouvrières; leur tête est presque triangulaire; les tarses ont leur premier article dépourvu de brosse; leur abdomen est muni d'un aiguillon. Les neutres ou ouvrières sont d'une taille un peu moins grande; leur abdomen est aussi armé d'un aiguillon; leurs pattes postérieures sont conformées pour exécuter les travaux de récolte et de construction. Le premier article du tarse, qui a reçu le nom de pièce carrée, s'articule avec la jambe par son angle supérieur, de manière à se replier sur elle et à former une sorte de petite pince; sa face interne est garnie de plusieurs rangées de poils raides qui forment la brosse. La jambe, en forme de palette triangulaire, a une petite cavité à sa face externe, qui a reçu le nom de corbeille. La brosse sert à récolter le pollen des fleurs sur les étamines; la corbeille sert à l'emporter. Ces divers instruments permettent encore aux abeilles de récolter, sur les végétaux, une autre substance résineuse et odorante qu'elles emploient essentiellement pour clore leur habitation : cette substance est connue sous le nom de *propolis*. C'est sous le rapport de ses sécrétions que l'abeille rend de si grands services à l'homme. On connaît assez le miel et la cire. Cette dernière matière, dont sont formées les alvéoles, n'est pas due, ainsi qu'on l'a cru longtemps, au pollen dont se nourrissent les ouvrières, qui, élaborée dans leur estomac et ensuite dégorgée par la bouche, constituait la cire. C'est à un paysan de Lusace que l'on doit aujourd'hui de connaître la véritable nature de cette sécrétion; il trouva des lamelles de cire engagées entre les arceaux inférieurs des anneaux de l'abdomen. Hunter et Huber confirmèrent cette découverte, et les observations de ce dernier prouvèrent que les abeilles exclusivement nourries de pollen ne sécrètent pas de cire, et qu'au contraire elles en fournissent lorsqu'elles mangent des matières sucrées. C'est avec cette cire que les ouvrières construisent les loges ou cellules destinées à recevoir les œufs pondus par la femelle ou la reine. Les cellules réunies ont reçu le nom de gâteaux; chacune d'elles constitue un petit godet hexagonal, fermé d'un côté seulement par un fond pyramidal, résultant de la réunion de trois rhombes. Les gâteaux sont formés de deux couches d'alvéoles adossées, de sorte que le fond des unes devient le fond des autres. Plusieurs abeilles travaillant ensemble forment bientôt une masse assez étendue dans laquelle elles creusent les cellules; les petites et les moyennes, les seules dont nous ayons parlé; les premières sont destinées aux larves des ouvrières, et les moyennes aux larves des mâles. Mais il en est encore d'une autre sorte, qui ont reçu le nom de grandes, et qui sont destinées à des œufs et par suite à des larves devant donner naissance à des femelles ou reines; elles ne sont ordinairement qu'au nombre d'une vingtaine dans une ruche de 20 à 25,000 individus. Rien n'est négligé pour qu'elles soient spacieuses et commodes pour leurs habitants. Leur forme est aussi anormale que les dimensions; elles sont ordinairement oblongues et si massives que le poids d'une seule est jugé équivalent à celui de cent autres; elles sont en outre toujours posées verticalement, de manière à paraître détachées du gâteau; leur surface est plus ou moins guillochée. L'accouplement des abeilles a lieu seulement au printemps. A cette époque, la reine abeille sort de la ruche, disparaît bientôt dans les airs, où l'accouplement doit s'effectuer, et revient, au bout de vingt-cinq à trente minutes, fécondée. Elle devient alors l'objet de toute l'attention, de tous les soins des ouvrières, qui se pressent autour d'elle; elle commence à pondre quarante-huit heures environ après sa rentrée à la ruche. Parcourant les gâteaux, elle dépose un œuf dans chaque cellule, et le fixe dans le fond au moyen d'une matière agglutinante. La femelle ne pond d'abord que des œufs d'ouvrières, ce n'est qu'au bout d'une quinzaine de jours qu'elle commence à pondre des œufs de femelle, mais à un jour de distance pour que celles-ci n'éclosent pas toutes à la fois. Ce n'est que onze mois après, au dire de Huber, que sont pondus les œufs des mâles. Pendant la ponte, les ouvrières suivent la reine, la frottent avec leur trompe, lui présentent de temps en temps le miel qu'elles dégorgent. Lorsqu'il n'y a pas assez de loges au gâteau pour contenir tous les œufs pondus par la reine, ils sont immédiatement détruits. Une partie des ouvrières, appelées nourrices, sont spécialement chargées de soigner les petits, tandis que les autres, nommées cirières, ont pour mission spéciale de construire les alvéoles. Quand la reine est fécondée, les ouvrières chassent les mâles devenus inutiles, impropres au travail, et qui ne feraient que consommer les provisions amassées dans la ruche, et elles tuent impitoyablement ceux qui y restent ou qui cherchent à y rentrer. Ce massacre ne leur coûte pas grand peine, car on sait que les mâles n'ont aucun moyen de défense. Ainsi que l'ont démontré les expériences de plusieurs auteurs, et principalement d'Huber, la nourriture influe sur les organes génitaux, et celle donnée aux ouvrières diffère de celle que reçoivent les larves des femelles. Les neutres ou ouvrières sont des femelles infécondes ne possédant que les rudiments des organes de la reproduction ; mais ils peuvent se développer dans le cas où ces abeilles recevraient une nourriture particulière à leur état de larve. C'est ainsi que des larves d'ouvrières placées auprès de celles des reines deviennent souvent fécondes quand elles ont reçu accidentellement quelques parcelles de la gelée prolifique destinée aux larves des femelles ; mais ces larves ayant vécu dans de petites cellules n'ont pu atteindre un volume supérieur à celui des ouvrières, et donnent naissance à des abeilles ayant tous les caractères extérieurs de ces dernières. Toutes les fois qu'une ruche a perdu sa reine, les abeilles adoptent quelques larves d'ouvrières, et en font des femelles fécondes ; elles prolongent et agrandissent leurs cellules, et leur donnent exclusivement de la nourriture prolifique. Les larves sont, comme nous l'avons déjà dit, renfermées chacune dans une cellule où les ouvrières leur portent chaque jour le miel destiné à leur nourriture. Les larves, après avoir changé plusieurs fois de peau, se filent une coque dans laquelle elles subissent leur transformation en nymphe. L'insecte parfait éclot sept à huit jours après cette métamorphose, et perce le cocon et le couvercle de cire. Lorsque à l'époque des éclosions une nouvelle reine est prête à éclore, l'ancienne reine quitte la ruche, suivie d'une partie des ouvrières, et va fonder une nouvelle colonie. La naissance d'une nouvelle reine détermine toujours une émigration, car deux reines ne sauraient vivre en bonne harmonie dans la même ruche. Quand il arrive que le nombre des ouvrières n'est pas assez grand pour former un nouvel essaim, il y a entre les deux reines un combat à mort, dont les ouvrières restent spectatrices sans jamais se mêler à l'action ; celle qui sort vainqueur du combat règne sans partage. Dès qu'une reine est née dans la ruche, elle cherche à détruire celles qui ne sont pas encore sorties de leur loge ; elle déchire avec ses mandibules le couvercle de l'alvéole, et perce de son aiguillon l'abeille femelle qui vient de naître. Comme on le voit, les abeilles constituent de véritables monarchies et non pas des républiques. Les abeilles ont de nombreux ennemis, parmi les plus acharnés nous citerons : les frelons, les sphinx, les teignes, les crabronides, etc. ; aussi des sentinelles sont-elles préposées à la gorge de la ruche. Il y a continuellement des ouvrières à l'entrée de leur demeure, qui touchent de leurs antennes chaque individu qui veut entrer ; quand on le reconnaît pour un étranger, toutes les abeilles se réunissent pour chasser l'ennemi commun. Parmi les espèces de ce genre, nous citerons : l'abeille mellifique (*apis mellifica*, Lin.), répandue dans tout le centre et le Nord de l'Europe, introduite dans l'Amérique du Nord ; l'abeille ligustique (*A. ligustica*, Lin.), du Midi de la France, de l'Italie, de la Grèce ; l'apis unicolor, répandue à Madagascar et aux Canaries ; les *apis caffra*, *capensis* et *scutellata*, du cap ; les *apis indica* et *nigripennis*, du Bengale ; les *apis dorsata* et *socialis*, communes dans la péninsule en deçà du Gange, etc.

J. P.

MELLINI (Savo), nonce en Espagne, mort en 1701, à 58 ans, fut créé cardinal pour avoir réfuté la Déclaration de Bossuet sur les libertés de l'Église gallicane. Sa réfutation se trouve dans un recueil publié par le cardinal d'Aguirre sous ce titre : *Auctoritas infaillibilis et summa cathedræ S. Petri, extra et supra concilia quælibet, atque in totam Ecclesiam denuo stabilita, adversus declarationem nomine cleri gallicani editam*, etc., Salamanque, 1683, in-fol.

MELLITE (min.), pierre de miel ; alumine mellatée ; substance d'un jaune rougeâtre et d'un éclat résineux paraissant avoir une origine semblable à celle du succin, et se trouvant comme lui dans les dépôts de lignite. Elle est tendre, translucide. Sa composition est 46 $\frac{2}{3}$ d'acide mellitique, 16 d'alumine et 38 d'eau.

J. P.

MÉLODIE. Dans la langue musicale, ce mot désigne la succession des tons musicaux par opposition à l'harmonie qui marque leur simultanéité. Toute composition est, par sa nature et par le procédé de sa formation, essentiellement et radicalement mélodique ; car même dans de simples successions d'accords, il existe toujours une mélodie, moins saillante à la vérité, mais fort susceptible d'être suivie et détachée de l'ensemble. Si cette mélodie ne se trouvait pas, il s'ensuivrait que les accords seraient mal enchaînés et par conséquent l'harmonie mauvaise. La variété de la mélodie naît de la différence de rapport entre les tons, d'une part, et entre les durées de l'autre : c'est ce qui donne lieu aux lois de la tonalité et du rhythme. La réunion de ces deux éléments est nécessaire pour l'existence de toute mélodie : celle qui serait uniquement composée du premier se réduirait au plain-chant ; celle qui ne serait réglée que par le second ressemblerait à une pièce ou partie de tambour. L'opération qui consiste à trouver des mélodies nouvelles se réduit à deux points principaux : 1° l'invention ; 2° la disposition des parties mélodiques. L'invention ou formation des parties mélodiques renferme celle du sujet et de tout ce qui en dérive. On appelle sujet une proposition plus ou moins étendue qui sert de base à la composition, et dont toute la mélodie se déduit d'une manière plus ou moins sensible, plus ou moins raisonnable. On ne peut, à cet égard, rien prescrire de positif ; l'invention du sujet est véritablement l'œuvre du génie du compositeur, qui trouve aussi en lui-même, par un sentiment vague de convenance et d'analogie, les parties qui peuvent se déduire d'un sujet d'une manière plus ou moins heureuse. Quelques opérations mécaniques peuvent néanmoins aider ici le travail de son intelligence. La disposition des parties mélodiques est soumise à des règles fondées sur la nature des éléments mis en œuvre et sur l'expérience. Ces règles se rapportent à deux chefs : 1° la modulation, qui consiste à enchaîner agréablement les phrases et membres de phrases, et à faire en sorte que tout ce qui concerne la tonalité se succède dans un ordre et dans une proportion convenables ; 2° la mesure qui détermine l'étendue des proportions mélodiques et de leurs parties, qui les divise en périodes, établit les rapports entre elles, les soumet aux dimensions du vers musical, toute bonne mélodie devant être essentiellement versifiée. Après avoir observé ces règles générales, il ne reste plus qu'à former un tout renfermé dans une juste proportion, par rapport à l'emploi auquel on le destine : c'est ce qui a donné lieu à déterminer la coupe des morceaux de musique, laquelle peut être de trois sortes, quelle que soit d'ailleurs l'étendue de la pièce : coupe binaire, ternaire et périodique, ou coupe de rondeau. A l'exception des règles fondamentales, en ce qui concerne la disposition mélodique, le compositeur jouit de beaucoup de latitude ; il lui est tout-à-fait loisible d'étendre, de resserrer, de modifier et même de changer les usages reçus ; car ici les règles posées ne sont que cela, à vrai dire ; mais comme ces usages sont fondés sur la pratique des meilleurs maîtres, on doit, le plus habituellement, s'y conformer, ce n'est que lorsque l'expérience est bien acquise qu'il est permis de chercher des routes nouvelles. Le plus sûr est donc, en général, d'adapter ses idées aux formes reçues ; elles sont bonnes et neuves, on ne reprochera jamais au compositeur d'avoir suivi, dans leur exposition, les sentiers battus. C'est en effet dans la création des idées mélodiques que se reconnaît véritablement le génie du musicien. En vain l'habitude d'écrire lui fournira-t-elle les moyens de suivre la marche la plus avantageuse ; en vain la science la plus profonde lui offrira-t-elle d'innombrables ressources pour donner à ses pensées de l'éclat et de la couleur ; en vain tirera-t-il des voix et des instruments les effets les plus inattendus, les associations et mélanges les mieux imaginés ; en vain le contre-point, par ses artifices inépuisables quadruplera-t-il ses forces et sa fécondité : si des idées neuves et saillantes ne surgissent point en lui, au moins de temps à autre ; si l'influence secrète ne le domine pas, ses auditeurs engourdis lui tiendront peu de compte de ses efforts. Pour la masse du public, la mélodie est tout, et les connaisseurs qui prétendraient ici se séparer du public seraient bien à plaindre. On n'a pas assez remarqué que chez les compositeurs les plus renommés, comme harmonistes, tels que Hændel, Haydn, Mozart, c'étaient les pensées mélodiques qui causaient réellement cette admiration allant jusqu'à l'enthousiasme ; et si le successeur de ces grands hommes, si Beethoven n'a pas été aussi populaire, aussi généralement applaudi, c'est qu'il était moins accessible, en d'autres termes, c'est que ses mélodies étaient moins souvent heureuses, moins faciles, moins spontanées, et qu'elles se perdaient fréquemment dans un dédale harmonique où le vulgaire se lassait bien vite de chercher. C'est qu'il en est de la mélodie comme de toute autre chose ressortissant du cerveau de l'homme : ce que le monde des écoutants désire, ce qu'il veut, ce qu'il attend de celui qui se fait entendre, de celui qui lui parle, c'est que celui-là l'intéresse. C'est là à quoi tous les auteurs se doivent soumettre. Ne le voulez-vous pas? Alors ne vous mettez pas en scène. On ne vous demande pas de vous mettre en avant; mais si vous le faites, si vous venez vous placer en face d'un parterre, en lui disant : Ecoute; ce n'est pas lui qui doit subir votre loi, c'est la sienne à laquelle il vous faut subordonner. D'ailleurs, ce même parterre, si vous l'intéressez, vous laisse parfaitement libre de vous aventurer où il vous plaira d'aller; il vous y suivra même, car il est de ce côté aussi débonnaire qu'il est exigeant dans la volonté qu'il a qu'on l'intéresse : tout ce qu'il vous demande, c'est de le mener de Paris à Pekin par des routes droites et pavées et semées de tels agréments, qu'il ne s'aperçoive pas du laborieux chemin qu'il a fait. R. E.

MÉLODIEUX, EUSE, adj, rempli de mélodie.

MÉLODRAME (de μέλος, chant, δςαμα, action). C'est ici que l'étymologie est en contradiction flagrante avec la signification pratique du mot. En effet, mélodrame signifie action chantant; or, allez demander à l'habitude de nos théâtres de boulevart, de l'Ambigu, de la Gaîté, de la Porte-Saint-Martin, si pour lui un mélodrame est autre chose qu'un évènement bien entortillé en cinq actes, que l'on met cinq heures à jouer, et dont son imagination se nourrit tout comme son estomac ferait de galette et de bière, si l'on en servait sur table au théâtre. Le mélodrame est donc la tragédie du peuple. Les personnages obligés de ce genre de pièces sont un tyran farouche, un traître des plus consommés, une bergère ou une princesse d'une innocence féérique, enfin un niais chargé de jeter sur l'ensemble quelques gouttes de grosse gaîté, d'épaisse finesse, afin de suspendre un instant l'action de la fibre lacrymale chez la jeune ouvrière. Point de raison ni de vraisemblance, cela n'est pas du ressort du mélodrame, mais des situations pathétiques, des contrastes, des surprises, et après tout cela, l'invariable dénoûment de la providence ne manquant jamais, à la fin de la pièce, de venir venger la vertu et punir le crime : tels sont les éléments du mélodrame. Ajoutez-y un dialogue rapide, heurté, souvent débité d'une voix de Stentor, et vous aurez raison du puissant effet qu'exerce le mélodrame sur la multitude. Il en est qui prétendent que nos faiseurs actuels ont perfectionné le mélodrame sous le nom plus moderne de drame. Libre au lecteur d'en penser ce qu'il voudra. Pour nous, le drame moderne a tous les défauts du mélodrame, et il a de plus le prolongement extravagant de l'action. Voilà tout ce que MM. tel et tel ont apporté de perfectionnement dans le mélodrame. Mais comme il faut absolument un grand homme pour chaque spécialité, on convient donc de dire que sous le puissant talent de MM. Victor Ducange, Alexandre Dumas, etc., etc., le mélodrame a fait place au savant drame moderne. Nous ne nous y opposons pas. Le très petit nombre de ceux qui sont chargés de formuler chaque matin ou chaque soir l'opinion publique, et qui en définitive ne formulent que leurs propres observations, vous prouvent que le drame moderne est une création du génie; cela dépendra de la dose de champagne, sablée en compagnie des amis à exalter, des auteurs à convertir en puissants dramaturges, etc., etc. Laissons ces messieurs bavarder à leur aise, et pour nous, concluons : le mélodrame est né du besoin d'émotions fortes qu'éprouve la portion déshéritée de la société, parce qu'elle y voit comme l'image de ses propres tribulations. Le génie du dramaturge consisterait donc précisément à se saisir de ce besoin comme d'un instrument de moralisation. Or, nos dramaturges ont tant de génie, le génie de l'argent bien entendu, qu'ils outrent encore le besoin de panem et circenses, en tirent le plus d'écus qu'ils peuvent, et se soucient fort peu du bouleversement qu'ils ont jeté dans l'imagination enflammée de l'artisan. Il n'y a sur ce point qu'un correctif : c'est la succession assez rapide de ces drames extravagants, succession qui fait oublier par l'un une impression pour l'autre, et les effacer toutes de l'esprit. Héros de mélodrame se dit ironiquement d'un personnage qui exprime toujours des sentiments exagérés; d'une personne qui parle sans cesse de poison, de poignard, de suicide, ou parce que les mélodrames ont sou-

vent pour sujet une série de crimes ou d'évènements funestes. Mélodrame (musique) se dit d'un passage exécuté par l'orchestre et exprimant les sentiments du personnage qui est en scène, tandis que celui-ci parle ou gesticule. G. B.

MÉLOE (ins.), genre d'insectes coléoptères de la famille des trachélides, tribu des vésicants, créé par Linné. Les méloés sont aptères, très gros, et ont une démarche très lourde. Ils mangent beaucoup et se nourrissent de l'herbe des prairies; ils rendent en grande quantité des excréments d'un vert liquide. Leurs étuis sont courts, évasés sur la partie dorsale; les crochets des tarses sont le plus souvent fendus. Les couleurs des méloés sont le noir, le bleu métallique et le brun; quelques espèces ont des segments traversés de rouge cuivreux. La larve des méloés est parasite et s'attaque à des apiaires. La femelle dépose ses œufs dans une fosse assez profonde en terre; les larves éclosent vingt-quatre jours environ après le dépôt des œufs. Ces larves sont noires ou de couleur d'ocre, très agiles; le dernier segment de l'abdomen plus petit que les autres, offre à l'extrémité quatre filets ou soies, dont les intermédiaires plus longs, le corps est couvert de petits faisceaux poilus. D'après Degeer, il existe sous la queue un petit mamelon qui émet une liqueur visqueuse; les ongles des tarses sont robustes et trifides; la bouche se compose d'un labre grand et large; la lèvre est plus petite que le labre et présente de chaque côté un palpe biarticulé; les mandibules ont la forme d'ongles aigus; les antennes n'ont que trois articles. Les espèces de ce genre ne sont pas très nombreuses; MM. Brandt et Erichson en énumèrent 27, réparties sur tous les points du globe, dans leur monographie (ex actor. acad. C. L. C. nat. curiosorum, t. xvi, p, 103), sur lesquelles l'Europe en possède quatorze exclusivement, et cinq avec l'Asie. Depuis cet ouvrage, une quinzaine d'espèces environ ont été décrites dans divers ouvrages. Les méloë proscarabæus et majalis se trouvent assez communément aux environs de Paris. J. P.

MÉLOGALE (mam.). Ce nom tiré du grec et qui signifie blaireau-marte, a été appliqué par M. Is. Geoffroy Saint-Hilaire à un animal assez voisin des martes et des putois; et qui forme un nouveau genre de carnassiers de la division des vermiformes. Les caractères principaux sont : tête conique très longue; museau fin, très allongé; non terminé en groin; dix molaires à la machoire supérieure, et douze à l'inférieure; les carnassières supérieures quadrangulaires, présentant quatre tubercules; pieds pentadactyles, pouces courts; ongles très rapprochés de ceux des chiens, en arrière, arqués, très longs et très forts à ceux de devant, queue longue. Les mélogales ont de grands rapports avec les martes et en différent, principalement par leurs ongles fouisseurs et par la forme particulière de la tête. On ne connaît encore qu'une espèce de ce genre; c'est la mélogale masquée (M. personata), Is. G. Cet animal mesure trente-cinq centimètres depuis le bout du museau jusqu'à la naissance de la queue; celle-ci a à peu près la longueur de la moitié du corps. La tête est brune en-dessus avec une tache blanche, et blanchâtre en-dessous; le corps est brun avec une bande blanche; les flancs et la région externe des membres sont couverts de poils gris légèrement roussâtres; les membres sont à peu près de cette dernière couleur, et la queue est couverte de très longs poils de deux couleurs, ceux de la base d'un brun grisâtre à la racine, blanchâtres à la pointe, et ceux de l'extrémité sont blanchâtres entièrement. On connait peu les mœurs de cet animal qui vit dans les bois, au Pégou. M. Belanger qui a conservé un individu de cette espèce pendant quelques temps, dit que cet animal était très irritable, ses poils se hérissaient sur son corps lorsqu'il était en colère, et il se nourrissait de matière végétale, principalement de riz. Il est pourtant évident, d'après sa conformation, que la mélogale en liberté se nourrit de chair et se creuse des terriers. J. F.

MÉLOMANE, l., celui, celle qui aime la musique à l'excès, avec passion.

MÉLOMANIE, s. f., amour excessif de la musique.

MELON, s. m., sorte de fruit d'un goût agréable, provenant d'une plante du même nom, qui est de la famille des cucurbitacées et dont la tige rampe sur la terre. Melon d'eau, sorte de melon fort rafraîchissant dont la chair est rouge, verdâtre ou blanche. On le nomme aussi pastèque.

MELON (JEAN-FRANÇOIS), né à Lulle, alla s'établir à Bordeaux, où il engagea le duc de La Force à fonder une académie, qui fut ouverte le 12 septembre 1712, et dont il devint secrétaire perpétuel. Le duc de La Force l'ayant appelé auprès de lui, lorsqu'il prit part au ministère sous la régence, Melon mourut à Paris le 21 janvier 1738. Son principal ouvrage est un *Essai politique sur le commerce*, dont la 2ᵉ édition de 1736, in-12, est la meilleure. Cet Essai contient, dans un petit espace, de grands principes de commerce, de politique, de finance. Son style, comme ses pensées, est mâle et nerveux, quoique défiguré par des fautes de langage et d'impression. Quelques-unes de ses opinions ont été réfutées par Du Tot, dans ses *Réflexions sur le commerce et les finances*, 1738, 2 vol. in-12.

MÉLOPÉE, s. f., (*t. de mus.*), l'art, les règles de la composition de chant. On ne l'emploie qu'en parlant de la musique des anciens. Il se dit aussi de la déclamation notée des anciens.

MÉLOPHAGE, *Melophagus* (*ins.*), (μηλοφάγος, qui mange les brebis). Genre d'insectes diptères de la famille des pupipares, vivant sur les moutons. J. P.

MÉLOPLASTE. C'est un tableau représentant une portée de musique, sur laquelle le professeur indique avec une baguette les sons que l'élève doit entonner. On donne aussi ce nom à un mode d'enseignement musical simultané, imaginé par Pierre Galin, né à Bordeaux, en 1786, et mort à Paris en 1821. Considérée comme tableau, la portée vide du méloplaste n'est pas de l'invention de Galin ; plusieurs auteurs l'avaient indiquée et mise en usage dès le commencement du XVIIᵉ siècle. Galin eut de plus l'idée de substituer à la notation actuelle une notation chiffrée. Rousseau avait déjà eu cette idée, mais il la condamna plus tard lui même. De nos jours, M. Chevé y est revenu. Comme tous les chemins mènent à Rome, nous ne saurions dire absolument si la notation reçue l'emporte par la notation chiffrée ou celle-ci sur celle-là. Ce qu'il y a de positif, c'est que celui qui est né véritablement musicien apprendra malgré toutes les entraves de la routine, comme aussi saura plus tard corriger de lui-même les hasards de l'innovation. G. M.

MELOT (ANICET), avocat, né à Dijon, en 1697, acquit dans son pays natal, et à Paris, où il continua ses études, des connaissances très variées. Elles lui firent un nom, et l'Académie des inscriptions l'appela dans son sein en 1738. Elle n'eut eut à se repentir de son choix : il enrichit ses *Mémoires* de plusieurs dissertations intéressantes. Nommé en 1741 pour être garde des manuscrits de la Bibliothèque du roi, il travailla au catalogue des richesses que renferment ces immenses archives de la littérature. L'abbé Sallier ayant découvert un manuscrit de l'*Histoire de saint Louis*, par Joinville, manuscrit de l'an 1309, et le plus ancien que l'on connaisse, il s'agissait de donner au public ce morceau curieux. On voulait y joindre deux autres ouvrages qui n'avaient point encore paru : la *Vie* du même saint Louis, par Guillaume de Nangis, et les *Miracles* de ce prince, décrits par le confesseur de la reine Marguerite, sa femme. Un glossaire devenait d'une nécessité indispensable pour entendre ces auteurs. C'est à ce travail que Melot s'appliqua pendant deux ans, et il commençait à mettre en œuvre ses matériaux, lorsqu'il fut frappé d'apoplexie, le 8 septembre 1760. Il mourut deux jours après, à 63 ans. Les qualités de son âme faisaient aimer les lettres ; on admirait moins en lui la science que la candeur, la droiture, l'égalité, la modestie, la simplicité, la complaisance, la douceur, la probité. Son édition de Joinville parut en 1761, in-fol. Melot possédait le grec, le latin, l'hébreu, l'italien et l'anglais. Parmi les dissertations insérées dans les *Mémoires* de l'Académie, on cite celle sur *la Prise de Rome par les Gaulois*, où il s'efforce de prouver, contre l'avis de Tite-Live, que le Capitole céda, ainsi que la ville de Rome, aux armes gauloises.

MELPOMÈNE (μέλπω), chanter des vers héroïques), une des Muses, présidait à la tragédie. On la représente ordinairement sous la figure d'une jeune femme avec un air sérieux, superbement vêtue, chaussée du cothurne, tenant des sceptres et des couronnes d'une main et un poignard de l'autre.

MELUN, ville de France, chef-lieu du département de Seine-et-Marne. Elle possède un tribunal de 1ʳᵉ instance. Elle s'étend en amphithéâtre sur la rive droite de la Seine qui la divise en trois parties. Une île que forme cette rivière et jointe par deux ponts, contient les ruines d'un château-fort habité par plusieurs rois de France, et où la reine Blanche de Castille, mère de saint Louis, tint sa cour. Près de là est l'église paroissiale de Saint-Aspais, remarquable par ses vitraux. Cette ville fait un commerce assez considérable en blés, vins, fromages et bestiaux. Elle est mentionnée dans les *Commentaires de César* sous le nom de *Melodunum*. Elle fut prise par Clovis en 494, et par les Normands, en 845, 848, 851, 866 et 883. Dans le Xᵉ siècle, un comte de Troyes s'en empara. Charles-le-Mauvais s'en rendit maître en 1358. Tombée au pouvoir des Anglais en 1420, elle fut ensuite occupée par les troupes de Charles VII. Enfin Henri IV l'assiégea et la prit en 1590. Elle eut beaucoup à souffrir pendant les guerres de la Fronde, et on a conservé une harangue par laquelle les malheureux habitants supplièrent le roy et la royne qu'on voulût bien avoir pitié d'eulx. » En 1709, Louis XIV l'érigea en duché-pairie, en faveur de Louis-Hector de Villars. — 7,000 habitants.

MELUN (JEAN II, vicomte de), succéda en 1330, à son père Jean Iᵉʳ dans la charge de grand-chambellan de France. Il se trouva à la bataille de Poitiers avec Guillaume, archevêque de Sens, son frère, et à la paix de Brétigni en 1359. Il eut part à toutes les grandes affaires de son temps, et mourut en 1382 avec la réputation d'un homme intelligent.

MELUN (CHARLES DE), seigneur de Nantouillet, était un homme plein d'esprit et de valeur. Louis XI le fit, en 1465, son lieutenant-général dans tout le royaume. Ses envieux ayant conspiré sa perte, il fut accusé d'être d'intelligence avec les ennemis de l'Etat, et eut la tête tranchée en 1468.

MELUN (SIMON DE), seigneur de la Loupe, d'une maison ancienne, féconde en grands hommes, suivit saint Louis en Afrique l'an 1270, et se signala au siége de Tunis. A son retour, il fut fait maréchal de France en 1293, et fut tué à la bataille de Courtray en 1302.

MÉLUSINE (*croy. pop.*), fée que les romans de chevalerie et les traditions fabuleuses du Poitou présentent comme la tige des maisons de Lusignan, de Luxembourg, de Chypre, de Jérusalem et de Bohême. Selon son histoire écrite en 1387, par Jean d'Arras, la fée Mélusine, fille d'Elénas, roi d'Albanie, était changée en serpent tous les samedis pour expier le meurtre de son père. Elle épousa Raymond, comte de Poitiers. Ayant été aperçue par son époux pendant sa métamorphose, elle est renfermée depuis lors dans un souterrain du château de Lusignan. Le plus célèbre de ses fils est Geoffroy à la grande dent, le premier des Lusignan. On l'appelle aussi la serpente. (Voy. Ce mot). « Lorsqu'un membre de la maison de Lusignan devait mourir, Mélusine apparaissait et remplissait l'air de ses cris plaintifs. » Cris de Mélusine, crier comme Mélusine, ou par corruption, crier comme Merlusine, expressions proverbiales et populaires tirées de la tradition qui précède.

MELVIL (JACQUES), gentilhomme écossais, né à Halhill en 1554, fut page, puis conseiller privé de Marie-Stuart, reine d'Ecosse. Il mourut en 1606. On a de lui des *Mémoires* historiques des règnes d'Elisabeth , de Marie-Stuart et de Jacques Iᵉʳ, en anglais, Londres, 1683, in-fol.; en français, 1694, 2 vol., et 1745, 3 vol.

MÉLY-JANIN (JEAN-MARIE JANIN, dit), né à Paris en 1776, mort le 14 décembre 1827, travailla successivement au *Journal de l'empire*, à la partie littéraire des *Petites affiches*, et enfin au feuilleton de la *Quotidienne* qu'il rédigea depuis 1814 avec succès. Sa vie tout entière fut consacrée à la littérature. Il avait publié en 1803 une Satire, in-8, composé en 1811 une Ode sur la naissance du roi de Rome. Ses autres ouvrages sont : *Ode sur le mariage de S. A. R. Mgr. le duc de Berry*, 1816, in-8: *Lettres champenoises*, 1817 à 1824, qui se font remarquer autant par l'esprit que par le courage de l'écrivain à combattre les fausses doctrines; *Ode sur le rétablissement de la statue équestre de Louis XIV* ; *le Sacre de Charles X*, ode, 1825, in-8. Il a donné au second Théâtre-Français, en 1821, *Oreste*, tragédie en cinq actes, qui fut suspendue, après trois représentations des plus orageuses, par décision du conseil des ministres. Une cabale, excitée par l'esprit de parti, avait poursuivi, non la pièce, qui méritait un autre sort, mais l'auteur des *Lettres champenoises*, l'un des rédacteurs d'un journal royaliste. Il a aussi fait jouer, en 1827, au Théâtre-Français *Louis XI à Péronne*, comédie en cinq actes et en prose. On lui doit encore la *Vie de Laharpe*, qui est en tête du *Cours de littérature*, en 16 vol. in-12.

MELYRIDES (*ins.*), troisième tribu de coléoptères pentamères malacodermes, formée par Latreille (*Règne An.* IV). J. P.

MEMBRACES et **MEMBRACIDES** (*ins.*), famille d'insectes de la tribu des fulgoriens dans l'ordre des hémiptères. Ces insectes, qui affectent souvent les formes les plus bizarres, appartiennent presque tous au Nouveau-Monde. M. L. Fairmaire vient de commencer la publication de ces insectes dans les *Ann. de la soc. Entom. de France.* J. P.

MEMBRANE, s. f., nom générique de divers organes minces, représentant des espèces de toiles, souples, dilatables, blancs, gris ou rougeâtres, variables dans leur structure et dans leurs propriétés vitales, destinés à absorber, à exhaler et à sécréter certains fluides, ou à envelopper d'autres organes. On distingue quatre espèces de membranes, les fibreuses, les muqueuses, les séreuses et la peau. Les premières forment tantôt des enveloppes, tantôt des membranes proprement dites; ce sont les plus simples de toutes, car elles ne se composent que de tissu cellulaire. Les autres peuvent recevoir l'épithète de complexes; car elles ont au moins une base de tissu musculaire ou du tissu cellulaire et un épiderme, et parfois même on y distingue encore plusieurs couches. La peau couvre la surface entière du corps; les membranes muqueuses en sont des prolongements qui partent des ouvertures situées à la surface du corps pour s'étendre dans l'intérieur, et former ainsi une couche continue dans toute la longueur du canal digestif, des voies génito-urinaires et de l'appareil sécréteur du lait. Les membranes séreuses forment des sacs isolés, la plupart clos, qui revêtent des cavités intérieures. Après leur situation, la nature de leur épiderme est le plus important caractère pour distinguer les unes des autres les membranes qui en sont pourvues. Cet épiderme est épais, sec et corné à la peau, mou et humide aux membranes muqueuses, mince aux membranes séreuses.

MEMBRES (anat.). On donne le nom de membres à des appendices disposés par paire, unis au tronc au moyen d'articulations et destinés spécialement à l'accomplissement de la locomotion. Nous parlons des modifications nombreuses qu'ils éprouvent dans chaque classe particulière d'animaux (Voy. les articles MAMMIFÈRES, OISEAUX, REPTILES, POISSONS, INSECTES, CRUSTACÉS, MOLLUSQUES, etc.). Membre, signifie figurément, chacune des parties d'un corps politique. Il signifie plus souvent, chacune des personnes qui composent un corps constitué dans l'État, etc. Membre, se dit aussi figurément, de chaque partie d'une période ou d'une phrase. Membre, signifie également, chacune des parties, grandes ou petites, qui entrent dans la composition d'un ouvrage d'architecture.

MEMBRURE, s. f., t. de menuiserie. Pièce de bois épaisse, dans laquelle on enchâsse les panneaux. Membrure, t. de marine, signifie la totalité de membres ou couples d'un bâtiment. Membrure, se dit en outre, d'une sorte de mesure dans laquelle les voies de bois à brûler sont mesurées, sur le port et dans les chantiers.

MÊME, adj. des deux genres. Qui n'est pas autre, qui n'est point différent. Il est ordinairement précédé de l'article le, la, les, ou du nombre un, une. Cela revient au même, c'est la même chose. Dans cette locution, même est employé substantivement. Même, s'emploie sans article immédiatement après les noms ou les personnes, pour marquer plus expressément la personne ou la chose dont on parle. Être soi-même, ne pas démentir son caractère. Même, signifie encore, semblable, pareil. Même, est souvent employé comme adverbe, alors il signifie, de plus, aussi, encore. Il entre quelquefois dans les phrases adversatives pour les fortifier. A même, loc. adv. qui s'emploie avec les verbes être, mettre, laisser, etc. Être à même, être en état, être à portée de faire quelque chose qu'on désire. Mettre quelqu'un à même de faire quelque chose, lui en procurer la facilité, les moyens. De même, tout de même, loc. adv. qui signifient, de même manière, de même sorte, et qui s'emploient avec ou sans complément.

MEMEL, est la ville la plus septentrionale de la Prusse; elle est située à l'extrémité septentrionale de la régence de Kœnigsberg, à l'embouchure du Dangen qui se jette dans le Kurish-Hoff. Éloignée de Berlin de 122 milles, elle est presque sur les frontières de la Russie. Elle est petite, et contient 7,000 habitants environ qui vivent surtout des travaux de construction navale et de la fabrication de l'ambre jaune; le commerce se fait principalement avec l'Angleterre. Son port est bon et sûr; un fort en défend les approches. 600 vaisseaux marchands environ y entrent annuellement. Le phare, qui a 25 mètres de hauteur, est construit sur un promontoire sablonneux. Indépendamment des céréales, du chanvre et des peaux, on y importe du lin d'excellente qualité et des bois de construction qui viennent de Lithuanie. Le commerce de Memel avec les anciennes provinces polonaises a cependant beaucoup souffert depuis quelques années, le gouvernement

russe faisant tout son possible pour le détourner des villes prussiennes situées sur la Baltique et pour l'attirer à Riga.

MEMMI (SIMON), peintre, natif de Sienne, mort en 1345, âgé de 60 ans, mettait beaucoup de génie et de facilité dans ses dessins; mais son principal talent était pour les portraits. Il peignit celui de la belle Laure, maîtresse de Pétrarque, poète célèbre, dont Memmi était très estimé.

MEMMIA (SULPICIA), femme de l'empereur Alexandre Sévère, mourut à la fleur de son âge. Elle avait des vertus; mais son caractère était fier et méprisant. Elle reprochait sans cesse à son époux son extrême affabilité. Ce prince lui répondit un jour : « J'affermis mon autorité en me rendant populaire. »

MEMMIUS (C.), chevalier romain, cultivait l'éloquence et la poésie. Il fut gouverneur de Bithynie; mais, ayant pillé cette province, il fut envoyé en exil par César, l'an 61 avant J.-C. Lucrèce lui dédia son poème, bien propre par les principes qu'il renferme à tranquilliser Memmius sur ses rapines, ses concussions et ses autres délits.

MEMNON, fils de Titon et de l'Aurore, et roi d'Éthiopie et d'Égypte selon les uns, de Perse selon les autres, vint avec dix mille Perses, autant d'Éthiopiens orientaux, et un grand nombre de chariots, au secours de Troie, vers la dixième année du siège. Il s'y distingua par sa bravoure, et tua Antiloque, fils de Nestor; mais Achille, à la prière du malheureux père de ce héros, vint l'attaquer, et, après un rude combat, le fit tomber sous ses coups. L'Aurore, au désespoir, alla se jeter aux pieds de Jupiter, et le supplia d'accorder à son fils quelque privilége qui le distinguât du reste des mortels, menaçant, s'il n'y consentait, de priver le monde de sa lumière. Le père des dieux exauça sa prière. Les honneurs rendus à Memnon ne calmèrent pas les douleurs de l'Aurore, et chaque jour depuis elle n'a cessé de verser des larmes. C'est de ces pleurs que se forme la rosée qui tombe le matin. Ce qu'on publiait de la statue de ce prince qu'on voyait à Thèbes en Égypte, n'est pas moins merveilleux. Lorsque les rayons du soleil venaient à la frapper, elle rendait un son harmonieux; ce qu'on ne peut attribuer qu'à quelque supercherie, telle qu'un ressort secret ou une espèce de clavecin renfermé dans la statue, et dont les cordes relâchées par l'humidité de la nuit, se tendaient à la chaleur du soleil, et se rompaient avec éclat comme une corde de viole. Cambyse, voulant pénétrer ce mystère, qu'il croyait un effet magique, fit briser cette statue depuis la tête jusqu'au milieu du corps, et la partie renversée continua de rendre le même son. Ce fait est attesté par Strabon, qui ne peut assurer si le son venait de la statue ou de quelque autre cause.

MEMNON, dit le Rhodien, l'un des plus habiles généraux de la Perse, se révolta contre Artaxercе-Ochus, ce qui l'obligea à se réfugier auprès de Philippe. Plus tard Memnon obtint sa grâce, et il rendit à Artaxercе de grands services, et fut un adversaire digne d'Alexandre, lorsque celui-ci envahit l'Asie; et il défendit vaillamment Milet contre ce héros. Il mourut couvert de gloire l'an 333 avant J.-C.

MÉMOIRE, faculté donnée à l'homme de retenir les impressions qu'il a reçues; des objets du dehors par ses organes corporels, des perceptions morales ou intellectuelles par un acte de la pensée, et de retracer ces sensations ou ces perceptions de manière à pouvoir les manifester extérieurement. Un homme éprouve un accident, il a fait un voyage, il a vu s'écrouler un édifice. Dix ans, vingt ans se sont écoulés; et tout-à-coup un mot prononcé devant lui, un signe, un geste, exhumant ce fait oublié, le lui représente avec toutes les circonstances qui l'ont accompagné, avec le souvenir de toutes les émotions qu'il éprouva lui-même, physiques, morales ou intellectuelles. Ce pouvoir que notre organisation nous donne de nous rappeler le passé, est sans doute un don bien précieux de la Providence; cependant beaucoup d'hommes, à les juger d'après leurs paroles, semblent y tenir fort peu. Rien n'est plus commun que d'entendre ces plaintes triviales : Je n'ai pas de mémoire, je ne puis me souvenir de rien. Il y a même des gens qui mettent une sorte de gloire à s'en vanter, ce qui pourrait bien n'être, à notre avis, qu'un subterfuge de la vanité. Si cet homme, qui se dit dépourvu de mémoire, s'exprime d'ailleurs avec élégance et facilité, s'il raisonne juste et laisse apercevoir un fonds d'instruction, ne pensera-t-on pas naturellement qu'il doit tout à lui-même, à la force de son jugement, non aux idées acquises? Nous serions même assez disposés à penser que dans ceux qui tiennent un langage, en apparence si humble, c'est précisément la mémoire qui fait tout leur esprit. Eh! com̃i̧t i̧r d'hommes n'a-t-on pas vus qui, s'appropriant sans scrupule les idées des autres, sont parvenus à se faire une assez bonne part de renommée? Au fond, si l'on veut bien avouer qu'on n'a pas de mémoire, on n'avoue pas de même qu'on n'a pas d'esprit ou de jugement. Chacun, au contraire, prétend en avoir la plus forte dose possible; chacun, sous ce rapport, se croit supérieur à tous, ou s'il est obligé de convenir en lui-même de la supériorité d'un autre, il se garde bien de le reconnaître avec les étrangers; il cherche même à détruire l'opinion que ceux-ci pourraient avoir prise de cette supériorité qui le blesse. Revenons à la mémoire. Il y a réellement des hommes qui en manquent ou qui l'ont fort courte; et c'est une circonstance très malheureuse pour ceux qui, obligés par état à de constantes études, ont besoin de plusieurs jours pour s'instruire de ce qu'un autre apprendrait en deux heures. En revanche la nature, qui se plaît quelquefois à parcourir les extrêmes, a doué de mémoires prodigieuses des hommes qu'on peut appeler privilégiés. De ce nombre était le fameux Cinéas, ministre favori de Pyrrhus, roi d'Épire, qui disait de lui que Cinéas lui avait gagné plus de villes par son éloquence, qu'il n'en avait subjugué lui-même par ses armes. Il était disciple de Démosthène. Envoyé à Rome par son maître en qualité d'ambassadeur, il salua tous les sénateurs par leur nom qu'il avait eu à peine le temps de lire une fois; il ne s'agissait pas moins que de trois à quatre cents hommes. Nous nous souvenons d'avoir eu, en 1789, un compagnon de collège, nous étions l'un et l'autre âgés de treize ans, qui dans un jour et demi apprit par cœur l'art poétique de Boileau. Nous pourrions citer beaucoup d'autres exemples d'excellentes mémoires : nous nous bornerons à un seul, qu'on ne sera peut-être pas fâché de trouver ici, à cause des circonstances passablement singulières qui l'accompagnent. Un savant religieux, ancien prieur ou gardien d'un monastère situé au milieu des Pyrénées à mi-côte du mont Canigou, avait obtenu du souverain pontife un bref de sécularisation tant pour lui-même que pour les deux ou trois religieux qui composaient sa communauté, autrefois nombreuse et florissante, mais alors réduite à un très petit nombre d'individus par suite de la rigueur croissante du climat et de l'âpreté du site, que la neige recouvrait d'ordinaire pendant neuf mois de l'année. Après être rentré dans le siècle, il s'était adonné à la prédication; et comme à une grande facilité d'élocution il joignait une instruction variée, étendue et solide, ses sermons n'étaient presque toujours que des improvisations brillantes. Il était, du reste, d'un caractère gai, ouvert, jovial, ce qui le faisait rechercher par la bonne compagnie de la ville qu'il habitait. Un soir qu'on lui adressait de nombreuses félicitations au sujet d'un sermon qu'il avait prêché la veille, un de ses auditeurs s'avisa de dire qu'il devait prendre beaucoup de peine soit pour préparer ses discours, soit pour les apprendre. Ces mots piquèrent la vanité du religieux qui, après bien des propos tenus de part et d'autre, offrit de prêcher sans préparation, sur le sujet qui lui serait donné au moment même où il monterait en chaire. Des paris s'ouvrirent pour et contre, et au jour indiqué, il y eut dans l'église un auditoire nombreux. Un des parieurs s'était placé au pied de l'escalier qui conduisait à la chaire; il tenait dans la main un papier ployé et cacheté qu'il remit au prédicateur. Celui-ci prit le papier sans dire un seul mot, et après l'avoir déployé tandis qu'il montait, il ne fut pas peu surpris de n'apercevoir, au lieu d'un texte écrit, comme il s'y attendait, que la figure d'un âne assez bien dessinée pour qu'il ne fût pas possible de s'y méprendre. Nous avons ouï dire cent fois par plusieurs personnes qui l'avaient entendu, que le savant religieux ne s'était jamais laissé voir aussi éloquent que ce jour-là; il avait pris pour sujet l'entrée triomphante de Jésus dans Jérusalem, le jour des Rameaux, l'humilité dont il avait donné l'exemple en choisissant pour monture une ânesse, et il fit contraster cette humilité du fils de Dieu avec l'orgueilleuse vanité des fils de la terre. Il se rendit le lendemain, ainsi que cela avait été convenu, auprès des personnes qui s'étaient engagées par des paris. Il était attendu. Mon père, lui dit un des assistants, vous avez fait preuve d'une excellente mémoire; mais c'est tout. Le sermon que vous avez prêché était fort connu; le voilà mot pour mot, je pense, ajouta-t-il en lui présentant un rouleau de papier sur lequel le sermon se trouvait transcrit d'un bout à l'autre. Ce ne fut qu'au bout de deux ou trois jours de surprise extrême du bon religieux, qu'on lui avoua ce que son discours avait été attentivement écouté, retenu par cœur et immédiatement transcrit par celui qui lui en avait montré la copie. Il est bon d'ajouter

que les procédés sténographiques n'étaient pas encore connus. Le père Conte, c'était le nom du religieux, fut émerveillé de ce qu'on lui apprit, et il trouva que la mémoire de cet individu n'était pas moins extraordinaire que son talent d'improvisation. La mémoire, ainsi que toutes les autres facultés de l'intelligence, s'améliore et se fortifie par la culture, s'affaiblit et se perd par le défaut d'exercice. Il est donc bon, en général, que tous les hommes la cultivent; il y a nécessité pour quelques-uns. On ne sera jamais grand orateur sans le secours de la mémoire. Comment répondrait-on aux objections qui nous sont faites, si on ne pouvait se les rappeler? Une maladie attaque quelquefois la mémoire au point d'en priver complètement le malade; malheureusement quand la chose arrive, il y a peu d'espoir de guérison. Ce qui est certain encore, c'est qu'ordinairement la mémoire s'affaiblit par l'effet des années; mais une chose bien singulière, vrai phénomène dont beaucoup de vieillards peuvent fournir des exemples, c'est que, lorsqu'on est parvenu à un âge avancé, on se rappelle quelquefois des choses passées depuis un demi-siècle et même plus, des faits dont on fut témoin dans l'extrême jeunesse et même des sensations qu'on ressentit dans l'enfance; et qu'on se représente ces faits et ces choses comme si elles ne dataient que de la veille, avec toutes leurs circonstances. D'un autre côté, ces mêmes vieillards chez qui la mémoire fait revivre le temps passé, oublient parfois très complètement ce qu'ils auront fait la veille, un jour, un mois auparavant. On a dit, on a écrit souvent que presque toujours la mémoire excluait le jugement. On connaît la fameuse épitaphe satirique : *Hic jacet N... felicis memoriæ, judicium exspectans.* Mais une plaisanterie ne suffit pas pour décider une question grave. On peut dire sans doute que la mémoire, dont le siége est dans le cerveau, ne peut pas avoir une immense étendue sans occuper dans le cerveau une très grande place, ce qui peut nuire au jeu des fibres destinées à mettre en rapport les idées sur lesquelles le jugement doit s'établir. Toutefois nous pouvons affirmer qu'il n'est pas rare de voir des hommes qui ont à la fois un jugement solide et une bonne mémoire, et tout cela dépend de la conformation de nos organes. Si, à force d'observations et de méditations, il a été possible à l'homme de pénétrer dans les mystères de l'organisation humaine, nos connaissances sur ce point sont très limitées; mais pour ce qui est de concevoir nettement le jeu des organes et leur action réciproque sur l'âme et le corps, nous pensons que nous serons toujours réduits à de vaines hypothèses. On a demandé si les animaux avaient de la mémoire, et il ne nous paraît point douteux que les animaux, suivant qu'ils appartiennent à des classes plus ou moins élevées, et que leur organisation est plus ou moins parfaite, ont aussi plus ou moins de mémoire et même de discernement et de jugement; qu'on donne à ces qualités le nom d'instinct, ou tout autre, il n'en est pas moins vrai que les qualités existent; que l'expérience nous démontre que les animaux, les chiens par exemple, se souviennent très bien des bons et des mauvais traitements qu'ils reçoivent, qu'il se fait en eux une comparaison des idées quelquefois contraires qui les agitent, et qu'ils se déterminent pour l'une ou pour l'autre, ce qu'ils ne peuvent faire que par la prévoyance du bien ou du mal qu'ils ont à espérer ou à craindre, ou par le souvenir de ce qu'ils ont déjà éprouvé. Mémoire locale, celle qui retient, particulièrement la disposition et l'état des lieux et des choses. Mémoire artificielle, Mnémonique, méthode destinée à aider la mémoire naturelle. Mémoire, signifie aussi, souvenir, action de la mémoire, objet de la mémoire. En mémoire de, pour transmettre et perpétuer le souvenir de. En termes de comptabilité, pour mémoire. On écrit ces mots à côté de certains articles qui sont mentionnés sans être portés en ligne de compte. Mémoire, signifie encore, la réputation bonne ou mauvaise qui reste d'une personne après sa mort. Poétiq., les filles de mémoire, les Muses. Le temple de mémoire, le temple où, suivant les poëtes, les noms des grands hommes sont conservés.

MÉMOIRE (phil.), un des modes d'exercice, une des sous-facultés de l'intelligence humaine. Platon définit l'effet de la mémoire une sensation continuée, et affaibli ont ajouté quelques modernes. Kant a dit poétiquement : la mémoire est l'imagination du passé. Dans la mémoire elle-même on distingue d'abord deux nuances : 1° mémoire spontanée ou passive, se dit de la mémoire qui s'exerce fatalement sans le concours de la volonté, on l'appelle ordinairement réminiscence; 2° mémoire libre et active, se dit de la mémoire qui s'exerce avec le concours et par l'effort de la volonté. C'est la mémoire proprement dite. On distingue aussi quatre sortes de mémoire, d'après la manière dont cette faculté s'exerce en présence ou en l'absence des perceptions : 1° Mémoire se dit absolument de la puissance qu'a notre esprit de prolonger la durée de l'idée ou de la conception, sans la perdre de vue, même lorsque la perception ou l'intuition a cessé, et de telle sorte qu'à la fin d'une perception nous gardons la conscience de son commencement et de tous les instants de sa durée. Comme la connaissance et surtout celle de la durée, de l'identité, résulte immédiatement de cette sorte de mémoire, on a proposé de l'appeler mémoire cognitive. 2° Mémoire recognitive, se dit de la puissance qu'a notre esprit de percevoir l'identité d'une intuition avec une autre qu'il a déjà éprouvée et dont il s'est fait une connaissance ; on appelle quelquefois cette faculté la recognition ou la reconnaissance. 3° Mémoire collective, se dit de la puissance qu'a notre esprit de prolonger simultanément plusieurs perceptions et de les associer l'une avec l'autre, de telle sorte que celle-ci ramène, rappelle le souvenir de celle-là. Cette puissance s'appelle souvent association des idées, et c'est à elle que tient la faculté des signes. 4° Mémoire recollective, se dit de la puissance qu'a notre esprit de chercher et de retrouver en lui-même des idées qu'il a perdues de vue, oubliées pendant un temps plus ou moins long. La chaîne d'idées formée par la mémoire collective, par l'association des idées, est ce qui facilite cette opération de l'esprit, la plus active et la plus laborieuse de toutes celles dont la mémoire est capable. On distingue encore, mais dans des acceptions moins philosophiques et qui se comprennent d'elles-mêmes, outre la mémoire locale dont parle le Dict., différentes sortes de mémoires, selon la nature de l'objet dont cette faculté s'occupe. On dit ainsi : mémoire des mots, des noms propres, des personnes, des sons, des couleurs, des faits, etc. Mémoire (myth.), divinité romaine ; la mnémosyme des Grecs. Suivant le poëte Afranius, la Sagesse est fille de l'Expérience (usus) et de la Mémoire. Maître de la mémoire (histoire ancienne), officier du palais des césars, chef des secrétaires qui tenaient note de toutes les actions et de tous les propos remarquables de l'empereur, de ses réponses aux requêtes qui lui étaient présentées, etc. Le recueil fait sous la direction des maîtres de la mémoire, s'appelait lui-même : la Mémoire, la Mémoire sacrée, ou les Archives de la mémoire. De divine mémoire, formule que l'on employait au moyen âge en parlant des souverains après leur mort, et quelquefois même de leur vivant. On disait également, en parlant de personnes vivantes, de bonne, de pieuse, de sainte mémoire. Mémoire (liturg.) se dit d'un autel érigé sous l'invocation d'un saint.

MÉMOIRES (litt.). Ces sortes de productions sont la matière de l'histoire. Ce n'est pas qu'ils contiennent la vérité ; mais pour rencontrer celle-ci il ne faut que consulter les mémoires opposés. Du choc des passions, souvent fort vives, naît l'appréciation froide de l'historien, et c'est en cette manière que les mémoires, comparés entre eux, sont la matière de l'histoire. L'antiquité n'a guère en ce genre de littérature que les écrits de Xénophon et les Commentaires de César. La vieille France compte parmi ses écrivains un grand nombre d'auteurs de Mémoires pleins d'intérêt sur presque toutes les époques de son histoire ; compositions, en quelque sorte improvisées, qui sont au nombre de ses richesses littéraires, et lui assurent, dans cette sorte de production, une incontestable supériorité. L'énumération des mémoires qui enrichissent notre littérature et forment une source inépuisable pour notre histoire, serait trop longue à donner ici. Nous nous contenterons de signaler un fragment trop court tracé dans ce genre par Voltaire ; les Confessions de J.-J. Rousseau, les Mémoires de Marmontel, ceux de Joinville, Comines, Marguerite de Valois, Brantôme, Saint-Simon, Chetz, Dangeau, Choisy, Duclos, Ségur, Nodier, etc., etc., et jusqu'à ceux d'un agent de police (Vidocq), d'un assassin (Lacenaire), d'une empoisonneuse (madame Lafarge). Les libraires, industriels qui spéculent sur tout, sur le scandale et le deshonneur de la pensée, ont aussi bien souvent commandé des Mémoires, la plupart apocryphes. On donne encore le nom de Mémoires à des dissertations sur quelque objet de science, d'érudition, de littérature, etc., et particulièrement lorsqu'ils sont destinés à être lues devant les corps savants ; aussi toutes les académies publient-elles des collections de mémoires. Un mémoire est encore un écrit sommaire que l'on remet à quelqu'un pour le faire ressouvenir de quelque chose, ou pour lui donner des instructions sur quelque affaire. Les avocats rédigent aussi des mémoires, qui

coûtent cher aux parties. Enfin les ministres en publient également pour se disculper des accusations de concussions dont hélas ! ils ne sont que trop souvent et trop légitimement l'objet.

MÉMORABLE, adj. des deux genres, digne de mémoire, qui mérite d'être conservé dans la mémoire, remarquable.

MÉMORATIF, IVE, adj., qui se souvient, qui a mémoire de quelque chose. Il n'est guère usité que dans la conversation familière.

MÉMORIAL, s. m., mémoire, placet. Il se dit des mémoires particuliers qui servent à instruire une affaire, et le principal usage est en parlant de la cour de Rome, de celle d'Espagne, etc. Mémorial se dit aussi du livre journal sur lequel les banquiers et les commerçants sont tenus d'inscrire leurs affaires journellement à mesure qu'elles se font. Les mémoriaux de la chambre des comptes, les registres de la chambre des comptes sur lesquels étaient transcrites les lettres-patentes de nos rois.

MÉMORIAL (théol.), signe, figure qui rappelle une chose. L'eucharistie est le mémorial de la passion de Jésus-Christ. Mémorial (ant. pers.), se dit, selon Selden, de toutes les fêtes des mages, parce que ces fêtes n'étaient que des commémorations des grands phénomènes de la nature. Mémoriaux (hist. du Bas-Empire), nom que portaient les officiers subalternes des archives impériales. Maître des mémoriaux. Mémoriaux ou livres mémoriaux, titre d'un ouvrage de M. Gabinus sur le droit civil. Mémoriaux s'est dit, au moyen-âge, de toute espèce de greffiers. Mémoriaux (anc. jurisp.), registres des chambres des comptes sur lesquels on inscrivait les lettres-patentes. Mémorial se disait autrefois d'un rapport ou mémoire adressé au prince sur des questions administratives. Mémorial s'est dit quelquefois d'un ouvrage où sont consignés les souvenirs de celui qui écrit. Le Mémorial de Sainte-Hélène, par le comte de Las-Cases.

MEMPHIS, ou selon l'Ecriture MOPH, célèbre ville d'Egypte, capitale du nome Memphite et de toute l'Heptanomide, était située vers le N., à la distance de quatre journées de la mer, sur la rive occidentale du Nil, peu au-dessus de l'endroit où ce fleuve se divise en plusieurs branches pour former le Delta. Elle avait été bâtie par Ménès, fondateur de la monarchie égyptienne, ou selon quelques auteurs par Uchorée, descendant d'Osymandyas. On avait, afin de prévenir les inondations, creusé autour de cette ville d'immenses canaux ou plutôt des lacs qui recevaient l'excédant des eaux du Nil, de sorte qu'elle s'élevait comme une citadelle inaccessible au milieu des eaux. Le séjour en était si sain et si délicieux que bientôt les rois d'Egypte abandonnèrent Thèbes pour s'établir à Memphis. Cette ville était remplie de temples magnifiques, dont le plus remarquable était celui du bœuf Apis, à qui l'on rendait un culte solennel. A peu près à deux lieues de Memphis étaient les collines fameuses où furent élevées les pyramides. Cette ville perdit sa splendeur à l'époque de l'élévation de la dynastie macédonienne sur le trône de l'Egypte. Les nouveaux princes employèrent ses débris à l'embellissement de la ville nouvelle d'Alexandrie et de quelques villes voisines. Aujourd'hui Memphis est absolument détruite, et il n'en reste que des ruines qui font l'admiration des voyageurs.

MENABENUS (APOLLON), poëte, naturaliste et premier médecin de Jean III, roi de Suède, quitta ce royaume en 1581, passa à Vienne et de là à Milan, d'où il était natif. Nous avons de lui plusieurs ouvrages, entre autres : De causis fluxus et refluxus aquarum Stockholmensium, et Tractatus de magno animali quod Alcen vocant (en français Elan), Cologne, 1581, in-12.

MENAÇANT, ANTE, adj., qui menace. Il se dit par extension de choses qui pronostiquent, qui font craindre quelque malheur.

MENACE, s. f., parole ou geste dont on se sert pour marquer à quelqu'un sa colère, son ressentiment, pour lui faire craindre le mal qu'on lui prépare. Fig. et fam., menaces en l'air, menaces qui ne sont suivies d'aucun effet.

MENACER, v. a., faire des menaces. On l'emploie aussi absolument. Menacer signifie, par extension, pronostiquer, faire craindre quelque malheur, quelque accident peu éloigné. Menacer ruine, se dit d'un bâtiment qui est près de tomber. Fig. et poétiq., menacer le ciel, les cieux, se dit de certains objets fort élevés. Menacer, s'emploie quelquefois par antiphrase, dans le discours familier, et alors il signifie faire espérer.

MÉNADES, femmes transportées de fureur qui suivaient Bacchus, et qui mirent en pièces Orphée. On les appelait aussi bacchantes.

MÉNAGE, s. m., gouvernement domestique et tout ce qui concerne la dépense et l'entretien d'une famille. Toile de ménage, toile dont le fil est fait dans les maisons particulières, et qui a plus de corps que celle que les marchands vendent ordinairement. Pain de ménage, pain que l'on cuit dans les maisons particulières. Liqueur de ménage, liqueur qu'on fait chez soi et pour son usage particulier. Fam., avoir ménage en ville, entretenir une maîtresse. Ménage se dit aussi des meubles et ustensiles nécessaires aux ménages. Il signifie encore le soin qu'on donne à l'arrangement et à la propreté des meubles d'un appartement. Femme de ménage, femme qui vient du dehors pour prendre soin des choses du ménage. Ménage signifie aussi épargne, économie, conduite que l'on tient dans l'administration de ses biens. Vivre de ménage, vivre avec économie. Prov. et fig., ménage de bouts de chandelles, épargne sordide dans de petites choses. Ménage, désigne collectivement toutes les personnes dont une famille est composée. Il se dit également de l'association d'un homme et d'une femme mariés ensemble. Bon ménage, mauvais ménage, se dit d'un mari et d'une femme qui vivent en bonne, en mauvaise intelligence. Prov., il n'y a qu'un ménage de gâté, se dit en parlant de deux personnes aussi déraisonnables l'une que l'autre, et qui sont mariées ensemble.

MÉNAGE (GILLES), avocat, poète, bel-esprit, et savant, né le 15 août 1613 à Angers, se dégoûta du barreau et embrassa l'état ecclésiastique. Il alla demeurer dans le cloître Notre-Dame, où il tenait chez lui, tous les mercredis, une assemblée de gens de lettres. Il avait beaucoup d'érudition, et citait sans cesse, dans ses conversations, des vers grecs, latins, italiens, français. Ses vers italiens lui méritèrent une place à l'académie de la Crusca. L'académie française lui aurait aussi ouvert ses portes, sans sa Requête des dictionnaires, satire plaisante contre le dictionnaire de cette compagnie. L'humeur de Ménage était celle d'un homme aigre, méprisant et présomptueux. Sa vie fut une guerre continuelle. Il mourut en 1692, et ses ennemis le poursuivirent jusque dans le tombeau. On a de ce savant: Dictionnaire étymologique, ou Origine de la langue française, dont la meilleure édition est celle de 1750, 2 vol. in-fol., par les soins de Jault, professeur au Collège royal, qui a beaucoup augmenté cet ouvrage, utile à plusieurs égards, mais très souvent ridicule par le grand nombre d'étymologies fausses, ridicules et impertinentes dont il fourmille; Origine de la langue italienne, Genève, 1685, in-fol., ouvrage qui a le mérite et les défauts du précédent. Ménage a recueilli ce qu'il a trouvé sur ce sujet dans divers ouvrages italiens; et plusieurs académiciens de Florence lui ont fourni des matériaux; une édition de Diogène Laërce, avec des observations et des corrections estimées; Remarques sur la langue française, en 2 vol. in-12, peu importantes; l'Anti-Baillet, en 2 vol. in-12: c'est une réfutation des Jugements des savants. Baillet l'y avait fort maltraité; Ménage voulut s'en venger; mais, en relevant les fautes de Baillet, il en fit de nouvelles que La Monnoye releva à son tour dans ses Remarques sur l'Anti-Baillet; Histoire de Sablé, 1686, in-fol., savante et minutieuse; des Satires contre Montmaur, dont la meilleure est la métamorphose de ce pédant en perroquet. On les trouve dans le recueil de Sallengre; Poésies latines, italiennes, grecques et françaises, Amsterdam, 1687, in-12. Les dernières sont les moins estimées. Juris civilis amœnitates, Paris, 1667, in-8. On donna après sa mort un Menagiana, d'abord en un volume, ensuite en deux, enfin en quatre, l'an 1715. Cette dernière édition est due à La Monnoye.

MÉNAGEMENT, s. m., circonspection, égard, précaution. Le ménagement des esprits, des affaires, l'art de les manier, de les conduire. Cette locution a vieilli.

MÉNAGER, v. a., user d'économie, dépenser avec circonspection, avec prudence. On l'emploie absolument. Il est employé figurément dans les phrases suivantes: ménager ses paroles, parler peu. Ménager le temps, ne pas le perdre, en faire un bon emploi. Ménager sa santé, ses forces, son crédit, en user avec prudence, avec circonspection. Ménager des troupes, prendre garde de les fatiguer inutilement. Ménager un cheval, être attentif à ne point le fatiguer. Prov. et fig., qui veut aller loin ménage sa monture, il faut éviter les excès, il faut user avec ménagement des choses dont on veut se servir longtemps. Ménager signifie aussi figurément,

manier, conduire, préparer avec ménagement, avec adresse. Ménager l'occasion, les occasions, préparer le mouvement, les circonstances favorables pour faire quelque chose. N'avoir rien à ménager avec quelqu'un, n'avoir plus de mesures à garder avec lui. Ménager une chose à quelqu'un, la lui procurer, la lui réserver. Ménager signifie encore figurément, en parlant des personnes, traiter avec ménagement, avec égard, de manière à ne point offenser, à ne point déplaire. Prov. et fig., ménager la chèvre et le chou, user d'adresse pour se conduire entre deux partis, entre deux adversaires de manière à ne blesser ni l'un ni l'autre. Ménager quelqu'un, signifie l'épargner, user modérément de la supériorité, de l'avantage qu'on a sur lui. Ménager, s'emploie aussi avec le pronom personnel, et signifie avoir soin de sa personne, de sa santé. Il signifie, au sens moral, se conduire avec ménagement, avec circonspection.

MÉNAGER, ÈRE, adj., qui entend le ménage, l'épargne, l'économie. Il est aussi substantif. Il s'emploie quelquefois au figuré. Ménagère, subst. f., se dit aussi d'une servante qui a soin du ménage de quelqu'un.

MÉNAGERIE, s. f., lieu bâti auprès d'une maison de campagne pour y engraisser, y élever des bestiaux, des volailles, etc. Il est vieux en ce sens. Ménagerie se dit aussi d'un lieu où l'on assemble des animaux étrangers et rares.

MENANG-KARBOU, un des états de l'île de Sumatra. Il est situé sous la ligne équinoxiale, au dessous de la chaîne occidentale des hautes montagnes qui traversent l'île, et presque au centre de l'île; il se trouve maintenant compris entre les rivières de Palembang et de Siak, sur la côte orientale et sur la côte occidentale, entre celle de Mangouta, près celle d'Indrapoura et Sinkel, où il confine à la contrée indépendante des Battas. Cette région est comme une vaste pleine ceinte de collines qui fournissent beaucoup d'or et sont bien cultivées. Quoique plus près de la côte occidentale, sa communication avec l'Orient se trouve facilitée par le transport par eau qui se fait par un large lac, loug d'environ 10 lieues, d'où il sort une rivière qui prend le nom d'Indragiri, le long de laquelle, ainsi que sur celles plus orientales de Siak au N., et de Jambi au S., la navigation est fréquente; leurs bords se trouvent bien peuplés de colonies Malaises, ainsi que tout le royaume qui parle la langue malayon. Les Malais ont porté dans cet empire les arts à un plus grand degré de perfection que les autres indigènes de Sumatra. Ils fabriquent seulement du beau filigrane d'or et d'argent; de temps immémorial ils ont fabriqué des armes pour leur propre usage et en fournissent les habitants du nord de l'île. Ils fondent, forgent, et préparent le fer et l'acier par des procédés particuliers; ils se servaient de canons avant la découverte du cap de Bonne-Espérance; ils font aussi une grande quantité de poudre, mais d'une qualité inférieure. Leurs autres armes sont des dards, des lances, des épées et un petit poignard qu'ils nomment criss. En 1819, sous prétexte de la secourir, les indigènes envahirent cette province et prirent possession des divers districts, notamment de ceux de Pagger, Oudorg et Menang-Karbou, et assiégèrent la place forte de Linto. Menang-Karbou est le chef-lieu de l'état de ce nom, elle est située sur un affluent de l'Indragiri. Elle est assez commerçante et peuplée de 10,000 habitants environ.

MÉNALIPPE, citoyen de Thèbes, ayant blessé à mort Tydée au siége de cette ville, fut tué lui-même. Tydée se fit apporter la tête de son ennemi, et assouvit sa vengeance en la déchirant avec ses dents, après quoi il expira. — Une fille du centaure Chiron se nommait Ménalippe. Ayant épousé Éole, elle fut changée en jument, et placée parmi les constellations.

MÉNANDRE, né à Athènes, l'an 342 avant J.-C., est regardé comme l'inventeur de la nouvelle comédie parmi les Grecs. Ce poète n'avait pas le nerf et la chaleur d'Aristophane, mais ses comédies ont plus de méthode et sont mieux assorties aux règles du théâtre. Le langage en est plus décent, mais les passions n'en parlent pas moins vivement. De 108 comédies que ce poète avait composées, et qu'on dit avoir été toutes traduites par Térence, il ne nous reste que peu de fragments. Ils ont été recueillis par Le Clerc, qui les publia en Hollande, en 1709, in-8°, avec des remarques. Un critique a donné des Observations sur les Remarques de Le Clerc, en 1710 et 1711, in-8°. Ménandre se noya près du port de Pirée, l'an 293 av. J.-C., à 52 ans.

MÉNANDRE, disciple de Simon-le-Magicien, se fit chef d'une secte particulière, en changeant quelque chose à la doctrine de son maître. Il prétendait que ses sectateurs recevaient l'immortalité par son baptême. Ses rêveries eurent beaucoup de cours à Antioche.

MÉNANDRIENS, nom d'une des plus anciennes sectes de gnostiques. Ménandre, leur chef, était disciple de Simon-le-Magicien; né comme lui dans la Samarie, il fit aussi bien que lui profession de magie, et suivit les mêmes sentiments. Simon se faisait nommer la grande vertu; Ménandre publia que cette grande vertu était inconnue à tous les hommes; que pour lui, il était envoyé sur la terre par les puissances invisibles pour opérer le salut des hommes. Ainsi Ménandre, et Simon, son maître, doivent être mis au nombre des faux messies qui parurent immédiatement après l'ascension de Jésus-Christ, plutôt qu'au rang des hérétiques. L'un et l'autre enseignaient que Dieu ou la suprême intelligence, qu'ils nommaient Ennoïa, avait donné l'être à un grand nombre de génies qui avaient formé le monde et la race des hommes; c'était le système des platoniciens. Valentin, qui parut après Ménandre, fit la généalogie de ces génies qu'il nomma les éons. Il paraît que ces imposteurs supposaient que dans le nombre des génies, les uns étaient bons et bienfaisants, et les autres mauvais, et que ces derniers avaient plus de part que les premiers au gouvernement du monde, puisque Ménandre se prétendait envoyé par les génies bienfaisants, pour apprendre aux hommes les moyens de se délivrer des maux auxquels l'homme avait été assujetti par les mauvais génies. Ces moyens, selon lui, étaient d'abord une espèce de baptême qu'il conférait à ses disciples, en son propre nom, et qu'il appelait une vraie résurrection, par le moyen duquel il leur promettait l'immortalité et une jeunesse perpétuelle; mais, comme l'observe le savant éditeur de saint Irénée, sous le nom de résurrection, Ménandre entendait la connaissance de la vérité, et l'avantage d'être sorti des ténèbres de l'erreur. Il n'est guère possible qu'il ait persuadé à ses partisans qu'ils seraient immortels et délivrés des maux de cette vie, dès qu'ils auraient reçu son baptême. Il est donc probable que, par l'immortalité, Ménandre promettait à ses disciples qu'après leur mort leur corps, dégagé de toutes ses parties grossières, reprendrait une vie nouvelle plus heureuse que celle dont il jouit ici-bas. Quelque violent que soit le désir dont les hommes sont possédés de vivre toujours, il ne paraît pas possible de persuader à ceux qui sont dans leur bon sens qu'ils peuvent jouir de ce privilège. Le premier ménandrien que l'on aurait vu mourir aurait détrompé les autres. On connaît l'entêtement des Chinois à chercher le breuvage d'immortalité, mais aucun n'a encore osé se vanter de l'avoir trouvé; et quand un Chinois serait insensé pour l'affirmer, il n'est pas vraisemblable qu'aucun voulût le croire sur sa parole. L'autre moyen de triompher des génies créateurs et malfaisants, était la pratique de la théurgie et de la magie, secret auquel les philosophes platoniciens du iv° siècle, nommés éclectiques, eurent aussi recours dans le même dessein. Ménandre eut des disciples à Antioche, et il y en avait encore du temps de saint Justin; mais il y a beaucoup d'apparence qu'ils se confondirent bientôt avec les autres sectes de gnostiques. Quelque absurde qu'ait été sa doctrine, on peut en tirer des conséquences importantes. 1° Dans le temps que Jésus-Christ a paru sur la terre, on attendait dans l'Orient un Messie, un rédempteur, un libérateur du genre humain, puisque plusieurs imposteurs profitèrent de cette opinion pour s'annoncer comme envoyés du ciel, et trouvèrent des partisans. 2° Les prétendus envoyés, qui ne voulaient tenir leur mission ni de Jésus-Christ ni des apôtres, ne se sont cependant pas inscrits en faux contre les miracles publiés à la prédication de l'Evangile; les anciens Pères ne les en accusent point; ils leur reprochent seulement d'avoir voulu contrefaire les miracles de Jésus-Christ et des apôtres, par le moyen de la magie. Simon et Ménandre étaient cependant très à portée de savoir si les évangélistes étaient vrais ou faux, puisqu'ils étaient nés dans la Samarie et dans le voisinage de Jérusalem. 3° Nous ne voyons pas non plus que ces premiers ennemis des apôtres aient forgé de faux Evangiles; cette audace ne commença que dans le second siècle, long-temps après la mort des apôtres. Tant que ces témoins oculaires vécurent, personne n'osa contester l'authenticité ni la vérité de la narration des évangélistes. Les hérétiques se bornèrent d'abord à altérer dans quelques passages qui les incommodaient; bientôt, devenus plus hardis, ils osèrent composer des histoires et des expositions de leur croyance, qu'ils nommèrent des Evangiles. 4° Ces anciens chefs de parti étaient des philosophes, puisqu'ils cherchaient, par le moyen du système de Platon, à résoudre la difficulté tirée de l'origine du mal. Il n'est donc pas vrai, comme le prétendent les incrédules, que la prédication de l'Evangile n'ait fait impression que sur les ignorants et sur le bas peuple. Ceux qui ont cru et se sont faits chrétiens, avaient à choisir entre la doctrine des apôtres et celle des imposteurs qui s'attribuaient une mission semblable. Il n'est pas vrai non plus que le christianisme ait fait ses premiers progrès dans les ténèbres, et sans que l'on ait pris la peine d'examiner les faits sur lesquels il se fondait, puisqu'il y a eu de vives disputes entre les disciples des apôtres et ceux des faux docteurs; et puisque la doctrine apostolique a triomphé de ces premières sectes, c'est évidemment parce que l'on a été convaincu de la mission des premiers et de l'imposture des seconds.

MÉNARD (CLAUDE), lieutenant de la prévôté d'Angers, où il était né en 1580, se signala par son savoir et sa vertu. Après la mort de sa femme, il embrassa l'état ecclésiastique, et mena une vie très austère. Il eut beaucoup de part aux réformes de plusieurs monastères d'Anjou. Ce magistrat aimait passionnément l'antiquité. Une partie de sa vie se consuma en recherches dans les archives, d'où il tira plusieurs pièces curieuses. Il mourut en 1662, après avoir publié plusieurs ouvrages: l'*Histoire de saint Louis*, par Joinville, 1617, in-4°, avec des notes pleines de jugement et d'érudition; les 2 *Livres de saint Augustin contre Julien*, qu'il tira de la bibliothèque d'Angers; *Recherches sur le corps de saint Jacques-le-Majeur*, qu'il prétendait reposer dans la collégiale d'Angers. On trouve dans cet ouvrage et dans ses autres productions, du savoir, mais peu de critique, et un style dur et pesant; *Histoire de Bertrand du Guesclin*, 1618, in-4°.

MÉNARD (LÉON), conseiller au présidial de Nîmes, naquit à Tarascon en 1706. La science de l'histoire et des antiquités, qu'il cultiva dès sa jeunesse, lui valut une place à l'Académie des inscriptions et belles-lettres. Il vécut depuis presque toujours à Paris, et mourut en 1767. Nous avons de lui: l'*Histoire civile, ecclésiastique et littéraire de la ville de Nîmes*, 1750 et années suivantes, 7 vol. in-4°. On ne peut reprocher à ce livre instructif et curieux que son excessive prolixité; *Mœurs et usages des Grecs*, 1743, in-12, ouvrage utile et assez bien fait; les *Amours de Callisthène et d'Aristoclée*, 1766, in-12, roman lâchement écrit, et où il n'y a rien d'utile à recueillir. L'auteur en avait pris le sujet dans Plutarque. On doit aussi à cet académicien un recueil de *Pièces fugitives*, pour servir à l'Histoire de France, 1748, 3 vol. in-4°.

MÉNARD (Dom NICOLAS-HUGUES), né à Paris en 1585, bénédictin dans le monastère de Saint-Denis en 1612, embrassa la réforme de l'ordre en 1714, et fut admis dans la congrégation de Saint-Maur. Il fut un des premiers religieux de cette congrégation qui s'appliquèrent à l'étude. Il mourut à Paris le 21 janvier 1644, dans l'abbaye de Saint-Germain-des Prés, regardé comme un homme de beaucoup d'érudition et d'une grande justesse d'esprit. Il embellit son savoir par une modestie rare et par une solide piété. On a de lui: 1° une édition du Martyrologe des saints de son ordre, par Arnould Wion, in-4°, 1629; 2° *Concordia regularum*, de saint Benoît d'Aniane, avec la Vie de ce saint, 1628, in-4°; 3° le *sacramentaire de Saint Grégoire-le-Grand* (De Gregorii papæ, cognomento magni, liber sacramentorum, nunc demum correctior et locupletior, 1642, in-4°. Ces ouvrages sont pleins de recherches savantes et de notes savantes qui viennent à leurs sujets. Elles respirent le goût de l'antiquité et de la plus saine critique; 4° *Diatriba de unico Dyonisio*, 1646, in-8°. Il y fait tous les efforts possibles pour soutenir que saint Denys de Paris est le même que saint Denys l'aréopagite: en cela, il a montré peu de critique. C'est lui qui découvrit, dans un manuscrit de l'abbaye de Corbie, l'épître attribuée à saint Barnabé. Elle ne parut enrichie de ses remarques qu'après sa mort, par les soins de D. d'Achery, qui mit une préface à la tête, Paris, 1645, in-4°. On peut consulter sur ce savant bénédictin la *Bibliothèque critique* de D. Lecerf, les *Mémoires de Nicéron*, tom. 22, et l'*Histoire littéraire de la congrégation de Saint-Maur*, par D. Tassin.

MÉNARD (PIERRE), avocat au parlement de Paris, naquit à Tours en 1626. Après s'être distingué dans le barreau, il retourna dans son pays natal. Il s'y livra uniquement à l'étude, et y mourut en 1701, à 75 ans. Nous avons de lui quelques ouvrages qui eurent quelque succès: tels sont l'*Académie des princes*; l'*Accord de tous les chronologues*. Cet auteur jouissait d'une estime générale; sa probité, sa douceur, sa droiture, ses connaissances la lui avaient conciliée.

MÉNARD (JEAN DE NOÉ), prêtre du diocèse de Nantes, né

dans cette ville le 25 septembre 1650, d'une bonne famille, fut d'abord avocat. Son éloquence lui obtint les suffrages des gens de goût, et ses vertus les éloges des gens de bien. La perte d'une cause juste l'ayant dégoûté du barreau, il embrassa l'état ecclésiastique. Pendant 30 ans qu'il fut directeur du séminaire de Nantes, il travailla à la conversion des hérétiques, et y réussit autant par l'exemple de ses vertus que par la force de ses discours. Cet homme de Dieu mourut en 1707, à 67 ans, après avoir fondé une maison du Bon-Pasteur pour les filles corrompues. On a de lui un *Catéchisme*, in-8°, qui est estimé, et dont il y a eu plusieurs éditions. Sa Vie a été donnée au public, en 1734, in-12; elle se ressent un peu de l'esprit de l'auteur, M. Gourmeaux, qui était grand partisan des miracles du diacre Páris. L'abbé Ménard lui-même, après avoir accepté la bulle *Unigenitus*, en 1714, appela ensuite, dans le premier soulèvement qui eut lieu après la mort de Louis XIV, et n'eut pas le temps de revenir sur sa démarche.

MÉNASSEH-BEN-ISRAEL, célèbre rabbin, né en Portugal, vers 1604, d'un riche marchand, suivit son père en Hollande. A l'âge de 18 ans, il succéda au rabbin Isaac Uriel, dans la synagogue d'Amsterdam. Il mourut à Middelbourg, vers 1657. Ce rabbin était de la secte des pharisiens. Il avait l'esprit vif et le jugement solide. Il était indulgent, et vivait également bien avec les juifs et les chrétiens. Ménasseh était habile dans la philosophie, dans l'Ecriture sainte, dans le Talmud et dans la littérature des juifs. On a de lui un grand nombre d'ouvrages en hébreu, en latin, en espagnol et en anglais. Les principaux sont : une *Bible hébraïque*, sans points, Amsterdam, 1635, 2 vol. in-4° : édition fort belle, avec une préface latine; le *Talmud* corrigé, avec des notes, en hébreu, Amsterdam, 1635, in-8°; *El Conciliador*, Francfort, 1632, in-4°, traduit en partie en latin, par Denis Vossius : ouvrage savant et curieux, dans lequel il concilie les passages de l'Ecriture qui semblent se contredire; *De Resurrectione mortuorum libri tres*, Amsterdam, 1636, in-8°; *De fragilitate humana ex lapsu Adami, deqs divino auxilio*, Amsterdam, 1642; ouvrage qui prouve que l'idée du péché originel et de ses suites existe bien positivement chez les juifs modernes, ou du moins chez les docteurs les plus instruits, comme elle existait chez les anciens, ainsi que les livres saints nous l'apprennent par des passages bien précis, et que nous le démontre plus clairement encore le 4e livre d'Esdras qui, quoique non canonique, n'en contient pas moins la doctrine reçue chez les juifs; *Spes Israelis*, Amsterdam, 1650, in-12. Ménasseh, ayant ouï dire qu'il y avait des restes des anciens Israélites dans l'Amérique méridionale, se persuada que les dix tribus enlevées par Salmanasar s'étaient établies dans ce pays-là, et que telle était l'origine des habitants de l'Amérique. Théophile Spizelius, ministre protestant d'Augsbourg, a réfuté cet ouvrage. L'on ne doit cependant pas disconvenir que plusieurs nations américaines semblent descendre des anciens juifs. Guillaume Penn, le P. Lafitau, M. Adair, etc., en ont donné de preuves, que Robertson s'est vainement efforcé d'affaiblir; le *Souffle de vie (spiraculum vitæ)*, en hébreu, Amsterdam, 1651, in-4°; ouvrage divisé en 4 livres, où il prouve la spiritualité et l'immortalité de l'âme; *De termino vitæ libri tres*, in-12. Thomas Pocock a écrit la *Vie de Ménasseh* en anglais, à la tête de sa traduction du livre précédent, 1699, in-12.

MENCKE (OTHON), *Menckenius*, né à Oldenbourg, en 1644, dut à ses connaissances dans la philosophie, la jurisprudence et la théologie, la chaire de professeur de morale à Leipsick, en 1668. C'est lui qui est le premier auteur du *Journal de Leipsick*, dont il y avait déjà 30 vol., lorsqu'il mourut en 1707. Il donna les éditions de plusieurs savants ouvrages, et composa des traités de jurisprudence, etc., dans lesquels il y a un grand fonds d'érudition.

MENCKE (JEAN-BURCKHARD), fils du précédent, né à Leipsick, en 1674, devint professeur en histoire dans cette ville et ensuite historiographe et conseiller aulique de Frédéric-Auguste de Saxe, roi de Pologne. Ce savant mourut le 1er avril 1732. On a de lui : *Scriptores rerum germanicarum, speciatim saxonicarum*, 3 vol. in-fol., 1728 et 1730; deux *Discours* latins sur le charlatanisme des savants, Amsterdam, 1716, in-12. Ce titre promet beaucoup; mais l'exécution n'y répond pas. Ces *Discours* ont été traduits en diverses langues; *De viris militia æque ac scriptis illustribus*, Leipsick, 1708, in-4°.

MENDAITE (*hist. relig.*), membre d'une petite secte joannite, établie sur les bords de l'Euphrate et du golfe Persique.

La doctrine des mendaïtes offre un mélange de celles des chaldéens, des chrétiens et des juifs.

MENDAJORS (PIERRE DES OURS DE), gentilhomme de Languedoc, né à Alais en 1679, vint à Paris, fut reçu à l'Académie des inscriptions en 1712, déclaré vétéran en 1715, et retourna à Alais, où il mourut le 15 novembre 1757. On a de lui l'*Histoire de la Gaule narbonnaise*, Paris, 1733, in-12, ouvrage estimé; et plusieurs Dissertations dans les Mémoires de l'Académie. La plupart roulent sur des points de la géographie ancienne, tels que la position du camp d'Annibal le long des bords du Rhône, les limites de la Flandre, de la Gothie, etc., etc.

MENDE (*Mimas, Mimate, Mimatum*), ville capitale de l'ancien Gévaudan, aujourd'hui chef-lieu du département de la Lozère. Ce n'était qu'un simple bourg lorsqu'au IVe siècle, après la ruine de Gabalum, on y transféra le siége épiscopal du Gévaudan. Elle devint alors ce qu'elle fut jusqu'en 1790, la capitale de cette province. Saint Privat, évêque de Gabalum, y avait été martyrisé, et on lui avait élevé sur le lieu de son supplice un tombeau qui devint par la suite un lieu de pèlerinage célèbre. C'est à Adalbert III, qui fut élu en 1151 évêque du Gévaudan, que l'on attribue la construction des murailles de Mende. Ainsi que les autres localités du Gévaudan, cette ville eut beaucoup à souffrir des guerres de religion; elle fut sept fois prise et reprise par les religionnaires et les catholiques, dans l'espace de sept années. Le duc de Joyeuse s'en rendit maitre en 1593, et il fit construire une citadelle qui fut détruite en 1597, après le triomphe de Henri IV. Mende s'élève dans une plaine, sur le Lot, et ne présente que des rues étroites, tortueuses, mal bâties, mais abondamment arrosées. La seule de ses fontaines qui mérite une mention est celle du griffon; quant à la ville, elle n'offre de remarquable qu'un beau clocher gothique en grès fin, dépendant de sa cathédrale. L'hôtel de la préfecture contient une galerie de tableaux peinte par Antoine Bénard. Mende possède une bibliothèque de 6500 volumes, et des fabriques de serges recherchées par leur solidité et leur bon marché. On les exporte en Espagne, en Italie et en Allemagne. Mende est le siége d'un évêché suffragant de l'archevêché de Lyon; elle possède un grand et un petit séminaire, un collège communal, etc. On y compte 5,800 habitants.

MENDELSOHN ou **MANDELSOUN** (MOÏSE), juif célèbre, né à Dessau, en 1729, mort à Berlin, le 4 janvier 1786, surmonta tous les obstacles que lui présentaient sa religion et son état d'indigence, pour parvenir à la réputation d'un savant distingué. Son ouvrage intitulé *Phédon ou Dialogues sur l'immortalité de l'âme*, eut un grand nombre d'éditions en Allemagne, et fut traduit dans presque toutes les langues. Long-temps avant de donner cet ouvrage, il en avait publié d'autres qui ne méritent pas moins d'être connus. Ils sont tous écrits en allemand : sur les *Sensations*, Berlin, 1755; *Dialogues philosophiques*; *Traduction du discours de Rousseau sur l'inégalité des conditions*, avec des remarques importantes, Berlin, 1756; *Pope, métaphysicien*; *Ecrits philosophiques*, 2 vol., 1761; *Traité sur l'évidence dans les sciences métaphysiques*, qui fut publié en 1764. *Phédon* ne parut que trois ans après, en 1767. Mendelsohn vécut très attaché à sa religion, dont il prit plus d'une fois la défense. Il soutint néanmoins des opinions qui ne s'accordent guère plus avec le judaïsme qu'avec la doctrine chrétienne, comme lorsqu'il refuse aux miracles la force de convaincre, sous prétexte qu'il y a eu des imposteurs.

MENDÈS (*myth. égypt.*), un des huit principaux Dieux des Mendésiens, le pan des Grecs, adoré en Egypte sous la forme d'un bouc. Dans la table Iliaque, Mendès a quatre cornes. Mendès (*géogr. anc.*), ville de la Basse-Egypte, sur une branche du Nil.

MENDEZ PINTO (FERDINAND), né à Monte-Mayor-o-Velho, dans le Portugal, fut d'abord laquais d'un gentilhomme portugais. Le désir de faire fortune le détermina à s'embarquer pour les Indes en 1537. Sur la route, le vaisseau qu'il montait ayant été pris par les Turcs, il fut conduit à Moka et vendu à un renégat grec, qui le revendit à un juif, des mains duquel il fut tiré par le gouvernement du fort portugais d'Ormus. Celui-ci lui ménagea l'occasion d'aller aux Indes, suivant son premier dessein. Pendant vingt-un ans de séjour, il y fut témoin des plus grands événements, et vit lui-même les plus singulières aventures. Il revint en Portugal en 1558, où il jouit du fruit de ses travaux, après avoir été treize fois esclave, et vendu seize fois. On a de lui une *Relation* très-rare et très curieuse de ses voyages, publiée à Lisbonne en 1614, in-fol.; traduite du portugais en français, par Bernard Figuier, gentilhomme portugais, et imprimée à Paris en 1645, in-4°. Cet ouvrage est écrit d'une manière intéressante, et d'un style plus élégant qu'on n'aurait dû l'attendre d'un soldat tel qu'était Mendez Pinto. On y trouve un grand nombre de particularités remarquables sur la géographie, l'histoire et les mœurs des royaumes de la Chine, du Japon, de Pégu, de Siam, d'Achem, de Java, etc. Plusieurs des faits qu'il raconte avaient paru fabuleux; mais ils ont été vérifiés depuis. M. de Surgi a extrait de la Relation de Mendez Pinto ce qu'il y a de plus curieux, et en a formé une Histoire intéressante. Paris, 2 vol. in-12.

MENDIANTS, MENDICITÉ. On entend par mendicité l'état de misère où se trouvent certains individus qui, n'ayant point de ressources, sont obligés de mendier leur pain, c'est-à-dire de l'obtenir de la charité publique, soit que leur misère soit un effet de leur mauvaise conduite, soit qu'elle provienne de circonstances malheureuses. On désigne plus particulièrement par le nom de *paupérisme* (*v.* ce mot), l'état des pauvres qui sont à la charge du gouvernement ou de sociétés organisées pour le soulagement de la classe indigente. La mendicité était autrefois tolérée, ou du moins l'autorité fermait les yeux, lorsque la conduite des mendiants n'offrait aucun danger pour l'état, ni pour la société. Il y avait autrefois à Paris un quartier obscur, composé de rues étroites, tortueuses, sales, dont les maisons très mal bâties et de mauvaise apparence servaient de repaire à une immense quantité de mendiants. Ce quartier s'appelait la *Cour des Miracles*; on l'avait ainsi nommé parce que les pauvres qu'on voyait pendant le jour aux portes des églises, sur les places publiques ou dans les rues, sollicitant la charité des passants, tous estropiés, mutilés ou couverts d'ulcères, n'étaient pas plus tôt rentrés dans leurs domiciles, que jetant leurs béquilles, ils se redressaient sur leurs jambes, d'où, par une suite du même *miracle*, les ulcères avaient disparu. Les choses ne pouvaient pas toujours rester dans le même état; la police intervint, et les mendiants, obligés de se disperser, renoncèrent à leur métier ou allèrent le continuer ailleurs. Ce quartier a été reconstruit depuis quelques années, et la Cour des Miracles ne présente guère aujourd'hui que des ateliers, peuplés d'ouvriers nombreux. — La mendicité est aujourd'hui regardée comme un véritable délit, car tout individu qu'on aura surpris mendiant, devient justiciable de la police correctionnelle. Si dans le lieu où il a été arrêté, il existe un dépôt de mendicité, il peut être puni d'un emprisonnement de trois à six mois, et après l'expiration de la peine, il sera conduit au dépôt; s'il n'y a pas d'établissement de ce genre, et si le mendiant est valide, l'emprisonnement ne sera que d'un à trois mois. Si le mendiant a été arrêté hors du canton de sa résidence, l'emprisonnement sera de six mois au moins et de deux ans au plus. Si un mendiant use de menaces, ou s'il s'introduit sans l'aveu du propriétaire dans une maison d'habitation ou dans un enclos qui en dépende; s'il a feint des infirmités ou des plaies, s'il a mendié avec un autre individu, à moins que ce ne soient un aveugle et son conducteur, un père et son fils, un mari et sa femme, la peine est la même. Tout mendiant surpris travesti, porteur d'armes, de limes, de crocs, de fausses clés, etc., bien qu'il n'en ait pas fait usage sera puni d'un emprisonnement de deux à cinq ans; si on trouve en sa possession des objets d'une valeur excédant 100 francs, dont il ne peut justifier l'origine, il encourt la peine d'emprisonnement de six mois à deux ans. En cas de crime, le mendiant subit toujours une peine plus forte que l'accusé non mendiant. En cas de récidive, la peine sera au moins du maximum et pourra même être portée au double. — Toutes ces dispositions nous paraissent fort rigoureuses; car il n'est pas impossible qu'un mendiant soit honnête; pourquoi donc prononcer contre lui une aggravation de peines? Combien d'hommes d'ailleurs ne trouvera-t-on pas qui, réduits par les circonstances aux plus cruelles privations, sont obligés de recourir à la pitié publique, sans que l'idée du délit se présente à leurs yeux? Pourquoi d'ailleurs gêner cette pitié publique pour les infortunés, et l'empêcher de prendre un essor généreux? Vainement dira-t-on que les hommes bienfaisants peuvent distribuer leurs aumônes sans que l'aspect des mendiants blesse leurs yeux. C'est là connaître bien peu le cœur humain. Le riche, à qui le spectacle des misères des autres ne révèle pas leurs souffrances, ne croit pas qu'il y ait des misérables qui souffrent, qui meurent de besoin. La présence

du malheureux l'émeut et le touche; il accorde au malheur qu'il voit, ce qu'il aurait refusé au malheur dont on ne lui présente qu'une froide peinture. Laissez la charité des hommes s'exercer librement; la société n'en souffrira pas. Tous les devoirs de la police devraient, ce nous semble, se réduire à distinguer ceux qui ne mendient que par fainéantise, et pour se livrer sans travail à la débauche et à l'ivrognerie, comme cela se voyait à la Cour des Miracles, ou qui font violence à la compassion des autres en feignant des maux qu'ils n'ont pas, de ceux qui mendient pour obtenir un morceau de pain souvent arrosé de leurs larmes, et qui par les habitudes d'une ancienne éducation ne peuvent ni se livrer à aucun travail des mains, ni aller se confondre dans un dépôt de mendicité, avec une foule d'hommes ignorants, grossiers et souvent vicieux. Il doit, sans doute en coûter de tendre la main; cela coûte moins dans une infinité de cas, que de se voir enfermé dans un dépôt; les mendiants même, sortis des conditions les plus abjectes, frémissent au seul nom de ces établissements; ils préfèrent rester exposés à toute la sévérité des lois. C'est qu'ils se considèrent là comme dans une prison, dépouillés de cette liberté précieuse qui les console de leur misère; c'est qu'ils ne s'y trouvent point heureux. Aussi combien ne voit-on pas de véritables mendiants, qui, pour se soustraire aux agents de police, se transforment en marchands d'allumettes, d'amadou, de méchants sucres d'orge, de cure-dents, etc., dont toute la boutique, étalée sur un mince éventaire, ne vaut pas 60 centimes. Quelques-uns ont un chien qui tient dans sa gueule une sébile, et semble inviter les passants à y déposer une pièce de monnaie. Presque tous ces marchands, les marchandes surtout, en offrant leur paquet d'allumettes, vous demandent discrètement l'aumône. Il en est qui confient à de jeunes enfants leur fonds de commerce; et ces enfants, habitués à reconnaître les sergents-de-ville et les agents de police qu'ils évitent soigneusement, ont toujours des pères, des mères, des frères, des sœurs, qui n'ont pas mangé depuis deux jours. Que deviendront des enfants ainsi élevés? On le devine; voilà pourtant ce qu'on tolère, et l'on punira parfois très sévèrement un infortuné qui, pressé par la faim, aura conjuré un passant de le secourir. — Les uns se font marchands, les autres musiciens. Ceux-ci s'en vont chantant par les rues, avec ou sans accompagnement d'instrument, entrent dans les cours des maisons, déchirent impitoyablement l'oreille de ceux qui ont le malheur de les entendre, et ne continuent leur chemin qu'après avoir fait leur moisson plus ou moins abondante de pièces de cinq centimes. Ils sont artistes, dit-on; on ne peut les empêcher d'exercer leur art. Artistes? Voilà un titre qu'il n'est pas difficile d'acquérir! — Ce qu'il serait convenable de découvrir, plus que d'autoriser ces prétendus artistes qui fourmillent à Paris et dans les grandes villes à lever un impôt sur le bas peuple, ce serait la cause qui produit tant de pauvres. Cette cause est-elle dans le vice des lois ou dans celui de l'administration? Est-elle plutôt dans l'inégalité des fortunes? Les petits états devraient-ils, pour obvier à l'inconvénient du grand nombre de pauvres, adopter le même régime que celui des grands royaumes? Quels moyens les gouvernements doivent-ils employer? Les dépôts de mendicité, ne seraient-ils pas susceptibles de quelque réforme? Pour résoudre ces questions, il nous faudrait entrer en des détails extrêmement étendus; nous devons nous réduire à des considérations générales et très succinctes. — En premier lieu, nous ne croyons pas que la loi, quelles que soient ses dispositions, puisse détruire la mendicité, ni même doive tenter de le faire. Elle aura beau dire à un homme qui se meurt de besoin : ne mendiez pas, cet homme lui répondra, donnez-moi du pain, et c'est là ce que la loi ne peut faire. Il est vrai qu'en rangeant la mendicité dans la classe des délits, et en punissant avec une rigueur excessive les délits de cette espèce qui sont déférés à ses ministres, on obtient, non pas la guérison du mal, l'extinction ou la diminution de la mendicité, mais on se délivre de la présence importune des mendiants dont l'aspect cesse d'offenser l'œil délicat des heureux de la terre. Mais punir un mal commis, ce n'est point détruire le mal. Ce n'est donc pas dans le vice de la loi qu'il faut en chercher le principe, c'est plutôt à l'administration qu'il faut demander pourquoi tant de misérables végètent sur la terre où la Providence les a placés pour ainsi dire sous la garde de ceux qu'elle a investis du pouvoir. L'un des premiers devoirs de l'administration est de protéger tous ses administrés, et ce mot protéger n'a pas un sens restreint à une surveillance stérile, il signifie aussi pourvoir à la subsistance de ceux qui manquent à la fois de pain et de moyens de s'en procurer. Le gouvernement d'un état n'est point pour le souverain et pour ceux qu'il investit d'une portion d'autorité, ce que nos voisins d'outre-mer appellent une sinécure, n'offrant que des plaisirs et des douceurs; c'est une lourde charge qui impose l'obligation de rendre heureux les autres, en échange de la portion de liberté qu'ils ont abdiquée. L'administration ne doit pas seulement encourager les sciences, les beaux-arts, l'industrie manufacturière, le commerce, etc. Il est bon et juste sans doute qu'elle le fasse; mais il faut que ses regards s'étendent jusque sur les dernières classes pour voir, pour comprendre les besoins dont elles sont tourmentées, et pour y répandre les bienfaits de la *charité chrétienne*, mot auquel le siècle philosophe a cru beau de substituer celui d'humanité. — On dira peut-être que l'administration ne peut ni prévoir tous les maux, ni les guérir tous; on accusera l'inégalité des fortunes de produire cette quantité immense de pauvres qui semblent naître de la terre, toujours plus nombreux. Nous répondrons d'abord que la mendicité dans un état est une de ces plaies patentes qui ne peuvent rester cachées à l'œil observateur, même le moins exercé; nous ajouterons que lorsque l'existence d'un mal est connue, il est moins difficile d'y trouver un remède, que si la cause du mal restait cachée. Nous dirons ensuite que l'inégalité des fortunes, est un effet nécessaire de l'inégalité des conditions, et que celle-ci est dans l'ordre de la plus exacte justice. La loi de la propriété est la même pour tous les hommes; elle donne à chacun les mêmes droits, mais ces droits n'ont pas pour tous une valeur égale, parce que chacun acquiert selon les moyens qu'il a d'acquérir, et que ces moyens varient dans chaque individu. Qu'on ajoute à cette cause permanente, ce qu'il est convenu d'appeler le hasard, la fortune, le bonheur, et l'inégalité sera plus sensible encore. Mais ce n'est pas à elle qu'il faut s'en prendre de la pauvreté d'un si grand nombre d'individus; car cette pauvreté peut avoir pour cause des événements imprévus, le malheur des temps, la mauvaise santé, etc.; mais ce ne serait pas en établissant l'égalité des conditions et des fortunes qu'on pourrait détruire la mendicité, car il faudrait détruire la propriété; on la ferait, il est vrai, disparaître pour quelque temps, mais elle ne tarderait pas à se remontrer; les mêmes causes qui l'ont produite, la paresse, le vice, les désordres viendraient les reproduire; ce sont ces désordres qu'il faudrait corriger pour arriver à des résultats satisfaisants et d'un effet durable. Nous sommes d'ailleurs persuadé que loin de propager la mendicité, les grandes fortunes contribuent puissamment à la diminuer. Un homme riche emploie un grand nombre d'artisans et d'ouvriers. Sa fortune divisée donnera l'aisance à ses héritiers; les portions subdivisées laisseront chacun des sous-partageants dans la médiocrité, d'où on arrive bientôt à l'indigence et à la misère pour peu qu'on éprouve des revers de fortune. Autour des grandes fortunes, au contraire, tout s'anime et se vivifie, tout respire bonheur et prospérité. Qu'on suppose par exemple un millionnaire retiré dans un village, tous les habitants se ressentiront de sa présence; il y aura du travail pour ceux qui n'auront pas d'industrie; mais que cette fortune vienne par l'effet des divisions et sous-divisions à se répartir sur cinquante têtes; chacun réduit au strict nécessaire, fera de ses propres mains tout ce qu'il pourra faire, et il s'abstiendra sagement de tout le reste, afin de ne pas dépenser en salaires d'ouvriers, ce qui devrait pourvoir à ses propres besoins. Il y a aujourd'hui beaucoup plus de pauvres en France qu'il n'y en avait autrefois, c'est-à-dire avant 1789; et cependant on a établi des taxes pour les pauvres, des maisons d'asile, de refuge, de bienfaisance qui n'existaient pas auparavant; mais tout en faisant la part dans les causes de cet effrayant paupérisme du désordre, que la révolution a fait naître, en sapant et en détruisant toutes les bases de la morale, en arrachant les croyances de bien des cœurs, en faisant douter de la religion elle-même, nous croyons qu'on peut l'attribuer en grande partie au morcellement des fortunes. — Nous convenons que les petits états ont, en cette matière, un avantage réel sur les empires et les vastes contrées; car ici l'œil du souverain ne peut tout voir, tout embrasser. Le souverain est obligé de s'en tenir à des rapports d'agents, qui souvent par malheur sont intéressés à déguiser la vérité; or il ne peut porter remède au mal qu'il ne voit pas, ou appliquer un remède efficace et suffisant au mal dont il ne connaît pas l'intensité. Dans un petit état, au contraire, le chef du gouvernement peut tout voir par lui-même. Sa raison lui suggère les moyens les plus convenables. Il touche la plaie du doigt, il peut y appliquer le topique. Dans un grand état, au contraire, le chef ne peut recourir qu'à des mesures générales, et ces mesures bonnes en un lieu ne le sont point dans un autre, parce que, de même que dans les individus, le mal, bien qu'il soit le même dans ses effets, n'étant pas toujours produit par des causes semblables, doit être traité par des moyens différents. — Au fond, il est au mal un remède que dans les grands comme dans les petits états on peut toujours employer avec succès: donner du travail aux indigents. C'est d'abord leur ôter tout prétexte pour mendier; on pourrait même les forcer par la menace de quelque peine, à se consacrer au travail qu'on leur offre comme moyen de salut; car il arrive souvent que les hommes doivent être contraints par la force à recevoir le bien qu'on leur fait. En second lieu, il est peu d'hommes qui refusassent un moyen honnête d'existence plutôt que de rompre les liens de paresse qui les tiennent plongés dans une horrible détresse. Nous n'ignorons pas qu'il se trouve des individus, tellement enfoncés dans leurs habitudes du *far niente*, qu'ils n'y renonceraient pas volontiers; mais la raison en est que souvent, ces hommes, qui passent leur journée aux portes des églises, là où la mendicité n'est pas un délit, à recueillir de minces aumônes, sont parvenus à ramasser sou à sou des sommes très considérables, et que sans inquiétude pour l'avenir, ils continuent gaiement de se livrer à la paresse, mais ces hommes ne se rencontrent que fort rarement, et ce n'est point d'eux que nous voulons parler. Mais combien ne trouvera-t-on pas d'hommes laborieux et honnêtes, que le défaut absolu de travail a réduits à la mendicité, dernière ressource qu'ils embrassent dans leur désespoir? Qu'on leur ouvre des ateliers, ils s'y précipiteront en foule. Partout où l'administration entreprend de grands travaux, les ouvriers abondent, et les mendiants disparaissent et se cachent. Si l'on en voit quelques-uns, ce sont des malheureux, tout-à-fait invalides, incapables d'aucune espèce de travail qui demande l'emploi des forces corporelles; qu'on ouvre à ceux-là des lieux d'asile; qu'on leur rende ces retraites, nous ne disons pas agréables, mais supportables et saines, et la mendicité, de son aspect hideux, n'affligera plus la philanthropie de nos prêcheurs d'humanité. Nous avons plus d'une fois entendu des hommes riches, se retranchant dans une fausse pitié pour les malheureux, s'écrier: *Qu'ils travaillent!* Oui, qu'ils travaillent; c'est bien là notre vœu; mais c'est à vous, possesseurs des trésors de la terre qu'il appartient de donner du travail à ceux qui en veulent, en cherchent et n'en trouvent pas. Quant aux dépôts de mendicité, et aux ateliers qu'ils renferment, nous convenons encore qu'on peut en retirer de grands avantages; mais nous croyons que plusieurs réformes dans le mode d'administration seraient nécessaires. Tant que nous verrons les misérables auxquels ils sont destinés craindre le séjour de ces dépôts comme celui d'une prison, préférer même la prison au dépôt, nous dirons que le régime adopté pour ces maisons n'est pas le meilleur. Ceux qui en ont fait les réglements ne se sont point peut-être assez dépouillés des préjugés du siècle; et les mendiants, rangés par de belles théories dans la classe des parias de l'Inde, ont été traités avec trop peu de ménagement. Les véritables amis de l'humanité, les philosophes chrétiens qui ont cherché à puiser leur sagesse dans l'Évangile, voudraient que les philosophes du siècle se souvinssent que les mendiants sont des hommes. Le gouvernement n'a pas seulement établi des dépôts, il a imposé sur bien des objets, et notamment sur les spectacles publics, une taxe qu'on appelle *le droit des pauvres*; et l'on doit avouer, disent les philosophes, qu'au premier abord cette taxe paraît une création admirable. N'est-il pas juste, en effet, que sur l'argent que les riches sacrifient pour acheter des plaisirs souvent très imparfaits, il soit prélevé une quantité pour les pauvres? Cette taxe, d'ailleurs, produit des sommes considérables au moyen desquelles on peut améliorer le sort de la classe indigente. Malgré ces avantages, continuent-ils, que d'inconvénients naissent de l'exercice d'un pareil droit, droit exorbitant qui oblige les citoyens à rendre leur dépense plus forte qu'ils n'en auraient eu l'intention. Il n'y a dans cet argument ni bonne foi ni justice. Qu'importe à celui qui sacrifie une somme quelconque pour assister à une représentation théâtrale, qu'une partie de cette somme soit distraite pour donner des secours à l'indigence? L'affiche et l'usage d'ailleurs lui font connaître le prix de la place qu'il va occuper; que lui faut-il de plus? Il est tout consolé d'avance de la perte prétendue qu'on fait sonner si haut; n'est-ce pas d'ailleurs calomnier les hommes que de les supposer capables d'ajouter à regret un vingtième, un dixième, à la somme que, sans la taxe, ils seraient obligés de payer? Quel est celui qui, au moment de se livrer au plaisir, refusera une aumône à l'homme qui n'a pas de pain? Ils insistent. Du moins, disent-ils, on ne niera pas que dans tous ces établissements dits de *charité*, bureaux de bienfaisance, bals et loteries au profit des pauvres, quêtes par des dames patronnesses, etc., la vaniteuse ostentation ne soit le motif des fondateurs qui, d'ailleurs, n'ont pas prévu tous les inconvénients de leurs fondations; vouloir ainsi fouiller dans le cœur d'un homme pour y lire le motif d'une action et ensuite l'apprécier par des présomptions, c'est un moyen adroit, mais non convaincant de décrier une bonne œuvre. Est-ce qu'il n'y aurait de vanité que chez les chrétiens? Pourquoi la vanité ne produit-elle pas chez les autres peuples les mêmes actes de charité? Ce qu'il importe d'ailleurs de savoir, c'est si l'établissement est ou n'est pas utile. S'il est utile, c'est par les effets qu'il produit qu'il faut le juger, non par les intentions qu'on prête à son auteur. L'Évangile, parlant des sages et des faux sages, a donné pour les reconnaître une règle certaine : *a fructibus eorum cognoscetis eos*. Ces établissements, ces taxes, ces distributions journalières invitent le peuple à la fainéantise. L'Espagne et l'Italie sont les pays du monde où ces établissements sont les plus nombreux, et il n'en est pas où la misère soit plus générale. A cette objection la réponse est facile. Dans ces deux contrées, la douceur du climat et la fertilité naturelle du sol, voilà les vraies causes de la paresse ou plutôt de l'oisiveté du peuple qui ne travaille que lorsqu'il y est forcé. Dans les régions septentrionales, où la terre ne produit qu'à force de travail, les habitants ne s'endorment pas dans une dangereuse mollesse. Ce ne sont pas les établissements de charité qui font cette différence. Personne ne doute qu'il n'y ait abus à secourir les mendiants valides, jusqu'à un certain point néanmoins; car, si le mendiant valide souffre réellement, si ses besoins sont pressants, le premier devoir de l'homme charitable est de le secourir. Il était spécialement recommandé aux Israélites d'assister les pauvres, les veuves, les orphelins, les étrangers. Jésus-Christ semble même faire dépendre notre propre salut de l'abondance de nos aumônes.

Dans les premiers temps de l'église, les fidèles vendaient leurs biens pour que les apôtres en distribuassent le prix aux pauvres. Saint Paul, saint Justin, saint Jérôme recommandent l'aumône, et les quêtes qui se faisaient dans l'église, à la célébration des saints mystères, usage qui s'est perpétué dans les paroisses. L'ordre des diacres avait été institué pour prendre soin des pauvres, et l'on assure, d'après un passage du Code théodosien, qu'il y avait au IVᵉ siècle des femmes qui recueillaient les aumônes pour les prisonniers; Tillemont présume que ces femmes étaient les diaconnesses. Julien, dont le témoignage n'est certainement pas suspect, convient que les chrétiens répandaient leurs aumônes sur les païens comme sur les chrétiens. « Il est honteux, écrivait-il à un prêtre du paganisme, que les Galiléens nourrissent leurs pauvres et les nôtres.» Mais supposons pour quelques instants que les mendiants valides ne doivent participer aux aumônes, faut-il, par crainte de les favoriser, laisser périr les impotents. Les philanthropes qui accusent la charité de n'être qu'ostentation, trouvent plus commode de condamner à mourir de faim le mendiant qui ne travaille pas en y employant toutes ses forces, que de lui procurer un travail proportionné à l'usage modéré qu'il en peut faire. Ils auraient dû calculer si la cessation ou le retranchement de l'aumône ne coûterait point la vie à plus de pauvres infirmes, que les distributions journalières ne contribueraient à nourrir de pauvres valides mais fainéants, et, dans ce siècle calculateur, nous montrer le résultat de leurs calculs. Si tous les pauvres étaient en état de travailler, s'il n'y avait ni vieillards, ni infirmes, ni orphelins, ni enfants en bas âge, ni malheureux de toute sorte, on serait moins surpris de les entendre dire que l'aumône n'est pas rigoureusement commandée, malgré l'anathème prononcé par Jésus-Christ contre les réprouvés, parce qu'ils n'ont pas fait l'aumône. Au fond ce n'est pas une pensée bien philosophique que celle qui a pu fournir aux riches un prétexte plausible pour fermer leurs oreilles aux plaintes des pauvres. Il y aurait moins de mal à secourir mal à propos cent pauvres valides qu'à laisser périr de misère un pauvre invalide. En résumé, quand il y a une bonne œuvre à faire, ne dissertons pas sur les abus ou les

avantages qui peuvent en résulter. Que celui en faveur de qui elle est faite, ne cherche pas à déterminer quels motifs ont fait agir son auteur. Qu'il profite du bienfait sans l'analyser. On propose d'autres objections : un établissement de charité quel qu'il soit ne peut pas se maintenir bien longtemps. Rien de stable sous le soleil ; la piété s'affaiblit, tout dégénère; mille évènements surviennent qui absorbent les secours destinés aux pauvres et aux malades. Supposons encore que tout cela est vrai. S'ensuit-il de ce que le bien qu'on fait ne peut durer toujours, qu'on ne doit pas le faire? Et parce que l'abus peut naître d'un bien, faudrait-il ne faire aucun bien de peur des abus ? Il peut exister sans doute de grands désordres dans les établissements dont les administrateurs sont fermiers ou gagistes des entrepreneurs; mais il n'en est pas de même dans les établissements qui sont régis non par entreprise, mais par esprit de charité. Chacun doit se procurer sa subsistance par son travail; voilà l'objection banale des gens du monde. Oui, chacun doit pourvoir à sa subsistance, mais il faut d'abord supposer qu'il le peut. Comment un ouvrier chargé de famille, gagnant peu et dépensant beaucoup; un vieillard resté seul ; une pauvre veuve ayant des enfants en bas âge; un homme non accoutumé au travail et ruiné par accident, pourvoiront-ils à leur subsistance par le travail de leurs mains? Heureusement l'Évangile parle encore à quelques cœurs, et tous ces malheureux obtiendront des secours, car l'Évangile le veut. L'obligation d'un père n'est-elle pas de pourvoir à l'éducation de ses enfants, afin d'en faire des chrétiens? Dirons-nous pour cela qu'il ne faut ni écoles, ni collèges? Quel parti faudra-t-il donc prendre, si le père, retenu par ses propres travaux, ne peut se charger de ce soin, ou s'il en est incapable faute d'instruction suffisante? Un état bien administré, nous diton, ne doit pas avoir de pauvres. C'est le principe qui a probablement dirigé les auteurs de notre Code pénal et dicté les dispositions que nous avons rapportées; mais nous doutons que des peines, même rigoureuses, suffisent jamais pour détruire la mendicité; ce que nous pensons, et nous en sommes véritablement affligé, c'est que par ces mesures on enlève aux pauvres une grande partie de leurs moyens de subsistance. Il est bien possible de proscrire et d'emprisonner les infirmes, les enfants, les vieillards et les malades de tout sexe, mais il ne l'est guère de détruire les infirmités, la vieillesse, la maladie; et tant que ces maux, subsistants depuis la création, continueront d'exister sur la terre, pouvons-nous les voir exercer leurs ravages et ne point aller au secours de ceux qui en souffrent? Et cependant ceux qui prétendent nous rendre en quelque sorte insensibles aux maux de nos semblables, se vantent beaucoup de leurs principes d'humanité. Il est vrai qu'ils entendent l'humanité autrement que nous ; leurs raisonnements et les développements qu'ils donnent à leurs principes mêmes, prouvent assez que leur doctrine tend à ne faire que de froids et de durs égoïstes. Nous ne doutons nullement qu'il ne fût plus utile de diminuer le nombre des pauvres en prévenant la misère que de faire pour eux des établissements de charité, des dépôts, des hospices; mais comme nous regardons la chose comme impossible, il ne faut pas décourager la bienfaisance ou la charité par de prétendus arguments philosophiques, c'est-à-dire par des sophismes captieux. La plupart des hommes naissent avec une intelligence bornée, sans activité, sans industrie ; ils ne deviennent propres qu'à des travaux fort-peu lucratifs, parce que ce que le siècle récompense le mieux, ce sont les arts les plus frivoles. Si le travail journalier, seul moyen qui leur est donné de subsistance, vient à leur manquer, ou si une maladie survient, la misère vient immédiatement à la suite. Il y en a qui, après s'être adonnés à de pénibles travaux, vieillis avant l'âge tombent dans la décrépitude ; enfin il s'en trouve qui, naturellement paresseux, ne savent ni prévoir le mal, ni s'armer de courage pour le combattre. Ceux-ci sont coupables sans doute ; faudra-t-il, pour cela, les reléguer dans une île du Tibre et les laisser mourir de faim, comme les Romains faisaient de leurs esclaves que l'âge rendait incapables de continuer leur service? On parle d'économie, de prévoyance. Eh bien! quelle que soit l'économie ou la parcimonie d'un ouvrier père de plusieurs enfants, obligé de dépenser chaque jour tout ce qu'il gagne, heureux quand le prix de sa journée suffit aux besoins de sa famille, quelle assez forte somme aura-t-il pu amasser? Le moindre accident, une interruption de trois ou quatre jours dans ses travaux suffisent pour épuiser ses économies. Que deviendra-t-il alors, si la main des riches reste fermée ; et si pour donner du pain à sa famille affamée, il a le malheur de demander un secours au premier passant, de mendier, faudra-t-il le jeter dans une prison et l'enfermer ensuite dans un dépôt? Qu'on punisse les pauvres paresseux et valides en les forçant de travailler, rien de mieux ; mais nous ne saurions trop désirer qu'on usât d'indulgence et surtout qu'on eût compassion du pauvre qui ne mendie que parce qu'il est malheureux. « Si un de vos frères , dit le Seigneur aux Juifs, tombe dans la pauvreté, vous n'endurcirez point vos cœurs, mais vous lui tendrez la main et lui donnerez des secours..... Il y aura toujours des pauvres parmi vous; c'est pourquoi je vous ordonne de les secourir et de les accueillir comme vos frères. » (Deut. chap. 15 , v. 7 et 11). Jésus-Christ a confirmé par sa parole divine cette morale céleste : « Faites du bien à ceux même qui ne le méritent pas , afin de ressembler à votre père qui du haut des cieux fait luire son soleil sur les bons et les méchants , et tomber la rosée sur les justes et les pécheurs. (Math. chap. 5, v. 45). C'est de tout temps que Dieu a ordonné d'assister les pauvres. Sous la loi de nature, Job se félicitait d'avoir été le consolateur et le soutien de ceux qui souffraient, le père des pauvres. Cette douce morale, que le siècle cherche à proscrire, se montre simple , généreuse , expressive, dans tout le livre de ce patriarche. Sous la loi de Moïse , les pauvres, par ordre exprès de Dieu , étaient appelés aux repas qui avaient lieu après les sacrifices et dans les fêtes. Il fallait, en recueillant les fruits de la terre , laisser quelque chose pour eux, etc. Plusieurs prophètes ont reproché aux juifs leur indifférence pour les pauvres. De toutes les bonnes œuvres, celle que les apôtres recommandent le plus c'est l'aumône, et l'on ne peut douter, surtout d'après le témoignage de Julien l'apostat, que la charité des premiers chrétiens n'ait puissamment contribué à la propagation du christianisme. Et l'on a beau faire et prononcer des proscriptions, il y aura toujours , même chez les nations les plus civilisées, un grand nombre de pauvres, mendiants ou non mendiants ; car, encore une fois, tous les hommes ne sont pas également propres au travail, car tous n'ont pas les mêmes forces, la même santé, le même courage; et sans parler de l'âge et des infirmités qui en sont les compagnes inséparables, mille accidents pourront survenir, qui réduiront bien des pauvres à la mendicité, et les mettront ainsi à la charge du public. Vers le commencement du xiiiᵉ siècle , quelques Vaudois ou pauvres de Lyon s'étant convertis (1207), il se forma une congrégation sous le nom de pauvres catholiques, laquelle s'accrut d'abord par l'adjonction de plusieurs autres Vaudois ; au bout d'environ cinquante ans, cette congrégation se fondit dans celle des comités de saint Augustin. Il y eut aussi vers la fin du siècle une autre congrégation de pauvres volontaires qui prirent plus tard la règle de saint Augustin. Ils étaient tous laïques, exerçaient des métiers mécaniques et se consacraient au service des pauvres et des malades. La charité chrétienne pouvait seule produire de tels résultats. Il fallait surtout posséder cette vertu à un très haut point pour se résoudre , dans l'intérêt de la religion , à renoncer volontairement aux biens de la terre et embrasser un ordre religieux dont le premier devoir était le vœu de pauvreté. Ce vœu , devenu autrefois partie essentielle de la profession monastique, a été condamné par les protestants qui l'ont appelé vœu de paresse, d'oisiveté , vœu de subsister aux dépens d'autrui. Mais l'église lui avait donné son approbation , parce qu'il existait un grand nombre de circonstances où, sans la pratique de la pauvreté absolue, il n'était pas possible d'exercer avec fruit les fonctions apostoliques. C'est là ce que les protestants n'ont pas considéré. Il est d'abord à remarquer que lorsqu'autrefois les moines avaient fait vœu de pauvreté, au lieu de se livrer à la mendicité et à la paresse, comme on le leur reprocha, ils se procuraient leur subsistance par le travail de leurs mains. Ce n'est pas ici le lieu de parler de tout le bien qu'ils ont fait après l'invasion des barbares du Nord , en défrichant des terres incultes , en offrant un asile aux malheureux obligés de déserter le sol natal, en se chargeant de desservir les paroisses abandonnées, etc. (voy. Ordres religieux) ; qu'il nous suffise de dire que lorsqu'au xiiᵉ siècle, on tenta de convertir les Albigeois, les Vaudois , les Beggards, les apostoliques, etc., il fallut que les moines formassent des ordres mendiants, parce que toutes les sectes refusaient d'écouter tout prédicateur qui ne se montrait pas aussi pauvre que les apôtres. Les protestans reprochent surtout avec beaucoup d'aigreur aux ordres mendiants la division qui se mit parmi les Franciscains au quatorzième siècle au sujet d'une question de l'école , question

oiseuse qui ne méritait en aucune manière l'importance qu'on lui donna. Il s'agissait de décider si le religieux qui a fait vœu de pauvreté, conserve la propriété des choses qui sont à son usage. Les opinions se divisèrent, il y eut une sorte de schisme; mais les protestants ont eu aussi des schismes dans leur secte , pour des questions qui ne sont guère plus graves quoique beaucoup plus obscures, comme par exemple celles qui suivent : Les bonnes œuvres sont-elles un moyen de solution, seulement un signe et un effet de la foi? Le péché originel est-il la substance de l'homme ou seulement un accident de cette substance? etc. On aurait tort de croire que la charité chrétienne se bornait à des vœux de pauvreté; elle avait porté plusieurs chrétiens qui s'étaient déjà dépouillés de leurs biens pour en distribuer le prix aux pauvres, à se vendre eux-mêmes comme esclaves pour leur donner aussi le prix de leur liberté. Pendant les maladies contagieuses qui à diverses époques ont désolé l'Europe, et notamment la peste de l'an 1348, on vit les moines et les religieuses hospitalières se livrer à l'envi , aux actes les plus héroïques de cette charité dont le paganisme n'offre point d'exemple. Que cette vertu persévéra toujours dans christianisme , cela est prouvé par l'immense quantité d'établissements de charité qu'on voit encore dans tous les pays chrétiens ; hospices pour les malades, les vieillards, les incurables, les enfants-trouvés, les orphelins, les invalides, les insensés, les voyageurs; les maisons d'éducation pour les deux sexes, de travail pour tous les âges, de retraite pour les infirmes; écoles, confréries pour assister les pauvres, les prisonniers, les condamnés ; les fondations d'aumônes, les bureaux de bienfaisance , etc. Que peut opposer la philosophie moderne? Qu'a-t-elle produit de semblable en aucun temps? Quel philosophe s'est dévoué à servir les pestiférés, les malades, les pauvres au péril de sa vie, comme l'ont fait les chrétiens charitables? Et cependant quand la charité chrétienne fait quelque bien , elle le cache avec soin , elle ne s'en vante pas; quand l'humanité philosophique dispose en faveur d'un adepte de la somme la plus légère, elle le fait annoncer pompeusement. Appartient-il aux philosophes de taxer d'ostentation et de vanité ceux qui , par leurs aumônes, soulagent la misère des pauvres? Diront-ils aussi que c'est par ce sentiment exalté d'amour-propre, que les frères de la charité, institués par saint Jean-de-Dieu, se dévouaient avec un zèle infatigable au service des malades et des pauvres! La réforme née dans le même temps , s'annonça par de grandes promesses, elle mit en avant de sublimes idées de perfection ; c'était le christianisme purifié, complètement régénéré : quels services a-t-elle rendus (voy. Réforme)? A-t-elle jamais, nous ne dirons pas réussi, mais seulement cherché à suppléer par ses œuvres les succès de saint Jean-de-Dieu? Les femmes , les sœurs, les filles des réformés ont-elles servi les pauvres malades dans les hospices ou dans leurs chétives habitations, visité les prisonniers , élevé les enfants trouvés, tenu des écoles pour les jeunes filles pauvres? La réforme vit-elle en aucun temps naître dans son sein un Vincent de Paul? Mais si les protestants et les philosophes leurs auxiliaires n'ont pu s'empêcher de donner des éloges aux frères et aux sœurs de la charité, ils se sont dédommagés aux dépens des Dames de charité. On donne ce nom en France à des femmes pieuses qui , dans plusieurs villes du royaume , s'assemblent à l'effet de trouver des moyens de soulager les pauvres, recueillir les aumônes qu'elles reçoivent et auxquelles elle ajoutent leurs propres dons, et distribuer ensuite avec prudence le montant de leurs quêtes. On a dit que les recherches auxquelles ces dames se livraient pour découvrir les véritables pauvres et s'informer de leur conduite, n'étaient pas dictées que par une indiscrète curiosité, que dans la distribution des aumônes, elle mettaient d'injustes préférences, etc. On a même osé dire qu'une partie des fonds était détournée de sa destination primitive. Ces dames n'ignorent pas que la censure philosophique attaque tout ce qui porte un caractère religieux ; elles méprisent de vaines clameurs et persévèrent dans leurs nobles fonctions, suivant le conseil que saint Pierre donnait aux fidèles : « Ayez une sage conduite au milieu des ennemis de la religion , afin que ceux qui vous peignent comme des malfaiteurs soient forcés, en examinant vos bonnes œuvres, de glorifier Dieu. »　　　　　　　　　　　　　J.

MENDIANTS (*ordres*). Sous les mots Ordres religieux nous traiterons à fond la grande question des institutions monastiques; nous remonterons à l'origine des ordres religieux dans l'Église, et à leur établissement; nous examinerons leurs règles, leur histoire, leurs progrès, leur décadence, leur utilité spirituelle et sociale. Cependant nous allons dire ici quelques mots des ordres mendiants, les plus célèbres de tous les religieux. Le principe primitif, les nobles et hautes inspirations qui produisirent les premières institutions monastiques, ainsi que les premiers solitaires, ce furent l'esprit ascétique, ce fruit céleste de la doctrine évangélique, puis le dégoût profond qu'inspiraient aux âmes pures les vices hideux où croupissait la vieille société romaine en décadence, et enfin le désir d'opposer à ces tristes débordements l'éloquente prédication de l'exemple, la pratique de toutes les vertus et de toutes les austérités. Plus tard, quand la société antique, minée par toutes les corruptions, croûla sous le premier choc des Barbares, les sociétés monastiques reçurent des règles nouvelles plus en harmonie avec les nouveaux besoins du monde chrétien. Les monastères devinrent les asyles et les refuges des lettres, des sciences et des arts ; ce sont eux qui nous ont conservé les monuments et les traditions des lettres et des sciences de l'antiquité ; ce sont eux qui ont préparé, qui ont élevé, qui ont perfectionné les sciences, les lettres et les arts modernes. Mais à l'époque si remarquable des Croisades, alors que la chrétienté toute entière, soulevée par le pontife de Rome, se précipitait sur l'Asie pour terrasser ou arrêter l'ennemi formidable qui menaçait la civilisation chrétienne toute entière, un nouveau besoin se fit sentir de toutes parts. Les pèlerins qui s'acheminaient vers le tombeau du Christ avaient besoin de trouver l'hospitalité, les veuves et les orphelins, les pauvres et les blessés que léguait la guerre sainte à la charité chrétienne avaient besoin de secours, de soulagement, de consolation. Ces deux nouveaux ordres d'idées produisirent d'une part les ordres militaires et hospitaliers, de l'autre les ordres mendiants. Saint Dominique, chanoine d'Osma, en Castille, ayant suivi son voyage dans un voyage, s'arrêta en Languedoc à travailler à la conversion des Albigeois. En 1206, il assembla quelques prêtres avec lesquels il produisit de grands fruits de salut, et l'an 1216 il obtint du pape Honorius III un privilège pour le prieuré de saint Romain de Toulouse, en faveur des clercs qui y vivaient sous sa conduite, suivant la règle de saint Augustin qu'il avait déjà embrassée comme chanoine. On les nomma les frères prêcheurs, et comme dans un chapitre général, tenu l'an 1220, ils renoncèrent à tous biens, on les mit dans la suite au rang des religieux mendiants dont ils formèrent le premier ordre. En même temps, saint François d'Assise (V. ce nom), donnait au monde l'étrange et admirable spectacle d'une vie dévouée avec un céleste enthousiasme à toutes les austérités, à toutes les œuvres de charité, de mortification et de salut. Un modèle si accompli, un homme aussi éminent ne pouvait manquer d'attirer autour de lui des disciples et des imitateurs de ses vertus. De toutes parts on accourait se mettre sous l'autorité du grand serviteur de Dieu. François travaillait de ses propres mains, il parcourait les villes et les campagnes, soulageant toutes les infortunes, prêchant partout la parole de Dieu. Il recommandait à ses frères le même labeur, voulant qu'ils ne dédaignassent même pas de mendier leur pain de chaque jour. Il les nomma frères mineurs, comme les moindres de tous les religieux de la chrétienté. Il leur donna une règle particulière, qui fut confirmée par le pape Honorius III, en 1223, et fut embrassée en même temps par sainte Claire. Cet ordre de filles fut nommé le second ordre de saint François, et le tiers ordre comprenait des hommes et des femmes vivant dans le monde, même dans le mariage, qui s'obligeaient par vœu à une vie véritablement chrétienne, et à l'observation de la règle de saint François autant que leur état le permettait. Dès le commencement du même siècle, Albert, patriarche de Jérusalem, avait donné une règle à des ermites qui vivaient sur le mont Carmel, dans une grande austérité. Il en vint en Europe, et leur règle fut confirmée en 1226. Saint Louis en amena à Paris, et on les nomma Carmes. Ce fut aussi dans le même temps que le pape Alexandre IV réunit en un seul ordre plusieurs congrégations d'ermites de différents noms et de différentes institutions sous le nom d'ermites de saint Augustin. Voilà l'origine des quatre principaux ordres mendiants, appelés tels parce que les religieux qui les composaient faisaient profession de ne point posséder de biens, même en commun, et de ne vivre que des aumônes journalières des fidèles. Mais cette désappropriation ne se soutint que dans certaines congrégations de l'ordre de saint François, parce que la règle de ce saint fondateur porte toute sur la pauvreté, et que posséder des biens en la professant c'est la détruire ou la déshonorer. Je ne dirai rien ici de la guerre impie et odieuse que le philosophisme au dernier siècle a faite aux ordres religieux, des calomnies grossières qu'il a déversées sur eux comme sur tout ce qui tenait à la religion et à la morale chrétienne. Plus loin, nous traiterons ce grand sujet (V. ORDRES RELIGIEUX). La révolution française est venue, comme le bourreau, exécuter les sanglants arrêts de la philosophie impie ; elle a renversé les autels et exterminé les moines. Aujourd'hui que le calme se refait dans notre société ébranlée, qu'avons-nous gagné à la suppression des communautés monastiques ? Personne ne saurait le dire. Mais tout le monde, tout homme sincère et consciencieux sent le vide profond qu'a laissé la suppression des ordres religieux. Partout où vivent les ordres mendiants, ils sont la providence du pauvre, les apôtres dévoués et infatigables des campagnes. Pas d'infortune, pas de misère qui ne s'adresse à eux et qui ne trouve en eux le consolateur éloquent, le conseiller sur l'homme du sacrifice et de la charité. Partout où ils manquent, ils ont laissé autre chose que les ruines de leurs pauvres cloîtres : ils ont laissé un vide que rien jusqu'ici n'a pu compenser encore.   J.

MENDIER, v. a., demander l'aumône. Il s'emploie aussi absolument. Il signifie, par extension, rechercher avec empressement et avec quelque sorte de bassesse.

MENDOZA (PIERRE-GONZALEZ DE), célèbre cardinal, archevêque de Séville, puis de Tolède, chancelier de Castille et de Léon, naquit en 1428. Henri IV, roi de Castille, lui procura la pourpre romaine en 1472. Il mourut à Guadalaxara, le 11 janvier 1495, après avoir montré autant de sagacité que de prudence dans les différents emplois qu'il exerça. Il aimait les belles-lettres, et avait traduit dans sa jeunesse Salluste, Homère, et Virgile. Il rendit des services importants à Ferdinand et à Isabelle dans la guerre contre le roi de Portugal, et dans la conquête du royaume de Grenade sur les Maures. Mendoza fut le précurseur du célèbre cardinal Ximenès, qui, sous Jeanne-la-Folle, soutint le trône d'Espagne prêt à s'ébranler par les complots successifs des grands.

MENDOZA (FRANÇOIS DE), de la même maison que le précédent, cardinal, évêque de Burgos et gouverneur de Sienne, en Italie, pour l'empereur Charles-Quint, se retira sur la fin de ses jours dans son diocèse. Il y mena une vie douce et tranquille, remplissant les devoirs de son ministère, et se délassant de ses travaux par les charmes de la littérature. Il mourut en 1566, à 50 ans.

MENDOZA (FERDINAND DE), de la même famille, était profond dans les langues et le droit ; il publia, en 1589, un ouvrage : De confirmando concilio illiberitano, ad Clementem VIII, 1665, in-fol. Son extrême application à l'étude le rendit fou.

MENDOZA (DIEGO-HURTADO DE), comte de Tendilla, servit l'empereur Charles-Quint de sa plume et de son épée. Il se signala dans les lettres et dans les ambassades. Il fut envoyé à Rome, puis au concile de Trente. Ce seigneur aimait les lettres et les cultivait. L'ouvrage qui fit le plus d'honneur à Mendoza, et qui le fait appeler par Bouterweck (Hist. de la littérature espagnole) le Salluste espagnol, est son Histoire des guerres de Grenade, Valence, 1776, troisième édition ; elle a été traduite en plusieurs langues. Il mourut vers 1575, âgé de plus de 70 ans, laissant une bibliothèque riche en manuscrits. Elle a été fondue depuis dans celle de l'Escurial.

MENDOZA (JEAN GONZALEZ DE), porta les armes, puis se fit religieux augustin. Il fut envoyé l'an 1580 par Philippe II, roi d'Espagne, à la Chine, dont il publia une Histoire. Luc de La Porte en a donné une Traduction française à Paris, en 1589, in-8. Mendoza devint évêque de Lipari, et fut envoyé en 1607 dans l'Amérique, en qualité de vicaire apostolique. Il eut l'évêché de Chiapa, puis celui de Popaïan. Ce prélat fut la lumière et l'exemple de son clergé et de son peuple.

MENEAU, s. m., terme d'architecture. Il se dit des montants et des traverses de bois, de pierre ou de fer, qui partagent l'ouverture d'une croisée.

MÉNÉCÉ, fils de Créon, roi de Thèbes, se dévoua au salut de sa patrie, en se tuant volontairement, pour obéir à un oracle qui promettait à ce prix la fin des malheurs de Thèbes.

MÉNECHME. Les Menechmes (philol.), titre d'une comédie de Plaute, dont la fable roule sur les équivoques auxquelles donne lieu la ressemblance parfaite de deux frères jumeaux, nommés Ménechme. Regnard a traité le même sujet et pris le même titre. Ménechmes se dit substant. et fig. de deux frères ou même de deux hommes étrangers l'un à l'autre, entre lesquels il existe une grande ressemblance : ce sont des ménechmes, voilà deux vrais ménechmes ; on dit même au singulier, c'est son ménechme.

MÉNÉCRATE, médecin de Syracuse, et fameux par sa ridicule vanité. Il se faisait toujours accompagner de quelques-uns des malades qu'il avait guéris. Il habillait l'un en Apollon, l'autre en Esculape, d'autres en Hercule, se réservant pour lui la couronne, le sceptre, les attributs et le nom de Jupiter, comme le maître de ses divinités subalternes. Il poussa la folie jusqu'à écrire une lettre à Philippe, père d'Alexandre-le-Grand, avec cette adresse : *Ménécrate-Jupiter au roi Philippe, salut*. Ce prince lui répondit : *Philippe à Ménécrate, santé et bon sens*. Pour le guérir plus efficacement de son extravagance, il l'invita à un grand repas. Ménécrate eut une table à part, où on ne lui servit pour tout mets que de l'encens et des parfums, pendant que les autres conviés faisaient bonne chère. Ménécrate avait composé un livre de remèdes qui est perdu. Il vivait vers l'an 360 avant J.-C.

MÉNÉDÈME, philosophe grec, disciple de Stilpon, était d'Erythrée et vivait vers l'an 300 avant J.-C. Il fit d'abord le métier de coudre des tentes ; il prit ensuite le parti des armes, défendit sa patrie avec valeur, et exerça des emplois importants. Mais après qu'il eut entendu Platon, il renonça à tout pour s'adonner à la philosophie. Il mourut de regret, lorsqu'Antigone, l'un des généraux d'Alexandre-le-Grand, se fut rendu maître de son pays. D'autres disent qu'ayant été accusé comme traître à sa patrie, il fut si affecté de cette inculpation qu'il mourut de tristesse et de faim, après avoir été sept jours sans manger. On peut remarquer en passant que très peu de ces vieux docteurs, qu'on appelle philosophes, ont terminé leur vie d'une manière raisonnable. On l'appelait le *Taureau érythrien*, à cause de sa pesanteur. Quelqu'un lui disant un jour : « C'est un grand bonheur d'avoir ce qu'on désire ; » il répondit : « C'en est un bien plus grand de ne désirer que ce qu'on a. » Bonne maxime, mais qui n'était guère dans le cœur d'un homme que quelques désagréments faisaient mourir de douleur ou de faim.

MÉNÉDÈME, philosophe cynique, disciple de Colotès, de Lampsaque, était un homme d'un esprit bizarre. Il disait « qu'il était venu des enfers pour considérer les actions des hommes, et en faire rapport aux dieux infernaux. » Il avait une robe de couleur tannée, avec un ceinturon rouge, une espèce de turban à la tête, sur lequel étaient marqués les douze signes du zodiaque, des brodequins de théâtre, une longue barbe et un bâton de frêne sur lequel il s'appuyait de temps en temps. Tel était à peu près l'habit des furies.

MÉNÉE, s. f., pratique secrète et artificieuse dont on se sert pour faire réussir quelque dessein. En terme de vénerie, suivre la menée d'un cerf, prendre la route d'un cerf qui fuit.

MENELAS (*myth.*), roi de Sparte et frère d'Agamemnon, était fils d'Atrée selon Homère, et de Plisthène et d'Erope selon Hésiode et Apollodore. Il fut élevé avec Agamemnon à la cour d'Atrée. Après la mort de ce prince, Thyeste s'étant emparé du royaume, les fils de Plisthène se retirèrent à la cour d'OEnée, roi de Calydon. De là ils allèrent à Sparte, où ils se mirent au nombre des princes grecs qui cherchaient à obtenir la main d'Hélène : Tyndare ayant permis à sa fille, d'après l'avis d'Ulysse, de se choisir elle-même un époux, elle choisit Ménélas, et l'épousa ; et tous ses amants jurèrent solennellement de protéger cette union contre la violence du premier qui oserait la troubler. Tyndare céda le trône de Sparte à Ménélas, en lui donnant sa fille. Peu d'années après ce mariage, Pâris, qui était venu à la cour de Ménélas, profita de l'absence de ce prince pour séduire Hélène et pour l'enlever. Ménélas de retour, rappela aux princes grecs leurs serments, et tous armèrent en sa faveur ; mais avant de commencer la guerre, ils envoyèrent des ambassadeurs à Priam pour lui redemander Hélène ; et, ce prince ayant refusé de la rendre, ils s'embarquèrent, et abordèrent sur le rivage troyen. Ménélas déploya le plus grand courage pendant la guerre. Il aurait fait tomber Pâris sous ses coups, si Vénus n'avait secouru ce prince. Dans la nuit de la prise de Troie il pénétra avec Ulysse, conduit par Hélène, dans la chambre de Déiphobe, qui avait épousé cette princesse après la mort de Pâris. Quoiqu'il eût juré de punir par une mort cruelle cette épouse infidèle, il lui pardonna en considération de cette nouvelle perfidie et la ramena à Sparte, où il mourut peu de temps après son retour. Quelques auteurs disent qu'après son retour de Troie, Ménélas alla en Egypte redemander Hélène, qu'y avait été retenue par le roi du pays. Il eut d'Hélène deux enfants, Hermione et Nicostrate, et d'une concubine un fils appelé Mégapenthe. Le palais de

T. XIV.

Ménélas à Sparte existait encore du temps de Pausanias, ainsi que le temple que les Spartiates avaient élevé à sa mémoire.

MÉNÉLAÜS, juif, ayant enchéri de 300 talents sur le tribut que Jason, grand-sacrificateur, payait à Antiochus-Epiphanes, ce prince dépouilla Jason de sa dignité pour la donner à Ménélaüs, qui bientôt après apostasia. Il introduisit Antiochus dans Jérusalem, et aida à placer dans le sanctuaire la statue de Jupiter. Mais enfin Dieu, fatigué de ses crimes, se servit d'Antiochus-Eupator pour le punir : ce prince le fit précipiter du haut d'une tour.

MÉNÉLAUS, mathématicien sous Trajan, a laissé un Traité sur la sphère, lequel a été publié par le P. Mersenne, minime ; et depuis par Edme Halley, Oxford, 1758, in-8°.

MENER, v. a., conduire, guider. Par extension, ce chemin mène à tel endroit, on va par ce chemin à tel endroit. Prov., tout chemin mène à Rome, on peut arriver à un but par différents chemins. Fig. et pop., je le mènerai par un chemin où il n'y aura pas de pierres, je le poursuivrai vivement, je ne lui ferai point de quartier. Mener, signifie aussi, conduire par force en quelque endroit. Prov. et fig., mener quelqu'un à la baguette, le traiter avec hauteur, lui faire faire par autorité ce qu'on veut. Mener, signifie quelquefois simplement, introduire, donner accès. Mener, se dit aussi de ceux qui ont la conduite d'une troupe et qui la font marcher et agir. Fig., mener des troupes à la boucherie, les exposer à une mort presque certaine. Fam., mener la bande, être le chef d'une association d'intérêt ou de plaisir. Mener, se dit aussi en parlant des animaux, et signifie les conduire. Fig., mener de front plusieurs affaires, les conduire à la fois. Mener de front plusieurs sciences, les cultiver en même temps. Mener, se dit également en parlant des voitures de terre et d'eau. Mener, signifie aussi voiturer. Mener, signifie, en outre, se faire accompagner de ou par. Il signifie quelquefois, forcer à suivre. Mener, signifie figurément, gouverner quelqu'un. Mener loin quelqu'un, lui donner bien de la peine, lui susciter bien des affaires. Mener, signifie aussi figurément, amuser et entretenir de paroles, d'espérances. Mener, signifie encore, en parlant des choses, diriger, conduire. Fam., mener rondement une affaire, la traiter avec activité sans trop s'attacher aux détails. Mener une vie sainte, une vie honnête, une vie scandaleuse, vivre saintement, honnêtement, scandaleusement, etc. Mener un grand train, faire beaucoup de dépense. Mener, se dit aussi figurément, de ce qui dirige, de ce qui détermine les hommes. Cela ne mène à rien, on n'en saurait espérer aucun avantage.

MÉNÈS, premier roi et fondateur de l'empire des Egyptiens, fit bâtir Memphis, à ce qu'on prétend. Il arrêta le Nil, près cette ville, par une chaussée de cent stades, et lui fit prendre un autre cours entre les montagnes, par où ce fleuve passe à présent. Cette chaussée fut entretenue avec grand soin par les rois ses successeurs. On donne à Ménès trois fils, qui se partagèrent son empire : Athotis, qui régna à Thèbes dans la Haute-Egypte ; Curudès, qui fonda Héliopolis dans la Basse-Egypte, et Torsothros, qui régna à Memphis, entre la Basse et la Haute-Egypte. Mais ces faits sont fort incertains, ainsi que tout ce qu'on raconte sur ce prince. On le croit communément le même que Mezraïm, fils de Cham et petit-fils de Noé ; mais l'auteur de l'Histoire véritable des temps fabuleux a prouvé d'une manière assez vraisemblable que Ménès est Noé lui-même.

MÉNÉSÉS (ALEXIS DE), vice-roi de Portugal, né à Lisbonne, en 1559, embrassa en 1574 l'état monastique chez les ermites de saint Augustin. Ayant été tiré de son couvent pour être fait archevêque de Goa, il alla dans les Indes, travailla avec zèle à la conversion des infidèles, et eut la satisfaction d'en baptiser un grand nombre. Il visita les chrétiens de Saint-Thomas dans le Malabar, et y tint le synode dont nous avons les actes, sous le titre de *Synodus diamperensis*. A son retour en Portugal, en 1611, il fut nommé archevêque de Brague et vice-roi de ce royaume, par Philippe III, roi d'Espagne. Il mourut à Madrid en 1617, âgé de 58 ans. C'était un prélat vertueux et très zélé. On l'a blâmé d'avoir fait brûler les livres des chrétiens de Saint-Thomas ; mais il est plus que vraisemblable qu'il n'y avait guère de lumière à y recueillir, et que le prélat, en les faisant brûler, n'a fait que détruire une source d'erreurs. On a de lui une Histoire de son ordre en Portugal, et de l'Origine des religieux augustins, publiée par Jean Marquesius.

MENESES (ANTONIO-PADILLO), jurisconsulte de Talavera en Espagne, fut élevé à de grands emplois. Il mourut de déplaisir vers 1598, pour avoir eu l'imprudence de révéler à la reine la disposition du testament de Philippe II.

MÉNESTHÉE ou MNESTHÉE, descendant d'Ericthée, s'empara du trône d'Athènes avec le secours de Castor et de Pollux, pendant l'absence de Thésée. Il fut un des princes qui allèrent au siége de Troie, et mourut à son retour dans l'île de Mélos, l'an 1183 avant J.-C., après un règne de vingt-trois ans.

MÉNESTREL, s. m., nom de ces anciens poëtes et musiciens qui allaient de châteaux en châteaux, chantant des vers et récitant les fabliaux. (V. TROUBADOURS.)

MÉNÉTRIER, s. m., homme qui joue du violon pour faire danser.

MÉNESTRIER (CLAUDE-FRANÇOIS), jésuite, né à Lyon le 10 mars 1633, mort le 21 janvier 1705, joignit à l'étude des langues et à la lecture des anciens tout ce qui était capable de perfectionner ses connaissances sur le blason, les ballets, les décorations. Il avait un génie particulier pour ce genre de littérature. Sa mémoire était un prodige, et il parlait avec une égale facilité le français, le grec et le latin. Il voyagea en Italie, en Allemagne, en Flandre, en Angleterre, et partout avec fruit et avec agrément. La théologie et la prédication partagèrent ses travaux, et il se fit honneur dans ces deux genres. On a de lui un grand nombre d'ouvrages. Les plus connus sont : l'*Histoire du règne de Louis-le-Grand, par les médailles, emblèmes, devises*, etc.; l'*Histoire consulaire de la ville de Lyon*, 1693, in-fol.; divers petits Traités sur les devises, les médailles, les tournois, le blason, les armoiries, etc. Le plus connu est sa *Méthode du blason*, Lyon, 1770, in-8°, avec beaucoup d'augmentations; la *Philosophie des images*, 1694, in-12.

MÉNESTRIER (JEAN-BAPTISTE LE), Dijonais, l'un des plus savants et des plus curieux antiquaires de son temps, mourut en 1634, à soixante-dix ans. Ses principaux ouvrages sont : *Médailles, monnaies et monuments antiques d'impératrices romaines*, in-fol.; *Médailles illustres des anciens empereurs et impératrices de Rome*, in-4°. Ces ouvrages sont estimés.

MENEUR, s. m., celui qui mène, qui conduit une femme par la main, dans certaines cérémonies. Meneur d'ours, celui qui mène un ours dans les rues et qui gagne sa vie à lui faire faire des tours. Meneur, se dit aussi de celui qui amène les nourrices aux bureaux des gens qui se chargent des nourrissons. Dans ce sens il a un féminin; on dit meneuse. Meneur, se dit fig. et fam., de celui qui, dans les affaires, prend l'ascendant sur les autres et leur fait faire sa volonté.

MENGOLI (PIERRE), professeur de mécanique au collège des nobles à Bologne, né dans cette ville en 1625, se distingua par la solidité de ses leçons et par ses ouvrages. On a de lui en latin : 1° une *Géométrie spécieuse*, in-4°; 2° une *Arithmetica rationalis*, 3° un *Traité du cercle*, 1672, in-4°; 4° une *Musique spéculative*; 5° une *Arithmétique réelle*, etc.; ouvrages estimés. Il mourut à Bologne, le 7 juin 1686. Il avait été un des disciples du père Cavalieri, jésuite, inventeur des premiers principes du calcul des infiniment petits.

MENGS (ANTOINE-RAPHAEL), un des plus habiles peintres du XVIII° siècle, né à Aussic, petite ville de Bohème, le 12 mars 1728, mort à Rome en 1779, alla en Italie pour y étudier les beaux modèles. Auguste III, roi de Pologne, le nomma peintre de la chambre. Il fut ensuite appelé à Naples, et don Carlos, étant monté sur le trône d'Espagne, le fit venir deux fois à Madrid. Mengs a fait un grand nombre de tableaux : les principaux sont à Madrid, à Rome, à Londres et à Dresde. On y trouve l'expression de Raphaël et les grâces du Corrège, avec le coloris du Titien. On a aussi de lui plusieurs écrits réunis en 2 vol. in-4°, Parme, 1780, publiés par le chevalier d'Azara avec des notes, et la Vie de Mengs. Le premier volume contient : des *Réflexions sur le beau et sur le goût en peinture*; *Réflexions sur Raphaël, Corrège, Titien*, etc.; sur le moyen de faire fleurir les beaux-arts en Espagne. Le second renferme : deux *Lettres sur le groupe de Niobé*; *Lettres sur les principaux tableaux de Madrid*; *Lettres sur l'origine, le progrès et la décadence du dessin*; *Mémoires sur la vie et les ouvrages de Corrège*; *Mémoires sur l'Académie des beaux-arts de Madrid*; des *Leçons pratiques de peinture*. Ses Œuvres ont été traduites en partie par Doray de Longrais, Paris, 1782, in-8°; elles ont été données complètes, 1787, 2 volumes in-4°.

MÉNIANE, s. f., t. d'archit. Petite terrasse ou balcon en avant-corps, ménagé pour jouir de la vue du dehors, et ordinairement fermé de jalousies. Il n'est guère usité qu'en parlant des édifices d'Italie.

MENIANTHE, s. m., plante à fleurs en bouquets et à feuilles semblables à celles du trèfle qui croît dans les marais et dont on fait usage en médecine. On la nomme aussi, trèfle d'eau.

MENIN, s. m., chacun des six gentilshommes qui étaient attachés particulièrement à la personne du dauphin.

MÉNINGITE, s. f. Le nom de méningite signifie inflammation simultanée de la dure-mère, de l'arachnoïde et de la pie-mère. Quelques auteurs, attribuant à l'inflammation particulière de l'arachnoïde les symptômes qu'on avait indiqués comme caractéristiques de la méningite, ont employé comme plus exact et plus précis le mot arachnoïdite. Quelques-uns ont décrit sous le nom de méningite pariétale l'inflammation de la dure-mère et du feuillet de l'arachnoïde qui lui adhère, et sous le nom de méningite cérébrale l'inflammation à laquelle participent l'arachnoïde intérieure, la pie-mère et la surface cérébrale. Cette dernière phlegmasie est la fièvre cérébrale d'un grand nombre de praticiens. Une céphalalgie très vive, un état de somnolence et en même temps d'insomnie, la chaleur du front, la rougeur des conjonctives, une douleur dans le globe de l'œil, des tintements d'oreilles, des frissons irréguliers suivis de chaleur, etc., sont les symptômes les plus ordinaires de la méningite aiguë; le délire, et quelquefois des convulsions, se joignent bientôt à ces premiers phénomènes; la somnolence plus grande, avec paralysie des yeux et difficulté de la déglutition, puis un coma profond, annoncent enfin une terminaison funeste. Le traitement consiste dans les saignées générales, de nombreuses applications de sangsues aux tempes, derrière les oreilles, à l'entrée des narines, des applications froides maintenues sur la tète, les révulsifs les plus puissants appliqués aux extrémités inférieures. L'emploi combiné des saignées et des bains d'affusions, est regardé par quelques auteurs comme le moyen thérapeutique le plus efficace contre cette maladie.

MENINSKI (FRANÇOIS DE MESGNIEN), savant orientaliste, né en Lorraine vers l'an 1623, mort à Vienne, en 1698, a publié : *Thesaurus linguarum orientalium*, Vienne en Autriche, 1680 à 1687, 5 vol. in-fol., rare, réimprimé à Vienne, 1780-1802, 4 vol in-fol., avec beaucoup d'améliorations; néanmoins cette édition est moins estimée, parce qu'on n'y a pas joint l'*Onomasticon*, formant le tome 5 de la prem. édit.

MENIPPE, philosophe cynique, natif de Gadara en Phénicie, était esclave de naissance; ayant gagné de quoi se racheter, il devint citoyen de Thèbes, et se fit ensuite usurier. Désespéré de ce que tout le monde le raillait à cause de son infâme trafic, il se pendit. Il composa treize volumes de satires pleines de sel, que quelques-uns ont attribuées à Denys et à Zopyre. On a donné le nom de Ménippée aux satires composées sur celles de Ménippe.

MÉNISQUE, s. m., t. d'optiq. Verre convexe d'un côté et concave de l'autre.

MENJOT (ANTOINE), habile médecin français, né à Paris en 1615, mort dans la même ville en 1696. On a de lui un livre intitulé : l'*Histoire et la guérison des fièvres malignes*, avec plusieurs *Dissertations*, en quatre parties, Paris, 1674, 3 vol. in-4°; et des *Opuscules*, Amsterdam, 1697, in-4°. Ces ouvrages sont très bien écrits en latin. Ce médecin était protestant, mais protestant modéré.

MENNON-SIMONIS, chef des anabaptistes appelés Mennonites, dont les erreurs sont moins grossières que celles des autres, était d'un village de Frise, et prêtre. Il mourut vers 1536.

MENOCHIUS (JEAN-ETIENNE), né à Pavie en 1576, se fit jésuite en 1593. Il se distingua par son savoir et par sa vertu jusqu'à sa mort, arrivée à Rome le 4 février 1655. On a de lui : des *Institutions politiques et économiques*, tirées de l'Ecriture sainte; un savant *Traité de la république des Hébreux*; un *Commentaire sur l'Ecriture sainte*, dont la meilleure édition est celle du P. Tournemine, jésuite, Paris, 1719, 2 vol. in-fol. Le second volume contient différents Traités et Dissertations sur l'Ecriture sainte, que les auteurs les plus généralement appréciés. Tous ses ouvrages sont en latin, et le dernier est estimé pour la clarté et la précision qui le caractérisent. Il s'y est attaché surtout à expliquer la lettre de l'Ecriture.

MENOCHIUS, en italien *Menocchio* (JACQUES), jurisconsulte de Pavie, était si habile qu'il fut appelé le Balde et le Barthole de son siècle. Après avoir professé dans différentes universités d'Italie, il devint président du conseil de Milan, et mourut en 1607, à 75 ans. On a de lui : 1° *De recuperanda possessione* ; *De adipiscenda possessione*, Cologne, 1624, in-fol. ; 2° *De præsumptionibus*, Genève, 1670, 2 vol. in-fol., et Cologne, 1686 ; 3° *De arbitrariis judicum quæstionibus*, Cologne, 1628, in-fol. ; et d'autres ouvrages qui sont recherchés et estimés.

MÉXOLOGE, s. m., martyrologe, ou calendrier de l'Église grecque, divisé en douze parties, pour les douze mois de l'année.

MENON, s. m., nom donné, dans le Levant, à l'espèce de chèvre dont la peau sert à faire le maroquin.

MÉNORRHAGIE, s. f. (*méd.*). Ce mot signifie un écoulement de sang menstruel trop abondant et au point de déranger. Beaucoup d'auteurs ont appelé de ce nom toute espèce d'hémorrhagie interne, employant ce mot comme synonyme de métrorrhagie. La distinction de ces deux sortes d'écoulement sanguin est d'ailleurs d'autant plus difficile à faire chez la femme qui n'est pas enceinte, que l'hémorrhagie utérine, de quelle cause qu'elle provienne, revêt souvent le caractère périodique de la menstruation, et se confond avec elle Le repos le plus absolu, la saignée au bras, et ensuite les réfrigérants à l'extérieur et à l'intérieur, etc., sont les principaux moyens à opposer aux hémorrhagies utérines.

MENOT (MICHEL), cordelier, mort en 1518, se fit un nom célèbre par les farces qu'il donna en chaire. On a publié ses sermons, mélange barbare du sérieux et du comique, du burlesque et du sacré, des bouffonneries les plus plates et des plus sublimes vérités de l'Évangile. Ils ont été imprimés en quatre parties in-8°. Le plus recherché des curieux est le volume intitulé *Sermones quadragesimales, olim Turonis declamati*, 1519 et 1525. Celui qui contient les sermons prononcés à Paris l'est beaucoup moins ; il parut en 1530, in-8°. Ces sermons, tout burlesques qu'ils sont, ont encore été défigurés par Henri Étienne et par Voltaire.

MÉNOTTE, s. f., diminutif. Il se dit des mains d'un enfant. Il est familier.

MENOTTES, s. f. pl., lien de fer ou de corde qu'on met aux poignets d'un prisonnier, d'un malfaiteur, pour lui ôter l'usage des mains.

MENOU (JACQUES-FRANÇOIS, baron DE), lieutenant-général, membre de l'Assemblée constituante, naquit en 1750 à Boussay de Loches en Touraine, d'une famille ancienne et illustrée dans les armes. Son père avait servi avec distinction dans les grenadiers de France. Le jeune Menou embrassa aussi la carrière militaire. Son avancement fut rapide : en 1787, il fut fait maréchal de camp. Nommé en 1789 député aux états-généraux par la noblesse du bailliage de Tours, il fit partie de la minorité de son ordre, qui se réunit au tiers-état pour former l'assemblée nationale. Menou parut souvent à la tribune ; néanmoins il n'a pas acquis la réputation d'orateur. Il fit convertir en lois la plupart de ses propositions ; quelques-unes concernaient l'armée, et furent généralement assez sages. Membre et souvent rapporteur du comité militaire, il s'occupa d'une nouvelle organisation des troupes, proposa de substituer à l'ancien mode de recrutement une conscription générale des jeunes citoyens sans distinction, avec la faculté de se faire remplacer, projet à peu près semblable à celui qui fut présenté par le général Jourdan, et adopté sous le gouvernement directorial ; il fit augmenter de 30 deniers la paye du soldat (28 février 1790) ; fit décréter que les gardes nationaux seraient armés dans toute la France (28 janvier 1791) ; et ce fut sur sa proposition que furent ordonnées la levée de 100,000 hommes, l'organisation et l'armement des frontières, et la création de dix nouveaux officiers généraux (16 avril suivant). Sur la demande du même député, l'assemblée décréta, après une vive opposition de la minorité, que le pavillon aux trois couleurs serait substitué sur tous les vaisseaux de l'État au pavillon blanc. Les motions politiques de Menou ne furent pas moins nombreuses. Le 12 novembre 1789, il s'éleva avec force contre les parlements qu'il prétendait se montrer hostiles aux états-généraux. Le 4 mars 1790, il demanda la suppression de celui de Bordeaux. Dans la question du droit de paix et de guerre, il vota avec ceux qui prétendaient que cette prérogative appartenait à la nation. Il osa, après les funestes journées des 5 et 6 octobre, prendre la défense du duc d'Orléans, accusé d'en être l'auteur, et appuya les mesures les plus violentes. Il insista surtout sur la réunion du comtat Venaissin, ce qui, lors de l'ac-

cusation de Jourdan *Coupe-tête*, lui attira des reproches assez fondés de la part de ce brigand, qui le signalait comme un de ceux qui avaient paru approuver le plus les mesures sanguinaires dont la malheureuse ville d'Avignon avait été victime. Quoiqu'il eût dans plusieurs occasions manifesté une opposition hostile au pouvoir royal, il se déclara, après l'arrestation du roi à Varennes, pour le maintien du trône. La session terminée, il fut employé de nouveau dans son grade. Le 10 août, il commandait en second les troupes de ligne de Paris, et sa conduite vacillante dans cette désastreuse journée aurait pu le faire soupçonner d'un reste d'amour pour son roi, s'il ne se fût empressé d'aller se justifier à la barre de l'assemblée législative. En 1793, Menou fut envoyé contre les Vendéens. Battu à plusieurs reprises par Larochejacquelein, il fut destitué et rappelé à Paris, où il aurait eu à soutenir une accusation assez grave sans les événements du 9 thermidor. Le 20 mai 1795 (1er prairial), il combattit les Jacobins insurgés contre la Convention. Cet exploit, le seul qui ait illustré sa carrière militaire, lui valut le commandement en chef de l'armée de l'intérieur. Lorsque les diverses sections de Paris se révoltèrent contre la Convention, Menou fut chargé de les réduire ; au lieu de les combattre, il négocia avec elles ; et les insurgés finirent même par le choisir pour général. Cette conduite le fit mettre en accusation ; mais il fut acquitté. Il s'attacha à la destinée de Buonaparte, et suivit ce général en Égypte. Après la prise d'Alexandrie, il se fit mahométan et fréquenta les mosquées, dans le but d'épouser une riche Égyptienne. On assure qu'il finit par contracter ce mariage ; et lui-même se fit dès lors appeler Abdallah Jacques Menou. Malgré l'opposition des autres généraux, il osa s'emparer du commandement de l'armée ; mais il était loin de posséder les talents que demandaient les circonstances difficiles où elle se trouvait. Le 21 mai 1801, une armée anglaise forte de 16,000 hommes, commandée par le général Abercromby, débarqua près d'Alexandrie. Menou l'attaqua et fut repoussé avec perte ; plusieurs généraux français périrent pendant cette dernière lutte de notre armée sur cette plage étrangère. Lord Abercromby perdit aussi la vie ; mais Hutchinson le remplaça dans le commandement des troupes anglaises, et sut profiter de tous ses avantages. Battu à plusieurs reprises, Menou fut forcé de capituler, et revint en France en 1802. Sa bonne fortune le fit encore sortir triomphant de l'accusation que porta contre lui le général Regnier, quelque fondée qu'elle parût, et il continua à être employé. Nommé successivement gouverneur général du Piémont, de la Toscane et de Venise, il sut presque partout mériter, par ses vexations et son orgueil, la haine des habitants. Il mourut à Venise le 13 août 1810.

MENOUX (JOSEPH DE), jésuite, né à Besançon en 1695, fut fait supérieur du séminaire de Nanci, et confesseur de Stanislas, roi de Pologne. Il mourut le 11 février 1766, après avoir publié, notamment : *Notions philosophiques des vérités fondamentales de la religion*, 1738, in-8°. Cet ouvrage avait d'abord paru sous le titre de *Défi général à l'incrédulité*, et il est peu d'écrits aussi clairs, aussi précis et aussi logiques.

MENSE, s. f., revenu d'une abbaye.

MENSONGE. Le mensonge consiste à dire le contraire de ce qui existe ou de ce que l'on pense. Ainsi l'on ment lorsqu'on donne pour vrai ce qui est faux, ou pour faux ce qui est vrai, lorsqu'on exprime par ses paroles, ou par des signes extérieurs, autre chose que ce que l'on pense ; mais on ne ment pas lorsqu'on dit une chose fausse, si on la croit véritable. Aussi saint Augustin dit-il que le mensonge tire sa malice, non pas précisément de la vérité ou de la fausseté des choses que l'on dit, mais de la fourberie du menteur, qui, sachant qu'une chose n'est pas, veut persuader aux autres qu'elle est. Dieu étant la vérité même, on conçoit que tout mensonge, quel qu'il soit, est opposé à ce qu'il veut de nous ; nulle circonstance, nulle intention ne peuvent l'excuser. Dieu ayant donné la parole à l'homme pour exprimer sa pensée, pour expliquer ce qui existe, c'est violer la loi divine et les relations établies entre les hommes que de parler d'une manière opposée à ce que l'on pense. Les livres saints nous rappellent constamment l'énormité de ce péché : « Dieu hait ceux qui mentent, » ps. 5, v. 7. « Les lèvres qui mentent sont en abomination devant le Seigneur, mais que ceux qui agissent avec vérité sont ses délices, » Prov., ch. 14, v. 44. « Le juste hait le mensonge, Prov. 13, v. 5. « Gardez-vous de commettre aucun mensonge ; car l'accoutumance de mentir n'est pas bonne, » Eccl. 7, 14. « Un voleur vaut mieux qu'un homme qui ment sans cesse, » *ibid.*, ch. 20, v. 26. « La vie des menteurs est une vie sans honneur, » *ibid.*, v. 47. «Dieu perdra sans exception, dit David, ceux qni mentent, » ps. 7, v. 5. « Renoncez au mensonge, dit saint Paul, et dites tous la vérité en parlant à votre prochain, » Eph., ch. 4, v. 25. « Qu'on mette dehors, dit saint Jean, les chiens, les impudiques, les idolâtres, ceux qui aiment et font le mensonge, » Apocal., ch. 22, v. 15. « Les menteurs, dit-il aussi, seront jetés dans l'étang de soufre enflammé, » *ibid.*, ch. 16. Il n'y a donc aucun mensonge qui puisse être excusé, mais il y en a cependant qui offensent Dieu plus que d'autres. Tel est le mensonge pernicieux que l'on fait pour nuire à autrui, par exemple, lorsqu'on dénie une dette, ou lorsqu'on accuse quelqu'un d'une faute qu'il n'a pas commise : dans ce cas, le mensonge est toujours mortel, et l'on est obligé de le réparer. On ment aussi pour se faire plaisir à soi-même, pour se disculper, ou pour éviter une réprimande, ou pour flatter le prochain. C'est ce que l'on nomme un mensonge officieux. Il y a aussi le mensonge joyeux, que l'on commet sans autre dessein que de plaisanter et d'amuser ceux qui écoutent. Quoique ces diverses sortes de mensonges soient moins graves que celui que l'on nomme pernicieux, il n'y a pas d'occasion où il soit permis de les faire ; pour le dire, il faudrait soutenir que, dans certains cas, on peut pécher et offenser Dieu, ce qui est absurde ; il n'est pas même permis de mentir pour éviter un mal, quelque grand qu'il soit, ou pour procurer aucun avantage, quelque grand qu'il soit. Aussi saint Augustin, dans son livre contre le mensonge, soutient que l'on ne peut mentir pour éviter la mort à un homme, ni pour lui procurer le baptême. On ne peut le croire permis, d'après cela, dans des matières légères ; et les chrétiens, qui trop souvent vivent dans l'habitude du mensonge, font bien voir qu'ils n'ont aucune crainte de Dieu, et qu'ils ne travaillent pas sérieusement à leur salut. On a encore demandé si une personne pouvait faire un mensonge pour échapper à un grand danger, à la mort. Cela ne lui est pas assurément permis ; on ne peut jamais violer le commandement de Dieu, qui défend toute sorte de mensonge. En agissant ainsi, on montre, d'ailleurs, que l'on craint plus les hommes que Dieu ; on oublie qu'un chrétien doit souffrir toute sorte de maux, plutôt que de déplaire à Dieu, que de pécher. On a vu, pendant la première révolution, des parents chrétiens subir le dernier supplice, qu'ils auraient pu éviter en niant qu'ils avaient reçu des lettres de leurs enfants émigrés. Nous n'approuvons pas non plus qu'on use de restrictions mentales, en parlant, parce que les expressions ambiguës ou équivoques dont on se sert alors ont pour objet de faire entendre autre chose que ce que l'on pense, ce qui est un véritable mensonge. Ainsi, l'on demandera à quelqu'un s'il a assisté à la messe ; il répondra : Oui. Il y assista, en effet, la veille du jour où on lui fait cette question ; mais on la lui fait pour savoir s'il y a été ce même jour. On trompe donc par cette restriction mentale, on fait un véritable mensonge. On demande à un domestique si son maître est chez lui ; il répond qu'il est sorti, parce qu'en effet, le matin, il est sorti. C'est encore un mensonge. Vous voulez m'emprunter une somme d'argent ; je ne veux pas vous faire un refus. Je vous réponds que je n'ai pas cette somme, ajoutant dans mon esprit que je ne l'ai pas pour vous. Cette restriction dont je me sers pour faire croire une chose qui n'est pas véritable, est encore un vrai mensonge. Les saintes Écritures disent que celui qui se sert de sophismes pour faire croire autre chose que ce qu'il pense est un objet d'horreur pour Dieu et pour les hommes, Eccl., ch. 37, v. 23. On ne doit donc jamais rien dire qui soit contraire à sa pensée, et l'on ne doit jamais se servir que d'expressions qui signifient ce qu'on pense. Aussi saint Thomas dit-il qu'on ne peut pas même mentir à son ennemi en temps de guerre, quoique l'on puisse lui cacher ses desseins et les embûches qu'on lui dresse. Mais, dit-on, s'il n'est pas permis de mentir aucunement, comment exercer le négoce, vendre ses marchandises? mais, lors même que, dans certain cas, le mensonge vous serait profitable, dans l'intérêt de votre commerce, ce n'est pas un motif suffisant pour vous faire offenser Dieu. Il n'y a de perte, pour le chrétien, que dans le péché, parce qu'en perdant son âme, il perd tout. Mais c'est la voie commune. Y a-t-il, pour un disciple de Jésus-Christ, d'autre voie que celle qu'il a tracée? Il n'y a pas de nécessité, de voie commune pour pécher, lorsque, étant chrétien, on reconnaît qu'il n'y a pas d'autre nécessité que celle de ne pas pécher, qu'il n'y a pas d'autre voie à suivre que celle qui mène au ciel. On ne conserve souvent la paix, dit-on encore, entre

voisins, dans les familles, qu'à l'aide de petits mensonges. On ne maintient pas la paix en violant les lois divines. Voulez-vous être toujours en bonnes relations avec vos parents et vos amis, soyez d'une humeur toujours égale, bon, doux, humble, discret, obligeant, serviable ; ne parlez qu'à propos, et vous serez toujours dans d'excellents rapports avec toutes les personnes que la proximité des habitations, les liens du sang et de l'amitié ou des affaires vous obligent de voir et de fréquenter. Il n'est peut-être pas de mauvaise habitude dont il soit plus difficile de se corriger que celle du mensonge. On la contracte pour l'ordinaire dans l'enfance, et elle grandit avec nous. Les parents ne sauraient veiller avec trop de soin sur leurs enfants, pour les préserver de ce vice, s'ils en aperçoivent le germe ; ils doivent examiner avec soin tout ce qu'ils disent, les engager à être vrais, les récompenser lorsqu'ils le sont, et les punir s'ils mentent. Qu'ils leur fassent sentir toute l'horreur qui s'attache au mensonge et le déshonneur qui s'attache à la personne du menteur ; qu'ils leur disent enfin que Dieu punit sévèrement le mensonge, et que, s'ils meurent dans l'habitude de ce péché, il n'y a pas de salut à espérer pour eux. Il n'y a au surplus aucun âge où l'on ne puisse se dépouiller d'une mauvaise habitude, et les personnes qui voudront sérieusement corriger en elles cette funeste habitude y parviendront en considérant chaque jour combien le mensonge est odieux, qu'il est dangereux de vivre dans l'habitude de mentir ; qu'il est difficile de s'en corriger si l'on est indifférent sur ce point, et qu'il importe de veiller constamment sur soi-même si l'on veut triompher de ce vice. On prend aussi de fortes résolutions ; si l'on s'aperçoit que l'on y manque, on se retire le plus tôt possible, afin de se prosterner devant Dieu, de confesser humblement sa faute, de demander pardon et un accroissement de grâces. Si l'on a fait tort au prochain, on le répare, on s'impose quelque humiliation propre à rendre la nature plus soumise à la loi de Dieu. On peut considérer également le tort que fait l'habitude du mensonge à sa réputation : il fait perdre l'estime des honnêtes gens. La persévérance vivifiée, soutenue par la grâce, rend victorieux des habitudes les plus invétérées.

MENSONGER, **ÈRE**, adj., faux, trompeur. Il ne se dit que des choses.

MENSTRUATION (maladies de la). Je parlerai successivement dans cet article de l'influence de cette fonction sur la marche des maladies, et des diverses lésions dont elle est susceptible. La première apparition des règles produit sur la santé en général, et sur les maladies qui peuvent exister alors en particulier, une secousse qui peut être suivie de bons ou de mauvais résultats. Ainsi l'excitation générale de tous les organes, à cette époque de la vie où la femme passe de la vie organique à la vie de relation, la fluxion hémorrhagique qui s'opère vers l'utérus, peuvent mettre fin à certaines maladies de l'enfance ; elles peuvent être favorables aussi à celles où l'on doit bien se trouver d'un écoulement sanguin qui, tout en remédiant à la pléthore ordinaire dans ce moment, ne soustrait rien aux forces de l'économie. Mais si l'excitation nécessaire à l'établissement de cette importante fonction dépasse certaines limites, des maladies organiques en germe, comme la phthisie pulmonaire, l'hypertrophie du cœur, etc., peuvent en recevoir un fâcheux accroissement. Il importe donc beaucoup d'avoir, à cette époque, l'œil fixé sur ces prédispositions antérieures, et tout en prenant aux accidents qui peuvent avoir lieu de ce côté, de ne pas perdre de vue que la régularité dans l'écoulement menstruel sera désormais la mesure de la santé, s'il n'en est pas la source. Qu'il vienne à manquer, en effet, et tous les phénomènes morbides qui avaient apparu dans d'autres appareils prendront une intensité nouvelle; au contraire, s'il se régularise, on verra, le plus souvent, l'orage s'éloigner, et les fonctions, un moment troublées, reprendre peu à peu leur équilibre, jusqu'à l'époque où l'organisme doit subir une nouvelle crise, par suite de la suppression définitive de la menstruation. On a exagéré les dangers que court alors la femme ; il en est beaucoup qui franchissent cette époque critique sans presque s'en apercevoir ; et si l'on voit des maladies redoutables de différents appareils, et particulièrement de l'appareil utérin, en recevoir parfois un nouveau degré d'accroissement, toujours est-il qu'on ne peut attribuer leur développement primitif à la ménopause ; que ces maladies remontaient à une époque plus ou moins éloignée, et poursuivaient leurs cours sans peut-être que l'attention du malade se fût portée sur elles. La suppression des règles à cet âge de la vie n'est pas plus une maladie que ne l'est leur établissement à la puberté, que ne l'est la grossesse ou l'accouchement. Comment la nature aurait-elle attaché des maladies inévitables à un fait qui n'est que la simple conséquence des lois qui régissent l'économie animale dans l'état de la santé? Toutefois, sous l'influence de la modification profonde qui s'opère d'ordinaire alors dans la constitution, il n'est pas rare de voir d'anciennes affections se ranimer momentanément, telles que des dartres, et notamment le prurigo des parties génitales; des névroses hystériformes, des phthisies, des affections cancéreuses qui paraissaient enrayées. On peut observer aussi des bouffées de chaleur, des hémorrhoïdes, des ménorrhagies et autres phénomènes morbides dépendants de l'état de pléthore où se trouve la femme, accidents de peu d'importance, et dont quelques évacuations sanguines faites par la veine font ordinairement justice. Il est des praticiens peu expérimentés qui ne réfléchissent pas toujours assez à ce qu'a d'irrationnel dans ces circonstances l'emploi des sangsues au siège, ou de tout autre moyen de nature à favoriser la prolongation d'un écoulement dont la nature a tari la source. Cette médication inhabile peut être la source d'engorgements utérins très difficiles à guérir par la suite. Mais ce qu'il importe surtout de bien distinguer, ce sont les cas où les désordres qui apparaissent du côté de la matrice, telles que les pertes, tiennent à une maladie organique antérieurement développée dans cet organe, de ceux où ils dépendent de troubles purement fonctionnels et qui cessent d'eux-mêmes au bout de quelques temps. L'apparition des règles pendant le cours d'une maladie aiguë est ordinairement précédée de l'exaspération des symptômes de cette affection. Cependant on voit le plus souvent ces syptômes s'amender un peu plus tard sous l'influence de cet épiphénomène, et l'on peut dire, en thèse générale, que l'absence de l'écoulement périodique à l'époque où il devait se montrer a des conséquences beaucoup plus fâcheuses. Dans les maladies chroniques qui doivent se terminer d'une manière fatale, comme la phthisie pulmonaire, on voit à une certaine période la menstruation s'arrêter pour ne plus reparaître. En ce qui concerne les lésions de la menstruation elle-même, elles consistent tantôt dans la suppression de cette fonction, il en a été traité au mot AMÉNORRHÉE; tantôt dans un écoulement immodéré de sang, elles rentrent alors dans la classe des hémorrhagies (V. ce mot). Quelquefois enfin l'éruption périodique est précédée ou accompagnée de douleurs et de phénomènes sympathiques plus ou moins graves; c'est ce qu'on appelle dysménorrhée ou règles difficiles. Nous allons en dire quelques mots. La dysménorrhée est simple ou idiopathique, quand elle dépend d'un état particulier du système nerveux, soit un défaut, soit plus communément un excès de sensibilité; elle est symptomatique quand elle est liée à un état organique appréciable, tel qu'une métrite chronique. Un vice de régime, le défaut d'exercice ou d'autres infractions à l'hygiène sont quelquefois la seule cause appréciable. Des différents phénomènes dont s'accompagne cet état morbide, le plus constant consiste dans des douleurs généralement fort vives, partant du bas-ventre, et que les femmes désignent sous le nom de coliques menstruelles. Il n'est pas rare non plus de le voir accompagné de défaillances, de vomissements et de diarrhées. Les autres symptômes sont moins constants. L'écoulement du sang est d'ordinaire peu abondant. Le pronostic est généralement peu grave, nonobstant l'état de souffrance dans lequel on voit alors quelques femmes. Quant au traitement de la dysménorrhée simple, avec exacerbation de la sensibilité, celui qui m'a le mieux réussi consiste dans l'administration de l'extrait gommeux d'opium en pilules, à la dose de 3 centigrammes pour commencer. Ce moyen constamment efficace, quand il est donné avec opportunité, me semble bien préférable aux autres antispasmodiques, notamment à l'acétate d'ammoniaque, qui me paraît convenir plutôt dans les cas où il faut stimuler l'organisme; car la prétendue sédation qu'il opère sur le système utérin, n'est, à mon avis, que le résultat de la diffusion et d'une répartition plus égale de l'irritabilité nerveuse naguère concentrée sur l'appareil génital. Quant aux dysménorrhées compliquées d'un état organique, leur traitement est avant tout celui de ces affections elles-mêmes; nous y renvoyons. Il ne me reste plus qu'un mot à dire sur les déviations de la menstruation. On voit parfois, à la suite d'aménorrhée, des hémorrhagies supplémentaires s'établir sur des points plus ou moins éloignés des voies utérines, et s'y montrer périodiquement comme les menstrues. Il n'est pas d'ouverture naturelle qui n'ait été le siège de ce phénomène; les bronches et la muqueuse gastrique le présentent plus fréquemment que d'au-

tres. La peau elle-même, l'œil, le conduit auditif, le mamelon, etc., en ont présenté souvent de curieux exemples. Rétablir les fonctions de l'utérus dans leurs conditions normales par un traitement approprié à la cause qui a amené la suppression. Telle est, en pareil cas, la seule indication à remplir. (V. FEMME).   Dr S.

MENSTRUES, s. f., pl., évacuation sanguine dont le retour périodique constitue la menstruation. La première apparition des menstrues est en général précédée de l'écoulement d'une matière fluide et blanchâtre, d'agitations, de douleurs vagues, de pesanteurs dans les lombes et dans les cuisses, d'engourdissement des membres, de gonflement et de dureté des seins, de tuméfaction des parties sexuelles, de vertiges, de pesanteur de tête, de chaleur à l'épigastre, de pandiculation, etc. Chaque retour mensuel est ensuite annoncé chez la plupart des femmes, par un malaise général, et souvent par une excrétion plus abondante des mucosités qui lubrifient les organes génitaux, par un cercle livide autour des yeux, une très grande susceptibilité morale, etc. Dans nos climats, les femmes ont ordinairement leurs règles pendant trois à six jours, et la quantité de sang qu'elles perdent peut être évaluée de 4 à 8 onces. Celles qui ont beaucoup d'embonpoint, qui mènent une vie active, ont, en général, des menstrues peu abondantes; elles voient peu, selon l'expression vulgaire. Une diminution progressive dans la quantité du sang évacué et l'irrégularité des périodes menstruelles précèdent leur cessation définitive, époque que l'on a appelée le temps critique, parce qu'elle est en effet, pour beaucoup de femmes, l'époque la plus orageuse de la vie. Les causes de la menstruation sont encore à peu près inconnues. On a longtemps discuté aussi sur la source immédiate du sang; les uns l'ont placée dans les veines, dans les artères, dans les capillaires artériels; d'autres dans des glandules spéciales, dans de petits réceptacles particuliers, dans de prétendus sinus veineux; mais il est constant que le sang sort de la matrice par exhalation, comme dans tous les écoulements sanguins qui ont leur siège sur les membranes muqueuses, sans qu'on sache s'il transsude des capillaires veineux ou des capillaires artériels.

MENTAL, ALE, adj., qui se fait, qui s'exécute dans l'esprit, dans l'entendement. Raison mentale, raison qui se fait sans proférer une parole. Restriction mentale, réserve tacite qu'on fait d'une partie de ce qu'on pense, pour induire en erreur ceux à qui on parle. Il signifie aussi qui a rapport à l'entendement. Aliénation mentale, folie, démence.

MENTALEMENT, adv. D'une manière mentale.

MENTEL ou **MENTELIN** (JEAN), le plus ancien imprimeur de Strasbourg, né dans cette ville ou aux environs, vers 1410. Quelques auteurs lui ont attribué mal à propos l'invention de l'imprimerie. Jacques Mentel, entre autres, médecin de la faculté de Paris, né à Château-Thierry en 1597, et mort l'an 1671, qui se disait un de ses descendants, publia inutilement deux *Dissertations* latines pour le prouver. Si, depuis qu'on s'est attaché davantage à éclaircir l'origine de cet art célèbre, on n'est pas encore parvenu à dissiper tous les nuages qui l'ont enveloppé, au moins est-on d'accord que Mentel n'en est pas l'auteur. C'est encore une chose très douteuse, pour ne rien dire de plus, que l'extraction noble de cet imprimeur, qui n'a d'autre garant que l'assertion sans preuve du même Jacques Mentel. Sa première profession n'était guère que celle d'un gentilhomme. Il était originairement écrivain et enlumineur de lettres, ce qu'on appelait en ce temps-là *chrysographus*. Comme tel, il fut admis parmi les notaires de l'évêque de Strasbourg, et en 1447, dans la communauté des peintres de cette ville. Mais si Mentel ne fut pas l'inventeur de la typographie, on ne peut lui refuser d'avoir été le premier qui se distingua dans cet art à Strasbourg, où il publia d'abord une *Bible*, en 1466, en 2 vol. in-fol., et ensuite, depuis 1473 jusqu'en 1476, une compilation énorme en 10 vol. in-fol., intitulée: *Vincentii Bellovacensis speculum historiale, morale, physicum et doctrinale.* Il mourut en 1478, après s'être enrichi par son industrie, et jouissant d'une grande réputation. L'empereur Frédéric IV lui avait accordé des armoiries en 1466. Il est vrai que Jacques Mentel prétend que ce prince ne fit alors que renouveler l'ancien écusson de sa famille; mais il ne le prouve pas, et cette concession présente l'idée d'un anoblissement plutôt que celle d'une réhabilitation. Au reste, le diplôme impérial ne qualifie point Mentel d'inventeur de l'imprimerie. Dans le fond, ces arides discussions qui ont occupé tant de têtes, ces disputes pour ou contre les vrais inventeurs de l'imprimerie, devraient paraître fort indifférentes et intéresser fort peu les amateurs des recherches utiles.

MENTELLE (EDME), géographe, né à Paris, le 11 octobre 1730, mort le 26 décembre 1815, professa la géographie à l'école militaire, puis aux écoles centrales, et écrivit plusieurs ouvrages à l'usage de la jeunesse; mais elle avait en lui un bien mauvais instituteur. Ses ouvrages renferment des principes impies, qu'il expose sans déguisement dans son *Précis de l'histoire universelle*, où il traite Jésus-Christ d'imposteur. Un tel homme obtint pourtant, sous Louis XVIII, la croix d'honneur que Buonaparte lui avait refusée. C'est lui qui fit adopter à l'Institut, dont il était membre, l'usage de faire les funérailles des académiciens aux frais de ce corps. Mentelle a laissé : *Manuel géographique*, 1761, in-12 ; *Éléments de l'histoire romaine*, avec cartes, 1766-1774, in-12 ; la *Géographie abrégée de la Grèce ancienne*, 1772, in-8 ; *Traité de la sphère*, 1778, in-12 ; *Géographie comparée, ou Analyse de la géographie ancienne et moderne*, 1778, in-8, et années suivantes : ouvrage incomplet, et dont il n'a paru que le Portugal, l'Espagne, l'Italie et la Turquie d'Europe ; *Cosmographie élémentaire*, 1781, in-8 ; troisième édition, 1799 ; *Choix de lectures géographiques et historiques*, 1783-84, 6 vol. in-8; *Éléments de géographie, à l'usage des commençants*, 1783, in-8 ; *Méthode courte et facile pour apprendre aisément et retenir sans peine la nouvelle géographie de la France*, 1791, in-8 ; *la Géographie enseignée par une méthode nouvelle, ou Application de la synthèse à l'étude de la géographie*, 1795, in-8; troisième édition, 1799 ; *Analyse du Cours de géographie*, 1797 ; *Considérations nouvelles sur l'étude de la géographie*, 1797, in-8 ; *Précis de l'histoire des Hébreux... jusqu'à la prise de Jérusalem*, 1798, in-12. Cet ouvrage, oublié, à juste titre, est écrit dans un esprit révolutionnaire; *Cours complet de cosmographie, de chronologie, de géographie et d'histoire ancienne et moderne*, 1801, 3 vol. in-8; deuxième édition, en 4 vol. in-8 ; *Précis de l'histoire universelle pendant les premiers siècles de l'ère vulgaire*, 1801, in-12. Autrefois ce livre aurait été brûlé, et son auteur condamné à l'exil; *Précis de l'histoire de France... jusqu'à l'an IX de la république* (1801), 1801, in-12 ; *Cours d'histoire, faisant suite au Cours de cosmographie*, etc., 1802, in-8; *Abrégé élémentaire de la géographie ancienne et moderne*, 1804, 2 vol. in-8; *Tableau synchronique des principaux événements de l'histoire ancienne et moderne*, 1804, in-fol., avec une Explication, in-8 ; *Exercices chronologiques et historiques*, 1 vol. in-12 ; *Géographie classique et élémentaire* (la partie moderne n'a point paru), 1813, 2 vol. in-8; *Dictionnaire de la géographie ancienne*, 3 vol. in-4, faisant partie de l'Encyclopédie méthodique. Mentelle a publié, en outre, avec Chanlaire, trois Atlas, savoir : Atlas universel de 170 cartes; élémentaire, de 36 cartes ; des commerçants, in-4, avec une description, in-4 et in-12. L'Atlas universel est remarquable par les cartes particulières de la géographie physique de chaque pays ; mais il offre moins de détails que celui de Robert de Vaugondy.

MENTÈS, roi des Taphiens, dont Minerve prit la ressemblance pour assurer Pénélope qu'Ulysse était vivant, et pour engager Télémaque à aller le chercher. Homère le distingue de Mentor.

MENTEUR, EUSE, adj., qui dit une chose fausse et dont il connaît la fausseté. Prov., il est menteur comme un arracheur de dents, il ment souvent et effrontément. Menteur se dit aussi des choses dont les apparences sont trompeuses. Il s'emploie souvent comme substantif et signifie alors celui, celle qui ment, qui a l'habitude de mentir.

MENTHE, *mentha* (bot.), genre de plantes de la famille des labiées, de la didynamie gymnospermie de Linnée. Ce genre renferme des plantes herbacées, répandues dans les parties tempérées et septentrionales des deux mondes, dont les fleurs sont réunies en verticilles multiflores, tantôt éloignés les uns des autres à l'aisselle des feuilles supérieures, semblables à celles du reste de la tige, tantôt rapprochés en faux épis terminaux, les feuilles à l'aisselle desquelles ils se trouvent étant alors réduites à l'apparence de simples bractées. Ces fleurs ont un calice campanulé ou tubuleux, à 5 dents, nu ou velu à la gorge; corolle à limbes 4-fide; 4 étamines égales entre elles et non didynames, distantes; un style terminé par deux courtes branches stigmatifères au sommet. Les achaines qui leur succèdent sont secs et lisses. Plusieurs de ces espèces du genre menthe sont extrêmement variables et par cela même assez difficiles à déterminer. Parmi les espèces de ce genre, nous citerons la menthe poivrée (*mentha piperita*), originaire des parties septentrionales de l'Europe, mais cultivée aujourd'hui dans toutes ses parties, ainsi que dans plusieurs contrées de l'Asie et des deux Amériques. Sa tige est droite, rameuse au sommet ; ses feuilles pétiolées, ovales oblongues, aiguës, dentées en scie, arrondies à leur base, d'un vert intense ; ses fleurs en faux verticilles sont peu nombreuses, lâches, les supérieures allongées en un faux épi court, oblong, rougeâtre, les inférieures écartés; leur calice est tubuleux, rougeâtre, à dents tubulées, hérissées. L'odeur de la menthe est forte et pénétrante; sa saveur est poivrée, comme camphrée, et elle laisse après elle dans la bouche une impression de froid qui la caractérise. Outre l'usage qu'on en fait dans les arts du confiseur et du liquoriste, on l'emploie en médecine comme excitant et stimulant ou apéritif et diurétique. Nous citerons aussi la menthe pouillot (*M. pulegium*), espèce très commune dans les fossés humides, le long des ruisseaux. Cette plante est douée de l'odeur, de la saveur et des principales propriétés de ses congénères. Quelques médecins la regardent comme un excellent emménagogue. J. P.

MENTION, s. f. commémoration, témoignage, rapport fait de vive voix. Mention honorable, distinction accordée à un ouvrage de concours qui n'a obtenu ni le prix ni l'accessit.

MENTIONNER, v. a., faire mention.

MENTIR, v. n., dire, affirmer pour vrai ce qu'on sait être faux. Il en a menti, il a menti sur la chose dont il s'agit. Pour rendre cette injure plus active, on disait : Il en a menti par la gorge. Ce dernier est vieux. Adv., sans mentir, en vérité, à dire vrai. Fam., il n'enrage pas pour mentir, il est dans l'habitude de mentir. Prov., on sait mentir sans parler, on peut vouloir induire en erreur par sa contenance, par ses gestes. Prov., bon sang ne peut mentir, les personnes nées d'honnêtes parents ne dégénèrent point.

MENTON, s. m., la partie du visage qui est au dessous de la bouche. Fam., être assis à table jusqu'au menton, y être assis fort bas. Menton se dit aussi du dessous de la mâchoire inférieure dans certains animaux.

MENTONNIÈRE, s. f., bande de toile ou d'étoffe qui tenait autrefois aux masques et dont on se couvrait le menton. Mentonnière se dit aussi d'une bande de toile dont on enveloppe son menton dans les cas de blessure ou de fluxion.

MENTOR, ami d'Ulysse, qui il avait confié le soin de sa maison avant de partir pour Troie. Minerve prit souvent sa figure pour instruire Télémaque. C'est d'après cette fiction que Fénélon a peint sous les traits de Mentor, Minerve accompagnant le jeune Télémaque dans ses voyages. Ce nom propre du gouverneur de Télémaque est devenu appellatif, et se dit du gouverneur, du guide, du conseil de quelqu'un.

MENTZER (BALTHASAR), théologien luthérien, né à Allendorf, dans le landgraviat de Hesse-Cassel, en 1565, se fit un nom parmi ceux de sa communion, et mourut en 1637. Il a laissé une *Explication de la confession d'Augsbourg*, et d'autres ouvrages.

MENTZIKOFF (ALEXANDRE DAMILOVITCH, prince), né, en 1674, d'un valet de chambre selon quelques-uns, et d'un pâtissier selon quelques-autres, plut au czar Pierre Ier, par sa physionomie ouverte, par la vivacité de ses reparties, et par quelques bouffonneries. Ce prince se chargea de son éducation. Ayant appris plusieurs langues, et s'étant formé aux armes et aux affaires, Alexandre acheva de se rendre agréable à son maître, et finit par lui devenir nécessaire. Il seconda tous ses projets et mérita par ses services le gouvernement de l'Ingrie, le rang de prince et le titre de général-major. Il se signala en Pologne en 1708 et en 1709, à la bataille de Pultawa, contre Charles XII, où il commandait l'aile gauche; mais en 1713 il fut accusé de péculat et condamné à une amende de 300 mille écus. Le czar lui remit l'amende, et, lui ayant rendu ses bonnes grâces en 1719, il l'envoya commander en Ukraine, et ambassadeur en Pologne l'an 1722. Toujours occupé du soin de se maintenir, même après la mort de Pierre, dont la santé était assez mauvaise, Mentzikoff découvrit alors à qui le czar destinait la succession à la couronne. Le prince lui en sut mauvais gré, et le punit en le dépouillant de la principauté de Pleskow. Mais sous la czarine Catherine Ire, il fut plus en faveur que jamais, parce qu'à la mort du czar Pierre Ier en 1725, il disposa tous les partis à la laisser jouir du trône de son époux. Cette princesse ne fut pas ingrate. En désignant le petit-fils de son mari, Pierre II, pour son successeur, elle ordonna qu'il épouserait la fille de Mentzikoff, et que le fils de celui-ci épouserait la sœur du czar. Les époux furent fiancés ; Mentzikoff fut fait duc de Cozel, et grand-maître d'hôtel du czar ; mais ce comble d'élévation fut le moment de sa chute. Les Dolgorouki, favoris du czar, et maîtres de l'esprit de ce prince, firent exiler Mentzikoff avec toute sa famille à 230 lieues de Moscou, dans une de ses terres. Il eut l'imprudence de partir de Moscou avec la splendeur et le faste d'un homme qui irait prendre le gouvernement d'une province. Ses ennemis en profitèrent pour augmenter l'indignation du czar. A quelque distance de Moscou, il rencontra un détachement de soldats. L'officier qui les commandait le fit descendre de ses voitures, qu'il renvoya à Moscou, et le fit monter, lui et toute sa famille, sur des chariots couverts, pour être conduit en Sibérie, en habit de paysan. Arrivé au lieu de son exil, on lui amena des vaches et des brebis pleines, avec de la volaille sans qu'il pût savoir à qui il était redevable de ce bienfait. Son occupation dans ce lieu sauvage, où il était réduit à une simple cabane, fut de cultiver et de faire cultiver la terre. De nouveaux chagrins aggravèrent les peines de son exil. Il avait perdu sa femme ; il eut la douleur de voir périr une de ses filles de la petite-vérole ; ses deux autres enfants, attaqués de la même maladie, en revinrent. Il succomba lui-même le 2 novembre 1729, et fut enterré auprès de sa fille, dans un petit oratoire qu'il avait fait bâtir. Ses malheurs lui avaient inspiré des sentiments de piété, que son élévation lui fit longtemps oublier. Les deux enfants qui restaient eurent un peu plus de liberté après sa mort. L'officier leur permit d'aller à l'office à la ville le dimanche, mais non pas ensemble ; l'un y allait un dimanche, et l'autre y allait le dimanche suivant. Un jour que la fille revenait, elle s'entendit appeler par un paysan qui avait la tête à la lucarne d'une cabane, et reconnut avec la plus grande surprise que ce paysan était Dolgorouki, la cause du malheur de sa famille, et victime à son tour des intrigues de cour. Elle vint apprendre cette nouvelle à son frère, qui ne vit pas sans étonnement ce nouvel exemple du néant des grandeurs. Peu de temps après, Mentzikoff fils et sa sœur, rappelés à Moscou par la czarine Anne, laissèrent à Dolgorouki leur cabane, qui était plus commode que la sienne, et se rendirent à la cour. Le fils y fut capitaine des gardes, et reçut la cinquième partie des biens de son père. La fille devint dame d'honneur de l'impératrice, et fut mariée avantageusement.

MENTZEL (Christian), né en 1622 à Furtstenwald, dans la moyenne Marche, se rendit célèbre par ses connaissances dans la médecine et la botanique, et voyagea pour les perfectionner. Il servit longtemps les électeurs de Brandebourg en qualité de médecin, et mourut le 17 janvier 1701. Il était de l'académie des Curieux de la nature. On a de lui : *Index nominum plantarum*, Berlin, 1696, in-fol., réimprimé en 1715, avec des augmentations sous le titre de *Lexicon plantarum polyglotton universale*; une *Chronologie de la Chine*, Berlin, 1696, in-4°, en allemand.

MENU, UE, adj., délié qui a peu de volume, de grosseur, de circonférence. Menu signifie aussi figurément qui est de peu de conséquence. Menus plaisirs, nom qu'on donnait à certaines dépenses du roi qui sont réglées par une administration particulière, et qui ont pour objet les cérémonies, les fêtes, les spectacles de la cour, etc. Menus suffrages, dans la liturgie catholique, signifie les oraisons qui se disent après l'office pour la commémoration des saints, et, par extension, certaines prières courtes qui se disent par dévotion. Il est vieux dans les deux sens. Menu se prend aussi substantivement. Le menu d'un repas, la note de ce qui doit y entrer. Menu, substant., signifie quelquefois menu linge. Menu s'emploie aussi comme adverbe. Il signifie en petits petits morceaux. Menu se joint quelquefois avec dru, pris aussi adverbialement. Marcher, trotter dru et menu, marcher vite et à petits pas.

MENUAILLE, s. f., quantité de petites monnaies. Il signifie aussi une quantité de petits poissons. Il se dit généralement de toute sorte de petites choses qu'on a mis au rebut. Ce mot est familier dans toutes ses acceptions.

MENUET. On donne ce nom à une sorte de danse originaire du Poitou, et qui a régné pendant plus d'un siècle dans nos salons, et principalement sur nos théâtres. Le caractère du menuet était une noble et élégante simplicité ; le mouvement de l'air qui l'accompagnait était modéré et marquait trois temps. Pécour augmenta de beaucoup sa vogue, vers le milieu du siècle dernier, par les changements qu'il lui fit subir, et la facilité des mouvements auxquels ce danseur parvint à le ramener. Le menuet était alors tellement à la mode qu'un bal ne pouvait s'ouvrir sans cette sorte de danse, qui ne demandait que deux exécutants. Exaudet et Fischer se sont ren-

dus célèbres par les airs qu'ils ont composés pour accompagner cette figure. De la danse, le menuet a fait irruption dans la musique instrumentale. Les compositeurs de symphonie et de quatuors l'ont adopté dans leurs œuvres, où il a pris place entre l'*andante* et le *finale*, comme pour servir de contraste avec le premier de ces morceaux. En effet, le mouvement du menuet, dans la musique instrumentale, n'est pas le même que pour la danse. Haydn, Mozart, Beethoven, qui l'ont si souvent employé, y ont adapté une mesure tellement vive que l'on a peine à frapper les trois temps qui la composent. Le menuet est chez eux divisé en deux parties distinctes qui s'enchaînent : le menuet proprement dit, et le trio, seconde partie du menuet, ainsi nommé parce qu'il était d'usage, dans les quatuors, que l'on n'y employât pas le violoncelle. Le *scherzo* (mot italien qui, comme l'allemand *scherz*, dont il dérive peut-être, signifie plaisanterie), sorte de morceau vif et capricieux, qui n'est pas soumis, comme le menuet, à un certain nombre de reprises, l'a remplacé dans les compositions modernes.

MENUISERIE, s. f., l'art du menuisier. Il se dit aussi des ouvrages que fait un menuisier.

MENUISIER, s. m., artisan qui travaille en bois, et qui fait des ouvrages nécessaires dans l'intérieur des maisons.

MENURE, *menura* (*ois.*), genre de l'ordre des passereaux dentirostres, pour quelques auteurs, qui le placent près des merles, et de l'ordre des gallinacés pour d'autres, qui le rangent à côté des mégapodes. Quoi qu'il en soit, il présente pour caractères : un bec plus large que haut à sa base, droit, incliné à sa pointe, qui est échancrée ; des fosses nasales prolongées et grandes ; des narines percées vers le milieu du bec, ovales, grandes, couvertes d'une membrane ; des pieds grêles ; des tarses deux fois longs comme le doigt intermédiaire, celui-ci et les latéraux à peu près égaux, l'externe uni jusqu'à la première articulation, l'interne divisé ; des ailes courtes, concaves, et une queue à pennes très larges, de différentes formes et au nombre de seize. Par ses formes générales, le menure se rapproche des mégapodes, mais, comme on le voit, ses caractères le placent près des merles. On connaît peu les mœurs de cet oiseau. « C'est, dit M. Lesson (*Man. d'ornith.*, p. 239), dans les forêts d'*Eucalyptus* et de *Casuarina*, qui couvrent la surface entière des montagnes Bleues à la Nouvelle-Hollande, et les ravins qui les divisent, qu'habite principalement le menure, dont la queue est l'image fidèle, sous les solitudes australes, de la lyre harmonieuse des Grecs. Cet oiseau, nommé faisan des bois par les Anglais du Port-Jackson, aime les cantons rocailleux et retirés. Il sort le soir et le matin, et reste tranquille pendant le jour sur les arbres où il est perché ; il devient de plus en plus rare. M. Gould nous apprend aussi que cet oiseau, qui habite la Nouvelle-Galles du Sud, est un oiseau chanteur, qu'il niche dans les arbres à peu d'élévation de terre, et que ses grands ongles lui servent à gratter et à éparpiller les feuilles sèches et les détritus qui couvrent le sol des forêts, pour y chercher les vers et les larves qu'ils recèlent. La seule espèce connue, la menure lyre, est ainsi nommée à cause de la singulière disposition des plumes de la queue chez le mâle ; les deux externes, recourbées en forme d'S, représentent les branches de la lyre, tandis que les autres, à peu près droites, en figurent les cordes. Le plumage, d'ailleurs assez triste, est généralement d'un brun grisâtre. 　　　　　　　　　　　　　　　　　　J. P.

MENYANTHE, *menyanthes* (*bot.*), genre de plantes de la famille des gentianées, de la pentandrie monogynie de Linné, adopté par tous les botanistes, mais avec quelques modifications. M. Grisebach, dans ses travaux monographiques, réduit ce genre à une seule espèce à laquelle il assigne pour caractères génériques : calice 5-parti ; corolle charnue, régulière, 5-partie, dont le limbe est barbu à sa face interne, c'est-à-dire hérissé de filaments corollins ; ovaire uniloculaire, dans lequel les ovules sont portés le long de l'axe des valves, entouré à sa base de cinq glandes ; style filiforme ; stigmate bilobé ; capsule uniloculaire, se déchirant à la maturité le long de la suture des valves. La seule espèce du genre actuel est la menyanthe trifoliolé (*M. trifoliata*, Lin.), vulgairement connu sous le nom de *trèfle d'eau*. C'est une jolie plante qui croît dans les marais de l'Europe moyenne et de l'Amérique du Nord. De son rhizome rampant s'élèvent des feuilles à long pétiole, pourvues à leur base d'une gaine auriculée, dont le limbe est divisé très profondément en trois segments elliptiques entiers. Les fleurs, blanches, assez grandes, forment une grappe. Cette plante est d'une amertume très forte, qui persiste après la dessiccation en s'affaiblissant un peu, mais que la cuisson dans l'eau lui enlève entièrement. Elle a les propriétés de la plupart des plantes amères. On en fait usage en médecine contre les fièvres intermittentes, contre les maladies de la peau; on l'emploie encore comme vermifuge stomachique, et comme antiscorbutique. Dans ces divers cas, on emploie la plante en poudre, ou son infusion, ou son extrait ou même son suc. Linné nous apprend en outre que les Lapons utilisent la fécule de son rhizome en la faisant entrer dans la composition de leur pain.　　　　J. P.

MENZINI (BENOIT), poète italien, né à Florence, en 1646, mort en 1704, à Rome, où il était professeur au collége de la Sapience, et membre de l'académie des Arcades, s'attacha à la reine Christine, qui protégea et encouragea ses talents. Il fut un de ceux qui relevèrent la gloire de la poésie italienne. On a de lui divers ouvrages, entre autres des satires, réimprimées à Amsterdam, en 1718, in-4°; elles sont recherchées pour les grâces du style et la finesse des pensées. Il a encore composé un art poétique, des élégies, des hymnes, une paraphrase, des *Lamentations de Jérémie, Academia tusculana,* ouvrage mêlé de vers et de prose, qui offre plusieurs morceaux pleins de chaleur, quoique composés dans la langueur d'une hydropisie; des poésies diverses. Ses œuvres, à l'exception de ses satires, ont été recueillies à Florence, sous le titre de *Primi di vari generi,* 1730-34, 4 vol. in-8°, en 1731-32, 2 vol. in-4°. Ses œuvres complètes ont paru à Nice, en 1783. On peut consulter, pour plus de détails, la vie de Menzini par l'abbé Joseph Paolucci, dans le *Vite degli arcadi illustri,* et Tirosbochi, *Storia litteraria,* t. 8, p. 460.

MEON (DOMINIQUE-MARTIN), antiquaire né le 1er septembre 1748 à Saint-Nicolas (Meurthe), mort à Paris le 31 mai 1829, l'un des conservateurs de la Bibliothèque du roi, avait été attaché au service administratif de l'armée. Destitué quand Buonaparte revint d'Egypte, il se créa des ressources en vendant une magnifique bibliothèque qu'il avait mis vingt-cinq années à former. Elle se composait d'ouvrages rares et singuliers, rassemblés à grands frais de patience et de savoir : aussi les plus savants bibliographes font-ils beaucoup de cas du Catalogue de cette bibliothèque, imprimé à Paris, 1803, grand in-8°, et qui ne contient pas mons de 4,300 articles. On lui doit : *Blasons, Poésies anciennes des* XVe *et* XVIe *siècles,* etc., 1807, in-8°; *Fabliaux et Contes des poëtes français des* XIe-Xe *siècles,* par Barbazan, 1808, 4 vol. in-8°; *Roman de la Rose,* 1815, 4 vol. in-8°; *Nouveau recueil de fabliaux et contes inédits,* etc., Paris, Crapelet, 1823, 2 vol. in-8°; *le roman du Renard* (collationné sur du manuscrits), ib., 1825, 4 vol. in-8°, à la fin desquels desquels l'éditeur a placé un Glossaire des mots hors d'usage. Méon eut aussi part à la publication de la dernière édition (1828) du *Roman du Rou,* et c'est lui qui prépara l'édition des *Lettres d'Henri VIII à Anne de Boleyn,* imprimée par Crapelet.

MÉONIUS, cousin de l'empereur Odénat, était de toutes les parties de plaisir de ce prince; mais il ne sut pas se conserver ses bonnes grâces. Odénat lui reprocha en termes injurieux que, pour lui ôter le plaisir de la chasse, il affectait de tirer le premier sur les bêtes qui se présentaient à eux. Méonius conserva un vif ressentiment de cet outrage, et fit assassiner Odénat et Hérodien son fils en 267. Après avoir satisfait sa vengeance, il prit la pourpre impériale, et ne la porta pas longtemps. Les mêmes soldats qui l'en avaient revêtu le poignardèrent, aussi indignés de son incapacité que du déréglement de ses mœurs.

MÉPHITIQUE, adj. des deux genres. Il se dit des exhalaisons gazeuses qui produisent des effets plus ou moins nuisibles. Dans l'usage ordinaire, il emporte toujours une idée de pesanteur.

MÉPHITIS, déesse qui présidait à l'air corrompu. Junon avait tous ce nom un temple dans la vallée d'Amsancte et à Crémone. Dans l'embrasement de Crémone, ce temple resta seul debout, défendu, dit Tacite, ou par sa situation ou par la divinité à laquelle il était consacré.

MÉPHITISME, s. m. On emploie communément ce mot pour désigner l'air vicié et non respirable, quelle que soit du reste sa nature. Ainsi, on dit le méphitisme du marais, des égouts, des fosses d'aisance.

MÉPRENDRE (se), v. pron., qui se conjugue comme prendre, se tromper, se mécompter, prendre une personne ou une chose pour une autre. Il se dit quelquefois, figurément, à une personne qui semble s'oublier et manquer de respect.

MÉPRIS, s. m., sentiment par lequel on juge une personne ou une chose indigne d'estime, d'égard, d'attention. Tomber dans le mépris, tomber dans un état où on est méprisé. Prov.,

la familiarité engendre le mépris. Mépris, au pluriel, signifie paroles ou actes de mépris. Au mépris de, loc. prépositive, au préjudice de, sans avoir égard à. En mépris de, loc. prépositive, par un sentiment de mépris pour.

MÉPRISABLE, adj. des deux genres, digne de mépris.

MÉPRISANT, ANTE, adj., qui marque du mépris.

MÉPRISE, s. f., inadvertance, erreur, faute de celui qui se méprend.

MÉPRISER, v. a., avoir du mépris pour une personne, pour une chose, n'en point faire de cas. On l'emploie quelquefois avec le pronom personnel, surtout dans le sens réciproque. Mépriser signifie aussi s'élever au-dessus de l'amour qu'on a ordinairement pour une chose, ou de la crainte qu'elle inspire.

MER (géol.), on donne ce mot à la totalité des eaux amères et salées qui occupent la plus grande partie de la surface du globe terrestre, et qu'on divise en Océans, mers, golfes, selon leur étendue et la configuration des terres qui les environnent. Les mers, comme on le sait, couvrent à peu près les trois quarts de la surface du globe; et sont réparties assez inégalement, comme on peut s'en assurer en jetant les yeux sur une mappemonde; l'hémisphère austral en contient plus que le boréal. La proportion est d'environ 8 à 5. En effet, les terres sont particulièrement groupées autour du pôle nord, tandis qu'au sud il n'existe qu'une multitude d'îles. Si l'on en excepte la Nouvelle Hollande qui offre une assez grande étendue. Il est aujourd'hui reconnu que le niveau de la mer est partout le même, et que s'il offre en quelque point de sa surface un soulèvement ou un affaissement quelconque, ce n'est que par des causes locales et temporaires. Là où on a cru voir autrefois que la mer avait subi des changements de niveau, on est forcé de reconnaître que c'est la surface solide de la terre, dont des soulèvements ou des affaissements ont changé la configuration; au lieu de l'immutabilité du sol habitable, il faut admettre celle de la mer, comme la géologie le prouve par des faits concluants. Le niveau des grandes mers est généralement le même partout, mais les golfes et les petites mers ne communiquant avec les grandes mers que par quelques issues peuvent être quelquefois à un niveau différent; c'est ainsi que la mer Rouge a ses eaux plus élevées que celles de la Méditerranée de huit mètres, parce que les vents y portent les eaux de l'Océan Indien que le mouvement général de la mer de l'est à l'ouest y retient. Les vents alizés, chassant les eaux de l'Atlantique dans le golfe du Mexique élèvent le niveau de celui-ci au-dessus de l'Océan. On connaît l'odeur nauséabonde, la saveur amère et très salée des eaux de la mer, c'est aux sels à base de magnésie qu'on attribue leur amertume; leur salure provient du chlorure de sodium. On a remarqué que l'amertume diminuait à raison de la profondeur, l'Océan était plus salé au large que sur les côtes, vers l'équateur sur les pôles; elle varie aussi suivant les saisons, les climats et la température. Mille grammes d'eau de mer ont donné à l'analyse :

Acide carbonique.	0, 23.
Chlorure de sodium.	25, 10.
Id. de magnésium	3, 50.
Sulfate de magnésie	5, 78.
Carbonate { chaux { magnésie }	0, 20.
Sulfate de chaux	0, 15.
Résidu fixe	34, 73.

Outre ces substances on y découvre quelque traces d'oxyde de fer et une petite quantité de potasse qui paraît provenir de la décomposition des végétaux entraînés par les fleuves. On n'a que des hypothèses vagues sur l'origine de la salure des eaux de la mer. Quelques géologues l'ont attribuée à des bancs inépuisables de sel qui se trouvent, disent-ils au fond de l'Océan. D'autres pensent que peut-être les eaux se sont imprégnées de sel à l'époque de leur retraite dans le bassin, ou que la salure est le produit d'un fluide primitif aussi ancien que la création. Le savant chimiste Cronstœdt dit que le sel marin se forme journellement au sein des mers, et que l'acide chlorhydrique l'on tire du sel est le produit de l'atmosphère, puisqu'on le trouve à la surface de l'Océan, tandis qu'on ne le trouve point dans les eaux marines à quelque profondeur qu'on les prenne. D'après M. Gay Lussac, la pesanteur spécifique moyenne de l'eau de mer est de 1,0272. On évalue la profondeur des mers, terme moyen, à 4 ou 5,000 mètres, et Laplace a démontré que cette profondeur ne peut dépasser 8,000 mètres. La température des eaux de la mer varie sensiblement par le voisinage des terres, selon les courants, les saisons, la latitude et la profondeur. En général toutes les expériences tendent à prouver, relativement aux zônes torrides et tempérées, que les eaux de la mer sont plus chaudes à leur surface que dans leur profondeur, et qu'à mesure qu'on s'approche des pôles on obtient des résultats contraires. Tous les navigateurs s'accordent à dire qu'il existe au sein de l'Océan, principalement entre les tropiques, un mouvement continuel qui porte les eaux d'orient en occident dans une direction contraire à celle de la rotation du globe. Un second mouvement porte les mers des pôles vers l'équateur, mouvement qui d'ailleurs a aussi son analogue dans l'atmosphère. La cause de ces deux mouvements paraît tenir à l'action du soleil, à celle de l'évaporation des eaux et à la rotation du globe. Le mouvement de l'est à l'ouest s'explique, suivant Buffon, par l'attraction que doivent exercer le soleil et la lune en avançant chaque jour à l'occident. L'autre mouvement qui porte les eaux des pôles vers l'équateur, s'explique par la quantité de glaces que liquéfient constamment les rayons solaires; d'où il suit que les mers polaires ont une surabondance d'eau dont elles tendent à se décharger; d'ailleurs, l'eau sous l'équateur ayant une moindre pesanteur spécifique, et l'évaporation en absorbant une grande partie; il est donc nécessaire que les eaux voisines accourent pour rétablir l'équilibre. La couleur de la mer est généralement d'un bleu verdâtre assez foncé, cette couleur provient sans doute des mêmes causes qui font paraître bleues les montagnes nues dans le lointain. Les rayons bleus, étant très réfrangibles, sont conséquemment envoyés en plus grande quantité par l'eau. Quant aux autres nuances des eaux, elles dépendent de causes locales, principalement de la présence d'une grande quantité d'animalcules. Ainsi, M. Ehrenberg s'est assuré que la couleur de la mer Rouge provenait d'une espèce d'oscillaria. La phosphorescence qui à un certain degré de chaleur rend les eaux de la mer lumineuses, dépend de la matière graisseuse de ses habitants, et de la présence du sel.

J. P.

MER (MAL DE). Les oscillations irrégulières et en sens contraires du tangage et du roulis des navires sont les causes immédiates du mal de mer. Il faut joindre à ces causes les effets vertigineux du déplacement apparent des objets, et l'odeur nauséabonde qu'exhale souvent la cale du navire. De ces causes diverses, qui toutes agissent à la fois dans les premiers moments de la navigation, mais cèdent successivement à l'habitude, le mouvement du tangage est la plus active et la plus tenace. On a souvent essayé de décrire les effets du mal de mer; mais il n'est pas facile d'exprimer les angoisses en quelque sorte insaisissables de cet état de souffrance qui, sans être une douleur proprement dite, livre le corps entier au plus insupportable malaise. La tête s'appesantit et s'embarrasse; les membres s'alourdissent et sentent le besoin de s'affaisser; un vertige douloureux s'empare de toutes les facultés et les plonge dans une somnolente apathie. En même temps, la face pâlit, les lèvres blanchissent, la poitrine se serre, le larynx se contracte, le cœur se soulève, les nausées se succèdent. On éprouve le plus invincible dégoût pour toute fonction animale; une défaillance générale engourdit les sens; on répugne au moindre mouvement, au moindre geste, et brisé, anéanti, dans un état de prostration que les efforts de la nature ne secouent que momentanément, on attend de l'épuisement des forces une guérison qu'aucun remède ne saurait avancer. Tous les tempéraments ne ressentent pas à un égal degré les effets du mal de mer; quelques-uns même échappent complètement à ses atteintes; mais ces exceptions sont rares. Parmi les personnes qui paient à la mer ce tribut obligé, la plupart, après une indisposition dont l'intensité et la durée de l'idiosyncrasie des individus et des temps que rencontre le navire, sont assez bien remises pour n'avoir plus à craindre une rechute, au moins pendant la traversée. Quelques-unes n'en sont tourmentées qu'un jour, quelques heures mêmes; d'autres, au contraire, plus malheureuses, ne parviennent pas à s'en affranchir, et il en est qui restent couchées, en proie à ces souffrances, durant des voyages entiers de deux ou trois mois, sans obtenir d'autre adoucissement que les courts répits accordés par l'immobilité du calme plat. La fréquentation de la mer, en habituant le corps aux causes qui le déterminent, prévient d'ordinaire le retour du mal de mer; toutefois, ce résultat est loin d'être infaillible, et pour peu que le séjour à terre ait été prolongé, les mêmes symptômes se reproduisent au départ. Telle est même dans certaines constitutions la prédisposition à cette

affection, qu'il n'est pas rare de voir des marins, vieillis dans l'exercice de leur profession, ressentir périodiquement, en prenant la mer, un retour de ses atteintes. En général, les premiers jours de navigation produisent, même sur les hommes les mieux éprouvés, un embarras momentané dans les organes. Le siége principal du mal de mer, quoique ses effets réagissent sur les différentes parties du corps, est la région de l'épigastre où semble aboutir l'ébranlement causé. C'est sans doute l'observation de ce fait qui a conduit à conseiller, pour prévenir la maladie, l'usage d'une ceinture qui, en exerçant une compression sur les viscères abdominaux, doit diminuer et empêcher le balancement qui leur est imprimé. Quoi qu'il en soit de l'efficacité de ce procédé, c'est l'observation intelligente qu'en avaient faite les moines du XIIIᵉ siècle, qui les engagea à vendre aux croisés, s'embarquant pour la Palestine, des ceintures bénites, qu'ils disaient douées de la vertu préservatrice du mal de mer. Une résistance assidue à l'abattement qui domine les facultés, une volonté ferme d'occuper sa pensée, l'exercice, l'agitation turbulente en quelque sorte du corps et de l'esprit, sont les meilleurs remèdes à opposer à l'invasion de ce mal. Avant d'entreprendre un voyage sur mer, il est encore bon de s'y préparer par un traitement purgatif. Une fois embarqué, si l'on ne se sent pas en état de lutter contre le mal, le plus sage parti est de se coucher sans attendre que le mal ait acquis toute sa violence. La position la plus horizontale est la meilleure; les aspirations profondes et prolongées procurent un sensible bien-être. Une diète sévère d'abord et progressivement tempérée, suivant la marche de la maladie, paraît préférable à l'absorption forcée des aliments. Elle se concilie fort bien avec l'usage de quelques excitants; le café, entre autres, produit parfois d'excellents effets. Le nom de nausée, que les Grecs avaient donné au mal de mer, vient de ναῦς, bâtiment, à cause qu'ils attribuaient ce mal aux mouvements mêmes du navire. Pleine mer ou haute mer, la partie de la mer qui est éloignée des rivages. Bras de mer, partie de la mer qui passe entre deux terres assez proches l'une de l'autre. Port de mer, ville ou endroit situé sur le bord de la mer et ayant un port. Écumeur de mer, corsaire, pirate. Homme de mer, homme dont la profession est de naviguer sur mer. Coup de mer, tempête de peu de durée. Tenir la mer, naviguer, courir en haute mer, loin des ports et des rades. Prov. et fig., c'est la mer à boire, se dit d'un travail difficile, immense, dont on ne prévoit pas la fin. Pour exprimer le contraire, on dit, ce n'est pas la mer à boire. Prov. et fig., c'est porter l'eau à la mer, c'est porter une chose là où elle abonde. Prov. et fig., c'est une goutte d'eau dans la mer, se dit d'une petite chose mise et comme perdue dans une grande. Mer se dit quelquefois par exagération d'une grande étendue d'eau non salée. Mer se dit encore d'une jarre ou de quelque autre vase de terre, dans lequel est une certaine quantité de vin, qu'on remplace, qu'on renouvelle à mesure qu'on y puise.

MERANDA (ANTOINE), né à Forli en 1578, enseigna pendant deux ans le droit à Pavie, avec une réputation extraordinaire, et mourut à Cologne en 1657, à l'âge de 79 ans. On a de lui: *Controversiarum juris libri XXII,* publiés à Bruxelles en 1745, avec des notes de Jean-Michel van Langendonck, 5 vol. in-fol.

MÉRARD DE SAINT-JUSTE (SIMON-PIERRE), littérateur, né à Paris en 1749, fut pendant plusieurs années maître-d'hôtel de Monsieur, frère de Louis XVI. Sa fortune lui permettant de vivre dans l'indépendance, il résigna sa charge en 1782, pour se livrer exclusivement à la culture des lettres. Il composa un grand nombre d'ouvrages qui sont en général très médiocres; leur principal mérite est d'avoir été tirés à un très petit nombre d'exemplaires : c'est ce qui les fait rechercher des bibliophiles. Uniquement occupé de la composition et de l'impression de ses écrits, Mérard traversa paisiblement la révolution au milieu de laquelle il ne figura ni comme acteur ni comme victime. Il mourut le 17 avril 1812, regretté des gens de lettres qui avaient apprécié ses mœurs. Nous citerons seulement parmi ses ouvrages les *Eloges de Bailly* et de *Gresset,* des *Fables,* des *Poésies* et un assez grand nombre d'*Opuscules,* dont plusieurs sont très licencieux. M. A. Beuchot, l'un de nos plus savants bibliographes, a donné dans un recueil biographique un catalogue curieux des ouvrages de Mérard de Saint-Juste. Un des amis de cet auteur, M. de Cailly, voulant sans doute se conformer à son goût pour les ouvrages tirés à un petit nombre d'exemplaires, fit tirer sur papier vélin un seul exemplaire de ses Poésies, et le lui offrit en consignant sur les exemplaires en papier ordinaire cet hommage tout particulier.

MÉRAULT (ou plutôt Bizi), oratorien, puis vicaire-général d'Orléans, théologien et controversiste, né le 17 décembre 1744, mourut le 13 juin 1835. Les ouvrages qu'il a laissés sont : *Enseignement de la religion*, 5 vol. in-12; *Instruction pour la première communion*, avec un supplément intitulé les Mères chrétiennes, 3 vol.; les Preuves abrégées de la Religion, offertes à la jeunesse avant son entrée dans le monde; Instruction pour les fêtes de l'année; Recueil de mandements pour l'instruction des peuples; Cours d'histoire et de morale; les Apologistes involontaires; Voltaire réfuté par lui-même, les apologistes involontaires, ou la religion chrétienne prouvée par ses ennemis depuis par ses amis ; Conjuration de l'impiété contre l'humanité; Rapport sur l'histoire des Hébreux, par Rabelleau ; Appel aux Français, et quelques autres opuscules.

MERBÈS (Bon de), natif de Montdidier, docteur en théologie et prêtre de l'Oratoire en 1630, sortit de cette congrégation, après y avoir enseigné les belles-lettres avec succès. Il composa, à la sollicitation de Le Tellier, archevêque de Reims, une théologie qu'il publia à Paris en 1653, en 2 vol. in-fol., sous ce titre : *Summa christiana*, réimprimée à Turin, 1770 et 1771, 4 vol. in-4°. Ses principes ne sont pas ceux des casuistes relâchés; il paraît même donner quelquefois dans l'extrémité opposée. Quelques-unes de ses assertions semblent ne pas s'éloigner assez de la doctrine de Baïus, de Jansénius et de Quesnel. Son style, quoique assez pur, est affecté et sent le rhéteur. Il mourut au collège de Beauvais à Paris, le 2 août 1684.

MERCANTILE, adj. des deux genres, qui concerne le commerce.

MERCATI (Michel), ou Mercado, né à San-Miniato en Toscane, et premier médecin du pape Clément VIII, mourut en 1693, à 53 ans. On eut une si haute idée de son mérite, que Ferdinand, grand duc de Toscane, le mit au rang des familles nobles de Florence, et que le sénat romain le décora de la noblesse romaine. C'était l'ami de saint Philippe de Néri et du cardinal Baronius. On a de lui, sur son art et sur les obélisques de Rome, des ouvrages qui le firent beaucoup estimer; ils sont en italien, Rome, 1576, in-4°. Étant intendant du jardin des plantes du Vatican, il y avait formé un beau cabinet de métaux et de fossiles, et en avait fait une description savante qui est restée longtemps manuscrite. Jean-Marie Lancisi l'a publiée à Rome en 1717, sous le titre de *Metallotheca*, in-fol. avec un appendix, 1719, in-fol.

MERCATOR (Marius), auteur ecclésiastique, ami de saint Augustin, écrivit contre les nestoriens et les pélagiens, et mourut vers 511. Tous ses ouvrages furent publiés en 1673, in-fol., par le P. Garnier, jésuite, avec des Dissertations très estimées, et qui jettent un grand jour sur les véritables sentiments des pélagiens. Baluze en donna une nouvelle édition à Paris en 1684, in-8°.

MERCATOR (Gérard), né à Rupelmonde, dans la Flandre, le 5 mars 1512, mort à Duisbourg en 1594, s'appliqua à la géographie et aux mathématiques. L'empereur Charles-Quint en faisait un cas particulier, et le duc de Juliers le nomma son cosmographe. On a de lui : une Chronologie, depuis le commencement du monde jusqu'à l'an 1568, prouvée par les éclipses, et des observations astronomiques, Cologne, 1568, et Bâle, 1577, in-fol. Onuphre Panvini estimait cet ouvrage; des Tables, ou description géographique de toute la terre, auxquelles il donna le nom d'Atlas, Duisbourg, 1595, in-4°. Judocus Hondius en a donné une édition, augmentée d'un grand nombre de cartes, Amsterdam, 1666; *Harmonia evangelistarum*, contre Charles Dumoulin, Duisbourg, 1592, in-4; un traité de *Creatione ac fabrica mundi*. Cet ouvrage fut condamné à cause de quelques propositions répréhensibles sur le péché originel ; une édition des Tables géographiques de Ptolémée, corrigées, 1589, in-fol. Mercator joignait à la sagacité de l'esprit la dextérité de la main; il gravait et enluminait lui-même ses cartes, et faisait ses instruments de mathématiques. On a aussi de lui des globes terrestres et célestes.

MERCENAIRE, adj. des deux genres, qui se fait seulement pour le gain, pour le salaire. Il s'emploie au sens moral et en mauvaise part. Il se dit aussi des personnes et signifie, qui se laisse aisément corrompre par l'intérêt, qui l'on fuit faire tout ce qu'on veut pour de l'argent. Mercenaire s'emploie comme substantif, et se dit d'un ouvrier, d'un artisan, d'un homme de journée qui travaille pour de l'argent. Il se dit

également, surtout au pluriel, des étrangers qui servent dans une armée pour de l'argent. Il signifie figurément un homme intéressé et facile à corrompre pour de l'argent.

MERCERIE, s. f., les diverses marchandises dont les merciers font trafic.

MERCI, s. f., qui n'a point de pluriel, miséricorde. Dans les vieux romans de chevalerie, le don d'amoureuse merci, les faveurs d'une femme. Être, se mettre à la merci de quelqu'un. Être, se mettre à sa discrétion. L'ordre de la Merci, de Notre-Dame de la Merci, ordre religieux institué pour racheter les captifs des mains des infidèles. Merci signifie aussi remerciment. Merci, grand merci, je vous rends grâce. Voilà le grand merci que j'en ai, voilà la reconnaissance qu'on me témoigne pour ses services que j'ai rendus. Cela ne se dit que par manière de plainte. Adverbialement, Dieu merci, grâce à Dieu.

MERCI. Les pères de la merci ou de la rédemption des captifs, sont un ordre religieux qui prit naissance à Barcelone en 1223, à l'imitation de l'ordre des trinitaires, fondé en France par saint Jean de Matha. Ce n'était au commencement qu'une congrégation de gentilshommes, qui, excités par le zèle et la charité de saint Pierre Nolasque, gentilhomme français, consacrèrent une partie de leurs biens à la rédemption des chrétiens réduits à l'esclavage chez les infidèles. On sait avec quelle inhumanité ces malheureux étaient traités par les Maures mahométans, qui dominaient alors en Espagne; leur sort était encore plus cruel sur les côtes de Barbarie. Le nombre des chevaliers ou confrères dévoués à cette bonne œuvre augmenta bientôt; on les appela les confrères de la congrégation de Notre-Dame de Miséricorde. Aux trois vœux ordinaires de religion, ils joignirent celui d'employer leurs biens, leur liberté et leur vie au rachat des captifs. Rien, sans doute, n'est plus héroïque ni plus sublime que ce vœu ; il fait également honneur à la religion et à l'humanité. Les succès rapides de cet ordre naissant engagèrent Grégoire IX à l'approuver, et il le mit sous la règle de saint Augustin, l'an 1235. Clément V ordonna, en 1308, que cet ordre fût régi par un religieux prêtre. Ce changement causa la séparation des clercs et des laïques; les chevaliers furent incorporés à d'autres ordres militaires, et la congrégation de la Merci ne fut plus composée que d'ecclésiastiques ; c'est sous cette dernière forme qu'elle subsiste encore. Outre les provinces dans lesquelles cet ordre était divisé autrefois, tant en Espagne qu'en Amérique, le Midi de la France en possédait une devenue très célèbre, et qui a subsisté jusqu'à la révolution. Le P. Jean-Baptiste Gonzalès du Saint-Sacrement, mort en 1618, introduisit dans cet admirable ordre une réforme qui fut approuvée par Clément VIII; ceux qui la suivent vont pieds nus, pratiquent exactement la retraite, le recueillement, la pauvreté, l'abstinence. Ils avaient deux provinces en Espagne, une en Sicile et une en France. Rien n'est plus beau dans les annales de l'humanité que ces généreux dévoûments, que ces sacrifices héroïques accomplis pour la gloire de Dieu et le soulagement des maux de la terre. Jamais aucune doctrine, aucune politique n'a su inspirer à l'homme de si sublimes ambitions, n'a su lui donner assez de courage, assez de saint enthousiasme pour qu'il voulût ainsi au prix de son bonheur matériel, au prix de sa liberté, au prix de sa vie, se consacrer au service, au soulagement, au rachat de ses frères malheureux. C'est là un de ces prodiges dignes de la vertu et de la grâce de Dieu, et que lui seul peut produire et donner à la terre.   F-G.

MERCIER, IÈRE, marchand, marchande, qui vend en gros ou en détail diverses marchandises qui, en général, servent pour l'habillement et la parure, comme le fil, les aiguilles, etc. Mercier se dit aussi d'un porte-balle qui va par les villes et par les villages, pour y vendre toute sorte de menues marchandises.

MERCIER (Jean), *Mercerus*, d'Uzès en Languedoc, succéda à Vatable, dans la chaire d'hébreu au Collège royal à Paris, en 1547. Obligé de sortir de France, où on le regardait comme un bouc-feu des guerres civiles, il se retira à Venise. Il mourut cependant à Uzès en 1572. Parmi les ouvrages dont il enrichit son siècle, on distingue : des Leçons sur la Genèse et les Prophètes, Genève, 1598, in-fol.; ses Commentaires sur Job, sur les Proverbes, sur l'Ecclésiaste, sur le Cantique des Cantiques, 1573, 2 vol. in-fol , qui sont estimés; *Tabulæ in grammaticam chaldaicam*, Paris, 1550, in-4°.

MERCIER (Nicolas), de Poissy, mort en 1657, régent de troisième au collège de Navarre à Paris, et sous-principal des grammairiens de ce collège, s'acquit beaucoup de réputation par son habileté à élever la jeunesse, et par ses ouvrages. On a de lui : un Traité de l'épigramme, en latin, in-8° : ouvrage très estimé ; une édition des Colloques d'Erasme, purgée des endroits dangereux et enrichie de notes.

MERCIER (BARTHÉLEMI), génovéfain, connu aussi sous le nom d'abbé de Saint-Léger, l'un des plus savants bibliographes français, né à Lyon en 1734, mort à Paris en 1799, entra dans le cloître pour satisfaire plus aisément son amour de l'étude, remplaça Pingré dans les fonctions de bibliothécaire de Sainte-Geneviève et fut pourvu par Louis XV de l'abbaye de Saint-Léger de Soissons. La révolution le réduisit à un état voisin de l'indigence. Indépendamment d'un grand nombre d'articles insérés dans les Mémoires de Trévoux, l'Année littéraire, le Journal de Bouillon, le Journal des Savants, le Magasin encyclopédique, etc., on a de lui un assez grand nombre d'opuscules. Nous nous bornerons à indiquer les suivants : *Supplément à l'Histoire de l'imprimerie*, par Prosper Marchand, Paris, 1772, 1775, in-4° ; *Lettres à M. le baron H.* (Heiss), sur différentes éditions rares du xv° siècle, ib., 1783, in-8° ; Extrait d'un manuscrit intitulé : *le Livre du très chevaleureux comte d'Artois et de sa femme, fille du comte de Boulogne*, inséré dans la Bibliothèque des Romans, année 1723 ; *Notice raisonnée des ouvrages de Gaspard Schott*, contenant des Observations, etc., Paris, 1785, in-8° ; *Notice de deux anciens catalogues d'Alde Manuce*, id., 1780, in-12.

MERCIER (LOUIS-SÉBASTIEN), né en 1740 à Paris, où il mourut en 1814, débuta dans la carrière des lettres par quelques héroïdes. Bientôt il renonça à la poésie, et ce fut pour s'en déclarer l'un des plus ardents adversaires. Voyant que ses premières pièces, imitées de l'anglais et de l'allemand, n'obtenaient qu'un médiocre succès, il publia, pour éclairer le public, non encore préparé à ses innovations théâtrales, un Essai sur l'art dramatique, dans lequel il prétendait détrôner Corneille, Racine et Voltaire, et proposait de bonne foi de remplacer, par ses propres ouvrages, les chefs-d'œuvre de ces grands maîtres. En 1781, parurent les deux premiers volumes du Tableau de Paris, sous le voile de l'anonyme. Toutefois l'auteur, apprenant que son ouvrage était attribué à plusieurs personnes, se présenta chez le lieutenant de police pour en prendre sur lui la responsabilité. Il partit alors pour la Suisse, et c'est à Neufchâtel qu'il ajouta dix volumes au Tableau de Paris, qui fut bien accueilli dans la capitale, et mieux encore en province et dans les pays étrangers. Il ne faut pas oublier que Mercier réclamait dans cet ouvrage plusieurs améliorations qui depuis ont été exécutées avec succès. Plus tard il gâta, par une suite au moins inutile, ce livre intéressant sous plusieurs rapports, quoique déclamatoire, et, comme dit Rivarol, « pensé dans la rue et écrit sur la borne.» De retour en France, au moment où la révolution allait éclater, Mercier publia, de concert avec Carra, les Annales patriotiques, et quelque temps après la Chronique du mois. Député à la Convention par le département de Seine-et-Oise, il se prononça, lors du jugement de Louis XVI, contre la peine de mort, et vota pour la détention. Il passa au conseil des cinq-cents en 1795, accepta deux ans après une place de contrôleur de la caisse de la loterie, dont il avait antérieurement provoqué la destruction, fut nommé ensuite professeur d'histoire à l'école centrale et membre de l'Institut lors de la formation de ce corps. Mercier mourut en chrétien. Cet auteur avait une grande facilité et beaucoup d'imagination. Malheureusement sa manie de contredire, pour se singulariser, l'emporta trop loin. Outre les ouvrages que nous avons cités, nous indiquerons : *Songes et Visions philosophiques*, Paris, 1768, in-12 ; *Eloges et Discours philosophiques*, Amsterdam, 1776, in-8° ; *Théâtre*, ibid., 1778-1784, 4 volumes in-8° (une des principales innovations de Mercier dans l'art dramatique fut la violation, tant recommandée aujourd'hui par quelques écrivains, des deux unités de temps et de lieu, qu'il appelait unités de cadran et de salon) ; *Mon bonnet de nuit*, Neufchâtel, 1783, 4 vol. in-8° ; *Histoire de France depuis Clovis jusqu'au règne de Louis XVI*, 1802, 6 vol. in-8° ; *Fragments de politique, d'histoire et de morale*, 1787, 3 vol. in-8° ; *le Nouveau Paris*, 1800, 6 vol. in-12 ; *Néologie, ou Vocabulaire de mots nouveaux, à renouveler, ou pris dans des acceptions nouvelles*, Paris, 1801, 2 vol. in-8° ; *de l'Impossibilité des systèmes de Copernic et de Newton*, ibid., 1806, in-8° ; *Satire contre Racine et Boileau*, ibid., 1806.

MERCOEUR (PHILIPPE-EMMANUEL DE LORRAINE, duc DE), né le 9 septembre 1558, de Nicolas de Lorraine, et de Jeanne de Savoie-Nemours, sa seconde femme, s'endurcit dès sa pre-

mière jeunesse aux fatigues de la guerre, et se distingua dans plusieurs occasions. Lié avec le duc de Guise, il fut sur le point d'être arrêté, comme lui, aux Etats de Blois, en 1588 ; mais la reine Louise de Lorraine, sa sœur, l'en ayant averti, il échappa à ce péril. Ce fut alors qu'il embrassa ouvertement le parti de la Ligue. Il se cantonna dans son gouvernement de Bretagne, y appela les Espagnols, et leur donna le port de Blavet en 1591. Son dessein était de s'emparer de la Bretagne, sous la protection des Espagnols, prétendant y avoir des droits, du chef de sa femme. Les agents de Henri IV l'engagèrent, en 1595, à conclure une trève qui devait durer jusqu'au mois de mars de l'année suivante. On vint à bout de lui faire prolonger jusqu'au mois de juillet. Ses amis lui reprochèrent ce qu'il avait reproché plusieurs fois au duc de Mayenne, que « les occasions ne lui avaient pas manqué, » mais qu'il avait souvent manqué aux occasions.» Cependant, comme tous les chefs de la Ligue avaient fait leur paix avec le roi, il fit la sienne en 1598. Le mariage de sa fille Françoise, seule héritière, avec César de Vendôme, fut le prix de la réconciliation. Le duc de Mercœur ne songea plus qu'à trouver quelque occasion brillante de signaler son courage ; elle se présenta bientôt. L'empereur Rodolphe II lui fit offrir, en 1601, le commandement de son armée en Hongrie contre les Turcs. Le duc partit pour cette expédition ; et on le vit, à la tête de 15,000 hommes seulement, entreprendre de faire lever le siège qu'Ibrahim-Pacha avait mis devant Kaniska avec 60,000 combattants. Il voulut l'obliger à donner bataille ; mais, ayant bientôt manqué de vivres, il fut contraint de se retirer. Sa retraite passa pour la plus belle que l'Europe eût vue depuis longtemps. L'année suivante, il défit Albe-Royale, et défit les Turcs, qui venaient la secourir. Ce héros, obligé de retourner en France, mourut à Nuremberg, en 1602. Saint François de Sales prononça son Oraison funèbre à Paris.

MERCOEUR (ELISA), née à Nantes le 24 juin 1809, morte à Paris en janvier 1835, s'annonça comme poète par un recueil qui fit époque dans les annales de la littérature de province. Appelée dans la capitale par les encouragements qu'on prodigua à sa muse naissante, les bienfaits de Charles X l'y fixèrent. Mais la révolution de 1830, en tarissant la source de ces bienfaits, la plongea dans l'indigence. « Je voudrais savoir, disait-elle quelquefois avec ironie, si les poètes grecs avaient du pain tous les jours. » Les Poésies d'Elisa Mercœur (Nantes, 1827 ; Paris, 1829, in-18) ont de l'originalité : son style a de la grâce, de la chaleur et de la sensibilité ; mais il est inégal, et souvent obscur.

MERCREDI, s. m., le quatrième jour de la semaine.

MERCURE, messager de Jupiter et des dieux, dieu lui-même de l'éloquence, du commerce et du vol, était fils de Jupiter et de Maia, fille d'Atlas. L'opinion la plus commune le fait naître sur le mont Cyllène en Arcadie (d'où le nom de Cyllénius) ; son enfance fut confiée aux soins des Saisons. Le lendemain même de sa naissance, dit la fable, il donna une preuve de méchanceté et d'adresse tout à la fois en dérobant les bœufs d'Admète, que gardait Apollon ; il les fit marcher à reculons, afin d'en perdre la trace. Le dieu berger, étant venu redemander ses bœufs à l'enfant au berceau, s'épuisa inutilement en menaces, et s'aperçut en finissant qu'on venait de lui enlever de plus son carquois et ses flèches. Il vola aussi à Neptune son trident, à Vénus sa ceinture, à Mars son épée, à Jupiter son sceptre, et à Vulcain les instruments de son métier. Jupiter, charmé de son adresse, lui confia la fonction de verser aux dieux le nectar et l'ambroisie, et il la garda jusqu'à ce qu'elle fût remise à Ganymède ; mais bientôt le maître des dieux, irrité de ses vols, le chassa de l'Olympe, et l'envoya garder les troupeaux d'Apollon. Ce fut alors qu'il inventa la lyre pour charmer ses ennuis. Il donna cet instrument à son compagnon d'infortune, et reçut en échange le caducée, dont ce dieu s'est servi pour garder les troupeaux d'Admète. Dans la guerre des Géants contre les dieux, Mercure déploya du courage, de la prudence et de l'activité. Il délivra Mars de la prison où l'avaient enfermé les enfants d'Aloéus. C'est lui qui porta le jeune Bacchus aux nymphes de Nysa, purifia les Danaïdes du meurtre de leurs époux, attacha Ixion sur sa roue, tua Argus aux cent yeux, accompagna le char de Pluton lors de l'enlèvement de Proserpine, transporta Castor et Pollux à Pallène, vendit Hercule à Omphale, reine de Lydie, conduisit Priam dans la tente d'Achille lorsque ce père infortuné alla redemander le corps de son fils Hector. Interprète et ministre fidèle des autres dieux et en particulier de Jupiter son père, il les servait avec un zèle infatigable, même dans les emplois les moins honnêtes. Tantôt on le voit accompagner Junon ou pour la garder, ou pour veiller sur sa conduite ; tantôt il est envoyé par Jupiter pour entamer quelque intrigue. Ambassadeur et plénipotentiaire de l'Olympe, il se trouvait à tous les traités de paix et d'alliance ; de plus il inspira les orateurs, comme Apollon les poètes ; les voyageurs, les marchands et même les filous étaient sous sa protection spéciale. C'était lui qui était chargé de conduire aux enfers les âmes des morts et de les ramener, et l'on ne pouvait mourir que lorsqu'il avait entièrement rompu les liens qui unissaient l'âme au corps. On le peint sous les traits d'un jeune homme beau de visage, d'une taille dégagée, tantôt nu, tantôt avec un manteau sur les épaules qui ne le couvre qu'à demi. Son culte, qui était universellement répandu en Égypte, en Crète, en Grèce et en Italie, n'offrait aucune particularité remarquable, si ce n'est qu'on lui offrait les langues des victimes comme emblème de l'éloquence. Pour la même raison, on lui offrait le miel et le lait, qui désignent la douceur des paroles insinuantes. On lui immolait aussi des veaux et des coqs. Les Égyptiens lui offraient la cigogne qui, après le bœuf, était l'animal le plus vénéré chez eux. Dans les Gaules, on l'honorait par le sang des victimes humaines. En Italie, il fut placé au rang des huit grandes divinités nommées *dii selecti*, parmi lesquelles il eut la sixième place, comme dirigeant la sixième planète. Les *ex voto* que les voyageurs lui offraient au retour d'un long et pénible voyage étaient des pieds ailés. Les négociants romains célébraient une fête en son honneur le 15 de mai, jour auquel on lui avait dédié un temple dans le grand cirque, l'an de Rome 675. Ils sacrifiaient à ce dieu une truie pleine, et après avoir pris une branche de laurier et s'être arrosés de l'eau d'une fontaine nommée *Aqua Mercurii*, à laquelle on attribuait une vertu divine, ils priaient Mercure de leur être favorable dans leur trafic, et de leur pardonner leurs petites supercheries et les faux serments auxquels les entraînait l'amour du gain.

MERCURE (*min.*). Le mercure forme dans les méthodes minéralogiques un genre renfermant cinq espèces, dont nous allons donner les principaux caractères. 1° Le mercure natif (*hydrargyrum*), vulgairement vif-argent. Ce métal a la couleur de l'argent, et est liquide à la température ordinaire ; sa densité est de 13,50 ; il se volatilise par l'action d'une chaleur peu élevée, et se congèle à 40° cent. au-dessous de zéro. En se solidifiant, il cristallise sous la forme de l'octaèdre régulier. Le mercure natif ne se rencontre qu'accidentellement dans les mines de mercure où il paraît résulter de la décomposition du mercure sulfuré. Il existe en gouttelettes dans les fissures du minerai auquel il adhère, mais toujours en fort petite quantité. Le mercure peut dissoudre l'or et l'argent, et l'on met à profit cette propriété pour l'extraction de ces métaux et pour la dorure. On l'emploie encore à d'autres usages, tels que la préparation de certains médicaments, et à la construction des baromètres et des thermomètres, l'étamage des glaces, etc. 2° Le mercure argental, hydrargyrure d'argent, amalgame naturel d'argent. Substance d'un blanc d'argent, cristallisant en dodécaèdre rhomboïdal et formée par la combinaison d'un équivalent d'argent avec deux équivalents de mercure. Ce minéral, qui ne se trouve comme le mercure natif qu'accidentellement dans les gîtes de mercure, contient 36 pour 100 d'argent ; il cristallise en dodécaèdres, en lames minces ou en dendrites superficielles. 3° Le mercure sulfuré ou cinnabre (*zinnober*), sulfure de mercure composé d'un atome de soufre et d'un atome de mercure. Cette espèce, remarquable par la belle couleur rouge écarlate de sa poussière, se volatilise complétement au feu. Ses cristaux, rares et fort petits, se rapportent au système rhomboédrique. La dureté du cinnabre = 2,5 ; sa densité = 7. Il n'est soluble que dans l'eau régale. Le cinnabre se présente le plus souvent en masses grenues ou compactes, quelquefois à l'état terreux ou pulvérulent (vermillon natif) ; ou bien en masses feuilletées ou testacées, d'un rouge sombre passant au noir. Cette variété, connue sous le nom de *mercure hépatique*, est bitumineuse. Elle forme souvent des couches puissantes, mais sa couleur et sa richesse en mercure varient beaucoup. Le mercure sulfuré se trouve tantôt en filons dans les schistes cristallins et les terrains de cristallisation, tantôt disséminé dans les grès, schistes et calcaires secondaires, depuis le grès houiller jusqu'aux terrains jurassiques. 4° Le mercure chloruré, mercure muriaté, calomel. Substance d'un gris de perle, fragile, très tendre, se coupant comme de la cire, volatile, cristallisant en prismes à bases carrées, qui dérivent d'un

quadroctaèdre de 136° à la base de deux pyramides. Elle est formée d'un atome de chlore et d'un atome de mercure, et contient 85 pour 100 de métal. On la trouve le plus souvent sous forme de petites concrétions dans quelques mines de cinnabre. 5° Le mercure ioduré, coccinite. Espèce trouvée par M. Del Rio au Mexique ; sa couleur rouge ressemble à celle du cinnabre. Cette substance est encore peu connue. Le mercure, connu dès la plus haute antiquité, et qui a joué un si grand rôle dans l'alchimie au moyen âge, était nommé par les anciens *hydrargyrum* (νδωρ, eau, αργυρος, argent), argent liquide. 5° Le mercure est liquide à la température ordinaire ; il a le brillant de l'argent ; sa densité est 13,468 ; il se solidifie à 40°, et peut alors cristalliser en octaèdres. A l'état solide, il devient malléable et augmente de densité (14,391). Le mercure solidifié reprend rapidement sa fluidité en absorbant le calorique des corps environnants. A une température de 360 à 365°, il entre en ébullition et se volatilise complétement. A la température ordinaire, l'air et l'oxygène secs ou humides sont sans action sur le mercure ; mais à une température voisine de son point d'ébullition il s'oxyde peu à peu, et se transforme en deutoxyde. Le deutoxyde de mercure en masse est rouge-orangé ; il prend une teinte jaunâtre par la pulvérisation. Soumis à une chaleur rouge, il se réduit en oxygène et en mercure métallique. Sa formule est HgO. Le mercure s'unit à la plupart des métalloïdes pour former des composés dont quelques-uns sont fort employés en médecine et dans les arts. Nous citerons le protochlorure (calomelas), le deutochlorure (sublimé corrosif), les iodures, le protosulfure (éthiops minéral), le deutosulfure (cinnabre), les cyanures, etc. Le mercure forme avec les métaux, surtout avec les métaux mous des alliages qui portent le nom d'amalgames. Ils sont solides ou liquides ; liquides quand le mercure est en excès, solides dans le cas contraire. Parmi ces amalgames, nous citerons d'abord celui d'étain et celui de bismuth. Le premier sert à l'étamage des glaces, et le second à celui des bouteilles. C'est sur la propriété dont jouit le mercure de s'amalgamer avec l'or et l'argent, de les dissoudre, et de s'en séparer ensuite par la chaleur, qu'est fondée l'extraction de ces métaux précieux, ainsi que l'art de dorer et d'argenter. On emploie beaucoup ce métal. On s'en sert dans les laboratoires en raison de sa liquidité et de son inaltérabilité pour recueillir certains fluides élastiques solubles dans l'eau. On l'emploie aussi pour la construction des thermomètres et des baromètres.　　J. P.

MERCURIALE, *mercurialis* (*bot.*), genre de la famille des euphorbiacées acalyphées, établi par Linné (*Gen.* 11, 25), et qui présente pour caractères principaux : fleurs monoïques ou dioïques ; fleurs mâles à calice 3-4 parti ; étamines de 8 à 12, quelquefois plus ; filets libres, saillants, terminés par des anthères à loges globuleuses et distinctes ; fleurs femelles à calice 3-4 parti ; filets 2-3 stériles à 2 ou 3 loges uni-ovulées ; styles 2-3, courts, élargis et frangés dans leur contour ; le fruit est une capsule revêtue d'aspérités ou d'un duvet tomenteux, à 2 ou rarement à 3 coques globuleuses, monospermes. Les espèces de ce genre sont des plantes herbacées, annuelles ou vivaces, quelquefois suffrutescentes, à feuilles opposées, ou rarement alternes stipulées, dentées ou entières ; à fleurs axillaires et terminales ; les mâles disposés en épis agglomérés et bractéés ; les femelles en épis ou en faisceaux, ou solitaires. On les rencontre assez abondamment dans les parties australes de l'Europe, et plus rarement dans l'Asie et l'Afrique tropicale. Ce genre, qui renferme une dizaine d'espèces environ, a été divisé par Endlicher en deux sections, d'après la capsule ; il nomme linozostis, les espèces dont la capsule est à deux coques et les feuilles opposées, et trismegista, celles dont la capsule est à trois coques, et les feuilles alternes. Parmi les espèces de ce genre qui appartiennent à l'Europe, nous citerons : la mercuriale annuelle (*M. annua*, L.), à feuilles ovales, lancéolées, dentées et d'un vert sombre. Elle est très commune dans les jardins et les lieux cultivés. On emploie cette espèce à faire une préparation laxative, connue sous le nom de miel mercuriel. La mercuriale vivace (*M. perennis*, L.), qui ressemble beaucoup à la précédente, est une plante dangereuse et souvent fatale aux bestiaux.

MERCURIALE, s. f., assemblée des cours souveraines qui se tenait toujours un mercredi, et dans laquelle le premier président, ou le procureur-général, ou l'un des avocats-généraux, parlait contre les abus qui pouvaient s'être introduits dans l'administration de la justice. Il se disait aussi des discours même qui étaient prononcés dans ces occasions, et se dit encore, par extension, de ceux que les officiers du ministère public prononcent à la rentrée des cours et tribunaux. Il se dit figurément, d'une réprimande que l'on fait à quelqu'un. Mercuriale, signifie en outre, l'état du prix des grains, des fourrages, etc., qui ont été vendus au marché.

MERCURIALIS (Jérôme), célèbre médecin, appelé par quelques-uns l'Esculape de son temps, né le 30 septembre 1530 à Forli, où il mourut le 9 novembre 1606, pratiqua et professa la médecine à Padoue, à Bologne et à Pise. C'était un homme d'une douceur angélique et d'une piété exemplaire. On a de lui un grand nombre d'ouvrages. Les principaux, sont : *de Arte gymnastica*, Venise, 1587, in-4°, et Amsterdam, 1672, in-4°. On y trouve des recherches curieuses sur les jeux d'exercices des anciens avec de savantes explications; *de Morbis mulierum*, 1601, in-4°; des Notes sur Hippocrate et sur quelques endroits de Pline l'ancien ; *de Morbis puerorum; Consultationes et responsa Medicinalia*, Venise, 1625, in-fol., avec les notes de Mundinus; *Medicina practica*, Venise, 1627, in-fol.

MERCURIEN (Évrard), général des jésuites, né dans un petit village de la province de Luxembourg, et du diocèse de Liége, dont il porte le nom, étudia à Louvain, et s'y avança dans les lettres et la piété. Son zèle pour le salut des âmes lui fit préférer le nom de campagne à un canonicat dans Liége. Depuis il se fit jésuite à Paris, le 8 septembre 1541, et fut envoyé à Rome l'an 1551. Après la mort de saint François de Borgia, il fut élu général en 1573, gouverna avec beaucoup de douceur et de prudence, et mourut le 1er août 1580. On a de lui une Lettre encyclique adressée au supérieur de la société, remplie de sages préceptes.

MERCY (François de), fameux général de l'armée du duc de Bavière, né à Longwy en Lorraine, se signala dans diverses occasions. Il s'empara de Rotweil en 1643, et de Fribourg en 1644. Il prit ensuite une forte position que le grand Condé attaqua. Le combat dura trois jours, au bout desquels Mercy opéra une retraite savante qui augmenta sa réputation. En 1645, profitant d'une faute de Turenne, la seule qu'ait commise ce grand capitaine, Mercy le battit à Marienthal. Peu de temps après, il fut blessé à la bataille de Nordlingue, livrée contre Condé, le 3 août 1645, et mourut de ses blessures. On l'enterra dans le champ de bataille, et on grava sur sa tombe ces mots honorables : *Sta, viator, heroem calcas*. Une chose singulière, c'est que, le cours de deux campagnes que le duc d'Enghien, le maréchal de Grammont et Turenne avaient faites contre lui, n'avaient jamais rien projeté dans leur conseil de guerre que Mercy ne l'eût deviné et ne l'eût prévenu, comme s'ils lui eussent fait la confidence de leur dessein. C'est un éloge que peu d'autres généraux ont mérité.

MERCY (Florimond-Claude, comte de), petit-fils du précédent, né en Lorraine l'an 1666, se signala tellement par sa valeur dans les armées impériales, qu'il devint feld-maréchal de l'empereur en 1704. L'année suivante, il força les lignes de Pfaffenhoven, et fut vaincu en Alsace par le comte du Bourg en 1709. Le comte de Mercy s'acquit beaucoup de gloire dans les guerres de l'empereur contre les Turcs. Il fut tué à la bataille de Parme le 29 juin 1734.

MÈRE, s. f., femme qui a mis un enfant au monde. Il se dit aussi des femelles des animaux lorsqu'elles ont des petits. Mère de famille, femme mariée qui a des enfants. Notre première mère, Eve, la femme d'Adam. Fig., notre mère commune, la terre. Fig., cette femme est la mère des pauvres, elle fait de grandes charités, elle donne aux pauvres. Mère, est aussi la qualification qu'on donne à une religieuse professe. Mère, se prend quelquefois figurément, pour cause. Il se dit aussi des lieux, des établissements où une chose a commencé et s'est perfectionnée. Mère, s'emploie quelquefois adjectivement.

MERÉ (Guénard, baronne de), romancière aussi féconde que médiocre, née en 1751 à Paris, où elle mourut le 18 février 1829, a composé plusieurs ouvrages pour l'instruction de la jeunesse et un nombre bien plus considérable pour l'amusement des désœuvrés. N'osant attacher son nom à certaines de ses productions, à cause de leur obscénité, elle les fit paraître sous le pseudonyme de Boissy, de Faveroles, de Geller, etc. De là sont provenues des erreurs dans quelques biographies où l'on a fait figurer trois ou quatre auteurs qui sont encore à naître. Madame Guénard a écrit environ cent neuf romans dépourvus de mérite littéraire et formant 315 vol. in-12.

MERE (George-Brossin, chevalier de), écrivain de Poitou, où il naquit au commencement du XVIIe siècle, d'une famille des plus illustres de cette province, se distingua par son esprit et son érudition. Homère, Platon, Plutarque, et les autres excellents auteurs grecs lui étaient aussi familiers que les auteurs français. Après avoir fait quelques campagnes sur mer, il parut à la cour avec distinction, et se fit généralement estimer et regarder des grands, des savants et de toutes les personnes de mérite. Sur la fin de sa vie, il se retira dans une belle terre qu'il avait en Poitou, et il mourut dans un âge fort avancé, vers 1790. Il aima et pratiqua la religion. Il comprit que les vérités du christianisme faisaient la grandeur et la félicité du cœur de l'homme respectable. Le chevalier de Meré était un homme d'un esprit délicat, et un philosophe aimable. Ses ouvrages sont : 1° *Conversations de Clérambault et du chevalier de Meré*, in-12; 2° deux Discours, l'un de l'esprit et l'autre de la conversation, in-12; 3° *Les agréments du discours*; 4° des Lettres; 5° *Traité de la vraie honnêteté de l'éloquence et de l'entretien*, publié par l'abbé Nadal, avec quelques autres œuvres posthumes, in-12, faussement attribué par Ménage à Plassa-Meré. Voici le jugement qu'on en rapporte dans le 13e tome des *Mélanges d'histoire et de littérature de Vigneul-Marville* : « Le chevalier de Meré était un homme de réflexion; il avait une grande abondance de pensées et pensait bien; mais il faut avouer aussi qu'à force d'avoir voulu polir son style, il l'a exténué, qu'il est quelquefois guindé et peu naturel. » (Voy. la *Bibliothèque historique du Poitou*, par M. Dreux Duradier, tome 4). Le chevalier de Meré avait eu des liaisons amicales avec mademoiselle Daubigné et avec madame de Maintenon.

MÉRENVILLE (René Desmonstier de), ancien évêque de Dijon et de Chambéry, neveu de M. Charles-François Desmonstier de Mérenville, évêque de Chartres, naquit dans le diocèse de Limoges, en 1742, fut de la licence de M. de La Luzerne, et devint bientôt successivement chanoine de Chartres, grand-archidiacre et vicaire-général. Après avoir assisté à l'assemblée du clergé de 1775, il fut pourvu, en 1778, de l'abbaye de Somer, dans le diocèse de Boulogne ; puis après la mort de M. de Vogué, évêque de Dijon, il fut nommé par le roi à ce siège et sacré le 13 mai 1787. Élu aux états-généraux, il y vota toujours avec la majorité du clergé la plupart des déclarations et réclamations du côté droit, ainsi que l'exposition du principe des évêques de l'assemblée. Après avoir encouragé son clergé à suivre les bonnes voies et à se rattacher aux principes de l'Eglise, il quitta la France, se rendit à Bruxelles et se fixa ensuite en Allemagne. Rentré l'un des premiers en France, il donna sa démission en 1801, et fut nommé l'année suivante évêque de Chambéry, chargé en même temps d'administrer le diocèse de Lyon, jusqu'à l'arrivée du nouvel archevêque. Mérenville eut beaucoup d'ennuis avec les jansénistes et les constitutionnels : l'affaire devint tellement sérieuse que le gouvernement fit venir à Paris plusieurs ecclésiastiques, pour connaître les véritables causes du désordre dont l'Eglise de Lyon était affligée. Mérenville n'éprouva pas les mêmes difficultés dans son diocèse ; il eut même la satisfaction de voir rétablir à Genève l'exercice de la religion catholique, et il alla lui-même y donner la confirmation. Ce prélat obtint, en 1806, le titre de chanoine-évêque de Saint-Denis, et il l'a conservé jusqu'à sa mort, arrivée à Versailles, dans le mois de novembre 1829.

MÉRIAN (Marie-Sibylle), née à Francfort en 1647, morte le 13 janvier 1717 à Amsterdam, épousa Jean Andriesz Graff, habile peintre et architecte de Nuremberg ; mais elle est plus connue sous son nom propre. Elle peignit en détrempe les fleurs, les papillons, les chenilles et autres insectes. On a de cette dame : *Origine des chenilles, leur nourriture et leurs changements*, Nuremberg, 1678-1688, 2 vol. in-4°, avec figures, en allemand : on les a traduits en latin sous ce titre : *Erucarum ortus*, Amsterdam, 1703. Sa fille donna un troisième volume comme ouvrage posthume de sa mère. Nous avons le tout en français, sous ce titre : *Histoire des insectes de l'Europe*, traduite par Jean Marret, Amsterdam, 1730, in-fol., avec trente-six planches de plus et des notes ; *Dissertation sur la génération et les transformations des insectes de Surinam*, en flamand, Amsterdam, 1705, in-8°; *item*, en latin, Amsterdam, 1705, in-fol., avec soixante magnifiques planches; *item*, en français et en latin, Amsterdam, 1726, in-fol. Ces deux ouvrages ont été réunis en français sous ce titre : *Histoire des insectes de l'Europe et de l'Amérique*, Amsterdam, 1730, in-fol. On les a réimprimés en français et en latin à Paris en 1768, et on y a ajouté le *Florilegium* d'Emmanuel Sweerts, traduit en français, dont il y a des exemplaires enluminés. — Son père (Mathieu Mérian), né à Bâle en 1593, mort à Schwalbach en 1651, est connu par sa Collection topographique de l'univers, 31 tom. in-fol., et par son *Florilegium*, Francfort, 1612, 2 vol. in-fol.

- **MÉRIAN** (JEAN-BERNARD), philosophe suisse, né à Liechstall, dans le canton de Bâle, dans le mois de septembre 1723, de Jean-Rodolphe Mérian, pasteur et chef de la république, fit ses études au collége et à l'université de Bâle. Après avoir obtenu des succès dans les sciences philosophiques et mathaphysiques, il concourut aux différentes chaires de l'université, et échoua quatre fois de suite dans ses efforts. Les circonstances et les conseils de sa famille, bien plus qu'une vocation décidée le déterminèrent à embrasser la carrière ecclésiastique. Dès qu'il fut entré dans les ordres, il s'adonna à la prédication ; mais les succès qu'il obtint ne pouvaient le satisfaire. Son esprit inquiet demandait un autre aliment ; il rêvait un autre genre d'existence, et surtout une autre gloire. L'accueil qu'il reçut à Lausanne, dans la maison de madame de Savigny, le détermina à se livrer particulièrement à l'étude de la langue française : cette détermination eut la plus grande influence sur le reste de sa vie. Après avoir séjourné quelque temps à Amsterdam, il se rendit à Berlin et choisit bientôt ce pays pour sa patrie adoptive. Sur la recommandation de Bernouilli, il fut attaché à l'académie de Berlin, et dut une pension aux bons offices de Maupertuis qui en était directeur. Mérian ne tarda pas à trouver l'occasion de prouver sa reconnaissance à son bienfaiteur : il prit sa défense contre Kœnig, dans la fameuse querelle sur la découverte des principes de la moindre action. Ce fut dans ce but, et pour remplir les devoirs que lui imposait sa qualité de membre de la classe de philosophie spéculative, qu'il publia un grand nombre de Mémoires, tous remarquables par une dialectique vigoureuse, une clarté trop souvent rare dans ces sortes de discussions abstraites, quelquefois aussi par une raillerie fine, lorsqu'il repousse les personnalités de son adversaire. Mérian s'était aussi proposé de combattre la philosophie de Wolff, pour laquelle presque toute l'Allemagne s'était prononcée. Il s'était livré à l'étude des poëtes tant anciens que modernes, et comme il possédait parfaitement les langues latine, italienne, anglaise, il relisait souvent Virgile, le Dante et Milton. Il a consigné dans des Mémoires intéressants les résultats de ses réflexions. Ce philosophe est mort à Berlin, le 12 février 1807, sans laisser des regrets bien vifs ; car, s'il était un esprit original et un honnête homme, on lui reprochait son avarice et un cœur froid.

MÉRIDIEN (*est.*), (du latin, *meridies*, milieu du jour), grand cercle de la sphère céleste qui passe par le zénith, le nadir et les deux pôles du monde. Ce cercle, qui est perpendiculaire à l'équateur, divise la sphère en deux parties égales ou hémisphères, dont l'un se nomme oriental et l'autre occidental. En géographie, on nomme méridien terrestre un cercle terrestre, correspondant au méridien céleste, qui passe par les pôles de la terre et qui se trouve dans le même plan que ce dernier. C'est proprement l'intersection de la surface de la terre par le plan du méridien.

MÉRIDIENNE ou **LIGNE MÉRIDIENNE**, ligne tracée sur une surface quelconque dans le plan du méridien ou ; plus exactement, commune section du plan du méridien et d'une surface quelconque. La méridienne est d'une utilité indispensable dans l'astronomie, la gnomonique, la géographie, etc., et d'un usage fréquent dans la vie civile. Son exacte détermination est de la plus haute importance, aussi a-t-on inventé pour l'obtenir des instruments particuliers et diverses méthodes. Nous allons exposer ici quelques moyens plus exacts. L'étoile polaire n'étant éloignée du pôle que d'environ deux degrés, elle désigne toujours à peu près le nord, en quelque temps qu'on l'observe ; mais si l'on choisit l'instant où elle est au méridien, quand on s'y tromperait même de quelques minutes, on aura par le moyen de cette étoile, la direction du méridien avec une grande précision. Il suffira d'élever un premier fil à plomb, dont le pied désignera un des points de la méridienne sur la surface horizontale ou inclinée, sur laquelle on veut tracer cette ligne ; puis un second fil à plomb placé à quelque distance du premier, et qu'on écartera à droite ou à gauche jusqu'à ce que l'étoile polaire soit cachée par les deux fils, donnera un second point, et il ne s'agira plus que de tracer une droite qui passe par ces deux points. En faisant cette opération deux fois, quand l'étoile est le plus à l'orient et le plus à l'occident, et prenant le milieu, on aura exactement la méridienne. Avec un seul fil à plomb, en marquant exactement deux points de l'ombre

que ce fil projette aux rayons solaires, à deux moments différents où le soleil se trouve à la même hauteur au-dessus de l'horizon, on peut former un angle qu'il suffit ensuite de partager en deux parties égales par une droite qui est la méridienne. L'opération est alors exacte que les deux hauteurs égales auront été observées le plus près du méridien et avec des quarts de cercle bien divisés, et que le plan sur lequel on aura marqué les points d'ombre, sera parfaitement horizontal. Une fois la méridienne tracée sur un plan horizontal, il devient facile de la faire passer sur un plan quelconque incliné, déclinant, etc., puisqu'il suffit d'en obtenir la projection par les perpendiculaires élevées au plan horizontal sur deux de ces points. Lorsqu'on a tracé provisoirement une méridienne par un des moyens ci-dessus, en plaçant dans son plan un quart de cercle porteur d'une lunette, on peut la rectifier en observant les passages au méridien des astres, et en comparant les temps des observations avec ceux que donnent les éphémérides ; mais il faut alors avoir une bonne pendule dont la marche soit bien connue.

Méridienne du temps moyen. C'est une courbe en forme de 8, qu'on trace autour de la ligne de midi d'un cadran solaire, et qui indique le midi en temps moyen pour chaque mois de l'année. On trouve sa construction dans tous les traités de gnomonique.

MÉRIDIENNE, s. f., le sommeil auquel les habitants des pays chauds se livrent ordinairement vers le midi.

MÉRIDIONAL, ALE, adj., qui est du côté du midi. Distance méridionale, la différence de longitude entre le méridien sous lequel un vaisseau se trouve et celui d'où il est parti. Cadran méridional, celui qui est dans le plan qui va du levant au couchant, et celui d'où il est parti.

MÉRILLE (EDMOND), l'un des plus savants jurisconsultes du XVIIᵉ siècle, était de Troyes en Champagne. Il enseigna le droit à Bourges avec une réputation extraordinaire, et mourut en 1647, à 68 ans, après s'être distingué par divers écrits. On a fait une édition de ses Œuvres à Naples, en 2 vol. in-4°, 1720.

MÉRIMÉE, peintre d'histoire, secrétaire perpétuel de l'Académie des beaux-arts, mort le 26 septembre 1836, cultivait à la fois les arts et les sciences. Passionné pour la chimie, il dirigea principalement ses recherches vers la fabrication des couleurs, et rendit d'éminents services à la peinture et à l'industrie en publiant son livre intitulé *de la Peinture à l'huile*.

MÉRINGUE, s. f., espèce de pâtisserie fort délicate, faite avec des blancs d'œuf et du sucre en poudre, et que l'on garnit de crème fouettée ou de confitures.

MÉRINOS, race espagnole de moutons (V. ce mot). J. P.

MÉRINVILLE (CHARLES-FRANÇOIS DE MONSTIERS DE), évêque de Chartres, né à Paris en 1682, mort à Chartres en 1748, se montra constamment attaché aux devoirs et aux vertus de son état. Il signala principalement sa charité lors du violent incendie qui consuma presque entièrement la ville de Châteaudun en 1723, et pendant une disette qui affligea le Perche en 1739. On cite de lui : un Mandement pour rétablir les conférences ecclésiastiques dans son diocèse, en 1727 ; une Ordonnance pour condamner les Nouvelles ecclésiastiques, en 1736, et des Sujets de conférences ecclésiastiques sur la morale, 1744, 2 vol. in-8°.

MÉRION, conducteur du char d'Idoménée, se distingua beaucoup au siège de Troie. Homère l'a comparé à Mars pour la valeur. Il y eut un autre Mérion, fils de Jason, célèbre par ses richesses et par son avarice.

MÉRION (ois.), genre de la famille des becs-fins, établi pour quelques espèces de traquets, mais non adopté par tous les naturalistes (Voy. TRAQUET). J. P.

MÉRISIER (bot.), nom d'une espèce du genre cerisier (Voy. ce mot). J. P.

MÉRITANT, ANTE, adj. verb., qui a du mérite.

MÉRITE, s. m., ce qui rend une personne digne d'estime. Mérite, en parlant des choses, se dit de ce qu'elles ont de bon et d'estimable. Mérite ne s'emploie qu'au singulier, quand il est pris dans un sens collectif ; mais pris dans un sens distributif, il peut avoir un pluriel. Mérite, signifie aussi, ce qui rend digne de récompense ou de punition ; dans cette acception, le pluriel est aussi usité que le singulier. Par dérision, faire valoir tous ses mérites, exagérer ses services. Se faire un mérite de quelque chose, tirer gloire, avantage, d'avoir fait quelque chose.

MÉRITER, v. a., être digne, se rendre digne de. Il se

prend aussi de mauvaise part, et signifie alors encourir, attirer à soi. Absol., mériter beaucoup, être digne de récompense par ses talents, par ses services. Mériter, se dit aussi des choses, et il se prend de même en bonne et en mauvaise part.

MÉRITOIRE, adj. des deux genres, qui mérite. Il est particulièrement d'usage en parlant des bonnes œuvres que Dieu récompense dans le ciel. Il s'applique souvent aux actions qui n'ont point de motif religieux, mais qui sont louables, dignes d'estime ou de reconnaissance.

MERLAN, (poiss.). Tout le monde connaît le merlan. Ce poisson, qui se sert sur presque toutes les tables, est allongé, couvert de petites écailles, a trois dorsales, deux anales, des pectorales petites, des ventrales jugulaires, étroites et dont le premier rayon s'allonge en un petit filet. La gueule est bien fendue, les mâchoires sont ornées de dents coniques et aiguës; il y en a aussi sur les palatins et les pharyngiens. La mâchoire inférieure dépasse la supérieure; elle n'a pas de barbillons. La couleur du dos est d'un gris un peu verdâtre; le reste du corps brille d'un bel éclat d'argent poli. Le merlan habite abondamment les mers septentrionales de l'Europe. Il fait l'objet d'une pêche importante dans la Manche. On le pêche généralement avec de longues lignes de fond, armées de deux à trois cents hameçons, que l'on amorce avec des vers et autres matières animales. C'est surtout après le passage des harengs que le merlan est en plus grande abondance et que sa chair est meilleure et plus grasse, parce qu'il a pu dévorer les œufs et le petit fretin de hareng dont il est très friand. Linné ne faisait qu'un seul genre du merlan et des gades; mais aujourd'hui le merlan sert de type à un genre de la famille des gades, caractérisé par l'absence du barbillon sous-maxillaire que l'on voit chez les morues. Outre le merlan commun, on distingue le merlan noir (gadus carbonarius), ou colin, qui se distingue par ses teintes verdâtres et ses dorsales presque noires, ainsi qu'une tache de cette couleur au-dessus des pectorales. Cette espèce, qui atteint un mètre de longueur, est assez commune dans les mers septentrionales. Le merlan jaune (G. pollachius), ou lieu, qui se distingue du merlan commun par ses couleurs jaunes. Le merlan vert (G. virens), ou sey, plus vert que notre merlan, abondant sur les côtes de la Norwège. J. P.

MERLE, turdus (ois.). Les merles qui formaient autrefois un genre composé d'espèces fort différentes par leurs caractères, ont été érigés en famille. Nous donnerons ici la classification de G. Cuvier comme la plus généralement suivie; en y introduisant quelques modifications d'après M. Lesson. On divise cette famille en merles, petrocincles, moqueurs, stournes, turdoïdes, grallines et crinons. I. Les merles proprement dits comprennent les merles, les fausses grives et les grives de M. Lesson. Leurs caractères sont : bec long, arqué, comprimé, fort, assez élevé, échancré à la pointe qui n'est pas recourbée en crochet; ailes ne dépassant pas les couvertures supérieures de la queue; celle-ci carrée de médiocre longueur. Dans cette division rentrent le merle commun (turdus merula), complètement noir avec le bec jaune. Cette espèce présente de nombreuses variétés albines, totales ou partielles; ainsi l'on a tort de promettre, comme chose impossible à tenir, un merle blanc. Le merle à plastron (T. torquatus), le merle à gorge noire (T. atrogularis), les T. pallidus, sibiricus, collaris, atricapilla, albiceps, citrinus, rubripes, etc. Le merle erratique ou robin (T. migratorius), le merle plombé (T. plumbeus), la grive des Malouines et la grive Poiteau, appartenant à la section des fausses grives. Parmi celles des grives proprement dites, nous citerons : la grive commune (T. musicus), qui a le dessus du corps d'un brun nuancé d'olivâtre; côtés du cou et de la poitrine roussâtres, avec des taches triangulaires brunes. Il habite presque toute l'Europe. Dans cette section rentrent encore les grives dorées (T. aureus); draine (T. viscivorus); litorne (T. pilaris); mauvis (T. iliacus), d'Europe. II. Les petrocincles (petrocossyphus): bec allongé, comprimé, légèrement fléchi à son extrémité, plus large à sa base que chez les merles; ailes fort longues, dépassant le milieu de la queue; celle-ci légèrement échancrée. Tels sont le merle blanc (P. cyanus); le merle de roche (P. saxatilis); les P. paudao, maal, des Indes; rupestris et explorator d'Afrique, etc. III. Les moqueurs (mimus), ont le bec plus mince et plus convexe; les ailes de médiocre longueur; la queue aussi longue ou plus longue que le reste du corps, très étagée. Toutes les espèces de cette division sont étrangères à l'Europe. Ce sont : le moqueur proprement dit (M. polyglottus), et le merle cendré (M. gilvus), des Etats-Unis; le

M. felinox, de Virginie; le M. calandria, cœrulescens, lividus patagonicus, dorsalis, etc., de l'Amérique méridionale; les M. curvirostris et rufus, du Mexique. IV. Les stournes (lamprotornis), à bec médiocre, élevé, élargi à sa base, à arête entamant le front; tarses forts, plumage métallisé, les plumes de l'occiput longues et pointues comme chez l'étourneau. Toutes les espèces connues sont de l'ancien continent. Nous citerons : le merle vert (L. mauritianus), et le stourne chanteur (L. cantor), de l'Ile-de-France; les L. rufiventris et tenuirostris, de l'Abyssinie; les L. ænea, intens aurata, bicolor, morio, chrysogaster, et lencogaster, d'Afrique. V. Les turdoïdes (ixos), à bec court, comprimé, fléchi dès sa base; pieds courts; doigt du milieu plus long que le tarse; ongles courts et grêles. Une seule espèce de cette division se rencontre accidentellement en Europe : c'est le turdoïde obscur (I. obscurus), à tête, joues et gorge d'un brun sombre; dessus du corps brun terreux; poitrine et flancs d'un brun clair; abdomen et couvertures inférieures de la queue blanchâtres. Sa patrie est l'Afrique, mais il se montre quelquefois en Espagne. Dans cette section rentrent les I. atriceps, aurigaster orientalis, etc. M. Tomminck en a distingué quelques espèces à queue très fourchue sous le nom d'énicure. VI. Les grallines (grallina), à bec médiocre, allongé, convexe; ailes longues et pointues; tarses longs, robustes, scutellés. Le dernier caractère surtout sert à distinguer les grallines des autres merles. On n'en connaît que deux espèces, de la Nouvelle-Hollande : les Gr. melanoleuca et bicolor. VII. Les crinons, criniger, caractérisés par des soies fortes et raides à la base de la mandibule supérieure, et les plumes de la nuque terminées par une sorte de soie. G. Cuvier rapporte à cette division le crinon barbu (Cr. barbatus). Les merles parmi lesquels se placent naturellement les grives, les moqueurs, etc., offrent, en raison de leur nombre considérable, des mœurs et des habitudes assez variées. Les uns vivent en troupes, d'autres en petites familles, et quelques-uns tout-à-fait solitaires. De ce nombre sont les merles proprement dits et les petrocincles. Presque tous les merles sont à la fois insectivores, frugivores et baccivores. Gourmands et avides, on les voit déployer la plus grande activité à chercher leur nourriture. On sait que la grive commune se gorge au point de pouvoir à peine voler, ce qui a donné lieu au proverbe : saoul comme une grive. Le caractère des merles est sauvage et défiant, et on ne les approche que par la ruse. Du reste, courageux et querelleurs, quelques espèces, parmi lesquelles nous citerons surtout la draine, ne craignent pas d'attaquer des oiseaux beaucoup plus forts. La famille des merles est une des plus riches sous le rapport du chant. C'est surtout au printemps que les merles déploient toutes les ressources de leur voix. Ces oiseaux en captivité, acquièrent à un haut degré le talent d'imitation. Mais de toutes les espèces de cette famille, l'espèce qui possède au plus haut point cette faculté, est le moqueur d'Amérique (M. polyglottus). Cet oiseau a le singulier talent de reproduire à l'instant tous les cris et tous les chants qui viennent le frapper. Son chant est des plus agréables. J. P.

MERLETTE, s. f., t. de blason, petit oiseau représenté sans pieds ni bec.

MERLIN, s. m., long marteau ou espèce de massue dont les bouchers se servent pour assommer les bœufs. Il se dit aussi d'une espèce de hache à fendre le bois.

MERLIN (Ambroise), vivait vers l'an 480, dans les montagnes de l'Écosse, et fut regardé comme un grand magicien. On lui attribue des Prophéties et d'autres ouvrages sur lesquels quelques auteurs ont fait du commentaires. L'Histoire de Merlin et ses Prophéties parurent à Paris en 1530, in-fol., et furent traduites en italien à Venise en 1539 et 1554, in-8.

MERLIN (Jacques), docteur de Navarre, natif du diocèse de Limoges, fut curé de Montmartre, puis chanoine et grand pénitencier de Paris. Un sermon véhément contre quelques grands seigneurs soupçonnés d'être favorables aux nouvelles erreurs, ayant fait beaucoup de bruit à Paris et à la cour, François Ier le fit mettre en prison dans le château du Louvre, en 1527, et l'envoya en exil à Nantes deux ans après. Ce monarque, s'étant ensuite apaisé, lui permit de revenir à Paris en 1530. Il y mourut en 1541, après avoir occupé la place de grand-vicaire et la cure de la Madeleine. Ses ouailles trouvèrent en lui le plus tendre et le plus zélé des pasteurs. Merlin est le premier qui ait donné une Collection des conciles. Il y en a eu trois éditions. Cette Collection est cependant très imparfaite, et contient quantité de faux actes que la sagacité des critiques du XVIIe siècle a su séparer des véritables. On a encore de lui des éditions de Richard de Saint-Victor, de Pierre de Blois, de Durand de Saint-Pourçain et d'Origène. Il a mis à la tête des œuvres de ce Père une Apologie, dans laquelle il tâche de justifier Origène des erreurs qu'on lui impute.

MERLIN (Charles), jésuite du diocèse d'Amiens, mort à Paris dans le collége de Louis-le-Grand, en 1747, enseigna avec distinction les humanités et la théologie. On a de lui : 1° un Traité historique et dogmatique sur la forme des sacrements; 2° plusieurs Dissertations, la plupart insérées dans les Mémoires de Trévoux. On distingue une Défense du pape Honorius, pleine d'érudition et d'une critique sage, et surtout une nouvelle Exposition de la doctrine catholique sur la prédestination, où l'auteur tâche de concilier les deux sentiments qui partagent l'école sur cette matière.

MERLIN (Antoine-Christophe), dit de Thionville, du nom de la ville où il était né en 1762, mort à Paris le 15 septembre 1833, était huissier au commencement de la révolution. Son zèle pour cette cause le fit députer à la première législature, puis à la Convention. Il était un des membres les plus ardents du club des jacobins. Le 23 avril 1792, il fit la motion d'exporter en Amérique tous les prêtres insermentés. Le 9 mai, il prêcha l'insurrection avec tant de violence, que l'Assemblée lui ôta la parole par décret. Il poursuivit ensuite Louis XVI de ses discours, se reprochant de ne l'avoir pas poignardé le 10 août, et s'opposa à ce que l'on accordât des conseils à ce prince. Absent lors du procès, il écrivit de Mayence, le 6 janvier 1793, qu'il votait la mort du tyran. Il montra beaucoup de bravoure, mais aussi beaucoup d'exaltation, à Mayence et dans la Vendée. Le 8 janvier 1794, il demanda que toutes les places prises aux ennemis fussent démantelées, et qu'on transportât en France les richesses, les bestiaux et les denrées des pays conquis. « Les peuples s'en plaindront, dit-il ; eh bien! qu'ils abattent leurs rois! » Cependant, sous Robespierre, cet homme si violent commença à avoir peur lui-même ; il se sépara des jacobins après la chute du tyran, et se déclara leur ennemi. Sa carrière législative se termina à sa sortie du conseil des cinq-cents, en 1798. Nommé administrateur général des postes, il se prononça contre le consulat à vie, et s'éloigna non-seulement des affaires, mais même du voisinage de Paris. Il avait acheté le Calvaire du Mont-Valérien qu'il revendit alors. En 1816, craignant qu'on ne lui appliquât la loi sur les régicides, il adressa aux ministres un Mémoire où il protestait que ses opinions étaient bien changées : aussi ne fut-il point porté sur la liste d'exil.

MERLUS (poiss.), et par corruption, merluche. Poisson de la famille des gades, ayant de grands rapports avec les morues. J. P.

MÉROCÈLE, s. f., cuisse, hernie peu volumineuse, arrondie, plus ou moins difficile à réduire, formée au pli de l'aine par le passage d'un viscère ou d'une portion de viscère abdominal à travers le canal crural. On la reconnaît à une tumeur globuleuse, située sur la partie moyenne et un peu interne du pli de la cuisse, 6 lignes environ au-dessous de l'anneau inguinal, ou à une tumeur ovalaire allongée dans le sens de ce pli. Mais souvent les parties herniées remontent au-devant du ligament de Fallope, et l'on peut alors confondre cette hernie avec une hernie inguinale : cependant sa forme globuleuse et allongée transversalement, sa situation en dehors et au-dessous des cordons spermatiques, la feraient distinguer. La pelote du bandage destiné à contenir une hernie crurale doit être inclinée de manière à exercer une compression de bas en haut, de dedans en dehors et d'avant en arrière; mais elle ne doit pas être trop large, afin de ne pas gêner les mouvements de la cuisse. L'étranglement de la hernie crurale cause des accidents plus rapides et plus intenses encore que celui de la hernie inguinale. Pour opérer la réduction, il faut placer le malade de manière que le tronc soit incliné en avant, et que les cuisses soient fléchies et tournées en dedans, pour mettre toutes les fibres aponévrotiques dans le plus grand relâchement possible. Si la tumeur, peu volumineuse, n'a pas dévié de sa direction primitive, qui est celle du canal, les efforts de réduction sont dirigés de bas en haut, et un peu de dedans en dehors; lorsqu'elle s'est recourbée au-devant du ligament de Fallope, il faut d'abord l'abaisser et la porter un peu d'avant en arrière. Les chirurgiens ne s'accordent pas sur le point où il faut opérer le débridement.

MÉROPE (myth.), une des Atlantides, épousa Sisyphe, fils d'Éole, et fut, ainsi que ses sœurs, changée en constellation après sa mort. Les poëtes prétendent que l'étoile de Mérope,

dans la constellation des Pléiades, a moins de clarté que les autres, parce que cette princesse épousa un mortel, au lieu que ses sœurs épousèrent des dieux ou des demi-dieux.

MÉROPE (hist.), célèbre reine de Messénie, fille de Cypsélus de Corinthe, épousa Cresphonte, roi de Messénie, dont elle eut trois enfants. Polyphonte, après avoir tué son mari et deux de ses enfants, à la faveur d'une attaque nocturne à laquelle il avait engagé les habitants d'Amphrise et de Pylos, voulut la contraindre à le prendre pour époux, et sans doute elle eût été obligée de se rendre à ses vœux si Epytus ou Téléphonte, son troisième fils, reparaissant tout-à-coup, n'eût vengé la mort de son père dans le sein du tyran. Les malheurs et la délivrance de Mérope inspirèrent à Euripide une tragédie qu'Aristote regardait comme son chef-d'œuvre, mais que nous avons malheureusement perdue.

MÉROUÉE ou **MÉROVÉE**, roi de France, succéda à Clodion en 448, et combattit Attila en 451, dans les plaines de Châlons-sur-Saône, assisté d'Aétius, général romain, et de Théodoric, roi des Goths. Sa victoire fut complète. On dit qu'il étendit ses ravages depuis les bords de la Somme jusqu'à Trèves, qu'il prit et saccagea. Il mourut en 555, laissant pour successeur Childéric Ier son fils. Sa valeur a fait donner aux rois de France de la première race le nom de Mérovingiens.

MÉROUÉE, fils aîné de Chilpéric Ier, roi de France, fut envoyé par son père, l'an 576, pour s'emparer du Poitou, qui appartenait au jeune Childebert II, son cousin, fils de Sigebert, roi d'Austrasie. Au lieu d'exécuter les ordres de son père, il se retira à Tours et de là à Rouen, où il entretint avec sa tante Brunehaut un commerce scandaleux. Prétextat, archevêque de Rouen, voulant mettre fin au scandale, les maria, sans égard aux saints canons, qui défendent ces sortes d'alliances. Chilpéric réduisit les deux époux à se sauver dans une église, d'où il les tira, en promettant de leur conserver la vie; il donna des gardes à Brunehaut, et mena son fils avec lui. Quelque temps après, Mérouée, étant accusé par Frédégonde, femme de Chilpéric, d'être d'intelligence avec les ennemis du roi, fut enfermé dans un couvent, d'où il se retira dans l'église de Saint-Martin de Tours, alors l'asile le plus sacré de la France, qui le mettait à couvert de la colère de son père et des intrigues de sa marâtre. Ceci montre quel respect on avait dans ces temps barbares pour les lieux saints, et combien sont efficaces les obstacles que la religion oppose à la violence et à la tyrannie. Il erra ensuite, essuyant diverses aventures, et formant divers projets, jusqu'à ce qu'il fut poignardé par ordre de Frédégonde, qui fit croire à son mari qu'il s'était tué lui-même.

MERRAIN, s. m., bois de chêne fendu de menues planches, dont on fait de panneaux, des douves de tonneaux et d'autres ouvrages. Merrain, en termes de vénerie, la matière de la perche et du bois du cerf.

MERRE (Pierre Le), avocat, mort à Paris, sa patrie, en 1763, obtint une chaire de professeur royal en droit canon, qu'il remplit avec distinction. C'est à lui et à son père qu'on doit le Recueil des actes, titres et mémoires concernant les affaires du clergé de France, 12 vol. in-fol., 1716 à 1750. On en a imprimé un Abrégé, 1767 et années suivantes, en 6 vol. in-fol., qui a pour titre : Collection des procès-verbaux des assemblées générales du clergé, rédigés par ordre de matières, et réduits à ce qu'ils ont d'essentiel. On a réimprimé à peu près au même temps le Recueil des actes, titres et mémoires du clergé, à Avignon, en 14 vol. in-4°, plus commodes, mais moins exacts que l'édition in-fol.

MERRY (Saint), naquit à Autun, dans le VIIe siècle. Prévenu, dès son enfance, des bénédictions du ciel, il ne pensait qu'à Dieu et ne s'occupait que de la sanctification de son âme. Il avait à peine atteint sa treizième année, qu'il exprima le désir de quitter le monde et de se consacrer entièrement à Jésus-Christ. Ses parents s'opposèrent d'abord à ce pieux dessein ; mais, vaincus par sa persévérance, ils lui permirent de suivre sa vocation et le conduisirent eux-mêmes à l'abbaye de Saint-Martin d'Autun. Merry profita de cette sainte retraite pour se perfectionner dans la pratique de toutes les vertus, et au bout de quelques années il fut unanimement élu, après la mort de l'abbé, pour gouverner le monastère. Malgré sa grande jeunesse, il s'acquitta de cette charge difficile de manière à justifier le choix dont il avait été l'objet. Les moines louaient sa prudence, sa douceur, son zèle infatigable. Il fortifiait les faibles, encourageait les timides, reprenait et consolait les pécheurs, et servait de guide et de modèle à tous ses frères dans la voie étroite de la perfection. Sa réputation de sainteté franchit bientôt le monastère, et l'on venait de toutes parts le consulter comme l'ange du Seigneur. Son humilité s'effraya de cette affluence de personnes qui réclamaient le secours de ses lumières, et, craignant que la vanité ne se glissât dans son cœur, il renonça à sa dignité, et s'enfuit secrètement dans une forêt située à une petite distance de la ville. Il s'y retira dans un lieu appelé encore aujourd'hui la Celle de saint Merry, y vivait du travail de ses mains, et suivait en liberté son attrait pour la pénitence, la prière et la contemplation. Mais ayant été découvert par ses religieux, il fut obligé d'abandonner sa chère solitude, et de reprendre la direction du monastère. Cependant la pensée de la retraite le dominait toujours, et prenant les mouvements de son cœur pour la marque d'une vocation certaine, il sortit une seconde fois de son monastère, bien résolu de ne plus revenir à Autun, et de consacrer tout ce qui lui restait de vie à méditer sur sa fin dernière et à se préparer pour l'éternité. Il prit la route de Paris avec un de ses religieux nommé Fradulphe, que l'on appelle vulgairement saint Frou, s'arrêta dans un des faubourgs de cette ville, situé au nord, et choisit pour sa demeure une cellule attenante à une chapelle dédiée sous l'invocation de saint Pierre. Il ne fit que prier et souffrir pendant les trois années qu'il y vécut. Enfin il fut délivré des misères de cette vie par une sainte mort qui arriva vers l'an 700. Il fut enterré dans la chapelle de saint Pierre, à la place de laquelle on a bâti depuis une grande église qui était tout à la fois collégiale et paroissiale. Cette église porte encore son nom. Elle était enrichie de ses reliques, qui étaient dans une châsse d'argent placée au dessus du grand autel. Elle fut brûlée par les révolutionnaires en 1793, et on n'en a pu conserver que quelques fragments qu'une pieuse paroisse possède.

MERSCH (FRANÇOIS), né à Léobschiz en Silésie, l'an 1690, entra chez les jésuites, et se distingua dans le ministère de la prédication. On a de lui un Recueil de sermons, Breslau, 1751, in-4°; un autre, Prague, 1754.

MERSEBOURG, province de Prusse d'environ 559 lieues carrées. Elle comprend les comtés de Mansfeld et de Stolberg, une partie du duché de Magdebourg, des territoires de Messein et de Leipzig, de la Thuringe, de l'ancien cercle électoral de Saxe, les évêchés de Zeite, de Naumbourg et Mersebourg. — 485,000 habitants. (V. PRUSSE et ALLEMAGNE). Mersebourg (Marisburgum) en est le chef-lieu. Cette ville est située sur les bords de la Saale, dans un pays assez fertile, rempli de prairies et de jardins. On y remarque une fort belle cathédrale gothique, les palais des évêques et ducs, un gymnase et des brasseries. Son commerce est peu important. — 9,000 habitants.

MERSENNE (MARIN), mathématicien et religieux minime, né au bourg d'Oysé, dans le Maine, le 8 septembre 1588, étudia à La Flèche avec Descartes, et forma avec lui une liaison qui ne finit qu'avec leur vie. Les mêmes goûts fortifièrent leur amitié. Le P. Mersenne était né avec un génie heureux pour les mathématiques et la philosophie. Il inventa la cycloïde, nouvelle courbe qui fut aussi nommée roulette, parce que cette ligne est décrite par un point de la circonférence d'un cercle qu'on fait rouler sur un plan. Ce religieux, également propre à la théologie et à la philosophie, enseigna ces deux sciences depuis 1615 jusqu'en 1619. Il voyagea ensuite en Allemagne et en Italie, d'où il rapporta en France les découvertes de Toricelli sur le vide; il voyagea encore dans les Pays-Bas. On a de lui plusieurs ouvrages; les plus connus sont : Quæstiones celebres in Genesim, 1623, in-fol. C'est dans ce livre qu'il parle de Vanini. Il fait mention en même temps, depuis la colonne 669° jusqu'à la 676°, des autres athées de son temps. Il prétend qu'il y en a avait plus de 50 mille à Paris. Sans examiner si ce compte était juste, ni s'il regardait les athées de spéculation ou de pratique, il paraît, par les événements que le temps a fait éclore, qu'une telle disposition des esprits devait être déjà bien avancée du temps du P. Mersenne. On lui doit cependant remplacer cette liste imprudente et inutile par deux cartons; l'Harmonie universelle, contenant la théorie et la pratique de la musique, 2 vol. in-fol., dont le premier est de 1636, et le second de 1637. Il y en a une édition latine de 1648, avec des améliorations, sous le titre Harmonicorum libri, de sonorum natura, causis et effectibus; ouvrage profond, mais effacé par la Musurgia universalis et la Phonurgia nova du P. Kircher; Cogitata physico-mathematica, in-4; la Vérité des sciences, in-12; les Questions inouïes, in-4. On trouve plusieurs Lettres latines de ce savant minime parmi celles de Martin Ruar, fameux socinien. Le P. Mersenne sa-

vait employer les pensées des autres : La Mothe-le-Vayer l'appelait le bon larron.

MERULA (GEORGE), d'Alexandrie de la Paille, né vers 1424, enseigna le latin et le grec à Venise et à Milan, et mourut dans cette dernière ville en 1494, à l'âge de 70 ans. On a de lui plusieurs ouvrages. Les principaux sont : 1° Antiquitatis vice-comitum Mediolanensium libri x, Milan, 1625, in-fol.; 2° Des Commentaires sur Martial, dont il donna la première édition ; sur Stace, Juvénal, Varron, Columelle; 2° des Epitres, etc. Erasme, Hermolaüs, Barbarus et plusieurs autres savants font de lui un grand éloge. Tristanus Calchus, disciple de Merula, fut jugé capable par son maître, d'être associé à son travail pour l'Histoire de Milan, mais le disciple, craignant qu'on n'attribuât toute sa gloire de cet ouvrage au maître, en donna une autre de son propre fond, Milan, 1624, où il critiqua d'une manière outrageante celle de son maître; artifice de jalousie que les lecteurs judicieux n'eurent point de peine à démêler. Merula se défendait avec vivacité contre les censeurs qui l'attaquaient, mais il ne tardait point à reprendre des sentiments de paix et de bonne volonté.

MERULA ou VAN-MERLE (PAUL), né l'an 1558, à Dordrecht, se rendit habile dans le droit, dans l'histoire, dans les langues et dans les belles-lettres. Pour donner plus d'étendue à ses connaissances, il voyagea en France, en Italie, en Allemagne et en Angleterre. De retour dans sa patrie, il succéda en 1592 dans la chaire d'histoire de l'Université de Leyde, à Juste-Lipse, qui aima mieux rentrer dans la religion de ses pères, que de briller par l'enseignement des sciences profanes dans une école hétérodoxe. Les ouvrages de Merula sont : 1° des Commentaires sur les fragments d'Ennius, in.4° ; 2° une édition de la vie d'Erasme et de celle de Junius, l'une et l'autre in-4° ; 3° un ouvrage très utile pour la géographie tant ancienne que moderne : Cosmographiæ generalis lib. iii et Geographiæ particularis lib. iv, Leyde, 1605, in-4°, Amsterdam, 1636, 6 vol. in-12. Il n'a achevé que l'Espagne, la France et l'Italie; 4° Manière de procéder en Hollande, etc., en flamand. L'édition la plus complète est celle de Delf, 1705, in-4° ; 5° Opera posthuma, 1684 in-4°. Ils contiennent cinq traités : De sacrificiis Romanorum de sacerdotibus, de legibus, de comitiis, de præmiis militaribus. Ils sont fort savants; 6° Urbis Romæ delineatio, Leyde, 1559 ; 7° Histoire universelle, depuis la naissance de J.-C. jusqu'à l'an 1200, continuée par son fils jusqu'en 1614, en flamand, Leyde, 1627, in-fol. La continuation est farcie de traits injurieux contre l'Eglise catholique ; 8° Dissertation de moribus. Ce savant mourut à Rostock, en 1607, à 49 ans. Voyez les Mémoires de Nicéron, t. XXVI.

MERVEILLE, s. f., chose qui cause de l'admiration. Il se dit quelquefois des personnes. — Les sept merveilles du monde étaient sept ouvrages de l'antiquité qui surpassaient les autres en beauté et en magnificence. Ce sont : 1° les jardins suspendus de Sémiramis ; 2° les murs de Babylone; 3° les pyramides d'Egypte; 4° la statue de Jupiter Olympien; 5° le colosse de Rhodes ; 6° le temple de Diane à Ephèse; 7° le tombeau de Mausole. Certains auteurs, réunissant en une seule merveille les murailles et les jardins de Babylone, ont fait entrer dans cette nomenclature le temple de Jérusalem; d'autres y ont ajouté, sous le nom de huitième merveille du monde, soit l'Esculape d'Epidaure, soit la Minerve d'Athènes, l'Apollon de Délos, le Capitole ou le temple d'Adrien à Cyzique. Prov., promettre monts et merveilles, faire de très grandes promesses, des promesses exagérées. A merveille, loc. adv., très bien, parfaitement.

MERVEILLEUX, EUSE, adj., admirable, surprenant, étonnant, qui est digne d'admiration. Il signifie aussi excellent en son espèce. Fam. et par ironie, vous êtes un merveilleux homme, vous êtes un homme étrange, extraordinaire par vos sentiments, par vos manières. Merveilleux est souvent substantif et signifie l'intervention des êtres surnaturels dans un poème épique ou dramatique. Il signifie aussi ce qui, dans un événement, dans un récit, s'éloigne de l'ordre naturel et du cours ordinaire des choses. Merveilleux, employé substantivement, se dit dans le langage familier, d'une personne qui affecte de belles manières et qui a beaucoup de prétentions.

MERVESIN (JOSEPH), religieux de l'ordre de Cluny non réformé, obtint le prieuré de Baret, et mourut de la peste en 1721, à Apt, sa patrie. Il avait contracté cette maladie en se consacrant au service des pestiférés. Son Histoire de la poésie française, Paris, 1406, in-12, fut recherchée dans le temps, quoiqu'elle ne soit ni exacte, ni correctement écrite.

MERVILLE (Michel Guyot de), né à Versailles. du président du grenier à sel de cette ville, le 1er février 1696, se fixa à La Haye, où il ouvrit une boutique de libraire. Non-seulement il vendait des livres, mais il en composait. Il mit au jour en 1726 un *Journal*, et ensuite quelques pièces de théâtre. Il retourna à Paris. Des chagrins causés par le dérangement de ses affaires le déterminèrent, au bout de quelques années, à quitter la capitale, et à se retirer en Suisse, où il lui prit envie de terminer ses jours, en se noyant dans le lac de Genève en 1755. On a publié ses *Œuvres de théâtre* à Paris, en 1736, 6 vol. in-12. M. Petitot a publié une notice sur Guyot de Merville comme avant-propos d'une des pièces de théâtre de ce poète (*le Consentement forcé*), dans le tome XXI du *Répertoire du Théâtre-Français*.

MÉRY (Jean), chirurgien célèbre, né à Vatan en Berry, le 6 janvier 1645, obtint une place à l'académie des sciences, fut fait premier chirurgien de l'Hôtel-Dieu en 1700, et mourut le 3 novembre 1722. Méry eut toute sa vie beaucoup de religion, et des mœurs telles qu'elle les demande et les inspire. Cet homme habile n'avait pas une idée exagérée de sa profession. « Nous autres anatomistes, disait-il, nous sommes comme les crocheteurs de Paris, qui en connaissent toutes les rues, jusqu'aux plus petites et aux plus écartées, mais qui ne savent pas ce qui se passe dans les maisons. »

MÉRYCISME, s. m., affection dans laquelle les aliments, après un séjour plus ou moins long dans l'estomac, sont rapportés dans la bouche pour y subir une nouvelle élaboration, et être ensuite avalés de nouveau, à peu près comme chez les ruminants. Cette lésion, qui dépend tantôt d'une névrose de la digestion, et tantôt d'une conformation particulière de l'estomac, est très rare.

MESA, roi des Moabites, refusa de payer à Joram, roi d'Israël, le tribut qu'il payait à son père Achab. Joram leva une armée pour obliger ce prince à le payer; et, secouru de Josaphat, roi de Juda, et du roi d'Idumée, il poursuivit Mésa jusque dans sa capitale. Elle allait être forcée, lorsque Mésa, désespéré, fit monter son fils sur les murs de la ville; et, pour montrer que ni lui ni son successeur ne se soumettraient jamais à payer le tribut, il sacrifia ce fils, son successeur, en présence des trois rois, qui furent saisis d'horreur et levèrent incontinent le siège.

MESA (Julie), (hist.), sœur de l'impératrice Julie Domna, femme de Septime-Sévère, épousa Julius Avitus, et en eut deux filles, dont l'une, Julie Sœmis, fut mère d'Héliogabale, et l'autre, Julie Mammée, fut mère d'Alexandre-Sévère. Exilée à Emèse avec sa famille, après la mort de Caracalla, elle contribua à l'élévation d'Héliogabale au trône en le faisant passer, aux yeux des soldats, pour le fruit d'un commerce secret entre Caracalla et sa fille Sœmis. Elle gouverna l'empire au commencement du règne de son petit-fils, et retarda de quelques instants la chute de ce prince en lui donnant l'utile conseil d'adopter son cousin Alexien (depuis Alexandre-Sévère). Elle concourut plusieurs fois à la rédaction des sénatusconsultes.

MÉSALLIANCE, s. f., alliance, mariage avec une personne d'une condition fort inférieure à celle de la personne qu'il épouse.

MÉSALLIER, v. a., marier à une personne d'une naissance ou d'un rang fort inférieur. Il est plus souvent employé avec le pronom personnel. Il signifie quelquefois figurément et familièrement s'abaisser, déroger.

MÉSANGE *parus* (ois.), genre de passereaux de la famille des paridées, et dont les principaux caractères sont : bec petit, court, droit, conique, comprimé, non échancré et garni de poils à sa base, à mandibule supérieure, quelquefois un peu recourbée vers la pointe; les narines situées à la base du bec, arrondies et presque entièrement cachées par de petites plumes dirigées en avant; des pieds médiocrement forts et des doigts au nombre de quatre armés d'ongles assez puissants surtout le pouce. Les mésanges ont des habitudes toutes particulières, nous allons en faire l'histoire générale, qui, à quelques particularités près, peut s'appliquer à toutes les espèces. Les mésanges sont de petits oiseaux vifs, actifs, audacieux et querelleurs au plus haut point. Pendant le jour ils sautillent et voltigent constamment, on ne les voit jamais dans un repos complet. Les mésanges sont à la fois insectivores, frugivores et baccivores; elles sont plutôt erratiques que voyageuses; la nature leur offrant partout des moyens d'existence, ils n'ont pas besoin de s'éloigner beaucoup pour satisfaire leurs besoins. Toutes sont gourmandes et voraces,

et même quelquefois carnassières; on a vu plusieurs fois des mésanges en volière, attaquer les oiseaux plus faibles ou languissants, et après les avoir tués en les frappant à coups redoublés sur la tête, leur ouvrir le crâne pour en dévorer la cervelle. Ces oiseaux sont très sociables; ils vivent en troupes ou plutôt en familles. Toutes les espèces ne mettent pas un soin égal à construire leurs nids; beaucoup d'entre elles le construisent dans les arbres creux, les fentes des murs et des trous abandonnés des mulots et des taupes. Les mésanges sont en général très fécondes; ainsi la mésange bleue et la grande charbonnière pondent jusqu'à quinze et dix-huit œufs. G. Cuvier divise les mésanges en mésanges proprement dites (*parus*), c'est la division la plus nombreuse en espèces; nous citerons la mésange charbonnière, la mésange bleue, etc. Les moustaches dont le type est la mésange moustache, et les remiz qui se distinguent des précédents par leur bec fin taillé en alène. Ce sont les seuls qui apportent quelque industrie dans leur nidification. J. P.

MÉSAVENTURE, s. f., accident, évènement fâcheux.

MESCHINOT (Jean), sieur de Mortières, né à Nantes en Bretagne, mort en 1509, fut maître-d'hôtel du duc François II et de la reine Anne sa fille. On a de lui des poésies intitulées *Les Lunettes des Princes*, avec plusieurs *Ballades*, Paris, 1534, in-16.

MÉSENGUY, (François-Philippe), né à Beauvais le 22 août 1677, de parents pauvres, fut d'abord enfant de chœur, obtint ensuite une bourse; et en 1694, il fut reçu au collège des Trente-Trois à Paris. Six ans après, il professa pendant plusieurs années les humanités et la rhétorique au collège de Beauvais où il obtint la place de gouverneur de la chambre commune des rhétoriciens. Coffin, devenu principal de ce collège après le célèbre Rollin, prit l'abbé Mésenguy pour son coadjuteur, et le chargea d'enseigner le catéchisme aux pensionnaires. Ce fut pour eux qu'il écrivit son Exposition de la doctrine chrétienne. Son opposition à la bulle *Unigenitus*, l'obligea à quitter le collège de Beauvais en 1728. Il mourut le 19 février 1763, à l'âge de quatre-vingt six ans. Ses principaux sont : 1° *Abrégé de l'histoire de l'Ancien Testament*, 1 vol. in-12, Paris, 1728, livre dont Rollin fait un grand éloge; 2° *Abrégé de l'histoire de l'Ancien Testament, avec des éclaircissements, des réflexions*, à Paris, chez Desaint et Saillant, en 10 vol. in-12, avec de courtes notes; 4° *Exposition de la doctrine ou Instruction sur les principales vérités de la religion*, en 6 vol. in-12. Clément XIII l'a condamnée par un bref particulier du 14 juin 1761. Un Italien nommé Serrao, dans une brochure intitulé *De præclaris catechistis*, fait de cet ouvrage de Mésenguy un éloge immense et amphigourique; c'est, selon lui, le catéchisme des catéchismes, apparemment parce que l'auteur, en établissant l'existence des miracles, en trouve la preuve la plus évidente dans ceux du bienheureux diacre Pâris (tome 4, page 393, édition de Paris, 1777, en 4 vol.). A ces miracles, il faut joindre sans doute celui que M. Serrao dit très sérieusement être arrivé lors de la condamnation du catéchisme de Mésenguy. Le cardinal Passioni ayant eu la faiblesse de signer le bref de Clément XIII, qui proscrivait cet ouvrage divin, entra tout à coup dans une espèce de manie, et mourut peu de jours après : *Alienatæ mentis indicium in eo apparuisse, sudoremque consecutum ferunt; ex eoque die cum corruisset, morbo levari deinde nunquam potuit, neque ita multos post dies extinctus est* (p. 233). « C'est, dit un auteur orthodoxe, au milieu de la corruption et de la séduction de ces temps malheureux, que ce parti inquiet, actif et fécond en artifices, cherche surtout à décrier les causes connues d'une instruction sûre, pour leur substituer celle où coule, sous l'apparence d'une onde pure, le poison de l'erreur. » 5° *la Constitution Unigenitus*, avec remarques, in-12; 6° *Lettre à un ami sur la constitution Unigenitus*, in-12; 7° *Entretiens sur la religion*, in-12. L'abbé Mésenguy a eu beaucoup de part aux vies des saints de l'abbé Goujet, et a travaillé au Missel de Paris. « On peut, dit un critique, louer ses ouvrages du côté du savoir, du style, de l'onction; mais ceux qui aiment l'exactitude dans le dogme, la conséquence dans les principes, la franchise dans la manière d'exprimer ses pensées, ne trouveront pas ces qualités, dans son abrégé de l'histoire de l'Ancien Testament, non plus que dans son exposition de la doctrine chrétienne condamnée par le pape. Ceux qui exigent l'impartialité dans les sentiments, la soumission à l'autorité, la modération dans la dispute, goûteront encore moins ces ouvrages polémiques, où il est aisé d'apercevoir que les illusions du préjugé l'emportent sur la raison, et peut-être sur ses propres sentiments. » M. le Queux publia en 1763 un Mémoire abrégé sur la vie et les écrits de Mésenguy. Il avait annoncé une Vie plus détaillée qui n'a point paru.

MÉSENTÈRE, s. m. On comprend sous ce nom plusieurs replis du péritoine qui maintiennent les diverses portions du conduit intestinal dans leur situation respective, en laissant cependant à chacune une mobilité plus ou moins grande. Ils sont formés chacun de deux lames, dans l'intervalle desquelles se trouve comprise la portion correspondante de l'intestin, des vaisseaux lymphatiques et sanguins, des nerfs et de nombreux ganglions. Un seul de ces replis appartient à tout l'intestin grêle : c'est le mésentère proprement dit, fixé en arrière, sur son bord étroit, à la colonne vertébrale, et en avant, par son grand bord, à toute l'étendue de l'intestin grêle. Quatre autres sont destinés pour l'intestin colon, et ont reçu le nom de mésocolons.

MÉSESTIMER, v. a., avoir mauvaise opinion de quelqu'un, n'avoir point d'estime pour lui. Il signifie aussi apprécier une chose au-dessous de sa valeur, la dépriser.

MÉSINTELLIGENCE, s. f., mauvaise intelligence, défaut d'accord, brouillerie, dissension entre personnes qui ont été ou qui devraient être bien ensemble.

MÊLE (Jean), avocat au parlement de Paris, mort en 1750, à 75 ans, est auteur d'un Traité des minorités, tutelles et curatelles, 1752, in-4°, estimé. Il travailla aussi au Traité de la manière de poursuivre les crimes en jugement.

MESLIER (Jean), curé du village d'Estrepigny en Champagne, était fils d'un ouvrier en serge du village de Mazerni, où il était né en 1678. Il est malheureusement célèbre par un écrit impie, publié après sa mort, sous le titre de Testament de Jean Meslier. C'est une déclamation grossière contre les dogmes du christianisme. Le style est très rebutant, tel qu'on le devait attendre d'un curé peu instruit. On le trouve dans l'Évangile de la raison, in-8°, et dans le Recueil nécessaire, 1765, in-8°. Meslier, malheureux par son désolant système d'impiété, et travaillant cruellement à y entraîner les autres, mourut en 1733. On croit qu'il se laissa mourir de faim.

MESMER (Frédéric-Antoine), médecin, fondateur de la doctrine du magnétisme animal, jadis appelée mesmérisme, naquit à Mersbourg, en Souabe, en 1734. Il commença à fixer l'attention du public, par sa thèse de Planetarum influxu, dans laquelle il établissait l'existence et l'action d'un fluide subtil qui remplit tout l'univers, qui est produit par la force résultant des attractions mutuelles des corps célestes, et qui a une influence sur les corps animés. Les dames, principalement, se montraient passionnées pour le mesmérisme. Malgré les efforts de la Faculté de médecine de Paris, une vogue immense fut acquise au magnéticus, dont Bergasse, auteur de la Morale religieuse, et d'Eprémesnil, conseiller au parlement, se déclarèrent les partisans. Ils se chargèrent des leçons théoriques, tandis que Mesmer se réservait la partie pratique des opérations. À l'instar de l'inventeur, il y eut des opérateurs intrus qui établirent chez eux et secrètement des salles et des dortoirs clinico-magnétiques, où les mœurs n'étaient pas souvent respectées. Enfin le gouvernement nomma, pour faire un examen sévère du magnétisme animal, une commission, dont le rapport ne fut rien moins que favorable. Mesmer quitta Paris, laissant la place à Cagliostro, qui, par sa fantasmagorie maçonnique, offrait un spectacle plus amusant aux Parisiens, toujours avides de nouveautés. Le charlatan, enrichi aux dépens de la crédulité française, se retira dans sa patrie, et mourut en 1815. On lui doit entre autres : Mémoire sur la découverte du magnétisme animal, Paris, 1779, in-12 ; Précis historique des faits relatifs au magnétisme animal, jusqu'en avril 1781, Londres, 1781, in-8° ; Histoire abrégée du magnétisme animal, Paris, 1783, in-8° ; Mémoire de J.-A. Mesmer sur ses découvertes, Paris, an VII (1799), in-8° ; Mesmerismus, ou Système de magnétisme animal (en allemand), Berlin, 1815, avec figures.

MESMÉRISME, s. m., doctrine de Mesmer sur le magnétisme animal.

MESMES (Henri de), professa avec éclat la jurisprudence à Toulouse. Ses talents lui méritèrent les places de conseiller au grand conseil, de maître des requêtes, de conseiller d'État, de chancelier du royaume de Navarre, de garde du trésor de Henri III. Également propre aux armes et aux affaires, il reprit plusieurs places fortes sur les Espagnols. Ce fut lui qui, en 1570, joint au maréchal de Biron, négocia la paix avec

les huguenots. Cette paix passagère fut appelée boiteuse et mal assise, parce que Biron était boiteux, et que Mesmes prenait le surnom de sa terre de Malassise. Il mourut en 1596.

MESNARDIÈRE ou MÉNARDIÈRE (Hippolyte-Jules Pilet de la), médecin et poète, né à Loudun en 1610, reçu à l'Académie française en 1655, mort à Paris le 4 juin 1663, fut protégé par le cardinal de Richelieu. Marc Ducan, médecin écossais, ayant avancé que la possession des religieuses de Loudun n'était que l'effet d'un cerveau dérangé, La Mesnardière le réfuta. Son écrit intitulé Traité de la mélancolie, 1635, in-8°, fut goûté du cardinal, qui le fit son médecin, et qui lui procura la charge de maître-d'hôtel du roi. On a encore de lui, notamment, un Recueil de poésies in-fol. Ce sont des riens, écrits d'un style emphatique. On voit, dit d'Olivet, dans les ouvrages de La Mesnardière plus d'imagination que de jugement, une attention bien plus grande à étaler de belles paroles qu'à employer des pensées solides, et une continuelle envie de se faire admirer plutôt que d'instruire.

MESNIL (Jean-Baptiste du), dit Rosimond, comédien de la troupe du Marais, mourut en 1686, fut enterré sans luminaire dans le cimetière de Saint-Sulpice, à l'endroit où l'on mettait les enfants morts sans baptême. Il avait cependant fait une Vie des saints, Rouen, 1680, in-4°. Mais sa profession lui fit refuser la sépulture ordinaire, dans un temps où l'on appréciait mieux qu'aujourd'hui la nature et les effets de l'histrionisme. On a de lui quelques comédies très médiocres.

MESNIL (Louis du), jésuite, est auteur d'un ouvrage volumineux et très estimé : Doctrina et disciplina Ecclesiæ, ipsis verbis ceterum monumentorum exposita, Cologne, 1730, 4 vol. in-fol. C'est le tableau de la doctrine et de la discipline de l'Église durant les douze premiers siècles.

MÉSOPOTAMIE, célèbre contrée de l'Asie, ainsi nommée parce qu'elle est en quelque sorte renfermée entre deux fleuves, l'Euphrate et le tigre, dont l'un la borne à l'O., et l'autre à l'E. et au N., était située entre la Syrie, l'Arménie, l'Assyrie, l'Arabie et la Babylonie. Sa forme ressemble assez à celle d'un triangle curviligne, dont la base serait vers le N., et dont le sommet, formé par deux côtés extrêmement allongés, regarderait le S. Les Hébreux nommaient ce pays Aram-Maharaïm ou Padan-Aram. La Mésopotamie se divise ordinairement en supérieure et inférieure. La première, située au N., entre le Tigre, l'Euphrate et le Mygdonius, était une des contrées les plus populeuses et les plus fertiles de l'Asie. Elle contenait plusieurs provinces. Les deux principales étaient la Mygdonie et l'Osroène. Les autres, moins grandes et moins célèbres, étaient la Gauzanitide entre les deux que nous venons de nommer, la Cornée au N.-O., la Zabdicène, dont une partie était contenue dans l'Arménie, et l'Anthémusie, qui fut dans la suite enfermée presque tout entière dans l'Osroène. Nisibis, Amida, Édesse Carrhes et Nicéphorium en étaient les villes principales. La Mésopotamie inférieure, qui fut nommée aussi Arabia Transeuphratensis, parce qu'elle fut habitée originairement par des Arabes, s'étendait au S. de la première depuis le fleuve Mygdonius jusqu'à un canal qui unit l'Euphrate au Tigre, à Macépracta, sur les confins de la Séleucie. Elle était aride et déserte, et peu de villes s'y faisaient remarquer. Quelques-unes cependant sont fort célèbres, entre autre Atra, Neharda et Cunaxa. Une chaîne de montagnes célèbre traversait la Mésopotamie septentrionale de l'O. à l'E. C'étaient les monts Masius (Karadjia-Daglar). Une autre chaîne, dont on ignore le nom, s'étendait du N. au S. parallèlement à la moitié supérieure du cours du Mygdonius. Quant aux fleuves, outre les trois dont nous avons parlé, on remarquait encore le Billicha. La Mésopotamie est fort connue dans l'Écriture pour avoir donné naissance à Nachor, Tharé, Abraham, Sara, Rébecca, Lia, Rachel, aux onze premiers fils de Jacob, au faux prophète Balaam. Elle était sans doute alors indépendante. Dans la suite elle fit partie des empires d'Assyrie et de Babylone. À leur chute elle devint une des provinces de l'empire persique, qui s'éleva sur leurs ruines. Alexandre la conquit après la Perse, et les rois Séleucides la possédèrent après lui. Enfin l'empire des Parthes s'en empara, et en fit une de ses provinces limitrophes. Lucullus et Pompée essayèrent de soumettre une partie, et même l'Osroène, la Mygdonie et presque toute la haute Mésopotamie leur appartinrent ; mais les limites de cette Mésopotamie romaine variaient à chaque instant au gré des hasards de la guerre ; et même quelques empereurs aimèrent mieux renoncer complètement à la Mésopotamie, et borner l'empire à l'Euphrate.

MESQUIN, INE, adj., chiche, qui fait une dépense fort au-dessous de sa fortune et de sa condition. Il se dit aussi des choses dans lesquelles on met plus de parcimonie qu'il ne convient, eu égard à sa fortune, à son état. Mesquin, se dit aussi quelquefois, des choses morales qui n'ont point les qualités qu'elles doivent avoir dans leur genre. Mesquin, dans les arts du dessin, signifie maigre, pauvre, de mauvais goût.

MESROB-MASCHDOTS, personnage illustre de l'Eglise d'Arménie, né à Halsegats-Avan, bourg de la province de Daron, vivait dans le IVe et le Ve siècle. Il fut successivement secrétaire du patriarche Narsès Ier et du roi Varaztad, embrassa ensuite l'état ecclésiastique, et se retira dans le Vasbouragan, lorsque ce dernier prince eut été détrôné par les Romains (382). Devenu coadjuteur du patriarche Sahag en 390, il s'occupa avant tout, avec ardeur, de poursuivre les idolâtres, composa ensuite un alphabet particulier aux Arméniens, qui fut mis en usage en 406 et adopté dans toute l'Arménie par l'ordre du roi Babram-Schahpour, et enfin donna à son Eglise une *Version* complète de la Bible, qui jusqu'alors lui avait manqué. Devant sa mort en 440, Mesrob fut pendant six mois administrateur du patriarcat, et mourut lui-même en 441. Comme il est le premier qui ait réglé la liturgie de l'Eglise arménienne, tous les rituels portent le nom de Maschdots.

MESSAGER, ÈRE, s., toute personne qui fait un message, qui vient annoncer quelque chose, soit d'elle-même, soit de la part d'une autre. Messager d'état, fonctionnaire chargé de porter les messages d'un des grands pouvoirs de l'état, d'une assemblée politique. Poétiq. Le messager des dieux, Mercure. Messager, signifie aussi figurément dans le style élevé, annonce, avant-coureur. Messager, se dit particulièrement de celui qui est établi pour porter ordinairement les paquets et les hardes d'une ville à une autre.

MESSAGER, serpentarius (ois.), genre de l'ordre des oiseaux de proie, section des diurnes dont les principaux caractères sont : bec robuste, crochu, très fendu ; des narines latérales, obliques, oblongues, percées dans une cire, des sourcils saillants ; des ailes armées de trois éperons obtus, et des jambes fort longues comme dans les hérons, mais entièrement emplumées. On ne connaît qu'une espèce de ce genre, c'est le messager serpentaire (*serp. reptilivorus*). On donne aussi à cet oiseau le nom de secrétaire, à cause de la ressemblance grossière que la longue huppe raide qu'il porte à l'occiput, lui donne avec les hommes de bureau qui mettent leur plume derrière l'oreille. Cet oiseau, a le cou et tout le manteau d'un gris bleuâtre ; les ailes noires nuancées de roussâtre ; la gorge et la poitrine mélangées de blanc ; les plumes des cuisses noires, liserées de blanc, et les tarses jaunâtres. C'est au célèbre voyageur Levaillant, que l'on doit principalement de connaître les mœurs et les habitudes de cet oiseau. Il habite les plaines les plus arides et les plus découvertes de l'Afrique, où il semble avoir pour mission de mettre des bornes à la trop grande propagation des reptiles. Il se nourrit non-seulement de serpents, mais de lézards, de petites tortues et même d'insectes. La voracité de cet oiseau est extraordinaire, ce qui joint à l'élasticité très grande de son jabot, lui fait engloutir des quantités d'aliments incompréhensibles. C'est ainsi que Levaillant trouva dans le jabot d'un messager mâle, qu'il avait tué vingt et une petites tortues entières dont plusieurs avaient 2 pouces de diamètre ; onze lézards de 7 à 8 pouces de long, et trois serpents de la longueur du bras et d'un pouce d'épaisseur. Pris jeune cet oiseau s'apprivoise facilement, il s'habitue avec la volaille et ne lui fait aucun mal, au contraire il semble aimer la paix, car, au dire de Levaillant, lorsqu'il survient une dispute parmi les oiseaux de la basse cour, il accourt aussitôt pour les séparer. Beaucoup de personnes au Cap élèvent cet oiseau dans leurs basses-cours, autant pour maintenir la paix que pour détruire les serpents, les lézards et les rats qui s'y introduisent pour dévorer la volaille et les œufs.　　**J. P.**

MESSAGERIE, s. f., établissement où l'on fait partir, à jour et à heure fixes, pour une ou plusieurs villes, des voitures dont on loue les places à des voyageurs. Il se dit aussi du lieu où la messagerie a son bureau et ses voitures. Il se dit encore des voitures mêmes établies pour ce service.

MESSALA (M. VALÉRIUS CORVINUS), célèbre orateur, était encore très jeune quand il fut proscrit par les triumvirs, 43 ans av. J.-C., sous prétexte qu'il était complice du meurtre de César. Il était alors dans l'armée de Brutus et, quoique peu après il eût été rayé de la liste de proscription, il de-

meura fidèle au parti républicain. Ce fut lui qui s'empara du camp d'Auguste à Philippes. La mort de Brutus et de Cassius et l'impossibilité de voir renaître la liberté romaine le décidèrent à se soumettre aux vainqueurs. Il s'attacha spécialement à Octave, qui, parvenu à la puissance impériale, le combla d'honneurs, le fit son collègue dans le consulat, 31 ans av. J.-C. Messala était un des premiers orateurs de son temps ; il était aussi protecteur des lettres ; il fut le Mécène de Tibulle. Vers la fin de sa vie il perdit tellement la mémoire qu'il ne se souvenait même plus de son nom. Il ne survécut que 2 ans à cet événement, et mourut l'an IX de J.-C. âgé de plus de 76 ans.

MESSALINE (VALÉRIE), première femme de l'empereur Claude, déshonora le trône par une impudicité sans voile et sans frein. La maison presque tout entière de son époux fut admise dans sa couche ; officiers, soldats, sénateurs, histrions, esclaves partagèrent tour à tour ses faveurs. Souvent elle s'échappait la nuit du palais impérial pour s'abandonner aux plaisirs les plus effrénés dans les lieux publics de Rome. Sa cruauté et son avarice égalaient sa dissolution ; Julie, fille de Germanicus, Justus Catonius, Valérius Asiaticus, et Poppée, mère de la célèbre impératrice de ce nom, furent sacrifiés à sa jalousie et à ses vengeances. Appius Silanus, son propre beau-père, ayant refusé de répondre à son amour, elle le fit condamner à mort par les intrigues de Narcisse. En même temps elle vendait, ou faisait vendre par ses affranchis, les places, les sentences des juges, les droits de citoyen romain. Enfin une catastrophe terrible mit un terme à tant de crimes. Eperdument amoureuse d'un jeune patricien nommé Silius, elle l'obligea à répudier sa femme, puis l'épousa solennellement aux yeux de Rome entière pendant un voyage de Claude à Ostie. Narcisse, affranchi de Claude, fut le seul qui osa avertir l'empereur, et, quand il l'eut enflammé de colère et de honte, il l'entraîna à Rome pour punir les coupables. Messaline faisait alors célébrer avec magnificence une représentation des Vendanges ; tous ceux qui l'entouraient se dispersèrent à l'instant ; presque seule, elle résolut de tenir tête à l'orage, manda ses enfants, alla avec eux audevant de leur père, envoya devant elle la grande Vestale, pour demander qu'on l'écoutât. Narcisse, craignant que Claude ne se laissât fléchir, donna ordre, comme de la part de l'empereur de la faire mourir sur-le-champ. On la trouva dans les jardins de Lucullus, seule avec sa mère Lepida. Elle essaya de se donner la mort ; mais, ne pouvant y réussir, elle fut tuée par le tribun qu'on lui avait envoyé, l'an de J.-C. 48. Le sénat fit partout détruire ses statues et ses images.

MESSALINE (STATILIE), Romaine célèbre par son esprit, son ambition et ses débauches, était d'une des premières familles de l'empire. Après avoir eu trois époux, elle venait de se marier au consul Atticus Vestinus lorsque Néron fit assassiner celui-ci (65 de J.-C.), afin de faire partager à Statilie le trône impérial. Après la mort de ce prince elle passa ses jours dans l'étude de l'éloquence et des belles-lettres. Othon était sur le point de l'épouser lorsque Vitellius le fit tomber du trône.

MESSALINUS (M. VALÉRIUS), fils de l'orateur Messala, fut nommé consul l'an III de J.-C. Il obtint sous Tibère le gouvernement de la Dalmatie, et s'attira les bonnes grâces de l'empereur en s'opposant à Pison. Il soutint dans le sénat la proposition d'empêcher que les femmes de généraux d'armée ou des gouverneurs de provinces n'accompagnassent leurs maris dans leurs gouvernements.

MESSE (théol.). La messe est un sacrifice commémoratif par lequel l'Eglise offre à Dieu, par les mains du prêtre, le corps et le sang de Notre-Seigneur Jésus-Christ. Cette vérité fondamentale de l'Eglise catholique a été attaquée par les luthériens, les calvinistes, les zwingliens, les sociniens, les méthodistes, les rationalistes. Nous allons établir contre eux : 1° que la messe est un véritable sacrifice ; 2° que ce sacrifice est propitiatoire pour les vivants et pour les morts ; 3° que les messes dans lesquelles le prêtre communie seul ne sont point illicites. Nous rechercherons ensuite quelle est la matière, la forme et le ministre du sacrifice, et nous terminerons en parlant de l'idiome et des cérémonies de la messe.

1. *La messe est un véritable sacrifice.* Le sacrifice est l'oblation d'une chose sensible, consacrée et changée par un rit mystique, et faite à Dieu par un ministre légitime, pour reconnaître son domaine absolu. Dans la cène, Jésus-Christ offrit à Dieu un véritable sacrifice, puisqu'il lui offrit du pain et du vin, qu'il changea en son propre corps et en son propre sang. Or il ordonna de faire ce qu'il avait fait lui-même à ses apôtres et à ceux qui devaient lui succéder dans

le sacerdoce : *Hoc facite in meam commemorationem.* Donc la messe est un véritable sacrifice ; les circonstances de la cène en sont une preuve évidente. Il substitua l'offrande de son propre corps à l'immolation de l'agneau ; et la nouvelle pâque, comme l'ancienne, fut un sacrifice réel, avec cette différence toutefois que, dans la dernière, le sacrifice était absolu, tandis que, dans la cène, le sacrifice fut relatif au grand sacrifice qui devait bientôt s'accomplir sur la croix. En ce jour mémorable, le Sauveur fonda la nouvelle alliance par ces paroles : *Hic est sanguis novi Testamenti.* Moyse, en parlant du sacrifice, avait dit du sang de l'agneau : *Hic est sanguis fœderis quod Dominus pepigit vobiscum.* Notre-Seigneur, en se servant presque des mêmes termes, nous montre qu'il s'agit ici d'une alliance nouvelle par un sacrifice nouveau. Saint Paul, pour détourner les fidèles des viandes sacrifiées aux idoles, écrit aux Corinthiens : « Est-ce que ceux qui mangent les victimes participent à l'autel ? Les victimes qu'immolent les gentils sont immolées au démon, et non à Dieu. Je ne veux pas que vous soyez les complices des démons. Vous ne pouvez boire le calice du Seigneur et le calice du démon. Vous ne pouvez vous asseoir à la table du Seigneur et à la table du démon. » Par ces paroles l'Apôtre compare la table et l'autel des chrétiens à la table et à l'autel des païens, où s'accomplissaient des sacrifices proprement dits ; l'Apôtre a donc eu l'intention de montrer que l'eucharistie était aussi un sacrifice véritable. L'Ancien Testament pourrait nous fournir de nouvelles preuves de cette vérité, sans parler du sacrifice de Melchisédech qui, d'après tous les pères, est l'image figurative de l'immolation eucharistique, ni de l'agneau pascal et des autres sacrifices de l'ancienne loi, qui furent autant de symboles du sacrifice eucharistique, nous citerons la célèbre prophétie de Malachie : « Ma volonté n'est pas en vous, dit le Dieu des armées, et je n'accepterai aucun présent de votre main. Depuis le lever de l'aurore jusqu'au coucher du soleil, mon nom est grand parmi les nations, et en tous lieux on sacrifie et on offre à mon nom une pure offrande, parce que mon nom est grand parmi les nations. » On voit que cette prophétie concerne, non-seulement l'abrogation des anciens sacrifices, mais la diffusion d'un sacrifice nouveau, meilleur et plus saint, c'est-à-dire de l'eucharistie. Les plus anciens rituels des églises grecque et latine contiennent des prières et des cérémonies concernant le sacrifice non sanglant de l'eucharistie. Plus de dix siècles avant Luther, les nations chrétiennes offraient à Dieu comme sacrifice le corps et le sang de Jésus-Christ. Les saints pères qui ont écrit sur l'eucharistie l'appellent tour-à-tour sacrifice, oblation, hostie, victime. Ils comparent à notre sacrifice celui de Melchisédech et celui de l'agneau pascal ; mais le plus beau triomphe de l'Eglise catholique sur cette question lui est fourni par les novateurs eux-mêmes. Quelques-uns d'entre eux, écrasés sous le poids des témoignages irrécusables de l'Eglise primitive se sont vus forcés d'avouer que la foi n'avait jamais varié sur ce point. Jean Ernest Grab, éditeur des Œuvres de saint Irénée martyr, dit dans les Commentaires du livre contre les hérétiques : « Il est certain que saint Irénée et les autres pères dont nous possédons les écrits, ceux qui ont vu les apôtres, comme ceux qui leur ont immédiatement succédé, ont regardé l'eucharistie comme le sacrifice de la nouvelle loi, et ont offert le pain et le vin comme des dons sacrés..... Ce n'était point la doctrine d'une seule église ni d'un docteur particulier, mais c'était la doctrine et la pratique de l'Eglise universelle. L'Eglise l'avait reçue des apôtres, et les apôtres du Christ... Plaise à Dieu, puisque la plupart des auteurs protestants ont reconnu sur ce point la vérité de l'enseignement catholique et l'erreur de Luther et de Calvin, plaise à Dieu que tous puissent être d'accord pour rendre à la majesté divine le suprême honneur qui lui est dû, et qu'ils veuillent restituer l'usage des liturgies sacrées, qu'ils ont rejetées à tort. » A cet aveu de Grab nous pourrions ajouter les témoignages de Bretschneider, Wix, Stephens et des professeurs de l'université d'Oxford, qui admettent l'efficacité de la sainte communion comme sacrifice commémoratif.

2. Ce sacrifice est propitiatoire pour les vivants et pour les morts. — Le concile de Trente condamne en ces termes l'erreur qui est contraire à cette proposition « si quelqu'un dit que le sacrifice de la messe est seulement un sacrifice de louanges et d'actions de grâces, ou un simple mémoire du sacrifice qui a été accompli sur la croix et qu'il n'est pas propitiatoire, ou qu'il n'est profitable qu'à celui qui le reçoit, et qu'il ne doit pas être offert pour les vivants et pour les morts, pour les péchés, les peines, les satisfactions et pour toutes les autres nécessités, qu'il soit anathème. » Le saint

concile de Trente déclare que ce sacrifice est véritablement propitiatoire et que par lui nous trouvons grâce et miséricorde auprès du Seigneur, si nous nous approchons de lui avec un cœur contrit et humilié et dans un esprit de crainte et de respect. « Car Notre-Seigneur apaisé par cette offrande et accordant le don de la pénitence, nous remet les plus énormes crimes, parce que l'hostie qui s'offre par les mains du prêtre est la même qui s'offrit autrefois sur le Calvaire. » Cette croyance fut celle de l'Eglise primitive. Toutes les anciennes liturgies nous en offrent d'irrécusables témoignages, et les saints pères sont unanimes sur ce point. Cyrille de Jérusalem, après avoir donné à l'eucharistie le nom d'*hostie propitiatoire*, ajoute : « Nous offrons pour nos péchés le Christ immolé, nous efforçant par là de rendre Dieu propice et nous morts et à nous. » Tertullien, le troisième concile de Carthage, le premier concile de Brague parlent du sacrifice de la messe offert pour les morts : ce qui prouve qu'il a toujours été considéré comme propitiatoire. On doit conclure de là qu'il ne peut être offert pour les saints, en tant que propitiatoire ; mais seulement comme eucharistique, « *ut orent ipsi pro nobis,* » comme le dit saint Augustin (*Traité* 84, *in Joan.,* n° 1). « Quoique l'Eglise ait coutume, dit le saint concile de Trente, de célébrer quelquefois la messe en l'honneur des saints, elle n'enseigne pourtant point que le sacrifie leur soit offert : c'est à Dieu seul qu'il s'adresse. »

3. Les messes dans lesquelles le prêtre communie seul ne sont point illicites. — Luther, conséquent avec son erreur fondamentale, qui consiste à regarder l'eucharistie comme un sacrement qui n'a rien du sacrifice, s'emporte violemment contre les messes particulières auxquelles le prêtre seul participe. Le synode de Pistoie se montre favorable à cette erreur en avançant qu'il manque quelque chose à l'essence du sacrifice qui s'accomplit, sans qu'aucun des assistants communie sacramentellement ou spirituellement ; aussi cette proposition fut-elle condamnée par Pie VI, dans la bulle *auctorem fidei.* Le concile de Trente établit ainsi sur ce point la doctrine de l'Eglise : « Il serait à désirer qu'à chaque messe tous les fidèles qui y assistent communiassent, non-seulement spirituellement et par un sentiment intérieur de dévotion, mais aussi par la réception sacramentale de l'eucharistie, afin qu'ils participassent plus abondamment aux fruits de ce divin sacrifice. Cependant on ne doit pas condamner comme illicites les messes auxquelles le prêtre seul communie sacramentellement ; elles doivent être approuvées et autorisées parce qu'elles sont célébrées par un ministre public de l'Eglise, non-seulement pour lui, mais encore pour tous les fidèles qui appartiennent au corps de l'Eglise. » Quel est le principal but du sacrifice ? C'est de rendre à Dieu le culte suprême de Latrie, de nous le rendre propice, d'obtenir ses faveurs et de le remercier de ses bienfaits. Or, il est évident que ces différentes fins peuvent être obtenues indépendamment de la communion du peuple. C'est d'ailleurs un bien antique usage que de célébrer des messes sans solennité et sans assistance. L'évêque de Nazianze ne l'a-t-il pas dite dans sa chambre à coucher, et saint Paulin de Nôle sur un autel qu'on avait dressé devant son lit ? Saint Augustin et saint Ambroise exhortent les fidèles à communier au moins tous les dimanches et ils ne leur demandent pas l'assistance pour les autres jours, sans leur faire une obligation de la communion spirituelle. Comme le propre de l'eucharistie est d'être à la fois un sacrement et un sacrifice, elle doit contenir à la fois la forme et la matière d'un sacrement et d'un sacrifice. Quant à ce qui concerne la forme, nous laisserons de côté les discussions scholastiques. Est-ce par la seule volonté ou par la prononciation des paroles que Jésus-Christ change le pain en son corps et le vin en son sang ? Les paroles qui précèdent et qui suivent la consécration appartiennent-elles à son essence ? Ce sont là des questions de peu d'intérêt. En nous conformant à l'opinion la plus générale, nous disons que la forme essentielle du sacrifice comme du sacrement, consiste dans ces paroles : *hoc est corpus meum et hic est sanguis meus.* Quant à la matière, tout le monde reconnaît qu'elle consiste seulement dans le pain de froment et dans le vin tiré de la vigne. Mais entre les Grecs schismatiques et les latins s'agite la question de savoir si le pain azyme est une matière convenable. Les latins soutiennent qu'il importe peu pour la valeur de l'eucharistie qu'elle soit faite avec du pain azyme ou avec du pain fermenté. Les Grecs, au contraire, prétendent que la consécration n'a de valeur qu'avec le pain fermenté. Les protestants sont d'accord avec nous que le vin de la vigne est une matière de l'eucharistie ; mais ils repoussent la pratique de l'Eglise qui consiste à mêler au vin quelques gouttes d'eau. Ces questions, qui agitèrent autrefois tous les esprits, sont presque oubliées. En effet, pour ce qui concerne le pain azyme ou non, il n'est plus personne parmi les Grecs qui soulève cette question et qui ose soutenir que la valeur du sacrifice eucharistique dépende de cette différence accidentelle. Les protestants eux-mêmes, pour le mélange de l'eau, ont abandonné la lice, ils laissent dormir dans le sommeil de l'oubli les poudreux arguments de leurs ancêtres et conviennent aujourd'hui que ce rite de l'Eglise est autorisé par l'exemple du Sauveur. Cependant comme ces questions ont eu autrefois un grand retentissement, il est bon de nous y arrêter quelques instants. L'exemple de Jésus-Christ suffit pour nous prouver que le pain azyme est une matière convenable pour le sacrement et le sacrifice eucharistique. C'est un fait avéré que Jésus-Christ, dans la dernière année de sa vie, a célébré la pâque judaïque. L'opinion de ceux qui ont soutenu le contraire a été qualifiée d'audacieuse par Benoît XIV (1). Elle n'a eu que quelques défenseurs parmi les catholiques. Ceci posé, soit que nous disions que Jésus-Christ a célébré cette année la pâques, au jour qui précéda la fête légale, comme l'ont prétendu Paul de Bruges, Jansenius de Gand, Maldonat, Petau et Noël Alexandre : soit que nous affirmions avec l'unanime majorité des théologiens qu'il la célèbre le même jour que les Juifs ; dans l'une et l'autre hypothèse il a dû la *célébrer au moment des azymes*, comme l'ordonne la loi de Moïse et comme l'ont témoigné trois évangélistes : *Primo autem die azymorum...* Or, comme à cette époque il n'y avait point de pain fermenté, il n'a pu consommer le sacrifice qu'avec du pain azyme. Tous les pères, tant Grecs que latins, sont d'accord sur ce point, bien qu'il existe entre eux une légère différence d'opinion sur le jour positif de la Cène. Quant à l'usage des premiers siècles de l'Eglise d'Occident, les uns ont prétendu avec Sirmond qu'on n'employait que du pain fermenté. Les autres ont soutenu avec Ciampi et Mabillon, qu'on ne connaissait que le pain azyme. On suit aujourd'hui l'avis du cardinal Bona, qui prouve que l'usage du pain azyme et du pain fermenté était également pratiqué dans l'Occident. Pour ce qui concerne l'emploi du pain azyme (et c'est ce qu'il y a de plus important à prouver), nous pouvons invoquer le vie canon du concile de Tolède : « Ut non aliter panis in altari do-mni sacerdotali benedictione sanctificendus proponatur : « neque grande aliquid, sed modica tantum oblata, secun-« dum quod ecclesiastica consuetudo retentat. » Mabillon a prouvé par l'usage des Mozarabes et des Goths et par l'ouvrage de l'évêque Hildelphonse, que ces paroles ne peuvent s'entendre que du pain azyme. Alcuin, qui mourut au commencement du ixe siècle, affirme que *« Panis qui in corpus christi consecratur absque fermento debet esse mundissimus. »* (*Epist. LXIX*). Dans la messe ambroisienne, on trouve ce titre : « *Oblatio panis azymi cum patena facienda.* » Walafrid Strabon attribue cette messe à saint Ambroise : mais Mazzuchelli, conservateur de la bibliothèque ambroisienne, prouve d'une manière péremptoire que cette messe est plus ancienne que saint Ambroise, et qu'elle doit remonter aux temps apostoliques (V. *Osservazioni da Pietro Mazzuchelli. Milon* 1828). La question du pain azyme n'a jamais été qu'une affaire de discipline. L'Eglise, suivant les temps, les lieux et les circonstances, a donc pu suivre en cela différents usages. Les Grecs ne doivent pas plus reprocher aux latins de consacrer avec du pain azyme que les latins ne doivent faire un reproche aux Grecs d'employer du pain fermenté. Les anciens Ebionites, sous prétexte de sobriété, substituèrent l'eau au vin dans la célébration des saints mystères. Ils furent imités par les aquaires, sous un autre prétexte. Des novateurs protestants ont enseigné que dans un cas de nécessité, on pouvait consacrer, à défaut de vin, toute espèce de boisson ; toutes ces erreurs se trouvent condamnées par le décret d'Eu-

gène IV aux Arméniens : « Certium est eucharistiæ sacra-« mentum, cujus materia est panis triticeus et vinum de « vite. » Le troisième concile de Carthage a prononcé « que « pour ne rien offrir de plus que le Seigneur n'a voulu, il faut offrir le pain et le vin mêlé à l'eau. » Saint Mathieu et saint Luc, en parlant du vin de la Cène, ne l'appellent-ils point le produit de la vigne ? Aussi saint Augustin avait raison de dire que le calice des aquaires n'était pas le calice de l'Eglise. Ces hérétiques invoquaient ces paroles de Jésus-Christ: « Si quelqu'un a soif, qu'il vienne à moi et qu'il boive ; car, comme il est dit dans l'Ecriture, des sources d'eau vive couleront dans les entrailles de celui qui croit en moi. » Mais, saint Cyprien leur démontra que ces paroles ne faisaient point allusion à l'eucharistie, mais au baptème ou plutôt à l'action du Saint-Esprit. Les protestants alléguaient en faveur de leur opinion la décision d'Innocent VIII, qui aurait accordé aux Norwégiens la faculté de consacrer sans vin. Mais il est reconnu que ce prétendu privilège est un fait controuvé, et que Dominique de Viterbe et François de Malte en avaient imposé aux Norwégiens. Le concile de Trente, dans sa vingt-deuxième session, a condamné les novateurs qui regardaient comme une invention humaine et dont on pouvait se dispenser, l'usage de mêler un peu d'eau au vin du calice. La tradition universelle nous montre qu'il remonte à l'institution du sacrifice. Saint Irénée l'appelle *temperamentum calicis.* « Quand l'eau est mêlée au vin dans le calice, dit saint Cyprien, le peuple est uni au Christ. » Les plus anciennes liturgies celles de saint Jacques, de saint Marc, de saint Basile, de saint Cyrille prescrivent ce mélange, ainsi que les conciles de Carthage, de Brague et de Worms. Le concile de Trente nous explique le sens de ce rit. « L'Eglise, nous dit-il, a ordonné aux prêtres de mêler l'eau au vin qui doit être offert dans le calice, parce qu'il est à croire que Notre Seigneur Jésus-Christ en a usé de la sorte. De l'eau avec du sang sortit de son côté, et par le mélange du calice on renouvelle la mémoire de ce mystère. On représente aussi par là l'union du peuple fidèle avec Jésus-Christ qui en est le chef, attendu que le peuple est figuré par les eaux dans l'Apocalypse de saint Jean. »

C'est le prêtre célébrant qui est le ministre immédiat du sacrifice. D'après la doctrine des protestants, les simples fidèles sont revêtus de ce caractère, non pas dans le sens qu'ils aient la faculté de consacrer, mais parce qu'ils participent à l'eucharistie par la communion liturgique. Comme ils font consister l'essence du sacrifice non pas dans la consécration, mais dans la consommation, ils infèrent de là que tous ceux qui participent à la victime, le prêtre comme les assistants, sont des ministres célébrants. Dans leur hypothèse, la consécration n'est que la condition sans laquelle le sacrifice ne peut être offert, tandis que dans la doctrine catholique le prêtre seul est le ministre immédiat et proprement dit, parce que seul il accomplit tout le sacrifice ; les fidèles sont considérés comme les ministres médiats et improprement dits, parce que le prêtre offre le sacrifice au nom de tous et prie pour toute l'Eglise, parce que les assistants s'unissent à l'officiant par un sentiment intérieur, et qu'ils concourent au sacrifice par leurs offrandes. On voit que le système de nos adversaires repose tout entier sur ces deux principes : que l'essence du sacrifice réside dans la consommation, et que la participation du peuple lui est nécessaire. Le premier de ces principes est si mauvais qu'il n'a été soutenu que par deux ou trois théologiens ; quant au second, nous avons déjà démontré sa fausseté : il a été condamné par le concile de Trente et par le pape Pie VI dans la bulle *Auctorem fidei.* Si les fidèles étaient des ministres proprement dits, ils deviendraient par là même de véritables prêtres, puisque l'Apôtre nous enseigne que l'office du prêtre est d'offrir des sacrifices. Or, accorder aux laïques les droits du sacerdoce, c'est une hérésie que frappe à juste titre l'anathème du concile de Trente. Le fruit spécial du sacrifice peut être appliqué par le prêtre à une ou plusieurs personnes d'une manière spéciale. On connaît à ce sujet l'erreur du synode de Pistoie : « Nous croyons, dit-il, que l'offrande du sacrifice s'étend à tous. Le prêtre n'a pas le droit d'appliquer à qui bon lui semble les fruits du sacrifice, Dieu se réserve la faculté de les distribuer à qui il veut et selon la mesure qui lui convient. Ceux qui donnent une offrande au prêtre pour la célébration d'une messe n'en recueillent donc aucun fruit spécial. » Cette doctrine a été proscrite dans la constitution dogmatique de Pie VI comme fausse, téméraire, injurieuse à l'Eglise, et conduisant à l'erreur déjà condamnée dans Wiclef par le concile de Constance. Il est donc

<hr/>

(1) Au IIe siècle déjà Marcion avait soutenu que le Christ n'avait pas célébré comme il le fallait la Pâques des Juifs et s'était vu réfuté par Epiphane. Cette erreur de Marcion fut recueillie au vie siècle par Jean Philoponus, sectateur d'Eutichès. Lorsque s'éleva, au xie siècle, la discussion du pain azyme, quelques Grecs embrassèrent la même opinion, malgré les réclamations de toute leur Eglise ; elle ne pénétra en Occident qu'avec Jérôme Vecchietto. L'oratorien Bernard Lamy (1689), l'étaya de son érudition. Tournemine accepta les mêmes idées dans ses thèses publiques, et D. Calmet les favorisa dans une de ses dissertations. Ce furent à peu près là les deux défenseurs de ce système qui se battirent en brèche Tillemont et Vitaste.

incontestable que le fruit spécial du sacrifice peut être appliqué à des personnes déterminées. Il ne nous reste plus, pour compléter cet article, qu'à examiner l'ordre prescrit par l'Eglise pour la célébration des saints mystères. Nous devons combattre les novateurs qui reprochent à l'Eglise de se servir d'une langue morte et inconnue de la grande majorité des fidèles, de la dire à voix basse, et d'employer des cérémonies qu'ils taxent de frivoles et de théâtrales. La bulle *Unigenitus* a condamné la quatre-vingt-sixième proposition de Quesnel, ainsi conçue : « Enlever au peuple la consolation de joindre sa voix à la voix de toute l'église, c'est un usage contraire à la pratique apostolique et à l'intention de Dieu. La constitution *Auctorem fidei* a également condamné la doctrine du synode de Pistoie, qui demandait l'introduction de la langue vulgaire dans la liturgie comme un retour à l'ordre primitif. Cependant le Saint-Siége, à diverses époques, a autorisé des liturgies en langue usuelle. Ainsi Méthodius, envoyé en Esclavonie par Nicolas Ier, obtint de ce souverain pontife la permission de célébrer la messe en langue esclavone. Paul V permit aux jésuites de traduire le missel romain dans la langue savante des Chinois. Cette traduction fut faite par le P. Couplet, mais les jésuites n'usèrent jamais de l'autorisation de dire la messe en cette langue. Le concile de Trente, il est vrai, a déclaré « qu'il ne jugeait point convenable que la messe fût célébrée selon le langage ordinaire des lieux. » Mais il faut, pour bien comprendre cette prescription, se reporter à cette époque. Les nouveaux hérétiques voulaient inaugurer partout une liturgie en langue nationale pour y glisser leurs erreurs; l'Eglise dut user de tout son pouvoir pour faire face à ce danger. Il en existait encore un autre qu'il prévit parfaitement : c'est que les traductions auraient vieilli comme la langue vulgaire, et auraient nécessité à chaque siècle des corrections plus ou moins nombreuses; ces corrections auraient pu compromettre la pureté de la doctrine et donner lieu à des disputes interminables. Le respect que doit inspirer toute parole sacrée ne peut guère se concilier, surtout chez nous, avec l'emploi des langues vulgaires. On connaît la traduction des psaumes que fit Marot à l'usage des calvinistes : pourrait-on aujourd'hui les entendre chanter en gardant son sérieux? L'Eglise a pu, en raison de graves circonstances, se relâcher sur ce point; mais quelle raison pourrait aujourd'hui en France motiver un changement dans le culte public. Les fidèles ont entre leurs mains la traduction de toutes les prières : cela doit suffire à leur piété. On compte dix langues employées dans la célébration de la sainte messe; ce sont : l'hébreu, le grec, le cophte, le gothique, l'arménien, l'éthiopien, l'arabe, le tartare, le syriaque et le latin. Cette dernière langue est exclusivement employée dans l'Eglise d'Occident. Nous pensons inutile de parler ici de cette coupable bouffonnerie qu'on appelait Eglise catholique française; le ridicule en a fait justice, et d'ailleurs les absurdités trop évidentes ne méritent pas l'honneur d'une réfutation.

Les protestants, après avoir critiqué l'usage du latin dans la liturgie, s'élevèrent aussi contre la coutume de prononcer à voix basse une partie de la messe. Leur erreur fut condamnée par le concile de Trente qui motive ainsi la conduite de l'Eglise. « La nature de l'homme est telle qu'il ne peut aisément et sans quelque secours extérieur s'élever à la méditation des choses divines. C'est pour cela que l'Eglise, comme une bonne mère, a établi l'usage de prononcer à la messe des choses à voix basse et d'autres d'un ton plus haut.» Il est étonnant qu'après la décision de ce saint concile, le synode de Pistoie ait osé manifester le désir que la liturgie soit prononcée à voix haute. Aussi cette proposition a-t-elle été condamnée comme téméraire, injurieuse à l'Eglise et favorable à l'hérésie. La coutume de l'Eglise sur ce point est autorisée par l'exemple de l'ancienne loi, ou par l'ordre de Dieu lui-même; bien des prières étaient prononcées à voix basse, et dont quelques-unes même étaient récitées en l'absence du peuple. L'Eglise primitive adopta cet usage, pour que le respect pour les choses divines grandît par ce silence qui excite au recueillement et qui favorise l'attention qu'on doit prêter aux mystères de l'autel. Un dernier reproche des protestants que nous devons repousser, c'est celui qui attaque les cérémonies de la messe comme futiles et dérisoires. Aujourd'hui que le temps et la raison ont calmé la fureur de nos frères égarés, ils considèrent nos cérémonies d'un coup d'œil moins irrité; ils s'en sont même approprié un certain nombre. Entre eux et nous la querelle est à peu près terminée sur ce point. Mais les adeptes du synode de Pistoie n'ont pas craint d'attaquer quelques-uns des rits de l'Eglise catholique.

C'est surtout à eux que nous devons nous adresser. L'espace ne nous permet point de parler de chaque cérémonie en particulier, il nous suffira de les envisager à un point de vue général. Toutes les liturgies, celles de l'Orient comme celles de l'Occident, nous démontrent que les cérémonies employées par l'Eglise remontent à la discipline primitive, et qu'elles ont été instituées par les apôtres. Dans l'ancienne loi, Dieu n'avait pas dédaigné de régler lui-même ce qui concernait l'offrande des victimes, l'ornement des autels, les dispositions du temple, la coupe des habits sacerdotaux. Pourquoi donc les apôtres auraient-ils omis, dans la nouvelle loi, de régler les cérémonies du divin sacrifice pour donner à sa célébration le plus de grandeur et le plus de solennité possible. Quand on réfléchit sur la nature de l'homme, on comprend le besoin des choses extérieures pour s'élever à la connaissance des choses divines; on comprend que l'âme des fidèles arrive plus facilement par ces signes visibles à la contemplation des saints mystères. Tout ce que nous avons dit prouve assez que ce n'est point l'amour de l'antiquité chrétienne, mais plutôt la passion de la nouveauté qui a poussé le synode de Pistoie à demander la suppression de certains usages et de certaines cérémonies. Le véritable motif de son prétendu zèle réformateur, c'est qu'il aimait mieux obtempérer aux désirs des jansénistes que d'obéir à l'Eglise de Jésus-Christ, qui seule a le pouvoir de décider, selon les lieux et les temps, de tout ce qui concerne le culte divin.　L'abbé J. C.

MESSÉANCE, s. f., manque de bienséance, le contraire de la bienséance.

MESSÉNIUS (Jean), savant Suédois, né en 1584 à Vadstina, mort le 7 février 1637, se distingua dans plusieurs genres de littérature, mérita la confiance du roi Gustave-Adolphe, et fut fait professeur de droit et de politique à Upsal. Il eut pour adversaire Jean-Rudbeck, théologien savant. Le roi de Suède termina leur dispute d'une manière honorable pour tous les deux. Il donna à Rudbeck une place d'aumônier à la cour, et à Messenius celle de conseiller au sénat nouvellement érigé à Stockholm. En 1613, Messenius, accusé d'être partisan secret du roi Sigismond, fut condamné à une prison perpétuelle, où il demeura près de dix-neuf ans. On a de lui : *Scandia illustrata, complectens chronologiam Scandiæ, hoc est, Sueciæ, Daniæ, Norvegiæ*, etc., Stockolm, 1640, 12 vol. in-4°; réimprimé dans la même ville, 1700 à 1704, en 14 vol. in-fol., avec des additions considérables, par les soins de Peringskiold. C'est une collection des différents traités que Messenius avait déjà publiés, tels que : 1° *Chronicon episcoporum Sueciæ*, 1611, in-8°; 2° *Tumba regum apud Suenes*; 3° *Theatrum nobilitatis suecanæ*, 1616, in-fol. ; 4° *Gustaidum prosapia*, 1610. Tous les ouvrages de ce savant roulent sur la Suède. — Son fils, Arnold Messenius, aussi savant que son père, fut décapité en 1648 avec son fils, âgé seulement de 17 ans, pour avoir fait quelques satires contre la cour. Il avait, de concert avec son fils Jean, composé un libelle contre la reine Christine et le sénat. C'est mal à propos que quelques-uns lui attribuent le *Theatrum nobilitatis*, qui est de son père Jean.

MESSÉNIE, célèbre contrée du Péloponèse, située dans la partie S.-O., entre la Laconie à l'E., l'Elide et l'Arcadie au N., et la mer Ionienne à l'O., et la Méditerranée au S. Outre Messène, sa capitale, elle avait un grand nombre de villes fameuses, entre autres Cyparissie, Andanie, Œchalie, Gérénie, Pylos, Sténiclare. Les deux Pamysus, le Néda et le Balyra en étaient les fleuves principaux, l'Ira et l'Ithome les montagnes les plus remarquables. La Messénie était une des provinces de la Grèce les plus riches en beaux sites et en perspectives magnifiques; mais sa célébrité principale fut due aux luttes sanglantes qu'elle soutint contre les Lacédémoniens.

MESSÉNIE (guerre de), nom commun à trois guerres sanglantes que les Messéniens soutinrent contre les Lacédémoniens. La première commença l'an 743 av. J.-C. Le prétexte fut un événement arrivé soixante-huit ans auparavant. Les Spartiates accusaient les Messéniens d'avoir fait violence à quelques femmes de Sparte, qui étaient venues offrir un sacrifice dans un temple commun aux deux nations et d'avoir tué Téléclus, roi de Sparte, qui avait voulu s'opposer à cet outrage. Les Messéniens niaient cet attentat, et disaient que Téléclus était venu dans le temple avec une troupe de soldats déguisés en femmes dans le dessein de les surprendre, et qu'il avait péri dans cette entreprise. Quoi qu'il en soit, la guerre commença l'an 743 av. J.-C., dura dix-neuf ans, et finit par la prise d'Ithome, ville de Messénie, qui succomba après un siége de dix années. Les Messéniens furent forcés de se soumettre au joug du vainqueur. Mais, ne pouvant se résoudre à vivre dans l'humiliation, ils reprirent tout à coup les armes, l'an 685 av. J.-C. Ils eurent d'abord de grands succès; mais ayant été vaincus en bataille rangée, dans la troisième année de la guerre, ils s'enfermèrent dans la ville d'Ira, résolus de s'y défendre jusqu'à la dernière extrémité. Les Spartiates, réunis aux Samiens, vinrent les y assiéger, et les obligèrent à se rendre, après onze ans de résistance. La prise d'Ira mit fin à la seconde guerre de Messénie. Deux cents ans après, les Messéniens tentèrent encore une fois de s'affranchir du joug des Lacédémoniens. L'an 466 av. J.-C., ils se réunirent aux Ilotes révoltés, et rassemblèrent leurs forces à Ithome. Les Spartiates n'osèrent tenter l'assaut de la place à cause d'un oracle qui les menaçait des plus éclatantes catastrophes s'ils s'y hasardaient. Cependant les Messéniens se virent forcés à se soumettre l'an 453 av. J.-C. La plupart devinrent esclaves et furent confondus avec les Ilotes; les autres consentirent à vider le Péloponèse, et à être vendus comme esclaves si jamais ils osaient y rentrer. Ils se retirèrent à Naupacte, à Rhegium en Sicile, où ils fondèrent la ville de Messène, et ils ne rentrèrent dans leur patrie que vers l'an 370 av. J.-C. sous la protection d'Epaminondas.

MESSEOIR, v. n., n'être pas convenable, n'être pas séant. Ce verbe n'est plus en usage qu'à l'infinitif.

MESSIDOR, s. m., le dixième mois du calendrier républicain.

MESSIE, s. m., le Christ promis de Dieu dans l'Ancien-Testament. (V. Jésus-Christ.)

MESSIER (Robert), religieux franciscain, supérieur de la province de France, prêcha avec distinction vers la fin du XVe siècle. Ses Sermons, publiés à Paris en 1521, sont le pendant de ceux de Menot. Applications singulières de l'Écriture, explications forcées des Pères, raisonnements indignes de la majesté de la chaire, jeux de mots puérils, tels sont les défauts qui les distinguent.

MESSIER (Charles), astronome, né le 26 juin 1730, en Lorraine, mort à Paris le 12 avril 1817, fut placé comme copiste chez l'astronome Delisle. Il devint astronome de la marine. Louis XV l'appelait le Furet des comètes. Pensionnaire de l'Académie des sciences, il entra à l'Institut et au bureau des longitudes. Messier n'était point mathématicien. Sa curiosité pour les phénomènes astronomiques s'arrêtait au plaisir de les observer, d'en marquer exactement le temps et les autres circonstances, sans jamais sentir l'ambition de pouvoir les calculer. Lalande a consacré à la mémoire de cet infatigable observateur une nouvelle constellation sous le nom du Messier ou Garde-Moisson.

MESSINE, célèbre ville de Sicile, au nord, sur la côte et près du détroit qui sépare cette île de l'Italie, fut fondée vers l'an 1600 avant Jésus-Christ par des Naxéens établis à Catane, et s'appela d'abord Zancle. Ses habitants ne furent d'abord que des corsaires; mais, plus faibles que ceux de Cumes, se voyant continuellement exposés à leurs attaques, ils appelèrent à leurs secours les Messéniens, peuple du Péloponèse, et repoussèrent l'ennemi. Après cette victoire, ils reçurent dans leurs murs les Messéniens, chassés du Péloponèse, et vécurent avec eux dans une si bonne intelligence que, prenant le nom de leurs alliés, ils donnèrent à leur ville celui de Messana. Selon quelques auteurs, ce fut Anaxilas, tyran de Rhegium, Messénien d'origine, qui, ayant pris cette ville l'an 494 avant Jésus-Christ, lui donna ce nom en l'honneur des Messéniens qui l'avaient aidé dans cette conquête. Quelque temps après, les Mamertins s'emparèrent de Messine, et firent prendre aux habitants le nom de Mamertins. Leurs démêlés avec Syracuse donnèrent lieu à la première guerre punique. Dans la suite, cette ville tomba avec le reste de la Sicile au pouvoir des Romains, qui y envoyèrent un préteur. Sous l'administration de Verrès, les Mamertins se déshonorèrent par la connivence coupable qu'ils eurent avec ce magistrat déprédateur, dont ils recelaient les vols. Messine était une des villes les plus peuplées de la Sicile; Catane seule l'emportait sur elle. Ses environs produisaient des vins excellents. Détruite en 1683 par un effroyable tremblement de terre, Messine fut rebâtie sur l'ancien emplacement. Elle s'élève en amphithéâtre au pied d'une chaîne de montagnes, sur un terrain inégal; mais son plan est régulier; elle a des rues larges, alignées, bien pavées en laves, des maisons peu élevées à cause des tremblements de terre; quatre à cinq places grandes, remarquables par la profusion des or-

nements, et décorées de statues en bronze et de fontaines en marbre. Le palais Senatorio ou Hôtel-de-Ville, quoique inachevé, est d'une architecture imposante. Les églises sont riches, comme au reste toutes les églises d'Italie; la cathédrale a été rebâtie sur les dessins et avec les débris de l'ancienne qui datait du XIIe siècle, et avait été bâtie par le comte Roger, et elle offre un mélange bizarre du style égyptien et du style gothique. Messine possède des fabriques de soie; et elle fait un commerce considérable en blé, vins, huiles, liqueurs et soie. La population actuelle est de 50,000 âmes au plus. Le climat est délicieux; les campagnes environnantes sont d'une prodigieuse fécondité, et offrent les paysages les plus pittoresques. Aux pieds de ses murs bouillonnent les flots écumants du fameux détroit de Charybde et Scylla; un promontoire de rochers et de sables qui s'avance sur sa droite forme une rade sûre et spacieuse; son port, un des plus beaux de la Méditerranée, est défendu par une citadelle et par plusieurs forts. Messine est le siége d'un évêque qui relève de l'archevêché de Palerme.

MESSIS (Quintin), Messius, dit le Maréchal d'Anvers, peintre, mort à Anvers en 1529, à l'âge de 79 ans, exerça jusqu'à l'âge de 20 ans la profession de maréchal, ou plutôt de serrurier (ces deux professions étaient alors désignées par un même nom). Ce peintre ne faisait ordinairement que des demi-figures et des portraits : son coloris est vigoureux, sa manière très fine; mais son pinceau est dur et sec.

MESSIRE, s. m., titre d'honneur qui se donnait anciennement, dans les actes, à des personnes distinguées, mais qui, depuis, ne s'est plus donné qu'au chancelier de France. Poire de messire Jean, poire de couleur rousse, qui est cassante et fort sucrée, et qui est mûre en octobre ou en novembre.

MESTRE DE CAMP, s. m. (on prononce l's). Ce mot, qui signifiait autrefois commandant en chef d'un régiment d'infanterie ou de cavalerie, s'employait aussi dans les deux dénominations suivantes : mestre de camp général de la cavalerie, officier qui était après le colonel général de la cavalerie; le mestre de camp, la première compagnie d'un régiment soit de cavalerie, soit d'infanterie.

MESTREZAT (Jean), théologien protestant, né à Genève, vers 1592, mourut en 1657, après avoir été employé par ceux de son parti dans différentes affaires. On a de lui des Sermons in-8°, et divers autres ouvrages.

MESTREZAT (Philippe), neveu du précédent, fut aussi ministre, et enseigna la théologie à Genève. On a de lui un traité contre Socin, et d'autres ouvrages de controverse, que peu de gens connaissent et que personne ne lit. Voyez Lentulus Scipion. Il mourut en 1690.

MESURABLE, adj. des deux genres, qui se peut mesurer.

MESURAGE, s. m., action de mesurer. Mesurage, parmi les arpenteurs, signifie le procès-verbal de l'arpenteur, auquel est ordinairement annexé le plan figuré de l'arpentage.

MESURE, quantité prise pour terme de comparaison et qui sert à évaluer la grandeur d'autres quantités de même nature. Mesurer, c'est déterminer le rapport qu'il y a entre l'objet dont on veut connaître la grandeur, et l'unité de comparaison. Ainsi ayant, par exemple, adopté pour unité une longueur déterminée, telle que le mètre, on connaîtra la longueur d'une ligne quelconque lorsqu'on saura combien elle contient de mètres ou de parties de mètre. L'unité de mesure doit toujours être de la même nature que les objets qu'elle sert à mesurer; c'est-à-dire, la mesure des lignes est une ligne; celle des surfaces, une surface; celle des solides, un solide, etc. Si en géométrie on mesure les angles par des arcs de cercle, c'est que ces arcs sont proportionnels aux angles, et que de cette manière il y a toujours un angle sous-entendu pris pour unité. Considérées sous le rapport des usages civils ou commerciaux, les mesures se divisent en mesures de longueur, de superficie, de capacité et de pesanteur. Chez tous les peuples ces diverses mesures ont toujours eu des rapports entre elles; mais le système le plus simple et le plus élégant est le système primitif des mesures égyptiennes, dont l'invention est attribuée à Mercure, ministre du roi Osiris. L'unité linéaire était la coudée royale, longueur prise dans les dimensions du corps de l'homme; le cube de la demi-coudée donnait l'unité de volume; ce cube, rempli d'eau, l'unité de poids; et enfin ce poids, en argent, l'unité monétaire. Pour construire leur coudée, les Égyptiens avaient pris pour point de départ la largeur des doigts de la main, en déterminant probablement une largeur moyenne conservée ensuite comme étalon fixe. Quatre de ces largeurs moyennes, ou celle d'une main, le pouce excepté, formaient le palme; trois palmes ou la distance entre l'extrémité du petit doigt et du pouce, lorsque la main est ouverte le plus possible, composaient l'empan, et deux empans ou la distance du coude à l'extrémité du grand doigt, formaient la coudée naturelle plus petite que la coudée royale de quatre doigts ou d'un palme. L'origine de la coudée royale paraît être l'usage qu'on a dû nécessairement faire de la longueur du pied pour mesurer les dimensions des terrains, avant d'avoir des mesures artificielles. Elle est, en effet, le double du pied naturel qui est de 14 doigts, à partir de l'extrémité du talon à celle du gros orteil. La coudée naturelle était employée aux usages les plus ordinaires; mais la coudée royale était consacrée à tout ce qui avait un but d'utilité générale, comme la mesure des routes, des terrains, etc. L'étalon en était déposé dans les temples, et confié à la garde des prêtres. Le système métrique égyptien conservé dans sa pureté par les Hébreux après leur sortie d'Egypte, subit ensuite de grands changements chez les Grecs, les Romains, les Arabes et les Persans. Mais il est facile de reconnaître qu'il est la souche commune des systèmes de mesures de ces peuples, et qu'il s'est propagé, ainsi modifié, dans les diverses contrées de l'Europe, où l'on en retrouve encore aujourd'hui des traces. Les recherches les plus exactes entreprises de nos jours, pour trouver le rapport de ces mesures primitives avec nos mesures usuelles ont donné les résultats suivants :

	millimètres.
Le doigt (théb)	18,75
Le palme (choryos), de 4 doigts	75
L'empan (tertó), de 12 doigts	225
La coudée (derah) { naturelle ou de 24 doigts . .	450
{ royale ou de 28 doigts . .	525

Les Grecs prirent pour unité linéaire les deux tiers de la coudée naturelle ou 16 doigts, et ils lui donnèrent le nom de pied (ποὺς). C'est sur cette unité que Phidon d'Argos, selon Pline, ou Palamède, selon Aulugelle, forma la série suivante de mesures :

	mètres.
Le doigt (δάκτυλος)	0,01875
Le palme (δῶρον, ou παλαιστή)	0,075
Le pied (ποὺς)	0,3
La coudée (πῆχυς), d'un pied et demi . .	0,45
Le pas (βῆμα ἁπλοὺν), de deux pieds et demi .	0,75
Le double pas, de 5 pieds (βῆμα διπλοὺν) . .	1,15
La brasse (ορυνιά), de 6 pieds	1,8
La perche (ἄκαινα), de 10 pieds	3
La petite chaîne (ἄμμα), de 60 pieds . . .	18
La grande chaîne (πλέθρον), de 100 pieds . .	30
La stade (στάδιον), de 600 pieds	180

Un carré de 100 pieds de côté formait, chez les Grecs, l'unité principale des mesures agraires ou de superficie. On lui donnait le nom de plèthre, πλέθρον. Le pied cube servit aussi de point de départ pour les mesures de capacité sous le nom de métrètès, μιτρητές ; la centième partie de ce pied cube fut nommée cotyle, κοτύλη, et 72 cotyles formèrent l'amphore, ἀμφορεὺς, dont la grandeur est de 19 litres et $\frac{44}{100}$. Le poids de l'eau contenue dans une amphore devint l'unité des mesures de pesanteur. C'est le talent, τάλαντον ; et enfin ce même poids en or, en argent ou en cuivre, avec ses subdivisions, composait les monnaies. Solon réforma plus tard les poids et les monnaies, en employant le pied cube d'eau tout entier, pour représenter le poids d'un nouveau talent que l'on a désigné sous le nom de grand talent attique. Il s'établit ensuite des différences entre les mesures des diverses provinces grecques; mais leur origine commune fut toujours le pied de 16 doigts égyptiens. Les Romains trouvèrent en Italie les mesures des Grecs partout en usage, et les conservèrent, du moins quant au fond ; car ils adoptèrent une classification plus méthodique, en divisant chaque unité soit linéaire, soit de capacité, soit de pesanteur, en douze parties, subdivisibles chacune en vingt-quatre autres. C'est ainsi que le pied grec de 16 doigts égyptiens fut partagé en 12 onces que les modernes ont nommées pouces. Cependant le pied romain est un peu plus petit que 16 doigts égyptiens, et il paraît s'être conservé, sans aucune altération, pendant toute la durée de la république, celle de l'empire, et dans les premiers siècles

de la féodalité. Le système métrique des anciennes nations de l'Asie n'est encore que le système égyptien légèrement modifié; mais celui des Arabes, quoique fondé sur la coudée, diffère par l'unité fondamentale du doigt dont la longueur n'est pas celle du doigt égyptien. Le doigt arabe se composait de six grains d'orge mis à plat et en travers, et le grain d'orge se divisait en six crins de cheval. 4 doigts formaient le palme, 4 palmes le pied, et deux pieds la grande coudée hachémique. C'est là l'origine des mesures actuelles de la race mahométane. Le système des anciennes mesures françaises date seulement de Charlemagne qui le substitua au système romain dans toute l'étendue de la monarchie. Le pied de ce prince, nommé pied-de-roi ou pied-de-Paris, paraît être une copie altérée de celui des Arabes; il se divisait en douze pouces, et le pouce en douze lignes. Six pieds formaient une toise qui se trouve être exactement le pas des Arabes. Quant à toutes les autres mesures, elles dérivaient également des mesures arabes. Ces mesures subirent bientôt de notables altérations, car, déjà sous le règne de Charles-le-Chauve, chaque grand feudataire de la couronne avait introduit dans ses domaines des modifications conformes à ses intérêts. Les uns avaient augmenté la grandeur des mesures pour tirer un cens plus considérable de leurs vassaux, les autres, au contraire, l'avaient diminuée pour attirer sur leurs possessions un plus grand nombre d'habitants. Ce fut vainement que plusieurs souverains tentèrent successivement de remédier à ce désordre et de ramener les mesures de province à celles de Paris, il fallut le bras de fer du gouvernement républicain pour opérer l'urgente réforme si longtemps et si hautement réclamée. Aujourd'hui, l'ensemble des mesures françaises compose le système le plus complet, le mieux lié et en même temps le plus simple qui ait été jamais inventé, et sa supériorité sur ceux de toutes les autres nations ne peut être mise en doute un seul instant, quoiqu'il soit malheureusement avéré que sa base est inexacte. Ce fut le 8 mai 1790 que l'assemblée constituante rendit un décret d'après lequel le roi de France devait engager le roi d'Angleterre à réunir aux savants français choisis par l'Académie un nombre égal de membres de la Société royale de Londres, pour déterminer en commun la longueur du pendule simple qui bat la seconde à la latitude moyenne de 45° et au niveau de la mer. Cette longueur devait être prise pour l'unité des mesures que ces nations devaient ensuite propager dans tous les états civilisés. Les événements politiques ne permirent pas cette réunion, et la commission des académiciens français, craignant que le choix du pendule à 45° ne fût repoussé par les peuples qui n'ont pas cette latitude, voulut choisir une base plus large et véritablement universelle, en prenant pour unité la dix millionième partie de la distance de l'équateur au pôle, ou du quart du méridien terrestre. Ce choix présentait en outre un avantage particulier, c'était le rapport simple et naturel qui s'établissait entre les mesures géodésiques et les arcs célestes, et qui devait faciliter la pratique du pilotage entièrement fondé sur ce rapport. Mais, pour obtenir la longueur de l'unité de mesure, il fallait déterminer la figure de la terre plus exactement qu'elle n'était encore connue, et mesurer les degrés du méridien avec une précision supérieure à celle des mesures déjà opérées. Cet immense travail n'effraya point nos savants; Delambre et Méchain furent chargés de mesurer la méridienne de Paris, depuis Dunkerque jusqu'à Barcelonne, opération qu'ils accomplirent activement, au milieu des scènes sanglantes de la plus hideuse de nos premières politiques, tandis que Brisson, Borda, Lagrange, Laplace, Prony et Berthollet élevaient l'édifice du nouveau système en créant une unité provisoire basée sur les mesures de Lacaille. Cette unité, sous le nom de mètre, fut fixée à 443 lignes et $\frac{44}{100}$ de la toise de Paris. Ce ne fut qu'en 1799 que la France fit un nouvel appel aux nations ses alliées, et qu'une vaste commission fut formée pour réaliser définitivement toutes les parties du système métrique et en subordonnant à une prétendue valeur définitive du mètre, fixée à 443[lig.], 293936. Cette commission se composa de Borda, Brisson, Coulomb, Darcet, Delambre, Haüy, Lagrange, Lefèvre Gineau, Méchain et Prony, pour la France; Renoœ et Van Swinden, pour la Hollande ; Balbo et plus tard Vassalli-Eandi, pour la Savoie; Bugge, pour le Danemarck ; Ciscar et Pedrayès, pour l'Espagne; Fabroni, pour la Toscane; Franchini, pour la république romaine; Multedo, pour la république ligurienne; et enfin Trallès, pour la république helvétique. Le 22 juin

1799, le résumé des travaux de cette commission fut présenté par Trallès au corps législatif, ainsi que les étalons types, mais ce ne fut cependant qu'à dater du 2 novembre 1801, que le système métrique définitif devint légal et exclusif. On a signalé tout récemment quelques erreurs qui se sont glissées dans les mesures de Delambre et de Méchain, et ce dernier lui-même avait déjà reconnu avant sa mort une inexactitude qu'il ne crut pas devoir révéler, craignant sans doute de compromettre, et trop tard, tout le travail de la méridienne. Il semble résulter, d'autres mesures effectuées depuis en différents lieux, que la longueur du mètre dit définitif est un peu trop petite, et qu'en la fixant à 443lig.,39, on approcherait beaucoup plus près de la vérité. Cependant nous pensons que l'idée de prendre pour unité une partie du méridien est plus brillante que raisonnable ; car il faudrait d'abord, pour rendre cette mesure universelle, que tous les méridiens fussent rigoureusement égaux, ce qui, jusqu'à présent, est loin d'être démontré. La figure de la terre ne paraît pas régulière, et toutes les tentatives faites pour coordonner les valeurs connues des arcs de divers méridiens n'ont encore produit aucun résultat véritablement satisfaisant. Cependant, en considérant le mètre, non comme une partie aliquote rigoureuse de la distance invariable de l'équateur au pôle, mais seulement comme une partie aliquote de la distance moyenne de cet équateur, quelles que soient les inégalités du globe terrestre et la variété des distances qu'elles peuvent entraîner, on peut concevoir qu'il sera possible un jour d'obtenir cette unité moyenne avec un haut degré de précision ; ce qui peut seul réaliser la grande et belle idée d'un système de mesures basé sur les dimensions du globe, liées elles-mêmes par les observations astronomiques à tous les axes des orbites planétaires, et aux dimensions de l'univers. Au reste, la valeur du mètre actuel se trouve établie d'une manière invariable par sa comparaison avec celle du pendule à seconde, et comme le choix d'une unité de mesure est entièrement arbitraire, et qu'il suffit de pouvoir toujours retrouver la grandeur exacte de cette unité, toutes les inexactitudes que nous venons de signaler ne vicient en rien notre admirable système métrique dont le premier mérite repose évidemment sur la liaison et les rapports simples de toutes ses parties. Le mètre est donc l'unité fondamentale: c'est, comme nous l'avons déjà dit, la dix millionième partie du quart du méridien terrestre, ou, rigoureusement, c'est une longueur dont le rapport avec celle du pendule qui bat la seconde au 45e degré de latitude, est 0,993977, c'est-à-dire qu'en prenant le mètre pour unité, la longueur du pendule est égale à 0m ,993977. Ce qui fournit un moyen facile de retrouver ce mètre en tout temps. Un carré dont le côté est de dix mètres, et qui renferme conséquemment une superficie de cent mètres carrés, est l'unité des mesures de superficies ou des mesures agraires. On nomme cette unité are. Un cube dont le côté est la dixième partie du mètre, est, sous le nom de litre, l'unité des mesures de capacité; c'est la millième partie du mètre cube. Le mètre cube appliqué au mesurage des bois de chauffage prend le nom de stère. Le poids d'un volume d'eau pure, au maximum de densité, qui remplit un cube dont le côté a pour longueur la centième partie du mètre, est l'unité des mesures de pesanteur. On le nomme gramme. Enfin, pour les monnaies, l'unité est le franc, pièce composée de neuf parties d'argent sur une de cuivre, et dont le poids est de 5 grammes. En employant les noms de ces unités de mesure comme racines et les faisant précéder des mots : myria (dix mille), kilo (mille), hecto (cent), déci (dixième), centi (centième), mille (millième), on forme successivement toutes les autres mesures usuelles qui sont des multiples ou des sous-multiples décimaux des unités primitives, et dont voici le tableau.

NOMS SYSTÉMATIQUES.	RAPPORTS AVEC LE MÈTRE.
MESURES ITINÉRAIRES ET DE LONGUEUR.	
Myriamètre.	10000 mètres.
Kilomètre.	1000.
Hectomètre.	100.
Décamètre.	10.
Mètre.	1.
Décimètre.	0,1.
Centimètre.	0,01.
Millimètre.	0,001.

MESURES AGRAIRES.

Hectare.	10000 mètres carrés.
Are.	100.
Centiare.	1.

MESURES DE CAPACITÉ.

Pour les liquides.

Décalitre.	10 décimètres cube.
Litre.	1.
Décilitre.	$\frac{3}{10}$. de décimètre cube.

Pour les matières sèches.

Kilolitre.	1 mètre cube.
Hectolitre.	100 décimètres cubes.
Décalitre.	10 *Id.*
Litre.	1.

MESURES DE SOLIDITÉ.

Stère.	Mètre cube.
Décistère.	$\frac{1}{10}$. de mètre cube.

POIDS.

Millier.	1000 kilogrammes (tonneau de mer).
Quintal	100 *Id.*
	Poids d'un décimètre cube d'eau pure à la température de 4° au-dessus de la glace fondante.
Kilogramme.	
Hectogramme.	100 grammes.
Décagramme.	10.
Gramme.	1.
Décigramme.	0,1.

Depuis 1812 on a permis l'usage de certaines dénominations anciennes trop populaires pour espérer de les voir abandonnées de sitôt, ainsi : 2 mètres font une toise dont le sixième est le pied nouveau. 6 décimètres font une aune. Le huitième de l'hectolitre est un boisseau. Un demi-kilogramme ou 500 grammes font une livre, laquelle se subdivise en onces, gros, etc. Mais il ne faut pas confondre ces mesures employées dans toutes les transactions commerciales avec les anciennes mesures portant les mêmes noms et expressément prohibées. Les rapports de ces anciennes mesures avec les mesures métriques sont les suivants :

	Mètres.
1 toise de Paris.	1, 94904
1 pied, $\frac{1}{6}$ de la toise. . .	0, 32484
1 pouce, $\frac{1}{12}$ du pied. . .	0, 02707
1 ligne, $\frac{1}{12}$ de pouce. . .	0, 00256

	Grammes.
1 livre, poids de marc. .	489, 505847
1 once, $\frac{1}{16}$ de la livre. .	30, 59
1 gros, $\frac{1}{128}$ de la livre. .	3, 82
1 grain, $\frac{1}{72}$ du gros. .	0, 53

On trouve dans l'*Annuaire* du bureau des longitudes des tables de conversion de toutes les mesures anciennes en nouvelles et réciproquement. Nous nous contenterons ici de faire connaître les rapports du mètre avec les mesures linéaires des peuples anciens et modernes.

ANCIENNES.

			Mètres.
Perse. . . .	Parasange de 10000 coudées royales.		5250
	Schœne, de 20000 *id.*	. . .	10500
	Stathme, de 40000 *id.*	. . .	21000
Egypte. . . .	Grande chaîne ou Plèthre de 100 p.		36
	Stade, de 600 pieds.	. . .	216
Rome.	Mille.	. . .	1472,3
Chine. . . .	Tchang ou perche.		3,2
	Li, de 180 perches. . . .	. . .	576
	Pôu, de 10 li.	. . .	5760
	Thsan, de 8 pôu. . . .	. . .	46080

MODERNES.

			Mètres.
Amsterdam. .	L'aune.	. . .	0, 6903
Berlin. . . .	L'aune ancienne.		0, 6677
	L'aune nouvelle.		0, 6669

Cologne. . .	Aune.	0, 5752
Constantinople.	Grande mesure.	0, 6691
	Petite mesure.	0, 6479
Copenhague. .	Aune.	0, 6277
Dresde. . .	Aune.	0, 5665
Ferrare. . .	Brasse pour la soie. . . .	0, 6344
	Brasse pour le coton et le fil. . .	0, 6736
Florence. . .	Brasse.	0, 5942
Francfort. .	Aune.	0, 5473
Gênes. . . .	Palme.	0, 2483
Genève. . .	Aune.	1, 1437
Hambourg. .	Aune de Hambourg. . . .	0, 5730
	Aune de Brabant.	0, 6914
Hanovre. . .	Aune.	0, 5840
Leipsik. . .	Aune.	0, 5653
Lisbonne. . .	Vare.	1, 0929
Londres. . .	Yard impérial.	0, 9144
	Pole ou perch. (5, 5 yards). . .	5, 0291
	Mile (1760 yards). . . .	1609, 3149
	Le pied anglais, divisé en 12 pouces, est le tiers du yard, il vaut.	0, 3048
Lucques. . .	Brasse.	0, 5951
Madrid. . .	Vare aune de Castille. . . .	0, 8480
Milan. . . .	Brasse.	0, 5949
Munich. . .	Aune.	0, 8330
Naples. . . .	Canne.	2, 0961
Palerme. . .	Canne.	1, 9423
Pétersbourg. .	Archène.	0, 7115
Riga. . . .	Aune.	0, 5482
Rome. . . .	Canne.	1, 9920
	Brasse.	0, 8482
Stockholm. .	Aune.	0, 5937
Stuttgard. .	Aune.	0, 6143
Turin. . . .	Raso.	0, 5994
Varsovie. . .	Aune.	0, 5846
Weimar. . .	Aune.	0, 5640
Venise. . .	Brasse de laine.	0, 6834
	Brasse de soie.	0, 6387
Vienne. . .	Aune de Vienne.	0, 7792
	Aune de la Haute-Autriche. . .	0, 7997
Zurich. . .	Aune.	0, 6001

P–s.

MESURE, s. f., ce qui sert de règle pour déterminer la durée des temps, ou l'étendue de l'espace, ou la quantité de la matière. Il se dit particulièrement d'une longue bande de papier, de parchemin, avec laquelle les tailleurs, les couturières, déterminent toutes les longueurs et les largeurs de l'habit, du vêtement qu'ils ont à faire. Fig., avoir deux poids et deux mesures, juger des mêmes choses par des règles différentes et avec partialité. Fig., il a comblé la mesure, se dit en parlant de celui qui, par ses crimes ou par ses fautes réitérées, s'est rendu coupable au point de ne devoir plus espérer de pardon. Mesure signifie aussi la quantité que peut contenir le vaisseau qui sert de mesure pour vendre en détail certaines denrées. Mesure signifie encore dimension. Mesure, en versification, se dit du nombre et de l'arrangement des pieds, ou seulement des syllabes propres à chaque espèce de vers. Mesure, en termes de musique, signifie la division de la durée d'un air en parties égales qui sont indiquées d'une manière plus ou moins sensible dans l'exécution. Mesure, en termes d'escrime, signifie la distance convenable pour parer ou pour porter un coup de fleuret ou d'épée. Fig. et fam., serrer la mesure, presser vivement ses adversaires dans la discussion. Fig., être en mesure de faire une chose, avoir les facilités, les moyens nécessaires pour faire une chose. Mesure signifie figurément précaution, moyen qu'on prend pour arriver au but qu'on se propose. Rompre les mesures de quelqu'un, traverser les desseins de quelqu'un et empêcher qu'ils ne réussissent. Mesure signifie aussi figurément bornes, limites, capacité. Il signifie encore modération, retenue, sentiment et observation des bienséances. A mesure que, loc. conjonctive, selon que, suivant que, à proportion et en même temps que. Il s'emploie aussi absolument sans que, et alors il se met toujours à la fin des phrases. Il s'emploie aussi avec de, comme locution prépositive. A fur et à mesure, à fur et mesure, locution qui s'emploie en termes de pratique et d'administration comme conjonction, comme préposition et comme adverbe. A mesure que, à mesure de, à mesure. Outre-mesure, loc. adver., avec excès.

MESURER, v. a., chercher à connaître ou déterminer une quantité par le moyen d'une mesure. Mesurer des yeux, juger à la simple vue de la distance ou de la grandeur d'un objet. Fig., mesurer son épée avec quelqu'un, se battre en duel avec lui. Avec le pronom réfléchi, se mesurer avec quelqu'un, lutter contre lui. Prov. et fig., mesurer les autres à son aune, juger des sentiments d'autrui par les siens. Mesurer signifie également proportionner. Il signifie encore figurément, régler avec sagesse, avec circonspection.

MESUREUR, s. m., officier public qui a droit, dans quelques marchés, de mesurer certaines marchandises.

MÉSUSER, v. n., mal user, abuser, faire un mauvais usage.

MÉTABOLE, s. f., figure de rhétorique qui consiste à accumuler plusieurs expressions synonymes pour peindre une même idée.

MÉTAIRIE, s. f., bien-fonds affermé sous la condition que le colon retiendra pour ses travaux la moitié des fruits, ou telle autre portion qui est réglée entre les contractants. Métairie s'applique souvent à une petite ferme, c'est-à-dire à une terre de médiocre étendue, dont le fermier paie une redevance annuelle déterminée en argent ou en fruits.

MÉTAL, s. m. Aujourd'hui les corps qu'on désigne sous ce nom offrent des propriétés si variées qu'il n'y a pas une seule définition qui convienne à tous, pas même la pesanteur, puisque certains métaux surnagent sur l'eau. On connaît aujourd'hui quarante-quatre métaux, qui sont : aluminium, antimoine, argent, arsenic, barium, bismuth, cadmium, calcium, cérium, chrome, cobalt, cuivre, didyme, étain, fer, glucynium, iridium, lanthane, lithium, magnésium, manganèse, mercure, molybdène, nickel, or, osmium, palladium, platine, plomb, potassium, rhodium, silicium, sodium, strontium, tantale, tellure, thorinium, titane, tungstène, uranium, vanadium, yttrium, zinc et zirconium.

MÉTALEPSE, s. f., figure de réthorique par laquelle on prend l'antécédent pour le conséquent, et le conséquent pour l'antécédent.

MÉTALLIQUE, adj. des deux genres, qui est de métal, qui concerne le métal. Il s'emploie substantivement au féminin dans le sens de métallurgie. Dans ce sens il a vieilli. Métallique, adjectif, signifie aussi qui concerne les médailles. Histoire métallique, histoire où les événements sont constatés par une suite de médailles.

MÉTALLISATION, s. f., t. de chimie, opération par laquelle un oxyde passe à l'état de métal.

MÉTALLOGRAPHIE, s. f., description des métaux. Il signifie aussi la science, la connaissance des métaux.

MÉTALLOÏDES (chim.). On donne le nom de métalloïdes aux corps simples non métalliques, ne jouissant pas des propriétés distinctives des métaux, c'est-à-dire non doués de l'état métallique, et de plus mauvais conducteurs de la chaleur et de l'électricité. Le caractère le plus distinctif est que, les métalloïdes, en se combinant soit entre eux, soit avec les métaux, ne donnent lieu qu'à des composés non basiques, tandis que les métaux forment ordinairement des bases en s'unissant avec l'oxygène. L'on connaît quinze métalloïdes, en comptant l'arsenic et le tellure qui, dans le plus grand nombre de cas, se comportent comme de véritables métalloïdes. On les range généralement dans l'ordre dans lequel se présente chacun d'eux, selon qu'il joue le rôle d'élément électro-négatif par rapport au corps qui le suit, et celui d'élément électro-positif par rapport au corps qui le précède : oxygène, fluor, chlore, brome, iode, soufre, sélenium, azote, phosphore, arsenic, bore, carbone, tellure, silicium, hydrogène. Les métalloïdes se comportent avec les métaux comme des corps électro-négatifs, du moins à peu d'exceptions près, agissent différemment avec l'oxygène, et dégagent de l'électricité négative en se combinant avec ce corps vis-à-vis duquel ils sont tous électrisés positivement. Les métalloïdes sont solides à l'exception de quatre qui sont gazeux à la température et sous la pression atmosphérique ordinaires ; ce sont : l'oxygène, le chlore, l'azote et l'hydrogène. Les métalloïdes sont fort inégalement répandus sur la terre : ainsi l'oxygène se trouve partout, il constitue un cinquième de l'air dont l'azote forme les quatre autres cinquièmes. L'hydrogène entre pour un atôme sur deux dans la composition de l'eau. On sait que tous les corps organisés sont composés d'oxygène, d'hydrogène et de carbone, auxquels vient souvent s'ajouter l'azote. Le chlore entre comme élément dans la composition du sel marin. Les moins répandus sont le tellure, le sélenium, le bore, l'iode et le brome. Nous renvoyons aux articles propres à chacun d'eux. J. P.

MÉTALLURGIE. C'est un art qui a pour objet d'extraire les minerais du sein de la terre, d'en retirer les métaux qu'ils contiennent, et d'obtenir ceux-ci à l'état le plus pur. De grandes connaissances sont nécessaires en métallurgie : elle emprunte à la géologie les moyens de reconnaître le gisement du métal à exploiter ; à la minéralogie, les caractères distincts des différents métaux ; à la mécanique, des machines à employer ; à la physique et à la chimie, les diverses opérations par lesquelles on parvient à obtenir dans leur plus grande pureté les métaux que l'on recherche. Les principales opérations employées dans l'art de la métallurgie sont : le *triage*, le *bocardage*, le *lavage*, le *grillage*, la *fonte* et l'*affinage*. — Triage. Quand le mineur a fait sauter, au moyen de la poudre ou de la pénitiolle, un morceau de filon ou de la couche métallique qu'il exploite, il fait dans l'intérieur de la mine un triage grossier des parties de roches qui ne renferment aucune substance métallique et qui sont destinées à servir au remblai. Les parties de filon qui contiennent des minerais sont transportées hors de la mine et soumises à un nouveau triage. De vieux mineurs, des femmes, des enfants l'examinent morceau à morceau, brisent avec le marteau ceux qui sont trop gros, épluchent ceux qui sont trop mélangés de gangue ou de la substance minérale qui enveloppe le minerai. On divise par cette opération le minerai en trois classes : la roche ou gangue qui n'est bonne qu'à rejeter ; le minerai à bocarder et le minerai pur. Ces trois classes sont encore subdivisées, selon leurs différents degrés de richesse ou selon les différentes espèces de minerai que chacun renferme, car le même filon contient souvent plusieurs métaux différents. D'autres fois, on place le minerai au sortir de la mine sur des grillages en fer, on y fait tomber un courant d'eau qui le lave et qui fait passer les plus petits morceaux au travers du grillage. Les eaux qui ont servi à ce triage par voie de lavage sont reçues dans des bassins où elles déposent ce qu'elles ont pu entraîner de minerai. On opère encore le triage par divers autres procédés, et principalement à l'aide d'une machine appelée *crible à double bascule*, composée de deux caisses inclinées dont le fond est garni de cribles de différentes dimensions, et dans lesquelles un courant d'eau lave les fragments de minerai et les fait passer de l'un dans l'autre. — Bocardage. Les minerais trop durs pour être cassés à la main, et ceux qui sont enveloppés de beaucoup de gangue, sont brisés et même broyés par une machine appelée *bocard*. Cette machine est composée de plusieurs pilons en bois, garnis de fer, et mise en mouvement par un arbre horizontal armé de parties saillantes. Ce mécanisme est mû par un courant d'eau ; le minerai à bocarder arrive dans une auge creusée dans le sol et doublée de plaques de fonte. Chaque auge contient trois, quatre ou six pilons, qui constituent ce qu'on appelle une *batterie*. Les minerais sont bocardés tantôt à sec, tantôt à l'aide d'un lavage qui se fait au moyen d'un courant d'eau que l'on fait arriver dans le bocard. — Lavage. L'opération du lavage varie selon la nature des minerais et des métaux qu'il s'agit de traiter. Lorsque les métaux exploités n'ont pas une grande valeur et ne sont mélangés que de matières argileuses, comme les minerais de fer d'alluvion qui alimentent une grande partie de nos usines, le lavage se fait à l'aide de moyens simples et même assez grossiers. Les ouvriers chargés de ce travail placent dans une espèce de crible en forme de séhile une certaine quantité de minerai, puis ils le plongent dans un bassin où un courant d'eau, en lui imprimant un certain mouvement qui facilite l'écoulement des parties terreuses. D'autres fois, on jette simplement le minerai dans des bassins en bois ou en pierre traversés par un courant d'eau, et les ouvriers se bornent à le remuer avec des râbles, sortes de piquants armés de fer, ou avec des pelles. Un autre procédé, plus perfectionné et cependant économique, consiste à opérer le lavage des minerais de fer d'alluvion, au moyen d'une machine appelée *patouillet*, qui se compose d'un arbre armé de bras et d'anses en fer, lequel est placé dans un bassin cylindrique en forme d'auge qu'on remplit de minerai qui se trouve agité par le mouvement de rotation imprimé à l'arbre. L'eau, en se renouvelant sans cesse dans l'auge, entraîne les parties terreuses que le frottement et le choc des bras de fer détachent des grains du minerai. Les dépôts d'alluvion aurifère et platinifère, qui sont ordinairement mélangés de sables plus ou moins fins et souvent d'argile, s'exploitent aussi par le lavage. Lorsqu'on peut se procurer un courant d'eau suffisamment élevé, on taille dans le sable aurifère des gradins de 8 à 10 mètres de longueur sur 1 de largeur, et 0ᵐ 30 de profondeur ; sur chacun de ces gradins se placent des ouvriers qui, à mesure que l'eau descend doucement, remuent sans relâche

le sable avec des pelles, jusqu'à ce qu'il soit transformé en boue liquide que l'eau entraîne dans la tranchée inférieure, où les paillettes et les pépites d'or se précipitent par le seul effet de la pesanteur spécifique. Lorsque la tranchée est suffisamment remplie des sédiments produits par le lavage, on les enlève et on les transporte auprès d'un autre cours d'eau pour leur faire subir un autre lavage, pour lequel on se sert de gamelles en bois en forme d'entonnoir. Chaque laveur se tient debout dans le ruisseau, emplit sa gamelle, et fait entrer une certaine quantité d'eau et l'agite de manière à faire tomber l'or au fond ; on vide ensuite les gamelles dans d'autres plus grandes qui sont remplies d'eau, et dans lesquelles les métaux précieux restent seuls, purgés de toutes les substances étrangères qui les accompagnaient. L'or que charrient certains cours d'eau, l'Ariège, la Durance, la Garonne et le Rhône, en France ; le Rhin, en Allemagne, et le Danube, en Hongrie, est exploité aussi par le lavage. Cette opération se fait, sur les bords du Danube, au moyen de tables inclinées couvertes d'un drap ; on jette des pelletées de sable sur ces tables, puis de l'eau qui entraîne le sable, tandis que les petites parcelles d'or restent attachées au tissu de laine. Souvent aussi les *orpailleurs*, c'est-à-dire ceux qui exploitent les sables aurifères, se servent de gamelles en bois qui diffèrent de forme selon les pays. Nous n'avons encore parlé que des moyens les plus simples employés pour le lavage ; certains minerais exigent des moyens plus perfectionnés. Ainsi, aux mines de Poullaouen (Finistère), le lavage du minerai de plomb se fait à l'aide d'un crible que l'on remplit du minerai bocardé et que l'on plonge rapidement à plusieurs reprises dans une cuve remplie d'eau, soit à bras d'homme, soit à l'aide d'une bascule que fait mouvoir l'ouvrier. Cette sorte de lavage se nomme *criblage à la cuve*. La même opération se fait aussi au moyen de grilles en fer, dites *grilles à l'anglaise*. A la sortie de la mine, le minerai est placé dessus, et un courant d'eau qu'on y amène le débarrasse des matières terreuses et des petits fragments qui sont entraînés à travers les grilles dans les bassins où le tout se dépose. Enfin le lavage s'opère encore au moyen de différentes espèces de tables. Les unes, dites *allemandes* ou à tombeau, sont rectangulaires et ont environ 3 mètres de longueur sur 0ᵐ 40 à 0ᵐ 50 de largeur ; elles sont inclinées et aboutissent, par leur extrémité la plus élevée, à une caisse dans laquelle on place le minerai bocardé ; une nappe d'eau qui débouche sur la table lave le minerai à mesure que l'ouvrier l'y fait tomber et l'entraîne vers le bas où il arrive nettoyé. Les *tables dormantes* diffèrent des précédentes en ce qu'elles sont plus longues, moins inclinées, ornées de petits prismes destinés à diviser les matières et l'eau qui y arrivent par une planche triangulaire à rebords. Dans les *tables à balais*, employées dans le Harz, le minerai est agité par un petit moulinet dans un canal supérieur à la table sur laquelle il est entraîné par l'eau. Les *tables à percussion* sont suspendues par des chaînes placées aux quatre angles ; un mécanisme simple leur imprime un mouvement de va-et-vient qui sert à séparer du minerai toutes les parties terreuses. — Grillage. C'est une opération qui a pour but de volatiliser le soufre, l'arsenic et d'autres substances volatiles, et d'oxyder certains minerais pour les disposer à se combiner avec les acides. Il y a trois méthodes pour griller le minerai : le *grillage en tas*, qui consiste simplement à disposer le minerai en masses de forme pyramidale qui reposent sur plusieurs lits de bois et qui, au sommet, offrent un canal perpendiculaire vide par où l'on jette le feu qui doit enflammer le combustible ; le *grillage encaissé*, dans lequel le minerai est entouré, soit partiellement, soit totalement, par des murailles qui forment des espèces de fourneaux sans cheminées ni couvertures ; enfin le *grillage dans les fourneaux à réverbère*. Certains minerais n'ont besoin d'être grillés qu'une fois ; mais d'autres, comme ceux du cuivre, doivent l'être quatorze ou quinze fois, et même davantage. — Fonte. Cette opération est de la plus grande importance dans le traitement de certains minerais dont on veut retirer des métaux à l'état pur. Elle se fait dans des fourneaux métallurgiques à réverbère, hauts-fourneaux, etc. — Affinage. Cette opération, qui est la dernière dont nous ayons à nous occuper, a pour but d'obtenir dans toute leur pureté les métaux que renferment les minerais que l'on traite. Dans l'affinage du plomb, on se propose d'oxyder ce métal par l'action de l'air, d'absorber ou de chasser l'oxyde et de mettre par ce moyen l'argent à nu.

Dans plusieurs pays, on extrait l'argent du minerai à l'aide du mercure : cette opération se nomme *amalgamation*.

L'amalgamation de l'or se fait à peu près de la même manière que celle de l'argent. Le cuivre que l'on a obtenu par la fonte du minerai, et qui contient 90 p. 100 de métal pur est soumis à l'affinage, opération analogue à la compellation de l'argent. On le met dans le fourneau d'affinage; lorsqu'il est fondu, on enlève les scories qui le recouvrent, on dirige le vent des soufflets sur la surface, et au bout de deux heures il est affiné. On ouvre alors les communications qui existent entre le fourneau et les bassins de réception; le cuivre y coule et les remplit; sa surface se fige; on jette de l'eau dessus pour rendre la croûte plus épaisse; des ouvriers l'enlèvent, et comme elle est ronde et couverte d'aspérités souvent foliacées, cette croûte a reçu pour cette raison le nom de *rosette*. L'affinage de l'antimoine consiste à mettre, après le grillage du minerai, l'oxyde obtenu du sulfure dans de grands creusets avec moitié de son poids de bitartre de potasse; on place ces creusets dans un fourneau de fusion ou à réverbère; le carbone de l'acide tartrique désoxyde l'antimoine; la potasse s'empare du soufre qui reste, facilite la fusion du métal, et, en l'enveloppant, l'empêche de s'oxyder de nouveau et de se volatiliser. Le métal se rassemble alors au fond du creuset : c'est ce qu'on nomme dans le commerce *régule d'antimoine*. L'affinage du fer s'opère_en le forgeant.   P-s.

MÉTAMORPHOSE, s. f,, transformation, changement d'une forme en une autre. Au propre, il ne se dit que des changements de cette nature que les païens croyaient avoir été faits par les dieux. Il se dit particulièrement en histoire naturelle, des divers changements de forme qu'on observe dans le plus grand nombre des insectes et dans quelques autres animaux tels que les grenouilles. Il signifie, par extension, changement dans la forme extérieure ou dans l'habillement d'une personne. Il signifie, figurément, changement extraordinaire dans la fortune, dans l'état, dans le caractère d'une personne.

MÉTAMORPHOSER, v. a., transformer, changer une forme en une autre. Il s'emploie figurément, et signifie, changer l'extérieur ou le caractère de quelqu'un. Il s'emploie souvent avec le pronom personnel, tant au propre qu'au figuré.

MÉTAPHORE, s. f., figure de rhétorique : espèce de comparaison abrégée par laquelle on transporte un mot du sens propre au sens figuré.

MÉTAPHORIQUE, adj. des deux genres, qui tient de la métaphore, qui appartient à la métaphore. Il signifie aussi, qui abonde en métaphores.

MÉTAPHYSICIEN, s. m., celui qui fait son étude de la métaphysique.

MÉTAPHYSIQUE (*philos.*). Définir une science, c'est ramener à l'unité la variété qu'elle embrasse; c'est comprendre sous une idée générale un ensemble de vérités ou de sciences particulières, que des liens de dépendance et une certaine conformité d'objet, de but, de méthode rattachent les unes aux autres, comme les diverses branches d'une science unique. Il suit de là que l'unité synthétique est d'autant plus difficile à établir que son domaine est plus étendu, les objets qu'elle embrasse plus variés, les différences qui les séparent plus profondes. Les logiciens exigent qu'une définition soit courte, claire, et cependant applicable à tout le défini et au seul défini. Ce sont là, sans doute, les qualités d'une définition parfaite : mais il existe une connexion si étroite et une telle complexité de rapports entre tous les objets de nos connaissances, qu'il est rarement possible de fixer, d'une manière précise, les limites où telle science finit, où telle autre commence. La science est une; elle forme dans son ensemble un tout harmonieux, dont aucune partie ne peut être isolée sans perdre sa signification et sa valeur. Si, au dessus des sciences particulières, il en est une qui, par la supériorité et l'universalité de son point de vue, domine toutes les autres sans être subordonnée à aucune, si à cette science supérieure viennent se rattacher, comme à leur base commune, toutes les branches de la connaissance humaine, il deviendra plus difficile encore de tracer nettement la ligne de démarcation qui la sépare des sciences particulières auxquelles elle est si étroitement unie. Cette science première, dont l'esprit humain a l'idée plus ou moins confuse, c'est la philosophie qui, dans son acception la plus vaste et la plus compréhensive, est la science naturelle des premiers principes et des lois universelles de la connaissance de l'être et de la liberté. Au dessus des parties distinctes, quoique dépendantes entre elles, dont se compose la philosophie, il faut placer la métaphysique qui joue, relativement aux branches secondaires de la science philosophique, le même rôle que la phi-

losophie elle-même vis-à-vis des autres sciences, et dont le nom réveille l'idée vague et indécise d'une science élevée des principes et des causes. Cette idée, vraie au fond, a besoin d'être éclaircie et fixée, surtout si l'on considère que les sciences les plus diverses et les arts eux-mêmes, arrivés à une certaine hauteur, se confondent avec la métaphysique. Que le physicien pousse ses investigations au delà des phénomènes, on dit qu'il pénètre dans le domaine réservé au métaphysicien. Les beaux-arts ont leur métaphysique, la morale a la sienne, la géométrie même a la sienne. D'après l'origine étymologique du mot, la métaphysique est la science des choses inaccessibles aux sens, des êtres spirituels et de leurs rapports. Cette définition, identique, pour le fond, à celle qu'a donnée de la philosophie l'école écossaise, ne répond pas complètement à l'idée générale que l'on se fait de la métaphysique. Quoique insuffisante, elle est vraie cependant, dans ce sens que la métaphysique n'est aucune des sciences qui ont exclusivement pour objet la nature matérielle, telles que : la physique, qui s'occupe des propriétés sensibles des corps et recherche les lois des phénomènes, les mathématiques qui ont pour objet quelque propriété abstraite de la matière, comme l'étendue et le mouvement. Par la même raison, la métaphysique est distincte de l'art dont le but est la représentation de l'idée sous des formes sensibles. Pour nous former une idée précise de ce qu'elle est en elle-même et de son objet, recherchons à quel titre et sous quel point de vue elle se rattache aux différentes branches de nos connaissances. La physique expérimentale, explication incomplète de la réalité, est impuissante à satisfaire ce désir de savoir, inhérent à notre nature intellectuelle. Il n'est pas possible à notre esprit de s'arrêter aux phénomènes, et sa curiosité n'est pas épuisée, quand, au moyen de l'observation, il est parvenu à connaître les propriétés sensibles des corps et les lois de leur action. Quelle est la nature intime de la substance matérielle? Les derniers éléments des corps sont-ils des substances simples, où sont-ils divisibles à l'infini? L'espace et le temps qui les enveloppent sont-ils des conceptions de la raison? Ici nous quittons le terrain de l'observation, le secours des sens ne nous suffit plus, nous avons soulevé des problèmes dont le naturaliste renvoie la solution au métaphysicien. Mais sans sortir du cercle de l'expérience, le physicien doit recevoir d'une science plus élevée, les principes qui servent de base à ses recherches et justifient ses inductions. Observer les phénomènes, les classer, puis ériger en loi permanente et générale la formule des faits observés, tel est le but qu'il se propose. Or, ce but ne peut être atteint qu'à l'aide de la seule observation. Le physicien établit des classifications, mais il n'établit pas ces classifications pour les individus dont il a étudié les caractères. Il n'a constaté qu'un certain nombre de faits sur un point particulier de l'espace, cependant il n'hésite pas à prédire la reproduction certaine des phénomènes observés et à transformer en loi constante et universelle l'uniformité dont l'expérience ne lui a fourni que quelques exemples. En un mot, il généralise, et les généralisations ne sont pas seulement la somme des faits dont il a été le témoin, elles embrassent tous les points de l'espace et de la durée. Le principe fondamental de l'induction, c'est la croyance primitive à l'existence des lois de la nature. Antérieurement à toute démonstration, nous croyons que la nature est régie par des lois, que ces lois sont universelles et constantes, c'est-à-dire qu'elles s'appliquent à tous les phénomènes de la même espèce, dans tous les temps et dans tous les lieux. L'observation n'est qu'un moyen de déterminer les formes diverses des lois particulières; mais cette détermination ne serait pas possible, si nous ne savions pas, *a priori*, que dans la variété et la succession des phénomènes règne un ordre permanent. Ce que nous cherchons en comparant les phénomènes, en essayant de les faire naître, quand la nature ne les produit pas au gré de nos désirs, c'est la manifestation de cette harmonie dont nous affirmons immédiatement l'existence, avant même de le constater par l'expérience, et nous l'affirmons, parce que nous concevons l'ordre comme une des conditions essentielles de l'être. D'après les caractères de la loi telle qu'elle est conçue et affirmée par notre esprit, il suit qu'elle n'existe pas seulement dans la nature. Où réside-t-elle? Quelle est son essence? D'où vient sa nécessité? A-t-elle un fondement réel dans un être supérieur, absolu? Comment, du sein de l'intelligence divine passe-t-elle dans le monde? Et ce monde lui-même, d'où vient-il, quelle est sa fin, quels rapports l'unissent avec sa cause, avec l'infini qui a imprimé à ses œuvres le cachet de sa puissance, de sa sagesse et de sa bonté? La solution de ces problèmes est l'objet de la science métaphysique. C'est en vain que, par mépris de la spéculation ou par excès de timidité, on voudrait fermer à l'esprit humain l'accès du monde intelligible; ce qui est transitoire et fini ne saurait le satisfaire, il brise les entraves par lesquelles on s'efforçait de comprimer son essor, et ne trouve le repos que dans la contemplation des choses immuables et éternelles. Le privilége de l'indépendance absolue de toute autre science paraît appartenir aux mathématiques. Elles semblent, en effet, ne relever que d'elles-mêmes et épuiser la connaissance de leur objet. Les concepts de l'espace, du temps, du mouvement, quelques axiômes évidents par eux-mêmes, voilà les bases sur lesquelles elles s'appuient. Cependant ces idées d'espace, de mouvement et de durée, soulèvent les questions métaphysiques les plus obscures et les plus épineuses; à ces principes nécessaires, bases de toute démonstration, la raison cherche hors d'elle, un fondement absolu; la méthode géométrique appelle les spéculations les plus élevées sur la nature et les caractères de l'infini. — Nous avons parlé de la métaphysique de l'art. Ces deux termes semblent s'exclure; car le but de l'art est la représentation, sous des formes sensibles, du vrai en soi, des idées éternelles; le domaine de la métaphysique s'étend au-delà du sensible et comprend le vrai, l'être considéré en lui-même. Est-ce à dire que nul lien de dépendance ne rattache l'art à la métaphysique? Autant vaudrait soutenir que le culte extérieur est indépendant de la vérité religieuse, dont il est la manifestation visible. Le beau en soi est identique avec le vrai, le beau réel est l'idée sous une forme matérielle; c'est donc de la science de la vérité absolue que découlent les règles immuables, que l'art ne peut négliger sans être infidèle à sa mission. L'art ne s'adresse pas seulement à l'imagination et à la sensibilité, mais encore à la raison, et la raison a le droit de chercher à pénétrer le sens de ses œuvres et à se rendre compte des impressions qu'elle éprouve. C'est dans ce but que non satisfaite de la jouissance si vive qu'éveille dans l'âme l'harmonieuse unité de l'idée invisible et de la forme sensible, elle dégage l'idée de sa brillante enveloppe et s'élève à la contemplation de la beauté absolue. La poésie a fait place à la métaphysique. Le véritable caractère de la métaphysique se dessinera plus nettement encore si nous l'envisageons dans ses rapports avec les autres parties de la science philosophique dont elle est la base ou le complément naturel. Le point de départ de la philosophie est l'observation psychologique ou l'étude des faits intérieurs, et des facultés que ces faits révèlent. Ce qui s'offre d'abord à l'attention de l'esprit, quand il se replie sur lui-même, c'est le fait si complexe de la connaissance, c'est la présence des idées. Or l'analyse de la connaissance nous la montre composée de deux éléments, étroitement unis sans doute, mais profondément distincts. Parmi nos idées, les unes se rapportent au variable et au contingent, les autres ont pour objet le nécessaire et l'universel. Ce double élément se retrouve au fond de toutes nos connaissances, car, d'une part, toute pensée implique l'affirmation du moi, et de l'autre, à toute idée relative et contingente se rattache quelque idée absolue qui la possède et la domine. Tout acte de la pensée renferme implicitement l'affirmation d'une vérité absolue, et par une conséquence nécessaire l'affirmation de l'être infini. La psychologie se trouve ainsi n'être qu'une préparation à la science des principes et de l'être en soi. D'ailleurs, l'homme ne peut limiter la connaissance de lui-même à l'observation stérile des phénomènes qui ne font que paraître un instant sur le théâtre si varié de la conscience. Ces hautes questions de l'origine, de la nature et de la fin des choses que fait naître en lui la vue des objets qui l'entourent, ne doit-il pas surtout en poursuivre la solution quand il s'agit de lui-même? La métaphysique est le complément de la psychologie. Si la logique n'était que l'art de combiner les idées, de conduire à des vérités purement internes, on pourrait lui accorder une valeur intrinsèque, indépendante des autres branches de nos connaissances; mais son but est de diriger la raison dans la recherche de la vérité objective. Soit qu'elle enseigne à déduire d'un principe les conséquences qu'il renferme, soit qu'elle trace la méthode à suivre dans la généralisation et l'induction, ses préceptes relatifs à la direction de nos facultés reposent, en dernière analyse, sur un certain nombre de principes absolus, et n'ont de valeur scientifique qu'autant que ces principes

expriment les conditions réelles des existences, aussi bien que les lois internes de la pensée. Etudier ces principes dans leur essence, dans leur base, dans leur application aux existences, tel est le but de la métaphysique. C'est à ce titre qu'elle est le fondement de la morale. On a essayé de donner pour base à la morale le bien sensible ou l'intérêt. Ce n'est ni dans les affections de la sensibilité, ni dans les exigences de l'amour de soi, qu'il faut chercher le principe de nos droits ou de nos devoirs, et la règle universelle de qualification des actions humaines. Le vrai principe du devoir, c'est le bien absolu; et le bien absolu, c'est l'ordre fondé sur l'essence des choses. Mais ce n'est là que le bien considéré d'une manière abstraite, le bien est obligatoire; il faut donc remonter jusqu'au principe réel de l'obligation, jusqu'à Dieu même, base suprême et substance de l'ordre, parce qu'il est la raison des essences et la cause des existences. Puisque les relations pratiques dont l'accomplissement, par la volonté libre, constitue le bien moral, sont la conséquence nécessaire des rapports qui unissent les êtres entre eux et découlent de leur essence, la science de ces rapports ou la métaphysique est le fondement aussi bien que la condition de la morale. Des considérations qui précèdent, il résulte, premièrement, que l'objet de la métaphysique est placé au-dessus de l'observation, soit intérieure, soit extérieure. L'observation n'a pour objet que le phénomène, et ne va pas au-delà de ce qui est; la métaphysique s'occupe des substances, recherche les causes, considère non-seulement ce qui est, mais ce qui ne peut pas ne pas être; non-seulement ce qui est dans tel lieu et dans tel temps, mais ce qui est partout et toujours. Ce n'est pas que la métaphysique soit indépendante de l'expérience; nous croyons, au contraire, que, sans le secours de l'expérience, elle ne serait qu'une étude stérile, comme nous aurons l'occasion de le montrer dans la suite de cet article; mais l'observation n'est pour le métaphysicien qu'un point de départ, qu'il doit dépasser et qu'il ne doit jamais oublier. Un autre caractère distinctif de la métaphysique consiste en ce que son objet n'est point la vérité subjective, qui n'est que le rapport abstrait de deux concepts, mais la vérité objective, qui suppose l'affirmation de la réalité extérieure. Elle s'occupe des êtres réels, de leurs rapports nécessaires et des principes qui sont l'expression de ces rapports. S'il était possible d'exprimer en quelques mots l'idée précise et l'objet propre de la métaphysique, nous la définirions : la science des vérités premières considérées en elles-mêmes, dans leur principe et dans leur application aux existences. Ces vérités sont les lois universelles des êtres et l'expression des rapports généraux qui découlent de leur essence. Tels sont les rapports du phénomène à la substance, du changement à la cause, de la pluralité à l'unité, des êtres à l'espace et au temps, du relatif à l'absolu, de l'être à sa fin. Nous n'avons point la prétention de donner ici une liste complète et réduite autant qu'elle peut l'être des premiers principes de la métaphysique, ni de tenter de nouveau une entreprise où sont venus échouer les génies les plus éminents. Chacune des vérités absolues vient se résumer dans la double affirmation du fini, de l'infini et d'un genre particulier de rapport entre les deux termes. En outre, par leur qualité de nécessité, elles apparaissent à notre intelligence comme une manifestation de la substance absolue. La théodicée est donc au sommet de la science métaphysique. Mais ce n'est pas seulement Dieu en lui-même que la métaphysique a pour objet, elle s'occupe du monde dans ses relations essentielles avec Dieu. La nature n'est-elle qu'un mode, un écoulement de l'infini? Et si les êtres finis sont des réalités substantielles, si Dieu est séparé du monde, quelle est la nature du lien qui rattache le monde à Dieu? C'est à l'homme principalement que ces questions sont applicables; et, résolues sur ce point, elles impliquent une solution plus générale de ce grand et difficile problème des rapports du fini et de l'infini. Nous avons essayé de fixer l'idée et de déterminer l'objet de la métaphysique; avant d'exposer la méthode qui lui est propre, nous devons discuter la valeur des principes dont elle n'est que le développement ou l'application. Aux yeux du sensualisme, la métaphysique est la plus vaine des chimères. Prétendre, en effet, que la sensation est la matière unique dont se forme la connaissance, c'est réduire l'esprit humain à l'impuissance absolue de s'élever à la notion des substances et des causes. Ce n'est point ici le lieu d'entrer dans le détail des absurdes conséquences auxquelles conduit ce système, inacceptable même au point de vue de l'expérience. Notre intelligence est en possession d'idées absolues, de principes nécessaires et universels; c'est un fait d'observation, et ce fait non seulement demeure inexplicable dans la théorie sensualiste, mais il la renverse par sa base. Le moi de la conscience est une force simple, identique et libre ; le moi, dans le système et de l'aveu même des sensualistes, n'est qu'une collection variable de sensations, une réceptivité pure, dépourvue de véritable unité ; car l'unité purement logique d'une collection de phénomènes n'est pas l'unité vivante et indivisible du moi réel. Une autre conséquence non moins absurde de la philosophie empirique, c'est l'impossibilité dans laquelle se trouverait le sujet de sortir de lui-même, et d'arriver à la connaissance d'aucun objet extérieur, s'il était réduit à la sensation ; car la sensation est un fait interne qui ne contient ni l'idée, ni l'affirmation d'une réalité externe. Enfin, l'étude des faits individuels demeurerait stérile, si elle n'était fécondée et dirigée par des principes rationnels, base supérieure de la généralisation et de l'induction. Le sensualisme n'est donc qu'un scepticisme bâtard ; mais voici un adversaire plus sérieux qui d'une sévère analyse des éléments de la connaissance fait sortir une réfutation victorieuse du système empirique, et conclut néanmoins, comme les sensualistes, à la négation de toute métaphysique réelle. Kant reconnaît l'existence des principes nécessaires et universels dans l'entendement humain, mais sur quel fondement repose notre croyance à leur valeur objective? Nos jugements sont de deux sortes ; ils sont analytiques ou synthétiques. Ils sont analytiques quand l'idée du prédicat est contenue dans celle du sujet, en sorte que l'on ne fait que développer le concept du sujet sans y ajouter une idée nouvelle. Ces jugements se justifient d'eux-mêmes, et ne sont que des formes ou des applications particulières du principe de contradiction : le même ne peut pas en même temps être et n'être pas. Le jugement est synthétique quand l'idée du prédicat n'est pas donnée par l'idée du sujet. Tel est le caractère des premiers principes de la métaphysique, et, en général, de tout jugement par lequel on affirme l'existence d'une réalité extérieure correspondante à l'idée subjective. On a contesté à l'auteur de la critique l'existence de semblables principes dans le sens de sa définition ; on a essayé de ramener tous nos jugements au jugement analytique, et de fonder la certitude de la connaissance sur le principe de la contradiction. Peut-être y a-t-il un malentendu au fond de ce débat. Quand j'affirme, par exemple, que tout ce qui commence suppose une cause, j'affirme, à la vérité, qu'il est de l'essence de tout être qui a commencé, d'avoir une cause, qu'il y aurait contradiction s'il avait commencé sans cause. J'affirme qu'il y aurait contradiction, a parte rei, dans les choses mêmes, mais de quel droit? Sa contradiction a-t-elle aussi lieu dans les idées. Là est le vrai nœud de la difficulté. Quand je dis : l'infini est juste, je vois clairement, par l'analyse des notions de justice et d'infini, qu'il implique contradiction que l'infini ne soit pas juste, puisque je conçois la justice comme une perfection, et l'infini comme l'être souverainement parfait. Ici, la contradiction ne serait pas seulement dans les choses, elle serait dans les idées. Mais c'est inutilement que je soumets à l'analyse la plus minutieuse l'idée d'un fait qui commence. J'obéis à l'impulsion irrésistible de ma nature raisonnable quand j'y ajoute l'idée de cause, mais cette seconde idée n'est pas donnée par l'analyse de la première. Je suis persuadé qu'un fait sans cause est une contradiction, mais la contradiction n'est pas dans les idées. On fait le raisonnement suivant pour démontrer que le principe de causalité peut être ramené au principe de contradiction. Si un être qui commence ne supposait pas une cause, il existerait en vertu de la seule possibilité d'exister; ou il se serait donné à lui-même l'existence, ou bien enfin il l'aurait reçue du néant. Or, il y aurait contradiction dans chacun de ces trois cas. Ce raisonnement, si concluant en apparence, repose au fond sur une pétition de principe. Il est vrai que la triple alternative contenue dans la majeure conditionnelle implique contradiction, mais pour que la preuve fût sans réplique, il faudrait démontrer que l'une ou l'autre de ces trois hypothèses est la conséquence nécessaire de la négation du principe de causalité, et il faudrait le démontrer au moyen du principe de contradiction. On admet implicitement que tout fait qui commence a une cause, or il est contradictoire que cette cause soit le fait lui-même, ou le néant, ou la seule possibilité d'exister, il est facile de le prouver. Ce qu'il est permis de conclure des prémisses posées, et l'une de ces prémisses est le principe de causalité, c'est que la cause est distincte de l'effet, et lui est antérieure, sinon d'une priorité de temps, du moins d'une priorité de

nature, comme parlent les logiciens. Il ne suit nullement de là qu'il implique contradiction dans les termes et dans les idées, qu'un fait commence d'être sans cause. Ces réflexions sont applicables aux autres vérités fondamentales de la métaphysique. Admettons d'ailleurs que toutes viennent se résoudre, par l'analyse, dans le principe de contradiction. Ce principe, par lui-même, est une forme vide et stérile ; il lui faut un contenu auquel il s'applique. A l'aide du jugement analytique et du raisonnement déductif, je puis arriver à la certitude, relativement aux existences, si auparavant j'ai admis qu'aux idées qui m'ont servi de point de départ, correspondent des objets réels. Mais si la conclusion d'un syllogisme peut être une vérité objective, c'est à la condition que les prémisses ne sont pas des vérités purement internes ou subjectives. Vouloir sortir du doute universel, et parvenir à la réalité extérieure par un jugement analytique, c'est-à-dire par le développement d'un concept interne, d'après les lois du raisonnement déductif, c'est une tentative condamnée par la logique même. Le développement d'un concept, considéré comme tel, sans affirmation sur l'existence réelle de son objet, ne peut donner que des concepts. L'idée d'une chose peut impliquer l'idée de son existence ; mais l'existence réelle n'est l'objet d'une connaissance certaine qu'en vertu d'une affirmation, et pour que cette affirmation soit légitime dans la conclusion, il faut qu'elle soit contenue dans les prémisses. Kant a résolu, dans un sens purement subjectif, la question de la valeur des principes métaphysiques. Les vérités nécessaires et universelles ne sont point les lois réelles des existences, mais les conditions de la pensée, les formes originelles du sujet. L'espace et le temps existent a priori dans l'esprit comme formes de sensibilité, qui en revêt les objets pour rendre possible leur intuition. Mais l'intuition sensible n'est qu'une partie de la connaissance ; il faut que l'entendement la convertisse en pensée, en ramenant à l'unité les éléments épars fournis par la sensibilité. Cette unité s'obtient par l'application aux phénomènes de certaines formes qui existent, a priori, dans l'entendement, comme conditions sans lesquelles l'objet ne peut être pensé. Ces formes sont les concepts d'unité et de pluralité, de substance et d'accident, de cause et d'effet, de possibilité d'existence et de nécessité. Kant leur a donné le nom de catégories ; les catégories n'étant que des formes de l'entendement, ne nous apprennent rien des objets en eux-mêmes. Sans les intuitions qui leur fournissent un contenu, elles ne forment pas une connaissance. La connaissance résulte de l'application de la forme à la matière, des concepts a priori aux sensations. On pressent ce que doivent être dans le système critique de Kant les trois grands objets de la métaphysique : Dieu, l'âme humaine et le monde considéré dans son ensemble. De même que l'entendement ramène à l'unité la variété des intuitions, au moyen du jugement et des catégories, la raison place l'unité dans les produits de l'entendement, au moyen du raisonnement et des idées transcendantales. Raisonner, c'est ramener un jugement sous un autre jugement plus général qui est la condition du premier. Si cet autre jugement à son tour dépend d'un principe plus élevé, la raison, par une suite de prosyllogismes, remonte de condition en condition, jusqu'à ce qu'elle arrive à la condition absolue, de laquelle dépendent les connaissances conditionnelles de l'entendement. Les principes absolus sont les formes de la raison ; Kant leur donne le nom d'idées transcendantales qui sont au nombre de trois, savoir : l'idée du sujet pensant, ou l'idée psychologique ; l'idée cosmologique, ou du monde, et enfin l'idée de Dieu, ou l'idée théologique. Elles sont déterminées par les fonctions logiques ou formes du raisonnement, qui sont : la forme catégorique, la forme hypothétique et la forme disjonctive. Si le jugement donné est catégorique, c'est-à-dire si le prédicat est uni au sujet comme l'accident à la substance, la raison cherche un sujet qui ne puisse plus être prédicat. Un tel sujet ne peut être que le sujet pensant, puisque tout objet distinct du sujet, tombant sous les lois de la faculté de connaître, devient relatif et conditionnel. L'idée du sujet pensant n'est donc que l'idée de substance élevée à l'absolu. Voici comment se forme l'idée du monde. Quand le jugement donné est hypothétique, c'est-à-dire quand le prédicat n'est réuni au sujet que sous une certaine condition, la raison cherche une supposition qui ne se rattache à aucune autre. Aucun phénomène n'est la supposition dernière, car, d'après les lois de l'entendement, tout phénomène est perçu dans le temps, et par conséquent, en rapport avec un phénomène antérieur. Sa supposition absolue ne peut donc être que la totalité des phénomènes , ou le monde. Si le jugement donné est disjonctif , c'est-à-dire si le prédicat est réuni au sujet comme partie d'un tout , la raison postule une connaissance qui renferme la division absolue. Ainsi la proposition suivante : le lion est un animal vivipare, exige la majeure disjonctive : tous les animaux sont vivipares ou ovipares. Celle-ci se rattache à une division plus générale : les êtres vivants appartiennent au règne animal ou végétal. Cette division en appelle une autre plus élevée encore : les êtres matériels appartiennent au règne organique ou inorganique, et ainsi de suite, jusqu'à ce que la raison parvienne à une idée qui n'est plus membre de la division d'une idée plus élevée. Cette idée est celle de l'être suprême qui renferme en lui toute réalité. Selon Kant (V. ce mot), la raison, bien qu'elle nous conduise à l'affirmation nécessaire de l'âme , du monde et de Dieu , ne nous en donne aucune connaissance réelle. Ses idées transcendantales ne sont point constitutives, mais régulatives; elles n'agrandissent point la sphère de nos connaissances, et ne servent qu'à établir de l'ordre et de l'ensemble dans les phénomènes. Nous n'examinerons pas les inutiles efforts de Kant pour rétablir, à l'aide de la raison pratique, les importantes vérités dont la critique de la raison pure anéantit la certitude. L'erreur fondamentale du criticisme , c'est la théorie du moi et des concepts purs de l'entendement. Slon Kant, le moi de la conscience n'est pas le moi réel, c'est un purement phénoménique; car la conscience ou le sens intérieur n'atteint pas l'être en soi. Le moi réel est une x inconnue dont il nous est impossible de rien affirmer. L'unité d'aperception a son principe dans l'idée: je pense, qui n'a rien de commun avec la conscience, et appartient à l'entendement. Quel est donc ce moi qui s'affirme dans l'une de ses manifestations, la pensée, et qui cependant ne tombe pas sous l'œil de la conscience. Si Kant refuse à la conscience toute autorité, il est conséquent avec lui-même en reléguant la psychologie transcendantale au rang des chimères. Il n'y a de chimérique ici que sa théorie. La conscience, dit-il , est affectée par les phénomènes intérieurs; elle appartient donc à la sensibilité, elle est empirique et ne peut nous faire connaître qu'un moi phénoménique. Il est vrai que le moi n'aperçoit point dans un complet isolement de ses qualités et de ses actes. Mais la perception de conscience ne se borne point à la perception des phénomènes intérieurs par lesquels le moi se manifeste. Ces phénomènes sont saisis dans leurs rapports avec le moi qui demeure un et identique, sous la variété et la succession de ses modes. De même que les substances extérieures ne nous sont données qu'avec leurs modes sensibles, le moi ne se reproduit et ne se révèle à lui-même que sous les qualités et les affections qui le déterminent, et expriment son essence. Il n'est pas pour lui-même une x inconnue, un sujet logique, il s'aperçoit dans ses manifestations comme force libre, une et identique. Il est remarquable que la théorie de Kant sur la réalité du moi est tout-à-fait semblable à celle de Condillac, qui ne voit dans le moi qu'une collection de sensations. Mais ce n'est pas seulement la réalité du moi qui s'évanouit; les concepts de temps et d'espace, de réalité, de substance et de cause, de possibilité , d'existence , de nécessité; les vérités absolues dont ces notions sont les éléments, ne sont plus, comme nous l'avons vu, que les formes de la faculté de connaître, dépourvues de toute valeur objective, réelle. Il n'y a plus ni sujet ni objet en soi; toute existence réelle disparaît; il ne reste plus que des phénomènes sans réalité substantielle. On conçoit que, ces prémisses posées , il devient facile à Kant de faire tomber la raison en contradiction avec elle-même , et de démontrer victorieusement que les preuves de l'existence de Dieu sont sans valeur. S'il est vrai que les concepts a priori ne sont applicables qu'à l'expérience : que l'espace et le temps conçus avec le caractère de la multiplicité et de la succession , sont les formes nécessaires de toute connaissance réelle, quitter l'expérience pour considérer des objets intelligibles, c'est se mettre en contradiction inévitable avec les lois formelles et les conditions matérielles de la connaissance. S'il est vrai encore que l'idée d'infini et le principe de causalité ne sont que des formes du sujet pensant, partir de ces notions purement subjectives pour démontrer l'existence réelle de l'infini, de la cause première, c'est faire un paralogisme. Mais quand l'école cartésienne affirme l'existence de Dieu , parce que l'idée d'existence actuelle est contenue dans l'idée d'infini , elle est loin de n'accorder qu'une valeur subjective à l'idée d'infini. Aux yeux de Descartes et de Leib-

nitz , la raison possède une toute autre puissance. Les concepts a priori ont une valeur objective; il ne s'agit plus que de les étudier , de les soumettre à l'analyse , pour en déduire la nature et les propriétés, l'existence actuelle ou la simple possibilité des objets qu'ils représentent. Au surplus, la forme de l'argumentation peut être vicieuse , mais qu'importe ici le raisonnement? L'existence de l'être absolu est donnée par son idée , par les vérités nécessaires qui le manifestent et le supposent. Il n'est plus question que de dégager et d'éclaircir cette croyance , qui est la condition essentielle de toute pensée. — La conclusion du criticisme est le nihilisme absolu. « Kant, dit l'abbé Tormini, nous plonge dans l'idéitisme le plus universel, dans l'illusion subjective la plus profonde. Il nous enferme dans un cercle de songes tels qu'il ne nous est plus permis de le franchir pour atteindre à aucune réalité. Il ne montre pas seulement l'homme comme incertain de ce qu'il sait, ce qui serait le scepticisme , mais allant plus loin , il nous déclare incapables de rien savoir. Certes, il est bien plus triste de rendre impossible et absurde toute connaissance réelle que d'être un sceptique originaire. C'est alors le scepticisme perfectionné, consommé ; c'est le scepticisme qui, sous ce nouveau nom de criticisme, accomplit une œuvre immense de destruction, anéantit l'humanité même qui n'existe que parce qu'elle connaît; arrache du front de l'homme la couronne qu'il portait comme roi de l'univers, et introduit, pour ainsi parler, la démocratie dans la société universelle des êtres après l'avoir introduite dans la société humaine. » (1)
Ce n'est pas à la logique qu'il faut demander une réfutation rigoureuse du criticisme ; une telle réfutation est inutile et impossible ; inutile, parce que les conséquences absurdes et désastreuses auxquelles conduit ce système sont une condamnation suffisante des principes dont elles découlent ; impossible, parce que toute démonstration qui tend à prouver la légitimité de nos facultés ne peut être que l'œuvre de ces mêmes facultés, et par suite suppose ce qui est en question. Le seul mode de discussion admissible avec les sceptiques, c'est la réfutation dogmatique des assertions avancées par eux dogmatiquement à l'appui de leurs conclusions. Ce qui a conduit l'auteur du criticisme à considérer les vérités absolues comme de simples formes de la faculté de connaître, c'est l'analyse incomplète, tant de la perception intellectuelle que du caractère de nécessité attaché aux principes a priori. L'objet de la connaissance contient deux éléments : la matière fournie par la sensation , et la forme ou le concept a priori, qui complète l'idée de l'objet. Puis du caractère d'universalité des concepts, il conclut qu'ils ne peuvent se trouver dans les objets eux-mêmes qui sont individuels, mais dans l'entendement, comme l'ensemble de ses formes. C'est l'entendement qui applique ces formes aux choses, et produit ainsi, du moins en partie, l'objet de la connaissance. Cette explication ne peut se soutenir devant une analyse approfondie de la perception. Il est faux que les concepts universels entrent comme éléments dans la composition de l'objet. La quantité que je perçois à l'aide des sens n'est point l'idée générale de quantité que je trouve dans mon esprit. Je rattache au concept universel de même nom l'attribut particulier que je découvre dans l'objet, mais le concept même, je ne le transporte pas dans l'objet ; je ne le confonds pas avec l'attribut particulier. Une seconde erreur de Kant, c'est la confusion de la nécessité subjective de notre adhésion aux vérités absolues avec le caractère de nécessité inhérent aux principes eux-mêmes. Notre croyance est nécessaire, le fondement de cette nécessité doit être cherché dans la nature de notre intelligence ; d'où l'auteur du criticisme conclut que les vérités absolues ne sont que l'effet de notre constitution intellectuelle, la forme de la raison. Sans doute l'impulsion irrésistible, en vertu de laquelle nous croyons à la vérité clairement manifestée, procède de notre nature, parce que notre nature est raisonnable et que la vérité est la vie de l'intelligence ; mais les principes absolus ne m'apparaissent pas seulement comme les conditions nécessaires de la connaissance ; je les conçois principalement comme les conditions universelles de l'existence. Non-seulement j'admets, sans pouvoir en douter, que tout fait qui arrive suppose une cause ; mais c'est une vérité qui s'impose à mon esprit comme nécessaire, immuable en elle-même , comme indépendante de ma manière de penser ; et , en réfléchissant sur la nature de mon adhésion, je vois

clairement que la nécessité qui la caractérise est déterminée par la nécessité intrinsèque de l'objet. La conséquence logique du criticisme est qu'il faut renoncer à la possibilité même de la science ; mais il est contre la nature de l'esprit humain de se reposer dans le doute : il franchira nécessairement les limites étroites qui lui sont tracées. Y a-t-il une conciliation possible entre les besoins impérissables de la raison et les conditions que le criticisme lui a faites ? Ce moyen de conciliation, les successeurs de Kant ont cru l'avoir trouvé. S'il est impossible de fonder la science sur une base certaine, dans l'hypothèse de la distinction de la pensée et de son objet, il ne reste plus qu'un moyen d'échapper au scepticisme universel, c'est d'identifier la pensée et l'être, le sujet et l'objet. Kant lui-même, tout en établissant une séparation si profonde entre le concept et l'objet réel, qu'il n'est plus permis de conclure de l'un à l'autre, avait cependant préparé la confusion qui devint la base des systèmes suivants. Dans son système, l'objet réel échappe à la connaissance ; reste l'objet pensé, qui est produit par l'entendement et constitué par l'idée ; la pensée et l'objet pensé sont identiques. Il est vrai que Kant ne dit point formellement que l'idée vague d'objet est une production de l'entendement ; mais pourquoi l'idée de l'objet ne serait-elle pas, aussi bien que les propriétés sous lesquelles il est conçu, la forme du sujet. Pour être conséquent, il devait soutenir que l'objet de la pensée n'est pas tout entier qu'une idée, une forme de l'entendement. Proclamer l'identité de l'objet pensé et de l'objet réel, c'était proclamer l'unité de la pensée et de l'être, l'identité universelle. Le sujet et l'objet, selon Schelling, sont les manifestations d'un principe unique, de l'absolu ; mais Schelling, en laissant subsister la distinction et la diversité des formes, affirme, sans la démontrer, l'identité substantielle ; il n'explique ni le *pourquoi* ni le *comment* de cette diremption primitive qu'il suppose dans le sein de l'unité absolue, et dont le résultat est la manifestation de l'absolu sous la double forme de la pensée et de l'objet. Il conçoit et développe le plan d'un système, mais le système reste à prouver. C'est la tâche qu'entreprit Hégel. Hégel prétendit reconstruire l'édifice entier de la science sur ce principe fondamental, que les idées sont les essences des choses ; d'où il suit que la métaphysique se confond avec la logique. Il n'y a de réel que l'idée, mais l'idée n'existe pas seulement sous sa forme pure et abstraite ; en se manifestant extérieurement, elle devient la nature ; son retour à elle-même, avec conscience de ce qu'elle est, constitue l'esprit. L'idée pure ne reste pas à l'état d'involution ; elle se développe par l'effet d'une virtualité interne, et ce mouvement, dont l'histoire est l'objet de la logique, se reproduit dans la nature et dans l'esprit. Il commence à l'idée d'être, et aboutit à l'absolu. Dieu, c'est l'idée arrivée au terme de son développement et prenant conscience d'elle-même dans l'esprit de l'homme. La logique, la philosophie de la nature et la philosophie de l'esprit ont pour objet d'exposer sous sa triple forme ce mouvement de l'idée, qui est le principe générateur de l'absolu. Si les idées sont l'essence des choses, les êtres sont entre eux dans les mêmes rapports que nos idées ; les idées générales sont les êtres généraux, et la vraie méthode scientifique ne doit être que la reproduction du mouvement logique par lequel l'idée générale engendre les idées particulières. Cette prétention, commune à tous les philosophes allemands, de construire *a priori* le système entier de la connaissance et de la réalité, repose sur une théorie fausse de l'idée générale. Une idée n'est générale qu'autant qu'elle s'applique à une multiplicité d'êtres distincts ; il suit de là que faire d'une telle idée un être général et unique en même temps, c'est assembler des mots sans qu'il soit possible de leur attacher un sens ; mais nous soutenons en outre que, si l'esprit était réduit à la seule connaissance de l'idée générale, il mettrait vainement en œuvre toutes les ressources de la dialectique pour en faire sortir les idées particulières auxquelles elle s'applique. Sans doute, pour que l'idée d'une chose devienne générale, il n'est pas toujours nécessaire que j'aie vu plusieurs objets semblables ; il suffit que je puisse concevoir un nombre indéfini d'êtres analogues à celui qu'elle me représente ; mais, si les objets compris sous une idée commune diffèrent entre eux par certains côtés et forment des classes distinctes, il est impossible, avec le secours de cette idée seule, de déterminer le nombre et les caractères particuliers des espèces dont elle est le genre. L'analyse ne fera jamais sortir d'un concept ce qu'il ne contient pas. Or l'idée du genre ne contient que les propriétés communes à toutes les espèces, et non les caractères distinctifs de chacune. L'idée générique,

comme telle, c'est-à-dire conçue comme applicable à un certain nombre d'espèces déterminées, présuppose l'étude séparée et ensuite la comparaison de ces espèces entre elles. Le résultat de ces opérations préliminaires est la réunion, sous une idée commune, de tous les caractères communs, abstraction faite des autres. Il existe, à la vérité, plusieurs idées générales qui, par elles-mêmes, sont incomplètes et appellent une détermination ultérieure, mais elles ne contiennent pas le principe de cette détermination. Le peu de solidité des systèmes fondés, en Allemagne, sur la méthode que nous combattons en démontre la stérilité, beaucoup mieux que tous les raisonnements. Le point de départ des métaphysiciens allemands est l'idée abstraite de l'être indéterminé ; cette idée, par l'effet d'une virtualité interne, se détermine de plus en plus, et engendre successivement toutes les idées particulières. Ce développement, quand même on le supposerait possible, ne produirait qu'une série d'abstractions ; mais, si l'on veut examiner de près ces systèmes dont toutes les parties semblent enchaînées si rigoureusement les unes aux autres, on n'y trouvera de l'analyse et de la déduction qu'une vaine apparence ; il semble que les anneaux de cette vaste chaîne se tiennent ; ils ne sont que juxtaposés. Ce n'est pas l'idée qui se développe et se détermine ; c'est le philosophe qui se sert d'idées faites et qui, par un faux semblant de déduction, les rattache avec plus ou moins d'habileté à des idées plus générales. Hégel comprit l'insuffisance de l'analyse ordinaire ; c'est à l'aide d'un principe nouveau qu'il explique le mode de génération des concepts et des êtres ; ce principe est l'identité des contradictoires. Il distingue trois moments dans le mouvement par lequel s'accomplit le développement de l'idée. Le premier est l'idée en soi, le concept à l'état d'involution ; c'est la thèse ; puis le concept, en vertu de l'activité qui lui est inhérente, pose en face de lui-même sa négation ; tout concept, en effet, appelle son contradictoire ; ce second moment est l'idée pour soi, l'antithèse. Enfin, le concept revient à lui-même par la négation de sa négation, mais il revient développé, enrichi par sa négation ; c'est l'idée en soi et pour soi, le troisième moment, l'antithèse. Tel est le rhythme invariable suivant lequel l'idée se développe sous sa triple forme : comme idée pure, comme nature et comme esprit. Cette loi domine les phases générales aussi bien que les détails particuliers du mouvement générateur. L'idée pure, objet de la logique, est l'idée en soi ; la nature est la négation de l'*être autre* de l'idée ; l'esprit est l'idée revenue à elle-même par la négation de la nature. La réfutation rigoureuse d'un système dont la base est l'identité des contradictoires, ou la négation du principe de contradiction, est évidemment chose impossible. Comment engager une discussion sérieuse avec un adversaire qui, pour mieux défier toutes les attaques, commence par renverser toutes les lois constitutives de l'intelligence humaine. Tel est le rempart derrière lequel se retranchent les métaphysiciens allemands, Hégel en particulier. Cependant, bien qu'il érige en loi la contradiction, il a la prétention de croire que son système n'en renferme aucune. C'est un reste d'hommage rendu à la vérité du principe dont sa théorie implique la négation perpétuelle ; mais, en réalité, la métaphysique hégélienne est ce qu'elle devait être, en vertu de son principe fondamental, un tissu de contradictions. Toute négation suppose une affirmation antérieure, sans laquelle elle n'a plus aucun sens. Substituer indifféremment l'une à l'autre, avec Hégel ; considérer l'affirmation et la négation comme étant positives ou négatives, au même titre, et pouvant échanger leurs dénominations respectives, c'est bouleverser complétement toutes les lois du langage et de la pensée. Sans affirmation préalable, il n'y a pas de négation possible. Ce n'est pas tout ; la négation de la négation ne produira jamais que l'affirmation primitive. Nier un concept, puis nier cette négation, c'est affirmer de nouveau le concept et rien de plus. Cependant, d'après Hégel, par la négation de la négation, le concept revient à lui-même, complété, enrichi. Il est enrichi, à la vérité, mais en vertu de la libéralité purement gratuite de Hégel lui-même, qui attache à ce retour une idée nouvelle qu'heureusement il avait déjà, parce qu'il ne l'eût point obtenue à l'aide de son procédé. Nous ne citerons qu'un exemple. Le *processus* logique commence à l'idée d'être indéterminé. L'être indéterminé est la même chose que rien ; il est donc identique avec sa négation, le néant. Par la même raison, le néant est identique avec sa négation, et nous sommes ramenés à l'être. Le résultat de ce retour de l'être à lui-même par la négation du néant est une combinaison des deux, le devenir. Il est évident que, si Hégel n'eût pas été d'abord en possession de l'idée du devenir, il ne l'eût point trouvée à l'aide de sa méthode. La négation du néant reproduit l'affirmation de l'être ; elle ne donne pas l'idée du passage du néant à l'être ou du devenir. La méthode de Hégel ne peut que le ramener purement et simplement au concept primitif. Nous venons de voir comment, de la combinaison de l'être et du néant, il prétend arriver à l'idée du devenir. Puisque l'un ou l'autre des deux-termes peut être considéré indifféremment comme le terme positif, je puis prendre pour point de départ l'idée du néant ; sa négation est l'être ; la négation de l'être donne la même combinaison que la précédente, avec cette différence seulement, que l'ordre des termes est changé, différence dont il n'est pas nécessaire de tenir compte, puisque le néant est aussi positif que l'être et identique avec lui. Les deux combinaisons devront donc aboutir au même résultat ; or, dans le second cas, la négation de l'être donne le passage de l'être au néant, de même que la négation du néant a donné le passage du néant à l'être. Il suivra de là que l'anéantissement et le devenir sont deux choses identiques. De deux termes contraires, l'un peut être simplement la négation de l'autre et ne rien contenir de plus, comme l'obscurité relativement à la lumière ; mais il peut arriver aussi que les deux termes soient tous deux positifs, du moins en partie ; c'est ainsi que l'idée du cercle n'est pas uniquement la négation du carré. Il est évident que, dans ce dernier cas, il ne suffit pas de nier l'un des termes pour avoir le concept de l'autre. Hégel cependant ne tient nul compte de cette différence essentielle ; il raisonne comme si tous les contraires appartenaient à la première catégorie. C'est ainsi qu'il considère la nature comme immédiatement donnée par la négation de l'idée. Nous ne relèverons pas tout ce qu'il y a d'arbitraire et de forcé dans la manière dont il cherche à déduire *a priori* les lois générales de l'univers et les essences diverses qui le composent. L'idée la plus vide, l'existence pure, ne peut engendrer la réalité concrète. Il ne suffirait pas de faire sortir de l'idée générale d'être les idées des choses individuelles, des forces de la nature, les idées d'impénétrabilité, de calorique, de mouvement, etc. Ce sont ces réalités mêmes qu'il faudrait déduire. Hégel est dans l'impuissance d'arriver, non-seulement aux êtres particuliers, mais aux idées particulières. C'est en vain que la physique, venant au secours de sa méthode, lui fournit des généralités déjà faites et constatées par l'expérience ; la nature rebelle se refuse d'entrer dans le cadre tracé d'avance par ses catégories. Aussi se plaint-il amèrement du désordre qui y règne. Il appelle le monde physique la *contradiction inconciliée* ; ce mot n'est qu'un reflet, une ombre de l'idée, en un mot, ce n'est pas le système, c'est la nature qui a tort.

Il est vrai que l'idée, déchue en quelque sorte dans la manifestation extérieure, se réhabilite ou dans l'esprit, où elle revient progressivement à elle-même avec la conscience pleine et entière de ce qu'elle est. C'est alors que parvenue au terme de son développement, elle peut jeter un regard sur la route qu'elle vient de parcourir, se produire par la pensée, le mouvement qui l'a fait aboutir de l'être pur à l'absolu. L'esprit n'est donc qu'une forme de l'idée ; c'est l'idée prenant conscience d'elle-même. Est-ce là véritablement la notion que la conscience nous donne du moi ? Est-ce ainsi que les vérités nécessaires apparaissent à notre intelligence ? Le moi est une force intelligente et libre, une réalité individuelle et vivante. Il se distingue des objets de ses pensées. Parmi ces objets, il en est avec lesquels il lui est impossible de se confondre. Ce qu'il connaît limité, sujet au changement, et il contemple l'immuable, le nécessaire ; quoi qu'il fasse, il ne peut s'identifier avec l'absolu, objet de sa connaissance. Ainsi, ce n'est ni avec Kant qui ôte aux premiers principes toute valeur et toute autorité en les subjectivant, ni avec Hégel qui transporte à l'idée toute la réalité du sujet et de l'objet, que l'on peut arriver à la solution certaine des problèmes ontologiques. Il faut donc revenir à cette vieille distinction, toujours admise par le sens commun, entre notre connaissance et son objet. Si la métaphysique n'a le droit de prétendre au titre de science qu'à la condition de démontrer la légitimité de notre adhésion au témoignage de nos facultés, il faut désespérer de l'intelligence humaine, car pour contrôler nos facultés actuelles, il nous faudrait de nouveaux moyens de connaître, et eussions-nous ces moyens, la difficulté resterait entière. En identifiant le sujet et l'objet, les panthéistes éludent la difficulté sans la résoudre, car cette identité, ils ne la démontrent pas, ils se contentent de l'affirmer, comme un principe évident de soi, comme le fait Schelling, ou bien ils s'appuient sur le témoignage d'une faculté spéciale, qu'ils décorent du nom d'intention intellectuelle, et dont ils se sont tellement réservé le secret qu'à l'exception des panthéistes, personne n'a pu la découvrir. Le panthéisme, dit-on, est l'unique moyen d'échapper au scepticisme. Admettons que les objections des sceptiques n'ont plus de valeur, dans l'hypothèse de l'identité du sujet et de l'objet. Suit-il de là que cette hypothèse est la véritable ? On pose en principe incontestable qu'une science certaine est possible, qu'elle est même nécessaire ; puis l'on conclut que, la certitude n'étant possible que dans le système de l'identité universelle, le panthéisme est la seule explication légitime de Dieu, de l'homme et du monde. Mais le sceptique nie, ou du moins, révoque en doute la possibilité de la science, jusqu'à ce qu'on lui démontre, ou que la connaissance est l'exacte représentation de son objet, ou que les deux choses n'en font qu'une. Vouloir répondre à ces folles exigences ; vouloir passer, en vertu d'une démonstration logique, du sujet à l'objet, c'est condamner la science à l'immobilité et l'esprit humain à une irrémédiable incertitude. « Le principe de toute certitude et de toute croyance est un acte de foi aveugle en la véracité naturelle de nos facultés. Quand donc les sceptiques disent aux dogmatiques : rien ne prouve que vos facultés voient les choses comme elles sont ; rien ne démontre que Dieu ne les ait pas organisées pour vous tromper ; les sceptiques disent une chose incontestable et qu'il est impossible de nier. C'est à cette condition que nous croyons..... Nous ne pouvons rien savoir et rien apprendre que par les facultés qui nous ont été données pour connaître ; la première vérité que tout homme qui veut apprendre et savoir doit reconnaître, c'est donc que ses facultés voient les choses comme elles sont ; autrement, il faut renoncer à apprendre et à savoir ; il n'y a plus de science possible et toute recherche est inutile. (1). » Écartons donc les objections tirées de ce premier chef contre la certitude de la science métaphysique ; et voyons si les sceptiques sont plus heureux quand ils nous opposent la diversité des opinions philosophiques sur les points les plus importants, sur l'existence et les attributs de Dieu, sur ses rapports avec le monde, sur l'essence et les destinées de l'âme. Cette diversité, dit-on, règne à l'égard des premiers principes eux-mêmes, car les philosophes ne sont d'accord, ni sur leur autorité, ni sur leur nombre. Quant à cette dissension prétendue des philosophes sur les premiers principes, nous nions qu'elle existe ailleurs que dans leurs livres. Hume et Condillac ont beau contester, celui-ci, le principe de substance, celui-là, le principe de causalité, il n'est aucun homme qui à la vue d'un fait ne lui suppose une cause, qui ne conçoive et n'affirme un sujet des phénomènes qu'il perçoit ; qui enfin ne soit intimement persuadé que les choses ont en réalité ce qu'il les pense et les affirme, en vertu de l'irrésistible impulsion de sa nature raisonnable. Ceux qui sur tout le reste ont perdu l'usage de la raison, partagent la croyance commune aux vérités premières. C'est en vain que Hume, Kant et les autres sceptiques donneraient leurs ouvrages comme la fidèle expression de leur conviction habituelle ; il n'est pas en leur pouvoir de se soustraire aux lois essentielles de la nature humaine. Les philosophes ne sont pas d'accord dans les divers catalogues qu'ils ont dressés des premiers principes ; soit, mais quelle conséquence légitime peut-on en déduire ? Celui-ci regarde comme première une vérité que celui-là considère comme dérivée, mais ce n'est là qu'une question secondaire. La liste de l'un est plus étendue, celle de l'autre plus réduite ; cette diversité accuse une observation plus ou moins patiente, une étude plus ou moins complète ; elle ne prouve pas nécessairement une divergence d'opinions au sujet de la valeur objective des principes. Le genre humain n'a donc jamais varié sur les axiomes fondamentaux de la métaphysique. Peut-on conclure de la diversité des applications et de l'opposition des systèmes, que cette science est une vaine chimère, que son objet est inaccessible à notre faible intelligence, que la raison ne peut sans se troubler franchir le cercle étroit de l'expérience ? Nous répondrons d'abord que ce dissentiment, dont on fait une objection si redoutable, est loin d'être aussi général qu'on le suppose. Les vérités essentielles de la métaphysique ont subi dans la suite des siècles des altérations plus ou moins graves ; mais ni le temps, ni les passions, ni les faux systèmes n'ont réussi à les faire disparaître, et dans tous les âges

---

(1) Jouffroy, Cours de Droit naturel, 9e leçon, p. 267, 278.

comme dans tous les lieux, la grande masse du genre humain a persévéré dans sa croyance à l'existence d'un Dieu, auteur et conservateur du monde, à la vie future, au dogme des récompenses et des châtiments, à la nécessité d'un culte, etc. Et quant aux théories contradictoires des philosophes qui, pressés du besoin de se rendre compte des croyances vulgaires, ont tenté de pousser plus avant leurs investigations sur l'essence des choses, arguer des erreurs dans lesquelles ils sont souvent tombés, et des dissentiments qui les divisent, contre la possibilité de trouver la certitude au-delà de l'expérience, c'est ne tenir compte, ni des conditions auxquelles l'intelligence humaine est soumise dans l'acquisition de la vérité, ni du caractère propre aux recherches métaphysiques. Dans l'état actuel de notre intelligence, la vérité ne s'acquiert qu'au prix de longs et pénibles travaux. Sans parler ici des causes d'erreurs qui ont leur principe dans les mauvaises passions du cœur, et dont l'influence est si puissante dans les recherches qui ont pour objet Dieu dans ses rapports avec l'âme humaine, sans parler de la paresse naturelle de l'esprit qui le porte à fuir le travail et à négliger l'emploi des moyens nécessaires, toute découverte est le résultat de l'application d'une méthode convenable. Or avant de déterminer, pour chaque science, les conditions précises, le critérium de certitude, et les procédés légitimes à mettre en usage pour réaliser ces conditions, il faut du temps, de la patience, une suite d'essais et de tâtonnements. Les erreurs dans lesquelles nous entraîne une méthode fausse ou incomplète, servent à nous mettre sur la voie de la méthode véritable. Telle a été, plus ou moins, la destinée de toutes les sciences humaines, telle devait être surtout celle de la métaphysique. L'étendue de son domaine qui fuit toute limite, la variété des questions qu'elle embrasse, ses relations étroites avec toutes les autres branches de nos connaissances, tout concourait à rendre plus difficile la détermination de la méthode qui lui est propre. La raison, d'ailleurs, dès qu'elle s'élève au-dessus des phénomènes, pour étudier l'infini et le fini, dans leur essence et dans leurs rapports, doit inévitablement rencontrer sur sa route d'impénétrables mystères. Si elle s'aventure dans le monde des réalités intelligibles sous un flambeau qui l'éclaire, c'est-à-dire sans le secours d'une règle sûre, d'une méthode certaine; si, emportée par le désir insatiable de découvrir les raisons dernières des choses, loin des limites que le tout-puissant lui a tracées, elle veut pénétrer trop avant dans l'abîme de l'infini pour en scruter toutes les profondeurs, elle se trouble et s'égare dans ces ténèbres mystérieuses; elle s'évanouit dans le néant de ses pensées, selon l'expression de l'apôtre saint Paul. Tout n'est pas ténèbres sans doute dans la métaphysique; cette nuée qui environne l'infini n'est pas tellement obscure qu'elle soit complètement impénétrable aux lumières de la raison; la connaissance humaine n'est pas restreinte aux phénomènes. Mais la raison ne peut espérer un heureux résultat de ses efforts qu'à la double condition : 1° d'employer une méthode convenable; de respecter les limites qu'elle ne doit jamais franchir.

Nous avons vu la métaphysique allemande aboutir au panthéisme par la fausse interprétation de ce principe, que l'ordre de nos idées doit être la reproduction de l'ordre des choses. Ce principe est vrai en ce sens qu'un système scientifique doit être l'expression de la nature, des relations et des lois véritables des êtres, et assigner à chaque partie la place qu'elle occupe réellement dans l'ensemble. Mais prétendre que les rapports des êtres sont identiques avec les rapports de nos idées, c'est ignorer les caractères et le mode de formation des concepts généraux; c'est transformer en réalité objective ce qui n'est que le produit de l'activité intellectuelle. Nous avons montré, dans la discussion du système de Hégel, l'impuissance de cette méthode, qui part du général et de l'abstrait, pour arriver aux réalités particulières et concrètes. Ce fut un défaut analogue qui contribua surtout au discrédit dans lequel finit par tomber la métaphysique scholaire. La première partie contenait la science de l'être, de la substance, de la cause en général, servant d'introduction à la science des êtres, des substances et des causes en particulier. Nous croyons cette méthode stérile et dangereuse. Elle est stérile, car il n'existe pas d'être en général, de substance en général : ce sont des concepts sans contenu, des formules vides auxquelles l'esprit n'attache un sens clair et précis que par l'étude des êtres réels et des substances particulières. Considérée à part de la philosophie, de la théodicée et même de la physique, l'ontologie générale n'est plus qu'une science de

combinaisons logiques. Il n'est pas moins dangereux d'envisager les concepts rationnels et les vérités absolues dans leur état abstrait, et non dans leur connexion avec la réalité concrète. C'est par là que l'on est conduit, avec Kant, à l'hypothèse d'un entendement purement abstrait, d'un moi logique qui n'a rien de commun avec le moi véritable. C'est parce que nous saisissons immédiatement la réalité du moi dans la conscience, que nous croyons invinciblement à la vérité objective des principes pensés par le moi. En faisant précéder la science des êtres particuliers de l'étude de l'être en général, les scholastiques ont été amenés à considérer l'être pur comme une réalité positive, distincte des êtres individuels et pouvant être participée par eux à divers degrés. Dans cette hypothèse, dire d'une chose finie qu'elle est, ce n'est pas dire simplement qu'elle a l'être, Dieu seul réalise toute la compréhension de l'idée d'être, Dieu est l'être sans restriction, les choses finies sont des négations, des limitations posées dans l'être qui est susceptible de plus ou de moins. Si, à la rigueur, cette théorie n'est pas le panthéisme, le pas est aisé à franchir. Il est à craindre qu'en débutant par l'ontologie générale, on n'arrive à la confondre avec la théodicée. C'est l'écueil où vint échouer Spinosa, dont le vaste système n'est que le développement de la définition abstraite de la substance. La définition de la substance est, dit-on, arbitraire; oui, mais celle qu'on lui substituerait sans sortir de l'ontologie générale ne le serait pas moins. C'est à l'ontologie spéciale, à la psychologie surtout qu'il faut demander la nature et les caractères de la substance finie; la conscience de l'activité libre et personnelle du moi est la réfutation la plus victorieuse du spinosisme. C'est donc dans leur application aux réalités particulières, au monde, à l'âme humaine, qu'il faut étudier d'abord les vérités absolues qui sont l'objet de la métaphysique. Nous ne connaissons pas la substance séparée de ses attributs, mais nous pouvons étudier sa nature dans les attributs qui nous la révèlent. Si nous savons ce que c'est qu'une cause, c'est parce que le moi se connaît comme cause, ses concepts rationnels sont donnés primitivement par le jugement qui les applique aux existences individuelles. Mêlée dans l'origine à la perception soit intérieure, soit extérieure, et renfermée dans le cercle des faits individuels, la raison ensuite dégage l'élément particulier; la vérité absolue lui apparaît alors avec son double caractère de nécessité et d'universalité. Les premiers principes ne sont plus des formes vides; ils offrent à l'esprit un sens réel, une signification précise. En possession des vérités nécessaires, la raison aspire à monter plus haut : elle leur cherche un fondement réel, un principe absolu. Ces vérités ne sont pas moi, car je suis contingent et limité; elles ne sont pas l'expression générale des faits et des êtres individuels, car le caractère qui les distingue, c'est la nécessité, l'universalité absolue : le monde entier serait anéanti qu'elles subsisteraient encore. Elles ne sont pas des êtres distincts, subsistant par eux-mêmes, car elles s'impliquent tellement que l'une ne peut être conçue comme séparée d'aucune autre. Elles doivent donc avoir une raison d'être dans une essence nécessaire et immuable. C'est ainsi que les vérités premières élèvent la raison à l'être infini dont elles sont la manifestation. D'ailleurs l'affirmation de l'être absolu est implicitement renfermée dans chacune d'elles. Au-delà des phénomènes passagers dont ce monde visible est le théâtre, sous les modifications fugitives du moi, je conçois quelque chose de permanent, la substance; mais je ne puis m'arrêter à la supposition de la substance contingente et finie : au-dessus de tout ce qui passe, je conçois, j'affirme l'être immuable, la substance absolue; je rattache les causes relatives à la cause première et indépendante. C'est ainsi qu'à la vue des perfections finies que je découvre en moi-même et dans les objets qui m'entourent, ma raison s'élève à l'idée d'une perfection infinie. La beauté créée me conduit à la contemplation de la beauté incréée, le bien relatif au bien du soi, à l'essence même du bien. En un mot, mon esprit n'est satisfait, ma pensée ne se repose que dans cette affirmation suprême de l'infini que je ne puis embrasser tout entier, mais qui cependant se manifeste à moi par chacune de mes idées absolues. Sans doute ces idées, sur lesquelles je m'appuie pour m'élever jusqu'à lui, n'expriment point son essence d'une manière adéquate ; considérer la connaissance que nous avons des perfections limitées du monde comme la mesure exacte des perfections divines, serait tomber dans le naturalisme. Les attributs que nous connaissons en Dieu ne sont que les perfections des êtres créés, élevées à l'absolu et dégagées de toute limite. Les cieux racontent la gloire de leur auteur ; ils révèlent sa puissance, sa sagesse et sa bonté ; je suis un être doué d'intelligence et d'activité, je suis une cause libre. C'est ainsi que j'arrive à la conception d'un être qui réunit tous ces attributs, mais dans un degré infini, d'un Dieu personnel, intelligent et libre, substance absolue et cause première, principe du vrai, du beau et du bien, et fin dernière de tous les êtres. Nous n'insisterons pas plus longtemps sur cette application de la véritable dialectique aux questions ontologiques. Nous n'avons pu qu'effleurer un sujet aussi vaste. Il nous resterait encore à tracer les limites devant lesquelles la raison doit s'arrêter ; mais cette question exigerait des développements que nous devons nous interdire ici, et qui seront la matière d'un autre article. (V. RATIONALISME.) **J.**

MÉTASTASE, s. f., changement dans le siège ou la forme d'une maladie, attribué par les humoristes au transport de la matière morbifique dans un lieu différent de celui qu'elle occupait primitivement. On dit qu'il y a métastase quand les symptômes qui constituent une affection locale viennent à disparaître, et qu'à cette disparition se lie la manifestation d'une maladie nouvelle dans un autre lieu de l'économie.

MÉTASTASE, dont le véritable nom est TRAPASSI (PIERRE-BONAVENTURE), célèbre poète, né à Rome le 3 janvier 1698, était fils d'un pauvre ouvrier, et eut pour parrain le cardinal Ottoboni, qui lui fit donner une bonne éducation. La mort de ce prélat le laissa presque dans l'indigence ; mais, dès l'âge de 10 ans, il se distinguait par son talent d'improviser. Un jour qu'une foule de curieux l'entouraient au Champ-de-Mars, le fameux Gravina s'arrêta pour l'entendre, le prit chez lui, l'emmena à Naples, et lui laissa, en mourant, la plus grande partie de sa fortune. La connaissance qu'il fit d'une chanteuse, appelée la Romanina, lui fit entreprendre la carrière du théâtre. Sa *Didone abbandonata* (1724) eut un succès prodigieux. L'empereur Charles VI le choisit pour remplacer le célèbre Apostolo Zeno, *Poeta cesareo*. En 1729, Métastase se rendit à Vienne en Autriche, et fut attaché en qualité de poète à la cour impériale jusqu'à sa mort, arrivée le 12 avril 1782. Il était dans son lit de mort lorsque Pie VI arriva à Vienne. Ce pontife daigna se transporter chez Métastase, qui eut la consolation de recevoir de son souverain temporel et spirituel la bénédiction *in articulo mortis*. On a recueilli ses Poésies à Paris, 1755, en 10 vol. in-12 : cette édition, très belle, est nommée vulgairement Pompadour, parce qu'elle est dédiée à la marquise de ce nom : elle renferme un grand nombre de tragi-comédies ou grands opéras, parmi lesquels on estime particulièrement *Artaxerces, Attilio Regolo, Temistocle, la Clemenza di Tito, Issipile, Alessandro nell' Indie*, etc. Il a excellé dans les *Oratorios*, ou drames sacrés en deux actes, comme la *Mort d'Abel, le sacrifice d'Isaac, Joseph, Joas, Hélène au Calvaire*. Ces sujets sont traités avec un développement, un intérêt, un accord de paroles, de musique et de spectacle, qui produisent la plus grande impression. Mais, comme dans les pièces profanes, la sensibilité est excitée par les mêmes moyens, on comprend facilement que les mœurs y sont exposées à plus d'un écueil. Une pureté parfaite dans la diction, une grâce et une élégance soutenues ont fait regarder Métastase par ses compatriotes comme le Racine de l'Italie. Il a surtout une douceur ravissante dans les vers destinés au chant. Il a possédé au plus haut degré le talent de réunir dans un étroit espace les traits les plus touchants d'une situation pathétique ; mais on doit lui reprocher d'avoir, en voulant se plier au genre de l'opéra, violé souvent les règles des unités et trop prodigué les antithèses, défaut ordinaire aux écrivains de son pays.

MÉTATARSE, s. m., terme d'anatomie, la partie du pied qui est entre les orteils et le tarse ou le coude-pied.

MÉTATHÈSE, s. f., figure de grammaire, qui consiste dans la transposition d'une lettre.

MÉTAUX (chim.). Les métaux sont des corps simples, généralement opaques, brillants, bons conducteurs du calorique et de l'électricité. On connaît aujourd'hui quarante métaux qui ont été classés par M. le professeur Thénard d'après leur affinité pour l'oxygène, et d'après l'action qu'ils exercent sur l'eau soit à chaud, soit à froid. — *Ire section*. Métaux ayant une grande affinité pour l'oxygène qu'ils absorbent directement et décomposant instantanément l'eau en mettant l'hydrogène en liberté : potassium, sodium, lithium, calcium, baryum, strontium. — *IIe section*. Métaux dont les oxydes sont irréductibles par le carbone, n'ayant point d'action, à la température ordinaire, sur l'oxygène, sur l'air ou sur l'eau, mais

décomposant lentement celle-ci à + 100° : aluminium, thorium, glucinium, yttrium, zirconium, magnésium. Les métaux compris dans ces deux sections sont électro-positifs. — *IIIe section*. Métaux ne s'oxydant qu'à l'air humide ou à une température élevée, décomposant l'eau à une chaleur rouge, et ramenés de l'état d'oxyde par le charbon : manganèse, fer, zinc, cadmium, étain. — *IVe section*. Métaux ne décomposant l'eau à aucune température, mais absorbant l'oxygène à une chaleur rouge ; plusieurs d'entre eux forment des acides oxygénés : nickel, cobalt, plomb, cuivre, uranium, cérium, lanthane, bismuth, titane, antimoine, columbium, molybdène, tungstène, chrome, vanadium. — *V^e section*. Métaux ne décomposant l'eau à aucune température, absorbant l'oxygène au-dessous de la chaleur rouge, et ramenés de l'état d'oxyde par la chaleur seule : mercure, osmium. — *VIe section*. Métaux ayant si peu d'affinité pour l'oxygène qu'ils ne peuvent l'absorber directement à aucune température, et dont les oxydes produits par réaction chimique sont facilement réductibles par la chaleur : or, argent, platine, palladium, iridium, rhodium. Les métaux des quatre dernières sections peuvent être divisés : 1° en métaux électro-négatifs, formant de préférence des acides avec l'oxygène, ce sont : le chrome, le vanadium, le molybdène, le tungstène, l'antimoine ; le columbium, le titane ; 2° en métaux électro-positif, jouant principalement le rôle d'élément électro-positifs dans les combinaisons salines : ce sont tous les autres. Il résulte de ce qui précède que les métaux s'unissent avec l'oxygène pour former des oxydes ou des acides et par suite des sels, dont quelques-uns forment en grande partie la portion solide de notre globe, tels sont ceux à base de chaux, d'alumine, de magnésie, de fer, etc. Tous les métaux sont solides à la température ordinaire, à l'exception du mercure, qui garde sa fluidité jusqu'à 40°. Leur dureté varie, ainsi le potassium et le sodium sont mous et se laissent facilement pétrir ; le plomb et l'étain se coupent au contraire ; d'autres sont à peine attaquables par les meilleures limes. Voici l'ordre de dureté des métaux les plus connus : fer et acier, platine, cuivre, nickel, argent, or, zinc, étain, plomb. Leur densité varie également, ainsi le potassium et le sodium sont plus légers que l'eau, tandis que la densité du platine est 21,33. Voici du reste l'ordre de densité des métaux cités plus haut : platine, or, mercure, plomb, argent, cuivre, nickel, fer, étain, zinc. Il est à observer que le martelage ou l'écrouissage augmente généralement cette densité. Une partie des métaux sont ductiles et malléables ; les autres sont cassants. Mais la ductilité et la malléabilité ne se rencontrent pas toujours au même degré dans un métal ; ainsi l'or et l'argent occupent le premier rang pour la ductilité et la malléabilité, mais le plomb, moins ductile que le fer, est beaucoup plus malléable. Enfin la structure, l'odeur et la saveur, varient selon les métaux. Nous renvoyons du reste aux articles propres à chacun d'eux pour plus de détails.
J.P.

MÉTAYER, ÈRE, s., celui, celle qui fait valoir une métairie.

MÉTEIL, s. m., froment et seigle mêlés ensemble. Basseméteil, blé dans lequel il y a deux tiers de froment contre un tiers de seigle.

METEL (HUGUES), pieux et savant abbé de Saint-Léon de Toul, ordre de Prémontré, se distingua dans le XIIe siècle, par ses connaissances dans les matières ecclésiastiques. Don Hugo, prémontré et abbé d'Estival, à fait connaître ce pieux écrivain, par l'édition de ses *Lettres*, in-fol. On y trouve des choses utiles aux théologiens, et curieuses par rapport à l'histoire des XIe et XIIe siècles. Metel mourut vers l'an 1157, dans un âge fort avancé.

METELLI (AUGUSTIN), peintre, né à Bologne, en 1609, excellait à peindre à fresque d'architecture et les ornements de concert avec Anne-Michel Colonna, autre peintre habile en ce genre. Il mourut à Madrid, en 1660, avec un nom célèbre.

METELLUS CELER (QUINTUS CÆCILIUS), consul romain l'an 60 avant J.-C., fut préteur l'année du consulat de Cicéron. Il rendit des services importants à la république, en s'opposant aux troupes de Catilina, qui voulaient entrer dans la Gaule cisalpine, et obtint, après sa préture, le gouvernement de cette province. Il épousa la sœur de Clodius, qui le déshonora par ses impudicités et l'empoisonna. C'est elle qui, sous le nom de Lesbia, est si décriée par Catulle. Métellus mourut l'an 57 avant J.-C., et fut pleuré par Cicéron, qui perdit en lui un ami zélé, un consolateur et un conseil.

METELLUS (LUCILIUS CÆCILIUS), dont l'un des aïeux dompta le terrible Jugurtha, était tribun du peuple. Lorsque J. César se rendit maître de Rome, il eut plus de courage que tous les autres magistrats, qui se soumirent comme s'ils avaient été accoutumés depuis longtemps au joug de la servitude. Le seul Métellus osa s'opposer au destructeur de la liberté romaine. Ce conquérant voulait se saisir du trésor que l'on gardait dans le temple de Saturne ; Métellus lui en refusa les clefs. César ordonna alors qu'on rompît les portes ; et comme le tribun renouvelait son opposition, César menaça de le tuer, en disant : « Jeune homme, tu n'ignores pas qu'il me serait plus facile de le faire que de le dire. » Métellus ne résista plus, et se retira. César a entièrement déguisé ce fait dans son *Histoire des guerres civiles*, qui est plutôt l'apologie de sa conduite qu'un récit fidèle de la vérité.

MÉTELLUS (L. Cec.), consul l'an de Rome 503 (av. J. C. 251). Proconsul l'année suivante en Sicile, il remporta près de Panorme une grande victoire sur les Carthaginois, et obtint le triomphe. Treize généraux et cent vingt éléphants parurent devant son char lors de cette cérémonie. On rapporte qu'avant d'entrer en campagne, il offrit des sacrifices à tous les dieux à l'exception de Vesta, qui en fut si irritée qu'elle demanda le sang de Métella, sa fille. Il s'y était résigné ; mais au moment du sacrifice la déesse substitua une génisse à Métella, et transporta cette jeune Romaine dans son temple de Lanuvium, dont elle l'établit prêtresse. Il fut élevé de nouveau au consulat l'an 507. Quelques années après, étant grand-prêtre, il perdit les yeux et la main dans un incendie qui eut lieu à Rome, en sauvant le Palladium du temple de Vesta. Pour récompenser son zèle et sa piété, le sénat lui permit de se faire porter au sénat dans un char, honorable privilège qui n'était pas encore connu. Depuis il fut nommé dictateur et maître de la cavalerie.

MÉTELLUS Macedonicus (Q. Cec.), préteur en Macédoine l'an de Rome 606 (148 avant J.-C.), battit le faux Philippe Andriscus, qu'il contraignit à prendre la fuite : bientôt après il se rendit maître de sa personne, et l'envoya à Rome. Il défit également l'aventurier Alexandre, et réduisit la Macédoine en province romaine (147 avant J.-C.), ce qui lui fit donner le surnom de Macédonicus. La même année, le Péloponèse s'étant révolté, il remporta une victoire considérable sur les Achéens, commandés par Cristolaüs, et s'empara de Mégare et de Thèbes, et termina presque entièrement la guerre avant l'arrivée de Mummius, son successeur, et reçut les honneurs du triomphe à son retour à Rome. Consul l'an 611 (avant J.-C. 443), il fit la guerre avec succès contre les Celtibères. Q. Cécilius Métellus fut aussi censeur et enfin prince du sénat. Il mourut pendant l'exercice de cette charge. Il eut quatre fils, qui tous parvinrent à de hautes dignités.

MÉTELLUS Numidicus (Céc.), consul l'an de Rome 645 (109 ans avant J.-C.), fut opposé à Jugurtha, qui jusque-là joua ou battit plusieurs généraux romains. Il changea la fortune de la guerre, conquit la Numidie presque tout entière, et força Jugurtha à fuir de ville en ville. Il allait sans doute mettre fin à la guerre quand la nomination de C. Marius, qui auparavant était son lieutenant, à la province de Numidie l'empêcha de poursuivre ses victoires. Il revint à Rome, où il reçut les honneurs du triomphe et le surnom de Numidique. Il fut créé censeur l'an 652. Il fut exilé par les intrigues de Marius et de Saturninus, pour avoir refusé de prêter serment à une loi nouvelle ; mais ses compatriotes le rappelèrent après la mort de Saturninus. Métellus est un des plus grands hommes dont Rome se glorifie ; il se fit surtout admirer par sa fermeté et son intégrité, mais il était fier de sa naissance ; c'est cet orgueil qui fit que le plébéien Marius, son lieutenant, devint son ennemi juré, et finit par le supplanter.

MÉTELLUS Celer (Q. Céc.), frère du précédent, préteur l'an de Rome 691 (63 avant J.-C.), sauva C. Rabirius, qu'on accusait d'avoir tué L. Apuleius Saturninus. Cette même année il livra à Catilina, dans le Picenum, une bataille, dans laquelle ce dernier perdit la vie. Après sa préture, Métellus Céler fut envoyé dans la Gaule Cisalpine, qu'il gouverna en qualité de proconsul. Créé consul l'an 694 (60 avant J.-C.) il défendit avec zèle la liberté publique. Après son consulat il eut le gouvernement de la Gaule Transalpine, où il mourut, peut-être empoisonné par Claudia sa femme.

MÉTELLUS Pius Scipion (Q. Céc.), consul vers la fin de l'an de Rome 702 (52 avant J.-C.) avec Cn. Pompée, son gendre, qui avait seul géré le consulat pendant les huit premiers mois de l'année. Ces deux consuls rétablirent la censure, qui avait été anéantie par P. Claudius. Dans la suite

Métellus Scipion fut envoyé en Syrie en qualité de proconsul, dès le commencement de la guerre entre Jules César et Cn. Pompée, et embrassa le parti de ce dernier. Après la bataille de Pharsale il passa en Afrique, près de Juba, y rassembla des troupes de concert avec Caton, et livra à César, près de Thapsus, une bataille dans laquelle il fut battu complètement (46 avant J.-C.). Étant tombé au pouvoir de l'ennemi, et craignant la vengeance de Jules César, il se perça de son épée, l'an 46 avant J.-C.

MÉTEMPSYCHOSE, transmigration des âmes d'un corps dans un autre. Pythagore enseigna la métempsychose dans la Grèce et dans l'Italie ; mais il paraît l'avoir empruntée des prêtres égyptiens, qui enseignaient qu'après la mort l'âme passait successivement dans les corps des animaux terrestres, aquatiques et aériens, ce qu'elle achevait en 3,000 ans ; après quoi elle revenait animer le corps de l'homme. Ils pensaient que les hommes qui avaient entièrement expié leurs fautes étaient transportés dans une étoile qui leur était assignée pour demeure. La première moitié du cinquième livre des Métamorphoses d'Ovide contient un développement magnifique du système de la métempsychose, placé dans la bouche de Pythagore lui-même.

MÉTÉORE, s. m. On appelle météore tout phénomène qui se passe dans les régions supérieures de l'atmosphère. On distingue . 1° les météores aériens, déterminés par la rupture de l'équilibre de colonnes de l'air atmosphérique : ce sont les vents ; 2° les météores aqueux, qui résultent de la condensation et de la précipitation des molécules aqueuses suspendues dans l'air : ce sont la pluie, la neige, la grêle, la rosée, les brouillards ; 3° les météores lumineux, qui sont l'effet de la réflexion ou de la réfraction de la lumière par les molécules aqueuses en suspension dans l'air : ce sont l'arc-en-ciel et les périhélies ; 4° les météores ignés, savoir : les feux follets, les étoiles tombantes, les éclairs, la foudre et l'aurore boréale.

MÉTÉORIQUE, adj. des deux genres, qui appartient au météore.

MÉTÉORISATION, s. f., affection assez commune chez certains animaux, particulièrement chez les ruminants, lorsqu'ils ont mangé avec trop d'avidité des herbages humides. Elle est caractérisée par une enflure considérable, due ordinairement à la production de beaucoup de gaz, qui distendent les parois de leur estomac et leurs intestins. Ces gaz sont presque toujours de l'acide carbonique ou de l'hydrogène carboné. On parvient, dans le premier cas, à dissiper l'affection par quelques injections alcalines ou ammoniacales ; dans le deuxième cas, on a proposé l'emploi du chlorure de soude ; enfin, quelquefois on est forcé de recourir à la ponction.

MÉTÉORISME, s. m., enflure générale de l'abdomen due à la distension du tube alimentaire par des gaz qui s'y trouvent accumulés. On le nomme vulgairement ballonnement, et on le reconnaît sans peine à ce que la paroi abdominale résonne comme un tambour sous le choc du doigt.

MÉTÉOROLOGIE. On désigne sous le nom de météorologie cette partie de la physique qui traite des phénomènes aériens qui paraissent d'une manière irrégulière : tels sont les vents, les trombes, la grêle, la neige, la pluie, etc., etc. Et d'abord disons ce que c'est que l'atmosphère qui est la scène la plus ordinaire où se passent ces phénomènes. On a donné le nom d'atmosphère à cette couche gazeuse invisible qui enveloppe notre globe, et dans laquelle s'élèvent les vapeurs qui vont former les nuages. Comme on l'a vu à l'article air, l'oxygène et l'azote en forment presque la totalité ; en effet, abstraction faite de l'acide carbonique et de la vapeur d'eau qui ne sont qu'une faible partie de l'atmosphère, on trouve que l'air est formé de 21 d'oxygène pour 010 et de 79 d'azote. *Vents.* Les courants d'air auxquels on donne le nom de vents sont occasionnés par les changements qu'introduisent dans la pesanteur spécifique et le ressort du fluide aérien les causes qui en déplaçant une portion agissent inégalement sur quelques points de l'atmosphère. Nous ne nous occuperons ici que des vents en général, nous réservant d'en traiter plus longuement dans un article particulier. On peut rendre raison des vents, soit en supposant une dilatation dans le point de l'atmosphère d'où part le courant, soit en supposant une condensation dans le lieu vers lequel il se dirige ; cette dernière hypothèse est la plus satisfaisante. Suivant les caractères et les modifications que présentent ces phénomènes, on leur a donné les noms de vents généraux, vents périodiques, vents irréguliers ou alizés, moussons, etc.

(V. Vents.) — *Trombes.* Les trombes ou siphons sont des phénomènes désastreux, qui s'exercent dans un petit espace de l'atmosphère. On distingue les trombes terrestres et les trombes marines. Les premières se présentent sous la forme d'une immense colonne d'air tourbillonnant avec la plus grande vitesse, et qui détruit et enlève tout sur son passage lorsqu'elle est forte, desséchant même les lacs et les étangs. Les trombes affectent généralement la forme d'un pain de sucre, dont la pointe serait tournée vers la terre. Les trombes marines, plus terribles que les terrestres, sont accompagnées d'un bouillonnement; les eaux semblent vouloir s'élever dans l'atmosphère sous la forme d'une pyramide tronquée; elles occupent sur la mer un espace circulaire, tandis que la partie opposée du ciel présente un nuage qui a la forme d'un cône renversé. Si cette trombe rencontre un navire elle brise les mâts, déchire les voiles, romp les cordages, et souvent même engloutit le bâtiment. Le docteur Mercer, témoin d'un de ces phénomènes au Havre de Saint-Jean, rapporte que la trombe s'avançant par bonds vers le rivage, enleva une petite maison de bois qu'elle arracha violemment de ses fondements, et la transporta à 15 mètres de distance. Quelques physiciens ont regardé l'électricité comme la cause de ces phénomènes; mais le vent en est plutôt la cause, puisque l'un de ces phénomènes accompagne toujours l'autre. Les trombes exercent leurs ravages sur toutes les parties du globe; mais les pays chauds et principalement les mers qui baignent les rivages de la Chine et du Japon présentent plus fréquemment ce météore. — *Nuages et brouillards.* L'eau qui s'évapore de toutes parts à la surface de la terre, sous la forme de vapeur invisible, s'élève dans l'atmosphère en vertu de sa force expansive en se répandant de tous côtés. Cette évaporation continue jusqu'à ce que l'air soit totalement saturé. On comprend facilement que si la température de l'air vient à diminuer, toute la vapeur ne peut exister à cette nouvelle température; la vapeur excédante saisie par le froid se condense alors et forme des nuages d'autant plus grands que le froid se fera sentir dans une grande étendue de l'atmosphère. Si au contraire cette condensation a lieu dans les régions basses de l'air, en contact avec la terre, la vapeur condensée formera un brouillard. — *La rosée* est due à un phénomène assez voisin du précédent. Lorsque, par suite du rayonnement, les différents corps placés à la surface de la terre perdent leur calorique, leur température s'abaisse suivant que leur pouvoir rayonnant est plus grand. Alors la couche d'air qui repose sur ces corps se refroidit; la vapeur d'eau qu'elle contient se refroidit également et se précipite sur ces corps froids, d'autant plus abondamment que leur température est plus basse. On voit ainsi que les corps sur lesquels se dépose le plus de rosée sont ceux qui se refroidissent le plus; la rosée se forme pendant la nuit. Lorsque le refroidissement des corps est très considérable, la rosée déposée à leur surface se gèle et forme ce qu'on nomme gelée blanche. Pour la pluie, la neige, la grêle et la chaleur terrestre, voyez les articles particuliers et le mot Physique.   J.

MÉTEREN (Emmanuel Van), naquit à Anvers le 9 juillet 1535. Attaché aux nouvelles erreurs, il fut obligé de quitter son pays, et se réfugia en Angleterre, où il mourut en 1612. Il est connu par une *Histoire des Pays-Bas*, depuis 1500 jusqu'en 1612, imprimée d'abord en latin, 1598, in-fol., puis traduite en flamand, augmentée par l'auteur même; elle fut aussi traduite en allemand et en français. Everard van Reyd, quoique zélé protestant, ne put s'empêcher de reprocher à Méteren sa crédulité, ses flatteries et ses dissimulations.

MÉTEZEAU (Clément), architecte du roi, natif de Dreux, vivait sous le règne de Louis XIII. Cet artiste, d'un génie hardi, capable des plus grandes entreprises, s'immortalisa par la fameuse digue de La Rochelle, ouvrage en quelque sorte téméraire, contre lequel les plus célèbres ingénieurs avaient échoué, et qu'il exécuta l'an 1628 avec le plus grand succès. Il fut secondé dans son projet par Jean Tiriot, maître maçon de Paris, appelé depuis le *Capitaine Tiriot.* Cette digue avait 747 toises de longueur.

MÉTEZEAU (Paul), frère du précédent, né à Paris, s'engagea dans l'état ecclésiastique, et fut, avec Bérulle, l'un des premiers fondateurs de la congrégation de l'Oratoire. Il avait beaucoup de talent pour la prédication, et il exerça ce ministère dans plusieurs villes de France avec un succès peu commun. Il mourut à Calais dans le cours d'un carême, le 17 mars 1632, à 50 ans, après avoir opéré des conversions éclatantes. On a de lui : un corps de théologie propre aux prédicateurs,

intitulé *Theologia sacra, juxta formam evangelicæ prædicationis distributa,* etc., 1625, in-fol.; un autre ouvrage qui a pour titre *de sancto Sacerdotio, ejus dignitate et functionibus sacris,* etc., in-8°, et plusieurs autres ouvrages.

MÉTHERIE (Jean-Claude de la), physicien et naturaliste, né à La Clayette, dans le Mâconnais, le 4 septembre 1743, mort à Paris le 1er janvier 1817, rédigea le *Journal de Physique,* commencé par l'abbé Rozier, et continué par l'abbé Mongez. En 1801, après la mort de Dauhenton, il fut nommé adjoint à la chaire d'histoire naturelle au collège de France. Le style de tous ses ouvrages est sec, sans aucune élégance, et c'est ce qui a souvent nuit à leur succès. Nous citerons : *Théorie de la terre,* 1791, 3 vol. in-8, 1798, 5 vol. in-8, avec une *Minéralogie; Leçons de minéralogie données au Collége de France,* 1812, 2 vol. in-8°; *Leçons de Géologie, ibid.,* 1816, 3 vol. in-8; *Considérations sur les êtres organisés,* 1804, 3 vol. in-8 : il les soumet, ainsi que le globe, à un principe de cristallisation, et applique le galvanisme aux métamorphoses de minéraux, etc.; *de l'Homme, considéré moralement, de ses mœurs et de celles des animaux,* 1802, 2 vol. in-8.

MÉTHOCHITE ou MÉTOCHITE (Théodore), logothète de Constantinople; eut des emplois considérables sous l'empereur Andronic l'Ancien, et mourut en 1332, honoré du titre de Bibliothèque vivante, titre que sa mémoire étendue lui avait mérité. On a de lui : *Histoire romaine, depuis Jules-César jusqu'à Constantin.* in-4° : ouvrage assez faible. L'auteur, négligeant le style des anciens, s'en est fait un qui est moins simple, moins clair et moins noble. Jean Meursius l'a traduite en latin, avec des notes; *Histoire sacrée,* en deux livres, qui ne vaut pas mieux et qui a été cependant traduite par Hervé, Paris, 1555, in-8; *Histoire de Constantinople,* beaucoup plus détaillée, mais qui n'est pas toujours exacte.

MÉTHODE (*philos.*). On appelle méthode le procédé que suit l'esprit dans la recherche ou dans la démonstration de la vérité. Si les divers objets de nos connaissances n'avaient entre eux aucun rapport, si la variété était l'unique loi des êtres, ou si notre esprit était assez puissant et assez vaste pour embrasser d'un seul regard l'ensemble de toutes les vérités et les rapports qui les unissent, nous n'aurions pas à tracer les règles de la méthode. Dans le premier cas, la méthode ne serait pas possible; elle serait inutile dans le second. Mais dans le monde intelligible, comme dans l'ordre réel, la variété se ramène à l'unité. Rien n'est isolé dans la série des existences ni dans la série des idées; une vérité appelle une autre vérité, comme une existence appelle une autre existence. Il est donc possible d'arriver à l'inconnu au moyen du connu. Il y a plus, telle est la loi de notre intelligence finie : Dieu seul peut embrasser d'un regard la vérité tout entière; nous ne parvenons à la connaître que successivement et en partie, nous agissons sur les éléments donnés, nous combinons des vérités connues, et c'est par ce moyen que nous arrivons à la découverte de l'inconnu. Les procédés à employer ne sont pas arbitraires; toutes les routes ne conduisent pas également au but. Souvent, parce qu'on manque d'une règle certaine, on ne parvient que par de longs détours au résultat que l'on aurait pu atteindre en suivant une marche plus expéditive et plus sûre. Une fausse méthode, loin de nous rapprocher du but, nous en écarte. Quoique rattachés les uns aux autres par d'étroites relations, les objets de nos connaissances offrent des différences profondes; il est facile de se tromper sur la nature de leurs rapports. D'un autre côté, on doit tenir compte de notre constitution intellectuelle, des nécessités de notre raison, des conditions de son développement. Il faut procéder du connu à l'inconnu; mais, parmi les vérités connues, quelle est celle qui doit servir de point de départ? Il est clair que si le point de départ est mal choisi, il est impossible d'arriver à la découverte de la vérité inconnue ou à la démonstration de la vérité douteuse. Ce n'est pas tout, le point de départ fixé, il faut le plus souvent passer par bien des degrés intermédiaires, avant de découvrir ce que l'on cherche. Quel est le flambeau qui dirigera l'esprit dans la série d'opérations qu'il doit accomplir? Ce flambeau, c'est la méthode, qui n'est autre chose qu'un ensemble de règles fondées sur la nature du sujet et de l'objet de la connaissance, propres à guider l'esprit dans ses actes. On peut comparer celui qui cherche le vrai sans règle et sans méthode à celui qui s'engage, sans le secours d'un guide, dans les mille détours d'un obscur labyrinthe. Il marche à l'aventure, et s'il lui arrive de rencontrer la vérité, celle ne s'offre pas à lui avec ces caractères qui, en la faisant reconnaître d'une manière certaine, commandent et légitiment notre adhésion.

Il suffit d'ailleurs de jeter un regard sur l'histoire de l'esprit humain pour se convaincre de la nécessité d'une bonne méthode. C'est de la méthode que dépendent les progrès ou la décadence des arts et des sciences. Selon les philosophes sensualistes, le seul procédé légitime des recherches philosophiques, c'est l'observation appliquée à la sensation; à toutes les époques, cette méthode a engendré le scepticisme qui en est la conséquence rigoureuse. D'autres ont cherché leur point de départ dans les vérités absolues, dans les notions *a priori* de l'entendement, sans tenir compte de l'expérience; toujours l'inflexible logique les a conduits à l'absurde système du panthéisme. Que l'on considère l'état des sciences physiques avant Bacon. Au lieu d'étudier la nature en observant les faits tels qu'ils se produisent, on érigeait en lois générales quelques principes déduits *a priori* d'une fausse métaphysique, et plus propres à cacher l'ignorance qu'à expliquer les phénomènes. Il n'existe qu'un moyen de connaître la nature, c'est de l'observer. Bacon le comprit; il indiqua la manière d'observer avec fruit et traça les règles de l'induction; sa méthode appliquée à l'étude des phénomènes a complètement renouvelé la physique. Nul ne songe à révoquer en doute les étonnants progrès des sciences naturelles depuis les deux derniers siècles. On en peut dire autant des mathématiques. Là, ce qui est une fois démontré demeure; le lendemain ne vient pas renverser l'œuvre de la veille. La somme des vérités acquises s'accroît de jour en jour, et l'esprit satisfait jouit de ses conquêtes avec une pleine sécurité. Si l'on compare l'état présent de la philosophie avec son histoire, on voit que les problèmes soulevés dans tous les siècles sont encore agités aujourd'hui; les disputes se perpétuent, les écoles rivales sont en présence, les solutions contradictoires se combattent, et ni les solutions ni les écoles ne sont nouvelles. Chaque siècle a vu se renouveler les erreurs du siècle précédent, et, après trois mille ans de recherches et de discussions, les philosophes allemands sont réduits à rajeunir les systèmes absurdes des panthéistes indiens. Est-ce à dire que la philosophie n'a point fait un pas en avant? Telle n'est point notre pensée; mais ce que l'on ne contestera point, c'est que ses progrès sont lents; c'est qu'elle est dépassée dans la voie du perfectionnement par toutes les autres branches de nos connaissances. D'où vient cette infériorité? On pourrait sans doute en assigner plusieurs causes; mais l'une des principales est que, dans les autres sciences, la véritable méthode est fixée, tandis que la méthode philosophique ne l'est pas encore. Il est donc essentiel d'employer pour chaque science la méthode qui lui convient. La marche à observer dépend de l'objet que l'on considère et du but qu'on se propose. Il existe autant de méthodes que de sciences particulières; mais toutes ces méthodes, quoique diversement modifiées dans l'application, peuvent se ramener à certains procédés généraux que nous allons décrire. Observons d'abord qu'il n'est rien de plus vague, de plus mal défini que les noms sous lesquels on les désigne communément. Ouvrez les livres de philosophie, de logique, de mathématique ou de physique, il y est sans cesse question d'analyse et de synthèse, d'induction et de déduction, de démonstration *a priori* ou *a posteriori*, de méthode expérimentale et de méthode rationnelle. On emploie ces expressions dans des sens tout-à-fait opposés; ce que l'un nomme analyse, l'autre l'appelle synthèse, la même démonstration est tantôt *a priori*, tantôt *a posteriori*. Le physicien et le géomètre se servent également de l'analyse, et cependant la méthode inductive ne doit pas être confondue avec la méthode analytique, telle que l'emploie le mathématicien, qui n'a que des concepts à combiner pour en faire sortir les conséquences, tandis que le naturaliste observe des faits pour s'élever à la connaissance des lois générales. Tâchons de nous former à cet égard des notions précises. Les opérations par lesquelles l'esprit humain acquiert des connaissances ultérieures au moyen de ses connaissances acquises, peuvent être réduites à deux principales : ou bien il part des faits particuliers et remonte, soit aux lois générales et contingentes des phénomènes, soit aux vérités nécessaires et universelles; ou bien, d'une ou plusieurs vérités connues, il déduit les conséquences qu'elles renferment. Le premier de ces procédés a reçu le nom d'induction. Celui de généralisation lui convient davantage; en effet, l'acte par lequel la raison, à l'occasion des faits individuels, conçoit immédiatement les vérités absolues, ou la généralisation *a priori*, diffère essentiellement de cette autre généralisation, qui est dite *a posteriori*, et par laquelle notre esprit, à la suite d'une série d'opérations préliminaires, telles que l'observation, l'ex-

périmentation et la comparaison, conçoit et affirme l'existence d'une loi générale de la nature. C'est à ce dernier mode de généralisation que s'applique spécialement le nom d'induction. Ce qui caractérise la généralisation, c'est que la loi générale formulée à la suite de l'observation dépasse la limite des faits observés. Ces derniers ne sont pour l'esprit que l'occasion ou le moyen de reconnaître et de déterminer la loi ou le principe dont ils sont les applications particulières. La seconde opération fondamentale de notre esprit est la déduction, dont la forme la plus parfaite est le syllogisme. Dans le raisonnement déductif, la conclusion est contenue dans les prémisses, et ne renferme aucun élément que les prémisses ne contiennent déjà. On voit par ce qui précède que l'équation, ou plutôt la méthode, qui consiste à faire passer une équation première par des transformations successives, n'est qu'une forme de la déduction, puisque la dernière équation ne renferme rien de plus que la première. Dans la généralisation comme dans la déduction, notre esprit emploie d'ordinaire un double procédé : l'analyse et la synthèse. Il analyse quand il décompose un objet en ses parties pour les considérer séparément, ou quand, par abstraction, il établit une division artificielle entre les propriétés et les aspects divers d'une chose. La nécessité de l'analyse résulte de la faiblesse de notre intelligence, qui ne peut acquérir de connaissance distincte et claire qu'à la condition de concentrer toutes ses facultés sur le même point, à l'exclusion des autres. La synthèse est l'opération inverse de l'analyse. Après avoir étudié séparément toutes les parties, il faut les étudier dans leurs relations mutuelles; après avoir décomposé le tout dans ses éléments, il faut comparer ces éléments et les ramener à l'unité. L'analyse et la synthèse sont deux opérations distinctes, mais également nécessaires pour établir la connaissance complète d'un objet. Si elle n'a pas été précédée par l'analyse, ou si l'analyse n'a pas été complète, si quelques éléments ont été négligés dans l'observation, la synthèse ne peut être qu'une généralisation plus ou moins hasardée, plus ou moins hypothétique. Mais si l'analyse est la condition d'une synthèse légitime, la synthèse est le complément nécessaire de l'analyse. Il ne suffit pas de considérer les êtres en eux-mêmes, il faut encore étudier les rapports qui les unissent, il faut découvrir l'unité au sein de la variété. Se borner à l'observation isolée des parties sans rechercher leur liaison, c'est ne connaître qu'une moitié de l'objet. Tels sont les deux procédés que notre esprit met simultanément en usage, soit qu'il déduise de notions données les conséquences qu'elles renferment, soit qu'il parte de l'expérience pour arriver à la connaissance des lois de la nature ou des vérités rationnelles. C'est parce que l'un n'est jamais employé sans l'autre, que telle méthode qui les contient tous deux est appelée analytique par les uns et synthétique par les autres. La méthode est analytique ou synthétique selon que c'est l'analyse ou la synthèse qui prédomine. Examinons maintenant les manières différentes dont elles peuvent être combinées, selon la nature de la question. On peut se proposer la découverte d'une vérité que l'on ignore, ou la démonstration d'une vérité connue. De là deux méthodes : la méthode d'invention et la méthode de démonstration.

§ 1. *De la méthode d'invention*. — C'est la marche que suit l'esprit quand il cherche une vérité inconnue ou la preuve d'une vérité énoncée. On désigne communément la méthode d'invention sous le nom de méthode analytique, parce que l'analyse y joue le rôle principal. Quelquefois on procède par hypothèse; nous parlerons d'abord de la méthode analytique, puis de la méthode hypothétique.

Méthode analytique. — Elle varie selon la nature de la question proposée. En voici la marche générale. 1° bien concevoir et déterminer nettement l'état de la question, l'exprimer avec toute l'exactitude et toute la simplicité possible, en éliminant tous les éléments qui ne sont pas nécessaires à la solution de la question. 2° Diviser la question proposée en autant de questions particulières qu'il est possible de le faire, sans tomber dans la confusion. L'observation de la première règle conduit ordinairement à la seconde. Exemple : je veux savoir si l'âme est immortelle. Je m'attache d'abord à me former une notion claire et nette de tous les éléments de la question. L'âme est le principe qui pense, qui veut et qui sent en moi, ce principe est une substance simple et indivisible. Comme il est inutile, au sujet que je veux traiter, de rechercher si l'âme est encore le principe de la vie organique, j'élimine cette question. J'examine ensuite le second terme de la proposition. Demander si l'âme est immortelle, c'est demander si elle meurt, c'est-à-dire si elle périt avec le corps, si elle survit à la dissolution de l'organisme. Réfléchissant sur cette question, je trouve qu'elle renferme ou fait naître les trois suivantes : l'âme périt-elle parce que le corps est dissous? En d'autres termes, la dissolution des organes entraîne-t-elle la destruction de l'âme? Supposé que la destruction de l'âme ne suive pas nécessairement la destruction du corps, peut-on prouver qu'elle ne sera pas anéantie à la mort, ou qu'elle survivra au corps? Enfin, cette vie de l'âme après la mort aura-t-elle une fin? 3° Il faut traiter ensuite chaque question dans l'ordre le plus convenable, en commençant par celle qui offre le moins de difficultés, et passant peu à peu aux plus composées. Appliquant cette règle à l'exemple choisi, je découvre aisément que l'ordre le plus naturel à établir entre les questions soulevées est celui dans lequel elles ont été proposées. 4° Considérer séparément, analyser, puis comparer entre elles les notions élémentaires de chaque question particulière, examiner quelles conséquences découlent de ce rapprochement ; se rappeler que l'on connait d'ailleurs du sujet dont il s'agit, ou ce qui a quelque rapport avec la question, on arrivera ainsi à quelque idée moyenne, à quelque vérité certaine qui sera le principe de la solution. Dans l'exemple cité plus haut, je m'attache à résoudre la première question : la dissolution du corps entraine-t-elle la destruction de l'âme? Je soumets à l'analyse les idées élémentaires qui la composent, je considère la nature du corps qui est un composé de parties ; je vois qu'il est détruit par la désunion de ces parties ; je passe ensuite à l'âme : c'est un principe simple, essentiellement distinct de l'organisme, elle ne périt donc point par la dissolution de ses parties ; la destruction des organes n'entraine point l'anéantissement du principe pensant. Toutefois, je remarque que dans cette vie, l'âme est jusqu'à un certain degré sous la dépendance du corps ; la perturbation des fonctions organiques amène des altérations plus ou moins graves dans l'essence des facultés intellectuelles. N'est-il pas à craindre que l'anéantissement, non de la substance de l'âme, mais de la conscience, de la pensée, de la personnalité, ne suive la dissolution complète des organes? Pour lever cette difficulté, je considère la nature et les propriétés des organes, j'analyse les caractères des phénomènes physiologiques qui se réduisent à certaines figures, à certains mouvements. Ensuite, à l'aide de la conscience, j'étudie la nature et les caractères des facultés et des actes qui constituent la vie intellectuelle et morale. La comparaison des phénomènes intellectuels avec les phénomènes physiologiques, ne démontre pas seulement qu'il n'existe aucune connexion nécessaire entre des facultés telles que la pensée, la volonté, la liberté et les fonctions du corps ; mais elle prouve clairement que les faits de la pensée, de la liberté, etc., ne peuvent être attribués aux organes ni être considérés comme les résultats d'aucune action matérielle. La connexion des phénomènes spirituels et des fonctions physiologiques n'est donc point nécessaire, mais accidentelle, d'où il suit que la destruction de l'organisme n'entraine pas l'anéantissement de la vie intellectuelle. J'applique le même procédé à la solution de la seconde question : l'âme doit-elle survivre au corps? Je décompose cette question en ses éléments pour les analyser et les rapprocher les uns des autres. Quels sont les facultés, les actes et les besoins de l'âme? J'appelle à mon aide des idées moyennes, relatives au sujet. L'âme est l'ouvrage d'un Dieu juste et sage. La justice consiste à rendre à chacun selon ses œuvres ; la sagesse, à proportionner les moyens à la fin. Les facultés de l'âme sont les moyens par lesquels elle tend à sa fin ; de plus, elle est libre, soumise à la loi morale, elle use bien ou mal de sa liberté ; elle mérite une récompense ou des châtiments. Comparons ces notions à la vie présente. Il est des facultés de l'âme qui n'ont aucun rapport avec son existence terrestre ; elle a des besoins que ce monde ne peut satisfaire ; la rétribution selon les œuvres ne s'accomplit pas ici-bas. C'est ainsi que la vérité d'une vie future m'apparait comme la conséquence rigoureuse de la nature et des attributs de Dieu, comparés avec la nature, les facultés, les actes et les besoins de l'âme. La même réflexion, appliquée à la troisième question, me conduirait à cette conclusion : que l'immortalité absolue de l'âme, si elle n'est pas rigoureusement démontrée par la raison, acquiert un degré de vraisemblance qui équivaut presque à la certitude. 5° On compare chaque question résolue avec celles qui restent à résoudre, afin de profiter autant qu'il est possible des lumières acquises pour dissiper l'obscurité qui environne encore les autres points ; enfin, on rapproche toutes les solu-

tions particulières pour en faire sortir une solution générale de la question proposée. Il serait facile d'appliquer cette règle à l'exemple choisi. Tels sont les préceptes généraux dont se compose la méthode analytique. Leur application se modifie selon la diversité des objets. Il y a des règles spéciales à observer suivant que l'on agit sur des concepts *a priori*, comme le géomètre, ou sur des faits individuels, sur des phénomènes, dans le but de découvrir la loi qui les régit.

Méthode mathématique. — Le mathématicien se propose de découvrir une vérité inconnue, de démontrer un théorème, ou de résoudre un problème. Pour découvrir des vérités nouvelles à l'aide des vérités connues, il n'y a d'autres règles à suivre que celles qui viennent d'être énoncées. On doit s'attacher surtout à décomposer la question proposée ou l'objet donné en ses éléments, analyser d'eux, les comparer, rechercher quelles conséquences résultent de ce rapprochement, etc.; s'il s'agit en particulier de démontrer un théorème énoncé, considérer comme vrai ce qui est en question et supposer établie la vérité qu'il s'agit d'établir ; déduire les conséquences qui découlent de la supposition, et de cette première conséquence, des conséquences ultérieures, jusqu'à ce qu'on arrive à une conséquence dernière qui contienne quelque chose d'évidemment vrai ou d'évidemment faux. C'est la nature de cette dernière conséquence qui décide de la vérité ou de la fausseté de la proposition énoncée. On suit à peu près la même marche quand il s'agit de résoudre un problème. On commence par le supposer résolu ; puis en méditant avec attention les conditions exprimées par l'énoncé de la question, en les comparant les unes aux autres, on tire les conséquences qui suivent de la solution supposée. Ces conséquences conduisent à la construction demandée, ou elles indiquent l'opération simple à exécuter, ou bien enfin elles font voir que le problème est impossible ou absurde. *Exemple.* On demande de mener par un point A une droite qui passe à égale distance de deux points donnés B, C. Soit supposé construite la droite demandée AG. Puisque AG est la

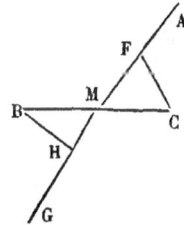

distance égale des deux points B et C, les perpendiculaires CF et BH sont égales ; on a donc CF=BH. Je compare entre eux les deux triangles rectangles EMC et BMH. Les deux parallèles BH, CF, coupées par la sécante BC, donnent l'angle MBH=MCF. Les angles BHM et CFM sont égaux comme angles droits. Le côté BH= le côté CF ; donc les deux triangles rectangles FMC et BMH sont égaux comme ayant un côté égal adjacent à deux angles égaux. On a donc BM=MC ; la droite demandée passe par le milieu de la ligne qui joint les deux points. Voici un autre exemple : on propose de faire avec deux matières dont on connait les poids sous un même volume un corps d'un poids et d'un volume donné. Supposons le problème résolu et raisonnons en conséquence de la supposition. Soit m le volume du corps mixte, p son poids ; q et r les poids des deux matières composantes sous un même volume, n ; x et y les volumes de ces matières sous le volume m. Connaissant les volumes x et y des matières composantes, je pourrai déterminer leurs poids puisque leur densité est connue. Il n'y a donc réellement que deux inconnues dans le problème. Nous avons d'abord l'équation $x+y=m$; ce qui résulte de l'énoncé. De plus, q est le poids du volume n de la première matière, et r le poids du volume égal n de la seconde. Je cherche maintenant des idées moyennes qui facilitent la solution du problème, et ces idées, je ne puis les trouver que parmi les notions qui ont rapport à la question. Il s'agit ici de poids rapporté au volume, c'est-à-dire, de densité ; or les densités étant égales, les poids sont entre eux comme le volume composant cette notion avec ce qui précède, je trouve que le poids du volume x est le quatrième terme d'une proportion dont n, x, q sont les trois premiers, en sorte que le poids du volume x sera exprimé par $\frac{qx}{n}$. Par la même raison, le poids du volume $y=\dfrac{ry}{n}$ Or, par hypothèse, la somme des deux poids est égale au poids p du corps mixte. On obtient donc $\dfrac{qx}{n}+\dfrac{ry}{n}=p$. Il n'y a plus qu'à résoudre les deux équations par la méthode ordinaire, et on obtient : $x=\dfrac{mr-pn}{r-q}$ et $y=\dfrac{pn-mq}{r-q}$. Ces deux équations sont la réponse à la question proposée.

De la méthode expérimentale. — La méthode expérimentale est celle dont le point de départ est l'expérience, c'est-à-dire, l'observation des faits soit intérieurs soit extérieurs. On la désigne encore sous le nom de méthode d'observation. On la nomme psychologique, quand on part des faits internes observés à l'aide de la conscience. C'est à l'occasion des faits individuels, des phénomènes que la raison conçoit immédiatement et, pour ainsi dire, instinctivement, les principes premiers, les vérités nécessaires et universelles. Ce mode de généralisation qui précède la réflexion proprement dite, n'est pas susceptible d'être soumis à des règles. Quant au rôle de l'expérience dans les recherches métaphysiques, ce n'est point ici le lieu de traiter cette question, pour laquelle nous renvoyons à l'article MÉTAPHYSIQUE. Nous n'avons donc à nous occuper que de la méthode expérimentale appliquée à la recherche des lois générales de la nature. C'est l'induction proprement dite.

Méthode inductive. — Voici en quoi consiste l'induction. Quand nous avons constaté, par l'observation, que tels faits se suivent dans un ordre constant, que telle propriété se trouve invariablement dans un certain nombre d'individus, ou que tels phénomènes se reproduisent avec les mêmes caractères déterminés dans certaines circonstances, nous généralisons les conclusions de l'observation en les étendant, non-seulement aux phénomènes et aux individus observés, mais à une classe tout entière; nous affirmons que les faits dons nous avons constaté la succession suivant un certain ordre, se reproduisent dans le même ordre; que les propriétés observées dans quelques individus sont communes à toute l'espèce; enfin que les effets produits par le concours déterminé de circonstances auront lieu toutes les fois que le même concours se reproduira. L'induction renferme un élément rationnel et un élément empirique. Elle tire sa légitimité, de ce principe *a priori* que la nature est gouvernée par des lois, que l'unité règne au sein de la variété. L'induction est l'idée, l'affirmation de l'ordre dans la variété des phénomènes. Les lois se manifestent dans les faits; c'est donc par l'observation des faits qu'il sera possible de déterminer les formes particulières des lois. Mais pour que l'induction soit légitime, l'observation doit réunir certaines qualités; il y a des règles à suivre; l'ensemble de ces règles forme la méthode inductive. 1°. On doit analyser avec soin les diverses circonstances du fait; distinguer l'essentiel de l'accessoire et continuer ses recherches jusqu'à ce que l'on ait déterminé la condition ou la cause véritable du phénomène. 2°. A l'observation des faits que fournit la nature, il faut joindre l'expérimentation, en faisant naître les phénomènes, pour forcer en quelque sorte la nature à dévoiler ses secrets. L'expérimentation est utile dans les sciences morales aussi bien que dans les sciences physiques. Outre un esprit dégagé de préjugés, une sagacité plus qu'ordinaire, une attention soutenue à observer tous les faits qui se produisent dans le cours de l'expérience, beaucoup de soins à procurer l'exactitude et la précision des instruments qu'on emploie, Bacon exige encore, que l'expérience soit variée, étendue, renversée et poussée à l'extrême. Pour ne pas outrepasser les limites de cet article, nous renvoyons pour les détails à l'ouvrage de Bacon lui-même. 3°. Après qu'on a rassemblé un certain nombre d'expériences, il faut les comparer entre elles et les classer, eu égard à leurs caractères de différence ou de ressemblance. Souvent, les opérations précédentes n'ont d'autre but que la distribution des individus observés en genres, en espèces, etc. Relativement à la classification, les logiciens posent les règles suivantes : classer les individus d'après leurs propriétés essentielles, invariables et faciles à connaître. Etablir un ordre naturel entre les classes diverses. Ne pas multiplier sans mesure les classifications, pour ne pas charger inutilement la mémoire. Enfin, assigner à chaque classe un nom convenable, propre à rappeler les propriétés caractéristiques du genre ou de l'espèce. 4°. Quant à l'induction proprement dite, elle ne doit point, quant à la nature des faits, dépasser les limites que

lui assigne l'expérience; c'est l'observation qui règle la portée qu'elle doit avoir. Il est vrai que la loi formulée n'est pas restreinte aux faits individuels observés; elle embrasse le passé, le présent et l'avenir. Mais il ne faut pas oublier que si l'induction est une généralisation, c'est la généralisation des faits observés et que, par suite, elle ne doit contenir d'autres éléments que ceux qui résultent de l'expérience.

Méthode hypothétique. — S'Gravesande définit l'hypothèse : « une fiction par le moyen de laquelle on répond à une question proposée. » Si l'on doit proscrire l'abus des hypothèses, il ne faut pas en proscrire entièrement l'usage. La méthode hypothétique est souvent d'un grand secours; elle a conduit aux plus brillantes découvertes en physique, mais principalement en astronomie. On ne peut adopter une hypothèse que provisoirement et sous la condition de la soumettre à la vérification de l'expérience. Elle sera d'autant plus probable qu'elle expliquera un plus grand nombre de faits, et que l'explication sera plus heureuse. C'est principalement dans les recherches historiques et dans les sciences métaphysiques qu'il faut se mettre en garde contre les dangers des hypothèses. Il arrive souvent que l'on pose *a priori* des principes absolus, et qu'on aborde l'étude des faits, moins avec l'intention d'y chercher la vérification des principes, que pour les faire entrer de force dans le cadre d'un système préconçu. Telle est en particulier la tendance de la philosophie allemande. Les règles suivantes ont pour but de prévenir ces écarts : 1° Etudier attentivement et sous toutes ses faces le sujet de la question; en observer séparément les diverses circonstances et les comparer entre elles. 2° Parmi les circonstances de la question, s'attacher à la principale ou aux plus remarquables. 3° Rechercher de quelle manière et par quels moyens cette circonstance ou ces circonstances choisies peuvent être produites. 4° Si l'on trouve plusieurs causes qui expliquent la particularité qu'on a en vue, chercher parmi ces causes celle qui peut servir à expliquer les autres circonstances qu'on avait d'abord mises de côté. S'il ne s'en trouve point de semblables parmi celles qu'on avait imaginées, chercher de nouvelles explications jusqu'à ce qu'on ait découvert celle qui rend raison de toutes les circonstances connues. 5° Déduire les conséquences qui découlent de l'hypothèse admise; prévoir les faits qui doivent arriver, si elle est vraie. On verra, par l'expérimentation, si les faits prédits confirment l'hypothèse ou la réfutent; multiplier les expériences, jusqu'à ce que le nombre des faits dont l'hypothèse rend raison, soit assez grand pour que la probabilité approche de la certitude ou se confonde avec elle.

§ 2. *De la méthode de démonstration.* — C'est la méthode communément employée dans l'exposition d'une science ou la démonstration d'une vérité connue. On la désigne sous le nom de méthode synthétique. Elle consiste à commencer par les choses les plus générales et plus simples, pour passer aux moins générales et aux plus composées. Elle part d'un principe certain et reconnu, et par un enchaînement de vérités bien déduites, elle conduit à la vérité que l'on voulait établir. C'est la géométrie qui nous offre l'application la plus parfaite de la méthode synthétique. Les géomètres commencent par poser des principes évidents par eux-mêmes, des axiomes; puis viennent les définitions; les démonstrations découlent des définitions par le moyen des axiomes. Nous indiquerons les règles principales de cette méthode : 1° Relativement au principe de la démonstration, ou à la vérité générale sur laquelle elle est fondée. Ce principe est un axiome ou une vérité clairement démontrée d'ailleurs, soit de l'ordre nécessaire, soit de l'ordre contingent. La logique prescrit de ne poser en axiome ce qui est évident de soi et de ne point en chercher la démonstration. Si au lieu d'un axiome, c'est une vérité qui ait besoin d'être démontrée, il faut qu'elle soit appuyée sur des preuves évidentes. 2° Relativement aux définitions : ne laisser passer aucun terme obscur ou équivoque sans le définir : n'employer dans les définitions que des termes connus ou déjà expliqués. Relativement à la démonstration proprement dite, prouver toutes les propositions obscures en n'employant que des définitions qui auront précédé, ou les axiomes qui auront été accordés, ou des propositions qui auront déjà été démontrées. La méthode synthétique, telle que nous venons de l'exposer, a l'avantage d'être plus facile et plus claire, d'enchaîner les vérités de principe et de conséquences en faisant ressortir le lien qui les rattache. Elle est préférable avec les commençants, et dans l'exposition d'une science de quelque étendue. Cependant, il faut autant que possible, et lorsque l'esprit est suffisamment développé, préférer la méthode analytique dans l'enseignement. Si, dès l'abord, elle peut jeter dans l'intelligence peu exercée une certaine confusion, elle a l'incontestable avantage de fortifier l'esprit en l'initiant, par les procédés de l'analyse, à la manière de se diriger lui-même dans la recherche de la vérité. On appelle souvent la synthèse, méthode *à priori*, et l'analyse, *à posteriori*. Une démonstration *à priori* est celle dont le principe ou le point de départ est antérieur, soit dans l'ordre logique, soit dans l'ordre réel, à l'objet qu'ils agit de démontrer. Ainsi l'existence d'un effet est démontrée *à priori* quand on a démontré l'existence de la cause qui le produit nécessairement. On démontre encore *à priori* l'existence ou la non-existence d'une chose, en prouvant qu'elle est nécessaire ou impossible, parce que, dans l'ordre logique, la nécessité ou l'impossibilité d'être est antérieure à l'existence ou à la non-existence actuelle. Par la même raison, conclure de l'effet à la cause, de l'existence à la possibilité, ou affirmer l'existence d'une chose parce qu'elle est, non pas démontrée *à priori* par la nécessité d'être, mais connue par l'expérience; c'est démontrer ou raisonner *à posteriori*. On voit ainsi que la méthode inductive est *à posteriori*; les autres sont tantôt *à priori*, tantôt *à posteriori*. On dit encore qu'un principe est *à priori* quand il n'est pas dérivé de l'expérience. Dans un ouvrage, dans un discours, en un mot, dans toute production de l'esprit qui résulte d'un enchaînement d'idées à développer, de principes à établir ou d'impressions à communiquer, la méthode consiste à déposer ses pensées dans un ordre propre à les prouver aux autres ou à les leur faire comprendre avec facilité. On doit faire en sorte que tout soit bien amené, bien conduit et bien lié; souvent l'effet produit par une pensée, ou une preuve, dépend de la place qu'elle occupe autant que de sa valeur intrinsèque. Pour donner à un ouvrage ce mérite essentiel de la méthode, il faut que les différents matériaux qui doivent servir à le former soient mis à leur place et distribués dans l'ordre le plus convenable; que tout ce qui est inutile et ne peut servir qu'à produire de l'embarras et de la confusion en soit sévèrement exclu; que l'esprit marche sans effort des choses les plus simples aux plus composées; que les plus faciles préparent les voies aux plus difficiles; que celles qui précèdent amènent, éclaircissent, établissent celles qui suivent; enfin que l'ensemble de toutes les parties résulte un tout harmonieux, suffisamment développé, puissamment lié et propre par sa nature à produire, le plus aisément et le plus efficacement, le degré d'instruction, ou de persuasion, ou d'émotion qui en est l'objet et qui doit en être le fruit. Le mérite de la méthode suppose, dans l'auteur qui le possède, un esprit juste et étendu : un esprit juste, qui sache en tout écarter l'inutile et le superflu, et choisir à coup sûr tous les points de vue et les seuls points de vue relatifs à son objet; un esprit étendu, qui embrasse d'un même coup d'œil le tout et ses parties, l'ensemble et ses détails, avec leurs rapports divers.　　　　　　　　　　　　　　　　　　　T–s.

MÉTHODE (*méd.*), s. f., manière de dire ou de faire quelque chose avec un certain ordre et suivant certains principes. Méthode curative, médication particulière, ou succession de médications que l'on emploie pour le traitement d'une maladie. On appelle méthode opératoire en chirurgie, les diverses manières principales dont une opération est pratiquée; ainsi l'opération de la cataracte peut être faite par abaissement ou par extraction. De là autant de méthodes différentes qui se composent chacune d'un plus ou moins grand nombre de procédés ou manières d'opérer. Du reste, ces deux mots, méthode et procédé, sont souvent employés l'un pour l'autre : l'on décore souvent un simple procédé du nom de méthode. On appelle aussi méthode l'ordre que l'on suit dans l'étude ou dans l'enseignement d'une science. Méthode est donc quelquefois synonyme de classification ou de système, en prenant ce dernier mot dans son acception favorable. Méthode analytique, celle par laquelle on passe du plus composé au plus simple. Méthode synthétique, *vice versa*.

MÉTHODIQUE, adj. des deux genres. Qui a de la règle et de la méthode. Il se prend souvent en mauvaise part pour qualifier un homme trop compassé, qui n'agit que par poids et par mesure. Il signifie aussi, qui est fait avec méthode, avec règle, où il y a de la méthode. Médecins méthodiques, s'est dit des médecins qui s'attachaient exactement à la méthode prescrite par les règles de la médecine; par opposition à médecine empirique, ceux qui ne s'attachaient qu'à l'expérience.

MÉTHODISME. Le protestantisme a levé l'étendard de la révolte contre l'autorité de l'Église, au nom de la morale outragée, au nom de l'Évangile méconnu; mais, comme ces furibondes prédications n'étaient qu'un masque hypocrite qui cachait le but ignoble et les moyens odieux mis en jeu par toutes les passions mauvaises révoltées contre le joug pesant et inflexible de la morale chrétienne, les apôtres de la révolte se virent bientôt débordés, de toutes parts et sur toutes les questions, par ces étranges disciples que l'ambition, l'avarice, la luxure, la haine avaient amenés sous leurs drapeaux. Alors les pensées secrètes, les ressorts de la comédie furent mis à nu dans ces polémiques brutales et acharnées qui s'élevèrent entre les réformateurs. C'est ainsi que Luther, abreuvé de dégoûts, accablé de mépris et de dédain par ses disciples eux-mêmes, prédisait avec cette parole passionnée, âpre et aigrie, tout l'avenir du protestantisme : le morcellement à l'infini des sentiments, des doctrines, des pratiques religieuses, la confusion, le chaos antique ressuscité au nom de l'unité évangélique; tous les principes de la morale chrétienne immolés aux vues grossières, aux passions brutales, etc., etc., etc. Le patriarche de la réforme avait prédit juste. Son œuvre n'a pas descendu jusqu'à nous pour réaliser toutes ces belles conséquences. Assurément c'était là une plaie hideuse pour la raison humaine révoltée contre son Dieu. Cette conséquence néfaste des doctrines protestantes devait avoir quelque chose de bien pénible pour toutes les âmes et toutes les intelligences droites et sincères que le hasard de la naissance, le malheur de l'éducation laissaient au protestantisme. Il en est résulté que ces âmes d'élite essayèrent à tout prix de ressaisir un principe tutélaire et moral pour sortir du vide désespérant qu'avait fait autour d'elles le *libre examen*, cette source intarissable d'anarchie que les apôtres du mensonge avaient fastueusement décorée du nom de liberté. De cette grande réaction sortirent, dans le siècle dernier les méthodistes, et de nos jours les piétistes, qui, sur presque toutes les questions des principes et des pratiques, délaissent le protestantisme pour se rapprocher de l'Église catholique. Aujourd'hui le méthodisme, malgré tous les efforts des églises réformées et surtout de l'Église anglicane, a envahi le monde protestant tout entier. Vers le milieu du siècle dernier, cette secte, née en Angleterre, n'était connue encore que dans les universités d'Oxford et de Cambridge. On lui avait donné le nom de méthodisme par dérision, à cause de l'esprit méthodique qui présidait aux travaux, aux études et jusqu'aux occupations journalières de son fondateur, John Wesley, lequel avait reçu de ses condisciples à l'université de Cambridge le surnom de *Méthodiste*. Wesley, né à Epworth, au comté de Lincoln, en 1703, avait fait ses études à Oxford. En 1725, il fut ordonné diacre par Potter, évêque d'Oxford. En 1726, cette même université le nomma agrégé de Lincoln's collège, où il résida jusqu'en 1735. Des livres mystiques et particulièrement quelques ouvrages de Guillaume Law, firent prendre une tournure singulière à son esprit. Livré à la mysticité, il conçut le projet de réformer l'Église réformée d'Angleterre. Dès ce moment, il se livra avec une ardeur incroyable à l'étude de l'Écriture sainte et des livres ascétiques. Cette étude constante et profonde lui fit prendre la résolution de se consacrer entièrement aux intérêts de la religion et à l'établissement d'une réforme nouvelle. Tous les hommes qui ont connu particulièrement Wesley remarquèrent en lui quelque chose d'impérieux, de dictatorial ; en tout, il prétendait dominer et imposer ses idées aux autres. Cette disposition altière, ce désir de domination a fait douter quelques critiques de la solidité et de la sincérité de la piété de John Wesley ; on a écrit qu'il n'avait eu recours à ces austères pratiques de la morale chrétienne que pour parvenir plus facilement, plus sûrement, au but de ses ambitieux désirs. Pour moi, je ne puis admettre ces injurieux soupçons. Je crois la piété et les intentions de Wesley sincères et loyales. Ce que je remarque en lui de répréhensible, ces pensées et cette conduite, qui froissent l'humilité et la charité évangéliques; c'est le protestantisme qu'il en faut accuser; car il a faussé partout où il n'a pas effacé les véritables caractères et les admirables qualités de la vertu du christianisme, de sorte que les natures les plus droites et les mieux douées, quand elles ont été façonnées par le protestantisme conservent toujours de ces taches originelles, ineffaçables stigmates de l'erreur. Ainsi John Wesley, à l'université d'Oxford, affectait tellement de ne fréquenter que des sujets médiocres, ou du moins inférieurs à lui, qu'un de ses professeurs ne put s'empêcher de l'en reprimander et de lui conseiller de voir aussi ceux qui avaient quelque réputation de savoir. Wesley lui répondit par ce vers que Milton met dans la bouche de Satan :

Je suis libre ici bas ; c'est assez : j'aime mieux
Un trône dans l'enfer que des fers dans les cieux !

Quelques temps après l'époque de son ordination (1725), il alla consulter un personnage renommé par son éminente piété sur ce qu'il devait entreprendre pour la réalisation de ses idées. « Vous souhaitez de servir Dieu et de gagner le ciel, lui répondit son interlocuteur, mais vous prenez une mauvaise voie. Souvenez-vous que vous ne pouvez seul servir Dieu. Trouvez des compagnons, ou couvertisssez à vos idées, car l'Ecriture nous dit : Malheur à l'homme seul. *Vœ soli !* » Wesley profita du conseil ; il prit, en 1729, avec son frère Charles, la direction de quinze jeunes gens qui étudiaient à Oxford, parmi lesquels étaient Whitefield, Hervey, etc., etc. Tous s'occupaient principalement de la Bible, et mêlaient à cette belle et grave étude la prière, le jeûne, la visite des pauvres et d'autres bonnes œuvres. Ils prétendaient tous ne pas perdre une minute de leur temps. « Seigneur, s'écriait toujours Wesley, ne permettez pas que je vive inutilement. » Cette vie systématique, réglée et appliquée avec une sorte de mécanisme qui déterminait heure par heure le genre et le mode d'occupation, le fit surnommer par raillerie le club des *Méthodistes*. Tous acceptèrent spontanément le sobriquet comme la dénomination la plus honorable. En 1735, John Wesley s'embarqua avec son frère Charles, avec George Whitefield et deux autres missionnaires pour la Géorgie (Amérique). Ils avaient formé et adopté avec enthousiasme le projet d'aller convertir les Indiens. Après s'être mis en rapport avec les frères Moraves sur le vaisseau qui l'avait porté en Amérique, Wesley commença de s'abstenir de vin et de tous les aliments provenant du règne animal. Dès lors il ne vécut que de riz et de biscuit, et ne voulut plus d'autre lit que le plancher. Il supporta longtemps l'observation du célibat, mais il se maria lui-même en 1749. Son mariage fut malheureux, et il se sépara de sa femme. Son zèle trop ardent, l'amertume de ses satires et son extrême indépendance lui suscitèrent tant d'ennemis qu'il se vit forcé de quitter le sol de l'Amérique. En 1738 il revint en Angleterre où il trouva l'Eglise méthodiste déjà florissante, grace aux soins de son frère Charles et de Whitefield. Ce fut après son retour que s'étant lié avec le Morave, Pierre Bohler, il organisa définitivement les assemblées ou chapelles des Méthodistes sur le plan des congrégations Moraves. Il avait également consulté pour la rédaction des règlements de sa secte, le comte de Zinzendorf, fondateur des Herrnhüters. Ne pouvant déterminer les ecclésiastiques anglicans à seconder ses prédications, il fut assister par des laïcs dont la plupart étaient de la dernière ignorance. Wesley fit profession solennelle de ne pas se séparer de l'Eglise établie, et d'en conserver les règles et la liturgie. Jamais, malgré tous les déboires qu'on lui suscita, il ne voulut entendre parler de séparation. Il administra l'ordination selon le rit anglican. Les points dogmatiques sur lesquels il insista le plus chez ses adhérents, sont le salut par la foi seule, la conversion instantanée et la certitude de la réconciliation avec Dieu. Il proclamait pour but suprême de ses efforts l'espoir de former des congrégations vouées à une vie plus sainte et à un degré de perfection supérieur à celui auquel on se bornait dans les autres communautés protestantes. Il rencontra d'abord une très grande opposition de la part du peuple, mais il finit par en triompher. Lorsqu'une scission se fut produite entre l'Angleterre et les provinces américaines, Wesley prêcha et écrivit en faveur de la métropole, tandis que Whitefield soutenait la cause de l'indépendance. Ce fut l'occasion du schisme qui éclata entre les chefs du méthodisme. Alors Wesley se permit de donner l'ordination par l'imposition des mains à des prédicateurs, et de sacrer un évêque destiné à conduire l'Eglise méthodiste d'Amérique. Ces actes lui attirèrent le blâme et les récriminations de ses sectaires. En 1741, il se sépara définitivement de George Whitefield, et deux ans après des frères Moraves, sous prétexte que leur doctrine était trop mystique et pas assez fondée sur la lettre de l'Ecriture, qu'ils ne faisaient pas assez de cas du renoncement à soi-même, qu'ils avaient un costume particulier, qu'ils étendaient la liberté chrétienne au-delà des bornes posées par le Saint-Esprit, qu'ils n'étaient pas assez pénétrés de l'efficacité des bonnes œuvres, qu'ils bornaient leurs charités aux personnes de leur secte, enfin qu'ils étaient sombres et secrets dans leur conduite, et ne pensaient qu'à

la religion intérieure, en oubliant entièrement la religion extérieure. Wesley s'attacha aux principes d'Arminius et à ses opinions sur la liberté humaine, tandis que Whitefield professait le calvinisme pur. Mais tous deux, malgré leur scission, travaillaient avec ardeur à la propagation de la secte. Wesley parcourait avec un zèle infatigable les différents comités de l'Angleterre, et établissait des congrégations partout où il passait. C'était particulièrement aux dernières classes de la société qu'il s'adressait. Il fit surtout des prosélytes parmi les ouvriers des mines et des manufactures et des forêts. C'est dans ces élèves obscurs, mais facilement enthousiastes qu'il choisissait ses catéchistes. Il ne lui en coûtait pas beaucoup pour les former ; comme il avait pour principe que le succès de la prédication dérive bien moins du talent et de la science du prédicateur que de l'influence d'une illumination venue d'en haut et les lumières surnaturelles, il faisait très peu de cas du talent et de l'étude. Dans l'association méthodiste proprement dite, les laïcs sont partagés en classes et en bandes qui se réunissent au moins une fois par semaine, sous la direction d'un chef qui reçoit leurs confidences spirituelles et les encourage dans leurs tentatives de prosélytisme. Les ministres se réunissent en assemblées annuelles dans le but d'envoyer des députés à la conférence qui a lieu tous les quatre ans, et à laquelle est confié le soin de choisir six surveillants (qu'on nomme évêques aux Etats-Unis), espèces d'inspecteurs-généraux nomades, qui confèrent les ordres, assignent à chaque prédicateur le lieu où il doit exercer pendant trois ans, et qu'il doit quitter à leur premier signal, veillent à l'application rigoureuse d'un code appelé discipline, se chargent de distribuer les dons, règlent les honoraires des prédicateurs, les pensions des veuves et des enfants, et jugent en dernier ressort toutes les questions ecclésiastiques et financières qui peuvent s'élever au sein de la société. Ce n'est qu'aux Etats-Unis que cette organisation qui pourrait blesser les susceptibilités du membre de l'Eglise anglicane établie, reçoit son entier développement. Cette Eglise méthodiste élevée si rapidement sur les ruines de l'Eglise anglicane compte aujourd'hui en Amérique 2,800,000 prosélytes. En Angleterre, comme les méthodistes trouvent leurs doctrines favorites exprimées d'une manière plus ou moins explicite dans les 39 articles de foi dont la souscription est obligatoire pour tous ceux qui veulent obtenir des bénéfices dans l'Eglise établie ; comme ils prétendent même être les seuls qui en comprennent et qui en expliquent le sens véritable, ils ne manifestent aucune répugnance à remplir les formalités nécessaires pour revêtir le surplis ou porter la mitre ; et une forte part des ressources de la société s'emploie à l'acquisition de bénéfices et de droits de présentation, ou à bâtir d'élégantes succursales dont ils désignent les desservants. C'est du haut de ces chaires que les ministres méthodistes s'emparent de l'esprit des classes élevées qui croiraient déroger à certaines convenances de position, si elles se séparaient de l'Eglise épiscopale ; pendant que le peuple se presse en foule autour du prédicateur populaire qui, dans une grange ou au pied d'un arbre, l'électrise par une éloquence parfois rustre et grossière, mais pleine de sève et d'enthousiasme, toujours entraînante et passionnée. Le méthodisme habile exploite ainsi avec un égal succès l'attachement indolent et routinier de l'aristocratie à l'Eglise établie et aux *manches de linon* ; et la sympathie instinctive du peuple pour un culte indépendant sorti de son sein et qui conserve toujours les allures familières, libres de ses fondateurs. Il cumule ainsi les avantages solides de fortune et de position qu'offre en Angleterre la hiérarchie ecclésiastique, avec tous ceux qui résultent du zèle fervent de l'esprit de secte et de l'entraînement populaire.

Le méthodisme, avons-nous dit, rencontra en Angleterre, en Ecosse, aux Etats-Unis, en Allemagne, de nombreux et de dangereux adversaires. On l'attaqua à la fois et par le dédain et par les persécutions ; par une polémique acérée, passionnée, infatigable, et par l'arme bien plus meurtrière encore du ridicule. On a écrit des volumes en Angleterre, comme aux Etats-Unis, pour étouffer sous le mépris et la raillerie « ces bandes d'insensés fanatiques qui vous apparaissent comme des prophètes de malheur, pour porter la gêne et le bigotisme jusqu'au foyer de la famille ; qui viennent, au nom d'un Dieu bizarre et dur, condamner comme de coupables distractions et au profit de je ne sais quelles idées étroites et fanatiques tous les nobles travaux de l'intelligence, tous les doux plaisirs de l'imagination, couvrant la vie d'un vêtement de deuil, et chassant le poète de la république sans même le couronner de fleurs, qui signalent leur présence au foyer domestique par les dissensions qu'engendre la fureur du prosélytisme, ou par l'éloignement égoïste qui résulte de l'orgueil spirituel des prétendus élus..... »On n'a pas trouvé assez d'anathèmes et de flétrissures pour ces jongleurs du temple qui s'en vont prêchant avec le précepte et l'exemple que la foi se révèle par des illuminations subites, des transes et des extases, et n'existe pas sans elles; qu'une vie toute entière de piété et de vertu n'offre aucune garantie à la conscience et ne rassure nullement sur l'avenir, si l'on ne peut préciser le jour et l'heure où à force de larmes, de cris et de convulsions on a acquis la conviction intime qu'on est au nombre des élus, privilége qui ne peut plus se perdre quels que soient les égarements du pécheur. On a répété, surtout ce que de pareilles doctrines avaient de monstrueux et d'immoral, tout ce qu'avaient de déplorable pour la conscience et la société ces dogmes qui font de la cellule du meurtrier un séjour, non de douleur et de repentir, mais de transports indécents et de confiance extatique; qui environnent de craintes chimériques le lit de mort du chrétien humble et naïf, qui, ayant consacré à Dieu toute son existence, n'a pas de conversion à raconter; qui donnent lieu tantôt à une folle jactance, tantôt à un morne désespoir, ébranlent l'imagination par les terreurs les plus sombres, surexcitent les organisations débiles et faibles, et détruisent souvent la vie et la raison..... Mais les nouveaux sectateurs n'ont tenu compte ni des sarcasmes, ni des injures, ni des dédains, ni des savantes réfutations des docteurs protestants. Ils ont compris qu'une société religieuse qui emploie des armes semblables s'est sentie frappée au cœur. Ils ont eu raison. Le succès le plus complet a couronné les prédications méthodistes. Ainsi, cette secte qui comptait, en 1760, 25,000 adhérents, en comptait déjà plus de 400,000 en 1813. Aujourd'hui le méthodisme a, dans la Grande-Bretagne seulement, 640,000 sectateurs et 2,000 prédicateurs ambulants, sans tenir compte des 300 missionnaires ecclésiastiques disséminés sur tous les points du globe. Maintenant en regard de la véritable doctrine chrétienne, quelle est la valeur du méthodisme, et conséquemment quel est le principe et l'énigme de ses succès? Le méthodisme a franchement accepté les principes que le protestantisme avait prêchés touchant la prédestination, la nullité des œuvres, etc., etc. Il en a tiré toutes les conséquences avec une logique imperturbable. Ces conséquences, la mauvaise foi ou l'esprit illogique de toutes les sectes protestantes les avaient palliées, les avaient enfouies et tenues dans l'ombre, car elles comprenaient toutes que ces fruits monstrueux et terribles de la réforme finiraient par dévorer leur mère. Le méthodisme a réalisé leurs pressentiments et leurs terreurs. Il a poussé le protestantisme au bord de son dernier abîme. Il l'a achevé. Maintenant à côté de cette œuvre de destruction, nous croyons entrevoir derrière le méthodisme une œuvre de régénération. Tout ce qu'il y a d'esprits sincères et droits dans le méthodisme, en Angleterre et en Amérique, comprennent ce qu'il y a d'infirme dans ces dogmes mutilés du protestantisme, tout ce qu'il y a de ridicule et de puéril dans ces cérémonies bizarres, et ils se sentent, comme les piétistes de l'Allemagne, un irrésistible besoin de trouver des doctrines plus complètes et un culte plus relevé. Du jour où une intelligence honnête et sincère cherche une solution semblable avec courage et droiture, elle est sûre de retrouver la voie qui mène à Dieu et à sa révélation infaillible, au moyen de la seule Eglise sainte, une, apostolique et universelle, la seule qui professe et conserve pures et complètes les paroles de la vie éternelle.　J.

MÉTHODISTES. C'est le nom que les protestants ont donné aux controversistes français, parce que ceux-ci ont suivi différentes méthodes pour attaquer le protestantisme. Voici l'idée qu'en a donné Mosheim, savant luthérien, dans son *Hist. eccles.* On peut, dit-il, réduire ces méthodistes à deux classes. Ceux de la première imposaient aux protestants, dans la dispute, des lois injustes et déraisonnables. De ce nombre a été l'ex-jésuite François Véron, curé de Charenton, qui exigeait de ses adversaires qu'ils prouvassent tous les articles de leur croyance par des passages clairs et formels de l'Ecriture sainte, et qui leur interdisait mal à propos tout raisonnement, toute conséquence, toute espèce d'argumentation. Il a été suivi par Berthold Nihusius, transfuge du protestantisme, par les frères de Wallembourg, et par d'autres, qui ont trouvé qu'il était plus aisé de défendre ce qu'ils possédaient que de démontrer la justice de leur possession. Ils laissaient à leurs adversaires toute la charge de prouver,

afin de se réserver seulement le soin de répondre et de repousser les preuves. Le cardinal de Richelieu, et d'autres, voulaient qu'on laissât de côté les plaintes et les reproches des protestants, qu'on réduisît toute la dispute à la question de l'Eglise, que l'on se contentât de prouver son autorité divine par des raisons évidentes et sans réplique. Ceux de la seconde classe ont pensé que, pour abréger la contestation, il fallait opposer aux protestants des raisons générales que l'on nomme préjugés, et que cela suffisait pour détruire toutes leurs prétentions. C'est la méthode qu'a suivie Nicole, dans ses *Préjugés légitimes contre les calvinistes.* Après lui, plusieurs ont été d'avis qu'un seul de ces arguments, bien poussé et bien développé, était assez fort pour démontrer l'abus et la nullité de la réforme. Les uns lui ont opposé le droit de prescription; les autres, les vices et le défaut de mission des réformateurs; quelques uns se sont bornés à prouver que cet ouvrage était un vrai schisme; par conséquent le plus grand de tous les crimes. Celui qui s'est le plus distingué dans la foule des controversistes, par son esprit et par son éloquence, est Bossuet; il a entrepris de prouver que la société formée par Luther est une église fausse, en mettant au jour l'inconstance des opinions de ses docteurs, et la multitude des variations survenues dans sa doctrine; de démontrer, au contraire, l'autorité et la divinité de l'Eglise romaine, par sa constance à enseigner les mêmes dogmes dans tous les temps. Ce procédé, dit Mosheim, est fort étonnant de la part d'un savant, surtout d'un Français, qui n'a pas pu ignorer que, selon les écrivains de sa nation, les papes ont toujours très bien su s'accommoder aux temps et aux circonstances, et que Rome moderne ne ressemble pas plus à l'ancienne que le plomb ne ressemble à l'or. Tous ces travaux des défenseurs de l'Eglise romaine, continue le savant luthérien, ont donné plus d'embarras aux protestants, qu'ils n'ont procuré d'avantage aux catholiques. A la vérité, plusieurs princes et quelques hommes instruits se sont laissé ébranler, et sont rentrés dans l'Eglise que leurs pères avaient quittée; mais leur exemple n'a entraîné aucun peuple ni aucune province. Ensuite, après avoir fait l'énumération des plus illustres convertis, soit parmi les princes, soit parmi les savants, il dit que si l'on excepte ceux qui ont été poussés à ce changement par des revers domestiques, par l'ambition d'augmenter leur dignité et leur fortune, par légèreté ou par faiblesse d'esprit, ou par d'autres causes aussi peu louables, le nombre se trouvera réduit à si peu de chose, qu'il n'y aura pas lieu d'être jaloux des acquisitions faites par les catholiques. Nous ne pouvons nous dispenser de faire quelques réflexions sur ce tableau. 1° Dès que les protestants ont posé pour principe et pour fondement de leur réforme, que l'Ecriture sainte est la seule règle de foi, que c'est par elle seule qu'il faut décider toutes les questions et terminer toutes les disputes, où est l'injustice, de la part des théologiens catholiques, de les prendre au mot, et d'exiger qu'ils prouvent tous les articles de leur doctrine par des passages clairs et formels de l'Ecriture? Prétendent-ils enseigner sans règle, et dogmatiser sans principes? Ils ont eux-mêmes imposé cette loi aux catholiques, et ceux-ci l'ont subie; ensuite les protestants la trouvent trop dure, et voudraient s'en exempter. Ce sont eux qui sont venus attaquer l'Eglise catholique, et lui disputer une possession de quinze siècles; c'est donc à eux de prouver par l'Ecriture que cette possession est illégitime. 2° Il n'est pas vrai qu'aucun de nos controversistes ait interdit aux protestants tout raisonnement et toute conséquence; mais on a exigé que les conséquences fussent tirées directement des passages de l'Ecriture clairs et formels. Il ne l'est pas non plus que nos controversistes se soient bornés à répondre aux preuves des protestants. Il suffit d'ouvrir la *Profession de foi catholique* de Véron, l'on verra qu'il prouve chacun de nos dogmes de foi par des textes formels de l'Ecriture sainte. Les frères de Wallembourg ont fait de même, mais ils sont allés plus loin. Ils ont fait voir que la méthode de l'Eglise catholique est la même dont elle s'est servie dans tous les siècles, et qui a été employée par les Pères de l'Eglise pour prouver les dogmes de foi et réfuter toutes les erreurs; que celle des protestants est fautive, et justifie toutes les hérésies sans exception; que leur distinction entre les articles fondamentaux et les non fondamentaux, est nulle et abusive; qu'ils ont falsifié l'Ecriture sainte, soit dans leurs explications arbitraires, soit dans leurs versions, et il le prouve en comparant leurs différentes traductions de la Bible; que non contents de cette témérité, ils rejettent encore tout livre de l'Ecriture sainte qui leur déplaît. Ces mêmes controversistes prouvent que c'est par témoins ou par la tradition que le sens de l'Ecriture sainte doit être fixé, et que les articles de foi doivent être décidés, et qu'ils ne peuvent l'être autrement. C'est après tous ces préliminaires qu'ils opposent aux protestants la voie de prescription et des préjugés très légitimes, savoir : le défaut de mission dans les réformateurs, le schisme dont ils se sont rendus coupables, la nouveauté de leur doctrine, etc. Ils ont donc prouvé d'une manière invincible, non-seulement la possession de l'Eglise catholique, mais la justice et la légitimité de cette possession. 3° Puisque les protestants ont allégué, pour motif de leur schisme, que l'Eglise romaine n'était plus la véritable église de Jésus-Christ, le cardinal de Richelieu n'a pas eu tort de prétendre qu'en prouvant le contraire on sapait la réforme par le fondement. Sur ce point, comme sur tous les autres, nos adversaires se sont très mal défendus ; ils ont varié dans leur système, ils ont admis tantôt une église invisible, tantôt une église composée de toutes les sectes chrétiennes, quoiqu'elles s'excommunient réciproquement, et ne veuillent avoir ensemble aucune société. Bossuet a démontré l'absurdité de l'un et de l'autre de ces systèmes, et les protestants n'ont rien répliqué. 4° L'on sait de quelle manière ils ont répondu à l'*Histoire des Variations* ; forcés d'avouer le fait, ils ont dit que l'Eglise catholique avait varié dans sa croyance aussi bien qu'eux, et avant eux. Mais ont-ils apporté de ces prétendues variations des preuves aussi positives et aussi incontestables que celles que Bossuet avait alléguées contre eux? Leurs plus célèbres controversistes n'ont pu fournir que des preuves négatives ; ils ont dit : Nous ne voyons pas dans les trois premiers siècles, des monuments de tels et de tels dogmes que l'Eglise romaine professe aujourd'hui : donc on ne les croyait pas alors, donc elle a varié dans sa foi. On leur a fait voir la nullité de ce raisonnement, parce que l'Eglise du ive siècle a fait profession de ne croire que ce qui était déjà cru et professé au iiie, et enseigné depuis les apôtres ; donc les monuments du ive siècle prouvent que tel dogme était déjà cru et enseigné auparavant. Quant à ce que Mosheim dit des théologiens français, il veut donner le change et faire illusion. Jamais ces théologiens n'ont enseigné que les papes s'étaient accommodés aux temps et aux circonstances, quant à la profession du dogme ; qu'ils ont varié dans le dogme ; que l'Eglise de Rome n'a plus la même croyance que dans les premiers siècles. On n'a dit que les papes ont profité des circonstances pour étendre leur juridiction, pour borner celle des évêques, pour disposer des bénéfices, etc., qu'ils ont ainsi changé l'ancienne discipline ; mais la discipline et le dogme ne sont pas la même chose. Bossuet a démontré que les protestants ont varié dans leurs articles de foi ; Mosheim parle de variations dans la discipline, est-ce de la bonne foi? Le procédé de Mosheim n'est pas plus honnête à l'égard des princes et des savants qui, détrompés des erreurs du protestantisme par les ouvrages des controversistes catholiques, sont rentrés dans le sein de l'Eglise romaine. Lorsque ces controversistes ont accusé les réformateurs d'avoir fait schisme par passion, libertinage, orgueil et ambition, les protestants ont crié à la calomnie ; ils ont demandé de quel droit on se permettait de mettre au fond des cœurs, de prêter des intentions criminelles à des hommes qui pouvaient avoir des motifs louables..... Mais ce qui était un grand crime chez les catholiques devient chose très légitime chez les protestants quand ils calomnient ceux qui quittent leurs erreurs. Rien ne les exaspère comme ces conversions éclatantes qui enlèvent les hommes les plus marquants par la vertu et la science ; et ils ont raison d'en être profondément affectés. Ces conversions sont la condamnation la plus éclatante, la plus irréfragable de l'hérésie.   B. R.

MÉTHODISTES, sectateurs protestants (*V.* MÉTHODISME).

MÉTHODIUS (Saint), surnommé *Eubulius*, célèbre évêque de Tyr, vers 311, et martyr peu de temps après, avait composé un grand nombre d'ouvrages. Il ne nous reste que celui qui est intitulé *Festin des vierges,* publié à Paris, 1647, par le P. Poussines, jésuite ; et 1672, par le P. Combéfis, avec des notes. C'est un dialogue sur l'excellence de la chasteté, qui donne une idée avantageuse de l'auteur ; mais il s'y est glissé quelques expressions peu orthodoxes, soit par l'inadvertance de Méthodius, qui avait embrassé les erreurs d'Origène qu'il réfuta ensuite, soit par la malice des hérétiques qui mêlaient leur venin aux sources les plus pures. Nous avons des fragments considérables des autres ouvrages de ce saint dans Photius, saint Epiphane, saint Jérôme et Théodoret. Ceux dont nous reste le plus sont les livres *du Libre arbitre*, contre

les valentiniens, et de la *Résurrection des corps*, contre Origène. Les ouvrages de ce saint étaient fort estimés des anciens, quoique le style en soit prolixe, enflé, plein de comparaisons et d'allégories.

MÉTHODIUS Ier, natif de Syracuse, pieux patriarche de Constantinople en 842, et l'un des plus zélés défenseurs du culte des images, avait été enfermé dans une prison obscure par l'ordre de l'empereur Michel-le-Bègue, après avoir reçu cent coups de fouet. La douceur de son caractère ne fit pas moins rentrer d'hérétiques dans l'Eglise que la force de son éloquence. Cet illustre persécuté mourut en 846. — Il ne faut pas le confondre avec MÉTHODIUS, pieux solitaire, qui présenta dans le courant du même siècle au roi Bogoris, chef des Bulgares, un tableau du dernier jugement, lequel occasiona la conversion de ce prince au christianisme.

MÉTICULEUX, EUSE, adj., susceptible de petites craintes, de petits scrupules.

MÉTIER, s. m., profession d'un art mécanique. Arts-et-métiers, l'ensemble des métiers, des arts mécaniques. Métier s'emploie quelquefois par opposition au mot art. Métier se dit par extension, de plusieurs professions non mécaniques. Métier se dit figurément de ce qu'on a coutume de faire ; et dans ce sens, il se prend ordinairement en mauvaise part. Faire métier et marchandise d'une chose, le faire habituellement. Prov., gâter le métier, se dit d'un marchand ou d'un ouvrier qui donne sa marchandise ou sa peine à un prix que les autres marchands ou les autres ouvriers trouvent trop modique. Prov. et fig. , quand chacun fait son métier les vaches sont bien gardées , toutes choses sont bien réglées, quand chacun ne se mêle que de ce qu'il doit faire. Prov. , jouer un tour de son métier, faire ou dire quelque chose qui tienne du caractère qu'on a ou de la profession qu'on exerce. Métier se dit aussi d'une espèce de machine qui sert à certaines fabrications, à certains ouvrages. Il se dit figurément et familièrement, en parlant des productions de l'esprit.

MÉTIER. Nous l'entendons ici des machines qui servent à la confection d'étoffes diverses. Le plus célèbre est celui qui s'emploie dans la fabrication des étoffes de prix, et que le génie de Jacquard a perfectionné. Dans le métier ordinaire, un certain nombre de fils parallèles, tendus également entre deux rouleaux ou ensouples, composent ce qu'on nomme la chaine. Chacun de ces fils passe isolément entre les dents d'un peigne ou ros, formé d'un nombre égal de petites lames minces et régulières qui le séparent des deux fils voisins. Ce peigne est fixé dans une châsse ou battant mobile qui reçoit autour d'un axe un mouvement oscillatoire déterminé par la main du tisseur ou par un agent mécanique ; de sorte que le peigne parcourt un arc de cercle assez grand. Au-delà du peigne, chaque fil de la chaine passe en outre dans un anneau soit en fil, soit en verre, suspendu de manière que si, par un moyen mécanique quelconque, on fait monter ou descendre l'anneau , le fil qui le traverse s'élève ou s'abaisse avec lui, son élasticité lui permettant de céder à la traction. Dans le tissage ordinaire, ces anneaux sont en fil et disposés entre deux tringles de bois. Deux séries de ces anneaux sont nécessaires pour un tissu uni : dans l'une passent tous les fils pairs de la chaine ; l'autre reçoit tous les fils impairs. Ce sont ces anneaux ou fils qu'on appelle lisses ; les séries portent aussi ce nom, ou prennent quelquefois celui de lames. On comprendra maintenant que les choses étant disposées de façon qu'en appuyant sur une pédale, une des lisses ou série d'anneaux s'élève , tandis que l'autre s'abaisse ; il en résulte que les fils de la chaine se séparant un à un , qu'une moitié, celle des fils pairs, par exemple, s'élève ; que l'autre moitié, c'est-à-dire tous les fils impairs, s'abaisse ; et qu'ainsi inclinés les uns par rapport aux autres, ils forment entre eux un angle plus ou moins grand , selon que la traction de la pédale et des lisses est plus ou moins forte. Les fils étant séparés de la sorte , on fait passer , on lance entre eux , et en avant du peigne, la navette, morceau de bois sur lequel est enroulé un fil qui , dans sa marche rapide, se déroule horizontalement en une direction perpendiculaire aux fils de la chaine, qu'il traverse , ceux qui sont abaissés en dessus, ceux qui sont élevés en dessous. Ce fil prend le nom de trame ; et une longueur égale à la largeur du tissu , c'est-à-dire ce qui s'enroule à chaque passage de la navette s'appelle une duite. Lorsqu'une duite est jetée, on amène en avant le peigne, qui régularise sa position et la serre plus ou moins contre les duites précédentes, en sorte que le tissu est d'autant plus serré que le peigne agit avec plus de force contre la trame. Dès que la duite a été ainsi serrée par le peigne, le tisseur appuic le pied sur une autre pédale qui renverse la disposition précédente des fils de la chaîne, c'est-à-dire que les fils impairs sont élevés par leurs lisses, tandis que les fils pairs sont abaissés par les leurs, mais de manière à former entre eux le même angle d'inclinaison qu'auparavant. La duite précédemment jetée se trouve alors enveloppée par les fils de la chaîne qui se sont croisés sur elle. On fait passer une nouvelle duite en retour, et ainsi de suite de droite à gauche, puis de gauche à droite. C'est ainsi qu'on produit les tissus les plus simples, les tissus unis, qui, comme on le voit, se composent de fils longitudinaux parallèles s'entrecroisant alternativement autour de fils transversaux également parallèles, de manière que les fils qui recouvrent le dessus d'une duite recouvrent le dessous de la duite suivante, et réciproquement; ce dont on peut s'assurer par la seule inspection d'un morceau de toile ou de tout autre tissu uni, taffetas, etc. Mais si, au lieu de deux lisses on en emploie un plus grand nombre, par exemple quatre, et que les anneaux consécutifs de la même lisse reçoivent les fils de la chaîne de quatre en quatre; si enfin la disposition des lisses est telle que lorsqu'une d'elles s'est élevée, elle reste dans cette disposition pendant le passage de deux duites pour s'abaisser ensuite, en sorte qu'il y en ait toujours deux d'élevées, quoiqu'il n'y en ait qu'une de changée à chaque passage de la navette, il en résultera un croisement des fils qui donnera au tissu un aspect chevronné. L'espèce de tissu ainsi produit prend le nom de croisé. tels sont les coutils, les mérinos, etc. En multipliant le nombre des lisses, on peut faire varier beaucoup l'apparence du tissu, chaque fil de la chaîne pouvant passer sur une plus ou moins grande quantité de fils de trame, avant de traverser d'une face à l'autre du tissu, c'est-à-dire de l'endroit à l'envers. Si l'on organise le mouvement de ces lisses de manière que deux ou plusieurs fils consécutifs de la chaîne traversent le tissu entre les deux mêmes duites et passent tous aussi sur le même nombre de duites avant de retraverser le tissu, on obtient alors un dessin régulier formant des côtes obliques allant d'une lisière à l'autre; ces côtes pourront être plus ou moins chevronnées, et représenter des carreaux, des losanges, etc. Supposons maintenant que certains fils de la chaîne soient élevés ou abaissés pendant le passage d'un nombre de duites plus ou moins grand que celui qui détermine le croisement régulier des autres fils de la chaîne, il en résultera, pour les points du tissu où ces fils auront été placés dans des conditions différentes des autres fils, une apparence particulière; si ces fils ont été abaissés, la trame sera plus à découvert en ce point à la surface supérieure, et plus recouverte de l'autre côté; le contraire aura lieu si les fils ont été élevés. Enfin, la différence sera encore plus sensible, si la trame est d'une autre matière ou d'une autre couleur que la chaîne. Si donc, par un moyen quelconque, on peut choisir tels ou tels fils de la chaîne pour les soustraire à l'entrecroisement régulier des autres fils, ce choix produira un dessin ou un ornement plus ou moins parfait, suivant le goût de la personne qui fera agir ces fils. On parvient à ce résultat en rendant les anneaux indépendants les uns des autres et en tirant en temps utile les cordes auxquelles les lisses sont attachées par groupes séparés. Mais comme il serait impossible à l'ouvrier de savoir quels groupes de lisses il doit tirer à chaque instant, pour les besoins du dessin qu'il exécute, si la mémoire ou son intelligence devait seule les lui indiquer, on a recours à un autre ouvrier nommé liseur, qui suit le dessin sur une feuille de papier où il est tracé au moyen d'un nombre considérable de petits carreaux, formés par des lignes perpendiculaires entre elles. Chacun de ces carreaux figure le point de croisement d'un fil de la chaîne, et leur coloration différente sur le dessin indique si en ce point le fil de la chaîne doit être levé ou abaissé. Des lignes plus grosses, disposées de dix en dix ou de cinq en cinq, permettent au liseur de reconnaître rapidement les cordes à tirer pour lever les fils de la chaîne indiqués par le dessin. A sa voix, un autre ouvrier, nommé tireur de lacs, tire les cordes convenables, et le tisseur lance la navette. Plusieurs navettes, chargées de trames de diverses couleurs, sont à sa disposition; s'il lance celle que demande le dessin, qu'elle lui soit indiquée par le liseur ou par un fil semblable adapté aux groupes de lisses levés par le tireur de lacs, il produira non-seulement des dessins très variés de formes, mais aussi des couleurs; seulement la lenteur d'un pareil procédé devait arrêter la production des étoffes brochées que l'on fabriquait ainsi, et l'on comprend toute l'importance de l'invention de Jacquard, dont le résultat fut de supprimer le travail du liseur et du

tireur de lacs, en sorte que le tisseur peut à lui seul et plus facilement produire le dessin désiré. Dans le métier Jacquard, chaque lisse ou groupe de lisses est adapté, au moyen d'une ficelle, à une tige verticale en fil de fer, terminée en haut par un crochet. Ces tiges sont disposées sur plusieurs rangs; un poids ou petit plomb suspendu au-dessous de chaque lisse les ramène à l'état libre lorsque rien n'agit sur elle. Chaque tige verticale traverse un œil pratiqué dans une autre tige ou aiguille horizontale, ce qui forme deux systèmes d'aiguilles en nombre égal. Les aiguilles horizontales sont aussi disposées sur plusieurs rangs et guidées par des trous percés à cet effet dans deux pièces de l'appareil où elles ont un mouvement de va et vient horizontal; l'une de ces pièces porte le nom d'étui, et chacun des trous qui y sont pratiqués renferme un petit ressort à boudin battant contre l'extrémité de l'aiguille. Entre les rangs des aiguilles verticales et au-dessous des crochets sont disposées des lames métalliques retenues à leurs extrémités par un châssis qui, au moyen d'un levier mu par une pédale, peut s'élever verticalement, et retombe de lui-même lorsqu'on cesse d'agir sur la pédale. Ce châssis, avec les lames qui le traversent, se nomme griffe; il est convenablement guidé dans son mouvement vertical pour ne dévier ni dans un sens ni dans l'autre. Lorsqu'on appuie sur la pédale, les lames de la griffe, en s'élevant, déterminent le soulèvement des fils de la chaîne par leur rencontre avec les crochets des aiguilles verticales; mais il ne faut généralement soumettre à l'action de la griffe qu'un certain nombre de ces aiguilles : pour cela, il suffit de repousser les aiguilles horizontales correspondantes sur leur ressort à boudin. Dans ce mouvement, elles entraînent les aiguilles verticales qui traversent leur œil, et par une légère déviation, elles amènent au-dessus des lames de la griffe les crochets des aiguilles qui doivent être soulevées pour élever les fils de la chaîne avec lesquels elles sont en communication par les lisses. La disposition contraire est possible, c'est-à-dire que les aiguilles repoussées peuvent dégager les crochets en prise. Maintenant, si pour chaque duite à jeter on a un moyen certain et indépendant de l'intelligence de l'ouvrier, de repousser celles des aiguilles horizontales qu'il convient de faire rentrer pour l'exécution de la partie du dessin ou du fond du tissu qui correspond à cette duite, la fabrication du tissu ouvré deviendra aussi facile que celle du tissu uni. Voici comment Jacquard a résolu ce problème; nous empruntons la description de M. Boquillon. « Un prisme à base carrée, improprement appelé cylindre, et pouvant tourner sur deux tourillons, est adapté à un châssis mobile sur un axe horizontal, de manière que lorsque le châssis est dans la position verticale, une des faces du cylindre batte contre une des extrémités des aiguilles horizontales. Chaque face du cylindre est percée d'un certain nombre de trous dont chacun reçoit l'extrémité de l'aiguille horizontale qui y correspond; de sorte qu'en cet état, quelle que soit la face du cylindre en contact avec les aiguilles horizontales, aucune n'étant repoussée, aucune des aiguilles verticales ne sera déviée, et que, par conséquent, suivant la disposition adoptée, tous les fils de la chaîne seront soulevés ou tous resteront en repos, si on élève la griffe. Mais si sur la face du cylindre en contact avec les aiguilles horizontales on a placé un carton percé de trous dont le nombre et la position auraient été déterminés par la partie du dessin que doit produire la duite à jeter, les trous de ce carton laisseront en place les aiguilles horizontales qui les traverseront et pénétreront dans les trous du cylindre placés derrière, tandis que les autres aiguilles horizontales qui ne pourront pas entrer dans les trous du cylindre bouchés par le carton seront repoussées par celui-ci, dévieront des aiguilles verticales correspondantes, et qu'il en résultera au moment de l'ascension de la griffe l'élévation des aiguilles verticales dont les crochets seront en prise, et par conséquent le soulèvement des fils de la chaîne en communication avec ces aiguilles. Si maintenant nous concevons un nombre plus ou moins grand de cartons semblables percés chacun de trous, dont le nombre et la position soient en rapport avec la partie du dessin que doit produire la duite correspondante à chaque carton; si nous concevons en outre tous ces cartons adaptés les uns aux autres sous forme de chaîne sans fin, et obligés d'arriver, dans leur ordre successif, sur la face du cylindre en contact avec les aiguilles horizontales, nous comprendrons comment, sans aucune préoccupation du tisseur, les fils de la chaîne convenables au dessin se trouveront levés à chaque duite, et comment un dessin régulier pourra se trouver produit sans l'intervention du liseur de dessin et du tireur de lacs. Si enfin les choses sont disposées de manière que lorsque la duite doit être d'une couleur différente, un fil de cette couleur se montre après l'une des lisses soulevées, le tisseur reconnaîtra par là la navette qu'il doit lancer, et il ne lui faudra qu'un faible degré d'intelligence et d'attention pour produire les magnifiques tissus si variés de dessin et de couleur qui étonnent l'imagination par leur régularité et leur éclat. » Tels sont les principes sur lesquels Jacquard a fondé son ingénieuse machine, et qui, quelles qu'aient été d'ailleurs les modifications qu'on a tenté d'introduire dans la construction de l'appareil, ont toujours été respectés par tous ceux qui ont cherché et réussi à le perfectionner. Tout ne lui appartient pourtant pas dans cette belle invention. Il paraît en effet que Vaucanson avait imaginé un cylindre qui, percé de trous convenables pour un dessin (lequel ne pouvait être que très simple), laissait passer ou arrêtait, suivant les trous qu'il présentait, des aiguilles faisant dévier les fils de la chaîne. D'un autre côté, Falcon aurait eu l'idée d'employer des cartons percés de trous seulement aux endroits voulus, de sorte que chaque carton devait être présenté séparément aux aiguilles. Par une combinaison heureuse, Jacquard donna la vie à ces deux principes qui, employés isolément, étaient restés sans résultat. Le métier de Jacquard fournit à la France, et surtout à Lyon, les moyens d'augmenter ses produits dans le genre où une supériorité incontestable lui est acquise, la fabrication des tissus façonnés. Lyon, qui avait perdu une partie de ses débouchés pour les étoffes unies, devait les retrouver pour celles où le talent de ses tisseurs pouvaient s'allier au goût de ses dessinateurs. Jacquard assura le succès de cette révolution dans l'industrie lyonnaise. Son métier affranchit en même temps la classe ouvrière d'un travail où se perdait la santé des enfants qui, pour tirer les lacs, étaient obligés de conserver pendant des journées entières des attitudes forcées qui déformaient leurs membres et abrégeaient leur vie. Mais ce métier ne s'appliqua pas seulement à la soierie : bientôt on en fit usage pour le tissage des laines, des cotons, aussi bien que des étoffes de soie mêlées d'or et d'argent. Saint-Etienne et Saint-Chaumont l'appliquèrent aux rubans; Paris et la Picardie, à la fabrication des châles; Avignon et Nîmes, à la florence et aux autres tissus variés; Manchester en monta un grand nombre; la Prusse se l'appropria avec succès, en sorte que l'invention de Vaucanson, Falcon et Jacquard est aujourd'hui un des plus puissants agents de l'industrie, une des ressources les plus positives de l'existence d'une nombreuse population. B.

MÉTIS, ISSE, adj., qui est né d'un blanc et d'une Indienne, ou d'un Indien et d'une blanche. Quelques-uns disent métis, et au féminin métive. Il se dit aussi de certains animaux qui sont engendrés de deux espèces. Il se dit encore des fleurs et des fruits nés du mélange de deux espèces. Il s'emploie substantivement en parlant des hommes et des animaux.

METIUS-SUFFETIUS, dictateur de la ville d'Albe, sous le règne de Tullus Hostilius, roi de Rome, combattit contre les Romains avec peu d'avantage. Pour terminer la guerre qui traînait en longueur, il proposa, dit-on, le combat des trois Horaces contre les trois Curiaces. Les Romains furent vainqueurs. Tullus tourna ses armes contre les Veïens et les Fidénates. Suffétius joignit ses troupes à celles du roi des Romains; mais dès le premier choc il quitta son poste comme il l'avait promis secrètement aux Veïens, et se retira sur une éminence, résolu, si la victoire se déclarait pour eux, de charger les vaincus. Tullus, outré de cette perfidie, fit attacher Métius entre deux charriots et le fit tirer par quatre chevaux qui le mirent en pièces aux yeux de l'armée victorieuse, l'an 666 avant J.-C.—Horace, dans son *Art Poétique*, parle de Métius, habile littérateur, censeur judicieux et sévère, homme à consulter par ceux qui écrivent et qui mettent leurs écrits au jour.

MÉTIUS (JACQUES), natif d'Alcmaër, en Hollande, inventa les *lunettes d'approche et du télescope par réfraction.* Il présenta une de ses lunettes aux états-généraux, en 1609. On se servait depuis longtemps de tubes à plusieurs tuyaux, pour diriger la vue vers les objets éloignés et en rendre l'aspect plus net. Le père Mabillon assure, dans son *Voyage d'Italie,* qu'il avait vu dans un monastère de son ordre les *OEuvres* de Comestor, écrites au XIIIᵉ siècle, dans lesquelles on trouve un portrait de Ptolémée, qui contemple les astres avec un tube à quatre tuyaux; mais ces tubes n'étaient point garnis de verres, et c'est Jacques Métius qui, le premier a joint les verres aux tubes. Cette invention fut, comme la plupart des

découvertes, l'effet d'un heureux hasard. Métius vit des écoliers qui, se jouant en hiver sur la glace, se servaient du dessus de leurs écritoires comme de tubes, et qui ayant mis en badinant des morceaux de glace au bout de ces deux tubes, étaient fort étonnés de voir que par ce moyen les objets éloignés se rapprochaient d'eux. L'habile artiste profita de cette observation, et inventa aisément les lunettes d'approche. D'autres disent que ce furent les enfants d'un lunetier de Middelbourg, qui donnèrent occasion à cette découverte, en badinant avec des verres dans la boutique de leur père. Quelques-uns néanmoins attribuent la découverte des lunettes d'approche à Drebel, à J.-B. Porta, à Ant. de Dominis, à un certain Zacharie Jans et à Jean Lapprey : mais il paraît que c'est avec peu de fondement. *Voyez* l'*Histoire des mathématiques,* par Montucla, liv. 4, progrès de l'optique, ch. 2 (Galilée construisit en 1610 une lunette d'après les procédés de Métius. Elle a été perfectionnée par Képler et par Huyghens). MÉTIUS Adrien, son frère, né à Alcmaër, le 9 décembre 1571, enseigna les mathématiques en Allemagne, avec beaucoup de réputation ; mais l'amour de la patrie lui fit quitter cet emploi : il se fixa à Francker, où il professa la médecine et la géométrie pendant 38 ans. Il y mourut le 17 septembre 1635. On a de lui divers ouvrages sur les mathématiques : 1° *Doctrinæ sphæricæ lib,* V, Francfort, 1591; 2° *Astronomiæ universæ institutio,* Francker, 1605, in-8°; 3° *Arithmetica et geometrices practica,* 1611, in-4°; 4° *De gemino usu utriusque globis,* Amsterdam, 1611, in-4°; 5° *Geometrices per usum circini nova praxis,* 1623, in-8°. C'est un de ceux qui ont paru déterminer avec le plus d'exactitude, le rapport du diamètre à la circonférence, qu'il a cru être de 113 à 355. *Voyez* VAN CEULEN. Ménélaüs Winsem a fait l'*Oraison funèbre* d'Adrien Métius, Francker, 1636, in-4°.

METKERKE ou **MECTKERCKE** (ADOLPHE), littérateur, historien, philologue et jurisconsulte protestant, né à Bruges, en 1528, mourut à Londres, le 6 octobre 1591, laissant un *Mémoire* écrit de sa main, où il déclarait qu'il n'y a pas de vraie religion hors de l'Eglise catholique romaine, et exhortait sa fille de retourner à Bruges et d'y professer hautement la foi de ses ancêtres : exhortation qui eut un heureux effet. Il travailla aux *Vies des Césars,* aux *Médailles de la grande Grèce* et aux *Fastes consulaires* publiés par Golzius. On a encore de lui : 1° la *Traduction* de quelques épigrammes de Théocrite, en vers latin, Heidelberg, 1595, in-8°; 2° de *Moschus* et Bion, avec des notes, Bruges, 1565, in-8°; 3° *De veteri et recta pronuntiatione linguæ græcæ,* Anvers, 1576, in-12, et dans le *Sylloge scriptorum* de Sigebert Haverkamp, Leyde, 1736. M. de Thou et Valère André lui attribuent un *Recueil des Actes de la pacification de Cologne.* Ils se trompent ; il est d'Aggée Albada.

MÉTON ou **MÉTHON** , mathématicien d'Athènes, publia, l'an 432 avant J.-C., son *Enneadecateride,* c'est-à-dire son cycle de dix-neuf ans, par lequel il prétendait ajuster le cours du soleil à celui de la lune, et faire que les années solaires et lunaires commençassent au même point; c'est ce qu'on appelle le *Nombre d'or.* Les Athéniens, ayant résolu d'envoyer une flotte en Sicile, voulurent faire embarquer Méton, qui contrefit le fou. Cet astronome avait Euctémon pour le seconder dans ses observations solaires.

MÉTONOMASIE, s. f , t. didact., changement de nom propre par la voie de la traduction. C'est ainsi que Mélanchthon changea son nom, *Schwartzerde,* qui, en allemand, signifie terre noire, en le traduisant en grec Μελαγχθον.

MÉTONYMIE, s. f., figure de rhétorique, par laquelle on met la cause pour l'effet, le sujet pour l'attribut, etc.

MÉTOPOSCOPIE, s. f., art de conjecturer, par l'inspection des traits du visage, ce qui doit arriver à quelqu'un.

MÉTRA , fille d'Erésichthon, fut aimée de Neptune, et obtint de ce dieu le pouvoir de prendre différentes figures. Elle fit usage de cette faculté pour soulager la faim dévorante de son père, se laissant vendre à différents maîtres sous la forme de vache, mouton, cheval, etc., pour fournir, avec le prix de sa servitude, des aliments à Erésichthon. Ovide (*Mét.*, 8) dit que Métra, ayant été vendue à un maître qui la mena sur les bords de la mer, elle se changea, sous ses yeux, en un pêcheur qui tenait une ligne à la main, et qu'elle se déroba des mains d'autres maîtres, tantôt sous la forme d'une cerf, d'un oiseau, etc. Dès que son père avait reçu le prix de toutes ces ventes, elle se faisait revendre sous une nouvelle forme. Après la mort de son père, elle épousa Autolycus, grand-père d'Ulysse. Quelques-uns ne voient dans cette fable qu'une figure de la débauche de Métra, qui se prostituait pour de l'argent.

MÈTRE, s. m. Il se dit dans la versification grecque et dans la versification latine, d'un pied déterminé par la quantité, comme le dactyle, le spondée, etc. Il se dit aussi de la nature et du nombre de pieds nécessaire à la formation de chaque genre de vers. Mètre se dit encore de l'unité fondamentale des nouvelles mesures, laquelle est égale à la dix-millionième partie de l'arc du méridien terrestre, compris entre le pôle boréal et l'équateur, et à peu près équivalente à trois pieds onze lignes et demie des anciennes mesures. (*V. l'article suivant.*)

MÈTRE. L'unité des mesures est un des bienfaits de notre révolution ; jusqu'à elle, le nombre prodigieux des mesures, leurs divisions bizarres et incommodes pour les calculs, la difficulté de les connaître et de les comparer, favorisaient extraordinairement la fraude et le vol même. En présence de ce résultat, l'assemblée constituante sentit qu'elle rendrait le plus grand service au monde civilisé en lui proposant l'adoption d'un système de mesures dont les divisions uniformes se prêtassent le plus facilement au calcul, et qui dérivassent de la manière la moins arbitraire d'une mesure fondamentale indiquée par la nature. Le 8 mai 1790, l'assemblée constituante rendit donc un décret d'après lequel le roi des Français devait engager le roi de la Grand-Bretagne à réunir aux savants français, choisis par l'académie des sciences, un nombre égal de membres de la société royale de Londres, pour déterminer en commun la longueur du pendule simple qui bat la seconde à la latitude de 45° et au niveau de la mer. Cette longueur devait former l'unité des mesures que les deux nations auraient ensuite propagées parmi tous les peuples civilisés. Les événements politiques ne permirent pas cette réunion, et la commission des académiciens dut agir seule. Elle avait trois points principaux à fixer : la division du système, le choix de l'unité, et le rapport des diverses mesures à cette unité fondamentale. L'avantage de la division en nombre égal à celui des chiffres de la numération est trop incontestable pour qu'il n'ait pas dû être admis tout d'abord. Mais il fallait se décider entre le système décimal en usage et le système duodécimal, dont l'introduction eût exigé un changement complet dans nos moyens de numération et d'arithmétique. Les difficultés que présentait une pareille innovation arrêtèrent les savants commissaires, et l'habitude prévalut. L'identité du calcul décimal, a dit Laplace, et de celui des nombres entiers, ne laisse aucun doute sur les avantages de la division de toutes les espèces de mesures en parties décimales ; il suffit, pour s'en convaincre, de comparer les difficultés des multiplications et des divisions complexes avec la facilité des mêmes opérations sur les nombres entiers, facilité qui devient plus grande encore au moyen des logarithmes, dont on peut rendre, par des instruments simples et peu coûteux, l'usage extrêmement populaire. A la vérité, une échelle arithmétique n'est point divisible par 3 et par 4, deux divisions que leur simplicité rend très usuelles. L'addition de deux nouveaux caractères eût suffi pour lui procurer cet avantage ; mais un changement aussi considérable aurait été infailliblement rejeté avec le système de mesures qu'on lui aurait subordonné. D'ailleurs, l'échelle duodécimale a l'inconvénient d'exiger que l'on retienne les produits des douze premiers nombres, ce qui surpasse l'ordinaire étendue de la mémoire à laquelle l'échelle décimale est bien proportionnée. Enfin, on aurait perdu l'avantage qui probablement donna naissance à notre arithmétique : celui de faire servir à la numération les doigts de la main. On ne balança donc point à adopter la division décimale, et, pour mettre de l'uniformité dans le système des mesures, on résolut de les faire dériver toutes d'une même mesure linéaire et de ses divisions décimales. La question fut ainsi réduite au choix de cette mesure universelle, à laquelle on donna le nom de *mètre*. La longueur du pendule et celle d'un cercle terrestre sont les deux principaux moyens qu'offre la nature pour fixer d'une manière invariable l'unité des mesures linéaires. Indépendants l'un et l'autre des violations morales, ils ne peuvent éprouver d'altérations sensibles que par de très grands changements dans la constitution physique de la terre. Le premier moyen, d'un usage facile, a l'inconvénient, dit Laplace, de faire dépendre la mesure de la distance de deux éléments qui lui sont hétérogènes, la pesanteur et le temps, dont la division est d'ailleurs arbitraire, et dont on ne pouvait pas admettre la division sexagésimale pour fondement d'un système décimal de me

sures. La commission craignant d'ailleurs que le choix du pendule a 45°, quoique ce fût bien réellement la latitude moyenne, ne fût réprouvé par les peuples qui n'avaient pas cette latitude, voulut choisir une base plus large et véritablement universelle en la prenant sur la terre elle-même. Ce moyen paraît avoir été employé de toute antiquité, tant il est naturel à l'homme de rapporter les mesures itinéraires aux dimensions mêmes du globe qu'il habite. En sorte, dit Laplace, qu'en se transportant sur ce globe, il connaisse par la seule dénomination de l'espace parcouru le rapport de cet espace au circuit entier de la terre. On trouve encore à cela l'avantage de faire correspondre les mesures nautiques avec les mesures célestes. Souvent le navigateur a besoin de déterminer, l'un par l'autre, le chemin qu'il a décrit et l'arc céleste compris entre les zéniths des lieux de son départ et de son arrivée ; il est donc intéressant que l'une de ces mesures soit l'expression de l'autre, à la différence près de leurs unités. Mais pour cela, l'unité fondamentale des mesures linéaires doit être une partie aliquote du méridien terrestre qui corresponde à l'une des divisions de la circonférence. Ainsi le choix du mètre fut réduit à celui de l'unité des angles. L'angle droit est la limite des inclinaisons d'une ligne sur un plan, et de la hauteur des objets sur l'horizon ; d'ailleurs, c'est dans le premier quart de la circonférence que se forment les sinus, et généralement toutes les lignes que la trigonométrie emploie, et dont les rapports avec le rayon ont été réduits en tables. Il était donc naturel de prendre l'angle droit pour l'unité des angles, et le quart de la circonférence pour l'unité de leur mesure. On le divisa en parties décimales, et, pour avoir des mesures correspondantes sur la terre, on divisa dans les mêmes parties le quart du méridien terrestre, ce qui a été fait dans l'antiquité. La mesure de la terre citée par Aristote, et dont l'origine est inconnue, donne 100,000 stades au quart du méridien ; il ne s'agissait plus que d'avoir exactement sa longueur. Mais d'abord, quel est le rapport d'un arc du méridien, mesuré à une latitude donnée, au méridien entier ? Dans les hypothèses les plus naturelles sur la constitution du sphéroïde terrestre, la différence des méridiens est insensible, et le degré décimal, dont le milieu répond à la latitude moyenne, est la centième partie du quart du méridien. L'erreur de ces hypothèses ne pourrait influer que sur les distances géographiques, où elle n'est d'aucune importance. On pouvait donc conclure la grandeur du quart du méridien de celle de l'arc qui traverse la France depuis Dunkerque jusqu'aux Pyrénées, et qui fut mesuré, en 1740, par les académiciens français ; mais une nouvelle mesure d'un arc plus grand encore, faite avec des moyens plus exacts, devant inspirer en faveur du nouveau système de poids et mesures un intérêt propre à le répandre, on résolut de mesurer l'arc du méridien terrestre compris entre Dunkerque et Barcelone : Delambre et Méchain furent chargés de cette opération, qu'ils accomplirent au milieu des scènes les plus affreuses de la révolution. En même temps Brisson, Borda, Lagrange, Laplace, Prony et Berthollet achevaient d'élever l'édifice du nouveau système en se servant d'une unité provisoire basée sur les mesures de Lacaille : elle avait 443 lignes $\frac{44}{100}$ de la toise de Paris (loi du 18 germinal an III, 7 avril 1795). En 1799, la France fit un nouvel appel aux nations ses alliées, et une vaste commission fut formée pour réaliser définitivement toutes les parties du système métrique : elle se composait de Borda, Brisson, Coulomb, Darcet, Delambre, Haüy, Lagrange, Laplace, Lefèvre-Gineau, Méchain et Prony, pour la France ; Remoe et Van Swinden, pour la Hollande ; Balbo, et plus tard Fassali-Eandi, pour la Savoie ; Bugge, pour le Danemark ; Ciscar et Pedrayès, pour l'Espagne ; Frabroni, pour la Toscane ; Franchini, pour la république romaine ; Multado, pour la république ligurienne ; et enfin Trollès, pour la république helvétique. Les mesures de Delambre et de Méchain donnèrent au quart du méridien 5,130,740 toises. On en prit la dix millionnième $\frac{1}{(10,000,000)}$ ou 000,000,1) partie pour former le mètre. La décimale au-dessus eût été trop grande, la décimale au-dessous trop petite, et le mètre, dont la longueur est de 0,513,074 toise ou 3 pieds 11,295,937 ligne, se trouva à peu près de la même longueur que l'aune et la demi-toise. On fit ensuite dériver toutes les mesures du mètre, mais non d'une manière complètement uniforme : on tâcha d'approcher le plus près possible des anciennes unités de mesure, à cause de leur commodité usuelle ; mais on prit toujours pour base un multiple ou sous-multiple décimal du mètre. Ainsi, l'unité des mesures de superficie pour le terrain, dites mesures agraires, est un carré dont le côté est de 10 mètres, et qui renferme par conséquent 100 mètres carrés; on le nomme are. Un cube, dont le côté est la dixième partie du mètre, est, sous le nom de litre, l'unité des mesures de capacité; c'est donc la millième partie du mètre cube. Appliqué au mesurage des bois, le mètre cube prend le nom de stère. L'unité des mesures de pesanteur ou poids se nomme gramme; c'est le poids d'un volume d'eau distillée, au maximum de densité, remplissant un cube dont le côté a pour longueur la centième partie du mètre. Pour les monnaies enfin, l'unité est le franc, dont le poids est de 5 grammes, composé d'un dixième de cuivre et de neuf parties d'argent, et dont le diamètre, ainsi que de toutes les autres pièces de monnaie qui s'y rattachent, est également en rapport avec le système métrique. Toutes les divisions croissantes et décroissantes du système métrique se font de dix en dix, et l'on a dénommé d'une manière particulière chaque dizaine de ces différentes unités en conservant le nom de l'unité pour racines, et en y joignant, comme préfixes, des noms grecs qui désignent des multiples décimaux correspondants, ou des mots latins qui désignent des sous-multiples correspondants. Ces mots sont dans l'échelle ascendante, et en partant de l'unité : deca, dix ; hecto, cent ; kilo, mille ; myria, dix mille ; et dans l'échelle descendante, toujours en partant de l'unité, deci, dixième de... ; centi, centième de... ; milli, millième de... Quelques-uns des noms ainsi formés ne sont point usités, ce sont myrialitre, kiloare, decaare, myriastère, etc. Certains multiples deviennent alors des unités dont on se sert de préférence à l'unité véritable, souvent trop petite pour quelques usages : ainsi le kilomètre est employé pour les mesures itinéraires; l'hectolitre pour le mesurage des grains et des liquides en cercles ; le kilogramme pour les poids de la plupart des objets. Chaque multiple ou sous-multiple décimal prend donc un nouveau nom, ainsi 10 mètres font 1 décamètre, qui égale 5 toises 9 pouces 4,96 lignes; 10 décamètres ou 100 mètres font un hectomètre; 10 hectomètres ou 1,000 mètres font 1 kilomètre de 111 $\frac{1}{9}$ au degré, qui vaut 0,225 lieue de 25 au degré ou 0,135 mille géographique de 15 au degré ; enfin, 10 kilomètres forment 1 myriamètre. Dans l'échelle descendante, la dixième partie du mètre est le décimètre, qui égale 3 pouces 8,330 lignes; le dixième du décimètre, ou le centimètre, qui vaut 4,433 lignes; le millimètre, dixième du centimètre, 0,443 ligne. Le mètre carré vaut 9,48 pieds carrés ou 0,263,244,929,476 de toise carrée; le m. cube 29,17 p. cubes ou 0,135,064,128,946 de toise cube. Il suffit donc de multiplier les mètres à convertir en pieds, toises, etc., par les sommes respectives que nous venons d'indiquer pour avoir leur valeur dans ces mesures; nous parlons de l'opération inverse aux mots toise, lieue, mille, etc. On trouve au mot AUNE les rapports réciproques du mètre avec cette mesure. Une particularité qu'il ne faut pas oublier en parlant du mètre carré et du mètre cube, c'est qu'ils se divisent : le premier en 100 décimètres carrés, le décimètre carré en 100 centimètres carrés, etc. ; le second en 1,000 décimètres cubes, le décimètre cube en 1,000 centimètres cubes, etc., c'est-à-dire que la division suit la puissance à laquelle le mètre est élevé. Il est facile de comprendre, en effet, que le carré qui a un mètre ou 10 décimètres de côté contient nécessairement 100 petits carrés d'un décimètre de côté ; ainsi, lorsqu'on parle de mètres carrés, les deux premiers chiffres à droite du point ou de la virgule sont des décimètres, et non pas seulement le premier, les deux suivants sont des centimètres, etc., c'est-à-dire que la division se fait par 100 au lieu de se faire par 10 ; pour le mètre cube, les trois premiers chiffres expriment des décimètres cubes, les 4ᵉ, 5ᵉ, 6ᵉ des centimètres cubes, etc. On comprend qu'il doit en être de même pour les multiples ascendants. Le kilomètre carré vaut 0,018,225 mille carré géographique de 15 au degré, et 0,050,725 lieue carrée de 25 au degré. On trouve dans l'*Annuaire du bureau des longitudes*, et ailleurs, des tables de conversion des anciennes mesures en nouvelles, et réciproquement. Le 22 juin 1799 (4 messidor an vii), Trollès présenta au corps législatif le résumé des travaux de la commission scientifique dont il faisait partie, ainsi que les étalons prototypes du mètre et du gramme qui furent depuis conservés soigneusement aux archives. Celui du mètre, en platine, donne sa longueur légale à la température de 0°. Ce ne fut cependant qu'à dater du 2 novembre 1801 que le système métrique définitif devint légal et exclusif. Il eut à lutter longtemps contre les habitudes locales, et il ne fit d'abord qu'aug-

menter la confusion en ajoutant de nouvelles mesures au nombre trop considérable qu'on en possédait déjà. Pour faire cesser cette anomalie, et dans le but d'imposer une mesure uniforme, on commença par une transaction entre l'ancien et le nouveau système. Un décret du 12 février 1812, en maintenant les vieux noms des anciennes divisions, força du moins de se servir des types modernes, et prépara ainsi le nouveau régime : ainsi le pied fut juste le tiers du mètre, tout en se divisant en 12 pouces, 12 lignes, etc. ; 6 décimètres firent une aune ; le 8ᵉ de l'hectol. fut un boisseau , la livre fut juste un demi-kilogramme, tout en se divisant en 16 onces, 8 gros, etc. Mais la loi du 4 juillet 1837 rendit obligatoire, à partir du 1ᵉʳ janvier 1840, le système métrique et décimal dans toutes les transactions et dans tous les marchés, et la France jouit aujourd'hui du système métrique le plus perfectionné, le plus simple, le mieux lié dans toutes ses parties qui ait jamais été inventé, et que quelques peuples ont eu la sagesse de lui emprunter. L'uniformité du système entier avait exigé que le jour fût divisé en 10 heures, l'heure en 100 minutes, et la minute en 100 secondes; cette division, qui pourrait être utile aux astronomes, est moins avantageuse dans la vie civile, où l'on a peu d'occasions d'employer le temps comme multiplicateur et comme diviseur. La difficulté de l'adopter aux horloges et aux montres, et nos rapports commerciaux avec l'étranger, ont fait suspendre indéfiniment son usage. La république française avait aussi admis la division décimale dans son calendrier, où les quatre saisons avaient néanmoins fait maintenir les 12 mois, tous de 30 jours divisés en 3 décades. Les chambres législatives sont saisies d'un projet de loi qui mettra nos monnaies plus en harmonie encore avec notre système métrique. Le titre des monnaies, autrefois évalué en carats ou en deniers, l'est maintenant en fractions décimales. La division décimale ou plutôt centésimale prévaut également dans quelques instruments de physique : ainsi le thermomètre centigrade remplace le thermomètre de Réaumur, etc. ; mais lorsqu'il s'agit de la division du cercle, on emploie encore généralement celle en 360° que l'on avait d'abord tenté de remplacer par celle de 400. Ainsi la France a donné l'exemple de cette uniformité si désirable en adoptant le système métrique; espérons que les jalousies nationales n'empêcheront pas plus longtemps les peuples d'adopter ce système comme l'œuvre de la science, laquelle n'admet aucune distinction, aucune rivalité entre les peuples qui se partagent le sol de notre terre. En prosodie, on entend par mètre tout pied ou mesure qui entre dans la composition des vers. On ne s'avisa pas tout d'un coup, a dit un auteur contemporain, de faire des vers ; ils ne vinrent qu'après le chant. Quelqu'un ayant chanté des paroles, et se trouvant satisfait du chant, voulut porter le même air sur d'autres paroles; pour cela, il fut obligé de régler les paroles du second couplet avec le premier. Ainsi, la première strophe de la première ode de Pindare se trouvant de dix-sept vers, dont quelques-uns de huit syllabes, d'autres de six, de sept, de onze, il fallut que dans la seconde, qui figurait avec la première, il y eût la même quantité de syllabes et de vers, et dans le même ordre. On observa ensuite que le chant s'adaptait beaucoup mieux aux paroles quand les brèves et les longues se trouvaient placées au même ordre dans chaque strophe pour répondre exactement aux mêmes termes de tous. En conséquence, on travailla à donner une durée fixe à chaque syllabe en la déclarant brève ou longue; après quoi on forma ce qu'on appelle des pieds, c'est-à-dire de petits espaces tout mesurés, qui furent au vers ce que celui-ci était à la strophe. On appelle ensuite mètre un système de pieds composés de syllabes différentes et d'une étendue déterminée, et l'on se sert de ce mot pour exprimer la forme et l'harmonie particulière à tel ou tel vers. Dans ce sens, le mètre est assurément une des parties les plus importantes de l'art poétique : c'est de lui que dépend la convenance de tel ou tel vers. Les vers alexandrins sont les plus favorables à la scène; ceux de huit et six syllabes conviennent à la poésie lyrique ; l'épigramme et le conte s'accommodent bien du vers de dix syllabes; mais tout cela est purement arbitraire. Andrieux a composé, en vers de douze pieds, le *Meunier Sans-Souci*, etc., etc.

MÉTRIQUE, adj. des deux genres, composé de mètres. Métrique signifie aussi qui a rapport à la nouvelle mesure appelée mètre. Métrique, en philologie, s'emploie comme substantif féminin, et signifie la connaissance de la quantité, et celle des différentes espèces de vers dans les langues prosodiques.   W. R.

MÉTRITE (de μήτρα, matrice), inflammation de la matrice.

Cette maladie est susceptible de revêtir deux formes différentes : lorsqu'elle n'occupe que la membrane interne ou muqueuse utérine, c'est la métrite catarrhale, laquelle se confond ordinairement avec la leucorrhée (voy. ce mot); quand elle s'étend au parenchyme même de l'organe, c'est la métrite proprement dite, dont je vais parler ici, soit qu'elle s'offre à l'état aigu, soit qu'elle marche, ce qui est plus commun encore, sous le type chronique. La métrite aiguë se montre très rarement avant la puberté et après la ménopause. Elle est presque toujours occasionnée par des causes extérieures d'une nature violente, telles que les excès du coït, la longueur et la difficulté de l'accouchement, des manœuvres grossières ou des imprudences pendant le temps des couches, des chutes ou des coups sur le bas-ventre. Elle est aussi parfois le résultat de l'extension de la péritonite (voy.) ou de la phlébite utérine, si fréquentes à la suite de certains accouchements. Quand l'inflammation est bornée au col de la matrice, il n'y pas ou il n'y a que peu de symptômes généraux. Un sentiment de chaleur au fond du vagin, une douleur plus ou moins vive pendant les approches conjugales, un écoulement sanguinolent ou muqueux, tels sont à peu près les seuls phénomènes que l'on observe; mais quand la maladie a envahi le corps même de l'organe, la douleur, beaucoup plus vive et plus diffuse, augmente par la pression de la main sur l'hypogastre, par les secousses de la toux, ou même dans les grandes inspirations. Tout le bas ventre est tendu, douloureux; la malade se plaint de pesanteurs et d'épreintes vers le fondement quand c'est surtout la moitié postérieure de l'organe qui est lésé; vers la vessie quand c'est la face antérieure; l'excrétion des urines est même douloureuse. Les lombes, les aines sont le siége de douleurs sympathiques. Le doigt, introduit dans le vagin, trouve le col douloureux, gonflé. Si la malade est récemment accouchée, les lochies et la sécrétion du lait se suppriment. A ces symptômes locaux, joignez les phénomènes généraux qui forment le cortége ordinaire des fièvres, fréquence du pouls, chaleur de la peau, etc., etc. La durée de cette maladie est non-seulement en raison directe de son intensité, mais surtout de ses complications. Simple et traitée convenablement, on la voit ordinairement se terminer en un ou deux septénaires; compliquée de phlébite ou de péritonite, elle peut être mortelle en quelques jours; négligée, elle passe souvent à l'état chronique. Sous cette forme nous retrouvons la plupart des symptômes énumérés précédemment, mais à un état plus ou moins latent; la douleur est obtuse, mais comme le volume de l'organe est ordinairement augmenté, la gêne et la pesanteur locales ne sont pas moindres. On trouve souvent au toucher l'utérus abaissé, le col mou et volumineux, le corps sensiblement engorgé, et par suite incliné en avant ou en arrière; on peut même, dans quelques cas, palper le globe utérin à travers les parois abdominales. Il y a presque toujours un écoulement catarrhal ou sanguinolent, surtout avant et après les règles; point de fièvre. Cet état peut persévérer pendant bien des années; quelquefois il est méconnu, quand les phénomènes qu'il suscite ne sont pas très prononcés. Il a moins de gravité par lui-même que par les conséquences qu'il entraîne assez souvent, telles que les dégénérescences squirrheuses de l'utérus, les ulcères du col, etc. Le traitement de la métrite aiguë consiste en saignées générales, auxquelles succèderont, s'il y a quelque point douloureux à l'hypogastre, des applications de sang-sues, moyens que l'on secondera par des bains, des lavements et injections émollientes, les boissons délayantes, la diète, des fomentations ou des cataplasmes adoucissants sur le ventre. Quant à l'état chronique, d'une guérison beaucoup plus difficile, on lui opposera de petites saignées révulsives du bras, de deux à trois cents grammes seulement, l'usage interne et externe de l'iodure de potassium, les eaux minérales alcalines de Vichy, d'Ems, de Soultzmatt, et des injections astringentes ou résolutives, selon l'état du col. Le repos, dans une situation horizontale, est indispensable aussi longtemps qu'il y a des symptômes aigus ou de la douleur pendant la marche. Il est presque inutile de dire que les plaisirs du mariage doivent être interdits, aussi longtemps que dure cet état, une occasion de malaise pour la femme.—Consulter Duparcque, *Traité des maladies de l'utérus*; Dugès et Boivin, *idem*; Lisfranc, *Clinique*, etc.   Dr S.

MÉTRODORE, médecin de Chio, disciple de Démocrite et maître d'Hippocrate, vers l'an 444 avant J.-C., composa divers ouvrages de médecine qui sont perdus. Il croyait le monde éternel et infini.

MÉTRODORE, peintre et philosophe, fut choisi par les Athéniens pour être envoyé à Paul-Emile. Ce général, après avoir vaincu Persée, roi de Macédoine, leur demanda deux hommes : un philosophe pour élever ses enfants, et un peintre pour peindre son triomphe. On choisit Métrodore, qui réunissait ces deux talents.

MÉTROMANIE, s. f., la manie de faire des vers.

MÉTROPHANE, évêque de Byzance, mort vers 312, mérita le titre de confesseur durant la persécution de Dioclétien. Sa mémoire est en honneur dans l'Eglise d'Orient.

MÉTROPHANE, évêque de Smyrne au ixe siècle. L'ambition et la discorde n'eurent point de prise sur son âme éclairée et pacifique, dans un temps où l'Eglise d'Orient ne respirait que le schisme et la haine contre l'Eglise romaine. Attaché à saint Ignace de Constantinople, il s'opposa avec vigueur au turbulent Photius en 867, et consigna ses sentiments de paix et de concorde dans une lettre très estimée, insérée dans les collections des conciles.

MÉTROPHANE-CRITOPULE, protosyncelle de la grande église de Constantinople, fut envoyé dans le xviie siècle par Cyrille Lucar en Angleterre, pour s'informer exactement de la doctrine des Eglises protestantes. Critopule parcourut une partie de l'Allemagne, et y composa une *Confession de foi de l'Eglise grecque*, imprimée à Helmstadt, en grec et en latin, en 1661. Cette Confession favorise en quelques endroits la doctrine des protestants contre les sentiments les plus déclarés des Grecs; mais elle est conforme dans d'autres endroits aux dogmes de l'Eglise catholique.

MÉTROPLE, s. f. Il s'est dit primitivement de la ville principale d'une province, et se dit maintenant d'une ville avec siége archiépiscopal. Eglise métropole, église métropolitaine ou archiépiscopale; dans cette locution, métropole est adjectif. Métropole se dit aussi d'un état considéré relativement aux colonies qu'il possède.

MÉTROPOLITAIN, AINE, adj., archiépiscopal. Il est aussi substantif masculin, et alors il signifie archevêque.

MÉTROSCOPE, s. m., nom d'un instrument à l'aide duquel on pourrait entendre les doubles battements du cœur du fœtus, et sentir ses mouvements à une époque de la grossesse où ces bruits ne peuvent pas encore être perçus à travers les parois abdominales.

METS, s. m., chacun des aliments apprêtés qu'on sert pour les repas.

METTRE, v. a., placer une personne, ou un animal ou une chose dans un lieu déterminé. Mettre le pied dans une maison, y entrer. Mettre signifie aussi placer dans un certain rapport de position un être animé avec un autre, ou une chose avec une autre, ou un être animé avec une chose. Mettre s'emploie au sens moral dans les deux significations précédentes; il s'emploie aussi dans les mêmes significations en un grand nombre de phrases figurées et proverbiales. Mettre, en parlant des personnes, signifie souvent envoyer, conduire en un lieu, y faire entrer, y établir. Mettre se dit aussi en parlant de certaines peines qu'on inflige, qu'on fait subir. Mettre un prince, une ville au ban de l'empire, déclarer qu'ils ont encouru les peines de confiscation ou autres prononcées par les lois de l'empire. Mettre, en parlant des personnes, s'emploie aussi dans le sens de réduire; il s'emploie quelquefois dans le même sens en parlant des choses. Mettre, en parlant de ce qui sert à l'habillement, à la parure, signifie le revêtir, le mettre sur soi; il signifie quelquefois porter habituellement sur soi. Mettre sur soi tout ce qu'on gagne, le dépenser en parures. Mettre, en parlant des choses qui se mangent, signifie les accommoder, les apprêter d'une certaine façon. Mettre, en parlant de l'argent qu'on possède, signifie le placer, l'employer d'une certaine manière. Mettre, en parlant des terres, signifie les ensemencer, les planter, les employer d'une certaine manière. Mettre se dit encore au sens physique et au sens moral en parlant de certaines choses dont on change la forme, qu'on fait passer d'un état à un autre. Mettre signifie quelquefois ajouter à quelque chose une partie qui y manque. Mettre, en parlant des qualités et des dispositions morales, signifie les employer, les manifester dans ses actions, dans ses discours, dans ses ouvrages. Mettre, dans quelques phrases, a pour complément direct un substantif non précédé de l'article. Mettre, suivi des prépositions *en* ou *à*, s'emploie tant au figuré qu'au propre, en parlant de personnes ou des choses, dans un nombre considérable de phrases faites, où il a un sens plus ou moins rapproché, plus ou moins éloigné de la signification primitive. Mettre avec *à*, suivi d'un verbe à l'infinitif, signifie faire consister. Mettre se construit quelquefois avec l'infinitif d'un autre verbe sans que cet infinitif soit précédé d'aucune préposition. Mettre se construit aussi avec certains adverbes, de manière à former un sens particulier. Mettre s'emploie quelquefois sans complément direct. Prov., je n'y prends, ni n'y mets, la chose dont il s'agit m'est indifférente ; ou bien je ne retranche ni n'ajoute rien à l'histoire que je raconte, mais je n'en garantis pas la vérité. Mettre s'emploie dans plusieurs phrases affectées à la marine. Mettre s'emploie aussi avec le pronom personnel dans la plupart des acceptions où il a pour sujet un nom de personne. Se mettre à quelque chose, s'en occuper. Se mettre à tout, se rendre utile en toute occasion, ne se refuser à rien. Se mettre à, suivi d'un infinitif, marque ordinairement le commencement d'une acception. Mettre, employé avec le pronom personnel et absolument, signifie s'habiller.

METTRIE (JULIEN OFFRAY DE LA), né à Saint-Malo le 25 décembre 1709, étudia la médecine en Hollande sous Boërhaave. Il vint ensuite à Paris, où le duc de Grammont, colonel des gardes-françaises, le fit médecin de son régiment. La Mettrie, ayant suivi son protecteur au siége de Fribourg, y tomba dangereusement malade. Cette maladie, qui aurait dû être pour lui une source de réflexions, fut une source de délires. Il crut voir que cette intelligence immortelle qu'on nomme âme baissait avec le corps et se flétrissait avec lui. Il prétendit faire l'Histoire naturelle de l'âme. Cet ouvrage, qui respire l'impiété et l'absurdité à chaque page, souleva tout le monde. Le duc de Grammont le soutint contre cet orage ; mais ce seigneur ayant été tué peu de temps après, le médecin perdit sa place, et n'en valut pas mieux. Il tourna ses armes contre ses confrères. Il mit au jour sa *Pénélope, ou le Machiavel en médecine*, 3 vol. in-12, 1748. Le soulèvement de la Faculté contre cette satire obligea l'auteur de se retirer à Leyde. C'est là qu'il publia son *Homme machine*. Une supposition continuelle des principes en question, des comparaisons ou des analogies imparfaites érigées en preuves, des observations particulières, d'où il tire des conclusions générales qui n'en naissent point ; l'affirmation la plus absolue continuellement mise à la place du doute : voilà la philosophie de l'auteur. L'enthousiasme avec lequel il déclame, l'air de persuasion qu'il prend, étaient capables de séduire ces esprits faibles qui aspirent à l'esprit fort pour cacher leur faiblesse. Poursuivi en Hollande, où son livre fut livré aux flammes, il se sauva en 1749 à Berlin. Il y devint lecteur du roi de Prusse et membre de son académie. Il y vécut jusqu'à sa mort, arrivée en 1751. Se voyant à l'extrémité, il s'occupa, à ce qu'on dit, à détester l'absurde philosophie qu'il avait jetée dans les plus monstrueux excès. Le premier hommage de cette raison désabusée fut un retour sincère vers la religion et le désaveu public de toutes ses erreurs. Il voulut constater son repentir par des preuves non équivoques. L'approche de sa dernière heure lui fit comprendre que le triste honneur de mourir dans l'impiété ne valait pas le sacrifice des espérances qui lui restaient de fléchir la colère de Dieu. Les philosophes ses collègues n'en ont pas jugé de même. L'un d'eux ne put s'empêcher de dire que La Mettrie avait déshonorés pendant sa vie, et surtout à sa mort. Sa conversation amusait beaucoup, lorsque sa gaîté n'allait pas jusqu'à l'extravagance ; mais elle y allait souvent. On voyait quelquefois cet homme, qui se parait du nom de philosophe, jeter sa perruque par terre, se déshabiller et se mettre presque tout nu au milieu d'une grande compagnie. On trouve dans toutes ses productions du feu, de l'imagination, mais peu de justesse, peu de précision, peu de goût. C'était, suivant Voltaire, qui l'avait beaucoup connu, un fou qui n'écrivait que dans l'ivresse. On a recueilli à Berlin, 1751, in-4°, et en deux vol. in-12, ses Œuvres philosophiques, renfermant l'Homme machine, l'Homme plante, l'Histoire de l'âme, l'Art de jouir, le Discours sur le bonheur, etc., etc. Il pose pour base du bonheur, qu'il faut étouffer les remords et se livrer à tous ses penchants ; il conseille au brigand de voler, au tyran de se baigner dans le sang de ses sujets, au débauché de se vautrer dans les plus dégoûtantes infamies, etc. On a encore de lui : *Réflexions philosophiques sur l'origine des animaux*, Berlin, sous le nom de Londres, 1750, in-4°. Il fait sortir les animaux de la terre comme les herbes des champs ; la Traduction des Aphorismes de Boërhaave, son maître, en 10 vol. in-12, avec un long commentaire, où, parmi des observations vraies, il y en a beaucoup de fausses et des sentiments singuliers. Il savait à peine assez de latin pour comprendre les ouvrages de médecine.

METZ, ville de l'ancienne Lorraine, aujourd'hui chef-lieu de préfecture du département de la Moselle, place forte du premier ordre à la frontière nord-est de la France. Elle est située à l'extrémité d'un plateau au confluent de la Seille et de la Moselle. En approchant de ses murs, ces deux rivières se divisent en plusieurs branches dont les unes circulent dans les parties basses de l'intérieur et les autres enveloppent presque entièrement la place. Appelée *Divodurum* par les Romains, cette ville prit au ve siècle le nom de *Metis* (Metz), dérivé sans doute par corruption de celui des *Mediomatrices*, peuplade gauloise qui la fonda. Sous les successeurs de Clovis, elle devint la capitale du royaume d'Austrasie. Quand la famille de Charlemagne perdit par sa faiblesse et aida par ses divisions à la décadence de l'empire qu'il avait fondé, Metz passa avec son territoire sous la domination des empereurs d'Allemagne. Ces souverains, voulant opposer un rempart aux rois de France qui convoitaient toujours la Lorraine, comme une portion de leur royaume, rendirent Metz puissante et forte, en accordant à ses habitants une sorte de liberté politique. Devenue alors redoutable à ses ennemis extérieurs, cette ville fut rarement en paix dans l'intérieur de ses murailles, et l'on vit bientôt s'y élever une lutte acharnée entre les prétentions d'une bourgeoisie turbulente et celles d'un puissant clergé. La convoitise de la France, les agressions des ducs de Lorraine, les ravages des grandes compagnies, la protection chèrement achetée de la cour de Rome et de l'Empire, devinrent d'ailleurs autant de causes qui préparèrent la chute de la république messine. En 1552, Metz tomba au pouvoir de Henri II, dont les prédécesseurs avaient long-temps ambitionné la possession. Charles-Quint, qui ne pouvait consentir à perdre une place aussi importante, vint l'assiéger, la même année, avec une armée de 66,000 hommes, mais après d'inutiles efforts pour la prendre, il fut forcé de lever le siége, le 1er janvier 1553. Les Français élevèrent trois ans après la citadelle pour contenir la bourgeoisie. Depuis lors, Metz n'a point cessé d'appartenir à la France. Maintenant, elle est l'un des plus forts boulevards de la France au nord-est. Ses fortifications, dues en partie au génie de Vauban, et les établissements militaires qu'elle renferme, lui donnent une grande importance comme place de guerre. Parmi eux, nous citerons son arsenal, l'un des plus vastes et des plus beaux que possède la France, ses magasins de vivres et de fourrages, ses casernes et son école spéciale d'application pour le génie et l'artillerie. L'étendue et la population de Metz ont singulièrement varié ; sous les Romains, cette ville s'étendait entre les rives de la Seille et de la Moselle, dans une étendue d'une lieue et demie. A la fin du xve siècle, il fallut la resserrer pour résister à Charles VI et au duc de Lorraine René 1er. Resserrée de nouveau en 1552, elle perdit ses faubourgs, ses riches églises, ses monuments somptueux, et devint une ville toute du premier ordre. La révocation de l'édit de Nantes, fatale à son industrie, le fut plus encore à sa population ; d'autres événements malheureux la réduisirent à 22,000 âmes de 60,000 qu'elle avait avant l'invasion de Charles-Quint. On y compte aujourd'hui 42,000 hab., dont 7 à 8,000 de garnison. Metz possède un évêché suffragant de Besançon avec grand et petit séminaires, collége royal. Cette ville, chef-lieu de la 3e division militaire, est percée de rues nombreuses, assez larges, bien pavées, alignées pour la plupart et d'une grande propreté. Elle a un grand nombre de places spacieuses ; celle de la Comédie et la place Royale sont les plus remarquables. Devant le magnifique édifice où siégent aujourd'hui les tribunaux, s'étend une belle promenade appelée l'Esplanade, d'où l'on jouit d'un superbe point de vue sur la vallée de la Moselle. Metz possède une bibliothèque publique de 30,000 volumes, un cabinet d'histoire et un assez riche cabinet de médailles. Sur la place d'Armes se trouve la cathédrale, édifice gothique que sa hardiesse et son élégance placent au premier rang des chefs-d'œuvre de ce genre. Commencée en 1014, par l'évêque Thierri II, elle ne fut terminée qu'en 1546. La hauteur sous voûte est de plus de 44 mètres, la longueur de 132 mètres et la largeur de la nef de 16 mètres. On en admire les superbes vitraux, et la flèche taillée à jour surmonte le vaisseau de près de 88 mètres. Cette tour renferme une cloche qui pèse 13,000 kilog. Le portail principal, construit par Louis XV en 1765, est d'ordre dorique, et malgré sa beauté, il fait un triste et malheureux effet à côté du reste de l'édifice gothique. Metz a été traité par un ancien de marâtre des arts (*artium noverca*) ; c'est sans doute sur la foi de ce vieux dicton que Voltaire a prétendu « qu'il y avait à Metz vingt rôtisseurs pour un libraire. » Mais un tel reproche est absurde et tombe à faux, car dans tout le cours du moyen-âge et dans les temps modernes, les lettres, les sciences et les arts ont été très florissants à Metz. « Au moyen-âge, ce sont les Messins qui introduisirent les premiers l'usage de l'artillerie légère. Nos 200 cloches dont l'harmonie était si belle, nos vases ciselés qui faisaient l'admiration des princes ; les sculptures, les peintures qui décoraient nos églises, les cippes d'ivoire, les manuscrits, attestent à quel point de maturité et de développement les beaux-arts et les sciences se trouvaient arrivés dans nos murs. Qui ne connaît la réputation qu'avaient acquises, du temps de Charlemagne, les écoles de Metz, le grand cas qu'on y faisait des livres, le zèle avec lequel on en copiait à Saint-Arnould, à Saint-Martin, à Gorze, etc. Quand l'ingénieuse invention de Guttemberg se répandit en Europe, Metz fut une des dix premières villes de France à l'adopter. » (M. Bégin, Histoire des sciences et des arts dans le pays Messin). Nulle part Il n'existe, comme à Metz, une plus grande variété de professions manuelles ; aussi l'exportation en tout genre est-elle considérable. Les principaux objets de fabrication consistent en passementerie, tannerie, broderie, brosses, draps pour les troupes, flanelles, épingles, cannes, velours, etc.   D. N.

METZ (Claude Barbier du), lieutenant-général d'artillerie, né à Rosnay en Champagne, le 1er avril 1638, tué d'un coup de mousquet en 1690, à la bataille de Fleurus, se distingua surtout par son application à perfectionner l'artillerie. Il la mit dans un état où elle n'avait jamais été, et la fit servir presque avec la même intelligence. On le regardait comme le plus habile ingénieur qu'eût eu la France avant Vauban, et comme un des hommes les plus bienfaisants et les plus vertueux que l'état militaire eût produits.

METZGER (Jean-Daniel), médecin, né à Strasbourg, en 1739, alla, en 1777, occuper la chaire d'anatomie à Kœnigsberg, et devient physicien de la ville et professeur d'accouchement. Il était aussi médecin de plusieurs hôpitaux et assesseur du collège qui surveille l'administration médicale du pays ; mais il se livrait plus à l'enseignement et à la publication de ses écrits qu'à la pratique de son art ; il fut pendant vingt-huit ans professeur. Il est mort à Kœnigsberg, en septembre 1805, après avoir donné des manuels de physiologie, de pathologie, de séméiotique, de thérapeutique, d'histoire de la médecine, et un grand nombre de thèses sur ces différentes sciences ; mais ce qui le distingue surtout, c'est le Journal d'observations sur la médecine légale et la police médicale, qu'il fit paraître presque sans interruption depuis 1778 jusqu'en 1790. Il ne resta étranger à aucune des questions qui furent agitées, dans son temps, sur les différentes parties de la science médicale. Parmi ses ouvrages, nous pouvons distinguer : 1° Adversaria medica, Utrecht, 1774-78, 2 vol. in-8° ; 2° Observations de médecine légale, 1778 et 1781, 2 vol. ; 3° Bibliothèque de médecine légale, 1784-86, 2 vol. in-8° ; 4° Esquisse de séméiotique et de thérapeutique, 1785, in-8° ; 5° Manuel de médecine légale et de médecine légale, 1787, in-8° ; 6° Bibliothèque du physicien, 1787, 1789, 1790, 2 vol. in-8° ; 7° Anthropologie philosophico-médicale, 1790, in-8° ; Manuel de chirurgie, 1791, in-8°. Il a fait sa notice biographique dans le 2e cahier de sa Correspondance médicale.

METZU (Gabriel), peintre, né à Leyde en 1615, mort dans cette ville en 1658, a laissé peu de tableaux ; mais ils sont précieux par la finesse et la légèreté de la touche, la fraîcheur du coloris, l'intelligence du clair-obscur et l'exactitude du dessin. Il ne peignit qu'en petit.

MEUBLANT, ANTE, adj. verbal, qui est propre à meubler, qui s'emploie en tenture, en garniture de meubles. En jurispr., meubles meublants, ce qui sert à garnir, à orner une maison, une chambre, sans en faire partie.

MEUBLE, adj. des 2 g., qui est aisé à remuer. Il s'emploie surtout dans les deux locutions suivantes : terre meuble, terre légère, ou terre brisée et divisée par les labours. En jurispr., biens meubles, les choses qui peuvent être facilement transportées d'un lieu dans un autre sans détérioration. Meuble est aussi substantif masculin, et se dit alors des différents objets qui servent à garnir, à orner un appartement, une chambre, sans en faire partie. Se mettre dans ses meubles, acheter des meubles pour garnir une chambre. Mettre une femme dans ses meubles, l'entretenir, lui donner des meubles pour garnir son appartement. Meuble au singulier, signifie dans un sens collectif, toute la garniture d'un appartement, d'une chambre, d'un cabinet, etc. Meuble se dit aussi quelquefois, par extension, de certains ustensiles qu'on porte sur soi.

MEUBLER, v. a., garnir de meubles. Meubler une ferme,

la garnir de ce qui est nécessaire pour la faire valoir. Fig., meubler sa tête, sa mémoire, l'orner, l'enrichir de connaissances utiles ou agréables.

MEULE, s. f., corps solide, rond et plat qui sert à broyer. Meule se dit aussi d'une roue de grès, de fer, de bois, etc., dont on se sert dans plusieurs professions, pour polir, aiguiser, user, etc.

MEULE, s. f., monceau, pile de foin, d'épis, de gerbes, etc., qu'on fait dans les prés, dans les champs, et à laquelle on donne ordinairement une forme conique, afin que la pluie glisse dessus plus facilement. Meule, en terme de vénerie, la racine dure et raboteuse du bois des cerfs.

MEULIÈRE, s. f., pierre rocailleuse dont on fait des meules de moulin, et qu'on emploie aussi comme moellon pour bâtir. Il signifie encore la carrière d'où l'on tire ces sortes de pierres. Il s'emploie quelquefois adjectivement.

MEUNIER, s. m., celui qui conduit, qui gouverne un moulin à blé.

MEUNIER (Hugues), baron), lieutenant-général, né à Mont-Louis le 23 novembre 1758, mort à Poitiers en 1832, entra au service à l'âge de 10 ans. C'est sur le champ de bataille qu'il fut nommé colonel et maréchal-de-camp. Mis à la retraite en février 1815, il accepta, après le 20 mars, le commandement de l'Ecole militaire de La Flèche, et cessa d'être employé au second retour du roi. On a de Meunier : Dissertation sur l'ordonnance de l'infanterie, 1815, in-4°. Il passe encore pour être l'auteur d'un autre ouvrage intitulé Evolutions par brigades, 1814, in-8°.

MEUNIÈRE, la femme d'un meunier, ou celle qui gouverne un moulin à blé.

MEURISSE (Martin), de Roye, évêque de Madaure, suffragant de Metz, fonda les Bénédictines de Montigny, près Metz, et mourut en 1644. On a de lui : l'Histoire des évêques de Metz, 1684, in-fol. ; Histoire de la naissance, du progrès et de la décadence de l'hérésie à Metz, in-4°.

MEURISSE (Henri-Emmanuel), habile chirurgien de Paris, naquit à Saint-Quentin, et mourut en 1694. On a de lui un Traité de la saignée, in-12, qui renferme des préceptes utiles et des réflexions judicieuses.

MEURSIUS (Jean Ier), célèbre antiquaire, né à Losdun, près de La Haye, en 1579, fit paraître, dès son enfance, des dispositions extraordinaires pour les belles-lettres et pour les sciences. Il alla étudier le droit à Orléans, avec les fils du grand pensionnaire Barneveldt, qu'il accompagna dans leurs voyages. Ses courses lui donnèrent occasion de connaître les cours des princes de l'Europe et de converser avec les savants. De retour en Hollande, il obtint la chaire d'histoire à Leyde en 1610, et ensuite celle de la langue grecque. Sa réputation augmentant de jour en jour, Christiern IV, roi de Danemarck, le fit professeur en histoire et en politique, dans l'université de Sora, le 20 septembre 1623. Meursius remplit cette place avec succès. Ce docte et laborieux écrivain mourut le 20 septembre 1639. On a de lui un grand nombre de savants ouvrages, dont plusieurs regardent l'état de l'ancienne Grèce : 1° De populis Atticæ ; 2° Atticarum lectionum libri IV ; 3° Archontes athenienses ; 4° Fortuna attica, de Athenarum origine, etc. ; 5° De festis Græcorum. Ces différents traités, remplis d'érudition, se trouvent dans le Recueil de Gronovius. 6° Historia danica, 1630, in-4° ; c'est l'histoire des rois Christiern Ier et Christiern II ; 7° un grand nombre de traductions d'auteurs grecs, qu'il a enrichies de notes, entre autres de l'Histoire romaine de Théodore Metochite, des Lettres de Théophilacte, de la Tactique de Constantin Porphyrogénète, de l'Origine de Constantinople de George Codinus, des harangues des pères grecs, qui n'avaient point encore été publiées, etc. ; 8° une histoire de l'université de Leyde, sous le titre d'Athenæ Bataviæ, 1625, in-4° ; 9° Glossarium græco-barbarum, Leyde, 1614, in-4° ; 10° Creta, Cyprus, Rhodus, Amsterdam, 1675, in-4° ; c'est une description de ces îles et de leur antiquité ; 11° Rerum belgicarum lib. I, 1612 ; lib. IV, 1614, in-4°. C'est l'histoire de ce qui s'est passé dans les Pays-Bas, sous le duc d'Albe. La première édition ayant déplu à ses concitoyens et les ayant même irrités au point de le vouloir dépouiller de ses emplois, il en fit une seconde, plus ample, où il montra beaucoup de complaisance pour ses critiques, aux dépens de la vérité et de l'exactitude des faits. Sa complaisance ne les apaisa pas. Il voulut la dédier aux états-généraux ; ils le refusèrent, craignant la trop grande sincérité de l'auteur. Tous les ouvrages de ce savant ont été recueillis à Florence, 1741, en 12 vol. in-fol. D. Guillaume Moller a publié la Vie de Meursius, Nuremberg, 1732, in-4°.

Voyez aussi J. Valérian Schamon, *Dissertatio de vita et scriptis J. Meursii patris*, Leipsig, 1715, in-4°.

MEURSIUS (JEAN II), fils du précédent, né à Leyde, en 1613, mourut en Danemarck, n'étant âgé que de 40 ans. Il avait publié divers ouvrages, parmi lesquels on distingue : 1° *Arboretum sacrum, sive de arborum consecratione*, Leyde, 1642, in-8° ; 2° *De tibiis veterum*, dans Gronovius.

MEURTHE, rivière de France qui a sa source sur le versant occidental de la chaîne des Vosges, descend à St-Dieg, suit une direction N.-O. pour entrer dans le département auquel elle donne son nom, passe près de Lunéville et de Nancy et vient se jeter dans la Moselle près de Trouard, à deux lieues et demie du chef-lieu de la même ville. Son cours est d'environ 31 lieues, dont 3 à peine sont navigables. La proximité des Vosges la rend sujette à de fréquents débordements ; elle est flottable pour les trains de bois jusqu'à Nancy. Ses principaux affluents sont la Vezouze, le Sanon et la Mortagne.

MEURTHE (département de la). Ainsi appelé de la rivière de ce nom, le département de la Meurthe comprend une partie des duchés de Bar et de Lorraine, et de la province des Trois-Evêchés. Il est borné au N. par le département de la Moselle, à l'E. par celui du Bas-Rhin, au S. par celui des Vosges, à l'O. par celui de la Meuse. Sa longueur est de 114 kilomètres de l'E. à l'O., sa largeur du N. au S. 68, et sa superficie est de 608,922 hectares, dont 303,636 en terres labourables, 116,209 en bois et forêts, 71,851 en prairies, 16,371 en vignes, etc. Sillonné presque en tous sens par des ramifications des Vosges, le département de la Meurthe appartient en entier au bassin de la Moselle. Outre une grande quantité de légumes, on y récolte des vins estimés, des grains et des fruits en abondance ; il fournit également de la garance. Dans les forêts habitent toutes sortes de gibiers, et aussi des loups, des renards et quelques ours. Le fer est assez commun ; mais les veines étant excessivement minces, on n'a pas cru profitable de l'exploiter. Près de Nancy se trouve une belle carrière de marbre noir. De nombreuses sources salées les plus riches de France, parmi lesquelles on remarque principalement celles de Dieuze, de Château-Salins et de Moyenvic ; depuis 1823, on a ouvert à Vic une mine de sel gemme dont la masse prodigieuse rappelle les immenses dépôts de la Gallicie. L'industrie manufacturière de ce département a pour objet la fabrication en grand de papiers, de verres et de cristaux ; de faïences, d'étoffes de laine, telles que draps, molletons, ratines, serges, de tissus de coton, de toiles, de linge damassé, de chapellerie, de bonneterie, de gants, de fer-blanc, tôle, coutellerie, acier, grosse taillanderie et des broderies estimées, etc. Ce département possède deux rivières navigables, la Moselle et la Meurthe son affluent. Les grandes routes sont au nombre de 23, dont 8 royales et 15 départementales. Le commerce ainsi favorisé consiste en blé, vins, planches de sapin, bois de charpente et de chauffage, étoupes, treillis, corderies, bétail, laine, huile, cire, miel, pelleterie et produits de ses fabriques entre autres glaces, cristaux, verres de table et autres verreries. La surface du département est partagée en 5 arrondissements dont les chefs-lieux sont : Nancy, chef-lieu du département ; Lunéville, Château-Salins, Toul et Sarrebourg ; il renferme 29 cantons et 714 communes. Sa population est de 424,366 habitants, parmi lesquels on compte 4,703 électeurs, qui envoient à la chambre 6 députés. Il forme un évêché suffragant de l'archevêché de Besançon, et dont le siége est à Nancy ; il possède à Nancy une Cour royale et une académie ; enfin il appartient à la 3e division militaire, dont le chef-lieu est Metz, et au 4e arrondissement forestier, dont Nancy est le chef-lieu.

MEURTRE, s. m., homicide commis avec violence.

MEURTRIER, s. m., celui qui a commis un meurtre.

MEURTRIÈRE, s. f., ouverture pratiquée dans les murs d'une fortification et par laquelle on peut tirer à couvert sur les assiégeants.

MEURTRIR, v. a., faire une meurtrissure. Il se dit aussi en parlant des fruits. Il s'emploie quelquefois avec le pronom personnel.

MEURTRISSURE, s. f., contusion avec tache livide. Il se dit aussi d'une tache sur les fruits causée par leur chute ou par leur froissement.

MEUSE, fleuve de l'Europe occidentale, qui arrose la France, la Belgique et la Hollande. Deux ruisseaux qui descendent du plateau de Langres dans le département de la Haute-Marne, forment ce fleuve qui prend le nom de Meuse à leur jonction, en passant au pied des ruines du château qui domine le village de Meuse ; puis il traverse le département des Vosges, celui auquel il donne son nom, celui des Ardennes, entre en Belgique dont il traverse les provinces de Namur et de Liége, entre de là dans le Limbourg et coule près des frontières germaniques : enfin, changeant de direction et tournant vers l'O., il entre dans les plaines basses de la Hollande, séparant le Brabant de la Gueldre et de la Hollande proprement dite, se divise ensuite en deux bras, qui vont se perdre dans la mer du Nord, entre l'île d'Ouerflakke et Rotterdam. Son cours est de 200 lieues, dont 92 en France, et 156 navigables. Il est grossi à droite par l'Ourthe, la Roer, à gauche par la Sambre, la Dommel et la Merk. Le Rhin y mêle ses eaux par l'Yssel, le Leck et le Vahal.

MEUSE (département de la). Ce département est formé du Barrois, du Verdunois et du Clermontois, parties de l'ancienne Lorraine. Le grand duché de Luxembourg et le département des Ardennes le bornent au N., à l'E. les états prussiens et le département de la Meurthe, au S. les Vosges et la Haute-Marne, à l'O. le département de la Marne. Sa longueur est de 130 kilomètres et sa largeur de 60. Sa superficie est de 620,555 hectares, dont environ 335,190 sont en terres labourables, 137,755 en bois et forêts de chênes, charmes, ornes, hêtres, etc., 49,472 en prairies, 13,540 en vignes, 11,992 en landes, pâtis, bruyères, etc. Ce département est entrecoupé de vallées fertiles et de hauts plateaux, où l'air est froid, mais sain. Ses rivières sont la Meuse, qui lui donne son nom, le Loison, le Totain, la Saux, la Chiers et l'Ornain. Il possède de nombreuses mines de fer, des carrières de pierre excellente et d'une qualité supérieure ; on y fait beaucoup de chaux. Le sol y offre plusieurs variétés ; il est calcaire, pierreux, argileux, en général il est recouvert d'une couche de terre végétale et fertile. Il produit presque toutes les céréales. On y cultive en grand le cerisier, la groseille blanche et rouge, et la vigne fournit au commerce les vins délicats de Bar. Ses riches et superbes pâturages nourrissent beaucoup de bestiaux qui font une grande partie de la richesse de ce département ; il élève un grand nombre de chevaux, mais les autres animaux domestiques n'y sont point aussi nombreux que les besoins des habitants l'exigeraient. Le gibier abonde dans ses forêts, les poissons de ses rivières et les écrevisses de ses marécages sont excellents et très renommés. De nombreuses usines, des forges, des verreries, des papeteries, des filatures de coton, de laine, des fonderies, donnent beaucoup d'activité à son industrie. On estime les confitures de Bar et les dragées de Verdun. Le commerce se fait par 21 grandes routes, dont 9 routes royales et 12 départementales ; et par la Meuse, navigable depuis Verdun, et qui lui ouvre ainsi les départements voisins et la Belgique. Il consiste en vins, grains, fers brutes et ouvrés, étoffes de coton, bonneterie, bois, graines oléagineuses, cerises et kirsch-wasser d'Angerville et Brillon, des confitures de Ligny, de Bar, etc. Le département de la Meuse est divisé en 4 arrondissements dont les chefs-lieux sont Bar-le-Duc, chef-lieu du département ; Commercy, Montmédy et Verdun. Il renferme 28 cantons et 589 communes. Sa population est de 317,201 habitants, parmi lesquels on compte 1,118 électeurs. Il envoie 4 députés à la législature. Le département forme un évêché suffragant de l'archevêché de Besançon, et dont le siége est à Nancy. Il est compris dans le ressort de la Cour royale de Nancy et de l'académie de la même ville. Il fait partie de la 2e division militaire, dont le chef-lieu est Châlons, et du 16e arrondissement forestier dont Bar-le-Duc est le chef-lieu.

MEUSEL (JEAN-GEORGES), laborieux bibliographe, né en 1743 à Eyrichshof, près Baunac en Franconie, mort en 1820, fut d'abord professeur d'histoire aux universités d'Erfurt et d'Erland ; puis conseiller aulique de la principauté de Quedlinbourg, de la cour électorale de Brandebourg et de celle du roi de Prusse. Sans parler des services qu'il a rendus aux lettres par ses éditions et ses traductions, nous citerons quelques-uns de ses nombreux ouvrages : *de Præcipuis commerciorum in Germania epochis*, Erland, 1780, in-4° ; *Bibliotheca historica*, Leipsig, 1782, 1804, 11 tom. in 22 vol. in-8 ; *l'Allemagne littéraire* (Gelehrte Deutschland), Lemgo, 1796 et suiv., 16 vol. in-8 ; *Introduction à la connaissance de l'histoire des Etats de l'Europe*, Leipsig, 1775, in-8, 4e édition, 1800 ; *Dictionnaire des artistes allemands vivants*, Lemgo, 1778-89, 2 vol. in-8, 1804-9, avec un 5e vol. publié en 1814, et servant de supplément aux deux éditions ; *Littérature de la Statistique*, Leipsig, 1790, in-8, 1806-07, 2 vol. in-8 ; *Di-*

rection (Leitfaden) *pour l'histoire de la Littérature*, ib., 1799-1800, 8 part. in-8 ; *Dictionnaire des écrivains allemands morts de 1750 à 1800*, ibid., 1802 et suiv., 15 vol. in-8. Meusel a encore eu part à la rédaction d'un grand nombre de journaux ou de recueils périodiques.

MEUSNIER (PHILIPPE), habile peintre, né en 1655, à Paris, où il mourut en 1734, excellait à peindre l'architecture ; ce fut lui qu'on choisit pour représenter celle de la voûte de la chapelle de Versailles. Le duc d'Orléans l'employa à décorer la célèbre galerie de Coypel, au Palais-Royal. Le château de Marly était encore orné de peintures de cet habile maître.

MEUSY (NICOLAS), écrivain ascétique, naquit à Villersexel, bourg en Franche-Comté, en 1734. Ayant embrassé l'état ecclésiastique, il devint vicaire de la paroisse de Rupt, et se consacra à l'instruction des habitants de la campagne. Il mourut en 1772, n'étant âgé que de 38 ans. Il fut la victime de son zèle pour ses malheureux compatriotes, atteints d'une maladie épidémique. On a de lui : 1° *le Code de la religion et des mœurs*, Paris, 1770, 2 vol. in-12. C'est un recueil des principales ordonnances du roi relatives à la religion ; 2° *le Catéchisme historique, dogmatique et moral des fêtes*, Vesoul, 1771, in-12. Excellent ouvrage, et continuellement réimprimé.

MEUTE, s. f. collectif, t. de chasse, nombre de chiens courants dressés pour la chasse du lièvre, du loup, etc.

MEVIUS OU **MÆVIUS**, poète du temps d'Auguste, ridiculisé par Virgile et par Horace.

MEXICO, capitale de la confédération mexicaine, résidence du gouvernement et des autorités supérieures, siége d'un archevêché. Cette ville bâtie sur l'emplacement de l'ancienne Tenochtitlan, est située à l'O. du lac de Tezcuco, et est assise sur le dos porphyrique de la Cordillière. Elle est bâtie dans une vallée assez triste, bordée de marais et d'algues en putréfaction ; on y arrive de tous côtés par de grandes avenues d'ormes et de peupliers. Mexico est traversée par de nombreux canaux, et les édifices de ses quartiers sont construits sur pilotis. Elle est magnifique, et il existe peu de villes en Europe qui puissent lui être comparées pour la régularité de ses rues toutes tirées au cordeau, larges, très longues et pavées en petites pierres rondes et polies ; *toutes* viennent aboutir à la grande Place (*Plaza Mayor*), la plus belle du monde. Les maisons ont de deux à trois étages, avec des toits plats, ornés de fleurs ; un grand nombre d'elles sont peintes à fresque et d'autres revêtues de tuiles vernissées. Les rues les plus remarquables sont celles de la Plateria et de San-Augustino. Parmi les monuments on distingue l'immense cathédrale, où l'on voit le grand calendrier mexicain , posé contre le mur N.-E., et qui est enrichie d'une balustrade en argent massif, d'immenses lampes et de statues en argent, couvertes d'or et ornées de pierres précieuses ; le palais du gouvernement (*Casa del Estado*), bâti sur le lieu où s'élevait, avant la conquête, le palais de Montézuma, au centre duquel on contemple la statue de Charles IV, et qui contient encore la Monnaie, une caserne, la bibliothèque, etc. Ces monuments s'élèvent sur la Plaza Mayor. Outre la cathédrale , on compte à Mexico 56 églises et 38 couvents des deux sexes, dont quelques-uns sont ornés de statues, de peintures, de ciselures et de mosaïques d'une grande beauté et d'un travail précieux. Dans l'église du couvent de l'Incarnation, on voit une magnifique statue de la Vierge et un grand lustre tout d'argent massif. L'église de l'hôpital de *Los Naturales* possède les cendres du conquérant du Mexique, déposées dans un riche et majestueux monument. La bibliothèque, le musée, l'université qui renferment des peintures aztèques, des idoles et statues ; le théâtre, l'académie des beaux-arts, le jardin botanique, l'ancien et élégant palais de l'Inquisition, l'élégant monastère de la *Professa*, les hôtels *Ysitas et Pinillos*, l'école des mines , où se trouve l'observatoire, les magnifiques promenades du *Paseo* et surtout de l'*Alameda* avec ses doubles rangs d'arbres et ses jets d'eau ; les fontaines alimentées par deux aqueducs ; enfin quelques statues , des fondations de monuments antiques et de nombreuses boutiques regorgeant d'or, d'argent et de joyaux ornent cette ville de Montézuma et de Cortez, et en font une des plus belles du monde et une magnifique rivale de Paris, de Londres et de Rome. Mais les faubourgs de cette capitale font un contraste dégoûtant avec la magnificence de la ville. Ce sont des cloaques de masures et d'immondices, habités par 20,000 Saragates qui y étalent insolemment tous les signes de la misère la plus repoussante et qui exercent leur profession par pa-

resse et non par nécessité. On voit encore la chaussée en pierre par laquelle Cortez entra dans Mexico, et une partie de deux autres. Les lacs sont couverts de jardins (*Chinampas*), ingénieuse invention des Aztèques. On ne voit plus depuis longtemps que des chinampas fixes, surtout le long du canal de la Viga, dans un terrain marécageux entre le lac de Chalco et celui de Tezcuco, où l'on cultive des artichauts, des fèves, des piments, etc., pour la consommation de la ville , excepté les jardins flottants du lac de Chalco, qu'on tire et qu'on pousse avec de longues perches pour les transporter d'un rivage à l'autre. Le climat de Mexico est malsain à certaines époques de l'année, ce qui provient de l'énorme quantité d'hydrogène sulfuré qui se dégage des 5 lacs qui avoisinent cette ville ; elle est de plus sujette depuis les temps les plus anciens à des inondations causées par la différence de niveau de ces mêmes lacs. De 1607 à 1804, on a dépensé 31 millions en constructions de digues et pour l'ouverture du fameux Desague. La cour de Madrid avait même plusieurs fois ordonné de transférer la ville ailleurs. Les données les plus récentes font évaluer sa population à 180,000 individus, dont une partie de blancs purs, un grand nombre d'hommes de couleur et quelques noirs. Les établissements industriels y sont en petit nombre ; l'orfévrerie , la bijouterie , la broderie, la sellerie , la carrosserie , sont leurs seuls produits remarquables. Les communications avec l'intérieur étant restreintes par le mauvais état des routes , le commerce s'y réduit aux objets de consommation et aux arts d'utilité et de luxe. Telle est la Mexico moderne ; pour ce qu'elle était au temps de la conquête, voyez l'article MEXIQUE.

MEXIQUE. Le Mexique est cette portion du continent américain, comprise entre les deux océans, les états de Guatémala, et une ligne tirée du cap Saint-François, jusqu'aux sources du Rio del Norte, suivant ensuite le cours des rivières Rouge et Sabine, jusqu'à l'embouchure de cette dernière, entre les 15° 55' et 42° de latitude septentrionale, et les 89° et 126° 25' de longitude occidentale. Les deux tiers de cette grande contrée sont sous la zône tempérée, et l'autre tiers, compris dans la zône torride, jouit en grande partie, grâce à l'élévation du sol, d'une température presque semblable à celle du midi de l'Italie et de l'Espagne. Le trait caractéristique du Mexique, c'est l'étendue et l'immense hauteur du plateau qui en occupe l'intérieur, qui jadis portait le nom d'Anahuac et de Mechoacan. Ce plateau s'élève de 2000 à 2,500 mètres au-dessus du niveau de l'Océan, et il n'est qu'une suite de plaines plus vastes, mais non moins uniformes que celles du Pérou et de la Nouvelle-Grenade. Il est soutenu par la chaîne de montagnes qui sous le nom d'Andes parcourt toute l'Amérique méridionale, et va se terminer à l'extrême pointe de la Terre-de-Feu, est entrecoupé de distance en distance par de larges crevasses et de profondes vallées, et supporte quatre grands cônes volcaniques qui rivalisent avec les plus élevées du nouveau continent. Ce sont le Popocatepetl haut de 5,400 mètres, l'Iztaccihuatl, de 4,786 mètres ; le Citlaltepetl ou le pic d'Orizaba, de 5,295 mètres ; le Nevado de Toluca, de 4,089 mètres. La chaîne de montagnes qui coupe par le milieu l'état mexicain d'Oaxaca, s'avance vers le nord-ouest dans les états de Puebla, Mexico, Queritaro, où elle prend le nom de *Cordillière de Mexico*; ensuite elle s'appelle *Sierra Madre*, suit vers Zacatecas, Durango, San-Pédro de Batopilas, jusqu'à l'O. de Chihuahua ; de là s'avançant droit au N., prend successivement les noms de *Sierra de Acha, Sierra de los Membres, Sierra de los Gruellas, Sierra Verde*, et entre dans le territoire des Etats-Unis. La roche porphyritique domine dans ces différentes chaînes ; c'est le trait géologique le plus saillant ; le granit se montre dans les branches voisines du grand océan ; de ces montagnes les anciens Mexicains tiraient la pierre itzli ou obsidienne dont ils fabriquaient leurs instruments tranchants. Le gypse, le basalte, le trapp, les amygdaloïdes, et le calcaire primitif prédominent sur le même plateau central. Là sont de grands dépôts d'or et d'argent. L'étain et le cuivre se rencontrent dans les états de Guanaxuato et de Valladolid ; le fer abonde dans cette dernière province, à Zacatecas, à Guadalaxara, et dans les provinces intérieures. Le zinc, l'antimoine, le mercure, l'arsenic, se montrent sur un grand nombre de points. Le charbon de terre se trouve dans le Nouveau-Mexique et le sel gemme est une des richesses de San Luis de Potosi. — Des cratères sont ouverts sur presque tous les sommets de la Cordillière ; cinq de ces volcans brûlaient encore au temps où M. de Humbold visita le Mexique. Cependant les grandes explosions volcaniques et les tremblements de terre assez fréquents sur les côtes de l'Océan pacifique, troublent moins le repos des habitants du Mexique, que celui des habitants du Pérou, leurs voisins du Sud. Depuis 1759, époque où le volcan de Jorullo sortit de terre environné d'une multitude de petits cônes fumants, aucune catastrophe de cette nature n'est venue effrayer le Mexique. Toutefois les bruits souterrains, qui en 1784 furent entendus à Guanaxuato, et quelques phénomènes semblables qui éclatèrent sur d'autres points prouvent que tout le pays, compris entre les 18° et 22° recèle un feu souterrain, qui d'intervalle en intervalle cherche une issue à travers la croûte solide du globe. — Au pied des hautes montagnes du Mexique, s'étendent des plaines qui, plus étroites dans le S., vont s'élargissant à mesure qu'elles s'avancent vers le N. Les deux pentes du plateau à l'E. et à l'O. sont loin d'avoir la même déclivité. Entre Mexico et Acapulco les mouvements du terrain sont moins brusques, moins accidentés qu'entre le même point et la Véra-Cruz sur l'Atlantique. Nulle part, comme sur les pentes de ce plateau, on ne reconnaît mieux l'ordre admirable avec lequel la divine Providence a classé les différentes tribus de végétaux, comme par couches les unes au-dessus des autres, suivant leur nature, suivant le climat qui convient à chacune d'elles : tout change à mesure qu'on s'élève, physionomie du pays, aspect du ciel, port des plantes, mœurs des habitants, genres de culture. Au sortir de la Véra-Cruz, fuyant les atteintes mortelles de la fièvre jaune, qui prend au Mexique le nom de vomissement noir (vomito préto), on arrive à Xalapa, région où croît le chêne, qui semble arrêter le fléau dans sa marche; là aussi s'élèvent les vastes forêts de liquidembars, qui annoncent par la fraîcheur de leur verdure que cette hauteur est celle où les nuages suspendus au-dessus de l'Océan, viennent toucher les cîmes basaltiques de la Cordillière. Plus haut, le climat devenu plus brumeux et plus froid, ne permet plus au fruit nourrissant du bananier d'arriver à maturité ; plus haut encore, dans le voisinage de San-Miguel, les sapins s'entremêlent aux chênes et se montrent ainsi jusqu'aux plaines élevées de Pérote. Jusque-là le froment européen et toutes les céréales importées après la conquête se mêlent aux champs de maïs originaire du pays. Puis les sapins se montrent seuls aux regards du voyageur, seuls ils couvrent les rochers dont les cîmes vont se perdre dans la zône des neiges éternelles. D'après cette configuration du sol qui se reproduit sur la plupart des points du Mexique, cette vaste contrée se divise en trois grandes zônes ou en terres froides, tempérées ou chaudes. Dans ces dernières, connues sous le nom de *terras calientes* et dont l'inépuisable fécondité produit du sucre, de l'indigo, du coton, des bananes, etc., appartiennent une partie de l'état de la Véra-Cruz, la péninsule de Yucatan, les côtes d'Oaxaca, les provinces maritimes du nouveau Santander et du Texas, le nouveau royaume de Léon, les côtes de la Californie, la partie occidentale de la Sonora, de Cinuloa et de la Nouvelle-Galice, sur la pente de la Cordillière. A 1,200, à 1,500 mètres, règne perpétuellement une douce température; ce sont les *terras templadas*, auxquelles appartiennent les territoires de Xalapa, de Tasco, de Chilpanzingo. Les plateaux élevés au-dessus de 2,200 mètres au-dessus de l'Océan, composent la région des terres froides, *terras frias*. La grande vallée de Mexico et la vallée d'Actopan, se trouvent dans cette division. Avec ces différences tranchées de température, le Mexique semble être le rendez-vous des plantes de tous les pays. Les arbres de la Perse et de l'Inde s'y mêlent à ceux de l'Europe; les fleurs de l'Orient à celles de l'Occident. Sur ce sol fécond s'élèvent les palmiers à éventail, les bananiers, le nopal, sur lequel vit la précieuse cochenille, le maguey dont l'indigène tire une liqueur spiritueuse qu'il aime passionnément. Là croissent la sauge mexicaine, le poivrier à longues cosses, le piment de Tabasco, le convolvulus Xalapa où julep médicinal, la vanille, les arbres résineux d'où découlent les baumes connus sous les noms de copahu et de tolu, les indigotiers, les cacaotiers, les cannes à sucre, les cotonniers, les plants de tabac, et les immenses forêts d'acajou, de campêche veiné, de gayac et de bien d'autres espèces que réclament la teinture et l'ébénisterie. N'avons nous pas emprunté au Mexique la *solvita fulgens* aux brillantes fleurs cramoisies, les dahlia, les hélicantus, les mentzélia, etc. — Les animaux indigènes les plus connus sont le jaguar et le cougouar, qui sont au nouveau continent ce que le tigre et le lion sont à l'ancien; l'ours mexicain, le bison, le bœuf musqué, l'élan, le *xoloitzauntli*, espèce de loup sans poil ; le *téchichi*, chien muet;

l'*apaxa*, ou cerf mexicain ; le *berendas*, espèce d'antilope; le *conedon* ou porc-épic. Les conquêtes de l'ornithologie se bornent à quelques aigles, à quelques vautours, des éperviers, des corbeaux, des passereaux de toutes sortes, le rossignol de Virginie à plumage écarlate, un joli oiseau-mouche qui n'est pas plus gros qu'une abeille et différentes espèces d'oiseaux aquatiques. Les côtes et les rivières sont très poissonneuses ; mais celles-ci recèlent le caïman à museau de brochet. Dans les campagnes on élève de nombreux troupeaux de gros bétail, des moutons, des porcs, des mulets, des chevaux d'une belle race et dont beaucoup vivent à l'état sauvage. — Malgré son heureuse position le Mexique manque de rivières navigables et n'a généralement pas assez d'eau. Le Rio del Norte et le Rio Colorado, dans le N. sont les seuls grands courants qui peuvent fixer l'attention. Dans toute la partie équatoriale on ne trouve que de petites rivières dont les embouchures ont une largeur assez considérable; la Cordillière donne plutôt naissance à des torrents qu'à des fleuves. Les lacs dont le Mexique abonde et parmi lesquels il faut citer le lac de Chapala deux fois grand comme le lac de Constance, le lac de Patzcuaro, l'un des sites les plus pittoresques des deux continents, le lac de Mextillan, celui de Parras, et les lacs de la vallée de Mexico sont remarquables par la brillante végétation qui couvre leurs rivages.

Histoire. — Dès les temps les plus reculés, le Mexique paraît avoir été habité par un grand nombre de tribus de races différentes. — On cite parmi les plus anciennes, parmi celles qui se regardaient comme autochthones, les Almèques, les Xicalangues, les Cores, les Tépanèques, les Tarasques, les Miztèques, les Otomies, etc. Mais on ne connaît rien de bien positif sur ces races, avant la grande invasion des Toltèques qui vinrent dans le vII° siècle de notre ère environ, des pays du N. sans doute, se mêler aux anciens possesseurs du sol mexicain, leur emprunter leur civilisation et leur donner la leur. D'autres tribus parties également de pays plus septentrionaux, arrivèrent successivement dans la vallée de Mexico. Tels furent les Chichimèques, les Xochimilques, les Chalques, les Ténapèques, les Colhues, les Tlahuiques, les Tlascaltèques, et les Artèques ou Mexicains. En peu d'années, ces tribus se répandirent sur les rivages et dans le voisinage des lacs et y formèrent des établissements qui en peu d'années se constituèrent en autant d'états séparés; et les villes de Xochimilco, de Chalco, de Colhucan, de Texcuco, de Tlascala et de Mexico attestèrent successivement le développement de leur civilisation. Les Atzèques, les derniers arrivés, parvinrent peu à peu soit par la force, soit par la ruse à dominer dans presque tout le Mexique, et à l'époque ou Cortez arriva dans cette contrée, le roi Montézuma ne voyait guère autour de lui que des sujets ou des tributaires. Ce fut le 4 mars 1519, que Fernand Cortez parut avec 630 hommes sur les côtes du Mexique, dont Grijalva avait fait la découverte quelques années auparavant. Une multitude de canots indiens parurent pour s'opposer à sa descente; mais l'aspect des vaisseaux des Espagnols, les explosions de leur artillerie firent un tel effet sur ces peuples qu'ils se jetèrent à la nage pour échapper à une destruction certaine. Cortez mit pied à terre et marcha droit à la ville de Tabasco, qu'il enleva de vive force. Un déserteur Espagnol nommé Melchior, ranima cependant le courage des vaincus en leur donnant l'assurance que ses compagnons n'étaient pas des dieux, et Cortez eut bientôt devant lui une armée de 40,000 hommes. Mais cette armée céda, comme la ville à la témérité et à la discipline ; et la clémence de Cortez envers les prisonniers acheva la soumission de cette province. Parmi les présents qu'il reçut se trouva la belle Marina qui, enflammée d'une vive passion pour le conquérant, devint par la suite l'instrument le plus actif de la ruine de son pays. Le bruit des exploits de Cortez ayant frappé de terreur la capitale et l'empereur du Mexique, deux ambassadeurs porteurs de présents se présentèrent de la part de Montézuma, pour lui demander ce qu'il voulait. Cortez les reçut dans l'île de Saint-Jean d'Ulloa, leur répondit qu'il ne venait au nom du roi Charles-Quint, traiter avec Montézuma des intérêts des deux monarchies; mais dans l'intention de leur montrer sa puissance, il leur offrit comme des jeux, les exercices de l'artillerie et de l'arquebuse, que l'esprit superstitieux des Mexicains prit pour des inventions d'une divinité ennemie. Leur épouvante fut au comble, et les ambassadeurs revinrent apprendre à leur empereur la résolution de Cortez. Effrayé lui-même, Montézuma au lieu de prendre le parti énergique de la guerre et d'écraser sous toutes ses forces réunies le petit nombre d'Espagnols, trembla et entra en négociation. Une nouvelle ambassade ne put obtenir de l'aventurier espagnol la promesse de se retirer; et l'or même qu'elle lui apporta au nom de Montézuma, ne fut qu'un attrait de plus contre l'avide conquérant. Une tentative de révolte de ses propres soldats fut bientôt apaisée avec l'adresse dont il donna tant de preuves par la suite; et résolu de conquérir le Mexique, il jeta les fondements d'une ville et ne s'occupa plus que d'agrandir sa conquête. La province de Chempoalla se soumit à son approche. C'est là qu'il apprit du cacique même que la tyrannie de Montézuma lui aliénait le cœur de ses sujets; sa politique sut habilement profiter de ces divisions intestines, et il sut également employer à propos les négociations et les armes. Sa présence suffit également pour soumettre la ville et la province de Chiabiztlan, où les gouverneurs de plusieurs autres contrées vinrent le saluer comme un libérateur. C'est alors qu'il fonda la Véra-Cruz; et que pour ôter à ses soldats tout espoir de retour, il brûla ses vaisseaux et plaçant son armée entre la mort et la victoire, il lui annonça son départ pour Mexico. Escalante fut laissé avec 150 hommes et deux chevaux dans la ville nouvelle; le reste de l'armée, montant à 500 fantassins s'avança à la suite de Cortez. 200 Indiens fournis par le cacique de Chempoalla, étaient chargés de porter les bagages et de traîner l'artillerie; 400 autres sujets du même cacique accompagnaient l'armée comme auxiliaires. Cortez n'en avait pas voulu davantage sur les 100,000 qui lui avaient été offerts. L'abolition des sacrifices humains, la destruction des idoles mexicaines étaient partout l'objet de ses premiers soins. Cependant plusieurs routes se présentaient pour atteindre les hauteurs du plateau mexicain et s'avancer vers la capitale. Cortez fit choix de celle qui le conduisait au milieu des belliqueux Tlascalans, par cela seul qu'ils étaient les ennemis acharnés de Montézuma, et que leur alliance pouvait lui être d'un puissant appui. La marche de la petite armée espagnole fut d'abord paisible; elle ne trouva la guerre que sur la frontière des Tlascalans. Ce peuple formait une république indépendante au milieu du grand empire. Il fallut la réduire par les armes. La victoire fut longtemps disputée. Les Espagnols y perdirent un cheval, et le prestige de la divinité de ces animaux s'effaça dans l'esprit de ces peuples. Xicotancatl, leur général, en fit porter la tête devant lui, et répondit aux propositions de Cortez, que par l'annonce d'une nouvelle bataille, et les Espagnols au moment d'y périr ne furent sauvés que par la défection d'une partie des chefs Tlascalans. Les prêtres cependant ayant proclamé, que grâce au soleil leur père, les étrangers n'étaient invincibles que pendant le jour, les Tlascalans les attaquèrent pendant la nuit avec une fureur nouvelle; mais la défaite de Xicotencatl désabusa son armée; elle sacrifia aux idoles les prêtres qui l'avaient trompée. La paix fut conclue, et les républicains devinrent dès lors les plus sûrs, les plus fidèles alliés de Cortez. Celui-ci abusait en même temps Montézuma, en lui faisant croire qu'il les soumettait à sa domination. L'empereur n'en semait pas moins sur ses pas les piéges, les embûches et les conspirations. Marina en découvrit une qui coûta la vie à 2,000 habitants de Cholula, premier exemple de la barbarie qui fut malheureusement suivi de bien d'autres. Les Espagnols blâment en vain Montézuma dans leurs annales; il ne faisait qu'une partie de son devoir. Tout est juste contre un envahisseur étranger, et l'empereur mexicain n'eut que le tort de ne pas rassembler tout son peuple pour écraser ses ennemis. Il les laissa arriver jusque dans sa capitale, à travers un pays dont la richesse et la prospérité ne faisaient qu'exciter leur cupidité. Cortez y entra le 8 novembre 1519; ses soldats furent frappés d'étonnement à l'aspect de cette grande ville, assise au milieu d'un lac de 30 lieues de tour, et sur les bords duquel s'élevaient 50 autres villes considérables. Montézuma n'osa en fermer les portes à un homme qui avait dit au cacique de Zocothla, que le ciel lui avait confié sa foudre, et que son épée, une fois tirée, mettait tout à feu et à sang. L'adresse avec laquelle Cortez avait déjoué toutes les conspirations et les embuscades faisait croire qu'il avait aussi reçu le don de tout prévoir; et la superstition lui aplanissait toutes les voies. Cependant au milieu des fêtes dont on lui prodiguait, les hommages qu'on ne cessait de lui rendre, un bruit sinistre vint altérer sa confiance. Il apprit que Quahlpopoca, général mexicain, avait attaqué la Véra-Cruz, que le gouverneur Jean d'Escalante avait péri dans un combat avec 7 des siens, et que cette colonie était sur le point de succomber. Il est douteux que Montézuma était l'auteur de cette insulte; mais Cortez avait in-

térêt à le croire; et par une résolution énergique il alla droit au palais de l'empereur, s'empara de sa personne et l'emmena prisonnier dans son propre palais. Le respect qu'il témoigna à son captif diminua l'effroi de ce dernier. Montézuma continua à régner comme par le passé; mais Cortez n'en fit que le servile instrument de sa politique. Il fit brûler vif Quahlpopoca et ses complices, firent cette terrible exécution parut rétablir l'harmonie entre les deux peuples. Ce fut Cortez qui la troubla le premier. Malgré le vénérable P. Olmédo, qui mêlant le langage de la charité à celui de la politique, lui représentait que la religion de Jésus-Christ ne devait pas être prêchée le fer à la main, que ses armes à elle étaient l'instruction qui éclaire les esprits, les bons exemples qui captivent les cœurs, Cortez emporté par son zèle religieux, renversa les idoles mexicaines. Les prêtres soulevèrent la multitude contre ce sacrilége, firent rougir cet empereur de sa faiblesse, et cet empereur, changeant de ton avec son hôte lui fit entendre qu'il était temps de retourner en Espagne. La multitude des guerriers que les neveux de Montézuma avaient rassemblés força Cortez à la dissimulation. Il répondit qu'il n'avait plus de flotte et qu'il était nécessaire de construire des vaisseaux; à l'instant même les ordres sont donnés partout; des forêts sont abattues, le bois apporté à la Véra-Cruz; les travaux sont poussés avec une grande activité, quand l'empereur vient le prévenir qu'il n'en est plus besoin, et que 18 navires espagnols viennent d'aborder ses rivages. Cortez apprend le même jour que cette flotte est envoyée par Vélasquez, gouverneur de l'île de Cuba, avec 1,400 hommes, commandés par Pamphile de Narvaez, et qu'ils n'ont d'autre mission que de le dépouiller de sa conquête. Au milieu de si graves dangers, il laisse à 80 Espagnols la garde de Montézuma et de sa capitale, et marche au-devant de son rival, qu'il séduit les officiers et débande l'armée; il le prend lui-même dans Chempoalla. Puis à la tête des deux armées, de 1,300 soldats, de 100 chevaux, de 18 canons et de 2,000 Tlascalans, il retourne à Mexico. Mais les choses avaient changé de face pendant son absence. Alvarado, chef de la garnison espagnole avait, suivant le récit du vertueux Las Cases, massacré les seigneurs mexicains dans une fête, et le peuple entier avait pris les armes. Le retour de Cortez ne glaça point leur courage, ils étaient résolus à vaincre ou à mourir. Ils coururent sur les canons, firent des prodiges de valeur, tuèrent dix Castillans et en blessèrent un grand nombre. Montézuma s'efforce en vain de parler de paix; le peuple le refuse, élève des barricades, montre une discipline, une tactique dont jusqu'alors il n'avait pas eu l'idée. Resté maître de Montézuma, Cortez essaie de s'en servir pour apaiser la sédition; mais cet empereur tombe percé de coups sous les flèches des Mexicains; et la stupeur du peuple suspend un moment la guerre, que Cortez lui-même n'ose poursuivre. Cependant Quetlavaca cacique d'Istacpalapa est élevé sur le trône, et l'attaque du quartier espagnol recommence. Cortez fléchit un instant, il songe à capituler, à négocier la retraite; il cherche même à se sauver avec les siens pendant la nuit; mais les Mexicains l'attendaient sur la chaussée, ils attaquent son avant-garde; il y perd ses 2,000 Tlascalans, 200 Espagnols et 46 chevaux; et si ses ennemis s'étaient jetés en force à l'extrémité de la digue, il y périssait avec son armée. Poursuivi jusqu'à Tlascala, il ne doit de se réfugier dans un temple et s'échapper encore pendant la nuit; le jour lui révèle de plus grands périls; 40,000 Mexicains l'attendent en bataille dans la plaine d'Otremba. La perte du grand étendard impérial décide leur défaite; toute cette multitude frappée de stupeur ne songe plus qu'à la fuite. Le carnage fut horrible, le butin immense. Pendant que Cortez se reposait à Tlascala et se guérissait de ses blessures, le monarque de Mexico Quetlavaca, s'efforçait de rendre à cette capitale tout l'éclat qu'elle avait perdu. Il fit rebâtir les maisons détruites, les temples brûlés; il fit réparer les anciennes fortifications; il en ajouta de nouvelles. Il promit d'affranchir des tributs ceux qui combattraient pour la défense commune, et chercha à détacher Tlascala de son alliance avec les Espagnols; mais ses tentatives, aidées par Xicotencalt, ne purent réussir auprès des hôtes généreux des Castillans. Cortez cependant rétabli de ses blessures, ne cessait de penser aux moyens de reprendre l'offensive. Bientôt 2,000 Mexicains, séduits, entraînés par l'héroïsme du chef espagnol, viennent se ranger sous ses drapeaux. Les Tlascalans lui offrent leurs soldats et punissent Xicotencalt de son alliance avec les Mexicains. Les Tépéaques seuls résistent; ils avaient intercepté les chemins de la Véra-Cruz; ils sont vaincus et forcés à la soumission. — L'empire avait encore changé de maître ; Quetlavaca était mort, victime de la petite vérole, fléau importé en Amérique par les conquérants et qui y commençait déjà ses ravages. Quatimozin, jeune homme de 25 ans, fut choisi pour succéder à son oncle. Beaucoup moins habile que lui, il crut devoir continuer ses dispositions militaires et prendre sa politique pour règle de conduite. La Providence le destinait à une bien rude épreuve. Il devait être témoin de la longue agonie de son pays et clore la liste de ses rois. Il harcela la marche des Espagnols, les força tous les jours à combattre, leur tendit pièges sur piéges. Arrivée aux portes de Mexico, l'avant-garde est vigoureusement repoussée sur la chaussée de Tacuba. Il tente de pénétrer sur celle de Suchimilco ; il combat à la tête des siens, disperse une foule de guerriers qui veulent s'emparer de sa personne ; mais il est forcé de se replier encore. Tant d'échecs déconcertent ses alliés ; les officiers même conspirent contre lui ; mais la fortune de Cortez triomphe encore. Il sent la nécessité d'en finir ; mais il lui faut des vaisseaux. Treize brigantins sont construits sur les bords du lac, et pendant qu'on les élève, Cortez attaque et soumet quelques-unes des villes qui le bordent. De nouveaux renforts portent ses forces à 900 Espagnols et 18 canons ; il met 1 canon et 25 hommes sur chacun de ses bateaux, divise le reste en 5 pelotons, suivis chacun de 30 à 40,000 alliés ; il attaque à la fois les trois principales chaussées de la capitale, et la flotte mexicaine, que l'exagération des historiens élève à 200,000 canots ; les plus modestes parlent seulement de 4,000. Cortez placé sur sa flotte écrase et disperse les pirogues ennemies, les barricades des chaussées sont foudroyées par son artillerie. Arrivé au pied des murailles, Cortez pénètre dans la ville ; mais il est repoussé partout ; il désespère de vaincre ; il offre à Quatimozin de reconnaître son autorité, à condition qu'il se reconnaîtra lui-même vassal de Charles-Quint. Quatimozin veut céder, les prêtres le lui défendent et la bataille recommence, elle est funeste aux Espagnols ; Cortez blessé lui-même est contraint de chercher un refuge sur sa flotte. De nombreux captifs tombés au pouvoir de Quatimozin sont sacrifiés aux idoles. Des oracles répandus par les prêtres, annoncent la ruine de Cortez pour le huitième jour. Ses alliés se découragent ; les Tlascalans eux-mêmes se débandent ; mais la politique de Cortez les ramène. Enfin Quatimozin, pressé par famine sentit affaiblir son courage. Il détermine cependant ses lieutenants à tenter d'échapper à l'armée espagnole, et résolut de porter la guerre dans le nord de ses états, en abandonnant sa capitale ; mais son dessein fut soupçonné. Les canots qui le portaient furent poursuivis, attaqués par l'espagnol Holguin ; l'empereur fut pris et sa chute glaça les Mexicains d'une telle épouvante qu'ils n'osèrent plus se défendre. Mexico se rendit le 15 août 1521. Le Mexique reçut le nom de Nouvelle-Espagne ; les Tlascalans furent récompensés par une exemption perpétuelle de tributs. — A la nouvelle de la chute de Mexico, les grands états indépendants qui s'étaient maintenus avec tant de peine contre les forces de la puissante cité tremblèrent d'avoir à lutter contre les terribles étrangers qui l'avaient renversée. Les moins éloignés s'empressèrent d'apaiser le vainqueur par une prompte soumission. Le roi du Méchoacan, le plus puissant prince après Montézuma, fut le premier à lui envoyer des ambassadeurs. D'autres nations de l'Anabuac, ne se prêtèrent pas aussi facilement à la domination étrangère, et du nord au sud Cortez et ses lieutenants eurent à combattre. Chaque révolte vaincue permettait de faire un pas de plus dans le pays, et l'on finit par dépasser les limites de l'ancien empire de Montézuma. L'expédition du Honduras que commanda Cortez en personne, ne fut pour lui qu'un long tissu de calamités ; ce fut dans cette campagne, au mois de mars 1525, qu'il fit pendre l'infortuné Quatimozin et deux autres chefs mexicains, sous le vain prétexte de trahison, crime impardonnable que rien ne justifie, et qui doit peser sur la mémoire de Cortez. — Cependant les jours de tribulation, les mécomptes de l'ambition, l'ingratitude des hommes du pouvoir, les calomnies, les accusations mensongères vont commencer pour Cortez. Traversé par la jalousie de Vélasquez, calomnié à la cour de Madrid, il vit ses riches présents méprisés, sa gloire méconnue. Sans la protection du cardinal Adrien, il aurait eu de la peine à obtenir le titre de vice-roi de l'empire qu'il avait donné à son maître. Dans cet empire il eut perpétuellement à lutter contre les séditions de ses lieutenants et les révoltes des Mexicains. Mais Cortez ne répondait à l'ingratitude de Charles-

Quint, qu'en lui rendant de nouveaux services. Il rebâtit la ville de Mexico, y attira les principales familles de l'empire, distribua des terres à ses compagnons, introduisit dans la colonie les animaux domestiques et les plantes de l'Europe, établit des manufactures, des fonderies. Il s'occupa même de nouvelles conquêtes, et tandis qu'un de ses lieutenants allait soumettre la riche contrée de Guatémala, il poussa lui-même jusqu'à l'Océan pacifique et la presqu'île de Californie ; mais il n'eut pas le temps de la reconnaître. Les divisions de ses lieutenants, les soulèvements des Indiens, les exactions de ses officiers, le forcèrent de rentrer à Mexico pour mettre un terme à ces désordres. Ses amis lui conseillèrent de se venger de tant d'injustices en proclamant son indépendance. Il repoussa ces conseils et partit pour l'Espagne en 1528, dans l'intention de s'expliquer avec Charles-Quint. Celui-ci le reçut avec honneur ; mais sous prétexte de diviser l'autorité, il lui imposa un vice-roi civil, en lui conservant le commandement des troupes et la faculté d'étendre ses conquêtes. Revenu à Mexico, il en repartit bientôt pour explorer les rivages de la mer Vermeille, et pour assurer la domination de son maître sur la Californie ; mais de nouveaux dégoûts, de nouvelles injustices le ramenèrent en Espagne, où il mourut ignoré en 1554. Tel fut le sort du vainqueur et du premier vice-roi espagnol du Mexique. La première pensée des vainqueurs, après la conquête du Mexique, fut une pensée de propagande. Cortez avait vu, dès le premier moment, que le meilleur moyen de s'assurer de la fidélité des indigènes, était d'en faire des chrétiens ; qu'entre eux et les Espagnols l'idolâtrie aztèque élevait une barrière insurmontable. Lui et les premiers gouverneurs qui lui succédèrent réclamèrent des missionnaires pour accomplir l'œuvre de la civilisation : et, grâce au zèle charitable d'un grand nombre de ministres du Seigneur, la foi véritable fit de rapides conquêtes parmi les tribus soumises à l'empire espagnol, tandis que des hommes, comme Las-Casas, Bernardino Ribeira, connu sous le nom de Sahagun, défendaient auprès de don Antonio de Mendoza, le successeur de Cortez, les justes droits des Indiens opprimés par une soldatesque brutale. Grâce à leurs efforts, dès 1523 Charles-Quint avait expédié de Valladolid des instructions fort sages et fort précises pour l'établissement d'un gouvernement régulier dans la Nouvelle-Espagne. Le prince défendit tout partage des naturels, il annulait ceux qui avaient été faits, il déclarait les Indiens libres en acquittant les droits de vasselage, il recommandait de n'user d'aucune violence envers eux ; et pour leur donner dans le pays même de puissants appuis, ils furent mis sous la protection des évêques qui exercèrent un tel patronage en véritables apôtres de l'humanité. Jusqu'au xviiie siècle, grâce à ces mesures, le sort des cultivateurs mexicains fut à peu près celui des serfs de notre Europe ; depuis il s'améliora successivement. Les vice-rois et les audiencias veillaient sur les intérêts des Indiens qui, déclarés libres, s'appartenaient à eux-mêmes et purent disposer de leurs personnes. Aucun service personnel ne leur fut imposé. La mita (travail forcé des mines) fut aboli ; ce travail devint entièrement volontaire et rétribué. Le Mexique, au reste, comme toutes les autres possessions américaines de l'Espagne, n'était point considéré comme colonie dans l'acception ordinaire de ce mot. C'était uniquement une propriété de la couronne en vertu de la donation du pape. Au roi appartenait le pays ; toutes les terres occupées par les conquérants ou leurs ayant-droit et par les indigènes étaient réputées concession royale. A ce titre de propriétaire, le roi ne levait pas d'impôts sur le sol, mais percevait des droits, des tributs et des redevances. Il gouvernait par un délégué ayant le titre de vice-roi. Il ne reconnaissait aucun droit de corporation, aucun privilége. Les fonctionnaires étaient ses gens, ses gens à gages plus ou moins rétribués. Représentant le souverain, le vice-roi était à la tête de toute l'administration du pays ; il présidait le conseil, il nommait à tous les emplois vacants, sous la réserve de la sanction royale ; il commandait l'armée et décidait de toutes les questions militaires en conseil de guerre. A côté de ce grand fonctionnaire, et comme contre-poids à son autorité, un tribunal suprême, nommé Audiencia, cour d'appel de tous les tribunaux civils et ecclésiastiques, rendait la justice en dernier ressort, toutes les fois que l'objet en litige n'excédait pas dix mille dolars. Cette cour avait le droit de remontrance, délibérait comme conseil d'État et était en correspondance directe avec le grand conseil des Indes, qui siégeait en Espagne. Les membres de l'Audience jouissaient d'immenses priviléges. Hommes de la mère-patrie avant tout, ils se devaient uniquement à ses intérêts, et pour qu'aucune affection de famille ne pût les attacher au Mexique, il leur était défendu d'y prendre femme, eux et leurs fils, et d'y acquérir des propriétés. Pareille interdiction frappait le vice-roi. A la tête des gens de finance et des administrations locales se trouvait l'intendant. Sous ses ordres les collecteurs des droits et redevances, et plus tard des douanes et de l'impôt, exerçaient leurs fonctions. Il faut remarquer en passant un fait caractéristique de la politique espagnole dans l'administration de ses colonies, que tous les pouvoirs y étaient balancés, qu'aucun n'était absolu et ne pouvait prétendre à une action non contrôlée. Tous se surveillaient réciproquement. C'est ainsi que la mère-patrie croyait s'assurer contre toute entreprise d'indépendance; mais l'heure allait sonner où ses colonies l'une après l'autre allaient se détacher d'elle, le Mexique comme les autres. Les premières tentatives que fit le Mexique pour conquérir son indépendance datent des premières années de ce siècle. En 1810, un prêtre, nommé Hidalgo, à la tête d'un rassemblement d'Indiens, entra en campagne, arborant le vieux drapeau des empereurs du Mexique, sur lequel il avait fait broder la vierge de Guadalupa, en grande vénération dans tout le pays. Il appelait le peuple à la liberté, et le peuple accourait en foule se ranger sous cet étendard. Cette première tentative, qui eut d'abord quelque succès, finit par le supplice de Hidalgo et de ses compagnons d'armes. Celles que firent plus tard Morales en 1815, et Mina en 1816, n'eurent pas un succès plus heureux : ils furent tous deux fusillés. L'insurrection était comprimée, mais non pas détruite. Les choses restèrent à peu près dans le même état jusqu'en 1821, qu'Augustin Iturbide, colonel dans l'armée royale, se déclara inopinément pour la cause de l'indépendance, mais avec le projet d'offrir la couronne du nouvel empire à Ferdinand ou à un prince de sa famille. Sur ces entrefaites arriva d'Europe un nouveau vice-roi, le général constitutionnel O'Donojic, qui, voyant la cause de la métropole désespérée, se décida à traiter avec le parti des indépendants, représenté par Iturbide. Mais les cortès de Madrid ayant rejeté une convention dictée par les rebelles, Iturbide, changeant tout-à-coup de projet, se décida à prendre pour lui la couronne qu'il destinait à un prince espagnol, et se fit proclamer empereur héréditaire par l'armée sous le nom d'Augustin Ier. Toutefois il ne jouit pas longtemps de sa rapide élévation; le mécontentement du peuple le força d'abdiquer et de s'embarquer pour l'Europe avec sa famille. Là, l'exemple de Napoléon vint le séduire, il voulut tenter aussi son débarquement de Cannes, et apparut sur le rivage du Mexique en juillet 1824; mais l'expédition fut sans succès, et il paya de sa vie son imprudente tentative. Depuis cette époque, la nouvelle confédération a été malheureusement en proie à des dissensions intérieures. Une seule fois elles se sont tues, c'est lorsque l'ennemi commun est descendu sur la côte mexicaine : aussi l'espoir de l'Espagne n'a pas été de longue durée, et en se rembarquant, elle a pu dire un dernier adieu à cette belle contrée où elle régna tranquille dominatrice pendant trois siècles. Mais bientôt les luttes intérieures continuèrent; aidé des Anglo-Américains, le Texas se sépara de la fédération et proclama son indépendance. Santa-Anna, président de la république mexicaine, fut pris par les insurgés et rendu à la liberté; mais son crédit était tombé. Le général Anastase Bustamente le remplaça; mais il ne put rien faire pour soumettre le Texas, et la question est encore débattue aujourd'hui. D'une autre part, des plaintes s'élevaient contre le Mexique à cause des vexations qu'éprouvaient les commerçants étrangers. Les Français établis dans cette contrée souffraient depuis longtemps et plus que tout autre peuple, de cette haine jalouse que le Mexicain fainéant nourrit contre l'étranger qui porte chez lui son industrie. Le 13 mars 1831, un traité fut conclu à Paris entre les deux Etats. Mais le congrès mexicain, assemblé en session extraordinaire le 1er août 1831, refusa son assentiment à ce traité de commerce, qu'il disait contenir des conditions incompatibles avec sa constitution politique. De nouvelles négociations s'ouvrirent, mais n'aboutirent à aucun résultat. L'année suivante, le gouvernement de Mexico rendit un décret qui porta un coup funeste aux opérations commerciales. Il autorisait l'expulsion de la république de tous les étrangers que l'on jugerait dangereux pour la tranquillité de l'Etat. Ce décret avait principalement en vue les Français, en général partisans de Santa-Anna, et dont les idées libérales effrayaient le gouvernement, tandis que leur activité et leur prospérité commerciales excitaient la jalousie des indigènes. Depuis cette époque, des avanies continuelles et des

violations réitérées du droit des gens, commises sur nos compatriotes établis au Mexique, provoquèrent de la part du gouvernement français d'énergiques réclamations. Au printemps de 1838, il fit remettre au président mexicain un *ultimatum* réclamant des indemnités pour toutes les pertes éprouvées par les Français, la destitution de quelques officiers et fonctionnaires mexicains coupables d'actes de violence, enfin la participation pour les Français à la jouissance de tous les avantages commerciaux accordés aux nations les plus favorisées et la levée de l'interdiction du commerce de détail. En attendant l'expiration du délai fixé, le capitaine Bazoche commença à former avec quelques bâtiments de guerre le blocus des ports du Mexique. En octobre arriva une escadre plus forte commandée par l'amiral Baudin; qui, après avoir eu une conférence inutile avec les envoyés du président, attaqua, le 27 novembre, le fort de Saint-Jean-d'Ulloa, dont la garnison se rendit le lendemain. La capitulation ne fut pas ratifiée par le congrès qui déclara la guerre à la France; et le général Santa-Anna fut envoyé à la Vera-Cruz avec des troupes. Mais cette dernière ville fut surprise dans la nuit du 5 novembre par les Français qui détruisirent toute l'artillerie ennemie, et Santa-Anna ayant voulu les inquiéter dans leur retraite, fut grièvement blessé et éprouva un rude échec. Enfin la médiation de l'Angleterre fit cesser les hostilités et le 9 mars 1839, la paix fut conclue. Le ministère, par des concessions que blâma fortement l'opinion publique, consentit à réduire sa réclamation d'indemnité de 800,000 à 600,000 piastres, et renonça au droit de commerce en détail. Quoi qu'il en soit, nous laissons le Mexique tourner contre lui-même les forces qu'il venait d'employer contre l'étranger et décider par les armes qui des deux grands partis qui divisent le pays aura le pouvoir. Cette guerre civile dure encore avec des alternatives diverses, et peut durer longtemps encore; quoi qu'il arrive, au reste, les événements qui se sont succédés au Mexique durant ces dernières années ne sont pas encore tombés dans le domaine de l'histoire : ils sont encore trop près de nous pour que nous puissions en porter un jugement et en prévoir les conséquences.

Antiquités, mœurs, coutumes, religion des anciens Mexicains. — Tout ce que nous savons sur le culte, l'astrologie et les fables cosmogoniques des Mexicains, forme un système dont toutes les parties sont intimement liées entre elles. Peintures, bas-reliefs, ornements des idoles et des pierres divines chez les Aztèques, tout porte le même caractère, la même physionomie; tout semble provenir d'une source commune, d'une civilisation primitive du plateau mexicain, altérée par quelques barbares coutumes apportées par les peuples du Nord plus sauvages, successivement mélangés à un ancien peuple plus civilisé. Les peuples du Mexique, dit Gomara, croient d'après leurs peintures hiéroglyphiques qu'avant le soleil qui les éclaire maintenant (xvie siècle), il y en a eu déjà quatre qui se sont éteints les uns après les autres. Dans ces quatre âges l'espèce humaine a été anéantie par des inondations, des tremblements de terre, un embrasement général et l'effet des ouragans. Le quatrième âge, celui de l'eau, la dernière des grandes révolutions que la terre ait éprouvées, voit tous les hommes changés en poissons; moins un homme et une femme qui se sauvent dans un tronc d'arbre. La peinture nous représente Coxcox, le Noé des Mexicains et sa femme Xochiquetzal, assis dans un tronc d'arbre creusé et flottant au milieu des eaux. Parmi les différents peuples de l'Anahuac on retrouve la même tradition ou à peu de variations près; sous les noms de Coxcox, de Teocipactli ou Tezpi, c'est toujours le même Noé. Le pic de Colhuacan est l'Ararat des Mexicains, qui confièrent aussi à une colombe la mission d'annoncer que les eaux s'étaient retirées. Chez les peuples du Mechoacan, on regardait le colibri comme le messager de cette bonne nouvelle. Lui seul était revenu de tous les oiseaux envoyés par Tezpi, qui s'était réfugié dans une barque immense avec sa femme et ses enfants, et qui sauvait avec lui un grand nombre d'animaux et toutes les graines dont la conservation était chère au genre humain. On démêle dans la mythologie mexicaine des traces d'une religion plus ancienne, plus voisine en quelque sorte de la tradition que celle que lui imposèrent les hordes conquérantes du Nord. Nul doute que l'idée d'un être suprême, que le culte du soleil et des astres, que les offrandes de fleurs et de fruits, présents de la terre, à l'auteur de toute fertilité, n'aient été la religion des peuples primitifs de l'Anahuac. A ces croyances vinrent se mêler le culte sanguinaire, le sacrifice des victimes humaines à des idoles souriant à l'offrande d'un cœur sanglant et encore palpitant;

pratiques importées par les hordes plus sauvages du Nord. A cet âge d'or de l'Anahuac appartient le culte de Quetzalcoatl, cet homme mystérieux, blanc et barbu, qui vint accompagné d'étrangers revêtus de vêtements noirs en forme de soutanes, et qui portait un manteau parsemé de croix rouges. Grand-prêtre à Tula, il avait fait sa première apparition à Panuco. Il fonda en divers lieux des congrégations religieuses. Une peinture mexicaine, conservée au Vatican, nous montre cet homme apaisant par la pénitence le courroux céleste. Il s'imposait de rudes austérités et n'épargnait pas les tourments à sa chair : et après avoir fait le bonheur des peuples de l'Anahuac, il disparut, promettant de revenir un jour régner sur eux et renouveler leur bonheur. On entrevoit dans la mythologie mexicaine l'idée vague d'un être suprême, invisible, nommé Teotl. Cet être, au reste, purement métaphysique, n'avait point de culte proprement dit : les autels et les prières étaient réservés à une foule de divinités subalternes qui formaient son cortège, et auxquelles on sacrifiait les prisonniers de guerre. Le dogme de l'immortalité de l'âme se rattachait, chez les Aztèques, à des idées de transmigration qui dénaturaient tout ce que cette croyance a d'élevé et de consolant. Pour eux, l'homme seul ne jouissait pas du bienfait de cette immortalité ; les animaux avaient le même avantage. Trois sites de repos distincts et séparés étaient réservés dans l'autre monde aux âmes des trépassés. Les prières, les macérations, le jeûne, les offrandes, l'encensement des idoles, les jeux, les danses, les chants, les processions et surtout les sacrifices humains composaient tout le culte mexicain. Toute la cosmogonie des peuples de l'Anahuac, leurs traditions sur la mère du genre humain (la femme au serpent), le souvenir d'une grande inondation et d'une seule famille échappée aux flots sur un radeau, l'histoire d'un édifice pyramidal, élevé par l'orgueil des hommes et détruit par la colère céleste, les ablutions pratiquées à la naissance des enfants, les gâteaux de farine de maïs distribués en parcelles au peuple rassemblé dans l'enceinte des temples, la déclaration des péchés par les pénitents, les associations religieuses d'hommes et de femmes, semblables à celles de nos couvents ; cette croyance que des hommes blancs à longue barbe et d'une grande sainteté de mœurs avaient jadis changé le système religieux et politique du pays, toutes ces choses enfin firent croire aux religieux qui accompagnaient Cortez, qu'à une époque reculée le christianisme avait été prêché dans cette partie du nouveau continent. Des savants crurent même reconnaître l'apôtre saint Thomas dans ce personnage mystérieux, que les Mexicains désignaient sous le nom de Quetzalcoatl ; et ils appuyaient ce système sur l'existence de certaines images en relief, figurant la croix des chrétiens observées dans plusieurs lieux de cette partie du nouveau continent. Mais rien ne prouve l'opinion de ces savants, et nous croyons qu'ils se sont laissé surprendre par quelques rapprochements sans fondements. Tout Mexicain naissait libre, lors même que sa mère était esclave ; le père ne pouvait aliéner la liberté de son enfant que dans le cas, où pauvre et incapable de travailler, il ne pouvait le nourrir. Le fils prenait habituellement l'état de son père. Dans l'ordre social, tout ce qui n'était pas noble restait parqué dans les limites de sa condition sans jamais pouvoir en sortir. Il y avait même une portion considérable du peuple dont le sort était à peu près celui des serfs féodaux du moyen-âge. La noblesse était nombreuse : elle occupait tous les emplois publics et les grades de l'armée ; elle possédait de vastes territoires et des titres transmissibles de père en fils. L'organisation judiciaire de l'ancien Mexique porte la double empreinte de l'élection populaire et de la volonté souveraine du monarque. Le roi nommait les grands juges qui résidaient à Mexico ou dans les villes les plus considérables de l'empire, et qui prononçaient en dernier ressort tant au civil qu'au criminel) ; ils nommaient les juges inférieurs et recevaient les comptes des collecteurs royaux. D'autres tribunaux au-dessous d'eux prononçaient sur les affaires tant civiles que criminelles. Dans chaque quartier de la ville un magistrat, nommé par le peuple, jugeait en première instance les affaires de sa circonscription ; et enfin, d'autres magistrats, également élus, faisaient à peu près les fonctions que remplissent aujourd'hui nos commissaires de police. La mort figure souvent dans ce code barbare ; elle était souvent appliquée aux plus minces délits, aux plus légères contraventions. L'état militaire était mis au premier rang chez les Mexicains ; tout homme pouvant combattre était soldat. Les chefs ou seigneurs feudataires et les princes alliés devaient fournir un certain nombre d'hommes et marcher à leur tête

aussitôt qu'ils en étaient requis ; c'était de ces contingents divers que se composait l'armée, dont l'organisation n'était pas permanente et ressemblait à celle des armées féodales du moyen-âge. Toutes les provinces conquises étaient tributaires de la couronne ; elles lui devaient une certaine quantité de fruits, d'animaux, de minéraux, de produits de la terre et de l'industrie du pays. La couronne avait dans chaque ville un agent chargé de lever ces contributions et de les emmagasiner. L'agriculture, chez les Aztèques, était en grand honneur. Leurs efforts sont d'autant plus remarquables, qu'ils n'avaient ni charrues, ni bœufs et que toute culture chez eux se faisait à bras d'homme. Au lieu de fer pour bêcher la terre ils employaient des instruments de cuivre : ils entendaient assez bien l'irrigation des terres et répandaient sur le sol les cendres des plantes brûlées pour lui donner une nouvelle vigueur. Les métaux précieux, les trésors souterrains, qui ont fait depuis trois siècles la richesse du Mexique, n'étaient pas négligés des Aztèques, et ils savaient les retirer des entrailles de la terre. Dans toutes les grandes villes de l'Anahuac, on fabriquait des vases d'or et d'argent, quoique ce dernier métal fût bien moins estimé par eux que par nous. Cortez, dans une de ses lettres adressées à Charles-Quint, fait un éloge pompeux des orfèvres et des bijoutiers de Mexico, et de leur merveilleuse adresse à imiter tout ce qu'il les chargeait d'exécuter. Avant la conquête, les Aztèques employaient le plomb et l'étain ; le fer leur était inconnu ; le cuivre était chez eux le plus généralement employé, il remplaçait le fer et l'acier. Les armes, les haches, les ciseaux étaient de ce métal. Nous ne connaissons leur architecture domestique et monumentale que par les récits des premiers conquérants ; car aucun édifice n'existe aujourd'hui pour servir de preuve. Les maisons des pauvres étaient faites de roseaux et de briques non cuites et couvertes de gazon sur lequel on fixait des feuilles d'aloès en forme de tuiles. Les maisons des riches étaient construites en pierres rouges, légères et friables, réunies entre elles par un mortier de chaux. Leurs toits étaient plats et en forme de terrasse. Pour les palais des rois et les temples, les mêmes matériaux étaient employés. Cependant, sur le plateau d'Anahuac, il existait un art architectural antérieur aux invasions des Aztèques et des peuples du Nord, art dont ils profitèrent. Quand les Aztèques arrivèrent dans l'Anahuac, ils y trouvèrent de grands édifices qui semblaient avoir une destination religieuse. Les deux plus anciens, les deux pyramides de San-Juan de Teotihuacan, se voient dans la vallée de Mexico, à quelques lieues de la capitale. Elles étaient consacrées au soleil et à la lune. La première a 69 mètres d'élévation et la seconde 58 ; les murs sont de pierres non taillées, hautes de près de 3 mètres, épaisses d'un mètre ; l'édifice est parfaitement orienté. Il y avait autrefois au sommet des autels avec des coupoles en bois et des statues couvertes de lames d'or. Ces deux téocalis (temples) sont environnés de petites pyramides de 9 à 10 mètres de hauteur, ornées de bas-reliefs et d'hiéroglyphes ; c'étaient sans doute des sépultures de chefs de tribus. A l'est de ce groupe, et cachée dans une épaisse forêt, s'élève la pyramide de Papantla. La forme de ce téocali, qui avait six ou peut-être sept étages, est plus élancée que tous les autres monuments de ce genre. Comme ces derniers, il est construit en pierres de taille d'une coupe belle et régulière, et toutes couvertes de sculptures hiéroglyphiques. Mais de tous les monuments pyramidaux de cette partie de l'Anahuac, le plus grand, le plus célèbre est le téocali de Cholula : il ressemble, de loin, à une colline naturelle chargée d'une épaisse végétation ; c'est sur une vaste plaine que se détache ce téocali à quatre assises, aux côtés exactement orientés d'après les points cardinaux, construits de couches de briques alternant avec des couches d'argile, et présentant une analogie assez remarquable avec les pyramides égyptiennes. Ce grand téocali, qui a une base de 452 mètres et une hauteur de plus de 57, portait sur sa plate-forme de 4,200 mètres carrés un autel dédié au dieu de l'air et remplacé aujourd'hui par l'église de Notre-Dame de los Remedios, entourée de cyprès, où tous les jours un prêtre de race indienne qui l'habite, célèbre les saints mystères du christianisme. Qui a bâti ces monuments ? Quelle race d'hommes en est l'auteur ? Sont-ce des colonies égyptiennes, comme quelques-uns le prétendent ; des colonies asiatiques, hindoues comme d'autres le soutiennent, ou bien ces monuments se sont-ils seulement, par hasard, rencontrés dans leur ressemblance avec les pyramides égyptiennes, les pagodes hindoues ou chinoises ; et sont-ils seulement l'œuvre d'une race autochtone et éteinte ? C'est là un mystère que la science n'a pas résolu et qu'elle ne résoudra peut-être jamais. L'art de transmettre les faits par le moyen des peintures hiéroglyphiques, existait dans l'Anhuac avant l'arrivée des Aztèques. Quelques-unes de ces peintures avaient pour objet la représentation propre et non symbolique, des dieux, des rois, des grands hommes, des animaux et des plantes ; d'autres, un but purement topographique, comme la carte d'une province, d'un district, ou le cadastre d'un canton, le relevé des côtes, etc., travaux dont Cortez eut l'occasion d'admirer l'exactitude géographique. D'autres peintures, enfin, et celles-ci étaient plus nombreuses, représentaient symboliquement des idées, des faits, des événements, conservaient les souvenirs de l'histoire et des choses les plus importantes du pays. La sculpture, chez les Aztèques, n'était pas moins cultivée que la peinture et le même système de dessin s'y reproduisait : les images des dieux, des rois, des hommes célèbres et des images purement fantastiques se multipliaient sous le ciseau des sculpteurs aztèques ; mais ces sculptures étaient grossières, rudes, incorrectes. Entre les monuments de l'industrie patiente des Aztèques, il faut mettre au premier rang ces mosaïques en plumes qui faisaient l'admiration de tout l'Anahuac et frappèrent les Espagnols d'étonnement. Sous leurs mains les petites plumes des oiseaux prenaient mille formes, mille nuances diverses et s'unissaient si parfaitement, à l'aide d'une substance gommeuse, que tout le tableau semblait une couche de peinture admirablement nuancée et remarquable surtout par la dégradation et la fusion des teintes. Quant à la langue des peuples mexicains, langue que parlent encore leurs descendants, elle est riche, capable d'exprimer les idées les plus abstraites. On y remarque très peu de monosyllabes ; elle se distingue par la longueur de ses mots et les diverses transformations qu'on peut leur faire subir. Elle abonde en augmentatifs et en diminutifs. Tous les verbes peuvent devenir des noms, et réciproquement les noms, les adjectifs peuvent devenir des verbes. Ses règles fixes, simples, invariables compensent les difficultés que fait naître son excessive abondance, abondance d'autant plus remarquable, que les consonnes *b, d, f, g, r* et *s,y* sont inconnues, tandis que les lettres *l, x, t, tl, tz, z, y* sont multipliées. Les Mexicains avaient des poètes qui s'exerçaient sur des sujets religieux et guerriers, et des espèces de drames qui n'étaient que la représentation matérielle de la nature la plus grossière.

Géographie politique de la confédération du Mexique. — La confédération mexicaine est divisée en un district fédéral, dix-neuf états et quatre territoires. Le district fédéral est celui de Mexico ; les dix-neuf états sont ceux de Mexico, Queretaro, Guanaxuato, Mechoacan, Xalisto, Zocatecas, Sonora-el-Sinaloa, Chihuahua, Durango, Chohahuila, Nuevo-Leon, Tamaulipas, San-Luis Potosi, Vera-Cruz, Puebla, Oaxaca, Chiapa, Tabasco et Yucatan. Les quatre territoires sont ceux des Californies, du Nouveau-Mexique, de Clascala et de Colinia. Mexico est la capitale de la confédération. Chaque district fédéral a une ville capitale qui porte le même nom. Les habitants, anciens colons, ou provenant du mélange des indigènes avec le sang blanc, parlent espagnol. Les Indiens parlent l'ancienne langue mexicaine. La population totale est d'environ 8,000,000, dont 2,000,000 de blancs, espagnols, anglais, français, etc. Tous les Mexicains civilisés, sans distinction de castes, professent aujourd'hui la religion catholique sous la direction d'un archevêque et de sept évêques ; elle est celle de la nation ; l'exercice de toute autre est formellement interdit. Le Mexique forme aujourd'hui une république représentative, populaire et fédérative. Le pouvoir suprême se divise en législatif, exécutif et judiciaire. Le pouvoir législatif est confié à un congrès général ; il se divise en deux chambres, celle des députés et celle des sénateurs. Le pouvoir exécutif est confié à un président que supplée en cas de besoin un vice-président, l'un et l'autre élus pour quatre ans par les corps législatifs des différents états. Le pouvoir judiciaire réside dans une cour suprême et dans les tribunaux de cantons et de districts. Les membres qui les composent sont élus par les membres législatifs des états ; ils sont inamovibles. Chaque état est libre, indépendant et souverain pour ce qui a rapport à son administration ; mais il doit se conformer à tout ce qui est établi dans la constitution générale. Les revenus de la confédération s'élèvent à environ 60,000,000 fr. L'armée de terre se compose de 30,000 hommes ; la marine de l'état consiste en un vaisseau de ligne, plusieurs frégates, bricks, goëlettes, etc. L'industrie consiste en fabriques d'orfèvrerie et de bijouterie, de fils d'or et d'argent, de drap, de calicot imprimé, de carrosserie, de sellerie,

de chapellerie, de cigarres, de pipes, de cartes à jouer, de savon, de chandelle, etc. Le Mexique est très heureusement situé pour le commerce de l'Europe et de l'Asie, et possède plusieurs bons ports dont Acapulco, San-Francisco et San-Blas sont les plus fréquentés. Jusqu'au moment de la déclaration de l'indépendance le commerce était soumis à des restrictions vexatoires de la part de la métropole et devait par conséquent être d'une faible importance. Dégagé de toute entrave, il prend chaque jour un nouvel essor. Les objets d'exportation consistent en or et argent, en lingots ou façonnés; en vanille, tabac, cacao, coton, bois de campêche, cochenille, jalap, sucre, etc.; les importations, en draps et soieries de France, toiles d'Allemagne, mousseline et calicots imprimés et blancs, bas, papier, faïence blanche et bleue d'Angleterre, etc.

J.

MEY (CLAUDE), avocat au parlement de Paris et canoniste, né à Lyon le 15 janvier 1712, embrassa l'état ecclésiastique, mais resta simple tonsuré. Très versé dans le droit canonique, il était consulté de tous côtés pour cette partie, et publia un grand nombre de mémoires qui ne sont pas tous dictés par une sévère impartialité. On le regardait avec Piales comme les colonnes du parti appelant; Mey était cependant plus théologien. Il se déclara contre la constitution civile du clergé, et signa la consultation dressée par Jabineau, le 15 mars 1790. Lors de la terreur, il se retira à Sens, et y mourut en 1796. Il présidait aux nouvelles ecclésiastiques, et eut part à plusieurs actes de l'administration de M. de Montazet, archevêque de Lyon. Ses principaux ouvrages sont : 1° *l'Apologie des jugements rendus en France par les tribunaux séculiers contre le schisme*, 1752, 2 vol. in-12. La première partie seulement est de Mey ; la deuxième est de Maultrot. Cet ouvrage fut supprimé par arrêt du parlement, et condamné par un bref de Benoît XIV, du 20 novembre 1752 ; 2° *Essai de métaphysique ou principes sur la nature et les opérations de l'esprit*, 1756, in-12, 3° *Consultation pour les bénédictins contre la commission des réguliers*, 2 vol. in-4° ; 4° *Maximes du droit public français*, 1772, 2 vol. in-12. Maultrot et Blonde en donnèrent une deuxième édition en 1775. Ils concourut à plusieurs écrits sur les contestations du temps. Mey (Ottavio), négociant de Lyon, de la même famille, s'est rendu célèbre par la découverte qu'il fit, vers le milieu du XVII° siècle, du secret de donner le lustre aux soies, ce qu'on appela leur donner l'eau. Il se forma une riche collection d'objets curieux et d'antiquités, parmi lesquels on voyait le fameux bouclier dit de Scipion, transporté depuis au cabinet des médailles de Paris.

MEYER (JACQUES), historien, naquit le 17 janvier 1491, dans un village de la Flandre française près de Bailleul, d'où il prit le nom de *Balionanus*. Après avoir fait de fortes études dans sa patrie, Meyer se rendit à Paris pour y suivre les cours de philosophie et de théologie. De retour en Flandre, il y reçut les ordres sacrés et se fixa à Ypres, où il ouvrit une école qu'il transféra depuis à Bruges, où il devint titulaire d'une chapelle de l'église de Saint-Donatien. Il mourut curé de Blanquemberg en 1552, et fut inhumé à Bruges. Foppens a inséré son épitaphe dans sa bibliothèque belgique. Meyer eut pour amis Despautère, Erasme et plusieurs autres savants de son siècle. Il a laissé : 1° *Flandricarum rerum Decas, de origine, antiquitate, nobilitate ac genealogia comitum Flandriæ*, Bruges, 1531, in-4, et Anvers, in-8 ; *Chronicon Flandriæ ab anno christi 445 usque ad annum 1278*, Nuremberg, 1538, in-8. Cette chronique fut continuée par Antoine Meyer, son neveu, jusqu'en 1476. 3° *Hymni aliquot et carmina pia*, Louvain, 1537, in-8; 4° *Carmina miscellanea*, Anvers, 1534; 5° *Miracles opérés près des reliques de saint Marcellin et de saint Pierre, transférées de Rome à Saint-Bavon de Gand* ; 6° *Vita sancti Ansgarii episcopi*; 7° *Bellum quod Philippus Francorum rex, cum Othone, Anglis Flandrisque gessit*, etc., Anvers, 1534, in-8.

MEYER (ANTOINE), neveu du précédent, né au même lieu, cultiva aussi les belles-lettres, dirigea plusieurs maisons d'instruction publique, et notamment le collége d'Arras pendant 37 ans. On trouve sa vie en vers latins, par André Hojus. Meyer mourut en 1607. On a de lui, outre la continuation des Annales de Flandre : 1° *Comites Flandriæ seu Epitome rerum Flandicarum versu heroïco*, Anvers, 1556. C'est un extrait des Annales de son oncle. 2° *Cameracum, sive Urbis ac populi cameracensis Encomium*, Anvers, 1556 ; 3° *Ursum, de rebus sancti Vedasti episcopi, lib. III*, Paris, 1580; 4° *Catonem christianum, seu institutionem parænetigam ad pietatem, lib. X*; 5° *B. Nili episcopi et martyris Gnômas, carmine* *reditas;* 6° *Item Isocratis ad Damonicum Paranesin,* 1561; 7° *Threnodium, seu illustrium virorum Epicedia et tumulos,* Arras, 1594.

MEYER (PHILIPPE), fils du précédent, succéda à son père dans la direction du collége d'Arras, où il était né en 1557. Il continua les Annales de Flandre, depuis 1477 jusqu'en 1613. En outre, il est auteur: 1° de huit livres d'élégies sur les malheurs des hommes illustres; 2° d'une Vie de Mahomet; 3° d'un livre d'épigrammes, l'histoire et de pièces mélangées; 4° d'un poème en l'honneur de l'archiduc Albert d'Autriche, au sujet du siége de Calais; 5° d'une pièce de vers sur le siége d'Arras, par Henri IV; 6° Eloges sur les actions militaires de quelques princes. Philippe Meyer mourut à Arras en 1637, et fut inhumé près de son père, dans le cimetière de Saint-Nicaise.

MEYER (LIVINUS DE), jésuite, né d'une famille noble de Gand en 1655, mort à Louvain, le 19 mars 1730, se distingua dans la théologie, l'histoire et la poésie. Son poème sur la Colère, divisé en trois livres, contient des vers dignes du siècle d'Auguste. Parmi ses ouvrages théologiques, celui qui a fait le plus de bruit est son *Histoire des congrégations de Auxiliis,* contre le P. Jacques-Hyacinthe Serry, Anvers, 1705, in-fol.; elle est diffuse, mais assez exacte, et même aussi impartiale que peuvent l'être ces sortes de relations. Il a beaucoup écrit contre les apologistes de Quesnel.

MEYER (JEAN-HENRI), directeur de l'Institut libre des Beaux-Arts de Weimar, né à Stäfa sur le lac de Zurich, le 16 mars 1759, mort à Iéna le 14 octobre 1832, est connu par la publication des Œuvres de Winckelmann et par l'Histoire des arts du dessin chez les Grecs.

MEYER (JONAS-DANIEL), jurisconsulte, né à Arnheim, le 15 septembre 1780, mort à Amsterdam le 9 décembre 1834, publia, en 1817, l'Esprit, l'origine et les progrès des institutions judiciaires. Comme philologue, on a de lui: Mémoire sur l'origine de la différence relative à l'usage de la langue flamande ou wallonne dans les Pays-Bas, inséré dans le troisième volume des nouveaux Mémoires de l'Institut des Pays-Bas.

MEYNARD (le chevalier FRANÇOIS), était avocat à Périgueux au commencement de la révolution. Le département de la Dordogne le nomma, dans le mois de septembre 1792, membre de la convention. Dans le procès de Louis XVI, il vota l'appel au peuple, la détention et le sursis : « Je crois difficilement, dit-il, aux dangers dont on nous dit individuellement menacés; peut-être n'en suis-je pas assez frappé, d'après les bruits alarmants que l'on fait chaque jour sur notre sûreté personnelle. Je pourrais avoir d'autre craintes; mais je déclare que je ne croirai jamais à la peur qu'on chercherait à m'inspirer pour forcer ma volonté... Je demande, comme mesure de sûrcté générale, que Louis soit détenu pendant le temps que durera la guerre. » Il fut plusieurs fois interrompu par les cris des députés de la Montagne, et il leur répondit avec énergie : Taisez-vous, ce ne sont pas vos cris que j'écoute, c'est ma conscience. En 1795, il fut envoyé en qualité de commissaire à l'armée de Sambre-et-Meuse. Membre du conseil des Cinq-Cents, il obtint que les ecclésiastiques condamnés à la réclusion par le précédent gouvernement rentreraient dans l'administration de leurs biens. Sorti du conseil en 1798, il fut nommé par le directoire agent politique à Francfort où il resta pendant plusieurs années. En 1811 il fut appelé à la présidence du tribunal civil de Périgueux. Elu en 1815 membre de la chambre des représentants des Cent-jours, il ne siégea point dans cette assemblée; mais il se rendit à la chambre des députés où le département de la Dordogne l'envoya, et où il resta jusqu'en 1817. Nommé, à cette époque, juge au tribunal de première instance du département de la Seine, il est venu de nouveau siéger à la chambre des députés en 1820. Le chevalier Meynard est entré en 1825 à la Cour royale de Paris en qualité de conseiller. Ses opinions politiques et religieuses ne varièrent jamais; il vota continuellement avec le côté droit, et se conduisit toujours en chrétien. C'est après avoir reçu tous les secours de la religion qu'il est mort en 1828 à Vaurain, près de Riberac.

MEYNIER (CHARLES), peintre d'histoire, né à Paris, en 1759, mort dans la même ville, le 6 septembre 1832, se destina d'abord à l'art de la gravure, qu'il étudia sous Pierre-Philippe Choffart; mais emporté par sa passion pour la peinture, il entra, en 1785, à l'académie, et eut pour maître le célèbre Vincent, qui cherchait avec David à relever l'école française. Meynier remporta, en 1789, le grand prix de peinture, et se rendit aussitôt à Rome en qualité de pensionnaire du roi. En 1793, il revint à Paris. Depuis cette époque jusqu'à sa mort, il s'est toujours distingué dans les différentes expositions publiques du Louvre. Elu en 1815 membre de l'académie des beaux-arts, il fut nommé professeur aux écoles royales en 1818 et membre de la Légion-d'Honneur en 1822. Meynier avait un beau talent de composition : ses tableaux, qui ont un grand caractère de dessin et d'expression, l'ont placé au plus haut rang parmi nos peintres d'histoire; on estime surtout ses allégories. Il passait aussi pour l'un des artistes les plus habiles à peindre les plafonds. Ses productions les plus remarquables sont : la *Naissance de Louis XIV, Apollon, Uranie, Clio, Polymnie, Erato et Calliope,* tableaux composés pour M. Boyer-Fonfrède de Toulouse; les *Adieux de Télémaque et d'Eucharis,* tableau de moyenne grandeur; la gravure a reproduit ce charmant ouvrage, qui est cité avec éloge dans le rapport de l'Institut sur les prix décennaux; le *76e de ligne retrouvant ses drapeaux dans l'arsenal d'Inspruck* (figures grandes comme nature). L'Institut, dans son rapport sur les prix décennaux, a également fait une mention honorable de ce tableau; l'*Entrée des Français dans Berlin,* grande composition, dans laquelle le peintre a fait entrer une multitude de figures de demi-grandeur; les *Français blessés dans l'île de Lobau reconnaissant leur général qu'ils avaient perdu,* grand tableau, figures de demi-grandeur; dans aucun autre ouvrage M. Meynier n'avait porté à un plus haut degré l'expression et la science anatomique; la *Bataille d'Austerlitz* (figures demi-nature), tableau commandé par le maréchal prince de Neufchâtel : il est au château de Gros-Bois; la *Dédicace de l'église Saint-Denis en présence de Charlemagne,* dans la sacristie de cette église; la *Sagesse préservant l'Adolescence des traits de l'Amour* (figure grande comme nature); cette allégorie, pleine de grâces fait partie du cabinet de M. de Sommariva. Meynier a peint aussi trois grands plafonds au musée royal : l'un, à l'entrée des salles de sculpture, représente *Rome donnant à la terre le Code de Justinien;* l'autre, sur la seconde partie du grand escalier, a pour sujet la *France protégeant les beaux-arts sous les auspices de la paix;* le troisième est dans la salle carrée qui précède le grand salon, et représente le *Génie préservant de la faulx du Temps les chefs-d'œuvre de nos grands maîtres.* Le musée du Luxembourg possède en outre plusieurs ouvrages de ce peintre, notamment les *Cendres de Phocion,* sujet austère et profondément philosophique; et le berger *Phorbas présentant Œdipe à Péribée, reine de Corinthe.*

MEYRANX (N....), professeur, né dans le département des Landes, fit ses études de médecine à Montpellier, et vint à Paris suivre avec plus de liberté son goût ardent pour les sciences naturelles. Il y vécut dans l'obscurité, dédaignant le haut patronage des savants à la mode ou en honneur. Ses travaux sur l'histoire naturelle restèrent longtemps ignorés; cependant l'Institut commença à pénétrer ce qu'il y avait de nouveau dans ses recherches, et M. Ampère, dont les connaissances sont si profondes, saisit l'ensemble de ses idées, les développa dans ses leçons, et enfin M. Geoffroy Saint-Hilaire les étudia et s'en servit pour modifier son système. La carrière de Meyranx fut lente à s'ouvrir; il fit quelques leçons à la société des bonnes études, puis il fut nommé professeur d'histoire naturelle au collége Bourbon. C'était un emploi trop peu rétribué pour suffire aux besoins qu'il s'était créés dans l'intérêt de la science. M. de Montbel, alors ministre, lui donna une petite place à la bibliothèque de l'Arsenal. Meyranx fit aussi quelques leçons au collège de Juilly, et enfin, en dernier lieu, il avait été nommé professeur au collége Charlemagne. Il était doué d'un art admirable pour l'enseignement des sciences; il les mettait à la portée des jeunes intelligences, il les faisait aimer des gens du monde, il les entourait de grâces et les ornait de fleurs. Il eût refait les harmonies de la nature de Bernardin de Saint-Pierre avec de la vérité et de l'érudition de plus : toute son âme s'épanchait quand il parlait des merveilles de la création. Il montrait Dieu partout, sans efforts, sans affectation, aussi les enfants aimaient à l'entendre; ses élèves se regardaient dans ses classes comme à une fête. Ses derniers jours ont été désolés par d'horribles souffrances : la médecine, l'amitié et la religion lui ont apporté leurs remèdes. Il est mort dans les sentiments de la piété la plus ardente, sur la fin du mois de juin 1832. Des discours ont été prononcés sur sa tombe; dans l'un d'eux, M. Geoffroy Saint-Hilaire a accordé à sa mémoire les honneurs qui lui ont manqué pendant sa vie. Meyranx n'a point été connu de son siècle ; mais Cuvier avait apprécié son génie, et un tel témoignage est déjà de la gloire.

MÉZENCE, tyran, célèbre surtout par son impiété, régnait sur les Tyrrhéniens lorsque Enée vint en Italie. Ce prince, d'une taille colossale et d'un caractère féroce, se plaisait à faire subir d'horribles supplices à ses sujets ; il attachait quelquefois des corps vivants à des cadavres, et les laissait mourir dans cette situation. Ayant été chassé du trône par ses peuples, il se réfugia à la cour de Turnus, et lui prêta le secours de son bras dans la guerre des Rutules contre les Troyens. Lausus, son fils, pour qui il avait le plus vive tendresse, ayant été tué par Enée, il se précipita contre le prince troyen pour venger sa mort ; mais il succomba lui-même sous les coups du héros.

MÉZERAI (FRANÇOIS-EUDES DE), historien célèbre, né l'an 1610 à Ry, en Basse-Normandie, d'un chirurgien, s'adonna d'abord à la poésie, mais la quitta ensuite pour l'histoire et la politique. Il obtint dans l'armée de Flandre l'emploi de commissaire des guerres, qu'il abandonna pour s'enfermer au collége de Sainte-Barbe, au milieu des livres et des manuscrits, dans le dessein de donner une Histoire de France, dont il publia le premier tome en 1643, à 32 ans. Le cardinal de Richelieu, qui lui avait déjà fait un don pécuniaire pour l'encourager dans ses études, le récompensa de ses travaux par une pension de 4,000 livres. Conrart, un des premiers membres de l'Académie française, étant mort, cette compagnie donna à Mézerai la place de secrétaire perpétuel, que l'académicien laissait vacante. Il travailla en cette qualité au Dictionnaire de l'académie, et mourut en 1683. Mézerai affecta pendant tout le cours de sa vie un pyrrhonisme qui était plus dans sa bouche que dans son cœur. C'est ce qu'il fit paraître durant sa dernière maladie ; car, ayant fait venir ceux de ses amis qui avaient été les témoins les plus ordinaires de sa licence à parler des choses de la religion, il en fit devant eux une espèce d'amende honorable. Il la termina en les priant d'oublier ce qu'il avait pu leur dire autrefois de contraire : « Souvenez-vous, ajouta-t-il, que Mézerai mourant est plus croyable que Mézerai en santé. » Ses principaux ouvrages sont : *Histoire de France*, en 3 vol. in-fol.. 1643, 1646 et 1651. Les deux derniers volumes valent mieux que le premier ; mais ni les uns ni les autres ne feront jamais une histoire agréable. Il y aurait moins de fautes si, au lieu de composer son Histoire sur Paul-Emile, du Haillan, Dupleix, etc., l'auteur avait été aux sources. Mais il disait ingénument que les reproches que quelques inexactitudes procuraient étaient fort au-dessous de la peine qu'il fallait prendre en consultant les originaux ; *Abrégé chronologique de l'Histoire de France*, 1668, en 3 vol. in-4, réimprimé en Hollande en 1673, 6 vol. in-12. Dupuy, Launoi et Dirois, trois des plus savants critiques de leur temps, le dirigèrent dans cet abrégé, incomparablement meilleur que sa grande Histoire ; mais on ne laisse pas que d'y trouver des fautes très considérables. L'esprit républicain de Mézerai y perce à chaque page. Il eut la hardiesse d'y faire l'histoire de l'origine de toutes les espèces d'impôts des Français, avec des réflexions fort libres. Colbert s'en plaignit ; Mézerai promit de se corriger dans une deuxième édition : il le fit, mais en annonçant au public qu'on l'y avait forcé. Ses corrections n'étant d'ailleurs que de vraies palliations, le ministre fit supprimer la moitié de sa pension. Mézerai, quoique à son aise, murmura, parce qu'il était attaché à l'argent, et n'obtint d'autre réponse que la suppression de l'autre moitié. Son aversion pour les traitants n'en devint que plus forte. Il avait coutume [de dire qu'il réservait deux écus frappés au coin de Louis XII, surnommé *Père du Peuple* : l'un destinait un pour louer une place en Grève, lorsqu'on exécuterait quelques-uns d'eux, et l'autre à boire à la vue de leur supplice. On voit par là que cet homme aurait joué un rôle dans la révolution de 1789. La dernière édition de son Abrégé est de 1755, 14 vol. in-12. On y a joint les endroits de 1668 qui avaient été supprimés, la continuation de Limiers et une Table des matières ; Traité de l'origine des Français ; une Histoire des Turcs, contenant ce qui s'est passé dans l'empire ottoman depuis 1612 jusqu'en 1649 ; une Traduction française, grossièrement écrite, du traité latin de Jean Salisbury, intitulé *les Vanités de la Cour*, 1640, in-4 ; *Mémoires historiques et critiques des divers points de l'Histoire de France*, Amsterdam, 1732, 2 vol. in-12. Il y a des propositions qui sont contraires à la constitution monarchique de la France. On lui attribue plusieurs satires contre le gouvernement, et en particulier celle qui porte le nom de Sandri-

court ; *Histoire de la mère et du fils*, Amsterdam, 1730, in-4, ou 2 vol. in-12, etc.

MÉZIRIAC (CLAUDE-GASPARD BACHET DE), né à Bourg-en-Bresse, le 9 octobre 1581, mort en 1638, se fit jésuite. Sa santé trop délicate ne pouvant soutenir les exercices de cette société laborieuse, il en sortit. L'Académie française lui a ouvert ses portes. On a de lui : la *Vie d'Esope*, à Bourg-en-Bresse, 1632, in-16 ; une Traduction de Diophante en latin, avec un Commentaire, Paris, 1621, in-fol., réimprimée en 1670 avec les observations de Fermat. On a donné de cet académicien (sous le nom de Bachet) huit Héroïdes d'Ovide, traduites en mauvais vers français, et accompagnées d'un Commentaire, La Haye, 1716, 2 vol. in-8. Ce Commentaire est une source d'érudition, dans laquelle les mythologistes ne cessent de puiser.

MEZRAÏM, fils de Cham, petit-fils de Noé, peupla l'Egypte, qui lui avait été destinée, et qui de son nom est appelée dans l'Ecriture « terre de Mezraïm. » Il eut pour fils Ludim, Anamim, Laabim, Nephtuim, Phétrusim et Chasluim ; c'est d'eux que sortirent tous les différents peuples qui habitèrent l'Egypte et les pays voisins. Mezraïm, étant mort, fut adoré, dit-on, comme un dieu, sous les noms d'Osiris, de Sérapis et d'Adonis.

MEZZABARBA (CHARLES-AMBROISE), patriarche d'Alexandrie et légat du pape Clément XI en Chine, partit en 1720 pour cette mission, dont l'objet était de faire exécuter les décisions du Saint-Siége, relativement aux cérémonies sur lesquelles les missionnaires ne pouvaient s'accorder. Le légat, mal accueilli par l'empereur Khang-hi, et fatigué des désagréments et des obstacles qu'il rencontrait, partit pour Macao, et y donna (1721) un mandement pour exhorter les missionnaires à se conformer aux décrets du Saint-Siége ; mais en même temps il modifiait les décrets par quelques concessions, qui furent annulées par Benoît XIV en 1742. Après son retour à Rome, la Relation de sa mission fut publiée d'abord en français, puis en italien en 1739.

MEZZO-TINTO, s. m., terme emprunté de l'italien. Il se dit du genre de gravure appelé plus communément *gravure à la manière noire*.

MI, mot variable qui ne s'emploie jamais seul, qui se joint à plusieurs autres mots, et qui sert à marquer, soit le partage d'une chose en deux portions égales, soit l'endroit où la chose peut être partagée de la sorte. Il sert à marquer le partage d'une chose en deux parties égales, lorsqu'il se joint au mot *parti*. Il sert à marquer l'endroit où une chose peut être partagée en deux portions égales, lorsqu'il se joint à des noms substantifs. Lorsque *mi* est joint au mot *carême* ou aux noms de mois, ces mots reçoivent l'article, et l'article féminin, quoique tous soient masculins.

MI, s. m., t. de musique, la troisième note de la gamme. C'est aussi le nom du signe qui représente cette note.

MIASME, s. m., t. de médecine. Il ne s'emploie guère qu'au pluriel, et signifie émanations contagieuses, morbifiques. Il se dit aussi des exhalaisons que répandent les matières animales ou végétales en décomposition, les marais, etc.

MIAULARD ou MIAULEUR (*ois.*), nom vulgaire des goélands et des mouettes. **J. P.**

MIAULEMENT, s. m., cri du chat.

MICA (*min.*). Les micas forment un groupe minéralogique, dont les espèces, se confondant par leurs caractères extérieurs, offrent néanmoins des différences importantes de composition chimique et de structure cristalline. Cette substance est foliacée, divisible presque à l'infini, en feuillets minces ou en paillettes flexibles, élastiques et à surface brillante. Les micas sont fusibles au chalumeau, et le plus souvent en émail blanc. Ils se laissent rayer à l'ongle, et donnent une poussière blanche, quelle que soit, d'ailleurs, leur couleur. Leurs teintes ordinaires sont le vert, le jaune, le brun, le noirâtre ou le blanc d'argent. Ce sont des silicates alumineux, à base de potasse, d'oxyde de fer et de magnésie, dont les proportions ne sont pas encore bien connues. Nous diviserons les micas d'après l'ingénieuse méthode de M. Beudant, suivant leurs propriétés optiques, reconnues à l'aide de la lumière polarisée, indiquant un axe ou deux axes de double réfraction, et par conséquent au moins deux systèmes différents de cristallisation. 1. *Micas à un axe de double réfraction*. Les micas généralement verts ou noirs contiennent environ un cinquième de leur poids de magnésie. Tous les micas volcaniques et les micas noirs de Sibérie appartiennent à cette division. 2. *Micas à deux axes de double réfraction*. Les micas à deux axes présentent, dans leur composition, des proportions très différentes des précédents ; ils ne contiennent point ou presque point de magnésie, et présentent beaucoup plus d'alumine que les micas à un axe. Ils sont tantôt à base de potasse, tantôt à base de potasse et de lithine. C'est à cette division qu'appartiennent généralement les micas des gneiss, granites et pegmatites, les micas jaunes de Sibérie et les micas roses de Saxe et d'Amérique. Le mica est abondamment répandu dans la nature ; on le trouve dans tous les terrains ; il fait partie essentielle de beaucoup de roches (granite, gneiss, micacite).   J. P.

MICHAÉLIS (Sébastien), dominicain, né à Sajnt-Zacharie, petite ville du diocèse de Marseille, vers 1543, introduisit la réforme dans plusieurs maisons de son ordre, et obtint du Saint-Siége que les religieux de cette réforme composeraient une congrégation séparée. Le P. Michaélis en fut le premier vicaire-général. Il mourut à Paris en 1618, à 74 ans, avec la gloire d'avoir fait revivre dans son ordre l'esprit de son fondateur. On a de lui l'*Histoire véritable de ce qui s'est passé sous l'exorcisme de trois filles possédées au pays de Flandre*, avec un *Traité des sorciers et des magiciens*, à Paris, 1623, 2 vol. in-12 : ce livre n'est pas commun, et ne sera guère lu dans ce siècle. Nos pères croyaient à la magie ; nous n'y croyons pas : mais, si elle est très rare parmi nous, elle y a été commune autrefois, et on l'exerce encore partant : pourquoi y a-t-on cru ? et pourquoi ne devons-nous plus y croire ? Voilà ce que les philosophes auraient dû nous apprendre.

MICHAÉLIS (Jean-David), savant orientaliste et théologien protestant, naquit à Halle, le 27 février 1717, fit ses études en différentes universités de l'Allemagne, et devint très instruit dans presque toutes les branches des connaissances humaines. Il fut professeur à l'université de Gottingue, conseiller aulique, et acquit tant de célébrité que, lors de la guerre de sept ans, ce fut à sa considération que le maréchal de Richelieu et ses officiers firent respecter par l'armée française la riche bibliothèque de cette ville et les choses précieuses qu'elle contenait. Cet illustre savant coopéra, par ses travaux, au voyage de découvertes en Arabie, dont les ouvrages de Niebuhr et les observations de Forskal furent le résultat. Michaélis mourut le 22 août 1791, âgé de 74 ans. Il a publié plus de quarante-quatre ouvrages, dont nous citerons une partie : 1° *Dissertatio de punctorum hebræorum antiquitate*, Halle 1739, in-4° ; 2° *Grammaire hébraïque*, Halle, 1745, in-8° (et plusieurs autres écrits sur cette langue), in-8°, Gottingue, 1771 ; 2° *Grammatica chaldaica syriaca*, Halle, 1784, in-4° ; 5° *Grammatica arabica*, avec un avant-propos sur le style poétique et historique des Arabes, *ibid.*, 1771-1781, in-8° ; 6° *De l'influence des opinions sur le langage et du langage sur les opinions*, Brême, 1762, in-4° (traduit en français par Meiran et Prémontval) ; 7° *De trogolitis secretis et themucleis* ; 8° *Sententia de chronologia Mosis ante diluvium et a diluvio ad Abrahamum*, 1769, in-4° ; 9° *Compendium antiquitatum Hebræorum*, 1753, in-4° ; 10° *Traité des lois matrimoniales par lesquelles Moïse interdit l'union entre proches parents* (en allemand), 2° édition, 1768, in-8° ; 11° *Introduction à la lecture des livres du Nouveau-Testament*, 4° édition, 1787, 88, 2 vol. in-4° ; 12° *Droit mosaïque*, 2° édition, 1775-80, 6 vol. in-8° ; 13° *Curæ in Actus apostolorum syriacos, cum commentariis criticis de indole, cognationibus et usu versionis syriacæ Novi Testamenti*, Gottingue, 1796, in-4° ; 14° *Compendium theologiæ dogmaticæ*, Gottingue, 1760, in-8° ; en allemand, 1784, in-8° ; 15° *Explication de l'histoire de la sépulture et de la résurrection de Jésus-Christ* (en allemand), ou réponse aux objections d'un anonyme, Halle, 1783-85, in-8°. Michaélis a écrit aussi sur les universités protestantes de l'Allemagne, sur la caisse d'épargnes, a publié un mauvais poème, intitulé *Moïse*, et a traduit de l'anglais le roman de *Clarisse* et la tragédie d'*Agamemnon*. Il fit plusieurs voyages en Allemagne, en Angleterre, se livra quelque temps à la prédication, et prêcha à Halle, à Gottingue et à Londres, dans la chapelle luthérienne. Michaélis a laissé des notes ou mémoires sur sa vie, qui ont été réunis dans un volume avec la notice d'Eichhora et une autre de Heyne, Leipsick, 1793, in-8°.

MICHALLON (Achille-Etna), peintre paysagiste, né à Paris, le 22 octobre 1796, reçut les leçons de David et de MM. Valencienne et Berlin. Ses progrès dans la peinture furent extraordinaires : à l'âge de 12 ans, il attira sur lui l'attention du prince russe Youssouproff, qui lui fit une pension, payée jusqu'au désastre de Moscou. Michallon remporta, en 1811, la médaille à l'Académie ; en 1812, le second prix, et en 1817,

le grand prix de peinture en paysage historique. Ce dernier succès, qu'il avait obtenu à l'unanimité des suffrages, lui valut le titre de pensionnaire du roi à l'académie de Rome. C'est de cette ville qu'il envoya plusieurs tableaux, parmi lesquels on remarqua une *Vue du lac de Noémi, Rolland à Ronceveaux*, et le *Combat des Lapithes et des Centaures*. Il était déjà placé au rang des maîtres, lorsqu'il revint en France, pour l'exposition de 1822 ; il y présenta les *Ruines du Cirque*, une *Vue des environs de Naples* et une *Cascade suisse*. Il a aussi exécuté plusieurs *Vues du parc de Neuilly*, pour le duc d'Orléans. La mort l'a enlevé aux arts, le 24 septembre 1822. Le *Catalogue des tableaux, études, peintures et dessins*, de feu A.-E. Michallon, a été imprimé la même année à Paris, et renferme 463 numéros, presque tous ouvrages de Michallon, qui ont été vendus. Son *Oraison funèbre*, prononcée par Vanier, son cousin, le 25 septembre, a été imprimée, Paris, 1822, in-8°, de 22 pages. Le libraire Lami-Denauzon a publié, en 1827 : *Vues d'Italie et de Sicile, dessinées d'après nature par Michallon, et lithographiées par Villeneuve et Deroy*, 1 vol. in-fol., précédées d'une notice biographique.

MICHALLON (Claude), sculpteur, né à Lyon en 1751, mort en août 1799, travailla quelque temps sans autre guide que la nature. Après avoir remporté le grand prix de l'Académie, il passa à Rome. Michallon exécuta le beau buste de Jean Goujon, qui est au musée des monuments français.

MICHAS, Juif de la tribu d'Ephraïm, qui, étant tombé dans l'idolâtrie, consacra une forte somme d'argent à faire construire des idoles, et engagea, par ses séductions, un jeune Lévite à devenir le ministre de son idolâtrie. Des gens de la tribu de Dan enlevèrent l'idole et le sacrificateur, vers l'an 1400 av. J.-C.

MICHAULT (Pierre), Bourguignon, et selon le plus grand nombre, né en Franche-Comté, secrétaire du duc de Bourgogne, Charles-le-Téméraire, vivait encore en 1466. Il est auteur de quelques ouvrages que les bibliomanes cherchent : *Doctrinal du temps*, in-fol. gothique, plus rare que l'édition intitulée : *Doctrinal de cour*, Genève, in-8°, 1522, et in-4°, sans date ; cet ouvrage a été publié par Legrand d'Aussy, dans le tome 5 des *Notices des manuscrits de la Bibliothèque du roi* ; la *Danse aux aveugles*, in-4° sans date, Lyon, in-8°, 1748, et Amsterdam, 1749, même format. L'un et l'autre sont mêlés de prose et de vers.

MICHAUT (Jean-Léonard), contrôleur ordinaire des guerres de Bourgogne, né à Dijon, le 18 janvier 1707, mort dans la même ville, le 16 novembre 1770, s'est fait connaître par des *Mélanges historiques et philosophiques*, Paris, 1754, 2 vol. in-12. Les jugements y sont bien motivés, et prouvent de l'impartialité. Le second volume est en grande partie employé à la *Vie du père Oudin* et à une notice raisonnée de ses ouvrages. On a encore de lui : *Mémoires pour servir à l'histoire de la vie et des ouvrages de l'abbé Lenglet du Fresnoy*, Paris, 1761, in-12. On y trouve un long détail des petites querelles que cet écrivain a eues avec différents auteurs et des libraires, et d'autres anecdotes qui le montrent comme un homme bizarre, fougueux et cynique.

MICHAUX (André), botaniste, né à Versailles le 7 mars 1746, passa toute sa vie à voyager. Il se rendit en Perse, en Amérique, et mourut sur l'île de Madagascar en novembre 1802. Le Jardin des Plantes de Paris lui est redevable d'une infinité de plantes inconnues avant lui. Le nom de *Michauxia* a été donné par Aiton au *Mindium de Jussieu*, de la famille des campanulacées. Il a laissé : *Histoire des chênes de l'Amérique septentrionale*, Paris, 1801, in-fol., avec 36 planches ; *Mémoires sur les dattiers* ; *Flore de l'Amérique septentrionale*, Paris, 2 vol. in-8, ornée de cinquante-deux figures de Redouté. Cette Flore est écrite en latin. — Son fils (François-André), né à Versailles en 1770, tient aussi un rang distingué parmi les botanistes.

MICHE, s. f., pain d'une grosseur médiocre, pesant au moins une livre et quelquefois deux. Il se dit par extension des pains ronds d'un poids plus considérable.

MICHÉE, est le septième des petits prophètes ; il est surnommé Marathite, parce qu'il était de Marath ou Marathie, bourg de Judée, et pour le distinguer d'un autre prophète de même nom, qui parut sous le règne d'Achab. Celui dont nous parlons prophétisa pendant près de cinquante ans, sous les règnes de Joathan, d'Achaz et d'Ezéchias, et fut contemporain d'Isaïe. On ne sait rien autre chose de sa vie ni de sa mort. Sa prophétie ne contient que sept chapitres, elle est écrite en style figuré et sublime, mais facile à entendre ; il prédit la ruine et la captivité des dix tribus du royaume d'Israël sous les Assyriens, et celle des deux tribus du royaume de Juda sous les Chaldéens, en punition de leurs crimes, ensuite leur délivrance sous Cyrus. A ces prédictions, il en ajoute une très claire touchant la naissance du Messie, son règne, et l'établissement d'une nouvelle Eglise. Voici ses paroles, c. 5, v. 2 : « Et vous, Bethléem, autrefois Ephrata, vous êtes peu considérable parmi les villes de Juda; mais c'est de vous que sortira celui qui doit régner sur Israël; sa naissance est dès le commencement, dès l'éternité..... Il demeurera ferme, il paîtra son troupeau dans la force du Seigneur, avec toute la grandeur et au nom du seigneur son Dieu; il sera loué et admiré jusqu'aux extrémités du monde. C'est lui qui sera notre paix. » Le paraphraste chaldéen et les anciens docteurs juifs ont entendu cette prédiction de la naissance du Messie : c'était la croyance commune des juifs quand Jésus-Christ vint au monde. Lorsqu'Hérode demanda aux scribes et aux docteurs de la loi où devait naître le Messie, ils répondirent à Bethléem, et citèrent la prophétie de Michée, Matth. c. 2, v. 5; et les plus savants rabbins en sont encore persuadés. Quelques-uns, suivis par Grotius, ont dit que cette prophétie pouvait désigner Zorobabel, qui fut le chef des juifs au retour de la captivité. Mais ce chef n'était point né à Bethléem, il était né à Babylone, son nom même le témoigne; il n'a point régné sur les juifs et sur Israël, son autorité était très bornée. En quel sens pourrait-on dire que sa naissance est de toute éternité, qu'il a été la paix de sa nation, qu'il a été admiré aux extrémités de la terre, etc.? Aucun des traits marqués par le prophète ne peut lui convenir. (Voy. PROPHÈTE.)

MICHÉE, dit l'*Ancien*, fils de Jamba, prophétisait dans le royaume d'Israël, sous le règne d'Achab, l'an 897 av. J.-C. Il fut mis en prison pour avoir annoncé à ce prince que la guerre qu'il avait entreprise avec Josaphat, roi de Juda, contre les Syriens, aurait un mauvais succès. L'événement confirma sa prédiction. Achab fut tué. C'est de ce prophète qu'il est fait mention dans le 22ᵉ chapitre du 3ᵉ livre des *Rois* (V. PROPHETES).

MICHEL, archange, un des principaux des esprits célestes connus parmi les chrétiens et même parmi toutes les nations de la terre, sous le nom d'anges. Dans le temps que le Créateur avait marqué pour éprouver la fidélité et la persévérance de ces êtres privilégiés, un grand nombre s'étant enorgueillis par le sentiment de leur excellence, et s'étant élevés contre l'auteur de tant de dons sublimes, Michel précipita dans l'abîme les rebelles par l'impression irrésistible du nom de Dieu : victoire exprimée par le nom même de cet archange *Quis ut Deus*. Saint Michel a toujours été regardé comme l'ange défenseur des nations fidèles. Ancien protecteur de la France, il fut pris pour patron de l'ordre militaire établi l'an 1469 par le roi Louis XI. La devise de cet ordre était : *Immensi tremor Oceani*.

MICHEL 1ᵉʳ, CUROPALATE, surnommé *Rhangobé*, empereur de Constantinople, épousa Procopie, fille de l'empereur Nicéphore. Il succéda en 811 à Staurace, son beau-frère. Son premier soin fut de réparer les maux que Nicéphore avait fait souffrir au peuple. Il diminua les impôts, renvoya aux sénateurs les sommes qu'on leur avait enlevées, essuya les larmes des veuves qui avaient vu leurs maris immolés à la cruauté de Nicéphore, pourvut aux besoins de leurs enfants, fit rétablir les images dans les églises, distribua de l'argent aux pauvres, au clergé, et apaisa le peuple, par ses bienfaits et son équité, qu'un tyran avait été remplacé par un père. Après avoir réglé l'intérieur de l'empire, il songea à l'extérieur. Il eut une guerre à soutenir contre les Sarrazins, et il défit par la valeur de Léon l'Arménien, général de ses troupes. Il ne fut pas si heureux contre les Bulgares, qui s'emparèrent de Malembrie, place forte, la clef de l'empire sur le Pont-Euxin. Léon profita de cette circonstance pour s'emparer de la couronne, et se révolta. Michel aima mieux abandonner le diadème que de le conserver au prix du sang de ses peuples. Il descendit du trône le 11 juillet 813, se réfugia dans une église avec sa femme et ses enfants, et prit l'habit monastique. Léon épargna leur vie, et pourvut à leur subsistance. Michel mourut l'an 845 à l'île de Proté. Cet empereur infortuné eut les vertus d'un particulier; mais la faiblesse de son caractère le fit mépriser des soldats.

MICHEL II, le *Bègue*, né à Amorium, dans la haute Phrygie, d'une famille obscure, de la secte des Attingants, plut à l'empereur Léon l'Arménien, qui l'avança dans ses troupes, et le fit patricien. Sa faveur excita l'envie; il fut accusé d'avoir conjuré contre l'empereur, mis en prison et condamné à être brûlé. Le malheureux aurait été exécuté le même jour,

veille de Noël, si l'impératrice Théodosie n'avait représenté à l'empereur que c'était manquer de respect pour la fête. Léon différa l'exécution; mais, la nuit même, il fut assassiné dans son palais. Michel, tiré de prison, et salué empereur d'Orient l'an 820, rappela aussitôt ceux qui avaient été exilés pour la défense des images. Cependant, quelque temps après, il devint le plus violent persécuteur des catholiques, dont il avait été le protecteur. Ainsi il voulut les forcer à observer le sabbat, à célébrer la Pâque selon l'usage des Juifs; fit des lois contre la virginité, et obligea même les veuves à se marier, quelque répugnance qu'elles eussent : despotisme personnel, le plus tyrannique de tous. Euphémius, général des troupes de Sicile, se fait proclamer empereur, et se met sous la protection des Sarrazins d'Afrique. Les Barbares lui envoient des troupes, et soumettent presque toute l'île; mais Euphémius est tué devant Syracuse, qu'il assiégeait. Les Sarrazins continuèrent la guerre après sa mort, s'emparèrent de toute l'île et de tout ce que l'empereur d'Orient possédait dans la Pouille et la Calabre. Michel, tranquille à Constantinople, s'abandonnait aux plaisirs des femmes et de la table. Ses excès causèrent sa mort, le 1ᵉʳ octobre de l'an 829, au milieu des douleurs et des remords. Il eut tous les vices, et se signala par toutes sortes de crimes. Son ignorance était si grande qu'il ne savait ni lire ni écrire. Les gens de lettres étaient en butte à sa haine, et c'était y avoir un droit assuré que d'être doué de quelque talent ou de quelque vertu.

MICHEL III, PORPHYROGÉNÈTE, dit l'*Ivrogne*, empereur d'Orient, né en 836, succéda à Théophile son père, le 22 janvier 742, sous la régence de Théodora, sa mère. Bardas, frère de Théodora, jaloux de l'autorité de cette vertueuse princesse, s'empara tellement de l'esprit de Michel en favorisant ses débauches, que ce prince, par son conseil, obligea sa mère à se faire couper les cheveux et à se renfermer dans un monastère avec ses filles. Saint Ignace, patriarche de Constantinople, n'ayant pas voulu le contraindre d'embrasser l'état monastique, et reprochant sans cesse à Bardas ses déréglements, fut chassé de son siège, et Photius mis à sa place en 857 : année que l'on peut regarder comme l'origine du schisme qui sépare l'Eglise grecque d'avec la latine. C'est ainsi que la luxure, au défaut de l'avarice, de l'orgueil, de la vengeance et des autres passions humaines, a désolé le champ du Seigneur : l'hérésie et le schisme n'ont été que des moyens secondaires, méprisés par ceux mêmes qui les faisaient servir à leur but. Michel, après avoir laissé régner Bardas avec le titre de césar, le fit mourir à la sollicitation de Basile-le-Macédonien, en 866, parce qu'il lui était devenu suspect, et associa ce Basile à l'empire. Basile, voyant que Michel se faisait mépriser par ses déréglements, l'exhorta à changer de conduite, et, pour l'y engager par son exemple, il se comporta avec la décence convenable à un empereur. Michel ne put souffrir ce censeur rigide; il voulut le déposer, et mettre à sa place un rameur. Comme il ne pouvait y réussir, il forma le dessein de le faire périr; mais Basile en fut instruit, et le fit assassiner le 24 septembre 867. Michel III doit être mis au rang de ces monstres qui ont déshonoré l'empire. Il s'abandonna à toutes ses passions. Le meurtre, l'inceste, le parjure, furent les voies par lesquelles il apprit sa puissance aux peuples. Il commit tous les crimes, et ne fit aucune action digne d'un empereur.

MICHEL IV, *Paphlagonien*, ainsi nommé parce qu'il était né en Paphlagonie, de parents obscurs, monta sur le trône impérial d'Orient après Romain Argyre, en 1034, par les intrigues de l'impératrice Zoé. Cette princesse, éprise de lui, procura la couronne à son amant, en faisant mourir l'empereur Argyre, son mari. Peu propre au gouvernement, il en abandonna le soin à l'eunuque Jean, son frère. Zoé, trompée dans ses espérances, voulut s'en venger, et n'y réussit pas. Michel, agité par ses remords, tomba peu de temps après dans des convulsions qui le mirent hors d'état de tenir les rênes de l'empire. Il eut néanmoins de bons intervalles, et parut un prince doux et sage; il fit la guerre avec succès par ses deux frères contre les Sarrazins et les Bulgares. Après avoir soumis ces peuples, il se retira dans un monastère en 1041, y prit l'habit religieux, et y mourut de grands sentiments de piété et de pénitence, le 10 décembre de la même année.

MICHEL V, dit *Calafates*, parce que son père était calfateur de vaisseaux, succéda à Michel IV, son oncle, après avoir été adopté par l'impératrice Zoé. Au bout de quatre mois, craignant que cette princesse ne le fît périr, il l'exila dans l'île du Prince. Le peuple, irrité de cette ingratitude, se souleva contre Michel. On lui creva les yeux, et on le renferma dans un monastère en 1042. Zoé et Théodora sa sœur régnèrent ensuite environ trois mois ensemble; et ce fut la première fois que l'on vit l'empire soumis à deux femmes. Michel perdit sur le trône la réputation qu'il avait acquise étant simple particulier; après s'être montré homme habile, intelligent, capable de former de grands projets, et propre à les exécuter, il devint ingrat, soupçonneux, inhumain, cruel à l'excès; et ses vices éclatèrent principalement aux dépens des personnes qui ne devaient attendre de lui que de la reconnaissance ou des bienfaits.

MICHEL VI, *Stratiotique*, c'est-à-dire *Guerrier*, à raison des preuves de valeur qu'il avait données en portant les armes, régna après l'impératrice Théodora, en 1056; mais, étant vieux, et n'ayant pas le talent de gouverner, il fut obligé de céder son sceptre à Isaac Comnène, le dernier jour de l'an 1057, et de se retirer dans un monastère.

MICHEL VII, *Parapinace*, empereur d'Orient, était fils aîné de Constantin Ducas et d'Eudoxie. Cette princesse, après la mort de son époux, gouverna l'empire avec ce fils, Andronic et Constantin, ses deux autres enfants : s'étant remariée au bout de sept mois à Romain Diogène, elle le fit empereur. Mais, l'usurpateur ayant été pris en 1071 par les Turcs, Michel remonta sur le trône. Nicéphore Botoniate se souleva contre lui et s'empara de Constantinople, avec le secours des Turcs, en 1078. Michel fut relégué dans le monastère de Stude, et en fut retiré dans la suite pour être fait archevêque d'Éphèse. C'était un prince faible, qui abandonna les rênes de l'empire à ceux qui voulurent s'en saisir, et ne s'occupa que de jeux d'enfants. Les ennemis ravagèrent ses états, ses ministres ruinèrent les peuples, et le prince ne sentit ses malheurs que quand il en fut accablé.

MICHEL VIII, *Paléologue*, régent de l'empire d'Orient durant la minorité de Jean Lascaris, monta sur le trône à sa place en 1260, puis fit crever les yeux à ce jeune prince son pupille, malgré les serments de fidélité qu'il lui avait faits. L'année d'après, il reprit Constantinople par trahison, sur Baudoin II. Cette conquête, faite au milieu d'une trève, et contre la foi des serments, lui fit peu d'honneur. Il travailla beaucoup, pendant son règne, à la réunion de l'Eglise orientale avec l'occidentale. Il signa l'acte de réunion en 1277, et envoya au pape la formule de sa profession de foi et du serment d'obéissance. Cette réunion déplut aux Grecs, et n'intéressa guère les Latins. Le pape Martin IV, ne le croyant pas sincère, l'excommunia, comme fauteur du schisme et de l'hérésie des Grecs, en 1281. Michel mourut le 11 décembre de l'année suivante. Les Grecs lui refusèrent la sépulture ecclésiastique, parce qu'il avait voulu les réunir avec l'Eglise latine, et qu'il avait paru persister dans cette union jusqu'à la mort, malgré le désagrément qu'elle lui occasiona. Ces traitements de la part des schismatiques semblent prouver que les démarches de Michel pour l'union étaient sincères, ou du moins que les Grecs les considéraient comme telles. Aussi plusieurs écrivains ont-ils considéré Michel comme un martyr de l'unité catholique; mais les vices de ce prince semblent contraster d'une manière trop sensible avec une qualité si honorable et si sainte. Il avait reçu de la nature de grands talents, et toutes les qualités aimables qui concilient l'estime et l'affection des hommes; il se distingua dans sa jeunesse par une conduite et par des actions qui le rendaient digne du diadème : mais il ne fut pas plutôt monté sur le trône que toutes les vertus qui semblaient l'y avoir appelé commencèrent à s'éloigner de lui, et ne tardèrent pas à être remplacées par les passions violentes qu'enfante l'ambition ardente d'un grand pouvoir, et par les vices des petites âmes, la ruse et la perfidie. Le meurtre du jeune et innocent Lascaris a rendu surtout sa mémoire odieuse. Il n'est point surprenant que le ciel n'ait pas permis que des mains si profanes eussent la gloire de faire tomber le mur de séparation qui divise les deux Eglises.

MICHEL (JEAN) le *Vénerable*, natif de Beauvais, après avoir été secrétaire de Louis II, roi de Sicile, embrassa l'état ecclésiastique, et devint chanoine d'Aix en Provence, puis d'Angers. Il fut élu, malgré lui, évêque de cette dernière ville, qu'il édifia et qu'il instruisit. Sa mort, arrivée en 1447, fut celle d'un saint. On a de lui des Statuts et des Ordonnances pour le règlement de la discipline de son diocèse.

MICHEL (JEAN), de Nîmes, est célèbre par ses poésies gasconnes, surtout par son *Poème* sur les embarras de la foire de Beaucaire, lequel contient plus de 4200 vers. Cet ouvrage est le fruit d'une imagination peu réglée; mais il ne faut pas juger à la rigueur ces sortes d'ouvrages. La satire de Boileau sur les *Embarras de Paris* n'a peut-être sur celle-là que le mérite de la brièveté.

MICHEL-ANGE DES BATAILLES, peintre, né à Rome en 1602, mort dans la même ville en 1660, était fils d'un joaillier nommé Marcello Cerquozzi. Son surnom *des batailles* lui vint de son habileté à représenter ces sortes de sujets. Il se plaisait aussi à peindre des marchés, des pastorales, des foires et des animaux; ce qui le fit appeler Michel-Ange des Bambochades. De trois maîtres dont il reçut des leçons, Pierre de Laar, dit *Bamboche*, fut le dernier, et celui dont il goûta la manière. Son imagination était vive; il avait une prestesse de main extraordinaire. Plus d'une fois il a représenté une bataille, un naufrage, ou quelque aventure singulière, au seul récit qu'on lui en faisait. Il mettait beaucoup de force et de vérité dans ses ouvrages. Son coloris est vigoureux, et sa touche d'une légèreté admirable; rarement il faisait le dessin ou l'esquisse de son tableau. Il excellait aussi à peindre des fruits.

MICHEL-CÉRULARIUS, patriarche de Constantinople après Alexis, en 1043, se déclara en 1053 contre l'Eglise romaine, dans une lettre qu'il écrivit à Jean, évêque de Trani dans la Pouille, afin qu'il la communiquât au pape et à toute l'Eglise d'Occident. Léon IX y fit faire réponse, et envoya l'année suivante des légats à Constantinople, qui excommunièrent Cérularius. Ce patriarche les excommunia à son tour, et depuis ce temps-là l'Eglise d'Orient demeura séparée de l'Eglise romaine. Ce prélat ambitieux, non content d'avoir déchiré l'Eglise, voulut avilir le trône : car jamais les ennemis de l'une n'ont été les amis de l'autre. Il ne cessait de demander des grâces à l'empereur; quand ce prince les lui refusait, il osait le menacer de lui faire ôter la couronne qu'il lui avait mise sur la tête. Il eut même la témérité de prendre la chaussure de pourpre, qui n'appartenait qu'au souverain, disant qu'il n'y avait que peu ou point de différence entre l'empire et le sacerdoce : propos qui, dans le désordre d'idées qui régnait chez les Grecs, n'a rien d'étonnant. L'empereur Isaac Comnène, indigné de son audace, et redoutant son ambition, le fit déposer en 1059 et l'exila dans l'île de Proconèse, où il mourut de chagrin peu de temps après. Baronius nous a conservé trois Lettres de ce patriarche. C'est lui qui, le premier, reprocha aux latins l'usage du pain azyme pour l'eucharistie; reproche si mal fondé, que Photius lui-même ne s'était pas avisé de le faire.

MICHEL DELL'ANNUNCIATA, comte d'Arganil, évêque de Coïmbre en Portugal, célèbre par ses vertus, sa piété et son zèle, fut une des plus illustres victimes de la violence du marquis de Pombal. Celui-ci le fit saisir dans son palais épiscopal, en 1768, pour avoir condamné des livres dont le ministre avait autorisé la circulation. Il le fit enfermer dans un cachot, où on le trouva presque nu neuf ans après, lorsque la reine Marie-Françoise, convaincue de son innocence, l'en fit retirer. Il parut à la cour en 1777, et fixa tous les regards par la longueur de sa barbe et l'état hideux où l'avait réduit une si longue captivité. Il ne tarda pas à reprendre le gouvernement de son diocèse, qu'il instruisit par ses leçons et par ses exemples, dont des souffrances avaient renforcé l'impression. Visitant son diocèse, en 1778, il vit le marquis de Pombal dans sa terre, et lui parla avec douceur, sans dire un mot de sa captivité. Il mourut le 29 août 1779. On a de lui une Lettre pastorale sur la lecture des livres impies. Il est vrai que sa censure s'étend sur quelques ouvrages qui ne méritaient pas une qualification si odieuse; mais en général ceux qu'il a proscrits méritent de l'être.

MICHEL D'ERVAN, savant et vertueux prêtre, vivait dans le monastère patriarchal d'Etchenictzin, vers la fin du seizième siècle. On a de lui: 1° un Traité sur les devoirs du mariage légitime; 2° un poème en l'honneur de saint Grégoire, illuminateur. Michel vécut jusqu'à l'âge de 114 ans.

MICHEL-ANGE BUONAROTTI, peintre, sculpteur et architecte du premier ordre, né en 1474, au château de Caprèse, en Toscane, d'une ancienne famille, annonça dès l'enfance des dispositions extraordinaires pour les arts, fut placé chez Dominique et David Ghirlandajo, les artistes les plus célèbres de l'époque, et les quitta à l'âge de 15 ans, étant déjà supérieur à ses maîtres. Laurent de Médicis, dit le Magnifique, lui assigna peu de temps après un logement dans son palais, et le traita comme son fils. La mort le priva bientôt de ce digne protecteur; mais déjà sa réputation était établie : parmi ses morceaux de sculpture, on admirait à Mantoue le *Cupidon endormi*, à Rome le *Bacchus*, que plus tard Raphaël attribua, à cause de son extrême perfection, à Phidias ou à Praxitèle, et *Notre-Dame de pitié*, groupe fameux qu'on voit à Saint-Pierre; parmi ses tableaux, la *Sainte-Famille* et le grand carton de la *Guerre de Pise*. Jules II fixa Michel-Ange à Rome; il y sculpta le mausolée de ce pontife, monument magnifique, quoique inachevé, et peignit à fresque la grande voûte de la chapelle Sixtine, composition non moins admirable que la première. Il jouit également de la faveur des papes Léon X, Paul III et Jules III. Il ne commença que vers 40 ans à s'adonner à l'architecture, et ne tarda pas à surpasser tous ses rivaux en construisant le plus bel ouvrage de l'architecture moderne, la coupole de Saint-Pierre. Il y travaillait encore lorsqu'il mourut en 1563. Le génie de Michel-Ange n'a jamais été contesté : tous le placent au premier rang comme peintre, sculpteur et architecte : on ne se lasse pas d'admirer la belle fresque du *Jugement dernier* dans la chapelle Sixtine, la statue de *Moïse* pour le mausolée de Jules II, et enfin la magnifique coupole de Saint-Pierre. Ce qui distingue surtout le talent de cet immortel artiste, c'est le grandiose, l'austérité, la fermeté, la noblesse. Michel-Ange a aussi laissé des poésies légères, des stances, des sonnets, dont la meilleure édition est celle de M. Biagioli, Paris, 1821, 3 vol. in-8°.   B.

MICHEL (AUGUSTINUS), chanoine régulier d'Understorff, professeur en théologie et en droit, mourut en 1751 à l'âge de 90 ans, après avoir publié : *Jus et justitia juridico-theologice tractata*, Augsbourg et Dillengen, 1697, in-4°; *Theologia canonico moralis*, 3 vol. in-fol., et d'autres ouvrages.

MICHELI (PIERRE-ANTOINE), naquit à Florence en 1679, de parents pauvres, fut d'abord destiné à la profession de libraire, qu'il abandonna pour s'adonner à la connaissance des plantes, il lut Matthiole et examina avec soin la nature, dans les campagnes, dans les bois et sur les montagnes; il étudia en même temps, seul et sans maître, la langue latine. Devenu élève de Bavone, botaniste de la cour, il captiva sa bienveillance; après la mort de ce savant, il trouva un autre protecteur dans le comte Magalotti. Le grand-Duc, instruit de ses talents, lui fit donner les livres qui lui étaient nécessaires, et l'honora du titre de son botaniste. Micheli voyagea dans divers pays, recueillant partout des observations sur l'histoire naturelle. On a de lui : 1° *Nova plantarum genera*, Florence, 1729, in-fol. C'est un des meilleurs ouvrages publiés sur cette matière : Boërhaave en faisait un cas infini; 2° *Catalogus plantarum horti cæsarei florentini*, Florence, 1748, in-fol.; 3° *Observationes itinerariæ*, manuscrit relatif à la botanique; 4° plusieurs ouvrages sur l'histoire naturelle, qui sont aussi restés manuscrits. Cet homme habile mourut en 1737, à 58 ans, avec la réputation d'un savant modeste et désintéressé. Il refusa des établissements avantageux hors de sa patrie. Sans avoir cultivé les langues savantes, il s'était formé un bon style. Sa mémoire dans tout ce qui concernait la botanique, était prodigieuse. Quand il avait vu une plante, c'était assez pour qu'il n'oubliât point sa figure. On trouve dans les ouvrages de Vaillant, de Boërhaave, de Tilli, beaucoup de plantes désignées sous le nom de Michéliennes. L'éloge de Micheli a été publié par Cocchi, Florence, 1737, in-4°. Il ne faut pas le confondre avec Micholi ou Mikele Du Crest, célèbre géomètre, dont nous avons la détermination, quoique souvent défectueuse, d'un grand nombre de pics helvétiques.

MICHIGAN, lac des Etats-Unis, entre 41° 30′ et 45° de latitude N., et entre 87° 30′ et 89° 50′ de longitude O. Il a 120 lieues de long et depuis 12 jusqu'à 30 de largeur, et 2,000 lieues de superficie. Le détroit de Michilimackinac le met en communication avec le lac Huron. Il porte des bâtiments de toute grandeur, et ses eaux sont très profondes, claires, saines et poissonneuses. Ce lac renferme plusieurs îles et reçoit un grand nombre d'affluents. Le sol de ses rives est généralement de médiocre qualité; mais il est fertile au confluent des rivières qui se jettent dans le Michigan.

MICHIGAN, territoire des Etats-Unis. Il est borné au N. par le lac Supérieur et le détroit de Sainte-Marie, à l'E. par le lac Huron, la rivière et le lac Saint-Clair, la rivière, le détroit et le lac Erié; au S., par les Etats d'Ohio et d'Indiana; à l'O., par l'Etat d'Illinois et le territoire du N.-O. Il a 130 lieues de long et 30 en général de large, et une superficie de 7,000 lieues carrées. On y voit peu de montagnes et un grand nombre de collines de sable. Les rivières les plus remarquables sont : le Huron du lac Erié, le Huron de Saint-Clair, la Siginaw, le Menomoni, le Fox, le Saint-Joseph, la Grande Rivière et l'Ottaway; on y voit plusieurs lacs. Les poissons abondent dans toutes ces eaux. Le climat est généralement sain et assez doux; mais sur les bords des lacs Hu-ron et Saint-Clair il est très rigoureux. Il comprend 13 contrées. Sa population est d'environ 32,000 habitants. Un gouvernement revêtu du pouvoir exécutif, une cour suprême composée de trois juges, auxquels appartient le pouvoir judiciaire, exercent le pouvoir législatif dans ce territoire. Ils sont nommés par le président et le sénat des Etats-Unis. Les Hurons occupaient autrefois cette contrée; ils furent défaits et dispersés par les Iroquois, lors des guerres du Canada entre la France et l'Angleterre. Au XVIIe siècle, les Français y construisirent des forts. Louis XV négligea cette colonie qui finit par passer aux Anglais; ceux-ci furent forcés de l'évacuer entièrement en 1796, en faveur des Etats-Unis. En 1812, il a souffert beaucoup par suite de la guerre avec l'Angleterre; il échappa un instant à la confédération qui ne le recouvra qu'après l'avoir envahi.

MICHOL, fille de Saül, fut promise à David, à condition qu'il tuerait cent Philistins, ennemis irréconciliables des Israélites : David en tua deux cents, et obtint Michol quelque temps après. Saül, voulant se défaire de son gendre, envoya des archers dans sa maison, pour se saisir de lui; Michol fit descendre son mari par une fenêtre, et substitua à sa place une statue qu'elle habilla. Saül, outré de ce stratagème, donna Michol à Phalti, de la ville de Gallim, avec lequel elle demeura jusqu'à la mort de son père. David, devenu roi, la reprit. Cette princesse, ayant vu son mari danser avec le transport d'une sainte allégresse, devant l'arche, conçut du mépris pour lui, et le railla avec aigreur. En punition d'un reproche si injuste, elle devint stérile.

MICIPSA, fils de Masinissa, roi de Numidie, partagea d'abord les états de son père avec Gulussa et Manastabal, ses deux frères; mais bientôt la mort imprévue des jeunes princes la rendit possesseur de tout le royaume. Micipsa eut deux fils, Adherbal et Hiempsal, et de plus adopta Jugurtha, fils de Manastabal. Bientôt la brillante valeur, l'ambition et la popularité toujours croissantes de son neveu l'effrayèrent pour ses enfants au point qu'il voulut le faire périr, et l'envoya en Espagne, espérant que le sort des combats délivrerait ses fils d'un rival trop redoutable. Son espoir fut trompé; Jugurtha revint couvert de gloire et comblé des marques d'honneur du second Scipion l'Africain. Alors Micipsa, renonçant à ses projets, en fit l'égal de ses enfants, l'associa au trône et en mourant le nomma conjointement avec Adherbal et Hiempsal héritier de l'empire de Numidie.

MICOCOULIER, *celtis* (bot.), genre de la famille des celtidés. Arbres des régions chaudes de l'hémisphère boréal (Tournefort, Inst. 383).   J. P.

MICRAELIUS (JEAN), luthérien, né à Kolin dans la Poméranie, en 1597, fut professeur d'éloquence, de philosophie et de théologie, places qu'il remplit jusqu'à sa mort, arrivée en 1638. Ses principaux ouvrages sont : 1° *Lexicon philosophicum*, 1661, in-4°; 2° *Syntagma historiarum mundi et Ecclesiæ*, in-8°; 3° *Ethnophronium contra gentiles de principiis religionis chistianæ*, 1674, in-4°; 4° *Tractatus de copia verborum*; 5° *Archeologia*; 6° *Historia ecclesiastica*, Leipsig, 1699, 2 vol. in-4°; 7° *Orthodoxia lutherana contra Bergium*; 8° des *Notes* sur Aphton et sur les Offices de Cicéron; 9° des *Comédies* et d'autres pièces en vers et en prose. Ces ouvrages décèlent un homme qui avait beaucoup d'érudition et de littérature.

MICROCÉPHALE (ins.), genre de coléoptères de la famille des carabiques, tribu des jéroniens.   J. P.

MICROCOSME, s. n., petit monde, monde en abrégé. Il est peu usité.

MICROGLOSSE (ois.), genre de la famille des perroquets. J. P.

MICROGRAPHIE, s. f., description des objets qui sont si petits, qu'on ne peut les voir sans le secours du microscope.

MICROMÈTRE, s. m., instrument d'astronomie, sorte d'appareil qui s'applique aux lunettes, et qui sert à mesurer dans les cieux, avec une très grande précision, de petites distances et de petites grandeurs.

MICROSCOPE (phys.). Tout le monde sait ce que c'est qu'un microscope, ou du moins en connaît l'usage. Son nom, tiré du grec (μικρός, petit; σκοπέω, je regarde), l'indique assez du reste. Le microscope, considéré dans sa simplicité première, c'est-à-dire réduit à une simple lentille, remonte à l'antiquité la plus reculée. Mais le microscope composé a une origine beaucoup plus récente; on en attribue l'invention à un alchimiste hollandais, Cornélius Drebbel, vers la fin du XVIe siècle; d'autres à Galilée. Quoi qu'il en soit, nous allons passer à l'examen des principales modifications qu'a subies cet instrument. Le microscope simple se compose, soit d'une seule lentille biconvexe ou plano-convexe, en verre ou en cristal de roche, ou bien de plusieurs lentilles superposées, mais n'agissant que comme une seule. On connaît généralement le microscope à simple verre lenticulaire sous le nom de *loupe*. On donne aujourd'hui le nom de microscope simple à un instrument inventé par Wollaston et perfectionné par l'ingénieur Ch. Chevalier. Cet instrument, connu sous le nom de *doublet*, est composé de deux verres plano-convexes, à foyers égaux ; l'un très large, placé du côté de l'observateur ; l'autre plus petit et supérieur ; leurs faces planes sont toutes deux tournées vers l'objet. Entre ces deux lentilles, serties séparément dans leur monture, est placé un diaphragme dont l'ouverture varie selon le foyer du doublet. Le microscope solaire n'est autre que l'instrument précédent auquel on adapte un appareil réflecteur, un miroir qui réfléchit les rayons du soleil, et les dirige vers un verre convexe, qui les rassemble sur l'objet en observation, de manière à l'éclairer fortement. Une lentille dont le foyer est en rapport avec le grossissement que l'on veut obtenir, reçoit la lumière qui émane de l'objet, et la réfracte de manière à former une image amplifiée que l'on fait tomber sur un plan de couleur blanche. Le microscope à gaz est le précédent modifié pour recevoir une forte lumière artificielle, celle par exemple qui est produite par la combustion d'un jet de gaz oxygène et hydrogène reçu sur un fragment de craie. Le microscope composé est formé d'au moins deux verres séparés. Examinons d'abord ses éléments essentiels, et nous nous rendrons compte ensuite plus facilement des diverses modifications qu'on a pu lui faire subir. Soient O l'objectif (lentille du côté de l'objet) ; E l'ocu-

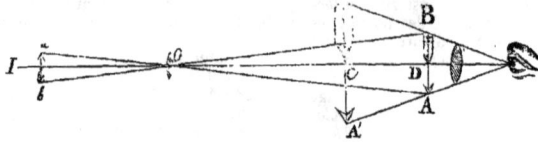

laire (lentille du côté de l'œil) ; *ab* l'objet à considérer. Celui-ci étant placé un peu plus loin que le foyer F de l'objectif, une partie des rayons qui en émanent traversent cette première lentille en se réfractant, et vont former, à une distance au besoin déterminée par le calcul, une image AB, agrandie et renversée. On pourrait recevoir cette image sur un verre dépoli ou sur un écran, et l'on reconnaîtrait que le rapport des grandeurs entre l'objet et son image est celui des distances OI, OD, de l'objet et du point où se forme l'image, à la lentille O. Mais, si l'on n'intercepte pas ainsi les rayons divergents, et qu'on regarde cette image à travers la lentille E, on la trouve encore plus amplifiée. C'est que l'oculaire E, placé au delà du foyer D de l'objectif O, réfracte à son tour les rayons formant la première image, et l'agrandit comme il agrandirait l'objet lui-même, s'il occupait au foyer D la place et l'étendue de sa propre image. Cependant, comme l'oculaire est un peu plus près de D que son foyer principal, on aura la sensation d'une autre image A'B', aussi renversée, mais rejetée à la distance EC, où les objets doivent être situés pour être nettement aperçus. Voici l'appareil qui fixe à leur place ces éléments et qu'on nomme microscope ordinaire. O est l'objectif, E l'oculaire, D un diaphragme pour modérer l'éclairage ; AB, CF, GI, trois tuyaux verticaux entrant l'un dans l'autre et pouvant glisser, afin de favoriser le

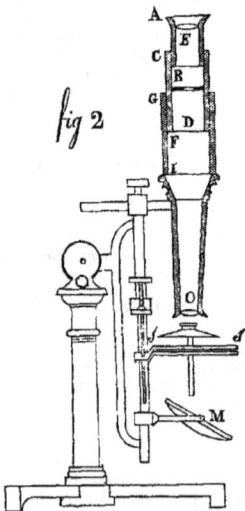

fig 2

rapprochement ou l'éloignement à volonté des lentilles entre elles ; SS, anneau destiné à recevoir le verre circulaire sur lequel on place l'objet ; M, miroir concave ou plan réfléchissant et concentrant la lumière en dessous ; les corps opaques sont éclairés en dessus, à l'aide d'une capsule en argent dont la concavité les regarde et qui est percée à son centre pour laisser passer les rayons. Ces dispositions et ces effets une fois connus et appréciés, on verra qu'il est facile de les modifier, soit pour un grossissement plus considérable, en plaçant les uns près des autres deux, trois oculaires, faisant fonction de biloupe, de triloupe ; soit pour une plus grande netteté de l'image, en interposant, entre l'objectif O et son foyer D, un verre propre à augmenter la convergence des rayons émergens et par là à rapprocher le foyer D ; soit enfin, pour la commodité de l'observateur, en disposant l'appareil de manière à donner à son axe une position horizontale, en facilitant la substitution des loupes de foyer différent, en soumettant à la volonté la direction ou la place de l'objet dans le champ des lentilles, etc. Ces divers changemens et d'autres encore ont été déjà obtenus avec plus ou moins de succès. Dellebard, Frauenhofer, Amici, Oberhauser et Trécourt, Selligue, Charles et Vincent Chevalier, Lebaillif ont tour à tour apporté au perfectionnement du microscope le tribut de leur savante habileté. Mais le perfectionnement le plus heureux est dû à Selligue, ou plutôt à Euler, s'il est juste d'attribuer le mérite d'une invention à celui qui enfante l'idée et la signale avec précision, plutôt qu'au reproducteur dont la sagacité ne laisse pas souvent d'être digne d'éloges. Quoi qu'il en soit, à l'instigation de Selligue, Charles et Vincent Chevalier exécutèrent des lentilles achromatiques, qui donnèrent aux images dans le microscope une netteté jusqu'alors inattendue. Par la superposition de deux verres à réfringence différente, l'achromatisme corrige les effets de la dispersion de la lumière à travers les verres, et chasse les couleurs du spectre. Mais il est bien difficile d'associer ainsi sous forme lenticulaire le petit verre en flint-glass bi-concave et celui en crwn-glass biconvexe. On préfère employer le conjugaison de deux lentilles de deux à quatre lignes de distance focale, placées l'une devant l'autre, parce que les résultats sont les mêmes. Connaissant les distances des foyers, on pourrait calculer le grossissement d'un microscope ; mais il est facile de le mesurer directement au moyen de verres micrométriques auxquels on est parvenu à donner des divisions de $\frac{1}{400}$ et même de $\frac{1}{800}$ de millimètre. Outre les microscopes dont nous avons parlé, on a imaginé une foule de dispositions secondaires qui ne changent en rien la disposition générale. Nous n'entrerons pas dans des détails que ne permettent pas les bornes de cet article. Nous renverrons aux ouvrages spéciaux, tels que le *Manuel de micrographie*, par Ch. Chevalier ; le *Traité pratique du microscope*, par Mandle ; le *Nouveau manuel complet de l'observateur du microscope*, par M. le professeur Dujardin, auquel on doit de curieuses observations sur les infusoires. La chambre claire est un accessoire presque indispensable du microscope ; avec cet appareil on peut retracer exactement sur le papier l'image de l'objet mis en observation. L'on doit à M. le docteur Donné un appareil qu'il a nommé microscope daguerréotype ; ce sont en effet les procédés photographiques appliqués au microscope, au moyen duquel ce savant a reproduit les particules les plus intimes de l'économie, tels que les globules sanguins, ceux du lait, les zoospermes, etc. Pour obtenir une image réelle au microscope, il ne faut pas se contenter de voir une fois, sous un seul jour, avec un seul microscope, simple ou composé ; il faut observer dans tous les sens, se rendre compte de tous les détails, de toutes les formes, de tous les reflets, observer sous tous les jours, par réflexion et par réfraction, associer et combiner, par la pensée et le raisonnement, les résultats de plusieurs observations ensemble, expliquer, corriger, réformer les unes par les autres, retourner l'objet dans tous les sens, le restituer à chaque instant, en continuant par l'analogie la route qu'a tracée l'observation ; enfin faire avec ce troisième œil ce que nous faisons à la vue simple, et raisonner au microscope comme nous raisonnons dans nos observations en grand.   J.-d.

MICROSCOPIQUES (*zool.*), nom donné par M. Bary de Saint Vincent aux animaux connus sous le nom d'INFUSOIRES (voyez ce mot).   J. P.

MIDAS, fils de Gorgius ou Gordius et de Cybèle, régna dans cette partie de la grande Phrygie où coule le Pactole. Bacchus étant venu en ce pays, Silène, qui l'accompagnait, s'arrêta vers une fontaine où Midas avait fait verser du vin pour l'y attirer. Quelques paysans qui le trouvèrent ivre en cet endroit, après l'avoir paré de guirlandes, le conduisirent à Midas. Ce prince, instruit dans les mystères par Orphée et Eumolpe, reçut de son mieux le vieux Silène, le retint pendant dix jours, qui se passèrent en réjouissances et en festins, et le rendit à Bacchus. Ce dieu, charmé de revoir son père nourricier, dit au roi de Phrygie de lui demander tout ce qu'il souhaiterait. Midas le pria de faire en sorte que tout ce qu'il toucherait devint or. Cette grâce lui fut accordée. Les premiers essais de Midas l'éblouirent ; mais il ne tarda pas à s'en repentir ; car, l'heure du repas étant venue, tous les mets sur lesquels il porta la main se changèrent en or. Il reconnut alors sa faute, et pria Bacchus de lui retirer le funeste don qu'il lui avait fait. Le dieu lui ordonna de se baigner dans le Pactole, qui, depuis ce temps, roule un sable d'or. Sous son règne, Pan, qui excellait dans l'art de jouer de la flûte, préféra cet instrument à la lyre et aux chants d'Apollon, et poussa la vanité jusqu'à lui faire un défi. Le Tmolus, qui fut pris pour arbitre, proclama Apollon vainqueur. Midas, ami de Pan, accusa ce jugement d'injustice. Apollon, pour le punir de sa stupidité, lui donna des oreilles d'âne. Midas fit tous ses efforts pour cacher cette honteuse difformité ; mais son barbier la vit en lui coupant les cheveux ; et comme il n'osait le découvrir, il fit un trou dans la terre, y dit tout bas l'aventure de Midas, et n'eut pas sitôt parlé qu'il le recouvrit de terre, comme pour y enfermer ses paroles. Cependant il poussa en ce même lieu une forêt de roseaux, qui, au moindre vent qui commença à les agiter, rendirent les paroles du barbier, et l'on apprit par ce moyen que Midas avait des oreilles d'âne. Au rapport de Strabon, Midas mourut pour avoir bu du sang de bœuf chaud. Il prit ce breuvage, comme l'observe Plutarque, dans l'espérance de se délivrer des songes funestes qui troublaient son sommeil. Ce prince bâtit une ville appelée Ancyre.

MIDDELBOURG (PAUL-GERMAIN DE), appelé de ce nom parce qu'il était né à Middelbourg en Zélande l'an 1445, mort à Rome en 1534. fut fait évêque de Fossombrone, dans le duché d'Urbin. Le zèle de ce prélat et son savoir profond lui acquirent l'estime de Jules II et de Léon X, qui le députèrent pour présider au cinquième concile de Latran. Il sollicita ces deux papes, les cardinaux et les Pères du concile, de réformer le calendrier ; mais des besoins plus pressants obligèrent le saint-siége à renvoyer cette affaire à un autre temps. Middelbourg s'est rendu célèbre par un traité curieux imprimé à Fossombrone même en 1513, in-fol., sous ce titre : *de Recta Paschæ celebratione et de die Passionis J.-C.* L'auteur ne s'y borne pas au calendrier romain : il examine aussi ceux des Juifs, des Égyptiens et des Arabes.

MIDDENDORP (JACQUES), philologue allemand, né à Ootmerssum, village de l'Over-Yssel, en 1538, devint chanoine de la métropole et doyen de la collégiale de Saint-André, à Cologne ; docteur en droit, vice-chancelier de l'université, il y enseigna la philosophie, et s'acquit tant de réputation, que divers princes le choisirent pour être leur conseiller ordinaire. Il mourut le 13 janvier 1611. On a de lui : 1° *Academiæ cele-*

bres *in universo terrarum orbe, libri II*, Cologne, 1567, in-8° ; nouvelle édition, augmentée sous ce titre : *Academiarum celebrium universi orbis libri VIII, ibid.*, 1602, 2 part. in-8° ; cet ouvrage a été inséré dans le *Chronicon chronicorum* de Guter, Francfort, 1614 ; l'auteur y débite des fables et des idées singulières sur les académies, dont il recule l'origine jusqu'au déluge de Noé et à la prédication des apôtres chargés d'enseigner les nations ; 2° *Historia monastica*, Cologne, 1603 ; 3° *Sylva originum anachoreticarum*, Cologne, 1615, in-8°. On lui doit aussi une édition gr. et lat. de l'*Histoire d'Aristée*, avec un commentaire, 1578.

MIDDLETON (RICHARD de), *Ricardus de Media Villa*, théologien scholastique d'Angleterre et cordelier. Il se distingua tellement à Oxford et à Paris, qu'il fut surnommé le *Docteur solide et abondant, le Docteur très fondé et autorisé*. On a de lui des commentaires sur le Maître des sentences et d'autres écrits qui ne justifient guère ces titres pompeux. Il mourut en 1304.

MIDDLETON (CONYERS), théologien anglais, né à York en 1683, obtint la chaire de physique, fondée par Woodward à Cambridge. Il fut ensuite nommé bibliothécaire de cette même université, et mourut le 28 juillet 1750. On lui doit : *Histoire de la vie de Cicéron, tirée de ses écrits et des monuments de son siècle*, etc., 2 vol. in-4, traduite de l'anglais en français par l'abbé Prévot, Paris, 1743, 4 vol. in-12 ; *Traité sur le sénat romain*, Londres, 1717, in-8, en anglais ; *Origine de l'imprimerie en Angleterre*, Cambridge, 1735, in-4 ; *Germana quædam antiquitatis erudita monumenta, 1747, in-4, de Latinarum litterarum pronuntiatione* ; une Réfutation de Tindal. Ces ouvrages étaient vraiment faits pour lui concilier l'estime des savants ; mais, peu content de cela, il voulut s'attirer aussi l'estime des enthousiastes ou fanatiques de sa secte ; et c'est pour eux qu'il publia *Lettre sur la conformité de la religion romaine avec le paganisme*. Il y parle des saints Pères avec la plus révoltante indécence, précisément parce qu'ils sont contraires aux erreurs qu'il veut défendre. Toutes ses productions, l'Histoire de Cicéron exceptée, ont été recueillies sous le titre d'Œuvres mêlées, et publiées en 1752, 4 vol. in-4°.

MIDI, s. m., le milieu du jour, le point qui partage le jour également entre le soleil levant et le soleil couchant, et dans le langage ordinaire, la douzième heure depuis minuit. Midi, en termes d'astronomie, signifie le moment où le centre du soleil se trouve dans le méridien et où commence le jour astronomique. Midi signifie aussi un des quatre points cardinaux du monde, qu'on nomme aussi le sud. Il se dit par extension des pays méridionaux. Il se dit encore d'une exposition qui, étant en face du soleil à midi reçoit toute la chaleur de ses rayons.

MIE, s. f., toute la partie du pain qui est entre les deux croûtes.

MIE, s. f., abréviation d'*amie*, souvent employée dans le vieux langage. Les enfants donnent quelquefois ce nom à leur gouvernante.

MIEL, s. m., substance mucoso-sucrée que les abeilles préparent en introduisant dans leur estomac le suc visqueux et sucré qu'elles recueillent dans les nectaires et sur les feuilles de certaines plantes, et le dégorgeant ensuite dans les alvéoles de leurs gâteaux. On ignore encore si le miel existe tout formé dans les plantes, ou s'il est le produit d'une élaboration particulière. Pour l'extraire, on enlève les petites lames de cire qui forment les alvéoles, et on expose les gâteaux sur des claies à une chaleur douce. Le miel vierge ou miel blanc, le plus pur, s'écoule naturellement alors. On brise ensuite les gâteaux, on les fait égoutter de nouveau, et, à l'aide d'une chaleur plus forte, on obtient le miel jaune. Enfin le résidu, exprimé plus ou moins fortement, puis écumé et décanté, après avoir reposé, donne le miel commun, qui est d'un rouge brunâtre et toujours fort impur. La qualité du miel varie à l'infini, selon l'état de l'atmosphère et selon les plantes sur lesquelles il a été recueilli. Le meilleur provient des plantes labiées. Les miels de Mahon, du mont Hymette, de l'Ida, de Cuba, sont les plus renommés. Ils sont liquides, blancs, transparents. Après eux viennent les miels de Narbonne et du Gâtinais, qui sont blancs et grenus. Les moins estimés sont ceux de Bretagne, qui sont toujours d'un rouge brun et qui ont une saveur âcre et une odeur désagréable. Tous les miels contiennent deux matières sucrées, semblables, l'une au sucre de raisin et l'autre au sucre incristallisable de la canne. Ces deux espèces de sucre, mêlées en diverses proportions et unies à une matière colorante, constituent les miels de bonne qualité. Ceux de qualité inférieure contiennent en outre de la cire et un acide. Ceux de Bretagne contiennent même du couvain, qui leur donne la propriété de se putréfier. Le miel est employé comme médicament adoucissant et comme laxatif. On s'en sert communément pour édulcorer les tisanes. Délayé dans cinq fois son poids d'eau, il donne, par la fermentation, l'hydromel vineux, boisson stimulante qui, dans quelques pays, remplace le vin et la bière. Miel mercurial, composé de parties égales de suc de mercuriale non dépuré et de miel choisi qu'on fait cuire en consistance de sirop et qu'on passe. On ne l'emploie qu'en lavements, à la dose d'une à quatre onces comme purgatif. Miel rosat ; on le prépare avec des pétales secs de roses rouges, que l'on fait infuser pendant vingt-quatre heures dans l'eau bouillante, en foulant plusieurs fois les roses avec une spatule de bois.

MIEL (JEAN), peintre, né à Ulœnderen, à deux lieues d'Anvers, en 1599, et mort à Turin en 1664, a traité de grands sujets dont il a orné plusieurs églises. Son goût le portait à peindre des pastorales, des paysages, des chasses et des bambochades. Le pinceau de Miel est onctueux, son coloris vigoureux et son dessin correct ; mais ses têtes manquent de noblesse. On a de lui plusieurs morceaux gravés avec beaucoup de goût.

MIELLEUX, EUSE, adj., qui tient du miel. Il se dit ordinairement en mauvaise part, et signifie fade, doucereux. Il s'emploie aussi figurément.

MIEN, IENNE, adj. possessif et relatif de la première personne. *Mien*, dans le style familier, se joint quelquefois avec *un*, et se met devant un substantif. Il s'emploie encore sans être accompagné de l'article ni du mot *un*, et alors il se met toujours après le substantif avec lequel il se construit. *Mien* est aussi substantif au masculin, et signifie, le bien qui m'appartient. Il signifie encore, ce qui vient de moi.

MIERIS (FRANÇOIS), surnommé *le Vieux*, né à Delft en 1635, excellait à peindre des étoffes, et se servait d'un miroir convexe pour arrondir les objets. Il mourut en prison à Leyde, l'an 1681. Ses dettes l'y avaient fait renfermer. On lui proposa de s'acquitter en travaillant ; il refusa, disant que son esprit était aussi captif que son corps. Sa touche était légère et son coloris brillant. — Guillaume Miéris, son fils, surnommé *le Jeune*, pour le distinguer du précédent, fut un des bons peintres de la Hollande, quoique inférieur à son père. Il naquit à Leyde en 1662 et y mourut le 14 janvier 1747, laissant un fils appelé François Miéris, qui s'est fait connaître comme savant historiographe et antiquaire.

MIET (CONSTANCE), religieux récollet, écrivain ascétique, né à Vesoul, vers 1740, entra dans l'ordre des récollets, et se consacra à la prédication et à la direction des âmes. La révolution l'ayant chassé de son cloître, il se retira dans les pays étrangers, et mourut en Allemagne, vers 1795. On a de lui : 1° *Réflexions morales d'un solitaire*, Paris, 1775, in-12 ; 2° *Conférences religieuses* pour l'instruction des jeunes professes de tous les ordres, *ibid.*, 1777, in-12.

MIETTE, s. f. Il se dit proprement de toutes les petites parties qui tombent du pain quand on le coupe, ou qui restent quand on a mangé. Il signifie aussi un très petit morceau de quelque chose à manger. Il est familier.

MIEUX, adv. comparatif de bien, d'une manière plus accomplie, d'une façon plus avantageuse. Il signifie quelquefois plus. Il est quelquefois superlatif, et alors il prend ordinairement l'article. Absol., être mieux, être en meilleure santé, en meilleur état. Etre mieux, signifie aussi être d'une figure, d'un extérieur plus agréable. Mieux s'emploie substantivement avec ou sans article. Aller de mieux en mieux, faire toujours quelque progrès vers le bien. Fam., à qui mieux, mieux, à l'envie l'un de l'autre. Faute de mieux, à défaut d'une chose meilleure, plus convenable. Mieux s'emploie quelquefois adjectivement, et signifie meilleur, plus convenable, plus propre à la chose dont il s'agit. Le mieux du monde, au mieux, tout au mieux, loc. adv., très bien.

MIGER (SIMON-CHARLES), né à Nemours, le 19 février 1736, mort à Paris le 28 février 1820, s'adonna à l'art de la gravure, et eut pour maître Cochin. Tous ses ouvrages se distinguent par une touche ferme et un dessin correct. Miger cultiva la poésie en même temps que les arts. On a de lui : Pensées d'Horace, extraites des Odes, Satires, Epîtres, et de son Art poétique, 1812, in-18, latin-français.

MIGNARD, ARDE, adj., gracieux, délicat. Dans ce sens, il a vieilli. Il se dit plus ordinairement des choses où l'on remarque un mélange de gentillesse et d'afféterie.

MIGNARD, (NICOLAS), peintre, né à Troyes en Champagne, vers l'an 1608, fut surnommé Mignard d'Avignon, à cause du long séjour qu'il fit en cette ville, où il s'était marié, et dans laquelle il mourut en 1668. Il n'a pas eu la même réputation que Pierre Mignard, son frère puîné ; cependant il avait beaucoup de mérite. Le roi l'employa à divers ouvrages dans le palais des Tuileries ; au rez-de-chaussée, il a peint Louis XIV guidant le char du soleil ; il a peint aussi la chambre de parade dans le même château. Mazarin l'avait fait venir à Paris, et fut son constant protecteur. Ce peintre fit beaucoup de portraits, ceux surtout des seigneurs et dames de la cour. Son talent particulier était pour l'histoire et pour les sujets poétiques. Il inventait facilement, et mettait beaucoup d'exactitude et de propreté dans son travail.

MIGNARD (PIERRE), surnommé *Mignard le Romain*, à cause du long séjour qu'il fit à Rome, né à Troyes en 1610, mort à Paris en 1695, avait été destiné par son père à la médecine ; mais les grands hommes naissent ce qu'ils doivent être : Pierre Mignard était né peintre. A l'âge de onze ans, il dessinait des portraits très ressemblants. Il peignit, a douze, la Famille du médecin. Ce tableau frappa les connaisseurs ; on le supposait d'un artiste consommé. On fit entrer Mignard dans l'école de Vouet, et il saisit tellement la manière de son maître, que leurs ouvrages paraissaient être de la même main. Il quitta cette école pour aller à Rome. Son application à dessiner d'après l'antique et d'après les ouvrages des meilleurs maîtres, surtout d'après ceux de Raphaël et du Titien, formèrent son goût pour le coloris. Il avait un talent singulier pour le portrait ; son art allait jusqu'à rendre les grâces délicates du sentiment : il ne laissait échapper rien de ce qui pouvait non-seulement rendre la ressemblance parfaite, mais encore faire connaître le caractère et le tempérament des personnes qui se faisaient peindre. De retour en France, il fut élu chef de l'académie de Saint-Luc, qu'il avait préférée à l'académie royale de peinture, parce que Le Brun était directeur de celle-ci. Le roi lui donna des lettres de noblesse, et le nomma son premier peintre, après la mort de Le Brun. Ce peintre avait une douceur de caractère attrayante, un esprit agréable et des talent supérieurs, qui lui firent d'illustres amis. Mignard aurait été un peintre parfait s'il avait mis plus de correction dans son dessin, et plus de feu dans ses compositions. Il avait un génie élevé, et donnait à ses figures des attitudes aisées. Son coloris est d'une fraîcheur admirable, ses carnations vraies, sa touche légère et facile, ses compositions riches et gracieuses.

MIGNARDISE, s. f., délicatesse. Il signifie aussi affectation de gentillesse, de délicatesse. Il signifie quelquefois au pluriel, manières gracieuses et caressantes. Mignardise au singulier se dit d'une espèce de petits œillets dont on garnit les plates-bandes des jardins.

MIGNAULT (CLAUDE), avocat du roi au bailliage d'Estampes, et plus connu sous le nom de Minos. Il était né vers 1536 à Talant, ancien château des ducs de Bourgogne, à trois quarts de lieue de Dijon. Il étudia en droit à Orléans, en 1578, et revint à Paris, où il fut doyen de la Faculté de droit en 1597. Ami du docteur Richer, il entra dans quelques-unes de ses querelles, et mourut en 1603. On a de lui : 1° les *Editions* d'un grand nombre d'auteurs avec de savantes notes ; 2° *De liberali adolescentum institutione* ; 3° *An sit commodius adolescentes extra gymnasia quam in gymnasiis ipsis institui ?* 1575, in-8°. Ce sont deux discours judicieux qu'il prononça à l'ouverture des classes. Plusieurs poèmes, un entre autres sur la guerre des Turcs, latin et français, 1572, in-4°.

MIGNON, ONNE, adj., délicat, joli, gentil. Fam., argent mignon, argent qu'on a mis en réserve et qu'on peut, sans se gêner, employer en dépenses superflues. Mignon s'emploie aussi comme substantif, et c'est alors un terme de flatterie dont on se sert en parlant à un auteur. Mignon, substantif masculin, signifie encore favori. Il se prend quelquefois dans un sens obscène.

MIGNON ou MINION, ou MIGNON, ou MINJON (ABRAHAM), peintre de fleurs, né à Francfort-sur-le-Mein en 1640, avait beaucoup de disposition pour la peinture ; il fut mis chez des maîtres dont le talent était de peindre des fleurs. Jean David de Heem, d'Utrecht, avança rapidement son élève en ce genre. Mignon n'épargna ni ses soins ni ses peines pour faire des études d'après la nature ; ce travail assidu, joint à ses talents, le mit dans une haute réputation. Ses compatriotes et les étrangers recherchaient ses ouvrages avec empressement. Ils sont en effet précieux, par l'art avec lequel il représentait les fleurs dans leur éclat, et les fruits dans leur fraîcheur. Il rendait aussi avec beaucoup de vérité des insectes, des papillons, des mouches, des oiseaux, des poissons. La rosée et les gouttes d'eau qu'elle répand sur les fleurs sont si bien imitées dans ses tableaux, qu'on est tenté d'y porter la main. Un de ses tableaux les plus précieux est connu sous le nom de Mignon au chat; il représente un chat de Chypre renversant un vase de fleurs sur une table de marbre. L'eau qui s'échappe du vase était représentée avec une telle vérité qu'on la voyait, pour ainsi dire, se répandre hors du tableau. Le musée du Louvre possède trois tableaux de Mignon, savoir : un Ecureuil, des Poissons, des Fleurs et un Nid d'oiseaux, un Bouquet de fleurs des champs, des Fleurs diverses dans un vase de cristal. Le seul défaut que l'on ait à lui reprocher, c'est un peu de sécheresse dans le dessin, défaut que l'on doit attribuer au soin avec lequel il peignait. Il a laissé deux filles qui peignirent dans son goût. Il mourut en 1679.

MIGNONNE, s. f., petit caractère d'imprimerie qui est entre la nonpareille et le petit texte. Cette dénomination commence à vieillir. Mignonne est encore le nom d'une espèce de poire fort belle et d'un rouge foncé, qu'on appelle aussi grosse mignonne.

MIGNOT (ETIENNE), docteur de Sorbonne, membre de l'académie des inscriptions, né à Paris le 17 mars 1698, mort en 1771, s'est rendu habile dans la science de l'Ecriture sainte, des Pères, de l'histoire de l'Eglise et du droit canonique. Mais il était lié avec Débonnaire et quelques autres appelants dont il partageait les principes. On a de lui : Traité des prêts de commerce, 1767, 4 vol. in-12; les Droits de l'Etat et du prince sur les biens du clergé, 6 vol. in-12; l'Histoire des démêlés de Henri II avec saint Thomas de Cantorbéry, in-12; la Réception du concile de Trente dans les Etats catholiques, 2 vol. in-12; Paraphrase sur les Psaumes, 1755, in-12; sur les Livres sapientiaux, 1754, 2 vol. in-12; sur le Nouveau-Testament, 1754, 4 vol. in-12; Analyse des vérités de la religion chrétienne, 1755, in-12; Réflexions sur les connaissances préliminaires au christianisme, in-12; Mémoires sur les libertés de l'Eglise gallicane, 1756, in-12.

MIGNOT (VINCENT), neveu de Voltaire, né à Paris en 1728, mort en 1806, embrassa l'état ecclésiastique, mais ne fut pas ordonné prêtre. Il obtint l'abbaye de Scellières en Champagne, et la charge de conseiller au grand conseil, dont il ne conserva ensuite que le titre. L'abbé Mignot signa avec le marquis de Villevieille la profession de foi faite, dit-on, par Voltaire, dans ses derniers moments, et fit transporter secrètement son corps dans l'abbaye de Scellières, avant l'arrivée de l'ordre de l'évêque de Troyes, qui défendait de lui donner la sépulture. L'empressement de Mignot était inutile, son hypothèse de cette profession de foi, puisque le philosophe de Ferney, abjurant ses erreurs, mourait dans la religion catholique, au sein de laquelle il était né. L'abbé Mignot fut son légataire universel, et employa à secourir les malheureux une grande partie de sa fortune. Il laissa : Histoire de l'impératrice Irène, Amsterdam, (Paris), 1762, in-12, ouvrage estimé; Histoire de Jeanne Ire, reine de Naples, La Haye (Paris), 1764, in-12 ; Histoire des rois catholiques, Ferdinand et Isabelle, Paris, 1766, 2 vol. in-12. L'auteur a pris pour modèles les historiens espagnols Mariana et Ferreras; Histoire de l'empire ottoman, depuis son origine jusqu'à la paix de Bellegarde, en 1710; ibid., 1771, 4 vol. in-12. Cet excellent ouvrage a été traduit en allemand et en anglais; Traité de Cicéron sur la vieillesse et l'amitié, traduit en français, Paris, 1780, in-12; Quinte-Curce et les suppléments de Freinshémius, traduit en français, avec le texte latin, ibid., 1781, 2 vol. in-8.

MIGRAINE, s. f., douleur qui occupe la moitié, ou une moindre partie de la tête.

MIGRATION (GRANDE) DES PEUPLES. De loin en loin, on vit autrefois les peuples se transvaser en quelque sorte d'une contrée dans une autre. C'est là ce qu'on nomme migration appliquée à l'histoire de l'homme. Les plus remarquables migrations de peuples dont l'histoire fasse mention sont celles des peuples barbares dans l'empire romain, à partir du IVe siècle de notre ère. Ces migrations amenèrent à leur suite, dans la constitution politique de l'Europe, une révolution complète, dont les effets se font encore sentir aujourd'hui. Les provinces conquises formèrent de nouveaux états, dont plusieurs subsistent, et les langues, nées avec ces états nouveaux, sont nos langues vivantes. Ce mouvement de peuples, dont le monde ancien avait déjà offert l'exemple, commença au fond de l'Asie, et s'étendit jusqu'à l'océan Atlantique, d'un côté, et jusque dans le nord de l'Afrique, de l'autre. Il dura près de

deux siècles, c'est-à-dire tout l'espace de temps compris entre l'entrée des Huns en Europe, l'an 375 de J.-C., et la conquête de l'Italie par les Lombards, en 568. Il fut déterminé par des causes très différentes, telles que la vie nomade de certains peuples asiatiques, l'excès de la population, ou l'appât que devaient offrir les riches provinces romaines aux habitants d'un climat âpre et froid. L'empire commençait à s'affaisser sous son propre poids. Les victoires de Constantin, de Théodose et de quelques autres empereurs, l'avaient arrêté pour quelque temps sur le penchant de sa ruine; mais ses successeurs de ces souverains, cédant à la force des circonstances et aux suggestions d'une politique imprudente, avaient pris à leur solde un nombre de plus en plus considérable de barbares, et, pour récompenser leurs services, leur avaient accordé des terres sur les frontières de l'empire. C'était ainsi que les Francs avaient été établis dans la Gaule Belgique, les Alains, les Vandales, les Goths et d'autres peuples dans la Dacie, la Pannonie et la Thrace. Quelques-uns de ces barbares, qui se distinguèrent par leurs talents et leur courage, furent même revêtus des premières dignités et placés à la tête des armées, comme Rufin et Stilicon, par exemple. Il devait en résulter inévitablement que les peuples barbares, tout en se civilisant, apprendraient à connaître la faiblesse des Romains, et s'habitueraient à regarder l'empire comme une proie facile à dévorer. La peuplade turque des Hiong-Nou donna l'impulsion la première. Chassés de leurs demeures aux confins de la Chine, vers la fin du Ier siècle de notre ère, ils se jetèrent sur l'Asie occidentale, et rencontrèrent sur les bords de la mer Caspienne et au nord du mont Caucase, les Huns avec lesquels De Guignes les a confondus. Expulsés de leurs sièges, ceux-ci refoulèrent à leur tour les peuples voisins, d'abord les Alains établis dans la Sarmatie asiatique; puis en 375, les Ostrogoths, qui occupaient l'ancienne Dacie entre le Dniester, le Danube et la Vistule. Dans leur course vagabonde, une partie des Alains arriva sur les bords du Danube, dans la Hongrie actuelle, s'allia avec les Vandales, qui depuis un certain environ s'en étaient rapprochés, traversa avec eux la Germanie, et, entraînant à leur suite une portion des Suèves, qui habitaient sur le Haut-Danube, ces peuples franchirent le Rhin, pénétrèrent dans les Gaules, en 406, et y répandirent partout la désolation. Après les avoir ravagées pendant deux ans, ils passèrent les Pyrénées, en 409, et conquirent toute la Péninsule ibérique, qu'ils se partagèrent par la voie du sort. Mais les Romains, soutenus par les Visigoths, qui entrèrent aussi en Espagne vers cette époque, se virent bientôt en état de reprendre une partie de ce qu'ils avaient perdu. Le royaume fondé par les Alains dans le Portugal actuel fut détruit, en 418. Les Vandales se défendirent avec plus de succès, et ils avaient même acquis une supériorité décidée sur les Romains, lorsqu'en 427, ils se résolurent à passer en Afrique, où ils se fondèrent, sous leur roi Genséric un royaume qui dura 105 ans et fut renversé par Bélisaire. Les Suèves, qui avaient étendu leur domination sur plusieurs des pays abandonnés par les Vandales, ne purent tenir contre les Visigoths, qui bâtirent leur puissance, en 584. Enfin, les Huns, première cause de toutes ces guerres, après s'être établis dans la Pannonie, en 377, partirent de là sous la conduite d'Attila, pour faire une formidable invasion dans les Gaules. Battus, en 451, ils se jetèrent sur l'Italie, et ce ne fut pas sans peine qu'ils épargnèrent Rome et se décidèrent à repasser les Alpes. Après la mort d'Attila, en 453, l'empire des Huns tomba en décadence, et finit par succomber sous les coups des Goths et des Gépides. Sur ses ruines s'éleva celui des Avares, peuple d'une origine très rapprochée de celle des Huns. Les Slaves s'approprièrent aussi quelques-uns de ses débris. La grande nation germanique des Goths, mit en présence des Romains, des ennemis encore plus redoutables. Leur roi Hermanaric avait considérablement étendu leur domination, qui embrassait la plupart des pays situés entre la mer Noire et la mer Baltique, jusqu'à la Vistule. Mais ils s'étaient divisés, d'après la situation géographique des lieux qu'ils occupaient en Ostrogoths (Goths de l'est), et Visigoths (Goths de l'ouest). Refoulés d'abord par les Alains et ensuite expulsés de leurs demeures par les Huns, en 375, les Ostrogoths se précipitèrent sur les Visigoths, et ceux-ci cherchèrent un asile dans l'empire contre lequel ils se tournèrent bientôt. Dès 403, leur roi Alaric envahit l'Italie, et il s'empara de Rome, en 410. L'année suivante, son successeur, Ataulf, conduisit ses hordes dans les Gaules et en Espagne, où il fonda le royaume des

Visigoths, détruit, en 711, par les Arabes. Les Ostrogoths pénétrèrent à leur tour en Italie, en 489, sous la conduite de Théodoric, défirent Odoacre, chef des Hérules et des Rugiens, qui avait détrôné Romulus Augustule et renversé l'empire d'Occident, et fondèrent un nouveau royaume qui tomba sous les coups de Narsès, en 554. Quelques années après, l'Italie fut arrachée de nouveau aux empereurs de Constantinople par les Lombards, qui la conquirent presque tout entière, et en restèrent les maîtres jusqu'en 774, époque où Charlemagne s'en empara. Ce fut le dernier acte de la grande migration. Mais, de même que l'Italie, la Gaule était devenue la proie d'une foule de barbares, qui s'en disputèrent la possession et s'en partagèrent les lambeaux. Au commencement du vᵉ siècle y arrivèrent, avec les Alains, les Vandales et les Suèves, les Bourguignons, qui avaient habité auparavant entre la Vistule et l'Oder. Ils s'établirent sur le Haut-Rhin, dans la Suisse occidentale et la Franche-Comté, d'où ils poussèrent leurs conquêtes jusqu'au Rhône. Mais leur royaume, qui embrassait ainsi la Bourgogne, le Dauphiné, la Savoie, et une partie de la Suisse, ne subsista que jusqu'en 534, où il fut réuni à la monarchie des Francs. Vers la même époque les Allemands, qui avaient leurs demeures entre le Danube, le Rhin, le Necker et le Mein, s'étendirent dans la Rhétie et la Vindélicie, et s'emparèrent de cette partie des Gaules qui prit plus tard le nom d'Alsace et de Palatinat; mais la défaite qu'ils essuyèrent en 496, à Tolbiac, leur coûta plusieurs provinces, envahies par Clovis. Dès lors, les Francs acquirent une supériorité marquée sur tous les peuples qui s'étaient établis dans les Gaules, et qu'ils soumirent successivement. Les îles britanniques ne restèrent pas étrangères à ce mouvement. En 450, les Anglo-Saxons s'y portèrent, et pendant plusieurs siècles, les incursions des Barbares du Nord s'y succédèrent. Plusieurs de ces migrations n'eurent pour résultat qu'une occupation militaire, et ne formèrent point une nouvelle population. Le torrent passé, les anciens habitants reprirent la supériorité que leur assurait leur nombre, et à peine resta-t-il de son passage quelques traces dans ses institutions et dans la langue. Ce ne fut que dans le pays où les vainqueurs constituèrent une caste militaire et une noblesse que l'état civil se modifia. En France, en Espagne, en Italie, où le système féodal partagea la population en deux classes, les vainqueurs et les vaincus, les nobles et les serfs. En Angleterre, où les invasions portèrent un plus grand nombre d'étrangers, leur influence se fit sentir davantage jusque dans la langue. Dans l'Asie-Mineure, dans la Grèce, l'Illyrie, la Panonie, la Bohème, la Moravie et en Afrique, le passage des peuples barbares eut tous les caractères d'un ouragan dévastateur, et ne laissa pas de traces bien profondes. En Allemagne, les peuples qui ne se répandirent pas hors de ses limites, changèrent au moins de demeures. Ainsi les Saxons qui habitaient dans le Holstein actuel passèrent l'Elbe et occupèrent la majeure partie du pays abandonné par les Francs. Ils devinrent dès lors, avec les Frisons, les Thuringiens, les Sanabes et les Boïens, le peuple le plus puissant de l'Allemagne. Leurs anciennes demeures furent occupées, au commencement du vıᵉ siècle, par des peuples Slaves, d'une infinité de noms, mais tous originaires, à ce qu'il paraît, de la Sarmatie, et qui étendirent leur domination, d'un côté jusqu'à l'Elbe et la Saale, et de l'autre, le long du Danube. Leur dénomination commune pour les Allemands, était celle de Vénèdes. Les Tchèkhes s'emparèrent de la Bohème, les Sarbes de la Misnie et de la Haute-Saxe, les Obotrites du Brandebourg, de la Poméranie et du Mecklembourg, etc. Les vainqueurs pour la plupart, adoptèrent les lois romaines, en les modifiant toutefois d'une démocratie guerroyante et soldatesque à laquelle ils étaient habitués. Du mélange des vainqueurs et des vaincus se formèrent la plupart des nations modernes. Les chemins que les Romains avaient frayés à travers le monde qu'ils avaient conquis facilitèrent singulièrement l'invasion des Barbares. Il est probable, si quelque jour les chemins de fer prennent une extension universelle, qu'il y aura dans quelques centaines d'années d'ici un remuement de peuples, un transvasement de population; c'est même selon nous presqu'inévitable, si d'un autre côté la Russie, sans force suffisante à opposer aux masses de l'Asie septentrionale, vient à favoriser l'épanchement des populations caucasiennes, en dirigeant ses propres masses sur l'Europe méridionale par le canal de Constantinople.

MIGRATION. On donne ce nom au voyage de long cours entrepris, à certaines époques de l'année, par plusieurs es-

pèces d'animaux. Leurs migrations sont *naturelles* ou *périodiques*, *accidentelles* ou *irrégulières*. Les premières sont celles auxquelles sont constamment soumis les animaux doués de l'instinct des voyages; les secondes sont uniquement le résultat de l'instinct de conservation mis en jeu par des événements extraordinaires, tels que des ouragans, des tempêtes, un froid intense, etc. Parmi les migrations, il en est de *temporaires*, se renouvelant nombre de fois durant la vie de l'animal, et d'autres *définitives* ayant pour but un changement durable de résidence. Selon qu'il y a, dans un groupe d'animaux émigrants, de circonstances physiques ou physiologiques favorables à la locomotion, les migrations sont plus habituelles. Les oiseaux, les poissons, qui de tous les êtres animés sont ceux où les moyens de translation offrent le plus de facilité, sont donc ceux qui émigrent le plus souvent. Les mammifères, sauf quelques espèces de rongeurs (lemming), et de carnassiers (isatis), sont généralement sédentaires; les reptiles ne le sont pas moins; mais les oiseaux offrent tous les modes et tous les degrés d'émigration. Les uns partent isolément, les autres par troupes; mais quelle que soit la manière dont se fait le voyage, tous choisissent un climat favorable. Perdus en apparence dans l'immensité de l'atmosphère, un instinct admirable les fait aborder sur la côte hospitalière qui doit leur servir de refuge pendant que la chaleur ou le froid envahit les contrées qu'ils ont momentanément délaissées. D'autres espèces, sans entreprendre des voyages de long cours, partent aussi à des époques fixes: ces oiseaux nommés *erratiques* s'avancent de proche en proche vers le Sud à mesure que le froid les chasse des pays septentrionaux; tels sont les alouettes, les ortolans, les pinçons, les draines et beaucoup d'autres espèces frugivores. Comme exemples de migrations accidentelles et irrégulières, nous citerons les excursions des jaseurs, des bec-croisés, des casse-noix, qui n'arrivent qu'une fois en dix ou vingt ans. L'histoire des migrations des poissons laisse beaucoup à désirer; elle offre cependant quelques faits curieux. Parmi les invertébrés, il en est un petit nombre seulement qui émigrent: tels sont, dans la classe des crustacés, les crabes de terre; et dans celle des insectes, les criquets, dont les hordes innombrables signalent leur passage par une dévastation des campagnes semblable à celle que produirait un incendie. Une seule et même cause ne détermine pas les migrations; ainsi, c'est sans doute la surabondance de population qui occasionne celle des lemmings et des sauterelles; c'est au contraire, le besoin de trouver un lieu favorable pour déposer le frai qui occasionne celle des poissons et des crabes de terre. Beaucoup d'oiseaux, notamment les espèces insectivores de nos pays, semblent sollicités à changer de résidence par l'absence, en hiver, de la proie qui leur sert de nourriture. On pourrait presque donner la même explication relativement aux espèces voyageuses qui vivent de reptiles, de vers et de poissons, que la neige et la glace soustraient à leurs recherches; mais cette hypothèse n'est cependant pas suffisante, et il faut admettre, pour se rendre compte des migrations, l'influence d'un instinct particulier agissant sur certaines espèces en dehors des sollicitations directes des besoins matériels. En effet, un oiseau *de passage*, tenu au milieu d'une nourriture abondante et convenable, ainsi que dans une température constante, n'en éprouve pas moins, comme dans l'état de nature, le besoin d'émigrer lorsque l'époque du départ est venue. C'est que le créateur, chez ceux des êtres qu'il créa ne destina pas à la jouissance du libre arbitre, imprima en eux, dès leur naissance, par la voie de l'instinct, les lois invariables et constantes qui leur servent de règles pendant le cours de leur existence.

Nous ne pouvons résister au désir de reproduire ici l'admirable tableau que le *Chantre des Martyrs* a tracé de ces longs et mélancoliques pèlerinages des oiseaux. — « Tandis qu'une partie de la création publie chaque jour aux mêmes lieux les louanges du créateur, une autre partie voyage pour raconter ses merveilles. Des courriers traversent les airs, se glissent dans les eaux, franchissent les monts et les vallées. Ceux-ci arrivent sur les ailes du printemps, et bientôt, disparaissant avec les zéphirs, suivent de climats en climats leur mobile patrie; ceux-là s'arrêtent à l'habitation de l'homme. Voyageurs lointains, ils réclament l'antique hospitalité. Chacun suit son inclination dans le choix d'un hôte : le rougegorge s'adresse aux cabanes; l'hirondelle frappe aux palais; cette fille de roi semble encore aimer les grandeurs, mais les grandeurs tristes, comme sa destinée; elle passe l'été aux ruines de Versailles, et l'hiver à celles de

Thèbes. A peine a-t-elle disparu, qu'on voit s'avancer sur les vents du nord une colonie qui vient remplacer les voyageurs du midi, afin qu'il ne reste aucun vide dans nos campagnes. Par un temps grisâtre d'automne, lorsque la bise souffle sur les champs, que les bois perdent leurs dernières feuilles, une troupe de canards sauvages, tous rangés à la file traversent en silence un ciel mélancolique. S'ils aperçoivent du haut des airs quelque manoir gothique environné d'étangs ou de forêts, c'est là qu'ils se préparent à descendre : ils attendent la nuit, et font des évolutions au-dessus des bois. Aussitôt que la vapeur du soir enveloppe la vallée, le cou tendu et l'aile sifflante, ils s'abattent tout-à-coup sur les eaux qui retentissent ; un cri général, suivi d'un profond silence, s'élève dans les marais. Guidés par une petite lumière, qui peut-être brille à l'étroite fenêtre d'une tour, les voyageurs s'approchent des murs à la faveur des roseaux et des ombres. Là, battant des ailes et poussant des cris par intervalles, au milieu des murmures des vents et des pluies, ils saluent l'habitation de l'homme. Un des plus jolis habitants de ces retraites, mais dont les pèlerinages sont moins lointains, c'est la poule d'eau ; elle se montre au bord des joncs, s'enfonce dans le labyrinthe, reparaît et disparaît encore en poussant un petit cri sauvage ; elle se promène dans les fossés du château ; elle aime à se percher sur les armoiries sculptées dans les murs. Quand elle s'y tient immobile, on la prendrait, avec son plumage noir et le cachet blanc de sa tête, pour un oiseau en blason tombé de l'écu à un ancien chevalier. Aux approches du printemps, elle se retire à des sources écartées, une racine de saule minée par les eaux lui offre un asile, elle s'y dérobe à tous les yeux. Les convolvulus, les mousses, les capillaires d'eau, suspendent devant son nid des draperies de verdure ; le cresson et la lentille lui fournissent une nourriture délicate ; l'eau murmure doucement à son oreille ; de beaux insectes occupent ses regards ; et les naïades du ruisseau pour mieux cacher cette jeune mère, plantent autour d'elle leur quenouille de roseaux, chargée d'une laine empourprée. Parmi les passagers de l'Aquilon, il s'en trouve qui s'habituent à nos mœurs, et refusent de retourner dans leur patrie : les uns comme les compagnons d'Ulysse, sont captivés par la douceur de quelques fruits ; les autres, comme les déserteurs du vaisseau de Cook, sont séduits par des enchanteresses qui les retiennent dans leurs îles. Mais la plupart nous quittent après un séjour de quelques mois ; ils s'attachent aux vents et aux tempêtes qui ternissent l'éclat des flots, et leur livrent la proie qui leur échapperait dans des eaux transparentes ; ils n'aiment que les retraites ignorées et font le tour de la terre par un cercle de solitude. Ce n'est pas toujours en troupes que ces oiseaux visitent nos demeures. Quelquefois deux beaux étrangers, aussi blancs que la neige, arrivent avec les frimas : ils descendent au milieu des bruyères, dans un lieu découvert, et dont on ne peut approcher sans être aperçu ; après quelques heures de repos, ils remontent sur les nuages. Vous courez à l'endroit d'où ils sont partis, et vous n'y trouvez que quelques plumes, seules marques de leur passage, que le vent a déjà dispersées ; heureux le favori des muses qui, comme le cygne, a quitté la terre sans y laisser d'autres débris et d'autres souvenirs que quelques plumes de ses ailes. Des convenances pour les scènes de la nature, ou des rapports d'utilité pour l'homme, déterminent les différentes migrations des animaux. Les oiseaux qui paraissent dans les mois des tempêtes ont des voix tristes et des mœurs sauvages comme la saison qui les amène ; ils ne viennent point pour se faire entendre, mais pour écouter : il y a dans le sourd mugissement du bois quelque chose qui charme les oreilles. Les arbres qui balancent tristement leurs cimes dépouillées ne portent que de noires légions qui se sont associées pour passer l'hiver ; elles ont leurs sentinelles et leurs gardes avancées ; souvent une corneille centenaire, antique sybille du désert, se tient seule perchée sur un chêne avec lequel elle a vieilli ; là tandis que ses sœurs font silence, immobile et comme pleine de pensées, elle abandonne aux vents des monosyllabes prophétiques. Il est remarquable que les sarcelles, les canards, les oies, les bécasses, les pluviers, les vanneaux, qui servent à notre nourriture, arrivent quand la terre est dépouillée ; tandis que les oiseaux étrangers qui nous viennent dans la saisons des fruits n'ont avec nous que des relations de plaisirs ; se sont des musiciens envoyés pour charmer nos banquets, il en faut excepter quelques-uns, tels que la caille et le ramier, dont toutefois la chasse n'a lieu qu'après la récolte, et qui s'engraissent dans nos blés pour

servir à notre table. Aussi, les oiseaux du nord sont la manne des Aquilons, comme les rossignols sont les dons du zéphir ; de quelque point que l'horizon souffle, il nous apporte un présent de la Providence. CHATEAUBRIAND.

MIJAURÉE, s. f., fille ou femme qui montre des prétentions par de petites manières affectées et ridicules. Il est familier.

MIJOTER, v. a., t. de cuisine, faire cuire doucement et lentement. Mijoter se prend aussi familièrement dans le même sens que chiquoter. On l'emploie avec le pronom personnel. Il est peu usité.

MIL, MILLET (bot.), nom vulgaire du panicum miliaceum, L., dont les graines servent de nourriture aux oiseaux qu'on élève en cage. J. P.

MILAN, délégation du royaume Lombardo-Vénitien. Elle est bornée au N. par les Alpes et le Lugano ; à l'E., par le gouvernement de Venise et le Tyrol ; au S., par le Pô ; à l'O., par le lac Majeur et le Tesin. Elle a 35 lieues de long et 1,090 lieues carrées de superficie. Une partie, celle du N., est hérissée de montagnes hautes et taillées à pic, et de plusieurs lacs ; les plaines vastes et fertiles, descendant en pente douce vers le Pô, font cette délégation riche et superbe. Elle est arrosée par un grand nombre de rivières, telles que le Mincio, le Chiese, la Mella, l'Oglio, le Serio, l'Adda, le Brembro, le Lambro, le Tesin et l'Olona. La population est de 2,000,000 habitants. La capitale de cette délégation est Milan.

MILAN (Mediolanum), ancienne capitale du duché de Milan et actuellement du royaume Lombardo-Vénitien. La ville est grande et riche en magnifiques monuments ; mais la mauvaise distribution des rues empêche de jouir de leur magnificence. On remarque l'archevêché, l'Université, l'Académie de peinture, la magnifique église Ambrosienne, plusieurs belles églises, entre autres celle de Saint-Ambroise, de Sainte-Marie de la Passion, de Saint-Antoine, abbé, et de Saint-Alexandre, et surtout la cathédrale surnommée il duomo (le dôme), qui est sans contredit la plus belle église d'Italie, après Saint-Pierre de Rome. Le vaisseau a plus de 151 mètres de longueur, 90 de largeur et 74 d'élévation sous la voûte. La plus haute tour est de 112 mètres ; les colonnes intérieures ont 29 mètres de hauteur et 8 de circonférence. Entièrement bâtie de marbre blanc de Mergozzo, cette église présente à l'œil étonné une prodigieuse quantité de riches ornements : sur toutes les saillies, sur toutes les flèches, au-dessus de chaque tour s'élèvent des statues dont le nombre est évalué à 2,800 ; au sommet de la coupole s'élève une statue de la Vierge. Dans l'intérieur, on trouve les statues en bronze des quatre Évangélistes et des quatre Pères de l'Église, chefs-d'œuvre du sculpteur Brambilla. Le Dôme de Milan fut commencé en 1386 par Jean Galéas Visconti. Napoléon l'a fait terminer. On remarque encore à Milan le palais royal, les corsi, les théâtres de la Scala et de la Canobiana, une magnifique caserne que l'on doit à Eugène Beauharnais, une école militaire, le Forum Bonaparte, aujourd'hui de la Paix, sur la place de l'ancien château avec ses promenades de dix kilomètres d'arbres ; la place d'armes et près de là le cirque pour les courses et les naumachies, le superbe arc de triomphe qui précède la rue du Simplon, etc. Elle fait un commerce considérable en passementerie, bijouteries, denrées, vins étrangers, pelleteries, dentelles, voitures, soies, liqueurs, armes, verrerie, papeterie, etc. Milan fut, dit-on, fondée l'an 590 avant Jésus-Christ par Bellovèse, neveu d'Ambigat. Cette capitale du ci-devant royaume d'Italie, souvent prise et reprise, fut, sous les Romains, la capitale de l'Insubrie. Théodoric, roi des Wisigoths, l'enleva au ve siècle à Odoacre, roi des Lombards ; puis elle repassa à ces derniers qui la possédèrent jusqu'à la destruction de ce royaume par Charlemagne. Au xiie siècle, Milan s'érigea en république, et passa ensuite sous le sceptre des empereurs d'Allemagne. Elle fut gouvernée jusqu'au xive siècle par des seigneurs indépendants, tour à tour tributaires des papes et des empereurs. Érigée en duché avec son territoire en 1395, elle fut gouvernée par les Visconti, et passa plus tard aux Sforce. Les Français la prirent sous Louis XII et François Ier. Elle retomba entre les mains des Autrichiens jusqu'à ce que les Français la prirent en 1796, et en firent la capitale de la république cisalpine. Elle fut prise encore en 1799 par les Autrichiens, aidés des Russes. Les Français la reprirent en 1800, et la gardèrent jusqu'en 1814, après en avoir fait la capitale du royaume d'Italie. Elle est restée depuis lors sous la domination de l'empereur d'Autriche.

MILAN *milvus* (*ois.*), genre de la famille des falconidées dans l'ordre des oiseaux de proie, caractérisé par un bec assez robuste, incliné à sa base; des narines elliptiques, obliques, percées dans une cire nue; des ailes très longues, atteignant l'extrémité de la queue, qui est elle-même très allongée et fourchue; des tarses courts et des ongles robustes. Les milans sont d'excellents voiliers; peu d'oiseaux de proie ont un vol à la fois aussi souple et aussi élégant. On les voit décrire dans les airs mille évolutions, et s'y soutenir quelquefois pendant un temps très long, sans changer de place, et sans que l'œil puisse surprendre le moindre mouvement des ailes. Si la force de leur bec et de leurs serres répondait à la puissance de leur vol, les milans seraient sans contredit les plus redoutables des oiseaux de proie; mais la nature leur a refusé non-seulement les moyens de dompter un animal un peu fort, mais encore les moyens d'attaquer une proie qui leur opposerait quelque résistance. Ils n'attaquent que les animaux faibles ou malades et incapables de se défendre; quelquefois cependant le besoin leur donne de la hardiesse, et l'on en a vu que la présence de l'homme même n'empêchait pas de fondre sur quelque oiseau de basse-cour; ils ont en outre un goût prononcé pour la chair morte, et disputent souvent aux corbeaux, leurs mortels ennemis, les lambeaux de charogne. En somme, si le milan ne mérite pas tout-à-fait la réputation de lâcheté que lui ont faite Buffon et d'autres écrivains, ce n'en est pas moins l'un des oiseaux les moins courageux et les plus prudents. Les milans choisissent généralement pour établir leur nid les rochers escarpés et les grands arbres des forêts; ce nid est construit sans beaucoup d'art, avec de petites branches entrelacées, recouvertes de gramen. La ponte est de trois à cinq œufs blancs, tachetés de roux. Linné ne faisait des milans qu'une seule division; G. Cuvier les a divisés en élanions et en milans proprement dits. Vigors en a détaché quelques espèces pour en former une division à part sous le nom de Nauclers. — I. Les milans proprement dits (*milvus*) ont les tarses écussonnés, forts; la queue deltoïdale, médiocrement fourchue. Dans cette division rentrent le milan royal (*M. regalis*). La tête et le cou sont d'un gris blanc; tout le plumage d'un roux vif, ardent, flammé de noir; ailes noirâtres; queue rousse, portant des bandes brunes peu distinctes. Cette espèce habite l'Europe, et principalement la France, l'Italie, la Suisse et l'Allemagne. Le milan noir (*M. œtolius*); le milan parasite (*M. parasiticus*) du Cap; etc. — II. Les élanions (*elanus*) ont les tarses très courts, réticulés et à demi revêtus de plumes par le haut. Tels sont : l'élaniou blanc (*el. cœsius*), qui habite toute l'Afrique; l'élaniou à queue irrégulière (*el. dispar*), de l'Amérique, l'*el. scriptus*, de la Nouvelle-Hollande. — III. Les Nauclers (*nauclerus*) ont un bec court, la queue très longue, très fourchue comme celle des hirondelles; les tarses courts, faibles, réticulés, garnis de plumes comme dans les élanious. Cette division renferme deux espèces : la première est le milan de la Caroline, (Buffon *nauclerus furcatus*). La tête, le cou, et généralement toutes les parties inférieures sont d'un blanc très pur; le manteau, les ailes et la queue d'un beau noir bronzé à reflets. Il habite l'Amérique septentrionale, et se rencontre quelquefois au Brésil, même dans le Nord de l'Europe. La seconde espèce est le milan riocour (*nauclerus riocourii*), du Sénégal.　　　**J. P.**

MILANAIS, ancienne contrée de l'Italie. Elle était bornée au N. par la Suisse; à l'É., par la république de Venise et le duché de Mantoue; au S., par le Pô, et à l'O., par le Piémont. Elle fit partie de la Gaule cispadane. Les Lombards vinrent y fonder une puissance qui prit le nom de Lombardie. Charlemagne détruisit cette monarchie. Elle fut divisée en principautés après la mort de cet empereur; l'esprit d'indépendance s'introduisit dans ces divers états qui étaient devenus comme autant de petites républiques. Frédéric Barberousse attaqua leurs priviléges et leur liberté; il assiégea, prit et ruina Milan. Cette défaite fit craindre pour la liberté; une ligue s'organisa; le pape défendit le parti des peuples opprimés, et de là naquirent les Guelfes et les Gibelins qui déchirèrent l'Italie. Les diverses villes confédérées se choisirent des magistrats qui peu à peu devinrent souverains héréditaires. Les familles de Visconti, de la Scala, de Carrera, de Gonzague avaient, au XIVe siècle, la Lombardie centrale, Verone, Padoue, Mantoue pour leur héritage. Galéas Visconti fut premier duc du Milanais en 1395. Ce duché échut en 1447 à François Sforce; deux rois de France, Louis XII et François Ier, disputèrent cet héritage à sa famille. Charles V le prit sous sa protection, et à l'extinction de la famille des

Sforce, il en investit son fils Philippe II, qui devint roi d'Espagne. Le Milanais fit partie de ce royaume jusqu'en 1700, époque à laquelle l'Autriche s'en empara. Cette puissance céda à la Sardaigne plusieurs parties de l'O. Le Milanais autrichien, composé du Milanais propre, du comté d'Anghierra, du Pavésan, du Lodésan, du Crémonais et du Comasque, agrandi du Mantouan, fut occupé par les Français, et fit partie (1797) de la république Cisalpine, devenue république italienne en 1802, et royaume d'Italie en 1805. Ce pays rentra sous l'autorité de l'Autriche en 1815, et forma une partie du royaume Lombard-Vénitien.

MILDERT (W. Van), évêque de Durham, mort le 21 février 1836, était fils d'un marchand de Londres et avait été élevé à l'école des tailleurs, puis au collége de la Reine. Plus tard, il était devenu professeur à Oxford. Parmi ses nombreux ouvrages nous citerons : *Revue historique de l'origine et des progrès de l'impiété*, suite de sermons, 2 vol. in-8, 1806 et 1831; *Recherches sur les principes généraux de l'interprétation des Écritures*; huit *Sermons*, in-8, 1815 et 1831; *Œuvres de Daniel Waterland, avec un examen de sa vie et de ses écrits*, 2 vol. in-8, 1823.

MILE (JEAN-FRANCISQUE), peintre, né à Anvers en 1644, mort à Paris en 1680, fut bon dessinateur et grand paysagiste. Sa touche est facile, ses têtes d'un beau choix, et son feuillé d'un bon goût. Un génie fécond et capricieux lui fournissait abondamment ses sujets, dans la composition desquels il a trop négligé de consulter la nature. Ses tableaux n'ont point d'effets piquants, ses couleurs sont trop uniformes.

MILET (*géogr. Pala-Sha*), fameuse ville de l'Asie mineure, capitale de l'Ionie, à l'extrémité méridionale de cette province, sur la mer, un peu au S. de l'embouchure du Méandre. Elle a aussi porté le nom de Lélécis, Pythiusa, Anactoria. Cette ville, quoique occupée par les Ioniens, avait été bâtie avant leur arrivée, vers l'an 1155 av. J.-C., par les Crétois, sous la conduite de Sarpédon. Selon d'autres, c'était Milet, fils d'Apollon, ou enfin Nélée, qui en avait jeté les fondements. Elle avait quatre ports assez considérables, entre autres un qui contenait une flotte entière. De là vint qu'elle fut longtemps toute-puissante sur la Méditerranée et sur le Pont-Euxin, et qu'elle fonda un nombre prodigieux de colonies. Pline en compte jusqu'à quatre-vingts. Après diverses guerres, elle tomba au pouvoir des Perses, contre lesquels elle se révolta, mais inutilement. En effet, sous Histiée, elle fut assiégée, emportée et pillée avec fureur; mais elle se releva bientôt, plus opulente et plus forte que jamais, au point que dans la suite Alexandre eut beaucoup de peine et perdit beaucoup de temps à la soumettre. Longtemps après, les Romains s'en emparèrent. Les habitants de Milet étaient célèbres par leur mollesse et la dissolution de leurs mœurs. C'est chez eux que prirent naissance ces fables obscènes qui furent nommées du nom de leur ville, Milésiennes ou Milésiaques, et dont nos romans ne sont que une copie. Outre Apollon Dydimien, qui avait chez eux un oracle célèbre, les Milésiens honoraient d'un culte particulier Isis, qu'ils regardaient comme la protectrice de leur ville, et aux fêtes de laquelle ils se blessaient le visage à coups d'épée. Ils avaient des magistrats nommés Enantes, qui dans les affaires importantes délibéraient en pleine mer, jusqu'à ce qu'ils se fussent arrêtés à un parti. Les étoffes de laine de Milet étaient extrêmement renommées, surtout pour leur teinture en pourpre. Cette ville avait donné naissance à Thalès, l'un des sept sages de la Grèce, à Anaximandre, à Anaximène, à Hécatée, à Cadmus l'historien, à Pittacus, à Eschine et à l'historien Aristide, auteur des premières Milésiaques. Cette ville est entièrement détruite, et n'offre plus qu'un monceau de ruines, qu'on nomme Pala-Sha.

MILET (*myth.*), roi de Carie, fils d'Apollon et d'Acacallis, s'étant enfui de l'île de Crète pour se dérober à la colère de Minos, qui avait voulu détrôner, vint dans la Carie, où il bâtit la ville qui portait son nom. Quelques-uns croient qu'il conquit seulement la ville d'Ionie, nommée jusque-là Anactoria, et qu'il la nomma Milet; ils ajoutent qu'il en passa les habitants au fil de l'épée, à l'exception des femmes, qu'il distribua à ses soldats. Il eut en partage Cyanée, fille du fleuve Méandre.

MILET DE MUREAU (LOUIS-MARIE-ANTOINE DESTOUFF), le baron, général de division, né le 26 juin 1756 à Toulon, d'une famille originaire de Lorraine, entra fort jeune dans l'arme du génie, et y devint capitaine à l'âge de 23 ans. 1779. Nommé député suppléant aux états-généraux par sa ville natale, il remplaça La Poype Vertrieux, et vota constamment avec la minorité de l'assemblée. Employé dans les comités, il fit rendre un grand nombre de décrets sur les monnaies, sur la fonte des cloches, sur la navigation intérieure, sur la composition du corps de l'état-major, dans lequel il proposa de faire entrer des officiers de toutes armes, sur les moyens d'organiser les gardes nationales qui se portèrent sur la frontière, et sur d'autres sujets non moins importants. Il fit aussi décréter l'impression des manuscrits de La Pérouse, ce qui plus tard lui fut de la plus grande utilité. Envoyé en 1792 à l'armée des Alpes et à celle du Var en qualité de commandant de l'artillerie et du génie, il prit part à l'occupation du comté de Nice, et commença la campagne d'Italie; mais étant devenu suspect aux commissaires de la Convention, il revint à Paris où il fut chargé de rédiger le Voyage du célèbre et infortuné navigateur, dont nous avons déjà parlé. Cet emploi, en l'éloignant des affaires, le préserva du sort de son frère, mort à cette époque sur l'échafaud. En 1796, Milet rentra au service, et fut nommé général de brigade : il devait ce grade à Barras, qui le fit nommer après l'établissement du gouvernement directorial, chef de la division du ministère de la guerre, qui comprenait le génie, l'artillerie et les transports. Après la retraite de Schérer en l'an 7 (1799), il fut chargé du portefeuille de la guerre, dont il donna sa démission la même année, sous prétexte de maladie. Le Directoire, qui le nomma le même jour général de division du génie, et qui lui témoigna par une lettre flatteuse sa haute satisfaction, lui confia quelques mois après le même portefeuille, en remplacement du général Bernadotte. Après la révolution du 18 brumaire, Milet fut mis en traitement de réforme. Il sollicita vainement du service, soit dans l'expédition de Saint-Domingue, soit dans l'armée de Bernadotte. Il parvint enfin à se faire nommer inspecteur-général des fortifications, et obtint en 1802 la préfecture de la Corrèze; il conserva ces fonctions jusqu'en 1810. Dès lors, il vécut dans la retraite jusqu'à la restauration, fut chargé par intérim du dépôt général de la guerre, et eut une mission pour la Corse. A son retour, il fut nommé chevalier de Saint-Louis et commandant de la Légion-d'Honneur : depuis 1809, il avait le titre de baron. En 1816, lorsque l'on réorganisa le corps royal d'état-major, il fut mis à la retraite. Il fit partie du conseil d'administration de l'hôtel des Invalides, et mourut à Paris, le 6 mai 1825. Il a rédigé, comme nous l'avons dit, le Voyage de La Pérouse, d'après les manuscrits que ce célèbre navigateur avait envoyés du Kamtschatka et le Potany-Pay, Paris, 1797, 4 vol. in-4°, et atlas grand in-fol., réimprimé en 1798 en 4 vol. in-4°, avec atlas. Ce voyage a été traduit dans toutes les langues de l'Europe. Milet de Mureau a encore fait imprimer les Dépositaires, comédie en un acte, mêlée de vaudevilles, Paris, 1814, in-8°. Cette pièce n'a pas été représentée, et a paru sous le voile de l'anonyme.

MILÉTUS, fils d'Apollon et de Déione, et, selon d'autres, d'Acasis, fille de Minos, voulut, mais en vain, détrôner son aïeul. Pour se soustraire à la colère de Jupiter, il passa de Crète en Carie, où il s'acquit, par son mérite et son courage, l'estime du roi Eurytus, qui lui donna sa fille Dothée et lui assura son trône. Milétus, devenu roi, fit bâtir la ville de Milet, capitale de Carie.

MILHAUD (JEAN-BAPTISTE le comte), conventionnel et général de division, né le 18 novembre 1766, à Arpajon (Cantal), fut reçu, en 1788, élève du génie de la marine; il devint l'année suivante sous-lieutenant d'un régiment colonial. Choisi en 1791 pour commander les gardes nationales de son département, il fut envoyé l'année suivante par le même département à la Convention. Dans le procès du roi, il vota la mort en disant que « Louis XVI ne pouvait expier ses forfaits que sur l'échafaud, et que si des législateurs philanthropes ne souillaient point le Code d'une nation par l'établissement de la peine de mort, on devrait l'inventer pour un tyran.» Milhaud fut ensuite envoyé à l'armée des Ardennes et du Rhin, avec son collègue Deville; puis, à son retour, il fit partie des comités de secours, de sûreté générale, des finances et de l'armée. Dans les missions diverses qu'il remplit, il fit exécuter ponctuellement toutes les mesures révolutionnaires prises par la Convention. Le 19 décembre 1793, il proposa à l'assemblée des jacobins, dont il faisait partie, d'éloigner du sol de la patrie tous les contre-révolutionnaires. « Il faut, dit-il, que la France lance sur des vaisseaux la tourbe impure des ennemis de l'humanité, et que la foudre nationale les engloutisse dans le gouffre des mers. » Peu de jours après, envoyé à l'armée des Pyrénées-Orientales, il annonça à la Convention qu'il venait de sévir contre tous ceux

qui avaient osé compromettre la sûreté de la frontière, et qu'il avait régénéré l'armée. De retour à Paris, il faillit être arrêté, mais il parvint à se justifier. Après la session, il reprit du service : d'abord capitaine dans un régiment de chasseurs à cheval; il était chef de brigade au 3e régiment de dragons pendant la mémorable campagne d'Italie; il se distingua au passage de la Brenta, à Bassano, à Saint-Michel, à Saint-Martin, et dans un grand nombre d'autres occasions. Il prit part à la révolution du 18 brumaire, et fut nommé général de brigade. Chargé ensuite d'une mission diplomatique pour les royaumes de Naples et de Toscane, il eut le commandement de la ville de Mantoue, et, en 1803, celui de Gènes qu'il quitta en 1805 pour passer à la grande armée. Le général Milhaud se distingua pendant tout le cours de cette campagne, notamment aux environs de Brunn, où il fit six cents prisonniers et enleva quarante pièces de canon. Ses exploits, pendant la campagne de Prusse, lui valurent le grade de général de division; il était à Iéna et à Friedland; le 29 octobre 1806, il fit rendre une colonne de 5,000 Prussiens, et cependant il n'avait que 1,600 chevaux : ce beau fait d'armes se passa à Passwalk, à trois lieues de Stettin. En 1808, il fit partie de l'armée d'Espagne, se battit dans plusieurs provinces, et détruisit la cavalerie du général Black au Rio-Almanzara. En 1813, le général Milhaud était à l'armée d'Allemagne, où il se couvrit de gloire pendant la retraite, à la tête de la cavalerie du 14e corps commandé par le maréchal Augereau. Pendant la campagne de France, Milhaud se trouvait au 3e corps d'armée : alors il surprit et tailla en pièces, près de Colmar, une colonne de cavalerie russe (24 décembre 1813); se signala à Saint-Diez contre les Bavarois (14 janvier 1814); à Brienne et à Nangis, contre le principal corps des alliés (29 janvier et 17 février). Il fut l'un des premiers à faire sa soumission au roi Louis XVIII. Nommé chevalier de Saint-Louis et inspecteur de cavalerie, il ne tarda pas à perdre les faveurs du gouvernement royal, et fut mis à la retraite. Au 20 mars 1815, il reprit du service sous Buonaparte, et combattit avec le plus grand courage contre les Prussiens, entre Ligny et Saint-Amand, à la tête des grenadiers à cheval de la garde qu'il commandait. Après la bataille de Waterloo, il se retira sur la Loire et fit sa soumission au roi. La loi du 12 janvier 1816 le força de s'expatrier. Il était déjà rentré en France depuis quelques années lorsqu'il mourut, le 8 janvier 1833, à Aurillac, à la suite d'une longue maladie.

MILIAIRE, s. f., phlegmasie exanthématique, souvent accompagnée de fièvre, caractérisée par de petits boutons rouges, isolés ou rassemblés, élevés d'abord très peu au-dessus du niveau de la peau, et surmontés, dès le second jour, d'une petite vésicule rouge, qui devient bientôt blanche et transparente, et ne tarde pas à tomber en écailles. C'est de la ressemblance de ces vésicules avec des grains de millet, milium, que vient le nom donné à la maladie. La miliaire est considérée par beaucoup d'auteurs comme une affection purement symptomatique, et c'est évidemment le caractère de celle qui survient fréquemment chez les femmes en couches, surtout par suite d'un régime échauffant ou de l'impression d'une température trop élevée. Il est évident que l'on ne saurait indiquer un traitement particulier pour cet exanthème, et que ce traitement doit varier selon la nature de l'affection essentielle.

MILICE, s. f., l'art et l'exercice de la guerre; dans ce sens il a vieilli et ne se dit que des anciens. Milice est aussi collectif et signifie un corps de troupes, une armée; en ce sens, il ne s'emploie guère que dans le style soutenu. Il s'est dit particulièrement des levées de bourgeois et de paysans faites par la voie du sort, soit pour recruter l'armée, soit pour former des régiments provinciaux qu'on ne réunissait que dans certaines occasions; en ce sens, il est opposé à troupes réglées, et s'emploie souvent au pluriel. Fig. et fam., soldat de la milice, homme qui n'a aucun avancement dans sa condition. Fig. et poétiq., les milices célestes, les anges.

MILIEU, s. m., le centre d'un lieu, l'endroit qui est également distant de la circonférence, des extrémités. Milieu se dit souvent, dans une acception moins rigoureuse, de tout endroit qui est éloigné de la circonférence, des extrémités. Fam. et par exagérat., au beau milieu, tout au milieu. Milieu se dit aussi du point qui est également éloigné des deux termes d'un espace de temps. Poétiq., le soleil était au milieu de son cours, la lune était au milieu de sa course, il était à peu près midi, à peu près minuit. Milieu se dit aussi en parlant des ouvrages prononcés ou écrits par rapport à leur commencement, à leur fin. Il se dit également en parlant des choses morales, mais alors il ne s'emploie guère qu'avec l'article *au*, et pour signifier dans, parmi. Milieu, en morale, signifie ce qui est également éloigné des extrémités vicieuses. Milieu se dit figurément d'un certain tempérament qu'on prend dans les affaires pour accommoder des intérêts différents, pour concilier des esprits opposés. Il n'y a point de milieu, il faut absolument prendre un des deux partis qui sont proposés, il n'y a point de terme moyen à chercher. Milieu, en termes de physique, se dit de tout corps, soit solide, soit fluide, qui peut être traversé par la lumière ou par un autre corps. Il se dit aussi du fluide qui environne les corps.

MILIEU (Antoine), jésuite, né à Lyon en 1573, mort à Rome en 1646, enseigna longtemps les humanités, la rhétorique et la philosophie. Il fut ensuite élevé à la place de recteur et à celle de provincial. Le P. Milieu avait du talent pour la littérature et surtout pour la poésie. Il avait enfanté, dans ses moments de récréation, plus de 20,000 vers, qu'il brûla dans une maladie dont il ne croyait pas revenir. Il n'en échappa que le premier livre de son *Moyses viator*. Le cardinal Alphonse de Richelieu, son archevêque, voulut qu'il achevât ce poème. Il en publia la première partie à Lyon en 1636, et la deuxième en 1639, sous le titre de *Moyses viator, seu Imago militantis Ecclesiæ Mosaicis peregrinantis synagogæ typis adumbrata*, 2 vol. in-8. Cet ouvrage, écrit d'un latin pur, plein d'allégories ingénieuses et touchantes, fut très applaudi.

MILITAIRE, adj. des deux genres, qui concerne la guerre, qui est relatif ou propre à la guerre. Justice militaire, celle qui s'exerce parmi les troupes suivant les lois spéciales, suivant le code militaire. Exécution militaire, la peine de mort infligée aux soldats pour délits militaires. Architecture militaire, l'art de fortifier les places. Testament militaire, testament fait à l'armée et dans lequel on est dispensé d'observer la plupart des formalités ordinaires. Militaire s'emploie quelquefois par opposition à civil. Militaire s'emploie souvent comme substantif masculin et signifie alors un homme de guerre. Il signifie aussi quelquefois la totalité des gens de guerre.

MILITANTE (Eglise). En prenant le terme d'Eglise dans sa signification la plus étendue, on distingue l'Eglise militante qui est la société des fidèles sur la terre; l'Eglise souffrante, et ce sont les âmes des fidèles qui sont en purgatoire; l'Eglise triomphante, qui s'entend des saints heureux dans le ciel. La première est appelée militante, parce que la vie du chrétien sur la terre est regardée comme une milice, comme un combat qu'il doit livrer au monde, au démon et à ses propres passions. (*V.* Eglise.)

MILITER, v. n., combattre. Il ne s'emploie que figurément et n'est guère usité que dans les débats judiciaires, où l'on dit, par exemple, cette raison, cet argument milite pour moi, ne milite point contre moi; cette raison, cet argument est en ma faveur, n'est pas à mon désavantage.

MILIZIA (Francesco), né en 1725 à Oria, dans le territoire d'Otrante, mort en 1798, obtint la place d'architecte-surintendant des bâtiments du roi de Sicile dans les états romains. Son inconstance le porta à s'en démettre, et dès lors il s'adonna sans partage à l'étude théorétique des beaux-arts. On lui doit : *Vite de' più celebri Architetti*, reproduit sous le titre de *Memorie degle architetti antichi e moderni*, Parme, Bodoni, 1781, in-8°; *Principi d'archetettura civile*, Bassano, 1785 3 vol. in-8°, fig. (c'est le meilleur de ses ouvrages); *Dizionario delle belle arti del disegno, estratto in gran parte della Enciclopedia metodica*, ibid., 1797, 2 vol. in-8°.

MILL (Jean), célèbre théologien, chapelain ordinaire de Charles II, roi d'Angleterre, né dans le Westmoreland vers l'an 1645, mort en 1707, a donné une excellente édition du Nouveau Testament grec, dans laquelle il a recueilli toutes les variantes ou diverses leçons qu'il a pu trouver, Amsterdam, 1710, in-fol. Il faut le distinguer d'Abraham Mil. ou Milius, calviniste du XVIIe siècle, qui a publié : *de Diluvii universalitate*; item, *de Origine animalium, et migratione populorum*, Genève, 1667, in-12; ouvrage fait pour confondre toutes les notions reçues. Mill ne suit pas les routes battues : il lui faut des explications singulières et originales de l'Ecriture sainte; et qui contrastent avec les preuves les plus démonstratives. Dans sa dissertation sur le déluge il prétend, contre les témoignages historiques et physiques de tout l'univers, non-seulement qu'il n'a pas été universel, mais qu'il a eu lieu seulement dans la Judée et les provinces voisines. On distingue encore un autre Mill, célèbre économiste

anglais, auteur des *Eléments d'économie politique*, de l'*Analyse de l'esprit humain* et de l'*Histoire de l'Inde britannique*, mort près Londres en juin 1835, âgé de 62 ans. Ses principaux ouvrages ont été traduits en français.

MILLE, adj. numéral des deux genres; il ne prend point la marque au pluriel. Dix fois cent. Mille se dit quelquefois pour un nombre incertain, mais fort grand. Il se prend quelquefois substantivement.

MILLE, s. m., mesure itinéraire dont l'étendue diffère selon les pays, et dont on se sert principalement en Angleterre et en Italie.

MILLE-FLEURS, t., qui ne s'emploie que dans ces locutions : rossolis de mille-fleurs, sorte de rossolis dans la composition duquel il entre quantité de fleurs distillées. Eau de mille-fleurs, urine de vache reçue dans un vase pour être prise en remède. Eau de mille-fleurs, huile de mille-fleurs, eau, huile extraite de la bouse de vache par distillation.

MILLÉNAIRE, adj. des deux genres, qui contient mille; il s'emploie substantivement, au masculin, en termes de chronologie pour signifier dix siècles ou mille ans. Millénaire, subst., se dit aussi de sectaires chrétiens qui croyaient qu'après le jugement universel les élus demeureraient mille ans sur la terre à jouir de toute sorte de plaisirs.

MILLÉNAIRE (*règne*) ou **CHILIASME**. Il est dans l'essence de la nature humaine de se bercer d'espérance; ceux qui souffrent y sont le plus enclins. Quoi de plus naturel! La croyance au bonheur est au fond de toutes les religions; le christianisme porte à croire au bonheur éternel; seulement il impose des conditions pour le mériter : c'est en cela qu'il est non-seulement une foi, mais aussi une doctrine sociale. Les religions de l'antiquité n'imposaient pas de conditions honnêtes pour mériter ce bonheur; elles le croyaient être le partage exclusif des heureux de cette terre, c'est en ce sens qu'elles n'étaient que des religions de mots, sans relation avec l'honnête, sans adhérence avec l'édifice social. Les malheurs donc des Israélites avant et après la captivité de Babylone, leur abaissement successif et prolongé, provoquèrent naturellement chez ce peuple la croyance dont il est ici question, c'est-à-dire celle du chiliasme. A l'époque de la venue du Christ, et sous la domination romaine, cette croyance prit toute la consistance qu'ont les rêves de bonheur dans l'imagination des malheureux. Jésus-Christ se présente comme le Messie annoncé dans l'Ancien-Testament, et quoiqu'il déclarât que son intention n'était pas de fonder un royaume terrestre, cela n'empêcha pas les nouveaux chrétiens d'attendre déjà sur cette terre son retour, promis par les apôtres, et d'appliquer à l'espoir de jouissances matérielles, le bien prédit dans un sens spirituel. A ces idées empruntées à l'Ancien-Testament se mêlèrent les images de l'âge d'or familières aux païens nouvellement convertis au christianisme, et la position des chrétiens opprimés par des chefs ennemis de leur foi devait naturellement les porter à faire des vœux pour un autre ordre de choses. Aussi le chiliasme devint-il parmi eux, dans les premiers siècles, une croyance à laquelle l'*Apocalypse* (XX et suiv.), et d'autres peintures extatiques qui se trouvent dans les ouvrages apocryphes de la fin du premier et du commencement du second siècle, donnèrent une autorité apostolique; le *Testament des douze patriarches*, le quatrième livre d'Esdras, la *Vision de saint Pierre*, les *Livres chrétiens sybillins*, la *Lettre de Barnabé* et le *Talmud*, présentèrent également cette croyance sous les plus vives couleurs. Tous les docteurs chrétiens de cette époque, tels que Papias, saint Irénée, Justin-le-Martyr, représentent unanimement le chiliasme comme une doctrine fermement établie, et s'étendent sur la félicité du règne de mille ans. Selon les partisans de ce règne, il devait être précédé d'une grande misère, du bouleversement de l'empire romain, sur les ruines duquel devait se fonder le nouveau règne, où les morts revenus à la vie jouiraient, avec les vivants, d'un bonheur inexprimable au milieu d'une abondance de tous biens, dans l'innocence du paradis unie à la volupté du monde, et dans la nouvelle Jérusalem embellie avec une magnificence céleste. Les gnostiques, méprisant les jouissances matérielles, furent les adversaires des chiliastes. Le chiliasme, malgré l'ardeur de ses adhérents, finit par devenir suspect même aux orthodoxes. L'école philosophique d'Alexandrie, surtout Origène, le combattit déjà dans le IIIe siècle; Lactance fut, au commencement du IVe, le dernier père de l'Eglise qui ait eu quelque inclination pour ces rêveries. L'attente du dernier jour, à l'approche de l'an 1,000 de J. C., fit revivre pour peu de temps le chiliasme, et contribua puissamment à la vogue des croisades.

A l'époque de la réformation, cette opinion offrit encore quelque consolation aux opprimés pendant les guerres de religion en France et en Angleterre. Les mystiques et les quiétistes parmi les catholiques, et quelques protestants dans la guerre de Trente-Ans, songèrent à la faire revivre. Bengel avait fixé l'époque du chiliasme à l'an 1836. Quelques personnes notables du xviiie siècle s'entretenaient encore de cette croyance, qui probablement vit encore dans quelques cervaux solitaires.

MILLEPERTUIS, *hypericum,* Linné (*bot.*), grand genre de la famille des hypéricinées, à laquelle il a donné son nom, de la polyadelphie polyandrie de Linné. Le plus grand nombre des espèces de ce genre habitent les contrées chaudes et tempérées du globe. Ce sont des plantes herbacées ou sous-frutescentes, à feuilles opposées, le plus souvent entières, presque toujours marquées de petits points épars transparents, qui sont les réservoirs d'une huile essentielle, incolore, et qui ont fait donner à ces plantes le nom français de *millepertuis.* Ces plantes manquent de stipules. Leurs fleurs sont jaunes, souvent grandes et fort belles, tantôt solitaires, tantôt disposées en cyme, en panicule ou même en ombelle. Leur calice est à 5 sépales distincts ; la corolle à 5 pétales alternes au calice ; les étamines sont nombreuses ; leur ovaire 1 ou 3-5 loculaires, surmonté de 3-5 styles. A ces fleurs succède une capsule 1-3-5 loculaire, qui renferme des graines nombreuses. M. Spach, qui a beaucoup étudié cette famille, y a établi un grand nombre de coupes (*Ann. des sc. nat.,* 2e série, vol. 5). Parmi les espèces du genre millepertuis, nous citerons : le millepertuis commun (*hypericum perforatum,* L.). Sa tige est herbacée, cylindrique, ponctuée de noir et marquée de deux lignes saillantes opposées ; ses fleurs sont paniculées ; leurs sépales présentent des points transparents et des ponctuations noires qui se retrouvent aussi au bord des pétales et sur les étamines. Cette espèce est commune dans les bois, le long des haies et dans les lieux incultes. Cette plante, qui jouissait d'une haute réputation dans l'ancienne médecine, a beaucoup perdu aujourd'hui de son importance ; on l'emploie encore cependant comme fébrifuge vulnéraire, vermifuge et diurétique. Le millepertuis androsème (*hyp. androsæmum,* L.), connu sous le nom de *toute-saine,* passait pour jouir des mêmes propriétés ; le millepertuis à grands calices (*hyp. calycinum*), de l'Asie mineure, est cultivé dans les jardins, à cause de l'élégance de son feuillage et de la beauté de ses fleurs.　　J. P.

MILLÉSIME, s. m., l'ensemble de chiffres qui marquent l'année sur les médailles, monnaies et monuments, depuis que les années de l'ère vulgaire sont arrivées au nombre de mille. Il se dit, par extension, en parlant des médailles, frappées avant l'an 1000.

MILLEVOYE (Charles-Hubert), littérateur et poète, né le 24 décembre 1782, à Abbeville, d'un négociant estimé, fit ses premières études dans cette ville, et vint les terminer au collège des Quatre-Nations, à Paris. Pendant toute sa jeunesse, il se distingua par son aptitude et son application. En 1798, il remporta le premier prix de littérature. Presque au sortir des écoles, il publia plusieurs ouvrages en vers dans lesquels on remarqua de l'élégance et de la pureté ; ce sont les *Plaisirs du poète* et une *Satire sur les romans nouveaux.* Cette dernière pièce avait été couronnée par l'académie de Lyon ; néanmoins il ne la fit point imprimer dans le *Recueil de ses œuvres.* Malgré son goût pour la poésie, Millevoye sentit la nécessité de se donner un état ; car à l'âge de 13 ans, il avait perdu son père, qui avait laissé sa fortune entre les mains d'un tuteur infidèle. Il voulut d'abord se consacrer au barreau, et resta quelque temps chez un procureur, que son aversion pour la chicane lui fit quitter en 1801. Il se plaça ensuite dans le magasin d'un libraire, et désirait en exercer 'état, en y employant ce qui lui restait de son patrimoine. Après un apprentissage de trois années, il se dégoûta de ce commerce, et se livra tout entier à la littérature. Chaque pas qu'il fit dans cette carrière fut un nouveau triomphe pour lui. L'Institut ayant reçu du gouvernement consulaire une organisation nouvelle, la classe de la langue et de la littérature, qui correspondait à l'académie française, rétablit bientôt les concours d'éloquence et de poésie. Millevoye concourut, et l'Académie couronna les poèmes suivants : *la Tendresse maternelle,* 1806 ; *le Voyageur,* 1807 ; *l'indépendance des gens de lettres* et *la Mort de Rotrou,* 1811. Son poème des *Monuments de Paris* n'eut qu'un accessit ; le prix fut remporté par M. Victorin Fabre ; mais si, sous le rapport philosophique, l'ouvrage de celui-ci méritait la préférence, Millevoie lui était supérieur pour l'harmonie, la grâce, la beauté des vers ;

d'ailleurs l'Académie avait promis de couronner, non un beau discours en vers, mais le meilleur poème, et Millevoye en avait rempli la condition. Le sujet de son dernier concours fut l'*Eloge de Coffin* ; il obtint le prix extraordinaire de l'Académie française. Millevoye composa des ouvrages d'une plus longue étendue ; le plus remarquable est son poème de *Charlemagne,* diversement jugé par les critiques et digne, selon nous, du talent de l'auteur. On lui a blâmé justement de n'avoir pas donné à son héros les couleurs avec lesquelles l'histoire nous le représente, et d'en avoir fait plutôt un paladin, un chevalier errant, qu'un législateur, qu'un guerrier fameux, que le monarque du plus vaste empire qui existât alors. On a aussi justement blâmé le cadre étroit où il a resserré le siècle dans lequel a paru le grand fondateur de la monarchie française ; enfin on a blâmé, mais peut-être d'une manière trop sévère, la forme de son vers, qui est de dix syllabes, tandis qu'il eût mieux fait de prendre le grand vers alexandrin ; mais on ne peut disconvenir que cette composition n'ait le charme de la poésie et que les détails n'en soient très gracieux. Millevoye a aussi traduit les *Bucoliques* de Virgile. En se livrant à ce travail, il sembla vouloir jouter de concision avec le poète latin, ce qui l'a jeté dans une fausse route, et ne lui a pas permis de rendre l'original. Nous citerons en outre son poème de *Belzunce,* qui fut couronné par la seconde classe de l'Institut, titres du concours pour les prix décennaux, ainsi que ses élégies, parmi lesquelles ou distingue la *Chute des feuilles et le Poète mourant.* Une grande sensibilité, beaucoup de grâce et de pureté et de la verve, sont les principaux caractères de ces mélancoliques compositions. Huit jours avant sa mort, il termina son *Poète mourant,* et c'est de lui qu'il parlait lorsque, pressentant sa fin prochaine, il disait, dans cette triste et admirable élégie, dans ce lugubre et sublime adieu qu'il faisait à la terre, les vers suivants :

> La fleur de ma vie est fanée ;
> Il fut rapide mon destin !
> De mon orageuse journée
> Le soir touche presqu'au matin.

Ou ces autres vers non moins touchants et qu'on trouve dans le même poème :

> Le poète chantait, quand sa lyre fidèle
> S'échappa tout-à-coup de sa débile main ;
> Sa lampe mourut, et comme elle
> Il s'éteignit le lendemain ;

Millevoye s'était marié en 1813 ; il habitait sa ville natale, où il se livrait paisiblement à ses travaux chéris. Des affaires l'appelèrent à Paris, au mois de juin 1816 ; sa santé, qui avait toujours été faible, ayant été menacée alors d'un dépérissement qui annonçait sa fin prochaine, il prit une maison à Neuilly, l'air pur qu'il respirait dans ce lieu ne soulageait pas ses souffrances. Un jour qu'il avait fait une course à Paris, il se trouva si faible qu'il lui fut impossible de retourner à Neuilly. On le transporta aux Champs-Elysées, dans un appartement où l'on respirait l'air le plus sain. Il souffrit encore quelques jours, et mourut le 12 août 1816, à l'âge de 34 ans. « La veille de sa mort, dit M. J. Dumas, il tenait encore la plume ; après un travail de deux heures, il demanda un volume de Fénelon, ne cessa de lire comme pour exhaler son dernier souffle à la douce voix de l'éloquence et au sein même de la vertu. » Ainsi mourut prématurément ce jeune poète qui était à peine dans sa fleur. Millevoye avait donné, peu avant sa mort, une édition de ses Œuvres, Paris, 1814, 1816, 5 vol. in-18. Le premier, intitulé : *Poésies diverses,* renferme : les *Plaisirs du poète, l'Amour maternel, l'Indépendance des gens de lettres, l'Invention poétique,* couronné par l'académie d'Anvers ; le *Voyageur; Belzunce,* ou la peste de Marseille, poème désigné pour l'un des prix décennaux ; la *Mort de Rotrou; Coffin,* ou le héros liégeois ; ce poème a remporté un prix extraordinaire en 1812 ; une traduction de quelques chants de l'Iliade. Le deuxième volume contient : *Emma et Eginard,* fabliau ; quelques traductions de Théocrite, de Virgile, des débris de la *Lusiade* et des poésies fugitives. Le troisième volume se compose de *Charlemagne à Pavie,* poème en six chants. Le quatrième volume renferme trois livres d'élégies, dont on distingue celles intitulées : la *Chute des feuilles* et le *Poète mourant.* Le cinquième volume contient : *Alfred,* roi d'Angleterre, poème en quatre chants ; la *Rançon d'Egile,* poème dont le sujet est puisé dans une tradition scandinave. Millevoye a laissé encore la *Fête des martyrs*, Paris, 1815, in-8° de 29 pages. Cet opuscule a deux parties : la première se compose d'une élégie sur la translation des restes de Louis XVI et de Marie-Antoinette à Saint-Denis; la seconde partie contient : *Ma vision*, en prose, et le *Testament du roi-martyr*. Parmi ses manuscrits, on a trouvé des élégies, des imitations en vers de Lucien, *Antigone, Saül* et *Ugolin*, tragédies; des fragments d'une autre tragédie intitulée *Conradin*; une traduction de plusieurs livres de l'Iliade; le plan pour un poème sur saint Louis, etc. Il a paru, dans le *Mémorial de la Société royale d'émulation d'Abbeville*, une notice sur Millevoye, écrite par son ami d'enfance, M. de Pailly. M. J. Dumas a donné aussi une notice intéressante sur sa vie, en publiant ses *Œuvres complètes*, 1822, 4 vol. in-8°. Les œuvres de Millevoye ont été plusieurs fois réimprimées. La dernière édition que nous connaissons est celle donnée par Furne, 1827, 4 vol. in-8°. Un des volumes contient ses œuvres inédites.   **M.**

MILLIARIA, nom que les Romains donnaient à trois grands vases d'airain qui étaient placés dans la salle des Thermes, et qui contenaient des milliers d'amphores. L'un servait pour l'eau chaude, l'autre pour l'eau tiède, et le troisième pour la froide. Ces vases étaient disposés de manière à ce que l'eau pouvait passer de l'un dans l'autre par le moyen de plusieurs siphons.

MILLIAIRE, colonne célèbre surmontée d'une borne en or, et placée par Auguste au milieu du Forum. C'est de là que l'on commençait à compter par milles la distance de Rome à toutes les villes et les provinces de l'empire. A partir de ce point, on avait disposé de mille en mille, sur les routes principales, des bornes numérotées qui indiquaient la distance où elles étaient de la capitale; ces bornes se nommèrent aussi milliaires. Lors de la translation de la résidence impériale à Byzance, Constantin fit élever dans la place de l'Augustéon un milliaire d'or. C'était une arcade ornée de statues, et destinée au même usage que le milliaire de Rome.

MILLIARD, s. m., mille fois un million, ou dix fois cent millions. Il se dit très souvent absolument en termes de finances, d'un milliard de livres ou de francs.

MILLIER, s. m., nom de nombre collectif contenant mille. Millier, signifie aussi mille livres pesant. Millier se dit encore pour exprimer un nombre indéterminé, mais considérable. A milliers, par milliers, loc. adv., en très grand nombre.

MILLIET (Jean-Baptiste), né à Paris en 1746, mourut en 1775, après avoir donné : *Vie des poètes grecs*, 2 vol. in-12, compilation assez bien faite; il y a quelques bonnes remarques sur les ouvrges de ceux dont il rapporte la vie; *Vie des poètes latins*, 4 vol. in-12. Les notes y sont plus étendues, parce qu'il a trouvé plus de matériaux; le style en est peu soigné, quoique quelquefois affecté; *Réflexions sur la poésie en général*, in-12; *Choix de poésies*, 8 vol.

MILLIMÈTRE, s. m., nouvelle mesure de longueur, la millième partie du mètre.

MILLIN DE GRAND-MAISON (Aubin-Louis), savant antiquaire, membre de l'Institut et de la Légion-d'Honneur, naquit à Paris le 14 juillet 1759. Après avoir terminé ses études d'une manière brillante, il suivit, pour obéir à sa mère, les cours de théologie. Il ne se sentait aucune vocation pour l'état ecclésiastique; et en effet il abandonna bientôt cette carrière pour embrasser celle de la littérature et des sciences. Le jeune Millin avait une fortune assez considérable pour être indépendant; il se livra donc sans aucune espèce de gêne à ses occupations favorites. Outre les langues classiques qu'il avait apprises au collége, il possédait encore plusieurs langues modernes. Les premiers essais qu'il publia en 1785 furent des traductions: il avait essayé de rendre en français quelques passages intéressants des ouvrages classiques que possédent les étrangers. Son ouvrage a pour titre : *Mélanges de littérature étrangère*, Paris, 1754, 6 vol. in-12. Bientôt il dirigea ses études sur les sciences naturelles, et conçut le projet d'en écrire l'histoire sur le plan qu'avait suivi Montucla pour l'histoire des mathématiques, et Bailly pour celle de l'astronomie. Il s'était lié d'une amitié intime avec le fils du célèbre botaniste Willemet qui le fortifia dans son goût pour les sciences naturelles. En 1790, il fit paraître un Discours sur l'origine et les progrès de l'histoire naturelle en France, in-4°, et une Minéralogie homérique qui a été réimprimée en 1816 in-8°, et traduite en allemand par M. Rinck. Le premier de ces ouvrages sert d'introduction au recueil des Mémoires de la Société d'histoire naturelle. Millin fut un des fondateurs de la Société linnéenne, formée à

l'instar de celle de Londres, et dont les travaux interrompus pendant quelques années furent repris par une nouvelle société qui prit le nom de Société d'histoire naturelle. Ses recueils commencèrent à paraître en 1792. La fortune de Millin ayant été presque détruite au milieu des orages de la révolution, il se vit forcé d'accepter une place de chef de division à la commission d'instruction publique. Pour propager l'amour des sciences, il fonda le *Magasin encyclopédique*, à la rédaction duquel coopéraient les hommes les plus distingués, tandis que Millin s'occupait de la correspondance avec les principaux savants de l'Europe. L'abbé Barthélemi étant mort en 1774, il lui succéda dans la place de conservateur des médailles à la bibliothèque appelée alors Nationale. Livré tout entier à ses nouvelles fonctions, il vendit son riche cabinet d'histoire naturelle, et forma une bibliothèque de tous les ouvrages nationaux et étrangers relatifs aux antiquités; il recueillit de plus une belle collection de gravures, et donna chez lui des cours publics sur l'histoire des antiquités. Il avait déjà fait un voyage dans l'intérieur de la France et en Italie; il y retourna en 1811, et en rapporta encore des objets précieux pour les arts. Millin fit de savantes recherches sur les monuments anciens, égyptiens, grecs, romains, gothiques, etc. Millin fut aussi professeur d'histoire à l'Ecole centrale du département de la Seine. Sous le gouvernement impérial, il fit dans le Midi de la France un voyage dont il a publié la relation en 1807. Quatre ans après, il se rendit en Italie, d'où il a rapporté des objets précieux et une riche collection de dessins inédits. De retour en France en 1813, il voulut mettre en ordre l'immense quantité de matériaux qu'il avait recueillis; mais ce travail épuisa ses forces, et une mort prématurée l'enleva le 14 août 1818. La liste de ses principaux ouvrages, qui sont pour la plupart de la plus haute importance, dira mieux que nous ne l'avons fait dans cette brève exposition de sa vie, les services qu'il rendit à la science. Outre ceux que nous avons déjà cités, il faut distinguer encore les suivants : 1° *Abrégé des transactions philosophiques* (partie des antiquités), 1789, in-8°; 2° *Revue générale des écrits de Ch. Linné*, traduite de l'anglais, avec un volume d'additions, 1789, 2 vol. in-8°; 3° *Antiquités nationales, ou Description des monastères, abbayes, châteaux, devenus domaines nationaux*, 1781, 1797, 5 vol. in-4°; 4° *Discours sur l'origine et les progrès de l'histoire naturelle en France*, 1790, in-4°; 5° *Elements d'histoire naturelle*, 1795, 1 vol. in-8°; 1802; 6° *Introduction à l'étude des monuments antiques*, 1796, in-8°; 7° *Introduction à l'étude des pierres gravées*, 1796, 1798 in-8°; 8° *Introduction à l'étude des médailles*, 1796, in-8°; 9° *Description des statues des Tuileries*, 1798, in-12; 10° *Monuments antiques inédits ou nouvellement expliqués*, 1802 et 1803, 2 vol. in-4°; 11° *Programme du cours de l'histoire des arts chez les anciens*, 1805, 1 vol. in-8°; 12° *Dictionnaire des beaux-arts*, 1806, 3 vol. in-8°; 13° *Histoire métallique de la révolution française*, 1806, 1 vol. in-4°; 14° *Les beaux-arts en Angleterre*, traduit de l'anglais, de Dallauvay, 1807, 2 vol. in-8°; 15° *Voyage dans le Midi de la France*, 1807 et 1808, 3 vol. in-8°, avec deux atlas; 16° *Peintures de vases antiques*, 1808, 1810, 25 livraisons in-fol., réimprimées en 1816: 17° *Galerie mythologique*, 1811, 2 vol. in-8° avec gravures; 18° *Voyage en Savoie, en Piémont, à Nice et à Gênes*, 1816, 2 vol. in-8°; 19° *dans le Milanais, à Plaisance, Parme, Modène, Mantoue et Crémone*, 1817, 2 vol. in-8°. On lui attribue la traduction du *Voyage du capitaine Philippe à Botany-Bay*, 1791, 1 vol. in-8°; et celle d'un *Voyage en Norwège*, 1803, 1 vol. in-8°. Il a publié en outre un grand nombre de Notices et des Monographies insérées dans le *Magasin encyclopédique*. Nous n'avons point parlé des événements politiques de la vie de Millin. Dans la carrière d'un savant que peut faire la politique pour sa gloire? Et s'il vient à se tromper dans la route qu'il a suivie, ce sont des aberrations qui attestent la faiblesse humaine, même dans les plus beaux génies, ce sont des taches comme celles que l'astronome remarque dans le soleil, et qui ne l'empêchent pas d'être le plus beau des astres. Millin avait, comme tant d'autres, applaudi au mouvement réformateur de 1789. Il se montra partisan des principes de la révolution, et publia quelques opuscules de circonstance, comme *Lettres d'un empereur romain à un roi des Gaules; Lettres sur la censure; De la liberté des théâtres*, etc. Conjointement avec Condorcet, Noël et Rabaut-de-Saint-Etienne, il rédigea un journal sous le titre de *Chronique de Paris*, qui eut des succès et parut jusqu'en 1793. Les excès qui se commirent à cette désastreuse époque, justement appelée le règne de la terreur, excitèrent son indignation :

il ne la dissimula pas, et contraint de fuir, il accepta un petit emploi dans les transports militaires. Les tyrans du jour, qui manquaient rarement leurs victimes, avaient proscrit Millin : il fut bientôt reconnu et enfermé dans une prison, d'où il ne sortit qu'après la chute de Robespierre (le 9 thermidor). Il reprit ensuite le cours de ses travaux que la mort seule a pu interrompre. On peut lire une Notice nécrologique sur Millin dans le tome 6 des *Annales encyclopédiques*, année 1818.

MILLION, s. m., mille fois mille, ou dix fois cent mille. Il se dit très souvent absolument en termes de finances, d'un million de livres ou de francs. Million signifie aussi un nombre indéterminé, mais considérable, et alors il se dit ordinairement par exagération.

MILLOT (Claude-François-Xavier), historien, mort à Paris, le 21 mars 1785, était né à Ornans, petite ville de la Franche-Comté, en 1726. Entré chez les jésuites à Lyon, il s'appliqua à traduire, à prêcher, à enseigner les humanités dans plusieurs maisons de son ordre, et à composer des discours sur différents sujets proposés par des académies. Si l'on en croit un de ses panégyristes, il débuta dans la carrière littéraire par un discours couronné à l'académie de Dijon, en 1767, sur cette question : *Est-il plus utile d'étudier les hommes que les livres ?* Il donna la préférence à l'étude des hommes. C'est, ajoute-t-on, pour l'éloge de Montesquieu, inséré dans un discours, et les persécutions qui en furent la suite que l'abbé Millot fut obligé de quitter les jésuites ; mais cette raison présente une grande invraisemblance, pour ne rien dire de plus. Si l'orateur a loué tout sans restriction dans Montesquieu, peut-on nommer persécution le mécontentement que la société lui a témoigné ? Et s'il n'a loué que ce qu'il y a réellement de louable dans les ouvrages du célèbre président, est-il croyable que ses confrères lui en aient fait un crime ? Quoi qu'il en soit, l'archevêque de Lyon le nomma un de ses grands vicaires. Après avoir prêché quelque temps avec peu de succès à Versailles et dans d'autres villes de province, l'abbé Millot entreprit quelques traductions, et écrivit plusieurs livres élémentaires d'histoire pour l'instruction de la jeune noblesse. Le marquis de Sélino, s'adressa à M. de Nivernais, qui lui envoya l'abbé Millot ; mais on dit que le duc n'en fut pas content, et que l'abbé, de retour à Paris, ne fit pas de difficulté d'en raconter les raisons, et de parler du prince comme d'un ennemi de la philosophie, (outre cela Sélino étant devenu odieux au peuple, et Millot n'ayant pas voulu le quitter, l'un fut disgracié et l'autre revint en France) ; il devint ensuite précepteur du duc d'Enghien. Il fut agréé à l'Académie française en 1777, et sa réputation littéraire est particulièrement fondée sur ses *éléments d'histoire*, auxquels selon la remarque de M. l'abbé Marillet, le nom d'*abrégé* eût mieux convenu parce que les *sciences seules ont des éléments*; quoi qu'il en soit, ce sont les *Éléments de l'histoire ancienne*; *éléments de l'histoire moderne*; *Éléments de l'histoire d'Angleterre*; *Éléments de l'histoire de France*; etc. Ces sortes de compilations, plus utiles à l'imprimeur qu'honorables pour l'auteur, ont ordinairement plus de débit que de réputation ; mais celles de l'abbé Millot lui ont procuré des louangeurs. Le compilateur, qui n'était pas né plaisant a forcé sa nature, et s'est épuisé en sarcasmes et en railleries amères contre les papes, les prêtres et les moines, toujours sous le spécieux prétexte de guérir les esprits de la superstition. C'est ce qui a donné quelque sel à ses abrégés ; mais en même temps, c'est ce qui les rend très dangereux pour les jeunes gens auxquels cependant ils paraissent destinés. L'abbé Millot n'est pas assez philosophe pour savoir qu'il ne faut jamais employer la raillerie contre la religion de l'état, même lorsqu'on en relève les abus ; il n'a pas songé que les enfants, peu capables de distinguer l'abus de la chose même, apprendraient dans ses livres à mépriser les ministres des autels, et ne tendraient qu'à étendre ce mépris jusque sur la religion. Son *Histoire de France* a été réimprimée en 1806, 4 vol. in-12 ; avec la continuation de M. Ch. Millon, jusqu'à la mort de Louis XVI, et celle de Delisle de Sales, jusqu'au couronnement de Buonaparte. On a encore de lui : l'*Histoire des Troubadours*, Paris, 1775, 3 vol. in-12 ; recueil de poésies barbares et grossièrement galantes, que l'abbé Millot nous présente comme des pièces importantes, quoique bien sûrement, il n'y ait rien d'intéressant à recueillir, à moins qu'on ne regarde comme tel, quelques injures d'énergumènes vomies contre les églises catholiques, par des chansonniers vaudois et albigeois. Dans les *Mémoires politiques et militaires du duc de Navailles*, Paris, 1777,

ouvrage écrit sèchement et sans intérêt, et qui de 6 volumes pourrait être réduit à 2, le sensible abbé s'épuise en lamentations sur la conduite que le gouvernement a tenue à l'égard des camisards, quoique M. de Berwick, et M. de Navailles lui-même aient démontré qu'avec ces fanatiques, les voies de douceur étaient inutiles et dangereuses ; on ne doit cependant pas croire que la prédilection apparente de l'abbé Millot, pour ces sectaires, sa haine affichée contre les ministres de l'Eglise, son application à rendre odieuse cette grande et antique foi des chrétiens, fussent l'expression de son cœur et le vrai résultat de ses persuasions ; il courait après la célébrité, et les petits bruits académiques, qu'il croyait ne pouvoir s'assurer sans étouffer en ou sans déguiser des sentiments qui avaient été longtemps à son cœur, ont reparu avec vivacité, dès que la proximité de la mort eut replié son âme sur les vérités éternelles et dissipé l'illusion qui l'égarait. (Millot a donné des traductions des *harangues de Démosthènes*, 1764, et de *plusieurs orateurs latins*, 1764).

MILLS (Charles), avocat et littérateur, né en 1788 à Greenwich, mort à Southampon le 9 octobre 1825, a fait paraître dans les dernières années de sa vie les ouvrages suivants : *Histoire du mahométisme*, Londres, 1819, in-8° ; *Histoire des croisades*, Londres, 1820, 2 vol. in-8° ; *Voyages de Théodore Ducas dans différentes contrées de l'Europe à l'époque de la naissance des lettres*, 1823, 2 vol. in-8° : ouvrage sur le plan du *Voyage d'Anacharsis*, où Mills donne un tableau intéressant de l'Italie à cette époque ; *Histoire de la chevalerie*, Londres, 1823, 2 vol. in-8°, dont le succès fut prodigieux.

MILNER (Jean), savant théologien et évêque catholique anglais, naquit à Londres le 14 octobre 1752. Il entra d'abord dans les écoles de Sedgeley-Park et d'Edgbaston, près Birmingham, et vint achever ensuite ses études dans le collège anglais de Douai. Dès l'année 1777, Milner, ordonné prêtre, fut envoyé en mission à Londres, puis à Winchester, où par ses écrits, il ne tarda à se faire connaître son zèle pour la cause des catholiques. Le comité établi en 1782 pour diriger les affaires de ces derniers avait été chargé, lors de son renouvellement en 1787, de dresser un projet de bill pour demander au parlement la révocation des lois sur les catholiques. Les évêques et le clergé avaient signé ce projet ; mais la proposition d'un nouveau serment donna lieu à une dispute assez vive à laquelle Milner prit beaucoup de part. Les quatre vicaires apostoliques, qui se partageaient l'Angleterre, condamnèrent le serment par une *lettre encyclique*, contre laquelle le comité protesta ; un de ses membres publia même trois écrits dans lesquels il cherchait à persuader aux catholiques qu'ils avaient le droit de choisir leurs pasteurs. Milner répondit par trois brochures sous ces titres : *Réponse d'un ecclésiastique à la lettre d'un laïc*; *les droits divins de l'épiscopat*; *la démocratie ecclésiastique dévoilée*. Deux vicaires apostoliques moururent peu de temps après, et furent remplacés ; Milner prêcha la consécration de l'un d'eux, et obtint dès lors toute sa confiance et celle d'un des anciens vicaires. Sa nouvelle position l'ayant mis en rapport avec les personnages les plus éminents de l'état, il leur représenta les clauses fâcheuses du serment, et fit paraître, pour éclairer l'opinion : *Faits relatifs à la contestation entre les catholiques*. Cet opuscule produisit son effet : le parlement, plus sage que le comité catholique, et jugeant utile d'éteindre ce foyer de discorde, rendit plus précises les clauses qui avaient été trouvées trop vagues, et adopta à peu près le serment d'Irlande que Milner avait proposé comme moyen de conciliation. Ce bill, sanctionné par le roi, abolissait les peines prononcées contre les catholiques, et rendait l'exercice de la religion aussi libre que dans la plupart des états attachés à l'église romaine. Milner acquit par ce succès la reconnaissance et la considération des catholiques dont il s'efforça de servir encore la cause. En 1792, il assista au synode des évêques contre Trockmorton, dont on censura l'écrit sur la nomination des évêques, et contre Geddes dont on signala la traduction de la Bible comme un ouvrage dangereux. De retour à Winchester, Milner fit des recherches sur l'histoire de cette ville ancienne, résidence de princes célèbres par leur attachement à la religion catholique, et il publia en 1798, son *Histoire civile et ecclésiastique et examen des antiquités de Winchester*, avec des gravures, 2 vol. in-4°, pleins d'érudition, et loués même par plusieurs journaux protestants ; mais comme Milner s'y était expliqué avec quelque liberté sur l'évêque anglican Hoadley, le docteur Sturges, ami du prélat, fit paraître des *Réflexions sur le papisme à l'occasion de l'histoire* *de Winchester* : c'était moins une réponse à cet ouvrage qu'une suite de déclamations contre la religion catholique ; aussi Milner crut devoir répondre à cette attaque par ses *Lettres au prébendaire*, ou *Réponse aux réflexions sur le papisme du docteur Sturges*, qui furent réimprimées plusieurs fois en Angleterre, en Irlande et en Amérique. En 1802, Milner publia un nouvel écrit à l'occasion du concordat français, qui commençait à agiter les esprits en Angleterre. Il a pour titre : *Eclaircissement sur les brefs du saint-siége relatifs à l'église de France*. Le docteur Stappleton, vicaire apostolique du district du milieu, étant mort dans le mois de mai 1802, le comité catholique chercha à avoir un évêque de son choix ; mais le plus ancien vicaire apostolique porta Milner, et il fut nommé le 1ᵉʳ mai 1803, sous le titre d'évêque de Castabala *in partibus infidelium*, les évêques catholiques en Angleterre n'ayant que ce titre. Il adressa une lettre pastorale à son clergé le 27 décembre 1803 ; on y trouve des avis relatifs à la discipline et à la conduite des pasteurs. Dans les discussions qui eurent lieu sur les réclamations des catholiques, il publia *le Cas de conscience résolu*, ou *les Demandes des catholiques prouvées compatibles avec le serment du couronnement*, 1801, auquel il joignit un *supplément*, et en 1807 il en donna une 2ᵉ édition, avec des *Observations sur un pamphlet* de M. le Mesurier. Cette même année et la suivante, il fit deux voyages en Irlande, qui lui donnèrent occasion de publier une suite de *lettres sur les catholiques et les antiquités d'Irlande*, qui sont regardées comme un de ses meilleurs ouvrages. Il mit encore au jour, en 1808, *quatre Lettres* sur les articles d'un journal intitulé : *la Revue anti-jacobine*, et il donna un mandement, en date du 1ᵉʳ juin, contre les écarts des anti-concordataires. L'abbé Blanchard écrivit contre ce mandement, et Milner publia une nouvelle *Lettre pastorale*, le 10 août, où il cita seize propositions tirées des écrits de cet abbé, qu'il condamna comme *fausses, scandaleuses, injurieuses au souverain pontife, insinuant le schisme, y tendant et même étant schismatiques*. Blanchard voulut répliquer par un écrit intitulé : l'*Abus sans exemple de l'autorité ecclésiastique*, où il dénonçait Milner à tous les évêques. Ce prélat publia, le 7 mars 1809, un supplément à sa lettre du 10 août, le 22 juillet, un appendice à ce supplément, où il rapportait la censure portée le 3 juillet contre son adversaire par un grand nombre d'évêques d'Irlande. Cette controverse n'était pas finie qu'il s'en éleva une autre plus vive encore et plus longue. Des membres distingués du parlement voulurent que l'on donnât au roi un *veto* sur le choix des évêques. Jusque-là, la cour n'avait influé en rien sur leur nomination. On imagina de lui conférer le droit de rejeter ceux dont elle croirait pouvoir suspecter la loyauté, et on résolut d'attacher à cette condition l'émancipation absolue des catholiques que ceux-ci sollicitaient. Ce projet fut d'abord approuvé par Milner et quelques évêques d'Irlande ; mais ayant cru s'apercevoir ensuite que le ministère ne cherchait qu'à asservir l'épiscopat et à préparer ainsi sourdement le renversement de la religion, il rétractèrent leur approbation, et se prononcèrent contre le *veto*. Les évêques d'Irlande s'assemblèrent plusieurs fois à ce sujet, et déclarèrent, le 14 septembre 1818, qu'il n'était point expédient d'introduire aucun changement dans le mode canonique suivi jusqu'ici pour la nomination des évêques ; et depuis ils confirmèrent encore cette résolution. Toutefois les auteurs du projet en suivirent l'exécution ; mais l'opposition des évêques les arrêtant, ils travaillèrent à les amener à seconder leurs vues, et indiquèrent une assemblée des catholiques à Londres pour le 1ᵉʳ février 1810. On y adopta un avis favorable au *veto*, et Milner, qui était l'agent des évêques d'Irlande en Angleterre, lutta seul contre le sentiment de l'assemblée. Son éclaircissement sur le veto ayant attiré un écrit de Butler, sous le titre de *Lettre à un catholique irlandais*, il y répondit par des lettres à un prélat catholique d'Irlande, en réfutation de celle de Butler, et y ajouta un *post-scriptum* sur l'écrit d'Oconor. En 1813, un nouveau bill fut présenté au parlement pour l'émancipation des catholiques ; l'on voulait attribuer au bureau catholique l'autorité de nommer les évêques et d'examiner les bulles et rescrits de Rome ; mais Milner exposa dans un écrit : *Court mémorial sur le bill*, la tendance de ce projet, qui échoua au parlement le 24 mai. Le prélat eut dans le même temps des différends avec M. Poynter, vicaire apostolique de Londres, et peut-être ne sut-il pas, dans cette occasion, se tenir assez en garde contre la vivacité de son caractère ; depuis il se réconcilia avec lui. En 1813, il adressa au clergé de son district une lettre pastorale contre

les sociétés bibliques, et quelques articles dans l'*Orthodox journal* sur les affaires des catholiques, et principalement sur le *veto*. Ayant appris le retour du pape, en 1814, il résolut de se rendre à Rome pour consulter le saint-siége et soutenir les intérêts des évêques d'Irlande sur les points en discussion. Il fut bien accueilli par le saint-père, qui entendit leurs raisons, mais ne prit cependant pas de décision formelle. Milner donna, en 1818, une suite à ses lettres au prébendaire, sous ce titre : *Fin de la controverse religieuse*, suivie d'une adresse à l'évêque anglican de saint-David's en réponse à son catéchisme protestant ; c'est, sans contredit la meilleure production de Milner. Elle a été plusieurs fois réimprimée, et traduite en français, sous le titre d'*Excellence de la religion catholique*, ou *Correspondance entre une société de protestants religieux et un théologien catholique*, Paris, 1823, 2 vol. in-8°. Cet ouvrage, divisé en trois parties, renferme une discussion solide, une critique judicieuse, un heureux choix de preuves relevées par un ton de modération d'autant plus louable que l'auteur a souvent à répondre à des adversaires plus passionnés. La traduction qu'en a donnée M. Masson de la Véronnicre est fidèle et accompagnée de notes, de citations et d'une table des matières qui ajoutent au mérite de l'ouvrage. Depuis, Milner a publié *Apologie de la fin de la controverse religieuse contre ses adversaires*, in-8°. Cette apologie, écrite en forme de lettres, par l'auteur, pour défendre son ouvrage qui avait été attaqué, n'a pas été traduite en français, parce qu'elle a été regardée comme moins intéressante en France, où les attaques dirigées contre Milner n'ont pas pénétré. Il a encore publié, sur l'invitation des évêques d'Irlande, un *Cours sommaire de l'histoire et des doctrines de l'Ecriture*, qui paraît convenir spécialement aux écoles, et dont il s'est fait plusieurs éditions. Il a aussi inséré, dans l'*Orthodox* du 19 juin 1819, une lettre contenant quelques critiques de l'*Histoire d'Angleterre*, du docteur Lingard. Charles Butler avait fait paraître des *Mémoires historiques sur les catholiques anglais*, 2 vol. in-8°, qui offraient des faits intéressants ; mais où l'on trouvait beaucoup d'omissions et d'inexactitudes. Milner crut devoir y ajouter un nouveau volume, qu'il publia sous le titre de *Mémoire supplémentaire des catholiques anglais*, où il rapporta principalement les affaires où il a pris part. Sa santé, affaiblie par d'aussi longs travaux, lui faisant craindre une fin prochaine, il demanda un coadjuteur qu'il sacra lui-même le 1ᵉʳ mai 1825 ; enfin, devenu plus malade, il reçut les sacrements de l'Eglise en présence de plusieurs catholiques, délara qu'il pardonnait à tous ses ennemis, et pria lui-même ceux qu'il aurait pu offenser de lui pardonner. Après avoir fait un acte public de foi, il expira, le 19 avril 1826, dans des sentiments de piété, d'humilité et de résignation, à Wolverhampton où il résidait ordinairement. C'était un prélat fort instruit et fort zélé ; ses ennemis même ont rendu justice à son mérite ; mais ils l'ont accusé de trop de chaleur et d'exagération. Outre les productions que nous avons citées, il a publié un assez grand nombre d'autres écrits : 1° *Certaines considérations à l'égard des catholiques romains*, in-8°, 1791 ; 2° *Recherches historiques et critiques sur l'existence et le caractère de saint Georges, patron de l'Angleterre*, in-8°, 1792 ; 3° *Oraison funèbre prononcée à l'occasion de l'assassinat de Louis XVI*, in-8°, 1793 ; 4° *Réplique au rapport publié par le club cisalpin sur sa protestation*, in-8°, 1795 ; 5° *Sérieuse demande à M. Josep Berington sur ses erreurs théologiques touchant les miracles et autres sujets*, 1797, in-12 ; 6° *Vie de M. Challoner, vicaire apostolique de Londres*, 1798, in-12 ; 7° *Explication de la conduite du pape Pie VII, à l'égard des évêques et des affaires ecclésiastiques de France*, 1802, in-8° ; 8° *Court examen des principaux arguments contre la pétition catholique* ; 9° *Traité sur l'architecture des églises de l'Angleterre*, 1814, in-8°, 10° *Discours prononcé le 18 juin 1016, à Birmingham, en actions de grâces pour la paix* ; 11° *Exercices pour sanctifier les dimanches et jours de fêtes, et pour se préparer à assister utilement à la messe* ; enfin un article sur l'architure gothique, dans l'*Encyclopédie de Rees*, et plusieurs *Notices* dans les *Mémoires de la société des antiquaires de Londres*, dont i était membre.

MILO (*Melos*), île de l'Archipel (Grèce), dans le Nomos ou département des Cyclades centrales. Elle a 5 lieues de long sur une largeur moyenne de 2 lieues et demie. Son aspect est triste et sauvage. Les montagnes qui la couvrent en grande partie sont nues et stériles. Tout indique une terre de volcans ; le Klamo exhale des vapeurs sulfureuses, et offre un sol dont la chaleur est insupportable à la main qui s'enfonce à un pied de profondeur. L'alun capillaire, des pierres meulières, des eaux thermales se trouvent dans ses montagnes. On y voit des ruines magnifiques. Le musée de Paris possède une belle statue de Vénus que Durville y découvrit en 1820. Le sommet de la partie méridionale est par 36° 40' de latitude N., et 22° 2' de longitude E. Son chef-lieu est Milo ou Melos remarquable par ses ruines. Elle a un évêque grec et un évêque latin.

MILON, fameux athlète de Crotone, s'était accoutumé, dès sa jeunesse, à porter de gros fardeaux. En augmentant tous les jours leur poids, il était parvenu à charger sur ses épaules des poids énormes. C'est ainsi qu'ayant acheté un veau, il le porta tous les jours à une certaine distance, et continua à le porter lorsque ce veau fut devenu un très grand taureau. Il en donna le spectacle aux jeux olympiques; et, après l'avoir porté l'espace de cent vingt pas, il le tua d'un coup de poing, et le mangea, dit-on, tout entier en un seul jour. Il se tenait si ferme sur un disque qu'on avait huilé pour le rendre glissant, qu'il était impossible de l'y ébranler. On ne pouvait séparer un de ses doigts de l'autre, quelque facilité qu'il donnât en présentant la main ouverte et tendue. Par le gonflement des veines, il rompait un nerf de bœuf, dont il s'était entouré la gorge. Cet athlète assistait exactement aux leçons de Pythagore. On rapporte que, la colonne de la salle où ce philosophe tenait école s'étant ébranlée, il la soutint lui seul, et donna le temps aux auditeurs de se retirer. Milon remporta sept victoires aux jeux pythiens, et six aux jeux olympiques. Il se présenta une septième fois; mais il ne put combattre faute d'antagonistes. Devenu vieux, il voulut avec ses mains rompre le tronc d'un gros arbre. Il en vint à bout; mais, les longs efforts qu'il fit l'ayant épuisé, les deux parties du tronc se réunirent, et il ne put en arracher ses mains. Il était seul, et fut dévoré par les bêtes sauvages, l'an 500 avant Jésus-Christ. On ne risque rien à croire que plusieurs de ces faits sont défigurés et exagérés. Plusieurs de ces traits, tels que celui de la colonne, paraissent être pris de l'histoire de Samson.

MILON (T. Annius), *Milo*, Romain célèbre par son amitié pour Cicéron et ses démêlés avec Clodius, naquit à Lanuvium, vers l'an 95 avant J.-C., et eut pour père un Papius, nom fameux dans la guerre sociale. Il paraît que sa famille était une des plus distinguées, ou du moins une des plus opulentes de l'Italie, puisqu'il épousa la fille de Sylla. Nommé tribun du peuple l'an 57 avant J.-C., il agit avec zèle pour le rappel de Cicéron. Les violences perpétuelles de Clodius paralysaient toutes ses mesures; Milon, afin d'y mettre un terme, l'accusa de fomenter des troubles. Clodius, désespérant de corrompre ses juges, éluda le jugement, et se vengea en faisant insulter son adversaire par un ramas de gens séditieux qu'il avait autour de lui. Milon fut obligé de s'entourer de gladiateurs, et de repousser par les armes les gens de Clodius, qui l'attaquaient toutes les fois qu'il sortait. Cependant, malgré ces intrigues, le rappel de Cicéron fut résolu. L'année suivante Clodius, nommé édile, cita Milon à son tour comme auteur de violences attentatoires au calme public. Pompée plaida la cause de l'accusé; Clodius répliqua, le tout au milieu des clameurs les plus furieuses des deux partis. Rien ne fut décidé; et l'affaire, à force de traîner en longueur, fut enfin oubliée; mais la haine subsistait toujours au fond de l'âme des deux adversaires. Quelques années après (51 avant J.-C.), Milon brigua le consulat; deux autres Romains étaient ainsi que lui sur les rangs, et tous briguaient cette grande place avec fureur : chacun avait sa petite armée, et chaque jour était signalé par un combat sanglant. Clodius surtout soutenait les prétentions des deux compétiteurs de Milon, afin de mieux faire échouer les siennes. Cependant, grâce à un vaste crédit, à d'immenses richesses et surtout à la protection de Pompée, Milon allait réussir quand un événement malheureux vint ruiner ses espérances. Un jour qu'il allait à Lanuvium avec sa femme et une suite nombreuse d'esclaves, il rencontra Clodius qui revenait à Rome, accompagné seulement de trois amis et de quelques domestiques armés. Leurs esclaves se prirent de querelle; Milon défendit ses gens, en sorte que la dispute devint générale. Clodius reçut plusieurs blessures, et fut obligé de se réfugier dans une maison du voisinage. Milon le poursuivit dans cet asile, et le fit tuer par ses esclaves. Le corps de Clodius fut porté à Rome, et exposé dans la place publique. Les amis du tribun s'élevèrent avec violence contre Milon, et le traduisirent en jugement. De plus

Pompée se refroidit pour lui, et, craignant sans doute qu'on n'attribuât à ses ordres le meurtre de Clodius, il se montra disposé à condamner l'accusé. Il entoura le tribunal d'une troupe de soldats, pour prévenir, dit-il, les violences des anciens amis de Clodius, peut-être au contraire pour empêcher l'influence favorable des amis de Milon. Cicéron entreprit de défendre son ami; mais il fut tellement effrayé par les cris des partisans de Clodius et par la présence des soldats, qu'il oublia la meilleure partie de sa harangue, et ne parla que faiblement en faveur de son client. Milon fut condamné, et exilé à Marseille. Quelque temps après Cicéron retoucha sa harangue, et en envoya une copie à Milon, qui, après l'avoir lue, s'écria : « O Cicéron, si tu avais tenu ce langage à mes accusateurs, je ne mangerais pas aujourd'hui de si bonnes figues à Marseille. » En effet, ce discours de Cicéron pour Milon est un des chefs-d'œuvre de l'art oratoire. Adresse, force, raisonnement pathétique, narrations adroites, tableaux énergiques, péroraison sublime, tout s'y trouve réuni. L'exil de Milon mit fin à son rôle politique. Lors du triomphe de César (48 avant J.-C.), choqué de ne point avoir été rappelé par le dictateur, qui avait cependant décrété le retour de tous les Romains bannis sous l'influence de Pompée, il s'avança dans l'Italie, assembla autour de lui des esclaves, des brigands, des prisonniers, des gens de la lie du peuple, et déjà il assiégeait Compsa, chez les Hirpins, quand une pierre lancée de dessus les murailles le blessa à la tête, il mourut peu après, 48 ans avant J.-C.

MILON, évêque de Térouanne, issu d'une noble famille du Ponthieu, fut disciple de saint Norbert et l'aida à propager l'ordre de Prémontré. Ce pieux prélat dirigeait l'abbaye de Dommartin qu'il avait fondée en 1120, lorsqu'il fut appelé, en 1130, à succéder à saint Jean sur le siége épiscopal de Térouanne. Il gouverna saintement son diocèse jusqu'à sa mort (26 juillet 1159). On lui donnait le titre de bienheureux dans l'ordre de Prémontré.

MILTIADE, fameux capitaine athénien, était frère de Stésagoras, qui régna sur les Dolonces. Selon Hérodote, Miltiade fut, après la mort de Stésagoras, envoyé par les Athéniens dans la Chersonèse, pour y prendre la conduite des affaires. Quand il y fut arrivé, il affecta la plus grande douleur de la mort de son frère Stésagoras. Les principaux habitants s'étant rendus dans son palais pour pleurer avec lui, Miltiade les fit arrêter, se rendit par cette perfidie maître absolu de la Chersonèse, et consolida sa puissance en épousant Hégésipyle, fille d'Olorus, roi de Thrace. Corn. Népos, sans parler de ces intrigues, dit seulement que Miltiade fut envoyé à la tête d'une colonie dans la Chersonèse; puis, s'étant emparé du pays, il fit voile vers Lemnos, qui se soumit à lui, et ensuite vers les Cyclades, qu'il conquit avec rapidité. Peu après Darius, ayant fait construire un pont sur le Danube afin de porter la guerre chez les Scythes, choisit Miltiade au nombre des seigneurs auxquels il confia la garde de ce pont. Tandis qu'il était avec son armée au milieu des déserts de la Sarmatie, Miltiade voulut rompre le pont, afin de rendre impossible le retour des troupes persanes, et par là d'affranchir la Grèce des craintes que devait inspirer le voisinage d'une puissance ambitieuse. Les représentations d'Histiée de Milet prévalurent sur sa proposition; et, dès lors craignant la vengeance de Darius, qui ne pouvait longtemps ignorer l'avis qu'il avait donné, il quitta pour jamais la Chersonèse, et revint à Athènes. A peine Darius fut-il revenu en Asie, que ses courtisans l'engagèrent à faire la conquête de la Grèce; bientôt, en effet, une armée formidable envahit l'Attique. Au milieu de l'épouvante universelle, Miltiade seul conserva son sang-froid, et décida qu'il fallait marcher à l'ennemi. Cette intrépidité électrisa tous les cœurs; et les généraux qu'il avait pour collègues lui abandonnèrent leur autorité. La bataille eut lieu quelques jours après, et douze mille Athéniens taillèrent en pièces une armée de trois cent mille hommes (490 avant J.-C.). Le gain de cette bataille fut dû surtout à l'héroïsme du général athénien. Cependant lorsqu'il demanda une couronne d'olivier pour récompense de sa valeur, non-seulement les Athéniens lui refusèrent cette marque d'honneur, mais ils blâmèrent encore son orgueil et sa présomption. La seule distinction qu'ils accordèrent à un homme qui venait de les affranchir, eux et toute la Grèce, du joug de la domination des Perses, fut de le faire peindre dans le Pœcile, à la tête de ses collègues, dans l'attitude d'un général qui harangue ses soldats, et qui donne le signal du combat. Quelque temps après, Miltiade eut ordre de punir les îles qui avaient embrassé le parti des Perses. On lui donna une flotte de soixante-dix voiles pour cette expédition. Il eut d'abord de grands succès; mais, sur le faux avis que la flotte des Perses venait l'attaquer, il leva le siége de Paros, et revint à Athènes. On l'y accusa de trahison : les blessures qu'il avait reçues au siége de Paros l'empêchant de se rendre à l'assemblée, ses ennemis profitèrent de son absence pour l'accabler, et le firent condamner à une amende de cinquante talents. L'impossibilité où il se trouva de payer une somme si considérable fit commuer cette peine en celle de la prison. Il y mourut de ses blessures. Vers l'an 489 avant J.-C. Cimon, son fils, qui était alors fort jeune, acheta la permission d'ensevelir le corps de son père en payant l'amende. L'accusation intentée à ce grand homme au sujet de l'affaire de Paros ne fut que le prétexte de sa condamnation; la véritable cause venait de la défiance des Athéniens. Ce peuple, devenu soupçonneux depuis l'usurpation des Pisistratides, ne pouvait voir sans ombrage l'élévation d'aucun de ses citoyens. Ce fut là tout le crime de Miltiade. On craignait qu'un homme accoutumé au commandement ne pût s'accommoder d'une condition privée, et qu'il ne se portât à des desseins contraires à la liberté de sa patrie. On le trouvait trop populaire et trop affable à l'égard des personnes de la plus basse condition. Le grand crédit qu'il avait dans les états voisins, un mérite éclatant acquis par les armes augmentaient les frayeurs de ce peuple, et, tout innocent qu'était Miltiade, il ne fallait pas moins que sa perte pour calmer les alarmes de son ingrate patrie.

MILTON (JOHN), poëte anglais, naquit le 9 décembre 1608. Il étudia d'abord pour être ecclésiastique, mais à l'âge de 24 ans, au lieu de prendre les ordres sacrés, il se retira à la campagne dans le Buckinghamshire, auprès de son père. Là, dans une retraite profonde, rarement interrompue, il s'adonna aux études littéraires qu'il avait cultivées avec prédilection étant à l'université de Cambridge. Aux vers latins, qu'il avait faits comme étudiant, il ajouta des poèmes anglais; il composa successivement le *Comus*, espèce de comédie féérique du genre des *Masques*; l'*Allégro*, et le *Penseroso*, tableaux lyriques de l'homme gai et de l'homme mélancolique; *Licydas*, élégie sur la mort d'un ami; un poème sur Shakspeare. Déjà ses vers sont empreints de sentiments religieux, solennels et écrits dans un style classique. Enfin, au bout de cinq ans (1638), il quitte sa solitude et va chercher en Italie de nouvelles inspirations. A Florence, il voit Galilée; à Rome, le cardinal Barberini et Holstein, le bibliothécaire du Vatican; à Naples, le marquis de Villa, un ancien protecteur et ami du Tasse. Partout le jeune Anglais est bien accueilli; car il est enthousiaste de peinture et de musique; il fait de beaux distiques latins en l'honneur de ses hôtes et s'essaie même à rimer des sonnets italiens. Pendant son séjour à Naples, éclatent les premiers troubles en Angleterre. Milton, sur le point de s'embarquer pour la Sicile et pour la Grèce, revient sur ses pas. Mais avant de rentrer dans sa patrie, il visite encore Venise et Milan. Dans cette dernière ville, il assiste à la représentation d'un drame-mystère sur la chute d'Adam (par Andreini), et puise dans cet essai informe la première idée de son sublime *Paradis perdu*. De retour à Londres, en 1640, ne voyant aucune carrière ouverte devant lui, il se fait précepteur de ses neveux. Vers cette même époque, le futur chantre d'Adam et le second créateur d'Eve, épousa Maria Powel, la fille d'un royaliste. Le mariage avait été presque furtivement conclu, et l'affection de la jeune épouse fut passagère. Maria quitta, sans raison plausible, la demeure conjugale et se retira auprès de son père. Alors Milton fit son *Traité sur le divorce*, éloquent plaidoyer qui toutefois ne résout point les difficultés inhérentes à cette dissolution volontaire du mariage. C'est un fait connu que Maria Powel vint plus tard se jeter aux pieds de son mari, qui lui pardonna, et recueillit ce souvenir à la fois poignant et doux, pour l'utiliser dans la scène de réconciliation entre Adam et Eve. Déjà Milton, qui partageait alors toutes les illusions et toutes les espérances du parti républicain, s'était fait pamphlétaire religieux et politique. Il publia d'abord l'*Areopagitica*, ou Discours au parlement d'Angleterre, pour la liberté d'imprimer sans permis préalable; plaidoyer en faveur de la liberté de la presse telle que nous la comprenons aujourd'hui à deux siècles de distance. Cromwell étant arrivé au pouvoir après l'exécution juridique de Charles Ier, Milton composa un Traité intitulé : *Tenure of kings and magistrales*. Il s'applique dans ce livre à justifier ses opinions par des textes puisés dans la Bible. Le protecteur d'Angleterre, entrevoyant le parti qu'il

pouvait tirer d'une âme sincère qui se dévouait sans arrière-pensée à la cause révolutionnaire, en fit le secrétaire latin du conseil d'état, et plus tard le sien. Dans cette position officielle, Milton répondit à l'*Etkson basilikè* (Portrait royal), publié après la mort de Charles Ier, par un pamphlet intitulé *l'Iconoclaste*, ouvrage fort de raison, dans son être injurieux; puis il publia (1651), contre Saumaise, sa *Défense du peuple anglais* (*Defensio pro populo anglicano*), écrite dans un latin élégant, d'un ton railleur, avec une argumentation forte mais cruelle. Dans une *Seconde défense* (1652) *du peuple anglais*, il répondit avec non moins de force au *Cri du sang royal*. Dans une troisième, il se défend lui-même (*Defensio auctoris*), en racontant sa vie. Ce qui prouve que Milton fut un homme convaincu, qui défendit sincèrement la cause de la liberté, c'est que s'adressant à Cromwell, dans l'un de ses pamphlets, il le somma, dans une magnifique allocution, de garder intacte la liberté, ce dépôt précieux que l'Angleterre lui a confié. Occupé de ces travaux, Milton perdit complétement la vue. Néanmoins, lorsqu'après la mort de Cromwell, les partis, à peine comprimés, relevèrent la tête, Milton ne se lassa pas de lutter contre cette réaction. Sous Richard Cromwell, il publia, presque en désespoir de cause, et peut-être avec la prévision d'une restauration prochaine de la royauté, une brochure sur le *Moyen prompt et facile d'établir une société libre*; une autre *Contre la réforme parlementaire*; d'autres encore sur l'autorité civile en matière ecclésiastique; et sur *Le meilleur moyen de chasser les mercenaires hors de l'Eglise*. A l'avénement de Charles II, il donna sa démission, après huit ans d'exercice. Des poursuites furent immédiatement dirigées contre l'*Iconoclaste* et contre la double *Défense du peuple anglais*. Le 27 juin 1660, par ordre du parlement, l'ancien secrétaire de Cromwell fut arrêté, et peut-être aurait-il payé de sa vie sa fidélité à la cause républicaine, si le poëte royaliste William Davenaut, auquel Milton avait rendu, en 1650, un semblable service, n'était parvenu à faire relâcher le chantre du *Paradis perdu*. Ce poème (*The Paradise lost*) avait été commencé vers la fin du protectorat : Milton avait alors 47 ans. Dans sa retraite, il travailla avec plus d'ardeur à cette composition biblique et s'inspira de la lecture des prophètes, d'Homère, des poëtes du Latium. Sa fille Deborah lui servait de lectrice; et comme ce vaste poème n'avait pu suffire à l'activité de son esprit, il réunit, en trois volumes in-folio, *les Matériaux pour un trésor de la langue latine*, composa une Histoire d'Angleterre qui n'arrive, il est vrai, que jusqu'à la bataille d'Hastings; enfin, un autre ouvrage historique, intitulé *Moscovia*, appartient au temps de sa cécité studieuse. A la bibliothèque du collége de la Trinité, de Cambridge, se conservent, écrits de la main de Milton, les plans d'un bon nombre de tragédies, puisés dans l'Histoire sainte et dans celle d'Angleterre. Parmi ces projets, on remarque le plan d'un *Paradis perdu*. Ainsi, ce sujet si ardu préoccupait le génie du poëte sous la double forme de l'épopée et du drame. Poursuivi dans sa solitude par la calomnie et les injures, il opposa un calme imperturbable à ses ennemis. Les illusions de son âge viril avaient cédé la place aux visions célestes; il n'était plus de ce monde, il conversait avec les anges; les passions politiques s'incorporaient dans les actes et les discours des démons, et les souvenirs de sa jeunesse renaissaient, transformés, idéalisés dans les amours de nos premiers parents. En 1667, à l'âge de 59 ans, Milton publia le *Paradis perdu*, après avoir obtenu, à grand'peine, le visa du censeur royal, et trouvé, avec plus de difficulté encore, un éditeur qui lui paya son manuscrit 5 livres sterlings (environ 120 fr.). Pendant sept ans, c'est-à-dire aussi longtemps que vécut le poëte, son œuvre sublime demeura ensevelie au fond de la boutique du libraire. Ses derniers jours, Milton vécut dans un état voisin de l'indigence, et se vit réduit à vendre sa bibliothèque. Du moins, les affections de famille ne lui firent pas défaut : il s'était remarié pour la seconde, puis pour la troisième fois; sa troisième femme eut bien soin de lui, et malgré le désappointement qu'il dut éprouver à voir un siècle frivole et léger ne point reconnaître les trésors de poésie et de science que renfermait le *Paradis perdu*, il fut si découragé qu'il composa un second poème épique, le *Paradis reconquis (The Paradise regained)*, Londres, 1670, œuvre calme d'un vieillard qui aime à se constituer l'apôtre de la Providence. La tragédie biblique de *Samson Agonistes*, qui n'est que son propre portrait, appartient aussi à cette époque. Enfin, comme il avait passé sa vie entière dans la controverse, il finit comme il avait vécu. Son dernier écrit est un *Traité sur la vraie religion*, *l'hérésie, la tolérance, et sur les moyens de prévenir les progrès du papisme.* Milton mourut le 10 novembre 1674, âgé de 66 ans, et se réunit, d'après l'expression de M. de Châteaubriand, aux anges qu'il avait chantés. Deux de ses filles épousèrent des tisserands, et moururent au commencement du XVIIe siècle. A peine Milton fut-il mort, qu'une 2e édition de son poème parut; une 3e vit le jour en 1678; une 4e en 1688. Dès lors, le *Paradis perdu* devint plus que populaire; Enfin, Addisson proclama, dans une série d'articles du *Spectateur*, que l'auteur du *Paradis perdu* était un homme de génie. La postérité a ratifié ce jugement. Ce n'est pas qu'il n'y ait beaucoup d'imitation et de réminiscences dans l'œuvre de Milton; mais de cet amas de science, notre auteur fait jaillir une nomenclature d'originalités. Le même sujet a sans doute été traité avant lui; mais l'auteur anglais n'a point copié ses devanciers : il s'est frayé une route nouvelle, puisant en lui-même son inspiration première. Par son imagination créatrice, par le sentiment le plus vif des beautés artistiques, par un talent descriptif éminent, Milton prend place parmi les premiers poètes de tous les âges. Dans le *Paradis perdu*, la tendance du poète est évidemment didactique, et il veut défendre les voies de la Providence (*Assert eternal Providence*). L'intérêt de la narration est tout-à-fait secondaire : décrire les deux extrêmes de la création, le ciel et l'enfer; jeter entre ces deux pôles le tableau ravissant des premiers hommes, encore dans toute la naïveté de leur innocence première, tel est le but du poète. Il reproduit dans son poème le dualisme qu'il a vu sur la terre. Satan, le véritable héros du *Paradis perdu*, personnifie l'opposition des niveleurs; mais, chose bizarre, le poète est du côté de l'autorité légitime et monarchique du ciel, tandis que Milton, le pamphlétaire et le secrétaire de Cromwell était l'ennemi de l'autorité royale. Dans le *Paradis perdu*, l'enfer s'agite pour détrôner l'autorité céleste; mais le républicain Milton donne gain de cause à l'Éternel. Au fond, cette contradiction n'est qu'apparente chez Milton, les sentiments religieux dominent les convictions politiques, et dans ces derniers même, il y avait plus de penchant pour la théocratie que pour la république. Dans l'idée de Milton, les *Saints* dont Cromwell était le chef, devaient mettre à leurs pieds les presbytériens. Satan, d'ailleurs, le héros de Milton, n'est point un monstre; il est le véritable roi des enfers. En face de lui, la divinité se montre passive pour ne point troubler la liberté de l'homme. La résolution de Satan, qui, nullement découragé par une chute première, recommence son pèlerinage à travers le chaos et la nuit éternelle, pour contrarier les desseins de la Providence, est un fait suffisamment grand pour devenir le sujet d'un poème. L'action du poème commence par un complot tramé au fond des enfers. Satan se met à la recherche du monde inconnu, dont les habitants étaient destinés à remplacer les anges déchus. Lorsqu'il découvre la terre, cette création nouvelle, il demeure touché du bonheur de l'homme; les scènes d'une félicité ineffable, idyllique, dont il est le témoin invisible, font naître en lui des remords; cependant Jéhovah prévoit la chute prochaine de l'homme, et déjà le fils se dévoue pour le racheter. L'ange Raphaël descend des cieux et va prévenir Adam du projet du démon; il lui dit la révolte et la chute des anges, et Adam raconte, dans des vers que personne n'a pu oublier, sa propre création et celle de sa compagne. La chute a lieu malgré cet avertissement divin; car Adam est faible en face des charmes de sa compagne; et vers la fin du poème, il voit toute l'incommensurable suite de sa faute, toute la série des événements bibliques jusqu'à l'incarnation du Verbe. Pour nous réconcilier avec les desseins de la Providence, le poète place à côté de la chute la rédemption et la réhabilitation. Avouons-le, cependant, en toute humilité, quelque grand que soit le chantre du *Paradis perdu*, lorsqu'il plonge dans les profondeurs de l'abîme éternel, ou qu'il plane dans les hauteurs de l'Empyrée, au pied du trône de Dieu, nous l'aimons surtout comme le chantre d'Éden dont les suaves descriptions sont d'autant plus touchantes que, pour Milton, plongé dans la nuit de la cécité, c'étaient, à la lettre, des souvenirs. Nous ferons encore remarquer le grand art avec lequel Milton a su varier, individualiser les caractères des anges et des démons, l'adresse avec laquelle il a fait de ces personnages allégoriques des êtres presque réels et doués de vie. Rien de plus beau surtout que les retours du poète sur lui-même, et sur la nuit profonde qui l'enveloppe! Ces passages lyriques sont des points d'arrêt qui reposent le lecteur fatigué du monde biblique et antédiluvien au sein duquel Milton l'entraîne. La meilleure traduction que nous possédons du *Paradis perdu*, est celle de M. de Châteaubriand. Il a fait, ainsi qu'il en convient lui-même, de l'exactitude au dépens de la syntaxe, un mot à mot au lieu d'une paraphrase. Ce système de traduction n'a sans doute pas l'élégance que le lecteur vulgaire aime à rencontrer, mais il a pour lui l'exactitude qui, en fait d'auteurs traduits, est d'un prix infiniment plus estimable; car ce que cherche le penseur, ce ne sont pas des fleurs de rhétorique, mais des pensées, des images vives, qu'une expression trop recherchée dépare le plus souvent, surtout, encore une fois, dans une traduction.   R-Y.

MIMES, espèce de farces dramatiques inventées par les Romains, et dans lesquelles le jeu des acteurs faisait tout. Les paroles ne consistaient guère que dans quelques monologues et quelques conversations fort courtes. Il n'y avait dans ces pièces ni vraisemblance, ni plan, ni liaison; ce n'étaient que des scènes détachées dans lesquelles on tournait en ridicule un caractère principal placé successivement dans diverses situations. Ce caractère, confié à un homme que l'on nommait préférablement aux autres l'acteur, était pris dans les dernières classes de la société; il était peint en traits fort énergiques, plus propres à exciter le gros rire des spectateurs qu'à charmer leur esprit. Au reste le poète ne fournissait que les principaux traits du tableau, que l'esquisse du rôle; les détails étaient suppléés par les acteurs, qui en improvisant s'abandonnaient à leur gaîté naturelle. L'auteur même de la pièce se chargeait ordinairement du rôle principal; aussi étaient-ce les hommes libres composèrent-ils des mimes. Avant d'entrer en action, l'auteur exposait dans un prologue le sujet de la petite pièce que l'on allait représenter, afin de mettre l'auditoire à même de se passer d'une exposition régulière, et de comprendre ce qui n'était indiqué que très imparfaitement par les gestes, et par quelques paroles des acteurs. On s'embarrassait peu de trouver un dénouement raisonnable à une intrigue folle. Quand l'auteur ne savait comment sortir de l'embarras où il s'était mis, il prenait la fuite, la toile se levait, et une autre pièce recommençait. Au reste le style des mimes était ignoble, bas, et plein de locutions vicieuses que les auteurs semblaient même rechercher. Ces farces grossières, après avoir fait les délices de la populace, et avoir remplacé d'abord les *Atellanes* et ensuite toute espèce de spectacle dramatique, prirent quelque chose de plus régulier, vers le temps de Jules-César. En même temps, les poètes, non contents d'amuser le vulgaire par des bouffonneries, mêlèrent à leurs folies d'utiles vérités et de belles maximes, et usèrent de la liberté que donnait le genre de l'ouvrage pour lancer de malignes allusions contre les chefs de l'état, ce qui leur attira plus d'une fois l'animadversion des empereurs. Décimus Laberius, Publius Syrus et Cn. Mattius furent les plus célèbres auteurs de mimes à Rome. Il ne faut point confondre les mimes des Romains avec ceux des Grecs, qui n'étaient que des pièces fort courtes, dont le sujet n'eût pu remplir une pièce de longueur ordinaire, mais dans lesquelles le jeu mimique des acteurs n'avait pas plus d'importance que dans tout autre ouvrage dramatique.

MIMEUSE (*mimosa*) (*bot.*). Linné avait réuni, sous le nom de mimosa, les plantes de ce nom, les acacia de Tournefort et les inga de Plumier. Ce groupe, qui forme aujourd'hui la famille des mimosées, a de nouveau été divisé en plusieurs sections; quelques botanistes se sont contentés de rétablir trois genres primitifs. Nous ne nous occuperons ici que du genre mimosa qui renferme des plantes herbacées, des arbrisseaux, et plus rarement des arbres. Leurs feuilles sont composées, bipinnées. Leurs fleurs petites et sessiles sont agglomérées en petites têtes ou en épis à l'extrémité des pédoncules tantôt axillaires, tantôt disposés eux-mêmes en grappe ou panicule à l'extrémité des rameaux; ces petites inflorescences ressemblent à des houppes soyeuses, à cause du grand nombre de longues étamines qui les hérissent de tous côtés; leur couleur est rosée ou blanche. Dans chacune d'elles les fleurs supérieures, au moins, sont hermaphrodites, tandis que les inférieures sont souvent mâles. Le fruit qui succède à ces fleurs est un légume comprimé se divisant ordinairement à la maturité en autant d'articles distincts qu'il y a de graines. De Candolle répartissait les nombreuses espèces en trois sections : les *eumimosa*, les *habbasia* et les *batocaulon*. Parmi les espèces de ce genre nous citerons le *mimosa sensitiva* ou sensitive de Linné, nom que l'on applique à six ou huit espèces différentes, mais très voisines, et qui a été supprimé par M. Bentham pour éviter les erreurs nombreuses dans lesquelles jetait la phrase caractéristique de Linné beaucoup trop vague. Les végétaux auxquels on applique généralement ce nom dans les jardins, sont la mimeuse blanchâtre (*M. albida*), et la mimeuse à fleurs nombreuses (*M. floribunda*). La mimeuse pudique (*M. pudica*) est une des espèces les plus intéressantes du règne végétal à cause de l'extrême irritabilité de ses feuilles, qui lui a fait donner le nom vulgaire de sensitive. Cette plante est très abondante en Amérique. (Voyez pour les phénomènes curieux que présente cette plante le mot IRRITABILITÉ et SENSIBILITÉ.)　　　　　　　　　　　　　　J. P.

MIMIQUE. C'est l'art d'imiter par des gestes les différentes affections de l'âme. Elle ajoute à l'expression de nos sentiments, et sous ce rapport c'est un art indispensable à l'orateur, à l'acteur comique et tragique. Dans ce cas, la mimique consiste à éviter avec le plus grand soin de contracter des habitudes désagréables ou ridicules, à prendre un maintien noble et aisé sans contorsions gênées ou vulgaires, à composer sa figure sans grimaces, etc. Les moyens dont dispose le mime sont la position et la tenue du corps, la démarche et surtout le mouvement des mains et des traits du visage ou la physionomie ; l'habillement lui-même lui offre de précieuses ressources. Il doit prendre pour principaux modèles les chefs-d'œuvre de l'art antique, sans oublier toutefois que le sien doit traduire en quelque sorte ou les créations de la plastique. Il faut d'ailleurs que le mime ait des membres souples et bien proportionnés, et qu'il s'applique sans relâche à rendre une situation, un caractère, une manière d'agir d'après un idéal poétique, car c'est en cela surtout que consiste le talent mimique. Chez les anciens, la mimique servait à représenter exactement la forme du personnage mis en scène. Ce sont les Romains qui ont eu les mimes les plus célèbres ; à la tète de tous se place Koscius. Le talent mimique s'est conservé jusqu'à nos jours chez les Italiens, et se produit dans les bouffonneries de leurs acteurs comiques. Il y a une autre espèce de mimique qu'on nomme pantomime, parce qu'elle n'est point accompagnée de la voix (Voyez ce mot). Le plus grand pantomime de nos jours fut Debureau, qui vient de mourir.

> . . . . . . Debureau vous regarde,
> Et sa figure exprime un discours qui vous darde.
> Il est acteur, acteur, et dans vingt mouvements
> Sur ses traits, vous lisez autant d'événements.
> L'habile pantomime articule un sourire :
> Aussitôt dans la salle un homérique rire
> Éclate avec fracas, et l'innocent conscrit
> A son voisin rieur demande : Qu'a-t-il dit?

Mime se disait à la fois chez les anciens d'une sorte de poésie dramatique des auteurs qui la composaient et des acteurs qui la représentaient. (*V.* PANTOMIME.)　　　　G. B.

MIMNERME, poète et musicien grec, vivait du temps de Solon. Il s'acquit une grande réputation par ses *Élégies*. Properce dit qu'en matière d'amour, un vers de ce poète valait mieux que tout Homère. Cela est très vrai, mais n'est rien moins qu'un éloge. Quelques savants regardent Mimnerme comme l'inventeur de l'élégie : d'autres disent qu'il est le premier qui le transporta des funérailles à des objets plus gais : il est certain, du reste, comme dit Horace, qu'elle a subi cette révolution. Il ne nous reste de Mimnerme que des fragments.

MIMULE, *mimulus* (bot.). Ce genre de la famille des scrophulariées a été ainsi nommé à cause de la ressemblance qu'on a cru remarquer entre la corolle de ces plantes et un masque de théâtre. Ce genre, autrefois assez nombreux, a été modifié et restreint considérablement. Il renferme des plantes herbacées, exotiques, remarquables en général par la beauté de leurs fleurs ; leur tige est décombante ou dressée, leurs fleurs solitaires sur des pédoncules axillaires, sont souvent grandes et brillamment colorées ; les supérieures forment quelquefois par leur rapprochement une sorte de grappe à l'extrémité des rameaux. Nous citerons parmi les espèces de ce genre, dont plusieurs sont aujourd'hui répandues dans les jardins, la mimule jaune (*mimulus luteus*, L.) ; cette espèce est la plus répandue du genre ; elle croît naturellement dans les deux Amériques. Sa tige est ascendante ou dressée, ses feuilles fortement dentées, ovales. Ses fleurs sont grandes, d'un jaune vif ou moins vif, quelquefois ponctuées de rouge. Le *M. cardinalis* a ses fleurs d'un beau rouge *minium*.
　　　　　　　　　　　　　　J. P.

MIMUSOPS (bot.), genre de la famille des sapotacées, de l'octandrie monogynie de Linné. Ce genre renferme des arbres lactescents de l'Asie et de la Nouvelle-Hollande. Leurs feuilles sont alternes, entières, brillantes ; les fleurs sont blanches, portées sur des pédoncules axillaires, souvent groupés. De Candolle a établi deux sections dans ce genre : *quaternaria*, celles à fleurs en nombre quaternaire à huit étamines fertiles ; *ternaria*, celles à fleurs en nombre ternaire à six étamines fertiles. Une des espèces les plus remarquables est le *mimusops elengi* qui croît dans l'Inde, où il s'élève à une très grande hauteur. Son tronc, simple, droit, grisâtre, produit des rameaux cylindriques qui portent des feuilles elliptiques oblongues, les fleurs naissent de l'aisselle des feuilles, réunies par trois ou six et portées sur des pédicelles rougeâtres et duveteux. Les fruits ovoïdes, charnus et rouges à leur maturité, ont une saveur douce et légèrement astringente. Les Indiens préparent avec l'eau distillée des fleurs un thé dont l'odeur est très agréable, et qui possède des qualités fébrifuges.　　　　　　　　　　　　　J. P.

MINA (D. FRANCISCO EPOZ Y), naquit dans un petit village de la Navarre, en 1784, d'un simple cultivateur. Les événements de 1808 le décidèrent à prendre le parti des armes : il se distingua bientôt par son courage et ses talents, mais aussi par sa férocité. La régence de Cadix le nomma brigadier, et en 1813, maréchal-de-camp. Il tint habilement tête aux Français dans la Péninsule. Jamais on ne put lui porter de coups décisifs ; lorsqu'il se voyait hors d'état de résister à ses ennemis, il donnait le mot à son armée qui se dissipait par petits pelotons. A la restauration de Ferdinand VII, il se retira en Navarre avec quelques mécontents, et de là en France. Il accompagna Louis XVIII à Grand, assista sans aucun caractère à la bataille de Waterloo, et revint ensuite à Paris, où il demeura avec le rang de maréchal-de-camp, jusqu'en 1820. Quoique surveillé, il pénétra en Navarre ; mais le roi d'Espagne ayant accepté la constitution de 1812, on le nomma capitaine-général. Il fut plusieurs fois destitué et réintégré, et enfin, mécontent, il organisa une guerre de guérillas contre l'armée française qui intervint dans les affaires d'Espagne en 1823. Renfermé dans Barcelonne, il fut forcé de capituler le 4 novembre, et, par suite du traité, il se retira à Londres. Après la révolution de 1830, il tenta de révolutionner l'Espagne, et depuis la mort de Ferdinand VII, il fut plusieurs fois chargé du commandement des troupes contre don Carlos. Ses actes ne répondirent pas alors à sa brillante réputation, et il termina, le 24 décembre 1836, à Barcelonne, une carrière déshonorée par le parjure.

MINARET, s. m., tour élevée auprès d'une mosquée, en forme de clocher, du haut de laquelle on appelle le peuple à la prière, et d'où l'on annonce les heures.

MINAUDERIE, s. f., action de minauder, défaut d'une personne qui minaude. Il se dit aussi des mines et des manières affectées. En ce sens, il s'emploie plus ordinairement au pluriel.

MINCE, adj. des deux genres, qui a fort peu d'épaisseur. Mince signifie figurément, faible, peu considérable, médiocre.

MINDANAO la deuxième des Philippines pour la grandeur, forme la partie méridionale de l'Archipel. Ses côtes, extrêmement dentelées, creusées par des golfes profonds, hérissées par de caps saillants, abritent d'excellents ports ; mais, bien que sillonnée par d'innombrables ruisseaux et plusieurs rivières, elle renferme de vastes terrains impropres à la culture. L'Espagne n'en possède que quelques lambeaux à l'E., au N. et à l'O., divisés en trois alcadies qui sont Caraga, Missamis, Samboagan. Samboagan, résidence d'un gouverneur nommé par l'Espagne, mais placé sous les ordres du capitaine-général, est une très petite ville qui passe pour la mieux fortifiée des Philippines, après Manille. On y déporte la plupart des condamnés de l'Archipel et ceux d'Europe qu'on n'estime pas suffisamment éloignés dans les *presidios* de l'Afrique ou des Canaries. Le sol au pouvoir des Espagnols passe pour être le moins fertile. Un sultan, qui peut mettre cent mille hommes sous les armes, règne sur la partie méridionale. Sa capitale est Selangan, sur le Selandgi, en face d'une autre ville du nom de Mindanao, où il résidait autrefois. Ces deux villes réunies comptent 40,000 habitants. On trouve encore dans ce royaume Pollok, renommée pour la sûreté et la beauté de son port. Le territoire compris entre l'État de Selangan et l'alcadie de Samboagan appartient à la confédération des Uanos, peuplades indépendantes gouvernées par un grand nombre de chefs. On trouve dans cette partie de l'île beaucoup de lacs et de forêts impénétrables. Le riz, le sagou et les patates sont les principales productions de Mindanao. Il y a une cannelle commune, des vignes en treille, quelques pauvres mines d'or, du talc, des pierres meulières, de fraîches fontaines, des grottes, des cavernes peuplées par d'énormes chauves-souris. Le poisson abonde sur les côtes et dans les rivières. Les habitants du littoral sont presque tous mahométans.

MINDEN, région des Etats prussiens. Elle est bornée au N. et au N.-O. par le royaume de Hanôvre ; à l'E. , par le royaume de Hanôvre, le duché de Brunswick et les principautés de Lippe ; à l'O., par la régence de Münster ; au S.-O., par celle d'Arensberg, et au S., par la principauté de Waldeck et la Hesse électorale. Elle a 25 lieues de long, de 4 à 18 de large, et 262 de superficie. Le pays est ondulé ; sa partie E. est couverte de montagnes. L'Aa l'arrose. Le blé y abonde ; le chanvre et le lin constituent une des parties les plus importantes de l'industrie. Population, 345,800 habitants. Cette région , divisée en 12 cercles , a pour capitale Minden. Elle est située au confluent du Weser et de la Pastau. Bâtie en partie sur des hauteurs et en partie dans la plaine, cette ville possède un évêque catholique, trois églises du rit catholique, deux luthériennes, une calviniste, et quatre hôpitaux. Elle a des manufactures de lainage, de toile, de savon, de tabac et des brasseries. Le commerce en exporte du blé et du merrain. Elle a été plusieurs fois prise et reprise par les Français. Population, 8,960 habitants.

MINDORO (mer de), entre l'île de Kalemantan et l'archipel Soulong au S. , et l'archipel des Philippines à l'E , au N. et N.-O , entre 8° et 13° de latitude N. et entre 115° et 121° de longitude E. Elle communique au N.-O. avec la mer de Chine, au N.-E. avec le Grand-Océan équinoxial, et au S. avec la mer de Célèbes. Elle a 180 lieues de long du N. au S. sur 140 de large.

MINDORO, île de l'archipel des Philippines. Elle est située au S. de l'île de Luçon. Elle a 40 lieues de longueur sur 13 de largeur. Cette île, susceptible de la plus riche culture, a environ 290 lieues en superficie. Ses principales villes sont Calapan , qui est le chef-lieu de l'alcadie, Santa-Cruz et Baco. Les Espagnols refusèrent de céder à la France ce beau pays, qui serait devenu une des plus riches colonies de la Malaisie. C'est le duc de Choiseul, alors ministre de France, qui en avait fait la demande : les Espagnols préférèrent la garder et la laisser improductive.

MINE, s. f. , l'air qui résulte de la conformation extérieure de la personne , et principalement du visage. Homme, femme de bonne mine, homme, femme d'une figure agréable, d'un extérieur avantageux. Fam. , payer de mine, avoir un bel extérieur , mais peu de mérite. Mine signifie aussi la contenance que l'on prend , l'air qu'on se donne dans une intention quelconque. Fam. , faire la mine à quelqu'un, lui témoigner qu'on est mécontent de lui. Fam. , il fait une laide mine , il fait une vilaine grimace. Mine se dit familièrement de certains mouvements du visage, de certains gestes qui ne sont pas naturels, et alors on l'emploie surtout au pluriel. Mine se dit aussi de la bonne ou mauvaise apparence de quelque chose.

MINE, s. f. , lieu souterrain , où gisent et d'où l'on peut extraire en grand des métaux, des minéraux et certaines pierres précieuses. Il se dit quelquefois, plus particulièrement, de la cavité souterraine pratiquée pour extraire ce qu'une mine contient. Il se dit aussi des métaux et des minéraux encore mêlés avec la terre , avec la pierre de la mine. Mine se dit quelquefois figurément au sens moral. Mine se dit encore d'une cavité souterraine pratiquée sous un bastion, sous un rempart, etc. , pour le faire sauter par le moyen de la poudre à canon. Fig. et fam. , éventer la mine, pénétrer un dessein secret, et empêcher par là qu'il ne réussisse.

MINE. Toute excavation creusée en terre et où se trouve un amas de métaux prend le nom de mine. Celle où ne se rencontrent que des pierres prend le nom de carrière. Les gîtes minéraux sont diversement disposés. Les minerais et les substances minérales se rapporte principaalement au travail des mineurs qu'il ne faut pas confondre avec les carriers, ne sont pas toujours cachés au sein de la terre : souvent ils sont répandus sur la surface du sol dans des terrains d'alluvion. C'est dans cet état que l'on trouve en France , par exemple, de grandes quantités de fer : ces dépôts s'appellent minières. Une mine suppose toujours un travail, sinon souterrain, au moins creusant la terre à une certaine profondeur. Le travail des mines se fait d'abord au moyen de la poudre , du combustible et du pic. C'est ainsi qu'on pénètre peu à peu au sein de la terre. Lorsqu'on veut ensuite explorer la masse minérale que l'on doit exploiter, on a recours à divers genres de travaux, tels que les tranchées courtes, les galeries hori-

zontales ou les puits verticaux. Une fois le gîte découvert, on l'exploite à ciel ouvert, s'il est près de la surface. S'il faut aller chercher dans les entrailles de la terre, on a recours à la galerie horizontale ou au puits vertical qu'on a soin de creuser dans la masse minérale. Dans certaines mines, par exemple dans les fameuses salines de Hallein et de Bergtesgaden , les puits sont immenses et se succèdent d'étage en étage jusqu'à une profondeur de plusieurs mille pieds. On y descend , soit dans des caisses ou paniers suspendus à un treuil , soit en glissant le long d'échelles inclinées , et en se soutenant de la main à l'aide d'un cable fortement tendu. Arrivé au fond d'un puits , on procède au creusage et à la confection des galeries, d'où l'on dégage , en commençant, le minerai, et que l'on a soin de consolider au moyen de charpentes et de maçonnerie. Ces travaux sont dispendieux , et bien des mines que les fouilles ou la sonde ont fait reconnaître ne peuvent être exploitées, faute d'une quantité de bois suffisante pour établir les galeries souterraines. Il arrive souvent que l'eau filtre à travers les terrains de la mine en telle quantité qu'il faut recourir au jeu de la pompe, et bien des fois même de manière à interrompre les travaux. Pour prévenir cet inconvénient , on commence ordinairement l'exploitation par l'étage le plus profond, et quand les galeries ont cessé de produire, on passe à l'étage supérieur, toujours en se rapprochant du sol. Malgré ces précautions , l'abandon d'une mine peut avoir lieu par suite de l'impossibilité où l'on se trouve d'épuiser les eaux, en dépit des puissantes machines à vapeur qui ont été, dans ces derniers temps, affectées à cet usage. Un autre inconvénient de l'exploitation des mines est la raréfaction de l'air, et quelquefois le dégagement du gaz acide carbonique et du gaz hydrogène qui font périr une foule d'ouvriers. On parvient à combattre ces fléaux, en creusant à la fois deux puits, qui établissent un courant d'air assez fort pour entraîner tous ces gaz hors de la mine. L'inflammation du gaz hydrogène est d'ailleurs aujourd'hui combattue avec succès par la lampe de sûreté. Les mines les plus curieuses à visiter sont les salines et les mines de houille. Dans quelques instituts de mineurs , on a établi des mines artificielles où l'on peut étudier les stratifications de la terre et les gisements des minéraux. Les mines se rencontrent ordinairement dans des pays incultes ou montagneux, et contre l'opinion des anciens , elles ne sont pas inépuisables et ne sauraient se reproduire lorsqu'elles ont été une fois exploitées. Il existe en France de bien vieilles ordonnances qui ont réglé à plusieurs reprises les droits des propriétaires de mines. Sous Philippe-le-Long, elles furent assujéties à une permission et déclarées de droit royal et domanial. La houille fut seule plus tard affranchie de toute autorisation ; mais ce fut seulement longtemps après que l'exploitation des mines fut soumise à des lois définitives. Aujourd'hui la législation des mines établit une différence entre la propriété au-dessus du sol et la propriété au-dessous. Cette dernière est déférée au contrôle du gouvernement qui intervient, en apparence au mépris du droit commun, pour régler et diriger l'exploitation d'une manière utile aux intérêts du commerce et à la richesse du pays. La recherche d'une mine ne peut se faire qu'avec la double autorisation de l'Etat et du propriétaire de la surface. Lorsque la mine est découverte, la concession accordée établit les droits de celui qui l'a trouvée, et donne toujours au concessionnaire la propriété perpétuelle de la mine. Dès-lors, elle est considérée comme immeuble, et les matières extraites comme meubles. Les propriétaires sont tenus de payer à l'Etat une redevance proportionnelle en raison des produits. Les droits des propriétaires de la surface doivent être acquittés avant le commencement des travaux. L'exploitation une fois en train est soumise à la surveillance des ingénieurs des mines qui doivent éclairer les propriétaires ou avertir l'administration , s'il y a lieu. L'art du mineur exige de nombreuses connaissances : c'est surtout en Saxe et en Bohême qu'il a été cultivé ; les mineurs de ces deux pays sont généralement recherchés. L'Ecole des mines de Freiberg est la plus célèbre de toutes. Il existe en France, au ministère des travaux publics, un conseil général des mines, placé à la tête du corps des ingénieurs des mines. Le royaume est divisé en huit inspections, auxquelles président des inspecteurs-généraux ou divisionnaires. Au-dessous d'eux sont des ingénieurs en chef et des ingénieurs ordinaires de deux classes, ainsi qu'un certain nombre d'aspirants. L'Ecole des mines est sous la surveillance du ministre. Les élèves ne peuvent être pris que parmi les jeunes gens de l'Ecole Polytechnique qui ont achevé les études de cette école.

MINE (*art mil.*). Tout chemin pratiqué sous terre pour l'attaque ou la défense d'une place se nomme mine. Les travaux souterrains faits par l'assiégé pour opposer des obstacles aux progrès de l'attaque, et surtout à l'effet des mines dirigées contre une place prennent le nom de contre-mines. L'art des mines, ou la fortification souterraine est devenue une partie très importante de la guerre. L'usage des mines remonte à la plus haute antiquité; mais alors cet usage se bornait à peu de chose. Ce n'est que depuis l'invention de la poudre à canon que l'usage des mines devint une véritable arme de guerre. Un Génois avait tenté en 1487 une épreuve assez incomplète de l'emploi de la poudre à l'attaque du château de Sarzanello, dirigée par Pierre de Navarre, qui servait à ce siège comme simple soldat et qui devint plus tard un habile ingénieur. Navarre fit en 1501, au château de l'Œuf, un nouvel essai qui, sous sa conduite, fut couronné du succès le plus complet. Ce fort, situé au bord de la mer, dans le voisinage de Naples, était assiégé depuis trois ans par Pierre de Navarre, alors place capitaine espagnol, contre un petit nombre de Français qui bravaient les efforts réunis des armes espagnoles et napolitaines. Le génie de P. de Navarre vint au secours de ses compatriotes : profitant de l'accès que donnaient aux troupes assiégeantes quelques anfractuosités au pied du rocher qui supportait ce fort, il y introduisit un petit nombre de soldats pour ouvrir une mine qu'il conduisit assez avant sous le château ; puis, à l'extrémité de cette mine, il enferma une quantité considérable de poudre et y mit le feu avec une étoupille ou mèche préparée, qui laissa au mineur le temps de s'éloigner de la mine. Le rocher s'entr'ouvrit avec un fracas épouvantable ; une partie du fort et de ses défenseurs furent précipités dans les flots au milieu des tourbillons de flamme et de fumée. Aussitôt les assiégeants abordèrent le rocher et la brèche, et s'emparèrent aisément du château sur un très petit nombre de Français éperdus, qui restaient pour le défendre. C'est à un essai aussi heureux, qui fut bientôt répété de toutes parts, que l'art moderne des mines doit son origine et ses progrès ultérieurs. Depuis cette époque, la poudre assigna aux mines un rôle de plus en plus important dans l'attaque comme dans la défense des places. L'assiégeant les emploie pour hâter, et l'assiégé pour retarder la prise des forteresses. La défense ne se borne plus à attendre les travaux de l'attaque, elle les prévient pendant la paix, et s'empare d'avance, par des ouvrages souterrains, du sol inférieur à la surface duquel l'attaque doit établir ses travaux de siège. Quand on veut faire une mine, soit pour l'attaque, soit pour la défense d'une place, la première opération est de creuser un puits pour descendre à la profondeur à laquelle on veut entrer en galerie, c'est-à-dire diriger le chemin souterrain vers les points qu'on se propose d'atteindre. Quelquefois les fossés se trouvent creusés à cette profondeur : alors les mineurs de la place qu'on veut mettre en état de défense partent de la contrescarpe pour ouvrir immédiatement le chemin dans la direction projetée. A moins de creuser dans du roc vif, ou de maçonner les galeries, comme lorsqu'elles doivent faire partie de la fortification permanente d'une place, il faut soutenir les terres par des châssis en bois, coffrés avec des planches. L'art des mines ou la fortification souterraine donne naturellement aux travaux de l'assiégé une direction corrélative à celle que l'assiégeant doit donner aux siens. Depuis que l'assiégeant, pour attaquer une place, enveloppe de parallèles le front d'attaque, qu'il établit ses batteries à ricochet sur le prolongement des faces des ouvrages, qu'il élève des cavaliers de tranchée pour chasser l'assiégé des saillants de son chemin couvert ; enfin depuis que la marche de l'attaque est bien connue, l'assiégé pousse ses galeries souterraines sous les glacis de la place et dirige ses travaux de manière à pouvoir bouleverser les tranchées, les sapes et les batteries de l'assiégeant, au fur et à mesure qu'il les a construites. Il oblige ainsi l'assiégeant à soutenir une guerre souterraine. L'assiégé fait partir des galeries de contrescarpe, de communication et d'enveloppe, des galeries d'écoutes d'où il dirige des rameaux sous les travaux de l'assiégé, et à l'extrémité de ces rameaux, il établit des fourneaux dont l'explosion crève les galeries et étouffe les mineurs de l'assiégeant. Il forme deux et quelquefois trois étages de fourneaux : les premiers sont placés près de la surface du sol, et les autres à de plus grandes profondeurs, en sorte que l'explosion des premiers n'empêche pas le jeu successif de ceux du second et du troisième étage. Il s'établit ainsi souterrainement, entre l'assiégeant et l'assiégé une guerre de chicanes qui est loin d'être aussi meurtrière qu'on est généralement disposé à le

croire, mais qui inspire pourtant aux soldats une certaine terreur. On emploie souvent dans les sièges le globe de compression. Ces sortes de fourneaux surchargés consomment de 2 à 3,000 kilogr. de poudre, suivant la nature des terres et suivant la profondeur à laquelle ils sont placés. Leur usage convient mieux à l'assiégeant qui ne doit pas craindre de brûler de la poudre, puisqu'il peut renouveler ses approvisionnements, qu'à l'assiégé qui, n'ayant pas la même faculté, doit ménager les siens. Malgré cette considération, l'emploi et les effets de la poudre dans les mines appliquées à la défense des places ont dû contribuer à en prolonger la durée : ils lui ont rendu une supériorité qui, dans les premiers moments de cette invention, semblait être fixée en faveur de l'attaque. La marche lente des travaux souterrains retarde nécessairement les progrès de l'assiégeant : elle le soumet à des inquiétudes continuelles sur le jeu des contremines, dont l'initiative appartient tout-à-fait à l'assiégé. Celui-ci, au moyen de ses galeries préparées d'avance, peut se porter rapidement et sans bruit sous les pas de l'assiégeant, dès qu'il commence à travailler à sa troisième parallèle ; et il a sur son adversaire l'avantage de connaître avec précision ses positions, ses niveaux, le degré de ténacité des terres, et par conséquent de proportionner la charge de ses fourneaux de manière à leur faire produire tout l'effet dont il a besoin. En bouleversant les sapes et les batteries de l'assiégeant à différentes fois par les fourneaux de deuxième et troisième étage, il le force à les recommencer, et le retient ainsi plus longtemps exposé à l'action meurtrière de la plus petite partie des feux de la place. Pour rétablir l'équilibre entre l'attaque et la défense, Bélidor imagina le globe de compression dont l'assiégeant doit faire usage pour crever les galeries de l'assiégé avant qu'il ait commencé à faire jouer ses fourneaux. De leur côté, les défenseurs de la place rétablissent les travaux qui ont été détruits, et quand ils ont perdu les galeries placées sous les glacis, ils mettent le feu aux fourneaux pratiqués sous les batteries de brèche et renversent les pièces de l'ennemi dans le fossé. Enfin, lorsque l'assiégeant est parvenu à ouvrir la brèche, des fourneaux disposés au-dessous viennent disperser les décombres qui la composent, la rendent impraticable, et donnent à l'assiégé le temps de se retrancher sur la brèche où il peut encore se défendre et obtenir, après une glorieuse résistance, une capitulation honorable, si toutefois il ne reçoit pas les secours que la prolongation de sa défense lui permettait d'espérer.   F-s.

MINÉIDES, filles de Minyas ou Minée, roi d'Orchomène, en Béotie, étaient au nombre de trois : Leuconoé, Leucippe et Alcithoé. Ovide nomme les deux premières Clymène et Iris. S'étant moquées des fêtes de Bacchus, et n'ayant pas voulu interrompre leurs travaux le jour des Orgies, le dieu, pour les punir de leur impiété, leur inspira le désir de manger de la chair humaine. Elles tirèrent au sort pour savoir qui d'entre elles donnerait son fils à manger aux autres. Le sort ayant désigné Leucippe, elle livra son fils Hippasus, qui fut aussitôt dévoré par les trois sœurs. Elles furent changées en chauves-souris. C'est en mémoire de ce crime qu'après le sacrifice, le grand-prêtre d'Orchomène avait coutume de poursuivre, le glaive à la main, les femmes qui venaient au temple, et même dit-on, de tuer la première qu'il rencontrait.

MINELLIUS (JEAN), habile humaniste, né à Rotterdam, vers 1625, y enseigna les belles-lettres, et mourut vers 1683. On a de lui des *Notes* sur Térence, Salluste, Virgile, Horace, Ovide, Valère-Maxime, etc. La plupart de ces notes ne sont que grammaticales et expliquent des choses que tout littérateur entend ; elles ne peuvent être utiles qu'aux apprentis et aux régents de peu de capacité.

MINER, v. a., faire pratiquer une mine sous un ouvrage de fortification, dans un roc, etc. Il signifie aussi creuser, caver lentement. Il signifie figurément consumer, détruire, ruiner peu à peu.

MINERAI, s. m. Il est synonyme de mine dans le sens de mine dans le sens de métal tel qu'on le retire de la mine. Il se dit plus exactement en chimie, des espèces métalliques qui résultent de la combinaison d'un métal avec un minéralisateur.

MINÉRAL. On donne le nom de minéraux aux corps qui, placés à la surface ou dans le sein de la terre, sont dépourvus d'organisation et n'offrent que des assemblages de molécules similaires, liées entre elles par la force de l'affinité.

MINÉRALISATEUR, s. m. (*chim. et miner.*). Il se dit des substances qui, par leur combinaison avec les matières métalliques, en changent beaucoup les caractères extérieurs.

MINÉRALISATION, s. f. (*chim. et miner.*), action, opération par laquelle les métaux se combinent avec les diverses substances qu'on nomme minéralisateurs.

MINÉRALOGIE, s. f., branche de l'histoire naturelle qui a pour but de faire connaître les combinaisons non organiques des éléments, telles qu'on les trouve produites dans la nature, et qui considère en eux les caractères par lesquels elles frappent nos sens, leur composition chimique, leur gisement et le rôle qu'elles jouent dans la constitution de la terre.

MINÉRALOGISTE, s. m., celui qui possède la science des minéraux.

MINERVE, déesse de la sagesse, de la guerre et des arts, était fille de Jupiter. Ce dieu, ayant épousé la sage et prudente Métis, craignit que les enfants qu'il aurait d'elle ne fussent d'une nature supérieure à la sienne : pour prévenir ce malheur, il dévora Métis pendant sa grossesse ; et, quelque temps après, se sentant une grande douleur au cerveau, il eut recours à Vulcain, qui, d'un coup de hache, lui fendit la tête ; Minerve en sortit tout armée. Elle fut aussitôt admise dans l'assemblée des dieux, et devint l'un des plus fidèles conseillers de son père. On la regardait comme la production la plus noble de Jupiter, et presque comme partageant avec lui la toute-puissance. Elle lançait la foudre, prolongeait la vie des hommes, donnait la suprême félicité après la mort, et tout ce qu'elle promettait ou autorisait d'un signe de tête était irrévocable. Dès le commencement de sa carrière, lors de l'invasion des géants, elle se distingua par son courage, et mérita le titre de déesse de la guerre. Elle se livra ensuite aux arts, dont on lui attribue l'invention. Ce fut elle aussi, dit-on, qui construisit le vaisseau des Argonautes. Ce fut elle qui inventa la flûte ; mais, un jour qu'elle s'amusait à jouer de cet instrument en présence de Junon et de Vénus, ces déesses rirent des contorsions qu'elle faisait. Minerve, s'étant convaincue de la justesse de leur critique, en se regardant dans une fontaine du mont Ida, jeta sa flûte de dépit, et voua à une mort funeste celui qui la trouverait. Marsyas fut la victime de cette malédiction. L'aventure la plus marquante de la vie de Minerve est son différend avec Neptune, pour donner un nom à la ville d'Athènes. Les douze grands dieux choisis pour arbitres, décidèrent que celui des deux qui produirait l'objet le plus utile à la ville lui donnerait son nom. Neptune, d'un coup de trident, fit sortir de terre un cheval, symbole de guerre, et Minerve un olivier, symbole de paix, ce qui lui assura la victoire. Jeune encore, Minerve avait obtenu de son père la prérogative de rester vierge. Un jour cependant, Vulcain ayant fabriqué une armure magnifique pour Jupiter, ce dieu, pour le récompenser, jura par le Styx de lui accorder tout ce qu'il demanderait. Vulcain demanda Minerve pour épouse : le père des dieux y consentit ; mais, se souvenant de la promesse qu'il avait faite à sa fille, il l'avertit secrètement de résister à Vulcain. En effet, l'époux désigné mit vainement en usage les prières et la violence ; ses efforts impuissants n'aboutirent qu'à donner le jour à un monstre nommé Erichthonius. D'autres traits de l'histoire de Minerve sont célèbres dans les poètes. A la tête de ceux-ci, il faut ranger sa dispute avec Arachné et la vengeance qu'elle tira de cette rivale orgueilleuse ; la protection qu'elle accorda à Ulysse et à Télémaque, et la mort d'Ajax. Le culte de cette déesse était universel. Certaines villes surtout se distinguèrent par les hommages qu'elles lui rendirent, entre autres Saïs en Égypte, où la déesse avait un temple magnifique. Les Rhodiens s'étaient mis sous sa protection, et l'on dit qu'à l'anniversaire de la naissance de la déesse, on vit tomber dans l'île une pluie d'or, mais qu'ensuite, piquée de ce que l'on avait une fois oublié de porter du feu dans un de ses sacrifices, elle abandonna le séjour de Rhodes, pour se donner tout entière à Athènes. En effet, les Athéniens lui dédièrent un temple magnifique, et célébrèrent en son honneur des fêtes dont la solennité attirait à Athènes des spectateurs de toute la Grèce. On l'adorait aussi avec beaucoup de pompe à Corinthe, Thèbes, Argos, Élatée, Cyparisse, Myrrhinonte, etc. On lui donnait, dans les statues et dans les peintures, une beauté simple, négligée, modeste, un air grave, noble, plein de force et de majesté. Elle a ordinairement en tête un casque qu'ombrage un panache flottant, une pique d'une main, un bouclier de l'autre, et l'égide sur la poitrine. L'égide de Minerve était sa cuirasse, au milieu de laquelle était la tête de Méduse.

MINES-CORONEL (GREGORIO), définiteur général de l'ordre des augustins, mort en 1623, fut secrétaire de la congrégation *de Auxiliis*. On a de lui un *Traité de l'Église* et une réfutation de Machiavel.

MINETTI (BERNARD), jésuite, né à Prague, en 1692, enseigna la théologie et la philosophie, fut prédicateur italien, et mourut à Olmutz, dans l'exercice des œuvres de charité, en 1742, après avoir publié un traité plein d'onction et d'une solide piété : *Salubres morientis seque pro felici æternitate disponentis affectus*, Olmutz, 1741, in-8°.

MINEUR, MINORITÉ. On désigne par le nom de *mineur* l'individu de l'un ou de l'autre sexe qui n'a pas encore atteint l'âge de vingt et un ans accomplis. Il ne suffit pas que la vingt-et-unième année soit commencée ; il faut la parcourir tout entière et arriver au premier jour de l'année suivante. On appelle *minorité* l'état du mineur relativement à l'exercice de ses droits civils et politiques. Cette situation dans laquelle se trouve l'homme que sa faiblesse et son inexpérience mettent dans l'impossibilité de se défendre contre la force et la violence ou de déjouer la fraude et la mauvaise foi, devait naturellement exciter toute la sollicitude du législateur, appelé à étendre sur tous les citoyens, quel que soit leur âge ou leur condition, la protection bienveillante des lois dont la rédaction lui est confiée. Aussi voit-on, chez tous les peuples civilisés, tant anciens que modernes, les mineurs objets de cette sollicitude, entourés d'une active surveillance, tendant à éloigner d'eux tous les dangers, et garantis contre eux-mêmes et contre les penchants d'une raison encore imparfaite ne peut diriger, par des institutions sages et multipliées. La loi prend en quelque sorte l'enfant au berceau. Elle veut qu'aussitôt après la naissance, la personne qui a été présente à l'accouchement (cela s'entend de l'accoucheur ou de la sage-femme) en fasse la déclaration prescrite sous des peines graves ; il en est de même de celui qui trouve un enfant nouveau-né ; il est tenu de le remettre à l'officier de l'état civil. La loi n'est pas moins sévère pour ceux qui portent à une hospice un enfant âgé de moins de sept ans, lequel leur avait été confié pour qu'ils en prissent soin ; elle se montre beaucoup plus rigoureuse dans le cas où, loin de le porter à un hospice, l'enfant a été exposé ou abandonné dans un lieu solitaire, surtout si l'auteur du délit était tuteur ou instituteur. Il y a aggravation de peine si, par suite de l'exposition, l'enfant est demeuré mutilé ou estropié, ou que la mort en est résultée. La peine est moindre si l'exposition a eu lieu dans un endroit fréquenté. Il s'est agi ensuite de veiller sur les enfants de l'un et de l'autre sexe qui, manquant d'appui dans le monde, sont plus exposés que les autres aux tentations criminelles de certains individus qui, par malheur, ne sont pas rares, et qui ne se font nul scrupule d'enlever des mineurs pour les faire servir à leurs propres débauches ou, ce qui est bien plus déplorable, à celle des autres. S'il s'agit d'une jeune fille au-dessous de 15 ans accomplis, le ravisseur subit la peine des travaux forcés. Dans le cas où la fille a suivi volontairement son ravisseur, la peine est toujours celle des travaux forcés, parce que la loi présume que la fille a été victime de la séduction ; elle s'est sur ce point conformée à l'ancienne législation, qui ne distinguait pas entre le rapt de séduction et celui de violence. Toutefois, si le ravisseur est mineur de 21 ans, la peine est beaucoup moindre ; l'emprisonnement simple est substitué aux travaux forcés ; mais cette dernière peine sera appliquée dans le cas d'un attentat à la pudeur envers un enfant au-dessous de 15 ans accomplis. Si le coupable se trouve dans la classe de ceux qui ont autorité ou ascendant sur les victimes, la condamnation est à perpétuité. L'excitation à la débauche, surtout lorsqu'elle vient des parents, des tuteurs ou des personnes chargées de l'éducation, délit qui n'est que trop commun dans les grandes villes, excite avec raison l'animadversion du législateur. On voudrait ne point voir de telles abominations prévues et punies par notre législation criminelle ; car on voudrait ne pas croire qu'elles existent ; mais on est forcé malgré soi d'acquérir une triste conviction. Au fond, cela afflige, mais ne doit pas surprendre. Comment une mère qui n'a ni mœurs, ni probité, ni foi, ni religion, pourrait-elle conseiller à sa fille d'avoir des vertus ? Elle lui montre d'un côté le gain, la parure, la distraction, le plaisir ; de l'autre, l'indigence, les privations, l'ennui : de quel côté doit pencher le cœur de la jeune fille. Quand les jeunes gens, qu'on sait appartenir à des parents fortunés, arrivent à l'âge où les passions cherchent l'indépendance absolue pour se satisfaire sans contrainte, ils éprouvent souvent des besoins, des privations, de la gêne, parce que leurs parents refusent de fournir à de folles dépenses ; mais alors il se trouve des gens obséquieux, qui offrent quelque modique avance, quelque mince prêt d'argent, à condition pourtant qu'on leur fournira en échange une déclaration, un effet de commerce, une lettre de change. Le jeune insensé en signerait dix ; il ne s'aperçoit pas qu'il s'engage pour une somme beaucoup plus forte que celle qu'il reçoit ; mais il a tout au plus dix-huit ans ; il y a si loin de là au moment où il sera majeur ! Il n'hésite pas, il signe tout ce qu'on lui présente, et il ne songe qu'au bonheur d'avoir pu échanger sa signature contre une somme d'argent. Le législateur ne voit pas les choses du même œil, et il frappe le complaisant proxénète, l'avide prêteur, usurier déguisé, qui spécule sur la future ruine des jeunes gens que leur mauvais sort fait tomber en ses mains. Les dommages-intérêts, les restitutions, les amendes, l'emprisonnement sont les peines qu'il encourt. Au reste, pour garantir les mineurs autant que possible des suites presque inévitables du défaut d'expérience, nul mineur ne peut contracter d'engagement valable sans l'autorisation de son tuteur. Le tuteur lui-même, fût-ce le père lui-même, ne peut agir en plusieurs cas sans avoir pris l'avis du conseil de famille; encore faut-il, lorsqu'il s'agit d'emprunt, d'hypothèque ou d'aliénation, que la délibération du conseil de famille soit homologuée par le tribunal. Le mineur peut être émancipé par son père, par sa mère tutrice, en cas de prédécès du père, par le conseil de famille assemblé sur la demande du tuteur. L'émancipation n'assimile pas le mineur au majeur, mais elle lui confère certains droits d'administration, si d'ailleurs sa conduite et le développement de la raison le rendent digne de cette faveur. L'émancipation, chez les Romains, faisait cesser la puissance paternelle, qui n'avait presque point de limites ; il fallait donc qu'elle se fît avec des formes analogues au joug qu'elle brisait. Le père vendait son fils en présence de témoins, et quand l'acheteur avait payé le prix, il affranchissait celui qu'il venait d'acheter. Ces formes furent successivement changées, et un édit de Justinien permit au père d'émanciper par une simple déclaration devant le magistrat. Autrefois, en France et dans les pays de coutume, le mineur était émancipé pour le mariage ou par des lettres du prince qu'on appelait de bénéfice d'âge. Cela n'avait pas lieu en pays de droit écrit, où les mineurs devenus pubères étaient capables d'administrer leurs biens. Si les registres qui contenaient la preuve de l'émancipation ont été perdus, le fait de l'émancipation a pu résulter de la réunion de plusieurs présomptions graves, précises et concordantes; la cour de cassation l'a ainsi jugé. Si le mineur est resté orphelin, il ne peut recevoir l'émancipation qu'après sa 18e année accomplie, c'est alors le conseil de famille qui la donne. Le mineur est émancipé de plein droit par le mariage, que du reste l'homme ne peut contracter avant ses 18 ans révolus, à moins que, pour des causes très graves, le roi n'ait accordé une dispense d'âge. L'émancipation donne au mineur le droit de recevoir le compte de tutelle ; il doit être assisté de son curateur. Il peut aussi passer tous les baux qui n'excèdent pas neuf années, toucher ses revenus, et faire tous les actes de pure administration, mais il a besoin de l'assistance d'un curateur pour donner quittance d'un capital mobilier et pour introduire une action immobilière. Il a besoin, en général, de cette assistance pour tout ce qui excède la simple administration ; dans plusieurs cas même cette assistance ne suffit pas, et il faut l'autorisation du conseil de famille. Si le mineur fait un mauvais usage de l'émancipation qu'il a obtenue, il peut en être privé par la révocation, laquelle a lieu dans la même forme que celle qu'on a suivie pour l'émanciper. Les obligations qu'il a consenties sont réductibles ; mais, comme il ne serait pas juste, suivant un vieil axiome de droit, que le mineur s'enrichît aux dépens d'autrui, la réduction n'a lieu qu'à concurrence des sommes qui n'ont pas tourné à son profit. Le mineur émancipé qui fait un commerce est réputé majeur pour tout ce qui concerne ce commerce ; mais il est à remarquer qu'avant de commencer ses opérations, il doit obtenir une autorisation spéciale de ceux qui l'ont émancipé ou qui auraient pu conférer l'émancipation dans le cas où elle a lieu par mariage, et que cette autorisation doit être affichée à l'auditoire du tribunal de commerce. Nous avons dit que la minorité ne finissait qu'avec la 21e année de l'individu ; toutefois, quand il s'agit d'un mariage que le majeur veut contracter, il rentre dans une sorte de minorité ; il ne peut passer outre sans obtenir le consentement de ses parents ou ascendants, et, à défaut de

parents et d'ascendants dans l'une et l'autre ligne, l'autorisation du conseil de famille. À défaut de consentement le fils ni la fille ne peuvent absolument contracter mariage, savoir le premier avant d'avoir accompli sa 25e année, et la fille sa 21e. Parvenus à cet âge, les enfants sont tenus de demander le consentement, par des actes qu'on appelle respectueux, au nombre de trois; après trente ans révolus pour les garçons et vingt-cinq pour les filles, un seul acte suffit. Sur la notification de ces actes, le père peut ou doit indiquer les causes de son opposition ou de son refus. Les tribunaux sont juges de la validité de ces moyens ; le jugement est susceptible d'appel et de pourvoi en cassation. — La simple lésion dans toute espèce de conventions donne ouverture à l'action en rescision en faveur du mineur non émancipé, mais s'il y a eu émancipation préalable, l'action en rescision n'est donnée que contre les conventions qui excèdent sa capacité. Le législateur, en parlant du mineur non émancipé, dit : la simple lésion, et il n'en détermine pas la quotité ; cependant c'est au juge qu'il appartient d'apprécier les faits, car le mot lésion suppose toujours un dommage un peu grand. S'il s'agit d'un mineur émancipé, ou l'acte dont il se plaint est dans les limites de sa capacité, par exemple un bail à ferme de moins de neuf ans, ou l'acte est en dehors de ces limites. Au premier cas, il n'est restituable que dans les cas où un majeur le serait à sa place ; au second cas, il rentre dans la classe du mineur non émancipé, et celui qui a traité avec ce mineur n'est point fondé à se plaindre, car il ne doit imputer qu'à lui ce qui lui arrive. Il serait mal fondé à dire qu'il n'a pas connu la minorité, car d'abord c'était à lui à s'en informer, et, en second lieu, il n'est guère possible de s'abuser sur l'âge de celui avec lequel on contracte, et de prendre un adolescent pour un homme fait. Si la lésion ne résultait que d'un événement imprévu ou de force majeure, il n'y aurait pas lieu à restitution. Cette action serait aussi repoussée si le mineur avait employé d'une manière utile des fonds que, par exemple, il aurait empruntés pour faire des réparations urgentes à un édifice menaçant ruine ; il en serait autrement si les fonds n'avaient été employés qu'à des réparations de pur agrément. La déclaration de majorité faite par un mineur n'empêche pas la restitution ; la loi qui a voulu garantir le mineur de sa propre inexpérience n'aurait rien fait pour lui s'il suffisait d'une simple déclaration de majorité pour éluder sa disposition. Mais s'il était reconnu et prouvé que le mineur aurait employé des manœuvres frauduleuses envers la partie qui, trompée par lui, aurait contracté de bonne foi, le mineur devrait être repoussé par l'exception de dol. La loi romaine était formelle à cet égard ; le Code civil est beaucoup moins explicite. Il paraît néanmoins par les expressions du rapport fait au tribunat par Jaubert, que les tribunaux ont reçu implicitement du législateur la mission de juger si dans les faits allégués il y a plus qu'une simple déclaration. — Le mineur n'est pas restituable contre les conventions matrimoniales lorsqu'elles ont été faites avec le consentement et l'assistance de ceux dont le consentement est nécessaire pour la validité du mariage. Le mineur n'est pas non plus restituable contre les obligations qui naissent de son délit ou quasi-délit, car ici le mal vient de lui-même, et il est tenu de le réparer ; mais s'il arrivait que le mineur transigeant sur les dommages-intérêts fût lésé par cette transaction, il serait restituable.— Si devenu majeur le mineur ratifie l'engagement fait en minorité, il n'est plus restituable. Dans le cas de restitution, toutes les sommes payées au mineur et dont il est prouvé qu'il a profité doivent être tenues en compte, car s'il faut que le mineur ne soit point lésé, il ne faut pas non plus qu'il profite du bien d'autrui. L'action en nullité des conventions pour cause d'incapacité du mineur non autorisé dure dix ans à compter de sa majorité. La cour de cassation a décidé, par un arrêt solennel de 1837, que la prescription de l'action ne court pas contre un mineur qui est resté en possession pendant les dix ans qui ont suivi sa majorité de l'objet qu'il avait vendu pendant sa minorité ; on fit à ce mineur l'application de l'axiome : quæ temporalia sunt ad agendum perpetua sunt ad excipiendum. L'acheteur, dans cette espèce, avait laissé passer, avant de former sa demande en livraison de l'objet vendu, les dix ans de l'action en rescision. La même cour avait décidé, en 1835, que si l'acte a été fait non par le mineur lui-même, mais par le tuteur non autorisé, l'action en nullité se prescrit par le laps de dix ans à compter de la majorité, par la raison que les actes passés par le tuteur sont considérés comme étant faits par le mineur lui-même. Le droit romain ne contenait pas de disposition bien précise relativement à la prescription contre les mineurs, car la minorité ne l'arrêtait pas; seulement on accordait dix ans au mineur à dater de sa majorité pour se faire restituer. Le parlement de Toulouse, grand partisan du droit romain, en suivait les dispositions à la lettre, et les parlements d'Aix, de Grenoble, et quelques coutumes, avaient adopté la même jurisprudence; mais la coutume de Paris tenait une opinion contraire, et dans cette coutume la prescription était suspendue par la minorité. La plus grande partie des coutumes de France s'étaient approprié le principe de celle de Paris, et c'est celui que le Code civil a consacré. — On a demandé si le mineur pouvait renoncer à une prescription acquise; on a répondu avec raison qu'une renonciation de ce genre serait une véritable aliénation, et que toute aliénation est interdite au mineur. Si l'autorisation de renoncer a été donnée au tuteur hors procès, le mineur pourra se faire restituer; si l'autorisation a été donnée pendant procès, le mineur pourra se pourvoir par requête civile, s'il a été mal défendu. — On a fortement agité la question de savoir si la prescription de dix ans doit s'appliquer aux actes faits par le tuteur non autorisé; elle a été vivement controversée, et les cours royales l'ont jugée et la jugent encore en sens opposés. Toutefois, la cour de cassation s'est prononcée pour l'affirmative; le mineur n'a, dans ce cas, qu'un recours à exercer contre son tuteur. Il paraît que la cour s'est principalement décidée pour le principe que le législateur, par la prescription de dix ans à compter de la majorité, a voulu éteindre toutes les actions en restitution qui pourraient naître de la minorité. — L'hypothèque du mineur sur les biens du tuteur est légale, et partant dispensée de l'inscription, mais il ne faut pas qu'il laisse expirer les dix ans qui suivent sa majorité pour demander le compte de tutelle; après ce délai on pourrait soutenir avec succès contre lui que son hypothèque est éteinte. La cour de cassation a eu à juger, en 1837, un fait assez singulier: un mineur avait vendu un immeuble sans autorisation préalable et sans aucune des formalités prescrites. Devenu majeur, et avant l'expiration des dix ans, il revendit cet immeuble, puis il ratifia la première vente. Il fut décidé, sur la poursuite du second acquéreur, que la première vente ayant été nulle, et que la ratification n'ayant été donnée qu'après une vente valable, la ratification n'avait pu nuire aux droits qu'il avait acquis. Ce n'était pas assez pour le législateur de veiller à la conservation des droits du mineur en ce qui concernait ses biens, il avait une autre question bien importante à décider: celle de savoir à quel âge on peut le supposer capable de discernement et de distinguer ce qui est bien de ce qui est mal. On s'est déterminé pour l'âge de seize ans. Encore comme le discernement et la raison se développent plus tôt ou plus tard dans les uns que dans les autres, il faut que la question de discernement soit posée et décidée avant celle de culpabilité; car si un accusé a moins de seize ans lorsqu'il s'est rendu coupable de crime ou de délit, la solution est bien différente dans les deux cas, c'est-à-dire s'il a agi sans discernement ou avec discernement. Dans le premier, il est acquitté; dans le second, des condamnations sont prononcées, mais elles sont bien moins graves, en considération de son jeune âge. Il est à remarquer que le mineur de seize ans déclaré coupable et condamné à une peine n'est pas assujéti à l'aggravation de peine pour récidive dans le cas où il vient à se rendre coupable d'un nouveau délit. Le mineur déclaré coupable, mais acquitté pour avoir agi sans discernement, n'est pas toujours remis à ses parents: la cour peut ordonner qu'il soit conduit à une maison de correction pour y être élevé et enfermé pendant un nombre d'années que l'arrêt détermine; mais cette détention ne peut s'étendre au-delà de l'époque où il aura accompli sa vingtième année. Quant aux dommages-intérêts dus par le mineur condamné, toutes les personnes qui devaient le tenir sous leur garde, le père, le tuteur, le maître, etc., en sont déclarés civilement responsables, à moins qu'ils ne prouvent qu'ils n'ont pu empêcher le fait qui a causé le dommage.   J.

MINEUR, s. m., celui qui fouille la mine pour en tirer la matière minérale. Il signifie aussi celui qui est employé aux travaux des mines pratiquées pour l'attaque ou la défense des places.

MINEUR, EURE, adj. comparatif, moindre, plus petit. On ne l'emploie en ce sens que dans les expressions ou dénominations suivantes: En géographie, l'Asie mineure, partie occidentale de l'Asie. En matière ecclésiastique, les quatre ordres mineurs, ou substantivement les quatre mineurs, quatre petits ordres qui sont ceux de portier, de lecteur,

d'exorciste et d'acolyte. Excommunication qui prive de la participation aux sacrements, et du droit de pouvoir être élu ou présenté à quelque dignité ecclésiastique: par opposition à excommunication majeure.

MINEURE, s. f., t. de logique, la seconde proposition d'un syllogisme. Mineure se dit aussi de la thèse que les étudiants en théologie soutenaient durant le cours de la licence et dans laquelle il ne s'agissait ordinairement que de théologie positive. On appelait cet acte mineure parce que c'était le plus court de tous ceux qu'on soutenait pendant la licence.

MINEURS (ordres). On distingue quatre ordres mineurs, qui sont ceux d'acolyte, de lecteur, d'exorciste et de portier. Voyez-les chacun sous leur nom. Ils sont appelés mineurs, parce que leurs fonctions ne sont pas aussi importantes que celles des ordres majeurs. Plusieurs théologiens pensent que le sous-diaconat et les quatre ordres mineurs sont des sacrements; et comme l'on convient qu'aucun ordre ne peut être reçu deux fois, ils concluent que tout ordre, soit majeur, soit mineur, imprime un caractère ineffaçable. Les Grecs et les autres chrétiens orientaux séparés de l'Eglise catholique, regardent comme des ordres le sous-diaconat, l'office de lecteur et celui des chantres; ils n'admettent point d'autres ordres mineurs. Cette différence de sentiments est cause que la plupart des théologiens estiment que ces ordres ne sont pas des sacrements. (V. ORDRES RELIGIEUX.)

MINEURS (frères), religieux de l'ordre de saint François. C'est le nom que les cordeliers ont pris dans leur origine, par humilité; ils se sont appelés *fratres minores*, moindres frères, et quelquefois *minoritœ*. Voy. FRANÇOIS D'ASSISE (saint).

MINEURS (clercs). C'est une congrégation de clercs réguliers qui doit son établissement à Jean-Augustin Adorne, gentilhomme génois, il l'institua l'an 1588 à Naples, avec Augustin et François Caraccioli; en 1605 le pape Paul V approuva leurs constitutions. Leur général réside à Rome, dans la maison de Saint-Laurent, et ils ont un collège dans la même ville, à Sainte-Agnès de la place Navone. Leur destination, comme celle des autres clercs réguliers, est de remplir exactement tous les devoirs de l'état ecclésiastique.

MINHO (*Mino* en espagnol, *minus* ainsi appelé du vermillon (*minium*), qu'on recueille sur ses bords), fleuve de la Péninsule hispanique. Il sort de la Sierra de Mondonedo et reçoit un grand nombre d'affluents. Le volume de ces eaux est doublé quand il a reçu le Sil; alors il arrose une contrée délicieuse; mais lorsque son lit est resserré entre les montagnes qui séparent l'Espagne et le Portugal, son cours devient très impétueux. Depuis sa source jusqu'à son embouchure à la mer Atlantique, le Minho parcourt un espace de 60 lieues.

MINHO OU ENTRE-DOURO-ET MINHO, province du Portugal. Elle est bornée au N. par la Galice, à l'E. par la province de Tras-os-Montès, au S. par celle de Beira et à l'O. par l'Atlantique. Elle a 30 lieues de long, 14 de large et 300 lieues carrées de superficie. La Serra-de-Geroz, la Serra-de-Sancta-Catalina et la Serra-Estrica, couvrent la province de leurs ramifications. Le Minho, le Douro, la Lima, le Cavado, l'Ave et la Tarrega sont les principales rivières qui l'arrosent. La Température y est douce, l'air très sain, le pays très fertile et riche en toutes sortes de productions. Cette province se divise en 7 comarcas. Son chef-lieu est Braga. Les restes d'un temple, d'un amphithéâtre et d'un aqueduc attestent la domination des Romains dans cette contrée. Sa population s'élève à 1,123,492 habitants.

MINI (PAUL), médecin de Florence au XVIe siècle, remplit son temps par les soins de sa profession et par l'étude de l'histoire de sa patrie. Son Discours en italien sur la nature et l'usage du vin, n'a pas joui d'un accueil aussi marqué que ses trois autres ouvrages sur l'histoire de Florence. Le 1er est un discours italien sur la noblesse de Florence et des Florentins; le 2e des Remarques et Additions à ce discours; et le 3e la Défense des deux précédents. Ce dernier est le plus recherché.

MINIANA (JOSEPH-EMMANUEL), historien, antiquaire et peintre, né à Valence, en Espagne, en 1671, entra chez les religieux de la Rédemption, et mourut en 1730, après avoir donné au public la continuation en latin de l'*Histoire de Mariana*. On ne trouve pas chez lui le style net et élégant de son modèle.

MINIATURE, s. f., sorte de peinture délicate qui se fait à petits points ou à petits traits avec des couleurs très fines délayées à l'eau gommée. Il se dit quelquefois figurément des ouvrages de littérature faits en de petites proportions. Miniature signifie aussi un tableau ou portrait peint en miniature. Il se dit aussi d'une personne petite et délicate.

MINIME, adj. des deux genres. Très petit, très peu considérable.

MINIMES, Ordre religieux fondé dans la Calabre par saint François de Paule, l'an 1436, confirmé par Sixte IV en 1474, et par Jules II en 1507. On donne à Paris le nom de bons-hommes aux religieux de cet institut, parce que les rois Louis XI et Charles VIII les nommaient ordinairement ainsi, oulplutôt parce qu'ils furent d'abord établis dans le bois de Vincennes, dans le monastère des religieux de Grandmont, que l'on appelait les bonshommes. En Espagne, le peuple les appelle les pères de la Victoire, à cause d'une victoire que Ferdinand V remporta sur les Maures, et qui lui avait été prédite par saint François de Paule. Ce saint, par humilité, fit prendre à ses religieux le nom de minimes, c'est-à-dire les plus petits, comme pour les rabaisser au-dessous des franciscains, qui se nommaient frères mineurs. Outre les trois vœux monastiques, les minimes en font un quatrième, d'observer un carême perpétuel, c'est-à-dire de s'abstenir de tous les mets dont on ne permettait pas autrefois l'usage en carême. L'esprit de leur institut est la retraite, la mortification et le recueillement. Cet ordre a donné aux lettres quelques hommes illustres, entre autres le père Mersenne, contemporain et ami de Descartes. (V. Paule (saint François de).

MINIMUM, s. m., t. de mathém., emprunté du latin, le plus petit degré auquel une grandeur puisse être réduite. Il se dit aussi dans le langage ordinaire et par opposition à maximum, de la plus petite somme dans l'ordre des sommes dont il s'agit.

MINISTÈRE, s. m., l'emploi, la charge qu'on exerce. Le ministère des autels, le sacerdoce, les fonctions de prêtre. Ministère signifie aussi l'entremise de quelqu'un dans une affaire, le service qu'il rend à une autre personne dans quelque emploi, dans quelque fonction.

MINISTÈRE, **MINISTRE**. Le mot ministère, dans le droit public, a une double acception ; tantôt il signifie simplement la gestion particulière d'un ministre, comme lorsqu'on dit : Cet événement se passa sous le ministère de Mazarin, de Colbert, etc. ; tantôt il sert à désigner le corps des ministres, comme lorsqu'en parlant de l'Angleterre on dit : Le ministre fut tantôt Wigh, tantôt Tory. Quelquefois ce mot s'emploie pour désigner le poste du ministre. Il a été promu, élevé au ministère. Ministre, sans épithète, ne se dit que des personnes attachées au souverain, comme secrétaires d'état, chargés des divers départements dont se compose l'administration générale du royaume ; mais nous nous bornerons à des notions générales pour ne pas dire ou répéter ici ce qui sera traité dans les articles particuliers. Le ministère se composait autrefois en France, et il en est de même encore dans plusieurs états européens, notamment en Autriche, d'un premier ministre à la tête duquel réside la plus grande partie du pouvoir et de ministres particuliers qui n'étaient guère que des premiers commis dépendants du chef. Aussi tout le bien, tout le mal qui s'opéraient en France, était attribué au premier ministre ; à peine le nom des autres paraissait-il dans les actes de leur ministère spécial. Le premier ministre, revêtu de la toute puissance, dont il soit fait une mention honorable dans l'histoire, après l'abbé Suger qui le fut de Louis-le-Jeune, et s'opposa mais inutilement à la répudiation que son maître de la fameuse Eléonore de Guienne fit, qui, par son second mariage avec le roi d'Angleterre, livra aux Anglais plusieurs riches provinces de France ; c'est le cardinal George d'Amboise qui donna souvent de grandes preuves d'habileté administrative et diplomatique, excepté sur un seul point où, égaré par sa propre ambition, il conseilla la conquête d'Italie à Louis XII. Ce prince avait des droits réels sur le duché de Milan, du chef de son aïeule, Valentine, héritière des Visconti que les Sforce avaient dépossédés ; et se sentait que trop porté à conquérir par les armes, ce qui lui appartenait par le droit de la naissance ; et le cardinal, qui nourrissait depuis longtemps dans son cœur l'ambitieux désir de poser la tiare pontificale sur sa tête, persuadé que la présence d'une armée française en Italie rendrait son élection plus facile lorsque le pape, déjà malade et d'un age avancé, viendrait à laisser le siège vacant, le cardinal n'eut pas de peine à décider Louis XII que le défaut d'argent laissait indécis. Le cardinal, pour se procurer les fonds nécesaires, vendit toutes les charges de finance. L'expédition eut lieu, et d'abord elle fut heureuse. Le duché de Milan et le royaume de Naples furent conquis en peu de temps. Sur ces entrefaites, le pape

mourut. C'était Alexandre VI, que des historiens mal informés ou égarés par leurs préjugés font périr, à la suite d'un repas, du poison qu'il aurait préparé pour d'autres cardinaux, fable absurde, accréditée par les protestants et répétée par les écrivains philosophes du XVIIIe et du XIXe siècle, qui travestirent l'histoire en drames et en romans. Alexandre VI mourut des suites d'une fièvre tierce qui dégénéra en fièvre continue. Le cardinal jugea le moment venu de faire valoir ses prétentions, sur le succès desquelles il comptait si bien qu'il avait pris pour devise ces mots du psalmiste : Seigneur, ne souffrez pas que je sois trompé dans mon attente, ps. 118. Mais par un scrupule qu'il n'est pas facile de concilier avec son ambition, il pria le roi de tenir son armée éloignée de Rome pendant la tenue du conclave, afin qu'on ne pût l'accuser d'avoir obtenu par intimidation, ce qu'il ne voulait devoir qu'à un choix libre et volontaire. Ce scrupule consciencieux, mais dans les circonstances peu politique, lui fit perdre le trône pontifical, et priva le roi de celui de Naples. L'administration de Sully, premier ministre et ami d'Henri IV, fut glorieuse et utile pour la France. Les principes du gouvernement acquirent plus de stabilité, la législation plus d'importance, et le peuple plus de soulagement. On a vu sous le ministère d'Amboise la vénalité des charges de finance ; sous celui de Sully, s'établit la Paulette, ainsi appelée du nom de celui qui en avait donné le plan. C'était un droit annuel que les officiers de finance et de justice payaient au roi, pour avoir la faculté de transmettre leurs charges et d'en assurer le prix à leurs héritiers. Un édit de l'an 1609 défendit les duels sous les peines sévères. A l'avénement du grand ministre les finances se trouvaient dans l'état le plus déplorable, et les revenus de l'état ne consistaient qu'en droits fiscaux et plus d'une fois en manœuvres frauduleuses pour extorquer l'argent des contribuables. Tout changea, dirigé par la main de l'habile ministre. La dette de l'état subit une réduction, les domaines engagés rentrèrent au pouvoir de la couronne, la taille devint plus égale, et l'emploi des revenus publics fut soumis à des règles plus justes. Le commerce tant à l'extérieur qu'à l'intérieur, reçut de grands développements, l'industrie fut encouragée, l'agriculture surtout fut l'objet de la constante sollicitude de Sully. Un autre grand nom se présente à la suite du ministre favori d'Henri IV : on a deviné Richelieu. N'étant encore qu'évêque de Luçon, il avait gagné la confiance de Marie de Médicis, mère du roi et régente du royaume ; et malgré l'éloignement que Louis XIII montrait pour ce prélat, la princesse parvint à le faire entrer dans le conseil où, par l'ascendant de son génie, il réussit en peu de temps à dominer tous les esprits. A peine ministre, Richelieu laissa voir le projet qu'il avait conçu de soumettre les grands du royaume, de comprimer et d'anéantir le calvinisme, et d'abaisser la maison d'Autriche. Se projet plut au roi dont il servait l'ambition et la gloire. Le soin de l'exécuter fut laissé à celui qui l'avait formé, et l'on sait avec combien d'habileté et d'adresse il sut toujours enchaîner la fortune à ses desseins. Secourus par lui, les protestants d'Allemagne mirent souvent en danger la puissance impériale ; en même temps il détachait les Anglais de l'alliance des Rochelois, et en s'emparant de leur ville il abattait leur puissance. Une conjuration dangereuse se forma parmi les grands contre le trop puissant ministre, et les conjurés arrivèrent si près du succès que Richelieu fut lui-même sur le point de céder à l'orage. Le fameux P. Joseph, capucin, son confident et son ami, lui rendit l'énergie par ses conseils. Richelieu eut avec le roi une explication à la suite de laquelle, au grand désappointement des courtisans, il se montra plus puissant que jamais. Tous ses ennemis furent disgraciés, emprisonnés, exilés ; plusieurs seigneurs du plus haut rang portèrent leur tête sur l'échafaud. Ce qui doit absoudre le cardinal ministre de son inflexible rigueur, c'est d'avoir diminué la puissance des nobles qui tenaient l'autorité royale en tutelle, créé une marine, rétabli l'ordre dans les finances, protégé les arts et les lettres pour lesquels il fonda l'Académie française, délivré les vassaux de l'oppression des seigneurs, abaissé la maison d'Autriche, obtenu la cession de l'Alsace et de plusieurs autres provinces. Il aurait certainement exécuté de plus grandes choses, si la mort ne fût venu l'arrêter dans sa carrière de triomphes. Seule elle pouvait le vaincre, il tomba sous ses coups à l'âge de 58 ans, le 4 décembre 1642. Rien, dirons-nous en finissant, ne peut donner une plus grande idée de son habileté que d'avoir pu se maintenir pendant une période de dix-huit années dans un poste aussi élevé, au milieu de tant d'ennemis parmi lesquels se distinguait le frère du roi, Gaston d'Orléans, et même malgré l'aversion naturelle que le roi avait toujours eue pour lui. Mais Louis XIII savait reconnaitre dans son ministre la grandeur et la solidité de ses vues, son zèle constant pour l'indépendance de la couronne, ses créations utiles, son désir de rendre le peuple heureux; et il sacrifia ses répugnances aux intérêts de l'Etat. De tout temps nos rois de la troisième race eurent pour politique d'acquérir dans leurs états une autorité absolue. Ce système suivi avec persévérance, féconté par le génie de Louis XI, avait fait de la France un corps puissant et compacte, par la concentration autour du prince de toutes ses parties. Richelieu completta l'œuvre commencée par Louis. Mazarin, qui, de simple prêtre italien, était devenu l'homme de confiance d'Anne d'Autriche, régente de France pendant la minorité de Louis XIV, succéda dans le ministère au cardinal de Richelieu; et comme ce dernier, il eut à lutter contre l'animosité des grands, contre le parlement qui, sous prétexte de défendre le peuple qui se disait opprimé, ne cherchait lui-même qu'à se placer au-dessus de tous les pouvoirs, enfin contre le peuple lui-même égaré par les fauteurs de troubles. Richelieu avait vaincu ses ennemis par sa fermeté; Mazarin les vainquit sans violence, par adresse et par ruse. Il attacha son nom à la paix des Pyrénées (1659) qui assurait à la France la possession du Roussillon, de l'Artois et de l'Alsace; on lui reproche son alliance avec Cromwell et l'abandon de la cause de Charles II, fils d'une princesse de France, mais on lui sait gré d'avoir marié son maître avec l'infante d'Espagne, Marie-Thérèse, pour l'empêcher d'épouser sa nièce, Marie Mancini, dont le roi s'était vivement épris. — Après la mort de Mazarin, arrivée le 9 mars 1661, le roi, jaloux du pouvoir suprême, voulut l'exercer par lui-même; il eut des ministres, mais non un premier ministre dépositaire de toute l'autorité. Parmi ces ministres, il faut distinguer Colbert aux finances, Louvois à la guerre, Le Tellier aux sceaux. Le premier fut le créateur d'un nouveau système financier, au moyen duquel il put subvenir aux dépenses occasionnées par les guerres continuelles que la France dut soutenir; le second passe avec raison pour l'un des plus habiles administrateurs qu'ait jamais eus le département de la guerre; le troisième, poussé, dit-on, par madame de Maintenon, conseilla la révocation de l'édit de Nantes, et son nom, comme on peut le croire, a été l'objet des diatribes les plus violentes des protestants et de leurs auxiliaires. On a prétendu que plus de cinquante mille familles sortirent de France, emportant leurs biens et leur industrie, et d'après les écrivains qui ont écrit l'histoire sans prévention, ce fait est loin d'être avéré, et il est même plus que douteux que l'expulsion des calvinistes ait fait au pays autant de tort qu'on affecte de le dire. — La minorité de Louis XV et la régence du duc d'Orléans furent une époque nouvelle de troubles causés d'abord par le système de Law, et plus tard par les intrigues du cardinal Albéroni qui, de curé italien, était devenu premier ministre en Espagne. Il prétendait, non sans raison, que la renonciation de Philippe V au trône d'Espagne, était nulle comme contraire à la loi salique. Les Anglais s'élevaient avec force contre cette prétention, et le cardinal Dubois qui, sorti de plus bas encore qu'Albéroni, s'était élevé comme lui au premier poste de l'Etat, vendu, dit-on, au cabinet anglais, soutenait les droits éventuels du son maître. Le ministre espagnol était puissamment secondé à Paris par son ambassadeur, le prince de Cellamare. Le duc et la duchesse du Maine étaient l'âme de la conjuration conduite avec le plus grand secret. Toutefois, le duc de Saint-Aignan, ambassadeur français à Madrid, ayant pénétré les desseins d'Albéroni, en instruisit le ministre qui informé par une courtisane que Cellamare avait expédié pour Madrid des papiers importants, fit partir sur-le-champ des courriers. Les dépêches saisies à Poitiers firent voir tout le plan de la conjuration. Cellamare, le duc et la duchesse du Maine furent arrêtés et conduits à des châteaux-forts; mais au bout de quelques mois, toutes les personnes impliquées ou compromises furent remises en liberté. Dubois et le régent ne jouirent pas long-temps de cette faveur de la fortune. Le premier mourut gorgé de biens et d'honneurs qu'il ne méritait guère; le second succomba dans les derniers jours de 1723, à une attaque d'apoplexie. Le poste de Dubois fut confié d'abord au duc de Bourbon, descendant du grand Condé, mais ses intrigues tendant à renverser l'évêque de Fréjus que le roi aimait et vénérait, le perdirent dans l'esprit de ce prince; il fut exilé à Chantilly, et Fleury obtint sa dépouille. Ce nouveau premier ministre se fit remarquer par sa modération

et son économie; il avait toute la prudence de la vieillesse, mais il manqua souvent de fermeté, quelquefois de prévoyance. On lui a fait surtout un grave reproche d'avoir négligé la marine. Le duc de Choiseul remplaça le cardinal de Fleury. Son long ministère fut constamment agité par des guerres où nos soldats soutinrent souvent l'honneur du nom français, mais dont le résultat fut loin d'être heureux. La France lui dut cependant le pacte de famille de 1762 et le traité de Fontainebleau de l'année suivante; mais d'un autre côté, le nom de ce ministre s'est attaché à un acte que nous croyons fermement avoir été préjudiciable à la France, et qui, au fond, était injuste; nous voulons parler de l'expulsion des jésuites, supprimés par arrêt du parlement du 6 août 1762, et rendu sur d'absurdes prétextes à défaut de bonnes raisons et de faits constatés. — Louis XVI monta sur le trône sous de funestes auspices, ou du moins dans un temps orageux où il eût fallu un caractère ferme, inflexible, pour pouvoir tenir tête aux flots de novateurs que le parti philosophique répandait sur la France. L'ancien ministère déplaisait à ceux qui prétendaient parler au nom de la nation, et il déplaisait par cela seul qu'il avait eu la confiance de Louis XV. Son successeur était fortement prévenu contre le duc de Choiseul; il devait être exclu du nouveau ministère. On laissa le soin de le composer au comte de Maurepas et à M. Machault, qui étaient disgraciés l'un et l'autre depuis plus de vingt ans. Le premier était un courtisan fin, délié, spirituel, mais frivole, égoïste, insouciant; le second, créature de madame de Pompadour, passait pour austère, honnête, ennemi de la cour, ce qui contrastait singulièrement avec l'origine de sa faveur. Maurepas garda pour lui les affaires étrangères; le maréchal Du Muy eut la guerre, le lieutenant de police Sartine, la marine; Turgot, intendant de Limoges, les finances; Miromesnil, premier président du parlement de Rouen, les sceaux; Lamoignon de Malesherbes, la maison du roi. L'ancien parlement de Paris, que l'ex-chancelier de Maupeou avait exilé, fut rappelé et réintégré, sans qu'on eût pris aucune précaution pour mettre des limites à sa puissance. Turgot et Malesherbes appartenaient au parti des économistes et des philosophes. Ceux-ci tout en parlant de liberté, d'égalité, d'humanité, tendaient de toutes leurs forces à renverser le trône et à établir le déisme sur les débris de l'autel. Ceux-là, soumettant au calcul tout l'art administratif, ennemis de tout régime prohibitif, voulaient laisser au peuple le soin de régler ses intérêts. La nomination de ces deux ministres fut accueillie avec enthousiasme; mais Turgot trouva un adversaire dans le génevois Necker qui ouvertement soutenu par le duc de Nivernais, ne tarda pas à le remplacer aux finances. Comme autrefois Richelieu s'imposant à Louis XIII, le banquier génevois finit par s'imposer au malheureux Louis XVI qu'il entraîna dans l'abime où il devait périr. — Il n'y avait plus de premier ministre, chacun dans son ministère voulait être indépendant, mais tous faisaient des efforts plus ou moins fructueux pour s'emparer de la confiance du roi. Necker n'obtint pas cette confiance qu'il avait l'air de solliciter, mais il persuadait au roi que les mesures qu'il proposait ne pouvaient être repoussées sans exposer la monarchie à périr. Ce fut ainsi qu'après l'inutile assemblée des notables, les intrigues du parlement, la seconde assemblée des notables et l'impolitique concession du conseil du roi relativement à la double représentation du tiers-état, l'ouverture des états-généraux ayant eu lieu à Versailles, le 5 mai 1789, et par une inconcevable usurpation de pouvoir, le tiers-état constitué en assemblée nationale, Necker fit consentir le roi à ce que les trois ordres votassent par tête et non par ordre, innovation, qui grâce à la double représentation, assurait au tiers une dangereuse majorité sur toutes les questions. Depuis cette époque, on n'a plus vu de premier ministre en France, ni sous le directoire, ni sous le consulat ou l'empire. Ce titre aurait été en contradiction avec le prétendu système d'égalité auquel, malgré l'évidence, les anciens partisans de république ne voulaient pas renoncer; et le premier consul, tout despote qu'il était, ou plutôt parce qu'il était despote, n'aurait pas accordé un titre qui aurait appelé son possesseur à partager avec lui l'exercice de l'autorité. Du reste, l'organisation du ministère avait reçu des modifications. A la place du lieutenant de police on avait un ministre; d'autres changements peu importants avaient eu lieu. Sous la restauration, le titre de premier ministre sembla s'attacher au nom du duc de Richelieu, ensuite à celui de M. de Villèle, il a été définitivement remplacé plus tard par celui de président du conseil, sans avoir néanmoins la même importance que celui de premier ministre porté par Richelieu. (Voyez pour la composition des ministères en Angleterre, en Allemagne, etc., ces divers mots). Aujourd'hui le ministère se compose de neuf ministres, dont l'un est désigné par le roi comme chef ou président du conseil; le garde-des-sceaux, ministre de la justice et des cultes; les ministres des travaux publics, de l'agriculture et du commerce, de l'instruction publique, des finances, des affaires étrangères, de la guerre, de la marine et des colonies, de l'intérieur. Le ministère de la police a été supprimé et réuni à ce dernier. Le conseil d'Etat est présidé par le ministre de la justice et a la surveillance de tout ce qui concerne l'ordre judiciaire, l'organisation du notariat, les instructions aux tribunaux. Le ministre fait des rapports au roi sur les matières de législation, sur les conflits qui s'élèvent entre les autorités administratives et judiciaires, les demandes en grâce ou en commutation de peine, etc. Un grand nombre de bureaux sont institués pour l'expédition des affaires : administration de la justice, archives, personnel, comptabilité et pensions. L'imprimerie royale ressortit à ce ministère; la cour de cassation et la cour des comptes en dépendent également. Les cultes, autrefois annexés à l'instruction publique, ont été transportés à la justice. D'après la charte constitutionnelle, tous les cultes pouvant être exercés librement, et trouvant dans la loi protection égale, ce qui paraît fort juste à ceux qui voient toutes les religions du même œil, c'est-à-dire avec la même indifférence, les protestants anglais, les luthériens, les calvinistes, les juifs, ont tous à Paris des consistoires et des synagogues. Il n'y a pas jusqu'à la misérable église, dite française, de l'abbé Châtel, qui n'ait eu sa part de protection ; il a suffi du ridicule pour l'anéantir. — Le ministère des affaires étrangères est chargé de toutes nos relations politiques et diplomatiques avec les puissances étrangères. Il se compose de trois directions : politique, commerciale, de la comptabilité et d'un bureau du protocole. C'est à ce ministère que s'adressent, pour leurs rapports officiels avec la France, les ambassadeurs, les consuls et autres ministres des puissances étrangères résidant à Paris; c'est avec lui que correspondent les ambassadeurs et ministres français résidant près des cours étrangères. — Le ministère de la marine et des colonies se compose d'un conseil d'amirauté, d'un secrétariat général et d'un bureau d'archives, d'une direction du personnel, d'une direction des colonies, d'une direction de comptabilité; chacune de ces divisions forme cinq ou six bureaux entre lesquels le travail se partage. Il y a en outre quatre inspections générales, génie maritime, travaux maritimes, service de santé, matériel de l'artillerie; une bibliothèque, un dépôt général des cartes et plans de la marine et des colonies. Plusieurs commissions instituées pour examiner diverses questions d'intérêt public concernant les colonies et la marine sont sous la direction de ce ministère. — Le ministère des travaux publics contient d'abord huit divisions qui ont chacune deux ou trois sections : secrétariat général et personnel, routes et ponts, navigation et ports, usines, dessèchements et services divers, chemins de fer, mines, bâtiments civils et monuments publics, comptabilité. Il y a de plus un dépôt de cartes et plans, et plusieurs conseils généraux ou commissions, présidés par le ministre, des ponts et chaussées, des phares, des mines, des bâtiments et monuments publics. — Le ministère de l'agriculture et du commerce a un bureau central du secrétariat général, un bureau de statistique, une direction de l'agriculture et des haras, du commerce intérieur, des manufactures et des établissements sanitaires, du commerce extérieur, une division de comptabilité générale, un conseil supérieur du commerce, présidé par le ministre, plusieurs conseils généraux de manufactures, du commerce, des mines, d'agriculture; ce dernier présidé par le ministre, qui préside pareillement le conseil supérieur de santé. Les écoles royales d'arts et métiers, les experts vérificateurs des marchandises prohibées, les haras et dépôts d'étalons, les écoles vétérinaires, les bergeries royales dépendent de ce ministère. — Le ministère de l'instruction publique a une division de personnel et des établissements universitaires, une division de comptabilité générale et du contentieux. Plusieurs comités pour la publication des monuments écrits de l'histoire de France, pour les monuments et les arts, pour les hautes études du droit, sont établis près de ce ministère. L'université de France a le ministre pour président-né et grand-maître. L'école des chartes, l'école normale, la Sorbonne, la faculté de droit, celle de médecine, celle des sciences et des lettres, tous les collèges

sont sous la dépendance de l'instruction publique. — Le ministère de la guerre se compose d'une administration centrale qui se divise en cabinet du ministre, en secrétariat général, contrôle et comptabilité, en personnel et administration ; cette division comprend huit divisions qui ont chacune trois ou quatre bureaux. A ce ministère est attachée une direction des affaires d'Algérie et une direction du dépôt de la guerre. L'hôtel royal des Invalides, le dépôt central d'artillerie, le service des poudres et salpêtres, plusieurs comités de travaux publics, de fortifications, de santé, de l'armée, d'artillerie, relèvent de ce ministère. Il en est de même de l'école d'application, du corps royal d'état-major, de l'école polytechnique, de l'état-major de l'armée, des divisions militaires, des hôpitaux militaires et de la Légion-d'Honneur. — Le ministère des finances se compose d'une administration centrale qui comprend le cabinet du ministre et des administrations qui en dépendent, la nomination aux emplois, les affaires réservées, l'inspection générale des finances, la préparation du budget, la liquidation des pensions de retraite; un secrétariat général divisé en quatre bureaux; les contributions directes en cinq bureaux; une direction du mouvement général des fonds, une direction de la dette inscrite, une direction de la comptabilité générale, une direction du contentieux, une caisse centrale, une commission de liquidation de l'ancienne liste civile. L'administration des domaines, celle de l'enregistrement, celle du timbre, l'administration des douanes et des sels, celle des contributions indirectes, celle des tabacs, celle des postes, celle des forêts, la commission des médailles et monnaies, la caisse d'amortissement, celle des dépôts et consignations, la banque de France, sont sous la dépendance du ministère des finances. — Le ministère de l'intérieur, outre son secrétariat général qui comprend la direction du personnel, la garde nationale, les secours généraux, a une direction de la police générale du royaume, une administration départementale et communale, l'inspection générale des établissements de bienfaisance et celle des prisons, la direction des beaux-arts, des théâtres, du conservatoire de musique, de l'imprimerie et librairie, l'administration des lignes télégraphiques, les archives du royaume, l'école des ponts et chaussées et celle des mines, le cabinet de minéralogie. Tout ce qui concerne les préfectures, la police et les établissements qui en dépendent, rentre dans les attributions de ce ministère. Après avoir parlé des ministres attachés à la personne du souverain pour l'aider dans l'administration des affaires publiques, nous devons faire connaître ce qu'on entend par ministres publics. Dans les temps qui suivirent la dissolution de l'empire romain, on donnait ce titre aux messagers, procureurs et ambassadeurs indistinctement; aujourd'hui on les divise en trois classes. Les honneurs qu'on rend aux personnes revêtues du titre de ministre public sont proportionnés au rang que tient la classe à laquelle il appartient. Ces classes renferment les ambassadeurs, les envoyés, les plénipotentiaires, les résidents, les chargés d'affaires, etc.; les envoyés du souverain pontife sont appelés nonces, internonces, légats. — Ce qui surtout met de la différence dans le traitement qu'ils reçoivent, bien que le caractère soit toujours le même, c'est le rang qu'occupe parmi les souverains celui qui les envoie ou même celui qui les reçoit. Un petit prince, une république, peuvent donner à leur envoyé le titre d'ambassadeur, mais cet envoyé, ainsi qualifié, ne jouira néanmoins que du traitement autorisé par l'usage. Au reste, les ministres publics, à quelque classe qu'ils appartiennent, sont tous sous la protection du droit des gens. La distinction qui est entre eux par rapport au traitement qui leur est dû ne change rien à leur caractère, ce qui est si bien reconnu par tous les peuples civilisés qu'un simple chargé d'affaires est tout-à-fait indépendant du gouvernement auprès duquel il a été envoyé. Les Turcs eux-mêmes proportionnent très bien les honneurs qu'ils rendent aux ambassadeurs, sous quelque titre qu'ils se présentent, à la puissance du prince dont ils sont les représentants. Il en est autrement en Orient. Les princes de l'Asie ne mettent aucune différence entre les divers genres d'envoyés; ils les regardent comme de simples messagers qui s'en retournent dès que l'objet du message est rempli ; ni eux, ni leurs sujets ne voient dans ces envoyés les représentants de leur maître : on se borne à montrer le plus grand respect pour la lettre que le messager a apportée. On trouve dans les relations des voyageurs plusieurs exemples d'honneurs rendus à l'écrit, et de très peu d'égards pour celui qui l'apporte. — Les ambassadeurs composent seuls la première classe des ministres publics. Au reste, pour porter ce titre, il faut être nanti d'une lettre de créance, c'est-à-dire d'un écrit émané du souverain qu'on doit représenter, et dans lequel la qualité de l'envoyé se trouve clairement énoncée. Ce n'est qu'après la réception et l'admission de la lettre de créance que l'envoyé, reconnu pour tel, est placé sous la sauvegarde du droit des gens. Si quelquefois un souverain négocie avec des personnes qui n'ont pas de lettres de créance, c'est de la part de ce souverain un acte volontaire qui ne tire pas à conséquence, et qui, par conséquent, n'est pas obligatoire pour les autres états. Quant au souverain qui charge de ses intérêts un individu sans mission spéciale, il peut être déterminé à en agir ainsi par le désir ou par la nécessité de ne point faire connaître les démarches auxquelles il se livre. Lorsqu'il fut question pour la France de détacher l'Angleterre de l'alliance de l'empire et de la Hollande entre Louis XIV et la reine Anne, on envoya secrètement à cette dernière un envoyé confidentiel non revêtu de caractère public. Il est évident que le but du cabinet de Versailles était de tenir secrètes ses négociations, afin qu'elles n'éprouvassent aucun obstacle de la part de l'empereur, des états-généraux, du prince Eugène ou de Marlborough ; ces deux derniers intéressés à faire durer la guerre qui leur valait de la gloire et qui les enrichissait, comme cela fut prouvé contre Marlborough qu'on accusa de concussion en plein parlement, et qui ne se lava point de cette imputation flétrissante. Nous devons ajouter que ces sortes d'envoyés ne sont point sous la protection du droit des gens, mais ils n'en sont pas moins sous la protection générale des lois, du moins chez les peuples policés. De là on peut conclure que tout négociateur n'est pas ministre public ; il y a même des ministres publics qui ne sont pas négociateurs, tel, par exemple, serait un ambassadeur envoyé pour assister à un couronnement ou à toute autre cérémonie publique, mais qui n'aurait rien à négocier : cet envoyé n'en aurait pas moins le titre, le rang et les priviléges d'un ambassadeur. Comme de tous les titres qu'un souverain peut donner à son envoyé, celui d'ambassadeur est le plus relevé, parce que, seul, l'ambassadeur représente la personne de son maître, il compose, seul aussi, le premier ordre des ministres publics. Il ne faut pas croire pourtant que les ministres des ordres inférieurs n'ont pas absolument un caractère représentatif, mais ils ne l'ont pas au même degré. Un prince envoie quelquefois un ambassadeur ordinaire ; mais ce titre qui vaut à celui qui le porte quelque distinction dont ne jouit pas l'ambassadeur ordinaire, ne met toutefois entre eux aucune différence essentielle. — Les ministres publics du second ordre forment trois classes : *envoyés, envoyés extraordinaires* et *plénipotentiaires.* — Autrefois les princes envoyaient aux cours étrangères des gentilshommes de leur maison, quand il s'agissait de choses qui n'exigeaient pas l'intervention d'un ambassadeur. Ces envoyés n'eurent d'abord aux lieux où ils se rendaient d'autre titre que celui qu'ils avaient dans leur propre pays. Ce ne fut que peu à peu et par un long usage qu'on ajouta au mot gentilhomme celui d'envoyé. On finit même par retrancher le premier. Quand l'envoyé n'était chargé que d'une affaire et qu'il s'en retournait après l'avoir terminée, on l'appelait *envoyé extraordinaire,* pour le distinguer de l'envoyé ordinaire dont le séjour devait se prolonger indéfiniment ; mais comme le premier titre paraissait plus relevé que le second, on finit par le donner à ceux qu'on voulait distinguer davantage. Le titre de plénipotentiaire donné sans celui d'ambassadeur, même à un très grand seigneur, ne constitue qu'un ministre de second ordre ; car c'est au caractère de ministre public, et non aux dignités personnelles de l'individu ou à sa naissance que les honneurs sont dus ; ces dignités, ces avantages de naissance peuvent bien relever le ministre, mais ils n'ajoutent rien au caractère public. L'envoyé pourvu de ce titre n'a que des pleins pouvoirs, et les pleins pouvoirs honorent celui qui les reçoit parce qu'ils témoignent de la confiance de celui qui les donne ; mais au fond ils ne constituent qu'un procureur dont les pouvoirs s'étendent à toutes les clauses du traité à conclure. Le plénipotentiaire, ne représentant pas son souverain comme l'ambassadeur, ne peut donc point prétendre aux mêmes honneurs ; il est néanmoins admis à l'audience particulière du souverain à la cour duquel il est envoyé, mais ils ne font pas d'entrée publique ; les gardes du souverain ne prennent point les armes pour eux, mais ils étaient amenés dans les carrosses du prince par l'introducteur des ministres étrangers. Quant aux ministres de troisième ordre, ils se distinguent des envoyés et des plénipotentiaires en ce qu'ils n'ont pas d'audience du roi, et qu'ils n'ont guère de rapports qu'avec le ministre des affaires étrangères. — Plusieurs motifs peuvent déterminer un souverain à substituer des ministres de second ordre aux ambassadeurs. Les grandes puissances n'envoient pas d'ambassadeurs aux petits princes pour ne pas déroger à l'étiquette qui ne permet pas de traiter d'égal à égal avec des inférieurs ; on emploie les ministres du second ordre, quand l'affaire à traiter est peu importante, quand on craint d'éprouver des difficultés relativement au cérémonial à observer ; on cède encore à des raisons d'économie. Les électeurs et les princes allemands n'envoyaient en France, que des ministres de second ou de troisième ordre, parce que le roi refusait à leurs *ambassadeurs* les honneurs auxquels ils prétendaient. Cependant et quoique l'usage à la cour de Vienne fût d'accorder aux ambassadeurs électoraux la préséance sur ceux des républiques, les ambassadeurs de la Hollande et ceux de Venise étaient traités en France comme ambassadeurs royaux. — Les ambassadeurs des princes non couronnés ne recevant pas chez les grandes puissances le traitement dû aux ambassadeurs, ces princes ont pris l'usage de n'envoyer que des ministres de second ordre. Les électeurs avaient même cessé d'envoyer des ambassadeurs à Vienne, soit à raison de l'étiquette et du cérémonial, soit parce que, suivant l'usage, ils auraient dû assister aux cérémonies du culte catholique dans la chapelle de l'empereur. — Les ambassadeurs doivent mettre dans leur conduite la plus grande réserve, parce que de leurs démarches peut quelquefois dépendre le succès de leurs négociations, surtout s'il faut qu'elles soient ignorées ; les ministres de second ordre ont moins de ménagement à garder, dispensés d'une grande représentation, ils peuvent agir plus librement et sans que leurs démarches soient observées. — Les ministres du pape portent le nom de nonces et d'internonces ; ce second titre est moins relevé que le premier. Quand la Pologne formait encore un état mi-parti de république et de royauté, elle appelait nonces les députés qu'elle envoyait à Constantinople. Au reste, cet usage provenait sans doute de celui de donner ce même nom de nonces aux députés de la Diète. — Les ministres de troisième ordre se distinguent par des qualifications différentes, mais leur état est le même. Dans l'origine on donna le nom de *résident* aux ambassadeurs ordinaires, pour les distinguer des extraordinaires dont la résidence n'était que momentanée et passagère ; à la longue ce nom de résident a été laissé aux ministres qui sont censés devoir résider auprès de quelques princes sans y avoir aucun titre particulier. Quand les cabinets de Vienne et de Versailles commencèrent à mettre de la différence entre les envoyés et les résidents, ceux-ci perdirent de leur considération ; alors tous les ministres étrangers quittèrent le nom de résidents et gardèrent celui d'envoyés. Ce titre de résident subsiste encore pour les ministres que les grandes puissances envoient à quelques petits princes ou à des républiques. — On donne le nom de *commissaires* aux individus que le prince charge de quelque mission particulière, comme de terminer quelque différent de juridiction, d'exécuter quelque article d'un traité, de régler des limites, etc. Ces commissaires ne deviennent ministres publics que lorsqu'ils remplissent leur commission dans les états du prince chez lequel ils sont envoyés. Le chef de l'empire Germanique avait autrefois des commissaires en Italie et en Allemagne, revêtus de pleins pouvoirs ; ils étaient sous la protection du droit des gens. Il n'en était pas ainsi de ceux qui dans certaines villes d'Allemagne libres ou hanséatiques, prenaient le titre de *commissaires* de certains princes. Ce n'étaient que des facteurs, des mandataires, non des ministres publics. — Quelquefois, au lieu de commissaires, les princes nomment des procureurs fondés. Lorsqu'Henri IV voulant se réconcilier avec l'Eglise, envoya Dossat et Duperron à Rome, il les chargea seulement de procuration ; le titre d'ambassadeur ou d'envoyé n'avait pas été probablement reconnu par le saint-siége ; mais députés d'un grand prince, ils n'en étaient pas moins ministres publics. Hors de cas semblables un procureur n'est qu'un simple mandataire ; la qualité du mandant ne suffit pas pour lui conférer des droits qui excèdent la mission dont il est chargé. Les députés qui sont envoyés de nation à nation, même sans aucune qualité, pour assister à une assemblée, à un congrès, sont ministres publics, et, comme tels, protégés par le droit des gens ; mais les députés que les villes envoient aux souverains, ou qui sont membres d'une diète, d'une assemblée ne sont pas ministres publics. On n'a jamais regardé comme tels les députés des anciennes Provinces-Unies.

ni ceux des cantons d'un même corps, quoique venant de cantons différents; ils ne pouvaient se regarder comme étrangers les uns aux autres, puisque ces cantons étaient unis entre eux par les articles de l'union, de manière à ne former qu'un seul tout. Les membres de notre chambre des députés, quoiqu'envoyés par des départements différents, ne sont point ministres publics par la même raison. — Les *c argés d'affaires*, sont encore des ministres de troisième ordre. Ce titre de chargé d'affaires est celui que prenaient à Rome les cardinaux qui sont ambassadeurs des puissances étrangères.C'est que les cardinaux se prétendent supérieurs aux ambassadeurs, et que, s'ils prenaient ce dernier titre, les autres pourraient prétendre à l'égalité de rang. Quand l'archevêque de Bourges, ambassadeur de France à Rome, eut été promu au cardinalat, il se hâta de quitter son titre d'ambassadeur, pour prendre celui de *chargé d'affaires du roi très chrétien*. Au reste, sous quelques titres qu'ils exercent leurs fonctions d'ambassadeur, ces chargés d'affaires sont ministres publics, et sous la protection du droit des gens. — On a vu, peu de temps avant la révolution française, des *ministres sans caractère*. C'était une nouveauté qui s'était introduite pour éviter des difficultés d'étiquette. L'ambassadeur, l'envoyé, le résident n'étaient pas traités de la même manière ; de là naissaient souvent des questions de préséance entre les ministres des différents états ; ce fut alors que pour se tirer d'embarras, on imagina d'envoyer des ministres qui, n'ayant aucun de ces caractères connus, n'étaient assujétis à aucun cérémonial : ils étaient toutefois regardés comme ministres publics. — On a beaucoup discuté autrefois sur la question de savoir si les secrétaires d'ambassade étaient *ministres publics*; plusieurs publicistes l'ont prétendu, d'autres l'ont nié, de sorte que la question était restée indécise. On convenait généralement que le secrétaire de l'ambassadeur n'était qu'attaché à l'ambassadeur, comme tout secrétaire est attaché à la personne de celui qui l'emploie, mais on disait que le secrétaire d'ambassade est attaché à l'ambassade même, indépendamment du choix et de la volonté de l'ambassadeur. Il semble résulter de là que le secrétaire d'ambassade doit être rangé dans la classe des ministres publics de second ou troisième ordre. — Il existe en Asie, en Afrique, aux échelles du Levant, dans toutes les grandes villes maritimes de l'Europe, des espèces d'agents commerciaux qu'on nomme *consuls*. Ils sont spécialement chargés de faire respecter les intérêts commerciaux de leurs compatriotes, et de juger les différents qui surviennent entre eux à l'occasion du commerce. Les publicistes en général leur refusent la qualité de ministres publics, parce qu'ils ne sont ni chargés de représenter leur prince, ni de résider auprès de celui dans les états duquel ils se trouvent. Cette décision est rigoureuse, mais elle est conforme aux principes. Ce n'est que par les conventions existantes entre le prince qui envoie un consul et le prince qui le reçoit, que les droits de ces agents peuvent être réglés. Le traitement injurieux fait à un consul ne manque guère d'exciter le mécontentement et les plaintes du prince qui l'a envoyé; souvent même des guerres ont été entreprises pour venger ces injures. N'aurait-il pas mieux valu donner aux consuls des lettres de créance ou tout autre signe auquel on puisse les reconnaître comme de vrais ministres. Cela paraîtrait d'autant plus naturel que les consuls sont souvent envoyés chez des peuples d'une civilisation très peu avancée.　　　　　　　　　　　　　　　　　　　M.

MINISTÈRE PUBLIC. C'est le nom qu'on donne à une magistrature spéciale établie près de chaque cour ou tribunal pour veiller, au nom du prince, au maintien de tout ce qui concerne l'ordre public, et pour assurer la répression légale de tous les actes qui peuvent y porter atteinte. Nous diviserons cet article en trois parties. Dans la première, nous exposerons l'origine de cette institution, et nous décrirons sommairement ses attributions sous l'ancienne monarchie. Nous rappellerons en second lieu les principales célébrités qui l'ont successivement honoré jusqu'à la révolution française. Sous un troisième titre, nous nous livrerons à une énumération rapide des différentes fonctions qui s'y rattachent dans l'état actuel de notre législation.

§ 1er. *Origine et attributions du ministère public sous l'ancienne monarchie.* — La plus considérable des attributions dont se compose notre ministère public fut inconnue aux anciens. Il n'y avait point chez ces peuples de magistrat chargé d'office de la poursuite des crimes et des délits. L'existence d'une telle magistrature ne pouvait s'accorder avec leurs formes populaires. Le droit d'accuser y était une pré-

rogative inséparable du droit de cité, une faculté naturellement ouverte à chaque citoyen, *cuilibet ex populo*. Toutefois, son exercice dépendait de quelques conditions importantes, qu'il est essentiel de connaître. En Grèce, on distinguait entre les accusations publiques et les accusations privées ; c'était pour tous les citoyens un droit et même un devoir d'intenter les premières, et lorsqu'un crime de nature à intéresser l'ordre public demeurait sans accusateur, on lui nommait un d'office. Les premiers orateurs d'Athènes exercèrent cette fonction dans des circonstances mémorables. Ce fut ainsi que Périclès accusa Cimon, qu'il fit bannir par l'ostracisme. Les accusations privées ne pouvaient être régulièrement intentées que par ceux qui avaient été offensés. Cependant, certains délits particuliers, et notamment les infractions aux lois de la piété filiale, devaient être dénoncés par toute personne qui en avait été témoin. En cas de négligence de ce devoir, on était déclaré infâme, et tout homme pouvait le signaler aux magistrats. La liberté était accordée à l'esclave qui dénonçait le coupable. S'il était étranger, l'état payait sa rançon. La force publique était chargée de protéger le dénonciateur contre ceux qui voulaient le punir d'avoir fait son devoir. Solon permit à chaque citoyen d'accuser celui qui en aurait injurié un autre. Le peuple le mieux gouverné, disait-il à cette occasion, est celui chez lequel, pour poursuivre la réparation d'un outrage, il faut ne pas l'avoir reçu. Le plaignant, quel qu'il fût, ne pouvait se départir de son action avant qu'elle eût été jugée. Des récompenses solennelles étaient décernées à l'accusateur en cas de succès. Une forte amende (de mille drachmes) était infligée à l'accusateur, s'il ne réunissait pas la cinquième partie des suffrages. S'il était déclaré calomniateur, ses concitoyens avaient le droit de l'expulser des enceintes publiques, et l'entrée des temples de Cérès et de Proserpine lui était à jamais interdite. A Rome, les délits contre l'ordre public étaient poursuivis par voie d'accusation. Une considération imposante entourait le citoyen qui, dans le Forum, se portait accusateur à la face du peuple assemblé. Cette sorte de magistrature temporaire dont il se revêtait commandait l'intérêt et le respect. La reconnaissance publique se manifestait même avec éclat, lorsque l'accusation avait été pleinement justifiée. La réparation des délits privés était poursuivie par voie d'action devant le juge. Les personnes déclarées infâmes étaient seules absolument exclues du droit d'intenter cette action. Les femmes, les pupilles, les esclaves ne pouvaient l'exercer qu'avec de certaines restrictions. Les magistrats eux-mêmes n'avaient le droit de se porter accusateurs que dans les délits qui intéressaient la république ou qui attaquaient personnellement eux ou les leurs. Ce droit devenait même un devoir sacré pour les parents de la personne offensée. Un fils qui négligeait de demander le châtiment du meurtrier de son père, était déclaré infâme, et le peuple le dévouait à la colère des dieux. En aucun cas l'accusateur n'avait la liberté de se désister de son action avant que la sentence fût rendue. Des réparations pécuniaires, et, en cas de calomnie évidente, des peines infamantes, étaient le prix d'une accusation jugée téméraire. En dépit de ces précautions sages, au mépris de ces châtiments sévères, l'exercice du droit d'accusation fut incessamment déshonoré, surtout à Rome, par les passions les plus honteuses. On vit souvent la vengeance privée s'introduisant dans la justice même qui avait pour objet de la prévenir. « Quiconque, dit Montesquieu, avait bien des vices et bien des talents, une âme bien basse et un esprit ambitieux, cherchait un criminel dont la condamnation pût plaire au prince. C'était la voie pour aller aux honneurs et à la fortune (1). » Dans son admirable traité des *Devoirs*, Cicéron recommande à son fils d'être sobre d'accusations, si ce n'est dans les cas où l'exercice de ce droit devient une obligation impérieuse. Il l'exhorte surtout à s'abstenir d'intenter une accusation capitale contre un innocent, *ne quem unquam innocentem judicio capitis arcessas* (2), conseil dont la timidité, de la part d'un homme aussi moral que l'était Cicéron, démontre assez à quel degré de licence l'abus du droit d'accusation s'était élevé. Insensiblement ce régime de délation, exagéré par la tyrannie des Tibère, des Néron et des Domitien, et privé du salutaire contrepoids d'une magistrature indépendante (3), ce régime de-

(1) *Esprit des lois*, liv. vi, chap. 8.
(2) Liv. ii, par. 14.
(3) On voit dans Tacite (*Annales*, liv. xi, chap. 2) que lorsque Messaline voulut perdre Asiaticus, elle le fit interroger dans la chambre à coucher même de l'empereur Claude, *intra cubiculum*

vint intolérable. Tacite l'a peint avec cette précision nerveuse qui caractérise sa touche : «Les délateurs, dit-il, non moins odieux par leurs récompenses que par leurs crimes, se partageant, comme des dépouilles, les uns les sacerdoces et les consulats; d'autres, les commandements au dehors, la puissance au dedans, minant, bouleversant tout, armant la haine ou la faiblesse des esclaves contre les maîtres; des affranchis contre les patrons, et, au défaut d'ennemis, les amis mêmes (1). » La délation publique n'était guère moins favorable au crime que funeste à l'innocence. Mille voies étaient ouvertes au coupable puissant pour neutraliser l'action d'une vengeance personnelle et l'intérêt privé, sans mobile pour poursuivre les délits particuliers, et effrayé d'ailleurs des rigueurs de la pénale qu'un despotisme sans pudeur faisait taire pour ses calomniateurs à gages; l'intérêt privé, disons-nous, assurait à la plupart des crimes une monstrueuse impunité. Tels furent, chez les deux principaux peuples de l'antiquité, les effets de l'inexistence d'une partie publique chargée de poursuivre, au nom de la société, la répression des délits et des crimes. Cette magistrature fut également inconnue aux Francs. A l'exception de la trahison et de la lâcheté, qui étaient punis de mort, tous les crimes et délits s'expiaient chez eux par des compositions pécuniaires (2). Leur poursuite était purement civile, et n'intéressait que la partie plaignante. Quand toutefois un citoyen se déterminait à se porter accusateur, il était tenu de se constituer prisonnier. S'il ne pouvait justifier son action, une amende considérable lui était infligée; s'il succombait entièrement, l'accusé était en droit de disposer de lui comme de sa chose, de sa propriété. Mais l'attribution du droit de poursuite criminelle est la seule de celles de notre ministère public moderne que les gouvernements anciens ne nous aient point transmise. La censure publique était plus étendue et plus puissante chez les Romains qu'elle ne l'est parmi nous. Ils avaient plusieurs magistrats pour proposer des décrets, soit dans les assemblées du sénat, soit dans celles du peuple. Ils donnaient des avocats et des tuteurs aux veuves, aux orphelins, aux interdits, aux pauvres, et ces avocats étaient rémunérés des deniers publics. Toutes les corporations avaient leurs protecteurs qui les défendaient devant les tribunaux. Le fisc avait ses défenseurs. Les chevaliers avaient été, durant la république, les receveurs et les gardiens des revenus publics. Devenus maîtres de l'empire, les Césars eurent un officier spécialement constitué pour la garde et la défense de leur patrimoine, et qu'ils distinguaient des receveurs publics. Cet officier, qu'on ne doit point confondre avec l'avocat du fisc, qui n'eut jamais le droit de juger les causes fiscales, était nommé procureur de César, *procurator Cæsaris.* Auguste établit le premier des procureurs impériaux dans les provinces; mais ce prince, trop habile, dit un écrivain moderne, pour choquer les formes républicaines dans les points qui n'intéressaient pas directement son autorité (3), borna les attributions de ces officiers à la manutention de ses domaines et à la recette de ses impositions; et s'il s'élevait quelques difficultés entre eux et les contribuables, ils étaient obligés de les soumettre au jugement des tribunaux. L'empereur Claude ne rougit pas de donner à ces receveurs du fisc le jugement des affaires fiscales, concurremment avec les propréteurs et les proconsuls; et même on vit de mauvais œil ceux des proconsuls et des propréteurs qui voulurent user de cette concurrence. Les prétentions du fisc reçurent enfin une sanction plus exorbitante encore, dans une loi de l'empereur Constantin, qui attribua à ces procureurs la connais-

sance exclusive de toutes les affaires fiscales. Les Francs trouvèrent ce régime établi dans les Gaules, et les rois des deux premières dynasties eurent leurs procureurs que l'on appelait tantôt *procuratores,* tantôt *actores regis.* Mais leur bon sens leur fit sentir combien il était contraire à la saine raison et alarmant pour les citoyens, que le régisseur des domaines du prince et le receveur des impositions fût en même temps le juge des difficultés qu'il lui plairait de susciter, et ces procureurs furent réduits aux attributions que l'empereur Auguste leur avait originairement conférées. Quelques auteurs ont cru trouver dans l'institution des procureurs du fisc l'idée première de la magistrature dont nous recherchons l'origine. C'est une opinion qu'il nous paraît difficile de partager. Il est aisé de voir, par les détails où nous sommes entré, que cette institution était purement fiscale, et ne présentait rien qui rappelât l'existence d'un magistrat chargé de diriger des poursuites criminelles dans l'intérêt général de la société. « Dans un temps où toutes les questions de fait et de droit, et surtout les procès criminels se décidaient par la voie des armes, il était bien impossible, dit un savant magistrat, qu'il y eût des accusateurs publics (1). » Ajoutons que ces officiers se perdirent dans la confusion des premiers règnes de la troisième race, et ne reparurent plus que vers le xiiie siècle, mais seulement avec les attributions dont ils avaient été investis précédemment. Une autre institution, qui date de Charlemagne, rappelle beaucoup mieux, par son caractère, par son objet et son esprit, la magistrature du ministère public : c'est celle des officiers appelés Saïons, attachés aux tribunaux de justice. Les formules de Cassiodore nous apprennent que le Saïon devait se rendre partie contre les violateurs des lois; il contraignait ceux qu'une sommation juridique n'amenait point devant le juge. Il ne devait pas craindre de se rendre odieux, pourvu qu'il devînt redoutable aux méchants; il était l'exécuteur des sentences rendues par le juge auprès duquel il occupait; dans leur exécution, il ne devait point s'écarter de l'intention du juge, et pour leur faire produire tout leur effet, il était en droit d'user de contrainte, sans que personne pût s'opposer à lui. Ainsi, il faisait rendre les biens à ceux qui en avaient été dépouillés injustement; il contraignait les débiteurs à restituer, à ceux qui les avaient cautionnés, l'argent que ceux-ci avaient payé à leur décharge; mais il devait surtout donner ses soins à une exaction fidèle des deniers publics. Les fonctions du saïon consistaient, à cet égard, dans la contrainte qu'il exerçait contre ceux qui se refusaient à payer les tributs, et dans la confiscation qu'il était autorisé à prononcer de leurs biens, lorsqu'ils s'opiniâtraient dans ce refus. Chaque saïon devait en outre faire jouir le roi des biens confisqués sur les proscrits, et se rendre partie contre ceux qui les revendiquaient. Ces officiers faisaient fouiller dans les tombeaux où l'on jugeait qu'il devait se trouver des trésors, et ils les faisaient porter dans le trésor public; mais ils empêchaient aussi qu'on ne violât les cendres des morts. Enfin ils étaient les protecteurs des possesseurs contre les brigands qu'ils forçaient de comparaître en justice pour s'y voir condamner à la restitution et à une amende convenable, et ils tenaient ensuite la main à ce que la partie publique et la partie civile fussent pleinement satisfaites.

Cette magistrature se perdit avec la belle constitution que Charlemagne avait fondée. Les baillis succédèrent à une partie des attributions que nous avons parcourues. Ce furent eux qui devinrent les *actores regis, actores publici.* Plusieurs arrêts du parlement, de la fin du xiie siècle, désignent les baillis et sénéchaux comme demandeurs ou défendeurs dans ce causes où le roi était intéressé. Ils veillaient à la conservation du domaine, des droits et des revenus du prince, faisaient exécuter les lois, protégeaient les intérêts de l'église, des veuves et des orphelins. Ils avaient mission de maintenir la tranquillité publique en procurant la répression des crimes, et s'appliquaient surtout à faire réparer les fautes ou les injures de ceux qui, faisant valoir les domaines du roi, croyaient, par cette raison, pouvoir agir avec plus d'impunité (2). Ce fut au milieu des attaques des grands vassaux contre le trône, ce fut au sein de la féodalité même que se manifestèrent les premiers germes de la magistrature dont nous recherchons l'origine. Les accusations et les crimes, en donnant lieu à des amendes et à des confiscations, étaient pour les seigneurs des sources fécondes de richesses. Chacun d'eux, pour exercer ses droits, établit un officier chargé de la poursuite des cou-

---

Tout, en effet, se jugeait dans le palais et jusque dans les appartements les plus secrets de l'empereur. Lorsque Néron, encore gouverné par Sénèque, voulut essayer de se rendre populaire, il promit de ne plus juger toutes les affaires; «non enim se negotiorum omnium judicem fore ut clausis unam intra domum accusatoribus et reis paucorum potentia grassaretur (ibid. lib. xiii. c. 4). » On sait comment il tint parole.

(1) « Nec minus præmia delatorum invisa quam scelera; eum alii sacerdotia et consulatus, ut spolia, adepti, procurationes alii et interiorem potentiam agerent, ferrent cuncta, odio et terrore corrupti in dominos servi, in patronos liberti, et quibus deerat inimicus, per amicos oppressi (*Hist. lib.* 1, § 2). »

(2) La précision avec laquelle tous les délits sont tarifés dans les lois saliques, bourguignones, ripuaires et bavaroises est fort remarquable. Il restait encore au xive siècle des traces de cette jurisprudence qui ne disparut entièrement que sous l'empire de l'ordonnance du mois de mars 1346, laquelle défendit aux juges de recevoir les accusés à composition.

(3) *De l'Autorité judiciaire,* etc., par Henrion de Pansey, l. xiv.

(1) *De l'Autorité judiciaire,* etc., ibid.

(2) Ludov. pii, an. 820, art. 9.

pables. Telle fut l'origine du ministère public, et cette magistrature, si chère à la civilisation, si précieuse à la justice, sortit du sein du désordre et de la barbarie. L'institution du ministère public est essentiellement, et, on peut le dire, exclusivement française. Un coup d'œil sur les anciens établissements judiciaires des peuples qui se sont avancés du même pas que nous dans la carrière de la civilisation suffira pour faire voir que cette institution y fut ou très imparfaite ou entièrement inconnue. Dans les Pays-Bas, les fonctions du ministère public furent, dans le principe, confiées à des baillis nommés dans chaque commune par les seigneurs, puis par les communes elles-mêmes, lorsque ceux-ci curent été contraints de leur vendre ou de leur engager cet office. Ainsi dénaturée, l'institution des baillis perdit graduellement ses caractères de similitude avec notre magistrature, et s'effaça complètement, sous ce point de vue, devant l'établissement des procureurs-généraux près les cours permanentes qui furent créées sur le modèle des parlements français, mais beaucoup plus tard que ces grandes compagnies. Une loi attribua à ces cours la connaissance de toutes les causes fiscales ou domaniales, comme aux seuls tribunaux dans lesquels le souverain eût un procureur capable de veiller au maintien de ses droits. Cependant les procureurs-généraux ne tardèrent pas à déplaire, par leurs réquisitions répétées contre les administrations communales qui empiétaient sur l'autorité souveraine ; et les attributions de ces magistrats furent, après la révolution qui amena dans les Pays-Bas l'établissement définitif de l'oligarchie, restreintes à leurs rapports fiscaux et à la poursuite en première instance des procès criminels nés dans le ressort de leur juridiction. Le droit de prendre des conclusions dans les affaires civiles, exercé quelque temps par le procureur-général et par les avocats-généraux, se perdit insensiblement aussi sous la république, et finit par disparaître entièrement de la législation des Pays-Bas. En recouvrant dans la plupart des provinces de cet État, par suite de ces spoliations successives, la plénitude de leurs anciens droits, les baillis absorbèrent celui d'accusation privée, que les souverains avaient toujours réservé aux particuliers lésés par un crime ou un délit. Ce droit, consacré notamment par l'ordonnance du roi d'Espagne sur la procédure des Pays-Bas, du 9 juillet 1570, ne fut plus exercé que par le bailli communal qui se trouva maître, selon son caprice, de donner suite à la plainte rendue, ou de la négliger ; pouvoir exorbitant et dont l'établissement, indépendant de toute disposition législative, prouve, selon la remarque judicieuse de Meyer, à quel point l'oligarchie communale avait énervé tout esprit public. Cet état de choses monstrueux s'est perpétué jusqu'aux temps modernes. Le droit d'accusation privée, aboli par le fait dans les Pays-Bas, prévalut, au contraire, de tout temps en Angleterre sur l'institution du ministère public. Cette magistrature est demeurée tellement étrangère aux mœurs de la Grande-Bretagne, que pour repousser certaines doctrines dangereuses, on a mieux aimé former une association que d'y recourir. Au lieu de s'exercer dans l'intérêt public, par un officier commis à cet effet, le droit de poursuite fut, dès le principe, uniquement remis entre les mains de la personne offensée, qui devint, par ce moyen, l'unique arbitre de la destinée du coupable, et put, suivant le degré de sa passion, ou le poursuivre d'après toute la rigueur des lois, ou adoucir en sa faveur une partie de leur sévérité en rédigeant contre lui un *indictement* (accusation) moins sévère, ou même lui pardonner tout-à-fait son crime en négligeant d'en porter plainte. Il n'y a d'exception que pour les cas de meurtre, lesquels sont constatés dans chaque comté par des officiers appelés *coroners*, qui informent sur les circonstances de l'attentat, et poursuivent, à défaut de partie plaignante, l'individu présumé s'en être rendu coupable [1]. En Allemagne, plusieurs causes s'opposèrent à l'établissement du ministère public, les grands vassaux de l'empire, devenus de petits souverains, n'avaient point assez de puissance pour laisser à leurs sujets une liberté convenable. Le privilége de se porter accusateurs leur fut refusé, et cette privation qui, dans les villes libres, était maintenue par la jalousie de l'esprit de commune, fut continuée alors même que les princes de l'empire furent des souverains indépendants. Mais une cause plus décisive fut la condition subalterne des tribunaux allemands, dépourvus, comme on sait, de tout autre droit que celui d'instruire et d'exécuter les jugements rendus par les universités, et qui n'auraient pu voir sans ombrage un

magistrat étranger à leur composition, possesseur du droit redoutable d'accuser et de poursuivre. Ces tribunaux s'étaient généralement attribué, excepté dans quelques provinces, la faculté d'informer d'office sur les crimes ou les délits qui parvenaient à leur connaissance, et les particuliers lésés étaient sans action, pour solliciter la répression de ces attentats. Cet état de choses reçut, à la vérité, quelques modifications sous le règne de Charles-Quint, dont la prépondérance ne fut nullement alarmée de l'établissement d'une partie publique chargée de rechercher les crimes dissimulés par la mollesse ou la corruption des citoyens. Mais, à mesure que les lois furent rendues par des souverains moins puissants et pour des territoires plus circonscrits, l'accusation publique fut restreinte dans d'étroites limites, puis abolie par l'usage, et n'a jamais été rétablie en Allemagne. L'institution du ministère public en matière civile y fut toujours ignorée [1]. Philippe-le-Bel, en 1302, rendit sédentaire le parlement de Paris, qui, jusque-là, avait suivi la personne du roi. Le prince le fixa dans son propre palais, et ordonna qu'il tiendrait deux séances par an, dont chacune aurait la durée de deux mois. C'est dans cette ordonnance qu'il est, pour la première fois, question des procureurs et avocats du roi, dont les charges paraissent avoir été instituées longtemps avant celles des autres officiers du ministère public. C'est aussi, dès ce premier instant de leur existence, qu'on voit les hommes revêtus de cette magistrature, déployer ce grand caractère qui, durant près de cinq siècles, a jeté tant d'éclat sur notre ministère public ancien. On peut apprécier l'importance attachée dès lors à leurs fonctions, par la terreur du serment que ces officiers prêtaient en présence du roi. Ils juraient « de faire justice aux grands comme aux petits, aux étrangers comme aux citoyens, sans aucune acception de personne ou de nation ; de garder et de conserver les droits du roi, sans néanmoins aucun préjudice des droits d'autrui ; de faire observer les usages et les coutumes des lieux, et de ne point souffrir dans leur juridiction des gens sans religion, de perturbateurs du repos public, d'usuriers et de gens scandaleux et de mauvaise vie, mais de les punir sans aucune dissimulation. » (Ordonnance du 23 mars 1302, art. 38). Si, à ces attributions et à ces devoirs, on joint ceux de défendre en justice les intérêts des veuves, des orphelins, des communautés et des absents ; on connaîtra, à peu de chose près, l'ensemble des obligations imposées dès cette époque aux officiers du ministère public. Des documents imposants et irrécusables nous apprennent avec quel zèle vraiment religieux ces obligations et ces devoirs étaient remplis. Ce fut par une opposition courageuse aux empiétements de la puissance ecclésiastique sur le pouvoir séculier, que les premiers magistrats du ministère public signalèrent leur existence. Cette puissance, sous des prétextes plus ou moins spécieux, avait agrandi sa juridiction par la connaissance d'une foule de causes dont la décision ne pouvait régulièrement appartenir qu'à la justice civile ; et, pour se maintenir dans cette possession usurpée, elle avait recours aux excommunications, non-seulement contre les parties qui voulaient décliner leur juridiction, mais encore contre les juges auxquels on prétendait en déférer la connaissance. Personne n'osait porter ouvertement obstacle à ces envahissements progressifs, dont chacun murmurait en secret. Faible et irrégulière, l'autorité royale n'inspirait aucune confiance. Le pouvoir ecclésiastique, représenté par le corps nombreux des évêques, offrait une imposante consistance. Pierre de Cugnères, avocat du roi au parlement de Paris, fut le premier qui entreprit de lutter corps à corps contre ce pouvoir formidable. Il porte plainte par-devant Philippe de Valois de tous ces abus, et ce monarque fait assigner tous les évêques de France à comparaître à son parlement. Il tient lui-même la séance en lit de justice. Après s'être étayé fort à propos du fameux texte de l'Écriture : *Reddite Cæsari quæ sunt Cæsaris*, Pierre de Cugnères dévoile avec énergie les chefs d'usurpation, au nombre de soixante-six, qui ont motivé sa plainte ; il établit la distinction qui doit être faite entre la juridiction temporelle et la puissance spirituelle ; il sollicite la réforme des entreprises qu'il vient de signaler. Un grand nombre d'évêques avaient déféré à l'ordonnance de comparution qui leur avait été signifiée au nom du roi. L'archevêque de Sens et l'évêque d'Autun, orateurs du clergé, essaient de répondre aux accusations de Cugnères. Aucun arrêt ne termina ce débat. Le roi jugea politique de

---

[1] *De la justice criminelle en Angleterre*, par M. Cottu.

[1] *Esprit, origine et progrès des institutions judiciaires*, par Meyer.

suspendre sa décision, et parut prêter une oreille attentive et même complaisante aux observations que le clergé lui fit entendre; mais il ordonna en secret au parlement d'agir avec énergie; et cette compagnie ne cessa de s'employer à restreindre la juridiction ecclésiastique, et à réprimer les abus trop fréquents auxquels son extension démesurée donnait naissance, avec une constance dont le principe et l'honneur peuvent être à juste titre revendiqués par Pierre de Cugnères. Sa mémorable et courageuse démarche fut l'origine de la précieuse institution des appels comme d'abus, imitée de la fameuse loi *Præmunire*, publiée sous Édouard III, par le parlement d'Angleterre; institution qui, de nos jours encore, sert de rempart aux prétentions exagérées de la puissance ecclésiastique. La sollicitude des officiers du ministère public se manifesta bientôt par d'autres actes. La ville de Tournay était un lieu d'asyle. Une fois dans ses murs, les homicides, sûrs de l'impunité, bravaient la justice et les lois. Dès l'an 1356, le procureur-général du roi expose que « tels usages et coutumes ne sont à soutenir, ainsi sont contre le droit commun et bien de justice » requiert ajournement contre les habitants, afin que s'ils en avaient usé au temps passé par abus, il leur fût fait défense que jusqu'à ce qu'autrement fût ordonné sur ce, dores en avant, ils ne sont de ladite coutume, ni ne reçoivent en leur dite ville de telle manière de gens. » On voit par cette citation, dit M. Henrion de Pansey, combien dès ses premiers pas, la marche du ministère public a été mesurée. Le procureur-général se contente de dénoncer et de requérir, et il attend de la sagesse du parlement le remède aux abus qu'il lui défère. Les magistrats du ministère public ne se signalaient pas moins par la prudence de leurs conseils que par l'activité de leur zèle. Plusieurs documents nous apprennent que les rois ne dédaignaient pas de consulter ces magistrats sur les édits et les réglements qu'ils avaient préparés, et leur expérience ne fut pas étrangère aux dispositions sages qui se font remarquer dans ces édits. Leur vigilance infatigable s'appliquant sans relâche à la poursuite des délits et des abus de pouvoir commis par les gens de la cour et les personnages puissants, avait imprimé à cette institution un caractère d'impartialité et de réparation qui sert à expliquer l'importance élevée qu'elle avait promptement acquise. Enfin, au bout d'un siècle environ d'exercice de leurs fonctions, ces officiers avaient mérité d'être noblement définis par un savant magistrat, (Budé): « Les dépositaires de tous les intérêts du prince et du public, l'asyle des lois, le rempart de la justice et de l'innocence attaquées. » Définition merveilleusement propre au ministère public moderne, et qui fait foi à quel point, dès cette époque, les membres de ce ministère s'étaient pénétrés du véritable esprit de son institution. Saint Louis avait porté un coup mortel au régime féodal et à l'esprit militaire par son Code célèbre publié en 1270, sous le nom d'*Établissements*. Philippe-le-Bel et Philippe-le-Long consolidèrent son ouvrage, en imprimant au parlement de Paris un caractère de permanence et de stabilité qui lui manquait encore. Les hauts barons du royaume avaient impolitiquement abdiqué le droit de rendre la justice dans les nouvelles cours de magistrature et dans leurs seigneuries. Deux siècles plus tard, le mémorable édit d'Orléans acheva d'affermir la puissance royale et de constituer l'autorité judiciaire, en consommant sans retour la séparation entre la plume et l'épée, séparation que Rome avait méconnue jusqu'à Constantin, et dont le principe, consacré en France par les soins du vertueux Lhospital, contribua puissamment à faire cesser l'anarchie qui régnait dans les lois et dans les tribunaux. C'est sous l'influence de cette triple révolution qu'on vit le parlement de Paris jeter graduellement les fondements de cette grandeur et de cette prépondérance qui l'ont accompagné dans tout le cours de sa brillante et orageuse carrière. Ce corps illustre, qui ne rappelait guère que par le nom les assemblées martiales tenues sous les rois des deux premières races, avait subi, dans les éléments de sa composition, des variations importantes. Institué d'abord pour délibérer en présence du monarque sur les intérêts politiques du royaume, il fut ouvert exclusivement à la noblesse, et plus tard, à quelques membres éminents du clergé. Aucune compétence judiciaire ne lui était alors dévolue; insensiblement les appels des décisions seigneuriales y furent portés. La découverte d'un manuscrit des Pandectes, faite en 1137, introduisit la législation romaine dans notre jurisprudence; de là, la nécessité d'adjoindre à des gens de guerre, pour la plupart illettrés, à des prélats étrangers à l'étude des lois, des hommes choisis

dans les classes inférieures. Ceux-ci, par la retraite successive des barons et des ecclésiastiques, devinrent peu à peu les juges exclusifs des peuples. Le parlement fut alors constitué en corps judiciaire, et les plus hautes prérogatives lui furent conférées. Le privilége de l'avoir pour juge immédiat et direct fut recherché par les grands du royaume, et les rois eux-mêmes se l'attribuèrent pour toutes les affaires qui intéressaient leur domaine ou leur couronne. C'est de là que lui vint l'imposante qualification de *Cour des pairs*, qu'il a portée avec tant d'éclat durant cinq siècles. Du droit qu'il avait retenu de procéder à l'enregistrement des lois et des édits, dériva bientôt la prétention d'en examiner le mérite et la substance, prétention dénuée sans doute de sanction libre et précise, mais enhardie par quelques essais heureux et favorisée d'ailleurs par la délimitation incertaine des pouvoirs de l'État. Ce fut surtout durant les embarras causés par la minorité ou la vieillesse des rois que cette prétention se manifesta avec une énergie puissante et souvent profitable aux libertés publiques. Tantôt encouragée par les déférences de la couronne, qui pensait y trouver un contre-poids à l'ambition des grands, tantôt combattue par sa prévoyance alarmée, l'histoire des vicissitudes auxquelles elle fut soumise est en quelque sorte celle de la vie politique du parlement lui-même. Ajoutons que ces luttes, souvent funestes à la paix publique, ne compromirent jamais sérieusement la stabilité du trône. Même au sein des dissidences les plus animées, l'esprit d'une soumission monarchique présida constamment aux conseils de la magistrature, et le roi conserva toujours le droit absolu de vaincre par lui-même, dans l'appareil d'un lit de justice, les résistances qui lui étaient opposées. Les mêmes agitations et les mêmes vicissitudes se répètent avec moins d'importance et d'éclat dans les autres parlements du royaume. Le ministère public, établi auprès de ces grandes compagnies, partage avec leur puissance les chances variées de leur fortune; et, défenseur-né des prérogatives royales, il réussit plus d'une fois à modérer au profit du trône l'esprit d'envahissement et d'usurpation dont leurs entreprises portent l'empreinte. Déjà si considérables, les attributions de cette magistrature s'étaient insensiblement agrandies à l'ombre du pouvoir parlementaire; et, longtemps avant les jours orageux et mémorables de la minorité de Louis XIV, où elle parut avec tant d'éclat, elle avait reçu l'organisation qu'elle a gardée depuis. Indépendamment des fonctions judiciaires que nous avons énumérées plus haut, les gens du roi avaient droit d'assister aux délibérations de tous les corps de l'État. Ils étaient les gardiens des lois fondamentales de la monarchie et des libertés de la nation; ils concouraient à la confection des réglements de police et en assuraient l'exécution. Surveillants habituels de la conduite des juges et des actions des citoyens, ils exerçaient un pouvoir censorial imité de la législation romaine. Ils étaient les organes des volontés de la couronne auprès des parlements, et c'est par leur entremise que le monarque communiquait avec ces grands corps politiques. Ils veillaient à ce que les bulles émanées du Saint-Siége ne renfermassent aucune clause contraire aux droits et aux priviléges de l'Église de France. Rien enfin de ce qui touchait à l'intérêt public n'était étranger à leur vaste ministère. Des prérogatives particulières, graduées selon leur importance, appartenaient aux différents offices de cette magistrature, dont l'action, largement indépendante, mais soumise à une imposante responsabilité (1), opposait un frein redoutable aux ennemis de l'ordre sans offrir au prince ni aux citoyens aucun élément d'inquiétude ou d'hostilité.

Les prérogatives et les priviléges attachés aux offices du ministère public ancien étaient de deux sortes: les uns, communs à tous les officiers de ce ministère; les autres, particuliers aux deux principales charges dont il se composait. Il est d'autant plus à propos d'en donner ici une description sommaire, que la plupart tiennent à la constitution même

(1) Parmi les garanties destinées à assurer cette responsabilité, on cite surtout l'art. 34 de l'ordonnance de 1338, qui, pour la facilité de ceux qui pouvaient avoir des actions ou des accusations à intenter contre les officiers du ministère public, enjoignait à ceux-ci de continuer leur résidence dans le lieu où ils avaient rempli leurs fonctions, pendant cinquante jours après en avoir cessé l'exercice, ne tarda pas, il est vrai, à tomber à quelques égards en désuétude; mais relativement à leurs malversations, elle conservait toute sa force, et tous ceux qui avaient à se plaindre de vexations commises par eux dans l'exercice de leurs fonctions, étaient autorisés à les prendre à partie, lorsque les faits étaient graves et bien établis.

du ministère public. Les officiers appartenant à ce ministère étaient regardés comme membres du parlement ou du siége près duquel ils étaient établis, et ils pouvaient remplacer les conseillers. Au commencement de leur institution, ils ne jouissaient pas de cette prérogative ; mais, sur une contestation intervenue sur ce point, un arrêt du 11 avril 1416 leur accorda ce droit. L'ordonnance d'octobre 1539 leur attribue la qualité de membres du parlement, et l'édit du mois d'août 1568 porte : « que tous les avocats du roi près les siéges, présidiaux, bailliages, sénéchaussées, prévôtés et autres juridictions royales, jouiront de l'entrée et séance desdits siéges avec et comme les autres conseillers présidiaux et juges, selon l'ordre de leur réception. On observait, pour la réception des officiers du ministère public les mêmes formalités que pour celle des juges. Ils jouissaient du droit d'être précédés d'un huissier, dans les salles du palais et dans les cérémonies publiques. Un arrêt du 11 janvier 1602 rapporté par Joly, leur reconnaît le droit d'interjeter appel d'un jugement ou arrêt, en face des juges et à l'audience même, lorsqu'il violait les ordonnances. Le greffier était tenu d'écrire toutes les réquisitions et les remontrances que les gens du roi faisaient à la chambre du conseil, à l'audience ou ailleurs, bien que les juges fissent difficulté de statuer sur leurs réquisitions ou même défendissent aux greffiers d'écrire. Ils ne pouvaient être récusés, même quand ils étaient parties jointes et qu'ils ne portaient la parole que dans l'intérêt public. Ils avaient le droit de parler aussi long-temps qu'il leur plaisait, sans que les présidents pussent les interrompre lorsque l'heure de l'audience finissait. Cette prérogative était fondée sur ce qu'ils représentaient le roi, et que la cause publique ne souffrait aucun retard ni aucune interruption. Ils pouvaient, d'après l'édit de février 1622, joindre les offices de conseiller, soit dans les parlements, soit dans les présidiaux, à ceux d'avocats-généraux ou d'avocats du roi ; mais un autre édit du 15 mars 1634 les priva de cet avantage, en les obligeant à se démettre de l'une ou de l'autre charge à leur choix. Ces magistrats, quoique membres du siége auprès duquel ils étaient établis, n'étaient pas sujets à la censure des juges. Les parlements eux-mêmes ne pouvaient prononcer d'interdiction contre eux ; ils devaient se borner à dresser procès-verbal de leur conduite et le transmettre au roi, au conseil ou au chancelier. Cependant les tribunaux étaient en droit de leur faire leur procès, en cas de prévarication. C'était par l'organe des officiers du ministère public que le roi communiquait ses intentions et transmettait ses ordres à ses cours de justice et réciproquement. C'étaient eux que les parlements députaient au roi pour lui soumettre les difficultés et les embarras dans lesquels ces corps se trouvaient, afin d'en obtenir les autorisations nécessaires. Ils avaient le droit d'être introduits auprès du roi sans aucun cérémonial, soit par le premier chambellan, soit par le premier valet de chambre. Lorsqu'une cour de justice se rendait ou in pleno ou en députation auprès du roi, les officiers du ministère public l'accompagnaient, et après que le roi avait reçu les membres de la cour, ils étaient admis à lui faire un compliment particulier qui commençait par ces mots : « Sire, ce sont vos gens... » Le procureur-général, exclusivement chargé de l'administration de la justice et de la poursuite des délits, était dans chaque ressort, le chef des officiers du ministère public. Il correspondait seul avec le roi, le conseil et le chancelier. Il présidait les assemblées du parquet et intentait les actions concernant le domaine de la couronne. Il signait, à l'exclusion des avocats-généraux, les expéditions sur procès par écrit, et, seul du parquet, il faisait partie des commissions ordinaires et extraordinaires. En cas de partage de voix des membres du parlement, la sienne était prépondérante. C'était un privilége de ce magistrat de porter directement à la grand'chambre du parlement les affaires dans lesquelles il était partie principale. Il portait habituellement la simarre, lorsqu'il était dans le parlement ou partout ailleurs qu'au palais ou à la cour ; la même distinction appartenait aux avocats-généraux. Tous ces magistrats parlaient debout. Les fonctions d'avocat-général étaient, sous l'ancien régime, entièrement distinctes de celles de procureur-général. Elles se composaient exclusivement, quant à leur objet judiciaire, du ministère de la parole aux audiences, tandis que le chef du parquet était spécialement un homme de cabinet, et, pour ainsi dire, un administrateur au sein même de la justice. La prééminence que ce magistrat exerçait sur les avocats-généraux était purement honorifique et n'importait aucune idée de dépendance réelle ou

de soumission de la part de ces derniers. Ils étaient pleinement libres de son influence dans l'expression de leurs opinions judiciaires, et l'on contestait même au procureur-général la faculté de se pourvoir contre un arrêt rendu sur les conclusions du premier avocat-général, lorsque cet arrêt avait été conforme à ces conclusions. Indépendamment de leurs fonctions habituelles, les avocats-généraux réunissaient quelques attributions d'une assez haute importance. Ils surveillaient les bibliothèques et plusieurs autres institutions publiques, présidaient à l'entretien de la bibliothèque des avocats, réglaient les différents qui pouvaient s'élever au sein du barreau, et maintenaient l'ordre et la discipline parmi les avocats du ressort de leur juridiction. Le premier avocat-général au parlement de Paris, qui était toujours le plus ancien, jouissait en outre de quelques prérogatives particulières ; la surveillance des facultés de droit placées dans le ressort de ce parlement lui était dévolue. Ce magistrat avait la présidence sur le procureur-général, et ce dernier ne pouvait intenter aucune action avant d'avoir pris son avis. Le procureur-général et les avocats-généraux étaient seuls immédiatement pourvus par le roi. Le procureur-général, sur la nomination des officiers du siége, donnait des lettres de substitution à ceux qui devaient exercer les charges du ministère public dans les bailliages et sénéchaussées ; ils étaient ensuite pourvus par le roi sous le titre de ses avocats ou procureurs. Le procureur du roi, dans chaque bailliage ou sénéchaussée, donnait des lettres de substitution à ceux qu'il jugeait convenables, pour le représenter dans les siéges inférieurs ou subalternes. Les autres tribunaux de province, qui n'étaient ni grands bailliages, ni sénéchaussées, et dont néanmoins les appellations relevaient directement du parlement, avaient pour procureur du roi un substitut de celui du principal siége de la province, quoiqu'ils en relevassent point. Il n'y avait originairement qu'un avocat du roi dans chacun des principaux siéges, lequel était ordinairement choisi parmi les anciens avocats les plus estimés. Par un édit du mois d'avril 1377, Henri III en créa un second dans les présidiaux et les bailliages ou sénéchaussées.

§ II. *Principales célébrités du ministère public ancien.* — C'est le privilége des institutions qui ont un intérêt social pour principe et pour mobile, d'exercer sur les hommes qui s'y attachent une active et salutaire influence, et rien n'est propre à élever l'âme et à féconder les sources du talent, comme la recherche constante du bien et du vrai. Ces caractères primitifs de la magistrature, qui fait l'objet de notre étude, expliquent la longue série des hommes distingués qui l'illustrèrent dès son origine, et dont l'histoire et les chroniques ont recueilli les noms. La plupart appartiennent en propre à cette magistrature. Quelques autres préludèrent par l'exercice du ministère public, à l'éclat qu'ils devaient répandre plus tard sur les hautes dignités de l'État. J'ai dit qu'elle sollicitude, dès le premier siècle de son établissement, le ministère public, cette magistrature, qui n'eut jamais d'enfance, fit éclater dans la défense des immunités de notre Église. Les circonstances orageuses qui marquèrent les dernières années du xive siècle, furent pour elle le principe d'un éclat plus historique. Deux partis rivaux, les Bourguignons et les Armagnacs, abusant de l'impuissance d'un monarque imbécile, ensanglantaient la France. Le duc d'Orléans, frère du roi, venait de succomber sous les coups de son farouche adversaire. Jean de Bourgogne s'applaudissait hautement de ce crime. Un magistrat à jamais illustre, Juvénal des Ursins, à sa rompre lui seul le silence indigne qui encourage le coupable. Echappé par son intrépidité aux embûches de ce prince, il lui reproche ouvertement son obstination à tirer vanité d'un assassinat, et sa voix, digne d'un siècle moins barbare, fait entendre des paroles à la fois conciliantes et sévères aux deux chefs des factions qui désolent la patrie. C'était l'époque du grand schisme d'Occident. Juvénal, alors avocat-général au parlement de Paris, défend avec une noble fermeté les prérogatives de la couronne contre les usurpations du Saint-Siége ; il soutient que le roi a le droit d'assembler son clergé, de le présider, de choisir, après l'avoir consulté, le pape qu'il voudra reconnaître ; maximes qui annoncent en lui, dit un écrivain célèbre, des idées supérieures à son siècle. Jean-sans-Peur, maître de Paris, livre au bourreau ceux des Armagnacs qui n'avaient pu s'échapper. Une troupe de scélérats, gagés par lui, emprisonnait çà et là des rançons, assassinait ceux qu'on n'osait livrer à un supplice public. Le roi, la reine, le dauphin, Juvénal lui-même sont prisonniers, et chaque jour les expose aux violences des satellites bourguignons. Juvénal ose concevoir le projet de délivrer la famille royale des mains de ses ennemis, et cette étonnante résolution, il l'accomplit sans la plus légère effusion de sang. Peu de jours après, il sauve, sous un prétexte, le roi, que le duc de Bourgogne voulait enlever. « Ainsi, dit Voltaire, au milieu d'un peuple révolté, de princes, de grands accompagnés de troupes armées, agités par l'ambition et par la haine, un seul homme rétablit la paix, et tout lui obéit, sans qu'il ait d'autre force que celle que donne la vertu (1). » Quand le dauphin Louis fut à la tête des affaires, il reconnut les éminents services de Juvénal, en l'élevant à la dignité de chancelier. Juvénal fit accepter à ce prince les propositions de paix de Jean-sans-Peur, battu par lui devant Arras. Ce fut le dernier service que ce grand magistrat rendit à sa patrie. Ayant refusé de sceller des lettres qui contenaient des dons excessifs accordés par le dauphin à quelques courtisans, il fut remplacé dans sa charge par un ministre plus complaisant et moins désintéressé. Le meurtre du duc d'Orléans fut vengé au bout de douze ans par un autre meurtre d'autant plus odieux, que l'assassinat était joint à la violation de la foi publique. Jean-sans-Peur périt sur le pont de Montereau, le 10 septembre 1419, victime de sa confiance dans les démonstrations amicales du dauphin. Philippe duc de Bourgogne, son fils demande solennellement justice de ce crime, en son nom et en celui de Marguerite de Bavière, sa mère, dans une assemblée des grands du royaume, réunis à l'hôtel de Saint-Paul. On voit dans cette assemblée Nicolas Raulin, avocat du jeune duc de Bourgogne, accuser le dauphin, et un courageux avocat-général, Pierre de Marigny, prendre des conclusions contre l'héritier et le défenseur de la couronne comme contre un accusé vulgaire. Le parlement ne le cède point en énergie à cet accusateur intrépide ; il fait citer à son ban l'illustre coupable, et prononce une sentence capitale contre lui. Ce xve siècle voit éclater un dévoûment à jamais mémorable dans les fastes de notre magistrature : celui de Saint-Romain, procureur-général au parlement de Paris, résistant aux volontés despotiques d'un ministre de Louis XI, et déterminant sa compagnie à repousser l'édit qui supprimait la Pragmatique, ce palladium des libertés de l'Eglise gallicane. La célébrité de Capel, avocat-général au même parlement, sous le règne de François Ier, se lie à un épisode curieux de nos annales que Mézeray raconte en ces termes : « Afin de rabaisser, dit-il, la vanité de l'empereur, qui s'était promis le royaume de France, il (le roi) le voulut traiter de vassal et fonder ses armes sur les formes de la justice. Il assembla donc les pairs, les princes du sang et cinquante prélats de son royaume dans le parlement de Paris, devant lesquels Jacques Capel, son avocat-général, ayant exposé les félonies que ce prince avait commises contre le roi, son seigneur naturel, demanda que les comtés de Flandre, d'Artois et de Charolais, qui relevaient de la couronne de France, y fussent confisqués et adjugés pour réparation de ces crimes. Sur cette réquisition, la cour ajourna l'empereur à son de trompe, sur les confins de ses terres, et l'on envoya un hérault d'armes pour exécuter cet ajournement. » C'est également au règne de François Ier qu'appartient ce François de Montholon, qui dut la place d'avocat-général au talent qu'il fit admirer à ce monarque lui-même, en plaidant contre sa mère et contre lui pour le connétable de Bourbon, dans l'affaire de la succession de cette maison. « Personnage d'une probité rare et qui fut toujours héréditaire dans sa famille, » dit Mézeray, Montholon fut président à mortier, et succéda, comme garde-des-sceaux, au chancelier Poyet. La famille Séguier, qui devait répandre un si vif éclat sur la magistrature, reçoit sa première illustration de Pierre Séguier, avocat-général au parlement sous Henri II. Ce magistrat combat avec énergie les prétentions ambitieuses de Jules III et les menaces d'excommunication qu'inspire à ce pontife le soin d'intérêts purement temporels. Promu à la dignité de président à mortier, Pierre Séguier porte dans cette magistrature les traditions qu'il a recueillies dans les rangs du ministère public. Il se rend auprès du roi l'organe des remontrances du parlement sur un édit qui établissait l'inquisition en France et que cette compagnie refusait d'enregistrer. Sa voix, ferme et courageuse, émeut le monarque et préserve la France d'un tribunal redouté. Cette fin du xve siècle est féconde en souvenirs glorieux pour le ministère public. Jean-Baptiste du Mesnil, avocat-général au parlement de Paris, porte la parole

au lit de justice du 27 mai 1563, et combat, dans un discours noble et élevé, les résistances opposées à l'édit qui consacre aux frais de la guerre le produit de la vente d'une partie des biens du clergé. Egalement avocat-général au parlement de Paris, Pibrac défend avec beaucoup d'éloquence, au concile de Trente, les intérêts de la couronne et les libertés de l'Eglise gallicane. C'est sur les instances de ce magistrat que le roi Charles IX fait cesser dans la capitale les massacres de la Saint-Barthélemy ; il concourt par ses conseils et son influence au traité qui mit fin à cette longue et sanglante lutte entre la cour et les calvinistes. Les fureurs de la Ligue, qui remplissent les dernières années de ce siècle, fournissent aux magistrats du ministère public de nombreuses occasions de faire éclater leur courage, leur indépendance et leur dévoûment à l'autorité royale. Pithou, procureur-général en Guyenne, puis au parlement de Paris, Pithou, l'un des auteurs de la Satire Ménippée, signale son attachement à Henri IV par tous les genres de services compatibles avec l'honneur. Erudit défenseur des libertés de l'Eglise, il dote la postérité de mémoires intéressants sur les plus importantes de ces libertés. Sa vie, monument pur d'une fidélité inébranlable, s'échappe au milieu des orages qui menacent sa patrie. Edouard Molé, revêtu de la même dignité, honore à jamais sa vie par sa courageuse participation au fameux arrêt de 1593, par lequel le parlement, déconcertant les instigations funestes de Philippe II, repousse de la couronne de France tout prince étranger, et proclame, au milieu des conjonctures les plus orageuses, son respect pour la loi salique et pour les autres lois fondamentales de l'Etat. De La Guesle, également procureur-général au parlement de Paris, signale sa fidélité à son roi par une conduite non moins courageuse. Antoine Séguier, le premier magistrat qui paraît avoir possédé en titre d'office la charge d'avocat-général, continue, sous les auspices des mêmes sentiments, la longue illustration de sa famille. C'est sur ses conclusions que le parlement fait lacérer et brûler la bulle par laquelle le pontife Grégoire XIV, excommuniait, comme hérétique, l'un des meilleurs rois que la France ait possédés.

Le règne glorieux et pacifique qui succéda aux troubles de la Ligue, fournit peu d'aliments au zèle et au courage de la magistrature. La franchise et la cordialité d'un prince magnanime prévenaient ou déconcertaient toute résistance. Le Saint-Siège, vaincu par la sincérité de sa bienveillance, ne songeait plus à faire revivre des prétentions irritantes. L'édit de Nantes avait assoupi les passions religieuses. L'ordre régnait sous l'empire d'une législation fidèlement respectée. Des motifs bien opposés enchaînaient l'indépendance du pouvoir parlementaire sous le fils et le successeur de Henri IV. Un ministre despotique, qui se jouait de toutes les libertés et violait toutes les justices, ne pouvait voir sans ombrage un corps investi, par la nature de ses fonctions, de la mission glorieuse de faire respecter la justice et la liberté. Ce règne si absolu laisse poindre cependant quelques lueurs d'indépendance judiciaire. C'est à lui qu'appartient l'avocat général Servin, magistrat sage, éloquent, intrépide. A sa voix, le parlement convertit en loi fondamentale du royaume, le 2 janvier 1615, la proposition faite par le tiers-état de déclarer que la puissance spirituelle n'est point en droit de déposer les rois, ni de délier les sujets du serment de fidélité. Servin est frappé de mort, au moment où il cherchait à faire prévaloir sur l'esprit de Louis XIII, des maximes de clémence et de modération qui n'étaient guère à l'usage de ce monarque. Un magistrat plus justement célèbre préluda dès lors, par quelques actes d'une résistance courageuse, au développement d'un des caractères les plus honorables des temps modernes. Mathieu Molé, né sous Henri III, et formé par les leçons d'Edouard Molé son père, avait conservé, au milieu d'une génération brillante, frivole et licencieuse, ces mœurs graves, ce tour d'esprit et de langage que donne le spectacle des grands événements joint à l'expérience du malheur. Appelé par le cardinal de Richelieu lui-même aux fonctions de procureur-général avant l'âge de 30 ans, il s'était signalé par sa constance à défendre, contre les persécutions de ce ministre, le vénérable abbé de Saint-Cyran, son maître et son ami. Sa constance n'éclata pas moins dans le procès du duc de la Valette, une des victimes de la haine implacable du cardinal. Ce seigneur fut condamné à mort par contumace, et Molé reçut l'ordre de faire exécuter l'arrêt en effigie. Il refusa hautement de prostituer son ministère à l'accomplissement de cet ordre, et ce fut un magistrat inférieur

(1) Essai sur les mœurs et l'esprit des nations, ch. 79.

qu'il fallut en charger. Ce fut ainsi que Mathieu Molé jeta les fondements d'une illustration si grande, qu'elle semble dominer jusqu'aux scènes les plus animées de l'orageuse régence d'Anne d'Autriche. La fin de sa carrière fut plus paisible, sans cesser d'être utile. Garde-des-sceaux, il prit dans le conseil l'autorité due à ses antécédents héroïques, et ne cessa de rendre à l'état d'importants services. Omer-Talon remplissait avec distinction, depuis plusieurs années, la charge d'avocat-général au parlement de Paris, lorsque les premiers troubles de la Fronde éclatèrent. Sa vie dès lors appartint à l'histoire. Avec plus d'enthousiasme et d'exaltation dans le caractère, Omer-Talon portait à la cause royale un attachement non moins vrai, non moins éprouvé que Molé lui-même. Mais ce dévoûment n'était pas sans quelque mélange d'idées républicaines, qui, sans en altérer la sincérité, rendaient son âme merveilleusement accessible aux vœux, aux besoins, aux souffrances des classes populaires. On voit ce magistrat établir avec courage et résoudre avec bonheur le problème difficile alors, de concilier ses sentiments de fidélité au trône avec le soin d'une protection généreuse accordée aux immunités nationales. Il consacra au succès de cette noble conception une éloquence nerveuse, pleine de franchise et d'onction, et parfaitement conforme à l'autorité de ses mœurs. Omer-Talon se sert constamment de son influence sur sa compagnie pour la maintenir dans le devoir envers le monarque, ou pour lui rappeler quand elle s'en écarte. Et lorsque la renaissance des troubles vient témoigner l'impuissance de ce généreux athlète de la paix civile, et que tout espoir d'abattre l'esprit de faction semble perdu pour lui, à l'aspect des maux de la patrie, il s'éteint, et le dernier vœu qui s'échappe de sa bouche est que *Dieu fasse son fils homme de bien.* Caractère attachant et pur et digne de la simplicité des temps antiques! Ce grand magistrat eut un digne successeur dans son fils, *homme de bien,* magistrat sage, jurisconsulte savant, citoyen courageux, et dont Louis XIV sut apprécier le mérite et les vertus. La législation de ce monarque dut beaucoup à ses efforts. Les prétentions du Saint-Siège, rencontrèrent en lui un redoutable adversaire. Enfin, et ce trait seul suffirait à sa gloire, lorsque la perte de l'infortuné Fouquet fut résolue par la cour, Denis-Talon mérita qu'on lui ravît l'instruction de cette déplorable procédure. Ce siècle légua au père et aux fils, dans sa reconnaissance, le surnom à la fois juste et honorable de *derniers des Romains.* Distingué par une érudition aussi précoce qu'étendue et par des mœurs également simples et austères, l'avocat-général Jérôme Bignon fut aussi l'une des illustrations du dix-septième siècle. Un naturel timide jusqu'au scrupule, une crainte continuelle de *faillir et offenser,* comme parle Omer-Talon (1), mirent obstacle à ce qu'il fût un homme politique. Les orages même de la Fronde n'ébranlèrent point son goût pour l'étude et la retraite. Ce magistrat déploya toutefois son courage dans deux occasions importantes. Il signala avec force l'abus des commissions de justice, si prodiguée sous Louis XIII; il s'éleva contre la création des offices à l'aide desquels Richelieu préludait à la destruction progressive de l'autorité parlementaire. Mais une vie grave et retirée lui inspira surtout ces qualités utiles et modestes qui ne sont guères du domaine de l'histoire. Il porta dans la plupart des connaissances humaines la supériorité de savoir qui le rendit longtemps l'oracle du parlement. Dénué d'ambition, il ne parut jamais à la cour que pour les affaires publiques. Un mot simple et touchant, servit en quelque sorte d'oraison funèbre à ce grand magistrat. Frappé du concours inusité de membres du parlement qu'avaient attiré ses obsèques, un conseiller témoignait au premier président la crainte que cette démarche presque insolite ne tirât quelque jour à conséquence : « Ne craignons rien pour l'avenir, répondit Bellièvre, nous n'aurons pas toujours des Bignon! » Le règne le plus brillant de l'ancienne monarchie française fut peu favorable à l'éclat de la puissance parlementaire. Une gloire fondée sur l'indépendance et la liberté ne pouvait fleurir en paix à l'ombre des lauriers de Louis XIV. L'illustration de cet ordre semble s'être concentrée, pendant ce grand siècle, sur une seule famille. Guillaume de Lamoignon fait revivre, à la tête du parlement de Paris, les mœurs graves, le profond savoir et les vertus éminentes de Jérôme Bignon, son maître et son ami. Disciple de ce respectable père, Guillaume de Lamoignon, répand, durant plus d'un quart de siècle, un vif éclat sur le parquet de cette compagnie, par la

(1) Mémoires.

pureté de son zèle, par le charme puissant de son éloquence. C'est à ses efforts éclairés que la jurisprudence doit l'abolition de l'épreuve immorale et bizarre du *congrès,* digne des siècles barbares qui l'avaient vu naître. Ami des lettres, Lamoignon vit dans l'intimité des hommes de génie, et deux classes du premier corps savant de l'Europe, l'Académie française et celle des inscriptions, lui ouvrent leurs portes. Tels étaient les antécédents historiques, telles étaient les illustrations du ministère public français, lorsque d'Aguesseau vint doter cette belle magistrature du triple patrimoine de son savoir, de son éloquence et de sa vertu. Qui pourrait douter de l'influence que ces nobles traditions, fécondées par la chaleur généreuse, par l'admirable élévation de sentiment qu'il lui était propre, exercèrent sur une vie dévouée tout.entière au culte de la justice! Qui pourrait méconnaître la part qu'elles eurent à la législation éminemment libérale dont la France lui est redevable! La présence de d'Aguesseau dans les rangs du ministère public mit le sceau à l'honneur de cette institution; son génie acheva de lui imprimer ce caractère de consistance, de grandeur et de régularité qui lui a assigné un rang si élevé parmi les pouvoirs des sociétés modernes. Le brillant héritage de d'Aguesseau ne passa point à d'indignes successeurs. Les Joly de Fleury, les Gilbert de Voisins, et après eux les Séguier, les Lachalotais, les Monclar, Servan surtout, Servan, le seul rival peut-être que le XVIIIe siècle puisse opposer à cet immortel magistrat, marchèrent d'un pas ferme et glorieux dans la carrière qu'il avait parcourue avec tant d'éclat. Pour retracer leurs titres d'illustration, pour rappeler leurs droits, à notre admiration et nos hommages, il faudrait excéder les propositions circonscrites du cadre qui nous est imposé. Les développements historiques dans lesquels nous venons d'entrer caractérisent suffisamment, à notre avis, l'esprit qui domina cette institution sous l'ancienne monarchie, qu'un judicieux écrivain appréciait avec autant d'éloquence que de justesse, lorsqu'en 1784 sa plume lui consacrait les lignes qui suivent : « S'il est encore quelque dignité parmi nous qui ne se présente pas à notre imagination, sans lui annoncer de grands services à rendre et une grande gloire à mériter, c'est celle du ministère public. Chacun de ses services lui donne un droit au respect et à l'amour des hommes. La société entière repose en paix sur la foi de sa vigilance; il cherche partout un abus à réformer, un bien à établir; le sanctuaire de la justice, souvent profané par les passions et les erreurs des hommes, recouvre toute sa sagesse et toute sa sainteté par ses discours et sous ses regards; et le livre des lois peut souvent s'ouvrir pour recevoir un décret conçu par sa sagesse : les faibles et les opprimés trouvent en lui un organe et un défenseur; et souvent ils bénissent avec étonnement cette puissance inconnue, qui leur a conservé des droits qu'ils ignoraient, et qui relève des fautes de l'indépendance et du malheur. L'éloquence est l'instrument de la plupart de ses travaux, et conserve encore pour lui seul son antique domination . tous les citoyens lui doivent quelque chose de leur bonheur, excepté les méchants, dont la fuite, l'effroi ou la punition achèvent sa gloire (1). »

§ III. *Organisation et attributions du ministère public actuel.* — Qu'est devenu ce colosse si imposant de l'ancien ministère public, ce Briarée aux cent bras? s'écrie M. Henrion de Pansey (2). On le cherche. Dépouillés de leur plus belle prérogative, les officiers du ministère public ne sont plus les surveillants de tous les citoyens, les régulateurs des mouvements de la société; ils n'ont pas même de que, dans ces derniers temps, on appelle la police préventive, c'est-à-dire le droit de provoquer des mesures propres à prévenir les désordres qui pourraient troubler l'harmonie sociale. Ils ne sont plus les gardiens des prérogatives de la couronne, les conservateurs du domaine de l'État, les sentinelles chargées de veiller au maintien des lois fondamentales du royaume. Enfin ils ne sont pas même appelés à concourir à la vérification des pouvoirs que la cour de Rome délègue à ses nonces et à ses légats. Ajoutons qu'à la différence des officiers du ministère public de l'ancien régime, la privation du précieux privilége de l'inamovibilité les place dans une sorte de dépendance à l'égard du gouvernement dont ils tiennent leur institution. Toutefois, et malgré son organisation tout impériale, des attributions importantes et étendues appartiennent encore au ministère public sous notre législation actuelle. On

(1) Lacretelle aîné, *Dissertation sur le ministère public.*
(2) *De l'Autorité judiciaire en France,* chap. XIV.

on jugera par l'énumération sommaire que nous allons en faire, et qui complètera cet article.

Organisation. — A l'exception des tribunaux de commerce, des tribunaux de paix et des conseils de préfecture, il existe dans chaque cour ou tribunal des magistrats chargés des fonctions du ministère public. A la tête de cette magistrature se trouve le procureur-général près la cour de cassation, qui a sous sa surveillance et sa direction six avocats-généraux qu'il charge de celles de ses fonctions qu'il ne remplit pas lui-même. Il a également sous sa surveillance les procureurs-généraux près les cours royales, qu'il peut poursuivre disciplinairement dans les cas prévus par les lois. Quant à lui, il ne peut être surveillé que par le ministre de la justice. Un procureur-général établi près de chaque cour royale, a également sous sa surveillance un nombre d'avocats-généraux et substituts déterminé d'après l'étendue et la population du ressort. Le procureur du roi et les substituts ou avocats du roi établis près de chaque tribunal de première instance, sont également subordonnés à ce magistrat. Le procureur-général porte la parole dans les assemblées générales et aux audiences solennelles et ordinaires de la cour, quand il le juge convenable. Les avocats-généraux portent spécialement la parole en son nom aux audiences civiles et criminelles. Les substituts du procureur-général sont chargés, sous sa direction, de l'examen et des rapports des mises en accusation; ils rédigent les actes d'accusation, et assistent le procureur-général dans toutes les parties du service intérieur du parquet. Les procureurs du roi et leurs substituts exercent, auprès des tribunaux inférieurs, les mêmes fonctions que le procureur-général près la cour royale; ils correspondent avec lui pour ce qui intéresse le service public. Enfin, les fonctions du ministère public sont exercées près les tribunaux de simple police, soit par les commissaires de police, soit par les maires, soit par des membres des conseils municipaux annuellement désignés à cet effet par le procureur du roi. Les membres du ministère public, portant la parole devant les tribunaux, doivent être entièrement libres dans l'expression de leurs opinions judiciaires; les tribunaux ne peuvent ni leur donner des avertissements, ni censurer leurs conclusions sans violer les règles de leur compétence. Ce droit de censure n'appartient qu'aux supérieurs hiérarchiques des magistrats du parquet; encore ne peut-il atteindre ces magistrats dans le sanctuaire de l'audience, et dans la sphère du développement oral de leurs opinions sur le fond des affaires soumises à leur examen; les officiers du ministère public sont, en ces circonstances, aussi indépendants que les juges eux-mêmes, et le gouvernement qui frapperait de destitution un magistrat du parquet, pour avoir librement et consciencieusement donné ses conclusions à l'audience, manquerait à la justice et à la liberté. Remarquons, d'ailleurs, qu'aux termes de l'art. 49 du décret impérial du 6 juillet 1810, le procureur-général est toujours en droit de soutenir lui-même à l'audience son avis personnel, alors qu'il n'a point prévalu dans le sein de son parquet.

Fonctions en matière civile. — L'intervention du ministère public dans les affaires civiles est fondée sur ce principe que, dans toute société bien organisée, l'ordre public est intéressé à ce que la loi veille, d'une manière spéciale, aux intérêts de ceux qui, à raison de leur âge, de leur faiblesse d'esprit, ou de toute autre cause, ne sont pas en état d'exercer eux-mêmes leurs droits. Ainsi, le Code de procédure civile ordonne la communication au ministère public des causes suivantes : 1° Celles qui concernent l'ordre public, l'Etat, le domaine, les communes, les établissements publics, les dons et les legs au profit des pauvres; 2° Celles qui concernent l'état des personnes et les tutelles; 3° Les déclinatoires sur incompétence; 4° Les règlements de juges, les récusations et renvois pour parenté et alliance; 5° Les prises à partie; 6° Les causes des femmes non autorisées par leurs maris, ou même autorisées, lorsqu'il s'agit de leur dot, et qu'elles sont mariées sous le régime dotal; les causes des mineurs, et généralement toutes celles où l'une des parties est défendue par un curateur; 7° Les causes concernant ou intéressant les personnes présumées absentes. Indépendamment de cette communication, la loi accorde au ministère public le droit de prendre connaissance de toutes les causes qu'il jugera convenable, et au tribunal celui d'ordonner d'office cette communication. Dans toutes affaires sujettes à communication, le ministère public n'agit que par *voie de réquisition.* Il agit au contraire par *voie d'action,* lorsque, aux termes des art. 50 et 53 du Code civil, il poursuit les con-

traventions commises dans la tenue des registres de l'état civil, lorsqu'il provoque les mesures nécessaires à la conservation des intérêts des personnes présumées absentes, conformément à l'art. 114 du même Code, et dans plusieurs autres cas analogues. Les causes de récusation relatives aux juges sont applicables au ministère public, lorsqu'il est partie jointe; mais il n'est pas récusable, lorsqu'il est partie principale.

Fonctions en matière criminelle. C'est surtout en matière criminelle que les fonctions du ministère public acquièrent une importance réelle, et deviennent plus graves et plus sévères. Son action prend, en ces circonstances, le nom d'action publique, et se résume au double résultat de constater et de faire réprimer toutes les atteintes portées à l'ordre public. Pour arriver à la répression de ces atteintes, qualifiées, suivant les cas, crimes, délits ou contraventions, il faut nécessairement en constater les circonstances, en recueillir les preuves et en arrêter les auteurs. De là l'établissement d'un ordre particulier d'officiers et d'agents connus sous la dénomination d'officiers de police judiciaire, qui agissent sous la direction du ministère. De là le droit qu'a ce ministère de surveiller les procédures devant le juge d'instruction, et d'adresser à ce magistrat les questions qu'il juge convenables. De là encore le droit qu'il a de demander aux chambres du conseil des tribunaux de première instance et aux chambres d'accusation des cours royales la mise en prévention, ou le renvoi en état d'accusation des inculpés qui font l'objet de ses poursuites, et de réclamer soit devant les cours d'assises, soit devant les tribunaux correctionnels ou de simple police, leur condamnation aux peines portées par les lois. De là enfin le pouvoir accordé au ministère public de requérir dans l'exercice de ses fonctions les agents de la force publique, qui sont tenus de déférer à ses réquisitions. Indépendamment des fonctions judiciaires dont nous venons de dérouler le tableau, le ministère public est investi d'attributions disciplinaires dont l'effet est de sanctionner le respect que la loi est en droit d'attendre de tous ceux qui sont associés d'une manière plus ou moins directe à l'administration de la justice. Ces attributions, que le ministère public tient particulièrement du décret impérial du 30 mars 1808, et de la loi du 20 avril 1810, consistent pour les officiers de ce ministère dans le droit d'assister à toutes les délibérations qui intéressent l'ordre et le service intérieur des tribunaux, et dans celui de faire inscrire sur leurs registres toutes les réquisitions qu'ils jugent à propos de leur adresser. Les mêmes actes législatifs accordent au ministère public le droit de requérir contre les notaires, avoués, huissiers, et en général contre tous les officiers ministériels toutes les mesures de discipline qu'il juge nécessaires, sans préjudice de la poursuite des crimes ou des délits dont ces fonctionnaires peuvent se rendre coupables dans ou hors l'exercice de leurs fonctions. Une dernière attribution constitue en quelque sorte la partie morale des fonctions du ministère public, et complète l'ensemble des pouvoirs disciplinaires dont il est investi : c'est le droit précieux de la censure. Ce droit s'exerce sous la nouvelle comme sous l'ancienne législation, par les harangues appelées mercuriales, que les officiers du parquet prononcent annuellement à la rentrée solennelle des cours et des tribunaux, et dont l'objet est de rappeler soit aux magistrats, soit aux avocats ou aux officiers ministériels, les devoirs qu'ils ont à remplir. Souvent aussi, par une déviation des anciens usages pleinement justifiée de nos jours par d'heureux exemples, ces discours présentent le développement de certaines théories historiques, ou renferment des aperçus biographiques sur les hommes les plus éminents de l'ancien ordre judiciaire, ou du barreau français. Le droit de censure est, sinon le plus importante, au moins le plus noble et la plus élevée des prérogatives du ministère public. Exercé avec prudence, mais avec talent et indépendance, il fournit au ministère l'occasion de se manifester pour ainsi dire tout entier, et de remettre en lumière quelques-unes de ces vérités imposantes qui de tout temps ont fait les destinées de la magistrature, et dont l'application a si puissamment contribué au rang élevé qu'elle a pris dans la société moderne.   A. BOULLÉE.

MINISTÉRIEL, ELLE, adj., qui appartient, qui a rapport au ministère, qui est propre à un ministre. Il signifie aussi qui est partisan du ministère, dévoué au ministère. Au palais, officiers ministériels, officiers publics ayant qualité pour faire certains actes, tels que les notaires, les avoués, les huissiers, etc.

MINISTRE, s. m., celui dont on se sert pour l'exécution de quelque chose. Dans cette acception, il n'est guère usité qu'au sens moral. Ministre se dit plus ordinairement de ceux dont le prince a fait choix pour le charger des principales affaires de l'Etat, et pour en délibérer avec eux. Ministre se dit aussi des ambassadeurs, des hauts agents diplomatiques, employés par les princes dans les cours étrangères. Ministre plénipotentiaire, celui qui a un plein pouvoir pour traiter une affaire importante. (*V.* MINISTÈRE.) Les ministres de Dieu, de Jésus-Christ, etc. Les prêtres en général.

MINISTRE signifie serviteur. Saint Paul nomme les apôtres ministres de Jésus-Christ, et dispensateurs des mystères de Dieu. Lorsqu'un ecclésiastique se dit ministre de l'Eglise, il se reconnaît serviteur de la société des fidèles; et s'il ne leur rendait aucun service, il manquerait essentiellement au devoir de son état. Il n'est pas nécessaire, sans doute, que tous remplissent les fonctions de pasteurs; mais il est du devoir de tous de contribuer en quelque chose au culte de Dieu et au salut des fidèles, au moins par la prière et par le bon exemple. Selon la règle tracée par Jésus-Christ, l'homme le plus grand dans l'Eglise est celui qui lui rend le plus de services. « Que celui, dit-il, qui veut être le premier soit le serviteur de tous... Le fils de l'homme n'est pas venu pour être servi, mais pour servir les autres. » Par la même raison, celui qui n'en rend aucun est le dernier de tous et le plus méprisable. Saint Paul nous fait remarquer qu'il y a des devoirs et des fonctions de plus d'une espèce : s'instruire soi-même pour se rendre capable d'instruire les autres, contribuer à la pompe et à la majesté du service divin, enseigner, catéchiser, prêcher, exhorter, assister les pauvres, consoler ceux qui souffrent, soulager les pasteurs d'une partie de leur fardeau, tout cela, dit l'apôtre, sont des dons de Dieu : chacun doit en user selon la mesure de la grâce et du talent qu'il a reçue. Qu'aurait-il dit de ceux qui jugent ces fonctions indignes d'eux, qui croient avoir acquis, par une dignité ou par un bénéfice, le privilège d'être oisifs, qui préfèrent l'honneur d'être serviteurs d'un prince ou d'un grand à celui de servir l'Eglise ? A la naissance de la prétendue réforme du XVIᵉ siècle, les prédicants prirent le titre de ministres du saint Evangile : le nom seul de ministres leur est resté; et comme ils rendent moins de services aux fidèles que les pasteurs catholiques, il est naturel qu'ils soient aussi moins respectés. Cet exemple nous convainc que les peuples ne sont point dupes des apparences; qu'ils estiment les hommes à proportion de l'utilité qu'ils en retirent; que le faste et l'orgueil ne leur en imposent point.

Ministre des sacrements. En parlant de chacun des sacrements en particulier, nous avons soin de dire qui en est le ministre, ou qui a le pouvoir de l'administrer. Tout homme raisonnable qui sait ce que c'est que le baptême, peut le donner validement. Dieu a voulu que cela fût ainsi, à cause de la nécessité de ce sacrement; mais les protestants ont tort de prétendre qu'il en est de même de tous les autres; que, pour être ministre, il n'est pas nécessaire d'être revêtu d'aucun caractère : l'Evangile nous enseigne clairement le contraire. C'est à ses disciples, et non à d'autres, que Jésus-Christ a dit, en instituant l'Eucharistie ::Faites ceci en mémoire de moi; les péchés seront remis à ceux auxquels vous les remettrez, etc. Les fidèles baptisés recevaient le Saint-Esprit par l'imposition des mains des apôtres, mais ils ne le donnaient pas. Saint Paul ne parlait pas du commun des chrétiens, mais des apôtres, lorsqu'il disait : « Que l'homme nous regarde comme les ministres de Jésus-Christ, et les dispensateurs des mystères ou des sacrements de Dieu. » C'est à Tite et à Timothée, et non aux simples fidèles, qu'il donnait la commission d'imposer les mains à ceux qu'il fallait destiner au sacerdoce. Saint Jacques veut que l'on s'adresse aux prêtres de l'Eglise, et non aux laïques, pour recevoir l'onction en cas de maladie. Le concile de Trente n'a donc pas eu tort (sess. 7, can. 10) de condamner les protestants, qui soutiennent que tous les chrétiens ont le pouvoir de prêcher la parole de Dieu et d'administrer les sacrements. Eux-mêmes n'accordent pas à chaque particulier le droit de faire ce que font leurs ministres ou leurs pasteurs; mais les réformateurs trouvèrent bon d'enseigner d'abord le contraire, soit pour flatter leurs prosélytes, soit pour persuader qu'ils n'avaient pas besoin de mission. Le même concile (*ibid.*, can. 11) a décidé que, pour la validité d'un sacrement, il faut que le ministre ait au moins l'intention de faire, par cette action, ce que fait l'Eglise. Dès lors, les protestants n'ont pas cessé de nous reprocher que nous faisons dépendre le salut des

âmes de l'intention intérieure d'un prêtre, chose de laquelle on ne peut jamais avoir aucune certitude. Mais si les protestants attribuent quelque vertu au baptême donné à un enfant, peuvent-ils croire que ce sacrement serait valide et produirait son effet, quand il serait administré par un impie qui n'aurait point d'autre dessein que de se jouer de cette cérémonie, de tromper les assistants, ou de causer la mort de l'enfant par un poison mêlé avec l'eau? Des étrangers, qui n'entendent pas la langue dont un ministre se sert, ne peuvent pas être sûrs qu'il n'a pas changé les paroles du baptême, et que leur enfant est validement baptisé. Eux-mêmes peuvent en imposer, et dire que leur enfant a été baptisé, pendant qu'il n'en est rien. Quelques anglicans ont eu la bonne foi d'avouer qu'ils tombent dans le même inconvénient que nous, en exigeant qu'un ministre des sacrements ait été validement ordonné. Soutiendra-t-on que si l'Eucharistie était consacrée avec le fruit de l'arbre à pain, et avec une liqueur qui ressemblerait à du vin, mais qui n'en serait pas, le sacrement n'en serait pas moins valide? Voilà les supercheries qui peuvent tromper les hommes les plus attentifs. Il ne s'ensuit pas de là que nous mettions le salut des âmes à la discrétion des prêtres: nous croyons, tout comme les protestants, que le désir du baptême en tient lieu, lorsqu'il n'est pas possible de le recevoir en effet; à plus forte raison, le désir des autres sacrements peut-il y suppléer, et nous obtenir la grâce divine, lorsqu'on ne peut faire autrement.

MINOIS, s. m., visage d'une jeune personne plus jolie que belle. Il est familier.

MINORITÉ, s. f., le petit nombre par opposition à majorité. Minorité signifie aussi l'état d'une personne mineure. Il signifie aussi le temps pendant lequel on est mineur. Il se dit absolument de la minorité des souverains.

MINORQUE (*Minorca*), île espagnole, une des Baléares. Elle est séparée de l'île Majorque par un détroit de 8 lieues de largeur. Elle a 50 lieues de long sur 5 de large et une superficie de 40 lieues carrées. Le pays est montagneux. Son chef-lieu est Port-Mahon. Son climat est sain, mais moins chaud que dans les autres îles Baléares. Ses productions consistent en blé, vin, oranges et fruits excellents. On y trouve un miel très renommé, des bestiaux, des lapins, des perdrix, une excellente race de mulets; des mines de fer, de cuivre, de plomb non exploitées faute de combustible, des carrières de marbre, de porphyre et d'albâtre. Les habitants de cette île sont très religieux, d'un commerce facile, braves et bons marins. La population est de 45,000 habitants environ. Colonisée d'abord par les Phéniciens, vers l'an 452, avant Jésus-Christ; possédée ensuite par les Vandales, les Romains et les Sarrasins, elle fut conquise au IXᵉ siècle par Charlemagne. Réunie en 1230 à la couronne d'Aragon par Jacques Iᵉʳ, et Alphonse, son petit-fils, elle fut prise par les Anglais en 1708. Le maréchal de Richelieu s'en empara en 1758; elle fut restituée aux Anglais en 1763. Les Espagnols la prirent en 1782; en 1796 elle retomba au pouvoir des Anglais. Le traité d'Amiens (1796) la rendit à l'Espagne.

MINOS Iᵉʳ, roi de Crète, fils de Jupiter Astérius et d'Europe, gouverna son royaume avec beaucoup de sagesse et de douceur, et fit bâtir plusieurs villes, entre autres Gnossus et Phestus. Il fut le législateur des Crétois; et, pour donner à ses lois plus d'autorité, il se retirait tous les neuf ans dans un antre, où il disait que Jupiter, son père, les lui dictait, ce qui lui fait donner par Homère la qualité de disciple de Jupiter. Josèphe est le seul des anciens qui dise que Minos avait reçu ses lois d'Apollon. Les lois le faisaient voyager à Delphes, pour les apprendre de ce dieu. La sagesse de son gouvernement et surtout son équité lui ont fait donner après sa mort, par les poètes, la fonction de juge souverain des enfers. Minos était regardé comme le président de la cour infernale. Homère et Virgile le représentent un sceptre à la main, agitant l'urne fatale où est renfermé le sort de tous les mortels, citant à son tribunal les pâles ombres, dont on plaide la cause en sa présence, et prononçant avec une sévère impassibilité la sentence suprême. Minos avait épousé Itona, de laquelle naquit Lycastès, père de Minos II. Les lois de Minos subsistaient encore du temps de Platon, qui en fait le plus grand éloge dans un de ses dialogues intitulé *Minos*.

MINOS, roi de Crète, fils de Lycaste et petit-fils de Minos Iᵉʳ, épousa Pasiphaé, fille du Soleil et de Perséis, et en eut plusieurs enfants. Il fit la conquête des îles voisines, mais il se montra cruel dans la guerre qu'il déclara aux Athéniens, qui avaient tué son fils Androgée. Il marcha contre eux, prit par la trahison de Scylla la ville de Mégare, qui s'opposait à son passage, força les Athéniens à se rendre ; et, non content de sa victoire, il obligea les vaincus d'envoyer chaque année en Crète sept jeunes garçons et autant de jeunes filles, pour servir de pâture au Minotaure. Ce sanglant tribut fut aboli par Thésée, qui tua le monstre. Lorsque Dédale, après avoir construit le labyrinthe, et favorisé imprudemment la passion criminelle de Pasiphaé, se fut réfugié en Sicile pour se dérober au ressentiment de Minos, ce prince se mit à sa poursuite. Cocalus, roi de Sicile, qui avait donné l'hospitalité à Dédale, reçut d'abord le roi avec les dehors d'une feinte amitié, mais il le fit mourir ensuite, pour n'être pas obligé de le livrer à sa colère un homme dont le génie était l'objet de l'admiration universelle. Quelques-uns disent que le roi de Crète fut étouffé dans le bain par les filles de Cocalus. Il mourut trente-trois ans avant la guerre de Troie. Il eut trois fils, Androgée, Glaucus et Deucalion, et deux filles, Phèdre et Ariane. Les anciens semblent n'avoir jamais nettement distingué l'un de l'autre les deux monarques qui ont porté le nom de Minos ; mais le rapprochement détaillé des faits et des dates, joint à une lecture attentive d'Homère, de Plutarque et de Diodore, prouve clairement qu'il ne faut pas les confondre.

MINOT (Georges-Richard), né à Boston, en 1758, parut au barreau en 1781, remplit de 1782 à 1792 la place de secrétaire de la chambre des représentants, et publia, en 1788, l'*Histoire de l'insurrection de la province de Massachusetts*, qu'on a comparée à la *Conjuration de Catilina*, par Salluste. Minot devint juge des testaments pour le comté de Suffolk en 1792, premier juge de la cour des plaids-communs en 1799, et seul juge, en 1800, d'un nouveau tribunal criminel à Boston. Il fut aussi un des principaux fondateurs de la société charitable contre les incendies, dont il était président à l'époque de sa mort, survenue en 1802.

MINOTAURE (*rus*), monstre moitié homme et moitié taureau, fut le fruit, à ce que disaient les Athéniens, entraînés sans doute par un faux patriotisme à noircir leur vainqueur, de l'infâme passion de Pasiphaé, femme de Minos II, pour un taureau blanc. Minos, prétendent-ils, sacrifiait tous les ans à Neptune le plus beau taureau de ses troupeaux. Il s'y en trouva d'une si belle forme que Minos en substitua un autre de moindre valeur. Neptune, irrité de cette offense, inspira à Pasiphaé une passion monstrueuse pour ce même taureau, et Dédale, par une complaisance criminelle, la favorisa en construisant une vache d'airain. Le fruit de ces amours fut la naissance du Minotaure. Le même Dédale fit alors le fameux labyrinthe de Crète, pour y renfermer ce monstre. On le nourrissait de chair humaine. Les Athéniens, vaincus par Minos II, furent obligés d'envoyer tous les sept ans en Crète sept jeunes garçons et autant de jeunes filles, pour servir de pâture au monstre. Le tribut fut payé trois fois ; mais à la quatrième Thésée s'offrit pour délivrer ses concitoyens, tua le Minotaure, et affranchit sa patrie de ce tribut aussi cruel qu'humiliant. On a donné plusieurs explications de la fable du Minotaure et des amours de Pasiphaé avec un taureau. Quelques-uns ont imaginé que la reine conçut de l'amour pour un courtisan nommé Taurus, et que Dédale prêta sa maison pour favoriser la passion des deux amants ; que Pasiphaé accoucha peu de temps après de deux enfants, dont l'un ressemblait à Minos et l'autre à Taurus, et que ce dernier, fruit d'une paternité douteuse, fut appelé Minotaure, comme pouvant être le fils de Taurus et de Minos.

MINSK, gouvernement de la Russie d'Europe. Il est borné au N. par le gouvernement de Vitebsk, à l'E. par ceux de Vitebsk et de Mohilev ; au S. par ceux de Kiew et de Volhynie, et à l'E. par ceux de Vilna et de Grodno. Sa superficie est de 4,700 lieues. Cette contrée est généralement plate, coupée en deux par une chaîne de montagnes et arrosée par la Dvina, le Niémen, la Disnoa, la Viha, la Berezina, le Pripet. Les lacs et les marais y sont nombreux. Le sol est peu fertile ; les forêts sont la richesse de la province et forment sa principale industrie et son commerce d'exportation. Sa population est d'environ 850,000 habitants. Ce gouvernement est divisé en dix districts ; sa capitale est Minsk, ville peu remarquable et sans commerce.

MINTURNES, ville du Latium, au midi, sur les frontières de la Campanie, chez les Aurunces, entre Sinuesse et Caiète, un peu au-dessus de l'embouchure du Liris, qui la traversait, et qui formait dans les environs de vastes marais. Cette ville fut livrée aux Romains par trahison, l'an 440 avant Jésus-Christ ; mais ils n'y envoyèrent une colonie que seize

années après. Ce fut au milieu des marécages voisins de cette ville que C. Marius se cacha pour se dérober aux recherches des satellites de Sylla. Ceux-ci pourtant l'y découvrirent et le conduisirent à Minturnes, dont les habitants le condamnèrent à mort. Mais lorsqu'ils apprirent que sa vue seule avait fait tomber l'arme des mains du soldat qu'ils avaient envoyé pour le tuer, ils furent touchés de son sort et facilitèrent son évasion. La déesse Marica était adorée à Minturnes.

MINTURNI (Antoine-Sébastien), après avoir professé la rhétorique, fut nommé évêque d'Ugento, puis de Cortone dans la Calabre, et mourut vers l'an 1570. Nous avons de lui : des lettres, Venise, 1549, in-12 ; l'*Amore innamorato*, 1559, in-12. Ce livre fut approuvé par le cardinal de Montalte, depuis pape sous le nom de Sixte V ; l'*Arte poetica*, 1563. in-4°, et à Naples, 1725, in-4°.

MINUIT, s. m., le milieu de la nuit.

MINUSCULE, adj. des deux genres ; il n'est usité que dans ces expressions : lettre minuscule, caractère minuscule, petite lettre. Il est aussi substantif féminin et se dit des petites capitales, par opposition à majuscules ou grandes capitales.

MINUTE, s. f., petite partie du temps qui forme la soixantième partie d'une heure. Minute se prend souvent, dans la conversation, pour un court espace de temps qui n'est pas déterminé d'une manière précise. Minute, en terme de géographie et d'astronomie, signifie la soixantième partie de chaque degré d'un cercle.

MINUTE, s. f., lettre, écriture extrêmement petite. Il signifie aussi l'original, le brouillon de ce qu'on écrit d'abord pour en faire ensuite une copie et le mettre plus au net. Il se dit plus particulièrement de l'original des actes, qui demeure chez les notaires, et sur lequel s'expédient les copies qu'on appelle grosses et expéditives. Il signifie aussi l'original des sentences, des arrêts, des procès-verbaux qui demeurent au greffe.

MINUTER, v. a., faire la minute d'un écrit qu'on se propose de mettre ensuite au net. Il signifie, figurément et familièrement, projeter quelque chose pour l'accomplir bientôt. Dans ce sens il est peu usité.

MINUTIE, bagatelle, chose frivole et de peu de conséquence.

MINUTIEUX, EUSE, adj., qui s'attache aux minuties, qui s'en occupe et y donne trop d'attention. Il se dit aussi des choses.

MINUTIUS (M. Félix), écrivain chrétien, né en Afrique, florissait vers l'an 207 de Jésus-Christ, après Tertullien, et non, comme on l'a cru, sous Marc-Aurèle. Il exerça longtemps avec succès à Rome la profession d'avocat. Il se convertit au christianisme, et composa pour la défense de sa nouvelle religion un dialogue intitulé *Octavius*, nom du principal interlocuteur, où il discute avec un partisan de l'antique religion des Romains. Ce morceau est curieux pour ceux qui veulent connaître quels reproches le paganisme adressait au nouveau culte. On voit que Minutius s'est souvent servi de l'*Apologétique* de Tertullien ; mais son style a beaucoup plus d'élégance et de pureté, et d'ailleurs Minutius a une manière à lui d'envisager le christianisme. On a longtemps attribué cet ouvrage à Arnole ; mais Adrien Junius et Balduinus l'ont rendu à son véritable auteur. On a deux bonnes éditions de ce livre ; l'une imprimée à Leyde, en 1709, et l'autre à Cantorbéry, en 1712.

MINUTIUS (Augurinus M.), consul romain, et frère de Publius Minutius, aussi consul, fut chef d'une famille illustre qui donna à la république plusieurs grands magistrats. Il vivait l'an 490 avant Jésus-Christ. Minutius Rufus partagea le commandement de l'armée avec Fabius-Maximus.

MINYAS ou Minée, ancien roi d'Iolcos, et peut-être d'Orchomène, ce qui fit donner à ces deux peuples le nom de Miniens. Rien de plus incertain que la naissance de Minyas. Les uns le font fils de Neptune et de Calliroé, et les autres de Neptune et de Tritégénie, fille d'Éole. Une troisième opinion plus vraisemblable lui donne pour père Chrysès, un des fils de Neptune, et pour mère Chrysogénie, fille d'Halmus. Ce prince acquit de si grandes richesses que son opulence passa en proverbe. Il fut le premier qui fit bâtir un édifice pour renfermer ses trésors. Cet édifice, qui subsistait encore au bout de quinze siècles, et qui fait l'admiration de Pausanias, était une rotonde toute en marbre, dont la voûte se terminait insensiblement en pointe. Minyas épousa deux femmes, Clitodore et Phanaera. La première le rendit père de trois fils, Preston, Clymène et Péryclymène. De la seconde il eut Orchomène, Diochithende et Athamas. Ovide et Plutarque lui donnent de plus trois filles, Alcithoé, Leuconoé et Leucippe, nommée aussi Clymène et Iris. Elles sont connues sous le nom de Minéides.

MIOLLIS (le comte Sextius-Alexandre-François de), lieutenant-général, né à Aix en Provence, le 18 septembre 1759, eut pour père un conseiller au parlement de cette ville. Ayant un goût décidé pour l'état militaire, il entra, dès l'âge de 17 ans, dans le régiment des Soissonnais, infanterie, en qualité de cadet gentilhomme : peu de temps après il obtint le grade de sous-lieutenant, et partit presque aussitôt pour la guerre d'Amérique, où il combattit sous les ordres du général Rochambeau. Il se distingua pendant toute cette campagne. Blessé d'un éclat de bombe au siége d'York-Town, il revint en France et fut promu au grade de capitaine. Miollis, préparé aux innovations par son séjour aux Etats-Unis, admit avec enthousiasme les principes de la révolution. En 1792, il fut élu par ses compatriotes commandant du bataillon de volontaires des Bouches-du-Rhône; l'année suivante, chargé du commandement des Côtes-du-Var, il mit fin, par sa fermeté, aux troubles qui agitèrent pendant quelque temps la ville d'Antibes. Il se signala ensuite dans la guerre d'Italie, où il fut envoyé en 1793 avec le grade de général de brigade. Après avoir rendu de grands services à l'armée, surtout à l'époque du passage des Alpes, il s'illustra au siége de Mantoue, dont il défendit le faubourg Saint-Georges contre les troupes autrichiennes commandées par le général Provéra. Ce fait d'armes est sans contredit l'un des plus remarquables de cette époque. Sommé de se rendre par un ennemi supérieur en nombre, non-seulement il se défendit avec courage et résista à toutes les attaques dirigées contre lui; mais il manœuvra lui-même d'une manière si habile qu'il prit l'offensive et parvint à obliger le général autrichien à capituler avec sa division. Un pareil succès fut mis à l'ordre du jour de l'armée, et valut au général Miollis le commandement de Mantoue. Lors du traité de Campo-Formio, il fut chargé d'occuper la Toscane, et reçut le grade de général de division. Après la prise de Livourne, il fit désarmer les troupes toscanes, éloigner les réfugiés français, arrêter les consuls d'Angleterre et de Russie, et mettre l'embargo sur tous les vaisseaux. En 1799, il partagea les fatigues et tous les dangers de la défense de Gênes sous les ordres de Masséna. Appelé à Belle-Ile en mer en qualité de gouverneur (1803), il fut employé l'année suivante en Hollande, puis renvoyé en Italie à la fin de 1806 pour y reprendre le gouvernement de Mantoue. La première fois qu'il avait été gouverneur de cette ville, il avait fait construire dans son enceinte la place Virgilia, et élever au milieu un obélisque en l'honneur du chantre d'Enée. Pendant la dernière guerre cet obélisque, avait été détruit; le général français le fit relever. Il rendit les mêmes honneurs à l'Arioste, fit transporter les cendres de ce poète à l'université de Ferrare, et lui érigea une colonne dans le lieu même de sa naissance. Placé ensuite sous les ordres du général Masséna, il occupa la Ligurie. En 1805, il eut le commandement de toutes les forces de l'Italie supérieure; dans ce même temps il prit possession de l'état de Venise, et fut chargé du gouvernement de Rome. Chacun sait que ce fut le général Miollis qui exécuta les mesures politiques ordonnées contre la reine d'Etrurie et le pape Pie VII. Malgré la modération dont ses panégyristes prétendent qu'il fit preuve surtout à l'égard du souverain pontife, malgré l'estime dont on dit qu'il jouit auprès de Pie VII, nous déplorons qu'un général français ait osé être l'instrument de la tyrannie de son maître, et qu'il ait pu se résigner à jouer le rôle de gendarme et de geôlier d'un pape. En effet, docile aux instructions secrètes dictées par l'ambition et les caprices de Buonaparte, il molesta Pie VII jusqu'au moment où, de concert avec Murat, il le fit enlever et transporter en France. Au reste, on peut consulter les pièces publiées sur ces événements, pièces dans lesquelles se trouve souvent le nom de Miollis. De quelque manière que l'on envisage ce fait, il sera une tache ineffaçable pour la mémoire de Miollis. Les événements de 1814 le forcèrent à rentrer en France. Le gouvernement royal oublia sa conduite politique pour ne songer qu'à sa valeur militaire, et le vainqueur de Provéra fut chargé du commandement de la division dont Marseille est le quartier général. A la nouvelle du débarquement de Buonaparte, il reçut l'ordre et fut contraint de marcher contre lui avec un corps de 1,200 hommes. Il ne l'atteignit pas; on prétend qu'il avait tout arrangé en effet pour ne pas l'atteindre; et ce qui semblerait le prouver, c'est que Buonaparte lui donna un commandement important.

Mis à la retraite, sous la seconde restauration, il mourut le 18 juin 1828 d'une chute de cheval, dans une campagne qu'il possédait près d'Aix. Miollis aimait les lettres et les arts : les honneurs qu'il rendit à Virgile et à l'Arioste, et les constructions qu'il fit à Mantoue et dans d'autres lieux, prouvent son amour pour l'antiquité. Vérone lui doit la restauration de son cirque, l'un des plus beaux monuments de l'architecture romaine.

MIPHIBOSETH, fils de Saül et de Respha, sa concubine, que David abandonna aux Gabaonites, avec Armoni son frère et les cinq fils de Michol et d'Adriel. Le royaume de Juda étant attaqué par une cruelle famine qui porta partout la désolation pendant trois ans, le pieux roi s'adressa au Seigneur pour savoir la cause de cette vengeance du ciel, et apprit que c'était en punition de la cruauté de Saül à l'égard des Gabaonites. Pour fléchir la colère du Seigneur, David abandonna à ce peuple les malheureux enfants d'un père coupable, qui furent mis à mort dans la ville de Gabaa, patrie de Saül. Tosta fait observer que ils avaient ou imité la cruauté de leur père, ou commis d'autres crimes qui avaient mérité cet abandon sévère, observation conforme à l'Ecriture : *Propter Saül et donum ejus sanguinem*, II, Reg. 21.

MIPHIBOSETH, fils de Jonathas, petit-fils de Saül, était encore enfant lorsque ces deux princes furent tués à la bataille de Gelboé. Sa nourrice, saisie d'effroi à cette nouvelle, le laissa tomber, et cette chute le rendit boiteux. David, devenu possesseur du royaume, en considération de Jonathas, son ami, traita favorablement son fils. Il lui fit rendre tous les biens de son aïeul, et voulut qu'il mangeât toujours à sa table. Quelques années après, vers l'an 1040 avant J.-C., lorsqu'Absalom se révolta contre son père, et le contraignit de sortir de Jérusalem, Miphiboseth voulait suivre David. Siba, son domestique, profitant de l'infirmité de son maître, laquelle l'empêchait d'aller à pied, courut vers David, et accusa Miphiboseth de suivre le parti d'Absalom. Le monarque, trompé par le rapport de ce méchant serviteur, lui donna tous les biens de Miphiboseth. Ce prince ayant prouvé son innocence, David, qui était dans des circonstances où il ne croyait pas pouvoir faire une entière justice, ni punir le mensonge de l'avide et arrogant Siba, lui ordonna de restituer la moitié des biens qu'il lui avait adjugés; mais Miphiboseth, qui regardait ces biens comme une récompense du service que Siba, quoique coupable envers lui, avait rendu au roi en lui portant des rafraîchissements dans le désert, répondit : « C'est trop peu que la moitié de mes biens; je les cède tous volontiers à un homme assez heureux pour avoir pu vous servir à propos; je n'ai rien à désirer en ce jour que je vois mon maître et mon roi rentrer triomphant dans son palais. » II Reg., 30.

MIQUE (Joseph), né en 1757, d'une noble famille d'Alsace, était, avant la révolution, avocat à la cour royale de consultation. Dévoué à la cause de la monarchie, il fut obligé de se soustraire en 1793 à trois mandats d'amener lancés contre lui. Aussitôt que l'ordre commença à se rétablir, Mique reprit à Nanci ses occupations du barreau, où ses temps et ses connaissances furent spécialement employés à obtenir la rentrée de ses compatriotes qui avaient émigré, et leur faire réintégrer dans leur biens non vendus. En 1814, l'ardeur de son dévoûment le jeta au plus épais du mouvement royaliste qui se préparait. Porté à la tête de l'administration provisoire qui s'organisait, quand toute administration régulière avait disparu, il engagea le comte d'Artois, qui était alors à Vesoul, à s'avancer jusqu'à Nanci, où il se trouverait plus à même d'imprimer une direction au parti royaliste de l'est. Ce fut là, en effet, que ce prince fit ses premiers actes de lieutenant-général du royaume, qu'il prit l'uniforme de colonel de la garde nationale, et qu'il obtint que les autorités militaires russes le traitassent en prince français et non en aventurier étranger. Le comte d'Artois, avant de quitter Nanci, nomma Mique lieutenant-général de police pour les provinces de Lorraine et du Barrois, titre qu'il conserva jusqu'au moment où il fut appelé aux fonctions de préfet de la Meurthe. Pendant les Cent-Jours, plusieurs mandats d'amener furent décernés contre lui; il parvint à s'y soustraire, mais, à la seconde restauration, sa préfecture ne lui fut pas rendue. Peu de temps après, comme il allait remplir une mission d'une haute importance, il fut blessé à mort en tombant de sa voiture sur la route des Vosges, et mourut à Charmes le 27 mars 1816.

MIQUEL-FERIET (Louis-Charles), créateur de l'artillerie légère en France, naquit le 24 mai 1763 à Auxonne. Quelques étourderies de jeunesse l'obligeant de s'expatrier, il passa en

Prusse en 1788. Il se trouvait capitaine lorsque la guerre éclata entre ce pays et la France, en 1792. Miquel obtint la permission de rentrer dans sa patrie, et ce fut d'après ses plans que l'artillerie légère fut organisée en France sur le même pied qu'en Prusse. Il consigna ces observations sur cette arme dans un mémoire imprimé à Paris, 1795, in-4°. Il fit aussi exécuter, en 1797, pendant qu'il était attaché à la direction d'Auxonne, un nouveau modèle de caissons, connus sous le nom de caissons de Wurtz, qui fut adopté par l'administration de la guerre. En 1802, il passa à Saint-Domingue avec le titre de directeur-commandant de l'artillerie dans la partie espagnole de cette île, eut le bonheur d'échapper à l'épidémie qui la ravageait, et mourut à Belleville, près Paris, en 1806.

MIQUEL (Jean-Claude-François-Xavier), missionnaire laborieux, né à Auxonne, en 1766, d'un ingénieur géographe qui habitait cette ville, lui y mourut en 1783, laissant une nombreuse famille qui émigra tout entière à l'époque de la révolution. Jean-Claude Miquel était venu à Paris en 1784 avec le projet d'entrer à la Trappe; mais il se décida pour l'état ecclésiastique, et fut reçu dans la communauté des clercs de Saint-Sulpice. Il était diacre en 1791; l'année suivante il entra aux missions étrangères; mais après le 10 août, il fut arrêté et enfermé aux Carmes, d'où il parvint à s'échapper à l'époque des massacres de septembre. Réfugié en Suisse, il fut ordonné prêtre, le 23 décembre 1792, par M. de Lenzbourg, évêque de Lausane. Il ne tarda pas à rentrer en France, et exerça son ministère à Lyon jusqu'au siége de cette ville. Il se retira alors à Châlons, où il resta jusqu'en 1795, malgré les rigueurs de la persécution. Après avoir résidé pendant quelque temps à la Val-Sainte en Suisse, il vint à Paris, où il fut obligé, pour sauver ses jours, de changer souvent de retraite. Dès que le libre exercice de la religion fut permis, il donna des missions et des retraites dans presque toutes les villes du Midi et du centre de la France; et, on peut le dire, il fut pour un grand nombre un instrument de salut. En 1812, il partit pour l'Amérique, fut pris par les Anglais dans la traversée; mais ayant été mis sur un navire portugais, il arriva à Philadelphie le 26 mai de la même année. Après avoir parcouru la plus grande partie des villes des États-Unis, où il exerça le ministère évangélique, et avoir professé pendant quelque temps la théologie morale à Georges-Town, il revint en France à l'époque de la restauration, et se fixa à Toulouse. Il donna jusqu'en 1824 quinze missions seul ou avec d'autres ecclésiastiques. Sur la fin de sa vie, il ne put continuer un travail aussi fatigant. Il avait formé la résolution de se retirer à la Grande-Chartreuse; mais l'âpreté du climat l'empêcha d'exécuter sa résolution. Sur ces entrefaites, il fut nommé (octobre 1825) grand-vicaire et supérieur du séminaire de Montpellier; mais continuellement retenu par ses infirmités, il succomba, le 12 février 1828, à une colique de miserere.

MIRABAUD (Jean-Baptiste de), secrétaire perpétuel de l'académie française, né à Paris, en 1675, mort le 24 juin 1760, entra chez les pères de l'Oratoire, et en sortit pour être secrétaire des commandements de la duchesse d'Orléans, qui lui confia l'éducation des princesses ses filles. On a de lui: traduction de la Jérusalem délivrée du Tasse, in-12, plusieurs fois réimprimée. C'était la meilleure avant celle de Lebrun. Les grâces du poète italien sont fort affaiblies par Mirabaud. Ce traducteur a effacé de l'original tout ce qui aurait pu déplaire dans sa copie; mais il a poussé cette liberté un peu loin, et il a mieux su retrancher les défauts qu'imiter les beautés. Roland Furieux, poème traduit de l'Arioste, 1741, 4 vol. in-12. Quoique dans cette version Mirabaud ait supprimé des octaves entières, on la lit encore malgré celle du comte de Tressan.

MIRABEAU (Victor Riquetti, marquis de), l'un des propagateurs des doctrines économiques en France, naquit à Perthuis, le 5 octobre 1715. Ses ancêtres, exilés de Florence par les troubles civils, s'étaient réfugiés en Provence, dans le xive siècle, et s'y étaient maintenus au rang des plus nobles familles de la contrée. Le marquis de Mirabeau, fixant son séjour habituel à Paris, soutint son illustration par son crédit auprès des ministres, et eut l'ambition de conduire lui-même les affaires de l'État. L'opinion publique, facilement influencée à cette époque par les productions littéraires, lui parut le plus puissant véhicule pour arriver au pouvoir. Il la pressentit par un grand nombre d'écrits rédigés d'après

les principes économiques de Quesnay, qu'il avouait pour son maître, et dont il rassemblait chez lui, tous les mardis, les sectateurs emphatiques. Plusieurs de ses livres furent accueillis avec faveur: les théories qui s'y trouvaient développées étaient encore des mystères pour la presque totalité de la classe éclairée. L'enthousiasme, la pompe du langage, le charlatanisme philanthropique, et jusqu'à l'obscurité qui enveloppait l'exposé de principes simples en eux-mêmes, caractérisaient en général les ouvrages des économistes, et étaient les causes premières de leur succès. Le marquis de Mirabeau se distingua d'eux tous par un style raboteux et bizarre, où perçait une affectation malheureuse d'imiter la manière de Montaigne par une redondance de trivialités qu'il appelle sa chère et native exubérance, par sa fausse chaleur, et une incroyable naïveté d'orgueil. Ses premiers essais annonçaient un désir timide de ménager l'ordre établi, et montraient même une certaine complaisance pour les mesures prohibitives, que le gros des économistes était loin d'approuver. Le marquis devint ensuite un frondeur plus hardi; et sa Théorie de l'impôt, en lui procurant les honneurs de la Bastille, donna une vogue subite à son nom. Le roi de Suède lui envoya, le jour même de la révolution qui, en 1772, lui rendit son autorité, la croix de grand-commandeur de l'ordre de Wasa. Le même prince, arrivé à Paris quelque temps après, n'oublia pas de visiter le philosophe, et lui parla de Montesquieu. Montesquieu! répondit Mirabeau, les rêveries surannées de cet homme ne sont plus estimées que dans quelques cours du Nord. « Ce Mirabeau l'économiste, dit Laharpe, n'avait de l'imagination méridionale que le degré d'exaltation qui touche à la folie, et prit de la philosophie du temps l'orgueilleux entêtement des opinions et une soif de renommée qu'il crut satisfaire en popularisant sa noblesse par des écrits sur la science rurale. Il possédait assez pour dégrader de très belles terres par des expériences de culture, et déranger une grande fortune par des entreprises systématiques et de constructions de fantaisie. Il se faisait l'avocat du paysan dans ses livres, et le tourmentait dans ses domaines par ses prétentions seigneuriales, dont il était extrêmement jaloux. » il écrivait à sa femme: « Dites au curé du Bignon (l'une de ses terres) de me préparer une harangue, et que sans cela je ne verrai plus d'habits noirs. » Il exigea que le curé de Roquelaure publiât en chaire qu'il fallait remercier la Providence d'avoir donné à la contrée un maître doux et d'une race faite pour commander aux hommes. Ces extravagances ne sont que comiques: mais que dire de la conduite d'un prêcheur de vertu qui, s'il faut en croire son fils et quelques admirateurs du temps, aurait plusieurs fois compromis, par ses débauches, la santé d'une épouse (Marie-Geneviève de Vassan), qui lui avait donné onze enfants et apporté cinquante mille livres de rente, l'aurait ensuite persécutée, et, après avoir provoqué sa réclusion pendant douze ans, aurait entretenu des maîtresses, obtenu de l'amitié des ministres cinquante-quatre lettres de cachet contre sa famille, et fatigué les tribunaux de ses scandaleux procès avec elle; qui, courtisan aussi lâche que despote impitoyable, caressa les nouvelles autorités parlementaires créées par Maupeou; et jaloux de la supériorité d'un fils qui menaçait de l'éclipser, s'efforça de le comprimer, le précipita par ses rigueurs dans de nombreux écarts, et alla jusqu'à l'accuser d'avoir souillé sa couche. Cet homme, qui faisait maudire aux siens son avarice, offrit un asile à Jean-Jacques. Le citoyen de Genève paya cette bienveillance intéressée par des formules d'admiration, et, se retranchant adroitement sur l'incapacité de son esprit, se dispensa de motiver ses éloges par la lecture des œuvres de son patron. Le marquis de Mirabeau mourut à Argenteuil, le 13 juillet 1789. Ses œuvres, qu'on a justement appelées l'Apocalypse de l'économie politique, forment plus de vingt volumes. La plus grande partie a été recueillie à la suite de l'Ami des hommes, 8 vol. in-12, ou 3 vol. in-4° En voici la liste à peu près complète: 1° L'Ami des hommes, Paris, 1755, 5 vol. in-12. Cet ouvrage fit une grande sensation, fut goûté en Angleterre, et il en parut une traduction italienne, à Venise, en 1784; 2° Examen des poésies sacrées de Lefranc de Pompignan, 1755, in-12; fastidieux et ridicule panégyrique, que Pompignan eut la maladresse d'adopter dans une édition de luxe qu'il donna de ses poésies; 3° Mémoire sur les états provinciaux, 1757, in-12; 4° Mémoire concernant l'utilité des états provinciaux, 1757, in-8°; 5° Réponse du correspondant à son banquier, 1759, in-4°. C'est la réponse à la Lettre d'un banquier par Forbonnais; 6° Théorie de l'impôt,

Paris, 1760, in-4° et in-12. Au jugement de l'auteur, c'est son chef-d'œuvre ; 7° *Philosophie rurale ou Economie générale et particulière de l'agriculture*, Amsterdam, 1764, 3 vol. in-12 ; abrégé, sous ce titre : *Eléments de la philosophie rurale*, la Haye, 1767 et 1768, in-12. Quesnay a eu part à cette production ; 8° *Lettres sur le commerce des grains*, 1768, in-12 ; 9° Les *Economiques*, dédiées au grand-duc de Toscane, Paris, 1769, 2 vol. in-4°, ou 4 vol. in-12. Elles parurent dictées par le succès récent des Dialogues sur les blés, de Galiani ; 10° *Lettres économiques*, Amsterdam, 1770, in-12 ; 11° Les *Devoirs*, imprimés à Milan, au monastère de Saint-Ambroise, 1770, in-8°. Ce titre est une allusion à l'un des traités les plus connus du saint archevêque de Milan ; 12° *La science ou les droits et les devoirs de l'homme*, Lausanne, 1774, in-12 ; 13° *Lettres sur la législation*, ou *l'ordre légal dépravé, rétabli et perpétué*, Berne, 1775, 5 vol. in-12. Il y aurait quelques bonnes idées à y glaner ; 14° *Entretiens d'un jeune prince avec son gouverneur*, Paris, 1785, 4 vol. in-12. Ce livre a été publié par Grivel ; 15° *Education civile d'un prince*, Dourlac, 1788, in-8° ; 16° *Hommes à célébrer pour avoir bien mérité de leur siècle et de l'humanité par leurs écrits sur l'économie politique*, ouvrage publié par le P. Boscovich, ami de l'auteur, Bassano, 2 vol. in-8° ; 17° *Rêve d'un goutteux*, ou le *principal*, in-8°, sans date, mais de la fin de 1788 ou environ. Le marquis de Mirabeau fut un des rédacteurs du *Journal de l'agriculture, du commerce et des finances*, Paris, 1767 à 1774, 30 vol. in-12. Il rédigea avec l'abbé Baudeau, de 1765 à 1768, les *Ephémérides du citoyen*, ou *Chronique de l'esprit national et Bibliothèque raisonnée des sciences*, in-12. Dupont de Nemours en fut le continuateur jusqu'en 1772, et les porta au 63° vol. C'est dans ce recueil que le marquis inséra son éloge du *Maître de la science* (Quesnay), qu'il met au-dessus de Socrate et de Confucius : on recherche encore ce morceau comme un modèle du style amphigourique.

MIRABEAU (HONORÉ-GABRIEL RIQUETTI, comte de). Le 9 mars 1749, dans le château de Bignon, près de Nemours, une femme était en travail, et, après une grossesse pénible, l'énorme tête de l'enfant qu'elle portait dans son sein, rendit sa délivrance si difficile, qu'on crut un moment qu'elle mourrait à la peine. Cet enfant, c'était Gabriel-Honoré de Mirabeau. Ce qui se passait sur ce lit de travail et de douleur, était-ce l'image de l'avenir? La tête prodigieuse de l'homme ne devait-elle pas mettre en péril de mort la monarchie, obligée de l'enfanter à la vie politique, comme la tête du nouveau-né avait mis en danger sa mère, la marquise de Mirabeau? Gabriel naquit avec un pied tordu, lui qui devait être un des hommes les plus alertes de son siècle ; et, par un autre jeu du hasard, ce roi de l'éloquence avait la langue nouée en naissant. Le premier mot qui annonça cet homme puissant dans la vie fut un mot de terreur. « Avant même que je connusse le sexe du nouveau-né, disait son père, le premier mot que j'entendis fut celui-ci : *Ne vous effrayez pas.»* Parole bien digne d'être prononcée près de ce formidable berceau. La race dont Mirabeau sortait était originaire de Florence. Les Arrighetti avaient été obligés de quitter cette ville à l'époque des querelles des guelfes et des gibelins. C'étaient des hommes de parti de haute taille, aristocrates turbulents, de tout temps initiés aux factions civiles, et la chaleur de leur sang n'avait pas dégénéré sous le ciel brûlant de la Provence à laquelle ils avaient demandé l'hospitalité depuis plusieurs siècles. Alliés aux premières familles du pays, ils s'étaient enrichis par le commerce à Marseille, cette ville si essentiellement commerçante, que le négoce n'y fit jamais déroger. Leur race avait produit plusieurs hommes remarquables, d'intrépides généraux presque toujours d'un caractère aussi indomptable que leur courage, des esprits d'une indépendance républicaine et d'une hauteur aristocratique, lorsqu'elle enfanta Gabriel-Honoré de Mirabeau. Il était utile de rappeler ces détails ; ils serviront à faire connaître ce qui, dans Mirabeau, appartient à la race et ce qui appartenait à l'homme. Il y a deux vies dans la vie de Mirabeau. L'une pleine de vices, de désordres retentissants, d'aventures scandaleuses, de passions bouillantes, de violences, de licence sans masque, et, disons-le aussi, de misères continuelles, d'épreuves irritantes, d'emprisonnements, d'exils, de travaux hardis et de méditations fiévreuses, débauches d'esprit à ajouter aux débauches du corps, s'étend de l'année 1769 à l'ouverture des Etats-Généraux. La seconde commence où la première finit : c'est la vie politique, pleine de triomphes éclatants, d'audace, d'éloquence, de génie ; audace sans probité, génie sans vertu, mais non pas sans grandeur. Cette

seconde existence est courte par le temps, mais large par la place qu'elle tient dans notre histoire. Comme une mer aux vagues puissantes et irritées, elle roule ses années entre deux limites : la tribune de l'Assemblée nationale et le lit de mort, sans repentir et sans croyance, où Mirabeau, après avoir préparé toutes les destructions, se coucha comme un géant, fatigué de sa journée, au moment où il songeait à arrêter le mouvement que jusque-là il avait conduit. La première de ces deux vies est nécessaire pour comprendre la seconde. Le Mirabeau des folles amours, des lettres de cachet, des luttes judiciaires, des châteaux-forts et des bastilles, des exils et des courses errantes, des missions secrètes et des libelles brûlés par la main du bourreau, est la préface du Mirabeau politique. C'est pendant cette première époque que la statue se taille elle-même dans le bloc. Dès que l'aurore des événements poindra à l'horizon, elle en sortira pour aller se placer sur son piédestal de génie et d'éloquence, inspirant à tout le monde une admiration sans estime et une terreur sans respect. Contraints d'arriver, pour ainsi parler, d'un bond à la vie politique de Mirabeau, esquissons pourtant en quelques pages sa première vie. A trois ans, il avait eu une petite vérole très maligne, qui, grâce à un cataplasme d'empirique que sa mère lui appliqua sur la face, y laissa des traces profondes. Gabriel-Honoré ne ressembla pas mal, après cette époque, à l'un des anges foudroyés, dont le front atteste les ravages de la foudre. « Ton neveu, écrivait le marquis de Mirabeau à son frère, est laid comme le neveu de Satan. » On a beaucoup recherché la cause de la conduite dure et cruelle du marquis de Mirabeau envers son fils et de la manière injurieuse dont il le juge dès sa plus tendre enfance. Cette cause n'est pas difficile à trouver pour ceux qui étudient le caractère de ces deux personnages : le premier était absolu, le second indomptable. L'Ami des hommes, qui, à peine âgé de 22 ans, concevait déjà ses rêves d'économie politique, et dictait par avance à sa postérité, qui n'existait pas encore, ses conseils et ses enseignements, le dur gentilhomme qui transportait le génie farouche de la paternité antique dans nos mœurs, aurait eu besoin de rencontrer une nature molle et docile, qui se laissât manier et conduire, et non une nature puissante et forte, qui marchât dans son propre sens. L'écrivain qui, dans un style boursouflé d'emphase et où croissaient, comme d'inextricables broussailles, tant d'effroyables métaphores, affichait la mission de chef de secte et de Mahomet des sciences économiques, aurait aimé à ne rencontrer chez lui que des séides ; et Gabriel-Honoré de Mirabeau n'avait aucune vocation pour ce rôle. Il y avait donc incompatibilité entre les défauts du père et ceux du fils. Si vous ajoutez à cela que le marquis de Mirabeau s'était de bonne heure séparé de sa femme, et l'avait remplacée par une étrangère (Mme de Pailly), qui haïssait naturellement le fils comme le représentant et le souvenir de l'épouse légitime, vous comprendrez toute la rigueur d'une éducation pendant laquelle l'indulgence de la mère ne s'assit pas au foyer domestique, entre le despotisme du père et l'indépendance du fils. Aussi, après quelques essais d'éducation particulière, l'enfance de Mirabeau s'acheva dans une espèce de maison de correction où il fut placé sous le nom de Pierre Buissière. Le cours de ses emprisonnements commençait avant sa jeunesse, et la main de son père le flétrissait avant celle des juges, le dégradait de sa noblesse et de son nom. Sans doute ces premières années ne justifient point la suite de la vie de Mirabeau, mais l'enfant le fut comme un accusé. Quand cette éducation orageuse fut terminée, il ne savait qu'incomplètement ce qu'il avait appris ; mais, si son intelligence n'était pas formée, elle était ouverte, et dans les luttes continuelles son caractère s'était trempé. Son séjour dans une espèce de régiment disciplinaire, Berry-Cavalerie ; quelques folies de jeunesse ; sa captivité à l'île de Ré, qui en fut la suite ; la campagne de Corse, où il se distingua, remplissent ses premières années. Au retour de cette campagne de Corse, il exerce sur un oncle, bailli de l'ordre de Malte, cet ascendant auquel peu de personnes déjà pouvaient résister. Son père lui-même, qui consent à le voir, subit la loi commune. Il lui rend pour un temps sa tendresse et son nom, et le présente à Versailles, où Mirabeau obtient un grand succès. Il développa dans ce monde, où tout était nouveau pour lui, cette présence d'esprit que rien n'étonnait et ce terrible don de familiarité, comme parle son père, qui le mettait à l'aise avec toutes les grandeurs du rang, par l'instinct qu'il avait de sa grandeur personnelle. Dans le voyage que Mirabeau fit, en 1771, dans le midi, pour arranger les démêlés qui s'étaient élevés entre les hommes d'affaires de son père et les communes, son mariage avec mademoiselle Covet de Marignane se noua. Voici comment son oncle le bailli dépeignait à cette époque mademoiselle de Marignane : « Elle est d'une figure très ordinaire, et même vulgaire au premier abord ; brune, même un peu mauricaude ; de beaux yeux, de beaux cheveux, les dents pas belles, mais un joli rire continuel ; ayant la taille petite, mais bien ; montrant bien de l'esprit, ingénu, fin et sensible, vif, gai et plaisant, et un des plus essentiellement jolis caractères. » Il fallut que Mirabeau emportât ce mariage de haute lutte. Il avait pour concurrents toute la Provence, les d'Albertas, les Valbelle, les Caumont, les Chabrillant, les Lavalette. On regardait le mariage de ce dernier avec mademoiselle de Marignane comme conclu. Mirabeau, qui, comme il le dit dans une lettre, « ne reconnaissait rien d'invincible et fort peu d'inattaquable, » rompit cette affaire presque arrangée, en exerçant sur toutes les femmes de la famille de celle qu'il voulait épouser, et sur elle-même, cet ascendant qui le suivait partout. Les deux pères se distinguèrent par une rare parcimonie dans le contrat. Mademoiselle de Marignane, une des plus riches héritières de la Provence, n'eut que 1,000 écus de pension ; son mari en eut 2,000. On comprend combien cette somme était insuffisante pour Mirabeau, qui allait toujours un peu au-delà du possible, en luxe comme en politique, en affaires d'amour comme en affaires d'argent. Il avait déjà quelques dettes ; les dépenses d'un lendemain de noces, les cadeaux, le goût des ameublements et le rajeunissement d'un vieux château pour une mariée de 18 ans ; puis quelques projets d'amélioration agricole, suivis de procès, de transactions, de prêts usuraires, l'eurent bientôt mis aux abois. Son père, avec sa raideur et sa dureté ordinaire, refusa de venir à son aide ; tout au contraire, il obtint une lettre de cachet, et s'en servit pour l'obliger à résider à Manosque. Peu de temps après, il se mit en mesure d'obtenir une sentence d'interdiction contre lui. Dans l'interrogatoire que Mirabeau eut à subir devant le lieutenant particulier de Manosque, il avouait ainsi ses fautes en les excusant : « Ma conduite a été folle et répréhensible. J'ai dépensé beaucoup trop, mais cependant d'une manière très modérée, proportionnellement à mes engagements. On me dira : C'est une preuve certaine de votre démence, que de contracter pour des sommes énormes lorsqu'on n'en reçoit que de modiques. J'ai commencé par étourderie, continué par nécessité, fini par faiblesse. J'en appelle à vous, mon père ; peut-on conclure de la conduite d'un homme de 23 ans à celle que tiendra un père de famille ? Au reste, j'affirme que 20,000 écus suffiront à payer mes dettes. » Nous avons donné quelques détails sur ces faits, parce qu'ils sont l'origine de tous les égarements et de tous les malheurs de Mirabeau. Interdit, condamné à résider à Manosque, il écrit son Essai sur le despotisme, nuage obscur où brillent quelques beaux éclairs. Bientôt il rompt son ban pour réconcilier deux personnes, a le malheur de voir cette rupture constatée officiellement à la suite du procès suscité par la correction qu'il donne publiquement à un gentilhomme qui avait insulté sa sœur, est transféré au château de l'If d'après les sollicitations de son père ; puis, comme il a mis le gouverneur sous le joug de cette influence persuasive à laquelle tout cède, il se voit enfermé, le 25 mai 1775, au fort de Joux, situé sur les frontières de la Suisse. A peu de distance du fort de Joux, se trouve la petite ville de Pontarlier. La maison la plus considérable de cette ville était celle du marquis de Monnier, ancien président de la cour des comptes, à Dôle, qui, à l'âge de 70 ans, avait épousé une jeune femme de 18 ans pour exhéréder sa fille, mariée sans son consentement. Le marquis de Monnier accueillit Mirabeau avec une bonté toute paternelle ; il se plaisait à lui entendre raconter ses malheurs et jusqu'à ses fautes, et lui prodiguait des consolations et des conseils. Un autre auditeur écoutait avec plus d'attention et de plaisir encore ce dangereux narrateur : c'était la jeune marquise de Monnier, alors âgée de 24 ans ; nouvelle Desdémona suspendue aux lèvres d'un autre Othello. Cependant il semble que Mirabeau ait hésité avant de mettre entre lui et sa femme le scandale de cette liaison. On ne peut guère douter que, se défiant de lui-même, il ait voulu prévenir ses entraînements en provoquant la présence de la comtesse. La comtesse ne vint pas, et Mirabeau se précipita dans sa passion. Ce ne fut pourtant qu'après bien des hésitations, et sur les instances réitérées de madame de Monnier, que, quittant la Suisse où il s'était réfugié, il revint favoriser sa fuite. Partis le 17 septembre 1776 des Verrières pour la Hollande, Mirabeau et Sophie entrèrent à Amsterdam

le 17 octobre. Comme au crime de sa fuite, madame de Monnier n'avait pas ajouté l'ignominie d'un vol domestique, il fallut songer en arrivant à trouver des moyens de subsistance. Mirabeau dut attendre pendant quelque temps la confiance hollandaise des libraires d'Amsterdam, toujours tardive à se manifester. Enfin, il obtint quelques occupations, et grâce à un travail opiniâtre qui durait jusqu'à douze heures, il put gagner un louis par jour. Que si l'on voulait connaître la vie que menèrent à Amsterdam les deux fugitifs, on en trouverait le tableau le plus exact dans cette lettre que Sophie écrivait cinq ans plus tard à Mirabeau : « Tu liras dans le dernier Mercure une histoire qui te fera plaisir ; c'est celle de Sabinus, ce Romain qui, sous le règne de Vespasien, s'enferma avec sa femme dans un souterrain. Leur vie passée loin de la société qui étourdit le bonheur, ressemble à celle que nous menions à Amsterdam. Mais pourtant quelle différence ! Ils vécurent neuf ans dans leur cachette, et nous neuf mois seulement. Ils furent arrêtés comme nous, mais ils moururent ensemble et du même coup ! » Madame de Monnier oublie une différence encore, c'est qu'Eponine était la femme de Sabinus. Mais ces idées étaient loin de son esprit, et s'il faut le dire, loin du siècle. Les deux fugitifs ne cachaient point leur retraite, qu'une fausse sécurité, fondée sur la confiance qu'ils avaient dans les lois hollandaises, leur faisait regarder comme inviolable. Elle fut découverte. Une condamnation pour rapt et séduction, émanée du bailliage de Pontarlier, intervint contre Mirabeau et sa complice. Le premier était condamné à avoir la tête tranchée, la seconde à être enfermée, sa vie durant, dans une maison de refuge de Besançon, et à être rasée et flétrie comme les filles de la communauté. Ce fut après ce jugement que le marquis de Mirabeau d'une part, et madame de Ruffex de l'autre, s'accordèrent à promettre à l'agent de police de Brugnières cent louis chacun pour la capture des deux exilés, dont deux lettres de cachet avaient mis la liberté à leur merci. Bientôt après, à la date du 21 mai 1777, le marquis écrivait : « J'ai reçu avis que le scélérat était serré et aux fers. » C'est dans ce style paternel que l'ami des hommes parlait de son fils. Pour être vrai, il faut reconnaître que le fils n'avait pas parlé avec beaucoup de déférence du père dans le mémoire violent et passionné qu'il envoya de Hollande à sa mère pour le procès qu'elle soutenait alors contre le marquis de Mirabeau, et avec moins de bienveillance encore dans une lettre apologétique adressée à la Gazette littéraire, et qui censure amèrement dans le marquis le mari et le père, sans oublier de railler le chef de secte et l'auteur. Arrêtés, séparés, et conduits en France, Mirabeau fut enfermé au donjon de Vincennes, tandis que Sophie était incarcérée dans l'établissement de mademoiselle de Douaynie, rue de Charonne ; c'était une sorte de maison de correction. Ainsi commença cette longue captivité qui devait durer quarante-deux mois, et dévorer les plus belles années de Mirabeau. Par une tolérance qui peint l'époque, le lieutenant de police Lenoir, ou plutôt M. Boucher, commis principal au secret, permit aux deux amants de correspondre, à condition que la correspondance passerait sous ses yeux, et que les originaux demeureraient dans les cartons de la police. C'est là que Manuel, procureur de la commune, les trouva, treize ans plus tard, et s'en empara pour les publier. Cette correspondance avait fini par être un mauvais livre. La captivité qui améliore tant d'hommes pervertit celui-ci. Toute issue lui étant fermée, il se développait au vice de vice, et écrivait la débauche faute de pouvoir la faire. Sous d'autres points de vue encore, la correspondance de Vincennes a quelque chose d'abominable. Toutes les mauvaises passions y fermentent, tous les instincts odieux ou dépravés de la nature humaine s'y trouvent accouplés, et quand, au milieu des révélations qu'on y trouve et des attaques mutuelles dont ils portent la trace, le rideau qui cachait cet intérieur de famille est levé, le regard du public, étonné, croit plonger dans les tragiques horreurs de la fatalité antique avec ses crimes, ou dans les infamies italiennes des Borgia. A côté de cette correspondance secrète, Mirabeau en entretenait une plus honorable et aussi active, où il pouvait donner carrière à son génie. En entrant à Vincennes, sa pensée eut d'en sortir. Pendant quatre ans il marche à ce but, avec une puissance de volonté et une fécondité de moyens incomparable. D'abord tout le monde est ennemi ; sa famille, le ministère, le public, la police ; à la fin il a rangé tout le monde de son parti. Son père, persuadé le dernier, comprend que si le captif ne sort point par lui, il sortira sans lui et malgré lui ; alors il s e décide à mettre un terme à cette longue prison, et, dans ce dernier moment, il ne peut, en dépit de toutes préventions, s'empêcher de reconnaître l'habileté haute et digne avec laquelle Mirabeau traite l'affaire de sa mise en liberté. Cette volumineuse correspondance si passionnée, si éloquente, ajoutée à la correspondance secrète, si brûlante, et si désordonnée, n'a pas sulfi encore à l'immense activité du captif. Homère, Ovide, Catulle, Properce, Tibulle, Le Tasse, Tacite, Silius Italicus traduits en totalité ou en partie, une grammaire générale, un drame, une tragédie composés, des dissertations de tous genres sur les troupes réglées, sur les maisons religieuses, sur tous les sujets, des vues et des directions politiques adressées au roi et à la reine, comme si, par une merveilleuse intuition, le captif de Vincennes devinait qu'il tendrait un jour à cette grande et malheureuse reine son bras de géant pour l'inviter à y appuyer la monarchie ; des projets d'embellissements pour Paris qui présageaient et indiquaient la plupart des travaux qui ont été accomplis depuis, entre autres le pont construit devant le Jardin-des-Plantes et celui qui regarde l'hôtel des Invalides, le percement de la rue qui ouvre à la place Vendôme une issue sur les boulevards; plusieurs ouvrages originaux tels que les Lettres de cachet, rugissement du lion captif qui mord les barreaux de sa cage, voilà une partie des immenses labeurs de Mirabeau. Cette intelligence, aux appétits de cyclope, dévorait tout et ne se donnait le temps de rien digérer. Encore n'avons-nous point parlé de plusieurs livres érotiques, prostitution du talent, à l'aide desquels Mirabeau, suppléant à l'insuffisante pension de 600 livres que lui faisait l'avarice paternelle, pourvoyait aux besoins de Sophie, aux siens, et au paiement de la nourrice de l'enfant qu'il en avait eu ; triste fruit du vice, que le produit de la peinture du vice servait peut-être à alimenter. Ce fut le 13 décembre 1780 que Mirabeau sortit de Vincennes. Plusieurs mois se passèrent encore avant que son père, qui ne l'avait pas vu depuis neuf ans, consentît à le recevoir. Les lettres que le marquis écrivait à cette époque indiquaient le motif secret de cette répugnance ; il craignait, sans l'avouer, sans peut-être se l'avouer à lui-même, de subir l'ascendant irrésistible que prenait son fils partout et sur tous. Le 5 juin 1781 eut lieu cette entrevue, qui fut touchante et pleine de larmes ; l'on trouve dans la relation qu'en fait son père des détails sur l'extérieur de Mirabeau, qui donnent une idée exacte de ce qu'il était à cette époque : « Je l'ai trouvé grossi beaucoup, surtout des épaules, du col et de la tête. Il a de notre forme, construction et allure, sauf son vif-argent. Son front s'est ouvert, ses yeux aussi. Il a beaucoup moins d'apprêt dans l'accent, cependant il en reste: l'air naturel d'ailleurs est beaucoup moins rouge.» Quant à l'intellectuel, il avait singulièrement profité chez Mirabeau pendant cette longue captivité. Outre ses lectures qui avaient été prodigieuses, l'affaire de sa mise en liberté qu'il avait conduite comme une haute négociation diplomatique, l'avait perfectionné dans l'art de manier l'esprit des hommes et de gouverner le sien. Ce n'avait pas été une œuvre de peu de difficulté et de peu de génie que de faire mouvoir tant de ressorts, de ménager tant de caractères, de rendre sa fureur calme, sa colère respectueuse, sa rage résignée ; il est vrai qu'il donnait cours à ses sentiments dans la correspondance de Vincennes, espèce de soupape de sûreté qui, en laissant la vapeur s'échapper, empêchait la machine de sauter. Dès qu'il a vu son père, Mirabeau, avec cette insinuation qui lui était naturelle, et favorisé d'ailleurs par l'absence de madame de Pailly, son éternelle ennemie, a bientôt pris l'influence que le marquis redoutait. Une lutte qui a son côté comique s'engage dans l'esprit du fier économiste : partagé entre le sentiment de la supériorité de son fils et le culte de sa propre supériorité, tantôt cédant à son légitime orgueil de père, tantôt à sa mesquine vanité d'homme, il mêle la louange au blâme, corrige l'admiration par le dénigrement, et ne se console de la nécessité où il est de reconnaître les rares talents de Mirabeau qu'en se figurant qu'il est un outil dans ses mains et que lui-même est l'ouvrier. L'intelligent outil entraîne la main qui croit le conduire, et c'est ici que Mirabeau entre dans ces deux grandes luttes judiciaires qui placèrent son génie si haut, que la révolution de 89 agrandit plutôt le théâtre que l'acteur. C'était peu d'avoir rendu à Mirabeau la liberté, il fallait lui rendre sa position dans le monde et son rang. Pendant sa captivité, il avait perdu deux enfants, l'un de sa femme, l'autre de sa maîtresse. La première de ces deux morts faisait désirer à son père un rapprochement nécessaire pour prévenir l'ex-

tinction de la race des Mirabeau, la seconde le facilitait, car il relâchait les liens qui unissaient Mirabeau à Sophie. Il les relâchait jusqu'à les rompre. En effet, Sophie, fatiguée du redoutable et défiant amour de Mirabeau, ne le vit furtivement après sa sortie de prison que pour le quitter et mourir, après s'être un instant reposée dans l'amour d'un agonisant, dont la fin prématurée la décida au suicide. Pour ressusciter Mirabeau à la vie sociale, il fallait deux choses: obtenir l'abolition de la sentence rendue par contumace à Pontarlier, et négocier sa réunion avec la comtesse de Mirabeau, qui, éloignée de lui depuis 1775, séparée de biens depuis 1779, et retirée en Provence auprès du marquis de Marignane, avait déclaré qu'elle se ferait séparer de corps à la première apparition de son mari. On hésita longtemps avant de savoir dans laquelle de ces deux luttes judiciaires on s'engagerait d'abord ; mais l'on finit par comprendre que tant que la contumace de Pontarlier ne serait point purgée, il n'y aurait, du côté de la Provence, aucun espoir d'arriver à un dénoûment. Les influences de la magistrature qui étaient toutes du côté de la famille du marquis de Monnier, inspiraient tant de craintes, que l'on songea un moment à obtenir des lettres d'abolition du roi. Mirabeau s'y refusa avec fermeté. Il eût fallu sacrifier Sophie ; il ne voulut point y consentir, quoiqu'elle-même l'y exhortât. Le 2 février 1782, il partit du Bignon, et après une proposition en accommodement demeurée inutile, il se constitua prisonnier, et entra dans le procès avec l'ardeur de son âge et la puissance de son caractère. Bientôt de sa position d'accusé il se fit un rôle, de sa prison une tribune, et ses mémoires pleins d'éloquence eurent un succès d'enthousiasme et rangèrent l'opinion de son côté. Sans doute Mirabeau était coupable, mais coupable d'une faute que les lois ne punissaient plus dans cette époque, tant les mœurs relâchées de la société l'absolvaient. En outre, on avait faussé contre lui le texte de la loi, en le condamnant pour un rapt qu'il n'avait pas commis, attendu que madame de Monnier l'avait suivi volontairement, et que le rapt ne peut avoir lieu d'ailleurs que contre une femme non mariée. De plus, on l'avait frappé d'une peine en disproportion évidente avec sa faute, surtout dans cette époque de corruption. Enfin le marquis de Monnier ne paraissait point dans cette affaire, et la laissait suivre à madame de Valdahon , sa fille, autrefois exhérédée par lui, et qui évidemment ne s'opposait à la réformation de l'arrêt de contumace que pour empêcher madame de Monnier de rentrer dans ses avantages matrimoniaux. De sorte que ce n'était plus un intérêt d'honneur, mais un intérêt d'argent que Mirabeau se trouvait avoir à combattre, et que le beau rôle était pour lui, qui, déjà puni par une captivité de quatre ans, avait à se défendre contre un arrêt de mort, parce qu'il ne voulait point abandonner la cause d'une femme qu'il n'aimait plus, mais dont il se souvenait d'avoir fait le malheur. Il profita avec une rare habileté de ses avantages, et accabla ses adversaires. Ils réussirent bien, il est vrai, à lui faire refuser la liberté provisoire ; mais il tint ferme en prison, comme il aurait pu le faire dehors. Son père, désolé de la publicité des mémoires qui ne présentaient pas sous un beau jour à l'opinion celui qui avait été le promoteur de la longue captivité de Vincennes, entra dans des transports de colère, et fit ouvrir une négociation par son gendre, M. Du Saillant, pour amener une transaction qu'il voulait que Mirabeau acceptât à tout prix. Mirabeau fut inflexible ; il laissa la négociation secrète suivre son cours, et continua publiquement la guerre des mémoires. Quand enfin il transigea, il reçut ses ennemis à merci. La procédure cassée, son absolution prononcée, madame de Monnier recouvrant sa dot et recevant une pension viagère, telles avaient été les premières conditions imposées par Mirabeau; il fallut les subir. On peut dire qu'au tour qu'avait pris cette affaire la morale n'était plus d'aucun côté, et que le talent était du côté de Mirabeau. Il avait mené le procès avec une vigueur, une énergie remarquable, et avait montré, à défaut de la confiance de la vertu, l'audace de la supériorité. Cependant, quand cette première lutte fut terminée, Mirabeau, qui était resté à Pontarlier quelques jours pour attendre l'effet des cartels dont on l'avait menacé, sembla hésiter un moment avant de commencer la seconde. Son père, qui ne lui pardonnait guère plus ses succès que ses fautes, avait formellement déclaré qu'il ne voulait rien faire pour lui, en aggravant son refus par ces paroles d'injures qu'il trouvait si facilement lorsqu'il s'agissait de son fils. Mais les découragements de cette nature puissante ne duraient pas longtemps. Mirabeau qui était allé à Neufchâtel pour vendre quelques manuscrits, et qui, toujours prêt à se mêler aux affaires publiques, avait profité de ce voyage pour tenter d'arranger les différends qui s'étaient élevés entre la démocratie et l'aristocratie de Genève, prit la route de Provence au mois d'octobre 1782. Dans l'affaire de Pontarlier, il avait eu, au moins au commencement des débats, son père avec lui. Ici, le marquis de Mirabeau lui est, dès le début, ouvertement contraire. Ses haines sont revenues avec madame de Pailly. C'est en vain que le bailli, homme d'un sens plus droit et d'un esprit plus juste, remontre à son frère l'inconsistance de ses volontés et l'inconséquence de sa conduite ; pendant six mois, il faut renouveler chaque jour les demandes en autorisation de plaidoirie, car, en sa qualité d'interdit, Mirabeau ne pouvait paraître en justice sans l'aveu de son père. Ces six mois sont employés en démarches pour obtenir une réunion à l'amiable, démarches qui demeurent sans fruit. Madame de Mirabeau avait sans doute des sujets très-légitimes de plaintes contre son mari ; mais, en outre, elle s'était accoutumée aux jouissances brillantes d'un veuvage anticipé, jouissances frivoles sans être coupables, et elle préférait les pompes littéraires et les fêtes poétiques du château de Marignane à la vie sévère et retirée qui l'attendait au château de Mirabeau. L'ascendant de son père était grand sur elle, et son père, à qui le nom de Mirabeau était devenu odieux depuis que le marquis de Mirabeau, alarmé de ses prodigalités, lui avait fait insinuer, dans l'intérêt de son petit-fils, une requête en substitution, se trouvait par surcroît entouré de collatéraux habiles, naturellement opposés à une réunion devenue le seul obstacle entre eux et le riche héritage qu'ils dévoraient des yeux. Toutes les démarches de Mirabeau devaient échouer et échouèrent contre ce concours de circonstances. Il fallut plaider. Le 20 mars 1783, il était devant le Siége, et plaidait lui-même sa cause. Le concours fut immense. Toute la Provence accompagnait M. de Marignane. Trois Anglais, parmi lesquels on remarquait lord Péterborough, osèrent seuls assister Mirabeau de leur présence. Ce jour-là devait se manifester le terrible talent qui renversa la monarchie. Dans son plaidoyer, Mirabeau se révéla tout entier ; il courba la tête de M. de Marignane, lui arracha, à ce qu'assurent les correspondances du temps, des larmes à lui-même, effraya Portalis soutenu par vingt avocats qu'on avait consultés pour que la partie adverse ne pût les avoir, et se retira au milieu des applaudissements universels. La demande de Mirabeau à fin de réunion provisoire avait été accueillie, tout semblait lui annoncer un succès définitif, lorsque ses adversaires le frappèrent d'un coup dont il eut peine à se relever. Pendant la captivité de Vincennes, le marquis de Marignane avait reçu un grand nombre de lettres du marquis de Mirabeau, dans lesquelles le farouche économiste exhalait la haine dont il était animé contre son fils. Toutes les impressions de l'héritier des Arrighetti étaient frappées au coin de l'exagération italienne. Dans ses défiances, il allait d'un seul pas à l'absurde, dans ses accusations à l'atroce. Il avait donc écrit sur le prisonnier de Vincennes d'abominables choses, et parmi les noms qu'il lui donnait, ceux de malfaiteur et de scélérat étaient les plus doux. Les avocats de la comtesse de Mirabeau publièrent un mémoire composé presque entièrement de ces lettres, et pour ceux qui ne connaissaient point le marquis, c'était un terrible argument que cette condamnation d'un fils contre-signée par son père. A partir de cette publication, le bailli désespéra de la réunion, et avait même cessé de la souhaiter, convaincu, disait-il, « qu'une femme qui avait permis contre l'homme dont elle portait le nom une publication aussi horrible, avait perdu le droit d'entrer dans la chambre qu'avait occupée la vertueuse mère des Mirabeau. » Cependant, après cet éclat, Mirabeau ne craignit point de recommencer à plaider et changea encore une fois l'opinion. Ce fut dans un de ces plaidoyers que, se trouvant en face de Portalis qu'on avait choisi à cause de ses emportements, il l'accabla de sa supériorité et le foudroya de son éloquence, si bien qu'il fallut emporter cet autre Eschine évanoui et terrassé par un autre Démosthène qui, pendant un plaidoyer de cinq heures, pesa sur lui de tout le poids de son génie. Avec cela cependant Mirabeau perdit son procès. Dans le cours des débats, à chaque instant provoqué par ceux qui l'accusaient de sévices envers sa femme, il répondit en produisant une lettre où celle-ci s'accusait d'un tort grave que son mari lui avait pardonné. On crut voir dans cet argument une diffamation contre madame de Mirabeau et un reproche d'adultère. Le ministère public saisit cette ouverture, et bientôt la partie civile, aban-

donnant tous les autres moyens, s'attacha uniquement à celui-ci. Pendant plusieurs heures, le jugement fut incertain : il y avait partage. Ce fut un jeune magistrat qui fit pencher la balance, en quittant son premier avis pour se ranger du côté de la comtesse de Mirabeau, « afin, dit-il, que dans une cause si solennelle la cour ne donnât pas le scandale d'un partage. » Il fut donc décidé que les choses demeureraient dans l'état où elles étaient, que la femme serait chez son père, que les époux seraient séparés de corps et de biens. Certes, à n'étudier que le procès et à ne considérer que l'incident sur lequel l'arrêt était rendu, cet arrêt pouvait paraître peu motivé ; la publication de la correspondance secrète de Vincennes où la comtesse de Mirabeau est indignement calomniée, le motiva rétroactivement ; si donc alors il n'était pas juste, il se trouva plus tard équitable. Quoi qu'il en soit, l'événement de ce procès eut une grande et fâcheuse influence sur la destinée de Mirabeau. Encore une fois, ses tentatives pour rentrer dans la vie régulière, dans la vie sociale étaient déjouées. Il demeurait dans la vie irrégulière, ennemi de la société, parce que la société n'avait point pour lui de position. Fils sans père, mari sans femme, génie sans emploi, aristocrate sans pouvoir, prodigue indigent, il se voyait poussé, par toutes les circonstances extérieures, vers le rôle de Catilina pour lequel la nature semblait l'avoir taillé ! A ce point de vue, ses malheurs lui profitaient, et ses épreuves semblaient lui servir de degrés pour monter à cette destinée perturbatrice et troublée qui fut la sienne. On commençait à se demander quel était cet homme étrange qui élargissait tous les sujets qu'il touchait, changeait en factions provinciales des divisions de famille, en question d'intérêt général les querelles de son foyer domestique, et, secouant le mépris comme la boue, imposait à ceux qui ne pouvaient l'estimer. En outre, Mirabeau avait, pour ainsi parler, fourbi ses armes dans ces luttes judiciaires par lesquelles il préluda à ses grandes luttes politiques. Ces duels avaient exercé son poing d'athlète sous lequel tomba la monarchie. Pendant six ans encore, il devait attendre sa destinée. Il éparpilla ces six années dans toutes les questions et dans tous les excès ; dans ceux du travail comme dans ceux du plaisir. Voyant échouer, par l'opposition de son père, l'espoir qu'il avait conçu de faire réformer l'arrêt rendu en Provence, il s'embarqua pour l'Angleterre, en partie pour éviter les poursuites que doit susciter contre lui la publication d'un mémoire où il attaque avec violence le garde-des-sceaux, M. de Miromesnil, en partie pour recueillir les documents qui lui sont nécessaires pour écrire son ouvrage contre l'*Ordre de Cincinnatus*. Il était dans la destinée de son intelligence de toucher à tous les hommes et à toutes les questions dans son siècle, et la jeune Amérique qui se levait avait attiré ses regards. Au lieu d'une brochure qui suffisait au sujet, il écrit un ouvrage diffus et lourd qui doit procurer quelques ressources de plus à sa triste fortune : il ne faut point l'oublier, son père l'ayant abandonné, il vivait de sa plume, circonstance qui explique la diffusion et les défectuosités de la plupart de ses écrits. A côté de l'écrivain plein d'intelligence qui exprimait sa pensée, il y avait l'ouvrier qui gagnait son pain, et le premier de ces deux hommes était sans cesse dominé par le second. Au moment de la publication de l'ouvrage contre l'*Ordre de Cincinnatus*, Mirabeau se trouva en correspondance avec Champfort. Champfort, cet homme de tant d'esprit et de si peu de génie, s'était fait le pédagogue de ce rude et puissant écolier littéraire ; ce persifleur éternel des naïvetés d'autrui eut la naïveté insolente de protéger Mirabeau. Mirabeau, bientôt revenu de l'Angleterre (1785) qu'il avait admirée du premier coup d'œil, jugée du second, continua à aiguiser ses armes dans le pamphlet et dans le libelle. Sa situation, assiégée par le besoin, flétrie par le mépris, ulcérée par l'abandon, était trop naturellement pleine des rancunes et des souffrances démocratiques, pour qu'il ne fût pas démocrate. Aussi comme un bravo de cette Florence, la patrie de sa race, poignardait-il la société ancienne en détail et à coups de stylet au coin de chaque ruelle, en attendant qu'il levât sur elle sa parole comme une massue. S'il fallait en croire les écrits du temps, les hontes de la vénalité, cet égout toujours ouvert sur la vie de la prodigalité indigente, seraient venues mêler leurs boues à cette existence qui se précipitait semblable au torrent. Ses passions nues et insatiables étaient, dit-on, toujours à louer et prenaient de toutes mains. Comme les grands *condottieri* du moyen âge, il fallait à cette puissante organisation les émotions des combats, les excitations du plaisir et les jouissances de l'or. Il était éloquent comme ils étaient braves, au service de toutes les causes et moyennant salaire. En tout cas, on aurait dû ajouter qu'à leur manière aussi il ne vendait que ses services, et que, restant propriétaire de son éloquence comme ils restaient maîtres de leur courage, quand sa journée était finie il portait son génie ailleurs. Où s'arrête la vérité, où commence la calomnie dans ces accusations, c'est ce qu'il est difficile de dire. On peut croire que dans plusieurs des polémiques qu'il soutint soit contre la liberté de l'Escaut, soit contre différents établissements financiers, ses amitiés et ses relations entraînèrent ses convictions; or, comme Mirabeau empruntait toujours et de toutes mains, il est présumable que lorsqu'il plaida l'intérêt des détenteurs des fonds publics contre les entreprises particulières de la banque espagnole de Saint-Charles, des eaux de Paris et de la caisse d'escompte sur lesquelles les joueurs de la hausse avaient dirigé l'essor de tous les capitaux, il empruntait plus volontiers à ses amis et à ses clients qu'à ses adversaires. Mais il importe de reconnaître aussi que relativement à la banque de Saint-Charles, établissement étranger qui absorbait nos fonds, comme aussi dans sa querelle avec les agioteurs, il soutint les vrais principes financiers avec une éloquence qui n'aurait demandé qu'à être moins violente et moins entachée de personnalités pour être tout-à-fait digne de louange. Ce fut dans la guerre qu'il avait entreprise contre la compagnie des eaux de Paris qu'il rencontra Beaumarchais. L'accablé de sa furieuse dialectique, éteignit le feu de ses épigrammes sous le poids de ses invectives redoutablement éloquentes et odieusement personnelles. Figaro était devenu vieux et digne. Il fut clair, précis et froid, et soutint la lutte en rompant sans engager le fer. C'était le combat d'un fleuret émoucheté contre une massue. Beaumarchais fut l'homme de sa cause et non l'homme de son talent; ce scandale vieilli et énervé recula épouvanté devant le scandale florissant de jeunesse, de puissance et de génie qu'on appelait Mirabeau. Au début de sa polémique contre les joueurs à la hausse, Mirabeau avait été mis en rapport avec M. de Calonne qui, en sa qualité de contrôleur des finances, voyait avec peine les capitaux se porter par l'impulsion du jeu sur des valeurs étrangères ou particulières, et déserter les fonds publics. Les deux premiers ouvrages financiers de Mirabeau, *De la Caisse d'escompte,* et *De la Banque de Saint-Charles,* furent même écrits sous l'inspiration, dans l'intérêt de ce ministre, et avec des documents fournis par lui. Plus tard, soit qu'il se trouvât compromis par la violence des brochures de Mirabeau, soit qu'il fût effrayé par la ligue des ennemis puissants que l'écrivain s'était suscités en imprimant un mouvement prononcé de baisse aux valeurs attaquées par lui, Calonne le sacrifia. Ces ouvrages furent saisis par ordre du conseil, condamnés et supprimés. Après plusieurs tentatives en conciliation essayées par des amis communs, l'abbé de Périgord et le duc de Biron, la rupture devint complète. Mirabeau quitta la France pour aller offrir en sûreté une terrible lettre où il lui faisait l'historique de ses rapports avec le ministre, et où il caractérisait l'administration de M. de Calonne avec une justesse de vue parfaite que relevait encore l'énergie pittoresque de l'expression. « L'on croit trop aisément, lui disait-il, que vous savez ce que vous comprenez, que vous comprenez ce que vous écoutez d'un œil spirituel et fin, et que l'on vous décidera facilement à ce qu'on vous a démontré. Ce sont autant d'erreurs. Uniquement occupé de prendre une attitude de corps et d'esprit favorable à votre amour-propre, de multiplier pour vous les jouissances de la vanité et de la plus mince des vanités, d'échapper à la difficulté du moment, de trouver le moyen d'être ministre demain sans savoir comment vous le serez dans huit jours, vous voulez des expédients et non pas des conseils, des prôneurs et non pas des amis. Eh bien! avec de misérables moyens d'emprunts viagers, de misérables loteries pour convertir nos capitaux en chances, vous prolongerez, peut-être quelques mois, votre existence précaire entre les secours des usuriers et les dissipations des courtisans. » Hélas! c'était là, non pas seulement l'histoire de Calonne, mais l'histoire de la France. Cette vie au jour le jour, où l'avenir le plus long ne dépassait pas le lendemain, n'était-ce pas la vie de tout le monde à cette époque, la vie aussi de Mirabeau? Du reste, cette lettre ne fut pas imprimée. Les amis de Mirabeau résistèrent à toutes ses instances; ils espéraient ménager entre lui et M. de Calonne un rapprochement que la publication de cet écrit aurait rendu impossible. Mirabeau, qui avait cherché un refuge en Allemagne, conçut alors l'idée de son grand ouvrage sur la monarchie prussienne. Il alla à

Berlin, obtint un accueil flatteur du grand Frédéric, l'admira et recueillit, pour ainsi dire, le dernier rayon de cette intelligence qui allait s'éteindre. Quelques écrits, entre autres son ouvrage en faveur des Juifs et sa lettre sur Lavater et Cagliostro, remplirent ses journées vouées à ce travail opiniâtre qui était devenu pour lui une habitude, sans pourtant l'empêcher de voir le monde, car Mirabeau suffisait à tout; il vivait à la fois avec les livres et avec les hommes. Ses affaires particulières et surtout le règlement de sa pension dotale l'ayant ramené à Paris, ses amis le rapprochèrent du ministère. Il repartit trois mois après (juillet 1786) pour Berlin, avec mission de surveiller le changement de règne qui pouvait amener les plus graves complications pour la France, à qui l'Angleterre cherchait partout des embarras et des ennemis. Le ministère avait demandé à Mirabeau un mémoire sur la situation de l'Europe; il lui remit un tableau plein de vérités hardies, qui tenait à la fois de l'histoire et du pamphlet. Arrivé à Berlin le 12 juillet 1786, il continua sa correspondance jusqu'au 19 janvier 1787, époque de son retour en France. Cette mission initia Mirabeau à la politique étrangère. Soixante-six lettres où la solidité de son jugement se laisse voir sous les bigarrures de son imagination, attestent que son intelligence se pliait à tout. La chose qu'il faisait semblait toujours celle à laquelle la nature l'avait destiné. Il se trouvait diplomate comme il s'était trouvé tour-à-tour orateur, financier, publiciste. Non content de sa correspondance diplomatique, il conduisait de front ses autres occupations, et c'est à cette époque qu'il écrivit à l'héritier du grand Frédéric une lettre de directions politiques et de conseils, remarquable par le fonds malgré l'emphase de la forme. Ce penchant à conseiller les gouvernements était naturel à Mirabeau; il jugeait la partie des autres en attendant la sienne. Quand l'assemblée des notables fut convoquée, il crut d'abord que le moment était arrivé, et las de l'emploi de diplomatie clandestine qu'il occupait en Prusse, il demanda son rappel. Cette assemblée des notables arrivait au milieu d'une situation dont les difficultés surpassaient son caractère comme son génie. La grande difficulté, c'était la plaie financière creusée par un déficit annuel démesurément augmenté par les frais de la guerre d'Amérique. On ne pouvait guérir cette plaie que par deux remèdes, la diminution des dépenses et l'extinction ou plutôt la généralisation de l'impôt. Mais voulait-on diminuer les dépenses, on rencontrait les puissants abus qui en profitaient; voulait-on accroître l'impôt en généralisant, on allait se heurter contre le privilège. Tous les ministres se brisèrent contre ce double écueil du privilège et de l'abus. M. de Calonne, qui avait jusque-là fait prendre patience à la situation avec du savoir-faire, et différé les difficultés qu'il ne pouvait résoudre en employant les expédients, cette fausse monnaie des moyens politiques, était à bout de voie. Placé entre la convocation des Etats-Généraux et la nécessité de la banqueroute, il recourut à un tiers parti en rassemblant les notables. Les notables ne firent rien de net ni de tranché, et Mirabeau, dont M. de Calonne avait essayé de se rapprocher, et que l'archevêque de Brienne, son successeur, cet homme à l'incapacité brillante, voulait attirer à lui, poussa de plus en plus, et de toute son influence, aux Etats-Généraux. Tout concourait à cet événement. Le parlement, toujours habitué à fonder sa popularité sur la guerre qu'il faisait aux ministres, avait refusé d'enregistrer le nouvel impôt du timbre et celui de la subvention territoriale qu'on avait maladroitement confondus et dont la présentation avait été plus maladroitement encore différée. Envoyé en exil parce que M. de Brienne avait la violence de la faiblesse, et bientôt rappelé parce que M. de Brienne avait la faiblesse de la violence, le parlement refusa d'enregistrer l'emprunt de 400 millions, et le roi fut ouvertement bravé dans la séance royale par M. le duc d'Orléans, qui s'était fait le chef de l'opposition. Quant à Mirabeau dont les ministres voulaient se servir sans le servir, il s'était tenu dans une réserve prudente pendant tous ces événements, sans briser ses rapports avec le pouvoir, et sans les rendre plus intimes. Il avait publié sa *Dénonciation de l'agiotage au Roi et à l'Assemblée des notables,* pamphlet dont l'effet avait été grand. Après la chute de M. de Calonne, il déclina les avances de son successeur plutôt qu'il ne les repoussa, continua à donner des directions et des vues, tantôt en France, tantôt en Allemagne, où il achevait sa *Monarchie prussienne;* du reste, annonçant et attendant les Etats-Généraux « qui, disait-il, seront convoqués avec ou sans premier ministre, sous Thersite ou sous Achille, tant ils sont nécessaires. » Cependant il lui prenait quelquefois de ces doutes auxquels les hommes d'action sont sujets, quand les événements sont plus lents à marcher que leur impatience. Cromwell songea à émigrer en Amérique; bien peu de temps avant l'assemblée des États-Généraux, Mirabeau écrivait à M. de Montmorin : « Je préfère servir le gouvernement comme facteur au risque de lui déplaire comme instructeur. Varsovie, Saint-Pétersbourg, Constantinople, Alexandrie, tout m'est assez égal, pourvu que je trouve l'emploi de mon activité. » On continua à laisser en dehors du gouvernement cette terrible activité, et au lieu de faire au lion une part qu'il eût alors acceptée, on attendit que le lion fût le maître de faire à son gré les parts; alors il dévora tout. Avant l'ouverture des États-Généraux, Mirabeau eut le temps de publier *la Monarchie prussienne*, ouvrage qui lui fit grand honneur dans le public, et l'*Histoire secrète du cabinet de Berlin*, révélation coupable de la mission de Mirabeau, écrite d'un style de pamphlet. Nous l'avons dit, dans cette intelligence comme dans cette vie, le libelle coudoyait toujours l'histoire. Cependant Mirabeau grandissait. Son initiation d'un moment aux affaires lui avait donné plus d'autorité sur le public. Il avait une assurance d'affirmation et une audace de jugement sur toutes les matières qui imposaient aux lecteurs; il prenait de toutes mains, empruntait les idées et les phrases comme l'argent, pillait et créait, et à la fois débiteur et créancier de tout le monde, parlait en style d'oracles, dogmatisait, insultait, affirmait ce qu'il supposait ou devinait, et enseignait ce qu'il n'avait pas eu le temps d'apprendre, le tout dans une langue mêlée où la logique et la déclamation se rencontraient, où le sublime et le pathos se heurtaient à chaque pas, où le charlatanisme du rhéteur coudoyait les inspirations du génie, langue incohérente, mais forte et puissante sans être belle, où mille bruits se croisaient, et où grondait une révolution. Mirabeau était sous le coup des poursuites motivées par l'*Histoire secrète du cabinet de Berlin*, lorsque les élections de 89 s'ouvrirent. Il sentit que son heure était arrivée, et se rendit en toute hâte dans la ville d'Aix. Sa parole, si puissante dans les procès qu'il avait soutenus en Provence, y avait laissé un profond souvenir. Cependant une humiliation l'y attendait; s'étant présenté au collège de la noblesse, il en fut exclu comme ne possédant pas de fief. Ce fut alors qu'il prononça ces redoutables paroles qui servent pour ainsi dire de péristyle au monument de son éloquence parlementaire et d'introduction à sa vie de tribun : « Les aristocrates ont toujours conspiré la perte de ceux qui parmi eux se sont déclarés les patrons du peuple. Ainsi périt le dernier des Gracques, mais, avant d'expirer, il lança de la poussière vers le ciel, et de cette poussière naquit Marius. » En sortant de l'assemblée de la noblesse, Mirabeau se rendit au collège du tiers-état qui l'accueillit avec transport, et le nomma par acclamation. Marseille suivit l'exemple d'Aix. Ainsi le tribun rebuté par la noblesse, arrivait comme l'élu de deux collèges de bourgeoisie. Il faut se reporter ici, par l'esprit, à la situation où se trouvait la société française au moment où se réunirent les États-généraux de 89, pour mesurer de l'œil la vaste carrière qui s'ouvrait devant Mirabeau. Pendant la longue suspension des États-généraux, la société avait marché, et les institutions étaient demeurées immobiles. L'assemblée de 89, en arrivant, trouvait cette situation toujours dangereuse, les esprits en avant des choses, et les faits en arrière des idées ; il fallait que le gouvernement et l'assemblée fissent faire aux lois un pas d'un siècle pour que le pays officiel rejoignît le pays réel. Mais de quelle puissance de volonté, de quel génie, de quelle force de caractère n'importait-il pas que la royauté fût douée, pour diriger et modérer cet immense mouvement? Combien ne fallait-il pas que l'assemblée eût de bonne volonté, de sagesse, d'amour du bien, pour seconder la royauté dans ce grand travail? Malheureusement, rien ne se trouvait à sa place. La royauté, représentée par Louis XVI, avait la sagesse, la bonne volonté, l'amour du bien, mais elle n'avait ni cette fermeté de volonté qui force toute chose et tout homme à marcher à son pas, ni cette puissance d'initiative qu'on appelle le génie. L'assemblée avait la force de caractère, la puissance d'initiative, l'ardeur de la passion, puisqu'elle avait Mirabeau, mais elle n'avait ni la sagesse, ni la mesure, ni la bonne volonté. Ajoutez qu'elle se réunissait au sein d'une ville où elle se trouvait dans la brûlante atmosphère des idées de Voltaire et de celles de Rousseau, et entre deux royautés indépendantes l'une de l'autre, la royauté française qui l'appelait, et la royauté de l'opinion, nouvelle et puissante souveraine sortie tout armée des écrits du

XVIIIe siècle, et qui avait hâte de faire descendre dans les faits toutes les théories accréditées depuis cinquante ans. N'oubliez pas enfin que, pour aggraver ces difficultés déjà si grandes, une corruption profonde infectait les mœurs, surtout depuis la régence, et qu'un amour ardent de nouveauté fermentait dans les esprits que les doctrines philosophiques avaient jetés dans toutes les infatuations de l'orgueil. Telle était la situation en face de laquelle se trouvait Mirabeau. Disons-le à sa louange, il parut hésiter à l'embranchement de ces deux routes, et s'arrêta un moment indécis s'il conduirait le mouvement avec la royauté, ou s'il le précipiterait avec l'assemblée, de manière à le changer en révolution. Il fit une démarche pour se rencontrer avec le premier ministre, M. Necker, dans l'intention de se concerter avec lui; mais M. Necker avait tout à la fois l'insuffisance et la suffisance de la médiocrité; il laissa voir à Mirabeau que, trop faible pour donner l'impulsion, il était trop vain pour la recevoir, et ajouta les torts de son caractère genevois, et protestant aux défauts de son génie; dès lors tout fut perdu. Mirabeau s'écria, en sortant de cette entrevue : « Je n'y reviendrai plus, mais ils auront de mes nouvelles. » Il avait pris son parti. Ce qu'il cherchait surtout, c'était l'emploi de ses puissantes facultés et l'influence politique à laquelle elles devaient le conduire. Repoussé du côté du pouvoir, il allait se ranger du côté de l'assemblée ; de même qu'exclu par le collège de la noblesse, il s'était tourné du côté du tiers-état. Semblable à un autre prince Eugène, éconduit par la royauté française, il portait son épée à l'ennemi, avec cette différence que l'épée de Mirabeau était une parole de feu qui ne devait pas seulement humilier, mais incendier la monarchie. La faute commise était irréparable, la royauté avait refusé précisément ce qui lui manquait, l'œil de l'aigle et la griffe du lion. C'est une chose remarquable que la tendance des démocrates qui luttent à se choisir des aristocrates pour chefs, il semble qu'elles ne puissent s'élever d'un bond assez haut pour traiter d'égal à égal avec la puissance qu'elles combattent. Soit habileté, soit défiance d'elles-mêmes, elles se contentent d'abord de servir de piédestal à de grands et puissants transfuges qu'elles opposent à leurs adversaires ; c'est ainsi que Mirabeau et Lafayette, deux gentilshommes de haut lignage, furent les premiers tribuns de 89. Ce fut dans la fameuse scène qui suivit la séance du 23 juin que Mirabeau prit nettement possession de son rôle. Il y a, dans les révolutions comme dans les batailles, des heures décisives où une charge faite à propos, un mot dit en son moment, fixent le sort de la journée. C'est ce qui arriva dans cette circonstance mémorable. Quand au milieu de l'assemblée demeurée indécise et flottante, devant les grandes et utiles réformes annoncées par la déclaration du 23 juin, Mirabeau se leva, et d'une voix tonnante cria au marquis de Brézé, qui invitait au nom du roi le président à faire évacuer la salle : « Nous sommes ici par la puissance du peuple, » nous n'en sortirons que par la force des baïonnettes, » tout fut dit; la révolution démocratique se posant en face de la réforme royale, la contraignit à reculer; la souveraineté de l'assemblée apparut en face de la souveraineté monarchique. Le 14 juillet, le 10 août, le 21 janvier étaient dans le mot de Mirabeau, la logique révolutionnaire les en tira par les mains de Marat, de Robespierre et de Danton. A partir de ce moment, la révolution se personnifie dans une assemblée, l'assemblée dans un homme, cet homme, c'est Mirabeau. L'initiative, la puissance, tout est dans ses mains; ses idées sont des lois, les esprits se soulèvent et s'apaisent au bruit de sa parole ; sa volonté, qui a l'éloquence pour sceptre, traîne après elle tous les votes; il règne au nom de la révolution comme Richelieu régna au nom de Louis XIII, et domine cette formidable pupille par la force de sa volonté, la supériorité de ses vices, et l'instinct qu'elle a de son génie. Quelquefois elle se cabre sous lui, mais le rude et puissant cavalier n'a pas oublié celui de ses aïeux qui fit franchir à un cheval indompté tout un bras de fleuve, et retomba sur l'autre bord toujours assis sur le cheval, mais sur le cheval réduit et obéissant. Ainsi se conduit Mirabeau vis-à-vis de la révolution, il est son serviteur et en même temps son maître; la sert en la dominant. Toute la première partie de sa carrière politique est consacrée à fonder le pouvoir révolutionnaire, parce que le pouvoir révolutionnaire est le sien. Il abreuve la royauté d'humiliations, et démolit son autorité pièce à pièce, parce que l'autorité royale gêne le développement de celle de l'assemblée qui est l'autorité de Mirabeau. De cette manière s'expliquent tous les torts, toutes les fautes de Mirabeau, ses discours factieux, ses appels passionnés à la révolte, sa participation momentanée à la conspiration orléaniste, cette longue bataille contre l'ordre moral, religieux et politique, qu'il soutint avec la puissance de ses vices et la supériorité de son génie, toute la première partie de l'histoire de la révolution de 89 enfin, qui fut l'histoire de Mirabeau, histoire de la destruction d'un grand nombre d'abus, mais en même temps de la ruine de l'institution royale; histoire d'une révolution qui aurait pu se borner à être une réforme salutaire, si le génie et le caractère de Mirabeau, au lieu d'être du côté de la place publique, avaient été du côté de la royauté. On n'attend point que nous passions tenir les annales d'une époque dans la fin de la vie d'un homme. Qu'il suffise de dire que Mirabeau, entré dans cette lutte avec l'ardeur de ses espérances et peut-être les rancunes de ses souvenirs, marcha dans les voies de destruction jusqu'à ce que la royauté n'eût plus d'autre asile que dans les bras de son formidable adversaire. Ce serait peut-être ici le cas de caractériser cette éloquence qui exerça un si grand ascendant. Relevez; s'il se peut, la pensée la redoutable tribune du haut de laquelle se faisaient les destinées de la France: silence! le monstrueux orateur de 89 est dans son prétoire; sur son large front se hérissent les flots de sa chevelure, vaste et puissante crinière qu'il secoue, son geste s'anime, sa voix tonne, toutes les passions, toutes les supériorités, tous les vices viennent s'imprimer sur son visage. Oui, c'est bien là l'homme qui, lorsqu'il respire à la tribune, prend l'air de toute une assemblée haletante et palpitante à ses pieds. Ses premiers accents ont quelque chose de confus et d'inarticulé qui fait douter si l'on va entendre le rugissement du lion ou la parole de Démosthène. La parole se dégage enfin du choc confus de ces sons formidables, en même temps que la pensée sort brillante comme la foudre de cette ténébreuse enveloppe de néologismes, nuages sombres où Mirabeau aime à la cacher. Il éclate, il atteint, il foudroie. Demandez à Barnave si la parole de feu qui toucha Portalis dans les luttes judiciaires, et le coucha inanimé sur la barre du tribunal, a perdu de sa puissance dans les assemblées politiques? Quand la Montagne naissante, devançant, par la témérité de ses prétentions, l'heure de son pouvoir, veut étouffer sous ses murmures la voix du prodigieux orateur, demandez-lui s'il est facile d'interrompre et d'interdire Mirabeau? Tant qu'il vit, il règne. Dans cette société où tout pouvoir est détruit, il s'est fait un pouvoir de son éloquence, un sceptre de son génie. Il remplit son rôle de tribun sans se laisser dominer par lui, tout au contraire il le domine. On s'étonne de voir ce destructeur défendre quelquefois des principes d'ordre et de reconstruction, sans comprendre que ce destructeur veut conserver des pierres d'attente sur lesquelles il espère asseoir l'avenir dont il se croit l'architecte. Quand toutes les barrières qui séparaient Mirabeau du pouvoir sont renversées, quand les choses sont arrivées à ce point qu'il est devenu à la fois nécessaire et possible au gouvernement, il comprend que le danger qui menace l'autorité qu'il s'est créée ne vient plus de la royauté, mais de la place publique, et que l'anarchie, cette bête féroce par lui déchaînée, menace de le dévorer. Alors il prépare un grand revirement. Le tribun s'efface en lui, l'homme du pouvoir commence à se montrer. Il écrit à Louis XVI une lettre pleine d'éloquence et de respect, il se rapproche de la royauté qui, en dehors de toute stipulation, ouvre cette négociation en jetant de l'or en pâture aux passions et aux vices, monstres affamés qui aboient sans cesse autour de Mirabeau. Mais dans le moment où il songe à arrêter le mouvement qu'il a conduit, et à réparer le mal qu'il a fait, il se sent mortellement atteint. Il écrivait jadis du donjon de Vincennes: « Mes premières années, comme des ancêtres prodigues, ont déshérité les dernières, et si je ne compte pas cela au nombre de mes remords, je le mets au rang de mes repentirs, car pour tout faire, et surtout le bien, la santé est le premier des outils. » Ces paroles touchantes se trouvèrent contenir une prophétie. Quand Mirabeau voulut faire le bien, la santé et la vie lui manquèrent à la fois, le mal avait tout épuisé. L'agonie et la mort de cet homme puissant eurent quelque chose d'affligeant et de triste. Dieu n'y parut point, et l'immortalité de l'âme n'y fut point nommée. Mirabeau, perdu dans les corruptions des plaisirs physiques et dans les jouissances de l'orgueil, semble se croire jusqu'à la fin qu'aux impressions des sens et à la puissance de son génie. Pendant le dernier travail de la mort, il disait à ceux qui l'entouraient: « J'emporte le deuil de la monarchie, les factieux s'en partageront

les lambeaux. » Un domestique soutenait sa tête: « Soutiens cette tête, lui dit-il, c'est la plus forte de France. » Le bruit d'un exercice militaire vint frapper ses oreilles: « On prépare, dit-il, les funérailles d'Achille. » Un soir que la fatigue l'accablait, il fit ouvrir les fenêtres: « Mon ami, dit-il à Cabanis, je mourrai aujourd'hui; il ne reste plus qu'à s'envelopper de parfums, vous m'avez promis de m'épargner des souffrances inutiles. » En même temps il réclama impérieusement de l'opium. On lui présenta un breuvage en l'assurant qu'il en contenait; il but, et quelques minutes après il expira. Ainsi mourut, le 2 avril 1791, Gabriel-Honoré de Mirabeau, cet homme de tant de renommée, qui aurait pu être un homme de tant de gloire, prodigieux mélange de qualités et de défauts contraires, à qui il ne manqua que des vertus pour qu'on puisse l'admirer sans remords. Il fut un colosse de grandeur; mais ce colosse qui, par l'intelligence, éleva son front jusque dans la nue, traîna, par ses passions, ses pieds dans la boue. Sans doute un concours de circonstances fatales contribua à l'engager dans de mauvaises voies; mais au lieu de se servir de la puissance de volonté dont il était doué pour s'arrêter sur cette pente, il s'y précipita avec ardeur. Il eut, avec tous les dons du génie, toutes ces grâces du caractère et toutes ces séductions de l'esprit qui rendent l'ascendant irrésistible. Il y avait en lui du Tibérius Gracchus et du don Juan, du grand seigneur et du tribun, et à côté de toutes les roueries du débauché et du politique, quelque chose de cette simplicité qui n'appartient qu'aux grands hommes et aux enfants. Peut-être dans les conseils du Dieu qu'il méconnut sur son lit de mort et qui avait donné à son berceau le génie et la volonté, ces deux grandes conditions du pouvoir, était-il destiné à prêter à la France son concours pour accomplir la réforme sociale devenue nécessaire à la fin du XVIIIe siècle. Il manqua à cette destinée, ou plutôt il n'essaya d'y entrer que lorsque le temps était passé et lorsque ses propres excès en avaient muré devant lui l'issue; au lieu d'une réforme, il se fit une révolution. Sans doute le pouvoir, dont le principal métier est de choisir les hommes, commit une faute en le laissant à l'opposition celui-ci; mais les torts de Mirabeau qui décréditèrent sa force et déshonorèrent son génie eurent part à cette faute du pouvoir. Du reste, à la nouvelle de sa mort, la France se livra aux manifestations d'une douleur éclatante et publique. Etait-ce le deuil de son avenir? L'un et l'autre peut-être; la monarchie française était tombée si bas qu'on regretta les vices intelligents et forts de Mirabeau, aussi vivement que l'empire romain avait regretté les vertus de Germanicus. S'il n'était pas oiseux de traiter cette question, nous dirions que cependant la mort de Mirabeau fut opportune. Il échappa, par là à propos de sa fin, à un naufrage qu'il avait lui-même rendu inévitable. Les grands hommes ont beau se coucher en travers des situations comme Attila en travers de son camp, les situations sont moins faciles à émouvoir que les armées. En 89, Mirabeau monarchique aurait eu des chances encore; au commencement de 91, Mirabeau avait trop fait pour la révolution; il ne pouvait rien contre elle que mourir en combattant ses excès. Dieu refusa cette palme trop belle à sa couronne, et cette gloire imméritée à son tombeau.

A. NETTEMENT.

MIRABELLA (VINCENT), savant historien de Sicile, mort en 1624 à Motica, dans cette île. On a de lui: *Iconographiæ Syracusarum antiquarum explicatio* dans la collection de Muratori; une *Histoire de Syracuse*, en italien, Naples, 1613, in-fol., pleine de recherches sur les antiquités de cette ville.

MIRABELLES (bot.), nom vulgaire d'une espèce de prune. (Voyez ce mot.) J. P.

MIRABILIS (bot.), genre de plantes de la famille des nyctaginées, de la pentandrie monogynie de Linné. Ce genre établi d'abord par Tournefort sous le nom de *jalappa*, parce que ce botaniste croyait que la racine d'une de ces espèces (la belle-de-nuit), constituait le jalap du commerce, fut adopté par Linné qui substitua à son nom celui de mirabilis. Plus tard Jussieu changea ce dernier nom en celui de nyctago. Ces plantes croissent naturellement dans l'Amérique tropicale; elles sont herbacées, à racine tubéreuse, à tige très rameuse, dichotome ou trichotome, à feuilles simples opposées. Leurs fleurs nombreuses ou grandes s'épanouissent la nuit, et se flétrissent au soleil, d'où vient le nom de belle-de-nuit qu'on leur donne vulgairement. Ces fleurs terminales ou axillaires ont un périanthe à long tube, en entonnoir, corollin et coloré excepté à sa base qui forme autour de l'ovaire un renflement vert, consistant, persistant et accrescent; cinq étamines inégales dont les filets se réunissent à leur base en une sorte de coupe épaisse qui entoure l'ovaire; celui-ci uniloculaire uniovulé, surmonté d'un long style que termine un stigmate en petite tête hérissée de grosses papilles. On cultive généralement dans les jardins deux espèces de ce genre. Le mirabilis faux jalap (*nyctago jalappa*), vulgairement connu sous le nom de belle-de-nuit, est originaire du Pérou. Sa racine est grosse et fusiforme, sa tige très rameuse, ses feuilles sont glabres, en cœur, pétiolées; ses fleurs pédonculées, groupées en assez grand nombre à l'extrémité des rameaux sont rouges, jaunes, blanches ou panachées. On attribuait autrefois à sa racine des propriétés purgatives que l'on regarde aujourd'hui comme beaucoup moins énergiques. La seconde espèce, le mirabilis à longue fleur (*nyctago longiflora*), est originaire des hautes montagnes du Mexique; aussi est-elle, comme on le voit, fort mal dénommée lorsqu'on l'appelle merveille du Pérou. Elle est couverte dans toutes ses parties d'un duvet imprégné d'une matière visqueuse; ses fleurs blanches répandent une odeur très agréable et sont remarquables par la longueur de leur tube qui atteint jusqu'à 16 cent. de long.   J. P.

MIRACLES. Il n'est peut-être pas de matière sur laquelle les incrédules aient accumulé plus de sophismes que dans celle des miracles. On en comprendra facilement la raison lorsqu'on réfléchira que si la certitude des faits miraculeux pouvait être ébranlée, il n'y aurait plus aucun moyen de discerner le christianisme de toutes les erreurs qui désolent la terre. En faisant connaître la doctrine catholique dans cet article, les réponses aux objections des sophistes trouveront leur place. Il ne suffit pas qu'un fait pour qu'on puisse le considérer comme miraculeux frappe par sa nouveauté ou que la cause qui le produit soit inconnue, il importe aussi qu'il soit d'une opposition évidente à des lois constantes et connues de la nature. Aussi nous définissons le miracle un fait sensible dérogeant à des lois constantes et connues de la nature que Dieu produit par lui-même ou par le ministère de quelque créature qu'il emploie comme l'instrument de sa toute-puissance. Ce qui caractérise donc le miracle, c'est le fait exceptionnel qui est au-dessus du pouvoir de la nature universelle. C'est le fait interruptif de ses lois constantes et connues. Dès lors les merveilles de la nature et de l'art, ainsi que les illusions et les enchantements qui font paraître les choses différentes de ce qu'elles sont, non plus que les effets prodigieux produits par l'artifice du démon, ne peuvent être appelés des miracles, mais sont des faits naturels qui ne dépassent pas le pouvoir que Dieu a donné à ses créatures. Nous n'appelons pas d'ailleurs un fait miraculeux par rapport à Dieu. Rien n'est au-dessus de son pouvoir: les choses les plus surprenantes, les plus extraordinaires lui sont aussi aisées que les plus communes et les plus basses. Ce n'est que par rapport aux hommes que nous nommons miraculeux les faits qui excèdent les forces de la nature. Nous distinguons trois sortes de degrés de miracles, parce qu'une chose peut être surnaturelle, miraculeuse, en trois manières, ou en sa substance, ou par rapport au sujet où l'action est produite, ou en la manière qu'elle est produite. Les choses miraculeuses en leur substance, comme de rendre mère une vierge sans blesser sa virginité, de faire qu'un corps soit en même temps en plusieurs lieux, comme celui de Notre Seigneur au très Saint Sacrement de l'autel, sont du premier ordre. La résurrection d'un mort, la guérison des aveugles-nés, la guérison des maladies naturellement incurables sont du second ordre. Nous plaçons dans le troisième les pluies abondantes qui tombèrent sur la terre à la prière du prophète Elie, et les guérisons subites des maladies sans application de remèdes. Quoique ces dernières merveilles soient plus fréquentes que celles du premier et second degré, elles n'en sont pas moins miraculeuses parcequ'elles dépassent les forces de la nature, et ne peuvent être produites que par la toute puissance de Dieu. Ce n'est pas, du reste, non plus par rapport à Dieu que nous distinguons les miracles en divers ordres, mais uniquement relativement à nous. Comme nous apercevons une plus grande distance entre la mort et la vie qu'entre la santé et la maladie, nous sommes plus frappés d'une résurrection que d'une guérison. Nous en jugeons par l'étendue apparente de l'effet et non par la force réelle de la cause. Mais, pour Dieu, toute différence disparaît; l'acte de sa volonté qui fit sortir l'univers du néant et celui qui l'y fera un jour rentrer lui sont aussi faciles l'un que l'autre. Dieu étant le souverain maître de la nature, peut seul agir miraculeusement. C'est ce que le roi-prophète nous enseigne lors-

qu'il dit que Dieu seul a le pouvoir de faire des miracles (ps 71). Mais de même que dans les sociétés civiles, les princes, sur la sollicitation des personnes qui leur sont chères, dispensent des grâces à leurs sujets, Dieu opère des miracles par l'intercession de la sainte Vierge et des saints. De là vient que nous disons souvent que la sainte Vierge et les saints opèrent des miracles, quoiqu'il n'y ait que Dieu qui les fasse. Mais nous les leur attribuons parce qu'il les opère en notre faveur par leurs prières et même pendant que les saints vivent sur la terre, il les produit souvent par leur ministère. Le don des miracles étant une des grâces que Dieu donne gratuitement, peut être accordé à des pécheurs. Ce qui est pourtant très rare. Dieu en favorise ordinairement les saints pour la gloire de son nom et pour l'exécution de ses desseins. C'est ainsi qu'il accorda autrefois à Moïse le pouvoir d'opérer des miracles pour l'établissement de l'ancienne loi et aux apôtres aussi bien qu'aux autres saints de la nouvelle alliance pour la propagation et l'accroissement de l'Eglise. Mais les lois de la nature n'étant pas toutes connues, ce que nous nommons miracle ne pourrait-il pas en être la conséquence et un effet. Non certainement, car les lois de la nature ne peuvent se contredire, autrement l'harmonie de l'univers serait troublée, on ne pourrait acquérir aucune certitude, on ne pourrait soutenir par exemple que la matière ne pense pas, car il suffirait que l'on ignorât une de ses propriétés pour que l'on pût dire que celle que l'on ne connaît pas est précisément la pensée qu'on lui refuse. Il suffit donc, pour qu'on puisse affirmer qu'un fait est miraculeux, qu'il soit, comme nous l'avons dit au commencement de cet article, manifestement opposé aux lois constantes et connues de la nature. S'il est donc bien établi qu'une vierge a enfanté, qu'un homme mort est ressuscité, qu'un homme malade a été subitement guéri, l'on peut affirmer que ces faits sont miraculeux, car il est opposé aux lois constantes et connues de la nature qu'une vierge devienne mère sans perdre son intégrité, qu'un homme mort revienne à la vie, qu'un malade recouvre subitement la santé sans les secours de la médecine. Au surplus, les sophistes qui prétendent qu'il est impossible de discerner un fait miraculeux d'un fait purement naturel, par la raison que nous ne connaissons pas toutes les lois de la nature, ne devraient pas rejeter les miracles, puisqu'ils pourraient avoir lieu, suivant eux, en vertu des lois qui nous sont inconnues; en les rejetant ils se contredisent.

Mais Dieu ne peut faire un miracle, il y a deux sortes d'impossibilité. L'une est absolue et l'autre relative, l'impossibilité absolue c'est l'absurde; c'est ce qui est contraire à l'essence même des choses, ce qui est opposé aux premières notions de la raison. Ainsi il n'est pas possible que la partie soit plus grande que le tout, que deux et quatre fassent huit, que les événements passés ne soient pas accomplis. Assurément si l'on disait que Dieu peut faire de pareilles choses on méconnaîtrait même la sagesse et la vérité de Dieu; mais les miracles que la religion nous propose de croire n'ont rien de commun avec ces aberrations, elle ne veut pas que nous adoptions des choses absolument impossibles; mais celles d'une impossibilité relative. Or il y a des êtres qui peuvent faire ce qui n'est pas possible à d'autres. Ce que l'homme fait, peut exécuter, l'enfant en est incapable; ce qui est possible pour le savant ne l'est pas pour l'ignorant. Ce qui est impossible à l'homme est possible pour Dieu, nier cette vérité c'est méconnaître la puissance de Dieu. C'est même nier Dieu, car s'il n'était pas tout puissant il n'existerait pas, ainsi Dieu peut faire des miracles lorsqu'il les juge nécessaires, en les faisant il ne se contredit pas comme l'ont avancé certains sophistes, la volonté par laquelle il déroge aux lois éternelles et immuables qui gouvernent le monde n'est pas moins éternelle et immuable que ces lois; de toute éternité il avait résolu que dans telle circonstance, il suspendrait le cours ordinaire de la nature. Les miracles ne troublent pas non plus l'harmonie de ce monde. Dieu ne substitue pas aux lois qui le régissent, d'autres lois qui le bouleverseraient. Si la règle commune souffre exception dans un cas, elle continue à s'appliquer dans d'autres. Les lois de la nature et les miracles sont également les effets de la volonté de Dieu. Les uns sont permanents, les autres momentanés. C'est là toute la différence, ils ne sont donc pas un désordre dans les desseins de Dieu qui fait tout avec poids et mesure et qui dans toutes ses œuvres. Sa prescience à tout prévu et sa sagesse à tout coordonné. Les miracles ne rendent-ils pas la raison inutile. Il faut conclure le contraire contre les sophistes, ils élèvent l'homme jusqu'à Dieu, ils lui apprennent à l'aimer, à l'adorer. Sans doute Dieu pouvait choisir un autre moyen pour enseigner les hommes, mais il a préféré celui-là, ce n'est pas à nous à dire qu'il eût mieux fait d'en prendre un autre. Mais Dieu étant infini dans ses divines perfections, les miracles ne pouvant rien ajouter à sa gloire sont inutiles. Mais il s'agit de la gloire extérieure de Dieu, qui peut s'augmenter à mesure que Dieu manifeste avec plus d'éclat ses grandeurs et sa puissance. Or les miracles sont la voie ordinaire que Dieu emploie pour les faire connaître. En créant le monde, Dieu sortit, si l'on peut s'exprimer ainsi, de lui-même, pour se montrer à ses créatures, et ce premier ouvrage de ses mains est un grand miracle, sa conservation depuis un si grand nombre de siècles en est encore un plus grand, mais les hommes s'étant familiarisés avec le spectacle de l'univers, et ayant perdu la connaissance de Dieu jusqu'au point de rendre l'adoration aux créatures, Dieu touché du cours ordinaire de la nature et que l'on appela miracles, non pas dit saint Augustin, qu'elles soient plus relevées et plus miraculeuses que celles que l'on voit chaque jour dans la disposition naturelle des créatures, mais étant plus rares elles paraissent plus grandes encore et montrent qu'elles sont l'œuvre de Dieu; aussi les miracles de la loi ancienne prouvent la divine législation de Moïse et ceux de l'Evangile attestent la divinité de Jésus-Christ. Au reste les miracles étant des faits ostensibles et palpables comme les faits ordinaires sont aussi bien qu'eux l'objet d'un témoignage. Le passage à pied sec d'un fleuve, d'une mer, le changement de l'eau en vin, la multiplication des pains sont des faits miraculeux, parce que la cause ne s'en trouve pas dans la nature, mais tombant sous les sens comme les faits ordinaires, ils sont également susceptibles d'être prouvés par témoins, et ces dépositions doivent produire la même conviction, si elles sont du genre et du poids de celles qui opèrent une entière certitude, et malgré tous les sophismes, toutes les déclamations des incrédules, on ne peut s'empêcher de les admettre. Tous les raisonnements ne peuvent rien contre un fait certain et constant. Vainement dira-t-on qu'on n'a pas été témoin d'un fait miraculeux pour savoir si les personnes qui le rapportent ne trompent point, mais les miracles étant sensibles il n'y a pas de raison pour soupçonner d'erreur les témoins. Si nous ne voulions croire que les faits que nous voyons, il nous faudrait rejeter tous les faits historiques, supprimer la justice criminelle et civile; nous dépouillerions la vie de tous ses charmes. Quoique je n'aie pas vu des miracles, mon expérience toute négative est impuissante contre une expérience positive. Quoique je n'aie pas vu un homme qui était mort ressuscité, je n'en dois pas moins croire des témoins probes, éclairés qui affirment l'avoir vu. Quoique je n'aie pas été l'objet d'une guérison miraculeuse, il ne s'en suit pas qu'elle n'ait pas eu lieu dans un autre individu, et de quelque raisonnement que ma raison s'enveloppe, elle ne pourra jamais prévaloir contre l'affirmation de témoins impartiaux. L'éloignement de l'époque où le miracle a eu lieu n'en affaiblit pas non plus la certitude. Les témoins auriculaires ajoutent à la déposition des témoins oculaires le poids de leurs lumières et de leur probité. A moins de vouloir passer pour fou, on n'oserait pas nier l'assassinat de César en plein sénat, dont le récit nous a été transmis depuis près de deux mille ans de génération en génération. On ne peut non plus rejeter un fait miraculeux pour si ancien qu'il soit, il y a identité de raison pour ajouter foi à l'un et l'autre lors qu'ils sont attestés par des témoins oculaires que l'on ne peut soupçonner de crédulité ni de mauvaise foi, et qui n'ont pu ni voulu tromper. Les miracles ont été inventés, dit-on, pour faire croire des choses incroyables. Les miracles sont des faits, ils ne sont donc pas inventés, et ne prouvent pas d'ailleurs des choses incroyables puisqu'elles sont crues par les esprits élevés, par les génies supérieurs, d'ailleurs les miracles étant des faits bien constatés ne servent pas de preuves à des choses incroyables. Dieu souverainement vrai et essentiellement ennemi de l'erreur et du mensonge ne permettrait pas que de tels prodiges servissent à accréditer des fables. Mais les imposteurs font des miracles! qui le dit, les impies; mais les écritures nous enseignent formellement le contraire; Jésus-Christ nous dit: les faux christs et les faux prophètes feront des prodiges, mais il ne dit pas que ce seront des miracles. Jésus-Christ parlant des prodiges de l'antechrist, les nomme des prodiges de mensonge, la raison nous

tient le même langage; Dieu pouvant seul déroger aux lois qu'il à établies n'exercera jamais son pouvoir au profit d'un imposteur; lorsque des miracles ont eu réellement lieu, ils sont infailliblement l'œuvre, le sceau, le langage de la divinité, qui se montre le garant de la doctrine en faveur de laquelle ils sont opérés; mais il y a de faux miracles, cela ne prouve pas qu'il n'y en ait pas de vrais, au contraire il n'y en a de faux que parce qu'il y en a de véritables. S'il n'y avait pas des actes authentiques, il n'y aurait pas de faussaires. Mais les miracles rapportés dans l'Evangile n'ont-ils pas tous les caractères de vérité, d'authenticité que peut désirer la critique la plus difficile, la plus minutieuse. Notre Seigneur n'exigeait pas que l'on crût sur sa parole qu'il était Dieu, mais sur les œuvres qu'il accomplissait publiquement. (Saint Math., ch. 12; saint Jean, ch. 5 et ch. 10). Nous voyons en effet dans l'Evangile, que notre Seigneur opéra un grand nombre de miracles; il commandait en maître à la nature et aux esprits, et ils obéissaient. A sa voix la mer se calmait, les vents s'apaisaient, les sourds recouvraient l'ouïe, les aveugles la vue, les boiteux étaient redressés, toutes sortes de maladies d'infirmités étaient guéries, l'eau était changée en vin, cinq pains se multipliaient et nourrissaient cinq mille personnes, la mort rendait ses victimes, les démons sortaient des possédés. Il opéra ces miracles non-seulement à la vue des personnes qui en étaient l'objet, mais même à une grande distance du lieu où il se trouvait, d'autre fois en laissant toucher la frange de sa robe au milieu de la foule qui le pressait. Lors de sa naissance une étoile conduisit les mages à Béthléem pour l'adorer, et un concert des anges l'annonça aux bergers. Lors de son baptême, une voix céleste lui rendit témoignage; à sa transfiguration, son visage devint brillant comme le soleil et ses vêtements blancs comme la neige. A sa mort le voile du temple se déchira, le soleil s'éclipsa, les rochers se fendirent, la terre trembla, des morts ressuscitèrent et lui-même ressuscita le troisième jour après sa mort et monta au ciel quarante jours après, et lorsqu'il eut disparu à la vue de ses disciples, un ange leur annonça qu'il en descendrait un jour dans un grand appareil de majesté pour juger tous les hommes. Tous ces faits sont évidemment au-dessus des forces de la nature; qu'on n'obéit pas à un imposteur, ainsi que l'a très bien fait remarquer Jean-Jacques Rousseau lui-même, il faut nécessairement reconnaître que le Seigneur Jésus qui a opéré tous ces miracles pour montrer qu'il était Dieu, l'était réellement. Les évangélistes qui rapportent ces faits nomment les personnes en faveur de qui ils ont été accomplis, ils indiquent les lieux, les circonstances dans lesquels ils ont été opérés, ils donnent la date des faits, ils nomment les autorités religieuses et civiles. Si ces miracles étaient inventés à plaisir, c'était bien maladroit de la part de ceux qui les racontent de fournir ainsi sur des faits imaginaires par des indications précises des moyens de réfutation. Si, de nos jours, quelques écrivains s'imaginaient de dire : en l'année mil huit cent vingt il a paru en France un célèbre thaumaturge qui a rendu la vue à un aveugle-né à la porte de l'église d'une telle ville, qui à la porte d'une autre ville a ressuscité le fils d'une veuve que l'on portait en terre, qui dans telle autre a rendu aussi la vie à la fille du maire, et qui enfin à Paris, dans la capitale du royaume, a rappelé à l'existence un père de France dont le cadavre était déjà en proie à la corruption; et cet illustre personnage, au lieu de le reconnaître pour ce qu'il se disait, pour un envoyé céleste, on l'a fait mourir. Si de nos jours, quelques écrivains se permettaient de raconter de tels faits, ils exciteraient des réclamations universelles et seraient un objet de risée et de moquerie pour tous leurs contemporains. C'était pourtant la position où se trouvaient les apôtres, en présentant à leurs compatriotes un récit fabuleux, en osant dire aux habitants de la Judée : « Il a paru au milieu de vous un illustre personnage qui s'est dit Dieu et qui, pour justifier sa mission, a opéré des prodiges que nul autre n'avait faits avant lui. » Mais une telle conduite ne peut se qualifier. C'est de la folie. Mais il était facile d'en imposer aux étrangers, éloignés de la Palestine. Ces étrangers étaient donc des êtres stupides : ils croyaient aveuglément sans examen, sans discussion les faits qu'on leur racontait. Quoi! dans la Grèce, en Italie, alors les foyers de la science et de la civilisation, on aurait cru sur parole, sans prendre aucune information des hommes obscurs venus de la Judée, des hommes qui, non contents d'attaquer l'idolâtrie, cherchaient aussi à substituer aux opinions de Platon, d'Aristote et de Zénon la doctrine de Jésus-

Christ à qui ils attribuaient les plus grands miracles. Quadrat, philosophe athénien, converti à la foi par les apôtres et qui plus tard en devint lui-même l'apôtre et le martyr, aurait donc écrit, sans être assuré de ce qu'il disait, les paroles suivantes : « Jésus-Christ a fait des miracles à la vue de l'univers, parce qu'ils étaient au-dessus de tout soupçon. Il a guéri des malades, et il a ressuscité des morts; quelques-uns même ont survécu jusqu'à notre temps. » La Palestine n'était pas, d'ailleurs, un pays si inconnu qu'on le pense aux autres nations. Longtemps avant la ruine de Jérusalem, les Juifs faisaient un commerce étendu en Asie, en Afrique, en Europe. Ils étaient répandus dans toutes les provinces de l'empire romain. Lors donc qu'on leur aurait demandé si Jésus-Christ de Nazareth avait existé et s'il avait fait des miracles, ils auraient répondu, si ce que les évangélistes et les apôtres en disaient n'eût pas été véritable, « que toutes ces choses étaient fabuleuses. » Mais loin de répondre ainsi, ils avouaient l'existence de Jésus-Christ; ils disaient qu'il faisait des miracles par Beelzebuth; ils écrivaient aussi dans le Talmud, par exemple dans le *Tolda Jesus*, qu'il faisait des prodiges par l'art des enchantements. Il est dit dans le Talmud de Jérusalem, écrit l'an cent cinquante après notre ère, sous l'empire d'Adrien, par le rabbin Juda Hoccodosch, et commenté par d'autres rabbins, que le mot *Jehovah* prononcé d'une certaine manière, suffit pour opérer les plus grands miracles, et que Jésus avait appris le secret de cette prononciation, qui lui faisait faire des prodiges. Le Talmud de Babylone, écrit vers la fin du vᵉ siècle, reproduit la même assertion qui n'est qu'une misérable défaite et qui équivaut à un aveu formel des miracles de notre Seigneur.

On peut encore induire la vérité des miracles de notre Seigneur de l'inaction des chefs du peuple juif et du silence gardé par les écrivains contemporains dans le cas où le passage de Joseph sur notre Seigneur ne serait pas authentique. Les chefs, les magistrats juifs n'ont pu ignorer que leur nation et eux surtout étaient accusés d'avoir mis le Messie à mort, et durant les trente-sept ans qui se sont écoulés depuis la mort de notre Seigneur jusqu'à la ruine de Jérusalem, ils n'ont rien fait pour démontrer la fausseté des miracles de Jésus-Christ que l'on publiait dans tout l'univers pour les convaincre de ce crime épouvantable et pour démontrer la divinité du Seigneur. La puissance était en leurs mains; ils auraient pu procéder à des enquêtes juridiques; l'influence qu'ils exerçaient sur leurs concitoyens aurait donné à leurs recherches, à leurs informations une grande autorité; et pourtant ni l'histoire ni la tradition ne fournissent le plus léger indice que ces magistrats dont l'honneur était compromis, dont le zèle méc(onnu, aient essayé de prouver que les disciples de Jésus-Christ en imposaient en publiant les miracles de leur maître. Oh! s'ils restaient ainsi inactifs, c'est parce que ces miracles étaient trop publics, trop évidents pour être démentis; c'est parce que des investigations sur ce point, au lieu d'être défavorables aux chrétiens, auraient tourné à leur propre conclusion. Si Philon et Josèphe, si zélés pour la gloire de leurs concitoyens, qui cherchaient à les excuser des crimes les moins grands, n'ont rien dit sur la mort de Jésus-Christ; s'ils ont gardé le silence sur ses miracles, c'est qu'ils ne pouvaient les nier. Si ces miracles étaient faux, leur silence serait inexplicable : pourquoi laissaient-ils l'erreur s'accréditer, se répandre? La notoriété de ces faits a pu et dû seule les porter à se taire. Josephe surtout était obligé de dire ce qu'il avait appris de Jésus-Christ et de ses apôtres, conformément aux lois de l'histoire et aux règles qu'il s'était imposé de parler de tous les chefs de secte qui s'étaient élevés depuis Auguste jusqu'à la destruction de Jérusalem. S'il croyait que ce qu'on disait de lui était faux, l'intérêt de la vérité, le zèle pour la religion, l'honneur de sa nation, le désir de plaire aux empereurs romains qui persécutaient le christianisme exigeaient qu'il fit connaître sa pensée, son opinion; mais s'il croyait au contraire que ces miracles étaient véritables, il était naturel que la crainte de déplaire à sa nation et aux empereurs qui lui avaient fait l'accueil le plus flatteur n'arrêtât sa plume, et son silence devient alors une preuve évidente de la réalité des faits évangéliques. Celse, philosophe païen qui vivait cent ans à peine après le Seigneur, ne nie pas non plus ses miracles; il avoue même qu'il a fait des choses extraordinaires par l'art magique; et il attribue la supériorité de Jésus-Christ, sous ce rapport, à l'éducation qu'il avait reçue en Egypte, pays des secrets merveilleux. N'osant pas conter les guérisons miraculeuses, la multiplication des pains, la résurrection des morts, il prétend qu'il

n'y a rien dans ces prodiges que n'opèrent tous les jours les charlatans. Certes, si ce sophiste avait pu nier les miracles de Jésus-Christ, il l'aurait fait plutôt que de recourir à la science des enchantements et à la comparaison des miracles avec les tours des charlatans. S'il ne l'a pas fait, lui qui déclare en commençant ses ouvrages qu'il n'attaque les chrétiens qu'en connaissance de cause, qu'il connaît toutes leurs preuves, c'est qu'il était dans l'impossibilité de le faire (Or. cont. Cels., l. 1, p. 11). Cette accusation de magie n'était pas, du reste, nouvelle. Saint Justin, dans son Apologétique (I, c. 30), y répond avec force. Après Celse, les philosophes païens continuèrent d'y avoir recours, puisque Arnobe la réfute dans ses ouvrages (Adv. gent., lib. 1, ch. 43). Au iiiᵉ siècle, Porphire attribue également aux prestiges du démon les miracles de Jésus-Christ et ceux de ses disciples (Saint Hieron, Cont. vigil.). Hiérocles ne niait pas les œuvres miraculeuses de Jésus-Christ; mais il pensait qu'elles avaient été opérées par un homme ami des dieux (Eusèb., Cont. Hiérocl.). Julien l'Apostat, si hostile au christianisme, avoue également les miracles de Jésus-Christ; mais il chercha à en diminuer l'importance. Il reconnaissait aussi qu'après sa mort les disciples firent des enchantements. Il déclare dans ses ouvrages que saint Paul était le plus grand faiseur de prestiges (saint Cyrill Alex., Adv. Julian., lib. 6, 10, 3; Œuvres de Julien, lib. 6, p. 191, édit. Colon., 1688). Les amis et les ennemis de Jésus-Christ s'accordent donc pour reconnaitre qu'il a fait des miracles. Les chrétiens les attribuent à la puissance divine, les juifs et les païens à la magie; mais personne ne les nie : ils étaient donc bien certains, bien notoires. Et maintenant où est le lecteur de bonne foi qui ne reconnaîtra pas que les miracles rapportés par les évangélistes sont invinciblement démontrés, et qu'il n'y a dans l'histoire profane aucun fait qui soit revêtu de si nombreux, de si puissants motifs de certitude. Ceux auxquels tous les hommes, même les incrédules, ajoutent foi, ont de leur vérité quelques-unes des preuves que nous venons d'indiquer; mais aucun d'eux n'est appuyé sur des preuves aussi nombreuses, aussi fortes. Les miracles de Jésus-Christ sont donc certains et incontestables. Mais non-seulement Jésus-Christ a opéré des miracles, ses disciples en ont fait aussi de publics et d'éclatants, ainsi que nous le voyons dans les actes des apôtres. Saint Pierre montant au temple avec saint Jean à la neuvième heure du jour, guérit un homme perclus de ses jambes dès le sein de sa mère et qu'on plaçait chaque jour à la porte du temple nommée la belle porte pour demander l'aumône à ceux qui y entraient. A Lydde, il guérit un paralytique alité depuis huit ans; à Jappe, il ressuscita une femme chrétienne nommée Thabite. A Cyrtre, saint Paul guérit un homme perclus des jambes, et qui n'avait jamais marché. A Troade, il ressuscita un jeune homme nommé Eutyque. Tous ces miracles et beaucoup d'autres rapportés dans les actes des apôtres, sont toujours opérés au nom de Jésus-Christ, et pour prouver sa divinité, ils opèrent de nombreuses conversions. Saint Luc, auteur des Actes, cite les lieux, les circonstances où ils ont été opérés. Il les rapporte avec tant de sagesse, de prudence et de simplicité que l'on voit qu'il n'est ni imposteur, ni crédule; il raconte ces miracles comme ayant été le témoin des uns et comme ayant appris les autres des personnes qui les avaient vu s'opérer. Il avait donc des premiers la certitude physique, et des seconds la certitude morale. Il était impossible que ses sens le trompassent non pas une fois, mais presque continuellement sur ceux qui avaient été opérés sous ses yeux, et sur leurs résultats, sur les conversions qui en étaient la conséquence. Il est impossible aussi que les personnes qui étaient témoins avec lui de ces mêmes merveilles se soient fait la même illusion, et aient été également dupes de leurs sens. Il n'a pu être trompé non plus sur la certitude morale des miracles qui lui avaient été racontés. Il connaissait ceux qui les opéraient et ceux qui les avaient vus, ceux même qu'ils avaient convertis. Il avait appris ces miracles par les églises qui en avaient été les témoins; il en avait vu lui-même, et il en avait apprécié les effets : il n'a donc pas été trompé. Il n'a pas non plus trompé en rapportant ces miracles; son caractère moral ne permet aucun doute, aucun léger soupçon sur ce point. S'il eût d'ailleurs voulu tromper, il se serait gardé de joindre aux faits l'indication des endroits où ils étaient opérés, des noms des personnes qui avaient été l'objet de ces miracles. Il n'ignorait pas que dans ces divers lieux il y avait des habitants qui en avaient été les témoins, et que d'après ce qu'il dirait, beaucoup de personnes prendraient des informations. Lorsqu'il aurait même voulu tromper il ne l'auait pas pu ; il ne pouvait induire en erreur tant de personnes sur des faits publics, récents, et dont il était si aisé de découvrir la fausseté ; et saint Luc fournissait lui-même le moyen de découvrir la fausseté des faits qu'il rapportait en faisant connaître, comme il le fait, toutes les circonstances. Les miracles opérés par les apôtres à l'appui de leur prédication sont donc incontestables comme ceux du Sauveur. Les apôtres communiquaient aussi à de nombreux chrétiens le pouvoir d'en faire. Or, s'il est absurde de prétendre que les apôtres aient voulu donner pour preuve de leur mission des miracles lorsqu'ils étaient dans l'impuissance d'en opérer un seul, et qu'ainsi ils s'exposaient à devenir l'objet du ridicule et du mépris universel, il est encore plus absurde de supposer qu'ils aient voulu et pu tromper les fidèles sur les dons qui leur étaient communiqués. Saint Paul, dans ses épîtres aux Romains (Ch. 12, v. 6), aux Galates (Ch. 3, v. 2), aux Éphésiens (Ch. 4, v. 2), aux Thessaloniciens (Ch. 5, v. 19 et 20), aux Corinthiens (Ch. 12, v. 8, 9, 10, 28, 29, 30 ; ch. 14, v. 5, 12 et 13), leur parle des merveilles qui s'opèrent au milieu d'eux, et du pouvoir d'opérer des miracles dont ils sont revêtus. Si cela n'eût pas été véritable, saint Paul aurait-il pu en imposer à tous ces peuples sur des faits qui se passaient chaque jour au milieu d'eux ? Auraient-ils pu croire sur sa seule affirmation qu'ils possédaient ce qu'ils ne possédaient pas ? Si, avant de recevoir ses lettres, ils n'avaient pas eu les dons de prophétie et des miracles, ils n'auraient pas cru les avoir après leur réception ; et au lieu d'accueillir et de conserver ces lettres avec le plus profond respect, ils n'auraient eu que du mépris et de l'indignation pour ce qu'il leur disait ; mais s'ils croyaient posséder ces dons, c'est que réellement ils les avaient. On ne se trompe pas sur ce que l'on peut faire soi-même, sur ce que l'on fait. Pour nier donc l'existence du pouvoir de faire des miracles dans les premiers chrétiens, il faut soutenir d'abord qu'ils ont été les dupes des apôtres, et ensuite qu'après avoir reçu le baptême, ils sont devenus leurs dociles complices et se sont tous associés à leur fourberie, aux dépens même de leurs intérêts les plus précieux. Ce qui est ridicule à supposer, et ce qui d'ailleurs se réfute suffisamment de soi-même. Mais si Jésus-Christ, les apôtres et leurs disciples ont fait tant de miracles, d'où vient l'obstination des juifs ? Elle est sans doute étonnante ; mais il est aisé d'en découvrir les motifs. Les juifs attendaient un messie qui confirmerait la loi de Moïse, qui paraîtrait dans la splendeur des rois, et qui étendrait au loin sa puissance. Jésus-Christ abolit la loi cérémonielle : il parut dans une condition basse, il prêchait le renoncement à soi-même, il ordonnait de payer le tribut à César ; les juifs avaient une grande estime pour les Pharisiens, une confiance entière dans leurs docteurs, dans leurs prêtres. Or, tous ces hommes étaient les ennemis déclarés de Jésus-Christ, qui découvrait leur hypocrisie et détruisait leur puissance. Ils le poursuivaient de leurs calomnies, de leurs haines ; d'ailleurs les passions étaient un grand obstacle à l'adoption des croyances chrétiennes. Embrasser le christianisme, c'était se détacher de tous les biens, de toutes les affections terrestres, réformer toutes ses habitudes, remplacer tous les vices par des vertus austères et des devoirs pénibles ; il fallait bien d'ailleurs que les prophéties reçussent leur accomplissement. « Le Christ, disait Daniel 600 ans avant l'événement, sera mis à mort, et le peuple qui doit le renoncer ne sera plus son peuple » (Ch. 9). Cette prophétie, dont les juifs sont dépositaires, et qui s'accomplit chaque jour sous nos yeux, n'est-elle pas aussi un miracle ? Il ne faut pas croire au surplus que Jésus-Christ n'ait pas eu beaucoup de disciples, et que le nombre des chrétiens ne devînt pas très considérable en peu de temps. Après sa résurrection, le Sauveur apparut à plus de cinq cents de ses disciples réunis, et ce nombre n'étaient pas ceux que la crainte du Sanhedrin empêchait de se déclarer pour lui. Nous voyons avant sa passion dans l'Évangile beaucoup de personnes d'un rang éminent croire en lui au fond de leur cœur, et n'oser pas néanmoins manifester leur croyance. La crainte d'être chassés des synagogues les retenait ; toutefois, après l'ascension du Seigneur, le nombre des chrétiens s'accrut tous les jours davantage dans la Judée, et successivement dans le monde entier. Il n'y avait encore que quelques jours depuis les scènes sanglantes de la passion, lorsque saint Pierre, en rappelant les miracles de Jésus-Christ, et en invoquant sur leur réalité le témoignage des juifs eux-mêmes, convertit dans une première prédication trois mille juifs, et dans une seconde cinq mille. Mais du temps de Jésus-Christ et des premiers chrétiens, l'on a pu prendre pour

des miracles des phénomènes naturels avec lesquels on n'était pas familier. Sans doute la chimie, la physique, la médecine ont fait depuis de grands progrès ; mais où est le médecin, le savant qui puisse dire efficacement à un malade : je le veux, soyez guéri ; et à un mort : levez-vous, je vous le commande. On insiste et l'on prétend qu'il est dans la nature des forces magnétiques, et il ne serait pas surprenant si les secrets du magnétisme ont été connus du temps des apôtres ; mais où est le magnétisme qui a guéri un malade ou ressuscité un mort ? Tout ce qui résulte des faits magnétiques, s'ils sont bien constatés, c'est que, plongé dans un sommeil factice, l'homme voit à travers des corps opaques à de certaines distances ; il indique les remèdes propres à soulager et à guérir les maladies du corps ; il paraît savoir des choses qu'il ne savait pas et qu'il oublie à l'instant du réveil ; mais il n'a produit aucune guérison miraculeuse, aucun fait du genre de ceux dont les évangélistes nous ont transmis les récits. Depuis près de quatre-vingts ans que l'on s'occupe de magnétisme, on ne citerait pas certainement aucun fait semblable. Le don des miracles ne prouve pas la divinité de l'Église catholique ; toutes les sectes en ont eu. Cela est faux : fouillez les annales du monde avec autant de soin que vous le voudrez, et vous n'y trouverez aucun miracle dans les pages relatives au peuple juif et à l'Église catholique. Ni le paganisme, ni la philosophie, ni les sectes séparées de l'Église romaine ne peuvent s'appuyer sur aucun miracle. Mahomet se pose bien souvent dans le Coran la question des miracles ; mais il n'ose pas dire qu'il en a fait ou qu'il en fera. Les divers hérésiarques qui se sont élevés dans le sein du christianisme depuis dix-neuf siècles n'ont pu non plus autoriser leurs fausses doctrines par des miracles. S'ils l'avaient pu, ils l'auraient bien fait : le désir de vrais miracles que leur assurément. Saint Grégoire de Tours nous apprend qu'un évêque arien nommé Citola s'étant vanté de faire des miracles pour justifier ses erreurs et accrédité ses erreurs, donna cinquante écus d'or à un homme pour contrefaire l'aveugle et le prier de lui rendre la vue. Cette fourberie concertée, Citola, accompagné de trois évêques catholiques, passa comme par hasard sur une place publique devant ce faux aveugle, qui s'écria aussitôt : Bienheureux Citola, saint prêtre de Dieu, ayez pitié de moi ; rendez-moi la vue comme vous avez fait à tant d'autres aveugles. Cet hérétique, s'arrêtant à ces paroles, dit à cet homme : Pour prouver que la foi que nous professons est la véritable, que tes yeux soient ouverts. Mais Dieu, ne voulant pas laisser cette impiété impunie, rendit véritablement aveugle celui qui faisait semblant de l'être. On sait aussi que Calvin, ayant obligé un homme de faire le mort pour établir ses erreurs par une résurrection feinte, cet homme fut puni d'une véritable mort au moment où l'hérésiarque le touchait. Les rationalistes nous opposent Apollonius de Tyane, dont Philostrate a écrit la vie ; mais on sait que l'histoire d'Apollonius ne présente aucune autorité, aucune certitude, qu'elle n'a été écrite que cent vingt ans après Apollonius sur les mémoires de Damis, son disciple, qui n'avait pas osé les rendre publics. Philostrate fut payé par l'impératrice Julie pour écrire le panégyrique de son héros. Tous les faits racontés dans cette histoire sont dénués de preuves ; mais les disciples de Jésus-Christ sa vie, publient leurs miracles en présence de ceux qui en ont été les témoins ; ils confirment les miracles publics de leur divin maître par des miracles non moins éclatants, opérés à la face du soleil ; et loin d'être payés par les grands, ils reprochent à ceux-ci leurs vices, leurs crimes et versent leur sang pour attester la vérité de ce qu'ils disent, de ce qu'ils enseignent. Certes, « j'en crois des témoins qui se font égorger » (Voy. dans cette Encyclopédie l'article si remarquable sur Apollonius). Au surplus, les deux ou trois faits attribués à Apollonius n'ont eu aucune importance. Quels en ont été les effets ? Ceux de Jésus-Christ ont changé, régénéré le monde. À côté du miracle, il faut la fécondité, a dit un grand orateur de nos jours. Dieu ne peut agir que pour faire de grandes choses. C'est donc avec raison que saint Augustin, parlant des marques de la vraie religion, dit qu'entre les marques qui le convainquent de la vérité de l'Église catholique, une des principales, c'est la preuve des miracles qui l'ont confirmée sans cesse, et qu'on ne trouve pas dans les sociétés qui lui sont étrangères. Si dans l'origine de l'Église, dit-on enfin, il y a eu tant de miracles, d'où vient qu'il n'y en a plus aujourd'hui ? Mais c'est mal raisonner que de conclure, comme le font ici les incrédules, qu'un fait n'a pas eu lieu parce qu'il a cessé de se reproduire. Parce qu'il n'y aurait plus de miracles aujourd'hui, on ne pourrait pas dire qu'il n'y en a pas eu autrefois. Dans les premiers jours de l'Eglise, les miracles étaient nécessaires pour propager la foi, pour établir l'Eglise ; mais, l'Eglise étant établie, leur objet était rempli. Il n'est pas dans l'ordre de la Providence de multiplier les prodiges sans nécessité. En devenant communs, ils cesseraient d'être frappants. A quoi nous servirait que les dons miraculeux, qui étaient si multipliés dans la primitive Eglise, existassent encore? Nous sommes assurés qu'ils ont existé ; nous n'avons donc pas besoin de les voir se renouveler pour affermir notre foi. Nous avons de leur réalité la preuve la plus forte, la plus tranchante, dans la conversion des témoins, des contemporains, dans la transmission de leur croyance depuis dix-neuf siècles. Il n'est pas vrai néanmoins que la source des miracles soit tarie. Notre-Seigneur a conféré à ses disciples le pouvoir d'en opérer sans aucune limite de temps et de lieux. Aussi voyons-nous qu'il y en a eu un grand nombre dans tous les siècles et dans tous les lieux, depuis les temps apostoliques jusqu'à nos jours. Sans entrer dans le détail de ces miracles, nous citons, d'après Tertullien celui qui eut lieu dans le IIe siècle, lorsque les soldats chrétiens, servant dans l'armée de Marc-Aurèle, obtinrent subitement du ciel, par leurs prières, une pluie abondante qui apaisa la soif dont l'armée périssait, tandis qu'un horrible nuage fondait en grêle et en éclats de foudre sur l'armée ennemie. Le même docteur et Origène, dont les lumières et le génie ne sont méconnus de personne, rapportent aussi des miracles qu'ils assurent avoir vus. Dans le IIIe siècle, nous trouvons en particulier les miracles de saint Grégoire Thaumaturge, rapportés par Eusèbe, saint Basile, saint Grégoire de Nysse et saint Jérôme. Ces mêmes pères, ainsi que saint Athanase, Sulpice-Sévère et d'autres écrivains des IVe et Ve siècles, rapportent les miracles de saint Antoine, de saint Hilarion, de saint Martin, de saint Nicolas et de beaucoup d'autres de leur connaissance et dont ils rendent témoignage. Plusieurs pères de ces siècles rapportent même les faits miraculeux passés dans le temps et dans l'endroit où ils en écrivaient l'histoire et qui étaient très connus des peuples au milieu desquels ils les écrivaient. Ainsi saint Augustin, au livre 22, chap. 28, de la Cité de Dieu, s'exprime ainsi : « A présent même on voit des miracles s'opérer au nom de Jésus, aussi bien par les sacrements que par la mémoire des saints. La guérison de l'aveugle de Milan se fit en présence d'un grand concours qui était assemblé autour des corps des martyrs Gervais et Protais. » Il ajoute ensuite : « Au milieu de nous, il s'est fait un miracle si notoire et si fameux que je ne crois pas qu'il y ait un seul habitant d'Hippone qui ne l'ait vu, ou qui n'en ait été informé. » Il en rapporte beaucoup d'autres opérés sous ses yeux, circonstanciant les faits avec la plus rigoureuse exactitude, nommant les lieux où ils étaient arrivés, les personnes qui y avaient eu part, les témoins qui y étaient présents. Saint Cyrille de Jérusalem, dans une homélie sur le paralytique, prononcée devant son peuple, déclare comme une chose notoire et publique que le don de prophéties et de miracles a été accordé en son temps à plusieurs fidèles de son Eglise ; il exhorte ceux qui l'ont reçu à ne pas se laisser aller à des sentiments d'orgueil, mais à s'humilier. Or ce discours n'aurait pas été le comble du ridicule si effectivement le fait avancé par le saint patriarche n'avait pas été connu de tous. La nature des miracles rapportés par ces divers pères et les effets qu'ils produisaient sont de nouvelles preuves de leur réalité : ils consistaient à rendre la vue à des aveugles, la santé à des malades, la vie à des morts. C'étaient là des faits sensibles, palpables, et tout homme raisonnable pouvait y discerner le vrai du faux. Ces miracles opéraient d'ailleurs la conversion de beaucoup de païens. Saint Ambroise, dans son discours sur les miracles des saints Gervais et Protais, confondit publiquement les ariens ; l'on sait d'ailleurs que l'évidence des miracles de ces deux martyrs arrêta la persécution de ces hérétiques contre les catholiques. Dans le IVe siècle encore, l'empereur Constantin trouva le gage de sa victoire sur Maxence et le principe de sa conversion au catholicisme dans la vision miraculeuse qu'il eut la veille du combat, de l'étendard de la croix brillant dans les airs et portant cette inscription : « Vous vaincrez par ce signe. » Ammien Marcellin rapporte aussi le prodige des globes de feu qui rendirent vains les efforts de Julien l'Apostat pour rebâtir le temple de Jérusalem et convaincre de fausseté la prédiction de Jésus-Christ sur sa destruction. Les incrédules ont présenté ce fait comme un phénomène naturel, comme l'éruption d'un feu souterrain, d'un air inflammable, mais leurs explications contraires aux phénomènes observés dans

les mines n'ont pas obtenu l'approbation des savants. Cet événement fit tant d'impression sur les Juifs et les païens, qu'ils se convertirent en grand nombre au christianisme. On sait aussi qu'au Ve siècle, Hunéric, roi des Vandales, qui était arien, ayant appris que les fidèles de la ville de Typose en Mauritanie ne voulaient pas communiquer avec l'évêque arien qu'il y avait envoyé, leur fit couper à tous la langue et la main droite. Ces généreux confesseurs, privés de l'organe de la voix, continuèrent à parler aussi facilement, aussi distinctement que s'ils avaient eu leur langue, au point que ceux qui les entendaient ne pouvaient en croire leurs oreilles. Ce miracle est authentiqué par des témoignages aussi nombreux qu'importants. L'empereur Justinien dit, dans le Code de ses lois : « Nous les avons vus et entendus. » Victor de Vite, dans l'Histoire de la persécution des Vandales, fait le même aveu, et il ajoute : « Si quelqu'un en doute, qu'il aille à Constantinople, et il y trouvera entre autres un sous-diacre, nommé Repasot, qui parle nettement, sans aucune peine, et qui, pour cette raison est singulièrement honoré dans la maison de l'empereur Zénon. » Enée de Gaza, philosophe platonicien, s'exprime ainsi : « Je les ai vus moi-même, et je les ai entendus parler. J'ai été surpris que leur voix fût si bien articulée, et ne me fiant pas à mes oreilles, j'ai voulu en juger par mes yeux. Je leur ai fait ouvrir la bouche pour y chercher l'instrument de la parole, et j'ai vu toute la langue avait été arrachée jusqu'à la racine. » Procope, historien et préfet de Constantinople, dit en parlant de la persécution d'Hunéric : « Il fit couper la langue à plusieurs qui, de mon temps, se promenaient à Constantinople, parlant librement, sans se ressentir de ce supplice. » Le comte Marcellin, chambellan de l'empire, dit dans sa Chronique : « J'ai vu à Constantinople quelques-uns de cette troupe de fidèles qui avaient la langue et la main coupées et qui parlaient néanmoins parfaitement bien. » Y a-t-il dans l'histoire profane des faits mieux attestés que celui-là ? Un empereur, un philosophe, un évêque, un historien, un magistrat, sont des témoins oculaires. Saint Augustin, apôtre de l'Angleterre, appuyant la prédication de la divine parole par des miracles, le pape saint Grégoire-le-Grand l'exhorta, dans une de ses lettres, à l'humilité, et le prémunit contre l'orgueil et l'enflure du cœur dont il pouvait être tenté à l'occasion des miracles que Dieu opérait par son ministère pour la conversion de cette ile. Il fallait bien que les miracles du saint apôtre fussent notoires et publics pour que le pontife romain pût lui parler ainsi. De siècle en siècle jusqu'à nos jours, nous trouvons la religion confirmée par divers miracles, ou pour la conversion des infidèles, ou en preuve de certains dogmes, ou en témoignage de la sainteté de quelques serviteurs de Dieu. Ces miracles sont démontrés, suivant les règles de la critique, comme les faits les plus certains de l'histoire ; s'en moquer, ce n'est pas les détruire. Les rejeter sans examen, c'est montrer une injuste et aveugle prévention. Nous pouvons présenter également avec confiance les miracles discutés solennellement et consignés dans les procès-verbaux de la canonisation des saints. Les procédures suivies à cette occasion sont exposées au long dans l'excellent ouvrage du pape Benoît XIV. Assurément on ne peut rien ajouter aux mesures prises pour établir la certitude des miracles, et la prudence humaine ne peut rien marquer de plus sage, de plus propre à éclairer l'esprit le plus difficile, s'il est de bonne foi. Jamais, dans aucun pays, un tribunal n'a exigé, pour prononcer sur la vie et la fortune des hommes, des témoignages qui approchent de l'autorité de ceux que l'Eglise exige. Ce n'est certes que par l'effet d'une extrême ignorance que l'on peut croire les catholiques assez stupides pour s'en laisser imposer facilement en ce genre de faits, et que le tribunal établi pour en examiner la nature et la vérité en prononce l'existence à la légère. Il est de notoriété publique, et il est avoué par les protestants qui ont désiré s'éclairer sur ce point, que l'on éprouve par les règles de la critique la plus sévère la vérité des miracles à rapporter dans les actes de la canonisation des saints. C'est donc une grande témérité d'en nier l'existence sans en avoir examiné les preuves. En vain répète-t-on qu'il y a de faux miracles dans les légendes. Cela ne prouve rien contre les faits dont la certitude est démontrée. L'Eglise n'a jamais proposé les légendes pour des histoires incontestables. On peut citer une multitude de lois faites par les évêques pour proscrire les fables, mais aucune pour les accréditer. Quelquefois des hommes, des écrivains peu éclairés ont cru à des faits apocryphes, mais l'Eglise n'est pas responsable de ce défaut de critique, d'autant plus que, loin de tolérer les abus en ce genre, elle a toujours cherché à les prévenir, à les détruire. Mais peut-on parler de miracles dans un siècle de lumières? Mais des faits sont toujours des faits dans quelque siècle que ce soit, et la preuve des faits que nous n'avons pas vus nous-mêmes est toujours la même, le témoignage des hommes. Dans un siècle éclairé, il est plus difficile de faire croire aux faits miraculeux; mais, lorsqu'on est assuré de la réalité de ces faits, par tous les moyens reçus devant les tribunaux et admis de tous ceux qui croient à la *certitude historique*; il faut y ajouter foi si l'on est raisonnable, ou bien, se jetant dans un scepticisme universel, on doit mettre fin à toute foi humaine et rejeter tous les faits historiques qui sont également appuyés sur le témoignage des hommes. Cette série de miracles commençant à l'origine de l'Eglise et se poursuivant jusqu'à nos jours, témoigne en même temps de la vérité de ses enseignements et de l'esprit divin qui la dirige. Ces miracles, que dis-je? un seul même de ces miracles suffit pour montrer la voie du salut, pour décider toutes les difficultés sur la nature, les droits, la foi et les sacrements de l'Eglise. Quelle indifférence en matière de religion, sur l'affaire du salut, la plus importante de toutes, que de dédaigner l'examen de la vérité de ces miracles! Indifférence d'autant moins excusable qu'il n'est question d'examiner que des faits publics et dont, à la lumière de l'histoire, sans avoir besoin d'une grande application d'esprit, on acquiert facilement des preuves qui sont à l'abri de toute contestation sérieuse. DE P.

MIRACULEUX, EUSE, adj., qui s'est fait par miracle, qui tient du miracle. Il signifie aussi surprenant, merveilleux, admirable. Il s'applique quelquefois aux personnes dans les deux sens.

MIRAGE, s. m., phénomène qui est l'effet de la réfraction, et qui fait paraître au-dessus de l'horizon les objets qui n'y sont pas.

MIRAMION (MARIE BONNEAU, dame DE), née à Paris, en 1626, de Jacques Bonneau, seigneur de Rubelle, fut mariée en 1645 à Jean-Jacques de Beauharnais, seigneur de Miramion, qui mourut la même année. Sa jeunesse, sa fortune et sa beauté la firent rechercher, mais inutilement, par ce qu'il y avait de plus distingué et de plus aimable. Bussi-Rabutin, qui en était violemment épris, la fit enlever. La douleur qu'elle en eut lui causa une maladie qui la conduisit presque au tombeau. Dès qu'elle eut recouvré sa santé, elle l'employa à visiter et à soulager les pauvres et les malades. Les guerres civiles de Paris augmentèrent le nombre des misérables de cette grande ville. Madame de Miramion, touchée de leurs malheurs, vendit son collier, estimé 24,000 livres, et sa vaisselle d'argent. Elle fonda la maison de refuge pour les femmes et les filles débauchées, qu'on enfermerait malgré elles, et la maison de Sainte-Pélagie pour celles qui s'y renfermeraient de bonne volonté. En 1661, elle établit une communauté de douze filles, appelée la *sainte famille*, pour instruire les jeunes personnes de leur sexe, et pour assister les malades. Elle la réunit ensuite à celle de Sainte-Geneviève, qui avait le même objet. Ses bienfaits méritèrent qu'on donnât à ces filles le nom de *dames Miramionnes*. Elle fonda dans sa communauté des retraites deux fois l'année pour les dames, et quatre fois par an pour les pauvres. Madame de Miramion conduisit sa *famille* avec une prudence et une régularité admirables. Elle fit un grand nombre d'autres œuvres de piété et de charité, et mourut saintement, en 1696, à 66 ans. Ses charitables et généreuses filles souffrirent, en 1791, les traitements les plus indignes plutôt que de participer au schisme et à la subversion du culte catholique.

MIRAULMONT (PIERRE DE), natif d'Amiens, mort en 1611, fut conseiller en la chambre du trésor à Paris, et lieutenant de la prévôté de l'hôtel. Ses ouvrages sont: *Origine des cours souveraines*, Paris, 1612, in-8°; *Mémoire sur la prévôté de l'hôtel*, 1615, in-8°; *Traité des chancelleries*, 1610, in-8°. Ils sont remplis d'érudition et de recherches curieuses.

MIRE, s. f., espèce de bouton placé vers le bout d'un fusil, d'un canon et qui sert à mirer. Fig., point de mire, but auquel on tend. Coins de mire, morceaux de bois qui servent à hausser ou à baisser un canon, un mortier.

MIRE (JEAN LE), *Miræus*, né à Bruxelles, le 6 janvier 1560, évêque d'Anvers en 1604, prélat orné de toutes les vertus et de la science qui font l'honneur de l'épiscopat, fondateur du séminaire d'Anvers, et à Douai de plusieurs bourses pour de pauvres étudiants, mourut en 1611, après avoir tenu pour la réforme des abus un synode dont les statuts furent imprimés à Anvers, 1610, et dans les conciles du père Labbe.

MIRE (AUBERT LE), *Miræus*, neveu du précédent, naquit à Bruxelles, en 1573. Albert, archiduc d'Autriche, le fit son premier aumônier et son bibliothécaire. Il fut employé en Hollande, en 1610, par son oncle, évêque d'Anvers, pour s'opposer aux troubles que les hérétiques ne cessaient d'occasionner dans son diocèse contre la foi des traités. En 1624, il devint doyen de la cathédrale, et travailla toute sa vie pour le bien de l'Eglise et de sa patrie. Il mourut à Anvers le 19 octobre 1640, avec la réputation d'un écrivain actif, curieux, laborieux et très érudit, mais qui manque quelquefois d'exactitude et de critique. On a de Le Mire: *Elogia illustrium Belgii scriptorum*, Anvers, 1609, in-4°. Ces éloges sont fort courts; *Vita Justi Lipsii*; *Chronicon cisterciense*, Cologne, 1614: on y trouve un traité de l'*origine des béguines*. Il leur donne pour fondateur le vénérable Lambert-le-Bègue; *Origines Cœnobiorum benedictorum, — cartusianorum, — ordinum militarium, canonicorum regularium; — ordinis Carmelitani, — virginis ordinis B. M. Virginis Annunciatæ, — congregationum clericorum, — omnium ordinum religiosorum.* Ces ouvrages sont superficiels; *Bibliotheca ecclesiastica*, 2 vol. in-fol., 1639-1649. C'est une bibliothèque des historiens ecclésiastiques. Le second volume a été publié par Aubert van den Eede, son neveu, qui devint évêque d'Anvers. Jean-Albert Fabricius en a donné une nouvelle édition à Hambourg, en 1718; *Opera historica et diplomatica*, etc.; c'est un recueil de chartes et de diplômes sur les Pays-Bas. La meilleure édition est celle de 1722, 2 vol. in-fol., par Jean-François Foppens, qui l'a enrichie de notes, de corrections et d'augmentations. Ce recueil a été augmenté de deux volumes de supplément par le même Foppens, 1734-1748; *Rerum belgicarum chronicon*, Anvers, 1636, in-fol.; *De statu religionis christianæ per totum orbem*, Helmstadt, 1671; *Notitia episcopatum orbis christiani*, Anvers, 1613; *Geographia ecclesiastica*; *Chronicon rerum toto orbe gestarum a Christo nato*. Cette chronique, tirée d'Eusèbe, de saint Jérôme, de Sigebert et d'Anselme, moines de Gembloux, est continuée par Le Mire depuis 1200 jusqu'à l'an 1608; *Codex regularum et constitutionum clericalium*, avec des notes, 1638, in-fol.

MIRER, v. a., viser, regarder avec attention l'endroit où l'on veut que porte le coup, d'une arme à feu, d'une arbalète, etc. Il s'emploie aussi absolument. Mirer des œufs, les regarder en les plaçant entre son œil et le jour, pour s'assurer qu'ils sont frais. Mirer, s'emploie aussi avec le pronom personnel, et signifie alors se regarder dans un miroir ou dans quelque autre chose qui renvoie l'image des objets qu'on lui présente.

MIREVELT (MICHEL-JANSON), peintre, né à Delft, le 1ᵉʳ mai 1567, mort dans la même ville en 1641, s'est adonné principalement au portrait, genre dans lequel il réussissait parfaitement. Il a aussi représenté des sujets d'histoire, des bambochades et des cuisines pleines de gibier: tableaux rares et recherchés pour le bon ton de couleur, la finesse et la vérité de la touche.

MIRLITON, s. m., espèce de flûte très simple, formé d'un roseau bouché par les deux bouts avec une pelure d'ognon ou avec un morceau de baudruche.

MIRMIDON, s. m., quelques-uns, pour se conformer à l'étymologie, écrivent *myrmidon*, nom de peuple qui est devenu un nom appellatif, par lequel on désigne avec mépris, avec raillerie un jeune homme de très petite taille. Il est, figurément, de ceux qui ont des prétentions exagérées et ridicules, qui font de vains efforts pour paraître supérieurs aux autres et à eux-mêmes. Il est familier dans ces deux acceptions.

MIROIR, s. m., glace de verre ou de cristal qui, étant enduite par derrière avec une feuille d'étain et de mercure, réfléchit l'image des objets qu'on lui présente. Il se dit aussi de tout corps poli qui, ne donnant point passage à la lumière, le réfléchit et renvoie l'image des objets. Miroir, se dit figurément et au sens moral, de ce qui représente une chose et la met en quelque sorte devant nos yeux. Miroir, en termes de chasse, instrument monté sur un pivot et garni de petits morceaux de miroir, qui tourne au moyen d'un ressort et qu'on expose au soleil, pour attirer par son éclat des alouettes et d'autres petits oiseaux. Miroir, en termes d'eaux et forêts, se dit des places entaillées sur le tronc d'un arbre et marquées avec le marteau.

MIROIRS (*mécan.* **).** Nous dirons peu de choses des miroirs courbes en verre dont une surface est étamée pour réfléchir les rayons de lumière; on les façonne à la manière des verres optiques, et on les étame comme les miroirs et les glaces.

Mais les miroirs métalliques sont bien préférables, parce que les premiers produisent deux images réfléchies, l'une par la surface postérieure étamée, l'autre qui est beaucoup plus faible, par la surface antérieure, en sorte qu'on a réellement deux miroirs parallèles dont les surfaces réfléchissent les images des corps; et comme ces deux images se superposent inégalement, elles deviennent confuses. Ce défaut devient sensible et très gênant dans les instruments de catoptrique, où les images sont agrandies par des lentilles; on est donc forcé d'abandonner leur usage. Aussi les glaces et miroirs de verre ne servent-ils que d'ornements à nos demeures et pour la toilette. On travaille les miroirs métalliques à la manière de verres optiques, à l'aide des bassins et de substances propres à en limer, user, polir et doucir la surface, et à leur donner la forme concave ou convexe moulée sur une sphère. L'alliage dont on compose les miroirs métalliques n'est pas exactement défini. On y emploie ordinairement 32 parties de cuivre rouge sur 15 d'étain en grain, et 2 parties d'arsenic qui rend le métal blanc et compacte : on y ajoute quelquefois un peu d'argent. On assure que parties égales de cuivre, d'argent et d'arsenic donnent un miroir parfait sous les rapports d'éclat, de blancheur, de dureté et de pouvoir réflecteur. Enfin, voici une recette qu'on assure être excellente. On fait fondre dans des creusets séparés 2 parties de cuivre rouge et 1 d'étain en grain; ensuite on mêle et l'on brasse l'alliage avec une spatule de bois, enfin, on coule dans des moules; la face inférieure sera celle qu'on devra travailler. On a grand soin que les métaux employés soient parfaitement purs. Quand la masse est fondue, que l'on l'a limée sous la forme et les dimensions que le miroir doit avoir, il s'agit de la travailler en sphère concave ou convexe, et de la polir. On a un bassin d'airain travaillé sur le tour et vérifié dans toutes ses parties avec le plus grand soin, en y promenant une jauge circulaire, ou patron, qui doit le toucher en tous les points où on l'applique. Le bassin est fixé solidement à un établi; on y répand de l'émeri à gros grains pour commencer le travail. Le morceau de métal est cimenté à un manche dorsal que l'ouvrier tient en main, et mouillant l'émeri avec de l'eau, il promène la surface du miroir dans tous les sens, sur le bassin. Lorsqu'il a enlevé par l'usure les parties les plus grossières, il lave le tout pour en ôter l'émeri, et en substitue d'autre plus fin, avec lequel il recommence le travail, jusqu'à ce que la surface du miroir soit devenue uniforme. Il reproduit ensuite la même manœuvre avec de l'émeri de plus en plus fin, en veillant à ce qu'à chaque fois qu'il en change, il ne reste aucune trace du précédent, car ce serait autant de grains de sable qui sillonneraient la surface. Il reste ensuite à polir le miroir. Pour y parvenir, on recouvre le bassin, préalablement bien lavé, d'une couche de poix très pure, et l'on promène sur cette matière un second bassin concave, si le premier est convexe, et réciproquement; il faut que l'un soit le moule exact de l'autre. A l'aide de la chaleur, on parvient à former un bassin en poix de même forme exactement que le premier. On le saupoudre avec de la potée d'étain (deutoxide d'étain mêlé à l'oxide de plomb, et l'on recommence à mouvoir le miroir à polir sur le bassin. Au lieu de manœuvrer le miroir à la main, il est bien plus commode de se servir d'un appareil de rotation lente et continue, qui, conservant au miroir une pression constante sur le bassin, met l'ouvrier à l'aise, de manière qu'il gouverne beaucoup mieux son opération. Les miroirs plans métalliques se font de même que les courbes; on les travaille sur des platines d'airain parfaitement planes.

Miroirs plans. — Les rayons qui émanent d'un corps lumineux F, tels que Fc, Fd, qui vont rencontrer un miroir plan Ab, se réfléchissent à la surface et suivent la route ca, db. La loi de cette réflexion consiste en ce que, si l'on mène en c la perpendiculaire cI à la surface, l'angle FcI, qu'on

nomme d'incidence, est égal à l'angle de réflexion Ica, ou, ce qui équivaut, l'angle FcA est égal à acB. Parmi tous les rayons partis du point F qui vont se réfléchir aux divers points de la surface AB, il en est qui se dirigent selon ca, ab vers l'œil ab d'un spectateur. Ces rayons vont en s'épanouissant et forment une partie du cône acdb dont la base est à l'œil ab, et dont le sommet F' est situé de l'autre côté du miroir à même distance que F. Abaissons du point F la perpendiculaire FCF' que nous prolongerons en F' d'une égale quantité, savoir, FC = CF'; l'œil ab verra le point F par réflexion, comme s'il était situé en F'. Nous jugeons donc les objets réfléchis par un miroir plan, comme s'ils étaient situés à même distance de l'autre côté de la surface, et sur une perpendiculaire à celle-ci. Si l'objet s'éloigne de la glace, l'image s'éloignera aussi ; et voilà pourquoi nous voyons, dans une glace, nos mouvements se faire en apparence en sens opposés.

Miroirs concaves sphériques. — Comme chaque élément d'un miroir courbe peut être regardé comme étant un petit miroir plan, la réflexion de chaque rayon s'y produit en comparant sa direction à celle de la tangente et de la normale au point où ce rayon tombe; ainsi les rayons réfléchi et incident font des angles égaux avec la normale au point d'incidence. Dans ce qui va suivre, nous admettrons que le miroir est de peu d'étendue, c'est-à-dire qu'il n'est que de quelques degrés du cercle, parce que les images n'ont de netteté que sous cette condition.

Supposons d'abord un point lumineux situé à l'infini, envoyant des rayons om parallèles à l'axe AC du miroir; on nomme axe la droite qui passe par le centre C de la sphère, de laquelle le miroir fait partie, et par le point milieu A du miroir, lequel est représenté ici par l'arc mAm' de section suivant l'axe. Puisque le rayon mC de l'arc de cercle Am est perpendiculaire à la tangente et à la normale au point d'incidence; faisant donc l'angle CmF égal à omC, on aura l'angle de réflexion, et le rayon om se réfléchira selon mF; et puisque l'angle omC est alterne interne de l'angle C, on voit que les angles C et FmC sont égaux; on trouve que AF est à fort peu près égal à FC, et le rayon om se réfléchit au point F, situé à moitié distance du rayon CA de la sphère dont le miroir fait partie. Si l'on suppose que les rayons émanés de l'objet arrivent parallèles à l'axe AC, ou bien que l'objet lumineux est situé sur l'axe à une distance infinie, il faut en conclure qu'il se rendent tous au point F, qu'on appelle le foyer principal ou des rayons parallèles, point qui est situé au milieu du rayon pris sur l'axe. On conçoit comment un miroir concave un peu étendu, présenté au soleil de manière que l'astre soit sur le prolongement de l'axe, peut enflammer une substance placée au foyer F, comme le fait un verre lenticulaire convexe. Comme il est très difficile de fabriquer un grand miroir, on peut, avec le père Kircher, disposer une grande quantité de petits miroirs plans dans les inclinaisons convenables pour projeter chacun au même point l'image du soleil. Buffon fit construire un de ces appareils composé de cent soixante-huit glaces étamées, ayant 6 pouces carrés chaque, mobiles sur des axes, à l'aide de trois vis, et qu'il fixait de manière à porter le foyer commun où il voulait. A 200 pieds de distance, il brûlait un morceau de bois : à 45 pieds, il fondait le plomb, l'argent et le cuivre. Ces expériences portent à croire à la réalité du fait qu'un miroir attribué à Archimède, qui brûlait de loin la flotte romaine avec des miroirs ardents, quoiqu'il paraisse bien difficile de penser que ce fait soit vrai. Buffon imagina de faire des lentilles à échelons; elles étaient composées de fragments de verre travaillés tous sur une même sphère, et elles s'ajustaient ensemble pour former une lentille unique. Lorsque le point lumineux P est sur l'axe, le rayon Pm se réfléchit selon mF', en faisant l'angle FmC = PmC; et comme ce dernier est plus petit que l'angle omC, que fait avec mC la parallèle om à l'axe, on voit que l'autre est moindre que ci-devant, ainsi le point F s'est rapproché du centre C'. Le calcul apprend que les distances AP=D, AF=x, sont liées au rayon AC=r, par l'équation Dr—(2D—r)x, d'où l'on tire

$$x = \frac{2D-r}{Dr}, \text{ ou } \frac{1}{x} + \frac{1}{D} = \frac{2}{r},$$

Et puisque cette relation, qui détermine la distance AF—x, et la position du point F, est indépendante de celle du point m où le rayon incident vient rencontrer le miroir, il sera le même pour tout autre rayon partant du point P. On voit donc que tous les rayons émanés de P, après avoir rencontré les divers points du miroir, se réfléchissent en F, qui est le foyer relativement au point P de l'axe; et aussi, réciproquement, les rayons émanés de F iraient en P qui en est le foyer, parce que notre équation redonne cette distance AP—x, quand on prend AF—D; ces foyers P et F se reproduisent mutuellement : on nomme ces deux points P et F les foyers conjugués. Plus le point lumineux s'avance vers le centre C le long de l'axe, plus son foyer s'écarte de F pour se rapprocher du centre C, qui est son foyer à lui-même. Et quand le point lumineux, continuant de se rapprocher du miroir, dépasse C pour arriver en F, les foyers P... vont en s'éloignant sans cesse. Enfin, si le point lumineux est placé en F, milieu de AC, les rayons réfléchis, tels que mo, sont tous parallèles à l'axe. Dans tous les cas, l'équation ci-dessus fait connaître la place du foyer, point qu'on trouve aussi par expérience, en exposant le miroir, par rapport au rayon lumineux, dans les conditions du problème proposé. Quand enfin le point lumineux est placé plus près du miroir que le point F, l'angle d'incidence surpassant FmC, celui de réflexion est plus grand que Cmo; les rayons réfléchis sont divergents et il n'y a plus de foyer, si ce n'est de l'autre côté du miroir; l'opacité de ce corps ne permet plus de trouver à ce point les propriétés de la convergeance de la lumière : c'est, si l'on veut, un foyer virtuel, dont cependant on trouve la place, en supposant D $\succ \frac{1}{2}r$, et par conséquent, en changeant le signe de x dans notre équation.

Enfin, supposons que le point lumineux de P soit hors de l'axe AC; on tirera Pm parallèle à l'axe AC, et mF allant au point F, milieu de AC, le rayon Pm devra se réfléchir selon mF. De plus, on mènera la droite PA allant au milieu ou centre A du miroir, et la droite AI faisant l'angle PAC—CAI; PA se réfléchira selon AI. Le foyer conjugué du point P est donc à l'intersection P' de ces deux rayons réfléchis. D'ailleurs, on conçoit que si, par le centre C, on mène la droite PCD, à raison de la forme sphérique, cette ligne peut être considérée comme étant l'axe du miroir AD; les rayons réfléchis iront donc tous se rendre au foyer conjugué P', situé sur cette droite en un lieu que nous savons déterminer. Soit un corps quelconque PH, placé où l'on voudra devant un miroir concave Fm, le point P aura pour foyer conjugué P', et le point H, H' : chaque point de PH donnera, par une construction semblable, un foyer conjugué d'où résultera que PH aura pour image renversée P'H', et réciproquement, que PH sera celle de P'H'. D'après cela, on conçoit qu'un objet placé au-delà du centre du miroir concave a son image placée en deçà et rapetissée; qu'au contraire, si l'objet est placé entre le centre et le foyer principal F, l'image est agrandie et située au-delà du centre : dans les deux cas, l'image est renversée. Voici donc la série d'effets produits par un verre concave. Qu'on dispose un corps de peu d'étendue, tel qu'une bougie allumée, à une grande distance et presque sur l'axe, et l'on verra une petite image renversée et très brillante de la bougie à la distance d'un demi-rayon en avant de la surface réfléchissante. A mesure que l'on rapprochera l'objet du miroir, l'image s'en éloignera de plus en plus en grandissant.

Arrivée au centre, elle se confondra avec l'objet même : en en continuant le mouvement vers la surface, l'image continuera aussi de grandir en s'éloignant, et lorsque ce corps aura atteint la moitié du chemin entre le centre et le miroir, son image sera à une distance infiniment éloignée. Nous avons fait nos raisonnements en supposant les miroirs concaves, mais ils s'appliquent de même à ceux qui sont convexes : seulement leurs effets sont peu variés, et l'image n'offrant rien d'utile à connaître ne nous y arrêterons pas. La formule qui sert à déterminer la place du foyer quand le point radiant est situé sur l'axe est la même que la précédente, dans le cas des miroirs concaves, en changeant le signe de r, et prenant le foyer du côté opposé.   F.

MIROITÉ, ÉE, adj., se dit d'un cheval dont le poil, véritablement bai, présente des marques plus brunes ou plus claires qui rendent la croupe en quelque sorte pommelée et qui la différencient en partie du fond de la robe.

MIROUDOT DU BOURG (JEAN-BAPTISTE), évèque *in partibus* de Babylone, né à Vesoul, en 1720, mort en 1790, entra dans l'ordre de Cîteaux. Envoyé à l'abbaye de Bar, sa passion pour l'agriculture le fit connaître du roi Stanislas, qui se l'attacha comme aumônier. Il fut nommé évèque de Babylone, et partit peu de temps après pour Bagel, en qualité de consul; mais, contraint de rester à Alep, à cause de la guerre qui régnait dans ces contrées, il rendit en Syrie de grands services à la religion. A son retour à Paris, en 1781, Pie VI lui accorda, pour récompense, la décoration du *pallium*, signe distinctif des métropolitains. En 1791, Miroudot aida Talleyrand, alors évèque d'Autun, dans la consécration des évèques constitutionnels. Le pape le suspendit par un bref du 13 avril, et il perdit en même temps le *pallium*. Miroudot était fort instruit, et avait rassemblé une belle collection d'antiquités, la plupart découvertes dans la Lorraine. Il fit connaître le premier en France le *ray-grass*, ou faux seigle.

MISAEL, l'un des trois Hébreux que le roi de Babylone fit jeter dans une fournaise. Son nom chaldaïque est *Misach*.

MISAINE, s. f., t. de mar., il se dit du mât d'avant qui est près du mât de beaupré; il se dit aussi des objets qui en dépendent.

MISANTHROPE, s. m., celui qui hait les hommes.

MISANTHROPIE, s. f., haine des hommes, et plus particulièrement, caractère d'un homme bourru, chagrin, ennemi du commerce des autres hommes.

MISCELLANÉES, s. m. pl., mot formé du latin, recueils de différents ouvrages de science, de littérature, qui n'ont quelquefois aucun rapport entre eux. On dit plus ordinairement *miscellanea* ou mélanges.

MISE, s. f., ce qu'on met soit dans une société de commerce, soit au jeu. Il se dit également pour enchère. Il signifie aussi l'emploi de l'argent qu'on a reçu, qu'on a dépensé et l'état que l'on en dresse dans un compte. Mise, se dit encore du débit, du cours de la monnaie. Mise, signifie aussi manière de se mettre, de se vêtir. En termes de commerce, mise sûre, argent déboursé, avancé pour les frais d'une entreprise. En imprim., mise en pages, l'action de rassembler les paquets de composition pour en faire des pages et des feuilles.

MISÉRABLE, adj. des deux genres, malheureux, qui est dans la misère, dans la souffrance. Misérable, signifie aussi méchant. Il signifie également qui est fort mauvais dans son genre. Il s'emploie aussi comme un terme de mépris. Misérable est quelquefois substantif et signifie alors celui qui est dans la misère. Par injure, c'est un misérable, c'est un homme de néant, et c'est un très malhonnête homme.

MISÈRE, s. f., état malheureux, condition malheureuse, extrême indigence, privation des choses nécessaires à la vie. Il sert particulièrement à exprimer la faiblesse et le néant de l'homme. Misère, signifie aussi peine, difficulté, gène. Fig. et fam., collier de misère, travail pénible, qu'on ne peut interrompre que pour le reprendre bientôt. Misère, signifie encore bagatelle, chose de peu d'importance et de valeur.

MISERERE, s. m., t. de lit. cath., le psaume qui commence en tête par ces mots : *Miserere mei Domine* (ayez pitié de moi, Seigneur). Miserere, se dit aussi vulgairement d'une sorte de colique très violente et très dangereuse, dans laquelle on rend les excréments par la bouche.

MISÉRICORDE, s. f., vertu qui porte à avoir compassion des misères d'autrui et à les soulager. Il signifie aussi la grâce, le pardon accordé à ceux qu'on pourrait punir. La miséricorde de Dieu, bonté par laquelle Dieu fait grâce aux hommes, aux pécheurs. Prov., à tout péché miséricorde, signifie tantôt il faut avoir de l'indulgence, tantôt espérer votre pardon. Miséricorde, se dit quelquefois par exclamation et pour marquer une extrême surprise. Fam., crier miséricorde, se dit de quelqu'un qui souffre de violentes douleurs et qui pousse de grands cris. Miséricorde, signifie aussi une petite saillie de bois attachée sous le siége d'une stalle, et sur laquelle on peut être en quelque manière assis, lorsque le siége est levé.

MISÉRICORDIEUX, EUSE, adj., qui a de la miséricorde, qui est enclin à la miséricorde. On l'emploie quelquefois substantivement.

MISITHÉE ou **TIMÉSICLÈS**, ministre célèbre par ses vertus et son éloquence, fut fait préfet du prétoire par l'empereur Gordien III, qui avait épousé sa fille Sabina Tranquillina. Dans cette charge éminente, il rétablit parmi les troupes la discipline, altérée par les troubles et les désordres des règnes précédents, et sut cependant se faire adorer des soldats; il donna au mérite et à l'ancienneté les commandements militaires qui depuis longtemps se distribuaient sur la recommandation des eunuques de la chambre; il fortifia les barrières de l'empire, et approvisionna les villes frontières; enfin il fit réformer tous les abus. Il éleva ensuite plusieurs édifices magnifiques. Le plus admirable fut celui du Champ de Mars: il contenait deux vastes galeries de mille pieds de longueur, éloignées de cinq cents pieds l'une de l'autre, et dont l'intervalle était rempli par des jardins magnifiques. La guerre s'étant allumée contre Sapor, roi des Perses, il suivit son gendre en Orient, et développa autant de génie militaire qu'il avait montré de science et de probité dans l'administration. Le sénat lui décerna un char de triomphe attelé de quatre chevaux et les titres de père de l'empereur et père de la patrie. Mais il survécut peu à cette nouvelle gloire. Il tomba malade et mourut l'an de J.-C. 243, au bout de quelques jours. Philippe l'Arabe, qui lui succéda dans la charge de préfet du prétoire, fut soupçonné d'avoir avancé le terme de ses jours. Par son testament il laissa tout son bien à la ville de Rome.

MISNIE (*Meissen*), cercle du royaume de Saxe, il est borné au N. par la Prusse et le cercle de Lusace, à l'E. par le même cercle et la Bohême, au S. par le cercle d'Erzgebirge, et à l'O. par celui de Leipzig. Il a 29 lieues de long, 10 de moyenne largeur et environ 200 lieues carrées. La partie S.-E. et la partie N.-O. sont traversées par des montagnes. L'Elbe est le principal fleuve du cercle, il y a plusieurs affluents et un grand nombre de petits lacs. Ce pays est bien cultivé et produit toute espèce de céréales; ses pâturages nourrissent de nombreux troupeaux. On y exploite de la houille, du basalte et le grès. On y fabrique des toiles, des draps, des bas et des chapeaux de paille. La religion est le luthéranisme. Population 300,000 habitants.

MISSEL, livre qui contient les messes propres aux différents jours et fêtes de l'année. Le Missel romain a d'abord été dressé ou recueilli par le pape Gélase, l'an 496; mais il ne faut pas croire qu'il ait composé toutes les prières qu'il y a rassemblées, elles sont plus anciennes que lui. Saint Célestin, qui a précédé Gélase de plus de soixante ans, dit dans sa lettre aux évêques des Gaules, (c. 11), que les prières sacerdotales viennent des apôtres par tradition, et sont les mêmes dans tout le monde chrétien. Gélase ne fit donc que de mettre en ordre les messes que l'on était déjà dans l'usage de dire, et sans doute il en ajouta de nouvelles pour les saints dont le culte avait été récemment établi; c'est ce que l'on appelle le Sacramentaire de Gélase. Saint Grégoire-le-Grand, mort l'an 604, fit de même; il retoucha le Missel ou sacramentaire de Gélase; il en retrancha quelques prières, et y ajouta peu de chose; il corrigea les fautes qui avaient pu s'y glisser, et rédigea le tout en un seul volume, que l'on a nommé Sacramentaire grégorien, qui subsiste encore aujourd'hui. Depuis le renouvellement des lettres, plusieurs évêques ont fait dresser des missels propres pour leurs diocèses, et quelques ordres religieux en ont de particuliers pour les saints canonisés dans les derniers siècles. Ces missels sont faits avec plus de soin et d'intelligence que les anciens; mais on n'y a pas touché au canon de la messe; il est encore le même que du temps de saint Grégoire et de Gélase; ces deux papes même n'en sont pas les premiers auteurs; il date certainement des temps apostoliques, et il est le même dans toute l'Eglise latine. Si les prétendus réformateurs avaient été mieux instruits, ils n'auraient pas affecté tant de mépris pour cette ancienne règle, qui est, après l'Ecriture-Sainte, ce que nous avons de plus respectable.

MISSION, s. f., charge, pouvoir qu'on donne à quelqu'un d'aller faire quelque chose. Il s'emploie particulièrement en parlant des choses qui regardent la religion, la prédication de l'Evangile et la discipline ecclésiastique. Prov. et fig., prêcher sans mission, n'être pas autorisé à dire ou à faire ce qu'on dit ou ce qu'on fait. Mission, se dit collectivement des prêtres séculiers ou réguliers employés dans quelques pays, soit pour la conversion des infidèles, soit pour l'instruction des chrétiens (*V. l'article suivant*). Il signifie aussi une suite de prédications, de catéchismes et de conférences, que les missionnaires font à quelque endroit, soit pour la conversion des infidèles, soit pour l'instruction des chrétiens. Mission, s'est dit aussi de la maison où demeuraient les pères de la mission.

MISSIONS CATHOLIQUES. Deux pensées principales vont présider à la rédaction de notre travail sur l'œuvre éminemment catholique des missions: donner un précis historique des diverses missions qui ont été entreprises et réalisées depuis six siècles sur les divers points du globe; et constater leur influence tant sur les peuples qui reçoivent la lumière évangélique que sur ceux qui travaillent à sa diffusion. En terminant cet article, nous indiquerons quelques-unes des raisons qui ont jusqu'ici paralysé tous les efforts de ce genre tentés par les nations dissidentes. Nous aurions bien voulu montrer parallèlement la part efficace que plusieurs ordres et congrégations religieux ont été appelés à prendre dans ce sublime ministère de l'apostolat; nous aurions admiré la même ardeur, la même charité et le même héroïsme en présence de la mort: les vues ont pu être différentes, la fin était la même, et les succès ont montré, comme au temps des apôtres, que les voies de la Providence sont diverses pour la conversion des nations idolâtres. Mais les limites étroites dans lesquelles nous devons nous renfermer nous ont autorisé à ne prendre que les faits les plus saillants. Seuls ils suffiront pour prouver la fécondité toujours inépuisable de l'Eglise, dans l'extension du saint empire de la vérité au milieu des peuples.

§ 1er. Suivre l'œuvre des missions est une idée qui n'appartient qu'à la religion chrétienne; on pourrait même dire qu'elle est l'œuvre exclusive de la religion catholique: on verra plus tard pourquoi. Les cultes idolâtriques ont ignoré ce divin enthousiasme qui anime les apôtres de l'Evangile. Quelque cher que fût à chaque philosophe le système dont il était l'inventeur ou le défenseur, il ne lui vint jamais en pensée de quitter sa patrie au gré d'une inspiration sublime, pour aller chez les autres nations faire briller une partie de la vérité dont il se croyait presque seul en possession. On voit bien clairement la raison de cette indifférence pour la propagation des doctrines antiques: elles n'étaient que des inventions de l'esprit humain. L'homme ne se jette pas au milieu des périls et de la mort pour la défense d'une opinion ou d'un système; la pleine possession de la vérité sincère se révélant clairement à l'homme est seule capable d'inspirer un dévoûment mille fois plus fort que la mort. Lorsque l'Europe régénérée n'offrit plus aux prédicateurs de la foi qu'une famille de frères, ils tournèrent les yeux là où les âmes languissaient encore dans les songes d'une imbécile superstition et dans les ténèbres d'une profonde barbarie. Ils furent touchés de compassion en voyant cette dégradation de l'homme; ils se sentirent pressés du désir de verser leur sang pour le salut de ces étrangers. Et cependant la tâche était difficile; il fallait surmonter dans les uns l'ignorance et la barbarie, dans les autres les préjugés plus anciens de la civilisation et de la religion qu'on venait leur offrir. Mais ces obstacles tombent devant l'amour pour des frères égarés, et devant le zèle brûlant pour la foi catholique. Diverses congrégations se sont consacrées aux missions: les dominicains, les franciscains, les prêtres des missions étrangères, les lazaristes et les pères de la compagnie de Jésus. Lorsque les croisades eurent ouvert l'Orient aux chrétiens d'Europe, les frères mineurs et les frères prêcheurs parurent. Enfants de saint François et de saint Dominique, ils commencèrent à évangéliser les infidèles, auxquels leurs fondateurs auraient voulu porter eux-mêmes la lumière de l'Evangile. St François (*V. ce mot*) s'embarqua pour la Syrie; mais Dieu avait d'autres desseins: des vents contraires le poussèrent en Esclavonie; puis, après quelques courses apostoliques, il fut ramené en Italie, où les affaires de son ordre l'attendaient. Après le chapitre des Nattes, ainsi appelé parce que les cinq mille religieux qui y assistèrent furent abrités dans des cabanes formées avec des nattes, autour du couvent de la Portioncule, saint François envoya des missionnaires en diverses contrées, surtout en Afrique, se réservant la mission de Syrie et d'Egypte, où il espérait trouver la couronne du martyre. Le frère Gilles, envoyé à Tunis avec quelques compagnons, ne put rien gagner sur l'obstination musulmane. Ils furent forcés de retourner en Europe, à l'exception du frère Elen et de quelques autres qui portèrent ailleurs le flambeau de la foi. Saint François s'embarqua à Ancône avec onze frères en 1219, mouilla à l'île de Chypre et parvint au bout de quelques jours en Palestine. Le saint fondateur laissa en Chypre et à Saint-Jean d'Acre les dix religieux qu'il avait amenés avec lui, et alla lui-même travailler à la prédication dans diverses contrées. Or, en ce temps les chrétiens formaient la sixième croisade en Orient; et quand saint François parut à Damiette en Egypte, il la trouva assiégée par l'armée chrétienne. Ce saint eut une révélation où il apprit que les infidèles auraient tout l'avantage du combat, s'il venait à s'engager : il s'efforça en conséquence de dissuader d'en venir aux mains. On n'écouta pas ses conseils; les chrétiens sortirent de leurs retranchements pour attaquer l'ennemi; mais ils furent repoussés avec une perte de six mille hommes. Alors le courageux saint François, sans se laisser intimider par les ordres des musulmans qui frappaient de mort tous les chrétiens que l'on pouvait prendre, s'avance vers les infidèles avec un seul compagnon. Ceux-ci accourent, garrottent les deux serviteurs de Dieu et les accablent de coups. Je suis chrétien, dit alors François; menez-moi à votre maître. Le soudan d'Egypte, devant lequel on le conduisit en effet, demanda aux deux religieux qui les envoyait : « Je suis envoyé par le Dieu Très-Haut pour vous annoncer les vérités évangéliques et vous montrer la voie du salut. » Le soudan fut ébranlé par les paroles du saint, il le traita avec bonté, le combla de présents, et en le renvoyant sous une escorte sûre, il dit à François : Priez Dieu pour moi afin qu'il me fasse connaître la vraie religion et me donne le courage de l'embrasser. Depuis lors il se montra plus favorable aux chrétiens; quelques auteurs même ont prétendu qu'il reçut le baptême avant sa mort. Saint François fit des prodiges de zèle et d'apostolat dans la Palestine. C'est à cette piété de qui le porta à aller chercher la couronne du martyre en Orient que les frères mineurs de l'Observance doivent la pieuse mission de garder les saints lieux. Le patriarche acquit ainsi pour son ordre le privilège de prier et de mourir entre le berceau et le sépulcre de J.-C.; et aujourd'hui encore ces bons religieux, dont l'hospitalité est bénie par de nombreux pèlerins, ont un toit et un autel à Jérusalem, à Bethléem, à Nazareth, à Jaffa, partout où l'histoire de la rédemption a laissé un souvenir. Saint François, de retour en Italie, apprit avec bonheur le glorieux martyre de cinq religieux de son ordre. C'était le premier sang répandu pour le nom de J.-C. parmi ses enfants; il en augura bien pour le développement futur de son ordre. L'année suivante, sept prêtres, sous la conduite de saint François, reçurent aussi la couronne du martyre; ils furent mis à mort par les mahométans chez qui ils avaient porté la foi au cœur même de l'Afrique. Les circonstances de leur mort sont admirables de courage et d'ardeur. Comme saint François, saint Dominique voulait traverser les mers et aller mourir pour le nom de J.-C. en annonçant son Evangile aux peuples soumis au Coran; mais le pape Honorius lui ayant confié d'autres travaux, il se contenta de travailler à l'œuvre des missions par l'envoi de quelques religieux zélés de son ordre naissant. Ces bons frères eurent un succès remarquable parmi les enfants de Mahomet, tant de l'Espagne que de l'Afrique, comme l'atteste l'ouvrage *Monumenta dominicana*, publié en 1217. Il paraît même que ces apôtres de J.-C. pénétrèrent jusque dans le Maroc, puisque le récit du martyre des sept frères franciscains ne nous a été transmis que par une lettre écrite par les dominicains qui n'ont pu en transmettre les détails si variés que parce qu'ils furent témoins de leur martyre. La cruauté des Maures d'Espagne ne le céda en rien à celle des mahométans d'Afrique. L'histoire nous montre un grand nombre de victimes immolées tant à Valence que dans d'autres endroits par haine pour la foi que les religieux de saint François et de saint Dominique leur apportaient. Mais un nouveau mouvement fut donné aux missions par le pape Grégoire IX : alors on vit de nombreuses entreprises tentées par les religieux de ces deux ordres, dont l'origine était encore toute récente, mais qui comptaient déjà chacun dans leur sein des milliers de religieux, ne respirant que la gloire de Dieu et la couronne du martyre. Une heureuse et sainte rivalité stimulait ces deux ordres que le pontife employait également à la régénération de tant de peuples dans les trois parties du monde connu. Ainsi une mission dominicaine

était établie à Naples pour y arracher aux superstitions de l'islamisme les musulmans qui se trouvaient encore à Nocera, des païens, esprits aveuglés, que la vérité éclaira bientôt. D'une autre part, les frères mineurs étaient appelés à éclairer les peuples du nord; je ne puis dire ici même le nom de tous les peuples qui durent à ces infatigables ouvriers le bonheur de leur foi et de leurs vertus. Pendant que les deux ordres étendaient ainsi les limites de l'Evangile et ramenaient tant d'hommes au sein de l'Eglise, deux ordres nouveaux dans lesquels la charité catholique se personnifiait de la manière la plus touchante se livraient aux œuvres de miséricorde corporelle en faveur des chrétiens captifs chez les mahométans. Il est glorieux pour la France d'avoir donné le jour à leurs fondateurs. Saint Jean de Matha et saint Félix de Valois, voués au rachat des chrétiens qui gémissaient dans l'esclavage chez les nations infidèles, envisageaient dans cette bonne œuvre, non-seulement la délivrance des corps, mais le salut des âmes exposées au danger de l'apostasie. Les côtes de la Barbarie et de l'Espagne, occupées par les Maures, étaient le théâtre du dévoûment et du zèle des trinitaires, lorsque saint Pierre Nolasque, Français comme Jean et Félix, établit, avec le concours de saint Raimond de Pennafort, un institut à peu près sur le même plan. Ces deux ordres eurent aussi leurs apôtres et leurs martyrs. Le père Sérapion et saint Raimond de Nonnat souffrirent une mort cruelle; mais au milieu des moqueries, des tourments les plus affreux, leur foi et leur courage ne firent pas un moment défaut. En 1261, les frères prêcheurs, qui évangélisaient Damiette et les contrées voisines, périrent victimes de la cruauté des musulmans, au nombre de deux cents, en confessant la foi : précurseurs glorieux de cent quatre-vingt-dix dominicains dont l'apostolat s'exerçait en Hongrie, en Bosnie, en Dalmatie, et auxquels les peuples de ces pays firent souffrir divers genres de mort. Pendant que saint Louis rendait le dernier soupir sur le sol africain, où l'avait conduit sa foi, saint Grégoire, dit l'Illuminateur, illuminait vraiment l'Arménie du divin flambeau de l'Evangile. A la voix de ses prédications, les peuples, plongés dans le sensualisme et la barbarie, semblaient renaître à une vie nouvelle. Pour porter un coup terrible à l'idolâtrie dans ce pays, il fit construire une église magnifique. Dans un voyage récent, M. Eugène Boré, a trouvé, à travers les ruines de cette église, des fûts et des chapiteaux de colonnes, dont le style, beau, malgré sa rudesse, annonce quelles durent être les proportions de ce monument religieux. Nicolas IV avait porté le froc du franciscain avant de monter sur le trône pontifical. Il se rappela les travaux des frères de son ordre pour travailler à les étendre encore davantage; sous son pontificat, les missions d'Afrique et de l'Asie devinrent florissantes. La Perse, les Indes, le Céleste-Empire même reçurent des religieux qui leur apportaient l'Evangile. Les franciscains, de concert avec les dominicains, parcouraient d'immenses contrées; on eût dit que les tourments ne servaient qu'à les multiplier. La Tartarie, la Crimée, la Lithuanie les virent successivement; et partout ils laissaient sur leurs pas des chrétientés florissantes dont la foi simple et les mœurs pures rappelaient les premiers âges de l'Eglise. En 1342, les franciscains furent commis à la garde des lieux où le mystère de la rédemption s'était accompli. Depuis le séjour que leur séraphique père y avait fait, jamais les franciscains n'avaient abandonné la terre sainte; mais ce n'est qu'à l'époque dont je parle que le pape Calixte III concéda à ces religieux, qui demeuraient à Jérusalem et dans toute l'Asie, la faculté de conserver à jamais les lieux dont ils se trouvaient en possession, de recevoir et de construire d'autres églises, même sur le mont Sinaï. Les musulmans ayant profané et dévasté leurs sanctuaires, frère Roger Guérin, qui passa par l'Egypte pour se rendre en Arménie, obtint du sultan que ses frères pussent demeurer en quelques lieux sacrés de la Palestine. Il résulte des monuments de l'ordre qu'en 1336 le prince mahométan commit à huit franciscains la garde du saint sépulcre. Aucun acte formel des souverains pontifes ne leur attribuait encore ce précieux privilège; mais deux diplômes émanés de Clément VI, sont la source irrécusable du droit des frères mineurs. Ces religieux se nomment ordinairement la famille de Terre-Sainte. Quoique composée de différentes nations chrétiennes, cette famille a toujours été et est encore aujourd'hui sous la protection de la couronne de France; de sorte que tous les religieux qui la composent ne reconnaissent point d'autres protecteurs que le roi, et tous les vendredis de l'année on célèbre une messe pour lui. Le père gardien de Jérusalem se nomme aussi *Custode* de la Terre-Sainte ; il est toujours Italien. Il a le titre et le rang de commissaire apostolique dans le Levant. Il donne la confirmation, et officie en crosse et en mitre. Le vicaire de Terre-Sainte est toujours Français, et le procureur est toujours Espagnol. Chacun de ces supérieurs a un assistant ou discret de sa nation, pour gouverner toute la famille de Terre-Sainte, nommer les supérieurs des autres couvents, pourvoir aux cures et aux chapelles consulaires ; en sorte que tout se règle par l'avis et le conseil de ces six religieux qui composent un petit corps, qu'on nomme le Discrétoire de Jérusalem. Les fonctions des religieux de la famille de Terre-Sainte sont : 1° de pourvoir à tous les besoins du culte dans chacun des saints lieux qui leur sont confiés, et de réciter jour et nuit, publiquement et solennellement, l'office divin ; 2° de servir de curés dans tous les endroits du Levant où leurs couvents sont établis ; 3° de servir de chapelains dans les chapelles consulaires ; 4° d'instruire de la religion chrétienne les enfants des chrétiens, de leur apprendre à lire et à écrire, et à servir Dieu. Leurs charges sont de payer : 1° les tributs annuels et des gages à plusieurs truchements ; 2° de recevoir *gratis* tous les pèlerins qui vont visiter les saints lieux ; 3° de nourrir les enfants de plusieurs pauvres chrétiens, jusqu'à ce qu'ils soient en état de gagner leur vie ; 4° de racheter, quand leurs ressources le permettent, les pauvres esclaves ; 5° de payer les dettes des pauvres chrétiens pour les empêcher de se faire musulmans, de les revêtir lorsqu'il arrive qu'ils ont été dépouillés par les Arabes, de doter de pauvres filles chrétiennes, de peur que les mahométans ne les achètent et ne les prennent pour femmes ; et enfin de fournir des remèdes aux chrétiens dans leurs maladies, et même aux musulmans pour entretenir avec eux de bons rapports. Voilà en abrégé les fonctions et les charges ordinaires des religieux qui composent la famille de Terre-Sainte.

Pour avoir une idée juste du bien qu'ils ont opéré en Palestine, et de celui qu'ils sont appelés à produire encore, il ne faut pas considérer seulement ces religieux comme gardiens des lieux arrosés du sang de Jésus-Christ ; mais il faut les voir faisant rayonner de leurs diverses résidences la lumière de la foi et de la civilisation sur un grand nombre des contrées de l'Orient. Arrêtant la propagande musulmane par leurs exhortations et leurs exemples, ils ramenèrent aussi à la vérité ceux que l'ignorance, le vice ou la faiblesse avaient précipités dans l'apostasie. Le divin flambeau de la foi qui, selon la parole de Jésus Christ, ne doit pas s'éteindre avant d'avoir réjoui toutes les nations de la terre de sa céleste lumière, vint éclairer aussi les peuples du nord de l'Europe. Ces contrées, aujourd'hui persécutées et souvent ensanglantées par une autocratie schismatique qui se croit en droit d'exercer une domination tyrannique sur les consciences ; ces contrées, dis-je, furent redevables de la religion catholique au même zèle des deux ordres célèbres dont nous avons déjà enregistré les glorieuses conquêtes faites au nom de Jésus-Christ. Après avoir prêché Jésus-Christ en Bulgarie, en Russie, en Servie, en Valachie, dans la Grèce et dans les Indes, ils portèrent le christianisme sur les côtes occidentales de l'Afrique, puis dans les îles Canaries. Mais le progrès de l'Évangile sembla un instant se ralentir en présence d'un conquérant féroce dont l'ardeur guerrière faisait alors trembler tout l'Orient. Tamerlan qui apparaissait comme un second fléau de Dieu pour ensanglanter par la victoire une vaste partie du monde, Tamerlan ne permit pas aux chrétiens de faire du prosélytisme sur les lieux où s'étendait sa domination. La Tartarie, au point de vue religieux, fut donc soumise à de nombreuses épreuves ; mais la religion se propage plus rapidement encore quand elle reçoit une nouvelle consécration dans le sang de ses enfants. Avant la fin du xive siècle et au commencement du xve, les fautes de nos pères attirèrent sur leur tête un fléau terrible. Le schisme, en rongeant l'unité de l'Église, altéra sa beauté ; et pour ne considérer ici que les conséquences désastreuses qui en résultèrent pour les missions, il devint un obstacle à la propagation de la foi. Les déchirements intérieurs de l'Église nuisirent à ses conquêtes extérieures dans le domaine de l'islamisme et de l'idolâtrie. Cependant, la sagesse infinie et la bonté de Dieu protégèrent l'arche sainte destinée à transporter les élus de la mer orageuse de ce monde au port de la céleste patrie. Le bras du tout-puissant, qui ne s'était pas raccourci, suscita des hommes d'élite pour la consolation des uns et pour la conversion des

autres. Aux premiers, il destina un saint Vincent-Ferrier, espagnol de naissance ; aux derniers il donna le bienheureux Alvarez de Cordoue, que son zèle ardent pour le salut des âmes porta jusqu'en Palestine ; sur ces traces, mais dans un degré de vertu moins éclatante, se pressèrent de nombreux ouvriers, toujours sortis des deux ordres qui occupent une si belle et si vaste place dans l'histoire de l'Église au moyen âge ; un autre titre de gloire, qui leur appartient exclusivement, c'est d'avoir fait connaître la religion au Congo, dès l'an 1484. Là l'idolâtrie régnait en souveraine, et elle exigeait sans mesure, de ces malheureux nègres, le tribut du corps et de l'âme. Ce pays avait été découvert par Diégo Casu. Ce navigateur envoya quelques Portugais, ses compatriotes, avec des présents au roi du Congo ; puis, sans attendre leur retour, il fit voile pour sa patrie, où il emmena quelques indigènes que Jean II fit instruire. Ces nègres revinrent l'année suivante avec Diégo Casu, qui retrouva les Portugais qu'il y avait laissés. Pendant leur séjour, ils avaient fait concevoir au roi idolâtre une telle estime pour la religion catholique, que le prince choisit plusieurs de ses principaux sujets, et pria Diégo de les mener en Portugal et de les faire baptiser, pour les renvoyer au Congo avec de nouveaux apôtres de la foi. Ces nègres furent en effet baptisés à Béja ; le roi et la reine tinrent sur les fonds sacrés leur chef appelé Zacouta, et lui donnèrent le nom de Jean ; les autres reçurent en même faveur des seigneurs dont ils prirent les noms. Enfin, dans le cours de l'année 1491, trois dominicains arrivèrent sur la flotte de Buy de Gouta, chargé de ramener l'ambassadeur du roi de Congo, alors bien instruit des principes de la foi catholique. Après avoir baptisé, le jour de Pâques, le manè Sogno, oncle du roi, ils arrivèrent au milieu d'une marche vraiment triomphale jusqu'à la capitale. Le roi les reçut avec de grandes démonstrations de joie et de reconnaissance, il logea les trois dominicains dans son palais ; et fit bâtir une église où il reçut le baptême avec un grand nombre des principaux de sa cour, au milieu d'un concours de plus de cent mille sujets. Il se fit appeler Jean par reconnaissance pour le roi de Portugal, et sa femme prit le nom d'Éléonore, en l'honneur de la reine. Mais les desseins de la Providence, secondés par un rare génie, allaient donner au zèle des apôtres un nouveau monde à convertir. C'était dans la nuit du 11 au 12 octobre de l'an 1492, l'île Guanahani, l'une des Lucayes, se montra, avec le jour naissant, aux Espagnols qui entonnèrent le *Te Deum*. Colomb, l'étendard à la main, mit pied à terre, se prosterna, les larmes aux yeux, et prit possession, au nom du roi d'Espagne, de cette île qu'il nomma Saint-Sauveur, puisqu'elle venait de sauver sa vie, menacée par son équipage. Dès ce jour on marcha de découvertes en découvertes, et l'on put bientôt annoncer au monde qu'il existait, au sein de l'Océan, un continent inconnu. Mais en l'absence de Christophe Colomb, ces vastes pays devinrent le théâtre de crimes affreux de la part des Espagnols et des Portugais ; une cupidité insatiable pour l'or qu'ils trouvaient en abondance dans ce pays, une débauche inouïe, une férocité digne des peuples les plus sauvages, voilà ce que les indigènes trouvèrent d'abord dans ces étrangers nouvellement débarqués. C'était là, il faut l'avouer, une singulière manière de témoigner sa reconnaissance à un peuple qui leur avait fait un si loyal accueil, et c'était aussi donner à ces peuplades sauvages, un singulier exemple de la civilisation qu'ils leur apportaient. Tant de cruauté put être tolérée pour un temps, mais le jour de la vengeance ne tarda pas à se lever, et ce jour fut terrible pour les Espagnols, mais plus fatal encore aux indigènes. Ils prirent le parti d'abandonner la culture des terres, et de ne plus planter ni manioc, ni maïs, espérant qu'au milieu des bois et des montagnes où ils se retiraient, la chasse et les fruits sauvages leur fourniraient amplement de quoi subsister, tandis que leurs ennemis seraient forcés, par la disette, d'abandonner le pays. Ils se trompèrent ; les Castillans se soutinrent par les Lucayes, qu'ils tirèrent d'Europe, et ne furent que plus animés à poursuivre les Indiens dans les lieux que ceux-ci croyaient être inaccessibles. Sans cesse harcelés, ces malheureux fuyaient de montagnes en montagnes. La misère, la famine en firent peut-être plus périr que le glaive. Ceux qui échappaient à ces fléaux furent forcés de se livrer aux vainqueurs ; or, se livrer aux vainqueurs était se condamner soi-même à une mort plus cruelle que celle de la faim. Il n'y avait que la présence des ministres de Jésus-Christ qui pût réhabiliter la civilisation européenne aux yeux des Américains opprimés. Le père Solorzano, religieux de la Merci, avait été donné à Christophe Colomb comme confesseur et aumônier; il s'acquitta avec tant de zèle et de succès de ses importantes fonctions, qu'il fut le premier apôtre du nouveaumonde. Son ordre en fut récompensé par les grands établissements qu'il créa dans l'Amérique, où il posséda huit vastes provinces, et où ses religieux firent d'admirables conversions; mais ce ne furent là encore que les prémices de l'apostolat chrétien sur le nouveau continent. Alexandre VI, qui distribuait des royaumes du haut de son trône pontifical, n'oublia pas les intérêts religieux, au milieu des intérêts humains; il désigna un vicaire apostolique pour l'Amérique. Bernard Buil, bénédictin catalan, fut revêtu de cette dignité à la prière de Ferdinand et d'Isabelle. Il partit emmenant avec lui douze prêtres, en partie religieux de divers ordres et en partie séculiers. Mais Buil ne fit pas un long séjour en Amérique; des démêlés s'élevèrent entre le vicaire apostolique et Christophe Colomb; celui-ci, pour arrêter les coupables violences des Espagnols vis-à-vis les naturels du pays, porta plusieurs sentences sévères; Buil crut alors devoir soumettre l'amiral au lieu des censures ecclésiastiques. Mais Colomb, usa de représailles et lui enleva les moyens de subsistance; alors le vicaire apostolique prit le parti de retourner en Espagne. Au nombre des prêtres qui avaient accompagné Bernard en 1493, se trouvait frère Jean Perez de Maschena, gardien des Observantins de l'Arabida. En abordant à Haïti, il disposa à Isabelle, première ville construite par les Européens, d'une humble chaumière, dans laquelle il célébra les mystères sacrés, et où l'on conservait l'Eucharistie. Telle fut la première église que les Espagnols élevèrent en Amérique. Lorsque Barthélemi Colomb, frère de l'amiral, eut fondé la ville de San-Domingo, frère Jean y fit bâtir la seconde église, sous le vocable de saint François-d'Assise, avec une demeure pour les religieux de l'Observance. Un autre Jean, franciscain aussi et surnommé de Bourgogne, évangélisa spécialement le royaume de la Magua; il opéra de nombreuses conversions; mais les Espagnols ayant maltraité le roi Guarionax, les missionnaires furent chassés et dépouillés par les indigènes. Pendant que les conquêtes dans l'Amérique facilitaient les progrès du christianisme dans ces contrées, les ouvriers de l'Evangile n'oubliaient pas l'Europe. Le royaume de Grenade venait d'être conquis sur les Maures par Ferdinand et Isabelle; il fallait le conquérir à la foi de Jésus-Christ. Ximenès, dont le nom devait être si célèbre, fut l'un des hommes que Dieu ménageait pour la conversion des infidèles en Espagne. Consulté sur les moyens à employer pour attirer les Musulmans du royaume de Grenade, Ximenès proposa d'user de douceur. On commença donc par les instruire; cette voie pacifique eut son effet; en un seul jour, l'archevêque de Tolède baptisa, de ses propres mains, plus de trois mille catéchumènes. En 1500, le 13 mars, le frère Henri de Coïmbre s'embarqua avec sept franciscains et quelques prêtres séculiers, sur la flotte que Pierre Alvarez Cabral conduisait à son tour du Malabar. Le 24 avril, Cabral abordait dans le Brésil. Les Portugais descendirent pour reconnaître le pays, y dressèrent un autel sur lequel on offrit la victime du salut, et le frère Henri prêcha à cette première cérémonie religieuse dans le Brésil. Les indigènes, sans comprendre cette nouvelle religion et le langage qui l'exprimait, parurent cependant frappés de cette cérémonie; on les y vit assister avec plaisir et respect. Une croix fut élevée solennellement sur le rivage; circonstance à laquelle le Brésil dut alors le nom de Terre-de-Sainte-Croix. Cabral ayant repris la route des Indes, une tempête le porta à 12 lieues de Goa, où le frère Henri admit tous les Portugais aux sacrements de pénitence et de la sainte communion. Bientôt un traité de commerce fut conclu entre Cabral et le samorin de Calicut. A la faveur des relations établies, frère Henri et ses compagnons annonçaient l'Evangile, lorsque la jalousie des marchands égyptiens et musulmans, dont la concurrence portugaise détruisait le monopole, suscita contre ceux-ci un mouvement populaire. Frère Henri et quatre autres missionnaires, couverts de blessures, réussirent avec grand'peine à gagner la flotte. Trois autres missionnaires périrent sous les coups des musulmans et des Malabares. Après avoir tiré vengeance de cette trahison et de ce massacre, Cabral alla traiter avec le roi de Cochin, par l'entremise d'un Indien que les missionnaires avaient converti et à qui le Portugal dut l'établissement de ses premiers comptoirs dans l'Inde. L'ordre des dominicains, émule de la famille de saint François, fournit également à l'Inde son tribut; en 1503, douze missionnaires de l'ordre furent désignés par frère Jean, leur provincial, pour aller porter un concours efficace aux autres apôtres. Ce fut même à la prière du roi de Portugal, qui désirait qu'il y eût aux Indes un évêque pour exercer les fonctions pontificales et élever des sujets aux ordres sacrés que le père Edouard Nunius, évêque de Laodicée et prédicateur illustre, reçut cette destination d'Alexandre VI. Le zélé prélat évangélisa surtout, avec les autres dominicains, le royaume de Colam et les autres contrées voisines, où plusieurs idolâtres reçurent la foi de l'Evangile. Le vicaire-général, dominique de Sousa, ayant réclamé trois ans après des auxiliaires de son ordre, Jules II, informé des progrès de la religion chrétienne dans l'Inde, voulut qu'on y envoyât d'autres frères-prêcheurs. Cependant la conquête de Ferdinand et d'Isabelle, sur les Maures d'Espagne, avait irrité le soudan d'Egypte; celui-ci fit répandre le bruit qu'il détruirait la basilique du Saint-Sépulcre avec le tombeau de Jésus-Christ, le monastère des franciscains du mont Sion, tous les sanctuaires placés dans son empire; qu'il effacerait jusqu'aux derniers vestiges de la religion chrétienne, si Ferdinand, roi d'Espagne, et Emmanuel, roi de Portugal, ne renonçaient, le premier à ses mesures contre les mahométans; le second à s'établir dans l'Inde. Il envoya ensuite frère Maur, franciscain espagnol, vers le pape, laissant à penser que ce religieux avait sollicité la permission d'aller lui annoncer les malheurs qui ne manqueraient pas d'arriver si Jules II n'empêchait les rois d'Espagne et de Portugal de poursuivre leurs desseins. Le sultan remit en même temps une lettre au franciscain pour le pape. Jules II, après l'avoir lue et entendu frère Maur, dont les discours le touchèrent fort, envoya ce religieux aux rois Ferdinand et Emmanuel pour s'entendre sur la réponse qu'il convenait de faire aux menaces du sultan. Le religieux rapporta sans doute au pape des lettres des deux rois; néanmoins on ignore ce que lui dit Ferdinand. Quant à Emmanuel, il répondit qu'il regrettait de n'avoir pu causer plus de mal aux infidèles, mais qu'il espérait leur donner à l'avenir de plus grands sujets de plaintes, en démolissant la ka'aba de la Mekke et le tombeau de Médine; qu'on ne devait pas, au reste, s'effrayer du langage du sultan d'Egypte, parce que l'intérêt le faisait seul agir, et que la considération des revenus que lui procuraient les pèlerins de Terre-Sainte l'empêcherait de réaliser ses menaces. Frère Maur retourna en Egypte, protégé par cette vigoureuse réponse et chargé d'aumônes pour le lieu saint. Il fit un rapport fidèle de son voyage au sultan qui, n'osant exécuter ses menaces, se contenta d'envoyer par la mer Rouge une flotte aux Indes, pour s'opposer aux progrès des Portugais. L'an 1503, le roi de Portugal fit partir deux escadres; mais si ses vaisseaux portaient des soldats destinés à soumettre à son empire les Africains et les Indiens, ils portaient aussi des missionnaires franciscains, des prêtres séculiers destinés à soumettre ces peuples à la foi de Jésus-Christ. Le premier armement se composait de 21 vaisseaux, commandés par François Almeida; s'étant arrêté à Cananor pour procurer quelque repos à ses guerriers fatigués, il reçut, par l'entremise d'un franciscain, la proposition d'une alliance utile. Frère Louis, c'était le nom de ce religieux, était allé visiter le tombeau de saint Thomas; à cette occasion il vit le roi de Narsinga, auquel il parla de la puissance des Portugais et de leurs récentes expéditions. Le prince, frappé du succès de leurs armes, songea à faire une alliance avec eux. En conséquence, il fit offrir à Almeida, par l'entremise de frère Louis, la liberté du commerce, la faculté de bâtir des citadelles pour protéger les comptoirs, le concours de ses troupes et même de ses vaisseaux; il fit encore offrir au roi de Portugal la main d'une de ses sœurs, princesse jeune et belle. Almeida conclut un traité avec lui et lui fit remettre des vases d'or et d'argent ciselés avec art. Le second armement transporta les Portugais à Socotora, où ils trouvèrent des chrétiens depuis que saint Thomas, apôtre, avait porté la foi. Mais les erreurs des jacobites altéraient la pureté de l'Evangile. Tristan d'Acugna, commandant de la flotte, les arracha à la tyrannie des mahométans d'Asie, qu'il chassa de l'île; une mosquée fut changée en église; et le franciscain Antoine du Laurier, chargé du soin de ce nouveau temple, s'appliqua, pendant plusieurs années, à purifier le cœur de peuple non moins que les mœurs qui sont l'expression des croyances. Ce zélé religieux se rendait, en 1500, de l'île de Socotora à celle de Goa, alors au pouvoir des Portugais, quand une tempête vint le jeter sur la côte de Cambaye. Il fut conduit captif au roi, avec tous ceux qui venaient comme lui d'échapper à la mer. Après quelques mois de captivité, il fut envoyé par ses compagnons, pour aller solliciter leur rançon auprès des Portugais ; le roi était tellement frappé de la vertu du frère Antoine, qu'il lui permit de faire ce voyage, à condition que si le religieux n'obtenait pas la rançon convenue du gouvernement de Goa dans le délai fixé, il viendrait se constituer prisonnier. Antoine du Laurier laissa la corde qui lui servait de ceinture au roi idolâtre, comme gage de sa parole. Le gouverneur était absent de Goa ; le missionnaire ne put donc traiter de sa délivrance ni de celle de ses compagnons de captivité. Alors il reprit fidèlement la route de l'exil ; cette loyauté causa une telle admiration au roi de Cambaye, qu'il eut dès lors une haute estime de la parole et de la probité des Portugais, confiance que partagèrent les autres nations de l'Inde auxquelles ce trait remarquable fut bientôt connu. Le roi de Cambaye ne se borna pas à une admiration stérile ; il mit en liberté le religieux et tous ses compagnons, les traita avec distinction et le combla de présents. La vertu souvent opère de plus grandes merveilles que toutes les autres ressources humaines. Le missionnaire recommença aussitôt ses travaux apostoliques avec ses compagnons, et il obtint des fruits merveilleux dans diverses contrées. Les conquêtes de l'Inde, au point de vue de la foi, ne faisaient pas oublier celles qui avaient été si heureusement réalisées dans le Congo. Les fidèles s'y multipliaient par le zèle et les travaux des missionnaires. En l'an 1505, de zélés franciscains vinrent soutenir cette mission florissante. Emmanuel leur donna des maîtres pour instruire les plus jeunes enfants, et des ouvriers habiles dans les arts pour y implanter tous les éléments de civilisation, en même temps que les préceptes de l'Evangile. Lorsque ces hommes de Dieu arrivèrent, le roi Alfonse et son peuple les reçurent comme les anges du ciel ; ils s'empressèrent à l'envi autour des fonts baptismaux pour devenir enfants de l'Eglise. Dès lors Emmanuel ne laissa presque écouler aucune année sans envoyer des missionnaires au Congo, et en même temps lui montrer ses sympathies pour ce pays.

L'Espagne ne montra pas moins d'ardeur pour faire embrasser la foi aux peuples qu'elle avait soumis. En 1505, les observantins possédaient déjà assez de résidences à Haïti, à Cuba, à la Jamaïque pour que le chapitre général célébré à Faval, en France, eût cru devoir les ériger en province, à laquelle on donna le nom de Sainte-Croix. Leurs maisons étaient donc déjà nombreuses en ces contrées, et c'était en bonheur pour les indigènes, car de ces asiles s'élevaient des voix courageuses qui rappelaient aux dominateurs de l'Amérique les devoirs sévères de la morale et de l'humanité qu'ils transgressaient avec une audace éhontée. La dissolution des mœurs était au comble à Haïti, où les Espagnols, sans s'inquiéter de la perte de leurs âmes, des scandales qu'ils donnaient aux néophytes, des obstacles qu'ils mettaient à leur conversion, se livraient à une ignoble licence vis-à-vis les femmes américaines. Les Français n'épargnaient rien pour arrêter ce débordement qui ruinait le progrès de leur apostolat : les représentations particulières, les exhortations publiques mêmes, étant choses inutiles pour mettre fin à ces scandales, frère Antoine des Martyrs alla trouver Ovando qu'il conjura de justifier la confiance du souverain en tarissant la source de tant de désordres. Cédant à de justes prières, Ovando porta un édit qui intimait aux Espagnols sous les peines les plus graves, de se séparer des femmes indigènes, ou de légitimer leur mariage dans un court délai. Les Espagnols, attachés aux Américaines peut-être autant par leur attrait que par leurs richesses, sanctifièrent presque tous leur union par les cérémonies du mariage chrétien. Ce moyen fut puissant pour hâter la fusion des deux peuples, fusion qui avait été jusque-là l'objet de la politique espagnole, mais dont le succès jusqu'alors n'avait pas répondu aux efforts tentés. Pendant que le cardinal Ximènes accomplissait une brillante expédition en Barbarie, dom Barthélemi de Las Casas chanta à la Véga, dans l'île Haïti, la première grand'messe qu'on eût entendue d'un prêtre ordonné dans le nouveau monde. Las Casas est une brillante personnification de la charité chrétienne à cette époque, on me saura gré de le faire connaître. Barthélemi était Français par l'origine de ses ancêtres ; il naquit à Séville en 1474. Après des études aussi solides que brillantes, il quitta l'Espagne, le 30 mai 1498,

comme employé dans l'expédition de Colomb, et fut de retour à Cadix le 25 novembre 1500. Isabelle ayant publié un édit en faveur des Américains amenés en Espagne, il rendit avec joie la liberté à celui qu'il venait d'obtenir. Il avait eu soin de l'instruire des vérités de la religion, et conçut dès ce moment pour les indigènes de l'Amérique une charité qui le suivit pas à pas à travers sa vie apostolique. Son esclave lui avait appris la langue américaine, il la fit servir bien utilement à l'instruction et à la conversion des idolâtres. Le 9 mai 1502, Barthélemi s'embarqua pour la seconde fois avec Diégo Colomb, fils de Christophe, et il arriva à Haïti, où il reçut l'ordre de prêtrise par le premier évêque de cette île. Les indigènes s'éteignaient sous le joug de la servitude et des travaux accablants auxquels ce malheureux peuple était condamné. Les dominicains arrivés à Haïti s'élevèrent avec force contre cette atroce tyrannie ; Barthélemi unit sa voix puissante à celles des enfants de saint Dominique. Devenu plus tard curé de la ville de Zanguarama, il s'appliqua à évangéliser les indigènes avec zèle. En même temps il usa du droit que sa position lui donnait de dénoncer le système d'oppression suivi à l'égard des insulaires, et il se constitua le défenseur de ces hommes qu'il regardait comme ses propres enfants. Aucun prêtre n'intervint avec plus de dévouement, de tendresse en faveur des Américains opprimés. Le gouverneur de l'île de Cuba l'ayant nommé consulteur, il ne se servit de son influence que pour modérer tant de cruauté à leur égard : aussi les insulaires l'aimaient-ils comme un père. Leur confiance en lui était telle, que lorsque le gouverneur avait quelque chose à ordonner, il suffisait, pour qu'on obéit aussitôt, qu'un indigène se présentât dans les districts, au nom de Las Casas, un morceau de papier à la main en publiant que c'était une lettre qu'il leur écrivait et qu'il serait mécontent si on refusait de faire ce qui venait d'être commandé. La soumission était alors aussi entière que prompte, tandis qu'auparavant les soldats rencontraient toujours de grandes difficultés ; car les naturels ne pouvant compter sur des paroles si souvent violées, aimaient mieux une vie errante et sans asile que de se soumettre à des maîtres durs et injustes. Mais dans ces extrémités il restait encore une ressource, c'était de leur annoncer que Las Casas était mécontent et triste de ne plus les voir : cette seule pensée les ramenait dans leurs maisons. L'œuvre des missions trouvait d'ardents ouvriers auprès des trônes comme au sein des populations : Ximènes sut en profiter. Voulant favoriser la propagation des lumières évangéliques, il usa de son autorité pour enjoindre aux capitaines de navires d'avoir toujours un prêtre séculier ou régulier en faisant voile de la côte d'Espagne vers l'Amérique. Sa sollicitude fut bien secondée par le zèle des ordres religieux. Les enfants de saint François et de saint Dominique étaient toujours là comme les sentinelles avancées pour prendre part aux combats de la foi contre l'idolâtrie et l'hérésie. Ainsi le franciscain Rémi, après avoir travaillé pendant plusieurs années et avec un succès fort remarquable au salut des infidèles, était revenu en Europe, dans le but de s'y procurer un renfort d'ouvriers apostoliques. Il en réunit plusieurs en Picardie et les conduisit en Espagne. Dans le nombre on remarquait le frère du roi d'Ecosse qui, devenu enfant de saint François, montra un zèle bien plus digne de notre admiration que les vains titres d'une grandeur terrestre. Ximènes ajouta un certain nombre de dominicains à ces quatorze religieux dont Rémi était le chef, et leur donna avec libéralité les objets nécessaires à leur traversée et à leur mission. Cette même année trois frères mineurs furent martyrisés en Amérique, Ferdinand Salzedo, Didace Botellio et un troisième dont le nom nous est inconnu. Ils furent massacrés, coupés en morceaux et dévorés par les Caraïbes de l'Amérique septentrionale. Au contraire, dans l'Amérique méridionale, sur les côtes de Paria, des frères mineurs, sous la conduite de Jean Gariès, reçurent un accueil favorable, ils baptisèrent un nombre considérable d'indigènes, et furent si bien vus des gens du pays, qu'à leur considération les Espagnoles eurent la liberté de trafiquer sur cette côte avec toute la facilité possible, jusqu'au jour où leur cupidité, accompagnée des crimes qui en sont la suite, eut mis une complète séparation entre ces deux peuples. En 1517, Las Casas vint en Espagne plaider la cause de l'humanité outragée dans la personne des Américains ; l'amour du lucre l'emporta sur la charité ; il ne se consola de ce peu de succès qu'en retournant au milieu de ses chers indigènes avec un renfort considérable de missionnaires pour leur apprendre à souffrir et mourir pour Jésus-Christ, puisque la souffrance et la mort étaient désormais leur seule destinée. Étant devenu l'objet des persécutions de ceux dont il improuvait et dénonçait la conduite cruelle, il se déroba à tant d'entraves en prenant l'habit des frères de l'ordre de saint Dominique en 1521. Dès ce moment sa vie se passa en prières et en travaux apostoliques. Il donnait la plus grande partie de la nuit à la prière et à l'étude; il employait le jour à chercher les indigènes dans les forêts pour les consoler, les instruire et les amener à recevoir la grâce du baptême. Ce fut vers ce temps qu'il composa son traité *du seul moyen de conversion*, dans lequel il s'applique à prouver que l'Amérique ne pouvait être convertie que par des voies de charité et non par la force brutale. D'autres découvertes, tout en satisfaisant les ambitions de la terre, vinrent remplir les vues de ces hommes de Dieu. Ferdinand Magellan, Portugais de naissance, mit à exécution le plan favori de Christophe Colomb, c'est-à-dire qu'il découvrit, au profit de l'Espagne, un passage aux Indes par l'Orient sans empiéter sur la partie du globe attribuée aux Portugais par la ligne de démarcation tracée par Alexandre VI. Après de longues traversées et de dures souffrances, Magellan découvrit des îles qu'il nomma archipel de Saint-Lazare, et qui furent ensuite appelées Philippines, du nom de Philippe d'Autriche, fils de Charles-Quint. Pigafetta parle de deux rois, l'un Colombre, l'autre Siagre, qui possédaient deux territoires sur la côte orientale de l'île Mindanao, et qui se réunissaient pour conférer ensemble dans l'île Missana; il raconte au long leurs dispositions religieuses : «Nous descendîmes à terre, dit-il, au nombre de cinquante; les deux rois qui étaient venus à notre rencontre embrassèrent le capitaine et le mirent au milieu d'eux. Nous allâmes, continue le narrateur, jusqu'à l'endroit où l'on devait dire la messe... Au même moment, ils vinrent (les deux rois), comme nous, baiser la croix; mais ils ne firent pas d'offrande. A l'élévation, ils adorèrent l'Eucharistie les mains jointes, imitant toujours ce que nous faisions. En ce moment les vaisseaux ayant aperçu le signal, firent une décharge générale d'artillerie. Après la messe, le capitaine fit apporter une grande croix garnie des clous et de la couronne d'épines devant laquelle nous nous prosternâmes, et les insulaires nous imitèrent en tout. Cette croix fut plantée au sommet de la montagne la plus élevée des environs. » Les insulaires de l'île Zebu, un roi Colombre accompagna Magellan, se montrèrent bien disposés à embrasser le christianisme. Le 14 avril 1521 fut choisi pour le baptême du roi dont la conversion contribua beaucoup à celle d'autres insulaires. Or, le capitaine Magellan avait recommandé au roi converti et aux nouveaux chrétiens de brûler toutes leurs idoles, ils le promirent; mais bientôt le capitaine s'aperçut qu'ils s'étaient contentés de promesses; ils continuaient d'ailleurs, non-seulement à garder, mais encore à honorer par des sacrifices ces mêmes idoles; alors il s'en plaignit et les réprimanda fortement. Ils ne cherchèrent pas à le nier, dit l'historien précité, mais ils s'en excusèrent en disant que ce n'était pas pour eux-mêmes qu'ils faisaient ces sacrifices, mais pour un malade auquel ils espéraient que les idoles rendraient la santé. Ce malade était le frère du roi: on le regardait comme l'homme le plus sage et le plus vaillant de l'île, et sa maladie était tellement grave qu'il avait déjà perdu la parole depuis quatre jours. Le capitaine ayant entendu ce rapport, et animé d'un saint zèle, dit que s'ils avaient une véritable foi en Jésus-Christ, ils eussent à brûler sur le champ toutes leurs idoles et à faire baptiser le malade qui se trouverait guéri. Magellan ajouta qu'il était si convaincu de ce qu'il disait, qu'il consentait à perdre la tête si ce qu'il promettait n'arrivait pas; aussitôt le roi promit de souscrire à tout. Nous fîmes alors, c'est toujours le même historien qui parle, avec toute la pompe possible une procession de la place où nous étions à la maison du malade que nous trouvâmes effectivement dans un fort triste état, au point même qu'il ne pouvait ni parler ni se mouvoir; nous le baptisâmes avec deux de ses femmes et dix filles. Le capitaine lui demanda aussitôt après le baptême comment il se trouvait, et il répondit soudain qu'il se trouvait guéri. Nous fûmes tous témoins oculaires de ce miracle. Le capitaine surtout en rendit grâce à Dieu. Il donna au prince une boisson rafraîchissante, et continua ainsi de jour en jour jusqu'à ce qu'il fût entièrement rétabli. Le cinquième, la

guérison étant parfaite, le malade se leva. Son premier soin fut de faire brûler en présence du roi et de tout le peuple une idole pour laquelle on avait une grande vénération et que quelques fanatiques gardaient soigneusement dans leurs maisons. Il fit aussitôt abattre plusieurs temples placés sur le bord de la mer où le peuple s'assemblait pour manger les viandes consacrées aux faux dieux. Tous les habitants applaudirent à ces actes, et proposèrent d'aller détruire toutes les idoles, même celles qui ornaient la maison du roi. Magellan périt le 27 avril 1521 dans l'île de Matan, et l'expédition se continua sous son successeur. Après avoir visité plusieurs des îles répandues dans la partie orientale de l'Océan indien, elle mouilla à la grande île de Bornéo, et ensuite à Tidor, une des Moluques où les Espagnols prirent terre. Ainsi, dans le cours d'un petit nombre d'années, les Espagnols eurent la satisfaction de découvrir un nouveau continent, presque aussi étendu que l'ancien monde. Le Mexique venait d'être découvert, la civilisation européenne fut étonnée de rencontrer dans ces immenses contrées un progrès avancé dans les arts, les sciences et diverses connaissances inconnues à la plupart des nations jusque-là rencontrées dans le nouveau monde. En 1518, Velasquez, gouverneur de Cuba, chargea Fernand Cortez de soumettre cet empire à l'Espagne. Velasquez avait reçu de l'Ordre de la Merci les pères Barthélemi d'Olmédo et Jean de Zambrana. Ces religieux annoncèrent la religion catholique aux insulaires; le succès de leurs prédications fut remarquable, mais Barthélemi accompagna Cortez dans son expédition; son zèle ne se ralentit pas pour cela, il ne fit que changer de théâtre. Le chef espagnol arriva bientôt sur les côtes du Mexique et s'empara aussitôt de la ville de Tabasco. Fluitoni, de l'ordre de Notre Dame de la Merci, rapporte que la fille du grand cacique qu'Olmédo baptisa et à laquelle il imposa le nom de Maline, fut l'instrument dont Dieu se servit pour la conversion d'une infinité d'autres. La jeune chrétienne découvrit au père Barthélemi d'Olmédo le lieu écarté où les Indiens adoraient leurs idoles. Ce père, les ayant enlevées, dressa un autel au vrai Dieu dans le même endroit. Il y éleva une croix, il y prêcha Jésus-Christ crucifié, et, après avoir célébré la messe, il y reçut le serment de fidélité que les Indiens firent entre ses mains aux rois catholiques. Ce père est le premier apôtre de la nouvelle Espagne. Le religieux empressement de Cortez à détruire les idoles du principal temple de Zempoalla et à les remplacer par l'image de la mère de Dieu avant qu'on eût eu le temps de montrer aux habitants la folie de leur culte; cette démarche, dis-je, faillit jeter la division entre les naturels et les Espagnols. Heureusement le père Barthélemi d'Olmédo vint rétablir la paix. Cortez voulait triompher de la résistance que mettaient à embrasser le christianisme par la force des armes, mais le missionnaire s'élevant bien au-dessus des idées de son siècle, parce que son zèle était dirigé par la foi, s'opposa à ce projet barbare et soutint avec une sainte fermeté que la foi n'entre pas dans les âmes, à l'appui de l'épée, mais de la parole et de la conviction.

Un jour cependant Cortez trompa la vigilance de Barthélemi; ayant eu un entretien avec le roi Montézuma, il voulut le forcer à embrasser la religion chrétienne; mais quelque complaisant que fût Montézuma pour tout ce que Cortez demandait de lui, il fut inflexible à l'endroit de la religion; alors Cortez fut si irrité de son obstination, que, dans le transport de sa colère, il se mit à la tête des Espagnols pour aller renverser les idoles dans le grand Téocalli. Les prêtres du temple, prenant les armes et le peuple accourant en foule pour défendre leurs autels, le capitaine modéra enfin son ardeur, et abandonna son entreprise aussi téméraire que cruelle. Dès ce moment il y eut entre les Mexicains et les Espagnols une haine implacable. Malgré ces écarts de zèle, Cortez n'en était pas moins un homme désireux d'étendre l'empire de Jésus-Christ. Il avait toujours près de lui des frères mineurs; et des lettres écrites l'an 1520 pour solliciter un plus grand nombre d'apôtres, témoignent combien il s'applaudissait de leur concours. Bientôt il reçut en réponse à ses lettres douze missionnaires sous la conduite de Martin de Valence. Averti de leur arrivée, Cortez envoya des messagers pour les féliciter de leur heureux voyage et pour les escorter jusqu'à la capitale. En traversant la ville de Tlascala et voyant les places couvertes d'une grande affluence de monde, ils bénirent Dieu de ce qu'il leur offrait une moisson si abondante à recueillir. Les indigènes furent frappés de voir tant de dévoûment et d'austérité dans ces hommes de Dieu. Cortez convoqua les caciques pour préparer une réception honorable à ces envoyés du très-haut. Lui-même les traita avec distinction, jeta son manteau sous les pieds de Martin de Valence, fléchit le genou pour baiser sa main et recevoir la bénédiction de chacun d'eux. Tous les Espagnols de sa suite l'imitèrent. Mais dans leur humilité ils méprisaient les honneurs des Espagnols et les trésors offerts par les naturels pour ne songer qu'à leurs âmes. Une difficulté assez grave se rencontrait, c'était leur ignorance des idiomes du pays, alors ils prirent un moyen; après avoir annoncé aux indigènes que leur présence n'avait pour but que le bien de leurs âmes, ils demandèrent et obtinrent des écoles pour les enfants dont la mémoire plus facile pourrait plus aisément aussi apprendre les éléments de la doctrine chrétienne pour les propager ensuite au sein de leur famille. Le nombre fut si grand dès le principe, que chaque maison en renferma plus de huit cents. Ce moyen réussit, les talents naturels aux enfants de ce pays les mirent à même d'apprendre et de pouvoir enseigner en peu de temps tout ce qui est nécessaire pour recevoir le baptême. Le progrès fut si rapide, qu'en peu d'années sept millions d'indigènes avaient été baptisés. Tant de succès demandait de nouveaux renforts; le désir fut promptement satisfait. Mais ce succès n'était pas complet tant que les missionnaires laisseraient à ce peuple les objets de son culte idolâtrique. Or, Cortez, à la prière des missionnaires, intima un ordre sévère de cesser les sacrifices humains qu'on faisait tous les ans pour en offrir le sang aux faux dieux; et Cortez était dans son droit; c'était même son devoir, car il ne s'agissait plus d'imposer une croyance avec la force des armes, mais de mettre un terme à des barbaries féroces que le pouvoir ne peut ni tolérer chez des sauvages où il est maître. Cependant il n'existait pas encore d'église dans la Nouvelle-Espagne. A côté du vieux palais du roi Montézuma on construisit une église magnifique. Les franciscains étaient en grande vénération parmi les naturels; ceux-ci leur apportèrent un concours actif pour la construction de ce monument religieux. Quand il fut terminé on plaça la sainte Eucharistie dans un beau ciboire d'or enrichi de pierreries, et chose remarquable! dès ce moment, toutes les idoles qui étaient encore debout demeurèrent muettes, et les spectres des démons qui apparaissaient aux idolâtres, accoutumés à leur immoler tant de victimes humaines, cessèrent d'être visibles. Mais les frères mineurs ne furent pas les seuls religieux envoyés au Mexique pour coopérer à cette œuvre de moralisation; cette même année vit arriver au Mexique douze frères prêcheurs et douze frères de la Merci. Grande joie de la part des missionnaires franciscains, mais aussi grandes fatigues pour les derniers venus qui ne reçurent d'adoucissement que dans la charité des anciens ouvriers.

On ne se borna pas seulement à faire de nombreux envois d'apôtres, mais, par ordre de Charles-Quint, il fut réglé en 1526, que toutes les flottes espagnoles qui passeraient en Amérique pour y découvrir de nouvelles terres, y porteraient aussi des religieux approuvés par leurs supérieurs, pour y planter la foi en même temps que le drapeau de la domination espagnole. D'autres frères mineurs prirent possession de de la presqu'île de Yucatan et fondèrent un couvent dans la nouvelle Valladolid. Tout en travaillant à la conversion des idolâtres, ils devaient veiller à ce que le gouverneur François de Montejo respectât leur liberté et leurs biens; c'était le mandat qu'ils avaient reçu de l'empereur; mais la force morale fut impuissante pour mettre un frein à la soif dévorante que ressentait le gouverneur pour l'or des habitants; il continua donc à s'enrichir de leurs dépouilles et à faire dévorer leurs enfants par des chiens dressés à cette abominable chasse de créatures humaines. Après ces premiers travaux des missionnaires, vinrent les organisations de siéges épiscopaux. Le pape créa des centres d'action permanente et fit ainsi prendre à l'église catholique des racines très profondes au milieu des colonies espagnoles. Aussi les premiers pasteurs qui montèrent sur ces nouveaux siéges n'eurent qu'à continuer l'œuvre des missionnaires et à en hâter le développement par tous les moyens en leur pouvoir. Or, l'un des moyens les plus efficaces fut celui des établissements pour l'enseignement de la jeunesse. En donnant un soin extraordinaire aux jeunes garçons, on ne négligeait pas l'éducation des filles. Des monastères de clarisses furent fondés en divers en-

droits. Charles-Quint fit même partir des religieuses ainsi que des séculières du tiers-ordre de Salamanque, pour travailler à l'éducation des filles. Ce fut la femme même de Cortez qui les conduisit au Mexique. Les pensionnats étaient divisés en cinq classes dans lesquelles les Américaines apprirent les éléments de la foi, et en outre, à écrire et les autres travaux ordinaires aux enfants de leur sexe. Quand elles étaient instruites et d'âge à choisir un état, les unes se joignaient aux tierçaires pour les aider dans leurs fonctions; les autres en se mariant, enseignaient ce qu'elles avaient appris à leur famille, et ainsi on vit la foi et la vertu, qui la suit presque toujours, se répandre dans tout le pays. Au milieu des infatigables travaux des diverses congrégations employées avec tant d'ardeur dans le Mexique, la foi gagnait chaque jour un nouveau terrain; par conséquent, le besoin de nouveaux missionnaires se faisait chaque jour sentir davantage. Il serait trop long de signaler les nombreux départs de religieux et de prêtres séculiers qui vinrent de distance en distance apporter aux missions l'appui de leur ardeur et de leur foi. En 1533, la Nouvelle-Espagne reçut sept religieux augustins; ils nommèrent François de la Croix, vicaire-général, et érigèrent la Nouvelle-Espagne en province sous le nom de Jésus, qu'on appela ensuite vicariat des Indes. Les disciples de l'évêque d'Hippone donnèrent un nouveau lustre aux travaux apostoliques dans ces contrées. Savants et pieux, on les vit avec un égal succès appeler les pécheurs à la pénitence par leurs prédications et les idolâtres par le spectacle de leurs vertus. On attribuait au P. François de la Croix le don des miracles et de prophétie. Sur les traces des apôtres du Nouveau-Monde nous allons assister à la conquête d'un autre pays, à l'Evangile de J.-C., celle du Pérou. Vingt-quatre pères de l'ordre de la Merci furent, au temps de Pizarre, les premiers apôtres des Péruviens. Six dominicains leur furent adjoints lors de l'expédition du Pérou, le plus célèbre fut Vincent Valverde. Tous ces missionnaires, impatients de gagner à J.-C. les âmes soumises depuis si longtemps à l'esprit de l'enfer, s'étaient répandus aussitôt après leur arrivée sur divers points pour y semer la doctrine évangélique. Mais Pizarre était un conquérant altéré d'or et de sang; les Espagnols marchant sur ses traces donnèrent aux Péruviens une telle idée des mœurs des chrétiens, que le succès des prédicateurs fut bien amoindri par de tels exemples. En même temps que la conduite des Espagnols les empêchait de rendre hommage à la sainteté du christianisme, les ténèbres de l'idolâtrie ne leur permettaient pas d'apprécier la sublimité de ses mystères que les sens et la raison ne peuvent qu'imparfaitement effleurer. Cependant le zèle fécondé par la grâce de J.-C. et quelquefois par le sang des apôtres ne fut pas tout-à-fait stérile dans les premiers âges des missions péruviennes. Si Pizarre détruisait par sa cruauté ce que les missionnaires édifiaient par leur douceur, la protection constante dont il les environna servit utilement leurs desseins. D'ailleurs, il aimait à ériger de nombreuses églises sur les terres soumises, comme des monuments de son passage et des preuves de son désir de convertir ces peuples. Lima, fondée par Pizarre, vit tout d'abord un grand nombre s'élever dans son sein. Pendant que les franciscains, appliqués à instruire les indigènes, s'attachaient à les protéger contre la violence des conquérants, la triste nouvelle des abus commis au Pérou parvint à Las-Casas dont nous avons déjà parlé. Il ne perd pas un instant, court en Espagne, où il réclame pour ce pays désolé par tant de carnage, l'exécution des lois protectrices de la liberté des Américains, puis vole au Pérou, joint Pizarre auprès de Quito et lui remet ses dépêches. Malheureusement pour les Péruviens, il ne put séjourner que peu de jours dans cette contrée. En même temps, l'évêque de Cuzco, aidé par plusieurs dominicains qu'il avait amenés d'Espagne, travailla dans son diocèse avec beaucoup de zèle et quelque fruit. Ses vives exhortations finirent par ramener plusieurs Espagnols à une modération plus chrétienne vis-à-vis les indigènes. Ceux-ci, de leur côté, qui s'étaient enfuis dans les montagnes où ils avaient moins à redouter des bêtes féroces que leurs vainqueurs, revinrent, à sa voix, dans leurs anciennes habitations. Mais son zèle l'emportant un jour au milieu d'une population plus que barbare, ce jour fut celui de son triomphe; il tomba sous leurs coups et reçut la grande récompense après laquelle soupire tout vrai missionnaire, il reçut la couronne du martyre. Les provinces de Carthagène, de Sainte-Marthe et de Vénézuéla, situées à l'est de l'isthme de Darien furent ainsi que le Pérou le théâtre de la violence des Espagnols d'une part et de la charité des missionnaires de l'autre. Celle de Vénézuela fut concédée aux habitants d'Augsbourg par Charles-Quint. Les réformés y vinrent en grand nombre, non dans une pensée de moralisation, mais bien plutôt dans un but de cupidité. Aussi leurs violences furent telles parmi les indigènes que les Espagnols semblèrent humains, comparés à ces ravisseurs d'or. Ce pays ne leur offrait qu'un séjour peu agréable; désirant retourner le plus promptement possible en Allemagne, ils ne se firent connaître que par une cruauté et une rapacité sans exemple. La province de Sainte-Marthe possède plus de 400 lieues d'étendue. Le dominicain Thomas Ortiz en fut le premier évêque. Les indigènes l'aidèrent de toutes leurs ressources à élever une cathédrale dont les principaux ornements étaient les vertus édifiantes des prêtres occupés jour et nuit à chanter l'office divin ou à instruire les néophytes. De la ville épiscopale brilla le rayon de la foi opéra en peu de temps un bien immense au milieu des tribus les plus hostiles aux missionnaires. Carthagène reçut la foi presque le même jour où elle fut bâtie, car les Espagnols qui en jetèrent les premiers fondements, arrivèrent accompagnés de plusieurs missionnaires. Ce fut encore un dominicain qui en fut le premier évêque, Thomas de Toro, religieux du couvent de Salamanque; il s'entoura dans son vaste diocèse, de nombreux religieux de son ordre dont l'expérience et les conseils ne lui servirent pas moins que le zèle et l'ardeur de l'apostolat. Par ses soins, on vit bientôt de nombreuses paroisses s'élever, et les idoles des faux dieux disparaître du pays. Il fit plus, il se mit à la recherche des prêtres des idoles, les réunit, et dans une allocution pleine de charité, les engagea à se laisser instruire de la religion chrétienne. Sa charité fut récompensée par de nombreuses conversions. Mais un fléau terrible vint visiter sa florissante mission, ce fut l'arrivée de plusieurs vaisseaux amenant à Carthagène des multitudes d'Espagnols dont l'or était le Dieu. Ayant entendu parler des richesses qui se rencontraient dans cette province, ils se jetèrent comme des lions furieux sur les indigènes, sans distinguer les chrétiens d'avec les idolâtres, réduisant les vivants en servitude et fouillant avec une avidité sacrilége les sépulcres des morts. L'évêque supplia et gémit, mais voyant ses efforts inutiles, il dénonça à Charles-Quint les oppresseurs de son troupeau. Mais lui-même, bientôt épuisé par les mortifications et par les fatigues, réunit ses pro-zélateurs auxquels il recommanda de persévérer dans l'œuvre de salut et de protection qu'ils avaient entreprise. « Ne craignez pas, leur dit-il, la colère des hommes, mais attendez avec confiance le secours du Dieu qui vous a envoyés et qui s'est choisi un peuple dans ces régions. » Plein de cette douce espérance, et moins chargé d'années que de mérites, il s'endormit du sommeil du juste. Cette mort fut pleurée des Espagnols eux-mêmes. On assure que plusieurs miracles se firent sur son tombeau. Cependant l'Evangile prêché dans les gouvernements de Carthagène et de Sainte-Marthe venait se faire porter sur le plateau de Cundinamarca, troisième centre de civilisation de l'Amérique. Comme dans beaucoup d'autres provinces, on trouva un certain degré de culture, mais flétri par d'abominables souillures que les siècles avaient comme enracinées dans les entrailles de ce peuple moitié civilisé, moitié civilisé; le christianisme allait le toucher du revers de la croix qui a vivifié le monde, et il allait renaître à une vie plus pure. Le 5 avril 1536, Gonzalo Ximenès partit de Sainte-Marthe, accompagné de plusieurs missionnaires la plupart religieux, et après huit mois de fatigues et de combats, on arriva sur une hauteur d'où l'on découvrit un peuple riche et nombreux dont l'abord ne parut pas hostile aux Espagnols. Au mois de janvier, on rencontra un autre peuple nommé Chipata, dont les dispositions vis-à-vis des chrétiens ne furent pas moins favorables. Dominique de Las Casas éleva une croix au milieu de ce peuple en signe de salut, et dressant un autel, il célébra la première messe qui ait été dite chez cette nation. L'autel s'élevait sur le lieu qui servit plus tard d'emplacement à la ville de Velez qu'élevèrent les Espagnols. Sur un autre point de l'Amérique méridionale, c'est-à-dire sur les bords du Rio-de-la-Plata, les franciscains combattaient déjà l'idolâtrie avec les lumières de la foi. Six religieux de l'ordre de Saint-François y arrivèrent sur les vaisseaux mêmes que Charles-Quint y envoyait pour en faire la conquête. Le frère Bernard, qui en était le supérieur, nous fait connaître dans une lettre assez curieuse quel était ce

peuple et ses dispositions pour embrasser la religion chrétienne. « Nous sommes arrivés heureusement, dit-il, à l'embouchure du fleuve d'Argent, nous avons essayé trois fois d'y entrer pour passer outre, mais la force du vent nous a toujours repoussés, et nous avons été forcés de nous arrêter au port de Saint-François, qu'on nommait auparavant le port de don Rodriguez. Nous y avons trouvé trois chrétiens qui peuvent nous servir d'interprètes, parce qu'ils entendent très bien la langue du pays. Ils nous ont dit qu'il y avait quatre ans qu'un Indien, nommé Etiguara avait parcouru l'espace de plus de 200 lieues, pour annoncer aux indigènes qu'ils verraient bientôt de véritables chrétiens, frères de l'apôtre saint Thomas, qui leur administreraient le baptême; aussi leur ordonnait-il de faire bon accueil à ces saints hommes. Le peuple fut tellement touché des paroles de ce prophète, que nos frères en ont été très bien reçus. » Maintenant, reportons nos regards vers l'Amérique septentrionale, l'ordre des faits semble l'exiger.

En 1535, la vice-royauté de la Nouvelle-Espagne fut confiée à Antoine de Mendoza, dont le zèle éclairé fut d'un grand secours aux missionnaires. Le nombre de ceux qui se firent chrétiens parmi les indigènes s'éleva, de 1524 à 1539, à 7 millions. Or, vu le petit nombre d'ouvriers évangéliques, il était impossible de leur administrer le baptême selon les cérémonies du rituel romain. On adopta donc un autre mode pour conférer ce sacrement aux nombreux convertis. On réunissait les néophytes sur une grande place et on les divisait en trois classes, l'une d'enfants, la seconde des femmes, la troisième des hommes. En commençant par les enfants, on en baptisait trois ou quatre avec toutes les cérémonies en usage dans l'église; pour les autres, on se bornait à ce qui est rigoureusement essentiel au baptême. On agissait ainsi à l'égard des femmes et des hommes, et le même nom était attribué à tous les individus de chaque sexe qui se présentaient le même jour. Quoiqu'on abrégeât beaucoup cette cérémonie, elle absorbait souvent le jour entier, et les ministres du sacrement étaient si fatigués, qu'ils étaient obligés de se servir tantôt du bras droit, tantôt du bras gauche, jusqu'à ce que la faiblesse les empêchât de lever les mains. Mais cette manière de conférer le baptême souleva bien des difficultés dans les écoles de théologie; les raisons pour et contre abondèrent, comme il arrive en pareil cas sur les questions théologiques. Alors une bulle intervint ; tout en validant ces baptêmes, puisque l'essentiel s'y trouvait et que les circonstances motivaient cette conduite, elle prescrivait que désormais on ne pourrait administrer le baptême, hors le cas de nécessité, sans employer les cérémonies ordinaires, Une autre question d'une nature assez singulière vint préoccuper les esprits. Des Espagnols, pour voiler aux yeux du monde cette tyrannie d'une barbarie souvent féroce dont nous avons déjà parlé, se mirent dans l'esprit que les Américains étaient des brutes, sans esprit, sans raison, incapables de recevoir les sacrements, qu'au lieu de songer à les civiliser et à leur insinuer des sentiments de religion et de morale, il fallait, au contraire, se comporter vis-à-vis d'eux comme on en use à l'égard des animaux destinés au service de l'homme. Si l'absurde de la dispute à la cruauté dans cette invention des passions pour pallier leurs forfaits, il est du moins glorieux d'avoir à constater le cri d'indignation qui s'éleva de toutes parts parmi les missionnaires qu'on a déjà pu voir au milieu de ces nations, non seulement comme des apôtres destinés à leur apporter le grand bienfait de la foi, mais encore comme des anges placés par la Providence au milieu des villes pour les protéger contre leurs oppresseurs. Encore ici au nombre des défenseurs zélés des Américains, il nous faut citer le nom de cet apôtre de la charité, Las Casas, qu'on pourrait appeler le saint Vincent de Paule des Américains. Cet homme de Dieu ne pouvait manquer de s'intéresser à cette question ; il se lia donc d'amitié avec Antoine de Mendoza qu'il trouva toujours animé de douceur pour la conversion des indigènes. Les conseils du dominicain eurent une heureuse influence sur la conduite du vice-roi pour les indigènes et, de concert avec deux évêques, ils rédigèrent un long mémoire adressé au pape pour lui faire connaître les mœurs, la langue, la religion des Américains. Ils y prouvaient que ces peuples étaient en état de comprendre les vérités du christianisme ; ils attestaient même que ces Indiens avaient plus de talent, plus de docilité et de vertus que les Espagnols. Un religieux dominicain, le père Bernardin de Minaya fut chargé de porter ce mémoire; il devait compléter ce qui pouvait manquer dans l'exposé historique et achever de prouver devant le pape que, contrairement aux affirmations de leurs ennemis, les Américains étaient des êtres doués de raison et capables de recevoir le baptême. Alors le souverain pontife déclara par un décret du 2 juin 1537, que les indigènes de l'Amérique étaient non-seulement en état de recevoir la foi chrétienne et tous les sacrements de l'église, mais qu'on ne pourrait les priver de leur liberté et de leurs biens, quelques efforts que l'on fît pour prouver le contraire.

De Mexico, Las Casas était allé, en 1536, évangéliser la province de Nicaragua et les pays voisins. Comme le gouverneur se disposait à y envoyer une armée, le saint missionnaire s'y opposa avec succès, se fondant sur ce que le roi d'Espagne n'avait chargé que lui de découvrir l'intérieur de ces terres et d'y prêcher la foi. Envoyer une armée dans ces contrées c'était y porter le plus terrible des fléaux, la ruine et le pillage. Au lieu d'hommes armés, Las Casas y fit partir six religieux franciscains sous la conduite du frère Antoine Cindad-Rodrigo, ministre de la province franciscaine. Ces religieux, en explorant les contrées du Nord, recueillirent en deux ans beaucoup de fruits de conversions. L'accord qui régnait entre les vues de Mendoza et celles de Las Casas assura le succès de plusieurs incursions pacifiques que ce dernier fit en différentes provinces d'Andrada, aidé de trois autres dominicains. Mais il retourna bientôt en Espagne à la prière de l'évêque de Guatimala, vivement affligé de ce qu'un chef particulier avait songé à une expédition militaire pour cette contrée. Las Casas était chargé non-seulement de demander grand nombre de missionnaires, mais encore d'agir efficacement pour faire renouveler les anciennes ordonnances relatives aux indigènes, spécialement celles qui enjoignaient que l'on ne procédât point à de nouvelles conquêtes sans l'avis des prêtres, et qu'ils fussent chargés d'explorer les lieux et les peuples avant d'entrer chez eux avec la force armée. La pensée, comme le désir du martyre, animait la plupart de ces saints religieux; mais il ne leur fut pas toujours donné d'en cueillir la palme. Cependant le royaume de Jésus-Christ ne s'établit point dans ces contrées sans qu'elles eussent été arrosées du sang de ses apôtres. Nous ne voulons citer ici que le nom du bienheureux Jean Calère qui, après avoir montré dans son humble profession de frère lai, des vertus supérieures à sa position, leur donna un sublime couronnement en mourant confesseur de la foi qu'il avait prêchée par une vie exemplaire. Ce religieux se trouvait dans la Nouvelle-Espagne lorsque plusieurs indigènes, que les religieux avaient instruits et baptisés, s'échappèrent des habitations espagnoles pour retourner dans leurs montagnes, où l'on voyait toujours le culte des idoles en usage parmi les peuplades que l'on n'avait point encore soumises. Jean Calère, tout occupé du salut de ces fugitifs, se hâta de les suivre dans leurs retraites. Il parvint à les atteindre; alors il donna un libre cours à son zèle pour les ramener dans la pratique des vertus chrétiennes qui leur avaient été enseignées. Ses paroles avaient touché les cœurs, lorsqu'une femme, nourrie dans les superstitions païennes, travailla à arrêter ces heureuses dispositions et réussit, par un certain ascendant qu'elle avait sur eux, à ourdir un complot de mort contre l'homme de Dieu. Animés par les propos de cette femme impie, les apostats se jetèrent sur Jean Calère qui, en les voyant fondre sur lui, s'était mis à genoux pour remercier Dieu de ce qu'il lui permettait de souffrir pour la glorification de son nom. Au même moment ils lui scièrent la tête avec une épée de bois, leur arme ordinaire; ce qui prolongea son supplice et le rendit horrible. Jean Calère avait pris avec lui trois jeunes Américains; ils eurent part à son bonheur; tous trois furent immolés au même lieu et au même moment, c'est-à-dire le 30 octobre 1541. Sept jours après, les Espagnols trouvèrent le corps de Jean Calère parfaitement conservé; mais ses compagnons étaient devenus la proie des bêtes féroces. On prit le corps du martyr que l'on conserva comme une relique précieuse. Antoine Collaris, gardien du couvent auquel appartenait Jean Calère, se rendit au milieu de ces barbares pour leur inspirer l'horreur d'un tel crime et les exhorter à revenir au sein de la religion qu'ils avaient embrassée. L'onction de ses paroles ne fut pas sans fruit; il toucha ces sauvages et eut le bonheur de les ramener et de les affermir dans la foi. Animé par ce succès, Antoine Collaris résolut d'étendre plus loin son zèle. D'autres indigènes réfugiés, insensibles à ses exhortations, n'y répondirent que par une grêle de flè-

ches. Le corps de ce second martyr fut rapporté dans le couvent et enseveli près de celui de Jean Calère. Ces deux hommes, réunis pendant la vie par les liens de la même religion et du même apostolat, ne furent point séparés après la mort, *in morte quoque non sunt divisi*. Nous avons dû nous arrêter longtemps sur les progrès de la religion dans les deux Amériques, et montrer comment les missionnaires catholiques ont travaillé non-seulement à implanter la foi chez ces nations nouvellement découvertes, mais encore comment ils se sont opposés avec un zèle digne de leur caractère et de leur mission aux actes de barbarie du peuple espagnol vis-à-vis les Américains. Si des traits d'une cruauté peu commune attristent notre âme en parcourant les annales des conquêtes espagnoles dans l'Amérique, nous y trouvons un certain adoucissement dans la pensée que ces faits appartiennent tout entiers à des hommes dont l'or était l'unique Dieu, que les ministres de la religion non-seulement les flétrirent par leurs prédications et leurs censures, mais qu'ils s'y opposèrent toujours en usant de leur influence à la cour de Madrid en faveur des Américains outragés. L'action de l'apostolat catholique n'était point circonscrite dans les limites du nouveau continent. Dans le Levant, le franciscain Jean-François Potenza fut envoyé comme nonce du pape aux Maronites du mont Liban. Après avoir éclairé ce peuple, il le conduisit au concile de Latran trois ambassadeurs pour reconnaître la suprématie du pape et embrasser une profession de foi orthodoxe. Cajetan, général des dominicains pour l'extension de la religion en Palestine, nomma le provincial de Grèce son vicaire-général en terre sainte et ordonna d'y envoyer tous les religieux qu'il jugeait convenables à l'apostolat. Cependant l'admirable famille franciscaine de terre sainte, constante dans sa mission, avait vu les saints lieux tomber au pouvoir des ennemis, c'est-à-dire des Turcs, en 1517. A ce malheur vint se joindre une grande diminution dans le nombre de ses membres comme dans ses ressources, et cela au moment où la Palestine avait le plus à souffrir de la misère et de la faim. L'Église romaine vint à son secours dans cette extrême détresse; le souverain pontife lui assura une rente annuelle sur la chambre apostolique. En Hongrie, les dominicains et les franciscains reçurent la palme du martyre de la main des Turcs. En Afrique, le franciscain Antoine de Garay, évêque de Tama sur le Nil, travailla pendant vingt ans à convertir les musulmans et les Coptes. Mais un martyre digne de fixer l'attention entre ceux que les annales des frères mineurs ont inscrits, est celui du frère Martin de Spolète, franciscain italien, qui passa, l'an 1530, au royaume de Fez, dans la pensée d'y faire connaître le nom de Jésus-Christ. A son arrivée, il alla visiter le roi et son beau-frère qui furent pleins de déférence pour le saint religieux; mais tout en l'assurant de sa protection, ils lui dénoncèrent les dangers auxquels il s'exposait en prêchant la religion de Jésus-Christ au milieu des juifs et des mahométans. Sans se laisser intimider par la crainte de la mort, le frère Martin commença à prêcher, et les Maures qui venaient d'abord l'écouter par curiosité, finirent par goûter sa doctrine et s'attacher au saint religieux. Les rabbins juifs s'étant vus dominés par la logique du frère dans une conférence publique, en conçurent de la haine et un désir de vengeance; ils ne tardèrent pas à ourdir contre lui un complot de mort. Ils allèrent trouver le souverain et lui dire que le frère Martin avait avec lui un démon familier, qu'en conséquence il fallait lui défendre de prêcher et le chasser du pays; sinon les chrétiens se révolteraient contre le prince et le dépouilleraient de ses états, pour avoir autorisé un prédicateur en commerce avec le démon. Le beau-frère du roi qui aimait le frère Martin, le fit prévenir en secret de la conspiration qu'ourdissait contre lui; mais la résolution du religieux était inébranlable, rien ne put le détourner de son apostolat. « Je prêche la vérité, mes ennemis n'annoncent que l'erreur, dit-il; si l'on veut je prouverai la divinité de ma religion par l'épreuve du feu, à la condition que si Dieu commande aux flammes de me respecter, les juifs et les Maures embrasseront la foi que je vous annonce. » Le défi fut accepté; les préparatifs du bûcher se firent en présence du roi, de son divan et du peuple. Le moment venu, frère Martin monta sur le bûcher embrasé, et faisant le signe de la croix, se jeta dans le feu; il s'y agenouilla, et, pendant le temps que demandait la récitation de trois *Credo* et de quatre *Pater* que quelques chrétiens devaient dire pour lui et pour la conversion des infidèles, il ne cessa pas un instant de faire son oraison au milieu des flammes qui le couvraient tout entier. Le missionnaire se releva ensuite et sortit sans avoir reçu aucune atteinte. Mais au même moment un Maure lui perça la poitrine d'un coup de lance, et un autre lui brisa la tête avec une tuile, et il mourut sous leurs coups. La nouvelle de cette mort glorieuse donna une sainte émulation à frère André, aussi de Spolète, dont le martyre postérieur de deux ans vint cimenter la foi de Jésus-Christ. L'année suivante, le bienheureux Damien, né à Valence en Espagne, remporta aussi la couronne du martyre en Afrique. Il avait pris l'habit des franciscains déchaussés au couvent de Badajoz, en qualité de frère lai : ses études pouvaient le mettre en état de recevoir l'ordre de la prêtrise, mais son humilité l'en éloigna jusqu'au jour où, se sentant appelé au milieu des mahométans pour leur prêcher Jésus-Christ, il fallut céder aux ordres des supérieurs qui voulurent le revêtir, pour le succès de son entreprise, du caractère sacerdotal. Arrivé parmi les infidèles, il fut infatigable dans ses prédications; mais les musulmans ne tardèrent pas à l'arrêter pour le faire mourir. Après l'avoir livré aux flammes qui le respectèrent, ils le lapidèrent et le percèrent de traits. Les mahométans ne se bornaient pas à immoler les chrétiens qui se dévouaient à leur porter les lumières du christianisme; ils venaient eux-mêmes parmi les chrétiens pour leur donner la gloire de mourir martyrs. Pour n'en citer qu'un seul exemple, le pirate Barberousse ayant fait, en 1536, une descente dans l'île Minorque, causa un grand ravage dans le pays. A cette vue, le gardien des frères mineurs alla consumer les hosties qui se trouvaient dans le saint ciboire, pour éviter qu'on ne les profanât. Cet acte de prudence et de piété lui valut la grâce de mourir pour Dieu, car Barberousse le fit expirer dans de cruels tourments. Mais si le champ du Seigneur s'agrandit, il saura bien faire naître une moisson abondante d'ouvriers apostoliques, destinés à satisfaire à la fois à la plupart des besoins religieux de cette époque. Le Seigneur qui veille sur son Église pour lui donner les secours dont elle a besoin, fit naître dans le XVIe siècle saint Ignace et avec lui une nouvelle compagnie d'hommes que nous verrons souvent concourir avec un zèle mêlé de bonheur à l'œuvre des missions. La compagnie de Jésus a eu ses gloires dans l'histoire des missions étrangères comme dans les sciences et les lettres; il faudrait peut-être plusieurs volumes pour dire les noms et les faits principaux de ceux qui, sortis de son sein, sont allés porter le nom de Jésus-Christ chez les nations idolâtres; il nous suffira d'indiquer les traits les plus saillants, et nous renverrons le lecteur, pour les détails circonstanciés, aux ouvrages spéciaux.

Histoire des missions catholiques, depuis la naissance de la compagnie de Jésus jusqu'à notre époque. — Saint Ignace, en jetant les fondements d'un nouveau corps religieux, avait surtout en vue la conversion des idolâtres, dont le malheureux état excitait toutes ses sympathies. Plus d'une fois il exprima le désir qui l'animait d'aller lui-même porter la foi chez les musulmans et de la cimenter par le martyre. Et quand il eut réuni autour de lui ses premiers disciples en société, le vœu qu'il leur fit faire dans les cryptes de l'église de Montmartre fut celui d'aller en Palestine pour prêcher Jésus-Christ. Or, parmi ces premiers disciples de saint Ignace se trouvait un jeune Espagnol, plein d'ardeur et d'ambition, mais d'une ambition toute pure et toute sainte, depuis qu'Ignace lui avait fait entendre ce mot comme un remords au milieu de ses projets d'avenir : « Que sert à l'homme de gagner tout l'univers, s'il vient à perdre son âme? » Les passions sont d'inestimables bienfaits du ciel; quand elles sont bien dirigées, elles deviennent des leviers puissants dont Dieu se sert pour faire le bien. Saint François Xavier n'a été un apôtre étonnant le monde par la rapidité de ses conquêtes, que parce qu'il avait reçu dans son cœur une forte ambition. Une fois lancé dans la carrière évangélique son zèle n'eut plus de bornes; il traversait les royaumes et convertissait des nations entières. Xavier quitta Rome avec l'ambassadeur de Portugal, le 15 mars 1530. Passant près du lieu de sa naissance, il ne voulut point rendre une dernière visite à ses parents, peut-être dans la crainte de trop affliger leur tendresse; il se réservait, disait-il, de les voir dans le ciel. Quand le moment du départ fut arrivé, le roi de Portugal remit au missionnaire quatre brefs du pape. Dans les deux premiers, le souverain pontife établissait Xavier nonce apostolique et lui donnait d'amples pouvoirs; dans le troisième, il le recommandait à David, roi d'Éthiopie, et dans le quatrième, aux quatre princes d'Orient. Après cinq mois de traversée, la flotte doubla le cap de Bonne-Espérance et

aborda sur la fin d'août à Mozambique, sur la côte orientale d'Afrique; elle fut obligée d'y passer l'hiver, l'air de cette côte était si malsain, que Xavier y tomba malade; trois mois après il fut en état de s'embarquer de nouveau pour faire voile vers Goa, où l'on arriva le 6 mai 1542, le treizième mois depuis sa sortie de Lisbonne. Xavier n'eut pas plutôt pris terre qu'il se rendit à l'hôpital, où il choisit son logement; mais il ne voulut exercer aucune fonction sans avoir vu l'évêque de Goa. L'état où se trouvait la religion dans le pays qu'il devait évangéliser fit couler ses larmes et enflamma son courage. Les Portugais lui parurent privés de tout sentiment religieux, tant il voyait en eux un oubli profond de la morale et de l'humanité. L'évêque de Goa et ses collaborateurs essayaient vainement de les ramener à une conduite moins scandaleuse, leur montrant la triste influence de leurs exemples sur les indigènes; tout était inutile; il n'y avait pas de digue que l'on pût opposer à ce torrent. Xavier commença donc par travailler à leur conversion. La tâche était des plus difficiles, mais son zèle n'en fut que plus vif, et la grâce venant à son secours, ses travaux ne furent pas stériles. Apprenant ensuite qu'à l'orient de la presqu'île, sur la côte de la Pêcherie, il y avait un peuple connu sous le nom de *Paravas*, ou pêcheurs, il résolut d'aller y établir sa mission. Ce qui facilitait son dessein, c'est qu'il avait déjà quelque connaissance de la langue malabare, en usage dans la Pêcherie; il s'embarqua donc pour ce pays. Il prit terre au cap de Comorin, et commença l'exercice de son apostolat dans un village rempli d'idolâtres. Mais à tout ce que le missionnaire pouvait leur dire en fait de religion, ils lui répondaient qu'ils ne pouvaient changer la leur qu'après en avoir obtenu permission du seigneur du pays. Devenus les témoins des miracles dont le saint accompagnait ses prédications, ils cédèrent devant de telles preuves; la plupart se firent instruire et baptiser. Encouragé par ce premier succès, il gagna la côte de la Pêcherie. Après avoir mieux étudié la langue malabare, il traduisit en cette langue les principales prières du chrétien, le signe de la croix, le symbole, le *Pater*, la salutation angélique, etc. Enfin il réussit, après bien des efforts et beaucoup de temps, à traduire le catéchisme. Il apprit par cœur cette traduction et se mit à parcourir les villages une sonnette à la main pour rassembler autour de lui toutes les personnes qu'il rencontrait; et il recommandait aux enfants de répéter à leurs père et mère ce qu'ils avaient retenu de cette doctrine. Les dimanches, il faisait des instructions aux néophytes et leur apprenait les prières du chrétien. Il forma même des catéchismes qui lui furent d'une grande utilité pour achever les conversions que ses discours avaient commencées. La ferveur de cette chrétienté naissante était admirable; la multitude de ceux qui recevaient le baptême était si grande que les forces de Xavier n'y pouvaient suffire. Il y avait plus d'un an qu'il travaillait à la conversion des Paravas; la moisson étant si abondante, il crut devoir partir pour Goa afin de se procurer de nouveaux coopérateurs. On lui confia le soin du séminaire qui avait été fondé avant la naissance de la compagnie de Jésus pour donner un clergé indigène aux chrétiens qui embrassaient la foi de Jésus-Christ. La fondation de cet établissement important est due à Jacques de Borba et à Michel Vaz, vicaire général de l'évêque de Goa. En le fondant, ils eurent la pensée d'élever des enfants de diverses nations pour les revêtir plus tard du caractère sacerdotal. Il n'y a pas de doute que, connaissant mieux leurs nations, leurs mœurs, etc., l'action de ces missionnaires indigènes devait être plus efficace que celle des missionnaires européens, qui étaient obligés de consacrer un temps considérable à connaître l'idiome des nations sauvages avant de leur parler du but de leur mission. On forma, pour diriger l'administration temporelle de cet établissement, une confrérie sous le nom de Sainte-Foi; les confrères prirent pour patron saint Paul, qui donna son nom au collège. Les franciscains eurent la direction du personnel jusqu'à l'arrivée des jésuites dans les Indes. Xavier ne resta que peu de temps à la tête de cet établissement; aussitôt qu'il put s'en décharger entre les mains de ses confrères que l'on envoya quelque temps après dans les Indes, il retourna chez les Paravas avec quelques missionnaires qu'il distribua dans différents villages. Il en emmena quelques-uns dans le royaume de Travancor; là, comme il le dit lui-même, il baptisa de ses propres mains jusqu'à dix mille idolâtres dans l'espace d'un mois. On vit quelquefois un village entier recevoir le baptême en un seul jour. Le saint s'avança dans les terres, mais comme il ne savait pas la langue du pays, il se contentait de baptiser les enfants et de servir les malades qui faisaient suffisamment connaître leur état par signes. Xavier prêchant dans un village de Travancor, s'aperçut que les idolâtres étaient peu touchés de ses discours; il pria Dieu pour ces cœurs insensibles; aussitôt il reçut le pouvoir de faire sortir vivant d'un tombeau un mort qu'on y avait descendu depuis plusieurs jours. Ce miracle toucha tous les habitants du pays, et en peu de mois le royaume de Travancor fut chrétien. La réputation du saint se répandit dans toutes les Indes et de toutes parts les idolâtres le faisaient prier de venir les instruire et les baptiser. Il lui vint des députés des Manarois, qui demandaient le baptême avec de vives instances. Comme il ne pouvait encore quitter le royaume de Travancor, parce qu'il fallait affermir la chrétienté qu'il y avait établie, il leur envoya un missionnaire dont le zèle et les lumières lui étaient connus. Un très grand nombre reçurent le baptême. Xavier fit un voyage à Cochin pour conférer avec le vicaire-général des Indes sur les moyens à prendre pour mettre un terme aux désordres des Portugais qui étaient toujours un obstacle et le plus grand à la conversion des idolâtres. Il engagea le vicaire-général à aller en Portugal pour faire connaître au roi le véritable état des choses relativement à la conversion des idolâtres. Il lui remit une lettre pour le roi par laquelle il le conjurait, au nom des motifs les plus pressants, de faire servir sa puissance à procurer la gloire de Dieu et d'employer des moyens propres à réprimer les scandales. Le saint ayant quitté Cochin, alla visiter les villages de la côte de la Pêcherie. Il fut singulièrement édifié de la ferveur qu'il trouva dans la chrétienté qu'il y avait établie. Il demeura quelque temps à Manapar, près du cap Comorin et retourna dans l'île de Ceylan, où il convertit le roi de Condé. Enfin il partit pour Goa et y arriva le 20 mars 1548. Ce fut alors qu'il prit la résolution d'aller prêcher l'Evangile dans le Japon. En attendant que la navigation devînt libre, il se prépara à cette importante mission par la prière; puis il partit pour le Malaca, dans la vue de passer de là dans le Japon. Il surmonta toutes les difficultés qu'on lui opposa pour empêcher ce voyage. Après avoir passé quelque temps à Malaca, il s'embarqua pour sa destination sur un vaisseau chinois, emmenant avec lui Paul de Sainte-Foi et deux domestiques auxquels il avait donné le baptême à Goa. Ils arrivèrent le 15 août 1549 à Cangoxima, dans le royaume de Saxuma, au Japon. La langue japonaise est difficile, mais Xavier s'y appliqua avec un travail si assidu qu'en ayant appris les premiers éléments de Paul de Sainte-Foi pendant le voyage, il se trouva presque dès le moment de son arrivée en état de traduire en japonais le Symbole des apôtres avec les explications qu'il en avait déjà faites autrefois. Il apprit ensuite cette traduction par cœur, et commença presque aussitôt à prêcher.

Xavier était déjà connu du roi de Saxuma qui faisait sa résidence à six lieues de Cangoxima. Paul de Sainte-Foi avait parlé à la cour de son zèle, de ses vertus et de ses miracles. Il crut que le bien de la religion demandait qu'il vît le roi; il présenta Xavier au prince, qui lui fit un accueil aussi gracieux qu'honorable, et il lui permit d'annoncer la foi à ses sujets. Le bonheur du pieux missionnaire eût été à son comble s'il eût pu espérer de pouvoir faire embrasser la religion chrétienne aux bonzes. Mais tous les efforts de sa charité vinrent échouer devant l'opiniâtreté aveugle de ces hommes; loin de pouvoir les convertir, ils devinrent pour son apostolat un dangereux et continuel obstacle. La connaissance que Xavier avait de la langue du pays, quoique peu développée encore, fut néanmoins pour lui une source de succès dans ses travaux évangéliques, il répandit partout la traduction qu'il avait faite du symbole avec ses commentaires, et cette exposition du dogme catholique, entretint les conversions qu'il avait opérées et en détermina de nouvelles. Après un an de séjour à Cangoxima, Xavier en partit pour aller à Fisando, capitale d'un autre petit royaume. Il ne pouvait plus exercer son ministère à Cangoxima: le roi de Saxuma irrité de ce que les Portugais abandonnaient ses côtes pour transporter leur commerce à Fisando, lui avait retiré la permission d'instruire ses sujets; il donna même le premier le signal de cette persécution contre le christianisme, qui devait plus tard en détruire tous les vestiges, au moment où le zèle de ses pieux missionnaires rappelait les vertus et l'héroïsme des premiers âges de l'Eglise. Mais ceux d'entre ses sujets qui avaient embrassé l'Evangile furent fidèles à leur vocation, et à tout ce que la persécution put entreprendre pour ébranler leur foi, ils répondirent généreusement qu'ils seraient fidèles à la grâce, que s'il le fallait, ils subiraient toutes sortes de supplices et la mort même plutôt que d'apostasier. En allant à Fisando, Xavier prêcha dans la forteresse d'un prince nommé Skandono, et vassal du roi de Saxuma. Plusieurs idolâtres crurent en Jésus-Christ. De ce nombre fut l'intendant de ce prince. C'était un homme déjà avancé en âge, et qui joignait à une grande prudence un zèle sincère autant qu'éclairé, pour la religion qu'il avait embrassée. Xavier en partant lui recommanda d'avoir soin des autres chrétiens; il les assemblait tous les jours dans sa maison pour réciter avec eux différentes prières, il leur lisait chaque dimanche l'explication de la doctrine chrétienne. La conduite de ces fidèles était si édifiante, qu'elle convertit plusieurs autres idolâtres. Le roi de Saxuma lui-même redevint favorable au christianisme et s'en déclara le protecteur. Enfin, Xavier arriva à Fisando, il fut bien reçu du prince qui lui permit de prêcher dans ses états. Le fruit de ses prédications fut extraordinaire; il baptisa plus d'idolâtres à Fisando en vingt jours qu'il n'en avait baptisé à Cangoxima en une année entière. Il laissa cette chrétienté florissante sous la conduite de l'un des deux jésuites qui l'accompagnaient, et il partit pour Méaco avec l'autre jésuite et deux chrétiens japonais. Ils allèrent par mer à Facata, où ils s'embarquèrent pour Amanguchi, capitale du royaume de Naugato, renommé par ces mines, les plus abondantes du Japon. Les mœurs étaient d'une corruption effrayante en cette ville; le saint y fit entendre la parole de Dieu en public, devant le roi et sa cour; mais sa parole fut à peu près sans fruit. Après un mois de séjour à Amanguchi il continua sa route vers Méaco, avec ses trois compagnons. On était alors dans le mois de décembre avec un froid piquant et des routes difficiles; cependant les saints missionnaires voulurent faire la route à pieds nus. Ils passaient par des bourgs et des villages, Xavier prêchait et lisait au peuple quelque chose de son catéchisme. Comme la langue japonaise n'avait point de mot propre pour exprimer la souveraine divinité, il craignait que les idolâtres ne confondissent le vrai Dieu avec leurs idoles, il leur fit comprendre qu'ayant jamais connu le vrai Dieu, il n'était pas étonnant qu'ils ne pussent exprimer son nom, mais que les Portugais l'appelaient Deos. Il répétait souvent ce mot et le prononçait avec une onction et un ton de voix qui inspiraient aux païens mêmes de la vénération pour ce saint nom. Enfin, il arriva à Méaco avec ses compagnons, au mois de février de l'année 1551. Ce pays était alors le théâtre de guerres civiles; en voyant l'indifférence avec laquelle les habitants reçurent la lumière de l'Evangile, il ne tarda pas à s'apercevoir que le moment de travailler à sa conversion n'était point encore venu, il quitta donc au bout de quinze jours pour retourner à Amanguchi. La pauvreté de son extérieur l'empêchant d'être reçu à la cour, il crut devoir s'accommoder aux préjugés du pays. Il se présenta donc avec un appareil et un cortège capables d'en imposer; et il fit quelques présents au roi. Il lui donna entre autres choses une petite horloge sonnante. Par là il obtint la permission de prêcher l'Evangile à ses sujets. Il baptisa trois mille païens dans la seule ville d'Amanguchi. Ce succès le remplit d'une douce consolation qu'il a manifestée depuis dans ses correspondances avec ses confrères de l'Europe. Les vertus du saint ne servirent pas moins à la conversion des idolâtres que ses prédications fréquentes; mais Xavier, comme l'ange de la Providence, devait pour ainsi dire se multiplier, afin de faire connaître Jésus-Christ au plus grand nombre de peuples possible. Après avoir recommandé les nouveaux chrétiens aux deux jésuites qu'il laissait à Amanguchi, il partit de cette ville vers la mi-septembre de l'année 1551, suivi de deux chrétiens japonais qui avaient fait le sacrifice d'une belle fortune, pour sauvegarder la foi qu'ils avaient eu le bonheur d'embrasser; se rendit à pied à Fucheo; c'était là que le roi de Bungo faisait sa résidence. Il avait entendu parler du P. Xavier, il désirait ardemment de le voir; aussi le reçut-il de la manière la plus honorable. Le saint, dans des conférences publiques confondit les bonzes, qui pour des motifs d'intérêt, cherchaient partout à le traverser; il en convertit cependant quelques-uns. Ses entretiens particuliers et ses prédications publiques touchèrent le peuple et l'on venait en foule lui demander le baptême. Le roi lui-même fut convaincu de la vérité du christianisme et sans des attachements coupables qu'il n'eut pas le courage de rompre, il eût probablement demandé le baptême avec la foule de ses sujets. Xavier ayant pris congé du roi, s'embarqua pour retourner dans l'Inde, le 20 novembre 1551; il était resté au Japon deux ans et quatre mois. Comme il fallait veiller à la conservation de cette chrétienté naissante, il y envoya trois jésuites, que d'autres suivirent bientôt après. La semence de l'Evangile jetée dans le Japon par saint François-Xavier, fructifia à un tel point que quand la persécution s'y alluma, on comptait dans cet empire quatre cent mille chrétiens. Paul de Sainte-Foi, le père de cette église mourut dans de grands sentiments de piété en 1557. Le prince d'Omura reçut le baptême en 1562. Ce prince et les rois de Bungo et d'Arima, qui avaient été également baptisés, envoyèrent au pape Grégoire XIII, en 1582, des ambassadeurs choisis parmi leurs proches parents. Ce fut le P. Valegnani, jésuite, qui les accompagna dans le voyage. On les reçut d'une manière fort honorable en Portugal, en Espagne, en Italie et partout où ils passèrent; mais la réception fut plus brillante encore à Rome. La foi devenait de jour en jour plus florissante au Japon. Il y avait en 1596, deux cent cinquante églises, trois séminaires, un noviciat de jésuites et plusieurs religieux de saint François. Le Cubo ou empereur Nabunanga, rempli de haine contre les bonzes, était très favorable aux missionnaires, et Vatadono, son premier ministre, se déclarait hautement le protecteur de la religion chrétienne. On se flattait enfin de l'espérance de convertir le Japon; mais les choses changèrent bien de face. Nabunanga ayant péri de mort violente, Fide-Jos vingt-neuvième cubosama ou général des troupes qui résidait à Jeddo, se donner par le dairi le titre de Cambacu et celui de Taiskosama, s'empara de la régence, puis de l'empire, après avoir fait mettre à mort l'héritier de la couronne impériale. Il soumit tout le Japon, soit par politique, soit par la force des armes. Il supprima les Jacotas ou petits rois. Il fut quelque temps favorable aux chrétiens; mais on les lui rendit depuis suspects, à cause de leur nombre et des progrès que faisait leur religion. En 1586, il publia un édit pour défendre à tous les japonais d'embrasser la foi. Peu de temps après il fit crucifier plusieurs chrétiens. Vingt mille moururent pour Jésus-Christ en 1590. Dès lors la religion fut aux prises avec la persécution qui ne cessa que lorsqu'on la vit anéantie dans l'empire japonais. Xavier, après avoir parcouru tant de royaumes, laissant partout des germes précieux qui pouvaient plus tard prendre d'heureux développements, se sentait comme providentiellement inspiré à ne pas s'en tenir à ces royaumes qu'il avait déjà évangélisés, mais de porter le nom de Jésus-Christ jusque dans l'empire chinois; et en quittant le Japon il était mû par la pensée de tout mettre en œuvre pour faire réussir ses desseins. Grandes sans doute étaient les difficultés. Les Chinois étaient ennemis des Portugais, et il était défendu aux étrangers d'entrer dans l'empire sous peine de mort. Quelques marchands y avaient passé secrètement pour trafiquer; on les découvrit, et quelques-uns d'entre eux furent condamnés à mort; ceux qu'on épargna furent chargés de fers et destinés à mourir en prison. Xavier ne perdit pas pour cela l'espoir de réaliser son projet. Il proposa son dessein à don Pédro de Sylva, l'ancien gouverneur de Malaca, et à don Alvarez d'Atayada, qui l'avait remplacé. Il fut arrêté qu'on pouvait envoyer à la Chine une ambassade au nom du roi de Portugal, pour demander la permission de faire le commerce avec cet empire, parce que si on l'obtenait, les prédicateurs de l'Evangile n'éprouveraient plus les mêmes obstacles; mais il n'eut pas seulement à surmonter les difficultés venant du pays qu'il se proposait de convertir; mais encore celles que firent naître autour de lui les gouverneurs portugais. Arrivé à Malaca, le saint trouva pour gouverneur don Alvarez d'Atayada au lieu de don Pédro de Sylva, Gama. Alvarez traversa le projet de l'ambassade. Xavier allégua inutilement l'autorité du roi et l'ordre du vice-roi, Alvarez entra en fureur et le traita de la manière la plus outrageante, le saint continua ses sollicitations sans pouvoir rien obtenir. Enfin, il menaça le gouverneur de l'excommunication, s'il persistait de s'opposer à la propagation de l'Evangile. Il produisit les brefs de Paul III, qui l'établissaient nonce apostolique et dont il n'avait rien dit par humilité depuis son arrivée dans les Indes. Mais tout fut inutile, le gouverneur se rit de l'excommunication qui fut lancée contre lui et persista dans son refus. Alors Xavier ne pouvant plus compter sur ce projet pour la réalisation de ses vues d'apostolat, résolut de s'embarquer sur un vaisseau portugais qui partait pour l'île de Sancian, près de Macao, sur la côte de la Chine. Le gouverneur fut depuis déposé pour ses extorsions et pour d'autres crimes, et conduit chargé de fers, à Goa par l'ordre du roi. Le vaisseau que montait Xavier, arriva le vingt-troisième jour après son départ de Malaca; les Portugais avaient la permission d'aborder à cette île pour s'y pourvoir des choses nécessaires. Le projet de l'ambassade en Chine ayant échoué, le saint avait envoyé au Japon les trois jésuites qu'il avait pris pour l'accompagner. Il n'avait retenu qu'un jeune Indien, et un frère de la société qui était Chinois, et qui avait pris l'habit à Goa. Il espérait passer secrètement avec eux en Chine. Les marchands portugais de Sancian tâchèrent de le détourner de ce dessein. Ils lui représentèrent la rigueur des lois de l'empire chinois, la vigilance des officiers qui gardaient les postes, et qu'il était impossible de gagner; ils ajoutèrent qu'il devait s'attendre à être battu au moins cruellement, et à être condamné à une prison perpétuelle. Mais rien ne put ébranler sa résolution. Il répondit à toutes les objections qu'on lui fit, et déclara que les plus grandes difficultés ne l'empêcheraient point d'entreprendre l'œuvre de Dieu et que la défense d'aborder lui paraissait plus insupportable que tous les maux dont on le menaçait. Il prit donc des mesures pour le voyage de la Chine, et commença par se procurer un bon interprète. Le Chinois qu'il avait amené avec lui de Goa, n'entendait point la langue de la cour; il avait même oublié en partie celle que parlait le peuple. Un marchand chinois s'offrit de conduire le saint pendant la nuit à un endroit de la côte, éloigné des habitations maritimes, et il demanda pour récompense deux cents pardos; le pardos vaut une monnaie, un franc vingt-cinq centimes. Il exigea de plus que dans le cas où Xavier serait arrêté, il lui promit de ne jamais découvrir le nom, ni la maison de celui qui l'aurait débarqué. Cependant les Portugais de Sancian, qui craignaient de devenir eux-mêmes les victimes des Chinois, mirent tout en œuvre pour empêcher le voyage que le saint méditait; pendant ces délais Xavier tomba malade. Tous les vaisseaux portugais étant partis, à l'exception d'un seul, il manquait des choses les plus nécessaires à la vie. D'un autre côté, l'interprète chinois rétracta la parole qu'il avait donnée. Mais à travers tant de difficultés, Xavier ne perdit point courage; ayant appris que le roi de Siam se préparait à envoyer une ambassade magnifique à l'empereur de Chine, il résolut de faire tous ses efforts pour accompagner l'ambassadeur siamois; mais Dieu fut content du sacrifice de sa volonté, il ne lui permit pas celui des œuvres; le 2 décembre 1552, l'apôtre des Indes, le plus illustre des enfants de Loyola reçut devant Dieu la récompense de dix ans et demi de travaux continus dans l'apostolat le plus difficile. Pendant que les Indes orientales fécondées par les sueurs de Xavier arboraient de toutes parts la croix qui a sauvé le monde, les Indes occidentales continuaient de retentir des protestations courageuses des missionnaires en faveur de la liberté des Américains. Paul III ayant érigé un siége épiscopal à Guatémala, François Marzoquin, évêque élu fut sacré à Mexico, et les dominicains lui cédèrent pour lui servir de cathédrale, l'église qu'ils avaient bâtie. Aussitôt après l'installation de ce saint évêque, on vit cette ville se couvrir de monuments pieux et utiles; des écoles, des collèges, des hôpitaux, des maisons de retraite pour les deux sexes, s'élevèrent à sa voix, et ce spectacle d'une sainte activité pour servir l'humanité et la religion par de sages établissements se rencontrait de toutes parts sur le sol américain que la foi avait sanctifié. François Marzoquin eut pour auxiliaires dans les travaux de son ministère de saints et savants prélats, pris dans les rangs du clergé séculier et dans plusieurs ordres religieux; entre ces missionnaires nous devons nommer Pierre de Angulo. Entré au couvent de Saint-Dominique à Mexico, en 1528, il y reçut les ordres sacrés et embrassa la carrière évangélique. Au nord de Guatémala se trouvait un peuple belliqueux qui avait toujours repoussé les Espagnols; mais là où le soldat ne put pénétrer avec son épée, le missionnaire y aborda avec l'Evangile sous le bras. Voici de quelle manière. Les missionnaires firent apprendre quelques cantiques à des colporteurs, accoutumés à pénétrer dans la *Terre de Guerre*; c'était là le nom du pays qu'habitait ce peuple; ils leur recommandèrent de porter ces cantiques chez ces peuplades et leur donnèrent des instructions à ce sujet. Les colporteurs s'acquittèrent avec intelligence de cette mission et même avec plaisir, car le chant de ces cantiques réunissait autour d'eux la foule, et ils en profitaient pour débiter les objets de commerce qu'ils importaient dans ce pays. Un cacique surtout, fut frappé de ces chants; il ne se lassait pas d'interroger les marchands sur les mystères qu'ils contenaient; et ceux-ci répondaient de leur mieux aux questions qui leur étaient faites; disant néanmoins que, pour avoir de plus amples explications, il fallait s'adresser aux savants dans cette religion qui étaient à Guatémala; alors le cacique dit : « Puisque, vous m'assurez qu'ils se trouvent parmi vous et qu'ils ne se refuseront pas à ma demande, je veux leur envoyer des députés sous la conduite de mon frère. Je compte sur votre parole qui me répond du succès. » Cette sage résolution fut aussitôt exécutée, partout les députés du cacique trouvèrent un bon accueil, mais personne ne fut plus agréablement surpris du retour inopiné des colporteurs que les dominicains de Guatémala; en se voyant invités à aller prêcher Jésus-Christ chez un peuple de guerriers, ils bénirent Dieu de toute leur âme. Pierre de Angulo et Louis Cancer furent leurs premiers apôtres. Les indigènes écoutèrent avidement les vérités que ces deux religieux leur proposaient, et les réponses faites à leurs doutes. En même temps ils observaient d'un œil inquiet les nouveaux venus, ne leur accordant de confiance qu'après avoir vu la douceur de leurs mœurs, la simplicité de leur vie, leur application au travail et leur désintéressement. Le cacique fut un des premiers à demander le baptême et il contribua depuis à la conversion de la peuplade. Il fit bâtir une chapelle et un autel où l'on commença à dire la messe. Les principaux d'entre eux y assistaient dans l'intérieur de cette chapelle, les autres rangés autour, mais tous dans une attitude qui révélait le respect dont ils étaient pénétrés pour cette sainte cérémonie. Les ministres de l'Évangile, contents de leurs conquêtes voulurent en tenter d'autres, en s'avançant dans le pays. Le cacique eût bien voulu les retenir près de lui; mais il n'osa pas s'opposer au dessein qu'ils avaient manifesté de porter ailleurs le bienfait que lui-même avait reçu. Seulement il pria les missionnaires de vouloir bien accepter une escorte, mais l'expérience prouva qu'elle n'était pas nécessaire; Dieu veillait sur ses apôtres, que les indigènes reçurent partout avec les mêmes témoignages d'affection, et dans la bouche desquels la parole de Dieu fut également féconde. Le cacique de cette seconde peuplade ne seconda pas moins que le premier les efforts des dominicains, qui apportant ici l'œuvre de la civilisation, tirèrent de la barbarie ces peuples à demi-sauvages pour les réunir en bourgades, où des liens civils se formèrent en même temps que la société spirituelle s'affermit. Les progrès furent si heureux que François Marzoquin, évêque de Guatémala, voulut visiter lui-même ce point, naguère si redouté, de son diocèse. Les difficultés du lieu ne rebutèrent point son zèle paternel; et quand parvenu dans cette terre de miracles, il se vit entouré de loups transformés en agneaux, le prélat ne put contenir la joie de son âme; il rendit de grandes actions de grâces à Dieu, toujours admirable dans ses œuvres. Alors la Terre de Guerre perdit son nom pour prendre celui de Vera Paz, qui devait perpétuer le souvenir de son heureuse transformation; on y bâtit une ville destinée à en devenir la capitale; Pierre de Angulo en fut nommé le premier évêque, mais le seigneur exauça ses plus chers désirs; avant d'avoir été revêtu du caractère épiscopal, il rendit l'âme à Dieu, le 1er avril 1562. Ce fut deux ans après que Las Casas finit également sa longue et sainte carrière. Après avoir passé ses dernières années dans la prière et dans la retraite, sans abandonner la cause des Américains, en faveur desquels il ne cessa d'écrire qu'en cessant de vivre, il mourut à Madrid, en 1566. Soixante-six années s'étaient écoulées dans d'immenses travaux et dans une charité constante pour changer l'état des indigènes. Ses labeurs ne furent pas sans fruit; en mourant il vit l'Américain et l'Espagnol, égaux devant la loi, et près de l'être en toutes choses, si quelque âme courageuse voulait marcher sur ses traces. Les missionnaires le voulurent tous; aussi avec le temps l'esclavage des indigènes fut aboli; il n'y eut plus de vassaux contraints de servir sans salaire, d'hommes de charge, employés au défaut de bêtes de somme, ni de malheureux attachés, au risque d'y perdre la vie, aux pénibles travaux des mines; mais seulement des hommes libres, tributaires des commandeurs, pour des taxes fixes et déterminées. Or, si l'on considère que Las Casas traversa quatorze fois les mers qui séparent les deux continents,

qu'il parcourut plus souvent encore les vastes régions du Nouveau-Monde dans toutes les directions, qu'il fit un grand nombre de voyages en Espagne, qu'il ne cessa d'exercer en Amérique les fonctions de missionnaire et de pacificateur; qu'il composa une foule d'ouvrages, courut les dangers les plus éminents, fut en butte aux persécutions des hommes puissants dont il dénonçait les crimes, on ne pourra s'empêcher de reconnaître dans Las Casas, une de ces âmes sublimes que le ciel envoie de temps en temps à la terre pour remplir quelque grande et importante mission, dans des circonstances difficiles. Ce fut en 1544 que Louis Cancer, dont nous avons déjà parlé, conduisit en Amérique un essaim d'apôtres. Ces missionnaires prêchèrent sans relâche, mais avec peu de succès à des peuples si dégradés qu'ils se nourrissaient d'araignées, de fourmis, de lézards et de serpents. Les pauvres religieux souffrirent toutes les angoisses de la faim et de la soif; car ayant horreur de la nourriture de ces peuples, ils se trouvaient réduits à des racines, à quelques sales poissons, et à de l'eau bourbeuse. En peu de temps ils périrent. Le P. Louis Cancer survécut seul, et, pendant près de trente ans qu'il évangélisa ces indigènes, il baptisa beaucoup de femmes, mais peu d'hommes. Comme nous l'avons vu, des consolations plus grandes l'attendaient dans l'exercice de son ministère à la Terre de Guerre, que son zèle de concert avec celui de Pierre de Angulo transforma en Terre de Paix. Louis Cancer se dirigea enfin vers la Floride; mais le peuple qui l'habitait, indigné des horreurs des Espagnols, prit le religieux pour l'un de ces hommes féroces, dit Las Casas, et victime d'une cruelle méprise, le missionnaire périt égorgé; et son corps divisé en morceaux et rôti, fut ensuite dévoré. Mais si les indigènes confondaient ceux qui leur portaient la paix avec ceux qui leur déclaraient la guerre, quelquefois les évêques mêmes ne recevaient pas un meilleur traitement de la main des Espagnols, comme le prouve la mort de Antoine de Valdiviejo, évêque de Nicaragua. Ce noble Castillan, s'était consacré aux missions de la Nouvelle-Espagne et du Mexique. La province du Nicaragua devint le principal théâtre de son apostolat, lorsque Gernaud et Phèdre de Coutrezas, fils de Coutrezas, qui en était gouverneur, voyant leur père dépossédé de ce gouvernement, résolurent de s'y maintenir à main armée contre l'autorité royale. Ils traitèrent les indigènes en vils esclaves; mais le missionnaire s'opposa à ces indignités et en instruisit Charles-Quint, dans un voyage qu'il fit exprès en Espagne. Ce prince lui promit de prendre des mesures efficaces et lui demanda son concours. Le missionnaire revint à Nicaragua muni de pouvoirs de l'empereur et de plus revêtu du caractère épiscopal pour ce siége. Avec cette double puissance, il recommença sa lutte contre les passions des gouverneurs dans l'intérêt de la justice et de l'humanité. Mais son courage ne servit qu'à rendre plus furieux encore les oppresseurs du peuple. Un jour qu'il était dans sa maison, s'entretenant avec un ecclésiastique du bien de son diocèse, il vit venir à lui Gernaud de Coutrezas, l'épée à la main, et suivi d'une multitude de furieux qu'il excitait lui-même, il perça le saint évêque de deux coups de son épée et le laissa noyé dans son sang, tandis que la maison fut livrée au pillage. Le saint vécut encore quelques moments, qu'il consacra à la prière pour son troupeau et pour ses meurtriers; puis il expira le 26 février 1549. En 1543, le 15 août, Jérôme de Loaysa fut transféré de Carthagène à Lima, capitale du Pérou. Il travailla, pendant une longue vie que Dieu lui accorda, au salut des Péruviens et des Espagnols mêlés à ce peuple, et dont l'existence ne se distinguait guère de celle des idolâtres. Dieu donna à Jérôme de nombreux et saints coopérateurs, sa Providence aplanit toutes les grandes difficultés qui s'opposaient au succès de son ministère; et, par d'heureuses circonstances, on vit bientôt la foi fleurir dans ces contrées. Dès 1548, Paul III érigea Lima en métropole et envoya le pallium à Jérôme, qui devint ainsi le premier archevêque de ce siége, comme il en avait été le premier évêque. Comme la paix était nécessaire au pays pour le bien de la religion, Jérôme ne négligea rien pour la maintenir, et, dans ce dessein, il fut heureusement secondé par un gouverneur habile et désintéressé, Pierre de la Gassa, que l'on peut ranger au nombre des meilleurs gouverneurs que l'on ait vus en Amérique. Les divers ordres religieux avaient fourni des auxiliaires à Jérôme; entre autres, celui de Notre-Dame de la Merci dont plusieurs membres ont laissé une mémoire qui rappelle tout ce que la carrière apostolique exige de zèle et de vertus. L'ordre séraphique alimentait aussi les missions du Pérou. Un religieux de cet ordre nommé Didace, nous a laissé dans une lettre l'analyse des travaux qui y furent accomplis. Mais en parlant d'ouvriers évangéliques, nous n'oublierons pas ici le concours efficace qu'apportèrent les ermites de Saint-Augustin. Les missions d'Amérique comptaient beaucoup d'augustins vénérables par leur science et leur sainteté. Les principaux étaient dans la Nouvelle-Espagne. Le provincial de Castille, en envoyant des religieux au Pérou, les exhorta à y continuer la vie qu'ils avaient menée dans leur province d'Espagne, à ne rien changer dans l'habit et à ne rien ajouter dans la rigueur de la règle. Des religieux du même ordre, envoyés en Amérique, avaient embrassé les pratiques de pénitence que l'on serait tenté d'appeler excessives, si l'on ne savait que les dévotions extraordinaires sont souvent l'œuvre du Saint-Esprit, qui en donne la première pensée et qui soutient au milieu du travail d'une vie austère et pénitente. Du reste, nous avons pu voir jusqu'ici que tous les missionnaires qui se sont dévoués aux durs travaux de l'apostolat dans le Nouveau-Monde, vécurent pauvres, humbles et pénitents. Tous chargés de la croix de Jésus-Christ, ils ne songèrent qu'à la rendre chère aux peuples que la Providence leur destinait. Ils s'oublièrent eux-mêmes, mortifièrent leur chair, subjuguèrent leurs passions; tous respiraient une sainte ambition pour travailler plus efficacement à éclairer les âmes et à leur faire connaître et aimer le nom de Jésus-Christ. Dieu permit le désintéressement d'une part, et cette ardeur de l'apostolat de l'autre, pour confondre la cupidité dévorante des Européens qui traversaient les mers pour aller recueillir un peu d'or dans le carnage; et pour leur montrer que la foi a des vues bien différentes de celles de l'orgueil et de l'ambition. Cette vie des chrétiens scandalisait les indigènes, les prévenait contre les maximes du christianisme et les portait à juger de la religion par la conduite de ceux qui la pratiquaient; il fallait donc pour ôter le scandale et lever le plus grand obstacle à leur conversion, opposer chrétiens à chrétiens et faire contraster toutes les vertus avec tous les crimes. Les naturels, éclairés par les exemples de ces hommes de foi, comprirent la différence qu'il convenait d'établir entre ceux qui croyaient bien, quoiqu'ils vécussent mal, et ceux qui honoraient une religion toute divine par la sainteté de leurs mœurs et par la régularité de leur conduite. Ils finirent par donner toute leur confiance aux missionnaires qu'on peut appeler les anges gardiens de leur liberté et de leur fortune; ils écoutèrent avec docilité ces voix qui leur annonçaient de nouvelles croyances et de nouvelles vertus, après avoir défendu leurs intérêts et plaidé leur cause; ils se rendirent à leurs instructions, ils aimèrent la doctrine de ceux qui ne cherchaient que leur bonheur. Ainsi, par une intention particulière de la Providence, le bien se trouva à côté du mal, et le mal fut heureusement vaincu. Au midi du Pérou, des missionnaires s'appliquèrent à convertir les habitants du Chili, dont Voldivia poursuivait la conquête, naguère abandonnée par Almagro. Fontana attribue d'heureux succès aux frères prêcheurs, et Jean de Luca ajoute qu'en 1553, cinq religieux de l'observance de Saint-François fondèrent un couvent près de la ville de San-Yago. Charles-Quint, déterminé par l'importance et l'étendue des régions qui formaient le nouveau royaume de Grenade, donna tous ses soins aux progrès de la foi dans ce pays; à cause de son étendue, il songea à le détacher de l'audience de San-Domingo, et une autre fut établie le 7 avril 1550 dans la ville de Sainte-Foi de Bogota, déclarée capitale du royaume nouveau, mais toujours soumise à la juridiction de l'évêque de Sainte-Marthe. Ce prélat, de concert avec l'audience royale, s'occupa de multiplier les maisons dans toutes les parties du nouveau royaume et de former des monastères qui devinrent des maisons d'instruction et des maisons de retraite. Vers l'an 1553, l'évêque de Sainte-Marthe avait été chargé d'ériger l'église provinciale de Sainte-Foi de Bogota en cathédrale; mais les fondements de l'édifice étaient si peu solides, que pendant la nuit qui précéda le jour choisi pour cette cérémonie l'église s'écroula. Alors on vit un spectacle admirable, l'évêque, sans inviter son clergé et son peuple à lui prêter secours, s'en va à la carrière la plus voisine, et chargeant sur ses épaules une pierre, il revient au milieu de la ville et commence à relever l'église de ses ruines. Cet exemple fut bientôt suivi par le clergé et les fidèles, et l'édifice sortit de ses ruines. Mais une consolation plus douce encore

fut réservée à l'évêque de Sainte-Marthe comme à l'évêque de Carthagène. Ce fut l'arrivée de saint Louis Bertrand, homme vraiment apostolique, dont l'Amérique conserve la mémoire ainsi que de ses travaux et de ses miracles. Embarqué à Séville, il commença son apostolat sur le vaisseau qu'il montait et qu'il transforma pour ainsi dire en église, où l'on chantait les louanges de Dieu, où l'on faisait la prière plusieurs fois par jour. Étant arrivé dans la partie de l'Amérique méridionale que les Espagnols appelaient Castille d'or, Louis se retira au couvent de Saint-Joseph, où il se prépara à son ministère par la pratique d'héroïques vertus qui lui obtinrent d'admirables succès dans l'isthme de Panama, dans l'île de Tabago, dans toute la province de Carthagène et dans tous les autres pays où il fut envoyé par ses supérieurs. Ses miracles furent nombreux, je les passe sous silence pour ne parler que de ceux de la Providence en faveur de ses élus. Lorsque Louis se préparait à commencer sa mission de Tubara, un idolâtre, qui habitait les montagnes, vint lui présenter un enfant moribond à baptiser; ayant été averti, dit-il, que ce sacrement assurerait à son enfant une vie heureuse et immortelle. Le saint, admirant un tel discours dans la bouche d'un païen, conféra aussitôt le baptême à l'enfant qui mourut un instant après. Louis, après avoir jeté la semence de l'Évangile dans les contrées environnant Paluata et chez des peuples nommés Callinago, Caraïbes, qui poussaient la superstition aussi loin que la férocité, travailla avec un succès plus sensible sur les montagnes appelées Sainte-Marthe. Les indigènes reçurent l'apôtre comme un ange descendu du ciel, pour leur en montrer le chemin. Ils s'empressèrent de l'entendre et de mettre ses instructions à profit. Leur exemple stimula les peuplades voisines, l'on vit en peu de temps un changement heureux dans tous ces pays. A Carthagène on ne savait ce que l'on devait le plus admirer de ses travaux apostoliques ou de ses miracles. Les habitants de la Nouvelle-Grenade ont toujours conservé un souvenir reconnaissant pour ce grand serviteur de Dieu que Clément X a mis au nombre des saints. Maintenant jetons un regard rapide sur les travaux des jésuites dans le Brésil. Cette contrée immense avait déjà été arrosée par les sueurs des franciscains, mais le succès avait été peu rapide jusque-là, à cause des guerres nombreuses qui surgirent lors de l'occupation. Le premier gouverneur-général envoyé au Brésil fut Thomas de Souza, il emmena avec lui six jésuites. Aussitôt après leur arrivée, les révérends pères mirent la main à l'œuvre pour se construire une église et un abri; on les vit, non sans une grande édification, se transformer en maçons et en manœuvres pour élever la maison de Dieu. Ce travail les détourna un peu des soins du saint ministère, mais les constructions étant achevées et un prêtre séculier ayant été envoyé de Portugal pour prendre la charge des âmes, ces zélés missionnaires purent alors se livrer à toute leur ardeur pour les saintes conquêtes. A l'exemple de saint François Xavier, ils traduisirent dans la langue du pays les principaux dogmes de la foi et les principales vertus chrétiennes, et les ayant appris par cœur, ils parcoururent le pays pour prêcher et baptiser les indigènes. Ceux-ci trouvaient ces instructions attrayantes, venaient avec plaisir les entendre; mais ils faisaient mieux encore, ils embrassaient la pratique de cette doctrine après avoir accepté le symbole de notre foi par le baptême. Quelquefois cependant les missionnaires avaient affaire à des barbares ne vivant guère que de chair humaine, alors les difficultés étaient bien plus grandes. Les jésuites, après avoir soustrait, à leur risque et péril, le cadavre d'un prisonnier de guerre que les Tupinambas voulaient dévorer, après l'avoir enterré, se retirèrent dans Bahia pour se mettre à couvert de leurs coups. La colère des indigènes s'apaisa; alors les révérends pères recommencèrent leur ministère de charité au milieu des cannibales; mais ils ne se servirent désormais que de la persuasion pour détourner ces anthropophages des repas de chair humaine. Ils firent renoncer les uns à cette abominable nourriture; moins heureux envers les autres, tout ce qu'ils purent obtenir fut de pouvoir converser avec ceux que l'on engraissait pour servir de pâture: ne pouvant sauver leur corps, ils s'attachaient à sauver leur âme, en les préparant au saint baptême avant que le coup de massue vînt les frapper. Bientôt cette permission ne leur fut pas même laissée. Les anthropophages se persuadèrent que l'eau répandue sur la tête des victimes, rendait leur chair moins succulente, et ils ne permirent plus qu'on les baptisât. Les révérends pères ne purent alors administrer le baptême qu'avec des précautions qui protégeaient leur propre existence. Cependant la compagnie de Jésus prenant dès sa naissance en Europe des proportions grandioses, et par le crutement des intelligences les plus distinguées et par la position sociale de ceux qu'elle recevait dans son sein, et enfin par le nombre même de ses membres, elle put, sans entraver ses travaux en Europe, envoyer de nombreux renforts aux missionnaires du Brésil. Parmi ceux qui arrivèrent vers ce temps on peut citer le nom de Joseph Anchieta, dont les travaux et les vertus servirent efficacement à la conversion des Brésiliens. La compagnie de Jésus avait, au Brésil, des maisons organisées dans les villes et les bourgades, des écoles dans les localités de moindre importance, avec leurs églises et des logements destinés à abriter les missionnaires à certaines époques. De ces résidences principales les révérends pères entreprenaient deux sortes de voyages pour instruire les indigènes : tantôt ils allaient au milieu des chrétiens convertis pour les maintenir dans le bien, tantôt ils pénétraient à cent lieues de distance parmi les peuplades encore idolâtres. Cette dernière manière de travailler au salut des Brésiliens, n'était pas la plus commode, mais elle était la plus féconde en bons résultats. La moisson croissant de jour en jour, il fallait aussi multiplier les moissonneurs ; le père Azevedo, provincial au Brésil, passa en Europe pour y venir chercher de nouveaux missionnaires. Le révérend père François de Borgia, alors général, accueillit fort bien une telle demande et lui permit même de recruter dans les diverses maisons de la compagnie en Europe, tous les sujets qu'il jugerait propres à cette mission. Alors le provincial brésilien parvint à réunir soixante-neuf religieux tous prêtres ou près de le devenir ; avec ce renfort, il repart pour sa mission, ayant avec lui sur le même vaisseau quarante-quatre compagnons ; ayant laissé en route quelques-uns de ces religieux, il fit voile vers Palma. Mais le vaisseau qu'ils montaient se trouva bientôt en face d'une flotte française, conduite par Jacques Soulic, natif de Dieppe, et vice-amiral de la reine de Navarre et zélé calviniste. Cette flotte, composée de cinq navires, attaqua le vaisseau portugais, qui se défendit avec courage, mais que peut le courage contre la force et le nombre des assaillants. Les Portugais, livrés au pouvoir des calvinistes, furent traités en ennemis ; ce fut sur les quarante missionnaires jésuites que leur fureur s'acharna avec une rage inouïe. Tous périrent, excepté un seul, Jean Sauchet Cuisinier. Dieu permit que ce témoin survécut pour attester le martyre vraiment héroïque de ses trente-neuf compagnons. L'action des pères jésuites ne fut ni moins active ni moins efficace en Barbarie, au Congo, à Angola et en Abyssinie que dans le Brésil ; c'est toujours le même esprit et le même zèle qui animent ces missionnaires que la Providence donna à l'Eglise pour aider et continuer le bien immense que les ordres préexistants avaient entrepris et exécuté avec tant de bonheur sur divers points du globe. En 1540, un frère prêcheur, devenu évêque, et nommé Bernard de la Croix, fut envoyé à Méliapour ; preuve positive de la persévérance des dominicains au milieu de l'Indoustan. Mais leur zèle est mieux attesté encore par l'institution d'une société dite *Congrégation orientale des Indes*, pépinière permanente dont le courage ne recula devant aucune difficulté, pas même devant l'exil, la prison et la mort. En 1548, douze dominicains de la province de Portugal partirent pour l'Inde, sous la conduite du père Didace Bernandez, fondateur de cette congrégation, et furent chargés d'évangéliser les idolâtres de quelques localités dans l'île de Goa, où ils bâtirent quatre églises. Il y avait donc une sainte émulation de zèle apostolique parmi les religieux des divers ordres chargés des missions de l'Inde ; mais afin que l'un ne pût mettre sa faux dans la moisson de l'autre, on divisa le territoire entre ces divers ordres. L'île et les environs de Goa furent donnés aux révérends pères jésuites ; le royaume d'Ozmuz aux frères prêcheurs, l'île de Ceylan aux frères mineurs. Des Indes, portons nos regards sur les bords de la Méditerranée, où l'islamisme avait planté l'étendard de sa révolte contre l'Evangile ; ici encore nous verrons le missionnaire catholique proclamer la divinité de sa religion, par ses paroles, ses vertus et sa mort même. Au milieu des glorieux combats de Jean de la Pouille et de Jean Zuaze, capucins, les jésuites Christophe Rodriguez et Jean-Baptiste Elian arrivèrent au Caire l'an 1561. Ils furent envoyés en Egypte par le pape Pie IV, à la demande de Gabriel, patriarche d'Alexandrie, qui voulait faire adopter aux Coptes un enseignement catholique. Les prêtres schismatiques, pressentant leur défaite, recou-

raient à la violence plutôt qu'à la discussion. Ils ameutèrent la foule ignorante contre les deux missionnaires. Menacés par les machinations de leurs ennemis, les deux jésuites retournèrent promptement en Italie avec un député que le patriarche envoyait au concile de Trente. Plus tard, un départ d'autres pères eut lieu pour l'Afrique. Ils s'embarquèrent avec Sébastien, roi de Portugal, jeune héros qui trouva la mort au moment où il méditait sur toutes les terres soumises au Koran, une vaste expédition qui devait, selon lui, le faire passer pour l'Alexandre chrétien. Mais, après la défaite et la mort du jeune roi de Portugal, les jésuites réussirent à sauver leurs jours, moyennant une rançon. Il n'y eut que le père Serpi qui fut immolé par les musulmans, en haine des derniers devoirs de religion qu'il rendait aux Portugais expirants sur le champ de bataille. En 1580, Grégoire XIII, pour confirmer les Maronites du mont Liban, dans leur attachement à l'Eglise romaine, leur envoya les deux jésuites Jean-Baptiste Elian et Jean Brunon, auxquels il confia des présents que les Maronites reçurent avec reconnaissance. La sollicitude de ce pape pour les Maronites est encore attestée par une bulle qui établit, à Rome, un collège dans lequel de jeunes gens de cette nation devaient être formés à la piété et aux sciences ; un cardinal fut nommé pour le gouverner, et on assigna des revenus suffisants pour son entretien. Pour ce qui concerne les dominicains, leur congrégation des frères voyageurs existait pour la propagation de la foi existait toujours. Après avoir rempli pendant deux ans les fonctions de vicaire-général de cette compagnie, le père Benoît Filicaïa, y fut maintenu pendant deux autres années par le chapitre général de l'ordre tenu à Rome en 1553. Le christianisme florissait encore dans l'île de Chypre sous la domination vénitienne, lorsque Ange Calépius, issu de noble famille, embrassa, vers l'an 1548, l'institut des frères prêcheurs dans le couvent de Saint-Dominique à Nicosie. Cette ville ayant été assiégée par les Turcs, sous Sélim II, Calépius ne cessa d'exhorter les soldats à se défendre et à implorer le secours du ciel. Fait prisonnier lui-même, il fut acheté par un certain Osma, et emmené à Constantinople. Ses vertus touchèrent le cœur du musulman, son maître, qui le traita avec distinction et le fit même manger à sa table. Mais ce qui fut le plus estimé par le saint religieux, fut la liberté qu'il lui laissa, de se promener dans toute la ville ; il s'en servit pour visiter ses compagnons de captivité et pour les encourager à supporter leurs épreuves dans l'espérance de les voir un jour glorieusement couronnés. Sa captivité ne fut que de quatre mois ; le général de son ordre lui envoya quatre cents écus d'or pour sa rançon, et Osma le mit en liberté ; il fut plus tard nommé évêque de Santorin, île de l'Archipel enlevée aux Grecs par Marc Sanudo dans les premières années du xiiie siècle, et reprise sur la république de Venise par les troupes de Sélim II en 1566. En 1577, deux capucins qui étaient allés visiter les saints lieux, furent rencontrés au sortir de Jérusalem par quelques Turcs, dont les blasphèmes allumèrent en eux une juste indignation ; mais leur zèle ne servit qu'à leur obtenir la couronne du martyre. L'an 1583, un autre capucin devint le martyr de sa charité, mais d'une autre manière. Envoyé à Alger pour le rachat des captifs, il ne se contenta pas de remplir sa mission, mais il demeura avec la permission de ses supérieurs pour consoler ceux qu'il ne pouvait arracher à leur malheureux sort ; en les visitant, il leur donnait de nombreuses instructions, à la faveur de la tolérance que le gouverneur avait établie à Alger. Une peste s'étant déclarée, il sembla se multiplier pour suffire à tous les maux à la fois ; mais au milieu de tous les travaux de son ardente charité, il fut lui-même atteint du fléau et mourut en donnant des marques d'une piété admirable. En racontant ainsi la fin glorieuse de quelques apôtres, nous voulons seulement montrer que l'apostolat catholique, admirable de dévoûment dans ses travaux, ne l'est pas moins en présence des persécutions et de la mort.

Société des missions étrangères. — Mais il est temps de faire connaître sommairement une institution éminemment catholique, puisqu'elle doit sa fondation aux pontifes romains, une congrégation dont le but exclusif est la propagation de la foi chez les nations étrangères, une institution dont la seule pensée rappelle des succès immenses comme aussi des vertus et un héroïsme dont rien n'approche : on a déjà nommé la congrégation des missions étrangères, se fondant au milieu des persécutions dignes des premiers âges du christianisme. Voici comment l'*Ami de la Religion* faisait connaître, il y a quelques années, la constitution de cette société et l'esprit qui l'anime. Après avoir fait envisager la formation du clergé indigène comme le but primitif de cette institution, le journal ajoute ce qui suit : « Rome qui désirait voir se former une congrégation de laquelle on pût tirer les évêques et les vicaires apostoliques, sans que ces prélats cessassent, par l'effet de leur promotion à l'épiscopat, de faire partie de cette même congrégation et de jouir de toutes ses prérogatives, s'opposa constamment à ce que ses membres fussent liés par des vœux. Du reste, cette nouvelle société, qui formait une véritable congrégation par son organisation et ses institutions qui sont basées sur l'esprit de dévouement, d'union et de charité, ne tarda pas à justifier les vues du Saint-Siége, et elle continua à remplir avec gloire et succès la sublime mission qui lui a été confiée dès l'origine de sa fondation. » Le séminaire des missions étrangères, situé rue du Bac, à Paris, est regardé comme la maison mère et le noviciat de la congrégation ; il est dirigé par quelques-uns de ses membres, dont la plupart sont missionnaires députés des missions ; car d'après les constitutions de ce corps respectable, les évêques et les prêtres européens de chaque vicariat apostolique ont le droit d'envoyer un représentant à Paris. C'est de cette maison célèbre que sortent tous ces nombreux enfants, ces hommes généreux, qui vont à travers mille périls annoncer Jésus-Christ aux peuples des Indes, de la Chine et des royaumes qui sont voisins du céleste empire ; mais en quittant la France les missionnaires ne restent point oubliés : la sollicitude de leurs confrères de Paris les suit au-delà des mers. Au sortir des vaisseaux qui les ont portés sur les rivages lointains, ils entrent dans la maison de procure, dont les supérieurs, nommés par les directeurs du séminaire, ont soin de les faire pénétrer dans leurs missions respectives, et une fois arrivés au lieu de leur destination, ils sont reçus comme des frères par les vicaires apostoliques, qui sont, comme nous venons de le dire, membres de la même congrégation. Pour imiter, autant que les circonstances le permettent, l'exemple du Sauveur, qui faisait partir deux à deux les disciples qui allaient évangéliser les bourgades de la Judée et de la Galilée, les supérieurs des missions confiées à la congrégation ont soin de ne point laisser dans l'isolement les ouvriers qui travaillent sous leurs ordres. Les missionnaires, dans les temps ordinaires, se trouvent souvent en compagnie de quelqu'un de leurs confrères, et surtout des prêtres indigènes qu'ils sont chargés de diriger. L'esprit de charité qui unit les différents membres de cette société se montre surtout à l'égard de ceux que l'âge, la maladie et les infirmités empêchent de travailler : ils deviennent l'objet de toute la sollicitude de leurs confrères, et même si les supérieurs respectifs de chaque mission jugent à propos de faire repasser pour cause de maladie l'un d'eux en Europe, les directeurs de Paris pourvoient à tous ses besoins pendant le reste de ses jours, et il jouit lui-même de toutes les prérogatives de la congrégation auxquelles sa qualité de membre lui donne droit. Il faut le reconnaître, une société ainsi constituée, et dont toutes les vues sont dirigées vers un but unique, l'extension du règne de Jésus-Christ dans les pays étrangers, doit donner une forte impulsion au zèle de chacun de ses membres. Ce qui justifie notre opinion à cet égard, c'est la haute estime et la considération distinguée dont cette congrégation jouit auprès du Saint-Siége. Maintenant entrons dans l'étude des faits accomplis par ces hommes ainsi constitués en société ; seuls ils parleront plus haut de la sagesse qui a présidé à cette organisation que toutes les paroles apologétiques. Nous avons laissé entrevoir que la pensée principale de cette congrégation était de former un clergé indigène dans les divers pays évangélisés ; or, ce fut là que tendirent les efforts de ses premiers apôtres. La foi était menacée d'une ruine prochaine et peut-être inévitable dans le Tong-King et dans la Cochinchine, lorsque la Providence qui pourvoit, selon les circonstances, aux divers besoins de chaque époque, envoya le père de Rhodes, de la compagnie de Jésus, dans ces pays pour y établir un clergé indigène. Son plan fut traversé par une multitude de difficultés, mais s'il ne rencontra ni sympathie ni concours efficace dans les rangs auxquels il appartenait, il fut applaudi par Innocent X qui lui donna avec son approbation le caractère épiscopal. Pendant son séjour en Europe, il propagea avec ardeur d'un apôtre l'idée qui dominait toutes ses autres pensées, et ce fut en France qu'il rencontra les éléments qu'il cherchait pour la faire réussir. Il était parvenu, il est vrai, à envoyer en Cochinchine et au Tong-King vingt pères jésuites, mais ce

n'était là qu'un objet secondaire pour le père de Rhodes ; il voulait trouver des sujets capables d'être établis évêques de ces contrées ; il voulait qu'ils fussent dans une position assez indépendante pour pouvoir s'appliquer, avant toutes choses, à la formation d'un clergé indigène, et l'expérience lui avait démontré que ses confrères n'avaient pas tout ce qu'il fallait sous ce rapport. Il réussit mieux auprès des membres d'une société de pieux jeunes gens, réunis alors à Paris dans les liens de la charité la plus touchante, que l'on pourrait comparer sous plusieurs rapports avec l'admirable réunion formée de nos jours sous le patronage de Saint-Vincent-de-Paul. Or cette société, dirigée alors par le père Bagot, jésuite, a été le premier noyau de la congrégation des missions étrangères. Le père de Rhodes, en estimant la rencontre providentielle, n'hésita point à la faire concourir à la réalisation de ses projets. Il proposa à la sacrée congrégation de la Propagande plusieurs membres de cette nouvelle société qu'il jugea fort capables d'être élevés à l'épiscopat. De ce choix sortit M. Pallu, que l'on peut regarder comme le véritable fondateur de cette congrégation ; il fut nommé vicaire apostolique pour l'Orient. La plupart des difficultés concernant la fondation de cette nouvelle congrégation ayant disparu, et le souverain pontife ayant promu à la dignité de vicaire apostolique plusieurs de ses membres, les ouvriers de la providence, sans perdre de temps, commencèrent le cours de ces apostoliques travaux qui n'ont pas cessé un instant depuis de réjouir l'Eglise de Dieu par de glorieux succès. La voie de l'Océan leur étant fermée, ils se résolurent à prendre définitivement celle de la Méditerranée et du Levant pour arriver à leur destination. Considérant ensuite les dangers qu'ils allaient courir dans un pareil voyage, ils résolurent de l'entreprendre séparément, afin que dans tous les cas la perte de l'un n'entraînât pas celle des autres. On décida, en conséquence, que M. de Bérythe partirait le premier pour tenter de se frayer une route qui pût les affranchir des exigences des puissances maritimes et ennemies. Ce missionnaire quitta donc Paris le 18 juillet 1660, accompagné de M. de Bourges, nommé depuis évêque d'Auren et vicaire apostolique du Tong-King occidental. Arrivé à Surate, le 23 décembre, monseigneur de Bérythe y reçut le premier avis de l'ordre donné par le roi de portugal de se saisir des évêques français et de les envoyer à Lisbonne ; mais confiant dans la puissance de celui qui l'avait déjà sauvé de tant de dangers, il n'en continua pas moins sans crainte son voyage, et, le 22 août suivant, il entrait à Sijou-Thijan (paradis de la terre), capitale du royaume de Siam. Ainsi parvenus dans un pays dont le nom leur était à peine connu au moment de leur départ de France, ils oublièrent bien vite les fatigues du voyage pour s'abandonner aux douces consolations que leur offraient les instruments. Le 27 janvier 1664, monseigneur d'Héliopolis, suivi d'un certain nombre de fervents apôtres, venait rejoindre son confrère pour travailler ensemble à la même vigne du Seigneur ; mais s'ils eurent une douce joie de se revoir sur une terre étrangère, cette joie fut mêlée de tristesse lorsque la nouvelle leur arriva de la mort de monseigneur de Métollopolis, qui, parti de Paris dans la compagnie de plusieurs prêtres destinés à la même mission, avait succombé en route, au moment où il allait bientôt toucher les terres qu'il devait évangéliser. Les obstacles que rencontra le zèle des missionnaires français furent grands et peut-être auraient-ils été insurmontables, si la main de la Providence, qui avait guidé leurs pas vers ces lieux, ne les avait fait disparaître. Arrivés dans le royaume de Siam, ils trouvèrent les Portugais établis dans ce royaume ; leurs dispositions d'abord avaient paru favorables à Mgr de Bérythe, il chercha encore à augmenter leur bienveillance par une conduite pleine de sollicitude et d'égards ; mais des ordres arrivés de Goa, au sujet étant arrivés de Goa, Mgr de Bérythe ne fut pas longtemps sans s'apercevoir que sa vie même n'était plus en sûreté, et les missionnaires furent contraints pendant quelque temps de se tenir cachés. Ayant repris leurs travaux plus tard, et étant parvenus, à force de peines et de charité, à former une chrétienté assez florissante, ces résultats leur donnèrent un certain crédit aux yeux des Portugais qui ne cherchèrent plus à les entraver. Les bonnes dispositions des Cochinchinois devinrent pour M. de Bérythe un nouveau motif pour faire tous ses efforts afin de pénétrer dans le royaume plus particulièrement confié à sa sollicitude pastorale. Il tenta dès lors activement d'y faire un premier voyage ; mais il en fut dissuadé, dit un auteur, par les révérends pères jésuites qui s'y trouvaient depuis plusieurs années. Trompé dans ses projets, il conçut le dessein de faire une tentative pour entrer en Chine. Il s'embarqua le 16 juillet 1663, mais il s'éleva une tempête si furieuse que M. de Bérythe fut forcé de retourner à Siam, où il arriva le 15 septembre. Cet événement si fâcheux en apparence devint, par le fait, une nouvelle preuve de la protection que Dieu accordait à ses serviteurs; car on sut bientôt après que l'empereur de la Chine venait de publier un édit très rigoureux contre les étrangers auxquels il défendait l'entrée de ses ports. De retour à Siam, monseigneur de Bérythe alla se loger au milieu des Cochinchinois, afin d'être plus en sûreté contre les entreprises des Portugais. Les intentions hostiles de cette nation ne tardèrent pas à se manifester par une tentative d'enlèvement faite sur la personne de l'évêque dans son propre logement; mais les Cochinchinois prirent aussitôt les armes pour le défendre et le sauvèrent ainsi de ce nouveau danger. Cependant monseigneur d'Héliopolis se trouvant dans l'impossibilité de pénétrer au Tong-King, malgré son grand désir, réglait avec monseigneur de Bérythe tout ce qui intéressait le bien des missions : la formation d'un clergé indigène fut surtout la grande pensée qui fixa sérieusement leur attention et qu'ils ne perdirent jamais de vue, puisqu'ils avaient été créés vicaires apostoliques dans le but de réaliser la pensée du père de Rhodes. Pendant qu'ils fondaient un séminaire à Siam pour former un clergé indigène, ils ne laissaient pas que de donner leurs soins aux chrétiens des diverses nations qu'ils avaient convertis; mais de graves raisons que l'expérience avait fortifiées leur firent juger un nouveau voyage en Europe absolument nécessaire. Monseigneur de Bérythe voulut d'abord l'exécuter, mais la faiblesse de sa santé rendit son désir inutile; ce fut monseigneur d'Héliopolis qui partit à sa place. Or, voici le but, d'après une relation du temps, qui amenait cet évêque à Rome : 1° faire sentir au souverain pontife la nécessité de confirmer et d'amplifier les pouvoirs qu'Alexandre VII leur avait accordés, et étendre la juridiction d'un des vicaires apostoliques sur le royaume de Siam et sur la ville royale; 2° montrer combien il était important de faire des règles de discipline pour réformer ou pour prévenir les abus auxquels les Églises étaient exposées à cause de leur grand éloignement; 3° obtenir l'approbation du livre des constitutions apostoliques composé à Siam, et la ratification des vœux que les missionnaires y avaient faits. De Rome, Mgr d'Héliopolis vint à Paris, muni d'un bref du pape à Louis XIV pour lui demander sa protection sur les Églises d'Orient. Louis XIV n'eut pas de peine à accorder ce que lui demandait le pape, car depuis longtemps il avait regardé les missions, au point de vue purement politique, comme une œuvre digne de toute sa sollicitude, puisque le missionnaire en portant la foi chez les peuples étrangers y portait en même temps la connaissance et l'influence du nom français. Mais l'affaire pour laquelle monseigneur d'Héliopolis était en Europe traînant en longueur, il résolut de quitter Paris pour retourner à Rome afin de hâter l'expédition des bulles d'approbation sur les divers points soumis au pape. Quelque temps après son arrivée, les bulles lui furent remises; mais en satisfaisant à tous les désirs de Mgr d'Héliopolis, elles ne sanctionnaient point les vœux qui avaient été faits par les missionnaires à Siam. Muni des lettres du souverain pontife, l'évêque repartit pour sa mission. A son arrivée à Surate à la fin de l'année 1671, il y reçut une lettre de Mgr de Bérythe pour l'informer du succès de la mission pendant son absence, et des travaux auxquels elle s'était livrée pour l'obtenir. Parmi ces travaux, il faut mentionner ceux de M. Deydice, dans le Tong-King. S'étant embarqué sur un bâtiment chinois dont l'équipage était entièrement païen, un accident lui fournit l'occasion de débarquer secrètement; il se rendit dans la maison d'un interprète hollandais, nommé Raphaël de Rhodes. Il rassembla les catéchistes qui se trouvaient sans direction depuis l'exil des jésuites en 1662, et qui le reconnurent comme grand-vicaire de Mgr d'Héliopolis; puis il s'entendit avec eux pour ce qui concernait le bien de l'Église, et leur fit faire une retraite sur le bateau qui l'avait amené. Par les soins de ce zélé missionnaire la foi faisait de rapides progrès que Mgr de Bérythe vint encore encourager par sa présence, malgré le feu de la persécution qui venait d'être allumé dans ce pays. La présence de Mgr de Bérythe, bien que de courte durée, fut néanmoins marquée par d'importants services qu'il rendit à cette chrétienté; il était à peine reparti du Tong-King qu'une nouvelle persécution éclata. M. de Bourges, dont nous avons déjà dit le nom, et

M. Deydice, furent reconnus comme prêtres, et bientôt après emprisonnés et gravement maltraités pour la cause de Dieu. On se conduisit de même à l'égard des autres chrétiens dont plusieurs furent traités avec la dernière rigueur; néanmoins les prêtres, surtout les indigènes, ne cessèrent pas un moment l'exercice de leur ministère. Malgré l'opposition des Portugais, qui devenait pour nos missionnaires français un terrible embarras, la mission prospérait, le séminaire fondé à Siam prenait de l'accroissement; le roi lui-même, après une entrevue avec Mgr de Bérythe, y prit le plus vif intérêt. Ce fut alors que l'on songea à donner à Siam un vicaire apostolique : M. Laneau fut comme providentiellement appelé à cette charge. Il soutint dignement l'œuvre des missions dont il eut toute la direction après la mort de Mgr d'Héliopolis. Ce missionnaire était en grande faveur auprès du roi qui lui permettait, contrairement aux usages reçus, de lui parler chaque fois qu'il le jugerait à propos. Plus tard, il donna des exemples d'une rare vertu et d'une fermeté invincible lors de la révolution de Siam, affrontant la mort avec un calme que la foi seule peut donner. M. Laneau commença ainsi dire son apostolat par une œuvre qui lui valut de nouveaux encouragements de la part du roi. Il envoya un missionnaire à Tennasserim pour y répandre la foi et y bâtir une église dont il fit lui-même la consécration avec une cérémonie pompeuse, qui attira un concours considérable de chrétiens et de païens. Témoin de ce succès, le roi de Siam donna la liberté, aux missionnaires, de prêcher publiquement dans tout son royaume, et à ses sujets, celle de se faire chrétiens. La religion n'était pas moins en progrès en Cochinchine, où les dispositions du prince étaient telles qu'il permit à Mgr de Bérythe de venir à sa cour et de prêcher la foi chrétienne. Mais ce royaume perdit, le 15 juin 1679, son apôtre et son évêque en la personne de ce digne prélat qui, de retour à Siam, expira après une douloureuse maladie qu'il avait supportée avec foi et amour comme font les serviteurs fidèles dans les jours où Dieu leur envoie tout le poids de sa croix. Mgr d'Héliopolis allait passer dans le Tong-King pour soutenir de son zèle et de son autorité épiscopale les ouvriers évangéliques, lorsqu'il fut pris par les Espagnols pendant la traversée, et conduit à Madrid pour y être jugé en sa qualité de missionnaire français. Mais outre les égards que les vertus surent inspirer à ses ennemis, il fut fort bien accueilli à la cour de Madrid, où l'on reconnut son innocence. Après cette épreuve et la reconnaissance de ses droits, Mgr d'Héliopolis ne céda point au désir qu'il avait de retourner aussitôt dans sa mission, mais il crut devoir profiter de sa présence en Europe pour terminer les négociations pendantes au sujet de la juridiction des vicaires apostoliques. Il partit donc de Madrid pour se rendre à Rome, où Innocent XI le reçut avec une bienveillance extraordinaire, et les affaires qui l'y avaient amené reçurent une solution aussi satisfaisante qu'il le désirait. Pour le remplacer pendant son absence, il fit nommer vicaires apostoliques M. de Bourges, qui fut évêque d'Auren, pour le Tong-King occidental, et M. Deydice, pour le Tong-King oriental, avec le titre d'évêque d'Ascalon. Il avait été question aussi de nommer vicaires apostoliques des évêques indigènes, formés par les missionnaires français; mais il fut alors impossible de réaliser ce projet. De Rome, Mgr d'Héliopolis vint à Paris, où son voyage produisit une sensation profonde. Fénelon en donne une idée dans son beau sermon sur l'Épiphanie, lorsqu'il s'écrie avec un accent sublime : « Frappe, cruel Japon, le sang de ces hommes apostoliques ne cherche qu'à couler de leurs veines pour te laver dans celui du Sauveur que tu ne connais pas. Empire de la Chine, tu ne pourras fermer tes portes. Déjà un saint pontife, marchant sur les traces de saint François Xavier, a béni cette terre par ses derniers soupirs. Nous l'avons vu cet homme simple et magnanime, qui revenait de faire le tour entier du globe terrestre; nous avons vu cette vieillesse prématurée et si touchante, ce corps vénérable courbé, non sous le poids des années, mais sous celui de ses pénitences et de ses travaux, et il semblait nous dire à nous tous au milieu desquels il passait sa vie, à nous qui ne pouvions nous rassasier de le voir, de l'entendre, de le bénir, de goûter l'onction et de sentir la bonne odeur de Jésus-Christ qui était en lui; il semblait nous dire : maintenant me voilà; je sais que vous ne verrez plus ma face. Nous l'avons vu qui venait de mesurer la terre entière; mais son cœur, plus grand que le monde, était encore dans ces contrées si éloignées. L'esprit l'appelait à la Chine, et l'Évangile, qu'il devait à ce vaste empire, était comme un feu dévorant au fond de ses entrailles qu'il ne pouvait plus retenir. Allez donc, saint vieillard, traversez encore une fois l'Océan étonné et soumis; allez au nom de Dieu. Vous verrez la terre promise, il vous sera donné d'y entrer parce que vous avez espéré contre l'espérance même. La tempête qui devait causer le naufrage vous jetera sur le rivage désiré. Pendant huit mois votre voix mourante fera retentir les bords de la Chine du nom de J.-C. O mort précipitée! O vie précieuse, qui devait durer plus longtemps! O douce espérance tristement enlevée! Mais adorons Dieu, taisons-nous. » Cette mort arriva trop tôt pour le bonheur de la mission, car quelques mois après il rendit à Dieu sa belle âme que tant de vertus avaient ornée, et auxquelles il avait ajouté celle d'un long et laborieux apostolat. On aurait pleuré sa mort si elle n'avait pas été celle d'un saint, par le vide qu'elle faisait dans cette chrétienté; mais, dit un mémoire du temps, « les missionnaires se soumirent avec résignation aux ordres de la Providence, persuadés que cè qu'elle ordonne est toujours pour sa plus grande gloire et pour le bien des élus, quand on sait en faire un bon usage. » Avant de raconter les travaux des membres de cette congrégation dans la Chine, nous devrions dire ici quelque chose d'un conflit assez sérieux qui s'éleva entre les missionnaires appartenant à divers corps sur les cérémonies chinoises, conflit qui eut un retentissement regrettable dans tout le monde catholique, et qui fut une vraie pierre de scandale jetée à l'entrée du sanctuaire pour arrêter le mouvement religieux en Chine. Mais nous ne faisons point ici un article de polémique : nous nous bornons à enregistrer ce que l'apostolat catholique a entrepris et exécuté pour étendre la lumière de l'Evangile. La gloire qu'il a conquise dans toutes les parties du monde connu, est trop belle pour qu'un léger nuage puisse la ternir.

Le premier établissement de cette congrégation en Chine a été formé au Spo-Kien par Mgr d'Héliopolis lui-même, et, vers le même temps, d'autres membres de la même congrégation commencèrent à travailler dans la province de Kouang-Tong, où ils ne se maintinrent pas très longtemps. L'établissement du Spo-Kien fut plus durable, bien qu'il n'ait présenté depuis qu'un intérêt secondaire, puisqu'il se borna à une seule chrétienté administrée par un prêtre français ou indigène. Les premiers missionnaires qui entrèrent en Chine après Mgr d'Héliopolis furent M. de Ciré, dont nous venons de parler, et M. Maigrot, qui fut ensuite vicaire apostolique de Siam, M. de Guemener, M. de Pin, nommé plus tard vicaire apostolique du Che-Kiang, mort à Cango, en 1692, dans un voyage entrepris pour les affaires du temps. Ils avaient débarqué à l'île d'Emoui, le 5 juin 1684, quelques mois seulement avant la mort de Mgr d'Héliopolis. D'autres missionnaires arrivèrent ensuite parmi lesquels on distingue M. Artus de Lyonne. Ce fut le premier vicaire apostolique du Sse-Tchouan, dont l'administration lui avait été déférée avec le titre d'évêque de Rosalie; il ne put jamais entrer dans sa mission. Les discussions sur les cérémonies le rappelèrent à Rome et en France, où il mourut le 2 août 1713. Un événement dont les résultats pouvaient avoir les plus heureuses conséquences pour la religion, en Chine, eut lieu dans cet empire au mois de mai 1692. Jusqu'à cette époque, le christianisme y avait été plus ou moins persécuté, lorsque l'empereur Kang-Hi se détermina à donner un édit favorable à la religion dans toute l'étendue de l'empire. Cet édit fut dû à l'habileté des révérends pères de la compagnie de Jésus. Un puissant ennemi du christianisme à Pé-king persécutait si vivement la religion, qu'une intervention de l'empereur pouvait seule la sauver d'un affreux malheur. Ce fut alors que les pères jésuites mirent tout en œuvre pour le détourner. Le succès surpassa leurs espérances; car, non seulement l'empereur fit cesser la persécution, mais même il porta un édit afin d'en rendre désormais le retour impossible. En même temps le pape Alexandre VIII travaillait dans la mesure de son pouvoir à aider ces heureux commencements, en multipliant les évêchés. Il en créa deux nouveaux, qui furent titulaires: celui de Nan-king et celui de Pé-king, tous deux dépendant de l'archevêché de Goa, avec droit de patronage de la part du Portugal. Cette concession faite à des exigences soutenues depuis tant d'années devint l'occasion de nouvelles divisions dans diverses provinces où les vicaires continuaient à exercer leur juridiction malgré les prétentions contraires. Il était donc nécessaire d'y apporter remède, et Innocent XII le fit en formant de nouveaux vicariats apostoliques, indépendants de la juridiction des évêques nommés par son prédécesseur. A la suite de cette mesure, M. Maigrot, de la même congrégation, fut confirmé dans son titre de vi-

caire apostolique de Fo-kien ; M. Leblanc, venu comme lui en Chine avec M. d'Héliopolis, fut revêtu de la même dignité pour le Yun-nàn, sans avoir toutefois le caractère épiscopal; enfin M. de Lyonne eut le Sse-tchouan à administrer; mais, quels que fussent ses efforts, il ne put jamais pénétrer dans son vicariat; tout ce qu'il put faire fut d'y envoyer quelques prêtres de sa congrégation, avec deux pères lazaristes, qui ne trouvèrent dans cette chrétienté que quelques chrétiens émigrés du Gou-Kouang, où ils avaient été baptisés par les révérends pères jésuites. M. Leblanc ne rencontra que quatre chrétiens dans son vicariat. Le Koueitcheou, province voisine de Yun-nàn, commençait aussi à être évangélisé par un missionnaire jésuite qui y résidait. Elle fut donnée en vicariat au père de Videlon, sacré évêque de Claudiopolis par le cardinal de Tournon; mais il ne put jamais y entrer non plus ; ce prélat mourut à Pondichéry, en 1737, et depuis cette époque, le pays en question fut confié au vicaire apostolique du Sse-tchouan. Tels furent les commencements de cette mission si intéressante dans ses derniers temps, surtout par la quantité prodigieuse d'enfants payens baptisés chaque année au moment de la mort. Quant à la mission du Fo-Kien, comme elle avait pour fondateurs les pères dominicains, après la mort de Mgr. de Conon, le pape fit justice en choisissant parmi eux le vicaire apostolique chargé de la gouverner. Depuis cette époque on ne s'est plus écarté de cet usage. Cependant la paix rendue à l'Eglise de Chine ne fut pas de longue durée. Dès l'an 1706, Kan-Hi proscrivit les missionnaires opposés à son sentiment sur les cérémonies chinoises.

Mais cette persécution n'était que le prélude des maux qui menaçaient les chrétientés de ce pays. En 1714, une requête présentée contre la religion demeura sans effet; mais, six ans après, il en survint une seconde qui fut accueillie des tribunaux de l'empire avec tant de faveur que l'empereur fit beaucoup pour les chrétiens en se contentant de publier une défense générale d'embrasser leur religion dans ses états. Tant qu'il vécut, il modéra les haines excitées surtout par la jalousie des mandarins contre les jésuites ; mais Yong-Tching, son successeur, ayant fait voir dès le commencement des sentiments tout-à-fait opposés, la persécution ne tarda pas à éclater avec une grande violence. Un apostat de Fo-Kien, fut la première cause du soulèvement excité, en 1723, contre le christianisme, que le tribunal des rites proscrivit en vertu d'un arrêt confirmé par l'autorité impériale. Par cette sentence on reconnaissait l'utilité des seuls missionnaires employés comme savants dans la capitale ; on ordonnait en conséquence que tous ceux des provinces seraient conduits ou à la cour ou à Macao, selon qu'ils pouvaient être employés ou non aux travaux scientifiques auxquels on les destinait. Cet édit devint le signal des plus grandes vexations contre les chrétiens ; on les maltraita sous divers prétextes, et l'on abattit ou l'on convertit à des usages profanes toutes les églises élevées pendant la paix. La mort de l'empereur persécuteur ne mit pas fin pour longtemps à la violence; car, deux ans après, les missionnaires étaient bannis de l'empire par Kien-Long. Ainsi continuait à s'accomplir la destinée laborieuse de cette Eglise affligée sous le poids des arrêts de mort portés contre les propagateurs de la vérité évangélique. Le nombre des victimes, l'héroïsme de leur martyre rappellerent un moment les jours de Dioclétien et des autres persécuteurs du premier âge du christianisme, mais Tertullien a dit que le sang chrétien est une semence féconde qui donne de nouveaux enfants à l'Eglise de Dieu. Si la Chine perdait un grand nombre de chrétiens au milieu du feu des persécutions, elle compensait ses pertes par des vertus plus pures dans ceux qui avaient embrassé la foi, et par un zèle plus ardent, plus intrépide, dans ceux que Dieu lui donnait pour lui faire connaître la vérité. En 1776, Mgr d'Agathopolis avait conçu et exécuté le projet de fonder dans la mission une maison destinée à servir d'hôpital pour les lépreux, et en même temps que de retraite pour les missionnaires et de dépôt pour les livres de religion. L'établissement rendit d'importants services, mais le défaut de ressources devint plus tard la première comme l'unique cause de sa ruine. Vers le même temps, un autre missionnaire de la même congrégation, M. Moye, s'employait activement à soutenir une œuvre qui produisit et produit encore des fruits abondants de salut pour les âmes. Je veux parler du baptême des enfants de païens en danger de mort. On instruit pour cela des femmes chrétiennes, qui s'introduisent dans les maisons d'infidèles où elles connaissent quelque enfant dangereusement malade ; là, sous prétexte de leur administrer un remède des plus utiles dans leur position, elles font consentir facilement les parents à leur laisser conférer le baptême ; ou elles le font sans les en prévenir. Les personnes dévouées à cette œuvre, nommée à si juste titre *l'œuvre angélique,* ont jusqu'à présent ouvert chaque année le ciel à des milliers d'âmes régénérées ainsi dans le sang du Sauveur Jésus. On écrivait, en 1842, du Sse-tchouan, que le nombre des enfants ainsi baptisés dans le courant de l'année précédente était de dix-sept mille, morts en grande partie peu de temps après. On voit dans cette œuvre l'idée qui fut agrandie plus tard et développée sur une échelle plus large par un des plus illustres siècles de notre époque. Mgr de Forbin-Janson, dont le nom rappelle tant d'œuvres chères à l'Eglise, après avoir parcouru en apôtre l'un et l'autre continent, laissant partout les traces de ses vertus, de son apostolat et de ses immenses libéralités, a terminé son laborieux épiscopat par la création d'une œuvre qui aura hâté peut-être de plusieurs siècles la conversion de l'empire chinois, si Dieu, dont les vues sont insondables, n'avait pas appelé à lui son fidèle serviteur, au moment même où l'association de la Sainte-Enfance commençait à donner des fruits précieux de bénédiction. Un jeune lettré coréen vint à Pé-king avec l'ambassade de sa nation ; les révérends pères jésuites, ayant rencontré dans ce jeune homme un goût avancé pour les sciences de l'Europe, cherchèrent à gagner sa confiance, et remirent entre ses mains, au milieu de divers livres de sciences, quelques autres qui renfermaient les principes de la religion chrétienne. Ce moyen gagna le jeune Coréen au christianisme. Le bien opéré par cette voie fut même beaucoup plus grand qu'on ne pouvait l'espérer ; car, non seulement ce jeune homme embrassa notre sainte religion, mais, de retour dans son pays, il devint le premier apôtre de sa nation. Après des persécutions longues et souvent renouvelées, vint un calme de quelques années. Mgr de Tabraca, sacré évêque de Caradre, en profita pour former dans son vicariat une de ces assemblées si utiles dans l'Eglise et dont l'absence n'est pas l'un des moindres malheurs pour notre Eglise de France. Il convoqua et eut le bonheur de faire célébrer le premier synode qui ait jamais été réuni en Chine. Il indiqua cette assemblée pour le commencement de septembre 1803, et ordonna en conséquence des prières dans tout son vicariat, sans toutefois faire connaître le but de ces prières, dans la crainte de quelque indiscrétion. Sur dix-neuf prêtres qui se trouvaient alors dans la mission, quatorze purent se rendre dans le district désigné par le vicaire apostolique ; les autres en furent empêchés par les besoins des chrétientés et du nouveau collège que l'on venait de fonder pour prêter secours et continuer l'œuvre dont la pensée avait présidé à la fondation de celui de Siam, dont nous avons parlé. Le bien qui résulta de cette réunion du clergé pour se concerter ensemble sur les meilleures mesures à prendre pour arriver à faire le bien, fut d'une haute portée.

Le prélat qui en conçut la première idée, comprit depuis que, quelles que soient les lumières d'un premier pasteur, elles sont toujours insuffisantes pour le bien des âmes, s'il ne se sert pas de celles des prêtres qui, vivant au milieu des fidèles, en connaissent mieux les besoins divers. Mais ce digne évêque ne jouit pas longtemps du bien qu'il avait fait au milieu de son troupeau. Sur la fin de 1814, un infidèle fit connaître au gouvernement l'état de la mission qu'il avait connu en feignant de se faire lui-même chrétien. Il fit savoir que le collège avait été dirigé tout récemment par un Européen, mort seulement depuis peu, et qu'il y avait un élève dans la province. Cette accusation motiva de suite un édit en vertu duquel il était ordonné de poursuivre immédiatement les chrétiens et le maître de la religion. Ainsi dénoncé, le collège fut détruit, les monuments chrétiens renversés, les fidèles persécutés et traînés à la mort. Mgr de Zéla fut forcé de prendre la fuite, et mourut pendant ce temps. Mgr de Tabraca courait d'éminents dangers ; après bien des épreuves, il fut enchaîné et conduit devant les mandarins. Ceux-ci le traitèrent sous les plus grands égards ; on lui ôta ses chaînes, et on lui fit préparer un repas que les mandarins partagèrent avec lui, en ayant soin de lui donner à table la place la plus honorable. Les chrétiens firent bien des démarches pour réaliser une somme d'argent suffisante pour la rançon de l'illustre captif ; mais leurs efforts furent inutiles, et il fallut abandonner à Dieu le sort de son serviteur. Pendant les quatre mois qu'il passa ainsi en attendant son jugement, on

ne voulut pas l'interroger juridiquement, dans la crainte que les mandarins ne fussent compromis à raison de la présence même du prélat dans la province. Toutefois, afin de motiver un jugement contre lui, on se contenta de l'interroger par forme d'entretiens familiers, pendant lesquels deux ministres du tribunal, cachés et à portée d'entendre ce qui se disait, consignaient par écrit les dépositions du prélat. Le 14 septembre, fête de l'Exaltation de la sainte croix, on le transporta en palanquin au tribunal du juge criminel, et de là au palais du vice-roi, qui le condamna aussitôt à avoir la tête tranchée sans aucun délai. Cet arrêt, rendu ainsi en dehors de toutes les formalités légales, fut exécuté immédiatement après. Plus de trente chrétiens jusque-là inébranlables dans la foi, furent aussi tirés de prison, afin d'accompagner leur évêque jusqu'au lieu du supplice. On espérait que la vue de ce sanglant spectacle ébranlerait le troupeau ; mais l'exemple sublime qu'ils eurent sous les yeux ne servit qu'à fortifier leur ardent désir de mourir pour Jésus-Christ. Arrivés au lieu de l'exécution, les mandarins ordonnèrent de nouveau aux chrétiens de consentir à l'apostasie, sous peine d'être étranglés ; mais cette menace, dont l'effet semblait être prochain, ne put ébranler ces généreux chrétiens ; ils se prosternèrent aux pieds de leur évêque, lui demandèrent l'absolution de leurs péchés, et se résignèrent avec bonheur à mourir pour Jésus-Christ. En même temps, le saint évêque présentait sa tête au bourreau avec un calme ineffable ; ce chef vénérable fut abattu d'un seul coup, et, lorsque les confesseurs virent cette magnifique couronne de sang briller sur le tronc mutilé qu'ils avaient devant les yeux, le plus ardent désir du martyre s'empara de leur âme, et ce fut pour eux une grande douleur quand ils se virent obligés d'échanger une couronne de gloire qui allait ceindre leurs fronts contre des persécutions et des fers qui allaient retarder pour un temps encore le moment de leur réel bonheur. Les persécutions se multiplièrent dans la Chine ; les ressources manquaient ; les chrétientés étaient nombreuses, florissantes, mais dépourvues de prêtres et d'argent. En présence de pareils besoins, la charité chrétienne semblait n'avoir plus qu'à gémir de son impuissance et à confier à Dieu le soin de sa propre gloire ; car seul il pouvait tirer des ressources suffisantes pour continuer ces missions que la malheur des temps semblait menacer d'une ruine prochaine. C'est ce qu'il fit en effet par une création tout-à-fait inespérée qui surgit tout-à-coup au sein de l'Eglise de France. L'association de la Propagation de la foi avait paru. Bien faible d'abord, elle devint en peu de temps la gloire de l'Eglise et l'espérance des missionnaires. Dès lors une nouvelle époque s'est ouverte aux apôtres qui ont eu le cœur assez grand pour faire le sacrifice de tout ce qui leur était cher et mettre à la place l'intérêt de Dieu et le zèle pour le salut de peuples inconnus ; car l'association a facilité la traversée et leur a assuré les moyens indispensables pour faire le bien au moment où ils sont arrivés au lieu de leur destination. Nous allons maintenant voir les progrès de la religion à Siam. Quand les missionnaires européens arrivèrent pour la première fois à Siam, ils trouvèrent sur le trône un roi qui les accueillit avec un si vif plaisir que l'on soupçonna en lui un penchant secret pour embrasser le christianisme ; mais l'on ne fut pas longtemps avant que de s'apercevoir que le fond de sa pensée dans sa conduite vis-à-vis les missionnaires était exclusivement politique : il les reçut bien dans le but de faire servir plus tard ses relations avec l'Europe à créer un commerce sur des bases plus larges que par le passé. Ses intentions pacifiques et souvent bienveillantes furent puissamment secondées par l'un de ses favoris, Phaulkon de nom, qui tint longtemps dans ses mains les rênes du gouvernement. Ce parvenu, arrivé du dernier échelon social, au faîte de la fortune, n'oublia point dans sa prospérité les services que lui avaient rendus les missionnaires catholiques dans un temps où la misère et sa mauvaise fortune semblaient menacer même ses jours. Les rapports entre nos missionnaires français et le roi siamois furent de nature telle que celui-ci résolut d'envoyer une ambassade à Louis XIV. Il chargea en conséquence Mgr de Métellopolis d'organiser le personnel de l'ambassade. Au nombre des notabilités siamoises, se trouvaient deux missionnaires, MM. Vachet et Pascot, qui furent chargés par le roi de se choisir six jeunes gens du pays pour les faire instruire dans les sciences de l'Europe. Arrivés à Paris, ils furent admis, dans une audience solennelle, à la cour de Louis XIV, qui adopta entièrement le projet d'alliance sollicitée par eux, et en quelques mois ils purent aller rendre compte à leur maître de leur mission. Ces ambassadeurs étaient présents à la chapelle de la maison des Missions-Etrangères, lorsque Fénelon prononça cet admirable discours dont nous avons parlé ; il s'adressait au roi de Siam lorsqu'il s'écria : « Grand roi, dont la main les élève (les temples), que tardez-vous à faire au vrai Dieu, de votre cœur même, le plus agréable et le plus auguste de tous les temples. » Plus tard Siam tombait au pouvoir des Birmans ; la ville fut ruinée de fond en comble, et les habitants massacrés et réduits en servitude, ainsi que les princes de la maison royale. Quelques chrétiens furent choisis pour être enrôlés dans l'armée ennemie ; d'autres, parmi lesquels se trouvait Mgr de Tabraca, furent emmenés prisonniers à Thavai, où ils arrivèrent après avoir souffert bien des fatigues. Mais les Birmans ayant évacué Siam, les habitants réfugiés dans les forêts se réunirent, élurent un nouveau roi, et résolurent de secouer le joug étranger. Le nouveau gouvernement accorda sa protection comme par le passé aux missionnaires français ; mais l'instabilité probable de ce nouvel état de choses politiques ne permit pas aux prêtres de relever leurs anciens établissements ; c'est pour cela que le collège qu'ils avaient fondé à Siam n'est jamais ressorti de ses ruines ; ils le transportèrent à Hon-Dat. Si les dispositions du nouveau gouvernement furent favorables dans le principe à la religion, elles prirent bientôt une autre voie sous l'administration de Le Bon, sacré évêque de Métellopolis pour succéder à Mgr de Tabraca. Voici la manière dont Mgr de Métellopolis raconte ce qu'il eut à souffrir avec deux prêtres et trois mandarins chrétiens : « On nous fit donner à chacun cent coups de rotin. Après cette exécution, le dos tout déchiré et tout en sang, nous fûmes remis dans la prison commune jusqu'à présent (cette lettre est du 21 avril 1776) et dans les tourments qu'ils appellent les cinq prisons, c'est-à-dire où l'on est retenu par cinq liens ou instruments, qui sont : les fers aux pieds, plus les deux pieds dans un cep de bois, la chaîne au col, une cangue par-dessus autour du col et les deux mains passées aussi dans la cangue et dans un autre petit cep de bois. Tout cet équipage n'était guère propre à nous guérir le dos et les côtes ; aussi à peine nos plaies ont-elles été fermées au bout de deux mois.» Le partage du royaume du Tong-King se fit entre les dominicains et les membres de la congrégation pour les missions étrangères. Ils n'ont pas cessé de travailler jusqu'ici sur les terres de leur attribution. Il est probable que le même ordre de choses subsistera jusqu'à ce que la formation complète d'une Eglise nationale rende la présence des missionnaires inutile au bien des chrétiens. Dans le courant du mois d'août 1796, le roi du Tong-King ayant porté un édit de proscription contre la religion chrétienne et spécialement contre les missionnaires, ceux-ci furent obligés de se cacher plus secrètement que jamais ; mais Dieu eut pitié de son peuple ; partout les gouverneurs adoucirent de beaucoup la rigueur des édits. L'année précédente, un des principaux bonzes du royaume ayant été mis à mort pour ses crimes, le roi fit à cette occasion divers règlements pleins de sévérité contre le corps entier dont ce bonze avait fait partie ; mais en même temps, dans la crainte de paraître favoriser les chrétiens s'il se taisait sur leur compte dans cette circonstance, il renouvela dans le même édit les peines portées contre eux par ses prédécesseurs ; ce qui ranima l'ardeur des mandarins pour rechercher et persécuter les chrétiens dans l'espoir d'en tirer de l'argent. La mission du Tong-King occidental possédait alors à Kevinh un collège et un séminaire où se trouvaient environ quatre-vingts élèves qui eurent beaucoup à souffrir des maladies épidémiques dont le royaume était infecté. Ensuite les missionnaires purent jouir d'un calme assez heureux jusqu'en 1773, époque mémorable d'une nouvelle et sanglante persécution. Le martyre de deux dominicains en cette occasion vint confirmer le magnanime courage des enfants de saint Dominique, dont nous avons déjà admiré tant de beaux exemples en présence de la hache du bourreau. Sans être aussi agitée que celle du Tong-King, la mission de Cochinchine avait néanmoins à subir dès le principe des épreuves plus ou moins sanglantes. Une des plus cruelles eut lieu dans les dernières années du XVIe siècle, sous le roi Minh-Vuong. Ce prince avait témoigné, dès le commencement de son règne, l'aversion la plus profonde contre les chrétiens ; bientôt, sous son règne, la persécution devint générale. On abattit les églises, et on poursuivit les chrétiens à outrance dans le royaume. On arrêta plusieurs missionnaires qui furent conduits avec un grand nombre de chrétiens devant le roi, la cangue au cou

et chargés de chaînes. Il y eut des apostasies dans la crainte des tourments ; mais, indépendamment du courage des prêtres, qui ne faillit pas plus en cette circonstance qu'en tant d'autres, il y eut parmi les chrétiens une foi à toute épreuve, puisqu'ils la conservèrent intacte en mourant pour sa défense. Les missionnaires européens qui échappèrent à la mort furent contraints à se tenir cachés dans des retraites profondes. Mgr de Bugie se retira dans un bateau qui allait et venait le long des côtes. Ayant trouvé une caverne fort retirée ; il y fit dresser un autel, et y conféra l'ordre de prêtrise à un diacre cochinchinois qui était revenu du séminaire de Siam depuis deux ans. Ce prêtre, étant naturel du pays et n'y étant point encore connu, put, en prenant de grandes précautions, aller de côté et d'autre visiter les chrétiens dans une grande province dont il était seul chargé. Dans un voyage que Mgr d'Adran fit à Chantoboun, il eut occasion de rendre au roi Nguyên-Anh un service que ce prince n'oublia jamais et qui contribua beaucoup à l'exécution des grandes choses opérées dans la suite.

Voici quelle en fut l'occasion. Ce prince, réfugié à Pulo-Way, apprit que les Tay-Son voulaient y envoyer une flotte pour se saisir de sa personne, ce qui le fit résoudre à se retirer à Siam. Il fut bien reçu dans cette cour, se mit à la tête de trois ou quatre mille Cochinchinois, et décida en faveur des Siamois le gain d'une bataille décisive dans la guerre qu'ils les occupait alors. Pour reconnaître ce service, le roi de Siam, voulant faciliter à son protégé le moyen de rentrer dans ses états, lui fournit un corps de six mille hommes de troupes ; mais s'il put avec ce secours rentrer dans sa patrie, il ne fut point en force suffisante pour s'y maintenir. Après y avoir souffert l'abandon et toutes les misères à la fois, il trouva, dans la charité de Mgr d'Adran, un appui qui vint fort à propos dans des conjonctures aussi difficiles. Chargé de ce jeune prince, l'évêque résolut de négocier un traité d'alliance entre la France et la Cochinchine. Pour cela, il vint en France, accompagné de son protégé. Cette alliance devant avoir pour résultat immédiat de diminuer l'influence anglaise dans l'Inde, ne pouvait pas manquer d'être agréable à la cour de Versailles. Aussi fut-elle promptement acceptée et signée ; mais malheureusement les hésitations du gouverneur-général de nos colonies dans l'Inde et les événements qui changèrent la face de la France retardèrent l'exécution de cette alliance. Les deux illustres voyageurs quittèrent la France pour retourner en Cochinchine, où la confiance du roi envers Mgr d'Adran s'accrut de tous les soins dont il avait entouré son fils qu'il revit avec un nouveau bonheur. L'évêque exerça sur le roi une salutaire influence qui allait tourner à bien pour la religion ; aussi la vit-on prendre de l'accroissement sensible ; la chrétienté montrait une ferveur admirable et Dieu se plaisait à renouveler ses anciens miracles pour montrer la protection qu'il accorde à ceux qui le servent en esprit et en vérité. Deux chrétiens revenaient un soir de couper du bois dans une forêt, lorsque, l'un d'eux s'étant arrêté quelques instants, l'autre continua sa route. A peine fut-il à une certaine distance qu'un tigre s'élance sur lui. le prend, selon sa coutume, à la nuque, et l'enlève sur son dos. Tout le monde sait que par ce mouvement il la brise tout-à-fait ; mais ce pauvre jeune homme n'eut pas ce malheur. Pendant que le tigre l'emportait sur son dos, il lui disait dans sa simplicité : Pourquoi m'as-tu pris ? je n'ai pas commis de péché. Arrivé à sa tanière, le tigre le dépose et le met devant lui pour s'amuser avec sa proie avant de la tuer, à peu près comme le chat avec la souris. Ce jeune homme récite alors en sa langue la prière *Salve regina*, et se recommande à la sainte Vierge. A peine eut-il fini sa prière, que le tigre se retira et s'enfuit. Le jeune homme s'en retourna chez lui, louant et remerciant le Seigneur et la bonne Vierge de l'avoir délivré, et portant sur son cou les marques des griffes du tigre. » Mgr d'Adran avait assez fait pour le ciel ; Dieu, en couronnant son serviteur, laissa dans l'âme des chrétiens et des païens une égale douleur. Le roi surtout pleura sa mort comme celle d'un ami, d'un protecteur et d'un conseiller toujours sûr. Les funérailles se firent avec une pompe vraiment royale ; le roi avait chargé son fils, que nous avons vu arraché à la misère par le prélat, de diriger le convoi que plus de quarante mille hommes tant chrétiens que païens suivaient. Outre cela, le roi fit expédier à la famille du défunt un brevet d'honneur et de condoléance, où il exprime dans les termes les plus touchants comme les plus énergiques, son affection sincère pour l'illustre mort et les profonds regrets que lui inspirait cette perte funeste. « Mon estime et mon affection pour lui, dit-il en terminant, croissaient de jour en jour; la sagesse de ses conseils et de sa vertu, qui brillait jusque dans l'enjouement de la conversation, nous rapprochait de plus en plus.... Nous n'avions jamais eu qu'un même cœur. Je comptais que cette santé florissante me ferait goûter encore longtemps les doux fruits d'une si étroite union; mais voilà que la terre vient de couvrir ce bel et précieux arbre : que j'en ai de regrets! » Mais cette protection se changea en violente persécution sous le gouvernement de Minh-mang, qui appelait la religion chrétienne une religion perverse qui corrompt la droiture du cœur et de l'esprit de l'homme. Aussi adressa-t-il quelque temps après son avènement au trône une instruction aux mandarins pour leur commander d'exercer une surveillance active sur les navires français qui viendraient désormais dans le port, afin d'empêcher le débarquement des missionnaires. Cet acte fut le premier signal de la persécution qui tient depuis 1825 les missionnaires dans un état bien précaire dans ce royaume. Au milieu des dispositions haineuses et persécutrices dont le roi était animé envers les chrétiens, il tenait néanmoins à donner à ses actes une apparence de légalité et de justice : c'est pour cela qu'il se fit adresser une requête par les mandarins, afin d'anéantir la religion dans le royaume. La volonté royale fut bien servie : les rois seront toujours bien obéis quand ils commanderont le crime à leurs courtisans. Trois chrétiens indigènes eurent les prémices de cette longue et féroce persécution : ils furent condamnés, à recevoir chacun cent coups de rotin, à porter la cangue pendant un mois la tête nue, après quoi ils devaient être conduits en exil. Non content de donner à cette sentence la forme d'un jugement ordinaire, il en envoya des copies à tous les mandarins du royaume avec ordre de juger tous les procès des chrétiens qui pourraient leur être présentés dans la suite. Les églises détruites, le troupeau dispersé, les pasteurs arrêtés et condamnés à des supplices affreux et à la mort la plus douloureuse, voilà la conséquence de cette voie de persécution qui devint bientôt générale.

En 1833, le jour où l'Eglise célébra la fête de la vocation des Gentils à la foi, Minh-mang signait son fameux édit de persécution. Il renouvelait tout ce qui avait été dit en fait de calomnies contre les chrétiens dans les temps anciens et modernes; et le tout se terminait par un ordre absolu de les forcer tous à l'apostasie en les faisant marcher sur la croix comme au Japon, et en détruisant toutes les églises et maisons religieuses. De cet édit naquit une guerre qui devint de jour en jour plus sanglante; tout le royaume était en bouleversement, les chrétiens souffraient des vexations inouïes, et les missionnaires, cachés dans les cavernes, attendaient chaque jour le moment où ils auraient à rendre compte de leur foi devant les juges. M. Retor parlait ainsi de la retraite où il était caché : « Là, dit-il, dans le silence de mes pensées solitaires, il est bien sûr que le souvenir des beaux cantiques chantés à Saint-Georges, à cette époque, des belles cérémonies et des beaux sermons de ces jours solennels, s'est présenté à mon esprit avec une douceur mêlée de beaucoup d'amertume; mais ensuite la pensée de Jésus né pauvre et abandonné dans la crèche de Bethléem, m'a grandement consolé : il faut se résoudre à tout. » M. Gagelin venait d'être pris; pendant sa captivité, M. Jaccard lui écrivait : « Je crois devoir vous annoncer, bienheureux confrère, que nous avons appris que vous êtes condamné à mort..... D'après ce que nous en avons entendu, vous êtes condamné à mourir par la corde. » Plus tard il écrit : « Votre sentence est irrévocablement prononcée. Lorsque vous aurez subi le supplice de la corde, on vous coupera la tête pour la porter dans les provinces où vous avez prêché le christianisme : ainsi vous voilà martyr. Que vous êtes heureux! » Le 17 octobre, le bienheureux confrère mourut étranglé pour la foi et pour le saint nom de Jésus. En janvier 1834, un nouvel édit prescrivit plus fortement que jamais l'apostasie aux chrétiens. Il valut à M. Marchand la gloire du martyre. Un catéchiste, témoin de ses souffrances, les raconte ainsi : « En allant au lieu du supplice, on passe devant la maison de la question; on s'y arrête. Les brancards sont déposés en dehors du seuil; celui de M. Marchand est en face de la porte, le visage tourné vers l'intérieur. A peine le missionnaire eut-il aperçu le foyer où se rougissaient à l'aide du soufflet les fers qui plusieurs fois ont déjà brûlé ses chairs non encore cicatrisées, qu'un mouvement involontaire d'horreur le fit tressaillir... Les bourreaux lui prennent fortement les jambes et les étendent. Au signal donné, cinq autres bourreaux saisissent cinq grosses pinces rougies au feu, longues d'un pied et demi chacune, et serrent les chairs des cuisses et des jambes à cinq endroits différents. A l'instant, un cri aigu, que la douleur arrache, s'échappe de la bouche du patient. L'on voit s'élever une fumée fétide qui s'exhale des endroits brûlés. Pendant longtemps les fers sont maintenus sur les chairs qui se consument de plus en plus; ils s'éteignent enfin, ils refroidissent, la fumée cesse; alors seulement les bourreaux s'écartent, courent mettre dans le feu les tenailles affreuses afin de les faire rougir de nouveau pour la seconde question. » Ensuite on dépouilla le patient, on mit un frein à sa bouche, et après l'avoir remis sur les brancards, on marcha au lieu du supplice qui se trouvait à quelques centaines de pas de là. Des potences en forme de croix y avaient été dressées pour les divers patients. « On attache M. Marchand à l'une d'elles; deux bourreaux se placent aux deux côtés, ayant à leurs mains des coutelas : alors un roulement de tambour se fait entendre, puis il cesse; les deux bourreaux saisissent les mamelles du patient, les coupent d'un seul coup, et jettent à terre les lambeaux d'un demi-pied de long. Le catéchiste, les yeux fixés sur le missionnaire, lui voit faire un mouvement : les bourreaux le saisissent, deux énormes morceaux de chair sont encore coupés. Le patient s'agite, sa vue se porte vers le ciel. On descend aux jambes, deux lambeaux du gras de jambes tombent sous le fer; alors la nature épuisée succombe, la tête s'incline, l'âme du confesseur s'envole au ciel. » MM. Cornay, le catéchiste Can, deux évêques du Toug-King oriental eurent une mort aussi héroïque devant les hommes et aussi précieuse devant Dieu. Le 27 septembre, M. Jaccard marchait au supplice avec un jeune Cochinchinois, Thomas Thien. Un témoin oculaire de cette marche triomphale rapporte un trait qui peint bien leur calme et leur sérénité. En passant le fleuve et près d'arriver aux auberges où l'on a coutume de donner un repas aux criminels conduits au supplice, le jeune Thomas se retourna, et dit en criant à M. Jaccard : Père, prendrez-vous quelque nourriture? — Non, mon enfant, repartit aussitôt avec un gracieux sourire, M. Jaccard. — Ni moi non plus, ajouta Thomas; au ciel donc, mon père! Quelques instants après, ils étaient l'un et l'autre devant le trône de Dieu. Le supplice de Mgr Borie fut affreux; pendant que deux prêtres expiraient à ses côtés dans un prompt supplice, lui fut réservé à une cruelle épreuve pour montrer au monde ce que peut le courage chrétien. « L'exécuteur, à demi-ivre, ne savait presque pas ce qu'il faisait; un premier coup de sabre porta sur l'oreille du martyr, et descendit jusqu'à la mâchoire; le second, le haut des épaules, et se replia sur le cou; le troisième fut mieux dirigé, mais il ne sépara point encore la tête du tronc. A cette vue, le mandarin criminel recula d'horreur; il y fallut revenir jusqu'à sept fois avant d'achever cette œuvre de sang, pendant laquelle le saint prêtre ne poussa pas un seul cri. En punition de sa maladresse, le bourreau fut condamné à recevoir quarante coups de rotin. Aussitôt après l'exécution, chrétiens et païens, mandarins et soldats se jetèrent à l'envie sur les dépouilles des saints martyrs, et se les disputèrent comme autant de trésors. Quelques fidèles réclamèrent et obtinrent la permission de leur donner la sépulture.

On dit qu'actuellement les païens vont sur leurs tombeaux offrir des victimes comme à des génies tutélaires. La mort de monseigneur Borie laissait le Toug-King occidental sans vicaire apostolique; les deux évêques du Toug-King oriental étaient également morts; en sorte que les deux missions se trouvaient sans pasteurs au moment où il était si nécessaire qu'il y en eût plusieurs. Heureusement des circonstances providentielles favorisèrent le sacre de M. Retor, qui vint soutenir cette mission désolée, en attendant que la colère du persécuteur acharné de l'Eglise annamite lui rendrait un peu de repos. Ce moment, Dieu se chargea de le hâter en citant à son tribunal sans appel celui qui avait fait comparaître devant le sien tant de chrétiens pour les envoyer à la mort. Ce coup, de la main de Dieu, puisque M. Masson, missionnaire, dit que le Seigneur le frappa comme un autre Antiochus, rendit un peu de calme aux chrétiens; ils commencèrent à respirer dans l'espérance d'une paix plus durable; mais le moment n'était point encore venu : de nouvelles épreuves étaient réservées à cette Eglise, afin de faire briller de nouvelles vertus. Si nous quittons le

Tong-King pour jeter un regard vers l'Inde, la congrégation des missions étrangères, sans avoir à nous montrer ses membres avec la cruauté des tyrans, peut nous laisser voir en eux un zèle non moins infatigable pour le développement de la religion dans cette vaste contrée. La compagnie de Jésus ayant cessé d'être corps religieux par ordre du souverain pontife Clément XIV, leur action, jusque-là efficace dans l'Inde, fut amoindrie pour ne pas dire annulée dans cette mission. Cette portion de l'Église fut ainsi laissée pendant un certain temps dans un abandon qui devait inévitablement attirer la sollicitude du chef suprême de la catholicité. Clément XIV était mort après un pontificat plein de faits mémorables; Pie VI s'occupa de l'Église de l'Inde, et substitua la Société des missions étrangères aux anciens pères de la compagnie de Jésus, auxquels il permit toutefois de se réunir aux membres de cette Société pour continuer avec eux la même ministère. Le bref nommait également Mgr Babraca pour supérieur de cette mission. Cet évêque mourut à Pondichéry le 16 juin 1791. Son coadjuteur lui succéda en qualité de supérieur de la mission.

Le vicariat de Pondichéry renferme aujourd'hui environ deux cent mille catholiques, dont quatre-vingt mille sont administrés par les prêtres de la société des missions-étrangères; les autres sont confiés aux révérends pères jésuites. Les premiers s'occupent, d'après leurs principes si sages, à former un clergé indigène et des catéchistes dont les secours ont puissamment contribué au bien de la religion. L'année 1784 fut l'époque marquée dans les desseins de Dieu pour donner une nouvelle naissance à l'Église coréenne.

Les révérends pères jésuites ayant habilement profité du goût que Pierre Ly avait pour les sciences de l'Europe parvinrent à lui faire connaître la religion chrétienne. Cette conversion fut si entière et la charité qui remplissait le néophyte si abondante, qu'il ne put renfermer en lui-même le trésor de grâces qu'il possédait. Arrivé dans sa patrie, il s'empressa de faire connaître d'autres la parole de vie éternelle qu'il avait reçue. Les discours et les livres chrétiens qu'il possédait, déterminèrent un assez grand nombre de ses compatriotes à embrasser la foi. Il établit ensuite des catéchistes à l'aide desquels le nombre des chrétiens s'éleva bientôt jusqu'à quatre mille dans l'espace de cinq ans. En 1788, Thomas King, l'un des plus zélés, fut arrêté et condamné à l'exil en haine de la foi, ce qui rendit les autres chrétiens plus courageux encore qu'auparavant. Deux ans après, l'absence de prêtres se faisait vivement sentir parmi eux; ils envoyèrent à la suite de l'ambassade de Pékin un chrétien, nommé Paul Yn, avec mission de demander à l'Église de cette capitale le secours dont ils étaient dépourvus. Ce ne fut qu'à une seconde ambassade qu'ils purent obtenir un prêtre séculier de Macao, car dans cette mission, le nombre des prêtres était fort restreint; mais Jean a Rémédiis, c'était son nom, mourut avant d'avoir pu travailler à la vigne qui lui était assignée. En même temps une persécution se déclara en Corée; deux chrétiens en furent les premières victimes, Paul Yn et Jacques Kuan. On les emprisonna d'abord, puis dès le premier interrogatoire on leur fit subir une seule question, suivie d'une condamnation à mort, qui fut aussitôt exécutée. Cependant ils envoyèrent à Pé-kin une nouvelle ambassade pour obtenir un prêtre; l'évêque, profondément touché, leur envoya Jacques Wellogo, prêtre chinois, qui pénétra heureusement dans le royaume. Il arriva dans le courant de janvier 1754, dans la capitale de la Corée, et eut le premier le bonheur d'offrir le saint-sacrifice sur cette terre dont il venait prendre possession au nom de l'Église. Mais peu de temps après, il était couronné dans les cieux de la couronne du martyre, avec plus de cent quarante chrétiens, parmi lesquels on cite surtout deux femmes dont l'admirable constance fortifia beaucoup le courage des confesseurs de Jésus-Christ. De nouveau dépourvue de prêtres, l'Église de Corée fut condamnée à passer plusieurs années sans pouvoir en obtenir, à cause du petit nombre qui se trouvait à Pékin. Mais un apôtre, dévoré de zèle pour le salut des âmes et pour la gloire de Dieu, monseigneur Brugnière coadjuteur de Mgr de Sozopolis, demanda et obtint le bonheur d'aller souffrir et mourir sur cette terre où la persécution sévissait. Il fut nommé vicaire apostolique de Corée, et se hâta de venir travailler dans sa nouvelle Église; mais les difficultés, les fatigues de la route furent telles, que le 19 octobre 1835, arrivé dans un village de la Mongolie, il tomba malade

subitement, eut à peine le temps de recevoir l'extrême-onction des mains du P. Ko, prêtre chinois qui l'accompagnait, et une heure après il était mort. Il avait assez souffert pour Jésus-Christ; il méritait de recevoir sa récompense. Nous avons la ferme espérance qu'il intercède maintenant dans le ciel pour la mission dont il était chargé. Mgr Junbert lui succéda; son apostolat fut fécond; à son arrivée il y avait tout au plus mille chrétiens; en 1842 il y en avait neuf mille. Cependant, au milieu des dangers où ils se trouvaient, les chrétiens étaient soutenus par la miséricorde divine qui avait bien disposé en leur faveur le premier régent du royaume. Toutefois, cet appui était bien précaire, et la persécution pouvait d'un jour à l'autre les menacer de nouveaux désastres. Afin de faciliter aux missionnaires l'administration de la Corée, le souverain pontife détacha de l'évêché de Pékin, en 1839, la province chinoise du Leao-Tong et la Mandetchourie dont il fit un vicariat particulier, confié à M. Vérolles, que des motifs urgents ont naguère ramené en Europe, où sa présence a produit une heureuse influence pour l'œuvre de la propagation de la foi. Le nouveau vicaire fut nommé évêque de Colombie le 8 novembre; après quoi il traversa la grande muraille pour aller avec un seul prêtre travailler au milieu du peuple que Dieu lui confiait. Aujourd'hui, après avoir rempli en apôtre la mission que le saint-siège lui avait confiée pendant son séjour en France, il retourne vers son troupeau, riche des bénédictions que le souverain pontife a répandues sur lui et sur son peuple. Tandis que le christianisme se faisait ainsi connaître dans la Chine, on le vit pénétrer jusque dans les forêts du Paraguay, afin d'apprivoiser ces nations Indiennes qui vivaient comme des oiseaux sur les branches des arbres.

Les hordes errantes des sauvages du Paraguay se fixaient, et une république évangélique sortait, à la parole des missionnaires, du plus profond des déserts. Comme on l'a vu, partout où l'Espagnol portait ses pas en Amérique, il portait des fers pour enchaîner la liberté de l'indigène et l'entraîner dans les travaux des mines; il restait encore cependant, aux pieds des Cordillères, vers le côté qui regarde l'Atlantique, un pays rempli de sauvages qui avaient heureusement, jusque-là, échappé à la servitude et à la mort que le vainqueur portait ailleurs. Ce fut dans ces forêts que les révérends pères jésuites entreprirent de former une république chrétienne, et de donner à un petit nombre d'Indiens le bonheur qu'ils n'avaient pu procurer à ceux qui étaient tombés au pouvoir de l'ennemi. Ils sollicitèrent d'abord la liberté de ce peuple à la cour d'Espagne; ils eurent besoin de toute leur habileté ordinaire pour triompher de la cupidité des espagnols, qui voyaient avec un souverain déplaisir cette délicieuse proie leur échapper. Quand ils eurent réussi de ce côté, ils mirent aussitôt la main à l'œuvre pour exécuter le beau plan qu'ils avaient conçu, ils s'embarquèrent pour Rio de la Plata. Leurs yeux furent charmés pendant le voyage par tout ce qu'une nature vierge peut offrir de beautés. Un missionnaire français, qui s'était égaré dans sa route, au milieu de ces solitudes enchantées, en parle ainsi : « Tout ce que l'étude et l'industrie des hommes ont pu imaginer pour rendre un lieu agréable, n'approche point de ce que la simple nature y avait rassemblé de beautés. Ces lieux charmants me rappelèrent les idées que j'avais eues autrefois en lisant la vie des anciens solitaires de la Thébaïde. Il me vint en pensée de passer le reste de mes jours dans ces forêts, où la Providence m'avait conduit, pour y vaquer uniquement à mon salut, loin de tout commerce avec les hommes, mais comme je n'étais pas le maître de ma destinée, et que les ordres du Seigneur m'étaient certainement marqués par ceux de mes supérieurs, je rejetai cette pensée comme une illusion. » Arrivés à Buenos-Ayres, les missionnaires remontèrent Rio de la Plata, et, entrant dans les eaux du Paraguay, se dispersèrent dans les bois. Le P. Charlevoix, et après lui M. de Châteaubriand, nous les représentent avec un bréviaire sous le bras, une croix à la main et sans autre provision que leur confiance en Dieu. Ils nous les montrent se faisant jour à travers les forêts, marchant dans les terres marécageuses, où ils avaient de l'eau jusqu'à la ceinture, gravissant des rochers escarpés, et pénétrant dans les antres et les précipices, au risque d'y trouver des serpents au lieu des hommes qu'ils cherchaient. Plusieurs d'entre eux moururent de faim et de fatigue, d'autres furent massacrés et dévorés par les sauvages. Étonnés quelquefois de ce courage surhumain, ils s'arrêtaient autour du prêtre inconnu qui leur parlait de Dieu, et regardaient le ciel que le prêtre leur montrait; quelquefois ils le fuyaient comme un être mystérieux; alors le prêtre les suivait leur tendant la main au nom de Jésus-Christ. S'il ne pouvait les arrêter, il plantait sa croix dans un lieu découvert et s'allait cacher dans les bois. Les sauvages s'approchaient peu à peu pour examiner l'étendard de la paix élevé dans la solitude; un charme secret qui s'échappe de la croix comme une douce vertu et pénètre jusqu'au cœur, semblait les attirer à ce gage de salut. Alors les missionnaires sortant tout-à-coup des forêts, et profitant de la surprise des sauvages, les invitaient à quitter une vie misérable pour jouir des douceurs de la société. Quand les missionnaires furent attaché quelques Indiens, ils eurent recours à un autre moyen pour les attirer à eux. Sachant qu'ils étaient fort sensibles à l'harmonie musicale, ils s'embarquèrent sur des pirogues avec les nouveaux cathécumènes, et remontèrent le fleuve en chantant des cantiques. Les néophytes répétaient les airs comme des oiseaux privés chantent pour attirer dans un piège l'oiseau sauvage. Les sauvages se hâtaient alors d'abandonner les bois pour se précipiter sur le bord du fleuve, afin de mieux entendre l'harmonie. Le missionnaire profitait de leur présence pour faire arriver dans leur âme quelques paroles de l'Évangile; et peu à peu le barbare, en écoutant ces enseignements sortis de la bouche de l'étranger, en goûtait la vérité, et recevait ainsi les premiers éléments de la civilisation, pour accepter bientôt ceux d'une sincère conversion à la foi chrétienne. Quand les sauvages furent convertis en nombre, on les réunit dans des bourgades auxquelles on donna le nom de réductions. On en compta jusqu'à trente en peu d'années qui formèrent entre elles cette république chrétienne que l'imagination de son historien a pu embellir de traits empruntés à la poésie, mais qui restera toujours, quant au fait, comme un monument avéré de la puissance de la loi évangélique pour la formation et le perfectionnement d'une société qui se développe sous son empire. Chaque bourgade était gouvernée par deux missionnaires qui dirigeaient les affaires spirituelles et temporelles des petites républiques. Aucun étranger ne pouvait y demeurer plus de trois jours. Dans chaque réduction il y avait deux écoles; l'une pour les premiers éléments des lettres, l'autre pour la danse et la musique. Dès qu'un enfant avait atteint l'âge de 7 ans, les deux religieux étudiaient ses dispositions pour lui faire apprendre un état en rapport avec son aptitude. Les femmes travaillaient séparées des hommes dans l'intérieur de leurs ménages; en un mot tout était réglé, jusqu'à l'habillement qui convenait à la modestie sans nuire aux grâces.

Les bourgades des réductions occupaient un assez grand terrain, généralement au bord du fleuve et dans un beau site; les maisons étaient uniformes, à un seul étage et bâties en pierres; les rues étaient larges et tirées au cordeau. Les églises surtout étaient fort belles et bien ornées. Les principales fêtes de la religion s'annonçaient par une pompe extraordinaire. La veille on allumait des feux de joie; les rues étaient illuminées, et l'allégresse éclatait partout. A midi, après l'office, on faisait un festin aux étrangers, s'il s'en trouvait quelques-uns dans la république, et l'on avait la permission d'y boire un peu de vin. Le soir il y avait des courses de bagues où les pères assistaient pour distribuer les prix aux vainqueurs. A l'entrée de la nuit ils donnaient le signal de la retraite, et les familles, heureuses et paisibles, allaient goûter les douceurs du sommeil. Je prends ces détails dans un historien-poète dont la plume féconde tout ce qu'elle touche, mais il ne crée pas plus les faits que l'historien du Paraguay, et quelle que soit la part que nous fassions à l'imagination, cette république chrétienne nous paraîtra toujours aussi belle pour faire déplorer amèrement les causes qui ont amené sa destruction. La prospérité des nations ressemble à celle des individus; aujourd'hui florissante, demain elle fait place à l'adversité. Il y a trop de haine dans le cœur de l'homme pour pouvoir longtemps se résigner au bonheur de ses semblables; leur bonheur fait leur crime, et les passions viennent en aide au temps pour établir l'empire du malheur là où l'on ne voyait que des choses prospères.

Notre siècle aime les missions scientifiques, on les multiplie, on les prodigue de nos jours: certes, nous applaudirions vivement à ce goût de nos gouvernans, si l'on parvenait à nous faire croire que la science est l'unique raison de ces chiffres énormes que l'on retrouve dans les budgets des

divers ministères; mais il serait assez difficile de nous en convaincre, puisque des faits notoires pour tous ont tristement constaté que les intérêts de la science ne sont invoqués que pour cacher d'autres intérêts moins dignes sûrement de notre admiration. Eh bien! ce que l'on recherche aujourd'hui au prix de grands sacrifices, et que l'on n'obtient pas toujours, les missionnaires des siècles passés nous le procuraient sans frais; et les relations scientifiques qui nous arrivaient par leur intermédiaire, offraient toujours les garanties que l'on rencontre dans ceux qui écrivent l'histoire des faits dont ils sont témoins. Lorsque les jésuites firent paraître la correspondance connue sous le nom de lettres édifiantes, elle fut citée et recherchée par tous les savans. On s'appuyait de son autorité, et les faits qu'elle contenait passaient pour indubitables. Des savans qui avaient été à la tête des premiers tribunaux de la Chine, qui avaient passé trente à quarante ans à la cour même des empereurs, qui parlaient et écrivaient familièrement la langue du pays, qui fréquentaient les petits, qui vivaient familièrement avec les grands, qui avaient parcouru, vu, étudié en détail les provinces, les mœurs, la religion et les lois de ce vaste empire; ces savans, dont les mémoires nombreux ont enrichi l'académie des sciences, pouvaient bien mieux nous faire connaître le véritable état des choses que ces chargés de missions scientifiques s'en vont parcourir avec la rapidité d'un voyageur les contrées qu'ils veulent étudier. Le missionnaire doit être le meilleur observateur possible. Obligé de parler la langue des peuples auxquels il prêche l'Évangile, de se conformer à leurs usages, de vivre longtemps avec toutes les classes de la société, de chercher à pénétrer dans les palais et dans les chaumières, n'eût-il reçu de la nature que des facultés ordinaires, il parviendrait encore, à cause de ses relations et de ses observations, à recueillir une multitude de faits précieux. Au contraire, l'homme qui passe rapidement avec un interprète qui n'a ni le temps, ni la volonté de s'exposer à mille périls pour apprendre le secret des mœurs, cet homme eût-il tout ce qu'il faut pour bien voir et pour bien observer, ne peut cependant acquérir que des connaissances très vagues sur les peuples qui ne font que rouler et disparaître à ses yeux.

Le missionnaire a encore sur le voyageur l'immense avantage d'une instruction souvent en rapport avec le peuple qu'il est destiné à évangéliser. Aussi que n'aurions-nous pas à dire ici sur l'avantage scientifique que l'Europe tire de nos missionnaires, si nous voulions rappeler tout ce qu'ils ont apporté de lumière sur les questions que l'on agitait sur les peuples au milieu desquels ils vivaient. Le père Brédevent, connu par sa dissertation physico-mathématique, mourut malheureusement en parcourant l'Ethiopie; mais la science a joui d'une partie de ses ouvrages. Le père Sicard visita l'Égypte avec un peintre, et activa un grand ouvrage sous le titre de description de l'Égypte ancienne et moderne. Personne ne pouvait mieux faire connaître la Perse et le fameux Thomas Koulikan que le religieux Bazin qui fut son premier médecin, et le suivit dans ses expéditions. Le père Cœur-Doux nous donna de nombreux renseignements précieux sur les toiles et les teintures indiennes. La Chine nous fut connue comme la France; nous eûmes les manuscrits et les traductions de son histoire, ses géographies et ses traités de mathématiques. Dans les autres missions répandues sur divers points du globe, les services que le missionnaire catholique a rendus à la France et à l'Europe ne sont pas moins évidents. Ce que nous faisons remarquer pour les temps anciens se rencontre encore aujourd'hui sur une échelle moins large peut-être, puisque les moyens de propager les lumières ne sont plus les mêmes; mais si le nombre des missionnaires augmentait, moins écrasés par le nombre de chrétiens à administrer, d'infidèles à instruire, il leur resterait quelques momens pour reprendre les études scientifiques qui nous ont valu, dans le passé, tant de relations précieuses. Le loisir, si nécessaire à la conservation d'une vie que consume rapidement l'excès du travail, joint à de grandes privations, ils l'emploieraient à étudier l'histoire naturelle, artistique, littéraire, militaire, politique, religieuse des pays qu'ils parcourent; ils feraient ce qu'ils entreprennent déjà, mais avec plus de développement. Si on lit les annales de l'Association, on n'y trouve pas sans doute des beautés littéraires du premier ordre; mais dans ces lettres que le missionnaire écrit à la hâte sur son genou à un supérieur, à un confrère, à un parent, à un ami, que de récits naïfs, saisissans, d'un pathétique souvent qui fait couler les larmes, d'une gaieté par fois qui commande le rire. Ici, avec le prêtre de Picpus ou de la société de Marie, vous visitez les républiques naissantes de Gambie, de Wallis, etc., qui vous reportent aux républiques chrétiennes dont nous voyions tout à l'heure le ravissant tableau. N'êtes-vous pas sur les lieux, au milieu de ces jeunes frères qu'un compatriote vous a donnés; vous conversez avec eux; vous voyez sur leur corps la toile que vous avez envoyée; dans leurs mains un livre, un crucifix, une bêche que vous pouvez reconnaître, dans leur cœur une reconnaissance qui s'exhale en prière de feu. Vous parcourez avec le missionnaire l'immense Chine, sur une barque, à pied, sur un bidet ou un mauvais charriot. Mille choses curieuses passent sous vos yeux. Vous franchissez avec lui la grande muraille en demandant où elle est; et quand dans le voyage de Pé-King à la capitale de la Tartarie, votre compagnon vole à trente pas du chemin avec sa calèche sur le dos, vous êtes heureux de voir qu'il en est quitte pour quelques contusions, et de vous trouver vous-même sans meurtrissure sur votre chaise bien rembourrée. De la Tartarie, vous voilà transporté dans le nouveau monde. Vous remontez et descendez les grands fleuves de l'Amérique en compagnie d'un missionnaire. Vous retrouvez partout des traces d'une ancienne civilisation que ses ancêtres dans l'apostolat avaient fait naître, et qu'une civilisation qui ne sait qu'être matérielle a su pourchasser, exterminer par le fer et corrompre par la propagation du vice. Le missionnaire saura diversifier son récit pour piquer votre curiosité : laissant un moment ses sauvages, ses travaux et tout ce qui est du ministère évangélique; il vous fera visiter une immense grotte, vrai monde souterrain où vous aurez peur si vous n'avez soin de vous rappeler que vous êtes près du votre feu. Ailleurs, un autre écrira avec un clou dans le coin d'une horrible prison l'histoire de sa capture et de ses interrogations, d'où il est toujours sorti nageant dans son sang; son cœur palpite de joie, son arrêt de mort a reçu la sanction royale. Demain il laissera le clou à un autre prisonnier de la foi qui vous fera assister à l'exécution. Mais au milieu de tous ces récits de souffrances, l'historien missionnaire cherche toujours à intéresser par la connaissance du pays, de son histoire, de sa littérature, etc. Par son intermédiaire s'établit la fraternité universelle des esprits, les lumières s'échangent et les familles humaines, séparées depuis quarante siècles, remontent rapidement vers l'unité de pensée et de langage. Il y aurait un livre entièrement à faire sur le mouvement intellectuel opéré par le ministère du missionnaire catholique. Ce serait là, ce semble, une assez bonne réponse faite à l'absurde reproche d'obscurantisme que certains hommes de notre époque adressent au clergé. Le tableau deviendrait piquant encore si on lui donnait pour pendant les prétendus services que nos savants nomades rendent aux sciences en échange des sommes que l'on prélève sur le budget. Oui, certes, quiconque voudra étudier sans préjugés l'œuvre des missions, rougira d'avoir calomnié ce travail de moralisation chez des peuples barbares.

A ceux qui veulent avant tout voir une couronne de gloire sur la tête d'un peuple et le sceptre de la puissance morale dans sa main, disons avec un auteur moderne dont nous empruntons ici les idées : C'est avec les infaillibles résultats de l'œuvre des missions et de l'appui qu'un peuple leur donne. D'où vient que la France est encore appelée par les Chinois la Chine de l'Europe, la mère des sciences et des arts? Pourquoi un ambassadeur français sans mission spéciale de son gouvernement, obtient-il par un seul mot ce que d'autres n'emportent qu'à coups de canon? C'est que depuis la fondation de la chrétienté chinoise par le révérend père Ricci, jésuite, la nation française, par ses missionnaires, a toujours été avantageusement connue dans le céleste empire. Pourquoi le nom de Louis XIV et celui de la France sont-ils toujours demeurés si grands dans les Indes en Perse, en Syrie? Pourquoi les ambassadeurs de Siam se rencontraient-ils à Versailles avec les chefs de tribus américaines? Évidemment, tous ces faits, et cent autres qu'on a déjà énoncés, sont le résultat politique des nos missions. Partout où un missionnaire français a porté l'Évangile, il a réuni autour de lui quelques indigènes pour leur faire embrasser la foi chrétienne; ces indigènes, après la reconnaissance qu'ils devaient à ceux qui les avaient éclairés, n'ont pas refusé un égal tribut de reconnaissance à la nation qui avait envoyé ces hommes divins. A ceux qui, avec la gloire, veulent encore des avantages positifs pour la politique et le commerce, les faits démontrent que la puissance morale acquise par l'œuvre des missions donne tout cela, et beaucoup mieux que ne peut le faire la puissance matérielle quand elle est seule. En Amérique, on a vu pendant plusieurs siècles comment on parvenait à soumettre les tribus indigènes; assurément si la puissance espagnole n'avait eu, pour en faire la conquête, que ses soldats, leur cupidité et la cruauté de ses chefs, l'Espagne aurait pu, à force de temps et d'armées, soumettre l'Amérique à sa domination; mais elle n'eût régné que dans un désert. A côté de la force brutale, il y avait une force morale pour faire la conquête des conquêtes, celle des cœurs; Las Casas seul a plus fait qu'une armée de cent mille hommes.

C'est que le missionnaire sert de lien entre ceux auxquels il s'est dévoué et la nation à laquelle il appartient, car il proclame ces deux grandes maximes chrétiennes, que Dieu est le père de toutes les nations et que tous les hommes sont frères. Aussi parmi les étrangers qui descendent sur un rivage conquis à la vraie foi, celui qui n'est jamais étranger, celui dont la présence fait palpiter d'amour les cœurs, c'est le compatriote du père spirituel, c'est le représentant de la nation qui a enfanté à la foi et à la civilisation le nouveau peuple. « A ceux qui s'intéressent si vivement et si justement à l'abolition de la traite de nos frères noirs, dit l'auteur des Idées d'un catholique sur ce qu'il y aurait à faire, à ceux qui appellent la sévérité des lois sur les misérables qui s'abandonnent à cet horrible trafic, faisons bien comprendre ceci. Les lois et les traités pour l'abolition de la traite honorent certainement l'Europe; mais la violation de ces lois continuera à déshonorer l'humanité tant qu'on se bornera à punir les acheteurs et les revendeurs d'esclaves. C'est aux souverains qui, au lieu de ramasser l'or que roulent leurs fleuves, aiment mieux en faire avec le sang de leurs sujets; c'est aux parents qui, à l'apparition d'un bâtiment négrier, accourent au rivage, et y traînent l'enfant qui ne marche pas assez vite au gré d'une cupidité affreuse, qu'il faut s'adresser. Et comment? L'Européen, grâce au christianisme, est l'aîné de la grande famille humaine : il a la lumière et la force; qu'il en use avec l'Africain comme un bon frère envers un cadet encore enfant, mais déjà capable de raison. Il doit d'abord présenter la lumière à cette faible intelligence, et ne regretter aucun temps pour la faire pénétrer, se souvenant que lui aussi a été enfant, et qu'il lui a fallu des siècles pour devenir homme. Si la lumière est méprisée, il fera briller la menace; la menace étant inutile, il frappera, mais doucement, sagement, comme frappe l'amour. Ce moyen est trop long! criera l'impatience. Erreur! C'est le seul efficace, donc le plus court. Mais il y aura des missionnaires massacrés! Il le faut bien, le sang de l'apôtre étant l'engrais indispensable à la culture évangélique. S'il y a un grand massacre, ce sera notre faute. Pourquoi à la patente apostolique : Allez, enseignez! ne joindriez-vous pas celle-ci : Laissez passer et enseigner! Le commerce n'obtient-il pas des flottes puissantes pour obliger un grand empire à recevoir et à payer les milliers de caisses de poison qu'une infernale cupidité jette chaque année dans son sein? Croyez que nos braves de terre et de mer, dont on joue quelquefois si légèrement la vie, seraient enchantés de l'exposer pour la plus noble, la plus sainte des causes, la liberté et la vie de leurs frères blancs et noirs. Devant Dieu et devant les hommes, une guerre de ce genre en expierait bien d'autres. »

L'inégale répartition des forces physiques et morales, qui oblige les familles d'une même nation à se grouper en société, le Créateur a voulu qu'elle régnât de peuple à peuple, afin que par l'échange des productions de leur sol et des fruits de leur industrie, ils apprissent à se soulager les uns les autres, et trouvassent la puissance et le bien-être dans l'union et l'amour que leur prêche la religion. Chaque climat, même le plus disgracié, renferme des trésors qui sont à lui, ne sont qu'à lui. Chaque peuple a son industrie, sa manière plus ou moins ingénieuse d'adoucir les maux de la vie, d'en accroître les jouissances. Le peuple le plus stupide a son obole à déposer dans le trésor des connaissances utiles. Nous avons appris du Caraïbe l'usage de la plante dont la fumée ou la poudre charme nos ennuis. Ce que notre sol ne peut porter, nos vaisseaux nous l'apportent. L'Arabe cultive pour nous la fève qui a inspiré de si beaux vers à Delille. Nos tables se couvrent de fruits délicieux mûris sous le soleil d'Afrique. Que nous serions à plaindre, si les peuples étrangers reprenaient ce que nous leur avons pris! Nous en serions réduits à nos produits indigènes. Ne nous reste-t-il plus rien à conquérir? Aurions-nous atteint le plus haut degré de bien-être matériel? Il s'en faut étrangement. Si nos fils font un jour en grand ce que nous ne faisons qu'en petit, nos petits-fils dans cinquante ans auront peine à concevoir comment nous avons pu aimer la vie, privés que nous étions de tant de choses qui adouciront, embelliront leur existence. Ils penseront de nous ce que nous pensons de nos pères du xve siècle, avec cette différence qu'ils pourront dire de nous ce que nous n'avons pas le droit de dire de nos aïeux : c'était leur faute ; pourquoi tant se vanter de leurs lumières, de leurs forces, et en user si peu, si mal? O hommes désireux de votre bien-être et de celui de ces masses qui souffrent tant et qui peuvent d'un jour à l'autre se lasser de souffrir, aidez-nous à monter sur un pied digne de nous et des besoins de l'humanité l'œuvre par excellence. Aidez-nous à porter chez nos frères encore barbares, avec notre religion et les principes civilisateurs dont nous lui sommes redevables, la science et l'amour du travail; et bientôt s'accomplira la parole divine : Cherchez avant tout le règne de Dieu sur la terre, et tout le reste vous sera donné par surcroît. Et qu'on ne croie pas qu'il s'agisse seulement d'arracher aux excès de la barbarie quelques tribus sauvages de l'Amérique, vingt ou trente millions d'insulaires de la mer du Sud, tous les peuples non chrétiens sont plus ou moins abrutis. Prenons pour exemple les Glindores. Pas de peuples sous le ciel plus favorisés de la nature. La terre, qui nous donne à regret une récolte chaque année, leur en accorde toujours deux, souvent trois. Leurs forêts de figuiers, de bambous nourrissent les animaux les plus forts, les plus industrieux, les plus utiles. Ils ne manquent pas du génie de l'invention. Plusieurs connurent longtemps avant nous l'usage de la poudre, des armes à feu, de l'imprimerie, etc. Leurs langues, leurs littératures, leurs livres savants décèlent une profondeur de pensée peu commune. Cependant, avec tous les éléments du savoir et de la puissance, ils ne savent que souffrir, ils ne peuvent que souffrir. Cent millions d'entre eux (ce sont les moins malheureux) subissent le joug d'une compagnie de marchands européens. Tous les autres sont en proie à des maîtres avides et cruels, et parmi ces maîtres sont les animaux. Les bêtes féroces, qui partout ailleurs fuient la présence de l'homme et tremblent devant lui, se jouent des habitants de l'Inde. Le tigre parcourt en maître les campagnes, rôde autour des villes, y entre quelquefois. D'affreux reptiles, dont la morsure tue sur-le-champ, s'établissent dans les maisons, y reçoivent des sacrifices et se font dire chaque jour : Seigneur serpent, ne nous faites point de mal. Le singe se jette sur les passants et les étrangle après s'être amusé de leurs frayeurs. La vermine elle-même dévore paisiblement ces malheureux, parce que le brahme, qui pousse au bûcher la veuve de l'Indou, défend, sous peine de l'enfer, de donner la mort au moindre être vivant. N'allez pas croire, continue toujours le même conteur, sur la foi de Montesquieu et de ceux qui réchauffent de nos jours les idées matérialistes d'un autre siècle, que les Hindous soient condamnés à rester éternellement courbés sous la puissance fatale de la nature et la tyrannique influence de race et de climat. C'est une vérité de foi et d'expérience que les peuples les plus courbés se redressent à l'ombre de la croix, victorieuse de toutes les tyrannies. De fait, nous avons sur tous les points de l'Inde des milliers de chrétiens qui savent résister jusqu'à la mort aux volontés injustes de leurs princes, et qui, au lieu de prières, adressent des coups de fusil aux divins serpents qui veulent se jeter sur eux ou sur leurs frères idolâtres. Conquérons au christianisme ces innombrables populations gémissant dans une affreuse misère au milieu de capitaux gaspillés ou enfouis, qui ne demandent qu'une idée d'ordre et un peu de travail pour répandre l'abondance dans tout l'univers. Ces peuples nous rendront au centuple ce que nous leur aurons donné. Les mêmes navires qui leur auront porté des missionnaires reviendront chargés, les uns des denrées nécessaires, d'une qualité supérieure et livrées à bas prix au petit peuple, les autres d'objets rares et précieux, hochets de la grandeur et de l'opulence. L'excès de notre population s'écoulera vers ces régions fortunées, sur les pas des négociants et des missionnaires. Nos chers émigrants amasseront honnêtement, rapidement de grandes, de petites fortunes, et nous dormirons paisiblement au sein de nos fortunes grandes et petites. Craindrait-on que notre industrie manufacturière y perdît? Quand l'effrayante population qui

s'étouffe dans nos ateliers obtiendrait un peu d'air et d'espace, il n'y aurait pas grand mal à cela. Puis, comptez que, à défaut de la reconnaissance, la nécessité obligerait longtemps nos cadets à se souvenir de leurs aînés. Au reste, de gré ou de force, il faudra bien que nous en venions là, si l'existence nous est chère.

Terminons ce que nous avons dit jusqu'ici sur les missions catholiques par quelques observations sur les tentatives que le protestantisme a faites pour la diffusion de ses doctrines chez les nations étrangères. Son mode d'évangélisation, comme chacun sait, consiste dans la propagation de la Bible. Cette propagation se fait par des colporteurs qu'un auteur spirituel appelle apôtres-mulets, à raison même de leurs fonctions et de la stérilité de leur ministère. Ces apôtres d'un nouveau genre sont envoyés par une société appelée Biblique; chaque année cette société nous apprend combien elle a lancé dans le monde d'exemplaires de la Bible; mais toujours elle oublie de nous dire combien elle y a enfanté de nouveaux chrétiens. Les maux que doit causer cette société n'ont pas semblé douteux à l'Eglise anglicane, qui s'en est montrée plus d'une fois effrayée. Si l'on vient à rechercher quelle sorte de biens elle est destinée à produire dans les vues de la Providence, on trouve d'abord que cette entreprise peut être une préparation évangélique d'un genre tout nouveau et tout divin. Elle pourrait d'ailleurs contribuer puissamment à nous rendre l'Eglise anglicane. Si nos missionnaires catholiques étaient en possession de ces sommes immenses absorbées par l'envoi de Bibles chez des nations qui ne les acceptent le plus souvent que pour en faire des cartouches, ces sommes auraient, à l'heure qu'il est, fait plus de chrétiens qu'elle ne contient de lettres. Les Eglises séparées, et surtout la première de toutes, ont fait différents essais dans ce genre; mais tous les prétendus ouvriers évangéliques, séparés du chef de la catholicité, ressemblent, dit l'illustre comte de Maistre, à ces animaux que l'on instruit à marcher sur leurs pieds et à contrefaire quelques attitudes humaines. Jusqu'à un certain point, ils peuvent réussir; on les admire même à cause de la difficulté vaincue; cependant on s'aperçoit que tout est forcé, et qu'ils ne demandent qu'à retomber sur leurs quatre pattes. Quand de tels hommes n'auraient contre eux que leurs dissidences, il n'en faudrait pas davantage pour les frapper d'impuissance. Anglicans, luthériens, moraves, méthodistes, baptistes, puritains, quakres, etc., c'est à ce peuple que les infidèles ont à faire. Il est écrit : « Comment entendront-ils, si on ne leur parle pas? » On peut dire avec autant de vérité : Comment les croira-t-on, s'ils ne s'entendent pas? Un missionnaire anglais a bien écrit l'anathème, et il s'est exprimé sur ce point avec une franchise, une délicatesse, une probité religieuse qui le montrent digne de la mission qui lui manquait. « Le missionnaire, dit-il, doit être éloigné d'une étroite bigoterie, et posséder un esprit vraiment catholique. Ce n'est point le calvinisme, ce n'est point l'arianisme, c'est le christianisme qu'il doit enseigner. Son but n'est point de propager la hiérarchie anglicane, ni les principes des dissidents protestants : son objet est de servir l'Eglise universelle. Je voudrais que le missionnaire fût bien persuadé que le succès de son ministère ne repose nullement sur les points de séparation, mais sur ceux qui réunissent l'assentiment de tous les hommes religieux. » Le docte chevalier Jones a remarqué l'impuissance de la parole évangélique dans l'Inde; il dit plusieurs absolument incapables de vaincre les préjugés nationaux. Ce qu'il sait imaginer de mieux, c'est de traduire en persan et en sanscrit les textes les plus décisifs des prophéties, et d'en essayer l'effet sur les indigènes. C'est toujours l'erreur protestante qui s'obstine à commencer par la science, tandis qu'il faut commencer par la prédication inspirative, accompagnée de la musique, de la peinture, des rites solennels et de toutes les démonstrations de la foi sans discussion; mais faites comprendre cela à l'orgueil? M. Claudius Buchanan, docteur en théologie anglicane, a fait un ouvrage sur le christianisme dans l'Inde, où la nullité du prosélytisme protestant se trouve confessée à chaque page, ainsi que l'indifférence absolue du gouvernement anglais pour l'établissement religieux de ce grand pays. « A Saffera, tout le pays est au pouvoir spirituel des catholiques qui en ont pris une possession tranquille, vu l'indifférence des Anglais; et le gouvernement d'Angleterre, préférant justement la superstition catholique au culte de Buddha, soutient à Ceylan la religion catholique. Jamais, à aucune époque peut-être, la religion du Christ ne s'est vue humiliée au point où elle l'a été dans l'île de Ceylan par la négligence officielle que nous avons fait éprouver à l'Eglise protestante. L'indifférence anglaise est telle que s'il plaisait à Dieu d'ôter les Indes aux Anglais, il resterait à peine sur cette terre quelques preuves qu'elle a été gouvernée par une nation qui eût reçu la lumière évangélique. Dans toutes les stations militaires, on remarque une extinction presque totale du christianisme. Des corps nombreux d'hommes vieillissent loin de leur patrie dans le plaisir et l'indépendance, sans voir le moindre signe de la religion de leur pays. Il y a tel Anglais qui pendant vingt ans n'a pas vu un service divin. C'est une chose bien étrange que l'on change du poivre que nous donne le malheureux Indien; l'Angleterre lui refuse jusqu'au Nouveau-Testament. » Lorsque notre auteur réfléchit au pouvoir immense de l'Eglise romaine dans l'Inde et à l'incapacité du clergé anglican pour contredire cette influence, il se creuse la tête pour enfanter un nouveau moyen d'évangélisation plus efficace que celui qui a été en usage jusque-là ; mais ses projets sont les rêves creux d'un malade qui, témoin du mal, en cherche le remède dans ce qui l'augmentera encore. Cette nullité du ministère protestant en fait de mission est la conséquence immédiate, rigoureuse de cet esprit qui le divise lui-même et finira par le ruiner complètement. Un auteur du siècle passé, qui se sentait assez peu de goût pour louer le catholicisme, a porté contre les sectes évangélisantes un arrêt qui leur est fatal. « L'un combat l'anglican, qui combat le luthérien, combattu par le calviniste : ainsi, tous contre tous, voulant annoncer chacun la vérité et accusant les autres de mensonge, ils étonnent un peuple simple et paisible qui voit courir chez lui des extrémités occidentales de la terre des hommes ardents pour se déchirer mutuellement sur les rives du Gange. » Une autre raison qui annuelle faux ministère évangélique, c'est la conduite morale de ses organes. Ils ne s'élèvent jamais au-dessus de la probité, faible et misérable instrument pour tout effort qui exige la sainteté. Le missionnaire qui ne s'est pas refusé par un vœu sacré au plus vif des penchants, demeurera toujours au-dessous de ses fonctions, et finira par être ridicule ou coupable. On sait le résultat des missions anglaises à Taïti. « Chaque apôtre devenu un libertin, dit encore M. de Maistre, n'a pas fait difficulté de l'avouer; et le scandale a retenti dans toute l'Europe. » Au milieu des nations barbares, loin de toute surveillance, loin de l'opinion publique, qui devient dans les pays civilisés un frein que l'on ne brave pas impunément, avec ses passions, que deviendra le missionnaire humain? Ce que devinrent ses collègues à Taïti. Le missionnaire reçoit de son gouvernement mission d'aller faire connaître la Bible à telle ou telle nation : aussitôt il s'embarque avec sa femme, ses enfants. Il arrive à sa destination ; une maison fort convenable l'attend ; là il coule des jours assez heureux pour un missionnaire ; pendant que le prêtre catholique, sans ressource pécuniaire, souvent sans habitation , va de cabane en cabane porter le nom de Jésus-Christ, notre ministre protestant prêchera philosophiquement à des sujets sous le canon de son souverain. Mais quant aux véritables travaux apostoliques, jamais ils n'oseront y toucher du bout du doigt. Notre immense supériorité est si connue qu'elle a pu alarmer la Compagnie des Indes. Quelques prêtres français, portés dans ces contrées par le tourbillon révolutionnaire, ont pu lui faire peur. Elle a craint qu'en faisant des chrétiens, ils ne fissent des Français. Que si notre supériorité est reconnue en Angleterre, la nullité du clergé anglais, sous ce rapport, ne l'est pas moins. « Nous ne croyons pas, disant il y a peu d'années d'estimables journalistes de ce pays, nous ne croyons pas que la Société des missions soit l'œuvre de Dieu... car on nous persuadera difficilement que Dieu puisse être l'auteur de la confession, et que les dogmes du christianisme doivent être successivement annoncés aux païens par des hommes qui, non-seulement sont ambassadeurs envoyés, mais qui diffèrent d'opinion entre eux d'une manière aussi étrange que des calvinistes et des arminiens, des épiscopaux et des presbytériens, des pédo-baptistes et des anti-pédo-baptistes, etc. Parmi des missionnaires aussi hétérogènes, les disputes sont inévitables, et leurs travaux, au lieu d'éclairer les gentils, ne sont propres qu'à éclairer leurs préjugés contre la foi, si jamais elle leur est annoncée d'une manière plus régulière. En un mot, la Société des missions ne peut faire aucun bien et peut faire beaucoup de mal. » De tels aveux portent avec eux leur propre commentaire. « Voilà, disait le grand Leibnitz avec un noble sentiment d'envie bien digne de lui, voilà la Chine ouverte aux jésuites; le pape y envoie nombre de missionnaires. Notre peu d'union ne nous permet pas d'entreprendre ces grandes conversions. Sous le règne du roi Guillaume, il s'était formé une sorte de société en Angleterre qui avait pour objet la propagation de l'Evangile ; mais jusqu'à présent elle n'a pas eu grand succès. » Jamais la réforme, de quelque nom qu'on l'appelle, ne pourra avoir de succès, parce qu'elle travaille en dehors de l'unité. Non-seulement elle ne réussira pas, mais elle ne pourra que faire du mal au milieu des populations où elle envoie ses apôtres par le spectacle de ses propres divisions autant que par l'indifférence religieuse des propagateurs évangéliques. Comme nous l'avons remarqué, la Bible seule peut être entre les mains de la Providence un instrument de conversion chez les peuples, mais toute action ultérieure de la part des ministres de la réforme ne peut que retarder, par les raisons indiquées, le moment où ils ouvriront les yeux pour saluer avec amour la lumière qui dissipe les ténèbres, et la croix qui régénère les peuples.

L'abbé J. DE LA COSTE.

MISSIESSY (JOSEPH-MARIE BURGUES, comte DE), vice-amiral, né à Quies, en Provence, le 16 mars 1735, mort à Toulon, le 4 mars 1837, prit, en 1805, le commandement d'une flotte, s'embarqua pour la Martinique, et se dirigea de là sur la Dominique, où ses troupes brûlèrent la ville de Roseaux. L'escadre se porta ensuite sur Santo-Domingo, assiégé par les noirs, qui, à son approche, levèrent le siège, et le général Lagrange ravitailla la ville. Napoléon, peu satisfait de ses services, le destitua. Missiessy, rappelé en 1809, fut envoyé à Anvers et commanda la flotte jusqu'à l'évacuation de la Belgique en 1814. Compris dans la nouvelle organisation de la marine, en 1817, il fut nommé commandant à Toulon. On a de lui plusieurs ouvrages sur l'art naval.

MISSISSIPI, grand fleuve de l'Amérique septentrionale, l'un des plus considérables du monde, aussi bien par la longueur de son cours que par l'abondance de ses eaux, qu'il va déverser dans le golfe de Mexique après les avoir réunies à celles du Missouri. Notons, avant tout, que le nom de Mississipi que garde ce majestueux cours d'eau depuis le confluent de ses deux branches principales jusqu'à la mer, devrait, d'après la règle invariable en géographie , se changer alors en celui du Missouri. Le cours de ce dernier fleuve, en effet, n'a pas moins de 600 lieues de plus que le Mississipi, et loin d'en être tributaire, on devrait le compter, au contraire, parmi ses affluents. Mais l'usage a consacré parmi nous l'injustice que les naturels avaient commise dans leur ignorance ; nous n'entreprendrons pas de la réparer. Le Mississipi appartient dans toute son étendue aux Etats-Unis. Il prend sa source vers le 48° de latitude septentrionale, et au 98° de longitude occidentale, au milieu d'un groupe de lacs que forme ce cet endroit le pays montueux des Algonquins. Ce point est situé à environ 400 mètres au-dessus du niveau de la mer, sur la limite extrême qui sépare les eaux du bassin de la mer d'Hudson de celles qui viennent se perdre dans la mer du Mexique. De sa source à son embouchure, ce fleuve immense parcourt, dans une direction principale du nord-nord-ouest au sud-sud-est, une distance de plus de 1,300 lieues, absorbant dans son vaste lit le tribut que lui apportent d'innombrables affluents. Les principaux sont du nord au sud : par la rive droite, la rivière Saint-Pierre ou d'Eau trouble, qui prend sa source dans le lac dont elle porte le nom, traverse le groupe des lacs des Cygnes, reçoit dans son cours le Yelow Medicine et la Rivière aux Liards, et vient , après un trajet de plus de 200 lieues, perdre ses eaux dans le Mississipi un peu au-dessous du saut Saint-Antoine ; la rivière Canon, se jette dans le lac Pépin formé par le Mississipi ; la Racine, l'Iaway, la rivière Dindon, la Tête de mort, le Wabisapencum, la Basse-Iaway, la rivière des Moines, toutes descendant du plateau élevé que forme le pays des Indiens Iaways ; la rivière Salée, le Missouri (voy. ce mot) ; le Maramec, le Saint-François, descendant tous deux du Mont de fer ; la Rivière blanche qui prend sa source sur la crête des monts Ozarks ; l'Arkansas, le plus considérable de tous après le Missouri, qui naît dans la Sierra Verde, forme pendant quelque temps la frontière entre le territoire de l'Union et celui du Mexique , sépare le district Ozark de celui des Osages, donne son nom au vaste territoire situé entre les états de la Louisiane et de Missouri, et après avoir franchi une série de rapides, épand ses eaux en une vaste nappe au moment de se joindre à celles du Mississipi ; la rivière Rouge, qui, sortant du Nouveau-Mexique, borne au nord de l'état du Texas et traverse la Louisiane ; par la rive gauche, la rivière Rhum, la rivière Sainte-Croix, la rivière des Chipoouays, la rivière Noire; l'Ouisconsin qui promène durant 130 lieues ses eaux peu profondes à travers des bancs de sable et des groupes d'îles; la rivière des Roches, cours d'eau de peu d'étendue; l'Illinois qui donne son nom à l'un des principaux états de l'Union, sillonné par ses nombreux affluents; la Kaskaskia qui baigne Vandalia, capitale de l'Illinois; l'Ohio, formé par la réunion de l'Alléghany et de la Monongahela, et qui touche ainsi à la fois au lac Érié et aux monts Alleghani, à quatre degrés de distance, donne son nom à l'état qu'il sépare, à l'est de l'état de Virginie et au sud du Kentucky, marque la limite méridionale de l'Indiana et de l'Illinois, et réunit à son embouchure, après 400 lieues de cours, entre des rives ombragées de magnolias et de tulipiers, les eaux de quatre cents affluents; l'Obion, la Big, l'Yazoo, enfin la Big-Black. Cette rapide nomenclature suffit pour donner une idée de la masse liquide que le Mississipi, ou, comme l'ont poétiquement nommé les peuplades sauvages de ses bords, le Vieux père des eaux (Mecha-Chébé) reçoit entre ses rives et roule vers la mer. Malgré son étendue, son cours est peu accidenté. De sa source il coule d'abord au sud pendant l'espace de deux degrés, puis au sud-est pour former les cataractes de Saint-Antoine, les seules qui interrompent le calme de ses eaux; de ce point jusqu'à celui où il reçoit la rivière Rouge, sa direction est presqu'invariablement du nord au sud. Au tiers de son cours environ il se joint au Missouri par un confluent où leurs eaux réunies présentent une largeur d'une lieue; les deux fleuves coulent alors dans le même lit, mais sans mêler leurs eaux, et ce n'est que dix lieues plus bas que les eaux bourbeuses du Missouri parviennent à troubler de leur limon les flots limpides du Mississipi. La vitesse du courant pendant les crues est d'environ une lieue par heure. On connaît les magnifiques pages dans lesquelles Buffon a raconté les phénomènes que présente parfois le cours de ce fleuve; ces îles flottantes formées d'arbres déracinés et de débris vaseux qui s'accumulent sur ses bords, que les herbes, les fleurs, les arbustes couvrent bientôt d'une luxuriante végétation et qu'une crue lance sur les ondes, jusqu'à ce qu'elles viennent échouer dans quelque anse où elles se soudent à la rive en forçant le fleuve à détourner son cours. L'embouchure du Mississipi dans le golfe de Mexique, rappelle à certains égards celle du Nil. Comme le Nil, le fleuve américain se fraie à travers un sol plan et vaseux plusieurs passages qui présentent la forme d'un delta et qu'il quitte ou reprend suivant qu'il a déposé les limons qu'il charrie. Dans la plus grande partie de la Basse-Louisiane, le niveau moyen des eaux est plus élevé que celui du sol; le fleuve est retenu dans son lit par des digues artificielles au-dessus desquelles il s'élève souvent. Les eaux débordées sont reçues sur un sol légèrement incliné et trouvent vers la mer un facile écoulement, auquel viennent aider encore un certain nombre de canaux désignés sous les noms de bras de Tchafalaya, des Plaqueminiers et de la Fourche à l'ouest, et le bras d'Iberville à l'est. L'entrée du fleuve ne présente que des passes navigables; encore la principale ne peut-elle être franchie sans danger que par des bâtiments tirant au plus quatre à cinq mètres d'eau. Mais au delà de cette barre et pendant un espace de plus de cent lieues, les plus grands vaisseaux de guerre peuvent y manœuvrer sur un fonds de 30 à 40 brasses, et les bâtiments de 300 tonneaux peuvent naviguer jusqu'à Natchez, qui est à 170 lieues de la mer. Les nombreuses sinuosités du fleuve ne permettent pas à la marée de s'y faire sentir bien avant; aussi la remonte y est-elle fort difficile surtout à l'époque où l'accroissement des eaux en augmente la rapidité. C'est ordinairement en décembre ou en janvier que commence la crue; elle dure jusqu'en mai. Le fleuve conserve sa plus grande hauteur pendant tout juin et une bonne partie de juillet; puis il décroît jusqu'en septembre et octobre. Un grand nombre de villes, la plupart florissantes, s'élèvent sur les bords du Mississipi. Les principales sont: Wyaconda, la plus rapprochée de la source, au nord de l'état de Missouri; Quincy, Atlas, Alexandria, Saint-Charles, Saint-Louis, Cahokia, Kaskaskia, America, Nouveau-Madrid, Memphis, Hélena, Villemont, Warrenton, Washington, Concordia, Natchez, Baton-Rouge, Donaldsonville, Nouvelle-Orléans et Plaquemines la plus voisine de la mer. Le Mississipi abonde en poisson; il est peuplé d'alligators, surtout dans sa partie inférieure. Le pays qu'il arrose des ses inondations périodiques est l'un des plus fertiles du monde. (Pour la partie historique, voy. Etats-Unis.)

V. de Nouvion.

MISSISSIPI (état du), l'un des états-unis de l'Amérique septentrionale, fait partie du groupe des états du Sud. Il présente une superficie de 45,350 milles carrés, entre le Tennassée au nord, l'Alabama à l'est, à l'ouest le fleuve Mississipi qui le sépare de l'Arkansas et de la Louisiane, au sud la Louisiane et le golfe du Mexique. Ses plus grandes dimensions se développent, entre le 30° et le 35° de latitude nord, le 91° et le 94° de longitude occidentale du méridien de Paris. Son sol, généralement plat, surtout dans le voisinage de la mer, ne commence à s'élever que dans la partie la plus reculée vers le nord. Là se trouvent quelques montagnes qui donnent naissance au Tombeckbe et au Wolkey, affluents de la rivière Mobile, à l'Yazoo, à l'Yellow et au Big-Black, affluents du Mississipi, au Pearl et à la Pascagoula qui se jettent dans la mer. Le système des eaux, fort abondantes dans cet état, offre cette particularité que toutes les rivières qui l'arrosent prennent leur source dans ses frontières, entre lesquelles elles accomplissent, pour la plupart, leur cours tout entier. Le climat de Mississipi est extrêmement doux, un peu humide. Son sol généralement sablonneux, marécageux sur les côtes, et d'une remarquable fertilité, est couvert à l'intérieur de magnifiques pâturages et de forêts luxuriantes: aussi le bétail est-il la principale richesse de ses habitants. Il faut y ajouter le coton, dont l'exportation annuelle atteint 300 à 400,000 balles, l'indigo, le tabac, le maïs, et depuis quelques années la canne à sucre dont la culture prend chaque jour de plus rapides développements. Les arbres les plus abondants dans ses forêts sont le chêne, le laurier, le noyer, le magnolia et le cyprès. Le Mississipi est divisé en 26 comtés; sa population, qui était en 1820 de 75,000 âmes, en comprenait plus de 137,000 en 1830, plus de 200,000 en 1836, et atteint aujourd'hui le double de ce chiffre. On y compte environ 75 à 80,000 esclaves. Cet état, dont la constitution politique ne date que de 1817, et dont le passé ne remonte guère au delà de cette époque, n'a pas de ville bien importante. Jackson, sa capitale, située sur le Pearl, au centre du pays, compte environ 2,500 habitants, et n'offre rien de remarquable que des maisons et quelques édifices publics assez bien bâtis. Natchez, ville de 8 à 9,000 âmes est la ville intellectuelle et commerciale. Assise au bord du Mississipi, sur une éminence d'où elle domine le fleuve et brave ses plus terribles inondations, elle échappe même aux émanations insalubres qu'occasionne la retraite des eaux. On y trouve une bibliothèque publique, un collége et quelques autres établissements d'instruction. Son port fait à peu près tout le commerce de la contrée. Cette ville a pris son nom de la célèbre peuplade indienne des Natchez détruite par les colons français au commencement du XVIII° siècle, et dont elle occupe le territoire. Elle a été horriblement ravagée en 1840 par une trombe qui y a causé des pertes pour une valeur de 15 millions de francs. Monticello autrefois capitale, Washington, Port Gibson, Colombus, Wilson, Columbia et Pascagoula près de l'embouchure de la rivière du même nom, sont autant de villes relativement florissantes, qu'enrichissent le commerce et la culture, et que peuple un courant continu d'immigrations. Le pays, dont on trouvera l'histoire générale à l'article Etats-Unis, joint à l'illustration dont son nom celle qu'il doit au hasard de posséder dans son sein la tribu des Chactas immortalisée par l'admirable roman d'Atala. Nous avons dit quel est son commerce; quant à son industrie, elle en est à ses premiers pas, et se borne à quelques manufactures de toiles, de cotonnades, de lainages, de cuir et de fer blanc. La dette du Mississipi était en 1839 de 60,000,000 francs.

V. de Nouvion.

MISSIVE, adj. f., qui signifie destinée à être envoyée, il n'est usité que dans cette locution, lettre missive. Il s'emploie plus ordinairement comme substantif. Il est familier.

MISSOLONGHI, forteresse de la Grèce occidentale. Elle s'élève sur un promontoire dans le golfe de Patras, et se trouve dans l'Acarnanie. Cette ville se rendit célèbre dans la guerre de l'indépendance de la Grèce. Avant 1804, elle comptait 4,000 habitants parmi lesquels une foule de riches négociants et d'armateurs. La ville se gouvernait alors elle-même, mais elle payait un tribut au pacha de Négrepont; en 1804 elle tomba au pouvoir d'Ali, pacha. En 1821 elle embrassa la cause de l'indépendance. En 1822 elle se défendit près de 15 jours contre les Turcs qui furent obligés de se retirer. Elle fut assiégée une seconde fois quelque temps après, et après une défense de 59 jours, elle fut encore une fois débarrassée de la présence des Turcs. Mais en 1825, assiégée par des forces supérieures, après avoir supporté 40 jours de fortifications, les habitans s'ensevelirent sous les ruines de leur ville. Depuis la capitulation de 1829, Missolonghi est retombé au pouvoir de la Grèce.

MISSON (MAXIMILIEN), fut d'abord au parlement de Paris en qualité de conseiller pour les réformes. Après la révocation de l'édit de Nantes, il se retira en Angleterre, où il se donna pour zélé protestant, et mourut à Londres en 1721. On a de lui : *Nouveau voyage en Italie,* dont la meilleure édition est celle de La Haye, 1702, en 3 vol. in-12. Cet ouvrage, ainsi que tous les autres de Misson, est rempli de contes faux et ridicules sur la croyance de l'Eglise romaine. *Le théâtre sacré des Cévennes,* ou *Récit des prodiges arrivés dans cette partie du Languedoc, et des petits prophètes,* Londres, 1707, in-8°. Cet homme, qui s'élevait contre les miracles de l'Eglise catholique, y raconte avec le plus grand sérieux des puérilités dont on ne trouve point d'exemples dans les plus absurdes légendes; *Mémoires d'un voyageur en Angleterre,* in-12.

MISSOURI, fleuve de l'Amérique septentrionale, principal affluent du Mississipi, prend sa source sur le versant oriental des monts rocheux par la réunion du Gallatin, du Jefferson et du Madisson, vers le 44° de latitude nord, et le 112° de longitude occidentale du méridien de Paris. De sa source à la mer, ce fleuve parcourt un trajet d'environ 1,600 lieues, dont les deux tiers, à peu près, avant de mêler ses eaux à celles du Mississipi. C'est donc contrairement à la règle que nos cartes lui font perdre son nom à partir de son confluent avec le Mississipi, pour conserver à leurs eaux réunies le nom de ce dernier fleuve dont le cours est beaucoup moins étendu. Le cours du Missouri, qui suit de sa source à son embouchure une direction principale de l'ouest à l'est, décrit, entre ses deux points extrêmes, d'énormes sinuosités. Après avoir coulé vers le nord-ouest l'espace d'environ 60 lieues, il incline vers le nord-est, puis plus directement à l'est sur une longueur de 300 lieues; il tourne alors au sud, puis encore successivement à l'est, au sud et à l'est, avant de venir former son confluent par un dernier détour vers le nord-est. Ses principaux affluents sont, d'amont en aval, par la rive droite, la Pierre-Jaune, qui reçoit les eaux du Big-Horn; l'Eddy, le petit Missouri, la rivière Couteau, le Ches-Che-Taw, le Boulet-de-Canon, la Wetawhoo, la Sawacawna, la Sentinelle, la Cayenne, la rivière des Tétons, la rivière Dindon, la rivière Blanche, la Rapide, la Plate, qui descend du mont Big-Horn, près des sources du Riodelnorte, et à laquelle se réunissent plusieurs rivières importantes, Kansas, le plus considérable de tous, que grossissent cinq grands affluents, la rivière Osage et la Gasconade, à peu de distance de son embouchure par la rive gauche: la Terre-Blanche, la Bourbeuse, le Pasteur, la Warrecone, la Fumée, la rivière Jacques, la rivière des Sioux, le Floyds, le Boyes, la Fourche, la Naudoway, la Petite-Plate, la Grande-Rivière, et la Chariton. Le cours du Missouri, dans toute son étendue, est très accidenté, coupé par des rapides et des cataractes qui en rendent la navigation difficile. L'une de ces chutes, située par le 47° 20' de latitude, et le 103° de longitude occidentale, est réputée la plus belle du monde. Suivant la relation de Lewis et Clarke, la chute embrasse un espace d'environ 12 milles, et la largeur en varie, en cet endroit, de 280 à 550 mètres. La principale cataracte a près de 30 mètres de hauteur perpendiculaire, et 300 de largeur. Des rochers s'élèvent de chaque côté à 100 pieds dans l'air; à gauche, l'eau se précipite dans un abîme à pic ; à droite, elle roule avec un horrible fracas sur un lit hérissé de roches aiguës et saillantes. C'est une masse d'écume bouillonnante de 180 mètres de haut et de 80 de large, qui se forme en mugissant et se disperse dans l'air en une poussière humide à travers laquelle les rayons du soleil font glisser toutes les couleurs de l'arc en ciel. Le Missouri reçoit de ses affluents et détache lui-même de ses bords d'énormes quantités de sable qu'il charrie, et dépose capricieusement au fond de son lit où se forment ainsi des bancs qui atteignent bientôt la surface de l'eau. C'est sans doute au peu de consistance du terrain qu'il traverse en le rongeant incessamment qu'il faut attribuer les innombrables sinuosités qu'il décrit, et dont quelques-unes sont remarquables, celles du Grand-Détour, par exemple, sous le 43° 40' de latitude, où le fleuve enserre, dans une courbe de 30 milles de développement, une presqu'île dont l'isthme n'a que quelques pas de largeur. Les pays que traverse le Missouri ne sont, pour la plupart, habités encore que par les Indiens aborigènes, et présentent un sol vierge dont la fertilité attend la main du laboureur. Ce fleuve sépare le district des Sioux de ceux des Mandas et des Osages, avant d'entrer dans l'Etat auquel il donne son nom et qu'il divise en deux parties presque égales. Au-delà des limites de cet Etat, on ne rencontre, sur ses bords, que de rares villages d'Indiens perdus dans une immense solitude. Mais dès qu'il a franchi la frontière, la petite ville de Liberty se dresse sur ses rives comme une sentinelle avancée de la civilisation. Bientôt se montrent Lexington, Jefferson, Chariton, Franklin, Jefferson la capitale, et Saint-Charles, à peu de distance du Mississipi. Les eaux du Missouri sont constamment bourbeuses et blanchâtres. Son lit, à son embouchure, n'a pas moins d'une demi-lieue de largeur.   V. DE NOUVION.

MISSOURI (Etat du), l'un des Etats-Unis de l'Amérique septentrionale, compris dans le groupe des Etats de l'Ouest. Il s'étend, sur la rive droite du Mississipi, du 36° 30' au 40° 30' de latitude nord, et du 92° au 97° de longitude occidentale du méridien de Paris. Il est borné au nord par le district des Sioux, à l'est par l'Etat d'Illinois, à l'ouest par le district des Osages, au sud par le territoire d'Arkansas. Cet état et celui de la Louisiane, auxquels il faut ajouter désormais l'Etat du Texas, sont les seuls qui se soient constitués jusqu'ici dans les vastes contrées qui se déploient à l'occident du Mississipi; encore sa constitution ne date-t-elle que de 1822. Sa superficie est de 60,300 milles carrés; il est ainsi, après l'Etat de Virginie qui en contient 64,000, le plus vaste Etat de l'Union. Il est traversé de l'ouest à l'est, et à peu près à égale distance de ses deux extrémités, par le fleuve dont il a emprunté le nom, et qui vient déboucher dans le Mississipi. Un grand nombre d'autres rivières, affluents des deux grands fleuves dont nous venons de parler, coupent son territoire dans toutes les directions. Telles sont : la Prairie, la Chariton, la Jenkin, la Grande-Rivière, la rivière Salée, l'Osage, la Grande-Fourche, la Pomme-de-Terre, la Gasconade, le Maramec, la Petite-Fourche, le Spring, l'Eleven-Point, la Courante, le Saint-François, la rivière Blanche, etc. Son sol bas et marécageux dans la partie du nord est d'une admirable fertilité, et produit en abondance le blé, le maïs, le seigle, l'orge, l'avoine, le houblon, le trèfle, le chanvre, le tabac, le coton, des légumes et une multitude de fruits savoureux; il offre en outre d'immenses pâturages que peuplent de magnifiques troupeaux. C'est dire qu'il réunit, par une précieuse faveur de la nature, la plupart des productions des climats tempérés, à celles qu'on ne trouve que sous des ciels plus chauds. La partie méridionale, beaucoup moins bien partagée sous le rapport de la végétation, possède un autre genre de richesse. Elle est coupée par la double chaîne des monts Ozarks et des monts de Fer, où l'on trouve de grandes quantités de fer, de plomb, de cuivre, d'antimoine, de zinc, de sel, d'arsenic, d'ocre, de nitre, de craie rouge, de charbon de terre, de plombagine, de jaspe, de porphyre, etc. Les bois qui couvrent ses pentes ne sont pas moins riches en arbres précieux, parmi lesquels on distingue le cèdre rouge, le sassafras, le magnolia, et une espèce d'oranger particulière à cette contrée, et dont les branches flexibles et nerveuses fournissent aux naturels leurs arcs et la plupart de leurs armes. Les savanes désertes du nord sont couvertes d'herbages hauts et touffus que parcourent des troupeaux de bisons, de daims, d'élans, de chevaux sauvages. L'Etat de Missouri est divisé en 33 comtés. Sa population, dont une partie descend des anciens colons français de la Louisiane (*V.* ETATS-UNIS), n'était, en 1820, que de 66,500 habitans; elle s'était élevée, en 1830, à 140,500, et en 1836, à 250,000; elle est aujourd'hui de près de 400,000, dont environ 75,000 esclaves. Cet Etat compte un assez grand nombre de villes, bâties pour la plupart sur les rives des deux grands fleuves qui l'arrosent. Jefferson, sa capitale, assise au centre, sur la rive droite du Missouri, n'a d'autre importance que celle que lui donne son titre, et renferme à peine 15 à 1,800 habitans. Saint-Louis, fondée par les Français en 1764, sur la rive droite du Mississipi, un peu au-dessous du point où il reçoit par la droite le Missouri, et par la gauche l'Illinois, est la ville principale de l'Etat, et l'une des plus remarquables de l'Union. Cette ville doit à son admirable position d'être le point central par lequel passe le commerce et où se font tous les échanges entre toutes les villes du Missouri, du Mississipi, de l'Illinois, du Ouisconsin, de l'Ohio et des autres Etats environnans; elle est aussi l'entrepôt général du commerce entre toutes les contrées du Haut-Mississipi et les marchés des deux mondes. Aussi rien n'est-il plus

animé que le spectacle de son port et du magnifique quai qu'elle déploie le long du fleuve. A chaque instant de la journée arrivent ou partent de véritables flottilles de bateaux à vapeur qui sillonnent le vaste lit du fleuve, et vont, par tous les affluents, porter à plusieurs centaines de lieues au cœur du continent les marchandises tirées de ses entrepôts. Le long du quai s'élèvent de belles constructions où se trouvent des établissements de commission, des chantiers, des usines, des édifices publics. Le reste de la ville se divise en deux parties bien distinctes : le quartier américain, qui occupe la presque-totalité de la ville proprement dite, et dont les larges rues sont bordées d'élégantes maisons en pierre étalant sur la voie publique leurs riches magasins ; le quartier français, espèce de faubourg, dont les maisons en bois ne sont dépourvues ni de coquetterie, ni d'une certaine originalité. De 2,000 habitants qu'elle renfermait en 1816, Saint-Louis en compte aujourd'hui au moins 20,000. Les principaux articles de son commerce sont le plomb, le sel, les fourrures, le suif, les cuirs, les viandes salées; elle fait aussi des exportations considérables de cotonnades, de draps et de quincaillerie qu'elle envoie par des caravanes à Santa-Fé dans le Nouveau-Mexique. L'Église, l'hôtel du gouvernement et la banque sont ses édifices les plus remarquables. Parmi les établissements publics, on cite un théâtre, un collège, un musée, une bibliothèque Elle est le siége d'un évêché catholique. Franklin, sur la rive gauche du Missouri, au milieu de l'une des plaines les plus fertiles de la contrée, semble réservée à de brillantes destinées. Fondée en 1816, elle compte à peine 4,000 habitants; mais elle est déjà le centre d'un commerce actif. Saint-Charles, sur la même rive, près de l'embouchure du fleuve, est renommée pour l'école ecclésiastique qu'y ont fondée les jésuites. Nouveau-Madrid, au sud, sur le Mississipi, dont elle brave les débordements par l'élévation de son assiette, ne mérite d'être citée que par la beauté de la végétation qui l'entoure. Les autres villes de quelque importance sont : sur le Missouri, Liberty et Lexington; sur le Mississipi, Wiaconda et Alexandria; à l'intérieur, New-Bondon, Chariton, Fulton, Potosi et Farmington. La dette du Missouri était, en 1839, de 12,500,000 francs.
V. DE NOUVION.

MISTRAL, s. m., nom que, dans les provinces de France voisines de la Méditerranée, on donne au vent de nord-ouest. Quelques-uns disent et écrivent maëstral.

MITAINE, s. f., sorte de gant de laine, de soie ou de peau, où la main entre tout entière sans qu'il y ait de séparation pour les doigts, excepté pour le pouce. Il se dit aussi d'une sorte de petits gants de femme, qui ne couvrent que le dessus des doigts. Il se dit figurément et familièrement, au pluriel, pour précautions, mesures.

MITCHILL ou **MITCHELL** (SAMUEL), médecin et savant distingué des Etats-Unis, était encore très jeune dans le temps de la guerre de l'indépendance, et par conséquent ne put figurer à cette époque des Annales de l'Amérique. Lorsque la paix fut signée, il vint en Europe pour y achever son éducation. Après avoir pris, en 1786, ses grades en médecine à l'université d'Edimbourg, il retourna en Amérique où il ne tarda pas à fixer l'attention générale par ses profondes connaissances en histoire naturelle et en économie politique. Nommé député de la ville de New-York, il parut au congrès avec distinction. Ce savant s'est particulièrement occupé de l'étude des vapeurs pestilentielles qui produisent la fièvre. Il fut aussi partisan de la doctrine de Septon, qu'il fit connaître au monde savant. La mort l'a frappé en 1832.

MITE (arachn.), nom vulgaire des espèces du genre acarus.
J. P.

MITHRAS, divinité des Perses, que les Grecs et les Romains ont confondue avec le soleil; mais qui, suivant Hérodote, n'était autre que la Vénus céleste ou l'Amour, principe de la génération et de la fécondité qui perpétue et rajeunit le monde. D'ailleurs ces attributs conviennent aussi bien au soleil. Mithras était né, suivant les Perses, d'une pierre, ce qui marque que le feu sort de la pierre quand on la frappe. Les Romains adoptèrent ce dieu des Perses comme ils avaient adopté ceux de toutes les autres nations. Ce n'est que par eux qu'il nous est resté des monuments de Mithras; car nous n'avons de lui aucune image persane. On le représente comme un jeune homme avec un bonnet phrygien, une tunique et un manteau qui descend en voltigeant de l'épaule gauche. Il tient le genou sur un taureau atterré; et, pendant qu'il lui prend le mufle de la main gauche, il lui plonge de

la droite un poignard dans le cou; symbole de la force du soleil lorsqu'il entre dans le signe du taureau. Il est ordinairement accompagné de différents animaux, qui paraissent avoir rapport aux autres signes du zodiaque. Ainsi il n'est point douteux que Mithras ne fût un symbole du soleil, ce qui est confirmé par l'inscription : Au dieu Soleil, l'invincible Mithras, *Soli deo invicto Mithræ*, laquelle se trouve sur plusieurs monuments. Le culte de Mithras fut porté en Italie du temps de la guerre des pirates, l'an de Rome 687, et y devint très célèbre, surtout dans les derniers siècles de l'empire. On offrait à Mithras les prémices des fruits. Ce dieu était aussi quelquefois confondu avec Osiris.

MITHRIAQUES, fêtes et mystères de Mithras. Les Romains, après avoir adopté le culte de Mithras, les célébrèrent avec solennité. La principale de ces fêtes était celle de la naissance du dieu, qu'un calendrier romain plaçait au 25 décembre, jour auquel, outre les mystères, qu'on célébrait avec la plus grande solennité, on donnait aussi les jeux du cirque, consacrés à Mithras. Les Romains se livraient à ce culte dans des grottes arrosées de fontaines et tapissées de verdure. Avant d'être initié aux mystères il fallait, dit Nonnus, passer par quatre-vingts épreuves différentes. D'abord on faisait baigner les candidats; puis on les obligeait de se jeter dans le feu; ensuite on les reléguait dans un désert, où ils étaient soumis à un jeûne rigoureux de cinquante jours, après quoi on les fustigeait durant deux jours, et on les mettait vingt autres dans la neige, etc. Ce n'était qu'après ces épreuves, sur l'observation rigoureuse desquelles veillait un prêtre, et dans lesquelles le récipiendaire succombait souvent, qu'on était admis aux mystères. Parmi les autres cérémonies de l'initiation, on jetait de l'eau sur les initiés, on leur présentait du pain et du vin, et l'on mettait un serpent d'or dans leur sein ; le serpent, dit Arnobe, qui change tous les ans de peau, était un des symboles du soleil, dont la chaleur se renouvelle au printemps. Enfin l'initié était proclamé soldat de Mithras, et le secret le plus rigoureux lui était ordonné. On immolait ensuite des victimes humaines, coutume barbare qui fut abolie par Adrien et rétablie par Commode. Après ces affreux sacrifices on montrait aux initiés Mithras sous la figure d'un jeune homme, et les hiérophantes leur expliquaient les symboles du culte de ce Dieu. Le souverain prêtre de Mithras jouissait d'une grande considération. Il avait sous lui des ministres des deux sexes, dont les premiers s'appelaient *Patres*, et les autres *Matres*.

MITHRIDATE VI, surnommé *Eupator*, et *Bonnisius* ou *Bacchus*, roi de Pont (ou Cappadoce maritime), monta sur le trône dans sa treizième année, la 134e avant J. C., après la mort de son père Mithridate *Evergète* ou le *Bienfaiteur*. Confié à des tuteurs ambitieux, il se précautionna, dit-on, contre le poison qu'ils auraient pu lui donner, en faisant usage tous les jours des venins les plus subtils, qu'il combattait par des contre-poisons. La chasse et les autres exercices violents occupèrent sa jeunesse : il la passa dans les campagnes et dans les forêts, et il contracta une dureté féroce, qui dégénéra bientôt en cruauté. Il livra à la mort plusieurs de ses parents, et même, si l'on en assure, sa propre mère. Laodicée, sa sœur, femme d'Ariarathe, roi de Cappadoce, avait deux enfants qui devaient hériter du trône de leur père : Mithridate les fit périr avec tous les princes de la famille royale, et mit sur le trône un de ses propres fils, âgé de 8 ans, sous la tutelle de Gordius, l'un de ses favoris. Nicomède, roi de Bithynie, craignant que Mithridate, maître de la Cappadoce, n'envahît ses Etats, suborna un jeune homme, afin qu'il se dît troisième fils d'Ariarathe, et envoya à Rome Laodicée, qu'il avait épousée après la mort du roi de Cappadoce, pour certifier au sénat qu'elle avait eu trois enfants, et que celui qui se présentait était le troisième. Mithridate usa du même stratagème, et envoya à Rome Gordius, gouverneur de son fils, pour affirmer au sénat que celui à qui il avait fait tomber la Cappadoce était fils d'Ariarathe. Le sénat, pour les accorder, ôta la Cappadoce à Mithridate, et la Paphlagonie à Nicomède, et déclara libres les peuples de ces deux provinces. Mais les Cappadociens, ne voulant point jouir de cette liberté, choisirent pour roi Ariobarzane, qui, dans la suite, s'opposa aux grands desseins que Mithridate avait sur toute l'Asie. Telle fut l'origine de la haine de ce roi de Pont contre les Romains. Il porta ses armes dans l'Asie-Mineure et dans les colonies romaines, et y exerça partout des cruautés inouïes. Pour mériter de plus en plus la haine de Rome, il fit égorger, contre le droit des gens, tous les sujets de la république en Asie : ni les femmes ni les enfants ne furent épargnés. Aquilius, personnage consulaire, chef des commissaires romains, fait prisonnier par le vainqueur, fut conduit à Pergame, où il lui fit verser de l'or fondu dans la bouche. Sylla, envoyé contre lui, remporta, proche d'Athènes, une première victoire sur Archélaüs, l'un des généraux de Mithridate. Une autre défaite suivit de près celle-là, et fit perdre au roi de Pont la Grèce, la Macédoine, l'Ionie, l'Asie, et tous les pays qu'il avait soumis. Aussi malheureux sur mer que sur terre, il fut battu dans un combat naval et perdit tous ses vaisseaux. Plusieurs peuples d'Asie, irrités contre le monarque vaincu, secouèrent son joug tyrannique. Cette suite d'adversités diminua l'orgueil de Mithridate. Il demanda la paix ; on la lui accorda l'an 84 avant J.-C. Les articles du traité portaient qu'il paierait les frais de la guerre et qu'il se bornerait aux États dont il avait hérité de son père. Le roi de Pont ne se hâta point de ratifier ce traité ignominieux. Il travailla sourdement à se faire des alliés et des soldats : il y réussit. Ses forces, jointes à celles de Tigrane, roi d'Arménie, formèrent une armée de 140,000 hommes de pied et 16,000 chevaux. Il conquit sur la république toute la Bithynie, avec d'autant plus de facilité que, depuis la dernière paix faite avec lui, on avait rappelé en Europe la meilleure partie des légions. Lucullus, consul cette année, vola au secours de l'Asie. Mithridate assiégeait Cyzique dans la Propontide : le consul romain, par un dessein nouveau, l'assiégea dans son camp. La famine et la maladie s'y mirent bientôt, et Mithridate fut obligé de prendre la fuite. Une flotte qu'il envoyait en Italie fut détruite dans deux combats, l'an 87 avant Jésus-Christ. Désespéré de la perte de ses forces maritimes, il se retire dans le sein de son royaume, Lucullus l'y poursuit, et y porte la guerre. Le roi de Pont le battit d'abord dans deux combats ; mais il fut entièrement vaincu dans un troisième. Il n'évita d'être pris que par l'avidité des soldats romains, qui s'amusèrent à dépouiller un mulet chargé d'or, qui se trouvait près de lui par hasard, ou plutôt à dessein, si l'on en croit Cicéron, qui compare cette fuite de Mithridate à celle de Médée. Le vaincu, désespérant de sauver ses États, se retira chez Tigrane, qui ne voulut pas le recevoir de peur d'irriter les Romains. Ce fut alors que, dans la crainte que les vainqueurs n'attentassent à l'honneur de ses femmes et de ses sœurs, il leur envoya signifier de se donner la mort : tels sont les amours des tyrans et les sentiments que produit une effrénée luxure. Glabrio ayant été envoyé à la place de Lucullus, ce changement fut très avantageux à Mithridate, qui recouvra presque tout son royaume. Pompée s'offrit pour le combattre, et le vainquit auprès de l'Euphrate, l'an 65 avant Jésus-Christ. Il était nuit quand les deux armées se rencontrèrent ; la lune éclairait les combattants : comme les Romains les avaient à dos, elle allongeait leurs ombres, de façon que les Asiatiques qui les croyaient plus proches, tirèrent de trop loin, usèrent vainement leurs flèches et furent entièrement défaits. Mithridate s'ouvrit un passage à la tête de 800 chevaux, dont 300 seulement échappèrent avec lui. Tigrane, auquel il demanda un asile, le lui ayant refusé, il passa chez les Scythes, qui le reçurent avec plus d'humanité que son gendre. Il se cacha dans les montagnes, tandis que Pompée, qui avait passé le Caucase, retournait dans le Pont. Le roi sortit de sa solitude, et réunit une troupe de soldats. Macharès, son fils, qu'il avait placé sur le trône du Bosphore, s'était allié aux Romains. Mithridate marche contre lui, le surprend : il demande en vain pitié et se tue de sa propre main. S'étant rendu maître du Bosphore, de la Chersonèse et de Panticapée, Mithridate fit égorger, sous les yeux de sa mère, un autre de ses fils, Xpharès, parce que, pour le sauver, elle avait livré aux Romains un fort rempli de trésors. Assuré de l'amitié des Scythes, il se proposa de pénétrer par terre en Italie ; mais les soldats épouvantés refusèrent de s'exposer de nouveau. Dans cette extrémité, il envoya demander la paix à Pompée, par des ambassadeurs. Le général romain voulut qu'il la demandât lui-même en personne, et toutes ses prières furent inutiles. Il ne pensa plus qu'à périr les armes à la main. Mais ses sujets, qui aimaient plus la vie que la gloire, proclamèrent roi Pharnace son fils. Ce père infortuné lui demande la permission d'aller passer le reste de ses jours hors de ses États, qu'il lui ravit. Le fils dénaturé lui refuse cette consolation et prononce contre l'auteur de sa vie ces horribles paroles : « Qu'il meure ! » Mithridate, pour comble d'horreur, les entend sortir de la bouche de son fils (digne châtiment du parricide commis en la personne

de sa mère), et, transporté de douleur et de rage, il lui répond par cette imprécation : « Puisses-tu ouïr un jour de la bouche de tes enfants ce que la tienne prononce maintenant contre ton père ! » Il passe ensuite tout furieux dans l'appartement de la reine, lui fait avaler du poison et en prend lui-même ; mais le trop fréquent usage qu'il avait fait des antidotes en empêcha l'effet. Le fer dont il se frappa à l'instant, d'une main caduque et mal assurée, ne l'ayant blessé que légèrement, un officier gaulois lui rendit, à sa prière, le funeste service de l'achever, l'an 64 avant Jésus-Christ. Ce prince féroce avait beaucoup de courage. Maître d'un grand État, tourmenté d'une ambition sans bornes, actif et capable des plus vastes desseins, il aurait fait trembler Rome s'il n'avait pas eu à combattre les Sylla, les Lucullus et les Pompée.

MITIGER, v. a., adoucir, rendre plus aisé à supporter, à subir, à pratiquer.

MITONNER, v. n.; il se dit du pain qu'on laisse tremper longtemps dans le bouillon sur le feu avant de servir le potage. Il s'emploie quelquefois avec le pronom personnel dans le même sens. Mitonner est aussi actif et signifie, familièrement, dorloter, prendre un grand soin de tout ce qui regarde la santé et les aises d'une personne. Il s'emploie également avec le pronom personnel dans la même acception.

MITOYEN, ENNE, adj., qui est au milieu, qui tient le milieu, qui est entre deux choses. Mur mitoyen, mur qui appartient aux deux propriétés contiguës dont il forme la séparation. Puits mitoyen, puits pratiqué sur la limite commune de deux propriétés contiguës, et qui est à l'usage de l'une et de l'autre. Cloison mitoyenne, cloison qui est commune à deux chambres et qui les sépare. Mitoyen, au sens moral, signifie, qui est placé entre deux choses extrêmes ou opposées et qui tient un peu de l'une et de l'autre.

MITOYENNETÉ, s. f., qualité de ce qui est mitoyen ; droit de copropriété de deux voisins sur le mur, la haie, le fossé qui les sépare.

MITRAILLADE, s. f., décharge de plusieurs canons chargés à mitraille sur une masse de personnes.

MITRAILLE, s. f., collectif. Toute sorte de vieille quincaillerie, de vieux morceaux de cuivre. Dans ce sens il a vieilli. Il se dit aussi familièrement de la basse monnaie. Il signifie encore, toute sorte de vieux clous, de vieux fers, etc., dont on chargeait anciennement le canon ; et, par extension, les balles de fer ou biscaïens, ordinairement mêlés de ferraille dont on fait des cartouches pour l'artillerie.

MITRAILLER, v. n., tirer le canon à mitraille. Il est aussi actif.

MITRE, ornement de tête que portent les évêques, lorsqu'ils officient pontificalement. Languet, dans sa *Réfutation de D. Claude de Vert*, convient qu'il est assez difficile de découvrir en quel temps cette espèce de bonnet a reçu la forme qu'on lui donne aujourd'hui ; il pense, avec beaucoup de vraisemblance, que cet ornement a succédé aux couronnes que portaient autrefois les évêques et les prêtres dans leurs fonctions. Il est parlé de ces couronnes dans l'Apocalypse, c. 4, v. 4; dans Eusèbe, *Hist. ecclés.*, liv. 10, c. 4, et dans plusieurs auteurs plus récents. Comme le sacerdoce est comparé à la royauté dans l'Écriture-Sainte, il n'est pas étonnant que, les fonctions les plus augustes du culte divin, les prêtres aient porté un des principaux ornements des rois. Le souverain pontife des Juifs avait sur la tête une tiare, en hébreu *mitsnephet*, qui signifie une ceinture de tête ; et les prêtres portaient aussi bien que lui une mitre, *migbahat*, qui signifie un bonnet élevé en pointe, autour duquel étaient des couronnes, *Exod.*, c. 29, v. 6 et 9 ; c. 39, v. 26. La tiare était aussi l'ornement des rois, *Isaï.*, c. 62, v. 3 ; et il paraît que la mitre devint dans la suite une coiffure des femmes. Judith, c. 10, v. 3, mit une mitre sur sa tête pour aller se présenter à Holopherne. Un voyageur moderne nous apprend que les femmes druses, des montagnes de Syrie, portent encore aujourd'hui une coiffure en cône d'argent, qu'elles nomment *tantoura*, et qui est probablement la mitre de Judith. Les dames françaises qui suivirent les croisés, prirent sans doute du goût pour cette coiffure, puisqu'elle était en usage en France au xve siècle. Dans un ancien pontifical de Cambrai, qui fait le détail de tous les ornements pontificaux, il n'est point fait mention de la mitre, non plus que dans d'autres manuscrits : Amalaire, Raban-Maur, Alcuin, ni les autres anciens auteurs qui ont traité des rites ecclésiastiques, ne parlent point de cet ornement. C'est peut-être ce qui a fait dire à Onuphre, dans son *Explication des termes obscurs* qui est à la fin des vies des papes, que l'usage des mitres, dans l'Eglise romaine, ne remontait pas au-delà de six cents ans. C'est aussi le sentiment du Père Ménard, dans ses *Notes sur le Sacramentaire de saint Grégoire*. Mais le le Père Martenne, dans son *Traité des anciens rites de l'Eglise*, dit qu'il est constant que la mitre a été à l'usage des évêques de Jérusalem, successeurs de saint Jacques; on le voit par une lettre de Théodose, patriarche de Jérusalem, à saint Ignace, patriarche de Constantinople, qui fut produite dans le huitième concile général. Il est encore certain, ajoute le même auteur, que l'usage des mitres a eu lieu dans les églises d'Occident, longtemps avant l'an 1000; il est aisé de le prouver par une ancienne figure de saint Pierre, qui est au-devant de la porte du monastère de Corbie, et qui a plus de mille ans, et par les anciens portraits des papes que les bollandistes ont rapportés. Théodulphe, évêque d'Orleans, fait aussi mention de la mitre dans une de ses poésies, où il dit, en parlant d'un évêque : *Illius ergo caput resplendens mitra tegebat*. Ainsi, continue le Père Martenne, pour concilier les divers sentiments sur cette matière, il faut dire que l'usage des mitres a toujours été dans l'Eglise, mais qu'autrefois tous les évêques ne la portaient pas, s'ils n'avaient un privilége particulier du pape à cet égard. Dans quelques cathédrales, on voit sur les tombes des évêques représentés avec la crosse, sans mitre. D. Mabillon et d'autres prouvent la même chose pour l'Eglise d'Occident et pour les évêques d'Orient, excepté les patriarches. Le père Goar et le cardinal Bona en disent autant à l'égard des Grecs modernes. Dans la suite, en Occident, l'usage de la mitre est non-seulement devenu commun à tous les évêques, mais il a été accordé aux abbés. Le pape Alexandre II l'accorda à l'abbé de Cantorbéry à d'autres; Urbain II à ceux du Mont-Cassin et de Cluny. Les chanoines de l'église de Besançon portent le rochet comme les évêques, et la mitre lorsqu'ils officient. Le célébrant, le diacre et le sous-diacre portent aussi la mitre dans les églises de Lyon et de Mâcon; il en est de même du prieur et du chantre de Notre-Dame de Loches, etc. La forme de cet ornement n'a pas toujours été la même; les mitres que l'on voit sur un tombeau d'évêques, à Saint-Remi de Reims, ressemblent plus à une coiffe qu'à un bonnet. La couronne du roi Dagobert sert de mitre aux abbés de Munster.   B.

MITRE, *mitra* (*moll.*), genre de mollusques gastéropodes, fondé aux dépens du genre polute.   J. P.

MITRÉ, ÉE, adj., qui porte la mitre. Il n'est guère usité que dans ces locutions : abbé crossé et mitré, abbaye crossée et mitrée.

MITTARELLI (JEAN-BENOIT), l'un des plus savants hommes qu'ait produits l'ordre des camaldules, naquit à Venise en 1708. Ses supérieurs le chargèrent d'enseigner la philosophie et la théologie au couvent de Saint-Michel à Venise. Elu en 1747 procureur de la congrégation, il visita différents monastères, et recueillit un grand nombre de manuscrits originaux très intéressants, qui lui inspirèrent l'idée de rédiger les *Annales des camaldules*. Il associa à ce travail le P. Antoine Costadoni. En 1756, Mittarelli fut élu supérieur des maisons de son ordre dans les Etats vénitiens, et 8 ans après supérieur général, dignité qui l'obligea de se fixer à Rome. Pendant tout le temps que son généralat le retint dans cette capitale, il jouit de l'estime et de la confiance de Clément XIII; mais, dès que le terme de sa dignité expira, il s'empressa de rentrer dans son couvent, où il passa ses dernières années dans la prière et l'étude. Mittarelli mourut le 14 août 1777. Ses principaux ouvrages sont : *le Memorie della vita di san Parisio, monaco camaldolese*, etc., Venise, 1748. A cette vie est jointe l'*Histoire du monastère de Sainte-Christine et de Saint-Paris*, à la suite de laquelle se trouve un *Appendix* contenant quarante chartes anciennes et des notes très savantes; *Memorie del monasterio della Santa-Trinita di Faenza*, Faenza, 1749; *Annales camaldulenses ordinis Sancti-Benedicti, ab anno 907 ad annum 1764, quibus plura inters eruntur tum cæteras italicas monasticas res, um historiam ecclesiasticam, remque diplomaticam illustrantia, D. Joanne-Benedicto Mittarelli et P. Anselmo Costadoni, presbyteris et monachis e congregatione camaldulensi, auctoribus*, Venise, 1773, 9 vol. in-fol. Le P. Mittarelli avait pris pour modèle les Annales bénédictines de dom Mabillon; *ad Scriptores rerum italicarum Cl. Muratorii accessiones hisoricæ faventinæ*, etc., Venise, 1771. Mittarelli avait tiré ces augmentations d'anciennes chroniques inédites, et les avait

jugées dignes de faire suite au célèbre ouvrage de Muratori ; *de Litteratura Faventinorum, sive de viris doctis et scriptoribus urbis Faventiæ, appendix ad accessiones historicas faventinas*, Venise, 1775; *Bibliotheca codicum manuscriptorum Sancti-Michaelis Venetiarum prope Murianum, una cum appendice librorum impressorum seculi XV, opus posthumum*, etc., 1779. L'ordre des camaldules avait fait frapper une médaille pour consacrer la mémoire de ce savant religieux; mais ses ouvrages sont un monument qui fera mieux encore passer son nom à la postérité.

MITYLÈNE (*géog.*), capitale de l'île de Lesbos, sur la côte orientale, entre Méthymne et Maléc. Selon Strabon, elle fut d'abord bâtie dans une petite île séparée de la grande par un bras de mer fort étroit; mais elle s'agrandit dans la suite en s'étendant sur la côte de l'île de Lesbos. Cette ville était une des plus riches, des plus puissantes et des plus peuplées des îles de la Grèce; les lettres y furent en honneur dès les premiers siècles historiques; mais elle fut exposée en différents temps à de grandes calamités. Dans la guerre du Péloponèse, elle eut beaucoup à souffrir de la part des Athéniens, dont elle avait secoué le joug. Ayant pris parti dans la suite pour Mithridate, les Romains la prirent et la ruinèrent. Bientôt pourtant l'avantage de sa position et la fertilité de son territoire engagèrent les vainqueurs à la relever, et à lui rendre la liberté. Entre autres superbes édifices, Mitylène avait un théâtre si beau que Pompée en fit prendre le modèle pour en construire un semblable à Rome. Mais la gloire principale de Mitylène fut celle des lettres et des sciences. Il s'y donnait tous les ans des combats où les poètes disputaient le prix de la poésie. Pittacus, Alcée, Sapho et Théophane y avaient pris naissance. Epicure et Aristote y enseignèrent la philosophie. On retrouve encore aujourd'hui à Castro, qui s'est élevée sur les ruines de Mitylène, des restes de monuments magnifiques, qui attestent la grandeur passée de la ville.

MIXTE, adj. des deux genres, qui est mélangé, qui est composé de plusieurs choses de différents natures, et qui participe de la nature des unes et des autres. Il s'emploie quelquefois au sens moral. Commission mixte, commission composée d'hommes pris dans deux ou plusieurs compagnies, etc., etc. Causes mixtes s'est dit aussi des causes qui étaient de la compétence du juge séculier et du juge ecclésiastique en même temps. Mixte est aussi substantif au masculin et signifie un corps mixte.

MIXTILIGNE, adj. des deux genres, terme de géométrie ; il se dit des figures terminées en partie par des lignes droites, et en partie par des lignes courbes.

MIXTION, s. f., action de mêler plusieurs drogues ou substances simples pour former un médicament composé. Souvent aussi l'on a à opérer la mixtion ou le mélange de plusieurs médicaments déjà composés eux-mêmes.

MIXTIONNER, v. a., mélanger, mêler quelque drogue dans une liqueur, et faire qu'elle s'y incorpore. Il indique ordinairement un mélange mauvais, dangereux.

MIXTURE, s. f., terme de pharmacie, médicament liquide qui résulte du mélange de substances diverses.

MNÉMONIE, MNÉMONIQUE ou MNÉMOTECHNIE, art de fortifier et de cultiver la mémoire, ou simplement de l'aider par des moyens artificiels. Cet art, que les modernes se vantent d'avoir inventé, art qui au surplus ne produit pas et n'a jamais produit de grands résultats, est extrêmement ancien, puisqu'il en est question dans Quintilien et dans Cicéron, qui, l'un et l'autre, font honneur de la découverte à Simonide, qui vivait vers la fin du vi° siècle avant J.-C. Cette méthode, qu'elle appartienne à Simonide ou à tout autre, n'a pu consister que dans l'art d'associer quelques idées communes et saillantes aux idées déjà acquises et qu'on veut pouvoir se rappeler dans l'occasion ; car si la mémoire n'est pas autre chose que cette faculté de notre âme de se représenter l'idée d'une chose passée ou absente, et si le souvenir n'est pas bien vif ou bien fidèle, il est bon d'avoir pu associer à l'idée qu'on veut conserver l'image de quelque objet sensible et matériel, qui, en frappant nos regards, ramène sous nos yeux l'idée à laquelle nous avions attaché cette image. Tel fut, à ce qu'on croit, le système de Simonide. A des idées purement intellectuelles, de nature abstraite et très difficile à conserver, il rattachait des idées d'objets sensibles, communs ou pouvant se placer sous les yeux comme une maison, un édifice public, une place, un arbre, etc., de manière que l'aspect de ce dernier rappelât facilement l'idée des premiers. Ce système, qu'on a désigné par le nom de *topologique*, a servi à peu près de base à tous ceux qu'on a proposés depuis Simonide. Il est très probable pourtant que dans tous les âges on a fait des essais de plusieurs sortes pour perfectionner cette qualité précieuse qui nous remet le passé sous les yeux, et nous le peint de couleurs aussi vraies que si réellement il frappait nos regards. Aussi les pythagoriciens regardaient-ils la culture de la mémoire comme une partie essentielle de l'éducation. On ajoute qu'Aristote avait composé un traité sur la mnémonique, fait qu'on peut regarder au moins comme très douteux, puisque Aristote n'en parle dans aucun de ses ouvrages, quoiqu'il soit dans l'usage d'en faire souvent mention en renvoyant de l'un à l'autre. Du reste, Pline rapporte qu'au temps même de Cicéron, Méthrodore fit prendre à cet art la forme d'un système scientifique. Dans le moyen âge, Raymond Lulles construisit pour certaines parties de la philologie et de la poésie des tables synoptiques fondées sur les principes de la mnémonique, et les scolastiques employaient des tables du même genre; toutefois, l'art à cette époque ne fit aucun progrès. Ce fut le chancelier de la bibliothèque d'Oxford, Thomas Bradwardine qui conçut le dessein d'un système de mnémonie sur les principes des anciens, sous le titre de *Ars memorativa*; mais cet ouvrage ne fut point publié. On publia, sous le même titre, un ouvrage de Publicius, qui, ajoutant au système topologique, attacha aux idées non-seulement les objets extérieurs les plus frappants, mais encore des images, des symboles; Publicius avait fait paraître son *Art mémoratif* à la fin du xve siècle, et il produisit une foule d'imitateurs. Presque dans le même temps, Pierre de Ravenne, professeur de droit-canon, à Padoue, mit au jour son *Fœnix*, dans lequel il proposait de remplacer les lettres de l'alphabet par des images de jeunes filles. C'était pousser un peu loin le désir d'inventer, ou plutôt s'abandonner aux écarts d'une imagination en délire. En 1533, un nommé Romberg, de Kyrpse, qui ne se montra guère plus sage, publia son *Congestorium artificiosæ memoriæ*, contenant plusieurs alphabets symboliques, dont l'un est emprunté aux diverses parties du corps humain. Un homme nu, c'est le nombre singulier, un homme habillé, le pluriel; la tête indique le nominatif, la main droite le génitif, la gauche le datif, etc. Guillaume Grataroli, de Bergame, fit revivre le système topologique dans un écrit devenu très rare, intitulé le *Castel de Mémoire*. Ce traité, qui est de l'an 1554, fut traduit en français par Etienne Cope, et publié à Lyon en 1586. Depuis cette époque il parut une infinité de systèmes, les uns topologiques, les autres symboliques, les autres réunissant les deux méthodes. Tous ces écrits s'éclipsèrent devant le *Gasophylacium artis memoriæ*, de Lambert Schenckel, fils d'un pharmacien de Bois-le-Duc. Son livre obtint une grande réputation, quoique la méthode qu'il renferme soit si obscure que, malgré la clef qu'il en donne lui-même, il est impossible aujourd'hui de la comprendre. Il serait beaucoup trop long, nous ne dirons pas d'analyser, mais seulement de nommer tous les ouvrages de ce genre que fit éclore celui de Schenckel. Ce fut pendant tout le xvie et le xviie siècle une véritable manie; mais tous ces livres, destinés à l'oubli, tombaient les uns sur les autres pour ne plus se relever; il est juste pourtant de faire une exception en faveur de l'*Art de mémoire*, de Marius d'Assigny, publié en 1697, et dans lequel se trouvent d'excellentes réflexions, ainsi qu'un grand nombre de recettes que le savant espagnol Feyjoo a recueillies dans ses *Cartas eruditas y curiosas* (Madrid, 1781), auxquelles il a joint une mnémotechnie fondée sur la topologie. En 1719, le jésuite Buffier fit paraître, à Paris, sa pratique de mémoire artificielle, dans laquelle il a resserré dans des vers techniques les principaux événements de l'histoire; il avait pareillement appliqué sa méthode à la géographie. Cependant on ne se lassait pas de faire de nouveaux essais. La mnémonique avait déjà une double base dans la symbolique et la topologie; bientôt parut un système dont on ne s'était pas encore avisé, celui de substituer les chiffres aux images, ou du moins d'en faire un troisième élément pour la science. Ce fut un Anglais, Gray, qui le premier en fit usage dans sa *Memoria technica*, imprimée à Londres en 1730. Son système, après qu'il l'eut perfectionné, consistait à former des mots dont les premières syllabes rappelassent le fait dont on voulait garder le souvenir, et dont les dernières continssent la date de ce fait. L'esprit philosophique qui s'empara des esprits à dater de la régence, ne permit pas qu'on croître et se propager sous la plume des encyclopédistes, ne permit pas qu'on s'occupât beaucoup de mnémotechnie. Il était destiné au xixe siècle de voir cette science reparaître et vouloir même dominer sur toutes les autres par le grand nombre d'ouvrages qu'elle a

produits, et dont la nomenclature ne serait ni moins longue, ni moins fastidieuse que celle des méthodes des xvie et xviie siècles. Contentons-nous de dire que la topologie, la symbolique et les chiffres s'amalgament et se combinent en cent manières dans tous ces nouveaux systèmes, qui ne diffèrent entre eux que parce que des trois éléments dont ils se composent c'est tantôt l'un, tantôt l'autre qui prédomine. Les Français, les Anglais, les Allemands, semblent avoir rivalisé entre eux à qui fournirait davantage; les Polonais même s'en sont mêlés, Michalski a publié un recueil de matériaux qui ont servi à l'enseignement de l'histoire et du calcul par la méthode polonaise. Il paraît que dans cette méthode polonaise, c'est l'emploi des nombres qui l'emporte; on dit qu'elle a été appliquée avec succès dans plusieurs écoles. — De tout cela que pouvons-nous conclure? Que la mnémonique est utile. C'était, nous dit-on, l'opinion de Cicéron, qui la croyait nécessaire à l'orateur. Qu'elle fût nécessaire ou du moins très utile, nous n'en doutons point; mais de ce qu'une chose pourvue de certaines qualités constantes et avérées peut être très utile, il ne s'ensuit pas qu'une chose à laquelle ces qualités manquent puisse produire le résultat demandé. Pour nous, avouons-le franchement, nous serions fort de l'avis de Quintilien, qui prétend que la meilleure de toutes les méthodes mnémotechniques c'est un long et constant exercice. L'expérience nous fait voir tous les jours dans les collèges ou dans les maisons d'éducation des enfants qui, lorsqu'ils arrivent, ne peuvent pas retenir la moindre chose, acquérir au bout de quelques mois seulement la faculté de garder la mémoire des choses, et développer par degrés cette faculté. Rarement on a vu des individus privés tout-à-fait de mémoire devenir capables de souvenirs à l'aide des méthodes. Une chose qu'on ne peut contester, c'est que tous les hommes qui se sont fait remarquer par leur mémoire souvent prodigieuse n'ont dû cet avantage qu'à la nature secondée par l'exercice; il est douteux que les méthodes artificielles aient jamais fourni un exemple à citer d'une mémoire produite par leurs moyens. On peut toutefois convenir que ces méthodes peuvent rendre quelque service, comme de fixer dans la mémoire des faits historiques, des dates, les divisions d'un discours et même ce qui se rattache aux arts et aux sciences naturelles, mais elles sont tout-à-fait inutiles dans toutes les sciences abstraites où il s'agit d'idées générales, de faits spéculatifs, de raisonnement, d'opérations de l'intelligence en un mot, et non de faits positifs ou matériels.
　　　　　　　　　　　　　　　　　　　　J. de M.

MNÉMOSYNE ou la déesse **Mémoire** (*myth.*), fille du Ciel et de la Terre, sœur de Saturne et de Rhéa. Jupiter, sous la forme de berger, la rendit mère des neuf Muses. Elle accoucha sur le mont Piérius, d'où les Muses furent nommées Piérides. On attribue, dit Diodore de Sicile, à la Titanide Mnémosyne l'art du raisonnement et l'imposition de noms convenables à tous les êtres, invention que d'autres attribuent à Mercure. Mais on accorde généralement à Mnémosyne le premier usage de tout ce qui sert à rappeler la mémoire des choses dont nous voulons nous ressouvenir, et son nom même l'indique assez.

MNESTER, pantomime célèbre de Rome, fut un des favoris de Caligula. Sous le règne suivant il fut aimé de Messaline; mais, craignant les suites d'une liaison criminelle avec l'impératrice, il refusait de se rendre à ses désirs. Messaline se plaignit à son époux, devant des convives rassemblés, de l'insolence d'un pantomime, qui lui désobéissait. Claude appela Mnester, le fit battre de verges, puis lui ordonna de ne rien refuser désormais à l'impératrice. Dans la suite, quand la mort de Messaline entraîna celle de quelques-uns de ses amants, Mnester fit en vain valoir les ordres formels de Claude; les affranchis du prince ordonnèrent sa mort.

MOAB, naquit de l'inceste involontaire de Loth avec sa fille aînée, vers l'an 1867 avant J.-C. Il fut père des Moabites, qui habitèrent à l'orient du Jourdain et de la mer Morte, sur le fleuve Arnon. Les fils de Moab conquirent ce pays sur la race Enacim : et les Amorrhéens, dans la suite, en reprirent une partie sur les Moabites.

MOABITES, peuple de la Palestine, descendaient de Moab. Les Moabites furent souvent en guerre avec les Juifs; Eglon, leur roi, les réduisit en captivité pendant dix-huit ans. Jéroboam, roi d'Israël, les soumit. Ils adoraient Chamos et Belphégor. Leur capitale était Ar ou Aréopolis, nommée aussi Rabbath-Moab.

MOAVIAH, général du calife Othman, vers l'an 643 de J.-C., fit beaucoup de conquêtes et vengea la mort de ce prince. C'est ce Moaviah qui s'étant rendu maître de l'île de

Rhodes vers 653, vendit les débris du célèbre colosse du soleil à un marchand juif, qui, dit-on, les fit porter à Alexandrie sur 900 chameaux.

MOBILE, adj. des deux genres, qui se meut et qui peut être mû. En imprim., caractères mobiles, caractères séparés qu'on place les uns après les autres pour en former des mots. Fêtes mobiles, certaines fêtes de l'année, ainsi nommées parce que leur célébration change tous les ans, selon la différence sur les lunaires. Au sens moral, caractère mobile, caractère changeant. Mobile est aussi substantif ou masculin et signifie ainsi le corps qui est mû. Il signifie particulièrement en horlogerie, une roue ou quelque autre pièce du mouvement d'une montre ou d'une pendule, qui tourne sur le pivot. Mobile, subst., signifie aussi la force mouvante. Mobile, subst., se dit figurément de ce qui porte, de ce qui excite à faire quelque chose.

MOBILIAIRE, adj. f., qui consiste en meubles ou qui concerne cette nature de biens.

MOBILIER, ÈRE, adj., (jurisp.), qui est de la nature de meuble. Mobilier, s'emploie aussi comme substantif collectif, et se dit des meubles, de ce qui sert à garnir et orner une maison sans en faire partie.

MOBILISATION, s. f. (jurisp. et admínist. militaire), action de mobiliser.

MOBILISER, v. a. (jurisp.), faire une convention en vertu de laquelle un immeuble réel ou réputé tel est considéré comme meuble. Mobiliser, signifie aussi quelquefois, en termes d'administration militaire, envoyer en expédition, mettre en campagne un corps ordinairement sédentaire.

MOBILITÉ, s. f. (doct.), facilité à être mû.

MOCÉNIGO (Louis), noble vénitien, d'une famille qui a donné plusieurs doges à sa patrie, obtint cette dignité en 1570. Il se ligua avec le pape et les Espagnols contre les Turcs, qui avaient pris l'île de Chypre. Sébastien Vénéri commandait les galères de la république, Marc-Antoine Colonne celles de l'Église, et don Juan d'Autriche celles du roi d'Espagne. L'armée chrétienne gagna la célèbre bataille de Lépante, le 7 octobre de l'an 1571. Louis Mocénigo mourut l'an 1576, après avoir gouverné avec beaucoup de prudence et de bonheur.

MOCÉNIGO (Sébastien), qui avait été providéteur-général de la mer, général de la Dalmatie et commissaire plénipotentiaire de la république, pour le règlement des limites avec les commissaires turcs, fut élu doge le 28 août 1722, et soutint avec honneur la gloire de son nom.

MOCÉNIGO (André), qui vivait en 1522, fut employé dans les grandes affaires de la république et les mania avec succès. On a de lui deux ouvrages historiques : de Bello Turcarum ; la Guerra di Cambrai, 1500 et 1517; Venise, 1544, in-8°. Cet ouvrage ne flatte pas les puissances liguées contre Venise. L'abbé Dubos en a profité dans son Histoire de la ligue de Cambrai.

MODE, s. f., usage passager, qui dépend du goût et du caprice. Bœuf à la mode, ragoût fait d'une pièce de bœuf piquée de gros lard. Modes, au pluriel, signifie les ajustements, les parures à la mode; mais dans cette acception il ne se dit qu'en parlant de ce qui sert à l'habillement des dames. Mode, signifie aussi manière, fantaisie.

MODE (mœurs publiques). Qui ne s'est plaint de la mode et de ses exigences? Qui une fois au moins dans sa vie n'a pas déclamé contre elle? Eh bien ! on la nomme tyran capricieux et fantasque, et tout le monde lui obéit. Il est bien quelques hommes, mûris par l'âge, qui ont assez de raison pour se soustraire à son empire; mais ils sont rares. Tout le monde, il est vrai, n'est pas obligé de croire, par exemple, qu'il est nécessaire qu'un homme porte des gants jaunes et tienne entre ses mains un jonc, une baleine de la grosseur d'un tuyau de plume. Il y a des gens qui le pensent, ou qui même sans le penser diront que c'est la mode et qu'il faut s'y conformer. Il est d'autres esprits atrabilaires qui, dans leurs diatribes, veulent qu'on foule aux pieds la mode, et que chacun se conduise et s'habille à sa guise, ils traitent les jeunes gens d'insensés, de têtes vides, les jeunes femmes de folles; et ni leurs déclamations ni leurs sarcasmes n'enlèvent à la mode ses adeptes. Ceux-là oublient que de leur temps il existait des modes, qu'ils les ont suivies, peut-être même outrées, et que dans tous les cas il faut avoir de l'indulgence. Nous savons bien que la mode est fantasque; mais quand tout le monde adopte une de ses créations, il est moins ridicule, suivant nous de s'y soumettre de bonne grâce, sans aller pourtant jusqu'à l'excès, que de conserver un costume proscrit

par l'usage, vieilli sans retour, devenu même un objet de dérision. Quand on fait partie d'une société, on ne doit pas s'isoler au milieu d'elle par des coutumes surannées; il vaut mieux céder doucement au torrent, sans se laisser entraîner toutefois, y faire les concessions qu'on ne peut pas refuser et arriver ainsi insensiblement au terme auquel tout doit finir. De ces hommes indulgents pour les autres, qui tolèrent sans les blâmer trop fort les goûts mobiles et souvent bizarres du siècle, il en est aussi plus qu'on ne pense; ce sont ceux qu'on voit se conformer à la mode, hormis dans les choses que leur âge et leur position leur donnent le droit de rejeter. Pour ce qui est des femmes, elles sont inflexibles sur ce point, et le culte de la mode est sacré pour elles. Du reste, n'en disons pas trop de mal, car nous serions forcés d'en dire davantage de ces hommes plus qu'efféminés qui font de la toilette et se croient des êtres fort importants lorsqu'ils ont un habit du tailleur en vogue, et que toutes les parties de leur costume depuis la coupe et l'arrangement des cheveux jusqu'à la chaussure, sont parfaitement assorties. Au fond il ne faut pas trop reprocher à notre siècle des goûts qui furent de tous les temps et de tous les pays, et qui probablement ne changeront jamais; car les hommes et les femmes de tous les siècles chercheront toujours à mettre dans leurs costumes ce qu'ils jugeront capable de leur donner un air plus distingué, plus relevé, plus fait pour charmer les yeux. Sans doute il y aura sur ce point encore, comme il y a eu jusqu'ici, d'étranges bévues, car on le sait : la mode est capricieuse, et l'on a vu souvent en ce genre des choses bien extraordinaires. N'importe, la mode parlera et ses lois seront obéies jusqu'à ce qu'il lui plaise de les changer. Si nous voulions faire une histoire de la mode et de ses vicissitudes, nous pourrions remonter à l'origine des sociétés, pour nous persuader que, dès que quelques familles se réunirent, elles se soumirent sans le savoir à cette loi générale qui veut que tous les hommes cherchent à relever leurs avantages par des moyens artificiels ; ce qu'on a vu, ce qu'on voit encore chez tous les peuples sauvages de l'Amérique et des îles de l'Océan. Est-ce par nécessité que ces sauvages aplatissent la tête de leurs enfants pour lui faire prendre une forme carrée? qu'ils se percent les lèvres, les oreilles, les narines pour y suspendre des anneaux de métal, des osselets ou simplement y passer des morceaux de bois? qu'ils se tatouent le corps de haut en bas de la façon la plus bizarre? Il y a toute apparence que ce qui se fait encore chez ces hommes de la nature, s'est pratiqué dès l'origine du monde avec les modifications que le climat, quelque lueur de civilisation, quelque souvenir confus de la révélation primitive avaient dû mettre aux exigences de la mode. Mais sans remonter aussi haut, sans interroger les modes grecques et romaines, ni même les modes gauloises et franques, sans rien demander à nos voisins, descendons d'un seul coup de plusieurs siècles dans l'histoire de France, et voyons si nos aïeux furent plus sages que nous. Sous Philippe de Valois et ses successeurs on portait des habits longs, espèces de tuniques. L'incommodité de ces vêtements les avait fait abandonner, mais ils redevinrent de mode sous Charles VII. Seulement les fashionables de l'époque portaient une espèce de camisole étroite, attachée à des hauts de chausse tellement justes qu'ils dessinaient toutes les formes. L'entre-deux de ces hauts de chausse était muni d'un étui fort indécent qu'on enjolivait de rubans et de touffes de franges; on en voit encore la forme dans les vieilles tapisseries. Les hommes de bon ton attachaient aux larges épaules une idée qui leur plaisait; c'était un signe de vigueur qui répondait à la présence de l'étui : ils firent fabriquer des épaules artificielles qu'on appelait Mahoîtres. Les cheveux descendaient en touffe sur le front jusqu'aux sourcils. Le chapeau était haut de forme et pointu. Les femmes, pour se distinguer des hommes, quittèrent les robes traînantes pour en prendre de très courtes avec de larges bordures. Leur coiffure consistait en un large bourrelet surmonté d'un bonnet pointu, en forme de pain de sucre. Les chemises étaient de serge. On regardait comme une chose extraordinaire que la reine (femme de Charles VII) eût deux chemises de toile. Sous Charles VIII, les femmes avaient attaché au sommet de leur bonnet pointu un large voile qu'elles drapaient sur leurs épaules. Le costume des hommes s'était maintenu sans grand changement; ils avaient adopté une double veste ample et plissée qui descendait au-dessous de la ceinture; ceux qui avaient droit de porter épée la suspendaient au ceinturon qui serrait la soubreveste autour des reins, les élégants portaient des pantalons de soie cramoisie ou couleur de feu. Sous Louis XII, on avait encore la soubreveste et sa ceinture et le pantalon ; mais on mettait par-dessus tout une grande robe qui descendait à mi-jambe, ou même jusqu'à la cheville ; on l'appelait *houpelande* et elle s'ouvrait et se fermait par-devant. La partie supérieure se terminait par un grand chaperon rond en fourrures, retombant sur les épaules ; les souliers avaient la forme de sandales. Les femmes avaient échangé leur bonnet pointu contre une toque en forme de cœur et faisant l'éventail ; mais au lieu de laisser ondoyer le voile sur leurs épaules, elles le relevaient pour laisser voir leur chevelure. Sous François Ier, on ajouta au pantalon un retroussis d'étoffe plissée, couvert de bandes de diverses couleurs. La soubreveste avait des manches bouffantes, divisées par bandes comme les retroussis. Les bourgeois portaient dans les cérémonies de longues robes de velours noir, cramoisi ou écarlate. Le chapeau se composait d'une étoffe très serrée, drap satin ou velours en forme de toque, surmontée de plumes et ornée de perles et de pierreries. Les femmes portaient une robe courte, un corset étroit, uni ou brodé. Les manches du corset étaient bouffantes, ornées de rubans et garnies de perles et de pierres précieuses. Les femmes nobles jetaient sur leurs épaules un manteau doublé d'hermine. Sous le règne de Henri III, on employa beaucoup de matière d'or et d'argent pour la fabrication des étoffes. François Ier avait substitué le chapeau à la toque ; Henri III substitua au chapeau la toque italienne, qu'il portait de velours ornée de pierreries. De nouveaux changements eurent lieu sous Henri IV ; ils nous sembleraient aujourd'hui ridicules, ils charmèrent nos aïeux. Des fraises autour du cou, des manches déchiquetées et attachées avec des rubans, plusieurs rangs de manchettes, la barbe et les cheveux courts : tel fut le costume des hommes. Les femmes commencèrent à se découvrir la poitrine, mais elles portaient de gros colliers et des fraises d'un pied de haut soutenues par des fils de laiton. Leur coiffure consistait dans les cheveux frisés, bouclés et ornés de fleurs ou de pierreries et d'un panache blanc. Ce fut sous ce règne qu'on inventa la poudre à friser, qu'on appela *poudre de la griserie*, parce qu'elle servait surtout à ceux dont les cheveux étaient gris. Vers la fin de ce règne on laissa de nouveau croître la barbe, mais vers le milieu du règne suivant on rasa la barbe et on se réduisit à deux moustaches et à un petit bouquet de poil au menton. Le cardinal de Richelieu fut soumis comme les autres à l'empire de la mode. Plus tard commença la mode des perruques, mode qui paraît si extraordinaire que le seul nom de perruque équivaut aujourd'hui à une injure. Sous Louis XIV, elles acquirent un volume excessif. Les cheveux les plus estimés pour leur finesse ou leur couleur se vendaient quatre-vingts francs l'once, et une belle perruque coûtait jusqu'à mille écus. On poussa la manie d'imitation (on sait que Louis XIV aima toujours les perruques immenses), jusqu'au point d'en affubler la tête des enfants ; un vieillard même ne pouvait se présenter nulle part qu'à l'ombre d'une vaste perruque. Le principal vêtement était le juste-au-corps, ainsi nommé parce qu'il saisissait les contours de la taille. Au lieu de fraise on porta la cravate, un chapeau à haut bord, de grosses bottes pour monter à cheval et des bottes molles pour la ville, le pantalon substitué aux larges culottes. Les femmes adoptèrent à cette époque l'usage des grands paniers, et celui du fard bien plus pernicieux. Tout changea de nouveau sous le règne de Louis XV, et la plus grande variété s'introduisit dans les modes. La redingote fut introduite d'Angleterre en France en 1725 ; l'usage en fut généralement adopté, surtout pour monter à cheval. Les fashionables se trouvant trop au large dans une redingote, inventèrent le frac, mot polonais par lequel on désigna ce nouveau vêtement. On remplaça les cravates par des cols de mousseline plissés ; les jabots, les manchettes s'adaptèrent aux chemises. Les perruques diminuèrent de volume et elles ne furent plus d'usage que chez les gens de robe et les docteurs médecins. Les dames portèrent, au lieu de robes fermées à l'anglaise, des falbalas et des mantelets de velours, d'écarlate ou de soie. Quant à la coiffure des femmes il serait impossible de la décrire ; elle changeait tous les jours de la forme aplatie à la forme pyramidale ; des plumets de toute grandeur, de la poudre grise, blanche, rouge, formèrent une partie essentielle de la coiffure des femmes. Nous ne pousserons pas plus loin ce tableau des anciennes modes françaises. Les costumes du temps de Louis XV existaient encore sous Louis XVI ; ce ne fut qu'aux approches de la révolution qu'ils se modifièrent pour se rapprocher du cos-

tume qui est plus tard devenu celui de la nation. Nous ne parlerons pas non plus des temps orageux de la révolution où le bonnet rouge avait remplacé le chapeau, où il aurait fallu presque être littéralement sans culottes. De tout cela, que conclure ? Que la mode est un tyran ? Oui sans doute, mais avec les différences entre elle et les tyrans ordinaires, qu'on n'obéit à ceux-ci que par crainte et qu'on obéit à l'autre avec plaisir, qu'on serait même très fâché de ne pouvoir pas se prêter à ce qu'elle demande, quelque exigeante qu'elle paraisse. Disons seulement que s'il paraîtrait ridicule de heurter la mode de front, il est pourtant des limites dans l'obéissance, qu'un homme sensé ne franchit point ; il se soumet à la mode en ce qui concerne son extérieur ; encore a-t-il soin qu'il n'y ait rien d'outré dans sa mise, rien qui tende à faire d'un vieillard un jeune homme épris de son costume, rien qui se rapproche trop des anciens costumes qu'il a dû abandonner. Les amateurs des modes, qui ne veulent pas porter aujourd'hui un objet proscrit hier, peuvent consulter un nombre de feuilles quotidiennes ou hebdomadaires qui leur annonce chaque jour les lois nouvelles que la déesse impose à ses adorateurs.　　　　　　　　　　　　　　　　　　　　J.

MODE (*musiq.*). On a défini le mode une suite ou ordonnance de tons disposés relativement à l'un d'entre eux pris pour base, lesquels dépendent ainsi les uns des autres. Au défaut d'être fort obscure, cette définition nous semble joindre celui d'être peu exacte, car elle peut très bien s'appliquer à la gamme. Supposons, en effet, une ordonnance de tons : ut, ré, mi, fa, sol, la, si, ut ; ces tons dépendent les uns des autres en ce sens que si on les dérange, on détruit ou on altère les intervalles qui doivent les séparer. L'ut tonique est la base de cette ordonnance ; tous les autres tons sont disposés relativement à lui, le ré à la seconde, le mi à la tierce et ainsi de suite. Eh bien ! si l'on prend pour base un de ces tons et qu'on veuille former une ordonnance du même genre, par exemple sol, on obtiendra une gamme nouvelle aussi parfaite que la première, pourvu qu'ait eu soin, par le placement de dièzes ou de bémols, de maintenir les intervalles tels qu'ils se trouvent dans la gamme primitive, c'est-à-dire un demi ton seulement de la tierce à la quarte et un autre demi ton de la septième à l'octave. Les Grecs, à la vérité, dans leur système musical qui n'est qu'imparfaitement connu, avaient une infinité de modes ; ils ne chantaient, en effet, sur chaque mode, que ce qui était composé pour lui ; mais chez les modernes, il n'y a que deux modes, parce qu'il n'y a réellement que deux manières de chanter la gamme, l'une en majeur, l'autre en mineur, et que ces deux manières s'appliquent à tous les tons, à tout ce que les Grecs appelaient modes. Ces modes grecs ont été conservés en partie dans le plain-chant en usage chez les catholiques. On entend donc par mode, la partie du système musical qui, quelque ton que ce soit, c'est-à-dire quelque ton qui ait été pris dans la gamme pour devenir tonique, conserve toujours sa tierce et sa septième majeures, c'est-à-dire éloignées d'un ton entier de la seconde et de la sixte, c'est le mode majeur ; et la partie qui, dans les mêmes circonstances, conserve toujours sa tierce mineure, c'est-à-dire diminuée d'un demi ton. Nous devons remarquer ici que dans la théorie et quand on veut faire usage d'un précision mathématique, les intervalles d'un ton à l'autre ne sont point parfaitement égaux, et que les demi tons ne forment pas exactement la moitié d'un ton, mais dans la pratique on ne s'arrête pas à cette différence. Le mode majeur est principalement caractérisé par la tierce. On peut dire que c'est d'elle qu'il reçoit l'éclat qui le distingue si éminemment du mode mineur ; car dès que la tierce s'altère par un bémol, le mode devient plus doux, mais beaucoup moins brillant. La constitution du mode mineur n'est pas aussi simple que celle du mode majeur ; car tous les musiciens ne sont point d'accord sur la fixation de l'échelle, surtout en descendant de l'octave à la tonique. En montant, il n'y a pas de difficulté, et tous les théoriciens sont à peu près d'accord ; la gamme mineure est absolument semblable à la gamme majeure, sauf la tierce qui est mineure, c'est-à-dire diminuée d'un demi ton ; mais en descendant, il se trouve un ton entier entre l'octave et la septième, un autre ton entre la septième et la sixte, un demi ton seulement entre la sixte et la cinquième, la tierce reste mineure. Voici comment on peut établir cette échelle dans les deux modes :

Mode majeur : ut, ré, mi 1/2, fa, sol, la, si 1/2, ut.

Mode mineur : ut, ré, mi bémol, fa, sol, la, si, ut.

Mineur en descendant : ut, si bémol, la bémol, sol, fa, mi bémol, ré, ut.

Quelques uns établissent l'échelle d'une autre manière en montant, ils bémolisent le mi et le la et laissent le si naturel, mais cette manière est peu suivie, parce qu'elle n'établit pas d'ordre diatonique puisque entre le la bémol et le si naturel, il se trouve un saut de seconde augmenté, c'est-à-dire un trois et demi. On forme les deux modes majeur et mineur, suivant qu'elle est elle-même majeure ou mineure. Quant aux principales notes du mode, ce sont d'abord la tonique, la quinte qu'on nomme aussi dominante, et la quarte ou sous dominante; en second lieu, la tierce qui détermine le mode, et la septième, qu'on appelle note sensible quand elle monte vers la tonique. Tous les théoriciens prennent ordinairement le mode majeur en partant de l'ut; mais au lieu de former le mineur sur l'ut en bémolisant le mi, le la et le si, ils partent du la naturel, mais dans ce cas, ils sont tenus d'altérer par un dièse le sol septième, pour en faire la note sensible. On conçoit qu'il est aisé de convertir en toniques tous les tons et demi tons de la gamme naturelle, en prenant soin de bémoliser ou de diéser les notes convenables afin de conserver les intervalles. Prenons, par exemple, le la naturel; pour que ces intervalles se trouvent comme ils doivent être, de manière à ne laisser qu'un demi ton entre la tierce et la quarte et entre la septième et l'octave, on trouve qu'il faut trois dièses, l'un sur le fa, l'autre sur l'ut, le troisième sur le sol, de la manière suivante:

La, si, ut dièse, ré, mi, fa dièse, sol dièse, la.

Pour produire le ton majeur de ré, il faut deux dièses fa et ut; pour le ton du mi, quatre: fa, ut, sol, ré; pour le ton de si, cinq : les quatre que nous venons de nommer et le la. Si on veut pour tonique un ton bémolisé comme si bémol, mi bémol, la bémol, etc., on procède comme pour les tons naturels; on place des bémols jusqu'à ce qu'on ait formé la gamme régulière. Par exemple, pour le ton de si bémol, il faut deux bémols, l'un sur le si, l'autre sur le mi; pour celui de mi bémol, il faut en ajouter un troisième sur le la; pour celui de la bémol, on en ajoutera un quatrième sur le ré, et ainsi de suite. Mais, en général, les compositeurs ne choisissent guère que les tons naturels, et dans les tons bémolisés que ceux de si, de mi et de la, et ils les choisissent d'après le caractère qu'ils veulent donner à leur morceau. Ainsi le ton d'ut est noble et grave, celui de ré est brillant, celui de fa est austère et mâle, celui de sol est agréable à l'oreille, celui de si bémol tient un peu de celui de fa, celui de mi bémol est majestueux et harmonieux, etc. Les musiciens ne se trompent guère au choix du ton dans lequel ils veulent écrire; tous les autres tons ne s'emploient guère que d'une manière transitoire et momentanément. Tout mode majeur a un relatif mineur formé de la même manière, c'est-à-dire avec le même nombre de dièses ou de bémols; il a pour tonique la sixte du ton majeur. Il a de plus un autre mode mineur formé de la même échelle, ayant la même tonique avec la différence qu'il faut ajouter des bémols ou retrancher des dièses jusqu'à ce qu'on ait la tierce mineure et que ce sont les deux tons relatifs réguliers. Or, le premier de ces deux tons relatifs, se trouve toujours être la sixte de la tonique ou tierce mineure de l'octave, ce qui est la même chose. Ainsi le ton relatif d'ut est la; il faut observer que lorsque le sol devient note sensible, on doit le frapper d'un dièse accidentel. Le second relatif mineur d'ut naturel se forme en ajoutant à la clef trois bémols qui altèrent le si, le mi et le la. Si l'on veut les relatifs mineurs du ton de ré qui porte à la clef deux dièses, il faut pour l'un deux dièses à la clef; il faut remonter à la sixte de la tonique qui est si, frapper le la de dièse quand il devient note sensible; et pour trouver le second relatif qui est ré mineur lui-même, ôter les deux dièses de la clef, y mettre en place un bémol, et diéser l'ut quand il devient note sensible. Si lorsqu'on voit un morceau qu'on ne connaît pas, on veut savoir de suite en quel ton il a été écrit, on n'a qu'à jeter un coup-d'œil sur la clef. S'il n'y a ni dièses ni bémols, on peut conclure qu'on est en ut majeur, et si l'on aperçoit le sol dièse qu'on est en la mineur. S'il y a des dièses, on a pour tonique la note qui vient immédiatement après le dernier dièse. Ainsi, s'il y a quatre dièses, dont le dernier est sur le ré, on a mi pour tonique. Les musiciens désignent ordinairement ce ton par le nom de mi grand dièse, pour le distinguer du mi bémol qui est très usité, mais si l'on aperçoit un dièse accidentel sur le si, on se trouve en ut dièse mineur, relatif mineur de mi grand dièse. Si, au lieu de dièses, la clef ne porte que des bémols, on a pour

tonique la note affectée du second bémol. Ainsi avec trois bémols, on est en mi bémol; avec quatre bémols, on est en la bémol; mais si l'on aperçoit un bécarre accidentel sur le si, on est en ut mineur; si dans le ton de la bémol le bécarre frappe le mi, on est en fa mineur. De même que chaque ton majeur a deux relatifs mineurs, chaque ton mineur a deux relatifs majeurs. L'un a la même tonique, mais il faut changer l'armure de la clef. Si, par exemple, on se trouve en ut mineur avec trois bémols, on ôte les trois bémols, et l'on se trouve en ut majeur. Si l'on est en fa mineur avec quatre bémols, on ne laisse que le premier bémol et l'on a fa majeur. Quant au second relatif majeur, il se trouve à la tierce mineure au dessus de l'octave. La clef conserve le même nombre de bémols. Ainsi, quand on est en ut mineur avec trois bémols, on a pour majeur relatif mi bémol; dans le ton de fa mineur avec quatre bémols, a pour majeur relatif, avec le même nombre de bémols, la bémol majeur, etc. Ajoutons que dans tous les tons majeurs, la bémolisation de la septième produit une sortie de ton qui amène la quarte pour nouvelle tonique, et que l'augmentation de cette même quarte par un dièse conduit à la quinte qui devient tonique à son tour. Ainsi, si dans le ton d'ut on place un bémol sur le si, on arrive nécessairement au ton de fa, et si on élève le fa par un dièse, on arrive au ton de sol.　　　　J.

MODÈLE, s., m., exemplaire, patron. Il se dit particulièrement, en termes de peinture et de sculpture, de la personne, homme ou femme, d'après laquelle les artistes peignent, dessinent, sculptent, etc. Modèle se dit aussi, en sculpture, de la représentation en terre ou en cire d'un ouvrage qu'on se propose d'exécuter en marbre ou en quelque autre matière. Il se dit également, dans plusieurs autres arts, de la représentation en petit d'un objet qu'on se propose d'exécuter en grand. Modèle se dit figurément, des ouvrages d'esprit et des actions morales.

MODELER, v. a., t. de sculpture. Former avec de la terre molle ou de la cire le modèle, la représentation d'un ouvrage qu'on veut exécuter en marbre ou en quelque autre matière. Modeler, s'emploie figurément, au sens moral, dans le langage ordinaire, et signifie régler, conformer. Il se joint quelquefois avec le pronom personnel.

MODÈNE (duché de). Ce duché est situé dans une des parties les plus fertiles de la Lombardie. Les duchés de Toscane, de Lucques, de Bologne, de Mantoue et de Parme l'environnent de toutes parts. Par le congrès de Vienne il fut réuni au duché de Reggio. Ces deux duchés réunis renferment une population de 380,000 habitants sur une étendue de 94 milles carrées; quant aux villes de Massa et de Carrara, elles comptent 28,000 habitants sur une étendue de près de 5 milles carrées, y compris un ancien fief impérial : total, 99 milles carrées, avec une population de 408,000 âmes, répandues dans 10 villes, 63 bourgs et 465 villages. Ce duché est en général fertile et bien cultivé. L'Apennin lui livre ses nombreuses carrières et plusieurs rivières qui vont se jeter dans le Pô, fécondent ses plaines. Les olives, le vin et la soie sont les principales branches du commerce de Modène. Les revenus montent à 1 million et demi de florins. Le pouvoir absolu réside entre les mains d'un descendant de la famille d'Este, une des plus riches et des plus anciennes de l'Europe. Albert-Azzo II, mort en 1097, petit-fils du margrave Albert (960), souverain de Milan, de Gênes, etc., fut la souche de la maison de Brunswick et d'Este. Guelfe IV, fils de Guelfe II, duc de Bavière, hérita du titre de Guelfe III, son oncle du côté de sa mère Cunegonde. Son fils Henri-le-Noir, duc de Bavière, fonda la maison de Brunswick. Fulko, fils d'Albert Azzo II et de sa seconde femme Gansende, comtesse du Maine en France, fut souverain d'Este et fondateur de la maison d'Este. Les descendants de Fulko exercèrent la charge de podestat à Ferrare, à Modène et à Parme. Pendant les troubles qui agitèrent le nord de l'Italie au xiiie siècle, le margrave Obizzo III de la maison d'Este fut élu souverain de Ferrare en 1288, de Modène en 1290, et ensuite de Reggio. Un de ses descendants, Borso d'Este, fut nommé, en 1452, par l'empereur Frédéric III, duc de Modène et de Reggio. Le dernier rejeton direct de cette famille, Alphonse II, obtint de l'empereur Rodolphe II, le pouvoir d'appeler César d'Este, fils de son oncle, à lui succéder. Cependant ce dernier n'hérita que de la souveraineté de Modène, de Reggio et de Carpi. Le duché de Ferrare fut, à la mort d'Alphonse II, réuni au domaine du Saint-Siége par le pape Clément VIII. Les descendants de César d'Este prirent possession de Corregio en 1710, et de Novellara en 1757, à titre de vassaux de l'empereur. Le dernier duc de cette maison, Hercule III, épousa, en 1741, Marie-Thérèse de Cibo-Malaspine, héritière présomptive des duchés de Massa et de Carrara. De cette union naquit Béatrix, comtesse d'Este, qui fut mariée au grand-duc Ferdinand d'Autriche, gouverneur de la Lombardie autrichienne. En 1796, les Français envahirent ses Etats; mais le traité de Lunéville lui donna, à titre de dédommagement, le Brisgau, qu'il légua, en 1803, à son gendre le grand-duc Ferdinand. Ce dernier fut à son tour dépossédé de ses Etats en 1805, par le traité de Presbourg, et mourut en 1806. Son fils, le duc François IV, prince royal de Hongrie et de Bohème, grand-duc d'Autriche, né en 1779, et marié en 1812, avec la fille de Victor-Emmanuel, roi de Sardaigne, entra, en 1814, en possession du pays qui avait été sous la domination de ses ancêtres. Affermi sur son trône par le congrès de Vienne, il-prit le titre de duc d'Este, et devint le fondateur d'une nouvelle branche de cette famille. Sa mère récupéra aussi les duchés de Massa et de Carrara, auxquels le congrès de Vienne réunit un fief dans le Lunigiana. Ces trois principautés passèrent à son fils après sa mort arrivée à Vienne, le 14 novembre 1829. Le congrès de Vienne résolut en outre qu'en cas de réunion des duchés de Toscane et de Lucques, une partie de ce dernier retournerait au duc de Modène.

MODÈNE, ville d'Italie, capitale du duché du même nom. Cette ville est bien bâtie et renferme de beaux édifices, tels que le palais du duc, un théâtre, la cathédrale, vieux monument qui a une tour carrée, l'une des plus hautes de l'Italie. C'est au pied de la cathédrale que l'on montre la Secchia, seau de bois que les Modenais conservent comme un trophée de la victoire qu'ils remportèrent sur les Bolonais. Tassoni a chanté cet événement burlesque dans son poème de la Secchia rapita. La principale et presque l'unique industrie des habitants consiste en filatures de soie. Sa population est évaluée à 28,000 habitants. Modène est la patrie des érudits Sigonius et Muratori, des poètes Molsa et Tassoni, de l'anatomiste Fallope et de l'architecte Vignola.

MODÉRATEUR, TRICE, s., celui, celle qui modère, qui dirige, qui règle. Ce terme n'est usité que dans le style soutenu. Il signifie quelquefois, celui qui cherche à tempérer des opinions exaltées, à rapprocher des sentiments extrêmes.

MODÉRATION, s. f., Retenue, vertu qui porte à garder une sage mesure en toutes choses. Modération signifie aussi, retranchement, diminution d'un prix ou d'une taxe. Il signifie encore, adoucissement, mitigation.

MODÉRER, v. a., diminuer, adoucir, tempérer, rendre moins violent. Il s'emploie aussi en parlant des choses morales. Il s'emploie aussi avec le pronom personnel. Il signifie, au sens moral, se posséder, se contenir. Il est aussi adjectif et se dit des choses qui sont éloignées de toute sorte d'excès. Il signifie, au sens moral, qui est sage et retenu, qui n'est point emporté.

MODERNE, adj. des deux genres. Nouveau, récent, qui est des derniers temps. Il est opposé à ancien et antique. Moderne, employé substantivement au masculin, se dit des auteurs, des savants, des artistes qui ont paru depuis la renaissance des lettres et des arts. A la moderne, loc. adv., suivant la manière la plus récente.

MODESTE, adj. des deux genres. Qui a de la modestie. Modeste signifie aussi, qui a de la retenue, de la modération. Il signifie, en parlant des choses, médiocre, simple, sans éclat. Modeste signifie encore, qui a de la pudeur, de la décence.

MODESTE (Saint), abbé du monastère de Saint-Théodose, puis patriarche de Jérusalem en 632, est connu par des Homélies dont Photius a donné des extraits. Il dit dans la première que Marie-Madeleine avait toujours été vierge, et était morte martyre à Ephèse, où elle était allée trouver saint Jean l'Evangéliste, après la mort de la Sainte-Vierge : ce qui est d'autant plus remarquable qu'alors le sentiment qui faisait de Marie-Madeleine et de la femme pécheresse une même personne, paraissait être hors de doute, comme on le voit par les écrits de saint Grégoire pape, antérieurs de plusieurs années. Dans une autre de ces Homélies, l'on voit que, du temps de Modeste, la croyance à l'assomption de la Vierge en corps et en âme était reçue en Orient, et que les fidèles étaient pénétrés de respect pour elle. On trouve dans le même sermon une explication orthodoxe et précise des mystères de la trinité et de l'incarnation, ainsi que des preuves évidentes de la doctrine de l'Eglise sur l'intercession des saints. Saint Modeste mourut l'an 634. On fait sa fête le 16 décembre.

MODESTIE, s. f., retenue dans la manière de penser et de parler de soi. Il signifie aussi modération. Il se prend aussi quelquefois pour pudeur, décence.

MODICITÉ, s. f., petite quantité. Il ne se dit qu'en parlant de bien, d'argent.

MODIFICATIF, IVE, adj., qui modifie. Il s'emploie souvent comme substantif, au masculin, surtout en grammaire, où il se dit des mots qui déterminent le sens des autres.

MODIFICATION, s. f., modération, restriction, adoucissement d'une proposition, d'une convention, etc. Modification, se dit, en style didactique, d'un changement qui s'opère dans la manière d'être d'une substance.

MODIFIER, v. a., modérer, adoucir, restreindre. Il signifie aussi corriger, changer une chose dans quelque une de ses parties. Il s'emploie quelquefois avec le pronom personnel.

MODILLON, s. f., t. d'architecture, ornement propre aux ordres ionique, corinthien et composite, placé sous le larmier de la corniche, et figurant l'extrémité des chevrons du comble.

MODIQUE, adj. des deux genres, qui est peu considérable, qui est de peu de valeur.

MODISTE, s. des deux genres, ouvrier, ouvrière en modes, marchand, marchande de modes (V. MODE).

MODREVIUS (André-Fricius), secrétaire de Sigismond-Auguste, roi de Pologne, au milieu du XVIe siècle, avait beaucoup d'esprit. Son traité de la Réforme de l'Etat lui fit chasser du pays et dépouiller de ses biens. Il flotta toute sa vie entre les sociniens et les luthériens, travailla à réunir les diverses sociétés chrétiennes en une même communion ; et Grotius le compte entre les conciliateurs de la religion : comme s'il était possible que les imaginations d'un homme sans autorité et sans caractère fussent plus efficaces pour contenir et réunir les esprits inquiets et raisonneurs, que les jugements de l'Eglise universelle, doués de la sanction de J.-C. et de la garantie de Dieu même ! Son principal ouvrage, de Republica emendanda, Bâle, 1569, in-fol., est en 5 livres : le 1er traite de moribus ; le 2e de legibus ; le 3e de bello ; le 4e de Ecclesia ; et le 5e de schola. La liberté, ou plutôt la licence et la haine du bon ordre ont dicté cet ouvrage, mais ce n'est pas le goût qui l'a dirigé. Son traité de Originali peccato, 1562, in-4°, renferme des choses hardies.

MODULATION, s. f. (musique), passage d'un ton, d'un mode à un autre, dans le chant ou dans l'harmonie. Il se dit aussi de l'action de moduler le chant et l'harmonie, et l'effet qui en résulte.

MODULE, s. m. (archit.), mesure arbitraire servant à établir les rapports de proportion entre toutes les parties d'un ouvrage d'architecture. Module, se dit quelquefois, par extension, de tout ce qui sert à mesurer. Module, signifie aussi le diamètre d'une médaille.

MODULER, v. n. (musique), faire passer le chant ou l'harmonie dans les tons ou des modes différents. Il s'emploie quelquefois activement.

MOÉBIUS (Georges), théologien luthérien, né à Lancha, en Thuringe, l'an 1616, fut professeur à Leipsick, et mourut en 1697. On a de lui un grand nombre d'ouvrages en latin. Le plus connu est son traité de l'Origine de la propagation, et de la durée des oracles des païens, contre Vandale. Le père Baltus a profité de cet ouvrage, dans sa réfutation des Oracles de Fontenelle, et en a développé et renforcé les preuves.

MOEGLING (Louis), professeur à l'université de Tubingen en Souabe, publia en 1683 un traité curieux et intéressant, intitulé : Palingenesis, seu resurrectio plantarum ejusque ad resurrectionem corporum nostrorum applicatio. L'auteur nous montre un symbole frappant de la résurrection dans cette belle et étonnante expérience, qui a encore été perfectionnée depuis, où une plante, une fleur quelconque, réduite en cendres, se représente aux yeux dans sa première forme, et avec toutes ses couleurs.

MOELIEU DE FOUGÈRES (Thérèse), née à Rennes en 1763, d'un autre, membre du parlement de cette ville, se rendit célèbre par son attachement à la cause royale et ses efforts pour la faire triompher. C'est dans sa maison, à Fougères, que le fameux La Rouërie formait ses plans de défense. Mademoiselle Moëlieu l'aidait de tout son pouvoir, en avertissant à propos des mouvements qui éclataient en Bretagne; elle parcourait elle-même les campagnes et cherchait à réunir les défenseurs des Bourbons. Après la mort de La Rouéric, mademoiselle Moëlieu se trouva compromise dans les papiers de ce chef royaliste; elle fut aussitôt arrêtée et traduite devant le tribunal révolutionnaire, qui la condamna à mort le 18 juin 1793. Elle périt à l'âge de 30 ans.

MOELLE, s. f. On appelle moelle la substance huileuse, jaunâtre, contenue dans la cavité des os longs, dans les cavités cellulaires des extrémités de ces mêmes os. La moelle est le produit d'une exhalation qui a lieu à la surface de la membrane médullaire. Celle qui occupe le canal des os cylindriques représente un cylindre moulé sur les parois osseuses de ce canal, et contenu dans la membrane médullaire; mais les vésicules dont elle est formée ne communiquent point les unes avec les autres, comme on le croyait généralement; elles ressemblent en tout point aux vésicules du tissu adipeux. Elle est formée des mêmes principes que la graisse ordinaire, mais en proportions différentes, puisqu'elle est plus fluide. Ces proportions varient d'ailleurs selon les circonstances individuelles : lorsque l'embonpoint est ordinaire, on trouve, sur huit parties de moelle, sept de graisse; le reste est formé par les vaisseaux, de l'eau et de l'albumine : chez les sujets maigres, au contraire, la graisse ne constitue que le quart ou une proportion moindre encore du fluide contenu dans les os longs; le reste parait être de l'eau, ou du moins une substance évaporable, et de l'albumine ou une substance coagulable. Diverses fonctions ont été attribuées à la moelle : on l'a crue propre à donner de la souplesse et de la ténacité aux os; mais cette opinion est inadmissible, puisque les os des vieillards, qui contiennent beaucoup de moelle, sont beaucoup plus fragiles que ceux des enfants, qui en contiennent infiniment moins. On ne peut pas admettre davantage qu'elle serve à nourrir le tissu osseux, puisque l'on trouve dans les espèces animales beaucoup d'os qui sont dépourvus de graisse. La membrane médullaire fait au-dedans de l'os l'office du périoste, et c'est sous ce rapport seulement qu'elle sert à la nutrition. Quant à la moelle, elle doit avoir les mêmes usages généraux que la graisse : c'est une sorte d'aliment en réserve, une des formes que doit revêtir la matière nutritive. — Moelle épinière. La moelle épinière se continue avec la protubérance cérébrale, au niveau du grand trou occipital. Elle descend dans le canal vertébral, jusqu'au niveau de la deuxième vertèbre lombaire, sans le remplir exactement, présentant, dans ce trajet, plusieurs renflements très marqués, et creusée, sur sa surface antérieure et sur sa face postérieure, d'un sillon qui la partage dans toute sa longueur en deux gros cordons nerveux intimement unis. L'extrémité supérieure de la moelle vertébrale, renfermée dans le crâne, forme une sorte de renflement ou de bulbe étendu de la protubérance cérébrale au grand trou occipital. La substance de la moelle épinière est formée de fibres dirigées les unes longitudinalement, les autres transversalement. Les premières émanent, en arrière, des corps restiformes; en avant, des éminences pyramidales; sur les côtés, des éminences olivaires. Les secondes, continues avec celle-ci, mais apercevables au fond des sillons médians, antérieur et postérieur, forment la commissure de la moelle. Les fibres de la substance blanche, semblables à celles de certains nerfs, sont très serrées les unes contre les autres, et entourées d'une gaine cellulaire très ténue, double raison pour laquelle elles ne sont bien évidentes qu'après la macération dans l'acide azotique étendu d'eau.

MOELLEUX, EUSE, adj., rempli de moelle. Fig., étoffe moelleuse, étoffe qui a du corps et qui est souple, douce à la main. Fig., voix moelleuse, voix pleine, douce, et qui n'a rien d'aigre ni de dur. Moelleux s'emploie aussi figurément en termes de peinture.

MOELLON, s. m. (maçonnerie), pierre de petite dimension qui s'emploie dans les massifs de construction et qu'on recouvre ordinairement de plâtre ou de mortier.

MOENIUS (Caius), célèbre consul romain, vainquit les anciens Latins. Il attacha près de la tribune aux harangues les becs et les éperons des navires qu'il avait pris à la bataille d'Antium, l'an 338 avant J.-C.; ce qui fit donner à ce lieu le nom de Rostra.

MOERBECA (Guillaume), né vers l'an 1215 à Moerbeeck, en Flandre, près de Grammont, se fit dominicain, et fut disciple d'Albert-le-Grand. Il devint chapelain et pénitencier des papes Clément IV et Grégoire X. Celui-ci l'envoya au second concile général de Lyon en 1274. Sa science et ses vertus furent récompensées par l'archevêché de Corinthe (alors sous la domination des Vénitiens), et par les honneurs du Pallium. Monté sur ce siège, il se consacra entièrement aux devoirs pastoraux et à traduire des livres grecs en latin. On croit qu'il mourut avant la fin du XIIIe siècle. On a de lui une Traduction latine du commentaire de Simplicius sur les livres d'Aristote du ciel et de la terre, Venise, 1563, in-fol. Il traduisit tous les ouvrages d'Aristote, à la sollicitation de saint Thomas. On conserve dans plusieurs bibliothèques cette version manuscrite, de même que la version des ouvrages de Proclus le philosophe, etc. Voyez la Bibliothèque des écrivains de l'ordre de Saint-Dominique, par Echard.

MŒRIS (Lac), géog., célèbre lac d'Egypte, dans l'Heptanomide, à peu de distance d'Arsinoé, à 72 milles de Memphis, à 10 du Nil, fut ainsi nommé à cause du roi Mœris, qui l'avait fait creuser pour corriger autant que possible les irrégularités des inondations du Nil, tantôt trop abondantes, tantôt trop faibles. Pomponius Mela ne lui donne que 20 milles de circonférence, environ 6 lieues et demie; mais, selon la plupart des auteurs anciens, il avait 3,600 stades de tour, environ 150 de nos lieues. Sa profondeur était de 300 pieds; il communiquait au Nil par un canal de 5 lieues de longueur, et 20 pieds de largeur. De grandes écluses l'ouvraient ou le fermaient selon qu'il fallait recevoir le superflu des flots du Nil, ou suppléer à leur trop petite quantité. Au milieu du lac deux pyramides, dont chacune portait une statue colossale placée sur un trône, s'élevaient du fond des eaux à 300 pieds au-dessus de la surface. La pêche seule de ce lac formait un des revenus les plus considérables de la couronne d'Egypte.

MOESTLIN (Michel), célèbre mathématicien, mourut en 1650 à Heidelberg, après y avoir longtemps enseigné les sciences élevées. C'est lui qui découvrit le premier la raison de cette faible lumière qui parait sur la partie de la lune qui n'est point éclairée du soleil, avant et après sa conjonction, et qui est l'effet de la réflexion de la lumière terrestre.

MŒURS, s. f. pl., habitudes naturelles ou acquises, pour le bien ou pour le mal, dans tout ce qui regarde la conduite de la vie. Avoir des mœurs, avoir de bonnes mœurs. Prov., les honneurs changent les mœurs, on s'oublie dans la prospérité. Mœurs, signifie aussi la manière de vivre, les inclinations, les habitudes, les coutumes particulières de chaque nation. Il s'emploie quelquefois dans le même sens, en parlant d'une personne ou de quelques personnes. Mœurs, signifie en termes de poétique, ce qui concerne les habitudes morales du pays et du temps dont il est question dans un poème, dans une pièce de théâtre, ce qui est conforme au caractère des personnages qui y sont produits. Il signifie, en peinture, le costume, les usages des différents temps, des différents lieux. Mœurs signifie aussi, en termes de rhétorique, la partie morale de l'éloquence, celle qui a pour objet de gagner la confiance des auditeurs.

MŒURS. Un des paradoxes que les incrédules ont soutenu de nos jours, avec le plus d'opiniâtreté, est que la religion ne contribue en rien à la pureté des mœurs, que les opinions des hommes n'influent en aucune manière sur leur conduite. Dans ce cas, nous ne voyons pas par quel motif les philosophes peuvent être poussés à enseigner avec tant de zèle ce qu'ils appellent la vérité. Si les opinions et les dogmes ne servent à rien pour régler la conduite, que leur importe de savoir si les hommes sont croyants ou incrédules, chrétiens ou athées? Il est aussi absurde de prêcher l'impiété que d'enseigner la religion. Pour sentir la fausseté de leur maxime, il suffit de comparer les mœurs qu'ont eues, dans les divers âges du monde, les adorateurs du vrai Dieu, avec celles des nations livrées au polythéisme et à l'idolâtrie. Le livre de la Genèse et celui de Job sont les seuls qui puissent nous donner quelque lumière sur ce point d'histoire ancienne. Il y a certainement bien de la différence entre les mœurs des patriarches et celles que l'Ecriture-Sainte nous montre chez les Egyptiens et chez les Chananéens. Abraham se rendit vénérable parmi eux, non-seulement par ses richesses et sa prospérité, mais encore par la douceur et la régularité de ses mœurs, par sa justice, son désintéressement, son humanité envers les étrangers, par sa fidélité à tenir sa parole, par son respect et sa soumission envers la Divinité. Nous voyons plus de vertu dans sa famille que dans celle de Laban, qui commençait à être infectée du polythéisme. L'histoire y remarque aussi des crimes, mais ils n'y furent pas fréquents; si les enfants de Jacob paraissent avoir été, pour la plupart, d'un assez mauvais caractère, c'est qu'ils étaient nés et avaient été élevés d'abord dans la famille de Laban. Les exemples de dépravation qu'ils virent ensuite en Egypte n'étaient pas fort propres à les rendre fidèles aux anciennes vertus de leurs pères. Job fait l'énumération de plusieurs crimes communs chez les Iduméens parmi lesquels il vivait, et qui adoraient le soleil et la lune; il se félicite d'avoir su s'en préserver. Les histoires des Chinois, des Indiens, des Grecs et des Romains, s'accordent à nous peindre toutes les premières peuplades comme des hordes de sauvages, plongées dans l'ignorance et dans la barbarie, et qu'il a fallu civiliser peu à peu; l'on sait quelles sont les mœurs des hommes dans cet état déplorable. Jamais les familles patriarcales n'y ont été réduites; Dieu y avait pourvu, en accordant plusieurs siècles de vie aux chefs de ces familles : ils avaient, par ce moyen, l'avantage de pouvoir instruire et morigéner leurs descendants jusqu'à la douzième ou quinzième génération. L'on nous objectera peut-être que, selon nous, toutes les anciennes peuplades connaissaient cependant le vrai Dieu et l'adoraient, puisque le polythéisme n'est pas la religion primitive. Elles le connaissaient sans doute; mais nous n'en voyons aucune qui l'ait adoré seul, comme faisaient les patriarches. La révélation donnée aux Hébreux par le ministère de Moïse, présente une seconde époque sous laquelle nous trouvons le même phénomène à l'égard des mœurs. Le tableau que l'abbé Fleury a tracé de celles des Israélites, est très différent de ce qui se passait chez les nations idolâtres, et de la peinture que Moïse lui-même a faite de la corruption des Chananéens. On ne peut cependant pas accuser ce législateur d'avoir exagéré leurs crimes, pour fournir à sa nation un prétexte de les exterminer; ce soupçon, hasardé par les incrédules, est démontré faux. En effet, Moïse avertit son peuple qu'il tombera dans les mêmes désordres, toutes les fois qu'il voudra lier société avec ces nations; et la suite des événements n'a que trop confirmé sa prédiction. Lorsque ce malheur est arrivé, les prophètes n'ont jamais manqué de reprocher aux Israélites que leurs déréglements étaient l'effet des exemples que leur avaient donnés leurs voisins, et de la fureur qu'ils avaient de les imiter. Ainsi, les déclamations même que les incrédules ont faites sur les vices énormes des juifs, sont une preuve de la dépravation des idolâtres, puisque les juifs ne les ont contractés que par imitation, et que tous ces désordres leur étaient sévèrement défendus par leurs lois. L'auteur du livre de la Sagesse observe, avec raison, que l'idolâtrie était la source et l'assemblage de tous les crimes. Ceux qui voudraient en douter, peuvent s'en convaincre en lisant ce que les auteurs profanes ont dit des mœurs des différentes nations connues à l'époque de la naissance du christianisme. Les apologistes de notre religion n'ont pas manqué de rassembler ces preuves, pour démontrer le besoin qu'il y avait d'une réforme dans les mœurs de tous les peuples, lorsque Jésus-Christ est venu sur la terre. Les poètes, les historiens, les philosophes, ont tous contribué au tableau. C'est surtout à cette troisième époque de la révélation, que l'influence de la religion sur les mœurs a été rendue palpable par la révolution que le christianisme a produite dans les lois, les coutumes, les habitudes des divers peuples du monde. S'il n'avait pas fallu refondre, en quelque manière, l'humanité pour établir l'Evangile, ses premiers prédicateurs n'auraient pas éprouvé tant de *résistance*. Nous ne renverrons les incrédules ni au témoignage des Pères de l'Eglise, ni aux réflexions de Bossuet dans son *Discours sur l'histoire universelle*, ni au livre de l'abbé Fleury, sur les *Mœurs des chrétiens* : tous ces titres leur sont suspects. Mais récuseront-ils la déposition des ennemis même de notre religion, de Pline le jeune, de Celse, de l'empereur Antonin, de Julien, de Lucien, etc., et le témoignage qu'ils ont été forcés de rendre de la pureté des mœurs et de l'innocence de la conduite de ceux qui l'avaient embrassée? Pline, dans sa célèbre lettre à Trajan, l. 10, lettre 97, atteste que, soit par la confession des chrétiens qu'il a fait mettre à la torture, soit par l'aveu de ceux qui ont apostasié, il n'a rien découvert, sinon que les chrétiens s'assemblaient en secret pour honorer Christ comme un Dieu; qu'ils s'obligeaient par serment, non à commettre des crimes, mais à s'abstenir du vol, du brigandage, de l'adultère, de manquer à leur parole, de nier un dépôt; qu'ils prenaient ensemble un repas innocent, et qu'ils avaient cessé leurs assemblées depuis qu'elles étaient défendues par un édit. Celse avoue qu'il y avait parmi les chrétiens des hommes modérés, tempérants, *sages*, intelligents; il ne leur reproche d'autre crime que le refus d'adorer les dieux, et de s'assembler malgré les lois, de chercher à persuader leur doctrine aux jeunes gens sans expérience et aux ignorants. L'empereur Antonin, dans son rescrit aux états de l'Asie, reproche aux païens obstinés à persécuter les

chrétiens, que ces hommes dont ils demandent la mort, sont plus vertueux qu'eux; il rend justice à l'innocence, au caractère paisible, au courage des chrétiens; il défend de les mettre à mort pour cause de religion. Parmi les divers édits qui furent portés contre eux par les empereurs suivants, y en a-t-il un seul qui les accuse de quelque crime? On n'a pas encore pu en citer. Il y a plus : Julien est forcé de faire leur éloge dans plusieurs de ses lettres. Il reproche aux païens d'être moins charitables et moins vertueux que les Galiléens. Il dit que leur impiété s'est accréditée dans le monde par l'hospitalité, par le soin d'enterrer les morts, par une vie réglée, par l'apparence de toutes les vertus. « Il est honteux, dit-il, que les impies Galiléens, outre leurs pauvres, nourrissent encore les nôtres que nous laissons manquer de tout. » Il aurait voulu introduire parmi les prêtres païens la même discipline et la même régularité de conduite qui régnait parmi les prêtres du christianisme. Lucien, dans son *Histoire de la mort de Pérégrin*, rend justice à la charité, à la fraternité, au courage, à l'innocence des mœurs des chrétiens. « Ils rejettent constamment, dit-il, les dieux des Grecs; ils n'adorent que ce sophiste qui a été crucifié; ils règlent leurs mœurs et leur conduite sur ses lois; ils méprisent les biens de la terre, et les mettent en commun. » Parmi les fragments qui nous restent des écrits de Porphyre, d'Hiéroclès, de Jamblique et des autres philosophes ennemis du christianisme, et dans tout ce qu'en ont dit les Pères de l'Eglise, nous ne trouvons rien qui nous apprenne que ces philosophes ont blâmé les mœurs des chrétiens; ils ne leur reprochent que leur aversion pour le culte des dieux du paganisme. Y avait-il donc quelque autre attrait que celui de la vertu, qui pût engager un païen à embrasser le christianisme? Si l'on veut comparer le génie, la croyance, les pratiques du paganisme, avec l'Evangile, on sentira que, pour changer de religion, il fallait qu'il se fit le plus grand changement dans l'esprit et dans le cœur d'un converti. Quels funestes effets ne devait pas produire sur les mœurs une religion qui enseignait aux païens que le monde était gouverné par une multitude de génies vicieux, bizarres, capricieux, très peu d'accord entre eux, souvent ennemis déclarés, qui ne tenaient aux hommes aucun compte des vertus morales, mais seulement des encens et des victimes qu'on leur offrait? Aussi le culte qu'on leur rendait était-il purement extérieur et mercenaire. On demandait aux dieux la santé, les richesses, la prospérité, l'exemption de tout malheur, souvent le moyen de satisfaire une passion criminelle. Les philosophes avaient décidé que la sagesse, que la vertu ne sont point un don de la Divinité, mais un avantage que l'homme peut se donner à lui-même. Les vœux injustes, l'impudicité, la divination, les augures, la magie, l'effusion du sang humain, faisaient partie de la religion. Celle-ci, loin de régler les mœurs, était au contraire l'ouvrage de la dépravation des mœurs. L'Evangile apprit aux hommes qu'un seul Dieu, infiniment saint, juste et sage, gouverne seul le monde, et qu'il l'a créé par sa parole; qu'il est incapable de laisser le crime impuni, et la vertu sans récompense; qu'il sonde les esprits et les cœurs, qu'il voit non-seulement toutes nos actions, mais nos pensées et nos désirs; que son culte ne consiste point en vaines cérémonies, mais dans les sentiments de respect, de reconnaissance, d'amour, de confiance, de soumission à ses lois, de résignation à ses ordres; qu'il veut que nous l'aimions sur toutes choses, et le prochain comme nous-mêmes. Il enseigna que la charité est la plus sublime de toutes les vertus; qu'un verre d'eau donné au nom de Jésus-Christ ne demeurera pas sans récompense; qu'il faut bénir la Providence dans les afflictions, parce qu'elles expient le péché, répriment les passions, purifient la vertu, nous rendent sensibles aux souffrances de nos semblables; que, pour être agréable à Dieu, il faut être non-seulement exempt de crime, mais orné de toutes les vertus, et que c'est Dieu qui nous rend vertueux par sa grâce. Dès ce moment, l'on cessa de regarder les pauvres comme les objets de la colère divine, et l'on comprit que c'était un devoir de les assister. Il n'y eut plus de distinction entre un Grec et un barbare, entre un Romain et un étranger, entre un juif et un gentil. Tous rassemblés au pied d'un même autel, admis à la même table, honorés du même titre d'enfants de Dieu, sentirent qu'ils étaient frères. Alors commença d'éclore l'héroïsme de la charité; dans les calamités publiques on vit les chrétiens se dévouer à soulager les malades, les lépreux, les pestiférés, sans distinction entre les fidèles et les infidèles; on en vit qui vendirent leur propre liberté pour racheter celle d'autrui. Sous le paganisme, la condition des esclaves était à peu près la même que celle des bêtes de somme; quand ils furent baptisés, on se souvint que c'étaient des hommes, et qu'il y avait de l'inhumanité à les traiter comme des brutes; qu'ils n'étaient pas faits pour repaître du spectacle de leur mort les yeux d'un peuple rassemblé dans l'amphithéâtre, ni pour périr par la faim, lorsqu'ils étaient vieux ou malades. La polygamie et le divorce furent proscrits ou réprimés; on mit des bornes à la puissance paternelle, le sort des enfants devint certain; il ne fut plus permis de les tuer, de les vendre, de les exposer, de destiner les uns à l'esclavage et les autres à la prostitution. Le despotisme des empereurs avait été porté aux derniers excès; Constantin ne fut pas plutôt chrétien, qu'il le borna par des lois : les guerres civiles, presque inévitables à chaque mutation du règne, n'eurent plus lieu; les empereurs ne furent plus massacrés, ni les provinces livrées au pillage des armées. « Nous devons au christianisme, dit Montesquieu, dans le gouvernement, un certain droit politique de la guerre, un certain droit des gens, que la nature humaine ne saurait assez reconnaître. Ajoutons que nous lui devons, dans la société civile, une douceur de commerce, une confiance mutuelle, une décence et une liberté qui ne se trouvent nulle part ailleurs, et dont nous ne sentons le prix que quand nous avons comparé nos mœurs avec celles des nations infidèles. Cette révolution ne s'est pas faite chez une ou deux nations, mais dans tous les climats, dans la Grèce et en Italie, sur les côtes et dans l'intérieur de l'Afrique, en Égypte et en Arabie, chez les Perses et chez les Scythes, dans les Gaules et en Germanie; partout où le christianisme s'est établi, tôt ou tard il a produit les mêmes effets. On dira, sans doute, que ce phénomène n'a été que passager, qu'insensiblement les nations chrétiennes sont retombées à peu près dans le même état où elles étaient sous le paganisme. C'est de quoi nous ne conviendrons jamais, quoi qu'en disent quelques moralistes atrabilaires, qui ne se sont pas donné la peine d'examiner de près les mœurs des païens anciens ou modernes. Nous convenons que l'inondation des barbares, au vᵉ siècle et dans les suivants, fit une révolution fâcheuse dans la religion et dans les mœurs. Mais enfin, le christianisme apprivoisa peu à peu ces conquérants farouches; et lorsque cet orage, qui a duré pendant plusieurs siècles, a été passé, cette même religion a réparé insensiblement les ravages qu'il avait causés. Les Scythes ou Tartares, répandus en Orient, embrassèrent le mahométisme; ils ont conservé leur ignorance et leur férocité. Les Francs, les Bourguignons, les Goths, les Normands, les Lombards, n'avaient pas, dans l'origine, de meilleures mœurs que les barbares; ils en ont changé en devenant chrétiens. Comme on ne peut juger du bien et du mal que par comparaison, il faut commencer par faire le parallèle de nos mœurs avec celles de toutes les nations qui sont encore plongées dans les ténèbres de l'ignorance, et il suffit de lire, pour cela, l'Esprit des usages et des coutumes des différents peuples. Lorsqu'un philosophe en sera instruit, nous le prierons de nous dire chez laquelle de toutes les nations il aimerait mieux vivre plutôt qu'au milieu du christianisme. Plusieurs de celles qui sont aujourd'hui à demi barbares, étaient autrefois chrétiennes : en perdant leur religion, elles sont retombées dans l'ignorance et la corruption que la lumière de l'Évangile avait autrefois dissipées. Malgré ce fait incontestable, on vient nous dire gravement que la religion n'influe en rien sur les mœurs ni sur le sort des peuples, non plus que sur celui des particuliers; quelques incrédules ont poussé la démence jusqu'à soutenir que le christianisme a plutôt perverti que réformé les mœurs. Lorsqu'on nous oppose l'exemple de quelques philosophes sans religion, qui ont cependant toutes les vertus morales, on ne fait qu'un sophisme puéril. Ces incrédules ont été élevés dès l'enfance, instruits et formés dans une société qui croit en Dieu; ils sont obligés de suivre le ton des mœurs publiques : la morale dont ils font parade, et dont ils se croient les auteurs, est, dans la vérité, l'ouvrage de la religion. L'auraient-ils reçue, s'ils étaient nés chez une nation qui n'eût cu ni Dieu, ni culte public, ni morale populaire? Toute nation qui se trouverait dans ce cas serait sauvage, barbare, sans lois, sans principes et sans mœurs : on en cite une espèce dans les Indes; mais l'on ajoute que ce sont des brutes plutôt que des hommes. On ne raisonne pas mieux quand on insiste sur la multitude des chrétiens, dont la conduite est diamétralement opposée à la morale de l'Évangile; il s'ensuit seulement que la violence des passions empêche la religion d'influer sur les mœurs des particuliers aussi constamment

qu'elle devrait le faire. Comme il n'est aucun homme qui soit dominé par toutes les passions, il n'en est aucun sur lequel la religion n'ait à quelque empire; il la suit même sans s'en apercevoir, lorsqu'il n'est pas entraîné par la fougue d'une passion. Il n'y a donc jamais aucun lieu de conclure que la religion n'influe en rien sur les mœurs générales d'une nation; il est au contraire démontré par le fait, qu'il n'y a sous le ciel aucun peuple dont les mœurs générales soient meilleures, et même aussi bonnes que celles des nations chrétiennes. Pour savoir ce qui en est, il ne faut pas consulter des philosophes qui ont rêvé dans leur cabinet, et qui, par nécessité de système, sont intéressés à nier les faits les plus incontestables; il faut lire les relations des voyageurs qui ont fait le tour du monde, qui ont fréquenté et observé un grand nombre de nations. Tous ont éprouvé la différence énorme qu'il y a entre les mœurs des unes et des autres, et ils en rendent témoignage. Chez un peuple infidèle, un étranger est toujours dans la défiance, en danger pour son équipage et pour sa vie, livré à la merci d'un guide ou d'un homme puissant; s'il arrive parmi des chrétiens, fût-ce au bout du monde, il retrouve la sécurité, la société, la liberté; il croit être de retour dans sa patrie.

MOFETTE, s. f., exhalaison pernicieuse qui s'élève dans les lieux souterrains, et principalement dans les mines. Il se dit, en général, de toute exhalaison dangereuse.

MOGADOR, ville de Barbarie, capitale de l'empire de même nom, dans le grand empire de Maroc. C'est une ville toute européenne, bâtie en 1760 par des Européens, sous le règne et les ordres de Sidi-Mohammed. Elle est assise sur des rochers qui dominent l'Atlantique; ses murs de pierres, ses remparts bastionnés, son port fermé par une île de près d'une lieue de circuit, les nombreuses batteries qui la protègent, tout cela offrait un aspect des plus pittoresques, pour qui la regardait de la haute mer, avant que les Français (1844) ne l'eussent bombardée. Le port est le plus beau de l'empire; c'est aussi celui où les Européens se dirigent de préférence, y portant les produits de leurs contrées pour en tirer des gommes, des amandes, des peaux de vaches, de chèvres et de veaux, de la laine, des plumes d'autruche, de la cire, de l'huile d'olive, des dattes, etc. Elle a 10,000 habitants. Ses environs ne présentent que des sables que les vents soulèvent.

MOHEDANO (RAPHAEL et PIERRE RODRIGUEZ), frères et religieux de la Merci dans le couvent de Saint-Antoine de Grenade au XVIIIᵉ siècle, se sont fait une réputation par leur *Historia litteraria des Espana, origen, progressos, decadencia y restauracion de la litteratura espanola*, Madrid, 1666-1785, 9 vol. in-4º. Cet ouvrage ayant été critiqué dans certaines parties, ils en publièrent une apologie sous le titre de *Apologia del tomo V de la Historia literaria de Espana*, ibid., 1779, in-4º; plus tard, don Juan Suarez de Tolède publia une autre défense de cette même histoire, ibid., 1783, in-4º.

MOHILEW, gouvernement de la Russie d'Europe, formé d'une partie de la Pologne. Les limites sont au N. le gouvernement de Vitebsk; à l'E. celui de Smolensk; au S. celui de Tchernigon, et à l'O. le Dniéper. Son étendue est de 80 lieues; sa largeur de 34 et sa superficie de 2,400 lieues carrées. Le pays est une vaste plaine, si l'on en excepte la partie N., arrosée par la Dwina, le Dniéper, le Droutz, le Soj, le Besed et l'Ostr, et couverte de petits lacs et de marécages. Le minerai de fer y abonde, et le sol est argileux et sablonneux. La population est de 800,000 habitants. Son chef-lieu est Mohilew, qui est le siège d'un archevêque grec et d'un archevêque catholique métropolitain de toutes les Russies et la résidence d'un gouverneur et des principales autorités. Elle est bien bâtie et renferme au centre une place octogone et un beau bazar, seize églises catholiques, grecques ou unitaires, deux synagogues, deux couvents, un séminaire, un hôpital. Elle fait un assez grand commerce en cuirs très estimés, en blé, huile, miel, cire, suif, lin, chénevis, potasse et chanvre, et tire de bons fruits de ses environs. Elle fut réunie à l'empire russe par Catherine II en 1772. Population, 16,000 habitants.

MOHILEW, ville de la Podolie, dans la Russie d'Europe. Elle est située sur la rive gauche du Dniester, au milieu d'un pays fertile en grains, lin, chanvre, tabac, houblon. Elle possède des fabriques de potasse, de poix et de goudron. 7,200 habitants.

MOI, pronom singulier de la première personne, qui est des deux genres, et dont *nous* est le pluriel. Ce mot est un synonyme réel de *se* et de *me*; mais non un synonyme grammatical puisqu'il s'emploie différemment, et que, dans aucun cas, il ne peut être remplacé ni par *se* ni par *me*. Moi employé seul, comme réponse, peut être sujet ou régime direct et tenir lieu d'une phrase entière; il est aussi régime direct après *ne que*, mis pour seulement. Il est encore régime direct dans les phrases où il est ajouté à d'autres mots qui sont régimes directs. Il entre aussi dans le sujet de la phrase lorsqu'il est joint à d'autres mots qui forment le sujet. Moi se joint à *se* par opposition et réduplication pour donner plus d'énergie à la phrase, soit qu'il vienne après le verbe, soit qu'il précède *se* et le verbe. Moi se met de même par opposition devant ou après *me*. Il se met aussi par opposition avec *nous* et *vous* lorsqu'il est accompagné d'un nom ou d'un autre pronom. Moi, joint à un nom ou à un autre pronom ne doit, d'après les convenances de notre politesse, être placé qu'en second, à moins que le nom auquel il est joint ne soit celui d'une personne très inférieure. Après une préposition, il n'y a que le pronom *moi* qui puisse exprimer la première personne; il en est de même après une conjonction. *De moi*, après un nom de personne ou un pronom personnel également précédé de la préposition *de*, se met quelquefois pour le mien, etc. Quelquefois, mais dans le discours familier seulement, il se met par rédondance et pour donner plus de force à ce que l'on dit. Dans le même cas, le pronom *moi* se met après l'adverbe de lieu *y*, soit comme régime direct, soit comme régime indirect. *A moi!* sorte d'exclamation pour faire venir promptement quelqu'un auprès de soi. *De vous à moi*, façon de parler dont on se sert pour témoigner à une personne qu'on lui parle avec sincérité, mais qu'on lui demande le secret. Moi se prend substantivement pour signifier l'attachement de quelqu'un à ce qui lui est personnel. Il se prend aussi, en philosophie, pour l'individualité métaphysique d'une personne.

MOIGNON, s. m., ce qui reste d'un bras, d'une jambe, d'une cuisse coupée. Il se dit, par analogie, de ce qui reste d'une grosse branche d'arbre qui a été coupée ou rompue.

MOINDRE, adj., comparatif des deux genres, plus petit en étendue ou en quantité. Il signifie aussi plus petit dans son genre, suivant les différents substantifs auxquels il se joint. Il signifie encore moins considérable; il signifie aussi qui n'est pas si bon ou qui est plus mauvais. Moindre, avec l'article, est une espèce de superlatif qui signifie le moins considérable, le moins important, etc. Moindre, avec l'article et précédé d'une négation, signifie aucun. Absolum., les quatre moindres, les quatre ordres inférieurs ou mineurs.

MOINE, s. m., religieux faisant partie d'un ordre dont les membres vivent sous une règle commune et séparés du monde, comme les bénédictins, les bernardins, les chartreux. L'usage a étendu cette dénomination aux religieux mendiants. Prov., gras comme un moine, fort gras. Prov. et fig., l'habit ne fait pas le moine, on ne doit pas juger des personnes par les apparences, par les dehors. Moine laïc se disait d'un laïque ordinairement homme de guerre invalide que le roi plaçait dans une abbaye de nomination royale pour y être entretenu. Moine se dit aussi d'un meuble de bois où l'on suspend une sorte de réchaud plein de braise pour chauffer le lit, et d'un cylindre de bois creusé, doublé de tôle, dans lequel on introduit un fer chaud pour ce même usage.

MOINE (JEAN LE), doyen de Bayeux, et ensuite cardinal, né à Cressi, en Ponthieu, fut aimé du pape Boniface VIII, qui l'envoya légat en France en 1303, pendant son démêlé avec le roi Philippe-le-Bel. Le cardinal Le Moine mourut à Avignon en 1313. Son corps fut rapporté à Paris, et enterré dans l'église du collège qu'il avait fondé, et qui portait son nom. On a de lui un *Commentaire* sur les *Décrétales*, matière qu'il possédait à fond.

MOINE (PIERRE LE), jésuite, né à Chaumont en Bassigni, l'an 1602, mort à Paris le 12 août 1671, est le premier des poètes français de la Société qui se soit fait un nom dans le genre d'écrire. On ne peut disconvenir que ce poète n'ait de la verve et un génie élevé; mais son imagination est trop impétueuse et trop féconde, et le mauvais goût de son siècle, qui sortait à peine de la barbarie, a entaché ses vers, qui ont été recueillis en 1671, en un vol. in-fol. *Saint Louis, ou la Couronne reconquise sur les infidèles*, poème, divisé en 18 livres, etc., offre des richesses qui, quoique barbares, ne laissent pas que de faire naître la surprise et l'admiration. La prose du P. Le Moine a le même caractère que ses vers: elle est brillante et ampoulée. Ses ouvrages en ce genre sont: *Dévotion aisée*, Paris, 1652, in-8°; *Pensées morales*; l'un et l'autre critiqués dans les *Provinciales* avec plus de plaisan-

teric que de solidité; un petit *Traité de l'histoire*, in-12, où il y a des traits piquants et curieux, et quelques lieux communs; le *Tableau des passions*; la *Galerie des femmes fortes*, in-fol., et in-12; un *Manifeste apologétique pour les Jésuites*, in-8°; une *Vie du cardinal de Richelieu*, restée jusqu'ici en manuscrit, etc.

MOINE (FRANÇOIS LE), peintre, né à Paris en 1668, remporta plusieurs prix à l'académie, et entra dans ce corps en 1718. Il ne resta qu'une année en Italie; mais les études continuelles qu'il y fit d'après les plus grands maîtres l'élevèrent au plus haut rang. On le choisit pour peindre à fresque la coupole de la chapelle de la Vierge à Saint-Sulpice. Il s'acquitta de ce grand morceau avec une supériorité qui frappa tous les connaisseurs. On ne doit pourtant pas se dissimuler que les figures *tombent*, parce qu'elles ne sont pas en perspective. Ce peintre, dont l'esprit se dérangea, mourut de neuf coups d'épée qu'il se perça, le 4 juin 1737. — Il ne faut pas le confondre avec Jean-Baptiste Le Moine, habile sculpteur, né à Paris en 1704, et mort en 1778. La plupart de ses ouvrages, parmi lesquels on admirait le *Mausolée* du cardinal de Fleury, furent détruits par les Jacobins en 1792.

MOINE D'ARGIVAL (HENRI LE), curé de Gouvieux, près Chantilly, où il naquit en 1719, est auteur de plusieurs ouvrages qui annoncent plus d'érudition que de goût. Ses *Considérations sur l'origine de la décadence des lettres chez les Romains*, son meilleur ouvrage, renferment des vues souvent profondes et des réflexions assez justes.

MOINEAU, *fringilla* (ois.). La famille des moineaux, qui correspond au genre gros-bec de M. Temminck, est caractérisée par un bec presque régulièrement conique, épais, fort, large à sa base, pointu au sommet, et par des narines arrondies et en partie cachées par les plumes du front. Les moineaux, considérés comme famille, offrent un nombre considérable d'espèces, et doivent nécessairement offrir, par cela même, des habitudes et des mœurs très différentes. Nous ne traiterons ici que des moineaux proprement dits. On divise la nombreuse famille des moineaux en plusieurs nations: I. les moineaux proprement dits (*fringilla*). II. les *senegalis* ou *astrilds* (*lonigilla*). III. les *weebongs*. IV. les *jacarinis* (*passerina*, Vieill.). V. les *crithagras*. VI. les *paddas* (*loxia*). VII. les *tiaris*, Sw. VIII. les *oryx*. IX. les *veuves* (*vidua*, Cuv.). X. les *parsares*. XI. les *chardonnerets* (*carduelis*, Briss.). — Ces sections ne diffèrent pas beaucoup entre elles, la forme et le plus ou moins de grosseur du bec sont les caractères qui ont donné lieu à ces divisions. Nous parlerons des principales sections de ce grand genre dans les articles particuliers pour y faire l'histoire de leurs mœurs lorsqu'elles différeront de celles des moineaux proprement dits. Ces derniers, bien connus de tout le monde, ont des formes plutôt lourdes que sveltes; leurs couleurs, très variées suivant les espèces, sont généralement agréables à l'œil, et les espèces les moins favorisées sous ce rapport offrent un plumage nuancé de noir, de brun et de gris. Ces oiseaux sont répandus sur toute la surface du globe, mais surtout là où les graines servent de nourriture; ils vivent en troupes nombreuses et pour la plupart, du moins les espèces d'Europe, s'établissent de préférence dans les lieux habités par l'homme. C'est surtout au milieu des grandes villes qu'on voit les moineaux se disputer une nourriture facile. Les moineaux sont toujours des hôtes très importuns et très incommodes, ce sont d'impudents parasites qui, malgré nous, pillent nos grains, nos fruits, et partagent notre domicile. Depuis longtemps on a agité la question de savoir si, comme le disent les uns, les moineaux ne font que gaspiller nos grains et gâter nos fruits, ou si, comme le disent les autres, les dégâts qu'ils commettent sont largement compensés par les services qu'ils rendent en détruisant les insectes et les larves qui dévorent nos céréales. Beaucoup de livres, et des plus gros, ont été écrits pour et contre. Si l'on en croit les calculs de Bosc (*Cours d'agriculture*), ces oiseaux ne détruiraient pas moins de deux millions d'hectolitres de grains en France, chaque année. Les défenseurs des moineaux ont fait de leur côté des calculs surprenants sur la quantité d'insectes qu'ils détruisent. Quoi qu'il en soit, ces oiseaux ne semblent racheter leurs défauts par aucune qualité. Leurs plumes ne servent à rien, leur chair est détestable et leur ramage est en général des plus désagréables; c'est surtout vers le soir qu'ils piaillent tous ensemble et forment le concert le plus étourdissant. La seule qualité qui distingue le moineau, c'est une familiarité qui devient souvent de l'attachement; ainsi, on a vu des moineaux suivre partout leur maître et obéir à sa voix comme le ferait un chien. Leur vol, quoique rapide, est assez court et peu élevé. Les espèces d'Europe doivent plutôt être regardées comme erratiques que comme émigrantes, car elles ne vont jamais bien loin et se contentent de passer d'une localité dans une autre lorsque la nourriture n'y est plus assez abondante. Les moineaux sont très féconds : ils font au moins deux pontes par an, et quelquefois trois, chacune de cinq à sept œufs. Ils nichent sous les toits, dans les trous des murs, entre les branches des arbres des haies, etc. ; ce nid est en général artistement fait, mais notre moineau commun est une des espèces qui y apporte le moins de soin. Le plumage des moineaux varie à l'infini; les espèces excessivement nombreuses sont répandues sur presque tout le globle, de là de grandes différences, non-seulement dans la couleur du plumage, mais encore dans le ramage, la nidification!, etc. Parmi les moineaux d'Europe, les plus répandus sont : notre moineau commun (*fringilla domestica*, Linn.), le moineau cisalpin (*fringilla cisalpina*), qui habite les régions méridionales de l'Europe, au-delà des. Alpes, le moineau friquet (*fringilla montana*), le moineau soulcie (*fringilla petronia*, Lin.), et le moineau espagnol (*fringilla hispanialensis*, Lin.). J. P.

MOINS, adv. de comparaison, qui est opposé à plus et qui sert à marquer l'infériorité d'une personne ou d'une chose comparée à une autre chose ou à elle-même sous quelque rapport de qualité, de quantité, d'action, etc. Il ne le menace pas de moins que de lui rompre bras et jambes, il porte ses menaces jusqu'à dire qu'il lui rompra les bras et les jambes. Moins s'emploie substantivement dans plusieurs phrases différentes. Prov., qui peut le plus peut le moins. Moins, subst., se dit en termes d'algèbre d'un trait horizontal qui est le signe de la soustraction. Il se dit, en termes d'imprimerie, d'un tiret long qui ordinairement sert à séparer des phrases ou à remplacer des mots qu'on juge inutile de répéter. A moins de..., loc. prépos., à un prix au-dessous de... Il signifie aussi sans une certaine condition. A moins que..., loc. conjonctive, qui régit le subjonctif avec une négation, si ce n'est que. Il se construit dans le même sens avec l'infinitif et la préposition *de*, sans négation. Au moins, du moins, loc. conjonctives, qui servent à marquer quelque restriction dans les choses dont on parle. Au moins signifie quelquefois sur toutes choses, et sert à avertir celui à qui l'on parle de se souvenir particulièrement de ce qu'on lui dit. De moins, loc. adv., de manque; il sert aussi à exprimer quelque diminution, quelque rabais. En moins de, dans moins de..., loc. prépos., dans le moindre espace de temps. En moins de rien, loc. adv., très promptement. Rien moins, précédé du verbe *être* et suivi d'un adjectif, a le sens de la négation. Rien moins, ou plutôt rien de moins, employé avec un verbe impersonnel, a aussi un sens négatif.

MOIRE, s. f., apprêt que reçoivent à la calandre ou au cylindre, par l'écrasement de leur grain, certaines étoffes de soie, de laine, etc., et qui leur communique un éclat changeant, une apparence ondée et chatoyante. Il se dit aussi d'une étoffe qui a reçu ce genre d'apprêt.

MOIRER, v. a., donner à une étoffe par la pression de la calandre ou du cylindre un éclat changeant, une apparence ondée et chatoyante.

MOIS. On distinguait chez les anciens deux sortes de mois, les uns lunaires, les autres solaires. Les mois lunaires, mesurés par la révolution de la lune autour de la terre, révolution de vingt-neuf jours et demi environ, forment, quand ils sont répétés douze fois, un ensemble de trois cent cinquante-quatre jours, nommé année lunaire. Les mois solaires égalent le douzième ou environ de la révolution de la terre autour du soleil; cette révolution est de trois cent soixante-cinq jours six heures, de sorte que sur quatre révolutions de ce genre on peut en compter trois de trois cent soixante-cinq jours et une de trois cent soixante-six. Tous les peuples de l'antiquité divisèrent, ainsi que nous, l'année en douze mois égaux à peu de chose près. En Judée et en Grèce seulement, certaines années lunaires en admirent un treizième, afin de revenir au système solaire. Les Egyptiens annexaient aux douze mois cinq ou six jours complémentaires. Quant aux noms, à l'ordre, au nombre de jours et à la division de chacun de ces mois, il y avait autant et même plus de systèmes que de nations, certaines nations ayant souvent changé de système. Les Hébreux, les Athéniens et les Macédoniens, ayant des années lunaires (c'est-à-dire de 354 jours), devaient avoir des mois de vingt-neuf et demi, ou, ce qui se prête plus facilement au calcul, alternativement de vingt-neuf et de trente jours, C'est en effet ce qui avait lieu. Les mois intercalaires avaient

trente jours. On peut les figurer ainsi : les mois des Egyptiens étaient de trente jours, et, comme douze mois de trente jours équivalaient seulement à trois cent soixante, on y ajoutait tantôt cinq, tantôt six jours complémentaires nommés *épagomènes*, pour atteindre le nombre de trois cent soixante-cinq ou trois cent soixante-six. Les mois romains avaient le même nombre de jours que les nôtres, c'est-à-dire que sept mois, janvier, mars, mai, juillet, août, octobre, décembre, avaient trente-un jours; quatre mois, avril, juin, septembre, novembre, en avaient trente; un seul, février, en avait vingt-huit. Le mois des Hébreux était partagé en séries de sept jours nommées hebdomades ou semaines, et terminées par un jour de repos, le sabat. Un mois contenait un peu plus de quatre semaines, de sorte que, comme aujourd'hui, les semaines enjambaient d'un mois à l'autre. Chez les Romains, la distribution du mois, ainsi que la désignation particulière des jours, était irrégulière.

MOISE, voyez **MOYSE.**

MOISE (FRANÇOIS-XAVIER), évêque constitutionnel, né le 12 décembre 1742, au Gras, dans le département du Doubs, fit ses études d'une manière brillante, et les termina au séminaire de Besançon. Il était âgé de 27 ans lorsqu'il concourut pour une des chaires de théologie de l'université de cette ville. On assure que les juges du concours le placèrent le premier sur la liste des candidats, et que, malgré ce jugement qui attestait son mérite, il ne fut point nommé. Ce fut pour le consoler de cet échec que le cardinal de Choiseul le désigna pour professeur au collège royal de Dôle, où il s'acquit en peu de temps une réputation attestée par le grand nombre d'élèves qui suivaient son cours. Après la mort de Bullet, Moïse se mit une seconde fois sur les rangs pour obtenir une chaire à l'université de Besançon : il échoua encore dans cette tentative; mais les élèves désertèrent les bancs de l'université pour augmenter le nombre de ses auditeurs. Y avait-il de l'injustice dans ces deux refus qui l'humilièrent sans doute et l'aigrirent peut-être, ou bien n'y avait-il pas déjà de la part de quelques personnes la crainte de voir Moïse donner dans de périlleux écarts. Nous ne pouvons résoudre cette question : mais ce qu'il y a de certain, c'est qu'en 1790 il prêta serment à la constitution civile du clergé, et qu'il fut nommé, en 1791, évêque constitutionnel du Jura par l'assemblée électorale du département Sacré, à Paris, le 8 avril 1791 ; il vint aussitôt occuper son siège. Poursuivi pendant le règne de la terreur, il se cacha dans les montagnes et parvint à échapper à la fureur des révolutionnaires. Il adhéra aux deux encycliques publiées par les évêques constitutionnels en 1795, et parut aux conciles tenus par eux en 1797 et 1801. Dans ce dernier, il prononça un discours sous le titre : *Considérations sur le Saint-Siège*, qui a été inséré dans le tome 7 des *Annales du parti constitutionnel*, et un long rapport sur les démissions demandées aux évêques, où il chercha à prouver que les siéges des constitutionnels étaient remplis plus canoniquement que le Saint-Siège même. Intimement lié avec Grégoire, alors évêque de Blois, ils adressèrent, de concert, une lettre au pape pour lui annoncer leur démission. Moïse publia l'année suivante un petit écrit pour la défense de son ami, intitulé : *De l'opinion de M. Grégoire dans le procès de Louis XVI*. Peu après, il quitta Paris, fut fait chanoine honoraire de Besançon par Lecor, et se retira dans une petite ferme qu'il possédait à Morteau, où il partagea son temps entre l'étude et les travaux agricoles. Il mourut dans cette retraite le 7 février 1813. Il a publié : *Réponses critiques aux incrédules sur plusieurs endroits des livres saints*, Paris, 1783, in-12, qui forme le tome 4 de l'ouvrage de Bullet; mais dans les nouvelles éditions on a fait disparaître le nom de Moïse. On a encore de lui des lettres pastorales, des mandements et plusieurs petits écrits insérés dans les *Annales de la religion*, par Desbois, de Rochefort. On lui attribue une *Dissertation sur l'origine des fausses décrétales*, qui se trouve dans le tome 5 de la *Chronique religieuse*. Il a laissé en manuscrit deux nouveaux volumes pour terminer les *Réponses critiques* de Bullet, et une *Défense des libertés de l'Eglise gallicane*. Moïse avait l'habitude, dans sa retraite de Morteau, de s'habiller comme un simple paysan des montagnes.

MOISIR, v. a., faire qu'une matière se couvre d'une certaine mousse qui marque un commencement de corruption. Il s'emploie plus ordinairement avec le pronom personnel. Il s'emploie aussi comme neutre. Il signifie substantivement la moisissure.

MOISISSURE, s. f., espèce de végétation qui naît sur les corps où se trouve une matière végétale unie à une certaine quantité d'eau, et qui se développe surtout quand cette matière commence à entrer en putréfaction. Il signifie aussi l'endroit moisi, le moisi.

MOISSAC (*Mussiacum*), ville de l'ancien Quercy, aujourd'hui chef-lieu d'arrondissement de Tarn-et-Garonne. Pendant les guerres entre Raymond V et le duc d'Aquitaine, cette ville fut prise par ce dernier et rendue par la suite à Raymond V. Les croisés, commandés par Simon de Montfort, envahirent au XIIIe siècle les domaines du comte de Toulouse, et vinrent (1212) assiéger Moissac. Après quelques combats, les habitants capitulèrent; en 1214, ils se révoltèrent, et secondés par Raymond V, prirent le château, où une garnison avait été laissée par Montfort, qui s'en vengea en décimant les rebelles. Les fortifications de cette ville furent rasées en 1229, par suite du traité de Paris. Elle demeura fidèle à la France pendant la guerre contre les Anglais, qui la prirent en 1335, mais elle secoua leur joug en 1370. Cette ville, assez bien bâtie sur le Tarn, est située au milieu d'une contrée riche et fertile en blé, vins et fruits exquis. Son commerce consiste principalement en farines qu'elle exporte surtout pour les colonies. Elle possède un tribunal de première instance, un tribunal de commerce et une conservation des hypothèques. 10,000 habitants.

MOISSON, s. f., récolte des blés et autres grains. Il se prend aussi pour le temps de la moisson. Prov. et fig.: il ne faut pas mettre la faucille dans la moisson d'autrui; il ne faut point empiéter sur les attributions, sur les droits d'autrui. Moisson s'emploie au figuré dans plusieurs phrases. Fig. et poétiqu., une moisson de lauriers, beaucoup de succès, un grand nombre de victoires. Moisson, dans le langage de l'Ecriture, se dit en parlant de la conversion des âmes.

MOISSONNER, v. a., faire la récolte des blés et autres grains. Moissonner s'emploie quelquefois absolument. Prov., d'après la Bible : Celui qui sème le vent moissonnera la tempête, celui qui veut exciter des troubles sera lui-même victime de troubles plus grands encore. Moissonner signifie aussi figurément détruire, faire périr.

MOISSONNEUR, EUSE, s., celui, celle qui moissonne, qui coupe les blés et autres grains.

MOITE, adj. des deux genres, qui a quelque humidité, qui est un peu mouillé.

MOITEUR, s. f., légère humidité, qualité de ce qui est moite.

MOITHEY (MAURICE-ANTOINE), ingénieur et géographe du roi de France, mort à Paris, son pays natal, en 1777, âgé de 44 ans, est connu par les *Recherches historiques sur les villes de Reims, d'Orléans et d'Alger*, 1774, in-4°, et par un *Plan historique de Paris*.

MOITIÉ, s. f., l'une des parties d'un tout divisé, partagé également en deux. Il signifie assez ordinairement, dans une acception moins rigoureuse, une portion, une part qui est à peu près de la moitié. Offrir la moitié de son lit à quelqu'un, offrir place dans son lit à quelqu'un. A moitié se dit en parlant des terres et d'affaires commerciales, pour signifier que le produit doit être partagé par moitié entre le propriétaire et le fermier ou entre les deux associés. Moitié se dit figurément et familièrement d'une femme à l'égard de son mari. Moitié s'emploie aussi adverbialement pour signifier à demi. A moitié, locution adverbiale, en partie, à demi. De moitié, locution adverbiale usitée dans certaines phrases.

MOITTE (JEAN-GUILLAUME), né à Paris, en 1747, cultiva la sculpture avec succès. Son père, Pierre-Etienne Moitte, graveur du roi et membre de l'académie de peinture, lui donna les premières leçons, et il se perfectionna dans les ateliers de Pigalle et de Jean-Baptiste Lemoine. Après avoir reçu dans les concours un grand nombre de médailles, il obtint, en 1768, le grand prix de sculpture sur une figure de David portant en triomphe la tête de Goliath. Moitte se rendit ensuite en Italie, où il acquit, par des recherches assidues, ce goût exquis, cette élégance de formes, cet heureux choix de draperies qui distinguent ses ouvrages. Revenu à Paris en 1773, il y reçut de tous les artistes un accueil distingué, et fut agrégé à l'académie, sur une figure représentant un sacrificateur. Ses autres ouvrages sont une Vestale, une Ariane, les figures colossales représentant les provinces de Bretagne et de Normandie, placées à la barrière des Bons-Hommes ; le fronton du portail du Panthéon ; le tombeau du maréchal et général Desaix pour le mont Saint-Bernard ; la statue en marbre de Cassini, qui est un de ses plus beaux titres de gloire ; le buste de Léonard de Vinci, un des frontons de l'intérieur du Louvre et plusieurs bas-reliefs, etc. Moitte fut

membre de plusieurs sociétés savantes, et chevalier de la Légion-d'Honneur. Il mourut le 2 mai 1810.

MOIVRE (ABRAHAM), géomètre, né à Vitry en Champagne, l'an 1667, mourut à Londres le 27 novembre 1754. La révocation de l'édit de Nantes l'avait déterminé à fuir en Angleterre, plutôt que d'abandonner les nouvelles erreurs. Ses connaissances dans les mathématiques lui ouvrirent les portes de la Société royale de Londres et de l'Académie des sciences de Paris. On a de lui un *Traité des chances*, en anglais, 1738, in-8°; et un autre *des rentes viagères*, 1752, in-8° : tous deux fort exacts. Il ne pouvait souffrir qu'on se permît sur la religion des décisions hasardées, ni d'indécentes railleries. « Je vous prouve que je suis chrétien » (répondit-il à un homme qui croyait apparemment lui faire un compliment en disant que les mathématiciens n'avaient point de religion), « en vous pardonnant la sottise que vous venez d'avancer. »

MOJON (JOSEPH), médecin, né à Gênes en 1776, et mort le 21 mars 1837, devint professeur de chimie à l'Université royale de Gênes, président de la faculté des sciences physiques et mathématiques, conseiller du magistrat de santé, et membre honoraire de la Société des sciences physiques et chimiques de France. En 1799, il publia un ouvrage intitulé *Lois de physique et de mathématiques*. En 1811, il lut à la Société médicale de Gênes un mémoire sur un nouvel instrument propre à mesurer la densité et la combustibilité des fluides au moyen de la réfraction de la lumière. L'année suivante, il publia une *Description minéralogique de la Ligurie*. Il a décrit les procédés qu'on emploie dans la préparation du sulfate de magnésie de la meilleure qualité. C'est lui qui fit servir le pétrole tant à l'éclairage qu'à conserver le potassium et le sodium dans leur état de pureté, et qui fit connaître la nature et les propriétés des eaux thermales de Vattrie et d'Acqui. Quelque temps après il parvint à retirer des fruits les plus sauvages une excellente eau-de-vie. Mojon prouva, par des méthodes ingénieuses, qu'on peut retirer l'éther acétique de matières fort peu coûteuses ; il démontra même la raison pour laquelle le forgeron augmente de poids par le raffinage. Il étendit encore sa réputation par la publication de son *Cours analytique de chimie*. Il fut le premier qui remarqua la propriété qu'a un courant électrique d'aimanter les aiguilles d'acier ; il publia cette observation dans l'*Essai théorique et expérimental sur le galvanisme*, par *Aldini*. On doit à ce chimiste un grand nombre de travaux sur la physique.

MOKA, ville d'Arabie, chef-lieu du district de ce nom. Elle est sous la domination de Méhémet-Ali. Elle possède un port excellent et une rade sûre. Elle se fait remarquer par sa vue pittoresque du côté de la mer, au milieu d'un pays agréable et de jardins cultivés, mais bornée par des montagnes d'une aridité âpre et triste ; par ses minarets élancés, ses tombeaux d'une architecture majestueuse, ses maisons de briques ou d'osier blanchies, ses belles mosquées et surtout celle qui renferme le tombeau de son fondateur et patron, le cheik Chadeli. Cette ville est renommée par le café de ce nom qu'on en exporte et dont il se fait un commerce considérable ; on tire aussi de Moka de la gomme arabique, du copal, du mastic, de la myrrhe, de l'encens, de l'indigo, des peaux de bœufs et de chèvres. Depuis quelque temps, son commerce semble déchoir. Elle a 5,000 habitants.

MOLA (PIERRE-FRANÇOIS), peintre, né en 1261 à Coldré, dans le Milanais, mourut à Rome en 1266. Bon coloriste, grand dessinateur et excellent paysagiste, il a encore traité l'histoire avec succès. Le génie, l'invention et la facilité sont le caractère distinctif de ses ouvrages. On a gravé quelques morceaux d'après lui. Il a gravé lui-même plusieurs morceaux de fort bon goût. — Un autre Mola (Jean-Baptiste), né vers l'an 1620, mais originaire de France, a réussi dans le paysage ; ses sites sont d'un bon choix ; sa manière de feuiller les arbres est admirable.

MOLAC (JEAN DE CARCADO OU DE KARCADO DE), sénéchal de Bretagne, passa au service du roi François Ier, dont il fut le premier gentilhomme de la chambre. A la fameuse bataille de Pavie, en 1525, un arquebusier allant tirer sur le roi, le sénéchal de Molac se précipita au-devant du coup, se fit tuer, et sauva ainsi la vie à François Ier par le sacrifice de la sienne.

MOLAIRE, adj. Il se dit des grosses dents qui servent à broyer les aliments et qu'on appelle autrement mâchelières. Il s'emploie aussi substantivement.

MOLANUS (JEAN, VAN DER MEULEN, plus connu sous le nom latin de), docteur et professeur de théologie à Louvain, et censeur royal des livres, né à Lille l'an 1533, mourut le 18 septembre 1585, après avoir publié : une édition du martyrologe d'Usuard, accompagnée, 1° de Notes; 2° d'un Appendix ; 3° d'un Traité des martyrologes ; 4° d'un Abrégé des Vies des saints des Pays-Bas; 5° d'une Chronique des mêmes saints, Louvain, 1573, in-8°; *Natales sanctorum Belgii*, Louvain, 1595, in - 12. Arnold Raissius, chanoine de Saint-Pierre à Douai, en a donné une édition plus ample l'an 1626; *Les Acta sanctorum Belgii*, par l'abbé Ghesquière, ont éminemment rempli le but de cet ouvrage; *Historia sanctorum imaginum et picturarum , pro vero eorum usu contra abusus*, lib. 4, Louvain, 1774, in-8°, et 1771, par Paquot; *de Canonicis*, Louvain, 1670 : ouvrage savant et curieux; *de Fide hæreticis servanda*, Louvain, 1585; *de Piis testamentis*, 1583, in-12 ; *Theologiæ practicæ compendium; Militia sacra ducum Brabantiæ; Rerum lovaniensium*, lib. 12, manuscrit. Tous ces ouvrages montrent que Molanus était versé dans l'antiquité ecclésiastique et dans la critique, au moins pour son temps.

MOLANUS (GÉRARD WALTER VAN DER MEULEN), théologien luthérien , abbé de Lockum , né à Hameln en 1663, mort en 1722, laissa plusieurs ouvrages de théologie et de mathématiques. Il fut quelque temps en correspondance avec Bossuet, relativement à la réunion des luthériens et des catholiques. C'était le célèbre Leibnitz qui avait lié cette correspondance. Sans nous arrêter à discuter les causes qui firent échouer une si louable entreprise, adorons la Providence et attendons les moments qu'elle a marqués dans sa puissance pour consommer des ouvrages auxquels les hommes, abandonnés à leurs efforts et à leurs lumières, travailleront toujours inutilement. Quelle médiation ou conciliation peuvent reconnaître ou admettre des gens pour qui toute l'autorité de l'Eglise catholique est de nulle considération? Où est l'homme de quelque savoir et de quelque vertu qu'il soit, qui puisse se flatter de jouir de plus de confiance, ou d'avoir plus de force convaincante que la grande et féconde mère des chrétiens?

MOLARD (EMMANUEL-FRANÇOIS), né à Saint-Claude (Jura), mort en 1829, servit dans l'arme de l'artillerie. Appelé à diriger successivement les écoles des arts et métiers à Compiègne, à Châlons-sur-Marne, à Beaupréau, à Angers, il fut attaché, en 1817, au conservatoire royal des arts et métiers de Paris, en qualité de directeur adjoint. Les arts lui doivent des inventions et des perfectionnements. C'est à lui qu'on est redevable de l'art de fabriquer des vis à bois; du mécanisme au moyen duquel, sans rien changer à une scierie ordinaire, on débite des jantes de roues et des courbes quelconques; des freins à Vison à leviers, dont les rouliers et les conducteurs de diligence se servent pour modérer le mouvement des voitures dans les descentes, au lieu des perches ou des chaînes et des autres moyens d'enrayer; de l'usage des câbles plats dans l'exploitation des mines; d'une machine agissant avec des vis pour l'assemblage de ces câbles ; des grues à engrenage et pivotantes, pour le chargement et le déchargement des bateaux. Dès l'année 1818, il introduisit en France la construction régulière d'une foule d'instruments à l'usage de l'agriculture, tels qu'une charrue en fer et en fonte, des machines à battre, vanner et nettoyer les grains, à couper la paille et les racines pour la nourriture des bestiaux, à râper les betteraves, les pommes de terre, etc. En 1819, le gouvernement le chargea d'aller en Angleterre pour recueillir des observations comparatives sur l'industrie de ce pays et l'industrie française. En 1820, il publia le Système d'agriculture de Coke. Molard était collaborateur du *Dictionnaire technologique*, ou *nouveau Dictionnaire universel des arts et métiers*.

MOLARD (CLAUDE-PIERRE), membre de l'Institut, de la Société centrale d'agriculture, de la Société d'encouragement, né près Saint-Claude (Jura) le 6 juin 1758, mort à Paris le 13 février 1837, fut d'abord dessinateur et directeur de la collection des machines léguée par Vaucanson au gouvernement. Il fut par la suite l'un des fondateurs du Conservatoire des arts et métiers. En 1801, il en était seul administrateur. Il a inventé un très grand nombre de machines ou procédés industriels. Nous ne pouvons citer que les plus importants. Ce sont : son métier à tisser le linge damassé; sa machine à forer à la fois plusieurs canons de fusil; des pétrins tournants pour former la pâte sans les levains ordinaires; un moulin à meules plates en fer fondu pour concasser le grain, qui est aujourd'hui très répandu en Angleterre et en Amérique ; une machine à fabriquer les dents métalliques des

peignes des tisserands; celle à percer le carton, à couper économiquement les tôles, qui est employée à la monnaie; celle à faire des plans parallèles, qui a servi à Malus pour confectionner les glaces parallèles qu'il a employées dans ses belles expériences sur la réfraction de la lumière. Molard a organisé une fabrication d'aiguilles à coudre perfectionnées. Il est auteur d'une presse à cylindre, il a inventé les essieux jumeaux, il a fourni un procédé pour imprimer sur de très grandes dimensions. Il avait entrepris un très grand ouvrage où il faisait connaître tous les outils et leurs principaux usages; mais il n'a pu l'achever. Les collections de Mémoires de la Société centrale d'Agriculture et du Bulletin de la Société d'encouragement contiennent un très grand nombre de rapports et de travaux dus à Molard.

MOLAY, ou MOLÉ (JACQUES DE), Bourguignon, et dernier grand-maître de l'ordre des Templiers, était né vers 1240, de la famille des sires de Lonwic et de Raon. Les grandes richesses de son ordre et l'orgueil de ses chevaliers excitaient l'envie des grands et les murmures du peuple. L'an 1307, sur la dénonciation de deux scélérats de ce corps, l'un chevalier, l'autre bourgeois de Béziers, Philippe-le-Bel, roi de France, du consentement du pape Clément V, fit arrêter tous les chevaliers, et s'empara du Temple à Paris et de tous leurs titres. Le pape avait mandé au grand-maître d'aller en France se justifier des crimes dont son ordre était accusé. Il était alors en Chypre, où il faisait vaillamment la guerre aux Turcs. Il vint à Paris, suivi de 60 chevaliers des plus qualifiés, du nombre desquels étaient Gui, dauphin d'Auvergne et Hugues de Péraldc. Ils furent tous arrêtés le même jour; la plupart périrent par le feu. L'ordre fut aboli en 1311 par Clément V, dans le concile de Vienne. Molay, Gui et Hugues furent retenus en prison jusqu'en l'an 1313, qu'on leur fit leur procès. Ils eurent la lâcheté de confesser les crimes qu'on leur imputait, dans l'espérance d'obtenir leur liberté aux dépens de leur honneur. Voyant qu'on les retenait toujours prisonniers, Molay et Gui se rétractèrent; ils furent brûlés vifs dans l'île du palais, le 11 mars 1314. Molay parut en héros chrétien sur le bûcher, et persuada à tout le monde qu'il était innocent. On rapporte qu'il ajourna le pape Clément à comparaître devant Dieu dans quarante jours, et le roi dans l'année. En effet, ils ne passèrent pas ce terme. Quoi qu'il en soit de la réalité de l'ajournement, on remarque que de tout temps les hommes ont cru que Dieu exauçait les malédictions des mourants. Il est certain que, dans la destruction des Templiers, il périt un grand nombre d'innocents; les désordres de quelques particuliers ont pu influer sur la réputation du corps; mais on ne peut croire qu'ils aient été ni universels, ni portés à tous les excès qu'on a voulu supposer. Du reste, il faut convenir que les premiers aveux des Templiers sont une preuve importante, et qu'ils suffisent , quand même ils seraient faux, pour justifier le décret de suppression. L'auteur de l'*Histoire critique et apologétique des Templiers* convient qu'une multitude de chevaliers ont avoué les crimes qu'on leur imputait, la plupart même librement, et sans violence ni tortures, sur de simples promesses ou menaces, et même dans de simples interrogatoires ; et ce sont des Anglais, sur lesquels Philippe-le-Bel ne pouvait rien, et Clément V très peu, qui font ces aveux. L'ouvrage de Raynouard, qui a pour titre *Monuments historiques relatifs à la condamnation des chevaliers du Temple, et à l'abolition de leur ordre*, 1813, in-8°, est tout au contraire en faveur des Templiers. De Hammer a tenté d'établir , par de nombreux monuments, la réalité des crimes imputés à cet ordre.

MOLDAVIE, principauté de la Turquie d'Europe. Cette contrée forme, ainsi que la Valachie, une principauté dont l'intégrité du territoire a été reconnue par le traité conclu le 14 septembre 1829, entre la Porte et l'empereur de Russie. Elles sont placées l'une et l'autre sous la suzeraineté de la Turquie. La Moldavie s'étend sur une superficie de 1,085 lieues carrées ; sa population est de 450,000 habitants, parmi lesquels on compte 150,000 de ces Bohémiens errants, connus sous le nom de *Zingari*, de *Zingueres*. Quant à son administration intérieure, la Moldavie est tout-à-fait indépendante de la Turquie, elle est gouvernée par un hospodar (maître, seigneur, en langue slave). Ses limites sont au nord la Bukovine, au sud la Valachie, à l'est l'empire russe et à l'ouest la Transylvanie. De tout temps les destinées de la Moldavie et de la Valachie furent les mêmes. Quand, courant à la conquête du monde, les Romains envahirent la Dacie, ces deux provinces, ajoutées au grand empire, prirent le nom de *Dacia transalpina*, c'est-à-dire la Dacie située au-delà des Carpathes.

Durant le xi° et le xii° siècle, les Kumans s'établirent dans cette contrée, qui dès lors prit le nom de Kumanie. En 1381, les Valaques, arrivant de la Thrace après avoir traversé la Hongrie, s'établirent dans cette province ; et c'est à dater de cette époque que les deux provinces reçurent les noms qu'elles portent encore aujourd'hui. La Moldavie emprunta le sien au fleuve Moldaw, qui l'arrose. Quoique les habitants de la Moldavie et ceux de la Valachie aient une commune origine, quoiqu'ils parlent la même langue, à quelques différences près, peu importantes du reste et consistant seulement dans la prononciation, il existe cependant entre eux un sentiment haineux et hostile, semblable à celui qui exista jadis entre l'habitant du Danemark et celui de la Suède, entre le Portugais et l'Espagnol. Plus d'une fois la guerre a régné entre les princes moldaves et les princes valaques. C'est à partir de 1310 que les Turcs commencèrent à faire dans ces principautés de fréquentes incursions ; ce ne fut toutefois qu'en 1503 que le prince Bogdar III voulut bien recevoir de l'empire turc ses états en fief. Quelque temps après, le divan commença à agir envers les provinces moldaves selon son bon plaisir : tantôt il les détrônait arbitrairement ; tantôt il leur donnait ou leur ôtait le titre de duc ; tantôt enfin il transmettait cette dignité à un prince grec ; mais l'insurrection de 1821 changea entièrement cet état de choses, et donna sans retour aux princes de cette nation le monopole de toutes les places élevées dont les avait investis la confiance du sultan. En 1822, la Porte nomma hospodar Jean Stourdza, boyard moldave, qui ne put cependant prendre possession du pays qu'après l'expulsion des hétairistes grecs, expulsion qui fit naître en Moldavie d'effroyables dévastations. Plus d'une fois la Moldavie fut conquise par la Russie et restituée après coup à la Turquie ; cependant, par la paix de Bucharest (1812), une portion de la Moldavie fut forcément abandonnée à la Russie par le divan. Cette portion dont la superficie est de 450 milles s'étend jusqu'au Pruth et forme aujourd'hui la limite de l'empire russe. En 1777 déjà l'Autriche s'était emparée d'une partie considérable de la Haute-Moldavie, d'une superficie de 173 milles carrés environ, qui prit alors le nom de Buchovine. Depuis longtemps aussi une autre portion plus importante encore de la Moldavie, dont la superficie passait 786 milles carrés, et qui touchait aux côtes de la mer Noire, avait été occupée par les Turcs et incorporée à leur empire sous le nom de Bessarabie ; mais, par le traité de Bucharest, cette portion fut concédée à la Russie. Lors de la guerre de 1828 et de 1829, la Moldavie entière tomba au pouvoir des Russes. Aujourd'hui, grâce aux dévastations, suite inévitable de tant de guerres et de vicissitudes, ce pays qui est sans contredit l'un des plus riches et des plus fertiles de l'Europe, se trouve presque entièrement privé de culture. L'agriculture manque de bras, les pâturages sont presque abandonnés, et l'éducation des bestiaux complètement négligée. Jadis, dans des temps plus heureux, il s'exportait chaque année hors de cette principauté près de 10,000 chevaux et 40,000 bœufs, soit en Transylvanie, soit achetés par des marchands de Dantzig. Ce qui contribuait en Moldavie à l'accroissement du bétail, c'est que les veaux ne sont pas tués et sont tous conservés et élevés. Un nombre très considérable de porcs s'exporte aussi hors de cette principauté ; les troupeaux de moutons y sont très nombreux. L'éducation des abeilles et le produit de leurs ruches forment encore aujourd'hui une des branches les plus importantes de l'industrie agricole. Le miel se vend en grande partie à Constantinople, et la cire à Venise. Mais un grand fléau pour l'agriculture est l'affluence extraordinaire d'hirondelles qui commettent dans les campagnes d'incroyables ravages ; malheureusement d'anciennes superstitions, de vieilles croyances populaires s'opposent à ce qu'on remédie à cet inconvénient par les moyens que commandent l'intérêt et l'expérience. On ne tire aucun parti de richesses minérales enfouies dans les flancs des montagnes, à l'exception de quelques mines de sel gemme dans le district d'Olena, sur les confins de la Transylvanie, d'où il se fait une exportation considérable de cette production minérale. Les Moldaves pratiquent la religion chrétienne selon le rit grec. Les paysans sont serfs et sont soumis aux volontés arbitraires de leurs princes et de leurs boyards. On trouve en Moldavie un grand nombre d'Arméniens, de Grecs, de juifs et de Russes, entre les mains desquels tout le commerce est concentré. La navigation à vapeur, établie sur le Danube par le gouvernement autrichien, commence à avoir de grands résultats, non-seulement sur l'industrie et le commerce de la Moldavie, mais aussi sur la civilisation des habitants. Les revenus annuels de l'hospodar

s'élèvent chaque année à 1,600,000 fr. Il réside à Jassy. Le cabinet de Saint-Pétersbourg exerce une grande influence sur le divan de l'hospodar ; cette influence est égale, si même elle ne la surpasse pas, à celle du sultan turc, le seigneur suzerain ; c'est la suite des désastres de la dernière guerre qui ont placé l'empire ottoman sous la dépendance de l'empire russe. Il est clair à tous les yeux que tous les efforts de la Russie tendent à l'occupation de ces riches contrées, et elle arrivera sans nul doute à ses fins, si les cabinets des puissances européennes ne l'arrêtent dans sa marche ambitieuse.   C. L.

MOLDENHAWER (Daniel-Gotthilf), né à Kœnigsberg, le 11 décembre 1751, mort le 21 novembre 1823, fut nommé professeur de théologie à l'université de Copenhague, puis administrateur en chef de la Bibliothèque royale. Son principal ouvrage est une Histoire des Templiers (en allemand).

MOLE, s. f. On appelle môle ou faux germe une masse charnue qui se forme quelquefois dans l'utérus, sous l'influence de la fécondation ; c'est le résidu informe d'un embryon détruit. Lorsqu'une môle est expulsée immédiatement ou peu de temps après la destruction d'un embryon, elle a la forme d'une poche ovoïde, transparente, semblable à une hydatide. Si elle n'est expulsée que longtemps après la destruction d'un jeune embryon, c'est une masse semblable à un placenta. Ces différences proviennent du plus ou moins de développements de l'œuf, qui a plus ou moins séjourné dans l'utérus avant l'accident ou la maladie qui a occasionné sa désorganisation.

MOLE, s. m., jetée de pierres fondée dans la mer, à l'entrée d'un port, pour rompre l'impétuosité des vagues, et pour mettre les vaisseaux plus en sûreté. Il n'est guère usité qu'en parlant de quelques ports de la Méditerranée.

MOLÉ (Edouard), seigneur de Champlâtreux, a été conseiller, puis procureur-général au parlement de Paris, pendant la Ligue. Ce fut sur ses conclusions que le parlement donna le fameux arrêt, par lequel il fut déclaré que la couronne ne pouvait passer ni à des femmes ni à des étrangers. Henri IV le fit président à mortier en 1602. Il mourut le 17 septembre 1614, à l'âge de 64 ans.

MOLÉ (Mathieu), né à Paris en 1584, fils du précédent, entra dans le parlement, et fut d'abord conseiller, ensuite président aux requêtes, depuis procureur-général, et enfin premier président en 1641. Il montra, au milieu des troubles de la Fronde, autant de zèle que de grandeur d'âme. Dans le temps des barricades de 1648, le peuple s'étant attroupé pour l'assassiner dans son hôtel, il en fit ouvrir les portes, en déclarant que « la maison du premier président devait être ouverte à tout le monde. » Lorsqu'on lui disait qu'il devait moins s'exposer à la fureur du peuple, il répondait que « six pieds de terre feraient toujours raison au plus grand homme du monde. » Cette intrépidité fit dire au cardinal de Retz que, si ce n'était pas un blasphème d'avancer que quelqu'un a été plus brave que le grand Condé, il dirait que c'était Mathieu Molé. Cet illustre magistrat mourut garde-des-sceaux en 1656.

MOLÉ, (Réné-François), acteur célèbre, né à Paris, le 25 novembre 1734, portait primitivement le nom de Molet. Son père, honnête et obscur graveur, le destinait au barreau. Le jeune Molé fut d'abord clerc de notaire et commis d'un intendant des finances ; mais son goût pour le théâtre l'emporta sur son désir de répondre au vœu de sa famille, et il parvint à se faire recevoir au Théâtre Français en 1761. Il avait débuté en 1754 dans le rôle de Britannicus et dans celui d'Olinde (de la comédie qui a pour titre : Lénéide). Molé montra de l'intelligence, du naturel, de véritables dispositions ; mais la faiblesse de sa voix qui n'était point encore formée avait fait ajourner son admission ; il avait reparu en 1760 dans le rôle d'Andronic, où il fut favorablement accueilli. Pendant 20 ans il joua la tragédie avec succès ; mais il fut beaucoup plus heureux dans la comédie, dont il remplit les premiers rôles à l'âge de 67 ans. Peu d'acteurs ont su aussi bien que lui capter la bienveillance du public et l'ont conservée aussi longtemps. Il jouait encore avec beaucoup d'applaudissements en 1802. « Plein d'esprit et de grâce, dit La Harpe, il a dénaturé la déclamation tragique, en y portant des tons tâtonnés, la vivacité bavarde, et les nuances familières qui appartiennent à la comédie ; mais il a excellé dans ce genre. » Nul ne jouait mieux que lui la facilité vive et légère ; nul, dans le genre lugubre du drame, n'allait plus loin dans l'effet pathétique, surtout dans les rôles du Misanthrope, du Colonel, dans le Cercle, Béverley, le Vieux célibataire, etc. Son nom fut placé à côté de ceux des Bellecourt, Préville, Lekain, et des actrices Dumesnil, Clairon et Dangeville. D'après l'opinion générale, « Molé n'eut point de modèle et n'a pas encore été remplacé. » Sous le régime de la terreur, il partagea le sort de plusieurs de ses camarades, et fut enfermé avec eux dans une prison pendant plusieurs mois. Quand on créa l'institut, il y fut admis avec d'autres acteurs, tels que Monvel, Grandménil, etc. Napoléon le nomma directeur de l'école de déclamation du Théâtre-Français et de celle de l'Opéra. Molé n'était pas écrivain; cependant il a publié quelques opuscules, tels que les *Eloges de mademoiselle Clairon, de Préville; de mademoiselle Dangeville*, prononcés au lycée des arts; une comédie intitulée le *Quiproquo*, qui n'eut pas de succès; plusieurs lettres insérées dans le *Journal de Paris*, et quelques poésies dans divers recueils. MM. Etienne et Nanteuil ont publié une *Vie de R.-F. Molé, comédien français*, etc., Paris, an XI (1803), in-12 de 223 p., devenu très rare. Les *Mémoires de Molé*, précédés d'une notice, par M. Etienne, ont été publiés en 1825, dans la collection des *Mémoires sur l'art dramatique*.

MOLÉCULE, s. f., petite partie d'un corps. Les particules d'un corps sont celles qui forment, par leur rapprochement, la masse de ce corps, soit simple, soit composé. Les molécules constituantes, au contraire, ne se trouvent que dans les corps composés : autant ceux-ci admettent d'éléments dans leur composition, autant il y a d'espèces de molécules constituantes qui concourent à former des molécules intégrantes.

MOLÈNE (*verbascum* ou *barbascum*) (*bot.*), genre de plantes de la famille des scrophulariacées, tribu des verbascées de la pentandrie monogynie du système de Linné. Le genre renferme des plantes herbacées bisannuelles ou vivaces quelquefois sous frutescentes et de haute taille. Presque toutes croissent en Europe ou dans les parties septentrionales de l'Afrique, dans l'Asie moyenne et l'Amérique du nord. Leurs feuilles sont alternes simples, les radicales grandes, rétrécies en pétioles à leur base; les caulinaires sessiles, souvent décurrentes; le plus souvent velues ou tomenteuses, quelquefois même tellement couvertes de poils qu'elles font l'effet d'une étoffe de coton. Leurs fleurs jaunes ou rouges, plus rarement blanches, offrent un calice 5-fide ou 5-parti, une corolle à cinq grands lobes parfois inégaux, cinq étamines un pistil à style comprimé dilaté supérieurement. A ces fleurs succède une capsule biloculaire, globuleuse régulièrement déhiscente. Parmi les espèces de ce genre nous citerons : la molène bouillon-blanc (*verbascum thapsus*, L.), connue vulgairement sous les noms de molène ou bonhomme. Cette espèce est une belle plante herbacée qui s'élève de 1 à 2 mètres de hauteur. Toute sa surface est couverte de poils cotonneux blanchâtres ou jaunâtres, ses feuilles sont très grandes, et ses fleurs, groupées en fascicules serrés à l'aisselle des bractées, sont réunies en une longue grappe spiciforme; leur corolle est jaune. Cette espèce commune sur les coteaux incultes, le long des chemins et des haies de toute l'Europe, est regardée comme pectorale et émolliente. On emploie l'infusion de ses fleurs contre les rhumes, les catarrhes et les coliques, etc.   J. P.

MOLESTER, v. a., vexer, tourmenter de quelque manière que ce soit, inquiéter par des embarras suscités mal à propos.

MOLETTE, s. f., partie de l'éperon qui est ordinairement faite en forme d'étoile et qui sert à piquer le cheval. Molette se dit aussi d'une maladie des chevaux qui consiste en une tumeur molle à la jambe.

MOLEVILLE OU MOLLEVILLE (ANTOINE-FRANÇOIS, marquis de BERTRAND, DE) ministre de la marine française et historien, naquit à Toulouse en 1744. Il descendait d'une ancienne famille du Languedoc. Peu de temps après avoir terminé son éducation à Paris, le jeune Moleville fut nommé, sous le ministère du chancelier Maupeou, maître des requêtes et intendant de la Bretagne. Dans les funestes discussions entre les parlements et la cour, Moleville, en sa qualité de commissaire du roi, et de concert avec M. le marquis de Thiars, fut chargé de dissoudre le parlement de Rennes. Mais les jeunes gens de la ville ayant pris les armes pour le défendre, les commissaires du roi furent obligés de s'enfuir pour mettre leur vie en sûreté. Le 4 octobre 1791, Louis XVI donna à Moleville le portefeuille de la marine. Trois jours après l'installation de l'assemblée nationale, il fit un rapport sur la situation des colonies, annonçant en même temps le départ de l'expédition de Saint-Domingue. Dès le commencement de la révolution, il s'était montré fortement opposé aux principes des novateurs, et le comité de la marine s'étant déclaré en opposition avec le ministre, un grand nombre de dénonciations ne tardèrent pas à être dirigées contre lui. Le 7 décembre, les députés du Finistère l'accusèrent, par l'organe de Cavalier, d'avoir trompé le corps législatif dans les états de revue de la marine de Brest, et d'avoir employé des aristocrates pour l'expédition de Saint-Domingue; mais six jours après, Moleville se justifia pleinement dans un mémoire si bien conçu que l'assemblée en demanda unanimement l'impression. Le 19 du même mois, il parla à la tribune sur les malheurs arrivés à Saint-Domingue, qu'il attribua aux amis des noirs. On l'écouta avec attention; mais il n'en fut pas de même le 13 janvier 1792, lorsqu'il présenta un mémoire sur les officiers en congé; ce jour là, le même député, Cavalier, l'accusa de nouveau de vouloir soutenir le pouvoir absolu, comme le plus utile pour les ministères; et les députés du côté gauche, avec quelques-uns du côté droit, se déclarèrent contre Moleville. A la séance du 19, où tous les ministres assistèrent, le député Charles Duval parla contre le ministre de la marine, et le somma de donner à l'assemblée des éclaircissements sur quelques points importants. Moleville s'y prêta de bonne grâce et annonça, entre autres choses, la destitution du marquis de Vaudreuil, officier général, qu'on regardait comme un des ennemis de toute réforme. Moleville fut encore accusé, le 1er février, de s'opposer invariablement à l'émancipation des hommes de couleur. L'assemblée décida qu'il n'y avait pas lieu à accusation ; et cependant elle adopta le lendemain un rapport contre Moleville, que Hérault de Séchelles fut chargé de présenter au roi. Louis XVI répondit : « Je conserverai toujours ma confiance à mon ministre, malgré les dénonciations élevées contre lui. » Ce fidèle serviteur fut enfin forcé de donner sa démission. Louis XVI le chargea de la direction d'une police secrète, dont le but était de surveiller le parti jacobin, et d'exercer de l'influence sur la garde nationale et les sections de Paris. La présence d'un bon royaliste étant toujours importune aux factieux, Carra accusa l'ex-ministre d'être un des principaux membres du comité autrichien, et surtout de correspondre avec l'Autriche. Moleville porta plainte contre cette accusation au tribunal de police correctionnelle, et elle fut admise par le juge de paix, Larivière. Mais bientôt l'assemblée législative décréta le juge d'accusation, pour avoir, disait-elle, poursuivi illégalement plusieurs de ses membres. Rien ne pouvant décourager la fidélité de Moleville, il fit, au mois de juin, parvenir au roi le plan du juge de paix Buot, son adjoint dans la police secrète, pour neutraliser les tribunes du corps législatif. Il présenta à ce prince, après la triste journée du 20 juin, un autre plan qui tendait à faciliter et à assurer la sortie du monarque de la capitale; l'indiscrétion ou la perfidie en empêcha l'exécution, et, cinq jours après (le 10 août, jour où Louis XVI cessa de régner), Gothier décréta d'accusation Bertrand de Moleville. Étant parvenu à s'évader, se rendit à Londres, où il se montra toujours attaché à la cause des Bourbons. C'est dans cette ville qu'il composa les *Annales de la révolution française*, que M. Dallas traduisit en anglais, et qui furent réimprimées en 1802, 9 vol., in-8°. Moleville ne revint en France qu'après la restauration. Il ne fut appelé à aucune place, et mourut dans la retraite en 1824, âgé de 80 ans. On a de lui : 1° *Histoire de la révolution française*, Paris, 1801, 1803, 10 vol. in-8° (ce sont ses *Annales* publiées à Londres). Cette histoire est aussi exacte que bien écrite, et l'auteur y raconte des faits qu'il a presque passés sous ses yeux. 2° *Costumes des Etats de la maison d'Autriche*, consistant en 50 gravures coloriées, dont les descriptions, ainsi que l'introduction, ont été rédigées par M. B. de M., in-fol. Paris, 1815. 6 vol. in-8°, ouvrage très estimé, le texte est en anglais et en français. Il avait paru à Londres en 5 vol. in-8°. 3° *Mémoires particuliers pour servir à l'histoire de la fin du règne de Louis XVI*, Paris, 1816, 2 vol, in-8°. Ces mémoires avaient déjà été imprimés à Londres en 1797, et avaient eu, comme en France, un succès mérité. 4° *Histoire d'Angleterre depuis l'invasion des Romains jusqu'à la paix de* 1763, Paris, 1815, 6 vol. in-8°. Cet ouvrage, publié d'abord en anglais, a été ensuite traduit par l'auteur dans sa propre langue. On lui a reproché de s'être laissé quelquefois influencer par le jugement des auteurs protestants, qu'il a consultés pour cette histoire. Il parle, entre autres, d'une manière très défavorable de saint Thomas de Cantorbéry, qui, en général, est fort maltraité par les écrivains anglais. Le récit de ses différends avec le roi d'Angleterre a été l'écueil de bien des historiens, et peu ont eu le bon esprit de s'en tenir, à cet égard, au jugement de Bossuet, dans le parallèle qu'il a fait du saint archevêque avec Cranmer.

MOLIÈRE (JEAN-BAPTISTE POCQUELIN DE), fils et petit-fils de valets-de-chambre, tapissiers du roi, né le 15 janvier 1622, commença ses études à 14 ans chez les jésuites; ses progrès furent rapides. Son père étant devenu infirme, il fut obligé d'exercer son emploi auprès de Louis XIII, qu'il suivit dans son voyage de Narbonne en 1641. Quelque temps après, il quitta la charge de son père, et s'associa quelques jeunes gens passionnés comme lui pour le théâtre. Ce fut alors qu'il changea de nom pour prendre celui de Molière, soit par égard pour ses parents, soit pour suivre l'exemple de ce temps-là. Les mêmes sentiments et les mêmes goûts l'unirent avec la Béjart, comédienne de campagne. Ils formèrent une troupe, qui représenta à Lyon, en 1653, la comédie de l'Étourdi. Molière, acteur et auteur, également applaudi sous ces deux titres, enleva presque tous les spectateurs à une autre troupe de comédiens établis dans cette ville. Louis XIV fut si satisfait des spectacles que lui donna la troupe de Molière, qui avait quitté la province pour la capitale, qu'il en fit ses comédiens ordinaires, et accorda à leur chef une pension de mille livres. En 1663, ses talents reçurent de nouvelles récompenses. L'on ne peut disconvenir que les libéralités de Louis XIV et la haute protection accordée aux talents de la dissipation et du luxe, et surtout au théâtre, n'aient préparé la nation à la révolution, et, si l'on veut, à la décomposition du royaume de France, arrivée un siècle après, par la corruption générale des mœurs. Molière termina sa carrière en jouant *le Malade imaginaire*. Il était incommodé lorsqu'on le représenta. Les efforts qu'il fit pour achever son rôle lui causèrent une convulsion, suivie d'un vomissement de sang, qui le suffoqua quelques heures après, le 18 février 1673. L'archevêque de Paris refusant de lui accorder la sépulture, le roi engagea ce prélat à mitiger en sa faveur la rigueur des canons, et Molière fut enterré à Saint Joseph, qui dépendait de la paroisse Saint-Eustache. La populace s'attroupa devant sa porte le jour de son convoi, et on ne put l'écarter qu'en jetant de l'argent par les fenêtres. Molière, qui s'égayait sur le théâtre aux dépens des faiblesses humaines, ne put se garantir de sa propre faiblesse. Séduit par un penchant violent pour la fille de la comédienne Béjart, il l'épousa, et se trouva exposé au ridicule qu'il avait si souvent jeté sur les maris. On ne peut le justifier de n'avoir pas assez respecté les bienséances, d'avoir choisi même des sujets, comme l'Amphitryon, dont la nature ne peut s'allier avec les égards dus aux mœurs. La lecture de plusieurs de ses pièces laisse infailliblement dans l'âme une impression de vice; et en corrigeant quelques ridicules, il affaiblit le sentiment de la vertu. Parmi les diverses éditions des ouvrages de Molière, on distingue celles qu'en ont données Bret, Paris, 1772, 6 vol. in-8°, Auger, 1825, 9 vol. in-8°; Petitot, Paris, 1813; Didot, 1817, 7 vol. in-8°. Beffara a publié en 1777, en 2 vol. in-12, l'Esprit de Molière, avec un abrégé de sa Vie et un catalogue de ses pièces.

MOLIÈRES (JOSEPH PRIVAT DE), né à Tarascon en 1677, mort le 12 mai 1742, passa quelque temps dans la congrégation de l'Oratoire. Les ouvrages du P. Mallebranche lui ayant inspiré l'envie de connaître l'auteur, il se rendit à Paris pour converser avec lui. L'Académie des sciences se l'associa en 1721, et deux ans après il obtint au Collège royal la chaire de philosophie. Les qualités de son cœur le faisaient autant aimer que les talents de son esprit le faisaient estimer. On a de lui : *Leçons de mathématiques*, in-12, 1726. Ce livre est un traité de la grandeur en général; *Leçons de physique*, Paris, 1629, 4 vol. in-12. Cet ouvrage est terminé par une nouvelle démonstration de l'existence de Dieu, tirée de l'existence du mouvement de la matière; *Éléments de géométrie*, in-12, 1741.

MOLINA. — MOLINISME. Plusieurs personnages distingués ont porté le nom de Molina. Aucun ne l'a rendu plus célèbre que l'auteur du système théologique dont nous allons parler ici après avoir fait connaître l'auteur lui-même, sur lequel les dictionnaires historiques n'ont presque rien dit et se sont tous trompés. Louis Molina, espagnol, comme presque tous ses homonymes, était d'une famille noble, naquit en 1535, à Cuença, dans la nouvelle Castille. Porté à la piété et aux lettres, il entrait à peine dans son adolescence et n'avait encore que dix-huit ans lorsque, le 10 août 1553, il entra dans la compagnie de Jésus. Il passa en Portugal, étudia d'abord à Coïmbre, puis fit avec succès ses cours de philosophie et de théologie dans l'université d'Évora. Il y enseigna ensuite ces deux sciences et fut, pendant plusieurs années, l'un des professeurs de théologie les plus distingués. Il s'acquit une grande réputation par sa piété et son savoir. On voyait briller en lui deux vertus principales, l'esprit de pauvreté et la modestie. Parvenu à ses dernières années, consumé par un travail assidu, il ne souffrit jamais qu'on fît pour lui quelque exception, soit en vêtement, soit en nourriture. Dans sa chambre, où l'on ne voyait qu'un seul tableau, il ne voulait pas posséder plus de volumes que les autres religieux. Il gardait à son usage un bréviaire tellement détérioré, que les pages contenant les petites heures et étant d'un service quotidien, pouvaient à peine être lues. Il était plus ponctuel et plus exact qu'aucun novice à se rendre aux exercices communs et à obéir aux supérieurs. Sa piété prenait chaque jour sur ses études un temps consacré à lire quelque chose du livre de l'*Imitation*. En professant, il expliquait saint Thomas, qui semble avoir été pour lui l'objet d'une affection particulière, car il publia : *Comment. in primam partem Divi Thomæ*, 2 v. in-fol., imprimés la première fois à Cuença, en 1593, réédités depuis à Lyon, à Venise et ailleurs. Il publia aussi un traité *De justitia et jure*, imprimé en 6 v. in-fol., partie à Mayence, partie à Anvers, et dont la dernière édition est peut-être celle de Genève, en 1732, 5 vol. in-fol. Dans cet ouvrage, Louis Molina révèle une si grande sagacité dans la disposition de la matière, une si profonde connaissance du droit civil, qu'on ne peut s'expliquer comment un homme livré depuis sa jeunesse à l'étude presque exclusive de la théologie, ait pu parvenir à un tel degré de la science du droit. Il laissa en outre deux autres volumes relatifs à la jurisprudence, mais que la mort l'avait empêché de revoir et de terminer. En fouillant dans le traité *De justitia et jure*, avec des intentions hostiles, on y a trouvé quelques propositions de morale relâchée, au sujet des compensations occultes, etc. Elles ont été employées à grossir le libelle intitulé : *Extrait des assertions*, qui a été un des prétextes dont on s'est servi pour supprimer les jésuites en France. Le livre qui fit à Molina une réputation plus durable est celui de la *Concorde du libre arbitre et de la grâce*, que nous allons faire connaître, et où il déposa ses pensées sur la coopération de la volonté de l'homme aux mouvements et aux secours qu'il reçoit de Dieu. C'est ce livre qui contient ce système théologique appelé *Molinisme*, du nom de son auteur, qui pourtant ne l'a point absolument inventé. Il fut amené à le composer en étudiant saint Thomas. Ce fut, dit-on, en travaillant à ces commentaires sur la première partie de la Somme du saint docteur, que nous avons indiqués ci-dessus, qu'il fut conduit à chercher les moyens de concilier le libre arbitre de l'homme avec la prescience divine et avec la prédestination. Le système de Molina lui avait attiré des contradictions dès le temps de sa vie et l'on ne craignait pas de le qualifier de novateur; mais il était en grande estime auprès des hommes les plus distingués. Des conseillers royaux, des censeurs de la foi, d'autres jurisconsultes en donnèrent des preuves à sa mort. Nous ne parlerons pas ici des jésuites illustres qui en ont fait un cas particulier, tels que Léonard Lessius, Pierre Jarric, François Garzia de Valle, Didace de Baeza, etc.; mais nous pourrions citer des auteurs étrangers à sa compagnie, tels que Sylvestre Maurolic, Laurent Beyerlinck, qui, de son temps, en ont parlé avec éloge. On a dit, on a même écrit que deux hommes distingués de la compagnie de Jésus, Bellarmin et Vasquez, avaient, ainsi que quelques-uns de leurs savants confrères, désapprouvé le système de la science moyenne de Molina. Le contraire est prouvé par une pièce autographe de Bellarmin que conservaient les jésuites de Rome, qui fut présentée à Clément VIII, et dans laquelle Bellarmin disait positivement que cette opinion lui paraissait la plus vraie. Quant à Vasquez, on prouve qu'il n'a point blâmé ce système, par différents passages de ses écrits et surtout par la manière dont il répond, dans la première partie de saint Thomas, à la question 14e. Molina avait été depuis peu rappelé du Portugal, lorsqu'il mourut à Madrid, le 12 octobre de l'année 1600 et non de l'année 1601, comme l'ont écrit *Moreri* et la *Biographie universelle*. Il était alors âgé de 65 ans. On lui demanda, les derniers jours de sa vie, s'il ne laissait point quelques ouvrages terminés, et ce qu'il désirait qu'on en fît. « Que la compagnie, dit-il avec une résignation et une abnégation édifiantes, en dispose comme elle voudra. » Pour mieux suivre les détails où nous allons entrer, pour mieux saisir ces questions sèches et délicates, il est peut-être à propos d'exposer ici l'état des choses qui nous amènent à parler du molinisme. Il faut peut-être aussi se rappeler avant tout qu'au xvie siècle, à la suite des innovations amenées par la réforme religieuse, les questions relatives à la liberté de l'homme, à l'action de Dieu sur le cœur et la volonté de la créature, semblaient avoir une sorte de recrudescence dans les cours de théologie. Baïus, entre autres, avait occasionné de grandes rumeurs. Son enseignement théologique à la faculté de Louvain, avait une couleur de nouveauté scandaleuse, et plusieurs (remarquez qu'il n'est nullement question ici des jésuites) résolurent d'y porter remède et de le faire s'en repentir. Quelques-unes de ses propositions furent dénoncées à la faculté de Paris, qui les censura. Baïus s'expliqua et écrivit contre la censure. La Belgique fut troublée par la commotion qu'amena cette résistance. Pie IV imposa silence aux contendants ; le calme se rétablit. Il ne fut pas de longue durée. Baïus et son ami, le docteur Hessels, qui enseignait les mêmes erreurs, furent envoyés, en qualité de théologiens, au concile de Trente. Au retour, Baïus rompit le silence et dogmatisa dans le même sens. Pie V condamna soixante-dix-neuf propositions de Baïus, dénoncées par un franciscain. Le cardinal Tolet, jésuite, envoyé aux Pays-Bas pour terminer l'affaire, obtint de Baïus une rétractation ou un désaveu, dans le mode subtil que voulurent suivre depuis les jansénistes, c'est-à-dire condamnant les propositions dans le sens de la bulle ; puis une reconnaissance positive de leurs erreurs propres, et comme ayant été enseignées par lui. Les propositions de Baïus, chose singulière, avaient affinité, tantôt au pélagianisme, tantôt au prédestinianisme ; elles avaient donc, quelques unes du moins, une grande affinité à celles qui sont du ressort de cet article, car elles touchaient à l'action de Dieu sur le libre arbitre de l'homme. Cette querelle s'apaisa en 1580. L'année suivante vit commencer de nouvelles disputes auxquelles Molina ne fut pas d'abord mêlé, mais où son système mis en avant, occasionna les combats réglés dont nous rappellerons la cause et les suites, et depuis lors le molinisme est connu dans l'Église. Les disputes dont nous parlons avaient donc commencé dès 1581. Le père Prudence de Mont-Major, jésuite, théologien dans l'université de Salamanque, fronda dans les thèses la prédétermination physique qui ne faisait guère que d'éclore, du moins telle qu'on la soutenait en temps-là, et qu'on l'a enseignée depuis ; il établit la prescience divine des futurs contingents conditionnels, indépendamment d'aucun décret absolu précédent. Dominique Bagnez, qui était regardé comme le père de la prédétermination, entra dans l'assemblée lorsqu'on y soutenait la thèse, et fit grand bruit. Il appela ensuite ses amis, et chercha avec eux les moyens de couper pied à une doctrine qui sapait la sienne par les fondements. Pour cela, et de leur avis, il composa un écrit, dans lequel il réfutait seize propositions établies lui, dans la thèse, et l'envoya à l'inquisition de Valladolid. On dit que, malheureusement pour lui, il se trouva que les propositions qu'il s'était donné la peine de réfuter, étaient toutes différentes de celles qu'on avait soutenues. Dans le même temps, le pieux et savant Lessius, professeur à Louvain, cherchait à mieux expliquer l'action de Dieu sur la liberté de l'homme, c'est-à-dire l'accord du libre arbitre avec la grâce et la prédestination. Nous sommes persuadés que, sur un point, il allait plus loin que Molina. Voici néanmoins ce qu'on en dit l'auteur d'une Histoire des jésuites, récemment publiée, et qui est loin de leur être hostile : « Molina eut plus d'audace encore, et, dans son fameux traité De la Concorde, il soumit à une nouvelle analyse la nature et les attributs de la divinité. Il y découvrit la science moyenne ou la connaissance des choses conditionnelles ; il l'appela ainsi parce qu'elle tient le milieu entre la science des objets purement possibles et celle des objets réellement existants ou devant avoir, n'importe quand, une existence réelle. A l'aide de ce principe nouveau, Molina prétendait répondre aux erreurs des anciens fatalistes, et à celles des hérétiques qui niaient la liberté. A l'entendre, rien de plus aisé que de concilier l'action omnipotente de la volonté divine avec l'action parfaitement libre de la volonté humaine. Molina parle comme s'il eût été admis aux conseils du Très-Haut ; il ne place pas la raison de l'infaillible effet de la grâce dans sa force intrinsèque, de sorte que l'homme ne puisse pas y résister, mais dans la connaissance possédée par Dieu que l'homme ne résistera pas à telle grâce. » « De son côté, le père Lessius ne déploya pas moins d'activité pour faire triompher son système sur la prédestination. Sous prétexte de fortifier contre le désespoir, il poussait à la présomption ; il abandonnait l'enseignement de la prédestination

gratuite, universellement adopté, pour la faire dépendre de la prévision des œuvres méritoires de l'homme. Jusqu'alors on avait toujours cru que c'est Dieu qui sépare les élus de la masse de perdition. Selon les molinistes, c'est l'homme qui s'en sépare en voulant bien se rendre à la grâce. *Si non es prædestinatus, fac ut prædestineris,* devint leur maxime, et ils l'attribuèrent à saint Augustin. » Ce tableau, tracé par une main amie, semble chargé à dessein. Nous verrons dans la suite de cette dissertation, qu'il n'est pas entièrement fidèle ni exact. Revenons à Bagnez. N'ayant pu, par son échec, empêcher la doctrine de Monte-Major d'avoir cours, il sentit encore son chagrin s'augmenter par la nouvelle qu'il reçut que Louis Molina préparait un ouvrage où il traitait de la concorde du libre arbitre avec le secours de la grâce. Bagnez regarda, dit-on, comme un coup de partie d'empêcher le débit du livre ; il ne l'avait pas vu, mais il ne doutait pas qu'il ne fût pélagien, dès lors qu'il combattait sa prémotion, et comme tel il le déféra au cardinal Albert d'Autriche, inquisiteur-général. « Bagnez et ses compagnons, a écrit dans le temps le père Pierre de Saint-Paul, célèbre théologien de l'ordre des Feuillants, Bagnez et ses compagnons, voyant que leur prédétermination est ruinée, si le livre de Molina subsiste, et qu'il y a danger qu'ils ne soient calvinistes, si celui-ci n'est pas pélagien, ont donné le prélat à craindre leurs plaintes.» Nous allons donc voir Bagnez et Molina en présence ; nous avons fait connaître celui-ci ; il est juste de faire connaître son principal adversaire. Dominique Bannès, ou mieux Banez, que nous prononçons Bagnez, était un saint et savant religieux de l'ordre des Frères-Prêcheurs, qui avait aussi commenté, lui, la Somme de saint Thomas. Il professa la théologie avec grande distinction, et l'éloge qu'en fait sainte Thérèse, dont il avait été le confesseur, prédispose en sa faveur non-seulement la piété mais aussi la science. Il mourut à Médina-del-Campo, en 1604, à l'âge de 77 ans. Il est regardé comme le père de la *prémotion physique* ; Molina, comme l'auteur du système de la *science moyenne*. Après savoir fait connaître les deux hommes, il semble important, sinon nécessaire de rappeler ici, en deux mots, ce qu'on entend par ces expressions de l'école. Selon les thomistes, l'homme a besoin pour agir d'une prédétermination ou prémotion physique, c'est-à-dire d'une action de Dieu qui prévient la volonté humaine, qui l'affecte intérieurement, la meut, la pousse, la détermine infailliblement à l'acte. Dans le langage scolastique, la prémotion physique est donc cette opération de Dieu qui fait agir les hommes, qui les détermine ou les fait se déterminer dans toutes les actions bonnes ou mauvaises. L'expression semble mal choisie, car comment appeler physique l'influence de la grâce, qui ne ressemble à celle d'aucune cause naturelle. Si l'on veut dire avec les thomistes que la prédétermination physique est nécessaire pour rendre l'homme capable d'agir même matériellement, il s'élèvera une difficulté. Car comment exempter Dieu de coopération au péché ? Il faudra, peut-être sans trop se satisfaire soi-même, répondre avec les mêmes thomistes, que quand Dieu prédétermine la volonté humaine au péché, il se borne à ce qu'il y a de physique dans l'action de l'homme. La science, en Dieu, est l'attribut par lequel il connaît toutes choses. Cette science est, ou la science de vision, par laquelle Dieu voit tout, le passé, le présent et l'avenir ; ou la science de simple intelligence, par laquelle Dieu voit les choses purement possibles qui n'ont jamais existé et qui n'existeront jamais. Entre ces deux expressions ou modifications de l'attribut, quelques théologiens admettent encore en Dieu une troisième science, qu'ils appellent science moyenne, parce qu'elle semble tenir le milieu entre la science de simple intelligence et la science de vision. Il y a, disent-ils, des choses qui ne sont futures que sous certaines conditions ; ces conditions doivent avoir lieu, l'événement deviendra futur absolument, et comme tel, il redevient objet de la science de vision ou de la prescience. Si la condition de laquelle cet événement dépend ne doit point avoir lieu, il n'existera jamais, alors c'est un futur purement conditionnel ; il ne peut donc pas être l'objet de la science de vision ou de la prescience, qui regarde les absolus ; il ne peut pas être non plus l'objet de la science de simple intelligence, qui a pour objet les choses possibles. Cependant Dieu le connaît, puisque souvent il l'a révélé ; il faut donc distinguer d'avec les deux premières espèces de science, cette science divine, qui est celle précisément qu'on appelle science moyenne. Bagnez et ses disciples soutiennent que saint Thomas d'Aquin a encore enseigné la prémotion physique ; non-seulement les molinistes, mais encore toutes les autres écoles, affirment le contraire. Il en est de même pour les systèmes de la prédestination. Chacun prétend avoir le docteur angélique de son côté. Etre thomiste ou disciple de saint Thomas n'est donc pas la même chose, et de ce que les jésuites ont rejeté la prémotion physique, il ne s'ensuit pas qu'ils aient abandonné saint Thomas. Molina ne prétendait pas l'avoir abandonné lui-même, et nous sommes persuadé qu'il ne croyait pas s'éloigner de la prescription qu'a faite saint Ignace de s'en tenir à la doctrine du saint docteur. On pourrait soutenir qu'il n'est pas l'inventeur de la science moyenne, surtout prise au sens de Lessius; les universités et saint Bonaventure l'ont, dit-on, soutenue. Quoi qu'il en soit, c'est lui qui l'a popularisée, et elle reste confondue avec ce qu'on appelle le molinisme. C'est dans le moins volumineux mais le plus célèbre de ses ouvrages, que Molina a établi et enseigné son système; dans la *Concorde du libre arbitre avec la grâce*, qui parut d'abord à Lisbonne, en l'année 1588, et sous le format in-4°. L'année suivante, il y ajouta un *Appendix*, qui est destiné à donner des éclaircissements sur des points plus obscurs ou déjà contestés. L'ouvrage fut, dès l'année 1593, réédité à Lyon, et à Venise, en 1594. Il l'a été depuis in-fol., et nous l'avons vu aussi dans le format in-8°. C'est dans l'édition in-fol., conforme à celle donnée à Anvers, que nous puisons pour la rédaction de cette dissertation. Comme ce livre est souvent cité et pourtant peu connu; comme on n'en donne presque jamais le titre ou fautif ou tronqué, nous croyons entrer dans les vues du lecteur, en lui faisant une courte description de cet ouvrage célèbre, qui est intitulé ainsi : *Liberi arbitrii cum gratiæ donis, divina præscientia, providentia, prædestinatione et reprobatione, concordia, altera sui parte auctior : D. Ludovico Molina, primario quondam in Eborensi academia theologiæ professore e societate Jesu, auctore. Adjecti indices, rerum alter, alter Scripturæ locorum, auctoris opera prioribus accuratiores. Accedit nunc Appendix ad hanc concordiam.* Il est dédié au cardinal Albert d'Autriche, grand inquisiteur en Portugal, et dans la dédicace l'auteur avoue son projet est de soutenir la coopération de la liberté de l'homme aux mouvements de la grâce, que des hommes pervers de son temps, *nostra tempestate perditi quidam atque infeliciter noti homines*, s'efforçaient, dit-il, d'anéantir tout-à-fait. Molina apprend au lecteur, qu'en travaillant par obéissance à ces commentaires, dont nous avons parlé, écrits sur la première partie de la Somme de saint Thomas, qu'il avait résolu de suivre comme la lumière et le chef de la théologie scolastique, il avait cru nécessaire de montrer au flambeau de la foi catholique, comment notre liberté s'accorde avec la Providence, la prescience divine et la prédestination dont il avait à parler. L'œuvre s'agrandit sous sa main et ses investigations, et il résolut de publier à part tout ce qui regarde spécialement cette matière ardue et difficile. Tout le livre, en effet, ne roule que sur quelques questions posées par saint Thomas, et commence par un très court chapitre sur le huitième article de la question quatorzième. On doit se rappeler qu'il n'est question que de la première partie du saint docteur. Sur le treizième article de la quatorzième question, Molina établit cinquante-trois thèses ou discussions, subdivisées en plusieurs parties. C'est sur cet article qu'il s'est le plus étendu, et c'est dans cette partie de son travail qu'il explique comment notre libre arbitre est seul cause du péché; comment Dieu voit les futurs contingents. etc., etc., appelant toujours à son secours les témoignages des Pères, des théologiens, etc., avec ceux de l'Ecriture. Il établit ensuite trois discussions sur le sixième article de la dix-neuvième question. Quoique nous n'ayons point l'intention d'analyser cet ouvrage, dont nous allons ensuite faire connaître la doctrine, nous dirons néanmoins que dans cette partie peu étendue il rappelle les diverses interprétations données à ce fameux passage de saint Paul; dans la première épître à Thimothée : « Dieu veut que tous les hommes soient sauvés. » *Deus vult omnes homines salvos fieri.* Il rapporte trois interprétations de saint Augustin, dont il avoue n'avoir pas pris ces paroles à la lettre, et dans l'une desquelles le saint docteur compare l'acception de ce mot *tous* à celle que l'on prend quand on dit que tel maître instruit tous les enfants de la ville, car on ne veut pas dire que tous les enfants absolument aillent à l'école, mais seulement qu'il n'y a que lui de maître. Saint Thomas ne voit pas non plus dans ces paroles une volonté absolue, mais une volonté qu'il appelle de signe. C'est aussi dans cette partie que Molina examine si la volonté de Dieu est toujours accomplie, et qu'il

prouve encore que Dieu n'est point la cause du péché, même prise matériellement. Sur quatre articles de la vingt-deuxième question, il pose ses thèses sur la Providence. Enfin passant à la vingt-troisième question, il traite de la prédestination et établit trois thèses sur les deux premiers articles de saint Thomas; une sur le troisième article; et enfin quatre dissertations plus étendues sur les quatrième et cinquième articles. C'est qu'il examine la part que nous pouvons avoir à notre prédestination, l'erreur des luthériens, d'Origène et de Pélage. C'est là, enfin, qu'il établit son propre système sur la prédestination, et qu'il cherche à le concilier avec certaines expressions des Pères et de l'Ecriture-Sainte. Il conclut par cette assertion consolante et raisonnable : que le réprouvé garde toujours la puissance de se convertir s'il en a la volonté. L'*Appendix* à la Concorde est un opuscule qui répond à trois objections, et satisfait ensuite à des remarques ou observations, au nombre de dix-sept, qui avait été faites, à ce qu'il paraît, dans la province de Castille, et il se propose d'y prouver que les propositions regardées comme douteuses, n'étaient pas dans son livre telles qu'on les présentait. Le traité de la Concorde parut avec l'approbation du père Barthélemi Ferreira, dominicain, l'un des inquisiteurs de Portugal, qui avait été chargé par le cardinal Albert, inquisiteur général, d'en faire l'examen. Ferreira n'était pas prédéterminant, non plus que tant d'autres savants dominicains, qui, pour nous servir de l'expression d'un auteur sérieux et mordant, ont regardé la prémotion physique comme un enfant supposé, dont on avait tort de faire saint Thomas le père. Etre thomiste, dans un certain sens attaché à ce mot, ou disciple de saint Thomas, n'est pas la même chose, et de ce que les jésuites ont rejeté la prédétermination physique, il ne s'ensuit pas qu'ils aient abandonné saint Thomas. Bagnez se plaignit, proposa des objections, Molina y répondit. Cependant le livre de la Concorde avait tout le succès désirable. Les franciscains et les augustins se déclarèrent presque aussitôt pour la science moyenne : on la soutint dans plusieurs universités, à Sarragosse, à Grenade, à Séville, à Tolède, etc. La prémotion physique ne trouvait pas plus de faveur en France, en Allemagne, en Lorraine, où l'on n'en parlait guère que comme d'une opinion qui blesse également et la raison et la liberté de l'homme. D'autre part, la science moyenne trouvait des adversaires, même dans la compagnie de Jésus, et Henri Henriquez, jésuite ardent, qui se fit dominicain, redevint et mourut jésuite, la combattit vivement dans son livre *De la fin de l'homme*. La question fut d'abord agitée seulement dans les écoles, et ensuite portée au tribunal de l'inquisition d'Espagne. Bagnez et ses amis craignaient vivement qu'on n'ôtât à la grâce de Jésus-Christ quelque chose de sa puissance; Molina et d'autres théologiens craignaient que sous prétexte de défendre la puissance de la volonté de Dieu, on ne diminuât, avec les luthériens et autres novateurs modernes, la liberté de l'homme qui n'a point été détruite mais seulement diminuée par le péché originel, ainsi que l'enseigne le concile de Trente, et qui peut toujours résister à la grâce. Aussi les requêtes multipliées que Bagnez et ses amis présentèrent à l'inquisition et au nonce du pape, aboutirent seulement à leur faire défendre de traiter à l'avenir d'hérétique Molina ou sa doctrine. Quelques cardinaux et quelques évêques mandèrent à Rome que les dominicains troublaient toute l'Espagne par leurs invectives contre la société des Jésuites, à laquelle ils avaient déclaré la guerre à l'occasion du livre de la Concorde. Le pape Clément VIII, qui siégeait alors, était déjà prévenu sur cette affaire. Le cardinal Alexandre, protecteur de l'ordre des Frères-Prêcheurs et ancien dominicain lui-même, lui avait fait entendre que le livre de Molina mettait toute l'Espagne en combustion; que ses opinions reçues avec tant de succès pourraient être fatales à la doctrine du Docteur de la grâce et de l'Ange de l'école qu'elles renversaient de fond en comble, et qu'il serait bon de faire examiner à Rome, non-seulement les questions débattues en Espagne, mais le livre de la Concorde lui-même. C'est ce que Bagnez avait sollicité lui-même auprès du cardinal Protecteur par Didace Alvarez, qui avait fait exprès le voyage d'Italie. Le pape y consentit, et après avoir nommé plusieurs consulteurs, il défendit aux parties de disputer des matières controversées et de se noter d'aucune censure jusqu'à ce qu'il eût décidé. Sa défense était sous peine d'excommunication majeure, et ne paraît pas mal gardée. Cependant les dominicains, ayant présenté au roi d'Espagne, une requête dans laquelle ils se plaignaient du silence imposé sur les matières de la grâce, cette requête fut renvoyée à Clément VIII, qui établit à Rome, pour terminer ces différents, des congrégations qu'on nomma *de Auxiliis*, ou des secours de la grâce, qui furent composées de prélats et de docteurs consultants, ayant pour président le cardinal Madruce. Ces congrégations durèrent près de neuf ans. Il y eut six examens de la doctrine de Molina, et chaque examen occupa plusieurs congrégations. La première se tint le 2 janvier 1598, et la dernière le 28 août 1607. Les consulteurs étaient au nombre de huit et tous disposés en faveur des dominicains, excepté deux qui furent toujours pour Molina. Ils avaient, en janvier et février 1598, censuré soixante et une propositions du livre de la Concorde, sur les extraits que Bagnez et Alvarez leur avaient fournis, et ils avaient si peu pris la peine de les confronter avec l'original, qu'ils déclarèrent que Molina donnait pour raison et pour motif particulier de la prédestination, le bon usage que Dieu prévoyait que l'homme ferait du libre arbitre, quoique cet auteur, dans les endroits mêmes où ils supposaient qu'il établit ce principe, le réfute expressément, et d'une manière très solide, n'attribuant pas la prédestination qu'à la volonté libre de Dieu, qui distribue ses dons quand il veut et à qui il veut. Nous reviendrons sur ce point. Clément VIII était prévenu en faveur des dominicains, mais il s'aperçut bientôt qu'il n'était pas possible de faire fond sur un jugement si précipité, et, quelques égards qu'il eût pour ceux qui avaient instruit la cause, il crut devoir en ordonner la révision. Les consulteurs ne changèrent point d'avis, et Bagnez, instruit par Alvarez, répandit indiscrètement dans toute l'Espagne qu'il allait triompher de son adversaire. Le pape ne fut pas longtemps sans apprendre par les écrits que lui présentèrent les jésuites, que les sentiments traités d'hérétiques par les consulteurs, avaient été déclarés orthodoxes par les jugements contradictoires de l'inquisition de Portugal, et qu'on ne pouvait censurer la doctrine de Molina, sans envelopper dans sa condamnation quantité d'évêques et de docteurs. Sur cela il prit le parti d'engager les généraux des deux ordres (des dominicains et des jésuites), à voir si on ne pourrait pas terminer cette affaire à l'amiable. Ce fut donc alors qu'on s'assembla chez le cardinal Madruce, le 22 février 1599. Le pape voulut qu'on généralisât la dispute sur la grâce, sans s'arrêter à l'ouvrage du jésuite espagnol. Dans les propositions qui furent faites, les dominicains ne voulurent rien accepter. La mort du cardinal Madruce, qui survint, laissa les consulteurs maîtres du champ de bataille, et alors ils ne pensèrent qu'à dresser leur censure. Aquaviva, général des jésuites, montra qu'ils attribuaient à Molina des erreurs qu'il n'avait jamais enseignées, et qu'ils notaient des propositions ou vraies ou communément reçues dans les écoles, et il le fit voir si clairement, que les consulteurs, qui d'abord avaient condamné 61 propositions, en restreignirent d'abord le nombre à 49, ensuite à 41, puis à 20. Tant de variations n'étaient pas un préjugé favorable à la censure. Le pape en parla aux consulteurs le 23 janvier 1601. Il y eut dans la suite des disputes réglées, et malgré le zèle des consulteurs pour la censure, le pape décida que la cause n'était pas encore en état d'être jugée, et qu'on n'avait pas fait assez d'attention aux défenses des jésuites. Il prit le parti de présider aux disputes, pour décider ensuite avec connaissance de cause : mais il voulut que les disputes se bornassent à la discussion des sentiments de saint Augustin sur le libre arbitre et sur la grâce, et à examiner si ceux de Molina lui étaient conformes. En conséquence de ces nouveaux ordres, le 20 mars 1602, on tint une première congrégation dans une salle du Vatican, et le pape y présida en personne. Il avait à ses côtés deux cardinaux ; sur des siéges plus bas étaient les consulteurs. Les généraux des deux ordres ayant été introduits dans la salle, avec les pères Alvarez et Valentia, qui devaient entrer en lice, le pape fit un petit discours sur l'importance de l'affaire. Valentia parla le premier et prouva que Molina était d'accord avec saint Augustin sur ce que ce père accorde au libre arbitre. Alvarez répliqua, et son général en fut si peu content, dit-on, qu'il lui substitua le père Thomas Lemos, qui a donné depuis une histoire de cette affaire, qui n'est pas écrite sans partialité. Nous croyons plutôt que des raisons particulières, de santé peut-être, firent substituer Lemos à Alvarez, qui continua d'assister aux séances et y prit quelquefois la parole. Le pape en faisait tant de cas qu'il lui donna depuis un archevêché. Nous disons des raisons de santé, car il en fallait une vigoureuse pour les disputes, et Valentia de son côté fut obligé de céder bientôt son rôle au père Pierre Arrubal, qui, bientôt lui-même, le céda à son tour au père La Bastide, et Lemos, malgré sa force de poitrine, fut pendant quelque temps indisposé. Les discussions continuèrent jusqu'à la mort de Clément VIII, qui penchait du côté des dominicains. Alexandre de Médicis, qui lui succéda, sous le nom de Léon XI, mourut peu de jours après son exaltation. Camille Borghèse fut élu à sa place et prit le nom de Paul V. Au bout de quelque temps, il se détermina à reprendre l'affaire et déclara que les congrégations se tiendraient devant lui. Il était au fait des choses, car il était un des deux cardinaux qui assistaient avec Clément VIII aux premières assemblées. Il simplifia la discussion, et pour réduire le sujet des contestations à un point précis, il donna à examiner cette question : « Si Dieu, par sa grâce efficace, meut la volonté de l'homme aux actes libres et bons, non-seulement en conciliant, en invitant et excitant intérieurement, ou en attirant moralement, mais aussi réellement et proprement, sans donner atteinte à la liberté de l'homme ; et si quelques scolastiques ont eu raison de dire que cette grâce efficace prédétermine physiquement. » Cette question fut le sujet de toutes les questions suivantes. Vastida ou La Bastide convint que la grâce mouvait la liberté de l'homme, non-seulement moralement, mais aussi activement et proprement ; mais non pas en sorte qu'elle fût physiquement prédéterminée à agir, car il soutenait que la prédétermination physique renverse la liberté, détruit la grâce suffisante, fait Dieu auteur du péché ; qu'elle a été inconnue à saint Augustin et à saint Thomas ; que la plupart des théologiens la regardent comme une opinion dangereuse qui approche du calvinisme et déjà condamnée dans le saint concile de Trente ; qu'elle est contraire à l'Ecriture, aux Pères, aux décisions de l'Eglise, aux principes de la foi. Lemos soutint que l'efficacité de la grâce, ou l'effet et l'action ne dépendaient point de la liberté, et qu'il ne suffisait pas d'admettre une grâce qui attirait moralement, et qui pouvait être rendue inefficace par la résistance de la volonté, sans néanmoins lui ôter la liberté ; que c'est ce qu'on appelle la prémotion physique. Il allégua quantités de témoignages de saint Augustin et de saint Thomas pour prouver cette doctrine. On discuta les divers sentiments de part et d'autre dans quinze congrégations, et les disputes étant finies, Paul V ne jugea pas à propos d'en venir à une définition apostolique, et ayant fait venir les généraux des deux ordres, il leur donna un écrit par lequel il déclarait que les disputants et les consulteurs pouvaient s'en retourner chez eux ; qu'il publierait sa décision quand il le jugerait à propos ; mais il ne l'a jamais publiée. C'est sur le fondement du silence de Paul V, qui s'abstint de donner une décision sur ces disputes, que le père Alexandre, quoique dominicain, dit dans son Histoire ecclésiastique, ve siècle, chap. 3, art. 5 : « Qu'il ne peut souffrir ceux qui censurent témérairement les opinions qui ne sont point condamnées dans l'Eglise, et qui, faisant de mauvais parallèles de la doctrine de Molina avec les erreurs des pélagiens, blessent la vérité, violent la charité et troublent la paix de l'Eglise. Il parle de la sorte après s'être efforcé de prouver, en bon thomiste, qu'il s'agissait entre saint Augustin et les sectaires de son temps, non-seulement de la grâce, mais de la grâce efficace par elle-même, pour répondre à une objection qu'il s'était proposée : savoir, qu'il faut distinguer deux choses dans la doctrine de saint Augustin, l'une, ce qu'il enseigne sur la nécessité de la grâce ; l'autre, ce qu'il dit touchant son efficacité ; que comme l'un est de foi, l'autre est problématique : et que ce père n'aurait jamais traité ses adversaires d'hérétiques, si en rejetant le système de la grâce efficace par elle-même, ils avaient reconnu que la grâce est purement gratuite et absolument nécessaire pour toute bonne œuvre, même pour le commencement de la foi. Ce même théologien, décrivant dans le huitième article les erreurs des semi-pélagiens, traite les auteurs récents, qui confondent les défenseurs de la science moyenne avec ces hérétiques, d'hommes imprudents et téméraires, qui ignorent les dogmes des prêtres de Marseille, ou à qui l'esprit de parti ne permet pas de les reconnaître. Il dit encore ailleurs que le sens de Molina n'est ni pélagien, ni semi-pélagien. Trois choses nous sont proposées à croire au sujet de la grâce : sa gratuité, sa nécessité, son efficacité. La grâce ne peut se mériter, et l'on ne peut rien de méritoire sans la grâce : avec elle Dieu peut tout sur le cœur, et cependant le cœur peut la rejeter : voilà qui est de foi. Sur ce point, nous ne pouvons nous livrer ni aux investigations, ni au doute. Mais comment le cœur est-il absolument en la disposition de Dieu, s'il ne cesse point d'être à la disposition de l'homme ? Voilà le mystère : voilà le fond sur lequel Bagnez et Molina ont travaillé. Ils ont eu le même but, ont pris un chemin différent pour y parvenir ; peut-être n'y sont-ils arrivés ni l'un ni l'autre. Quant aux théologiens, ils ne peuvent, sans une présomption et une témérité blâmables, accuser l'un ou l'autre d'erreur, ni le déférer au tribunal du public comme hérétique. Permis à eux de s'écarter du sentiment qui leur paraît le moins juste. S'il y a eu, depuis les congrégations dont nous avons parlé, quelque différence entre l'un et l'autre des systèmes, c'est que les jansénistes, les calvinistes, etc., n'ont pas tant crié contre la prémotion physique, parce qu'elle est moins éloignée de leurs principes. Et de même, si les pélagiens revenaient au monde, ils auraient moins d'éloignement pour la science moyenne, parce que, si elle suppose la nécessité de la grâce, il paraît qu'elle ménage mieux les droits du libre arbitre. En 1612, le roi d'Espagne pressa le pape de publier sa décision, et les dominicains lui présentèrent une requête pour lui demander la même chose; mais toutes ces instances furent inutiles, et le Saint-Siége n'a pas jugé à propos jusqu'à présent, de se déclarer pour ou contre l'une ou l'autre de ces opinions. Il nous reste à donner un précis du système de Molina. Il définit le libre arbitre, la faculté d'agir ou de ne pas agir, ou de faire une chose en sorte qu'on puisse faire le contraire, toutes choses nécessaires pour l'action se trouvant présentes. Suivant lui, quoique Dieu distribue les dons des grâces que Jésus-Christ nous a méritées, comme il veut, et qu'il ne les doive à aucune personne, il a néanmoins ajusté ses lois ordinaires de cette distribution à l'égard des adultes, à l'usage de leur libre arbitre, à leur conduite et à leurs efforts, en sorte que Dieu est toujours prêt à donner à l'homme un secours suffisant, quand cet homme voudra employer ses forces naturelles pour faire quelqu'une des œuvres qui conduisent à la justification, afin qu'il les opère de la manière qu'il faut pour le salut. Il dit que Dieu ayant prévu, par la science moyenne, ceux qui feront tous leurs efforts naturels pour croire, si l'Evangile leur est prêché, et ceux qui ne les feront pas, il refuse quelquefois ses grâces à ceux qu'il prévoit devoir être rebelles à sa parole; ce qui leur aurait accordées, s'il avait prévu le contraire; ce qui suffit pour les rendre coupables; il infère de ce que l'un croit et l'autre ne croit pas; de ce que l'un se convertit et l'autre ne se convertit pas, cela ne vient point précisément de ce que ceux qui croient ou se convertissent, aient été prévenus de Dieu par une grâce, et par une vocation intérieure, et les autres non; mais que cela provient du libre arbitre, et qu'ainsi il se peut faire que de deux hommes que Dieu appelle intérieurement par un secours égal l'un se convertisse et l'autre demeure dans l'infidélité; qu'il arrive aussi souvent que l'un se convertisse avec un secours avec lequel l'autre ne se convertit pas. Il soutient que le concours général de Dieu, qu'il fait consister dans une influence concomitante et simultanée; et qui de soi est indifférent à faire vouloir, est déterminé à l'un et à l'autre, par la faculté libre de l'homme; c'est pourquoi le bien ou le mal ne doit pas être attribué au concours de Dieu, mais à la volonté de la créature. Outre ce concours général, Molina admet des secours de la grâce qui rendent nos actions surnaturelles, mais qui laissent toujours la volonté dans la liberté d'agir ou de ne pas agir; en sorte qu'il dépend de cette volonté de rendre ces grâces efficaces en y consentant, ou de les rendre insuffisantes, ou pour mieux dire, inefficaces, en retenant ce consentement, ou en faisant un acte de volonté contraire. Ces grâces sont appelées prévenantes, en ce qu'elles excitent la volonté pour agir, et elles sont appelées coopérantes, quand la volonté consent à agir. Ainsi, la même grâce considérée diversement, peut être prévenante ou coopérante. Molina ajoute que les choses ne doivent pas arriver parce que Dieu les a prévues, mais que Dieu les prévoit parce qu'il connaît qu'elles doivent arriver selon l'ordre des causes; et qu'à l'égard des agents libres, il prévoit l'usage qu'ils feront de leur liberté dans les circonstances où ils se trouveront. Il rejette à cet égard les prédestinations ou décrets absolus de Dieu, aussi bien que la grâce efficace par elle-même. Cependant il ne faut pas tirer de là une conséquence générale quant à la prédestination et à la prédestination des adultes, dans le sens qu'on lui donne communément sans avoir connu la pensée de Molina. On dit presque partout qu'il enseigne que les adultes sont prédestinés à la réprobation, ou réprouvés à cause de leurs démérites, ou bien qu'ils sont prédestinés à la gloire à cause de leurs mérites. Cette dernière assertion est fausse, et Molina enseigne tout le contraire. On peut s'en convaincre en lisant sa discussion au dispute première, membre 12e, sur les art. IV et V de la 23e question de saint Thomas, où il enseigne que la prédestination à la gloire vient

de la libre volonté de Dieu, qui distribue ses dons à qui il veut et comme il veut. Il exprime lui-même la surprise de voir que « ceux qui ont lu tout son livre lui attribuent cette opinion, » lorsqu'il a fréquemment enseigné le contraire, dit-il, *cum frequentissime in eo clamem, efficaciterque ostendam, prædestinationem non esse propter bonum usum liberi arbitrii prævisum, ne ut conditionem quidem sine qua non, sed pro sola libera voluntate Dei, qui sua dona distribuit prout vult et quibus vult* : et plus bas, après avoir donné des raisons, des explications et des réponses, il écrit : *Quæ omnia aperte sonant, Deum non pro qualitate usus liberii arbitrii prævisi, sed pro sua voluntate ac beneplacito effectum prædestinationis conferre statuisse* (Voir pag. 380 et suiv. de l'édition que nous avons indiquée ci-dessus). Ainsi, Mgr. Bouvier, évêque du Mans, dans son traité *De gratia*, exposant le système de Molina, a fort raison de dire que cet auteur n'enseigne pas que Dieu accorde sa grâce en vue du mérite ni à cause du consentement prévu dans la volonté de l'homme, au sens des pélagiens ou semi-pélagiens, mais qu'il l'accorde par sa seule générosité et selon son bon plaisir. On dit que quelques jésuites, Suarez et Vasquez, par exemple, trouvant dans le système de Molina quelque chose qui se rapproche de la pensée des semi-pélagiens, lorsqu'il enseigne que l'acte de la volonté de l'homme qui consent à la grâce n'est pas produit par la grâce même, ont voulu corriger ce vice par un tempérament. Ils ont enseigné que l'efficace ou efficacité de la grâce ne devait pas se trouver dans l'assentiment ou le consentement de l'homme, mais que cette efficacité venait de la congruité de la grâce avec les circonstances où l'homme se trouve, et tellement appropriée à ces circonstances qu'elle obtient infailliblement le consentement. De là le *Congruisme*, conforme à la pensée exprimée par saint Augustin disant à Simplicien, liv. 1 : *Nullius Deus frustra miseretur; cujus autem miseretur, sic cum vocat quomodo scit ei* CONGRUERE, *ut vocantem non respuat.* Cette expression, au reste, a été employée par Molina lui-même. Ce système modifié retombe toujours dans celui de Molina, car en définitive, on n'y voit toujours que la grâce et la volonté. Le père d'Arrigni, disait avec raison que Molina n'a point enseigné que Dieu prédestinât en vue des mérites de l'homme, et que ceux-là ne le connaissent point qui lui attribuent cette erreur semi-pélagienne. Quand même Molina l'eût enseignée, ce qui n'est pas, nous n'y pourrions voir ni semi-pélagianisme, ni erreur. C'est, si nous ne nous trompons, l'opinion de Lessius, qui reçut le beau témoignage que nous allons produire tout à l'heure. En résumé, le système de Molina est peut-être moins conforme à l'enseignement ancien, à la lettre de certains passages de l'Ecriture-Sainte; mais il est conforme à la lettre de quelques autres et à l'esprit de tous. Il n'a jamais été condamné, et nous prévoyons qu'il sera de plus en plus enseigné dans l'école comme étant plus conforme aux idées que la raison et la reconnaissance, et même l'enseignement de l'Eglise nous donnent de la bonté de Dieu, de sa justice, de sa miséricorde, de la liberté et de la nature de l'homme. Nous ne pouvons dans un article théologique, qu'indiquer un passage remarquable en sa faveur dans un ouvrage littéraire, moral et philosophique : *Théorie des êtres sensibles*, tome 2, no 1027, page 647; mais nous ne pouvons résister au plaisir de citer, en finissant, ce qu'écrivait au pieux Lessius, saint François de Sales, qui partageait ses sentiments : « J'ai vu dans la bibliothèque du collége de Lyon, votre Traité de la prédestination : il est vrai que je n'ai fait que le parcourir à la hâte, et assez légèrement; cependant je n'ai pas laissé de remarquer que votre paternité était de cette opinion si ancienne, si consolante, et si autorisée par le témoignage même des Ecritures prises dans leur sens naturel, savoir : que Dieu prédestine les hommes en conséquence de leurs mérites prévus; ce qui a été pour moi le sujet d'une grande joie, ayant toujours regardé cette doctrine comme la plus conforme à la miséricorde de Dieu et à sa grâce, comme la plus approchante de la vérité, et comme la plus propre à nous porter à aimer Dieu, ainsi que je l'ai insinué dans mon petit livre *De l'amour de Dieu.* » Nous avons vu cette lettre un autre endroit, et c'en cette langue qu'elle fut écrite d'Anneci, le 26 août 1613. La traduction que nous avons trouvée et que nous donnons ici, ne rend pas même tout le texte. Paul V, moins porté pour Bagnez que Clément VIII, avait consulté saint François de Sales lors des congrégations dont nous avons parlé ci-dessus; il est facile de deviner dans quel sens le saint et savant évêque avait opiné. Saint François de Sales partisan du molinisme! C'est pour un grand nombre un fort préjugé en faveur d'un système aussi raisonnable que religieux et con solant. L'abbé BADICHE.

MOLINA (ANTOINE), chartreux de Villa-Nueva-de-los-Infantes, dans la Castille, dont on a un traité de l'Instruction des prêtres : cet ouvrage est très propre à honorer le sacerdoce et à sanctifier ceux qui en sont revêtus. On l'a traduit en français, Paris, 1677, in-8°. Molina mourut vers 1612, après s'être acquis une grande réputation de piété.

MOLINELLI (JEAN-BAPTISTE), clerc régulier de la congrégation des Ecoles-Pies, né à Gênes en 1730, professa la philosophie à Oneilles, et la théologie à Gênes et à Rome. Il y composa un Traité sur la primauté de saint Pierre, Rome, 1788. Il retourna ensuite dans sa patrie. En 1788, il joignit des remarques et des notes à la théologie de Lyon, donnée par Olzati. Ses opinions lui attirèrent des démêlés avec le savant et pieux Lambruschini, professeur de théologie au séminaire de l'archevêque. Partisan de la révolution de son pays, Molinelli fit partie d'une espèce d'académie ecclésiastique, formée pour la propager, et publia en italien plusieurs ouvrages en faveur du système démocratique. Il mourut à Gênes en 1799, laissant beaucoup de manuscrits.

MOLINET (JEAN DE), historien et poète. Lacroix du Maine le fait naître à Valenciennes, mais il est hors de doute qu'il prit naissance à Desvra, petite ville de Boulonnois, avant le milieu du xv° siècle. Il étudia dans l'université de Paris, se maria et eut un fils nommé Augustin qui fut chanoine de Condé. Lui-même, devenu veuf, embrassa l'état ecclésiastique et fut pourvu d'une prébende dans l'église collégiale de Valenciennes. Après la mort de Chastelain, son maître, Molinet fut nommé indiciaire et historiographe de la maison de Bourgogne; et Marguerite d'Autriche, gouvernante des Pays-Bas, l'appela près d'elle en qualité de bibliothécaire. On reproche à Molinet de raconter comme historien ses commenter jamais, d'écrire sans théorie, sans dessein arrêté et de charger ses tableaux d'ornements ridicules. Si nous l'envisageons comme poète, ajoute M. de Teiffenberg, nous ne trouvons rien à louer en lui, attendu qu'il n'a ni verve, ni naturel, ni élégance. Qu'il soit néanmoins permis de penser avec M. le baron d'Ordre (notice sur Desvra), « que pour bien juger cet auteur, il faudrait se transporter au siècle où il a vécu, et l'on se trouverait alors disposé à plus d'indulgence... Quelque mauvais goût qui puisse régner dans sa manière de s'exprimer, on est forcé de convenir que la nature l'avait doué de beaucoup d'imagination. Il écrivait avec une facilité prodigieuse et servait de modèle aux poètes de son siècle. » La plupart des beaux esprits de son temps le regardaient comme leur maître et leur modèle. Molinet mourut dans un âge avancé en 1507, et fut inhumé à Valenciennes à côté de Châtelain dans l'église de la Sale-le-Comte où l'on voyait son épitaphe rapportée par Soppens. On a de cet auteur : 1° une *Traduction du roman de la Rose*, Lyon, 1503, et Paris, 1521 ; 2° *les faits et dicts contenant plusieurs beaux traités, oraisons et chants royaulx*, etc., Paris, 1531, in-fol.; ibid. 1537, in-8°, et 1540 ; 3° *le Temple de Mars, dieu des batailles*. Paris, sans date, in-8°; 4° *le Calendrier mis par petits vers*, sans date, in-8°; 5° une *Moralité* intitulée *Vigile des morts*, mise en rimes françaises et par personnages, Paris, Jean Jehannot, sans date, in-16 ; *Histoire du rond et du carré à cinq personnages*, imprimée par Ant. Blanchard, sans nom de lieu et sans date. La plupart des derniers ouvrages qui sont en vers ont été imprimés dans les Faits et Dicts. On conserve dans plusieurs bibliothèques la chronique de Molinet de 1474 à 1504; c'est une continuation des mémoires de Châtelain. Jean Godefroy, archiviste de la chambre des comptes de Lille, se proposait de la publier, mais il mourut trop tôt. M. Duchon a réparé cette omission, et la chronique de Molinet (1474 à 1504), forme les tomes XLII à XLVII de sa collection des chroniques nationales françaises. On connaît encore de Molinet l'art de rimer conservé sous le n° 1188 des manuscrits de la bibliothèque royale.

MOLINET (CLAUDE DU), procureur-général de la congrégation de Sainte-Geneviève, né à Châlons-sur-Marne en 1620, mort en 1687, s'appliqua à découvrir ce qu'il y a de plus caché dans l'antiquité, et mit la bibliothèque de Sainte-Geneviève à Paris dans un état qui l'a rendue l'objet de l'attention des curieux. Louis XIV se servit de lui pour aider à ranger ses médailles et à en trouver de nouvelles. Ses principaux ouvrages sont : une *Edition* des Epitres d'Etienne, évêque de Tournay, avec de savantes notes, 1662; in-8°; l'*Histoire des papes par médailles*, depuis Martin V jusqu'à Innocent XI, 1679, in-fol., en latin; des *Réflexions sur l'ori-*

gine et l'antiquité des chanoines séculiers et réguliers; un *Traité sur les différents habits des chanoines*; une *Dissertation sur la mitre des anciens*; une autre *Dissertation sur une tête d'Isis*, etc; le *Cabinet de Sainte-Geneviève*, Paris, 1692, in-fol., peu commun. Ces différents écrits offrent des choses curieuses et recherchées.

MOLINIER (JEAN-BAPTISTE), né à Arles en 1675, entra dans la congrégation de l'Oratoire en 1700, et prêcha dans la suite avec applaudissement à Aix, à Toulouse, à Lyon, à Orléans et à Paris. Massillon, saisi des traits vifs et saillants de son éloquence, mais surpris de ce qu'avec un talent si décidé, il était si inégal, lui dit : « Il ne tient qu'à vous d'être le prédicateur du peuple ou des grands. » Molinier quitta l'Oratoire vers 1720. Vintimille, successeur du cardinal de Noailles à Paris, lui ayant interdit le ministère de la prédication, à cause de son opposition à la bulle *Unigenitus* et de ses liaisons avec les convulsionnaires, il ne s'occupa plus qu'à revoir ses sermons, et mourut le 15 mars 1745. On a de lui : *Sermons choisis*, en 14 vol. in-12, 1730 et années suivantes. De ces 14 volumes, il y en a trois de Panégyriques, et deux de Discours sur la vérité de la religion chrétienne; *Exercice du pénitent et office de la pénitence*, in-8°; *Instructions et prières de pénitence*, in-12, pour servir de suite au Directeur des âmes pénitentes du P. Vauge; *Prières et pensées chrétiennes*, etc.

MOLINIER (ETIENNE), docteur en théologie et prédicateur, né à Toulouse vers la fin du xvi° siècle, y exerça d'abord la profession d'avocat, puis entra dans l'état ecclésiastique, et se fit un nom dans la chaire. Il prêcha devant Louis XIII lorsque ce monarque fut sacré en 1610, et ensuite dans les principales églises de Paris et des provinces jusqu'à sa mort arrivée en 1650. On a de lui : *Sermons pour tous les dimanches de l'année*, Toulouse, 1631, 2 vol. in-8°; id. *pour le Carême*, Lyon, 1650, 2 vol. in-8°; id. *pour les fêtes des saints*, Douai, 1652, 3 vol. in-8°; id. *pour l'Octave du Saint-Sacrement*, Toulouse, 1640, in-8°; *sur le mystère de la croix*, 1613, in-8°; *Œuvres mêlées* ibid., 1661, in-8°.

MOLINISME, s. m., sentiment, opinion de Molina sur la grâce (voy. GRACE).

MOLINISTE, s. et adj. des deux genres, celui, celle qui suit le sentiment de Molina sur la grâce.

MOLINOS (MICHEL), prêtre, né dans le diocèse de Saragosse en 1627, s'établit à Rome et y acquit la réputation d'un grand directeur. Il avait un extérieur frappant de piété, et refusa tous les bénéfices qu'on lui offrit. Le feu de son génie lui fit imaginer des folies nouvelles sur la mysticité. Il débita ses idées dans sa *Conduite spirituelle*, livre qui le fit enfermer dans les prisons de l'inquisition en 1685. Cet ouvrage avait paru d'abord admirable. « La théologie mystique, disait l'auteur dans sa préface, n'est pas une science d'imagination, mais de sentiment..... On ne l'apprend point par l'étude, mais on la reçoit du ciel. » Cela était vrai à bien des égards, mais l'auteur en porta trop loin les conséquences, et en fit de fausses applications. Ce ne fut qu'en creusant dans une espèce d'abîme où Molinos s'enfonce et son lecteur avec lui, qu'on aperçut tout le danger de son système. Le P. Segneri ayant entrepris d'en découvrir le venin dans un livre qu'il publia sous le titre de l'*Accord de l'action et du repos dans l'oraison*, peu s'en fallut qu'il ne lui en coutât la vie. On le regarda comme un homme jaloux qui calomniait un saint. Son livre fut censuré, et on ne lui rendit justice que lorsque l'hypocrisie fut démasquée. « On vit, dit le P. d'Avrigny, que l'homme prétendu parfait de Molinos est un homme qui ne raisonne point, qui ne réfléchit ni sur Dieu ni sur lui-même, qui ne désire rien, pas même son salut, qui ne craint rien, pas même l'enfer, à qui les pensées les plus impures, comme les bonnes œuvres, deviennent absolument étrangères et indifférentes. » Cette hérésie se répandit en France, et y prit mille formes différentes. Malaval, madame Guyon et Fénélon en adoptèrent quelques idées, mais non pas les plus révoltantes. Celles de Molinos furent condamnées en 1687, au nombre de soixante-huit. Il fut obligé de faire une abjuration publique de ses erreurs, et enfermé dans une prison où il mourut en 1696. Quelques uns ont avancé que Molinos en était venu jusqu'à ouvrir la porte aux abominations des *Gnostiques*, mais d'autres le justifient sur ce point et soutiennent qu'il n'a pas admis cette horrible conséquence. Les sentiments dans lesquels on dit qu'il est mort viennent à l'appui de cette assertion.

MOLITOR (ULRICH), est connu par un livre rare, intitulé de *Pythonicis mulieribus*, Constance, 1489, in-4°, où il y a des choses fort singulières, dont quelques unes néanmoins paraissent avec tout l'appareil d'une critique savante. Son style est assez pur et nourri ; et dans ce qu'il raconte de plus extraordinaire, on reconnaît le ton d'un homme circonspect et réfléchi. Il mourut vers 1492.

MOLITOR (Gabriel-Jean-Joseph, comte), maréchal et pair de France, naquit à Hayange (Moselle), 7 mars 1770 ; fut nommé capitaine du 4e bataillon de ce département, 25 août 1791 ; fit la campagne du Nord et celle de 1792. Adjudant général, 10 septembre 1793, il partit pour les Ardennes et revint à l'armée de la Moselle, 1794 ; se signala à la bataille de Wert, 22 janvier, et au blocus de Landau ; fut blessé à l'attaque de Mayence, 4 novembre 1795, et nommé général de brigade, 30 juillet 1799. Il fut employé à l'armée d'Helvétie. Dans la campagne suivante, il commanda le passage du Rhin, 1er mai 1800, et le passa dans la première barque, à la tête d'une compagnie de grenadiers. Après la prise de Feldkirch, il reçut, pour récompense, le grade de général de division, 6 octobre, et passa après la paix au commandement de la 7e division à Grenoble, où il resta jusqu'en 1805. A cette époque, il suivit Masséna en Italie. Le 3 novembre suivant, il marcha sur Vienne et eut plusieurs engagements avec les Autrichiens, qu'il repoussa en leur faisant 800 prisonniers. Le 4, il attaqua et enleva la position de San-Pietro-in-Gin, culbuta l'ennemi et fit 900 prisonniers. Envoyé en Dalmatie après la paix de Presbourg, 1805, il débloqua Lézina, fit 300 Russes prisonniers, et termina la campagne par le déblocus de Raguse, 6 juillet 1806. Ce fut après cette brillante affaire qu'il fut nommé officier de la Couronne de fer et grand officier de la Légion d'honneur. En 1807, il partit de l'Adriatique, attaqua les Suédois à Damgarten, 13 juillet, et pénétra le premier dans la forteresse de Stralsund. Commandant en chef de l'armée de Poméranie suédoise, il fut gouverneur civil et militaire de cette province jusqu'à la fin de 1808 ; reçut le titre de comte avec un majorat de 30,000 francs de rente, il fit la campagne de 1809 ; effectua le passage du Danube, 19 mai ; s'empara de l'île de Lobau et soutint seul le premier choc de l'armée autrichienne à la bataille d'Essling, le 21, et à la bataille de Wagram, 6 juillet. Il commanda en chef dans les villes anséatiques, 1810, et en Hollande, 1811 ; fut nommé grand cordon de l'ordre de la Réunion et gouverneur du palais de Strasbourg. Le général Molitor fit ensuite les campagnes de 1813 et 1814, et, en 1823, il fut employé comme commandant en chef du 2e corps de l'armée de Pyrénées, et, à son retour, deux ordonnances royales du 9 novembre l'élevèrent aux dignités de pair et maréchal de France.

MOLLAH, s. m., docteur, prêtre musulman qui fait, à certaines heures, la prière sur le toit de la mosquée.

MOLLASSE, adj. des deux genres, qui est désagréablement mou au toucher. Il se dit aussi d'une étoffe qui n'a pas assez de consistance, assez de corps.

MOLLER (Jean), né à Heusbourg, dans le duché de Schleswick, en 1661, fut fait recteur du collège de son pays en 1701, et mourut le 20 octobre 1725. On a de lui plusieurs ouvrages : *Introductio ad historiam ducatuum schlesvicensis et holstatici*, Hambourg, 1699, in-8° ; *Cimbria litterata*, 1744, 3 vol. in-fol. Ils contiennent l'histoire littéraire, ecclésiastique, civile et politique de Danemarck, de Schleswick, de Holstein, de Hambourg, de Lubeck et des pays voisins ; *Isagoge ad historiam Chersonesi cimbricæ*, in-8°, Hambourg, 1671, et dans la *Bibliotheca Septentrionis eruditi*, Leipsick, 1699, in-4°, qui renferme un détail circonstancié de ce qu'il faut lire pour l'histoire de ces provinces ; *de Cornutis et hermaphroditis*, Berlin, 1708, in-4°.

MOLLESSE, s. f., qualité de ce qui est mou. Son plus grand usage au propre est dans le style didactique. Il se dit aussi en parlant du climat et signifie température douce. Mollesse signifie figurément manque de vigueur et de fermeté dans le caractère, dans la conduite, dans les mœurs. Il signifie aussi excès d'indulgence. Il signifie encore délicatesse d'une vie efféminée. Mollesse, en littérature, se dit d'un certain abandon gracieux, d'une certaine douceur de pensée et de style.

MOLLET, ETTE, adj., diminutif de mou, qui a une mollesse agréable et douce au toucher. Pain mollet, sorte de petit pain blanc qui est léger et délicat. Œufs mollets, œufs à la coque, œufs cuits de manière que le blanc et le jaune restent liquides. Fam. avoir les pieds mollets, se dit d'une personne qui marche encore avec peine après une attaque de goutte.

MOLLET, s. m., le gras de la jambe.

MOLLETON, s. m., étoffe de laine, de coton ou de soie, tirée à poil, d'un seul côté ou des deux côtés, douce, chaude et mollette, dont on fait des camisoles, des gilets, etc.

MOLLUSQUES (zool.). Les mollusques qui forment un embranchement du règne animal, peuvent être caractérisés ainsi : point de squelette articulé intérieur ni de squelette extérieur annulaire, corps tantôt nu, tantôt revêtu d'une coquille. Point d'axe cerebro-spinal, système nerveux composé de ganglions dont la réunion ne constitue jamais une longue chaîne médiane droite. Les principaux organes symétriques par rapport à un plan médian ordinairement courbe. Ces animaux diffèrent du reste beaucoup entre eux, et se divisent en deux séries principales : les mollusques proprement dits et les molluscoïdes ou tuniciens. Dans le premier groupe, le système nerveux se compose toujours de plusieurs ganglions réunis par des cordons médullaires, de façon à former une sorte de collier plus ou moins serré autour de l'œsophage, mais à ne pas se prolonger postérieurement en manière de chaîne sous-intestinale, comme chez les animaux annelés. Le corps de ces mollusques est toujours mou, et ce n'est que chez un petit nombre d'entre eux qu'il existe à l'intérieur quelques pièces solides non articulées et servant à protéger les viscères, plutôt qu'à fournir à l'appareil locomoteur des leviers et des points d'appui. Les muscles se fixent directement aux téguments, et n'agissent guère que sur le point même où ils s'insèrent. Chez un petit nombre seulement (les poulpes par exemple), il existe des appendices flexibles et allongés destinés à la locomotion ; mais dans la plupart des cas l'animal ne peut se déplacer que par les contractions successives des divers points de la surface inférieure de son corps et lors même qu'il existe des membres, ces organes sont réunis en groupe à l'une des extrémités du corps et jamais disposés en séries symétriques comme chez les animaux vertébrés et articulés. La peau des mollusques est en général molle et visqueuse, et forme des replis qui enveloppent plus ou moins complètement le corps ; c'est cette disposition qui a fait donner à ces téguments le nom de manteau. Ce manteau est presqu'entièrement libre et constitue souvent deux grandes voiles qui cachent tout le reste de l'animal, ou bien ses deux lames se réunissent de manière à former un tube ; mais d'autres fois il ne consiste qu'en une espèce de disque dorsal dont les bords seuls sont libres ou entourent plus exactement le corps sous la forme d'un sac. En général cette peau molle est protégée par une espèce de cuirasse pierreuse nommée coquille. La superficie de cette coquille, qui est souvent ornée des couleurs les plus agréables et les plus variées, n'est pas pierreuse, mais ressemble à une espèce d'épiderme et prend le nom de drap marin. Quelquefois la coquille reste renfermée dans l'épaisseur de la peau des mollusques, mais en général elle est extérieure et déborde même les bords du manteau, de façon à fournir à l'animal un abri parfait. On donne à ces derniers le nom de conchifères, et aux autres celui de mollusques nus. La coquille est formée par une sécrétion des follicules logés d'ordinaire dans les bords du manteau, celles-ci déposent à sa surface une matière semi-cornée mêlée à une proportion plus ou moins forte de carbonate calcaire qui se moule sur les parties sousjacentes, s'organise et se solidifie. La lame ainsi formée s'épaissit et s'accroît par le dépôt successif de nouvelles matières ; c'est ce dont on peut s'assurer facilement, en examinant une coquille d'huitre. La coquille est souvent teinte des plus brillantes couleurs ; la matière colorante paraît être déposée sur la coquille au moment de sa formation. C'est le bord du manteau qui la produit. Presque toujours le corps de l'animal est peint d'une manière correspondante à celle de l'enveloppe, et les couleurs de la coquille semblent dépendre d'une sorte de teinture opérée par la peau de l'animal. L'appareil digestif de ces animaux est très développé. Il existe toujours un foie volumineux, et souvent on trouve aussi des glandes salivaires et des organes de mastication. Leur sang est incolore, rarement bleuâtre, et circule dans un appareil vasculaire très compliqué, composé d'artères et de veines. Un cœur formé d'un ventricule, et d'une ou deux oreillettes, se trouve sur le trajet du sang artériel, et envoie ce liquide dans toutes les parties du corps, d'où il revient à l'organe de la respiration. Quelquefois on rencontre aussi à la base des vaisseaux qui pénètrent dans ce dernier appareil, des réservoirs veineux nommés cœurs pulmonaires. Quant à la disposition des organes de la respiration, elle varie beaucoup ; tantôt ils se présentent sous la forme de poumons, tantôt sous celle de branchies. Les organes des sens sont toujours moins complets que chez les animaux vertébrés. Certains mollusques ne paraissent doués que du sens du toucher et du sens du goût, l'organe de l'odorat paraît être le seul qui n'existe pas chez ces animaux. Dans la division des mollusques proprement dits, les individus naissent d'œufs et ne se multiplient jamais par bourgeons comme chez les molluscoïdes en général. Tantôt ces œufs éclosent au dehors, tantôt dans l'intérieur du corps de la mère, et alors les petits naissent vivants. La forme des petits à leur naissance est à peu près celle qu'ils doivent conserver. La division des mollusques, proprement dits, se compose de quatre groupes principaux, ce sont les céphalopodes, les gastéropodes, les ptéropodes et les acéphales. Nous renvoyons aux articles particuliers consacrés à ces divers groupes pour en faire connaître les caractères particuliers. Le second sous embranchement, celui des molluscoïdes, comprend des animaux rangés jusqu'à ce jour par les zoologistes, les uns parmi les mollusques proprement dits, les autres parmi les zoophytes. Aujourd'hui les études anatomiques et physiologiques ont fait reconnaître que ces animaux étaient tous conformés sur un même plan général, et qu'ils formaient en quelque sorte le passage entre les mollusques, proprement dits, et les zoophytes. Les molluscoïdes sont tous pourvus d'un tube digestif distinct contourné sur lui-même et ouvert à ses deux bouts, et d'un appareil branchial très développé; le plus grand nombre offre encore des vestiges d'un système nerveux, mais on ne retrouve plus d'anneau ganglionaire comme chez les mollusques proprement dits; enfin presque tous se multiplient par bourgeonnement aussi bien que par des œufs, et forment ainsi des agrégations d'individus plus ou moins complètement confondus entre eux. Ces molluscoïdes se divisent en deux groupes principaux : les tuniciers et les bryozoaires ou polypes ciliés. (Voy. ce mot.) Les tuniciers que Cuvier nomme aussi les acéphales sans coquille qui, dans une sorte d'outre, dans une enveloppe coriace ou cartilagineuse, munie de deux orifices tubuleux, contiennent un corps semblable à celui d'un conchifère. Cette classe forme le passage entre la classe des conchifères et celle des bryozoaires; cette dernière classe, longtemps confondue avec les polypes, comprend une foule de petits mollusques qui vivent agrégés de telle sorte que les enveloppes cornées ou calcaires de chacun venant à se souder et souvent à s'encrouter de plus en plus, il en résulte des lames ou des expansions, ou des ramifications cornées ou pierreuses qu'on a nommées des polypiers membraneux, cellariés, foraminés. Chaque petit bryozoaire est complètement rétractile dans une loge ou cellule qui représente à la fois le manteau et la coquille d'un conchifère. J. P.

MOLORCHUS, vieux pasteur du pays de Cléone, dans le royaume d'Argos, reçut chez lui Hercule avec magnificence. Ce héros, pénétré de reconnaissance, tua en sa faveur le lion néméen qui ravageait tous les pays des environs. C'est en mémoire de ce bienfait qu'on institua, en faveur de Molorchus, les fêtes appelées de nom Molorchéennes.

MOLSA ou **MOLZA** (FRANÇOIS-MARIE), né à Modène le 18 juin 1489, s'acquit une grande réputation par ses vers latins et italiens. Il écrivait aussi en prose avec beaucoup d'éloquence. Mais il déshonorait ses talents par la débauche, et mourut le 28 février 1544, victime de ses excès. Ses Poésies italiennes se trouvent avec celles du Berni, ou séparément, 1513, in-8°, et 1750, 2 vol. in-8°, avec celles de Tarquinia Molza, sa petite-fille. Ses Poésies latines se trouvent dans Delicia poet. ital. Ses Œuvres complètes ont été recueillies par Pierre-Ant. Serassi, Bergame, 1747-54, 3 vol. in-8°. L'éditeur les a fait précéder d'une Vie de Molza, remplie de détails intéressants.

MOLTRE, nom d'une famille noble de Schleswig-Holstein, qui a donné au Danemark plusieurs hommes distingués, parmi lesquels nous citerons seulement les suivants : Adam-Glob, comte de Moltke, né en 1709 et mort en 1792, ministre de Frédéric V et ami de Klopstock; Joachim Godske, non moins connu comme homme d'Etat que comme protecteur des lettres. Ayant quitté le service militaire en 1766, il s'appliqua spécialement à l'étude de la jurisprudence et du droit public, et, après avoir visité l'Allemagne et la France, il fut nommé, en 1775, ministre d'Etat, poste qu'il occupa pendant neuf années. En 1784, il se retira dans ses terres pour surveiller par lui-même l'exploitation de vastes domaines, et il était tout entier livré à ce soin lorsqu'en 1813, un ordre pressant du roi le rappela au maniement des affaires publiques. Dans les fâcheuses circonstances où était alors le Danemark,

le comte de Moltke donna des preuves d'une grande habileté en relevant le crédit de l'Etat, et d'un rare patriotisme en consacrant 150,000 thalers de son patrimoine au soulagement des employés dont le gouvernement ne pouvait payer les services. Il mourut le 5 octobre 1818, laissant par son testament aux sciences et aux écoles une somme de 300,000 thalers. Un autre comte de Moltke, Magnus, né le 20 août 1783, s'est fait connaître comme écrivain. Tout plein des idées qu'il avait puisées dans l'écrit de M. L. de Haller sur la Restauration des sciences politiques, il publia à Hambourg, en 1830, sur la noblesse et ses rapports avec la bourgeoisie, une brochure qui a été réfutée avec talent par M. Heine, dans sa Lettre sur la noblesse au comte M. de M. (Hambourg, 1831). Il n'était pas facile de prévoir alors la révolution totale qui s'est opérée dans les convictions du comte danois par un voyage à Paris, à l'époque des journées de juillet. Converti aux idées libérales par tout ce qu'il avait vu en France, ainsi qu'en Italie, en Suisse et en Allemagne, il s'empressa, de retour dans sa patrie, de manifester ses nouveaux sentiments dans deux ouvrages qu'il publia à une année d'intervalle, et qui portent pour titre : Voyage à travers la haute et la moyenne Italie (Hambourg, 1833), et sur la loi d'élection et les chambres (Hambourg, 1834). Nommé député aux états-provinciaux par la ville de Schleswig et élu président, il se montra trop libéral pour une assemblée de ce genre et n'eut point la majorité des voix à la session suivante; mais sa popularité s'en accrut, et son influence n'en devint que plus grande même sur les Etats. Plusieurs villes se sont disputé l'honneur de l'avoir pour représentant. Son frère aîné, Adam, comte de Moltke, a pris une part active aux tentatives faites de 1815 à 1823, par les patriotes pour obtenir une constitution. Il a publié à cette occasion Quelques mots sur la constitution de Schleswig-Holstein et sur la noblesse (Lubeck, 1833). Deux autres membres de la même famille, Othon-Joachim et Adam-Guillaume, sont aujourd'hui membres du conseil privé du roi de Danemark.

MOLUQUES ou **ILES A EPICES** (ARCHIPEL DES), groupe considérable d'îles de la mer des Indes. Elles sont situées entre les 2° de latitude S. et les 3° de latitude N. et les 124°, 24' et 127°, 15' de longitude O., et séparées de Célèbes par le passage des Moluques et de la Papouasie par le détroit de Gilalo. Ce sont les îles de Ceram, Bourou, Batchian, Oby, Mysol, Ternate, Tidore, Motir, Makian, Bakian, Morty, Amboine, Banda et Banka. Cet archipel porte les caractères les plus évidents d'une terre bouleversée par les tremblements de terre et les volcans nombreux qui l'ont ravagé et qui le ravagent encore. Il renferme un grand nombre d'îles presque toutes dépendantes médiatement et immédiatement des Hollandais. Nous les réunissons en trois groupes : celui d'Amboine, celui de Banda et celui de Gilalo. Elles sont très fertiles, on y recueille toutes les productions nécessaires à la vie; on y cultivait autrefois une grande quantité de plantes à épices que les Hollandais ont détruites, afin d'en concentrer la culture à Amboine et à Banda. Elles sont habitées par des Alfouras et des Malais. Découvertes par les Portugais en 1511, les Hollandais les leur enlevèrent en 1607, et les conservèrent jusqu'à l'époque des dernières guerres où les Anglais s'en emparèrent. Toutefois elles ont été restituées à la Hollande par suite du traité de paix de 1814.

MOMBRITIUS (BONINUS), écrivain milanais, est connu par son Sanctuarium, seu Vitæ sanctorum, 2 vol. in-fol. qui parurent vers l'an 1479. On a aussi des Poésies de cet auteur.

MOMENT, s. m., instant, petite partie du temps, temps fort court. Un bon moment, un instant favorable pour faire ce qu'on désire. Avoir de bons moments, se dit d'une personne dont l'esprit est égaré mais qui a quelques bons intervalles. Fam., par ellipse, un moment, attendez un moment. Moment, en termes de mécanique, se dit du produit d'une puissance par le bras du levier, suivant lequel elle agit. Au moment de, loc. prépos., sur le point de. Au moment où, au moment que, dans le moment que, dans le moment où, loc. conjonct., lorsque. Du moment que, loc. conjonct., dès que, depuis que. Dans le moment, loc. adv., bientôt, dans très peu de temps. En ce moment, loc. adv., présentement, à l'heure qu'il est.

MOMENTANÉ, ÉE, adj., qui ne dure qu'un moment.

MOMERIE, s. f., mascarade, dans ce sens il est vieux. Son usage le plus ordinaire est au figuré, où il se prend pour l'affectation ridicule d'un sentiment qu'on n'a pas. Il signifie aussi chose concertée pour faire rire, jeu joué pour tromper quelqu'un par plaisanterie. Il signifie encore cérémonie bi-

xarre, ridicule. Ce mot est familier dans ses diverses acceptions.

MOMIE, s. f., cadavre desséché et embaumé. Les momies
sont ou naturelles ou artificielles. Les momies naturelles sont
des cadavres d'hommes et d'animaux qui périssent dans les
déserts brûlants de la Lybie où ils sont conservés et desséchés par un sable fin transporté par le vent qui pénètre dans
tous les pores et durcit la surface du corps. Parmi les momies
artificielles, celles que l'on tirait d'Egypte tenaient le premier rang dans l'antiquité, ce sont les Egyptiens surtout
qui se firent remarquer par leur science et leur habileté dans
l'art d'embaumer les morts. Encore aujourd'hui on trouve à
chaque pas dans le pays des Pharaons, des momies extrêmement remarquables, et l'on en exporte dans tous les pays
du monde, qui sont très bien conservées. A quelque distance
de l'ancien emplacement de Memphis est située la plaine des
momies. Le fond de cette plaine est un rocher très plat, qui
peut avoir trois ou quatre lieues de diamètre. Il est à cinq
ou six pieds sous le sable. On y voit des appartements où l'on
déposait autrefois les corps morts. Ils étaient placés debout,
dans les caisses où on les avait enfermés. Ces caisses étaient
de bois de sycomore, qui ne se corrompt jamais. On en a
trouvé quelques-unes avec des yeux de verre, par où, sans
ouvrir le cercueil, on pouvait voir le corps de la momie. Indépendamment de leurs idées religieuses, qui leur faisaient
un devoir d'embaumer les morts, les Egyptiens y étaient forcés par les miasmes pestilentiels qui se seraient exhalés,
dans ce climat brûlant, de ces foyers de corruption par le
manque de bois qui ne leur permettait pas de brûler les corps,
et par les inondations du Nil qui les empêchaient de les enterrer. La couleur des momies est d'un brun foncé, souvent
noire et luisante; le corps, aussi dur et aussi sec que du bois,
répand une odeur aromatique particulière, et a un goût
amer. A l'exception de la face, si bien conservée quelquefois, que les yeux ont encore leur forme, il est entièrement
enveloppé d'étroites bandelettes de toile de coton, lesquelles
sont si fortement assujéties et pénétrées par les baumes,
qu'elles semblent ne faire qu'une masse avec lui. Nous avons
parlé des différentes manières d'embaumer les cadavres en
Egypte, d'après Hérodote, au mot EMBAUMEMENT. Voir aussi
Sieber, *Sur les momies d'Egypte* (Vienne, 1820); Granville,
Essai sur les momies d'Egypte (Londres, 1825). Il y a encore
un autre genre de momification qu'on pourrait appeler naturelle; elle a lieu quand des cadavres sont desséchés lentement et préservés de la corruption par le froid, ou par quelque autre moyen emprunté à la nature. On en voit de cette
espèce dans le couvent des capucins de Palerme, dans celui
du Grand-Saint-Bernard, dans les caveaux ou cryptes de Kief,
dans ceux de la cathédrale de Brème, dans ceux de la chapelle du Kreutzberg, près de Bonn, dans le caveau de Saint-
Michel, à Bordeaux, etc. Telles sont encore les momies blanches ou arabes, cadavres enfouis dans les sables de l'Arabie
et de la Lybie, et desséchés par les ardeurs du soleil. Ces
dernières ne sont qu'un objet de curiosité.

MOMORDIQUE (*bot.*), genre de la famille des cucurbitacées, renfermant des plantes grimpantes d'Asie et de l'A-
mérique tropicale.　　　　　　　　　　　　　　　J. P.

MOMORO (ETIENNE), jésuite hongrois, savant mathématicien, fut assassiné en 1794 par les Rasciens à Cinq-Eglises.
On a de lui : *Geographia Panoniæ*, insérée dans *Imago hun-
paviæ antiquæ*, par Timon, qui en fait un grand éloge.

MOMORO (ANTOINE-FRANÇOIS), imprimeur à Paris, né à
Besançon, se lia avec Hébert et Chaumette, et comme eux se
montra l'ennemi des prêtres. Il prêchait ouvertement la loi
agraire et s'intitulait le premier imprimeur de la liberté.
Robespierre, dont il avait abandonné le parti, le fit comprendre dans le décret d'accusation lancé contre Hébert et
ses partisans. Il fut exécuté le 24 mai 1794. On a de lui un
Traité élémentaire de l'imprimerie, 1793, in-8°, estimé.

MOMOT *Momotus* (*ois.*), genre de passereaux de la division
des syndactyles, créé par Bresson aux dépens des toucans,
parmi lesquels Linné le confondait. Les principaux caractères des momots sont : un bec long, robuste, épais, un peu
comprimé latéralement infléchi vers la pointe, à bords mandibulaires crénelés, une langue étroite, allongée et barbelée
sur les bords, les narines arrondies, situées à la base du bec
et en partie cachées par les plumes du front; les tarses écussonnés et formant par leur réunion des doigts une plante de
pied solide. Les ailes suboptuses ne dépassent guère la naissance de la queue, celle-ci, composée de dix à douze pennes
est longue, étagée, la penne du milieu s'ébarbe sur un petit

espace non loin du bord. Les momots sont des oiseaux sauvages et défiants, on les rencontre presque toujours seuls
dans l'intérieur des forêts; leur vol est difficile et peu soutenu. Ces oiseaux ne font pas de nid et se contentent de déposer leurs œufs dans les trous abandonnés des tatous ou
d'autres mammifères. Ils sont principalement carnivores, se
nourrissant de vers, d'insectes et de petits mammifères, mais
ils joignent aussi à ce régime des matières végétales. Ils portent, dans les contrées qu'ils habitent, les noms de houton
et de tutu, d'après le cri qu'ils font entendre. Les momots
habitent le Brésil. Nous citerons comme type du genre, le
momot houton ou à tête bleue (*Momotus cyanocephalus*. Vicil),
de la grosseur de la pie commune; il a le dessus du corps vert,
une tache d'un beau noir entoure les yeux et se termine en
pointe vers les oreilles. L'occiput est bleu de saphir changeant en violet avec une tache noire sur le sommet de la
tête; le dessous du corps est d'un vert sombre.　　　J. P.

MOMUS, fils du Sommeil et de la Nuit et dieu de la raillerie et des bons mots. Il s'occupait uniquement à examiner les
actions des dieux et des hommes, et à les reprendre avec liberté; c'est pourquoi on le représente levant le masque de
dessus un visage, et tenant une marotte à la main. Neptune,
ayant fait un taureau, Vulcain un homme, et Minerve une
maison, Momus fut choisi pour juger de l'excellence de leurs
ouvrages. Il trouva que les cornes du taureau étaient mal
plantées, qu'il aurait fallu qu'elles fussent placées plus près
des yeux et des épaules, afin de donner des coups plus violents. Quant à l'homme, il aurait fallu qu'on lui eût fait une
petite fenêtre au cœur, pour voir ses pensées les plus secrètes.
Enfin la maison lui parut trop massive pour être transportée
lorsqu'on aurait un mauvais voisin. Les dieux, lassés de ses
sarcasmes, le chassèrent de l'Olympe.

MON, adj. possessif masculin, qui répond au pronom personnel *moi, je*. Il fait au féminin *ma*. Il fait *mes* au pluriel du
masculin et du féminin.

MONACAL, ALE, adj., appartenant à l'état de moine.

MONACANTHE, genre de l'ordre des plectognathes, famille des sclérodermes établi par G. Cuvier (*Règne anim.*,
t. II, p. 373).　　　　　　　　　　　　　　　J. P.

MONACHISME, s. m., il se dit des institutions monastiques
en général, et il marque ordinairement une sorte de mépris.

MONACO, principauté de l'Europe méridionale. Son territoire se compose de 6 lieues carrées et s'étend sur les côtes
du golfe de Gênes. Il est enclavé dans le royaume de Sardaigne et se trouve placé sous la protection du roi de cette
puissance. Le climat y est doux et tempéré grâce aux montagnes qui l'abritent contre les vents du nord. Aussi l'olivier,
l'oranger, le cotonnier, le jujubier, le caroubier y prospèrent.
Le sol, extrêmement fertile, se couvre de riches céréales ou
de gras pâturages où paissent de nombreux troupeaux. Ce
petit Etat possède entre 7 et 8,000 habitants. La capitale
est Monaco, située en amphithéâtre sur la plate forme d'un
rocher escarpé qui s'avance en forme de promontoire dans le
golfe de Gênes. Un château fort la protège. Elle a 1,500 habitants environ. Cette ville est fort ancienne; on attribue sa
fondation à Hercule Monœcus qui y avait un temple. Le premier titulaire de la principauté de Monaco fut un membre de
la famille Grimaldi, que l'empereur Othon en investit au
xe siècle. Honoré de Grimaldi se plaça en 1641 sous la protection de la France, et reçut de Louis XIII, pour lui et ses
descendants, le duché de Valentinois. En 1781 la branche
mâle des princes de Monaco étant venue à s'éteindre, la souveraineté passa à la famille française de Matignon. Sous la
révolution, Monaco fut réuni à la France, et fit partie du département des Alpes maritimes jusqu'en 1814. En 1815 ce
petit Etat fut placé sous la protection de la Sardaigne. La mort
d'Honoré V (octobre 1841) a fait cesser l'étrange anomalie
qui appelait à participer au pouvoir législatif en France,
comme membre de la chambre des pairs, un prince étranger
sur lequel une autre puissance exerce une tutelle qui aurait
dû au reste nous revenir.

MONADE, s. f., être simple et sans parties, dont les leib-
nitziens croient que tous les autres êtres sont composés. Monade, se dit aussi, en hist. nat., d'un animal tellement
petit, qu'au plus fort microscope il ne paraît que comme un
point.

MONADELPHIE (*bot.*), seizième classe du système sexuel
de Linné comprenant les plantes dont toutes les étamines
sont réunies par leur filet en un seul faisceau. (*malvacéis*.)
　　　　　　　　　　　　　　　　　　　　　J. P.

MONALDESCHI (LOUIS-BON, comte DE), gentilhomme d'Orviette, né en 1326, passa à Rome une longue vie de 115 ans, et mourut en 1442. On a de lui des *Annales romaines,* en italien, depuis 1328 jusqu'en 1340.

MONALDESCHI (JEAN DE), écuyer de la reine Christine de Suède, composa secrètement, contre cette princesse, un libelle où il dévoilait ses intrigues. Christine le fit traîner à ses pieds, l'interrogea, le confondit. Après les reproches les plus violents, elle ordonna au capitaine de ses gardes et à deux nouveaux favoris de l'égorger. Cet attentat contre l'humanité, l'opprobre de la vie de Christine, fut commis à Fontainebleau en 1657. Lebel, religieux de l'ordre de la Trinité, en a donné la relation.

MONANDRIE (*bot.*), première classe du système sexuel de Linné, comprenant les plantes qui n'ont qu'une seule étamine.   J. P.

MONARCHIE, mot purement grec qui signifie gouvernement d'un seul, formé dans l'origine par le consentement de tous, se maintenant ensuite à la faveur de quelques lois reconnues. On peut distinguer trois sortes de monarchies : l'absolue, qui diffère peu de l'état despotique ; la tempérée, où l'autorité souveraine se modifie par l'action plus prononcée de la loi ; la constitutionnelle, où le pouvoir royal a des bornes tracées par une constitution, où l'autorité suprême se partage entre le roi et un ou plusieurs grands corps administratifs ou législateurs. Pour qu'une monarchie ait de la durée, il ne faut pas qu'elle soit trop vaste ; le souverain, en quelque lieu qu'il transfère sa résidence, se trouve toujours trop loin de ses frontières pour qu'il puisse voir de ses yeux ce qui s'y passe. Les gouverneurs des provinces les plus éloignées, n'étant pas surveillés d'assez près, peuvent former des projets de révolte et les exécuter sans crainte de se voir arrêtés par l'action prompte et immédiate du prince. Après qu'Octave eut été nommé empereur, l'empire romain se divisa entre le sénat et lui. Constantin transporta son gouvernement à Bysance ; déjà longtemps avant lui les empereurs se donnaient des collègues, et ceux ci avaient des associés à l'empire, afin que la puissance souveraine pût agir à la fois sur plusieurs points ; et peu de temps après lui deux empires se formèrent, celui d'Orient, dont le siège fut toujours à Constantinople ; et celui d'Occident, dont la capitale fut Rome. Lorsque Charlemagne eut recréé l'empire d'Occident, il soutint assez longtemps, pour qu'il était fort, le poids de ce fardeau immense ; mais soit que les gouverneurs de ses provinces n'obéissent pas, soit qu'il fallût exercer sur leur conduite une surveillance active, il crut nécessaire lui-même de partager l'empire et d'en former plusieurs royaumes. Après la mort de Cyrus, qui avait réuni le royaume des Mèdes à celui de la Perse, l'empire qu'il venait de fonder fut de nouveau divisé. L'empire d'Alexandre s'écroula de même lorsqu'il descendit dans la tombe, et de ses débris plusieurs royaumes surgirent. Celui qu'avait fondé Attila ne lui survécut pas ; il ne laissa pas même de traces de son existence éphémère. Les anciennes monarchies, dont il est tant parlé dans l'Écriture, toutes les grandes monarchies modernes, celles de Genghis-Khan et de Timour-Leng dans l'Asie centrale, celles des Mongols dans l'Inde, celles des Arabes en Asie, en Afrique, en Europe, ont eu le même sort, la division et plus tard la ruine. Le seul moyen qui puisse empêcher la dissolution, c'est l'introduction du despotisme. L'empire chinois subsiste stationnaire, parce que l'empereur c'est la loi suprême. L'Espagne a, dans son histoire, une époque où elle a pu aspirer à la monarchie universelle. Charles-Quint la poursuivit toute sa vie ; son successeur, Philippe II, manqua de réaliser ce rêve brillant. Les Pays-Bas lui échappèrent, le Portugal reconquit l'indépendance, les États d'Italie lui furent à charge plutôt qu'utiles ; toute l'Amérique espagnole a secoué le joug, et l'Espagne de Philippe n'existe plus. En général, dans les monarchies, la prospérité publique tient à l'opinion que prend le peuple de la douceur de son gouvernement. Le prince doit gouverner l'État sans que sa main se fasse sentir, à moins que les circonstances n'exigent un grand déploiement de puissance. Il convient alors, au contraire, que le peuple se trouve fortement retenu, et que le frein qu'il ne peut briser lui annonce la présence du pouvoir qui le domine. Le grand art d'un prince, c'est de mettre le plus grand accord possible entre ses penchants et ses mœurs et le caractère du peuple qu'il gouverne, de manière pourtant qu'en imposant ses propres mœurs à son peuple, le peuple puisse croire que c'est lui de prince qui adopte les siennes. Il doit surtout veiller sur lui-même, pour que, dans aucun cas, il ne se laisse aller à l'insulte envers ses sujets. Outre

qu'il y a lâcheté dans le puissant à insulter le faible qui ne peut se défendre, il doit savoir que si le despote insulte, il ne déshonore point, parce qu'on ne peut être déshonoré par les caprices d'un tyran ; mais l'injure, de la bouche d'un roi, n'humilie pas seulement, elle déshonore. Dans une monarchie qui a pour principe l'honneur, les lois doivent être en harmonie avec ce principe. C'est dans ce sens qu'on a dit qu'un État ne pouvait se soutenir sans noblesse, et que la noblesse devait, protégée par les lois, conserver ses prérogatives. Le monarque lui-même doit mettre ses soins à la favoriser ; car ses membres sont ses défenseurs nés ; mais pour obtenir de ses nobles ce dévoûment qui fait sa force, il doit leur laisser le sentiment de leur dignité, et pour ne point les avilir les déclarer libres. Aussi que le mot de liberté fut prononcé devant sa noblesse par Philippe II, la couronne de France trouva toujours le plus ferme appui dans la noblesse. Si, à l'époque de la révolution, une partie de la noblesse française s'est éloignée du trône, c'est que des intrigues de cour avaient semé le mécontentement dans beaucoup de cœurs, et que le philosophisme en avait profité pour se faire des prosélytes. C'était surtout au moment où la monarchie s'ébranlait sur ses fondements, parce que des ministres inhabiles ou perfides ne savaient ou ne voulaient détourner loin d'elle les tempêtes qui menaçaient de la renverser, qu'il aurait fallu ménager cette noblesse qui seule pouvait la défendre. Si le monarque, d'humeur belliqueuse, étend ses états par la conquête, il doit traiter les provinces conquises avec une grande douceur, afin que les habitants, sans regrets pour le gouvernement qu'ils ont perdu, s'attachent sincèrement au gouvernement nouveau qu'on leur impose ; mais les conquérants en général s'occupent fort peu d'employer ce moyen de consolider leurs conquêtes. Ils abandonnent le pays subjugué à la rapacité des généraux, des soldats, des fournisseurs ; pour son propre compte, il lève d'énormes contributions ; et sans se mettre en peine des différences que la nature, le climat, la religion, les lois ont mises entre les vaincus et les vainqueurs, il veut que les premiers se soumettent immédiatement et sans conditions aux coutumes, aux lois et aux mœurs des seconds. Aussi qu'arrive-t-il ? Que ces peuples détestent le joug, et qu'ils ne perdent pas l'occasion de le briser dès que l'occasion s'en présente. Pourquoi le Portugal se délivra-t-il de la domination espagnole ? Parce que traités par les Espagnols comme des ilotes, les Portugais appelaient de tous leurs vœux un libérateur, et qu'à peine le libérateur s'est-il annoncé qu'ils ont couru se ranger sous ses drapeaux. Pourquoi tant de peuples, qui en 1812 paraissaient fiers encore d'appartenir à la grande nation française, Belges, Flamands, Hollandais, Genévois, Sardes, Italiens, Romains, s'en sont-ils détachés si facilement après la désastreuse campagne de Moscou, c'est que les impôts, le régime militaire, la conscription, les octrois, les douanes, les contributions directes ou indirectes, pesaient sur ces peuples avec d'autant plus d'intensité, qu'ils étaient moins ménagés par les agents français qui, ne le voyant en eux que des intérêts impatients du joug, les traitaient comme tels. A cela encore il faut ajouter le changement de législation et une révolution complète dans les habitudes et les mœurs. Pour qu'une monarchie prospère, il y faut une sorte de hiérarchie dans le luxe comme dans les conditions et les fortunes. Si les riches ne dépensaient pas, les pauvres mourraient de faim. Le luxe, obligatoire pour les premiers qui répondent devant l'opinion de l'emploi de leurs revenus, est pour tous ceux qui vivent d'industrie une ressource assurée mais unique. Si elle leur manquait, à quelle sorte de travail pourraient-ils demander leur subsistance ? Le luxe des individus est toujours en proportion de leur condition dans le monde et des moyens qu'ils ont de le soutenir. Il ne faut pas toutefois que le luxe n'ait point de limites, que l'artisan étale autant de faste qu'un prince. Outre que de folles dépenses peuvent puiser la fortune la plus solidement établie, cette licence dans le luxe tend à effacer la différence des conditions ; et ce qui serait bon dans une république conviendrait fort peu dans une monarchie. Lorsque Auguste eut établi sa puissance dans Rome, une proposition fut faite dans le sénat, contre le luxe des femmes et la dépravation des mœurs. Auguste éluda très adroitement la demande qui ne fut pas accueillie ; c'est qu'il voulait fonder une monarchie sur les ruines d'une république. Le luxe est donc nécessaire dans une monarchie, c'est en quelque sorte l'usage du peu de liberté qu'on possède. On le voit régner de même dans les États despotiques, il s'y étale même avec plus d'effronterie, c'est que l'esclave que le maître a choisi pour régenter les autres esclaves, ne songeant qu'au présent, et comptant peu sur son lendemain, profite du moment pour assouvir son orgueil et ses passions. Les monarchies finissent assez souvent par la pauvreté : *opulentia paritura mox egestatem*, dit l'historien Florus ; les républiques finissent, au contraire, par le luxe. Dans le gouvernement monarchique, le pouvoir se communique du souverain à ses agents par délégation ; mais il ne passe jamais tout entier dans leurs mains ; le souverain en retient toujours la plus grande partie. Ces agents, soit dans l'ordre administratif ou judiciaire, soit dans la milice, ne dépendent pas tellement de leurs supérieurs qu'ils ne soient encore sous une dépendance plus immédiate du prince. Platon dans ses lois voulait qu'on punît celui qui, nommé à un emploi, refusait de l'accepter. L'ancienne république de Venise s'était approprié ce principe ; elle punissait par l'exil celui qui refusait un emploi. Il ne peut en être de même dans une monarchie ; l'acceptation doit être libre et le refus ne saurait être un délit. Ce qui ne convient pas, c'est qu'on veuille charger les mêmes individus de deux emplois, dont les fonctions sont incompatibles entre elles. Les gens de guerre n'ont pour objet que l'honneur ou la fortune et quelquefois la gloire. Mais ce n'est point à de tels hommes que les emplois civils doivent être confiés. Il ne faut pas qu'ils soient chargés d'administrer, d'appliquer les lois, et qu'ils aient en même temps la force pour abuser. *Ne imperium ad optimos nobilium transferretur, senatum militia vetuit Gallianus, etiam adire cœrcitum*, dit Aurélius Victor dans sa Biographie des hommes illustres. Un gouvernement despotique n'a besoin que d'un bien petit nombre de lois, ou même il peut s'en passer. Dans une monarchie où les tribunaux décident non-seulement de la fortune et de l'honneur des citoyens, mais encore de leur vie, on conçoit que la législation devant embrasser le plus de cas possible, doit se composer d'un grand nombre de lois, et que ces lois doivent être la plus simple expression de la raison de l'équité et de la justice. Autrefois en France les biens, régis par tant de coutumes diverses, nobles, libres ou roturiers, propres, acquêts, substitués, de lignage, etc., étaient soumis à des lois particulières ; aujourd'hui toutes ces distinctions ont disparu ; la législation doit être uniforme ; et, au lieu qu'autrefois le souverain était tenu de veiller à ce que chaque province obéît à ses lois, il doit aujourd'hui empêcher que d'anciennes coutumes locales, bien ou mal appliquées, ne s'opposent à l'exécution de la loi générale ; mais c'est à cette surveillance active qu'il doit borner ses droits ; il ne peut ni préjuger ni juger, car ses jugements seraient une source intarissable d'abus et par contre-coup d'injustices. Les ministres du prince ne doivent pas, plus que le prince lui-même, avoir le droit de juger les affaires contentieuses. On s'est de tout temps élevé contre l'extension donnée aux attributions du conseil d'État, qui, en bonne règle, devrait se borner à n'être que le conseil du prince, et par conséquent ne connaître que des seules affaires qui doivent être portées directement devant le prince. On s'est élevé de même contre le droit que les ministres du roi s'attribuent d'êtres juges suprêmes dans toutes les affaires qui concernent leurs départements. Il ne faut pas surtout que le prince nomme des commissaires pour juger des affaires dont la connaissance devrait être naturellement dévolue aux magistrats. C'est ainsi que l'établissement des cours prévôtales, tant sous l'empire que sous la restauration, a toujours fait plus de mal que de bien. Les commissions, toujours vues de mauvais œil par les justiciables, n'inspirent aucune confiance au public, qui ne voit en eux que des hommes dévoués à celui qui les a nommés, capables de lui sacrifier la vérité, la justice et leur conscience. Que le prince laisse un libre cours à l'administration de la justice ; s'il intervient que ce ne soit que pour exercer son droit de grâce, et le peuple le bénira. On le regarde comme auteur de tout le bien qui se fait ; les condamnations sont mises sur le compte de la loi. Quand on échoue devant un ministre ou un tribunal, on s'imagine que le prince aurait accueilli la demande et l'on tâche d'arriver jusqu'à lui. Si on éprouve un mal quelconque, c'est de lui qu'on se plaint, c'est de ses agents : *Si le roi le savait!* ce fut toujours là le cri du peuple, quand il est opprimé, sorte d'invocation qui prouve la confiance qu'on a en lui. Les pouvoirs intermédiaires et dépendants sont de l'essence des monarchies pures, où le prince est la source de tous les pouvoirs civils et politiques, qu'au surplus il exerce en vertu des lois fondamentales ; mais ces lois font supposer qu'entre le peuple et le prince, qui ne peut ni tout voir de ses yeux ni tout

faire lui-même, il existe divers canaux par lesquels son autorité se distribue. Ce genre de gouvernement a de grands avantages sur le gouvernement républicain, parce qu'il y a plus de promptitude dans l'expédition des affaires, bien que les lois n'y procèdent qu'avec une sage lenteur. Le dépôt de ces lois ne peut se faire qu'entre les mains d'un corps politique dont toutes les fonctions consistent à les appliquer et à les conserver dans leur intégrité native. Ce corps, ainsi que nous l'avons dit, doit être tout autre que le conseil du prince. On a dit que la vertu devait être le principe des gouvernements monarchiques. Cette proposition nous paraît inexacte, dès qu'on donne au mot vertu le sens qu'il a communément en cette matière, c'est-à-dire lorsqu'on entend par vertu ces sentiments généreux, héroïques, qui ont fait naître dans les anciennes républiques tant de dévoûments généreux, amour de la patrie, sacrifice des plus chers intérêts, abandon de soi-même, etc. Une monarchie subsiste sans que personne montre aucun de ces sentiments qui peuvent aller jusqu'au fanatisme politique, et qui trop souvent ont produit de funestes égarements. Les lois tiennent ici la place de toutes ces vertus, non-seulement on ne doit pas les y chercher, mais encore on doit peu espérer d'y trouver ces vertus morales qui ont pour objet le bien général ; car pour opérer ce bien général chacun s'en rapporte au prince et ne s'occupe que de son intérêt particulier, ce qui produit l'égoïsme, cette plaie des gouvernements modernes. Au lieu des vertus patriotiques des anciens temps, les monarchies semblent avoir pour mobile ce qu'on appelle honneur, choix très souvent et toujours mal défini, parce que la définition ne s'accorde pas avec les idées que nous nous en sommes formées. Si nous avions à les définir à notre tour, nous dirions : l'honneur est le préjugé de chaque personne suivant sa condition, sur ce qui lui paraît juste ou convenable en toute sorte de choses. En résultat on peut être très bon citoyen, quoi qu'on ne soit pas au fond très vertueux ; il ne s'agit que d'obéir aux lois et à l'honneur, sentiment très souvent faux ou exagéré, mais utile puisqu'au fond il oblige les hommes à faire les choses les plus difficiles ou qui demandent du courage et du dévoûment, que ne donnerait pas l'espoir d'une récompense accordée sous la condition que le fait accompli resterait ignoré. Si bien qu'en résumé, c'est pour un peu de bruit qu'on se dévoue à tout ce que l'homme exige. Quand le prince veut tout rapporter à lui, s'il méconnaît les droits du peuple pour étendre les siens, la monarchie se corrompt et peut finir par se perdre. Si l'honneur est mis en opposition avec les honneurs, et pour obtenir ceux-ci on viole l'autre, c'est le principe même de la monarchie qui se flétrit et finit par périr. La monarchie absolue est un fardeau trop lourd pour un homme. Ce pouvoir suprême qui domine sur tout et qui n'est dominé par rien, ne convient qu'à Dieu seul, parce que Dieu seul est un être parfait, qui ne peut pas abuser de sa puissance. Il est très difficile, pour ne pas dire impossible, que la possession du pouvoir absolu ne corrompe point celui que la fortune en a fait dépositaire. D'ailleurs, un prince qui ne veut faire de mal, n'a pas besoin d'acquérir ou de s'arroger le pouvoir de le faire. Le pouvoir que le bon prince désire, c'est celui de faire le bien. La loi le lui donne, qu'il en use sans crainte. Celui qui gouverne par les lois, gouverne avec le consentement de tous ; nul ne peut s'en plaindre. Il est bon surtout que le souverain se garantisse de l'illusion que beaucoup de princes se font, accoutumés qu'ils sont à voir que tout cède à leur volonté ; c'est de se croire en quelque sorte infaillibles, ce qui ne permet pas à leur vanité de reconnaître dans les autres une science qu'ils n'ont pas eux-mêmes, ce n'est que sur les matières religieuses qu'ils souffrent qu'on leur apprenne quelque chose. Un monarque ne doit pas non plus oublier que, quelque grand que soit son pouvoir, il n'est pas au-dessus de la loi fondamentale de l'état, qui est l'expression libre de la volonté générale ; en d'autres termes, le produit de la puissance souveraine, qu'il ne faut pas confondre avec celle du souverain. Cette dernière est plus ou moins limitée, suivant les clauses du pacte primitif passé entre la nation et lui. L'autre résidait dans la nation entière qui en a consigné l'expression dans ce pacte primitif, devenu loi fondamentale. Nous n'avons parlé jusqu'ici que des monarchies absolues ou tempérées, et les mêmes règles s'appliquent aux unes et aux autres. Quelques mots suffiront pour les monarchies constitutionnelles, aujourd'hui existantes dans plusieurs états de l'Europe (Voy. ANGLETERRE, FRANCE, ESPAGNE, etc.). Ici l'autorité se divise entre le prince et deux corps politiques composés l'un d'une chambre des pairs du royaume, l'autre des députés des villes et des provinces. Le prince n'a que le pouvoir exécutif, il n'a pas celui de faire des lois; il peut seulement les proposer aux chambres; ce sont celles-ci qui sont investies du pouvoir législatif. La chambre des communes ou des députés a de plus le droit de voter l'impôt. Toutes les lois, émanées des chambres, doivent être sanctionnées par le roi. Rien au surplus ne dispense le souverain, quelle que soit la forme de la monarchie qu'il gouverne, d'observer les lois divines et les lois naturelles, les lois fondamentales de l'état et même les lois civiles, tant qu'elles n'ont pas été abrogées; car la loi divine domine tout; la loi naturelle, immuable, éternelle imposée à tous les hommes, est l'ouvrage de la Providence; la loi fondamentale ne peut pas non plus être impunément violée par le prince, puisque c'est d'elle qu'il tient tout ce qu'il est. Le droit de régner ne peut se séparer de l'obligation de régner justement; et comme le prince ne peut régner justement qu'en se conformant lui-même aux lois civiles qu'il est chargé de maintenir et de rendre obligatoires, il doit se soumettre à l'empire de ces lois afin que les autres y soient soumis.   J. DE M.

MONARDES (NICOLAS), célèbre médecin de Séville, mourut en 1577 ou 1578. On a de lui : 1° un *Traité des drogues de l'Amérique*, Séville, 1574, in-8°, en espagnol, traduit en français par Collin, Lyon, 1619, in-8°, et en latin par Charles de l'Escluse, Anvers, 1579; 2° *de Rosa*, Anvers, 1564; in-8°; 3° plusieurs autres ouvrages en latin et en espagnol. On savant n'y enseigne que ce qu'une longue expérience lui avait appris. Ses livres ne sont pas communs.

MONASTÈRES. Leur origine remonte aux premiers siècles de l'Église. Des hommes remplis de l'esprit de Dieu, et voulant se livrer entièrement à la prière et à la méditation, prirent la résolution, suivis d'un petit nombre de disciples, de se retirer dans la solitude pour s'y livrer en commun à l'œuvre du salut, et pratiquer toutes les vertus du christianisme. Telle fut l'origine des monastères, au commencement du ivᵉ siècle, saint Pacome dans l'Orient et saint Martin dans l'Occident, réunirent autour d'eux un certain nombre de cénobites sous une règle commune. Dès cette époque chaque monastère reconnut pour supérieur un seul abbé. Tous les ans, à Pâques, les moines se réunissaient pour la célébrer en commun. Leurs occupations les plus habituelles étaient la psalmodie, la lecture, la prière, le travail des mains et les pratiques de pénitence. Les solitaires mêmes se visitaient et s'édifiaient par de pieuses conversations. Le novice qui se présentait dans un monastère ne pouvait y être reçu définitivement qu'après avoir suivi les exercices pendant trois ans; si pendant ce temps, il s'était acquitté des œuvres les plus difficiles avec vocation, la porte du monastère lui était ouverte pour toujours; il ne pouvait faire profession qu'à l'âge de 18 ans. Les ennemis du catholicisme ont souvent reproché aux monastères des viᵉ et viiᵉ siècles, leur puissance, leurs richesses, leur ignorance et leur relâchement. Il suffit, pour répondre à ces reproches, de se reporter aux temps et aux faits. Qui ne connaît la haine avec laquelle les seigneurs à cette époque pillaient les monastères, s'en appropriaient les revenus sous prétexte de protection et réduisaient ses abbés à se défendre par la force. Ceux-ci, obligés souvent d'armer leurs vassaux, finirent par se rendre redoutables, et prirent parti dans les guerres civiles comme les autres seigneurs. Plus tard, les Normands ravagèrent la France, achevèrent de tout ruiner. Le clergé séculier fut dispersé par les barbares. Pour se mettre à couvert de leurs violences, il fallut se retirer dans les lieux les plus écartés, et c'est ce qui fit bâtir une multitude de monastères sur les montagnes, dans les forêts ou dans les vallons les plus reculés. Les peuples privés de pasteurs ne purent recevoir de secours spirituels et temporels que des moines; est-il étonnant que ceux-ci soient devenus riches et importants? S'ils avaient été vicieux, les barbares ne les auraient pas respectés; or, il est constant que ce respect a souvent été une barrière pour arrêter les effets de leur férocité. De plus on est forcé de convenir qu'au viiᵉ et au viiiᵉ siècle les moines ont seuls cultivé et soutenu les lettres et les sciences, ont rassemblé les livres épars et possédé les seules bibliothèques qui restassent alors. Les monastères devinrent le dépôt des actes publics, des ordonnances des rois, des décrets des parlements, des traités entre les princes, des chartres de fondation, de tous les monuments de l'histoire. Les familles les plus distinguées se croyaient heureuses de pouvoir placer leurs enfants dans le cloître. Si les moines avaient été aussi déréglés qu'on le prétend, est-il probable qu'on aurait eu pour eux autant de considération et de confiance, et qu'eux-mêmes auraient tra-vaillé avec autant d'application à se rendre utiles? Aujourd'hui, pour récompenser leur zèle et les services rendus aux lettres, on les accuse d'avoir falsifié les livres, les titres, les monuments, et d'en avoir imposé au peuple par une fausse apparence de piété; mais s'ils sauvaient du moins les apparences, leur vie n'était donc pas scandaleuse? Le peuple n'a jamais été aussi aveugle ni aussi stupide qu'on veut bien le prétendre; il a eu toujours les yeux très ouverts sur la conduite des prêtres et des moines, parce qu'il sait que ces deux classes d'hommes ne sont établies que pour lui donner l'exemple de toutes les vertus. Un seul qui scandalise fait plus de bruit que cent qui édifient. Le relâchement de l'état monastique pendant ces temps reculés ne provint donc que des désordres du gouvernement féodal. Quant à l'ignorance qu'on leur impute, la plupart du temps, les moines chassés de leurs monastères, pour échapper aux ravages des barbares, étaient obligés de quitter l'habit religieux, souvent de prendre les armes ou de faire le trafic pour vivre. Il n'est donc pas étonnant que quelques-uns des monastères qui survivaient à ces désastres, aient été habités par des moines ignares et gouvernés par des supérieurs étrangers ou intrus. Mais ce n'est pas d'après ces temps d'anarchie et de calamité qu'il faut juger les monastères de l'univers entier. Dans le xᵉ siècle apparaît saint Odon, abbé de Cluny, qui, dans son ordre, fait une réforme adoptée presque généralement. Dans le xiᵉ siècle, saint Romuald fonde en Italie l'ordre de Camaldules, saint Jean Gualbert celui de Vallombreuse, l'abbé Guillaume, en Allemagne, la congrégation d'Hirsauge, saint Robert, abbé de Molesme, l'ordre de Cîteaux en France. Tous ces ordres font revivre toute la sévérité de la règle de saint Benoît et trouvent toujours dans leurs règles primitives les moyens de se reformer. Sur la fin de ce même siècle commence l'ordre des Chartreux. Qui ne connaît l'éclat que saint Bernard, par ses talents et ses vertus, donna pendant le xiiᵉ siècle à l'ordre de Cîteaux, et l'abbé Suger à celui de saint Benoît. Ces deux grands hommes ont cependant trouvé des censeurs : le mérite éminent en aura toujours. Les autres ordres qui furent institués depuis celui de Fontevrault, celui des prémontrés et celui des carmes, etc., etc., sont une preuve de l'estime qu'on a toujours eue pour l'état monastique. En résumé on reconnaît généralement aujourd'hui les services immenses que les monastères ont rendus, non-seulement à la religion, mais encore à la science, qui n'eut d'autre asile que le cloître pendant toute la période barbare du moyen-âge. Les moines n'entraient pas ordinairement dans l'ordre de cléricature. On leur permit plus tard d'avoir quelques prêtres pour dire la messe dans leur oratoire. Ils se livraient à l'étude et à la prédication, ce qui les mit en possession de presque toutes les cures. Par la loi du 25 juin 1789, l'assemblée nationale retrancha les presbytères attachés jusque-là à certains monastères; une autre loi du 21 septembre de la même année leur retira les droits qu'ils avaient perçus jusqu'alors, et enfin la loi du 19 juin 1790 abolit entièrement en France les communautés religieuses. B.

MONAUT, adj. m., qui n'a qu'une oreille.

MONBODDO (JACQUES BURNETT, lord), écrivain écossais, né en 1777, dans le comté de Kirokardine, d'une ancienne famille du nom de Burnett-de-Leys. En sortant du collége d'Aberdeen il alla à Goettingue où il fit ses cours de droit. De retour en Écosse au commencement de 1736, il exerça à Edimbourg la profession d'avocat et obtint de brillants succès. Les troubles qui éclatèrent dans sa patrie le déterminèrent à se réfugier à Londres, où il cultiva avec passion les lettres et surtout la littérature grecque. Après la mort de lord Milton, son parent, il lui succéda dans la place de juge à la cour de session à Edimbourg, place modeste, mais honorable, qu'il remplit avec la plus parfaite intégrité jusqu'à sa mort arrivé le 26 mai 1799. Il a publié en anglais : 1° *de l'origine et des progrès du langage*, ouvrage remarquable où l'on trouve beaucoup d'idées neuves et d'aperçus ingénieux et profonds, mais on y remarque aussi un grand nombre de paradoxes et d'assertions hasardées qui excitèrent contre lui une vive critique; 2° *la Métaphysique des anciens, ou la science des universeaux*, Edimbourg, 1779 à 1799, 6 vol, in-4, ouvrage où il a ajouté de nouveaux paradoxes à ceux renfermés dans le précédent, et où il combat vigoureusement Newton et Socke qui, par les propriétés et attributions qu'ils accordent à la matière, détruisent selon lui l'idée de la divinité. Parmi les opinions singulières de Monboddo, nous remarquerons celle-ci. Il regardait l'Orang-Outang comme un homme dégénéré; il croyait en outre à l'existence des syrènes, etc. Cependant le célèbre Herder porte sur le compte de ce philosophe l'opi nion la plus avantageuse. Au reste, on peut lire sur la vie et les ouvrages de Monboddo les notices qui ont insérées dans l'*Annual register*, 1799, pages 22 et 363; dans le *Monthly magazine*, août 1709; dans *Gentleman's magazine*, juin et décembre 1799; on peut aussi consulter les *Publics characters*, années 1798 et 1799.

MONCADE (Hugues de), capitaine espagnol, accompagna Charles VIII, roi de France, dans son expédition d'Italie. L'alliance de Ferdinand, roi d'Espagne, avec le monarque français, étant rompue, il s'attacha à la fortune de César Borgia, neveu du pape Alexandre VI; mais lorsqu'après la mort de son oncle, Borgia se déclara pour les Français, Moncade passa dans l'armée espagnole, commandée alors par le grand Gonzalve. La guerre étant terminée en Italie, il se distingua contre les pirates des côtes d'Afrique, par des actions éclatantes qui lui méritèrent le riche prieuré de Messine. Les services importants qu'il continua de rendre à Charles-Quint furent récompensés par la vice-royauté de Sicile. Fait prisonnier en 1524, par André Doria, sur la côte de Gênes, il n'obtint sa liberté que par le traité de Madrid. Le pape Clément VII étant entré, en 1526, dans la ligue formée entre les Vénitiens et François Ier, pour le rétablissement de François Sforce dans le duché de Milan, Moncade, qui commandait pour l'empereur en Italie, fit avancer vers Rome un corps de troupes considérable, s'en empara sans résistance, contraignit le pape à se réfugier dans le château Saint-Ange, abandonna au pillage le palais du Vatican et l'église de Saint-Pierre qui se trouve dans son enceinte, et obligea le pape à signer une trève avec l'empereur, trève qui n'empêcha pas le duc de Bourbon d'attaquer Rome quelques mois après. Paul Jove attribue à la vengeance céleste la mort de Moncade, arrivée deux ans après, en 1528, au combat naval de Capo d'Orso, près du golfe de Salerne, où Philippin Doria remporta une victoire complète sur la flotte impériale que Moncade commandait.

MONCEAU, s. m., tas, amas fait en forme de petit mont.

MONCEY (Bon-Adrien-Jeannot), duc de Conégliano, maréchal et pair de France, naquit à Besançon, le 31 juillet 1754, fit sa première campagne 1773, et entra dans la gendarmerie de Lunéville, 1774. En 1778, il était sous-lieutenant dans les volontaires de Nassau-Siégen. Capitaine du 5e bataillon, 12 avril 1791, il était, en 1794, chef de bataillon. Moncey se trouva, en cette qualité, au passage de la Bidassoa, mérita le grade de général de brigade par sa belle conduite à la défense du camp d'Andaye, 5 février, et peu de temps après, celui de général de division. Il fit partie du conseil de guerre qui devait décider le plan de campagne, juillet 1794. Elle s'ouvrit le même mois, et Moncey reçut le commandement de l'aile gauche de l'armée. Il justifia cette confiance par le gain de la victoire de Villa-Nova, 17 octobre. La paix le ramena en France, où il reçut le commandement de la 11e division militaire, 1er septembre 1796. Le 9 novembre 1799, il fut nommé par le premier consul au commandement de la 15e division, à Lyon, et s'y fit aimer par sa modération et sa sagesse. Il passa en Italie, à la tête de 20,000 hommes; franchit le Saint-Gothard, s'empara de Plaisance, et occupa la Valteline, après la bataille de Marengo, 1800. A la paix de Lunéville, il passa au commandement des départements de l'Oglio et de l'Adda, et fut nommé inspecteur général de la gendarmerie, 4 décembre 1801. Le 19 mai 1804, il fut fait maréchal de l'empire, chef de la 11e cohorte, grand officier de la Légion d'honneur et successivement duc de Conégliano et président du collége électoral du Doubs. Il passa en Espagne, 1808; battit les insurgés du royaume de Valence, et les contraignit de se renfermer dans cette place, qu'il bombarda pendant sept heures consécutives. Il passa sur la rive gauche de l'Ebre, 1809, et prit le commandement de l'armée de réserve du Nord, 1810. Il se distingua dans les campagnes de 1812 et 1813, et fut, en janvier 1814, nommé commandant en second de la garde nationale parisienne. Le maréchal Moncey montra une grande fermeté dans la journée du 31 mars. Il se retira, le 1er avril, à Fontainebleau, avec les débris des troupes de ligne qui étaient réstées sans chefs; et le 11, il donna son adhésion au gouvernement provisoire. Le 13 mai, le roi le nomma ministre d'Etat; le 4 juin, pair de France et inspecteur général de la gendarmerie. A son retour à Paris, 1815, Napoléon l'ayant compris au nombre des pairs, le maréchal Moncey perdit cette qualité au second retour du roi. Il refusa de faire partie de la commission militaire qui devait juger le maréchal Ney, fut, pour ce motif,

destitué de ses grades et dignités, et condamné à 3 mois de prison. Réintégré par ordonnance du 5 mars 1819, il prit part à la dernière guerre d'Espagne, 1823; s'y signala en plusieurs circonstances et principalement devant la redoutable position de Jorba, défendue par Milaus, qui, malgré les plus brillants efforts, fut obligé de lui céder la place. Le maréchal Moncey avait été nommé gouverneur général de l'hôtel des Invalides où il est mort, en 1842.

MONCHY (Charles de), connu sous le nom de maréchal d'Hocquincourt, d'une ancienne famille de Picardie, se signala par sa valeur dans plusieurs siéges et batailles, à La Marfée et à Villefranche en Roussillon. Il commanda l'aile gauche de l'armée française à celle de Rhetel en 1650. Cette journée lui valut, l'année suivante, le bâton de maréchal de France. Il défit les Espagnols en Catalogne, et força leurs lignes devant Arras; mais, sur quelques mécontentements qu'il prétendait avoir reçus de la cour, il se jeta dans le parti des ennemis, et fut tué devant Dunkerque, de trois coups de mousquet, l'an 1658, en voulant reconnaître les lignes de l'armée française.

MONCK (George), duc d'Albemarle, né dans le comté de Devon en 1608, d'un famille noble et ancienne, se signala dans les troupes de Charles Ier, roi d'Angleterre; mais ayant été fait prisonnier par le chevalier Fairfax, il fut mis en prison à la Tour de Londres. Il n'en sortit que plusieurs années après, pour conduire un régiment contre les Irlandais catholiques. Après la mort tragique de Charles Ier, Monck eut le commandement des troupes de Cromwel en Ecosse. Il soumit ce pays; et la guerre de Hollande étant survenue, il remporta en 1653, contre la flotte hollandaise, une victoire où l'amiral Tromp fut tué. Cromwel étant mort en 1658, le général Monck fit proclamer protecteur Richard, fils de cet usurpateur. Charles II, instruit de ses dispositions favorables à la famille royale, lui écrivit pour l'exciter à le faire rentrer en Angleterre. Le général Monck forma aussitôt le dessein de rétablir ce prince sur le trône. Après avoir dissimulé quelque temps pour prendre des mesures plus efficaces, ils se met en 1660 à la tête d'une armée attachée à ses intérêts, entre en Angleterre, détruit par ses lieutenants les restes du parti de Cromwel, pénètre jusqu'à Londres, où il casse le parlement factieux, en convoque un autre, et lui communique son dessein. On s'y porte avec enthousiasme; Londres se déclare en faveur de son légitime souverain: Monck le fait proclamer roi, et va au-devant de lui à Douvres lui porter le sceptre qu'il lui a rendu. Charles II, pénétré de la plus vive reconnaissance, l'embrassa, le fit général de ses armées, son grand écuyer, conseiller d'état, trésorier de ses finances et duc d'Albemarle. Le général Monck continua de rendre les services les plus importants au roi Charles II. Il mourut comblé d'honneurs et de biens en 1679; Charles qui lui devait sa couronne le fit enterrer à Westminster, au milieu des rois et des reines d'Angleterre. On a de lui des *Observations politiques et militaires*, Londres, 1671, in-fol., en anglais. (Il les avait composées pendant sa captivité à la Tour de Londres.) Sa Vie, écrite par Thomas Kumble, in-8., en Anglais, a été traduite en français par Guy-Miége, in-12. On aperçoit dans toute la conduite de ce général un politique adroit qui, si l'on en excepte la lâcheté qu'il eut de reconnaître et de servir Cromwel, n'enfanta que des projets avoués par la politique ou ordonnés par les circonstances.

MONCRIF (François-Augustin Paradis de), secrétaire des commandements du comte de Clermont, lecteur de la reine, l'un des quarante de l'académie française, né à Paris en 1687, y mourut en 1770. Ses principaux ouvrages sont: *Essai sur la nécessité et sur les moyens de plaire*, in-12, production agréablement et finement écrite, mais d'un style quelquefois affecté; les *Ames rivales*, petit roman; d'autres pièces telles que des ballets, des romances, des pastorales, etc.; l'*Histoire des chats*, bagatelle oubliée aujourd'hui. Ses œuvres ont été recueillies en 1768, 4 vol. in-12, et en 1801, 2 vol. in-12.

MONDAIN, AINE, adj., qui aime les vanités du monde. Il se dit des choses, et signifie qui se ressent des vanités du monde. Mondain s'emploie aussi substantivement et signifie celui qui est attaché aux choses vaines et passagères du monde.

MONDANITÉ, s. f., vanité mondaine. Il ne s'emploie qu'en style de dévotion.

MONDE, s. m., l'univers, le ciel et la terre et tout ce qui y est compris. Fam., depuis que le monde est monde, de tout temps. Le monde physique, le monde considéré dans ce qu'il a de sensible, par opposition à monde moral ou intellectuel, le monde considéré sous les rapports qui ne peuvent être saisis que par l'intelligence ou qui appartiennent à la morale. Le monde idéal, l'idée archétype du monde qui est en Dieu de toute éternité, suivant la philosophie de Platon. Monde, dans un sens plus particulier, se dit de la terre, du globe terrestre. Système du monde. (*V.* Création et Terre). Venir au monde, naître; être au monde, cesser d'être au monde, exister, cesser d'exister. Le monde ancien ou le monde des anciens, ce que les anciens connaissaient du globe terrestre. Le Nouveau-Monde, le continent de l'Amérique. En style de l'Ecriture, la figure de ce monde passe; tout ce qui est dans le monde n'a rien de solide, de permanent. Monde se dit aussi des planètes qu'on suppose habitées, et alors on ne l'emploie guère qu'au pluriel. Il se dit hyperboliquement d'un lieu vaste et très peuplé. Monde signifie par extension, la totalité des hommes, le genre humain. Le monde chrétien, la totalité des hommes qui professent le christianisme. Monde signifie aussi les hommes en général, la plupart des hommes. Il se prend quelquefois indéfiniment pour gens, personnes; dans ce sens il est familier. Il se dit encore d'un certain nombre de personnes. Monde, se dit quelquefois d'une seule personne. Monde, avec l'adjectif possessif, se dit particulièrement des domestiques de quelqu'un. Il se dit également des gens qui sont sous les ordres de quelqu'un. Il se dit pareillement d'un certain nombre de personnes que l'on attend. Monde, signifie en outre, la société des hommes ou une partie de cette société. Homme du monde, homme qui vit dans le grand monde. Fam., le grand monde, la société distinguée par les richesses, par les dignités de ceux qui la composent. Fam., le petit monde, les gens du commun. Connaître le monde, connaître les hommes. N'être plus du monde, n'être plus dans le commerce du monde. Prov., ainsi va le monde, c'est ainsi que les hommes agissent, se conduisent. Monde idéal, monde imaginaire meilleur que le monde où nous existons. Monde, en langage de dévotion, signifie les hommes qui ont les mœurs corrompues du siècle. Monde se dit aussi de la vie séculière, par opposition à la vie monastique. Monde est quelquefois un terme augmentatif, soit qu'on affirme, soit qu'on nie. L'autre monde, la vie future. Pop., il est allé dans l'autre monde, il est mort. Fam., de quel monde venez-vous, se dit à une personne qui paraît ne pas être instruite d'une chose que tout le monde sait. Fig. et fam., dire des choses de l'autre monde, dire des choses étranges, incroyables.

MONDE (fin du). Le monde a commencé il y aura bientôt six mille ans de révolus. Deux mille ans environ après sa création, un grand cataclysme eut lieu sur la terre. Les eaux supérieures tombèrent par torrents sur elle; les fleuves et les mers débordèrent et les eaux s'élevèrent au dessus des plus hautes montagnes. Alors tous les hommes, à l'exception de Noé et de sa famille, périrent. L'Ecriture nous en fait connaître le motif. Tous les hommes étaient prévaricateurs, toute chair avait corrompu sa voie; en vain Dieu avait averti les hommes pendant un siècle, ils s'étaient fait un jeu de ces avertissements. Le déluge les surprit pendant qu'ils s'amusaient et se livraient au crime. Le monde ne doit plus périr par les eaux, les Ecritures saintes nous le disent, mais elles nous apprennent, en même temps, qu'il périra par le feu. Cette vérité nous a été aussi conservée comme beaucoup d'autres par la tradition de tous les peuples. Héraclite croyait que le monde serait un jour consumé par le feu et qu'il renaîtrait de ses cendres. (Simplicius, *Com. in Aristot.*, lib. *de calo.*, lib. i, c. 9). Les stoïciens avaient le même sentiment; Cicéron le fait connaître dans son ouvrage de la *Nature des dieux*, lib. ii, n° 118. Lucain, *Phars.*, liv. vii; Lucrèce, liv. iv; Ovide, *Métamorph.*, liv. i, rappellent cette tradition. La science géologique de nos jours la confirme, puisqu'elle nous enseigne que le centre de la terre n'est qu'une matière ignée. Elle peut faire explosion au commandement de Dieu et la terre a cessé d'exister. Mais peut-on préciser le jour et l'heure de cette effroyable catastrophe? Non certainement, et ce serait une témérité vraiment condamnable que de faire cette précision. Notre Seigneur nous dit que les anges même ne les connaissent pas, et il nous avertit aussi que, de même qu'au temps de Noé le déluge surprit tous les hommes, il en sera de même lorsque le fils de Dieu viendra juger tout le genre humain au dernier jour du monde. Toutefois, sans déterminer l'époque précise de la fin du monde, nous savons

qu'une tradition respectable par son antiquité et par les grands hommes qui nous l'ont transmise, établit qu'elle aura lieu dans le cours du sixième millénaire et qu'elle sera précédée par des signes qui l'annonceront. Suivant la lettre connue sous le nom de saint Barnabé, apôtre, qui n'est pas sans doute rangée parmi les écrits canoniques, (ce qui déciderait la question), mais qui est citée avec de grands éloges par Origène, Clément d'Alexandrie, et qu'Eusèbe et saint Jérôme attribuent aussi à saint Barnabé, suivant cette lettre, disons-nous, la durée du monde doit être de six jours ou de six mille ans. « Le sabbat, y est-il dit, est nommé dès le « commencement de la création : or, Dieu fit tous ses ou- « vrages en six jours; il se reposa le septième jour et le « sanctifia. Faites bien attention à ces paroles, il acheva « tous ses ouvrages en six jours. Elles signifient que la « durée du monde ne doit être que de six mille ans, « et que c'est le terme que Dieu a marqué à tous ses ou- « vrages, car mille ans sont comme un seul jour devant ses « yeux. Ainsi, la durée de toutes choses sera de six jours, « c'est-à-dire de six mille ans. » « Selon plusieurs en- droits de l'Ecriture, dit saint Justin, on peut conjecturer que ceux là disent vrai qui prétendent que la durée de l'état présent du monde sera de six mille ans (*quæst. ad orthodoxos, quæst.* 71 *vel ad gentes*, 71). » « Autant il y a eu de jours pour la création du monde, dit saint Irénée, au- tant il y aura de millénaires pour sa durée. Ce que l'Ecri- ture dit qui est arrivé alors est en même temps une prophé- tie de ce qui doit arriver dans la suite. » « Toutes les œuvres de Dieu ayant été achevées en six jours, dit Lactance, il est nécessaire que le monde demeure dans l'état présent pen- dant six mille ans, car le grand jour du Seigneur est de six mille années, comme le prophète le remarque en disant : devant vos yeux, Seigneur, mille ans sont comme un jour. » Saint Hilaire expliquant ces paroles de saint Mathieu : six jours après il fut transfiguré, s'exprime ainsi : « Cette cir- constance, qu'après un intervalle de six jours, le Seigneur parut revêtu de sa gloire, montre et annonce qu'après la ré- volution de six mille ans succédera la gloire du royaume cé- leste (*in Matth.*, 17). » « Je crois, dit saint Jérôme, que de cette parole du prophète, mille ans sont devant vos yeux comme le jour d'hier, et de l'épître de saint Pierre, est venue la coutume de considérer mille ans comme un jour, en sorte que comme le monde a été fait en six jours, on croit qu'il ne subsistera que six mille ans (*Epist. ad Cypr.*, 139). Saint Augustin, saint Chrysostôme, saint Cyrille, saint Hypolite et beaucoup d'autres partagent le même sentiment, et sont aussi suivi par les commentateurs et les écrivains postérieurs aux siècles apostoliques. Contentons-nous de citer saint Isidore, saint Germain d'Alexandrie, saint Gaud en Cedebressana, Sixte de Sienne, Raban, Serrarius, l'abbé Joachim, le cardi- nal Nicolas de Cusa, le cardinal Bellarmin, Génébrard, le saint et savant abbé Gonzaze. « Qu'en général le monde ne doive durer que six mille ans, quoique la chose soit incer- taine, dit Enalvenda, cependant, à cause de l'autorité des pères qui l'ont écrit ainsi, je ne voudrais nullement condamner cette opinion; car je ne croirai jamais que les graves lu- mières de l'Eglise aient avancé cela sans de grandes raisons; mais par là on ne peut savoir certainement la fin du monde, puisque le nombre des années qui se sont écoulées depuis sa création est incertain. Au reste, qui peut nier qu'on ne puisse en quelque manière pressentir par certaines conjec- tures probables la consommation des temps (*de Antich.*, lib. ii, c. 23). »

Les juifs professent aussi cette opinion. Elle avait cours chez eux sous le nom du prophète Elie : « La maison d'Elie, dit le Talmud, enseigne que le monde durera six mille ans. » « Ce sentiment, dit le savant Cornélius Alapide, est si gé- néral parmi les chrétiens, les juifs, les païens, les Grecs et les Latins, qu'on peut le regarder comme l'antique et commune tradition. Pourvu qu'on ne détermine ni le jour ni l'année, cette opinion étant commune, est probable » (*In apoc.* ch. 20, v. 5). Si cette tradition est véritable, comme nous le croyons et comme on ne peut d'ailleurs en douter, puisqu'elle existe dans tous les pays, et qu'elle s'est perpétuée dans tous les siècles sans qu'on ne puisse retrouver l'origine, il est évident que des signes précurseurs de la fin des temps ont déjà paru ou paraîtront successivement; car nous touchons à la fin du sixième millénaire. Or, ces signes sont indiqués les uns par la tradition, les autres par l'Evangile. Les premiers sont la chute de l'empire romain, la fin du règne de Mahomet; les seconds sont la prédication de la foi par toute la terre, l'apos-

asie générale, la conversion des juifs et l'agonie de la nature. — *Premier signe, chute de l'empire romain.* — Les Pères nous apprennent que les premiers chrétiens, instruits par la tradition et des révélations, priaient avec ferveur pour la conservation de cet empire, regardant sa destruction comme la première annonce de la fin du monde. « Nous avons, dit Tertullien, un motif majeur de prier pour les César et pour la conservation de l'empire. Nous savons que la grande catastrophe qui menace l'univers, la fin même du monde qui doit être accompagnée de si horribles malheurs, n'est retardée que par la durée de l'empire romain » (Apol 32). « Personne ne doute, dit Lactance, que la fin des royaumes du monde sera très prochaine, lorsque l'empire romain tombera. C'est lui qui soutient l'univers. Voilà pourquoi nous devons prier Dieu le front dans la poussière, si toutefois l'exécution de ses décrets peut être différée, afin de retarder la venue de l'abominable tyran *qui doit renverser l'empire*, et éteindre ce flambeau dont la disparution entraînera la chute du monde» (Divin. institut., lib. 7 ; de Vet. beat., ch. 25 ; id., ch. 15). Saint Jérôme s'explique ainsi sur la seconde épître de saint Paul aux Thessaloniciens : « Seulement, que l'empire romain, qui tient maintenant sous sa puissance toutes les nations, se retire et soit ôté de ce monde, et alors l'antechrist viendra » (Epist. ad Algasiam, olim. 151). Saint Cyrille de Jérusalem dit dans sa quinzième catéchèse : « Le démon suscitera un homme fameux qui usurpera la puissance de l'empire romain. Cet antechrist viendra lorsque le temps de l'empire romain sera accompli, et que la fin du monde approchera. » Saint Jean Chrisostôme, saint Augustin, saint Optat de Milève, presque tous les Pères, les commentateurs, les écrivains ecclésiastiques parlent dans le même sens. Disons même que, bien que cette tradition ne soit pas un article de foi, beaucoup de catéchismes très estimés placent l'abolition de l'empire romain parmi les signes voisins de la fin du monde. Or, voyons actuellement ce qu'est devenu cet empire. Sous les successeurs de Constantin, il se partagea en deux : l'un eut son siége en Orient, et l'autre en Occident. Celui d'Orient fut anéanti en 1453, lors de la prise de Constantinople par Mahomet II. Celui d'Occident, qui se continua après l'invasion des barbares dans la personne de Charlemagne et dans les empereurs d'Allemagne, commença à s'affaiblir sensiblement lors de la révolte de Luther, qui entraîna dans l'hérésie tant de princes du nord de l'Europe; enfin cet empire a péri au commencement de ce siècle lors de la destruction des électorats et de la renonciation solennelle au titre et aux droits d'empereur des Romains par François II, qui prit en 1806 le nom de François Ier, empereur d'Autriche. Dira-t-on, avec saint Thomas, qu'on doit entendre la tradition prophétique qui assigne la chute de l'empire romain à une époque voisine de la fin du monde de l'empire spirituel exercé par les papes sur les nations chrétiennes? Mais qui ne voit qu'aujourd'hui, par suite des hérésies et de l'incrédulité générale, sa chute est à peu près entière? Pour les états protestants, le pontife romain, c'est l'antechrist; pour les autres états, c'est un souverain étranger. Dans quelle nation est-il encore considéré comme un oracle, comme un régulateur? Les rois et les peuples accueillent partout sa parole avec indifférence. Ce n'est plus que sur les individus restés attachés à la foi de leurs pères qu'elle exerce une action heureuse et puissante; mais les masses et leurs chefs ne se préoccupent nullement des grands et sublimes enseignements qui leur viennent du pontife romain. Avons-nous donc tort de croire que nous ne sommes pas éloignés de la fin des temps, puisque la chute de l'empire romain en est un signe traditionnel? *Second signe, chute de l'empire de Mahomet.* — On sait qu'il entrait dans les desseins de Dieu que l'Église rencontrât toujours des ennemis dans son passage sur la terre. Pendant près de quatre siècles elle eut à souffrir de sanglantes persécutions de la part des empereurs romains. Lorsque le paganisme eut cessé de régner sur la terre, l'Église vit son sein déchiré par de cruelles et violentes hérésies. En 622, un impie ose se faire le rival orgueilleux de notre Seigneur Jésus-Christ, et apprend à ses nombreux sectateurs à dire Dieu est Dieu et Mahomet est son prophète. Pendant près de mille ans, le mahométisme inonde l'Orient et l'Occident de sang chrétien. Or, une tradition constante, répandue chez les Sarrasins et chez les chrétiens, et qui est rapportée par Théophane, Cédrémor, Boronius, Bellarmin et beaucoup d'autres écrivains, établit que le règne et la secte de Mahomet dureraient environ mille ans, « ce que cet im-

posteur fameux, inspiré par Dieu ou par le diable, dit Cornélius Alapide, annonça lui-même. » En effet, la bataille de Lépante, qui eut lieu le 7 octobre 1571, et dans laquelle les Turcs perdirent 30,000 hommes et 200 galères, commença l'affaiblissement de la secte des mahométans. Bientôt après, Sigismond, Charles de Lorraine et Sobieski ruinèrent, par d'éclatantes victoires, toute la puissance de cette secte. Aujourd'hui sans force et sans liberté, l'empire turc n'attend pour cesser d'exister que la permission du czar de Moscou; et suivant une tradition répandue dans tout l'Orient, cette génération ne passera pas sans avoir vu la fin du règne des mahométans. Mais si ces deux signes, avant-coureurs de la fin des. temps, sont aussi certains d'où vient, nous objecte-t-on, que, dans certains siècles, l'on a pu croire à la fin prochaine du monde ? Cela vient de ce que le vulgaire, trompé par des signes apparents, prenait plutôt conseil de ses frayeurs que de sa raison; mais les hommes éclairés ne partageaient pas ses craintes sur la fin prochaine du monde : aussi, dans le ive siècle, lorsque les barbares ravageaient l'empire romain et que la multitude croyait assister à la dernière catastrophe du genre humain, ils disaient : l'antechrist ne viendra qu'après l'extinction de l'empire romain. Or, cet empire subsistant encore, cet impie ne viendra pas; mais une fois qu'il sera réduit, il paraîtra. Maintenant cessons de consulter les signes que la tradition nous fait connaître pour examiner ceux qui nous sont manifestés par les saintes écritures. *Troisième signe, prédication de l'Evangile dans toute la terre.* — « Cet Evangile, a dit notre Seigneur, sera prêché dans tout le monde en témoignage à toutes les nations, et alors viendra la consommation. » Maintenant, qu'on nous dise s'il y a un seul peuple, quelque obscur qu'il soit, en Asie, en Amérique, en Europe, en Afrique, qui n'ait pas entendu prêcher la parole de Dieu. La cinquième partie du monde, l'Océanie, découverte depuis peu, est aujourd'hui sillonnée par de nombreux missionnaires. Parcourez tous ces archipels ; partout vous trouverez des néophites pleins de ferveur : ils sont surtout nombreux dans l'Australie et à Sandwich. Toutes les peuplades des îles Gambier ont embrassé la foi catholique, envoyé leurs dieux prisonniers à Rome, et retracent dans leur conduite la vie austère des premiers chrétiens. Chose étonnante ! plus les temps deviennent mauvais, plus le nombre des missionnaires s'accroît ; tandis que de 1815 à 1830, le séminaire des missions étrangères n'avait envoyé aux nations infidèles que 46 apôtres, il en parti 76 de 1830 à 1839. Les lazaristes n'avaient eu que sept départs aussi depuis 1813 à 1830, ils en ont eu plus de 40 de 1830 à 1835; et pendant que les anciens ordres missionnaires redoublent de zèle, de nouveaux se forment, et envoient également de zélés, d'intrépides apôtres aux peuples encore plongés dans l'ombre de la mort. Ajoutons d'autres faits non moins merveilleux. Une œuvre encore faible dans les derniers temps de la restauration, a pris depuis, contre les prévisions humaines, un accroissement merveilleux ; et lorsque la révolution de 1830 retirait aux missions l'appui et le secours que les rois très chrétiens leur avaient toujours prêtés, et que par suite on songeait à fermer le séminaire des missions étrangères, la propagation de la foi envoyait des secours abondants aux missionnaires, et aujourd'hui elle ne compte plus ses recettes par quelques cent mille francs, mais par millions. Une autre œuvre, celle de la Sainte enfance, formée dans le but général de secourir les missions, mais plus spécialement dans celui d'arracher les enfants des infidèles à la mort physique et à la mort éternelle, en leur procurant le baptême et une éducation chrétienne, prend chaque jour de grands développements en France et à l'étranger, quoiqu'elle n'existe que depuis trois ans et demi seulement. La Société de l'Océanie, établie pour construire des vaisseaux destinés à porter nos missionnaires dans les archipels de ce nom, et qui affranchit ainsi nos missions du patronage souvent forcé des nations protestantes, donne encore une nouvelle impulsion à la prédication de l'Evangile. Bientôt il n'existera plus un seul coin de la terre que le soleil de la vérité n'ait éclairé de ses divins rayons : et alors les temps seront consommés, suivant la parole infaillible de Jésus-Christ. Cette opinion ne contredit d'ailleurs en rien le sentiment de ceux qui pensent que la prédication de l'Evangile doit s'entendre d'une profession publique de l'Evangile, et non d'une prédication éphémère. Qu'on veuille bien remarquer qu'il y aura nécessairement un intervalle entre l'apparition du règne antichrétien et le moment où il atteindra son plus grand développement. Quelle sera la durée de cet intervalle ? c'est ce que nous ne savons pas ; mais il pourra arriver que plusieurs peuples ne recevront la parole de Dieu, ou que la religion ne prendra une existence publique chez eux que vers cette dernière époque. Il en sera ainsi, par exemple, des juifs, qui ne seront convertis que par la prédication d'Élie et d'Énoch, adversaires de l'antechrist, et qui ne doivent entrer dans l'Eglise que lorsqu'elle aura reçu dans son sein toutes les nations. (Rom., chap. 11, v. 25, 26.)

Quatrième signe. L'apostasie générale. — Notre Seigneur nous dit dans l'Évangile que lorsqu'il reviendra sur la terre pour juger ses habitants, il y trouvera peu de foi. Saint Paul déclare expressément que le grand jour du Seigneur n'arrivera pas avant que l'apostasie ne soit venue. (Thessal., ep. 2, ch. 11, v. 2, 3 et 4.) Tous les pères de l'Eglise, tous les interprètes des saintes Ecritures enseignent unanimement que l'apostasie sera venue lorsque les nations se sépareront de l'empire romain, de l'Eglise et de son chef. Maintenant, examinez ce qui se passe dans le monde. Le saint empire romain n'existe plus. Dans l'ordre politique, les nations nient l'origine divine du pouvoir et proclament le dogme de la souveraineté du peuple qui justifie l'esprit d'indépendance, qui autorise, qui légitime les révoltes, les régicides, les révolutions, qui a effacé tous les rapports de respect, de confiance, d'affection établis par le christianisme entre les peuples et les rois. Dans l'ordre religieux, la séparation entre les peuples et l'Eglise peut-elle être plus profonde. Les peuples méconnaissent l'autorité de cette Eglise qui les a enfantés à la vie morale, à la vie intellectuelle, qui les a civilisés. Ils ne tiennent aucun compte de ses prohibitions, de ses commandements, ils n'observent plus ses fêtes, ils abandonnent ses pratiques, ils ne rattachent plus les lois au trône de Dieu, ils ont cessé d'appuyer l'exécution sur la conscience, elles ne reposent que sur la force brute et elles ne tirent leur origine que de la volonté de l'homme. L'indépendance absolue de la raison humaine, voilà le principe régulateur des hommes de nos jours en matière de religion. Aussi ils admettent toutes les religions comme également vraies, ou comme également fausses, c'est-à-dire qu'ils n'en reconnaissent aucune comme l'œuvre de Dieu. Dès lors ils ont cessé de croire en Jésus-Christ comme principe exclusif de la vérité, de même que dans l'ordre politique ils ont cessé de le reconnaître comme le principe exclusif de l'autorité. Si les gouvernements catholiques conservent encore des rapports avec le saint siège, ce ne sont à peu près que des rapports diplomatiques. Aux relations toute filiales des anciens rois chrétiens ont succédé des relations diplomatiques et les princes ne traitent plus avec le souverain pontife que comme souverain temporel. Aujourd'hui, chez la plupart des nations de l'Europe, le mariage n'est plus formé au nom du créateur, mais au nom de l'homme, il a cessé d'être un sacrement, et s'il est encore indissoluble chez quelques peuples, ce n'est plus au nom de Jésus-Christ, mais par la force des lois humaines. Aussi qui dira les désordres de la famille que la religion ne sanctifie plus. Les époux ne mettant plus leur confiance dans la bonté de la providence, le mariage ne cesse pas d'être profané, et son objet et son but d'être méconnus. Les enfants en suçant avec le lait les principes de l'incrédulité, se montrent de bonne heure jaloux ennemis les uns des autres et rebelles contre l'autorité de leurs parents. L'Eglise n'étant comptée pour rien, ses perceptions n'ont plus de force. Le pouvoir humain s'est arrogé tout droit sur lesbiens et les personnes ecclésiastiques. L'Eglise n'est plus maîtresse d'accroître le nombre de ses ministres, l'homme s'élevant contre Dieu limite les vocations religieuses. Les prêtres ne sont plus les représentants de Dieu auprès des hommes ; partout on a cessé de les respecter, partout on les poursuit par la calomnie et les injures, et on les tourne en dérision sur les théâtres. Que sont devenues les corporations qui faisaient la gloire des nations catholiques, on les a dispersées. S'il y a quelques exceptions pour quelques ordres religieux, on les accompagne de menaces oppressives et tyranniques. Que sont devenues aussi les propriétés de l'Eglise dans la majeure partie de l'Europe, elles sont passées dans desmains sacrilèges ; et dans les pays où il lui en reste encore, on attend avec impatience le moment où l'on pourras'en emparer, et l'on représente au peuple que l'on pervertit sans cesse par des doctrines impies, cette spoliation comme une mesure propre à faire son bonheur. Les peuples et les gouvernements qui ne veulent plus de Jésus-Christ pour maître, ne veulent que des prêtres soumis à leur caprice, à leur vo-

lonté ; aussi veulent-ils qu'ils soient salariés, comprenant très bien que celui qui paie est maître, et que celui qui reçoit ne l'est pas. Les impies ont bien compris aussi qu'en dépouillant le clergé, ils lui enlevaient les moyens d'exercer la charité, et par suite toute influence sur les classes pauvres, sur la partie la plus nombreuse de la société. L'Eglise manque de temples. La plupart sont tombés sous le marteau des démolisseurs ou ont été transformés en casernes, d'autres sont devenus des propriétés des communes ou de la nation. Si l'on restaure plusieurs de ces temples, ce n'est pas parce qu'on les considère comme des monuments religieux, ce n'est pas dans l'intérêt de la religion et des mœurs, mais l'on veut conserver aux villes et à la nation de beaux monuments artistiques. N'est-ce pas là une véritable apostasie ? La littérature qui représente les opinions, les mœurs de la société ne respire que l'impiété et l'immoralité. Lisez les journaux français et étrangers, entendez la voix des hommes qui forment l'opinion dans la république des lettres, dans les tribunes législatives, quelles sont les maximes les plus répandues ; il suffit d'avoir des yeux pour voir et des oreilles pour entendre, qu'elles sont toutes hostiles à la divinité de la religion, à l'autorité de l'Eglise. C'est une négation continuelle des faits même les plus constants, c'est une division universelle des pratiques du christianisme. Parcourez les villes et les campagnes, y trouvez-vous beaucoup de familles dont tous les membres aient conservé la pureté de la foi, presque toutes sont entachées par le sensualisme et le rationalisme du siècle. Dans quel village, quelque obscur qu'il soit, trouverez-vous encore dans la semaine de nombreux chrétiens assistant au saint sacrifice de la messe, et dans vos villes grandes et petites, vous ne voyez le dimanche à la messe de paroisse que peu de fidèles, tandis que les lieux publics sont encombrés d'une foule immense. Si dans quelques contrées la foule se rend le dimanche à la messe, vous saurez, si vous avez des yeux, que ce n'est qu'une affaire d'habitude. On y va pour y causer d'affaires et de plaisirs, pour tourner le dos à l'autel, pour profaner le lieu saint par des propos et des railleries impies. Si dans les grandes cités on se presse pour entendre des orateurs chrétiens ; c'est à cause de leur éloquence, on va les entendre avec cet empressement, avec cette curiosité qui entraîne auprès des orateurs profanes. N'est-ce pas là encore une véritable apostasie, le commencement du règne anti-chrétien. Mais l'avenir serait-il plus consolant que le présent. L'enfance est violemment arrachée aux enseignements de l'Eglise. Des maîtres impies brisant avec les croyances, les traditions, les habitudes, le génie et la civilisation du christianisme, redisent sans cesse à leurs élèves que la vertu et l'éloquence ne se trouvent que dans le forum et sous le portique. Il n'est pas une des absurdités de la philosophie païenne qui ne soit renouvelée, préconisée et défendue dans les écoles de nos jours. Dans l'enseignement de l'histoire on ne montre plus à la jeunesse l'action de la providence dans le gouvernement de ce monde et des sociétés humaines, mais on lui enseigne que tout dépend du hasard ou de l'habileté, et de la sagesse des hommes. Aussi de même que la nourriture communique ses propriétés au corps, cet enseignement impie pénètre l'enfant dans ses esprit sensualiste, raisonneur, haineux. Ainsi, matérialisés par ces doctrines, les enfants des classes riches ne s'occupent, lorsqu'ils quittent le collége, que des intérêts et des affaires de la terre, ils ne cherchent qu'à se faire la part la plus large possible dans les jouissances matérielles. Les enfants des classes pauvres, élevés aussi en grande partie par des maîtres sans religion, n'ont ni l'esprit plus chrétien, ni des habitudes plus morales. Aussi entrent-ils en foule dans les sociétés secrètes et deviennent des instruments dociles pour les révolutions. Dans les écoles chrétiennes les enfants reçoivent sans doute de bons exemples et de pieux enseignements, mais les succès que l'on pourrait attendre de cette éducation chrétienne se trouvent singulièrement affaiblis par les leçons, les exemples et la conduite des parents. D'ailleurs, en sortant des écoles des frères, les enfants sont placés dans des ateliers où les doctrines anti-morales et anti-sociales qu'ils entendent prêcher autour d'eux les ont bientôt corrompus. Les journaux et les livres corrupteurs qu'on leur donne à lire ne tardent pas non plus à étouffer toutes les semences de vérité et de vertu qu'on avait jetées dans leurs âmes. Aussi la foi s'éteint-elle dans les villes ou des écoles chrétiennes sont établis depuis longtemps aussi visiblement que dans celles où il n'en existe pas. Que voyons-nous encore partout? les vices, les crimes s'accroître à mesure que l'incrédulité devient plus générale. Et ces crimes sont presque toujours accompagnés de circonstances effrayantes ; mais ce qui est bien plus affligeant c'est l'indifférence avec laquelle ils sont racontés par les journaux et lus par la foule, c'est aussi l'insensibilité des coupables qui font de l'expiation un scandale de plus pour la société. Les hommes de nos jours, par leurs fausses doctrines, sont parvenus à étouffer la voix du remords et à commettre avec une sorte de tranquillité le suicide, le plus grand des crimes, parce qu'il renferme la violation de toutes les lois divines, ecclésiastiques et civiles, et aussi parce qu'il est le seul qui n'a pas de pardon à attendre de la miséricorde divine. Il y a cent ans qu'un seul crime de ce genre eût jeté toute la France dans la consternation, et dans l'espace des dix années qui viennent de s'écouler, on en a compté de dix-sept mille commis indistinctement par des femmes, des hommes, des vieillards, des enfants. L'opinion publique, loin de gémir sur ce malheur, loue le courage de ceux qui se tuent eux-mêmes, applaudit à l'éloge que les journaux font de leur caractère, et exige des prêtres des cérémonies sacrées pour leurs restes mutilés. En vain, depuis seize ans, la providence pour retirer l'Europe de ses égarements, pour l'engager à pleurer sur ses erreurs et ses crimes, lui envoie toute sorte de châtiments, de maladies contagieuses, le choléra, des inondations terribles, des incendies, la misère et la mort qui sont les suites de ces fléaux; rien ne peut l'émouvoir, elle se rit des châtiments comme des promesses divines; les sages ne voient dans ces malheurs que des phénomènes où le doigt de Dieu n'entre pour rien; les masses n'y voient que des pertes d'argent. C'est en vain aussi que l'Église de France envoie au secours de la société si malade quarante mille prêtres, le mal au lieu de diminuer s'augmente. Sans doute la parole de Dieu ne tombe pas stérile. De nombreuses conversions ont lieu chaque jour; mais l'immense majorité des hommes, la masse, reste sourde, aveugle, matérialiste et s'enfonce même davantage dans la corruption au milieu des châtiments qui la frappent. Pas une prière nationale ne s'élève vers le ciel. Dans les siècles passés, lorsque de grandes calamités tombaient sur les nations, on les voyait se presser aux pieds des autels. Elle conjuraient, par des expiations solennelles, la foudre suspendue sur leurs têtes. Les archives de l'Europe sont remplies de ces amendes honorables des peuples, des provinces et des cités. L'égarement des nations, dans ces temps anciens, n'était pourtant que l'effet d'une résistance passagère d'un fils envers son père, dont il le méconnaissait pas d'ailleurs l'autorité. Mais aujourd'hui le monde est en pleine révolte contre Jésus-Christ et son église, il appelle leur autorité une usurpation, un envahissement, il se fait un système, un jeu de sa rébellion, il redouble d'efforts pour les exclure entièrement de la société, et loin de se repentir de ses sacrilèges attentats, il s'en fait gloire, il s'en vante, et l'on ne verrait pas dans cette conduite l'apostasie annoncée. Pour nous, sans vouloir imposer à personne nos prévisions, il nous semble qu'il suffit d'avoir des yeux et des oreilles pour reconnaître dans tous ces faits et dans beaucoup d'autres que nous pourrions retracer ici, si nous ne craignons pas de donner trop d'extension au cadre de cet article, le commencement du règne anti-chrétien prédit dans les saintes Écritures.

Cinquième signe. Conversion des juifs. — Les saintes Écritures annoncent positivement le retour des juifs pour la fin des temps. Or, il semblerait, d'après le mouvement religieux qui s'opère parmi les juifs, que ce signe commence à paraître. Depuis dix ans il s'est converti plus de juifs que pendant deux siècles. « Depuis quelques années, dit un rabbin converti, un des hommes les plus savants de l'Europe, M. Drach, les Israélites reviennent en foule, vous savez que je n'exagère pas, et dans tous les pays, à la sainte foi catholique, la véritable religion de nos pères. Partout, grâce à Dieu, nos regards rencontrent un bon nombre de nos frères régénérés par les eaux salutaires du baptême. Nous ne sommes que d'hier, pouvons-nous dire, nous autres israélites catholiques, et déjà nous remplissons les villes que vous habitez, vos comptoirs, vos rendez-vous de commerce, vos consistoires même. (Harmonie entre l'église et la synagogue, t. 1, p. 26.) » Cet auteur si distingué et qui connaît si bien ce qui se passe chez les israélites, cite un grand nombre de juifs qui se sont fait prêtres et missionnaires, ainsi qu'une multitude de jeunes personnes qui ont embrassé la vie religieuse en France et en Italie. La masse de la nation sera convertie dans les derniers instants du monde par le ministère d'Élie qui, avec Hénoc, s'opposera à l'antechrist auxquels cet ennemi de Dieu fera souffrir le martyre, et les corps de ces deux témoins de Jésus-Christ, après avoir resté trois jours et demi sans sépulture, ressusciteront et monteront au ciel. C'est ce qu'on lit dans le chapitre onze, verset trois et suivants de l'Apocalypse que l'on applique à ces deux élus de Dieu qui sont conservés pleins de vie en un lieu inconnu aux hommes et où ils resteront jusqu'à ce qu'ils viennent de nouveau dans le monde, avant le jugement dernier, pour prêcher la foi et résister aux efforts diaboliques de l'antechrist.

Sixième signe. L'agonie du monde. — Les symptômes de cette agonie ne semblent-ils pas déjà s'annoncer dans le dérangement des saisons qui, depuis quelques années, est devenu si sensible; dans ces orages qui se font entendre au milieu des frimats et de glaces de l'hiver, comme pendant les chaleurs des mois de juin et de juillet, dans ces tremblements de terre qui se multiplient tous les ans, même dans les contrées ou jusqu'à ce jour ils étaient inconnus, dans ces taches au soleil reconnues par tous les astronomes, dans ces vents furieux dont le mugissements semblables à ceux de la mer se font entendre et causent des ravages terribles dans les pays où jamais jusqu'à ce jour ils ne se faisaient sentir. A tous les faits que nous avons cités dans cet article pour montrer que quelques-uns des signes annoncés par la tradition et par l'Évangile ont déjà paru, et que les autres commencent à poindre, nous en ajouterons quelques autres qui, nous le croyons du moins, donnent une nouvelle force à notre opinion. On sait que l'empire de l'antechrist s'étendra sur toute la terre, et que la persécution qu'il livrera à l'Église sera la dernière, mais aussi la plus violente de toutes celles qu'elle aura eues à souffrir, et sera générale dans toute la terre. Cette puissance pouvait paraître chimérique il y a trente ans, mais aujourd'hui qui oserait le dire; toutes les découvertes, la vapeur, les chemins de fer facilitent d'une manière prodigieuse l'extension universelle de la vérité et de l'erreur, et l'entière formation de l'empire antichrétien sous lequel sera livré le dernier combat entre l'Église et le monde. Toutes les distances disparaissent. Le voyage de l'Europe aux grandes Indes, qui se faisait il y a trente ans en six ou sept mois, ne dure aujourd'hui que quarante-cinq jours. Avec la connaissance des forces de la nature que possèdent les hommes de nos jours, les moyens de rapidité s'accroîtront; on en découvre d'ailleurs chaque jour de nouveaux et c'est principalement sur cet objet que se concentre la richesse et toute l'application des esprits. Remarquons aussi que tout ce qui était obstacle autrefois à la propagation des idées, à la fusion des peuples disparaît. Les nationalités, la différence des mœurs, des coutumes, du langage même s'affaiblissent chaque jour à vue d'œil. Lorsque les Romains traçaient de grandes voies, pour rattacher les unes aux autres les diverses parties de l'empire, ils croyaient ne faire que leur œuvre et pourtant ils faisaient celle de Dieu : sur ces magnifiques voies passèrent les prédicateurs de la bonne nouvelle et leurs adversaires, les hommes de mensonge, les satellites de l'erreur; de même sur les chemins de fer, sur les bateaux à vapeur passeront aussi les apôtres de la vérité et du mensonge. Ce n'est pas pour un but étroit, pour un intérêt mesquin, pour faciliter le commerce de quelques denrées plus ou moins précieuses, que les hommes font tant d'efforts de génie et se donnent tant de soins. Qu'ils le reconnaissent ou non, leurs passions, leurs talents, leurs vertus sont les instruments de la Providence, dont le but suprême est le triomphe définitif de Jésus-Christ et de son église, sur l'erreur et ses sectateurs au jour où il les renfermera pour toujours dans les abîmes de l'enfer et où il récompensera ses élus par l'éternelle félicité des cieux.

On ne peut cependant se dissimuler que la société est dans une situation très périlleuse. Si le catholicisme que les masses et les gouvernements rejettent, n'est pas indispensable à l'existence et au bonheur des peuples, nous marchons certainement vers des abîmes, si cette situation à laquelle rien ne peut se comparer dans le passé n'est que momentanée, il est toujours utile de dire aux peuples où en est la cause et le remède, afin qu'elle ne s'aggrave point, il importe d'avertir ceux qui tiennent les rênes du gouvernement, afin qu'ils évitent les écueils ; mais si cette situation est le commencement des douleurs, le commencement de la fin, il faut encore éclairer le monde sur sa gravité, non qu'on puisse espérer de le toucher, de le ramener à Dieu. L'Ancien et le Nouveau-

Testament annoncent qu'ayant perdu la foi, il restera dans son endurcissement; mais les avertissements seront utiles aux chrétiens pour les prémunir contre les périls dont ils sont entourés et contre ceux bien plus grands encore dont ils sont menacés. P. D. P.

MONDONVILLE (Jeanne de Juliard, dame de), fille d'un conseiller au parlement de Toulouse, employa ses biens à la fondation d'un institut connu sous le nom de *Congrégation des filles de l'enfance*. Cet institut avait déjà formé des établissements dans plusieurs diocèses, lorsqu'on prétendit qu'il servait d'asile à des factions dangereuses pour l'Eglise et pour l'Etat. La congrégation de l'Enfance fut supprimée par un arrêt du conseil de 1686, et l'institutrice reléguée dans le couvent des hospitalières de Coutances. Elle y mourut en 1703.

MONDONVILLE (Jean-Joseph Cassanéa de), l'un des plus célèbres musiciens du xviiie siècle, né à Narbonne, le 24 décembre 1715, mourut à Belleville, près Paris, le 8 octobre 1772. Trois morceaux de génie révélèrent un brillant talent qui égalait celui de La Lande. C'étaient le *Magnus Dominus*, le *Jubilate* et le *Dominus regnavit*. Il fut rival et ami de Guignon, qui tenait alors le premier rang en cegenre.Ses sonates, ses symphonies et ses motets lui méritèrent la place de maître de musique de la chapelle du roi.

MONDOVI, province des Etats sardes. Elle est limitée au nord par celles d'Alba et de Saluces; à l'est par celle de Gênes; au sud par Nice; à l'ouest par les provinces de Corri et Saluces. Elle a dix lieues de long sur 11 de large, et 95 lieues carrées de superficie. Les Apennins la couvrent au sud; et elle est arrosée par le Tanero, l'Elero, le Perio, les Stura et la Bormida. Son sol est d'une extrême fertilité et produit en abondance toutes sortes de fruits et de céréales. Son cheflieu est Mondovi, situé sur la rive de l'Elero, dans un site très pittoresque, à 566 mètres au-dessus du niveau de la Méditerranée. Elle a un évêché et un tribunal de première instance. Sa cathédrale, beau morceau d'architecture, contient un autel et une sacristie véritablement dignes d'admiration. Cette ville a des filatures de soie, des fabriques d'étoffes de laine et d'indiennes, des forges, des tanneries. Ses confitures et ses dragées sont très estimées. Mondovi est célèbre par la victoire que les Français remportèrent dans ses environs en 1796; obligée de capituler en 1799, elle fut livrée au pillage. 8,000 habitants.

MONET (Philibert), né en Savoie l'an 1566, mort à Lyon en 1643, se distingua chez les jésuites, où il entra par goût pour l'étude. (Il fonda en 1597 le collège de Thonon, et fut pendant 22 ans préfet des études à Lyon.) Les langues l'occupèrent d'abord, et elles lui durent quelques ouvrages éclipsés par ceux qu'on a donnés après lui. Son dictionnaire latin-français intitulé : *Inventaire des deux langues*, Paris, 1636, in-fol., eut cours dans le temps. Monet se tourna ensuite du côté du blason et de la géographie de la Gaule. Ce qu'il a fait sur cette matière est encore consulté par les savants. (La biographie universelle a donné le catalogue le plus complet des œuvres de ce laborieux écrivain).

MONETA (le Père), dominicain de Crémone, vivait du temps même de saint Dominique, et mourut vers 1240. Il se rendit célèbre par sa science et son zèle contre les hérétiques de son temps. Le père Riccinius, du même ordre, fit imprimer à Rome en 1643, in-fol.; un traité latin du père Moneta contre les Vaudois.

MONÉTAIRE, s. m., il se dit des officiers publics qui présidaient à la fabrication des monnaies et des médailles. Monétaire s'emploie aussi comme adjectif des deux genres, et signifie, qui a rapport aux monnaies.

MONGAULT (Nicolas-Hubert de), né à Paris, en 1674, entra dans la congrégation de l'Oratoire. Il eut ensuite une place à l'académie des inscriptions, et celle du précepteur du duc de Chartres. L'académie française, qui se l'associa en 1718, le perdit le 13 août 1746. On a de lui : traduction française de l'*Histoire d'Hérodien*, 1 vol. in-12, Paris, 1745; une traduction des *Lettres de Cicéron à Atticus*, Paris, 1714 et 1738, 6 vol. in-12, réimprimée depuis en 4 vol. Cette version, aussi élégante et aussi exacte que celle d'Hérodien, est enrichie de notes qui font honneur à son goût et à son érudition. On apprend, dans le texte et dans les remarques, à connaître l'esprit et le cœur de Cicéron, et les personnages qui jouaient de son temps un grand rôle dans la république romaine. Deux dissertations dans les mémoires de l'Académie.

MONGE (Gaspard), l'un des plus célèbres et des plus savants géomètres modernes, naquit à Beaune en 1746. L'histoire de la science ne retrace que peu de carrières marquées par autant de travaux, d'activité et de succès que celle de cet illustre professeur, dont le nom sera à jamais populaire en France. Le père de Monge n'était qu'un pauvre marchand forain, mais c'était en même temps un homme de bon sens, qui ne négligea rien pour l'instruction de ses trois fils que des dispositions communes toutes à les sciences. La supériorité que manifesta bientôt le jeune Gaspard et la célébrité qu'il a depuis acquise ont fait oublier ses deux frères, dont l'un a été examinateur de la marine, et l'autre professeur d'hydrographie à Anvers. Du collège des Oratoriens de Beaune, où il reçut les premières notions des mathématiques, Monge fut envoyé à celui de Lyon, tenu par les religieux du même ordre, pour y achever ses études. A seize ans, il prit place à côté de ses maîtres, et occupa une chaire de physique. Un officier supérieur du génie ayant vu le plan de Beaune que Monge avait levé sur de larges dimensions, sans le secours des instruments les plus indispensables, le recommanda au commandant de l'école de Metz, fondée pour les officiers de cette arme. Malheureusement les institutions de ce temps ne permettaient point à Monge d'y être reçu comme élève. L'humble naissance et la pauvreté de ce jeune homme déjà si remarquable, étaient des obstacles alors invincibles. Néanmoins il consentit à y entrer comme élève conducteur de travaux et dessinateur. Le génie de Monge s'irdignait de l'obscurité à laquelle lecondamnaient les pratiques spéciales auxquelles il était destiné. Mais dans cette situation même, il ne tarda pas à trouver un moyen de débuter avec éclat dans la carrière des découvertes. Aux longs calculs que nécessitait une opération de défilement, il substitua une méthode géométrique et générale, non moins sûre, mais plus expéditive, pour arriver à la solution du problème. Il n'avait alors que dix-neuf ans, et Bossut, qui professait les mathématiques à Mézières, l'accepta pour son suppléant, et bientôt après il remplaça l'abbé Nollet dans sa chaire de physique. Dès ce moment, le jeune Monge, maître de son avenir et délivré désormais des conditions humiliantes qui avaient entravé ses premiers pas dans la carrière, s'abandonna à toutes les inspirations de son génie. Il y a entre lui et l'illustre Leibnitz ce point de conformité que tous deux dédaignant de suivre dans les livres de leurs devanciers ou de leurs contemporains la marche de la science, s'exposèrent à se voir enlever ou disputer la priorité des vérités qu'ils avaient recueillies. Ainsi Monge découvrit la production de l'eau par la combustion de l'air inflammable, sans savoir qu'il avait été prévenu par Cavendish dans cette importante découverte. Il se livrait en même temps, à cette époque, à des recherches curieuses sur les gaz, l'attraction moléculaire, les effets d'optique, l'électricité, la météorologie, et jetait en mathématiques les premiers fondements de cette doctrine neuve et féconde, qui a reçu le nom de géométrie descriptive, et dont la production est un de ses principaux titres à l'admiration de la postérité. Le génie de Monge était essentiellement synthétique, c'est le caractère de ses ouvrages et de ses découvertes. Tout abréger pour tout embrasser d'un coup d'œil, tout résumer pour exprimer tout une pensée, telle est la formule constante qu'on le voit employer dans ses travaux. Une telle disposition d'esprit lui rendait presque désagréable l'exposition écrite de ses recherches scientifiques; et ce fut la nécessité de se faire des titres aux honneurs académiques qui le détermina d'abord à publier divers mémoires sur le calcul intégral. Ce fut seulement en 1780 que Monge, déjà célèbre, fut nommé membre de l'académie des sciences. Cet esprit ardent et fier, qui avait eu à souffrir dans sa jeunesse de l'injustice des préjugés et des vices des institutions vieillies de son pays, accepta, avec l'enthousiasme qui le distinguait, les espérances que la révolution française inspira quelque temps aux meilleurs esprits. Nous n'avons point à nous occuper ici de la carrière politique de Monge, quoique l'homme public n'eût jamais fait oublier en lui le savant, et il nous suffira de dire que dans les grandes circonstances où se trouva la France, quand Monge fut appelé au pouvoir, il se montra constamment digne des respects qui entourent sa mémoire, aujourd'hui que le temps commence à effacer les fâcheuses impressions de l'esprit de parti. Il n'est pas vrai que Monge ait coopéré par aucun vote à la mort de Louis XVI. Nommé ministre de la marine lors de l'insurrection du 10 août, il l'était encore au moment de cet événement douloureux, et c'est seulement comme membre du gouvernement qu'il dut concourir avec ses collègues à l'exécution de l'arrêt de la Convention. Mais les actes personnels de ce savant, à cette désastreuse époque, le lavent d'ailleurs complètement des injustes accusations que ses fonctions politiques lui attirèrent plus tard, en le montrant digne, sous tous les rapports, de la reconnaissance de la France. C'est à son activité et à son génie que la république dut le rétablissement de la marine; et d'ailleurs, désabusé de bonne heure des espérances qui l'avaient entraîné dans le mouvement de la révolution, il donna sa démission au mois d'avril 1793. Monge s'empressa néanmoins de répondre à l'appel que la Convention fit aux savants, quand le territoire de la France fut menacé d'une invasion européenne. Il a contribué pour une grande part à ce déploiement extraordinaire de force, qui fera l'étonnement de la postérité et qui sauva alors le pays de malheurs plus grands que ceux qu'il eut à supporter. Monge passait les jours et les nuits dans les manufactures d'armes, les fonderies, les foreries, les poudrières, à surveiller les travaux, à en simplifier l'exécution. C'est dans cette période de sa vie, dont l'activité est presque incroyable, qu'il trouva les moyens de publier *l'art de fabriquer les canons*, une instruction sur la *fabrication de l'acier*, et enfin sa *Géométrie descriptive*. C'est à Monge qu'on doit le rétablissement de l'instruction publique en France, c'est par son influence et d'après ses plans que furent successivement fondées les écoles Normale et Polytechnique. C'est à son expérience des procédés mécaniques qu'on doit le déplacement des chefs-d'œuvre de l'Italie, qui vinrent orner les musées de la France. Ces travaux si divers, et dont les résultats étaient si faciles à apprécier, acquirent à Monge une grande influence politique, et à son nom une popularité éclatante; deux fois à cette époque il fut porté comme candidat au Directoire. Mais alors l'enthousiasme de Monge avait changé d'objet, et il s'était attaché au jeune conquérant de l'Italie, avec une sincérité qui ne se démentit jamais. Il fit partie de l'institut d'Egypte; et, après s'être distingué dans cette mémorable expédition, par son zèle pour la science, il revint paisiblement reprendre sa place de professeur à l'école Polytechnique dont les élèves le saluèrent du titre de père. Ce fut pour lui un chagrin bien amer que l'organisation militaire qui changea, sous Napoléon, l'esprit et le but de cette glorieuse institution. Monge lutta vivement, dans cette circonstance, contre la volonté de son héros, et, ne pouvant triompher de son obstination, il abandonna son traitement de professeur aux élèves peu favorisés de la fortune, que des réglements absurdes auraient éloignés de l'école. L'admiration de Monge pour Napoléon ne fut point une de ces palinodies honteuses et serviles qui font tant de taches dans l'histoire moderne. Son caractère noble et désintéressé ne se démentit jamais, et ce fut au nom de leur ancienne amitié que l'empereur parvint à triompher de son abnégation et à lui faire accepter les honneurs dont il l'accabla. Monge fut successivement promu à la dignité de sénateur, à celle de comte de Peluse, il reçut le cordon de grand-officier de la Légion-d'Honneur et de la Réunion, et fut pourvu d'un riche majorat en Westphalie. La chute de l'empire, la dislocation de l'école Polytechnique, le bannissement des conventionnels, la radiation aussi injuste qu'arbitraire de l'institut, le frappèrent au cœur; il tomba dans une profonde mélancolie, et ne fit plus que mener une existence pénible et souffrante jusqu'au 28 juillet 1818, où il mourut vivement regretté de ses nombreux amis, et emportant dans la tombe l'estime de ses ennemis politiques. Les bornes qui nous sont imposées ne nous ont pas permis de donner plus de développements à ce rapide énoncé de la vie et des travaux de Monge; il est heureusement de ce petit nombre d'hommes dont le nom rappelle l'illustration, et qui, faisant partie des gloires d'un pays, n'a besoin que d'être prononcé. Monge a publié séparément: 1° *Traité élémentaire de statique*, Paris, 1786, in-8°, *ib.* 1819, 5° édition; 2° *Description de l'art de fabriquer les canons*, Paris, an II, in-4° ; 3° *Leçons de géométrie descriptive*, Paris, an III, *ib.* 1813, in-8°, 3° édition; 4° *Application de l'analyse à la géométrie des surfaces du premier et du deuxième degré*, 4° édition, Paris, 1809, in-4°. On trouve dans la *Collection des savants étrangers*, et dans les *Mémoires de l'Institut et de l'Académie des sciences*, de nombreux mémoires de Monge sur les diverses branches des sciences mathématiques et physiques.

MONGELLAZ (FANNY, née BURNIER), nièce de l'abbé Burnier Fontanel, doyen de la faculté de théologie de Paris, naquit à Chambéry en 1798. Après avoir été élevée à Genève, elle parut dans le monde et s'y fit une grande réputation par quelques ouvrages. Celui qui a pour titre : *de l'Influence des femmes sur les mœurs*, a eu deux éditions, et il est remarquable par la sagesse des leçons que l'auteur y donne aux femmes dans toutes les situations de la vie où elles peuvent se trouver. La *Revue encyclopédique*, t. 40, p. 185, en a rendu un compte très avantageux ; et M. Charles Nodier, dans la notice qu'il a faite sur Mme Mongellaz, *Journal des Débats*, du 19 octobre 1830, en a parlé avec le plus grand éloge. En 1825, elle avait fait paraître sans nom d'auteur un ouvrage intitulé : *Louis XVIII et Napoléon dans les Champs-Elysées*. Elle est morte le 30 juin 1830. Elle a laissé en manuscrit une *Histoire de saint François-de-Salles*, et un roman inachevé qui a pour titre : *Pierre, comte de Savoie*. Elle se proposait, dans ce dernier ouvrage. de peindre, à la manière de Walter-Scott, les mœurs et les coutumes de son pays.

MONGIN (EDME), né à Baroville, dans le diocèse de Langres, en 1668, fut précepteur du duc de Bourbon et du comte de Charolais. Il mérita, par ses talents pour la chaire, l'évêché de Bazas en 1724. C'était un homme d'esprit et de goût. Ces deux qualités se font remarquer dans le recueil de ses œuvres, publié à Paris en 1745. Cette collection renferme ses sermons, ses panégyriques, ses oraisons funèbres et ses pièces académiques. Ce prélat mourut en 1746 à Bazas.

MONGOLIE, province de la Chine. Ses limites sont : au nord la Russie d'Asie ; à l'est la Mandchourie ; au sud la Chine proprement dite ; et à l'ouest le Turkestan chinois et le grand Altaï. Elle a 260 lieues de long sur 120 de large, et 2,500 l. carrées de superficie. Les monts Khaïsaghin-Daban à l'ouest; les monts Altaï, Tarbagataï, Tangnousta et Kougour au nord ; la chaîne de Inichan au sud, bordent la Mongolie. La plupart de ces montagnes sont granitiques ; plusieurs recèlent dans leur sein de l'or, de l'argent, du fer, de l'étain, de la houille, beaucoup de sel ammoniaque et de sel gemme. Dans le désert de Kabi ou de Chamo, on trouve des chalcédoines et des agates de différentes espèces et de différentes couleurs. Un grand nombre de rivières arrosent cette contrée surtout au nord. Les principales sont : la Selenga, l'Orkhon, la Boula, le Kerlon, la Khalkha, le Charra-Houren et le Hoang-Ho. On y voit de vastes steppes, des déserts où le sol poreux, sablonneux est couvert quelquefois d'un herbage maigre, rabougri et quelquefois salé. Presque partout les hauteurs sont boisées et peuplées de pins, de bouleaux, de trembles, de mélèzes, de peupliers blancs, d'ormes, d'épiceas, de groseillers rouges et de pêchers sauvages. Le blé, le millet, l'orge, le chanvre et une espèce de coriandre sauvage viennent dans ce pays où la rhubarbe croît naturellement. Les pâturages nourrissent de nombreux troupeaux de bœufs, de chameaux, de chevaux, de moutons, de chèvres et de buffles. Le sanglier, le cerf, la saïga (*antilope scythica*), l'ours, le loup, le lièvre, le renard, la zibeline, le chamois, la marmotte, l'écureuil, le castor y abondent, ainsi que les oies, les canards sauvages, les grues, les cygnes, les cailles, les perdreaux, les corneilles, et une poule sauvage qui aime à vivre sur les arbres. On pêche dans ses rivières et ses lacs des truites, des perches, des lenoks, des brochets. Le commerce exporte de ce pays des bestiaux et de la rhubarbe ; les importations consistent en thé, tabac, étoffes de soie et de laine, chaussures et différents ustensiles de fer. Cette contrée doit son nom aux Mongols qui l'habitent. Ils se font remarquer par leur teint basané ou jaunâtre, leurs yeux vifs et enfoncés, des sourcils noirs, minces, peu arqués, un nez large et court, une tête ronde, les pommettes saillantes, les oreilles longues et pendantes, le menton court ; la barbe rare, longue et tombant bientôt. L'été, ils portent des robes d'une toile légère, qu'ils remplacent l'hiver par des pelisses de peau d'animaux. Ces peuples ne sont point chasseurs, ils sont néanmoins belliqueux. Leurs tentes (*yourtes*) sont rondes et ont beaucoup de ressemblance avec celles des kirghis. Les femmes sont de petite taille. La polygamie est permise chez les Mongols ; mais une femme conduit le ménage et est la première entre les autres. Ces peuples se divisent en plusieurs tribus, gouvernées par des *vang, veilé, beïsse, koung*, des *taïdzi* et des *tabounan*, espèces de princes ; ceux-ci sont maîtres du sol ; et leurs sujets leur payent une redevance en nature. L'administration supérieure est confiée au tribunal des affaires étrangères de Péking. Des inspecteurs envoyés par l'empereur surveillent la contrée. La force armée de la Mongolie peut s'élever à 30,000 hommes. Le boudhisme est la religion de la Mongolie ; le chef suprême de la religion, autrefois désigné par le Dalaï-Lama, est aujourd'hui institué par l'empereur. Les prêtres sont médecins dans la Mongolie. On ne sait rien de précis sur la population de cette vaste contrée qui ne possède aucune ville. Elle est divisée en trois provinces ou régions : le pays des Kalkas, la Mongolie proprement dite et la Charra-Mongolie. Si l'on en croit les annales chinoises, les Mongols parurent vers le lac Baïkal dans le milieu du XIIe siècle, et y existaient 2,000 ans avant Jésus-Christ. Entreprenants, cruels, sanguinaires, revêtus de cuirasses, ils furent bientôt capables de faire trembler l'Asie sous le fameux Tchinghiz-Khan. Ce prince fonda un vaste empire dont la Chine n'était qu'une partie et qui fut démembré, après la mort du grand empereur, par ses successeurs. Les Chinois firent la guerre aux Mongols qu'ils défirent ; à leur tour les vaincus prirent le dessus et envahirent la Chine qui paya tribut aux nouveaux conquérants. Ceux-ci s'étant divisés, l'empereur Khang-Si prit part à leurs querelles, et sous prétexte de les secourir, il les subjugua en 1691 (voyez CHINE).

D. R.

MONIGLIA (THOMAS-VINCENT), théologien de l'ordre de Saint-Dominique, né à Florence, le 18 août 1686, mort à Pise, le 15 février 1767, abandonna sa patrie et son institut pour passer en Angleterre. Le grand-duc ayant obtenu de l'ordre le pardon de ses erreurs, Moniglia revint en Italie et fut adjoint à Minorelli, préfet de la bibliothèque de Casanate. Appelé à succéder au père Orsi dans la chaire de théologie, ses talents le firent connaître à toute l'Italie. On a de lui : *De origine sacrarum precum Rosarii B. M. V. dissertatio*, Rome, 1725, in-8°. Cette dissertation est dirigée contre les bollandistes, qui prétendaient que saint Dominique n'est point l'auteur des prières du Rosaire; *De annis Jesu Christi servatoris, et de religione utriusque Philippi Aug. dissertationes duæ*, Rome, 1741, in-4°; *Dissertazione contro i fatalisti*, deux parties, Lucques, 1744; *Dissertazione contro i materialisti ed altri increduli*, 2 vol., Padoue, 1750; *Osservazioni criticofilosofiche contro i materialisti, divise in due trattati*, Lucques, 1760. Moniglia fut un des premiers qui, en Italie, s'élevèrent contre les doctrines philosophiques. *La mente umana spirito immortale, non materia pensante*, 2 vol., 1766.

MONILIFORME (zool. bot.). On donne ce nom à toutes les parties divisées par des étranglements en petites masses arrondies comme les grains d'un chapelet. Tels sont les antennes de certains insectes, la tige du cactus moniliformis, les fruits de l'hedysarum moniliforme.

J. P.

MONIME, femme de Mithridate, non moins célèbre par son courage et sa vertu que par sa beauté, était de Milet. Mithridate la vit à Stratonice, dans le cours de ses conquêtes, et fut tellement épris de ses charmes qu'il lui envoya quinze mille pièces d'or, croyant par là triompher de sa vertu. Mais Monime résista également à son or et à ses sollicitations, et ne consentit à satisfaire sa passion qu'après avoir reçu solennellement le titre d'épouse et de reine. Il paraît que l'éloignée de sa patrie, et enfermée dans le palais du roi de Pont, l'éclat du trône ne put longtemps la séduire, et qu'elle tomba dans une noire mélancolie. Peu après Mithridate, ayant été vaincu par Lucullus, fit ordonner à ses femmes par l'eunuque Bacchide de se donner la mort, en leur laissant cependant le choix des moyens. Monime chercha à s'étrangler avec son diadème; mais, n'ayant pu y réussir, elle le foula aux pieds, s'écriant : « Misérable bandeau, ne pouvais-tu au moins me rendre un si déplorable service; » puis elle se fit tuer par Bacchide.

MONIQUE (Sainte). La fécondité admirable de l'esprit évangélique a suscité dans toutes les conditions sociales des prodiges de vertu et de sainteté. Ainsi tous les états comme toutes les conditions, comme tous les individus de la grande famille chrétienne, ont dans le ciel et un patronage puissant et dévoué, et un modèle qui a traversé les mêmes voies de cette existence terrestre, comme pour nous montrer l'usage que nous devons faire de cette vie et de tous les autres dons de notre Père éternel. Ainsi la femme illustre dont nous insérons ici le nom, reste à jamais le sublime modèle de l'épouse et de la mère chrétiennes. Quelle doit être notre reconnaissance envers Dieu, lorsqu'il nous a donné pour mère une femme chrétienne! Elle est, sous une forme visible, un ange gardien qui veille sur nous avec une tendresse infatigable que la religion épure et fortifie. Pénétrée de la sainteté des devoirs que son titre de mère lui impose, elle s'en acquitte avec amour et dévoûment. Elle prodigue à son enfant, avec les plus douces caresses, les soins physiques

que réclame la faiblesse de son âge; mais ce qu'elle aime de plus en lui, c'est ce qui ne doit jamais périr, c'est son âme; car elle sait qu'elle doit un jour en rendre compte à Dieu qui ne la lui a confiée que pour lui enseigner le chemin du ciel. Aussi, avec quelle prévoyance, avec quelle tendre inquiétude elle écarte de cet être chéri tout ce qui pourrait ternir l'éclat de son innocence, et altérer la pureté de son cœur. Heureux enfant! dès les premières lueurs de sa raison, il n'a sous les yeux que de bons exemples, et il suce, pour ainsi dire, avec le lait, l'amour de la vertu. Plus tard, lorsqu'il aura quitté le toit paternel, sa mère le suivra encore par la pensée, dans le tourbillon du monde, elle le protégera par ses prières ferventes contre les dangers qui viendront l'assaillir, et s'il a le malheur de s'écarter du sentier du devoir, elle lui obtiendra, à force d'importuner le ciel, la grâce d'y rentrer. Telle est la mère vraiment chrétienne; elle est pour nous une seconde providence sur la terre; telle fut sainte Monique, la mère de saint Augustin. Monique était Africaine; elle naquit en 332, de parents honorables et chrétiens, qui la firent instruire avec le plus grand soin dans la crainte de Dieu et l'amour de sa loi. Elle avait une pieuse gouvernante qui était pleine de bonté pour elle, mais qui savait qu'une molle complaisance pour les défauts des enfants est toujours suivie de funestes résultats. Aussi ne laissait-elle échapper aucune occasion de donner des avis utiles à son élève, et de réprimer ses passions naissantes, même dans les choses qui, au premier aspect, paraissaient fort indifférentes. Docile aux leçons qu'elle recevait, Monique apprit de bonne heure à remplir les devoirs que la religion impose. Elle assistait aux offices divins avec recueillement, elle priait avec ferveur, elle exerçait la charité envers les pauvres, et se faisait ainsi, dès l'âge le plus tendre, une douce habitude de la vertu. Cependant elle avoua à saint Augustin que, pour n'avoir pas obéi à sa gouvernante qui lui avait défendu de ne jamais rien prendre entre ses repas, elle s'était exposée au danger de contracter un vice dont elle aurait eu, dans la suite, bien de la peine à se corriger. Un jour, en allant chercher le vin, car elle était chargée de ce soin, elle eut la tentation d'en boire quelques gouttes, et elle approcha le vase de ses lèvres. Elle recommença le lendemain, et en but davantage; elle prit insensiblement du goût pour cette liqueur, et finit par en boire avec plaisir toutes les fois que l'occasion s'en présentait. Elle ignorait que cette habitude, une fois contractée, pouvait la conduire aux derniers excès, et qu'il faut résister aux premiers assauts d'une passion naissante, si l'on ne veut pas en devenir plus tard l'esclave. Mais Dieu veillait sur sa servante, et par une grâce spéciale, elle ouvrit les yeux avant d'être sur le bord du précipice. Elle eut une querelle avec la domestique qui la suivait ordinairement à la cave, et qui, ayant été témoin de ce qui s'y passait, en fit à sa jeune maîtresse les reproches les plus humiliants. Monique, au lieu de s'irriter des injures que cette femme lui adressait, rentra en elle-même, sentit toute la honte du vice dont on l'accusait et prit la résolution sincère de se corriger. Elle y fut fidèle, et traita toujours avec une bonté particulière la domestique qui, sans le vouloir, lui avait rendu un si grand service. Monique, dont la piété devenait chaque jour plus fervente à mesure qu'elle avançait en âge, aurait voulu se consacrer entièrement au service de Dieu et se nourrir, dans la retraite, des douceurs de l'amour divin. Mais, pour obéir à la volonté de ses parents, elle consentit à donner sa main à Patrice qu'ils lui avaient choisi pour époux. Le choix aurait pu être plus heureux et mieux assorti. Monique était chrétienne, et Patrice était païen; elle était aussi douce et timide que son mari était violent et emporté; néanmoins, elle fit tant par ses prières et ses larmes, elle se montra si soumise et si résignée, elle supporta avec tant de patience et de charité les fautes de Patrice, qu'elle lui fit aimer la religion qui commandait ces vertus et lui donna la force de les pratiquer. Elle finit par le gagner à Jésus-Christ; il devint chrétien et chrétien fidèle à sa vocation, jusqu'à la fin de sa vie. Elle dut cette victoire à la conduite irréprochable qu'elle menait et qui ne se démentit jamais; elle se concilia ainsi l'estime, l'amour et le respect de son mari. Jamais elle ne lui reprochait avec amertume les fautes dont il se rendait coupable; elle priait Dieu d'avoir pitié de lui. Lorsqu'il était en colère, elle avait soin de ne le contredire ni par ses actions, ni par ses réponses; elle gardait le silence. La fougue étant passée, elle lui faisait avec douceur les observations qu'elle jugeait nécessaires : quelque coupable qu'il fût envers elle, elle ne dit jamais une parole qui pût porter atteinte à sa réputation ; et quand des voisines venaient se plaindre à elle des mauvais traitements qu'elles avaient reçus de leurs maris, elle avait coutume de leur répondre : « Vous ne devez vous en prendre qu'à vous-mêmes et à vos langues. » Elle connaissait, en effet, l'efficacité de la douceur et du silence à l'égard des caractères impétueux. Se taire et souffrir à propos ; porter la soumission et la complaisance aussi loin qu'elles peuvent aller, attendre toujours le moment favorable pour s'expliquer, tel était le plan de conduite qu'elle s'était tracé. Que de chagrins les femmes s'épargneraient si elles imitaient la prudence de cette épouse chrétienne! Monique se reposait, par de bonnes œuvres, des peines et des contrariétés que Dieu lui envoyait pour l'éprouver. Elle portait partout les consolations de la charité et ramenait la paix au sein des familles dont elle avait été bannie. On eut souvent lieu d'admirer le talent qu'elle avait de réunir les cœurs divisés. Elle s'exprimait sur l'amour du prochain avec tant d'onction qu'on ne pouvait résister aux charmes de ses paroles ; l'esprit de charité parlait par sa bouche. Elle était surtout la mère des pauvres. Son plus grand plaisir était de les servir et de leur prodiguer les secours dont ils avaient besoin. Pour s'animer à la pratique de toutes ces vertus, elle avait continuellement l'éternité devant les yeux. Elle assistait chaque jour au saint sacrifice de la messe, et à la prière publique du matin et du soir, afin d'entendre la parole de Dieu. Mais son exactitude à remplir les devoirs de sa religion était réglée sur les vrais principes ; elle ne l'empêchait pas de veiller au soin de sa maison et surtout à l'éducation de ses enfants. Elle avait deux fils, Augustin et Navigius, et une fille dont le nom n'est pas parvenu jusqu'à nous. Augustin fut pour sa mère une cause de chagrins et de cruelles inquiétudes, et fit souvent couler ses larmes. Il était né au mois de novembre 354. La fougue de l'âge eut bientôt effacé les premières impressions de vertus qu'il avait reçues, et s'abandonna à tous les égarements d'une jeunesse dissipée. Cependant il se livrait à l'étude avec ardeur, et brûlait du désir de se distinguer par l'éclat de son savoir. Pendant qu'il suivait ses cours à Carthage en 373, il fut séduit par les manichéens de cette ville, qui lui inspirèrent du goût pour leurs rêveries, de l'aversion pour les saintes Écritures, et l'entraînèrent ainsi dans leurs criminelles erreurs. Monique en ressentit une vive douleur ; elle savait combien il est difficile de ramener à la vérité un esprit infecté des mensonges d'une fausse doctrine. Elle pleura avec plus d'amertume que ne font les autres mères lorsqu'elles voient porter leurs enfants au tombeau. « Vous exauçâtes ses vœux, dit saint Augustin, en s'adressant à Dieu ; vous ne méprisâtes point ses larmes qui coulaient avec tant d'abondance et dont elle arrosait tous les lieux où elle vous offrait ses prières. » Elle ne pouvait rester en repos ; fatiguant de ses instances toutes les personnes distinguées par leur savoir et leur piété, elle les suppliait d'éclairer son fils et de le ramener au sein de l'Église catholique. Un saint évêque dont elle implorait l'influence salutaire auprès d'Augustin, chercha à la consoler en lui disant qu'il avait eu lui-même le malheur de faire partie de la secte des manichéens, qu'il en avait lu et transcrit tous les livres, et qu'il avait fini par reconnaître que tout ce qu'ils enseignaient n'était que mensonges et impiété. « Prenez patience, ajouta-t-il, contentez-vous de prier pour votre fils, et il se désabusera de lui-même de cette erreur. » Comme Monique n'en continuait pas moins en versant un torrent de larmes, à presser l'évêque de prier pour Augustin : « Allez, lui dit-il, ayez confiance ; il est impossible que l'enfant de tant de larmes périsse. » Elle regarda ces paroles comme un oracle du ciel. Cependant, Augustin persistait toujours dans ses erreurs et dans ses désordres. Sa sainte mère ne cessait, de son côté, de solliciter pour lui la miséricorde divine par ses prières et ses soupirs, et elle commençait à perdre courage, lorsqu'elle fut ranimée par le songe suivant. Il lui sembla qu'elle était sur une longue règle de bois, et qu'auprès d'elle était un jeune homme tout brillant de lumière, qui lui demanda le sujet de sa douleur, et lui ordonna d'arrêter le cours de ses larmes, en lui disant : « Votre fils est avec vous. » Ayant alors baissé les yeux, elle vit Augustin sur la règle où elle était. La consolation qu'elle reçut de ce songe mystérieux fut si grande, qu'elle permit à son fils de demeurer et de manger avec elle, ce qu'elle n'avait pas voulu lui permettre depuis qu'il était devenu manichéen. Voyant qu'il concluait de la vision que sa mère serait comme lui, et non lui comme elle : « Cela ne peut être, reprit-elle vivement ; il ne m'a pas été dit que

j'étais où vous étiez, mais que vous étiez où j'étais. » Cette réponse pressante le toucha vivement, et il fut toujours persuadé, après sa conversion, qu'elle avait été pour lui un avertissement du ciel. Mais le moment de cette conversion si désirée n'était point arrivé. De nouvelles épreuves étaient encore réservées à cette tendre mère. Augustin se détermina à aller à Rome pour enseigner la rhétorique. Ce fut en vain que Monique essaya de le détourner de ce voyage ; elle le suivit jusqu'au rivage, résolue de le ramener ou de passer avec lui en Italie. Il feignit, pour se débarrasser de ses importunités, d'avoir renoncé à son projet ; mais il s'embarqua tandis qu'elle passait la nuit dans une chapelle du voisinage, dédiée sous l'invocation de saint Cyprien. « Je trompai, dit-il, ma mère par un mensonge, tandis qu'elle priait et pleurait pour moi. Et que vous demandait-elle, ô mon Dieu! sinon que vous ne permissiez pas que je m'embarquasse? Mais comme les vues de vos miséricordes allaient plus loin que les siennes, vous lui refusâtes ce qu'elle vous demandait dans le moment, pour lui accorder ce qu'elle vous avait toujours demandé. » Le lendemain matin, Monique se rendit sur le bord de la mer. Le départ de son fils lui causa une douleur inexprimable. Elle s'humilia sous la main de Dieu et se résigna à sa volonté. A peine Augustin fut-il arrivé à Rome qu'il tomba dangereusement malade. Il attribua le rétablissement de sa santé aux prières de sa mère, qui demandait pour lui la grâce de ne pas mourir dans l'impénitence. « Je ne sais, s'écrie-t-il, quel remède eût pu guérir sa blessure, si j'étais mort dans cet état, et de quoi lui eussent servi, Seigneur, les ferventes prières qu'elle vous adressait continuellement pour moi. Eussiez-vous pu, vous qui êtes le Dieu de toute miséricorde, mépriser le cœur contrit et humilié d'une chaste et sainte veuve, qui ne vous demandait ni richesses ni biens fragiles et périssables, mais qui ne voulait que le salut de l'âme de son fils? » Augustin ayant quitté Rome pour aller enseigner la rhétorique à Milan, y fut reçu par saint Ambroise avec une bonté paternelle. Éclairé par les instructions du savant évêque, il avait renoncé aux erreurs des manichéens, mais il n'avait point encore embrassé le parti de la vérité. Monique, malgré son âge et ses infirmités, avait affronté les dangers d'une longue et pénible navigation pour venir le rejoindre. Elle apprit de la bouche même de son fils l'heureux changement qui s'était opéré en lui, et bientôt sa conversion parfaite la combla de joie. Renonçant à toutes les espérances du siècle, Augustin se retira avec quelques amis à la campagne ; sa mère l'y suivit. Elle eut part aux entretiens relevés de cette sainte réunion, et y montra un jugement et une sagacité extraordinaires. Son esprit s'élevait facilement aux plus hautes conceptions par l'habitude qu'elle avait contractée de converser sans cesse avec le Dieu de toute science, et de méditer ses perfections infinies. Bientôt elle devait le contempler face à face, car sa mission sur la terre allait finir. Saint Augustin, après son baptême, ayant examiné le lieu où il pourrait plus utilement servir Dieu, résolut de retourner en Afrique. Il partit accompagné de sa mère, de son frère Navigius, et d'un jeune homme nommé Évodius. Étant arrivés à Ostie, ils s'y arrêtèrent pour se reposer des fatigues de la route avant de s'embarquer. Un jour, Augustin et sa mère, appuyés à côté l'un de l'autre sur une fenêtre de la maison qu'ils habitaient, et qui donnait sur la campagne, s'entretenaient ensemble avec une douceur extrême, oubliant tout le passé et ne s'occupant que de l'avenir. Ils cherchaient quelle serait la vie immortelle des saints. Ils s'élevèrent au-dessus de tous les plaisirs des sens, parcoururent par degrés tous les corps, le ciel même et les astres. Ils arrivèrent enfin jusqu'à la sagesse incréée, y atteignirent un moment par la pensée, et soupirèrent d'être obligés d'en revenir au bruit de la voix et aux paroles passagères. Alors sainte Monique dit : « Mon fils, il n'y a plus rien dans cette vie qui me puisse toucher. Que ferai-je ici davantage? je ne vois pas ce qui pourrait m'y retenir ; tous mes vœux sont présentement accomplis. Je ne souhaitais la prolongation de mes jours que pour vous voir catholique et enfant du ciel. Dieu a fait encore plus que je n'avais désiré, puisque je vous vois entièrement consacré à son service et plein de mépris pour les avantages auxquels vous auriez pu aspirer dans le monde. Qui me retiendrait donc ici plus longtemps? » S'entretenant un autre jour de la mort du chrétien, elle tint de si belles choses que ceux qui l'entendaient en furent saisis d'admiration ; et comme on lui demandait si elle ne craignait pas de mourir dans une terre étrangère et d'être enterrée dans un pays si éloigné de sa patrie, elle répondit : « On n'est nulle part éloigné de Dieu. Il saura bien trouver mon corps pour le ressusciter avec celui des autres hommes. » Cinq jours après, elle tomba malade, et le mal, faisant de rapides progrès, ne laissa bientôt plus aucun espoir de guérison. Un évanouissement, occasionné par une faiblesse extrême, annonça qu'elle approchait de sa dernière heure. Ses deux fils étant accourus auprès d'elle pour lui prodiguer des secours, elle reprit ses sens et leur dit : « Vous enterrerez ici votre mère. » Augustin garda le silence; mais Navigius donna à entendre qu'il désirerait qu'elle pût arriver en Afrique avant de mourir. « N'ayez pas d'inquiétude, reprit Monique, par rapport à mon corps; la seule chose que je vous demande est que vous vous souveniez de moi à l'autel du Seigneur partout où vous serez. » Ce furent ses dernières paroles, et son âme bienheureuse, affranchie des liens du corps, alla dans le ciel se réunir à Jésus-Christ. Elle mourut en 387, à l'âge de 56 ans. Saint Augustin lui ferma les yeux. Quelque vive que fût sa douleur, il retint ses larmes; il crut qu'il ne convenait pas de pleurer une personne qui avait mené une vie si sainte et qui était morte dans le Seigneur. Le corps de Monique fut porté à l'église, où l'on offrit pour elle le sacrifice de notre rédemption avant de la descendre dans le tombeau, ainsi que cela se pratiquait parmi les fidèles. Jusqu'alors Augustin s'était fait violence : mais quand il se vit seul, il donna un libre cours à ses larmes. Il ne put se rappeler, sans le plus vif attendrissement les vertus de sa sainte mère, le soin qu'elle avait pris de ses enfants, l'amour qu'elle leur avait porté, et surtout les inquiétudes et les alarmes qu'il lui avait causées. Mais il se crut depuis obligé de justifier les pleurs qu'il avait versés. « Si quelqu'un me reproche d'avoir pleuré quelques instants ma mère, qui avait pleuré tant d'années pour m'obtenir, ô mon Dieu, la grâce de me voir vivant à vos yeux, je pense au moins que je ne serai pas pour lui un objet de raillerie; et s'il a de la charité, il pleurera lui-même, afin que vous me pardonniez mes péchés. » Dans ses Confessions, il prie Dieu pour elle, et conjure tous ceux qui liront son livre, de se souvenir à l'autel de Monique et de Patrice. « Je prie pour les péchés de ma mère, dit-il en s'adressant à Dieu; exaucez-moi, Seigneur, par celui qui a bien voulu être attaché à la croix pour nous, qui par son sang a guéri les plaies de nos âmes, et qui, étant assis à votre droite, intercède pour nous. Je sais qu'elle a pratiqué les œuvres de miséricorde, et qu'elle a pardonné de tout son cœur à ceux qui l'avaient offensée. Pardonnez-lui donc, Seigneur, les fautes qu'elle a pu commettre contre vous. Que votre miséricorde prévale à votre justice à son égard. N'entrez point en jugement avec elle, vous qui avez promis de traiter avec miséricorde ceux qui auraient exercé la miséricorde... Elle nous a recommandé en mourant de nous souvenir d'elle à votre autel, au mystère duquel elle a assisté tous les jours de sa vie, et d'où elle savait que l'on dispense la victime sainte dont le sang a effacé l'arrêt de mort porté contre nous! » Le corps de sainte Monique fut transporté d'Ostie à Rome, en 1430, sous le pape Martin V, et il y est encore dans l'église de Saint-Augustin. Ce pape a donné l'histoire de cette translation et celle de plusieurs guérisons miraculeuses opérées par l'intercession de ce modèle de toutes les mères chrétiennes. E. J.

MONITEUR, s. m., celui qui donne des avis, des conseils. Moniteur, dans les écoles d'enseignement mutuel, se dit de l'élève chargé d'instruire un certain nombre de ses condisciples. Moniteur, est aussi le titre de certains journaux.

MONITION, s. f., terme de juridiction ecclés. Avertissement juridique qui se fait en de certains cas par l'autorité de l'évêque, avant de procéder à l'excommunication.

MONITOIRE, s. m., terme de juridiction ecclés. Lettres d'un official pour obliger, sous des peines ecclésiastiques, tous ceux qui ont quelque connaissance d'un crime ou de quelque autre fait dont on cherche l'éclaircissement, à venir révéler ce qu'ils savent.

MONITOR (rept.), genre de sauriens établi par Cuvier, mais séparé par MM. Duméril et Bibron en deux sections, les sauvegardes et les varans. J. P.

MONMOREL (CHARLES LE BOURG DE), né à Pont-Audemer, fut fait aumônier de la duchesse de Bourgogne en 1697. L'abbaye de Lannoi fut la récompense de son talent pour la chaire, autant que l'effet de la protection de madame de Maintenon. Nous avons de lui un recueil d'Homélies estimées, sur les Evangiles des dimanches, des jours du carême, et des mystères de J.-C. et de la sainte Vierge. Cette collection, précieuse aux curés de campagne et même à ceux des villes,

forme 10 vol. in-12. L'auteur écrit avec simplicité, avec précision, et ne s'éloigne guère de la méthode et du style des saints Pères, dont il place à propos les plus belles sentences. Nous ignorons l'année de sa mort.

MONMOUTH, comté d'Angleterre, a au N. le comté d'Hereford, à l'E. celui de Gloucester, au S. le canal de Bristol, et à l'O. ceux de Glomorgan et de Brecknock. Sa longueur est de 12 lieues, sa largeur de 7 lieues et sa superficie de 67 lieues carrées. Des montagnes dont les sommets principaux sont le Lugar-Loaf, le Skyrrit et le Graig, couvrent la partie septentrionale. La Wye, la Munnow, le Trotty, l'Utk, le Torjaon, l'Ebw et le Rumney arrosent ce comté. La partie E. et les bords du canal de Bristol sont d'une remarquable fertilité; à l'O. l'aridité du sol est variée par des pâturages qui nourrissent des bœufs recherchés, des moutons, des chevaux et des mulets. Ce comté, qui produit toutes les céréales et qui a des bois considérables, est riche en fer, houille et chaux, forge et manufactures, et alimente un grand commerce dont ses productions naturelles et artificielles sont le principal objet. Le comté de Monmouth était le pays des anciens Silures. Il renferme 71,883 habitants; il se divise en 6 districts (hundred). Il a pour chef-lieu Monmouth, petite ville située sur la rive droite de la Wye, dans une belle vallée entourée de montagnes. On y remarque les restes d'un ancien château, l'église paroissiale, celle du Saint-Thomas; elle possède des forges, des fonderies d'étain, et fait un assez grand commerce avec Bristol et Hereford; 4,164 habitants.

MONNAIE, s. f., toutes sortes de pièces de métal, servant au commerce, frappées par autorité souveraine, et marquées au nom d'un prince ou d'un Etat souverain. Les monnaies n'eurent pas d'abord une valeur et une dimension déterminées. L'or, l'argent, le cuivre, le fer même ne furent la matière. C'était au poids qu'on comptait chaque somme, et non d'après une valeur qu'on y eût attachée conventionnellement. Selon Hérodote, ce sont les Syriens qui les premiers ont fait battre de la monnaie d'or et d'argent. On n'en connaissait point l'usage parmi les Grecs du temps de la guerre de Troie. La plus ancienne monnaie des Grecs portait l'empreinte d'un bœuf; dans la suite ils mirent sur leurs monnaies des figures énigmatiques, qui étaient particulières à chaque province. Avant Lycurgue les Lacédémoniens avaient des monnaies de cuivre, d'argent et d'or; mais ce législateur ordonna qu'on ne ferait plus usage que de la monnaie de fer. Celui qui était convaincu d'avoir de la monnaie d'autre métal était condamné à mort. Les premières monnaies des Romains étaient de cuivre, de bois peint, et même de terre cuite. Quelques auteurs pensent que Numa Pompilius avait fait fabriquer de la monnaie de cuivre; mais il paraît que de son temps on se servait encore de monnaie de cuir. D'après Pline ce fut Servius Tullius qui fit le premier frapper de la monnaie d'airain. Les Romains ne firent de la monnaie d'argent que vers l'an de Rome 485. Les pièces qui avaient cours dans le commerce eurent successivement diverses figures. De la forme carrée on passa à l'oblongue, à l'ovale, à la circulaire. Le contour de quelques-unes était dentelé. Ce ne fut que 62 ans après qu'on eut commencé à frapper des monnaies d'argent que l'on frappa à Rome des pièces d'or, durant la seconde guerre punique, et sous le consulat de C. Claudius Néron et de M. Livius Salinator. On fabriquait la monnaie dans le temple de Junon Moneta, d'où est venu le nom de monnaie (moneta). On pense que l'origine des consuls étaient chargés de cette fabrication; mais depuis on créa des officiers pour cette partie. Les premières monnaies des Romains avaient de cuir; les Indous, beaucoup plus anciens qu'eux, employaient de menus coquillages qu'ils appelaient cauris. Les naturels s'en servent encore dans l'intérieur de la Péninsule; le même usage se retrouve dans les îles du grand Océan. Les peuples de l'Occident, pour rendre les négociations et les transactions plus faciles, ont imaginé de donner au papier une valeur indiquée par les mots mêmes qui s'y trouvent empreints, et c'est ce qu'on appelle *papier-monnaie*. On s'est demandé si ce papier doit être considéré comme une véritable monnaie. Quelques-uns ont soutenu l'affirmative, si le papier représente une valeur qui soit facilement convertible en valeurs métalliques. Nous ne partageons pas cette opinion. Ce papier, émis par une banque ou par un gouvernement, dès qu'il est entré dans la circulation, prend le caractère d'une délégation sur cette banque ou sur le trésor de l'Etat, en faveur du porteur qui peut en recevoir à présentation la valeur métallique. Au fond, ce papier n'est pas plus de la monnaie que ne le serait un billet payable à vue souscrit par le plus riche banquier de l'Europe. Ce papier prend différents noms suivant les pays où l'on en fait usage. On l'appelle, en Russie, *roubles-banco* ou *d'assignation* ; *kassenschein* en Prusse, *banknotes* en Autriche et en Angleterre, *billets de banque* en France, *vales reales* en Espagne, etc. L'inconvénient que peuvent offrir ces papiers-monnaies, c'est que leur valeur peut quelquefois n'être que nominale et souffrir, par l'échange contre le numéraire, de fortes réductions. Nous avons vu, à l'époque des premières révolutions d'Espagne, ses *vales* ou bons royaux perdre 70 et jusqu'à 80 pour cent. On s'est longtemps souvenu en France des billets de la fameuse banque de Law, et nous nous souvenons des assignats de la révolution. Il y a encore pour la monnaie une remarque essentielle à faire, c'est qu'elle est des deux sortes : réelle ou effective (le numéraire métallique, et même le papier-monnaie), et imaginaire ou de compte. On entend par monnaie de compte celle qui n'existe pas en espèces réelles, mais à laquelle on suppose une valeur, afin de faciliter les comptes, valeur qui est toujours la même, lors même que la valeur des monnaies réelles viendrait à s'altérer, augmenter ou diminuer, suivant les circonstances. Les Anglais ont la livre sterling, les Espagnols leurs réaux et leurs maravédis, les Portugais leurs reis, etc. Les Français avaient leurs livres tournois ; ils ne comptent plus aujourd'hui que par francs et centimes ; et c'est un bien. Nous ne pensons pas en effet que la monnaie de compte facilite les comptes ; elle y ajoute au contraire l'embarras de devoir réduire le résultat en valeurs courantes. N'est-il pas plus simple de faire un compte par une seule opération ? Les pièces de monnaie prirent d'abord leur nom du poids qu'elles avaient ; ainsi notre ancienne livre indiqua d'abord une pièce du poids d'une livre ; c'était l'*as* romain. Mais lorsque le prix des métaux augmenta, le poids des pièces fut diminué, bien qu'on leur conservât leur nom. Les premiers essais de ce genre réussirent ; l'État augmenta la quantité de son numéraire sans augmenter celle du métal ; il lui avait suffi d'attacher à celui-ci une valeur intrinsèque idéale ; car un métal au fond n'a plus de valeur qu'un autre que par la valeur que l'opinion lui donne. Ne pouvant augmenter le volume du métal, on imagina d'y incorporer d'autres métaux moins précieux, le cuivre à l'or et à l'argent ; la monnaie eut alors deux valeurs : la valeur réelle, c'est-à-dire celle du métal avant la fabrication ; et la valeur nominale, c'est-à-dire celle qu'elle reçoit des lois de l'État. Plus tard les monnaies reçurent leur nom, soit des figures qu'on y gravait, soit du lieu de la fabrication ou du nom du prince qui les faisait fabriquer et qu'on y représentait. On appelle légende l'inscription gravée autour de la figure ou de la pièce, droit ou face le côté de la tête, revers le côté opposé, exergue l'inscription placée au bas de ce même côté, cordon le tour de la pièce sur l'épaisseur, millésime le chiffre qui indique l'année de la fabrication. Le lieu de la fabrication est indiqué aujourd'hui, en France, par des lettres de l'alphabet ; il l'était sous le régime féodal par le nom du seigneur qui avait le droit de battre monnaie. On donne le nom de monnayage à l'art de la fabrication, ou au droit que le souverain perçoit sur toute la monnaie qui se fabrique dans ses États ; on dit plus communément, dans ce dernier sens, rendage ou traite. La première opération du monnayage, c'est l'alliage et la fonte des métaux. Pour la matière d'or, la fonte s'opère dans des creusets de terre, pour celles d'argent et de cuivre dans des creusets de fer. L'alliage des métaux donne plus de dureté aux monnaies ; mais pour que celles-ci ne changent point de valeur, il faut que leur poids soit très exact, et qu'elles soient fabriquées de manière que toute altération qu'on leur ferait subir devienne sensible. C'est au législateur qu'il appartient de régler le poids et le titre des monnaies, leur forme et leurs dimensions. En France, les pièces d'or et d'argent ont un dixième de cuivre d'alliage ; aussi les étrangers ne les reçoivent-ils dans leurs transactions qu'à concurrence de la valeur réelle. C'est là ce qui constitue le change d'un pays à l'autre. Plus un peuple met d'alliage dans ses monnaies, plus il perd par le change. Anciennement on frappait au marteau les monnaies et les médailles ; cela eut lieu en France jusqu'au règne de Henri II, qui par lettres du 3 mars 1533 permit l'établissement d'un moulin ou engin, inventé par un menuisier nommé Aubry Olivier, et les monnaies qui sortirent de cette usine surpassèrent en beauté tout ce qui s'était fait jusqu'alors ; mais comme la fabrication au moulin coûtait plus que la fabrication au marteau, Henri III voulut qu'on reprît l'ancienne méthode, et le moulin ne servit plus que pour la fabrication des mé-

dailles. En 1616 et 1623 d'autres machines furent proposées. Rejetées en France, elles furent accueillies en Angleterre. Cependant les héritiers d'Olivier avaient travaillé à perfectionner leur machine, et ils y réussirent si bien qu'au bout de quelque temps l'usage du balancier devint général. En 1645, l'usage du marteau fut définitivement supprimé. Nous avons dit ailleurs que les transactions commerciales n'eurent lieu primitivement que par les voies d'échange. Plus tard on adopta les métaux comme signes représentatifs de toutes les valeurs ; et d'abord on se contenta de peser les métaux dont la valeur fut au surplus fixée par convention, selon le degré d'éclat, de durée, de solidité que chaque métal avait en particulier ; mais il ne serait guère possible de déterminer à quelle époque on commença d'attribuer aux métaux la qualité de signes représentatifs. On pourrait conclure d'un passage de la Genèse que les Égyptiens furent les premiers qui connurent l'usage des monnaies, puisqu'il est dit dans ce passage qu'Abimélech donna mille pièces d'argent à Sara, et qu'Abraham donna quatre sicles aux enfants d'Ephron pour l'achat d'un champ ; il semble résulter de là qu'Abraham ne connut la monnaie d'or et d'argent qu'à son retour d'Égypte. Quant aux premières pièces frappées, d'après les marbres de Arundel ou de Paros, que ce fut dans l'île grecque d'Egine au commencement du ixᵉ siècle avant Jésus-Christ. Cependant comme à cette époque toutes les pièces portaient l'empreinte d'un bœuf ou d'une vache, on peut présumer qu'elles sortaient de l'Égypte. La faculté de battre monnaie est un des attributs exclusifs de la souveraineté ; si cette faculté avait été donnée à tous, il en serait bientôt résulté une grande confusion ; ce fut même ce qui serait arrivé en France sous le régime féodal, si nos rois n'avaient pris des mesures efficaces pour remédier au mal. Saint-Louis défendit que les monnaies des seigneurs particuliers eussent cours dans son royaume. C'était le plus sûr moyen de les décrier, aussi disparurent-elles peu à peu sous les règnes suivants. Cependant le désordre ne fut pas radicalement arrêté ; plusieurs de nos rois altérèrent souvent le taux des monnaies, ce qui, en leur ôtant une valeur fixe, non sujette à changement, ne permettait pas à la confiance de naître. Aussi recevait-on de préférence les monnaies étrangères pour les transactions commerciales, et l'on réservait la monnaie de l'État pour s'acquitter de l'impôt et autres charges de ce genre. Ce qu'il y avait de pire, c'est que toutes les monnaies de l'État n'étaient pas d'une égale valeur, que, par exemple, la livre de Louis XII et celle de Charles VI offraient, sous le même nom, des valeurs différentes. Les choses changèrent de face sous Louis XIV ; il ne fut plus donné cours, d'après une ordonnance d'avril 1652, qu'aux pièces marquées à l'effigie du nouveau souverain. La fabrication des monnaies fut suspendue en France par celle des assignats ; toutefois quand les assignats n'eurent plus aucune valeur, il fallut en revenir à la fabrication si mal à propos suspendue. Un décret du 15 août 1795 établit le système décimal. Il était bien juste que le gouvernement de cette époque rachetât par quelque bien une partie au moins du mal qui s'était fait avant lui. Charlemagne avait établi dans son palais même la fabrique des monnaies ; il voulait par là éviter la fraude et l'émission de fausse monnaie. Cette sage disposition fut abrogée par Charles-le-Chauve, qui non-seulement plaça les ateliers hors de son palais, mais qui autorisa même plusieurs villes du royaume à construire des hôtels de monnaie. Depuis cette époque, le nombre des fabriques augmenta considérablement, si bien qu'avant la révolution, on comptait jusqu'à trente de ces établissements. On en supprima d'abord quelques-uns ; en 1838 on en a supprimé d'autres encore, de sorte qu'il n'en reste aujourd'hui que sept : Paris, Bordeaux, Lille, Lyon, Marseille, Rouen, Strasbourg. Quand le ministre des finances proposa aux chambres la loi sur la refonte des monnaies, à l'une des dernières sessions, il voulait même qu'on ne conservât que l'hôtel des Monnaies de Paris. Charles-le-Chauve avait institué trois généraux des monnaies qui formaient une section de la Cour des comptes. En 1358, Charles V créa un gouverneur général des monnaies de France, et porta le nombre des généraux à huit. Ces officiers étaient chargés de fixer le prix, le poids et l'aloi des pièces. François Iᵉʳ enleva aux seigneurs le droit de battre monnaie, et il établit une chambre de monnaie qu'il érigea en cour souveraine, avec le droit de juger en dernier ressort toutes les affaires dont la connaissance était auparavant attribuée aux généraux. La révolution, qui avait pris à tâche de tout détruire, supprima la chambre des monnaies, et fit rentrer sous la juridiction ordinaire les affaires de monnayage. Cependant tout en abolissant la Chambre des monnaies, les législateurs de l'époque sentirent qu'il fallait une administration, et cette administration fut donnée à une commission dont l'organisation a été complétée par des lois postérieures. Tout ce qui concerne la fabrication des monnaies, leur titre, leur alliage, les poinçons, etc., entre dans les attributions de cette commission. Une ordonnance de 1833 l'a chargée en outre de surveiller la fabrication des médailles d'or, d'argent et de bronze, et de statuer sur tout ce qui s'y rapporte, la fabrication des médailles est une partie essentielle des travaux d'un hôtel des monnaies; car les médailles sont pour un siècle des monuments historiques inaltérables; elles font connaître les costumes de personnages à l'époque où elles sont frappées, elles indiquent les principaux événements auxquels ils ont pris une part plus ou moins active; elles retracent l'Etat des arts au temps que leur date indique. Les bonnes médailles se font remarquer par la pureté des contours et la beauté des formes. Il est à remarquer que dans l'exécution des médailles nous sommes inférieurs aux anciens, quoique nous ayons fait incontestablement de grands progrès dans les arts. On croit que cela tient au caractère de nos figures, auxquelles on donne aujourd'hui trop de relief, ce qui met en saillie trop de parties anguleuses (*V.* au surplus MÉDAILLES). Les anciens regardaient la monnaie comme sacrée; ils la mettaient sous la protection des dieux; ils étaient même allés plus loin : ils l'avaient divinisée. Aussi les faux monnayeurs furent-ils toujours sévèrement punis. Cela a dû être, car le faux monnayage est un crime d'Etat qui n'attaque pas seulement les individus, mais qui compromet la société tout entière. Autrefois les faux monnayeurs terminaient leur vie au gibet; cela n'avait pas lieu seulement en France, mais dans tous les pays de l'Europe on leur faisait subir le même supplice. Le législateur moderne ne s'est pas montré moins sévère. Quiconque, dit-il, aura contrefait ou altéré les monnaies d'or et d'argent ayant cours légal en France, ou participé à l'émission ou exposition des monnaies contrefaites ou altérées, ou à leur introduction sur le territoire français, sera puni de mort. Si les monnaies contrefaites ou altérées ne sont que de cuivre ou de billon, la peine sera des travaux forcés à perpétuité. S'il s'agit de monnaies étrangères fabriquées en France, ou de fausses monnaies étrangères introduites en France, la peine est celle des travaux à temps. Ceux qui ont reçu de bonne foi des pièces fausses et qui les ont remises en circulation, ne sont sujets à aucune peine; mais s'il est prouvé contre eux qu'ils ont reconnu les vices de ces pièces, ils seront condamnés à une amende qui ne pourra être moindre de seize francs ni excéder le sextuple de la valeur des pièces par eux rendues à la circulation. Ceux qui, par une voie quelconque, ont eu connaissance de quelque fabrique de fausse monnaie, ou même d'un dépôt de cette monnaie, et qui ne l'auront pas immédiatement dénoncé seront déclarés coupables de non révélation, et comme tels condamnés à un emprisonnement d'un mois à deux ans. Il n'y a d'exception qu'en faveur des ascendants ou descendants des coupables de leurs époux, frères ou sœurs, et alliés au même degré. On a pensé avec raison qu'il serait trop dur pour d'aussi proches parents, et même répugnant à nos mœurs, qu'ils fussent forcés à être délateurs des membres de leur famille. Mais les coupables eux-mêmes peuvent se soustraire aux peines prononcées par la loi au moyen de la délation, pourvu que la délation soit prompte et antérieure aux poursuites. Papier-monnaie, papier créé par le gouvernement pour faire office de monnaie. Monnaie obsidionale, monnaie frappée dans une ville assiégée, où on lui donne cours pendant le siège, pour une valeur ordinairement beaucoup plus forte que sa valeur intrinsèque. Fig. et fam., battre monnaie, se procurer de l'argent. Monnaie, dans un sens plus particulier, se dit de petites espèces d'argent ou de billon. Il signifie aussi la valeur d'une pièce monnayée en plusieurs pièces moindres. Prov. et fig., rendre, donner à quelqu'un la monnaie de sa pièce, se venger, user de représailles. Prov. et fig., payer quelqu'un en monnaie de singe, le payer en gambades, se moquer de lui au lieu de le satisfaire. Monnaie se dit figurément et au sens moral des paroles dont il se fait une espèce d'échange dans la société. Monnaie, signifie aussi le lieu où on bat monnaie. J. de M.

MONNAYER, v. a., convertir un métal en monnaie. Il signifie plus particulièrement donner l'empreinte à la monnaie. Il s'emploie aussi absolument.

MONNAYAGE, s. m., fabrication de la monnaie.

MONNAYEUR, s. m., celui qui travaille à la monnaie de l'Etat. Faux monnayeur, celui qui fait de la fausse monnaie.

MONNEGRO, ou de TOLÈDE (JEAN-BAPTISTE), sculpteur et architecte, mort en 1590, dans un âge fort avancé, à Madrid, lieu de sa naissance, s'est fait une grande réputation en Espagne par son habileté. C'est lui qui fit bâtir, par ordre de Philippe II, l'Eglise de l'*Escurial*, sous l'invocation de saint Laurent. Les statues des six rois qu'on voit sur la façade de ce temple sont aussi l'ouvrage de son ciseau.

MONNEL (J.-E), curé de Valdelancourt, au diocèse de Langres, siégea à l'Assemblée nationale, prêta serment à la constitution civile du clergé, et, appelé à la Convention, vota la mort du roi. Banni de France en 1816, il mourut à Constance en 1822.

MONNET (l'abbé). On lui doit : *Lettres d'une mère à son fils, pour lui prouver la vérité de la religion chrétienne*, 1768, 3 vol. in-12, réimprimées pour la troisième fois en 1776.

MONNET (ANTOINE-GRIMOALD), chimiste, né en 1734, à Champeix en Auvergne, mérita la protection de Malesherbes, qui lui procura, en 1774, la place d'inspecteur-général des mines. Son obstination à ne pas reconnaître les progrès que la chimie dut aux découvertes des Lavoisier, des Fourcroy, des Berthollet, le brouilla avec tous les savants. Il mourut à Paris le 23 mai 1817. On lui doit : *Traité des eaux minérales*, 1768, in-12; *Traité de la vitriolisation et de l'alumation*, 1769, in-12; *Catalogue minéralogique raisonné*, 1772, in-12; *Nouvelle hydrologie*, 1772, in-12; *Exposition des mines*, traduite de l'allemand, 1773, in-4°; *Traité de l'exploitation des mines*, avec des notes, 1773, traduit aussi de l'allemand; *Dissertation sur l'arsenic*, 1774, in-4°; *Traité de la dissolution des métaux*, 1775, in-12, ouvrage estimé; *Nouveau système de minéralogie*, 1779, in-12; *Voyage minéralogique fait en Hongrie et en Transylvanie*, traduit de l'allemand de Born, 1780, in-8°; — avec Guettard : *Atlas de description minéralogique de la France*, 1780, in-fol.; *Dissertations et expériences relatives aux principes de la chimie pneumatique*, 1789, in-4°; *Mémoires historiques et politiques sur les mines de France*, 1790, in-8°; *Démonstration de la fausseté des principes des nouveaux chimistes*, 1798, in-8°.

MONNIER (JEAN-CHARLES, comte), lieutenant-général, né à Cavaillon, le 22 mars 1758, mort le 30 janvier 1816, parvint rapidement aux grades supérieurs. L'héroïque défense d'Ancône lui valut, en 1800, celui de général de division. Mais sa haine du despotisme de Buonaparte le condamna à une longue inactivité. Rétabli, en 1814, sur le contrôle des officiers généraux, il se réunit, lors du débarquement de Napoléon, à l'état-major du duc d'Angoulême, et marcha sur Valence. La pairie récompensa ensuite sa fidélité.

MONNIER (LOUIS-GABRIEL), graveur, né à Besançon, le 11 octobre 1733, mort à Dijon, le 28 février 1804, s'appliqua à l'étude de l'antique, à laquelle il dut la pureté de dessin qui distingue ses productions. On cite de lui : la carte topographique de la Bourgogne, par Paucher; les vignettes du Salluste, traduit par le président de Brosses; celles des antiquités de Dijon, par Le Goux de Gerland; le beau frontispice des mémoires de l'académie de Dijon.

MONNOT (ANTOINE), né à Besançon, en 1765, mort le 4 juillet 1820, remplit dans sa ville natale la place de professeur d'accouchements, et fut chargé en même temps d'enseigner l'anatomie aux élèves de l'école de dessin. En 1807, il fut nommé professeur à l'école de médecine. Excellent praticien, sa manière d'écrire incorrecte et négligée ne répondait pas à l'étendue de ses connaissances. On a de lui : *Réflexions servant d'introduction à l'étude de l'anatomie*, 1791; *Précis d'anatomie à l'usage des élèves de l'école de dessin*, 1799, in-8°.

MONNOYE (BERNARD DE LA), né à Dijon, en 1641, se fit recevoir correcteur en la chambre des comptes en 1672. L'exercice de cette charge ne l'empêcha point de se rendre habile dans les langues grecque, latine, italienne et espagnole, dans l'histoire et la littérature. Il avait remporté le prix à l'académie française, en 1671, par son poème du *Duel aboli*, qui fut le premier des sujets que distribua l'académie. Cette académie se l'associa en 1713, et il était bien juste qu'un athlète qui avait été couronné cinq fois fût assis avec ses juges. La Monnoye avait su joindre dès sa jeunesse l'érudition aux belles-lettres. Les bibliographes le regardaient comme leur oracle. Estimé pour son esprit, il ne le fut pas moins pour les qualités de son cœur, lorsqu'il mourut à Paris le 15 octobre 1728. Ses principaux ouvrages sont : des poésies françaises, in-8°, imprimées en 1716 et 1721; de nouvelles poésies, imprimées à Dijon en 1743, in-8°. Il y a plusieurs vers heureux et des morceaux agréables, mais le style en est quelquefois prosaïque; des noëls bourguignons, 1720 et 1737, in-8°, que l'on regarde comme un chef-d'œuvre de naïveté; les tomes 3 et 4 du *Menagiana*, de l'édition de 1715, en 4 vol. in-12, avec une dissertation curieuse sur le livre *De tribus impostoribus*. Il s'attache à prouver que cette affreuse production n'a jamais existé, du moins en latin; de savantes notes sur la bibliothèque choisie de Colomiés; des remarques sur les jugements des savants de Baillet, et sur l'Anti-Baillet de Ménage; des remarques sur les bibliothèques de du Verdier et de la Croix-du-Maine; des notes sur l'édition de Rabelais de 1715; elles sont plus grammaticales qu'historiques. C'est à La Monnoye qu'on doit l'édition de plusieurs poèmes français, imprimés chez Coustelier, et le *Recueil de pièces choisies en prose et en vers*, publié en 1714, à Paris, sous le titre de Hollande. On a encore de lui la traduction en vers français de la glose de sainte Thérèse, ouvrage qui prouve autant les talents du poète que son goût pour le langage de la religion et d'une tendre piété.

MONNOYE (ANSELME-FRANÇOIS-MARIE DE LA), mort à Paris, le 19 juillet 1829, a publié la *Jérusalem délivrée*, poème du Tasse, nouvelle traduction en vers français, 1818, in-8°. Il avait été éditeur des *Œuvres de Charles-A. Demoustier*, Paris, 1803, 2 vol. in-8°, ou 5 vol. in-18.

MONOCHROME, adj. des deux genres. Qui est d'une seule couleur. Il s'emploie aussi comme substantif masculin.

MONOCLE, s. m., en chirurgie, on appelle monocle un bandage croisé propre à maintenir un topique sur l'un des yeux. Ce bandage, appelé aussi œil simple, se fait avec une bande à un seul globe, longue de 4 à 5 aunes, et large de 3 travers de doigt. On fait d'abord deux circulaires autour du crâne, puis on conduit le globe de la bande sur la nuque, on le ramène au-dessous de l'oreille du côté de l'œil malade, sur cet œil, sur le front, sur la région pariétale opposée; on redescend vers la nuque, et l'on recommence deux autres fois ce trajet; on finit par un circulaire autour du crâne.

MONOCOTYLÉDONE, adj. des deux genres, t. de botan. Il se dit des plantes dont les semences n'ont qu'un seul lobe ou cotylédon. On l'emploie quelquefois substantivement au pluriel.

MONOD (HENRI), né à Morges, canton de Vaud, en 1753, mort en 1833, prit part à la révolution qui détacha le canton de Vaud de celui de Berne et coopéra aux constitutions de la Suisse. Il fut l'un des dix députés qui allèrent discuter à Paris l'acte de médiation, par lequel la paix fut rétablie et maintenue pendant onze ans. Libre des fonctions publiques, il retraça les événements auxquels il avait participé, sous le titre de *Mémoires de Henri Monod*, Lausanne, 1805, in-8°. Il se retrouva en fonction pendant la crise de 1813 et 1814, qui remit presque au hasard le sort de la Suisse. Enfin, quand la nouvelle constitution de ce pays eut été garantie par les huit principales puissances de l'Europe, il fut nommé l'un des landamans de son canton et siégea au conseil de l'Etat.

MONOD (JEAN), président du consistoire de l'Eglise prétendue réformée à Paris, né à Genève, en 1765, mort à Paris, le 23 avril 1836, avait d'abord exercé les fonctions de ministre à Copenhague. Il a publié : 1° *Sermon sur la paix, et pour la commémoration de la mort de Louis XVI*, 1814, in-8°; 2° *Lettres de F. V. Reinhard sur ses études et sa carrière de prédicateur*, traduites de l'allemand, avec une notice sur les écrits de Reinhard, par Phil.-Alb. Stapfer, Paris, 1816, in-8°.

MONOECIE (bot.), vingt-unième classe du système sexuel de Linné, comprenant tous les végétaux phanérogames dont les fleurs unisexuées sont portées sur un même individu, les végétaux sont alors dits *monoïques*. J. P.

MONOGAMIE (bot.), dix-neuvième classe du système sexuel (syngénésie), qui renferme toutes les plantes dont les fleurs sont distinctes les unes des autres et munies chacune d'un calice particulier. J. P.

MONOGRAMME. Les monogrammes sont des chiffres ou caractères composés de toutes ou quelques lettres d'un nom. Cette sorte d'écriture abrégée est très ancienne, elle fut employée d'abord sur les monnaies, puis sur les étendards, les tapis, les sceaux et finalement dans les actes publics. Le plus ancien de ces derniers monogrammes qui nous soit connu est celui du roi des Ostrogoths, Théodoric. L'usage des monogrammes ne devint général que sous Charlemagne, qui s'en servait de préférence, et en perfectionna la forme. Il subsistait encore en France sous le roi Robert; mais il n'en fut plus question après le XIIe siècle. En Allemagne, on continua à s'en servir jusqu'à la diète de Worms, en

1495. La connaissance des monogrammes est d'une grande importance pour l'explication et la critique des monuments du moyen âge; elle forme une branche particulière de la diplomatique. On en distingue de deux sortes : les parfaits et les imparfaits. Ils sont parfaits, quand toutes les lettres qui composent le mot y sont exprimées, tels sont ceux du VIIIe, du IXe et du Xe siècles. Ils sont imparfaits quand ils ne contiennent qu'une partie des lettres; ce sont les plus anciens; on n'en a de modèles que par les monnaies ou les médailles antiques. Dans les églises on voit encore le monogramme du nom de Jésus-Christ (J.-H.-S.), chiffre composé des trois lettres grecques par lesquelles commence le nom de Jésus, mais dont la première et la dernière ont été remplacées par leurs équivalents latines. On a donné plus tard le nom de monogramme aux chiffres ou signes que les artistes apposent au bas de leurs ouvrages.

MONOGRAPHIE, s. f., t. d'hist. nat. Description d'un seul genre, ou d'une seule espèce d'animaux, de végétaux, etc.

MONOGYNIE (bot.), premier ordre des treize premières classes du système de Linné, renfermant les plantes dont la fleur n'a qu'un pistil. J. P.

MONOLOGUE, s. m., scène d'une pièce de théâtre où un personnage est seul et se parle à lui-même.

MONOLYTHE, adj. des deux genres. Qui est d'une seule pierre. Il s'emploie aussi substantivement au masculin.

MONOMANIE, s. f., folie ou délire sur un seul objet. On donne ce nom à la manie, lorsque le délire est borné à un seul objet. Les idées exclusives ou dominantes du monomaniaque, sont relatives aux passions ou aux affections plutôt qu'aux facultés intellectuelles; au lieu que chez le maniaque le désordre primitif est dans l'intelligence. La perversion des penchants, des affections, des sentiments naturels du monomaniaque, finit bien par entraîner le désordre de l'intelligence; mais elle peut exister pendant longtemps sans trouble apparent de cette dernière faculté. De là deux formes différentes de monomanie; tantôt la monomaniaque agit avec une conviction intime, mais délirante; sa folie est évidente, mais il obéit à une impulsion réfléchie; ses actions ont un motif et souvent même sont préméditées : tantôt il ne présente aucun désordre des facultés intellectuelles, et cependant il cède à un penchant insurmontable; il est poussé par une force irrésistible à des actes que lui-même réprouve.

MONOMANE, adj. et s. des deux genres. Qui est atteint de quelque monomanie.

MONOME, s. m., t. d'algèbre. Quantité qui est exprimée sans que les éléments qui la composent soient joints par les signes *plus* ou *moins*.

MONOMOTAPA, pays d'Afrique, partie de la Cafrerie qui depuis 1759, se divise en quatre états rivaux dont les peuples qui les composent sont les Bororas, les Cazembes, les Maravi et les Méropoua. Cette contrée est bornée au N. par le Zambèze, à l'E. par la Manzira et territoire de Manica; au S. et à l'O. par des montagnes. Elle a 100 lieues de long sur 50 de large. Elle est montagneuse et a quelques rivières telles que le Zambèze, le Maçaras, le Luanza et la Manzora. On y remarque des mines de fer. Le sol serait fertile le long des eaux, et là où il est cultivé, il produit du riz, du maïs, du millet, des pois et des céréales de toute espèce. Les habitants sont des Cafres d'un beau noir et vont presques nus. Les femmes y sont traitées comme des esclaves. Au XVIe siècle, les Portugais attirés par l'or de cette contrée voulurent s'emparer des mines qu'elle renferme; ils échouèrent dans leur tentative. Des guerres civiles ont brisé l'unité du Monomotapa, qui jadis formait un puissant empire et qui aujourd'hui est divisé, comme nous l'avons dit dit, en quatre états indépendants.

MONOPÉTALE (bot.), nom donné aux plantes dont les fleurs ont la corolle composée d'une seule pièce. J. P.

MONOPOLE, s. m., trafic exclusif, fait en vertu d'un privilége. Il se dit par extension, du trafic d'un ou plusieurs marchands réunis, qui achètent quelque marchandise en si grande quantité, que ceux qui veulent s'en procurer sont obligés de s'adresser à eux et de payer le prix qu'ils exigent. Il se dit quelquefois figurément.

MONOPOLEUR, s. m., celui qui exerce un monopole.

MONOSÉPALE (bot.), on donne ce nom au calice des fleurs composé d'une seule pièce. J. P.

MONOSPERME (bot.), on nomme ainsi le fruit ou les divisions du fruit lorsqu'ils ne contiennent qu'une graine. J. P.

MONOSYLLABE, s. m., t. de gram., mot d'une seule syllabe. Il s'emploie quelquefois comme adjectif des deux genres.

MONOSZLOI (André), d'une famille noble de Hongrie, fut élévé sur le siége épiscopal de Vesprin. On a de lui *De invocatione et veneratione sanctorum*, Tyrnau, 1589, in-4°. Cette matière y est amplement et savamment discutée.

MONOTHÉLITES, secte d'hérétiques, qui était un rejeton des eutychiens, Eutychès avait enseigné, que, par l'incarnation du Fils de Dieu, la nature humaine avait été tellement absorbée par la divinité en Jésus-Christ, qu'il n'en résultait qu'une seule nature; erreur condamnée par le concile général de Chalcédoine. Les monothélites soutenaient qu'à la vérité les deux natures subsistaient encore, et que l'humanité n'était point confondue en Jésus-Christ avec la divinité, mais que la volonté humaine était si parfaitement assujettie et gouvernée par la volonté divine, qu'il ne lui restait plus d'activité ni d'action propre; qu'ainsi il n'y avait en Jésus-Christ qu'une seule volonté et une seule opération. De là vint leur nom, dérivé de θελεῖν, seul, et de μονός, vouloir. Ce fut l'empereur Héraclius qui, en 630, donna lieu à cette nouvelle hérésie. Dans le dessein de ramener à l'Eglise catholique les eutychiens ou monophysites, il imagina qu'il fallait prendre un milieu entre leur doctrine, qui consistait à n'admettre en Jésus-Christ qu'une seule nature, et le sentiment des catholiques, qui soutenaient que Jésus-Christ, Dieu et homme, a deux natures et deux volontés; que l'on pouvait les réconcilier en disant qu'il y a, à la vérité, en Jésus-Christ deux natures, mais une seule volonté, savoir, la volonté divine. Cet expédient lui fut suggéré par Athanase, principal évêque des Arméniens monophysites; par Paul, l'un de leurs docteurs; et par Sergius, patriarche de Constantinople, ami de leur secte. En conséquence, Héraclius publia, l'an 630, un édit pour faire recevoir cette doctrine. Le mauvais succès de sa politique prouva qu'en matière de foi il n'y a point de tempérament à prendre, ni de milieu entre la vérité révélée de Dieu et l'hérésie. Athanase, patriarche d'Antioche, et Cyrus, patriarche d'Alexandrie, adoptèrent sans résistance l'édit d'Héraclius; le second assembla, l'an 633, un concile dans lequel il le fit recevoir. Mais Sophronius, qui, avant d'être placé sur le siége de Jérusalem, avait assisté à ce concile, et s'était opposé à l'acceptation de l'édit, tint de son côté un autre concile, l'an 634, dans lequel il fit condamner comme hérétique le dogme d'une seule volonté en Jésus-Christ. Il en écrivit au pape Honorius; malheureusement ce pontife avait été prévenu et séduit par une lettre artificieuse de Sergius de Constantinople, dans laquelle celui-ci, sans nier distinctement les deux volontés en Jésus-Christ, semblait soutenir seulement qu'elles étaient une, c'est-à-dire parfaitement d'accord et jamais opposées; d'où résultait l'unité d'opération. Honorius trompé approuva cette doctrine par sa réponse; on ne voit pas néanmoins qu'il ait écrit à Sophronius de Jérusalem pour condamner sa conduite. Comme la fermeté de ce dernier à condamner le monothélisme était applaudie par tous les catholiques, l'empereur Héraclius, pour faire cesser les disputes, publia, l'an 639, un autre édit, appelé ecthesis, ou exposition de la foi, que Sergius avait composé, par lequel il défendait d'agiter la question de savoir s'il y a une ou deux volontés en Jésus-Christ, mais qui enseignait cependant qu'il n'y en a qu'une, savoir, la volonté du Verbe divin. Cette loi fut reçue par plusieurs évêques d'Orient, et en particulier par Pyrrhus de Constantinople, qui venait de succéder à Sergius. Mais l'année suivante, le pape Jean IV, successeur d'Honorius, assembla un concile à Rome, condamna l'ecthèse et condamna les monothélites. Héraclius, informé de cette condamnation, s'excusa auprès du pape, et rejeta la faute sur Sergius. La division continua donc comme auparavant. L'an 648, l'empereur Constant, conseillé par Paul de Constantinople, monothélite comme ses prédécesseurs, donna un troisième édit, nommé type ou formulaire, par lequel il supprimait l'ecthèse, défendait d'agiter désormais la question, et ordonnait le silence. Mais les hérétiques, en demandant le silence, ne le gardent jamais; la vérité d'ailleurs doit être prêchée, et non étouffée par la dissimulation. En 649, le pape saint Martin 1er tint à Rome un concile de cent cinq évêques, qui condamna l'ecthèse, le type et le monothélisme. « Nous ne pouvons, disent les Pères de ce concile, abjurer tout à la fois l'erreur et la vérité. » L'empereur, indigné de cet affront, s'en prit au pape et fit attenter plusieurs fois à sa vie. Trompé dans ses projets, il le fit saisir par des soldats, conduire dans l'île de Naxos, tenir prisonnier pendant un an; ensuite il le fit transporter à Constantinople, où le pape reçut de nouveaux outrages; enfin reléguer dans la Chersonèse Taurique, aujourd'hui la Crimée, où ce saint pape

mourut de misère et de souffrances, l'an 655. Cela ne servit qu'à rendre les monothélistes plus odieux. Enfin, l'empereur Constantin Pogonat, fils de Constant, par l'avis du pape Agathon, fit assembler à Constantinople, l'an 680, le sixième concile œcuménique, dans lequel Sergius, Pyrrhus et les autres chefs du monothélisme, même le pape Honorius, furent nommément condamnés, et cette hérésie proscrite. L'empereur confirma la sentence du concile par ses lois. Dans cette assemblée, la cause des monothélites fut défendue par Macaire d'Antioche, avec toute la subtilité et l'érudition possible, mais avec fort peu de bonne foi; et il n'est pas aisé de concevoir ce que voulaient ces hérétiques, ni de savoir s'ils s'entendaient eux-mêmes. Ils faisaient profession de rejeter l'erreur des eutychiens ou monaphysites, d'admettre en Jésus-Christ la nature divine et la nature humaine sans mélange et sans confusion, quoique substantiellement unies en une seule personne. Ils avouaient que ces deux natures étaient entières et complètes l'une et l'autre, revêtues chacune de tous ses attributs et de toutes ses facultés essentielles, par conséquent d'une volonté propre à chacune, ou de la faculté de vouloir, et que cette faculté n'était point inactive ou absolument passive. Ils n'en soutenaient pas moins l'unité de volonté et d'opération dans Jésus-Christ. Cette contradiction même démontre que tous ne pensaient pas de même et ne s'entendaient pas entre eux. Quelques-uns, peut-être par unité de volonté, n'entendaient rien autre chose qu'un accord parfait entre la volonté humaine et la volonté divine; ce n'était pas là une erreur; mais ils auraient dû s'expliquer clairement. D'autres paraissent avoir pensé que, par l'union substantielle des deux natures, les volontés étaient tellement réduites en une seule, que l'on ne pouvait plus y supposer qu'une distinction métaphysique ou intellectuelle. Mais la plupart disaient qu'en Jésus-Christ la volonté humaine n'était que l'organe ou l'instrument par lequel la volonté divine agissait; alors la première était absolument passive et sans action; car enfin c'est l'ouvrier qui agit, et non l'instrument dont il se sert. Dans cette hypothèse, la volonté humaine n'était qu'un vain nom sans aucune réalité. Les monothélites s'étaient donc flattés mal à propos de pouvoir réunir dans leur système les nestoriens, les eutychiens et les catholiques: quiconque savait raisonner ne pouvait goûter leur opinion, encore moins la concilier avec l'Ecriture-Sainte, qui nous apprend que Jésus-Christ est vrai Dieu et vrai homme, qui nous montre en lui toutes les qualités humaines comme celles de la Divinité. Aussi, après une ample discussion de leur sentiment dans le sixième concile général, ils furent condamnés de toutes les voix; le seul Macaire d'Antioche s'y opposa. Ce concile, après avoir déclaré qu'il reçoit les définitions des cinq premiers conciles généraux, décide qu'il y a dans Jésus-Christ deux volontés et deux opérations; qu'elles sont réunies dans une seule personne, sans division, sans mélange et sans changement; qu'elles ne sont point contraires, mais que la volonté humaine se conforme entièrement à la volonté divine, et lui est parfaitement soumise. Il défend d'enseigner le contraire, sous peine de déposition pour les ecclésiastiques, et d'excommunication pour les laïques. Trente ans après, l'empereur Philippicus-Bardane prit de nouveau la défense des monothélites; mais il ne régna que deux ans. Sous Léon l'Isaurien, l'hérésie des iconoclastes fit oublier celle des monothélites; ceux qui subsistaient encore se réunirent aux eutychiens. On prétend néanmoins que les maronites du mont Liban ont persévéré dans le monothélisme jusqu'au xie siècle. Ce qui s'est passé à l'occasion de cette hérésie, a fourni aux protestants plusieurs remarques dignes d'attention. Le traducteur de Mosheim dit: 1° que quand Héraclius publia son premier édit, le pontife romain fut oublié, parce qu'on crut que l'on pouvait se passer de son consentement dans une affaire qui ne regardait que les Eglises de l'Orient; 2° il traite Sophronius, patriarche de Jérusalem, de moine séditieux, qui excita un affreux tumulte à l'occasion du concile d'Alexandrie, de l'an 633; 3° que saint Martin 1er, en condamnant dans le concile de Rome l'ecthèse d'Héraclius et le type de Constant, usa d'un procédé hautain et impudent; 4° que les partisans du concile de Chalcédoine tendirent un piége aux monophysites, en proposant leur doctrine d'une manière susceptible d'une double explication; qu'ils montrèrent peu de respect pour la vérité, et causèrent les plus fâcheux incidents dans l'Eglise et dans l'état. Mosheim, dans son histoire latine, est beaucoup moins emporté que son traducteur. Sur la première remarque, nous demandons comment une nouvelle hérésie naissante pouvait ne regarder que les Eglises d'Orient, et si une erreur dans la foi n'intéresse pas l'Eglise universelle. Lorsque le pape Jean IV condamna, dans le concile de Rome, l'ecthèse d'Héraclius, cet empereur ne le trouva pas mauvais, puisqu'il s'excusa et rejeta la faute sur Sergius. Ce patriarche, ni celui d'Alexandrie, ne crurent pas que l'on pût se passer du consentement du pape dans cette affaire, puisqu'ils lui en écrivirent, afin d'avoir son approbation aussi bien que celui de Jérusalem, qui lui envoya des députés. Sur la seconde, le moine Sophrone était déjà évêque de Damas, lorsqu'il assista au concile d'Alexandrie; il se jeta vainement aux pieds du patriarche Cyrus, pour le supplier de ne pas trahir la foi catholique, sous prétexte d'y ramener les hérétiques. Placé sur le siége de Jérusalem, pouvait-il se dispenser de défendre cette même foi, et de montrer les dangers de la fausse doctrine des monothélites? Il ne fut que trop justifié par l'évènement, et sa conduite fut pleinement approuvée dans le sixième concile général. Il est singulier que nos censeurs blâment également le procédé peu sincère des monothélites, et la franchise de Sophrone, ceux qui voulaient que l'on gardât le silence, et ceux qui ne le voulaient pas. Sur la troisième remarque, nous soutenons qu'il y eut du zèle, du courage, de la fermeté, dans la conduite du pape saint Martin, mais qu'il n'y eut ni hauteur ni impudence. Il s'abstint, par respect, de nommer les deux empereurs dont il condamnait les écrits; cette condamnation fut souscrite par près de deux cents évêques, et ce jugement fut confirmé par le sixième concile général. C'est avec raison que l'Eglise honore ce saint pape comme un martyr; les cruautés que l'empereur Constant exerça contre lui ont flétri pour jamais la mémoire de ce prince. Dans la quatrième remarque, Mosheim et son traducteur s'expriment très mal en disant que les partisans du concile de Chalcédoine tendirent un piége aux monophysites. Ce piége fut tendu, non par les catholiques, sincèrement attachés à ce concile, mais par les monothélites; il fut imaginé par Athanase, évêque des monophysites; par Paul, docteur célèbre parmi eux; par Sergius de Constantinople, leur ami, et fut suggéré à l'empereur Héraclius. Ce sont donc ces personnages et non les catholiques qui causèrent les divisions et les disputes qui s'ensuivirent, et ces sophistes n'étaient rien moins que partisans du concile de Chalcédoine. La définition de ce concile ne donnait lieu à aucune fausse explication, quand on voulait être de bonne foi. Il avait décidé qu'il y a dans Jésus-Christ deux natures, sans être changées, confondues ni divisées; or, une nature humaine, qui n'est pas changée, a certainement une volonté propre. Il fallait être d'aussi mauvaise foi que les monothélites, pour entendre qu'il y avait deux natures, mais une seule volonté. On voit par cet exemple de quelle manière les protestants travestissent l'histoire ecclésiastique.　　Br.

MONOTONE, adj. des deux genres, qui est presque toujours sur le même ton, qui n'est pas assez varié dans les intonations et dans les inflexions. Monotone, se dit figurément, des choses qui sont trop uniformes, qui manquent de variété.

MONOTONIE, s. f., uniformité, égalité ennuyeuse de ton dans la conversation, dans les discours prononcées en public; dans la musique, soit vocale, soit instrumentale. Il se dit figurément d'une trop grande uniformité dans le style. Il se dit, par extension, d'une manière de vivre qui est toujours la même.

MONOYER (JEAN-BAPTISTE), peintre, né à Lille, mourut à Londres en 1699. On ne pouvait avoir plus de talent que Monoyer pour peindre les fleurs. On trouve dans ses tableaux une fraîcheur, un éclat, un fini, enfin une vérité qui le dispute à la nature même.

MONRO (ALEXANDRE), célèbre professeur d'anatomie en l'université d'Edimbourg, est auteur de différents traités en anglais très estimés. Sue a donné l'ostéologie de Monro en français, sous ce titre : *Traité de l'ostéologie*, traduit de l'anglais de M. Monro, Paris, 1759, 2 vol. in-fol., avec un grand nombre de planches. C'est un vrai chef-d'œuvre de typographie. Sa *Médecine d'armée* a été traduite en français par Le Bègue de Presle. Monro vivait encore en 1765, dans un âge très avancé.

MONROE (JAMES), cinquième président des Etats-Unis de l'Amérique du nord, naquit le 28 avril 1758, dans le comté de Westmoreland en Virginie, d'une famille de colons habitant le pays depuis un siècle et demi. S'étant rangé sous les drapeaux de l'armée républicaine, en 1776, il combattit vaillamment pour la cause de l'indépendance dans les deux années qui suivirent, obtint le grade de colonel, et fut chargé de la levée d'un nouveau régiment dans sa contrée natale. Mais l'épuisement de celle-ci ne lui ayant pas permis d'atteindre son but, il aima mieux reprendre l'étude des lois, qu'il avait déjà commencée avant d'entrer au service, et dans laquelle il fut guidé par son ami Jefferson, alors gouverneur de la Virginie. Le territoire de cette province ayant encore été envahi, il se montra un des plus actifs à le défendre comme volontaire dans la milice jusqu'en 1780. Elu membre de l'assemblée législative de la Virginie, en 1782, il fut presque aussitôt désigné pour faire partie du conseil exécutif de cet état; il avait à peine atteint sa vingt-cinquième année, lorsqu'il fut élu député au congrès, où il ne fut pas sans influence sur toutes les résolutions importantes. Après avoir, en 1788, coopéré, au nom de la Virginie, à fixer définitivement la constitution des Etats-Unis, il fut porté au sénat de l'Union, en 1790, et envoyé, en 1794, comme ministre plénipotentiaire en France. Mais, rappelé au bout de deux ans par Washington, il repoussa les censures que lui avait attirées sa conduite, en publiant sa correspondance diplomatique. Gouverneur de la Virginie, de 1799 à 1802, il retourna, en 1803, en qualité de ministre plénipotentiaire extraordinaire, à Paris, et termina, de concert avec le ministre résident Livingston, les négociations relatives à la cession de la Louisiane. Il passa ensuite aux postes de Londres et de Madrid. De retour en Amérique, Monroe redevint gouverneur de la Virginie, en 1810; il fut nommé l'année suivante sous l'administration de Madison, au poste de secrétaire d'état, d'abord avec le portefeuille de la guerre. Investi du commandement en chef de l'armée, après la prise et l'incendie de Washington par les Anglais, en 1814, James Monroe se consacra ensuite tout entier aux devoirs du secrétariat d'état proprement dit, qui réunit dans ses attributions les départements de l'intérieur et des affaires étrangères. Tant de services méritaient une récompense éclatante, et Monroe l'obtint par les suffrages de ses concitoyens, qui en 1817, l'élevèrent à la présidence après Madison, et en 1821, le réélurent à l'unanimité. Son administration fut heureuse et ferme. La cession de la Floride par l'Espagne, et la reconnaissance des nouvelles républiques, formées des anciennes colonies de ce royaume, eurent lieu pendant cette période, et le gouvernement des Etats-Unis déclara formellement sa résolution de ne souffrir l'intervention d'aucune puissance européenne dans les luttes d'indépendance de l'Amérique du Sud. La traite des noirs fut énergiquement réprimée, et les relations commerciales, basées sur le principe d'une juste réciprocité, se multiplièrent avec tous les peuples. Après s'être retiré de la présidence, à l'expiration du second terme, le colonel Monroe, sur la fin de ses jours, consacra, en commun avec ses prédécesseurs, Madison et Jefferson, ses soins et ses lumières à l'établissement de la nouvelle université virginienne, présida encore l'assemblée chargée de réformer la constitution de sa province natale, et ne dédaigna pas de remplir les fonctions de juge-de-paix dans le comté de Loudon qu'il habitait. Comme les présidents Adams et Jefferson, il termina sa carrière le jour anniversaire de l'indépendance américaine : il mourut à New-York, le 4 juillet 1831. Le colonel Monroe comptait, comme Jefferson, parmi les chefs du parti démocratique ou anti-fédéraliste. Le dévoûment sans bornes qu'il apportait dans les affaires publiques lui fit constamment négliger et même sacrifier l'intérêt de ses propres affaires. Il se trouva chargé de dettes lorsqu'il quitta la présidence, et sa situation eût pu lui susciter de cruels embarras, si le congrès, saisissant cette occasion de lui donner un témoignage de la satisfaction nationale, ne fût venu à son aide, en votant des fonds pour l'acquittement des créances qui dataient de l'époque de son administration.

MONS, capitale de la province de Hainaut dans la Belgique. Elle est située en partie sur la petite rivière de la Trouille. On doit remarquer ses fortifications; ses principaux édifices sont l'hôtel-de-ville, la grande caserne, l'église de Sainte-Elisabeth, celles de Saint-Nicolas et de Sainte-Vandru, l'hôtel de comte Duval. Cette ville se distingue par son industrie et son commerce. Elle a été prise plusieurs fois par les Français. 20,000 habitants.

MONS. s. m., abréviation du mot monsieur, entre particuliers elle est méprisante.

MONSEIGNEUR, s. m., titre d'honneur que l'on donne en parlant ou en écrivant à certaines personnes distinguées par leur naissance et par leur dignité. Messeigneurs, pluriel de monseigneur, dont on se sert, soit en parlant, soit en écrivant collectivement à plusieurs des personnes qui ont droit au titre de monseigneur.

MONSIAU (Nicolas-André), peintre, membre de l'ancienne académie de peinture, contemporain de David et de Valenciennes, mort en 1837, avait atteint l'âge de 83 ans. Parmi les ouvrages de cet artiste, on distingue la *Peste de Marseille* et le *Lion de Florence*, qui ont été reproduits par la gravure.

MONSIEUR, s. m., qualité, titre que l'on donne par civilité, par bienséance aux personnes à qui on parle, à qui on écrit. Il fait au pluriel messieurs. Monsieur se dit par les domestiques, du chef, du maitre de cette maison. Monsieur sert aussi à désigner tout homme dont le langage et les manières annoncent quelque éducation. Monsieur se joint quelquefois à un terme d'injure. Monsieur, employé absolument, s'est dit de l'aîné des frères de roi. Prune de monsieur, sorte de prune ronde d'un beau violet.

MONSIGNY (Pierre-Alexandre), célèbre musicien, né le 17 octobre 1729, à Fruquemberg, dans l'Artois, d'une famille noble, s'initia de bonne heure à l'art musical dans lequel il devait s'illustrer. Dès l'âge de 19 ans, il fut employé dans la comptabilité du clergé à Paris. En assistant à la représentation de la *Serva Padrona*, il avait senti s'éveiller en lui le goût de la musique qu'il cultiva dès lors avec passion. Il reçut de l'italien Gianotti des leçons de composition. Monsigny débuta dans sa nouvelle carrière, par un petit opéra intitulé *Les aveux indiscrets*, représenté en 1750, sur le théâtre de la foire de Saint-Germain, berceau de l'opéra-comique. Cet ouvrage eut un grand succès, et son auteur soutint ensuite sa réputation, malgré la concurrence de Grétry, rival redoutable et jaloux. Sédaine qui sentit le premier tout ce que valait Monsigny, s'écria en l'entendant : *Voilà mon homme!* Dès ce moment ils associèrent leurs travaux, et marquèrent chacun de leurs pas par des succès. Monsigny travailla aussi avec Collé, Anseaume, Favart, Marmontel, et cessa de composer pour le théâtre à l'âge de 48 ans, après avoir donné l'opéra de *Félix*, représenté en 1777. Cette retraite prématurée fut attribuée à quelques désagréments qu'il essuya de la part des acteurs. Le duc d'Orléans lui avait donné en 1765, la place de maître d'hôtel dans sa maison. La révolution lui enleva non-seulement cette place, mais encore toute sa fortune. Les comédiens du théâtre Favart lui firent, en 1798, une pension de 2,400 francs. Deux ans après, il remplaça Piccini dans l'emploi d'inspecteur au Conservatoire de musique ; mais il s'en démit en 1802, et eut pour successeur Martini (et non Martini), espagnol, né à Alicante. Il fut nommé, à la mort de Grétry, en 1813, membre de l'Institut, obtint la croix de la Légion d'honneur dans la même année, et fut reçu en 1816, à l'Académie des beaux-arts. Monsigny était le doyen des musiciens ; il habitait une petite maison au faubourg Saint-Martin, où il mourut le 14 janvier 1817, âgé de 88 ans. On a de lui, outre *Les aveux indiscrets*, cités plus haut, les opéras suivants : *Le Roi et le Fermier*, 1762, qui eut plus de deux cents représentations ; *Rose et Colas*, 1764 ; *le Déserteur*, 1769 ; *l'Ile sonnate*, 1777 (avec Collé) ; *le Rendez-vous bien employé*, 1775 (avec Anseaume), *la Belle Arsène*, 1775 ; *Félix ou l'Enfant trouvé*, 1776. Il a composé aussi trois grands opéras, *Aline reine de Golconde*, 1766 ; *Pagannis de Marègue ; Philémon et Baucis ;* ces deux derniers opéras n'ont pas été représentés ; la plupart des opéras de Monsigny sont encore joués. Le principal talent de ce musicien consistait dans la simplicité, l'expression, la mélodie ; et Grétry n'a pu s'empêcher de dire dans ses *Essais sur la musique* : « Monsigny est le plus chantant des musiciens..... il chante d'instinct. » Le violon était le seul instrument dont il se servit pour composer. Cet excellent compositeur n'était pas moins recommandable par ses mœurs, son esprit et ses qualités sociales, que par la supériorité de ses talents. M. Quatremère de Quincy a lu, dans le mois d'octobre 1818, dans la séance publique de l'Académie des beaux-arts un éloge de Monsigny. M. P. Hédoin a fait aussi sa *Notice historique*, et M. de La Chabeaussière a composé quelques vers en son honneur, sous le titre d'*Hommage à Monsigny*.

MONSTIER (Artus du), récollet, né à Rouen, employa le temps que ses exercices de religion le laissaient libre à travailler sur l'histoire de son pays. Il en composa 5 vol. in-fol. ; le troisième, qui traite des abbayes, parut à Rouen en 1663, in-fol., sous le titre de *Neustria pia*, livre rare. L'auteur était mort en 1662, pendant qu'on imprimait ce volume, ce qui sans doute a empêché les autres de paraître. Les deux premiers traitent des archevêques et évêques, sous le titre de

Neustria christiana ; le quatrième, des saints, sous le titre de *Neustria sancta ;* et le cinquième, de différents objets, sous le titre de *Neustria miscellanea.* On a encore du P. du Moustier : *De la sainteté de la monarchie française, des rois très chrétiens et des enfants de France*, Paris, 1638, in-8° ; la *Piété française envers la sainte Vierge Notre-Dame de Liesse*, Paris, 1637, in-8°.

MONSTRE, s. m., animal qui a une conformation contre nature. Il se dit aussi des végétaux. Monstre se dit par exagération de ce qui est extrêmement laid. Il se dit figurément d'une personne cruelle. Poétiq. Les monstres des forêts, les bêtes féroces qui habitent les forêts. Monstres marins, les grands cétacés. Fig., se faire un monstre de quelque chose, s'imaginer qu'une chose est très pénible, très difficile.

MONSTRELET (Enguerrand de), les opinions sont partagées sur le lieu et même sur la province qui vit naitre cet historien. Nous le croyons né à Bus, village entre Bapaume et Cambrai d'une famille noble, comme il l'affirme en commençant sa chronique. Je, Enguerrand, issu de noble génération. Il épousa, selon le Carpentier Jeanne de Valhuon et eut un fils qui devint chevalier de Malte. Du reste, aucun détail sur la vie privée de ce chroniqueur n'est parvenu jusqu'à nous. On sait seulement qu'il fut prévôt de la ville de Cambrai et bailly de Walincourt. Monstrelet mourut en juillet 1453, et fut inhumé aux cordeliers de Cambrai. Ses chroniques commencent où finissent celles de Froissart et embrassent les années de 1400 à 1453 ; toutefois le premier chapitre remonte à 1380 et présente un abrégé de l'histoire de Charles VI depuis son couronnement ; laquelle du Clercq les a continuées, sous son nom, jusqu'en 1467. On a reproché à Monstrelet d'être diffus, mais il a joint au récit un grand nombre de pièces justificatives très précieuses pour ceux qui veulent étudier à fond l'histoire du XVe siècle. Le président Hénault, Moréri, le P. Lelong, Foppens, Duchesne et plusieurs autres s'accordent à louer l'exactitude des dates, la naïveté du style et la clarté des faits rapportés par cet historien. Les deux premières éditions des chroniques de Monstrelet parurent sans date à Paris, chez Antoine Vérard, 3 vol. in-fol. L'ouvrage fut réimprimé à Paris, en 1512, par Petit et Lenoir, et en 1518, par François Régnault, 3 vol. in-fol., par Pierre L'huillier encore à Paris, en 1572, et la même année par Denis Sauvage. On trouve dans la bibliothèque belgique de Foppens, tome Ier, p. 263, le portrait de Monstrelet. M. Buchon dans sa collection des chroniques nationales françaises a donné la meilleure édition que nous ayons des *Chroniques de Monstrelet, entièrement refondues sur les manuscrits, avec notes et éclaircissements*, par l'éditeur, Paris 1826-1827, 15 vol. in-8° ; un *Mémoire* de J.-B. Dacier, *sur la vie et les chroniques de Monstrelet*, est placé en tête du premier volume. Cette édition a été reproduite en vol. dans la collection du *Panthéon littéraire.*

MONSTRUEUX, EUSE, adj., qui a une conformation contre nature. Il signifie aussi qui est contraire aux lois de la nature. Il s'emploie dans la même signification au sens moral. Il signifie encore prodigieux, excessif dans son genre. Il se dit dans le même sens en parlant des choses morales.

MONSTRUOSITÉ, s. f., on emploie ce mot tantôt pour désigner toute altération quelconque depuis la plus légère jusqu'à la plus grave, tantôt seulement les anomalies les plus graves et les plus apparentes, celles qui altèrent sensiblement la forme des organes et semblent originelles. Un auteur distingué de nos jours les définit ainsi : « Des anomalies très graves toujours apparentes au dehors, et plus ou moins nuisibles aux individus qui les présentent, parce que, lors-même qu'elles n'exercent aucune influence fâcheuse sur leurs fonctions et ne changent en rien leurs conditions de viabilité, elles impriment à leurs formes extérieures des modifications très remarquables et leur donnent une configuration vicieuse fort différente de celle que présente leur espèce. » Le même auteur divise les monstruosités en deux classes, Les monstres simples et les monstres doubles. Chacune d'elles renferment plusieurs familles divisées elles-mêmes en genres plus ou moins nombreux auxquels se rapportent, comme autant d'espèces, tous les cas de monstruosité que l'observation a fait remarquer.

MONT, s. m., grande masse de terre ou de roche, élevée au-dessus du terrain qui l'environne. Ce mot ne s'emploie guère en prose qu'avec un nom propre. Monts, au pluriel pris absolument, signifie ordinairement les Alpes. Poétiq. Le double mont, le Parnasse. Fig. et fam. Promettre des monts d'or à quelqu'un, lui promettre de grandes richesses, de grands avantages. Adverb. Par monts et par vaux, en toute sorte d'endroits, de tous côtés. Fam. Mont pagnote, éminence, d'où l'on peut, sans péril regarder un combat; cette expression a vieilli. Mont-de-piété, établissement où l'on prête sur nantissement et à intérêt.

MONTAGE, s. m., action de transporter quelque chose de bas en haut.

MONTAGNARD, ARDE, adj., qui habite les montagnes. Il est souvent substantif.

MONTAGNE, s. f., mont, grande masse de roche ou de terre, fort élevée au-dessus du terrain qui l'environne. Une chaîne de montagnes, une suite de montagnes qui se tiennent l'une à l'autre. Prov. et fig. La montagne a enfanté d'une souris, se dit lorsque de grands projets n'aboutissent à rien. Prov. Deux montagnes ne se rencontrent point mais deux hommes se rencontrent, se dit par menace, pour faire entendre à un homme qu'on trouvera occasion de se venger de lui, ou lorsqu'on rencontre inopinément quelqu'un qu'on ne s'attendait pas à voir. Montagnes de glace, amas considérables de glaces qu'on rencontre principalement dans les mers polaires.

MONTAGNE. Nom par lequel on a désigné pendant la terreur la partie de la salle où siégeaient les membres les plus exaltés de la Convention. Les plus fougueux occupaient les gradins les plus élevés; c'était la crête de la Montagne; par suite on appelait *Montagnards* ceux qui se plaçaient habituellement sur les gradins de la Montagne, par antithèse on appelait plaine ou marais les conventionnels modérés, parce qu'ils occupaient d'ordinaire les gradins les plus bas. La Montagne commença à se dessiner nettement dès les premières séances de la Convention (septembre 1792). Cette assemblée, qui n'était dirigée ni par un sentiment commun de bien public, ni par le désir sincère d'améliorer ce que les institutions existantes offraient de vicieux, forma deux partis qui, l'un et l'autre, voulaient se donner une innocente et illustre victime, mais qui, l'un et l'autre, avides de pouvoir et de domination, se trouvaient divisés par la haine et se poursuivaient avec un acharnement poussé jusqu'à la fureur. La Montagne, à la gauche du président, formait alors la minorité, mais elle était turbulente, factieuse, incapable de reculer devant un résultat criminel. Comme ses membres étaient audacieux et qu'ils étaient d'ailleurs soutenus par la populace qui les regardait comme ses patrons, ils avaient en quelque sorte usurpé sur l'assemblée une domination réelle. Là figurait en première ligne le trop fameux Robespierre; on voyait après lui Danton, Marat, Couthon, Billaud-Varennes et l'excomédien Collot-d'Herbois qui devait faire payer bien cher aux Lyonnais les sifflets dont ils avaient accueilli ses débuts sur leur théâtre. Tous les montagnards n'étaient point parfaitement unis, et ce furent leurs propres divisions qui plus tard causèrent leur perte; ils formaient deux sectes d'anarchistes : les jacobins et les cordeliers; Robespierre fut d'abord l'âme de ces derniers, mais à l'occasion du procès du roi, il déserta ce parti pour passer aux jacobins. Ce fut alors Danton qu'on vit chef des cordeliers, qui furent aussi appelés *Dantoniens* et *Orléanistes*. Le second parti, désigné sous le nom de *Girondins*, comptait dans son sein les plus grands orateurs, les plus grands talents. Robespierre n'était que ce qu'il avait toujours été : un très mince avocat de province, comparé à Vergniaud, à Guadet, à Brissot, à Gensonné, etc. Mais ce qui manquait aux girondins c'était l'audace, la volonté, la vigueur d'exécution, en un mot, cette énergie du mal qui fait toutcesar. Sa conduite incertaine, irrésolue, quelquefois timide, servait merveilleusement Robespierre qui sut mettre à profit l'influence qu'il exerçait sur la commune de Paris, pour donner à son parti un appui capable de lui assurer la victoire. On sait que la commune, disposant au gré de la force publique, rivalisa plus tard de puissance avec la Convention, qui plus d'une fois trembla devant elle pour son propre salut. La Montagne commença d'épouvanter la France par l'ascendant qu'elle prit sur la Convention, à peine assemblée, et dont le premier acte fut l'abolition de la royauté et l'érection de l'antique monarchie en république. Ce fut sur la motion de l'histrion Collot-d'Herbois que ce double événement arriva; mais comme on s'aperçut que beaucoup de membres hésitaient, le comédien fut fortement appuyé par le futur évêque constitutionnel de Blois, qui s'écria : « Qu'est-il besoin de discuter quand tout le monde doit être d'accord? Les rois sont dans l'ordre moral ce que les monstres sont dans l'ordre physique; les cours sont l'atelier du crime, le foyer de la corruption. » Cet austère républicain, ce

vertueux ennemi des rois, daigna siéger plus tard dans un de ces foyers de corruption, de ces ateliers du crime ! le sénat de Napoléon. Sûr alors de ses coups, la Montagne n'hésita pas à provoquer le jugement, c'est-à-dire la mort du tyran; c'était une victime que Robespierre, Danton, Marat et la commune immolaient réciproquement comme gage et garantie de leur union. Ils auraient pu faire assassiner l'infortuné prince dans la tour du Temple où il avait été transféré, mais ils voulaient une condamnation qui eût l'apparence de la légalité, une exécution publique même, afin d'irriter le fanatisme de leurs partisans. Du reste, leurs intentions étaient depuis longtemps connues. Lorsqu'il fut question du décret qui ordonnait l'expulsion de tous les Bourbons, du haut de la Montagne sortirent ces mots significatifs : « Je demande qu'ils soient tous chassés, excepté le roi qui doit rester : vous savez pourquoi. » Ce fut Saint-Just qui les fit entendre. On dit que les girondins voulaient sauver le roi; mais en se déclarant compétents pour le juger, ils s'ôtaient tous les moyens de succès. Il était évident que la terreur qui les subjuguait et qui leur arracha le décret de compétence, leur arracherait plus tard le décret de mort. Le roi lui-même contribua par faiblesse à sa condamnation en reconnaissant à ses accusateurs le droit de le juger. Ce fut le 26 décembre que Louis comparut devant ses bourreaux. Manuel demanda l'impression du discours de Desèze, la distribution aux membres de la Convention et la reprise de la discussion trois jours après la distribution. La Montagne se souleva tout entière, et Manuel, tout fougueux qu'il était, porta plus tard la peine de sa proposition. Duhem profita de l'agitation qui s'était développée, pour proposer de faire sur-le-champ l'appel nominal sur cette question : Louis Capet subira-t-il la peine de mort, oui ou non? Lanjuinais s'éleva avec force contre la proposition de Duhem; mais son opposition excita pour la seconde fois de vives clameurs sur la Montagne. Duhem, Thuriot, Billaud-Varennes, Camille-Desmoulins, Julien de Toulouse, Couthon, Saint-Just, Legendre, Lesquinie, Robespierre, se signalèrent par leurs déclamations furibondes. La Convention hésita longtemps; mais la terreur dominait sur tous les esprits. Les royalistes firent d'impuissants efforts pour détourner le coup qui menaçait une tête sacrée; les girondins imaginèrent l'appel au peuple; mais Barrère parvint, par ses sophismes, à faire rejeter cette voie de salut qu'on prétendait ménager au roi. La discussion fut fermée le 15 janvier; le 21, Louis avait cessé de vivre. L'appel nominal fait le 17, fit connaître que le nombre des votants était de 721 au lieu de 756, nombre qui devait former la totalité des membres de la Convention. Le girondin Vergniaud occupait le fauteuil. Quand le dépouillement des votes fut terminé, Vergniaud annonça de la Convention prononçait la peine de mort à la majorité de 366 voix; la majorité absolue sur 721 était de 361 ! L'appel au peuple fut rejeté, de même que la demande en sursis jusqu'à la paix. On assure qu'aussitôt après le discours de Desèze, et au moment même où Manuel fit entendre sa voix, une cinquantaine de montagnards se levèrent pour demander que le roi fût jugé à l'instant. Cette demande fut rejetée par une grande majorité, et beaucoup de personnes, préjugeant quel aurait le résultat des votes, d'après la disposition des esprits en ce moment, ont pensé que si le jugement avait été rendu sur-le-champ Louis aurait été sauvé, soit parce que la présence et le noble maintien du souverain en imposait à ses ennemis même, soit parce que le plus grand nombre des membres rendait intérieurement justice à la pureté de ses intentions, soit enfin parce que l'éloquent plaidoyer de Desèze avait ébranlé bien des convictions ennemies. Il n'est pas impossible que la chose se fût passée ainsi; mais tout cela n'aurait fait que prolonger l'agonie du malheureux roi. Les jacobins ou la Montagne et les dantoniens ou Orléanistes avaient juré sa mort. C'était une sorte de pacte, souillé du sang royal par lequel les deux partis s'assuraient mutuellement l'impunité. Le roi aurait été assassiné si les révolutionnaires n'avaient pu obtenir sa mort de leurs infernales intrigues. Si l'on peut s'en rapporter aux mémoires de Dumourier, il paraît que le conventionnel Carra s'était vanté, dans la Convention même, d'avoir été membre du comité de cinq personnes qui avaient préparé le 10 août. Pétion, alors maire de Paris, et Robespierre en faisaient partie. Il tenait ses séances dans un cabaret du faubourg Saint-Antoine. On voulait, pour rendre le roi criminel, le forcer à s'armer contre le peuple. Le coup est manqué, disait Santerre après la fameuse journée du 20 juin; mais nous y reviendrons. Carra, fougueux révolutionnaire et mauvais écrivain, n'avait pas seulement tenu le propos qu'on lui impute, mais encore il l'avait imprimé. De cette horrible persévérance des révolutionnaires, on peut conclure, sans leur faire tort, qu'ils ne cesseraient de poursuivre le monarque qu'après avoir pu éteindre leur haine dans son sang. On sait de même que l'ambassadeur d'Espagne, qui sans doute ne croyait pas à l'incorruptibilité de la Montagne, avait tâché d'acheter des voix et qu'il avait même donné des à-comptes à des entremetteurs; mais comme ceux-ci demandèrent d'un seul coup dix-huit cent mille francs, l'ambassadeur rompit la négociation; il craignit avec raison d'être victime d'une escroquerie. La preuve de ce fait existait dans les pièces du procès du duc d'Orléans. Le tribunal révolutionnaire voulait la supprimer, parce que son existence compromettait la dignité jacobine et surtout le désintéressement de la société; mais le conventionnel Amar fit rapporter toutes les pièces au comité de sûreté générale. Aussitôt après avoir obtenu la condamnation, les principaux membres de la Montagne se réunirent sous la présidence de Robespierre. Il y eut de vifs débats; il s'agissait de déterminer de quelle manière l'exécution aurait lieu. Barbaroux, Panis, Sergent et Marat voulaient qu'elle se fît à l'instant dans l'enceinte même du temple; Robespierre, Danton, Collot-d'Herbois, Barrère, Anacharis Clootz, Péthion, Condorcet, voulaient, au contraire, qu'on y mît le plus grand appareil. Assassinez, disaient les uns, c'est le plus sûr; osez tout, disaient les autres, vous serez soutenus. Santerre fut chargé de diriger l'exécution, et surtout de prendre des mesures pour que le roi ne pût parler au peuple. Il y eut, dit Sénart, agent du gouvernement révolutionnaire, au Cadran-Bleu, sur le boulevard du Temple, un conciliabule, où se trouvaient plusieurs dantonistes, le duc d'Orléans et le général Mousseux (surnom donné au brasseur Santerre). La faction avait prévu sans beaucoup de peine que le roi serait condamné; mais elle craignait que si le roi parlait au peuple, il ne se fît un mouvement en sa faveur, et c'était là ce qu'on voulait empêcher. Santerre, le verre à la main, dit Sénart, jura au duc d'Orléans qu'il emploierait un moyen sûr pour que le roi, s'il voulait parler, ne fût pas entendu. Ce fut ainsi que se forma le complot du fameux roulement de tambours. Santerre, ajoute Sénart, était un des agents les plus actifs et les plus utiles de la faction d'Orléans, par son influence sur le peuple des faubourgs, principalement sur celui du faubourg Saint-Antoine. Il a existé pendant longtemps dans les cartons du comité de salut public une lettre de Santerre à un notaire de Luzarches, dans laquelle on lisait ce passage : « L'ancien régime sera substitué au nouveau; j'y compte, et je ferai tous mes efforts pour y réussir. Nous sommes plusieurs, je ne vous oublierai pas; comptez sur moi. Ce qui est certain, c'est que la faction était parvenue à faire ajourner indéfiniment le décret d'expulsion rendu précédemment contre les membres de la famille des Bourbons, elle espérait qu'une fois le roi mort, il n'y aurait plus d'obstacle à l'avènement du duc d'Orléans. Robespierre avait été d'abord payé par celui-ci, et il avait montré le plus grand zèle pour les intérêts de ce prince; mais bientôt enivré de l'encens que les jacobins brûlaient devant lui, il déserta la cause qu'il avait embrassée, et la souveraineté populaire qu'il exerçait sans contrôle et qui plaisait à son despotisme lui convenait mieux que ce qu'il pouvait attendre du duc d'Orléans. Comment n'aurait-il pas accepté le glorieux présage qu'il trouvait dans ces mots retentissant continuellement à ses oreilles : « L'assemblée a perdu la France, Robespierre seul peut la sauver. » Il sentit pourtant que pour mettre ses projets désorganisateurs à exécution il avait besoin d'un second qui le mît constamment en rapport avec la populace, au milieu de laquelle son pouvoir avait jeté de longues racines, un homme altéré de carnage et de sang; nourri dans la haine des nobles, des prêtres et des riches. Ce fut sur Marat, ancien médecin des écuries du comte d'Artois, que tomba le choix de Robespierre. C'était l'homme qu'il lui fallait pour sanculotiser la nation. Les Girondins, après la mort du roi, avaient cherché à rattacher à leur parti tous les conventionnels qui paraissaient modérés dans leurs opinions. Cette faction ne laissait jamais passer l'occasion de montrer sa haine pour les Jacobins, et dans ses utopies républicaines, rêvant un gouvernement-modèle qui devait rendre tout le monde heureux, elle enveloppait dans sa haine la faction d'Orléans qui voulait relever le trône pour y placer son chef. De son côté, cette dernière ne ménageait ni les Jacobins ni le parti de la Gironde. Ainsi la Convention se trouvait partagée en trois factions ennemies qui n'avaient d'autre but que

de s'entre-détruire; mais il était aisé de prévoir que celle des Jacobins ou des montagnards finirait par l'emporter, appuyée qu'elle était par la commune de Paris dont la toute-puissance venait de commencer. La Montagne avait été imprudemment attaquée dans la personne de Marat. Un tribunal criminel extraordinaire venait d'être créé pour le jugement des conspirateurs et des traîtres, c'est-à-dire de tous ceux qui ne partageaient pas les opinions révolutionnaires. Ce fut ce tribunal qui acquit plus tard un si odieuse célébrité sous le nom de Tribunal révolutionnaire. Les Girondins, soutenus par Lanjuinais, eurent le crédit d'y traduire Marat, mais Robespierre accourut au secours de son séide; la Montagne et la Commune s'unirent à lui, et Marat fut ramené en triomphe auprès de ses amis. Le tribunal révolutionnaire avait été créé le 10 mars; la faction ne s'endormit pas dans les douceurs de la victoire; elle fit créer le 6 avril un Comité de salut public, institution effrayante qui, en peu de mois, couvrit la France de sang et de ruines. On y voyait figurer Barrère, Cambon, Danton, etc., et le régime de la terreur se répandit alors sur la France, semblable à ces torrents de lave qui coulent des volcans, et vont semant partout la stérilité, la dévastation et la mort. Le 31 mai, la discorde éclata entre la Convention et la Commune. La Convention crée une commission de douze membres qu'elle investit de pleins pouvoirs. La Commune demande et à force d'audace obtient la suppression des douze. Les Girondins protestent, et les sections enhardies par leur première victoire demandent la proscription de vingt-deux députés, de deux ministres, et des membres de la commission, ou veut qu'ils soient traduits au tribunal révolutionnaire. Henriot, commandant de la force armée, Barrère, Marat, Couthon et toute la Montagne avec eux soutiennent les sectionnaires; le décret de proscription, arraché par la violence à la faiblesse, est prononcé au milieu des acclamations des révoltés. Cette journée, fatale à la Convention, lui enleva sa plus forte garantie, la puissance d'opinion qu'elle avait acquise. Dès ce moment, dominée par la terreur, elle n'eut plus aucune force réelle, et ses membres devinrent entre les mains de Robespierre des instruments dociles de ses volontés. Marat ne jouit pas longtemps de la victoire à laquelle il avait puissamment contribué. Il fut assassiné le 13 juillet par une femme dont il avait, dit-on, fait périr l'amant. On lui décerna les honneurs du Panthéon. Ses restes impurs remplacèrent ceux de Mirabeau qu'on jeta à la voirie; ils y attendirent pendant quelques mois qu'une réaction nouvelle leur fit subir le même sort. La mort de la reine, immolée le 16 octobre, jeta l'épouvante dans bien des cœurs; elle accrut la puissance de la Montagne. « La guillotine, s'écriait le féroce Barrère, vient de trancher un nœud essentiel de la division des cours. Les vingt-un députés proscrits le 2 juin, jugés et condamnés par le tribunal révolutionnaire, furent envoyés au supplice. De ce nombre étaient Brissot, Gensonné et Vergniaud, chefs de la Gironde. Le ministre Rolland se tua, sur la route de Paris à Rouen, pour ne pas monter à l'échafaud. Sa femme, qui se croyait appelée à diriger les affaires publiques, parce que, fière des talents qu'elle avait reçus de la nature, elle régentait son mari et ses amis politiques, périt avec Lamarche. Lidons et Chambon se brûlèrent la cervelle; Condorcet, l'ex-marquis, s'empoisonna; Péthion et Buzot furent trouvés près de Saint-Émilion, à moitié dévorés par des animaux, après avoir erré plusieurs mois dans les bois du département de la Gironde. On ne sait s'ils furent assassinés, ou s'ils avaient mis fin eux-mêmes à leur existence. Barbaroux, Guadet et quatre autres députés furent envoyés à la mort par leurs collègues, sur l'accusation formelle de Tallien, qui était alors un des plus véhéments orateurs de la Montagne. Le duc d'Orléans, transféré de Marseille à Paris, fut livré au tribunal révolutionnaire. C'était l'envoyer à la mort. Robespierre était monté au faîte de la puissance dictatoriale; il voulait s'y maintenir; il ne pouvait y compter que lorsqu'il n'aurait plus de rivaux. Il employa le comité de salut public dont il disposait à dresser les listes de proscription qui, transmises au tribunal révolutionnaire, se transformaient en arrêts de mort. Il est vrai qu'il savait mettre lui-même beaucoup d'astuce dans l'exécution de son plan d'extermination; il commença par diviser le parti de Danton et celui d'Hébert et de Chaumette, procureur de la Commune. Dans leur délire insensé, ces derniers avaient traîné dans la boue les objets du culte catholique, établi un culte en l'honneur de la raison, et fait profession publique d'athéisme. Robespierre, uni avec Danton pour les accabler, n'eut pas de peine à obtenir leur condamnation dans l'intérêt de la morale publique. Délivré de cette faction, il tourna ses efforts contre celle des dantonistes. Danton fut averti par le greffier du tribunal révolutionnaire. Il se croyait inattaquable, et d'un autre côté assez fort pour attaquer lui-même Robespierre. Camille Desmoulins, son ami, combina le plan d'attaque; il publia, sous le nom de *Vieux cordelier*, un journal satirique dans lequel il attaquait avec force le parti montagnard et le comité de salut public; mais tandis que Camille écrivait et que Danton attendait l'effet de leur journal, Robespierre agissait, et sur le rapport de Saint-Just, un décret d'accusation fut lancé contre Danton, Desmoulins, Lacroix, Hérault de Sechelles, Westerman, Fabre-d'Eglantine, Bazire, Chabot, Phelippeaux, Delaunay, d'Espagnac, et l'espagnol André de Guzman, que le Parisiens avaient surnommé *don Tocsinos*, parce qu'il avait fait sonner le tocsin contre les Girondins dans la journée du 31 mai. Ce résultat fut si prompt, si peu de temps se passa entre le décret et son exécution, qu'on dit que *Danton avait été escamoté par Robespierre*. Ce qui surprit surtout, ce fut le résultat lui-même. Comment se fait-il, se disait-on, que des hommes qui avaient les mêmes principes, marchaient au même but, se soient entre-égorgés. C'est que ces hommes, toujours d'accord quand il s'agissait de pourvoir les bourreaux de nouvelles victimes, se retrouvaient ennemis au partage des dépouilles et de l'autorité. La terreur ne régnait pas seulement à Paris; tous les départements avaient leurs comités, leur société jacobine, leurs montagnards, et les horribles scènes qui commençaient à fatiguer les yeux parisiens se renouvelaient par toute la France sous la surveillance des proconsuls que la Montagne envoyait pour présider à l'œuvre générale de destruction. Il suffit de citer au nombre de ces proconsuls, Carrier, Fouché, Collot-d'Herbois, Amar, Joseph Lebon, Alquier, Tallien, etc., etc., pour avoir une idée exacte de tous; car tous avaient les mêmes principes, presque tous ex-religieux, perdus de mœurs et de dettes, d'un naturel sanguinaire. Les choses en vinrent au point que Robespierre fut un moment saisi de stupeur en contemplant son propre courage; la terreur qu'il inspirait aux autres s'était reflétée sur son âme. Il voyait la cabale qui se formait contre lui, et, comme il craignait d'avoir perdu de sa force, n'osant l'attaquer ouvertement, il cherchait à la diviser; mais ceux qu'il voulait perdre, ne pouvant plus compter sur l'avenir tant qu'il respirerait, résolurent de le prévenir ou de périr eux-mêmes. La division qui s'était mise entre les membres des comités de salut public et de sûreté générale, servit les projets des ennemis secrets du dictateur. Un accident qu'on ne prévoyait pas hâta le moment de l'attaque. On avait arrêté un membre du tribunal révolutionnaire, et on trouva sur lui une liste de proscription écrite de la main même de Robespierre. Les proscrits sentirent qu'il n'y avait un moment à perdre et qu'il fallait frapper le tyran ou en être frappés. Tallien, Billaud, Barrère, Cambon, Garnier, Dumont, Barras, Legendre, etc., combinent leurs moyens d'attaque, s'assurent de la majorité de leurs collègues, et Robespierre est accueilli par les cris de fureur : *à bas le tyran!* Nous ne raconterons pas cette séance orageuse où le décret d'accusation fut lancé contre l'auteur de tant d'assassinats. Nous dirons seulement que se jugeant perdu, Robespierre implora le secours de cette Montagne d'où il dictait les lois, la veille encore, et la Montagne resta sombre et muette. Robespierre traita de lâches ses anciens serviteurs; et ceux-ci comprirent peut-être que son règne était fini; et cela n'avança point ses affaires. La Montagne était abattue dans la personne de son chef (voyez ROBESPIERRE, 9 thermidor). Les Vainqueurs du 9 thermidor adoptèrent pendant quelque temps un système de modération qui les servit dans l'esprit public. On mit les suspects en liberté; on ferma les clubs anarchistes; on supprima les comités et les tribunaux révolutionnaires; on livra au bourreau quelques grands coupables contre qui s'élevait un vœu public de vengeance; mais la *queue de Robespierre*, suivant l'expression des Parisiens, subsistait toujours; c'était une faction qui succédait à une autre faction, et qui n'avait fait d'abord quelques sacrifices à l'opinion que pour donner au peuple l'espoir d'un meilleur gouvernement et se donner ainsi le temps de se consolider. La Montagne s'affaissa peu à peu après la journée du 9 thermidor; elle finit même par se dissiper entièrement, et tous ses membres cherchèrent à se rapprocher de ceux qui avaient triomphé de leur chef, afin de faire oublier qu'il leur revenait une bonne part des sentiments de mépris, de haine et d'horreur que ses forfaits avaient fait germer dans tous les cœurs honnêtes. Le savant auteur de

l'*Histoire de la décadence de l'Empire romain*, l'Anglais Gibbon, disait qu'il n'avait jamais rien vu dans l'histoire de semblable à la révolution française, et le célèbre Edouard Burke, qui fut d'abord l'ami et qui devint contempteur de Fox, s'exprimait en ces termes: «Une révolution silencieuse dans le monde moral devança la révolution politique et la prépara. » En quoi consista cette révolution morale? quelles causes l'amenèrent? La révolution morale consista dans le renversement absolu des mœurs publiques; quant aux causes qui l'amenèrent, on les retrouve dans l'oubli presque subit et universel de toutes les idées, de toutes les pratiques religieuses; dans l'habitude que les uns avaient contractée de tourner en ridicule et en dérision tout ce qui avait un caractère de piété, dans la fausse honte qu'avaient les autres d'avouer qu'ils étaient chrétiens; dans les écarts et les aberrations d'une fausse philosophie, qui voulait que l'homme rompît avec Dieu pour prendre de lui-même une plus haute idée; dans le matérialisme, l'athéisme, le déisme et le panthéisme. Le premier écrivain de quelque autorité qui porta le scepticisme dans toutes les discussions religieuses et politiques, ce fut Bayle, de qui on peut dire ce que Voltaire disait de Joyeuse : Il prit, quitta, reprit la cuirasse et la haire; Bayle, d'abord protestant, devint catholique par conviction, redevint protestant aussi par conviction, et finit par n'être ni l'un ni l'autre. Rousseau vint ensuite, déclamant contre l'inégalité des conditions, comme si cette inégalité ne dérivait pas de la nature même des choses dans l'état de société civile; après lui viennent Voltaire, attaquant toutes les institutions civiles et religieuses; Hume, Hobbes, professeurs d'un désolant pyrrhonisme; Helvétius et d'Holbach, prédicateurs de matérialisme et d'athéisme; Diderot, ennemi de tout ce qui est; toute la secte encyclopédiste du XVIIIe siècle. Tous ces grands philosophes, amis par excellence de l'homme et de l'humanité, avaient jeté dans tous les esprits des germes d'inquiétude, d'agitation, d'égoïsme et d'immoralité qui, trouvant dans la faiblesse du gouvernement le moyen de se développer, offrirent à la révolution naissante des hommes tout préparés à recevoir ses principes, et à leur faire produire les fruits amers que nous avons recueillis.   L.

MONTAGNE ou **MONTAIGNE** (MICHEL DE), naquit au château de son père, dans le Périgord, le 28 février 1533, de Pierre Eyghem, seigneur de Montagne, d'une famille originaire d'Angleterre. Son enfance annonça d'heureuses dispositions; son père le cultiva avec beaucoup de soin, et porta ses attentions pour lui jusqu'au scrupule; il ne le faisait éveiller le matin qu'au son des instruments, dans l'idée que c'était gâter le jugement des enfants que de les éveiller en sursaut. Dès l'âge de 13 ans, il eut fini son cours d'études, qu'il avait commencé et continué au collége de Bordeaux, sous Grouchy, Buchanan et Muret. Destiné par son père à la robe, il fut pourvu d'une charge de conseiller au parlement de Bordeaux; il l'exerça quelque temps, la quitta ensuite par dégoût pour cette profession. Il parcourut la France, l'Allemagne, la Suisse, l'Italie; mais on voit par la relation qu'il a laissée de ses voyages qu'il n'avait pas l'esprit observateur, et qu'il était bien plus occupé de plaisirs que des objets qui s'offraient à sa curiosité. Se trouvant à Rome, en 1581, il y fut honoré du titre de citoyen romain; cette même année, il fut élu maire de Bordeaux, après le maréchal de Biron. En 1582, les Bordelais l'envoyèrent à la cour pour y négocier leurs affaires. Après deux ans d'exercice, il fut encore continué deux autres années. Il parut quelque temps après aux Etats de Blois en 1588. Ce fut sans doute pendant quelqu'une de ses voyages à la cour que le roi Charles IX le décora du collier de l'ordre de St-Michel, «sans qu'il l'eût, dit-il, sollicité. » Mais la vanité qui perce dans tous ses écrits rend cette circonstance très douteuse. Après différentes courses, tranquille enfin dans son château de Montagne, il s'y livra tout entier à la philosophie, qui chez lui était une espèce de scepticisme, une liberté de penser qui ne tenait à rien. Sa vieillesse fut affligée par les douleurs de la pierre et de la colique, et il refusa toujours les secours de la médecine à laquelle il n'avait point de foi. Il mourut en 1592. Montagne s'est peint dans ses *Essais*, mais il n'avoue pour l'ordinaire que quelques défauts indifférents, et dont même se parent certaines personnes. Il convient, par exemple, d'être indolent et paresseux, d'avoir la mémoire fort infidèle, d'être ennemi de toute contrainte et de toute cérémonie : « A quoi servirait-il de fuir la servitude des cours, si on s'entraînait jusque dans sa tanière? » Quelquefois il lui échappe des aveux plus graves, et ce sont ceux qui rendent le mieux son caractère. « Je suis, dit-il, tantôt sage, tantôt libertin, tantôt vrai, tantôt menteur; chaste, impudique; puis libéral, prodigue, avare, et tout cela selon que je me vire. » Il ne suivait dans sa morale et dans sa conduite que la raison humaine, ou plutôt l'idée et le caprice du moment, et, fermant les yeux à la lumière de la foi, il flottait sans cesse dans un doute universel; il se plaignait de cette situation pénible, et regrettait la religion qu'une mauvaise philosophie lui avait fait perdre. « Quelle obligation, disait-il, n'avons-pas à la bénignité de notre souverain Créateur, pour avoir dénaisé notre croyance de ces vagabondes et arbitraires opinions, de l'avoir logée sur l'éternelle base de sa sainte parole! Tout est flottant entre les mains de l'homme. Puis-je avoir le jugement si flexible? » Ailleurs, il se reproche à lui-même que « ses jugements de la veille ne sont jamais ceux du lendemain. » On a de lui : des *Essais*, ouvrage qui a été longtemps le seul livre qui attirât l'attention du petit nombre des étrangers qui pouvaient savoir le français. Le style n'en est, à la vérité, ni pur, ni correct, ni précis, ni noble; mais il est simple, vif, hardi et naïf. Malebranche prétend que c'est la corruption du cœur humain qui donne de l'attachement pour cette lecture, où elle trouve de quoi se rassurer et se nourrir, où elle reconnaît ses traits propres, et se contemple dans un portrait parfaitement ressemblant. Nicole, Pascal, et d'autres hommes célèbres ont porté de ce livre le même jugement. S'il est vrai que le cardinal du Perron l'a appelé le bréviaire des honnêtes gens, il ne peut, par honnêtes gens, avoir entendu que les gens du beau monde, qui effectivement le lisaient alors avec autant d'assiduité que les prêtres lisaient leur bréviaire. Le célèbre Huet l'a bien mieux défini, « le bréviaire des honnêtes paresseux et des ignorants studieux qui veulent s'enfariner de quelque connaissance du beau monde et de quelque teinture des lettres. » Jamais auteur ne s'est moins gêné en écrivant que Montagne. Il lui venait quelques pensées sur un sujet, et il se mettait à les écrire; mais si ces pensées lui en amenaient quelque autre qui eût le plus léger rapport avec les premières, il suivait cette nouvelle pensée tant qu'elle lui fournissait quelque chose, revenait ensuite à sa matière, qu'il quittait encore, et quelquefois pour n'y plus revenir. Il effleure tous les sujets, hasardant le bon pour le mauvais, et le mauvais pour le bon, sans s'attacher ni à l'un ni à l'autre : de là les inconséquences et les contradictions sans nombre dont les *Essais* fourmillent; de là le désordre dans les choses comme dans la manière. Ce sont des digressions, des écarts continuels, des passages grecs, latins, italiens. Malebranche l'appelle « un pédant à la cavalière, » parce qu'il prend avec son lecteur un ton de cavalier qui le distingue des pédants ordinaires. Sa liberté dégénère en licence : vrai cynique, il nomme toutes les choses par leur nom, brave tout et s'égaie de tout. Après cela, on se demanderait d'où vient la grande vogue de ce livre, si, comme nous venons de le faire observer, tout ouvrage d'accord avec la perversité de l'homme ne devait naturellement en avoir. En 1782, l'imprimeur Bastien a publié, à Paris, une édition des *Essais*, 2 vol. in-8°, où il se plaint beaucoup de l'altération du texte dans les éditions précédentes, comme si c'était une espèce de Bible dont la lettre fût sacrée. Montagne a donné une traduction française, in-8°, de la *Théologie naturelle* de Raymond de Sebonde, auteur espagnol; et une édition, in-8°, de quelques ouvrages d'Etienne de la Boëtie, conseiller au parlement de Bordeaux, son ami. Ses *Voyages en Italie* n'ont été imprimés qu'en 1772, en 1 vol. in-4°, 2 vol. in-12, et en 3 vol. petit in-12, avec des notes. On se tromperait beaucoup si l'on croyait y trouver des observations savantes sur les antiquités de l'Italie, sur l'histoire naturelle, etc. Montagne n'en parle pas, parce, dit-il, les autres en ont assez parlé. Pour dédommager le lecteur d'un silence si peu attendu de la part d'un philosophe observateur, Montagne parle très amplement de sa santé. Ceux qui sont curieux d'apprendre tout ce qui se passa dans ce voyage à sa gloire sauront que, dans tous les lieux fréquentés, il a soin de laisser le cartel de ses armes. Ce qui surprend, c'est qu'arrivé à Lorette, Montagne y fit ses dévotions, et ce qui serait incroyable, s'il ne nous l'apprenait lui-même, c'est qu'il y a été convaincu de la certitude des miracles que Dieu y opère par l'intercession de la sainte Vierge. Montagne, lorsqu'il croyait à ces miracles, était âgé de 50 ans, et avait fait ses *Essais*.

MONTAGU (Jean de), vidame du Laonnais, eut la principale administration des affaires sous Charles V et sous Charles VI. Celui-ci lui confia la surintendance des finances, emploi qui lui procura de grands biens et encore plus d'ennemis. Montagu, né avec un esprit emporté et superbe, se fit revêtir de la charge de grand-maître de France en 1408, obtint l'archevêché de Sens et l'archevêché de Paris pour deux de ses frères, et du haut de sa grandeur méprisa et irrita les premières personnes du royaume. Le duc de Bourgogne, de concert avec le roi de Navarre qui détestait en lui son attachement pour la reine et pour la maison d'Orléans, lui imputèrent divers crimes, et le firent arrêter comme coupable, en 1409, pendant la maladie de Charles VI. Il eut la tête tranchée aux halles de Paris, le 17 octobre de la même année. Son crime le plus avéré fut d'avoir détourné à son profit quelques parties des finances. Sa mémoire fut réhabilitée trois ans après à la prière de Charles de Montagu, son fils, lequel fut tué en 1415 à la bataille d'Azincourt. Les célestins de Marcoussi, dont Jean avait fondé le monastère, obtinrent le corps de leur bienfaiteur, lui firent de magnifiques funérailles, et lui érigèrent un tombeau, monument de ses malheurs et de leur reconnaissance.

MONTAGU ou **MONTAGUE** (Edouard), comte de Sandwich, également distingué comme général, comme amiral et comme homme d'État, mais dont la conduite politique présente de nombreuses contradictions, naquit en 1625, et servit d'abord dans l'armée du parlement contre Charles Ier. Ayant été adjoint à Monck dans le commandement de la flotte anglaise, il détermina ses officiers à se soumettre à Charles II, qu'il ramena en Angleterre. Au renouvellement des hostilités avec la Hollande en 1672, il commanda l'avant-garde de l'armée navale. Celle-ci ayant été surprise par l'amiral hollandais Ruyter, il se précipita au milieu des assaillants, et par cet acte désespéré attira tous leurs efforts sur le *Royal-Jacques* qu'il montait. Un brûlot parvint à se cramponner au vaisseau; mais Montagu refusa de se sauver, et périt au milieu des flammes. Son corps, trouvé quinze jours après sur le rivage, fut porté à Londres, et enterré à l'abbaye de Westminster. On a de lui quelques observations astronomiques, dans les *Transactions philosophiques*, et plusieurs Lettres publiées avec celles d'Arlington et ailleurs. Le comte de Sandwich a aussi traduit en anglais la *Métallurgie d'Alonzo-Barba*, 1674, petit in-8°.

MONTAGU (Jean), comte de Sandwich, né à Westminster, en 1718, mort le 30 avril 1792, siégea dans la chambre haute. Envoyé comme plénipotentiaire au congrès de Bréda, ses pouvoirs furent continués jusqu'au traité d'Aix-la-Chapelle. A son retour, il fut admis au conseil privé, et nommé premier lord de l'amirauté. Il réforma plusieurs abus dans les arsenaux de la marine, augmenta les établissements des soldats de cette arme, encouragea les voyages de découvertes. Depuis sa mort, John Cook, son chapelain, a publié : *Voyage fait par le comte de Sandwich dans la Méditerranée, dans les années* 1738-39, *écrit par lui-même*, précédé d'une notice détaillée sur l'auteur.

MONTAGU (Georges), naturaliste, né en Angleterre, mort à Kowle, dans le Devonshire, en 1815, est auteur des ouvrages suivants : *Dictionnaire ornithologique*, 1802, 2 vol. in-8°; *Testacea britannica*, ou *Histoire naturelle des coquillages anglais*, 1803, in-4°, avec un supplément publié en 1809.

MONTAGU, ou **MONTAIGUE** (Charles), comte de Hallifax, parla avec chaleur pour Guillaume III, dans les chambres des communes. Ce monarque, étant parvenu à la couronne d'Angleterre, le récompensa de son zèle par la charge de chancelier de l'échiquier. Ce fut lui qui donna la première idée des billets de l'échiquier, si commodes dans le commerce d'Angleterre. Après la mort de Guillaume, il travailla sous la reine Anne à avancer et à soutenir la réunion entre l'Angleterre et l'Ecosse, et à faire fixer la succession à la couronne dans la maison de Hanovre. Le ministère ayant changé, il fut disgracié par la reine; mais, après la mort de cette princesse, il fut un des régents du royaume, jusqu'à l'arrivée de Georges Ier. Il mourut en 1715. On a de lui un poème intitulé : l'*Homme d'honneur*, et d'autres ouvrages en anglais en vers et en prose.

MONTAGUE (Marie Wortley), naquit à Thoresby, dans le comté de Nottingham, en 1694. Son père, le duc de Kingston, lui fit donner la même éducation qu'à ses fils, et elle apprit avec succès le grec, le latin, le français, l'allemand, l'italien, les belles-lettres, la philosophie, etc. Avec de telles connaissances, il est rare qu'une femme douée, comme l'était lady Montague, d'une imagination très vive, ne devienne romanesque et pédante. En 1712, elle épousa lord Edouard-Wortley Montague, qu'elle suivit dans son ambassade de Constantinople, en visitant la Hollande, l'Allemagne et la

Hongrie. Arrivée à Constantinople, elle apprit en un an la langue turque, et obtint du sultan, Achmet III, la permission de voir le sérail, où elle se lia d'amitié avec la sultane Fatima, célèbre par sa beauté. Dans une petite ville, Beligrad, à quatre lieues de Constantinople, elle connut, pour la première fois, l'inoculation de la petite-vérole, en apprit les procédés, fit inoculer son fils, et introduisit ensuite ce procédé en Europe. En retournant en Angleterre, elle débarqua en Afrique, se rendit à Tunis, et vit près cette ville les ruines de la patrie d'Annibal. A Londres, elle se montra à la fois whig, freethinker, bleustocking, poète et philosophe. Sa maison était le rendez-vous des hommes les plus célèbres, tels que Pope, Addisson, Steele, Young, etc. Mais le parti des torys ayant triomphé, elle engagea son mari à passer en Italie, où elle demeura vingt-deux ans, et ne retourna en Angleterre qu'en 1761, et lorsqu'elle devint veuve. Elle mourut le 21 août 1762. La meilleure édition anglaise de ses Œuvres contenant des lettres, des fragments et des poésies, fut faite à Londres, en 1803, en 3 volumes et d'après les originaux. On les a traduites en français, Paris, 1804, 4 vol. in-12. On cite encore deux traductions de ses Lettres : la plus estimée est celle d'Anson, Paris, 1805, 2 vol. in-12 ; ses Poésies, traduites par Germain Garnier. On a voulu comparer, mais sans fondement, les lettres de lady Montague à celles de madame de Sévigné. Le mérite de celle-ci consiste dans la grâce, la clarté et l'élégance et surtout le naturel ; lady Montague se distingue par des pensées profondes, par la sagacité des vues, par des connaissances classiques, par une critique fine et piquante, quoique le style manque souvent de naturel. Ses poésies supposent aussi du talent ; mais l'auteur dédaignait de s'assujétir aux règles.

MONTAIGU (GILLES AYCELIN DE), évêque de Térouane, chancelier de France et proviseur de Sorbonne, sous le règne du roi Jean, fut garde-des-sceaux de ce prince pendant sa prison en Angleterre. Mais ayant refusé de sceller les dons indiscrets que le monarque faisait à des seigneurs anglais, il fut congédié. Le roi Jean le rappela ensuite avec honneur et le fit décorer de la pourpre par le pape Innocent VI, en 1351. Il rendit des services importants à la France, par sa prudence et par sa sagesse. Cet illustre prélat mourut à Avignon en 1378, après avoir travaillé à la réforme de l'Université de Paris.

MONTAIGU (PIERRE), frère du précédent, appelé le cardinal de Laon, fut proviseur de Sorbonne après lui, et rétablit le collège de Montaigu qui tombait en ruines. Ce collège avait été fondé à Paris, en 1314, par Gilles Aycelin de Montaigu, archevêque de Rouen, de la même famille que le précédent. Pierre mourut à Paris en 1389, regretté des gens de bien.

MONTAIGU (RICHARD DE), théologien anglais, s'acquit dans le parti protestant une grande réputation de ses ouvrages. Le roi Jacques Ier le chargea de purger l'histoire ecclésiastique des fables dont quelques écrivains, plus pieux qu'éclairés, l'avaient remplie. Ce prince le connaissait très capable de s'acquitter de ce travail. Montaigu publia en 1622 son livre intitulé Analecta ecclesiasticarum exercitationum, in-fol. Son mérite le fit nommer évêque de Chichester en 1628, puis de Norwich en 1638. Ce prélat pensait en tout comme l'Église catholique, à laquelle il se serait réuni, si sa mort, arrivée en 1541, ne l'avait empêché d'exécuter cette résolution. Il était assez habile dans la langue grecque. Il traduisit 214 lettres de saint Basile, et celles du patriarche Photius. On a de lui d'autres ouvrages pleins d'érudition.

MONTALBANI (OVIDE), professeur en médecine et astronome du sénat de Bologne, naquit vers 1602, et mourut septuagénaire. On a de lui : 1° Index plantarum, 1624, in-4°. C'est la description des plantes qu'il avait séchées, collées sur du papier et qu'il avait distribuées en 4 gros vol.; 2° Bibliotheca botanica, sous le nom de Bumaldy, 1627, in-4°. Il la publia sous ce nom, afin de pouvoir se louer à l'ombre de ce voile. On l'a réimprimée à La Haye, en 1740, à la suite de la bibliothèque botanique de Jean-François Séguier; 3° Epistolæ de rebus in bononiensi tractu indigenis, 1634, in-4°; 4° Cenotaphia clarorum doctorum bononiensium, 1640, in-4°; 5° Arboretum libri II, 1668, in-fol., Francfort, 1690, in-fol.

MONTALEMBERT (ANDRÉ DE), seigneur d'Essé et de Panvilliers, né en 1483 d'une des plus anciennes familles du Poitou et de l'Angoumois, fit ses premières armes à la bataille de Fornoue, en 1495, et continua de se distinguer dans toutes les guerres de Louis XII. Sa bravoure était si connue que François Ier le choisit, dans le tournoi du Drap d'Or, pour un de

ceux qui devaient soutenir l'effort des quatre plus rudes lances qui se présenteraient. « Nous sommes quatre gentilshommes de Guyenne, dit le roi, qui combattrons en lice contre tous allans et venans de la France, moi, Sansac, Montalembert et La Chateigneraye. » En 1536, il se jeta avec une compagnie de chevau-légers dans Turin menacé d'un siège, et n'en sortit que pour aller emporter Ciria par escalade. L'année 1543, il défendit Landrecies contre une armée commandée par l'empereur Charles-Quint, et donna le temps à l'armée française de venir le dégager. Cet exploit fut récompensé par le collier Saint-Michel et par la charge de premier gentilhomme de la chambre de François Ier : ce qui fit dire aux courtisans « qu'il était plus propre à donner une camisade à l'ennemi qu'une chemise au roi. » Après la mort de François Ier, il fut envoyé en Écosse par Henri II. Il mit le siège devant Hédington, tailla en pièces les Anglais, et en moins d'un an leur enleva tout ce qu'ils possédaient dans ce pays. Henri II, qui avait besoin de son bras dans son royaume, le rappela en France, et s'en fit accompagner à la guerre du Boulonais contre les Anglais. Ambleteuse, place forte, ayant été prise d'assaut, le généreux Montalembert sauva de la fureur du soldat les femmes et les filles qui réclamèrent sa protection. La paix ayant été conclue en 1550, ce général se retira dans une de ses terres en Poitou. Il défendit ensuite Térouane contre Charles-Quint. Il avait dit à Henri II, en prenant congé de lui : « Si Térouane est pris, d'Essé sera mort, » et il tint parole. Ce capitaine, non moins illustre par ses sentiments de piété que par sa bravoure, y fut tué le 12 juin 1553.

MONTALEMBERT (MARC-RENÉ, marquis DE), général, né à Angoulème le 16 juillet 1714, mort le 29 mars 1800, se distingua aux sièges de Kehl et de Philisbourg, et dans la guerre de Bohème. Lorsque la paix mit fin à ses travaux militaires, il se livra tout entier à l'étude des sciences, pour lesquelles il avait toujours senti un grand penchant. L'Académie l'admit dans son sein en 1747, et le nouveau membre y présenta plusieurs Mémoires importants. Il fut attaché pendant la guerre de sept ans, à l'état-major des armées russe et suédoise, eut part aux plans des généraux alliés, et leur rendit d'utiles services. Vers 1750, il avait établi dans le Périgord et l'Angoumois des forges importantes qui fournirent bientôt à notre marine des canons et des projectiles de toute espèce. Principalement occupé de l'étude de la fortification, il crut remarquer des imperfections dans le système adopté par Vauban, et se proposa de publier lui-même un ouvrage sur ce sujet; mais le duc de Choiseul craignant que les ennemis de la France ne profitassent des idées de Montalembert, lui demanda son manuscrit et le tint caché jusqu'en 1776. Le corps du génie, attaché à l'ancien système, désapprouva celui de Montalembert parce qu'il était nouveau; celui-ci répondit victorieusement aux objections, par la construction d'un fort de bois qu'il fit élever en 1779 à l'île d'Aix, et dont la solidité et la perfection ne le cédaient en rien à un autre qui aurait coûté beaucoup plus cher. A l'époque de la révolution, il en embrassa les principes. Les ouvrages qu'il a laissés sont : La fortification perpendiculaire de l'art défensif supérieur à l'offensif, Paris 1776-96, 11 vol. in-4°, avec un grand nombre de planches. On trouve rarement cet ouvrage complet ; différents Mémoires ou Correspondances pendant la guerre de 1757, Londres 1777, 3 vol. in-8°; Relation du siège de Saint-Jean-d'Acre, 1798, in-8°; Mémoire historique sur la fonte des canons, 1758, in-4°. Il faut ajouter à ces écrits plusieurs Mémoires lus à l'Académie, quelques comédies et des poésies légères, remarquables par le goût et la facilité.

MONTALEMBERT (MARC-RENÉ-ANNE-MARIE, comte DE), pair de France, neveu du précédent, né en 1777, sortit de France avec sa famille en 1792, et fut d'abord capitaine dans la légion d'émigrés formée et commandée par son père, le baron Jean-Charles de Montalembert. Il entra ensuite dans l'armée anglaise, et fit plusieurs campagnes en Égypte et en Hollande. Il était colonel et chef d'état-major, lors des événements de 1814. Le prince régent d'Angleterre le chargea d'annoncer à Louis XVIII, alors à Hartwell, l'abdication de Napoléon. Rentré en France avec les Bourbons, il fut nommé ministre auprès du roi de Wurtemberg en 1816, pair de France et ministre en Danemarck en 1819, puis mis en disponibilité en 1820, à cause de l'indépendance de ses opinions à la chambre des pairs. En 1826, on l'envoya comme ambassadeur en Suède, et il conserva ces fonctions jusqu'à la révolution de 1830. Depuis ce moment, il se fit remarquer par la part active qu'il prit aux discussions parlementaires, et par la chaleur avec laquelle il réclama l'extension du suffrage électoral, la liberté de l'enseignement, et le maintien de la nationalité polonaise contre la Russie. Sa trop grande activité politique hâta sa fin, et il mourut le 21 juin 1831 dans les sentiments de la piété la plus fervente.

MONTALIVET (JEAN-PIERRE BACHASSON, comte DE), pair de France, né à Sarreguemines en 1766, mort en 1823 à La Grange, près Pouilly, était conseiller au parlement de Grenoble, place que la révolution lui fit perdre. Nommé maire de Valence, Buonaparte, qui l'y avait connu, l'appela à la préfecture de la Manche, puis à celle de Seine-et-Oise. Les talents qu'il déploya comme administrateur devaient lui procurer une élévation rapide : il devint successivement conseiller d'État, directeur général des ponts et chaussées, et enfin ministre de l'intérieur. Il fit avec un zèle infatigable tout ce qui pouvait concourir à l'utilité publique. Les sciences, les lettres et les arts reçurent de lui des encouragements. Il posa la première pierre du magnifique bassin d'Anvers, et améliora le port d'Ostende. La capitale lui doit plusieurs monuments, et il s'occupa avec beaucoup de soin de l'assainir et de l'embellir. Enfin, c'est à son zèle que l'on doit la construction des routes magnifiques qui conduisent en Italie, et qui ont, pour ainsi dire, aplani les Alpes. On peut lire dans le *Moniteur* les rapports qu'il faisait à la tribune du corps législatif sur la splendeur où l'empire était parvenu. Au commencement de 1813, il fit un nouveau tableau de la France; il était bien différent des précédents. Bientôt en effet l'empire fut envahi, et au mois de mars 1814, Montalivet fut obligé de suivre Marie-Louise à Blois. Il rentra ensuite dans la vie privée. Ayant accepté pendant les cent jours l'emploi d'intendant général de la couronne, et siégé à la chambre des pairs instituée par Buonaparte, il n'en fut exclu de la nouvelle chambre royale; mais il y fut rappelé en 1819. Montalivet votait avec le parti libéral, bien qu'il prît peu de part aux discussions.

MONTAN, né à Ardaban, dans la Mysie, au IIe siècle, fut un insensé qui joua le prophète. Il prétendit que Dieu avait voulu sauver le monde par Moïse et par les prophètes, qu'ayant échoué dans ce dessein, il s'était incarné, et que n'ayant pas encore réussi, il était descendu en lui par le moyen du Saint-Esprit, et dans deux prophétesses, Priscille et Maximille, toutes deux femmes de distinction, mais de mauvaise vie, qui abandonnèrent leurs maris pour suivre ce nouveau prophète. Destiné (comme prétendaient l'être tous les illuminés) à réformer les abus et à tirer les fidèles de l'enfance où ils avaient vécu jusqu'alors, Montan faisait plusieurs carêmes, regardait les secondes noces comme illicites, ordonnait de ne point fuir la persécution et de refuser la pénitence à ceux qui étaient tombés. L'austérité apparente de ses mœurs servit beaucoup à accréditer les délires de son esprit. Ses disciples furent appelés montanistes, de son nom, et pépuzéniens, à cause de la petite ville de Pépuzium, dans la Phrygie, dont ils avaient fait leur chef-lieu, et qu'ils nommaient Jérusalem. Eusèbe dit que Montan et Maximille tombèrent dans le désespoir et se pendirent. Saint Apollinaire d'Hiéraple fut le plus zélé adversaire des montanistes, qui, ainsi que leur maître, étaient enthousiastes jusqu'à la démence. Ils furent condamnés et excommuniés par le concile d'Hiéraple avec Théodose-le-Corroyeur. Leurs erreurs ont été réfutées par divers auteurs sur la fin du second siècle, par Miltiade, savant apologiste de la religion chrétienne; par Astérius Urbanus, prêtre catholique, et par Eusèbe, dans son Histoire ecclésiastique, liv. 5, chap. 15 et 16. Ces écrivains reprochèrent tous à Montan et à ses prophétesses un excès de fureur et de démence dans lesquels ces visionnaires prétendaient prophétiser, indécence dans laquelle les vrais prophètes ne sont jamais tombés; la fausseté de leurs prophéties, démontrée par l'événement; l'emportement avec lequel ils déclamaient contre les pasteurs de l'Eglise qui les avaient excommuniés; l'opposition qui se trouvait entre leur morale et leurs mœurs, leur mollesse, leur mondanité, les artifices dont ils se servaient pour extorquer de l'argent de leurs prosélytes. Ces sectaires se vantaient d'avoir eu des martyrs de leur croyance; mais Astérius Urbanus leur soutint qu'ils n'en avaient jamais eu; que, parmi ceux qu'ils citaient, les uns avaient donné de l'argent pour sortir de prison, les autres avaient été condamnés pour des crimes. Ils trompèrent pour un moment le pape Victor, qui ne tarda pas à les connaître.

MONTANARI (GERMINIANO), astronome de Modène, né dans cette ville en 1632, enseigna les mathématiques à Bologne avec succès, et y mourut vers la fin du XVIIe siècle. On a de

lui : 1° *Dissertation sur les comètes*, en latin; 2° *De la manière de faire des observations astronomiques*; 3° *Discours sur les étoiles fixes qui ont disparu et sur celles qui ont commencé à paraître*, etc. Bien des savants sont persuadés que ces prétendues étoiles fixes n'étaient que des météores qui avaient pris quelque consistance. (Voyez les *Observations philos.*, nos 138, 207). Montanari avait adopté plusieurs idées de Gassendi, mais n'ayant pas son génie, il les défendait plus mal que lui. On trouve des détails sur sa vie dans les *Vita italorum* de Fabroni et dans la *Biblioth. moderne* de Ciraboschi.

MONTANCLOS (MARIE-EMILIE MAYON DE), née à Aix en 1736, cultiva la poésie avec quelque succès. On connaît d'elle des poésies faciles, mais négligées, et plusieurs pièces de théâtre, parmi lesquelles il faut distinguer *Robert-le-Bossu*. Elle mourut le 29 août 1802. Ses *Œuvres diverses* ont été publiées à Paris en 1790, 2 vol. in-12. Elle a donné depuis divers morceaux de poésie dans l'*Almanach des Muses*.

MONTANISTES, anciens hérétiques, ainsi appelés du nom de leur chef. Vers le milieu du second siècle, Montan, eunuque, né en Phrygie, sujet à des convulsions et à des attaques d'épilepsie, prétendit que dans ces accès, il recevait l'esprit de Dieu ou l'inspiration divine; se donna pour prophète envoyé de Dieu pour donner un nouveau degré de perfection à la religion et à la morale chrétienne. Dieu, disait Montan, n'a pas révélé d'abord aux hommes toutes les vérités; il a proportionné ses leçons au degré de leur capacité. Celles qu'il avait données aux patriarches n'étaient pas aussi amples que celles qu'il donna dans la suite aux juifs, et celles-ci moins étendues que celles qu'il a données à tous les hommes par Jésus-Christ et par ses apôtres. Ce divin maître a souvent dit à ses disciples qu'il avait encore beaucoup de choses à leur enseigner, mais qu'ils n'étaient pas encore en état de les entendre. Il leur avait promis de leur envoyer le Saint-Esprit, et ils le reçurent en effet le jour de la Pentecôte; mais il a aussi promis un Paraclet, un consolateur, qui doit enseigner aux hommes toute vérité; c'est moi qui suis ce Paraclet, et qui dois enseigner aux chrétiens ce qu'ils ne savent pas encore. Environ cent ans après Montan, Manès annonça aussi qu'il était le Paraclet promis par Jésus-Christ; et au septième siècle Mahomet, tout ignorant qu'il était, se servit du même artifice pour persuader qu'il était envoyé de Dieu pour établir une nouvelle religion. Mais ces trois imposteurs sont réfutés par les passages même de l'Evangile dont ils abusaient. C'est aux apôtres personnellement que Jésus-Christ avait promis d'envoyer le Paraclet, l'Esprit de vérité, qui demeurerait avec eux pour toujours, qui devait leur enseigner toutes choses. « Si je ne vous quitte point, leur dit-il, le Paraclet ne viendra pas sur vous; mais si je m'en vais, je vous l'enverrai..... Lorsque cet esprit de vérité sera venu, il vous enseignera toute vérité. » Il était donc absurde d'imaginer un Paraclet différent du Saint-Esprit envoyé aux apôtres, et de prétendre que Dieu voulait encore révéler aux hommes d'autres vérités que celles qui avaient été enseignées par les apôtres. Montan et ses premiers disciples ne changèrent rien à la foi renfermée dans le symbole; mais ils prétendirent que leur morale était beaucoup plus parfaite que celle des apôtres; elle était en effet plus austère : 1° ils refusaient pour toujours la pénitence et la communion à tous les pécheurs qui étaient tombés dans de grands crimes, et soutenaient que les prêtres ni les évêques n'avaient pas le pouvoir de les absoudre; 2° ils imposaient à leurs sectateurs de nouveaux jeûnes et des abstinences extraordinaires, trois carêmes et deux semaines de xérophagie, pendant lesquelles ils s'abstenaient, non-seulement de viande, mais encore de tout ce qui a du jus; ils ne vivaient que d'aliments secs; 3° ils condamnaient les secondes noces comme des adultères; la parure des femmes comme une pompe diabolique; la philosophie, les belles-lettres et les arts, comme des occupations indignes d'un chrétien; 4° ils prétendaient qu'il n'était pas permis de fuir pour éviter la persécution, ni de s'en racheter en donnant de l'argent. Par cette affectation de morale austère, Montan séduisit plusieurs personnes considérables par leur rang et par leur naissance, en particulier deux dames nommées Priscilla et Maximilla; elles adoptèrent les visions de ce fanatique, prophétisèrent comme lui et l'imitèrent dans ses prétendues extases. Mais la fausseté des prédictions de ces illuminés contribua bientôt à les décréditer; on les accusa aussi d'hypocrisie, d'affecter une morale austère pour mieux cacher le dérèglement de leurs mœurs. On les regarda comme de vrais possédés; ils furent condamnés et excommuniés par le concile d'Hiéraple, avec Théodose le Corroyeur. Chassés de l'Église, ils formèrent une secte, se firent une discipline et une hiérarchie ; leur chef-lieu était la ville de Pépuze en Phrygie, ce qui leur fit donner les noms de Pépuziens, de Phrygiens et de Cataphryges. Ils se répandirent en effet dans le reste de la Phrygie, dans la Galatie et dans la Lydie ; ils pervertirent entièrement l'église de Thyatire ; la religion catholique en fut bannie pendant près de cent douze ans. Ils s'établirent à Constantinople, et se glissèrent à Rome ; on prétend qu'ils en imposèrent au pape Eleuthère, ou à Victor son successeur ; que, trompé par la peinture qu'ils lui firent de leurs églises de Phrygie, le pape leur donna des lettres de communion ; mais qu'ayant été promptement détrompé, il les révoqua. Au reste, ce fait n'a pour garant que Tertullien, qui avait intérêt à le croire. En effet, quelques-uns pénétrèrent en Afrique ; Tertullien, homme d'un caractère dur et austère, se laissa séduire par la sévérité de leur morale ; il poussa la faiblesse jusqu'à regarder Montan comme le Paraclet, Priscilla et Maximilla comme des prophétesses, et ajouta foi à leurs visions. C'est dans ce préjugé qu'il composa la plupart de ses traités de morale, dans lesquels il pousse la sévérité à l'excès, ses livres du Jeûne, de la Chasteté, de la Monogamie, de la Fuite dans les persécutions, etc. Il donne aux catholiques le nom de psychiques, ou d'animaux, parce qu'ils ne voulaient pas pousser le rigorisme aussi loin que les montanistes ; triste exemple des égarements dans lesquels peut tomber un grand génie. On croit cependant qu'à la fin il se sépara de ces sectaires ; mais on ne voit pas qu'il ait condamné leurs erreurs. Elles furent réfutées par divers auteurs sur la fin du second siècle ; par Miltiade, savant apologiste de la religion chrétienne ; par Astérius-Urbanus, prêtre catholique ; par Apollinaire, évêque d'Hiéraple. En 1751, un protestant a publié un mémoire dans lequel il a voulu prouver que les montanistes avaient été condamnés comme hérétiques, assez mal à propos. Mosheim soutient que cette condamnation est juste et légitime, 1° parce que c'était une erreur très-répréhensible de prétendre enseigner une morale plus parfaite que celle de Jésus-Christ ; 2° c'en était une autre de vouloir persuader que Dieu même parlait par la bouche de Montan ; 3° parce que ce sont plutôt les montanistes qui se sont séparés de l'église, que ce n'est l'église qui les a rejetés de son sein ; c'était de leur part un orgueil insupportable de prétendre former une société plus parfaite que l'église de Jésus-Christ, et d'appeler psychiques, ou animaux, les membres de cette sainte société. Il est étonnant qu'en condamnant ainsi les montanistes, Mosheim n'ait pas vu qu'il faisait le procès à sa propre secte. Pour les disculper un peu, il dit qu'au second siècle il y avait parmi les chrétiens deux sectes de moralistes ; les uns, modérés, ne blâmaient point ceux qui menaient une vie commune et ordinaire ; les autres voulaient que l'on observât quelque chose de plus que ce que les apôtres avaient ordonné, et en cela, dit-il, ils ne différaient pas beaucoup des montanistes. C'est une fausseté. Plusieurs, à la vérité, conseillaient, exhortaient, recommandaient la pratique des conseils évangéliques, mais ils n'en faisaient une loi à personne ; en quoi ils pensaient très différemment des montanistes. Mosheim observe encore que ces derniers rendaient les chrétiens, en général, odieux aux païens, parce qu'ils prophétisaient la ruine prochaine de l'empire romain ; mais il a tort d'ajouter que c'était l'opinion commune des chrétiens du second siècle. Il se forma différentes branches de montanistes. Saint Epiphane et saint Augustin parlent des artotyrites, ainsi nommés de ἄρτος, pain, et de τυρός, fromage, parce que, pour consacrer l'eucharistie, ils se servaient de pain et de fromage, ou peut-être de pain pétri avec du fromage, alléguant pour raison que les premiers hommes offraient à Dieu, non-seulement les fruits de la terre, mais encore les prémices du fruit de leurs troupeaux. Ils admettaient les femmes à la prêtrise et à l'épiscopat, leur permettaient de parler et de faire les prophétesses dans leurs assemblées. Saint Epiphane les nomme encore priscilliens, pépuziens et quintilliens. D'autres étaient nommés ascites, du mot ἀσκός, outre, sac de peau, parce que leurs assemblées étaient des espèces de bacchanales ; ils dansaient autour d'une peau enflée en forme d'outre, en disant qu'ils étaient les vases remplis du vin nouveau dont parle Jésus-Christ. Il n'y a aucune raison de les distinguer de ceux que l'on appelait ascodrutes, ascodrupites, ou tascodrugites. Ceux-ci, dit-on, rejetaient l'usage des sacrements, même du baptême ; ils disaient que des grâces incorporelles ne peuvent être communiquées par des choses corporelles, ni les mystères divins par

des éléments visibles. Ils faisaient consister la rédemption parfaite, ou la sanctification, dans la connaissance, c'est-à-dire dans l'intelligence des mystères tels qu'ils les entendaient. Ils avaient adopté une partie des rêveries des valentiniens et des marcosiens. Il paraît que les tascodrugites étaient encore les mêmes que les passarolynchites, ou pettalorynchites, ainsi nommés de πάσσαλος, ου πάτταλος, pieu, et de ὕλαγος, nez, parce qu'en priant ils mettaient leur doigt dans leur nez, comme un pieu, pour se fermer la bouche, s'imposer silence, et montrer plus de recueillement. Saint Jérôme dit que, de son temps, il y en avait encore dans la Galatie. Ce fait est prouvé par les lois que les empereurs portèrent contre ces hérétiques au commencement du cinquième siècle. Il n'est point d'absurdité que l'on n'ait dû attendre d'une secte qui n'avait d'autre fondement que le délire de l'imagination, ni d'autre règle que le fanatisme. Il est étonnant que l'excès du ridicule ne l'ait pas anéantie plus promptement. Br.

MONTANT, s. m., pièce de bois, de pierre ou de fer qui est posée verticalement et à plomb dans certains ouvrages de menuiserie, de serrurerie, etc. Montant signifie aussi le total d'un compte, d'une recette. Montant se dit encore du goût relevé de certaines choses, de la vapeur qui sort de certaines substances.

MONTANT, adj. Il se dit de tout ce qui monte. En maçonnerie, joint montant, le joint vertical de deux pierres. En terme de guerre, garde montante, celle qu'on place dans un poste, par opposition à celle qu'on relève et qu'on appelle garde descendante.

MONTANUS ou **MONTI** (JEAN-BAPTISTE), né à Vérone en 1498, mort en 1551, enseigna la médecine à Padoue, avec une réputation extraordinaire. Il fut regardé même comme un second Galien. On a de lui : *Medicina universa* ; *Opuscula varia medica*, in-fol. ; *de Gradibus et facultatibus medicamentorum*, in-8° ; *Lectiones in Galenum et Avicennam*, in-8° ; et d'autres ouvrages qui ne répondent pas à sa grande célébrité. Il a cultivé aussi la poésie.

MONTARAND (JEAN-BAPTISTE-LOUIS-AUGUSTIN COUET baron DE), né en 1786, au Cap-Français, île de Saint-Domingue, originaire d'une très ancienne famille d'Orléans, fut envoyé en France pour y faire ses études de latinité et de droit. Il trouva dans l'amitié de ceux auxquels il fut confié, les leçons qui font les bons magistrats et les bons chrétiens. Il profita de cette éducation : sa vie en offre la preuve. Nommé par Louis XVI, à 22 ans, sur la recommandation de madame Louise de France, et par dispense d'âge, conseiller-assesseur à la sénéchaussée du Cap, il passa en 1780 conseiller au conseil supérieur ; il en exerça les fonctions jusqu'à l'incendie du Cap. En 1793, il fut proscrit, à cause de ses opinions politiques, par les commissaires du gouvernement révolutionnaire ; sa tête fut mise à prix. Il se réfugia dans la rade sur la barque d'un caboteur jusqu'au départ d'un navire américain. L'honnête caboteur le reconnut ; mais, par délicatesse, il ne le lui fit point apercevoir, et ce ne fut qu'au moment de s'embarquer qu'il lui dit : Adieu M. de Montarand. Il se retira à New-York, où il épousa, en 1797, la fille de M. Janvier de Léogane, riche colon, qui s'était également éloigné de la colonie, après avoir perdu l'espoir d'y maintenir l'autorité de Louis XVI. En 1802, il fut rappelé à Saint-Domingue et fait président du tribunal de première instance au Port-au-Prince. Les Français ayant évacué cette ville en 1803, il alla à l'île de Cuba avec une grande partie de la population française. De là, il se rendit à Santo-Domingo, auprès du général Ferrand qui commandait la partie espagnole cédée à la France. Il fut nommé procureur-général près la cour d'appel. A l'époque de la guerre d'Espagne, cette ville fut assiégée par les Anglais et les Espagnols réunis. Montarand eut souvent occasion de montrer qu'il joignait aux vertus du magistrat la bravoure d'un officier. Il eut le commandement en second de la compagnie administrative qui combattit d'une manière très brillante. Le blocus dura huit mois ; les habitants et l'armée éprouvèrent toutes les horreurs d'un siège prolongé. Après une résistance opiniâtre, les Français capitulèrent. Montarand fut conduit, en 1809, prisonnier à la Jamaïque, et perdit, par suite des désastres de Saint-Domingue, une fortune considérable. Il soutint le malheur avec autant de constance qu'il avait mis de courage à défendre son pays. Les revers purent détruire sa fortune, mais ne purent changer son cœur. Toujours son caractère fut gai et son accueil bienveillant. Entre plusieurs traits de bienfaisance, nous citerons les deux suivants : un homme auquel il ne devait rien, se voyant arrêté pour dettes, il se porta sa caution pour une somme assez fortequi fut payée, et l'honneur d'un homme malheureux resta intact. Une autre fois, il donna tout l'argent qu'il avait en sa possession pour sauver un de ses amis réduit à une position désespérée. Rentré en France en 1811, il voulut se fixer dans la ville qu'avait habitée ses ancêtres. Il fut nommé conseiller à la cour d'Orléans. Le retour des Bourbons lui fit oublier tous ses malheurs. En septembre 1814, Louis XVIII le nomma chevalier de la Légion-d'Honneur. Aux approches du 20 mars, il s'enrôla dans les gardes à pied de la maison militaire du roi, et prit immédiatement un service actif. Dans les cent jours, il refusa le serment à Buonaparte. Il fut nommé en novembre 1815, conseiller à la cour royale de Paris, et en janvier 1816, procureur-général près la cour d'Orléans. Dans ces éminentes fonctions qu'il remplit jusqu'à sa mort, et dans lesquelles les moyens de faire le bien et le mal sont si nombreux et si faciles, M. de Montarand prouva combien le roi avait fait un bon choix. Plein de douceur et d'humanité, le malheur trouvait toujours accès et secours auprès de lui. Il employa tous ses efforts pour faire diminuer, à l'aide du recours en grâce, la sévérité des peines qu'il était obligé de requérir. Sa maison était celle de tous les conseillers et de tous les juges du ressort de la cour, et, au ton qui régnait dans sa société, on croyait retrouver en lui un magistrat de nos anciens parlements. En juin 1816, il fit remise au gouvernement de la somme à laquelle il avait été imposé dans la contribution extraordinaire de 100,000,000. Le roi lui fit écrire par M. le chancelier d'Ambray, pour lui témoigner sa satisfaction touchant cet acte de désintéressement, dans les circonstances difficiles où se trouvait l'état. Chargé d'une correspondance immense, il sut conserver de la dignité dans son style et exprimer de l'intérêt jusque dans ses réprimandes. Ses expressions claires et précises décelaient d'une âme qui n'avait rien à cacher. C'était un magistrat mesurant, sous l'inspiration d'une conscience délicate, les abus qu'il découvrait; un vieux serviteur des Bourbons apprenant au plus égaré combien il était doux de servir de si bons maîtres; un homme éprouvé par le malheur, encourageant à supporter avec force et étudiant les chagrins qu'on rencontre dans les révolutions; en un mot, c'était un homme plein d'honneur et de bonté. Parmi plusieurs discours remarquables, il est impossible de ne pas citer celui qu'il prononça lors de l'installation de la cour d'Orléans en 1816, et celui qu'il fit en 1824, à l'occasion de l'avènement Charles X au trône. Ces deux discours méritent d'être placés à côté de ceux des hommes célèbres dont s'honore la magistrature française; ce fut le dernier acte de son ministère. Il fut atteint d'une maladie dont les commencements ne présageaient pas une issue aussi funeste. Sentant son mal, il demanda les sacrements, les reçut avec une foi vive et mourut. Les regrets éprouvés par la cour d'Orléans sont tels qu'il n'est réservé qu'à un petit nombre de magistrats d'en inspirer de semblables. « La cour royale d'Orléans (les chambres assemblées), pénétrée de la plus vive douleur, arrête que le registre de délibération contiendra l'expression de sa sensibilité, sur la perte qu'elle vient de faire. Elle regrette dans M. le procureur-général Montarand, un magistrat intègre, éclairé, courageux, recommandable par des opinions royalistes et une conduite toujours chrétienne, par une probité, une franchise et une loyauté dignes des temps anciens, elle reporte sur son fils, auquel la carrière judiciaire a déjà été ouverte, l'affection qu'elle avait vouée à son respectable père. »

MONTARGIS, ville ancienne et fort jolie du département du Loiret, autrefois capitale du Gatinais, située sur le Loing et sur le canal de Briare, dans le voisinage d'une vaste forêt. Elle est aujourd'hui chef-lieu de sous-préfecture, avec tribunal de première instance et de commerce, population 7000 habitants. Cette ville est la patrie de M. Guyon, on y remarque une belle église paroissiale et beaucoup de ruines de monuments romains, elle possédait un château élevé où les reines de France venaient faire leur séjour, les Anglais furent obligé d'en lever le siège en 1426, puis la prirent enfin en 1431, elle leur fut reprise en 1438, tout le monde connaît l'histoire du chien de Montargis. Son commerce consiste en fabriques de draps, filatures de coton, raffineries, etc. Elle est à 27 lieues S.-E. de Paris.

MONTARGON (Robert-François de), dit *le Père Hyacinthe de l'Assomption*, augustin, né à Paris le 27 mai 1705, se distingua dans la chaire. Le roi Stanislas de Pologne l'honora du titre de son aumônier, en témoignage de sa satisfaction d'un Avent qu'il avait prêché devant ce prince. Il périt mal-

heureusement à Plombières, dans la crue d'eau qu'éprouva cette ville, la nuit du 24 au 25 juillet 1770. On compte parmi ses ouvrages : le *Dictionnaire apostolique*, 10 vol. in-8°, dernière édition, et 14 vol. in-12 : c'est un répertoire utile, et il le serait davantage, si l'auteur avait eu plus de goût et un style moins incorrect; le *Recueil d'éloquence sainte*, 1 vol. in-12; l'*Histoire de l'institution de la fête du Saint-Sacrement*, 1 vol. in-12. Le père Bertholet en a donné une plus ample.

MONTARROYO MASCARENHAS (Freyre de), né à Lisbonne en 1670, mort en 1730, quitta le métier de la guerre pour se livrer à l'étude. Ce fut lui qui introduisit le premier en Portugal l'usage des gazettes; mais on peut douter qu'il ait par là rendu service à cette nation, qui, du temps d'Emmanuel et de Jean III, ne connaissait pas les journaux, et qui a bien dégénéré depuis qu'elle a ce qu'on appelle des gens de lettres. Ses ouvrages sont : les *Négociations de la paix de Ryswick*, 2 vol. in-8°; *Histoire naturelle, chronologique et politique du monde*; la *Conquête des Onizes*, peuple du Brésil, in-4°; *Relation de la bataille de Peterwaradin*, in-4°; *Evénements terribles arrivés en Europe en 1717*, in-4°; *Détails sur les progrès faits par les Russes contre les Turcs et les Tartares*, in-4°.

MONTAUBAN (*mons Albanus*), évêché, grande et belle ville du haut Languedoc, aujourd'hui chef-lieu du département de Tarn-et-Garonne. L'origine de cette ville remonte à l'an 1144. Elle se rendit célèbre dans les guerres contre les Anglais sous Philippe VI, Jean, Charles V, Charles VI et Charles VII; quand elle leur fut cédée par le traité de Brétigny (1360), elle protesta qu'elle ne se soumettrait jamais à la domination étrangère et qu'elle ne voulait appartenir qu'à son premier souverain. Ayant embrassé le calvinisme, elle fut en vain assiégée par Montluc, et en 1621 par Louis XIII qui ne la prit qu'en 1627. En 1675, Louis XIV en fit raser complètement les fortifications. Cette ville est aujourd'hui le siége d'un évêché suffragant de Toulouse, d'un tribunal de première instance, d'un tribunal de commerce, des directions des domaines et d'une conservation des hypothèques. Il y a une société des sciences et arts, une faculté de théologie protestante, un collège communal, une salle de spectacle et une bibliothèque de 10,000 volumes. Elle est bâtie dans un site agréable. La cathédrale, l'évêché, l'hôtel de ville et le pont sur le Tarn sont des constructions remarquables; on y voit une belle place, un jardin public et deux jolies promenades d'où l'on jouit d'une vie magnifique. Cette ville a des manufactures de soie, coton, cadis, etc. 26,000 habitants. C'est la patrie de Dubellay et de Lefranc de Pompignan.

MONTAULT (Philippe de), duc de Navailles, fut reçu page chez le cardinal de Richelieu en 1635, à l'âge de 14 ans. Instruit par ce célèbre cardinal, il abjura le calvinisme. Il se montra très attaché au cardinal de Richelieu et au cardinal Mazarin. Il commanda l'aile gauche de l'armée française à la bataille de Senef, obtint le bâton de maréchal de France, la place de gouverneur du duc de Chartres, depuis régent du royaume, et mourut à Paris en 1684, à 63 ans. Ses Mémoires ont été imprimés en 1701, in-12. L'auteur écrit avec une simplicité noble et élégante; il ne manque à son ouvrage que des faits curieux.

MONTAZET (Antoine de Malvin), archevêque de Lyon, naquit au diocèse d'Agen en 1712. Étant entré dans l'état ecclésiastique, il devint grand-vicaire de M. Fitz-James, évêque de Soissons, qui lui procura la place d'aumônier du roi, et qui lui inspira probablement la manière de voir sur les contestations de l'Église. Toutefois, M. de Montazet ne manifesta pas d'abord ses sentiments à cet égard. L'abbé de Montazet fut député du second ordre à l'assemblée du clergé de 1742. Nommé à l'évêché d'Autun en 1748, il parut uni de vues avec ses collègues aux assemblées du clergé de 1750 et 1755. Dans la première, il fut chargé de prêcher le discours d'ouverture, et il s'éleva avec force contre l'incrédulité naissante. Il en signala les causes qu'il attribuait au progrès de la corruption, à l'orgueil et à l'amour de l'indépendance. Il fut un des plus ardents à solliciter la justice du roi contre les entreprises des parlements. Mais le ministère de la feuille ayant changé peu après, l'évêque d'Autun parut changer aussi, et on profita de ces dispositions. La cour voulait faire cesser l'espèce d'excommunication portée par M. de Beaumont contre les hospitalières de Saint-Marceau. On imagina de recourir à la primatie de Lyon, et le cardinal de Tencin étant mort, on nomma à ce siége l'évêque d'Autun, à condition, dit-on, qu'il lèverait les censures. Celui-ci se prêta à ce désir de la cour, et, même avant d'avoir obtenu la bulle, il cassa l'ordonnance de l'archevêque de Paris (8 avril 1757). Cette complaisance rendit le prélat cher au parti qui protégeait ces filles ; mais en même temps elle excita de grandes plaintes dans le clergé. Pour se justifier, l'archevêque de Lyon publia, en 1760, une lettre à l'archevêque de Paris, où il rend compte de ses procédés et de ses motifs. Cet écrit avait été rédigé, à ce qu'on dit, par Hooke et Mey. Il fut question plus d'une fois de cette affaire dans les assemblées provinciales et générales du clergé ; mais la cour empêcha qu'il ne fût pris aucune détermination contre un prélat qui avait favorisé ses vues. Depuis, l'archevêque suivit constamment les mêmes errements. En 1764, il rendit encore une ordonnance où M. de Beaumont n'avait pas voulu intervenir. Il s'entourait, à Lyon, des plus zélés appelants, et fit venir successivement les dominicains Lambert, Caurranel et Chaix, et les oratoriens Valla, Guibaud et Labat... Il suivait principalement pour les affaires ecclésiastiques les conseils de l'abbé Mey ; et on a cru que plusieurs écrits, publiés par le prélat, étaient de ce canoniste. On a entre autres du primat, car on ne l'appelait plus qu'ainsi, une Instruction pastorale contre Berruyer, en 1763, des Mandements sur le jubilé et pour le carême, et une Instruction sur les sources de l'incrédulité, en 1776. Il paraît que le fond de celle-ci lui fut fourni par le père Lambert, et que l'archevêque ne fit qu'abréger le travail naturellement diffus du dominicain. Il eut fort à cœur de renouveler tous les livres liturgiques de son diocèse, afin qu'il n'y restât rien de contraire à ses sentiments, il donna successivement un catéchisme, un rituel, un bréviaire, une théologie et une philosophie, qui essuyèrent plus ou moins de contradiction. Le catéchisme fut attaqué dans une critique imprimée, que l'archevêque condamna par un long mandement, du 6 novembre 1772 ; c'est une apologie de la doctrine augustinienne sur plusieurs points. Le nouveau bréviaire parut en 1776, et le chapitre primatial l'accepta par une délibération du 13 novembre 1776. Cependant on publia peu après des motifs de ne point admettre la nouvelle liturgie, écrit que le parlement de Paris condamna au feu, le 7 février 1777, sur le réquisitoire de M. Séguier. On ne peut se dissimuler qu'un tel traitement n'était guère en proportion avec le délit ; l'auteur des Motifs pouvait avoir mal raisonné, il était peut-être trop vif ; mais le réquisitoire n'était pas non plus modéré. Il faut bien convenir que le parlement, en cette occasion, comme en quelque autre, voulut soutenir un prélat en qui il avait trouvé des dispositions à le seconder. C'est ce qui explique encore pourquoi il donna gain de cause à l'archevêque dans le long procès qu'il suscita à son chapitre, pour le forcer à abandonner ses anciens usages. Il est à croire que sans ce motif on aurait laissé le comté de Lyon dans la possession immémoriale où il était, d'autant plus que les changements proposés par les prélats ne paraissaient ni nécessaires ni utiles. Sa Philosophie vit le jour en 1783, et son Rituel en 1787, la première avait été rédigée par le père Volla, de l'Oratoire, le même que l'archevêque avait aussi chargé de composer une théologie. Celle-ci, qui fut publiée en 1784, en 6 vol., est la plus fameuse des productions auxquelles M. de Montazet a attaché son nom. Prônée par le parti qui l'avait produite, elle a paru à d'autres se sentir du vice de son origine. Quoique l'archevêque n'eût pas permis, dit-on, à l'auteur de développer toutes ses idées, cependant il en restait encore assez pour motiver les réclamations qui se firent entendre. On y remarqua des réticences sur des points importants, et un langage trop conforme à celui des appelants sur quelques matières. Ce fut l'objet de quatre lettres qui parurent, en 1786, sous le titre d'*Observation sur la théologie de Lyon*, par l'abbé Pey. Les prêtres de Saint-Sulpice, qui tenaient le séminaire Saint-Irénée, furent obligés d'enseigner cette théologie. D'abord ils suppléèrent aux omissions par des cahiers dictés ; mais l'archevêque leur ayant interdit ce moyen, ils furent réduits à se contenter d'observations et d'additions verbales. A sa mort, on cessa de l'enseigner dans son diocèse. Depuis, on la répandit avec soin en Allemagne, en Italie, en Espagne et en Portugal. C'était dans le temps où on cherchait à opérer une révolution dans l'enseignement de ces pays. La théologie de Lyon parut propre à seconder ces vues. Ricci la propagea en Toscane ; Malinelli la commenta à Gènes ; on l'adopta aussi à Naples ; d'un autre côté, elle fut même attaquée par un journal de la Belgique. On dit qu'il en parut une défense en un volume : nous ne l'avons pas vue ; mais une lettre d'un abbé Psigy, émigré français, datée du 13 février 1794, nous a paru renfermer ce qu'on peut dire de mieux en faveur de cette Théolo-

gie. Il y répond aux critiques du même journal. En 1793, le grand duc de Toscane, Ferdinand, fit retirer la Théologie de Lyon des séminaires de ses états. L'ordre avait été sollicité par le nonce du pape, Louis Ruffo, secondé de Mancini, évêque de Fiésolé. Dans d'autres endroits, on refusa de l'enseigner. Quant à l'archevêque de Lyon, ses dernières années furent troublées par des chagrins domestiques, par les éclats scandaleux des convulsionnaires dans son diocèse et par les excès de quelques fanatiques à Lyon et à Farèins. On arrêta les plus coupables, entre autres un curé nommé Bonjour. Les tristes résultats d'une imprudente protection empoisonnèrent et hâtèrent peut-être les derniers moments de l'archevêque. Il mourut à Paris le 3 mai 1788, à l'âge de 76 ans, peu aimé dans son diocèse, où il avait cherché à faire prévaloir un autre esprit, et où il avait suscité plusieurs procès. Il avait voulu enlever son séminaire aux prêtres de Saint-Sulpice. Une puissante intercession le força à les y laisser ; mais il s'en dédommagea en faisant casser leur agrégation à l'université de Valence. Il était regardé comme le patron des jansénistes, et suivait le même système que M. Fitz-James, reconnaissant l'autorité des constitutions, et proclamant cependant presque tous les principes des appelants. Aussi ceux-ci, tout en le louant avec excès, dirent-ils dans un de leurs écrits, que son système pouvait avoir sa commodité pour ce monde, mais qu'il n'était pas sûr pour l'autre. M. de Montazet, outre l'archevêché de Lyon, possédait l'abbaye de Saint-Victor, à Paris, et celle de Monstier. A sa mort, on s'empressa de rétablir la signature du formulaire, et on dispersa les opposants qu'il avait rassemblés de tous côtés, et qui semblaient faire de Lyon la place forte du jansénisme. Montazet a publié : 1° *Lettre de M. l'archevêque de Lyon, primat de France, à M. l'archevêque de Paris*, Lyon, 1760, in-4°. Elle fut écrite pour justifier ses procédés et ses motifs à l'égard des religieuses hospitalières, dont nous avons parlé. 2° *Mandement et instruction pastorale contre l'Histoire du peuple de Dieu*, de Berruyer, 1762, in-12 ; 3° *Lettre pastorale*, du 30 juin 1763, in-4°, relativement aux différends qu'il eut avec les officiers de la ville de Lyon, sur le choix des maîtres qui devaient remplacer les jésuites. 4° *Mandement et instruction pastorale pour la défense du catéchisme*, 1772, in-4° et in-12. L'appelant Gourlin en avait fourni, dit-on, les matériaux. 5° *Instruction pastorale sur les sources de l'incrédulité et les fondements de la religion*, 1776, in-4°. Cet ouvrage n'est presque qu'en l'analyse du *Traité des principes de la foi chrétienne*, de Duguet. 6° *Des mandements* pour le jubilé, pour le carême et des *rapports* faits à l'assemblée du clergé. Le *Catéchisme*, le *Bréviaire*, le *Rituel*, la *Philosophie* et la *Théologie* ne sont pas son ouvrage ; il les fit rédiger et y mit seulement le sceau de son autorité.

MONTBARREY (Alexandre-Marie-Léonor de Saint-Maurice, prince de), ministre de la guerre sous Louis XVI, né à Besançon, le 20 avril 1732, d'une ancienne famille noble de la Franche-Comté. Son père, lieutenant-général, le destina au service militaire, et obtint pour lui une compagnie dans le régiment de Lorraine ; le jeune Montbarrey n'avait que 12 ans. Après avoir fait plusieurs campagnes en Allemagne, et avoir été blessé devant Fribourg et à la bataille de Lawfelt, il reçut le brevet de colonel (1749), et commanda, en 1758, le régiment de la Couronne, avec lequel il se battit avec distinction. Blessé de nouveau à la bataille de Crevelt, il fut fait brigadier ; il continua à se signaler par ses talents et sa valeur militaires ; ainsi, en 1762, il enleva au prince de Brunswick six pièces de canon que le roi lui donna. Après la paix de 1763, il obtint la place de capitaine des Cent-Suisses, dans la maison de Monsieur (depuis Louis XVIII). Pendant ses loisirs, le prince de Montbarrey travailla à des mémoires militaires, qui le firent connaître comme administrateur. Adjoint à M. de Saint-Germain, ministre de la guerre, en 1776, il le remplaça en 1777, et fut lui-même remplacé par M. le marquis de Ségur, en 1780. C'est sous son administration que fut commencée la guerre d'Amérique. Le prince de Montbarrey resta toujours attaché à son roi, ce qui l'exposa à de grands dangers, surtout dans la journée du 14 juillet 1789. Le peuple, qui l'avait pris pour M. de Launay, le conduisait sur la place de Grève, où il aurait été immolé, lorsque M. de La Salle, commandant de la garde nationale, le reconnut et le sauva. Le prince de Montbarrey quitta Paris, et se fixa quelque temps à Besançon. En 1791, il passa en Suisse, s'établit avec sa famille à Constance, et mourut dans cette ville le 5 mai 1796. Il a laissé des mémoires qui ont été publiés à Paris, chez Emery, 1827, 3 vol. in-8°. « On voit avec une pitié profonde, dit un critique officier général, parvenu aux plus hauts grades dans la carrière des armes, comblé d'honneurs, devenu grand d'Espagne, prince du saint empire, chevalier des ordres du roi, travailler lui-même à détruire la considération attachée à sa position sociale, et se montrer dans tout le cours de ses mémoires sujet peu reconnaissant, époux indigne d'une femme vertueuse, père sans principes, et aveugle dans son ambition. » Nous ne pousserons pas plus loin cette citation qui fait connaître assez dans quel esprit ont été écrits ces mémoires.

MONT-BLANC, montagne de la chaîne des Alpes pennines, dans les Etats-Sardes, la plus élevée de l'Europe. On la découvre aisément des bords de la Saône par un jour clair, à cause de sa masse imposante et la blancheur éclatante de la neige qui couvre toujours son sommet. La vallée de Chamounix, arrosée par l'Arve, au nord-ouest, celles de Montjoie à l'ouest, celles de l'Allée-Blanche et de Forret, arrosées par la Doire, au sud-est, entourent ce massif, divisé en trois régions: 1° la partie inférieure du mont et les montagnes adjacentes de 1,800 à 2,800 mètres au-dessus du niveau de la mer, où l'on trouve le Montanvert et les Charmeaux; 2° la partie moyenne de 2,800 à 4,000 mètres au-dessus de la mer, qui contient l'aiguille du Midi, l'aiguille de Bleterie, le Géant, les Zorasses et l'aiguille d'Argentière; 3° la partie de 4,000 à 4,920 mètres, couronnée par le sommet du Mont-Blanc, appelé Bosse-du-Dromadaire par les habitants. La Bosse-du-Dromadaire s'élève de 3,700 toises au-dessus du niveau de la vallée de Chamounix, au nord-est. La montagne est taillée à pic et n'a qu'un glacier remarquable, la Brenca. La Mer-de-Glace, le plus considérable glacier du Mont Blanc, le glacier des Bossons, celui des Bois, celui de Balèfre, surnommé Courtil ou Jardin, à cause d'un rocher rond qui s'élève du milieu de ses aiguilles et produit des fleurs au mois d'août, s'aperçoivent sur le versant nord-ouest. Ces glaciers affectent mille formes pittoresques et bizarres : ici des corniches, là des colonnes, plus loin des voutes, des figures d'animaux, etc. Le groupe du Mont-Blanc est formé de granit; le schiste micacé, le schiste argileux et de transition se rencontrent au sud-ouest, et le calcaire et le gypse au nord-ouest. Les passes les plus voisines du massif sont le col du Bonhomme et celui de Seigne au sud-ouest, et celui de Ferret au nord-est. L'unique passage entre le Piémont et la Savoie est le col du Géant. Les premiers habitants qui gravirent le Mont-Blanc sont Balma et Paccard, en 1786 ; le 1er août de la même année, Saussure en atteignit le sommet et en mesura la hauteur. Le thermomètre, exposé au soleil, y marquait — 2° 3/10, tandis qu'à Genève il s'élevait à + 22° ; le baromètre descendit à 16 pouces 1 ligne, ce qui prouve que le Mont-Blanc s'élève à 4,520 mètres au-dessus du niveau de la mer.

MONTBRUN (CHARLES DUPUY), dit *le Brave*, né l'an 1530, au château de Montbrun, dans le diocèse de Gap en Dauphiné, se montra d'abord si fervent catholique qu'une de ses sœurs, ayant embrassé la réforme et craignant le courroux de son frère, s'enfuit à Genève. Montbrun la suivit, décidé à la tuer; mais Théodore de Bèze, non-seulement parvint à le raccommoder avec sa sœur, mais à lui faire abjurer la foi de ses pères. Depuis lors les protestants eurent dans Montbrun le chef le plus déterminé. Divers exploits par lesquels il se signala en faveur de sa secte l'obligèrent à se retirer à Genève. Après environ deux ans d'absence, Montbrun rentra en France, et se rendit maître de plusieurs places en Dauphiné et en Provence. Il se trouva aux batailles de Jarnac et de Montcontour. Ayant pris diverses places, il eut l'audace de marcher contre l'armée de Henri III, qui faisait le siège de Livron, et d'ordonner à ses troupes de piller les bagages de ce prince en 1574. Enfin le marquis de Gordes poursuivit vivement ce sujet rebelle. Montbrun, en fuyant, se cassa la cuisse et fut pris. Le roi fit faire son procès à Grenoble, où il fut condamné à mort et exécuté le 12 août 1575.

MONTCALM (LOUIS-JOSEPH DE SAINT-VÉRAN, marquis DE), lieutenant-général, né en 1712, à Candiac, d'une famille du Rouergue, qui avait le fameux grand maître Gozon, vainqueur du dragon qui désolait l'île de Rhodes, mérita d'être fait, en 1756, maréchal de camp et commandant en chef des troupes françaises dans l'Amérique. Il arrêta par ses bonnes dispositions l'armée de lord Loudon au lac Saint-Sacrement, repoussa avec un petit nombre de troupes les armes anglaises, et prit des forteresses munies de garnisons nombreuses. Le froid, la faim, accablant ses soldats, il s'oublia lui-même pour les secourir. Le général Abercromby ayant succédé à Loudon, Montcalm remporta sur lui, le 8 juillet 1758, une

victoire complète, et reçut le titre de lieutenant-général. Enfin, après avoir éludé longtemps les efforts d'une armée supérieure à la sienne, et ceux d'une flotte formidable, il fut engagé malgré lui dans un combat près Québec. Il reçut au premier rang et au premier choc une profonde blessure, dont il mourut le lendemain, 14 septembre 1759, en héros chrétien. La défaite entière de l'armée française fut suivie de la perte du Canada. Quelques auteurs considèrent ce malheur comme une punition de la conduite tenue envers la garnison du fort Guillaume-Henri, qui fut massacrée par les sauvages malgré la capitulation. S'il est vrai que les Anglais ont exagéré dans leurs relations les torts du général français, il est vrai aussi qu'il est difficile de le justifier entièrement.

MONTCHAL (CHARLES DE), né en 1589, à Annonay en Vivarais, célèbre et savant archevêque de Toulouse, est connu par des mémoires, imprimés à Rotterdam, 1718, en 2 vol. in-12 ; ils roulent sur le cardinal de Richelieu. Ce ministre l'avait nommé à l'archevêché de Toulouse sur la démission du cardinal de La Valette, dont il avait été précepteur. Il gouverna ce diocèse avec beaucoup de zèle et fit plusieurs établissements qui font chérir sa mémoire. Il fut d'abord boursier, ensuite principal du collège d'Autun à Paris, et s'éleva de degrés en degrés. Ces *Mémoires* sont curieux, mais ils ont été imprimés avec peu de soin et d'une manière incorrecte ; il travailla longtemps avec assiduité à corriger Eusèbe. On a de lui des *Lettres* publiées par le père Michel Lequien. Il possédait très bien les langues savantes. On lui attribue encore une *Dissertation* pour prouver que les puissances séculières ne peuvent imposer sur les biens de l'Eglise aucune taxe sans le consentement du clergé (dans l'*Europe savante*, novembre 1718). Effectivement, les biens étant consacrés à Dieu, leur produit ne peut être employé à un usage quelconque que du gré de leurs administrateurs naturels. Montchal était protecteur des savants et très savant lui-même. Les gens de lettres ont jeté des fleurs sur son tombeau. Il y descendit en 1651 à Carcassonne.

MONTE (BARTHÉLEMI-MARIA DEL), célèbre missionnaire, né le 12 novembre 1726, à Bologne, où il mourut le 24 décembre 1778, parcourut pendant 25 ans l'Etat de l'Eglise, celui de Venise, et le Modénois, prêchant et évangélisant les riches et les pauvres. Beaucoup de conversions furent les fruits de ses travaux apostoliques. Il est auteur de divers ouvrages de spiritualité, dont quelques-uns ont été réimprimés. Les principaux sont : *Gisù al cuore del sacerdote secolare et regolare, ovvero considerazioni ecclesiastiche per ogni giorno del mese, coll' aggiunta degli esami previi alla confessione e communione ; Raggionamento del rispetto dovuto alle persone degli ecclesiastici ; Avvertimenti a gli ordinandi ; Ristretto delle principali ceremonie della sancta messa privata ; Opuscoli*, etc., Rome et Bologne, 1775.

MONTECUCCULI, ou plus exactement **MONTECUCCOLI** (SÉBASTIEN DE), natif de Ferrare, avait servi Charles-Quint lorsqu'il vint en France, où il fut employé comme échanson auprès du Dauphin. Ce prince, se trouvant à Tournus, l'été de 1536, et s'étant échauffé en jouant à la paume, demanda un verre d'eau que Montecucculi lui apporta ; il tomba aussitôt malade et mourut au bout de quatre jours. Comme Montecucculi se connaissait un peu en médecine, et que l'on avait de lui un Traité des poisons, on crut trop légèrement qu'il avait empoisonné le Dauphin. Il fut mis à la question, et en avouant ce crime par la force des tourments, il déclara, dit-on, qu'Antoine de Lève et Ferdinand de Gonzague, attachés à Charles-Quint, l'avaient porté à le commettre; mais ces grands généraux s'éleverent contre une imputation ridicule et absurde, et rejetèrent ce forfait sur Catherine de Médicis, qui, en se défaisant de ce prince, assurait le trône à Henri II, son époux, frère cadet du dauphin François. Toutes ces conjectures étaient également odieuses. Quoi qu'il en soit, Montecucculi fut écartelé à Lyon, en 1536.

MONTÉCUCCULI et **EUGÈNE**, deux des plus grands capitaines que l'Italie ait fourni au service de l'Autriche. Raymond, comte de Montécuculli, le digne rival de Turenne, naquit en 1608, dans l'état de Modène. Descendant d'une famille illustre, il suivit la carrière des armes où s'étaient déjà distingués plusieurs de ses parents. Montecucculi étudia d'abord la guerre à une excellente école, sous son oncle le comte Ernest qui commandait avec gloire les armées espagnoles contre les Hollandais, et ceux-ci cependant avaient à leur tête le fameux Maurice. Montécucculi profita en grand homme de cette excellente école. Bientôt après à Nemeslau en Silésie, il remporte un avantage éclatant contre les

Suédois, commandés par le célèbre Léonard Torstenston, délivre la place, met l'ennemi en fuite et s'empare de son artillerie. Accablé plus tard par le nombre, il tombe entre les mains des Suédois qui le gardent deux ans prisonnier. Montécuculli profite de sa captivité pour s'instruire. Le génie de ce grand homme s'appliquait à toute espèce d'études. Après une courte apparition dans l'état de Modène, il retourne bientôt servir en Autriche. La lutte était animée entre cette puissance, les Suédois et les Français. Montécuculli se signale de nouveau contre les Suédois, et réuni à Jeandeverth, il les chasse de la Silésie. Deux ans après, Turenne et Konismark s'avancent en Bavière et triomphent de l'armée autrichienne. Cette armée était sous les ordres de Mélander qui y perd la vie. Montécuculli tire au moins le meilleur parti de sa position et en sauve le reste. La paix de Westphalie ayant mis fin à la guerre, il en profite pour visiter différentes contrées de l'Europe et s'instruire soit dans l'art militaire, soit dans la politique. La guerre se rallume dans le nord; Charles-Gustave appelle les Polonais, Montécuculli vient à leur secours et contribue à les délivrer de cet ennemi redoutable. Les Danois sont menacés chez eux et paraissent réduits à la dernière extrémité, Montécuculli est l'auteur de la diversion en Poméranie qui sauve le Danemarck des attaques des Suédois. Chargé quelques années après de défendre la Hongrie contre les Turcs, le héros modènois est réduit longtemps à une défensive extrêmement pénible. Enfin, il reçoit des renforts et gagne la bataille décisive de Raab qui prépare la supériorité de l'Autriche sur les Turcs. Sa défensive en Hongrie et cette victoire décisive de Raab sont au nombre des titres les plus solides de sa gloire. La guerre recommence avec les Français, et dans l'année 1673, Montécuculli ayant pour adversaire Turenne, parvient à tromper le grand capitaine français, fait sa jonction avec le prince d'Orange, opération décisive, et s'empare de Bonn. Enfin dans l'année 1675, il est opposé de nouveau au général français, on le met à la tête d'une armée découragée par les défaites de l'année précédente, il lui donne la confiance et lutte sans désavantage contre Turenne. La mort de celui-ci force les Français à repasser le Rhin, dans un moment où le sort des armes allait peut-être donner quelque avantage à Turenne. Montécuculli, plus avancé en âge et ressentant déjà les infirmités de la vieillesse, ne profite pas autant qu'il aurait pu de cet événement imprévu. Il est même repoussé au combat d'Altenhein, passe cependant au delà du Rhin, pénètre en Alsace et assiége Haguenau. Le prince de Condé vient au secours de l'Alsace et force Montécuculli à lever le siége de cette place. Depuis lors, le général autrichien ne servit plus. Content de s'être mesuré avec les plus grands capitaines de l'Europe, peut-être aussi affaibli par des infirmités précoces, il se borna à jouir de sa gloire, et mourut à Lintz, le 16 octobre 1681, âgé de 72 ans. Montécuculli ne s'est pas seulement distingué par des faits d'armes éclatants; par ses écrits sur l'art de la guerre, il a été un des maîtres des temps modernes. Ses *Mémoires* sont un modèle de précision et renferment une instruction solide; écrits originairement en italien, ils ont été traduits en latin et en français. Turpin de Crissé les a accompagnés d'un commentaire; Hugo Foscolo les a fait paraître en italien dans une magnifique édition en 2 vol. in-fol. Le comte Paradisi a publié son éloge. Pour résumer en quelques mots notre opinion sur ce grand capitaine, il nous suffit qu'il s'est placé sur la même ligne que les plus grands généraux de son temps; qu'il a joint la théorie la plus profonde à la grande habitude de la guerre: que par ses écrits il s'est mis au rang des maîtres, et que par ses connaissances variées, par la réunion d'un grand nombre de talents, parmi lesquels il faut même compter la poésie, il mérite d'être placé au nombre des esprits universels, des hommes supérieurs.　　J. de M.

MONT-DE-MARSAN, ancienne capitale de la vicomté de Marsan, aujourd'hui chef-lieu du département des Landes. L'origine de cette ville remonte au commencement du règne de Charlemagne, et plusieurs chartes romaines la placent à l'année 768. Elle fut rebâtie en 1140 par les soins de Pierre Laboner, un de ses seigneurs. En 1560 elle tomba au pouvoir de Montgommery qui souilla sa victoire par de grandes cruautés. Elle passa ensuite dans la maison de Bourbon par le mariage de Jeanne d'Albret avec Antoine de Bourbon, père de Henri IV. Aujourd'hui cette ville est le siége d'une préfecture, d'un tribunal de première instance, d'une société d'agriculture, et possède un collége communal. C'est une jolie petite ville bâtie en amphithéâtre, dans une plaine sablonneuse, mais bien située au confluent de deux rivières, la

Douze et le Midou, qui, par leur jonction, forment la Midouze, rivière navigable. Quatre ponts, dont un sur la Douze, un sur le Midou, et deux sur la Midouze établissent la communication entre les différentes parties de la ville. De belles rues, des fontaines nombreuses, une avenue de chênes antiques qui forment une magnifique entrée, une préfecture, un palais de justice, une maison de détention, un hospice, des casernes, un collége communal, une bibliothèque, une salle de spectacle, un établissement d'eaux thermales, plusieurs bains publics; tout cela se trouve dans cette capitale du vaste désert de la France; mais ce qu'il y a surtout de remarquable à Mont-de-Marsan, c'est la beauté des femmes que le costume pittoresque embellit encore. Mont-de-Marsan possède des fabriques de draps communs, des couvertures de laine, de toiles à voiles. Elle fait un grand commerce de vins et d'eau-de-vie d'Armagnac. Sa population est de 3,500 habitants.

MONTE, s. f., l'accouplement des chevaux et des cavales. Il signifie aussi le temps de cet accouplement.

MONTÉE, s. f., endroit par où l'on monte à une montagne, à un coteau, etc. Il se dit particulièrement d'une rampe douce au devant d'un édifice. Il signifie quelquefois l'action de monter. Montée se dit encore d'un petit escalier, dans une maison de pauvres gens. Il signifie en outre, populairement, chacune des marches d'un escalier, d'un degré. Montée, se dit aussi, en architecture, de la hauteur d'une voûte.

MONTEFIASCONE, ville des Etats-Romains, dans la délégation de Viterbe, siége d'un évêque. Elle est située près du lac de Bolsena. Sa cathédrale, située sur une hauteur, est remarquable par son dôme, dont l'effet est imposant. Le vin muscat de Montefiascone est d'une qualité supérieure et fort recherché; il est connu aussi sous le nom de vin de l'Est. On voit dans les environs de cette ville l'Eglise de Saint-Flaviano, mélange bizarre d'arches de différentes grandeurs et un lac sulfureux. C'est la patrie du poète Casti. Le cardinal Maury en fut évêque. 5,500 habitants.

MONTÉGRE (ANTOINE-FRANÇOIS JENIN DE), médecin, né à Belley le 6 mai 1779, fournit au *Dictionnaire des sciences médicales* de nombreux articles parmi lesquels on remarque l'article *Hémorrhoïdes*, qui a paru ensuite sous ce titre : *des Hémorroïdes*, ou *Traité analytique de toutes les affections hémorroïdales*, Paris, 1819, in-8°. Montègre alla en 1818 à Saint-Domingue, pour étudier les véritables caractères de la fièvre jaune endémique. Il mourut au Port-au-Prince, le 14 septembre de la même année. Nous citerons de ce médecin : *du Magnétisme animal et de ses partisans*, Paris, 1812, in-8°; *Expériences sur la digestion dans l'homme*, le 8 septembre 1812, Paris, 1814, in-8°; *Examen rapide du gouvernement des Bourbons en France depuis le mois d'avril 1814 jusqu'au mois de mars 1815*, Paris, 1815, in-8°.

MONTÉGUT (JEANNE DE SÉGLA, épouse de M. DE), trésorier de France, de la généralité de Toulouse, naquit dans cette ville en 1709, et y mourut en 1752. Ses œuvres, parmi lesquelles on trouve quelques Essais de Jean-François de Montégut son fils, ont été publiées à Paris, en 1768, en 2 v. in-8°. Il y a dans cette collection peu de poésies galantes; elles sont presque toutes morales ou chrétiennes et souvent de simple tribut de société ou d'amitié: mais on y trouve du naturel, de la douceur, et beaucoup de facilité. Le premier volume offre des Odes, des Epîtres, des Idylles, des pièces fugitives. Le second renferme une Traduction presque complète, en vers français, des Odes d'Horace. Cette version est en général élégante et fidèle; il y a quelques odes rendues avec talent : on désirerait quelquefois plus de force et de coloris. Le talent de madame de Montégut, pour la poésie, se développa plus tard; mais il fut bientôt perfectionné. Elle remporta trois prix à l'académie des Jeux-Floraux, et fut déclarée maîtresse des jeux : titre que l'on accorde aux athlètes honorés d'une triple couronne. Ce que ses écrits ont de précieux, c'est qu'on y découvre l'empreinte de son âme noble, sincère, sensible, nourrie des principes d'une saine philosophie et pénétrée d'attachement pour la religion. Quoiqu'elle possédât le latin, l'anglais, l'italien, et qu'elle fût versée dans les sciences et dans les belles-lettres, elle cachait ses lumières avec autant de soin que d'autres en prennent à les étaler. Sa parure était simple et décente, son maintien noble et modeste. Un homme éclairé, vertueux et austère dit, en parlant d'elle : « C'est la seule à qui je pardonne d'être savante. »

MONTE-MAJOR (GEORGES DE), célèbre poète, ainsi nommé de Monte-Major, lieu de sa naissance, auprès de Coïmbra, naquit vers 1520, et suivit quelque temps la cour de Philippe II, roi d'Espagne. Il prit le parti des armes, sans abandonner ni la poésie ni la musique, pour laquelle il avait aussi beaucoup de talent. Le Parnasse espagnol le perdit vers 1560. On a de lui des poésies sous le titre de *Cancionero*, 1554, 2 vol. in-8°, et une espèce de poème en prose intitulé *La Diane*, 1602, in-8°. Il y a dans ses ouvrages de l'esprit et de la délicatesse.

MONTENAULT D'ÉGLY (CHARLES-PHILIPPE DE), membre de l'Académie des belles-lettres, né à Paris en 1696, rédigea longtemps le *Journal de Verdun*, et mourut à Paris en 1749. On a de lui : l'*Histoire des rois des Deux-Siciles, de la maison de France*, en 4 vol. in-12, 1741; ouvrage estimé pour l'exactitude et la simplicité qui y règnent.

MONTENEGRO, (*Gerna-Gora*, en illyrien, *Kara-Dagh*, en turc, et *Mal-Isis*, en albanais), canton presque enclavé dans la Turquie. Il est borné au nord et au nord-ouest par la Bosnie, à l'est et au sud par le sandjack de Scutari, et au sud-ouest par la Dalmatie. Sa longueur est de 25 lieues, et sa largeur de 12; sa superficie de 150 lieues carrées. Il a plusieurs montagnes, dont les rivières assez nombreuses, de belles forêts et d'excellents pâturages. Le pays est fertile et produit toute espèce de céréales. Le gibier y abonde et le poisson n'est pas rare dans ses eaux. Les Montenegrins sont d'origine slave, bien faits, braves, chérissant par-dessus tout l'abondance et la liberté, et ennemis implacables des Turcs. Leur gouvernement est républicain; ils ont un conseil et un chef suprême; l'évêque contrebalance le pouvoir de ce dernier. Ils professent la religion grecque schismatique. 5 villages serviens-grecs et 5 villages albanais catholiques sont leurs alliés et participent à leur indépendance. La population s'élève à 78,000 âmes, sans compter les alliés qui sont au nombre de 20,000. La capitale du Montenegro est Cetigne ou Cettina.

MONTER, v. n., se transporter dans un lieu plus haut que celui où l'on était. En ce sens il se dit des hommes et des animaux. Fig., monter à cheval, signifie aussi manier un cheval, lui faire faire le manège. Monter à l'assaut, attaquer une place afin de l'emporter de vive force. Monter sur un vaisseau, s'embarquer sur un vaisseau. Monter en chaire, prêcher. Monter sur le théâtre, se faire comédien. Fig., monter au faîte des honneurs, parvenir aux plus grandes dignités. Fig., monter sur le Parnasse, composer des vers, se livrer à la poésie. Prov. et fig., monter sur ses grands chevaux, prendre les choses avec hauteur, montrer de la fierté, de la sévérité dans ses paroles. Prov. et fig., Monter aux nues, se mettre en colère. Monter signifie aussi, figurément, passer à un poste, à un degré au-dessus de celui qu'on occupait. Monter signifie encore s'élever. En ce sens il se dit plus ordinairement de certains corps, tels que l'eau, le feu, la vapeur, etc. Il s'emploie figurément dans le même sens. Fig. et fam., cette fille monte en graine, elle avance en âge et ne trouvera bientôt plus à se marier. Cet arbre monte trop haut, on le laisse trop croître. Monter signifie aussi croître, s'accroître. Il est plus usité au sens moral. Monter signifie, en outre, hausser de prix, croître en valeur. Monter se dit aussi d'un total composé de plusieurs sommes, de plusieurs nombres. Il s'emploie dans le même sens avec le pronom personnel. Monter se prend activement dans plusieurs acceptions, par exemple, dans le sens de se transporter dans un lieu plus haut que celui où l'on était. Monter un vaisseau, le commander. Monter, employé activement, signifie aussi fournir un établissement ou une personne de tout ce qui lui est nécessaire. Fig., monter une cabale, préparer une cabale. Poétiq., monter sa lyre, se disposer à faire des vers. Monter la garde, se dit d'une troupe de gens de guerre qui vont faire la garde en quelque endroit. Il se dit aussi de chaque soldat qui est de service dans un poste pour un temps déterminé. Fig. et fam., monter une garde à quelqu'un, lui faire une vive réprimande. Monter, employé activement, signifie aussi élever, accroître. En peinture, monter sa couleur, rendre la couleur de son tableau plus vigoureuse qu'on n'avait fait d'abord. Fig. et fam., monter la tête à quelqu'un, lui inspirer quelque idée, qui s'empare de lui jusqu'à l'exalter. Monter, pris activement, signifie encore porter, transporter quelque chose en haut, ou l'y élever. Il s'emploie quelquefois avec le pronom personnel, dans un sens figuré analogue au sens précédent. Il signifie absolument s'exalter, s'échauffer, s'irriter.

MONTERCHI (JOSEPH), romain, né vers 1630, mort au commencement du XVIIIe siècle, se rendit habile dans les antiquités et mérita, par ses connaissances dans cette science, de devenir bibliothécaire du cardinal Carpegno. Les anti-

quaires font quelque cas d'un livre italien qu'il donna sur cette matière, sous ce titre : *Scetta de' medaglioni piùrari del cardinal Carpegno*, in-4°, Rome, 1679 (voyez le *Giornale de' letterati diromo*, même année).

MONTEREAU, petite ville du département de Seine-et-Marne, population 3,700, célèbre par l'assassinat du duc de Bourgogne, en 1419, et par la victoire des Français sur les alliés en 1814.

MONTEREAU (PIERRE DE), s'est rendu célèbre par plusieurs ouvrages d'architecture. Il était de Montereau, et mourut l'an 1266. C'est cet architecte qui a donné les dessins de la Sainte-Chapelle de Paris et de la chapelle de Vincennes. Il fut enterré dans l'église de Saint-Germain-des-Prés et représenté sur sa tombe avec un compas et une règle à la main.

MONTESQUIEU (CHARLES DE SECONDAT, baron DE LA BRÈDE et DE), naquit au château de la Brède, près Bordeaux, le 18 janvier 1689. Un oncle paternel, président à mortier au parlement de Bordeaux, ayant laissé ses biens et sa charge au jeune Montesquieu, il en fut pourvu en 1716. Sa compagnie le chargea six ans après, en 1722, de présenter les remontrances à l'occasion d'un nouvel impôt, dont son éloquence et son zèle obtinrent la suppression. L'année d'auparavant, il avait mis au jour ses *Lettres Persanes*, satire où les choses les plus saintes ne sont pas plus épargnées que les vices, les préjugés et la bizarrerie des Français. La mort de Sacy, traducteur de Pline, ayant laissé une place vacante à l'Académie française, Montesquieu se présenta pour la remplir. Le cardinal de Fleury, instruit, par des personnes zélées, des plaisanteries du *Persan* sur les dogmes, la discipline et les ministres de la religion chrétienne, lui refusa son agrément. Montesquieu, devinant sans peine la raison de ce refus, fit faire (si l'on en croit Voltaire) en peu de jours une nouvelle édition de ces Lettres, où les passages blâmables étaient adoucis ou supprimés. Cette espèce de rétractation, et les instances surtout du maréchal d'Estrées, directeur de l'Académie française, ramenèrent, dit-on, le cardinal, et Montesquieu y fut admis en 1727. Le dessein que Montesquieu avait formé de peindre les nations dans son *Esprit des Lois*, l'obligea de les aller étudier chez elles. Après avoir parcouru l'Allemagne, la Hongrie, l'Italie, la Suisse et la Hollande, il se fixa près de deux ans en Angleterre. De retour dans sa patrie, il mit la dernière main à son ouvrage sur les *Causes de la Grandeur et de la Décadence des Romains*, qui parut en 1734, in-12. L'auteur trouve les causes de la grandeur des Romains dans l'amour de la liberté, du travail et de la patrie; dans la sévérité de la discipline militaire; dans le principe où ils furent toujours de ne faire jamais la paix qu'après des victoires. Il trouve les causes de leur décadence dans l'agrandissement même de l'État; dans le droit de bourgeoisie accordé à tant de nations; dans la corruption introduite par le luxe de l'Asie; dans les proscriptions de Sylla, etc.; mais quelques-uns de ces faits, les derniers entre autres, sont plutôt les suites que les causes de la décadence que l'auteur prétend expliquer. On dit aussi qu'il profita beaucoup d'un ouvrage anglais, écrit sur le même sujet, par Walter Moyle, et publié à Londres en 1726. L'*Esprit des Lois* parut en 1748, en 2 vol. in-4°. C'est un ouvrage qui présente de grandes vues, des réflexions profondes et lumineuses, une grande connaissance des gouvernements, d'excellentes réfutations des paradoxes par lesquels des écrivains plus singuliers que solides ont prétendu faire le gouvernement turc, et d'autres tristes produits du despotisme oriental. Voltaire, cet homme si jaloux de tout autre mérite que le sien, a appelé l'auteur *Arlequin Grotius*, et Linguet a nommé l'*Esprit des Lois*, l'ouvrage d'un petit-maître français qui lisait fort légèrement. Ces jugements sont un peu sévères; mais il faut convenir que l'auteur est peu exact, qu'il adopte d'anciennes idées qu'il donne pour neuves, et qu'il y attache une confiance que souvent elles ne méritent pas. C'est ainsi que son système de climats, qui fait une partie considérable de son livre, est pris tout entier de la Méthode d'étudier l'histoire, de Bodin, et du Traité de la Sagesse, de Charron, sans qu'il les ait cités : système du reste excellemment réfuté par des faits sensibles, éclatants, brillants de toute la lumière de l'histoire et de la géographie. Les assertions les plus positives sont souvent dénuées de fondement. Il ne prouve pas, par exemple, qu'il naisse plus de filles que de garçons en Orient (le contraire est même certain), et, quand cela serait, la conséquence qu'il en tire en faveur de la polygamie ne serait pas concluante; il faudrait prouver encore que, tout comparé, il y a plus de circonstances où les hommes meurent en Orient que les femmes :

mais c'est tout le contraire, parce qu'en Orient, un grand nombre de filles et de femmes étant renfermées ensemble, les maladies pour elles y sont plus fréquentes et plus contagieuses; ce qu'Aristote avait déjà fait remarquer. Ainsi, quand bien même il naîtrait en Orient plus de filles que de garçons, ce qui n'est pas, il ne s'ensuivrait point que la polygamie y doit être permise; de même qu'en Europe, quoiqu'il y naisse plus de garçons que de filles, il ne s'ensuit pas que la polyandrie y doive être tolérée, parce qu'il a plus d'occasions où les hommes y meurent que les femmes; et que, tout considéré, le nombre des hommes n'est pas assez grand pour que les femmes en puissent avoir plusieurs; il est d'ailleurs démontré, par le fait, que les pays où la polygamie a lieu sont moins peuplés que les autres, toutes choses étant d'ailleurs égales. L'influence qu'il donne aux climats sur la religion chrétienne, est contraire aux faits les plus avérés. Le christianisme a produit les mêmes effets, le même changement dans les mœurs de tous les peuples chez lesquels il s'est établi. La mollesse des Asiatiques, la férocité des Africains, l'humeur vagabonde des Parthes et des Arabes, la rudesse des habitants du Nord et des Sauvages, ont été forcées de céder à la morale de l'Evangile. On peut s'en convaincre par le tableau des mœurs qui ont régné avec le christianisme pendant quatre siècles sur les côtes de l'Afrique, en Egypte, en Arabie, qui règnent encore chez les Abyssins; par la révolution qu'il a opérée chez les Perses, au sixième siècle en Angleterre, au neuvième chez les peuples du Nord, de nos jours parmi les Américains, et aux extrémités de l'Asie. Il y a sans doute des climats sous lesquels les mœurs sont ordinairement corrompues, et les habitants moins propres à s'instruire; mais il n'est point de difficultés que le christianisme n'ait autrefois vaincues : il peut donc encore les vaincre aujourd'hui. Au second siècle, Celse jugeait, comme nos politiques modernes, que le dessein de ranger tous les peuples sous la même loi était un projet insensé; cette spéculation profonde s'est trouvée fausse, elle le sera toujours : le christianisme a été destiné de Dieu à être la religion de toutes les nations, comme elle doit être celle de tous les siècles. Une preuve démonstrative de la religion a beaucoup plus d'empire sur les mœurs des peuples que le climat, c'est que partout où le christianisme a été détruit, la barbarie et l'ignorance ont pris sa place, sans qu'aucun laps de temps ait pu les dissiper. Y a-t-il quelque ressemblance entre les mœurs qui règnent aujourd'hui sous le mahométisme dans la Turquie, l'Asie mineure, la Perse, la Syrie, l'Egypte et sur les côtes de l'Afrique, et celles que le christianisme y avait introduites? En peu d'années, notre religion avait civilisé toutes ces nations : il y a près de onze cents ans qu'elles sont retombées dans la barbarie, et elles semblent condamnées à y demeurer pour toujours, à moins qu'elles ne reviennent à la lumière de l'Evangile, dont l'Alcoran les a privées. Ce que Montesquieu avance sur les suicides, qu'il n'y avait contre eux chez les Romains aucune peine, n'est pas exact, puisqu'il est constant qu'ils étaient privés de la sépulture sacrée et religieuse. On reproche encore à l'auteur d'avoir ramené tout à un système, dans une matière où il ne fallait que raisonner sans imaginer; d'avoir donné trop d'influence aux causes physiques préférablement aux causes morales; d'avoir fait un tout irrégulier, une chaîne interrompue; d'avoir trop souvent conclu du particulier au général. L'abus actuel de la philosophie, par quiconque veut en analyser les progrès, remonte à cet ouvrage célèbre, qui, ramenant toute législation à son esprit, et imprimant à tous les principes les plus constants, le caractère de système, s'efforçant avec un art pénible de les courber pour les ajuster à ses opinions, a malheureusement introduit dans le monde littéraire un esprit de discussions hardies et souvent téméraires. On est peiné de trouver dans cet ouvrage célèbre de longues digressions sur les lois féodales, des exemples tirés des voyageurs les plus discrédités, des paradoxes à la place des vérités, des plaisanteries où il fallait des réflexions, et ce qui est encore plus triste, des principes de déisme et d'irréligion. Mais ces écarts n'ont point empêché l'auteur de rendre au christianisme des témoignages éclatants, d'en démontrer les excellents effets. « Bayle, dit-il, après avoir insulté toutes les religions, flétrit la religion chrétienne : il ose avancer que de véritables chrétiens ne formeraient pas un Etat qui pût subsister. Pourquoi non? Ce seraient des citoyens infiniment éclairés sur leurs devoirs, et qui auraient un très grand zèle pour les remplir; ils sentiraient très bien les droits de la défense naturelle; plus ils croiraient devoir à la religion, plus ils penseraient devoir à la patrie. Les principes du christianisme, bien gravés dans le cœur, seraient infiniment plus forts que ce faux honneur des monarchies, ces vertus humaines des républiques, et cette crainte servile des Etats despotiques... Chose admirable, dit-il ailleurs, la religion chrétienne, qui ne semble avoir d'objet que la félicité de l'autre vie, fait encore notre bonheur dans celle-ci. » L'Esprit des Lois essuya des critiques bonnes et mauvaises. Quelque esprit que l'auteur ait mis dans sa défense, il ne se justifie pas sur tous les reproches qu'on lui avait faits. La Sorbonne entreprit l'examen de l'Esprit des Lois, et y trouva plusieurs choses à reprendre : mais la censure, longtemps attendue, n'a pas vu le jour.

La meilleure de toutes les critiques, si on en juge par l'impression qu'elle fit sur l'auteur, fut celle de Dupin, fermier-général; qui avait une bibliothèque choisie et très nombreuse, dont il savait faire usage. Montesquieu alla se plaindre de cette critique à la marquise de Pompadour, au moment où il n'y avait que cinq ou six exemplaires de distribués à quelques amis. La marquise fit venir Dupin, et lui dit qu'elle prenait l'Esprit des lois sous sa protection, ainsi que son auteur. Il fallut retirer les exemplaires, et brûler toute l'édition. Telle est la tolérance de ceux qui la prêchent le plus. Montesquieu attaqué, au commencement de février 1755, d'une fluxion de poitrine, parla et agit dans ses derniers moments en homme qui ne voulait laisser aucun doute sur sa foi. « J'ai toujours respecté la religion, dit-il. La morale de l'Evangile, ajouta-t-il, est le plus beau présent que Dieu pût faire aux hommes. » Le P. Routh, jésuite, qui le confessa, nous a laissé sur sa fin des détails intéressants. Interrogé sur le motif qui l'avait porté à hasarder dans ses ouvrages des idées qui répandaient sur sa créance de légitimes soupçons, Montesquieu répondit que c'était « le goût du neuf et du singulier, le désir de passer pour un génie supérieur aux préjugés et aux maximes communes, l'envie de plaire et de mériter les applaudissements de ces personnes, qui donnent le ton à l'estime publique, et qui n'accordent jamais sûrement la leur que quand on semble les autoriser à secouer le joug de toute dépendance et de toute crainte. » Après avoir rapporté les moyens qu'il prit avec le malade pour réparer les mauvaises impressions que ses livres pouvaient avoir produites, le P. Routh ajoute que Montesquieu s'assujétit à ces conditions avec toute la bonne volonté imaginable. Le curé de Saint-Sulpice lui en marqua sa satisfaction; et, après les exhortations et les prières ordinaires, il lui administra l'extrême-onction et le viatique. Le président les reçut avec un air de componction et de dévotion bien édifiant, et en répondant les mains jointes devant la poitrine aux prières de l'Eglise. Ceux qui ont paru étonnés de trouver ce philosophe mourant dans ces dispositions chrétiennes, ne savent sans doute pas comment il s'était conduit à l'égard de la religion, et combien de preuves d'attachement il lui avait données. Dans le même temps que les traits scabreux répandus dans son livre de l'Esprit des Lois lui attiraient le plus d'applaudissements de la part de tous les esprits prétendus forts de l'Europe, il fit éclater son zèle pour la religion par une démarche bien propre à démentir leur estime pour lui. De Marans, maître des requêtes, et son proche parent, étant tombé dangereusement malade, il courut chez lui, le pressa vivement de se confesser; et, comme le malade résistait à ses remontrances, il l'employa tant d'art et d'insinuation, que l'ayant enfin persuadé, il courut à minuit d'une extrémité de Paris à l'autre, pour lui chercher un confesseur au collège des Jésuites, et le lui amena sur-le-champ. La confession étant finie, il ne consentit qu'avec peine, après bien des instances, et par ménagement pour le malade, qu'on différât jusqu'au jour qu'on lui administrât le saint viatique. Quelle est donc la faiblesse et la contradiction de l'homme, de dissimuler et d'étouffer des sentiments dont il est si intimement pénétré, pour mériter l'approbation des esprits légers, faux et corrompus, dont il connaît lui-même à fond les travers et le ridicule, et de sacrifier à une telle jouissance des vérités dont il sent profondément et les salutaires effets et les éternelles conséquences! Le président de Montesquieu mourut le 10 février 1755. On a publié après sa mort le recueil de ses Œuvres, in-4°, in-8°, et in-12. Il y a dans cette collection quelques petits ouvrages dont nous n'avons pas parlé. Le plus remarquable est le Temple de Gnide, espèce de poème en prose dans lequel l'auteur fait une peinture naïve, animée, quelquefois trop longue, trop fine et trop recherchée, de la naïveté de l'amour, tel qu'il est dans une âme neuve.

Ce roman a été mis en vers par Colardeau. On trouve encore dans cette collection un fragment sur le goût, où il y a plusieurs idées neuves et quelques-unes obscures. Deleyre a publié, en 1758, in-12, le *Génie de Montesquieu*. C'est un extrait, fait avec choix, des plus belles pensées répandues dans les différents ouvrages de cet écrivain. On a donné, en 1767, in-12, les *Lettres familières de M. de Montesquieu*. On a eu raison de mettre à la tête l'avis que « celui qui les a publiées n'a pas prétendu augmenter la gloire de Montesquieu. » Elles ne donnent pas une idée favorable de sa modestie, de sa modération et de ses principes; il s'y montre comme un des fondateurs de la secte philosophique. En 1784, on vit paraître à Paris *Arsace et Isménie, histoire orientale*, petit conte que l'éditeur a eu bien tort de nous donner comme un traité de morale politique, à l'usage des souverains et des ministres. C'est tout au plus dans les vingt dernières pages qu'on peut supposer cette intention à l'auteur. La dernière édition des Œuvres de Montesquieu est de Paris, 1819, 8 vol. in-8°.

MONTESQUIOU-FEZENZAC (ANNE-PIERRE, marquis DE), né en 1748, à Paris, où il mourut le 30 décembre 1798, fut nommé premier écuyer de Monsieur en 1771; maréchal-de-camp en 1780; membre de l'Académie française en 1784. Ami des philosophes, il se réunit l'un des premiers de son ordre au tiers-état en 1789. Placé à la tête de l'armée du midi, il entra, le 27 septembre 1792, dans la Savoie, dont il fit la conquête sans verser une goutte de sang. Décrété d'accusation par les révolutionnaires, à qui sa modération le rendait suspect, il se retira au fond de la Suisse, et ne reparut en France qu'en 1796. On a de lui notamment : *du Gouvernement des finances de France*, 1797, in-8°. *Coup d'œil sur la révolution française*, plusieurs Articles dans le *Journal de Paris*. On peut consulter, pour plus de détails, *La France littéraire*, de Ersch, et ses suppléments.

MONTESQUIOU-FEZENZAC (FRANÇOIS-XAVIER-MARIE-ANTOINE, du DE), pair de France, né en 1757, au château de Marsan, mort en février 1832, embrassa l'état ecclésiastique. Nommé, en 1785, agent-général du clergé, il exerça ces fonctions jusqu'à la révolution. Député par le clergé de Paris aux Etats-Généraux, il montra beaucoup de modération dans la défense des priviléges des deux premiers ordres; conduite qui lui donna une très grande influence. Mirabeau, qui le redoutait, ne put s'empêcher de s'écrier un jour de sa place, au moment où il allait prendre la parole : « Méfiez-vous de ce petit serpent, il vous séduira. » L'abbé de Montesquiou, porté deux fois à la présidence, reçut les remerciements unanimes de l'assemblée, qui n'accorda cet honneur à aucun des membres de l'opposition du clergé et de la noblesse. Il ne s'était réuni au tiers-état que sur l'ordre du roi, après avoir toutefois déclaré que son ordre regardait, non comme un sacrifice, mais comme un acte de justice, l'abandon de ses priviléges pécuniaires. Lorsque la discussion relative aux biens ecclésiastiques eut lieu dans l'assemblée, il démontra que le clergé en était propriétaire, et qu'avant de les lui enlever, il fallait au moins assurer ses dépenses. La création des assignats, qui n'était qu'un moyen de faciliter l'achat des biens ecclésiastiques, trouva aussi en lui un antagoniste vigoureux. Malgré cette opposition, il fut nommé l'un des douze commissaires chargés de l'exécution de la loi qui ordonnait la vente des biens ecclésiastiques. Dans la délibération sur la suppression des monastères, il prouva que l'assemblée n'avait pas le droit de dispenser les religieux de leurs vœux. Lorsque la loi sur le serment ecclésiastique eut été portée, plusieurs évêques se réunirent pour savoir s'il pouvait être prêté; l'abbé de Montesquiou soutint l'affirmative. Néanmoins, l'opinion contraire ayant prévalu, il se soumit à cette décision. Il demanda ensuite, dans la séance du 27 novembre 1790, que le roi fût prié d'écrire au pape pour avoir la sanction de la constitution civile du clergé. Quand on agita la question de la guerre ou de la paix, l'abbé de Montesquiou soutint que le roi devait seul jouir de cette prérogative; mais il la subordonnait à son acceptation à la ratification de l'assemblée. Il vota avec le côté droit dans toutes les occasions importantes, et signa la protestation du 11 septembre 1791. Pendant la session de l'assemblée législative, il demeura à Paris, se retira en Angleterre après la journée du 10 août, et rentra en France après la chute de Robespierre.

On assure qu'il présenta à Buonaparte, alors premier consul, une lettre de Louis XVIII, et que Buonaparte le chargea de sa réponse au roi. A l'époque où le premier consul se fit donner le titre d'empereur, il exila l'abbé de Montesquiou à Menton près Monaco, puis le laissa vivre tranquillement à Paris. L'abbé de Montesquiou fit partie du gouvernement provisoire à la chute de l'empire, et Louis XVIII le nomma l'un des commissaires chargés de la rédaction de la charte constitutionnelle. Chargé le 13 mai 1814 du portefeuille de l'intérieur, il présenta le 12 juillet à la chambre des députés un rapport sur la situation du royaume, et, quelque temps après, il proposa une loi contre la liberté de la presse. A l'époque du débarquement de Buonaparte, celui-ci rendit un décret par lequel il ordonnait la poursuite de treize personnes qu'il accusait d'avoir tramé le renversement du gouvernement impérial; de ce nombre était l'abbé de Montesquiou, qui se rendit en Angleterre. Seul des ministres de cette époque, il refusa l'indemnité que Louis XVIII accorda à chacun d'eux, conserva le titre de ministre d'Etat, fut élevé à la dignité de pair, et en 1816 membre de l'Académie française, et nommé duc en 1826. L'abbé de Montesquiou, témoin de la révolution de 1830, n'envoya pas aussitôt sa démission de pair de France; elle ne fut reçue que dans la séance du 9 janvier 1832. On lui attribue l'*Adresse aux provinces*, ou *Examen de l'opération des assemblées nationales*, 1790, in-8°. Les partisans de cet homme d'Etat d'avoir opéré une réaction tout au profit de l'émigration; les royalistes lui ont reproché, au contraire, d'avoir négligé les véritables serviteurs de la royauté pour remettre le pouvoir entre les mains de ses ennemis.

MONTESSON (CHARLOTTE-JEANNE BERAUD DE LA HAIE DE RIOU, marquise DE), née à Paris, en 1737, inspira un vif attachement au duc d'Orléans. Aussi vertueuse que belle, elle ne lui répondit que par des égards respectueux. Mais, rendue par la mort de son mari à la liberté de ses affections, elle agréa enfin l'offre que ce prince lui fit de l'épouser. Le roi voulut que le mariage restât secret, autant que faire se pourrait, c'est-à-dire aussi longtemps qu'aucun enfant n'en serait le fruit. Madame de Montesson se conduisit avec tant de prudence, elle montra tant d'affabilité, qu'elle évita également l'envie et le ridicule qui pouvaient s'attacher à sa position équivoque. Connaissant les goûts de son mari pour les plaisirs, elle employait les ressources de son esprit à varier les amusements de société qu'elle lui ménageait chaque jour. Elle composa plusieurs pièces, qu'elle faisait représenter dans ses appartements et dans lesquelles elle jouait toujours un rôle. Veuve pour la seconde fois, en 1785, elle traversa la révolution sans éprouver d'autres persécutions que ceux d'une arrestation momentanée, jouit, sous l'empire, d'une grande considération, et mourut à Paris le 6 février 1806. Elève de Van-Spaendonck, madame de Montesson a laissé plusieurs tableaux de fleurs dignes de l'école de ce grand maître. Elle avait publié ses divers écrits, sous le titre d'*Œuvres anonymes*, Paris, 1782, 8 vol. in-8. Madame de Montesson n'avait point la manie du bel-esprit. Dans le rigoureux hiver de 1788 à 1789, elle avait converti son orangerie et les serres de ses jardins en ateliers de travail, où les indigents trouvèrent des secours et un abri.

MONTEVIDEO, département de la république de l'Uruguay, dans l'Amérique méridionale. Il est borné au nord par le Paraguay, à l'est par le Paraguay et Buenos-Ayres, au sud par l'Atlantique et Rio-de-la-Plata, et à l'ouest par l'Uruguay. Il est traversé par l'Uruguay, le Rio-Negro, l'Ibicuy, etc. Le Rio-Negro est sa principale rivière. En 1825, ce pays se sépara du Brésil, qui, en 1821, l'avait enlevé aux Buenos-Ayriens; le 27 août 1828, un traité entre le Brésil et Buenos-Ayres fit de ce pays et de la *Banda oriental* un pays indépendant. Montevideo en est le chef-lieu. Cette ville est aussi la capitale de tout l'Uruguay. Elle est le siège d'un évêché, sur la rive gauche et à l'embouchure du Rio-de-la-Plata, dans une contrée fertile en blé très-estimé et riche en pâturages qui nourrissent une grande quantité de bestiaux et de chevaux. Le plan de la ville, bâtie en amphithéâtre, est très régulier; les rues sont larges et alignées; les maisons d'un seul étage en général et couvertes de terrasses. Ses édifices sont peu remarquables, si l'on excepte la cathédrale. Son commerce est bien déchu; on exporte du suif, des cuirs et du bœuf salé; et l'on importe les produits des manufactures européennes, du café, du thé, du sucre et du cuivre. Elle a un port assez bon. Montevideo fut fondée par les Espagnols de Buenos-Ayres; elle a beaucoup souffert des guerres du Brésil et de Buenos-Ayres qui l'ont prise tour-à-tour. Population, 10,000 habitants.

MONTÉZUMA, ou **MOTEUCZOMA**, dernier empereur du Mexique, dont quelques écrivains romanesques ont voulu faire un héros, était un tyran affamé de sang et de carnage, qui ne ravageait les voisins que pour multiplier les victimes de ses idoles. Les Américains, eux-mêmes, invoquaient le secours des Espagnols contre cette bête féroce, plus redoutable que les monstres du Maraguen et de l'Orénoque; et ce n'est que sur les instances de ces peuples que Cortez résolut de porter la guerre dans le Mexique. Quand il arriva dans la ville de Mexico, il fut reçu par Montézuma comme son maître, et par les habitants comme leur dieu. Mais la conduite qu'il tint à l'égard du temple de cette ville occasionna des mécontentements. « Il y a, dit Cortez, trois nefs dans l'intérieur de ce temple, où sont placées des idoles de la plus haute stature. Je fis renverser toutes ces idoles, je fis nettoyer toutes les chapelles où se faisaient les sacrifices humains, et j'y plaçai des images de Notre-Dame et d'autres saints. » Montézuma fut très affecté de ce changement; mais, voyant l'impossibilité de se défaire des Espagnols par la force ouverte, il tâcha de les rassurer par des témoignages d'amitié et de bonne foi, pour les accabler lorsque la sécurité leur aurait fait partager leurs forces et aurait affaibli leur vigilance. Un général de l'empereur, qui avait des ordres secrets, attaqua les Espagnols laissés à la Vera-Cruz, et, quoique ses troupes fussent vaincues, il y eut trois ou quatre Européens de tués. La tête de l'un d'eux fut même portée à Montézuma. Alors Cortez fit ce qui ne s'est jamais fait de plus hardi en politique: il va au palais suivi de cinquante des siens, et, mettant en usage la persuasion et la menace, il emmène l'empereur prisonnier au quartier espagnol, le force à lui livrer les agresseurs de la Véra-Cruz, et fait mettre les fers aux pieds et aux mains de l'empereur même, comme un général qui punit un simple soldat. Ensuite il le força à se reconnaître publiquement vassal de Charles-Quint. Montézuma et les principaux de l'empire donnèrent pour tribut attaché à leur hommage. 6,000 marcs d'or pur. Il est à croire que cet hommage de Montézuma fut sincère; il ne fit du moins rien dans la suite qui pût le contredire, et finit par être la victime de sa fidélité. Les seigneurs mexicains conspirèrent contre lui et les Espagnols. Montézuma et Alvarado, un des lieutenants de Cortez, furent assaillis dans le palais par 200,000 Mexicains. Montézuma proposa de se montrer à ses sujets, pour les engager à se retirer; mais, au milieu de sa harangue, il reçut un coup de pierre qui le blessa mortellement; il expira bientôt après, en 1520. Ce prince laissa des enfants: deux de ses fils et trois de ses filles embrassèrent le christianisme. L'aîné reçut le baptême, et obtint de Charles-Quint des terres, des revenus, et le titre de comte de Montézuma. Il mourut en 1608. Sa famille est comprise dans la grandesse d'Espagne, cent fois plus heureuse que sur un trône cimenté par la tyrannie, et dans les erreurs d'une superstition sanguinaire et atroce. Quel jugement porter de ces prétendus sages, qui déclament avec un zèle infatigable contre les conquêtes de Cortez, et qui ne sentent aucune émotion en lisant les étranges horreurs des Mexicains; qui entassent les exclamations les plus pathétiques sur le nombre plus ou moins exagéré des Américains tués par Cortez sur le champ de bataille, et qui ne témoignent nulle indignation contre le sacrificateur des hommes, nulle horreur de cette innombrable multitude de victimes humaines, immolées suivant les lois les plus solennelles et les plus chères des Mexicains? Mais, dit-on, quels que fussent les excès et les crimes de ces peuples, quel droit avait Cortez de les soumettre au joug de l'Espagne? La maxime qu'il ne faut pas occuper le pays qui ne nous appartient pas est raisonnable sans doute: mais, si elle a eu lieu même à l'égard des anthropophages et des sacrificateurs d'hommes, il faut l'étendre jusqu'aux repaires des tigres et des hyènes.

MONTFAUCON (BERNARD DE), savant bénédictin, le 17 janvier 1655, au château de Soulage en Languedoc, avait pris le parti des armes; mais, la mort de ses parents l'ayant dégoûté du monde, il se fit bénédictin dans la congrégation de Saint-Maur, en 1675. L'étendue de sa mémoire et la supériorité de ses talents lui firent bientôt un nom célèbre dans son ordre et dans l'Europe. En 1698, il fit un voyage en Italie pour y consulter les bibliothèques, et y chercher d'anciens manuscrits propres au genre de travail qu'il avait embrassé. Pendant son séjour à Rome, il exerça la fonction de procureur de son ordre, et prit la défense de l'édition des ouvrages de saint Augustin, donnée par plusieurs habiles religieux de sa congrégation, et attaquée par quelques critiques. De retour à Paris en 1707, Montfaucon travailla à une relation curieuse de son voyage, sous le titre de *Diarium italicum*, i 1-4°, qu'il publia en 1702. Cet ouvrage offre une description exacte de plusieurs monuments de l'antiquité, et une notice

d'un grand nombre de manuscrits grecs et latins, inconnus jusqu'alors. Le P. de Montfaucon, cher à ses confrères par la bonté et la candeur de son caractère, aux savants par sa vaste érudition, et à l'Eglise par ses travaux, mourut le 21 décembre 1741, et fut inhumé dans l'église de Saint-Germain-des-Prés. On a de lui: un vol. in-4° d'*Analectes grecques*, 1688, avec la traduction latine et des notes, conjointement avec dom Antoine Pouget et dom Jacques Lopin; une nouvelle édition des œuvres de saint Athanase, en grec et en latin, avec des notes, 1698, 3 vol. in-fol.; elle commence à n'être plus commune; un recueil d'ouvrages d'anciens écrivains grecs, 1706, en 2 vol., avec la traduction latine, des préfaces, de savantes notes et des dissertations. On joint ordinairement ce recueil à l'édition de saint Athanase; mais il est peu commun; une *Traduction* française du livre de Philon, de la *Vie contemplative*, in-12, avec des observations et des lettres. Le P. de Montfaucon s'efforce de prouver que les thérapeutes dont parle Philon étaient chrétiens: opinion qui a été combattue par le président Bouhier; un excellent livre intitulé: *Palæographia græca*, in-fol., 1708, dans lequel il donne des exemples des différentes écritures grecques dans tous les siècles, et entreprend de faire pour le grec ce que le P. Mabillon a fait pour le latin dans sa *Diplomatique*; 2 vol. in-fol., 1713, de ce qui nous reste des *Hexaples* d'Origène; *Bibliotheca Coisliniana*, in-fol.; l'*Antiquité expliquée*, en latin et en français, avec figures, 1719, en 10 vol. in-fol., auxquels il ajouta, en 1724, un *Supplément* en 5 vol. in-fol. Cet ouvrage lui procura plus de fatigues que de gloire: cependant il y a bien des choses qu'on chercherait inutilement ailleurs; *les Monuments de la monarchie française*, 1729, 5 vol. in-fol., avec figures; deux autres vol. in-fol., 1739, sous le titre de *Bibliotheca bibliothecarum manuscriptorum nova*; une nouvelle édition de saint Jean Chrysostôme, en grec et en latin, avec préfaces, des notes et des dissertations, 1718, en 13 vol. in-fol., etc. Il a adopté la traduction latine du P. Fronton du Duc, et n'a traduit que les ouvrages qui ne l'avaient pas été par le jésuite. Comme le P. de Montfaucon fit cette édition à contre-cœur et uniquement pour obéir à ses supérieurs, sa version manque quelquefois de fidélité, et presque toujours d'élégance; la *Vérité de l'histoire de Judith*, 1688, in-12: dissertation que l'annonça bien à la république des lettres, par les savants éclaircissements que l'auteur y répandit sur l'empire des Mèdes et des Assyriens, et par un examen critique de l'Histoire de ce dernier peuple, attribuée à Hérodote; quelques autres écrits, moins importants que les précédents, mais non moins remplis d'érudition. Le P. de Montfaucon a trop écrit pour que son style soit toujours élégant et pur. Quand on entasse tant de choses, on n'a guère le temps de faire attention aux mots. C'est principalement comme érudit qu'on doit le considérer, et non comme écrivain fait pour servir de modèle. Le pape Benoît XIII l'honora d'un bref très flatteur, qui avait été précédé de deux médailles dont Clément XI et l'empereur Charles VII l'avaient gratifié.

MONTFLEURY (JEAN LE PETIT DE), né à Caen, mort en 1777, à 76 ans, occupait ses loisirs des amusements de la poésie; mais la simplicité qu'on remarquait dans ses mœurs se fait trop souvent sentir dans ses vers. On a de lui · la *Mort justifiée*, poème plein d'idées fortes, de grandes leçons et de bonne philosophie.

MONTFORT (SIMON IV, comte DE), était seigneur d'une petite ville de ce nom, à 10 lieues de Paris. Il fit éclater sa bravoure dans un voyage d'outre-mer, et dans les guerres contre les Allemands et contre les Anglais. On le choisit pour chef de la croisade contre les Albigeois en 1209. Simon de Montfort se rendit très célèbre dans cette guerre. Il prit Béziers et Carcassonne, fit lever le siège de Castelnau, et remporta une grande victoire en 1213, sur Pierre, roi d'Aragon, sur Raimond, comte de Toulouse, et sur les comtes de Foix et de Comminges. Le pape Innocent III et le quatrième concile général de Latran lui donnèrent en 1215 l'investiture du comté de Toulouse, dont il fit hommage au roi Philippe-Auguste. Simon de Montfort fut tué au siège de Toulouse, le 25 juin 1218, d'un coup de pierre. Les catholiques lui donnèrent le nom de *Machabée* et de *Défenseur de l'Eglise*. C'était un des plus grands capitaines de son siècle. La force de sa constitution le rendait propre à soutenir les plus violents exercices de la guerre. Sa haute stature le faisait distinguer au milieu des batailles, et le mouvement de son sabre suffisait pour épouvanter les plus fiers ennemis. Il avait un sang-froid à l'épreuve des plus terribles dangers, jusqu'à remarquer tout, pendant qu'il cherchait le plus brave de ceux qu'il avait en tête pour l'abattre. Il était, hors du combat, d'un commerce très aimable. On le respectait et on ne pouvait craindre de l'approcher; on trouvait dans lui cette noble franchise qu'on traite quelquefois de simplicité, mais qui n'est au fond qu'un bon sens supérieur, qui va droit et avec honneur au but où d'autres ne peuvent parvenir que par de lâches artifices. En matière de guerre, il découvrait précisément ce que peut voir un homme sage. Il avait naturellement de l'horreur pour le vice; rien ne faisait impression sur lui que ce qui était raisonnable. Il était éloquent, heureux, ferme, équitable; personne ne lui reprocha qu'il eût violé sa parole. Jamais il n'eut d'autres ennemis que ceux de l'Église. On ne peut avoir une foi plus vive que la sienne; c'est le témoignage que lui a rendu saint Louis, si bon connaisseur en cette matière. Son zèle, sans lui faire oublier ce qu'il était, l'égalait aux hommes apostoliques; et si l'on pouvait lui reprocher quelque chose, ce serait de l'avoir quelquefois poussé trop loin. Il ne faut pas s'étonner si son nom est odieux aux hérétiques : s'il faut convenir qu'il les traita quelquefois avec une rigueur extrême, il est juste d'ajouter que ces hérétiques n'étaient pas seulement des ennemis forcenés de la foi catholique, mais de mauvais citoyens, des fanatiques turbulents et sanguinaires, des scélérats perdus de mœurs et d'honneur. Il ne faut jamais confondre le zèle pour la religion avec le zèle pour l'ordre et la sécurité publique : celui-ci est toujours doux et patient, celui-ci est souvent sévère et armé du glaive de la justice.

MONTFORT (AMAURI DE), fils du précédent et d'Alix de Montmorency, voulut continuer la guerre contre les Albigeois; mais, n'ayant pas assez de force pour résister à Raimond-le-Jeune, comte de Toulouse, il céda à Louis VIII, roi de France, les droits qu'il prétendait avoir sur le comté de Toulouse et sur les terres du Languedoc. Le roi saint Louis le fit connétable de France en 1231. Envoyé en Orient au secours des chrétiens opprimés par les Turcs, il y fut pris dans un combat donné devant Gaza. Sa liberté lui fut rendue en 1241; mais il n'en jouit pas longtemps, étant mort la même année d'un flux de sang.

MONTGAILLARD (BERNARD DE PERCIN DE), connu sous le nom de *Petit Feuillant*, né en 1563, d'une maison illustre, entra dans l'ordre des feuillants, où il se distingua par ses austérités, par ses sermons et par son zèle. Il fut prédicateur ordinaire de Henri III, et remplit cette fonction avec tant d'éclat, que ce prince lui offrit plusieurs abbayes et les évêchés de Pamiers et d'Angers; mais il les refusa. Il était animé d'un si grand zèle contre les nouvelles erreurs, qu'il écrivit à Henri III une lettre très longue, dans laquelle il l'exhortait, par tous les motifs de religion et de politique, à mettre un frein à l'hérésie. Cette lettre, bien écrite et pleine de force, a été imprimée à Paris en 1589. Après la mort de ce prince, le feu de la ligue fut dans toute sa vivacité. L'ardeur qu'elle faisait paraître pour la défense de l'ancienne religion, engagea Montgaillard à prendre les intérêts de cette association. On l'appela le *laquais de la ligue*, parce que, quoique boiteux, il ne cessa de se donner beaucoup de mouvement pour ce parti, qui lui paraissait juste et beaucoup plus légitime que l'association des protestants. Clément VIII, instruit de son mérite, le reçut très bien dans un voyage qu'il fit à Rome. Il passa ensuite dans les Pays-Bas avec la permission de ce pape. Il y prêcha avec beaucoup de succès à la cour d'Albert et d'Isabelle, qui le nommèrent à l'abbaye de Nivelles en 1612, et trois ans après à celle d'Orvalle, dans le duché de Luxembourg. Il fit revivre dans celle-ci toute la pureté de l'ancienne discipline monastique. La réforme qu'il y introduisit est assez semblable à celle de la Trappe. Elle parut s'affaiblir après sa mort, mais elle ne tarda pas à être rétablie par Charles Bentzeradt. Montgaillard mourut dans cette édifiante maison, en 1628, après avoir brûlé tous ses écrits par humilité.

MONTGAILLARD (GUILLAUME-HONORÉ ROCQUES DE), plus connu sous le nom d'abbé de Montgaillard, né en juin 1772 au château de Montgaillard dans le diocèse de Toulouse, mort à Ivry, près Paris, le 28 avril 1825, entra dans le séminaire de Saint-Raphaël de Bordeaux. La révolution le força d'en sortir avant d'avoir reçu la prêtrise. Il se rendit à Séville, passa sur la côte d'Afrique, puis à Gibraltar, et enfin en Angleterre, où il se lia avec Burke. Il alla ensuite à Hambourg, et à Rastadt pendant la tenue du congrès. De retour en France, il fut employé dans l'administration mili-

taire et exerça même à Cassel les fonctions de ministre des finances. Depuis 1814, il s'occupa de travaux littéraires. Il publia, en 1820, sa *Revue chronologique* de l'histoire de France depuis la première convocation des notables jusqu'au départ des troupes étrangères, 1re édition, 1823. Il parut aussi, sous le nom de l'abbé de Montgaillard et après sa mort, un second ouvrage intitulé : *Histoire de France* depuis la fin du règne de Louis XVI jusqu'en 1825, faisant suite à toutes les histoires publiées jusqu'à ce jour; Paris, 1826, 9 vol. in-8°; 2e édit. 1827; 3e édit. 1828. Ce livre eut de la vogue; mais il excita plusieurs mécontentements contre l'auteur. L'abbé de Montgaillard fut d'ailleurs l'un des collaborateurs de la *Biographie et galerie historique des Contemporains*, 1822, in-8°, où l'on trouve des articles d'une malveillance extrême contre des hommes qu'il a loués à outrance dans l'*Histoire de France* qu'on lui attribue. Un trait suffira pour faire apprécier le caractère de Montgaillard : il légua aux hôpitaux toute sa fortune, non par le désir d'apporter quelque soulagement aux malheureux, mais par haine pour sa famille et pour le gouvernement qui eût hérité de ses biens, s'il n'eût pas fait de testament.

MONTGERON (LOUIS-BASILE CARRÉ DE), né à Paris en 1686, n'avait que 25 ans lorsqu'il acheta une charge de conseiller au parlement. Plongé dans l'incrédulité et dans les vices qui la font naître, il en sortit tout-à-coup pour se donner en spectacle sur le cimetière de Saint-Médard. Il alla, le 7 septembre 1731, au tombeau du diacre Pâris, et se livra depuis ce moment au fanatisme des convulsions avec la même impétuosité de caractère qui l'avait poussé aux plus honteux excès. Confesseur du jansénisme, il en fut bientôt le martyr. Lorsque la chambre des enquêtes fut exilée en 1732, on le relégua dans les montagnes d'Auvergne. C'est pendant cet exil qu'il forma le projet de recueillir les preuves des miracles de Pâris. De retour à Paris, il se prépara à exécuter son projet, et alla à Versailles présenter au roi, le 29 juillet 1736, un volume in-4° magnifiquement relié. Ce livre, regardé par les convulsionnaires comme un chef-d'œuvre d'éloquence, et par les autres comme un prodige d'ineptie, le fit renfermer à la Bastille quelques heures après qu'il l'eut présenté au roi. On le relégua ensuite dans une abbaye de bénédictins du diocèse d'Avignon, d'où il fut transféré peu de temps après à Viviers. Il fut renfermé ensuite dans la citadelle de Valence, où il mourut le 12 mai 1754. L'ouvrage qu'il présenta au roi est intitulé : *la Vérité des miracles opérés par l'intercession de M. Pâris*, etc., in-4°. Il ajouta deux autres volumes en 1747. L'ouvrage de Montgeron a été solidement et peut-être trop sérieusement réfuté par dom La Taste. On sait que le célèbre Duguet regardait également les prétendus miracles de Pâris comme des scènes de sottise et de scandale. Quelques spectateurs, moins philosophes, ont cru, dans certains cas, y voir l'intervention du père du mensonge. Le sage et pieux pape Clément XIII croyait que ces farces ridicules et sacrilèges n'étaient que le fruit tout naturel de l'aveuglement dont Dieu avait frappé une secte qui s'était plus que toute autre couverte du voile de la piété et de la vertu.

MONTGLOT ou **MONGLOT** (FRANÇOIS DE PAUL, de Clermont, marquis DE), maréchal de camp, grand-maître de la garderobe du roi, vivait dans le xviie siècle. Il avait été témoin d'un grand nombre d'événements qu'il aimait à raconter; ce qui l'avait fait surnommer *Montglot la Bibliothèque*. Il est mort en 1675, en laissant des Mémoires que père Bongeant a publiés, Amsterdam, 1727, 4 vol. in-12. Ces mémoires renferment les mémoires de Louis XIII et de la minorité de Louis XIV. Il rapporte aussi ce qui s'est passé de plus remarquable à la cour de ces monarques. M. Petitot les a insérés dans les *Mémoires relatifs à l'histoire de France* (2e série de la collection). Montglot était fils de son mariage avec la petite-fille du chancelier de Cheverny ou Chiverny, un fils connu sous le nom de comte de Cheverny, dont madame de Sévigné parle dans ses Lettres, et le duc de Saint-Simon dans ses Mémoires. Ce comte de Cheverny mourut à Pausen, 1722, à l'âge de 78 ans, sans laisser de postérité.

MONTGOLFIER (JACQUES-ÉTIENNE), né en 1745 à Vidalon-lès-Annonay, mort à Serrières le 2 août 1799, fut le premier qui fabriqua en France le papier vélin que l'on tirait auparavant de la Hollande. Il devina, pour enrichir son pays, plusieurs méthodes des ateliers hollandais et anglais. Il inventa aussi des formes pour le papier dit grand-monde, qui avait été jusqu'alors inconnu en France. Après avoir médité l'ouvrage de Priestley sur les différentes espèces d'air, il fit en commun avec son frère Joseph toutes les expériences concernant les aérostats. Etienne reçut le cordon de Saint-Michel, et son vieux père obtint des lettres de noblesse.

MONTGOLFIER (JOSEPH-MICHEL), célèbre pour avoir accrédité en France, avec son frère Etienne, les ballons aérostatiques, dont la première découverte est due à un jésuite portugais, naquit à Vidalon-lès-Annonay en 1740. Au lieu de la théologie qu'on voulut lui faire apprendre, il prit du goût pour la chimie et les sciences exactes. Montgolfier et son frère Etienne durent chacun à un singulier hasard l'idée des aérostats. On dit qu'Etienne vit, pendant qu'il était dans le bain, une chemise liée par le haut, et placée en rond sur un réchaud, s'élever par l'effet de l'air raréfié et voltiger dans la chambre. Il forma un cornet qu'il gonfla avec de la fumée, et le cornet ou petit ballon s'éleva vers le plafond. D'un autre côté, Joseph, ayant remarqué de sa fenêtre des masses de fumée qui se portaient avec rapidité dans les airs, pensa que, si l'on parvenait à *emmagasiner* des vapeurs pareilles ou plus légères, l'on pourrait trouver un principe de force ascensionnelle. Tous deux étudièrent l'excellent ouvrage du docteur Priestley sur les différentes espèces d'air ; et, après plusieurs expériences, ils lancèrent, le 5 juin 1783, en présence des habitants de la ville d'Annonay, un ballon en toile doublée de papier, pesant 500 livres, ayant 110 pieds de circonférence, et qui s'éleva à une hauteur de 1,000 toises. Etienne répéta son expérience à Versailles, le 20 septembre, devant la cour et de nombreux spectateurs. On plaça sous le ballon, et dans un panier, des animaux qui descendirent à terre en vie et sans danger. Pilâtre du Rozier et le marquis d'Arlande furent les premiers qui osèrent monter dans un ballon et s'élever dans les airs, au château de la Muette : ils parcoururent 8,000 toises en moins d'un quart d'heure. Le 19 janvier de l'année suivante, Joseph Montgolfier exécuta à Lyon ce dangereux voyage aérien, où plusieurs personnes se disputèrent l'honneur de l'accompagner. Le duc d'Orléans essaya également un de ces voyages, et partit du jardin de Monceau ; mais ce ne fut pas sans danger qu'il parvint à descendre à terre. Dans le commencement, pour élever les ballons, on dilatait l'air atmosphérique par le moyen d'un fourneau placé sous l'orifice de la machine, et dont on alimentait le feu avec de la laine et de la paille hachées ensemble ; mais cette méthode ayant des inconvénients très graves, Charles, habile chimiste, employa, au lieu du fourneau, le gaz hydrogène, dont la densité n'est qu'un quinzième de celle de l'air atmosphérique. Les ballons aérostatiques changèrent alors de nom : on ne les appela plus *montgolfières*, mais *charlottes*. Joseph Montgolfier inventa le parachute, et, conjointement avec son frère Etienne, il s'occupa de la construction d'un aérostat de 270 pieds de diamètre, capable d'enlever 1,200 hommes, avec armes et bagages. Ce projet colossal ne fut point exécuté, et la révolution fit oublier les ballons aérostatiques et leurs inventeurs. Cependant Joseph fut nommé, en 1807, membre de l'Institut, et conservateur administrateur de l'établissement des arts et métiers. On lui doit la première idée de la *Société d'encouragement pour l'industrie*. Aidé par son frère Etienne, il fut aussi l'inventeur du bélier hydraulique, machine qui, par l'impulsion d'une *petite chute d'eau*, la porte à une élévation de 60 pieds. Il inventa d'autres machines, le clorimètre, destiné à déterminer la qualité des différentes espèces de tourbes du Dauphiné ; une presse hydraulique, un ventilateur pour distiller à froid, par le contact de l'air en mouvement ; un appareil pour la dessication, en grand et à froid, des fruits et autres objets de première nécessité. Joseph conçut son fils le projet d'un autre appareil, le pyrobélier, moyen plus économique, et qui sert au même usage que les pompes à vapeur. S'étant rendu aux eaux de Balaruc, il y mourut le 26 juin 1810. Malgré l'utilité plus réelle de leurs dernières machines, c'est aux aérostats que les deux frères doivent leur réputation.

MONTGOLFIÈRE, s. f., sorte d'aérostat inventé par Montgolfier et qui s'élève au moyen de la raréfaction opérée par le feu, dans l'air que contient son enveloppe.

MONTGOMMERY (GABRIEL DE), comte de Montgommery en Normandie, est célèbre par sa valeur, mais plus encore par le malheur qu'il eut de crever l'œil de Henri II, le 2 juin 1559, dans un tournoi. Par prudence, il se confina dans ses terres de Normandie, voyagea ensuite jusqu'au temps des premières guerres civiles, et s'attacha au parti protestant dont il devint un des principaux chefs. Il défendit Rouen, en 1562, contre l'armée royale, avec beaucoup d'opiniâtreté, et continua de faire la guerre à l'Etat et à la religion avec divers

succès, jusqu'à ce qu'il fût pris à Domfront en 1574 par Matignon. Ce général promit de lui conserver la vie et de le bien traiter tant qu'il serait entre ses mains ; mais il *ne se rendit* point garant de son pardon de la part du roi et de la reine-mère. Arrivé à Paris, des commissaires lui firent son procès. Il fut interrogé sur la conspiration imputée à l'amiral de Coligny ; mais le principal chef d'accusation sur lequel ils le condamnèrent à mort, fut d'avoir arboré le pavillon d'Angleterre sur les vaisseaux avec lesquels il était venu au secours de la Rochelle. Le 26 juin 1574, après avoir subi une rigoureuse question, il fut amené en Grève, et y eut la tête tranchée. Il est certain qu'il ne pouvait être recherché ni puni pour la mort de Henri II, quoique, après tout ce qui est arrivé depuis, quelques-uns aient pu croire que ce n'était point un coup de hasard. Mais après un malheur pareil, qui causa celui de tout l'Etat par les troubles qui en furent la suite, Montgommery, osant s'armer contre son souverain, fils même du roi dont il avait privé la France, fut infiniment plus coupable qu'aucun autre chef protestant.

MONTGON (CHARLES-ALEXANDRE DE), né à Versailles en 1690, embrassa l'état ecclésiastique et passa ensuite en Espagne pour s'attacher au service de Philippe V, qui l'envoya en France avec la mission secrète d'intriguer pour lui assurer la succession à la couronne dans le cas où Louis XV mourrait sans enfants. L'agent de Philippe V commit l'imprudence de communiquer ses instructions au cardinal de Fleury, premier ministre, qui arrêta facilement ses intrigues, en l'éloignant de Versailles. L'abbé de Montgon se retira dans les Pays-Bas, où, pour se distraire du chagrin que lui causait sa mésaventure, il rédigea les Mémoires de ses différentes négociations, dans les cours d'Espagne et de Portugal, depuis 1725 jusqu'à 1731, 8 vol. in-12, imprimés à La Haye, à Genève et à Lausanne, de 1745 à 1753. Il passa le reste de sa vie dans cet exil, et mourut tout-à-fait oublié, en 1770. On trouve dans ses Mémoires des particularités intéressantes ; mais ils sont écrits avec une diffusion qui en rend la lecture fatigante.

MONTHOLON (FRANÇOIS DE), seigneur du Vivier et d'Aubervilliers, se distingua par sa probité et par son érudition. Il plaida en 1522 et en 1523, au parlement de Paris, en faveur de Bourbon, connétable de France, contre Louise de Savoie, mère de François Ier. Ce monarque s'étant trouvé *incognito* à cette cause, l'une des plus épineuses qui aient jamais été agitées dans aucun parlement, nomma Montholon avocat-général, en 1538, puis garde-des-sceaux en 1543. La famille de Montholon a produit un grand nombre d'autres magistrats illustres ; mais celui qui a l'objet de cet article est le plus célèbre par ses vertus. François Ier lui ayant donné 200,000 fr. (somme à laquelle avaient été condamnés les rebelles de La Rochelle), il ne les accepta que pour orner cette ville d'un hôpital.

MONTHOLON (FRANÇOIS DE), catholique zélé, fils du précédent, était avocat et fort estimé des ligueurs. Henri III, pour leur complaire, lui remit les sceaux en 1588. Après la mort de ce prince, Montholon les remit à Henri IV, de peur que ce roi ne le contraignît de sceller quelque édit favorable aux huguenots. Il mourut la même année 1590. Le parlement avait tant de confiance en sa probité, que « la cour n'avait jamais désiré autres assurances de ses plaidoyers que ce qu'il avait mis en avant par sa bouche, sans recourir aux pièces. » Paroles au-dessus de tout éloge.

MONTHOLON (JACQUES DE), seigneur d'Aubervilliers, avocat au parlement de Paris, fils de François, deuxième du nom, mourut le 17 juillet 1622. On a de lui un *Recueil d'arrêts du parlement* qui servirent de règlement, 1622, in-4°. On a aussi de lui le *Plaidoyer* qu'il fit pour les jésuites, 1612, in-8°. Il y montra que tout ce que Martelière avait avancé n'était qu'un tissu de calomnies et de faits supposés, démentis par les témoignages les plus authentiques qu'il produisit.

MONT-HULIN. Ce tertre situé près de Desvres à deux myriamètres environ de Boulogne-sur-Mer, fait partie de la chaîne de collines qui sépare le Haut d'avec le Bas-Boulonnais. François Ier y fit construire en 1546 un fort qui avait quatre bastions et un ouvrage à cornes. Le but de ce prince était d'empêcher les Anglais qui étaient maîtres de Boulogne de se répandre dans la Picardie et de communiquer avec l'Artois qui était alors possédé par l'empereur Charles-Quint. Le fort de Mont-Hulin fut pris et repris plusieurs fois durant les guerres de la ligue. Confié en 1637, à la garde de la milice boulonnaise, il devint le théâtre de sa bravoure et le tombeau de 700 Espagnols qui cherchaient à s'en emparer. Cette forteresse, devenue inutile, fut démolie en 1678 après que le roi Louis XIV se fut emparé de Saint-Omer.

MONTHYON (Antoine-Jean-Baptiste-Robert Auget, baron de), né le 29 décembre 1733, fut successivement intendant de la Provence, de l'Auvergne et du pays d'Aunis, puis conseiller du roi; mais il perdit cette place pour s'être déclaré contre quelques projets du chancelier Maupeou. Il fut ensuite nommé conseiller d'Etat, et chancelier du comte d'Artois, qu'il accompagna dans l'émigration. Il ne rentra en France qu'en 1815, et mourut à Paris le 29 décembre 1820. Contemporain de Turgot, de d'Alembert, de Diderot, il avait adopté les principes de la philosophie du xviiie siècle. La révolution ne modifia point les idées de Monthyon, esprit systématique. Son testament légua des prix de vertu à l'Académie française de 1817, comme il les eût légués à l'Académie de 1788 : mais ce qui eût paru alors une sublime philosophie ne semble aujourd'hui qu'un misérable charlatanisme. Les donations qu'il avait faites à l'Académie pour différents prix s'élevaient à un capital de 600,000 francs. Monthyon a fait d'immenses donations à l'Académie française et aux hospices. Il a laissé : *Eloge du chancelier de l'Hôpital*, 1777; *de l'Influence de la découverte de l'Amérique sur l'Europe; Mémoires sur les progrès des lumières dans le xviiie siècle; Rapport adressé à Louis XVIII sur les principes de l'ancienne monarchie française*, Londres, 1798; *Particularités et observations sur les ministres des finances les plus célèbres depuis 1760 jusqu'en 1791*, Londres et Paris 1812, in-8°; *Quelle influence ont les diverses espèces d'impôts sur la moralité, l'activité et l'industrie des peuples* Paris, 1800, *Etat statistique du Tunkin; Eloge de Corneille*, Londres, 1807. On lui attribue une grande partie du livre de Moléon intitulé : *Recherches et considérations sur la population de la France*. On le fait aussi auteur du *Mémoire des Princes*, 1780.

MONTI (Vincent), né à Fusignano, dans le Ferrarais, vers 1753, mort en 1828, se passionna pour la poésie du Dante, après avoir imité d'abord la versification du Varan. Il se rendit à Rome, où il devint le secrétaire de Louis Braschi, neveu de Pie VI. Il portait alors l'habit ecclésiastique et le titre d'abbé. Le désir de lutter contre Alfiéri, qui venait de faire représenter à Rome quelques-unes de ses ouvrages dramatiques, lui dicta deux tragédies : *Galeotto Manfredo et Aristodemo*, dont on ne put admirer que le style plein d'éclat. Un sonnet infâme de l'Eschyle italien contre le gouvernement et les mœurs des Romains fournit à Monti l'occasion de faire sa cour au pape, au clergé et aux praticiens, en répliquant par un autre sonnet sur les mêmes rimes. Plus tard, il eut l'idée de célébrer la mort de Basseville, envoyé de la république française, et composa sa *Basvilliana*, poème dans le genre du Dante, qui le plaça au premier rang des poètes de l'époque. Il fut moins heureux dans deux autres poèmes, faits également pour le gouvernement papal, et dont il donna depuis, pour se conformer aux circonstances, une nouvelle édition, où il retourna contre les souverains coalisés, et particulièrement contre l'empereur d'Autriche, les invectives qu'il avait lancées contre Buonaparte non armée. Etant devenu secrétaire du directoire de la république cisalpine et l'un de ses commissaires en Romagne, il fut accusé de concussions, et n'en conserva pas moins ses emplois, grâce à un sonnet en faveur de la liberté révolutionnaire. A cette époque, il ne portait plus le titre d'abbé; il s'était marié, et s'appelait le citoyen Monti. Il chercha un asile en France lors de l'invasion de l'Italie par les Austro-Russes, en 1799, et y resta jusqu'à ce qu'en 1800, Buonaparte eût, à la suite de sa victoire de Marengo, rétabli la république cisalpine. Nommé alors professeur de belles-lettres au collége de Milan, et presque aussitôt professeur d'éloquence à l'université de Pavie, il paya son tribut à Napoléon et à Joseph Buonaparte par diverses flatteries poétiques, parmi lesquelles on cite son *Bardo della selva Nera*, production bizarre et peu estimée : il est vrai de dire qu'il se trouvait, par ses titres d'historiographe du royaume et du poète du roi d'Italie, obligé de louer à tout propos ce qui touchait à la nouvelle dynastie. Pendant cette période de faveur, il donna une tragédie de *Caio Gracco* et plusieurs drames lyriques qui n'eurent aucun succès. Il publia aussi une Traduction en vers des Satires de Perse et même de l'Iliade d'Homère, quoique, de son propre aveu, il ignorât entièrement la langue grecque. La chute de Buonaparte ne priva Monti ni de ses emplois d'historiographe et de poète de cour, et lui laissa toutes ses autres distinctions; car il avait composé au nom des Milanais, une Cantate pour l'em-

pereur d'Autriche en 1815. A partir de cette époque, son plus grand travail fut la refonte, qu'il acheva avec succès, du grand vocabulaire *della Crusca*. Un de ses poèmes, *le Vingt-un janvier 1793*, a été publié en français en 1817, par Joseph Martin, avec le texte en regard.

MONTICULE, s. m., diminutif de mont. Petite montagne, simple élévation de terrain.

MONTIGNI (François de La Grange d'Arquien, dit le maréchal de), né en 1554, commandait cinquante gendarmes à la journée de Coutras, en 1587. Il alla trois fois à la charge, et fut pris par le roi de Navarre, qui lui rendit la liberté par estime pour sa valeur. Après la mort de Henri III, il se déclara contre la Ligue. Il se distingua au combat d'Aumale en 1572, et au siège d'Amiens en 1597, fut fait gouverneur de Paris en 1601, lieutenant de roi de Metz, de Toul et de Verdun, en 1603, et en 1616 maréchal de France. Montigni commanda en 1617 une armée contre les mécontents, prit sur eux, en Nivernais, Donzi et quelques autres places, et mourut le 9 septembre de la même année. Ce maréchal avait un frère qui eut, entre autres enfants, Henri, marquis d'Arquien, dont la fille, Marie-Casimire, épousa Sobieski, depuis roi de Pologne. Après la mort de sa mère, elle procura le chapeau de cardinal à son père.

MONT-JOIE, s. f. On appelait ainsi autrefois un monceau de pierres jetées confusément les unes sur les autres, soit en signe de quelque victoire ou de quelque autre événement important. Mont-Joie était aussi un cri de guerre usité autrefois parmi les Français dans les batailles. Mont-Joie était encore le titre affecté au premier roi d'armes de France.

MONTJOIE (Félix-Christophe Galart de), né à Aix en Provence, vers 1760, mort le 6 avril 1816, était avocat à Paris. En 1790, il travailla avec Jeoffroi et Royou à l'*Année littéraire*. Il fut ensuite un des rédacteurs de l'*Ami du roi*, jusqu'au 10 août. Proscrit le 21 janvier 1793, il ne reparut à Paris qu'après la mort de Robespierre. Il publia, en faveur des royalistes, plusieurs écrits et des articles de journaux qui lui valurent, en 1797, l'honneur d'être condamné à la déportation. Il se sauva en Suisse, et y fit paraître divers ouvrages historiques, la plupart pour la défense des Bourbons. De retour à Paris, après le 18 brumaire, il publia des romans et des articles de journaux. A la restauration, Louis XVIII lui donna la place de conservateur de la Bibliothèque Mazarine. Montjoie a laissé notamment : *des principes de la monarchie française*, 1789, 2 vol. in-8°; ils se rapportent à l'histoire du droit public français; l'*Ami du roi, des Français, de l'ordre et surtout de la vérité*, ou histoire de la révolution de France et de l'assemblée nationale, 1791, 2e partie, in-4°; une suite du journal de l'abbé Royou; *Réponse aux réflexions de M. Necker sur le procès intenté à Louis XVI*, 1792, in-8°; *Avis à la Convention*, sur le procès de Louis XVI, 1792, in-8°; *Almanach des honnêtes gens*, 1792, 1793, 2 vol. in-18; *Almanach des gens de bien*, 1795-97, 3 vol., recueil d'anecdotes assez piquantes; *Histoire de la conjuration de Robespierre*, 1794, in-8°, traduit de l'anglais; *Histoire de la conjuration d'Orléans*, 1776, 3 vol. in-8°; *Eloge historique de Louis XVI*, Neufchatel, 1797, in-8°; *Eloge historique de Marie-Antoinette, reine de France*, 1798, in-8°, traduit en allemand en anglais; l'auteur refondit cet éloge sous le titre d'*Histoire de Marie-Antoinette*, 2 vol. in-8°, figures; *Histoire de la révolution de France*, depuis la présentation au parlement de l'impôt territorial jusqu'aux états-généraux; *les Bourbons*, ou précis historique sur les aïeux du roi et sur Sa Majesté, 1815, in-8°, avec 20 portraits. Montjoie est ordinairement peu exact dans ses ouvrages historiques; son style est prolixe et incorrect.

MONT-LAMBERT, autrefois Bolemberg. Ce mont, qui a 187 mètres au-dessus du niveau de la mer, est le point culminant de tout le Boulonnais. Le maréchal du Biez y construisit un fort en 1545 dans le but de reprendre la ville de Boulogne occupée alors par les Anglais, et, en 1807, Napoléon en fit élever un au même endroit. Le Mont-Lambert domine Boulogne et dépend de la commune de Saint-Martin.

MONTLUC (Blaise de Lasserand-Massencome, seigneur de), maréchal de France, né vers 1502, près de Condom, d'une famille noble, branche de celle d'Artagnan Montesquieu, s'éleva par tous les degrés de la milice jusqu'au grade de maréchal de France. Il se trouva à la bataille de Pavie, où il fut fait prisonnier, servit ensuite sous Lautrec, dans l'expédition de Naples; vint offrir ses services à la ville de Marseille, assiégée par Charles-Quint, et se couvrit de gloire à la bataille de Cérisoles. Envoyé au secours du général Strozzi, pour défendre Sienne, qui, en 1554, avait chassé la garnison impériale, il sortit de la place avec les honneurs de la guerre. Depuis cette époque jusqu'à la mort de Henri II, Montluc continua ses services en Toscane, en Piémont, et au siége de Thionville, en 1558. Il commanda en Guienne, pendant les guerres de religion qui agitèrent la France sous le règne de Charles IX, battit les huguenots en plusieurs rencontres, et entre autres à la bataille de Ver, en 1562, où, quoique inférieur en nombre, il remporta sur eux une victoire complète. Cette victoire lui valut la place de lieutenant de roi en Guienne. Sa vigilance et la célérité qu'il mettait dans toutes ses opérations, jointes à quelques exécutions militaires, le rendirent, dans toute la Guienne, la terreur du parti protestant. Il est certain néanmoins que Montluc ne porta jamais la cruauté envers les hérétiques rebelles au point où un des Adrets, un Guillaume de La Marck, un Christian de Brunswick l'ont poussée à l'égard des catholiques, armés pour la défense de leur pays et de leur religion. Montluc, assiégeant le château de Rabesteins en 1570, y fut blessé d'un coup qui le défigura tellement que, le reste de sa vie, il fut obligé de porter un masque; mais il ne laissa pas que d'emporter la place. Il assista ensuite au siége de La Rochelle en 1573; ce fut son dernier fait d'armes. Ses longs services furent récompensés, en 1574, par le bâton de maréchal de France. Il mourut dans sa terre d'Estillac, en Agénois, l'an 1577. Le maréchal de Montluc avait toutes les qualités qui forment le grand homme de guerre : une valeur à toute épreuve, une passion démesurée pour la gloire, une activité infatigable, un coup d'œil sûr et une présence d'esprit merveilleuse dans les occasions les plus difficiles. Ce fut à l'âge de 75 ans qu'il écrivit de mémoire l'histoire de sa vie, imprimée pour la première fois à Bordeaux, en 1592, in-fol., par les soins de Florimond de Rémond, conseiller au parlement de cette ville, sous le titre de *Commentaires de Blaise de Montluc, maréchal de France*, ouvrage classique pour les gens de guerre et que Henri IV appelait *la Bible des soldats*; réimprimé plusieurs fois, traduit en italien et en anglais. On a dit de Montluc, au sujet de ses commentaires. *Multa fecit plura scripsit*. Il est certain qu'il ne s'est pas reposé sur les historiens du soin de le louer et qu'il parle souvent de lui-même avec assez de jactance et de vanité; et c'est le défaut de presque tous les hommes qui ont la faiblesse et l'égoïsme d'être eux-mêmes leurs historiens.

MONTLUC (JEAN de), frère du précédent, dominicain, n'eut jamais ou ne conserva guère l'esprit de son état. La reine Marguerite de Navarre, instruite de son penchant pour le calvinisme, le tira de son cloître, le mena avec elle à la cour, et le fit employer dans diverses ambassades. Il en remplit jusqu'à seize. Ses services furent récompensés par les évêchés de Valence et de Die. Il n'en favorisa pas moins les calvinistes, et se maria secrètement avec Anne Martin, de laquelle il avait eu un fils naturel. Cette conduite le fit condamner par le pape, comme hérétique, sur les accusations du doyen de Valence; mais le parlement, toujours prêt à entraver l'autorité de l'Église, obligea le doyen de lui faire amende honorable, quoique les vices du doyen fussent de notoriété publique. Montluc revint de ses erreurs dans la suite, professa de bonne foi la religion catholique, et mourut à Toulouse, en 1579, dans les bras d'un jésuite, qui parla favorablement de ses dernières dispositions. On a de lui quelques ouvrages qui furent lus avec avidité dans le temps. Ses *Sermons*, imprimés à Paris, en 2 vol. in-8°, l'un en 1559, l'autre en 1561, sont infectés des erreurs pour lesquelles il s'était laissé prévenir.

MONTLUC (JEAN de), fils naturel du précédent, connu sous le nom de *Balagni*, fut légitimé en 1567, et s'attacha au duc d'Alençon, qui lui donna le gouvernement de Cambrai, en 1581. Après la mort de ce prince, il fut entraîné dans le parti de la Ligue, et y joua un rôle assez important à la levée du siége de Paris et de celui de Rouen en 1592. Montluc avait épousé Renée de Clermont d'Amboise, qui parla si vivement à Henri IV en faveur de son mari, que ce monarque lui laissa Cambrai en souveraineté, et lui donna le bâton de maréchal de France en 1594. Montluc pilla et dévasta tous les environs, surtout les églises et les monastères, et opprima si cruellement les habitants de Cambrai, qu'ils appelèrent les Espagnols en 1595. La femme de Montluc, après avoir défendu la ville comme aurait pu le faire le capitaine le plus brave, mourut de douleur avant la fin de la capitulation qu'on était sur le point de signer. Son indigne époux, insensible à tant de pertes, se remaria avec Diane d'Estrées, sœur de la fameuse Gabrielle, et termina sa vie en 1603.

MONTMAUR (PIERRE de), né dans la Marche, entra chez les jésuites, enseigna les humanités à Rome, puis quitta l'habit de saint Ignace. Il finit par être avocat et poète à Paris, ensuite professeur en langue grecque au Collége royal. Un esprit caustique, une mémoire chargée d'anecdotes contre les auteurs morts et vivants, sa réputation d'homme à bons mots, sa profession de parasite, le rendirent le sujet des plaisanteries de tous les écrivains. Sans ce bruit que firent tant d'attaques dirigées contre un seul homme, Montmaur serait peut-être oublié; car ses poésies ne sont dignes d'entrer dans aucun recueil intéressant. Il mourut en 1648, à 74 ans. On appelait *montmaurismes* les allusions malignes tirées du grec ou du latin, que ce satirique faisait aux noms propres des auteurs qui l'attaquaient.

MONTMEYAN (JOSEPH-FRANÇOIS-PASCAL D'EYMAR DE), ancien avocat-général au parlement d'Aix, président en la Cour de la même ville, chevalier de la légion d'honneur, né en 1752, mort en 1824, a laissé la réputation d'un grand magistrat. Il ne partagea aucun des préjugés du corps auquel il avait appartenu. Une religion éclairée et une piété sincère le préservèrent de toute erreur. M. de Montmeyan était né avec un grand talent pour la poésie, et si des occupations plus importantes lui avaient permis de consacrer tout son temps aux lettres, il aurait obtenu des succès éclatants. Mais la poésie ne fut pour lui qu'une distraction. Il a réussi particulièrement dans l'ode et dans la fable. Sa muse religieuse s'est exercée dans l'imitation d'un grand nombre de psaumes. S'il ne s'élève pas à la perfection de Jean-Baptiste Rousseau, il peut sans désavantage soutenir la comparaison avec Lefranc de Pompignan et d'autres poètes qui se sont exercés sur le même sujet. M. de Montmeyan a publié successivement les *Amusements de ma solitude*, deux vol. in-12, Paris, 1801; Elie, poème, un vol. in-8°, Aix, 1815, Mélanges de poésies sacrées et profanes, un vol. in-8°, aix, 1817, qui devait être suivi d'un second. Il a laissé en manuscrit un poème sur Isaac que la mort ne lui permit pas de terminer entièrement, et deux ouvrages en prose, sur les preuves de la religion qu'il aimait tant, et un autre sur la révolution qu'il juge avec une grande supériorité de vues. M. de Montmeyan avait été lié avec plusieurs écrivains distingués, entre autres Bernardin de Saint-Pierre et Ducis. Voici en quels termes le premier le remerciait de lui avoir envoyé les *Amusements de ma solitude* : « Je reçois, Monsieur, avec une vive reconnaissance les *Amusements de ma solitude* qui deviendront les occupations de la mienne. Ç'a été pour moi une surprise fort agréable de vous voir joindre des talents brillants à vis vertus si douces et si modestes. Ducis, avec lequel je me trouvai hier, est enchanté de votre ouvrage. Vous relevez l'antique gloire de nos troubadours auxquels toutefois vous me paraissez fort supérieur en bonnes mœurs, en philosophie et même en talents. » Nous passons quelques lignes qui ont trait à des malheurs domestiques. Bernardin ajoute : « puissent les flammes divines dont étincelle votre touchante poésie, dissiper les sombres ténèbres de l'athéisme qui couvrent encore notre horison. Permettez-moi de vous embrasser comme un frère et comme un ami, Paris, 1803. De Saint-Pierre. » M. de Montmeyan, lié avec les auteurs de Paul et Virginie et d'Hamlet, aurait pu rechercher la gloire. Mais modeste et sans ambition, il s'occupa surtout de rendre heureuse sa famille à laquelle il inspirait l'attachement le plus profond et même des sentiments de vénération. Enlevé presque subitement à cette famille, il est allé rejoindre son créateur, et sa piété était si sincère et si grande que ses amis et surtout ses enfants ont été plutôt disposés à l'invoquer qu'à prier pour lui.

MONTMIGNON (JEAN-BAPTISTE), savant ecclésiastique, né en 1737 à Lucy, près de Château-Thierry, mort à Paris le 21 février 1824, entra de bonne heure dans l'état ecclésiastique, et fut d'abord secrétaire de M. de Bourdeilles, évêque de Soissons. Ce prélat le nomma successivement chanoine, vice-gérant de l'officialité, archidiacre et vicaire général du diocèse. En 1736, l'abbé Montmignon succéda à l'abbé Dinouart dans la rédaction du *Journal ecclésiastique*; il continua ce travail jusqu'au mois de janvier 1788, époque où il le céda à l'abbé Barruel. Il eut part aux écrits publiés au commencement de la révolution par l'évêque de Soissons, et il passa notamment pour l'auteur d'un mandement donné par ce prélat, sous la date de Bruxelles, le 20 mai 1792, écrit étendu qui fut remarqué parmi les productions du même genre qui parurent à cette époque. Obligé de quitter Soissons en 1793, il passa dans l'étranger, rentra dans la Belgique en 1798, et vint à Paris avant la publication du concordat. Il fut nommé alors grand vicaire de Poitiers, mais il y resta peu; de retour à Paris, il fut nommé chanoine de la métropole en 1811, et depuis grand vicaire du diocèse. L'archevêque de Paris l'avait chargé en dernier lieu de l'examen des livres soumis à l'approbation de l'autorité ecclésiastique. On a de lui : 1° *Système de prononciation figurée*, applicable à toutes les langues, et exécuté sur les langues française et anglaise, Paris, 1797, in-8°; 2° *Une lettre à l'éditeur des œuvres de d'Aguesseau*, insérée dans le 8° vol. de l'édit., in-4°; 3° *Crime d'apostasie, lettre d'un religieux à un de ses amis*, brochure in-8°, 1790; 4° *Vie édifiante de Benoît-Joseph Labre*, traduite de l'italien de Marconi, Paris, 1784, in-12, qui eut trois éditions la même année; 5° *Préservatif contre le fanatisme ou les nouveaux millénaires rappelés aux principes fondamentaux de la foi catholique*, Paris, 1806, in-8°; c'est une réfutation de l'ouvrage du père Lambert, intitulé : *Exposition des prédictions et des promesses faites à l'Eglise pour les derniers temps de la gentilité*, 1806, 2 vol. in-12; 6° *Choix de lettres édifiantes écrites des missions étrangères, avec des tableaux géographiques, historiques, politiques, religieux et littéraires*, 1808, 8 vol. in-8°, 2° édit. aug., 1824 et 1825. Les discours préliminaires de l'auteur, ses additions, ses notes critiques, ses observations pour l'intelligence de l'histoire des missions, forment plus du tiers des huit vol.; 7° *De la règle de la vérité et des causes du fanatisme*, 1808, broch. in-8°, sous le voile de l'anonyme; 8° *La clef de toutes les langues ou moyen prompt et facile d'établir un lien de correspondance entre tous les peuples, et de simplifier extrêmement les méthodes d'enseignement pour l'étude des langues*, 1811, in-8°. L'abbé Montmignon a encore revu et corrigé la seconde édition de la *Vie de Jésus Christ*, par Peigné, professeur de l'université, et il l'a augmentée de la citation en marge de textes de l'Evangile et des saintes Ecritures et d'un abrégé de la doctrine chrétienne. On a publié une *Notice des livres de la bibliothèque de l'abbé Montmignon*, Paris, 1824, in-8°. M. Mahul lui a consacré un article dans le 5° vol. de son *Annuaire nécrologique*, p. 135.

MONTMORENCY (Matthieu II de), dit le *Grand* et le *grand connétable*, mérita ce titre par son courage et par sa prudence. Il se distingua surtout au siège de Château-Gaillard, près Andely, où il accompagna le roi Philippe-Auguste en qualité de chevalier. Il contribua beaucoup au gain de la bataille de Bouvines, en 1214, et y enleva douze enseignes impériales. Sa valeur éclata l'année suivante contre les Albigeois du Languedoc, et lui mérita l'épée de connétable en 1218. Il eut, sous Louis VIII, beaucoup de part au gouvernement, et commanda, en 1224, aux sièges de Niort, de Saint-Jean-d'Angély, de La Rochelle et d'autres places enlevées aux Anglais. Il se croisa une seconde fois contre les Albigeois en 1226. Louis VIII, au lit de la mort, le pria d'assister son fils de ses forces et de ses conseils. Montmorency le lui promit, et lui tint parole. C'est lui qui dissipa cette formidable ligue qui se fit contre la reine Blanche, pendant la minorité de saint Louis. Il prit sur les mécontents la forteresse de Bellesme, en 1228, les poussa jusqu'à Langres en 1229, et les réduisit tous, ou par adresse ou par force, à se soumettre à la régente. Il mourut le 24 novembre 1230. Le mérite de ce grand homme, son crédit, son habileté, illustrèrent beaucoup sa famille, et commencèrent à donner à la charge de connétable l'éclat qu'elle eut depuis.

MONTMORENCY (Charles de), maréchal de France en 1343, se distingua par ses exploits militaires. Il commanda l'armée que Jean, duc de Normandie, envoya en Bretagne au secours de Charles de Blois, son cousin. Le courage avec lequel il combattit à la bataille de Crécy, en 1346, lui valut le titre de gouverneur de Normandie. Aussi bon négociateur qu'excellent général, il contribua beaucoup au traité de Bretigny, conclu en 1360. Cet homme illustre mourut en 1381. Le roi Charles V faisait tant de cas de son mérite, qu'il le choisit pour être parrain du dauphin, depuis Charles VI.

MONTMORENCY (Anne de), fut élevé comme enfant d'honneur auprès du dauphin, depuis François Ier, et en 1515 il se trouva à la bataille de Marignan. Il défendit avec le fameux Bayard, en 1521, la ville de Mézières contre l'armée de Charles-Quint, et obligea le comte de Nassau de lever le siège. Honoré du bâton de maréchal de France, il suivit en Italie François Ier, et fut pris en 1525, avec ce prince, à la bataille de Pavie, qui avait été donnée contre son avis. Après avoir payé une forte rançon pour sa liberté, il traita de celle de François Ier. Les services importants qu'il rendit à l'Etat furent récompensés par l'épée de connétable de France en

1538. Montmorency, disgracié quelque temps après, rentra en grâce sous le règne de Henri II, qui eut en lui une confiance particulière. Cependant les Guises commençaient déjà à balancer le crédit de Montmorency. Le connétable prit le Boulonnais en 1550, Metz, Toul et Verdun en 1552; mais il fut défait et pris par les Espagnols, à Saint-Quentin, en 1557, et ne sortit de prison qu'à la conclusion de la paix en 1559. En 1562, il gagna contre les calvinistes la bataille de Dreux, mais il fut aussi fait prisonnier. Ayant obtenu sa liberté l'année suivante, il perça au Havre-de-Grâce sur les Anglais. Quelque temps après, les calvinistes s'étant remis en campagne sous la conduite du prince de Condé, Montmorency les battit à la journée de Saint-Denis en 1567. Le vainqueur vit néanmoins mettre en déroute le corps qu'il commandait, et fut abandonné des siens, que la terreur avait saisis. Le généreux vieillard rappela toute sa vertu pour terminer sa longue vie par une action héroïque. Il reçut huit blessures dangereuses, fut démonté, et rompit son épée dans le corps d'un officier calviniste, qu'il perça au défaut de la cuirasse. Enfin, Stuart, gentilhomme écossais, le blessa mortellement d'un coup de pistolet dans les reins. Un cordelier, son confesseur, lui rappelant dans cette extrémité les grands objets de la religion pour le disposer à la mort : « Pensez-vous, lui répondit-il, que j'aie vécu près de 80 ans avec honneur pour ne pas savoir mourir un quart d'heure ? » Le connétable expira quelques instants après, à 74 ans, dans des sentiments très chrétiens. Il s'était trouvé à huit batailles, et avait eu le souverain commandement dans quatre, avec plus de gloire que de fortune. On lui fit à Paris des funérailles presque royales, et on porta son effigie à son enterrement, honneur qu'on ne faisait qu'aux rois ou aux enfants des rois.

MONTMORENCY (Henri Ier de), duc, pair, maréchal et connétable de France, était le second fils d'Anne de Montmorency. Il se signala, du vivant de son père, sous le nom de seigneur de Damville. A la bataille de Dreux, en 1562, il fit prisonnier le prince de Condé, et servit la France avec beaucoup de gloire dans cette journée. Disgracié par la reine Catherine de Médicis, il chercha un asile auprès du duc de Savoie, et se mit à la tête des mécontents, qui déchirèrent le Languedoc sous Henri III. Henri IV étant monté sur le trône, il se soumit, obtint l'épée de connétable, et mourut à Agde en 1614. C'était un homme ferme et déterminé, qui n'avait puisé ses lumières que dans lui-même, car il ne savait, dit-on, ni lire ni écrire.

MONTMORENCY (Henri II, duc de), fils du précédent, né en 1595, fut fait amiral de France dès l'âge de 18 ans. Après avoir battu les calvinistes en Languedoc, et leur avoir enlevé diverses places, il les vainquit sur mer, près de l'île de Rhé, et reprit cette île dont ils s'étaient emparés. En 1628, il remporta un avantage non moins considérable sur le duc de Rohan, chef des huguenots. Montmorency, envoyé quelque temps après dans le Piémont en qualité de lieutenant général, attaqua près Veillane les Espagnols, commandés par le prince Doria, et les mit en déroute. Cette victoire fut suivie de la levée du siège de Casal, et lui mérita le bâton de maréchal de France. Ses prospérités l'égarèrent; il se flatta de pouvoir braver le cardinal de Richelieu. Gaston, duc d'Orléans, aussi mécontent de ce cardinal, se rend auprès de Montmorency, gouverneur du Languedoc, et cette province devint dès-lors le théâtre de la guerre. Le roi envoie contre les rebelles les maréchaux de La Force et de Schomberg, avec 2000 hommes de pied et 1200 chevaux. Montmorency est battu et fait prisonnier. Toute la France, pénétrée de ses services, de ses vertus, de ses triomphes, demande inutilement qu'on adoucisse sa sévère en sa faveur la rigueur des lois. Richelieu croit devoir faire un exemple qui épouvante les grands, prétextant que l'impunité multiplierait des scènes aussi scandaleuses qu'inquiétantes, et exposerait l'Etat à un danger continuel. Parmi les personnes qui sollicitèrent la grâce de cet illustre coupable, il y eut un grand seigneur qui dit au roi « qu'il pouvait juger aux yeux et au visage du public à quel point on désirait qu'il lui pardonnât. — Je crois ce que vous dites, répondit le prince; mais considérez que je ne serais pas roi si j'avais les sentiments des particuliers : il faut qu'il meure. » Réponse qu'on ne peut désapprouver si on en saisit le vrai sens. On lui trancha la tête à Toulouse, le 30 octobre 1632, à 37 ans. Son corps fut transporté dans l'église de la Visitation de Moulins, où Marie Félice des Ursins, sa femme, dame illustre par sa vertu et par sa piété, lui fit dresser un magnifique tombeau. Les biens de cette maison passèrent dans celle de Condé par la sœur du duc de Montmorency, Charlotte Marguerite, qui avait épousé Henri II, prince de Condé. Mais il subsiste des branches de cette famille dans les Pays-Bas et en France.

MONTMORENCY (JEANNE-MARGUERITE DE), connue sous le nom de la Solitaire des rochers, née à Paris en 1649, s'échappa du sein de sa famille en 1666. Après avoir pratiqué en divers Etats l'humilité et l'abnégation chrétienne, sans être reconnue, elle se retira dans les monts Pyrénées, où elle mena une vie admirable dans deux retraites sauvages qu'elle embellit, à un certain point, par l'art du sculpteur et du menuisier qu'elle possédait parfaitement. Le crucifix dont madame de Maintenon hérita après la mort de son directeur, le P. Luc de Bray, fit l'admiration des plus habiles ouvriers. Elle quitta sa retraite pour aller à Rome recueillir les grâces du jubilé en 1700; et l'on croit qu'elle mourut dans ce voyage.

MONTMORENCY (MATHIEU-JEAN-FÉLICITÉ DE MONTMORENCY-LAVAL, duc DE), pair de France, né à Paris, le 10 juillet 1761, fit la guerre d'Amérique, d'où il a rapporté des idées d'indépendance, aussi fut-il un des premiers de son ordre à se réunir au tiers-état, et pendant toute la session il vota avec la majorité de l'assemblée. Il remplit ensuite les fonctions d'aide-de-camp auprès du maréchal Luckner, qui commandait l'armée du Nord. Bientôt éclairé sur les conséquences des théories qu'il avait adoptées, il quitta son pays, et trouva un asile à Coppet, chez madame de Staël. Au mois de septembre 1795, il rentra en France. Arrêté le 26 décembre suivant, comme émissaire des Bourbons, il recouvra pourtant la liberté. On l'inquiéta de nouveau à l'époque du 18 fructidor. Dès lors, il dirigea toutes ses idées vers la religion. Sous le consulat il fut appelé à plusieurs fonctions qu'il refusa, excepté celles qui favorisaient l'esprit de bienfaisance dont il était animé. Ses relations avec madame de Staël, dont on connaissait la haine contre Buonaparte, le firent exiler à quelques lieues de Paris, où il obtint néanmoins la permission de revenir. Il y était l'objet d'une surveillance continuelle de la part de la police; car, protecteur secret des royalistes, il leur envoyait des secours jusque dans les prisons. En 1814, il alla au devant du comte d'Artois et lui servit d'aide-de-camp. Nommé peu de temps après chevalier d'honneur de la duchesse d'Angoulême, il suivit cette princesse à Bordeaux, à l'époque du retour de Napoléon, et se rendit avec elle à Londres et à Gand. Louis XVIII l'appela, le 17 août 1815, à la chambre des pairs, où il vota constamment avec les royalistes. En 1822, il eut le portefeuille des affaires étrangères, et devint président du conseil. Un des premiers discours que prononça le nouveau ministre à la chambre élective fut une noble rétractation des principes politiques qu'il avait professés dans sa première jeunesse. S'étant rendu au congrès de Vérone, il fit adopter le projet de la guerre d'Espagne. Ses collègues, MM. de Villèle et de Corbière, n'étant pas de son avis, il s'ensuivit une scission dans le ministère, à la suite de laquelle Montmorency offrit sa démission, qui fut en effet acceptée. Quelque temps après on le nomma gouverneur du duc de Bordeaux. Mais, le jeune prince n'ayant pas encore atteint l'âge où il devait être confié aux soins des hommes, Montmorency continua de se livrer exclusivement à des œuvres charitables. Le vendredi saint de l'année 1826, s'étant rendu à Saint-Thomas-d'Aquin, sa paroisse, pour adorer N. S. au tombeau, il fut frappé d'un coup d'apoplexie foudroyante dont il mourut sur-le-champ, à trois heures après midi. Le duc Mathieu de Montmorency s'était montré partisan de l'enseignement mutuel, qu'il contribua à introduire en France. Ses vertus plus que ses titres littéraires lui avaient ouvert les portes de l'académie française, et il y prononça, à l'occasion de sa réception, un discours sur l'alliance des lettres et de la religion, écrit d'un style pur et élégant.

MONTMORENCY (*Mons Morencius*), petite ville de l'île de France, aujourd'hui chef-lieu de canton du département de Seine-et-Oise, à 15 kilomètres N. de Paris. Ce lieu, qui a donné son nom à une illustre famille, porta d'abord le titre de baronnie et fut plus tard érigé en duché-pairie (1550), en faveur du connétable Anne de Montmorency. Après la mort de Henri II de Montmorency, que Richelieu fit exécuter en 1632, et en qui finit la branche directe des ducs de Montmorency, le duché fut rétabli en faveur de Henri de Bourbon, prince de Condé, sous le nom d'Enghien, village dépendant de la seigneurie de Montmorency. Sous la convention cette ville reçut le nom d'*Emile*; mais le mot ne fit pas fortune et l'ancien nom est resté. Elle est située sur le sommet d'une colline d'où la vue se perd à contempler une vaste forêt de châtaigniers et une délicieuse vallée. Elle n'est pas moins remarquable par son ancienneté et son église, un des

plus beaux ouvrages du xɪvᵉ siècle, que par le charme et la beauté de ses environs. Tout près de la ville, à mi-côte, à l'entrée d'une antique forêt de châtaigniers, se voit une petite maison bien simple, c'est l'ermitage que madame d'Epinay fit bâtir pour J.-J. Rousseau; rien n'est changé dans la disposition des appartements, et ce sont encore les meubles modestes de l'écrivain qui les ornent. 1,789 habitants.

MONTMORENCY (FRANÇOIS DE), naquit à Aire sur la Lys en 1578. Il était fils de Louis de Montmorency, seigneur de Beuvry et de Jeanne de Saint-Omer. Quoiqu'il fût l'aîné de sa famille, il renonça aux honneurs dont il pouvait jouir dans le monde, et entra dans l'état ecclésiastique. Il devint protonotaire apostolique, prévôt de la collégiale de Cassel et ensuite doyen de la cathédrale de Liége. Les seigneuries de Bersée, de Wastine, de Saultin, de Beuvry dont il avait hérité jointes aux comtés d'Estaires et de Morbecq, à la baronie d'Haveskerque et la vicomté d'Aire, l'avaient rendu l'un des plus hauts propriétaires de l'Artois. Il employa sa fortune à faire beaucoup de bien; car, il augmenta la dotation du chapitre de Cassel, fonda à Douai le séminaire destiné aux études théologiques et établit des jésuites dans le collège d'Aire. Après avoir renoncé à tous ses biens à l'âge de 40 ans, il entra dans la compagnie de Jésus où il devint profès, peu d'années avant sa mort, qui eut lieu le 5 février 1640. On a du P. François de Montmorency : 1° *Poetica sacrorum canticorum expositio*, Douai, 1629, in-4°. Le même ouvrage a été imprimé avec des additions de quinze psaumes, Anvers, chez Plantin, 1630, et à Vienne, in-4°, et in-12 en 1638; 2° *Paraphrasis poetica psalmi XLI, in immaturo funere principis Robeccani* (Le prince de Montmorency-Robecq était le neveu de l'auteur); 3° *Epinicion parta de Batavie ad Antuerpiam victoria*, Anvers, Plantin, in-4°, 1638; 4° *Pietas victrix psalmis VII lirice expressa*, Anvers, Plantin, 1639 (Biographie ecclésiastique de l'Artois, par M. Clément Hémery. *V. aussi* FOPPENS).

MONTMORIN (THOMAS DE), se distingua au siége de Saint-Jean d'Angely en 1368, et à la bataille de Poitiers en 1356, où il fut fait prisonnier. Il vivait encore en 1370, il était d'une très ancienne famille d'Auvergne, divisée en différentes branches, de l'une desquelles étaient les deux comtes de Montmorin, l'un ministre d'état, l'autre gouverneur de Fontainebleau, assassinés par les Parisiens lors du massacre des prêtres, des nobles et des prisonniers, les 2 et 3 septembre 1792.

MONTMORIN SAINT-HÉREM (ARMAND-MARC, comte DE), né vers 1750, fut d'abord menin du dauphin, depuis Louis XVI, et ensuite ambassadeur de France à Madrid. Il devint membre de l'assemblée des notables en 1787, et bientôt après Louis XVI lui confia le portefeuille des affaires étrangères. Croyant entrer dans les intentions du roi, il se rapprocha du parti révolutionnaire, et perdit ainsi la confiance des royalistes sans gagner celle des factieux. Accusé par les deux partis, il fut renvoyé du ministère en 1789 avec Necker, rappelé avec lui par cette même assemblée, qui avait presque demandé sa démission, il continua de vouloir tenir un milieu entre les deux partis, et augmenta ainsi la haine qu'ils lui portaient. Lors du voyage de Varennes, Montmorin fut mandé à la barre, et accusé d'avoir favorisé la fuite de la famille royale en lui délivrant des passe-ports. Comme le roi ne l'avait pas mis dans la confidence, il ne lui fut pas difficile de se justifier. Le 31 octobre, ayant communiqué à l'assemblée les réponses faites par divers souverains à la notification qui leur avait été adressée de la part de Louis XVI, les révolutionnaires y trouvèrent un nouveau motif d'accusation contre les ministres. Mandé à la barre, Montmorin se justifia avec autant d'énergie que d'éloquence, et donna sa démission. Il resta cependant encore quelque temps auprès du roi, dans le but de le servir de ses conseils. Après la terrible journée du 10 août, les factieux n'oublièrent pas Montmorin; il fut mis sur la liste des proscrits, et décrété d'accusation. Il se réfugia dans le faubourg Saint-Antoine, chez une blanchisseuse qui, en usant de trop de précaution, fit soupçonner sa retraite. Arrêté le 21 août, il subit un long interrogatoire à la barre de la Convention, et fut conduit à l'Abbaye, et bientôt après à l'échafaud.

MONTMORT (PIERRE-RAIMOND DE), mathématicien, né en 1678, à Paris, où il mourut en 1719, fut destiné au barreau. Dégoûté de cette profession, il n'étudia plus que la philosophie et les mathématiques, suivant en tout les conseils du P. Mallebranche, son ami et son guide. On a de lui un essai d'analyse sur les jeux de hasard, dont la meilleure édition est de 1713, in-4°. Cet ouvrage, fruit de la sagacité et de la justesse de son esprit, fut reçu avec avidité par les géomètres. Il a encore donné un *Traité des suites infinies.*

MONTMOUTH ou plutôt **MOUMOUTH** (JACQUES, duc DE), fils naturel de Charles II, roi d'Angleterre, né à Rotterdam en 1639, fut mené en France à l'âge de 9 ans, et élevé dans la religion catholique. Le roi son père, ayant été rétabli dans ses États en 1660, le fit duc et pair du royaume d'Angleterre, chevalier de l'ordre de la Jarretière, capitaine de ses gardes, et l'admit dans son conseil. Le duc de Montmouth passa au service de la France avec un régiment anglais, se signala dans les Pays-Bas ; il y servit sous le prince d'Orange, et se trouva à la bataille de Saint-Denis, que ce prince livra, en 1678, au maréchal de Luxembourg. De retour en Angleterre, il continua de se distinguer. Envoyé en 1679, en qualité de général, contre les rebelles d'Écosse, il les défit ; mais peu de temps après il se joignit aux factieux, et trempa même dans une conspiration pour assassiner le roi Charles II son père, et le duc d'Yorck (depuis Jacques II), son oncle. Charles, sollicité par sa tendresse autant que par la bonté de son cœur, pardonna à ce fils rebelle. Cet excès de clémence ne changea point son cœur, naturellement porté à tous les attentats de l'ambition. Il se retira en Hollande pour attendre le moment favorable de faire éclore ses projets. A peine eut-il appris que le duc d'Yorck avait été proclamé roi sous le nom de Jacques II, qu'il passa en Angleterre pour y faire révolter les peuples. Il parvint à assembler des troupes, leur persuada qu'il était issu d'un mariage légitime de Charles II, et qu'ainsi il était le véritable héritier de son trône. Il hasarda donc le combat contre l'armée de son souverain. Il fut vaincu et contraint de se sauver à pied. Deux jours après la bataille, on le trouva dans un fossé, couché sur la fougère. Dès qu'il fut arrêté, il écrivit au roi dans les termes les plus soumis pour demander grâce, et obtint la permission de venir se jeter à ses pieds ; mais le coupable fut conduit à la Tour de Londres, d'où il sortit pour porter sa tête sur un échafaud, le 25 juillet 1685. Sainte-Foix a prétendu qu'à la place du duc de Montmouth, on fit mourir un malfaiteur qui lui ressemblait parfaitement, et que ce duc, envoyé en France, est le même que le prisonnier nommé Masque de fer. Quoique ses preuves ne soient pas concluantes, il y en a de spécieuses ; la permission que le duc eut d'abord de venir se jeter aux pieds du roi ne s'accorde guère, d'ailleurs, avec son supplice.

MONTOIRE, ancien château fort bâti au xie siècle dans la commune de Nielles-les-Ardres, par les comtes de Guines. Cette forteresse réparée en 1174, fut comprise dans la cession que le comte Arnoul III, fut contraint de faire de ses domaines au roi de France en 1282. Les ducs de Bourgogne et les Anglais la prirent et reprirent plusieurs fois, jusqu'à ce qu'enfin le duc de Vendôme la détruisit en 1542. Il en reste des ruines assez considérables qui accusent une construction ogivo-romane du xiie siècle.

MONTOLIEU (PAULINE-ISABELLE DE POLIER, baronne DE), née le 7 mai 1751, à Lausanne, où elle mourut le 28 décembre 1832, épousa successivement de Crouzas, dont elle eut H. de Crouzas-Mein et le baron de Montolieu. Une longue maladie la condamna à l'inaction dans ses dernières années. Elle avait fait paraître *Caroline de Litchfield*, en 1781, 2 vol. in-12, et avait ensuite soutenu sa réputation par des publications si nombreuses que leur collection forma 105 vol. Une nouvelle édition en fut donnée en 1829 à Paris. Les ouvrages de madame de Montolieu ne manquent ni de charme ni d'intérêt, mais ce sont des romans.

MONTPELLIER (*Mons pessulanus* et *Monspuellarum*), grande et belle ville du Bas-Languedoc, aujourd'hui chef-lieu du département de l'Hérault. L'origine de cette ville ne remonte pas au-delà du viiie siècle. Elle fut en 990 donnée en fief à un seigneur du nom de Guillaume, par l'évêque de Maguelone, Ricuin ; mais elle dépendait encore immédiatement du siège de cette dernière ville, qu'elle absorba, et elle ne posséda le siège épiscopal que sous François Ier. Désolée par la guerre et la peste pendant la domination de ses comtes particuliers, elle posa cependant au xiie siècle les fondements de sa prospérité, et de cette époque date le vif éclat que son école de médecine, fondée par les Arabes, n'a cessé de jeter jusqu'à nos jours. Pierre II, roi d'Aragon, ayant épousé en 1204, la fille du comte Guillaume VIII, reçut à son nom de Montpellier qui passa ensuite aux princes d'Aragon, et en 1292 fut cédée par l'évê-

que de Maguelone à Philippe-le-Bel. Elle fut aliénée enfin par Jacques III, roi de Majorque, à Philippe-de-Valois en 1349. La seigneurie de Montpellier, devenue baronnie, fut donnée par Charles V à Charles-le-Mauvais, roi de Navarre en 1365. Reprise plusieurs fois pour cause de félonie, elle passa définitivement au pouvoir de Charles VI en 1382. Montpellier fut au xvie siècle un théâtre de guerres et de massacres entre les protestants et les catholiques. Les premiers s'en étant emparés, sous Henri III, se constituèrent en république et conservèrent cette forme de gouvernement jusqu'en 1622, époque ou Louis XIII se rendit maître de Montpellier après un siège long et meurtrier. Ce prince fit alors construire, pour contenir les habitants, une citadelle qui sert aujourd'hui de caserne. Les nouvelles révoltes qui suivirent la construction ne se font ne furent pas moins sanglantes que celles qui l'avaient précédée. Toutefois la ville se soumit et prospéra sous le règne de Louis XIV, auquel les habitants élevèrent un siège long et une statue équestre. Cette ville est située dans un site agréable, au milieu d'une contrée qu'embellissent des maisons de campagne, des jardins, des vergers, des vignes et des oliviers. Elle a de nombreuses fontaines, des édifices assez remarquables et des promenades charmantes : celle dite le Peyrou est la plus belle qui soit en France. Ses établissements publics sont nombreux. Elle est le siège d'un évêque, d'une académie, d'une faculté de médecine, d'un tribunal de première instance, d'une chambre de commerce, de la 9e division militaire, d'une conservation des hypothèques, d'une inspection des forêts, d'une inspection divisionnaire des mines, avec collège, école spéciale de pharmacie. Cette ville est très industrielle. Les laines, les huiles, les vins et eaux-de-vie du Languedoc, les liqueurs, les parfumeries, les confitures, les fruits secs, le vert-de-gris, la crème de tartre, le vitriol et l'eau forte qui s'y fabriquent, ainsi que dans les environs, sont des branches de commerce pour ses habitants, dont un grand nombre sont occupés aussi aux tanneries, à la fabrication des toiles et mouchoirs de coton, à celle des couvertures de coton et de laine. Le port de Cette est le port de Montpellier et le lieu où se font toutes ses expéditions à l'étranger. On évalue la population de Montpellier à 36,000 habitants.

MONTPENSIER (ANNE-MARIE-LOUISE D'ORLÉANS, plus connue sous le nom de Mademoiselle DE), fille de Gaston, duc d'Orléans, naquit à Paris en 1627. Elle fut élevée à la cour d'Anne d'Autriche, sa marraine, qui, d'accord avec Mazarin, lui fit espérer qu'elle épouserait Louis XIV. Son père, prince bizarre, impétueux et intrigant, avait transmis ses défauts à sa fille. Mademoiselle prit le parti de Condé dans les guerres de la Fronde, et eut la hardiesse de faire tirer sur les troupes du roi le canon de la Bastille. Cette action violente la perdit pour jamais dans l'esprit de Louis XIV. Le cardinal Mazarin dit alors : « Ce canon-là vient de tuer son mari. » La cour s'opposa toujours depuis aux alliances qu'elle désira faire, et lui en présenta d'autres qu'elle ne pouvait accepter. Dans l'espérance d'épouser l'empereur, elle refusa la main du prince de Galles, depuis Charles II ; ainsi son ambition démesurée et l'appui qu'elle accorda aux Frondeurs contre Louis XIV et Mazarin lui ôtèrent le moyen de se choisir une couronne. Son esprit élevé, son instruction, et les nombreux amis qu'elle eut, dérangèrent plutôt ses projets qu'ils ne les servirent. Après avoir langui jusqu'à 43 ans, cette princesse, destinée à régner sur des souverains, voulut faire à cet âge la fortune d'un simple gentilhomme. Elle obtint en 1669 la permission d'épouser le comte de Lauzun, capitaine des gardes-du-corps, et colonel-général des dragons, à qui elle donnait, avec sa main, tous ses biens estimés 20 millions, quatre duchés, la souveraineté de Dombes, le comté d'Eu, le palais d'Orléans, qu'on nomme le Luxembourg. Le contrat était dressé. La reine, le prince de Condé, représentèrent au roi l'injure que cette alliance faisait à la famille royale, et Louis XIV crut devoir révoquer son consentement. Les deux amants se firent donner secrètement la bénédiction nuptiale. Lauzun, ayant éclaté contre madame de Montespan, à qui il attribuait en partie sa disgrâce, fut enfermé pendant dix ans à Pignerol, et n'obtint sa liberté qu'à condition que Mademoiselle céderait au duc du Maine la souveraineté de Dombes et le comté d'Eu. L'élargissement de son époux, la liberté de vivre avec lui, parut contenter Mademoiselle ; mais son bonheur ne fut pas de longue durée. Lauzun exerça sur elle un tel empire qu'un jour où l'on prétend qu'un jour, revenant de la chasse, il lui dit : « Louise d'Orléans, tire-moi mes bottes. » Cette princesse s'étant récriée sur cette insolence, il fit du pied un mouvement qui était le dernier des outrages. Le lendemain, il revint au Luxembourg; mais la femme de Lauzun se rappela enfin qu'elle avait été sur le point d'être celle d'un empereur, et en prit l'air et le ton: « Je vous défends, lui dit-elle, de vous présenter jamais devant moi. » Mademoiselle, après avoir passé le commencement de sa vie dans les plaisirs et dans les intrigues, le milieu dans l'amour et les chagrins, en passa la fin dans la dévotion et l'obscurité. Elle mourut le 5 mars 1693, peu regrettée et presque entièrement oubliée. On a d'elle des *Mémoires*, dont l'édition la plus complète est celle d'Amsterdam (Paris), 1735, en 8 vol. in-12. Ses mémoires sont plus d'une femme occupée d'elle, dit l'auteur du *Siècle de Louis XIV*, que d'une princesse témoin de grands événements; mais, à travers mille minuties, on y trouve des choses curieuses, et le style en est assez pur.

MONTPER (Josse), peintre de l'école flamande, né vers l'an 1580, mort vers le milieu du XVIIe siècle, a excellé dans le paysage. Ce maître n'a point imité le précieux fini des peintres flamands. Il a affecté un goût heurté et une sorte de négligence. Cependant il n'y en a point qui fasse plus d'effet à une certaine distance.

MONTPLAISIR (RENÉ DE BRUC, marquis DE), mourut vers 1673, lieutenant de roi à Arras. On a de lui des *Poésies*, 1759, in-12, parmi lesquelles son *Temple de la gloire* tient le premier rang. Il est adressé au duc d'Enghien (depuis le grand Condé) à l'occasion de la bataille de Nordlingue, qu'il avait gagnée sur le général Mercy. Montplaisir avait servi avec distinction sous ce prince.

MONTRE (*Arts mécaniques*), s. f. Petite horloge qui se porte ordinairement dans une poche destinée à cet usage. Il ne sera question ici que des montres simples, qui marquent seulement les heures, minutes et secondes; nous indiquerons aux articles *Sonnerie*, *Réveil*, *Répétition*, les procédés employés pour faire sonner les heures. On distingue dans une montre plusieurs parties; le ressort moteur, le spirale, le régulateur du mouvement ou l'échappement, les rouages, qu'on appelle le mouvement, la fusée et sa chaîne, le cadran, enfin la boîte.

1. *Ressort moteur.* — Une lame d'acier trempé et revenu au bleu, très élastique et souvent de plus de 2 pieds de longueur, est roulée en spirale et enfermée dans un tambour en cuivre, sorte de cylindre creux qu'on nomme barillet. Les deux fonds sont percés d'un trou central pour laisser passer les bouts d'un arbre d'acier, autour duquel on enroule la lame de ressort. A cet effet, cette lame est percée d'un œil à chaque bout; celui du centre reçoit une dent ménagée à l'arbre et qui saisit ce bout, entraîne la lame et l'enroule, lorsqu'on fait tourner l'arbre; l'œil de l'autre extrémité de la lame est de même retenu par une dent qui saille sur la paroi interne du tambour, en sorte que lorsqu'on tourne l'arbre, ce bout ne puisse quitter le tambour, et que le ressort s'enroule sur l'arbre quand on maintient celui-ci fixe. Cette disposition est indiquée fig. 2 et 6.

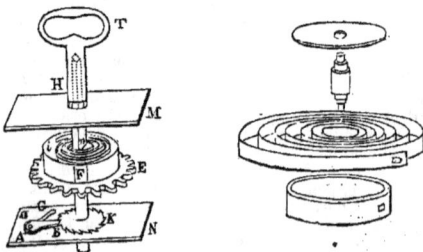

Lorsqu'on tourne l'arbre à l'aide d'une clef forcée TH qui en saisit le bout travaillé en carré, le barillet F reste immobile, parce qu'il est indépendant de l'arbre: le ressort se serre donc sur l'arbre de plus en plus, et fait effort pour se débander. Remarquez que la lame ainsi bandée tire le tambour pour le faire tourner; mais que celui-ci, retenu par les engrenages dont on va parler, résiste à cet effort, et demeure en repos lorsqu'on monte le ressort. Si l'on venait à quitter la clef, l'arbre devrait retourner en sens contraire; mais il est retenu par un encliquetage dont le cliquet B est engagé dans la roue à rochet K. Cette roue est en acier, fixée à l'arbre, et ses dents obliques, au fond desquelles butte le cliquet B,

ne permettent la rotation que dans un sens. Voilà donc la montre montée, et le ressort qui tire au moins ou moins de force le barillet pour le faire tourner sur son arbre maintenant immobile. C'est cette puissance de développement du ressort qui va mettre les rouages en jeu. On fait porter au contour du barillet F une denture E, qui engrène avec le rouage, et le mène; c'est ce mécanisme qu'on appelle un barillet tournant, expression impropre, puisque, dans tous les cas, le barillet doit tourner pour suffire au développement du ressort. On fait en général le ressort beaucoup plus long qu'il ne faut, afin qu'il n'ait besoin de se développer que d'une petite portion de sa longueur, et que son action ne produise pas trop d'inégalité dans toute la durée que la pièce doit marcher (environ 30 heures). Quoi qu'il en soit, on ne se sert guère des barillets tournants que lorsque l'échappement est à cylindre, ou à force constante, ou dans les horloges dont le régulateur est un pendule. Dans le cas où l'on préfère un échappement à recul, pour remédier à l'action variable du ressort à mesure qu'il se débande, on a imaginé un mécanisme très ingénieux, que nous allons décrire.

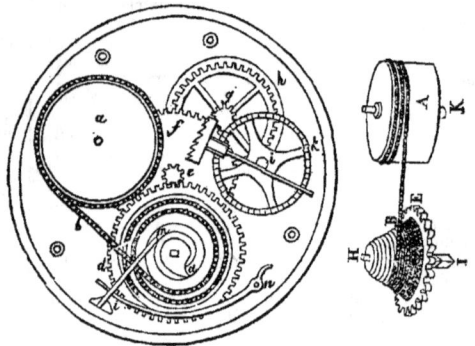

2. *Fusée, chaîne.* — Les fig. 3 et 8 représentent le barillet A privé de denture, et son arbre K; la fusée est une pièce de forme conique B, dont la surface est recouverte d'une rampe spirale en plan incliné. Une chaîne BA s'enroule alternativement sur le tambour A et sur la fusée B. La fig. 4 montre l'état des choses quand le développement est à moitié; mais si le ressort vient d'être complètement monté, la surface du tambour A est nue, et la chaîne recouvre la fusée de bas en haut. On ne bande plus le ressort, comme dans les barillets tournants en saisissant leur arbre avec la clef; cet arbre est toujours immobile. Mais comme la chaîne est accrochée par l'un de ses bouts au bas de la fusée, et par l'autre sur le barillet, on conçoit qu'en tournant l'arbre I de la fusée avec une clef forée en carré, on force la chaîne à s'enrouler sur la surface, et à tirer le barillet pour l'obliger à tourner sur son arbre, qui est fixe: ainsi, le grand ressort s'enroule autour de l'arbre, puis fait effort pour tirer la chaîne en sens contraire. La fusée tourne donc par cette action, et le rouage est mis en jeu par la roue dentée E. On voit que dans le commencement du mouvement, où le ressort a toute sa puissance, il agit avec le petit bras de levier du diamètre supérieur de la fusée, et qu'à mesure qu'il se développe et que son énergie s'affaiblit, son bras de levier va croissant. Le ressort regagne ainsi la force qu'il perd, par les conditions où son action s'exerce.

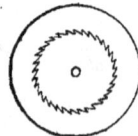

Dans le cas où l'on se sert d'une fusée, l'encliquetage que nous avons décrit s'adapte à la fusée, mais on le cache dans son intérieur, pour ménager l'espace. Ainsi, à l'arbre de la fusée tient une roue à rochet (fig. 7) qui permet à cet arbre de tourner dans un sens quand on monte le ressort; mais la pièce conique B (fig. 3) est indépendante de la roue E, qui, engagée dans le rouage, reste immobile; cette roue E porte l'encliquetage qui s'oppose à ce que l'arbre HI, que tirent le ressort et la chaîne, ne puisse tourner en sens contraire, sans entraîner avec lui la roue E, la fusée et le reste du rouage. Quant à la chaîne, c'est une des pièces les plus délicates de la montre : ce sont de petits brins d'acier nommés paillons, qu'on taille à l'emporte-pièce, et qu'on perce d'un petit trou à chaque bout. Chaque paillon est une petite lame très mince, deux fois plus longue que large, et imitant la figure de deux cercles accouplés, dont les centres sont percés. Tous ces paillons sont exactement égaux, et voici comment on les assemble pour former la chaîne. L'épaisseur totale est celle de trois paillons, attendu qu'entre deux, qui sont disposés l'un sur l'autre parallèlement, on glisse le bout d'un troisième, dont l'œil correspond entre les deux yeux des premiers, qu'il sépare; on y entre une goupille qu'on rive aux deux bouts. L'extrémité du paillon du milieu est de la sorte saisie entre ces derniers, mais les dépasse, et c'est ce bout excédant qu'on saisit de même, entre les extrémités de deux autres paillons, l'un dessus, l'autre dessous; et ainsi consécutivement, de manière que la chaîne soit formée d'une suite immédiate de paillons placés bout à bout, entre lesquels sont d'autres paillons aussi bout à bout, mais dont une moitié est saisie entre une paire, et l'autre moitié entre une autre paire. On commence par polir une plaque d'acier mince, puis un ouvrier, armé d'un poinçon à deux pointes, qui sont écartées d'autant que le doivent être les trous des bouts de chaque paillon, frappe sur la tête du poinçon pour percer la plaque de part en part. Il a d'abord posé la plaque sur un morceau de bois, pour que le poinçon ne s'émousse pas. A chaque coup, il ne perce qu'un seul trou, parce qu'il fait entrer l'une des pointes de l'outil dans le trou qu'il vient de percer; tous ces trous, également espacés, sont à peu près en ligne droite : c'est ce qu'on appelle piquer la lame. Tous ces trous ont des rebarbes, qu'on enlève à la lime, en retournant la plaque sans dessus dessous; et comme cette opération les rebouche en partie, on les rafraîchit avec de petits coups donnés avec un autre poinçon à une seule pointe. On a une matrice en acier solidement établie; c'est une petite pièce percée d'un trou, moule exact d'un paillon, qui traverse son épaisseur d'une ligne et demie environ, mais qui va en s'évasant un peu en dessous. Le coupoir, ou emporte-pièce, est exactement de la forme et de la dimension d'un paillon, imitant deux petits cylindres accolés, dans l'axe desquels est une pointe un peu saillante. Ces pointes étant entrées dans deux trous de la plaque, on la pose sur la matrice au-dessus de son pertuis, et l'on frappe un coup de maillet qui détache un paillon et le laisse tomber sous la matrice. Les goupilles sont des fils d'acier qu'on entre de force dans les trous des paillons, assemblés comme il a été expliqué, et faisant en sorte que les faces qui ont eu des rebarbes se regardent, et que par conséquent les faces extérieures présentent à leurs trous une petite concavité. Le fil d'acier est entré dans les trois trous des paillons qu'il doit unir en forme de charnière; on force le chaînon à entrer davantage sur le fil : on coupe celui-ci au niveau des surfaces des deux côtés, et l'on rive, de manière qu'une tête plate emplisse la petite concavité des trous du côté externe de la chaîne. Les chaînons des deux extrémités sont terminés en crochet; c'est un chaînon de rang intermédiaire, dont l'un des yeux est ouvert en forme de crochet, qui est destiné à saisir le bord du tambour, ou le bas de la fusée. Un trou percé au tambour d'une part, et une fente pratiquée à la fusée et renforcée d'une goupille de l'autre part, sont les parties que saisissent les crochets. Vient ensuite le tour de la lime à égayer; c'est une bande d'acier épaisse de 2 lignes, à surface courbée sur un taillée, qu'on maintient horizontalement en serrant le bout dans un étau, et sur laquelle on fait couler la chaîne tendue et enduite d'un peu d'huile; on tire les deux bouts alternativement avec une poignée prise dans le crochet, et l'on augmente de plus en plus l'angle que fait la chaîne avec l'horizon, pour qu'elle frotte plus fort et alternativement sur les deux faces. Cette bande d'acier est improprement appelée lime, puisqu'elle n'a pas de taille; mais on lime ensuite la chaîne, en l'accrochant par un bout sur un bâton de bois, et la maintenant le long de ce bois, en tenant l'autre bout de la chaîne avec la main gauche. Enfin, on trempe la chaîne, en la roulant dans un trou fait à un gros charbon, et y faisant aller la pointe de la flamme d'une chandelle, qu'on souffle avec un chalumeau. Lorsque cette chaîne est rouge-

cerise, on la jette dans de l'huile; ensuite on la fait revenir, en l'exposant ainsi huilée à la flamme de la chandelle qui brûle l'huile. Il ne reste plus qu'à la polir, en la passant à la pierre du Levant, et aussi en la frottant avec de la poudre de cette pierre. Lorsqu'on achève de monter une montre, si l'on tourne la clef avec un peu de force, on casse la chaîne ou le grand ressort; c'est ce qui a fait imaginer les garde-chaînes, dont on garnit les montres précieuses pour empêcher cet accident. Il en est de plusieurs espèces : imaginez deux roues portant l'une douze dents et l'autre dix; la première fera cinq tours quand l'autre en accomplira six; les arbres sont fixés chacun à un levier qui tourne avec eux, et ces deux leviers se rencontrent et buttent l'un contre l'autre, quand on doit cesser de tourner la clef de remontage. On peut encore se servir d'une roue qui ne porte des dents que sur une partie de son contour : une goupille fait passer une dent de cette roue à chaque tour qu'on fait, et lorsqu'on arrive à l'arc non denté, la goupille butte, et on ne peut continuer de tourner. On voit, fig. 9, au centre de la fusée, une pièce armée d'un bec a, qui à chaque tour passe au-dessus du levier im que retient le ressort n : mais la chaîne, en montant sur la fusée, redresse le bout m de ce levier qui est mobile en i; en sorte que le bec a vient buter sur ce bout m, quand la fusée se trouve recouverte par la chaîne, et il n'est plus possible de faire tourner la clef.

3. *Échappement.* Divers appareils servent de régulateurs au mouvement des montres; comme ce sujet a été souvent traité avec étendue, nous n'y reviendrons pas. Nous dirons seulement qu'en général une roue HK sans dent, ou volant, nommée balancier (fig. 5), pivote et oscille sur un axe

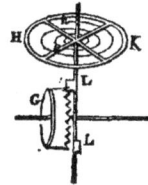

central, auquel est fixé le bout intérieur d'un ressort capillaire hl nommé spirale, à cause de sa forme, et dont le bout extérieur h est fixé à la platine. Lorsqu'on met ce balancier en rotation, il serre autour de lui le spirale, qui par son élasticité, restitue, en se développant en sens contraire, une force rotative au balancier, puis revient sur lui-même, puis se détend, et ainsi de suite; et comme l'axe du balancier est chassé par l'action du rouage, il retrouve à chaque coup la force que les résistances lui font perdre, et le mouvement s'entretient avec toute la régularité qu'on doit attendre d'une force constante, agissant sur la spirale, avec une égale énergie et de la même manière. C'est l'échappement à verge, dit à roue de rencontre, qui est le plus en usage dans le commerce. Mais dans les pièces soignées, on préfère l'échappement à cylindre ou celui à ancre, ou tout autre dont les effets sont bien plus sûrs, mais qui est plus coûteux. Dans les chronomètres, on a besoin de plus de régularité encore, l'on emploie l'échappement d'Arnold.

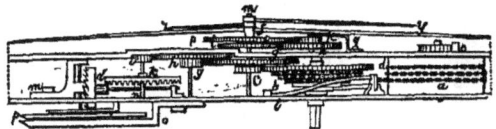

4. *Rouages.* Expliquons le mécanisme qui sert à lier la force motrice au régulateur, et qui est représenté fig. 4 et 8. On voit, entre les deux platines, le barillet a entouré de sa chaîne qu'il tire en faisant tourner le tambour, par l'effort du ressort qu'il contient. Cette chaîne tire la fusée b, qu'elle fait tourner dans le même sens que le barillet; la roue de fusée engrène dans le pignon e de la roue centrale, nommée grande roue moyenne C'f; celle-ci doit, dans tous les cas, faire un tour entier par heure, parce que c'est sur son axe prolongé qu'est portée l'aiguille des minutes y. Cette roue C' mène le pignon g et la roue h, appelée petite roue moyenne,

laquelle engrène avec le pignon i de la roue de champ k ; celle-ci engrène le pignon d de la roue de rencontre, laquelle a son axe n parallèle aux platines, et porté sur deux pièces nommées potences. En m est une vis qui serre la grande potence et lui permet un peu de mouvement, lequel suffit pour mettre la roue d d'échappement. Enfin, en dessus de la platine est un pont o nommé coq, destiné à recouvrir le spiral et le balancier p, dont il porte un des pivots. Puisqu'il faut que la grande roue moyenne f accomplisse un seul tour par heure, il faudra proportionner le nombre de dents des diverses roues à la vitesse que doit avoir le balancier, d'après la force du spiral et celle du ressort moteur. Supposons que le balancier doive exécuter 9000 vibrations par heure, ou 150 par minute (c'est-à-dire 5 pour deux secondes, comme cela a lieu ordinairement dans les chronomètres), on proportionnera la vigueur du spiral à cette condition, puis on armera les roues et les pignons de nombres de dents qui s'accommodent avec cette disposition, savoir, que la roue f fasse un seul tour pendant que le balancier accomplira 9000 excursions. Si je veux que, la grande roue moyenne $C'f$ faisant son tour en 1 heure, la roue de champ k fasse le sien en 1 minute, c'est-à-dire tourne 60 fois plus vite, je pourrai donner à la roue C' 60 dents, et 6 au pignon d'engrenage g ; d'abord h marchera 10 fois plus vite que C' ; ensuite je donnerai 48 dents à la roue h, et 8 au pignon i ; k tournera 6 fois plus que h, et par conséquent fera 60 tours pendant que f en fera un seul. Si les axes de ces roues f et k portent chacun une aiguille, la première marquera les minutes sur un cadran divisé en 60 arcs égaux, et l'autre les secondes sur un autre cadran. Seulement, comme l'échappement à verge recule un peu, avant de tourner, à chaque vibration ; que d'ailleurs on n'obtient pas dans la minute 60 coups secs, mais un beaucoup plus grand nombre ; on dit alors que l'aiguille trotte les secondes. Dans les montres à secondes fixes, il faut un rouage particulier pour produire cet effet, rouage analogue à celui qui va être décrit pour indiquer les heures et minutes.

Cadrature. Maintenant il s'agit d'indiquer, avec des aiguilles, sur un cadran, les heures et les minutes. Entre la platine ch et le cadran, se trouve ce qu'on appelle la minuterie. On évite de se servir d'un cadran particulier pour chaque genre d'indication, en faisant partir les axes de rotation du centre du cadran, divisé en heures et minutes. La roue de chaussée gi (fig. 1), solidaire avec l'axe C de la grande

roue moyenne, engrène avec la roue de minuterie gh, qui a le même nombre de dents qu'elle, et tourne aussi vite en sens contraire, son pignon k engrène avec la roue de canon p, ainsi nommée parce qu'elle est montée sur un canon f ou tuyau creux, que la chaussée de l'axe Cm des minutes traverse. La roue de canon p a 12 fois plus de dents que le pignon k de minuterie, et l'on voit qu'elle tourne 12 fois moins vite, dans le même sens que la roue ig et que l'axe C de la grande roue moyenne. Ainsi du centre du cadran partiront deux aiguilles y et z, tournant dans le même sens, allant 12 fois plus vite l'une que l'autre ; celle my de l'axe décrira son tour en une heure et marquera les minutes, celle fg du canon, qui n'est pas solidaire avec l'axe, ne fera qu'un tour en 12 heures, et marquera les heures. L'axe Cm de la roue moyenne porte deux roues solidaires entre elles outre le pignon e, savoir : ig en dessous, et f (fig. 5) ; mais comme ces roues sont séparées par une platine ch, on conçoit qu'elles ne peuvent pas être toutes deux soudées à l'axe ; car on ne pourrait pas démonter la pièce, lorsqu'elle aurait besoin d'être nettoyée ou réparée. Il suffira de faire porter la roue gi (fig. 2) à frottement dur sur l'axe ; mais pour qu'il soit facile de remettre la montre à l'heure, en faisant tourner l'aiguille des minutes portée par l'axe Cm de la grande roue moyenne, on fixe la roue gi sur un canon ou tuyau qu'on appelle chaussée, qui serre à frottement cet axe Cm, et l'enveloppe dans presque toute sa longueur ; on y ménage de petites fentes longitudinales, où l'on glisse un peu d'huile. Le canon f de la roue des heures est traversé par cette chaussée, dont le bout façonné en carré entre dans l'œil carré de l'aiguille my des minutes, tandis que celle fz des heures entre à frottement

dur sur son canon f et est indépendante de la chaussée qui s'y trouve logée et la dépasse par son bout. Ces tiges semblent au premier abord n'en faire qu'une seule au centre du cadran. On conçoit maintenant que par ce mécanisme la roue gi est solidaire avec l'axe de la grande roue $Cm.$, et que cependant on peut tourner la chaussée et l'aiguille des minutes sans déranger cet axe. Les mouvements donnés à cette aiguille se transmettent par la minuterie à celle des heures, tandis qu'au contraire ceux qu'on donne à cette dernière n'agissent pas sur celle des minutes, parce que le canon reste immobile quand on tourne l'aiguille des heures, qui n'y tient qu'à frottement.

Spiral, avance et retard. Le spiral est un fil d'acier très mince et plat, imitant un cheveu, on le revient au bleu, et on le contourne en spirale ayant cinq à six circonvolutions. L'une des extrémités, celle du centre, entre dans un trou fait à l'axe du balancier, où elle est retenue par une goupille qu'on y fiche ; l'autre entre dans l'œil du petit piton, où une autre goupille l'y maintient. On a soin de laisser dépasser une portion du spirale au delà du piton, pour pouvoir allonger la partie vibrante comprise entre le balancier et le piton. Il y a un trou à la platine, où l'on fait entrer le piton à frottement dur. Le nombre de vibrations qu'accomplit le balancier, pour une force de grand ressort donnée, dépend du nerf de l'acier du spiral et de sa longueur : on doit donc l'allonger ou l'accourcir entre ses deux points fixes, jusqu'à ce qu'il accomplisse le nombre de battements voulu par la denture, afin que la grande roue moyenne fasse son tour juste en une heure. Ce n'est pas tout encore. Comme l'épaississement des huiles et d'autres causes vont agir pour altérer cette vitesse, il convient de pouvoir accélérer ou ralentir ses vibrations, suivant qu'on s'aperçoit que la montre retarde ou avance. On fait passer le grand tour du spiral entre deux goupilles peu écartées, sur lesquelles il vient battre alternativement. Ce peu de gêne change sa marche, et suivant que ce demi-arrêt se trouve placé en tel ou tel lieu du spiral, la montre prend plus ou moins de vitesse, parce que cela revient à accourcir ou allonger la partie vibrante du spiral. Ces goupilles sont portées sur une pièce en arc denté, appelée rateau, qui est concentrique au balancier, et en poussant ce rateau dans un sens ou dans l'autre, on allonge ou accourcit le spiral, on retarde ou avance la montre. Le rateau est denté du côté extérieur et maintenu par un guide du côté intérieur, en sorte qu'il puisse faire un mouvement circulaire en s'appuyant sur ce guide. Il est mû par un pignon dont l'axe tourne avec la clé de la montre ; une aiguille, en se promenant sur une portion de cadran, indique l'étendue qu'on fait parcourir au rateau et aux goupilles, et les lettres A et R, placées aux bouts de l'arc, marquent le sens où il faut diriger l'aiguille pour avancer ou pour retarder le mouvement.

Platines. Le mouvement d'une montre est renfermé entre deux disques de cuivre doré, dont le diamètre est proportionné à l'étendue que les rouages occupent. On tient beaucoup à ce que la pièce n'ait pas beaucoup d'épaisseur, mais on est moins gêné sur la largeur ; elle atteint quelquefois 6 centimètres et plus : ces disques métalliques, qu'on nomme platines, sont percés de trous où roulent les bouts des pivots. On a un outil qui permet de trouer les platines en des points qui se correspondent avec une telle précision, qu'il semble que ces disques soient une seule et même plaque percée d'abord, et dédoublée ensuite sur son épaisseur.

Cadran. On fait ordinairement les cadrans en émail blanc, sur lequel les chiffres des heures et les divisions de minutes sont peints en noir ; le cadran est donc divisé en 60 arcs égaux. L'émail est appliqué sur une feuille de cuivre ; les chiffres sont arabes ou romains, selon la mode et le goût. On fait aussi des cadrans en cuivre doré ou argenté, portant les heures et divisions gravées et peintes en vernis noir. Ces cadrans sont plus minces et plus solides que les premiers.

Aiguilles. Les aiguilles sont de petites barres d'acier, de cuivre, d'or ou d'argent, très minces ; leur fabrication est un sujet de commerce assez étendu. L'acier est travaillé avec des emporte-pièces et divers outils très ingénieusement imaginés ; la même aiguille passe par huit ou dix mains, dont chacune lui fait subir sa portion de travail : on la revient au bleu à la flamme d'une lampe. Chacune porte l'œil où doit entrer l'axe, et cet œil est renforcé d'une très petite chaussée ; la pointe est effilée en flèche.

Boîte. Tout l'appareil est renfermé dans une boîte de métal, le plus souvent d'or ou d'argent, portant une queue et un anneau où l'on attache une chaîne ou un ruban : ce sont des ouvriers particuliers qui sont chargés de ce travail d'orfèvrerie. Le mouvement est souvent retenu dans la boîte par une charnière fixée d'une part au bord de la cuvette, et de l'autre à celui de la platine supérieure ; ces deux parties de la charnière sont réunies par une longue goupille qu'on ôte lorsqu'on veut retirer le mouvement de la boîte. Le cadran est percé d'un trou pour le passage du carré de la fusée ; dans d'autres, c'est au fond de la boîte que le carré est saillant. Les montres sont fort grossièrement exécutées dans les fabriques où on les fait en grande nombre, toutes sur les mêmes calibres ; elles sont livrées à la douzaine en bloc, c'est-à-dire *complètes* quant à leurs parties (fusée, chaîne, spirale, rouages, balancier, etc.), mais non finies. L'art en est venu à ce point de les livrer à 2 fr. pièce dans cet état. L'artiste achève ensuite et finit la pièce pour la faire marcher tant bien que mal : cadran et boîte, tout se fait en manufacture et avec une promptitude qui étonne, et permet de livrer au public à très bas prix des appareils compliqués, qui sont aussi d'élégants bijoux, et que la masse des hommes peut employer à ses usages. C'est surtout à Genève, à la Chaux-de-Font, au Locle, et dans les environs de Neufchâtel, en Suisse, que ces fabrications se font en grand : des lieux autrefois pauvres et inhabités sont aujourd'hui peuplés et dans l'aisance, et offrent la preuve des avantages que produit l'industrie.   Fn.

MONTRE MARINE, montre faite avec une extrême précision, pour donner les longitudes en mer. Montre signifie encore échantillon, portion, partie, morceau de quelque chose qui est à vendre, et dont on veut faire voir la qualité. Montre signifie aussi ce que les marchands exposent au devant de leur boutique pour montrer quelles sortes de marchandises ils ont à vendre. Montre se dit figurément d'une boîte dans laquelle les orfèvres, bijoutiers, tabletiers, etc., mettent leurs marchandises afin qu'on les voie sans y toucher. Montre signifie en outre le lieu que les marchands de chevaux ont choisi pour y faire voir aux acheteurs des chevaux qu'ils ont à vendre. Montre se dit figurément et au sens moral pour parade, étalage. Montre signifie quelquefois apparence. Montre signifiait autrefois la revue d'une armée, d'un régiment, d'un corps de troupes.

MONTRÉAL, île du Bas-Canada, formée par le fleuve Saint-Laurent ; elle a 13 lieues de long sur 3 de large et est en partie couverte de belles forêts et en partie livrée à la culture. Le sol est très fertile et bien arrosé.

MONTRÉAL, ville du Bas-Canada sur la côte méridionale de l'île de ce nom. Elle est le chef-lieu du district et le siége d'un évêque catholique ; elle est généralement bien bâtie ; ses maisons sont pour la plupart couvertes en feuilles de tole ou de fer blanc. La cathédrale catholique, bel édifice à grandes dimensions, l'église principale anglicane, le couvent des sœurs grises, le collége, les casernes, le théâtre, l'hopital-général, le séminaire de Saint-Sulpice, la maison de ville, le monument de Nelson sont les principaux édifices de Montréal. Cette ville est comme le centre du commerce du Canada et de toute l'Amérique anglaise. Ses nombreuses relations commerciales y attirent beaucoup de colons, et elle devient de plus en plus importante. Montréal fut prise par les Anglais (1760) sur les Français qui l'avaient fondée, et l'Angleterre en est encore en possession. 40,000 habitants.

MONTRER, v. a., faire voir, exposer aux regards. Montrer signifie aussi indiquer. Fig., montrer le chemin aux autres, faire quelque chose que les autres font ensuite. Montrer signifie quelquefois faire voir une affection, un sentiment réel ou simulé. Il signifie aussi donner des marques, des preuves de quelque qualité bonne ou mauvaise. Montrer signifie encore faire connaître, prouver. Montrer signifie aussi enseigner ; il se prend absolument dans le même sens. Montrer, joint avec le pronom personnel, signifie paraître, se faire voir.

MONTREUIL (ville du Pas-de-Calais, sous-préfecture, population 4,000 âmes). On tient de tradition que les Gaulois avaient élevé une forteresse au sommet du monticule où se trouve actuellement la ville de Montreuil-sur-Mer. Les Romains s'emparèrent de ce point militaire, nommé alors *Vimax*, et l'occupèrent jusqu'à la conquête de la contrée par les rois Francs. La grande voie romaine d'Amiens à Boulogne par Douriez mettait ce poste en relation avec la Morinie et l'ancien Belgium. Ce fut sur les ruines de cette forteresse que, vers 680, saint Sauve, natif d'Amiens, bâtit un monastère qu'il dédia à la sainte Vierge et à saint Pierre. Malbrancq (de Morinie) et le savant Mabillon représentent ce lieu comme

inhabité et ombragé par une épaisse forêt au moment où ce saint vint s'y fixer avec quelques cénobites. L'ancienne légende du propre d'Amiens et la notice d'Alban Butler, sur saint Sauve, sont conformes à cette opinion. Le pieux ermite avait passé quelques années dans cette solitude lorsqu'on vint l'en arracher pour l'élever sur le siége épiscopal d'Amiens. Ce fut de ce petit monastère de l'ordre de saint Benoît, *monasteriolum*, que Montreuil tira son nom. Helgot, comte de Boulogne, conçut, en 850, le projet de faire de Montreuil une place forte. « Il entoura la montagne, dit M. Harbaville, au sud-est du château, d'une forte enceinte de murailles munie de tours, et rétablit l'église et le monastère de saint Sauve. Il attira des habitants dans sa nouvelle ville, en leur concédant à titre de communal et exempts de toute redevance les marais qui s'étendent de Neuville à l'embouchure de la Bauge (*Mémorial hist.*, t. II, p. 155). Cette ville, ainsi fortifiée, servit d'asile, durant les guerres de Normands, aux reliques de plusieurs saints vénérés en Ponthieu, et notamment à celles de saint Wulphy, curé de Rue, tellement honoré à Montreuil que les habitants lui dédièrent une église dès le xe siècle. Arnoul, comte de Flandre, enleva cette place à Herluin, comte de Ponthieu, en 942 ; celui-ci, aidé du duc de Normandie, la recouvra l'année suivante ; mais elle fut surprise de nouveau par Arnoul en 949. Le comte Guillaume de Ponthieu la fit rentrer de nouveau sous sa domination en 966. Les religieuses bénédictines de Sainte-Austreberthe, dont l'établissement avait été fondé à Marconne, près d'Hesdin, vers 660, cherchèrent un refuge à Montreuil, et s'y fixèrent après les ravages des hommes du Nord. Ces religieuses avaient pour abbesse Edelburge, fille de Guillaume de Ponthieu, lorsqu'elles s'établirent dans cette ville, en 1042, sous la protection de Henri, roi de France (*Archives de Sainte-Austreberthe* et *Gallia christiana*, t. x). En 1091, la reine Berthe, femme de Philippe Ier, répudiée par ce prince, fut enfermée dans l'une des tours du château de Montreuil. Si l'on en croit la tradition, cette reine y vécut pendant deux ans dans un tel dénûment que les femmes de la ville se virent obligées de pourvoir à ses besoins. Ce fut l'origine d'une quête que les jeunes filles firent pendant plusieurs siècles, vers le temps de Pâques, chantant d'un air monotone : Donnez, donnez à notre reine. On montre encore dans la tour dite de la reine Berthe une chambre fort obscure qui servit de prison à cette infortunée. Philippe-Auguste accorda, en 1188, une charte communale aux habitants de Montreuil. On ignore la date précise de la fondation de la collégiale de Saint-Firmin ; il est certain, toutefois qu'elle existait dès le xiie siècle, plusieurs titres du xiiie l'affirment positivement. Une paroisse avait été alors érigée dans cette collégiale qui se composait de sept prébendes à la collation de l'évêque d'Amiens. L'église de Saint-Firmin a été démolie pendant la révolution de 1793 (notice manuscrite de M. Henneguiez sur Montreuil). L'Hôtel-Dieu, dirigé encore aujourd'hui par des filles de l'ordre de Saint-Augustin, fut fondé vers 1200 par Gauthier de Montreuil, chevalier, seigneur de Maintenay. Ce gentilhomme plaça cette maison sous l'invocation de saint Nicolas. Les comtes de Ponthieu et de Montreuil, les abbés de Saint-Sauve et plusieurs bourgeois ont successivement augmenté la dotation de cet hospice qui procure de précieuses ressources aux pauvres de la ville. Des religieux Carmes vinrent se fixer dans cette ville en 1294 et s'y maintinrent jusqu'en 1792. Depuis 1720, les échevins leur avaient confié la direction du collége. Le tribunal civil, la gendarmerie et la prison occupent actuellement l'emplacement de ce couvent (notice précitée). Edouard III, roi d'Angleterre, fit à Amiens, le 6 juin 1329, hommage au roi de France du comté de Montreuil qui lui était échu du chef de sa mère Isabelle. Le traité de Brétigny lui en assura, en 1360, la souveraineté avec celle du Bas-Ponthieu ; mais, en 1370, le connétable Du Guesclin réunit ce pays sous l'obéissance du roi de France. Vers le milieu du xive siècle, l'échevinage de Montreuil fonda l'hôpital de Notre-Dame. Cette fondation fut confirmée en 1347 par une bulle de Clément VI, datée d'Avignon. Cet hospice était destiné à recevoir les pèlerins et autres voyageurs. Ses biens furent unis à ceux de l'Hôtel-Dieu par ordonnance de Louis XIV en 1680. Les sœurs de l'ordre de Saint-François, dites *sœurs grises*, s'établirent en 1459 sur la demande des mayeur et échevins, à l'occasion des maladies contagieuses qui récemment avaient désolé la ville et les cantons voisins. Ces filles soignaient les malades à domicile. Leur maison fut supprimée par arrêt du conseil du roi du 10 avril 1784 (*Archives de Montreuil*). L'auteur précité du *Mémorial historique* du Pas-de-Calais raconte comme il suit les événements militaires dont cette place a été le théâtre pendant le xvi° siècle (t. II, p. 158) : « (1521-1522). Le duc de Guise et le comté de Saint-Pol campent sous Montreuil avec une armée de 6,000 hommes pour observer les mouvements de Henri VIII. Le 5 juin 1537, l'armée impériale, commandée par le comte de Bures et Adrien de Beaurain, comte de Taux, investit Montreuil. Le faubourg Saint-Martin fut d'abord détruit. La principale attaque eut lieu dans le front de la courtine de la Garenne, alors une des parties les plus importantes de la ville. Une brèche fut ouverte entre les grosses tours de l'enceinte de la Garenne, tandis qu'une batterie foudroyant l'intérieur brûla l'hôpital et plusieurs églises. Les remparts étant ruinés, le gouverneur, comte de Canaples, fut forcé de capituler le 24 juin. La garnison se retira avec armes et bagages; ceux des bourgeois qui voulurent quitter la ville eurent la permission d'emporter tout ce dont ils purent se charger. Les Espagnols, au mépris de cette convention, tombèrent sur ces fugitifs, les pillèrent et les maltraitèrent. Les maisons et les églises furent mises au pillage. La destruction des ouvrages de défense explique la facilité avec laquelle les Français reprirent la ville peu de temps après. En 1544, le duc de Norfolk, général des armées de Henri VIII, assiégea de nouveau Montreuil que défendait le maréchal Du Biez; le siége fut levé après le traité de Crespy. En 1588, les ligueurs, encouragés par les armées de Mesnieux, troublèrent la paix de la ville. » Aux xv° et xvi° siècles, Montreuil était l'une des prévôtés du bailliage d'Amiens. La juridiction de ce tribunal s'étendait sur une partie du Ponthieu, et dans l'Artois sur Hesdin, le comté de Saint-Pol presque entier; Térouanne et une partie de la ville d'Acri étaient du même ressort. Les forteresses de Tournehem et d'Ardres, ainsi que le comté de Guines, dépendaient aussi de cette prévôté. Le comté de Boulogne s'y trouva soustrait en vertu de lettres-patentes de Louis XI, en date du 18 avril 1478, données à Arres et mises à la suite de l'acte de cession que ce prince fit de ce comté à la sainte Vierge. Le Boulonnais fut dès lors uni à la juridiction du parlement de Paris (*Histoire de Calais*, par Lefebvre, t. II, ch. XXI). L'établissement des capucins de Montreuil date de 1621; il fut fondé sur la proposition du gouverneur, le comte de Lannoy, par les trois états de la cité. Ces religieux se maintinrent jusqu'à la suppression de leur ordre en 1792. L'hôpital des orphelins dut sa fondation, en 1640, à la charité des habitants qui furent puissamment aidés dans cette œuvre par le comte de Lannoy. Cette maison, connue sous le nom de Petit-Hôpital, est dirigée par des sœurs que Mgr de La Tour-d'Auvergne-Lauraguais, évêque d'Arras, fit venir de Lens en 1806. En 1678, Jean Bermon, curé de Saint-Waloy, s'adjoignit quelques jeunes prêtres dont il forma une communauté à laquelle il confia, en 1687, la direction d'un séminaire. Le roi Louis XIV autorisa cet établissement en 1702, et, l'année suivante, l'évêque d'Amiens unit à sa dotation les paroisses de Saint-Waloy et de Saint-Martin-d'Esquincourt. Les sœurs de la Providence furent appelées, en 1722, pour tenir l'école des filles, mais elles ne furent définitivement établies qu'en 1738. Mgr Sabathier, évêque d'Amiens, et les trois états de la ville, se prêtèrent à cette utile institution, actuellement dirigée par trois sœurs qui procurent l'instruction à plus de 200 jeunes filles. Montreuil possède un collége communal et une maison de frères des écoles chrétiennes. On y comptait autrefois sept paroisses sous les titres de Notre-Dame, Saint-Firmin, Saint-Waloy, Saint-Jacques, Saint-Pierre, Saint-Josse-au-Val, et Saint-Gendulphe. Toutes furent supprimées pendant la révolution de 1793, et leurs églises, dont plusieurs présentaient de l'intérêt sous le rapport de l'art, sont actuellement démolies. Une seule paroisse fut érigée après le rétablissement du culte catholique, en 1802, dans l'église abbatiale de Saint-Sauve. Ce monument, détruit en partie par les troupes espagnoles, en 1537, n'a pu être entièrement restauré; il y manque le transept et le chœur.

L'abbé PARENTY.

MONTREUIL (JEAN DE), né à Montreuil-sur-Mer en 1361. Il fut dès l'âge de douze ans placé auprès du roi Charles V, et devint successivement secrétaire du dauphin et du duc de Bourgogne. On le chargea de négociations importantes auprès du pape Urbain VI et de ses successeurs, et il obtint d'autres missions diplomatiques en Angleterre, en Ecosse, et dans divers autres Etats. Jean de Montreuil fut prévôt de la collégiale de Saint-Pierre à Lille, et se fit pourvoir de plusieurs autres bénéfices ecclésiastiques. Nommé secrétaire des finances sous Charles VI, il passa ainsi presque toute sa vie à la cour. Il fut tué à Paris, à l'âge de 62 ans, dans une émeute populaire

excitée par les partisans du duc de Bourgogne. Il a laissé : 1° *Epistolæ selectæ* (76) *Johannis de Monsterolio præpositi insulensis ex duobus manuscriptis codicibus, uno reginæ succiæ, altero illustrissimi Domini Chauvelin in supremo parisiensi senatu præsidis*; ces lettres traitent d'affaires publiques et particulières et de quelques sujets de littérature et de philosophie; il s'en trouve une fort longue à Charles VI contre l'empereur Sigismond; 2° *Traicté auquel est contenue l'occasion ou couleur pour laquelle le feu roy Edouard d'Angleterre se disait avoir droict à la couronne de France*. On attribue aussi à Jean de Montreuil le second livre de la *Chronique Martinienne*.

MONTREUIL (CARDON DE), né à Lille en 1746, mort le 30 avril 1832, fut constamment occupé de bonnes œuvres. Il répandait beaucoup de bons livres; il en composait même qui prouvent son zèle et sa piété. Le plus estimé est celui qui a pour titre : *Lectures chrétiennes en forme d'instructions familières sur les Epîtres et Evangiles*, qui parut d'abord en 2 vol., puis en 3. Cet ouvrage, extrait en partie de Cochin, eut du succès.

MONTREUIL (BERNARDIN DE), jésuite, se distingua par ses talents pour la chaire et pour la direction. Nous avons de lui une excellente *Vie de Jésus-Christ*, revue et retouchée par le P. Brignon. Elle a été réimprimée à Paris en 1741, en 3 vol. in-12.

MONTROSS OU **MONTROSE** (JACQUES GRAHAM, comte et duc DE), généralissime et vice-roi d'Ecosse pour Charles I°r, roi d'Angleterre, né à Edimbourg en 1618, défendit généreusement ce prince contre les rebelles de son royaume. Il se distingua à la bataille d'York, vainquit plusieurs fois Cromwell, et le blessa de sa propre main. La fortune l'ayant abandonné en Angleterre, il passa en Ecosse, employa son bien et son crédit à lever une armée, prit Perth et Aberdeen en 1644, battit le comte d'Argyle, se rendit maître d'Edimbourg. Charles I°r s'étant remis entre les mains des Ecossais, ils firent donner ordre au marquis de Montross de déposer les armes. Ce grand homme obéit à regret, et abandonna l'Ecosse à la fureur des factieux. Inutile en Angleterre, il se retira en France, et de là en Allemagne, où il signala son courage à la tête de 12,000 hommes, en qualité de maréchal de l'empire. Le roi Charles II, voulant faire une tentative en Ecosse, le rappela, et l'envoya avec un corps de 14 à 15,000 hommes. Le comte de Montross s'y rendit maître des Orcades, et descendit à terre avec 4,000 hommes. Mais, ayant été défait, il fut obligé de se cacher dans des roseaux, déguisé en paysan. La faim le contraignit de se découvrir à un Ecossais qui avait autrefois servi sous lui. Ce malheureux le vendit au général Lessley, qui le fit conduire à Edimbourg, où, couvert de lauriers, et victime de sa fidélité envers son souverain, il fut pendu et écartelé au mois de mars 1650. L'empereur, les rois de France et de Suède firent tous leurs efforts pour le sauver. Le premier écrivit au parlement une lettre très vigoureuse; mais l'usurpateur prit toutes les mesures pour que sa victime ne lui échappât point. Charles II rétablit la mémoire de ce fidèle sujet. Il a été peint en deux mots par le cardinal de Retz : « C'est un de ces hommes, dit-il, qu'on ne rencontre plus « dans le monde et qu'on ne retrouve que dans Plutarque. »

MONT-SAINT-ELOY. Monastère de l'ordre de Saint-Augustin, à un myriamètre d'Arras, sur l'ancienne voie romaine de cette ville à Térouanne. On croit par tradition que saint Eloy, évêque de Noyon, se retira en 640 sur ce point culminant du pays des Atrebates pour y vaquer à la contemplation. Quelques ermites seraient venus l'y joindre pour prier avec lui. On ignore si ces ascètes se perpétuèrent, mais il est certain que saint Vindicien, évêque de Cambrai et d'Arras, choisit cette solitude pour le lieu de sa sépulture, et qu'il y fut inhumé en 705. L'oratoire qui avait été construit au Mont-Saint-Eloy fut détruit par les Normands en 881, et plus de 20 ans après on découvrit, dans une carrière abandonnée, le corps de saint Vindicien. Ce fut alors que quelques religieux se réunirent de nouveau autour du tombeau de ce saint évêque. En 928, l'évêque de Cambrai et d'Arras, Fulbert, les autorisa à vivre en commun, et, au siècle suivant (1066), saint Liébert leur substitua des chanoines réguliers de l'ordre de Saint Augustin. Cette institution fut complétée, en 1097, par Lambert de Guines, évêque d'Arras. Quarante-quatre abbés dirigèrent ce monastère, depuis Jean premier du nom, mort en 1118, jusqu'à dom Laigneil, qui mourut à Arras, sous la hache révolutionnaire, en 1793. L'usage de la mitre avait été accordé aux abbés du Mont-Saint-Eloy par une bulle du pape Urbain III en 1181. Les religieux, dont le nombre avait été fixé à quarante, portaient l'habit violet. Ce monastère, plusieurs fois détruit durant la guerre du moyen âge, avait été ceint de murailles à la fin du XIIIᵉ siècle, et protégé par des tours en 1417. Au siècle dernier, il fut entièrement reconstruit par l'abbé Roussel, mort en 1750. L'église est actuellement démolie, mais on en a conservé les deux tours jumelles, que le voyageur découvre à une très grande distance, et qui forment dans les riches plaines de l'Artois un admirable point de vue. Le conseil général du Pas-de-Calais et le gouvernement les ont acquises pour les sauver de la destruction. Ces tours, de style grec, sont comparables et peut-être supérieures aux clochers de Saint-Sulpice à Paris. Il ne reste plus qu'une partie des bâtiments claustraux et des murs d'enceinte qui servaient à clore un parc de près de cent mesures d'étendue.　　　　　　L'abbé PARENTY.

MONT SAINT - JEAN, village du Brabant méridional (royaume des Pays-Bas), célèbre par la bataille qui s'y livra contre les Français le 18 juin 1815 (V. WATERLOO).

MONTUCLA (JEAN-ÉTIENNE), mathématicien, né à Lyon en 1725, mort à Versailles le 18 décembre 1800, suivit à Cayenne le chevalier Turgot qui y avait été chargé de l'établissement d'une colonie. De retour en France en 1766, il fut appelé par Marigny, directeur-général des bâtiments, à l'emploi de premier commis. On lui doit: *Histoire des recherches sur la quadrature du cercle*, Paris, 1754, in-12, fig.; *Histoire des mathématiques*, Paris, 1753, 2 vol. in-4°, 1799, 1802, 4 vol. in-4°, l'un des ouvrages les plus remarquables du XVIIIᵉ siècle. Les deux derniers volumes, imprimés après la mort de l'auteur, sous la direction de Lalande, sont bien inférieurs aux deux premiers.

MONTUEUX, EUSE, adj. Il se dit d'un terrain extrèmement inégal et coupé d'espace en espace par des montagnes, des collines, etc.

MONTURE, s. f., bête de charge, qui sert à porter l'homme. Prov. et fig., qui veut aller loin ménage sa monture, il faut éviter l'excès si l'on veut prolonger ses jours; il faut user avec ménagement de toutes les choses dont on veut se servir longtemps. Monture, en termes d'arts et métiers, se dit de ce qui sert à assembler, à supporter, à fixer la partie ou les parties principales d'un objet, d'un outil. Monture se dit principalement du métier employé pour rassembler, réunir, encadrer les différentes pièces dont se forment une tabatière, un étui, un vase, un bijou quelconque. Il se dit aussi du travail de l'ouvrier qui a monté un ouvrage.

MONUMENTAL, ALE, adj., qui a rapport, qui est propre aux monuments, qui est de la nature des monuments.

MONUMENTS. Nous allons, sous ce titre, traiter l'histoire de l'architecture religieuse, civile et militaire des peuples anciens et modernes. Pour mettre de l'ordre dans cette matière, nous nous occuperons successivement : 1° des monuments égyptiens; 2° des monuments perses, syriaques et phéniciens; 3° des monuments indiens; 4° des monuments chinois; 5° des monuments étrusques; 6° des monuments grecs et romains; 7° des monuments celtiques; 8° des monuments primitifs du christianisme; 9° des monuments du moyen-âge; 10° des monuments arabes; 11° des monuments américains.

Monuments égyptiens. — Les monuments de l'Égypte sont les plus anciens que nous connaissions. Nulle part on n'en voit d'aussi bien conservés. Ils doivent cet avantage à la sécheresse du climat, à la qualité des matériaux et à la manière dont ils sont employés (c'est-à-dire par gros blocs parfaitement joints), et surtout à ce que des nations policées n'habitèrent point ce pays depuis les anciens Égyptiens; car elles auraient démoli des édifices qui, depuis des siècles, font l'étonnement des hommes. Les Égyptiens ont dû se livrer d'abord à la chasse et à la pêche. Leurs premières habitations furent des antres que la chaleur du climat les engageait d'ailleurs à rechercher. Ils firent ensuite des excavations : la pierre calcaire blanche qui existe dans toute la longueur du pays facilita les travaux par sa tendreté. Dans les siècles policés, on avait conservé l'habitude des demeures souterraines; car les prêtres ne permirent pas à Hérodote de voir, parce qu'ils les habitaient, les plus belles salles du labyrinthe qui était creusé dans la terre. Tout dans l'architecture égyptienne nous retrace cette origine. La simplicité dégénère en monotonie, la solidité en pesanteur. Point de division dans les principales parties; très peu d'ouvertures et toutes ayant la forme pyramidale, ce qui, avec les talus qui existent partout et produisent la même forme, annonce la solidité; diamètre considérable des colonnes proportionnellement à leur hau-

teur; point de membres profilés; presque toutes les moulures en creux; point de toit, ni par conséquent de fronton. Le bois n'entra pour rien dans les éléments de l'architecture égyptienne. Quelques colonnes ont pu imiter les arbres, mais c'est par exception, et le bois n'y fut jamais le premier type. La douceur du climat et la rareté du bois, le palmier n'étant guère que le seul arbre qu'on pût employer, contribuèrent à établir l'usage des terrasses. Les Égyptiens n'employaient que des lignes droites; ils ne nous ont laissé, dit de Caylus, aucun monument public dont l'élévation ait été circulaire. Ces peuples prirent la hauteur et l'énormité pour la grandeur. La solidité poussée à l'extrême, est le principal caractère de leurs édifices, sur lesquels il faut lire, selon l'heureuse expression de Denou (*Description de l'Égypte*) : POSTÉRITÉ-ÉTERNITÉ. Les murs des temples ont quelquefois jusqu'à 24 pieds d'épaisseur. La principale porte d'entrée à Thèbes en a 50 dans le bas. Outre un fort talus, les murailles ont encore des contreforts. Les souterrains furent donc le type de l'architecture égyptienne; mais elle en fut plutôt la répétition que l'imitation. C'est de ce type que résulte la monotonie dans l'ensemble, l'arbitraire dans les détails, et par suite, la faiblesse de cette architecture, dans la partie décorative. En effet, on sentit le besoin de diminuer l'étendue des parties libres dans les souterrains pour en corriger la monotonie : de là l'origine des ornements qui ne cessèrent d'être sous l'empire du caprice, lorsqu'on les transporta aux édifices. Aucune nécessité réelle ne les motiva donc, et la place où ils devaient être employés ne fut pas indiquée. Les monuments de l'Égypte sont aux yeux de l'homme de goût des carrières sculptées. L'architecture de cette contrée est loin d'offrir cette variété unie à la simplicité, qui a tant de charme pour l'homme et fait le mérite de celle des Grecs. L'excès de la solidité tient plus à l'ignorance qu'à la science de la construction. Nulle part on ne voit de grands intérieurs; ils sont sans élévation et obstrués par la multiplicité des colonnes; mais le grand nombre même de celles-ci et leur symétrie parfaite donnent à plusieurs édifices une grandiose extraordinaire et un aspect imposant. La politique et la religion des Égyptiens ne permirent pas de modifier les formes une fois consacrées; le signe employé eût été moins clair s'il eût changé, et l'on ne put perfectionner que l'exécution manuelle et le choix des substances colorantes. On ne détacha pas les membres des statues du bloc qui les renfermait, et dans les hiéroglyphes si multipliés, il n'y a de différence que dans le poli de cette matière, mais presque aucune dans les formes, à quelque main et à quelque siècle qu'ils appartiennent. Parmi les hiéroglyphes des temples de Dendera, de Phila, etc., il en est qui ont été sculptés du temps des rois grecs et même des empereurs romains. Selon Diodore de Sicile, les Égyptiens firent usage, pour les premières huttes qu'ils construisirent, de roseaux ou de cannes entrelacés, recouverts par de la terre grasse. On voit une de ces huttes dans la Mosaïque de Palestrine, qui représente des scènes d'Afrique. Dans les villes on employa d'abord la brique séchée au soleil : on mêlait à la terre de la paille hachée pour mieux la lier. Plus tard on fit usage de la brique cuite au feu de paille, et l'on se servit du ciment de bitume et de celui de sable, de plâtre et de chaux. Les Pyramides sont construites avec une pierre de taille calcaire; le grand Sphinx, près d'elles, fut taillé dans la même pierre, comme les grottes sépulcrales de Thèbes. Le roi Amasis fit extraire, près de la ville d'Éléphantine, dans le granit rouge qui abonde dans la haute Égypte, un temple monolithe ayant 21 coudées, 14 de large et 8 de hauteur (c'est-à-dire environ 30 pieds de long, 20 de large et 12 de hauteur), qu'il plaça dans le temple de Minerve à Saïs, à 180 lieues de la carrière, pour former le *Secos*. Dans la même contrée, on trouve un grès d'un grain fin qui servit à la construction d'un grand nombre de temples. L'habileté dans la taille des pierres fut portée très loin par les Égyptiens, mais ils ne connurent pas la science du trait qui ne fait des progrès qu'en raison inverse de la bonne qualité et du volume des pierres. La justesse des assemblages et la pesanteur des pierres énormes dont ces peuples firent usage, suffisaient pour les lier sans aucun crampon. C'est au temple d'Edfou (*Apollinopolis magna*), le mieux conservé, le plus beau, le plus vaste, que les plus grands matériaux ont été mis en œuvre, quoique plusieurs dés ne soient pas d'aplomb sur les chapiteaux, quoique plusieurs colonnes ne soient pas d'un diamètre semblable. Tous les anciens peuples ont employé des pierres d'une grandeur démesurée, les Étrusques, les Grecs de la première antiquité, les Perses, mais surtout les Egyptiens. Je me contenterai d'en donner pour exemple les pierres de Passalon qui ont 30 pieds de long sur 5 à 8 de large; celles que Norden rapporte avoir vues au plafond du labyrinthe et surtout le monolithe de Buthos qui, selon Hérodote, avait 50 pieds en tout sens, non compris la couverture. Il fut apporté de 200 lieues et sans doute pour servir de *secos*. Les obélisques n'offrirent guère de moindres masses et n'eurent pas une distance plus courte à parcourir pour arriver à leur destination. A la grande pyramide de Ghizée, les conduits intérieurs sont terminés en fausse voûte composée de pierres enjambant l'une sur l'autre et se réunissant au sommet. Les Egyptiens ne connurent pas les voûtes; ils n'en sentirent pas le besoin. Celles en très petit nombre que l'on trouve en Egypte, ont été construites sous les rois grecs ou peut-être du temps de la domination romaine. Les ponts étaient formés de pierres plates qui allaient d'une pile à l'autre.

La croyance des Egyptiens à la résurrection des corps leur fit prendre un grand soin pour les conserver. De là la perfection des embaumements et la construction des pyramides qui étaient les *tumulus* ou tombeaux des rois. On mit plus d'importance à ces édifices qu'aux habitations, parce qu'ils étaient faits pour l'éternité et celles-ci pour la vie. Les buttes élevées sur les corps que l'on déposait dans la terre et qui furent communes chez tous les peuples de l'antiquité, furent le type des pyramides, forme adoptée d'ailleurs à cause de la facilité et de la solidité qu'elle présentait. Au nombre d'une cinquantaine, elles sont toutes situées dans la basse Egypte, sur la rive gauche du Nil, à l'extrémité de la chaîne lybique, dans un espace de trois lieues. C'était là que se trouvait le cimetière de Memphis. La grande pyramide qu'on a cru être le tombeau du roi Osymandias, a 450 pieds de hauteur; l'étendue de sa base est de 728 pieds. La construction de ces édifices est en pierre de taille, en moellons et quelquefois en briques crues seulement. Tous sont sur le roc aplani, à l'exception du centre où l'on a conservé de quoi faire le noyau, afin de diminuer d'autant le travail. Un deuxième noyau fut composé de la recoupe des pierres et forma une maçonnerie de blocage avec quelques chaînes de pierres. Il ne paraît pas que le revêtissement ait plus que l'épaisseur d'une assise. Il était en granit à la troisième pyramide et en beau marbre blanc à la grande. Elles formèrent alors un talus exact et fort glissant. Celles qui ont paru étagées étaient seulement inachevées. Les pyramides qui, selon Hérodote, étaient dans le lac Mœris et surmontées de statues, n'existent plus. On trouve aussi des pyramides en Nubie et en Ethiopie. M. Caillaud [1] en a vu au moins une centaine près de Meroé. Les plus hautes n'ont que 50 pieds; elles sont plus élancées que ne le sont ordinairement ces monuments : car la base de quelques-unes n'a que les deux tiers de leur hauteur, le noyau est en blocage; à quelques-unes les arêtes des quatre faces sont renforcées, dans toute la hauteur, d'une chaîne de pierres saillantes; le sommet est tantôt terminé en pointe aiguë, tantôt en plate-forme sur laquelle est un trou, indiquant qu'il servait à recevoir le crampon de quelque objet, comme les statues des pyramides du lac Mœris. Plusieurs ont une base composée d'une plinte et d'un listel. Une enceinte environne ordinairement les pyramides et renferme en outre un petit temple placé contre la face antérieure de celle-ci. On voit auprès de la plupart d'entre elles des vestiges très reconnaissables de ces petits temples, tout-à-fait semblables par leur disposition et leur forme à ceux de l'Egypte. On croit qu'il en exista aussi près des pyramides de Memphis, quelques restes de constructions semblent l'indiquer. Les particuliers avaient des pyramides portatives ornées d'inscriptions funéraires et accompagnant la momie. Leur hauteur était de 1 pied à 2 pieds et demi. Les sépultures de Thèbes, dans la haute Egypte, étaient des hypogées. Le tombeau trouvé par Belzoni, et qu'il croit être celui de Psameticus, offre plusieurs chambres sculptées. Au monument également souterrain d'Ypsamboul, en Nubie, découvert par M. Gau, les colonnes, les colosses, les statues, tout est fait sur place. Le labyrinthe construit 600 avant J.-C., et qui était probablement le centre de la religion égyptienne, consistait en 1500 chambres audessus de la terre et en pareil nombre au-dessous. Selon Pline, celui de Crète n'en était que la centième partie. Le labyrinthe d'Egypte aboutissait à une pyramide de 240 pieds de hauteur, et il paraît qu'au nombre des 3,000 chambres, il y en avait 12 d'une beauté particulière, nombre qui rappe-

[1] Voyage à l'Oasis de Thèbes.

lait sans doute l'ancienne division de l'Egypte en 12 *nomes*. On n'est pas certain que parmi les débris de l'architecture égyptienne, quelques-uns aient appartenu à des palais. Celui d'Abyssus, qui était célèbre, est le seul dont l'histoire fasse mention. L'invariabilité des rites de la religion fut la cause de l'uniformité dans le plan des temples. Ils portent l'empreinte du mystère qui fut la base du culte. Les sphinx placés à l'entrée de ces édifices annonçaient que la religion était mystérieuse et emblématique. Le temple proprement dit dont le peuple n'approchait pas ne consistait qu'en un petit bâtiment où était l'animal sacré ou son simulacre. On n'y parvenait qu'après avoir traversé une longue suite de vestibules tous fermés par des portes. Les accessoires, c'est-à-dire les vestibules, les portiques, les galeries et les habitations des prêtres prenaient la plus grande partie des temples. Chaque division, ordinairement indépendante du tout, était ornée de colonnes d'une forme particulière et dans des dimensions tout-à-fait sans rapport avec le reste de l'édifice. La raison en est que la plupart du temps les grands temples ont été construits par plusieurs rois. Les derniers ajoutaient de nouvelles parties à celles existantes. Plus de douze siècles séparent l'époque de la construction du sanctuaire du temple de Karnac, de celle de la porte d'entrée. La forme de l'ensemble des temples égyptiens était la même, sauf quelques exceptions, l'étendue seule était différente. Une grande place plantée d'arbres où se trouvaient deux rangées de sphinx, quelquefois de béliers ou de lions, à la distance de 10 pieds l'un de l'autre, précédaient l'avant-portique des temples. Le nombre de ces portiques ou propylées était variable. L'espace renfermé entre deux de ces propylées était orné de colonnes et formait de vastes galeries, puis venait le temple proprement dit, composé du *Pronaos* et du *Seios* ou sanctuaire, qui était très petit et presque toujours privé de la lumière du jour. Les temples étaient généralement entourés de murs. La dimension de ces édifices était considérable, celui de Karnac, auquel communiquait le palais de Louqsor par une allée de 600 sphinx et de 58 béliers de chaque côté, tous d'une grandeur colossale, a une demi-lieue de tour, et celui de Jupiter à Thèbes, 1,400 pieds de long sur 350 de large. Leur disposition est symétrique et régulière, ceux de Latopolis et de Tentyra sont les plus élégants. Dans le corps même des temples on découvre fort peu de fenêtres, mais elles sont multipliées au frontispice. Elles étaient en forme de carré long, quelquefois étroites en dehors et larges en dedans. Les salles ne paraissent pas en avoir eu. Cependant au temple de Louqsor, des trous percés dans les soffites éclairent les portiques, des soupiraux donnent du jour au sanctuaire. Les salles ou galeries étaient couvertes par des plafonds formés de pierres qui posaient sur les colonnes, et si solides qu'à Thèbes et encore dans d'autres lieux, des villages sont bâtis au-dessus. Le temple n'avait pas de toit, le sanctuaire seul, le plus souvent couvert, l'était toujours en plafond. Une couleur bleu d'azur avec des étoiles en or ornait quelquefois les plafonds des temples et des galeries; assez fréquemment ils offraient des hiéroglyphes. Les murailles extérieures étaient quelquefois couvertes de peintures; elles ont encore un éclat et une fraîcheur surprenante. Les sculptures des temples les plus anciens et des souterrainssont coloriées. Plusieurs de ces édifices présentent sur les murs et sur les colonnes jusqu'à 30,000 pieds carrés de cette sorte d'ornements. La surface des temples de Latopolis, ornée de hiéroglyphes sculptés, est de 15,000 pieds carrés. De petits temples dédiés à Tiphon, le génie du mal, accompagnaient ordinairement les grands temples. Les portes ou portails, appelés môles ou pylones, sont une des belles parties des temples. C'est sans doute de leur grand nombre que Thèbes a reçu le nom de ville aux cent portes; car les villes d'Egypte, ne paraissant pas avoir été entourées de murailles, n'avaient pas besoin de portes. Cependant on voit dans la *Description de l'Egypte* des enceintes carrées à plusieurs villes, ces portes ou pylones font l'effet de deux tours; elles renfermaient des escaliers pour conduire sur la terrasse. Les fenêtres carrées qu'on y aperçoit servaient sans doute à les éclairer. Les rampes, disposées carrément en retour, conduisaient à l'intérieur de l'édifice. Au-dessus de la plupart des portes égyptiennes, on voit le globe ailé, symbole de Dieu, du monde ou de l'éternité. Il était ordinairement surmonté par le serpent Urœus. Tous les édifices offrent des niches généralement concaves, circulaires par le haut et horizontales dans le bas, afin qu'elles pussent recevoir des statues. Les obélisques furent principalement un ornement de l'entrée des temples où ils étaient au nombre de deux. Il y en a qui ont plus de 100 pieds de hauteur. Celui de Louqsor qui orne la place de la Concorde, à Paris, n'a que 72 pieds. Le nombre des colonnes était très considérable. Elles ont en général de 5 diamètres et demi à 6 de hauteur. Les proportions sont variables et ne sont soumises à aucune règle, quelques-unes ont jusqu'à 11 pieds de diamètre, elles sont circulaires ou polygones. Les premières sont quelquefois en faisceaux, entourées de plusieurs rangées de cercles, sans doute à l'imitation d'arbres réunis dont on essaya de faire usage. Des feuilles de nymphéa ornent la base. Les colonnes polygones sont triangulaires, carrées, hexagones et même à un plus grand nombre de faces, on voit très peu de pilastres, tout au plus assez pour faire penser qu'ils ne furent pas entièrement inconnus, à moins qu'ils ne soient du temps des Ptolémées, doute que fera disparaître l'intelligence des hiéroglyphes, lorsqu'elle sera plus avancée. Presque toutes les colonnes, dans les intérieurs, sont sans base; parfois elles ont des socles arrondis ou terminés par une doucine. Les entrecolonnements ont en général un diamètre et demi. Relativement à la forme, les chapiteaux d'Egypte peuvent se réduire à trois espèces principales; ils étaient carrés, évasés ou renflés, on en voit souvent deux et quelquefois trois l'un sur l'autre. Quand les chapiteaux ne sont pas lisses ou couverts d'hiéroglyphes, ils sont ornés de fleurs ou de feuillages du pays; il n'y avait aucune proportion, aucun dessin ni décoration fixes; ils sont quelquefois de différentes formes dans la même partie d'un édifice. Le chapiteau renflé imite le calice du lotos, on en voit de cette façon à Edfou, et d'autres ornés du fruit du lotos et du calice du nénuphar; quelquefois ils ne sont pas seulement ornés de feuilles, mais d'une tête de palmier, du calice d'une fleur, telle qu'une tulipe non éclose. A Hermopolis, un bouton de lotos tronqué forme le chapiteau; le fût de la colonne imite la tige, est arrondi et plus étroit par le bas. Des chapiteaux représentent aussi des têtes d'iris, il y en a une à chacune des quatre faces; ils appartiennent peut-être à l'époque de la domination des rois grecs. Les Egyptiens ont employé avant les Perses des animaux caryatides et des statues colonnes. Les entablements n'ont ni saillie ni profils, mais seulement quelques moulures placées indifféremment dans le bas, le milieu ou le haut. On retrouve dans les formes de l'entablement celles des trois espèces de chapiteaux les plus générales en Egypte, aussi les uns se terminent par le haut en ligne droite, d'autres en ligne convexe ou en une sorte de grande scotie ornée d'hiéroglyphes, de feuilles de palmier, de nénuphar, et cette dernière forme est la plus ordinaire. Les statues sont prodiguées sur les édifices de l'Egypte. Les sculptures exécutés sur les murailles n'ont pas de saillie, elles sont en entaille. Selon Diodore de Sicile, les maisons de Thèbes avaient dès la plus haute antiquité quatre ou cinq étages. Quant à leur décoration intérieure et extérieure, on n'en sait rien; les anciens n'en parlent jamais, ce qui annonce sans doute leur extrême simplicité (1).

Monuments persans, syriens, phéniciens. — L'architecture des Perses a de l'affinité avec celle des Egyptiens. Cette ressemblance pourrait provenir de ce que Cambyse transporta dans la Perse des ouvriers Egyptiens. Un édifice, que l'on croit avoir été le palais des souverains, offre 15 colonnes encore debout, de 70 à 72 pieds de hauteur, et de 17 pieds 7 pouces de circonférence; la base, de forme ronde, a 24 pieds 8 pouces de tour, et 4 pieds 3 pouces d'épaisseur; des chameaux accroupis forment les chapiteaux; des pierres de 28 pieds de longueur sont employées pour le pavé. On n'employait ni ciment ni mortier dans ces constructions; on y voit seulement des crampons, et les joints sont tellement parfaits que l'on ne pourrait y introduire la lame d'un couteau. Les montants des portes sont ornés de sculptures dont les unes paraissent être des chevaux caparaçonnés, et les autres des animaux ailés à tête d'homme couverte de la coiffure persane. La tête et les pieds de devant sont de ronde bosse, le reste est en bas-relief. Les fenêtres sont formées d'une seule pierre, offrant des moulures et des inscriptions; un grand nombre de bas-reliefs ornent ces ruines. La montagne que l'on a taillée pour placer le palais, et dont la pierre de marbre gris a servi à la construction de cet édifice, est elle-même couverte de bas-

reliefs et renferme des restes de tombeaux. Il existait des souterrains et un grand nombre de bas-reliefs dans la montagne de Nakzi-Rustan, à 2 lieues de Persépolis. Là étaient probablement les hypogées de cette ville. Les bas-reliefs de Nakzi-Rustan représentent des héros combattant sur des chevaux, ce qui a fait croire que ces ouvrages datent de la domination de la Perse par les Parthes. Sur les édifices de Persépolis on voit le globe ailé de l'Egypte. Diodore de Sicile parle d'une pyramide fort aiguë élevée par les ordres de Sémiramis sur le chemin de Babylone. Près de Larissa, ancienne ville de Médie, on voyait une pyramide de 160 pieds de haut. Celle qui servait de tombeau à Alyates, roi de Lydie et père de Crésus, était beaucoup plus considérable; elle avait, selon Hérodote, 398 toises de tour; le soubassement était en grosses pierres et le reste en terre. Le tumulus de Pergame, formés de terre, paraissent avoir été revêtus de marbre. On trouve dans l'ancienne Carie des monuments funéraires, où sont imitées avec la pierre les maisons de bois des populations primitives. Les colonnes représentent des troncs d'arbres bruts, et le plafond se termine en pointe par le rapprochement de deux courbes aiguës; cette forme est peut-être, selon M. Raoul Rochette, l'imitation d'un bateau de pêcheur qui rappelait la vie maritime de ces peuples. Le tombeau de la famille Simon, en Judée, se composait de 7 pyramides; elles existaient encore 200 ans après l'historien Josèphe. On voit encore, près de Smyrne, sur le penchant du mont Sepylus, à la place de la ville très ancienne du même nom, le tombeau de Tantale, père de Pelops (1359 ans avant Jésus Christ). Il consiste en un tumulus revêtu d'un soubassement circulaire d'appareil pélasgique. La chambre sépulchrale en pierre est terminée anguleusement. Tyr renfermait des temples magnifiques, tels que ceux de Baal, d'Astarté, etc. On y voyait des colonnes et des boiseries de cèdre plaquées or, trait caractéristique de l'art asiatique. Le temple de Baal-Berith, brûlé par Abimelech, et celui de Jupiter Bélus, décrit par Hérodote et Diodore de Sicile, étaient situés sur des pyramides étagées, au milieu d'une enceinte de murs. Au bas de la pyramide il y avait un petit temple. Les temples de la déesse Syrienne (Astartée) à Hiéropolis, de Vénus à Paphos, de Jehova à Jérusalem, sont, comme le pense avec raison M. Raoul Rochette, plus ou moins dans le goût phénicien. Le temple, précédé de galeries ou portiques, était au milieu d'une enceinte entourée de murs, comme tous les temples de l'antiquité. Celui d'Hiéropolis ayant été détruit, fut reconstruit par Stratonice, reine de Syrie. L'ordre ionique y fut employé. A l'entrée des propylées, il y avait, placés comme les pylones des temples de l'Egypte, deux énormes phallus. Devant la façade de l'autel des holocaustes, à Jérusalem, on voyait aussi deux colonnes; elles étaient d'airain. Les chapiteaux, imités sans doute de ceux à campane, de l'Egypte, et décorés de feuillages, les ont fait regarder comme corinthiens par le P. jésuite Villalpende, qui s'appuyait sur l'autorité de Josèphe. Dans l'enceinte, autour du sanctuaire, étaient de vastes bâtiments destinés à l'habitation des lévites (1).

Monuments indiens. — Les souterrains furent le type et le modèle de l'architecture indienne. On cherchait, comme en Egypte, à se mettre à l'abri des ardeurs du soleil et de la fraîcheur des nuits. On profita donc aussi des antres formés par la nature, et lorsqu'il fut nécessaire on les agrandit. Dans une grande partie de l'Asie on trouve de vastes souterrains. La forme en est régulière; des colonnes, des niches, des peintures et des ornements semblables à ceux des édifices du pays, qui en sont les imitations, les décorent. Tels sont dans l'Inde les souterrains de Milassa, de Ara Bhisad, du mont Sorason; en Perse, ceux de la montagne Tagli-Rustan, des environs de Jaffa, des rochers de Tchil-Minarv; tels sont encore ceux de l'île de Ceylan, dans la montagne appelée Pic-Adam, de l'Indoustan, du Thibet et du Tangut. Les plus anciens édifices de l'Asie sont construits avec des pierres énormes. A quelques pagodes, au soubassement de celle de Chalembron par exemple, elles ont 40 pieds de longueur, 4 pieds 10 pouces de largeur, et 5 pieds 6 pouces d'épaisseur. La plupart des monuments de l'Inde sont des souterrains creusés dans des bancs de pierre, ou des rochers isolés et façonnés extérieurement par le ciseau. Un des plus grands

(1) Voyez sur les montagnes de l'Egypte : Norden, Voyage d'Egypte; Champollion, Panthéon égyptien; Quatremère, Mémoires; Letronne, Recherches; Lenormant, Musée des antiquités égyptiennes. Les Voyages de Granger, Volney, Sonnini, Scholz, Caillaud, Jomard, et la Grande description de l'Egypte.

(1) Voyez sur les monuments de la Perse, de la Phénicie et de la Judée, les Recherches de Rich et de Niebuhz, la Symbolique de Creuzer, le Thésaurus antiquitatum de Ugolini et les Voyages de Chardin, Morier, Herder, Olivier, Porter et Bukingam.

souterrains est le temple Kaïlaça à Elora. Sa longueur est de 88 pieds et sa hauteur de 47. Les tours appelées pagodes qui décorent les enceintes assez considérables de ces édifices sacrés, dont elles font partie, sont généralement placées au-dessus des portes qui existent à chaque face du mur d'enceinte, et ressemblent à des clochers gothiques. Des bandes d'ornements leur donnent l'apparence d'être à plusieurs étages. Quand il y a des retraites, elles ne sont que de quelques pouces et par conséquent très peu sensibles. La pagode de Tanjaour, la plus grande de l'Inde, a 200 pieds de hauteur ; la coupe et les joints des pierres sont bien loin d'avoir la même perfection qu'en Egypte.

L'absence complète de voûtes indique encore l'origine de l'architecture indienne. Les plafonds sont formés soit de pierres, soit de briques ou de cailloux unis par un ciment très tenace. De là, la nécessité de multiplier les piliers, faits généralement en pierres de taille dans la base, et en briques dans la partie supérieure. On ne peut donner à ces piliers le nom de colonnes. En effet, la forme en est différente dans le même édifice ; parfois ils n'ont pas de base. Quand il y a des chapiteaux, ils ne consistent qu'en une semelle. Des éléphants sculptés et représentés de face, forment le soubassement du temple de Kaïlaça. Des têtes, des trompes d'éléphant et des lions sont un des ornements les plus en usage. Les anciens souterrains de l'Asie offrent déjà ce goût du merveilleux et de la multiplicité d'ornements, qui caractérisent les arts de cette contrée. L'architecture des Indous n'est assujétie à aucune règle. Les proportions et les rapports des parties varient sans cesse. Nulle part l'accord de la solidité réelle et apparente, pas même assez souvent dans les souterrains : nulle symétrie dans les entrées, dans les masses, dans les petites parties. Des porte-à-faux, des saillies sans cesse menaçantes, des ornements de mauvais goût sont répandus partout avec profusion et montrent les hardiesses bizarres et capricieuses de l'imagination la plus exaltée. Les détails dévorent l'ensemble, détruisent les formes et font disparaître la grandeur sous la petitesse des parties qui la divisent. L'architecture religieuse, dit M. Ernest Breton, est aujourd'hui dans l'Inde en pleine décadence. On en peut juger par les Pagodes modernes de Bombay, de Doyg et de Calcutta. La simplicité des premiers temps, la beauté d'ornementation de ceux qui les ont suivis ont fait place à des décorations lourdes et de mauvais goût, qui s'éloignent de la majesté de l'une, sans arriver à la richesse des autres, et ce n'est plus que dans les édifices mahométans que l'on doit chercher des traces des merveilles de l'architecture orientale. Nous ne ferons qu'indiquer les principaux : ils n'appartiennent pas à l'art indien proprement dit, et ne diffèrent pas beaucoup des mosquées des autres pays musulmans. On en trouve fort peu qui soient antérieurs au xvie siècle ; mais c'est le xviie, époque de la plus grande splendeur de l'empire Mogol, qui vit s'élever les plus beaux monuments de cette classe, parmi lesquels le premier rang appartient à Juhma-Musjed, fondée en 1631 et à l'Atoula-Khan-Musjed, à Juampour, dont la construction coûta plus de 20,000,000 de francs, somme énorme, surtout à cette époque. On peut encore citer la mosquée de Bénarès et celle de Madhomeh, remarquable par ses quatre magnifiques minarets. Enfin, parmi les monuments de ce genre, élevés au xviiie siècle, je signalerai la mosquée de Luknow, et celle élevée par Hyder-Ali, dans le district de Coimbatour. Cette dernière est le plus bel exemple de l'architecture moderne des Musulmans de l'Inde. La façade est surmontée de deux élégantes tours octogones, d'un diamètre plus grand que n'est ordinairement celui des minarets. Il est impossible de déduire une théorie positive de l'art dans l'Inde. Les Indous ne paraissent pas avoir suivi d'autres règles que celles imposées par les dogmes religieux ou par la destination matérielle des monuments. Ces deux causes ne devaient donc influencer que la forme générale de l'édifice, son galbe pour ainsi dire, et laissaient tous les détails au caprice des artistes qui semblent le plus souvent n'avoir écouté que les écarts d'une imagination vagabonde, qui les poussait à produire ces monuments bizarres devenus le principal caractère de l'architecture indienne (1).

(1) Voyez, sur l'architecture indienne, les monuments anciens et modernes de M. Langlois, le Journal asiatique, les Religions de l'antiquité, par Guigniaut ; les Cavernes d'Ellora, par Sykas, les Indous de Solvyns, et le Précis de l'Histoire de l'architecture chez les Indous, par M. Ernest Breton, que nous avons cité.

Monuments chinois. — Dans leur état primitif les Chinois étaient nomades comme les Tartares ; ils ont campé avant d'avoir des villes. Aussi l'architecture de ces peuples rappelle-t-elle leur ancien genre de vie. Les villes sont des camps à demeure. Comme l'a observé de Paw, la forme des édifices imite la tente. La tente est l'abri suffisant pour les peuples nomades et le seul qui leur convienne par la facilité de les transporter. Les temples ou pagodes composés quelquefois d'un seul étage, mais généralement de deux, sont tantôt fermés de murailles, tantôt, et c'est le plus souvent, ouverts ; des colonnes soutenant alors le tout. Ces édifices où l'on monte par trois escaliers, ont un soubassement sur lequel s'élève un carré environné de vingt colonnes, surmonté d'un toit terminé par une balustrade de bois, formant une galerie qui règne autour du second étage, semblable du reste par la forme et la disposition, à l'étage inférieur. Les angles du toit sont ornés de sculptures représentant des dragons. Des couvents de bonzes accompagnent quelquefois les pagodes. Les tours sont très communes ; elles servent d'observation ou de belvédère ; d'autres, de sépulcre. Celle de Nankin, la plus haute des tours isolées a 200 pieds d'élévation ; elle est revêtue de porcelaine. Les tours isolées sont rondes, carrées, hexagones, octogones. On en voit non-seulement dans le jardin des palais, mais dans les rues de la capitale et de quelques grandes villes. Les murailles des tours sont en pierre ou en briques. Les tours ou petits édifices à plusieurs étages, que pendant longtemps les empereurs construisirent dans leurs jardins plurent tant qu'ils finirent par en élever d'une hauteur de 300 pieds, on dit même de 500, aux extrémités de bâtiments dont la hauteur était proportionnée, c'est-à-dire de 150 à 200 pieds. Le palais de l'empereur à Pékin est d'une étendue immense ; il renferme plusieurs vastes cours. La symétrie et le grand nombre des bâtiments qui le composent, lui donnent une magnificence remarquable. Aux principaux édifices, les escaliers sont en marbre blanc d'une seule pièce, quelle que soit leur largeur et leur longueur. Les dimensions des habitations sont réglées par les lois, relativement au rang et à l'état du propriétaire, depuis l'empereur jusqu'au dernier de ses sujets. Les principales maisons ont deux étages ; elles ont des doubles toits, lorsque celles-ci sont un peu élevées : la raison en est dans le peu de hauteur des colonnes dont l'usage est très commun et surtout parce que les murailles ne soutiennent rien, le premier toit n'étant qu'une espèce d'auvent qui sert de couverture aux colonnes et au péristyle formé par celles-ci. Les colonnes sont en bois ; elles diminuent graduellement de bas en haut et n'ont pas de renflement. La base est en pierre, elles n'ont pas de chapiteau et sont traversées dans le haut par des pièces de fer. La charpente des planchers est toujours visible. On décore quelquefois de marqueteries les colonnes et autres principales pièces, souvent faites avec des bois précieux. Les arcs de triomphes en bois ou en pierre sont très communs. Les ponts sont en pierre, en briques, en bois et même en fer. Les Chinois connaissent les ponts suspendus avec des chaînes de fer. On cite celui de Kintong. La grande muraille, qui est très large, n'a été que 5 ans en construction. Les tours sont en granit. C'est l'empereur Tsin-Hoang-Ti, qui fit faire la majeure partie de ce mur qui s'élève sur les montagnes, descend dans les vallées et traverse les fleuves. Ce même empereur fit bâtir un tombeau colossal. Il fit creuser, dit un écrivain Chinois, le Mont-li, en bas jusqu'aux trois sources, et en haut, il fit bâtir un mausolée qui pouvait passer pour une seconde montagne ; il était élevé de 500 pieds et avait une demi-lieue de circuit. Au-dedans était un vaste tombeau de pierre où on pouvait se promener aussi à l'aise que dans les plus grandes salles. Au milieu était un riche cercueil. Tout autour brûlaient des flambeaux entretenus de graisse humaine. Dans l'intérieur de ce tombeau, était un côté un étang de vif-argent, sur lequel on voyait des oiseaux d'or ; de l'autre côté un appareil complet de meubles, d'armes et mille bijoux des plus précieux. Non-seulement on avait dépensé des sommes immenses, mais encore il avait coûté la vie à bien des hommes. Outre les gens du palais qu'on y avait fait mourir, on comptait par 10,000 les ouvriers qu'on y avait enterrés tout vivants. On vit tout-à-coup les peuples ne pouvaient plus supporter le joug, courir aux armes au premier signal de la révolte. Les ouvrages du Mont-li n'étaient pas achevés, que Tchéou-Tang vint camper au pied et bientôt après Hiang-Hin rasa ces vastes enceintes, brûla ces beaux édifices, pénétra dans ce superbe tombeau, en enleva toutes les richesses et n'y laissa que le cercueil. Un berger en cherchant une de ses brebis égarée, y laissa tomber du feu, et ce feu consomma le cercueil.

A la Chine, tout est soumis à la règle : les institutions, les sciences, les arts, tout y stationnaire ; aussi la forme des édifices n'y a-t-elle pas varié depuis des siècles ; ils offrent toujours le même goût, le même caractère, comme les Chinois du xix⁰ siècle sont les mêmes que ceux du xiie. La légèreté et la gaieté sont les principaux caractères de l'architecture chinoise. Elle doit le premier à son modèle, la tente. L'emploi du bois est très propre à le lui conserver ; mais il n'en est pas de même lorsqu'on se sert d'autres matériaux, à moins de la priver tout-à-fait de l'apparence de solidité dont elle manque déjà un peu. Si on ne jugeait cette architecture que d'après le type de son imitation, on cesserait en effet de lui pardonner ses défauts en considération des ses qualités agréables ; on trouverait que l'absence de solidité apparente empêche ses productions d'avoir cet aspect de sagesse si satisfaisant, et de faire naître l'idée de durée, qui est le principe du caractère monumental dont l'impression est si profonde sur nous (1).

Monuments étrusques. — Il reste peu de vestiges de l'architecture des Etrusques. Les villes de ces peuples étaient entourées de fortes murailles construites de pierres d'une prodigieuse dimension ; elles n'étaient liées ni avec du mortier, ni avec des crampons, mais tenaient ensemble par leur poids et par la perfection de la taille, qui laissait à peine apercevoir les joints. Telles étaient les murailles d'Arezzo, de Fiesole, de Cortone, dont il existe encore quelques restes. Le tombeau de Porsenna à Clusium paraît avoir été, d'après la description de Pline, un des édifices appelés labyrinthes, au-dessus desquels s'élevaient deux pyramides. De grandes probabilités font attribuer aux constructeurs étrusques le canal de décharge du duc d'Albano et le grand égout de Rome, bâti sous Tarquin l'Ancien. On les croit aussi les inventeurs de l'art de bâtir au mortier et avec de petites pierres. L'ordre toscan, modification du dorique grec, appartient incontestablement à l'architecture des Etrusques. Ils donnèrent au dorique des bases qui le dépouillèrent de ses triglyphes ; enfin ses proportions furent changées de manière à former ce qu'on appelle l'ordre toscan que ces peuples transmirent aux Romains. La nature des matériaux employés rappelait même l'imitation de la cabane, non comme chez les Grecs, d'une manière figurative, mais positive ; car l'architecture était en bois. Sur le sommet de Monte-Cavo (près d'Albano), on trouve les restes de deux édifices qui paraissent étrusques : le temple toscan de Jupiter Latialis, bâti par Tarquin-le-Superbe, et un tombeau qui avait cinq pyramides circulaires dont trois subsistent encore, élevées sur un soubassement carré. Le temple de Cérès construit à Rome d'après les principes des Etrusques, 494 ans avant Jésus-Christ, et démoli sous Auguste, avait une forme oblongue. Les Etrusques connurent les voûtes, comme le prouve une porte de Volterre dont le centre est formé de claveaux. Les peuples de l'Italie, originaires pour la plupart de colonies de la Grèce, eurent en conséquence anciennement la même langue, les mêmes usages, le même système de bâtir. A partir de l'an 660 avant Jésus-Christ, elles parvinrent à une splendeur qui effaça celle de la mère-patrie et des colonies de l'Asie mineure ; mais, ayant lutté entre elles et ensuite contre les Romains, elles s'affaiblirent bientôt. En diminuant leurs communications avec la Grèce, elles ne participèrent point au perfectionnement des arts qui eut lieu dans ce pays. C'est surtout dans les monuments de sculpture, dit M. Batissier, que l'on reconnaîtra le génie artistique des Etrusques. On distingue trois styles correspondant à trois époques différentes. Les ouvrages du premier style sont tout à fait barbares, divinités souvent ailées, attitude raide, ébauche imparfaite des traits, membres grêles et minces, têtes allongées et rétrécies vers le menton, barbe pointue et recourbée, bras pendants et resserrés contre le corps, pieds parallèles et genoux aplatis ; tels sont les caractères des statues de ce style, qui a tant d'analogie avec le style égyptien, ainsi que Varron l'avait remarqué. Pour la seconde époque, c'est tout autre chose. Les statues se distinguent par l'expression vigoureuse de leurs traits, la dureté de leur mo-

delé, l'énergie exagérée du mouvement et la rondeur de leur attitude. Les cheveux retombent en tresses ou sont disposés en étages, et les draperies sont indiquées par des plis parallèles. L'influence grecque se montre dans le troisième style. Souvent même il est difficile de distinguer les productions de l'école toscane de celles de l'école hellénique. En résumé, on peut dire que l'art étrusque a été plutôt imitateur qu'il n'a été inventif (1).

Monuments grecs et romains. — La cabane fut évidemment le type de l'architecture grecque, non la première cabane qui ne consista sans doute qu'en une hutte de branches et de terre grasse, mais la cabane perfectionnée, formant un carré avec un toit, et ce qui fut en usage chez quelques peuples de l'antiquité, comme le démontrent les bas-reliefs de la colonne Trajane et des peintures des ruines de Pompéi. L'art transporta à la maçonnerie les formes de la charpente, modèle simple et varié à la fois dont l'heureuse imitation donna à l'architecture les moyens de s'élever à la perfection qu'elle a atteinte. Les premiers troncs d'arbre enfoncés dans la terre pour supporter un abri quelconque, ont donné naissance aux colonnes isolées, une des plus grandes beautés de l'architecture. Les arbres étant plus gros dans le bas que dans le haut, cette disposition fut imitée dans les colonnes. On observa bientôt que l'humidité faisait pourrir une partie de ces troncs d'arbre qui touchaient à la terre ; pour y remédier, ils furent placés sur un plateau de pierre, puis sur plusieurs, afin de les éloigner davantage de la terre. Ces trois états du bas des colonnes sont représentés par le dorique sans base, les colonnes placées sur un simple dez de pierre, comme on en voit à plusieurs édifices antiques, et les bases avec des moulures. Pour que les troncs d'arbre soutinssent mieux l'architrave, ou principale poutre, on plaça au-dessus un plateau que l'on appela abaque ou tailloir ; puis on en mit plusieurs l'un sur l'autre... de là vinrent les chapiteaux. Les solives du plancher, comme le fait remarquer M. Quatremère de Quency (1), viennent se placer sur l'architrave, et cet espace donne lieu de celui de la frise ; on y voit les bouts des solives figurés par des triglyphes, dans le dorique, ou quelquefois par des consoles, comme au Corinthien composé du Colysée. On observe au plafond du temple de Thésée à Athènes, qu'à la rencontre de chaque triglyphe, il se trouve de grosses solives de marbre, dont la disposition est conforme à l'ancienne construction en bois et aux formes de la charpente. L'intervalle restant entre chaque triglyphe fut nommé *métope*. Il resta vide pendant longtemps... Dans la suite, on remplit le vide de différentes manières. Quelquefois aussi, on recouvrait de planches les extrémités des solives et toute la partie qu'on appelle frise : alors l'indice de cette construction disparaissait tout-à-fait, comme on le remarque dans plusieurs ordres, quoiqu'on y observe toujours la place de la frise. Les solives inclinées du comble composaient la corniche saillante hors de l'édifice pour le mettre à couvert de la chute des eaux. Cette grande saillie des solives du toit se remarque encore aujourd'hui dans les maisons de l'Italie. De là sont nés les modillons et les mutules qui soutiennent immédiatement le toit et qu'on fit longtemps dans un plan incliné, pour rappeler leur origine et leur ancienne destination. On les voit ainsi disposés dans plusieurs édifices antiques et surtout au temple de Minerve à Athènes. Le toit ou le comble donna nécessairement la forme du fronton... Cette invention du besoin devint la source d'une des plus grandes beautés de l'architecture. Cicéron en jugeait ainsi (*De oratore*, lib. 3) : « Le fronton suivit et dut suivre la forme du toit. Les piliers qui soutenaient la maîtresse-poutre furent d'abord placés très près les uns des autres, afin que l'architrave qui portait tout le poids de la construction ne vînt pas à se fatiguer et à se rompre par des vides trop considérables. Mais pour élargir selon les différents besoins les entrecolonnements et pour remédier à la faiblesse des poutres, l'on imagina d'encastrer dans les piliers de support, des traverses de bois obliques, qui allèrent comme des espèces de bras, supporter l'architrave et la renforcer. De là naquirent les arcades et les portiques. C'est dans les ponts de bois particulièrement qu'on peut observer ces premières opérations de la charpente et trouver l'origine des voûtes que la pierre fit substituer aux portiques et aux moyens de cons-

(1) Voyez, sur les monuments chinois, l'Histoire de l'architecture par M. Hope, la Chine par Paulhier, les dessins des édifices chinois par Chambers, la Description de la Chine par Grosier, et les voyages de Sonnerat, de Guigner, Anderson, Helnes, Moreau de Saint-Méry, Gaubil, Klaproth, etc.

(4) Voyez, sur les monuments étrusques, les Eléments d'archéologie du docteur Batissier, les Antiquités de la grande Grèce par Piraneri, et les travaux italiens de Ingherami, Gori, Lanzi, Zannoni et Gosini.

tructions en bois. Soit pour se défendre mieux des injures du temps, soit pour raison de solidité, les hommes imaginèrent de remplir les vides des entrecolonnements, en y laissant cependant subsister pour le besoin, les ouvertures des portes et des fenêtres, et voilà l'origine de cette architecture que quelques-uns appellent bas-reliefs, où les colonnes engagées sortent du mur de la moitié ou des deux tiers de leur diamètre. Les poutres qui donnèrent naissance aux colonnes furent d'abord taillées par la charpente dans la forme de l'arbre; ensuite elles furent équarries; de là sont nés les pilastres, qui ne sont autre chose que des colonnes engagées plus ou moins dans l'épaisseur du mur. Pour rendre les habitations plus saines et les garantir de l'humidité, on imagina bientôt d'élever les constructions de bois sur de grandes poutres horizontales, placées les unes sur les autres, en remplissant et égalisant à leur niveau l'intérieur du terrain : là prirent leur source les piédestaux, les stylobates, les soubassements continus... Afin de préserver les portes et les fenêtres de la chute des eaux, dans les simples cabanes, on pratiqua au-dessus, de petites avances, soit en manière d'auvents, soit dans la forme d'un petit toit, pour procurer un écoulement en avant ou de chaque côté des ouvertures : ce fut là le modèle des frontons et des chambranles, dont on orna depuis les portes, les fenêtres, les niches... L'entrée des maisons dut surtout exiger de semblables précautions, et ces premières inventions de la nature se retrouvent dans beaucoup de pays où l'art ne les a pas encore métamorphosées. Les solives horizontales et transversales des planchers ont été le modèle des plafonds, cette partie si riche et si magnifique dans les ordres, ainsi que des caissons et de tous les accessoires des soffites. En Italie, la méthode la plus ordinaire de plafonner nous retrace encore et nous prouve cette origine incontestable. L'imitation raisonnée du corps humain par la sculpture, fit apercevoir à l'architecture sinon un modèle nouveau, au moins une nouvelle analogie de modèle. Elle y vit une similitude de principes qu'elle pouvait s'approprier, et elle parvint, par l'application des proportions et de rapports naturels, à se faire adopter de la nature, qu'elle sut en quelque sorte tromper par cette ressemblance. Dans la formation et l'imitation des types, l'architecture n'avait connu que les simples dimensions de la nécessité; il lui fallait un modèle de proportions applicables et conformes à cette première disposition et qui, sans en contredire l'esprit, pût en embellir la forme: l'application des proportions humaines pouvait seule parvenir à ce but. On sentit qu'on pouvait améliorer les formes de la charpente en les refondant, si l'on peut dire et les rapportant à des points de comparaison d'un autre genre; et l'homme n'en trouva point de plus parfait que lui-même; on vit qu'en imitant le plan, la disposition, les convenances et les moyens que la nature a employés dans son plus bel ouvrage, l'art rivaliserait en quelque sorte avec elle. On comprit qu'un édifice ordonné d'après le même esprit et le même principe que la nature suit elle-même, serait beau comme elle, et plairait par les mêmes raisons qu'elle nous plaît. Dès lors on vit dans un édifice un corps qui devait avoir ses membres, ses divisions, ses parties subordonnées à l'ensemble. On vit que Dieu a tellement disposé le corps de l'homme qu'il y existe une corrélation nécessaire de la plus légère partie au tout. On ne voulut dès lors admettre dans l'architecture que ce dont on pourrait, comme dans la nature, justifier un emploi nécessaire et dépendant d'un ordre général. L'imitation du corps humain n'a pas lieu positivement, mais figurément. Ce n'est jamais la forme que l'architecture s'approprie, mais les rapports, les raisons qui y sont contenues. L'homme ne put trouver un modèle plus sensible de proportions. C'est dans ce livre vivant des proportions, toujours ouvert en Grèce aux yeux de l'artiste, que les architectes trouvèrent ces heureuses combinaisons, ces rapprochements de moyens, ces nuances délicates de caractères qu'ils transportèrent à l'architecture. La nature entière devint le type de son imitation. C'est par l'harmonie qui existe dans la nature (et que les Grecs appellent (*evrithmie*), que généralisant de plus en plus l'idée de son modèle, l'architecture parvint à étendre la sphère de l'imitation. Ce n'est plus la cabane dont elle sortit, ni l'homme sur lequel elle se modela; c'est la nature entière qui devint le type de son imitation. C'est l'ordre lui-même de la nature qui devient son génie. L'imitation de la charpente par les dimensions heureuses qu'elle y puisa, constitua, si on peut le dire, l'ossature de l'art; l'imitation analogique du corps humain, par l'étude des proportions et l'application

qu'elle s'en fît, revêtit ce squelette des formes raisonnées qui donnèrent en quelque sorte le mouvement. L'imitation générale de la nature dans ses principes d'ordre, d'harmonie relatifs aux affections de nos sens et aux perceptions de l'entendement, lui ont donné l'âme et en ont fait un art, « non plus copiste, non plus imitateur, mais rival de la nature même. » (*Quatremère de Quincy.*)

On appelle *ordre* la réunion des parties qui, dans une proportion déterminée, constituent un édifice d'après un système de disposition ayant la cabane pour type. L'architecture grecque ne connaît que des ordres. L'histoire ne nous fait pas connaître l'époque de leur origine. Ils étaient sans doute encore méconnus du temps d'Homère; car ce poète n'en parle pas. Les Grecs, qui les inventèrent, n'en comptaient que trois : le dorique, l'ionique et le corinthien. C'est au module, c'est-à-dire au demi-diamètre des colonnes, mesuré dans la partie la plus large du fût, qu'on rapporte les différentes parties des ordres. Les ordres se composent de trois parties principales, savoir : la colonne, l'entablement et le fronton. La colonne contient la base, excepté dans l'ordre dorique où il n'en existe pas, le fût et le chapiteau. La base est formée d'une plinte, d'un ou de deux tores ou grandes moulures rondes, convexes, et de petites moulures. Quand il y a deux tores, une scotie ou grande moulure concave les sépare. La multiplicité des moulures dans la base donne l'apparence d'un défaut de solidité, surtout si les plus grandes moulures ne sont pas dans la partie inférieure. On a supprimé la plinte aux bases des colonnes ioniques des temples de Minerve Poliade, d'Erechthée et d'autres édifices d'Athènes, à cause de l'étroitesse des entrecolonnements du péristyle. Elle manque aussi, mais très rarement, au corinthien, comme au monument de Lysicrates à Athènes. Le fût du dorique a une forme pyramidale; quelquefois, mais les exemples en sont rares, le diamètre du haut a un tiers de moins que celui du bas. Dans les autres ordres n'offre qu'une légère diminution ; il est ordinairement un peu renflé au tiers de sa hauteur. Rien ne justifie cet usage, dû sans doute au besoin toujours renaissant de la variété. Le fût est lisse ou cannelé. Dans le dorique, les cannelures, au nombre de dix-huit, sont à vive-arrête ; aux autres ordres, il y a un intervalle entre les cannelures, qui sont au nombre de vingt-quatre; et ordinairement il se trouve dans le bas des cannelures, jusqu'à environ un tiers de la hauteur du fût, des espèces de bâtons nommés rudentures; on les emploie seulement aux colonnes du rez-de-chaussée, parce qu'elles ont besoin de plus de force. Parfois, on a fait plus : ainsi, à Délos, la partie supérieure du fût des colonnes corinthiennes, élevées par Philippe, roi de Macédoine, est seule cannelée. A peu de distance du chapiteau, on met généralement un astragale. Le fût est droit pour rappeler son modèle : ainsi, il ne sera pas tors ou en spirale, comme il y en a des exemples vers la fin de l'empire romain, et qu'ont imité par quelques artistes modernes. Il sera encore moins en bossage, cette disposition laissant voir les assises des pierres. Dans les édifices de la décadence, à Rome, on voit des pilastres à bossage ; mais on n'a pas été jusqu'à former des colonnes de tambours de pierres de différents diamètres, comme au palais de Luxembourg. Les anciens, les entrecolonnements ont peu de largeur, afin de donner plus de solidité réelle et apparente, et d'offrir plus de variété. En effet, l'impression que nous fait éprouver une façade de colonne, « s'augmente, dit M. Leroy (Ruines des plus beaux monuments de la Grèce) par les sensations seules que nous recevons de tous les objets et de tous les effets de lumière que la profondeur d'un portique nous présente. » L'aspect change à chaque pas. Il y a donc plus de monotonie, si les colonnes sont très éloignées les unes des autres. Elles sont d'ailleurs de suite comptées, ce qui produit l'idée d'une étendue bornée. Par la même raison, les façades en colonnes engagées, ou en pilastres, font moins d'effet que celles où les supports sont isolés. Par la même raison encore, la colonnade du Louvre serait plus belle si les colonnes n'étaient pas accouplées ; elles auraient, en outre, l'apparence d'une plus grande solidité. Les modernes ont très souvent employé, surtout aux portails des églises, les colonnes accouplées et adossées. Un diamètre est le terme moyen des entrecolonnements doriques. Celui du Parthénon a presque un diamètre et demi. Ceux des autres ordres ont un peu plus. C'est une licence qu'une plus grande largeur donnée à l'entrecolonnement du milieu, dans les péristyles antérieurs et postérieurs de plusieurs temples romains. Dans l'origine, on fit sans doute aussi des soutiens de bois équarris : de là les pilastres.

Les modernes les ont plus rarement employés isolés que les anciens, quoique ceux-ci se permissent aussi fort peu ce genre de support. Il en existait deux rangées surmontées d'atlantes, au temple de Jupiter à Agrigente. Dans l'architecture romaine, on trouve fréquemment des pilastres engagés. On peut en faire usage, mais avec modération, et seulement lorsque l'architecture n'exige pas l'emploi de ses grands moyens. La forme n'en est pas aussi élégante que celle des colonnes, qui gênent moins la vue que les pilastres, à cause des angles de ceux-ci. Les Grecs et les Romains ont quelquefois remplacé les colonnes par des statues-colonnes, appelées caryatides lorsqu'elles sont féminines; figures persiques lorsqu'elles sont viriles. Ces dernières prirent aussi, chez les Grecs, le nom d'atlantes, et à Rome celui de telamons. On voyait à Lacédémone un portique dont les soutiens étaient formés par les statues des principaux chefs des Perses vaincus par les Grecs. La religion en Égypte donna l'idée des statues-colonnes; en Grèce, ce fut la vengeance politique, dont l'alliance des habitants de Carie, ville du Péloponèse, avec les Perses, contre les Grecs fut la cause. On étendit ensuite l'usage des statues-colonnes, car à Amiclet, au temple d'Apollon, on représenta ainsi les Heures et les Grâces. Les Romains et les modernes ont aussi quelquefois employé ce genre de soutien. Les caryatides auprès du temple de Minerve Poliade à Athènes, et celles de Jean Goujon, dans la salle des Antiques, à Paris,

sont d'excellents modèles. En effet, ce ne sont pas des hommes ou des femmes, mais des statues d'hommes ou de femmes. Elles ne sont pas l'expression vivante de personnages imités, mais leur représentation matérielle. Jean Goujon a même poussé la sévérité du goût jusqu'à leur donner des bras tronqués : aussi l'on aurait tort de les montrer accablées sous le poids qu'elles supportent, de faire naître une sensation pénible, et de donner en outre l'idée d'un défaut de solidité. Un caractère calme et grave est celui qui leur convient. Les statues-colonnes étant une licence, elles ne doivent guère être employées qu'à soutenir un balcon, une tribune, etc. Le chapiteau dorique avait d'abord l'échine taillée en biseau, comme à Délos, à Syracuse, à Thoricion, aux Propylées, puis il le fut en quart de rond et presque en tore. Le tailloir ou abaque est épais et saillant, et produit ainsi le caractère de force, d'âpreté. Le chapiteau ionique consiste principalement dans une espèce de coussinet. Sa forme capricieuse semble devoir lui faire attribuer une origine asiatique. Il paraît en effet que l'ordre ionique vient de l'Asie, et ne fut d'abord employé, avant d'avoir subi des modifications, que dans des édifices funéraires. On le trouve dans sa forme primitive sur des vases grecs qui représentent des cérémonies funèbres. Celui du temple de Minerve Poliade à Athènes, est le plus beau qu'on connaisse. Les Romains, en adoptant l'ordre ionique, en ont échancré le chapiteau.

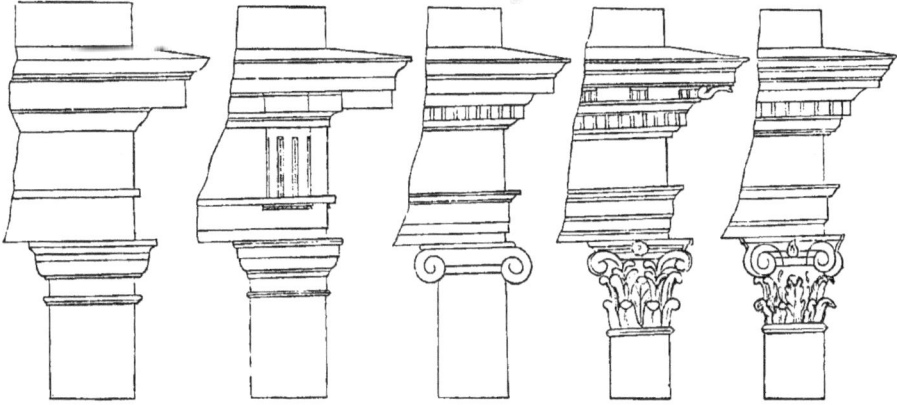

Le corps du chapiteau corinthien a la forme d'une cloche renversée, et se nomme campane. Il est orné de feuilles, le plus souvent d'olivier ou d'acanthe, et de petites volutes. Le tailloir est échancré. Une corbeille, recouverte d'une tuile, placée sur le tombeau d'une jeune fille, fut entourée par les feuilles d'une plante d'acanthe, et donna au sculpteur Callimaque l'idée de substituer celles-ci aux feuilles d'olivier et de laurier dont on décorait le chapiteau corinthien. Bien que les architectures égyptienne et grecque soient originales, et que la seconde ne soit pas l'imitation de la première, cependant elle a pu lui emprunter quelques embellissements, tel que le chapiteau corinthien, dont le chapiteau à campane de l'Égypte est sans doute la forme élémentaire. Les feuilles d'olivier et d'acanthe ont remplacé les feuilles de lotos ou les branches de palmier. La très grande variété qu'on observe chez les anciens, dans la décoration du chapiteau corinthien, prouve que sa forme ou son type fut toujours indépendant de l'ornement accessoire que les sculpteurs appliquèrent de tant de manières différentes. Les chapiteaux corinthiens les plus beaux se trouvent à Rome. Dans le grand nombre de décorations différentes des chapiteaux de cet ordre est cette variété qui a reçu des modernes la dénomination de composite; ils ont prétendu distinguer ce à quoi les Romains n'avaient pas pensé. Scamozzi est le premier qui ait eu cette idée. Cet ordre ne diffère guère du corinthien que par son chapiteau, où il n'y a point de caulicules qui reviennent dans le haut vers le milieu, par les deux volutes beaucoup plus grandes qui soutiennent les angles du tailloir, et par la corniche de l'entablement qui est très élevée. Du reste les proportions sont les mêmes.

L'entablement comprend l'architrave, la frise et la corniche. L'architrave est ordinairement lisse dans le dorique, elle ne reçoit que les gouttes des triglyphes. Plusieurs moulures, quelquefois ornées de sculptures, distinguent celles de l'ionique et du corinthien. Dans le dorique, la frise renferme des triglyphes qui sont composés de plusieurs cannelures verticales. Les intervalles ou métopes sont lisses ou remplis par des ornements. Dans l'origine ils étaient vides. La disposition des triglyphes et des métopes est uniforme dans tous les monuments de la Grèce, c'est-à-dire que chaque triglyphe tombe à plomb du milieu de chaque colonne et du milieu de chaque entrecolonnement, excepté le triglyphe de chaque extrémité qui se trouve reporté à l'angle de l'entablement. Mais Vitruve enseigne, et les architectes modernes ont partagé son opinion, qu'il faut mettre ce triglyphe au-dessus du milieu de la dernière colonne, et laisser une demi-métope à l'angle. L'usage des grecs me paraît néanmoins plus simple, plus naturel, et rappelle plus exactement l'imitation de la cabane. La corniche a peu de hauteur; elle annonce le couronnement de l'édifice. Le fronton comprend le tympan et la corniche. Dans le tympan des frontons, on plaçait quelquefois des statues, comme au temple de Minerve, à Athènes, et à celui d'Égine. Il y en avait une vingtaine au premier. Les sculptures des frontons sont de ronde-bosse chez les anciens. Celles de la Magdeleine, à Paris, le sont en partie. Les statues placées dans le haut des édifices ont l'inconvénient de le rapetisser, par l'effet de la comparaison. Il serait à désirer qu'on les proscrivît. Elles ne forment qu'un vain ornement; empêchent, ainsi que les peintures des plafonds et des voûtes, de juger des justes proportions de l'édifice, parce que l'on

ne peut faire les personnages de grandeur naturelle, mais relativement à l'éloignement d'où ils doivent être vus; autrement on ne les distinguerait pas bien. Des décorations architectoniques, telles que des caissons, sont bien préférables, si l'on ne juge pas convenable de laisser la surface unie. Il y a des temples de frontons circulaires, dans l'antique, mais seulement où ils peuvent être considérés comme ornement; tels sont ceux du temple de Diane, à Nîmes, et du Panthéon d'Agrippa, qui alternent avec les frontons triangulaires. Dans ces deux édifices, ils sont à l'intérieur. Les assemblages de la charpente des plafonds ont donné naissance aux caissons. La forme originaire est carrée. L'hexagone ni l'octogone ne sont invraisemblables. Outre les parties que je viens de faire connaître, il y a encore parfois les piédestaux sur lesquels reposent les colonnes. C'est une superfétation due, sans doute, au manque de colonnes assez longues, lorsqu'on les faisait en bois, et par conséquent d'une seule pièce. Il en est autrement des piédestaux continus, ou stylobates profilés ou se rétrécissant par degrés, que les anciens n'ont jamais manqué d'élever sous le dorique. Le stilobate était orné d'une corniche; quand il en manquait et que le mur était uni, il se nommait stéréobate. Maintenant il prend le nom de soubassement, lorsqu'il n'y a pas de colonnes au-dessus, et de stylobate s'il y en a, comme à la Bourse et à la Magdeleine. Les stylobates, chez les Grecs, étaient toujours formés ou plutôt remplacés par des degrés, comme au péristyle du Panthéon français, et à la partie antérieure des deux édifices que je viens de citer. Les Romains substituaient quelquefois à ces degrés de véritables stylobates. Le mot portique exprime l'intervalle entre les colonnes extérieures du devant d'un édifice et les murs. On dit péristyle, quand il y a des colonnes tout autour de l'édifice, comme à la Bourse. Cependant l'usage donne le nom de pérystiles aux portiques. On dit : le péristyle du Panthéon, et l'on réserve le mot portique pour les portiques soit antérieurs, soit des transepts de certaines églises gothiques, comme les cathédrales de Chartres et de Bourges, et l'église de Saint-Germain-l'Auxerrois à Paris. Le porche est en quelque sorte l'antichambre d'un édifice; il est entre le mur extérieur et le mur intérieur. Je ne dois pas omettre de parler des ordres toscan et dorique romain, les modernes les ayant mis au rang des ordres et en ayant fait un fréquent emploi. La plinte toscane est circulaire selon Vitruve. On en voit une semblable parmi les ruines d'un temple très ancien à Albe. La plinte du dorique romain est carrée comme celles de l'ionique et du corinthien. Les chapiteaux toscan et dorique romain rappellent le dorique grec, mais dégénéré, et dépourvu du caractère de force qui distinguait celui-ci. Néanmoins dans ceux des bons architectes, les plus grosses moulures sont toujours dans le haut, comme l'exige la solidité réelle et apparente. Quant au prétendu ordre composite, je n'en parlerai pas, attendu qu'il n'est qu'une des variétés du corinthien. Vitruve, Félibien, d'Aviler et tous les bons auteurs qui ont écrit sur l'architecture, pensent, et l'examen des monuments antiques démontre que les anciens ont eu la même opinion, que les proportions des différentes parties des ordres peuvent, à raison des lieux où on les emploie, éprouver de légères modifications; mais en respectant néanmoins certaines limites. Les édifices des meilleures époques, et regardés comme les plus parfaits, ont seuls droit de faire loi. Ce ne sont pas seulement les proportions des membres d'architecture qui changent, les ornements varient également. Ainsi le fût a un astragale au temple de Minerve et trois au grand temple de Poestum; à la maison de campagne de Pompéi, il n'y a que la moitié supérieure du fût qui soit cannelée; c'est surtout au temps de la décadence, à Rome, que les ornements varièrent et couvrirent avec profusion toutes les moulures; tantôt des guirlandes sont suspendues au chapiteau ionique, tantôt à la place des rosaces, immédiatement au-dessous du tailloir, sur la partie antérieure des chapiteaux corinthiens, il y a des aigles, des caducées, etc. Dans les feuilles d'acanthe ou d'olivier on voit, soit des oiseaux, soit des animaux fantastiques ou véritables, soit des personnages, etc. Il y a beaucoup d'autres variétés d'ornements qui ne sont pas approuvés par le bon goût, comme des chapiteaux corinthiens nus, que l'on voit dans un bas-relief fort ancien de la villa Albani ; des tailloirs carrés, avec volutes, ni caulicules, ni rosaces aux chapiteaux de la tour des Vents, à ceux du tombeau à Milassa, et à ceux sans volutes, mais ayant trois rangées de feuilles étroites et allongées que l'on trouve près de Pantane, aux environs de Rome. Le dorique précéda sans doute les autres ordres. Il est l'imitation la plus directe de la cabane perfectionnée qui constitue le modèle, le type de l'architecture grecque. Il n'en est pas, il est vrai, l'imitation rigoureuse, mais seulement autant que le prescrit le sentiment auquel il appartient d'en discerner les limites. La plupart des temples et des édifices les plus importants de la Grèce, et des villes les plus riches de la Sicile et de la grande Grèce étaient d'ordre dorique. Les monuments de cet ordre, qui paraît avoir été préféré par les Grecs, sont les plus nombreux, soit à cause de leur solidité, soit peut-être parce que les Romains ont pu calquer les colonnes ioniques et surtout les corinthiennes, pour la perfection de la sculpture, et quelquefois la rareté de la matière.

Le dorique sans base a été seul con u des Grecs et même des Romains, car on voit aussi cet ordre employé au théâtre de Marcellus à Rome, à celui de Vicence et à l'arc de triomphe de Vérone. Les Romains ont encore fait usage du dorique sans base à Athènes, au temple de Minerve, dédié par Auguste, mais en donnant plus de hauteur proportionnelle aux colonnes. Ayant connu le dorique des Grecs après le Toscan, ou dorique modifié par les Etrusques, ce dernier leur sembla être l'ordre primitif, et ils lui donnèrent en conséquence plus de simplicité. Lorsque Vitruve dit qu'on finit par donner sept diamètres au dorique grec, il ne voulut parler que des Romains, dans les édifices desquels on le retrouve avec ces proportions. Celui du temple de Cora a même plus de huit diamètres, mais il a perdu sa forme très pyramidale, et les autres parties modifiées n'offrent plus la simplicité, la force, l'énergie qui en font le caractère. Vitruve le décrit sans base, et les monuments ne le montrent jamais autrement ; car on ne peut donner le nom de base à une tres légère doucine qu'on remarque au dorique du temple de Marcellus et à celui de Cora. Il y a une base peu saillante, à la vérité, au dorique du Colysée, mais l'absence de triglyphes doit le faire considérer comme un toscan modifié, un mélange de deux ordres, si toutefois à la rigueur on peut appeler le toscan un ordre. A l'époque de la renaissance, l'élégance du prétendu dorique du Colysée, portant à croire que le toscan dont parlait Vitruve, et dont il ne restait aucun monument bien conservé, était le plus simple, on prit celui du Colysée pour modèle du dorique. De là vint la fréquente suppression des triglyphes. Le dorique du théâtre de Marcellus, auquel on a cru voir une base, quoiqu'il n'en eût réellement pas, fut un des types du dorique des modernes, dont le toscan n'est à peu près que ce même dorique sans triglyphes et avec une plinte carrée. On a constamment modifié le chapiteau du nouveau dorique. C'est en 1755 qu'un jeune peintre, s'égarant aux environs de Naples, trouva les ruines de Paestum et fit connaître le véritable dorique, que d'autres voyageurs retrouvèrent en Grèce et en Sicile. Devenu à la mode parce qu'il était nouveau, mais mal appliqué parce qu'il était regardé comme lourd et ne devant servir qu'à des constructions solides, il fut aussi employé d'une manière libre et capricieuse. On supprima le tailloir, on mit des oves dans l'échine, etc. On ne peut guère citer qu'un emploi assez bien entendu de cet ordre. C'est au petit péristyle de l'hôpital de la Charité à Paris. Le dorique grec est cependant le plus majestueux des ordres : ainsi en jugeaient les Grecs, ainsi en jugent les plus grands connaisseurs parmi les modernes. Les Grecs n'ont connu que trois ordres, parce qu'il n'y a que trois manières de bâtir, la solide, la moyenne et la délicate. Cependant le dorique moderne et surtout le toscan, sont propres aux lieux qui n'ont pas un caractère décidé, comme certaines galeries, les balcons, etc. Le système fondamental et constitutif de l'architecture grecque existe dans le dorique. Les deux autres ordres n'en sont que des modifications, mais qui servent à exprimer et à rendre sensibles des qualités morales différentes. Les premiers temples de la Grèce ont sans

doute été de bois. Le temple toscan, décrit par Vitruve, était construit en charpente. Il y avait des colonnes en bois au temple de Dodone. Le temple à Antes (in antis), est le plus ancien. La façade est formée de deux colonnes accompagnées d'un pilastre à chaque angle. Viennent ensuite : le prostyle, dont la façade seule est ornée de colonnes ; l'amphiprostyle , ayant des colonnes aux façades antérieures et postérieures ; le périptère, lorsqu'un rang de colonnes entoure le mur du temple ; le pseudo-périptère, lorsque les colonnes, ou au moins les colonnes latérales, sont à moitié engagées dans le mur du temple ; le diptère, si deux rangs de colonnes entourent le temple ; le pseudo-diptère, lorsqu'on avait supprimé le rang de colonnes qui, dans le diptère, se trouvait entre le mur du temple et la colonnade extérieure ; l'hypæthre, qui avait dans l'intérieur deux rangs de colonnes l'un sur l'autre. Tels étaient les temples de Jupiter à Olympie, de Cérès à Eleusis, le Parthénon, etc. Les hypæthres étaient au nombre des grands temples. Il y eut des temples circulaires monoptères, ou composés d'une simple colonnade, et d'autres périptères, ou dont la colonnade entourait le mur du temple. Leroy, dans ses antiquités de la Grèce, parle de deux temples très anciens, dont le faîte était soutenu par un rang de colonnes dans le milieu. La plupart des temples grecs sont hexastyles ou à six colonnes sur la façade : peu sont octostyles ou à huit colonnes. Le pronaos est la partie antérieure des temples, comprise entre les pilastres des antes, les murs et les colonnes. Un mur de peu d'élévation, dans la ligne des pilastres et des colonnes, sauf le passage pour arriver à la porte, le fermait quelquefois. Dans les grands temples, entourés de colonnes, il n'y avait quelquefois pas de pronaos. Le naos chez les Grecs, la cella chez les Romains, était la nef, ou plus généralement le sanctuaire. Le naos renfermait quelquefois plusieurs autels. Des peintures représentant l'histoire du Dieu ou des héros ornaient les murs intérieurs. La partie postérieure des temples ne se distinguait pas de loin avec la partie antérieure. Les Grecs appelaient opistodome et les Romains posticum , la partie postérieure qui correspondait au pronaos. Cependant dans les grands temples il y avait quelquefois , en outre, une salle qui portait le même nom, ou elle existait seule sans opistodome proprement dit. Cette salle renfermait le trésor. On y déposait aussi les archives des villes et des papiers précieux appartenant à des particuliers. Il arrivait aussi parfois que le trésor était dans le naos. Les temples circulaires étaient éclairés par le haut. Dans les autres temples, la petitesse du naos ne demandait que peu de jour. La porte, comme au temple romain appelé la Maison-Carrée, à Nîmes, où une ouverture au-dessus de la porte, suffisait pour les petits temples. Souvent la lumière d'une lampe achevait de les éclairer. Dans les grands temples, le jour venait d'en haut. Le chassis étaient garnis de pierres spéculaires, de cornes, etc., on a aussi l'exemple d'un temple dont le mur n'est élevé qu'à la moitié de sa hauteur, un treillis en compartiment à jour le terminant. Les Grecs ne voûtaient généralement pas leurs temples périptères ou d'autres du même genre. Il fallait donc donner à la toiture une grande solidité, et l'emploi des métaux pour cet usage n'étant pas encore connu, au lieu de tuiles en terre cuite, on se servit de dalles de marbre. De petits édifices furent aussi couverts de cette manière. Les rotondes ou tholos, dont l'usage en Grèce ne remonte pas à une antiquité fort reculée, étaient voûtées en maçonnerie ou en bois. Le temple en bois était déjà assez perfectionné lorsqu'il fut imité en pierre. Il paraît que ce fut après la guerre des Perses qui avaient incendié la plupart des temples de la Grèce (au ve siècle avant Jésus-Christ). Néanmoins l'usage des colonnes de bois ne se perdit pas entièrement ; car Polybe et Pausanias en citent à plusieurs temples. Lorsque le terrain ne manquait pas, des bois sacrés entouraient les temples, parfois précédés d'une cour entourée de portiques. La totalité du terrain sacré autour des temples était renfermée par une enceinte ou péribole. Ainsi, au temple Romain de Palmyre, le péribole avait sept à huit cents pieds de longueur à chaque face. Ordinairement, des statues, des autels et même de petits temples, le décoraient. Les temples grecs formaient un tout subordonné à l'unité, à la différence de ceux de l'Egypte, qui n'étaient qu'une série d'édifices réunis. Le sacrarium, ou sanctuaire, n'était, comme en Egypte que la plus petite partie des grands temples. L'enceinte correspondait au dromos, ou place. La statue de la divinité était placée dans le temple, mais l'autel était en dehors, les cérémonies religieuses ayant lieu à l'extérieur. Il en résulte naturellement que le luxe de l'architecture ne dut pas, comme dans nos églises, se porter à l'intérieur. Nous allons rappeler en peu de mots quels étaient les édifices les plus remarquables chez les Grecs, puis chez les Romains.

Temples. — Le beau temple Phigalie était tout en marbre. En entrant dans l'intérieur on voyait des colonnes, puis, vers le fond, des piédroits auxquels des colonnes venaient s'adosser. Quelques temples étaient voûtés en maçonnerie, la plupart en bois et recouverts d'un plafond, ce qui permit d'employer des colonnes plutôt que des soutiens plus massifs. Agrigente, aujourd'hui Girgenti, fut une des plus célèbres villes de l'antiquité pour l'architecture. On y trouve des restes de beaucoup de temples. Un des principaux, non-seulement de la Sicile, mais de la Grèce, était celui de Jupiter; il avait trois cent quarante pieds de long sur cent soixante de large, et cent vingt de haut, jusqu'à la naissance de la voûte. Selon l'usage des anciens, une partie au moins des colonnes était revêtue de stuc. Dans l'intérieur, au-dessus de la colonnade inférieure, étaient des statues-colonnes, alternativement viriles et féminines, de vingt-cinq pieds de hauteur. Les Grecs cherchaient à donner aux temples le caractère des divinités auxquelles ils étaient consacrés. Ainsi, l'aspect de celui de Jupiter était différent de celui de Vénus. Les quatre plus fameux temples de marbre de la Grèce étaient ceux de Jupiter à Olympie, de Diane à Ephèse, d'Apollon à Milet et de Cérès à Eleusis. Celui de Jupiter était diptère et octostyle. Dans l'intérieur, deux ordres de colonnes l'une sur l'autre formaient des portiques ou petites nefs entre les colonnes et les murs du naos. Le milieu paraît avoir été découvert, si toutefois, comme on en doute fort, cette disposition a été en usage. Le temple de Diane, à Ephèse, avait quatre cent onze pieds de longueur sur deux cent sept de large. Au temple d'Apollon, à Bassac (en Arcadie), (voir l'ouvrage de la com. de l'exp. en Morée), l'ordre ionique, avec le coussinet du très-cintré chapiteau, et la base sans plinte et terminée en s'élargissant, fut employé à l'intérieur, et le dorique à l'extérieur, où l'on voit, dans le mur, des niches carrées comme les fenêtres. Le toit est orné de palmes.

Mausolées. — C'est le nom donné aux monuments funèbres, d'après celui élevé par Artémise, reine de Carie, à Mausole, son époux, mort 353 ans avant J.-C. Ce monument avait 100 pieds de haut, et était surmonté d'un quadrige en bronze. Tous ceux de ce genre, chez les anciens, ont la forme pyramidale, représentant un bûcher, et appartiennent à la fois à l'architecture et à la sculpture. Le plus ancien monument funéraire fut celui de Denis l'Ancien, et le plus magnifique celui qu'Alexandre fit élever à Ephestion. La hauteur de ce dernier était de plus de 130 coudées, ou environ 195 pieds. La chambre sépulcrale dans laquelle on transporta le corps d'Alexandre, de Babylone en Egypte, était un petit temple périptère, de 20 pieds sur 12, en or appliqué sur une armature.

Phares. — Edifices septizones ou pyramidaux à plusieurs étages, comme les mausolées. Celui d'Alexandrie, célèbre par sa hauteur, avait à chaque étage une galerie. L'escalier était extérieur.

Leschés. — Edifices destinés, dans les villes grecques, à des réunions publiques. Il y en avait quelquefois pour les hommes âgés et d'autres pour les jeunes gens. Athènes en possédait, dit-on, 360.

Pœciles. — Portiques particuliers destinés à la promenade. Un mur les séparait de manière à procurer toujours de l'ombre d'un côté et du soleil de l'autre. Les ornements consistaient en peintures nombreuses.

Gymnases. — Lieux publics où l'on instruisait la jeunesse dans tous les arts de la paix et de la guerre.

Odeum. — Salles couvertes pour les concerts : ces édifices étaient très multipliés.

Théâtres. — Des branches d'arbres disposées de manière à mettre les acteurs à l'abri du soleil, des échafaudages en bois, furent les premiers théâtres, si l'on peut appeler ainsi une grossière ébauche de la scène seulement. Le creux d'un vallon ou l'enceinte demi-circulaire d'une gorge de montagne où l'on tailla des gradins de gazon, formèrent les premiers théâtres complets. On en construisit ensuite en bois, 148 ans avant J.-C.; puis en pierre. On en fit un à Athènes de ce dernier genre, en creusant le flanc de la montagne de l'Acropole. La plupart des théâtres étaient situés sur le penchant d'une colline, comme ceux de Telmessus dont on voit les restes, de Syracuse et de Taormine en Sicile, dont les gradins sont taillés dans le roc. Ce dernier est dans un bel état de conservation. Pour mettre les spectateurs à l'abri de la pluie, on ménageait des portiques. Le fond de la scène était une composition architecturale offrant quelquefois des colonnes accouplées. Le lieu de l'action était, d'après les mœurs anciennes, sur la place publique, aucun homme ne pouvant entrer en gynécée ou appartement des femmes. Des objets peints en perspective sur la muraille en harmonie avec la décoration principale, étaient aperçus par les ouvertures de trois portes. Des décorations devaient cacher le fond de la scène lorsque le sujet le demandait. Sur les côtés, des prismes remplaçaient les coulisses. Les théâtres servaient aussi de lieux d'assemblées politiques. Celui d'Epidaure, selon Pausanias, était le plus beau de la Grèce.

Propylées. — Nom des portiques ou vestibules de la citadelle d'Athènes. Elles formaient un des édifices les plus remarquables de la Grèce.

Marchés. — Ils étaient carrés et entourés de portiques couverts d'un toit faisant terrasse. Des statues les ornaient. Il existe aux murailles de Messine des couvertures de forme conique, soit aiguë soit tronquée. Dans ces constructions d'appareil hellénique, toutes les assises sont horizontales; elles avancent successivement de chaque côté l'une vers l'autre, de manière à rétrécir et à fermer peu à peu les ouvertures. Aux antiques murailles de Phigalie, les ouvertures sont terminées par des assises horizontales de pierres rectangulaires, projetées de chaque côté l'une vers l'autre, dans la forme de l'extrados d'un escalier. Une arche d'un pont sur le Promisus est terminée en plate-bande ou horizontalement, et carrément par deux pierres dont le joint est au milieu. On voit des voûtes ogyvales au tombeau d'Atrée.

Maisons. — Elles n'avaient en général qu'un étage et se terminaient en terrasse. Le jour venait d'en haut plus que des côtés, et encore, dans ce dernier cas, les fenêtres étaient assez élevées pour ne pas permettre de voir en dehors. Les maisons des Grecs étaient partagées en deux séries d'appartements, l'une pour les hommes, l'autre pour les femmes. On ne distinguait pas les maisons de Thémistocle et de Miltiade de celles des plus pauvres citoyens. Démosthènes se plaignait de son temps cet état de choses ne continuait pas. Les riches d'Athènes avaient à la campagne des maisons pleines d'agréments; là, ils osaient ne pas être si modestement logés que dans la ville où ils craignaient de choquer les idées d'égalité. Les Grecs adoptèrent en général la forme parallélogramme. M. Hittorf a démontré que ces peuples peignaient de couleurs diverses à l'extérieur comme à l'intérieur toutes les parties des édifices, même les ornements. Je ne sais si cet usage n'en devait pas diminuer l'unité et l'aspect monumental. Je suis d'autant plus porté à le croire, que dans les beaux temps de la Grèce les tableaux qui décoraient les murs des temples et des portiques étaient sur bois et susceptibles d'être déplacés. Occupons-nous maintenant des principaux monuments romains.

Temples. — Les premiers temples des Romains furent ronds, voûtés et sans colonnes. Ils étaient ornés de peintures. Fabius Pictor en exécuta, l'an 450 de Rome, dans le temple de la déesse Salus. Les premières coupoles furent bâties par les Etrusques. Les Romains eurent une foule de temples ronds, mais jamais ils ne les ont terminés par une lanterne. Les voûtes et les plafonds étaient généralement en charpente. Le plus grand monument qu'offrent les ruines de Balbeck est le temple du Soleil, qui paraît être du temps d'Antonin-le-Pieux. On y voit d'énormes pierres, dont trois ont chacune plus de 60 pieds de longueur. Les colonnes de granit et de marbre sont en nombre prodigieux. Ce temple, ayant 900 pieds de long sur 450 de large, renfermait, comme les grands temples des anciens, différents accessoires outre le temple proprement dit, qui avait 268 pieds sur 146. Tous les édifices de Balbeck étaient d'ordre corinthien. Le temple de Jupiter-Capitolin fut commencé par Tarquin-l'Ancien et achevé après l'expulsion des rois, s'il ne fut pas bâti par Tarquin-le-Superbe, comme quelques-uns le croient, Tarquin-l'Ancien n'ayant que préparé la construction, en aplanissant le terrain et en rapportant des terres soutenues par des murs, formés d'énormes pierres sans mortier. Ce temple avait trois nefs, un fronton et trois rangées de colonnes au péristyle. Détruit deux deux fois, il fut rebâti à la même place. Le panthéon d'Agrippa, le plus bel édifice de Rome, faisait partie des grands Thermes et fut bâti l'an 25 de notre ère. La voûte ou coupole, qui avait 134 pieds de diamètre, était percée de beaucoup d'ouvertures. La charpente et les portes étaient de bronze, composition dont les anciens ont fait grand usage. Adrien construisit un Panthéon à Athènes. Le temple de la paix, d'environ 200 pieds sur 300, était revêtu à l'intérieur, de lames de bronze doré. Lorsqu'un incendie le consuma, sous Commode, des ruisseaux de métaux fondus coulèrent sur la voie sacrée, et rappelèrent ceux qui remplirent les rues de Corinthe lors de la prise de cette ville par les Romains, tant les monuments d'architecture et de sculpture en bronze étaient nombreux.

Mausolées. — Caïus Cestius éleva pour son tombeau, une pyramide encore existante de 114 pieds de hauteur. La base a 90 pieds de diamètre. Le noyau de ce monument, entièrement revêtu de marbre, était en pierre de taille. Le tombeau d'Auguste était formé d'une succession de terrasses pyramidales soutenues par de la maçonnerie. Le mausolée d'Adrien, encore en partie dans le château Saint-Ange.

Théâtres. — Au temps de Vitruve, ces édifices se construisaient en bois. Scipion Nasica avait fait détruire, par respect pour les mœurs, un théâtre permanent bâti par les censeurs, l'an 599. Pompée en éleva plus tard un en pierres qui fut le premier de ce genre. La magnificence des Romains se fit surtout remarquer dans la construction des théâtres en bois que l'on démolissait aussitôt après les fêtes pour lesquelles on les avait élevés. C'est de cette sorte que furent les théâtres de Scaurus et de Curion. Celui de Scaurus, gendre de Sylla, pouvait contenir 80,000 spectateurs. La scène était ornée de 360 colonnes en trois rangs l'un sur l'autre. Celles du bas, hautes de 38 pieds, étaient de marbre; celles du milieu, de verre, genre de luxe unique; et celles de la rangée supérieure, de bois doré. Trois mille statues de bronze étaient placées dans les entre-colonnements. Curion construisit deux théâtres tournant chacun sur un pivot, et adossés l'un à l'autre. Après les représentations, on fit tourner sur ces pivots avec tous les spectateurs, et ils formèrent, en se réunissant, un véritable amphithéâtre. Le rideau, aux théâtres des Grecs et des Romains, se baissait pour laisser voir la scène, et se levait pour la cacher. Un usage également commun à ces deux peuples, était de placer des vases d'airain dans les gradins, pour rendre le théâtre plus sonore, mais seulement lorsqu'il n'était pas de bois.

Odeum. — Il n'y avait à Rome que deux odeum; ils étaient couverts.

Amphithéâtres. — Les Romains tirèrent des Étrusques l'usage des amphithéâtres, que les Grecs empruntèrent plus tard aux Romains; d'abord creusés dans la terre, on les construisit ensuite en bois, puis en pierre. Le premier de cette dernière sorte fut élevé l'an de Rome 723, par Statilius Taurus. Vespasien et Titus firent bâtir le plus grand, qui prit le nom de Colysée; il avait quatre étages, et pouvait contenir 109,000 spectateurs.

Naumachies. — Nom des amphithéâtres dont l'arène était remplie d'eau de manière à permettre des joûtes. Les amphithéâtres étaient quelquefois disposés pour servir de naumachies. Domitien, le premier, en construisit pour cet usage, en maçonnerie. On s'était d'abord contenté d'un canal ou d'un lac, comme celui que César fit creuser au Champ-de-Mars.

Cirques. — C'est Romulus qui établit les jeux du cirque, qui était simplement alors un champ clos de palissades. A l'exception de quelques-uns, tous les spectateurs étaient debout. Les cirques, comme les naumachies, étaient des amphithéâtres d'une immense étendue. On y donnait des chasses, des courses de chars ou de chevaux, des combats de bêtes féroces, de gladiateurs, etc. Des portiques régnaient dans le pourtour, pour mettre les spectateurs à l'abri de la pluie. Un mur peu élevé, orné de statues et d'autels, appelé la spina, séparait presque les cirques en deux parties. Au centre de la spina était ordinairement placé un obélisque, et à chaque extrémité, des bornes précédées quelquefois d'un petit édifice orné de quatre colonnes. On attribue à Tarquin-l'Ancien la construction du premier cirque en pierre, ainsi que celle du grand cirque, dans lequel 87,000 spectateurs pouvaient être réunis sans confusion. Il avait 2,187 pieds de long sur 960 de large. Tarquin-le-Superbe, qui décora aussi le Forum, éleva des portiques autour du grand cirque, que plus tard les empereurs réparèrent et embellirent. On voit à Antinoé les ruines d'un cirque carré long, ayant 800 pieds de long sur 70 de large. Il avait huit rangées de gradins.

Obélisques. — Les Romains se contentèrent d'en tirer d'Égypte. Il y en a encore onze à Rome, tous de granit rose (syénite). Les quatre plus grands sont : 1° Celui du mont Citorion, brisé en quatre morceaux; il a 77 pieds; 2° l'obé-

lisque flaminien, brisé en trois morceaux, 85 pieds; 3° celui devant Saint-Pierre, 91; 4° celui devant Saint-Jean-de-Latran, 114. Dans ces hauteurs, ni les bases ni le chapiteau dont on a affublé le dernier ne sont compris, mais le monolithe seul.

Arcs de triomphe. — Ils ne consistèrent qu'en un cintre, d'abord en briques, comme celui de Romulus, puis en pierre avec une colonne à chaque extrémité. Ils eurent plus tard la forme que nous leur connaissons. Les plus célèbres sont ceux de Constantin, de Septime-Sévère, de Titus, tous trois à Rome; ceux d'Orange, de Trajan à Bénévent, et enfin d'Auguste à Rimini; le plus ancien est celui dont l'ouverture est la plus large; elle a 31 pieds. Celui de Constantin est le plus grand; il a 65 pieds 10 pouces de hauteur et 76 pieds de largeur. Les arcs de triomphe ne doivent pas être confondus avec les arcs honorifiques, assez nombreux, élevés par des particuliers. On ne trouve qu'aux arcs de triomphe des vestiges de trophées ou de symboles militaires. Les portes des villes, comme il en existe deux à Autun, ressemblent aussi aux deux genres d'édifices précédents; elles ont deux entrées ou ouvertures pour les voitures et deux pour les gens de pied; elles sont surmontées par un attique formé d'arcades.

Colonnes triomphales. — La colonne trajane est en marbre sculpté; elle a 134 pieds 3 pouces d'élévation. La colonne Antonine, élevée par Marc-Aurèle, est également en marbre; sa hauteur est de 140 pieds. La colonne de Pompée, à Alexandrie, élevée du temps de Dioclétien, a 88 pieds de hauteur; le fût est d'une seule pièce; le chapiteau est une variété d'ordre dorique.

Thermes. — Les Romains, comme les Grecs, construisaient les bains avec beaucoup de recherche. Les thermes, chez les premiers, contenaient, outre les bains, d'autres édifices qui en formaient la plus grande partie, tels que des salles d'assemblée, des salons littéraires, des portiques, des arènes, des salles pour les cours des philosophes, des allées de platanes, etc. Les thermes de Caracalla, bâtis l'an 217 de notre ère, sont les plus vastes. Ils composaient un plan quadrangulaire de 1011 pieds sur 1080. Deux rangs d'arcades ornaient la façade antérieure; les autres côtés étaient très simples. Tout le luxe de l'architecture était réservé pour l'intérieur. Les édifices qui en faisaient partie offraient la plus parfaite symétrie. Un portique surmonté d'arcades surbaissées s'adossait à un des côtés du grand corps du bâtiment du milieu. La grande salle avait 439 pieds de longueur sur 135 de largeur. Ce vaste local était couvert par une voûte d'arête, dont les retombées posent sur huit grandes colonnes de granit d'un seul morceau. Six grandes ouvertures demi-circulaires dans les cintres supérieurs donnaient le jour nécessaire. Il y avait des coupoles dans presque tous les thermes de Rome. Celle de la salle des thermes de Caracalla avait 109 pieds de diamètre. La salle des thermes de Julien, à Paris, construite aussi en voûte d'arête, a 58 pieds sur 56 et 40 de hauteur.

Palais. — Dans la maison dorée de Néron, ainsi nommée parce que l'or y avait été prodigué, on voyait un portique de trois files de colonnes ayant un tiers de lieue de long, et qui entourait la cour, où était la statue colossale de ce prince. Le palais et les jardins offraient un luxe poussé jusqu'à la démence. Adrien avait imité dans sa maison de campagne de Tivoli, le prytanée, l'académie, le lycée, le temple de Thessalie, dans la riante vallée de Tempé, le pœcile d'Athènes, Canope d'Égypte et autres lieux et édifices célèbres. Le pœcile de cet empereur consistait en un double portique de 613 pieds de longueur, formé par des colonnes, avec un mur de 35 pieds de hauteur dans le milieu, afin de garantir du soleil à toute heure du jour. Ce mur, dont l'épaisseur est de 2 pieds 3 pouces et la direction de l'ouest à l'est, existe encore presque tout entier. De grandes portes qu'on a percées ne l'ont pas ébranlé. Il était orné de peintures.

Ponts. — Le pont du Danube, près de Zévérino, construit sous Trajan et détruit par Adrien, avait plus de 300 pieds de hauteur et une demi-lieue de long. Les piles, au nombre de vingt, avaient chacune 60 pieds de large et 150 de haut; elles étaient à 170 pieds les unes des autres. Le pont de Norba-Cæsarea, en Espagne, bâti aussi sous Trajan, avait six arches de 90 pieds d'ouverture.

Égouts ou cloaques. — Le grand égout, construit en majeure partie par Tarquin-l'Ancien et achevé par Tarquin-le-Superbe, existe encore dans un état parfait de conservation. C'est un des plus admirables ouvrages des Romains. La longueur des voûtes de l'aqueduc dû à Ancus Marcius et qui porte son nom, a plus de 2,000 pieds. Caton appelait le grand égout *fleuve cloacal*, à cause de son immensité. Lors de son édilité, Agrippa en opéra le nettoiement d'une manière aussi prompte que complète, en y faisant décharger les sept aqueducs de la ville.

Emissaires ou canaux de décharges. — L'an 335 de Rome, fut construit, dans l'espace d'un an, en souterrain, l'émissaire du lac d'Albane. Sa longueur est d'une demi-lieue. Celui du lac Fucin est encore plus considérable.

Aqueducs. — Les aqueducs souterrains et apparents des Romains sont au nombre de leurs plus grands ouvrages. Celui d'Aqua-Claudia avait 14 lieues de longueur. Dans plus de 3, les arcs étaient quelquefois élevés de plus de 100 pieds. Celui de Nîmes, appelé vulgairement le pont du Gard, avait 7 lieues de longueur.

Marchés. — Les marchés romains étaient nombreux et très vastes. Ils formaient un carré long dont la largeur équivalait aux deux tiers de la longueur. Ils s'agrandirent avec la puissance de l'Etat. Ils avaient deux rangées de galeries l'une sur l'autre, et étaient ornés de statues. Des basiliques, des prisons, la curie se trouvaient auprès.

Murailles, fortifications. — La muraille de 27 lieues de longueur, de 9 pieds d'épaisseur et ayant une tour de tiers de lieue en tiers de lieue, qui séparait l'Angleterre de l'Ecosse, a été construite par Adrien. Il existait encore dans ce pays quatre autres murailles, mais moins considérables et construites par d'autres empereurs ou par des généraux.

Basiliques. — Les basiliques des Grecs et des Romains étaient des édifices contenant des boutiques de marchands, comme le Palais-de-Justice à Paris; on y rendait aussi la justice, et de plus les avocats y donnaient des consultations. Un second ordre d'architecture sur le premier formait une galerie dans tout le tour, excepté dans l'abside en forme d'hémicycle. Il paraît que des murs les entouraient, au contraire des temples dont les colonnes étaient à l'extérieur, excepté cependant dans les grands qui en avaient en outre à l'intérieur. On existait dans les basiliques de tous les côtés. Le comble était en bois, et des plafonds existaient à la nef et aux bas côtés. La basilique Julia fut rebâtie par Auguste après l'incendie qui la détruisit; les piliers, terminés par des arcades qui formaient un double rang de portiques, furent remplacés par des colonnes. La basilique de Fano, construite par Vitruve, avait, la grande nef, 120 pieds sur 60, et les petites nefs 20 pieds. Cet artiste observe qu'il la voûta en maçonnerie et s'en applaudit, ce qui annonce que ce n'était pas l'usage; on faisait encore à cette époque les architraves en bois. Les basiliques étaient éclairées par des fenêtres latérales. La simplicité de la construction, et la commodité pour le culte, firent adopter la forme de basilique pour nos grandes églises primitives, comme nous le verrons en traitant des monuments primitifs du christianisme. Après avoir cité les principaux monuments des Grecs et des Romains, nous venons esquisser en peu de mots l'histoire de l'art chez ces deux peuples.

M. Petit Radel, qui s'est livré à de profondes recherches sur les premières constructions des Grecs, donne le nom de monuments cyclopéens aux ouvrages formés avec des blocs de pierre brute d'une dimension extraordinaire, et qui étonnent l'imagination. Les interstices sont remplis avec de petites pierres, et toujours sans ciment; il réserve la dénomination de pélasgiques aux constructions dont les pierres sont taillées à polygones irréguliers. Les murailles des villes les plus anciennes de la Grèce, de la Sicile et de l'Italie, étaient faites de l'une ou l'autre manière : il a existé de nombreux vestiges à Mycènes, à Argos, à Tirynthe, etc. On sait que les Cyclopes étaient une caste de mineurs; une lampe qu'ils portaient au front donna lieu à la fable qu'ils n'avaient qu'un œil. La construction hellénique dont les assises sont horizontales commence à se montrer dans l'espace entre Cecrops et les Argonautes, époque de la construction de Mycènes et de Tyrinthe. Le trésor de Minyos, en Béotie, date aussi d'alors. Cet édifice, en marbre, est circulaire et se termine en pointe; non loin de là est le canal de décharge du lac Copaïs, dans le Mont-Ptoos : sa longueur est d'une lieue. Des puits ont servi à le percer ou à le nettoyer. Agamèdes et Trophonius, qui vivaient 1400 ans avant J.-C., sont les premiers architectes dont l'histoire fasse mention; ils élevèrent des temples et des palais pour les rois. Hermogènes, né dans l'Asie-Mineure, célèbre architecte, inventa le pseudo-diptère; il paraît que le rang de colonnes supprimé était engagé dans les murs. Cet artiste vivait dans le ixe siècle avant J.-C. Gitiadas, né dans le même siècle, architecte lacédémonien, éleva le temple de Minerve, nommé Chalcœcos parce qu'il était revêtu de bronze.

Eupalinus, du xviiie siècle avant J.-C., creusa un canal d'un tiers de lieue dans le milieu d'un chemin qu'il avait fait à Samos en perçant une montagne par le pied. Ctesiphon et son fils Métagènes construisirent, au ve siècle avant J.-C., le célèbre temple de Diane, à Ephèse. Libon, vers le milieu du ve siècle avant J.-C., bâtit le temple de Jupiter, à Olympie. Ictinus, associé à Callicrates, construisit, sous Périclès, le Parthenon ou grand temple de Minerve, dans la citadelle d'Athènes; il commença le temple de Cérès, à Eleusis, le plus grand qu'il y eut en Grèce; Matagènes de Xipœte le continua, et Coraebus l'acheva. Dans le même temps, Mnésiclès bâtit les propylées ou vestibule de la citadelle d'Athènes, et Hippodamus, autre architecte, florissait. Polyclète, qui était aussi bon architecte, construisit le beau théâtre d'Esculape, à Epidaure, dans le commencement du ve siècle avant J.-C. Au temps de Périclès, les maisons de l'Attique étaient encore en bois; pendant la guerre, on les démontait et on les rapportait à Athènes pour qu'elles ne fussent pas incendiées (Thucydide). Cependant il y avait aussi d'agréables maisons de campagne, qui, par la nature de leur construction, ne pouvaient être soumises à cette opération. Les trois ordres avaient déjà reçu toute leur perfection dans le siècle d'Alexandre : l'acanthe avait remplacé les feuilles d'olivier et de laurier, ou les nymphées d'Egypte; il reste peu de monuments de cette époque. Phytéus fit avec Satyrus le tombeau de Mausole, roi de Carie, mort 353 ans avant J.-C. Andronic fut l'architecte de la Tour des Vents à Athènes. Dinocrates fut employé par Alexandre dans la construction d'Alexandrie. Agapénor bâtit le célèbre temple de Vénus, à Paphos. L'époque la plus brillante de l'architecture date du temps de Périclès, et s'étend jusqu'à celui d'Alexandre; mais vers l'an 320 avant J.-C., l'abus de l'ornement qui commençait à s'introduire annonçait déjà le déclin de l'art. Diognètes de Rhodes florissait dans le iie siècle avant J.-C. Sostrates, qui vivait à la même époque, l'un des plus grands architectes de l'antiquité, construisit le phare d'Alexandrie sous le règne de Ptolomée-Philadelphe. Les monuments qui paraissent les plus anciens sont d'ordre dorique; on ne connaissait en aucun pays des édifices d'ordre ionique fort anciens avant ceux découverts, en 1827, par M. Al. de Laborde, dans le pays de Konteya (Asie-Mineure), au lieu où était la ville d'Elanos ou d'Azania. Dès les premiers siècles de sa fondation, Rome avait eu des temples, mais plusieurs contrées de l'Italie ne commencèrent à en élever que vers la seconde guerre punique. On conserva longtemps la maison de Romulus sur le Capitole; elle était formée de roseaux et d'osier que les prêtres renouvelaient à mesure que ces matériaux tombaient de vétusté (Vitruve, liv. 2, ch. 1; Denis d'Halicarnasse, *Antiquités romaines*, liv. 2, ch. 18). Mutius construisit à Rome le fameux temple de l'Honneur et de la Vertu d'après l'ordre de Marcellus, vainqueur de Syracuse. Sylla, Marius, César, firent aussi élever quelques temples. Vitruve, célèbre architecte du temps d'Auguste, et le seul écrivain de l'antiquité sur l'architecture dont les ouvrages nous soient parvenus, bâtit la basilique de Fano. Cocceïus, Caïus, Posthumius, Batracus et Saurus fleurirent à cette époque. Les efforts réunis des artistes romains et de ceux qu'Auguste appela de la Grèce firent parvenir, sous son règne, l'architecture au plus haut degré de perfection qu'elle ait acquise chez les Romains; on se vantait d'avoir trouvé Rome d'argile et de l'avoir transformée en marbre. En effet, ce fut seulement vers la fin de la république que les riches commencèrent à élever les fastueuses villas ou maisons de campagne, et à y étaler tout le luxe des arts qui jusque-là avait été réservé pour les édifices publics. L'orateur Lucius Crassus fit le premier venir six colonnes de marbre étranger pour en orner sa maison (Pline, liv. 36, ch. 3). Agrippa, gendre d'Auguste, fit construire le Panthéon, le plus beau monument de Rome antique, des temples, des fontaines, etc., et introduisit l'usage des thermes. Les Romains portèrent leur munificence même hors de l'Italie, en élevant des monuments dans les Gaules, en Espagne, en Grèce, en Afrique, en Asie. Au nombre des plus beaux qui subsistent encore on peut citer la Maison Carrée, à Nîmes. Sous Tibère, Caligula et Claude, l'architecture avait déjà dégénéré; elle se releva un peu sous Néron, pour lequel Celer et Sévère construisirent la fameuse Maison dorée. Rabirius, contemporain de Domitien, Mustius de Pline-le-Jeune, et Hippias de Lucien, acquirent quelque célébrité. Sous Trajan, l'architecture reprit le goût de la sagesse et de la grandeur. Appolodore s'illustra par la construction de la Colonne Trajane et du fameux pont du Danube. Ses ouvrages sont regardés comme les plus parfaits de ceux exécutés à Rome par des Grecs. C'est du temps de Trajan que datent tous les monuments d'architecture taillés dans le roc, à Pétra, ville de l'Arabie, et dont nous devons la description à M. Léon de Laborde. Il faut peut-être rapporter à la même époque ou à celle des monuments de Koutéya les nombreuses façades sépulcrales de la montagne près Telmessus; elles en couvrent la surface sans aucun ordre; on y distingue une façade ionique. Adrien et les Antonins favorisèrent l'architecture. Le premier qui s'était livré à une étude particulière de cet art fit élever un grand nombre d'édifices, dont plusieurs d'après ses plans. On acheva sous son règne les dépendances du temple de Jupiter Olympien, à Athènes, lequel avait été commencé sous Pisistrate, dans le vie siècle avant J.-C., par Antistates, Antimachides, Calliscros et Porinus, et terminé sous Antiochus par Cossutius. architecte romain. Détrianus, qui vécut sous le règne d'Adrien, construisit le mausolée de ce prince, aujourd'hui le château Saint-Ange, le pont Ælien, et transporta debout la statue de Néron, haute de 120 pieds. Après les Antonins, la décadence de l'architecture est presque complète; il existe aux amphithéâtres de Vérone et de Pola des pilastres en bossage, mais il n'y a pas alternativement un grand tambour et un petit comme au Luxembourg. Des moulures et des dessins qui ne rappellent pas l'origine des chapiteaux et ne sont qu'un vrai caprice de l'artiste ornent ceux de Pola. Ces deux édifices paraissent néanmoins assez anciens.

Alexandre-Sévère soutint un peu les arts, mais ils furent totalement anéantis sous Galien. Les thermes de Dioclétien étaient une grandeur prodigieuse, mais les ornements sont de mauvais goût. Cet empereur fit bâtir un palais immense à Spalatro, où y voit des arcades sur des colonnes. Les thermes qu'il fit construire à Rome, annoncent l'oubli de tous les principes, des colonnes l'une sur l'autre et adossées aux murailles, des entablements interrompus, des frontons brisés, etc. Il parait probable que les édifices de Palmyre et de Balbeck, dans la Cœlo-Syrie, furent construits sous Aurélien. Au ive siècle parurent les premiers fûts tors (Boettiger, *Toilette d'une dame romaine*). Ce fut aussi à cette époque de décadence que l'on se plut à couvrir de sculptures les fûts des colonnes. De l'époque de la décadence à la renaissance on voit bien encore quelques traits qui annoncent que l'amour du grand n'était pas tout-à-fait éteint. Le style de l'architecture romaine ne fut généralement pas sévère. Il n'en pouvait guère être autrement; elle imita celle des Grecs à une époque où celle-ci était déjà en décadence. Après avoir fait usage des ornements les plus riches, mais d'une manière que le bon goût pouvait avouer, on en était bientôt venu à en abuser. Ils couvraient presque tous les membres de l'architecture sans qu'on cherchât à observer la moindre convenance dans leur position. La puissance romaine se fit aussi sentir dans ses édifices; ils surpassèrent par leur dimension ceux de la Grèce. L'architecture avait été de tout temps l'art favori des Romains. Avant le siècle d'Auguste, d'où l'on a coutume de dater la culture des arts à Rome, il y avait déjà un plus d'un architecte célèbre; Fussitius, Terentius, Varron, Publius, Septimius, Cossitius, C. Mutius, avaient composé des traités d'architecture. Les Romains n'ont guère employé les pierres de taille qu'à des arcades ou à des voûtes pour les ponts. Ils perfectionnèrent la construction en petites pierres à bain de mortier, et dont les parements étaient en briques ou en moellons équarris; ils inventèrent les voûtes en briques, en maçonnerie de blocage, et firent, les premiers, usage de claveaux pour les architraves. Ils ne commencèrent à se servir de briques cuites que sous Auguste. L'appareil des pierres est en général plus régulier chez les Grecs que chez les Romains, qui en employèrent plus souvent de toutes dimensions. Un demi-cercle ou une portion de cercle formait toutes les voûtes des anciens. L'invention des arcs surbaissés serait due aux modernes, si les thermes de Caracalla, comme on l'a vu plus haut, n'en offraient un modèle. L'Italie n'abandonna jamais entièrement les principes de l'art grec. On en voit le souvenir dans les édifices construits, lorsque le gothique régnait sans rival dans le reste de l'Europe. Tels sont Saint-Marc de Venise, bâti du xe au xie siècle, Saint-Miniat, à Florence, commencée en 1013, et la cathédrale de Pise, qu'éleva, en 1016, le grec Buschetto. Elle a quatre rangs de colonnes de marbre et un dôme. Le marbre la revêt en dedans et en dehors. S'il n'y avait des arcades sur les colonnes, le goût en serait très pur. La tour, qui ne fut bâtie qu'au xie siècle, a perdu son aplomb, par suite de l'affaissement inégal du terrain; le baptistère de Pise, construit par Dioti Salvi, serait d'un style tout-à-fait

semblable à l'église de la même ville, si l'on n'y voyait quelques formes gothiques que l'on trouve plus nombreuses encore à la cathédrale de Florence, bâtie au xiiie siècle, par Arnolpho di Lapo. Fucio fut l'architecte du château de l'Œuf à Naples, et vers la même époque, Nicolas de Pise éleva, à Florence, l'église de la Trinité, son chef-d'œuvre, et quelques autres édifices estimables dans d'autres villes de l'Italie. Arnolpho di Lapo construisit à Florence l'église de Sainte-Croix et commença la magnifique église de Sainte-Marie-des-Fleurs; Paulo Barbetta, l'église de Sancta-Maria-Formosa, à Venise; Marchione, la belle chapelle en marbre de l'église de Sainte-Marie-Majeure, à Rome, vers l'an 1216; plusieurs édifices de Bologne, etc., sont aussi de ce temps. Au xive siècle, Jean de Pise décorait dans sa ville natale le Campo-Santo, ou le cimetière public. Cependant Charles V faisait continuer le Louvre et commencer le château de Saint-Germain-en-Laye, terminé par les Anglais sous le règne de Charles VI. Le savant Guillaume Wicham donnait à Édouard III le plan du château de Windsor, qu'il construisit, ainsi que plusieurs édifices, à Oxford et à Winchester qui passe, après Sainte-Paul, pour la plus belle église de l'Angleterre. Au xve siècle, le calme renaît enfin dans l'Europe, et de nombreux édifices s'élèvent, dans lesquels on s'efforce d'imiter les monuments de l'antiquité. Brunelleschi, restaurateur de l'architecture moderne, parait, et s'immortalise en élevant le dôme de Sainte-Marie-des-Fleurs. La protection des Médicis, ducs de Milan et de plusieurs autres nobles italiens, la connaissance des ouvrages de Vitruve, l'arrivée du cardinal Bessarion et des autres Grecs en Italie, tout contribua au rétablissement de l'architecture grecque; malheureusement on copia alors également les bons et les mauvais ouvrages de l'antiquité. Jean-Baptiste-Alberti, pur et élégant architecte, succéda à Bruneleschi, et publia de bons ouvrages sur son art. Bientôt enfin l'art parvint à un haut degré de perfection et continua à fleurir jusqu'au xviie siècle, qu'un goût d'innovation désordonné tourmenta toutes les parties de l'architecture. F. Borromini, qui se fit remarquer par la bizarrerie, l'enflure et toutes les licences du mauvais goût, en fut le principal acteur. Son imagination délirante était féconde en formes contournées de mille façons; il fit en spirale le clocher du collège de la Sapience. Guarini, qui vint après lui, l'imita et continua de montrer la perversion entière des principes. La magnificence unie à la solidité, donne à l'architecture de Florence un caractère de force, de simplicité et de grandeur, dû au besoin qu'avaient les riches habitants de cette ville, à cause de la fréquence des troubles, de se loger dans des espèces de forteresses. Cependant en France, avant l'époque où le mauvais goût qui régnait en Italie influa sur les productions des architectes, il s'était formé, vers le temps de François Ier, un genre qui n'était pas sans quelque élégance et provenait du mélange de membres et de profils de l'architecture grecque, et des imitations du système d'ornements des Arabes. Les enroulements, les rinceaux, etc., dont le goût se répandit en France et y exista dans le xviie siècle, et dans la plus grande partie du suivant, sont une imitation des grotesques des Romains, déjà en usage du temps de Vitruve qui les condamnait. Sous le règne de Louis XIV, le goût du simple, du grand, la pureté des détails se montrèrent dans la plupart des édifices et principalement dans la colonnade du Louvre, les Invalides, le château de Versailles. De Chambray, le premier, a fait connaître en France cette grandeur de manière qui donne aux principaux membres de chaque ordre « peu de parties, mais grandes et de beaucoup de relief, afin que l'œil ne voyant rien de petit, l'imagination en soit plus vivement touchée. » (De Chambray, *Parallèles*). Mais sous la régence et pendant la plus grande partie du règne de Louis XV, le mauvais goût domina. Les ornements ne consistaient plus qu'en une réunion irrégulière de formes fantastiques, mesquines et tourmentées. Il en fut ainsi jusqu'au moment où une étude approfondie de l'antiquité et la connaissance des monuments de la Grèce que le temps avait épargnés, firent parvenir l'architecture à la plus grande perfection qu'elle ait acquise chez les modernes. A Saint-Étienne-du-Mont, à côté de la partie construite dans ce dernier style, au xiiie siècle, est celle du xvie siècle (1517), dans les mêmes proportions pour le raccordement, mais où paraissent les pleins-cintres, puis le portail du xviie siècle (1610). A Saint-Eustache, commencé en 1532, l'élévation des nefs et les proportions de toutes les parties de l'édifice, sont celles du style ogival. Le plein-cintre existe partout et les piliers offrent l'imitation des détails et des ornements de l'architecture grecque, mais placés sans aucune règle et de la manière la plus arbitraire. Le portail ou frontispice est plus nouveau, il a été fini en 1788, sauf les ragréments terminés seulement depuis peu de temps. Saint-Roch, commencé en 1653, fut achevé dans la première moitié du XVIIIe siècle. Là les piliers ont disparu et ont fait place aux piédroits, mais la nef principale en plein-cintre, ainsi que celles des bas-côtés, forment plus qu'un demi-cercle, afin de donner une hauteur qui s'éloigne moins de celle des édifices gothiques. Le toit, suivant l'usage d'alors, est aigu, et l'on a été forcé, à cause de cette disposition, de ne pas le continuer jusqu'au fronton du portail nécessairement moins élevé, et qui est encore composé de plusieurs ordres l'un sur .'autre. La nef de Saint-Sulpice, commencée en 1655, et finie en 1736, n'est pas sans grandiosité; soutenue par des piédroits ornés de pilastres corinthiens, elle est en plein-cintre, mais elle forme encore plus que le demi-cercle. Les nefs des bas-côtés sont aussi en plein-cintre. Le portail, construit plus tard, offre un changement heureux en ce qu'il forme un portique et ne consiste plus en colonnes endossées; mais on y voit encore plusieurs ordres l'un sur l'autre. Chalgrin, élève de Moreau et de Boulet, qui, comme Soufflot, avaient visité l'Italie et abandonné le mauvais goût, n'employa qu'un seul ordre au portail de Saint-Philippe-du-Roule. Des colonnes séparent les nefs, mais les bas-côtés sont encore voûtés, licence que Soufflot n'a pas prise au Panthéon, dont le fronton est aussi, selon les principes, dans la ligne du toit, tandis qu'à Saint-Philippe il y a une différence assez grande. Vers la fin du siècle dernier, le dorique grec, nouvellement connu, devint l'ordre à la mode et fut employé de la manière la plus abusive. Le couvent des capucins, actuellement collège Bourbon, et le frontispice de l'hôpital de la Charité, sont à peu près les seuls édifices où cet ordre ne soit pas déplacé. A aucune époque, il ne régna autant d'élégance et un meilleur goût dans les habitations particulières. Les façades des maisons de la rue Neuve-Vivienne sont, sous le rapport de la richesse, de la décoration, supérieures ou au moins égales à celles des palais modernes les plus renommés de Rome. Frédéric-le-Grand avait donné une grande impulsion à l'architecture. Langhans, né en 1732, bâtit la porte de Brandebourg, imitée des Propylées. Vers cette époque vivaient Bourmann, Gouttard Ungar, Nauman, Knobelsderff, L. F. Castel, auteur d'un bon ouvrage sur la construction des églises protestantes, enfin Gense, qui construisit le nouvel hôtel des monnaies de Berlin. Les architectes français, dont le goût était moins pur alors que celui de ces artistes, cessèrent d'être appelés en Allemagne. Wreinbrenner et surtout Muller, qui le suivit, continuèrent de propager les bons principes. Cependant Carle Menzell et Van Klense sont les deux principaux chefs de l'école allemande moderne. Ils imitent scrupuleusement le style des beaux temps de la Grèce; leur goût sévère s'attache principalement à l'harmonie des proportions, au rapport des accessoires avec le tout et à la sobriété des ornements. Klense est Bavarois; il est l'auteur de la Glyptothèque, de la Pinacothèque et du Walhalla (1).

Monuments celtiques. — Les monuments celtiques se composent d'énormes pierres brutes, qui affectent des formes peu variées. Elles furent l'objet d'un culte spécial chez les Celtes. Les principales espèces de monuments celtiques sont les pierres levées, les trilithes, les dolmen, les pierres branlantes, les allées couvertes, les cromlechs, les alignements et les tumulus. Les pierres levées portaient le nom de Men–Hir. Leur hauteur, hors de terre, dans laquelle on en voit qui sont enterrées par la partie la moins grosse est de 4 à 20 pieds; elles sont isolées ou réunies et dans ce dernier cas, leur disposition est parfois symétrique. On les regarde comme des monuments honorifiques ou des souvenirs de bataille. Ces pierres sont désignées, selon les divers contrées où on les rencontre, sous le nom de peulvan, pierre-fiche, pierre-fitte, haute borne, pierre-latte, pierre-fonte, pierre-debout, chaise au diable, etc. Les trilithes ou lichavens sont formés de deux pierres verticales et d'une troisième placée horizontalement par-dessus. On pense qu'ils servaient d'autel d'oblation. Les dolmens se composent de plusieurs pierres qui en supportent une autre. On appelle demi dolmen une table en pierre brute, appuyée d'un côté sur le sol, élevée de l'autre sur des supports et présentant l'image d'un toit incliné. On nomme dolmen simple, une table souvent inclinée, quelquefois horizontale, reposant sur des pierres posées de champ, au nombre de 3, 4 ou 5. On donne le nom de dolmens compliqués, à une grande table d'un ou de plusieurs morceaux, dont les supports sont au nombre de six au moins. Les plus considérables de ces dolmens sont ordinairement allongés et ouverts à l'une de leurs extrémités. On peut les regarder comme la transition des dolmens aux allées couvertes.

Les dolmens les plus importants sont dans la Bretagne, le Poitou, dans les arrondissements de Maintenon, de Nantes. Ils sont désignés sous divers noms tels que pierres couvertes, palais de Gargantua, tables de César. Les allées couvertes ou grottes aux fées sont présumées avoir eu la même destination que les dolmens, dont ils ne diffèrent que par l'étendue. Des pierres formant les parois de ces allées sont recouvertes par d'autres pierres placées horizontalement. L'allée d'Essé, près de Rennes, a 56 pieds de longueur. Une des pierres de recouvrement a 19 pieds 4 pouces de long sur 8 pieds 4 pouces de large et 6 pieds 2 pouces d'épaisseur. L'allée couverte de Bayeux, près Saumur a 60 pieds de longueur sur 20 de largeur. Les allées couvertes sont encore appelées coffres de pierre, roches aux fées, tables du diable, palais des géants. Les pierres branlantes sont de grosses pierres placées en équilibre sur d'autres, de manière à être

mises facilement en mouvement. Elles ont été considérées comme des pierres probatoires dont la mise en mouvement prouvait l'innocence des accusés; les Anglais les nomment *Rocking stores.* Dans certaines provinces de France on les appelle pierres folles, pierres roulantes, pierres qui virent,

(1) C.-J. B., *Précis des arts du dessin.* Voyez, sur les monuments grecs et romains, l'Antiquité expliquée de Montfaucon, les Monuments antiques de Mellin, le Dictionnaire de M. Quatremère de Quincy, la Théorie de l'Architecture grecque par Lebrun, les Ruines des monuments de la Grèce par Leroy et le Manuel d'Archéologie de O. Muller.

pierres qui dansent, etc. Les enceintes en pierre ou cromlechs, dont la forme est elliptique, demi circulaire, ou quadrangulaire ont servi de cours de justice et de sépultures. Les Bardes se réunissaient encore auprès de ces monuments, sous Henri V. Un des plus grands est celui d'Avebury en Willshire : il avait environ 1300 pieds de diamètre. Deux avenues de pierre disposées sur deux lignes, se prolongeaient au loin : leur axe était différent. Ces enceintes sont closes tantôt avec des pierres levées, tantôt avec un *vallum* et un fossé. On compte quelquefois plusieurs rangs de pierres inscrits les uns dans les autres. Les cromlechs les plus remarquables sont ceux d'Avebury, de Saint-Hilaire-sur-Rille, de la presqu'île de Kermervou et de Stone-Henge. Le monument de Stone-Henge, est situé à six mille de Salisbury, sur une éminence dans le voisinage de laquelle on rencontre plusieurs *tumulus*; il est composé de quatre cercles concentriques dont les deux plus grands sont circulaires et les deux autres un peu elliptiques. Lorsque M. King le décrivit en 1799, ce monument était déjà en ruine; mais on pouvait reconnaître les places des pierres qui manquaient et restaurer les différents cercles d'une manière presque complète.

D'après les observations de ce savant et celles qui avaient été faites auparavant par M. Wood, autre antiquaire anglais, le cercle extérieur avait à peu près 97 pieds de diamètre; il se composait primitivement de 30 pierres levées, hautes de 10 à 12 pieds, placées à 1 mètre de distance les unes des autres; ces 30 pierres supportaient un pareil nombre d'impostes ou de pierres horizontales, qui se joignaient par leurs extrémités et formaient ainsi une sorte de balustrade grossière. Une particularité fort remarquable, c'est que l'extrémité supérieure des pierres de support était taillée de manière à présenter des saillies qui s'emboîtaient dans les impostes où des trous avaient été pratiqués. Le deuxième cercle, à 9 pieds du précédent, était formé de 29 pierres levées sans impostes, qui étaient de moitié moins grandes que celles du cercle extérieur; il en restait encore 19 debout, il y a 50 ans. Le troisième cercle, à 13 pieds du précédent, offrait une ellipse dont le petit diamètre était de 52 pieds et le plus grand d'environ 63; il était formé par des trilithes ou lichavens d'une assez grande dimension, dont la hauteur s'élevait graduellement du côté du sud-ouest, et le plus considérable avait 22 pieds d'élévation. Enfin, le cercle central légèrement elliptique, comme le troisième, se composait de 20 peulvans hauts d'environ 6 pieds. A l'extrémité orientale de l'ovale enfermé dans ce dernier cercle, était une grande pierre de marbre bleu, longue de 16 pieds et large de 4, posée à plat sur le sol, et que l'on suppose avoir été un autel. Les pierres levées qui composaient ces quatre cercles étaient généralement plus larges vers leur base que vers leur sommet; elles avaient été plantées dans des cavités creusées au milieu d'une roche crayeuse, et l'on avait eu soin de les assujétir solidement dans ces espèces d'alvéoles, avec des silex brisés étroitement tassés. Un fossé large de 30 pieds placé entre deux levées de terre formait une cinquième enceinte circulaire d'environ 300 pieds de diamètre à 100 pieds des cercles de pierre dont je viens d'indiquer rapidement la disposition; on remarquait le long de ce fossé trois entrées dont la plus considérable faisait face au nord-est. En face de celle ci, et à l'intérieur de l'enceinte, une grande pierre de 20 pieds sur 17 était posée sur le sol; des pierres moins remarquables se voyaient près des autres entrées et à certaines places le long du fossé. Dans leur état actuel, les ruines du monument de Stone-Henge sont encore de nature à exciter l'intérêt des savants et des curieux; elles ont été figurées dans le grand ouvrage de King et dans le deuxième volume de la société des antiquaires de Londres. Je me borne à présenter la vue de quelques-unes des pierres du monument rangées dans l'ordre qu'elles affectaient du centre à la circonférence, et le plan des quatre cercles de pierre supposés entiers; dans cette restauration que j'emprunte à l'ouvrage de King, on a figuré les deux cercles elliptiques, comme s'ils n'avaient pas été fermés du côté du nord-est, et comme s'ils eussent présenté originairement la forme d'un fer à cheval; cette supposition a été basée sur ce qu'on ne voit aujourd'hui aucunes pierres de côté, et que rien n'indique qu'il y en ait eu autrefois; mais elle n'a pas été admise par tous les antiquaires anglais, dont plusieurs pensent au contraire que les cercles elliptiques ont été complets dans l'origine (1).

Des pierres levées plantées en terre ou des blocs simple-

(1) De Caumont, Antiquités celtiques.

ment posés sur le sol composent les monuments qu'on nomme alignements. Les pierres alignées avec plus ou moins de régularité et plus ou moins distantes les unes des autres, ne forment quelquefois qu'une seule file; mais souvent on en rencontre deux, trois, quatre ou un plus grand nombre parallèles les unes aux autres. Ces espèces d'avenues se dirigent ordinairement de l'est à l'ouest, ou du nord au sud. De même que dans les enceintes druidiques, les pierres étaient quelquefois remplacées par des remparts ou fossés en terre; on a aussi trouvé en Bretagne et ailleurs, mais assez rarement, des levées de terre parallèles dirigées de l'est à l'ouest et du nord au sud, qui offraient, quant à cette disposition, de l'analogie avec les alignements de pierre et semblaient en tenir lieu. Les alignements de pierre les plus remarquables sont ceux de Karnac. Les alignements de Karnac sont situés dans une vaste lande, à un quart de lieu du bourg de ce nom : ils consistent en plus de douze cents pierres brutes sur onze files parallèles, et s'étendent du sud-est au nord-ouest sur une longueur de 763 toises et une largeur de 47 toises. A la tête des files, c'est-à-dire vers l'extrémité nord-ouest, contre la métairie du Menec, est un demi-cercle formé de pierres semblables, qui part de la première file et va se terminer à la onzième; de sorte que la perpendiculaire à la direction des alignements forme son diamètre. Ce demi-cercle, qui traverse la métairie, est composé de dix-huit pierres. La majeure partie, ou si l'on veut, les trois quarts environ des pierres qui composent le bizarre assemblage des monuments de Karnac, sont de véritables menhirs ou pierres plantées verticalement en terre, et dont les hauteurs varient autant que les formes. Les plus élevées ont 18 à 20 pieds de haut; beaucoup ont 10 ou 12 pieds, quelques-unes seulement 4 à 5. D'autres enfin sont de gros blocs simplement posés, mais dont la masse est si énorme que, d'après le cubage, on évalue leur poids à 70 ou 80 milliers. Quoique toutes ces pierres soient d'un granit fort dur, elles sont comme rongées par le temps; leurs fissures, leurs accidents divers, la mousse ou plutôt les lichens d'un vert pâle dont leurs sommets sont couverts, leur donnent l'aspect le plus étrange. Ce qu'il y a de plus singulier, c'est qu'un grand nombre de celles qui sont plantées en terre, le sont pour ainsi dire la pointe en bas, c'est-à-dire que leur volume est infiniment plus considérable à leur sommet qu'à leur base, et qu'elles paraissent portées comme sur pivot. Cette particularité paraît intentionnelle de la part de ceux qui les ont érigées; car naturellement on eût dû asseoir ces pierres sur leur extrémité la plus pesante et la plus massive, afin de leur donner plus de stabilité; mais il est impossible de deviner quelle fut cette intention et quel en fut l'objet. La main de l'homme, qui seconde et hâte souvent trop bien les efforts destructeurs du temps, a renversé un grand nombre des pierres de Karnac; on en avait fait autrefois bien plus considérable qu'il ne l'est aujourd'hui, puisqu'il s'élevait à plus de trois mille. On en a abattu et employé beaucoup pour des constructions modernes. Dans plusieurs endroits, ces dévastations ont eu lieu au point que les files sont interrompues et séparées par d'assez grands intervalles. Mais on les retrouve toujours à quelque distance dans la même direction, jusqu'à ce qu'enfin elles se terminent au sud-est, au-delà du moulin de Kervarv, en se dirigeant vers la Trinité. On est frappé d'étonnement, lorsqu'on aperçoit pour la première fois la plaine de Karnac avec ses bruyères sauvages, son horizon bordé de bois de pins, et surtout avec cette phalange de pierres, cette surprenante armée de rochers informes. Le nombre de ces pierres, leurs figures bizarres, l'élévation de leurs pointes grises, et mousseuses, qui se dessinent d'une manière tranchante sur la noire bruyère dont la plaine est couverte, enfin la silencieuse solitude qui les environne, tout frappe, tout étonne l'imagination, tout pénètre l'âme d'une vénération mélancolique pour ces antiques témoins des événements qui signalèrent des siècles si reculés. D'un peu loin, ces pierres plantées debout apparaissent au voyageur comme l'assemblage informe des ruines d'une ville. Mais lorsqu'en approchant on remarque la disposition régulière de leurs masses brutes, elles perdent cette apparence pour prendre celle d'une cohorte de géants pétrifiés. Les alignements d'Ardven sont disposés régulièrement sur neuf files parallèles, se dirigeant encore du nord au sud dans un espace de près d'une demi-lieue d'étendue. Ces rangées de pierres présentent quelquefois des lacunes, parce qu'ici comme à Karnac, on en a détruit beaucoup. Quelquefois aussi elles se trouvent interrompues par une haie, un fossé, un sentier; mais elles se retrouvent au-delà exactement coïncidentes et se continuent ainsi jusqu'un peu au-delà du village de Kercouno, près des bords d'un étang. Il est à remarquer qu'en cet endroit, c'est-à-dire vers leur extrémité sud, les alignements, qui d'abord étaient directs, dévient un peu de cette direction et prennent une courbure sensible vers l'ouest. De toutes les pierres qui les composent, les unes sont des menhirs verticalement plantés en terre, d'autres d'énormes blocs posés simplement sur le sol. Si dans leur totalité, ces pierres sont plus nombreuses qu'à Karnac, elles sont aussi en général moins élevées. Les plus hautes se voient aux deux extrémités des files, et n'ont guère plus de dix ou douze pieds; mais elles sont fort grosses. Le monument de Karnac nous offre la même singularité; les plus hautes pierres s'y voient aux deux extrémités des alignements (1). Les tumulus ou tombeaux sont des monticules artificiels de forme et de dimension différentes, composés de terre ou de pierre sèche. Dans ce dernier cas, on les appelle gal-gals; ils sont parfois entourés de fossés. La hauteur du tumulus était en raison directe de la dignité du mort. Un des plus hauts est celui de Cumiac, qui s'élève à 60 mètres. Les uns ont la forme d'un cône tronqué, les autres d'une campanule; il en est qui se composent de deux mamelons accouplés. On plaçait à côté du mort des vases, des bijoux, des armes, des haches en silex, des lances, des flèches, etc. Les Celtes ne sont point les seuls peuples qui aient élevé de ces sortes de monuments funéraires. On en rencontre chez les Hottentots, chez les Caffres, chez les Cosaques, dans presque toute l'Europe et dans quelques contrées de l'Amérique. Ils sont nommés mercuriales chez les Latins, terpen en Irlande, mont-motte en Ecosse, barow en Angleterre. Chez nous, on les appelle gal-gals, malles, mottes, buttes, tombelles, monts-joie, combels, puy-joly, etc. (2).

Monuments primitifs du christianisme (3). — Avant Constantin, le culte chrétien étant un culte proscrit, les fidèles ne pouvaient s'assembler que dans des maisons particulières ou dans d'obscures retraites. Là où il leur était permis par hasard de construire un édifice pour la célébration de leurs rites, ils ne devaient lui donner encore ni une grande dimension ni un extérieur apparent. La conversion de l'empereur amena naturellement l'érection de la première église à Rome, et cette église dut être érigée sur le plan le mieux adapté aux cérémonies du culte proscrit, aujourd'hui protégé. Rome fut donc le berceau de l'architecture religieuse: ce n'est qu'en Italie que nous trouvons une succession de temples chrétiens qui datent de la primitive église et se continuent dans la suite des siècles. Malgré le baptistère de S. *Giovanni in fonte*, on a souvent douté s'il existait réellement à Rome un édifice chrétien qu'on puisse attribuer à Constantin. Thomas Hope ne fait remonter le plus ancien qu'au temps de Théodose, ce qui semble toutefois n'être pas exact; soit qu'il suppose que les édifices sacrés du règne de Constantin, qui subsistent encore, n'étaient que des monuments païens, soit qu'il oublie qu'un baptistère était essentiellement une église, quoiqu'un baptistère n'ait point toujours porté ce nom. En Italie, chaque baptistère et chaque salle capitulaire ont leur autel; nous pensons qu'il en fut de même en Angleterre, quant aux salles capitulaires. Convenons tout d'abord qu'on est fort mal enseigné sur l'architecture des premières églises grecques et orientales. Les recherches de nos voyageurs modernes suppléeront bientôt, pensons-nous, à cette absence de documents. L'Asie-Mineure, sans aucun doute, nous fournira plus d'informations qu'on n'a pu en obtenir jusqu'à présent. Il nous semble que l'archéologie religieuse devrait être cultivée et étudiée avec le même amour, la même persévérance que M. Fellowes a déployés dans ses recherches sur les antiquités grecques et lyciennes. Au reste, nous possédons un modèle de monument chrétien primitif, très remarquable dans le portail de l'église de Corfou, élevé par Jovinien en 364, et connu seulement par un dessin très imparfait, publié par le docteur Walsh. Dans

(1) De Frémonville, Antiquités du Morbihan.
(2) Voyez, sur les Monuments celtiques, le Cours d'Antiquités de M. Caumont, les Elémens d'Archéologie de M. Batissier, les Antiquités anglo-normandes par Ducarel, le Recueil d'Antiquités de Caylus, l'Antiquité expliquée de Montfaucont, les Monuments de la Monarchie française par M. E. Breton, les Antiquités de Vesoul par Taillefer, et la Description du Morbihan de M. l'abbé Mahé.
(3) Nous ne parlerons guère ici que des basiliques, la question des CRYPTES et des CATACOMBES ayant déjà été traitée dans l'Encyclopédie. (Voyez ces mots.)

la description fleurie d'Eusèbe, nous trouvons une minutieuse mais confuse notice sur les édifices du culte chrétien, élevés à Jérusalem par Constantin. Le panégyriste nous exalte la munificence du fondateur et la splendeur de ses œuvres. Mais, au milieu de ses phrases de rhétorique, nous ne pouvons comprendre que vaguement leur iconographie. Le chevalier Bunsen a écrit un long commentaire sur ce texte de l'évêque de Césarée, dont les paroles ne peuvent donner qu'une idée inexacte de l'ensemble et des différentes parties des édifices dont il parle. C'est dans les solitudes des îles occidentales de la vieille Calédonie, au milieu de la race picte et des forêts habitées par elle, que nous puiserons les lumières qui nous sont refusées partout ailleurs. L'île de Jona brille comme un phare au milieu de l'obscurité. Là, vivait l'abbé Adamnan, qui se distingua par sa participation active à la grande controverse pascale de l'année 705, et c'est à lui que l'antiquaire doit les renseignements architectoniques tant désirés. Une singulière circonstance nous valut ce précieux renseignement. Après un long pèlerinage et un séjour prolongé en Terre-Sainte, un évêque gaulois, nommé Arculphe, que la tempête avait jeté sur les Hébrides, devint l'hôte d'un monastère de Caldé. Là, il raconta ses périls, et décrivit les lieux saints qu'il avait visités; le *Libellus de locis sanctis* contient sa narration. Rarement un livre nous a été transmis avec autant d'authenticité et autant de particularités. Adamnan écrivait sur ses tablettes sous la dictée d'Arculphe, et les notes ainsi prises, devinrent le livre que nous possédons. Le Saint-Sépulcre, comme l'on peut bien le croire, était le principal objet de la curiosité d'Adamnan, et à sa description verbale, Arculphe ajouta, en le traçant de sa main, un plan des bâtiments sur les tablettes d'Adamnan. Celui-ci copia ce plan dans son manuscrit. L'église était entièrement de pierre et de forme miraculeusement circulaire, supporté par douze colonnes. Il semble qu'elle ait été divisée en trois galeries circulaires; on y entrait par quatre portes, et le Sépulcre lui-même était éclairé par douze lampes brûlant jour et nuit, en honneur des douze apôtres. A l'époque où Arculphe vit le Saint-Sépulcre, ce monument venait de souffrir des ravages des Perses; plus tard, il fut réduit en ruines par les Arabes. Mais, comme l'église actuelle a conservé sa forme antique, nous ne pouvons douter qu'elle ne fut rebâtie sur ses fondations primitives. Le Saint-Sépulcre devint un type consacré. La plupart des antiquaires ont pensé que les temples circulaires de Rome ancienne, tels que ceux de Vesta et de l'hypothétique Minerva Medica, avaient été les modèles de nos églises circulaires; mais cette supposition, quoique plausible, est cependant inadmissible. Le contour extérieur ne prouve rien. La forme circulaire est naturelle pour des monuments dont la destination principale est de servir de sépulture. Il y a une différence essentielle dans les types d'un temple ou d'une église circulaire. Le temple a ses colonnes isolées à l'extérieur: elles supportent l'entablement, et l'église a ses colonnes intérieurement rangées en cercles concentriques, liées entre elles par des arches qui prennent naissance sur les chapiteaux, et ces colonnes forment une ou plusieurs galeries. C'est ainsi qu'était conçue l'église élevée par Constantin sur la tombe de sa mère Hélène, aujourd'hui nommée *Torre Pignaterra*. Mais la ruine actuelle n'offre que des murailles brutes en briques, et elle ne nous apprend rien de plus que la consécration de la forme employée.

L'église de Sainte-Constance est mieux conservée; elle a servi de sépulture à Constancia, fille de Constantin; M. Knight en a donné un excellent dessin, planche 3 de son premier volume. Quelques savants ont présumé que ce monument était un ancien temple de Bacchus. Cette opinion est fondée principalement sur les mosaïques qui se trouvent dans le plafond des collatéraux circulaires, et qui représentent des feuilles de vignes et des grappes de raisin. Mais la vigne est un symbole des chrétiens si fréquemment introduit dans la décoration de leurs lieux saints, que cette circonstance, par rapport à Sainte-Constance, est de peu de valeur. L'architecture de cet édifice est tout-à-fait conforme au style du temps de Constantin; elle n'a point d'analogie avec celle d'une époque postérieure. Nous ferons encore observer que le plan de Sainte-Constance n'a qu'une ressemblance relative avec celui du Saint-Sépulcre; il n'a tout juste que celle qu'on peut s'attendre à rencontrer dans un monument de dimension infiniment plus petite. Mais cela fait voir comment cet édifice était devenu un type; et, à l'exception de l'accouplement des colonnes, il se rapproche beaucoup de la forme que nous supposons avoir été celle de l'église circulaire de Cambridge avant la construction du chœur moderne. San-Stefano-Rotondo est la plus grande église actuellement encore debout parmi les anciens temples circulaires, et l'exemple le plus parfait des monuments élevés d'après ce type. Certains antiquaires sont si jaloux d'enlever au christianisme ses anciens édifices, qu'ils confèrent également à cette église l'honneur réclamé pour Sancta-Costanza, c'est-à-dire d'avoir été un temple païen. Quelques-uns, et ce sont particulièrement des antiquaires italiens, sont disposés à abandonner la consécration primitive au dieu Faune, au lieu de celle au protomartyr. On y tient, quoique chaque portion du monument, telle que la différence de dimension des colonnes, la grossièreté de l'appareil, l'ajustement maladroit des chapiteaux et des bases, et par dessus tout le défaut d'ensemble si remarquable qu'on ne trouve jamais dans un monument classique, quoique tous ces signes caractéristiques, disons-nous, prouvent sa destination primitive. L'époque de sa dédicace (467-483), par Simplicius, est bien constatée. Et cependant on doute encore s'il fit plus que restaurer ou s'il agrandit l'édifice qui existait antérieurement sur le même emplacement. Nous ne pouvons poursuivre ici l'histoire des églises circulaires qui se lient surtout à l'histoire des chevaliers du Temple, car il est impossible de séparer ces deux histoires l'une de l'autre. Nous ne pouvons que faire remarquer ici, que les templiers employaient la forme circulaire ou octogone, en Italie précisément comme en Angleterre, pour leurs églises, comme cela est prouvé par celle du San-Sepolcro à Pise, appartenant anciennement à cet ordre. D'après de rares vestiges et de plus rares descriptions encore, il semblerait que les églises circulaires aient été communes en Scandinavie. Mais ce serait évidemment une simple conjecture de supposer que le type en fut emprunté à Bysance en passant par la Russie; car le seul exemple dont nous possédons un dessin, celui de l'église de Soroe, nous donne la certitude que ces édifices étaient dans le style roman de l'Europe occidentale. L'église de Soroe est une construction circulaire avec un chœur; les arcs qui lient les colonnes à leur sommet sont dans la forme habituelle : ils sont à plein cintre. On trouve encore une église pareille à Thorsager (Champ-de-Thor), dans le Jutland, et quatre autres dans l'île de Bornholm. On rencontre aussi dans le Groënland des constructions circulaires qui ont été élevées par des colonies de Scandinaves, aujourd'hui n'existant plus. Un monument très remarquable à Newport, dans Rhode-Island, passe pour être la ruine d'une église bâtie par les Scandinaves, qui découvrirent le pays appelé Vinland, dont les progrès, sur le nouveau continent, furent si mystérieusement interrompus. Cette construction, dans son état actuel, consiste en une colonnade circulaire, dont les colonnes sont liées par des axes à plein cintre. Sans entamer ici une discussion qui serait inutile si l'on ne s'accompagnait de dessins exacts, et si l'on n'étudiait l'appareil qui seul peut décider la question, il nous semble, en nous appuyant sur les gravures publiées par la société des antiquaires de Copenhague (*Mémoires de la société royale des antiquaires du Nord*, 1840-1843), que ce monument est entièrement différent de tous ceux qu'on peut penser avoir été élevés par les émigrants qui fondèrent la Nouvelle-Angleterre. Quelque exagérée que soit l'étendue qu'on ait donnée au principe du symbolisme, il est néanmoins très clair que cette espèce d'allégorie, que l'Ecriture a fait naître, prévalut dans les édifices chrétiens primitifs. Nous avons vu que l'église du Saint-Sépulcre était supportée par douze colonnes et éclairée par douze lampes. Il y avait également douze colonnes, dans l'église voisine de la Résurrection, sur lesquelles étaient placées ou suspendues douze lampes, en l'honneur des douze apôtres. Par une analogie qui n'est point aussi claire, la forme octogone était considérée comme particulièrement convenable aux baptistères.

Octo chorum sanctos templum surrexit in usus;
Octogonus fons est munere dignus eo,
Hoc numero decuit sacri baptismati aulam
Surgere, quo populis vera salus rediit.

Or l'octogone (les murs extérieurs étaient souvent convertis en un cercle) constitue le principe de ces monuments si caractéristiques de l'architecture religieuse de l'Italie, nous voulons dire des baptistères. Parmi ces derniers l'exemple le plus ancien et le plus remarquable est le baptistère de San-Giovani-Lateran (Knight planche V). Il est suffisamment prouvé que ce baptistère ne peut plus être celui de Constantin, par le seul fait que cet empereur, quoiqu'il se déclarât chrétien,

différa l'exercice du rite qui lave la tache de tout péché, jusqu'à ce qu'il sentit sa fin approcher. Mais alors même, il fut baptisé, non à Rome, mais à Constantinople. Le monument, tel que le décrit et le représente M. Knight, a certainement subi beaucoup de changements, même depuis que Rienzi osa se baigner dans la cuve baptismale de porphyre. On peut en voir une coupe dans Ciampini, tel que cet édifice était avant sa dernière restauration. Quelques auteurs pensent cependant qu'on peut le faire remonter à une plus haute antiquité. Quelque célèbre que soit le baptistère de Saint-Jean-de-Latran dans la tradition et l'histoire, il est de fait que les décorations dont il a été enrichi plus tard par les pontifes ont diminué sa valeur comme spécimen d'architecture; un autre baptistère bien mieux conservé dans son état primitif, mais non encore assez apprécié, et dont il manque jusqu'à ce jour aussi une reproduction exacte, existe à Nocera. Les antiquaires napolitains s'obstinent à vouloir prouver que l'église fut dans l'origine un temple païen, en dépit de l'inscription même, qui fait connaître si clairement la patrie et le nom du constructeur. Cette inscription est gravée dans une ligne perpendiculaire, sur une petite colonne surmontée d'un chapiteau roman et brut; elle offre un mélange extraordinaire de lettres grecques et romaines, employées par les artistes barbares. On a replacé au-dessus de la porte d'entrée et dans le fronton des fragments de fresques antiques. Le baptistère octogone et central est entouré d'une rangée circulaire de colonnes. La double voûte est en brique. La disposition de l'ensemble du monument est parfaite, et avec quelques faibles additions, nous pouvons nous le figurer exactement tel qu'il était lorsque Magnoaldus le prêtre acheva l'édifice. Si l'on considère l'état de ce monument, les dangers qu'il court par son grand âge, et plus encore par les restaurations inintelligentes qu'on y pratique, il serait vivement à désirer que ses détails fussent conservés. Ce travail ne devrait point être exécuté en omettant toutes les irrégularités de la construction pour en faire un monument classique, comme cela a été fait dans le modèle qui se trouve dans les studii à Naples; mais on devrait reproduire tous ses traits caractéristiques et originaux, sa simplicité et jusqu'aux imperfections architectoniques. Nous approchons maintenant du règne des Goths. L'habitude italienne de regarder, par plus d'un motif, la cathédrale comme la seule et unique paroisse, continua sans varier; avec une paroisse, il n'y eut non plus qu'un baptistère. Tandis que pour cette raison, le type principal du baptistère resta toujours le même avec une religieuse fidélité, la localité, l'influence du sentiment individuel, ou même le caprice, occasionnèrent cependant plusieurs variétés caractéristiques. Ainsi l'on voit à Parme un magnifique baptistère d'un caractère très singulier. La lithographie de l'ouvrage de M. Knight (2e vol. pl. XXIII) nous donne une représentation exacte de l'extérieur de ce monument; l'intérieur semble défier le talent de l'artiste par sa complexité toute particulière, ainsi que par sa hauteur extraordinaire. Le baptistère fut achevé d'après les dessins d'Antelmi, à l'exception des voûtes qui furent faites de 1196 à 1216. L'extérieur représente un octogone; l'intérieur est à seize pans disposés dans l'épaisseur des murs. Les détails d'architecture sont très remarquables; car, tandis que les formes principales sont romanes, il semble qu'on y remarque cependant une anticipation du goût gothique, ce qui est surtout visible dans la rangée supérieure d'arcades qui couronne l'extérieur tout au pourtour de l'édifice. Les portails du bas sont romans et d'un beau caractère, tandis que dans les étages intermédiaires on aperçoit des colonnes gothiques, surmontées d'architraves. On y voit l'application du principe classique, mais sans l'adoption de sa forme.

Le baptistère isolé continua d'être propre à l'Italie, et on n'en trouve peut-être aucun exemple de ce côté-ci des Alpes, excepté dans les îles britanniques. A Eglin, on voit l'exemple unique d'un baptistère isolé et octogone, dans le style du plus gracieux gothique, et se groupant avec la cathédrale, dont les ruines abandonnées racontent les calamités qui frappèrent l'église d'Ecosse. Quelle que belle que soit la forme circulaire, prise isolément et sans autre combinaison, elle est cependant peu convenable pour la liturgie chrétienne; et quelque addition qu'on y fasse, on enlèvera quelque chose de la simplicité et de l'unité d'où naît son charme sans le rendre plus propre au culte; aussi pour cette raison que cette forme n'a pas été adoptée en Occident. Quoique la disposition circulaire ne puisse s'adapter à une église entière, si elle est employée seulement comme une des parties du plan, et liée à d'autres formes, elle est susceptible de produire la perfection même. Mais de grandes difficultés se lient à son emploi. Les architectes byzantins peuvent revendiquer le mérite d'avoir les premiers entrepris de s'exercer sur ce problème, resté sans solution jusqu'à ce que le talent transcendant de Christophe Wren se manifestât dans la cathédrale de Saint-Paul de Londres. On introduisit à une époque très reculée une forme toute nouvelle dans les églises de Constantinople. Le rectangle oblong devint un carré, afin qu'on pût y pratiquer la noble addition du dôme, que les architectes byzantins venaient d'apprendre à supporter dans les airs. La forme de ce plan, surtout après l'édification de Sainte-Sophie, devint la forme favorite en Orient, et on y tint une obstination postérieurement lorsque le schisme éclata entre l'évêque de Rome et le patriarche de Constantinople. Il devait alors exister une différence en toutes choses. Les Grecs se rattachèrent à la forme carrée de leur propre invention : tandis que tous les peuples qui continuèrent d'accepter la suprématie romaine du pape persévérèrent aussi dans l'emploi de la forme oblongue, conservée à Rome. Le plan grec fut introduit dans la suite en Italie par les Grecs eux-mêmes, dans les provinces soumises au sceptre de l'empereur de Byzance, et dans le nord par les Vénitiens. Les observations de M. Knight sur l'antagonisme des églises orientale et occidentale sont parfaitement exactes. Si l'on fait exception toutefois de certaines circonstances politiques, il est remarquable combien est peu sensible l'influence de l'art byzantin en Italie. Ravenne et Venise sont presque les seules villes où l'on aperçoive les traces d'une véritable imitation des types de Constantinople. Et à vrai dire, on avait peu à y gagner. Faisant abstraction d'une splendeur barbare, et barbare dans l'acception la plus vraie du mot, l'on trouvera dans les églises les plus rustiques de la chrétienté romaine, un esprit, un génie, une énergie qui manquent tout à fait aux monuments les plus somptueux de l'empire grec. Les monuments eux-mêmes reflètent le caractère de la foi de ceux qui les ont élevés. Il n'est pas moins important de faire remarquer combien peu d'influence les plus nobles œuvres d'art ont sur ceux qui les voient le plus souvent, et combien peu ces œuvres sont capables d'en faire produire de pareilles. Pour juger les résultats que les œuvres de Phidias et de Praxitèles ont produits sur les artistes byzantins, regardez les *tre ladri* du groupe placé dans un angle de l'église de Saint-Marc! Si Saint-Vital de Ravenne n'avait point souffert de nombreuses additions postérieures à sa fondation, ce monument serait le spécimen italien le plus accompli du type byzantin! L'église de Saint-Vital fut élevée, en 547, par Julien le trésorier, d'après l'ordre et avec l'aide de l'empereur Justinien. A la première vue, le plan révèle une origine orientale et sa ressemblance avec Sainte-Sophie, élevée à Constantinople quelques années plus tôt. Il nous offre, au lieu d'une basilique romaine, un octogone couronné d'une coupole; mais rien toutefois n'y manque, pas même l'indispensable abside. Ce plan doit être venu directement de Byzance; il est le premier modèle du style byzantin en Italie. Le dôme est la principale innovation et le trait caractéristique de ce monument. Aucune espèce de voûte n'avait été employée jusqu'alors pour la couverture des églises, et encore moins la voûte la plus savante et la plus admirable de toutes, la coupole ou le dôme; ce genre de couverture avait été parfaitement bien compris par les Romains, mais il avait été interrompu ou il était tombé en décadence, lorsque, pour la première fois, il fut repris par les architectes grecs de Constantinople, dans la composition de Sainte-Sophie. S'il paraît difficile de supporter la pression et d'empêcher l'écartement d'une voûte ordinaire, combien n'est-il pas plus difficile encore de calculer les culées de cette pression lorsqu'elle porte à la fois sur tous les points du cercle, et que ce dernier demande, de plus, à être lié et adapté à un carré inférieur? C'est ce qui fut réalisé à Sainte-Sophie par le moyen de ce qu'on appelle, en architecture, les pendentifs, espèce d'encorbellement de grande dimension, en saillie sur les murs dans les angles, et s'élevant jusqu'à la base de la coupole. A Saint-Vital, dont le plan n'est point un carré, mais un octogone, on a fait usage d'une série de petites arches au lieu de pendentifs qui doivent, par le même principe, remplir le même but. Par ce moyen, le Dôme est lié au corps de l'édifice. L'épaisseur des murs reçoit la poussée des voûtes, et le poids perpendiculaire est supporté par des arcs et des piliers. Dans le plus grand nombre des cas, les pendentifs sont visibles; mais à Saint-Vital, les procédés matériels sont cachés par un pla-

fond. On a toujours eu en vue de diminuer le poids du dôme, et dans ce but on a employé dans sa construction des matériaux les plus légers. On fit usage quelquefois d'une sorte de pierre-ponce. A Saint-Vital le dôme est élevé avec des assises circulaires de poteries placées les unes sur les autres; à l'endroit où cesse la poussée latérale et où commence la poussée verticale, on a employé des poteries d'une plus grande dimension et placées debout. Un long intervalle de temps se passe avant que l'architecture byzantine reparaisse en Italie; mais une seule fois seulement, et cela avec une splendeur défaillante. Le plan de Saint-Marc, comme celui de Sainte-Sophie, est une croix grecque, à laquelle sont ajoutés de spacieux portiques. Le centre du monument est couvert d'un dôme, et au-dessus du centre, de chaque bras de la croix s'élève une plus petite coupole. Toutes les autres parties de l'édifice sont couvertes de voûtes, dans la construction desquelles les Grecs étaient devenus habiles, et qui sont bien préférables aux toits en bois des anciennes basiliques. Les quatre grands espaces des ailes ou bras de la croix sont séparés de la nef par des colonnades à plein cintre, qui supportent des galeries supérieures. Les chapiteaux des colonnes sont une imitation de l'ordre corinthien, et ne retracent point l'imagerie fantastique si abondante dans les autres églises d'Italie, de la même époque. On a compté au-delà de cinq cents colonnes employées dans la décoration intérieure et extérieure de ce monument. Les piliers sont tous en marbre, et la plupart apportés de Grèce et d'autres parties du Levant. Tandis qu'on élevait Saint-Marc, chaque vaisseau qui sortait du port de Venise et qui faisait voile pour le Levant, était obligé de rapporter des piliers et des marbres destinés au monument, objet d'un si grand intérêt pour la république. Le défaut de l'intérieur de Saint-Marc consiste en ce qu'il n'est pas assez éclairé. Les fenêtres sont en trop petit nombre pour la dimension de l'édifice. Nous allons maintenant examiner avec plus de détail les causes qui rendirent les temples païens et l'église sépulcrale incompatibles ou impropres à l'exercice général de l'office liturgique, ainsi que les motifs qui ont pu conduire à l'adoption d'un autre type plus approprié au rituel romain. Quant à la forme circulaire, elle a pu être convenable pour clore et abriter un tombeau ou pour célébrer encore le sacrement du baptême, mais elle n'était nullement susceptible de recevoir une réunion de fidèles pendant la célébration de la liturgie entière. De là nous ferons observer que dans quelques auteurs chrétiens primitifs, l'église circulaire est seulement appelée un oratoire. Sous la nouvelle alliance, comme sous l'ancienne, les fidèles s'assemblèrent dans la maison du Seigneur, non comme une foule tumultueuse et sans ordre, mais comme une assemblée qui avait son organisation régulière. Nous avons sur ce fait une très ancienne autorité. Écrit ou non de la main de saint Clément, le traité doctrinal intitulé *Constitutions apostoliques* porte le cachet d'un esprit qui ne pouvait guère exister postérieurement au deuxième siècle de notre ère. Si, comme on l'a supposé, quelques passages indiquent une tendance à favoriser les singularités des Ébionites, cette circonstance à elle seule ferait revendiquer une haute antiquité en faveur du traité. Quand même nous en rejetterait les constitutions, nous recueillerions des témoignages universels des conciles, des pères de l'église et des auteurs qui ont écrit sur le rituel, que les différentes classes de chrétiens étaient distribuées, lorsqu'elles assistaient au service divin, selon les différents degrés de leur progrès moral. Le pénitent restait isolé des membres auxquels il était permis de participer à la communion. Le catéchumène n'entendait point l'enseignement donné à ceux qui avaient reçu la confirmation. Selon le sentiment général de l'Orient, importé sans doute de Jérusalem, car les traditions juives forment la base du rituel et de la liturgie romaines, les hommes devaient être séparés des femmes exclues des regards de la foule, ou au moins éloignés d'elles. Et de plus, parmi les femmes, la femme mariée, la vierge et la veuve, avaient chacune leur place particulière dans le temple. C'est dans l'église que devaient être tenus les synodes dans lesquels les évêques et les prêtres pouvaient se réunir, comme les docteurs et les anciens l'avaient fait dans la synagogue. Pour nous servir d'une phrase des canons ecclésiastiques, l'évêque était plus qu'évêque au moment où il agissait conjointement avec le sacerdoce; les prêtres étaient moins que prêtres lorsqu'ils exerçaient une juridiction quelconque, ou qu'ils délibéraient, à moins qu'ils ne fussent sous la présidence des successeurs des apôtres. Les saintes Écritures devaient être lues du haut d'un ambon ou pupitre élevé ; le chœur et l'assemblée des fidèles alternaient les chants de louanges à droite et à gauche. Il devait y avoir un sanctuaire où il n'était permis à aucun étranger d'entrer. Les lecteurs et les chantres devaient être placés convenablement, de manière à ce que l'assemblée des fidèles pût entendre clairement les instructions, les homélies, les épitres et les évangiles, puis se joindre tous ensemble pour la prière générale. Enfin il était convenable et nécessaire que l'unique autel fût protégé contre la presse de la foule, et cependant que tous les fidèles pussent voir les ecclésiastiques à l'autel, célébrant les saints mystères. Pour toutes ces exigences du culte, les chrétiens pouvaient-ils trouver des édifices profanes élevés par les paiens, dans lesquels la confession de la foi pût se faire librement et à la face du jour ? Oui, il existait de tels édifices. Parmi les monuments dont Rome fut ornée, la basilique séculière rivalisait en magnificence et en gloire avec le temple. Le nom de la basilique dérive du portique situé dans la céramique d'Athènes, immédiatement au-dessous du Pnyx. C'est là que l'archonte, paré des vêtements royaux, remplissait les fonctions de juge dans toutes les matières ayant rapport à la religion. Pausanias décrit les images qui ornaient la basilique athénienne. Mais le monument qu'il vit, et dont tous les vestiges ont disparu, liait seulement l'ancien bâtiment accessoire au palais des rois athéniens, car ces derniers avaient été les juges suprêmes du peuple. Le *stoa*, avec le trône chanté par Homère, est l'origine de la basilique. Ce palais de justice était ouvert, le caractère de la jurisprudence hellénique étant essentiellement la publicité. Une seule attribution de l'administration de la justice fut donnée à la résidence du roi, à Rome, dans les temps primitifs, et originairement le palais du roi était placé comme la *regia*, sur le forum romain, au pied du mont Palatin, tout à fait dans la même position que la basilique athénienne. Mais le caractère de roi à Rome était autant sacerdotal que royal. Aussi, après l'abolition de la dignité royale, l'ancien palais fut-il encore consacré aux cérémonies religieuses, tandis qu'on enleva à la basilique les anciennes assemblées qui s'y tenaient, et qui furent alors transférées sur les points où la juridiction des tribunaux populaires pouvait le mieux s'exercer.

La basilique, grandement modifiée par les Romains, qui empruntaient en vainqueurs tout ce qu'ils empruntaient aux autres nations, la basilique fut placée dans le Forum sous le principe de la république. La forme de cet édifice était un carré oblong terminé par un hémicycle. Au centre de l'abside demi-circulaire, s'élevait une plate-forme exhaussée et sur laquelle fut placé le siége du préteur. C'est à cette place que s'applique la dénomination de *Gabbatha* ou *lithostroton* (pavé), dont se sert l'Écriture (saint Jean, ch. 19, v. 13). De chaque côté, mais plus bas, se voyaient les siéges des centumvirs, des officiers civils, des greffiers et de tous ceux qui partageaient les honneurs du tribunal ou l'exercice des devoirs de la justice. Cette partie était séparée des ordres inférieurs par les *cancelli*, ou grilles en guise de clôture. Et plus bas encore on voyait la place assignée aux notaires et aux avocats. Les trois quarts du carré oblong formaient une vaste salle. Une partie transversale ou transsept, si nous pouvons l'appeler ainsi, séparait cette salle de l'abside, enceinte particulière entourée de dignité et de respect. Dans toutes les basiliques, la grande salle ou galerie était divisée par des colonnes formant une partie semblable à la nef centrale d'une église, flanquée de bas-côtés ou collatéraux. Ces colonnes supportaient ordinairement une galerie supérieure. La nef centrale recevait presque toujours le soleil par des fenêtres pratiquées dans le mur supérieur. Quelquefois l'ensemble de l'édifice était couvert d'un toit ; quelquefois aussi il ne l'était que partiellement. C'est ce qui semble avoir eu lieu plus particulièrement pour ces basiliques dans lesquelles une partie de la nef, restée ouverte, constituait un *atrium* au milieu des collatéraux. Tel était le type général ; mais, sans s'écarter matériellement de cette forme normale, il y avait néanmoins une grande variété dans la disposition qui résultait du plus ou du moins de commodité de l'emplacement ou de la magnificence des monuments. Quant aux preuves particulières et détaillées qui établissent le système des basiliques, elles ont été recueillies par M. Bunsen avec autant de soin que d'exactitude, non seulement dans les ouvrages que nous avons déjà cités de lui, mais aussi dans ses *Essais* insérés dans les *Mémoires de la Société archéologique de Rome*. Les renseignements si importants qui forment la base des travaux d M. Bunsen ont été pris par lui sur le plan remarquable d

Rome ancienne et maintenant conservé dans le musée du Capitole. Ce plan semble avoir été primitivement destiné à servir de pavé ; postérieurement il fut encastré dans la paroi intérieure du mur d'un monument (qualifié de temple ancien) placé sous l'église de saint Cosme et saint Damien, d'où ces fragments furent enlevés par le cardinal Farnèse et transportés dans son palais, afin de les mieux préserver de la destruction ; mais ce but ne fut point atteint ; ils furent dispersés et oubliés, et sans les soins méritoires de Bellori, qui les grava, ils seraient sans doute perdus entièrement. En 1742, ils furent placés où on les voit maintenant ; mais des parties entières ont été égarées. M. Bunsen pense que ce plan doit représenter Rome telle qu'elle existait entre les règnes de Sévère et de Caracalla, sans exclure toutefois quelques additions postérieures. Le monument historique est d'une authenticité toute particulière et d'une grande instruction ; mais on ne peut le comprendre qu'à l'aide de beaucoup de travail et de recherches ; ce plan témoigne des facultés restreintes de la science humaine ; car, malgré les connaissances des anciens en mathématiques, ils n'avaient guère la faculté de composer une carte, un plan, une carte marine d'une manière scientifique. Les renseignements nécessaires et ultérieurs sur la matière qui nous occupe sont fournis par les ruines que le temps nous a conservées. M. Bunsen pense que les basiliques des villes de la Campanie forment une sorte de transition entre les plans des basiliques grecques et romaines. Il leur manque l'abside semi-circulaire que nous offrent tous les exemples romains ; mais à sa place existe quelque chose qui y supplée et qui lui est équivalent. Le plan le plus ancien et le plus simple se retrouve à Pompéi ; on y voit un monument rectangulaire dont les collatéraux sont supportés par des colonnes. A l'extrémité est la tribune, élevée à peu près de 7 pieds au-dessus du sol ; en dessous se trouvent des caveaux ou prisons qui correspondent exactement à la position des cryptes, sous l'autel de nos anciennes cathédrales. L'entrée est formée par un porche donnant sur le Forum. Nos connaissances sur la basilique de Pompéi commencent à s'éclaircir ; mais celles sur les monuments semblables d'Herculanum sont encore fort obscures ; comme à Pompéi, la basilique consiste en une nef et des collatéraux ayant un porche ou portique sur la façade. Le chevet, si nous pouvons nous servir de cette expression, est rectangulaire, ayant à chaque extrémité deux petites chapelles en hémicycle. Sortons maintenant de ces incertitudes obscures, pour entrer dans la matière qui fournit le sujet d'un des essais les plus remarquables de M. Bunsen : la restitution du Forum romain, des forums magnifiques de Jules César et des empereurs. Piranesi a gravé une rangée d'arcades qui existent auprès de la via del Ghettarello et de la via della Salita di Marforio, comme faisant une partie du forum de César. Ces fragments, par les renseignements que donne l'ancien plan de Rome, sont reçus par M. Bunsen comme étant la *basilica Argentaria*. Entourée de boutiques des joailliers, dans l'arrondissement desquels se trouvait placée cette basilique, elle offre une nef et des collatéraux terminés à l'extrémité par l'abside en hémicycle, qui nous est si familière dans tous les édifices religieux des époques postérieures.

La basilica Fulvia fut élevée par le censeur M. Fulvius, conquérant de l'Etolie, en l'année 573 de la fondation de Rome. Il existe une foule de controverses pour savoir si elle n'a pas été construite par Saulus, controverses que M. Bunsen discute longuement. Ce monument est entièrement détruit, mais sa disposition peut encore être appréciée d'une manière assez précise, avec le secours d'un fragment qui en reste sur le plan en marbre. Il semblerait qu'elle ait eu des collatéraux et qu'elle fût terminée par une abside et deux renforcements latéraux, offrant sous ce point de vue une combinaison du plan de la basilique argentine avec celui d'Herculanum. La basilica Æmilia, aussi nommée basilica Pauli, placée à côté de la basilique Fulvienne, a été, comme nous venons de le dire, le sujet de grandes discussions. Elle ne nous est également connue que par l'ancien plan de Rome, et par les descriptions contenues dans Tite-Live et dans les Epitres de Cicéron. Elle était la gloire du Forum. M. Bunsen a calculé que l'abside de cet édifice devait avoir eu le même diamètre que le Panthéon. Elle était supportée par des colonnes en marbre de Phrygie. On a supposé, et nous pensons nousmêmes, avec de grandes probabilités de vérité, que l'église de Saint-Paul hors des murs a été construite avec ses débris. Les restes de la basilica Ulpia, élevée dans les années de Rome 865 et 866, furent ensevelis sous le sol de la base de la colonne Trajane, jusqu'à nos jours. Ces reliques du monument le plus magnifique qui décorait le Forum de Trajan, ont été partiellement remises au jour par de récents déblais. La façade nous a été conservée sur des médailles qui nous donnent quelques idées de sa forme extérieure. Le plan diffère considérablement de celui de toutes les basiliques que nous venons de décrire. A chaque extrémité il y avait une abside magnifique, et devant chaque abside existait un transsept correspondant orné de trois rangées de colonnes formant doubles collatéraux. Deux rangées de colonnes dans le grand corps de bâtiment formaient la nef et ses bas côtés; la nef s'élevait à environ 30 pieds (romains) au-dessus des autres parties de l'édifice. A l'intérieur, cette nef centrale formait deux et même trois ordres différents superposés; l'ordre supérieur se composait de caryatides qui supportaient une riche couverture, dans laquelle se croisaient des traverses de bronze doré qui couronnaient le monument. C'est cet édifice qui, par-dessus les autres, excita l'admiration de Constantin. Et quoique l'ancienne capitale fût alors dans le deuil du veuvage en présence même de l'empereur qui avait transféré ses honneurs à une plus jeune rivale, cependant Constantin put goûter une des trois jouissances qu'ambitionnait saint Augustin : entendre Cicéron plaider, Paul prêcher, et voir Rome dans sa gloire. Si la basilique, telle que nous venons de la décrire, avait été destinée à recevoir une assemblée de chrétiens, on n'aurait guère pu lui donner une forme plus convenable et plus satisfaisante; car aucune autre ne réunissait aussi heureusement la magnificence à l'utilité; nulle autre ne réalisait mieux les idées et les exigences du temps. La forme générale d'une Eglise telle que l'ordonnaient les constitutions apostoliques, devait être oblongue comme celle d'un vaisseau, comme celle de l'arche de Noé. Les termes de nef et de vaisseau appliqués au corps principal de l'édifice, ne montrent-ils pas combien l'idée primitive prévalut dans les siècles postérieurs? L'abside exhaussée, dans laquelle le préteur administrait la justice entouré des centumvirs et des autres juges, offrait à l'évêque et à son clergé un tribunal dont la dignité était consacrée depuis longtemps. Les caveaux obscurs et souterrains au-dessous de la tribune donnèrent l'idée de la chapelle souterraine dans laquelle pouvaient être déposés les restes d'un saint ou d'un martyr. Les clôtures, les *cancelli* des notaires et des avocats pouvaient recevoir les chantres du chœur. Les transsepts allongés offraient des espaces propres à contenir les fidèles; les galeries supérieures pouvaient dérober les femmes à la vue du public, et le porche en avant de quelques basiliques, ou la portion découverte, détachée de l'édifice par un mur, pouvait former une cour destinée à ceux qui étaient séparés du reste de la communauté à cause de leurs péchés, ou qui n'avaient point encore la permission de participer aux saints sacrements. Une de ces remarques incidentes, qui sont souvent plus instructives que la narration suivie de l'histoire, nous apprend que la basilique séculière avait été abandonnée pour y laisser célébrer le culte chrétien. Un poète, en même temps rhéteur, s'adressant à un empereur, lui dit que ces édifices, peuplés autrefois d'hommes d'affaires, sont actuellement remplis de la foule des fidèles qui prient pour sa sûreté : « Basilica olim negotiis « plena, nunc votis pro tua salute susceptis. » Cette prise de possession des basiliques romaines par les chrétiens n'était toutefois que transitoire. Elles ne devinrent pas les sanctuaires permanents de la foi. Pourquoi ce privilège ne leur fut-il pas accordé? Leur position était des plus convenables, placées qu'elles étaient au centre des affaires et de la population; leur plan et leur forme d'une telle commodité qu'elles semblaient convier à la célébration du culte. Sans avoir été souillées par les idoles et les sacrifices, elles étaient libres des souvenirs qui rendaient les temples païens odieux. A peu de frais et sans beaucoup de travail, les basiliques du Forum auraient pu devenir les plus grands et les plus nobles sanctuaires. Et cependant elles disparurent. On ne peut trouver qu'un seul et unique exemple d'une basilique séculière convertie actuellement en une église chrétienne, et cet exemple mémorable n'existe point à Rome. Comme pour démontrer continuellement le triomphe visible du royaume spirituel, chaque scène dans le développement primitif de l'empire du christianisme semble avoir été destinée à effacer les honneurs rendus aux dieux du paganisme. La basilique chrétienne, quoique entièrement copiée sur la basilique païenne, et construite avec les dépouilles du monument ancien, était destinée par là à porter en elle sa propre ruine et sa propre destruction. Un seul motif suffit, un motif dont nous ne pouvons

guère apprécier toute l'influence aujourd'hui. La vénération pour le tombeau des martyrs éloigna la communion chrétienne de la basilique séculière, comme elle l'avait éloignée du site d'un temple païen. En déterminant l'emplacement de l'église, ce sentiment amenait nécessairement l'abandon, la ruine et la destruction des monuments les plus splendides élevés par les sénateurs et les Césars. Depuis longtemps déjà la démolition de monuments antiques avait eu lieu dans le but d'en employer les matériaux à de nouvelles constructions. C'est ainsi que l'intérieur du Colysée offre des frises et des fragments disposés et placés avec confusion au milieu de la maçonnerie du circuit de ses murailles. Ces fragments proviennent peut-être du déplacement d'édifices qui existaient là antérieurement; mais sous l'empereur Constantin de pareilles démolitions avaient lieu, semblerait-il, dans un but d'économie d'abord, et ensuite à cause de la maladresse toujours croissante dans l'exécution des ouvrages d'art.

Le magnifique Forum de Trajan, qui excita l'admiration de Constantin, fut détruit par son ordre et fournit les décorations de l'arc de triomphe du premier empereur chrétien. Abandonnées pour des lieux plus sacrés, les basiliques profanes furent détruites, et les colonnes qui les supportaient transportées à d'autres édifices, où on les vit s'élever dans une perspective sans fin et avec une splendeur barbare : l'aspect même de quelques églises chrétiennes qui ont conservé leur cachet primitif montre la hâte et l'inhabileté avec lesquelles elles furent enlevées. Tantôt un chapiteau est mutilé et privé de la rangée inférieure de sa feuille d'acanthe, afin de pouvoir s'adapter à une certaine place; tantôt un autre est en saillie sur la colonne; un troisième est moins large qu'elle; un quatrième n'est qu'ébauché et préparé pour la dernière touche du sculpteur qui devait lui donner l'élégance corinthienne; mais cette touche se fait encore attendre. Enfin les colonnes elles-mêmes ont un diamètre inégal et des hauteurs différentes; elles sont dénuées de leurs proportions ordinaires, grossièrement exhaussées pour atteindre leur élévation nécessaire. Les plus riches matériaux sont mêlés à ceux d'une qualité infiniment inférieure. La pouzzolane et le vert antique, les produits des carrières de Sienne ou de Paros, et le travertin indigène, ou tuf calcaire, sont mélangés sans choix comme sans discernement. Les piliers étaient souvent liés à leur sommet par l'architrave, selon les lois du système classique. Mais l'emploi de l'arc dans ce but, avait déjà été pratiqué, et devint, en résumé, d'un usage plus général. Sur ces arcades furent élevées les hautes murailles qui constituaient la partie supérieure de l'édifice. Mais dans l'architecture romaine des basiliques chrétiennes, les colonnes ne furent jamais accouplées pour former des soutiens; elles ne servaient que de supports, les murs en brique de peu d'épaisseur, le seul poids que les colonnes pouvaient supporter, n'étant jamais assez solides pour résister à la pression verticale et latérale d'une voûte. Qu'on se rappelle bien cette circonstance. De là il devint par conséquent impossible d'ajouter au monument une voûte en brique ou en pierre, ainsi que cela a eu lieu dans l'architecture romaine, qu'on en est dérivée. C'est de cette manière que l'emploi d'anciens fragments d'architecture pour les colonnes a déterminé la nature des matériaux employés à la couverture. On a de tout temps eu recours à la charpente. Voilà ce que nous avions à dire, quant à la construction générale du monument. Le développement détaillé de ses différentes parties ne fut que la conséquence de leur adaptation au but pour lequel le monument était élevé. Les réminiscences du temple de Jérusalem, aussi bien que les règles canoniques de l'Eglise, firent ajouter sur la façade de la basilique un emplacement fermé, une cour pour les païens; l'atrium, où ceux qui étaient exclus de la participation complète des ordonnances de l'Eglise pouvaient néanmoins assister, jusqu'à un certain point, à leur élaboration. L'atrium était encore employé comme cimetière, mais seulement pour des personnes distinguées par leur rang ou leur sainteté. Au centre était placée une fontaine, ou *cantharus*. Suivant les anciennes traditions de Jérusalem, il était ordonné au croyant, comme symbole d'une pureté intérieure et morale, de se laver les mains avant d'entrer dans le sanctuaire. Simple presque jusqu'à la rusticité, un portique peu élevé et sans prétention formait le principal, ou plutôt le seul ornement de la façade de la basilique. Au-dessus du portique, on adaptait ordinairement trois étroites fenêtres à plein cintre, sous-meneaux placés symétriquement. Ces fenêtres étaient couronnées par un œil-de-bœuf, ou rose placée au centre du fronton. Quelques sculpteurs décoraient gracieusement le portail ; mais elles ne représentaient rarement autre chose que les lions symboliques qui gardaient à droite et à gauche l'entrée du sanctuaire. Au-delà de ce portique, et dans l'enceinte des murs de l'édifice, le marthex ou pronaos formait une séparation entre le catéchumène et le pénitent, qu'il pouvait, au besoin, réunir. L'étymologie du mot de marthex est incertaine ; il fut peut-être adopté d'une manière plus constante dans l'Eglise d'Orient que dans l'Eglise d'Occident. Mais on atteint le même but par le porche ou portique. A l'extrémité supérieure de la nef, on plaça le chœur, entouré de ses cancelli ou clôtures. Dans les églises orientales primitives, ces clôtures ont pu être construites en bois : en Occident, au contraire, tous les exemples et tous les fragments qui nous en restent sont en marbre richement travaillé, et plus généralement orné de cette espèce de mosaïque, composée en partie de verre, en partie de marbres précieux, et connus sous le nom de *opus alexandrinum*. De chaque côté du chœur s'élevaient des ambons ou chaires, d'où le sous-diacre et le diacre lisaient alternativement les Epîtres et les Evangiles. C'est du haut de la chaire où se lisait l'Evangile, et qui était aussi plus richement ornée, qu'on promulgait les censures et les commandements épiscopaux. C'est encore du haut de cette chaire qu'on lisait les prières ordonnées; c'est encore du haut de cette chaire que prêchaient les prêtres et les diacres; mais l'évêque prêchait aussi sur le pliant placé devant l'autel. Une petite colonne élevée au pied de la chaire d'où se lisait l'Evangile, supportait le flambeau pascal. Au milieu des cancelli du chœur étaient placés les chantres qui célébraient vocalement l'office divin. Ces chantres étaient tous prêtres dans les temps primitifs de la foi; ils faisaient partie des ordres mineurs de l'Eglise. Les prêtres et les diacres ne remplissaient point cette portion du service divin. Les mystères les plus saints de la religion leur étaient réservés. Nous appliquerons le mot de chœur à la partie de l'église entourée par les cancelli. Les Allemands donnent le nom de kanzel à la chaire ou pupitre placé sur les cancelli, et dans toutes les langues de l'Europe, le titre de chancelier, ou cancellarius, est conféré au successeur de l'officier civil qui se tenait dans l'enceinte des cancelli. Cet exemple nous sert à découvrir d'autres origines là où la trace des voies parcourues par les idées est aujourd'hui encore saisissable. Mais nos conjectures seront à jamais inutiles et gratuites là où ces voies sont comblées. Voilà pourquoi il y aura toujours une grande imperfection dans l'histoire de toutes les langues. La position du chœur que nous venons d'indiquer continua longtemps à être déterminée d'une manière arbitraire en Italie, tandis que dans d'autres parties de la chrétienté elle était déjà consacrée et même surannée. Le pape Martin V enleva le chœur et les ambons de l'église de Latran. A Naples, l'ancien chœur fut conservé jusqu'en 1551. A l'extrémité de la nef était placé le sanctuaire, il était séparé de la nef, dans les grandes basiliques, par l'arc de triomphe, « imitation, dit M. Knight, des arcs de triomphe de Rome ancienne, mais destiné dans sa nouvelle place à proclamer le triomphe de la croix. » Le maître-autel, la seule table de communion, avait sa place dans le sanctuaire, plus ou moins avancé vers le chœur. Des causes qu'il serait inutile de rapporter ici, ont pu amener quelques modifications dans sa position; mais l'autel était toujours isolé, surmonté de son tabernacle ou baldaquin, et détaché de la muraille. En dernier lieu, le sanctuaire était terminé par l'*apsis*, l'abside, quelquefois nommée *exedia* ou *bema*. C'est là que s'asseyait l'archevêque ou l'évêque ; son fauteuil ou trône était placé au centre, et les siéges de ses suffragants et des prêtres étaient disposés à l'entour. Cette partie du monument était considérée pour ainsi dire comme sa couronne. Protégée, ainsi que le chœur, par des clôtures, aucun laïque n'osait y pénétrer. De riches draperies dérobaient ses secrets profonds à la vue de la communauté, jusqu'à la consécration de l'Eucharistie. Tandis que l'extérieur de la basilique était nu et simple, pauvre même, l'intérieur offrait la plus grande richesse que les ressources de l'art pouvaient alors produire. Le toit était invariablement construit en charpente. Dans les églises bâties par Constantin, et dans quelques autres des âges primitifs, les poutres et les chevrons étaient, dit-on, cachés par un plafond plat composé de panneaux dorés. Nous doutons beaucoup, toutefois, que cette assertion, basée uniquement sur un texte obscur d'Eusèbe, soit bien correcte. Nous supposerions plutôt que les embellissements consistaient en dorures et en couleurs, appliquées à la charpente elle-même, ainsi que cela se voit à San Miniato, un des monuments les plus curieux et les plus intéressants que

nous offre Florence, Ferenze la belle. A tout événement, il n'existe pas, même à Rome, un seul spécimen primitif ou du moyen âge, d'un plafond plat ou horizontal, tous les panneaux ayant été ajoutés à des époques comparativement modernes. En somme, la tentative, pour cacher ou dissimuler les poutres, n'a pas été un progrès ni même une amélioration.

Les mosaïques formaient la principale décoration de la basilique. Comme une branche de l'art, aussi bien que de l'industrie, ne peut dire que les ouvrages de mosaïque ont entièrement pris naissance depuis l'ère chrétienne. La matière dont les mosaïques du moyen-âge sont composées, consistant principalement en verre, les distingue complètement du pavé marqueté des Romains. Ce qui approche le plus peut-être des produits de la fabrication du moyen-âge en ce genre, ce sont ces grossières incrustations des colonnes et des fontaines dans les jardins de Pompéi ; mais selon toute apparence, leur emploi est entièrement spécial au christianisme. C'est surtout la partie supérieure de l'abside à laquelle on appliquait cette espèce de décoration, principal charme des anciennes églises d'Italie. Ces figures gigantesques et solennelles, et les imageries mystérieuses représentées dans les mosaïques, faiblement aperçues dans l'obscurité du sanctuaire, produisent un effet dont les créations d'un art plus parfait peut-être sont privées. Les mosaïques nous semblent infiniment préférables aux tableaux peints, parce que, par leur place et leur caractère, elles ne devinrent jamais des objets d'adoration. Généralement parlant, la figure principale représente le Sauveur jugeant le monde. Il existe une légende qui exprime bien les sentiments qui prévalaient alors sur l'art païen ; on prétendait que la main de l'artiste qui, pour une semblable représentation ou sujet, chercha à copier une tête de Jupiter, fut flétrie et atrophiée. De chaque côté de Jésus-Christ sont placés saint Pierre et saint Paul. On y voit encore d'autres saints, d'ordinaire ceux que leur histoire ou leur miraculeuse protection associe à la localité. Des portraits de papes ou d'empereurs lient les images sacrées ou annales de l'histoire contemporaine. A défaut d'un système défini et arrêté, on remarque cependant un ordre uniforme dans l'emploi des ornements. Au-dessus de l'arc de triomphe du sanctuaire, on plaçait d'habitude des sujets tirés de l'*Apocalypse*. C'est dans cet ouvrage mystérieux que s'entretint la tendance au symbolisme, qui prévalait d'une manière si puissante chez les premiers chrétiens. C'est là qu'on retrouve l'arc-en-ciel, le livre aux sept sceaux, l'agneau, le buste de notre Seigneur, inscrit dans un cercle, les sept flambeaux, les quatre anges commandant aux quatre vents, et les vingt-quatre séraphins jetant leurs couronnes au pied du trône. Les parois des murs latéraux offraient de grands espaces pour y placer des épisodes de l'histoire sainte, dont les sujets étaient tirés, à peu d'exceptions près, de l'*Ancien-Testament*. La série de mosaïques, qui commence au v° siècle, se termine environ au xiii°. Pendant toute la durée de cette période, il existe une complète unité de sentiments comme une seule et même exécution. Nous n'avons que peu de vestiges de la peinture des premiers siècles ; ce qu'on a découvert, montre, comme on peut s'y attendre, un seul et même faire avec celui des mosaïques. Les sculptures étaient bannies des monuments de l'ancienne église catholique ; aucun n'offrait une plus grande simplicité que ceux de Rome. Les premiers monuments chrétiens sur lesquels on remarque des sculptures, sont les anciens sarcophages. Les emblèmes de la colombe, du poisson, de l'ancre, du chandelier à sept branches du temple de Jérusalem, de la palme, de la couronne, grossièrement esquissés au trait sur la pierre, indiquent dans les catacombes ce lieu de repos de la vierge voilée, du prêtre, du confesseur de la foi ou du martyr. Lorsque le glaive du persécuteur rentra dans le fourreau, lorsque ceux qui portaient le deuil purent suivre sans crainte leurs parents au cimetière, l'expression emblématique du regret des survivants trahit souvent sur le tombeau la main habile d'un artiste formé dans quelque école où les traditions païennes de l'art prévalaient encore. Le christianisme toutefois exerçait son contrôle sur l'artiste : les sujets tolérés, comme ceux qu'on retrouve dans les mosaïques, étaient de nature à ne pouvoir jamais servir de prétexte au péché ou à l'idolâtrie. Une série de types empruntés à l'*Ancien-Testament*, des paraboles et des miracles pris dans le *Nouveau*, comme Caïn et Abel, Noé et l'arche, le passage de la mer Rouge, Jonas et la baleine, les noces de Canaa, la multiplication des pains et des poissons et d'autres semblables, formaient la seule décoration permise. Toutefois, ces monuments même ne furent jamais placés dans l'enceinte des murs de l'édifice, qui, selon l'expression énergique des pères de l'Eglise et des conciles, ne devait point être souillée par la mort ou la corruption. A la seule exception près de la statue de saint Pierre et de quelques décorations sur des châsses, nous ne pensons pas qu'on puisse citer un seul exemple d'une image taillée ou gravée dans l'enceinte des églises primitives. Le crucifix même ne fut introduit que tardivement. Il semblerait qu'un sentiment de vénération défendait aux premiers chrétiens la représentation de scènes solennelles et augustes de la passion de Notre-Seigneur. Aucune des basiliques chrétiennes existantes n'offre tous les caractères et les détails de notre description; le temps en a détruit beaucoup; un plus grand nombre encore a péri dans la précipitation malheureuse des restaurations. Souvent construite en matériaux peu résistants, la maçonnerie de la basilique n'était point calculée pour la durée, parce que les murs de la nef, d'une très petite épaisseur, s'élevant sur des rangées continues de colonnes, ne tassaient point par leur propre poids et n'étaient pas soutenues par des contreforts. Heureusement une exception à ces innovations se trouve partiellement dans l'église remarquable de Saint-Clément, la première que l'architecte pèlerin devrait visiter à Rome. M. Knight observe justement qu'elle est le seul spécimen d'un monument complet dans toutes ses parties, qui a non-seulement conservé ses dépendances extérieures, mais aussi toutes les dispositions intérieures du chœur. Cette basilique, qui occupe l'emplacement de la maison paternelle de saint Clément, est la troisième construite dans ce lieu consacré. Saint Clément éleva la première; la seconde, dont la position est très incertaine, a disparu, à l'exception de quelques voûtes souterraines, dans lesquelles on remarque de légères traces d'architecture, insuffisantes pour en apprécier l'époque. La basilique actuelle, la troisième, fut élevée sous le pontificat de Pascal III, de 1099 à 1118, pendant que les dispositions primitives étaient encore strictement suivies. Plusieurs modifications de peu d'importance furent faites par les papes ses successeurs. Mais, environ vers le commencement du xviiie siècle, toute la construction étant dans un état de ruine imminente, fut entièrement restaurée sous la direction de Clément XI. Plusieurs détails, tels que les chapiteaux des colonnes, ont été refaits; mais aucun changement ne fut apporté au plan du rez-de-chaussée, et le pavé, l'abside et surtout le chœur, sont restés à leur état primitif. Le monastère contigu est aujourd'hui abandonné, l'influence de la *malaria* l'ayant rendu inhabitable. Un prêtre y célèbre une messe solitaire; mais cette construction vénérable est délaissée, sans qu'on en prenne aucun soin.

La position retirée de Saint-Paul hors des murs l'avait conservé jusqu'à nos jours avec moins de changements qu'aucune autre basilique de Rome. La forme de la basilique Émilienne du Forum suggéra évidemment le plan de la basilique de la porte d'Ostie, elle en avait probablement aussi fourni les matériaux. Quelques restaurations partielles n'en avaient point modifié matériellement l'apparence; le magnifique *atrium* avait néanmoins disparu. Endommagé par un tremblement de terre, en 1348, Saint-Paul fut laissé en ruines, et dix-sept colonnes en restèrent debout jusqu'au milieu du xviie siècle. Il ne subsistait aucune portion du chœur primitif. Sous la domination française, cette basilique fut menacée de périr, l'autorité ayant proposé de la démolir pour employer les colonnes à l'embellissement d'un palais de justice. La restauration du gouvernement du pape prévint cet acte de vandalisme; mais la destinée de la basilique était inévitable. La dernière des travées sous lesquelles le portrait de chaque pape était placé après sa mort, venait d'être occupée par celui de Pie VII, lorsqu'en 1822 le feu détruisit cet édifice. La basilique de la porte d'Ostie fut commencée par Théodose et terminée par ses fils Arcadius et Honorius. Elle avait 419 pieds de longueur et 217 pieds de largeur; de chaque côté de la nef, se trouvaient deux collatéraux spacieux, la nef elle-même avait 80 pieds de largeur de colonne en colonne. La belle colonnade de chaque côté de la nef était composée de colonnes prises de monuments plus anciens. Ces colonnes étaient en marbres rares de Grèce, de Phrygie, et d'Afrique, appareillées seulement quant à leur élévation. Quelques-unes avaient conservé leur chapiteau corinthien primitif, tandis que d'autres étaient couronnées de chapiteaux du temps. Dans un monument plus ancien, cette colonnade aurait supporté un entablement non interrompu et produit cette longue ligne horizontale qui était la base des règles de l'architecture classique; mais dans Saint-Paul, comme dans tous les monuments postérieurs, l'entablement droit était remplacé par une série d'arcades circulaires. Les deux colonnes en marbre pentélique qui supportaient l'arc de triomphe avaient chacune 45 pieds de hauteur, base et chapiteau compris. Nous ferons observer que les murs supportés par les colonnes de la nef, élevés qu'ils sont à une hauteur inégale, font l'effet d'écraser la colonnade qu'ils couronnent. Les fenêtres sont en grand nombre et de grande dimension. Il était réservé à une époque plus rapprochée de nous, de faire régner dans ce monument une sorte d'obscurité mystérieuse. Une partie du mur extérieur de la nef et la face principale existent encore aujourd'hui. Quoique cette dernière soit en ruine, il eût été convenable de la conserver comme une relique vénérable de la fondation de Théodose. La nouvelle église est dans un style qui inspire la pitié et les regrets. Elle est également dénuée de sentiment religieux et de science architectonique. Le sanctuaire, contenant l'abside et le transsept, est terminé, rien de plus éclatant; les murs en sont plaqués de marbres précieux qui proviennent des anciennes colonnes qu'on a sciées et débitées en dalles à cet effet. Le dessin et les ornements seraient mieux adaptés à une salle de bal ou à un Casino. La basilique moderne de Saint-Pierre a tellement effacé de notre mémoire l'ancienne construction, qu'à moins d'être très versé dans la science de l'architecture, on ne saurait apprécier la valeur des vestiges qui existent et dont il faut se servir pour sa restitution. Et nous ne parlons encore que de la restauration sur le papier de cette basilique, la plus vénérable entre toutes celles de la chrétienté. C'est une des parties les mieux traitées dans la description de Rome, publiée par M. Bunsen. Quand on commença à démolir l'ancien Saint-Pierre, le pape Jules II fit procéder à cette opération avec autant de violence que s'il se fût agi d'anéantir la citadelle ou le château-fort d'un ennemi odieux; mais la piété et l'active intelligence des âges antérieurs s'étaient mis en devoir de décrire minutieusement l'édifice sacré. Les biographies des anciens papes contiennent les récits de leurs dons et de leurs embellissements. Un grand nombre de vieilles inscriptions ont été copiées et conservées; dans le xiie siècle. Petrus Mallius fit la description de la basilique dans un ouvrage qui, pour son époque, montre une science topographique extraordinaire. Sixte-Quint, qui avait le même amour pour les édifices chrétiens que Jules pour les monuments païens, prit un grand soin de recueillir tous les documents qu'on découvrait pendant la démolition. On peut citer comme les plus importants, les collections faites par Tiberio Alfarano, qui avait décrit avec une infatigable activité les objets les plus remarquables de l'ancienne basilique, en comparant ce qui restait avec les notices qu'on en avait faites auparavant. Tous les lieux consacrés, tous les bâtiments, ainsi que les chapelles nommées dans les chroniques des papes, sont retracés par Petrus Mallius, et tous ceux dont il existait des vestiges sont marqués sur le plan dressé par Alfarano. Ces matériaux, ainsi que beaucoup d'autres encore de même nature, quoique consultés par plusieurs auteurs, sont restés inédits et enfouis en masse dans les archives du Vatican. M. Bunsen, qui mérite à un si haut degré les louanges qu'il accorde lui-même à ses prédécesseurs, a fait usage de toutes les sources qui lui étaient offertes, pour dresser les plans qu'il a donnés de l'église, à deux époques différentes, l'un en 800 et l'autre en 1506, ; les essais qu'il a consacrés à l'histoire du quartier du Vatican, ainsi qu'aux deux premières ères de la basilique, abondent en anecdotes curieuses sur l'art (1).

Monuments du moyen âge. — L'architecture militaire du moyen âge a été beaucoup moins étudiée que l'architecture religieuse; elle offre beaucoup moins d'intérêt, et d'ailleurs peu de ses monuments ont échappé à la dégradation. Aux premiers siècles du moyen âge, on éleva fort peu de forteresses : on se servait de celles des Romains. Jusqu'au ixe siècle on n'éleva guère de monuments militaires que sur les frontières appelées marches; en Orient, au contraire, cette architecture était très florissante. Procope et Césarée nous donnent des détails fort intéressants sur les sept cents châteaux que Justinien fit bâtir ou réparer. La multiplication des fiefs amena nécessairement celle des forteresses; elles se composaient, au xe et xie siècles, d'un donjon et d'une ou deux cours garnies de murs ou de palissades et entourées de fossés. L'architecture militaire fit de grands progrès au xiie siècle : les tours se cou-

(1) D. Ramée, Architecture religieuse de l'Italie.

ronnèrent de mâchicoulis et de créneaux ; elles affectèrent souvent la forme cylindrique et adoptèrent l'emploi de l'ogive. Le xiii⁰ siècle répara plus de châteaux qu'il n'en bâtit ; les guerres de Terre-Sainte absorbaient alors toute la vie des nobles seigneurs. Au xiv⁰ siècle, les salles d'habitation prennent de plus grandes dimensions aux dépens de la forteresse, les murs d'enceinte sont toujours crénelés ; l'élégance s'introduit dans tous les ornements, et les toits se couronnent d'épis et de girouettes, curieux signes de noblesse sur lesquels M. de La Guerrière vient de publier un fort intéressant ouvrage. Au siècle suivant, l'usage de l'artillerie causa la ruine des châteaux forts. Au siècle de la renaissance, ils avaient presque perdu leur caractère militaire : c'étaient des séjours de plaisance et non des monuments de défense. L'architecture civile a suivi à peu près les mêmes développements que l'architecture religieuse. Les maisons du moyen âge étaient en général de forme rectangulaire, offraient un pignon sur rue et s'éclairaient par des fenêtres cintrées et souvent bigéminées. Au xii⁰ siècle, l'ogive se marie au plein cintre, l'arcade des portes est coupé par un linteau. Au xiii⁰ siècle, et surtout aux deux siècles suivants, on bâtit les maisons en bois. Les parties exposées à la pluie étaient recouvertes d'ardoises ; la peinture et la sculpture enrichissaient l'extérieur, surtout les poteaux corniers. Les hôtels de ville acquièrent de l'importance en raison de l'extension du régime communal ; ils étaient toujours accompagnés d'un beffroi, signe des libertés municipales. Parmi les plus remarquables, il faut citer ceux de Douai, d'Evreux, de Dreux, de Saumur, de Compiègne, d'Arras, de Gand, de Bruges, de Bruxelles, d'Ypres, de Louvain, etc. Les ponts étaient souvent accompagnés de tours ou de chapelles. Un des plus anciens qu'on connaisse est celui d'Avignon, bâti en 1177 par saint Benezat ; le Pont-Neuf, à Paris, daté du xvi⁰ siècle ; il est dû à un moine italien, Jean Joconde. Les monastères du moyen âge étaient remarquables par la grandeur et la beauté de leur construction ; les parties les plus dignes d'attention étaient le cloître, qui se développait le long de l'Eglise et circonscrivait une cour carrée ; le *lavatorium,* où on lavait les corps avant de les inhumer ; le réfectoire, dont les murs étaient ordinairement décorés de peintures ; la salle capitulaire, la bibliothèque et la salle des archives.

Nous renvoyons le lecteur, pour ce qui concerne l'architecture religieuse du moyen âge, aux mots Style roman et Style ogival ; nous nous bornons ici à donner, d'après M. de Caumont, le tableau succinct des principaux caractères architectoniques des monuments religieux du moyen âge.

TABLEAU SYNOPTIQUE.

Des principaux caractères de l'architecture religieuse aux différents siècles du moyen-âge.

MONUMENTS RELIGIEUX ANTÉRIEURS AU XI⁰ SIÈCLE.

Style roman primitif. — *Forme des églises.* Les unes en forme de croix ; les autres sans transepts, en forme de carré long ; la plupart terminées, vers l'est, par une absyde circulaire. — *Appareil.* Pierres carrées de petites dimensions, séparées les unes des autres par une couche épaisse de mortier. Appareil moyen. Grand appareil très rare. — *Ornements.* Sculptures imitées de l'architecture gallo-romaine. Moulures en terre cuite, incrustées. — *Colonnes.* Cylindriques, souvent remplacées par des piliers carrés. — *Entablement.* Corniches avec ou sans frises, supportées par des modillons ciselés ou simplement taillés en biseau. — *Fenêtres.* Cintrées, ordinairement sans colonnes à l'extérieur, ayant une archivolte en pierres symétriques quelquefois séparées les unes des autres par des briques. — *Portes.* Même genre de construction que les fenêtres. — *Voûtes.* Cintrées en moëllon noyé dans le mortier. — *Tours.* Très rares, carrées, percées de fenêtres sur les côtés, couvertes d'un toit pyramidal obtus.

MONUMENTS RELIGIEUX DU XI⁰ SIÈCLE.

Style roman secondaire. — *Forme des églises.* La même que dans les siècles précédents, sauf les modifications suivantes : chœur plus allongé ; bas côtés quelquefois prolongés autour de l'absyde ; chapelles disposées en cercle le long des bas côtés du chœur. — *Appareils.* A peu près semblables à ceux qui se rencontrent dans l'architecture romaine primitive (petits appareils carrés, réticulés, en arête, etc., etc.). Appareil moyen dont les pierres sont de grosseur inégale. Appareils d'ornement avec ciment coloré. — *Ornements.* Variés représentant des toiles, des zig-zags, des lozanges, des frètes, des torsades, des entrelacs, etc., etc. — *Contreforts.* Peu saillants, toujours en pierres taillées ; quelquefois ornés de colonnes sur les côtés. — *Colonnes.* De proportions très variables, souvent disposées en faisceau sur les pilastres. — *Corniches.* Plus ou moins saillantes, parfois ornées de moulures, portées sur des modillons présentant des têtes d'hommes, d'animaux, de monstres, et autres figures très-variées. — *Fenêtres.* De moyenne grandeur, ayant une archivolte tantôt tout unie, tantôt ornée de moulures et supportée par des colonnettes ; quelquefois géminées ou composées de deux cintres accolés. Ouvertures circulaires d'un petit diamètre (roses). — *Portes.* Plus ou moins ornées, offrant souvent plusieurs voussures concentriques en retrait couvertes de zig-zags, d'étoiles, de lozanges, de têtes plates, etc., etc., et supportées par des colonnes. — *Voûtes.* Cintrées, en moëllon, souvent consolidées au moyen d'arceaux croisés. — *Tours.* Ordinairement carrées, percées de fenêtres et ornées d'arcades sur chaque face ; terminées par des pyramides à quatre pans plus ou moins élancées ressemblant à des obélisques, ou par des toits en ardoise ; quelquefois octogones avec des toits de même forme.

MMNUMENTS RELIGIEUX DU XIIᵉ SIÈCLE.

Style roman tertiaire ou de transition. — *Forme générale.* Le même qu'au XIᵉ siècle. — *Appareils.* De même espèce qu'au XIᵉ siècle. Appareil moyen très fréquemment employé. — *Ornements.* Semblables à ceux du siècle précédent, mais en général plus délicatement ciselés. Emploi fréquent des entrelacs, des rinceaux, etc. Elément nouveau introduit dans la décoration des édifices par la renaissance de la statuaire.— *Colonnes.* Parfois couvertes de moulures; chapiteaux d'une élégance remarquable. — *Corniches.* Reposant tantôt sur de petites arcades circulaires ou trilobées que soutiennent des têtes grimaçantes; tantôt sur des modillons en demi-relief ou sur des consoles en forme de dents de scie. — *Fenêtres.* Ornées comme au siècle précédent, et dans lesquelles l'ogive remplace quelquefois le plein-cintre. — *Roses.* Déjà un grand diamètre, divisées par des ménaux dirigés du centre à la circonférence. — *Portes.* Voûtées tantôt en plein cintre, tantôt en tiers point, ayant parfois leurs voussures ornées de petites figures en bas-relief et leurs parois latérales garnies de statues de grande proportion. — *Voûtes.* Semi-circulaires et souvent en ogive, construites de la même manière que celles du XIᵉ siècle. — *Tours.* Souvent de forme octogone et du reste semblables à celles du XIᵉ siècle.

MONUMENTS RELIGIEUX DU XIIIᵉ SIÈCLE.

Style ogival primitif. — *Forme générale.* Un peu modifiée par le prolongement constant des collatéraux autour du chœur et par le développement des chapelles qui les garnissent. Plus de cryptes sous les églises. — *Appareils.* Moyeu dont les pièces ne sont point symétriques; plus de petit appareil smillé ni d'appareil réticulé; plus de maçonnerie en arète de poisson. — *Ornements.* Délicatement ciselés figurant des trefles, des quatre-feuilles, des violettes, des fleurons, des rosaces, des crochets, des pinacles, etc. Moins de raideur et plus de mouvement dans les statues; plus de zigzags, d'étoiles, de frètes crénelées, de lozanges, etc., etc. (On pourrait seulement en citer quelques exemples.) — *Contreforts.* Carrés plus ou moins saillants; les uns accolés aux murs, les autres couronnés de clochetons ou de pyramides et servant de supports à des arcs-boutants. — *Colonnes.* Minces et allongées, souvent réunies en faisceaux, dont les fûts sont quelquefois divisés en parties égales par des anneaux. Chapiteaux garnis de feuillages roulés en volutes. — *Corniches.* Ornées de feuilles entablées, et surmontées de rampes en pierre portées sur des arcades. Plus ou presque plus de modillons à têtes grimaçantes. — *Fenêtres.* Etroites et allongées en ogives (lancettes), tantôt isolées, tantôt réunies deux à deux et encadrées dans une arcade d'un plus grand diamètre (lancettes géminées), quelquefois réunies trois à trois.—*Portes.* En ogive surmontées d'un fronton triangulaire souvent d'une grande magnificence, ayant leurs voussures presque constamment couvertes de petites figures en relief et leurs parois latérales garnies de colonnes et de statues. — *Arcades.* En ogive sauf un petit nombre d'exceptions. — *Voûtes.* D'une hardiesse admirable, en blocage, dont les arceaux viennent s'appuyer sur les massifs qui séparent les fenêtres. — *Tours.*

Elevées, percées d'ouvertures en lancettes, sur les faces, et le plus souvent couronnées d'une pyramide à 8 pans.

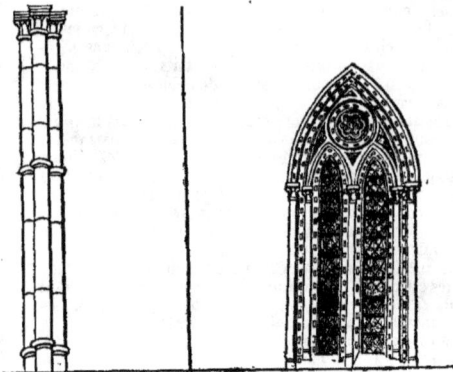

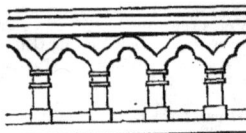

MONUMENTS RELIGIEUX DU XIVᵉ SIÈCLE.

Style ogival secondaire. — *Forme générale.* Modifiée par l'addition d'un rang de chapelles le long des bas côtés de la nef et par l'allongement de la chapelle terminale dédiée à la Sainte-Vierge. — *Ornements.* A peu près semblables à ceux du XIIIᵉ siècle, mais offrant plus de maigreur et un faire différent. — *Corniches.* Ornées de feuilles entablées, comme au XIIIᵉ siècle, et surmontées de rampes en pierre, dont les découpures représentent le plus souvent des quatre-feuilles encadrées. — *Colonnes.* Groupées, plus maigres qu'au XIIIᵉ siècle, et se détachant moins bien des pilastres dont elles font partie. Chapiteaux parfois ornés de feuilles de vigne. Presque plus de colonnes annelées. — *Fenêtres.* Plus larges qu'au XIIᵉ siècle, divisées par plusieurs meneaux, avec plusieurs

rosaces, trefles, ou quatre-feuilles, au sommet. — *Portes.* Peu différentes de celles du xiiie siècle, quelquefois couronnées de frontons à jour, garnis de crochets. — *Arcades.* Moins élancées qu'au xiiie siècle, dont les imposes et le sommet représentent à peu près les points d'un triangle équilatéral. — *Voûtes.* Comme au xiiie siècle. — *Tours.* Extrèmement légères, avec une rampe en pierre au-dessus de la corniche. La pyramide octogone du toit percée à jour sur les faces et couverte de crochets sur les angles; quelques tours terminées par une plate-forme ou par une pyramide en charpente.

MONUMENTS RELIGIEUX DU XVe SIÈCLE.

Style ogival tertiaire. — *Forme générale.* Comme au xive siècle. — *Ornements.* Très sensiblement modifiés par l'adoption des dessins contournés, des moulures prismatiques, des feuillages frisés formant deux bouquets superposés. — *Fenêtres.* Divisées en compartiments qui offrent des dessins contournés. Garnies extérieurement de feuilles frisées. — *Portes.* Ornées d'une grande quantité de moulures et couronnées de frontons en forme d'accolade; accompagnées de pilastres ornés de panneaux, surmontés de pinacles. — *Voûtes.* A peu près comme au xive siècle, avec des arceaux prismatiques. — *Tours.* En général moins élevées, moins sveltes, mais beaucoup plus ornées qu'au xive siècle. Tours octogones terminées par une plate-forme. — *Clochetons.* Souvent octogones sans ouvertures latérales, couronnés de pyramides hérissées de crochets.

MONUMENTS RELIGIEUX, FIN DU XVe ET XVIe SIÈCLES.

Quatrième style ogival. — *Forme générale.* A peu près la même que dans les monuments de l'époque immédiatement antérieure. — *Ornements.* Semblables, pour la plupart, à ceux du style précédent, mais avec plus d'élégance et de finesse. Emploi fréquent des festons, des dentelles, des panneaux, des arabesques, etc., etc. — *Colonnes.* Remplacées presque constamment par des nervures ou filets sans chapiteaux. — *Corniches.* Ornées d'arabesques, de rinceaux, de guirlandes, etc., etc., etc. Balustrades en pierre plus délicates qu'au xve siècle. — *Fenêtres.* Parfois obtuses, quelquesunes en forme d'accolade. — *Portes.* Surchargées de festons, de pinacles, de dentelles, etc. — *Voûtes.* Avec des arceaux

très saillants et nombreux, fréquemment couverts de culs-de-lampe, d'écussons et de sculptures diverses. — *Tours.* En forme de pyramides tronquées, quelquefois hémisphériques.

Renaissance. — Abandon de l'ogive et adoption du plein ceintre, principalement pour les constructions civiles. Architecture mélangée. Retour complet à l'architecture classique.

Monuments arabes. — Vers le viie siècle; l'architecture était tombée en décadence. La religion mahométane qui s'éleva à cette époque, se répandit bientôt dans les provinces occidentales de l'Asie, dans l'Afrique, et jusqu'en Espagne et en Sicile. Les Arabes perpétuèrent leur domination dans le midi de l'Europe, pendant sept à huit siècles. Sous les califes Abassides les sectateurs de l'islamisme cultivèrent les arts; et la Palestine, la Perse, l'Egypte, les pays de Maroc et de Fez, l'Espagne et la Sicile les virent construire des monuments d'architecture. L'Espagne renferme peut-être les plus considérables, tels que : la mosquée de Cordoue, un des plus beaux édifices mauresques, commencé en 770. Elle a environ six cents pieds de longueur sur quatre cents de largeur. Le mur, d'une épaisseur de huit pieds, varie, pour la hauteur de soixante pieds à vingt-cinq, selon les différents côtés. Il est crénelé, ainsi que les contreforts qui le soutiennent. Il y a une grande cour ornée de soixante colonnes; les nefs de la mosquée sont supportées par huit cent cinquante autres, dont le diamètre est de un pied et demi, et la hauteur moyenne de quinze pieds. Une lumière faible éclaire cette forêt de colonnes à perte de vue. Les chapiteaux sont une variété de corinthien très élevé. Les colonnes, sans bases, sont terminées par un congé; elles servent de support à des arcades. Chaque rangée de colonnes forme un petit toit dans le sens de la longueur de l'édifice. Les matériaux proviennent des constructions des Romains, du temps de leur domination en Espagne. Un petit nombre de colonnes exécutées par les Maures, démontre, par l'imperfection du travail, l'ignorance et le défaut d'habileté de leurs auteurs. Les plafonds sont en bois peints. Cette mosquée fut sans doute bâtie par des architectes sortis de Constantinople, comme presque tous ceux d'alors. Elle est au moins dans le goût de l'architecture byzantine, qui y est fortement empreint. En effet, on y voit des arcades sur des colonnes, et des mosaïques, des compartiments de marbres rares, des ornements légèrement découpés ou en stuc peint, des peintures à l'encaustique, décorer les murs, les pavés, enfin toutes les parties de l'édifice. La mosquée de Cordoue est donc construite dans le même style que Saint-Paul, hors les murs, et Sainte-Agnès, à Rome. Il n'y a de différent que le plein cintre outrepassé, ou cintre en fer à cheval, qui est le caractère distinctif de la manière arabe, et quelques dispositions particulières d'ornements. L'allhambra, à Grenade, situé sur un coteau qui domine la ville, servait en même temps de forteresse et de palais. En entrant dans cet édifice, on trouve deux cours oblongues autour desquelles les appartements sont distribués au rez-de-chaussée. Ils offraient tout ce qu'on peut rencontrer de plus recherché : des ornements en stuc peint, des carreaux de fayence, des marbres précieux, etc., le décoraient, et des eaux abondantes répandaient partout la fraîcheur. Le chateau génératif, autre palais placé sur une montagne voisine de Grenade, est aujourd'hui en ruine. Il ne paraît pas qu'il le cédât à l'Alhambra. C'était entièrement les mêmes distributions, la même recherche, le même goût. Aucun frontispice n'indique d'une manière convenable l'entrée des édifices mauresques. Les coupoles qui terminent quelques salles ont peu de hauteur et de largeur. Celles sans ouverture contiennent des cônes polygones, probablement en terre cuite, placés symétriquement et donnant passage à la lumière. Les mosquées ont des coupoles, et généralement de toits bas. Les ouvertures des coupoles servent, avec les fenêtres, à procurer du jour. Toujours isolées, ou au moins réunies sans se toucher, les colonnes sur lesquelles il n'y a point de plates-bandes, mais des arceaux ne sont pour les Maures que des piliers ou des points d'appui. Les matériaux sont petits et assez mal appareillés. Quelques chaînes, ou contreforts en pierres de taille, contribuent à donner une certaine solidité aux murs. Le plein-cintre outrepassé, et même les arcs à trois cintres et ceux en ligne ondoyante, sont ceux qui ont été employés. L'arc aigu n'existe excepté à quelques cintres de l'Alhambra, dus sans doute plutôt au caprice qu'à un système de bâtir. Leur construction, au reste, a eu lieu en 1273. Quant à la voûte du xIII⁰ siècle, il n'y en a pas d'exemple. Bien que les représentations d'hommes et d'animaux n'aient pu entrer dans la décoration des édifices mauresques, ceux-ci offrent néanmoins avec profusion les ornements les plus variés; des incrustations, des feuillages, des rinceaux, des dorures, enfin tout ce que la patience, l'adresse, l'imagination la plus ardente ont pu produire de découpures, de formes fantastiques et bizarres, qui font presque oublier la dureté du marbre et de la pierre, et lui donnent l'apparence de broderies, de dentelles (1).

Monuments américains. — Le type des constructions américaines n'est celui ni des Égyptiens, ni des Chinois, ni des Grecs. On ne s'est proposé l'imitation d'aucun modèle; les motifs généraux de solidité, d'économie, les idées d'ordre et de symétrie ont seuls dirigé les architectes de l'Amérique. Les plaines du Canada offrent des lignes de défense et des retranchements d'une longueur extraordinaire. Tous ces ouvrages américains ressemblent à ceux que l'on découvre journellement dans la partie orientale de l'Asie, où des peuples de race mogole, surtout ceux qui sont le plus avancés en civilisation, ont construit des murailles qui séparent des provinces entières. » (Monum. amér., A. 1, par M. de Humbolt.) On voit aussi de ces retranchements entre les monts Rocki et les Alleghani. Dans le désert, auprès des rives du Gyla, qui se jette avec le Rio-Colorado dans le golfe de Californie, s'élèvent solitairement les ruines colossales du château des Atzèques. Elles occupent plus d'une lieue carrée. « Le palais principal, si une maison bâtie en briques non cuites peut mériter ce nom, a quatre cent vingts pieds de long et deux cent soixante de large. » (Tabl. de la nature, t. 1ᵉʳ, par M. de Humbolt.) MM. de Humbolt et Bonplant ont vu au Mexique et au Pérou, à une hauteur de seize à dix-huit cents toises, des ruines de palais et de bains. Au nombre des monuments les plus remarquables de l'Amérique, se trouvent les téocallis ou pyramides mexicaines. Ces édifices qui étaient à la fois des temples et des tombeaux, se composaient de plusieurs étages en retraite. Une chapelle ou petit temple se trouvait au bas, et une autre au sommet. Auprès de celle-ci étaient quelquefois placées des statues colossales. Celles de la lune et du soleil se voyaient à un des grands téocallis. Ces édifices étaient orientés suivant les quatre points cardinaux, et situés au milieu d'une enceinte entourée de murs; ils formaient une place forte. La pyramide de Papantla est construite en pierres de taille d'une grandeur extraordinaire; la coupe en est belle et régulière. Les téocallis de Téothuanca sont formés de quatre assises ou étages subdivisés en petits gradins. Leur noyau est d'argile mêlée de petites pierres : il

est revêtu d'un mur épais de tezoutly ou amygdaloïde poreuse. Le plus grand, le plus ancien et le plus célèbre de tous les monuments pyramidaux d'Anahuac, est le téocalli de Cholula. Il a cent soixante-six pieds de hauteur, et chaque côté de sa base, treize cent cinquante-trois pieds de longueur. Ces proportions n'étaient pas toujours dans le même rapport. Comme en Égypte, il y avait souvent de petites pyramides auprès des grandes. Le monument mexicain de Xochicalco est une colline taillée de manière à former cinq assises revêtues de briques et ayant chacune soixante-un pieds de hauteur. Il est entouré de fossés de quatre mille trois cent vingt pieds de longueur. Au sommet est une plate-forme oblongue, ayant deux cent trente-trois pieds sur deux cent soixante-cinq de diamètre, et entourée d'un mur de six pieds d'élévation. « La grandeur de ces dimensions ne doit pas nous étonner : sur le dos des Cordillières du Pérou, et à des élévations qui égalent presque celle du Pic-de-Ténérif, nous avons vu, M. Bonplant et moi, des monuments plus considérables encore. » (Monum. amér. par M. Al. de Humbolt, t. 1ᵉʳ.) Les téocallis ont été construits avant l'arrivée des Atzèques, au xIIᵉ siècle, et peut-être même avant les Toltèques et autres peuples qui parurent du vIᵉ au xIIᵉ siècle. Cependant un téocalli avait été bâti à Mexico, six ans avant la découverte de l'Amérique. Les murailles d'une maison près de Xochimiler, à peu de distance de Mexico, sont formées de grosses pierres irrégulièrement placées avec de petites dans les interstices. Les ruines de Milta, dans la province d'Oxaca, appartiennent à des constructions dont le principal but paraissait être de conserver les cendres des princes Tzaotèques. Au-dessus des tombeaux étaient des habitations destinées à servir de retraite aux souverains qui venaient y pleurer leurs parents. Selon d'autres, une famille de prêtres chargés des sacrifices expiatoires pour le repos des morts, vivait dans ce lieu solitaire. Dans le principal édifice se trouvaient six colonnes sans chapiteaux. Le fût, d'une seule pièce, était enfoncé du tiers de sa longueur dans la terre. Dans un des autres édifices, il y aussi deux colonnes et bien probablement autant dans un autre qui lui était symétrique. Ces colonnes sont, dit-on, d'un granit porphyrique; sur les murs de ces édifices, des arabesques, dans le genre des guillochis, forment une espèce de mosaïque composée de petites pierres carrées. « La mosaïque est appliquée dans une masse d'argile qui paraît remplir l'intérieur des murs, comme on l'observe à quelques édifices péruviens. » (Id., t. 2.) « Près de Gatimala, dans un endroit appelé le Paleuque, les ruines d'une ville entière prouvent le goût des peuples de race toltèque et atzèque, pour les monuments d'architecture. Nous ignorons absolument l'ancienneté de tous ces édifices : il n'est guère probable qu'elle remonte au-delà du xIIIᵉ ou xIVᵉ siècle de notre ère. » (Id., ib.) Cependant quelques-uns sont disposés à croire, d'après un passage de Diodore de Sicile surtout, que les constructions de Paleuque sont dues aux Carthaginois. Ils ne les ont bien certainement pas faites eux-mêmes, s'ils vinrent dans ces contrées, car que pouvait-il résulter du travail des équipages de quelques petits navires? Les ruines de cette ville occupent une étendue de six à huit lieues. La publication des antiquités mexicaines, par MM. Al. Lenoir et Ch. Farcy, faite sur les documents fournis par MM. Baradère et Warden, jettera peut-être quelque jour sur l'époque des constructions de cette contrée. On y trouve entre autres objets intéressants, la pyramide étagée de San-Cristoval Teapantepec, ou maison de Dieu sur la colline, qui présente un escalier en zig-zag; un pont dont la voûte conique est formée de deux pierres. El Castillo est un palais ou oratoire couvert, ayant un escalier dans le soubassement qui existe au moins sur le devant, et sur lequel s'élèvent deux étages renfermant des chambres et des galeries, dont celles du rez-de-chaussée sont éclairées par quatre petites fenêtres, et celles du premier par le haut de la porte d'entrée, terminée en cône. Des soutiens, que les auteurs précités appellent pilastres, et qui sont sans doute plutôt des piliers, partent les principales solives : le toit est terminé horizontalement. Une tour carrée pyramidale se compose de quatre étages séparés par de larges corniches. Cet édifice a trente pieds de large et soixante-quinze de hauteur. Il est revêtu d'un enduit où l'on a mis de l'oxide de fer. Sur une base de mille quatre-vingts pieds de tour, et de soixante-quinze pieds de hauteur, la pyramide à trois talus, construite en maçonnerie de blocage, revêtue de pierres de taille, avec un enduit solide et brillant, et ayant un escalier du côté de l'Orient, s'élève un édifice carré-long, de deux cent quarante pieds de longueur sur cent

(1) Voyez, sur les monuments Arabes, le Voyage en Espagne de M. A. de la Borde, les Monuments arabes du Caire par M. Coste et la Description des monuments musulmans du cabinet de M. le duc de Blacas.

quarante de largeur, et d'une hauteur de trente-six pieds. Le mortier de sable et de chaux et le gypse y sont employés. Le toit est couvert de dalles. Dans la grande cour se trouve un escalier en pierres de taille revêtues d'un bel enduit. Les portes ont depuis un pied jusqu'à quinze de largeur, et depuis quatre jusqu'à douze de hauteur. On ne voit aucune trace de gonds ou autres ferrures. L'intérieur est voûté; les pierres sont placées horizontalement, et donnent aux voûtes la forme d'un cône tronqué. Dans les édifices de Palenque, on remarque l'emploi d'un mortier de chaux et de sable. Les fenêtres y sont parfois plus larges que hautes. A quelques-uns, on aperçoit des ouvertures comme aux murailles de Messène, et en outre un petit pont dont l'arche est formée de deux pierres réunies au sommet par un point vertical, comme dans le cintre ogyval. Des galeries souterraines de tumulus d'une grande dimension situées auprès de Palenque, sont voûtées en plein-cintre. Ce fait très intéressant ne s'accorde pas avec l'architecture des autres constructions, où l'on ne voit aucune trace de cintre. M. Nebel, architecte, entre autres antiquités mexicaines qu'il a décrites, fait connaître le plan des édifices singuliers soutenus de colonnes, que l'on trouve agglomérés sur une colline au sud-est de Zacatécas, édifices qui attestent une civilisation très avancée. Les Incas construisirent, de distance en distance, sur le chemin de Cuzco à Quito, dans une longueur de plus de quatre cent cinquante lieues, depuis mille quatre-vingts jusqu'à quatre mille trois cent vingt pieds au-dessus du niveau de l'Océan, sur le dos des Andes et d'un style tellement identique, que l'on dirait qu'ils sont d'un même architecte, des hôtelleries, des magasins et des maisons propres à servir d'habitation pour le prince et pour sa famille. Telle est la maison de l'Inca, à Callo, qui formait un carré dont chaque côté avait trente mètres de longueur. On y distingue encore quatre grandes portes extérieures semblables à celles des temples de l'Egypte, et huit appartements dont trois sont conservés. Les niches au nombre de dix-huit dans chaque appartement, existent encore ainsi que les portes, plus étroites dans le haut que dans le bas, afin que le linteau ait moins de portée, les voûtes étant inconnues comme en Egypte, où le même usage avait lieu. On voit aussi aux murailles des appartements, des cylindres destinés à suspendre des armes. « Les pierres sont taillées en parallélipipèdes; elles ne sont pas toutes de la même grandeur, mais elles forment des assises aussi régulières que celles des briques romaines... L'interstice entre les pierres intérieures et extérieures est rempli de petits cailloux cimentés par de l'argile... On ne voit aucun vestige de plancher ou de toit : on peut supposer que ce dernier a été en bois... Pendant notre long séjour dans la Cordillière des Andes, nous n'avons jamais trouvé aucune construction qui ressemblât à celles que l'on appelle cyclopéennes : dans tous les édifices qui datent du temps des Incas, les pierres sont taillées avec un soin admirable sur la face extérieure, tandis que la face intérieure est inégale et souvent anguleuse... L'architecture américaine, nous ne saurions assez le répéter, ne peut surprendre ni par la grandeur des masses, ni par l'élégance des formes. » (Id., ib., t. 2.) La forteresse du Cânar, connue sous le nom d'Ingapilca, est un reste de l'architecture péruvienne. C'est une colline terminée par une plate-forme entourée d'un mur de quinze à dix-huit pieds de hauteur construit en pierres de taille. Au centre est une maison en briques séchées à l'air et pétries de paille : elle servait de logement aux Incas quand ils allaient du Pérou au royaume de Quito. « On ne trouve point dans les ruines du Cânar de ces pierres d'une énorme grandeur qu'offrent les édifices péruviens de Cuzco et des pays voisins. Acosta en a mesuré à Taquanaco qui avaient douze mètres de long, sur cinq mètres huit décimètres de large, et un mètre neuf décimètres d'épaisseur. Pedro Ciéca de Léon en vit des mêmes dimensions dans les ruines de Tiahuanaco. Dans la citadelle Cânar, je n'ai pas observé de pierres qui eussent au-delà de vingt-six décimètres de longueur. Elles sont en général bien moins remarquables par leur masse que par l'extrême beauté de leur coupe : la plupart sont jointes sans aucune apparence de ciment; cependant on reconnaît ce dernier dans quelques-uns des bâtiments qui entourent la citadelle, et dans les trois maisons de l'Inca au Pullal, dont chacune a plus de cinquante-huit mètres de long ; il est formé d'un mélange de petites pierres et de terre argileuse, qui fait effervescence avec les acides ; c'est un vrai mortier, dont j'ai retiré, au moyen d'un couteau, des portions considérables, en creusant dans les interstices que laissent les assises parallèles des pierres. Ce fait mérite quelque attention, parce que les voyageurs qui m'ont précédé ont tous assuré que les Péruviens ne connaissent point l'usage du ciment ; mais on a eu tort de supposer cette ignorance chez eux, de même que chez les anciens habitants de l'Egypte. Les Péruviens n'employaient seulement pas du mortier marneux ; dans les grands édifices de Pacaritambo, ils ont fait usage d'un ciment d'asphalte, mode de construction qui, sur les bords de l'Euphrate et du Tigre, remonte à la plus haute antiquité. » (Id., ib., t. 1er.) Le porphyre est la pierre qui a servi aux édifices du Cânar... Il est certain que dans les édifices d'ancienne fabrique péruvienne, on ne trouve jamais de fenêtres : simplicité, symétrie, solidité, voilà les trois caractères par lesquels se distinguent avantageusement tous les édifices péruviens. On trouve des tumulus en Virginie et au Canada comme au Pérou, où de nombreuses galeries, construites en pierres et communiquant entre elles par des puits, remplissent l'intérieur des huacas, ou collines artificielles. Ces galeries sont terminées par des pierres à plat, d'une seule pièce, ou par plusieurs étagées en se rétrécissant par le haut, comme on en trouvait aussi en Egypte (1).

L'abbé C.

MONVEL (JACQUES-MARIE BOUTET DE), acteur et auteur dramatique, né le 25 mars 1745, à Lunéville, d'un père qui jouait lui-même la comédie en province, fut destiné très jeune à la carrière théâtrale. S'étant exercé sur différents théâtres, il vint débuter en 1770 à la Comédie-Française, et fut reçu deux ans après pour doubler Molé dans l'emploi des jeunes premiers et des amoureux. Il était loin d'avoir autant de grâce et d'élégance que son rival, et, pour obtenir la faveur du public, il fut obligé de faire des efforts incroyables, car la nature lui avait refusé les avantages extérieurs. Le public finit par lui tenir compte de ses travaux, et Monvel parvint à se faire applaudir dans les pièces de Séide, Xipharès, l'Orphelin de la Chine, le Jeune Bramine, de la Veuve du Malabar, etc. Après la mort de Lekain, il réclama quelques rôles de ce grand tragédien, mais la faiblesse de sa santé, et les désagréments de sa personne et de son organe, le forcèrent de renoncer à cet emploi. En même temps, il avait donné à l'Opéra-Comique quelques pièces dont Dezède fit la musique, et qui obtinrent un grand succès. En 1777, il fit représenter au Théâtre-Français la comédie qui a pour titre : l'Amant Bourru, dont le sujet est pris dans un roman de madame Riccoboni. Molé, dont la rivalité s'était changée en haine, fut contraint de jouer dans cette pièce ; il faut dire que Monvel avait soigné tout particulièrement le rôle qu'il avait pris, et que, de son côté, Molé se fit un devoir d'en faire ressortir la beauté. Le public applaudit la pièce et les acteurs. Molé et Monvel furent appelés à grands cris; ceux l'un et l'autre par les applaudissements unanimes des spectateurs, ils s'embrassèrent et se réconcilièrent ainsi pour la vie. Monvel jouissait paisiblement de l'approbation du public, lorsqu'un ordre de la haute police le força brusquement à sortir de France (1781). La chronique scandaleuse du temps prête à cet ordre des motifs de la vie privée de Monvel, que la décence ne nous permet pas de raconter, et qui d'ailleurs n'appartiennent pas à l'histoire. Après avoir passé quelque temps à Stockholm, où il était lecteur et comédien ordinaire du roi de Suède, il revint à Paris en 1786. Il fit représenter une pièce qu'il avait achevée en Suède, les Amours de Bayard ; mais elle n'eut point le succès qu'il s'en était promis. Il s'attacha ensuite au théâtre des Variétés du Palais-Royal, qui prit en 1792 le nom de Théâtre de la République, où il fut accueilli par des applaudissements que méritait son talent. Sept ans après, presque tous les anciens artistes de la Comédie-Française, que la terreur avait dispersés, se réunirent à ce théâtre : alors Monvel fut forcé par son âge de renoncer au rôle qui avait fait sa réputation, pour prendre ceux de père noble et de grand raisonneur; il les jouait avec une supériorité remarquable. Monvel avait du talent; si des obstacles physiques que jamais il ne put surmonter n'eussent empêché qu'il ne parût dans tout son éclat, il aurait, nous n'en doutons pas, égalé les premiers acteurs de cette époque ; du reste, ces défauts ne paraissaient que sur la scène, et dans le monde il lisait d'une manière admirable. Jusqu'à l'époque de la révolution, sa conduite n'avait été que celle d'un comédien; mais, au moment de cette grande commotion politique, il se crut appelé à jouer un autre rôle; il se distingua parmi les démagogues effrénés qui, dans tous les carrefours, haranguaient la populace pour lui inspirer la haine de la religion et du trône. Non content de se signaler parmi

(1) C.-J. B., Précis des arts du dessin.

les jacobins les plus déhontés, on le vit, au mois de novembre 1793, dans l'église de Saint-Roch, prostituer la chaire de vérité, et terminer un discours blasphématoire par cette horrible imprécation : « S'il existe un Dieu , je le défie en ce moment de me foudroyer, pour montrer sa puissance. » On dit qu'il se repentit amèrement d'une conduite aussi scandaleuse. Il est à désirer qu'il ait assez versé de larmes pour expier tant de profanations. Il mourut à Paris, le 13 février 1812. Ses principaux ouvrages sont : 1° l'*Amant Bourru* , comédie en 3 actes et en vers libres , le 13 août 1777, in-8° ; 2° *Clémentine et Désormes* , drame en 3 actes et en prose ; 3° les *Amours de Bayard* , comédie héroïque en 3 actes et en prose. Ce qu'il y a de plus beau dans cette pièce, c'est le nom du héros ; 4° la *Jeunesse du duc de Richelieu* , ou le *Lovelace français* , drame en 5 actes et en prose, avec M. A. Duval. Cette pièce, peu décente , n'est pas toujours conforme aux règles du bon goût ; 5° les *Trois Fermiers* , comédie en 2 actes , mêlée d'ariettes , musique de M. Dezède, 1778, in-8° ; 6° le *Charbonnier*, ou le *Dormeur éveillé* , comédie en 4 actes , 1780 ; 7° *Blaise et Babet* , en 2 actes, mêlée d'ariettes, 1783 , in-8°. Cette pièce est assez intéressante , et présente des situations fort naturelles ; 8° *Sargines* , comédie lyrique ; c'est un de ses meilleurs ouvrages. On a encore de lui un roman historique, intitulé : *Frédégonde et Brunehault*, 1776, in-8°, et quelques poésies fugitives , qui furent insérées dans divers journaux. Monvel ne manquait pas de talent en littérature , et il aurait laissé un nom assez honorable dans les lettres, si on pouvait se le rappeler sans penser qu'il fut un des plus impies et un des plus audacieux anarchistes qu'ait produits la révolution. Il a eu plusieurs enfants, et entre autres mademoiselle Mars, la meilleure de nos actrices dans la comédie.   M.

MOOLA FEROOZ, grand-prêtre des Parsis, mort à Bombay en 1831, âgé de 72 ans, est auteur du *Georges Nama*, poème épique en langue persane, sur la conquête de l'Inde par les Anglais. Ce poème, qui contient plus de 40,000 vers, ne va cependant que jusqu'à la guerre de Poona en 1816 et 1817.

MOOR (ANTOINE), peintre, natif d'Utrecht, mort à Anvers en 1597, âgé de 56 ans, a excellé le portrait ; il a aussi très bien traité quelques sujets d'histoire.

MOOR (JOHN), médecin, né en Ecosse, l'an 1730, mort près Londres le 28 février 1802, accompagna le jeune duc d'Argyle dans ses voyages, et en publia le résultat, sous le titre de *Coup d'œil sur la société et les mœurs en France, Suisse, Allemagne et Italie*, 1779-81, 4 vol. in-8°. Cet ouvrage, qui obtint un grand succès lors de sa publication, fut traduit en français, Genève, 1799, 4 vol. in-8°. On a encore de lui : *Journal écrit pendant un séjour en France*, en 1792, 2 vol. in-8° ; *Vues des causes et des progrès de la révolution*, 1795, 2 vol. in-8°.

MOPINOT (SIMON), bénédictin de Saint-Maur, né à Reims en 1685, et mort en 1724, à 39 ans, professa les humanités dans son ordre avec beaucoup de succès. Il ne fut pas moins attentif à inspirer à ses élèves l'amour de la vertu que le goût de la belle littérature. On a de lui des Hymnes qu'on chante dans plusieurs maisons de sa congrégation : elles sont pleines de sentiments affectueux, et préférables sous ce rapport à celles de Santeuil, auxquelles elles sont inférieures par l'énergie et la vivacité des images ; plusieurs peuvent être mises à côté de celles de Coffin et de Combolle. Ce savant bénédictin a travaillé avec dom Coustan à la collection des Lettres des papes dont il a fait l'épître dédicatoire et la préface. Cette préface ayant déplu à la cour de Rome, Mopinot la défendit par plusieurs Lettres. Il a fait encore l'épître dédicatoire qui est à la tête du *Thesaurus anecdotorum*. Il avait achevé le 22° volume de la collection des Lettres des papes lorsqu'il mourut.

MOPINOT (GUILLAUME), ecclésiastique, plus connu par ses bonnes œuvres que par l'éclat qui les accompagne quelquefois, né à Reims le 15 novembre 1773, d'une famille honorable et qui avait fourni des hommes estimés dans le commerce et la magistrature. Entré de bonne heure dans la congrégation des chanoines de Sainte-Geneviève, il fut bientôt le modèle de ses confrères ; de bonnes études l'avaient préparé à la conduite sage et ferme qu'il tint pendant le temps de nos orages. Arrêté par suite des décrets rendus contre les prêtres, il fut détenu pendant 3 ans dans le château de Blaye et dans d'autres prisons ; il fut même jeté pendant quelque temps sur des vaisseaux, et on le menaça de la déportation. Après avoir été entre l'exil et la mort, et avoir donné l'exemple de la résignation la plus héroïque, il fut rendu enfin à la liberté. Il se fixa d'abord à Mère, où il exerça son ministère, et d'où

il se rendit à Fleury, près d'Orléans, en qualité de curé. Sur la fin de sa carrière, il a dirigé dans cette dernière ville l'Etablissement de la Providence. Il est mort le 3 janvier 1828, après avoir rempli de bonnes actions, sa vie qu'il consacra entièrement à la gloire de Dieu et à l'édification du prochain. Il était chanoine honoraire du chapitre de Reims et de celui d'Orléans.

MOPSUS, fameux devin, fils d'Apollon, ou, selon d'autres, de Tirésias, ou du Crétois Rhacius et de Manto, vivait dans le temps du siège de Troie. Consulté par Amphimaque, roi de Colophon, qui méditait une guerre importante, il ne prédit à ce prince que des malheurs. Mais Calchas, qui se trouvait alors à Colophon, lui annonça au contraire qu'il serait vainqueur. Amphimaque fut battu ; et Calchas, honteux d'avoir si mal deviné, en mourut de chagrin. On raconte différemment la victoire de Mopsus et la mort de Calchas. Ces deux devins, jaloux l'un de l'autre, voulurent un jour éprouver leur talent pour la divination. Calchas demanda à son adversaire combien un figuier voisin avait de figues. Dix mille moins une , répondit Mopsus, et un seul vase peut les contenir toutes. On compta les figues, et l'on trouva que Mopsus avait deviné juste. Mopsus demanda à son tour à Calchas combien une truie pleine qui vint à passer devant eux portait de petits dans son ventre. Calchas ayant avoué son ignorance, Mopsus dit aussitôt qu'elle mettrait bas le lendemain dix petits, dont un seul serait mâle et tout noir, et les autres femelles et bigarrés de blanc. La truie mit bas le lendemain conformément à la prédiction de Mopsus, et Calchas mourut de douleur de se voir vaincu. Mopsus fut mis au rang des dieux après sa mort. Il avait à Malle, en Cilicie, un oracle célèbre par la clarté et la vérité de ses réponses. Plutarque raconte que le gouverneur de cette province, ne sachant que croire des dieux, parce qu'il était entouré d'Epicuriens, qui lui avaient jeté beaucoup de doutes dans l'esprit, résolut, dit l'historien, d'envoyer un espion chez les dieux. Il lui donna un billet cacheté pour porter à Mopsus. Cet envoyé s'endormit dans le temple, et vit en songe un homme fort bien fait, qui lui dit *noir*. Il porta cette réponse au gouverneur, qui en fut frappé d'étonnement et d'admiration ; et, ouvrant le billet, il lui montra ces mots qu'il y avait écrits : *T'immolerai-je un bœuf blanc ou noir?*

MOQUER (se), v. pron., se railler de quelqu'un ou de quelque chose, en rire, en faire un sujet de plaisanterie ou de dérision. Il signifie aussi, mépriser, braver, témoigner, par ses actions, par ses paroles, qu'on ne fait pas cas de quelqu'un ou de quelque chose, qu'on ne s'en inquiète point. Il se prend quelquefois absolument, et signifie alors ne pas parler, ne pas agir sérieusement. Par civilité, vous vous moquez de moi, vous vous moquez, vous me traitez avec trop de cérémonie, vous poussez trop loin la politesse. Prov. et fig., la pelle se moque du fourgon, se dit lorsqu'une personne se moque d'une autre qui aurait autant de sujet de se moquer d'elle. Moquer s'emploie quelquefois avec le verbe faire. Il s'emploie aussi au participe avec le verbe être. Il est familier dans toutes ses acceptions.

MOQUERIE, s. f., paroles ou actions par lesquelles on se moque. Il signifie plus ordinairement chose absurde, chose impertinente.

MOQUETTE, s. f., étoffe à chaîne et à trame de fil, veloutée en laine, dont on fait des tapis et dont on couvre des sièges.

MOQUEUR, EUSE, adj., qui se moque, qui raille, qui a l'habitude de se moquer, de se railler. Il s'emploie aussi substantivement et se dit d'une personne qui ne parle pas sérieusement.

MORABIN (JACQUES), secrétaire du lieutenant-général de police de Paris, était de La Flèche. Il mourut le 9 septembre 1762, avec la réputation d'un homme savant. On a de lui : *Traduction du Traité des lois de Cicéron*, in-12, et du *Dialogue des orateurs*, attribué à Tacite, 1722, in-12 ; *Histoire de l'exil de Cicéron*, in-12 ; morceau estimé qui a été traduit en anglais ; *Histoire de Cicéron*, 1745, 2 vol. in-4°, écrite avec assez de savoir, de clarté et de méthode ; *Nomenclator Ciceronianus*, 1757, in-12. Personne n'avait plus lu Cicéron que l'auteur ; *Traduction* du Traité de la consolation de Boèce, 1753, in-12, faite avec exactitude.

MORALE, règle des mœurs ou des actions humaines. L'homme, être intelligent et libre, capable d'agir pour une fin, n'est pas fait pour se conduire par l'instinct ou par l'impulsion du tempérament, comme les brutes qui n'ont ni intelligence ni liberté ; il doit donc avoir une morale, une règle de conduite. La grande question entre les philosophes incrédules et les théologiens, est de savoir s'il peut y avoir une morale solide et capable de diriger l'homme, indépendamment de la religion ou de la croyance d'un Dieu législateur, vengeur du crime et rémunérateur de la vertu. Nous soutenons qu'il n'y en a point, et qu'il ne peut y en avoir; malgré tous les efforts qu'ont faits les incrédules modernes pour en établir une, ils n'y ont pas réussi, et, pour les réfuter complètement, nous pourrions nous contenter de leur opposer les aveux qu'ils ont été forcés de faire. 1° Prendrons-nous pour règle de morale la raison? Elle est à peu près nulle sans l'éducation; il est aisé d'estimer de quel degré de raison serait susceptible un sauvage abandonné dès sa naissance, qui aurait vécu dans les forêts parmi les animaux; il leur ressemblerait plus qu'à une créature humaine. Qu'est-ce, d'ailleurs, que l'éducation? Ce sont les leçons et les exemples de nos semblables; s'ils sont bons, justes et sages, ils perfectionnent la raison; s'ils ne le sont pas, ils la dépravent. Où s'est-il trouvé un homme qui ait eu une intelligence assez étendue et une âme assez ferme pour se défaire de tous les préjugés de l'enfance, pour oublier toutes les instructions qu'il avait reçues, pour heurter de front toutes les opinions de ceux avec lesquels il était forcé de vivre? Nos philosophes ont voulu faire parade de ce courage; mais voyez si c'est la raison qui les a conduits plutôt que la vanité, et si leur conduite est fort différente de celle des autres hommes.

Ils ont dit eux-mêmes que rien n'est plus rare que la raison chez les hommes, que le très grand nombre sont des cerveaux mal organisés, incapables de penser, de réfléchir, d'agir conséquemment, que tous sont conduits par l'habitude, par les préjugés, par l'exemple de leurs semblables, et non par la raison. La question est donc de savoir comment, pour former un bon système de morale, on donnera au genre humain un degré de raison dont il ne s'est pas encore trouvé susceptible depuis la création. La raison est offusquée et contredite par les passions. La première chose à faire est de prouver à un homme sans religion qu'il est obligé d'obéir à l'une plutôt qu'aux autres, qu'en suivant la raison il trouvera le bonheur, qu'en se laissant dominer par une passion il court à sa perte. Jusqu'à présent nous ne voyons pas que cela soit fort aisé. A force de raisonner, les sceptiques, les cyniques, cyrénaïques et d'autres grands philosophes, prouvaient doctement que rien n'est en soi bien ou mal, juste ou injuste, vice ou vertu; que cela dépend absolument de l'opinion des hommes, à laquelle un sage ne doit jamais se conformer, d'où il s'ensuivait clairement que toute morale est absurde. Sans avoir besoin de l'avis des philosophes, il ne s'est jamais trouvé d'homme passionné qui n'ait allégué des raisons pour justifier sa conduite, et qui n'ait prétendu qu'en faisant ce qui lui plaisait le plus il a écouté la voix de la nature. De là les académiciens concluaient que la raison est plutôt pernicieuse qu'utile aux hommes, puisqu'elle ne leur sert qu'à commettre des crimes, et à trouver des prétextes pour les justifier. Ceux d'aujourd'hui ont enseigné que les passions sont innocentes, et la raison coupable; que les passions seules sont capables de nous porter aux grandes actions, par conséquent aux grandes vertus; que le sang-froid de la raison ne peut servir qu'à faire des hommes médiocres, etc. Nous voilà bien disposés à nous fier beaucoup à la raison en fait de morale. — 2° Nous trouverons peut-être une meilleure ressource dans le sentiment moral, dans cette espèce d'instinct qui nous fait admirer et estimer la vertu, et détester le crime. Mais sans contester la réalité de ce sentiment, n'avons-nous pas les mêmes reproches à lui faire qu'à la raison? Il est à peu près nul sans l'éducation; il est peu développé dans la plupart des hommes, il diminue peu à peu et s'éteint presque entièrement par l'habitude du crime. Nos philosophes nous disent qu'il y a des hommes si pervers par nature qu'ils ne peuvent être heureux que par les actions qui les conduisent au gibet; il faut donc que le sentiment moral soit anéanti chez eux, et que la voix de leur conscience ne se fasse plus entendre. Ont-ils encore des remords après le crime? Nous n'en savons rien: quelques matérialistes nous assurent que les scélérats consommés n'ont plus de remords. Quand ils en auraient, cela ne suffirait pas pour fonder la morale; celle-ci doit servir, non-seulement à nous faire repentir d'un crime commis, mais à nous empêcher de le commettre. Un goût décidé pour la vertu des hommes médiocres est une chose qui s'acquiert que par l'habitude de la pratiquer, et, pour l'aimer sincèrement, il faut déjà être vertueux; par quel ressort sera mu celui qui ne l'est pas encore? — 3° Par

les lois, disent nos profonds raisonneurs, par la crainte des supplices, et par l'espoir des récompenses que la société peut établir, l'homme, en général, craint plus le gibet que Dieu. Mais combien de lois absurdes, injustes, pernicieuses, chez la plupart des peuples! Les lois sont impuissantes sans les mœurs; plus elles sont multipliées chez une nation, plus elles y supposent de corruption. Les esprits rusés savent les éluder, et les hommes puissants peuvent impunément les braver; il en a été de même dans tous les temps et chez toutes les nations. Une action peut être blâmable sans mériter pour cela des peines afflictives. Où est le législateur assez sage pour prévoir toutes les fautes dans lesquelles la fragilité humaine peut tomber, pour statuer le degré de punition qui doit y être attaché, pour deviner tous les motifs qui peuvent rendre un délit plus ou moins digne de châtiment? L'homme est-il donc fait pour être uniquement gouverné, comme les brutes, par la verge et le bâton? Aucune société n'est assez puissante pour récompenser ,tous les actes de vertu qui peuvent être faits par ses membres; plus les récompenses sont communes, plus elles perdent de leur prix. L'intérêt dégrade la vertu, et l'hypocrisie peut la contrefaire; souvent l'on a récompensé des actions que l'on aurait punies si l'on en avait connu les motifs. Les hommes ont la vue trop faible pour démêler ce qui est véritablement digne de louange ou de blâme; ils sont trop sujets aux préventions et à l'erreur. Si les distributeurs des récompenses sont vicieux et corrompus, quel fond pourra-t-on faire sur leur jugement? Ce n'est qu'en appelant au tribunal de la justice divine que la vertu peut se consoler d'être oubliée, méconnue et souvent persécutée en ce monde. — 4° Dire que la crainte du blâme et le désir d'être estimés de nos semblables suffisent pour nous détourner du crime et nous porter à la vertu, c'est retomber dans les mêmes inconvénients. Non-seulement les nations barbares on loue et on estime des actions contraires à la loi naturelle, et l'on méprise la plupart des vertus civiles, mais ce désordre se trouve chez les peuples les plus policés. La justice d'Aristide fut punie par l'ostracisme, et la franchise de Socrate par la ciguë; les Romains ne faisaient cas que de la férocité guerrière; personne n'était blâmé pour avoir ôté la vie à un esclave. Parmi nous, le meurtre est commandé par le point d'honneur, et quiconque le refuse est censé un lâche; aucune dette n'est sacrée, à l'exception de celles du jeu, etc. Nous ne finirions pas s'il nous fallait faire l'énumération de tous les vices qui ne déshonorent point, et de toutes les vertus dont on ne sait gré à personne. L'opinion des hommes a-t-elle donc le pouvoir de changer la nature des choses, et la morale doit-elle être aussi variable que les modes? Je fais plus de cas, dit Cicéron, du témoignage de ma conscience que de celui de tous les hommes. Un sage, plus ancien et plus respectable que lui, pensait encore mieux; il disait : « Mon témoin est dans le ciel; lui seul est l'arbitre de mes actions. » Si la gloire et l'intérêt sont les seuls ressorts qui nous déterminent, pourquoi donc ceux qui agissent par ces motifs font-ils ce qu'ils peuvent pour les cacher? — 5° Enfin, lorsque Jésus-Christ vint sur la terre, il y avait cinq cents ans que les philosophes fondaient la morale sur ces mêmes motifs, que leurs successeurs regardent comme seuls solides et suffisants. On sait les prodiges qu'avait opérés cette morale philosophique, et en quel état les mœurs étaient pour lors. C'est en comparant ses effets avec ceux que produisit la morale divine de Jésus-Christ que nos apologistes ont fermé la bouche aux philosophes détracteurs du christianisme. La religion seule peut rectifier tous ces motifs proposés par la philosophie, et leur donner un poids qu'ils n'ont pas par eux-mêmes. C'est la raison, j'entends la raison cultivée et droite, qui nous démontre que l'homme n'est point l'ouvrage du hasard, mais d'un Dieu intelligent, sage et bon, qui a créé nos facultés telles qu'elles sont. C'est Dieu lui qui nous a donné, non-seulement l'instinct comme aux brutes, mais la faculté de réfléchir et de raisonner. Puisque c'est là qu'il nous a distingués des animaux, c'est donc par là qu'il veut nous conduire; nous ne pouvons résister aux lumières de la raison sans résister à la volonté du Créateur. Si elle se trouve très bornée dans la plupart des hommes, si elle est dépravée dans les autres par les leçons de l'enfance, Dieu, qui est la justice même, ne punit point en eux l'ignorance invincible ni l'erreur involontaire; il n'exige d'eux que la docilité à recevoir de meilleures leçons, lorsqu'il daignera les leur procurer. Si c'est l'homme lui-même qui pervertit sa raison par l'habitude du crime, il n'est plus excusable. Il en est de même du sentiment moral, du témoignage que la conscience nous rend de nos propres actions, des remords causés par le crime, de la pitié qui nous fait compatir aux maux d'autrui, de l'admiration que nous inspire une belle action, etc. C'est Dieu qui nous a donné cette espèce d'instinct; sans cela, il ne prouverait rien; nous en serions quittes pour l'étouffer; dès qu'il est le signe de la volonté de notre souverain maitre, il nous impose un devoir, une obligation morale; y résister, c'est se rendre coupable. Dieu déclare que les méchants ne viendront jamais à bout de se délivrer des remords : « Quand ils iraient se cacher au fond de la mer, j'enverrai le serpent les déchirer par ses morsures.» « Qui a trouvé la paix en résistant à Dieu? » Aucun homme n'a eu de remords d'avoir fait une bonne action, aucun ne s'est cru louable pour avoir satisfait une passion. Les passions tendent à la destruction de l'homme, et non à sa conservation; un naturaliste l'a démontré. Il est donc faux que les passions soient la voix de la nature. D'ailleurs, que nous importe la nature, si ce n'est pas Dieu qui en est l'auteur? Dieu, sans doute, a destiné l'homme à vivre en société, puisqu'il lui en a donné l'inclination et qu'en vivant isolé il ne peut ni jouir des bienfaits de la nature, ni perfectionner ses facultés; or, la société ne peut subsister sans lois. Mais s'il n'y avait pas une loi naturelle qui ordonne à l'homme d'obéir aux lois civiles, celles-ci ne seraient plus que la volonté des plus forts exercée contre les faibles; elles ne nous imposeraient pas plus d'obligation morale que la violence d'un ennemi plus fort que nous. Si elles sont évidemment injustes, la loi naturelle les annule; un citoyen vertueux doit subir la mort plutôt que de commettre un crime ordonné par les lois. Lorsque les particuliers sans titre et sans mission s'avisent de déclamer contre les lois de la société et s'érigent en réformateurs de la législation, ce sont des séditieux qu'il faut punir : quel crime est commandé par nos lois? Les récompenses que la société peut accorder ne sont pas assez grandes pour payer la vertu dans toute sa valeur; il lui en faut de plus durables, et qui la rendent heureuse pour toujours. Dès qu'elle est sûre de les obtenir d'un Dieu juste, peu lui importe que les hommes la méconnaissent, la méprisent ou la punissent : leurs erreurs et leurs injustices lui donnent un nouveau droit aux biens de l'éternité. Mais il n'est pas vrai que la religion défende à l'homme vertueux d'être sensible au point d'honneur, à la louange et au blâme, aux peines et aux récompenses temporelles, à la satisfaction d'avoir fait son devoir. Elle lui ordonne, au contraire, de se faire une bonne réputation, de la préférer à tous les biens de ce monde; elle avertit les méchants que leur nom sera effacé de la mémoire des hommes, ou détesté par la postérité. La religion défend seulement d'envisager ces avantages comme sa récompense principale, d'y attacher trop de prix, de se dégoûter de la vertu lorsqu'ils viennent à lui manquer, de commettre un crime pour les obtenir. Jésus-Christ lui-même nous ordonne de faire luire la lumière aux yeux des hommes, afin qu'ils voient nos bonnes œuvres et glorifient le Père céleste. Saint Pierre nous fait la même leçon. Elle ne contredit point ce qui est dit ailleurs, qu'il faut être humble et modeste, cacher nos bonnes œuvres, rechercher les humiliations, et tenons en réjouir parce qu'il y a des circonstances dans lesquelles il faut le faire. La morale, disent nos adversaires, doit être fondée sur la nature même de l'homme, et non sur la volonté de Dieu; la première nous est connue, la seconde est un mystère : comment connaître la volonté d'un Etre incompréhensible duquel nous ne pouvons pas seulement concilier les attributs? En voulant lier la morale à la religion, l'on est venu à bout de les dénaturer l'une et l'autre; la première s'est trouvée assujétie à toutes les rêveries des imposteurs. Quelques-uns de nos philosophes ont poussé la démence jusqu'à dire que l'on ne peut désormais jeter les fondements d'une morale saine que sur la destruction de la plupart des religions. Nous convenons que la morale doit être fondée sur la nature de l'homme, mais telle que Dieu l'a faite, et non telle que les incrédules la conçoivent. Si les hommes sont de même nature que les brutes, ont la même origine et la même destinée, on peut fonder sur cette nature la morale des brutes, et rien de plus. C'est de la constitution même de notre nature, telle que nous la sentons, que nous concluons évidemment quelle est la volonté de Dieu, et quelles sont les lois qu'il nous impose. Quand Dieu serait encore cent fois plus incompréhensible, toujours est-il démontré que c'est un Etre sage et incapable de se contredire; il ne nous a donc pas donné la raison, le sentiment moral, la conscience, pour que nous n'en fissions aucun usage. S'il nous a donné des passions qui tendent à nous conserver lorsqu'elles sont modérées, il n'approuve pas pour cela leur excès,

qui tend à nous détruire et à troubler l'ordre de la société. Il est donc absurde de prétendre que la volonté de Dieu nous est plus inconnue que la constitution même de l'humanité. La vraie religion n'est pas plus responsable des rêveries des imposteurs en fait de morale qu'en fait de dogme; mais il n'est point d'imposteurs plus odieux que ceux qui nous parlent de morale lorsqu'ils en détruisent jusqu'aux fondements, et qui nous vantent leur système sans avoir posé la première pierre de l'édifice. Ils ne sont pas encore convenus entre eux de savoir si l'homme est esprit ou matière, et ils prétendent assujétir tous les peuples à une morale qui ne sera bonne que pour les brutes et les matérialistes. Qu'ils commencent donc par convertir tout le genre humain au matérialisme. Lorsqu'ils disent qu'en voulant lier la morale à la religion l'on a dénaturé l'une et l'autre, ils se montrent très mal instruits; c'est au contraire en voulant les séparer que les anciens philosophes ont perverti l'une et l'autre. Il est constant que de tous les moralistes de l'antiquité, les meilleurs ont été les pythagoriciens; or, ils fondaient la morale et les lois sur la volonté de Dieu. Toutes les sectes qui ont fait profession de mépriser la religion se sont déshonorées par une morale détestable; il en est de même de nos philosophes modernes. Une autre question est de savoir si l'homme est capable, par la seule lumière naturelle, de se faire un code de morale pur, complète, irrépréhensible, ou s'il lui a fallu pour cela les lumières de la révélation. La meilleure manière de la résoudre est de consulter l'événement, de voir si, depuis la création jusqu'à nous, il s'est trouvé dans le monde une nation qui ait eu ce code essentiel sans avoir été éclairée par aucune révélation; nous la cherchons inutilement, et les incrédules ne peuvent en citer aucune. La preuve de la nécessité d'un secours surnaturel à cet égard est confirmée par la comparaison que l'on peut faire entre la morale révélée aux patriarches, aux juifs, aux chrétiens, et la morale enseignée par les philosophes.

Morale chrétienne ou évangélique. — Dans les articles Christianisme et Jésus-Christ, nous n'avons pu parler qu'en passant de la morale chrétienne; nous sommes donc obligés d'y revenir, et de répondre, du moins sommairement, aux reproches que les incrédules lui ont faits. Jésus-Christ a réduit toute la morale à deux maximes : à aimer Dieu sur toutes choses et le prochain comme nous-mêmes, règle lumineuse, de laquelle s'ensuivent tous les devoirs de l'homme. Mais ce divin législateur ne s'est pas borné là; par les détails dans lesquels il est entré, il n'est aucune vertu qu'il n'ait recommandée, aucun vice qu'il n'ait proscrit, aucune passion de laquelle il n'ait montré les suites funestes, aucun état dont il n'ait tracé les devoirs. Pour porter le remède contre les vices à la racine du mal, il défend même les pensées criminelles et les désirs déréglés. Ses apôtres ont répété dans leurs écrits les leçons qu'ils avaient reçues de lui; ils les ont adaptées aux circonstances et aux besoins particuliers de ceux auxquels ils écrivaient. Quelques moralistes incrédules ont prétendu qu'il était mieux de réduire toute la morale aux devoirs de justice; et par là ils entendaient seulement ce qui est dû au prochain : mais l'homme ne doit-il donc rien à Dieu? Jésus-Christ, plus sage, désigne toutes les bonnes œuvres sous le nom général de justice : dans le nouveau Testament, comme dans l'ancien, un juste est un homme qui remplit tous ses devoirs à l'égard de Dieu, du prochain et de soi-même. Mais le fera-t-il jamais s'il n'aime Dieu sur toutes choses et le prochain comme soi-même? Le motif qui engage le plus puissamment à observer la loi est l'amour que l'on a pour le législateur. Jésus-Christ a fondé la morale sur sa vraie base, sur la volonté de Dieu, souverain législateur; sur la certitude des récompenses et des peines de l'autre vie; il nomme ses commandements la volonté de son Père; il le représente comme le Juge suprême, qui condamne les méchants au feu éternel, et donne aux justes la vie éternelle. Mais ce divin maître n'a oublié aucun des motifs naturels et louables qui peuvent exciter l'homme à la vertu; il promet aux observateurs de ses lois la paix de l'âme, le repos de la conscience, l'empire sur tous les cœurs, l'estime et le respect de leurs semblables, les bienfaits même temporels de la Providence. « Chargez-vous de mon joug; apprenez de moi que je suis doux et humble de cœur, et vous trouverez le repos de vos âmes; mon joug est doux et mon fardeau léger. Heureux les hommes doux... ils posséderont la terre... Que les hommes voient vos bonnes œuvres, ils glorifieront le Père céleste. Ne vous mettez point en peine de l'avenir, votre Père céleste sait ce dont vous avez besoin, etc. » Ceux qui ont le courage de faire ce qu'il a dit, attestent qu'il ne les a pas trompés. A de sublimes leçons Jésus-Christ a joint la force de l'exemple, et en cela il l'emporte sur tous les autres docteurs de morale; il n'a rien commandé qu'il n'ait pratiqué lui-même; il s'est donné pour modèle, et il ne pouvait en proposer un plus parfait : « Si vous faites ce que je vous commande, vous serez constamment aimés de moi, comme je suis aimé de mon Père, parce que j'exécute ses commandements. » Il n'est pas étonnant que, par cette manière d'enseigner, il ait changé la face de l'univers, et qu'il ait élevé l'homme à des vertus dont il n'y avait pas encore eu d'exemple. On dit que cette morale n'est pas prouvée, n'est point réduite en méthode, ni fondée sur des raisonnements; comme s'il y avait une meilleure preuve que l'exemple, et comme si Dieu devait argumenter avec les hommes. « Nos maximes, dit Lactance, sont claires et courtes; il ne convenait point que Dieu, parlant aux hommes, confirmât sa parole par des raisonnements, comme si l'on pouvait douter de ce qu'il dit. Mais il s'est exprimé comme il appartient au souverain arbitre de toutes choses, auquel il ne convient pas d'argumenter, mais de dire la vérité. » Lorsque les incrédules étaient déistes, ils ont fait l'éloge de la morale chrétienne; ils ont reconnu la sagesse et la sainteté de son auteur; ils ont avoué qu'à cet égard le christianisme l'emporte sur toutes les autres religions; ils ont ajouté même qu'il ne fallait pas d'autres preuves de sa divinité. Mais ce trait d'équité de leur part n'a pas été de longue durée. Ceux qui sont devenus matérialistes se sont repentis de leurs aveux. Ils ont embrassé la morale d'Epicure, et ils ont déclamé contre celle de l'Evangile; celle-ci a-t-elle donc changé comme l'opinion des incrédules? Ils soutiennent que les conseils évangéliques sont impraticables, que l'abnégation et la haine de soi-même sont impossibles, que Jésus-Christ interdit aux hommes la juste défense, la possession des richesses, la prévoyance de l'avenir; qu'en approuvant la pauvreté volontaire, le célibat, l'intolérance, l'usage du glaive, le zèle de religion, il a fait une plaie sanglante à l'humanité. Sous ces divers articles, nous réfutons leurs reproches. Quelques-uns ont dit que cette morale n'est pas entendue de même partout, qu'elle ne s'étend point à tous les grands rapports des hommes en société. Il est souvent arrivé sans doute que des hommes aveuglés par les passions injustes, par l'intérêt particulier ou national, par des préjugés de système, ont mal entendu et mal appliqué certains préceptes de l'Evangile. Il y a eu des casuistes qui, par défaut de justesse d'esprit, ou par singularité de caractère, ont porté les maximes de morale à un excès de sévérité, d'autres qui sont tombés dans un relâchement répréhensible. Mais dans l'Eglise catholique il y a un remède efficace contre les erreurs, soit en fait de morale, soit en matière de dogme; l'Eglise a droit de proscrire également les unes et les autres; on ne pourra jamais qu'elle en ait professé ou approuvé aucune, ni qu'elle ait varié dans ses décisions à cet égard. Nos philosophes, toujours éclairés par les plus pures lumières de la raison, sont-ils mieux d'accord dans leurs leçons de morale que les théologiens? Peut-on enseigner des maximes plus scandaleuses que celles qui se trouvent dans la plupart de leurs écrits? Dans un moment, nous verrons qu'en matière de morale l'unanimité des sentiments est absolument impossible. Nous ne voyons point quels sont les grands rapports des hommes en société auxquels la morale chrétienne ne s'étend point. Il n'est aucun état, aucune condition, aucun rang dans la vie civile dont les devoirs ne découlent de ces maximes générales : « Aimez le prochain comme vous-même, sans excepter vos ennemis; faites aux autres ce que vous voulez qu'ils vous fassent; traitez-les comme vous voulez qu'ils vous traitent. » S'il y a un rapport très-général, c'est celui d'homme à homme : or, le christianisme nous enseigne que tous les hommes sont créatures d'un seul et même Dieu, nés du même sang, tous formés à son image, rachetés par la même victime, destinés à posséder le même héritage éternel. Sur ces notions sont fondés le droit naturel et le droit des gens, droits qui ne peuvent être anéantis par aucune loi civile ou nationale, mais très mal connus hors du christianisme; par là sont consacrés tous les devoirs généraux de l'humanité. Mais on entend quelquefois de bons chrétiens se plaindre de ce que le code de la morale évangélique n'est pas encore assez complet et assez détaillé pour nous montrer, dans tous les cas, ce qui est commandé ou défendu, permis ou toléré, péché grief ou faute légère. Nous sommes très persuadés, disent-ils, que l'Eglise a reçu de Dieu l'autorité de décider la morale aussi bien que le dogme; mais par quel organe fait-

elle entendre sa voix? Parmi les décrets des conciles touchant les mœurs et la discipline, les uns défendent ce que les autres semblent permettre; plusieurs n'ont pas été reçus dans certaines contrées, d'autres sont tombés en désuétude, et ont cessé d'être observés. Les Pères de l'Eglise ne sont pas unanimes sur tous les points de morale, et quelques-unes de leurs décisions ne semblent pas justes. Les théologiens disputent sur la morale aussi bien que sur le dogme; rarement ils sont d'accord sur un cas un peu compliqué. Parmi les casuistes et les confesseurs, les uns sont rigides, les autres relâchés. Les prédicateurs ne traitent que les sujets qui prêtent à l'imagination, et négligent tous les autres. Enfin, parmi les personnes les plus régulières, les unes se permettent ce que d'autres regardent comme défendu. Comment éclaircir nos doutes et calmer nos scrupules? Nous répondons à ces âmes vertueuses qu'une règle de morale, telle qu'elles la désirent, est absolument impossible. Dans l'état de société civile, il y a une inégalité prodigieuse entre les conditions; ce qui est luxe, superfluité, excès dans les unes, ne l'est pas dans les autres; ce qui serait dangereux dans la jeunesse, peut ne plus l'être dans l'âge mûr; les divers degrés de connaissance ou de stupidité, de force ou de faiblesse, de tentations ou de secours, mettent une grande différence dans l'étendue des devoirs et dans la grièveté des fautes. Comment donner à tous une règle uniforme, prescrire à tous la même mesure de vertu et de perfection? Les lumières de la raison sont trop bornées pour fixer avec la dernière précision les devoirs de la loi naturelle; les connaissances acquises par la révélation ne nous mettent pas en état de voir avec plus de justesse les obligations imposées par les lois positives. Dans les premiers âges du monde, Dieu avait permis ou toléré des usages qu'il a positivement défendus dans la suite, et il avait défendu des choses dangereuses pour lors, mais qui, dans les sociétés policées, sont devenues indifférentes. Les lois qu'il avait données aux juifs étaient bonnes et utiles, relativement à l'état dans lequel ils se trouvaient; Jésus-Christ les a supprimées avec raison, parce qu'elles ne convenaient plus. Dans le christianisme même il y a des lois dont la pratique est plus difficile dans certains climats que dans les autres, telle que la loi du jeûne; il n'est donc pas possible de les observer partout avec la même rigueur. Jésus-Christ, les apôtres, les pasteurs de l'Eglise, ont ordonné ou défendu, conseillé ou permis ce qui convenait au temps, au ton des mœurs, au degré de civilisation des peuples auxquels ils parlaient; mais tout cela change et changera jusqu'à la fin des siècles. Saint Paul ne veut pas que les femmes se frisent et portent des habits précieux; mais il ne parlait ni à des princesses, ni aux dames de la cour des empereurs. Il leur ordonne de se voiler dans l'église; cela convenait en Asie, où le voile des femmes a toujours fait partie de la décence. Ce qui était luxe dans un temps ne l'est plus dans un autre; l'usage des superfluités augmente à proportion de la richesse et de la prospérité d'une nation. Plusieurs commodités desquelles nous ne pouvons aujourd'hui nous passer, auraient été regardées comme un excès de mollesse chez les Orientaux, et même chez nos pères, dont les mœurs étaient plus dures que les nôtres. C'est pour cela même qu'il faut dans l'Eglise une autorité toujours subsistante pour établir la discipline convenable aux temps et aux lieux, pour prévenir et réprimer les erreurs en fait de morale, aussi bien que les hérésies. Mais de même qu'en décidant le dogme, l'Eglise n'éclaircit point toutes les questions qui peuvent être agitées par les théologiens : ainsi, en prononçant sur un point, elle ne dissipera jamais tous les doutes que l'on peut former sur l'étendue ou sur les bornes des obligations de chaque particulier. La justesse des décisions des casuistes dépend du degré de pénétration, de droiture d'esprit, d'expérience dont ils sont doués; mais il leur est impossible de prévoir, dans leur cabinet, toutes les circonstances par lesquelles un cas peut être varié; leur avis ne peut pas être plus infaillible que celui des jurisconsultes touchant une question de droit, et que celui des médecins consultés sur une maladie. Il ne faut point conclure de là, comme on l'a souvent fait, qu'il n'y a donc rien de certain en fait de morale, que tout est relatif ou arbitraire, vice ou vertu, selon l'opinion des hommes. Les principes généraux sont certains et universellement reconnus; mais l'application de ces principes aux faits particuliers est quelquefois difficile, parce que les circonstances peuvent varier à l'infini. Il ne peut jamais être permis de tromper, de se parjurer, de blasphémer, de se venger, de nuire au prochain; le meurtre, le vol, l'adultère, la perfidie, etc., seront toujours des crimes; la douceur, la sincérité, la reconnaissance, la patience, l'indulgence pour les défauts d'autrui, la chasteté, la piété, etc., toujours des vertus. Mais de savoir jusqu'à quel degré telle vertu doit être poussée dans telle occasion, jusqu'à quel point telle faute est grave ou légère, punissable ou excusable, voilà ce qu'il sera toujours très difficile de décider. Il y a encore une vérité incontestable, c'est qu'avant la naissance du christianisme il n'y a eu dans aucun lieu du monde une morale aussi pure, aussi fixe, aussi populaire que celle de l'Évangile, et qu'encore aujourd'hui elle ne se trouve point ailleurs que chez les nations chrétiennes. On dira que, malgré la perfection de cette morale, les mœurs de plusieurs de ces nations ne se trouvent guère meilleures qu'elles n'étaient chez les païens; qu'elle n'est donc ni fort efficace, ni fort capable de réprimer les passions. Nous nions d'abord cette égalité prétendue de corruption chez les chrétiens et chez les infidèles. Elle est excessive dans les grandes villes, parce que les hommes vicieux s'y rassemblent pour y jouir d'une plus grande liberté; mais elle ne règne point parmi le peuple des campagnes. Dans le centre même de la corruption, il y a toujours un très grand nombre d'âmes vertueuses qui se conforment aux lois de l'Évangile; l'incrédulité domine chez les autres, à proportion du degré de libertinage; c'est en grande partie l'ouvrage des philosophes, et ce c'est pas à eux qu'il convient de le faire remarquer. Il n'est pas étonnant que ceux qui ne croient plus à la religion n'obéissent plus à ses lois; mais si, au lieu de la morale chrétienne, celle des philosophes venait à s'introduire, le dérèglement des mœurs deviendrait bientôt général et incurable: on le verra dans l'articl e suivant.

Morale des philosophes. — Afin de nous dégoûter de la morale chrétienne, les incrédules modernes soutiennent que celle des sages du paganisme valait beaucoup mieux; et pour le prouver démonstrativement, l'on fait aujourd'hui un recueil pompeux des anciens moralistes. Sans doute, on se propose de le mettre désormais entre les mains de la jeunesse, pour lui tenir lieu du catéchisme et de l'Évangile. A la vérité, on ne nous donne la morale païenne que par extrait, et l'on a soin d'en retrancher tout ce qui pourrait scandaliser les faibles: cette précaution est sage. Mais pour juger du mérite des anciens moralistes avec pleine connaissance de cause, il faut les examiner à charge et à décharge, tant en général qu'en particulier. Jean Leland, dans sa *Nouvelle démonstration évangélique*, 2ᵉ part., c. 7 et suiv., t. III, a très bien fait voir les défauts de la morale des philosophes anciens. Lactance avoit traité le même sujet dans ses *Institutions divines*. Il nous suffira d'extraire leurs réflexions. 1° Nous avons vu ci-dessus que si l'on ne fonde point la morale sur la volonté de Dieu législateur, rémunérateur et vengeur, elle ne porte plus sur rien; ce n'est plus qu'une belle spéculation sans autorité, une loi, si l'on veut, mais qui n'a point de sanction, et qui ne peut imposer à l'homme une obligation proprement dite. Or, à l'exception de quelques pythagoriciens, aucun des anciens philosophes n'a donné cette base à la morale; la plupart même ont enseigné qu'après cette vie, la vertu n'a aucune récompense à espérer, ni le vice aucun supplice à craindre. 2° Les philosophes n'avaient par eux-mêmes aucune autorité qui pût donner du poids à leurs leçons; quand ils auraient parlé comme des oracles, on n'était en obligé de les croire. Leurs raisonnements n'étaient pas à la portée du commun des hommes; les principes d'une secte étaient réfutés par une autre; ils n'étaient d'accord sur rien; jamais ils ne sont venus à bout d'engager aucune nation ni aucune société, pas seulement une seule famille, à vivre selon leurs maximes. 3° Ils détruisaient, par leur exemple, tout le bien qu'aurait pu produire leur doctrine. Cicéron, Lucien, Quintilien, Lactance, reprochent à ceux de leur temps que, sous le beau nom de philosophes, ils cachaient les vices les plus honteux; que loin de soutenir leur caractère par la sagesse et par la vertu, ils l'avilissaient par le dérèglement de leurs mœurs. Ils devaient donc être méprisés, et ils le furent. 4° Les pyrrhoniens, les sceptiques, les cyrénaïques, les académiciens rigides, soutenaient l'indifférence de toutes choses, l'incertitude de la morale aussi bien que celle des autres sciences. Epicure plaçait le souverain bien dans la volupté, confondait le juste avec l'utile, ne prescrivait d'autre règle que la décence et les lois civiles. Les cyniques méprisaient la décence même et érigeaient l'impudence en vertu. 5° Presque toutes les sectes recommandaient l'obéissance aux lois, elles n'osaient pas faire autrement; mais Cicéron et d'autres reconnaissent que les lois

ne suffisent point pour porter les hommes aux bonnes actions, et pour les détourner des mauvaises; qu'il s'en faut beaucoup que les lois et les institutions des peuples ne commandent rien que de juste. Cicer., *de Legib.* 6° Les stoïciens passaient pour les meilleurs moralistes; mais combien d'erreurs, d'absurdités, de contradictions dans leurs écrits! Cicéron et Plutarque leur reprochent à tout moment; on n'oserait rapporter les infamies que ce dernier met sur leur compte. Les plus célèbres d'entre eux ont admiré Diogène, et ont approuvé l'impudence des cyniques; leur piété était l'idolâtrie et la superstition la plus grossière; ils ajoutaient foi aux songes, aux présages, aux augures, aux talismans et à la magie. D'un côté, ils disaient que l'on doit honorer les dieux; de l'autre, qu'il ne faut pas les craindre, qu'ils ne font jamais de mal, que le sage est égal aux dieux, qu'il est même plus grand que Jupiter, puisque celui-ci est impeccable par nature, au lieu que le sage l'est par choix et par vertu: ce sont donc les dieux qui devaient encenser un sage. L'apathie ou l'insensibilité qu'ils conseillaient n'était qu'une inhumanité réfléchie et réduite en principes; ils ne voulaient pas que le sage s'affligeât de la mort de ses proches, de ses amis, de ses enfants, qu'il fût sensible aux malheurs publics, même à la ruine du monde entier; ils condamnaient la clémence et la pitié comme des faiblesses; ils toléraient l'impudicité et s'y livraient; l'intempérance, et plusieurs en faisaient gloire; le mensonge, et ils n'en avaient aucun scrupule; plusieurs conseillaient le suicide, et vantaient le courage de ceux qui y avaient recours pour terminer leurs peines. Leur dogme absurde de la fatalité anéantissait toute morale; ils étaient forcés d'avouer que leurs maximes étaient impraticables, et leur prétendue sagesse, une chimère. Ils n'avaient donc point d'autre but que d'en imposer au vulgaire; aussi Aulu-Gelle, parlant d'eux dit: Cette secte de fripons, qui prennent le nom de stoïciens, *Noct. attic.*, l. I, c. 2. Platon, Socrate, Aristote, Cicéron, Plutarque, ont écrit de fort belles choses en fait de morale; mais il n'est aucun de ces philosophes auquel on ne puisse reprocher des erreurs grossières. Platon méconnaît le droit des gens; il prétend que tout est permis contre les barbares; il semble quelquefois condamner l'impudicité contre nature, d'autres fois il l'approuve; il dispense les femmes de toute pudeur; il veut qu'elles soient communes, et que leur complaisance criminelle serve de récompense à la vertu; il ne réprouve l'inceste qu'entre les pères ou mères et leurs enfants. Il établit que les femmes à 40 ans et les hommes à 45, n'auront plus aucune règle à suivre dans leurs appétits brutaux, et que s'il naît des enfants de ce honteux commerce, ils seront mis à mort, etc. Platon cependant faisait profession de suivre les leçons de Socrate, *de Repub.*, l. V. Aristote approuve la vengeance et regarde la douceur comme une faiblesse; il dit que, parmi les hommes, les uns sont nés pour la liberté, les autres pour l'esclavage; il n'a pas eu le courage de condamner les dérèglements qui régnaient de son temps chez les Grecs; nous ne voyons pas qu'il se soit élevé contre la morale de Platon. Cicéron parle de la vengeance comme Aristote; il excuse le commerce d'un homme marié avec une courtisane. Après avoir épuisé toutes les ressources de son génie pour prouver qu'il y a un droit naturel, des actions justes par elles-mêmes et indépendamment de l'institution des hommes, il reconnaît que ces principes ne sont pas assez solides pour tenir contre les objections des sceptiques; il leur demande grâce; il dit qu'il ne se sent pas assez de force pour les repousser, qu'il désire seulement de les apaiser, l. I, *de Legib.* Quand Plutarque n'aurait à se reprocher que d'avoir approuvé la licence que Lycurgue avait établie à Sparte et l'inhumanité des Spartiates, c'en serait assez pour le condamner. Epictète, Marc-Antonin, Simplicius, ont corrigé en plusieurs choses la morale des stoïciens; mais il est plus que probable que ces philosophes, qui ont vécu après la naissance du christianisme, ont profité des maximes enseignées par les chrétiens; de savants critiques sont dans cette opinion. Quant à nos philosophes modernes qui ont trouvé bon de renoncer à la morale chrétienne, s'il nous fallait rapporter toutes les maximes scandaleuses qu'ils ont enseignées, nous ne finirions jamais. Déjà nous avons remarqué que, quand ils professaient le déisme, ils rendaient justice à la morale évangélique; mais depuis que le matérialisme est devenu parmi eux le système dominant, il n'est aucune erreur des anciens qu'ils n'aient répétée et qu'ils n'aient poussée plus loin. Quelques uns en ont été honteux, ils ont avoué que La Métrie a raisonné sur la morale en vrai frénétique, et il a eu des imitateurs. La seule différence qu'il y ait entre cet athée et les autres, c'est qu'il a été plus sincère qu'eux, et a raisonné plus conséquemment. Si personne n'avait approuvé ses principes, les aurait-on publiés? Dès que l'on admet la fatalité, comme les matérialistes, l'homme est-il autre chose qu'une machine? et de quelle morale un automate peut-il être susceptible? Dans ce système, aucune action n'est imputable, aucune ne peut être juste ni injuste, moralement bonne ou mauvaise; aucune ne peut mériter ni récompense ni châtiment. Aussi un des confrères de nos philosophes, moins hypocrite que les autres, a dit qu'ils ne parlent de morale que pour séduire les femmes, et pour jeter de la poussière aux yeux des ignorants. On peut leur appliquer, à juste titre, ce qu'Aulu-Gelle a dit des stoïciens s.   P.

MORALES (AMBROISE), prêtre de Cordoue, mort en 1590, à 77 ans, contribua beaucoup à rétablir en Espagne le goût des belles-lettres. Philippe le nomma son historiographe, et l'Université d'Alcala lui confia l'une de ses chaires. On a de lui : la *Chronique générale d'Espagne*, qui avait été commencée par Florian de Ocampo, en espagnol, Alcala, 1553, et Cordoue, 1586, 4 vol. in-fol. Cet ouvrage est un des plus estimés sur l'histoire d'Espagne. Il ne va que jusqu'à Vérémond III. Sandoval le continua par ordre exprès de Philippe III, jusqu'à Alphonse VII; des *Scolies* en latin sur les ouvrages de saint Euloge de Cordoue. On a donné une édition complète des Œuvres de Moralès, Madrid, 1791, 1792.

MORALI, helléniste et philologue, mort le 13 février 1826, à l'âge de 62 ans, embrassa l'état ecclésiastique. La littérature grecque était le principal objet de ses travaux, et il professa cette langue dans des écoles spéciales de Milan, puis au Lycée de Saint-Alexandre. Il s'occupa aussi de la littérature italienne, et nous lui devons l'édition la plus correcte du *Roland furieux* de l'Arioste. Morali fut un des partisans du gouvernement que la conquête imposa à l'Italie.

MORALISER, v. n., faire des réflexions, des dissertations, des leçons morales. Activ. et fam., moraliser quelqu'un, lui faire de la morale, ou une morale.

MORALISTE, s. m., écrivain qui traite des mœurs.

MORALITÉ, s. f., réflexion morale. Moralités chrétiennes, réflexions conformes aux principes et à l'esprit de la religion chrétienne. Moralité, signifie aussi le sens moral que renferme un discours fabuleux ou allégorique. Il s'est dit anciennement de certaines pièces de théâtre que représentaient les clercs de la basoche. Moralité, se dit encore pour conscience, discernement moral. La moralité des actions humaines, le rapport de ces actions avec les principes de la morale. Moralité, signifie aussi quelquefois le caractère moral, les principes, les mœurs d'une personne.

MORAND (SAUVEUR-FRANÇOIS), né à Paris en 1697, mort en 1773, chirurgien en chef de l'hôtel royal des Invalides, était membre de l'Académie des sciences. On a de lui : *Discours dans lequel on prouve qu'il est nécessaire au chirurgien d'être lettré*, 1744; le second et le troisième volume de l'*Histoire de l'Académie de chirurgie*; *Opuscules de chirurgie*, 1768-1772, 2 vol. in-4°.

MORAND (JEAN-ANTOINE), architecte, né à Briançon en 1727, fut élève de Servandoni et de Soufflot. Lyon lui doit un pont en bois qu'il fit construire sur le Rhône, et qui porte son nom. Proscrit après le siége de cette ville, il porta sa tête sur l'échafaud le 24 janvier 1794.

MORAND (LOUIS-CHARLES-ANTOINE-ALEXIS, comte), général de division, né en 1758, mort en avril 1832, attacha son nom aux mémorables batailles d'Iéna, Eylau, Friedland, Essling et Wagram. La campagne de 1813 lui fournit de nouvelles occasions de faire briller sa valeur, et il sauva l'armée par son sang-froid à Dennewitz. Sa conduite pendant les cent-jours le fit condamner à mort, par contumace, le 29 août 1816.

MORANDE (CHARLES-THÉVENOT DE), célèbre pamphlétaire, né en 1748, à Arnay-le-Duc en Bourgogne. Son père, procureur, l'envoya faire ses études à Dijon; mais le jeune Thévenot, livré aux plaisirs, laissait les livres de côté; et lorsque son père, instruit de sa conduite, le menaça de lui refuser des secours, il s'enrôla dans un régiment de dragons. Racheté par son père, il parut être touché de sa bonté, et montra l'intention de s'occuper sérieusement de la procédure. Mais ses bonnes dispositions furent de courte durée; emporté par son penchant pour les vices, il déserta la maison paternelle et se rendit à Paris, où il se plongea dans toutes sortes de dissolutions. Le libertinage le conduisit bientôt aux actes les plus honteux, et il figura quelque temps parmi les plus hardis

filoux. Ces désordres déterminèrent sa famille à solliciter une lettre de cachet pour le faire enfermer au Fort-l'Evêque, ensuite à Armentières. Rendu à la liberté après quinze mois de prison, il passa en Angleterre, où il commença par publier le *Philosophe cynique* et des mélanges confus sur des matières bien claires, Londres, 1771, in-8°. Ces deux écrits, dont l'impudence et l'immoralité faisaient le mérite, trouvèrent assez de lecteurs pour encourager Morande à continuer ce travail honteux, et il publia le *Gazetier cuirassé, ou Anecdotes scandaleuses sur la cour de France*, avec des Recherches sur la Bastille, Londres, 1772, in-12. Cette dégoûtante satire, dans laquelle il déchirait impitoyablement tout ce que la naissance rendait recommandable, obtint un succès prodigieux, et Morande ne craignit plus de laisser couler tout le poison que distillait sa plume. Nouvel Arétin, il imposa un tribut à ceux qui ne voulaient pas figurer dans ses pages salies par les anecdotes les plus scandaleuses et les plus noires calomnies. Il avait spéculé sur la révélation des premiers scandales de la vie de madame Dubarry, et se disposait à la publier, sous le titre de : *Vie d'une courtisane* très célèbre du XVIII° siècle. La cour de Versailles en ayant été instruite, dépêcha aussitôt Beaumarchais à Londres, avec la mission d'acheter, à quelque prix que ce fût, le silence du libelliste, qui exigea 500 guinées et une pension viagère de 4,000 liv., dont la moitié reversible à sa femme. Enflé de ce succès, il crut pouvoir rançonner à son gré toutes les puissances, mais il ne fut pas toujours aussi heureux. Il osa avertir Voltaire qu'il avait entre ses mains de quoi le diffamer; le philosophe, peu effrayé d'un tel adversaire, lui répondit en dénonçant au public ses propositions, et le comte de Laraguais, depuis duc de Brancas, à qui il avait fait les mêmes menaces, le gratifia de coups de canne, dont il eut même soin d'exiger quittance. Après la mort de Louis XV, Morande cessa de toucher sa pension, et il publia alors sa satire, sous le titre d'*Anecdote sur la comtesse Dubarry*, Londres, 1776. Il rédigea pendant quelque temps une Gazette intitulée : *Courrier de l'Europe*, et rentra en France au moment de la révolution. Il avait, par ses dénonciations, fait mettre Brissot à la Bastille, comme auteur du pamphlet intitulé : *Le Diable dans un bénitier*; celui-ci voulut s'en venger, et ils se trouvèrent en lutte. Morande rédigeait un journal, sous le titre d'*Argus politique*, et l'on était loin de s'attendre aux principes de modération qu'il y professa. Flottant entre les deux partis, il finit par déplaire aux jacobins, qui signalèrent sa feuille comme indirectement favorable à la cour, et l'auteur périt victime des massacres de septembre. On est étonné qu'un homme comme Morande ait été traité comme ceux qui furent toujours fidèles à leur Dieu et à leur roi : il n'avait pas mérité cet honneur.

MORAT, petite ville de Suisse, dans le canton de Fribourg, célèbre par la victoire des Suisses sur les Bourguignons, en 1446. Les ossements des vaincus servirent à élever un monument connu sous le nom d'ossuaire, que détruisirent les français en 1798.

MORATIN (MARTIN-LÉANDRE FERNANDÈS DE), poète dramatique espagnol, né à Madrid 1700, eut pour père Nicolas Fernandès, qui fut aussi poète, et qui, comme lui, chercha à introduire des réformes dans le théâtre espagnol. Le jeune Moratin concourut de bonne heure pour les deux prix proposés en 1784 par l'académie royale de Madrid, et il les remporta tous deux. Il embrassa ensuite la carrière dramatique; doué d'un grand talent d'observation, il voulut le perfectionner encore par des voyages. Ce fut dans ce but qu'il parcourut la France, l'Angleterre et l'Italie. A son retour dans sa patrie, il fut nommé par Charles IV chef du bureau de l'interprétation des langues et membre honoraire du conseil royal, sous Joseph Buonaparte. Il conserva sa dignité de membre honoraire du conseil, et devint chef de la bibliothèque royale. Condamné à l'exil en 1813, pour la part qu'il avait prise au gouvernement de l'usurpateur français, il se réfugia en France. Il était retourné dans la Catalogne en 1817; mais, obligé de rentrer dans le pays qui lui avait offert un premier asile, il avait fixé sa résidence à Bayonne, puis à Bordeaux, où il menait une vie paisible, lorsqu'en 1827, la famille d'un de ses amis se rendit à Paris. Moratin voulut la suivre; mais en 1828, une attaque d'apoplexie menaça ses jours. Il est mort le 21 juin de la même année; sa dépouille mortelle a été déposée dans le cimetière de l'Est, à côté de la tombe de Molière. Ses premiers essais poétiques furent un poème, *Gronada rendida*, ou *Conquête de Grenade*, et une *Épître critique* sur la corruption de la langue espagnole. Ces deux pièces sont celles dont nous avons parlé, et qui remportèrent le prix à l'académie royale de Madrid. Déterminé à réformer le théâtre comique de sa nation, il donna la comédie intitulée : le *Café*, qui est moins la critique des anciens auteurs espagnols que celle des modernes, comme Zavala, Arellano, Comella, etc. ; d'ailleurs très bon versificateur, sa comédie eut un succès prodigieux, elle le méritait, et, sous le rapport de l'art, elle est son chef-d'œuvre. Il donna plusieurs autres comédies qui établirent de plus en plus sa réputation ; ses comédies sont : le *Baron*, la *Jeune hypocrite*, le *Vieux Mari* et la *Jeune Femme*, et le *Oui des jeunes filles*. Cette dernière (reproduite avec quelques changements à Paris, sur le théâtre des Variétés), avait été mise à l'index par l'inquisition, à cause d'une intrigue de couvent que l'auteur avait mêlée dans l'action de la pièce. Cette inconvenance exceptée, l'auteur respecte toujours la morale, et son principal but est de fronder les préjugés de son pays. L'action, dans les comédies de Moratin, est fort simple ; elle est rigoureusement renfermée dans les unités, et on peut lui appliquer ce précepte de Santeuil : *Castigat ridendo mores*. Le dialogue est vif, rapide, plein d'esprit et de saillies ; le style en est correct, mais parfois rempli de ces monosyllabes, de ces mots coupés, de ces expressions proverbiales et de convention usités chez le peuple et même parmi les classes moyennes de Madrid. Ces mots, par exemple, *ya..... y qué?.... Pues!.... Pues ya!.... Y que no!.... vaya!...., digo!....*, etc., renferment chacun une idée ou pensée toute entière qu'on ne saurait rendre dans une autre langue, et que l'auteur se plaît trop à répéter. On ne saurait établir une comparaison entre Moratin et les anciens poètes comiques espagnols ; car, si les Lope de Véga, les Calderon, les Moreto, les Canizares n'observaient pas les règles, de même que Shakespeare en Angleterre, Jodelle, Hardi en France, Faginoli et Martelli en Italie, etc. Moratin était loin de posséder la verve poétique, le *vis comica*, la riche imagination des auteurs espagnols des xvie et xviie siècles. Comme réformateur, Moratin mérite sans doute le surnom de Molière espagnol, mais il est très loin d'égaler ni cet immortel génie ni même le Molière italien Galdoni. On pourrait plutôt le comparer, pour le genre qu'il a suivi, à un des plus spirituels auteurs de notre siècle, l'inépuisable Picard. Depuis longtemps Moratin avait promis une Histoire du théâtre espagnol, mais cet ouvrage n'est resté qu'en projet. Moratin a aussi traduit avec succès plusieurs pièces de Molière, l'*Ecole des Maris* et le *Médecin malgré lui*, et la tragédie de *Hamlet* de Shakespeare, afin de donner aux Espagnols une idée juste du mélange d'énergie et d'abandon, de trivialité et d'élévation tragique qui caractérise encore la scène de Londres. Moratin a encore publié des poésies lyriques, où l'on trouve le goût, la correction, la pureté du style et la régularité qui le distingue, mais qui n'ajoutent rien à sa célébrité. Il a publié lui-même ses œuvres sous ce titre : *Obras dramatica y liricas de D. Leandro Fernandez de Moratin*, Paris, 1825, 3 vol. in 8°, 2e édit., 1826, 3 vol. in-12. Ces comédies ont été publiées séparément avec ce titre : *Comedias de Moratin, publicadas con et nombre de Inaveo Celenio*, 2e édit. augmentée, 1821, in-12. Quelques-unes ont été traduites en français et insérées dans les chefs-d'œuvre des théâtres étrangers, publiés par Ladvocat. Moratin a publié les Œuvres posthumes de son père, Barcelone, 1821, in-8°. La *Revue Encyclopédique*, t. 33, p. 451, et t. 40, p. 577, a rendu compte des travaux de Moratin.

MORAVES (frères). Toutes les fois que nous avons eu à constater, dans ce vaste ouvrage, la naissance, les progrès d'une secte ou d'une hérésie ; toutes les fois que nous avons eu à examiner leur valeur historique, sociale ou religieuse, il nous est venu la pensée que voici : toutes ces révoltes de l'esprit de l'homme contre l'esprit de Dieu, toutes ces insurrections des passions humaines contre le joug des lois divines, toutes ces hérésies en un mot qui souvent ont fait tant de bruit dans le monde, et plus de mal encore ; qui dans l'orgueil de leurs succès d'un jour, prophétisaient si vaillamment la mort du Christ et de son Eglise ; toutes elles ont passé comme le flot, comme l'onde bruyante et bourbeuse du torrent, pour aller s'engloutir dans l'oubli sépulcral de l'océan des éternités. Elles ont passé sans laisser autre chose dans le temps que la tache de leur nom dans l'histoire de l'humanité. Les plus récentes, les plus jeunes de ces œuvres de l'orgueil et de la passion de l'homme déchu, celles qui ont à peine trois cents ans de vie, sont déjà au dernier période de la décrépitude. Ces innombrables sectes qui ont déchiré et subdivisé à l'infini la prétendue réforme du xvie siècle, ce ne sont plus aujourd'hui que des ruines vouées à la mort par leur impuissance morale et sociale, par l'indifférence et le mépris des peuples. Elles avaient toutes chanté à l'unisson les funérailles

du catholicisme, et voici qu'après dix-huit cents ans de vie, de combats, de triomphes, de gloire et de bienfaits, cette sainte et divine Eglise, si vieille déjà, et si jeune encore, demeure toujours la même, toujours victorieuse, toujours inébranlable sur le roc où se briseront jusqu'à la fin des jours les vagues de l'abîme, tandis que ces pitoyables et infirmes prophétesses se meurent d'inanition. Toutes les hérésies, nous l'avons dit ailleurs, sont héritières les unes des autres, partant solidaires du même mal, des mêmes conséquences désastreuses dont elles affligent l'humanité. Dans le xve siècle, la Bohème était devenue un foyer d'insubordination dogmatique, d'erreurs et de dissensions religieuses. Le wiclefisme (*V.* ce mot) était venu d'Angleterre à l'université de Prague implanter sur ce terrain déjà si bien préparé pour l'hérésie les doctrines remaniées de Pélage, des Vaudois, des Albigeois, etc., etc. Jean Huss et Jérôme de Prague avaient accepté l'héritage et partagé ces funestes aberrations, ces scandaleuses doctrines si sévèrement condamnées par l'Eglise. Vers le milieu du xve siècle, le désordre moral et intellectuel était au comble dans ce malheureux pays. L'hérésie l'avait ravagé, l'avait couvert de sang et de ruines ; ruines matérielles et ruines morales. Ces dernières n'étaient pas les moins nombreuses et les moins déplorables. Sur toute la face de la Bohème, il n'y avait plus en dehors du catholicisme une seule doctrine, un seul symbole qui pût réunir autour de son drapeau ces populations égarées par les prédications fanatiques et les violences brutales des sectaires. Les sectes étaient effrayamment nombreuses. On comptait les hussites, les wicléfistes, les calixtins, les frères de l'Unité, les Picards, les Vaudois, les caverniers (*die grubenheimer*), etc., etc. (*Voy.* les Vaudois). C'est au milieu de ces divisions, au milieu de ces débris que se forma la secte des frères Moraves. L'association s'organisa vers le milieu du xve siècle, et se recruta principalement parmi les Hussites. Les populations étaient encore trop près du catholicisme pour ne pas opposer souvent de vives résistances aux principes subversifs et quelquefois démoralisateurs des chefs de secte. Beaucoup se repentaient vivement d'être sortis de l'unité ; ils se plaignaient hautement des effets désastreux des doctrines nouvelles, manifestaient leurs inquiétudes et leurs tendances à se rapprocher du catholicisme. Les calixtins profitèrent avec habileté de cette disposition d'esprit des peuples ; ils firent quelques pas vers les principes de l'Eglise romaine, et immédiatement ils acquirent à leur parti une prépondérance incontestable sur toutes les autres sectes de la Bohème. Les Hussites, inquiets de ces progrès rapides et jaloux de l'influence des calixtins, refusèrent d'accepter les *compactata* que ces derniers au concile de Bâle, le 30 novembre 1433. Mais la doctrine des Hussites avait perdu sa force et son prestige ; les mécontents comprirent qu'il fallait inventer du nouveau. Ils se mirent donc à l'œuvre et commencèrent en 1457 à tenir des assemblées particulières et à se faire distinguer du reste des Hussites par le nom de frères, ou frères de l'Unité. La nouvelle communauté séparée s'était mise sous la direction du curé Michel Bradacz. En dehors de leur pays, on les désigna sous le nom de frères Bohèmes. Leurs statuts étaient modelés sur l'organisation des premières sociétés chrétiennes. Ils annonçaient que parmi eux allaient renaître la simplicité et la pureté de mœurs des communautés primitives du christianisme ; que tous ceux qui s'adonnaient à quelque vice seraient exclus de l'association ; qu'ils s'appliqueraient surtout à séparer les sexes dans le temple comme dans les autres réunions ; et en effet ils exerçaient une surveillance inquisitoriale jusque dans l'intérieur de la vie privée, au moyen d'une foule de surveillants choisis dans tous les rangs ; parmi les évêques conférant les ordres, parmi les seniores et les conseniores, les prédicateurs, les diacres, les édiles et les acolytes : tous ces ordres se partageaient l'administration de la communauté, sous les rapports religieux, moral et civil. Leur premier évêque était consacré par un évêque Vaudois. Ces dehors sévères, cette rigidité de mœurs et d'organisation tant prêchée au dehors, le prestige de ces usages simples, primitifs, paternels, attirèrent aux frères Moraves de nombreux adhérents. En 1500, ils possédaient déjà plus de deux cents communautés et autant de temples construits par leurs soins et à leurs frais. Comme, selon leurs principes, ils ne devaient faire aucun service militaire, ils refusèrent de prendre part à la ligue de Smalkalde, comme aussi de combattre contre les protestants. Le roi Ferdinand exila environ 1,000 frères Moraves qui se retirèrent en Pologne, et surtout en Prusse, où ils s'établirent à Marienbourg. Ces nouvelles communautés Bohèmes conclurent, le 14 avril 1570, à Sandomir, un traité d'alliance avec les luthériens et les réformés de Pologne. Deux années plus tard, ils signèrent un nouveau traité de paix avec les dissidents des états polonais. Leurs confrères qui étaient restés en Bohême et en Moravie reprirent toute leur liberté d'action de culte et de propagande sous Maximilien II. Ils avaient établi leur siége principal à Fulneck en Moravie : de là leur resta le nom de frères Moraves. Ils étaient en pleine prospérité en Bohême, en Pologne et dans plusieurs autres contrées de l'Allemagne, lorsque la guerre de trente ans amena la ruine totale de leur association. Comenius, leur dernier évêque, fut obligé de prendre la fuite, et la communauté se dispersa. Depuis lors les débris des communautés moraves émigrèrent tour à tour, et allèrent s'établir dans presque tous les pays de l'Europe, en Danemark, en Hollande, dans la Lorraine, en Angleterre, etc, etc. La plus importante de ces émigrations fut celle de 1722 dans la Haute-Lusace, et qui amena la fondation d'une communauté nouvelle par les soins du comte de Zinzendorf. Nicolas-Louis de Zinzendorf naquit en 1700, et fut élevé à l'Université de Hall, dans les principes du quiétisme. Il rêva dans son enthousiasme ascétique de créer une nouvelle société religieuse qui réalisât tous ses projets, toutes ses idées quiétistes. Il sortit de l'Université en 1721, et s'occupa immédiatement à constituer cette société nouvelle qu'il avait conçue d'après ses étranges études. Il s'associa quelques personnes qui partageaient ses idées et ses espérances, et établit sa résidence à Bertholsdorf dans la Haute-Lusace, dont il fit l'acquisition. Un charpentier de Moravie, nommé Christian David, associé lui-même à une communauté de frères Bohêmes, se fit l'apôtre de la nouvelle association. Il amena au château de Bertholsdorf plusieurs familles qui venaient former le noyau de la communauté. Ils furent accueillis avec empressement. Ils se bâtirent des maisons au milieu d'une forêt, à une demie-lieue du village du comte de Zinzendorf. Bientôt le nouvel état eut du retentissement, et il arriva de tous les pays circonvoisins de nombreux postulants. Chaque jour voyait ainsi venir de nombreux adeptes augmenter l'établissement de Bertholsdorf. Le comte de Zinzendorf vint lui-même y établir sa résidence. Dès lors l'établissement fit d'immenses progrès. En 1728, il y avait déjà 34 maisons, et en 1732, le nombre des habitants s'élevait à 600. Ils nommèrent leur habitation Hut-der-Hern, et dans la suite Hernhut (c'est-à-dire lieu placé sous la garde, la protection du Seigneur), d'une montagne voisine appelée Hutberg. C'est de là qu'est dérivé le nouveau nom de la secte hernhutes. La nouvelle communauté s'était formée et se grossissait chaque jour par l'affluence d'émigrés appartenant à toutes les communions protestantes. Mais la différence des croyances religieuses ne tarda pas à y semer la désunion. Alors le comte de Zinzendorf, effrayé des dissensions interminables et dangereuses qui fractionnaient déjà sa petite association, chercha un moyen quelconque de rétablir l'unité. Il proposa en conséquence aux réfugiés de laisser de côté toutes les questions de controverse, et de ne s'attacher qu'aux dogmes fondamentaux du christianisme; mais quels sont ces dogmes fondamentaux? pourquoi faut il admettre l'un plutôt que l'autre? pour quel motif celui-ci est-il à rejeter, celui-là à admettre? Terribles problèmes que le comte de Zinzendorf ni aucun autre réformateur n'ont su résoudre. Enigme indéchiffrable qui a dévoré tout le protestantisme. Quant à la discipline, le comte proposait simplement d'adopter celle des frères Moraves. Il disait qu'il voulait fonder l'unité de sa communauté, non pas sur la conformité des idées, mais sur l'unanimité des sentiments. Pauvre et malheureuse distinction qui prouve que le noble réformateur avait peu étudié la constitution morale et intellectuelle de l'homme. Sur cette idée absurde et chimérique il organisa sa société; il présenta à cet effet des statuts nouveaux à la communauté, et ils furent approuvés en 1727.

Voici quelques détails sur l'organisation et la discipline de l'association. La différence d'âge, de sexe, d'état, relativement au mariage, a formé parmi eux les différentes classes, savoir : les maris, les femmes mariées, les veufs, les veuves, les filles, les garçons et les enfants. Chaque classe a ses directeurs choisis parmi ses membres; les mêmes emplois qu'exercent les hommes entre eux sont remplis entre les femmes par des personnes de leur sexe. Composée des membres de toutes les communions protestantes, cette nouvelle société des *frères moraves* ou *hernhuter* se divise en trois tropes (confessions) : le trope luthérien, le trope calviniste et le trope morave; ce dernier comprend non-seulement les descendants

des anciens frères Bohêmes, mais tous les protestants qui n'adhèrent pas aux doctrines de Luther et de Calvin. Les enfants appartiennent au trope de leur père; il leur est même défendu de passer dans un autre. Chaque trope a ses surveillants, appelés anciens, et célèbre la cène selon les rites de son Eglise; mais le service divin a lieu en commun. Ils rejettent, avec la plupart des protestants, beaucoup de dogmes et les sacrements de l'Eglise catholique; ils attachent une importance toute spéciale aux dogmes du péché originel et à l'exégèse protestante de la justification par la mort expiatoire de Jésus-Christ. Le Sauveur est l'objet principal de leur culte : tout chez eux se fait par lui et en son nom. Si quelque discussion s'élève au point de devenir dangereuse et perturbatrice de l'ordre, ils ont recours au sort, et ils en regardent la décision comme celle du Christ lui-même. Assurément c'est un étrange hommage rendu au Sauveur que de faire de son nom le jouet aveugle de la superstition. Pour eux, de même que pour les premiers protestants, la Bible est la parole de Dieu, seulement ils affirment que la révélation se continue dans leur communauté. Chacun peut y être favorisé des dons d'en haut et des effets surnaturels de l'inspiration divine. Chaque communauté est divisée en trois classes ou chœurs; chaque chœur a un administrateur chargé de surveiller les mœurs, et des agents qui s'occupent des intérêts matériels. La conférence des anciens connaît de tous les délits, de toutes les infractions graves qui peuvent se commettre dans les différents chœurs. Cette communauté des anciens se compose du chef de la communauté (gemeinhelter), du pasteur et des administrateurs des chœurs (chorhelfer); elle se réunit sous la présidence du chef de la communauté, et statue sur tous les désordres qui ont lieu dans une maison, tandis que le collége des surveillants s'occupe de l'approvisionnement et du maintien de la communauté. Ces deux conseils réunis, auxquels on adjoint quelques membres de la communauté, décident les affaires générales; pour les cas extraordinaires ils appellent à leurs délibérations un grand nombre de frères. Les évêques surveillent les affaires ecclésiastiques, consacrent les prêtres, sans avoir toutefois ni le diocèse, ni de droits diocésains; les seniores traitent les affaires de la communauté avec les autorités du pays; les prêtres ou prédicateurs sont employés près des communautés ou envoyés dans les missions; les diacres aident les prêtres dans l'exercice de leurs fonctions, et les diaconesses ont à remplir certains devoirs religieux auprès des femmes. Les affaires qui concernent la société toute entière sont du ressort de la conférence des anciens de l'Unité qui siége à Bertholsdorf. Ce directoire se divise en quatre départements : celui des administrateurs, chargé des affaires ecclésiastiques; celui des surveillants, qui veille au maintien de la discipline; celui des agents, qui contrôle l'administration des revenus; et celui des missions, qui s'occupe de la propagation des doctrines. Ce conseil suprême jouit d'une autorité fort grande, mais non pas irresponsable; car il doit rendre compte de son administration aux synodes qui s'assemblent au moins tous les sept ans, et qui se composent des évêques, des surveillants des tropes, des députés de toutes les communautés et de quelques sœurs qui y sont mandées pour fournir des renseignements sur les choses relatives aux personnes de leur sexe. Ces assemblées sont les administrateurs suprêmes de l'unité des frères; c'est à elles qu'appartient la direction générale des affaires; elles ont même le pouvoir, comme l'a prouvé celle de 1818, de modifier complétement et d'abroger les status fondamentaux de la société. Pour l'édification de la communauté, des assemblées religieuses se tiennent trois fois par jour; on se réunit dans une vaste salle, au milieu de laquelle est un autel, au lieu d'autel, une table couverte d'un tapis vert. Le dimanche se célèbrent un grand nombre de cérémonies religieuses; dans la semaine, il y a souvent aussi des homélies, pour un chœur particulier, et des réunions où les frères et les sœurs chantent en partie double, et se séparent en se donnant le baiser fraternel. Le dernier dimanche de chaque mois est appelé le jour de la communauté, parce que ce jour-là est consacré à la lecture de la feuille hebdomadaire, rédigée sous la surveillance des anciens de l'unité. Chaque communauté, chaque chœur a des fêtes particulières, destinées à rappeler un événement intéressant; le dernier jour de l'année, à minuit, on s'assemble pour entendre la lecture des annales de la société. Tous les frères doivent participer chaque mois à la cène, à moins qu'ils ne soient empêchés par une cause majeure. Avant la communion, et les jours de fêtes, les membres de la communauté mangent en commun des gâteaux et boivent du thé en récitant des prières et en chantant des cantiques. Aussitôt qu'un frère meurt, un cantique retentit du haut du clocher, et la mélodie seule fait connaître à quel chœur il appartenait. On ne prend jamais le deuil. Le corps est déposé dans un cercueil peint en blanc, et on le conduit au son des instruments dans le cimetière, qui est orné de fleurs et de verdure, entretenues avec un soin particulier. Le jour de Pâques, au lever du soleil, toute la communauté se rend sur le champ du repos, et, au milieu de la joie que doit lui inspirer la résurrection du Sauveur, elle chante des cantiques en mémoire de ceux qui, dans le courant de l'année, sont entrés dans la communauté céleste. Les communautés moraves ont été renommées autrefois pour les soins et l'intelligence qu'elles apportaient à l'éducation physique et morale des enfants; mais leurs écoles, qui servaient de modèles dans les pays protestants au dernier siècle, sont restées à peu près stationnaires depuis cette époque. Les plus florissantes sont celles des filles de Hernhut et celle des garçons de Niesky (Silésie); toutes deux, ainsi que celle de Fulneck, en Angleterre, appartiennent à la société entière, qui y fait élever les enfants orphelins de ses fonctionnaires. Le *Pædagogium* de Barby, dans la régence de Magdebourg, est une espèce de gymnase pour les jeunes gens qui se destinent à une carrière libérale, et le collège académique de Niesky forme un séminaire pour les prédicateurs. Lorsqu'un morave veut se marier, il ne s'adresse pas directement à la femme qu'il recherche, mais il fait sa demande à l'administrateur de son chœur qui la soumet aux anciens et à l'inspectrice de la jeune sœur. Cette dernière est libre d'agréer ou de rejeter la demande. Jusqu'en 1818, les mariages se faisaient par la voie du sort. Une sœur n'est censée épouser un homme qu'après que Dieu lui a fait connaître avec certitude qu'il est régénéré, instruit de l'importance de l'état conjugal, et amené par inspiration divine à embrasser cet état. Tous les frères ont un costume uniforme de couleur grise ou brune. Les sœurs portent les cheveux lisses, retenus par un ruban dont la couleur indique le chœur auquel elles appartiennent. D'après les statuts, elles doivent avoir un costume; mais elles ne le prennent plus guère que pour assister aux assemblées religieuses. Les frères moraves se sont fait une haute réputation pour leur aptitude et leurs talents pour les arts mécaniques; leur commerce est très actif et fort étendu; c'est leur industrie seule qui leur permet d'entretenir tant d'établissements publics. Quant aux biens particuliers des frères, ils ne peuvent en disposer sans autorisation; la même permission leur est nécessaire lorsqu'ils prennent à leur service des domestiques qui n'appartiennent pas à la secte. Les anciens interviennent dans les discussions qui s'élèvent entre les maîtres et les domestiques. Les moraves n'ont recours aux tribunaux que dans les cas de difficulté avec un homme d'une autre religion. Le chiffre le plus élevé qu'aient atteint les frères moraves est de 70,000 membres. Outre leurs établissements dans la Lusace, la Silésie, la Prusse, la Pologne, nous citerons ceux des Zeyrt en Hollande, de Fulneck, Fairfield, Ockbroock, en Angleterre, de Gracehill en Irlande, de Sarepta en Russie, etc. Ils ont en outre des missions dans presque toutes les parties du monde. Les bornes de cet article ne nous permettent pas d'entrer plus avant dans les détails de l'organisation et de la discipline des communautés moraves. Quant au véritable état de leurs croyances religieuses, il serait difficile de le déterminer; ils sont partis du principe fondamental du protestantisme : rejeter l'autorité de la tradition, rejeter la raison et le raisonnement, et exiger que la foi soit produite dans le cœur par l'inspiration directe du Saint-Esprit. Seulement les moraves ont souvent poussé ce principe, absurde et monstrueux, jusqu'à l'illumination, jusqu'au fanatisme. Ils ont enseigné que la régénération naît d'elle-même sans qu'il soit besoin de rien faire pour y coopérer; dès que l'on est régénéré l'on devient un être libre doué de toutes les grâces qui conduisent infailliblement au salut; c'est cependant le Sauveur du monde qui agit dans le régénéré et qui le guide dans toutes ses actions. C'est aussi en Jésus-Christ que toute la divinité est concentrée; comme nous l'avons dit plus haut, il est l'objet principal ou plutôt unique du culte des frères. Ils lui donnent les noms les plus tendres, et ils révèrent avec la plus grande dévotion la plaie qu'il reçut dans son côté sur la croix; mais tous ces dogmes révérés des premiers frères s'en sont allés pour la plupart dans l'oubli. Les exhortations, que le comte de Zinzendorf faisait à sa communauté, de ne pas tenir compte de la différence des croyances, parce que le sentiment intime était la meilleure des manifestations religieuses; ce principe imprudent et dé-

sastreux ne tarda pas à porter ses ravages dans la nouvelle fraction du protestantisme. Les prédicateurs moraves se plaignent de ne plus trouver de foi, de principes arrêtés, de convictions sincères et sérieuses au fond des cœurs: que tout cela était noyé dans un vague indifférentisme ou englouti dans le scepticisme le plus absolu...; que ces plaies cruelles se cachaient sous des momeries et des formes vieillies. Les écrivains protestants n'ont pas épargné aux frères moraves le sarcasme et l'anathème. L'auteur de l'ouvrage intitulé *Londres* prétend avoir étudié à fond les institutions moraves de l'Angleterre, et il les accuse d'impiété, de principes et d'enseignements conduisant à l'immoralité; il affirme qu'ils regardent l'Ancien-Testament comme un cycle de mythes, une épopée allégorique. Le traducteur anglais de Morheim soutient que les principes de cette secte ouvrent la porte aux excès les plus licencieux du fanatisme. L'évêque de Glocester les accuse de plusieurs abominations; il dit qu'ils ne méritent pas plus d'être mis au nombre des sectes chrétiennes que les turlupins ou frères du libre esprit, l'une des sectes les plus impies et les plus immorales du xiiie siècle. Mais il ne faut pas s'en tenir aux récriminations des protestants pour juger l'association des frères moraves. Je ne sais de quel droit le protestantisme se permet de rayer une secte quelconque de la liste des sectes chrétiennes. Le moravisme est l'enfant légitime de la réforme; il existe au même titre qu'elle et que les mille autres fractions nées dans son sein. Le protestantisme, à cet égard, est condamné au mutisme et à l'impuissance. Il serait par trop étrange de voir une hérésie quelconque prétendre au monopole des innovations religieuses; mais le protestantisme nous a accoutumés déjà souvent à ces curieuses prétentions. Il s'est révolté contre la tradition apostolique; il a foulé aux pieds l'autorité de l'Église, et il voudrait confisquer à son profit le droit de révolte et d'innovation; il a voulu imposer aux autres sectes réformées l'autorité d'un symbole et d'une confession! Mais le bon sens des peuples a fait justice de ces absurdités; les peuples ont brisé ces hochets ridicules. Le protestantisme leur a persuadé que le libre arbitre et l'inspiration directe de l'Esprit-Saint ils étaient en demeure et en droit de juger, et même de former leur foi; ils se sont tant servis de cet admirable instrument qu'ils ne croient plus à rien; c'était logique, inévitable, et c'est leur droit. De quel prétexte le protestantisme osera-t-il donc colorer ses prétentions d'autorité? Aussi n'a-t-il jamais su les soutenir que par le glaive du despotisme. Du jour où il se trouve placé sur le terrain de la libre discussion, il devient pitoyable et demeure muet. Ainsi, toute la polémique, toutes les objections du protestantisme contre les moraves, se résument dans ce magnifique raisonnement de Mosheim : « si les frères sont de la même croyance que les luthériens, je ne sais pas pourquoi ils s'en séparent à cause de quelques rites ou institutions différentes. » Jd.

MORAVIE (*Mähren* en allemand, *Morawa* et *Moravia* en morave), gouvernement de l'empire d'Autriche, augmenté de la Silésie autrichienne. Il est limité par l'archiduché d'Autriche, la Bohème et la Hongrie. Sa longueur est d'environ 60 lieues, sa largeur de 50, et sa superficie de 1,738 lieues carrées. Elle est montagneuse et coupée par des ramifications des monts Carpathes et des Sudètes. La Mareh, la Thayas, l'Igla, la Schwarza et plusieurs autres rivières et ruisseaux la traversent. Elle est fertile et productive surtout en blé, vin, lin. Ses pâturages nourrissent de nombreux troupeaux. On y trouve des mines de fer et de plomb; il y a de belles forêts dans ce gouvernement. Les habitants professent en général la religion catholique; ils occupent le pays des anciens Guades et Marcomans. La Moravie a une administration particulière, dont les assemblées d'État, formées par les membres du haut clergé, la noblesse, les chevaliers et la bourgeoisie; 1,970,000 habitants.

MORBIDE, adj. des deux genres, t. de peint. et de sculpt., il se dit des chairs mollement et délicatement exprimées. Morbide est aussi un terme de médecine, et signifie qui a rapport à la maladie.

MORBIHAN (Département du). Ce département, formé d'une partie de l'ancienne Bretagne, tire son nom d'une baie sinueuse et parsemée d'îles, appelée le Morbihan ou la petite mer. C'est l'un de nos départements maritimes. Il est borné au N. par le département des Côtes-du-Nord, à l'E., par ceux d'Ille-et-Vilaine et de Loire-Inférieure, au S., par l'Océan, à l'O., par le département du Finistère. Sa superficie est de 699,641 hectares, dont 291,531 hectares en landes et bruyères, 260,971 en terres labourables, 69,052 en prairies, 34,462 en bois et forêts, 16,881 en vergers, pépinières et jardins, etc. Son revenu territorial est évalué à 14,741,000 fr. Une chaîne de montagnes traverse ce département du nord au sud. La Vilaine, l'Aff, la Claye, l'Irtz, l'Auray, le Blarot, l'Evel et le Scorff, arrosent ou baignent ce pays, traversé par le canal de Brest à Nantes. Le sol, généralement couvert de landes et de bruyères, est entrecoupé de collines et de vallées quelquefois fertiles, et de plaines spacieuses et riches sur les côtes de la mer. Il produit beaucoup de seigle, du maïs, du millet, du sarrasin et de l'avoine. Les légumes secs et les menus grains y abondent, ainsi que les fruits à cidre. Les pâturages sont une des principales richesses du pays et sont excellents. Ils nourrissent de grands troupeaux de bestiaux et de moutons; on y élève des chevaux très estimés. Les côtes sont peuplées d'oiseaux aquatiques; le poisson est très abondant dans ses rivières, et l'on pêche en grand nombre les sardines sur le bord de la mer. Le Morbihan possède des mines d'argent, de plomb, de fer, de kaolin; du cristal de roche; des carrières d'ardoises, de pierres de taille granitiques, de la terre à pipe et à potier; une sorte de sable émeril et des sources d'eaux thermales. Son industrie alimente des manufactures de toiles dites de Bretagne, d'étoffes de laine, de draps communs et de dentelles; des filatures de coton, des papeteries, des tanneries, six forges, deux verreries, des tuileries. Le beurre, le miel, la cire, le suif, sont les principaux articles de son exportation. Sept ports de mer, plusieurs rivières, des baies nombreuses et des canaux navigables donnent une grande activité à son commerce, qui exporte les produits de son industrie et de ses mines, des grains et des bestiaux. Les rivières navigables de ce département sont le Blavet, l'Oust, la Vilaine et l'Auray, qui se perd dans la baie du Morbihan. Il possède en outre deux canaux, celui de Blavet et le canal de Nantes à Brest. Ses grandes routes sont au nombre de vingt-et-une dont sept royales et quatorze départementales. Ses principaux ports sur l'Océan sont Lorient, Port-Louis, Auray et Vannes. Il est divisé en quatre arrondissements, qui ont pour chefs-lieux Vannes, chef-lieu du département, Lorient, Ploermel et Pontivy. Il renferme 27 cantons et 228 communes. Sa population est de 449,743 habitants, parmi lesquels on compte 1,452 électeurs qui envoient à la chambre six députés. Ce département forme le diocèse de l'évêché de Vannes, suffragant de l'archevêché de Tours. Il est compris dans le ressort de la cour royale de Rennes et de l'académie de la même ville. Il fait partie du 13e division militaire dont Rennes est aussi le chef-lieu, et de la 25e conservation forestière.

MORCEAU, s. m., partie séparée d'un corps solide et continu. Il se dit absolument d'une portion séparée, d'une chose solide qui peut être mangée. Fam., manger un morceau, faire un repas fort léger. Aimer les bons morceaux, aimer la bonne chair. Fam., le morceau honteux, le morceau qui reste le dernier sur le plat. Fig. et fam., s'ôter le morceau de la bouche, se priver du nécessaire pour secourir ou obliger quelqu'un. Fig. et fam., tailler les morceaux à quelqu'un, régler, prescrire la dépense qu'il doit faire. Fig. et fam., il a ses morceaux taillés, il vit de son revenu, et n'a précisément que ce qu'il lui faut. Fig. et fam., rogner les morceaux à quelqu'un, diminuer ses profits, ses revenus. Morceau, signifie une portion, une partie non séparée, mais distincte et considérée à part d'un corps solide et continu. Il se dit dans le même sens des parties, des fragments d'un ouvrage d'esprit. Morceau, se dit quelquefois d'un objet entier, d'un tout. Fig. et fam., c'est un morceau trop cher, se dit d'une chose qui est d'un prix trop élevé, d'une acquisition trop difficile à faire. Fig. et fam., c'est un friand morceau, un morceau de roi, se dit d'une jolie personne. En musiq., morceau d'ensemble, morceau à diverses parties, chanté par plusieurs voix.

MORCELER, v. a., diviser par morceaux.

MORCELLEMENT, s. m., l'action de morceler.

MORCELLI (ÉTIENNE-ANTOINE), savant archéologue, né en 1737 à Chiari, où il mourut en 1821, entra chez les jésuites. Son ordre ayant été supprimé, il s'attacha au cardinal Albani, qui lui confia le soin de sa bibliothèque. C'est là que Morcelli entreprit son immense ouvrage sur le *Style des inscriptions*, Rome, 1780, in-4°. On lui doit encore : *Inscriptiones commentariis subjectis*, ibid., 1783, in-4°; *Sermonum lib. II*, ibid., 1784, in-8°; *Indication des antiquités de la maison Albani* (en latin ou en italien), ibid., 1785; *Kalendarium Ecclesiæ constantinopolitanæ*, etc., Rome, 1788, 2 vol. in-4°; *Sancti Gregorii*, etc., *libri X*, etc., *græce primum, et cum latina interpretatione ac commentariis vulgati*, etc., Venise,

1791; *Electorum, libri II*, 1814; *Africa christiana, in tres partes distributa*, Brescia, 1817-18; *Œuvres ascétiques* (latin et italien), 1820, 3 vol.; *Dello scrivere degli antichi Romani*, Milan, etc., 1822, in-8°.

MORDANT, ANTE, adj., qui mord. En termes de chasse, bêtes mordantes, le blaireau, le renard, l'ours, le loup, etc. Il signifie figurément, qui a une qualité corrosive. Il signifie aussi, au sens moral, qui censure, qui critique avec malignité.

MORDANT, s. m., vernis qui sert à fixer l'or en feuilles que l'on applique sur du cuivre, du bronze, etc. Mordant, en teinture, se dit des substances au moyen desquelles on parvient à fixer les couleurs sur la laine, la soie, le coton, etc. Fig., cette voix a du mordant, le timbre en est sonore et pénétrant. Fig., avoir du mordant dans l'esprit, avoir de la force, du piquant, de l'originalité dans l'esprit.

MORDOUINS ou **MORDOUANS**, peuple de race finnoise, déjà cité par l'annaliste Nestor, et que l'on trouve répandu dans les gouvernements de l'Est et de la Russie, principalement dans ceux de Kasan, Simbirsk, Penza, Saratof et Orenbourg. Les Mordouins sont généralement des hommes forts, bien faits et d'un plus beau teint que les autres Finnois, auxquels ils ressemblent d'ailleurs par la paresse et la malpropreté, mais aussi par des mœurs probes et hospitalières. Ils se divisent en deux tribus, dont l'une, celle des Mokchanes, prend son nom de la rivière de Mokcha, et l'autre, celle d'Ersad, habite sur les bords du Volga. On ne saurait exactement évaluer leur nombre. Ils sont chrétiens pour la majeure partie; quelques-uns néanmoins professent encore le chamanisme. Ils vivent réunis en petits villages, des produits de l'agriculture, de l'éducation des troupeaux et des abeilles, de la chasse et de la pêche. On trouve dans leurs idiomes beaucoup de ressemblance avec le Turc.

MORDRE, v. a., serrer avec les dents. Il s'emploie aussi absolument. Prov. et fig., se mordre la langue, s'arrêter au moment de dire ce qu'on ne doit ou qu'on ne veut pas exprimer. Prov. et fig., s'en mordre les doigts, se repentir d'une chose qu'on a faite. Prov. et fig., chien qui aboie ne mord pas, ceux qui font beaucoup de bruit ne sont pas les plus à craindre. Prov. et fig., mordre à l'hameçon, se dit d'une personne qui se laisse séduire par une proposition qu'on lui a faite pour la surprendre. Poétiq., mordre la poussière, être tué dans un combat. Mordre, se dit aussi des oiseaux, de quelques insectes et de la vermine. Il se dit figurément de plusieurs choses inanimées qui rongent, qui creusent ou qui percent. En termes de gravure, mordre une planche ou faire mordre une planche, lui faire éprouver l'effet de l'eau-forte, après avoir découvert en différents endroits, à l'aide d'une pointe à graver, le vernis dont elle est enduite. En termes d'imprimerie, se dit lorsqu'un ou plusieurs des bords de la frisquette couvrent quelques portions de page et les empêchent de recevoir l'impression. En termes de couturière et de tailleur, il faut mordre plus avant dans l'étoffe, il faut faire la couture un peu plus loin du bord de l'étoffe, pour qu'elle ne se défasse pas. Mordre, signifie figurément, médire, reprendre, critiquer, censurer avec malignité.

MORE, s. m., nom de peuple qu'on ne met ici que parce qu'il entre dans diverses phrases de la langue. Gris de more, couleur grise tirant sur le noir.

MORE (ÉDOUARD), poète anglais, mort à Londres en 1760, a publié : 1° *Le Joueur*, tragédie, où l'on trouve de belles scènes à travers plusieurs irrégularités; 2° *Gilblas*, comédie, qui offre aussi quelques beautés; 3° des *fables*, son meilleur ouvrage, imprimées à la suite de celles de Gay, Londres et Paris, 1800, in-8°.

MOREAU (JEAN-VICTOR), né à Morlaix, en 1763, d'un avocat, fut destiné à la même profession; mais il s'engagea fort jeune dans un régiment. Racheté par son père, il continua ses études. Lorsqu'en 1787 Loménie de Brienne voulut essayer une révolution dans la magistrature, Moreau, prévôt de droit à Rennes, figura dans les attroupements à la tête de la jeunesse, sur laquelle il avait beaucoup d'empire, ce qui le fit nommer le général du parlement. Au moment de la révolution, il forma dans la garde nationale une compagnie de canonniers volontaires qu'il continua de commander jusqu'en 1792. Alors il s'enrôla dans un bataillon de volontaires qui se rendait aux armées du Nord. Nommé en 1793 général de brigade, il fut promu l'année suivante au grade de général de division, et sur la demande de Pichegru qui lui confia un corps d'armée. Moreau conquit en peu de temps Menin, Ypres, Bruges, Nieuport, Ostende, l'île de Cassandria et le fort de l'Écluse. Au moment où il méritait si bien de la république, les jacobins immolaient à Brest son vieux père, appelé à Morlaix le père des pauvres. Cet événement dut lui faire détester le système révolutionnaire. Dans la célèbre campagne de 1794, il commanda avec éclat l'aile droite de l'armée de Pichegru. Lorsque ce général fut appelé au commandement du Rhin-et-Moselle, il obtint celui de l'armée du Nord, et succéda à Pichegru lui-même, après sa retraite. C'est au mois de juin 1796 qu'il ouvrit la campagne qui immortalisa son nom. Après avoir défait Wurmser vers Manheim, il passa le Rhin à Strasbourg et repoussa le prince Charles sur tous les points. Les Autrichiens abandonnant la ligne du Rhin, il se préparait à pénétrer en Bavière, lorsque la défaite de Jourdan mit son armée dans une situation périlleuse. Aussitôt il effectua une retraite qui est l'un des plus beaux faits militaires que l'histoire ait consacrés. À l'ouverture de la campagne suivante, placé sur le haut Rhin, il passa ce fleuve en plein jour et de vive force, devant une armée rangée en bataille sur l'autre rive. La suite de cette action brillante fut la prise du fort de Kehl, de plusieurs drapeaux et de quarante mille prisonniers. Les préliminaires de paix de Léoben vinrent suspendre ces succès. Dénoncé au Directoire par suite de papiers qui compromettaient Pichegru, Moreau, pour se disculper, eut la faiblesse de publier une proclamation, dans le but, disait-il, de convertir beaucoup d'incrédules sur le compte de ce général qu'il n'estimait plus depuis longtemps. Cette conduite à l'égard de son bienfaiteur fut condamnée par le Directoire lui-même, puisqu'il le força de prendre sa retraite. Mais ses talents devinrent bientôt nécessaires. Il fut envoyé en 1799 à l'armée d'Italie commandée par Schérer; et lorsque cet indigne général lui remit les restes de son armée, il sut, malgré l'extrême disproportion de ses forces, arrêter les progrès de l'ennemi. Il venait d'être nommé au commandement de l'armée du Rhin, et Joubert le remplaçait en Italie. L'habileté avec laquelle il effectua sa retraite rendit presque nulle pour les alliés cette sanglante victoire et mérita à Moreau le surnom de *Fabius français*. À cette époque, le Directoire s'étant rendu encore plus méprisable, le parti qui avait formé le projet de le renverser jeta les yeux sur Moreau, pour en faire le régulateur des événements. Mais, ne se croyant pas en état de diriger les affaires au milieu de tant de partis, il refusa sa coopération. Appelé, après la révolution de Saint-Cloud, au commandement des armées du Danube et du Rhin, il eut d'abord quelques discussions avec Buonaparte, qui, uniquement occupé de la conquête de l'Italie, ne voulait faire de l'armée du Rhin qu'une armée d'observation, tandis que le plan de Moreau était de pénétrer en Souabe et dans le sein des États héréditaires. Ce plan finit par être adopté, et les événements prouvèrent combien il avait été habilement conçu. Les brillants succès de Moreau furent suivis d'un armistice. À la reprise des hostilités, il avait en tête l'archiduc Jean et une armée de 120,000 hommes. Attaqué par les Autrichiens, il se replie jusque dans les défilés de Hohenlinden, et c'est là qu'il leur livre, le 30 décembre 1800, une bataille décisive. Après cette campagne, qui le plaçait au rang des plus grands capitaines, Moreau se rendit à Paris où il recueillit l'hommage de l'admiration publique. Cependant Buonaparte ne tarda pas à manifester combien il craignait un rival qui avait à la fois l'amour de l'armée et celui de la nation. Il saisit, pour le perdre, le prétexte du voyage de Pichegru et de Georges Cadoudal en France (1804). Moreau, accusé d'avoir voulu rétablir l'autorité des Bourbons, aurait été condamné à mort, si l'on n'avait craint un soulèvement dans l'armée. D'un autre côté, on n'osait l'absoudre en entier, dans la crainte que son acquittement ne fût le signal de la guerre civile. Il fut condamné à deux années de détention; mais sa femme, secondée par Fouché, obtint qu'il lui fût permis de voyager pendant tout ce temps. Au moisde juin 1804, il partit pour Cadix, sous l'escorte de quatre gendarmes, et passa de là aux États-Unis d'Amérique. Ce fut après les désastres de Moscou qu'il reçut les premières ouvertures de l'empereur Alexandre. Décidé à s'unir avec ce monarque pour combattre Buonaparte, il s'embarqua le 21 juin 1813. Arrivé à Prague où étaient réunis les souverains alliés, une sorte d'égalité parut s'établir entre la grandeur de ces monarques et la gloire du célèbre capitaine. Mais ses services devaient être de courte durée. Examinant, le 27 août 1813, à côté de l'empereur Alexandre, les positions de Buonaparte, il eut les deux jambes fracassées par un boulet, et mourut six jours après à Laun en Bohème. Alexandre le pleura et le fit enterrer dans l'église catholique de Saint-Pétersbourg. Sa veuve reçut

depuis de Louis XVIII le titre de maréchale. Tout en comblant d'éloges la rare modestie de Moreau, on regrette qu'il n'ait pas eu plus d'ambition, il eût pu empêcher Buonaparte de saisir le pouvoir souverain, et eût épargné à l'Europe les flots de sang qui l'ont inondée.

MOREAU, adj. m., il se dit d'un cheval qui est extrêmement noir. Il est vieux.

MOREAU (JEAN-MICHEL), dessinateur et graveur, né à Paris, en 1741, mort le 30 septembre 1814, est connu sous le nom de *Moreau le jeune*, pour le distinguer de Louis Moreau, son frère, duquel on a plusieurs paysages à la gouache, et qui mourut quelques années avant lui. Son dessin du sacre de Louis XVI, qu'il grava lui-même, lui ouvrit les portes de l'académie de peinture, et lui valut le titre de dessinateur du cabinet du roi. Toutes ses productions attestent un génie riche et fertile.

MOREAU, ingénieur à Châlons, député de Saône-et-Loire à la Convention, vota la mort de Louis XVI sans appel ni sursis. Devenu receveur-général de Saône-et-Loire, il se retira à l'époque de la Convention, et mourut à Charbonnière, près Mâcon, en juin 1833.

MOREAU DE SAINT-MÉRY (MÉDÉRIC-LOUIS-ÉLIE), conseiller d'État, né à la Martinique, le 13 janvier 1750, mort le 28 janvier 1819, se fit recevoir avocat. Élu député de la Martinique à l'Assemblée constituante, il se déroba aux persécutions en s'embarquant pour les États-Unis où il se fit libraire et imprimeur. Nommé à son retour historiographe de la marine, il contribua à la rédaction du Code pénal maritime. Comme il était parent de Joséphine, femme de Buonaparte, celui-ci l'appela, en 1800, au conseil d'État, et le nomma ensuite administrateur-général des États de Parme, Plaisance et Guastalla, avec des pouvoirs illimités. Moreau de Saint-Méry se fit aimer de ses administrés, mais déplut à Napoléon, alors empereur. Il fut rappelé, et tomba, après la chute de l'empire, dans une complète indigence. Cependant Louis XVIII, qui l'avait connu après la révolution, vint à son secours. On a de lui : *Lois et constitutions des colonies françaises de l'Amérique sous le Vent, de 1750 à 1785*, Paris, 1784-1790, 9 vol. in-4°; *Description de la partie espagnole de Saint-Domingue*, Philadelphie, 1796, 2 vol. in-8°; *Idée générale, ou Abrégé des sciences et des arts, à l'usage de la jeunesse*, Philadelphie, 1795, in-12; *Description de la partie française de la colonie de Saint-Domingue*, ibid., 1797-98, 2 vol. in-4°; *de la Danse*, ibid., 1797, 2 vol. in-12, Parme, Bodoni, 1801, in-12. L'auteur montre l'analogie qui existe entre les danses coloniales, celles des Maures, des Africains, et surtout celles des Grecs; *Histoire nationale des quadrupèdes du Paraguay*, Paris, 1800, 2 vol. in-8°, traduit de l'espagnol du chevalier Azara. Moreau de Saint-Méry écrivait avec pureté et élégance.

MOREAU de la Sarthe (LOUIS-JACQUES), né le 28 janvier 1775, à Montfort, près le Mans, mort à Paris, le 13 juin 1826, fut nommé bibliothécaire de l'école et professeur à la Faculté de médecine de Paris. Quand l'ordonnance du 21 novembre 1822 dispersa ce corps, le titre d'honoraire lui fut conservé. Il a laissé : *Esquisses d'un cours d'hygiène ou de médecine appliqué à l'art d'user de la vie et de conserver la santé*, accompagnée de notes, 1799, in-8°; *Traité historique et pratique de la vaccine*, 1801, in-8°, ouvrage traduit en plusieurs langues; *Histoire naturelle de la femme*, 1803, 3 vol. in-8°. Il a été l'éditeur : des *Œuvres de Vicq-d'Azyr*, Paris, 1805, 6 vol. in-8° et atlas in-4°, accompagnées de notes et d'un discours préliminaire; de l'*Art de connaître l'homme par la physionomie*, de Lavater, Paris, 1805-1809, 10 vol. grand in-8°, fig.; nouvelle édition, Paris, 1820-1834, 10 vol. in-8°. Moreau a été le principal rédacteur du *Dictionnaire de médecine de l'Encyclopédie méthodique*.

MORÉE (Péloponèse), presqu'île de Grèce formant la partie la plus méridionale de l'Europe continentale, et tenant vers le N.-N.-O. par l'isthme de Corinthe au continent, c'est-à-dire à la Grèce propre ou Sivadie, dont elle est d'ailleurs séparée; au N. par le golfe de Lépanthe ou de Corinthe, et au N.-E. par celui d'Athènes. La Morée a 240 kilomètres de longueur du cap Papo au N.-O., au cap Saint-Ange, et 152 kilomètres de largeur. Au S. se prolongent trois presqu'îles, celle de la Laconie, qui est la plus orientale, celle du Maïna, au milieu, et celle de la Messénie, la plus occidentale. Les principales îles répandues près des côtes de Morée sont : Sapience et Cabrera au S.-O., Servi au S.-E., Spetzia, Hydra, Hydron, Poros et Égine à l'E., Cérigo au S.-E., qui fait partie de la république des îles ionniennes. Les rivières sont nombreuses, la principale est la Rouphia, l'ancien Alphée, dans la partie occidentale, où l'on remarque aussi le Gastonni et l'Hellénico ; la Camenitza, la Calavrita et la Vasilica débouchent sur la côte septentrionale ; à l'E. la Zeria tombe dans le golfe de Nauphi; au S. l'ancien Eurotas appelé Iré, dans sa partie supérieure, et Hélos dans sa partie inférieure, se jette dans le golfe de Coron, et l'autre appelée Vasili-potamo ; à l'E. la Laconie au S.-O. La Morée se trouve divisée aujourd'hui en sept départements, l'Achaie au N., l'Elide à l'O., l'Argotide à l'E., l'Arcadie au centre, la haute Messénie et la basse Messénie au S.-O., et la Laconie au S.-O., cette presqu'île porta d'abord le nom d'Argos, puis d'Opia, sous le règne d'Opis, 1800 ans avant J.-C., plus tard elle s'appela Péloponèse de Pélops, 1400 ans avant J.-C. Elle passa sous la domination romaine vers le milieu du IIᵉ siècle, avant l'ère vulgaire. Lors de la décadence de cet empire, elle passa sous la domination des Vénitiens. Les Turcs, sous Amurath II, franchirent le retranchement qui défendait l'isthme de Corinthe sans pouvoir pénétrer dans l'intérieur, en 1432. L'amiral Tourhanbey ravagea les côtes en 1442. Bientôt après Mahomet II s'empara de cette contrée, à l'exception de Madon, de Coron, de Navarin, et de Neuphi de Romanie, qui restèrent aux Vénitiens. Ceux-ci reprirent toute la presqu'île vers la fin du XVIIᵉ siècle, et s'en firent confirmer la possession en 1699 ; puis furent forcés de la céder en 1715. Les Russes y firent une invasion en 1770. Neuphi de Romanie, Corinthe et Argos tombèrent sous la domination des Grecs en 1821. Ibrahim, fils du pacha d'Egypte, ravagea toute la Morée en 1825. La France, l'Angleterre et la Russie s'interposèrent entre les musulmans et les Grecs et détruisirent la flotte turco-égyptienne dans le port de Navarin en 1827, la France envoya des troupes sous les ordres du général Maison qui forcèrent les Egyptiens d'abandonner en 1828 toutes les places de la Morée (V. GRÈCE.)

MOREL (DOM ROBERT), bénédictin de Saint-Maur, né à la Chaise-Dieu en Auvergne, l'an 1653, fut fait bibliothécaire de Saint-Germain-des-Prés, en 1680. On le nomma depuis supérieur de différentes maisons. En 1699, il voulut être déchargé de tout fardeau, pour se retirer à Saint-Denis, où il s'occupa à composer des ouvrages ascétiques. Ce bénédictin, né avec un esprit vif et fécond, excellait dans la connaissance des mœurs et des règles de conduite pour la vie spirituelle. Il avait appelé, mais renonça à son appel en 1729, et mourut en 1731, à 79 ans. On a de lui : *Effusions de cœur sur chaque verset des Psaumes et des cantiques de l'Eglise*, Paris, 1716, 5 vol. in-12 ; *Entretiens spirituels sur les évangiles des dimanches et des mystères de toute l'année, distribués pour tous les jours de l'Avent*, 1720, 4 vol. in-12 ; *Entretiens spirituels pour la fête de l'Octave du Saint-Sacrement*, 1722, in-12 ; *Méditations chrétiennes sur les évangiles de toute l'année*, 2 vol. in-12, 1726 ; *de l'Espérance chrétienne, et de la confiance en la miséricorde de Dieu*, in-12, 1728. L'on trouve dans quelques-uns de ces ouvrages des propositions qui ne sont pas assez exactes.

MORELL (ANDRÉ), antiquaire, né à Berne en Suisse, le 9 juin 1646, se fit connaître à Paris, où il était venu en 1680 par son érudition ; mais il attacha trop d'importance et un trop haut prix à sa science. Il fut chargé de mettre en ordre et de compléter le cabinet des médailles de Louis XIV. La récompense qu'on lui avait promise s'étant fait longtemps attendre, il s'en plaignit hautement. Louvois en fut piqué et le fit mettre à la Bastille. Ses amis lui obtinrent la liberté le 16 novembre 1791 ; mais de nouvelles plaintes contre le ministre lui attirèrent les mêmes punitions; et ce qui paraîtra extraordinaire, c'est que, malgré les persécutions de Louvois, Morell ne perdit jamais la bienveillance de Louis XIV. Au bout de quelque temps, il se retira à Berne ; se rendit en Thuringe, et mourut d'apoplexie à Arnstadt, en 1703. Ses principaux ouvrages sont 1° *Thesaurus Morellianus, sive Familiarum romanarum numismata omnia..., et disposita ab Andrea Morellio, cum Commentariis Havercampi*, Amsterdam, 1734, 5 tom. en 2 vol. in-fol. C'est le recueil le plus complet des familles romaines; il est estimé, rare et recherché. Le lecteur est également frappé de la beauté des médailles, gravées par Morell lui-même sur les originaux, et de la justesse des descriptions; 2° *Specimen universi rei nummariæ antiquæ*, 1683, Leipsick, 1695, 2 vol. in-8°, ouvrage digne du précédent. La *Vie d'André Morell* a été écrite en latin par A.-P. Ginglianelli, et publiée, en 1752, par Gori, à la tête de sa *Columna Trajana*.

MORELLE, Solanum (bot.), genre de plantes de la famille des solanacées qui lui emprunte son nom, et de la pentandrie monogynie du système de Linné. Ce genre est l'un des plus nombreux que l'on connaisse, on estime le nombre de ses espèces à près de 800. Ce genre se compose de plantes herbacées, sous-frutescentes, quelquefois arborescentes, qui croissent dans les parties tropicales et tempérées de tout le globe. Les unes sont inermes, les autres aiguillonnées ou épineuses. Leurs feuilles sont simples, entières ou divisées; leurs fleurs, ordinairement assez grandes, sont blanches ou violacées, rarement jaunes, et présentent pour principaux caractères : un calice 5-10 fide, une corolle rotacée, quelquefois campanulée, 5-10 fide ; le plus souvent 5 étamines, quelquefois 4-6, à filaments courts, à anthères conniventes, s'ouvrant à leur sommet par deux pores, un pistil à ovaire biloculaire à ovules nombreux. Le fruit est une baie. Parmi les nombreuses espèces de ce genre, plusieurs méritent toute notre attention pour les services qu'elles rendent à l'humanité ; l'une d'elles surtout, la morelle tubéreuse (*Solanum tuberosum*, L.), bien connue de tout le monde sous le nom de pomme de terre, est une plante herbacée à racine vivace inerme à tige rameuse, haute de 5 à 6 décimètres, à feuilles pinnatiséquées avec impaire à fleurs blanches ou violacées, portées sur des pédicelles articulés. Le principal caractère de cette plante consiste dans les tubercules qu'elle produit sous terre ; ce sont des masses de forme généralement arrondie, bosselées, dont la surface est creusée d'un nombre variable d'enfoncements, au fond de chacun desquels se trouve un bourgeon ou un œil. D'après les observations de MM. Duval, Dutrochet et Turpin, on a reconnu dans ces derniers temps, que les tubercules de la pomme de terre sont entièrement indépendants des racines et qu'ils se composent uniquement de l'extrémité renflée de branches souterraines ou de bourgeons dans lesquels le tissu cellulaire s'est développé au point de devenir très abondant et d'en former la masse presque toute entière. Dans ces cellules la fécule s'est produite en très grande quantité et a fait de ces tubercules une matière alimentaire des plus importantes. Du reste, la morelle tubéreuse n'est pas la seule espèce du genre *solanum* qui produise des tubercules souterrains. Le *solanum montanum* du Pérou donne également un tubercule qui sert de matière alimentaire ; les *solanum stoloniferum* du Mexique et *solanum sinense* des Philippines, donnent également des tubercules très estimés. On dit la pomme de terre (*solanum tuberosum*) originaire du Pérou, quoiqu'il en soit, on y cultive depuis la plus haute antiquité sous le nom de *Papas*. Nous n'entreprendrons pas de faire ici l'histoire de cette précieuse plante ; qu'il nous suffise de savoir, qu'importée en 1565, par Hawkins, en Europe, elle ne fut longtemps regardée que comme une rareté. Ce n'est réellement que vers 1715 que, rapportée en Angleterre et en Irlande par l'amiral Walter Raleigh, les cultivateurs de la Grande-Bretagne, en appréciant la haute valeur, commencèrent à lui donner tous leurs soins. Enfin l'on sait que ce n'est que vers la fin du XVIIIᵉ siècle que les efforts de Parmentier parvinrent à la faire cultiver en France. La morelle tubéreuse a donné un nombre considérable de variétés dont nous ne pouvons donner ici la nomenclature. Nous renvoyons aux ouvrages spéciaux, tels que : *Versuch einer Monographie der Kartoffeln*, 1819, et la *Revue Botanique*, 1ʳᵉ année. J. P.

MORELLET (ANDRÉ), l'abbé), membre de l'Académie française, né à Lyon, le 7 mars 1727, d'un marchand papetier, fit ses premières études au collège des jésuites de sa ville natale. Lorsqu'il les eut terminées, il vint à Paris, où il entra au séminaire des Trente-Trois ; il n'avait alors que 16 ans. Il y obtint des succès qui le firent admettre à la Sorbonne, où il eut pour condisciples des hommes qui parvinrent à des emplois éminents, entre autres MM. Loménie de Brienne, Turgot et d'autres encore. Morellet se fortifia dans les études théologiques ; mais il y ajoutait la lecture de Spinosa, de Bayle, de Voltaire ; en sorte qu'il sortit de la Sorbonne licencié et philosophe. « Il avait, dit-il, passé cinq ans en Sorbonne toujours lisant, toujours disputant, toujours très pauvre, et toujours content. » Il paraît étonnant que l'abbé Morellet, avec les principes qu'il montra dès la première jeunesse, ait embrassé l'état ecclésiastique ; mais il faut croire que, né de parents peu fortunés, il choisit cet état comme propre à l'élever au-dessus de sa naissance, et lui donner un rang distingué dans le monde. Au sortir de la Sorbonne, il fut chargé, en 1752, de l'éducation du fils de M. de la Galaizière, chancelier du roi de Pologne ; il accompagna son élève en Italie, et, en feuilletant à Rome dans une bibliothèque, il lui tomba entre les mains le *Directorium inquisitorum* d'Eymerich ; dès lors il conçut le projet d'en donner un Extrait. Quand il revint à Paris, ses anciens amis l'introduisirent dans toutes les maisons *à la mode*, et entre autres chez madame Geoffrin, qui le prit en amitié, et qui, en mourant, lui laissa une pension de 4,200 francs. Il eut aussi accès dans la maison d'Holbach, rendez-vous général de la secte ou faction philosophique, et où se trouvaient Diderot, Rousseau, Helvétius, Barthès, Venelle, Rouelle, Roux, Dorcel, Duclos, Saurin, Raynal, Suard, Marmontel, Lambert, la Condamine, Chastellux, etc. D'Holbach donnait à dîner le dimanche et le jeudi... « Il n'y a point de hardiesse politique et religieuse (dit Morellet dans ses *Mémoires*) qui ne fût mise là en avant; c'est là que Diderot, Roux, et le baron lui-même établissaient dogmatiquement l'athéisme absolu, celui du *Système de la nature* (de d'Holbach)... Mais nous étions là bon nombre de théistes qui nous défendions vigoureusement... » Les dîners du baron d'Holbach ressemblaient assez, à ce qu'il paraît, aux petits soupers de Frédéric, roi de Prusse. Malgré tout son théisme, Morellet s'était dévoué à la cause générale des philosophes et de ceux même d'entre eux qui n'étaient pas théistes; aussi se réunit-il à ses collègues lorsque ceux-ci accablèrent de plaisanteries amères Le Franc de Pompignan, qui avait signalé les philosophes dans son Discours à l'Académie, le 10 mars 1760. On sait que Voltaire fut alors un des détracteurs les plus acharnés de Pompignan, qu'il ridiculisa dans le *Quand* qu'il envoyait de Genève... « J'imaginai (dit Morellet dans ses *Mémoires*) qu'il fallait faire passer Pompignan par les particules; je fis les *Si*, les *Pourquoi*, un commentaire sur une traduction en vers de la prière universelle de Pope, c'était un feu roulant; il paraissait un papier toutes les semaines... » Vers la même époque, Palissot avait donné sa *Comédie des philosophes* qui souleva aussi la faction. Morellet eut du goût écrivit la *Préface des philosophes*, ou *Vision de Charles Palissot*, satire virulente, dans laquelle il eut la maladresse de lancer un trait contre la princesse Rebecq, antagoniste des philosophes. Palissot crut ne pouvoir mieux se venger de son ennemi qu'en adressant un exemplaire du pamphlet à cette dame, comme s'il venait « de la part de l'auteur. » Son projet réussit : madame de Rebecq demanda justice au duc de Choiseul, alors ministre, qui fit mettre l'abbé Morellet à la Bastille. Il y resta six mois, et, loin de se plaindre de son emprisonnement, il en sut tirer de grands avantages... « Je voyais (a-t-il écrit) quelque gloire littéraire éclairer les murs de ma prison; les gens de lettres que j'avais vengés, et la philosophie dont j'étais le martyr, commencèrent ma réputation; ces six mois de Bastille seraient une excellente recommandation et feraient infailliblement ma fortune... » Il faut avouer que cette logique n'était pas celle d'un sot. En effet, ses partisans crièrent à l'injustice, à la persécution, et quand il reparut sur la scène, il jouit d'un surcroît de considération par le tendre intérêt qu'il avait inspiré à ses amis et à leurs adhérents. L'abbé Morellet eut, en outre, une utile protectrice dans la maréchale de Luxembourg, qui, secondée par J.-J. Rousseau, lui avait fait obtenir sa liberté. Après avoir publié sa traduction du *Traité des délits et peines*, de Beccaria, il contribua, par ses écrits, à faire supprimer le privilège de la compagnie des Indes, dont les affaires se trouvaient dans un état désespéré. Ses travaux philosophiques lui avaient procuré l'amitié de Voltaire, qui, sans le connaître encore personnellement, disait à Tiriot, dans une de ses lettres, du 19 novembre 1760 : « Embrassez pour moi l'abbé *Mords-les*, je ne connais personne qui soit plus capable de rendre service à la raison. » Alors même qu'il étudiait en Sorbonne, il se liait avec d'Alembert, Diderot, et d'autres philosophes, qui l'employèrent ensuite à l'Encyclopédie, où il a donné les articles *Figures, Fils de Dieu, Fondamentaux, Fatalité, Gomaristes*, etc. Morellet eut des discussions polémiques avec Necker et le fameux abbé de Galiani, au sujet de leur ouvrage, *Sur le commerce des grains*, et auquel il répondit peu poliment suivant sa coutume. Tour-à-tour et à la fois économiste, encyclopédiste et libelliste, sa plume n'était jamais oisive, et il en savait tirer des avantages réels. Il obtint, dit-on, du commerce de Paris, en sa qualité d'économiste, 500 louis pour faire le voyage des Indes et en rapporter quelques notions relatives au trafic. Il fut bien accueilli en Angleterre de lord Shelburn, depuis marquis de Landsdower, qu'il avait connu en France et dans la maison duquel il se lia avec le fameux Francklin. Parti en 1772, il alla seulement en Angleterre et à Paris dans la même année; 3 ans après, il eut la consolation de voir, à Ferney, le chef des philosophes théistes. Une lettre de d'Alembert lui servit d'introduction auprès de Voltaire, à qui le

premier signalait son recommandé comme un des quatre théologiens que les philosophes étaient parvenus à attacher à l'Encyclopédie. Ami, depuis longtemps, de Marmontel, il lui fit épouser sa nièce, en 1777, quoiqu'elle fût très jeune, et que Marmontel eût alors 57 ans. L'abbé Morellet avait des protecteurs à la cour dont il éprouva plus d'une fois les largesses. Il possédait à un degré supérieur le talent de faire agir à propos la bienveillance de ses protecteurs. Lors de la paix conclue, en 1783, avec l'Angleterre, lord Shelburn, ministre de ce gouvernement, se plut à en attribuer le principal mérite à l'abbé Morellet, dont, disait-il, les principes et les opinions l'avaient dirigé, malgré son opposition constante à traiter avec la France. Lord Shelburn avait adressé ces détails à M. de Vergennes; ce ministre les fit connaître à Louis XIV, qui gratifia Morellet d'une pension de 4,000 fr. En 1788, il devint titulaire du prieuré de Thimer, dont le revenu était de 16,000 fr., et qui lui échut en vertu d'un indult que lui avait procuré le ministre Turgot. L'abbé Morellet jouissait, tout compris, de 30,000 liv. de rente, dont 21,000 des biens du clergé; et cela malgré son théisme philosophique. Peu de temps après, il devint, par la mort de l'abbé Millot, membre de l'Académie française, à laquelle il fut très utile pour le travail qu'il fit à son Dictionnaire. Au commencement de la révolution, il entretint une correspondance, sur les affaires de gouvernement, avec son ancien condisciple, M. de Brienne, devenu évêque et ministre de Louis XVI. Mais la fermentation qui se manifestait dans les esprits aurait mis en défaut les talents d'un ministre plus habile que M. de Brienne. Dans la seconde assemblée, en 1788, l'abbé Morellet, partageant l'opinion du bureau de Monsieur (depuis Louis XVIII) sur la double représentation du tiers-état, défendit cette opinion dans deux écrits successifs, intitulés : *Observation sur la forme des états de 1614*, ou *Réponse au Mémoire des princes*. Il tâcha, dans deux autres écrits, d'insinuer au novateur des mesures équitables relativement à la vente des biens du clergé, lui-même se trouvant lésé par les décrets de l'assemblée, qui lui firent perdre le revenu de son bénéfice, et peu après ses 4,000 fr. de pension. Quelque cruels que fussent ces revers, il n'en répondit pas moins énergiquement à la brochure de Champfort (en 1791), contre les académies. Il combattit ensuite, dans le *Journal de Paris*, et avec non moins de force, en faveur de la même question. Mais les maximes de Champfort et de Brissot prévalurent, parce qu'elles flattaient l'ignorance et la cupidité. L'Académie fut supprimée en 1792; l'abbé Morellet en avait été nommé directeur. Par une courageuse prévoyance, avant que le jacobinisme en effaçât toutes les traces, il fit transporter chez lui les archives, les registres, les titres de création de cette société savante, le manuscrit du Dictionnaire, et rendit tous ces objets à l'Institut, lors de sa création. Morellet ne fut point inquiété pendant la funeste époque de la terreur, et dut peut-être cet avantage à sa réputation de philosophe. Après le 9 thermidor, il rompit le silence qu'il avait gardé longtemps et publia des écrits qui lui font honneur, comme le *Cri des familles*, la *Cause des pères*, l'*Opinion publique*, etc.; où il parle avec énergie en faveur des parents des émigrés. En 1797, l'abbé Morellet n'avait pour toute ressource que 1,200 fr. de rente sur le grand-livre, et le produit qu'il tirait de ses ouvrages. Il crut améliorer sa fortune en choisissant un autre genre de littérature, et traduisit, jusqu'en 1800, des romans et des voyages anglais, le tout formant plus de 30 v. Il se trouvait comme isolé; presque tous ses amis étaient morts; il eut encore la mortification de se voir oublier quand on créa l'Institut; mais lors de sa réorganisation en 1803, il fut y compris avec ses anciens confrères. Il jouit d'une nouvelle existence, en 1807, lorsqu'il fut appelé au Corps-Législatif. Dans sa vieillesse, il s'amusa à faire des vers, à entendre de la musique et à rappeler d'anciens souvenirs. L'abbé Morellet n'avait jamais eu de maladie sérieuse; à l'âge de 88 ans, il fit une chute et se brisa le fémur. Condamné à un état perpétuel d'immobilité, il s'occupa encore de nouveaux ouvrages, et composa ses *Mélanges*, qu'il publia en 1819, à l'âge de 92 ans. M. Lemontay, qui a prononcé son éloge à l'Académie, n'a pu dissimuler, « qu'il avait, à l'instar de beaucoup de littérateurs modernes, consumé sa vie dans des fatigues frivoles et des veilles sans méditations; ainsi, prêtre et académicien, au fond il n'avait fait que peu de chose pour les lettres, et il a eu le malheur plus grave de ne rien faire pour lui et pour l'Eglise. » Voici la liste des principaux ouvrages de Morellet : 1° *Petit écrit sur une matière intéressante*, 1756, in-8°; 2° les *Pourquoi*; la *Prière univer-*

selle ; la *Vision de Palissot*, 1760 (dans les *Facéties parisiennes*) ; 3° *Traité des dédits et des peines*, de Beccaria, traduit de l'italien, 1766, in-12 ; 4° *Legs d'un père à sa famille*, traduit de Grégory ; 5° *Théorie des paradoxes*, 1775, in-12 ; 6° *De la liberté d'écrire et d'imprimer sur les matières d'administration*, 1775, in-8° ; 7° *Essai sur la conversation* ; *Maximes et pensées détachées*, imitées de Swift, et insérées dans le Mercure, qu'il avait essayé de ressusciter, 1780 ; 8° *Lettre de Brutus à Cicéron*, 1792, in-32, tirée à 25 exemplaires ; 9° *Essai d'une cométologie nouvelle*, 1786 ; 10° *Observation sur la Virginie*, traduite de Gefferson , 1786 , in-8° ; 11° *Avis aux faiseurs de constitutions*, traduit de Francklin, 1789, in-8° ; 12° *Pensées libres sur la liberté de la presse*, 1795, in-8° ; 13° *Le confessional des pénitents noirs* ; *Les enfants de l'abbaye* ; *Phédora ou la forêt de Minski* ; *Clermont*, roman traduit de l'anglais ; 14° *Histoire de l'Amérique*, ouvrage posthume de Robertson, contenant l'Histoire de la Virginie jusqu'en 1688, et celle de la nouvelle Angleterre jusqu'en 1762, Paris, 1798, 4 v. in-12 ; 15° *Voyage de Vancouver*, 1799, in-4° ; 16° *Observations critiques sur le roman d'Atala*, où l'auteur du *Génie du christianisme* n'est guère ménagé, 1801, in-8° ; 17° *Mélanges de la littérature et de philosophie du XVIII° siècle*, 1808, 4 vol. in-8° ; 18° *Mémoires de l'abbé Morellet*, écrits par lui-même, Paris, Ladvocat, 1821 ; 2° édition, ibid. , 1822. Il a publié d'autres ouvrages sur le commerce des grains, sur les fabriques de toiles peintes, sur l'inoculation, etc. ; et a laissé divers manuscrits. « Sa vie, ses écrits et ses mémoires (de Morellet) montrent en lui un talent très médiocre, des vues très courtes, et je ne sais quelle bonhomie niaise, dont il a quelquefois vanité, mais qui lui appartenait beaucoup plus qu'il ne pensait. On loue la douceur de ses mœurs, l'enjouement de sa conversation, la sûreté de son commerce. Il était, dit-on, du petit nombre de ces philosophes qui protégeaient la tolérance qu'il prêchait aux autres, et il souffrait que des nièces, qui demeuraient avec lui, suivissent leur religion. C'est tout ce qu'on nous a rapporté sur son compte en pareille matière... » (*L'Ami de la religion et du roi*, t. 32, p. 375). On peut consulter, pour connaître tous les écrits de Morellet, la Table du Dictionnaire des anonymes.

MORELLI (DOM JACQUES), directeur de la célèbre bibliothèque de Saint-Marc de Venise, et l'un des plus savants bibliographes de nos jours, né dans les états Vénitiens, vers 1745, mourut en 1819. Il est un de ceux qui ont contribué à donner à cet établissement plus de richesse, d'ordre et d'éclat. Sa douleur fut extrême lorsqu'en 1797 il fut contraint de livrer beaucoup d'ouvrages imprimés et manuscrits, qui devaient être transportés en France, il fondit en larmes et s'évanouit, lorsqu'il sut qu'on transportait sa bibliothèque au palais ducal : tant il redoutait de perdre un de ses chers livres. Morelli fut un critique et un archéologue, il a imprimé soixante-et-un ouvrages soit à lui, soit à d'autres. On en trouvera la liste dans un intéressant article que lui a consacré M. Villenove (*Biogr. univ.*). Nous citerons : 1° *Dissertazione storica della libreria publica di S. Marco in Venezia*, Venise, 1774, in-8° ; 2° *Caudices manuscripti latini biblioth. Naniana*, Venise, 1776, 2 vol. gr. in-4°. Morelli et Assemani ont publié chacun une suite à cet ouvrage ; 3° *Bibliotheca, Maffœi Pinelli Veneti, descripta et anotationibus illustrata*, Venise, 1787, 6 vol. gr. in-8°, catalogue curieux et fort recherché ; 4° *Notizia d'opere disegno nella primo meta del secolo XVI Jesistenti in padova, cremona milano*, etc., Bossono, 1800, in-8° ; 5° *Bibliotheca S. Marci venetiarum manuscripta græca et latina*, Bassano, 1802, 2 vol. in-8° ; 6° *Dissertazione interno ad alcuni viaggiatori eruditi venezioni, M. Poco noti, pubblicata nelle fostiscime nozze del conte Leonardo Manino*, etc., Venise, 1807, grand in-4°. Morelli fut entièrement étranger à la politique ; il avait vu, sans qu'il fût dérangé dans sa place ou sa fortune, l'Etat vénitien passer successivement sous la domination de la France et de l'Autriche. Il était de toutes les académies de l'Italie, de celles de Berlin, de Gottingue, des Inscriptions de Paris.

MORENA (*Sierra*) ou **MONTS-MARIANIQUES** (*Ariani montes* ou *mons marianus*), chaîne de montagnes d'Espagne, comprise entre les 37° 5' et 39° 30' de latitude septentrionale et entre les 5° et 10° de longitude occidentale. Elle commence aux sources de Guadarrama, se dirige à l'O. S.-O., s'étend jusqu'au cap Saint-Vincent, sur les bords de l'Océan, et se divise en quatre branches qui courent vers le N., et en dix autres branches qui courent vers le S. La constitution de cette chaîne de montagnes est schisteuse. On y rencontre du nickel, de l'antimoine, du mercure, de l'argent, du plomb et

de la pierre d'azur. Le plus haut sommet de cette chaîne de montagnes s'élève à 934 mètres au-dessus du niveau de la mer.

MORÉNA (OTHON), natif de Franconie, dans le XII° siècle, commença l'histoire de ce que l'empereur Frédéric Barberousse fit en Lombardie, depuis 1154 jusqu'en 1198, principalement par rapport à la ville de Lodi. Acereus. — Acerbus Moréna, son fils, acheva ce que le père n'avait pu finir. Ces auteurs étaient partisans de l'empereur contre les papes, et on doit se tenir en garde contre les jugements et anecdotes que la partialité leur a fait imaginer ou adopter.

MORÉNAS (FRANÇOIS), né à Avignon, en 1702, mort en 1774, s'enrôla comme soldat, prit ensuite l'habit de cordelier, qu'il quitta après s'être fait relever de ses vœux, et se consacra entièrement à la littérature. Il fut, en 1773, rédacteur du *Courrier d'Avignon*. Il publia entre autres un *Abrégé de l'histoire ecclésiastique de Fleury*, 1750 et années suivantes, 10 vol. in-12, avec de bonnes approbations. Son ouvrage fut cependant critiqué par D. Clemencet et le président Rolland, dans leurs *Lettres à Morénas*. On lui doit aussi un *Dictionnaire portatif des cas de conscience*, Avignon, 1758, 3 vol. in-8°, et un *Précis du résultat des conférences ecclésiastiques d'Angers*, ibid., 1764, 4 vol. in-12.

MORÉRI (LOUIS), docteur en théologie, né le 25 mars 1643, à Bargemont, petite ville de Provence, prêcha à Lyon la controverse pendant cinq ans avec succès. Il s'était annoncé dans cette ville par une mauvaise allégorie intitulée *Le pays d'amour*, qu'il publia dès l'âge de 18 ans ; il se fit connaître bientôt par des ouvrages plus utiles. Il traduisit de l'espagnol en français le *Traité de la perfection chrétienne*, par Rodriguez, version qui a été effacée par celle de Regnier des Marais. Il publia, en 1678, en 1 vol. in-fol., le *Dictionnaire* qui porte son nom. Ce fut vers le même temps qu'il s'attacha à l'évêque d'Apt, Gaillard de Longjumeau, à qui il avait dédié cet ouvrage, en reconnaissance des soins que ce prélat s'était donnés pour lui faire trouver des matériaux. La sœur de l'évêque d'Apt le fit placer auprès de Pompone, secrétaire d'Etat. Il pouvait espérer de grands avantages de sa place ; mais son application au travail épuisa ses forces. L'ardeur avec laquelle il s'occupa d'une nouvelle édition de son Dictionnaire augmenta son épuisement et lui donna la mort, le 10 juillet 1680. Le premier volume de sa nouvelle édition avait déjà paru, et le second vit le jour quelques mois après la fin de son auteur. Moreri avait des connaissances et de la littérature : il connaissait les livres modernes qu'il fallait consulter, et entendait assez l'italien et l'espagnol. Son ouvrage, réformé et considérablement augmenté par Jean Le Clerc, Dupin et d'autres, porte encore son nom, et n'est plus de lui. Les éditions les plus estimées du Dictionnaire de Moréri sont celles de 1718, 5 vol. in-fol., et celle de 1732, aussi en 6 vol. in-fol. L'abbé Goujet a donné 4 vol. in-fol. de Supplément, que Drouet a refondus dans une nouvelle édition, publiée en 1759, en 10 vol. in-fol. Il est aisé d'apercevoir que des personnes de différents états, de différents partis, de différents génies, ont contribué à cette augmentation. C'est la tour de Babel ; il y règne une confusion grotesque, par la diversité des langues et des esprits. Les mensonges, les erreurs, les contradictions y fourmillent. Un livre de cette espèce, pour être bon, aurait dû être le fruit des travaux d'un seul rédacteur. Bien loin de là, chacun s'est empressé d'y apporter en différents temps et en différents lieux, son contingent, et s'est arrogé le droit de célébrer, selon ses vues et sa manière, tout ce qui appartenait à sa nation, à sa secte ou à son parti. Cet ouvrage a été traduit en espagnol et en italien. Moreri est encore auteur des *Doux plaisirs de la poésie*, in-12, et éditeur des *Relations nouvelles du Levant*, de Gabriel Chinon, capucin : il a orné cet ouvrage d'une longue préface. Auteur infatigable, il avait rassemblé les matériaux d'un Dictionnaire historique et bibliographique des Provençaux célèbres, et commencé une Histoire des conciles. Il a laissé en manuscrit un traité des étrennes.

MORESQUE, adj. des deux genres, qui a rapport aux coutumes, aux usages, aux goûts des Mores. Il est aussi substantif au féminin, et alors il signifie une espèce de danse à la manière des Maures. Peinture moresque, à la moresque, sorte de peinture faite de caprice et représentant pour l'ordinaire des branchages, des feuillages qui n'ont rien de naturel.

MORET (ANTOINE DE BOURBON, comte DE), fils naturel de Henri IV et de Jacqueline de Beuil, comtesse de Moret, naquit en 1607 et reçut, en 1632, au combat de Castelnaudary, un coup de mousquet dont il mourut, à ce que disent la plupart des historiens. D'autres prétendent qu'il se retira en Portugal en habit d'ermite; qu'ensuite il revint en France, et qu'il se cacha sous le nom de *Frère Jean-Baptiste,* dans un ermitage en Anjou, où il mourut très âgé en 1693.

MORFONTAINE, charmante petite ville du département de l'Ain, possède 5,000 habitants. Elle est célèbre par le traité de paix signé entre la France et les envoyés des Etats-Unis. Ses environs sont délicieux.

MORFIL, s. m., certaines petites parties d'acier presque imperceptibles, qui restent au tranchant d'un couteau, d'un rasoir, etc., lorsqu'on les a passés sur la meule, et qu'il faut achever d'emporter pour se servir utilement ou du couteau ou du rasoir. Morfil, se dit aussi des dents d'éléphant séparées du corps de l'animal et avant qu'elles soient travaillées.

MORFONDRE, v. a., refroidir, causer un froid qui incommode, qui pénètre. Il s'emploie aussi avec le pronom personnel. Il signifie figurément et familièrement, avec le pronom personnel, perdre bien du temps à la poursuite d'une affaire, d'une entreprise qui ne réussit pas, dans l'attente d'une personne qui n'arrive pas, d'un succès qu'on n'obtient point. Fig., en termes de boulangerie, la pâte se morfond, elle perd la force de fermentation qu'elle doit avoir pour faire de bon pain.

MORGAGNI (JEAN-BAPTISTE), savant anatomiste, né à Forli dans la Romagne, le 25 février 1682, fut professeur à Padoue. Il se fit beaucoup d'honneur par ses découvertes et ses ouvrages. Les principaux sont : *Adversaria anatomica sex,* Padoue, 1719, in-4°; Leyde, 1723-1740, 6 vol. in-4° avec fig. C'est un cours complet d'anatomie, fait avec cet esprit de critique qui pèse tout, qui réfléchit sur tout, et qui n'avance rien qu'il ne l'ait vu et bien vu. Il a donné son nom à un trou de la langue et à un muscle de la luette, parce qu'il les découvrit le premier. Ce savant, versé dans les belles-lettres aussi bien que dans la médecine, membre de l'Institut de Bologne et correspondant de l'Académie des sciences de Paris, mourut le 6 décembre 1771. Tous ses ouvrages, qui sont très nombreux, ont été réunis et publiés par les soins de son disciple Larber, sous le titre d'*Opera omnia,* Bassano, 1765, 5 tomes en 2 gros vol. in-fol.

MORGHEN (RAPHAEL), graveur, né en 1761 à Portici, près Naples, se perfectionna dans la gravure sous Jos. Volpato, et devint professeur à l'Académie des beaux-arts de Florence, où il mourut, le 8 avril 1833. L'*Œuvre* de cet habile artiste est très considérable, et on lui doit surtout une foule d'excellents *Portraits.* Parmi ses travaux les plus recommandables, on range la magnifique gravure de *la Cène,* de Léonard de Vinci, gravée sur le dessin de Théodore Matteini, et la belle planche de *Transfiguration,* d'après Raphaël.

MORGUE, s. f., mine, contenance grave et sérieuse, où il paraît quelque fierté, quelque orgueil. Il signifie, par extension, excès de suffisance, orgueil.

MORGUE, s. f., endroit à l'entrée d'une prison, où l'on tient quelque temps ceux que l'on écroue, afin que les guichetiers puissent les regarder, les examiner, pour les reconnaître ensuite. Il se dit aussi d'un endroit où l'on expose des personnes trouvées mortes hors de leur domicile, afin qu'elles puissent être reconnues.

MORGUER, v. a., braver quelqu'un en le regardant d'un air fier et menaçant. Il a vieilli.

MORIBOND, ONDE, adj., qui va mourir. On l'emploie quelquefois substantivement. Être tout moribond, être dans un état de langueur, comme si l'on allait mourir.

MORICHINI (DOMINIQUE), professeur de chimie à Rome, naquit en 1773, à Civitantino, dans les Abruzzes. Ayant pris le doctorat en médecine et en chirurgie, il vint dans la capitale de la chrétienté où il fut nommé professeur de chimie moderne. Morichini trouva le premier dans l'émail des dents l'acide fluorique, et dans la couleur violette du prisme la force magnétique, ce qui indiqua aux savants l'affinité de la lumière avec le magnétisme. Il mourut à Rome, le 10 novembre 1836.

MORIGÉNER, v. a., former les mœurs de quelqu'un, l'instruire aux bonnes mœurs. Dans ce sens il a vieilli. Il signifie plus ordinairement corriger, remettre dans l'ordre et dans le devoir. Il est familier.

MORILLE, *morchella* (bot.). Genre de champignons de la famille des thécasporées, appartenant à la section des *mitrati* (en forme de mitre). Le réceptacle est charnu, fragile, arrondi, ovoïde ou conique, creux à l'intérieur, parsemé d'alvéoles polygones et supporté par un pédicule distinct, charnu et creux ; les organes de la fructification recouvrent les ca-

vités et les parois des alvéoles. Les morilles paraissent au printemps; on les rencontre dans presque tous les terrains, mais principalement dans ceux qui sont siliceux, dans les bois, sur les bords des chemins. On croit à tort que c'est principalement sous les ormes que croissent les morilles ; on en trouve également sous les chênes, les frênes et les châtaigniers. Les morilles diffèrent très peu entre elles, et les espèces même varient tellement pour la grosseur, que la couleur seule peut les faire distinguer les unes des autres. Nous citerons : La morille commune (*morchella esculenta*), dont le réceptacle et le pédicule sont blancs. Si l'on en croit quelques auteurs, cette espèce atteint plus d'un pied de hauteur dans la Russie méridionale. — La morille ordinaire (*Morch. vulgaris*), est la plus répandue et passe pour la meilleure. Son réceptacle de couleur fuligineuse la fait aisément reconnaître. — La morille délicieuse (*Morch. deliciosa*) a son réceptacle conique, de couleur jaune, le pédicule est assez gros, nu et blanc. — La morille conique, très commune en Allemagne, en Corse, en Valachie, etc., a son chapeau de couleur fuligineuse, conique et assez petit. Toutes ces espèces présentent de nombreuses variétés. Nous renverrons pour plus de détails et pour la manière de les accomoder au *Traité des champignons* de Paulet. J. P.

MORILLO (DON PABLO), comte de Carthagène, né à Fuente-de-Malva dans la province de Toro, d'une famille obscure, commandait, en 1808, un corps de guérillas dans la guerre d'Espagne. Son courage le fit bientôt nommer général. Après la restauration de Ferdinand VII, Morillo demeura sans service jusqu'en 1815, qu'il reçut le commandement en chef de l'expédition destinée à combattre les révoltés d'Amérique. La prise de la forte place de Carthagène, courageusement défendue, signala le début d'une guerre où les deux partis déployèrent une grande bravoure, mais qui n'eut pas le résultat que Morillo comptait obtenir. Son armée, partiellement décimée par les guérillas, ne recevant aucun secours de la métropole, diminuait chaque jour au milieu d'ennemis que l'amour de l'indépendance et la cupidité augmentaient de plus en plus. Enfin, ne pouvant surmonter tant d'obstacles, Morillo proposa une trève et revint dans sa patrie en 1819, où il fut nommé par le roi comte de Carthagène. En 1820, il adopta forcément la constitution que l'on avait proclamée. Nommé, en 1823, commandant général de la Galice et des Asturies, il eut sous lui Quiroga, Campillo, El Pastor et l'Empécinado. Se méfiant de l'égoïste assistance que les Anglais offraient à sa cause, Morillo ne voulut jamais suivre leurs avis, et bientôt, apprenant que les cortès avaient prononcé la déchéance du roi, il protesta énergiquement contre cet acte et fit la paix avec le général français. En janvier 1824, il se retira en France, s'établit à Rochefort, et mourut aux eaux de Barèges dans le mois d'août 1837. Ses belles campagnes de l'Amérique du Sud seront toujours un objet d'étonnement et d'étude pour les militaires. On admirera toujours comment il a su, n'ayant qu'un petit nombre d'hommes, loin de la métropole, lutter contre le climat, le sol et les habitants d'un pays, s'y procurer des ressources et soutenir si longtemps une lutte où il fut si souvent vainqueur.

MORIN (PIERRE), né à Paris, en 1531, mort en 1608, passa en Italie, où le savant Paul Manuce l'employa à Venise dans son imprimerie. Il enseigna le grec et la cosmographie à Vicence, d'où il fut appelé à Ferrare. Saint Charles Borromée, instruit de ses profondes connaissances dans l'antiquité ecclésiastique, de son désintéressement, de son zèle et de sa piété, lui accorda son estime et l'engagea à aller à Rome en 1575. Les papes Grégoire XIII et Sixte-Quint l'employèrent à l'édition des Septante, 1587, et à celle de la Vulgate, 1590, in-f°. Il travailla beaucoup à l'édition de la Bible en latin, traduite sur celle des Septante, Rome, 1588, in-fol., à l'édition des Décrétales, jusqu'à Grégoire VII, Rome, 1591, 3 v. in-f°., et à une collection des conciles généraux, Rome, 1608, 4 v. On a de lui un *Traité du bon usage des sciences,* et quelques autres écrits publiés par le P. Quétif, dominicain, à Paris, en 1675, in-12. On y trouve des recherches et de bons principes. L'édition de l'Ancien Testament grec des Septante, Rome, 1587, in-fol., passe pour la plus correcte.

MORIN (JEAN-BAPTISTE), né l'an 1583, à Ville-Franche en Beaujolais, mort à Paris, en 1656, voyagea en Hongrie pour faire des recherches sur les métaux, puis s'appliqua entièrement à l'astrologie judiciaire. Ses horoscopes lui ouvrirent l'entrée de la maison des grands. On prétend que le cardinal de Richelieu eut la faiblesse de le consulter, et que le cardinal Mazarin lui fit une pension, après lui avoir procuré la chaire de mathématiques au Collége royal. En général, la justesse avec laquelle il devina est difficile à expliquer. Ceux qui croient à ces sortes de prédictions, ou sont eux-mêmes infatués de l'astrologie judiciaire, ou supposent dans les horoscopistes un pacte implicite avec l'esprit des ténèbres, car un homme sensé ne verra jamais ici aucun rapport entre les moyens et la fin. Morin, oracle des astrologues, voulut l'être aussi des philosophes. Il attaqua le système de Copernic et celui d'Epicure, et eut à ce sujet des démêlés très vifs avec Gassendi. La Hollande ayant promis cent mille livres, et l'Espagne trois cent mille à celui qui aurait trouvé le problème des longitudes, Morin croyait déjà avoir cette récompense, lorsque des commissaires, nommés par le cardinal de Richelieu, lui démontrèrent la fausseté de ses prétentions. On lui doit une *Réfutation* en latin du livre des Préadamites, curieuse et singulière, Paris, 1657, in 12. On a encore de lui un livre intitulé *Astrologia gallica*, et un grand nombre d'autres ouvrages, dans lesquels on remarque un génie singulier et bizarre.

MORIN (JEAN), né à Blois, en 1591, de parents calvinistes, abjura le calvinisme entre les mains du cardinal du Perron. Le nouveau converti entra dans l'Oratoire, congrégation qui venait d'être fondée par le cardinal de Bérulle. Son érudition et ses ouvrages lui firent bientôt un nom. Les prélats de France se faisaient un plaisir de le consulter sur les matières les plus épineuses et les plus importantes. Le pape Urbain VII, instruit de ses talents et de ses vertus, l'appela à Rome, où il se servit de lui pour la réunion de l'Eglise grecque avec la latine. Le cardinal de Richelieu obligea ses supérieurs à le rappeler en France, et lui fit perdre le chapeau du cardinal, dont on prétend qu'il eût été honoré, s'il se fût fixé à Rome. De retour à Paris, Morin y mourut en 1659, également regretté pour ses connaissances et son caractère franc et sincère. Il était parfaitement versé dans les langues orientales, et fit revivre en quelque sorte le Pentateuque samaritain, en le publiant dans la Bible polyglotte de Le Jay. Ses principaux ouvrages sont : *Exercitationes biblicæ* Paris, 1660, in-fol. ; ouvrage dans lequel il s'élève avec raison contre le texte hébreu, tel que nous l'avons ; *de sacris Ordinationibus*, in-f°., 1655 ; *de Pœnitentia*, in-fol., 1651. L'auteur a ramassé dans cet ouvrage et dans le précédent tout ce qui pouvait avoir rapport à son sujet. L'un et l'autre sont très savants, mais ils manquent de méthode ; une nouvelle édition de la Bible des Septante, avec la version latine de Nobilius, 3 vol. in-fol., Paris, 1628 et 1642, estimée : elle comprend le Nouveau Testament. Le P. Morin, dans la préface de cet ouvrage, fait l'apologie de la version des Septante, tant de fois attaquée par les protestants, et s'élève contre le texte hébreu, qu'il prétend avoir été corrompu par les Juifs. Hottinger, Taylour et Boot, protestants, et Siméon de Muis, professeur en hébreu à Paris, attaquèrent le P. Morin, qui se défendit excellemment dans plusieurs ouvrages, particulièrement dans ses *Exercitationes ecclesiasticæ in utrumque samaritanorum pentateuchum*, Paris, 1631, in-4°. Jean Cappel a porté le dernier coup au texte hébreu moderne ; des Lettres et des Dissertations sous le titre de *Antiquitatis Ecclesiæ orientalis*, 1682, in-8° ; *Histoire de la délivrance de l'Eglise par l'empereur Constantin, et du progrès de la souveraineté des papes par la piété et la libéralité de nos rois*, in-fol., 1629. Cet ouvrage, écrit en français d'une manière incorrecte et diffuse, déplut au Saint-Siége, et l'auteur ne put s'apaiser qu'en promettant quelques corrections ; *Des défauts du gouvernement de l'Oratoire*, in-8°, 1653. Cette satire attira à l'auteur bien des désagréments ; presque tous les exemplaires furent brûlés. Le P. des Marets en a donné un abrégé sous le nom de *la Tourelle; Opera posthuma*, 1702, in-4°. Il n'y a personne qui ait plus écrit que le P. Morin sur la critique de la Bible, et avec plus d'érudition que lui. Il a écrit aussi très solidement sur la matière des sacrements, et on peut dire qu'il a épuisé tous les sujets sur lesquels il s'est exercé. Cet homme, si versé dans l'antiquité ecclésiastique, si zélé pour les anciens usages, pour l'ancienne discipline, était bien éloigné de cet esprit réformateur qui voudrait tout ramener à l'état des premiers temps : il regardait la pratique et les coutumes de l'Eglise dans tous les siècles comme les lois qu'il n'était pas plus permis de contredire que les jugements doctrinaux.

MORIN (LOUIS), né au Mans, en 1635, vint faire sa philosophie à Paris à pied et en herborisant. Il étudia ensuite en médecine, fut fait docteur en 1662, et devint membre de l'académie des sciences. Sa vertu égalait son savoir. Il menait la vie d'un anachorète, ne mangeait que du pain, ne buvait

que de l'eau, et se permettait tout au plus quelques fruits. Paris était pour lui une Thébaïde. à cela près qu'il lui fournissait des livres et des savants. L'argent qu'il recevait de sa pension de l'Hôtel-Dieu, dont il était médecin, il le remettait dans le tronc, après avoir bien pris garde de n'être pas vu. En 1700 il fut choisi pour faire les démonstrations des plantes du Jardin-Royal, à la place du célèbre Tournefort, qui alla herboriser dans le Levant. Ce savant avait conçu tant d'estime pour Morin, qu'il donna à une plante étrangère le nom de *Morina orientalis* Morin mourut en 1715, comme il avait vécu, dans de grands sentiments de piété. On trouva dans ses papiers un *Index d'Hippocrate* grec et latin, beaucoup plus ample et plus fini que celui de Pinus.

MORIN (JEAN), né à Meung, près d'Orléans, en 1705, mort à Chartres le 28 mars 1764, obtint la chaire de philosophie de Chartres, puis un canonicat de la cathédrale. Il donna à 38 ans son *Mécanisme universel*, volume in-12, qui contient beaucoup de connaissances. Son second ouvrage est un *Traité d'électricité*, imprimé in-12 en 1748. L'abbé Nollet ayant réfuté l'opinion de l'auteur, Morin adressa à cet académicien une *Réponse* : c'est son troisième et dernier ouvrage imprimé. Morin conserva jusqu'à la mort son application aux sciences, ainsi que les vertus du prêtre et du philosophe.

MORINGE (GÉRARD), théologien de Bommel dans la Gueldre, fut professeur de théologie dans le monastère de Sainte-Gertude à Louvain, puis chanoine et curé de Saint-Tron dans la principauté de Liège, où il mourut le 9 octobre 1556. On a de lui : la *Vie de saint Augustin*, Anvers, 1553, in-8°, et 1644, avec des notes d'Antoine Dauderus ; celles de saint Tron, des saints Libère et Eucher, Louvain, 1540, in-4° ; celle du pape Adrien VI, Louvain, 1536, in-4° ; *Commentaire sur l'Ecclésiaste*, Anvers, 1533, in-8° ; *Oratio de paupertate ecclesiastica*, etc. Tous les écrits de cet auteur sont en latin.

MORINIE, ancienne province de la Gaule Belgique, comprise aujourd'hui dans la circonscription du département du Pas-de-Calais. Il est difficile de fixer l'étendue de son territoire. Toutefois, il paraît certain qu'il était borné à l'occident, par la rivière de Canche ; au midi, par la Clarence qui le séparait du pays des Atrébates ; de là, il s'étendait vers le Mont-Cassel où commençait le canton habité par les Ménapiens et comprenait tout le littoral depuis Dunkerque jusqu'à la baie d'Etaples. Cette contrée était peu connue avant la conquête des Gaules par J. César.

MORINIÈRE (ADRIEN-CLAUDE LE FORT de la), né à Paris en 1696, mort en 1768, quitta le tumulte de la capitale pour se retirer chez les pères génovéfains de Senlis. Il y vécut pendant 12 ans, occupé à préparer les matériaux de différentes collections. Les principales sont : *Choix de poésies morales*, 3 vol. in-8°, 1740 ; *Bibliothèque poétique*, 4 vol. in-1°, et 6 vol. in-12, 1745 ; *Passe-temps poétiques, historiques et critiques*, 2 vol. in-12, 1757 ; *Œuvres choisies de J.-B. Rousseau*, in-12. Ce petit recueil est le mieux fait de tous ceux que La Morinière a donnés au public. On a encore de lui deux petites comédies imprimées en 1754, sous le titre de *Vapeurs* ou du *Temple de la paresse*. Le respect qu'on remarque dans ses ouvrages pour la religion et pour les mœurs, respirait dans sa conduite. Dans les éditions qu'il a données des meilleurs morceaux des poètes français, il n'a pas craint de nuire à leur gloire en écartant ce qui sent tant soit peu la licence. Par là il en a rendu la lecture commune et sûre pour tous les âges et toutes les personnes. Il est toujours, sinon glorieux, du moins estimable, de présenter les grands hommes par le beau côté : on exécute en quelque sorte leurs intentions ; car il en est peu qui n'aient condamné, dans un âge mûr, les égarements de leur jeunesse et de leur plume.

MORINS. Cet ancien peuple avait pour cité principale la ville de Térouanne, détruite par l'empereur Charles-Quint en 1553. Quelques auteurs ont pensé que les Morins avaient pris leur nom d'un chef nommé Morus qui vivait longtemps avant la venue de J.-C. D'autres, avec plus de vraisemblance, ont cru que ce nom leur vint du voisinage de la mer, sur le rivage de laquelle ils avaient établi des ports qui les mettaient en relation avec les peuples de la Grande-Bretagne. Leur culte était celui des Druides. Le gouvernement des Morins était composé de plusieurs principautés, lorsque César vint les soumettre comme les autres peuples des Gaules. Ils avaient alors pour chef un prince nommé Arioviste. Ils fournirent 25,000 hommes pour joindre aux troupes gauloises qu'on opposa à l'armée romaine. Comme ils habitaient un pays couvert de bois et marécageux, ils prirent la résolution de s'y retrancher avec leurs familles et leurs troupeaux, décidés à soutenir vaillamment le choc de l'ennemi. Ils surprirent, en effet, les Romains, au moment où ceux-ci s'occupaient à construire un camp, interrompirent leurs travaux et les repoussèrent. Mais bientôt après, César donna des ordres pour abattre leurs forêts, et les Morins se virent contraints de prendre la fuite en abandonnant leurs armes et leurs bestiaux. (Lequien, d'après les *Commentaires de César*). La saison déjà avancée n'ayant pas permis au général romain de poursuivre son entreprise, il en remit l'exécution à l'année suivante. Et cette fois, il prit si bien ses mesures, qu'il s'empara du pays presque sans coup férir. Il se mit à parcourir la côte d'où il découvrit aisément celles de la Grande-Bretagne. Il considéra les différentes baies où il pourrait réunir un assez grand nombre de vaisseaux pour tenter la conquête qu'il méditait et choisit le port Itius, que les autorités les plus respectables, et notamment du Cange, s'accordent à placer à Wisant, entre Boulogne et Calais. Les Romains imposèrent aux Morins le culte de leurs fausses divinités, fondèrent la ville de Boulogne-sur-Mer dont le port se nommait Gessoriac, et construisirent diverses routes qu'on remarque encore de nos jours, pour communiquer de ce port avec les villes d'Amiens, de Térouanne, d'Arras et toute la Belgique. Les premiers apôtres des Morins furent saint Victoric et saint Fuscien. Envoyés dans les Gaules par le pape Denis, vers 275, sous l'empire d'Aurélien, ils vinrent à Térouanne et opérèrent de nombreuses conversions. Mais la persécution qui s'éleva sous le règne de Dioclétien, les contraignit de se retirer vers Amiens où ils furent martyrisés l'an 303. A la fin du iv° siècle, saint Victrice, archevêque de Rouen, prit pitié des Morins qui étaient retombés dans l'idolâtrie, et tels furent ses succès, qu'on l'an 400, il dédia à saint Martin le temple païen que les Romains avaient érigé à Térouanne. Il fit élever un monastère près de Sithiu (aujourd'hui Saint-Omer) et consacra plusieurs églises. Mais peu après, les Vandales, les Alains et autres peuples barbares vinrent détruire ce qu'il avait édifié avec tant de peine; Clodion, roi des Francs, désola aussi cette province en 444 et ruina la ville de Térouanne. Elle fut en outre, saccagée par Attila, roi des Huns. Saint Maxime parut après ces désastres et produisit de grands fruits de salut par ses prédications. Enfin, sous le règne de Clovis, saint Rémy envoya aux Morins saint Atimond, qu'on doit considérer comme le premier évêque de Térouanne. Il ne put, toutefois, parvenir, non plus que son successeur saint Athalbert, à détruire entièrement l'hérésie. La Providence réservait cette consolation à saint Omer qui dirigea le diocèse depuis 637 jusqu'en 670. Après la ruine de Térouanne au xvi° siècle, le vaste diocèse des Morins fut divisé en trois parties : le roi de France Henri II créa le siège de Boulogne, et Philippe II, roi d'Espagne, ceux de Saint-Omer et d'Ypres. Les diocèses de Cambrai et d'Arras comprennent actuellement dans leur circonscription presque tout l'ancien pays des Morins (*V.* Morinie). L'abbé Parenty.

MORION, s. m., sorte d'armure de tête plus légère que le casque. Ce mot n'est usité qu'en parlant de l'armure des anciens chevaliers. Morion s'est dit aussi d'une espèce de punition qu'on infligeait autrefois aux soldats, et qui consistait à les frapper sur le derrière avec la hampe d'une hallebarde ou avec la crosse d'un mousquet.

MORISON (Robert), botaniste, né à Aberdeen en Ecosse, l'an 1620, s'appliqua à l'étude des mathématiques, de la théologie, de la langue hébraïque, de la médecine et surtout de la botanique. Les guerres civiles interrompant ses études, il y signala son zèle et son courage pour les intérêts de Charles Ier. Gaston, duc d'Orléans, l'ayant attiré à Blois et lui ayant confié la direction du jardin royal de cette ville en 1650, Morison dressa une nouvelle méthode d'expliquer la botanique, qui plut au duc. Après la mort de ce prince, il retourna, en 1660, en Angleterre, où Charles II lui donna le titre de son médecin. Cet habile homme mourut à Londres, en 1683. On a de lui : *Præludium botanicum,* qu'il publia en 1669, in-12. Cet ouvrage acquit tant de réputation à son auteur que l'université d'Oxford lui offrit une chaire de professeur de botanique, qu'il accepta. *Hortus Blesensis,* Paris, 1635, in-fol., réimprimé dans son *Præludium botanicum;* la 2e et la 3e partie de son *Histoire des Plantes,* in-folio, 1680 et 1699, dans laquelle il donne une nouvelle méthode estimée des connaisseurs. La première partie de cet ouvrage n'a point été imprimée; on ne sait de qu'elle est devenue; ce qui en tient lieu est intitulé : *Plantarum ombelliferarum distributio nova,* 1772, in-f. Les trois parties ont été publiées à Oxford en 1713, 2 vol. in-fol. avec fig. La méthode de Morison consiste à

établir les genres des plantes par rapport à leurs fleurs, à leurs semences et à leurs fruits; méthode que Tournefort a également adoptée, mais que Linné a cru devoir changer contre une autre.

MORISSON (C. F. G.), membre de la convention, né en Bretagne, vers 1740, exerçait avant la révolution la profession d'avocat. Lorsque les troubles politiques vinrent désoler la France, il devint administrateur du département de la Vendée en 1790, fut député à l'assemblée constituante et ensuite à la convention. Morisson, tout en suivant le parti des novateurs, garda toujours une modération assez rare dans un moment où tous les esprits étaient exaltés. Il se déchaîna cependant plusieurs fois contre les frères du roi et contre le monarque lui-même; mais, lorsqu'on proposa de mettre en jugement ce prince infortuné, il s'y opposa de tout son pouvoir, se fondant sur ce que les lois avaient établi son inviolabilité. Le 29 novembre, malgré les menaces des jacobins, il parla encore en faveur du roi : « Vous citez toujours Brutus, leur dit-il, mais si César eût été sans armes et sans puissance, ce Brutus fût devenu peut-être son défenseur. » Il vota ensuite pour sa détention pendant la guerre et son bannissement à la paix. Malgré le courage avec lequel il s'était opposé à l'assassinat de Louis XVI, les jacobins ne l'inquiétèrent pas pendant le règne de la terreur. Il fut ensuite accusé par Garnier de liaison avec les royalistes, parce qu'il avait demandé des secours pour le département de la Vendée; mais cette accusation n'eut pas de suite, et il fut même chargé de plusieurs missions dont il s'acquitta avec toute la modération qu'il était possible de garder dans ces temps désastreux. Membre du conseil des cinq cents, il fit adopter, en décembre 1796, un décret d'amnistie pour les Vendéens et les chouans. Il sortit du conseil le 20 mars 1797, et fut nommé peu d'années après conseiller à la cour de Poitiers et ensuite à celle de Bourges, où il mourut en 1816, estimé pour les vertus sociales et le désintéressement dont souvent il avait fait preuve.

MORISSON, célèbre par ses travaux sur la langue chinoise et par le grand *Dictionnaire chinois,* qu'il a publié, naquit en Angleterre, et fut nommé en 1808 interprète de la factorerie anglaise à Macao. C'est surtout à lui qu'est due la fondation en 1818 du collège anglo-chinois de Malacca, auquel il fit don de 1,000 livres st. Il termina une *Traduction complète de la Bible,* en 1819. En 1823, il fit un voyage en Europe, puis retourna en Chine en 1826, passa ses dernières années à composer des *Notes explicatives sur la Bible chinoise,* et mourut à Canton, le 1er août 1834. Ce savant a malheureusement travaillé au profit de l'hérésie.

MORLAIX, ville maritime de la basse Bretagne (Finistère), chef-lieu d'arrondissement, est située sur le flanc de deux montagnes, au confluent du Jarleau et du Kent qui s'unissent aux eaux de la mer et forment le joli port de Morlaix. Elle possède un sous-préfecture, un tribunal de 1re instance et de commerce, chambre des manufactures, bourse, syndicat maritime, école de navigation, etc. Population 12,000 habitants. On y remarque l'église de Notre-Dame, fondée en 1295, par Jean II, duc de Bretagne; les aqueducs, les quais, l'Hôtel-de-Ville, l'Hôpital, etc. Il s'y fait de grands armements pour la pêche de la morue et du hareng, etc. On y fabrique de belles toiles de toutes grandeurs; il s'y trouve des blanchisseries, tanneries, constructions de navires, carrières d'ardoises, etc. Exportation de diverses marchandises de France; importation des productions des deux Indes. C'est la patrie du général Moreau. Dans le moyen âge, cette ville fut un long sujet de querelles entre les princes de Léon et les ducs de Bretagne. Elle fut prise en 1374 par les Anglais; mais les habitants chassèrent eux-mêmes ces derniers et la rendirent au duc de Bretagne. Pendant l'époque de la Ligue, elle était occupée par le duc de Mercœur et se soumit à Henri IV, en 1594.

MORMON (*zool.*), espèce du genre cynocéphale et synonyme de macareux. J. P.

MORMYRE, *mormyrus* (poiss.), genre de poissons de l'ordre des malacoptérygiens abdominaux, de la famille des ésoces. Corps comprimé, oblong, écailleux, à queue mince à sa base, renflée vers la nageoire; tête couverte d'une peau épaisse qui enveloppe les opercules et les rayons des ouïes et ne laisse pour leur ouverture qu'une fente verticale. L'ouverture de la bouche est fort petite; les intermaxillaires sont garnis de dents menues et échancrées au bout, ainsi que la mâchoire inférieure; sur la langue et sous le vomer, est une longue bande de dents en velours. On connaît une dixaine d'espèces de ce genre, qui toutes habitent le Nil et passent pour être des meilleurs poissons que fournisse ce fleuve. On a réparti ces espèces dans quatre sections caractérisées de la manière suivante : I. Espèces à museau cylindrique, à dorsale longue ; II. Espèces à museau cylindrique, à dorsale courte ; III. Espèces à museau court, arrondi et à dorsale courte. IV. Espèces à front bombé et à bouche reculée au dessous. L'espèce que l'on regarde comme le type de ce genre, est le mormyre oxyrhynque (*Morm. oxyrhyncus*, Geof.). Sa couleur est bleuâtre, plus foncée sur le dos, pâle sous le ventre, avec la tête rouge, surtout vers le museau et des points bleus en dessus. Sa taille ne dépasse guère de 30 à 35 centimètres de longueur. Ce poisson se rencontre abondamment sur les marchés du Caire ; il est très estimé et servi sur les meilleures tables. Il était autrefois l'objet du culte des Égyptiens qui avaient pour lui une grande vénération. Il possédait même un temple dans la ville à laquelle il avait donné son nom.

J. P.

MORNAC (ANTOINE), célèbre avocat au parlement de Paris, né à Tours, mort en 1619, fréquenta le barreau près de 40 ans, et cultiva les muses au milieu des épines de la chicane. Ses ouvrages ont été imprimés à Paris, en 1724, en 4 vol. in-fol. On a encore de lui un recueil de vers intitulé *Feriæ forenses*, in 8° parce qu'ils étaient le fruit de ses amusements pendant les vacations du palais. Il contient les éloges des gens de robe qui avaient paru avec éclat en France depuis 1500.

MORNAY (PHILIPPE de), seigneur du Plessis-Marly, né à Buhy ou Bishuy, dans la Haute-Normandie, en 1549, fit des progrès rapides dans les belles-lettres, les langues savantes et la théologie : ce qui était un prodige dans un gentilhomme. On le destina d'abord à l'Église ; mais sa mère, imbue des erreurs de Calvin, les lui inspira. Après la Saint-Barthélemi, il parcourut l'Italie, l'Allemagne, les Pays-Bas et l'Angleterre. Le roi de Navarre, depuis Henri IV, était alors chef du parti protestant ; Mornay s'attacha à lui, et le servit de sa plume et de son épée. Il n'oublia rien pour aplanir le chemin du trône à ce prince ; mais, lorsque Henri changea de religion, ce favori lui fit de sanglants reproches. En 1598, son livre intitulé *Institution de l'eucharistie* ayant soulevé tous les théologiens catholiques, il eut l'imprudence de ne répondre à leurs censures que dans une conférence publique. Elle fut indiquée en 1600 à Fontainebleau, où la cour devait être. Le combat fut entre du Perron, évêque d'Evreux, et Mornay. La victoire fut unanimement adjugée à du Perron. Ce prélat s'était vanté de faire voir clairement près de cinq cents passages tronqués ou mal cités dans le livre de son adversaire, et il tint parole. Les calvinistes équitables convinrent de la défaite de leur chef. Un ministre huguenot, présent à la conférence, disait avec douleur à un capitaine de son parti : « L'évêque d'Evreux a déjà emporté plusieurs passages sur Mornay. — Qu'importe ! répondit le militaire, pourvu que celui de Saumur lui demeure ! » C'était un passage important sur la rivière de Loire, dont du Plessis était gouverneur. Ce fut là qu'il se retira, toujours occupé à inquiéter les catholiques. Lorsque, après la mort de Henri IV, son successeur Louis XIII entreprit de faire la guerre contre son parti, du Plessis lui écrivit pour l'en dissuader. Ces remontrances, que les événements du passé rendaient ridicules, lui firent ôter le gouvernement de Saumur, en 1621. Mornay ne pouvait point ignorer les fruits amers qu'avait produits l'indulgence dont on avait usé envers les sectaires ; il pouvait encore moins ignorer les désordres que la nature des nouvelles erreurs devait inévitablement produire dans un état catholique. « Le calvinisme, dit Voltaire, devait nécessairement enfanter des guerres civiles et ébranler les fondements des états. Les réformateurs du XVe siècle ayant déchiré tous les liens par lesquels l'Église romaine tenait les hommes, ayant traité d'idolâtrie ce qu'elle avait de plus sacré, ayant ouvert les portes de ses cloîtres et remis ses trésors dans les mains des séculiers, il fallait qu'un des deux partis pérît par l'autre. Il n'y a point de pays en effet où la religion de Calvin et de Luther ait pu s'établir sans faire couler le sang. » (*Siècle de Louis XIV*, chapitre 33.) L'amiral Coligni disait lui-même, au rapport de Brantôme, que le seul moyen de contenir les calvinistes était de les occuper hors du royaume et d'abandonner à leurs dégâts les provinces catholiques des Pays-Bas ; faute de quoi, « pour le seur ils recommenceroient à brouiller au dedans ; tant ils les connoissoit brouillons, remuants, fretillants et amateurs de la picorée. » Mornay mourut en 1623, dans sa baronnie de la Forêt-sur-Seure en Poitou. On a de lui : un *Traité de l'eucharistie*, 1604, in-folio ; un *Traité de la vérité de la religion chrétienne*, in-4° ; un livre intitulé *le Mystère d'iniquité*, in 4° ;

un *Discours sur le droit prétendu par ceux de la maison de Guise*, in-8° ; des mémoires, depuis 1572 jusqu'en 1620, 4 v. in-4° ; des lettres, etc. Presque tous ses ouvrages sont remplis des erreurs de sa secte et de plus d'une bonne dose d'enthousiasme.

MORNE, adj. des deux genres, triste, abattu et sombre. Fig., temps morne, temps obscur et couvert. Fig., couleur morne, couleur sombre, obscure, qui n'a ni vivacité ni éclat.

MORO (FRANÇOIS), japonais de naissance et zélé chrétien, directeur du commerce des Portugais au Japon, fut accusé faussement d'une conspiration contre l'empereur, et brûlé vif en 1637, en protestant jusqu'au dernier soupir de sa parfaite innocence. Le père Charlevoix a démontré la fausseté de cette prétendue conspiration, et du roman que Koempfer a ou fabriqué ou adopté pour l'accréditer, et calomnier à son ordinaire l'église naissante et souffrante du Japon.

MORONE (JEAN DE), mérita l'évêché de Modène par son zèle et ses talents. Envoyé nonce en Allemagne l'an 1542, il engagea les princes de l'empire à souscrire à la convocation d'un concile général. Paul III, charmé d'un tel succès, récompensa Morone par le chapeau de cardinal, le nomma légat à Bologne, et président au concile indiqué à Trente. Jules III l'envoya en qualité de légat à la diète d'Augsbourg, où il soutint avec chaleur les intérêts du saint-siége. Morone s'y fit également aimer des catholiques et des protestants. Il tonnait contre l'hérésie, et traitait avec douceur les hérétiques. Ses ennemis lui firent un crime de cette modération. Paul IV le fit arrêter sur quelques fausses accusations, mais Pie IV, son successeur, confondit la calomnie, en nommant Morone président du concile de Trente. Après la mort de ce pontife, saint Charles Borromée le crut digne de la tiare et lui donna sa voix. Il en avait déjà eu 28 dans un autre conclave. Grégoire XIII l'envoya légat à Gênes, et ensuite en Allemagne. Ce fut au retour de cette dernière légation qu'il couronna une vie illustre par une mort sainte. Il mourut à Rome en 1580, avec la réputation d'un homme pénétrant, adroit, résolu, intrépide, zélé pour les intérêts de son diocèse et pour ceux de l'église.

MOROSE, adj. des deux genres, chagrin, difficile, bizarre.

MOROSINI (ANDRÉ), obtint les principales dignités de la république de Vénise, et mourut en 1618, à 60 ans. Chargé de continuer l'*Histoire de Venise* de Paruta, il la poussa jusqu'en 1615. Elle fut imprimée en 1623, in-fol., et réimprimée dans la collection des historiens de Venise, 1718 et années suivantes, 10 vol. in-4°. Ses *Opuscula et Epistolæ*, 1625, in-8°, sont moins recherchés que son Histoire.

MOROSINI (FRANÇOIS), généralissime et doge de Venise, où il naquit en 1618, se signala sur une des galères vénitiennes, dès l'âge de 20 ans, et remporta sur les Turcs des avantages continuels. Nommé commandant de la flotte en 1651, il prit sur eux un grand nombre de places. Il les battit sur mer, en 1650, près l'île de Naxos, ruina toutes les fortifications de celle d'Égine, et s'empara d'une grande partie de la Morée. Ce fut alors qu'on le déclara généralissime. Il défendit, en cette qualité, l'île de Candie contre les Turs, y soutint plus de cinquante assauts, plus de quarante combats souterrains, et fit sauter les mines des assiégeants près de cinq cents fois. Les Turcs perdirent à ce siége plus de 120,000 hommes, et les Vénitiens plus de 30,000. En vain le grand-visir tâcha de corrompre ce brave, en lui offrant de la faire prince de Valachie et de Moldavie ; il méprisa ces offres. Enfin, obligé de se rendre, il capitula au bout de vingt-huit mois, en 1669. Le grand-visir, plein d'estime pour son courage, lui accorda tout ce qu'il voulut. De retour à Venise, il fut d'abord très bien reçu, et ensuite arrêté par ordre du sénat : mais, s'étant pleinement justifié, on lui confirma la charge de procurateur de Saint-Marc. Quelque temps après, la guerre s'étant renouvelée contre les Turcs, Morosini fut élu généralissime de Vénitiens pour la troisième fois, en 1684. Il s'empara de plusieurs îles sur les Turcs, remporta sur eux une victoire complète en 1687 près les Dardanelles, prit Corinthe, Misitra, Athènes et presque toute la Grèce. Tant de succès le firent élire doge en 1688, et généralissime pour la quatrième fois en 1693, quoique âgé de 75 ans. Il mit plusieurs fois en fuite la flotte des Turcs : mais il tomba malade de fatigue, et mourut à Napoli de Romanie en 1694. Le sénat lui fit élever un superbe monument, avec cette inscription : *Francisco Mauroceno Peloponesiaco*. Le titre de Péloponésiaque lui avait été donné après ses victoires, en 1687. Le pape Alexandre VIII l'honora, dans le même temps, d'une épée et d'un casque, qu'il reçut en cérémonie dans l'église Saint-Marc, des mains du nonce.

MOROSITÉ, s. f., caractère morose.

MOROZZO (Charles-Joseph), abbé de l'ordre de Cîteaux dans Turin, et évèque de Saluces, a donné en latin : le *Théâtre chronologique de l'ordre des Chartreux*, etc., Turin, 1681, in-fol. ; *Théâtre chronologique de l'ordre de Cîteaux*, Turin, 1690, in-fol., en latin.

MORPHÉE, premier ministre du dieu du Sommeil, selon la fable, excitait à dormir ceux qu'il touchait avec une plante de pavot, et présentait les songes sous diverses figures.

MORPHINE, s. f. La morphine est un des principes actifs de l'opium ; base salifiable qui existe dans l'opium du commerce et dans le pavot indigène, à l'état, dit-on, de combinaison avec un acide particulier que l'on a nommé acide méconique, et aussi à l'état de sulfate ; elle a été surtout fort étudiée de nos jours. Pour l'obtenir, on traite l'opium par une assez grande quantité d'eau tiède, on passe avec expression, et le liquide clair est concentré ; on y verse alors à chaud une petite quantité d'ammoniaque, pour séparer une matière qui se réunit en une masse molle, brune, comme résineuse ; on décante, et on ajoute un léger excès d'ammoniaque : le nouveau dépôt obtenu, lavé d'abord à l'eau, puis à l'alcool, est ensuite mis en ébullition dans l'alcool, avec un peu de noir animal ; on filtre le liquide bouillant ; la morphine s'en sépare en grande partie par le refroidissement et cristallise. On peut purifier les cristaux par une nouvelle cristallisation dans l'alcool et avec le charbon animal. La morphine est en aiguilles prismatiques, insolubles dans l'éther et dans l'eau, donnant des produits azotés au feu, rougissant par l'acide azotique, devenant bleue ou violette par les sels de fer peroxydés et l'acide iodique. Tous ses sels ont une saveur amère, et agissent sur l'économie animale de la même manière que l'extrait d'opium, mais avec plus d'énergie.

MORS, s. m., assortiment de toutes les pièces de fer qui servent à brider un cheval, comme les branches, la gourmette, etc. Il se dit, en particulier, de la pièce qui se place dans la bouche du cheval pour le gouverner. Prendre le mors aux dents se dit d'un cheval dont la bouche est tellement échauffée qu'elle devient absolument insensible, et qu'il s'emporte sans que le cavalier puisse le retenir.

MORSE, *trichecus* (mam.), genre de carnassiers amphibies, très voisin des phoques, mais en différant par les mâchoires. Le morse ressemble beaucoup au phoque pour la forme générale du corps ; ce qui l'en fait distinguer, ce sont ses dents, disposées d'une manière toute différente. Sa mâchoire supérieure est armée de deux énormes canines ou défenses, assez semblables à celles des éléphants ; seulement elles se dirigent vers le bas, et acquièrent jusqu'à deux pieds de longueur. La mâchoire inférieure est rétrécie en avant et entre dans l'intervalle des deux défenses ; elle est dépourvue de dents en cet endroit. Leur tête est arrondie, sans oreilles visibles à l'extérieur, et terminée par un gros mufle relevé, dessus lequel sont percées les narines. Sa taille surpasse celle des plus forts taureaux, et il atteint jusqu'à vingt pieds de longueur ; on lui donne aussi le nom de cheval marin, ou éléphant marin, à cause de ses défenses. Cet animal vit en troupes nombreuses mêlé aux phoques ; on le trouvait autrefois dans les mers septentrionales en si grand nombre, qu'une expédition anglaise, au rapport du naturaliste Gmelin, en tua à l'île de Merry sept à huit cents dans l'espace de six heures ; deux années après, ils en tuèrent encore neuf cents en sept heures (1708) ; et en 1710, ils en tuèrent un jour une journée huit cents. Les chasses fréquentes -qu'on a faites à ces animaux les ont poussés plus avant dans le nord, dans les lieux moins fréquentés des chasseurs. Autant il est facile de s'en rendre maître à terre, autant il est difficile de les suivre à force de rames ; et même lorsqu'on peut les atteindre, le harpon glisse sur leur peau dure et grasse ; les pêcheurs cherchent à frapper l'animal dans un endroit où la peau est bien tendue ; ils emploient pour cela une ruse qui réussit assez ordinairement : ils visent avec la lance les yeux de l'animal qui détourne alors la tête, et fait tendre la peau de la poitrine ; c'est alors qu'ils portent leur coup dans cette partie. Sur terre, comme leurs pattes en forme de nageoires ne leur permettent pas de se traîner assez vite, les chasseurs marchent de front vers eux pour leur couper la retraite du côté de la mer, et les assomment. Quand le morse est blessé, il devient furieux, frappe de tous côtés avec ses défenses, brise souvent les armes, ou les arrache des mains de ceux qui l'attaquent, puis, enragé de colère, il met sa tête entre ses pattes

et se laisse ainsi rouler dans l'eau. Souvent il devient audacieux et s'approche des barques qu'il cherche à briser ou à renverser, en les frappant avec ses dents. La femelle gagne la terre ou un glaçon pour mettre bas ou pour allaiter son petit qui la suit à l'eau. L'ivoire de ses dents est plus estimé que celui des éléphants ; il est plus compacte et plus dur. Son huile est presque aussi estimée que celle de la baleine ; un morse ordinaire en fournit près d'une demi-tonne. P-A.

MORSURE, s. f., action de mordre ; plaie, meurtrissure, marque faite en mordant. Morsure se dit, figurément et au sens moral, des effets de la médisance, de la calomnie.

MORT, s. f. (*physiol.*), cessation définitive de toutes les fonctions dont l'ensemble constitue la vie des êtres organisés. La mort est ordinairement précédée de quelques symptômes graves qui dépendent du trouble de la respiration, de la circulation ou des fonctions cérébrales, et qui constituent l'agonie. Celle qui arrive tout-à-coup et sans phénomène précurseur est appelée mort subite ; elle est déterminée le plus souvent par une apoplexie foudroyante ou la rupture d'un anévrysme. La mort est dite naturelle lorsqu'elle a lieu à la suite d'une maladie arrivée spontanément ; violente, lorsqu'elle est l'effet d'une violence quelconque. Quelquefois la suspension des phénomènes de la respiration et de la circulation est telle, qu'elle peut en imposer pour un état de mort : c'est ce qu'on appelle mort apparente. La raideur des membres et un commencement de putréfaction sont les deux seuls signes certains de la mort réelle. (*V.* les articles suivants). *Acceptions diverses :* mourir de sa belle mort, mourir de mort naturelle. Être à l'article de la mort, être à l'agonie. Être entre la vie et la mort, être dans un fort grand péril par maladie ou par accident. Fig., être au lit de mort, être à l'extrémité. Prov. et fig., avoir la mort entre les dents, être fort vieux et fort malade, n'avoir pas longtemps à vivre. Prov., Dieu ne veut pas la mort du pécheur, il faut être indulgent pour la faiblesse humaine. Mort, se dit particulièrement de la peine capitale, de la peine qui consiste dans la perte de la vie. Testament de mort, déclaration dernière que fait un condamné avant son supplice. La mort éternelle, la condamnation des pécheurs aux peines de l'enfer. Mort, se dit aussi par exagération, des grandes douleurs. Il se dit aussi des grands chagrins. Fam., souffrir mort et passion, être contrarié, embarrassé, tourmenté. Fig. et fam., c'est ma mort, c'est la chose la plus désagréable pour moi. Mort, signifie encore figurément, cause de destruction. A mort, loc. adv., extrêmement, excessivement. A la vie et à la mort, loc. adv., pour toujours.

MORT, (*antiq.*). divinité infernale, fille de la Nuit, qui la conçut sans le secours d'aucun autre dieu. Elle fut adorée par les anciens, et surtout par les Lacédémoniens. Les Grecs la représentaient souvent sous la figure d'un enfant noir, avec des pieds tortus, et caressé par la Nuit sa mère. Horace lui donne des ailes noires, et l'arme d'un filet, dont elle enveloppe la tête de ses victimes. Les modernes la représentent par un squelette armé d'un glaive et d'une faulx. On consacrait à cette divinité l'if, le cyprès et le coq, parce que le chant de cet oiseau semble troubler le silence qui doit régner dans les tombeaux.

MORT (*phys.* et *théol.*), Les païens n'avaient rien compris au mystère de la mort : aussi, pour l'expliquer et donner une raison de toutes la précédent, avaient-ils eu recours à une divinité cruelle qui disputait à un Dieu bon l'empire du monde, et dont il était victorieux en affligeant les hommes de toute sorte de maux. Aveuglés par l'ignorance, ils ne voyaient pas qu'il est absurde de supposer que la méchanceté soit un attribut de la divinité, et que par conséquent un Dieu cruel est une chimère, et qu'un Dieu vaincu, quelque bon qu'on le suppose, n'a jamais pu être un Dieu. La philosophie a été aussi impuissante que le paganisme pour donner une raison des grands phénomènes de l'humanité, et surtout de la mort qui doit l'intéresser au plus haut degré, soit en elle-même, soit par les suites qu'elle peut avoir. Ne pouvant poser en problème son existence à l'abri de tout sophisme, elle s'est contentée de la regarder comme une loi de la nature, comme la fille de l'aveugle nécessité, la laissant ainsi enveloppée de ses mystérieuses ténèbres. Le panthéisme moderne a trouvé plus commode de ne voir en elle que le travail du grand tout se décomposant pour se recomposer, et marchant ainsi dans la voie du progrès indéfini. Malheureusement, ce progrès qui semblerait devoir amener la longévité, ne fait qu'augmenter les causes de dissolution ; or, de plus nombreuses refontes ne me paraissent pas démontrer une plus grande perfection dans l'ouvrage. Mais, ce que les païens et les philosophes n'ont pu nous apprendre par les seules lumières de la raison, la révélation nous l'a fait connaître. Que nous dit-elle donc ? Que le Créateur, ayant fini son œuvre, jeta un regard sur lui, et trouva bon tout ce qu'il avait fait (*Genèse*, 1, 31). C'est qu'en réalité un principe bon ne peut produire des choses mauvaises. Il faut donc convenir que Dieu n'est pas l'auteur de la mort, ou soutenir que la mort est quelque chose de bon selon la nature, ce dont personne ne voudra convenir, puisqu'il n'y a rien qui répugne plus à la nature que la mort. Nous n'avons donc pas été primitivement destinés à devenir ses victimes ; s'il en était autrement, pourquoi nous inspirerait-elle tant de répugnance ? Les êtres, quels qu'ils soient, à moins d'une désorganisation, tendent naturellement vers leur fin au lieu de la repousser. Chose étonnante, cependant, nous courons vers le bonheur, et le bonheur nous fuit, nous fuyons la mort, et la mort nous poursuit sans cesse. Il y a là certainement un mystère que la révélation seule peut nous expliquer, mais avant de recourir à ses lumières, nous allons étudier la mort sous le point de vue de la nature. La mort, sous le rapport physiologique, est la cessation des fonctions vitales de l'organisme. Elle trouve sa cause immédiate dans l'encéphale, dans les poumons et dans le cœur. Ces trois organes sont appelés à juste titre le trépied de la vie. Le premier est le principe de la motilité, le second de la respiration, le troisième de la circulation : c'est le concours de ces trois phénomènes qui constitue la vie. Par la découverte de l'éthérisation, on peut maintenant produire une mort artificielle en suspendant presque entièrement l'action du système nerveux, et procurant ainsi une insensibilité complète sans que la respiration et la circulation soient arrêtées. On a vu par là que la physiologie avait un peu exagéré la part de l'encéphale dans les phénomènes vitaux. Il est cependant incontestable que l'action de cet organe est essentielle à la vie ; mais les expériences de M. Flourens prouvent que cette action peut être fort restreinte sans que la mort s'ensuive. Car, après avoir éthérisé un chien, il lui a mis à nu la moelle épinière, coupé les racines postérieures des nerfs et même le cordon médullaire, sans que l'animal ait cessé de vivre. Il a même attaqué la moelle allongée et particulièrement le point appelé nœud vital dont la sensibilité n'était point suspendue, puisqu'il a poussé un cri, mais cela n'a point amené la mort, car les fonctions respiratoires n'ont pas été interrompues. Ce n'a été que lorsque l'instrument a tranché la moelle allongée que la respiration et la vie ont cessé à l'instant. Lorsque la protubérance annulaire est profondément lésée, la motilité générale est abolie, la respiration s'arrête par la paralysie des muscles qui y concourent, ainsi que par la transmission du besoin de respirer ; le cœur auquel le sang n'arrive plus cesse de battre. Lorsque la lésion est dans le corps olivaire du segment basilaire (parties de la tête qui avoisinent la moelle allongée), le cœur arrête aussitôt ses mouvements, et la mort a lieu directement par l'interruption de la circulation. Si l'affection réside dans la moelle allongée elle-même et dans la région d'où naissent les pneumo-gastriques (nerfs qui envoient des rameaux aux poumons et à l'estomac), la respiration cesse la première, et les mouvements vitaux sont arrêtés par la paralysie des poumons. La colonne vertébrale, gravement lésée dans l'une de ses trois régions, peut amener le même résultat par la suspension de l'action du diaphragme et des muscles intercostaux. Dans la strangulation ou dans les asphyxies produites, soit par l'immersion, soit par des gaz non respirables, comme aussi dans les engorgements des poumons qui ne permettent plus à l'air d'y pénétrer, le sang arrive au cœur sans avoir éprouvé par le contact de l'air la modification qui le rend propre à animer les organes ; toutes les fonctions languissent, l'influence du système nerveux se ralentit, puis s'arrête ; le cœur n'étant plus excité par ce système, suspend ses battements, et la vie s'éteint pour toujours. Quelquefois les fonctions du cœur cessent les premières. C'est ce qui arrive lorsque son tissu se déchire, ou que le fluide sanguin qui pénètre dans ses cavités n'est pas en quantité suffisante, comme dans les grandes hémorrhagies, les maladies chroniques occasionnant un déficit considérable de liquide, ou une lésion profonde de la fonction digestive dont les produits sont insuffisants pour réparer les pertes de l'organisation ; alors le fluide vital manquant, l'organisme cesse de fonctionner. La mort par caducité a toujours une marche lente comme l'altération des organes qui la produit, et qu'amène insensiblement l'exercice des fonctions vitales. D'abord les appareils sensitifs ne transmettent que faiblement les

impressions qu'ils reçoivent ; privée de ses instruments, l'intelligence voit comme un nuage s'élever devant elle, l'imagination languit, les perceptions présentes s'effacent rapidement de la mémoire, les fonctions d'expression deviennent moins actives, les glandes synoviales se desséchant produisent l'engourdissement des muscles, et par là un affaiblissement des mouvements locomoteurs. Le corps s'affaisse peu à peu sur lui-même. Les sensations du présent étant faibles, se mêlent avec les vagues souvenirs du passé, se confondent avec eux, et travaillés ensemble par un reste d'imagination, amènent le délire sénile ou la seconde enfance. Les fonctions digestives devenues lentes et difficiles n'excitent plus l'appétit, l'organisme s'affaiblit toujours davantage, la locomotion devient presque impossible, le fluide graisseux est absorbé, le corps se dessèche, les battements du cœur se ralentissent de plus en plus, enfin ils s'arrêtent et la mort arrive. Que sa marche soit lente ou rapide, qu'elle saisisse l'individu dans l'enfance, l'âge mûr ou la vieillesse, dès que le principe vital ne l'anime plus, les fonctions de l'organisme cessent, tous les rapports sont brisés à la fois. La lumière ne produit plus d'image sur la rétine, la langue est muette, le tympan demeure insensible aux cris de douleur qui viennent le frapper ; plus d'amour, plus de haine, plus de pensées, plus de désirs. Quelle révolution terrible et mystérieuse vient de s'opérer ! Ce roi de la nature qui avait peut-être fait trembler les empires par sa puissance, mesuré la hauteur des astres par ses calculs, remué les masses par sa parole, sondé même l'infini par la profondeur de ses pensées, ne serait-il plus qu'une masse inerte qui va devenir la proie des vers et le jouet des éléments ?.... Avant de répondre à cette question importante, suivons jusqu'à la fin l'œuvre de la mort. Le froid glacial qui a saisi d'abord les extrémités du corps pendant l'agonie gagne peu à peu le centre. A mesure que le peu de chaleur qui reste se dissipe, les oscillations moléculaires s'arrêtent, les membres se raidissent, les muscles se contractent, puis enfin se relâchent, et le cadavre (*caro data vermibus*) tombe sous l'empire des affinités chimiques. Alors un nouveau travail s'opère, la décomposition commence, la putréfaction s'établit, le corps devient tour à tour verdâtre, bleuâtre et noir. Il exhale une odeur infecte, cesse même d'être cadavre et se change en une substance qui n'a de nom dans aucune langue, au milieu de laquelle s'agitent des milliers d'insectes hideux qui s'en disputent les putrides débris. Enfin, les vents emportent la plupart de ses éléments dissociés devenus des gaz (l'oxigène, l'hydrogène, le carbonate et l'azote). Le reste n'est plus qu'une froide poussière (le phosphate calcaire et différents sels), et voilà à quoi se réduisent la jeunesse, la beauté, la gloire, la science et les richesses, enfin tout ce qui avait été l'idole de l'homme sur la terre. Après avoir considéré la mort sous le point de vue physiologique, une question psychologique de la plus haute importance reste à étudier. L'intégrité des organes était-elle la cause efficiente de la vie, ou bien n'était-elle qu'une condition nécessaire ? A l'article âme, il a été démontré que l'homme n'est pas toute matière, mais qu'il y a en lui un principe spirituel dont les organes ne sont que les instruments. J'ajouterai cependant quelques observations psychologiques qui, je l'espère, ne seront pas inutiles. La vie est ou le produit des organes qui se modifient eux-mêmes sous l'influence des agents extérieurs, ou le résultat d'un agent matériel résidant dans les organes et les modifiant, ou enfin l'effet d'un principe spirituel agissant lui-même sur l'organisme par des moyens inconnus, et produisant par son action les phénomènes vitaux. Il est certain que la vie n'est pas le produit de nos organes, puisqu'elle est antérieure à leur formation. Jamais en effet l'organisme ne se développera s'il n'y a déjà un principe de vie dans la portion de matière qui doit servir à son développement. Comment donc peut-elle être le produit des organes s'ils ont besoin d'elle pour se former ? N'est-il pas absurde de supposer que l'effet existe avant la cause qui le produit ? Il est vrai qu'une fois formés, ils sont une condition nécessaire au phénomène vital, mais néanmoins ce phénomène a présidé à leur formation ; donc il n'en est pas entièrement dépendant. « Non-seulement, dit M. Forichon, la vie produit l'organisme, mais elle le domine entièrement. C'est elle qui détermine et règle toutes ses fonctions (questions scientifiques). Elle est donc plutôt cause qu'effet. C'est elle qui emploie les organes aux diverses fonctions vitales et qui les tire de cette inertie qui est dans l'essence de la matière. De plus, lorsqu'il y a lésion dans les organes, n'est-ce pas le principe vital qui vient à leur secours pour les rétablir dans leur intégrité ? N'est-ce pas lui qui réparc les pertes qu'ils font à chaque instant? Les organes ont donc autant et plus besoin de la vie, que la vie n'a besoin des organes; donc ce ne sont pas eux qui la produisent. Cette vérité est encore appuyée sur une autre observation ; c'est que, lorsque l'organisme est complètement développé, que l'animal est parfait, qu'il est pourvu de tous ses moyens d'action, c'est alors que la vie, parvenue à son apogée, commence une période de déclinaison, tandis que, si elle était leur produit, elle devrait devenir plus abondante, la force productive étant plus développée. Enfin, il est des cas où la vie cesse, sans qu'on puisse constater aucun dérangement dans les organes : donc ils ne la produisent pas. Serait-elle le résultat d'un agent matériel résidant dans les organes et les modifiant sans se confondre avec eux? Les physiologistes supposent une cause inconnue qu'ils ont appelée esprits vitaux, principe ou fluide vital, force vitale, fluide nerveux, archée, etc., qu'ils ont assimilé aux fluides électrique, magnétique, galvanique, etc.; tous ces termes et beaucoup d'autres servent tout au plus à caractériser des phénomènes et à les grouper, mais ne font nullement connaître les causes qui les produisent. Ils reculent la difficulté et ne la résolvent pas. Ce sont comme autant de masques sous lesquels l'ignorance humaine se déguise pour sauver son amour-propre en présence de faits qu'elle est incapable d'expliquer. Nous voyons en effet que dès qu'un phénomène nouveau s'offre à l'investigation des savants, on affuble le mot fluide d'une nouvelle épithète, et, moyennant ce stratagème, on donne la raison du phénomène en question. C'est ce que l'on a fait pour le magnétisme. Je ne prétends pas repousser ces expressions ni en blâmer l'usage; mais je crois qu'on donne trop d'importance à ce bagage scientifique au moyen duquel l'homme cherche à se faire illusion sur son ignorance et cache sous la richesse des mots sa pauvreté intellectuelle. Mais revenons à la question qui nous occupe. Ce fluide, quel que soit le nom qu'on lui donne et quelque subtil qu'on le suppose, s'il est matériel, ne possédera pas les qualités de la matière. Qu'il réside dans le sang ou dans les nerfs, peu importe, étant par lui-même sous l'empire de l'inertie, on ne pourra jamais rationnellement lui attribuer des effets vitaux. D'où lui viendrait cette puissance prodigieuse d'action qu'il communique aux organes ? Pourquoi ne s'exerce-t-elle pas toujours à proportion de leur développement? Si cette puissance est essentielle à la nature de ce fluide, elle est inamissible. Pourquoi donc s'évanouit-elle si facilement? Si elle ne lui est pas essentielle, il la reçoit d'un agent extérieur; mais si cet agent est lui-même matériel, la difficulté subsiste et nous perdons dans de nouveaux mystères. M'objectera-t-on que dans les êtres inorganiques il y a aussi un mouvement, un principe vital qui préside à leur développement et ne puis pas prétendre que ce principe soit spirituel? Je répondrai que ce développement des êtres organiques ressemble beaucoup, il est vrai, aux phénomènes vitaux, et nous pourrions sans inconvénient les attribuer à la même cause; mais dans les êtres organisés, il faut distinguer les mouvements purement organiques, tels que la respiration, la circulation et la nutrition, auxquels la volonté n'a aucune part, et qui pour cela peuvent être assimilés à la végétation, des mouvements libres, tels que le regard, le geste, la marche, etc. Cette seconde motilité ne pourra certainement pas être attribuée à la matière, si je prouve qu'elle est incapable de produire la première. Cette preuve, je la trouve dans cette simple question : comment des molécules, essentiellement inertes, peuvent-elles produire le mouvement? On peut répondre que c'est par la combinaison des forces. Mais ces forces quelle est leur nature? Sont-elles matérielles? Je ne conçois dans la matière que la force d'inertie qui, à proprement parler, n'est pas la force, mais la résistance à la force. Or, comment l'inertie peut-elle avoir la force vitale ou autre qui produit le mouvement? Voilà une question ardue à la vérité, mais qui mérite de fixer l'attention. Toutes les sciences physiques se résument dans ce mot force, il donne la raison de tous les phénomènes; mais il aurait besoin lui-même d'être expliqué, et je ne sache pas que cette explication ait jamais été donnée par ceux qui cherchent le principe du mouvement dans la matière. Pour nous assurer si les forces qui résident dans la nature sont matérielles, c'est-à-dire un composé de molécules, étudions-les, non dans les astres, les végétaux ou les êtres organisés, mais dans l'aimant (V. ce mot). Ce métal a, comme chacun sait, la propriété d'attirer le fer auquel il communique sa force attractive, ce qui forme l'aimant artificiel. Or, si cette force est matérielle, la communication se fera par la transmis-

sion des molécules aimantées, cela est évident, et alors la pierre devra perdre sa force à mesure qu'elle perdra davantage de ses molécules, et comme il lui en restera toujours plus qu'elle n'en communiquera, il doit s'ensuivre que l'aimant naturel doit toujours avoir plus de force que l'aimant artificiel; d'après cet axiome que le tout vaut plus que la partie. Cependant cela est contraire à l'expérience, car non-seulement l'aimant ne perd rien de sa force en la communiquant, mais encore l'aimant artificiel a plus de force que l'aimant naturel, duquel il l'a reçue, en sorte que celui-ci semble avoir plus donné qu'il ne possédait lui-même, ce qui est tout-à-fait contraire aux lois qui régissent la matière. Or, si la force n'est pas quelque chose de matériel dans l'aimant, encore moins le sera-t-elle dans les végétaux, dans les animaux et dans les astres qui agissent à des distances immenses. Qu'est-ce donc que les forces? Elles ne sont, à ce que je crois, que le résultat des lois que le Créateur a établies pour régir l'univers, et ces lois ne sont que l'expression de la volonté du Créateur; en sorte qu'il imprime par sa volonté le mouvement à tout l'univers, comme l'âme elle-même l'imprime au corps, auquel elle est unie. Rien ne me semble plus simple et plus naturel que cette explication qui n'entraîne avec elle rien d'absurde ni même rien de mystérieux comme il arrive lorsqu'on veut considérer la nature isolée de Dieu ou le corps en dehors de l'action de l'âme.

Concluons donc que la matière, sous quelque forme qu'elle se présente, étant essentiellement inerte, ne peut être mise en mouvement ou en action que par un principe immatériel, puisqu'il est actif et agissant, lequel principe n'est pas une abstraction ; car un être abstrait ne peut ni agir ni produire un effet. C'est donc Dieu qui produit le mouvement et la vie dans l'univers, comme l'âme les produit dans le corps humain. Des trois hypothèses ci-dessus posées pour expliquer le phénomène de la vie, la dernière est donc la seule admissible. Mais si la matière ne peut nous donner raison des actes organiques, encore moins le pourra-t-elle pour les actes purement intellectuels, comme la pensée, le jugement, le désir. Aussi faut-il être tombé dans une espèce de délire pour soutenir, comme le font les matérialistes, que le cerveau sécrète la pensée comme le foie sécrète la bile. Comparer le cerveau au foie, rien n'est plus naturel, mais assimiler la pensée à la bile, ce ne peut être qu'un acte de folie ou de mauvaise foi. Quels points de contact peut-on trouver entre l'une et l'autre ? La bile a une couleur, une forme, une odeur, elle est divisible, possède, en un mot, toutes les qualités de la matière dont elle est le produit. Mais la pensée, pouvez-vous la diviser, je ne dis pas réellement, mais même abstractivement? Concevez-vous la moitié, le quart d'une pensée? En imaginez-vous de blanches, de rouges, de carrées, de pointues, de longues et de courtes? Car si la pensée est le produit de la matière elle doit en avoir les propriétés. L'effet participe toujours à la nature de sa cause, et le cerveau, quoiqu'on dise, ne pourra jamais donner que ce qu'il possède. Les gaz, il est vrai, sont incolores, insaisissables, mais les molécules qui les composent, quelque subtiles qu'elles soient, sont douées de toutes les propriétés de la matière et l'esprit les leur attribue sans la moindre répugnance. En attribuant, disent les matérialistes, les actes intellectuels à la matière : 1° nous la supposons dans son état le plus subtil et le plus parfait auquel elle puisse parvenir; 2° nous ne regardons les actes de l'intelligence et de la volonté que comme résultant de l'ensemble de l'organisation; 3° et si la pensée semble être au-dessus des forces de la matière, c'est que nous ne connaissons pas toutes ses propriétés. A ces observations je réponds : 1° qu'à moins de spiritualiser la matière à force de la perfectionner on ne parviendra jamais à lui supposer des actes simples, évidemment au-dessus de ses forces et contraires à ses propriétés essentielles; 2° que l'organisation peut bien augmenter l'intensité des effets qu'elle produit, mais jamais en changer la nature; 3° que quoique nous ne connaissions pas toutes les propriétés de la matière, nous pouvons assurer hardiment que jamais on n'en découvrira qui soient contraires à celles que nous lui connaissons déjà, parce que deux propriétés opposées ne peuvent jamais se rencontrer dans le même sujet, de quelque nature qu'il soit. Ce principe est tout-à-fait incontestable. De tout ce qui précède je conclus que la vie de l'homme n'est pas le produit de l'organisme, mais le résultat de l'union d'un être spirituel avec les organes auxquels il sert de premier moteur. Que la mort n'est par conséquent que la rupture des rapports qui unissaient ces deux êtres, ou la séparation de l'âme et du corps. Définir la mort, la cessation des phénomèmes vitaux, c'est dire que la mort est la mort et rien de plus. Tous ceux qui voudront faire de la science en dehors de la religion ne feront qu'amasser des ténèbres, et, pour échapper à quelques mystères que la raison ne peut désavouer, ils s'égareront dans la vanité de leurs pensées, qui les conduira dans l'absurde, d'où ils ne pourront sortir qu'en revenant à la religion, ou en se précipitant dans le gouffre du doute où toutes les vérités viennent s'engloutir.

Pour mieux comprendre la différence qu'il y a entre la mort de l'homme et celle de l'animal, qu'il me soit permis de citer en l'abrégeant un passage de Buffon, bien compétent en cette matière : « En comparant l'homme avec l'animal, dit-il, on trouvera dans l'un et dans l'autre un corps, une matière organisée, des sens, de la chair et du sang, etc.; mais toutes ces ressemblances sont extérieures et ne suffisent pas pour nous faire prononcer que la nature de l'homme est semblable à celle de l'animal. Nous pouvons en juger par les effets, en comparant les résultats des opérations naturelles de l'un et de l'autre. Voyons donc ces résultats. En commençant par avouer toutes les ressemblances particulières et en n'examinant que les différences les plus générales, on conviendra que le plus stupide des hommes suffit pour conduire le plus spirituel des animaux; il le commande et le fait servir à ses usages, et c'est moins par force et par adresse que par supériorité de nature. Nous ne voyons pas que les animaux qui sont plus forts et plus adroits commandent aux autres et les fassent servir à leur usage. Les plus forts mangent les plus faibles; mais cette action ne suppose qu'un besoin, un appétit. Pourquoi n'en voyons-nous pas quelques-uns prendre l'empire sur les autres, et les obliger à leur chercher la nourriture, à les veiller, à les garder? Or il n'y a parmi tous les animaux aucune marque de cette subordination, aucune apparence que quelqu'un d'entre eux connaisse ou sente la supériorité de sa nature sur celle des autres; par conséquent on doit penser qu'ils sont tous de même nature, et en même temps on doit conclure que celle de l'homme est, non-seulement au-dessus de celle de l'animal, mais qu'elle est aussi tout-à-fait différente. L'homme sauvage parle comme l'homme policé, et tous deux parlent naturellement, parlent pour se faire entendre. Aucun des animaux n'a ce signe de la pensée; ce n'est pas faute d'organes; car la langue du singe a paru aux anatomistes aussi parfaite que celle de l'homme; le singe parlerait donc s'il pensait, et en supposant qu'il n'eût que des pensées de singe, il parlerait aux autres singes; mais on ne les a jamais vus s'entretenir ou discourir ensemble; ils n'ont pas même un ordre, une suite de pensées à leur façon, bien loin d'en avoir de semblables aux nôtres. Il ne se passe à leur intérieur rien de suivi, rien d'ordonné, puisqu'ils n'expriment rien par des signes combinés et arrangés. Ils n'ont donc pas la pensée, même au plus petit degré; c'est parce qu'ils ne peuvent joindre ensemble aucune idée, qu'ils ne pensent ni ne parlent; c'est par la même raison qu'ils n'inventent ni ne perfectionnent rien; s'ils étaient doués de la puissance de réfléchir, ils seraient capables de quelque espèce de progrès; ils acquerraient plus d'industrie; l'abeille perfectionnerait chaque jour la cellule qu'elle habite; et si l'on suppose que cette cellule est aussi parfaite qu'elle peut l'être, on donne à cet insecte plus d'esprit que nous n'en avons; on lui accorde une intelligence supérieure à la nôtre, par laquelle il apercevrait tout d'un coup le dernier point de perfection auquel il doit porter son ouvrage, tandis que nous-mêmes ne voyons jamais clairement ce point et qu'il nous faut beaucoup de réflexions, de travail et d'habitude pour perfectionner le moindre de nos arts. Pourquoi tant d'uniformité dans les ouvrages des animaux? Pourquoi chaque espèce ne fait-elle que la même chose? Pourquoi chaque individu ne fait-il ni mieux ni plus mal qu'un autre individu? Y a-t-il de plus forte preuve que leurs opérations ne sont que des résultats mécaniques et purement matériels? car s'ils avaient la moindre étincelle de la lumière qui nous éclaire, on trouverait au moins de la variété, si on ne voyait pas de la perfection dans leurs ouvrages. Pourquoi mettons-nous tant de diversité dans nos productions? C'est parce que notre âme est à nous, qu'elle est indépendante de celle d'un autre, que nous n'avons rien de commun avec notre espèce, que la matière de notre corps. Si les sensations intérieures appartenaient à la matière et dépendaient des organes corporels, nous verrions parmi les animaux de même espèce, comme parmi les hommes, des différences marquées dans leurs œuvres. Or cela n'arrive pas et n'est jamais arrivé; donc il y a en nous une substance différente, qui est le sujet et la cause qui produit et reçoit ces sensations; mais ces preuves de l'immatérialité de notre âme peuvent s'étendre encore plus loin. La nature, qui marche toujours et en tout par degrés imperceptibles, se dément ici tout-à-fait; car il y a une distance infinie entre les facultés de l'homme et celles du plus parfait animal, preuve évidente que l'homme est d'une nature différente; que seul il fait une classe à part de laquelle il faut descendre en parcourant un espace infini avant que d'arriver à celle des animaux; car on passe tout d'un coup de l'être pensant à l'être matériel, de la puissance intellectuelle à la force mécanique, de l'ordre et du dessein au mouvement aveugle, à la réflexion à l'appétit. En voilà plus qu'il n'en faut, ajoute Buffon, pour nous démontrer l'excellence de notre nature à la distance immense que la bonté du créateur a mise entre l'homme et la bête. L'homme est un être raisonnable; l'animal est un être sans raison; et comme il n'y a point de milieu entre le positif et le négatif, comme il n'y a point d'êtres intermédiaires entre l'être raisonnable et l'être sans raison, il est évident que l'homme est d'une nature entièrement différente de celle de l'animal, qu'il ne lui ressemble que par l'extérieur, et que le juger par cette ressemblance matérielle, c'est se laisser tromper par l'apparence et fermer volontairement les yeux à la lumière qui doit nous la faire distinguer de la réalité. » Ne nous laissons donc pas séduire par l'identité apparente de la mort de l'un et de l'autre; car l'animal ne peut ni la connaître ni la prévoir, tandis que nous devons réfléchir sur les conséquences sérieuses qu'elle a pour nous.

Après avoir étudié la mort sous le point de vue de la nature, étudions-la sous celui de la révélation. La mort entrait-elle dans le plan primitif de la création? L'homme, considéré en lui-même, est un être complexe; son âme, simple de sa nature, est essentiellement à l'abri de toute décomposition, puisqu'il ne peut y avoir séparation de parties là où les parties n'existent point; son corps, composé d'éléments hétérogènes, dont les uns solides, d'autres liquides ou gazeux, est essentiellement mortel ou sujet à la dissolution. Mais la réunion de deux substances, de nature si diverse, et dont les propriétés sont diamétralement opposées, ne peut exister que sous l'influence d'une force coercitive qui suppose dans ces deux substances une tendance continuelle à se séparer. Il est donc essentiellement mortel sous le rapport de la double nature spirituelle et corporelle; mais était-il convenable que l'homme, chef-d'œuvre de la puissance et de la sagesse divine, vieillît et se décomposât chaque jour, tandis que le soleil qui l'éclaire lance depuis 6,000 ans des flots de lumière sans que ses rayons aient pâli? Etait-il convenable que la plus belle des créatures fût en même temps la plus fragile, que le lien qui unit le monde spirituel au monde physique fût si facilement et si promptement brisé? Non, assurément. Aussi le créateur avait-il fait une loi de cohésion qui unissait indissolublement l'âme au corps et les différentes parties du corps entre elles. Cette loi n'était pas absolue, mais conditionnelle, et l'immortalité qui en résultait n'était pas un apanage accordé à la nature, mais le résultat d'une propriété donnée à un agent extérieur, au fruit de l'arbre de vie (Genèse, c. 3, v. 22). Pour être immortel, l'homme devait donc être soumis à Dieu; cette soumission lui donnait le droit de se nourrir du fruit de l'arbre de vie qui lui procurait l'immortalité. Cette vertu immortalisante donnée à un fruit semble au premier abord difficile à croire; mais en réfléchissant l'on s'aperçoit que si dans l'état actuel de la nature humaine les fruits peuvent, par la nutrition, se transformer en sang et en chair, et conserver la vie en suppléant à la déperdition continuelle de l'économie animale, et de plus, si les plantes peuvent guérir les maladies en rétablissant l'équilibre détruit dans l'organisme par diverses causes, il n'est pas difficile de concevoir qu'un fruit pût avoir la propriété de prévenir les maladies et d'empêcher la mort en fournissant sans cesse au corps une quantité suffisante de fluide vital pour qu'il n'y eût pas déperdition, et par conséquent affaiblissement. Il n'y a rien là que la raison ne puisse facilement comprendre, et quant à moi, je l'avoue, je n'y vois pas le moindre mystère. Le fruit de l'arbre de vie, destiné à préserver l'homme des atteintes de la mort, était pour ainsi dire un don surérogatoire que le créateur lui faisait pour le dédommager de la défense qui lui était faite de toucher au fruit de l'arbre de la science du bien et du mal. C'était en même temps une récompense de sa soumission. Ainsi, quoique la mort fût, du moins en possibilité, le résultat nécessaire de la nature complexe de l'homme, elle n'entrait pas plus dans le plan de la création que le péché lui-même qui devait l'amener. Ils en étaient au contraire l'un et l'autre exclus. Voilà pourquoi il est dit dans le livre de la sagesse (c. 1, v. 12) que Dieu n'a point fait la mort et qu'il ne se réjouit pas de la perte des vivants; aussi lorsqu'il dit à Adam : « le jour où vous mangerez de ce fruit vous mourrez, » c'est moins une sentence qu'il porte qu'un fait qu'il veut constater. Cela peut se déduire des paroles de saint Paul, qui nous dit que l'homme a introduit le péché dans le monde, et que le péché a amené la mort. Ils sont donc l'un et l'autre le fait de l'homme et non le fait de Dieu, car Dieu ne peut produire que l'être, tandis que le péché et la mort sont une négation. Étudions maintenant leur nature, et nous verrons l'affinité étroite qui les unit; bien plus, nous établirons même leur identité en prouvant que la mort est exactement dans l'ordre de la nature ce que le péché est dans l'ordre de la grâce. Qu'est-ce en effet que le péché? C'est la séparation de l'âme avec Dieu ou la rupture des rapports qui les unissent (V. Péché). Et en quoi consiste la mort? Dans la séparation de l'âme avec le corps. Voilà donc un rapport parfait de similitude. Dans la mort comme dans le péché, il y a désunion, dislocation, pour ainsi dire, de deux choses faites l'une pour l'autre, car l'âme est faite pour Dieu comme le corps est fait pour l'âme. Je vais développer davantage ma pensée, en faire de nombreuses applications, et sa vérité deviendra par là incontestable. La plus belle harmonie règne dans l'ordre de la création; rien n'y est isolé. Chaque créature a une fin particulière exprimée par un rapport (voir ce mot), et tous ces rapports réunis forment comme les divers rayons d'un cercle qui convergent tous vers un centre unique qui est Dieu. Ainsi, pour donner un exemple, je dis que le soleil est fait pour donner la lumière, la lumière pour éclairer l'œil, l'œil pour diriger le corps, le corps pour servir l'âme, et l'âme pour servir Dieu. Je pourrais établir une infinité de chaînes semblables, même en partant d'un atôme, toutes me mèneraient à Dieu; seulement, nous ne connaissons pas tous les rapports qui existent entre les êtres, et les inventions de la science ne sont que la découverte des rapports qui existaient déjà dans la nature, mais qui nous étaient inconnus. Comme tout rapport suppose deux termes, ceux qu'il y a entre les êtres sont réciproques; car si d'une part la lumière est faite pour l'œil, l'autre l'œil est disposé pour recevoir la lumière. De même l'air est le véhicule du son, comme l'oreille est préparée pour recevoir les ondulations de l'air; mais dès que ces rapports sont brisés il y a mort. En effet, la cécité est la mort des yeux, comme la surdité est la mort des oreilles; dans ces deux cas, il y a séparation de deux choses faites l'une pour l'autre. Il en est ainsi de tous les autres organes, dès que le rapport cesse, la mort s'ensuit. De même, dans la nature inanimée, séparez un arbre de la terre, il meurt, une branche de son tronc, elle meurt aussi, une fleur ou une feuille de la branche, elle meurt encore en se desséchant. Quant au fruit, s'il est parvenu à sa maturité, il ne meurt pas, parce qu'il est dès lors en rapport avec les organes digestifs de l'homme, à la nutrition duquel il est destiné, et c'est par l'union qu'il participe encore à la vie en subissant une transformation.

Etablissons donc en principe que la vie est le résultat de l'union physique ou morale de plusieurs êtres qui ont des rapports entre eux, tandis que la mort résulte de la rupture de ces rapports ou de la désunion entre ces êtres. Ce principe est si général qu'il s'applique aux créatures animées comme à celles qui ne le sont pas, aux êtres spirituels comme aux êtres corporels. Faisons encore quelques applications de ce principe pour en démontrer davantage la vérité. Quand y a-t-il vie dans l'intelligence? Lorsqu'elle est unie à la vérité. Plus elle a de rapports avec elle, plus elle est vivante, mais l'ignorance complète comme aussi l'erreur complète ou la folie sont la mort de l'intelligence. Dans l'ordre social, l'union des membres produit la vie de la société; mais dès que leurs rapports se brisent, que l'union cesse, la société se dissout, elle n'est plus, elle est morte, car une agglomération d'individus qui ne seraient unis par aucun lien, ne formerait pas une société. Aussi la mort civile n'est-elle que la séparation réelle ou équivalente d'un membre avec la société dont il faisait partie. Ainsi, d'après le principe posé, lorsque les rapports entre l'âme et le corps sont détruits, le corps meurt, comme aussi en brisant par le péché le rapport qui unit l'âme à Dieu, l'âme meurt; avec cette différence néanmoins que le corps étant un composé de parties, elles se séparent. Mais cette dissolution n'est pas la mort, elle en est la suite, car un cadavre, subsisterait-il éternellement, n'en

serait pas moins un mort, puisqu'il ne serait plus uni avec l'être pour lequel il avait été créé. L'âme étant simple, toute décomposition dans elle est impossible; mais quoiqu'elle continue d'exister après le péché, elle n'en est pas moins morte, tant qu'elle reste séparée de Dieu. Lorsqu'on dit qu'elle est immortelle c'est une locution inexacte dont on se sert pour signifier qu'elle n'est pas anéantie par sa séparation avec le corps, et qu'il n'y a pas pour elle de dissolution possible. L'expression de péché mortel est donc rigoureusement vraie; aussi le concile de Trente appelle-t-il le péché la mort de l'âme (sessio 5e, canon 2). Et l'enfer est appelé mort éternelle parce qu'une nouvelle union avec Dieu y est devenue impossible. Voilà donc l'identité du péché et de la mort clairement établie; celle-ci s'appliquant à la séparation du corps avec l'âme, l'autre à la séparation de l'âme avec Dieu. Remarquons en cela premièrement que la mort tombe toujours sur l'être dépendant et non sur celui dont il dépend. Ainsi dans l'arbre la branche meurt et non le tronc, de même dans l'homme le corps meurt et non pas l'âme, et dans l'ordre surnaturel l'âme meurt et non pas Dieu. Or, comme Dieu ne dépend d'aucun autre être, puisqu'il n'y en a pas au-dessus de lui, il s'ensuit qu'il ne peut ni pécher ni mourir, par conséquent qu'il est éternel. Il est en effet le terme de tous les rapports. On ne pourrait supposer le péché ou la mort en Dieu que par la rupture des rapports qui unissent les trois personnes divines. Or, comme elles n'ont qu'une même nature et une même volonté, cette rupture est impossible, car il ne peut y avoir de séparation dans l'unité. Aussi en Dieu la vie est à son suprême degré, parce que l'union y est à son état le plus parfait. Puisque l'unité est dans l'essence de Dieu, il doit aimer tout ce qui unit, haïr tout ce qui divise, voilà la raison de sa haine pour le péché et pour la mort qui ont pour effet de séparer ce qu'il avait primitivement uni. Aussi est-ce par l'union qu'il a porté remède à l'un et à l'autre. Le Verbe s'est uni à la nature humaine par des liens qui sont désormais indissolubles. Vainqueur du péché par sa mort, et de la mort par sa résurrection, il s'est écrié en sortant glorieux de la tombe : ô mort! où est ta victoire? ô mort! où est ton aiguillon? C'est qu'il nous a mérité la grâce pour unir notre âme à Dieu, et la résurrection pour lier indissolublement notre corps à notre âme. Sa victoire sur la mort est le gage de notre immortalité future. Car de même qu'Adam, lorsqu'il a péché, représentait toute la nature humaine qu'il a séparée de Dieu, de même Jésus-Christ en ressuscitant a ressuscité l'humanité entière dont il était le représentant; aussi n'est-ce que par lui que les hommes peuvent recouvrer la vie de l'âme par la grâce et celle du corps par la résurrection. C'est encore la doctrine de saint Paul qui appelle J.-C. les prémisses de ceux qui doivent ressusciter. Sa mission sur la terre avait pour but de rétablir l'union, c'est pourquoi il a proclamé la charité comme le premier, l'unique, les plus grand des commandements, celui duquel dépend la vie. Car n'être pas uni à son Dieu et à son prochain par les liens de l'amour, c'est être la proie de la mort. Aussi a-t-il voulu être lui-même la source de la vie dans le sacrement de l'eucharistie, appelé union commune ou communion. Il s'est annoncé comme le pain de vie, promettant que celui qui s'en nourrira vivra éternellement, car il a promis de le ressusciter au dernier jour. Par ce sacrement sublime, il a individualisé l'incarnation; car de même qu'il avait, par ce mystère, uni la divinité à la nature humaine pour lui communiquer l'immortalité, ainsi a-t-il voulu que son corps immortel s'identifiât pour ainsi dire avec le nôtre, afin de pouvoir inoculer en lui le principe d'une nouvelle vie. En vain l'impie se faisant le champion de la mort voudrait-il par ses sophismes déchirer les titres de noblesse de l'humanité, en vain l'indifférent voudrait-il les oublier. L'un et l'autre peuvent bien les couvrir de boue, mais les anéantir, ils ne le pourront jamais. L'homme porte sur son front ses immortelles destinées. Tout les lui rappelle et il est forcé, même contre son gré, de leur rendre hommage, car quelque effort qu'il fasse pour obscurcir sa raison, étouffer le cri de son cœur, jamais il ne pourra voir avec la même indifférence, le berger qui immole la brebis de son troupeau et l'homme dénaturé qui abrège la vie de son semblable. Cependant si l'homme n'était que matière, quelle différence pourrait-il se trouver entre la destruction d'une machine animée qu'on nomme brebis, ou d'une autre qu'on appelle homme? S'il ne peut s'empêcher d'en reconnaître une, c'est que la raison elle-même proteste contre ses avilissantes maximes. Comment expliquer, sinon par la plus déplorable corruption, sa tenacité à vouloir se dégrader en reniant l'immortalité, lui qui cependant est si plein d'orgueil, si désireux de la gloire. Cette contradiction entre ses maximes et son ambition n'est-elle pas la marque la plus infaillible d'un désordre contre nature dans son être? Il voudrait persuader aux autres et se persuader à lui-même que l'homme finit tout entier avec la vie, mais du nord au midi, du couchant à l'aurore, il entend une voix qui lui crie, non, non! l'homme est immortel. Il va dans le séjour de la mort, au milieu des tombeaux, il n'entend qu'un morne silence, il ne voit que des os desséchés et il se dit voilà tout ce qui reste des générations qui m'ont précédé; mais aussitôt la tombe même lui crie: non, non, l'homme est immortel. En effet, d'où vient cet instinct qui a poussé tous les peuples à choisir le cyprès pour le faire croître dans l'empire de la mort? N'est-ce pas afin que cet arbre fût une protestation permanente contre la mort et le néant? Sa cime élancée vers les cieux, ses branches toujours vertes, son bois incorruptible, tout en lui n'est-il pas l'emblème de l'immortalité? Attribuera-t-on ce choix au hasard? Mais le hasard n'est qu'une chimère, et d'ailleurs il ne peut rien produire d'universel, tandis que le fait dont je parle a un caractère d'universalité qu'on ne peut l'attribuer qu'à une cause intelligente, qu'à la raison même de l'humanité. Et la nature entière ne nous prêche-t-elle pas l'immortalité; n'en est-elle pas une resplendissante image? C'est dans la mort qu'elle puise une nouvelle vie. Ce grain qui trouve dans sa dissolution même le principe de sa fécondité; ces arbres qui, dépouillés de leur verdure et réduits à un état de mort, reviennent à la vie avec le printemps, se parent de fleurs et se chargent de fruits, ce ver de terre qui, après avoir rampé, s'enveloppe dans une tombe d'où il sort transformé en un léger papillon et vient étaler dans les airs ses formes gracieuses et ses brillantes couleurs, ne sont-ils pas tout autant de charmants emblèmes de l'immortalité, et l'homme seul, pour qui tout cela a été fait, serait l'éternelle victime de la mort? Ce roi de la nature, pour lequel tout renaît, serait le seul à ne jamais revivre? Loin de nous cette pensée si injurieuse pour le Créateur, si désolante pour l'homme vertueux. Laissons le méchant graviter de toutes ses forces vers le néant qu'il appelle et qui n'entend pas sa voix, il voudrait qu'il lui servît d'abri contre la justice de Dieu; mais sa volonté est impuissante, le néant le repousse de son sein, et ce sera la mort qui lui annoncera qu'il est immortel. Écoutons, en finissant, le divin Platon. « Voulez-vous savoir, dit-il dans le Phædon, pourquoi le vrai philosophe voit l'approche de la mort de l'œil de l'espérance, et sur quoi il se fonde quand il la regarde comme le principe d'une immense félicité? C'est que la vraie philosophie n'est autre chose que l'étude de la mort, c'est que le sage apprend sans cesse dans la vie, non-seulement à mourir, mais à être déjà mort. Qu'est-ce, en effet, que la mort? N'est-ce pas la séparation de l'âme d'avec le corps? Et ne sommes-nous pas convenus que la perfection de l'âme consiste à l'affranchir le plus qu'il est possible du commerce des sens et des soins du corps pour contempler la vérité dans Dieu? Ne sommes-nous pas d'accord que le plus grand obstacle à cet exercice de l'âme est dans les objets terrestres et dans les séductions des sens?... Ce n'est donc qu'après la mort seulement que nous pouvons parvenir à cette pure compréhension du vrai... Espérons donc que celui qui a fait de cette recherche son grand objet sur la terre, pourra s'approcher après la mort de cette vérité éternelle et céleste, celui surtout dont le cœur aura été pur, car rien d'impur ne saurait approcher de ce qui est la pureté par excellence. Voilà pourquoi le sage vit pour méditer la mort, et pourquoi son approche n'a rien d'effrayant pour lui. » À ces réflexions d'un philosophe ancien, ajoutons celles d'un moderne: « Dès à présent, dit Fichte, commence pour nous la vie éternelle. La vie éternelle c'est la vie du temps continuée au-delà du temps. La terre est le point de départ d'où nous devons nous élancer vers un monde inconnu et où nous ne pouvons toutefois débarquer avant de nous être assurés d'une plage où prendre pied. Ce n'est donc pas une déception que notre vie terrestre, elle nous a été donnée pour nous mettre à même de jeter les fondements de notre vie à venir. »

Enfin, pour terminer par un contemporain, écoutons M. Victor Hugo s'écriant sur le tombe de Frédéric Soulié, mort après avoir reçu les sacrements de l'Eglise: « Que ce peuple si intelligent et si sérieux le sache bien, quand les philosophes, quand les écrivains, quand les poëtes viennent apporter ici à ce commun abîme de tous les hommes, un des leurs, ils viennent pleins d'une foi inexprimable dans

cette autre vie, sans laquelle celle-ci ne serait digne ni du Dieu qui la donne ni de l'homme qui la reçoit. Les penseurs ne se défient pas de Dieu: ils regardent avec tranquillité, avec sérénité, quelques-uns avec joie, cette fosse qui n'a pas de fond. Ils savent que le corps y trouve une prison, mais que l'âme y trouve des ailes. Oh! les nobles âmes de nos morts regrettés.... ne tombent pas ici dans un piège! Non, la mort n'est pas un mensonge! non, elles ne rencontrent point dans ces ténèbres cette captivité effroyable, cette affreuse chaîne qu'on appelle le néant! elles y continuent dans un rayonnement plus magnifique, leur vol sublime et leur destinée immortelle. »   L'abbé Onse.

MORT CIVILE. C'est la privation par sentence judiciaire de toute participation aux droits civils que la loi accorde aux citoyens. Les effets de la mort civile sont énumérés dans l'article 25 du Code civil, dont voici le contenu: « Par la mort civile, le condamné perd la propriété de tous les biens qu'il possédait; sa succession est ouverte au profit de ses héritiers, auxquels ses biens sont dévolus de la même manière que s'il était mort naturellement et sans testament. — Il ne peut plus ni recueillir aucune succession, ni transmettre à ce titre les biens qu'il a acquis par la suite. — Il ne peut ni disposer de ses biens en tout ou en partie soit par donation entre-vifs, soit par testament, ni recevoir à ce titre, si ce n'est pour cause d'aliments. — Il ne peut être nommé tuteur, ni concourir aux opérations relatives à la tutelle. — Il ne peut être témoin dans un acte solennel ou authentique, ni être admis à porter témoignage en justice. — Il ne peut procéder en justice ni en défendant, ni en demandant, que sous le nom et par le ministère d'un curateur spécial qui lui est nommé par le tribunal où l'action est portée. — Il est incapable de contracter un mariage qui produise aucun effet civil. — Le mariage qu'il avait contracté précédemment est dissous quant à tous ses effets civils. — Son épouse et ses héritiers peuvent exercer respectivement les droits et les actions auxquels sa mort naturelle donnerait ouverture. » La mort civile est dans l'État ce que l'excommunication (V. ce mot) est dans l'Eglise. Toute société doit avoir en effet le pouvoir de priver des droits qu'elle confère et des avantages qu'elle procure les membres qui sont rebelles à ses lois. Ce pouvoir précède même celui de frapper les coupables de peines afflictives; il est donc plus que déraisonnable d'avoir fait un crime à l'Eglise de ce qu'elle a usé de ce pouvoir qu'on regarde comme incontestable dans toute société civile. La suppression des droits et la privation des avantages est en effet la première sanction des lois; elle est aussi la plus naturelle. Pourquoi donc tant de clameurs lorsque l'autorité ecclésiastique prive de la sépulture religieuse et des prières publiques qui l'accompagnent ceux de ses membres qui par le suicide, le duel ou le refus des sacrements, ont violé ses lois et par là sont devenus passibles des peines qu'elle peut infliger? De quel droit l'autorité civile vient-elle s'immiscer dans un interdit, par exemple, puisqu'il n'est encore qu'une peine négative, c'est-à-dire le retrait d'un privilège que l'autorité ecclésiastique a seule le droit de conférer? On conçoit son action quand il s'agit de peines corporelles, les corps étant de son ressort; mais il est ridicule qu'elle veuille interposer son sceptre quand il s'agit de biens spirituels dont l'Eglise seule est dépositaire et dont elle a le droit de priver ceux de ses membres qui lui sont rebelles. — Les effets du péché mortel (V. ce mot) ont aussi quelque analogie avec ceux de la mort civile, puisqu'ils consistent dans la privation des biens spirituels que la grâce confère.

La mort civile, dans ses effets par rapport à la propriété, est contradictoire avec la Charte (art. 8), qui déclare les propriétés inviolables. C'est une espèce de confiscation faite au profit des héritiers. Bien plus, l'art. 33 du Code civil l'établit au profit de l'Etat, car il déclare que « les biens acquis par le condamné depuis la mort civile encourue et dont il se trouvera en possession au jour de la mort naturelle, appartiendront à l'Etat par droit de déshérence. » Il est vrai que la loi laisse loisible au roi de faire telle disposition qu'il voudra au profit de la veuve, des enfants ou des parents du condamné, mais ce correctif ne détruit que bien faiblement le caractère principal de l'article. Il y a dans cette loi un effet d'une plus haute importance, c'est la dissolution du mariage. Une loi postérieure l'a déclaré indissoluble. Pourquoi donc laisser dans le Code une disposition tout-à-fait contraire? Si du moins elle était sans inconvénient: mais il n'en est pas ainsi. Malgré la loi qui déclare le divorce aboli, les tribunaux le maintiennent alors qu'il résulte de la mort civile. Cela paraîtra sans doute fort extraordinaire, cependant le fait est réel. Les annales de la justice pourraient en fournir plus d'un exemple. Je ne citerai que celui dont parle la *Gazette des Tribunaux* du 28 mai 1837. La cour d'assises du Morbihan avait condamné à mort par contumace Guérin de la Houssaye, poursuivi pour crime politique. La dame de Bellouan, sa femme, déclara renoncer à la communauté qui existait entre elle et son mari. Celui-ci ne s'étant pas présenté pour purger sa contumace, se trouva frappé de mort civile d'après l'art. 27 du Code. Une ordonnance royale ayant appliqué aux condamnés par contumace l'amnistie du 28 mai 1837, le sieur de la Houssaye rentra pour l'avenir dans la plénitude de ses droits civils. Il a donc voulu intenter une action judiciaire contre son ancienne femme; mais le tribunal de Ploërmel l'a débouté sur la peine de mort civile avait dissout son mariage, et qu'en conséquence il était sans qualité pour agir. En ayant appelé à la cour royale de Rennes, elle a confirmé le jugement en s'appuyant sur les mêmes motifs. Or, de pareils faits sont des scandales, et il serait temps que le législateur y portât remède. Lors de la révision du Code pénal, en 1832, il fut question d'abolir la mort civile : on en fut détourné par la considération des conséquences que cela pouvait amener par rapport à la possession des biens du condamné. Mais auraient-elles la gravité de celles qui portent atteinte aux liens sacrés du mariage? D'ailleurs on remanie si souvent nos lois qu'on ne voit pas pourquoi celle-ci serait regardée comme immuable! Qu'on enlève donc ses biens au condamné, mais qu'on lui laisse son épouse! L'abbé ORSE.

MORT (peine de). Depuis quelques années on a beaucoup discuté sur la peine de mort, et comme cela doit arriver toujours quand il s'agit de questions de ce genre, sur lesquelles l'opinion de chacun se fonde sur une conviction acquise par sa propre et longue expérience, ou par ses observations déduites de l'expérience des autres, après bien des déclamations plus ou moins passionnées, beaucoup de grandes phrases plus sonores que significatives, des tendances stériles d'une philanthropie de mots, la question est restée indécise entre ceux qui l'avaient soutenue en sens divers, parce qu'aucun d'eux n'a voulu se laisser convaincre et surtout s'avouer vaincu. Nous n'appartenons à aucun des partis qui sont entrés en lice. Nous ne voudrions ni voir abolir la peine de mort, ni voir cette peine appliquée légèrement; seulement il nous semble que pour pouvoir décider la question de savoir si cette peine doit être maintenue ou supprimée, il faut partir de principes qui ne soient pas contestables. Pour arriver à poser ces principes sur une base solide, il est selon nous nécessaire d'examiner : 1º quelle est l'origine des peines; 2º quel est le droit de la société sur ses membres. Ces points éclaircis, il sera facile de voir si la peine de mort est utile ou nuisible, et quel choix la raison doit faire, placée entre les conséquences d'un accès moderne de philanthropie et une expérience à peu près générale et universelle de cinquante siècles. Nous avons dit au mot Loi que les hommes ne furent pas plutôt réunis en société, que pour éviter le désordre qui serait né du choc de tant de volontés souveraines, ils sacrifièrent une partie de leur liberté pour qu'un chef investi de tout ce qu'ils abandonnaient, dominant sur tous ce surcroit de puissance qui lui était donné, garantît à chacun la libre jouissance des droits qu'il s'était réservés. Ce chef promulgua des lois, mais ces lois n'auraient eu aucune force coercitive, si des peines n'avaient été attachées à la violation de leurs dispositions administratives, civiles ou criminelles. Le droit de punir est donc fondé sur la même base que le droit de promulguer la loi, c'est-à-dire sur l'abandon fait à l'un des membres de la société d'une portion de liberté de tous les autres membres. Toute peine qui s'étendrait au delà de cette base serait certainement injuste, ce qui arriverait toutes les fois que la peine établie ne serait pas nécessaire pour la conservation de la liberté publique. De là il résulte que le droit de faire la loi appartient au législateur, et que le magistrat dont les fonctions ne consistent qu'à appliquer la loi, ne peut prononcer une peine que la loi n'impose pas; que le souverain à qui le contrat social a confié le pouvoir législateur, peut soutenir, contre un membre de la société, que le contrat a été violé; mais qu'il ne peut pas décider la question lui-même; car en ce cas il serait juge et partie, ce que la saine raison réprouve. Examinons maintenant quel est le droit de la société, représentée par le souverain, sur chacun de ses membres ? Ou pour mieux dire, qu'est-ce que la peine infligée à celui qui a troublé la société par un crime, un attentat quelconque, si ce n'est un espèce de talion, au moyen duquel la société refuse sûreté à celui qui a voulu priver ou qui a privé un autre membre de la société de la sûreté qui lui était due. La première loi pénale fut certainement celle du talion; il devait sembler si naturel à des hommes qui sortaient à peine de l'état sauvage, de faire subir à un accusé le même dommage ou le même mal qu'il avait causé! Le dommage dirigé contre la propriété s'estimait par des équivalents; le mal fait à la personne ne pouvait pas être estimé de la même manière, on imagina de condamner le coupable à souffrir, à titre de châtiment, tout ce qu'avait souffert sa victime. Nous savons bien qu'en matière de crimes contre la personne, la loi du talion appliquée ne dédommage point du mal souffert. Si j'ai perdu un œil, un bras, un membre quelconque, que me fait la perte d'un œil, d'un bras, d'un membre que souffre l'auteur du dommage? Je serai vengé, non indemnisé. La société, qui avait intérêt à ce que le damnifié fût à la fois indemnisé et vengé, dut donc établir des peines proportionnées au délit ou au crime, et ces peines, suivant l'expression de Montesquieu, devaient être tirées de la nature même du crime ou du délit. « Par là, dit-il, l'arbitraire cesse; la peine ne dépend point du caprice du législateur; mais de la nature de la chose. Pour que la peine soit tirée de la nature de la chose, dit-il ensuite, elle doit consister dans la privation d'un avantage que donne la chose elle-même. D'où il suit que si un homme prive un autre homme de la liberté, il doit-être privé de tous les biens que produit la liberté; que s'il mène une vie scandaleuse, il doit perdre tous les avantages que la société attache à la pureté des mœurs; que s'il a attenté à la tranquillité publique, il doit être puni des peines qui se rapportent à cette tranquillité, comme la privation, l'exil, les corrections etc.; que s'il a ôté la vie à un homme, la peine, pour être proportionnée au crime et sortir, comme dans tous les autres cas, de la nature même des choses, doit le priver de toutes les garanties que le pacte social donnait à chaque individu pour la sûreté de sa personne; que dès lors la vie du coupable n'étant plus protégée, peut être dévouée à la vengeance publique; nous disons vengeance publique, car ce n'est pas la victime seule qui doit être vengée, c'est la société tout entière. Il serait certes bien étonnant qu'un homme pût égorger son semblable et que la société n'eût pas le droit de lui ôter la vie! La loi n'est-elle pas le produit de la volonté générale? Si la société, en se formant, a cru nécessaire d'établir une peine contre l'infracteur de la loi qu'elle établissait, si tous ont reconnu que cette peine était juste, si tous ont voulu s'y soumettre, comme cela est partout et de tout temps arrivé, si cette peine enfin est celle de mort, qui osera dire que la société n'a pas eu le droit de l'établir? Ceux qui, par humanité bien ou mal entendue, ou plutôt par esprit de système, s'élèvent contre la peine capitale, ne font que répéter les arguments rassemblés par le fameux Beccaria, qu'on peut regarder comme chef de cette école, en apparence philanthropique, en réalité anti-sociale par les résultats qu'elle verrait naître de l'adoption de ses principes. Certes nous pensons avec Beccaria qu'il ne faut point mettre de la cruauté dans les supplices, du raffinement dans la barbarie. Mais entre cet excès blâmable et dont la législation criminelle ne s'est pas toujours défendue, et la simple privation de la vie par des moyens efficaces et prompts, il y a un intervalle immense. Notre législation actuelle l'a franchi, on ne roue plus, on ne tenaille plus, on ne torture plus par d'épouvantables moyens, et c'est là un progrès dont on doit féliciter nos modernes législateurs; mais au progrès même il faut des limites, et la réforme ne doit pas aller plus loin. Gardons-nous surtout de dire que l'atrocité de la peine augmente le nombre et la gravité des crimes. C'est là un paradoxe que rien ne justifie. Il est faux que les âmes s'endurcissent pour se mettre au niveau de la férocité des lois, phrase philosophique qui n'a point de sens. Ce qui endurcit les âmes, c'est l'absence de tous les principes religieux et moraux, c'est la persévérance dans l'habitude du crime, c'est la licence donnée aux passions de s'assouvir par tous les moyens. Ce que surtout on ne saurait croire avec le criminaliste italien, c'est que si l'on suppose deux sociétés dont l'une n'aura établi que l'esclavage ou la prison pour plus grande peine, dont l'autre aura la roue ou d'autres supplices semblables, les deux peines inspireront une égale terreur. Il faut se faire une bien étrange illusion pour croire qu'un criminel craindra la prison ou l'esclavage autant que la roue, c'est-à-dire une mort horrible. L'espérance est le dernier sentiment qui s'éteint dans le cœur de l'homme. De la prison ou des fers on peut se sauver; on n'échappe pas de la mort. Lorsque l'arrêt de mort fut prononcé contre Fieschi et ses complices, le menuisier qui avait eu connaissance du complot, et qui même avait pris part à l'exécution, se croyant condamné à la même peine, tomba privé de sentiment. Quand il eut repris ses sens et qu'on lui eut dit qu'il n'était condamné qu'aux travaux forcés pour vingt ans, il passa de l'excès de l'abattement à celui de la joie. Si Lesage et son complice, assassins de la femme Renaud, n'avaient été condamnés qu'aux travaux forcés, croirait-on que l'un se serait empoisonné et l'autre pendu? Pourquoi tant de condamnés se pourvoient-ils en cassation? C'est qu'ils espèrent que, si l'arrêt était cassé, devant de nouveaux juges, ils trouveraient peut-être plus d'indulgence; pourquoi tant d'autres se sont-ils pourvus en grâce? Pour obtenir une commutation de peine, c'est-à-dire une peine moindre; car ils ne se flattent pas d'obtenir grâce entière. Rarement voit-on se pourvoir un accusé de crime capital, lorsqu'à la faveur de circonstances atténuantes il n'a pas été condamné à perdre la vie. Il n'est pas impossible qu'un condamné à une peine infamante préférât la mort à ce supplice de toute la vie; mais il faut pour cela supposer que ce condamné, élevé dans le monde, a l'idée, du moins approchante, de ce que le monde appelle honneur, infamie, honte ou estime publique. Voyez tous les condamnés qu'on expose par bandes sur la place du Palais-de-Justice à Paris, et la même chose a lieu partout, de leurs regards effrontés, de leurs ignobles propos ils insultent, ils provoquent la foule qui les contemple; croyez-vous que ces hommes auraient préféré la mort à l'ignominie qui les couvre? On peut faire à ce sujet de très belles réflexions, imaginer des utopies, établir des théories savamment élaborées; les hommes sensés consultent les faits pour former leur opinion. En général tous les hommes tiennent à la vie. La perte de la vie est un châtiment devant lequel reculent beaucoup d'individus qui s'exposeraient à des peines moins sévères. Les lois, dit ce même écrivain, représentent la volonté générale qui est le produit de toutes les volontés particulières. Or, qui voulut jamais donner aux autres hommes le droit de lui ôter la vie? Vain sophisme qui ne peut séduire personne. Il est bien certain qu'un homme entrant dans une société ne dira pas : Je vous donne le droit de m'ôter la vie; mais il dira plutôt : Je remets en vos mains une partie de ma liberté afin que vous ayez la force nécessaire pour me défendre. Il trouvera fort juste que la société, pour se conserver, établisse la peine de mort contre quiconque attentera à la sûreté, à la vie d'un de ses membres; car dans cette disposition, rigoureuse mais nécessaire, il trouvera une garantie pour lui-même. En vérité, si l'on ne connaissait les partisans de l'abolition de la peine capitale, on pourrait croire que ce sont des hommes qui plaident leur propre cause. On ne craint la justice que lorsqu'on a quelque raison pour la craindre; l'homme honnête ne voit en elle qu'une institution bienfaisante qui le protège. On peut donc affirmer que puisque la loi n'est que l'expression de la volonté générale, ce sont toutes les volontés particulières qui ont, en se réunissant, investi le législateur du droit d'ôter la vie dans certains cas, et l'assentiment universel donné à l'exécution de la loi prouve bien qu'en effet c'est la volonté générale qui s'est exprimée par l'organe du législateur. Celui qui a donné aux autres hommes le droit de lui ôter la vie en certain cas, est le même qui leur a donné celui de l'emprisonner, de le condamner à une peine quelconque. Celui qui a cru nécessaire d'autoriser le législateur à le priver de la liberté pour un temps plus ou moins long pour certains cas, l'a autorisé de même à lui ôter la vie dans des cas plus graves. Il convient toutefois que la condamnation à la peine de mort ne serait excusable que si la mort d'un homme peut être nécessaire, et l'on dit qu'elle ne peut l'être que dans un seul cas, c'est-à-dire lorsque cet homme, privé de sa liberté, conserve encore une puissance de relations qui peuvent troubler la tranquillité de la nation et produire une révolution dans la forme du gouvernement; cela signifie qu'on peut prononcer cette peine contre les accusés de crimes politiques; nous doutons que cette théorie soit fort goûtée de ceux dont les opinions politiques ne sont pas en parfaite harmonie avec l'esprit du gouvernement. Au fond, nous ne croyons pas que la mort soit plus nécessaire dans ce cas que dans celui d'un assassin ordinaire. Car si l'on craint seulement les relations de l'accusé avec ceux du dehors, il est aisé de le surveiller si bien qu'il ne puisse correspondre avec qui que ce soit. D'ailleurs il n'y aura pas plus de nécessité pour la société à condamner un homme à une infamie perpétuelle qu'il n'y en a réellement à lui ôter la vie. On condamne un coupable pour que le châtiment qu'on

lui fait subir épouvante ceux qui voudraient l'imiter, et que la terreur du supplice contienne dans le devoir ceux contre qui la religion et la morale sont impuissants. Et qu'on ne dise pas que ce n'est point l'intensité de la peine qui fait le plus d'effet sur l'esprit humain, et que la sensibilité de l'homme est plus affectée par des impressions faibles mais répétées, que par un mouvement passager quelque violent qu'il soit. Nous en appelons encore ici à l'expérience. On voit passer la chaîne des forçats qui vont subir leurs peines à Toulon ou à Brest. Les uns rient, les autres provoquent ceux qui les regardent, d'autres blasphèment ou adressent aux femmes des propos impudents. On est affecté de leur cynisme insolent; on dit : les misérables! ils ne méritent point de pitié. Le lendemain on n'y pense qu'avec dégoût; deux jours après on les a oubliés; et comme on ne doit plus les revoir, il n'y a pas d'impressions répétées et durables. Voyez conduire un homme à l'échafaud; il est abattu, le désespoir se lit dans ses traits, ses forces l'abandonnent, il ne sent plus, n'entend plus, il a cessé de vivre avant de recevoir le coup mortel. On ne peut s'empêcher de le plaindre, et l'on conserve longtemps le souvenir du triste spectacle auquel on a assisté. Beccaria insiste : « Ce retour fréquent du spectateur sur lui-même: si je commettais un crime, je serais réduit toute ma vie à une condition malheureuse, fait sur son esprit une plus forte impression que l'idée de la mort, que les hommes voient toujours dans un lointain obscur.» D'abord pour que le spectateur fit fréquemment la réflexion qu'on lui prête, il faudrait qu'il eût souvent sous les yeux le tableau de la condition malheureuse, et c'est ce qui n'est point, en second lieu, il n'est point vrai que l'homme qui va commettre un crime voie l'idée de la mort dans un lointain plus obscur qu'il ne voit l'idée de toute autre peine. Au contraire, quelque espérance qu'il puisse avoir de sauver sa vie à la suite d'un débat judiciaire, la pensée qu'il peut souffrir la mort est bien plus capable d'agir sur lui que l'idée assez simple d'un emprisonnement avec la certitude qu'il ne périra point. Si, comme le prétend Beccaria, la terreur de la mort ne résiste pas à l'oubli si naturel à l'homme; en d'autres termes, si l'homme qui va se rendre criminel ne pense pas à la peine de mort au-devant de laquelle il court, comment penserait-il à une peine moindre, de laquelle il conserve d'ailleurs l'espoir de s'affranchir en trompant la vigilance de ses gardiens? La peine de mort ne donne pas à la société un exemple d'atrocité; elle donne un exemple de rigoureuse justice dans la punition d'un fait atroce. Les lois criminelles, quoiqu'on en dise, ne peuvent pas avoir pour but d'inspirer la douceur et l'humanité; elles ont pour but de punir ceux qui manquent d'humanité et de douceur, et de frapper l'esprit des méchants par la crainte des supplices. Ce qui doit trancher la question, c'est que dans tous les pays et dans tous les temps, la peine de mort a été regardée comme juste, et pouvait seule être opposée avec quelque succès au débordement des mauvaises passions, si l'on songe à la corruption, nous ne dirons pas croissante mais extrême de l'espèce humaine; s'il est des crimes horribles pour lesquels il serait très impolitique et très dangereux de laisser voir aucune pitié; s'il se trouve des hommes qui semblent nés pour le crime, qui se jouent de la vie des autres, et si atrocement cruels qu'il y aurait imprudence à les laisser vivre. L'empereur d'Allemagne, avant 1789, avait aboli la peine capitale, et les grands crimes, les assassinats s'étaient multipliés d'une manière effrayante. Tous les tribunaux réclamèrent et la peine de mort fut rétablie, ce qui diminua le nombre des crimes. Nos philosophes du XVIIIe siècle ont beaucoup vanté la philanthropie de l'impératrice Elisabeth, qui ne permit pas que sous son règne aucune condamnation à mort fût prononcée par les magistrats; mais des effets désastreux résultèrent de cette magnanimité philosophique. Les magistrats, pour sauver les inconvénients de cette clémence intempestive, finirent par condamner les grands coupables à la peine du knout (voyez ce mot), peine qui, prolongée, aboutissait toujours à la mort du condamné. Si les principes de la saine morale n'avaient pas été corrompus par les passions, si les préceptes de la religion étaient observés à la lettre, si les douces maximes de l'Évangile régnaient exclusivement sur les cœurs; si d'un autre côté les gouvernements ne cherchaient pas à établir la prospérité des états sur les intérêts matériels; si un froid et dur égoïsme n'avait pas usurpé la place de tous les anciens mobiles des actions humaines, la peine de mort pourrait être abolie sans inconvénient parce qu'elle ne serait jamais nécessaire; mais dans l'état actuel des sociétés, la supprimer serait un acte de démence. Ce n'est pas surtout au moment où de toutes parts les crimes se multiplient qu'il faut parler de supprimer les peines qui, malgré leur rigueur, ne sont pas capables de les prévenir. La seule chose que les souverains doivent faire, c'est d'établir une juste proportion entre la peine et le fait punissable, et de laisser aux juges assez de latitude pour que, tout en appliquant la loi, ils puissent avoir égard aux accessoires du fait, soit qu'ils en augmentent, soit qu'ils en diminuent la gravité. Avec la faculté aujourd'hui accordée au juri, en France, d'admettre des circonstances atténuantes, il est presque impossible qu'un homme soit condamné à mort, s'il n'a justement encouru cette peine.　　　　　　　　　　　J. de M.

MORTADELLE, s. f., espèce de gros saucisson qui vient d'Italie.

MORTAGNE, ville du Perche (*Orne*), sur un côteau au pied duquel sont les sources de la rivière de Chyppe, chef-lieu de sous-préfecture, possède 6,000 habitants, un tribunal de première instance, de commerce, etc. On y remarque l'église et l'hospice. C'est la patrie du maréchal Catinat et du Dureau de la Malle. Son commerce consiste en fabriques de toiles fortes et légères, cotonnades, serges, etc. Son territoire produit toutes sortes de céréales. Cette ville dut son origine à un château-fort dont Yves de Bellesme était seigneur en 968. Elle fut prise par Robert de France en 997, et fut, en 1590, le théâtre d'un sanglant combat entre les ligueurs et les soldats de Henri IV.

MORTAILLABLE, adj. des deux genres, t. de jurispr. féod., il se disait de ceux qui étaient serfs de leur seigneur, et dont celui-ci héritait.

MORTAIN, petite ville de Normandie (*Manche*), ancien comté aux confins du Maine, sur la Lance et environnée de rochers escarpés, chef-lieu de sous-préfecture, avec un tribunal de première instance, un collége, petit-séminaire. Possède 3,000 habitants. Son commerce consiste en bestiaux, quincaillerie, papeteries, verreries, toiles, dentelles, forges, eaux minérales.

MORTAISE, s. f.. t. d'arts. Trou, entaillure faite dans une pièce de bois ou de métal, pour y recevoir le tenon d'une autre pièce, quand on veut les assembler.

MORTALITÉ, s. f., mot collectif par lequel on désigne la quantité d'hommes ou d'animaux qui succombent à la même maladie, ou dans un temps donné. Mortalité se dit aussi de la condition des êtres sujets à la mort, ou de ce qui doit causer la mort : on dit la mortalité des blessures. Tables de mortalité ; tableaux dressés pour faire connaître la quotité relative de décès dans un temps donné.

MORTE (MAIN). On entendait autrefois par main-morte un droit seigneurial, ou plutôt un droit que les seigneurss'étaient arrogé par la force ou par la pauvreté de ceux qui s'y étaient soumis, et en vertu duquel les vassaux étaient de condition servile, attachés à la glèbe, privés du droit de disposer de leurs biens, et obligés de les laisser au seigneur. On ne peut se dissimuler que la main-morte, dans son origine, ne vienne de la force et de l'abus du pouvoir, dans les siècles barbares où les grands tenaient les petits dans l'esclavage le plus rude et se servaient d'eux pour défricher la terre. Insensiblement on adoucit un peu cet esclavage, ou donna à ces esclaves un certain canton de terre à défricher à leur profit, on imposa à ce prétendu don la condition qu'on voulut. Le seigneur puissant crut faire encore beaucoup de grâce à son esclave en lui concédant un peu de terre en friche, à condition d'y rentrer si cet esclave mourait sans enfants; et l'esclave accablé se trouva, pour le moment, trop heureux encore de souscrire aux conditions les plus dures pour pouvoir respirer un instant, et changer un mal excessif contre un mal encore très sensible, mais moins que le premier. De là les auteurs favorables à la main-morte avaient pris occasion de dire que ce n'était autre chose qu'un contrat *do ut des*; que les seigneurs avaient par là tiré de la misère ceux auxquels ils avaient donné des terres, et qu'il était juste que ces terres retournassent au seigneur si celui qui les avait reçues venait à mourir sans enfants. Ces auteurs n'ont envisagé la main-morte que sous le point de vue le moins défavorable, mais il y avait aussi la main-morte personnelle qui était une véritable servitude applicable à la personne en quelque lieu qu'elle résidât, et qui conférait au seigneur la propriété de tout ce que la personne soumise à la main-morte avait pu acquérir. On comprend qu'un pareil état de choses dut exciter l'indignation de tous les hommes de cœur remarquables par leur intelligence et leur piété, car une pareille condition était contraire aux principes de l'humanité et à notre religion dont la morale respire la liberté;

aussi voyons-nous dans une charte de l'abbé Suger de l'an 1162 le passage suivant où il dit, en parlant de la main-morte, « Exactio consuetudinis pessimæ quæ manus-mortua dicitur. » La main-morte personnelle disparut la première, les prétentions des seigneurs à cet égard avaient été réprouvées par les auteurs et repoussées par les parlements. Le parlement de Paris a rendu, en l'an 1765, un arrêt par lequel il décide qu'il n'y a point et qu'il ne peut pas y avoir, en France, de main-morte personnelle ni de droit de suite ou d'esclavage. Restait donc la main-morte réelle, c'est-à-dire celle qui frappait sur la chose plutôt que sur la personne; mais elle ne tarda pas non plus à disparaître. Il était réservé au roi de France, à Louis XVI, ce roi honnête homme, de prendre l'initiative à cet égard. Un édit du mois d'août 1779 porte dans son article premier : « Nous éteignons et abolissons dans toutes les terres et seigneuries de notre domaine, la main-morte et condition servile, ensemble tous les droits qui en sont des suites et des dépendances; voulons qu'à compter du jour de la publication des présentes, ceux qui, dans l'étendue desdites terres et seigneuries, sont assujétis à cette condition, sous le nom d'hommes, de corps, de serfs de main-mortables, de mortaillables, de taillables ou sous telle autre dénomination que ce puisse être, en soient pleinement et irrévocablement affranchis; et qu'à l'égard de la liberté de leurs personnes, de la faculté de se marier et de changer de domicile, de la propriété de leurs biens, de pouvoir les aliéner ou hypothéquer, et d'en disposer entre-vifs ou par testament, de la transmission desdits biens à leurs enfants ou autres héritiers, soit qu'ils vivent en commun avec eux, ou qu'ils en soient séparés, et généralement en toutes choses sans aucune exception ni réserve, ils jouissent des mêmes droits, facultés et prérogatives qui, suivant les lois et coutumes, appartiennent aux personnes franches, notre intention étant que dans toutes lesdites terres et seigneuries, il n'y ait plus désormais que des personnes et des biens de condition franche et qu'il n'y subsiste aucun vestige de la condition servile ou main-mortable. » Par l'art. 2 de cet édit il ajoute : « La disposition de l'article précédent sera exécutée dans nos domaines engagés; et si quelques-uns de nos engagistes se croient lésés, il leur sera libre de nous remettre les domaines par eux tenus à titre d'engagement, auquel cas ils seront remboursés des finances qu'ils justifieront avoir été payées par eux ou par leurs auteurs. » L'exemple que le monarque avait donné par cette belle loi aux seigneurs, fit peu de prosélytes. Mais, dix ans après, l'assemblée constituante fit justice de leur inhumanité. Par l'article premier de ses décrets du 4 août 1789 elle abolit sans indemnité tous les droits et devoirs, tant féodaux que censuels, qui tenaient à la main-morte réelle ou personnelle et ceux qui la représentaient. La main-morte dont nous venons de parler n'avait aucun rapport avec les personnes que l'on désigne encore aujourd'hui sous le nom de gens de main-morte. Par gens de main-morte on entend les membres pris collectivement des communautés et établissements publics, dont l'existence se perpétue par la subrogation successive de personnes qui sont censées toujours les mêmes, et ne produisent aucune mutation par mort. Ces communautés et établissements étaient depuis longtemps soumis à l'accomplissement de certaines formalités relatives à leur fondation, à leur existence, à l'administration de leurs biens, à la manière d'en disposer et d'en acquérir de nouveaux. Ces règles n'ont pas toujours été observées avec le soin que commande l'intérêt de la société; et il a fallu des lois sévères pour les remettre en vigueur. C'est ainsi qu'un édit du mois d'août 1749, en renouvelant toutes les dispositions des lois précédentes sur cet objet, ajoute les mesures les plus propres à en assurer l'exécution. Le législateur comprenait alors tous les inconvénients qui résultaient de la multiplication des établissements de gens de main-morte, de la facilité qu'ils trouvaient à acquérir des fonds naturellement destinés à la subsistance et à la conservation des familles qui s'en voyaient privées, soit par la disposition que les hommes ont à former des établissements nouveaux qui leur soient propres, et fassent passer leur nom à la postérité, avec le titre de fondateurs, soit par une trop grande affectation pour les établissements déjà autorisés, et dont plusieurs testateurs préféraient l'intérêt à celui de leurs héritiers légitimes. Indépendamment même de ces motifs, il arrivait souvent que par les ventes qui se faisaient à des gens de main-morte, les immeubles qui passaient entre leurs mains, cessaient pour toujours d'être dans le commerce, en sorte qu'une très grande partie des fonds se trouvaient possédés par ceux dont les biens ne pouvaient être diminués par des aliénations et s'augmentaient au contraire continuellement par des acquisitions nouvelles. Tels sont les motifs qui avaient déterminé les dispositions de l'édit du mois d'août 1749. Un décret impérial du 3 messidor an XII, après avoir dissous plusieurs associations religieuses qui s'étaient formées d'elles-mêmes, ajoute, article 4 : « Aucune aggrégation ou association d'hommes ou de femmes ne pourra se former à l'avenir, sous prétexte de religion, à moins qu'elle n'ait été formellement autorisée par un décret impérial, sur le vu des statuts et réglements selon lesquels on se proposerait de vivre dans cette aggrégation ou association. » Notre législation actuelle n'a apporté aucune modification notable à l'ancien droit ou au droit intermédiaire en ce qui concerne les établissements religieux ; ces établissements ne peuvent exister qu'en vertu d'une loi, et le législateur peut toujours, lorsqu'il le juge à propos, retirer cette autorisation ; c'est ce qui résulte des dispositions de la loi du 2 janvier 1817 qui considère la reconnaissance par la loi comme un des éléments essentiels, indispensables à l'existence des établissements religieux. Mais une fois que ces établissements sont autorisés ou reconnus par une loi, il peuvent, avec la seule autorisation du roi, accepter les biens meubles, immeubles ou rentes qui leur sont donnés par acte entre-vifs ou par testament. Ils peuvent aussi, avec l'autorisation du roi, acquérir des biens immeubles ou des rentes, et ils ont encore besoin de cette autorisation pour les aliéner. Mais comment cette autorisation doit-elle être donnée? La loi gardait le silence à cet égard, une ordonnance royale du 2 avril 1817 a comblé cette lacune. Elle exige que les dispositions entre-vifs ou par testament de biens meubles ou immeubles, au profit des églises, des archevêchés et évêchés, des chapitres, des grands et petits séminaires, des cures et succursales, des fabriques, des pauvres, des hospices, des collèges, des communes, et en général de tout établissement d'utilité publique et de toute association religieuse reconnus par la loi, ne puissent être acceptées qu'après avoir été autorisées par le roi, le conseil d'État entendu et sur l'avis préalable des préfets et des évêques, suivant les cas. Quant à l'acceptation des dons ou legs en argent ou objets mobiliers, n'excédant pas 300 fr., elle sera autorisée par les préfets. L'autorisation pour l'acceptation ne fait aucun obstacle à ce que les tiers intéressés se pourvoient par les moyens de droit contre les dispositions dont l'acceptation aura été autorisée. L'on voit par ce qui précède que la main-morte, tel qu'on l'entendait sous le régime féodal a disparu complètement en France. Quant aux gens de main-morte tels que nous en avons donné la définition, le nom seul a disparu, mais la chose existe toujours sous des dénominations différentes.

P. H. X.

MORTEL, ELLE, adj., qui cause la mort, ou qui paraît devoir la causer. Péché mortel, péché qui fait perdre la grâce de Dieu, et qui donne une espèce de mort à l'âme. Mortel, signifie quelquefois extrême, excessif dans son genre, et il ne se dit jamais qu'en mal. Mortel, signifie aussi qui est sujet à la mort. Dans le style soutenu, quitter la dépouille mortelle, mourir. Mortel, est aussi substantif, et signifie homme. Absol. les mortels, l'espèce humaine. Mortelle, substantif féminin, est moins usité.

MORTIER, s. m., mélange de chaux et de sable, de ciment ou de pouzzolane, détrempé avec de l'eau, et servant à lier les pierres ou les moellons d'une construction. Fig. et fam., cette soupe est de mortier, elle est trop épaisse. Mortier, en termes d'artillerie, se dit d'une bouche à feu, qui est faite à peu près comme un mortier à piler, et dont on se sert pour lancer les bombes, pour jeter des carcasses pleines de pierres ou de matières inflammables. Mortier se dit en outre d'une espèce de bonnet rond de velours noir, bordé de galons d'or, que les présidents de parlement portaient dans l'exercice de leurs fonctions, et qui est encore aujourd'hui la coiffure des présidents des cours de justice. Mortier se dit aussi d'un vase de fer assez profond, hémisphérique dans son fond, ordinairement évasé à sa partie supérieure, dans lequel les pharmaciens pilent les substances solides qu'il faut pulvériser, ou triturent les substances molles dont il faut opérer le mélange intime. On emploie le mortier de fer et le pilon de même métal pour pulvériser les bois, les écorces, les racines, et généralement les substances dures qui ne sont pas susceptibles de l'attaquer ou de s'y colorer. On se sert du mortier de marbre pour les substances blanches, faciles à pulvériser; on prend alors un pilon de bois ou de gaïac. On emploie un mortier de verre ou de porcelaine pour le sublimé corrosif et les substances analogues ; un mortier d'agate pour les corps durs que l'on veut analyser.

MORTIER (ÉDOUARD-ADOLPHE-CASIMIR-JOSEPH), duc de Trévise, maréchal et pair de France, né à Cambrai en 1768, partit en 1791 avec le grade de capitaine dans le 1er bataillon de volontaires du département du Nord, et obtint celui d'adjudant-général, le 15 octobre 1793, à Hondscoot. Il assista à toutes les batailles de l'empire et s'y distingua par son courage et son sang-froid. Nommé général de brigade après le combat d'Hirsheid, il prit en cette qualité le commandement des avant-postes de l'avant-garde à l'armée du Danube. Créé en 1804 maréchal d'empire, il défit complètement les Russes à Diernstein. Ce fut surtout à la bataille de Friedland à laquelle il prit une part très glorieuse, qu'il se fit remarquer par sa fermeté en présence de troupes beaucoup plus nombreuses que les siennes. En Espagne il remporta avec 30,000 Français la sanglante bataille d'Ocana contre 60,000 Espagnols qu'il défit encore à Gébora. En 1812, il fit la campagne de Russie à la tête de la jeune garde, et fit sauter le Kremlin dont il avait été nommé gouverneur. Poursuivi dans sa retraite au passage de la Bérésina, il réorganisa la jeune garde et en prit de nouveau le commandement. Il se fit remarquer de nouveau à Lutzen, à Dresde, à Wachau, Leipsig et à Hanau, en 1814, et combattit vaillamment jusque sous les murs de Paris. Au retour de Napoléon, il fut compris au nombre des nouveaux pairs et chargé de l'inspection des frontières de l'Est et du Nord. La restauration lui fit perdre son titre de pair de France qu'il ne recouvra qu'en 1819. Après la révolution de 1830, il fut nommé grand chancelier de la Légion d'honneur, puis, vers la fin de 1834, président du ministère et ministre de la guerre. Le maréchal Mortier fut tué le 28 juillet 1835, victime de l'horrible attentat de Fieschi.

MORTIFÈRE, adj. des deux genres, qui cause la mort. Il ne s'emploie guère que dans le langage médical.

MORTIFIANT, ANTE, adj., qui mortifie, qui humilie l'amour-propre, et cause de la confusion.

MORTIFICATION, s. f., t. de médecine et de chirurgie, état du corps ou d'une partie du corps, dans lequel les fluides naturels, dont la circulation est arrêtée, s'altèrent et se corrompent de manière à détruire le tissu des chairs. Il signifie figurément chagrin, affliction qu'on donne à une personne par quelque réprimande ou par quelque procédé dur et fâcheux. Il se dit également, dans le style de la chaire, des accidents fâcheux qui arrivent dans la vie.

MORTIFICATION (théol.). Selon les auteurs ascétiques, ce mot signifie le retranchement, la séparation de l'âme d'avec la vie charnelle. Il exprime l'action de se détacher de ses sens, de sa volonté, de renoncer non-seulement aux plaisirs illicites, mais aussi à ceux qui sont permis pour l'amour de Dieu, afin d'expier ses péchés, et d'acquérir de plus grandes grâces. Se mortifier, c'est donc crucifier sa chair, son esprit, mourir à soi-même ; mais c'est une mort qui donne la vie, qui fait mourir au péché et à la concupiscence pour vivre de l'amour de Dieu dans la véritable vie de l'âme. Aussi saint Augustin nous dit-il : « Mourez de cette mort si vous voulez vivre de la véritable vie qui est celle de la grâce et de la gloire. Soyez ensevelis tout vivants dans le tombeau de la mortification, si vous voulez ressusciter. » La nécessité de cette vertu est clairement établie dans l'Écriture sainte : « Le grain qui tombe en terre, dit notre Seigneur, demeure seul et ne produit rien, s'il ne meurt auparavant. » Que « celui, dit-il aussi, qui veut venir après moi, renonce à lui-même, prenne sa croix et me suive. » Il a dit encore que le royaume du ciel souffre violence, et qu'il n'appartient qu'aux violents, c'est-à-dire qu'à ceux qui se mortifient. Il fait aussi l'éloge de la mortification de saint Jean-Baptiste qu'il oppose à la sensualité et à la mollesse des gens du monde, et il termine cet éloge en disant qu'il est le plus grand des enfants des hommes, faisant suffisamment entendre par là que c'est sa mortification qui lui a acquis sa grandeur. Notre Seigneur ne s'est pas contenté de recommander la mortification par ses paroles, il en a donné aussi le plus sublime exemple dans sa conduite : il a voulu naître dans une étable, dans une saison rigoureuse. Huit jours après sa naissance, il s'est soumis à l'opération douloureuse de la circoncision, et a versé les premières gouttes de ce sang divin qu'il devait répandre plus tard avec tant d'abondance sur le Calvaire. Il a passé son enfance et sa jeunesse dans l'obscure boutique d'un pauvre artisan ; il a passé quarante jours dans un désert sans boire ni manger, n'ayant aucune consolation de la part des hommes, et sans autre société que celle des bêtes. Il a choisi pour apôtres des hommes ignorants, habitués aux plus durs travaux, et il a annoncé son Evangile aux pauvres. Les apôtres nous ont aussi fait connaître la nécessité de la pratique de la mortification par leurs enseignements et leur vie. « Mortifiez donc vos membres et les vices qui règnent en vous, dit saint Paul, la fornication, l'impureté, la convoitise, l'avarice » (Coloss., chap. 3, v. 5). « Nous portons sur notre corps, dit-il ailleurs, la mortification de Jésus-Christ, afin que sa vie paraisse en nous » (Cor., ép. 2, ch. 4, v. 10). « Nous ne marchons pas selon la chair, mais selon l'esprit ; car la sagesse de la chair est ennemie de Dieu. Ceux qui vivent selon la chair ne peuvent plaire à Dieu » (Rom., ch. 8, v. 13). « Je châtie mon corps, je le réduis en servitude, dit encore le même apôtre, de peur qu'après avoir prêché aux autres, je ne sois réprouvé » (Jér., ép. Cor., ch. 9, v. 27). Dans sa vie pleine de sacrifices, de croix, de peines, de souffrances et de tribulations, notre Seigneur voulut aussi punir dans sa personne adorable l'intempérance d'Adam et toutes les nôtres, pour nous obtenir de son père la grâce que nous menions comme lui une vie mortifiée pour dompter notre chair criminelle, devenue notre ennemi le plus dangereux depuis notre révolte contre Dieu. A la vue de nos âmes blessées et malades, et de notre indifférence sur un état aussi déplorable, il daigna dans son infinie miséricorde boire jusqu'à la lie le calice de la pénitence. Pouvait-il mieux s'y prendre pour nous inspirer le courage de le goûter pour être guéri ? Qui se refuserait donc de faire pour son salut ce qu'un dieu a bien voulu faire pour nous avec tant de sévérité contre lui-même ? Oh ! il n'est pas possible de contempler la justice par excellence, la sainteté même parcourant avec tant de zèle la carrière de la pénitence sans former, sans réaliser la résolution de la parcourir à son tour. C'est ce que faisaient les premiers chrétiens, marchant avec ardeur, à l'exemple des apôtres, sur les traces du Dieu Sauveur, ils se retranchaient tous les agréments, toutes les commodités de la vie ; ils s'imposaient toutes sortes de privations et de sacrifices. C'est ce que firent encore après la paix donnée à l'Eglise par Constantin, tant de milliers de chrétiens qui, craignant de tomber dans la langueur, se retirèrent dans les déserts, souffrant toutes les rigueurs des saisons, observant un jeûne rigoureux, travaillant, priant sans cesse et tenant constamment leur corps dans une situation pénible. S'ils avaient une chair, ce n'était pas pour satisfaire ses désirs, quelques innocents qu'ils fussent, mais pour les sacrifier tous à Dieu. Ils vivaient ainsi dans un crucifiement absolu de corps et de volonté toute leur vie, quarante, soixante, quatre-vingts ans. Le même esprit de mortification a fait élever dans tout le monde catholique des lieux de retraite, des monastères où l'on a vu dans tous les siècles une multitude de personnes de tout âge, de tout sexe, de toute condition y passer la vie dans l'exercice de la plus austère pénitence ; on a vu même des rois et des reines, redoutant les dangers qui accompagnent les grandeurs de ce monde, descendre du trône, s'enfermer dans ces saints lieux, et y terminer leurs jours dans les emplois les plus bas et les plus obscurs.

Mais tous les hommes, dira-t-on, ne peuvent se retirer dans les couvents ou dans les déserts. Aussi Dieu ne l'exige pas. Chacun de nous a sa vocation particulière : les uns sont appelés à vivre dans la solitude, dans la retraite ; les autres doivent rester au milieu des autres hommes ; mais tous sont obligés néanmoins de se mortifier, et il n'est personne qui puisse être sauvé s'il n'a pas mis ce précepte en pratique. Il n'y a pas un seul saint dans le ciel qui ait opéré son salut sans mortification et en suivant la voie des plaisirs. Ce que les saints ont pu faire, vous le pouvez aussi. Ils n'avaient pas une autre nature que la vôtre. S'ils se sont élevés au-dessus de leurs faiblesses, vous le pouvez aussi. S'ils ont dompté leurs passions, vous pouvez aussi les maltriser ; tout ce qu'ils ont pu faire vous le pouvez. Dieu leur a accordé les grâces nécessaires, il ne vous les refusera pas ; vous n'avez qu'à les lui demander comme ils l'ont fait avec amour et persévérance. Mais nous voulons nous sauver, disent certaines personnes qui seraient fâchées que l'on crût qu'elles ne sont pas chrétiennes ; mais ne se mortifiant pas, par quelle voie iront-elles au ciel ? Elles sont comme un vaisseau sans pilote et sans gouvernail, elles prennent le mensonge pour la vérité. Elles sont chrétiennes, disent-elles ; mais elles font comme si elles ne l'étaient pas, et semblables au voyageur qui, se trouvant sans guide sur une terre étrangère, ne fait que s'égarer, elles aussi s'éloignent incessamment du but de leur voyage. Il y a aussi

d'autres personnes, qui passent même pour dévotes, qui font tous leurs efforts pour allier les douceurs de la vie aux sévérités de l'Evangile, qui prennent dans la vie chrétienne tout ce qui ne gêne pas pour sanctifier tout ce qui leur sourit, tout ce qui leur plaît dans la vie du monde. Mais toutes ces imaginations, toutes ces inventions que les caprices et les passions des faux dévots multiplient ne peuvent prévaloir contre les préceptes de l'Evangile : Le chemin pour aller au ciel est étroit, et l'on ne peut y entrer que par beaucoup de calamités (Act. 14, 21). Si on ne marche donc pas franchement, constamment dans la route tracée par Notre-Seigneur, on arrive nécessairement au terme contraire. Les jouissances de la terre sont suivies des peines de l'éternité, et les afflictions de cette vie ont pour dédommagement la félicité de la vie future. Les vrais chrétiens ne balancent jamais entre les préceptes de l'Evangile et les lois du monde. Si l'esprit séducteur les transporte sur la montagne, ils ne perdent jamais de vue le ciel et ses biens éternels, ils ne se laissent jamais entraîner par tout ce qui peut flatter et nourrir l'orgueil, l'ambition, la cupidité et les autres passions. Ils ne disent pas : Que pensera-t-on de moi si je me distingue du grand nombre, si je me sépare de la multitude des prévarications ? Mais à l'exemple des apôtres, ils se glorifient de passer pour insensés, à cause de Jésus-Christ. Ils soumettent donc toujours la chair à l'esprit, les passions à la raison et la raison à Dieu. De toutes les vertus chrétiennes, la mortification est la plus étendue dans sa pratique. Elle embrasse tout l'homme, son intérieur et son extérieur, son âme et ses puissances, son corps et tous ses sens. La mortification intérieure regarde la réforme de l'esprit et du cœur ; la seconde tend à vaincre les appétits sensuels. L'une est l'appui de l'autre. On se tromperait gravement, si l'on croyait que la mortification intérieure suffit. Saint Jean de la Croix disait : « Si un ange venait annoncer que la mortification extérieure est inutile, on ne devrait pas le croire, lors même qu'il opèrerait des miracles. » La mortification extérieure d'ailleurs est un moyen pour arriver à la mortification intérieure. Si on sent des mouvements d'orgueil au dedans de soi, on s'applique à mettre plus de simplicité dans ses actions. Si l'on se sent le cœur aigri contre quelqu'un, l'on n'a aucun égard à ce sentiment et l'on agit extérieurement comme si l'on avait le cœur plein d'amour et de charité envers lui. Il n'y a pas en cela d'hypocrisie, puisque nous réglons notre conduite sur les vérités de la religion et que, si nos sentiments intérieurs n'y sont pas conformes, nous faisons nos efforts pour les détruire et pour y faire naître par notre conduite ceux que la religion inspire. La mortification extérieure a encore cet avantage qu'elle exige que nous fassions contre nos inclinations et que nous pratiquions ce que la charité commande. Ainsi nous nous réjouissons lorsque nous serions disposés à la tristesse, nous nous affligeons lorsque nous serions portés à la gaîté. Nous témoignons de la confiance, de la cordialité à des personnes pour qui naturellement nous n'éprouvons que de l'éloignement ; mais en nous mortifiant pour l'amour de Dieu, nous réglons nos mouvements intérieurs sur les extérieurs. Nous apprenons donc par la pratique de la mortification extérieure à renoncer à nous-mêmes, à nous détacher de notre volonté, à arracher du cœur les fibres les plus profondes et les plus cachées de l'amour-propre. Du reste, en toute mortification intérieure et extérieure il faut veiller avec soin à ce que l'amour de soi ne se glisse pas. Ce ne serait pas alors réellement une mortification, mais de la complaisance, de l'admiration pour soi-même ; loin de détruire l'orgueil, la vanité, on flatterait, on nourrirait ces vices ; loin de se détacher de sa volonté, on en suivrait les mouvements égoïstes et corrupteurs. Pour éviter donc que la vanité ne gâte le bien qu'il fait, l'homme réellement mortifié, désavoue tous les retours de l'amour-propre qui pourrait lui faire perdre le mérite de ses bonnes actions. Selon le conseil de l'apôtre, il agit avec beaucoup de simplicité, sans orgueil, sans ostentation. Avant de s'imposer aucune mortification, il se demande à lui-même si la souveraine justice pourra l'approuver, il est attentif à ce qu'elle ne se ressente pas de ce fonds de corruption que nous portons en nous ; il a soin d'ailleurs de prendre toujours l'avis de son confesseur, et comme la plus importante de toutes les mortifications est le détachement de sa volonté, il obéit en tout à son confesseur et n'agit jamais suivant ses vues personnelles contre le devoir d'obéissance. Cette mortification est d'autant plus avantageuse qu'elle est plus secrète. Personne ne s'aperçoit que nous nous l'imposons.

La vie mortifiée n'est pas l'œuvre d'un jour, mais celle de toute la vie, de tous les instants de la vie. Le chrétien sachant qu'être esclave de ses sens et flatter son amour-propre sont choses inconciliables avec sa qualité de chrétien, ne cesse pas de combattre ses appétits sensuels, de s'appliquer à la correction de ses défauts, à rendre droits les chemins tortueux où il marche. D'ailleurs, pour se dépouiller du vieil homme, il faut avoir une grande connaissance de sa pauvreté spirituelle et souvent considérer les fautes de sa vie passée, en demander incessamment pardon à Dieu, se tenir constamment en sa présence et veiller avec une sérieuse attention sur son esprit et sur son corps. L'expérience nous montre au surplus chaque jour, qu'après nous être mortifiés sur un point, il faut se mortifier sur un autre, et nous tombons souvent, parce que nous ne sommes pas assez attentifs à ce sujet. « Mortifiez-vous sans relâche, dit saint Bernard, car, croyez-moi, une plante taillée repousse bientôt, un ennemi chassé revient bientôt à la charge; un flambeau éteint se rallume bientôt, pour peu qu'on le rapproche du feu, et une passion assoupie se réveille continuellement. La mortification est universelle, elle s'étend à tout. Le chrétien se retranche toute attache imparfaite aux créatures, toutes les relations qui n'auraient pas pour motif la gloire de Dieu et la charité pour ses semblables, les visites inutiles où il ne trouverait que sa satisfaction personnelle. Dans les conversations, il évite de faire briller sans nécessité ses talents, son érudition. Il s'interdit tout discours où son esprit trouverait son compte, mais où la charité serait blessée. Il s'interdit toute recherche dans ses habits, toute délicatesse dans sa nourriture, toute mollesse dans sa couche. Lorsqu'il est en bonne santé, il a ses heures arrêtées pour son lever et son coucher. Il ne recherche pas les odeurs suaves; il ne va pas dans les lieux où l'on montre des merveilles, des curiosités; il ne porte pas indiscrètement ses regards sur tous les objets; on ne le voit pas dans les concerts où l'on entend des chants trop libres et où les parures des femmes ne sont pas assez décentes; il supporte sans se plaindre les froids rigoureux de l'hiver et les chaleurs excessives de l'été. Saint Louis de Gonzague disait que de toutes les mortifications, c'était la plus agréable à Dieu pour deux raisons principales: la première, c'est qu'elle vient de la main de Dieu, et à ce titre elle doit nous être plus chère; la seconde, c'est qu'elle est plus cachée et moins sujette, par conséquent, à être corrompue par l'orgueil. Nul n'apporte plus de zèle que le vrai chrétien dans l'accomplissement des devoirs d'état, mais au lieu de se livrer pendant le travail à des entretiens oiseux ou coupables, il offre à Dieu, en la priant, la peine qu'il prend en expiation de ses péchés; il médite aussi, comme saint Éloi, sur les saintes Écritures ou sur les vérités de la religion ou bien il forme avec les personnes qui sont avec lui des conversations qui tournent à leur sanctification commune et à la gloire de Dieu. Que l'on ne croie pas que le chrétien ainsi mortifié soit triste et morose. Le calme de sa physionomie, la sérénité de ses regards, prouvent la tranquillité, la paix qui règnent dans son âme, le bonheur et la joie dont son cœur est inondé. Plein de reconnaissance envers Dieu, pénétré de la plus vive confiance dans sa bonté et sa miséricorde infinie, il se maintient toujours dans une parfaite égalité de caractère. La prospérité ne l'enorgueillit pas; il sait que les biens de ce monde passent vite et que d'ailleurs, ils sont un don de Dieu à qui il en doit compte. S'il est malheureux, la certitude des biens célestes lui donne la force de soutenir ses afflictions. Qu'aurait-il, d'ailleurs, à envier aux sectateurs des plaisirs du monde? L'avenir est toujours pour eux sombre et menaçant; sous des joies folles et insensées, ils cachent des cœurs inquiets, ulcérés, des âmes profondément agitées et déchirées par de cuisants remords. Un mot, en finissant cet article, pour certains sophistes. Suivant eux, la mortification abaisse l'homme. Est-ce aux adeptes d'une philosophie qui assimile l'homme aux animaux sans intelligence, qu'il convient de parler ainsi? Ce sont leurs systèmes qui le dégradent, l'avilissent. La mortification l'élève, elle donne l'empire à l'intelligence sur la matière, à l'esprit sur les sens, à la raison sur les passions; elle lui montre qu'il n'est fait que pour Dieu. C'est ce qu'enseignaient, malgré les ténèbres du polythéisme, Platon, Pythagore et d'autres philosophes de l'antiquité. Ils recommandaient l'abstinence et la nécessité de dompter les appétits du corps. Ils disaient que l'homme étant composé d'un corps et d'une âme, il était indigne de lui de se laisser maîtriser par les penchants du corps comme les brutes, au lieu de soumettre le corps à l'esprit, et que le seul moyen de parvenir à la fin pour laquelle

l'homme était créé, c'était de s'occuper de Dieu et de se détacher du corps et des plaisirs des sens.   P.

MORTIFIER, v. a., faire que de la viande devienne plus tendre. Mortifier, signifie figurément, affliger son corps par des macérations, des jeûnes, des austérités. Il s'emploie aussi avec le pronom personnel, dans l'un et dans l'autre sens. Mortifier ses sens, ses passions. Les réprimer dans la vue de plaire à Dieu. Mortifier, signifie encore, figurément, humilier quelqu'un, lui faire de la peine par quelque réprimande, ou par quelque procédé dur et fâcheux.

MORTO (Louis), peintre de Feltro en Italie, florissait dans le XVIe siècle. Il est regardé comme le premier qui ait excellé à peindre les grotesques, et surtout dans cette manière de clair-obscur qu'on appelle égratignée. Ayant pris le parti des armes, il fut tué à 45 ans, dans un combat qui se donna entre les Vénitiens et les Turcs.

MORTON ou MOOTTON (Jean), cardinal, archevêque de Cantorbéry, et grand-chancelier d'Angleterre, né dans le comté d'Orset, en 1418, se rendit si habile dans la jurisprudence, qu'il mérita d'être admis dans le conseil privé des rois Henri VI et Edouard IV. Cette place lui fraya la route de l'évêché d'Ely, et enfin à l'archevêché de Cantorbéry. Il le méritait par son zèle et par sa fidélité envers ses souverains. Henri VII le fit son chancelier, et il en demeura en chapeau de cardinal. Il mourut l'an 1500. On lui attribue une Histoire de Richard III, mais il parait que cet ouvrage n'est pas de lui.

MORTON (Thomas), Anglais, professeur au collège de Saint-Jean à Cambridge, devint évêque de Chester en 1615, puis de Litchfield et de Coventry, en 1618, et de Durham en 1632. Il mourut en 1659, âgé de 92 ans. On a de lui: *Apologia catholica*, in-fol.; *de Auctoritate principium*, in-4°, et divers autres ouvrages estimés des théologiens anglais, mais peu connus hors de l'Angleterre.

MORTS. C'était un des points essentiels du culte religieux chez les anciens d'honorer la mémoire des morts, aussi regardait-on comme le dernier acte de la tyrannie d'empêcher qu'on ne leur rendit les derniers devoirs. On honorait les morts sous le nom de mânes; on les invoquait solennellement à une fête annuelle nommée *férales*; et même chez les Égyptiens le corps mort d'un proche parent était un gage sacré. On présumait que les morts apparaissaient quelquefois sur la terre, soit d'eux-mêmes, soit par l'effet des évocations magiques. Mais le véritable respect dû aux morts, les devoirs qu'ils nous laissent à remplir envers eux, ne furent connus et pratiqués que sous la loi évangélique. Le christianisme vint non-seulement relever l'homme de sa décadence, et le soutenir dans les voies ardues de sa vie, mais il lui apporta des consolations, il le munit de secours efficaces jusqu'au delà du seuil de l'éternité. (*V.* l'article suivant).

MORTS (Jour des). La foi nous enseigne que les âmes qui sortent de cette vie encore souillées de quelque péché mortel sont condamnées au feu éternel de l'enfer. Celles au contraire qui sont dans la grâce de Dieu ont la félicité du ciel pour partage, mais il en est parmi ces dernières qui ont à se purifier de taches légères. Elles ne peuvent dès lors entrer de suite après leur mort dans le ciel; pour paraître devant Dieu, pour demeurer avec lui, il faut être absolument pur de la moindre faute; aussi sont-elles envoyées en un lieu d'expiation nommé purgatoire (*V.* ce mot), où elles demeurent jusqu'à ce qu'elles aient acquitté la dette qu'elles ont contractée envers la justice divine. Ce n'est qu'après avoir été purifiées par des tourments qui, suivant saint Augustin et saint Cyrille de Jérusalem, sont si affreux, que toutes les peines de ce monde, mises en parallèle, leur paraîtraient un rafraîchissement, et qui, à la durée et au désespoir près, ne diffèrent pas des supplices de l'enfer, que ces âmes sont admises dans les tabernacles éternels, la charité qui nous lie à tous les membres de Jésus-Christ, à ceux qui triomphent dans le ciel, à ceux qui combattent sur la terre et à ceux enfin qui souffrent dans le purgatoire, nous fait partager les misères et les afflictions des derniers, comme nous faisons les consolations et les bonheur des premiers. De là vient que nous remercions Dieu pour les récompenses qu'il a accordées à ceux-ci, que nous les invoquons, que nous sollicitons leur protection, et que nous implorons la bonté divine pour les âmes souffrantes du purgatoire. De tous les temps l'église a fait mémoire des morts dans le divin sacrifice des autels, et a vivement recommandé aux fidèles de prier pour eux. Elle les y exhorte d'autant plus vivement que les âmes retenues dans le purgatoire, ne pouvant plus mériter, ne sont pas en état de se procurer le moindre soulagement. A leurs douleurs, à leurs gémissements, Dieu répond que sa justice doit être satisfaite, et que cette nuit où personne ne peut plus travailler est arrivée pour elles (Saint Jean, ch. 9, v. 4); aussi ces âmes ont-elles recours à nos prières. « Priez pour nous, leur fait dire le pieux Gerson, parce que nous sommes dans l'impossibilité de nous secourir nous-mêmes. Ce secours il nous est permis de l'attendre de vous, ne nous le refusez pas, vous qui nous avez connus sur la terre, qui nous avez aimés, pourriez-vous nous oublier présentement? On dit communément que c'est au jour de l'affliction que l'on connait un ami. Quelle affliction est comparable à la nôtre, laissez-vous donc toucher de compassion; un cœur dur, dit l'Ecriture sainte, sera accablé de maux au dernier jour. Soyez sensible à vos propres intérêts (*Querelo de fructorum in purgatorio detentorum*, t. III, p. 703, éd. Dupin).» Mais l'église sachant combien les hommes sont ingrats et oublieux, et combien aussi ils se dispensent facilement de remplir les devoirs qui devraient leur être plus chers, a consacré un jour dans l'année qui est le lendemain de la Toussaint, le 2 novembre, à la mémoire de toutes les âmes du purgatoire. Elle emploie toutes les prières, tous les sacrifices de ce jour à leur obtenir la miséricorde divine par les mérites du précieux sang de Jésus-Christ son époux, la rémission des peines dues à leurs péchés et une prompte admission dans l'éternel séjour du repos, de la lumière et du bonheur. Oh! que l'institution de ce jour d'expiation est sainte et salutaire! Qu'elle est pleine de charité. Combien elle montre la tendresse que l'église porte à ses enfants. Dans les premiers siècles où les fidèles étaient très exacts à prier pour leurs parents et leurs amis et à faire offrir pour eux le saint sacrifice, l'église n'avait pas encore établi une fête spécialement destinée à prier pour toutes les âmes du purgatoire. Mais en 998, saint Odilon, abbé de Cluny, ayant institué dans tous les monastères de sa communauté la fête de la Commémoration de tous les fidèles défunts et l'office pour tous en général, cette dévotion, approuvée par les papes, fut bientôt adoptée par toutes les églises d'Occident. Indépendamment des prières pour le soulagement des âmes souffrantes, l'église recommande en ce jour d'autres bonnes œuvres et surtout des aumônes. Dans plusieurs diocèses cette fête n'était autrefois que de dévotion. Dans d'autres, tels que ceux de Vienne et de Tours et dans l'ordre de Cluny on la chômait tout le jour. Dans quelques autres elle n'était de précepte que jusqu'à midi. Le concile d'Oxford tenu en 1222, la déclara fête de seconde classe et permit seulement les travaux nécessaires et importants. Dans certains diocèses, il y avait des paroisses où les laboureurs faisaient quelque travail gratuit pour les pauvres et offraient à l'église du blé, qui est le symbole de la résurrection future (saint Paul aux Corinth., 1re épit., ch. 15, v. 37). Dans ce jour, les vêtements de deuil dont l'église couvre ses ministres et ses autels, les lumières mêlées à l'obscurité des temples, les chants funèbres dont les tristes accents portent la douleur dans l'âme, le son plaintif de la cloche dont l'air retentit, éveillent la piété des fidèles, les excitent à penser aux âmes qui les ont précédés dans l'autre vie avec le signe de la foi et leur disent de prier pour elles, comme ils voudront qu'un jour on prie pour eux. L'église nous conduit aussi en ce jour dans les cimetières, afin que si jusque-là nous avons écarté l'idée de la mort de notre esprit, nous y songions sérieusement. «Voyez, nous disent tous ces morts, que nous avons vécu sur la terre un petit nombre d'années. Après quoi nous avons subi la sentence prononcée contre tous les hommes. Vous éprouverez le même sort que nous; nous n'avons fait que vous tracer la voie, bientôt la poussière de vos corps sera mêlée à la nôtre.» Oh! si nous étions sensibles à cet avertissement, les choses de la terre, les honneurs, les richesses, les plaisirs, nous paraîtraient comme la fleur du foin qui croît le matin et se dessèche le soir. Tout ce qui passe nous paraîtrait digne de mépris, et au lieu de passer notre vie dans l'illusion, nous ne nous attacherions qu'aux biens du ciel qui seuls qui soient solides, et nous mourrions d'une mort évangélique avant de mourir d'une mort naturelle. Oui, méditons sérieusement sur nos fins dernières (V. ce mot) en ce jour. Pensons que tous ceux qui sont dans les sépulcres, en sortiront un jour à la voix de Dieu, et qu'ils comparaîtront devant son tribunal redoutable. Où est l'homme qui n'ait pas lieu de trembler en pensant qu'il sortira du tombeau tel qu'il y est entré ou pour la vie éternellement heureuse, ou pour les châtiments éternels. Profitons donc des moments que Dieu dans sa bonté nous

laisse encore passer sur la terre, pour nous attacher à la pratique de la religion. Oh! Seigneur, ouvrez nos yeux, afin que touchés par le grand spectacle de la résurrection (V. ce mot), nous nous y préparions en ceignant nos reins et en portant dans nos mains des lampes allumées. Donnez-nous les oreilles du cœur, afin que frappés du son terrible de la trompette qui sonnera au dernier jour, nous vivions dans la vigilance et la prière. Sollicitons aussi le jour des morts et toutes les fois d'ailleurs que nous prions pour les âmes souffrantes du purgatoire l'intercession de Marie, afin qu'elles reçoivent de son cœur si tendre, si compatissant des secours puissants et efficaces. Non-seulement Marie fait la joie de l'église triomphante et assure ses victoires à l'église militante, mais comme protectrice des âmes du purgatoire, elle a, dit saint Bernardin de Sienne « un certain pouvoir sur cette prison où la jus- « tice divine épure les membres de Jésus-Christ. Marie des- « cend dans les sombres abîmes, pour consoler ses enfants « et adoucir leurs souffrances. Dès le jour de son assomption « triomphante, elle fut mise en possession de délivrer ses « fidèles serviteurs du purgatoire. » L'église elle-même applique à Marie ce que dit la sagesse : « Je descendrai dans les lieux les plus profonds de la terre, et je visiterai ceux qui reposent dans la foi avec une rosée de la lumière divine, objet de leurs vœux et de leur espérance. » Une pieuse tradition que Gerson a laissée par écrit, nous apprend que le jour de l'Assomption de Marie, le purgatoire demeura vide parce que le jour de sa mort, elle avait demandé à son fils la grâce d'entrer dans le ciel avec toutes les âmes qui y étaient détenues. Voici ce qu'elle dit elle-même dans les révélations de sainte Brigitte approuvées par l'église : « Je suis la mère de toutes les âmes détenues du purgatoire, car les peines qu'elles souffrent pour satisfaire à la justice divine, sont à toute heure adoucies par mon intercession. Les peines de ces âmes dit un pieux auteur (Novarin), qui a écrit plusieurs livres sur les louanges de Marie, sont non-seulement adoucies, mais encore abrégées par les mérites de la sainte Vierge. Ses prières sont pour elles comme une rosée rafraîchissante qui descend dans les flammes et en tempère les ardeurs intolérables; mais c'est peu pour Marie de soulager et de protéger ses enfants dans le lieu d'expiation, elle brise encore leurs liens et devient leur libératrice. » Dans une bulle de l'année 1316, renouvelée en 1322, le pape Jean XXII, rapporte les paroles de la sainte Vierge lui fit entendre dans une apparition, lesquelles donnent à tous les confrères du scapulaire, qui auront fidèlement rempli les conditions prescrites, la confiance qu'ils seront délivrés des peines du purgatoire le samedi après leur mort. Vingt autres papes ont confirmé cette bulle, disons donc avec Novarin que nous venons de citer. « Oh! qu'il est donc important de servir fidèlement cette grande reine, puisque après avoir assisté ses serviteurs durant leur pèlerinage dans tous les dangers où ils se trouvent, elle se souvient d'eux avec plus de tendresse encore lorsqu'ils souffrent dans les flammes après leur mort, et quoique cette tendre mère secoure toutes les âmes du purgatoire, elle prête néanmoins une assistance plus particulière à celles qui lui ont été plus dévouées pendant leur vie (V. l'art. MARIE).

Morts (Sacrifices, prières et bonnes œuvres pour les). Les protestants n'admettent que le ciel et l'enfer, et rejettent l'existence si consolante du purgatoire. Ils prétendent que, dans la primitive Eglise, on n'offrait pas à Dieu des prières et des sacrifices pour les morts ; mais sur cette matière, comme sur toutes celles où ils rejettent la croyance catholique, ils ont l'Ecriture et la tradition contre eux : ils ont donc sans cesse convaincus d'erreur et de mauvaise foi. L'usage de prier et d'offrir des sacrifices pour les morts est en effet passé de la synagogue à l'Eglise. Nous lisons dans les *Macchabées*, l. 2, ch. 12, que « des Juifs ayant péri dans le combat, on reconnut, par des choses qui avaient été consacrées aux idoles et qu'ils avaient cachées sous leurs habits, que leur avarice avait été la cause de leur mort, Judas Macchabée, sensible à leur malheur et désirant les soulager ordonna au peuple de prier pour eux et de conjurer le Seigneur d'oublier les péchés que ces soldats avaient commis. Non content des prières qu'il pouvait offrir et le peuple avec lui, il envoya 2,000 drachmes d'argent à Jérusalem, afin qu'on offrît un sacrifice pour les péchés de ces personnes, ayant, dit l'Ecriture, de bons et de pieux sentiments sur la résurrection ; car, ajoute-t-elle, s'il n'avait pas espéré que ceux qui avaient été tués ressusciteraient un jour, il eût regardé comme une chose vaine et superflue de prier pour ces morts. C'est donc, conclut-elle, une sainte et salutaire pensée de prier pour les morts, afin qu'ils soient délivrés de leurs péchés. Le christianisme est venu donner une consécration nouvelle à cette grande doctrine. L'Eglise catholique a décidé, dans le concile de Trente, Sess. 6, can. 30, qu'un pécheur pardonné et absous de la peine éternelle, est encore obligé de satisfaire à la justice divine, par des peines temporelles en cette vie ou en l'autre. Conséquemment le même concile enseigne, sess. 25, qu'il y a un purgatoire après cette vie ; que les âmes qui y souffrent peuvent être soulagées par les suffrages, c'est-à-dire par les prières et par les bonnes œuvres des vivants, principalement par le saint sacrifice de la messe. Déjà il avait déclaré, sess. 22, c. 2 et can. 3, que ce sacrifice est propitiatoire pour les vivants et pour les morts. Tous ces dogmes sont étroitement liés les uns aux autres. Nous avons à justifier ici l'antiquité et la sainteté de l'usage rejeté par les protestants, de prier pour les morts. On ne peut pas douter qu'il n'ait déjà régné chez les Juifs. Tobie dit à son fils : « Mettez votre pain et votre vin sur la sépulture du juste, et ne le mangez pas avec les pécheurs. » Puisqu'il était défendu par la loi de faire des offrandes aux morts, on ne peut pas juger que Tobie ordonne à son fils de pratiquer cette superstition des païens, il faut donc supposer que la nourriture placée sur la sépulture d'un mort était une aumône faite à son intention, ou qu'elle avait pour but d'engager les pauvres à prier pour lui. Nous le voyons encore plus expressément dans le 2⁰ livre des *Machabées*, dont nous avons cité le texte plus haut. Dans toute l'antiquité payenne et à plus forte raison chez la nation juive, ce beau dogme de miséricorde dominait partout. » Quand les protestants seraient bien fondés à ne pas regarder le livre des *Machabées* comme canonique, c'est du moins une histoire digne de foi et un témoignage de ce qui se faisait pour lors chez les Juifs. Cet usage s'est perpétué chez eux, et il en est fait mention dans la *Mischna*, au chapitre *Sanhédrin* ; nous ne voyons pas qu'il ait été réprouvé par Jésus-Christ ni par les apôtres. Daillé, dans son traité *de Pœnis et satisfact. humanis*, a disserté fort au long pour esquiver les conséquences de ces deux passages. Il dit que, dans le premier, Tobie recommande à son fils de fournir la nourriture à la veuve et aux enfants d'un juste, plutôt que de la manger avec les pécheurs ; mais il est absurde de prétendre que la sépulture, le tombeau, le monument d'un juste signifient sa veuve et ses enfants ; il n'y a dans toute l'Ecriture sainte aucun exemple d'une métaphore aussi outrée. Il dit que le second regarde, non les peines de l'autre vie, mais la résurrection future ; que, suivant l'auteur du livre des *Machabées*, Judas voulait que l'on priât pour les morts, afin d'obtenir de Dieu pour eux une meilleure part dans la résurrection, et non la délivrance d'aucune peine ; mais il a fermé les yeux sur la fin du passage qui porte qu'il faut prier pour les morts, afin qu'ils soient délivrés de leurs péchés. Or, être délivré des péchés ou être délivré de la peine que l'on a encourue par les péchés, est certainement la même chose. Saint Paul, parlant contre ceux qui niaient la résurrection des morts, dit, *I Cor.* : « Que feront ceux qui sont baptisés pour les morts, si les morts ne ressuscitent point ? A quoi bon recevoir le baptême pour eux ? Pour esquiver les conséquences de ce passage, les protestants soutiennent qu'il est fort obscur, que les pères et les commentateurs ne s'accordent point dans le sens qu'ils y donnent ; mais cette réponse n'est pas aisée à concilier avec l'opinion générale des protestants, qui prétendent que l'Ecriture sainte est claire, surtout en fait de dogmes, et qu'il suffit de la lire pour savoir ce que l'on doit croire. On sait que, chez les Juifs, le baptême était un symbole et une pratique de purification : être baptisé pour les morts signifie donc se purifier pour les morts. Soit que l'on entende par là se purifier à la place d'un mort et afin que cette purification lui serve, soit que l'on entende se purifier pour le soulagement d'une âme que l'on suppose coupable, le sens est toujours le même ; il s'ensuit toujours que, selon la croyance de ceux qui en agissaient ainsi, leurs bonnes œuvres pouvaient être de quelque utilité aux morts ; et saint Paul ne blâme ni cette opinion ni cette pratique. Il ne sert à rien d'objecter que, du temps de saint Paul, il y avait déjà des hérétiques qui prétendaient que l'on pouvait recevoir le baptême à la place d'un mort qui avait eu le malheur de ne pas le recevoir. Outre que ce fait est fort douteux, l'Apôtre aurait-il voulu se servir d'un faux préjugé et d'une erreur pour fonder le dogme de la résurrection future ? Nous donnons la même réponse à ceux qui prétendent que la prière pour les morts est un usage emprunté des païens ; les Juifs,

ennemis déclarés des païens, surtout depuis la captivité de Babylone, n'en avaient certainement rien emprunté, et saint Paul n'aurait pas voulu argumenter sur une pratique du paganisme. S'il y avait encore du doute sur le sens des paroles de l'Apôtre, la tradition et l'usage de l'ancienne Eglise achèveraient de le dissiper. Or nous voyons cet usage établi dès la fin du II⁰ siècle. Dans les Actes de sainte Perpétue, qui souffrit le martyre l'an 103, cette sainte prie pour l'âme de son frère Dinocrate, et Dieu lui fait connaître que sa prière est exaucée. Saint Clément d'Alexandrie, qui a écrit dans le même temps, dit qu'un gnostique ou un parfait chrétien a pitié de ceux qui, châtiés après leur mort, avouent leurs fautes malgré eux par les supplices qu'ils endurent. Tertullien, parlant des traditions apostoliques, dit que l'on offre des sacrifices pour les morts et aux fêtes des martyrs. Il dit ailleurs « qu'une veuve prie pour l'âme de son mari défunt, et offre des sacrifices le jour anniversaire de sa mort. » Saint Cyprien a parlé de même. Il serait inutile de citer les pères du IV⁰ siècle, puisque les protestants conviennent qu'alors la prière pour les morts était généralement établie ; mais ce n'était pas un usage récent, puisque, selon saint Jean Chrysostôme, hom. 3 *in Epist. ad Philip.*, il avait été ordonné par les apôtres de prier pour les fidèles défunts dans les redoutables mystères. Aussi trouvet-on ces prières dans les plus anciennes liturgies ; et, quoiqu'elles n'aient été écrites qu'au IV⁰ siècle, elles datent du temps des apôtres. Saint Cyrille de Jérusalem, en expliquant cet usage aux fidèles, dit : « Nous prions pour nos pères et pour les évêques, et en général pour tous ceux d'entre nous qui sont sortis de cette vie, dans la ferme espérance qu'ils reçoivent un très grand soulagement des prières que l'on offre pour eux dans le saint et redoutable sacrifice. » *Catéch. mystag.* Beausobre, dans son *Histoire du manichéisme*, a osé dire que saint Cyrille avait changé la liturgie sur ce point ; on lui a fait trop d'honneur quand on a pris la peine de le réfuter. Saint Cyrille avait donc parcouru toutes les églises du monde, pour rendre leur liturgie conforme à celle qu'il avait fabriquée pour l'Eglise de Jérusalem ? Pouvait-il seulement connaître celles qui étaient en usage dans les églises de l'Italie, de l'Espagne et des Gaules ? On y trouve cependant la prière pour les morts, comme dans celle de Jérusalem, attribuée à saint Jacques. *Voyez* le père Le Brun, *Explication des cérémon. de la messe*, t. 2 et t. 5, et la *Perpétuité de la foi*, t. 5. Bingham soupçonne que la cinquième catéchèse de saint Cyrille a été interpolée : où en sont les preuves ? Dans ce même siècle, Aérius, qui avait embrassé l'erreur des ariens, s'avisa de blâmer la prière pour les morts, et séduisit quelques disciples : il fut condamné comme hérétique, au grand scandale des protestants. Mais les protestants ne sont pas mieux d'accord entre eux sur ce point que sur les autres ; les luthériens et les calvinistes rejettent également le dogme du purgatoire et la prière pour les morts ; les anglicans, qui n'admettent pas le purgatoire, ont cependant conservé l'usage de prier pour les morts : leur office des funérailles est à peu près le même que celui de l'Eglise romaine ; ils n'en ont retranché que la profession de foi du purgatoire. Pour justifier la pratique de l'Eglise anglicane, Bingham a rapporté fort exactement les preuves de l'antiquité de cet usage ; il fait voir que, dans les premiers siècles, on célébrait ordinairement la messe aux obsèques des défunts ; on demandait à Dieu de leur pardonner les péchés et de les placer dans la gloire ; *Orig. ecclés.*, t. 10 ; mais il soutient que ces prières n'avaient aucun rapport au purgatoire : 1° parce que l'on priait pour tous les morts sans distinction, pour ceux de la félicité desquels on ne doutait pas, pour les saints, même pour la sainte Vierge ; c'étaient par conséquent des actions de grâces, ou pour obtenir aux saints une augmentation de gloire ; 2° l'on priait Dieu de ne pas juger les âmes à la rigueur, et on lui demandait pour les fidèles la parfaite béatitude de l'âme et du corps ; 3° c'était une profession de foi touchant l'immortalité des âmes et la résurrection future des corps. Il prétend même que cette pratique était fondée sur plusieurs erreurs. On croyait, dit-il, que les morts ne devaient jouir de la vue de Dieu qu'après la résurrection générale. Ceux qui admettaient le règne temporel de Jésus-Christ sur la terre pendant mille ans, pensaient que les fidèles, tels que nous, ressuscitent plus tôt, les autres plus tard. On était persuadé que tous les hommes sans exception devaient passer dans l'autre vie par un feu expiatoire, qui ne ferait point de mal aux saints, et qui purifierait les pécheurs. Enfin l'on imaginait que, par des prières, on pouvait soulager même les damnés. *Ibid.*, t. 6. Daillé avait soutenu la même chose, *de Pœnis et satisfactione humanis*, l. 5 et suiv. Nous avons peine à comprendre comment un auteur aussi instruit a pu déraisonner ainsi. 1° Si la prière pour les morts était fondée sur quelqu'une de ces erreurs, c'était donc un abus et une absurdité : pourquoi l'Eglise anglicane l'a-t-elle conservée? 2° Parmi tous les anciens monuments que Bingham a cités, il n'y en a pas un seul qui ait le moindre trait aux erreurs dont il fait mention, et on pouvait le défier d'en alléguer aucun. 3° Si l'on avait été persuadé que les justes ne devaient jouir de la vue de Dieu qu'après la résurrection générale, il y aurait eu de la folie à prier Dieu de prévenir ce moment : pouvait-on se flatter de l'engager à révoquer un décret porté à l'égard de tous les hommes? 4° Nous avouons que plusieurs anciens ont parlé d'un feu expiatoire, destiné à purifier toutes les âmes qui en ont besoin ; mais il faut s'aveugler pour ne pas voir que c'est justement le purgatoire que nous admettons. 5° A la réserve des origénistes, qui n'ont jamais été en grand nombre, personne n'a pensé que l'on pouvait soulager les damnés : cette erreur ne se trouve que dans quelques missels des bas siècles. La prière pour les morts a été en usage avant qu'Origène vînt au monde. 6° Les anciens fondent l'usage de prier pour les morts, non sur les imaginations de Bingham, mais sur les textes de l'Ecriture que nous avons cités, sur ce que dit Jésus-Christ dans saint Matthieu, que le blasphème contre le Saint-Esprit ne sera remis ni dans ce monde ni dans l'autre : de là les pères ont conclu qu'il y a des péchés qui peuvent être remis dans l'autre vie ; enfin sur ce que dit saint Paul, que l'ouvrage de tous sera purifié par le feu, etc., *I. Cor.* Quant au sens que Bingham veut donner aux prières de l'Eglise , il est clair dans les passages des pères et dans les liturgies. Nous convenons que c'est une profession de foi de l'immortalité des âmes et de la résurrection des corps ; mais il y a quelque chose de plus. Saint Cyrille de Jérusalem distingue expressément la prière qui regarde les saints d'avec celle qu'on fait pour les morts : « Nous faisons mention, dit-il, de ceux qui sont morts avant nous ; en premier lieu, des patriarches, des prophètes, des apôtres, des martyrs, afin que, par leurs prières et leurs supplications, Dieu reçoive les nôtres ; ensuite pour nos saints pères et nos évêques défunts ; enfin pour tous ceux d'entre les fidèles qui sont morts, persuadés que ces prières offertes pour eux, lorsque ce saint et redoutable mystère est placé sur l'autel, sont un très grand soulagement pour leurs âmes. » Les prières pour les saints n'étaient donc pas les mêmes que les prières pour les âmes du commun des fidèles ; par les premières, on demandait l'intercession des saints ; par les secondes, le soulagement des âmes ; mais Bingham, qui ne voulait ni l'un ni l'autre, non plus que la notion de sacrifice, a cru en être quitte en disant que probablement le passage de saint Cyrille a été interpolé. Une preuve qu'il ne l'est pas, c'est que ce qu'il dit se trouve encore dans la liturgie de saint Jacques, qui était celle de Jérusalem, et dans toutes les autres liturgies, soit orientales, soit occidentales. Il n'est point question dans ce passage de demander à Dieu pour les saints une augmentation de gloire, mais leur intercession pour nous, ni de demander pour les fidèles la parfaite béatitude de l'âme et du corps, mais le soulagement de leur âme. On voit la même distinction dans la liturgie tirée des *Constitutions apostoliques*, que Bingham a citée ; elle porte : « Souvenons-nous des saints martyrs, afin que nous soyons rendus dignes de participer à leurs combats. Prions pour ceux qui sont morts dans la foi. » Vainement Bingham affecte de confondre ces deux espèces de prières, afin d'en obscurcir le sens ; il n'a réussi qu'à montrer sa prévention. Le luthérien Mosheim, encore plus entêté, place au IV° siècle la naissance de l'usage de prier pour les morts ; il attribue à la philosophie platonique les notions absurdes d'un certain feu destiné à purifier les âmes après la mort, *Hist. eccl. du IV° siècle.* Il dit que, dans le V°, la doctrine des païens touchant la purification des âmes après leur séparation des corps fut plus amplement expliquée ; qu'au X° elle acquit plus de force que jamais, et que le clergé, intéressé à la soutenir, l'appuya par des fables. L'opinion commune des protestants est que cette doctrine a été forgée que par la cupidité des prêtres. Mais est-il bien certain que les anciens platoniciens ont admis un feu expiatoire ou purgatoire des âmes après la mort ? Quand cela serait, le passage de saint Paul, *I. Cor.*, où il est dit que l'ouvrage de chacun sera éprouvé par le feu, aurait plus propre à faire naître la croyance du purgatoire que les rêveries des platoniciens ; et c'est sur ce passage même que les pères fondent leur doctrine. Puisqu'il est prouvé que l'usage de prier pour les morts

date des temps apostoliques, peut-on faire voir que, dans l'origine, les prêtres en ont tiré quelque profit? S'il est survenu des abus au X° siècle et dans les suivants, il fallait les retrancher et laisser subsister une pratique aussi ancienne que le christianisme et qui avait déjà eu lieu chez les Juifs. Selon la remarque d'un académicien, « quand on est persuadé que l'âme survit à la destruction du corps, quelque opinion que l'on ait sur l'état où elle se trouve après la mort, rien n'est si naturel que de faire des vœux et des prières pour tâcher de procurer quelque félicité aux âmes de nos parents et de nos amis; ainsi l'on ne doit être étonné que cette pratique se trouve répandue sur toute la terre.... Bien loin donc que les chrétiens aient emprunté cet usage des païens, il y a beaucoup plus d'apparence que les païens eux-mêmes l'avaient puisé dans la tradition primitive, et que c'est une notion imprimée par le doigt de Dieu dans le cœur de tous les hommes.... Ce qu'il y a de certain, c'est que ceux qui, par leurs principes, paraissent le plus prévenus contre cet usage, conviennent souvent de bonne foi que, dans les occasions intéressantes, ils ne peuvent s'empêcher de former des vœux secrets que la nature leur arrache, pour leurs parents et leurs amis. » *Hist. de l'académie des inscript.*, t. 2, in-12. Il est fort dangereux que la charité, qui est l'âme du christianisme, ne diminue parmi les vivants, lorsqu'elle n'a plus lieu à l'égard des morts. L'usage de prier pour eux nous rappelle un tendre souvenir de nos parents et de nos bienfaiteurs, et nous inspire du respect pour leurs dernières volontés; il contribue à l'union des familles, il la rassemble les membres dispersés, les ramène sur le tombeau de leur père, leur remet en mémoire des faits et des leçons qui intéressent leur bonheur. Cet effet n'est plus guère sensible dans les villes, où les sentiments d'humanité s'éteignent avec ceux de la religion; mais il subsiste parmi le peuple des campagnes, et il est bon de l'y conserver. En détruisant cet usage, les protestants ont résisté au penchant de la nature, à l'esprit du christianisme, à la tradition la plus ancienne et la plus respectable.

Enfin les moyens les plus propres pour soulager les âmes souffrantes sont, outre la prière, le jeûne, l'aumône et le sacrifice de la messe. Sous le nom de jeûne, nous comprenons toute sorte de mortifications : par exemple de se priver de quelques aliments dans les repas, de s'abstenir de quelque amusement, du jeu, de se retrancher quelques heures de sommeil, de souffrir avec résignation la rigueur des saisons, les contradictions, les humiliations, les revers de fortune. L'aumône que l'on fait pour les morts engage le Seigneur à être miséricordieux pour eux. Le sacrifice de la messe, institué pour les vivants et les morts, est le moyen le plus efficace pour les délivrer de leurs peines. « Si les sacrifices que Job, dit saint Jean Chrysostôme, offrait à Dieu pour ses enfants les purifiaient, peut-on douter que, lorsque nous offrons à Dieu l'adorable sacrifice pour les défunts, ils n'en reçoivent de la consolation, et que le sang de Jésus-Christ, qui coule pour eux sur nos autels, dont la voix monte et pénètre jusque dans les cieux, ne produise leur délivrance et n'abrège ces années d'expiation et de tourments que la justice divine voulait exiger d'eux pour la satisfaction de ses propres droits et pour le paiement de leurs dettes. » (*In cap. 1 Ep. ad Philipp.*, hom. 3, t. 4, *ed. apud Hugonem*, p. 266.) « La victime sainte et sans tache qui est immolée pour les vivants et pour les morts, dit le concile de Trente, fléchit la colère de Dieu, et nous fait tous participer à la gloire éternelle. » (*Conc. Trid.*, sess. 22, *de sac. miss. cap.* 2, *in fine.*) Plusieurs papes, notamment Pie V en 1571, Clément XII en 1733, Benoît XIV en 1743, Pie VI en 1781, Pie VII et Léon XII ont accordé des indulgences partielles ou plénières aux personnes qui feront pieusement avec toutes les conditions exigées, les prières pour les âmes du purgatoire qui sont indiquées dans leurs brefs. Quelques-unes de ces indulgences peuvent aussi s'appliquer à ces âmes. Encore une réflexion. Non-seulement la charité, la reconnaissance exigent que nous priions pour les âmes du purgatoire : c'est aussi pour nous un devoir de justice; peut-être quelques-unes de ces âmes y sont détenues à cause de nous; ce sont des parents, des amis qui nous ont trop aimés ou que notre exemple ou nos paroles ont portés au péché. C'est aussi notre intérêt qui nous engage à prier pour ces âmes. Quelle consolation ce sera pour nous d'avoir abrégé la durée de leurs supplices et d'avoir hâté le moment de leur bonheur! De quelle reconnaissance ne seront-elles pas pénétrées après leur délivrance! Elles nous la témoigneront en priant pour nous, en nous obtenant les secours qui nous sont nécessaires sur cette terre d'exil. Les hommes dans la prospérité ne se ressouviennent plus de ceux qui les ont aidés dans leur infortune. Il n'en est pas de même des âmes du purgatoire : une fois entrées dans le ciel par nos prières, elles sollicitent, dit dit saint Bernard, les plus précieux dons de la grâce en notre faveur; et parce que « ceux qui sont miséricordieux obtiennent miséricorde, » nous retrouverons après la mort ce que nous aurons fait pour les âmes du purgatoire ; d'autres prieront fidèlement pour nous, et nous aurons une part plus abondante aux suffrages que l'Eglise ne cesse d'offrir pour ceux qui s'endorment dans la paix du Seigneur. Nous devons donc rendre grâce à la sollicité touchante de l'église, qui a placé parmi ses fêtes une fête des morts, jour de prières solennelles pour les âmes du purgatoire en général. Amalaire, diacre de Metz, dans son ouvrage des *Offices ecclésiastiques*, qu'il dédia à Louis-le-Débonnaire, l'an 827, a placé l'office des morts ; mais il y a bien de l'apparence qu'au IXe siècle cet officine ne disait encore que pour les particuliers; c'est saint Odilon, abbé de Cluny, qui, l'an 998, institua dans tous les monastères de sa congrégation la fête de la Commémoration de tous les fidèles défunts et l'office pour tous en général. Cette dévotion, approuvée par les papes, se répandit bientôt dans tout l'Occident. On joignit aux prières d'autres bonnes œuvres, surtout des aumônes ; et dans quelques diocèses il y a encore des paroisses où les laboureurs font ce jour-là quelque travail gratuit pour les pauvres, et offrent à l'église du blé, qui, selon saint Paul, *I. Cor.*, est le symbole de la résurrection future. Pour tourner cette fête en ridicule, Mabillon dit qu'elle fut instituée en vertu des exhortations d'un ermite de Sicile, qui prétendit avoir appris par révélation que les prières des moines de Cluny avaient une efficacité particulière pour délivrer les âmes du purgatoire. Il remarque que le pape Benoît XIV a eu assez d'esprit pour garder le silence sur l'origine superstitieuse de cette fête *déshonorante*, dans son traité *de Festis*. Un célèbre incrédule n'a pas manqué de répéter l'anecdote de l'ermite sicilien ; il ajoute que ce fut le pape Jean XVI qui institua la fête des morts vers le milieu du XVI siècle. La vérité est que Jean XVI est un anti-pape qui mourut l'an 996, deux ans avant l'institution de la fête des morts ; c'est une bévue grossière de l'avoir placé au xvie siècle. Il n'est pas surprenant que Benoît XIV ait méprisé une fable de laquelle on ne cite point d'autre preuve que *la Fleur des saints*, recueil rempli de contes semblables; mais les protestants ni les incrédules ne sont pas scrupuleux sur le choix des monuments ; ils séduisent les ignorants, et c'est tout ce qu'ils prétendent. Nous voudrions savoir en quoi les prières faites pour les morts en général sont *déshonorantes*; n'est-ce pas plutôt la critique de nos adversaires? L.-e.

MORTUAIRE, adj. des deux genres. Appartenant au service, à la pompe funèbre,

MORUE (poiss.). La morue dont la chair est connue de tout le monde, est fort peu quant aux formes et aux mœurs. Ses formes rappellent en grand celles du merlan ayant toutefois la tête et le ventre proportionnellement plus gros. Elle porte trois nageoires sur le dos, deux anales, une caudale petite et coupée carrément. Les pectorales de médiocre grandeur, et les ventrales jugulaires ont leur rayon externe prolongé en filet. Le museau est gros et obtus, il dépasse la mâchoire inférieure, qui porte sous la symphise un barbillon charnu et conique. Les dents sont en fortes cardes aux deux mâchoires, les palatins et la langue sont lisses et n'ont aucune dent, celles des pharyngiens sont aussi en fortes cardes. Les yeux sont grands, le corps couvert de petites écailles adhérentes. La tête et les nageoires en sont dépourvues. La couleur de ce poisson est un verdâtre mêlé de jaune sur le dos, passant par degrés au blanc argenté des parties inférieures. La morue est un des poissons les plus voraces, tout est bon pour amorcer les haims, même un morceau de drap rouge. On a trouvé dans l'estomac de ces poissons des morceaux de bois et jusqu'à des gants tombés à la mer. Les morues ne quittent jamais les eaux salées pour entrer dans les eaux douces comme beaucoup d'autres poissons de mer; elles se tiennent toujours dans les endroits les plus profonds de l'Océan, elles ne s'approchent du rivage que pour y frayer. Les petits passent le premier temps de leur vie sur les atterrages peu profonds, ce qui fait qu'on prend souvent des petites morues parmi les bandes de merlans. C'est dans les mers septentrionales que l'on pêche la morue, principalement en Irlande, au cap Nord, c'est en Amérique surtout sur le grand banc de Terre-Neuve, que cette pêche est très importante. On évalue à 36 millions le nombre des morues préparées et répandues dans le monde entier chaque année, et à 5 ou 6,000 le nombre des navires de toutes les nations qui se livrent à cette pêche. La France compte dans ce nombre pour 400 navires au moins, jaugeant environ 48,000 tonneaux. C'est en avril, mai et juin que la pêche est plus profitable. Les pêcheurs s'établissent dans des tonneaux solidement amarrés le long du bordage du navire pêcheur; armés de lignes formées d'une corde très forte et longue de 150 à 160 mètres; à son extrémité est attaché un plomb de 4 à 6 kilogrammes. On frappe sur cette ligne, les empiles, portant les haims ou hameçons que l'on amorce avec des mollusques, des morceaux de chair, ou même de simples poissons de plomb brillant. Les morues sont d'une voracité telle, qu'elles se jettent sur l'amorce dès qu'elles la voient remuer. Les pêcheurs ouvrent le ventre des morues leur retirent les entrailler dont ils se servent comme d'amorce, et les passent à bord, où l'on leur fait subir les préparations nécessaires. Quand on est sur une bonne place, un bateau monté par quatre hommes peut prendre dans sa journée de 5 à 600 morues. On estime qu'année commune, un navire de 100 tonneaux rapporte 18 à 1900 quintaux de poisson. On prépare la morue en la nettoyant, on ôte l'arête, puis on la sale; 48 heures après, quand on juge que le poisson a dû perdre son eau et le reste de son sang, on la resale, puis on la met en futaille. Enfin à leur arrivée dans le port, on les sale une troisième fois qu'on appelle *salaison à sec*, et on les range définitivement dans des tonnes pour être livrées au commerce. J. P.

MORUS (Thomas), naquit à Londres, vers 1473, d'un des juges du banc du roi. La science et la vertu eurent beaucoup d'attraits pour lui, et il cultiva l'une et l'autre avec succès. A l'étude des langues mortes, il joignit celle des langues vivantes et les différentes connaissances qui peuvent orner l'esprit. Henri VIII, roi d'Angleterre, se servit de lui dans plusieurs ambassades. La sagacité et les talents de Morus brillèrent surtout dans les conférences pour la paix de Cambrai, en 1529. La charge de grand-chancelier d'Angleterre fut la récompense de son zèle pour le service de son maître. Sa faveur ne fut pas de longue durée. Henri VIII, épris d'Anne de Boulen, ayant rompu les liens qui l'attachaient à l'église romaine, Morus se démit de sa charge en 1531, et se retira dans sa maison pour y vivre avec ses livres. On employa toutes sortes de moyens pour lui arracher le serment de Suprématie, que ce prince débauché et cruel, le Néron de l'Angleterre, exigeait de ses sujets. La douceur n'ayant pu le toucher, on eut recours à la violence : on le mit en prison ; on lui enleva ses livres, sa seule consolation au milieu des horreurs dont il était environné. Ses amis tâchèrent de le gagner en lui représentant « qu'il ne devait point être d'une autre opinion que le parlement d'Angleterre. — Si j'étais, dit-il, seul contre tout le parlement, je me défierais de moi-même ; mais j'ai pour moi toute l'église catholique, ce grand parlement des chrétiens. » Sa femme le conjurant d'obéir au roi et de conserver sa vie pour la consolation et le soutien de ses enfants : « Combien d'années, lui dit-il, pensez-vous que je puisse encore vivre?—Plus de vingt ans, répondit-elle. — Ah! ma femme, lui dit-il, veux-tu donc que je change l'éternité contre vingt ans?... » Henri VIII le voyant inébranlable, lui fit trancher la tête en 1535. Sa mort fut celle d'un martyr. Il avait vécu à la cour sans orgueil, il mourut sur l'échafaud sans faiblesse. Il répondit à celui qui vint lui dire que « la clémence du roi avait modéré l'arrêt de mort rendu contre lui, à la peine d'être seulement décapité.—Je prie Dieu de préserver tous mes amis d'une semblable clémence... » Il employa en prières le temps qui se passa entre sa condamnation et sa mort. La veille de l'exécution, il écrivit à sa fille Marguerite avec du charbon et sur du papier qu'il avait surpris, pour lui mander que « bientôt il ne serait plus à charge à personne ; qu'il brûlait d'envie de voir son Dieu, et de mourir le lendemain, qui était l'octave du prince des apôtres et la fête de la translation de saint Thomas de Cantorbéry, jour de consolation pour lui. » Il parlait ainsi, parce qu'il mourait pour la primauté de saint Pierre, et que toute sa vie il avait eu une dévotion particulière à saint Thomas son patron. Etant monté sur l'échafaud, il chanta le psaume *Miserere*, prit le peuple à témoin qu'il mourait dans la profession de la foi catholique, apostolique, romaine. C'était un homme solidement vertueux, quoique un peu original, qui mettait de la gaîté dans les matières les plus sérieuses. Morus avait l'air riant et d'abord facile. Il vécut toujours avec beaucoup de frugalité. Son zèle pour la religion catholique était vif et sincère ; les luthériens ne purent, sous son ministère, trouver aucun accès en Angleterre. On a de lui un livre plein d'idées singulières et inexécutables, intitulé Utopia, et traduit en français par Gueudeville, in-12, Leide, 1715. Cet ouvrage contient le plan d'un république à l'imitation de celle de Platon ; mais il n'est pas écrit du style éloquent du philosophe grec. Morus voudrait établir un partage absolument égal des biens et des maux entre tous ses citoyens : idée chimérique, qui contrarie le plan de la nature et de la Providence. Il prêche un amour de la paix et un mépris de l'or, qui exposerait à des guerres continuelles de la part d'un voisin puissant et ambitieux, etc. Il y a cependant de très bonnes vues qui respirent la sagesse, la vertu et le zèle du bonheur public. L'Histoire de Richard III, roi d'Angleterre ; celle d'Edouard V ; une Version latine de trois dialogues de Lucien ; une Réponse très vive à Luther ; un dialogue intitulé Quod mors pro fide fugienda non sit; des Lettres ; des Epigrammes. Ces différents ouvrages sont en latin, et ont été recueillis en 1566, in-fol., à Louvain.

MORVE, s. f., terrible maladie, particulière aux mammifères monodactyles, qui débute par une inflammation des membranes muqueuses, quelquefois aiguë, mais passant bientôt à l'état chronique, ou même affectant très souvent cette dernière forme. Toujours contagieuse selon les uns, presque toujours selon d'autres, elle ne l'est pas du tout suivant quelques-uns. Quelques auteurs en placent le siége dans le système lymphatique, ou même dans certains vi-cères ; mais il paraît résider spécialement dans la membrane pituitaire. Parvenue à son état, l'affection consiste en l'écoulement d'un mucus de qualités variées par les naseaux, le plus souvent et plus abondamment par un seul, avec ulcération de la membrane pituitaire, engorgement et induration rénitente des glandes lymphatiques de la ganache. Les lésions constantes du tissu qui en est le siége sont l'épaississement et l'induration. Elle parcourt ses périodes tantôt rapidement, tantôt, et le plus souvent, d'une manière lente et progressive. Elle se complique quelquefois du farcin, avec lequel elle a, au dire de quelques auteurs, une certaine anologie ; quelques-uns même regardent ces deux maladies comme identiques. Quand cette complication a lieu, la maladie amène en peu de temps le marasme et la mort. Des faits, jusqu'alors inaperçus, ont fait reconnaître que la morve est transmissible à l'homme, chez lequel elle se fait connaître par un écoulement nasal, visible au dehors, dans la plupart des cas, par une éruption pustuleuse, et quelquefois par des bulles gangréneuses à la peau, presque toujours par des abcès sous-cutanés multiples, et par une éruption dans les fosses nasales, qui, le plus souvent, s'étend dans le larynx et coïncide avec des inflammations lobulaires et circonscrites dans les poumons. Jusqu'à ce jour on n'a pu trouver moyen de guérir la morve, surtout chez les animaux, mais encore chez l'homme quand par accident il en est atteint.

MORVEUX, EUSE, adj., qui a la morve au bout du nez. En terme d'art vétérinaire, cheval morveux, cheval qui a la maladie appelée morve. Prov. et fig., qui se sent morveux se mouche, que ceux qui reconnaissent en eux le défaut, le tort contre lequel on parle, s'appliquent ce qu'on en dit si bon leur semble. Morveux, est quelquefois substantif, et se dit alors familièrement et par mépris, d'un enfant, garçon ou fille.

MORVILLIERS (JEAN DE), né à Blois le 1er décembre 1507, fut d'abord lieutenant-général de Bourges, doyen de la cathédrale de cette ville, puis conseiller au grand conseil, et, en cette qualité, l'un des juges du chancelier Poyet, en 1542. Ses talents l'ayant fait connaître, il fut envoyé ambassadeur à Venise, et s'y conduisit en homme d'état, de bon sens et de probité. De retour en France, il obtint l'évêché d'Orléans, en 1552, et la place de garde-des-sceaux en 1558. Ses talents éclatèrent au concile de Trente, où l'on admira également son esprit et son zèle. Cet illustre prélat se démit de son évêché en 1574, et mourut à Tours en 1577. Les gens de lettres de toutes les nations ont célébré sa mémoire comme celle de leur bienfaiteur. Morvilliers a laissé en manuscrit des Lettres, des Négociations et des Mémoires de son temps.

MOSAIQUE, (moll.). Nom vulgaire d'une espèce de cône, le conus tessellatus. L.   J. P.

MOSAIQUE, s. f., ouvrage de rapport composé de petites pierres dures ou de petits morceaux d'émail de différentes couleurs, liés par un mastic et assemblés de manière à former des figures, des arabesques, etc. Il se dit aussi de l'art dont les ouvrages sont le produit. Fig., c'est un ouvrage en mosaïque, se dit d'un ouvrage d'esprit composé de morceaux séparés, dont les sujets sont différents.

MOSC (FRANÇOIS), historien, poète et jurisconsulte, naquit à Nivelle et fut chanoine d'Arras, puis curé d'Armentières et chanoine de Seclin. Il fit éditer les deux livres de l'histoire orientale et occidentale du cardinal Jacques de Vitry, à laquelle il ajouta une Vie de l'auteur. Mosc a composé en outre ; 1° la Vie du bienheureux Arould de Villon; Simon, abbé d'Aulne; et Marie d'Oignies, Arras, 1600, in-8°; 2° un catalogue des abbés d'Oignies, Douai, 1598, in-8°; 3° l'Eden ou le Paradis de la Sainte-Vierge; 4° Apologie des reliques des des saints, et plusieurs autres sujets en vers et en prose. Foppeus fait mourir cet auteur prématurément et sans indication de date.

MOSCHION, c'est le nom de quatre auteurs cités par Galien, Soranus, Pline et Plutarque. On ne sait duquel sont les vers qui se trouvent dans les poètes grecs de Plantin, 1568, in-8°. On n'est pas moins incertain sur le livre de Muliebribus affectibus. Israël Spacchius l'a donné en grec et en latin, dans Gynæciorum libri, Strasbourg, 1597, in-fol.

MOSCHUS (JEAN), surnommé Eucratès, pieux solitaire et prêtre du monastère de Saint-Théodose à Jérusalem, visita les monastères d'Orient et d'Egypte, et alla à Rome avec Sophrone, son disciple. Il dédia à ce vertueux compagnon de ses voyages un ouvrage célèbre, intitulé le Pré spirituel. On y trouve la vie, les actions, les sentences et les miracles des moines de différents pays. Le style en est simple et négligé, en grec. Le père Arnauld d'Andilly en a donné une traduction française où sont omis beaucoup de passages de l'original. Moschus mourut en 619.

MOSCHUS, célèbre poète bucolique grec, natif de Syracuse, vivait sous le règne de Ptolémée Philadelphe. Il ne nous reste de lui que quelques idylles, qui nous font regretter la perte de ses autres ouvrages. Ces idylles sont Mégare, frapée d'Hercule ; Europe, et une Elégie sur la mort de Bion, dont il paraît qu'il fut l'ami. Dans ces trois morceaux on voit beaucoup d'élégance, d'esprit et de pureté ; mais l'auteur est loin de Théocrite, dont il n'a ni la teinte légèrement satirique, ni la simplicité. On peut même lui reprocher un peu de recherche et d'affectation, quoi que ce défaut soit moins sensible chez lui que chez beaucoup de ses contemporains. Moschus se trouve imprimé à la suite de Théocrite et de Bion dans l'édition de Walkénaër. Berlin, 1810, et dans celle de Weigel, Leipsick, 1817.

MOSCOU, gouvernement de la Russie d'Europe. Il est borné au N. par le gouvernement de Tver, au N.-E. par celui de Vladimir, à l'E. par celui de Kasan, au S. par ceux de Toula et de Kalouga, et à l'O. par celui de Smolensk. Son sol uni est d'une médiocre fertilité ; il produit du grain, du lin, du chanvre, du houblon, du bois. On trouve dans ce gouvernement de la volaille, du gibier, du poisson en abondance. C'est le plus industriel de tous les gouvernements de la Russie. Dans les campagnes, il n'existe presque pas de cabanes où l'on ne rencontre un métier à tisser. On y fabrique en quantité des cotonnades, des soieries, des étoffes de laine et des draps. Sa population est de 1,275,000 habitants, y compris celle de la capitale.

MOSCOU, siège du gouvernement précédent, jadis capitale de l'empire russe, et encore aujourd'hui l'une des résidences des tsars qui y sont couronnés. Si, depuis sa fondation par Pierre-le-Grand, Saint-Pétersbourg est devenu le siège du gouvernement, Moscou n'en est pas moins demeurée la ville sainte des Russes et leur vraie métropole que tous entourent d'une vénération constante. Cette cité imposante, une des plus étendues entre toutes, est située environ à 180 lieues de Saint-Pétersbourg, dans une contrée pittoresque, où de charmantes collines, qui se déploient en amphithéâtre au S. et à l'E., relèvent encore les jolis points de vue dont on jouit partout à l'intérieur, à la faveur de l'inégalité du terrain sur lequel la ville est construite. Parmi les nombreux monuments appartenant à tous les genres d'architecture qui distinguent cette grande ville, au milieu de cette foule de clochers et de minarets surmontés de croix, on remarque le clocher d'Ivan-Velikoï qui, situé presque au centre du Kremlin, domine toute la ville. Le Kremlin, communiquant à la ville par cinq portes, est un polygone régulier, entouré d'un mur élevé et crénelé, flanqué d'une tour à chacun de ses angles. Il renferme une partie des joyaux de l'empire, entre autres la couronne de Catherine Ire, ornée de 2536 diamants, d'un énorme rubis et d'autres pierres précieuses. Cet immense assemblage de palais renferme aussi une collection complète des arme de tous les peuples de l'Europe et de l'Asie; au centre de ce palais gît dans un grand fossé le tsar Kololol, superbe cloche de 7 mètres de diamètre. L'endroit où le battant devrait frapper a plus de 0 m. 61 d'épaisseur ; elle pèse 200,000 kil. Selon les uns, elle occupe la place où elle fut fondue; selon d'autres, on brûla la charpente qui la supportait, et elle tomba à la place où elle est encore. En 1819, on éleva une nouvelle cloche de 6 m. 66 de hauteur, sur 6 de diamètre; son battant a un poids de 1930 kil., et son poids total est de 67,000 kil. Moscou renferme une grande quantité de couvents, parmi lesquels nous citerons celui de Novo-Spakoï; un grand nombre d'établissements d'instruction publique et de bienfaisance, un immense arsenal au Kremlin, six casernes, un théâtre impérial d'une architecture imposante, et une foule de promenades publiques. Depuis Pierre Ier, cette ville a été la capitale de l'empire russe. Lors de l'invasion française, en 1812, elle fut évacuée par la presque totalité des habitants, et le gouverneur de la place Rotopschin la fit incendier pour empêcher l'armée française d'y prendre ses quartiers d'hiver. Cet ordre exécuté avec la plus grande barbarie par une troupe de malfaiteurs, força les Français à la retraite et peut être considéré comme la cause primitive des désastres de cette campagne. Rebâtie depuis cette époque avec encore plus d'élégance et de régularité, Moscou s'est promptement relevée de ses cendres, et à peine si çà et là un mur noirci ou une partie écroulée rappelle la catastrophe qui sauva la Russie. Fondée en 1147 par le grand prince Jouri-Vladimirovitch, elle ne fut longtemps qu'une bourgade et partagea la destinée de la principauté de Vladimir, dont elle dépendait. Brûlée et saccagée en 1248, lors de l'invasion du Dat Oukan, saccagée de nouveau en 1293, Jean Danilavitch la releva, l'entoura d'un mur et construisit le Kremlin. Dès le XIVe siècle, Moscou était l'entrepôt du commerce entre l'Europe et l'Asie; au XVe et XVIe siècle ce commerce était très florissant. Les marchands y jouissent de nombreux privilèges; ils sont divisés en trois ghildes ou castes, selon les capitaux qu'ils annoncent ; mais les étrangers doivent se faire naturaliser, s'ils veulent avoir le droit d'être marchands. Pierre-le-Grand favorisa l'industrie dans cette ancienne capitale. Les fabriques s'y multiplièrent; leur nombre s'est considérablement accru sous ses successeurs. On compte à Moscou 135 fabriques de cotonnades, 117 de soieries, 30 de draps, 10 de produits chimiques et d'instruments; il y a des tanneries, des chapelleries, des raffineries et des distilleries. Les machines à vapeur y sont multipliées aujourd'hui. Les filatures alimentent une foule de métiers. La fabrication des soieries est devenue importante; on copie les étoffes nouvelles arrivant de France, et les imitations sont fournies aux marchands comme étrangères. Les rubans et la gaze, les mouchoirs et les châles se fabriquent en quantité à Moscou. Cette ville est aujourd'hui le principal entrepôt de tout le commerce intérieur de la Russie et des spéculations des riches négociants. Les importations se font en grande partie par la Moskwa, et les exportations par le traînage. Le climat, quoique froid, y est plus sain que dans la plupart des autres villes de l'Europe, situées sous la même latitude. Moscou possède environ 300,000 habitants.

MOSELEY (BENJAMIN), médecin, né dans le comté d'Essex, en Angleterre, mort le 15 juin 1819, s'établit d'abord à la Jamaïque, puis se fixa, en 1785, à Londres. Ses écrits lui firent une réputation honorable, notamment un *Traité sur les propriétés et les effets du café* et un *Traité sur les maladies des tropiques*. En 1799, parut son *Traité sur le sucre*, in-8°. Moseley se montra l'ennemi déclaré de la vaccine, qu'il prétend non-seulement n'être point un préservatif contre la petite-vérole, mais être la cause de maladies inconnues auparavant. Son *Traité sur la lues bovilla ou vaccine*, 1806, in-8°, a été traduit en français dans le livre intitulé : *La vaccine combattue dans le pays où elle a pris naissance*, Paris, 1807, in-8°.

MOSELLAN (PIERRE), savant grammairien, né en 1524, était fils d'un vigneron de Protog, près de Coblentz, et fut l'un des principaux ornements de l'Université de Leipsick sa patrie, où il mourut le 16 avril 1524. On a de lui divers ouvrages de grammaire, et des notes sur les auteurs latins.

MOSELLE (en latin *Mosella*), rivière de France qui prend sa source au mont Drumont, arrondissement de Remiremont, au point de jonction de la chaîne des Vosges avec les monts Faucilles, et non loin de la source de la Saône, devient navigable près de Pont-à-Mousson, et se jette dans le Rhin à Coblentz. Elle traverse les départements des Vosges,

de la Meurthe et de la Moselle, une petite partie du grand-duché de Luxembourg, et la province rhénane de la Prusse. Son parcours, du Sud au Nord, est d'environ 130 lieues; ses principaux affluents sont la Meurthe, la Sarre, l'Orne, la Valogne, le Seille, le Madon, le Mash, le Kill, l'Erz, etc. De Metz à Trèves, elle coule dans une large vallée; mais ensuite, resserrée par les ondulations montueuses du Hundsruck, elle forme de grandes sinuosités pour aller de Trèves à Coblentz. La largeur moyenne de la Moselle, entre Trèves et Trarbach, est de 430 pieds; entre Trarbach et Coblentz de 595; sa profondeur est de 7 à 15 pieds. Elle offre des passages dangereux au Müdenloch et au Sommerloch, ainsi qu'aux rochers de Briedern et d'Alff. Aujourd'hui la navigation à vapeur y est établie de Metz à Coblentz. Les rives de la Moselle, surtout depuis Trèves et plus particulièrement à Trarbach, sont extrêmement pittoresques, aussi les touristes du Rhin commencent-ils à les comprendre dans leur itinéraire. Les principales villes situées sur la Moselle sont : Epinal, Toul, Pont-à-Mousson, Metz, Thionville, Trèves et Coblentz. Parmi les anciens, le poète Ausone a chanté la Moselle (voir Klein, *Description de la vallée de la Moselle*, Coblentz, 1831), et une autre, en allemand comme la précédente, par M. de Czarnowski, avec 32 gravures, Coblentz, 1840, in-3°. Si la navigation de la Moselle, par ses sinuosités et par des passages dangereux, ne laisse pas que d'être longue et pénible, elle n'en est pas moins d'une grande importance pour le commerce du Rhin. Elle offre un débouché facile aux vins de la Moselle, et aux autres riches produits des contrées environnantes. Les bateaux de la Moselle, qui ont des cales plates et étroites, sont d'une construction extrêmement solide. La Moselle ne commence à être navigable qu'après sa jonction avec la Meurthe. Déjà, du temps des Romains, on voulut joindre la Moselle et la Saône par un canal, pour faciliter les envois de troupes dans les contrées rhénanes; mais l'exécution de ce projet manqua par la jalousie d'un légat romain. On forma, dit-on, en 1598, un plan semblable sous le règne de Henri IV. Depuis il n'en a plus été question. Pendant le règne de Napoléon, la France fut seule maîtresse de la navigation de la Moselle. La paix de Paris, de 1814, ayant de nouveau partagé le cours de la Moselle entre plusieurs états romains, on étendit à cette rivière, au congrès de Vienne, les articles existant pour le Neckar, la Meuse, l'Escaut et le Mein, en ayant soin de ne pas augmenter les droits établis par les décrets du gouvernement français. Les vins que produisent les coteaux voisins de la Moselle ont un bouquet léger et fort agréable. En général ce ne sont que des vins ordinaires de la meilleure espèce; mais on y distingue aussi quelques qualités supérieures. Il leur faut 5 ou 6 ans pour être parfaits; s'ils sont d'une bonne année, ils se conservent bien le double de ce temps. Les meilleurs se récoltent à Braunenberg, Graach, Wehlen et Zeltingen (territoire prussien). Ceux de Pisport, de Droben et de Neumagen sont également estimés. L'élévation des droits sur les vins étrangers, en Prusse, favorise beaucoup, dans ce pays, la consommation des vins de la Moselle. On a souvent recommandé ces vins pour leurs qualités diurétiques et comme préservatif contre l'obésité.

MOSELLE (département de la). Ce département est formé du pays Messin, d'une portion des duchés de Lorraine et de Bar, et d'une partie des trois évêchés. C'est l'un de nos départements frontières. Il est borné au N. par le grand-duché de Luxembourg, à l'E. par la Prusse rhénane et la Bavière rhénane, au S. par le département de la Meurthe, et à l'O. par celui de la Meuse. Compris presque tout entier dans le bassin de la Moselle, d'où il tire son nom, il est sillonné de plusieurs chaînes de collines de hauteur médiocre. Sa superficie est de 532,797 hectares, dont 303,914 sont en terres labourables, 92,229 en bois et forêts, 45,597 en prairies, 11,920 en vergers, pépinières et jardins, 6,532 en landes, pâtis, bruyères, 5,291 en vignes, etc. Son revenu territorial est évalué à 16,520,000 fr. Ce département est arrosé par la Moselle, la Sarre, l'Aine, le Nied, le Kamer, le Ressel, etc. Le climat y est en général froid. Son sol produit une assez grande quantité de céréales, des vins estimés transportés en Allemagne par la Moselle, de l'eau-de-vie de grain et de pommes de terre, et de la bière. Le pays produit beaucoup de chevaux qui pourraient fournir avantageusement aux remontes si l'on améliorait les espèces. Les forêts abondent en gibier, sangliers, loups, etc. Le minerai de fer se trouve presque partout; les mines les plus abondantes sont dans les arrondissements de Briey et de Thionville. Il y a deux mines de cuivre, de riches houillères, des mines de sel gemme, du manganèse, d'excellentes pierres de taille, des eaux minérales et de la chaux. Ce département, bien percé de routes et de voies navigables, est un de ceux où l'agriculture a fait le plus de progrès. Les expositions publiques qui ont lieu à Metz tous les trois ans attestent également l'essor qu'a pris l'industrie manufacturière. On y trouve une grande quantité d'usines, et c'est un des départements où l'on fabrique le plus de sucre de betterave. La Moselle est la seule rivière navigable de ce département; il n'a point de canaux. Ses grandes routes sont au nombre de 24, dont 12 routes royales et 12 départementales. Il est divisé en quatre arrondissements dont les chefs-lieux sont : Metz, chef-lieu du département; Sarreguemines, Thionville et Briey. Il renferme 17 cantons et 605 communes. Sa population est de 427,250 habitants, parmi lesquels on compte 1,721 électeurs. Il envoie à la Chambre six députés. Il forme le diocèse d'un évêché, celui de Metz, suffragant de l'archevêché de Besançon. Il possède à Metz une Cour royale. Il fait partie de la troisième division militaire et du onzième arrondissement forestier qui ont également Metz pour chef-lieu.

MOSER (JEAN-JACQUES), publiciste, né en 1701, à Stuttgard, où il mourut le 30 septembre 1785, se livra à l'enseignement et à la pratique du droit. Meusel a donné une liste de ses ouvrages, qu'il divise en 31 classes, et qui s'élèvent au nombre de 484, dont 17 sont restés inédits, 16 sont contestés, et 4 ne lui sont dus que comme éditeur. Nous nous contenterons de citer : le Plutarque anglais, 1762, 12 vol. in-8°, traduit en français par la baronne de Vasse, Paris, 1785-86, 12 vol. in-8°; le Directeur universel ou Vrai guide de la jeune noblesse vers les sciences et les beaux-arts, 1763, in-8°.

MOSER (FRÉDÉRIC-CHARLES, baron), fils du précédent, né à Stuttgard, le 18 décembre 1713, fut, en 1770, premier ministre et chancelier à Darmstadt. Disgracié d'une manière peu honorable, il intenta un procès au landgrave, devant le conseil aulique de l'empire, et le gagna. Il se retira alors dans le Wurtemberg, où il mourut le 10 novembre 1798. Il a laissé, en allemand : Recueil des vues du Saint-Empire romain, Leipsick et Ebersdorf, 1747, 3 vol. in-4°; Opuscules pour servir à l'explication du droit public et des nations, et du cérémonial de cour et de chancellerie, Francfort et Leipsick, 1751-65, 12 vol. in-8°; Amusements diplomatiques et historiques, ibid., 1753-64, 7 vol. in-8°; Mémoires pour servir au droit politiq des nations, ibid., 1764-72, 4 vol.; Archives patriotiques pour l'Allemagne, Francfort et Leipsick, 1784-90, 12 vol. in-8°.

MOSER (FRANÇOIS-JOSEPH), célèbre prédicateur, né à Saverne le 23 juillet 1731, mort à Strasbourg le 6 mars 1780, fit rentrer dans le sein de l'Eglise un grand nombre de protestants; des juifs même se convertirent à la foi catholique. Sœttler ayant laissé vacante par sa mort la chaire de théologie morale à Strasbourg, Moser fut nommé pour le remplacer. Quoiqu'il soit mort bien jeune, il laissa la réputation d'un des premiers orateurs sacrés de l'Allemagne catholique. On admire surtout dans ses Sermons l'ordre et la clarté des développements, le feu et l'onction du style. La collection la plus complète est celle qui a paru à Francfort-sur-le-Mein en 5 vol. in-8°, 1831-34.

MOSES MICOSTI, célèbre rabbin espagnol du XIVe siècle, est un de ceux qui ont écrit le plus judicieusement sur les commandements de la loi judaïque. On a de lui un savant ouvrage intitulé : Sepher Mitsevoth gadol, c'est-à-dire le grand livre des préceptes, Venise, 1747, in-fol.

MOSHEIM (JEAN-LAURENT) littérateur théologien et prédicateur, né à Lubeck le 9 octobre 1694, fut intendant des écoles du duché de Brunswick-Wolfenbuttel, professeur en théologie à Helmstadt et à Gœttingue, et mourut l'an 1752. On a de lui : de savantes Notes sur Cudworth; une Histoire ecclésiastique, Helmstadt, in-4°, sous le titre d'Institutiones historiæ ecclesiasticæ, traduite en français en 6 vol. in-8°. C'est un vrai travestissement de l'histoire de l'Eglise. La plupart de ses calomnies contre les catholiques sont solidement réfutées dans la partie théologique de l'Encyclopédie méthodique, que l'auteur a fait imprimer séparément sous le titre de Dictionnaire théologique; des Sermons en allemand, qu'on l'ont fait nommer par les protestants le Bourdaloue de l'Allemagne; dénomination qui ne peut se justifier qu'aux dépens de la gloire oratoire de cette nation, et qui est d'ailleurs réfutée par la réputation plus brillante et plus méritée de plusieurs orateurs allemands; Dissertationes sacræ, Leipsick, 1733, in-4°; Historia Michaeli Serveti Helmstad, 1728, in-4°.

MOSKOWA, rivière de la Russie d'Europe qui prend sa source à peu de distance de Mojaïsk et se jette dans l'Oka, près de Colomua, après un cours d'environ 150 lieues. C'est sur ses bords, entre Mojaïsk et Ghiatsk, qu'eut lieu la célèbre bataille de la Moskowa ou de Borodino, où les Français battirent les Russes, le 7 septembre 1812, et qui leur ouvrit les portes de Moscou. Cette bataille valut, comme chacun sait, au maréchal Ney, le titre de prince de la Moskowa. (V. MOSKOWA.)

MOSKOWA ou MOSKWA (Bataille de la), gagnée par l'armée française, commandée par l'empereur Napoléon, sur les Russes sous le commandement de Koutoussof, le 7 septembre 1812. Le combat de Bosidini, 3 septembre, avait laissé à l'armée française une hauteur d'où elle découvrait toute l'armée russe, appuyée par sa droite à la Moskowa et par sa gauche aux hauteurs qui dominent la Kologha. Le 7, à six heures du matin, la bataille commença. Le prince Poniatowski et le prince d'Eckmuhl tournèrent la forêt qui protégeait la gauche des Russes, tandis que le duc d'Elchingen se portait sur le centre. A huit heures, les Russes étaient chassés de toutes les positions. 1,000 pièces de canon étaient en batterie sur ces hauteurs que le prince de Bagration tenta vainement de reprendre. Cependant la réserve russe avançait sous le feu continuel des batteries, mais plusieurs charges brillantes de Murat, et la prise des redoutes de droite par le général Caulaincourt, qui y trouva la mort, décidèrent la victoire. 13,000 Russes et 9,000 chevaux jonchèrent le champ de bataille. 60 pièces de canon restèrent aux mains des Français; les Russes furent poursuivis sur les routes de Mojaïsk et de Kologha avec vigueur.

MOSQUÉE, s. f., temple du culte mahométan, édifice où les mahométans s'assemblent pour faire leurs prières.

MOT, s. m., une ou plusieurs syllabes réunies qui expriment une idée. Mot propre, mot qui exprime avec plus de justesse et d'exactitude que tout autre l'idée qu'on veut faire entendre. On dit par opposition, mot impropre. Mot faible, ce qui n'exprime qu'imparfaitement l'idée. Mot à double entente, mot qui a deux sens, qui est susceptible de deux interprétations. Sens de mots, allusion tirée de la ressemblance des mots. Mot forgé, mot créé par plaisanterie et formé d'une manière bizarre. Mot hybride, mot composé d'autres mots qui appartiennent à des langues différentes. Mot artificiel, mot dont on se sert pour s'aider la mémoire par l'arrangement des lettres. Mots sacramentels, mots qui appartiennent à un sacrement; et, par extension, ceux qui sont essentiels à la validité d'un acte, d'une convention. Fig. et fam., gros mots, jurements, menaces, paroles offensantes. Fig., grands mots, expressions exagérées. Fig. et fam., traîner les mots, parler très lentement. Manger ses mots, ne pas prononcer nettement toutes les lettres ou toutes les syllabes des mots. Prov., il n'y a qu'un mot qui sauve, signifie tantôt, décidez-vous, dites-moi votre mot; tantôt, ce que je vous dis est mon dernier mot. Fam., ce ne sont que des mots, ces paroles sont vides de sens. Mot, se prend aussi pour ce qu'on dit ou ce qu'on écrit brièvement à quelqu'un. Entendre à demi-mot, comprendre facilement ce qu'un autre veut dire, sans qu'il se soit entièrement expliqué. Fam., s'il ne dit mot, il n'en pense pas moins, se dit d'un homme qui parle peu, et signifie, il a plus d'esprit, plus de sentiment qu'il ne paraît en avoir. Prov., qui ne dit mot consent, en certains cas, se taire c'est consentir. Par forme de menace, nous en dirons deux mots quand vous voudrez, nous viderons notre querelle quand il vous plaira. Bon mot, trait ingénieux, vif et plaisant. Fig. et fam., dire le fin mot, manifester entièrement ses projets, ses vues. Trancher le mot, donner une réponse décisive. Fam., le grand mot est lâché, le mot qu'on retenait est enfin échappé. Fam., mot pour rire, ce que l'on dit en plaisantant pour amuser les autres. Mot, signifie encore sentence, dit notable, apophtegme, parole mémorable. Il se dit aussi des pensées moins importantes. Mot, se dit en outre du prix que l'on demande ou que l'on offre de quelque chose. Prendre quelqu'un au mot, se hâter d'accepter une offre. Mot, dans un sens encore plus particulier, signifie un billet portant assurance et déclaration de quelque chose. Mot d'ordit parmi les gens de guerre, se dit du mot ou plutôt des deux mots qu'un chef donne à ceux qui sont sous ses ordres pour qu'ils puissent se reconnaître entre eux. Quand le chef donne deux mots, ce qui a presque toujours lieu, le premier s'appelle mot d'ordre, et le second mot de ralliement. Prov. et fig., avoir le mot, être averti de ce qu'il convient de dire ou de faire dans une certaine circonstance. Prov. et fig., ces gens-là se sont donné le mot, ils sont de concert et d'intelligence ensemble. Mot, dans une devise, signifie les paroles de la devise. Il se dit également d'un mot ou d'une phrase courte que quelques maisons illustres placent dans leurs armoiries. En un mot, loc. adv. Bref, enfin, en peu de mots. Mot à mot, mot pour mot, loc. adv., sans aucun changement ni dans les mots ni dans leur ordre. Mot à mot, s'emploie quelquefois substantivement, et signifie traduction littérale. A ces mots, loc. adv. usitée dans la narration. Après avoir ainsi parlé.

MOTET, s. m., psaume ou autres paroles latines mises en musique pour être chantées à l'église, et qui ne font point partie de l'office divin.

MOTEUR, s. f., celui qui donne du mouvement. Il se dit aussi au sens moral. Moteur, en terme de mécanique, signifie mobile, ce qui imprime le mouvement. Moteur, en terme d'anatomie, se dit des muscles qui font mouvoir un membre.

MOTHE-HOUDANCOURT (Philippe de La), duc de Cardone, né en 1605, commanda l'armée française en Catalogne l'an 1641, défit les Espagnols devant Tarragone, et leur prit différentes places. Le bâton de maréchal de France et la dignité de vice-roi en Catalogne furent la récompense de ses succès. La gloire de ses armes se soutint en 1642 et 1643, mais elle baissa en 1644. Il perdit une bataille devant Lérida, et fut obligé de lever le siège de Tarragone. Ayant encouru la disgrâce du roi, il fut enfermé dans le château de Pierre-Encise, et n'en sortit qu'en 1648, pour être une seconde fois vice-roi de Catalogne en 1651. Il se signala l'année d'après dans Barcelonne, qu'il défendit pendant cinq mois, et mourut en 1657.

MOTHE-LE-VAYER (François de La), né à Paris en 1588, renonça à la place de substitut du procureur-général du parlement, pour ne plus s'occuper que de ses livres. Lorsque Louis XIV fut en âge d'avoir un précepteur, on jeta les yeux sur La Mothe; mais, la reine ne voulant pas d'un homme marié, il exerça cet emploi auprès du duc d'Orléans, frère unique du roi. Cependant la reine, instruite des progrès du second de ses fils, chargea La Mothe de terminer l'éducation du roi. L'Académie française ouvrit ses portes à La Mothe-le-Vayer en 1639 et le perdit en 1672. Comme il avait plus de mémoire que de jugement, la contrariété des opinions des peuples dans qu'il étudia le jeta dans le pyrrhonisme : mais, s'il fut sceptique comme Bayle, il ne sema pas comme lui ses écrits de maximes pernicieuses qui, en séduisant l'esprit, corrompent le cœur. Il semble même dans plusieurs endroits borner son scepticisme aux sciences humaines, et respecter sincèrement la religion. On a recueilli ses ouvrages à Dresde, 1756-1759. 4 vol. in-8°. Cette édition est la meilleure et la plus complète de toutes. Son style est clair, mais diffus, et chargé de citations. Il perd souvent son objet de vue, et entre dans des digressions inutiles. Son *Traité de la vertu des païens* a été réfuté par le docteur Arnauld, dans son ouvrage de la *Nécessité de la foi en J.-C.* Parmi les œuvres de La Mothe, on ne trouve ni les *Dialogues faits à l'imitation des anciens,* sous le nom d'*Oratius Tubero,* ni l'*Hexameron rustique.* Ces deux ouvrages sont de lui, et on les recherche, surtout le premier. La *Traduction* de Florus, qu'on a sous le nom de La Mothe-le-Vayer, est d'un de ses fils, ami de Boileau, mort en 1664, à 35 ans.

MOTIF, s. f., ce qui meut et porte à faire quelque chose, à adopter un avis. Motif de crédibilité, ce qui peut raisonnablement porter à croire une chose, indépendamment des preuves démonstratives. Il se dit surtout en parlant des preuves qui établissent la vérité de la religion. Motif, en musique, signifie la phrase de chant, l'idée primitive qui domine dans le morceau.

MOTION, s. f., didactique. Mouvement, action de mouvoir. Motion, se dit aussi d'une proposition faite dans une assemblée délibérante par un de ses membres. Motion d'ordre, motion qui a pour objet particulier l'ordre de la discussion.

MOTIVER, v. a., alléguer, rapporter les motifs d'un avis, d'un arrêt, d'une déclaration quelconque. Il signifie aussi quelquefois servir de motif à.

MOTTE, morceau de terre détaché du sol par la bêche ou par la charrue. Les terres tenaces, argileuses sont sujettes à être soulevées en mottes, surtout après qu'il a plu, ou lorsque les troupeaux les ont piétinées pendant qu'elles étaient humides. Si on a donné un fort labour croisé avant l'hiver, il n'est pas nécessaire de les briser; elles se chargent d'eau de pluie, de la fonte de neige; les rayons du soleil, les gelées les préviennent et les divisent. Dans les pays où l'on a la mauvaise coutume de ne labourer les champs sur lesquels on

a levé la moisson qu'aux approches de l'hiver, les deux premières façons donnent constamment une quantité prodigieuse de mottes qui durcissent et deviennent de plus en plus compactes à mesure qu'elles se dessèchent. Si le temps se tient au sec au renouvellement de la belle saison, les labours que l'on donne, tant qu'il ne survient pas de pluie, ne font que les tourner, retourner et ne les brisent pas. Ce qu'il y a de mieux à faire dans ce cas, c'est de passer, aussitôt le premier labour donné, la herse à plusieurs reprises, de faire un second labour qui croise le premier, et de herser encore s'il soulève beaucoup de mottes. Si les pluies surviennent de nouveau, on herse chaque fois qu'on laboure. Le point essentiel est que la terre soit bien émiettée au moment des semailles, car il est impossible sans cela de bien semer, de semer également. Le semeur doit toujours avoir les yeux sur la place où il projette le grain. Les mottes le font chanceler, brisent l'uniformité du coup de main et forment des monticules d'où le grain roule pour se rassembler à leur base. S'il reste dessus ou que la herse le place dessous, il n'en est pas moins perdu. Dévoré par les oiseaux dans un cas, il est étouffé dans le second sous une masse qu'il ne peut pénétrer. Aussi des femmes, des enfants armés de maillets de bois à longs manches, marchent-ils ordinairement après le semeur pour les briser; mais c'est une augmentation considérable de dépense lorsqu'il faut casseler une grande étendue de terrain. Elle l'emporte de beaucoup sur celle qu'entraîne la herse, et l'ouvrage n'est jamais si bien fait. Si l'on compare un champ bien hersé avec un champ où l'on a été obligé de briser les mottes avec le maillet, on aperçoit dans celui-ci beaucoup de places vides et un très grand nombre d'autres inégalement semées. Si on était toujours assuré d'avoir une pluie favorable près de l'époque des semailles, les mottes seraient moins nuisibles, surtout si malgré leur résistance on avait donné des labours profonds, parce qu'elles offrent une plus grande surface capable de recevoir les impressions des météores. Mais comme rien n'est plus incertain que cette pluie bienfaisante, il faut herser autant de fois que le besoin l'exige et donner ensuite un nouveau labour, afin de découvrir et de présenter au soleil le plus de surface possible. Motte se dit aussi d'une butte, d'une éminence isolée, faite de main d'homme ou par la nature. Il signifie encore la portion de terre qui tient aux racines des plantes, quand on les lève ou arrache. Motte à brûler, petite masse plate et ronde, qui est faite ordinairement avec le tan qu'on ne peut plus employer à préparer les cuirs, et qui sert à faire du feu.

MOTTE (Jeanne de Luz de Saint-Remy de Valois, comtesse de La), née le 22 juillet 1756, à Fontette en Champagne, descendait de la maison royale de Valois, par Henri de Saint-Remy, fils naturel de Henri II. En 1780, elle épousa le comte de La Motte, qui servait dans la gendarmerie de France. Le cardinal de Rohan, à qui elle fut recommandée, lui conseilla de s'adresser directement à la reine, lui avouant qu'il avait encouru sa disgrâce. Elle tira dans la suite parti de cet aveu, en offrant au cardinal de devenir un intermédiaire entre lui et la princesse. Elle découvrit en même temps que la reine avait refusé au joaillier de la couronne l'autorisation d'acheter un superbe collier de 16 à 1,800,000 francs. Elle parvint à persuader au cardinal que cette princesse, dont elle était avoir gagné la confiance, désirait ce collier, et que son entremise dans cette affaire, où elle ne voulait pas paraître, lui serait agréable. Effectivement le cardinal acheta pour la reine le collier, et le livra à Mᵐᵉ de La Motte sur un simple autorisation qui portait la fausse signature de Marie-Antoinette de France (1ᵉʳ février 1785). La princesse n'en fut instruite que lorsque les joailliers se présentèrent pour réclamer le paiement. Elle se plaignit au roi, qui fit arrêter le cardinal. Celui-ci fut acquitté sur la preuve qu'on avait eue que le mari de Mᵐᵉ de La Motte était subitement passé de l'indigence à un luxe extrême. Mᵐᵉ de La Motte, arrêtée à Bar-sur-Aube, et conduite à la Bastille, fut condamnée à faire amende honorable, à être fouettée et marquée sur les deux épaules et renfermée pour le reste de ses jours à la Salpêtrière. Elle subit son arrêt dans la prison, parvint à s'évader, et alla rejoindre son mari, qui jouissait à Londres du fruit de son vol, mais elle mourut le 23 août 1791.

MOTTE-PICQUET (Toussaint-Guillaume Picquet, comte de La Motte, plus connu sous le nom de La), né en 1720 à Rennes, mort Brest le 10 juin 1791, avait passé 46 ans dans la marine et avait fait 28 campagnes. Parmi les actions qui illustrent son nom, nous citerons son expédition d'Amérique, signalée par le combat du Fort-Royal. Il avait mouillé dans cette rade pour réparer ses bâtiments qui avaient beaucoup souffert dans l'expédition de Savannah, lorsqu'un convoi de 26 voiles françaises, escorté par une seule frégate, fut attaqué par une escadre de 15 vaisseaux anglais. Ce convoi essentiel au succès de la guerre, allait être pris; La Motte-Picquet, avec un seul vaisseau à peine réparé, se porte en avant, attaque la tête de l'escadre ennemie, et, secondé de deux vaisseaux venus à son secours, disperse les navires anglais, et ne rentre au port qu'après que tous les vaisseaux français sont en sûreté.

MOTTEVILLE (FRANÇOISE BERTAUD, dame DE), née en Normandie vers 1621, morte à Paris en 1689, plut à Anne d'Autriche, qui la garda auprès d'elle. Ayant été disgraciée, sur les instances du cardinal de Richelieu, elle ne fut rappelée par la reine qu'après la mort de ce prélat. La reconnaissance lui inspira le dessein d'écrire les mémoires de cette princesse. On les a publiés sous le titre de *Mémoires pour servir à l'histoire d'Anne d'Autriche*, 1723, 5 vol. in-12, et 1750, 6 vol. in-12. Cet ouvrage curieux prouve une grande connaissance de l'intérieur de la cour et de la minorité de Louis XIV.

MOTTEREAU (*ois.*). On donne quelquefois ce nom vulgaire à l'hirondelle de rivage.　　　　　　　　　　　　J. P.

MOTU PROPRIO. C'est l'expression par laquelle on désigne, dans le droit canon, qu'une résolution a été prise par le pape, en dehors de toute influence étrangère, de son propre mouvement (*de motu proprio*). Les canonistes romains, s'appuyant sur le principe de l'infaillibilité du pape, prétendirent qu'une *schedula motus proprii* (cédule donnée spontanément) abolissait toutes espèces de réserves, toutes bulles et tous brefs antérieurs, et n'autorisait aucune exception en droit, si ce n'est celle de la captation. On comprend que cette prétention n'a jamais été admise par l'Eglise gallicane et autres.

MOU, OLLE, adj., qui cède facilement au toucher, qui reçoit facilement l'impression des autres corps; il est opposé à dur. On dit quelquefois mol au masculin, en poésie et dans le style soutenu, quand le mot qui suit commence par une voyelle. En physique, corps mous, ceux qui ne tendent pas à reprendre la figure que le choc ou la compression leur a fait perdre. Mou signifie figurément qui a peu de vigueur. Il signifie aussi indolent, inactif, qui manque de résolution, d'application; il signifie encore affaibli, énervé par les plaisirs. Mou se dit au sens moral des choses qui annoncent ou qui causent la mollesse de l'âme. Style mou, style qui manque de vigueur.

MOUCHARD, s. m., espion de police.

MOUCHE, s. f., insecte à deux ailes, dont une espèce est fort commune; on appelle de même tous les insectes dont les ailes sont transparentes. Il se dit également de quelques insectes coléoptères, c'est-à-dire dont les ailes extérieures ne sont pas transparentes. Prov., fig. et prop., gober des mouches, perdre le temps à attendre, à ne rien faire. Prov. et fig., prendre la mouche, se piquer, se fâcher mal à propos. Prov. et fig., quelle mouche le pique, il a piqué, se dit en parlant d'un homme qui s'emporte sans qu'on sache qu'il en ait sujet. Prov. et fig., faire d'une mouche un éléphant, exagérer extrêmement une petite chose. Fig. et fam., pieds de mouches, mauvaise écriture dont le caractère est menu, mal formé, et n'est point lié. Mouche se dit aussi d'un petit morceau de taffetas noir préparé, que les femmes se mettaient autrefois sur le visage ou pour cacher quelques élevures, ou pour faire paraître leur teint blanc. Mouches, au pluriel, se dit quelquefois des premières et des plus légères douleurs de l'enfantement. Mouche signifie encore figurément et familièrement celui ou celle que la police met à la suite de quelqu'un pour épier ses démarches et en rendre compte. Mouche se dit aussi d'une espèce de jeu de cartes qui se joue à plusieurs personnes, depuis trois jusqu'à six. En astronomie, la mouche, constellation de l'hémisphère austral, qui n'est point visible dans nos climats.

MOUCHER, v. a., presser les narines pour en faire sortir la surabondance des humeurs qui tombent dans le nez; il s'emploie aussi avec le pronom personnel; il s'emploie quelquefois absolument dans le même sens que s'il était accompagné du pronom. Moucher du sang, rendre du sang par le nez en se mouchant. Moucher, en parlant d'une chandelle, d'une bougie, etc., signifie ôter le bout du luminen lorsqu'il empêche la chandelle, la bougie, etc., de bien éclairer.

MOUCHEROLLE, *muscipeta* (*ois.*), genre d'oiseaux de l'ordre des passereaux dentirostres, famille des muscicapidées, formé aux dépens de l'ancien grand genre des gobe-mouches.

Les caractères sont : bec long, très déprimé, deux fois plus large que haut, à arête très obtuse; mandibule supérieure recourbée sur la mandibule inférieure, qui est pointue à son extrémité, et garnie à sa base de poils très longs et recouvrant plus ou moins les narines; les ailes ont la quatrième ou la cinquième penne plus longue que les autres; les pieds sont faibles, médiocres; les doigts au nombre de quatre. Les moucherolles ont du reste avec les gobe-mouches les plus grands rapports; leurs mœurs et leurs habitudes sont les mêmes, ainsi que leur port. Ces oiseaux, de petite taille, ont un plumage orné des plus vives couleurs; leur queue est souvent ornée de longues plumes, et leur tête de belles huppes brillantes. Les moucherolles ne se rencontrent pas en Europe. On en connaît un grand nombre d'espèces, toutes d'Asie, d'Afrique, d'Amérique ou des îles de l'Océanie. Nous citerons comme l'une des plus belles espèces le moucherolle à huppe transverse (*todus regius*, Lath.), ou roi des gobe-mouches. Ce joli petit oiseau est surtout remarquable par la magnifique huppe d'un beau rouge bai, terminée de noir, qui couronne son front. Les parties supérieures du corps sont d'un brun foncé, les pennes des ailes et l'abdomen sont roux; la poitrine blanche, maculée de brun; la gorge jaunâtre, rehaussée par un collier noir; le bec et les pieds sont noirs. Cette espèce habite l'Amérique méridionale.　　　　　　　　　　J. P.

MOUCHERONS (*ins.*), nom vulgaire sous lequel on désigne les petits diptères.　　　　　　　　　　　　　　　J. P.

MOUCHETER, v. a., marquer une étoffe de petites taches rondes placées symétriquement; il est quelquefois adjectif et signifie la même chose que tacheté en parlant de certains animaux. Blé moucheté, blé malade qui a une poussière noire dans les poils placés à l'une des extrémités du grain. En termes d'escrime, sabre moucheté, épée mouchetée, sabre, épée dont on a garni la pointe de manière à pouvoir les employer sans danger pour s'exercer à l'escrime.

MOUCHETTES, s. f. pl., instrument à deux branches avec lequel on mouche les chandelles, les bougies.

MOUCHOIR, s. m., morceau carré de toile, de fil ou de coton, et quelquefois de tissu de soie, dont on se sert pour se moucher. Prov. et fig., jeter le mouchoir, choisir à son gré entre plusieurs femmes celle qu'on préfère, par allusion à la manière dont on prétend qu'en use, chez les Turcs, le maître d'un harem, qui déclare la favorite en lui jetant un mouchoir.

MOUCHY ou **MONCHY** (ANTOINE DE), natif de Ressions dans le diocèse de Beauvais, docteur de la maison et société de Sorbonne, plus connu sous le nom de *Démocharès*, se distingua par son zèle contre les calvinistes. Nommé inquisiteur de la foi en France, il rechercha les hérétiques avec une vivacité et une vigilance extrêmes. C'est de son nom qu'on appela *mouches* ou *mouchards* ceux qu'il employait pour découvrir les sectaires; et ce nom est resté aux espions de la police. Le zèle de Mouchy ne produisit qu'un petit nombre de conversions, et ne put empêcher que la France ne devînt la victime de la nouvelle secte qui déchira son sein. Le docteur devint chanoine et pénitencier de Noyon, fut l'un des juges d'Anne du Bourg, et parut avec éclat au colloque de Poissy, au concile de Trente, et à celui de Reims en 1564. Il mourut à Paris, seigneur de Sorbonne, en 1574, à 80 ans. On a de lui : la *Harangue* qu'il prononça au concile de Trente, un *Traité du sacrifice de la messe*, en latin, in-8o, et un grand nombre d'autres ouvrages.

MOUDRE, v. a., broyer, mettre en poudre par le moyen du moulin; il s'emploie quelquefois absolument. Fig., moudre un homme de coups, le battre violemment. Or moulu, or réduit en très petites parties, et dont on se sert quelquefois pour dorer les métaux. Fig., avoir le corps tout moulu, sentir des douleurs par tout le corps pour avoir couru la poste ou pour avoir couché sur la dure, etc.

MOUE, s. f., grimace que l'on fait en rapprochant et en allongeant les lèvres en signe de dérision ou de mécontentement. Fig. et fam., faire la moue, bouder, témoigner de la mauvaise humeur par son silence et son air.

MOUÉE, s. f., terme de vénerie, mélange de sang de cerf, de lait et de pain coupé qu'on donne aux chiens à la curée.

MOUETTE, *larus* (*ois.*), genre de l'ordre des palmipèdes, créé par Linné, et comprenant, suivant plusieurs ornithologistes, non-seulement les mouettes proprement dites, mais encore les oiseaux connus sous le nom de goélands. Comme nous avons parlé des derniers dans un article particulier, nous ne nous occuperons ici que des mouettes proprement dites. Les principaux caractères de ces oiseaux sont : un bec de médiocre longueur, lisse, tranchant, comprimé latéralement; la mandibule supérieure recourbée vers le bout, l'inférieure renflée près de la pointe; les narines latérales placées au milieu du bec; le tarse est long et nu au-dessus du genou; les trois doigts antérieurs sont entièrement palmés, et les latéraux bordés d'une petite membrane; le doigt de derrière fort petit et dépourvu d'ongle dans quelques espèces; les ailes sont très larges et dépassent la queue. Les mouettes sont excellents voiliers; on les rencontre quelquefois à plus de cent lieues des côtes; elles nagent parfaitement et bravent les plus fortes tempêtes. Ce sont du reste des oiseaux qui, dans le repos, ont un port lourd et ignoble. Leur tête est grosse, portée par un cou très court; leur plumage est très serré. Lâches, voraces et criards, ces oiseaux vivent de poissons, de mollusques, de vers, et débarrassent la mer de tous les cadavres qui surnagent. Les poissons et les corps putréfiés jetés sur les côtes sont recherchés par eux; en un mot, on leur a appliqué avec raison le nom de vautours de mer. Les mouettes habitent tous les rivages, mais principalement les pays du Nord. On compte une vingtaine d'espèces, dont le plumage est mélangé de blanc, de cendré bleuâtre, de gris, de noir, de brun.   J. P.

MOUFET (Thomas), célèbre médecin anglais, né à Londres, et mort vers 1600, est connu par un ouvrage recherché. Cet ouvrage, commencé par Edouard Wotton, Conrad Gesner, Thomas Pennius, et achevé par Moufet, fut imprimé à Londres en 1634, in-fol., sous ce titre : *Theatrum insectorum*, avec des figures. Moufet n'est pas assez en garde contre les erreurs populaires.

MOUFETTE, *mephitis* (mam.), genre de carnassiers digitigrades voisins des martes, dont il diffère par l'épaississement de leurs dents tranchantes et par l'élargissement de leurs molaires, ce qui dénote que ces animaux sont moins carnassiers que les martes. Leur tête est courte, leur nez peu saillant, leur museau terminé par un mufle; les yeux sont simples; leurs membres sont pentadactyles, armés d'ongles robustes, arqués, propres à fouir. La queue est médiocre ou très courte, et se relève en panache sur le dos. Le pelage des moufettes est très fourni et fort long; de longues moustaches garnissent le museau. On ne connaît pas encore bien les mœurs de ces animaux; on sait seulement qu'ils vivent dans des terriers, qu'ils ont des habitudes nocturnes, se nourrissent de petits mammifères, d'oiseaux et d'œufs, et que, comme les martes, ils commettent de grands dégats dans les basses cours. Leur nom de moufette et de *mephitis* leur vient de l'odeur infecte qu'ils répandent surtout lorsqu'ils sont irrités et qu'ils veulent éloigner leurs ennemis. Cette odeur est tellement forte, au rapport des voyageurs que l'on risque d'en être suffoqué, et que les autres animaux en prennent la fuite en hurlant. On connaît plusieurs espèces de moufettes dont les couleurs générales sont le blanc et le brun noir, mais elles ne sont pas encore parfaitement distinguées. On cite cependant le chinche (*viverra mephitis*, Fr. Cuv.), qui se rencontre dans toute l'Amérique, la moufette du Chili, le coase, le conépate, etc. Toutes ces espèces, que plusieurs auteurs ne regardent que comme des variétés, habitent l'Amérique. G. Cuvier, et après lui M. Desmarest, les réunissent sous la dénomination de *mephitis Americana*.   J. P.

MOUFLE, s. f., machine formée d'un assemblage de plusieurs poulies qui sert à élever et à descendre des poids considérables. Moufle se dit aussi d'une mitaine, d'un gros gant de cuir ou de laine où il n'y a pas de séparation pour les doigts, excepté pour le pouce.

MOUHY (Charles de Fieux, chevalier de), né à Metz le 9 mai 1701, vint de bonne heure à Paris, où, n'ayant d'autre ressource que sa plume, il publia un très grand nombre de romans écrits d'un style bas et rampant, dont les événements sont invraisemblables, et amenés ordinairement avec contrainte; il en tirait cependant assez bon parti, parce qu'il les colportait partout, et l'on était forcé de les acheter pour se débarrasser de ses instances. Les moins mauvais sont : la *Mouche, ou les aventures de Bigand*, où l'on trouve de la gaîté, de l'imagination, de l'originalité; la *Paysanne parvenue*, faible imitation du *Paysan parvenu* de Marivaux; *les dangers des spectacles*. On a encore de lui un *Abrégé de l'histoire du Théâtre-Français*, 1780, 3 vol. in-8°. Ce n'est qu'une sèche nomenclature chronologique remplie d'omissions et d'inexactitudes. Mouhy mourut à Paris en 1704.

MOUILLAGE, s. m., lieu de la mer propre à y jeter l'ancre.

MOUILLER, v. a., tremper, humecter, rendre moite et hu-

mide. Mouiller l'ancre, jeter l'ancre en quelque endroit de la mer pour arrêter le bâtiment. Fig. et fam., poule mouillée se dit d'une personne qui manque de résolution et de courage.

MOUILLETTE, s. f., petit morceau de pain long et mince qu'on trempe dans les œufs à la coque.

MOULAGE, s. m., action de mouler des ouvrages de sculpture. Moulage s'est dit aussi de l'action de mesurer le bois.

MOULE, s. m. Il se dit de tout objet qui a un vide, un creux taillé ou façonné de telle sorte que la matière en fusion, liquéfiée, molle ou détrempée qu'on y introduit reçoit une forme déterminée. Prov. et fig., cela ne se jette pas en moule, cet ouvrage ne se peut faire qu'avec beaucoup de soin et de temps. Moule de bouton, petit morceau de bois ou d'os, plat, rond, et percé au centre, qu'on recouvre d'une étoffe pour en faire un bouton d'habit. Moule se dit aussi d'une ancienne mesure de bois à brûler qui n'est plus en usage.

MOULE, *mytilus*, genre de mollusques établi par Linné, qui y comprenait des huîtres, des avicules et des anodontes. Lamarck a séparé ces dernières, et établit le genre moule tel qu'on le connaît aujourd'hui. La coquille des moules est souvent nacrée à l'intérieur; la surface est revêtue d'un épiderme corné bleuâtre, sous lequel se trouvent souvent des couleurs très vives nuancées de pourpre et de violet. Les moules ont le corps ovale, allongé; les lobes du manteau, simples ou frangés, réunis postérieurement pour former un syphon anal; la bouche, assez grande, est munie de deux paires de polypes labiaux triangulaires; le pied est grêle et secrète un byssus grossier qui sert à fixer l'animal; les branchies forment quatre feuillets presque égaux; le muscle adducteur postérieur est grand et arrondi; le muscle antérieur, beaucoup plus petit, est accompagné par deux muscles longitudinaux qui servent aux mouvements du pied. La coquille est équivalve, régulière; la charnière est ordinairement sans dents. Lamarck divise son genre moule en deux sections : celles à coquille striée ou sillonnée longitudinalement, et celles à coquille lisse ou sans sillon; dans cette dernière vient se ranger la moule comestible, connue de tout le monde; elle est très abondante sur toutes les côtes d'Europe, et se trouve souvent fixée en quantité considérable aux rochers des côtes de Bretagne et de Normandie, où l'on va la chercher à la mer basse. On trouve souvent à l'intérieur des moules un petit crustacé du genre pinnothère, mais c'est alors qu'on attribue à sa présence les qualités malfaisantes de ces mollusques.
                                                               J. P.

MOULER, v. a., jeter en moule, faire au moule, quand il s'agit des métaux on dit mieux fondre ou couler. Mouler un bas-relief, une statue, etc., y appliquer une matière propre à en recevoir l'empreinte en creux et à servir de moule pour les reproduire exactement. Fig. et fam., se mouler sur quelqu'un, se former sur lui, le prendre pour modèle. Prov., croire tout ce qui est moulé, déférer à l'autorité de quelque livre que ce soit. Moulé se dit quelquefois substantivement et absolument des caractères imprimés; il est populaire.

MOULEUR, s. m., ouvrier qui moule des ouvrages de sculpture.

MOULIN, s. m., machine à moudre du grain, etc.; il se dit aussi de plusieurs autres machines du même genre qui servent à divers usages. Prov. et fig., faire venir l'eau au moulin, procurer du profit par son industrie ou à soi ou aux siens. Prov., fig. et pop., laissez-le faire, il viendra moudre à notre moulin, se dit en parlant d'un homme dont on n'est pas content, et signifie il aura besoin de nous à son tour. Prov. et fig., se battre contre les moulins à vent, se forger des chimères, se créer des fantômes pour les combattre. Prov. et fig., c'est un moulin à paroles, se dit d'une personne fort babillarde.

MOULIN (Charles du), né à Paris en 1507, plaida pendant quelques années au Châtelet et au parlement. Mais une difficulté de langue l'ayant dégoûté du barreau, il s'appliqua à la composition des ouvrages qui ont rendu sa mémoire célèbre. Il publia en 1539 son *Commentaire sur les matières féodales* de la coutume de Paris. Dans l'enthousiasme que produisit cet ouvrage, le parlement lui offrit une place de conseiller qu'il refusa pour consacrer plus de temps à ses études et à la composition de ses livres. En 1551 parurent ses *Observations* sur l'édit du roi Henri II, contre les *petites dates*; livre qui déplut beaucoup au saint-siége. On sent bien que l'auteur, infecté des nouvelles erreurs, ne le ménagea pas. Le peuple de Paris, informé de son attachement au parti huguenot, pilla sa maison en 1552. Se voyant en danger d'être maltraité, il passa à Bâle, s'arrêta quelque temps à Tubingen, et alla à Strasbourg, à Dôle et à Besançon, travaillant toujours à ses ouvrages, et enseignant le droit avec une réputation extraordinaire partout où il faisait quelque séjour. En 1556, George, comte de Montbéliard, le retint prisonnier pour n'avoir pas voulu se charger d'une certaine cause ; mais Louise de Beldon, sa femme, accourut à son secours, et témoigna tant de courage, que le comte fut obligé de céder. De retour à Paris en 1557, il en sortit encore en 1562, pendant les guerres de religion. Il se retira pour lors à Orléans, et revint à Paris en 1364. Trois de ses *Consultations*, dont la dernière regardait le concile de Trente, lui suscitèrent de nouvelles affaires. Il fut mis en prison à la Conciergerie ; mais il en sortit peu de temps après, à la sollicitation de Jeanne d'Albret. Il était si avare de ses moments, que, quoique ce fût alors l'usage de porter la barbe, il se la fit couper, pour ne pas perdre de temps à la peigner. On le regardait comme la lumière de la jurisprudence, et comme l'oracle des Français. On citait son nom avec ceux des Papinien, des Ulpien ,et des autres grands jurisconsultes de Rome. Sur la fin de sa vie, il abandonna entièrement le parti protestant, et mourut à Paris, avec de grands sentiments de soumission à l'Eglise catholique, en 1366 Charles du Moulin était certainement un homme d'un très grand mérite, mais il était trop plein de lui-même, et ne faisait pas assez de cas des autres. Que peut-on penser d'un homme qui s'appelait le *Docteur de la France et de l'Allemagne,* et qui mettait à la tête de ses consultations : « Moi, qui ne cède à personne, et à qui personne ne peut rien à apprendre? » Ses œuvres ont été recueillies en 1681, 5 vol. in-fol.

MOULIN (Pierre du), théologien de la religion prétendue réformée, naquit en 1560. Après avoir enseigné la philosophie à Leyde, il fut ministre à Charenton, et entra, en cette qualité, auprès de Catherine de Bourbon, princesse de Navarre, sœur du roi Henri IV, mariée en 1399 avec Henri de Lorraine, duc de Bar. Il passa l'an 1615 en Angleterre, à la sollicitation du roi de la Grande-Bretagne, et y dressa un plan de réunion des églises protestantes. De retour en France, il se livra à cet esprit inquiet et tracassier qui, de l'aveu de l'amiral Coligni, faisait le caractère du huguenotisme. Craignant avec raison que le roi ne le fît arrêter, il se retira à Sedan où le duc de Bouillon le fit professeur en théologie, ministre ordinaire, et l'employa dans les affaires de son parti. Il y mourut en 1658, avec la réputation d'un satirique sans goût et d'un théologien emporté. Son caractère se fait sentir dans ses ouvrages, que personne ne lit plus.

MOULIN (Pierre du), fils aîné du précédent, hérita des talents et de l'impétuosité de génie de son père. Il fut chapelain de Charles II, roi d'Angleterre, et chanoine de Cantorbéry où il mourut en 1684, à 84 ans. On a de lui un livre intitulé *la Paix de l'âme,* qui est fort estimé des protestants et dont la meilleure édition est celle de Genève, en 1720, in-12.

MOULIN (Gabriel du), curé de Maneval, au diocèse de Lisieux, s'est fait connaître dans le XVII° siècle par une *Histoire générale de Normandie sous les ducs,* Rouen, 1631, in-fol., rare et recherchée, et par l'*Histoire des conquêtes des des Normands dans les royaumes de Naples et de Sicile,* in-folio, moins estimée que la précédente.

MOULINAGE, s. m., action de tordre ou de filer la soie avec une espèce de moulin garni de bobines et de fuseaux.

MOULINER, v. a., faire subir à la soie les opérations du moulinage. Mouliner, se dit aussi des vers qui rongent le bois et le mettent par places en menue poussière.

MOULINET, s. m., espèce de tourniquet dont on se sert pour enlever ou pour tirer des fardeaux. Il signifie aussi une certaine machine dont on se servait pour travailler à la monnaie.

MOULINET (Claude du), chanoine régulier de Sainte-Geneviève à Paris, bibliothécaire et directeur du cabinet des médailles de cette maison célèbre, vivait encore fort âgé en 1692. On a de lui : *Réflexions historiques et curieuses sur les antiquités des chanoines tant réguliers que séculiers,* Paris, 1674, in-4° ; *Historia summorum pontificum per eorum numismata ab anno 1417 ad annum 1678,* Paris, 1679, in-fol.; ouvrage effacé par celui du P. Bonami sur le même sujet.

MOULINS (Gyrard des), prêtre et chanoine d'Aire en Artois, devint doyen de son chapitre en 1297. Il est connu par sa traduction de l'Abrégé de la Bible du P. Comestor, sous le titre de *Livres de la Bible historiaulx.* Il y a des choses singulières dans cette version qui fut imprimée à Paris, in-fol., 2 vol., 1490.

MOULINS (Laurent des), prêtre et poète, né dans le diocèse de Chartres, florissait au commencement du XVI° siècle. Il est connu par un poème moral intitulé le *Catholicon des mal-avisés,* autrement appelé le *Cimetière des malheureux,* Paris, 1513, in-8°, et Lyon, 1531, même format. C'est une fiction sombre et mélancolique où l'on trouve des images fortes.

MOULINS-SUR-ALLIER (*Molinæ*), ville de l'ancien Bourbonnais, aujourd'hui chef-lieu du département de l'Allier. Son origine ne paraît guère devoir remonter au-delà du X° siècle. Archambaud VIII de Bourbon en affranchit les habitants de la taille aux quatre cas, moyennant une redevance annuelle. Robert, fils de saint Louis, y fonda un hôpital en 1269 ; mais elle ne prit pas une importance réelle qu'en 1368, quand le duc Louis II de Bourbon revint d'Angleterre. Depuis cette époque jusqu'à la fuite du connétable, les princes de cette branche des Bourbons y résidèrent constamment. Du reste, Moulins n'a guère vu que deux événements historiques d'une haute importance, le mariage d'Antoine de Bourbon-Vendôme avec Jeanne d'Albret, en 1548, et la fameuse assemblée de 1566, où fut rendue la célèbre ordonnance dite de Moulins. A Moulins réside un évêque, suffragant de l'archevêché de Lyon, un tribunal de première instance et de commerce, un collège royal et un grand séminaire. Cette ville a plusieurs sociétés d'agriculture, de sciences et d'arts, un musée, une bibliothèque, un cabinet d'histoire naturelle et de physique, de belles fontaines, de jolies promenades et une jolie cathédrale, dédiée à Notre-Dame, et qui contient les tombeaux de Jeanne de France, fille de Charles VII, de Jacques d'Armagnac, de Jean II. Dans le collège se trouve le mausolée élevé à la mémoire du duc de Montmorency, décapité en 1632. Il existe à Moulins plusieurs manufactures de toiles, de bas et de soie, des filatures, des fabriques de coutellerie, des forges; un commerce assez actif de grains, de bestiaux, de porcs, de vins, donnent de la vie à Moulins et y entretiennent l'industrie. On exploite des carrières de marbre rouge, jaune et bleu dans ses environs. 15,000 habitants.

MOULLART (Mathieu, évêque d'Arras), né à Saint-Martin-sur-Cojeul, à un myriamètre d'Arras, fit ses études à Louvain, sous la direction du célèbre Martin Rithove, se fit religieux bénédictin dans l'abbaye de Saint-Guillain en Hainaut, et devint successivement prieur et abbé de ce monastère. Les états de Hainaut le chargèrent de différentes missions qu'il remplit avec intelligence. En 1571, ils le députèrent en Espagne auprès du roi Philippe II, et à l'occasion de ce voyage, il visita à Rome le pape Grégoire XIII qui apprécia son mérite. Il déploya beaucoup de zèle, de la prudence et de la fermeté à réprimer les désordres causés en Flandre, par l'hérésie qui s'y était glissée au moyen de la propagande hollandaise. Nommé à l'évêché d'Arras en 1575, pour succéder à François Richardot, il fut sacré la même année et fit son entrée solennelle dans sa ville épiscopale le 1er octobre 1577. Mais le 17 mars de l'année suivante, ce prélat se vit contraint de s'expatrier en toute hâte, pour éviter de tomber entre les mains des patriotes fauteurs du protestantisme et partisans du prince d'Orange. Après l'exécution des principaux moteurs des troubles qui agitèrent Arras à cette occasion, il y rentra aux acclamations du clergé et de tout le peuple. Mathieu Moullart était l'ennemi des calvinistes qui connaissaient son zèle pour les intérêts de la religion catholique. Il contribua puissamment, en effet, à maintenir les provinces wallonnes dans l'unité religieuse et la fidélité au roi d'Espagne. Strada parle longuement de sa négociation auprès des états d'Artois pour arriver à ce double résultat. Son zèle ne parut pas moins dans les périls de la guerre que dans les affaires ecclésiastiques, et les négociations dont il fut chargé. Le roi Henri IV ayant fait une tentative sur Arras en 1597, « ses troupes furent repoussées, dit Gazet, et spécialement par la valeur des bourgeois de la cité, encouragés et animés par la présence de cet évêque qui se trouva courageusement sur les remparts, encore qu'il fût de grand âge et assez mal habile de corps. » Cet évêque fonda, dans l'université de Douai, un séminaire qui portait son nom, et qu'il avait doté de vingt bourses. Il mourut à Bruxelles le 11 juillet 1600. Son corps fut rapporté à Arras, et on l'inhuma dans le chœur de la cathédrale. Il publia un synode tenu dans son diocèse pendant son administration, et un Bréviaire pour l'usage de son clergé. On trouve son testament olographe aux archives départementales du Pas-de-Calais. L'abbé Parenty.

MOULT, adv., vieux mot qui signifie beaucoup.

MOULURE, s. f., nom générique des diverses parties d'un profil d'architecture, c'est-à-dire des parties plus ou moins saillantes, carrées ou rondes, droites ou courbes, qui servent d'ornement dans un ouvrage d'architecture. Il se dit, dans un sens analogue, en parlant des ouvrages de menuiserie et autres semblables.

MOUNIER (Jean-Joseph), homme d'Etat, né à Grenoble le 12 novembre 1758, eut pour père un commerçant estimé qui veilla à son éducation, et lui fit faire d'excellentes études. On assure que l'excessive sévérité de son premier instituteur et les contrariétés qu'il eut à souffrir lorsqu'il voulut entrer dans l'état militaire, lui inspirèrent une haine violente contre toute espèce d'oppression et de privilége. Mounier avait sans doute méconnu sa vocation ; car ses succès au barreau annoncaient qu'il était né pour être jurisconsulte. Cédant enfin au vœu de sa famille, il entra chez un avocat, obtint le titre de bachelier en droit à l'université d'Orange, et après trois ans d'études chez les membres les plus éclairés du parlement de Grenoble, il fut reçu avocat en 1779. Peu après, il acheta la charge de juge royal, place qu'il exerça pendant six ans et dans laquelle il s'acquit la plus grande considération. Dans les intervalles de ses travaux judiciaires, il s'occupait de politique et de droit public. Il étudia particulièrement les institutions anglaises. Lorsque les premiers troubles civils éclatèrent, Mounier, en sa qualité de juge royal, fut appelé à l'assemblée des notables du Dauphiné qui devaient suppléer le parlement exilé, et il fut le conseil et le guide de cette assemblée ; il y proposa la réunion des ordres et cette opinion par tête qui allait bientôt exciter de si vifs débats. Il fut aussi chargé de la rédaction de l'adresse au roi. Appelé aux états généraux du Dauphiné, il en fut nommé le secrétaire, et donna un plan d'organisation des états de sa province, qui fut adopté par l'assemblée. Nommé député aux états généraux, il s'y présenta précédé d'une réputation qu'il s'était acquise dans les assemblées de sa province ; et dès les premières séances, il exerça beaucoup d'empire sur les délibérations. Lorsque la chambre du tiers-état s'occupa, le 15 juin, de la question relative à la forme dans laquelle elle se constituerait, Mounier proposa l'arrêté suivant : « La majorité des députés, délibérant en l'absence de la minorité dûment invitée, arrête que les délibérations seront prises par tête et non par ordre, et qu'on ne reconnaîtra jamais aux membres du clergé et de la noblesse le droit de délibérer séparément. » On sait que le lendemain la chambre des communes se déclara à une grande majorité (assemblée nationale). Le 20 juin, il fut un des provocateurs de la fameuse séance et du serment du Jeu de Paume, et il vota une adresse au roi ; il s'opposa le 1er juillet à ce que l'assemblée s'immisçât dans la discipline militaire, qui n'appartient qu'à Louis XVI. Le 6, il soutint les mêmes principes à l'occasion du rassemblement des troupes dont Mirabeau demandait l'éloignement. Son discours calma les esprits, mais ce fut pour bien peu de temps. Le 9, il fit un long rapport sur la manière de procéder à la rédaction de la constitution, et proposa de le faire précéder d'une déclaration des droits de l'homme. Le 13, il invita les députés à prier le roi de rappeler les ministres renvoyés, et imputa les désordres publics aux ennemis de la liberté qui abusaient de la confiance du monarque. Le 15, il s'éleva contre ceux qui voulurent exiger le rappel de Necker, et soutint avec éloquence qu'on ne pouvait le conseiller à Louis XVI, qui seul avait le droit de changer ses ministres. Cependant il insista alors pour que le roi renvoyât les troupes qu'il avait appelées à Paris. Le 14, il entra au comité de constitution, et le 27, il lut à l'assemblée, au nom de ce comité, un projet de déclaration des droits de l'homme, et un aperçu des principes sur lesquels il comptait établir une constitution monarchique mitigée. Le 31 juillet, il déclamait contre les proscriptions arbitraires du peuple de la capitale ; il insista sur la poursuite des crimes publics, qui n'appartenait pas, disait-il, à Paris seul, mais à toute la nation. Le 10 août, il proposa et fit adopter, malgré Mirabeau, une formule de serment pour les troupes, et le décret qui autorisait les autorités à les requérir toutes les fois que le maintien du bon ordre l'exigeait. Le 20, il présenta une nouvelle rédaction des premiers articles des droits de l'homme, qui furent presque unanimement adoptés, et le 28, il reproduisit, à quelques changements près, son projet de travail pour la constitution. Le 29, il parla en faveur du *veto* royal. Le 31, il lut, au nom du comité de constitution, un projet d'organisation pour le corps législatif ; et le 4 septembre, il développa deux des articles de ce projet,

dont le premier avait rapport au *veto* absolu qu'il voulait accorder au roi, et le second à la formation d'un corps législatif permanent, divisé en deux chambres, celle des représentants et celle du sénat. Cette opinion mit la discorde parmi les patriotes, qui se partagèrent en trois factions, dont l'une voulait une seule chambre, la seconde deux chambres également composées, et la troisième une chambre haute et une chambre basse. Le 23, Mirabeau ayant proposé de s'occuper d'une loi sur la régence, Mounier s'y opposa vivement, et réfuta cette motion comme couvrant un piège tendu par la faction orléaniste. Dans le même temps, il demanda qu'une récompense de 100,000 francs fût promise à quiconque donnerait des preuves d'un complot contre la sûreté et la liberté du roi et de l'assemblée. Alors il fut en butte à la rage des factieux ; sa tête fut mise à prix dans le jardin du Palais-Royal ; mais il continua à montrer le même courage. Dans la fameuse journée du 5 octobre, Mirabeau s'approcha de lui pour l'encourager à presser la délibération, même à lever la séance en lui montrant l'arrivée de 40,000 hommes venant de Paris. « Eh bien ! répliqua-t-il, c'est une raison de plus pour que l'assemblée reste à son poste. — Mais, Monsieur le président, on vous tuera. — Tant mieux : si l'on nous tue tous sans exception, la chose publique en ira mieux. Pendant ce dialogue, plusieurs individus, hommes et femmes, entrèrent pour demander du pain avec une audace menaçante. « Le seul moyen d'obtenir du pain, leur dit Mounier, est de rentrer dans l'ordre ; plus vous menacerez, moins il y aura du pain. » Persuadé après cette journée que l'autorité royale était asservie, dégradée, et que les membres de l'assemblée elle-même ne pouvaient plus jouir d'aucune espèce de liberté, il crut que le premier devoir des députés fidèles à leurs mandats était de se rendre dans leur province pour éclairer leurs commettants, et de proposer les moyens de réunir une nouvelle assemblée qui pût délibérer librement, et résister à la tyrannie démagogique que la capitale cherchait à créer. Il envoya donc sa démission à l'assemblée le 8 octobre, et se prépara à partir pour Grenoble. Le comte de Lalli-Tolendal, l'ayant trouvé dans une profonde rêverie, lui en demanda le motif. Je le pense, répondit-il, qu'il faut se battre. Le Dauphiné a appelé les Français à établir la liberté, il faut qu'il les appelle aujourd'hui à défendre la royauté. » Mounier fut reçu à Grenoble de la manière la plus honorable. Il s'occupait des moyens d'arracher le roi à une indigne captivité, lorsque ce monarque, dominé par la crainte ou trompé par les intrigues des factieux, déclara qu'il défendait toute assemblée des états comme illégale, et annulait les délibérations qui auraient été prises. Ainsi les efforts de Mounier se trouvaient paralysés ; il résolut de vivre dans la retraite, en attendant des circonstances plus heureuses ; mais signalé comme un traître par des lettres de Paris, il passa à Genève. Il écrivit un nouvel ouvrage intitulé *Appel à l'opinion publique*, qui contenait des éclaircissements sur les journées des 5 et 6 octobre, ainsi qu'une réfutation du rapport de Chabroud en faveur du duc d'Orléans et de ses complices. Il se rendit ensuite à Berne, puis à Londres, où il reçut l'accueil le plus flatteur et l'offre de grand juge au Canada, qu'il refusa, ne pouvant supporter l'idée de renoncer à sa patrie. Il accepta seulement une chaire pour l'éducation du fils d'un père de la Grande-Bretagne, et parcourut avec son élève la Suisse et une partie de l'Italie ; il se rendit alors en Allemagne, et éleva à Weimar, en Saxe, une maison destinée à compléter l'éducation qui se vouait aux fonctions publiques. Sa retraite et celle des députés qui pensaient comme lui fut blâmée de plusieurs personnes. On dit qu'avec leur talent et la popularité dont quelques-uns jouissaient même, ils auraient pu empêcher beaucoup de délibérations imprudentes ou perfides qui furent la source de malheurs incalculables. Malouet, qui professait les mêmes principes, resta et montra par sa fermeté, pendant tout le cours de la session, qu'un homme d'un véritable courage, placé à une certaine hauteur, est toujours libre quand il veut l'être : il ne tarda pas à le prouver. Mounier ayant obtenu en 1801, par le moyen de ses amis, sa radiation de la liste des émigrés, rentra en France et fut nommé en 1802 préfet du département de l'Ile-et-Vilaine. Deux ans après, il fut élu par le collège électoral de ce département candidat au sénat conservateur. En 1805, on l'appela au conseil d'Etat. Il mourut d'une hydropisie de poitrine le 26 janvier 1806. Ses principaux ouvrages sont : 1° *Considérations sur les gouvernements, et principalement sur celui qui convient à la France*, 1789, in-8° ; 2° *Exposé de ma conduite et des motifs de mon retour en Dauphiné*, 1789, in-8° : 3° *Appel à l'opinion publi-*

que, Genève, 1790, in-8°. Cet ouvrage contient la relation détaillée des événements des 5 et 6 octobre ; 4° *Examen du Mémoire du duc d'Orléans, et nouveaux éclaircissements sur les crimes des 5 et 6 octobre*, 1791, in-8° ; 5° *Recherches sur les causes qui ont empêché les Français de devenir libres, et sur les moyens qu'il leur reste pour acquérir la liberté*, Genève, 1792, 2 vol. in-8°, l'un des ouvrages politiques les plus remarquables de la révolution. Il fut traduit en allemand par M. Gentz qui l'a augmenté de notes intéressantes ; 6° *Adolphe*, ou *Principes élémentaires de politique, et résultat de la plus cruelle des expériences*, Londres, 1795, in-8°. Cet ouvrage fut composé dans le but de montrer l'abus qu'on avait fait en France du dogme de la souveraineté du peuple ; 7° *De l'influence attribuée aux philosophes, aux francs-maçons, aux illuminés, sur la révolution de France*, Tubingen, 1801, in-8°. Cet ouvrage a été traduit en anglais et en allemand. L'auteur avait l'intention de réfuter les *Mémoires pour servir à l'histoire du jacobinisme*, par l'abbé Barruel. Son éloge fut prononcé par Regnaut de Saint-Jean-d'Angely, son ancien collègue, qui dit de lui que cet homme avait la soif de la justice. M. Berriat Saint-Prix a fait aussi l'éloge historique de Mounier (1806). Buonaparte savait l'apprécier cet homme d'État. « Oh ! pour celui-là, disait-il de Mounier, je sais ce qu'il pense : c'est un honnête homme. »

MOURANT, ANTE, adj., qui se meurt. Fig., des yeux mourants, des yeux languissants et pleins de passion. Voix mourante, voix langoureuse et traînante. Mourant, est aussi quelquefois substantif.

MOURGUES (MICHEL), jésuite d'Auvergne, enseigna avec distinction la rhétorique et les mathématiques à Toulouse, et mourut en 1713, à 70 ans. Ses principaux ouvrages sont : *Plan théologique du pythagorisme et des autres sectes savantes de la Grèce, pour servir d'éclaircissement aux ouvrages des Pères contre les païens*, en 2 vol. in-8°, plein d'érudition ; *Parallèle de la morale chrétienne avec celle des anciens philosophes*, Bouillon, 1769, in-12. L'auteur y fait voir la supériorité des leçons de la sagesse évangélique sur celles de la sagesse païenne et de l'ineptie de ceux qui ont voulu établir un parallèle entre les deux morales : but que lord Jenyns, dans son *Examen de l'évidence du christianisme*, a atteint d'une manière plus directe et plus simple, en montrant que les pécheurs publics sont plus près du royaume de Dieu que les hommes vertueux par orgueil ou avec orgueil. On voit à la suite de cet ouvrage, *Paraphrase chrétienne du Manuel d'Épictète*. Cette paraphrase est très ancienne ; elle a été composée par un solitaire de l'Orient, en langue grecque : elle était restée inconnue jusqu'au commencement du XVIII° siècle, que le hasard l'ayant fait tomber entre les mains du P. Mourgues, il prit le parti de la traduire.

MOURIR, v. n., cesser de vivre. Il se dit des hommes et des animaux. Mourir au champ d'honneur, être tué à la guerre en faisant son devoir. Ironiq. et fam., mourir dans les formes, mourir en se faisant traiter suivant les règles de la médecine. Pop., mourir comme un chien, mourir sans vouloir témoigner le moindre repentir de ses fautes. Fam., cet homme mourra dans sa peau, il ne changera jamais ses mauvaises habitudes. Par menace, il ne mourra que de ma main, je le tuerai. Prov., on ne sait qui meurt ni qui vit, se dit dans certaines occasions, pour marquer l'incertitude de la vie. Prov., les envieux mourront, mais non jamais l'envie. En France, le roi ne meurt pas. D'après le principe de successibilité établi, un roi de France qui meurt a immédiatement pour successeur un héritier présomptif. Être mort au monde, se dit d'une personne qui a quitté le monde pour vivre dans la retraite et dans les exercices de piété. Être mort pour quelqu'un, ne pouvoir plus lui être d'aucune utilité, ne conserver aucune relation avec lui. Mourir, se dit souvent par exagération. Fig., mourir de faim, n'avoir pas les moyens d'exister. On dit dans le même sens substantivement, et par dénigrement, un meurt de faim, un homme qui n'a pas de quoi vivre. Prov., vous me faites mourir, vous m'affligez beaucoup ; vous m'impatientez extrêmement. Fig., faire mourir quelqu'un à petit feu, le faire languir en prolongeant des peines d'esprit, des inquiétudes, des chagrins, qu'on pourrait lui épargner, ou lui abréger. Mourir, se dit également des arbres et des plantes. Il se dit aussi des états, des institutions, des établissements. Mourir, se dit aussi des choses morales, des passions, des productions de l'esprit, des ouvrages de l'art. Il se dit encore figurément de certaines choses dont l'activité, le mouvement finit peu à peu. Il se dit pareillement de choses qui finissent par une dégradation sensible, comme les tons, les couleurs, etc. Mourir, s'emploie aussi avec le pronom personnel, et alors il signifie être sur le point de mourir ; mais en ce sens, il ne se dit guère qu'au présent et à l'imparfait de l'indicatif. Mort, morte, participe. Il est aussi adjectif. C'est un homme mort, se dit d'un homme qui est ou qui paraît être dans un grand danger. Avoir le teint décoloré, les lèvres pâles, les yeux éteints. En jurispr., mainmorte (voy. MAIN-MORTE). Balle morte, balle qui a perdu la plus grande partie de l'impulsion qu'elle avait reçue. Cotte morte, les meubles qu'un religieux laissait en mourant, ainsi que tout ce qui était provenu de ses épargnes. Eau morte, eau qui ne coule point : telle est celle des étangs. Papier mort, se dit par opposition à papier timbré. Pays mort, pays où il n'y a ni commerce ni industrie. Mort est souvent employé comme substantif. Tête de mort, tête dont il ne reste que la partie osseuse. Prov., les morts ont toujours tort. les morts ne pouvant se défendre, on excuse souvent les vivants à leurs dépens. En jurispr., le mort saisit le vif, une personne en mourant transmet son bien à son héritier, sans qu'il soit besoin d'un acte de mise en possession.

MOURON, s. m., petite plante à fleurs bleues ou rouges, de la famille des primevères, que l'on nomme autrement anagallis. Mouron des oiseaux, petite plante à fleurs blanches, du genre morgeline, qui sert principalement à la nourriture des petits oiseaux.

MOUSKES (PHILIPPE), en latin *Mus* et *Meuzius*, occupa l'évêché de Tournai de 1274 à 1282, époque de sa mort. On trouve à la Bibliothèque royale le manuscrit complet de son *Histoire en rimes de la lignée des rois de France* : il la commence à la guerre de Troie et la continue au-delà de 1249.

MOUSQUET, s. m., arme à feu qui était en usage avant le fusil, et qu'on faisait partir au moyen d'une mèche allumée. Porter le mousquet, signifie encore aujourd'hui être soldat dans l'infanterie. Prov., crever comme un vieux mousquet, mourir de trop boire, de trop manger, ou en général d'excès et de débauche.

MOUSQUETADE, s. f., coups de mousquet. Il se disait aussi de plusieurs coups de mousquet tirés à la fois ou continuement par un corps de gens armés.

MOUSQUETAIRE, s. m. On appelait ainsi originairement un soldat à pied armé du mousquet. On dit aujourd'hui fusilier. Il se dit ensuite exclusivement de certains cavaliers qui formaient dans la maison du roi deux compagnies distinguées l'une de l'autre par la couleur de leurs chevaux.

MOUSQUETERIE, s. f., coll., décharge de plusieurs mousquets, de plusieurs fusils tirés en même temps.

MOUSQUETON, s. m., espèce de fusil dont le canon est plus court que celui du fusil ordinaire, et dont le calibre est égal à celui du mousquet. C'était autrefois le nom qu'on donnait aux fusils courts des cavaliers.

MOUSSE, s. m., jeune apprenti matelot.

MOUSSELINE, s. f., toile de coton très claire et ordinairement très fine.

MOUSSER, v. n. Il se dit des liquides sur lesquels il se fait de la mousse. Fig. et fam., faire mousser un succès, un avantage, le présenter, le raconter de manière à le faire croire plus considérable, plus glorieux qu'il n'est en effet.

MOUSSES, *musci* (bot.). Les mousses sont des plantes acotylédones, pourvues des deux sexes, le plus souvent composées d'une tige garnie de feuilles, mais uniquement composées de tissu cellulaire sans aucun vestige de vaisseaux. Les organes reproducteurs des mousses sont de deux sortes : 1° les anthéridies groupées au milieu de rosettes terminales de feuilles, ou situées à leur aisselle, ordinairement entremêlées de filets stériles ou paraphyses ; 2° des sporanges d'une forme particulière. Ceux-ci, dans le premier âge, isolés ou réunis plusieurs ensemble, tantôt éloignés des anthéridies sur des pieds différents ou à une autre place du même pied, tantôt environnés par ces corps, représentent autant de sacs en forme de bouteille et sessiles. De plusieurs sporanges ainsi groupés un seul se développe ordinairement, tandis que les autres se flétrissent. Alors celui-ci s'allonge, et en s'allongeant rompt le sac extérieur qui l'enveloppe et l'emporte avec lui posé sur son sommet en manière de bonnet, d'où lui vient le nom de coiffe (*colyptra*). On distingue alors deux portions dans la partie intérieure développée : un pédicelle inférieur et grêle, appelé quelquefois la soie (*seta*) ; un renflement supérieur, globuleux ou ovoïde, ou souvent en forme d'urne, capsule thèque ou urne (*theca*). La capsule à l'intérieur présente une cavité parcourue au centre par une sorte d'axe plein, la columelle (*columella*) remplie tout autour de cet axe par une multitude de spores menues, devenues libres par la résorption de leurs cellules mères, dont le tissu, dans le principe, réunissait la columelle aux parois de la capsule. Celle-ci à la maturité s'ouvre en manière de pyxide par la séparation d'un couvercle ou opercule conoïde, longtemps caché sous la coiffe, mais qui, après sa chute, se dessine nettement du reste de la capsule par un sillon annulaire. Lorsqu'il se sépare lui-même, il laisse celle-ci ouverte au sommet : cette ouverture porte le nom de péristome. Le péristome est entouré par un rebord tantôt entier ou nu, tantôt garni de petites dents souvent allongées en soies droites ou tordues. Ces dents sont sur un seul cercle ou sur deux : d'où l'on dit le péristome simple ou double. Il est bien remarquable qu'elles sont en nombre constant dans une espèce donnée, et toujours multiple de 4. Leur texture éminemment hygrométrique détermine, suivant les variations de l'atmosphère, des mouvements variés : d'où résulte le détachement de l'opercule d'abord, puis la dispersion des spores. Rarement le péristome est formé par une membrane étendue horizontalement en épiphragme. La cavité sporifère n'occupe pas tout le renflement de la capsule dont la partie inférieure souvent pleine prend le nom d'apophyse. Les mousses, si ce ne sont leurs fonctions dans l'économie de la nature, ne servent à aucun usage assez important pour l'homme, pour le citer ici. C'est cependant à leur accroissement rapide et à la multiplication incessante de quelques espèces qui végètent dans les lieux marécageux qu'on doit ces masses de tourbes qu'on exploite dans certains pays, et qu'on emploie comme combustible. La classification des mousses est encore aujourd'hui très embrouillée. Nous suivrons cependant celle de M. C. Montagne, qui divise cette famille en quatre ordres et trente-huit tribus, renfermant près de deux cents genres qu'il serait trop long d'énumérer ici. Nous renvoyons du reste à l'article de cet auteur (Mousses, *Dict. univ. d'hist. nat. d'Orbigny*). Les Mousses vivent sous tous les climats et dans les localités les plus diverses ; excepté dans le sein des mers ; elles recouvrent la terre, les rochers et les troncs d'arbres, sous toutes les latitudes. J. P.

MOUSSEUX, EUSE, adj., qui mousse, qui fait beaucoup de mousse. Rose mousseuse se dit abusivement pour rose moussue, d'une rose dont le calice et le tige sont garnis d'une espèce de mousse.

MOUSSOIR, s. m., ustensile pour faire mousser le chocolat.

MOUSSON, s. f., il se dit de certains vents réglés et périodiques de la mer des Indes, qui soufflent six mois du même côté, et les autres six mois du côté opposé. Il se dit aussi de la saison de ces vents.

MOUSTACHE, s. f., partie de barbe qu'on laisse au-dessus de la lèvre d'en haut. Fig. et fam., vieille moustache, soldat qui a vieilli dans le service, qui a longtemps fait la guerre. Fam.. brûler la moustache à quelqu'un, lui tirer un coup de pistolet à bout portant. Moustache se dit par analogie des longs poils que les chats, les lions et d'autres animaux ont autour de la gueule.

MOUSTIQUAIRE, s. f., rideau de gaze ou de mousseline très claire dont on entoure les filets dans les pays où l'on a besoin de se préserver de la piqûre des moustiques, des maringouins, etc. Quelques-uns le nomment moustillier.

MOUSTIQUE, s. m., petit insecte d'Afrique et d'Amérique dont la piqûre est très douloureuse, et laisse sur la peau une tache semblable à celle du pourpre.

MOUT, jus de raisin qui n'a pas subi la fermentation, mais qui peut l'éprouver d'un instant à l'autre, et qui en renferme tous les éléments. Il s'agit donc de les neutraliser pour conserver le moût dans sa pureté. Il faut par conséquent le dépouiller de l'eau qu'il contient, le soustraire à l'influence de l'air, de la chaleur, et le débarrasser de la lie. — *Sécrétion de l'eau.* On évapore le moût, on le cuit, ou on lui fait dissoudre une certaine quantité de sucre et on le dépose au frais dans un vase bien bouché. De cette manière on le préserve quelque temps de la fermentation. La moutarde, les clous de girofle, la canelle, la chaux produisent le même effet. On peut aussi paralyser la fermentation en employant la méthode qui suit : on prend un tonneau neuf, dans lequel on brûle de l'alcool aussi longtemps qu'il admet de la vapeur à laquelle du reste on ménage une issue. On le remplit ensuite de moût, et on le laisse reposer deux ou trois semaines sans lui imprimer le moindre mouvement. On le transvase alors dans un autre tonneau préparé de la même manière, et on répète cette opération à l'époque où la vigne commence à bourgeonner. Le moût se conserve ainsi jusqu'en automne, pourvu qu'on le tienne dans un lieu bien frais. — *Basse température.* Le moût, mis au frais avant que la fermentation ait commencé, se conserve longtemps, surtout si l'on joint à cette précaution quelqu'un des moyens dont nous avons parlé plus haut. Dans un puits profond et au-dessous de cinq à six pieds d'eau, il se conserverait encore plus longtemps. — *Raréfaction de l'air.* Si l'on verse de l'huile sur le moût au commencement où on le reçoit au pressoir, et qu'on le mette au frais, il se conserve quelque temps ; mais ce moyen est insuffisant si la fermentation s'est déjà développée, ou que l'action de l'air ait déjà précipité la lie. Dans ce cas, il est nécessaire de raréfier par la chaleur l'air que renferment les bouteilles, et de soufrer les tonneaux, ce qui arrête la fermentation et permet de conserver le moût au-delà de six mois. Si l'on ajoute au moût un peu de fleur de soufre et qu'on le mette dans des vaisseaux exactement bouchés, il se conserve longtemps. — *Séparation de la lie.* Le moût ne fermente plus dès qu'il est décanté. Il précipite à la vérité encore un peu de lie lorsqu'on le porte à l'ébullition, mais ce qu'il en retient ne suffit pas pour le mettre en mouvement. On ajoute, en général, du sel commun, on chauffe, on clarifie avec du blanc d'œuf ou du lait, et on emplit immédiatement les bouteilles ou les tonneaux qu'on a soufrés. On pourrait se servir de tannin avec succès ; il n'y aurait qu'à prendre de l'écorce de chêne, de pin, de bouleau, etc. On l'ajouterait au moût, on ferait chauffer et on clarifierait ; une simple addition de ces matières suffit d'ailleurs pour arrêter la fermentation vineuse, pourvu qu'on bouche exactement les vaisseaux qui renferment le moût. V-s.

MOUTARDE, *sinapis* (bot.), genre de plantes de la famille des crucifères, tribu des brassicées, de la tétradynamie siliqueuse de Linné. Ce sont des plantes herbacées bisannuelles, disséminées sur presque toute la surface du globe, mais plus particulièrement dans le bassin de la méditerranée. Les feuilles légèrement lyrées, ou incisées, dentées, varient beaucoup de forme. Les fleurs jaunes sont réunies en grappes terminales sans bractées, et possèdent les caractères suivants : calice à 4 pétales, étalés, non renflés à la base; corolle de 4 pétales entiers ; 6 étamines tetradynames à filets libres et non dentés ; 2 glandes hypogynes entre les deux paires d'étamines longues et le calice, deux autres entre les deux petites étamines et l'ovaire; stigmate capité. Le fruit est une silique bivalve, cylindracée ou à 4 angles, surmontée du style persistant qui s'est développé en un bec conique, ne renfermant pas de graine. Les graines sont rangées en une seule série longitudinale, globuleuses, suspendues. Parmi les espèces de ce genre, nous citerons la moutarde noire (*sinapis nigra*, L.), l'une des plus communes. On la trouve par toute l'Europe, dans les champs, les lieux pierreux. Sa tige haute d'un mètre environ est rameuse, velue; ses feuilles, qui varient assez de configuration, sont généralement lyrées ou sinuées. Les fleurs sont jaunes et petites. Sa graine, d'abord rougeâtre, devient noirâtre à la maturité; elle est lisse, arroudie, marquée de ponctuations visibles à la loupe. C'est cette graine qui fait toute l'importance de la plante. Ses usages, comme condiment et comme agent thérapeutique, sont bien connus de tout le monde. Nous citerons encore la moutarde des champs (*sinapis arvensis*, L.) et la moutarde blanche (*sinapis alba*, L.), plus estimée que les précédentes comme condiment, et employée surtout comme évacuant. De plus, on mange quelquefois ses feuilles jeunes en salade. J. P.

MOUTARDE, s. f., composition faite de graine de sénevé, broyée avec du moût, du vinaigre ou quelque autre liquide. Il se dit aussi de la graine de sénevé et quelquefois de cette plante même. Prov. et fig., s'amuser à la moutarde, s'arrêter à des bagatelles, à des choses inutiles. Prov. et fig., la moutarde lui monte au nez, il commence à s'impatienter de ce qu'on lui dit ou de ce qu'on lui fait.

MOUTARDIER, s. m., petit vase servant à mettre la moutarde. Moutardier se dit aussi de celui qui fait et vend de la moutarde. Fig. et fam., il se croit le premier moutardier du pape, se dit d'un homme médiocre, qui a une grande opinion de lui-même, qui affecte de l'importance.

MOUTIER, s. m., vieux mot qui signifie monastère. Prov. et fig., il faut laisser le moutier où il est, il ne faut rien changer aux usages reçus.

MOUTON, *ovis* (mam.). Le genre mouton présente les caractères suivants : ruminants pourvus de cornes creuses, persistantes, anguleuses, ridées en travers, contournées latéralement en spirale et se développant sur un axe osseux, celluleux, trente-deux dents; huit incisives inférieures formant un arc entier, se touchant toutes régulièrement par leurs bords, les deux intermédiaires les plus larges, et les deux latérales les plus petites; pas d'incisives supérieures; six molaires à couronne marquée de doubles croissants d'émail, dont trois fausses et trois vraies à chaque côté et à chaque mâchoire. Les vraies molaires supérieures ayant la convexité des doubles croissants de leur couronne tournée en dedans, et les inférieures l'ayant en dehors; le chanfrein arqué; le museau terminé par des narines de forme allongée, oblique, sans mufle ou partie nue, pas de larmiers; pas de barbe au menton, les oreilles médiocres et pointues; le corps de stature moyenne, couvert de poils, les jambes grêles sans brosse aux genoux; deux mamelles inguinales, pas de pores inguinaux. La queue plus ou moins courte infléchie ou pendante. Les moutons ont des habitudes analogues à celles des chèvres; ils se nourrissent de végétaux, vivent en familles ou en troupes plus ou moins nombreuses. Ils habitent de préférence les pays élevés, les sommités des montagnes. A l'état sauvage, ces animaux montrent une agilité et une souplesse extraordinaires. On les voit comme les chèvres sauter de rocher en rocher avec une vitesse incroyable, et leur course est très rapide. Il serait presque impossible de les atteindre s'ils ne s'arrêtaient souvent pour regarder le chasseur d'un air stupide. A l'état domestique, les mœurs des moutons sont tout à fait modifiées, ils ont perdu cette vivacité qui distingue les individus sauvages. Nous ne parlerons pas ici des avantages que l'homme retire du mouton, nous nous réservons de nous étendre à ce sujet dans un article particulier, pour les diverses races soumises à l'homme. Les moutons habitent plusieurs régions de l'ancien et du nouveau monde; en Europe, la Corse, la Sardaigne et quelques autres îles de la Méditerranée sont les lieux où l'on trouve l'espece la plus anciennement connue et que l'on regarde comme la souche primitive de nos moutons domestiques. La chaîne de l'Atlas, les montagnes de la Sibérie et du Kamtschatka, celles du Canada, etc., sont les lieux qu'habitent les autres espèces. On connaît un petit nombre d'espèces de ce genre; M. Lesson (nouv. tabl. du reg. anim. mam. 1842), admet quatorze espèces : le mouflon d'Afrique (ovis tragelaphus), Linné, de l'Afrique septentrionale. Le mouton d'Amérique (ovis montana), de l'Amérique du Nord; l'argali (ovis ammon), des montagnes de la Tartarie et de la Sibérie. Le mouton ordinaire (ovis aries), de la Corse, de la Sardaigne, de l'Egypte supérieure, etc. L'ovis ophion, de l'île de Chypre; l'ovis steatopygus, d'Abyssinie; l'ovis cylindricornis, du Caucase; l'ovis gmelini, de l'Arménie et de la Perse; l'ovis polii, de Pamir en Asie; l'ovis nahoor, du Thibet et de l'Hymalaya; l'ovis burrhel, de l'Hymalaya, et deux ou trois autres espèces peu connues du Kamtschatka et de la Californie. Plusieurs de ces espèces sont regardées comme de simples variétés, et l'on ne connaît parfaitement que les quatre premières espèces. J. P.

MOUTON (Gabriel), ecclésiastique et mathématicien célèbre, naquit à Lyon en 1618. Il s'attacha, dès sa première jeunesse, à l'église de Saint-Paul, où il devint vicaire perpétuel. L'abbé Mouton, sans manquer aux devoirs de son état, s'appliqua avec succès à l'étude de l'astronomie, et rendit de grands services à cette science. Il calcula les logarithmes avec sept décimales des sinus et des tangentes pour chaque seconde des quatre premiers degrés. Cet ouvrage manuscrit est conservé dans la bibliothèque de l'Académie des sciences. Ces logarithmes ont été réduits à sept décimales; on les trouve dans les Tables de Garnier (Avignon, 1770, in-fol.). Dès 1661, l'abbé Mouton avait déterminé le diamètre du soleil dans son apogée; et ce calcul est si exact qu'on n'y a rien trouvé à changer dans la suite. Il faut remarquer que, dans ses observations et ses calculs, l'abbé Mouton devait suppléer par son seul génie aux instruments qui manquaient à cette époque, et qu'on n'a construits que plusieurs années après. Il exécuta, en outre, une pendule astronomique, dont les mouvements étaient aussi justes que variés. Cet estimable astronome mourut le 28 septembre 1694, âgé de 76 ans. Il a laissé: Observationes diametrorum solis et lunæ apparentium meridianarumque aliquot altitudinum, cum tabula declinationum solis; Dissertatio de dierum inæqualitate, etc, Lyon, 1670, in-4° (voy. Bibliothèque astronomique, 273). Lalande fait beaucoup d'éloges de cet ouvrage. « Il contient, dit-il, des mémoires intéressants sur les interpolations et le projet d'une mesure universelle tirée du pendule... » L'astronome Jean Picard (aussi prêtre, et mort en 1683), ayant été envoyé à Lyon pour déterminer la position géographique de cette ville,

y connut l'abbé Mouton, et lui témoigna beaucoup de considération.

MOUTON (Jean-Baptiste-Sylvain), prêtre, né à la Charité-sur-Loire, adopta les principes du Port-Royal. Lorsque l'abbé Guénin, en 1793, cessa de travailler aux Nouvelles ecclésiastiques qui s'imprimaient alors à Paris, Mouton les continua à Utrecht. Il mourut le 13 juin 1803, et avec lui finirent les Nouvelles. Mouton fut le dernier des Français établis en Hollande par suite de leur attachement au jansénisme. A sa mort, se trouva dissoute cette colonie formée autrefois par Poncet et plusieurs autres appelants et soutenue successivement par d'Etemare et Bellegarde.

MOUTON-DUVERNET (N...), général français, né au Puy, d'une famille honnête, exerçant le commerce de dentelle, quitta très jeune son pays pour quelques étourderies de jeunesse, et entra au service. La révolution favorisa son avancement. Il était major du 64° régiment d'infanterie de ligne dans la campagne de Prusse et de Pologne, lorsqu'il fut nommé, le 10 février 1807, colonel du 63° régiment. Il passa ensuite en Espagne, se distingua au combat de Cuença, et obtint bientôt après le grade de général de brigade. Il devint général de division en 1813, et fut élu en 1815, après l'invasion de Buonaparte, membre de la chambre des représentants, où il applaudit à la proposition de reconnaître Napoléon II, empereur des Français. Appelé le 2 juillet au gouvernement de Lyon, il montra beaucoup de vigueur pour défendre le système de la révolution; mais il fut bientôt obligé de quitter le commandement et de se cacher pour se soustraire aux poursuites dirigées contre lui, en vertu de l'ordonnance du roi du 24 juillet. Arrêté à Montbrison dans les premiers jours de mars 1816, il fut conduit à Lyon, mis en jugement le 15 juillet devant le conseil de guerre de la division, et condamné à mort le 19, à l'unanimité. Le conseil de révision, auquel il en avait appelé, confirma la sentence. Aussitôt après le premier arrêt, sa femme se rendit à Paris pour solliciter la grâce de son mari auprès du roi; mais sa majesté lui témoigna le regret de ne pouvoir écouter la voix de la clémence, quand la justice devait avoir son cours. Le général Mouton subit son jugement le 26, après avoir reçu le secours de la religion, et témoigné un vif regret de mourir ennemi du roi.

MOUTONNER, v. a., rendre frisé et annelé comme la laine d'un mouton; il n'est guère d'usage qu'au participe. Moutonner s'emploie aussi comme verbe neutre, et se dit alors, familièrement, de la mer, d'un lac, d'une rivière dont les eaux commencent à s'agiter, à se blanchir.

MOUTURE, s. f., action de moudre du blé. Il signifie aussi le salaire du meunier. Prov. et fig., tirer d'un sac deux moutures, prendre double profit dans une même affaire. Mouture, signifie encore le mélange de froment, de seigle et de l'orge par tiers.

MOUVANCE, s. f., t. de jurispr. féodale. La supériorité d'un fief à l'égard d'un domaine qui en relevait, et la dépendance de ce domaine à l'égard du fief; il exprimait plus ordinairement la relation de dépendance.

MOUVANT, ANTE, adj., qui a la puissance de mouvoir. En ce sens, il n'est guère usité que dans cette locution, force mouvante, force que produit un mouvement actuel. Mouvant se dit aussi d'un sol où l'on enfonce aisément, des sables et des terres dont le fond n'est pas stable, solide. Tableau mouvant, tableau où il y a des figures qui se meuvent par une mécanique cachée. Mouvant, en termes de jurispr. féodale, se disait des fiefs, des terres qui relevaient d'un autre fief.

MOUVEMENT, s. m., transport d'un corps ou de quelqu'une de ses parties d'un lieu, d'une place dans une autre. Au propre et au figuré, se donner bien du mouvement pour une affaire, agir avec beaucoup d'empressement et d'ardeur pour la faire réussir. Mouvement se dit dans un sens plus didactique, du changement par lequel un corps est successivement présent en différentes parties de l'espace. Fig. et fam., mouvement perpétuel se dit d'une personne qui a une excessive activité de corps. Fig., chercher le mouvement perpétuel, chercher la solution d'une question insoluble. Mouvement se dit particulièrement en astronomie, de la révolution, de la marche réelle ou apparente des corps célestes. Mouvement, en termes de médecine, se dit de toute fonction animale qui change la situation, la figure, la grandeur de quelque partie intérieur et extérieur du corps. Mouvement se dit aussi des marches, des évolutions, des différentes manœuvres d'une troupe. Mouvement se dit encore des variations qui arrivent dans certains établissements publics, dans certains corps, par les changements de situation des personnes qui en font partie. Il se dit particulièrement des changements qui arrivent dans un corps militaire ou civil, et qui y donnent lieu à des promotions. Mouvement se dit aussi des variations de prix qui ont lieu dans le commerce. Mouvement, en musique, signifie le degré de vitesse ou de lenteur que le caractère de l'air doit donner à la mesure. Mouvement, en musique, signifie aussi la marche ou le progrès des tons du grave à l'aigu, et de l'aigu au grave, entre des parties qui concertent ensemble. Mouvement, en peinture, signifie l'expression des mouvements du corps et des affections de l'âme. Il signifie aussi, dans le même art, lorsqu'il s'agit de paysages, variété, diversité agréable. Mouvement, en littérature, se dit de ce qui anime le style, qui rend le discours propre à émouvoir les auditeurs. Mouvement se dit en outre des différentes impulsions, passions et affections de l'âme. Arrêts de propre mouvement se disait de certains arrêts du conseil, qui étaient rendus sans que les parties eussent été entendues. Mouvement signifie encore agitation, fermentation dans les esprits, petite émeute qui annonce une disposition au trouble, à la révolte. Il désigne quelquefois une sorte d'agitation naturelle des corps et des esprits. Mouvement, en termes d'horlogerie, signifie l'assemblage des parties qui font aller une horloge, une pendule, une montre. Mouvement au blanc, le mouvement d'une montre lorsqu'il n'est qu'ébauché.

MOUVER, v. a., t. de jardinage, remuer la terre d'un pot, d'une caisse à la surface, y donner une espèce de labour.

MOUVOIR, v. a., remuer, faire aller d'un lieu à un autre, faire changer de place. Il se dit aussi des facultés de l'âme et des choses morales ; et signifie exciter, donner quelque impulsion, faire agir. Prov., l'objet meut la puissance, la présence de l'objet détermine à l'action. Mouvoir une querelle, susciter, faire une querelle. Mouvoir s'emploie aussi avec le pronom personnel. Elliptiq., faire mouvoir, mettre une chose en mouvement, faire qu'elle se meuve ; il s'emploie au sens physique et au sens moral.

MOXA, s. m., mot par lequel les Japonais désignent un tissu cotonneux qu'ils préparent avec les feuilles desséchées de l'*Artemisia chinensis*. Ils font, avec le parenchyme de ces feuilles, une espèce de cône dont ils allument le sommet, et dont ils appliquent la base sur la partie qu'ils veulent cautériser. La chaleur et la douleur augmentent graduellement à mesure que la combustion du moxa approche de la peau. En Europe, on fait des moxas avec diverses matières. Les meilleurs se font avec un tronçon de moelle de l'*Helianthus annuus*, entouré d'une couche de coton légèrement nitré, et maintenu un peu serré avec une petite bande de toile cousue. On a fait aussi des moxas avec des mèches de coton trempées dans une solution de chlorate de potasse, réunies en petits cônes et comprimées convenablement. Le cylindre ou moxa est mis sur la partie que l'on veut brûler, et maintenu avec de petites pinces ou avec le porte-moxa ; on souffle, pour entretenir l'ignition, soit avec la bouche, soit avec un soufflet ou un chalumeau courbé ; et l'on a soin de tenir un linge mouillé appliqué autour du lieu où brûle le moxa, pour préserver ces parties des étincelles. A mesure que la combustion avance, la chaleur devient plus vive ; on entend l'épiderme craquer ; la peau se ride, jaunit, grille, et finit par prendre une teinte charbonnée. C'est à tort que l'on a conseillé d'appliquer immédiatement quelques topiques propres à arrêter la marche de l'inflammation ; ce serait neutraliser les bons effets que l'on se propose par le moxa. Le mode de cautérisation est spécialement employé pour exciter fortement le système nerveux, changer le siége d'une irritation, produire une dérivation.

MOYA (Mathieu), jésuite, né à Moral, dans le diocèse de Tolède, en 1607, fut confesseur de la reine Marie-Anne d'Autriche, douairière d'Espagne, et publia en 1664, sous le nom d'*Amadeus Guimenius,* un opuscule de morale où il prouve que les opinions de quelques jésuites, qu'on jugeait répréhensibles, avaient été enseignées par les théologiens avant qu'il y eût des jésuites au monde. Cet écrit fut condamné par l'assemblée du clergé de France, en 1665, et à Rome le 10 avril 1666 ; car, par respect pour les anciens théologiens qui avaient enseigné les propositions attribuées exclusivement aux jésuites, Moya n'avait porté aucun jugement sur ces propositions dans les deux premières éditions de son ouvrage. Dans une troisième il les condamna, les réfuta et écrivit à Innocent XI une lettre qui fut rendue publique, et par laquelle il applaudit à la censure de son livre. Mais l'ouvrage avait rempli le but de l'auteur en prouvant

que les jésuites, ayant seulement répété des assertions que d'autres avaient adoptées avant eux, ne pouvaient en être particulièrement responsables.

MOYE, s. m. , t. de maçonnerie, couche tendre qui se trouve dans la pierre et qui la fait déliter ; surface tendre d'une pierre dure.

MOYEN, ENNE, adj., qui tient le milieu entre deux extrémités. Etre de moyen-âge, être entre deux âges, n'être ni jeune ni vieux. Moyen-âge, le temps qui s'est écoulé depuis la chûte de l'empire romain en 475 jusqu'à la prise de Constantinople par Mahomet II, en 1453. Auteurs de la moyenne latinité, auteurs qui ont écrit depuis le temps de Sévère ou environ jusqu'à la décadence de l'empire. La moyenne région de l'air, la région de l'air qui est entre la haute et la basse. En logique , moyen terme, la partie d'un syllogisme qui sert à unir les deux autres, à en prouver la convenance ou la disconvenance. Fig. et fam., moyen terme, parti moyen qu'on prend pour terminer une affaire embarrassante, pour concilier des prétentions opposées. Temps moyen , le temps calculé dans la supposition qu'au bout de toutes les vingt-quatre heures le soleil se retrouve exactement au méridien où il était le jour précédent, par opposition à temps vrai, le temps calculé suivant l'heure où le soleil doit se trouver réellement au méridien un peu plus de vingt-quatre heures avant et un peu plus de vingt-quatre heures après l'instant où il était la veille. En mathémat., moyenne proportionnelle géométrique, se dit d'une quantité moyenne entre deux autres, en ce sens qu'elle a avec la première le même rapport géométrique que la seconde avec elle. Verbe moyen, verbe qui dans quelques langues, participe de l'actif et du passif, soit pour le sens, soit pour les terminaisons.

MOYEN, s. m. , ce qui sert pour parvenir à quelque fin. Il signifie quelquefois le pouvoir, la faculté de faire quelque chose. Moyen signifie aussi entremise, aide, assistance, secours. Moyens, au pluriel, signifie quelquefois richesses, facultés pécuniaires. Il se dit quelquefois aussi des facultés naturelles, morales ou physiques. Moyen , en termes de palais, se dit des raisons qu'on apporte pour établir les conclusions que l'on a prises. En style de législation et de finance, voies et moyens, les revenus de tout genre que l'Etat applique à ses dépenses. Au moyen de, loc. prépositive, en conséquence de, avec, par.

MOYEN-AGE. Ce mot, pour quelques-uns, est synonyme de barbarie, de grossièreté, d'ignorance ; pour d'autres , il veut dire temps de grandeur, d'héroïsme, de merveilles universelles. Ces deux opinions, non moins exagérées l'une que l'autre, sont également éloignées de la vérité. Ce qui a pu leur servir de fondement , c'est l'idée que chacun a pu se former de ce temps, d'après les rapports de l'histoire, selon l'esprit qui l'a dirigé en lisant, et les préventions qu'il peut avoir apportées dans ses investigations. Ceux-ci n'aiment que ce qui est ou porte l'air antique ; ceux-là n'estiment que le moderne, et les uns et les autres ne s'arrêtent guère qu'à la superficie des choses ; mais nous parlons ici des gens qui, dans l'histoire , cherchent l'instruction , ou qui, du moins, tâchent d'approfondir les matières sur lesquelles porte leur attention pour acquérir des notions exactes. Eh bien ! avouons que, lorsqu'on voit le moyen-âge commencer par des guerres d'extermination, tous les vices déchaînés sur la terre , la société tourmentée par toute sorte de crimes, les barbares inondant le sol de l'Europe et semant partout la dévastation, la mort et la solitude, les lettres méprisées , les lois sans vigueur , l'Eglise déchirée par l'hérésie, la dissolution s'étendant sur toutes les institutions, la féodalité transformant en esclaves tous les hommes qui avaient réussi à conserver leur liberté au milieu des troubles dont leur pays avait été agité, on est tenté de dire avec les ennemis du moyen-âge, que ce fut un temps de calamité universelle et d'infortunes particulières. D'un autre côté , quand on voit quelques-uns de nos rois de la troisième race, pour réparer le mal survenu par la faiblesse et l'ineptie des successeurs de Charlemagne, donner aux habitants des villes le droit de bourgeoisie, et jeter ainsi sur les débris de puissance arrachée au régime féodal , les premiers fondements de la liberté civile ; que , même avant ce temps, on voit les nobles figures de Clovis, de Justinien, d'Alfred-le-Grand, de Charlemagne se dessiner dans les ténèbres et se distinguer par la brillante auréole de gloire qui les entoure ; les barbares conquérants de l'Italie, de la Gaule, de la Grande-Bretagne , de la Péninsule ibérique , déposer le glaive désormais inutile en leurs mains, et recevoir le joug de la civilisation des vaincus, toute imparfaite, toute altérée qu'elle se trouva ; les Arabes, guerriers savants et poètes, envahir l'Espagne, et à côté du sceau de la servitude imprimer sur le front des vaincus un air de grandeur et de noblesse que ni le temps ni les revers n'ont pu jamais effacer; que, menaçant l'Occident, ces mêmes Arabes s'avancent jusqu'aux plaines de Poitiers et de Tours; que, repoussés au-delà des Pyrénées, ils y fondent une puissante monarchie qui brillait par les lettres autant que par les armes; que, peu de temps après, les mogols arrivant dans l'Inde, y renversent les autels de Shiva et de Jaghernaut, sous les yeux scandalisés des Brahmines, et qu'ils y jettent les fondements d'un autre empire; que les croisés, s'armant du bouclier et de l'épée, partent pour conquérir la Terre-Sainte, et produisent, sans le savoir, sans le chercher surtout, des résultats qui ne furent perdus ni pour les contemporains ni pour leurs descendants; que, nés du contact des croisés et des musulmans, la chevalerie vient remplir l'Europe de ses hauts faits; que la Provence, et plus tard la Bretagne, enfantent, pour les chanter, leurs essaims de troubadours et de trouvères; que, durant tout le cours de cette période, les clercs et les moines, recueillant les débris des sciences et le reste des traditions de l'art, les fécondant par leurs propres travaux, conservant le feu sacré des lettres, les trésors littéraires de l'antiquité, et toutes les premières notions des arts, préparant ainsi dans leur solitude les grandes découvertes qui signalent l'ère moderne, on est bien tenté de dire que le moyen-âge fut un temps de grandeur et de magnificence que les siècles suivants ont surpassé, il est vrai, dans quelques parties de la science, mais n'ont pas égalé en génie; que ceux-ci annoncent même la décadence, tandis que, malgré les entraves féodales, celui-là marchait constamment vers le progrès. Alors on cesse d'être étonné que tant de gens vantent le moyen-âge avec enthousiasme, avec frénésie; il est vrai que le plus grand nombre le font sans le connaître, sans avoir aucune raison de le faire. Pour nous, il nous semble qu'on peut, sans injustice et sans partialité, rendre au moyen-âge le tribut d'éloge qui lui est dû, et reconnaître dans les modernes leur mérite réel. — On désigne ordinairement par le nom de moyen-âge tout le temps qui s'est écoulé depuis la chûte de l'empire romain. Accablé par les hordes barbares jusqu'au commencement du XVIe siècle, qu'on se recommande à la postérité par les beaux noms de Léon X et de François Ier, quelques écrivains le font commencer à la prise de Rome par Odoacre; mais ils sont embarrassés de lui assigner un terme, car les uns veulent qu'il finisse à la découverte de l'imprimerie ou à celle de l'Amérique, les autres indiquent la révolte de Luther contre l'autorité légitime de l'Eglise. Mais on ne peut pas terminer une période historique, aussi importante surtout, en coupant l'histoire comme un coupe les actes d'un drame, ni fixer un seul événement comme terme d'un espace de temps qui embrasse une foule d'événements contemporains. La transition d'une époque à une autre ne s'opère pas en un jour, car ce n'est pas en un jour qu'on voit changer les habitudes, les mœurs, les idées, la politique des peuples; il faut pour cela le concours de plusieurs influences agissant à la fois sur les esprits. Ce qui a terminé le moyen-âge, c'est d'un côté la renaissance des lettres après la prise de Constantinople; c'est de l'autre l'imprimerie, qui donna une si prompte extension à la littérature; l'artillerie à poudre à canon qui firent changer tout le système de l'art de la guerre; les efforts de Louis XI en France pour restreindre la féodalité et rendre au peuple, au moins en partie, la jouissance des droits dont il avait été dépouillé; les guerres même de Charles VIII, de Louis XII et de François Ier en Italie, qui amenèrent en France un grand nombre de littérateurs italiens et de rhéteurs grecs de Constantinople; la noble protection que Léon X et François son émule accordèrent aux arts et aux lettres; la découverte des routes de l'Inde par le cap de Bonne-Espérance; celle de l'Amérique par Christophe Colomb; l'odieuse lutte de Calvin contre l'Eglise; tous ces événements, arrivant pour ainsi dire les uns sur les autres, exercèrent nécessairement une grande influence en opérant simultanément. — D'autres écrivains, de qui nous sommes loin de partager l'opinion, ont prétendu qu'il ne fallait admettre dans l'histoire que deux divisions, ancienne et moderne, le moyen-âge n'étant, selon eux, qu'une transition nécessaire pour donner le temps à la société antique de se désorganiser, et à la société nouvelle celui de se former. Mais, pour qu'un tel système se présentât avec quelque apparence de raison et de vraisemblance, il faudrait d'abord nous prouver que la société a été complètement désorganisée dans le moyen-âge, et que c'est sur les ruines de cette so-

ciété qu'il s'en est formé une nouvelle, ou qu'ont été jetés les fondements d'une autre société. Franchement, nous ne croyons pas qu'une société désorganisée, il puisse jamais sortir le principe d'une institution sociale quelconque. Au fond, nous n'en sommes pas là, et il est évident à nos yeux, comme nous pensons qu'il doit l'être à ceux de tout homme impartial et cherchant de bonne foi la vérité, que jamais dans le cours du moyen-âge la société ne se désorganisa complètement; elle eut beaucoup à souffrir sans doute des invasions répétées des barbares, mais elle opposa toujours, même aux moments les plus critiques, une force de résistance qui triompha constamment des efforts délétères des hordes germaniques. Il ne faut pas croire d'ailleurs qu'à l'époque même où ces hordes, traversant le Danube et le Rhin, se précipitaient sur les régions méridionales de l'Europe, toute trace de civilisation fût éteinte. Dans le Ve et le VIe siècles, la civilisation romaine luttait encore contre le génie désorganisateur des barbares. Mais surtout le christianisme était-là ! Ses prêtres et ses moines renfermés dans leurs églises ou dans les monastères, et préservés en quelque sorte des effets de l'invasion par le respect que les barbares montrèrent toujours pour les monastères et leurs habitants, purent se livrer assez paisiblement au soin de conserver les restes précieux de la littérature latine des Pères, et même, autant que les circonstances le permettaient, de la littérature profane. D'un autre côté, l'instruction qu'ils ne cessaient de répandre parmi le peuple, leur amenait chaque jour de nouveaux prosélytes. La conversion de Clovis, après la bataille fameuse de Tolbiac, entraînant celle d'un grand nombre de ses fidèles, fut pour la Gaule un événement de la plus haute importance par les conséquences heureuses qui en résultèrent. Tous les Francs embrassèrent le christianisme; ils suivirent l'exemple de leur prince, qui, lui-même, avait été gagné à la religion par sa femme Clotilde, fille du roi des Bourguignons Gondebaud. A la différence des Visigoths, qui, à cette époque, tenaient l'Espagne assujétie, et qui avaient embrassé l'hérésie des Ariens, les Francs, purs catholiques, se montrèrent toujours unis à l'église romaine, soumis à ses préceptes et attachés à ses doctrines. Vers le même temps, Théodoric, roi des Ostrogoths, fondait en Italie une autre monarchie qui, tout en imitant les formes du droit des Germains, recevait l'influence du droit romain et offrait le tableau d'une civilisation peu avancée encore, il est vrai, mais déjà existante et marchant à grands pas vers le progrès. L'ombre de l'empire romain planait sur toutes les sociétés nouvelles; de Constantinople, héritière affaiblie de Rome, elle prenait son vol tantôt sur la Gaule, tantôt sur l'Ibérie ou sur la Grande-Bretagne pour s'allier à l'esprit germanique et sauver ainsi les souvenirs du siècle d'Auguste. Justinien qui, dans le VIe siècle, occupait le trône impérial, reconquit l'Afrique sur les Vandales, une partie de l'Italie qui s'échappa des mains débiles de ses successeurs, et immortalisa son nom en léguant à la postérité un recueil de lois qui a mérité d'être nommées la Raison écrite. — Ce ne sont pas là des signes de dépérissement. La société, quelques déchirements qu'elle eût éprouvés, quelques maux qui l'eussent affligée, n'était pas près de se dissoudre. On peut dire sans doute que dans le moyen-âge, on peut trouver des vestiges, même bien conservés, de l'ancienne civilisation; qu'on peut y voir de même la source des principes qui dirigent les sociétés modernes, mais cela ne signifie pas que le moyen-âge ne fut qu'un temps de transition: car il n'est pas possible qu'un observateur judicieux n'y aperçoive des idées propres, des mœurs, des usages, un caractère, qui n'appartiennent ni au passé ni à l'avenir, qui ne sont qu'à lui, qui, par conséquent, doivent lui faire attribuer une existence particulière par laquelle il se distingue de ce qui existait avant lui, de ce qui est venu après. — Remarquons, d'ailleurs, que si, dans ses premiers temps, le moyen-âge n'eut que les débris, les ruines de la civilisation romaine pour base de sa future existence; il fut soutenu dans sa marche, d'un côté, par l'esprit ferme et vigoureux des Barbares convertis qui, acceptant des vaincus leurs institutions et leurs mœurs, mirent à défendre ce qu'ils s'appropriaient autant de soin et de zèle qu'ils avaient mis d'abord d'ardeur à détruire tout ce qui ne relevait pas d'eux; d'un autre côté, par le christianisme qui révéla au monde des mœurs et des destinées nouvelles, dompta les courages trop exaltés, triompha de l'esprit de révolte, fit de la fidélité au prince un devoir sacré, du respect dû à l'église et de la déférence à ses préceptes des questions vitales auxquelles s'attachait la protection du Dieu des armées. Ce fut le sentiment religieux qui, dirigeant la valeur guerrière, conduisit les croisés à la Terre-Sainte et qui peu à peu produisit toutes les institutions que nous avons énoncées et dont se compose le caractère propre du moyen-âge. Malheureusement, l'esprit religieux et l'opinion que le guerrier avait de sa propre force, ne purent pas se balancer également chez tous les hommes. Quand, égaux en influence, ils pouvaient se tempérer, s'adoucir l'un par l'autre, il sortit de cette union des vertus que notre âge envierait en vain à son aîné : probité, loyauté, franchise, haine à l'injustice, protection à l'opprimé ; lorsque le premier domina exclusivement, tout prit un caractère sombre et moroso ; chacun, renfermé dans une dévotion exclusive, cessa de s'occuper des besoins de la société et des moyens d'y pourvoir pour le soutenir et l'améliorer. Lorsqu'au contraire le sentiment de la force l'emporta sur l'esprit religieux, les hommes puissants ne tardèrent pas à se soustraire à l'empire des lois générales, à démembrer la monarchie, à s'emparer de ses débris, à s'ériger en despotes, à faire tomber dans la servitude ceux qui, plus faibles qu'eux ne purent leur résister. De là naquit la féodalité. Les rois de la première race avaient récompensé leurs leudes ou fidèles par l'abandon d'une portion des terres conquises ; mais ces concessions n'étaient faites que sous certaines charges dont l'accomplissement les tenait sous la dépendance royale. Bientôt les ducs, les comtes, les vicomtes, profitant de la faiblesse des successeurs dégénérés de Clovis, s'affranchirent de ces charges et se déclarèrent d'abord héréditaires, puis indépendants. Souverains dans leurs nouveaux domaines, il se déclarèrent propriétaires des hommes qui les peuplaient, et il les obligèrent par la force à subir le joug. Tous ceux qui dans un rang moins élevé, possédaient des terres concédées à titre de fief, suivirent l'exemple des grands; et ceux qui craignaient le ressentiment du prince, se mirent sous la protection de ces derniers et les déclarèrent suzerains de leurs terres. — Comment se fait-il, peut-on demander, que l'Eglise, qui ne manquait pas de pouvoir et d'ascendant sur les esprits, ne s'opposât pas à ces désordres ? L'esprit de l'Eglise subsistait toujours ; mais parmi les hommes qui devaient s'en rendre les interprètes, le relachement, né du désir des richesses, s'était introduit sans obstacle. Des églises, des abbayes, des monastères, acquièrent des fiefs, et les ministres d'une religion qui abolit l'esclave, eurent des serfs ; hâtons-nous de dire que les serfs des églises, etc., jouirent constamment d'un sort plus doux que ceux des seigneurs. Mais tandis qu'en Europe la liberté du peuple s'éteignait sous le despotisme féodal, les contrées de l'Orient devenaient des provinces d'un vaste empire fondé par un homme qui, parfaitement instruit de la situation des peuples voisins, connaissant l'esprit de son siècle et sachant le parti qu'on pouvait tirer des Arabes, exalta leur esprit belliqueux, se dit envoyé de Dieu, leur fit partager l'idée qu'il semblait prendre de sa mission et les conduisit à des conquêtes que l'inertie et la faiblesse de ceux qu'il attaqua rendit promptes et faciles. L'Asie et l'Afrique furent en peu de temps soumises, et les habitants, peu attachés à la religion de leurs pères, adoptèrent sans hésiter l'islamisme, religion large et commode qui se conciliait avec les passions, et se rangèrent sous les drapeaux de Mahomet. Quatre ou cinq ans à peine s'étaient écoulés depuis que l'Afrique soumise voyait flotter sur les tours de ses villes l'étendard des Arabes, que ceux-ci se croyant invincibles, passèrent la mer et se précipitèrent sur l'Espagne comme sur une proie. L'Espagne, mal défendue par ses rois goths, subit en peu de temps la loi des vainqueurs qui, encouragés par ce succès inattendu, franchirent les Pyrénées. Charles Martel, digne aïeul de Charlemagne, réunit aussitôt ses vieilles bandes qu'il avait accoutumées à la victoire, courut à la rencontre des Arabes, les joignit entre Tours et Poitiers, remporta sur eux une victoire complète et sauva la France et l'Europe du joug musulman. — Ici commence une ère nouvelle, celle de Charlemagne. Ce prince ne devait rien qu'à lui-même ; il sut tout tirer de son propre génie. Il réunit sous son sceptre tous les peuples germains ; mais les Saxons, plus puissants que les autres et dirigés par des chefs habiles, opposèrent une longue et vive résistance, ils ne posèrent les armes qu'après trente ans de combats. Protecteur des sciences, des arts et des lettres, il fonda une académie dans son propre palais ; il en donna la direction au moine Alcuin, un des plus savants hommes de son temps, qu'il avait appelé d'Angleterre. Dans ce dernier pays, Alfred-le-Grand suivait les traces de son illustre contemporain, et après lui, Egbert, réunissant sous sa loi l'heptarchie anglo-saxonne, jeta les fondements de la monarchie

anglaise. Cependant une puissance surnaturelle, couronnée déjà de la double auréole de la science et de la sainteté, s'élevait en Europe, destinée à partager avec Charlemagne la suprématie universelle ; c'était la papauté. Déjà Pépin-le-Bref, conduit en Italie par ses griefs contre les Lombards, avait donné aux papes en toute souveraineté les provinces qu'il venait de soumettre. On a contesté la validité et l'existence même de cette donation. Quoiqu'il en soit, Charlemagne la confirma par le fait, et il ne tarda pas à rendre hommage à l'autorité spirituelle du pape en recevant de lui la consécration de son titre d'empereur romain et d'empereur d'Occident. Malheureusement, Charlemagne eut des enfants, mais il ne laissa point d'héritiers dignes de lui. Son empire se démembra après sa mort ; mais il parait que l'idée qui avait influé sur toute sa vie : soumettre toute la chrétienté au double pouvoir de l'empire et de la papauté, ne mourut pas avec lui et qu'elle fut recueillie à la fois par les empereurs et par les souverains pontifes. Cependant la mort de ce grand prince fut suivie de divisions, de guerres intestines qui ensanglantèrent l'Europe. Pour ajouter aux malheurs de ce temps, des peuples nouveaux remontant des glaces polaires, Slaves et Hongrois (on appelait aussi ces derniers Maggares), fondirent sur l'Allemagne et s'établirent sur les rives gauches du Danube. En même temps, les Normands insultèrent les côtes de l'Angleterre, de la France, de l'Espagne et même de l'Italie. Le régime féodal profita de cette époque orageuse pour se fortifier et s'affranchir même de la suzeraineté royale, et cette importation germanique commença de peser sur la France bien plus gravement encore que sous les règnes de nos premiers rois. — L'avènement des comtes de Paris au trône de France fit nécessairement prendre à la politique européenne une face nouvelle. A la place de ces rois incapables que quelques historiens ont flétri du nom de fainéants, et qu'il fallait appeler seulement malheureux, puisque la nature leur avait refusé, la santé, la vigueur, une longue vie, (presque tous moururent dans l'adolescence), on vit des princes tenir le sceptre d'une main ferme, résister aux entreprises des grands vassaux, les contenir en de justes limites et offrir aux peuples, justement fatigués du joug féodal, un point d'appui autour duquel ils vinrent se grouper, prêtant ainsi à la monarchie renaissante le secours qu'ils en recevaient. En Italie et en Allemagne le pouvoir impérial ne restait pas oisif. Othon-le-Grand reconstitua, pour quelques temps du moins, l'empire d'Occident ; il refoula jusqu'au delà de l'Oder les Slaves qui refusèrent d'embrasser le christianisme ; les Hongrois reçurent des missionnaires ; le pouvoir papal s'affermit par ses bienfaits et sa glorieuse politique, dans le nord de l'Espagne on vit se former de petits royaumes chrétiens qui, méprisés d'abord par les Arabes, protégés par des montagnes presqu'inaccessibles, se développèrent lentement, mais s'assirent sur d'inébranlables bases, que toute la puissance arabe ne put détruire plus tard. Ce fut, à ce qu'on croit, à cette même époque (934) que Henri Ier, surnommé l'Oiseleur, institua les Tournois à Gœttingen, afin d'entretenir parmi sa noblesse l'amour et l'exercice des armes ; mais ce ne fut qu'un siècle plus tard (1036) qu'ils furent introduits en France par Geoffroy de Preuilly. C'est à cette institution qu'on attribue la naissance des armoiries et des devises. Dans la suite les armoiries se multiplièrent à l'infini par l'effet des croisades ; de même que par les joûtes, les pas d'armes et d'autres circonstances. Elles variaient de formes et de couleur à l'infini. Les règles du blason ne commencèrent à prendre quelque fixité qu'après que Louis-le-Jeune eut fait graver des fleurs de lys sur son sceau. Mais on ignore à quelle époque les armoiries sont devenues héréditaires dans les familles. Ce fut aux Tournois, aux croisades, aux joûtes qui les suivirent que la chevalerie, magnifique institution du moyen-âge, dut les premiers éléments dont elle se forma. Quelques écrivains ont prétendu porter son origine jusque sous la seconde race, mais il est certain qu'elle ne commença de se montrer en France que sous Philippe-Auguste. Nous avons dit que le régime féodal, étendant sur tout ses influences pernicieuses, avait fait naître au cœur de prélats, d'abbés de simples chapitres l'ambition du pouvoir et la soif des richesses ; mais comme les concessions de fiefs ne pouvaient avoir lieu qu'à la charge du service militaire, et qu'on ne supposait pas que les ecclésiastiques pussent remplir cette obligation, ils furent autorisés à avoir des avoués, vicomtes ou vidames qui conduisaient leurs vassaux à la guerre, et les remplaçaient tout le temps du service. Les richesses produisirent leur effet ordinaire, elles engendrèrent la corruption qui, en Italie surtout, fut poussée aux plus grands excès. Grégoire VII parut, et cet illustre pontife, doué de grandes qualités et d'un caractère ferme et persévérant, mit un terme aux désordres, réorganisa le clergé, fit revivre la discipline ecclésiastique, rétablit la hiérarchie dans l'Eglise et renouvela toutes les décisions des conciles et de ses prédécesseurs tendantes à forcer les prêtres à vivre dans le célibat. Malheureusement une lutte opiniâtre ne tarda pas à s'établir entre l'empire et la papauté. Tout le douzième siècle en ressentit les effets. Le pouvoir spirituel usa des armes qu'il tenait de la religion, il excommunia l'empereur, mit ses états en interdit; l'œuvre de Grégoire VII fut continuée par Innocent III et Innocent IV; du côté opposé, Henri IV légua ses vices et ses prétentions aux deux Frédéric qui lui succédèrent; mais en ce temps le peuple était religieux; l'excommunication, l'interdit constituaient à ses yeux un état intolérable, il y eut des troubles, des révoltes; ceux qui aimaient la paix se jetèrent dans les monastères où ils étaient assurés de trouver la vertu et le repos, plus même que le repos; car ces paisibles retraites leur offraient l'instruction qu'ils ne pouvaient recevoir dans le monde. Beaucoup d'autres, ceux qui suivaient la carrière des armes, mais qui ne voulaient pas les teindre du sang de leurs concitoyens, saisirent avec empressement l'occasion qui leur était offerte de partir pour la Palestine, d'en expulser les infidèles et de devenir les gardiens des lieux consacrés par la vie et la mort de Jésus-Christ. Depuis longtemps les saints lieux étaient l'objet de pieux pèlerinages; et les rapports des pèlerins, à leur retour en Europe, surexcitant les imaginations, les croisades se formèrent, et ce fut avec un enthousiasme sans exemple que l'on vit des armées nombreuses, réunies comme par un prodige, prendre le chemin de l'Asie. Nos sages modernes se sont élevés contre les croisades auxquelles ils imputent tous les maux, inspirées, disent-ils, par un zèle de religion mal entendu, elles ont coûté à l'Europe deux millions d'hommes; elles ont eu pour second résultat de transporter en Asie des sommes énormes qui s'y sont englouties; mais elles ont enrichi les moines et le clergé, ruiné la noblesse et augmenté outre mesure la puissance pontificale. Ceux qui tiennent ce langage ont-ils pris la peine, nous ne dirons pas d'approfondir, mais seulement d'examiner la question? Nous pouvons en douter. En premier lieu, par quel compte authentique prouve-t-ils que deux millions d'Européens ont péri en Asie? Il faudrait supposer pour cela que chaque expédition s'est composée de quatre ou cinq cent mille croisés. Mais admettons pour quelques instants ce nombre évidemment exagéré, qui ne sait que ces hommes opprimaient vingt-cinq ou trente millions d'individus qui, sous le titre de serfs, étaient réduits à la plus déplorable servitude? Nous convenons que des sommes très fortes passèrent en Asie; mais des sommes bien plus fortes rentrèrent par le commerce dans les divers états de l'Europe. Le clergé et les moines devinrent plus riches, mais ce fut en rachetant les fonds usurpés sur eux, à différentes époques, par les grands et les petits feudataires; la noblesse se ruina, c'est-à-dire que, manquant de fonds pour acheter des chevaux, des armes, des vêtements, des harnais, afin de pouvoir se montrer avec beaucoup d'éclat au milieu de leurs frères d'armes, les nobles engagèrent ou vendirent leurs châteaux, leurs domaines, vendirent à leurs serfs l'affranchissement, mais il résulta de là que le régime féodal moins puissant devint moins hostile au souverain, que les terres se divisèrent entre un plus grand nombre de possesseurs, et beaucoup d'hommes gagnèrent la liberté. La puissance des papes s'accrut, mais cette puissance était la sauve-garde et la providence de la société; grâce à elle la puissance des musulmans, put être mise hors d'état d'inquiéter désormais l'Europe et surtout l'Italie. Plusieurs écrivains dans l'intention desquels n'entrait nullement le dessein de rendre justice à la religion, ont avancé, et ce n'est point peut-être sans fondement, que les croisades (les premières du moins), furent moins l'effet du zèle religieux que celui d'une passion effrénée pour la profession des armes, et de là, nécessité de faire diversion aux discordes intestines et aux guerres particulières des seigneurs qui se renouvelaient tous les jours, et tous les jours coûtaient la vie à un grand nombre de vilains. Personne aujourd'hui ne doute que les croisés n'aient rapporté de l'Asie avec le goût du luxe, le désir de se satisfaire et les moyens d'y réussir en se livrant au commerce et à l'industrie : on ne doute pas non plus que les croisades n'aient puissamment contribué à dissiper l'ignorance, en apportant en Europe les germes divers des sciences qu'on cultivait en Asie. Aussi, dès l'an 1285, le pape Honorius IV voulait qu'on établît à Paris des écoles d'arabe et de langues orientales; quelques années plus tard (1311), Clément V établit à Rome, à Paris, à Oxford, à Boulogne et à Salamanque des écoles d'hébreu, de chaldéen et d'arabe. Cet établissement à Paris amena la fondation du collège royal. Pendant que les croisades faisaient circuler d'Asie en Europe les produits, les usages, les mœurs, les institutions, les ordres monastiques rappelés à la discipline, cherchaient à ranimer le foyer des lumières, afin de pouvoir le transmettre à la postérité. Leurs plus grands adversaires, les écrivains protestants sont convenus qu'au septième et au huitième siècle, les moines soutinrent par leurs efforts constants les restes des lettres et des sciences, qu'ils rassemblèrent des livres et en multiplièrent les exemplaires, qu'ils eurent seuls des bibliothèques, qu'ils tinrent des écoles publiques, non-seulement pour les enfants du peuple et de la bourgeoisie, mais encore pour ceux qui appartenaient aux plus illustres familles. Il faut dire que dans les deux siècles suivants, la corruption s'était glissée jusqu'au fond des monastères, mais on doit convenir aussi que le relâchement de l'état monastique était dû en très grande partie aux désordres sans cesse croissants du gouvernement féodal. Sous prétexte de protéger les abbés, les seigneurs s'appropriaient les revenus des monastères, et plus d'une fois ils les mirent au pillage. Les abbés furent alors contraints d'employer la force pour se défendre; ils armèrent leurs vassaux et se placèrent courageusement à leur tête. Les Normands, par leurs incursions commencées dès le neuvième siècle, portaient de tout côté la désolation; ils n'épargnèrent pas les monastères dont un grand nombre furent pillés, dévastés, incendiés ou détruits de fond en comble. Les moines qui survivaient à ces ravages abandonnaient leurs retraites ruinées. Quelques monastères, placés loin des routes que les Normands fréquentaient, restèrent debout, mais les moines, craignant pour leur vie, avaient pris la fuite emportant leurs livres et tous leurs objets précieux. Il n'y restait d'ordinaire que des moines ignorants et grossiers qui, n'ayant rien à perdre, ne craignaient rien. Ce ne fut que vers la fin du onzième siècle que la réforme s'étant établie, les monastères reçurent de nouveaux habitants, et que les moines reprirent leurs travaux et leurs habitudes. On sait quel éclat saint Bernard jeta dans le douzième siècle sur l'ordre de Cîteaux, autant par ses vertus que par ses talents, et l'abbé Suger, ministre de Louis-le-Jeune, sur celui de saint Benoît; mais ce fut surtout dans le treizième siècle que le nombre des ordres monastiques augmenta, et que parmi les hommes qui se consacrèrent à la retraite, on trouve un grand nombre de véritables savants. A cette époque, les moines rendirent de très grands services en répandant l'instruction parmi le peuple, et en lui inspirant par la pureté de leurs mœurs non moins de respect que de vénération; en allant prêcher l'Evangile aux missions étrangères, en défrichant les terres, en cultivant les sciences, en recueillant avec soin les monuments de l'antiquité, en nourrissant les pauvres, en exerçant l'hospitalité, en aidant le clergé séculier dans ses fonctions. Tandis que les ordres monastiques rentraient dans la discipline, et que les nobles s'engageaient dans les expéditions lointaines, autour des châteaux devenus propriétés bourgeoises, on vit s'élever des communes et des villages, les villes reçurent de nouveaux habitants. Par toute la France, comme si d'une extrémité à l'autre la même voix s'était fait entendre, on sentit la nécessité de s'unir, afin de pouvoir résister au pouvoir des seigneurs. L'affranchissement des communes eut lieu par toute l'Europe. Le pouvoir royal leur vint en aide; elles soutinrent à leur tour le souverain contre les grands vassaux, de sorte qu'il se forma entre le roi et le peuple une communauté d'intérêts, qui à la longue devait se tourner en hostilité contre le régime féodal, également ennemi du peuple et du roi, pouvant résister à l'un ou à l'autre, mais non aux deux réunis. Les arts et métiers formèrent partout des corporations, beaucoup de nobles allèrent s'établir dans les villes; quelques-unes s'érigèrent en villes libres et indépendantes, surtout en Italie et en Allemagne; dans cette dernière contrée plusieurs formèrent des ligues; parmi elles il faut distinguer la ligue anséatique qui plus tard acquit assez de puissance pour résister avec succès à toutes les tentatives qui furent faites pour la démembrer et subjuguer divisément les villes dont elle se composait. L'esprit d'association est un des caractères distinctifs de cette époque : il se coalisa contre les villes; il se fit dans l'université divers réglements qui établissaient jusque dans les lettres une véritable corporation; la chevalerie elle-même, n'était qu'une espèce d'association dont tous les membres étaient frères. Il est vrai que les rois qui en protégeaient le développement, n'y virent probablement qu'un moyen honorable de contenir dans le devoir une noblesse valeureuse mais turbulente. En créant pour elle des formes, des usages, des cérémonies particulières, on ne négligea pas les moyens de lui inspirer des vertus. Il fut question d'honneur, de justice et d'humanité, de secourir l'opprimé, de défendre l'orphelin. On laissa aux chevaliers le culte qu'ils rendaient aux dames; on considéra que cette concession tournerait au profit de la civilisation, car dans l'origine les mœurs des chevaliers se ressentaient de la rudesse franque. Les rois faisaient aux chevaliers le meilleur accueil. De temps en temps ils les réunissaient, comme pour juger, entre pairs, les faits répréhensibles dont un chevalier serait accusé. Chaque chevalier avait un frère d'armes, et cette fraternité produisit souvent des faits héroïques, car la gloire, l'honneur, la vie du chevalier et du frère d'armes ne pouvaient se séparer. Quiconque, avec juste cause, demandait le secours d'un chevalier était sûr de l'obtenir. Si un chevalier était fait prisonnier, on lui rendait la liberté sur sa parole, parce qu'on savait que la parole d'un chevalier était inviolable et sacrée, et qu'il aurait été puni par l'infamie s'il y avait manqué. Ce fut sous la protection de la chevalerie que les lois et la justice reprirent leur force. Du douzième au quinzième siècle elle produisit une foule de héros et de grandes actions. Dans les derniers siècles du moyen-âge on voit les principes qui l'ont dominée au premières époques se modifier d'une manière sensible. L'affermissement du pouvoir souverain et l'influence croissante de la bourgeoisie forcèrent la classe noble et guerrière à se renfermer dans de justes limites, l'organisation politique se développe dans tous les états de l'Europe; la centralisation du pouvoir commence à s'opérer. Les souverains ont à leur solde des armées permanentes et le pouvoir des grands vassaux diminue. La chevalerie avait formé depuis longtemps la principale force des armées, mais l'invention de la poudre lui fut défavorable, parce que, rendant moins nécessaire la valeur personnelle, on eut moins besoin de recourir à celle des chevaliers. L'empire d'Allemagne était tombé au pouvoir exclusif de la maison d'Autriche, mais il perdit le caractère de suprématie sur les autres états, qu'il tenait de Charlemagne; il conserva, il est vrai, le titre pompeux de Saint-Empire-Romain, mais ce ne fut au fond qu'une monarchie allemande. Mahmoud de Ghazna avait envahi l'Inde, et pendant plusieurs années il y fit périodiquement une incursion dévastatrice; mais il n'y fit point d'établissement. Il laissa ce soin à ses successeurs, et plusieurs princes de sa race y régnèrent; ils furent remplacés par d'autres princes de race Ashgane qui furent dépossédés à leur tour par le mongol Baber qui fonda le puissant empire de l'Inde, que son fils Akber fit monter à un haut degré de gloire et que le fameux Aureng Zeb avait étendu sur toute la Péninsule. L'église poursuivait sa marche triomphante, mais l'hérésie tenta de se glisser dans son sein. Wiclef, Jean Hus, Jérôme de Prague s'élevèrent contre elle, et le concile de Constance condamna leurs doctrines; mais le schisme s'était introduit dans l'église même; ce fut par les sages procédés de ce même concile qu'on réussit à le terminer. Ce fut alors qu'on institua les ordres mendiants qui, dès leur naissance, rendirent de grands services en s'attaquant corps à corps à l'hérésie pour la combattre. Cependant des hordes nouvelles sorties des bords du Pont-Euxin attaquaient les provinces du faible empire grec, et ils l'en dépouillaient successivement, et comme elles s'approchaient de Constantinople, précédées d'une grande réputation de force et de bravoure, doublées par le fanatisme, on conçut en Europe des craintes assez vives pour que des troupes nombreuses fussent envoyées au secours de l'empire ébranlé d'Orient. Après des guerres assez longues et surtout meurtrières où l'avantage resta toujours aux musulmans, ceux-ci, sous la conduite de Mahomet II, s'emparèrent de Constantinople au milieu du xve siècle, et fondèrent l'empire Ottoman qui plus d'une fois fit trembler l'Italie et l'Autriche. Ainsi finit pour toujours le vieil empire romain, ou pour mieux dire, ainsi se dissipa l'ombre qui seule en restait. Tout ce qui restait dans Constantinople de l'antique littérature, allait périr, comme autrefois périt la bibliothèque d'Alexandrie: Mahomet II n'était ni moins intolérant que le successeur d'Abou-Beckre, Omar. Il aurait dit comme lui: si ces livres ne contiennent que ce que le Coran contient, ils sont inutiles: qu'on les brûle. S'ils contiennent autre chose, ils sont dangereux, qu'on les brûle. Mais par bonheur quel-

ques Grecs instruits se chargeant clandestinement des trésors de la science, se sauvèrent de Constantinople et abordèrent en Italie, où, accueillis par Léon X, ils ne tardèrent pas à faire renaître le goût des arts et des lettres que leurs ancêtres avaient jadis cultivés avec tant de succès. A cette mémorable époque, l'imprimerie fut découverte, et ses premiers essais réussirent si bien, qu'il s'établit de nombreux ateliers en Italie, en France, en Allemagne, ce qui multiplia les livres, et contribua plus que tout à la rapide propagation des lumières. En même temps le navigateur portugais, Vasco de Gama, ouvrait au commerce des routes nouvelles pour arriver à cette Inde si riche dont les produits précieux, transportés en Asie, en Afrique et en Europe par les Arabes qui seuls fréquentaient la côte occidentale de la péninsule, achetés ensuite aux Arabes par les Vénitiens et par les Génois, se vendaient presque au poids de l'or. La gloire que Vasco venait d'acquérir excita l'émulation des navigateurs, on voulut explorer toutes les mers. Parmi ces navigateurs il en est dont la postérité gardera la mémoire tant que des hommes vivront sur la terre: c'est celui de Christophe Colomb. L'Amérique fut découverte, des régions immenses reçurent de nouveaux possesseurs, et des flots d'or et d'argent coulèrent sur l'Europe. La bonne intelligence qui régnait entre Léon X et François Ier devait favoriser l'introduction en France d'une portion au moins des restes précieux de la littérature grecque. Ce prince appela plusieurs Grecs à sa cour, et la protection généreuse qu'il accorda aux savants tant nationaux qu'étrangers, lui mérita le titre de Restaurateur des Lettres, que le philosophisme du siècle dernier a tenté vainement de lui contester, et que l'opinion générale a confirmé. Le régime féodal était presque détruit. De ce système de constitution politique, il ne restait plus que quelques usages dont l'utilité avait été reconnue; mais le peuple était libre. C'est à tous ces grands événements qui se passèrent à des intervalles très rapprochés pendant le xve siècle, événements dont le concours presque miraculeux couvre de tant d'éclat l'époque qui les vit naître, que l'on doit fixer la fin du moyen-âge, avec la renaissance des arts et des lettres. Ce fut en quelque sorte par une émancipation nouvelle de l'intelligence humaine que s'ouvrit la période actuelle, ou l'histoire moderne. Il est pénible d'être forcé d'ajouter qu'à cette même époque, d'ailleurs si brillante, un moine obscur et fougueux, fatigué du joug qu'il s'était imposé, le brisant violemment de ses propres mains, troubla par sa révolte la paix de l'église; que malheureusement Luther eut des imitateurs, qui se jetèrent dans cette voie fatale de la révolte, appelant à leur secours toutes les passions mauvaises. Ils couvrirent l'Europe de dissentions, de sang et de ruines, et infirmèrent pour longtemps l'essor de la civilisation moderne.   JOLIVALD.

MOYEU, s. m., milieu de la roue d'une voiture, gros morceau de bois tourné où s'emboîtent les rais, et dans le creux duquel entre l'essieu.

MOYLE (GAUTIER), protestant, né dans la province de Cornouailles en 1672, mort le 9 juin 1721, s'acquit de la célébrité parmi ceux de sa secte en écrivant avec fureur contre les catholiques. Il se livra aussi à l'étude de la politique, et dans ses productions en ce genre il fait parade d'irréligion. Moyle fut membre du parlement où il signala sa haine contre le clergé. On a donné ses œuvres, Londres, 1726, 2 vol. in-8°. On y trouve un *Essai sur le gouvernement de Rome*, traduit en français par Barée, Paris, 1801, un autre sur celui de Lacédémone, rempli d'idées fausses et pernicieuses. Sa critique ne vaut pas mieux que sa politique, comme on le voit par l'*Examen du miracle de la légion fulminante*. A l'exemple de Burnet, Mosheim et d'autres protestants, il attaque la vérité de ce miracle qu'on sait avoir été prouvé jusqu'à une pleine évidence.

MOYSE (les Français écrivent souvent Moïse), fils d'Amram et Jocabed, naquit l'an 1571 avant J.-C. Le roi d'Egypte, voyant que les Hébreux devenaient un peuple redoutable par leur grand nombre, rendit un édit par lequel il ordonnait de jeter dans le Nil tous leurs enfants mâles. Jocabed, ayant conservé Moyse durant trois mois, fit enfin un' petit panier de joncs, l'enduisit de bitume, et l'exposa sur le Nil. Thermutis, fille du roi, se promenant au bord du fleuve, vit flotter le berceau, se le fit apporter, et, frappée de la beauté de l'enfant, voulut le garder. Trois ans après, cette princesse l'adopta pour son fils, l'appela Moyse, et le fit instruire avec soin dans toutes les sciences des Egyptiens. Mais son père et sa mère, auxquels il fut remis par un heureux hasard, s'appliquèrent encore plus à lui enseigner la religion et l'histoire de ses ancètres. Quelques historiens rapportent bien des particularités de la jeunesse de Moyse, qui ne se trouvent point dans l'Ecriture. Joseph et Eusèbe lui font faire une guerre contre les Ethiopiens, qu'il défit entièrement. Nous nous en tiendrons au récit de l'Ecriture, qui ne prend Moyse qu'à l'âge de 40 ans. Il sortit alors de la cour de Pharaon, pour aller visiter ceux de sa nation que leurs maîtres impitoyables accablaient de mauvais traitements : trait de courage et de correspondance fidèle à la vocation de Dieu, que saint Paul relève d'une manière pathétique dans son épître aux Hébreux. Ayant rencontré un Egyptien qui frappait un Israélite, il le tua. Ce meurtre l'obligea de fuir dans le pays de Madian, où il épousa Séphora, fille du prêtre Jéthro, dont il eut deux fils, Gersam et Eliézer. Il s'occupa pendant 40 ans dans ce pays à paître les brebis de son beau-père. Un jour, menant son troupeau vers la montagne d'Horeb, Dieu lui apparut au milieu d'un buisson qui brûlait sans se consumer, et lui ordonna d'aller briser le joug de ses frères : vision rapportée dans l'Ecriture sainte d'une manière pleine d'intérêt et d'instruction. C'est des paroles par lesquelles Dieu s'annonça à Moyse que J.-C. tira contre les saducéens cet argument de l'immortalité de l'âme, énoncé d'une manière si laconique et si touchante : *De mortuis autem quod resurgant, non legistis in libro Moysi, super rubum quomodo dixerit illi Deus, inquiens : Ego sum Deus Abraham, et Deus Isaac, et Deus Jacob? Non est Deus mortuorum, sed vivorum* (Marc. 12). Moyse se défendit d'abord contre cette mission; mais Dieu vainquit sa résistance par deux prodiges. Uni avec Aaron, son frère, ils se rendirent à la cour de Pharaon. Ils lui dirent que Dieu lui ordonnait de laisser aller les Hébreux dans les déserts de l'Arabie pour lui offrir des sacrifices; mais ce prince impie se moqua de ces ordres, et fit redoubler les travaux dont il surchargeait déjà les Israélites. Les envoyés de Dieu, étant revenus une seconde fois, s'efforcèrent de persuader Pharaon, séduit par les enchantements de ses magiciens, de le détromper par un prodige qui confondit les leurs. Mais ce prince obstiné attira sur son royaume des calamités étonnantes et terribles, dont la dixième et dernière fut la mort des premiers nés d'Egypte, qui dans la même nuit furent tous frappés par l'ange exterminateur, depuis le premier-né de Pharaon jusqu'au premier-né du dernier des esclaves et des animaux. (*V.* ISRAÉLITES.) Ce désastre toucha le cœur du roi. Ce prince laissa partir les Hébreux, avec tout ce qui leur appartenait, le 15e jour du mois de Nisan, qui devint le premier jour de l'année, en mémoire de cette délivrance. Ils partirent de Ramassé au nombre de 600,000 hommes, sans compter les femmes et les petits enfants. A peine arrivaient-ils au bord de la mer Rouge que Pharaon vint fondre sur eux avec une puissante armée. Alors Moyse, étendant sa verge sur la mer, en divisa les eaux, qui demeurèrent suspendues, et les Hébreux passèrent à pied sec. Les Egyptiens voulurent prendre la même route; mais Dieu fit souffler un vent impétueux, qui ramena les eaux, sous lesquelles toute l'armée de Pharaon fut engloutie. Ces prodiges n'ont point été inconnus aux auteurs profanes qui ont parlé de Moyse. Egyptiens, Phéniciens, Grecs, Romains, ont supposé qu'il avait fait des miracles, puisque la plupart l'ont regardé comme un magicien fameux : il ne pouvait que paraître tel à des gens qui ne le connaissaient pas pour l'envoyé de Dieu. Diodore et Hérodote ont parlé de l'état d'épuisement et d'humiliation où l'Egypte fut réduite par ces terribles événements. Après le passage de la mer Rouge, Moyse chanta au Seigneur l'admirable cantique d'actions de grâces, qui commence par ces paroles : *Cantemus Domino,* chef-d'œuvre de poésie, dont le célèbre Rollin a si bien fait sentir les inimitables beautés. L'armée s'avança vers le mont Sinaï, arriva à Mara, où elle ne trouva que des eaux amères, que Moyse rendit potables. A Rhaphidim, qui fut le dixième campement, il tira de l'eau du rocher d'Horeb, en le frappant avec sa verge; mais Dieu fut irrité de l'espèce de défiance et du manquement de foi qu'il marqua, soit en frappant deux fois le rocher, soit plutôt en employant la verge miraculeuse dont il avait vu tant de grands effets, au lieu de commander simplement que l'eau parût, comme l'ordre du Seigneur le portait. C'est là qu'Amalec vint attaquer Israël. Pendant que Josué résistait aux Amalécites, Moyse, sur une hauteur, tenait les mains élevées, ce qui donna l'avantage aux Israélites, qui laissèrent en pièces leurs ennemis. Les Hébreux arrivèrent enfin au pied du mont Sinaï, le troisième jour du neuvième mois depuis leur sortie d'Egypte. Moyse, y étant monté plusieurs fois, reçut la loi de la main même de Dieu, au milieu des éclairs, et conclut la fameuse alliance entre le Seigneur

et les enfants d'Israël : code admirable de législation, dont le premier article suffit pour convaincre la philosophie d'ignorance et de faiblesse en établissant la chose la plus sublime et en même temps la plus essentielle au bonheur de l'homme, comme le premier des devoirs, à laquelle cependant la philosophie n'a jamais songé. Les législateurs de la Grèce se sont contentés de dire : « Honorez les dieux. » Moyse dit : « Vous aimerez votre Dieu de tout votre cœur. »Cette loi qui renferme et qui anime toutes les lois, saint Augustin prétend que Platon l'avait connue en partie; mais ce que Platon avait enseigné à cet égard n'était qu'une suite de sa théorie sur le souverain bien, et influa si peu sur la morale des Grecs qu'Aristote assure qu'il serait absurde de dire qu'on aime Jupiter. Il est vrai qu'un tel précepte à l'égard de Jupiter eût été absurde; mais cette corruption de l'idée de la Divinité était elle-même la suite de l'ignorance ou de l'oubli de ce premier précepte de la législation mosaïque. De là, découlent la superstition, l'idolâtrie, tous les délires et les horreurs qui ont dénaturé et calomnié la religion. Pour ne pas se donner entièrement à son Créateur, pour rester le maître de ses désirs et de ses actions, pour assurer l'indépendance sacrilège de sa personne et de son cœur, l'homme a imaginé toutes sortes de diversions, de compensations, de substitutions, de remplacements. Plus les pratiques de ce culte factice étaient extraordinaires, violentes, douloureuses, ou d'une luxure dégoûtante, plus on les croyait propres à guérir ce sentiment secret et importun d'une Divinité qui voulait l'homme tout entier. De là les initiations sanguinaires ou obscènes, les mutilations, les sacrifices humains, etc., tout cela pour éluder le grand précepte : *Diliges Dominum Deum tuum ex toto corde tuo, et ex tota fortitudine tua.* Cette observation ne paraîtra pas hasardée à quiconque réunit les lumières de la théologie à celles de l'histoire, et qui a l'esprit assez juste pour apprécier la profonde et divine philosophie de saint Paul. *Qui cum cognovissent Deum, non sicut Deum glorificaverunt, aut gratias egerunt,... propter quod tradidit illos Deus in desideria cordis eorum... Qui commutaverunt veritatem Dei in mendacium : et coluerunt, et servierunt creaturæ magis quam Creatori, qui est benedictus in secula. Propter quod tradidit illos Deus in passiones ignominiæ.... Tradidit illos Deus in reprobum sensum.* Rom. 1. A son retour, Moyse trouva que le peuple était tombé dans l'idolâtrie du veau d'or. Ce saint homme, pénétré d'horreur à la vue d'une telle ingratitude, brisa les tables de la loi, qu'il portait, et fit passer au fil de l'épée 23,000 hommes parmi les prévaricateurs. Il remonta ensuite sur la montagne pour obtenir la grâce des autres, et rapporta de nouvelles tables de pierre, où la loi était écrite. Quand il descendit, son visage jetait des rayons de lumière si éclatants que les Israélites n'osant l'aborder, il fut contraint de se voiler. On travailla au tabernacle, suivant le plan que Dieu en avait lui-même tracé. Moyse le dédia, consacra Aaron et ses fils pour en être les ministres, et destina les lévites pour le service. Il fit aussi plusieurs ordonnances sur le culte du Seigneur et le gouvernement politique. Après avoir réglé la forme de l'armée, il mena les Israélites sur les confins du pays bas de Chanaan, au pied du mont Nébo. C'est là que le Seigneur lui ordonna de monter sur cette même montagne, où il lui fit voir la Terre promise, dans laquelle il ne devait pas entrer. Il y rendit l'esprit, âgé de 120 ans, l'an 1451 avant J.-C., laissant à l'univers l'idée d'un génie vaste, d'une âme droite et franche, d'un législateur éclairé et profond, d'un homme extraordinairement favorisé de Dieu et conduit par lui. Pour servir d'interprète et d'ambassadeur de la Divinité, il fallait un homme extraordinaire, vénérable par l'étendue de ses connaissances, encore plus respectable par ses vertus, doué d'un courage invincible et d'un zèle que rien ne pût rebuter; Dieu l'avait formé dans Moyse. Sa naissance, son éducation, sa mission, ses travaux, sa conduite, ses épreuves, sa mort, tout annonce un grand homme; il n'en fut jamais de plus propre au personnage de législateur. Il ne ressemble pas aux autres; il ne devait pas leur ressembler. Les autres fondateurs de la société ont été des philosophes, des politiques, de grands génies, si l'on veut, mais c'étaient des hommes; Moyse était l'instrument de la Divinité. D'un seul coup il enfante une législation complète; mais il ne la tient ni de lui-même, ni d'aucun autre; c'est Dieu qui a tout ordonné. Il prouve sa mission surnaturelle comme il doit la prouver, par l'esprit prophétique dont il est doué, par des miracles, tels que l'erreur n'en peut citer en sa faveur, et qui portent visiblement l'empreinte du doigt de Dieu. C'est surtout au moment de terminer sa longue carrière que Moyse parut le grand homme. On y voit un vieillard cassé par ses travaux, qui, à la veille de sa mort, dont il sait le jour et l'heure, porte encore sa nation dans son sein, qui s'oublie lui-même, pour ne s'occuper que de la destinée d'un peuple toujours ingrat et rebelle. Il ranime ses forces, il serre son style, il relève ses expressions pour fondre en un seul corps d'ouvrage les faits et les lois renfermés dans les trois livres précédents. Il parle à un peuple rassemblé, il lit dans l'avenir ; la crainte, l'espérance, la piété, le zèle, la tendresse, l'agitent et le transportent ; il presse, il encourage, il menace, il prie, il conjure ; il ne voit dans l'univers que Dieu et son peuple. Quel cantique que cet *Audite, Cœli*, qu'il prononça dans cette occasion ! histoire prophétique des Juifs vérifiée de la manière la plus étonnante, poème sublime dont Homère et Hésiode n'ont pas approché, où il réunit l'enthousiasme de l'inspiration divine à celui du génie. Quelles idées, quelles expressions touchant la providence, la justice, la bonté, la puissance de Dieu ! Et cela mille ans avant que les philosophes de la Grèce aient débité quelques sentences isolées sur ces grandes vérités. Moyse est incontestablement l'auteur des cinq premiers livres de l'Ancien Testament, que l'on nomme le *Pentateuque* (*V.* ce mot), et que les Juifs et toutes les Églises chrétiennes se sont accordés à reconnaître pour inspirés. Le premier et le plus important de tous est la *Genèse*. C'est l'histoire de la création et des premiers hommes, écrite avec une impression de vérité que ne présente aucune autre histoire. Le passage du néant à l'être, la naissance et le développement de toute la nature, la cause de sa fécondité et de ses progrès, y sont exprimés avec une simplicité et une force que l'éloquence humaine ne peut atteindre. Les hypothèses physiques les plus accréditées ne paraissent à un esprit solide que des rêves vis-à-vis du récit de Moyse. Ce seul livre explique tout, rend raison de tout, nous apprend plus que toutes les spéculations des philosophes. On y voit, comme dans un tableau, la dignité et la véritable grandeur de l'homme, puisqu'il est l'image vivante de Dieu par son âme spirituelle, libre, intelligente et immortelle ; son domaine universel sur toutes les créatures, dont le titre est la concession que Dieu lui en fit au jour de sa création ; son excellence et sa supériorité sur toutes les créatures visibles, parce que si, pour le corps, il est comme elles tiré de la matière, il les surpasse infiniment par ce souffle divin qu'il reçoit, c'est-à-dire par la divine origine de son âme. On y est instruit de la respectable indissolubilité du mariage, puisque l'époux doit quitter tout ce qu'il a de plus cher pour s'attacher invariablement à son épouse, et qu'ils ne doivent avoir qu'un même cœur, comme ils ne forment qu'une même chair entre eux deux. On y lit la chute de l'homme, la cause de ses malheurs, et la promesse d'un médiateur qui réparerait tout. On y découvre les raisons de l'union, de l'amour et de la paix qui doivent régner entre les hommes, puisqu'ils tirent tous leur origine d'un même père, et qu'ils ne sont réellement sur la terre qu'une même famille. Enfin on y apprend les devoirs sacrés de la religion, le culte, l'adoration, la reconnaissance, l'amour envers le Créateur, puisque l'homme lui doit tout, et qu'il a été distingué par tant de bienfaits, de priviléges, de grâces et d'honneur. Dans un savant ouvrage publié à Pavie, en latin, en 1784, l'abbé Martin de Stéphanis a fait voir combien les livres de Moyse étaient au-dessus des vaines attaques que lui ont livrées des historiens et des physiciens romanesques. On peut consulter aussi la *Démonstration évangélique* de Huet ; l'*Histoire du ciel*, par Pluche ; l'*Histoire véritable des temps fabuleux*, par Guérin du Rocher. En 1788, il a paru un ouvrage du marquis de Pastoret, intitulé : *Moyse considéré comme législateur et comme moraliste* ; tout n'y est pas exact, mais l'auteur rend des hommages mérités au ministère et aux grandes qualités de Moyse, et fait voir combien les législateurs profanes lui sont inférieurs.   H.

MOYSE (Saint), solitaire, et supérieur d'un des monastères de Scéthé en Égypte, au IVe siècle, mort à 75 ans, donna des exemples de toutes les vertus chrétiennes et monastiques.

MOYSE, prêtre de Rome, sous le pape saint Fabien, fut pris avec plusieurs autres chrétiens, et détenu dans une longue prison où il confessa constamment la foi. Élargi et pris une seconde fois, il reçut la couronne du martyre, vers 251, durant la persécution de Dèce.

MOYSE, imposteur célèbre, abusa les Juifs de Crète, dans le Ve siècle, vers l'an 432. Il prit le nom de Moyse pour se rendre plus imposant aux yeux de ces imbéciles, qu'il obligea de le suivre, et dont il fit périr une partie dans la mer qui leur avait donné des assurances qu'elle s'ouvrirait pour les laisser passer.

MOYSE-BAR-CEPHA (nommé depuis son épiscopat Sévère), était d'Assyrie et fut élevé au monastère dit *Tura-Zahoïo*, c'est-à-dire *Mont-Aride*, situé vis-à-vis Balat sur le Tigre. Son savoir l'éleva successivement aux évêchés de Beth-Raman, de Beth-Ceno et de Mozal ou Mosul, dans le Diarbekir. Bar-Cepha mourut le 13 février 914 de l'ère vulgaire. Il avait écrit dans sa langue un traité de l'*Ouvrage des six jours*, un livre de l'âme, un commentaire sur saint Matthieu, un ouvrage sur la différence des sectes qui partageaient le christianisme, une liturgie, et enfin un *Traité du Paradis terrestre*, où il y a bien de vaines conjectures. André Masius en a donné une version en latin.

MOZARABES. On nomme ainsi les chrétiens d'Espagne, qui, après la conquête de ce royaume par les Maures, au commencement du VIIIe siècle, conservèrent l'exercice de leur religion sous la domination des vainqueurs ; ce mot signifie *mêlés aux Arabes*. Les Visigoths, qui étaient ariens et qui s'étaient emparés de l'Espagne au Ve siècle, abjurèrent leur hérésie, et se réunirent à l'Église dans le troisième concile de Tolède, l'an 589. Alors le christianisme fut professé en Espagne dans toute sa pureté, et il était encore tel cent vingt ans après, lorsque les Maures détruisirent la monarchie des Visigoths. Les chrétiens, devenus sujets des Maures, conservèrent leur foi et l'exercice de leur religion, soit dans les montagnes de Castille et de Léon, où plusieurs se réfugièrent, soit dans quelques villes où ils obtinrent ce privilège par capitulation. De là on a nommé mozarabique le rite qu'ils continuèrent à suivre, et messe mozarabique la liturgie qu'ils célébraient ; l'un et l'autre ont duré en Espagne jusque sur la fin du XIe siècle, temps auquel le pape Grégoire VII engagea les Espagnols à prendre la liturgie romaine. Pour tirer de l'oubli cet ancien rite et le remettre en usage, le cardinal Ximénès fonda, dans la cathédrale de Tolède, une chapelle dans laquelle l'office et la messe mozarabiques sont célébrés ; il fit imprimer le Missel l'an 1500, et le Bréviaire en 1502 ; ce sont deux petits in-folios. Comme il n'en fit tirer qu'un petit nombre d'exemplaires, ces deux volumes étaient devenus très rares et d'un prix excessif ; mais ils ont été réimprimés à Rome en 1755, par les soins du père Leslée, jésuite, avec des notes et une ample préface. Cet éditeur s'attache à prouver que la liturgie mozarabique est des temps apostoliques, qu'elle a été établie en Espagne par ceux-mêmes qui y ont porté la foi chrétienne ; qu'ainsi saint Isidore de Séville et saint Léandre, son frère, qui ont vécu au commencement du VIIe siècle, n'en sont pas les auteurs, qu'ils n'ont fait que la rendre plus correcte et y ajouter quelques nouveaux offices. Il fait voir que cette liturgie a été constamment en usage dans les églises d'Espagne depuis le temps des apôtres, non seulement jusqu'à la fin du règne des Visigoths et au commencement du VIIIe siècle, mais jusqu'à l'an 1080 ; que les papes Alexandre II, Grégoire VII et Urbain II ne sont venus à bout qu'après trente ans de résistance de la part des Espagnols, de leur faire adopter le rite romain. Le père Le Brun, qui a fait aussi l'*Histoire du rite mozarabique*, observe que, dans le Missel du cardinal Ximénès, ce rite n'est pas absolument tel qu'il était au VIe siècle ; mais que, pour en remplir les vides, le cardinal y fit insérer plusieurs prières tirées du Missel de Tolède, qui n'était pas le pur romain, mais qui était conforme en plusieurs choses au Missel gallican ; il distingue ces additions d'avec le vrai mozarabe, et compare celui-ci avec le gallican. Le père Leslée, qui a fait la même comparaison, pense que le premier est le plus ancien ; le père Mabillon, qui a donné la liturgie gallicane, soutient le contraire, et il paraît que c'est aussi le sentiment du père Le Brun. Quelques protestants ont avancé au hasard que la croyance des chrétiens mozarabes était la même que la leur, mais qu'elle s'altéra insensiblement par le commerce qu'ils eurent avec Rome. La liturgie mozarabique dépose du contraire ; il n'est pas un seul des dogmes catholiques contestés par les protestants qui n'y soit clairement professé. La doctrine en est exactement conforme aux ouvrages de saint Isidore de Séville, aux canons des conciles d'Espagne tenus sous la domination des Maures et à la liturgie gallicane, dont l'authenticité est incontestable. (*V.* LITURGIE.)

MOZART (JEAN-CHRYSOSTOME-WOLFANG-THÉOPHILE), célèbre compositeur, né à Salzbourg en 1756, mort à Vienne le 5 septembre 1791, voyagea en Europe, enlevant partout l'admiration de ses auditeurs. Joseph II le nomma maître de sa chapelle. Outre un grand nombre de messes et autres morceaux de musique sacrée, on a de ce compositeur différents opéras, parmi lesquels Mozart préférait *Don Juan* et *Idoménée*. Il a laissé un *Requiem*, qui est son chef-d'œuvre.

MOZZI (Louis), savant théologien, naquit à Bergame, le 26 mai 1746. A l'âge de 17 ans, il entra chez les jésuites de la province de Milan, occupa jeune encore la chaire de belles-lettres au collège des Nobles de cette ville, et la conserva jusqu'en 1773, époque de la suppression de son ordre. S'étant retiré dans sa patrie, il devint chanoine et archiprêtre de ce diocèse, et fut ensuite nommé examinateur des candidats pour le sacerdoce. Très attaché aux vrais principes de l'Eglise catholique et de la suprématie du pape, l'abbé Mozzi combattit en de nombreux écrits les doctrines opposées, que la France paraissait avoir communiquées à l'Italie, où il y avait des prosélytes du jansénisme. La première production de Mozzi contre les maximes de Port-Royal, fut : 1° ses *Lettres à un ami sur une certaine dissertation publiée à Brescia*, *touchant le retour des juifs dans l'Eglise*, Lucques, 1777, in-8. L'auteur de la Dissertation qui parut en 1772 était religieux partisan des nouvelles doctrines. Quelques années après, l'abbé Mozzi publia sur la même matière, 2° une *Lettre familière d'un théologien à un théologien*, Vienne, 1778, in-8. On y répondit par une autre *Lettre d'un théologien aux auteurs des éphémérides littéraires de France*, 1778, in-12, de 30 p. L'année suivante, l'auteur de la Dissertation ci-dessus indiquée en donna une seconde *sur l'époque du retour des juifs.* L'abbé Mozzi prit également la défense des bons principes, lorsque plusieurs écoles d'Italie se montrèrent favorables à ceux de l'Eglise d'Utrecht. Sa piété, son devoir, les services qu'il avait rendus à la religion, éveillèrent l'attention du pape Pie VII, qui l'appela à Rome, et le nomma missionnaire apostolique de l'Oratoire du père Gavina. Dans les discussions qui s'élevèrent entre Napoléon et le Saint-Siège, l'abbé Mozzi fut souvent consulté, et ses décisions avaient beaucoup de poids auprès du pontife et du sacré-collège. Il était membre des Arcades de Rome et d'autres académies italiennes. La Société de Jésus ayant été rétablie à Naples, il s'y rendit, et malgré son âge, il fit les quatre vœux. Les troubles qui eurent lieu à Naples l'éloignèrent de cette ville ; il se retira dans la *villa* du marquis Scotti, près de Millo, où il est mort le 24 juin, 1813, à l'âge de 67 ans. Outre les ouvrages déjà cités, on a de ce savant et pieux ecclésiastique : 3° *le Faux disciple de saint Augustin et de saint Thomas*, *convaincu d'erreur*, ou *Réflexions critiques et dogmatiques* sur un nouveau livre concernant les doctrines courantes, Venise, 1779, in-8. C'est sa réponse à une traduction en italien, d'un ouvrage publié à Paris en 1784, et ayant pour titre : *la Doctrine de saint Augustin et de saint Thomas, victorieuse de celle de Molina et des jésuites, par les armes que présente Mgr l'archevêque de Paris, dans son instruction pastorale du 28 octobre*, 1763. Les jansénistes, à leur tour, essayèrent de répondre à Mozzi par divers autres écrits, comme l'*Opinamenti*, ou *Trébuchement sur la lecture du faux disciple*, par le père Conaglio, capucin. L'abbé Mozzi ne resta pas en arrière et combattit son antagoniste dans : 4° *Cours d'exemples de la rare sagacité du père Victor Conaglio*, Bergame, 1780, in-12, et dans : 5° *Essai de réponse du chanoine Mozzi au P.*, première lettre, 1781, in-12 ; 6° *le Jansénisme dans son beau jour*, ou *Idée du jansénisme*, Venise, 1781, 2 vol. in-8, dédié au cavalier Louis Valenti Gonzaga ; 7° *le culte de l'amour divin*, ou *sur la dévotion au sacré cœur de Jésus*, Sienne (et non Bologne), 1782, in-8, traduit de l'ouvrage de M. Fumel, évêque de Lodève. Les notes sont de Mozzi, ainsi que la dédicace à la reine de Portugal, qui lui répondit d'une manière très flatteuse ; 8° *Histoire du schisme de la nouvelle Eglise d'Utrecht*, adressée à M..., par D.-A.-D.-C., Ferrare, 1785, in-8. Pie VI témoigna sa satisfaction à l'auteur par un bref du 8 juin, 1785 ; 9° *Lettre à un ami sur quelques inexactitudes remarquées sur son histoire abrégée de l'Eglise d'Utrecht*, Venise, 1787, 3 vol. in-8 ; 10° *Réponse pacifique au chevalier milanais auteur des lettres d'Utrecht*, Venise, 1788, in-8, (ce chevalier supposé est l'abbé Rozi, qui avait fait paraître en 1786 *les Catholiques de l'Eglise d'Utrecht*, ou *Analyse*, ou *Réfutation de l'histoire abrégée*) ; 11° *les Cinquante raisons pour préférer l'Eglise catholique* de Bassano, 1799, in-8° (traduit de l'anglais, du duc Antoine Alric Brunswick ; les notes sont de Mozzi) ; 12° *Entretiens familiers entre une dame catholique et un théologien janséniste sur la prohibition des livres*, Assise, 1790, in-8° ; 13° *les Projets des incrédules pour la ruine de la religion dévoilés dans les œuvres de Frédéric II, roi de Prusse*, 3° édition, Assise, 1791, in-8, avec un opuscule intitulé : l'*Esprit du XVIII° siècle découvert aux simples* ; 14° *Abrégé historique et*

chronologique des plus importants jugements du Saint-Siège sur le baïanisme, le jansénisme et le quesnellisme, Folignio, 2 vol. in-8 ; cet ouvrage est dédié au savant Gerbert, abbé de Saint-Peloize ; 15° *Pensez-y-bien*, ou *Réflexions sur les grandes vérités de la religion chrétienne*, Venise, 1792, in-8 (traduit de l'anglais) ; 16° *Lettres à M. Ricci sur son mémoire en réponse à ses questions touchant l'état actuel de l'Eglise de France*, Folignio, 1792, in-8 ; 17° *le Modèle des dames chrétiennes dans la vie de madame de Combe des Morelles*, morte le 2 septembre, 1771, 1792, in-8 ; 18° *le Modèle des enfants chrétiens*, ou *Abrégé de la vie du jeune François Combe des Morelles*, mort au collège de La Flèche, le 17 janvier, 1768, Venise, 1792, in-8 ; 19° *Vie du serviteur de Dieu, M. Jean Belloti*, Bergame, 1792, in-8 ; 20° *Vie de quelques jeunes ecclésiastiques du diocèse de Bergame*, 1793 ; 21° *Vie de la servante de Dieu, Marie Electa Crucifixa Gualdo*, bénédictine, 1794 ; 22° *Abrégé de la vie de Claire Colombe Breda*, bénédictine, 1793 ; 23° *Eloge historique du comte Petroca Grumelli*, 1797 ; 24° *Règles et statuts pour la congrégation de Saint-Louis de Gonzague*, 1793 et 1800 ; 25° *Règle pour les congrégations de la sainte Vierge* ; 26° *la Couronne des fleurs spirituelles* ; 27° *A la mémoire de Charles Azairi.* On lui attribue le *Mois de Marie*, dont le véritable auteur est le père Sormanni, jésuite ; des *Réflexions sur la mort de Voltaire*, de d'Alembert et de Diderot, et des *Lettres sur l'infaillibilité de l'Eglise et du pape*, qui sont plus probablement du père Jean-Baptiste Pianciani, aussi jésuite.

MOZZOLINO (Sylvestre), dominicain, plus connu sous le nom de Sylvestre de Prierio, parce qu'il était né vers 1400, à Prierio, village près de Savone, dans l'état de Gênes, est le premier qui écrivit avec quelque étendue contre Luther. Ses principaux ouvrages sont : *De strigii magarum dæmonumque prestigiis*, Rome, 1521, in-4° ; la *Somme des cas de conscience*, appelée *Silvestrine*, in-fol. ; sa *Rose d'or*, ou *Exposition des Evangiles de toute l'année*, Haguenau, 1508, in-4°. Ses vertus le distinguèrent autant que ses ouvrages. Il mourut de la peste à Rome, en 1523, après avoir été élevé à la place de maître du sacré palais, et à celle de général de son ordre, et avoir enseigné la théologie à Padoue et à Rome.

MUABLE, adj. des deux genres. Inconstant, sujet au changement. Il est peu usité.

MUCANTE (Jean-Paul), romain et maître des cérémonies pontificales, vivait au XVI° siècle. C'était un homme savant, intègre et généralement estimé à cause de son caractère et des bonnes qualités qu'il réunissait en sa personne. Il publia divers ouvrages, et en composa d'autres qui sont restés manuscrits. Parmi les premiers on compte : *Relazione della riconciliazione, assoluzione e benedizione del serenissimo Henrico Quarto, christianissimo re di Francia e di Navarra, fatta della santita di N. S. Clemente VIII, nel portico di San-Pietro, li 17 di settembre 1593*, Viterbe, 1595, in-4°.

MUCANTE (François), de la famille du précédent, et aussi maître des cérémonies de la cour pontificale, a donné : *De sanctorum apostolorum Petri et Pauli imaginibus*, *ad S. D. N. Gregorium XIII, Ps. M. libellus*, Rome, 1573, in-4°.

MUCIA ou **MUTIA** (famille), *hist.*, maison plébéienne de Rome, dont les membres portaient le surnom de Scévola, en mémoire du guerrier qui se laissa brûler la main en présence de Porsenna. La famille Mucia est célèbre surtout par les habiles jurisconsultes qu'elle produisit pendant plusieurs générations. Il paraît que cette famille s'éteignit sous les empereurs. Un fils naturel de P. Mucius Scévola, consul l'an de Rome 580, fut adopté par un Licinius Crassus Dives, et changea alors son nom de Mucius en Mucianus. De là vint la branche des Crassus Mucianus, qui produisit le célèbre Mucien, général de Vespasien.

MUCIA, troisième femme de Pompée, était fille de Q. Mucius Scévola et sœur de Q. Métellus Céler. Elle s'abandonna à la dissolution avec si peu de retenue pendant la guerre de Pompée contre Mithridate que son mari fut contraint de la répudier à son retour, quoiqu'elle lui eût donné trois enfants. Mucia se remaria à Marcus Scaurus, de qui elle eut aussi plusieurs enfants. Octave se servit du pouvoir qu'elle avait sur l'esprit de Sextus Pompée, son fils, pour empêcher qu'il ne s'unît contre lui avec Marc-Antoine ; et quand, après la bataille d'Actium, il fut devenu maître de l'empire, il lui témoigna beaucoup d'égards.

MUCIEN (M. Licinius Crassus), général romain, célèbre par la part qu'il eut à l'élévation de Vespasien à l'empire. Né avec l'ambition la plus effrénée, il se fit dans sa jeunesse des amis puissants et illustres ; il parvint même au consulat l'an de J.-C. 52. Bientôt un amour excessif des plaisirs et de folles dépenses le ruinèrent entièrement. Claude, irrité contre lui, l'envoya ou plutôt l'exila en Orient, avec un commandement subalterne. Lorsque l'empire fut tombé entre les mains de Vitellius, les amis de Vespasien le sollicitaient secrètement à prendre le titre d'empereur. Vespasien balançait; Mucien le détermina par un discours éloquent qu'il prononça au milieu d'une réunion des chefs de l'armée. Vespasien fut bientôt reconnu dans tout l'Orient; Mucien rassembla des troupes immenses et il s'apprêta à marcher contre Vitellius en Italie; mais Antonius Primus avait déjà battu et tué cet empereur. Alors Mucien courut vers les rives du Danube, que venaient de franchir les Daces, profitant des discordes civiles, et il les repoussa au-delà du fleuve; puis il revint à Rome, où bientôt il s'empara de toute la puissance. L'arrivée de Vespasien ne diminua en rien son autorité. Celui-ci même lui confia son sceau, il l'appelait du nom de frère, et le laissait agir sans demander aucun compte. Mucien abusa quelquefois de tant de confiance, et on lui a à juste titre reproché et ses exactions et la protection qu'il accorda aux accusateurs. Il paraît qu'il resta toujours en faveur auprès du prince; mais on ignore l'année et le genre de sa mort. On sait seulement qu'elle eut lieu avant celle de Vespasien et qu'il avait été encore deux fois consul.

MUCILAGE, s. m., substance végétale qui se rapproche beaucoup de la gomme, et qui se trouve en grande quantité dans les racines de guimauve et de grande consoude, dans la graine de lin et les semences de coing. Le mucilage renferme un principe analogue à l'arabine; il rend l'eau plus visqueuse, plus filante que les gommes. Il donne, comme ces dernières, de l'acide mucique et de l'acide oxalique par l'acide azotique; il forme, comme les gommes, une émulsion avec les huiles, que ne fait pas le mucus animal seul. On appelle aussi mucilage le liquide épais et visqueux formé par la solution ou la division d'une gomme dans l'eau. Les mucilages participent des propriétés émollientes et relâchantes des substances qui servent à les former. Préparés avec beaucoup d'eau, et entièrement liquides, ils sont employés en lotions, en fomentations, en collyres; quelquefois aussi ils constituent des tisanes adoucissantes. Plus concentrés, ils servent d'intermèdes pour lier des masses de pastilles, ou pour suspendre dans l'eau des huiles et des résines liquides.

MUCILAGINEUX, EUSE, adj., qui contient du mucilage. En anat., glandes mucilagineuses, glandes destinées à filtrer des humeurs visqueuses.

MUCIUS ou **MUTIUS SCÉVOLA**, surnommé *Cordus*, à cause de son intrépidité. Porsenna ayant assiégé Rome dans le dessein de rétablir Tarquin sur le trône, Mucius résolut de délivrer sa patrie d'un ennemi si redoutable. A l'aide du langage et de l'habit étrusques, il pénétra facilement dans le camp et jusque dans la tente du roi, qui était alors seul avec son secrétaire. Mucius, prenant ce dernier pour le prince, se précipita sur lui, et le tua. Il fut arrêté à l'instant et interrogé. Mais, au lieu de répondre aux questions qui lui étaient adressées, il porta sa main au-dessus d'un brasier ardent allumé pour les sacrifices (ou, selon d'autres historiens, que l'on avait préparé pour le brûler vif), et il la laissa brûler. Le roi, admirant son courage, lui rendit son épée, qu'il ne put recevoir que de la main gauche (*scæva vola*, en ancien romain), ce qui lui fit donner le surnom de Scévola. Mucius feignit alors d'être touché de reconnaissance pour la générosité de Porsenna, et, répondant à ceux qui l'interrogeaient : « Je suis Romain, s'écria-t-il, et trois cents jeunes gens comme moi ont conspiré contre les jours du roi d'Etrurie, et ont pénétré dans son camp, décidés à le tuer ou à périr dans l'entreprise. » Porsenna effrayé fit la paix avec la république, et se retira dans ses états. Le sénat donna pour récompense à Mucius un champ au-delà du Tibre, qui fut appelé les prés Muciens. Denys d'Halicarnasse ne dit pas un mot de cette circonstance de la main brûlée; ce qui doit en faire douter comme de toutes les merveilles qui entourent le berceau de Rome.

MUCOSITÉ, s. f., fluide visqueux que les membranes muqueuses sécrètent, en plus ou moins grandes quantités, dans leur état naturel et dans leur état d'irritation. Il se dit aussi d'un suc qui n'est ni tout-à-fait fluide, ni tout-à-fait visqueux, que contiennent certaines plantes.

MUCUS, s. f., dénomination générale donnée à toutes les déjections qui proviennent de la surface des membranes muqueuses et des glandes ouvertes à cette surface, tant que le produit de ces derniers n'a pas de caractères spéciaux qui lui méritent un nom particulier. Tels sont les débris de la desquamation continuelle de l'épithélium, le pus qui se forme sous l'épithélium dans les irritations des membranes muqueuses, la sécrétion liquide des glandes mucipares, ou le mucus proprement dit, etc.

MUDGE (THOMAS), célèbre mécanicien anglais, né à Exeter, en 1715, d'un ecclésiastique qui était maître d'école à Biddefort, manifesta fort jeune des dispositions extraordinaires pour l'horlogerie. En peu d'années il acquit une grande supériorité dans cet art; déjà depuis quelque temps il travaillait pour son propre compte, lorsqu'un horloger, nommé Ellicot, lui fit faire une montre à équation, que lui avait commandée Ferdinand VI, roi d'Espagne. Cet ouvrage fut terminé promptement et avec beaucoup de talent. Ellicot s'en attribua tout le mérite; mais, en voulant expliquer le mécanisme de cette pièce, il en dérangea quelques parties et fut obligé d'avoir recours à Mudge. L'imposture ne tarda pas à être connue, particulièrement du roi d'Espagne qui confia dès lors à Mudge des ouvrages d'horlogerie qu'il voulait faire entreprendre. Parmi ceux que fit cet habile mécanicien, nous devons citer une montre à répétition, qui indiquait le temps vrai et le temps moyen; elle sonnait et répétait l'un et l'autre; ce qui auparavant n'avait eu lieu dans aucune montre. De plus, elle répétait les heures, les quarts et même les minutes. Cette montre était enfermée sous verre dans le gros bout d'une canne, en sorte que par des coulisses on pouvait voir marcher le mécanisme de ce beau travail. La réputation de Mudge s'étendait de jour en jour. En 1750, il ouvrit un atelier d'horlogerie, de concert avec un artiste nommé Duton. La construction des montres marines ou garde-temps, fixa surtout son attention. En 1765, il publia un ouvrage sur ce sujet, sous le titre de *Pensée sur les moyens de perfectionner les montres, particulièrement celles de la marine*. Ayant quitté le commerce en 1771, il se retira à Plymouth, où il s'occupa pendant plusieurs années de la construction d'un garde-temps qu'il donna à l'essai à l'observation de Greenwich. Cet ouvrage fut remis au baron Zach, astronome du duc de Gottha, et fut ensuite employé par l'amiral Campbell dans un voyage à Terre-Neuve. La précision de cet instrument fut constatée de la manière la plus scrupuleuse, et le gouvernement anglais, en l'acquérant pour le bureau des longitudes, alloua à Mudge une somme de 50,000 liv. st. Il l'invita à en construire un autre parfaitement semblable, afin de concourir pour le grand prix que le gouvernement avait fondé en faveur du meilleur travail en ce genre. Mudge en exécuta deux. Après une année d'essai, l'astronome Maskelyne fit un rapport favorable, par suite duquel les montres de Mudge furent essayées en mer. Cette fois, même rapporteur déclara qu'elles ne pouvaient soutenir une épreuve rigoureuse. Mudge attaqua Maskelyne, et publia un *Exposé des faits relatifs à son garde-temps* (1790). Il s'adressa ensuite au bureau des longitudes, qui n'accueillit point ses prétentions (1792); puis à la chambre des communes, qui lui vota, en 1793, une somme de 2,500 liv. st. Mudge mourut en 1794. On lui doit un nouvel échappement pour les montres ordinaires. Depuis 1777, il avait le titre d'horloger du roi.

MUDGE (WILLIAM), fils du précédent, major général dans l'armée anglaise et dans l'armée du génie, né à Plymouth, en 1762, fut admis d'abord à l'école militaire de Woolwich, servit ensuite dans l'artillerie et parvint au grade de capitaine. Employé successivement à l'instruction des élèves, à l'arsenal militaire et à l'école de la compagnie des Indes-Or., il fut chargé plus tard de lever le plan trigonométrique de l'Angleterre. On trouve dans les *Transactions philosophiques* plusieurs Mémoires très importants qui sont dus à William Mudge, et un long rapport sur ses travaux trigonométriques, depuis 1791 jusqu'à 1799 (années 1795, 1797 et 1810). Le recueil intitulé *Edimbourg Review* (janvier 1805), offre une Notice très détaillée sur le levé trigonométrique de l'Angleterre et du pays de Galles. Lui-même a fait paraître le *Tableau des opérations qui ont servi à dresser le plan trigonométrique de l'Angleterre et du pays de Galles*, 1799-1811, 3 vol. in-4°. En 1819, il accompagna M. Biot aux Iles-Orcades, pour y déterminer la longitude de plusieurs points. Ses laborieux travaux lui valurent le grade de major général dans l'armée, et les titres de membre de la Société royale de Londres, de l'Académie royale de Copenhague, et de correspondant de l'Institut de France. Ce savant est mort à Londres, en 1820.

MUE, s. f., changement de poil, de plumes, de peau, de cornes, etc., qui arrive aux animaux, ou tous les ans, ou à certaines époques de leur vie. Il se dit aussi du temps où ces changements se font. Autour de trois mues, qui a mué trois fois, qui a trois ans. Mue signifie aussi, la dépouille d'un animal qui a mué. Mue se dit encore, surtout en fauconnerie, d'une sorte de grande cage où l'on met un oiseau quand il mue. Il signifie aussi, un lieu étroit et obscur où l'on tient la volaille pour l'engraisser.

MUER, v. n., changer. Il se dit des animaux quand ils changent de poil, de plumes, de peau. Il se dit aussi, en parlant des jeunes gens parvenus à l'âge où la voix change et devient plus grave.

MUET, ETTE, adj., qui est privé de l'usage de la parole, naturellement ou par accident. Fam., n'être pas muet, se dit d'une personne qui parle hardiment ou qui parle beaucoup. Muet, se dit également des personnes que la peur, la honte, l'étonnement ou d'autres causes morales, empêchent momentanément de parler. Muet, se dit aussi des choses morales et signifie qui se tait. Il se dit encore des choses inanimées qui ont un genre d'expression, de signification. Au théâtre, jeu muet, la partie du jeu d'un acteur, par laquelle il exprime sans parler, les sentiments dont il doit être affecté. En grammaire, *h* muette, celle qui n'est point aspirée. Muet est aussi substantif. Muets, au pluriel, se dit particulièrement de gens attachés au service des sultans et qui, sans être privés de l'usage de la parole, ne s'expriment jamais que par des signes. (*V.* SOURDS-MUETS.)

MUET (PIERRE LE), architecte, né à Dijon en 1591, mort à Paris en 1669, fut choisi par Anne d'Autriche pour achever l'église du Val-de-Grâce et composa quelques ouvrages sur l'architecture. *Les cinq ordres d'architecture dont se sont servis les anciens*, 1771, in-8°; la *Manière de bien bâtir*, 1681, in-fol. Les gens de l'art font cas de ces livres.

MUETTE, s. f., il ne s'est dit primitivement que d'une petite maison bâtie soit pour y garder les mues de cerfs, soit pour y mettre les oiseaux de fauconnerie, au temps de la mue. Plus tard on a donné ce nom à des pavillons et même à des édifices considérables, servant de rendez-vous de chasse.

MUETTE (MUTA ou TACITA), déesse du silence et fille du fleuve Almon. Jupiter lui fit couper la langue et la fit conduire aux enfers, parce qu'elle avait découvert à Junon son commerce avec la nymphe Juterne. Mercure, touché de sa beauté, l'épousa, et eut deux enfants nommés Lares, auxquels on sacrifiait comme à des génies familiers.

MUFLE (*mamm.*). On donne le nom de mufle à une partie nue et muqueuse qui termine le museau de certains mammifères.　　　　　　　　　　　　　　　　　　　　　　　　J. P.

MUFTI, s. m., le chef de la religion mahométane.

MUGE, *mugil* (*poiss.*), genre de poissons de l'ordre des acanthoptérygiens, famille des mugiloïdes. Cuvier assigne pour caractères à ce genre: corps presque cylindrique, couvert de grandes écailles, deux dorsales séparées, dont la première n'a que quatre rayons épineux; les ventrales sont attachées un peu en arrière des pectorales; six rayons aux ouïes; tête un peu déprimée, couverte aussi de grandes écailles, ou de plaques polygonales; museau très court, bouche transversale, formant un angle au moyen d'une proéminence du milieu de la mâchoire inférieure, qui répond à un enfoncement de la supérieure, dents infiniment déliées, souvent même presque imperceptibles; os pharyngiens très développés, donnant à l'entrée de l'œsophage une forme anguleuse, comme l'ouverture de la bouche qui ne laisse arriver à l'estomac que des matières liquides ou déliées.

Les espèces de ce genre, assez nombreuses, ont été réparties par MM. Cuvier et Valenciennes en quatre sections, d'après leurs habitations, savoir: I. Muges de la Méditerranée; II. Muges d'Amérique; III. Muges d'Afrique, et IV. Muges des Indes. Parmi les premières nous citerons la muge à large tête (*mugil cephalus*, L.) que l'on nomme vulgairement *cabot* sur nos côtes; c'est une des plus grandes espèces du genre; elle atteint près de 70 centimètres de longueur, et pèse jusqu'à 9 kilogrammes. La couleur en gris plombé sur le dos, plus clair sur les flancs; le ventre et toutes les parties inférieures sont d'un blanc argenté mat; les opercules et les côtés de la tête présentent de beaux reflets argentés. La chair de ce poisson est tendre, grasse et d'un goût agréable. Les œufs salés et séchés donnent une espèce de caviar très estimé en Provence et en Italie et connu sous le nom de *botargue*.　　　　　　　　　　　　　　　　　　　　　　　J. P.

MUGIR, v. n. Il se dit proprement du cri des taureaux, des bœufs et des vaches. Il se dit figurément de la voix humaine quand on la force et qu'elle approche du mugissement. Il se dit aussi figurément du bruit que font les flots de la mer, les vents, les torrents, etc., quand ils sont violemment agités.

MUGISSANT, ANTE, adj., qui mugit; il se dit au propre et au figuré.

MUGISSEMENT, s. m., cri que font les bœufs, les taureaux et les vaches. Il se dit figurément des sons et des bruits analogues à ce cri.

MUGNOS, en espagnol *Munoz* (GILLES), docteur en droit canon, et chanoine de Barcelonne, succéda à l'antipape BenoîtXIII en 1424, élu par les deux seuls cardinaux qui reconnaissaient ce fantôme de pontife, et se fit nommer Clément VIII; mais il se soumit volontiers, en 1429, au pape Martin V. Ce pontife, entre les mains duquel il abdiqua sa dignité, lui donna en dédommagement l'évêché de Majorque. Cette abdication de Mugnos mit fin au grand schisme d'Occident, qui, depuis que Clément VII avait été élu à Fondi en 1378, avait si cruellement ravagé l'Eglise pendant 51 ans. Il y a eu dans le XVII° siècle un Philadelphe Mugnos, auteur d'un *Théâtre généalogique des familles nobles de Sicile*. Cet ouvrage, en italien, parut à Palerme, 1647, 1655 et 1670, 2 vol. in-fol., avec fig.

MUGUET (bot.), nom vulgaire des espèces du genre lonvallaire (voyez ce mot).　　　　　　　　　　　　　　　　　J. P.

MUGUET (méd.). On appelle ainsi une inflammation aphtheuse, assez fréquente chez les enfants nouveau-nés et le plus souvent contagieuse. Cette maladie attaque particulièrement les enfants faibles, ceux dont la peau et la membrane muqueuse de la bouche sont très rouges. Le plus souvent cette coloration de la membrane buccale, avec chaleur et sécheresse, caractérise le début de la maladie. La seconde période s'annonce par l'apparition de points blancs sur cette membrane, surtout derrière les lèvres et à la pointe de la langue; ces points s'étendent, forment des plaques irrégulières et minces. Lorsqu'elles sont irrégulières, la maladie est ordinairement peu grave; ils se détachent sous forme de lamelles ou de flocons albumineux qui se renouvellent plusieurs fois; mais, l'inflammation se dissipant vers le huitième ou le quinzième jour, ils cessent de se reproduire. Au début il faut s'en tenir aux boissons aqueuses, mucilagineuses et gommées, très peu sucrées et à une température très douce. S'il y a une inflammation intense, on emploie des bains, des fomentations émollientes générales.

MUID, s. m., certaine mesure dont on se servait autrefois pour les liquides, pour les grains et pour plusieurs autres matières, et qui était de différente grandeur, selon les différents pays. Il se dit plus particulièrement du vaisseau, de la futaille qui contient la mesure d'un muid de vin ou de quelque autre liqueur.

MUIS, ou MAROTTE (SIMÉON DE), d'Orléans, professeur en hébreu au collége royal à Paris pendant 30 ans, connaissait parfaitement les langues orientales. Il mourut en 1644, chanoine et archidiacre de Soissons, avec la réputation d'un des plus célèbres interprètes de l'Ecriture. On a de lui un Commentaire sur les Psaumes, en latin, Paris, 1650, in-fol.; il est littéral et historique. C'est un des meilleurs que nous ayons sur ce livre de la Bible. Sa dispute avec le P. Morin, oratorien, contre lequel il fit des efforts peu heureux pour rétablir l'authenticité du texte hébreu, l'empêcha de continuer son travail sur tous les livres de l'Ecriture sainte. Son style est pur, net, facile.

MULATRE, adj. des deux genres, qui est né d'un nègre et d'une femme blanche, ou d'un blanc et d'une négresse. Il se prend aussi substantivement. Quelques-uns disent au féminin *mulâtresse*.

MULE, s. f., nom qu'on donnait autrefois aux pantoufles des hommes et à une chaussure sans quartier dont les femmes se servaient. Il n'est plus guère usité que lorsqu'il s'agit de la pantoufle du pape sur laquelle il y a une croix.

MULE et MULET (mam.), espèce du genre cheval (voyez ce mot).　　　　　　　　　　　　　　　　　　　　　　　　J. P.

MULES, s. f. pl., sorte d'engelures qui viennent aux talons dans les grands froids. En termes d'art vétérinaire, mules traversières ou traversines, fentes ou crevasses qui se montrent sur le derrière du boulet du cheval et d'où suinte une sérosité fétide.

MULET, s. m., quadrupède engendré d'un âne et d'une jument, ou d'un cheval et d'une ânesse et qui n'engendre point. Fam., être chargé comme un mulet, être chargé d'un fardeau très lourd. Fam., être têtu comme un mulet, être fort opiniâtre. Mulet, se dit en général de tout animal provenu de deux animaux de différente espèce, et qui n'engendre point. Il se dit par extension, en botanique, de toute plante qui est le produit d'une semence fécondée par la poussière d'une plante d'une autre espèce.

MULETIER, s. m., conducteur de mulets; valet qui panse les mulets, et qui a soin de les charger et de les conduire.

MULHOUSE ou **MULHAUSEN**, ville de France, un des chefs-lieux d'arrondissement du département du Haut-Rhin. L'origine de cette ville remonte au viiie siècle. Au xiiie siècle plusieurs ordres religieux y établirent des maisons. Elle devint ville libre impériale en 1208 et reçut plusieurs priviléges importants. Des aventuriers anglais s'en emparèrent en 1365. En 1445 la noblesse en fut expulsée. Elle se ligua un an après avec Berne et Soleure, et, en 1506 avec Bâle; elle fut reçue comme alliée par la confédération helvétique en 1515; enfin en 1798, elle fut incorporée à la France. Située dans une île formée par la rivière d'Ill et sur le canal du Rhône au Rhin, au milieu d'une plaine fertile, cette ville a plusieurs édifices remarquables, entre autres l'église Saint-Etienne, l'Hôtel-de-Ville et le collége. Mulhouse est une des premières villes manufacturières de France. Dès longtemps on y fabriquait des toiles en coton; mais dans le xviiie siècle, les tissages reçurent un grand perfectionnement et l'on s'appliqua à la fabrication de toiles fines et d'une qualité supérieure. Ces tissus obtinrent une grande faveur dans le commerce. L'introduction du tissage à la mécanique a produit des toiles plus régulières; on a appliqué encore la mécanique au tissage d'étoffes de soie unies. L'importance de l'industrie cotonnière dans cette ville est très grande, et la fabrique des toiles peintes y occupe le premier rang. Mulhouse possède encore des ateliers de construction de machines pyrotechniques et hydrauliques vraiment colossales, de machines à graver, à filer et à imprimer, et de machines à vapeur et notamment à haute pression. Il y a de plus des ateliers de fonderie, de chaudronnerie et de construction de modèles. Les moyens de transport et de communication sont le roulage, le canal du Rhône au Rhin, et les chemins de fer de Mulhouse à Thann, à Bâle et à Strasbourg. Cette ville possède un tribunal et une chambre de commerce, un conseil de prud'hommes et une sous-inspection forestière. On y compte 13,300 habitants, outre 7,000 ouvriers qui tous les jours y viennent des villages voisins.

MULLE *mullus* (poiss.), genre de poissons de l'ordre des acanthoptérygiens, de la famille des percoïdes à ventrales abdominales. MM. Cuvier et Valenciennes dans leur *Histoire des poissons*, t. III, p. 419, lui donnent les caractères suivants: les deux dorsales séparées l'une de l'autre par les écailles larges et peu adhérentes qui garnissent la tête et le corps; il y a deux barbillons attachés sous la symphyse de la mâchoire inférieure et qui se retirent entre ses branches dans l'état de repos. Le corps de ces poissons est oblong, peu comprimé, les nageoires sont de médiocre étendue; l'ouverture de la bouche est petite, faiblement garnie de dents; celle des bronchies est bien fendue, mais leur membrane n'a que quatre rayons. Le fond de la couleur est un rouge plus ou moins vif et la ligne latérale parallèle au dos se marque par un petit arbuscule sur chacune de ses écailles. On a divisé le genre *mullus* en deux sections; la première, les mulles proprement dites ou *rougets*, comprend les espèces d'Europe; tel est le surmulet ou grand mulle (*mullus surmulatus*), Lin. Sa couleur générale est un beau rouge de minium ou de vermillon clair avec trois lignes jaunes dorées. La gorge, la poitrine, le ventre sont blancs, légèrement teintés de rose. Sa longueur est de 30 à 40 centimètres. La seconde espèce le vrai rouget (*mullus barbatus*), Lin., se distingue principalement de la précédente par la forme de sa tête dont le profil tombe plus verticalement et par sa couleur d'un rouge plus foncé avec de beaux reflets irisés, mais sans lignes jaunes; le dessous du corps est argenté; ses nageoires sont jaunes. Ces poissons que les Romains estimaient un si haut prix qu'au dire de Suétone, un seul fut payé 10,000 sesterces (1,948 francs), sont encore très recherchés aujourd'hui à cause de leur chair délicieuse. Le rouget habite principalement la Méditerranée.　　J. P.

MULLER (JEAN), nommé aussi Kœnigsberg ou Regiomontanus, célèbre mathématicien, né à Kœnigshoven dans la Franconie, en 1426, enseigna à Vienne avec réputation. Appelé à Rome par le cardinal Bessarion par le désir d'apprendre la langue grecque, il s'y fit des admirateurs et quelques ennemis. De retour en Allemagne, il fut élevé à l'évêché de Ratisbonne par Sixte IV, qui le fit venir de nouveau à Rome pour y travailler à la réforme du calendrier. On croit qu'il y mourut en 1476. Il s'était fait un grand nom en pu-

bliant l'abrégé de l'*Almageste* de Ptolémée, que Purbach, son maître en astronomie, avait commencé, et par un Calendrier ou des Ephémérides qu'il donna pour trente années. On regarde Muller comme le premier qui ait observé le cours des comètes d'une manière astronomique.

MULLER (JEAN-SÉBASTIEN), secrétaire du duc de Saxe-Weimar, a écrit les *Annales de la maison de Saxe, depuis 1300 jusqu'en 1700*, Weimar, 1700, in-fol. en allemand. Cet ouvrage contient bien des choses singulières, puisées dans les archives des ducs de Weimar. L'auteur mourut en 1708.

MULLER (JEAN et HERMAN), excellents graveurs hollandais. Leur burin est d'une netteté et d'une fermeté admirables. Ils vivaient au commencement du xviie siècle.

MULLER (GÉRARD-FRÉDÉRIC), voyageur et historien, né à Herford dans le comté de Rayenberg en Westphalie l'an 1705, s'établit de bonne heure en Russie. L'impératrice Anne le fit voyager dans ses vastes Etats aux frais de la couronne. Catherine II le nomma conseiller d'Etat et garde des archives à Moscou, où il mourut en 1783. Il avait amassé durant ses voyages beaucoup de matériaux, qui lui ont servi à donner : *Recueil d'histoires russes*, en 9 vol. in-8°, publié en langue russe ; la première partie de cet ouvrage parut en 1732, et la dernière en 1764 ; *Description de la Sibérie*, Pétersbourg, 1750, in-4° ; *Voyage et découvertes faites par les Russes*, etc. ; *et description du fleuve Amour*, etc., en russe et en allemand, traduits en français, Amsterdam, 1776, 2 vol. in-12 ; *Dictionnaire géographique de l'empire de Russie*, par Phedor Polownin, corrigé et augmenté, Moscou, 1773, 1 vol. in-8° ; grand nombre de Dissertations historiques dans le journal de l'académie des sciences de Pétersbourg, depuis 1755 jusqu'en 1765.

MULLER ou Miller (JEAN-SÉBASTIEN), peintre et botaniste, né à Nuremberg en 1715, mort en 1783 en Angleterre, a mis au jour un grand nombre de gravures et de tableaux ; mais son principal ouvrage est son *Illustratio systematis sexualis Linnœi*, avec un texte latin et anglais, Londres, 1777.

MULLER (OTHON-FRÉDÉRIC), naturaliste, né à Copenhague en 1730, mort en 1784, renonça aux fonctions de conseiller de chancellerie et d'archiviste de la chambre des finances de Norwège, pour se livrer entièrement à ses goûts. Ses principaux ouvrages sont : une *Fauna insectorum Friedrichsdaliana*, 1764, 2 vol. in-8° ; *Flora Friedrichsdaliana*, 1767 ; *Entomostraca, seu insecta testacea*, etc., Copenhague et Leipzig, 1785, in-4° ; *Zoologia danica, seu*, etc., 1788-1806 ; ce dernier ouvrage, laissé incomplet par l'auteur, a été terminé par Abildgaard et Rathké. On doit encore à Muller les deux derniers volumes de la *Flore de Danemarck*, commencée par Œder.

MULLER (Louis), ingénieur prussien, né en 1735 dans la marche de Pregnitz, mort en 1804, contribua par ses travaux et par ses écrits au perfectionnement de l'art militaire dans sa patrie, surtout en ce qui a rapport au système d'attaque et de défense des places. Son *Tableau des guerres de Frédéric-le-Grand*, in-4°, Berlin, 1785, fut réimprimé à Paris par le comte de Grimoard, sous le titre de *Tableau historique et militaire de la vie et du règne de Frédéric-le-Grand*. On a ses *Œuvres militaires*, Berlin, 1806, 2 vol. in-4°.

MULLER (JEAN DE), historien, né à Schaffhouse en 1752, mort le 20 mai 1809, montra de bonne heure le goût des sciences historiques. Au sortir de ses études, il publia sa Guerre cimbrique (*Bellum cimbricum*, Zurich, 1772, in-8°), qui lui mérita les éloges et l'amitié d'un grand nombre de savants, entre autres de Bonstetten. Muller occupa d'abord la chaire de langue grecque dans sa ville natale ; il habita ensuite Genève et Berlin où il ouvrit des cours d'histoire universelle, et il parût le commencement de son *Histoire de la confédération suisse* (1780). Cette première publication diffère essentiellement de l'ouvrage tel qu'il fut publié à Leipsick quelques années plus tard. Muller se rendit, en 1780, à la cour du grand Frédéric, reproduisit en 1782 ses cours d'histoire à Cassel, et, après un nouveau séjour en Suisse, fut appelé auprès de l'électeur de Mayence, qui le nomma secrétaire du cabinet et son conseiller intime. Lors de l'invasion des armées françaises, il se retira à Vienne, et y obtint la charge de conseiller de la chancellerie d'Etat. Cependant il quitta cette ville en 1804 pour accepter la place que Frédéric-Guillaume lui offrait à l'académie de Berlin. Les événements changèrent encore sa position : Buonaparte, jaloux de s'attacher les hommes illustres des pays qu'il soumettait, nomma Muller secrétaire d'Etat du royaume de

Westphalie, puis directeur général de l'instruction publique. Les *Œuvres* de Muller ont été recueillies en 27 vol. in-8°, Tubingen ; le dernier vol. porte la date de 1819. Les trois premiers renferment son *Cours d'histoire universelle*, traduit en français par J.-G. Hess, Genève, 1814-17, 4 vol. in-8°. Les autres comprennent divers écrits : sa *Correspondance*, traduite en français par Steck, Zurich, 1810, et Paris 1812, in-8°, et l'*Histoire de la Confédération helvétique*. Ce dernier ouvrage a été traduit en français par Labaume, Lausanne, 1795-1803, 12 vol. in-8°. D.

MULLER (JEAN-FRÉDÉRIC-GUILLAUME), graveur, né à Stuttgard en 1782, mort à Dresde en 1816, réunissait à une grande habileté dans son art la connaissance du dessin et de la peinture. La *Madona di Santo Sisto*, d'après Raphaël, est son chef-d'œuvre.

MULLER (GUILLAUME), poète lyrique, né à Dessau le 7 octobre 1794, fut d'abord soldat au service de Prusse pendant la campagne de 1813. L'année suivante il reprit ses études à Berlin, devint professeur de grec et de latin, puis bibliothécaire dans sa ville natale, où il mourut en 1829. On a de lui : *Rome, Romains et Romaines*, Berlin, 1826, 2 vol. ; un *Recueil de poésies*, Dessau, 1822, 2 vol., qui lui a fait une réputation comme poète lyrique. Ses Chants de la Grèce, qui offrent des beautés du premier ordre, ont été traduits en français ; une *Introduction à l'étude de l'Odyssée*, Leipsick, 1824, grand in-8°.

MULLER (JEAN GODARD DE), créateur de l'école de gravure allemande, né le 4 mai 1747, à Bernhausen-sur-le-Feldern, près Stuttgard, mort le 14 mars 1830, vint à Paris, où il s'adonna exclusivement au burin, depuis 1770 jusqu'en 1776, époque où il fut admis au nombre des membres de l'académie royale de Paris. Le duc Charles de Wurtemberg le rappela à Stuttgard pour y fonder une école de gravure dans laquelle il fut professeur. Muller était surtout renommé pour le portrait. Il revint en France, en 1785, pour faire celui de Louis XVI. C'est un ouvrage remarquable par la netteté et la finesse du burin. On distingue aussi celui de Jérôme Buonaparte, qui parut en 1813, et qui fut le dernier qu'il exécuta.

MULLER (ADAM) DE NITTENDORF, connu par ses écrits politiques et plus encore par son changement de religion, naquit à Berlin, en 1779. Il fut élevé par son grand-père maternel, Cube, ministre de l'évangile et orientaliste, qui voulut lui faire suivre la carrière ecclésiastique. A 19 ans, Muller alla à Gœttingue, où il étudia le droit, et à son retour à Berlin, les sciences naturelles. Après un voyage en Suède et en Danemark, et un séjour de 2 ans en Pologne, le désir de revoir son ami Gentz le conduisit à Vienne, où, le 30 avril 1805, il se convertit au catholicisme. S'étant rendu de là à Dresde, il y fit successivement, de 1806 à 1809, des cours sur la littérature allemande, sur la poésie dramatique, et enfin sur l'ensemble des sciences politiques. Tous ces cours furent imprimés, et les derniers parurent sous le titre d'*Éléments de la science politique*. La part qu'il avait prise à la guerre de 1809, le décida à visiter Berlin, où il fut traité avec distinction par les ministres prussiens ; il fit des cours sur Frédéric II, mais sans pouvoir obtenir aucune place dans cette capitale. Il retourna donc à Vienne, en 1811, et y vécut 2 ans dans la maison de l'archiduc Maximilien. En 1813, il concourut à la délivrance du Tyrol en qualité de commissaire impérial et de major des archers tyroliens, et travailla à l'organisation de ce pays comme conseiller du gouvernement. Puis, en 1815, il suivit à Paris l'empereur François, qui le nomma par la suite consul général en Saxe, et chargé d'affaires près des cours d'Anhalt et de Schwarzbourg. Adam Muller assista aux conférences de Carlsbad, à celles de Vienne, et demeura ensuite à Leipzig, où il publia ses *Nouvelles politiques* (1816-1818) et son ouvrage intitulé : *De la nécessité d'une base religieuse pour la science et pour l'économie politiques* (Leipzig, 1819). Rappelé, en 1827, à Vienne, il y mourut le 17 janvier 1829.

MULOT (FRANÇOIS-VALENTIN), fut du petit nombre de ceux qui, pendant la révolution, trahirent leur serment et déshonorèrent l'état ecclésiastique. Il naquit à Paris, le 29 octobre 1749, fit de bonnes études, et entra parmi les chanoines de Saint-Victor, dont il devint bibliothécaire après avoir reçu le degré de docteur en théologie. Mulot cultiva les lettres avec succès, et jusqu'à une certaine époque il avait su captiver l'estime de ses confrères et de tous ceux qui le connaissaient. La révolution arriva, et il renonça aussitôt à cette estime, qui est la plus belle récompense de l'homme de bien.

Il se jeta dans le parti des jacobins, et s'empressa de gagner la faveur populaire. Il eut le malheur de l'obtenir, et, dès 1789, on le vit figurer parmi les lecteurs, dans les clubs, à la tête de la commune. Il ne cessa de prendre à chaque époque une part très active, aux troubles de la capitale, depuis cette année jusqu'en 1791. Lorsque Mesdames, tantes de Louis XVI, résolurent, en février 1791, de sortir de France, Mulot, qui était alors vice-président du corps municipal, s'opposa à leur départ, et tâcha par tous les moyens possibles de les retenir à Paris. Cependant le roi, mal conseillé, le nomma au mois de mars conseiller à Huzè, et en juin commissaire médiateur dans le comtat, où il désarma, au moins par imprudence, les habitants, et les livra ainsi à la fureur de leurs ennemis. Le fameux Jourdan *coupe-tête*, trop connu dans le comtat Venaissin par ses brigandages, déclara qu'il n'avait massacré, brûlé, que par ordre de Mulot et de ses collègues. Dénoncé par les parents des nombreuses victimes qui périrent à cette occasion, il fut mandé à la barre de l'assemblée le 10 novembre, et parvint à se justifier. Nous aimons à croire qu'il était plus coupable par faiblesse que par cruauté. L'assemblée, qui ne montra jamais d'empressement à punir les crimes les plus affreux, l'admit dans cette même séance parmi ses membres. Mulot avait été nommé député à l'assemblée législative pour le département de Paris. Il avait pu laisser des doutes sur son plus ou moins de culpabilité dans les meurtres et les ravages commis dans le comtat ; mais il n'en laissa aucun sur ses principes irreligieux ; et on l'entendit, le 5 avril 1792, presser l'assemblée de proscrire le costume ecclésiastique, et dit entre autres choses « qu'il fallait ôter aux religieuses le voile qui leur couvrait les yeux.» Expression qui lui attira beaucoup d'applaudissements, surtout de la part des tribunes. A la clôture des sessions, Mulot sembla disparaître de la scène politique. Il conserva cependant ses liaisons avec les jacobins, et vécut parmi eux pendant le règne de la terreur. S'il eût comparé sa vie passée avec celle qu'il menait depuis plusieurs années, il aurait peut être senti quelques remords. Il passa en Allemagne vers la fin de 1797, se fixa à Mayence où il fut connu comme professeur de belles-lettres. En des temps moins orageux, il revint à Paris, et fut reçu membre du lycée des arts, et de la société des sciences, lettres et arts. En 1801, il concourut au prix proposé par l'Institut sur les funérailles et sur la manière de rendre les sépultures plus décentes. Le prix fut partagé entre lui et Amaury-Duval. Ses principaux ouvrages, sont : 1° *Essai de sermons prêchés à l'Hôtel-Dieu de Paris* 1781, in-12. Ils sont bien écrits, mais ils manquent de cette onction salutaire, qui constitue le principal mérite de l'orateur chrétien ; 2° *Requête des vieux auteurs de la bibliothèque de Saint-Victor, à M. de Marbœuf, évêque d'Autun*, en vers, 1784, 1 vol. in-8° ; 3° *Premier volume de la collection des Fabulistes*, avec un discours sur les fables, et la traduction des fables de Lochmann, Paris, 1785 ; cette collection n'a pas été suivie ; 4° *Muséum de Florence*, gravé par David, avec des explications françaises, *ibid.*, 1788, et suivantes, 6 vol. in-4° ; 5° *Almanach des sans-culottes*, Paris, 1794, que l'auteur ait avoir fait pour appeler les jacobins aux principes de la société ; 6° *Vue d'un citoyen sur les sépultures*, Paris, 1797, qu'il reproduisit avec des corrections lorsqu'il concourut au prix proposé par l'Institut ; 7° des *Notices biographiques sur plusieurs historiens* ; 8° *Essai de poésies légères*, Mayence, 1799, in-8°. On a encore de lui une traduction des *Amours de Daphnis et Chloé*, bien inférieure à celle d'Amyot, et un grand nombres d'hymnes et discours pour les fêtes républicaines. Mulot mourut subitement au jardin des Tuileries à Paris, le 3 juin 1811. F.

MULOT, s. m., espèce de souris des champs, de couleur rousse. On donne aussi ce nom au campagnol, autre souris des champs, brune à queue courte.

MULTIFLORE, *multiflorus* (bot.), on donne cette épithète à la plante ou à une partie de la plante qui porte beaucoup de fleurs. J. P.

MULTIFORME, adj. des deux genres, qui a plusieurs formes ou figures, il est peu usité.

MULTILOCULAIRE, *multilocularis* (bot. et moll.); en botanique cette épithète s'applique à l'ovaire ou à toute espèce de fruit divisé en un grand nombre de loges ; chez les mollusques on donne cette qualification aux coquilles cloisonnées. J. P.

MULTINERVÉ (bot.), se dit des feuilles dont la surface est couverte de nombreuses nervures. J. P.

MULTINOME, s. m., t. d'algèbre, grandeur exprimée par

plusieurs termes que joignent les signes plus ou moins, il est peu usité : on dit plus ordinairement et mieux *polynôme*.

MULTIPLE, adj. des deux genres, t. d'arithmétique, il se dit d'un nombre qui en contient un autre, un certain nombre de fois exactement. Il s'emploie quelquefois dans le langage de la conversation, par opposition à simple, à unique, il est aussi substantif masculin, dans le premier sens.

MULTIPLICANDE, s. m., t. d'arithmétique, nombre à multiplier par un autre.

MULTIPLICATEUR, s. m., t. d'arithmétique, nombre par lequel on en multiplie un autre.

MULTIPLICATION, s. f., augmentation en nombre. Il se dit particulièrement de l'opération d'arithmétique par laquelle on répète un nombre autant de fois qu'il y a d'unités dans un autre nombre donné.

MULTIPLICITÉ, s. f., nombre considérable et infini.

MULTIPLIER, v. a., augmenter le nombre, la quantité d'une chose. Il s'emploie aussi avec le pronom personnel. Multiplier, en termes d'arithmét. signifie répéter un nombre autant de fois qu'il y a d'unités dans un autre nombre donné. Multiplier est aussi neutre et signifie augmenter en nombre par voie de génération.

MULTITUDE, s. f., grand nombre. Multitude absolument, se dit d'un grand nombre d'hommes. Il signifie aussi le peuple, le vulgaire.

MULTIVALVES (*bot.*), se dit des capsules composées d'un grand nombre de valves.

MULTIVALVES (*moll.*), se dit des mollusques dont la coquille est composée de plus de deux valves.   J. P.

MUMMIUS (L. Achaïc.), consul romain l'an de Rome 608 (146 av. J. C.). Il fut envoyé dans le Péloponèse contre les Achéens, qui s'étaient soulevés, battit leur général Diœus, mit fin à la célèbre ligue achéenne, s'empara de Corinthe, qu'il incendia, et réduisit toute la Grèce en province romaine sous le nom d'Achaïe. Il reçut les honneurs du triomphe, et fut surnommé Achaïcus. Mummius est célèbre par son désintéressement et son ignorance. Il ne voulut point s'enrichir des dépouilles de Corinthe. On dit qu'il connaissait si peu le prix et le mérite des tableaux, des statues et des chefs-d'œuvre de tout genre qui se trouvèrent dans les dépouilles de Corinthe, qu'il dit à ceux qui furent chargés de les transporter à Rome que, s'ils en perdaient, ils seraient obligés de les refaire à leurs dépens.

MUMMOL (Ennius), fils de Péonius, comte d'Auxerre, obtint l'an 561, de Gontran, roi d'Orléans et de Bourgogne, l'office de ce comté à la place de son père. Il mérita par la supériorité de ses talents d'être créé patrice dans la Bourgogne, c'est-à-dire généralissime des troupes de ce royaume. Il prouva qu'il était digne de cette place éminente, par la défaite des Lombards et des Saxons, qu'il chassa de Bourgogne, après les avoir battus à plusieurs reprises. Il recouvra la Touraine et le Poitou sur Chilpéric, roi de Soissons, qui les avait enlevés l'an 576 à Sigebert II° de ce nom. Ces deux princes étaient frères de Gontran. Mummol effaça depuis le souvenir de ses services par la plus noire ingratitude. L'an 585, il entreprit de mettre sur le trône, à la place de son bienfaiteur, un aventurier nommé Gombaud, qui se disait frère de Gontran, et le fit reconnaître roi à Brive en Limousin. Le roi de Bourgogne, indigné contre cet ingrat, assembla promptement une armée et vint l'assiéger dans Comminges, où il s'était enfermé. Mummol se défendit avec assez de courage pendant quinze jours; mais se voyant à la veille d'être pris, il livra Gombaud, et le lendemain se fit tuer les armes à la main, de peur de tomber en la puissance de son souverain.

MUNATIUS (Plancus), orateur, disciple de Cicéron. Il suivit César dans les Gaules, et fut nommé consul avec Brutus. Il promit de favoriser le parti républicain; mais il ne tarda pas à se jeter dans celui de César. Dans la suite, après avoir été longtemps attaché à Antoine, il l'abandonna après la bataille d'Actium pour se réconcilier avec Octave. Ce fut à sa sollicitation que le sénat décerna le titre d'Auguste au vainqueur d'Antoine. Octave, pour reconnaître ce service, éleva Munatius Plancus à la dignité de censeur.

MUNCER (Thomas), l'un des plus fameux disciples de Luther, était de Zwickau dans la Misnie. Après avoir répandu dans la Saxe les erreurs de son maître, il les quitta pour d'autres, par une inconstance naturelle à tous ceux qui ont secoué le joug de l'Église, et se fit chef des anabaptistes et des enthousiastes. Uni avec Storck, il courut d'église en église, abattit des images, et détruisit tous les restes du culte catho-

lique que Luther avait laissé subsister. Il joignait l'artifice à la violence. Quand il entrait dans une ville ou une bourgade, il prenait l'air d'un prophète, feignait des visions, et racontait avec enthousiasme les secrets que le Saint-Esprit lui avait révélés. Il préchait également contre le pape et contre Luther, son maître. Celui-ci avait introduit, disait-il, un relâchement contraire à l'Évangile; l'autre avait accablé les consciences sous une foule de pratiques, au moins inutiles. Dieu l'avait envoyé, si on l'en croyait, pour abolir la religion trop sévère du pontife romain, et la société licencieuse du patriarche des luthériens. Luther ne voulait point qu'on examinât la doctrine de ce nouveau docteur, mais il ordonnait qu'on lui demandât qui lui avait donné la charge d'enseigner. « S'il répond que c'est Dieu, poursuivait-il, qu'il le prouve par un miracle manifeste, car c'est par de tels signes que Dieu se déclare quand il veut changer quelque chose dans la forme ordinaire de la mission. » Question qui devait étrangement embarrasser Luther lui-même, à qui on n'a cessé de la faire, et qui n'y a jamais répondu. Muncer trouva une multitude d'esprits faibles et d'imaginations déréglées, qui saisirent avidement ses principes. Il se retira à Mulhausen, où il fit créer un nouveau sénat et abolir l'ancien, parce qu'il s'opposait au délire de son esprit. Il ne songea plus à opposer à Luther une secte de controversistes; il aspira à fonder dans le sein de l'Allemagne une nouvelle monarchie. « Nous sommes « tous frères, disait-il en parlant à la populace assemblée, et « nous n'avons qu'un commun père dans Adam. D'où vient « donc cette différence de rangs et de biens que la tyrannie « a introduite entre nous et les grands du monde? Pourquoi « gémirions-nous dans la pauvreté, tandis qu'ils nagent dans « les délices. » Il écrivit aux villes et aux souverains que la fin de l'oppression des peuples et de la tyrannie des forts était arrivée; que Dieu lui avait ordonné d'exterminer tous les tyrans, et d'établir sur les peuples des gens de bien. Par ses lettres et par ses apôtres, il se vit bientôt à la tête de 40,000 hommes. Les cruautés exercées en France et en Angleterre par les fanatiques des nouvelles sectes se renouvelèrent en Allemagne, et furent plus violentes. Ces hordes de bêtes féroces, en préchant l'égalité et la réforme, ravagèrent tout sur leur passage. Le landgrave de Hesse et plusieurs seigneurs levèrent des troupes et attaquèrent Muncer. Cet imposteur harangua ses enthousiastes, et leur promit une entière victoire. «Tout doit céder, dit-il, au commandement de l'Éter- « nel, qui m'a mis à votre tête. En vain l'artillerie de l'en- « nemi tonnera contre nous; je recevrai tous les boulets dans « la manche de ma robe, et seule elle sera un rempart impé- « nétrable à l'ennemi. » Malgré ses promesses, son armée fut défaite, et plus de 7,000 anabaptistes périrent dans cette déroute. Muncer, obligé de prendre la fuite, se retira à Franckenhausen, où le valet d'un officier, ayant saisi sa bourse, y trouva une lettre qui découvrait cet imposteur. On le traduisit à Mulhausen, où il périt sur l'échafaud en 1525. La mort de ce misérable n'anéantit pas l'anabaptisme en Allemagne. Il s'y entretint et même s'y accrut; mais il ne formait plus un parti redoutable. Les anabaptistes étaient également odieux aux catholiques et aux protestants, et, dès qu'on en prenait quelqu'un, il était puni comme un voleur de grand chemin. Cette secte abominable, plus féroce et plus sanguinaire que toutes les autres, prouve aussi d'une manière plus sensible combien il est dangereux de laisser germer de nouvelles hérésies, qui infailliblement en produisent d'autres, et portent le désordre dans la société comme dans la religion, bravant toute espèce d'autorité, après avoir méprisé celle de l'Église.

MUNICH (*München*, en allemand), ville capitale du royaume de Bavière, résidence du souverain. Elle possède un archevêché, une académie, un lycée et un collège. Munich est dans une agréable situation sur l'Isar. On y remarque de belles rues, des places superbes, entre autres celle de Maximilien-Joseph, ornée de la statue colossale en bronze du roi Maximilien; le palais royal, un des plus vastes de l'Europe, mais d'une architecture irrégulière que le souverain actuel s'efforce de corriger et d'embellir, et sur ses derrières un magnifique jardin anglais; la *Pinacothèque*, bel édifice destiné à renfermer une riche galerie de tableaux; la *Glyptothèque*, destinée aux sculptures; le nouveau palais du duc de Leuchtemberg, le palais Maximilien, le premier théâtre, un des plus beaux de l'Europe, l'église Notre-Dame et l'église Saint-Michel, l'université, la bibliothèque centrale, l'institut géographique établi par le baron Cotta, des arsenaux et des casernes, etc. Elle a plusieurs manufactures de tapisseries de haute-lice, des fabriques d'étoffes de laine, de coton et de soie. Cette ville eut beaucoup à souffrir des guerres d'Allemagne. Dans ses environs, on trouve Nymphenburg, magnifique château royal, bâti sur le plan de celui de Versailles. 75,000 habitants. R-E.

MUNICIPAL, ALE, adj., qui appartient, qui a rapport à une communauté d'habitants formant une municipalité. Il se dit aussi des magistrats, des fonctionnaires qui administrent une commune, une ville ou une portion de ville. On l'emploie quelquefois substantivement.

MUNICIPALES (Villes), titre que les Romains donnaient aux villes étrangères dont les habitants, en jouissant des mêmes droits et des mêmes priviléges que ceux de Rome, avec ou sans le droit de suffrage, se gouvernaient par leurs propres lois. C'était en cela qu'elles différaient des colonies, dont les citoyens étaient astreints aux mêmes lois et aux mêmes réglements que ceux de Rome. On distinguait originairement deux classes de villes municipales, celles qui aux autres prérogatives des citoyens romains joignaient le droit de suffrages, et celles qui les possédaient toutes à l'exception de cette dernière. Les habitants des premières pouvaient aspirer aux magistratures dans Rome même; cet espoir était interdit à ceux des autres. Dans la suite cette ligne de démarcation disparut; le droit de voter et de briguer les emplois devint commun à tous. Il n'y eut d'abord de villes municipales qu'en Italie; mais bientôt les provinces en eurent, et même en grand nombre. Ces dernières étant moins importantes, nous ne donnerons la liste que des municipales d'Italie. On en comptait soixante-huit : Acerres, Alatrium, Allifes, Amérie, Anagnie, Aquinum, Arrétium, Aricie, Arpinum, Asculum, Assise, Atella, Bléra, Bononie, Bovilles, Cères, Calénum, Capène, Capoue, Casinum, Casuente, Clusium, Cumes, Éporédie, Férentine, Flaminii Forum, Formies, Fundi, Gabies, Hispelle, Hydronte, Intéramne, Lanuvium, Latium Forum, Lavici, Luca, Médiolanum, Mévanie, Mévaniole, Naharte, Népète, Nole, Nomente, Novarre, Numane, Otricule, Pédum, Pise, Plaisance, Préneste, Priverne, Rhégium, Sarsine, Scaptie, Séguse, Sépine, Sinuesse, Suesse, Suessule, Surrente, Sutrium, Tarquinies, Tibur, Tiferne, Trébule, Tusculum, Urbinum, Vercelles et Vindinum. B.

MUNICIPALITÉ. On vient de constater à l'article précédent que chez les Romains, les villes appelées *Municipia* étaient originairement des villes libres qui, par leurs capitulations, s'étaient rendues et adjointes volontairement à la république romaine, et en avaient reconnu la souveraineté, en gardant néanmoins leur liberté, leurs magistrats et leurs lois: d'où ces magistrats furent appelés magistrats municipaux; et le droit particulier des villes, droit municipal. Dans la suite, on appela *municipia* toutes les villes qui avaient un corps d'officiers pour les gouverner : de là le mot municipalité, sous lequel sont compris collectivement tous les officiers qui sont établis pour défendre les intérêts et administrer les affaires d'une ville ou d'une commune. Lorsqu'en 1789 s'opéra la révolution qui devait terminer la lutte entre la masse de la nation et les ordres privilégiés, l'organisation communale dut être l'un des premiers soins du législateur. L'assemblée nationale, dans la loi du 14 décembre 1789, abolit toutes les municipalités alors existantes, et posant les bases d'un système général, établit dans chaque commune un corps municipal composé d'un maire et de deux ou plusieurs autres membres, suivant la population. Au-dessus de 100,000 âmes, le nombre des membres du corps municipal était de 21. Le maire et les autres officiers municipaux étaient nommés par tous les citoyens actifs de la commune; les mêmes électeurs nommaient aussi des notables en nombre double de celui des membres du conseil municipal, pour composer avec eux le conseil général de la commune. Le corps municipal, dans la commune où il était composé de plus de trois membres, se subdivisait de telle sorte qu'un tiers des membres composaient un bureau chargé de tous les soins d'exécution, et borné à la simple régie. C'était le maire dans les communes qui ne comptaient que trois officiers municipaux qui remplissait ces fonctions. Le conseil municipal, composé des deux autres tiers, s'assemblait au moins une fois par mois pour arrêter les comptes du bureau; lorsque cette opération était terminée, les membres du bureau se réunissaient aux membres du conseil, et délibéraient en commun sur tout ce qui était relatif à l'exercice des fonctions municipales. Enfin, les notables, réunis aux membres du corps municipal, formaient le conseil général de la commune, qui n'était convoqué que pour les affaires importantes déterminées par la loi. On établit aussi un procureur de la commune, et en outre, dans les villes au-dessus de 10,000 âmes, un substitut du procureur de la commune, l'un et l'autre nommés par les électeurs, et chargés de défendre les intérêts et de poursuivre les affaires de la communauté. Tous ces fonctionnaires devaient être renommés tous les deux ans. Du reste, la loi de 1789 posa tous les grands principes qui servent encore de base à notre législation; elle consacra la séparation des autorités judiciaires et administratives, en déclarant les places de judicature incompatibles avec les fonctions de membres d'un corps municipal. Elle distingua dans les corps municipaux deux espèces de fonctions: les unes propres au pouvoir municipal, les autres dépendantes de l'administration générale de l'État, et déléguées par elle aux municipalités. Pour tout ce qui concernait les premières, elle subordonna les corps municipaux aux administrations de département et de district; quant aux autres, elle exigea que les délibérations du corps municipal fussent approuvées par l'administration du directoire du département, dans tous les cas où l'importance des affaires nécessitait le concours du conseil général de la commune. L'organisation administrative fut modifiée par la constitution du 23 juin 1793, et plus encore par les lois du 19 vendémiaire an 2 et le décret du 14 frimaire suivant qui, suspendant toute constitution, livraient la France au régime de l'arbitraire sanglant de la Convention nationale. La constitution de l'an III établit dans chaque canton des administrations collectives composées des agents municipaux nommés par toutes les communes du canton. Cette organisation défectueuse fut remplacée par celle qu'établit la loi du 28 pluviôse an VIII, qui simplifia l'organisation créée par l'assemblée constituante, en établissant un maire pour agir et un conseil municipal pour délibérer; mais elle supprima le principe de l'élection, et par une réaction assez ordinaire à la suite des temps d'anarchie, donna au pouvoir exécutif une part beaucoup trop étendue dans le gouvernement; elle lui attribua, notamment, la nomination des maires, adjoints et conseillers municipaux. Le principe d'élection n'a reparu que dans la loi du 21 mars 1831, mais combiné avec la faculté que doit avoir le chef du pouvoir exécutif de choisir et de destituer ses agents. Ainsi les maires et les adjoints sont nommés par le roi ou par le préfet au nom du roi, suivant la population de la commune, sur une liste de membres élus pour composer le corps municipal. Le maire, chef du corps municipal, est à la fois officier de l'état civil, officier de police judiciaire; juge de simple police; agent de l'administration générale; administrateur et représentant de la commune; enfin, revêtu d'un pouvoir de commandement pour tout ce qui concerne la police municipale. Comme officier de l'état civil, les fonctions de maire se bornent à constater les déclarations de naissance et de décès, à faire les publications de mariage, à recevoir les déclarations que les futurs conjoints entendent se prendre pour mari et femme, à prononcer cette union au nom de la loi et à en dresser acte. Il donne à ces différents actes, qui doivent être écrits sur des registres doubles, un caractère d'authenticité qui ne peut tomber que devant l'inscription de faux. Il est responsable de l'inaccomplissement des formalités qui lui sont prescrites, ainsi que des altérations qui pourraient survenir aux registres dont il est dépositaire. Comme officier de police judiciaire, le maire a qualité pour rechercher les contraventions de police de toute nature; recevoir les rapports, dénonciations et plaintes qui y sont relatifs; et pour dresser les procès-verbaux, recevoir les déclarations de témoins, faire les visites et autres actes qui sont de la compétence du procureur du roi, dans le cas de flagrant délit, ou de réquisition de la part d'un chef de maison. Le maire doit remettre les procès-verbaux de contravention et toutes les pièces et renseignements, dans les trois jours au plus tard, à l'officier qui remplit les fonctions du ministère public près le tribunal de police, et transmettre au procureur du roi les procès-verbaux et autres actes relatifs aux crimes et aux délits. Il a le droit de requérir la force armée dans l'exercice de ses fonctions judiciaires, et lorsqu'il agit au lieu et place du procureur du roi, il peut faire des visites et autres actes qui sont de la compétence de ce magistrat; et par conséquent décerner des mandats d'amener contre les prévenus de crimes emportant peine afflictive ou infamante. Le maire est juge de simple police concurremment avec le juge de paix, dans les communes qui ne sont pas chef-lieu de canton, à l'égard des contraventions commises dans l'étendue de sa commune, par des personnes prises en flagrant délit, ou par des personnes qui résident dans sa commune ou qui y sont présentes, lorsque les témoins y sont aussi résidents ou présents, et lorsque la partie réclamante conclut pour ses dommages-intérêts à une somme déterminée qui n'excède pas celle de quinze francs. Le ministère public est exercé auprès du maire par l'adjoint, et lorsque l'adjoint remplace le maire comme juge de police, par un des membres du conseil municipal désigné à cet effet par le procureur du roi pour une année entière. Le greffier est un citoyen nommé par le maire et assermenté auprès du tribunal de police correctionnelle. Le ministère des huissiers n'est pas nécessaire pour les citations à partie ou à témoins, qui peuvent être faites par un avertissement du maire. Comme agent de l'administration générale, le maire est un organe d'information, de vérification et de contrôle : ainsi, il doit adresser à l'administration supérieure les informations qui lui sont demandées par elle; il prépare les listes électorales et celles du recrutement; il légalise les signatures, vise des procès-verbaux, etc. Il est surtout un agent d'exécution pour faire l'application immédiate et dernière de la loi. C'est l'intermédiaire entre l'administration supérieure et les administrés, pour l'exécution de presque toutes les mesures; c'est aussi l'organe des réclamations des administrés auprès de l'administration. Comme agent d'exécution, le maire est subordonné au sous-préfet et au préfet; il ne peut sans quitter ses fonctions refuser d'exécuter les ordres qu'il reçoit; mais aussi, et par la même raison, il ne peut encourir la responsabilité de tout ce qu'il a fait conformément à des ordres supérieurs.

Toutes les attributions dont nous venons de parler sont étrangères à l'autorité municipale; elles pourraient en être séparées sans que celle-ci fût altérée en rien; cependant l'expérience a démontré qu'il était utile qu'elles lui fussent réunies. Si les maires ne remplissaient pas les fonctions d'officiers de l'état civil, d'officiers de police judiciaire, de juges de simple police, d'agents de l'administration, il faudrait en charger d'autres fonctionnaires, et, sans parler de la difficulté de trouver assez d'hommes capables, de la dépense à laquelle donneraient lieu leurs honoraires, etc., nous nous contenterons de faire observer qu'il existerait nécessairement, entre ces fonctionnaires et les maires, des rivalités sans cesse renaissantes qui entraveraient la marche de l'administration et nuiraient à la considération de ses agents. En réunissant au contraire toutes ces fonctions sur la tête du maire, on peut espérer que ce magistrat, choisi par les membres du conseil électif, présentera habituellement une capacité suffisante pour les remplir toutes. Il résultera de là une grande économie, puisque le maire ne reçoit pas de traitement; plus de simplicité dans les rouages de l'administration, et plus de considération pour le magistrat qui réunira tous les pouvoirs de la commune. Il faut remarquer que dans les communes populeuses, dont l'administration est très compliquée, le maire est déchargé de quelques-unes de ces fonctions. Ainsi, dans les communes chefs-lieux de canton, il n'est pas juge de police; dans les communes de plus de cinq mille habitants, les fonctions d'officier de police judiciaire sont exercées par un ou plusieurs commissaires de police, etc. A Paris, les attributions des maires sont beaucoup plus restreintes encore. Nous arrivons aux fonctions municipales proprement dites; elles ont un double objet : l'administration des biens et des intérêts communaux, et l'exercice d'une autorité de police. Sous le premier point de vue, le maire est l'agent de la commune chargé d'exécuter toutes les mesures prises par le conseil municipal à l'égard de ses biens, de veiller à leur conservation, de régler et de faire acquitter les dépenses locales, d'administrer les établissements communaux, de faire exécuter et de diriger les travaux qui sont à la charge de la commune; de la représenter dans les contrats qu'elle peut avoir à passer, dans les procès qu'elle intente ou qu'elle soutient, de réclamer en son nom, ou au nom de ses administrés, devant l'administration supérieure, etc. Les autres fonctions propres au pouvoir municipal sont, d'après l'art. 50 de la loi du 14 décembre 1789; de faire jouir les habitants des avantages d'une bonne police, notamment de la propriété, de la salubrité, de la sûreté et de la tranquillité dans les rues, lieux et édifices publics. Le maire jouit, à cet égard, d'un pouvoir qu'il exerce, il est vrai, sous la surveillance de l'administration supérieure, mais qui n'est point cependant une délégation de cette autorité. Les lois et les règlements de police que le maire est chargé de faire exécuter sont très nombreux; quelques-uns remontent à des époques éloignées, et n'ont pas été appliqués depuis longtemps, quoiqu'ils aient été conservés par différentes lois, et notamment par l'art. 484 du Code pénal. D'autres ne reçoivent d'application que dans certaines circonstances rares;

telles sont, par exemple, les ordonnances sur les maladies épidémiques ou sur les épizooties. Enfin, malgré la présomption que personne n'est censé ignorer la loi, la plupart des administrés pourraient pécher par ignorance, si on ne la remettait pas souvent sous leurs yeux. De là le droit attribué au maire de publier de nouveau les lois et règlements de police, ou de rappeler à leur observation. Mais des lois générales, faites pour la France, ne peuvent contenir toutes les dispositions de détail nécessaires à chaque localité. On sent que le principe une fois posé, son application doit varier suivant les temps, les lieux, les circonstances. Il a donc été nécessaire de confier aux maires, en matière municipale, un pouvoir discrétionnaire en vertu duquel ils pussent prescrire des règles obligatoires dans l'étendue de leur commune. Le droit de prendre des arrêtés est une sorte d'émanation de la puissance législative, qui doit être circonscrit dans les limites de la loi. Le principe de ce droit est posé dans l'art. 46 du titre Ier de la loi des 19-22 juillet 1791, que nous croyons devoir rapporter textuellement à cause de son importance : « Aucun tribunal de police municipale, ni aucun corps municipal, ne pourra faire de règlement. Le corps municipal, néanmoins, pourra, sous le nom et l'intitulé de délibérations, et sauf la réformation, s'il y a lieu, par l'administration de département, faire des arrêtés sur les objets qui suivent : 1° Lorsqu'il s'agira d'ordonner des précautions locales sur les objets confiés à sa vigilance par les art. 3 et 4 du titre II de la loi des 16 et 24 août 1790; 2° De publier de nouveau les lois et règlements de police, ou de rappeler les citoyens à leur observation. » Les art. 3 et 4 de la loi du 24 août, auxquels se réfère l'article précédent, sont relatifs : 1° A tout ce qui intéresse la sûreté et la commodité du passage dans les rues, quais, places et voies publiques; ce qui comprend le nettoiement, l'illumination, l'enlèvement des encombrements menaçant ruine, l'interdiction de rien exposer aux fenêtres ou autres parties des bâtiments qui puisse nuire par sa chute, et celle de rien jeter qui puisse blesser ou endommager les passants ou causer des exhalaisons nuisibles; 2° Au soin de réprimer et de punir les délits contre la tranquillité publique, tels que les rixes et disputes accompagnées d'ameutements dans les rues, le tumulte excité dans les lieux d'assemblées publiques, les bruits et attroupements nocturnes qui troublent le repos des citoyens; 3° Le maintien du bon ordre dans les endroits où il se fait de grands rassemblements d'hommes, tels que les foires, marchés, réjouissances et cérémonies publiques, spectacles, jeux, cafés, églises et autres lieux publics; 4° A l'inspection sur la fidélité du débit des denrées qui se vendent au poids et à la mesure, et sur la salubrité des comestibles exposés en vente publique; 5° Au soin de prévenir par des précautions convenables, et celui de faire cesser, par la distribution des secours nécessaires, les accidents et fléaux calamiteux, tels que les incendies, les épidémies, les épizooties, en provoquant aussi dans ces derniers l'autorité des administrations de département; 6° Au soin d'obvier ou de remédier aux événements fâcheux qui pourraient être occasionnés par les insensés ou les furieux laissés en liberté, et par la divagation des animaux malfaisants ou féroces; 7° Enfin, à la formation et à l'autorisation des spectacles publics. La loi de 1791 confère le droit de faire des arrêtés au corps municipal; c'est qu'on était alors sous l'empire de la loi du 14 décembre 1789, qui avait créé une administration municipale collective. Après la loi du 28 pluviôse an VIII, ce droit a dû appartenir au maire, comme conséquence du pouvoir d'action qui lui a été attribué; cependant, on le voit encore exercé quelquefois par le conseil municipal, dans les matières à l'égard desquelles son concours est exigé par les lois. C'est ainsi qu'il peut prendre des arrêtés pour régler le partage des afforages, pâtures, récoltes et fruits communs; pour répartir les travaux nécessaires à l'entretien et aux réparations des propriétés qui sont à la charge des habitants. Mais dans les cas les plus fréquents, et principalement en matière de police, les arrêtés sont pris par le maire seul, en vertu du pouvoir qui résulte pour lui de la loi de 1791, et de la loi de l'an VIII combinées. Les art. 3 et 4 de la loi du 24 août 1790 ne contiennent que d'une manière générale l'énonciation des matières sur lesquelles les maires peuvent faire des arrêtés. On conçoit, en effet, qu'il y a un nombre infini de mesures qui peuvent intéresser la sûreté et la commodité du passage dans les rues, quais, places et voies publiques. Toutes celles qui rentrent dans cette catégorie peuvent être prises par les maires, lors même qu'elles ne s'appliqueraient pas à l'un des objets qui sont cités ensuite pour servir d'exemples, et non d'une manière limitative; c'est ce qui résulte de la jurisprudence constante de la cour de cassation. Il faut remarquer toutefois que le pouvoir du maire ne peut s'étendre au delà des matières comprises dans la loi. C'est en vertu de ce principe que la cour de cassation a jugé qu'un maire ne pouvait forcer les habitants à tendre le devant de leurs maisons le jour de la Fête-Dieu, ni à arborer des drapeaux à leurs fenêtres. Les arrêtés ne sont obligatoires qu'autant qu'ils ont été publiés, ou que l'on en a donné une connaissance spéciale à ceux qu'ils intéressent. L'avertissement verbal et la connaissance qu'un individu a ne acquise ainsi, ne peuvent le rendre passible des peines prononcées contre les infracteurs. Mais lorsqu'un règlement rendu dans la limite des attributions municipales a été publié ou notifié, il devient obligatoire, et les tribunaux ne peuvent se dispenser de l'appliquer. Les juges compétents pour connaître des contraventions aux arrêtés municipaux sont les juges de paix et les maires eux-mêmes, tant que la peine n'excède pas cinq jours de prison et 15 fr. d'amende; et, dans le cas contraire, les tribunaux de police correctionnelle. Quant à la peine applicable, elle ne peut jamais être créée par l'arrêté, elle ne doit résulter que de la loi. Par conséquent, si le maire indique dans son arrêté une peine autre que celle prononcée par la loi, on ne doit pas avoir égard à cette indication, et il faut appliquer la peine légale. Lorsque l'arrêté du maire n'a pas pour but de rappeler l'exécution d'une loi, mais de créer une prescription nouvelle, l'infraction à cet arrêté est punie d'une amende de 1 à 5 fr. La loi des 19-22 juillet 1791 ne donne à l'autorité municipale le droit de prendre des arrêtés que sauf réformation, s'il y a lieu, par l'administration de département. Le droit de réformation appartient aujourd'hui au préfet, chargé seul de l'administration départementale. Plusieurs maires ont conclu du droit de réformation attribué au préfet, et de l'autorisation exigée pour la plupart des délibérations du conseil municipal, qu'ils devaient faire approuver leurs arrêtés par le préfet avant de les rendre exécutoires; et par la même raison, des individus ont soutenu devant les tribunaux que des arrêtés non approuvés par le préfet n'étaient pas obligatoires. Ce système a été condamné par la cour de cassation. Sans doute les arrêtés d'un maire peuvent être réformés par l'administration supérieure, mais ils sont valables par eux-mêmes indépendamment de toute autorisation. Les attributions qu'il appartient au maire d'exercer dans l'intérêt et au nom de sa commune comme personne morale, prennent leur source dans le pouvoir municipal. La loi du 18 juillet 1837 l'exprime formellement, mais l'énumération renfermée dans cette loi est loin d'être complète. Si elle embrasse les fonctions les plus importantes sous le point de vue des intérêts matériels, elle a omis celles qui distinguent et honorent entre toutes les autres la magistrature municipale. Son plus grand éclat lui vient en effet de la mission de patronage qu'il est toujours de son droit de remplir et dont la loi lui fait un devoir, dans certaines circonstances, envers les membres de la communauté. Qu'il donne son consentement à la tutelle officieuse de l'enfant qui n'a pas de parents connus, ou fasse apposer les scellés dans l'intérêt d'un mineur, ou qu'il prenne soin de tirer au sort pour les jeunes gens absents et de faire valoir leurs réclamations, ou bien qu'il fasse faire la récolte des personnes absentes (Voy. la loi du 27 sept., 6 oct. 1791), ou prenne des mesures pour assurer des secours aux pauvres. Le chef du corps municipal est quelque chose de plus qu'un représentant légal, il se montre le père de ceux qui l'ont choisi. Examinons maintenant les rapports qui existent nécessairement dans une commune entre le maire et le curé. La confusion qui a longtemps eu lieu entre l'autorité spirituelle et l'autorité temporelle a laissé, sur cette matière dans beaucoup d'esprits, des préjugés que l'étude des véritables principes et la connaissance des lois dissiperont sans doute de plus en plus. L'art. 5 de la Charte porte que « chacun professe sa religion avec une égale liberté, et obtient pour son culte la même protection. » Avant elle, le concordat avait dit : « La religion catholique apostolique et romaine sera librement exercée en France. » Or la religion catholique a un caractère particulier; il est de foi, pour tout catholique, que Dieu lui-même a révélé ses dogmes et a établi une autorité conservatrice de la foi, chargée en même temps d'organiser la discipline de l'Eglise; cette autorité appartient aux pontifes qui, tantôt réunis en corps, tantôt isolément, suivant les circonstances, prescrivent des règles obligatoires et en font l'application, toutes les fois qu'il s'élève des difficultés. Déclarer par une loi la liberté de conscience et du culte; autoriser d'une manière spéciale l'exercice de la re-

gion catholique, apostolique et romaine, c'est admettre cette hiérarchie des pontifes, cette autorité sur toutes les choses spirituelles, qui sont de l'essence même de la religion; c'est, surtout, interdire à l'autorité civile toute action sur les dogmes, sur la discipline, sur le culte, du moins en tant qu'il a lieu dans l'intérieur des édifices qui lui sont consacrés. La conséquence de ce principe est très nette. Le curé et le maire exercent leur autorité dans deux sphères différentes : de même que le curé ne peut gêner en rien le maire dans l'application des règles du droit administratif; de même le maire ne peut faire intervenir son autorité dans tout ce qui concerne la discipline ecclésiastique et le culte. Ainsi, par exemple, le curé a la garde de l'église et de tous les objets consacrés au culte, dont personne ne peut disposer sans son consentement; c'est lui qui, dans les campagnes, nomme et révoque les serviteurs de l'église, les bedeaux, suisses, enfants de chœur. Dans les villes, ils sont nommés par la fabrique, mais sur la présentation du curé ou du desservant; dans tous les cas, c'est le curé seul qui a le droit de leur donner des ordres. Le curé fixe les heures des offices, et ne doit faire de prières extraordinaires, même pour le gouvernement, que sur l'ordre de son évêque; il se concerte alors avec l'autorité civile pour la fixation de l'heure. Si le maire assiste à l'office, il a droit dans l'église à une place distinguée; mais il n'est plus qu'un simple fidèle qui ne doit pas se permettre d'interrompre l'office, soit pour faire faire des publications, soit à cette raison, pour imposer silence au curé; il ne doit pas oublier que s'il est revêtu d'une autorité de police, cette autorité ne doit s'être exercée dans l'église que sous la direction du curé. Quand le culte s'exerce à l'extérieur, dans les cas autorisés par la loi, le maire lui doit la même protection que lorsqu'il s'exerce dans l'église. Si le curé se rendait coupable, dans l'exercice de ses fonctions, d'un délit prévu par les lois, le maire n'aurait d'autre droit que de dresser procès-verbal. Cependant, malgré la rigueur logique de ces déductions, des violations de la liberté religieuse n'ont eu lieu que trop souvent, et quelques-unes même ont trouvé des défenseurs qui se sont appuyés sur quelques équivoques échappées au législateur. Le refus de la sépulture ecclésiastique est l'événement qui occasionne le plus fréquemment des luttes entre l'autorité civile et le clergé. La difficulté provient du décret du 23 prairial an xii, relatif aux sépultures, qui contient les dispositions suivantes : « Lorsque le ministre du culte, sous quelque prétexte que ce soit, se permettra de refuser son ministère pour l'inhumation d'un corps, l'autorité civile, soit d'office, soit sur la réquisition de la famille, commettra un autre ministre du même culte pour remplir ces fonctions; dans tous les cas, l'autorité civile est chargée de faire porter, présenter, déposer et inhumer le corps. » S'il était vrai que cet article donnât à un agent de l'autorité civile le droit de contraindre un ministre de la religion, à prêter son ministère à une inhumation, quand il croit devoir le refuser, et celui d'enfoncer les portes de l'église pour y simuler une cérémonie religieuse, il faudrait bien reconnaître qu'il serait essentiellement contraire au principe de la liberté des cultes, et au système de protection, qui sont formellement consacrés par le Concordat et par la Charte. Dès lors il faudrait le considérer comme non avenu, parce qu'une loi et à plus forte raison un décret réglementaire ne peuvent contredire un principe posé par la Charte constitutionnelle. Mais il nous semble qu'on peut expliquer autrement le motif et le but de cet article. En l'an xii, les différents cultes étaient à peine sortis de leurs ruines, ils se réorganisaient de jour en jour, et reprenaient la place qu'ils occupaient autrefois dans la société, avec les modifications que les circonstances différentes nécessitaient. L'art. 18 du décret sur les sépultures rétablit les cérémonies religieuses qui accompagnaient autrefois les funérailles; puis, comme avant la révolution, c'était à l'autorité ecclésiastique qu'étaient confiés tous les détails de la sépulture, et que d'après la nouvelle législation, on voulait qu'ils restassent à l'autorité civile, l'art. 19 dit que cette autorité est chargée dans tous les cas de faire porter, présenter, déposer et inhumer les corps. C'est donc une règle générale qui est posée par le décret, règle qu'il était utile de rappeler, parce qu'en rétablissant les cérémonies religieuses on pouvait croire que l'autorité ecclésiastique serait chargée comme autrefois de tous les actes qui constituent l'inhumation. Ainsi on impose des obligations à l'autorité civile, mais on ne lui donne nullement le droit de violer un principe aussi important que celui de la liberté des cultes. Dans tous les cas, elle fera les actes matériels de l'inhumation; elle présentera et déposera le corps à l'église, quand l'église sera ouverte et que le ministre de la religion consentira à le recevoir. Dans le cas contraire, elle devra s'arrêter devant la décision d'une autorité tout-à-fait indépendante. On objecte que les ministres de la religion payés par l'Etat, ne peuvent refuser leur ministère toutes les fois qu'ils sont requis de le prêter; et que l'église étant un édifice communal, l'autorité a toujours le droit d'y pénétrer. Ces raisonnements, souvent invoqués en pareille circonstance, et qui sont de nature à frapper les esprits peu éclairés, ne peuvent supporter la moindre discussion sérieuse. C'est une étrange erreur, en effet, que de considérer les ministres du culte comme des agents de l'autorité, obligés d'obéir à ses injonctions en matière de discipline religieuse. Nous avons démontré tout-à-l'heure qu'il est de l'essence de la religion catholique d'avoir des dogmes et des règles de discipline indépendants de l'autorité civile; par conséquent, peu importe que l'Etat salarie ou non ses ministres; il ne les salarie toujours qu'en tant que ministres de la religion catholique, c'est-à-dire qu'en tant que croyant à ses dogmes, suivant ses règles, obéissant à sa hiérarchie. Par conséquent, vouloir prescrire en ces matières une solution à un prêtre, serait une chose aussi contraire à tous les principes, que de vouloir prescrire à un juge, salarié aussi par l'Etat, un jugement qu'il croirait contraire au texte et à l'esprit du Code civil. Quant au raisonnement tiré du droit de la commune sur l'église, il suffit, pour le repousser, de faire observer qu'en admettant comme constant ce droit de propriété qui est au moins douteux, on est obligé de reconnaître qu'il n'est point complet, puisque l'Eglise a reçu par le Concordat et par toutes les lois sur la matière, une destination spéciale. La commune se trouve donc à son égard dans la situation d'un nu-propriétaire qui n'a point la disposition de sa chose, et qui ne peut troubler l'usufruitier dans sa jouissance. L'Eglise est consacrée à la célébration du culte; le culte est assujéti à des règles dont l'autorité ecclésiastique seule peut faire l'application; l'une de ces règles veut que l'église soit fermée dans une circonstance déterminée, personne n'a donc le droit d'exiger qu'elle soit ouverte. Tous les hommes éclairés se rangent aujourd'hui à cette opinion, qui n'a pu faire de doute qu'à une époque où l'on craignait que le clergé ne voulût faire revivre d'anciennes prétentions, et où il était facile de reconnaître les exagérations de l'esprit de parti; depuis que l'on n'a plus à craindre de voir le clergé envahir les attributions des autorités temporelles, on est moins porté à lui contester les siennes. Voici comment un des esprits les plus avancés de l'époque, M. de Cormenin, après avoir posé les véritables principes sur cette question, repoussait l'application qu'on voulait faire du décret du 23 prairial an XII, qu'il considérait comme abrogé : « Nous ne parlerons pas de ce décret insensé du 23 prairial an XII, qui veut que l'autorité civile commette d'office, mais sans contrainte toutefois, un autre ministre du culte. Qu'est-ce, en effet, que ce prêtre automate qui arrive au premier coup de sifflet de l'autorité civile et qui prie par commission? La prière vient non du bureau de police, mais du ciel. La liberté en vient aussi, et quand on l'aime sincèrement, on doit la vouloir pour tout le monde, même pour les prêtres. N'est-ce donc pas au prêtre qu'il faut la liberté par excellence les choses de la conscience et de la religion? et n'est-ce pas la liberté seule qui peut combler le vide immense entre le prêtre et Dieu? Etrange contradiction! Vivants, nous refusons d'entrer dans le temple de Dieu; et morts, il faut que notre cadavre en enfonce les portes, pour y recevoir les bénédictions empressées de ses ministres. » Tout en admettant ces principes, il faut reconnaître aussi que les cérémonies du culte qui s'exercent en dehors des édifices qui y sont consacrés, peuvent être assujéties à des règlements de l'autorité temporelle, à cause de l'influence qu'elles peuvent avoir sur la tranquillité publique. C'est ainsi que le 45e article organique ne permet l'exercice extérieur du culte que dans les villes où il n'y a pas de temples destinés à différents cultes. Cette disposition a pour but d'éviter les désordres auxquels pourraient donner lieu les différences de religions. Outre les attributions nombreuses qui sont accordées par la loi à l'autorité municipale, elle est encore appelée à délibérer sur les dépenses relatives à l'exercice du culte, à la réparation et à l'entretien des églises et presbytères; elle est également autorisée à accorder aux curés des suppléments de traitement. Ces différentes matières seront développées aux mots PAROISSE et PRESBYTÈRE. P. LEDOUX.

MUNICIPE, s. m., titre que portaient les villes du Latium et de l'Italie, dont les habitants participaient au droit de bourgeoisie romaine sans qu'elles cessassent de former des cités à part. (V. *l'article précédent*.)

MUNIER (ÉTIENNE), ingénieur, né le 7 décembre 1732, à Vesoul, en Franche-Comté, fut d'abord élève de l'école des ponts-et-chaussées. Nommé en 1759 ingénieur ordinaire à Angoulême, il occupa ce poste jusqu'en 1786, où il fut appelé à Paris en qualité d'ingénieur en chef ; il retourna à Angoulème, en 1790, avec le même titre. Il existe peu d'endroits de l'ancienne province d'Angoumois où il n'y ait quelques-uns de ses travaux. En 1809, il obtint sa retraite avec le brevet d'inspecteur honoraire de division, et mourut le 17 septembre 1820. On lui doit l'exécution du projet de canalisation de la Charente depuis Cognac jusqu'à Civrai; le port de l'Houmeau, qui établit des communications entre Angoulème et Rochefort; la construction et l'entretien de presque toutes les routes du département, l'agrandissement et l'embellissement d'Angoulème. Il a publié. 1° *Essai d'une méthode générale*, propre à étendre les connaissances des voyageurs, ou recueil d'observations relatives à l'histoire, à la répartition des impôts, au commerce, aux sciences, aux arts et à la culture des terres, Paris, 1779, 2 vol. in-8°; 2° une *Nouvelle Géographie*, à l'usage des deux sexes, contenant un précis historique de l'origine des divers peuples de la terre, de leur manière de se gouverner, avec des observations sur la population, les produits du sol, l'industrie et le commerce ; sur l'extraction d'une grande partie d'objets employés dans les arts et les manufactures, les minites et leur exploitation, ainsi que sur les canaux qui existent, Paris, 1804, 2 vol. in-8° · 3° *Observations* sur les dix-neuf articles proposés à l'examen des cultivateurs par la société d'agriculture du département de la Seine, concernant les améliorations introduites depuis cinquante ans dans l'économie rurale du département de la Charente, Angoulème, 1813, in-8°, couronné par la société d'agriculture de la Seine; 4° une *Notice* sur la culture et l'usage des pommes de terre, Angoulème, 1816, et une *Notice* sur les brûleries du département de la Charente. II.

MUNIER (FRÉDÉRIC), évêque de Zélande, né à Gotha le 14 octobre 1760, mort le 9 avril 1830, étudia surtout la littérature des anciens Cophtes et prit rang parmi les plus célèbres antiquaires. Les écrits qu'il a publiés en danois, en latin et en allemand, sont nombreux. Nous citerons seulement ses *Recherches sur les anciennes Inscriptions grecques et latines qui éclaircissent l'histoire du christianisme et jettent un nouveau jour sur l'authenticité des Livres saints et des monuments chrétiens.*

MUNIR, v. a., garnir, pourvoir des choses nécessaires pour la défense ou pour la nourriture. Il s'emploie aussi avec le pronom personnel, et signifie se pourvoir des choses nécessaires.

MUNITION, s. f., provision des choses nécessaires dans une armée ou dans une place de guerre. Il s'emploie surtout au pluriel. Pain de munition, le pain que l'on distribue aux soldats pour leur nourriture. Fusil de munition, fusil de gros calibre, qui est l'arme ordinaire des soldats d'infanterie, et auquel s'adapte une baïonnette.

MUNNICH (BURCHARD-CHRISTOPHE, comte de), feld-maréchal au service de Russie, naquit le 9 mai 1683, dans le comté d'Oldenbourg. Le jeune Munnich suivit la carrière des armes, ainsi que son père. Celui-ci avait des connaissances très étendues pour tout ce qui tient au génie militaire et civil. Le fils profita de ces mêmes connaissances; il se livra à l'étude des mathématiques, et aida même son père dans ses travaux d'inspecteur-général des digues du comté d'Oldenbourg et de Delmenhorst. Munnich porta les armes contre la France, dans l'armée du prince Eugène, se distingua à la sanglante bataille de Malplaquet, et fut nommé lieutenant-colonel au combat de Denain ; il fut blessé et pris. Transporté à Cambrai, il y reçut les soins de l'immortel Fénelon, et c'est un souvenir qu'il se rappelait avec plaisir dans sa vieillesse. Après la paix d'Utrech, il entra d'abord au service de la Pologne, et obtint le grade de général-major ; il y eut une querelle fâcheuse, puisqu'elle amena la mort de son adversaire. D'autres désagréments le forcèrent à quitter la Pologne pour la Russie, dont Pierre-le-Grand venait de faire une puissance du premier ordre. Les grands hommes s'entendent vite, et Pierre ne tarda pas à apprécier tout le mérite de l'acquisition qu'il venait de faire. L'entreprise du canal de Ladoga occupait alors l'empereur de Russie. Trouvant que les travaux n'avançaient pas assez rapidement, il demanda au général Bruce quel était l'homme le plus capable de diriger ces travaux. Bruce lui désigna Munnich. Celui-ci est chargé de la direction principale, et sa gloire est attachée à cette vaste entreprise. Après treize années de travaux, il eut le mérite de l'avoir terminée. L'avancement de Munnich fut rapide. Il parvient bientôt au grade de général d'infanterie et enfin à celui de feld-maréchal. Un témoignage bien flatteur pour lui, c'est la lettre du prince Eugène qu'il avait consulté sur des règlements militaires : « Monsieur, nonobstant que M. le comte de Wratislau aura témoigné à votre excellence plus d'une fois de ma part la justice que je rends à son mérite, j'embrasse avec un plaisir infini l'occasion que me fournit la lettre qu'elle m'a fait l'honneur de m'écrire le 19 de ce mois passé, pour assurer votre excellence de la sincérité de mes sentiments et de mon empressement à lui marquer mon estime, qui ne saurait être plus parfaite. Je suis très obligé à votre excellence du détail qu'elle a voulu me faire de ses dispositions militaires ; des arrangements si utiles ne peuvent produire qu'un très heureux effet, et sa majesté czarienne ne pouvait choisir pour leur exécution un chef plus zélé et mieux capable de s'en acquitter.... Je suis avec une considération très parfaite, monsieur, de votre excellence le très humble et très obéissant serviteur. Signé Eugène de Savoie. » En 1734, Munnich, à la tête de l'armée russe, parut en Pologne, et s'empara de Dantzick ; mais le principal théâtre de sa gloire, c'est sur les bords du Danube et dans la Crimée. La conquête de cette province, la prise d'Augracow et celle de Choczim et la prise de Stawutschane ont placé Munnich parmi les grands capitaines. C'est lui qui le premier a employé la méthode des carrés contre les Turcs. Malgré sa gloire, Munnich, dans un gouvernement despotique, se trouva exposé à ces révolutions si fréquentes dans ces états. L'élévation d'Elisabeth entraîna la perte de Munnich, qui fut exilé en Sibérie. La gloire le suivit dans l'exil ; dans le séjour de Pelim (tel était le lieu d'exil) Munnich ne se laissa point décourager par la disgrâce. Il continua de se livrer à l'étude du génie militaire, composa plusieurs ouvrages sur ce sujet, et exécuta un certain nombre de dessins pour exprimer ses idées. Il enseignait la géométrie aux jeunes gens qui habitaient cette terre d'exil, et c'est par ses leçons que se forma le premier noyau qui servit à former le corps du génie en Russie. Munnich resta vingt ans dans l'exil. Redevenu libre, sous le règne de Pierre III, il donna des conseils énergiques à ce prince, et s'ils eussent été suivis, ils l'auraient maintenu sur le trône et étouffé la révolte de Catherine II. Ce prince ne sut pas agir. Il est bientôt détrôné et emprisonné. Catherine n'ignorait pas que Munnich avait voulu empêcher son triomphe ; malgré cela, elle l'accueille d'une manière favorable et lui donne toute sa confiance. Munnich conserva jusqu'à la fin toute l'activité de son caractère. On en trouve une preuve dans une lettre adressée à son ami Bunrichs : « Mon système sur les fortifications, l'expédition des affaires de ma place, mes correspondances avec ma famille et avec d'autres personnes m'occupent tellement que, chaque jour, je dirige une grande chancellerie de Russie, une française et une allemande, et que, été et hiver, sans en excepter les dimanches et fêtes, j'y travaille depuis quatre heures du matin jusqu'à midi, et même quelques heures aussi dans l'après-dinée. Le temps du dîner, que je passe dans la société de quelques bons amis, est presque le seul temps de ma récréation. Après le repas, je me repose une demi-heure tout au plus, et si, vers le soir, mon travail est achevé, je me donne un peu de mouvement ; je fais quelques visites dans la ville, ou je me promène dans mon jardin ; je taille mes arbres fruitiers, mes arbrisseaux ; ou, pour ne pas devenir étranger au monde, je lis quelques livres ou la Gazette. » Avec cette vie active et réglée en même temps, Munnich croyait prolonger ses jours au-delà des bornes ordinaires. Il se flattait de vivre au moins 100 ans. Il n'est pas arrivé jusque-là ; mais il mourut le 16 octobre 1767, dans le courant de sa 85e année. Jusqu'à l'époque où Souvarof a paru, les Russes n'ont pas eu un général égal à Munnich ; et si la gloire de Souvarof a eu plus d'éclat, si son caractère était mieux approprié à celui des Russes, Munnich réunissait des connaissances plus étendues. On peut lui reprocher seulement de n'avoir pas été assez avare du sang des soldats et d'avoir trop sacrifié à son ambition ; mais la construction du canal de Ladoga, la conquête de la Crimée et ses victoires contre les Turcs rendront sa mémoire immortelle.   DE M-N.

MUNOZ (THOMAS), lieutenant-général de la marine espagnole, né en 1748, embrassa le parti de Joseph Buonaparte. Obligé de venir chercher un asile en France, il y resta jusqu'en 1820, époque où la révolution qui s'était opérée dans la péninsule lui permit d'y rentrer. Il mourut à Madrid le 28 novembre 1823, laissant inédit son Traité des fortifications. On lui doit l'invention d'un appareil simple et ingénieux pour le radoubage des vaisseaux, et un grand nombre d'autres procédés utiles.

MUNOZ (ANTOINE), savant espagnol, né en avril 1745, à Museros, village près de Valence, étudia dans l'université d'Alcala et ensuite à Salamanque, où il reçut le bonnet de docteur en droit et en théologie. Tout en admirant le rare génie d'Aristote, il introduisit dans la philosophie le bon goût, une logique sûre et physique, un calcul et aux expériences et non aux sophismes d'une argumentation tortueuse. La plupart des écoles d'Espagne lui doivent une nouvelle méthode d'études propre à faire faire les plus rapides progrès. Il n'avait que 22 ans lorsqu'il composa les préfaces de la Rhétorique du célèbre père Louis de Grenada et de la Logique de Vernet. La vaste érudition qu'il y déploya attira sur lui l'attention des savants et celle de la cour, qui le nomma cosmographe majeur des Indes. Quelque temps après, le ministre Galvez le chargea d'écrire une histoire générale des deux Amériques. Pour remplir cette grande tâche, Munoz visita pendant cinq années les sources des archives de Simancas, de Séville, Cadix, Lisbonne, etc., jusqu'alors fermées à tous les historiens qui l'avaient précédé. Il réunit 13 vol. de pièces inconnues, de lettres originales de Colomb, Ximenès, Cortez, Pizaros, etc., et enfin d'autres ouvrages authentiques et précieux pour l'histoire du nouveau monde. Le premier volume parut en 1791. Il finissait le troisième livre du second lorsqu'il fut frappé d'apoplexie, et mourut dans le court espace de vingt-deux heures, le 16 juin 1799, âgé de 54 ans. On a encore de lui : 1° De recto philosophiæ recentis in theologia usu dissertatio, Valence, 1767, in-4° ; 2° De scriptorum gentilium lectione et profanarum disciplinarum studiis ad christianæ pietatis normam exigendis, Valence, 1768, 2 vol. in-8° ; 3° Institutiones philosophicæ, Valence, 1769, 4° Traité sur la philosophie d'Aristote et jugement sur ses sectateurs, Valence, 1771, in-4°. Cet ouvrage porta le dernier coup au péripatétisme en Espagne ; il se réfugia alors dans les collèges obscurs de quelques provinces.   H.

MUNOZ (Dom RAPHAEL), religieux espagnol, de l'ordre de saint Dominique, né à Grenade, fut ordonné prêtre à Alcala, en 1801, après avoir fait sa profession dans le couvent des dominicains de Sainte-Croix. Pendant les campagnes des Anglais dans la Péninsule, il assista avec zèle les soldats irlandais catholiques, et mérita les éloges des officiers-généraux de l'armée. En 1815, il fut un des confesseurs de la famille royale d'Espagne, et il remplit ces fonctions pendant un an, concurremment avec celles de procureur-général de sa province auprès de la cour. En 1824, il obtint de son général et de sa congrégation de la Propagande la permission d'aller dans les missions de l'Amérique. Nommé grand-vicaire de Cincinnati et prieur du couvent des dominicains de Sainte-Rose, dans le Kentuckey, il a travaillé pendant six ans dans l'Ohio, se plaisant à enseigner le catéchisme, à instruire les enfants et les adultes qui ne connaissaient point encore la religion chrétienne, à visiter les pauvres et les malheureux et à les soulager autant qu'il était en lui. Il est mort à Cincinnati, le 18 juillet 1830, à l'âge de 52 ans. La vie d'un missionnaire aussi actif et aussi religieux doit intéresser les amis de l'Eglise et de la civilisation, autant au moins que celle des guerriers qui font des conquêtes et répandent le sang des hommes.

MUNSTER, une des quatre grandes provinces de l'Irlande. Elle est bornée au nord et au nord-est par celles de Leinster et de Connaught ; au sud et à l'ouest par la mer. (V. IRLANDE.)

MUNSTER (Monasterium), chef-lieu de l'ancien cercle de Westphalie et de la régence prussienne de ce nom, est situé sur la rivière de l'Aa, affluent de l'Ems. Cette ville faisait jadis partie de la ligue anséatique, et comptait parmi les marchés les plus riches et les plus commerçants de toute l'Allemagne. Au XVIe siècle, elle fut le théâtre des violences fanatiques des anabaptistes. Sa population s'élève aujourd'hui à près de 20,000 habitants. Les rues de la ville sont larges et bien percées ; de belles promenades remplacent les anciens remparts, et les jardins des princes-évêques de Münster ont été plantés à l'endroit où était autrefois la citadelle. Parmi les monuments les plus remarquables, Münster compte sa cathédrale et l'hôtel-de-ville, avec sa façade gothique, si célèbre par le congrès tenu en 1648, lors de la conclusion de la paix de Westphalie. Le gymnase possède une bibliothèque de plus de 25,000 volumes. Les protestants, qui sont en minorité à Münster, y ont cependant pris un certain accroissement, surtout depuis la suppression de l'université catholique opérée en 1818. Le gouvernement prussien ne néglige rien pour rendre à Münster son ancienne importance commerciale, à laquelle doit surtout concourir la communication établie récemment entre l'Ems et la Lippe par le moyen de deux canaux qui passent dans la ville.

MUNSTER (FRÉDÉRIC), évêque de Zélande, naquit à Gotha le 14 novembre 1760. Don Balthasar Munster ayant été prêtre à l'église de Saint-Pierre de Copenhague, il fut amené à l'âge de quatre ans dans cette ville, où il fit son éducation. Plusieurs voyages que Frédéric Munster fit en Europe dans sa jeunesse, lui fournirent l'occasion de former des relations étendues avec les principaux de la France et de l'Italie, et d'acquérir des connaissances très variées qu'il sut mettre à profit avec autant de goût que de discernement. Il étudia surtout la littérature des anciens Cophtes, et prit rang parmi les plus célèbres antiquaires de cette époque. En 1788, il fut nommé professeur de théologie à l'université de Copenhague, et en 1818, le roi le désigna pour l'évêché du diocese de Zélande. En 1827, il fut décoré de la croix de l'ordre de Danebrog. Ce savant est mort le vendredi saint, 9 avril 1830, d'un coup d'apoplexie foudroyante. Les écrits qu'il a publiés en danois, en latin et en allemand, sont très nombreux. Nous indiquerons seulement : 1° *Notice curieuse sur les traductions en vers de l'Apocalypse dans les diverses langues de l'Europe*; 2° des *Mémoires* , des *Dissertations* et des *Recherches sur les inscriptions antiques de Babylone et celles des anciens Etrusques* , etc.; 3° sur les anciennes inscriptions grecques et latines qui éclaircissent l'histoire du christianisme, et jettent un nouveau jour sur l'authenticité des livres saints et des monuments chrétiens; 4° *sur les ordres de chevalerie du Nord*; 5° sur *l'Évangile apocryphe de Nicodème*; 6° sur la guerre des juifs sous les empereurs Trajan et Adrien; 7° sur *l'introduction du christianisme dans le Nord*; 8° la *Biographie de saint Auschair, évêque de Hambourg, apôtre du septentrion*; 9° la *Biographie de Lucius Ier*; 10° des *Fragments d'une ancienne version latine*, *Jérôme antérieur des prophètes Jérémie, Ézéchiel, Daniel et Osée*; 11° une *Édition nouvelle de Firmicus Maternus*; 12° la *Doctrine des Monzanistes*; 13° enfin, *Primordia Ecclesiæ africanæ*, 1 vol. in-4° de plus de 300 pages, publié en 1829, et l'une des dernières productions de l'auteur, à Rome. Munster avait retrouvé les règlements de l'ordre des templiers, et publia un volume en allemand sur ce sujet, mais la règle n'a pas encore été réimprimée. Il l'a communiqué à Fabre-Palaprat, qui se dit le grand-maître des templiers de Paris. Cette société conserve un *manuscrit grec de l'Évangile de saint Jean*, qui a été l'objet d'une dissertation latine de Munster. On trouve sur ce sujet des détails étendus dans la nouvelle édition de l'*Histoire des sectes religieuses*, par M. Grégoire, ancien évêque de Blois. L'ordre des templiers que nous avions cru détruit sous Philippe-le-Bel, vient de révéler son existence par une parodie des cérémonies de l'Église catholique. *Voyez* les journaux du 15 au 20 janvier 1833.   F.

MUNTICK (ABRAHAM), savant botaniste, né à Groningue en 1626, il occupa la chaire de botanique et de chimie, et mourut en 1683. Il est connu par divers ouvrages. Le plus recherché a pour titre : *Phytographia curiosa*, Amsterdam, 1711, avec figures, et en 1727, in-fol. Haller lui reproche d'avoir altéré les noms des plantes, et critique les figures qu'il en a données.

MUNUS (THOMAS), lieutenant-général de la marine espagnole, né en 1743, exécuta des travaux immenses que le gouvernement espagnol fit construire pour préserver Cadix des invasions de la mer. Ce fut encore lui qui présida à la construction des fortifications ajoutées à l'arsenal de l'île de Caraca. On lui doit en outre l'invention d'un appareil simple et ingénieux pour le radoubage des vaisseaux, et un grand nombre d'autres procédés utiles et importants. A l'époque où les Français entrèrent en Espagne et où Joseph Buonaparte monta sur le trône, il embrassa le parti de ce prince; en 1814, il fut obligé de venir chercher un asile en France. S'étant fixé à Paris, il y resta jusqu'en 1820, époque où la révolution qui s'était opérée alors dans la Péninsule lui permit d'y rentrer. Il est mort à Madrid, le 28 novembre 1823; il a laissé un édit, son *Traité des fortifications*.

MUNYCHIES, fête annuelle célébrée à Athènes en l'honneur de Diane Munychienne, dans le port de Munychie. Pendant les Munychies on offrait à Diane de petits gâteaux appelés amphiphons , c'est-à-dire resplendissants de lumière (ἀμφὶ), autour; φάος, lumière), parce qu'on les portait au temple à la lueur d'un grand nombre de torches, ou parce

que c'était toujours dans la pleine lune qu'on célébrait cette cérémonie, le 16 du mois Munychion.

MUQUEUX, membranes muqueuses : on appelle ainsi celles qui tapissent la face interne de tous les organes creux communiquant avec l'extérieur par les diverses ouvertures du corps : elles se trouvent partout en contact avec des substances étrangères à l'animal, et leur surface libre est habituellement humectée d'un fluide muqueux. Ces membranes sont analogues à la peau par leur organisation. Il s'en produit d'accidentelles toutes les fois qu'une plaie tarde à se cicatriser et devient fistuleuse, et la surface d'une plaie suppurante n'est même autre chose qu'une mince membrane muqueuse temporaire.

MUR, s. m., ouvrage de maçonnerie, qui sert à enclore quelque espace, à le séparer d'un autre, ou à le clôturer. Les gros murs d'un bâtiment, ceux qui en forment l'enceinte, les voûtes, etc. Mur de face, gros mur qui forme l'une des principales faces d'un bâtiment. On appelle par opposition mur latéral, celui qui forme un des côtés. Mur de pignon, mur qui s'élève jusqu'au-dessous du toit, le supporte et en a la forme. Mur de refend, celui qu'on élève entre les gros murs, pour diviser l'intérieur du bâtiment. Mur de parpaing, mur formé de pierres qui en traversent l'épaisseur. Mur de clôture, mur qui enferme extérieurement une cour, un jardin, un parc, etc. Mur d'appui, mur qui n'est qu'à hauteur d'appui, qui n'est élevé que d'un mètre environ. Murs d'un jardin, d'un parc, les murs qui enferment un jardin, un parc. Murs d'une ville, les murs qui entourent une ville. Prov. et fig., les murs ont des oreilles, pour s'entretenir de quelque chose de secret, il faut parler avec beaucoup de circonspection, de peur d'être écouté. Fig. et fam., mettre quelqu'un au pied du mur, le mettre hors d'état de reculer, et le forcer à prendre un parti, le mettre dans l'impossibilité de répliquer. Mur, dans les ruines, se dit de la partie inférieure, par opposition à la partie supérieure, que se nomme le toit.

MUR, URE, adj. Il se dit des fruits de la terre, et signifie qui est arrivé à un certain point de développement qui le rend propre à être cueilli ou mangé. Il se dit aussi du vin, quand il n'a plus de verdeur et qu'il est bon à boire. Fig., cet abcès est mûr, il est près de crever, de percer, et il est temps de l'ouvrir. Fig., et par plaisanterie, cette fille est mûre, il y a longtemps qu'elle est en âge d'être mariée. Fig., c'était un fruit mûr pour le ciel, se dit dans le langage mystique d'une personne pieuse qui est morte jeune. Fig., âge mûr, âge qui suit la jeunesse. Prov. et fig., entre deux vertes, une mûre, entre deux choses mauvaises, une bonne. Prov. et fig., il faut attendre à cueillir la poire qu'elle soit mûre; il ne faut point précipiter une affaire, et l'on doit attendre qu'elle soit en état d'être faite, d'être conclue, etc.

MURAILLE, s. f., mur; il se dit surtout des murs épais et d'une certaine élévation. Il se dit particulièrement des constructions de ce genre qui servent de clôture, de défense, de rempart à une ville, à un château, ou même à un pays. Cette muraille pousse, elle bombe et menace ruine. Fam., enfermer quelqu'un entre quatre murailles, le mettre en prison. Il n'y a que les quatre murailles, se dit d'une maison, d'un appartement où il n'y a point de meubles. Murailles, au pluriel, se dit, quelquefois dans le style soutenu, pour ville.

MURAILLE, (anat.) On nomme ainsi l'épaisse couche cornée qui enveloppe le pied du cheval. Elle représente un cercle dont la partie postérieure se plierait en deux branches droites, ou plutôt une sorte de pyramide dont les deux jambages portent le nom de barres. Les deux angles d'inflexion de la muraille sont appelés talons. A la face externe de cette paroi, on distingue la pince, partie antérieure ou médiane, toujours la plus inclinée et la plus allongée, les mamelles, ou régions situées de chaque côté de la pince, l'une en dedans, l'autre en dehors; et les quartiers, situés au-delà des mamelles, et dont l'externe est un peu plus bombé, plus fort et plus dur que l'interne. La face interne est garnie d'environ cinq cents feuillets perpendiculaires, parallèles et élastiques, qu'on appelle tissu kéraphylleux, et qui s'enchâssent entre les lamelles de la chair cannelée du pied. Le bord supérieur offre une large dépression circulaire, appelée biseau, dans lequel s'insinue une portion de peau dure, appelée bourrelet.

MURAL, ALE, adj. Il n'est guère usité que dans les locutions suivantes : Couronne murale, couronne qu'on donnait, chez les Romains à ceux qui, dans un assaut, avaient monté les premiers sur les murs de la ville assiégée. Cercle mural, instrument astronomique, qui est fixé à un mur. Plantes murales, plantes qui croissent sur les murs.

MURAT (JOACHIM), né à la Bastide près Cahors, le 25 mars 1771, d'un aubergiste, s'enrôla dans les chasseurs des Ardennes. Ayant déserté de ce corps, il se rendit à Paris, fut admis dans la garde constitutionnelle de Louis XVI et obtint un avancement rapide. Dénoncé comme terroriste, après le 9 thermidor, il fut réintégré à l'époque du 13 vendémiaire, et s'attacha à Buonaparte, qui le choisit pour son aide-de-camp de confiance. Sa brillante conduite à Mondovi lui valut le grade de général de brigade, et il gagna en Égypte celui de général de division. De retour avec Buonaparte, il le servit efficacement à Saint-Cloud en dispersant, à la tête de soixante grenadiers, le conseil des cinq-cents. Buonaparte, pour reconnaître son appui, lui fit épouser sa sœur Caroline. Devenu en janvier 1804 gouverneur de Paris, Murat souilla la gloire qu'il avait acquise en présidant à l'assassinat du duc d'Enghien. Nommé successivement maréchal d'empire, prince et grand-amiral, il commandait la cavalerie à la bataille d'Austerlitz, et ce fut à ses brillantes charges qu'on dut en partie le succès de cette journée. Après la campagne, il fut investi du grand-duché de Berg. Envoyé à Madrid pour forcer la famille royale à se rendre à Bayonne, il ordonna froidement de tirer à mitraille contre le peuple de Madrid qui l'avait reçu en ami. Murat portait ses vues sur le trône d'Espagne : déçu dans son espoir, il osa s'en plaindre à Buonaparte, qui, sur les instances de sa sœur Caroline, lui donna le royaume de Naples. Le 1er août 1808, il fut proclamé roi des Deux-Siciles, sous le nom de Joachim-Napoléon. Joseph Buonaparte, qui l'avait précédé sur ce trône, s'était rendu méprisable aux Napolitains; ainsi la comparaison ne pouvait être qu'à son avantage. Son air martial, le faste et la magnificence qu'il aimait à déployer plurent aux habitants qu'il acheva de gagner par la bonne administration qu'il établit dans tout le royaume. Il régnait paisiblement depuis quatre ans, lorsque l'expédition de Russie le rappela dans les rangs de l'armée française. Investi du commandement de la cavalerie, il eut une part brillante à toutes les opérations qui précédèrent la prise de Moscou; mais, au moment de la retraite que Buonaparte l'avait chargé de diriger, il sembla avoir perdu toute son énergie. Arrivé à Wilna, il abandonna l'armée, prit la route de Naples et se rapprocha de la cour d'Autriche. Mais les succès qui ouvrirent la campagne de 1813 arrêtèrent ses démarches. Il rejoignit l'armée et reparut, quoique avec moins d'éclat, aux batailles de Dresde et de Leipsick. Aux malheurs de cette dernière journée, il revint encore à Naples, et, sûr de l'invasion qui se préparait contre la France, il oublia qu'il devait son trône à Buonaparte, et se ligua avec ses ennemis pour le renverser. Il marcha d'abord contre l'armée française commandée par Eugène; mais apprenant ensuite les succès inattendus de Napoléon dans les plaines de Champagne, il contraria les projets des alliés. Cependant la puissance de Buonaparte s'écroula, et les usurpateurs furent forcés de céder leurs trônes aux maîtres légitimes. Murat espérait conserver la couronne de Naples, qui lui avait été garantie par l'Autriche; mais toutes les branches de la maison de Bourbon s'opposèrent, au congrès de Vienne, à ce qu'on le reconnût. Sur ces entrefaites, Buonaparte rentra en France, et Murat ne vit cette fois d'autre chance de conserver le trône qu'en s'unissant intimement au sort de Napoléon. Il commença les hostilités contre les Autrichiens, et obtint quelques avantages suivis presque aussitôt des plus grands revers. Il s'embarqua alors sur une frêle barque et se rendit en France où Buonaparte lui défendit de paraître à Paris, pour empêcher que le public ne vît dans sa défaite un funeste présage. Après la bataille de Waterloo, il passa en Corse où des conseils peu sincères lui firent tenter, à la tête de deux cent cinquante hommes, une expédition en Calabre. Le vent dispersa sa flottille, et il aborda sur la plage de Pizzo le 8 octobre 1815 avec une trentaine d'hommes. Arrêté par les paysans, il fut traduit devant une commission militaire et condamné à être fusillé le 13 du même mois. Ainsi finit celui qui, de simple soldat, s'était élevé au rang suprême. Sa chute fut aussi terrible que sa fortune avait été surprenante et rapide.　　　　　　　　　　　　　　H.

MURATORI (LOUIS-ANTOINE), né à Vignola dans le Modénois, le 21 octobre 1672, mort le 21 janvier 1750, fut formé à la piété et aux lettres par des maîtres habiles. La nature avait mis en lui les dispositions les plus heureuses; l'éducation les développa avant le temps. Il fut appelé à l'âge de vingt-deux ans, à Milan, par le comte Charles Borromée, qui lui confia le soin du collège Ambrosien et de la riche bibliothèque qui y était attachée. Muratori se nourrissait des sucs les plus purs des fruits de l'antiquité et de notre temps, lorsque le duc de Modène l'appela en 1700. Ce prince le revendiqua comme son sujet, le fit son bibliothécaire et lui donna la garde des archives de son duché. C'est dans ce double emploi que l'illustre savant passa le reste de sa vie, sans autre bénéfice que la prévôté de Sainte-Marie de Pomposa. Les amis que son mérite lui avait acquis à Milan se multiplièrent à Modène. Le cardinal Noris, les Ciampini ni les Magliabecchi, les pères Mabillon et Montfaucon, bénédictins; le père Papebrock, jésuite, le marquis Maffei, le cardinal Quirini le consultèrent. Les académies se disputèrent l'honneur de lui ouvrir leurs portes; mais Muratori eut trop de bon esprit pour se laisser engouer de ces coteries scientifiques où le vrai mérite souffre de se voir produit avec ostentation et où les talents personnels du vrai savant sont très désagréablement mis en commun. Il fut plus sensible aux critiques de quelques théologiens qu'aux éloges exagérés des académiciens. Il s'en plaignit au pape Benoît XIV et exposa ses sentiments de respect et de soumission. Ce pontife voulut bien le tranquilliser par une lettre qui honore la mémoire de l'un et de l'autre. Il s'élève contre ces esprits inquiets qui tourmentent un homme d'honneur, sous prétexte qu'il ne pense pas comme eux sur des matières qui n'appartiennent ni au dogme ni à la discipline. Cette réponse rendit la sérénité à Muratori. Il faut convenir cependant que, sans le vouloir, il avait donné aux ennemis de l'Église le moyen d'éluder ses décisions les plus solennelles, et qu'en particulier, en parlant des faits dogmatiques, il mettait fort à leur aise tous les hérétiques qui voudraient recourir aux modifications et conditions qu'il établissait à ce sujet. Ses connaissances étaient immenses, mais par là même quelquefois défectueuses. Le jugement chez les hommes extraordinairement érudits égale rarement la mémoire. Jurisprudence, philosophie, théologie, poésie, recherches de l'antiquité, histoire moderne, etc., il avait tout embrassé; mais les bornes de l'esprit humain ont souvent contrarié ses efforts. 46 vol. in-fol., 34 in-4°, 13 in-8°, plusieurs in-12 furent le résultat de ses travaux. Les principaux sont : *Anecdota quæ ex Ambrosianæ Bibliothecæ codicibus nunc primum eruit, notis et disquisitionibus auget Ludovicus-Antonius Muratorius*, Milan, 2 vol. in-4°, le 1er en 1697, le 2e en 1698, ouvrage estimé; *Prolegomena in Lescii Crondermi elucidationem doctrinæ augustinianæ, contra Jansenium*, Cologne, 1705, in-4°; *Anecdota græca, quæ ex manuscriptis codicibus nunc primum eruit, latio donat, notis et disquisitionibus auget Ludovicus-Antonius Muratorius*, in-4°, Padoue, en 3 vol.; le 1er en 1709, le 2e en 1710, le 3e en 1713; *Lamindi Pritanii de ingeniorum moderatione in religionis negotio, ubi quæ jura, quæ fræna sint homini christiano in inquirenda et tradenda veritate ostenditur et sanctus Augustinus vindicatur a multiplici censura Joannis Phereponi* (ce Phereponus est le fameux *Jean Le Clerc*). Cet ouvrage, plein d'excellentes observations, fut imprimé in-4°, à Paris, en 1714, et réimprimé en 1715 à Cologne, en 1741 à Venise, à Vérone et à Francfort; *Rerum italicarum scriptores, ab anno æræ christianæ quingentesimo, ad millesimum quingentesimum*, en 27 vol. in-fol., dont le 1er parut en 1723, et le dernier en 1738; *Antiquitates italicæ medii ævi, sive Dissertationes de moribus italici populi, ab inclinatione romani imperii, usque ad annum 1500*, 6 vol. in-fol., qui parurent depuis 1738 jusqu'en 1743. Les savants ont trouvé beaucoup de fautes et de méprises dans ce recueil; de *Paradiso, regnique cœlestis gloria, non exspectata corporum resurrectione, justis à Deo collata*, Vérone, 1738, in-4°, avec le traité de saint Cyprien, *de Mortalitate*. C'est une réfutation de l'ouvrage de Thomas Burnet, intitulé *de Statu mortuorum*; *Novus thesaurus veterum inscriptionum, in præcipuis earumdem collectionibus hactenus prætermissarum*, Milan, 6 vol. in-fol., depuis 1739 jusqu'en 1743. Il y a eu différentes critiques de ce recueil, auxquelles Muratori n'a point répondu; *Annali d'Italia, dal principio dell'era volgare fino all'anno 1500*, en 12 vol. in-4°, imprimés à Venise, sous le titre de Milan; *Liturgia romana vetus*, Venise, 1748, 2 vol.; *Genéalogie historique de la maison de Modène*, 2 vol. in-fol., Modène; le premier en 1717, le deuxième en 1740; *della Perfetta poesia italiana*, Modène, 1706, 2 vol. in-4° et Venise 1724; *le Rime del Petrarca*, Modène, 1711, in-4°, avec des observations très judicieuses et vainement attaquées par les zélés partisans de Pétrarque; *del Governo della peste, e delle maniere di guardarsene*, Modène 1713, in-8°. Ce traité sur la peste a été réimprimé au même lieu en 1721, avec la Relation de la peste de Marseille, des observations et des additions. La Vie de Sigonius, à la tête des ouvrages de cet auteur, de l'édition de Milan ; celle de François Torti, à la tête des œuvres de ce savant médecin italien ; et plusieurs autres Vies particulières ; un *Panégyrique de Louis XIV* ; des *Lettres* ; des *Dissertations* ; des *Poésies italiennes* ; un *Traité du bonheur public*, traduit en français, Paris, 1772, 2 vol. in-12 ; *Christianesimo felice nelle missioni del Paraguai*, in-4°, tableau aussi intéressant qu'édifiant des nouvelles chrétientés du Paraguay, dont Montesquieu, Buffon, Haller, ont fait de si grands éloges, et dont ils ont parlé comme d'un fruit merveilleux de la religion inaccessible aux efforts de la philosophie. Il a été traduit en français ; *Vita del P. Paolo Segneri*, Modène, in-8° ; *della Regolata devozione christiana*, traduit en allemand, en français et en latin ; *Antonii Campanœ de superstitione vitanta*, *adversus votum sanguinarium pro inmaculata Deiparœ conceptione*, in-8°, ouvrage qui a aussi paru sous le nom de *Lampridius*. Il y combat le vœu de défendre jusqu'à la mort l'immaculée conception de la Sainte Vierge. Muratori a laissé encore quelques ouvrages manuscrits, entre autres un abrégé de ses *Antiquités italiennes*, en italien, dont son neveu, Jean-François Muratori, a donné quelques volumes. Le même a écrit la Vie de son oncle, Venise, 1756, in-4°. Les œuvres de cet illustre savant ont été recueillies à Arezzo et à Venise, 1790-1810, 48 vol. in-8°.   H.

MURCIE (*Murcia*), province d'Espagne. Elle est bornée au N. par la province de Chinchilla et celle d'Alicante ; à l'E. par celle d'Alicante et la Méditerranée ; au S. par cette même mer et à l'O. par les provinces d'Almeria et de Grenade. Sa longueur est de 35 lieues et sa largeur de 30. Elle est traversée par différentes ramifications des monts Orespedanas, et surtout au Nord. La partie S. E. est une vaste plaine ; elle est arrosée par plusieurs rivières, parmi lesquelles on distingue la Segura, la Guadelimar et la Sangonera. Elle renferme plusieurs lacs salés, et on y trouve des mines d'argent, de cuivre et de plomb, et des carrières de marbre. La population est de 450,000 habitants environ. Murcie en est la capitale. Elle est le siége d'un évêché ; elle est située au milieu d'une plaine fertile sur la rive gauche de la Segura. La cathédrale, le palais épiscopal, l'hôtel-de-ville sont les édifices dignes d'être mentionnés. Cette ville possède plusieurs établissements publics, parmi lesquels on distingue un jardin botanique, une chaire de mécanique appliquée aux arts, et 5 colléges. Dans la banlieue se trouve une grande verrerie qui fabrique divers objets de goût et à très bas prix. On y confectionne de la sparterie qu'on expédie dans les provinces. Alphonse X la fortifia et la peupla d'Aragonais, de Catalans et d'émigrés français. 34,000 habitants.   N.

MURCIE, déesse de la paresse, chez les païens. Ses statues étaient toujours couvertes de poussière et de mousse, pour exprimer sa négligence. Son nom est dérivé du mot Murcus ou Murdicus, qui, chez les Romains, signifiait un stupide, un lâche, un paresseux.

MURE (*bot.*). Fruit du mûrier. On donne également ce nom au fruit de diverses ronces.   J. P.

MURE (JEAN-MARIE DE LA), docteur en théologie, et chanoine de Montbrison, publia en 1671 l'*Histoire ecclésiastique de Lyon*, in-4°, et celle *du Forez*, aussi in-4°. Ces deux ouvrages, pleins de recherches savantes, sont estimés. L'auteur mourut à la fin du XVIIe siècle.

MURÉNA (L. LICINIUS), fils du précédent, un des lieutenants de L. Lucullus en Asie. Il se distingua extrêmement dans la guerre contre Mithridate. Peu après (63 ans av. J. C.), il demanda le consulat, concurremment avec Catilina, et l'obtint pour l'année suivante (62) ; mais Caton prétendit qu'il avait employé la brigue, et le traduisit en justice. L'éloquence de Cicéron sauva Muréna ; mais ce consul survécut peu à son triomphe. Nous avons encore la harangue de Cicéron pour

MURÉNA (L. LICINIUS), célèbre général romain, commanda une des ailes de l'armée de Scylla, à la bataille que ce général livra à Archélaüs près de Chéronée (87 ans av. J. C.), et contribua puissamment à sa victoire. Peu de temps après, Scylla ayant conclu de vive voix un traité de paix avec Mithridate, revint à Rome, et laissa à Muréna le commandement de son armée en Asie. Celui-ci, prétendant ignorer un traité qui n'était pas écrit, tenta avec succès une invasion dans les états de Mithridate, et s'empara de Comane, une des plus puissantes villes de la Cappadoce ; mais, Mithridate ayant volé à sa rencontre, et lui ayant livré bataille, il perdit ses avantages, et se retira en Phrygie. Ces combats forment dans l'histoire une deuxième guerre contre Mithridate. Muréna obtint à Rome les honneurs du triomphe.

Muréna. C'est une de celles où l'on trouve, sinon le plus d'éloquence, du moins le plus d'adresse, de vivacité et de sel. Il y plaisante très finement le rigorisme des stoïciens.

MURÈNE, s. f. Poisson de mer visqueux, qui ressemble beaucoup à l'anguille, mais qui n'a pas de nageoires pectorales.

MURER, v. ac., entourer de murailles. Il signifie plus ordinairement boucher une porte ou une fenêtre avec de la maçonnerie.

MURET (MARC-ANTOINE), célèbre humaniste, né au bourg de ce nom, près Limoges, en 1626, apprit de lui-même le grec et le latin, et fut chargé à 18 ans de faire des leçons sur Cicéron et sur Térence dans le collége d'Auch. De la province il passa à la capitale, et ne fut pas moins applaudi. Il enseigna au collége de Sainte-Barbe avec un si grand succès, que le roi et la reine lui firent l'honneur d'aller l'entendre. La vivacité de son esprit lui fit des ennemis. Un vice abominable, dont il fut accusé, l'obligea de quitter Paris. Il se retira à Toulouse, et y essuya les mêmes accusations. Lambin a paru le justifier d'une manière satisfaisante. En effet, si ces accusations avaient eu quelque fondement, comment aurait-il été reçu avec transport à Rome, où il se marierait, après être sorti de France, et avoir fait quelque séjour à Venise ? Ce qu'il y a de sûr, c'est qu'il reçut dans cette capitale du monde chrétien les ordres sacrés, fut pourvu de riches bénéfices, et y professa avec un applaudissement singulier la philosophie et la théologie. La république des lettres le perdit en 1585. On lui a reproché d'avoir fait l'éloge du massacre de la Saint-Barthélemi, dans son Panégyrique de Charles IX : il l'envisageait comme l'effet d'une impérieuse nécessité et comme le seul moyen d'arrêter les fleuves de sang que l'hérésie faisait couler en France ; mais il se trompa, comme la suite ne le démontra que trop. Ses ouvrages ont été recueillis en partie à Vérone, en 5 vol. in-8° ; le premier en 1727, le dernier en 1730. Ils ont de la douceur, de l'élégance, un style pur, un tour facile, et respirent le goût de l'érudition. Ses Poésies sont plus estimables pour le choix des expressions que pour celui des pensées ; on n'y trouve presque que des mots. Ses Oraisons sont d'un style nombreux, et pleines de dignité ; mais aussi plus remarquables par le langage que par les choses.

MURIATE, s. m., t. de chimie. Nom générique des sels neutres formés par la combinaison de l'acide muriatique avec une base alcaline, terreuse ou métallique. Muriate de soude, le sel commun.

MURIER, *morus* (*bot.*), genre de la famille des urticées de la monoëcie tetrandrie de Linné, renfermant des arbres ou arbrisseaux à suc blanc laiteux qui croissent spontanément dans les régions chaudes de toute la terre ; leurs feuilles sont alternes, entières ou lobées, accompagnées de stipules ; leurs fleurs sont petites, réunies en épis axillaires unisexuels serrés, dont les mâles oblongs et cylindriques, et les femelles plus courts. Le fruit est un akène sec ou très peu charnu à une loge, renfermant une seule graine pendante et crochue. Parmi les principales espèces de ce genre nous citerons : le murier noir (*morus nigra*), L. Cet arbre, connu depuis une haute antiquité et dont l'époque de son introduction en Europe est inconnue, est un arbre de hauteur moyenne très rameux, à écorce rude, inégale et épaisse ; ses feuilles sont scabres, fermes, non luisantes, rugueuses à leur face supérieure, légèrement hérissées à leur face intérieure, portées sur un pétiole arrondi et non caliculé en dessus, le plus souvent en forme de cœur, inégalement dentées en scie à leur bord, ou divisées plus ou moins profondément en cinq lobes accompagnés de stipules rougeâtres, oblongues, ciliées. Son fruit, agrégé en syncarpe, vulgairement connu sous le nom de mûre, porté sur un pédoncule court ; d'un rouge d'abord clair qui devient presque noir à la maturité, sa saveur est agréable et fait cultiver le mûrier noir comme arbre fruitier. Le mûrier blanc (*morus alba*), est assez semblable au précédent ; c'est sur son existence que repose toute l'industrie séricole, source de tant de richesses. On ne le trouve à l'état sauvage qu'en Chine, où l'emploi de ses feuilles pour la nourriture des vers à soie remonte à une haute antiquité. Nous renvoyons du reste, pour plus de détails, à l'article BOMBYX et aux ouvrages de Castelet et de Grognier, sur le mûrier blanc, et *Recherches historiques et statistiques sur le mûrier et le ver à soie*.   J. P.

MURILLO (BARTHÉLEMI), peintre, né en 1618 à Séville, mourut dans cette ville en 1682. Son goût pour la peinture se manifesta dès son enfance. L'étude des ouvrages du Titien, de Rubens, de Moya et de Van Dyck, et celle de la nature, lui donnèrent un bon coloris. Murillo fit paraître, dans le goût de ces peintres, plusieurs tableaux où l'on remarqua les talents d'un grand maître. Un coloris onctueux, un pinceau agréable, des carnations d'une fraîcheur admirable, une grande intelligence du clair-obscur, une manière vraie et piquante le font rechercher. Seulement on désirerait plus de correction dans le dessin, plus de choix et de noblesse dans les figures.

MURIR, v. n., devenir mûr. Il est quelquefois actif, et signifie rendre mûr. Il se dit figurément des choses et des personnes tant au neutre qu'à l'actif.

MURIS (JEAN DE), que quelques-uns appellent Murs, docteur de Paris et célèbre mathématicien, est auteur du *Tractatus super reformationem calendarii antiqui*, qu'il composa avec Firmin de Bellavalle, par ordre du pape Clément VI. Il a composé aussi sur la musique plusieurs livres restés en manuscrit. Muris vivait encore en 1345.

MURMURE, s. m., bruit sourd et confus de plusieurs personnes qui parlent en même temps, ou qui font entendre des sons inarticulés en signe d'improbation ou d'approbation. Il signifie aussi le bruit et les plaintes que font les personnes mécontentes. Dans ce sens, il s'emploie surtout au pluriel. Il se dit quelquefois de la plainte sourde d'une seule personne. Fig., le murmure du cœur, le murmure des passions, le mouvement secret des passions contraires ou contrariées; on dit, dans le même sens, les murmures du sang; ces expressions appartiennent au style soutenu. Murmure, se dit aussi du bruit que font les eaux en coulant ou les vents quand ils agitent doucement les feuilles des arbres.

MURMURER, v. n., faire du bruit en se plaignant sourdement, sans éclater. Il se dit aussi du bruit sourd qui court de quelque affaire, de quelque nouvelle. Murmurer se dit aussi des eaux, des vents.

MURRAY (JACQUES, comte DE), fils naturel de Jacques V, roi d'Ecosse, né vers 1531, prit les armes en 1568 contre Marie Stuart, reine d'Ecosse, sa propre sœur, après qu'elle eut été forcée d'épouser en troisièmes noces Jacques Hesburn, comte de Bothwell, un des conjurés, qu'on laissa évader, pour s'en prendre à la reine du meurtre de son mari. Cette princesse fut arrêtée par ses ordres, et dépouillée du gouvernement du royaume. On couronna ensuite Jacques VI, fils de Henri Stuart et de cette princesse, qui n'était âgé que de 13 mois. Le comte de Murray, devenu régent du royaume pendant la minorité de son neveu, but vers lequel avaient été dirigées toutes ses démarches, confina la reine dans le château de Lochlevin, et la traita fort cruellement. Il se porta même pour son accusateur devant Elizabeth, reine d'Angleterre; mais il retourna en Ecosse, piqué de ne pouvoir faire recevoir ses allégations par le conseil; car Elizabeth, qui alors n'avait point encore formé la résolution barbare qu'elle prit depuis, lui fit dire par son ministre Cécil que tout ce qu'il avait produit contre la souveraine ne paraissait pas suffire pour que sa majesté prît une opinion désavantageuse de sa bonne sœur, et qu'apprenant les troubles et les désordres qu'occasionnait en Ecosse l'absence de Marie, elle jugeait convenable de ne pas retenir cette princesse en Angleterre, mais de la renvoyer dans ses Etats. Cet homme ambitieux, dur, méchant, hypocrite, fut la victime de ses violences. Se promenant à cheval dans les rues de Linlithgow, l'an 1570, il fut tué d'un coup de pistolet par Jacques Hamilton, dont il avait injustement confisqué les biens, et maltraité l'épouse jusqu'à lui faire perdre la raison. Ce fut Murray qui bannit la religion romaine du royaume d'Ecosse; et il ne faut pas douter que sa haine extrême contre les catholiques n'ait eu beaucoup de part aux traitements atroces qu'il fit à la reine.

MURRAY (JOHN), médecin à Edimbourg, où il mourut le 22 juillet 1820, a publié, entre autres ouvrages (en anglais) : *Eléments de chimie*, 1801, 1810, 2 vol. in-8°; *Eléments de matière médicinale et de pharmacie*, 1801, 2 vol. in-8°; *Système de chimie*, 1806, 4 vol. in-8°, avec un *Supplément*, 1809, in-8°.

MURTOLA (GASPARD), poète, natif de Gènes, mort en 1824, fit un poème sous ce titre : *Della creazione del mondo*, in-12, qui fut critiqué par Marini. Ces deux poètes écrivirent quelques sonnets satiriques, intitulés, les uns : *La Murtoléide*, in-12; les autres, *La Marinéide*, aussi in-12. Mais Murtola, se sentant le plus faible, chercha d'autres instruments que sa plume pour se venger; il tira un coup de pistolet sur Marini, qui fut blessé. Cette affaire aurait eu des suites fâcheuses, si Marini n'avait travaillé à obtenir la grâce de son adversaire. Outre son poème de la Création du monde, Murtola a fait

encore d'autres vers italiens, in-12; et un poème latin, qui a pour titre : *Nutricarum sive Neniarum libri tres*.

MURVILLE (P. N. ANDRÉ, plus connu sous le nom DE), né en 1754, mort en 1814, servit pendant les guerres de la révolution comme capitaine, et obtint quelques succès aux concours proposés par l'Académie française. On a de lui : *Les Saisons sous la zone tempérée*, poème en quatre chants et en vers libres, Bayonne, in-8°. C'est probablement cet ouvrage qu'il reproduisit sous le titre d'*Année champêtre*, suivie de poésies diverses, 1807, in-8°, etc.

MUSA (ANTONIUS), affranchi, puis médecin de l'empereur Auguste, et frère d'Euphorbe, médecin de Juba, roi de Mauritanie. Ayant guéri Auguste d'une maladie dangereuse, il fut récompensé généreusement et par le sénat, qui fit placer sa statue à côté de celle d'Esculape, et par l'empereur même, qui lui permit de porter l'anneau d'or des chevaliers, et l'exempta de tout impôt. Il ne put cependant sauver Marcellus. On a de lui deux petits traités intitulés : *De herba botanica*, et *De tuenda valetudine*.

MUSAGÈTE, adj., en terme de mythologie, il ne s'emploie que dans cette dénomination, Apollon musagète, c'est-à-dire qui conduit les muses.

MUSARAIGNE *sorex* (*mam.*), genre de carnassiers insectivores, créé par Linné; ces animaux sont plus petits que les hérissons et ont le corps couvert de poils ordinaires. En outre, les musaraignes ont sur chaque flanc et sous le poil ordinaire une bande de soies raides et serrées entre lesquelles suinte une humeur odorante produite par une glande particulière. Leurs deux incisives supérieures mitoyennes sont crochues et dentées à la base. Elles se tiennent dans des trous qu'elles se creusent en terre, ne sortent guère que vers le soir et vivent d'insectes. On n'en a longtemps remarqué en France qu'une espèce. La musette ou musaraigne commune (*sorex araneus*, L.), Buf. VIII, x, 1, grise; à queue carrée aussi longue que le corps; elle est assez répandue à la campagne, dans les prés. On l'a accusée de causer une maladie aux chevaux par sa morsure; mais cette imputation est fausse, et tient peut-être à ce que les chats tuent bien la musaraigne, mais refusent de la manger à cause de son odeur. Daubenton en a fait connaître une autre. La musaraigne d'eau (*sorex fodiens*, Gm.), Buf. VIII, xI, noire dessus, blanche dessous, à queue carrée, longue comme le corps; son oreille peut se fermer presque hermétiquement quand le plongeau moyen de trois valvules qui répondent à l'hélix, au tragus et à l'antitragus, et les cils raides qui bordent ses pieds lui donnent de la facilité pour nager; aussi fréquente-t-elle de préférence les bords des ruisseaux. On a encore observé en Europe diverses musaraignes qui diffèrent à quelques égards des précédentes; mais comme dans ce genre l'âge et la saison influent sur les couleurs du pelage, il pourrait bien y avoir confusion, et ces individus n'être que de simples variétés.　　　　J. P.

MUSARD, ARDE, adj., qui perd son temps à s'occuper, à s'amuser à de petites choses. Il est familier. Il se prend aussi substantivement.

MUSART (CHARLES), jésuite, naquit à Aire-sur-la-Lys en 1582. Les exemples de piété dont il fut témoin au sein même de sa famille, contribuèrent à le détacher du monde. Agé seulement de 19 ans, il entra dans la société de Jésus; mais il n'y prononça les quatre vœux que dix-sept ans après. Son désir était de se livrer à la prédication; ses supérieurs toutefois l'envoyèrent à Douai où il enseigna la rhétorique, la philosophie et l'Ecriture sainte. De là il passa à Vienne où il continua de commenter les livres saints; mais en même temps, il commença à se distinguer dans la chaire. Après douze ans de séjour en Allemagne, il se fit recevoir docteur et abandonna ses leçons bibliques pour s'occuper exclusivement de morale et controverse. Le P. Charles Musart mourut le 17 janvier 1654. On a de lui : 1° *Annulus æternitatis divini timoris*, Duaci, 1621, in-12; 2° *Lilium marianum, seu de sodalium marianorum castitate in gratiam juventutis parthenicæ*, Duaci, Joannes de Fampoux, 1622; 3° *Cor devotum Jesu, pacifici Salomonis thronus regius* (traduit du français du P. Etienne Luzic, jésuite d'Auvergne), *accedit appendix nova, liber vitæ, id est, brevis methodus memorandæ passioni Christi ex italico latine versus*, Duaci, 1629, in-8°; 4° *Actus interni virtutum, ex italico blasii palmæ latine propositi; accedum praxes seu actus virtutum exteriores per, Car. Musart*, Duaci, 1628, in-12; 5° *Anima evigilans a somno peccati*, Duaci, Joannes de Fampoux, 1629, in-12, *Viennæ*, 1631, in-12; 6° *Speculum mortalitatis humanæ, ex subitis mortalium casibus, insulis P. de Rache*, 1630, in-18; 7° *Tres claves cœli auriæ, sive* *meditatis quotidiana passionis dominicæ, cutus singularis B. M. Virginis. Actus amoris Dei et contritionis, Viennæ, Austria, 1632, in-12; 8° Adolescens academicus sub institutione Salomonis, Duaci, 1633, in-12; 9° Sunamitis christiana seu affectus pii quibus anima disponitur ad riti et magno cum fructu recipiendum Christum in venerabili Eucharistia, Viennæ, 1637, in-16; 10° Christus passus, sive lilium inter spinas, Viennæ, 1640, in-12; 11° Nova Viennensium peregrinatio, Viennæ, 1642, in-12; 12° Manuale pastorum, opusculum curam animarum gerentibus utilissimum, Duaci, Joannes Serrurier, 1653, in-12; 13° Filius prodigus, Viennæ, Moria Ticlia, vidua, in-12, sans date ainsi que la suivante; 14° Perigrinatio ad montem Calvariæ; 15° Vita B. Stanislai Kostva, societatis Jesu.*

MUSC, s. m., substance que l'on trouve dans une poche située entre l'ombilic et les parties de la génération d'un quadrupède du genre des chevrotins. Demi-fluide dans l'animal vivant, le musc se dessèche après sa mort, et prend une consistance solide et grumeleuse; il est d'un brun foncé, d'une saveur amère, d'une odeur très forte et très expansive, d'une grande volatilité. Celui qui vient du Tonquin est enfermé dans des poches dont le poil tire sur le roux. Celui du Bengale ou plutôt du Thibet, que l'on appelle aussi musc kabardin, est dans des poches d'un poil blanchâtre et comme argenté; il est plus sec, d'une odeur moins forte et moins tenace : aussi est-il moins estimé. Le musc est antispasmodique et stimulant diffusible.

MUSCADE, s. f., graine très odorante, de la forme d'une noisette et qu'on met au nombre des épices. On l'appelle aussi noix muscade, et alors muscade est pris adjectivement. Rose muscade, espèce de rose ainsi nommée à cause de son odeur particulière. Muscade est encore le nom que les escamoteurs donnent aux petites boules de la grosseur d'une muscade, dont ils se servent dans leurs tours de gibecière.

MUSCADET, s. m., sorte de vin qui a quelque goût de vin muscat.

MUSCADIER, *myristica (bot)*, genre de la diocie monadelphie de Linné, renfermant des arbres et des arbrisseaux propres aux parties chaudes de l'Amérique, et surtout aux îles de l'Asie tropicale, qui par leur port et leur aspect ressemblent à des lauriers. Leurs feuilles sont alternes, munies d'un court pétiole; leurs fleurs en général peu brillantes sont unisexuelles, axillaires, rarement terminales; les femelles le plus souvent solitaires, les mâles réunis en petits corymbes ou en panicules. A ces fleurs succède un fruit dont le péricarpe épais, charnu renferme une seule graine et est osseux, recouvert d'une enveloppe accessoire en réseau charnu, coloré. Parmi les espèces de ce genre, la plus intéressante est le muscadier aromatique (*myristica fragrans*, Haut.; *M. officinalis*, Linn.). C'est un arbre qui atteint de 10 à 13 mètres de hauteur à branches épaisses et très rameuses. Son tronc est revêtu d'une écorce noirâtre légèrement pointillée, de laquelle s'écoule par incision un suc rougeâtre qui se coagule à l'air et prend une couleur de sang noirâtre; ses feuilles d'un vert foncé, luisantes en dessus, d'un vert grisâtre en dessous. Les fleurs sont blanchâtres, inodores, globuleuses; à ces fleurs succède un fruit pendant, de la grosseur d'une petite pêche, obovoïde, d'abord vert pâle, puis jaunâtre, s'ouvrant à la maturité en deux volves, de manière à laisser voir par la fente la graine vulgairement connue sous le nom de noix muscade. Cette noix renferme ainsi qu'on nous macis ou réseau qui l'enveloppe, deux huiles, dont l'une fixe, jaune, d'une odeur agréable, en consistance de suif, connue sous le nom de beurre de muscade : l'autre volatile, peu abondante, connue sous celui d'huile de muscade. La saveur de la muscade est comparable à celle de la canelle et du girofle. Elle jouit de propriétés toniques excitantes, qui jointes à sa saveur aromatique en font un des condiments les plus recherchés.

J. P.

MUSCAT (*bot.*), nom d'une variété de raisins. J. P.

MUSCHENBROECK (PIERRE DE), né à Leyde en 1692, mort dans cette ville en 1751, fut reçu docteur de médecine; mais les sciences exactes l'occupèrent principalement. Ses Essais de physique, traduits en français par Sigaud de La Foud, et imprimés en 1769, 3 vol. in-4°, étaient estimés.

MUSCLE, s. m. Les muscles sont des organes fibreux qui, sous l'influence de certaines irritations, du galvanisme surtout, se raccourcissent dans la direction de leurs fibres, et servent ainsi à l'exécution de mouvements divers. On distingue les muscles en ceux dont les fibres partent d'un point dans un plan limité, et s'étendent en rayonnant vers un autre point de ce même plan, ceux dont les fibres se rapprochent plus ou moins de la forme d'un anneau, sans cependant être complétement circulaires, et qui environnent le pourtour d'une ouverture ou les parois d'un canal; ceux enfin dont les fibres sont parallèles et fixées par leurs deux extrémités à des parties qu'elles meuvent l'une sur l'autre. Dans ces derniers muscles, la partie moyenne a reçu le nom de ventre; on les dit simples quand ils n'ont qu'un seul corps ou ventre, et que toutes leurs fibres suivent une même direction; composés, lorsqu'une de leurs extrémités se divise en plusieurs parties, dont les fibres partent d'un centre commun. Les muscles sont formés d'une fibre particulière, la fibre musculaire. Leur nombre n'est pas constamment le même; il varie aussi selon la manière de voir des auteurs; mais on en compte au plus trois cent cinquante. La plupart des anatomistes les ont dénommés d'après leur usage, leur position, leur figure, leurs dimensions, leur direction.

MUSCULAIRE, adj. des deux genres, terme d'anatomie, qui a rapport aux muscles ou qui est propre aux muscles.

MUSCULEUX, EUSE, adj., où il y a beaucoup de muscles; il signifie aussi qui a les muscles très apparents et très forts.

MUSCULUS (ANDRÉ), de Schneberd en Misnie, professeur de théologie à Francfort-sur-l'Oder, mourut en 1580. On a de lui un grand nombre d'ouvrages. Il était un des plus zélés défenseurs de l'*ubiquité*. Il prétendait que J.-C. n'avait été médiateur qu'en qualité de Dieu, et que la nature divine était morte comme la nature humaine. Il enseignait que le Sauveur n'était point effectivement monté au ciel, mais qu'il avait laissé son corps dans la nuée qui l'environnait. Il avait imaginé ces erreurs pour combattre Stauler, qui prétendait que J.-C. n'avait été médiateur qu'en qualité d'homme, et non pas en qualité d'Homme-Dieu. Musculus, pour le contredire, soutint que la divinité avait souffert, et qu'elle était morte. C'est ainsi qu'en fait de raisonnement, comme en fait de conduite, les insensés n'évitent une extrémité que pour donner dans une autre.

MUSEAU, s. m., la partie de la tête du chien et de quelques autres animaux qui comprend la gueule et le nez; il se dit surtout lorsque cette partie est pointue. Il se dit quelquefois populairement en parlant des personnes, mais seulement par mépris ou par plaisanterie.

MUSÉE, édifice de la ville d'Alexandrie, où l'on entretenait aux dépens du public un certain nombre de gens de lettres, de savants et de philosophes, qui n'avaient d'autre occupation que de se livrer entièrement à l'étude. Le Musée était une partie du palais même des rois d'Egypte. Ce bâtiment fut incendié en grande partie dans la guerre de César en Egypte. Le Musée avait ses revenus particuliers pour l'entretien des bâtiments et de ceux qui l'habitaient. Un chef, qui avait le nom de prêtre (ιερευς), nommé par le roi d'Egypte, présidait à l'association. On attribue la fondation de cette espèce d'académie ou de communauté savante à Ptolémée Soter ou à Ptolémée Philadelphe, mais avec plus de probabilité au premier, qui, s'occupant beaucoup de sciences, voulut avoir toujours des savants auprès de lui. Plusieurs siècles plus tard, Claude fit élever à Alexandrie un nouveau Musée. On avait réuni au Musée des philosophes de toutes les sectes, dont chacun perpétuait pour ainsi dire son école; plus tard, ces sectes se fondirent, et de là naquirent l'éclectisme et le syncrétisme. Toutes les sciences y étaient aussi cultivées. Les savants et les littérateurs les plus célèbres du Musée sont, dans le IIIe siècle avant J.-C., après Démétrius de Phalère, que l'on regarde comme ayant donné la première idée de cette institution à Ptolémée Ier, Diodore Cronos, Théodore l'Athée, Hégésias, Philétas, Euclide, Zénodote, Théocrite, Aratus, Lycophron, Callimaque, Apollonius de Rhodes, Timon le Sillographe, Sotades, Zoïle, Straton, Colotès, Erasistrate, Hérophile; dans le IIe siècle avant J.-C. Aristophane de Bysance, Eratosthène, Conon, Apollonius de Perge, Aristonyme, Hipparque, Sphérus, Sotion, Satyrus, Aristarque; dans le premier siècle avant J.-C., les deux Tyrannion, Appollodore, Eudoxe, Ctésibius, Héron, Aristobule le Juif, Antiochus, Héraclite de Tyr, Clitomaque, Philon le Grec; du temps de César et d'Auguste, Sosigène, Timagène, Strabon, Xénarque, Boëthus, Alexandre d'Egée, Didyme. Dans les siècles suivants la ville produisit encore quelques hommes célèbres : Apollonius Dyscolus, Enésidème, Appien l'Historien, Ptolémée l'Astronome, Diophante, Héphestion, Athénée, Alexandre d'Aphrodisie; enfin Potamon, après lequel le néoplatonisme d'Ammonius et de Plotin, l'école chrétienne de Clément d'Alexandrie firent oublier le Musée. Aujourd'hui on désigne par ce mot de musée tout lieu destiné soit à l'étude des lettres, des sciences et des beaux-arts, soit à rassembler les productions, les monuments qui y sont relatifs.   B.

MUSÉE, ancien poète grec, fils ou disciple d'Orphée ou de Linus, vivait, dit-on, vers l'an 1180 avant J.-C. Virgile le place dans les Champs-Élysées, où il le représente environné d'une multitude nombreuse, qu'il surpasse de toute la tête. Ses ouvrages, qui étaient en grand nombre, avaient pour titre : *Préceptes à mon fils Eumolpe, Hymnes, Oracles, Théogonie, Guerre des Titans.* Aucun de ses écrits n'est parvenu jusqu'à nous. Le poème de Héro et Léandre n'est pas de lui.

MUSÉE, auteur pseudonyme d'un petit poème sur Héro et Léandre. Cette composition, dans laquelle on remarque beaucoup de vers heureux et de descriptions élégantes, est probablement d'un grammairien du IVe siècle. Des nombreuses éditions que l'on 'a données de ce joli ouvrage, la plus remarquable est celle de Teucher, Hall, 1801.

MUSELER, v. a., mettre une muselière à un animal. Il signifie figurément empêcher de parler.

MUSELIÈRE, s. f., ce qu'on met à la gueule, à la bouche de quelques animaux pour les empêcher de mordre ou de paître, etc.

MUSER, v. a., s'amuser et perdre son temps à des riens; il est familier. Prov., qui refuse, muse, souvent celui qui refuse une offre, perd une bonne occasion qu'il ne retrouvera plus. Muser, en terme de vénerie, se dit du cerf qui est prêt d'entrer en rut.

MUSES, déesses qui présidaient à la poésie, à la musique, à la danse et à tous les arts libéraux. L'opinion la plus généralement répandue faisait les filles de Jupiter et de Mnémosyne, et les mettait au nombre de neuf : Clio, Euterpe, Thalie, Melpomène, Terpsichore, Erato, Polymnie, Calliope et Uranie. Selon ces mêmes traditions chacune présidait à des arts et à des genres différents, souvent indiqués par leur nom. Ainsi Clio présidait à l'histoire, Calliope, au poème héroïque; Melpomène, à la tragédie; Thalie, au genre comique; Polymnie, à l'hymne, à l'ode et au dithyrambe; Erato, à l'élégie et à la poésie érotique ou fugitive; Terpsichore, à la danse; Euterpe, à la musique; Uranie, à l'astronomie et à l'astrologie. Les Muses avaient pour attributs les instruments des arts et des sciences auxquels elles présidaient. Elles se plaisaient dans la solitude et sur les lieux élevés. Le Parnasse, l'Hélicon, le Pinde, étaient leur demeure ordinaire. Le cheval Pégase, qui paissait ordinairement sur ces montagnes, leur était consacré. Parmi les fontaines et les fleuves, l'Hippocrène, Castalie et le Permesse leur étaient consacrés; ainsi que, parmi les arbres, le palmier et le laurier. On les peint jeunes, belles, modestes, vêtues simplement. Apollon à leur tête, la lyre à la main et couronné de laurier. Comme chacune préside à un art différent, elles ont des couronnes et des attributs particuliers. Quelquefois on les représentait dansant ensemble, pour montrer la liaison nécessaire qui existe entre les sciences et les arts. Quelquefois aussi on leur donnait des ailes, parce que ce fut avec ce secours qu'elles se dérobèrent à la violence de Pyrénée. Les anciens les ont prises souvent pour des déesses guerrières, et les ont confondues avec les Bacchantes, sans doute parce que le vin dispose à l'enthousiasme poétique et que des chants sublimes peuvent enflammer le courage. On leur offrait des sacrifices en plusieurs villes de la Grèce et de la Macédoine. Elles avaient à Athènes un magnifique autel. Rome leur avait aussi consacré trois temples, dont un sous le nom de Camènes. Les Muses et les Grâces n'avaient ordinairement qu'un temple : on ne faisait guère de repas agréables sans les y appeler, et sans les saluer le verre à la main. Les poètes ne manquent jamais de les invoquer au commencement de leurs poèmes, comme les déesses capables de leur inspirer cet enthousiasme si nécessaire à leur art. Outre leur surnom principal, celui de Piérides, par lequel on les désigne, soit comme filles de Piérus, soit comme ayant vaincu les filles de Piérus, soit comme natives du mont Piérus; on les nomme aussi Castalides, Aganippides, Libéthrides, Aonides, Héliconiades, etc., des lieux où elles étaient adorées. Hésiode fut le premier auteur de cette distribution d'emplois et de cette nomenclature des neuf Muses, qui est aujourd'hui consacrée; mais elle varia avant et après lui. Cicéron en compte d'abord quatre, Thelxiope, Mnémé, Aédé et Mélète, filles du second Jupiter; puis neuf, qui ont eu pour père Jupiter troisième, et pour mère Mnémosyne; et enfin neuf autres, nommées comme les précédentes, mais nées de Piérus et d'Antiope. Pausanias en compte trois, Mnémé,

Mélète et Aaédé, ou la mémoire, la méditation et le chant, dont le culte fut établi en Grèce par les Aloïdes, c'est-à-dire qu'on personnifia les trois choses qui constituent le poème. Varron n'en admettait que trois; il dit que Sicyone donna ordre à trois sculpteurs de faire chacun trois statues des Muses pour les placer dans le temple d'Apollon, et cela dans l'intention de les acheter de celui qui aurait le mieux réussi; mais comme elles se trouvèrent toutes également belles, la ville les acheta toutes les neuf pour les dédier à Apollon. Au reste ce nombre de trois était tiré de ce qu'il n'y a que trois modes de chant (la voix sans instruments, le souffle avec les instruments à vent, la pulsation avec des lyres, etc. Selon Diodore, « Osiris avait toujours avec lui une troupe de musiciens, parmi lesquels étaient neuf filles instruites de tous les arts frères de la musique, d'où vient leur nom de Muses : elles étaient conduites par Apollon, un de ses généraux; de là peut être son surnom de Musagète, donné aussi à Hercule, qui avait été comme lui un des généraux d'Osiris. » On dit encore que la fable des Muses vient des concerts établis par Jupiter en Crète; que ce dieu n'a passé pour le père des Muses que parce qu'il est le premier parmi les Grecs qui ait eu un concert réglé; et qu'on leur a donné Mnémosyne pour mère parce que c'est la mémoire qui fournit la matière des poèmes.
                                                            B.

MUSETTE, s. f., instrument de musique champêtre auquel on donne le vent avec un soufflet qui se hausse et se baisse par le mouvement du bras; il signifie aussi un air fait pour la musette et dont le caractère convient à cet instrument.

MUSÉUM, s. m. (on prononce *muséome*); il a le même sens que le mot musée; cependant on l'emploie plus particulièrement pour certains pays.

MUSICAL, ALE, adj., qui appartient, qui a rapport à la musique.

MUSICIEN, IENNE, s., celui, celle qui sait l'art de la musique; on l'emploie quelquefois adjectivement. Il signifie plus spécialement celui, celle qui fait la profession de composer ou d'exécuter la musique.

MUSIQUE, s. f., l'art de combiner les sons d'une manière agréable à l'oreille; la théorie de cet art ou la science des sons considérés sous le rapport de la mélodie, du rythme et de l'harmonie. On entend encore par le terme musique l'exécution de la musique soit avec la voix, soit avec les instruments. Musique signifie encore une compagnie de musiciens de profession qui ont coutume d'exécuter de la musique ensemble. Musique se dit figurément de certains sons agréables ou désagréables.

MUSIQUE. La poésie est née avec la première langue des hommes. Après le geste, c'est l'onomatopée qui a dû former le langage primitif. La langue des premiers hommes dut être par conséquent fortement accentuée, et comme ils ne pouvaient procéder que par assimilation, en employant la comparaison des objets extérieurs et palpables, pour exprimer leurs sentiments, cette langue devait être vivement figurée, remplie de tropes, et posséder un caractère de franchise et de naïveté qui se perdit bientôt lorsque l'intérêt vint diviser les hommes. Les premières voix, qui n'étaient d'abord que des cris inarticulés, furent bientôt modifiées par les passions qui produisirent les premiers sons ou articulations. En arrachant ces articulations du cœur de l'homme, les passions exprimèrent selon leur différente nature et leur imprimèrent des inflexions plus ou moins aiguës. De là naquit la cadence, puis le rythme; et les premiers discours des hommes n'étant que l'expression de leurs besoins, de leurs sentiments et de leurs passions, cette expression faisait parler tous leurs organes et paraît leur voix de tout son éclat. La parole devait être alors aussi simple que sublime, et nous voyons par le plus antique monument littéraire que nous possédons, par la Bible, écrite dans une langue déjà formée, c'est-à-dire déchue de sa pureté primitive, quelle puissance et quelle mâle et naïve beauté possédait alors la parole. La première langue étant nécessairement rythmée, les hommes chantèrent en même temps qu'ils parlèrent, et la musique eut ainsi une origine commune avec la parole et la poésie. Si les passions donnèrent naissance à la poésie et à la musique, si elles en firent le langage primitif, la douleur devait bientôt les perfectionner; du jour où l'on commença de haïr et de craindre, du jour où la déception fit naître les misères humaines, du jour où l'on put s'alarmer pour l'objet aimé, du jour enfin où on le perdit, où il fut infidèle :

De ce jour naquit l'art, l'art fils de la douleur.

C'est le regret d'une absence qui fit tracer le premier dessin; c'est la perte de sa compagne qui inspira à Orphée les accents enchanteurs qui lui permirent de descendre jusqu'aux enfers pour y chercher Eurydice. Les hommes comprirent bientôt combien, à défaut d'autre moyen de communication et de transmission, la musique et la poésie leur seraient utiles. L'histoire et les lois ne furent pas autrement conservées et répandues, et ceci est une loi de l'humanité tellement générale, que tous les peuples n'ont eu pour premiers historiens que leurs premiers musiciens, leurs premiers poètes : nous le voyons par ce qui nous reste des prophètes, des psalmistes, des rapsodes, des bardes, des scaldes, des minnesœngers, des trouvères, des troubadours, des ménestrels, des obis africains, etc., dont les chants forment, avec les monuments échappés aux ravages des temps, les seules sources où nous étudions l'histoire. Tous allaient de par le monde, chantant aux peuples les exploits des héros, les préceptes des sages, et les animant au courage et à la liberté. La musique était employée à servir les desseins des plus profonds politiques, des plus grands législateurs; les peuples étant neufs et fortement impressionnables, on frappait leur imagination par une mélopée qui saisissait leurs sens et les entraînait. C'est au son de la lyre que Solon parvint à faire révoquer le décret qui condamnait à mort l'orateur qui oserait proposer la conquête de l'île de Salamine; c'est de la musique que se servit Terpandre pour apaiser les divisions qui déchiraient le sein de Lacédémone; c'est elle encore que les législateurs des Arcadiens employèrent à rendre doux et généreux ce peuple d'abord féroce et barbare. Chacun connaît l'histoire de Tyrtée, le général poète. Enfin elle fut l'objet constant des sérieuses études des philosophes et des grammairiens. Hermès prétendait qu'elle formait la connaissance et l'ordre de toutes choses; Quintilien la définissait l'art du beau dans les gestes et dans la parole; Pythagore enseignait que tout est musique dans l'univers; Platon disait : « On ne doit pas juger de la musique par le plaisir, ni rechercher celle qui n'aurait d'autre objet que le plaisir, mais celle qui contient en soi la ressemblance du beau.» Les Grecs firent de rapides progrès dans l'art musical, et bientôt ils le portèrent à l'état de science. Ils l'appliquaient à tout; non-seulement à la poésie, mais encore à la danse, au geste, à toutes les sciences, à presque tous les arts, et il n'est pas jusqu'à l'astronomie et la psychologie qu'ils ne voulussent soumettre aux lois de l'harmonie. Ils en faisaient un tel cas que les orateurs se servaient ordinairement d'un joueur de flûte pour soutenir leurs voix, et chacun sait ce que rapportent les historiens romains de l'un des Gracches qui, lorsqu'il haranguait les peuples en sa qualité de tribun, avait toujours derrière lui un joueur de flûte qui secourait de ses modulations la voix du fougueux et persuasif orateur. La musique formait une des conditions essentielles, ou plutôt la base fondamentale d'une bonne éducation. Elle avait le pas sur la philosophie, et le citoyen apprenait pour ainsi dire à chanter avant que de raisonner; car on avait facilement reconnu qu'il fallait former le cœur avant la raison, et qu'on ne le pourrait faire mieux qu'au moyen de la musique, qui élève le sentiment, inspire le calme, apaise les passions violentes, en même temps qu'elle entretient l'esprit d'ordre et d'urbanité. On l'enseignait dans les gymnases, elle animait les troupes aux combats, elle récréait le peuple au théâtre, elle égayait les festins, elle prêtait ses charmes aux hymnes de louange dont retentissaient les temples en l'honneur des dieux; elle immortalisait les belles actions; elle gravait dans la mémoire des hommes les annales de l'histoire, la relation des grands événements. Les Grecs considéraient comme indigne d'un homme libre la profession du commerce et celle de tout art et métier qui conduisait à gagner l'argent. « La plupart des arts, dit Xénophon, corrompent le corps de ceux qui les exercent, ils obligent de s'asseoir à l'ombre, ou près du feu; on n'a de temps ni pour ses amis, ni pour la république.» C'est la conséquence de ce singulier paradoxe, accrédité par tous les philosophes, remarque Montesquieu, qui avait fait chercher le moyen d'occuper utilement le temps des citoyens. On n'en trouva pas de meilleur que de les instruire en l'art de la guerre par des exercices fréquents de gymnastique; ce qui fit que bientôt, ainsi que le dit Juvénal, il n'y eut dans la république que des guerriers et des athlètes. Mais cette éducation n'était pas suffisante : il fallait à ces exercices violents quelque chose qui modérât la rudesse de mœurs et de caractère qu'ils engendraient. C'est alors qu'on prescrivit l'étude des belles-lettres et des arts libéraux. La musique surtout pa-

rut renfermer ce principe modérateur qui manquait à l'éducation; elle en devint le complément indispensable ; une des premières magistratures de l'État était la préfecture de la musique [1], et Platon disait que l'on ne peut faire de changement dans la musique qui n'en soit un dans la constitution de l'État. Aristote, pour cette fois d'accord en politique avec Platon, Plutarque, Strabon, Théophraste, ont pensé de même. C'était une maxime de la politique, un élément invariable des constitutions. On ne chanta d'abord à table que des *Péans*, ou louanges des Dieux. Les convives chantaient chacun à leur tour, en se passant de main en main une branche de myrthe; puis ils mêlèrent à ces chants d'autres chants plus profanes, qu'ils nommèrent *Scholies*; chaque profession eut les siennes. Celle des bergers, des moissonneurs, des vendangeurs, des amants, des nourrices, furent la *Bucoliasme*, la *Lytierse*, l'*Epilène*, le *Nomion*, la *Catabaucalèse*; on chantait l'*Hyménée* et l'*Epithalame* aux circonstances joyeuses; l'*Ialem* et le *Linos* (le *Maneros* des Egyptiens), aux occasions tristes; Bacchus eut le *Dithyrambe*, Cérès les *Iules*, Apollon la *Philélie*, Diane les *Upinges*, la Victoire l'*Epinicion*. On appelait *Gymnopédie* l'air ou *nome* sur lequel les jeunes filles de Sparte dansaient nues, dans les exercices du gymnase.

Les Grecs avaient le goût et la science de la musique tellement innés, ils avaient étudié cet art avec une attention si scrupuleuse, qu'ils avaient spécialement affecté des rythmes à chaque genre de poésie : ainsi les vers ïambiques étaient employés par les satiriques, et le trochée servait pour les chœurs de vieillards. La musique avait pour les Grecs l'importance de la langue; à tel point, qu'ils avaient soumis le mode d'intonation à des variations qui différaient presque selon les peuples : en sorte que chaque climat, chaque nation avait, pour ainsi dire, sa musique particulière, qui formait partie intégrante de sa nationalité. On distinguait, par exemple, le mode *dorien*, le mode *phrygien*, le mode *hypodorien*, le mode *hypophrygien* ou *bâtard*, parce que sa finale étant en *si*, sa quinte était fausse; les modes *myxolydiens*, grave et aigu, etc., etc. Cependant on convint, pour éviter les inconvénients qui résultaient de la multiplicité des modes, de n'en plus compter que treize principaux, et quinze, selon Alipius. Chacun d'eux avait ses propriétés particulières : l'un inspirait le courage, l'autre la grandeur d'âme; celui-ci la volupté, celui-là la mélancolie; Platon avait exclu de sa république le mode *lydien*, parce qu'il inspirait la mollesse. Le premier instrument régulier de musique dont se servirent les Grecs fut le *tétracorde*, ou lyre, composé de quatre cordes; on lui en avait bientôt trois autres. Pythagore, selon les uns, Lycaon de Samos, selon les autres, portèrent ensuite le nombre de ces cordes à huit, ce qui fit donner à l'instrument, composé dès lors de deux tétracordes, le nom d'octacorde : c'était le système considéré comme le plus parfait pour le genre diatonique, car l'octacorde renfermait toutes les consonnances, c'est-à-dire la quarte et la quinte, ce qui faisait contenir par les philosophes la théorie de la musique dans les bornes d'une octave, soit de deux tétracordes. Dans la suite on employa jusqu'à cinq tétracordes à la fois. C'était, selon Aristoxène, disciple d'Aristote et chef de la secte des Aristoxéniens, le grand système musical des Grecs. Cependant, on voit, par ce qui est rapporté d'Anacréon, que de bonne heure on employa un plus grand nombre de cordes que celui précédemment plus tard. L'auteur des odes se servait, en effet, du magadis, composé de vingt cordes : et Epigonius d'Ambracie, le premier qui imagina de pincer les cordes au lieu de les agiter avec un archet, donna son nom à une cithare de quarante cordes, mais qui se réduisaient à vingt, parce que chacune d'elles était accompagnée de son octave, ce qui en doublait le nombre.

Le monocorde était une règle à deux chevalets sur lesquels était tendue une corde. En faisant courir sur cette corde un troisième chevalet, on obtenait l'octave et ses divers tons, ce qui servait à trouver les rapports des intervalles et toutes les divisions du canon harmonique. Pour déterminer les sons, les pythagoriciens s'en rapportaient à la précision du calcul, et les aristoxéniens uniquement à l'oreille. Les autres principaux instruments de musique des Grecs étaient la flûte, la trompette, la flûte de Pan, la cymbale, la harpe, le tympanon et le sistre. La flûte, dont l'invention est attribuée à Mercure, et qui fut perfectionnée par Diodore, qui y ajouta des trous, servait dans les chœurs, dans les spectacles, dans toutes les cérémonies de la religion; elle accompagnait la voix et animait les soldats à la marche. Le nome qui lui était propre se nommait Apothétus. Les cymbales étaient de petits bassins ronds, en cuivre, armés d'un manche ou d'une anse; il fallait, pour en jouer, les frapper les uns contre les autres. On s'en servait dans les fêtes de Cérès et de Bacchus. La flûte de Pan ou Syrinx était composée de sept tuyaux d'inégale longueur, joints ensemble. Le tympanon était un instrument semblable à nos timbales, et souvent à un tambour de basque. Il servait aux fêtes de Bacchus et de Cybèle. Les Grecs notaient leur musique. Athénée appelle cet art parasémantique ou sémoiétique, et prétend que Pythagore en fut l'inventeur. Les caractères de l'alphabet servaient à cet emploi. C'était le moyen le plus simple, et comme ils n'employaient que seize sons dans leur plus grand système musical, qui n'excédait pas l'étendue de deux octaves pour un même mode, il semblerait que leur alphabet dût leur suffire; mais le besoin de déterminer chaque mode et de distinguer les notes affectées à la voix ou aux instruments, exigea une multitude de signes qui finirent par rendre l'étude de la musique d'une difficulté extrême. Burette comptait que les anciens n'avaient pas moins de seize cent vingt notes; mais l'abbé Barthélemy en réduit le nombre à 990, dont 495 pour la voix et 495 pour les instruments. On battait la mesure de plusieurs manières. La plus ordinaire consistait dans le mouvement du pied, qui s'élevait de terre et la frappait alternativement, selon la mesure des deux temps égaux ou inégaux. C'était la fonction du maître de musique, appelé μεσόχορος et κορυφαῖος, Coryphée, parce qu'il était placé au fond du chœur des musiciens. Outre ce battement de pieds, les anciens se servaient encore des mains, de coquilles, d'écailles d'huîtres et d'ossements d'animaux, qu'on frappait l'un contre l'autre. Les jeux célèbres, dont la solennité rassemblait si souvent en un même lieu les différents peuples de la Grèce, devaient à la musique leur principal attrait. Les musiciens étaient admis à concourir pour les prix qu'on y décernait. Les jeux pythiques, institués en l'honneur d'Apollon, vainqueur du serpent Python, n'admettaient que des poëtes et des musiciens pour concurrents, et quoique plus tard tous les grands exercices gymnastiques des autres jeux s'y fussent introduits, les musiciens-poëtes tinrent toujours le premier rang à ces jeux, qui devinrent les plus importants de la Grèce. Le prix de la musique était un trépied d'or. La sensibilité exquise des anciens devait ressentir fortement l'influence de la musique. Aussi, sans nous arrêter sur les singuliers effets que les écrivains de l'antiquité en rapportent, nous ne pouvons nous dispenser de dire un mot sur l'application qu'ils en faisaient à la médecine. « Il y a lieu de présumer, dit le savant médecin Boërhave, que tous les prodiges qui sont racontés des enchantements et des vers, dans la guérison des maladies, doivent être rapportés à la musique, partie dans laquelle excellaient les anciens médecins. Pindare nous apprend qu'Esculape traitait quelques maladies par le moyen de chansons molles, agréables et voluptueuses. D'ailleurs il est à remarquer qu'Esculape avait pour père et pour précepteur Apollon et le centaure Chiron, tous deux très versés dans la musique et dans l'art de guérir. La musique des anciens, plus simple, plus imitative, était aussi plus pathétique et plus efficace que la nôtre; ils s'attachaient plus le cœur, à soulever les passions généreuses. Pythagore est le premier, dit-on, qui ait employé la musique pour guérir les maladies; ses expériences eurent un grand succès dans la grande Grèce. Théophraste, et plusieurs auteurs après lui, prétendent savoir par expérience que le mode phrygien était un excellent remède contre la sciatique. Depuis longtemps la musique sert à calmer les douleurs de la goutte. On l'employait dans la morsure des vipères, du scorpion de la Pouille, des chiens enragés, et enfin de la tarentule, où il faut remarquer qu'elle agit principalement en excitant le malade à la danse, et qu'elle est inefficace si elle ne produit pas cet effet. Asclépiade prétendait que rien n'est plus propre que la musique à calmer les frénétiques et ceux qui ont des douleurs d'esprit. La mélancolie et l'épilepsie trouvaient également, selon Arétée et Chrysippe, un remède efficace dans la musique; et la Bible nous fournit un frappant exemple de la puissance de la musique, lorsque le jeune David est choisi pour calmer, au son de la harpe, les fureurs de Saül. Cette propriété heureuse de la musique, trop négligée de nos jours, se comprend facilement quand on pense combien les nerfs d'un malade sont impressionnables, et combien sont grandes la délicatesse et la sensibilité des fibres du cerveau et du sens auditif. Nous

signalerons cependant les ingénieux essais de l'influence de la musique tentés par M. le docteur Faville pour certains cas d'aliénation mentale.

Les Romains, en tout fidèles imitateurs des Grecs, suivirent également leur système musical. Cependant la musique n'eut pas chez eux tout à fait l'importance que lui reconnaissaient les peuples de la Grèce; ce talent passait même pour peu honorable dans les derniers temps de la république, c'est-à-dire lorsque toutes les richesses de la terre, accumulées dans Rome, eurent engendré la corruption et la mollesse, et que les maîtres du monde se prirent à considérer le reste de l'humanité comme l'instrument de leurs plaisirs et de leurs débauches. Le reproche que fait Salluste à Sempronie, dame romaine, de savoir chanter avec plus d'art qu'il ne convenait à une femme d'honneur, marque assez la manière de penser à cet égard chez les Romains. Cependant le goût changea sous Auguste, et l'étude de la musique fut reprise avec une ardeur qui ne se ralentit point. Cet art reçut l'impulsion que le siècle recevait du grand empereur, et il était cultivé par les premiers citoyens; mais il n'était pas inséparable de l'éducation. D'ailleurs la langue latine, comme toutes les langues dérivées, n'avait pas cette richesse, cette harmonie imitative, cette douceur d'accentuation que possédait la langue grecque à un point si éminent. Les poëtes n'étaient point aussi des musiciens, et Virgile n'eut pas besoin, comme Simonide ou Pindare, de chanter ses vers en s'accompagnant sur la lyre, pour provoquer cet honneur extraordinaire que lui rendit le peuple assemblé au théâtre, en se levant en masse pour saluer de ses acclamations le grand poëte national, honneur qu'on ne rendait qu'à Auguste. Les Romains n'apportèrent de changement notable dans la musique, telle qu'elle leur avait été transmise par les Grecs, que sous le rapport de la notation. Boëce leur fit prendre leur propre alphabet et réduisit les notes à quinze seulement. Les Hébreux aimèrent la musique de bonne heure; elle avait revêtu chez eux un caractère sévère et exclusivement religieux; elle était en honneur dès les premiers patriarches. Laban, beau-père de Jacob, se plaignit de ce que celui-ci était parti sans lui donner le temps de l'accompagner au son des instruments de musique. Moyse fit sonner dans les cérémonies et dans les sacrifices des trompettes d'argent. La sœur de ce prophète, Mariamne, passait pour une grande musicienne. Il fallait que les Juifs fussent beaucoup plus avancés que les habitants de la terre de Chanaan, lorsqu'on voit la terreur qu'inspirait à leurs ennemis le son des trompettes que firent retentir Josué et Gédéon. Les Israélites conservent le souvenir de quelques-uns de leurs grands musiciens. A commencer par David, le roi-prophète, dont la harpe avait le don de calmer la fureur de Saül, la liste qu'on en pourrait dresser serait assez longue. On distingue parmi eux Salomon, Assaph, Héman et Idithun; ces trois derniers étaient chefs de la musique du temple, et leurs vingt-quatre fils étaient à la tête d'autant de compagnies de musiciens qui servaient tour à tour. Malgré tout cela, rien n'est moins connu que la musique des Hébreux, et le peu de mention qu'en font les Ecritures ne suffit pas à la curiosité de la science. Les Juifs ne connurent une des cantiques et les psaumes; et, comme il ne nous reste aucun vestige de chansons ou de représentations dramatiques, il est à croire qu'ils les ignoraient complétement. Le célèbre rabbin Eibeschütz, qui vivait il y a un siècle environ, croyait même voir une défense aux Israélites d'assister aux spectacles dramatiques, dans ce passage du premier verset du premier psaume : *Beatus ille qui abiit consilio impiorum*. Toutefois cette assertion est contestée, car il est naturel que les rabbins, non plus que nos prêtres, n'aiment point le théâtre ; mais il n'y a dans la loi juive que ce seul passage, assez obscur par lui-même, qui ait été interprété dans ce sens, et cela par un rabbin moderne, qui n'a d'autorité que celle d'une vaste science thalmudique et d'un ingénieux tour d'esprit. Cependant, comme les Hébreux ne nous ont transmis que des chants religieux, il peut être induit de là qu'ils n'en possédèrent point d'autres. D'après le peu de notions qu'on a pu recueillir, il paraît que leurs instruments de musique étaient principalement le nable, le psaltérion, le cinnar, le sambuque. Ils avaient plusieurs espèces de tambours : le zazelim, le tuph, le schalischrim et le meziothaïm ; mais c'était surtout la harpe ou cythare qui était en grand honneur chez eux. Cet instrument servait à accompagner les cantiques, et l'imagination des Israélites avait prêté aux anges des psaltérions d'or pour célébrer les louanges du Seigneur. Il est probable pourtant qu'ils empruntèrent une partie de leur science enharmonique et de leur instrumentation aux Egyptiens, dont le caractère religieux et mystique convenait si bien au peuple choisi de Dieu. Du reste les Hébreux ont toujours eu une aptitude singulière aux choses spéculatives. De tout temps, l'astronomie, les mathématiques, la mécanique, la chimie, la médecine et la musique furent cultivées par eux avec un grand succès ; et maintenant encore, comme pendant tout le moyen-âge, ce sont des juifs qui se trouvent à la tête de la science musicale et même de la médecine. Les Mèdes s'adonnèrent de bonne heure aux jouissances de la musique, et en communiquèrent le goût aux Perses, leurs vainqueurs, qui la considéraient d'abord comme une chose pernicieuse et la cause principale de la mollesse ; cependant ils y firent de tels progrès que l'amour de cet art dégénéra chez eux en passion frénétique. Athénée, Quinte-Curce, Suidas et d'autres auteurs rapportent qu'ils ne l'employaient pas seulement à augmenter les attraits de la danse, les charmes de la poésie, mais qu'ils la cultivèrent comme un art à part. Le voyageur Chardin prétend que les instruments et le système musical des Persans modernes sont les mêmes que ceux qui leur ont été légués par leurs ancêtres de l'antiquité la plus reculée. Les Persans communiquèrent leur art aux Arabes, qui le portèrent bientôt au plus haut point de perfection, sous les califes ; pendant ce temps de poétique enfantement de la civilisation mauresque, la musique eut véritablement son âge d'or ; les musiciens étaient alors de grands personnages, et la plupart des grands personnages étaient musiciens. On lit dans le *Dictionnaire de musique* de Lichenthal que : « Haroun-al-Raschid-le-Grand prit pour ami et pour confident le plus fameux joueur de luth de l'Arabie, Abougiafar, l'Abasside, composa lui-même plusieurs morceaux de musique qui se chantent encore aujourd'hui chez les Arabes et les Persans et sont leurs mélodies favorites. Le calife Abunassar Mohammed, qui était en même temps poète, philosophe, philologue et physicien, obtint avec justice le nom d'Orphée des Arabes. L'exemple des souverains, leur amour pour les sciences, les récompenses qu'ils accordaient aux artistes, firent que ceux-ci se multiplièrent bientôt en Perse. La langue, mêlée de mots et de phrases arabes, acquit une douceur toute particulière ; les poètes persans luttèrent avec les poètes arabes ; beaucoup, la plus grande partie même, étaient à la fois joueurs d'instruments et compositeurs de musique. La poésie persane est lyrique dans la véritable acception du mot ; leurs odes (gazzel) sont toujours accompagnées par une espèce de harpe (chenck), et chantées par les charlatans (mutrel), dans les maisons ou sur les places publiques. Si donc la poésie et la musique persane ont été perfectionnées par les Arabes, ceux-ci en revanche ont formé leur système musical en Perse, ils ont même donné à leurs gammes des noms de provinces et de villes persanes. » L'histoire de la musique, chez tous les peuples de l'univers, serait longue à traiter, et le cadre de ce travail ne le comporte point ; mais il est utile cependant de faire remarquer cette loi de l'humanité qui fait que la musique, non plus que la parole, n'a manqué à aucun peuple du monde. La musique demeura dans l'état où elle se trouvait chez les Romains jusqu'à l'invasion des barbares, qui nivelèrent tout dans un même néant, et elle se réfugia ensuite dans l'asile que la Providence avait assigné d'avance pour la conservation de tous les souvenirs, de toutes les œuvres d'art et de science, de morale et d'intelligence, dans la chrétienté, où les fidèles l'employèrent, en la transformant en plain-chant, à louer le Seigneur dans ces cantiques admirables dont le rhythme simple et naïf inspire, même aux plus incrédules, tant de recueillement et de ferveur. Le pape Grégoire, le premier réformateur de la musique, réduisit les quinze lettres de Boëce à sept. En 1024, le bénédictin Guy d'Arezzo leur substitua des points placés sur les lignes d'une portée, pour déterminer leur hauteur. Enfin en 1530, un chanoine de

(1) Nous trouvons dans les poésies de Guillaume de Machaut le dénombrement suivant des instruments dont on se servait au XIVe siècle. Le nombre en est assez étonnant pour l'époque et l'état de la musique d'alors.

> Je vis là tout en une cerne (cercle)
> Viole, rubebe et gutterne (guitare),
> L'eumorache, le micanon,
> Citole et le psaltérion ;
> Harpes, tabours, trompes et nacaires (timbales d'Orient),
> Orgues, cornes, plus de dix paires,
> Cornemuses, flageolets et chevrettes,
> Bouccines, cimbales et clochettes,

Paris, Jean de Muris, le même qui trouva pour la première fois les lois de l'harmonie, cette partie de l'art inconnue des anciens, apporta à ce système un nouveau perfectionnement en inventant les diverses figures de notes, appelées rondes et blanches, pour en déterminer l'étendue et la durée. Jusqu'à nos jours cette partie de la science harmonique a subi peu de modifications, et elle constitue encore pour les commençants la plus grande difficulté qu'ils aient à vaincre. Bien des efforts ont été tentés pour en modifier le système ; mais tous ces efforts ont été vains, et nous ne sommes guère plus avancés avec nos rondes, nos blanches, nos simples, doubles, triples et quadruples croches, nos soupirs, nos silences, nos clefs, nos dièzes, nos bémols, nos bécarres, etc., etc., que les Grecs avec leurs 990 notes diverses. Dans le siècle dernier, Sauveur avait présenté un système nouveau, qui consistait dans l'invention d'un instrument aussi simple qu'ingénieux qu'il appelait *échomètre*, et qui, au moyen d'un pendule simple, fixé sur une mesure connue, aurait déterminé précisément la durée et la mesure des temps. Cette innovation n'eut pas de succès, non plus que celle de Rousseau, qui avait proposé d'employer les chiffres, et dont l'éloquence serait peut-être parvenue à faire la fortune de son système, si l'illustre Rameau ne lui en avait clairement démontré le côté essentiellement défectueux. La musique, avec ses progrès modernes, est devenue la langue universelle ; et grâce aux importants travaux de Guy d'Arezzo, de Jean de Muris et de leurs continuateurs, elle est maintenant la seule comprise universellement et la seule universellement lue. Meyerbeer, Berlioz, Rossini, Bellini et tous nos grands maîtres parlent une langue que comprennent les Allemands comme les Français, les Anglais comme les Italiens et les Russes ; une langue sublime qui trouve des échos dans tous les cœurs, des interprètes dans tous les sentiments ; la musique, en un mot, est devenue le lien indestructible des nations modernes ; son essor est immense ; de partout elle pénètre dans les masses, qui en apprécient chaque jour davantage les beautés et les bienfaits. Trois peuples surtout, les Allemands, les Italiens et les Français se sont mis à la tête du progrès musical, tous les trois ont donné naissance à des prodiges de génie ; tous les trois enfin se disputent la palme pour les avantages moraux qu'ils en ont su tirer. La musique est devenue un unique besoin, une passion générale ; les uns doivent cette passion à la nature, les autres à l'éducation ; les Français la doivent à toutes deux ; c'est pourquoi sans doute ils ont mis de leur côté le suprême bon goût et l'exquise élégance. Mais ici peut s'établir bien clairement la différence qui existe entre les biens accordés par la nature et ceux acquis par l'éducation et le travail ; ici la musique montre toute l'étendue de ses bienfaits, et prouve combien son étude peut servir aux progrès de la morale et de la civilisation. Il existe en effet une notable différence de caractère et de mœurs entre les Italiens et les Allemands. Les premiers sont paresseux, vindicatifs, jaloux, haineux, faux ; ils se plaisent au bruit, et traînent mélancoliquement leur nonchalante existence sous le beau ciel de leur climat, oubliant, dans une coupable apathie, les magnifiques souvenirs de leur gloire déchue et de leur liberté passée. La nature les a comblés de tous ses biens, ils naissent musiciens, et ils ont poussé l'amour de leur art jusqu'à la frénésie qui leur fait violer les plus saintes lois divines et humaines et mutiler un homme pour augmenter d'un degré leur curieuse avidité des jouissances harmoniques. Les Allemands, au contraire, ne doivent à la nature que la vie ; elle semble leur avoir refusé tous ses autres biens ; cependant l'Allemand est actif et laborieux, il est heureux du travail de ses mains ; ce dont l'ingrate nature l'a privé, il l'a demandé à l'éducation, qui lui a accordé tous ses dons, en joignant la musique à ses derniers bienfaits. Celle-ci a été pour lui un soutien et une consolatrice ; elle l'a soulagé dans son rude labeur ; elle lui a inspiré des sentiments élevés et l'amour de l'ordre ; elle l'a rendu sage et prudent ; formant son unique jouissance, elle ne lui a caché aucun de ses attraits, et, amant heureux, il en a joui avec calme et modération. Il ne s'est pas montré ingrat, car il en a fait sa compagne inséparable ; on l'enseigne en effet dans les écoles ; l'étude en est ordonnée par la loi, comme moyen de développer le goût et le sentiment

> Tymbres, la flauste brehaigne,
> Et le grand cornet d'Allemaigne,
> Frajol de Sans, fistule et pipe,
> Muse d'Aussay, trompe petite,
> Buisine et les monocordes, etc.

du beau ; un instituteur ne peut exercer s'il n'est aussi musicien ; chaque soldat apprend la musique, et rien n'est beau comme d'entendre des régiments entiers chanter en se rendant à la manœuvre. Toutes ces voix graves qui conservent toujours un admirable accord et qui s'élèvent ensemble sur des modulations animées, pour soulager le corps d'une marche fatigante, sont le plus bel hommage rendu à la musique acquise par l'éducation. Aussi ne peut-on mieux terminer le parallèle que nous avons tenté d'établir entre les Allemands et les Italiens que par ceci : « On dit la vendetta italienne et l'hospitalité allemande. En Italie, la musique sert au développement des passions ; en Allemagne, elle les comprime. Les visages italiens se rembrunissent et s'effarouchent lorsqu'on vient les surprendre dans les exercices harmoniques dont ils sont si jaloux ; en Allemagne, il est un proverbe qui dit : *Wo man singt findet man immer freünde*, on ne peut trouver que des amis quelque part que l'on chante. » Certes, voilà le plus beau et le plus incontestable triomphe de l'éducation. En France, la musique n'est point encore arrivée à cette popularité. Pourquoi ? C'est qu'il faut de la patience pour l'étude de la musique, qui est longue et difficile, et qu'en France on n'est point patient ; l'esprit saisit vite, mais il oublie plus rapidement encore : les Français polissent et perfectionnent ; ils inventent moins. Les agitations politiques, la nature même de notre constitution, se sont ici opposées à ce que la musique se répandît davantage. Cependant il faut reconnaître que de généreux efforts ont été tentés, et que l'on s'occupe depuis quelques années de faire entrer la musique dans l'éducation primaire ; et l'on connaît du reste les immenses succès de l'Orphéon. Mais cela ne suffit point encore : il faut qu'un tel principe soit reconnu d'une manière absolue, et il serait utile d'exiger pour l'obtention des diplômes universitaires la connaissance et la pratique de la musique. Ce n'est point un conseil facultatif qu'il faut donner, c'est une obligation qu'il faut imposer(1). Dans l'armée surtout, la musique serait un utile auxiliaire de la discipline, des mœurs et de l'ordre, en même temps qu'un remède au désœuvrement ordinaire de la vie de garnison. Il est démontré que les sociétés philanthropiques, les caisses d'épargnes, les associations de tempérance, etc., ne sont rien en comparaison de la musique. L'homme ne peut jamais s'ennuyer, ne peut jamais être oisif, s'il a pour compagnon de solitude un violon ou une flûte ; les associations ne seront jamais dangereuses tant qu'elles ne se formeront que pour chanter. Le foyer domestique n'inspirera plus d'éloignement, et les liens se resserreront davantage lorsque le père de famille organisera, avec ses enfants, un concert dans sa propre maison, et élèvera leur âme vers Dieu, dispensateur et rémunérateur de toutes choses.

A. Cerfberr de Médelsheim.

MUSIUS (Corneille), ou **MUYS**, né à Delft en 1503, se distingua dans les belles-lettres. Il fut directeur des religieuses de Sainte-Agathe, et eut le bonheur de recevoir la couronne du martyre le 10 décembre 1572. Le fanatique et cruel Guillaume de La Marck le fit arrêter à Leyde, et épuisa sur ce vieillard tout ce que la rage put inventer de plus atroce. Il lui fit couper les oreilles, le nez, les doigts des mains et des pieds, et après quoi l'illustre savant chrétien fut attaché à la potence. Tels furent les exploits des hommes qui prêchaient la tolérance et déclamaient contre la sévérité légale du duc d'Albe. On a de Musius divers Poëmes latins. Ses vers sont d'un style pur et clair.

MUSONIUS-RUFUS (Caius), philosophe stoïcien du 1er siècle, fut envoyé en exil dans l'île de Gyare, sous le règne de Néron. Il fut rappelé par l'empereur Vespasien, et lorsque ce prince chassa tous les philosophes qui intriguaient pour causer des troubles dans l'empire, Musonius-Rufus fut excepté. —Il ne faut pas le confondre avec un autre philosophe cynique du même nom et du même temps, qui était lié avec Apollonius de Thyane. Nous avons plusieurs Lettres de ces deux philosophes.

(1) Le phénomène des Arcadiens, régénérés au moyen de la musique, vient de se reproduire en France. M. l'abbé Fissiaux, dont l'ardente charité a fondé à Marseille un pénitencier de jeunes détenus, ne sachant que faire des plus mauvais sujets de la maison, imagina de leur faire enseigner la musique et de les réunir en compagnie pour marcher, à la promenade, en tête de la petite colonie. Depuis ce temps, il s'est opéré une transformation totale dans la conduite de ces turbulents enfants, qui servent de modèles à leurs compagnons de captivité. C'est un fait précieux acquis à la science pénitentiaire et qui doit profiter au moraliste comme au législateur.

MUSSET-PATHAY (Victor-Donnatien), littérateur, né à Paris, le 6 juin 1768, fut d'abord élève à l'école militaire de Vendôme. Pendant onze ans, il fut employé dans l'arme du génie. En 1793, on l'arrêta comme frère d'émigrés : sorti de prison après la chute de Robespierre, il accompagna un commissaire des guerres à Tours. En 1805, il dut au général Clarke, depuis duc de Feltre, une place de chef de bureau au ministère de la guerre, d'où il passa en 1811 en la même qualité au ministère de l'intérieur ; mais en 1818, il perdit ce dernier emploi. On doit dire, à la louange de cet écrivain, qu'il fut attaché au général Marescot dans sa disgrâce comme dans sa prospérité. Musset-Pathay a publié un grand nombre d'ouvrages : 1° la *Cabane mystérieuse*, 2 vol. in-12, 1798 ; 2° L'*Anglais cosmopolite*, in-12, 1790 ; 3° *Voyage en Suisse et en Italie*, fait par l'armée de réserve, avec cette épigraphe : *Sis solus in turba*, in-8°, 1800 ; 4° *Abrégés des histoires grecque et romaine*, traduits de l'anglais de Goldsmith, 2 vol., 1801 : on en a plusieurs éditions ; 5° *Voyage à Pétersbourg* ou nouveaux Mémoires sur la Russie, par M. le comte de la Messelière, précédé d'un tableau historique de cet empire, par V. D. M., 1802 ; 6° *Vie militaire et privée de Henri IV*, etc., avec cette épigraphe : Il n'est pas de lauriers qui ne couvrent sa tête, in-8°, 1803 ; 7° *Relations des principaux siéges faits et soutenus en Europe par les armées françaises depuis* 1793, précédées d'un précis historique des guerres de la France depuis 1792 jusqu'au traité de Presbourg en 1806, Paris, in-4° avec atlas. Les relations sont l'ouvrage des généraux Marescot, Dejean, Poitevin, Dambarrère, etc. Musset, chargé de l'édition, est auteur du précis historique. Napoléon fit défense de publier l'ouvrage, parce qu'il y était question des campagnes de Moreau et que la retraite de ce général y était qualifiée de glorieuse ; 8° *Recherches historiques sur le cardinal de Retz*, in-8°, 1807 ; 9° *Bibliographie agronomique*, in-8°, 1810. Il était l'un des collaborateurs du *Cours d'agriculture*, publié chez Buisson, par Sonnini ; il a donné quelques articles à la *Biographie universelle*, et quelques mémoires dans le *Recueil de l'académie celtique*. Sur la fin de sa vie, il fut l'éditeur des Œuvres complètes de J.-J. Rousseau, qu'il accompagna de notes et d'éclaircissements historiques, 1822, 22 vol. in-8°. Il a donné aussi la vie de cet écrivain célèbre dont on a reproduit depuis quelque temps d'une manière si affligeante les ouvrages philosophiques. Musset-Pathay est mort le 8 avril 1832. Il est père de deux hommes de lettres déjà connus, MM. Paul et Alfred de Musset.

H.

MUSQUER, v. a., parfumer avec du musc ; avec le pronom personnel, se musquer. Il se dit de certaines choses dont l'odeur a quelque rapport avec celle du musc. Fig. et fam., écrivain, orateur, poète musqué, écrivain, orateur, poète qui a trop d'apprêt, de recherche, qui affecte les ornements futiles. Fig. et fam., paroles musquées, paroles obligeantes et flatteuses. Fig. et fam., fantaisies musquées, fantaisies singulières, bizarres. Il est peu usité. Fig. et fam., messe musquée, la dernière messe où assistent ordinairement les gens du grand monde.

MUSTAPHA Ier, empereur des Turcs, succéda à son frère Achmet en 1617 ; mais il fut chassé quatre mois après, et mis en prison par les janissaires, qui placèrent sur le trône Osman Ier, son neveu. Mustapha, du fond de sa prison, avait encore un parti. Sa faction persuada aux janissaires que le jeune Osman avait dessein de diminuer leur nombre, pour affaiblir leur pouvoir. On déposa Osman sous ce prétexte ; on l'enferma aux Sept-Tours, et le grand-visir alla lui-même égorger son empereur. Mustapha fut tiré de la prison pour la seconde fois, reconnu sultan, et au bout d'un an déposé encore par les mêmes janissaires, qui l'avaient élu deux fois. Jamais prince, depuis Vitellius, ne fut traité avec plus d'ignominie. Il fut promené dans les rues de Constantinople, monté sur un âne, exposé aux outrages de la populace, puis conduit aux Sept-Tours et étranglé dans sa prison l'an 1623.

MUSTAPHA II, empereur des Turcs, fils de Mahomet IV, succéda à Achmet II, son oncle, en 1695. Les commencements de son règne furent heureux. Il défit les Impériaux devant Temeswar en 1696, fit la guerre avec succès contre les Vénitiens, les Polonais, les Moscovites ; mais, dans la suite, ses armées ayant été battues, il fut contraint de faire la paix avec ces différentes puissances, et se retira à Andrinople, où il se livra à la volupté et aux plaisirs. Cette conduite excita une des plus grandes révoltes qui aient éclaté depuis la fondation de l'empire ottoman. Cent cinquante mille rebelles forcèrent le sérail, et marchèrent vers Andrinople pour détrôner l'empereur. Ce prince leur promit toutes les satisfactions qu'ils pourraient exiger ; rien ne put les adoucir. Le grand-visir voulut leur opposer 20,000 hommes ; mais ceux-ci se joignirent aux autres. Les rebelles écrivirent à l'instant à Achmet, frère de Mustapha, pour le prier d'accepter le sceptre. L'empereur intercepta la lettre ; et voyant que sa perte était résolue, il fut contraint de céder le trône à son frère en 1703. Réduit à une condition privée, il mourut de mélancolie six mois après sa déposition. Le trop grand crédit de la sultane Validé, et du mufti, qui retenait le sultan hors de sa capitale pour le mieux gouverner, fut la cause de cette révolution. Le mufti et son fils périrent par le dernier supplice, après avoir essuyé une cruelle question pour déclarer où étaient leurs trésors.

MUSTAPHA-BAIRAKDAR, célèbre grand-visir ottoman, né à Rasgrad vers le milieu du XVIIIe siècle, exerça d'abord la profession de laboureur, se livra ensuite au commerce des chevaux, et s'enrôla enfin sous les drapeaux du pacha de sa province. Il succéda, en 1804, à Tersanick-Oglou, pacha de Roustchouk, sous lequel il s'était distingué dans plusieurs campagnes, et détruisit, en 1807, à Musahib-Kiou, une partie de l'armée russe qu'il n'avait pu empêcher d'entrer dans Bucharest. Revêtu, la même année, de la charge de séraskier, ou commandant des forces ottomanes, il ne chercha plus à dissimuler son attachement à la cause de Sélim III, qui venait d'être détrôné. Il marche sur Constantinople, se présente au sérail, redemandant Sélim pour le couronner de nouveau. Les portes s'ouvrent, mais c'est pour lui rendre le cadavre du malheureux prince. A cette vue, Baïrakdar jure de le venger. Il ordonne le supplice des conseillers et son ondoxtours de ce crime, la déposition du sultan Mustapha IV, et l'installation de son frère Mahmoud II. Après cette révolution, qui arriva le 28 juillet 1808, Baïrakdar, devenu grand-visir, s'occupa sans relâche de tout réformer, et principalement de remplacer le corps des janissaires par celui des seymens. Mais bientôt le mécontentement général fut à son comble. Le visir, forcé de céder au nombre des révoltés, se retira dans le sérail, et réduit enfin à la dernière extrémité, mit le feu au magasin à poudre et se fit sauter, après avoir fait étrangler Mustapha IV le 15 novembre 1808.

MUSULMAN, ANE, s., titre par lequel les mahométans se distinguent des autres hommes et qui signifie dans leur langage, vrai fidèle, vrai croyant. Il est aussi adjectif et se dit surtout de ce qui concerne la religion des mahométans.

MUSURUS (MARC), né dans l'île de Candie, se distingua par la beauté de son génie. Il enseigna le grec à Venise avec une réputation extraordinaire, et alla à Rome, où il fit sa cour à Léon X. Ce pape lui donna l'archevêché de Malvasie dans la Morée ; il mourut peu de temps après, en 1517, dans sa trente-sixième année. On a de lui des Epigrammes et d'autres pièces en grec. C'est lui qui donna le premier des éditions d'*Aristophane* et d'*Athénée*. Il est aussi auteur de l'*Etymolycon magnum Græcorum*, Venise, 1499, in-fol., réimprimé en 1594, à Heidelberg.

MUTABILITÉ, s. f., qualité de ce qui est muable, de ce qui est sujet à changer.

MUTATION, s. f., changement, remplacement d'une personne pour une autre. Il signifie aussi révolution. En ce sens il ne s'emploie guère qu'au pluriel.

MUTIAN (JÉRÔME), peintre né au territoire de Brescia, en Lombardie, l'an 528, mort à Rome en 1590, se fit une manière de peindre excellente. Grégoire XIII le chargea de faire les cartons de sa chapelle, et lui commanda plusieurs tableaux. Cet illustre artiste, voulant signaler son zèle pour la peinture par quelque établissement considérable, se servit du crédit que son mérite lui donnait auprès du pape, pour fonder à Rome l'académie de Saint-Luc, dont il fut le chef, et que Sixte-Quint confirma par un bref. Mutian était fort habile dans l'histoire ; il s'adonna particulièrement au paysage et au portrait. Ses dessins, arrêtés à l'encre de Chine, se font admirer par la correction du trait, par l'expression des figures et par l'admirable feuillé de ses arbres.

MUTILATION, s. f. Retranchement d'un membre ou de quelque autre partie extérieure du corps. Il se dit aussi en parlant des statues, des édifices et même des productions littéraires.

MUTILER, v. a., retrancher, couper. Il est principalement d'usage lorsqu'on parle de retranchement d'un membre ou de quelque autre partie extérieure du corps humain, ou de quelque partie d'une statue. Mutiler signifie quelquefois absolument châtier. Mutiler, par extension, se dit en parlant

de tableaux, d'édifices, etc., et signifie défigurer, briser. Il se dit figurément en parlant des ouvrages d'esprit.

MUTIN, INE, adj., obstiné, têtu, querelleur. Il signifie aussi séditieux. Il s'emploie substantivement dans les deux sens. Un visage, un air mutin, un visage, un air vif, éveillé, piquant. On dit dans le même sens, des yeux mutins.

MUTINER (se), v. pron, se porter à la sédition, à la révolte. Il se dit aussi d'un enfant qui se dépite. Poétiq. et fig., les flots, les vents mutinés, les flots agités, les vents impétueux.

MUTINERIE, s. f., tumulte de gens mécontents. Il signifie aussi l'obstination d'un enfant qui se dépite.

MUTIS (Don JOSEPH-CELESTINO), astronome et botaniste célèbre, que Linné a appelé *phytologorum americanorum princeps*, naquit à Cadix le 6 avril 1732. Il se destina d'abord à la médecine, et fut nommé en 1737, suppléant de la chaire d'anatomie de Madrid ; mais il se livra avec plus de passion à son goût pour l'histoire naturelle que pour la guérison des maladies, et faisait plus d'excursions botaniques que de visites dans les hôpitaux ; ce fut lui qui enrichit les herbiers de Linné des plantes de la Péninsule. Il suivit en 1760, comme médecin, le vice-roi don Pedro Mesia de la Cerda, qui se rendait en Amérique. Après avoir séjourné à Carthagène, à Curbaco et à Chondo, il alla se fixer à Santa-Fé-de-Bogota, où il embrassa l'état ecclésiastique et fut nommé chanoine de la cathédrale de cette ville (1772). Nommé professeur de mathématiques dans le colegio mayor de Neustra-Senora del' Rosario, il y fit connaître les premières notions du système planétaire, et fut pendant quelque temps en butte aux attaques des dominicains qui n'admettaient point la doctrine de Copernic. La protection que lui accorda le vice-roi lui permit d'exposer ses idées, que Bouguer, Godin et La Condamine avaient déjà professées à Quito. Mutis voyagea pour examiner les plantes de la région chaude et les différentes mines de la Nouvelle-Grenade. Nous ne pourrions énumérer tout ce qu'il fit pour la science pendant quarante-huit ans de travaux assidus dans le Nouveau-Monde. C'est à ses recherches qu'on doit la connaissance de beaucoup de genres du règne végétal, vallea, barnadesia, escallonia, marnetia, mutisia, à l'occasion duquel Linné dit : *Nomen immortale quod nulla œtas unquam debebit*, etc. On peut trouver l'indication de ses découvertes dans le *Supplément* de l'illustre naturaliste d'Upsal. Mais le principal mérite de Mutis est, à nos yeux, d'avoir distingué le premier les différents genres du cinchona ou quinquina, et les caractères de ce genre si précieux qu'il y découverts en 1772 dans les montagnes de Tena et qu'il reconnut plus tard dans les forêts de Houda, à Villetto et d'autres localités. Mutis a aussi un grand nombre de plantes utiles dans la médecine et qui se rencontrent dans le commerce : psychotria-emetica ou ipécacuanha du rea-magdalena ; le toluifera et le miroxylum, qui donnent les baumes de Tolu et du Pérou ; la wintera-grenadensis et l'alstonia-theæformis qui fournit le thé de Santa-Fé ; le vejico del juaco, plante que les Italiens emploient comme l'antidote le plus puissant contre la piqûre des serpents venimeux. On trouve des renseignements sur ses travaux dans le *Supplément* de Linné, dans les ouvrages de l'abbé Cavanilles, et de M. de Humboldt et dans le *Seminario del nuevo reino de Grenada*, rédigé par M. Caldas en 1808 et 1809. Il a publié plusieurs ouvrages, et ils sont peu connus en Europe, si ce n'est que ceux que Linné a consignés dans les *Mémoires* de l'Académie royale de Stockolm, année 1769, et ceux publiés dans des recueils américains, entre autres le journal de Santa-Fé qui a pour titre : *Popel periodico*, (1794). Il a aussi laissé des manuscrits qu'il avait recommandés aux soins de ses amis et de ses proches parents. Mutis est mort le 11 septembre 1808. Il fut aussi bon prêtre que savant distingué. H.

MUTIUS (C.), surnommé Cordus et ensuite Scævola, s'immortalisa dans la guerre de Porsenna, roi des Toscans, contre les Romains. Ce prince, défenseur de Tarquin-le-Superbe chassé de Rome, alla assiéger cette ville l'an 507 avant Jésus-Christ, pour y faire rentrer le tyran. La vie de Porsenna parut à Mutius incompatible avec le salut de la république. Il se détermina à lui ôter, et, déguisé dans le camp ennemi. La tente du roi était aisée à reconnaître ; il y entra et le trouva seul avec un secrétaire, qu'il prit pour le prince, et s'y tua au lieu de lui. Les gardes accoururent au bruit et arrêtèrent Mutius. On l'interrogea, afin de savoir d'où il était, s'il avait des complices, et la cause d'une action si téméraire ; mais, refusant de répondre à ces questions, il ne fit que dire : Je suis Romain ; et comme s'il eut voulu punir sa main de l'avoir mal servi, il la porta sur un brasier ardent, et la laissa brûler en regardant fièrement Porsenna. Le roi, étonné, admira le courage de Mutius, et lui rendit son épée, qu'il ne put recevoir que de la main gauche, comme le désigne le surnom de Scævola, qu'il porta depuis. Le Romain, feignant alors d'être touché de reconnaissance pour la générosité de Porsenna, qui lui avait sauvé la vie, lui parla ainsi : « Seigneur, votre générosité va me faire avouer un secret que tous les tourments ne m'auraient jamais arraché. Apprenez donc que nous sommes trois cents qui avons résolu de vous tuer dans votre camp. Le sort a voulu que je fusse le premier à vous attaquer, et autant j'ai souhaité d'être l'auteur de votre mort, autant je crains qu'un autre ne le devienne, surtout aujourd'hui que je vous connais plus digne de l'amitié des Romains que de leur haine. » Le roi toscan, plus touché du courage de ses ennemis que de la crainte des meurtriers, fit la paix avec eux.

MUTIUS SCÆVOLA (Quintus), surnommé l'Augure, élevé au consulat l'an 117 avant Jésus-Christ, triompha des Dalmates avec Cæcilius Métellus, son collègue ; il rendit de grands services à la république dans la guerre contre les Marses. Il n'était pas moins bon jurisconsulte que grand homme de guerre ; Cicéron, qui avait appris le droit de lui, en parle avec éloge.

MUTIUS SCÆVOLA (Q.), de la même famille que les précédents, parvint au consulat l'an 95 avant Jésus-Christ. C'était aussi un excellent jurisconsulte. Étant préteur en Asie, il gouverna cette province avec tant de prudence et d'équité, qu'on le proposait pour exemple aux gouverneurs que l'on envoyait dans les provinces. Cicéron dit de lui qu'il « était l'orateur le plus éloquent de tous les jurisconsultes, et le plus habile jurisconsulte de tous les orateurs. » Il fut assassiné dans le temple de Vesta, durant les guerres de Marius et de Sylla, l'an 82 avant Jésus-Christ.

MUTIUS (Ulric), professeur de Bâle au xvie siècle, a laissé une *Histoire d'Allemagne*, Bâle, 1539, in-fol.

MUTUEL, ELLE, adj., réciproque entre deux ou plusieurs personnes, entre deux ou plusieurs choses.

MUY (Louis-Nicolas de Félix, comte du), naquit à Marseille en 1711. Le cardinal de Fleuri avait jugé son père capable par ses talents, et digne par ses vertus, de former un roi, et l'avait fait nommer sous gouverneur du dauphin. Le jeune du Muy, d'abord chevalier de Saint-Jean, prit le parti des armes, et s'appliqua avec ardeur à sonder toutes les profondeurs du grand art qu'il pratiquait. Très jeune encore, il fut appelé à la cour par le dauphin, qui l'attacha à son fils en qualité de menin, et lui accorda toute son amitié. La guerre de 1744 sépara ces deux hommes si étroitement et si utilement unis. On peut juger des services du comte du Muy par la rapidité avec laquelle il fut élevé aux grades supérieurs : brigadier en 1743, il est fait lieutenant-général en 1748, après la bataille de Fontenoi. Dans la guerre de 1756, il est blessé à Crevelt, et battu à Warbourg ; mais sa défaite n'aurait pas diminué la gloire du plus grand capitaine. Du Muy, rendu à ses loisirs, se livra de nouveau au prince qui le regardait comme un soutien nécessaire lorsqu'il porterait la couronne, et qui demandait tous les jours, par une prière particulière, la conservation de cet ami précieux. Après la mort du dauphin, il ne trouva pas de moyen plus efficace pour se distraire de sa douleur que la pratique du bien. Louis XV voulut l'honorer du ministère de la guerre ; mais du Muy pria le roi de le dispenser d'accepter cet honneur, parce qu'il ne croyait pas les conjonctures assez favorables pour travailler sûrement à sa gloire et à l'avantage de l'État. L'invitation de Louis XVI fut plus efficace ; ce jeune roi se rappelait les dernières paroles de son père mourant, qui semblaient nommer du Muy au ministère. Il signala le temps de son administration par les plus sages règlements, et dressa plusieurs plans qui furent exécutés du temps de son successeur. Élevé au grade de maréchal en 1774, il mourut le 10 octobre 1675. La religion semblait avoir formé son caractère ; elle était en lui une seconde nature ; elle inspirait ses pensées, réglait ses sentiments, dominait dans toutes ses actions. Sa foi, échappée à la fougue de l'âge, à la licence des armes, aux dangers des voyages, à la corruption du siècle, se conserva au milieu des périls de la cour. Il en donna des preuves éclatantes dans toutes les occasions qui se présentèrent. L'étiquette veut que les menins accompagnent le prince au spectacle ; du Muy, qui ne croit pas qu'il lui soit permis d'y assister, demande à être dispensé et l'obtient ; telles sont les grâces qu'il sollicite.

On le vit toujours régler sa table sur le précepte de l'abstinence, lors même qu'il eut l'honneur d'y faire asseoir le duc de Glocester, frère du roi d'Angleterre, qu'une croyance différente semblait dispenser de cette obligation. « Ma loi, lui dit-il, s'observe exactement dans ma maison. Si j'avais le malheur d'y manquer quelquefois, je l'observerais plus particulièrement aujourd'hui, que j'ai l'honneur d'avoir un illustre prince pour témoin et pour censeur de ma conduite. Les Anglais suivent fidèlement leur loi ; par respect pour vous-même, je ne donnerais pas le scandale d'un mauvais catholique, qui ose violer la sienne jusqu'en votre présence. » Lorsqu'il était à la tête des troupes, on le vit toujours veiller avec une singulière attention à l'observation de la discipline : chaque jour il faisait une inspection sévère des hôpitaux, et examinait le pain destiné au soldat. Après avoir rempli les devoirs de son état, ses plaisirs étaient de soulager la misère, de protéger l'innocence, de soutenir la vertu. Sans opulence, il parut toujours prodigue envers l'indigent ; c'était là son luxe, fruit de l'économie. Il a laissé des Mémoires pleins d'excellentes vues sur différents objets de l'administration publique.   P.

MUYART DE VOUGLANS (Pierre-François), né en 1713, à Moirans, près Saint-Claude, se fit recevoir avocat au parlement de Paris et s'attacha spécialement aux matières criminelles. En 1771, il entra au parlement formé par le chancelier Maupeou, devint ensuite conseiller au grand conseil, et mourut à Paris le 14 mars 1791. On a de lui : *Institutes au droit criminel* avec un *Traité particulier des crimes*, Paris, 1757, in-4° ; *Instruction criminelle suivant les lois et ordonnances du royaume*, Paris, 1762, in-4°, ouvrage qui fait suite au précédent ; *Réfutation des principes hasardés dans le Traité des délits et des peines*, Paris, 1767, petit in-8°, Utrecht, 1768, in-12 ; traduit en italien et en allemand. Muyart avait pour but de prouver, contre le sentiment de Beccaria, que la jurisprudence criminelle de l'Europe n'était guère susceptible d'amélioration ; *Motifs de ma foi en Jésus-Christ*, ou Points fondamentaux de la religion chrétienne, discutés suivant les principes de l'ordre judiciaire, Paris, 1776, in-12 ; ouvrage qui valut à l'auteur une lettre de félicitations du pape Pie VI. On l'a traduit en espagnol ; *les Lois criminelles de la France dans leur ordre naturel*, Paris, 1783, in-fol. ; compilation rédigée sur le plan des lois ecclésiastiques par d'Héricourt, et des lois civiles par Domat ; *Preuves de l'authenticité de nos Évangiles contre les assertions de certains critiques modernes*, Paris, 1785, in-12 ; *Lettre* sur le système de l'auteur de l'Esprit des lois touchant la modération des peines, Paris, 1785, in-12. L'auteur y soutient que la douceur engage aux crimes et que la rigueur des supplices est nécessaire pour en diminuer le nombre.   H.

MUYS (Guillaume), médecin, né à Steenwyk dans l'Over-Yssel, en 1682, mort le 19 avril 1744, fut successivement professeur de mathématiques, de médecine, de chimie et enfin de botanique, à Franeker. On a de lui : *Investigatio fabricæ quæ in partibus musculos componentibus exstat*, Leyde, 1741, in-4°, ouvrage profond et élégant ; il est précédé d'une longue préface dont on a une traduction française, intitulée : *Dissertation sur la perfection du monde corporel et intelligent*, Leyde, 1750. Il y démontre le merveilleux mécanisme par lequel Dieu a voulu que les espèces des animaux et des plantes se perpétuassent, et convient en même temps de l'obscurité impénétrable qui enveloppe la génération aux yeux de tous les naturalistes ; ce qui amène l'esprit d'un observateur calme et non prévenu vers l'idée de l'action immédiate du Créateur, comme seule propre à expliquer une multitude de choses dans leur principe, et le secret de leur cause première. Malgré la sagesse qui se montre dans les écrits de Muys, cet écrivain a donné dans quelques singularités. Il prétend trouver dans le monde un mal qui est contraire à sa perfection, et qui n'est proprement ni physique ni moral ; mais le fait est que le mal qui est dans le monde est subordonné aux vues de l'auteur de tout bien, et que dès lors le monde n'est pas imparfait, quoique le Créateur eût pu en former un plus parfait, au moins selon nos idées, qui elles-mêmes sont bien loin de la perfection.

MUZZARELLI (Alphonse), célèbre théologien, né à Ferrare, le 22 août 1747, entra chez les jésuites à l'âge de 18 ans. Son ordre ayant été supprimé, il obtint un bénéfice à Ferrare où il fonda une association de jeunes gens, qu'il dirigeait lui-même, et qu'il formait à la pratique des vertus. Il se délassait de ses travaux en composant des poésies sacrées. La réputation qu'il s'était acquise par son savoir engagea le duc de

Parme à lui confier la direction du collége des nobles de cette ville. Pie VII l'appela ensuite à Rome et le nomma théologien de la Pénitencerie, titre équivalent à celui de théologien du pontife. L'académie de la religion catholique, fondée à Rome, le compta au nombre de ses premiers membres. Son mérite était si apprécié que le pape ne voulut point lui permettre de s'éloigner, même pour se réunir à ses anciens confrères, rétablis à Naples en 1804. Cinq ans après, il fut proscrit de Rome, au moment où l'on venait d'arracher de sa capitale Pie VII et les cardinaux. Arrivé à Paris, il habita chez les dames de Saint-Michel, et mourut le 25 mai 1813. Muzzarelli a écrit en italien et en latin. Dans la première de ces langues, ses ouvrages de piété sont : *Instruction pratique sur la dévo- tion au cœur de Jésus*, Ferrare, 1788, in-12; le *Mois de Marie*, qui a eu plusieurs éditions; l'*Année de Marie*, ou l'*Année sanctifiée*, 1791, 2 vol. in-12; le *Cardinal sanctifié*, Parme, 1801; *De la vanité du luxe dans les vêtements modernes*, 1774, in-8°; le *Trésor caché dans le cœur de Marie*, 1806, in-12; *Dissertation sur les règles à observer pour parler et écrire avec exactitude sur la dévotion au cœur de Jésus*, Rome, 1806, in-12; *Neuvaine pour préparer aux fêtes des cœurs de Jésus et de Marie*, 1806, 1807; le *Bon usage des vacances, proposé aux jeunes étudiants*. Voici la liste de ses autres ouvrages sur la critique et la théologie : *Recherches sur les richesses du clergé*, Ferrare, 1776, in-8°; *Deux opinions de Charles Bonnet* (de Genève), *sur la résurrection et les miracles, réfutées*, Ferrare, 1781, in-8°; *Émile détrompé*, Sienne, 1782, 2 vol.; une suite au même ouvrage, en 2 vol.; le tout contre le livre de Rous- seau, qui porte le premier titre. Cette réfutation a été traduite en espagnol; *Du bon usage de la logique, en matière de reli- gion*, Foligno, 1787, in-8°; troisième édition, 1810, 10 vol. Ce recueil est composé de trente-sept opuscules différents, parmi lesquels on trouve celui du *Domaine temporel du pape*. La moitié de ces opuscules a été traduite en français. Bol- geni, célèbre théologien, ayant avancé que c'était une exa- gération que de croire que nous puissions aimer Dieu pour lui-même, et sans égard pour notre bien particulier, Muzza- relli y répondit par les trois écrits suivants : *Du motif formel, spécifié et principal de l'acte de charité parfaite*, deuxième édition, Foligno, 1791, in-8°; *Lettre amicale à Bolgeni*; *Ré- ponse à quelques observations*, 1792. Parmi les autres ouvrages de Muzzarelli, on cite : *Lettre à Sophie sur la secte dominante de son temps*, 1791, in-4°; *De l'obligation des pasteurs dans les temps de persécution*, 1791, in-8°; *Des causes des maux présents, et de la crainte des maux futurs, et leurs remèdes*, 1792, in-8°; *Examen critique des principales fêtes de Marie*; *Jean-Jacques Rousseau, accusateur des nouveaux philosophes*, Assise, 1798, réimprimé sous le titre de *Mémoires du Jacobi- nisme, extrait des œuvres de Jean-Jacques Rousseau*, Ferrare, 1800; opuscules inédits, composés pendant la persécution d'Italie, Foligno, 1810, in-8°; *Questions proposées aux déten- teurs des biens ecclésiastiques dans la Cisalpine*, Ferrare, 1800; *Recueil d'événements singuliers et de documents authentiques sur la vie de François de Girolamo*, Rome, 1806, in-8°. Fran- çois de Girolamo, jésuite et missionnaire, mort en 1716, fut béatifié en 1807, et Muzzarelli contribua beaucoup, par ses démarches, à cette béatification. Ouvrages en latin : *Obser- vations sur les nœces du promoteur de la foi*. C'est une réponse aux objections du promoteur contre un office et une messe propres au culte de Marie; dissertations choisies, Rome, 1807, in-8°; elles sont au nombre de quatre : sur la règle des opi- nions morales; sur l'origine et l'usage des offrandes; sur le règne de mille ans de Jésus-Christ; sur le pouvoir qu'a le pape de destituer un évêque. La dernière a été traduite en français, sous ce titre : *Dissertation sur cette question : « Le souverain pontife a-t-il le droit de priver un évêque de son siège dans un cas de nécessité pour l'Eglise, ou de grande utilité?* Paris, 1809, in-8°; *De l'autorité du pontife romain dans les conciles généraux*, Gand, 1815, 2 vol. in-8°, à la suite de la *Correspondance de la cour de Rome avec Buonaparte*, Paris, 1814. On trouve de Muzzarelli : *Observations sur les élections capitulaires*, en français, probablement traduites de l'italien; la *Vocation de saint Louis de Gonzague*, poème, Ferrare, 1807; l'*Enfant Jésus*, traduit en vers italiens, du poème latin de Ceva, Rome, 1808, in-12; douze faits de l'His- toire Sainte, Ferrare, 1807, in-8°. On cite encore de Muzza- relli une dissertation lue à l'académie de la religion catho- lique, et qui combat les objections des incrédules contre l'em- brasement des cinq villes dont parle la Genèse. Elle est insérée dans *Le bon usage de la logique*, t. 9. Un sermon sur la fête de saint Pierre, etc.   T-é.

MYAGRE, MYODE ou **MYAGORE**, dieu des mouches. On l'invoquait et on lui faisait des sacrifices pour être délivré des insectes ailés. En Afrique, on adorait cette divinité païenne sous le nom d'Achor. C'est le même que Béelzébut.

MYCÈNES, une des principales villes de l'Argolide, à 50 stades au N. d'Argos, à l'E. de l'Inachus, dans l'intérieur des terres, près du mont Trétos et du fleuve Astérion. Cette ville fut fondée vers 1344 av. J. C., selon les uns par Acri- sius, selon les autres par Persée. Elle fut ainsi nommée, soit à cause de Mycènes, fille d'Inachus, soit parce que Per- sée, son fondateur, la bâtit, par l'ordre de l'oracle, en un lieu où était tombé le pommeau de son épée ($\mu\nu\kappa\eta\varsigma$). Les au- teurs et surtout les poètes la confondent souvent avec Argos, dont elle était voisine. On y rendait un culte spécial à Junon.

MYCERINUS, roi d'Egypte, fils de Chéops, selon Hérodote. de Chemnis, selon Diodore, succéda à son père et régna avec justice et modération. Il fut si affligé de la mort de sa fille unique que, pour ne pas perdre de vue l'objet de ses regrets, il fit enfermer son corps dans une vache de bois doré, et la fit placer dans une chambre de son palais. L'oracle de la ville de Bute lui ayant appris qu'il n'avait plus que six ans à vivre, il passa ces six années dans des festins et des divertissements continuels. Il fut fondateur d'une pyramide. On place son règne environ dix générations, c'est-à-dire deux cents ans après la guerre de Troie.

MYCETOPHAGUS (*ins.*), (qui mange les champignons), genre d'insectes coléoptères de la famille des xylophages.
                                                          J. P.

MYCOLOGIE (*bot.*), partie de la botanique qui traite des champignons. (Voyez ce mot).   J. P.

MYCONE, île de la mer Egée, une des Cyclades, entre les îles de Ténos au N., Paros et Naxe au S. Elle avait à l'O. Délos, dont elle n'était séparée que par un détroit de trois milles. Cette île fut longtemps inhabitée à cause de ses fré- quents tremblements de terre. Selon les naturels du pays, c'est dans cette île que se trouvait le tombeau des Centaures défaits par Hercule. Il paraît que les habitants étaient sujets à être ou à devenir chauves. Strabon assure que tous per- daient leur chevelure dès 25 ans, et Pline dit que les en- fants y naissaient toujours sans cheveux. L'île de Mycone était pauvre et ses habitants très avares.

MYÉLITE, s. f., inflammation de la moelle épinière. La myélite est produite par les mêmes causes que toutes les in- flammations en général. Ses symptômes varient nécessaire- ment selon le siége et la partie de la moelle qui est le siége de l'inflammation. Si celle-ci existe à la partie supérieure du prolongement rachidien, au dessus des nerfs qui donnent le mouvement aux muscles respirateurs, il en résulte un trouble de la respiration promptement funeste. Si l'inflammation existe plus inférieurement, les phénomènes mécaniques de la respiration ne sont pas troublés, du moins primitivement; mais on observe un trouble plus ou moins prononcé dans la motilité ou la sensibilité des parties auxquelles se distri- buent les nerfs de la portion enflammée de la moelle. Si la lésion n'a son siége que dans les faisceaux antérieurs de la moelle, c'est dans les mouvements que le trouble se mani- feste; c'est dans la sensibilité, si elle est limitée aux faisceaux postérieurs; le sentiment et le mouvement sont troublés à la fois, si l'inflammation affecte simultanément les uns et les autres. De là les convulsions et les spasmes tétaniques, ou des paralysies plus ou moins étendues. Cette maladie exige, comme l'encéphalite, le traitement anti-phlogistique le plus actif.

MYGALE *mygale* (*arachn.*), genre de l'ordre des aranéides un des plus curieux que l'on connaisse par les mœurs des espèces qui le composent. Les yeux sont au nombre de huit, groupés et ramassés sur le devant du cephalothorax; les mâ- choires sont allongées, cylindroïdes, divergentes, creusées longitudinalement à leur côté interne. Les palpes insérée à l'extrémité des mâchoires sont allongée fusiformes; les pattes fortes, allongées, peu égales entre elles. Les mygales sont répandues dans toutes les parties du monde; elles sont chas- seuses, courent après leur proie et nichent dans l'intérieur des arbres, dans les creux des rochers ou dans des retraites qu'elles se creusent dans la terre. Parmi les espèces de ce genre; nous citerons la mygale pionnière très remarquable par ses mœurs. Ses mandibules grosses, inclinées, sont ar- mées d'un râteau formé de cinq ou six épines qui garnissent leur bord supérieur; cette espèce habite la Corse. La mygale creuse dans la terre argileuse une sorte de puits cylindrique d'environ 8 ou 10 centimètres de long, et enduit les parois avec un enduit soyeux, comme satiné ; puis avec des couches alternatives de terre gâchée et de fils réunis en tissus, elle fabrique un couvercle qui s'adapte très exactement sur l'orifice de son trou, et qui ne peut s'ouvrir qu'en dehors. Cette espèce de porte est retenue par une charnière formée par la continuation des couches filamenteuses, qui, du point de jonction, entourent les parois du tube situé au-dessous, et y constituent une espèce de bourrelet remplissant les fonctions de chambranle. La surface extérieure de ce couvercle est rugueuse, de manière qu'on peut très difficilement le distinguer du terrain qui l'environne ; mais sa surface interne est lisse et présente du côté opposé à la charnière une rangée de petits trous dans lesquels l'animal introduit ses griffes pour la tenir baissée lorsque quelque ennemi cherche à l'ouvrir par force.　　　　　　　　　　J. P.

MYOPE, s., celui, celle qui a la vue fort courte et qui ne peut voir les objets éloignés sans le secours d'un verre concave. Il s'emploie aussi adjectivement.

MYOPIE, s. f., état de ceux qui ont la vue courte, qui ne voient les objets que de près. On pense généralement que la myopie est la trop grande proéminence de la cornée, la surabondance des humeurs de l'œil, l'excès de densité du cristallin ou sa trop grande convexité, et en général tout vice de conformation qui fait converger les rayons lumineux de manière qu'ils se réunissent avant d'arriver à la rétine.

MYOSOTIS (*bot.*), genre de plantes de la famille des bovaginées, de la pentandrie monogynie de Linné. Ce genre se compose de plantes herbacées, généralement de taille peu élevée, presque toutes propres à l'ancien continent ; elles sont couvertes de poils serrés ; leurs feuilles sont courtement pétiolées ou sessiles ; leurs fleurs petites, élégantes, sont d'un joli bleu d'azur, roses ou blanches, les fleurs forment le plus souvent des cymes scorpioïdes pourvues quelquefois de bractées dans leur partie inférieure. Elles se composent d'un calice à cinq divisions égales, d'une corolle en entonnoir à tube droit, à cinq lobes obtus ; de cinq étamines incluses ; d'un pistil à stigmate obtus presque bilobé. A ces fleurs succèdent quatre nucules enfermées dans le calice, elliptiques, comprimées, lisses et glabres. L'espèce la plus intéressante et la plus connue de ce genre est le myosotis des marais (*myosotis palustris*). Cette jolie espèce est répandue dans les prairies et les lieux humides de toute l'Europe ; on la cultive généralement dans nos jardins à cause de ses charmantes petites fleurs bleues d'azur marquées de jaune à la gorge, et elle porte vulgairement les noms de gremillet et ne m'oubliez pas, en France, et celui de vergissmeinnicht en Allemagne où elle est très recherchée. De sa racine rampante et oblique s'élève une tige anguleuse haute de 2 à 3 décimètres, qui porte des feuilles oblongues lancéolées, un peu aiguës ; le calice à cinq dents porte des poils apprimés et non crochus comme dans ses congénères ; il s'étale autour du fruit. La corolle est trois fois plus grande que le calice, et le style égale presque ce dernier en longueur. On en connaît plusieurs variétés, dans l'une d'elles, les fleurs deviennent entièrement blanches.　　　　　　　　　　J. P.

MYOTOMIE, s. f., partie de l'anatomie qui a pour objet la dissection des muscles.

MYRIADE, s. f., t. d'antiq., nombre de dix mille. Il se dit dans le langage ordinaire, d'une quantité indéfinie et innombrable.

MYRIAMÈTRE, s. m., mesure itinéraire qui vaut dix mille mètres, environ deux lieues de poste.

MYRIAPODES, *myriapoda* (*artic.*). Les myriapodes que l'on désigne vulgairement sous le nom de mille-pieds, et que les anciens nommaient millipèdes, longtemps confondus avec les insectes, forment aujourd'hui une classe à part. Les myriapodes diffèrent beaucoup en effet des insectes et des arachnides, tant par leur conformation générale que par leurs mœurs. Ils respirent l'air au moyen de trachées comme les insectes. Ils ne portent jamais d'ailes, et leur corps divisé en un nombre considérable d'anneaux, porte sur chacun d'eux une paire de pattes au moins, ces pattes ne sont jamais moins de vingt-quatre, et sont souvent beaucoup plus nombreuses. Il n'existe aucune ligne de démarcation comme cela se voit chez les insectes entre le thorax et l'abdomen. Si leur organisation intérieure les rapproche des insectes, leurs formes les fait plutôt ressembler à des vers munis de pattes. Leur tête est garnie de deux petites antennes, et de deux yeux le plus souvent formés d'une réunion d'ocelles. Leur bouche conformée pour la mastication est composée d'une paire de mandibules, d'une espèce de

lèvre et de deux paires d'appendices semblables à de petits pieds. Le nombre des anneaux dont se compose leur corps varie, et souvent ils sont réunis deux à deux, de sorte que chaque tronçon mobile porte deux paires de pattes. Les myriapodes éprouvent dans le jeune âge des métamorphoses, mais non analogues à celles des insectes ; elles consistent seulement dans la formation de nouveaux anneaux et dans une augmentation correspondante du nombre des pattes. Cette classe se divise en deux groupes distincts, celui des chilognathes ou jules et celui de chilopodes ou scolopendres. (V. ces mots pour plus de détails.)　　　　　　　　　J. P.

MYRICA (*bot.*), genre de plantes de la diœcie tétrandrie de Linné, et qui constitue à lui seul la famille des myricées. Il renferme des arbrisseaux ou de petits arbres résineux à feuilles alternes, entières ou divisées sur leurs bords plus ou moins profondément, dont les fleurs sont dioïques ou monoïques ; les mâles sont réunies en chatons filiformes ; chacune d'elles est solitaire à l'aisselle d'une bractée accompagnée de deux bractéoles ; elle présente 2-8 étamines à anthères biloculaires ; les fleurs femelles forment des chatons ovoïdes et sont également accompagnées d'une bractée et de deux bractéoles ; elle consiste en un ovaire à une seule loge, à un seul ovule et que surmonte un style très court terminé par deux longs stigmates. Le fruit est un petit drupe à une seule graine dressée. Parmi les espèces de ce genre, deux méritent particulièrement de fixer notre attention, 1° le myrica gale, Lin. vulg. piment royal ou gale odorante, qui habite les lieux humides et marécageux du Nord et du centre de l'Europe, du nord de l'Asie et d'Amérique ; c'est un arbrisseau rameux de un mètre de hauteur, à écorce roussâtre parsemée de ponctuations blanches. Les feuilles dures, dentelées en scie, sont parsemées de points jaunâtres, résineux, elles sont odorantes. Le fruit est petit et odorant couvert aussi de points résineux. Dans quelques contrées on s'en sert pour le tannage et la teinture en jaune. L'infusion de ses feuilles était fréquemment usitée en Europe avant l'introduction du thé. La seconde espèce, le myrica cirier (M. Cerifera), vulg. arbre à cire ou cirier, croît dans les états méridionaux de l'Amérique du Nord. C'est un petit arbre toujours vert, qui s'élève à 3 ou 4 mètres de hauteur assez semblable du reste au précédent. Son fruit petit, globuleux est recouvert d'une matière blanche qui est de la cire, que l'on obtient en jetant les fruits dans l'eau bouillante. On en fait des bougies qui, en brûlant, répandent une odeur aromatique. Sa racine est astringente et employée en Amérique.　　　　　　　　　　J. P.

MYRMIDONS, peuples des contrées méridionales de la Thessalie, qui accompagnèrent Achille au siége de Troie. Ils reçurent leur nom de Mirmidon, fils de Jupiter et d'Eurymédusc. Quelques-uns disent qu'ils furent ainsi nommés parce qu'ils avaient été originairement fourmis. Mais, selon Strabon, ce nom leur fut donné parce qu'ils imitèrent les fourmis par leur diligence et leur zèle très pour les travaux de l'agriculture. On nomma aussi Myrmidons les habitants de l'île d'Egine.

MYRO, de Byzance, fut femme d'Andromaque le grammairien, dont elle eut Homère le poète tragique. Elle composa des vers élégiaques, dont Athénée fait un grand éloge. Myro vivait vers le temps de Ptolémée Philadelphe.

MYRONIDE, un des capitaines les plus habiles, quoique des moins célèbres qu'Athènes ait produits, s'acquit une gloire immortelle par la campagne qu'il fit 458 ans av. J.-C. Les Thébains s'étant alliés aux Lacédémoniens contre Athènes, Myronide, avec une armée peu nombreuse et même incomplète, les prévint, et marcha sur la Béotie. En vain la majeure partie des officiers voulait qu'il attendît le reste des troupes, Myronide, assuré de vaincre, craignant d'ailleurs que des guerriers si lents à venir ne fussent prompts à fuir, présenta la bataille aux Thébains, et remporta sur eux une victoire que l'on a comparée à celles de Marathon , de Salamine et de Platée ; puis il prit d'assaut Tanagre, une de leurs places les plus importantes, s'empara de toutes les villes de Béotie, la seule Thèbes exceptée ; soumit les Locriens Opontiens et les Phocéens, et pénétra jusque dans la Thessalie. Il revint après cela dans sa patrie, où il reçut les plus grands honneurs ; depuis l'histoire ne fait plus mention de lui.　　　　　　　　　　　　B.

MYRRHA, fille de Cinyre, roi de Cypre, étant devenue grosse à l'insu de son père, fut obligée, pour se dérober à sa colère, de s'enfuir en Arabie. Ovide dit qu'éprise d'un amour criminel pour son propre père, *elle* parvint au but de ses désirs à la faveur de la nuit, dans le temps qu'une fête séparait la reine de son mari ; que Cinyre, ayant fait apporter de la lumière, la reconnut et voulut la tuer, et que Myrrha alla chercher un asile dans les déserts de l'Arabie, où, confuse de son crime, elle pria les dieux de lui accorder de n'être ni au nombre des vivants, ni parmi les morts. Les dieux, touchés de ses remords, la changèrent en l'arbre qui porte le parfum précieux auquel elle a donné son nom.

MYRRHE, s. f., sorte de gomme odorante, médicinale, qui vient de l'Arabie heureuse.

MYRSILE, ancien historien grec, que l'on croit contemporain de Solon. Il ne nous reste de lui que des fragments recueillis avec ceux de Bérose et de Manéthon. ✿

MYRTACÉES (bot.), famille de plantes dicotyledones polypétales, à étamines périgynes, renfermant des végétaux ligneux frutescents ou arborescents, atteignant même quelquefois des proportions gigantesques (eucalyptus). Leurs feuilles sont simples, le plus souvent opposées, généralement parsemées de petits réservoirs glanduleux d'huile essentielle qui produisent l'effet de ponctuations translucides. Les fleurs sont parfaites, régulières; elles sont blanches, purpurines, rouges ou jaunes. Le calice est adhérent à l'ovaire 4–5 lobé, corolle à 4-5 lobes, alternes avec ceux du calice. Etamines nombreuses, ovaire adhérent, surmonté d'un style et d'un stigmate uniques et indivis. Fruit presque toujours couronné par le limbe du calice à loges en nombre variable. Cette famille renferme un nombre considérable de genres qu'il serait trop long d'énumérer ici ; nous renvoyons au Prodromus de De Candolle (t. III), où cet auteur a donné une bonne classification de cette famille. Le genre myrte (myrtus), qui a donné son nom à la famille des myrtacées, est surtout intéressant par l'une de ses espèces célèbre chez les anciens, et répandue dans le midi de l'Europe. Le myrte commun (M. communis), consacré à Vénus, dont les bosquets entouraient toujours les temples de cette déesse. Dans les banquets, les convives en ceignaient leur tête, et dans les jeux de la Grèce, les vainqueurs recevaient des couronnes de myrte. Le parfum de cet arbuste était très estimé des peuples de l'antiquité qui employaient ses branches et ses feuilles à parfumer le vin et les mets. On lui attribuait également de grandes propriétés médicinales, mais on ne le regarde guère plus aujourd'hui que comme un arbre d'agrément. Le myrte commun a donné par la culture de nombreuses variétés répandues dans nos jardins. Cependant on emploie encore en Italie et en Grèce ses feuilles pour le tannage, et en Toscane ses fruits en guise de poire. **J. P.**

MYRTILE, fils de Mercure et de Phaétus ou de Cléobule, ou de Clymène, ou de Myrto, était écuyer d'Œnomaüs, roi de Pise. Il domptait les chevaux avec tant d'art que ceux d'Œnomaüs étaient devenus par ses soins les meilleurs de la Grèce. Œnomaüs, instruit par l'oracle qu'il serait tué par l'époux de sa fille Hyppodamie, avait déclaré qu'il ne la donnerait en mariage qu'à celui qui le vaincrait à la course du char, et qu'il ferait mourir tous ceux qui succomberaient. Pélops entra en lice, sans être effrayé du sort de ceux qui l'avaient précédé. Mais il eut la précaution de gagner Myrtile, en lui promettant de partager avec lui les faveurs d'Hippodamie, si par son entremise il était vainqueur. Myrtile, qui lui-même aimait Hippodamie, donna à Œnomaüs un vieux char, qui se brisa au milieu de la carrière, et causa sa mort. Pélops remporta la victoire et épousa Hyppodamie. Myrtile ayant réclamé le prix de sa perfidie, Pélops le précipita dans la mer. Son corps fut poussé par les flots sur le rivage, et les Phénéates instituèrent un fête annuelle qui se célébrait la nuit; on attribuait à la vengeance qu'exerçaient ses mânes tous les malheurs des Pélopides. Il fut mis au rang des astres.

MYRTIS, femme grecque, née à Anthédon, en Béotie, l'an 500 avant J.-C., se distingua par ses talents poétiques. Elle enseigna les règles de la versification à la célèbre Corinne, rivale de Pindare, lequel prit aussitôt, dit-on, des leçons de cette muse. On trouve des fragments de ses poésies avec ceux d'Anyta.

MYSCELLE ou **MISCELLE**, Argien, fils d'Alémon, fonda Crotone, en Italie. L'oracle lui avait ordonné de bâtir une ville dans le lieu où la pluie le surprendrait au milieu d'un temps clair et serein. Il fut longtemps avant de comprendre le sens de cet oracle. Mais un jour ayant vu pleurer une belle femme, il prit ses larmes pour de la pluie. Selon quelques auteurs, Myscellus était fils d'Hercule. Ayant voulu s'éloigner de sa patrie sans la permission des magistrats, il fut traduit en jugement. Les juges opinèrent à la mort; mais, Hercule

ayant changé en fèves blanches les fèves noires qu'ils avaient jetées dans l'urne, il fut absous, quitta la Grèce, vint en Italie, et y bâtit Crotone.

MYSIE, contrée de l'Asie mineure, bornée au N. par la Propontide et le Pont-Euxin, au S. par la Lydie, à l'E. par la Bithynie, et à l'O. par la mer Egée. Elle était divisée en grande et petite. (V. MYSIE GRANDE, MYSIE PETITE.) Les Mysiens furent d'abord très belliqueux ; mais leurs descendants dégénérèrent, et se laissèrent battre et piller par les peuples voisins si souvent que l'on qualifiait de Mysien un homme sans forces et sans courage. Les Mysiens faisaient généralement le métier de pleureurs dans les funérailles, parce qu'ils étaient naturellement tristes et mélancoliques. Ils excellaient dans la musique, et surtout dans la danse armée. On croyait généralement dans l'antiquité que les habitants de la Mysie d'Asie étaient descendus des Mysiens ou Mésiens d'Europe, qui habitaient un canton de la Thrace, situé entre le Danube et le mont Hémus. Ils furent autrefois soumis aux rois de Perse; ils tombèrent ensuite sous la domination d'Alexandre et de ses successeurs. Vers l'an 283, Philétère fonda chez eux un royaume célèbre, qui prit le nom de royaume de Pergame, et qui subsista pendant près de 160 ans. Environ 126 ans avant J.-C., la Mysie fut réduite en province romaine, en même temps que quelques contrées voisines, sous le nom d'Asie proconsulaire. Dans le IVe siècle de l'empire, la Mysie prit le nom d'Hellespont, et le nom de Mysie ne désigna plus guère que la portion S.-E. de la province.

MYSTAGOGUE, s. m., t. d'antiquité grecque. Prêtre qui initiait aux mystères de la religion.

MYSTÈRE (du grec μνεω, j'initie, ou μνω, je ferme). Ce mot, qui signifie en général une chose sainte et cachée, a eu dans la religion chrétienne plus d'une acception. 1° On le trouve employé chez les saints pères pour indiquer les cérémonies qu'on tenait secrètes pour qu'elles ne fussent pas dénaturées par les infidèles: on recommandait alors le secret des mystères; 2° on s'en sert encore pour désigner les sacrements, soit à cause du secret qui les enveloppait primitivement, soit à cause des effets invisibles de la grâce qu'ils produisent ; mais on l'applique plus spécialement au saint sacrifice de la messe : on dit : célébrer les saints mystères. 3° Il exprime les divers événements de la vie du Sauveur : on dit les mystères de la Nativité, de la Passion, de la Résurrection. 4° Il signifie une vérité dogmatique hors de la portée de l'intelligence humaine, que l'esprit croit avec certitude, parce que c'est Dieu qui l'a révélée : c'est ainsi que nous croyons les mystères de la Trinité, de l'Incarnation, de la Rédemption, etc. Nous n'avons que peu de mots à dire du premier sens donné au mot mystère ; nous nous arrêterons plus particulièrement sur le dernier. La plupart des religions ont eu leurs mystères, c'est-à-dire leur côté secret qu'il n'était pas permis de divulguer, et qui ne devait être connu que des seuls initiés. Le mystère, chose sacrée, était l'opposé du profane, du vulgaire, chose apparente et connue. Chez les païens, nous trouvons les mystères d'Isis en Egypte, ceux de Cérès à Eleusis, ceux de la bonne déesse à Rome, etc, mystères que l'on s'engageait par serment à ne jamais révéler, ce qui faisait dire souvent à Hérodote, en parlant de certaines cérémonies égyptiennes : « J'en sais bien la raison, mais je n'ose pas la dire. » Dans ces mystères, on professait des doctrines qu'on n'osait porter à la connaissance du peuple, et on se livrait à des obscénités dont les saints Pères ont dévoilé toute la turpitude. On sait avec quel soin les Israélites tenaient les Gentils écartés de leurs cérémonies saintes ; s'ils leur permettaient d'approcher du temple, c'était dans un premier parvis, d'où il était impossible de rien voir. Eux-mêmes ne pénétraient jamais dans le sanctuaire, qui n'était ouvert qu'aux lévites. L'entrée du saint des saints était réservée au seul grand-prêtre, encore n'y entrait-il qu'un seul jour dans l'année. Les premiers chrétiens, obligés de se cacher pour célébrer le saint sacrifice et administrer les sacrements, gardaient le plus profond secret sur le but de leurs réunions, afin de ne pas se compromettre eux-mêmes, et surtout afin de ne pas exposer la sainte Eucharistie à la dérision et à la profanation des païens, qui n'eussent pas manqué de faire des choses les plus sacrées ce qu'ils faisaient des livres saints. On observait scrupuleusement ce précepte du Sauveur. « Ne donnez pas les choses saintes aux chiens, et ne jetez point les perles devant les pourceaux » (Math. 7). De là vient le nom de mystères donné aux sacrements. « On les cachait, dit Fleury, non-seulement aux infidèles, mais aux catéchumènes. Non-seulement on ne les célébrait pas devant eux, mais on n'osait même leur raconter ce qui s'y passait, ni prononcer en leur présence les paroles solennelles, ni même parler de la nature du sacrement. On en écrivait encore moins; et si dans un discours public, ou dans un écrit qui pût tomber en des mains profanes, on était obligé de parler de l'Eucharistie, ou de quelque mystère, on le faisait en termes obscurs et énigmatiques. Ainsi, dans le Nouveau Testament (Act. 11 et 20), rompre le pain, signifie consacrer et distribuer l'Eucharistie; ce que les infidèles ne pouvaient entendre. Cette discipline a duré plusieurs siècles après la liberté de l'Église. Il faut seulement excepter les apologies, dans lesquelles les pères ont expliqué les mystères pour justifier les chrétiens des calomnies qu'on leur imputait. » (Mœurs des chrétiens, chap. XV.) Dans l'acception la plus usitée, le mot mystère répond à celui de dogme (V. Dogme). C'est, nous l'avons dit, une vérité surnaturelle que l'esprit de l'homme ne peut comprendre, parce qu'elle est hors de sa portée, mais qu'il doit croire sur l'autorité de Dieu qui la révèle. Dans son orgueil, la raison humaine consent difficilement à reconnaître qu'il existe des vérités qu'elle ne peut découvrir par elle-même ni comprendre parfaitement : de là cette foule d'objections qu'elle multiplie contre les mystères; elle dirait volontiers, avec l'auteur des Fragments philosophiques : « Ce que l'on ne comprend pas est à notre égard comme s'il n'existait pas. » Elle demande du moins pourquoi des dogmes incompréhensibles à l'homme dans une religion faite pour l'homme? Pourquoi des mystères? Parce qu'ils appartiennent à l'essence même de la religion, et qu'une religion sans mystères est une religion impossible. La religion ne consiste-t-elle pas dans les relations de l'homme avec Dieu? Or, ce Dieu, avec lequel la religion nous met en rapport, n'est-il pas le premier, le plus grand des mystères? Un être infini, immense, n'est-il pas pour notre raison bornée comme un océan sans limites dans lequel elle se trouve noyée et perdue? Pour faire une religion sans mystères, une religion dans laquelle tout pût être compris, il faudrait commencer par en retrancher Dieu; car qu'est-ce que comprendre? D'après l'expression même, c'est saisir, embrasser en tout sens. Si Dieu pouvait être ainsi compris par la raison, il ne serait plus infini; il cesserait, par conséquent, d'être Dieu; et l'homme qui voudrait comprendre Dieu ne ressemblerait pas mal à un enfant qui voudrait saisir tout l'univers entre ses bras, et qui se fâcherait de ne pas réussir. Dieu, incompréhensible en lui-même, ne l'est pas moins dans ses rapports avec l'humanité. La religion me montre en lui une majesté suprême, infinie, devant laquelle je dois m'anéantir; une puissance sans bornes qui a donné l'être à tout ce qui existe; une Providence attentive qui pourvoit aux besoins de toutes ses créatures; une immense bonté qui multiplie les biens autour de moi; une sainteté parfaite qui s'indigne de la moindre faute; une justice exacte qui n'en laisse aucune impunie; et pourtant une longanimité patiente qui semble ne rien voir; une miséricorde inépuisable qui ne demande qu'à pardonner. J'aime, j'admire, je loue, je bénis chacune de ces perfections adorables; mais je sens qu'elles échappent à mon intelligence, et je ne puis que m'écrier : Vraiment, vous êtes un Dieu impénétrable! (Isaï., 45.) Il y a des mystères dans la religion! mais il y en a partout ailleurs; j'en vois partout autour de moi : il y en a dans les phénomènes du magnétisme et de l'électricité; j'en demande vainement raison à la science, elle ne peut me satisfaire. Il y en a dans la fleur que je cueille, dans l'insecte que j'écrase; la végétation et la vie sont des problèmes que je ne puis résoudre. Il y en a dans l'heure qui s'écoule, dans le lieu que j'occupe; qui me donnera des notions bien précises du temps et de l'espace? « Quand on ne me demande pas ce que c'est le temps, disait saint Augustin, je le sais ; et quand on me demande ce que c'est, je ne le sais plus » (St Aug., Confes., lib. 11, cap. 14). Je vois une foule de mystères en moi-même : quels sont les liens qui unissent en moi l'âme et le corps? Quelle action exercent-ils l'un sur l'autre? Comment agissent les sens? Pourquoi la vue appartient-elle exclusivement à l'œil, l'ouïe à l'oreille, le goût au palais? Pourquoi la main est-elle dépourvue des sensations accordées aux autres organes, tandis que ceux-ci partagent avec elle la faculté de toucher? Et si je suis tout rempli de mystères, dois-je m'étonner qu'il y en ait entre Dieu et moi, entre Dieu que je ne puis comprendre, et moi que je ne puis expliquer? On demande de quoi sert à l'homme de connaître et de croire des vérités qu'il ne peut comprendre. C'est demander de quoi lui sert de connaître Dieu. 1° Ces vérités incompréhensibles servent à montrer à l'homme le caractère de divinité dont la religion est empreinte : la religion, dépouillée de tout ce qu'elle a de mystérieux, et circonscrite dans le cercle étroit de notre intelligence, n'aurait plus rien qui la distinguât des conceptions humaines, des systèmes philosophiques plus ou moins parfaits; mais quand on peut dire : voici des vérités que jamais aucun homme n'eût pu inventer par imagination ou découvrir par raisonnement, et pourtant ces vérités sont étroitement unies entre elles et marquées au coin d'un merveilleux esprit de sagesse, il faut nécessairement remonter à une intelligence supérieure pour en trouver la source, et ainsi la sur-intelligible des mystères est une note de leur céleste origine. 2° L'homme s'était écarté de Dieu par un orgueilleux et vain désir de tout savoir : « Vous serez comme des dieux, avait dit le tentateur; vous saurez le bien et le mal. » Pour le ramener à Dieu, il fallait réprimer cet orgueil, dompter cette insatiable curiosité qui veut tout connaître : or, quel moyen plus efficace que de lui laisser entrevoir de loin quelques-unes de ces hautes vérités que son esprit ne peut atteindre, et devant lesquelles il est obligé de confesser la faiblesse, le néant de son intelligence. Nouvelle utilité de la connaissance des mystères. 3° En se révélant à nous, Dieu demande notre foi tout entière : c'est pourquoi il a entouré sa révélation de toutes les garanties de certitude; mais il veut que cette foi soit un hommage de confiance : c'est pourquoi il nous montre, dans cette même révélation, des profondeurs où notre esprit ne peut pénétrer, et que nous ne pouvons connaître que sur sa parole. Il y a dans la religion assez de lumières pour que notre foi soit raisonnable; il y a en même temps assez d'obscurité pour que cette foi soit méritoire. Que je croie, sur le témoignage de mes yeux, à l'existence d'un monument que j'admire tous les jours, il n'y a pas là de mérite; que j'admette, sur le témoignage d'un ami, un fait que je n'ai pas vu, c'est un hommage que je rends à la véracité du narrateur; et ainsi, quand je crois, sur la parole de Dieu, des vérités que je ne puis comprendre, j'ai le mérite de donner toute ma confiance à celui qui les révèle : autre utilité de la croyance des mystères. 3° Les dogmes, nous l'avons dit, sont les fondements de la religion, et par conséquent de la morale; et quoiqu'un écrivain ait dit que le Christ n'a pas dogmatisé, qu'il ne s'enquiert point de ce qu'on pense, mais de ce qu'on fait (Lamennais, Évangiles), la suppression des mystères entraînerait la suppression de la religion, la suppression de la morale. Sans les mystères de la vie future, quels attraits porteraient l'homme à la vertu, quelle crainte l'éloignerait du vice? Sans le mystère du péché originel, qui nous expliquera ce mélange, qui se trouve en nous, de bien et de mal, de grandeur et de bassesse, d'où nous apprenons à nous défier de nous-mêmes et à ne pas compter sur nos propres forces? Sans la divinité de J.-C., pivot de tous les mystères, où est la sanction de la morale évangélique? que devient l'Évangile même? Le mystère de l'Incarnation, en nous donnant la plus haute idée de notre nature, qu'un dieu seul pouvait rendre à sa dignité primitive, nous pénètre en même temps d'amour et de reconnaissance pour celui qui a daigné se charger de cette réparation. Les mystères de la vie et des souffrances de l'Homme-Dieu nous présentent un modèle achevé de toutes les vertus que le christianisme exige; et si la vue de perfection épouvante notre faiblesse, la grâce, nouveau mystère, nous rappelle que Dieu peut opérer en nous ce qui nous paraît impossible. Le mystère de la Rédemption est le livre des malheureux : la croix fait trouver à l'affligé du soulagement dans ses larmes; au pauvre, de l'espérance dans sa misère; au pécheur, du charme dans le repentir. Demandez au fidèle qui va recevoir l'Eucharistie, ou plutôt encore à l'enfant qu'on y dispose, ce que c'est que ce mystère si incompréhensible; cette pensée ne lui est pas même venue; mais il comprend qu'il sera heureux dès qu'il lui sera permis de participer à cette divine nourriture; que pour en être digne, il faut approcher autant que possible de la perfection; il se sentira en ce moment capable de tous les efforts, de tous les sacrifices; et si ce mouvement de ferveur ne dure pas toujours, le souvenir du moins excitera en lui plus d'une douce émotion, plus d'un désir de revenir à la vertu. Qu'on ne dise plus que les mystères sont inutiles, quand il peut en résulter d'aussi précieuses conséquences. Toutefois, ceux qui prétendent soutenir les droits de la raison sont loin de se rendre : «La raison, disent-ils, c'est la loi souveraine dans l'homme» (Matter, Manuel, 28) ; elle ne peut admettre des mystères qui la blessent. « La philosophie, c'est la lumière des lumières, l'autorité des autorités » (Fragm. philos., 2° préf.). Les mystères du christianisme sont une enveloppe usée, et comme une nuée obscurcie de mythes, de symboles et de figures que le soleil de la philosophie dissipera » Jouffroy, De la Sorb.) S'il est des personnes qui ont vu dans la philosophie moderne un soleil, il en est d'autres qui n'y voient tout au plus qu'une étoile nébuleuse, et qui assurent que, loin de dissiper aucun nuage, elle en amoncelle de nouveaux par l'obscurité de son langage, la confusion de ses systèmes, ses explications plus ou moins forcées, sa manie de trouver sous de prétendus symboles des vérités purement rationnelles; ces mêmes personnes ajoutent qu'il pourrait bien arriver que, par un changement de rôle, le christianisme fût le soleil destiné à dissiper les nuages de la philosophie, comme il en a dissipé tant d'autres. Quoi qu'il en soit, nous dirons que la raison a été donnée à l'homme, non pour être en lui la loi souveraine, la lumière des lumières, l'autorité des autorités, en un mot lui tenir lieu de Dieu, mais pour éclairer son esprit, comme les yeux éclairent le corps; pour comprendre et juger ce qui ne dépasse pas un certain cercle, comme les yeux voient ce qui est compris dans un certain rayon. Et parce que ses yeux ne peuvent voir partout à la fois, que les ténèbres et l'éloignement cachent une foule d'objets à ses regards, l'homme conclura-t-il que ses yeux sont inutiles, ou niera-t-il l'existence de ce qu'il ne peut voir? De même, parce que sa raison ne peut tout comprendre, puisqu'elle n'est pas infinie, peut-il conclure qu'elle ne sert plus à rien, ou rejeter les vérités qu'il ne comprend pas parmi les choses qui n'existent pas? Dire que la raison est blessée par les mystères qu'elle ne peut atteindre, n'est-ce pas comme si l'on disait que la vue est blessée par les objets qu'elle ne peut apercevoir? Loin de s'offenser des mystères, la raison, quand elle n'est pas égarée par l'orgueil ou d'autres travers, se plaît à les reconnaître, et c'est elle qui nous conduit à la foi. « C'est elle, dit M. Frayssinous (Confér. sur les mystères), c'est elle qui nous ouvre les portes du divin sanctuaire; c'est elle qui nous remet dans les bras de la religion, et nous laisse sous son empire. Guidé par la raison, je découvre que Jésus-Christ et les apôtres ont paru sur la terre, qu'ils ont donné des preuves manifestes de leur mission divine; j'ai sur ces faits le même genre de certitude que sur l'existence de César et sur ses conquêtes dans les Gaules. Ces faits, la raison les discute, les approdit : voilà sur quoi tombe l'examen du chrétien. Je vous invite, au nom de la religion, à examiner les titres qu'elle croit avoir à vos hommages; ils sont à l'épreuve du temps, de la critique et des passions conjurées; et quelques arguments de nos jours ne renverseront pas ce que dix-huit siècles de combats n'ont fait qu'affermir. Mais aussi, une fois que la raison nous a convaincus de l'autorité divine de Jésus-Christ et de ses disciples, cette même raison nous commande impérieusement de nous soumettre à leur enseignement, et d'abaisser notre faible intelligence devant l'intelligence suprême. Quand Dieu parle il faut bien que l'homme se taise. Ainsi, dites tant qu'il vous plaira, que la foi est obscure dans les objets de la croyance; qu'importe, si elle est très lumineuse dans les motifs que nous avons de croire? Oui, si la raison ne rend pas les mystères intelligibles, elle les rend certainement croyables. » L'auteur de l'Essai sur l'histoire, en soutenant qu'on ne croit que ce que l'on voit, ne s'aperçoit pas qu'il donne raison à l'ignorant contre toutes les démonstrations de la science. Un académicien dit à un homme sans instruction que ce soleil qu'il voit tous les jours se lever d'un côté et disparaître de l'autre, est immobile, tandis que la terre, sur laquelle il se croit bien en repos, tourne autour du soleil avec une effrayante rapidité; que ce même soleil, qui paraît avoir à peine deux mètres de circonférence, a p'usieurs millions de lieues d'étendue : l'homme du peuple refusera de croire; il pensera qu'on se moque de sa simplicité, de son ignorance : faut-il dire qu'il est dans la vérité, parce qu'il ne croit que ce qu'il voit? L'ignorant est obligé de s'en rapporter au savant, parce que celui-ci a quelques lumières de plus : et quand Dieu, l'intelligence infinie, s'adresse à l'homme, intelligence bornée, qu'il lui découvre l'immensité de sa grandeur, les merveilles de sa puissance, les trésors de sa bonté, celui-ci sera en droit de s'inscrire en faux et de dire : Je ne crois que ce que je vois! On dit que les mystères ne sont qu'un tissu de contradictions. Disons plutôt que nous croyons y voir des apparences de contradiction; car, pour être assuré qu'ils renferment des contradictions réelles, il faudrait les comprendre. Ainsi, nous pouvons dire qu'un cercle carré implique contradiction, parce que, connaissant la nature du cercle et celle du carré, nous jugeons qu'entre

les deux figures il y a complète incompatibilité; mais pouvons-nous raisonner ainsi des mystères? Pouvons-nous dire, par exemple, qu'il y a contradiction en un Dieu en trois personnes, quand nous ne comprenons ni l'essence ni la personnalité de Dieu? Nous croyons voir des contradictions dans les mystères, parce que nous voulons les juger d'après un cercle d'idées qui leur sont incompatibles. Si je voulais voir dans les plantes tout ce que je sens en moi-même, leur attribuer mes goûts, mes répugnances, mes joies, mes douleurs, peut-être aussi mon intelligence et ma volonté, je trouverais plus d'une contradiction, mais je dirais aussi plus d'une absurdité. De même, si je veux comparer l'infini que je ne comprends pas avec le fini que je vois, raisonner des personnes divines, dont je ne conçois pas la nature, d'après les personnes humaines qui m'entourent; mesurer les idées de Dieu sur les miennes, il est impossible que je ne rencontre pas une multitude de contradictions. Pourquoi? Parce que mes termes de comparaison sont faux. Dieu ne peut être comparé qu'à lui-même; il ne doit être jugé que d'après ce qu'il nous montre de lui. Si nos modernes écrivains s'étaient toujours servis de cette mesure, ils se seraient épargnés bien des erreurs.   L'abbé B–e.

MYSTÈRES. Les païens nommaient ainsi certaines cérémonies relatives au culte de leurs principales divinités : telles qu'Isis, Cérès, Bacchus, Mithras, les dieux cabires, etc., etc. Les plus célèbres mystères étaient ceux de Cérès et d'Isis, que l'on croit être les mêmes. On donnait spécialement le nom des mystères aux cérémonies du culte de Cérès. On les divisait en grands et petits mystères. Au moyen âge on appelait *Mystères, Miracles, Moralités,* des drames religieux, des légendes pieuses qu'on représentait en public les jours de fête. C'est dans ces représentations scéniques qu'il faut chercher les origines du théâtre moderne. *V.* Théâtre et Tragédie.

MYSTÉRIEUX, EUSE, adj., qui contient quelque mystère, quelque secret, quelque sens caché.

MYSTICISME, MYSTICITÉ. Ces mots, qui ont la même étymologie que le mot mystère, pourraient se définir par ces paroles de saint Paul : Vie cachée en Dieu, c'est-à-dire, vie contemplative. C'est, dit Godescard, « une connaissance expérimentale, un goût de Dieu, qui ne s'acquièrent point, et qu'on ne peut obtenir par soi-même, mais que Dieu communique à l'âme dans la prière et la contemplation. C'est un état surnaturel de prière passive, dans lequel une âme qui a crucifié en elle les affections terrestres, qui s'est dégagée des choses visibles, et qui s'est accoutumée à converser dans le ciel, est tellement élevée par le Seigneur, que ses puissances sont fixées sur lui sans raisonnement et sans images corporelles représentées par l'imagination. Dans cet état, par une prière tranquille, mais très fervente, et par une vue intérieure de l'esprit, elle regarde Dieu comme une lumière immense, éternelle; et, ravie en extase, elle contemple sa bonté infinie, son amour sans bornes, et ses autres perfections adorables. Par cette opération, toutes ses affections et toutes ses puissances semblent transformées en Dieu par l'amour; ou elle reste tranquillement dans la prière de la pure foi, ou elle emploie ses affections à produire des actes enflammés de louange, d'adoration, etc... » —Parmi les ouvrages attribués à saint Denis l'aréopagiste, il existe un livre sur cette matière, sous le nom de *Théologie mystique.* On trouve également d'excellentes maximes sur cet état d'oraison extraordinaire dans les Œuvres de sainte Thérèse, de saint Jean-de-la-Croix et de saint François-de-Sales. — « L'oraison et la théologie mystique, dit ce dernier (*Traité de l'amour de Dieu,* liv. 6, chap. 1er), ne sont qu'une mesme chose. Elle s'appelle théologie, parce que, comme la théologie spéculative, à Dieu pour son object, celle-cy aussy ne parle que de Dieu... Celle-là rend ses escoliers sçavans, doctes et théologiens; celle-cy rend les siens ardens, affectionnez amateurs de Dieu... Or, elle s'appelle mystique, parce que la conversation y est toute secrette, et ne se dit rien en icelle, entre Dieu et l'âme, que de cœur à cœur par une communication incommunicable à tout autre qu'à ceux qui la font. » —On conçoit facilement que cet état, par cela même qu'il est extraordinaire, peut offrir des dangers et des illusions. A côté des âmes privilégiées que Dieu se plaît à conduire par les voies sublimes de l'extase, et que nous appellerons les *vrais mystiques,* il est des imaginations ardentes qui, voulant s'élancer d'elles-mêmes dans ces hautes régions, s'égarent dans des rêveries, et vont même souvent plus loin : ce sont les *faux mystiques.* N'est-ce pas des principes erronés d'un prétendu mysticisme que sont venues les tristes doctrines des Béguards, des Fratricelles, des Quiétistes, etc. ? — C'est sans doute pour avoir confondu les vrais avec les faux mystiques, ou plutôt pour n'avoir vu que les aberrations et les abus, que tant d'écrivains de nos jours ont versé sur la vie contemplative tout le fiel de leurs satires. Nous avons lu, non sans surprise, dans un ouvrage tout récent (*Dictionnaire des sciences philosophiques*), cette indication, qui n'a pas besoin de commentaire : *Illuminés*, voyez *Mysticisme*. Ailleurs, ce genre de vie est appelé mélancolie, délire, fanatisme, extravagance, etc. Les uns ne voient dans ceux qui se livrent à la contemplation que de pieux fainéants, d'une complète inutilité ; d'autres, des esprits étroits, superstitieux et crédules. Puis, quand par toutes ces diatribes ils sont parvenus à couvrir la contemplation d'une sorte de mépris, à en rendre le nom ridicule, ils jettent ce nom comme une flétrissure à la face de ceux qui croient aux mystères, c'est-à-dire de tous les vrais catholiques. — Si des injures méritaient une réponse, il nous serait facile d'en trouver pour chacune de ces allégations, et nous pourrions dire : 1° que celui qui prie pour les autres et surtout pour ceux qui ne prient pas, quand même il n'aurait pas d'autre occupation, n'est pas aussi inutile qu'on le suppose ; 2° que nous avons à citer, parmi les mystiques, des noms qu'on ne peut taxer de superstition ou de crédulité ; 3° que le mysticisme est un état extraordinaire qui n'est nullement la vie commune des catholiques, qu'il consiste dans la méditation et la contemplation de Dieu, et non dans la croyance des mystères. — Mais il est une accusation plus spécieuse, à laquelle nous devons nous arrêter. Jouffroy, dans son *Cours de droit naturel*, a consacré toute une leçon à montrer le mysticisme comme une erreur qui détruit toute l'activité humaine, et réduit l'état de l'homme à une passive et continuelle contemplation. Le mysticisme, selon lui, n'est autre qu'un quiétisme absolu, non moins physique que moral. Et ce quiétisme, il le voit, non pas seulement chez ceux que nous avons appelés faux mystiques, mais chez tous ceux qui ont embrassé la vie ascétique, particulièrement chez les solitaires des premiers siècles du christianisme. — Pour réfuter cette étrange assertion, nous pourrions dire que le quiétisme physique est réprouvé par ces paroles de saint Paul : *Si quis non vult operari, nec manducet* ; le quiétisme moral par les censures et les anathèmes de l'Église ; tandis que le vrai mysticisme n'a rien, dans l'Église, que des applaudissements et des éloges ; ce n'est donc pas une seule et même chose. Nous pourrions ajouter que l'imputation de quiétisme se trouve réfutée par le nom d'*Ascètes* laborieux) donné aux anciens solitaires, et dans la suite à tous les contemplatifs : nulle part, en effet, l'activité humaine n'a été exercée autant que chez eux, par un combat opiniâtre contre les passions, par une résistance continuelle à toutes les inclinations, à tous les penchants de la nature. Il est vrai que les mystiques eux-mêmes ont reconnu une distinction, peut-être même une sorte d'opposition entre la vie contemplative et la vie active ; entre les ordres religieux actifs qui se consacrent au service de l'humanité et les ordres contemplatifs, qui se vouent plus spécialement à la prière. Est-ce à dire qu'il existe entre les uns et les autres la différence du travail au repos, du dévoûment à l'égoïsme, de l'activité à l'inertie ? Non : chez les uns comme chez les autres, on trouve une grande, une immense activité ; seulement, chez les premiers, elle se dirige plus vers le prochain ; chez les seconds, elle tend plus directement vers Dieu. Dira-t-on qu'un genre de vie est préférable à l'autre ? Nous répondrons : oui ; c'est celui auquel on est appelé de Dieu. Et saint François-de-Sales répondra à son tour : « Que Marthe soit active ; mais qu'elle ne contrôle point Marie : que Marie contemple ; mais qu'elle ne méprise point Marthe : car Nostre Seigneur prendra la cause de celle qui sera censurée. » Sans doute, si l'un ou l'autre était exclusif, si la vie contemplative et la vie active se repoussaient mutuellement, il y aurait abus. Mais, loin qu'il y ait entre les deux aucune incompatibilité, elles se prêtent un appui réciproque : de même que l'hospitalier a recours à l'oraison pour ranimer son courage et son dévoûment, de même aussi le contemplatif a recours au travail des mains ou de l'esprit pour reposer son âme et lui donner un nouvel élan vers Dieu. Ne sont-ce pas des moines contemplatifs qui ont défriché les contrées jadis les plus sauvages, aujourd'hui les plus fertiles de l'Europe ? N'est-ce pas à eux que la littérature, la science, la religion doivent la recherche, la découverte, la conservation, la reproduction des plus précieux trésors ? Tous ceux qui connaissent la vie d'une sainte Thérèse ou d'un saint François-de-Sales, doivent comprendre que le mysticisme, loin d'être essentiellement un état d'inertie, peut au contraire s'allier avec la fatigue du travail et le dévoûment de la charité. — Aux yeux de Jouffroy, le type du mysticisme, c'est-à-dire, selon lui, de la pieuse inactivité, c'est saint Siméon Stylite. Il n'est pas ici question d'établir une polémique pour ou contre un genre de vie entièrement étranger à nos mœurs ; il s'agit seulement de voir si l'exemple est d'accord avec les idées de celui qui le cite ; or, nous sommes forcés de dire que notre philosophe a pris un exemple qui prouve contre lui-même : car personne ne fut plus actif que le saint dont il parle. Cette colonne, où Siméon s'était retiré pour converser plus librement, plus intimement avec Dieu, fut à la fois une chaire d'où il instruisait la multitude, une arène où il soutenait les intérêts de l'Église, un tribunal de paix où il jugeait et terminait de nombreux différends. L'affluence de ceux qui chaque jour le visitaient pour recevoir ses avis ; les catholiques qu'il affermissait dans la foi ; les hérétiques dont il combattait les erreurs ; les magistrats et les princes, qui le consultaient sur les matières les plus importantes ; les évêques et les empereurs avec lesquels il était en correspondance ; les Ibères, les Arméniens, les Arabes, les Perses, qui avaient été convertis par ses paroles et baptisés par ses mains, sont autant de témoins qui déposent contre les assertions susdites, et qui semblent dire hautement à ceux qui seraient tentés de tenir encore un pareil langage sur le mysticisme :

Et vous, pour en parler, vous y connaissez-vous ?

L'abbé B-e.

MYSTIFICATEUR, s. m., celui qui a le goût, l'habitude de mystifier, celui qui en fait métier.

MYSTIFICATION, s. f., action de mystifier.

MYSTIFIER, v. a., abuser de la crédulité de quelqu'un, pour s'amuser à ses dépens.

MYSTIQUE, adj. des deux genres. Figure allégorique. Il ne se dit que des choses de religion. Il signifie aussi qui raffine sur les matières de dévotion et sur la spiritualité. Il s'emploie quelquefois substantivement dans ce dernier sens.

MYSTRE, s. m., t. d'antiq. Une des mesures dont les Grecs se servaient pour les liqueurs.

MYTHE (du grec μῦθος, fable, tradition populaire). On entend par ce mot d'importation récente et renouvelé de Varron, un événement fabuleux, ou au moins dénaturé, que le vulgaire a reçu et accrédité comme un fait réel et tout-à-fait historique. Pendant longtemps les hommes n'eurent d'autres moyens que la parole pour se communiquer réciproquement les faits et en conserver le souvenir. La tradition orale, c'est l'histoire primitive. Cette tradition, livrée aux infidélités de la mémoire, aux caprices de l'imagination, ne pouvait pas toujours demeurer à l'abri des altérations. Pendant quelque temps, du moins, tant que le genre humain ne forma qu'un seul peuple, elle eut, pour les faits principaux, la garantie du témoignage universel ; mais quand la variété des langues eut fait les différentes nations et établi entre elles une sorte de barrière, l'erreur, appuyée d'une main sur l'exagération et le mensonge, et de l'autre sur l'ignorance et la crédulité, se répandit parmi les peuples, surtout parmi ceux que n'éclairait plus la révélation ; elle y confondit tous les souvenirs, y altéra tous les faits, y enfanta mille fables qui ne furent plus démêlées de la vérité : de là l'incertitude, l'obscurité, l'absurde, qui entourent le berceau de presque tous les peuples ; de là cette maxime de Th. Heyne, que nous n'admettons pourtant qu'avec réserve : *A mythis omnis priscorum hominum cum historia tum philosophia procedit.* Après l'invention de l'écriture, qui devenait un moyen de conservation pour les faits historiques, l'erreur trouva de puissants auxiliaires dans l'imagination des poètes et le génie des artistes : les uns et les autres, usant largement du privilège de tout oser qu'ils ont toujours eu, suivant Horace, revêtirent leurs pensées de mille formes allégoriques, que le vulgaire ne manqua pas de prendre pour la réalité : de là une grande partie des fables de la mythologie païenne. C'est ainsi que la foudre devint une arme dont Jupiter effrayait le monde, la tempête un effet du courroux de Neptune, l'écho une nymphe malheureuse et plaintive, etc. Nous voyons, jusque sous l'empire du christianisme, la plupart des traditions populaires prendre leur source dans une interprétation littérale des fictions de la peinture ou de la sculpture. D'où viennent, par exemple, toutes ces légendes sur une foule de martyrs qu'on dit avoir relevé et porté leur tête tranchée par le glaive, si ce n'est d'une statue ou d'une verrière qui rappelait ainsi le genre de leur supplice ? Et tous ces récits détaillés de dragons de toutes formes et de tous noms qu'on suppose avoir ravagé la plupart des villes et des provinces de France jusqu'à ce qu'un saint en eût délivré le pays, le Bailla de Reims, le Graouilli de Metz, la Tarasque de Tarascon, la Gargouille de Rouen, la Grand'gueule de Poitiers, et bien d'autres, n'ont-ils pas leur origine dans la représentation symbolique de quelque fléau détourné par les prières d'un saint, ou plutôt encore du paganisme détruit par les prédications d'un apôtre? Si le mot mythe eût été employé uniquement dans ce sens, il eût été favorablement accueilli; et, tout en conservant le mot fable pour les fictions du paganisme, le mot légende pour celles du moyen-âge, on eût réservé mythe pour toute tradition allégorique, destinée primitivement à transmettre un fait réel, et prise dans la suite pour le fait même. Mais le mot rationalisme moderne, à qui l'on doit ce mot, lui a donné une toute autre portée, il l'a créé dans un but tout spécial; et ce but, le voici : La philosophie du xviiie siècle avait épuisé contre les livres saints toutes les arguties de la chicane, tous les traits de la satire; elle avait versé à flots le ridicule, le sarcasme et l'injure sur tout ce qu'il y a de plus sacré : à ses yeux les dogmes étaient autant d'absurdités; les miracles, des fables ou des jongleries; ceux qui les enseignaient, des imposteurs ou des fanatiques; ceux qui les croyaient, des dupes et des imbéciles. C'était une fièvre d'impiété dont les accès ne pouvaient durer toujours. La majesté des écritures, la beauté de la religion chrétienne, la sainteté de son auteur, commandaient trop bien le respect pour ne pas l'obtenir : l'insulte a fini par ne plus rencontrer d'échos, et le mépris public a fait justice des blasphèmes. Obligée de changer de ton et de langage, la philosophie changea-t-elle de sentiment? Il est permis d'en douter. Elle s'en alla déterrer en Allemagne je ne sais quel système de métaphysique nébuleuse qui s'affublait d'expressions plus nébuleuses encore; puis on la vit, convertie en apparence, affecter un profond respect pour le Christ, dont elle vantait la sagesse; pour l'Evangile, dont elle exaltait la morale; pour la religion, qu'elle reconnaissait comme un progrès. On ne rejetait plus les livres de l'ancien ou du nouveau Testament comme un tissu de mensonges; on voulait bien y voir un récit vraiment historique; seulement on déclarait ne pouvoir admettre, au moins dans le sens littéral, ce qui présente un caractère surnaturel, c'est-à-dire, les mystères et les miracles. Mais comment envisager cette partie de l'histoire biblique? La traiter de fable, c'était se rapprocher du xviiie siècle, c'était effaroucher les esprits et discréditer le nouveau système. Il fallait quelque mot vague, dans laquelle il ne mît moins effrayant, et dont l'élasticité, si je puis m'exprimer ainsi, pût s'accommoder à toutes les interprétations. On donna donc le nom de symboles aux dogmes, c'est-à-dire, aux vérités qui sont au-dessus de la portée de l'intelligence humaine, et celui de mythes aux prodiges, c'est-à-dire aux faits qui sortent de l'ordre naturel. Ainsi, dans ce système, ce que nous appelons mystère n'est plus qu'une idée purement rationnelle, revêtue d'expressions politiques; et ce qui nous paraît prodige n'est qu'un événement très ordinaire embelli par des fictions. Ainsi encore, dans toutes les religions passées, présentes ou futures, le même système distingue la partie substantielle, qui lui paraît la vérité, toujours invariable, toujours la même dans tous les temps et dans tous les lieux, et la partie symbolique ou mythique, dans laquelle il ne voit qu'une forme, une écorce, et qui peut varier à l'infini, suivant les lumières et le génie des peuples. Il y a donc, à ses yeux, une mythologie chrétienne, qui marche de front avec les mythologies grecque, indienne, ou scandinave; puis, les Evangiles peuvent être reçus au même titre que les livres apocryphes; on ne doit ni les admettre ni les rejeter les uns plus que les autres, parce que tous offrent les mêmes caractères de vérité, un fond identique d'histoire; tous présentent les mêmes éléments mythologiques, un récit plus ou moins chargé d'événements merveilleux. Avec un langage modéré, presque convenable, qui semblait ne plus offenser aucun culte, mais les respecter tous, le rationalisme était sûr de trouver des adeptes, en offrant un aliment à la curiosité, en promettant de porter la lumière dans les parties obscures de la religion, de dissiper comme un nuage le merveilleux qui l'enveloppe, et de donner la solution de tous les mystères. Mais il ne suffisait pas d'inventer une théorie, il fallait la mettre en œuvre : là se trouvait la difficulté. La nouvelle école, à peu près d'accord sur les principes généraux, se divisa dans l'application. Les naturalistes admirent comme réels les différents faits de l'ancien et du nouveau Testament, en les soumettant à une interprétation soi-disant naturelle qui en faisait disparaître tout le merveilleux. Ainsi, ce qui s'était passé sur le

mont Sinaï, lors de la publication de la loi, n'était autre chose qu'un feu allumé par Moïse pour frapper l'imagination du peuple, avec la coïncidence fortuite d'un violent orage; et l'apparence lumineuse de sa face était la suite d'un grand échauffement. Les circonstances du baptême du Sauveur se réduisaient à un éclair qui avait paru ouvrir le ciel, à un coup de tonnerre qui était une sorte de voix céleste, à une colombe familière qui était venue se reposer sur la tête de Jésus, etc. Ce système, comme on le voit, rejetait le merveilleux, mais il admettait l'absurde. Les spiritualistes, au contraire, rejetèrent toute réalité, et ne virent dans les récits des écrivains sacrés qu'une série d'allégories poétiques. Selon eux, la tentation et la chute d'Adam et d'Eve ne sont qu'un symbole inventé pour expliquer l'origine du mal sur la terre; l'incarnation du fils de Dieu signifie simplement les relations de Dieu avec la raison humaine par la manifestation de la vérité, qui est son verbe; etc. Une troisième secte, celle du mythe proprement dit, prit entre ces deux extrémités une sorte de voie moyenne : elle établit une distinction entre les faits, admettant les uns, rejetant les autres, interprétant le tout à son gré; Strauss, le coryphée de cette dernière classe, a découvert dans les livres saints ce qu'il appelle des mythes poétiques, c'est-à-dire, des récits où la substance même du fait ont disparu sous les ornements d'une riche imagination; et des mythes historiques, c'est-à-dire, ceux où des faits réels apparaissent sous le voile des embellissements dont ils sont surchargés. Si vous demandez au nouveau docteur le secret de sa méthode, et comment vous parviendrez à discerner ce qui est mythe de ce qui est histoire, vous serez heureux si vous pouvez le comprendre, car il est fort douteux qu'il se soit compris lui-même. Toutefois, à travers ses hésitations, ses peut-être, vous pourrez découvrir que, selon lui, « un récit n'est pas historique, ce qui est raconté n'est pas arrivé de la manière dont on le raconte : 1° Quand les événements relatés sont incompatibles avec les lois connues et universelles qui règlent la marche des événements (Vie de Jésus, Introd., § XV, p. 107). Ce qui veut dire que, pour lui, tout miracle est une fable; 2° Si le fond d'un récit concorde d'une manière frappante avec certaines idées qui prévalent dans le cercle même où ce récit est né, et qui semblent plutôt être le produit d'opinions préconçues que le résultat de l'expérience (Vie de Jésus, p. 110). Autrement, et en termes plus clairs, l'accomplissement des prophéties n'est qu'un mythe; 3° Quand la relation est en désaccord avec elle-même ou avec d'autres relations (Vie de Jésus, p. 109). De sorte que la moindre variante dans le récit des différents Evangiles doit rendre ce récit suspect. Et ne croyez pas qu'il s'en tienne là; suivez-le, si vous en avez le courage, dans l'analyse qu'il fait subir aux chapitres, aux versets de l'Evangile, vous verrez qu'à ses yeux il n'y a plus rien de réel, rien d'historique; non-seulement les miracles et la divinité du Sauveur, mais ses actions, ses paroles, sa personne même, pour lui tout est douteux, tout est mythe. Nous pourrions tirer quelque argument des cent et une contradictions qui ont partagé les rationalistes en autant de camps, et les laisser se démêler entre eux jusqu'à ce qu'ils soient parvenus à s'entendre. Mais comme le dernier système a eu quelque retentissement, nous allons essayer de l'examiner. Pour apprécier l'importance du système de Strauss, il suffit de voir le peu de solidité des fondements sur lesquels il s'appuie. Il prétend qu'un récit n'est pas historique quand il renferme du merveilleux. Est-ce à dire que le merveilleux ou le miracle est impossible? On connaît la réponse de J.-J. Rousseau; nous ne voulons pas nous en servir contre le docteur germanique; nous lui dirons seulement : On a mille fois démontré que la même puissance qui a fixé les lois de la nature peut également déroger à ces lois; que cette dérogation n'est nullement contraire à la sagesse ou à l'immutabilité de Dieu (Voy. MIRACLES). Or, si le miracle est possible, pourquoi refuser d'y croire quand même? Il y a plus : on a démontré encore que d'une fois des miracles ont été opérés, qu'ils ont été certifiés par de nombreux témoins oculaires et dignes de toute confiance; et ces témoins qui disent : « Nous avons vu, » ces témoins qui se font égorger pour attester ce qu'ils disent, il faudra les taxer d'ignorance ou d'imposture, uniquement parce qu'ils annoncent des événements merveilleux dans lesquels notre Allemand ne peut reconnaître une relation historique! Un miracle est un fait qui se prouve comme tous les autres faits; s'il est invinciblement prouvé, c'est un fait certain, un fait historique, qu'on ne peut plus reléguer parmi les mythes. La question est donc de savoir, non pas si ce fait est merveilleux ou non, mais s'il est authentique et réel; le principe de Strauss est donc évidemment faux. Et quand il vient nous dire « qu'il faut tenir compte des lois psychologiques, qui ne permettent pas de croire qu'un homme ait senti, pensé, agi autrement que ne le font les autres hommes; » il ne voit pas que, d'après cette règle, ce n'est pas seulement le surnaturel, mais aussi l'extraordinaire qu'il faut rejeter. « Avec cette étroitesse de principes, dit M. Roselly de Lorgues, on détruit la poésie, l'histoire. L'ascendant d'un homme sur une armée, de l'orateur sur le forum, de Pierre l'Hermite sur l'Eglise chrétienne, de François Xavier sur les nations idolâtres, devient fabuleux. Tout acte de haute domination, toute résolution d'héroïsme et d'impétueux enthousiasme doit paraître mythique. Il n'est pas même jusqu'à la puissance d'un dompteur d'animaux, exercée chaque soir dans les théâtres des capitales, qui ne devienne chose impossible. » Pourquoi? Parce que les lois psychologiques ne permettent pas de croire qu'un homme ait senti, pensé, agi autrement que les autres. Le professeur de Tübingen ne veut voir qu'un mythe dans un récit dont le fond concorde d'une manière frappante avec certaines idées qui prévalent, avec certaines opinions préconçues.

Je n'aurais jamais, quant à moi,
Trouvé ce secret, je l'avoue.

Nous avons eu jusqu'ici la simplicité de croire que, pour juger un récit historique, il ne s'agit pas de connaître le degré de concordance ou d'opposition que ce récit peut avoir avec telle ou telle idée antérieure, mais bien de savoir si le fait raconté est réellement arrivé, s'il repose sur des témoignages certains et authentiques. Comme nous n'avons aucune raison pour changer d'avis, nous nous inscrirons en faux contre le second principe de Strauss, jusqu'à ce qu'il soit complètement démontré. Notre docteur conteste la valeur historique d'une relation, quand cette relation est en désaccord avec une autre, ou avec d'autres. Sans doute il est possible de les concilier en aucune manière, il faut nécessairement qu'il y ait erreur dans l'un ou dans l'autre; mais si la contradiction n'est qu'apparente, si elle tombe uniquement sur certains détails que notre ignorance seule ne nous permet pas de coordonner parfaitement, en quoi peut-elle nuire à la vérité? De fréquentes antilogies se rencontrent chez presque tous les historiens : comparez, par exemple, plusieurs histoires de la révolution française, celles de M. Thiers, de M. de Conny, de M. Gabour : ce sont bien les mêmes faits, les mêmes évènements qui y sont rapportés; et pourtant vous trouvez dans le récit d'énormes différences, de nombreuses contradictions : en conclurez-vous que ces récits sont mythiques, que la révolution elle-même n'est qu'un mythe? Avec une semblable méthode de raisonnement, ce n'est plus seulement l'Evangile, c'est l'histoire tout entière, et surtout l'histoire contemporaine, qu'il faut appeler mythologie. Les allégations de ceux qui veulent voir des mythes dans l'Ecriture sainte trouvent leur réfutation complète dans les arguments qui établissent l'authenticité, la véracité et l'inspiration des livres saints. Nos lecteurs connaissent trop bien ces démonstrations qu'ils ont lues dans les ouvrages de Huet, de Duvoisin et d'autres, pour qu'il soit nécessaire de les reproduire ici. Nous nous contenterons seulement de dire comme conclusion de ces arguments : puisque les livres de l'Ancien et du Nouveau Testament ont été écrits par des personnes contemporaines, qui avaient été acteurs ou témoins des faits qu'ils rapportent, ou qui du moins en étaient parfaitement instruits; puisque ces témoins ne peuvent être soupçonnés d'erreur ou de mauvaise foi, ce qu'ils ont écrit est donc la vérité, c'est de l'histoire, et non du mythe. « Car, comme le dit M. Glaire (Introd. aux livres de l'Anc. et du Nouv. Test., t. I), pour qu'un fait se dénature et prenne une couleur fabuleuse, il faut qu'il passe de bouche en bouche, qu'il se charge, au moyen de cette tradition, de nouvelles circonstances de plus en plus extraordinaires, jusqu'à ce qu'il dégénère en un fait vraiment fabuleux. Ce n'est pas autrement que les rationalistes expliquent la formation du mythe historique. Or, cela peut se concevoir jusqu'à un certain point pour des faits anciens, qui, ayant passé pendant longtemps par différentes bouches, ont pu se charger de circonstances étrangères et devenir fabuleux. Mais supposer une pareille transformation par rapport à des faits récents que les apôtres ont vus de leurs propres yeux ou pu apprendre de la bouche de ceux qui les avaient vus, c'est ce que n'admettra jamais un critique, quelque peu de lumière qu'on lui

suppose. » Dira-t-on que les documents de l'histoire primitive n'ont pu se conserver sans altération jusqu'au temps de Moyse, qu'ils ont dû se grossir des additions de l'imagination poétique, comme cela est arrivé pour les traditions des autres peuples. Cette difficulté n'existe pas pour ceux qui reconnaissent l'inspiration des livres saints; et cette inspiration, comme on le sait, a été cent fois démontrée. A ceux qui ne voient dans Moyse qu'un historien ordinaire, nous répondrons avec Jahn, traduit par M. Glaire : « Chez presque tous les peuples, la mythologie s'est exercée dans la nuit des temps, lorsque l'imagination ne redoutait pas les faits, et elle s'est éteinte dès que l'histoire a commencé. Les anciens monuments des Hébreux, au contraire, sont moins remplis de choses prodigieuses dans les temps antiques que dans les temps plus modernes. Si l'écrivain qui rassembla la tradition des faits eût eu pour but de nous donner un amas de légendes douteuses, de fictions, de mythes, il les eût placés surtout dans les temps antiques; il ne se fût pas exposé à être contredit en les plaçant dans un temps plus moderne, où l'histoire positive aurait eu mille moyens de les combattre et de les détruire. Ainsi, l'absence de prodiges dans les premiers récits de son histoire et le peu de détails qu'elle présente, tout vient que du soin scrupuleux qu'il mit à ne rejeter tout ce qui lui parut douteux, exagéré, extravagant, indigne d'être relaté. Il a peu raconté, parce que ce qui lui parut tout-à-fait véritable se bornait à ce qu'il raconte. Rien de plus imposant à signaler dans la Bible, que le peu de prodiges très antiques et l'abondance des prodiges plus modernes. C'est le contraire qui arrive chez les autres peuples. » Quant au mode de transmission de ces évènements, nous dirons, avec le même auteur, que « leur petite étendue rendait précisément leur conservation plus facile et plus concevable : ils furent sans doute écrits à une époque où les traditions des autres peuples n'avaient pas encore été rédigées. Leur forme écrite, leur langage simple, leurs notions précises et élémentaires, tout cela est si frappant, que si l'historien qui les rassembla eût essayé de les interpoler, il se fût indubitablement trahi de deux manières, par ses idées plus modernes et par son langage plus recherché. » Sans doute il y a dans l'Ecriture des livres tout poétiques, tout parsemés d'ornements, de figures et d'allégories : tels sont les psaumes, les cantiques, les prophéties, l'Apocalypse, etc.; dans l'Evangile même on trouve des images et des traits symboliques destinés à faire chercher plus ardemment la vérité, en la cachant à demi sous le voile de la parabole : une seule lecture suffit pour faire découvrir dans ces livres, dans ces passages, ce qu'il y a de figuré. Mais en même temps il y a des livres purement historiques, dont le style simple ne comporte aucune pensée d'allégorie : or, c'est précisément dans ces livres historiques, c'est dans ce style simple que sont racontés les miracles qui arrêtent les rationalistes. Et si l'on veut voir des mythes dans la partie merveilleuse, il faut en voir aussi dans tout le reste : car ces miracles sont tellement engrenés avec les faits qui précèdent ou qui suivent, que nier les uns c'est nier les autres, c'est rompre l'enchaînement de l'histoire, c'est la rendre impossible. Par exemple, si la résurrection de Jésus-Christ n'est qu'une fiction, un récit mythique, les actes des apôtres sont inadmissibles, la conversion des juifs et surtout celle de saint Paul sont des absurdités, l'établissement de la religion chrétienne est inexplicable : au lieu que tout s'explique et s'enchaîne de la manière la plus claire et la plus naturelle, si l'on admet ce grand évènement comme un effet de la puissance divine, comme la source et la cause de la propagation du christianisme. Pour en finir avec les partisans des mythes évangéliques, nous leur demanderons : puisque, selon vous, la plupart des faits de l'Evangile sont autant de mythes, dites-nous dans quel sens ces faits ont été interprétés par le Christ, les apôtres, les évangélistes, qui les ont enseignés ou écrits; par les confesseurs, les martyrs qui les ont attestés au péril ou au prix de leur vie; par toute l'église primitive qui les a reçus pour les transmettre aux générations suivantes? Ont-ils été entendus dans votre sens ou dans le nôtre? Si, comme vous, on n'a vu alors dans les miracles de l'Evangile que des fictions poétiques, il faut dire que le Christ et ses disciples, les pasteurs et les pères de l'église, l'église entière elle-même, sont autant d'imposteurs qui se sont entendus pour tromper les hommes en leur donnant comme réels des faits imaginaires auxquels ils ne croyaient pas : il est prouvé par mille passages des livres saints, par la tradition tout entière, que les premiers propagateurs de la foi se sont toujours appliqués à persuader aux hommes que les merveilles qu'ils opéraient ou qu'ils racontaient n'avaient d'autre source que l'intervention divine; et nous défions hardiment tous les rationalistes de citer un seul texte de l'Ecriture ou des pères qui prouve que l'ensemble des miracles évangéliques ait jamais été interprété autrement. Or, s'il ne faut plus voir dans le Christ qu'un imposteur, dans les apôtres que des insensés qui se faisaient tuer pour des fables auxquelles ils n'ajoutaient aucune foi, dans les martyrs que des dupes qui donnaient leur vie pour des chimères, autant revenir à la philosophie du xviiie siècle, qui n'a été rejetée que pour de semblables absurdités, et qui du moins avait sur la vôtre l'avantage de ne pas dissimuler ses attaques sous la forme d'un respect hypocrite. Si, au contraire, les miracles de l'Evangile ont toujours été considérés comme nous les considérons encore aujourd'hui, c'est-à-dire comme des faits réels, des événements historiques, il faut dire, dans l'hypothèse rationaliste, que le véritable sens de ces faits a été inconnu de tous ceux qui les ont vus, publiés, écrits ou opérés : ainsi Jésus-Christ ne comprenait pas ce qu'il faisait; les apôtres, ce qu'ils enseignaient; les martyrs, pourquoi ils mouraient; les docteurs, ce qu'ils défendaient dans leurs écrits; les pasteurs de tous les siècles, ce qu'ils annonçaient au peuple, ce qu'ils transmettaient à leurs successeurs; la multitude des fidèles, ce qu'elle croyait : ainsi, ce n'est qu'après dix-sept siècles d'une ignorance complète et générale, que le mot de l'énigme, qui avait échappé à la perspicacité de tous les génies, a été enfin deviné par un philosophe allemand; et il faut s'en rapporter à lui tout seul, bien qu'il ne donne aucune preuve de ses allégations, bien qu'il soit combattu par ses pareils, plutôt qu'à la croyance constante et universelle de tous les siècles, plutôt qu'au témoignage de ceux qui disent : nous avons vu, plutôt qu'à la conviction de ceux qui sont morts pour en garantir la certitude! Si les amateurs du mythe ne reculent pas devant de telles conséquences, la théologie n'a plus à discuter avec eux.

L'abbé B-E.

MYTHOLOGIE (de μῦθος, fable, mythe, et de λογος, discours). La mythologie est l'ensemble des traditions du paganisme sur le monde, sur le peuple, sur la divinité, suspectes de fictions. Le mot grec μῦθος (le *Fabula* des Latins), avait eu dans l'origine un sens plus étendu, il signifiait toute énonciation quelconque de la pensée par la parole, tout récit qui circule par la tradition orale, sans distinction de vérité ou de fausseté, de réalité ou de fiction. Mais peu à peu le mot μῦθος se restreignit par son opposition avec le mot λογος, qui s'appliqua bientôt à toute énonciation vraie, positive, à toute tradition historique, certaine, ne laissant au premier que le domaine poétique de la fiction. Les Grecs virent surtout dans le symbole de leur mythologie ce langage voilé et merveilleux, forme essentiellement propre à la haute antiquité et qui leur parut surtout consacrée aux traditions religieuses. Le caractère le plus frappant que les Grecs aient reconnu dans leur mythologie, c'est d'appartenir, du moins par l'origine, aux temps les plus reculés de leur nation, à ces temps dits eux-mêmes mythiques, parce que leur seule histoire consiste en des traditions mythiques. Ce qu'il y a de capital pour l'intelligence de la mythologie, c'est le rapport de la forme et du fond dans ce récit traditionnel des nations païennes. Le fond de presque toutes les croyances mythologiques surtout dans l'ordre religieux est une tradition obscurcie, défigurée du grand dogme de la révélation primitive. Mais ces lambeaux de la religion primordiale de l'humanité descendent les siècles païens, passent d'un siècle à un autre, obscurcissant de plus en plus, s'affublant d'accessoires plus ou moins bizarres, de formes plus ou moins grossières ou impies. Les instincts dépravés, les passions mauvaises de l'homme déchu s'emparent de ces débris de la révélation divine pour les fausser, pour en effacer ce qui peut condamner les vices, pour les défigurer et les faire plier à tous les caprices et à tous les désirs corrompus. C'est ainsi que, pour diviniser tous les caprices, le paganisme a peuplé son ciel de dieux infâmes et innombrables. Cependant, quelles que soient les ténèbres et les fables impures que le paganisme ait semées dans sa mythologie, le regard attentif découvre encore sous ces ruines les vestiges indestructibles des grands dogmes de l'unité de Dieu, de la chute originelle, du déluge, etc., etc., etc. Nous avons traité toutes ces questions aux articles : IDOLATRIE, MYTHE, PAGANISME, PANTHÉISME, POLYTHÉISME, RELIGION; nous y renvoyons le lecteur.

G.

MYTHOLOGIQUE, adj. des deux genres, qui appartient à la mythologie.

MYTHOLOGUE, s. m., celui qui traite de la science appelée mythologie; quelques-uns disent aussi mythologiste.

N

N, s. f. et m., consonne, la quatorzième lettre de l'alphabet. Lorsqu'on la nomme *enne*, suivant la prononciation ancienne et usuelle, le nom de cette lettre est féminin; lorsqu'on l'appelle *ne*, suivant la méthode moderne, ce nom est masculin. Cette lettre, quand elle est à la fin d'une syllabe ou d'un mot, change quelquefois la prononciation de la voyelle qui la précède et produit un son nasal, quelquefois elle se prononce fortement. N majuscule suivie d'un point, se met à la place d'un nom propre qu'on ignore ou qu'on ne veut pas faire connaître, et sert encore à une désignation générale et indéterminée de personne.

NAAMA, Ammonite, femme de Salomon et mère de Roboam. Cette princesse était idolâtre comme les Ammonites; elle éleva son fils dans ses impiétés.

NAAMAN, général de l'armée de Bénadad, roi de Syrie, fut attaqué de la lèpre. Son mal ayant résisté à tous les remèdes, il vint à Samarie présenter, de la part de son maître, des lettres de recommandation pour son mal au roi Joram qui, prenant cette ambassade pour une embûche, lui fit mauvais accueil, en demandant avec hauteur s'il était un Dieu pour guérir les lépreux. Naaman, ainsi renvoyé, perdait toute espérance de guérison, lorsque Elisée, instruit de ce qui se passait à la cour de Joram, fit dire à ce prince de lui envoyer Naaman : « Qu'il vienne, me trouver, dit-il, et qu'il sache qu'il est un prophète en Israël. » Naaman se mit en chemin pour aller trouver le prophète vers l'an 884 av. J.-C. Quand il fut à la porte, Elisée voulut éprouver sa foi. Il lui envoya dire par Giezi, son serviteur, d'aller se laver sept fois dans le Jourdain et qu'il serait guéri. Naaman, regardant cette réponse comme une marque de mépris, se retira en colère; toutefois, sur le conseil de ses serviteurs, il obéit, et la lèpre disparut. Alors il revint vers l'homme de Dieu pour lui témoigner sa reconnaissance, et sa guérison passant jusqu'à l'âme, il rendit hommage au Dieu qui l'avait opérée. (*V.* ELISÉE).

F.

NAAS, roi des Ammonites, mit le siége devant Jabès, capitale de la province de Galaad. La ville, réduite à l'extrémité, demanda à capituler; Naas offrit aux habitants de leur sauver la vie, à condition de se crever l'œil droit. Cette réponse consterna les Jabéens; ils promirent de s'y soumettre s'ils n'étaient point secourus dans sept jours. Naas méprisait trop les Israélites pour refuser leur demande. Ils envoyèrent des députés à Saül, qui n'était roi que depuis un mois. Saül marcha avec tant de promptitude contre leurs ennemis que toute l'armée de Naas fut taillée en pièces vers l'an 1095 avant J.-C. On croit communément que Naas fut tué dans l'action; mais cela est fort douteux, car on trouve un Naas, roi des Ammonites, chez lequel David se retira durant la persécution de Saül, et dont il fut bien accueilli. Plusieurs prétendent que ce Naas est fils de celui qui périt devant Jabès; d'autres pensent que c'est le même.

NABAB, s. m., mot arabe qui signifie lieutenant, et qui est le titre des princes de l'Inde musulmane. Il se dit, par dérision, des Anglais qui ont rempli de grands emplois ou font le commerce dans l'Inde, et qui en sont revenus avec des richesses considérables.

NABABIE, s. f., dignité de nabab. Il signifie aussi le territoire soumis à la puissance d'un nabab.

NABAL, très riche Israélite de la tribu de Juda, habitait sur le mont Carmel. Ayant refusé à David des vivres pour sa troupe, ce prince envoya contre lui quatre cents hommes dans le dessein de l'exterminer ainsi que sa famille. Abigaïl, femme de Nabal, désarma la colère de David par sa beauté, sa sagesse et ses discours. Nabal fut tellement effrayé du danger qu'il avait couru qu'il en mourut dix jours après, vers l'an 1057 av. J.-C. David épousa sa veuve.

NABATHÉE, petite portion de l'Arabie Pétrée, qui s'étendait le long du golfe Arabique, depuis le mont Hippos au S. jusqu'à la Gébalène. D'autres géographes étendent ce pays depuis l'Euphrate jusqu'à la mer Rouge. La ville de Pétra en était la capitale. Le nom de Nabathée lui venait de Nabaioth, fils d'Ismaël.

NABIS, célèbre tyran de Sparte, usurpa l'autorité l'an 206 av. J.-C., après Machanidas. Il chercha d'abord à consolider sa puissance dans cette ville, ce qu'il fit à force d'exils, de supplices et de confiscations. Il inventa une machine en forme de statue qui ressemblait à sa femme, et dont les bras, les mains et le sein étaient hérissés de pointes de fer. Quand quelqu'un lui refusait de l'argent, il lui disait : « Peut-être n'ai-je pas le talent de vous persuader ; mais j'espère qu'Apéga, ma femme, y réussira. » Aussitôt la statue paraissait, l'embrassait, et lui faisait souffrir des tourments cruels. Maître de Sparte, il attaqua la ligue achéenne, et s'empara de la ville de Messène ; mais Philopémen la lui reprit bientôt. Peu après Philippe, roi de Macédoine, lui remit la ville d'Argos en dépôt, pendant qu'il faisait la guerre aux Romains. Nabis se l'appropria, y exerça les plus grandes cruautés, et trahit Philippe pour s'allier avec Flaminius, général des Romains. Deux ans après (195 av. J.-C.) sur les instances des peuples du Péloponèse, qui tous avaient à se plaindre de ses cruautés et de ses rapines, Flaminius lui déclara la guerre, l'assiégea dans Sparte, et l'obligea à accepter une paix humiliante. Mais à peine le général romain fut-il parti de la Grèce que Nabis alla assiéger Gythium, ville des Achéens. Philopémen, leur général, peu accoutumé aux batailles navales, fut d'abord battu, mais quelques jours après il surprit Nabis sur terre et le défit près de Sparte. Quelque temps après, le tyran fut tué en trahison, vers l'an 192 av. J.-C., par un corps d'Etoliens commandé par Alexamène, qu'on lui avait envoyé sous prétexte de le secourir. Il avait exercé la puissance suprême pendant quatorze ans.

NABONASSAR, roi des Chaldéens ou Babyloniens, est célèbre par la fameuse ère qui porte son nom, et qui commence le 26 février de l'an 747 avant J.-C. On croit qu'il est le même que Bélésis ou Baladan, dont il est parlé dans l'Ecriture sainte, et qui fut père de Mérodac, lequel envoya des ambassadeurs au roi Ezéchias : mais cette opinion et toutes les autres qu'on forme sur ce prince ne sont que conjecturales et sans certitude.

NABOPOLASSAR, prince de Babylone, déclara la guerre à Saracus, roi d'Assyrie. Il se joignit à Astyages pour renverser cet empire. Ils assiégèrent Saracus dans sa capitale ; et, ayant pris cette ville, ils établirent sur les debris de l'empire d'Assyrie deux royaumes : celui des Mèdes, qui appartint à Astyages, et celui des Chaldéens, sur lequel fut établi Nabopolassar, l'an 626 av. J.-C. Néchao, roi d'Egypte, jaloux de sa prospérité, marcha contre lui, le défit et lui enleva Carchemis, place importante de son empire. Nabopolassar, cassé par la vieillesse, ne put venger cet affront, et mourut après 21 ans de règne.

NABOTH, de la ville de Jézarel, avait une vigne près le palais d'Achab. Ce prince voulant faire un jardin potager, le pressa de lui vendre sa vigne ou de la changer contre une meilleure ; mais Naboth, très fidèle observateur de la loi, refusa de vendre l'héritage de ses pères. Jézabel, femme d'Achab, irritée de sa résistance, écrivit au magistrat de la ville où demeurait Naboth, de susciter de faux témoins qui déposèrent qu'il avait blasphémé contre Dieu et maudit le roi, et de le condamner à mort. Cet ordre fut exécuté. Deux témoins déposèrent contre Naboth qui fut lapidé le même jour. Jézabel, en ayant appris la nouvelle, courut la porter au roi, qui partit aussitôt pour prendre possession de la vigne, mais le prophète Elie vint troubler sa joie, lui reprocha son crime, et lui dit : « Sachez, qu'au même lieu où les chiens sont venus lécher le sang de Naboth, ils se désaltéreront du vôtre. » Ce fut l'an 899 av. J.-C. L'arrêt aussi juste que terrible, fut exécuté peu d'années après (V. JÉZABEL). La vigne de Naboth est devenue une espèce de proverbe pour désigner les possessions des pauvres envahies par les riches, que le Seigneur ne tarde pas à punir comme coupables d'un péché qui crie vengeance au trône de sa justice.

NABUCHODONOSOR Ier, roi de Ninive et de Babylone, dont il est parlé dans le livre de Judith, appelé *Arphaxad* dans les Ecritures, monta sur le trône, l'an 646 avant J.-C., défit et tua Phraortes, roi de Médie, appelé aussi Arphaxad. Vainqueur des Mèdes, il envoya contre les Israélites Holopherne, général de ses armées, qui fut tué par Judith. Quelques-uns

pensent que ce Nabuchodonosor est le même que Nabopolassar. Il est difficile de rien dire de positif sur ces temps reculés ; mais ce que nous venons de dire de Nabopolassar n'est pas favorable à cette opinion. (V. ISRAÉLITES).

NABUCHODONOSOR II, roi des Assyriens et des Babyloniens, surnommé le *Grand*, succéda, l'an 623 avant J.-C., à son père Nabopolassar, et se rendit maître de presque toute l'Asie. Il prit Jérusalem sur Joachim, roi de Juda, qui s'était révolté, au moment qu'on s'y attendait le moins, et l'emmena chargé des trésors de cette ville, captif à Babylone, l'an 600 avant J.-C. Il lui rendit ensuite sa liberté et ses Etats, mais à des conditions très dures. Ce roi, s'étant encore révolté trois ans après, fut pris et tué dans un combat. Jéchonias, son fils, lui succéda ; le roi de Babylone fit une troisième expédition en Judée, vint assiéger Jechonias dans sa capitale, le mena captif à Babylone, avec sa mère, sa femme, et 10,000 hommes de Jérusalem. Nabuchodonosor enleva tous les trésors du temple, et établit à la place de Jéchonias l'oncle paternel de ce prince, auquel il donna le nom de *Sédécias*. Ce nouveau roi, imitant ses prédécesseurs, fit une ligue avec les princes voisins contre celui à qui il était redevable de la couronne. Le monarque babylonien vint encore en Judée avec une armée formidable. Après avoir réduit les principales places du pays, il fit le siège de Jérusalem. Sédécias, désespérant de défendre cette ville, s'enfuit, fut pris en chemin et mené à Nabuchodonosor, qui était alors à Reblatha en Syrie. Ce prince après avoir fait égorger ses enfants en sa présence, ordonna qu'on lui crevât les yeux, et le fit mener à Babylone, chargé de chaînes. L'armée des Chaldéens entra dans Jérusalem, et y exerça des cruautés inouïes : on égorgea tout, sans distinction d'âge ni de sexe. Nabuzardan, chargé d'exécuter les ordres de son maître, fit mettre le feu au temple, au palais du roi, aux maisons de la ville, et à toutes celles des grands. Les murailles démolies ; on chargea de chaînes tout ce qui restait d'habitants, après avoir, sous les yeux de Nabuchodonosor, égorgé soixante des premiers du peuple. Le vainqueur, de retour en sa capitale, fit dresser, dans la plaine de Dura, sa propre statue en or, haute de 60 coudées. Tous ses sujets eurent ordre, sous peine de mort, de se prosterner devant l'idole et de l'adorer. Les seuls compagnons de Daniel ayant refusé de le faire, le roi irrité les fit jeter dans la fournaise ardente, mais ils furent miraculeusement préservés des flammes par l'ange du Seigneur. Alors Nabuchodonosor, frappé de ce prodige, les fit retirer, et donna un édit dans lequel il publia la grandeur du vrai Dieu. Deux ans après la défaite des Juifs, Nabuchodonosor vainquit les Tyriens, les Moabites, et plusieurs autres peuples voisins et ennemis des Juifs. Il alla d'abord mettre le siège devant Tyr, ville maritime, illustre par son commerce. Ce siège dura 13 ans, et, dans cet intervalle, l'armée du roi désola la Syrie, la Palestine, l'Idumée et l'Arabie. Tyr se rendit enfin, et cette conquête fut suivie de celle de l'Egypte et d'une partie de la Perse. Nabuchodonosor s'appliqua ensuite à embellir sa capitale, et à y faire construire de superbes bâtiments. Enorgueilli de ses succès et de ses richesses, il jetait fièrement les yeux du haut de son palais sur toute la ville : « N'est-ce pas là, dit-il, cette grande et magnifique ville que j'ai bâtie dans la grandeur de ma puissance et dans l'éclat de ma gloire, pour en faire le siège de mon empire? » Il n'avait pas achevé ce discours qu'une voix du ciel se fit entendre, et lui dit : « Votre royaume va passer en d'autres mains. Vous allez être retranché de la société des hommes ; vous rechercherez celle des animaux des forêts ; vous vous nourrirez d'herbes et de foin comme les bêtes de charge : vous passerez ainsi 7 années, jusqu'à ce que vous reconnaissiez que le Seigneur Dieu tout-puissant exerce un empire absolu sur les royaumes de la terre, et qu'il les donne à qui il lui plaît. » Cette prédiction s'accomplit à l'instant : il tomba malade, son esprit s'égara. On le laissa aller parmi les bêtes dans les bois. Il y demeura 7 ans, à la fin desquels, ayant fait pénitence de ses péchés, il remonta sur le trône. Il mourut un an après, l'an 563 av. J.-C., le 43e de son règne, dans de grands sentiments de religion. C'est ce prince qui vit en songe, la deuxième année de son règne, une grande statue qui avait la tête d'or, la poitrine et les bras d'argent, le ventre et les cuisses d'airain, les jambes de fer, et les pieds d'argile. Le prophète Daniel expliqua ce songe mystérieux, et déclara à ce prince que les quatre métaux dont la statue était composée lui annonçaient la succession des quatre empires, des Babyloniens et des Perses, d'Alexandre-le-Grand et de ses successeurs. Il y a plusieurs sentiments sur la métamorphose de Nabuchodonosor.

Le plus suivi est que ce prince, s'imaginant fortement être devenu bête, broutait l'herbe, semblait frapper des cornes, laissait croître ses cheveux, ses ongles, imitait à l'extérieur toutes les actions d'une bête. Ce changement, qui probablement n'avait lieu que dans son cerveau altéré, ou dans son imagination échauffée, était une espèce de lycanthropie : état dans lequel l'homme se persuade qu'il est changé en loup, en chien ou un autre animal. Mais, quels que fussent la cause, la nature et les effets immédiats de cette maladie, elle était excellemment propre à confondre l'orgueil de ce prince superbe, à le convaincre de sa faiblesse et de son néant, et à lui faire rendre un éclatant hommage au Roi des rois, qui, après lui avoir manifesté sa puissance dans une telle dégradation, qui dura 7 années, la faisait éclater encore davantage en le retirant de cet état pour le remettre sur le trône. Quelques-uns prétendent qu'Amasis est le même que Nabuchodonosor, et que l'histoire du prétendu roi d'Egypte a été forgée sur celle du monarque assyrien. Il y a effectivement des rapprochements très frappants. On peut remarquer encore que la chronologie place leur règne au même siècle.

B.

NABUNAL (Elie), théologien de l'ordre de Saint-François, nommé Nabunal, du lieu de sa naissance dans le Périgord, devint archevêque de Nicosie et patriarche de Jérusalem, et fut nommé cardinal en 1342, par le pape Clément VI. Il mourut à Avignon, l'an 1367. On a de lui, en latin : 1° *Des Commentaires* sur les quatre livres des Sentences et sur l'Apocalypse ; 2° un *Traité de la vie contemplative* ; 3° des *Sermons* sur les Evangiles.

NACAURA (Julien), est un des quatre ambassadeurs que les rois du Japon envoyèrent en 1581 au pape Grégoire XIII. Quelque temps après son retour dans son pays, il entra chez les jésuites et se consacra entièrement au salut de ses compatriotes, dont il convertit un grand nombre. Après de longs travaux et de grandes souffrances, il scella par le martyre la foi qu'il avait prêchée, étant mort dans le cruel supplice de la fausse Nangasaki, l'an 1634.

NACELLE, s. f., petit bateau qui n'a ni mât ni voile. Fig., la nacelle de saint Pierre, l'église catholique romaine. Nacelle, en terme d'architecture, se dit d'une moulure en demi-ovale.

NACELLE (*moll.*), nom vulgaire de la *crepidula fornicata*.
J. P.

NACHOR, fils de Sarug et père de Tharé, mourut l'an 2008 avant J.-C., à 148 ans. — Il ne faut pas le confondre avec Nachor, fils de Tharé, et frère d'Abraham.

NACLANTUS ou **NACCHIANTE** (Jacques), dominicain de Florence, mort en 1569, fut évêque de Chiozza et assista au concile de Trente. On a de lui plusieurs ouvrages imprimés en 2 vol. in-fol.

NACRE, s. f., matière blanche et brillante qui réfracte la lumière, de manière à produire un mélange agréable de couleurs et qui forme l'intérieur de beaucoup de coquilles.

NACRE (*moll.*), portion du test des mollusques douée de reflets brillants irisés. (*V.* Mollusques *et* Coquille.   J. P.

NACRÉ (grand et petit) (*ins.*), nom vulgaire de deux espèces de papillons du genre argynne.   J. P.

NADAB, roi d'Israël, succéda à son père Jéroboam, l'an 954 av. J.-C., et fut l'imitateur de ses sacriléges et de ses impiétés. Basa, l'un de ses généraux, le tua en trahison en l'an 953, fit périr toute sa race, et s'empara du trône. — Il ne faut pas le confondre avec Nadab, fils d'Aaron, qui, comme son frère Abia, fut dévoré par le feu du ciel.

NADAL (Augustin), né à Poitiers, en 1659, vint de bonne heure à Paris, où ses talents lui firent des protecteurs, et son caractère liant lui attira des amis. Le duc d'Aumont, premier gentilhomme de la chambre et gouverneur de la province du Boulonnais, lui procura le secrétariat de cette province, et, en 1706, une place dans l'académie des inscriptions et belles-lettres. Nadal accompagna, en 1712, en qualité de secrétaire, le duc d'Aumont, plénipotentiaire de la reine Anne pour la paix d'Utrecht. Ses services furent récompensés par l'abbaye de Doudeauville, en 1716. L'abbé Nadal mourut dans sa patrie en 1741, à 82 ans. Ses ouvrages ont été recueillis en 1738, à Pavie, en 3 vol. in-12 ; le 1ᵉʳ vol. offre des dissertations, des traités de morale, des remarques critiques ; la plupart donnent une idée avantageuse du savoir et de l'esprit de l'auteur, mais non pas de son goût ; son style est guindé et singulier. On trouve dans le 2ᵉ vol. des poésies diverses, sacrées et profanes, la plupart très faibles, des observations sur la tragédie ancienne et moderne, et des dissertations sur les

progrès du génie poétique dans Racine. Enfin, le 3ᵉ vol. contient des tragédies au nombre de cinq, dont une, *Saül*, eut quelque succès. Souvent la versification, assez bonne en plusieurs endroits, est embarrassée et louche ; il y a quelques morceaux trop empoulés. Plus de force et de précision dans certains sentiments en aurait relevé la beauté. C'est le jugement que porte l'abbé Desfontaines de la pièce intitulée *Moïse*, et on peut l'appliquer à toutes celles de l'auteur, poète médiocre et prosateur alambiqué. L'abbé Nadal a aussi publié quelques autres pièces assez estimées contre les philosophes modernes. On distingue surtout sa lettre à l'abbé de Pibrac, contre les déplorables effets de l'incrédulité.

NADANYI (Jean), noble hongrois, alla en Hollande pour se perfectionner dans les sciences, et y publia un traité *De jure belli*, Utrecht, et *Florus hungaricus*, Amsterdam, 1663 ; c'est un abrégé de l'histoire de Hongrie. De retour dans sa patrie, il fut fait professeur de philosophie et de langue hébraïque dans la Transylvanie, en 1666. Les troubles dont ce pays fut agité l'obligèrent de se retirer en Hongrie, où il termina ses jours.

NADASI (Jean), né à Tirnau, en 1614, entra chez les jésuites à Gratz, en 1633. Après avoir enseigné la théologie et la controverse, il fut fait assistant du père général Nickel, et eut le même emploi sous le père Oliva. Lorsqu'il fut de retour dans sa patrie, l'impératrice Eléonor, douairière de l'empereur Ferdinand III, le choisit pour son confesseur. Il mourut en 1676. On a de lui un très grand nombre d'ouvrages, la plupart ascétiques ; les principaux sont : 1° *Annus hebdomadarum cœlestium*, Prague, 1663, in-4° ; 2° *Reges Hungariæ a sancto Stephano usque ad Ferdinandum III*, Presbourg, 1634, in-fol. ; 3° *Vita sancti Emerisi*, Presbourg, 1644, in-fol. ; 4° plusieurs ouvrages qui concernent les hommes de sa société, célèbres par leur piété et leur zèle pour la religion.

NADASTI ou de **NAZAZD** (Thomas, comte de), d'une des plus anciennes familles de Hongrie, défendit avec valeur, en 1531, la ville de Budde contre Soliman II, empereur des Turcs, qui amenait en 1529 une armée de 200,000 hommes. Soliman venait revendiquer les droits de Jean Zapoli, que Ferdinand d'Autriche avait chassé de la Hongrie. Nadasti fut chargé du commandement de Budde ; mais la garnison le trahit et le livra pieds et mains liés au grand seigneur avec la ville et le château. Ce prince, indigné d'une si lâche trahison, punit sévèrement les traîtres en présence de Nadasti, et le renvoya après l'avoir comblé d'éloges, sous bonne escorte, à Ferdinand, roi de Hongrie. Nadasti servit ensuite dans les armées de l'empereur Charles-Quint avec un corps de Hongrois. Il enseigna l'art militaire au célèbre Ferdinand de Tolède, duc d'Albe, qui n'avait alors que 13 ans ; il vit dans ce jeune homme le germe de tous les talents militaires, et il prédit ce qu'il serait un jour.

NADASTI (François, comte de), président du conseil souverain de Hongrie, était de la même famille que le précédent. N'ayant pu obtenir de l'empereur Léopold le rétablissement des anciens priviléges des Hongrois, et le titre de palatin, comme chef du conseil souverain, il conspira contre lui, en 1665, avec les comtes de Serini, Frangipani et Tattenbach. Il fit d'abord mettre le feu au palais impérial, afin de profiter de la fuite de l'empereur pour lui donner la mort ; mais le parti qu'il espérait tirer de l'incendie ne lui réussit pas. Croyant mieux exécuter son dessein par le poison que par le fer et le feu, il fit empoisonner les puits dont il présumait qu'on se servait pour les cuisines de l'empereur. Ces détestables manœuvres ayant été découvertes, il fut condamné à avoir le poing droit coupé et la tête tranchée. Tous ses biens furent confisqués, et ses enfants condamnés à quitter le nom et les armes de leur famille ; la sentence fut exécutée en 1671. Les Hongrois, peu instruits, le regardèrent comme un patriote zélé, comme un innocent sacrifié à l'ambition de la cour de Vienne ; mais rien n'est plus faux que cette idée, qui tient encore à l'ancienne antipathie de cette nation contre les Allemands. On a de ce rebelle un livre in-fol., en latin, intitulé : *Mausolée des rois et des ducs du royaume apostolique* (la Hongrie), orné de 58 portraits, écrit en style lapidaire, depuis Kevé, premier duc de Hongrie, jusqu'à l'empereur Léopold Iᵉʳ exclusivement. Il a paru en latin et en allemand à Nuremberg, 1664, in-fol., et en hongrois à Budde, 1771, in-4°, par Alexis Horanyi, religieux des écoles pies, auteur des *Mémoires littéraires de Hongrie*. Quelques auteurs disent que Nadasti n'a fait que prêter son nom à cet ouvrage, et en font honneur à Nicolas Lantzmor ; d'autres l'attribuent à Jean Nadasti, jésuite ; mais de fortes raisons font croire que c'est

François Nadasti qui en est réellement l'auteur. Il le présenta lui-même sous son nom aux états de Hongrie, et, dans une de ses lettres, il dit que cet ouvrage lui a coûté une infinité de recherches. On lui attribue encore *Cynosura juristarum*, 1668; c'est un corps de droit de Hongrie, rédigé par ordre alphabétique. Ses enfants prirent le nom de Creutzemberg, pour effacer la honte dont leur père avait terni leur ancien nom.

NADERMAN (JEAN-FRANÇOIS), habile compositeur et professeur au Conservatoire de musique, né à Paris en 1781, mourut le 2 avril 1835. L'habileté de son exécution sur la harpe était généralement reconnue. Il fut chanté et imité. C'est au son d'un de ses motifs les plus puissants que nos soldats, à Austerlitz, occupèrent les hauteurs du Plaun, la clef de la position stratégique. Plusieurs élèves remarquables sont sortis de son école.

NADIR, s. m., terme d'astronomie emprunté de l'arabe, le point du ciel qui est directement sous nos pieds et auquel aboutirait une ligne verticale tirée du point que nous habitons, par le centre de la terre.

NÆVIUS (CNEIUS), poète latin, porta les armes dans la première guerre punique. Il s'attacha ensuite au théâtre, et sa première comédie fut représentée à Rome, l'an 229 avant Jésus-Christ. Son humeur satirique déplut à Métellus, qui le fit chasser de Rome. Il se retira à Utique, où il mourut, l'an 203 avant Jésus-Christ. Il ne nous reste que des fragments de ses ouvrages, dans le *Corpus poetarum* de Maittaire. Le principal était une *Histoire de la guerre punique.*

NAFFE, s. f., il n'est usité que dans cette expression : eau de naffe, sorte d'eau de senteur dont la fleur d'oranger est la base.

NAGEOIRE, s. f., organe locomoteur des poissons et des animaux marins, qui leur sert à nager (V. POISSONS). Il se dit aussi de ce qu'on met sous ses bras pour se soutenir sur l'eau quand on apprend à nager.

NAGER, v. n., se soutenir et avancer sur l'eau par le mouvement de certaines parties du corps; il se dit de l'homme et des animaux. Nager signifie aussi ramer pour voguer sur l'eau. Nager signifie encore flotter sur l'eau, ne point aller à fond. Nager signifie, par extension, être dans un liquide quelconque.

NAGEUR, EUSE, celui, celle qui nage, qui sait nager; il signifie quelquefois un batelier qui rame.

NAGOT (CHARLES-FRANÇOIS), prêtre de la congrégation de Saint-Sulpice, supérieur et fondateur du séminaire de Baltimore, naquit à Tours, le 19 avril 1734, et fit ses études au collége de cette ville, dirigé par les jésuites. Se destinant à l'état ecclésiastique, il vint à Paris, et entra au séminaire des Robertins pour y faire son cours de théologie; après qu'il l'eut fini il sollicita son entrée dans la compagnie de Saint-Sulpice, et y fut admis. On l'envoya professer la théologie au séminaire de Nantes; il prit le grade de docteur dans l'université de cette ville. Rappelé à Paris, en 1769, il fut établi supérieur de la petite communauté qui fleurit sous son gouvernement. Nagot encouragea les études, maintint la discipline, forma une bibliothèque, et améliora le temporel de cette maison. Il passa au petit séminaire, dont il fut aussi supérieur pendant plusieurs années, et qu'il gouverna avec la même sagesse. La révolution ayant détruit tous les établissements ecclésiastiques, Nagot prit la résolution de quitter la France et de passer en Amérique; il se rendit en 1791 à Baltimore. Pie VI venait d'y établir un siége épiscopal pour tout le territoire des Etats-Unis, tout était à faire dans ce nouveau diocèse. Les difficultés n'effrayèrent point Nagot : il acheta une maison dont il fit le séminaire; il la fournit du mobilier convenable. Bientôt il y joignit un petit séminaire, et un grand collége qui eut le privilége d'université. On s'étonnerait de cette subite création si on ne savait ce que peut un zèle ardent et éclairé, aidé des secours de la Providence. La suite répondit à ces heureux commencements; les établissements prospérèrent. Au milieu de ses travaux, Nagot fut frappé d'une attaque de paralysie qui le força de les interrompre. Ses infirmités ayant augmenté en 1810, il demanda et obtint d'être déchargé de la supériorité. Sa vie, néanmoins, se prolongea jusqu'au 9 avril 1816, qu'il expira, âgé de près de 82 ans, dans de grands sentiments de piété, et après avoir reçu les secours de la religion. Ses principaux écrits sont : 1° une relation imprimée de la conversion de quelques protestants, 1791, in-12; 2° une *Vie de M. Olier*, 1813, in-8°; 3° la traduction de l'*Essai sur les miracles*, du docteur Hay, 1808, 3 vol. in-12; 4° la traduction des *Fêtes mobiles*, de Buttler, en manuscrit, pour faire suites aux *Vies des Pères*; 5° les traductions du *Dévot chrétien*, du docteur Hay; du *Catholique instruit*, de Chatonner, du

Guide du chrétien, et de quelques autres ouvrages pieux en anglais. L.-s.

NAGUÈRE ou **NAGUÈRES**, adv., il y a peu de temps, il n'y a pas longtemps; il est surtout usité dans la poésie et dans le style soutenu.

NAHL (JEAN-AUGUSTE), célèbre sculpteur allemand, naquit à Berlin, en 1710. Après avoir reçu de son père les premières leçons de son art, il passa en France et ensuite en Italie, où il se perfectionna au milieu des chefs-d'œuvre dont abonde cette seconde Grèce. Il retourna à Berlin en 1741, où le roi le chargea de la décoration superbe qui orne les jardins de Postdam et de Charlottembour. Il exécuta aussi d'autres ouvrages qui rehaussèrent sa réputation déjà bien établie. S'étant rendu en Suisse, il se fixa à Hindelbanck, aux environs de Berne, où il fit la connaissance d'un M. Langhans, pasteur de ce village, avec lequel il se lia d'une amitié intime. L'épouse de ce pasteur, femme aussi célèbre par sa beauté que recommandable par ses vertus, étant morte dans la fleur de sa jeunesse, Nahl lui éleva un tombeau, chef-d'œuvre de sculpture, et qui est cité dans presque tous les ouvrages sur la Suisse. M. Laborde, auteur de l'excellent *Itinéraire d'Espagne*, le décrit dans ses *Tableaux pittoresques*, au t. 1er. Il a été souvent reproduit en gravure et modelé en petite proportion, et en terre et en scaiola; il sert de morceaux d'études aux jeunes élèves, et a été célébré par les vers des fameux poètes Haller et Wiéland. Après avoir terminé ce superbe monument qu'on voit dans la petite église d'Hindelbanck, où les voyageurs viennent l'admirer, Nahl retourna en Allemagne, en 1755. Il choisit pour demeure Cassel, dont le souverain le nomma professeur de sculpture. Parmi les ouvrages remarquables qu'il exécuta dans cette ville, on cite la belle statue du landgrave Guillaume, élevée dans la place de l'Esplanade. Nahl est un des sculpteurs qui le plus approché de Michel-Ange, et s'il est en général au-dessous de ce grand et inimitable génie, il a sa manière forte, prononcée et énergique, qui donne la vie à un marbre et sait lui imprimer les différents caractères des passions. Cet artiste mourut en 1785, âgé de 75 ans. A cette époque, le célèbre Canova commençait à former sa réputation, et promettait de surpasser tous les sculpteurs modernes par des productions aussi nombreuses que variées, qui ont répandu son nom au-delà de l'Europe et ornent les palais et les capitales des plus puissants souverains. F.

NAHUM, le 7e des douze petits prophètes, vivait depuis la ruine des dix tribus par Salmanazar, et avant l'expédition de Sennachérib contre la tribu de Juda, environ 718 ans avant J.-C. On ne sait aucune particularité de sa vie ; on ignore même si son nom est celui de sa famille ou du lieu de sa naissance, ou même une qualification; car Nahmen en hébreu signifie Consolateur. On dispute encore sur le temps où il vivait; l'opinion la plus vraisemblable est celle que nous avons suivie. Sa *Prophétie* est composée de trois chapitres qui ne forment qu'un seul discours. Il y a prédit, d'une manière pathétique, la seconde ruine de Ninive par Nabopolassar et Astyages. Il renouvelle contre cette ville criminelle les menaces que Jonas lui avait faites quatre-vingt-dix ans auparavant. Le style de ce prophète est partout le même; rien n'égale la vivacité de ses figures, la force de ses expressions et l'énergie de son pinceau. L'église célèbre sa fête le 1er décembre. (*V.* PROPHÈTES.)

NAIADES (νάειν, couler), divinités des fleuves, des sources, des puits et des fontaines. On distingue les Naïades Potamides ou des fleuves, et Limnades ou des marais. On les supposait filles de Jupiter et mères des Satyres. Quelques auteurs les comptent parmi les prêtresses de Bacchus. Elles ne sortaient point des campagnes, et vivaient dans le voisinage des ruisseaux auxquels elles présidaient. On les représente sous les traits de vierges jeunes et belles, penchées sur une urne d'où s'échappe une nappe d'eau, couronnées de roseaux ou tenant à la main un coquillage. Selon Virgile, Eglée était la plus belle des Naïades. Les anciens, qui avaient pour elles la plus grande vénération, leur immolaient souvent des chèvres et des agneaux, et leur faisaient des libations de vin, de miel et d'huile. Quelquefois ils se contentaient de leur offrir du lait, des fruits et des fleurs; mais ces sacrifices ou ces offrandes ne se faisaient qu'à la campagne ou dans les jardins.

NAIADES (bot.), herbes aquatiques d'Europe, offrant peu d'intérêt. J. P.

NAIF, IVE, adj., naturel, ingénu, sans fard, sans apprêt, sans artifice. Il signifie aussi qui retrace simplement la vérité, qui imite la nature sans laisser paraître d'artifice, ni d'effort. Naïf se dit aussi des personnes et signifie qui dit sa pensée sans détour, ingénument. Il se prend quelquefois en mauvaise part, et signifie qui dit, par un excès de simplicité, ce qu'il aurait intérêt à cacher. Naïf s'emploie substantivement pour signifier le genre naïf dans les arts et en littérature.

NAIGEON (JACQUES-ANDRÉ), littérateur et philosophe, naquit le 15 juillet 1 38, à Dijon (d'autres disent, mais à tort, à Paris), d'un riche marchand de moutarde. Après avoir fait ses études dans sa ville natale, il se rendit jeune encore à Paris, où il ne tarda pas à se lier avec les membres les plus influents de l'école philosophique et irréligieuse de cette époque. Il devint surtout l'ami intime de Diderot, dont il fut en quelque sorte le singe par l'espèce de servitude qu'il s'était imposée de l'imiter en tout, et dont il garda le souvenir le plus fidèle après la mort de ce philosophe qu'il chercha à honorer dans toutes les circonstances. Chacun sait qu'il devint l'éditeur de ses œuvres complètes, et qu'il y joignit un volume de commentaires dont la publication fut défendue en 1823, édition de Brière ; ce volume avait pour titre : *Mémoires historiques et philosophiques sur la vie et les ouvrages de Diderot*. Admis dans la maison du baron d'Holback, il se fit remarquer par l'exaltation et l'opiniâtreté avec lesquelles il soutenait ses opinions philosophiques ; car il avait adopté l'absurde doctrine du matérialisme. C'était avec ostentation qu'il se proclamait lui-même athée ; aussi est-ce à juste titre qu'on lui reproche d'avoir fait de l'histoire de la philosophie ancienne et moderne dans la première *encyclopédie* à laquelle il prit part, un arsenal d'athéisme, au lieu d'y avoir présenté l'analyse de tous les systèmes. Naigeon publia quelque temps après : 1° *Le militaire philosophe*, Londres (Amsterdam) 1768, qu'on croit composé sur un manuscrit intitulé : *Difficultés sur la religion, proposées au père Malbranche*, dont le dernier chapitre est attribué au baron d'Holback ; 2° *Recueil philosophique*, ou *Mélange de pièces contre la religion*, 1770 ; 3° *Traité de la tolérance*, Crellius, que Naigeon retoucha, Londres (Amsterdam), 1769 ; 4° *Éloge de M. Roux*, 1777 ; ce médecin était comme lui ami intime d'Holback. Il paraît que Naigeon aida Raynal dans la composition de son *Histoire philosophique* ; il fut éditeur de plusieurs ouvrages de ses confrères les philosophes, tels que ceux intitulés : *Système de la nature*, imprimé à Londres, et auquel il joignit un discours préliminaire, la *Traduction de Sénèque*, par Lagrange, *Essai sur la vie de Sénèque*, de Diderot, *Le conciliateur*, de Turgot, *Éléments de morale*, du baron d'Holback, 1790, etc. Il rédigea la *Collection des moralistes anciens*, et y ajouta un discours préliminaire. Il fit imprimer, en 1790, une adresse à l'assemblée nationale sur la liberté des opinions et sur celle de la presse. Pendant longtemps Naigeon avait pris soin d'assurer à ses nombreuses productions une certaine clandestinité ; il n'avait été poursuivi pour aucun d'eux, et il avait même réussi complètement à mettre sa personne à l'abri des atteintes de l'autorité. Mais, lorsque la révolution éclata, il crut qu'il fallait jeter bas le masque dont il s'était couvert devant le public, et il se moqua à haute voix de ceux qui avaient la faiblesse de n'être pas théistes ou sceptiques. La tolérance philosophique qu'il avait tant vantée naguère le conduisit à l'intolérance ; il devint inquisiteur, et fit en même temps des prosélytes. Une pareille conduite lui attira un grand nombre d'ennemis. Vers la fin de sa carrière, Naigeon mit plus de circonspection dans son langage ; il se tint même à l'écart. On ne peut disconvenir que Naigeon n'eût des connaissances assez étendues ; mais lorsque sa philosophie n'est pas dangereuse, elle est tellement obscure que nous ne saurions citer aucun de ses ouvrages qui puisse être utile. Naigeon était membre de l'institut.

NAIGEON (JEAN), peintre, conservateur du Musée du Luxembourg, né à Beaune, en 1757, mourut à Paris le 22 juin 1832. On distingua, parmi ses premiers ouvrages : *Pyrrhus enfant, présenté à la cour de Closius*, et *Enée partant pour la guerre de Troie*. On lui doit encore les deux bas-reliefs qu'il exécuta en 1801, aux extrémités du plafond de la galerie du Luxembourg, et plusieurs portraits remarquables, notamment ceux de Monge et de Laplace.

NAILOR (JACQUES), imposteur du diocèse d'York. Après avoir servi quelque temps en qualité de maréchal-des-logis dans le régiment du colonel Lambert, il embrassa la secte des quakers ou trembleurs. Il entra en 1658 dans la ville de Bristol, monté sur un cheval dont un homme et une femme tenaient les rênes, et qui criaient suivis d'une foule de sectateurs : Saint, saint, saint, le Seigneur Dieu de Sabaoth. Les magistrats se saisirent de lui et l'envoyèrent au parlement, où il

fut condamné en 1657, comme un séducteur, à avoir la langue percée avec un fer chaud, et le front marqué de la lettre B, pour signifier blasphémateur. Il fut ensuite reconduit à Bristol, où on le fit entrer à cheval, le visage tourné vers la queue. On le confina ensuite dans une étroite prison pour y expier ses rêveries ; mais il n'en fut que plus fanatique. Ayant été ensuite élargi, il ne cessa de prêcher parmi ceux de sa secte jusqu'à sa mort, arrivée en 1660.

NAILLAC (GABRIEL-PIERRE REBIERE, seigneur DE), né l'an 1760, au château de Cessac, paroisse de Bussières, dans la Manche, adopta d'abord les principes des philosophes et des novateurs, mais bientôt alarmé par les audacieuses prétentions du tiers-état, il se déclara l'ennemi de la révolution et brava avec courage les menaces et les dénonciations dirigées contre lui. Informé que plusieurs milliers de gentilshommes s'étaient réunis à Paris pour veiller sur les jours de Louis XVI, il résolut de partager leur danger et de se rendre auprès de sa personne. Il avait à peine dépassé Orléans, lorsqu'il apprit l'évasion du roi. Lorsque Louis XVI eut accepté la constitution, Naillac se rendit à Coblentz, fit la campagne de 1792, et resta attaché à l'armée royale jusqu'à sa dissolution. Alors il se retira dans le pays de Liége, où le prince-évêque avait appelé les Français fidèles à leur roi. Il y vécut avec la plus stricte économie ; il s'occupait des destinées futures de la France, lorsque, touché des saintes exhortations du P. Beauregard, prédicateur ordinaire du roi de France, il résolut de changer de conduite et de donner tout à Dieu. Indigné de la déplorable facilité avec laquelle il avait accueilli les vains systèmes des philosophes, il ne regarda plus leurs livres qu'avec horreur secrète qui nous saisit, en contemplant un écueil rendu célèbre par une multitude de naufrages. Les événements politiques ne furent plus l'objet de ses sollicitudes. Il s'éloigna des sociétés bruyantes et de tout rassemblement tumultueux d'émigrés, pour se livrer à de plus hautes pensées. Cependant, les armées de la république s'avançaient dans les provinces belgiques, et des symptômes de révolte éclataient de toutes parts parmi les habitants du pays de Liége. Naillac se retira à Essen, petite ville de la Westphalie, où la religion catholique était dominante. Il y édifia les habitants par ses vertus ; mais son zèle ne se borna pas à la prière. Il entra dans un des cadres d'officiers armés pour la défense de leur maître légitime, et soudoyés par l'Angleterre. Sa vie pénitente devint alors plus héroïque, en ce qu'il ajouta à ses austérités un dévoûment sans bornes pour ses compagnons d'armes et d'infortune. Le corps où il servait ayant été dissous, il vint à Londres, et se réunit à une société d'officiers qui soignaient les Français malades de l'hôpital de Middlesex. Il sollicita ensuite et obtint la place d'hospitalier dans une maison établie dans un village, près de Londres, pour recevoir de vieux prêtres français, qui, émigrés ou déportés, se trouvaient sans ressource, et la plupart accablés d'infirmités. C'est dans cet asile, consacré à l'infortune, que, sous le costume d'un simple serviteur, un tablier autour du corps, il balayait l'intérieur et l'extérieur de la maison, et remplissait avec ardeur les offices les plus ignobles, les plus humiliants pour l'orgueil humain. On le voyait ensuite parcourir les lits des malades et des infirmes avec l'air de la bienveillance et de la satisfaction, leur offrir ses soins, panser leurs plaies les plus dégoûtantes, et par des paroles consolantes chercher à adoucir leurs souffrances. Il y avait environ cinq ans qu'il remplissait cette pénible fonction, quand la Providence lui enleva une épouse chérie, dont la perte fit couler longtemps ses larmes. Sollicité d'entrer dans le sanctuaire, il refusa longtemps par une profonde humilité ; mais il céda à de nouvelles instances, et commença avec ardeur l'étude de la théologie, sans négliger ses occupations habituelles. Le plus beau jour pour sa vie fut celui où il monta pour la première fois à l'autel. Nous n'entreprendrons pas de peindre sa conduite en ce nouvel état : elle fut celle d'un vrai serviteur de Dieu, partageant son temps entre ce divin maître et ses malades. Ses excessives fatigues et ses austérités lui occasionnèrent une pleurésie dont il fut atteint vers la fin du mois de mars 1809, et qui l'emporta en peu de jours. La consternation fut générale dans l'hospice ; on accourut avec une consternation et des regrets inexprimables visiter les restes d'un homme de bien. Ses funérailles représentèrent celles d'un Vincent-de-Paul. Les membres les plus respectables de l'émigration française se réunirent aux pauvres qui venaient pleurer leur bienfaiteur, aux bons vieillards qui se lamentaient d'avoir perdu leur ancien ami. Sa vie a été écrite par l'abbé Caron, dans ses Vies des justes dans la profession des armes.

NAIM, ville de la Galilée, dans la tribu d'Issachar, au N.-E. du mont Thabor. Elle est célèbre par le miracle qu'y opéra J.-C. en ressuscitant le fils d'une veuve.

NAIN, adj. s. m. Dans le langage vulgaire , ce nom est donné à tous les êtres organisés (plus spécialement aux individus de l'espèce humaine) dont la taille est de beaucoup inférieure à la taille moyenne de leur race. Is. Geoffroy-Saint-Hilaire le réserve pour les seuls cas où l'exiguité de la taille dépend de la diminution du volume de toutes les parties du corps.

NAIN (Dom Pierre Le), né à Paris en 1640, reçut une sainte éducation sous les yeux de madame de Bragelone, sa grand'mère, dame vertueuse, dirigée anciennement par saint François de Sales. Le désir de faire son salut loin du monde le fit entrer à Saint-Victor, à Paris, et ensuite à la Trappe, où il fut un exemple de pénitence, d'humilité, et enfin de toutes les vertus chrétiennes et monastiques. Nommé sous-prieur de cette abbaye, il y mourut en 1713. Quoique l'abbé de Rancé fût ennemi des études monastiques, il permit sans doute à D. Le Nain d'étudier et de faire part de ses travaux au public. On a de lui : *Essai de l'Histoire de l'ordre de Cîteaux*, en 9 vol. in-12. Le style en est simple et négligé, mais touchant. Le flambeau de la critique n'a pas éclairé cette histoire, qu'on doit plutôt regarder comme un livre édifiant que comme un ouvrage profond ; *Homélies sur Jérémie*, 2 vol. in-8° ; une traduction française de saint Dorothée, Père de l'Eglise grecque, in-8° ; la *Vie de M. de Rancé, abbé et réformateur de la Trappe*, 2 vol. in-12. Cette Vie, revue et corrigée par le célèbre Bossuet, n'a pas été publiée telle que dom Le Nain l'avait faite, et qu'elle est sortie des mains du prélat réviseur ; on y a inséré des traits satiriques fort éloignés du caractère de l'auteur ; *Relation de la vie et de la mort de plusieurs religieux de la Trappe*, 5 vol. in-12, ouvrage plein de touchants exemples, et dont les détails ont néanmoins prêté à la critique. Quelques personnes y ont cru voir des excès d'austérité, et une espèce de dérogation à la loi qui prescrit la conservation de soi-même. C'est sans doute ce qui a fait apporter quelques adoucissements à la rigueur de la réforme, telle qu'elle était dans les premières années ; deux petits Traités, l'un de l'état du monde après le jugement dernier, et l'autre, sur le scandale qui peut arriver même dans les monastères les mieux réglés, etc. ; *Elévation à Dieu pour se préparer à la mort*; qui inspire cette piété tendre et pathétique que le bel esprit ne saurait contrefaire.

NAIN DE TILLEMONT (Louis-Sébastien-le), né en 1637 à Paris d'un maître des requêtes, se consacra à l'étude de l'antiquité ecclésiastique. Sacy, son ami et son conseil, l'engagea, en 1675, à recevoir le sacerdoce. Buzenval, évêque de Beauvais, espérait de l'avoir pour successeur ; il alla demeurer à Port-Royal-des-Champs. Son attachement au jansénisme lui attira des désagréments et l'obligea de quitter la capitale. Il se retira à Tillemont, près de Vincennes, où il se communiquait libéralement à ceux qui avaient besoin de ses lumières, et surtout à ceux qui étaient voués au parti. Tillemont ne sortit de sa retraite que pour aller voir en France le fameux Arnauld , et en Hollande, de Castorie. De retour dans sa solitude, il continua à s'occuper de travaux utiles, et d'intrigues et de sectes, et mourut à Paris après une langueur de trois mois, en 1698 , à 61 ans. On lui doit: *Mémoires pour servir à l'histoire ecclésiastique des six premiers siècles*, 16 vol. in-4° ; 2° l'*Histoire des empereurs*, en 6 vol. in-4°. Ces deux ouvrages, tirés des auteurs originaux, souvent tissus de leurs propres termes, expriment leur sens avec fidélité. Ils sont écrits avec un ordre, une justesse et une précision, dont le mérite ne se fait bien sentir qu'à ceux qui ont éprouvé par eux-mêmes combien coûtent ces sortes de travaux. Le dernier volume de son *Histoire des empereurs* finit avec le règne d'Anastase. Les *Mémoires ecclésiastiques* ne contiennent qu'une partie des six derniers siècles, et les deux derniers volumes ne furent imprimés qu'après sa mort. Quoique l'esprit de parti dont il était animé ne se montre pas à découvert dans cet ouvrage, les lecteurs attentifs en découvrent çà et là quelques allures; 3° une *Lettre* contre l'opinion du Père Lami, « que J. C. n'avait point fait la pâque la veille de sa mort. » Nicole le regardait comme un modèle de la manière dont les chrétiens devraient disputer ensemble. Elle se trouve à la fin du 2° volume des *Mémoires pour servir à l'histoire ecclésiastique* ; 4° quelques ouvrages manuscrits, dont le plus considérable est l'*Histoire des rois de Sicile* de la maison d'Anjou. L'abbé Tronchet , chanoine de Laval, a écrit sa Vie, in-12, 1711. On trouve à la suite de cet ouvrage des *Réflexions* pieuses et des *Lettres* édifiantes. Si aux vertus dont elle présente le tableau on pouvait ajouter la soumission aux décrets de l'Eglise, l'éloge de ce savant homme serait complet. Son zèle pour le parti dont il avait épousé les intérêts allait jusqu'à déroger aux considérations les plus délicates. Lorsque M. de Rancé pensait à se défaire de ses bénéfices, et à se consacrer à Dieu dans la solitude de la trappe, Tillemont lui conseilla de les garder pour en distribuer les revenus à ceux qui étaient dans la persécution , sollicitation, qui ne fit pas sur l'esprit de M. de Rancé une impression favorable aux disciples de Jansénius : « Je ne pus comprendre, dit-il, que des gens qui voulaient passer pour être entièrement détachés de toutes les choses d'ici-bas , fussent capables de faire paraître un sentiment aussi intéressé que celui-là. »

NAIRE , s. m., nom que les Indiens de Malabar donnent à leurs nobles, surtout aux militaires.

NAIRONI (Fauste) , savant maronite et professeur en langue syriaque au collége de la Sapience à Rome, né au Mont-Liban, neveu d'Abraham Ecchellensis par sa mère , mort à Rome, presque octogénaire, l'an 1711, est auteur de deux ouvrages intitulés, l'un *Euplia fidei catholicæ ex Syrorum monumentis adversus ævi nostri novatores*, 1694 ; l'autre , *Dissertatio de origine , nomine, ac religione Maronitarum*, Rome, 1679. Il s'efforce dans ces deux ouvrages de prouver que les maronites ont conservé la foi depuis le temps des apôtres, et que leur nom ne vient pas de Jean Maron, monothélite, mort en 707, mais de saint Maron, célèbre anachorète, qui vivait à la fin du IV° siècle. Dans le fait, si le nom de Maronites était un nom de secte, ces peuples l'auraient quitté au moment où ils sont revenus à la vérité, et où ils se sont attachés à l'Eglise romaine, à laquelle ils demeurent fermement unis, au moins depuis 1182.

NAIS, (Annél.), genre d'animaux articulés de la classe des annélides de G. Cuvier, très rapprochés des néréides et des lombrics. J. B.

NAISSANCE, s. f. , sortie de l'enfant hors du sein de la mère. Il se dit quelquefois en parlant des animaux. Naissance signifie aussi extraction ; il se dit quelquefois absolument pour noblesse. Naissance se dit aussi quelquefois en parlant des bonnes et des mauvaises qualités avec lesquelles on est né. Naissance signifie figurément, origine, commencement. Naissance signifie encore le point , l'endroit où commence , d'où part , d'où s'élève une chose qui se prolonge ensuite dans une certaine direction. En architect. , la naissance d'une colonne, le commencement du fût. La naissance d'une voûte, le commencement de sa courbure.

NAISSANT, ANTE, adj. Qui naît, qui commence à naître.

NAITRE, v. n. Sortir du ventre de la mère , venir au monde. Etre né poète , peintre, musicien, etc., avoir des dispositions naturelles à être poète , peintre , etc. Etre né pour une chose , avoir un talent naturel , une grande disposition pour une chose. Fam., être innocent d'une chose comme l'enfant qui vient de naître, être tout-à-fait innocent, n'y avoir aucune part. Naître se dit en théologie du fils de Dieu. Naître se dit aussi des animaux ; il se dit également des végétaux qui sortent de terre, qui commencent à pousser ; il signifie encore, figur. , prendre son origine, être produit ; il se dit, au sens moral, dans la même acception. Naître signifie aussi, figur., et au sens moral , commencer. Né s'emploie adjectivement, en parlant de certains droits attachés à quelques dignités. Bien né, ée, adj., né d'une famille honnête, honorable. Il signifie aussi qui a de bonnes inclinations. Mal né, ée, adj., qui a de mauvaises inclinations. Mort-né , ée , adj. , mort avant que de naître ; il se dit, figurément , des ouvrages d'esprit qui n'ont aucun succès. Nouveau-né, ée, adj., qui est né depuis peu de temps, qui vient de naître. Il s'emploie quelquefois, substantivement, mais seulement au masculin. Premier-né, adj. m., t. de l'Ecriture sainte ; le premier enfant mâle. Il est aussi substantif; il se dit quelquefois en parlant des animaux.

NAÏVETÉ, s. f. Ingénuité, simplicité d'une personne qui manifeste naturellement ses opinions et ses sentiments. Il signifie aussi la simplicité naturelle et gracieuse avec laquelle une chose est exprimée et représentée, selon le mérite ou la vraisemblance. Il signifie aussi simplicité niaise, ou défaut de retenue dans l'expression de sentiments qu'on aurait intérêt à cacher. Il se dit encore des propos, des expressions qui échappent par ignorance.

NAJA (*rept.*), genre de reptiles ophidiens créé par Laurenti et adopté par Cuvier, qui lui donne pour caractères : crochets à venin implantés sur les os maxillaires supérieurs et cachés au moment du repos dans un repli de la gencive ; tête élargie en arrière, couverte de grandes plaques ; partie du corps la plus voisine de la tête dilatée en disque par le redressement des côtes qui la soutiennent ; queue munie en dessous d'un double rang de plaques et à extrémité arrondie ; narines simples. On connaît deux espèces de naja ; l'une est le naja ou aspic des anciens, l'autre est le naja vulgaire ou serpent à lunettes. Ces deux espèces sont très venimeuses ; leur morsure est terrible, et a des effets tellement rapides que les ressources de l'art ne peuvent souvent combattre le mal avec succès. Le naja est dans l'Inde l'objet du culte du peuple, et les jongleurs, après leur avoir arraché leurs terribles crochets, les promènent de ville en ville, assurant qu'ils possèdent les moyens de les charmer, et vendent des spécifiques pour préserver de leurs blessures. La vipère à lunettes (*naja vulgaris*, Dum.) est en-dessous d'un jaune ou brun clair à reflets bleuâtres ; l'abdomen est blanc, relevé de taches rousses. Cette espèce doit son nom à une tache noire qui représente avec assez d'exactitude une lunette sur le dessus du cou. Sa longueur est de 13 à 14 décimètres.　　J. P.

NALIAN (JACQUES), patriarche arménien à Constantinople, né vers la fin du XVIIe siècle, à Zimara, village de la petite Arménie, près de l'Euphrate. Parvenu au patriarcat dans les temps difficiles, il gouverna son église avec tant de sagesse, qu'il y maintint la tranquillité. Il était en correspondance avec le pape Clément III et d'autres personnages illustres, soit de l'Asie, soit de l'Europe. En 1764, il se démit de la dignité patriarcale, et parvint à se faire donner un successeur de son choix. Deux mois après il mourut ; c'était le 18 juillet 1764. Il a laissé divers ouvrages où brillent son talent et son érudition. Les principaux sont : 1° *Kandsaran*, ou le trésor des notices, Constantinople, 1758, 1 vol. in-4° ; ce livre lui a assigné un rang distingué parmi les littérateurs de sa nation ; il y a fait passer en revue ce que la morale a de plus instructif, la physique de plus curieux, l'histoire et la géographie de son pays de plus intéressant ; l'*Arme spirituelle*, ouvrage mêlé de vers et de prose turque et arménienne ; 3° le *Fondement de la foi*, 1 vol. in-4° ; 4° *Commentaire sur Nareg*, livre célèbre parmi les Arméniens et composé par un de leurs plus illustres docteurs ; 5° *des sept Sacrements de l'Église*, resté manuscrit ; 6° la *Doctrine chrétienne*, à l'usage des Arméniens, Constantinople, 1757, 1 vol. in-12 ; 7° recueil d'un grand nombre de lettres familières et instructives ; 8° recueil de chansons et d'anecdotes en turc et en arménien ; 9° des livres de prières. Nalian faisait beaucoup d'aumônes ; il fit un fonds du produit de tous ses ouvrages, et en légua la rente aux pauvres, aux malades et aux indigents de toute espèce de son patriarcat.

NAMUR, province du royaume de Belgique. Elle est bornée au N. par celles de Brabant méridional et de Liége ; à l'E. par celle de Liége ; au S. par la France ; à l'O. par la province de Hainaut. Elle a 120 lieues de long sur 15 de large et 130 lieues carrées. Les rivières les plus considérables sont : la Meuse, la Sambre, l'Ourthe, la Haine, la Lesse et l'Heure. Ses produits consistent en orge, froment, épeautre, seigle, avoine, navette, colza, houblon et chicorée. Les habitants s'occupent de l'éducation des bestiaux. Ce pays a un troupeau de chèvres du Thibet. Son commerce consiste en brebis, laine, bestiaux gras, chevaux, coutellerie, ustensiles de fer, cuivre, laiton. Cette province contient 200,000 habitants, et se divise en 3 arrondissements, 16 cantons et 315 communes. Namur, sa capitale, est une forteresse importante, située au confluent de la Sambre et de la Meuse, et est siége d'un évêché. Elle possède une belle cathédrale, 16 églises, un gymnase, une bibliothèque et une population de 20,560 habitants, qui font un grand commerce de quincaillerie, d'armes à feu, de cuir, de tabac, de verrerie et d'ouvrages anciens. Quoique fortifiée par Coehoorn en 1691, cette ville, dès l'année suivante, fut prise par Louis XIV et Vauban. Guillaume III la reprit en 1695, et elle retourna à l'Autriche. Joseph II la fit démanteler, à l'exception de la citadelle, que les Français firent sauter en 1794. Ses fortifications ne tardèrent cependant pas à être relevées, et en 1815 Namur se défendit contre les Prussiens.　　P.

NANCY (*Nanceium*), ancienne capitale de la Lorraine, aujourd'hui chef-lieu du département de la Meurthe. L'origine de cette ville n'est pas bien connue. Toutefois, à en croire les titres historiques les plus anciens, elle ne paraît pas remonter au-delà du XIe siècle. Deux siècles plus tard, elle était déjà la capitale du duché de Lorraine. Les ducs y fixèrent leur résidence, l'entourèrent d'importantes fortifications ; et la ville, grâce à leurs soins, s'agrandit et s'embellit progressivement. Ferri III et Raoul y élevèrent un magnifique palais. Ce dernier fonda la belle collégiale de Saint-Georges, qui fut démolie sous Stanislas ; enfin Jean Ier, son successeur, limita l'enceinte de la ville, dont il acheva les fortifications. Ce fut sous les murs de Nancy, en 1407, que se livra la bataille de Champigneulle, gagnée par Charles II sur le duc d'Orléans ; plus d'un demi-siècle après, le territoire de cette ville fut encore le théâtre d'une sanglante bataille, où le duc Réné de Lorraine fut vainqueur et où fut tué le duc de Bourgogne, Charles-le-Téméraire. Cette victoire contribua à augmenter la puissance des ducs de Lorraine, et Nancy en ressentit d'heureux effets. Réné III, dans les dernières années de son règne, vers 1502, fit jeter les fondements d'un vaste palais qui fut continué sous ses successeurs, notamment sous le duc Antoine, et servit à la cérémonie funèbre de l'érection du catafalque des souverains. Charles III voulut faire plus encore ; il fit rebâtir la ville sur un plan régulier ; et ce projet, qui fut exécuté en moins de quarante années (1580-1618), s'acheva sous le duc Henri. Nancy atteignit alors son plus haut point de splendeur : capitale de la Lorraine et du Barrois, résidence des ducs indépendants, elle renfermait dans ses murs une noblesse illustre, une bourgeoisie laborieuse et intelligente et une école de peinture et de sculpture qui a joué un grand rôle dans l'histoire de l'art et s'est perpétuée jusqu'à nos jours. La ville elle-même offrait un ensemble de belles constructions ; elle possédait des rues tirées au cordeau, chose rare à cette époque, et des fortifications qui en faisaient la plus forte place de l'Europe : quatorze bastions gigantesques, décorés d'ornements sculptés et liés par de longues courtines, formaient son enceinte. Cet ensemble de remparts, détruit aujourd'hui, était le chef-d'œuvre du célèbre ingénieur militaire Orphée de Galéan ; mais ce moment de splendeur fut aussi court qu'il avait été brillant, et la conduite imprudente du duc Charles IV, qui s'attira l'inimitié du cardinal de Richelieu, amena les Français devant Nancy. La ville capitula, grâce à l'adresse du ministre de France, dont la politique fut plus adroite que loyale ; et les habitants se soumirent à un joug que leur esprit de nationalité frémissait d'endurer ; ils redevinrent libres dans une ville démantelée par la paix des Pyrénées (1660) ; mais ce fut pour retomber dix ans après sous la domination française. Louis XIV, ayant fait reprendre Nancy par Tourville, en fit refaire les murailles ; mais le séjour qu'il vint y faire pour s'attacher la noblesse lorraine ne produisit aucun résultat, et les habitants gardèrent leur contenance froide jusqu'au traité de Ryswick, qui les rendit à la domination de Léopold (1697). La ville de Nancy passa, ainsi que toute la Lorraine, aux mains de Stanislas, en 1737. Sous le règne de ce prince, qui semblait possédé de la manie de bâtir, mais qui, dans le fait, cherchait à effacer de vieux souvenirs, la ville perdit la plupart des beaux monuments qu'elle devait à la munificence des ducs de Lorraine. La collégiale de Raoul, l'hôtel-de-ville de Charles III, les perrons des jardins de Henri, célèbres par les admirables statues qui les ornaient, la salle de l'Opéra, élevée par le même prince, et nombre d'autres monuments disparurent pour faire place à des constructions modernes, qui portèrent pour la plupart un caractère d'utilité plus prononcé. C'est de cette époque que datent l'église de Bon-Secours, la porte Sainte-Catherine, la porte de Toul, la place Royale, etc. Tout en s'occupant de l'embellissement de la ville, Stanislas pensa aussi à entretenir à Nancy le goût des arts et des sciences et à y améliorer le sort des classes malheureuses ; il fonda une académie qui a gardé son nom et plusieurs établissements utiles et charitables. Avec Stanislas tomba le dernier éclat de la ville de Nancy, qui perdit définitivement sa nationalité et se jeta dans le grand mouvement révolutionnaire au milieu duquel elle devait jouer un rôle important. Elle donna alors l'essor aux bataillons de volontaires qui sortirent des départements de la Meurthe et des Vosges, et se distingua par son patriotisme, sentiment bien autrement grand que l'égoïste amour de la localité qui animait d'autres villes. Nancy n'a du reste à inscrire dans ses annales, depuis la glorieuse époque des guerres de l'empire, que deux événements purement locaux : la réintégration des ossements des princes de Lorraine inhumés aux Cordeliers, en 1826, devant les commissaires extraordinaires de France et d'Autriche, et l'érection de la statue du roi de Pologne (1831), aux frais des trois départements lorrains. Quelle que soit du reste l'infériorité actuelle de la ville de Nancy par rapport à la splendeur de son passé, elle est encore l'une des principales villes de France ; elle possède un évêché suffragant de Besançon, une cour royale, des tribunaux de première instance et de commerce, une chambre consultative des manufactures, une société centrale d'agriculture, une société royale des sciences, arts et lettres, une école royale forestière, un collége royal et une école secondaire de médecine. On y remarque de nombreux monuments, parmi lesquels nous citerons l'église de Sainte-Epone, célèbre par une fresque de Léonard de Vinci, exécutée au commencement du règne d'Antoine de Lorraine, et par une cène sculptée, ouvrage de Drouin ; l'église des Cordeliers, qui contient les tombeaux de René II, d'Antoine de Vaudémont, et le chef-d'œuvre du sculpteur Ligier-Richier, l'admirable mausolée de la duchesse Philippe de Gueldre ; l'église de Bon-Secours, où se voit le tombeau de Stanislas ; la chapelle ducale, où furent replacés, en 1826, les ossements des ducs de Lorraine ; la cathédrale, édifice de construction moderne, et quelques autres monuments.

NANDOU (*ois.*), espèce d'Amérique du genre autruche.
                                                           J. P.

NANÉE, *-nea*, déesse qui avait un temple célèbre à Elymaïs, en Perse. Antiochus Epiphane ayant violé son temple, où étaient renfermées de grandes richesses, les prêtres le lapidèrent. Les uns croient que cette déesse était Diane ou la Lune. Appien y reconnaît Vénus. Polybe l'appelle Vénus Elyméenne. D'autres prétendent que c'était Cybèle. Mais le sentiment le plus probable est que c'était Diane, la même que Strabon appelle Anaïtis.

NANGASARI, ville importante et commerçante de l'empire du Japon. Elle est située dans l'île Kiu-Siu ; elle a un port au milieu du golfe de Kiusiu, formé par deux promontoires. Nangasaki est environ née de hautes montagnes ; elle ne possède pas moins de 6,000 feux, et sa population est de 60,000 âmes. La ville intérieure a 26 rues et 62 temples, dont le plus renommé est celui de Peva. Les rues étroites, irrégulières et tortueuses. Les étrangers ne pénètrent que dans les faubourgs ; c'est seulement qu'il leur est permis de séjourner, encore y sont-ils surveillés et gardés comme des prisonniers. Les Hollandais sont établis dans l'île, ou plutôt sur le rocher de Desina, qu'un pont réunit à la ville, et les Chinois à Jakujin, au sud de Nangasaki. De tout l'empire du Japon il n'y a que ce port qui soit ouvert aux bâtiments de ces deux nations. De tous les peuples européens les Hollandais sont seuls à qui les Japonais permettent le commerce ; mais les conditions qui leur ont été et leur sont encore imposées, sont si dures que l'existence des marchands de cette nation pendant leur séjour au Japon est plutôt celle d'esclaves que d'hommes libres. Les Hollandais apportent à Nangasaki du sucre, des épices, de l'ivoire, du fer, des substances pharmaceutiques, du salpêtre, de l'alun, des couleurs, du drap, de la verrerie, des montres, des glaces, les instruments de mathématiques. En échange ils reçoivent du cuivre, du riz et des productions des fabriques japonaises, telles que des porcelaines, des étoffes de soie et des métaux artistement travaillés. Aussitôt qu'un bâtiment hollandais ou chinois est entré dans le port de Nangasaki, et qu'il a accompli les formalités prescrites, sa cargaison est débarquée ; puis les magistrats de l'empire (car le commerce avec les étrangers est un monopole réservé à l'empereur), visitent les marchandises, en constatent la qualité et la quantité, et fixent le prix de celles que les armateurs désirent avoir en échange. De cette manière l'empereur, par l'intermédiaire de ses agents, achète en gros les denrées importées par les étrangers, et les revend aux commerçants japonais qui les détaillent ensuite.

NANGUER (*mamm.*), espèce du grand genre antilope. J.F.

NANI (JEAN-BAPTISTE-FÉLIX-GASPARD), né en 1616, d'un procurateur de Saint-Marc, fut admis dans le collége des sénateurs en 1641, et nommé, peu de temps après, ambassadeur en France. Il obtint des secours considérables pour la guerre de Candie contre les Turcs ; devint, à son retour à Venise, surintendant des affaires de la guerre et des finances ; fut ambassadeur à la cour de l'empire en 1654, repassa en France en 1660, demanda de nouveaux secours pour Candie, et obtint, à son retour dans sa patrie, la charge de procurateur de Saint-Marc. Il mourut, en 1678, honoré des regrets de ses compatriotes. Le sénat l'avait chargé d'écrire l'Histoire de la république. Il s'en acquitta à la satisfaction des Vénitiens ; mais il fut moins applaudi par les étrangers. Ils n'y virent pas assez de vérité dans les faits, de pureté dans la diction,

et de simplicité dans le style ; son récit est embarrassé par trop de fréquentes parenthèses. Cette Histoire, qui s'étend depuis l'an 1613 jusqu'en 1671, fut imprimée à Venise en 1662-1679, 2 vol. in-4°, belle édition. Nous avons une assez faible traduction française du premier volume, par l'abbé Tallemant, Cologne, 1682, 4 vol. in-12. La seconde partie a été traduite par Masclari, Amsterdam, 1702, 2 vol. in-12.

NANKIN, s. m., toile de coton qui est ordinairement d'un jaune approchant de la couleur de chamois, qui se fabrique à Nankin, ville de la Chine, et qu'on imite aux Indes et en Europe.

NANKING ou **KIANQUING-FOU**, capitale de la province chinoise de Kiang-Vang, située à l'embouchure du Kiangtscu-Kiang, était la résidence des empereurs de la Chine avant qu'ils eussent transféré à Pékin le siége de leur gouvernement. Quoiqu'une partie de cette ville soit tombée en ruines, la population est encore d'un million d'âmes. Les habitants ne sont pas ennemis des plaisirs du luxe ; ils se distinguent par la douceur, l'aménité de leurs mœurs, et par une civilisation plus avancée que celle des autres villes de l'empire. On y remarque quelques monuments d'une assez belle architecture, plusieurs bibliothèques, une académie de médecine, des manufactures de soieries, de coton, de nankin, de porcelaine, de cire. En général le commerce y est vivant et animé. Il y a un évêque catholique. L'édifice le plus remarquable est la fameuse tour de porcelaine, monument isolé, octogone, haut de plus de 66 mètres. Elle n'a pas moins de neuf étages, dont chacun est entouré d'une galerie d'images de dieux et de tableaux. Au sommet s'élève un mât de 17 mètres avec une boule en cuivre. La matière dont est construite cette curieuse tour est si fortement cimentée qu'on croirait, au premier coup d'œil, qu'elle est d'une seule pièce. Le beau palais des anciens empereurs a été incendié, en 1645, par les Tartares Mandchous. Le nankin, tissu de coton des Indes de couleur jaune, souvent rougeâtre, est ainsi nommé de la ville de Nanking, où l'on a une grande partie de ces tissus était autrefois fabriquée. On en confectionne aujourd'hui dans tous les pays où il y a des manufactures de coton. Celui qu'on emploie à cet usage est désigné par les botanistes sous le nom de *gossypium religiosum*. La couleur jaune en est naturelle, et c'est ce qui en garantit la bonté et la durée. Le tissu du nankin des fabriques d'Europe est plus fin, mais d'un moins bon usage. En Suisse on en imprime en dessins de couleurs variées dont on fait de grandes expéditions pour les deux Amériques.

NANSEL (NICOLAS DE), ainsi nommé du village de Nansel, lieu de sa naissance, entre Noyon et Soissons, professa les humanités dans l'université de Douai. Appelé à Paris par ses amis, il fut professeur au collége de Presle où il avait déjà enseigné, et se fit recevoir docteur en médecine. Cette science avait des charmes infinis pour lui. Il alla la pratiquer à Soissons, puis à Tours, où il trouva un établissement avantageux. Enfin il devint médecin de l'abbaye de Fontevrault, en 1587, et mourut en 1610, à 71 ans, avec la réputation d'un homme savant, mais bizarre ; il était né en 1539. On a de lui : 1° *Estichologia græca latinæque, informanda et reformanda*, in-8°, ouvrage où il veut assujettir la poésie française aux règles de la poésie grecque et de la poésie latine. Ce projet singulier, dont il n'était pas l'auteur, couvrit de ridicule son apologiste ; 2° *Petri rami vita*, Paris, 1599, in-8°. Il y a des faits curieux et des anecdotes recherchées ; mais Ramus y est peint un peu trop en beau ; 3° *De Deo, de immortalitate animæ, contra galenum ; de sede animæ in corpore*, in-8°. Il a aussi donné ses trois traités en français ; 4° *Discours de la peste*, in-8° ; 5° *Declamatione*, in-8°. Ce sont des harangues qu'il avait prononcées durant sa régence.

NANNI, ou mieux **NANNING** (PIERRE), *Nannius*, né à Alkmoër, en 1500, enseigna les humanités à Louvain avec réputation pendant 18 ans, et obtint ensuite un canonicat d'Arras, qu'il garda jusqu'à sa mort, arrivée en 1557, à 59 ans. Ses ouvrages sont : 1° des Harangues ; 2° des Notes sur quelques auteurs classiques, et sur des traités de quelques pères ; 3° *Miscellaneorum decas*, Louvain, 1548, in-12, et dans le *Thesaurus criticus* de Gruter. C'est un ouvrage de critique où il montre les fautes qui se trouvent dans les éditions de plusieurs anciens, et où il tâche d'expliquer les passages les plus obscurs ; 4° cinq *Dialogues des Héroïnes*, 1541, in-4° : ouvrage qui passe pour son chef-d'œuvre, et a été traduit en français, 1550, in-8° ; 5° des Traductions latines d'une partie de Démosthène, d'Eschyne, de Synésius, d'Apollonius, de Plutarque, de saint Bazile, de saint Chrysostome, d'Athénagore, et de presque tous les ouvrages de saint Athanase. Cette dernière version est infidèle ; 6° une Traduction de quinze psaumes en beaux vers latins, dans les *Psalmi XL versibus expressi* de Jacques l'Atomus, Louvain, 1558. L'auteur a su allier les grâces de la poésie à la simplicité majestueuse du texte sacré ; 7° *In cantico canticorum paraphrasis et scholia*, Louvain, 1554, in-4°. L'auteur a réuni dans sa paraphrase le sens littéral et allégorique : c'est un des meilleurs commentaires qu'on ait sur le Cantique des cantiques. Il peut être mis à côté de celui de Bossuet (voy. SALOMON). Nanni, critique habile, bon grammairien, poète estimable, n'était qu'orateur médiocre. Ses ouvrages décèlent un homme versé dans toutes les sciences ; ils lui firent une réputation très étendue. L'Italie voulut l'enlever aux Pays-Bas, mais il sacrifia toutes les espérances à l'amour de la patrie. Son caractère était modéré, ses mœurs douces, et son esprit agréable.

NANNONI (ANGELO), paranthèse chirurgien, naquit à Florence, le 1er juin 1715. A l'âge de 16 ans, il étudia la chirurgie et l'anatomie dans l'hôpital de Sainte-Marie-la-Neuve, à Florence, après avoir passé les examens, il voyagea en Italie et en France, visita les hôpitaux de Bologne, de Milan, de Rome, de Montpellier, de Rouen et de Paris, et crut apercevoir des abus dans les médicaments et une pratique trop longue et trop douloureuse dans les pratiques. De retour dans sa patrie, il établit une nouvelle méthode pour les uns et pour les autres. Il disait que l'art de guérir consistait principalement à seconder la nature en l'aidant quelquefois, et à réduire la médecine à ses principes les plus simples. Il a laissé un grand nombre d'ouvrages, dont les principaux sont : 1° *Sur la simplicité dans l'art de guérir*, Venise, 1761 74 70, 3 vol. in-4. Cet ouvrage a immortalisé la mémoire de l'auteur. Dans sa dernière édition, on l'a augmenté et enrichi d'excellents aphorismes ; 2° *Recherches critiques sur l'état actuel de la chirurgie*, de Samuel Sharp, traduites en italien, illustrées par Nannoni, Sienne, 1774 ; 3° *Mémoire sur les replis du coude*, Florence, 1784. Nannoni mourut à Florence, le 28 fév. 1790. Son fils François, qui vivait encore en 1818, a suivi avec honneur les traces de son père ; il est un des premiers chirurgiens de Florence et de l'Italie, et s'est rendu fameux dans les accouchements et dans les opérations de la cataracte et de la gravelle.

NANSOUTY (ETIENNE-ANTOINE-MARIE CHAMPION, comte DE), dont le véritable nom de famille était Champion de Nanssous-Thil, changé par corruption en celui de Nansouty, naquit au mois de mai 1708, à Bordeaux, où son père, né à Dijon, était commandant du château Trompette. En 1780, Nansouty fils entra à l'école militaire, et de là il passa, en 1783, au régiment le bourgogne-cavalerie, en qualité de sous-lieutenant, trois ans après il reçut, par la protection du maréchal de Beauveau, un brevet de capitaine de remplacement de Franche-Comté cavalerie, mais il parut à peine dans ce corps : il entra la même année dans le 6e régiment de hussards commandé par le duc de l'auzun ; il se trouva mêlé à Nancy, dans l'affaire du régiment de Château-Vieux. Il courut les dangers en restant fidèle aux ordres du roi. A l'époque de la révolution, il devint successivement lieutenant-colonel de carabiniers, et colonel du régiment d'Artois-cavalerie. Il se distingua, en 1800, à Wertingen, où il commandait le corps de cuirassiers. Dans la guerre contre les Prussiens, en 1807, il avait sous ses ordres les corps de carabiniers et de cuirassiers qui se couvrirent de gloire. Il déploya la même intrépidité à Eylau et à Friedland. En 1808, il fut nommé général de division et se trouva, en 1809, aux batailles d'Ekmul, d'Essling et de Wagram. Nommé, en 1812, général des dragons, il obtint le grand cordon de la Légion-d'Honneur et servit dans la malheureuse campagne de Russie. Il rendit d'importants services, en 1813 et en 1814, à Dresde, à Wacho, à Leipsick et à Ano ; se couvrit de lauriers à Champ-Aubert, à Moutmirail et à Craonne. Il fut un des premiers à adhérer à la déchéance de Buonaparte, et écrivit, le 6 avril 1814 : « J'ai l'honneur d'informer le gouvernement provisoire de ma soumission à l'autorité de la maison de Bourbon. » Le roi l'envoya en qualité de commissaire extraordinaire dans la 18e division militaire, le nomma chevalier de Saint-Louis, puis capitaine-lieutenant de la première compagnie de ses mousquetaires. Ce général mourut dans les bras de la religion, à Paris, le 13 février 1815, âgé de 47 ans. Il était brave, humain et désintéressé. Les habitants du Tyrol lui ayant offert une somme considérable en reconnaissance de ce qu'il les avait préservés du pillage, il fit distribuer la somme aux hôpitaux.

Il sauva constamment la vie aux émigrés que le sort des armes jetait entre ses mains.

NANTERRE (*Nannetodurum, Neptodurum*), bourg de l'Ile de France, aujourd'hui chef-lieu de canton du département de la Seine ; population 2,400 habitants. C'était autrefois un lieu fortifié ; les Anglais s'en emparèrent et l'incendièrent au commencement du xve siècle, et en 1815 les Français y battirent complétement une colonne de l'armée des puissances coalisées. Le territoire de Nanterre est fertile en grains et en vignes, et renferme quelques carrières de plâtre et de moellons. Nanterre fait un commerce considérable de porcs, de charcuterie et de gâteaux dits de *Nanterre*. Suivant la tradition, c'est à Nanterre que naquit sainte Geneviève, patrone de Paris ; une chapelle élevée dans ce bourg, sur le tombeau de cette sainte, attira longtemps de nombreux pèlerins.

NANTES, ville de France, chef-lieu du département de la Loire-Inférieure, située sur la rive droite de la Loire, au confluent de l'Erdre et de la Sèvre, une des plus importantes villes de France par le commerce qui s'y fait. Elle possède un évêché, suffragant de l'archevêché de Tours ; un hôtel des monnaies, un collége royal, une bibliothèque publique, une société académique, une société de médecine et d'horticulture, une école secondaire de médecine, une école royale de navigation, un musée de peinture, quatre hôpitaux, un jardin botanique ou une superbe salle de spectacle. Elle est le chef-lieu de la 12e division militaire. Cette ville se compose de plusieurs quartiers, de quelques îles, de 33 places, de 90 rues, 24 quais et 4 faubourgs. Parmi ses édifices les plus dignes de remarque sont : le palais des anciens ducs de Bretagne, la cathédrale, l'hôtel-de-ville, la Bourse et la Halle. La Loire, couverte de navires et de bâteaux de toute espèce, avec la campagne qui s'étend au loin, offre un beau point de vue à l'œil du spectateur. Le commerce de Nantes, qui est très étendu et très actif, consiste en vins d'Espagne et de Portugal, et en denrées coloniales. Tous les ans, plusieurs navires construits dans ses chantiers, et qui portent jusqu'à 600 tonneaux, sortent de ses ports et vont pêcher la morue au banc de Terre-Neuve et au cap Breton. Son industrie consiste en indiennes, cotonnades, serges, coutils, couvertures, toiles, cordes pour navires, faïences et verres. Elle a aussi quelques raffineries de sucre et quelques filatures de coton. 76,000 habitants.

NANTES A BREST (CANAL DE). Ce canal se compose de trois parties : la première communique de la Loire à la Villaine depuis Nantes jusqu'au Redon ; la deuxième, de la Villaine au Blavet ; la troisième comprend la jonction du Blavet à la rivière d'Aune qui s'embouche dans la rade de Brest. Ce canal aura 5 débouchés à la mer : le premier par la Loire, le deuxième par la Villaine, le troisième par le Rance, le quatrième par le Blavet et le cinquième par la rade de Brest.

NANTEUIL (ROBERT), graveur, né à Reims, en 1630, mourut à Paris en 1678. Louis XIV lui avait donné la place de dessinateur et de graveur de son cabinet. Ce maître n'a gravé que des portraits, mais avec une précision et une pureté de burin qu'on ne peut trop admirer. Son recueil, qui est très considérable, prouve son extrême facilité.

NANTILLE, ou NANTILDE, ou NANTICHILDE, reine de France, épousa le roi Dagobert 1er, en 632, et gouverna le royaume avec habileté pendant la minorité de Clovis II, son fils. Elle mourut en 641, avec la réputation d'une princesse également politique et vertueuse.

NANTIR, v. a., donner des gages pour assurance d'une dette. Il s'emploie aussi avec le pronom personnel. Nantir, avec le pronom personnel, signifie familièrement, se garnir, se pourvoir de quelque chose par précaution. Il signifie encore, absolument, faire des profits dans un emploi, dans une place, et les mettre en réserve.

NANTISSEMENT, s. m., gage, ce qu'on donne à un créancier pour sûreté de ce qui lui est dû. Pays de nantissement, les lieux où la coutume voulait que pour avoir privilége sur les biens d'un débiteur, on fît inscrire sa créance sur le registre public.

NAPATA, ville de l'Ethiopie, au-dessus de l'Egypte dans la partie E., sur la droite du Nil, au-dessous de l'endroit où il reçoit l'Astape et l'Astaboras. Cette ville fut célèbre par la résidence qu'y fit la reine Candace. Elle fut prise et détruite entièrement par les Romains.

NAPÉE, s. f. Chacune des Nymphes qui, suivant la fable, présidaient aux forêts et aux montagnes.

NAPEL (*bot.*), nom d'une espèce d'aconit.　　J. P.

NAPHTALINE, s. f., matière qui accompagne les produits de la distillation du goudron minéral, et dont la découverte est due à Kidd. Elle est volatile, cristallisée en lames, d'une odeur aromatique qui rappelle celle du lilas, insoluble dans l'eau ; l'alcool et l'éther la dissolvent très bien, ainsi que les huiles volatiles et grasses. Elle se fond à 79° centig., et par le refroidissement elle offre une structure cristalline. Traitée par l'acide sulfurique, elle peut se combiner avec lui de manière à former un nouveau composé cristallisable, incolore, acide, très soluble, qui porte le nom d'acide sulfo-naphtalique, et qui donne des sels particuliers.

NAPHTE (*min.*), variété de bitume. (*Voy.* BITUME.) J. P.

NAPLES (ROYAUME DE, ou DES DEUX-SICILES). Il est situé dans l'Italie inférieure, en partie de ce côté du phare de Messine et en partie de l'autre. On l'appelle *Domini al di qua del faro*. Dans les temps les plus reculés de la république romaine, les Ausones, peuples sauvages, dont faisaient partie les rudes montagnards de la Lucanie et du Bretium (Abruzzes), ainsi que les Samnites, habitaient la partie inférieure de l'Italie. La partie orientale portait le nom d'*Apulia (Apuglia)* ; la Calabre était le plus petit promontoire de l'E. Les Grecs envoyèrent des colonies dans cette partie de l'Italie ; elles s'établirent sur la plupart sur les bords de la Méditerranée ; et ce fut de là que le nom de Grande-Grèce fut donné à cette partie de la Péninsule. La domination de Rome sur la Grande-Grèce commença à s'établir lors de la soumission de Tarente (273 av. J.-C.), et elle subit le sort du reste de l'Italie. Après la chute de l'empire d'Occident (476 après J.-C.), l'Italie inférieure se vit envahie par les Ostrogoths. Vers le milieu du VIᵉ siècle, Naples et la Sicile furent soumises par les empereurs grecs de Constantinople. Ces deux contrées étaient administrées par un gouverneur, l'exarque de Ravenne, qui les faisait gouverner par des ducs. Pendant toute la durée de la lutte que soutint l'exarque contre les Lombards dans le IXᵉ siècle, peu à peu plusieurs ducs se déclarèrent indépendants, entre autres ceux de Salerne, de Caprée et de Tarente. Le plus puissant d'entre eux était le duc de Bénévent, d'origine lombarde. Naples, Amalfi et Gaëte se constituèrent en républiques. Dans les mêmes temps, les Sarrasins, établis en Sicile, envahirent la Calabre, s'emparèrent de Bari, et disputèrent aux Grecs la possession de l'Italie inférieure jusqu'à l'époque où l'empereur Othon conquit Bénévent et le réunit à l'empire d'Allemagne (967). A dater de cette époque, la lutte pour la possession de ces belles contrées s'engagea entre les Allemands, les Grecs et les Arabes. Dans le XIᵉ siècle, des aventuriers belliqueux, quelques chevaliers normands de France, vinrent offrir, moyennant salaire, aux princes opprimés de l'Italie inférieure le secours de leurs armes. Ils aidèrent le duc Serge Servius contre le prince Pandolphe de Capoue, et pour récompense ils obtinrent la terre où ils construisirent Aversa, où Rainulph (1029) fut établi comme le premier comte normand. D'autres troupes d'aventuriers, avides de butin, arrivèrent encore en Italie en 1047 ; à leur tête se trouvait le fils du comte Tancrède de Hauteville dans la Basse-Normandie. Le plus brave et le plus habile était le célèbre Robert Guiscard. Il parvint à gagner la confiance et l'affection des habitants du pays, en forma des soldats expérimentés, et les incorpora dans sa troupe. Politique adroit, il prit en fief de la cour romaine l'Apulie qu'il avait conquise sur le pape, dont il avait battu les troupes en 1053 ; il s'engagea de plus à faire reconnaître comme fiefs de l'Église tout ce que les Normands pourraient conquérir en Calabre et en Sicile. En 1060, il prit le titre de duc d'Apulie et de Calabre. Son frère cadet, le comte Roger, conquit la Sicile en 1072. Après la mort du duc Robert et de ses fils, Roger réunit toute la puissance de la maison de Hauteville, en 1098, une bulle remarquable du pape Urbain II lui conféra à lui et à ses successeurs la puissance suprême ecclésiastique de l'autre côté du phare, c'est-à-dire en Sicile. Son fils et son successeur Roger II, acheva en 1101 la conquête de toute l'Italie inférieure en soumettant Capoue, Amalfi et Naples, villes célèbres à cette époque par leur commerce. Le pape Anaclet II lui donna en 1130 le titre de roi d'Apulie, de Calabre et de Sicile. Roger II reçut ce royaume en fief du Saint-Siége. Dans la même année, il réunit sous la dénomination de royaume des Deux-Siciles (rétabli depuis en 1816), toutes les contrées en deçà et au-delà du phare de Messine. Cette réunion de Naples et de la Sicile dura 150 ans. La résidence royale fut fixée à Palerme. Chaque pays conserva ses lois ; cependant à Naples s'introduisit un mélange de droit féodal-français et du vieux droit lombard. Le roi s'engagea à payer annuellement au

pape, comme seigneur suzerain, la redevance d'une haquenée et d'une bourse de ducats d'or. Avec le neveu de Roger II, Guillaume-le-Bon, mort en 1181, disparut la ligne masculine de la famille de Tancrède. Alors l'empereur d'Allemagne, Henri VI, de la famille des Hohenstaufen, fit valoir les droits héréditaires de son épouse Constance, fille de Roger II ; mais les Siciliens avaient en horreur la domination allemande. Ils nommèrent roi Tancrède, fils naturel de Roger ; et comme celui-ci mourut au bout de peu de temps, ils appelèrent au trône son fils mineur, Guillaume III. Henri VI entra une seconde fois dans le royaume ; plus heureux que pendant la vie de l'intrépide Tancrède, il s'y maintint et y commit de froides et horribles cruautés. La mémoire de Henri VI fut en horreur à tous les Siciliens ; ils obéirent cependant à son fils Frédéric II, âgé seulement de 3 ans lors de la mort de son père en 1197. Sous ce célèbre empereur, la résidence royale fut transférée à Naples. Cependant le voisinage de cette puissante maison causait de l'ombrage au souverain pontife : aussi le pape Urbain IV, après la mort de l'empereur Frédéric II, en 1234, donna-t-il le royaume des Deux-Siciles au frère du roi Louis IX de France, le duc Charles d'Anjou, dont le premier soin fut de faire décapiter l'héritier légitime qu'il dépouillait, Conradin de Souabe (1268). Cependant la Sicile se délivra bientôt des Français, dont l'orgueil et l'insolence leur étaient odieux ; une vaste conspiration s'organisa, et à un jour convenu, tous les Français furent massacrés. Ils furent secourus par le roi Pierre d'Aragon, dont la femme, Constance, était fille de Manfred, fils naturel de l'empereur Frédéric II, que l'infortuné Conradin avait institué son héritier. Depuis cet événement, la Sicile fut séparée de Naples, et cette séparation dura 160 ans. Les Siciliens reconnurent pour roi Pierre III d'Aragon, qui céda cette couronne à son fils cadet Jacques. Les rois d'Aragon se refusèrent à reconnaître la suzeraineté des papes, et la Sicile appartint à la monarchie espagnole jusqu'à la guerre de la succession d'Espagne. La maison d'Anjou se maintint à Naples ; Charles d'Anjou s'engagea à payer au pape une redevance annuelle de 8,000 onces d'or, et tous les trois ans d'une haquenée. Son arrière petit-fils, Charles Robert, roi de Naples, fut élu par les états hongrois en 1307, roi de Hongrie. Après la mort du roi Robert en 1343, sous le règne de la reine Jeanne Iʳᵉ, des troubles graves s'élevèrent à Naples ; le pape Urbain VI avait donné la couronne de Naples à Charles Durazzo, de la maison d'Anjou-Naples en Hongrie. Celui-ci fit étrangler en 1382 la reine Jeanne, et réunit les deux couronnes de Hongrie et de Naples ; il fut lui-même tué en Hongrie en 1386. Son fils Ladislas eut des luttes à soutenir pour la possession de Naples contre Louis d'Anjou, fils adoptif de la reine Jeanne ; il fut heureux dans cette expédition ; il s'empara de Rome, et se préparait à réunir toute l'Italie dans un seul royaume, lorsque la mort vint l'arrêter dans sa marche en 1414. En 1420, sa sœur, la reine Jeanne II, adopta le roi Alphonse V d'Aragon et de Sicile, qui, en 1458, chassa de Naples son compétiteur le prince français Louis III d'Anjou. C'est ainsi qu'éclata entre la France et l'Espagne la rivalité qui, vers la fin du XVᵉ siècle, mit toute l'Italie en feu. Ferdinand Iᵉʳ, fils naturel d'Alphonse V, mort en 1458, lui succéda au trône de Naples ; son neveu, Ferdinand II, attaqué par le roi Charles VIII de France, qui faisait valoir les prétentions de la maison d'Anjou en 1456. Ferdinand II étant mort en 1496, son successeur, Frédéric III, fut dépouillé de sa couronne en 1501 par son cousin, Ferdinand-le-Catholique, roi d'Espagne et de Sicile, de concert avec le roi de France Louis XII. Frédéric III mourut en France en 1504, laissant une fille qui avait épousé le comte de Laval. Les vainqueurs se brouillèrent à l'occasion du partage de leurs conquêtes. Ferdinand V d'Aragon, le plus rusé, sut se maintenir dans la possession de Naples. Pendant cette lutte, au sujet de la couronne et du pays qui se prolongea pendant plus d'un siècle, la constitution des villes se développa. Les rois de la maison d'Anjou commencèrent à convoquer les députés des états, ce qui avait souvent eu lieu en Sicile. Le régime féodal fut cependant maintenu ; les barons obtinrent de nouveaux priviléges, même celui de vie et de mort sur leurs sujets. En faisant ces concessions, les rois espéraient obtenir le concours des barons dans les guerres qu'ils avaient à soutenir. Malheureusement la misère du peuple s'en augmenta, et jamais les Napolitains ne purent résister aux armes de l'étranger. L'aristocratie resta toujours la même ; la vie luxurieuse de la cour et l'exemple donné par de voluptueuses princesses, telles que les deux Jeanne, hâtèrent la corruption des mœurs. Il existait cependant des états féodaux qui limitaient le pouvoir royal. Pendant les deux siècles (depuis la France en 1505) que dura la domination espagnole sur le royaume des Deux-Siciles, les états-généraux à Naples ne furent plus convoqués, et les vice-rois se bornèrent à négocier avec un comité, dans lequel la ville de Naples représentait ce tiers-état. Une seule fois, le peuple napolitain, guidé par un pêcheur, Thomas Aniello, d'Amalfi, s'opposa en 1547 avec succès à l'établissement de l'inquisition. Le pouvoir royal s'accrut, et avec lui le fardeau des impôts et l'arbitraire de leur perception qui était affermée. Depuis le règne de Ferdinand-le-Catholique jusqu'à celui de Philippe IV, le total de ces impôts s'était élevé à la somme de 4,600 millions de ducats. Sous le gouvernement du vice-roi duc d'Arcos, une révolution éclata en 1547 à Naples, qui, si elle eût été conduite plus sagement par Masaniello, eût pu rendre aux Napolitains leur indépendance. La prospérité du pays fut de plus en plus compromise par l'oppressive insolence de la noblesse. Lorsque la dynastie austro-espagnole s'éteignit en 1700, Naples et la Sicile furent traitées comme un héritage, dont le roi Charles II pouvait disposer d'après son bon plaisir, sans consulter la volonté nationale. C'est ainsi qu'en décidèrent la France et l'Angleterre lors de la paix d'Utrecht en 1713, et à l'époque de la quadruple alliance en 1718. Par le traité d'Utrecht, à l'instigation des Anglais, envieux et jaloux de tout ce qui tenait au commerce, Naples et la Sicile furent séparées ; Naples fut donnée à l'Autriche, la Sicile à la Savoie. Le roi Philippe V, cédant aux conseils du cardinal Alberoni, conquit la Sicile en 1717 ; mais il fut obligé de la céder en 1720 à l'Autriche, et la Savoie obtint en échange la Sardaigne. C'est ainsi que le royaume des Deux-Siciles devint une partie de la monarchie autrichienne. Dans la paix de Vienne en 1735, il fut réservé à don Carlos, et lorsque ce dernier monta, en 1749, sur le trône d'Espagne, sous le nom de Charles III, il le céda à son troisième fils Ferdinand, en stipulant qu'il ne pourrait jamais être réuni à la monarchie espagnole. Ferdinand gouverna le royaume des Deux-Siciles sous le nom de Ferdinand IV. La révolution française eut un grand rétentissement dans le royaume de Naples. La reine Marie-Caroline, qui domina complètement son faible époux, contribua puissamment à organiser la première coalition contre la France ; mais l'apparition de l'amiral Latouche-Tréville dans la rade de Naples à la tête d'une escadre française, et les victoires de Buonaparte forcèrent bientôt Ferdinand IV de demander une paix qu'on lui fit acheter au prix de 8 millions de ducats. Cependant le roi de Naples se laissa entraîner à une nouvelle coalition contre la France, qui fit occuper Naples par Championnet, et institua en 1799 la république parthénopéenne, ainsi nommée de l'ancienne désignation de la ville capitale. Rentré un instant dans ses États, Ferdinand IV se déclara encore, cédant aux instigations de Marie-Caroline, contre la France ; mais Napoléon fit envahir ses États, et créa le royaume de Naples d'abord en faveur de son frère Joseph, et ensuite de son beau-frère Joachim Murat, qui sut gagner l'affection de ses sujets par ses succès contre les Anglais et les partisans de Ferdinand, par d'utiles réformes et par l'ordre et la tranquillité qu'il établit dans ses états. La Sicile cependant, protégée par les Anglais, était restée fidèle à Ferdinand, et après la chute de l'empire français, Ferdinand rentra à Naples, et par un décret du 12 décembre 1816, quand il fut parvenu à réunir dans un seul royaume celui des Deux-Siciles, il prit le titre de Ferdinand Ier. Cependant les nouvelles institutions fondées en 1815 par la politique des cabinets européens avaient été impuissantes à détruire les principes révolutionnaires semés en Italie par l'occupation française ; elles en avaient tout au plus paralysé l'action en les comprimant momentanément. À Naples comme à Palerme, plusieurs causes étrangères s'accumulèrent pour rappeler à la mémoire du peuple d'anciens souvenirs d'indépendance et de liberté. Le 23 juillet 1814, le roi, avant de rentrer à Naples avait, par un décret, prononcé l'abolition de la constitution prononcée en Sicile en 1812 par lord Bentinck et qui n'était qu'une imparfaite copie de la constitution anglaise. En outre le roi n'avait pas en 1815 réalisé la promesse qu'il avait faite de promulguer une nouvelle loi fondamentale. Par la loi organique du 12 décembre 1816, le ministre Médici avait fait de louables efforts pour doter le pays d'institutions nouvelles ; mais elles étaient incomplètes et ne suffisaient pas pour calmer les esprits. En outre, des mesures impolitiques ou tout au moins intempestives affaiblirent le gouvernement en désaffectionnant le peuple. Bientôt les succès des révolutionnaires espa-

gnols vinrent accroître l'audace des carbonari dont l'association avait fait d'immenses progrès et avait étendu son immense réseau sur toute l'Italie. Contraint par une insurrection militaire, Ferdinand reconnut momentanément la constitution espagnole, qui bientôt ne fut plus suffisante ; et enfin le 15 mai 1821, il nomma une junte dans le sein de laquelle se trouvaient le marquis de Circello, le cardinal Fabrizio Ruffo, le prince de Canosa, et la chargea de délibérer sur les fondements de la nouvelle organisation de l'état. Sur la proposition de cette junte, il décréta une constitution dont voici les principaux articles : 1° À la tête du gouvernement est un conseil des ministres et secrétaires d'état sous la présidence du roi ou du prince royal (le duc de Calabre ou un ministre désigné à cet effet) ; 2° le royaume de Sicile (al di la del Faro), est séparé de Naples (al di qua del Faro) ; il est administré par un conseil séparé, sous la présidence d'un mandataire royal, dont les rapports sont remis au roi par le secrétaire d'état pour les affaires de Sicile ; 3° deux assemblées nationales (consulta di stato), une pour Naples, composée de 30 membres, l'autre de 18 membres et fixée à Palerme pour la Sicile, votent chacune à la majorité des voix sur les projets de lois présentés à leur examen par le conseil d'État, et statuent sur toutes les mesures financières. Le roi nomme le président et les membres de cette assemblée, composée de propriétaires, des premiers fonctionnaires de l'état et de l'église ; cependant toute décision dépend de sa seule volonté. Les lois sont promulguées avec cette formule : le roi, après avoir pris l'avis de son conseil et de l'assemblée, ordonne, etc. ; 4° Dans chaque province se rassemble un conseil provincial composé de propriétaires fonciers : ce comité est chargé de la répartition par communes de la quotité d'impôts à payer par provinces et de délibérer sur d'autres questions d'intérêt local ; 5° chaque commune doit administrer ses revenus sous la surveillance du gouvernement. Les assemblées nationales (consulta di Stato), après quelques changements furent mises en activité par le décret du 14 juin 1824. Le nombre des membres de l'assemblée de Naples fut réduit à 16, celui de l'assemblée de Sicile à 8. Dans toutes les affaires qui intéressaient les deux pays, les deux assemblées se réunissaient en une consulta générale. Toutes deux ont leur siége dans la résidence royale. Pour la masse du peuple ignorant et démoralisé, cette espèce de constitution représentative est le neo plus ultra rationnel de ses désirs ; l'avenir seul nous apprendra si les vrais amis de la patrie auront accès auprès du roi. Dans l'administration nouvelle, les magistrats chargés de juger les crimes et de la police montrèrent surtout de l'activité. Les carbonari qu'on découvrit à Calvello et à Laurenzano furent tous condamnés à mort en 1821. Un grand nombre cependant furent graciés, ou leur peine fut commuée en une détention plus ou moins longue. Cependant il paraît que les hauts fonctionnaires, surtout le ministre de la police Canosa, passèrent, dans leur ardeur de persécution toute mesure, car le général Frimont crut devoir faire à ce sujet des représentations au roi. Comme elles étaient inutiles, l'empereur d'Autriche écrivit à Ferdinand, en demandant que l'ordre fût rétabli comme avant le 5 juillet 1820. L'Autriche demanda aussi un nouveau ministère qui fut composé au mois de mai 1822. Canosa se retira à Pise, le chevalier de Médici et le marquis de Tommasi retournèrent à Rome. Celui-là entra de nouveau au ministère des finances, et celui-ci au ministère de la justice et du culte. Le marquis Amati reçut le portefeuille de l'intérieur, le prince della Scaletta celui de la guerre, et le maréchal Clari, plus tard Intonti fut appelé au département de la police. Le prince Alvaro Ruffo, ministre des affaires étrangères, fut nommé président du conseil. Don Carlo Averno, duc de Gualtieri obtint le ministère des affaires de Sicile. L'union entre les cours de Naples et de Vienne devint plus intime, surtout à la suite du séjour de six mois que fit le roi Ferdinand à Venise, pendant que le tribunal suprême spécial jugeait toutes les personnes impliquées dans la révolution de 1820. On condamna à mort par contumace les généraux Guglielmo Pepe, Carascosa, l'abbé Minichini, le lieutenant-colonel de Concilis, etc. ; leurs complices devaient expier leur crime par les galères. Le roi Ferdinand Ier mourut le 5 janvier 1825 et son fils François Ier, duc de Calabre, monta sur le trône. Il obtint que l'armée d'occupation fût diminuée ; il modéra la sévérité des peines prononcées contre les condamnés politiques, et publia une amnistie par laquelle tous les Napolitains qui, dans la crainte d'une persécution, avaient quitté leur patrie, pouvaient y rentrer, à l'exception de ceux qui étaient condamnés comme coupables de haute trahison. En général il fit tout son possible pour diminuer les maux qu'avaient attirés sur le pays les suites de la révolution de 1820. Cependant un mouvement populaire éclata à Salerne où l'on demandait l'adoption de la constitution française. Les finances avaient surtout souffert de la révolution. Pendant la courte période de neuf mois qu'avait duré le gouvernement insurrectionnel, un déficit de 10 millions avait aggravé la situation désastreuse du trésor. Pour remédier à ce mal et diminuer la masse énorme de papier monnaie qui était en circulation et qui entravait le commerce, on contracta en 1821 un emprunt de 20 millions de ducats avec la maison de Rothschild et avec le banquier anglais Goodhouse. L'ordre cependant ne se rétablit dans les finances qu'en 1822, à la suites des mesures prises par le ministre Médici. L'armée qui avait fait la révolte fut licenciée; elle se composait alors de 18 régiments d'infanterie et de cinq régiments de cavalerie. les officiers qui avaient pris part au mouvement furent congédiés, et défense leur fut faite de porter l'uniforme; cependant ils reçurent une solde mensuelle. Par un décret de 1822, l'armée fut réorganisée; elle devait se composer de 12 régiments de la garde royale et de 17 autres régiments dont six de mercenaires étrangers, Albanais, Irlandais et Suisses. Pour former des officiers on institua une école militaire et un bataillon d'instruction. Le roi actuel, Ferdinand II, né en 1810, monta sur le trône après la mort de son père, en 1830. Il avait épousé en premières noces la princesse Christine de Sardaigne, il est aujourd'hui marié avec l'archiduchesse Thérèse, fille de l'archiduc Charles.

Géographie, statistique. — Le royaume des Deux-Siciles a une superficie totale de 1,988 milles géographiques carrés et une population de 7,420,000 habitants, répartis dans 676 villes, 398 villages et 2,142 hameaux; c'est près de 3,700 habitants par chaque lieue carrée. Le royaume de Naples contient 1,492 milles carrés avec une population de 5,627,000 habitants. Ce royaume qui, au N., est borné par les états du pape, à l'E. par la mer Adriatique, au S. et à l'O. par la Méditerranée, a un sol volcanique couvert de la plus riche végétation. Des vallées fertiles, partant du pied des Apennins s'étendent de tous côtés jusqu'aux rivages de la mer. A peu de distance de Naples s'élève le mont Vésuve qui a une hauteur de 1219 mètres. Le pays n'est arrosé que par quelques rivières de peu d'étendue et de peu d'importance. Le sol est souvent convulsionné par les tremblements de terre. C'est ainsi qu'en 1538 se forma auprès de Pouzzoles, en quarante-huit heures, le Monte-Nuovo qui a 800 mètres d'élévation. En sortant de Naples on traverse la grotte du Pausilippe et on arrive aux champs Phlégriens où les anciens avaient placé le théâtre de leurs récits fabuleux de la guerre des géants et de l'enfer mythologique; c'est là qu'on trouve la terre de pouzzolane. A ces déserts ainsi qu'au cratère éteint de la Solfatare et au lac d'Averne, touchent de magnifiques vignobles peuplés de nombreux arbres fruitiers. Ce n'est que dans les Abruzzes qu'on ressent les rigueurs de l'hiver. La température est si douce que les fraises mûrissent au mois de janvier. L'été est brûlant, et du S.-E. vient souvent le terrible sirocco dont le souffle est étouffant. Les principales productions de ce pays consistent en orge excellent, en maïs, fruits, huile, chanvre, lin, coton, en noix avelines de Pline, vins lacryma-christi, en câpres et en safran, etc. Les chevaux napolitains sont fort estimés. On s'occupe beaucoup dans les Abruzzes de l'éducation des porcs, de celle des bœufs, des mulets et de la volaille; les cailles y abondent. Les animaux nuisibles sont les loups, les tarentules et les scorpions. Dans la terre de Pouzzoles on exploite le sel gemme et le sel marin, des mines de fer, de soufre, d'alun et de salpêtre; des carrières de marbre, de jaspe, de lave et d'Albâtre. Le bois de chauffage et de construction y manque. Dans ces pays chauds mûrissent aussi les dattes, la canne à sucre, l'aloès et les figues de l'Inde. Le Napolitain est vif, bon, plein d'aptitude; mais le peuple, rabougri par le régime féodal et subissant l'influence de l'organisation vicieuse de son gouvernement, se laisse facilement aller aux plus grandes extravagances. On n'a pas encore pu détruire le brigandage des grands chemins. Le dialecte napolitain s'écarte beaucoup de la langue italienne imprimée. Au S. d'Otrante, on trouve encore des villages habités par des Arnautes et des Grecs au nombre de 80,000. L'industrie est plus florissante dans le royaume de Naples qu'en Sicile; cependant ce pays a besoin d'un grand nombre de produits étrangers. Naples possède des fabriques de soieries, de toiles, d'étoffes de coton et de laine;

on y travaille les métaux, le marbre, le jaspe et l'albâtre. Les mines y sont négligées. Le commerce extérieur souffre beaucoup du manque de bonnes routes, de canaux et de rivières navigables. Les villes principales des Deux-Siciles sont : Naples, Palerme et Messine. Le royaume de Naples est divisé en quinze provinces : Naples, l'Abruzze-Ultérieure première, chef-lieu Teramo; l'Abruzze-Ultérieure deuxième, chef-lieu Aquila; l'Abruzze-Extérieure, chef-lieu Chiéti; Molissa ou Sano, chef-lieu Campo-Basso; la Terre-de-Labour, chef-lieu Caserte; la Principauté-Citérieure, chef-lieu Salerne; la Principauté-Ultérieure, chef-lieu Avellino; la Capitanate, chef-lieu Foggia; Bazi, chef-lieu du même nom, Otrante, chef-lieu Tarente; Basilicate, chef-lieu Potenza; la Calabre-Citérieure, chef-lieu Coronza; la Calabre-Ultérieure première, chef-lieu Reggio; et la Calabre-Ultérieure deuxième, chef-lieu Catanzaro. Le royaume de Naples a environ 100 lieues de long sur 27 de large. Le royaume de Sicile est formé de l'île de ce nom et des îles Lipari, au nombre de dix, parmi lesquelles deux, Stromboli et Volcano, sont des volcans; elles prennent leur nom de la plus grande d'entre elles, dont la ville capitale se nomme Lipari. La Sicile a 170 lieues de long de l'E. au S.-O., et 40 de large du N. au S. Elle est divisée en sept provinces : Messine, chef-lieu du même nom; Palerme, Trapanti, Girgenti, Caltanisetta, Syracuse et Catane, qui portent aussi le nom de leurs chefs-lieux. Sous le rapport scientifique la nation est fort arriérée; cependant parmi les hommes haut placés, il y en a qui sont doués d'un talent du premier ordre, surtout à Naples. On y étudie de préférence les antiquités; et de tous les arts, le mieux cultivé, c'est la musique. La Sicile est le berceau de la poésie bucolique et de l'éloquence. Il y a maintenant des universités à Naples, à Palerme et à Catane; des académies dans les deux premières villes, des écoles de musique à Palerme, des collections d'art à Naples (*museo herbonico*), avec une salle séparée pour les tableaux de l'école napolitaine; un musée d'Herculanum à Portici, un cabinet de médailles et un observatoire à Palerme, à Naples quatre bibliothèques publiques et quarante-cinq imprimeries. Entre autres institutions de bienfaisance, il y a un hospice pour les sourds et muets; on admire généralement la bonne disposition de l'hôpital des fous à Accersa. Le royaume des *Deux-Siciles*, d'après la loi fondamentale des Deux-Siciles, est une monarchie constitutionnelle héréditaire dans la ligne masculine et féminine. D'après cette loi, qui n'est pas exécutée, le roi possède la suprême puissance et le pouvoir exécutif. Si le roi n'est pas personnellement en Sicile, il est représenté par un gouverneur (*luogotenente generale*) qui reçoit le titre de vice-roi de Palerme. Jusqu'en 1820, ce vice-roi fut le prince royal. Les emplois publics dans l'île ne peuvent être conférés qu'à des Siciliens. Le régime féodal est depuis longtemps aboli à Naples; en Sicile, il s'est maintenu jusqu'à l'époque de la révolution en 1820. Depuis trente ans le roi Ferdinand avait cessé d'envoyer au pape, en signe de vasselage, la redevance de la haquenée; cependant il continua de payer à titre de charité la somme annuelle de 8,000 onces d'or (11,548 *scudi*). Par le concordat de 1818 le pape perdit tous ses droits de suzeraineté sur Naples, et le pouvoir pontifical fut limité. Le clergé possède, dans le royaume des Deux-Siciles, un tiers de la propriété foncière; il se compose de 24 archevêques, 112 évêques, 368 abbés, 3,700 curés, 47,233 prêtres séculiers, 25,399 moines, 26,659 nonnes, et 49,300 institutions charitables de ce côté du détroit; de l'autre côté, 3 archevêques, 7 évêques, 51 abbés, 70 à 80,000 prêtres séculiers et moines. Dans aucun pays il n'y a autant qu'à Naples de gens titrés; on n'y compte pas moins de 120 princes, 150 ducs et 170 marquis; le nombre des comtes et barons y est incalculable. Cependant en 1818 le roi supprima les majorats, ce qui avait déjà eu lieu en Sicile, et ce qui menaçait de concentrer toute la propriété foncière en un petit nombre de mains, au grand préjudice de l'agriculture. Peu à peu on a remédié aux nombreux abus qui entravaient le cours de la justice, surtout en Sicile; le système pénitentiaire fut amélioré. Le Code français est encore en vigueur à Naples. La nouvelle organisation judiciaire du 29 mai 1818 supprima tous les droits de haute et de basse justice que les seigneurs exerçaient sur leurs terres. Les tribunaux furent institués à peu près comme en France. Un nouveau règlement judiciaire pour l'île et un nouveau Code civil furent publiés en 1819. En 1820, les revenus de l'état étaient de 31 millions et demi de florins; les dépenses de 33,076,000 florins; la dette nationale en 1827 de 210,000,000 florins. La part que la Sicile doit payer, la cotisation annuelle des impôts est fixée par le roi; mais elle ne peut dépasser la somme de 1,847,687 onces et 20 taris (5,600,000 écus), sans le consentement de l'assemblée de Sicile. La dette nationale fut cause que le ministre Medici augmenta en 1819 l'impôt foncier (*fundaria*), ce qui contribua beaucoup à la révolution de 1820. L'armée actuelle est forte de 30,000 hommes; le matériel de la marine consiste en 3 vaisseaux de ligne, 5 frégates, 4 corvettes et un grand nombre de chaloupes canonnières. En Sicile l'armée permanente ne peut dépasser le chiffre de 8,000 hommes.

C. L. Z.

NAPLES, *Neapolis*, capitale du royaume des Deux-Siciles, située dans la terre de Labour, sous 40° 50' 15" de latitude. Les anciens lui donnaient le nom d'Otiosa; aujourd'hui, malgré plus de 40 révoltes que mentionne l'histoire, on l'appelle Fidelissima. Par sa situation topographique, sa population et la richesse des trésors de toute espèce qu'elle renferme, Naples peut être rangée au nombre des plus belles villes du monde. Elle s'étale avec une royale magnificence sur la pente inclinée d'un coteau que baignent les eaux d'un golfe majestueux, du sein duquel sortent à peu de distance les îles riantes de Capri et d'Ischia. A droite elle est dominée par la cime menaçante du Vésuve, qui sans cesse gronde et mugit quand il ne vomit pas des torrents de lave enflammée; à gauche elle s'appuie sur les derniers rameaux du mont Pausilipe. Les anciens n'avaient pu méconnaître la beauté prestigieuse de cette contrée; ils y avaient placé un temple et la tombe d'une syrène nommée Parthénope (de là l'ancien nom que portait cette ville et qu'elle reçut des colons Cuméens qui la fondèrent). Le moderne Napolitain est aussi orgueilleux de sa patrie que dans son enthousiasme poétique il appelle un fragment du ciel tombé par mégarde sur la terre. *Vedi Napoli e poi muori!* Voir Naples et puis mourir! dit-il dans son ardeur patriotique. Et il faut le reconnaître, jamais contrée n'a été, comme Naples, favorisée des dons de la nature. L'air y est doux, tempéré par le voisinage de la mer, dont la surface polie et bleuâtre attire et enchante les regards; les champs toujours fleuris se couvrent de riches céréales, de vignobles et d'arbres fruitiers dont les branches plient sous le faix. Dans la ville, jour et nuit, tout est vie et mouvement. Dans la rue de Tolède, qui la traverse du nord au midi, se presse une fourmillière d'hommes que sillonnent sans cesse les rapides *curricoli* (voitures à un cheval). Le port est toujours rempli de vaisseaux venus de toutes les parties du monde; et sur le quai se presse une foule d'hommes affairés, de matelots, de pêcheurs. Les oisifs du grand monde promènent sur les quais de Chiaia et sous les ombrages de la Villa-Reale leur luxe et leur ennui. Il y a à Naples 122 églises dont aucune n'est remarquable par son architecture; la plus importante est la cathédrale placée sous l'invocation de saint Janvier. Il y a aussi 130 chapelles et 149 couvents. L'église de Saint-Janvier a été construite en 1299, d'après les dessins du célèbre Nicolas de Pise; mais son caractère gothique n'a pas été respecté par d'ignares architectes. L'église de ll Gesu Nuovo passe généralement pour la plus belle de toutes; cependant elle mérite le même reproche que les autres d'être surchargée d'ornements de mauvais goût. L'église de San-Domenico est grande; celle de San-Filippo Neri est riche en marbres et en tableaux; celle de Santa-Paola-Maggiore présente encore dans un de ses côtés des restes d'un temple de Castor et Pollux; celle de Santa-Maria del Parto renferme le monument du poëte arcadien Sannazar. Au haut d'une colline escarpée, la chartreuse de San-Martino domine une grande partie de la ville et de ses environs; de magnifiques ornements décorent l'intérieur de cette église; le couvent lui-même est transformé en hôtel des invalides. Le château Saint-Elme commande toute la ville qui est aussi défendue contre les attaques extérieures du côté de la plage, à l'est par le château Neuf (*Castello nuovo*), et à l'ouest par le château de l'Œuf (*Castello del l'ovo*), ainsi nommé à cause de sa ressemblance avec un œuf. Parmi les nombreux palais qui décorent Naples, celui du roi mérite surtout l'attention des voyageurs par sa noble architecture; la place qui est devant ce palais est une des plus belles de la ville. Un autre palais, celui de Capo-di-Monte, quoiqu'il ne soit pas achevé, mérite d'être visité à cause de ses tableaux et du grand nombre d'objets d'art qu'il renferme. La Vicaria, l'ancienne résidence des rois de Naples, sert aujourd'hui de palais de justice. Parmi les autres palais, il faut surtout nommer ceux de Maddaloni, Francavilla, Gravina, Tarsia, dans lequel se trouve une magnifique bibliothèque publique. De grandes richesses artistiques sont réunies dans le Museo Borbonico (palais dei Studi), dont les salles

renferment à la fois un peuple de statues, les trésors décernés à Herculanum et à Pompei, et une vaste bibliothèque. Avec de pareilles collections, les études archéologiques sont naturellement cultivées à Naples. Comme ville de science, Naples n'occupe pas, toutefois un rang distingué. L'université, fondée par l'empereur Frédéric II en 1224, occupe un édifice de grande dimension; mais les progrès scientifiques ont été lents et sont encore bien loin d'être à la hauteur du siècle. Cependant on y trouve des collections assez complètes, surtout celles de géologie et de minéralogie. Naples possède en outre un observatoire, une école royale de médecine, une école militaire de marine, une académie d'industrie-agricole-manufacturière et une école des arts et métiers, deux colléges de jésuites, ainsi qu'une société royale des sciences. A Naples on ne compte pas moins de 60 fondations de bienfaisance; dont les hôpitaux Degli Incurabili, où sont reçus et traités les malades de toute espèce, et Della Santa-Annunziata, qui est très riche, où sont reçus et élevés les enfants trouvés. Le bonheur qu'éprouve le Napolitain à chanter et à entendre chanter trouve une ample satisfaction dans plusieurs théâtres dont le plus considérable est celui de San-Carlo qui, après avoir été consumé par un incendie en 1816, a été reconstruit sur un plan colossal. Les autres théâtres sont Teatro-Nuovo, Teatro de' Fiorentini et Teatro San-Carlino : tous trois méritent à peine d'être mentionnés; ils sont au-dessous de la médiocrité sous tous les rapports. Les manufactures et les fabriques sont peu nombreuses à Naples; son commerce est loin d'approcher de celui des autres grands ports de la Méditerranée. Toutefois le roi actuel, Ferdinand II, a donné une forte impulsion au développement industriel; il a changé l'aspect matériel de Naples; malgré la difficulté du terrain, un chemin de fer vient de rallier la capitale avec Castellamare; d'autres rail-ways iront joindre l'Adriatique. Naples, déjà en contact presque journalier avec Marseille par les bateaux à vapeur, semble enfin destinée à se voir entraînée peu à peu par le grand mouvement européen. Les environs de la ville sont riches en merveilles de la nature et de l'art, et en chefs-d'œuvre de l'antiquité dont les plus glorieux vestiges signalent le passage. A l'ouest se voit la longue chaîne du Pausilippe, que traverse un long chemin voûté : sur le revers du Pausilippe s'élève un modeste *columbarium* (tombe romaine), qui, au dire des Cicerone, est le tombeau du chantre d'Enéc. Arrivé sur les bords de la mer d'Anagro dans le site le plus ravissant et le plus pittoresque, on aperçoit sur la plus haute montagne qui domine ce paysage le couvent des camaldules élevé à 400 mètres, et d'où l'on jouit d'un coup d'œil presque magique; près de là se trouvent les bains chauds de San-Germain et la fameuse grotte du Chien. On débouche de là dans la Solfatare, cratère d'un volcan éteint, où le terrain résonne sous les pas du voyageur et d'où s'échappe constamment une vapeur sulfureuse. Plus loin sur les bords de la mer, Pouzzoles s'offre avec ses orangers, ses temples, ses villas, ses thermes, ses amphithéâtres en ruine; c'est de là qu'on tire la fameuse terre nommée pouzzolane; le Monte-Barbaro (*mons Gaurus*) étale ses vignobles renommés, et le Monte-Nuovo, formé en 1538, par une éruption volcanique. De là on arrive dans des grottes remplies d'une vapeur étouffante et sur le sol que Virgile a chanté dans son VIe livre de l'Enéide. Les ruines de Baies, la Piscina-Mirabile et les voûtes souterraines du Cento-Camerelle réclament la visite de l'antiquaire. A l'est de Naples, un spectacle d'un autre genre, mais plus grandiose peut-être, attend le voyageur au haut du Vésuve; aux pieds du volcan, Portici conserve dans son palais les tableaux à fresque d'Herculanum, dont le théâtre souterrain attire peu de visiteurs, parce qu'à deux lieues plus loin, Pompei montre en plein soleil une ville antique tout entière avec ses rues, ses places, ses théâtres, ses temples, ses bains, ses magasins, ses colonnades et ses précieuses mosaïques. A trois milles de Naples est la Villa-Portici, dont l'architecture est d'un mauvais goût, mais qui renferme une magnifique collection d'antiquités. Au sud la mer n'offre pas moins de charmes et de sites pittoresques. Là est l'admirable Capri avec ses ruines du palais de Tibère et ses champs d'orangers et de fleurs; et l'île d'Ischia avec le mont Epoméo, volcan éteint qui s'élève à 752 mètres au-dessus du niveau de la mer. Telle est Naples et ses environs, dont l'heureux climat fait une des plus belles villes du monde. Elle contient environ 360,000 habitants. C. L. X.　　　J.

NAPOLÉON (Voy. BONAPARTE et FRANCE).

NAPOLÉON (analogue de louis), s. m., pièce de vingt ou quarante francs à l'effigie de Napoléon.

NAPPE, s. f., linge dont on couvre la table pour prendre les repas. Fig., la nappe est toujours mise dans cette maison, on y trouve à boire et à manger à quelque heure qu'on y vienne. À l'église, nappe d'autel, le linge dont on couvre l'autel. Nappe d'eau, espèce de cascade dont l'eau tombe en forme de nappe. On appelle aussi nappe d'eau, une grande étendue d'eau tranquille, comme celle d'un lac, d'un étang. Nappe, en termes de chasse, la peau du cerf qu'on étend par terre, quand on veut donner la curée aux chiens. Il se dit aussi d'un filet de bon fil, qui sert à prendre des cailles, des alouettes, etc.

NAPPER-TANDY (James), Irlandais, né en 1737, se montra de bonne heure l'un des partisans les plus exaltés de la révolution française. La vue des maux qui affligeaient sa patrie l'avait disposé à l'amour de l'indépendance et peut-être même à l'esprit de révolte. En 1791 il publia, au nom des Irlandais réunis, une Déclaration sur les réformes qu'il croyait nécessaires au bonheur de son pays. Quoiqu'il fût protestant non conformiste, il fut nommé secrétaire d'une association de catholique-romain à Dublin. Le gouvernement anglais ne put voir avec indifférence les premiers symptômes d'agitation, il surveilla la conduite de Napper-Tandy qui n'eut que le temps de s'évader et de venir en première instance. S'étant fixé à Paris, il accueillit dans sa maison tous les réfugiés qui partageaient ses opinions. Il se présenta au Directoire, et lui fit agréer le projet d'un débarquement en Irlande, où, disait-il, tous ses compatriotes attendaient avec impatience les français pour secouer le joug de la domination anglaise. Le Directoire lui accorda des troupes, et Napper-Tandy débarqua, en août 1798, en Irlande, sur les côtes occidentales de Donegal. Il publia aussitôt une proclamation pour rallier les Irlandais-unis, qui étaient prêts à le seconder; mais les autorités locales, averties à temps du complot qui se tramait, déjouèrent les projets des conspirateurs. Contraint de fuir sur un brick français, où il débarqua à Hambourg, où il fut arrêté, avec le frère d'O'Conor, à la demande de M. Crawford, ministre d'Angleterre. Les deux chambres d'Irlande l'ayant excepté du bill d'amnistie, malgré les réclamations du Directoire, il fut transporté à Dublin, mis en jugement en 1800, et condamné à mort par la cour du banc du roi. On sursit cependant à l'exécution jusqu'à ce que M. Otto le réclama au nom du gouvernement français. Sa voiture fut escortée par un détachement de cavalerie jusqu'à Wiscou : ce fut là qu'il s'embarqua pour Bordeaux, où il arriva en mars 1802. Son arrivée fut célébrée par un banquet civique, dans lequel il porta un toast aux amis de la liberté de tous les pays. Il mourut dans cette ville le 24 août 1803, âgé de 66 ans. Il avait le titre de colonel au service de France.

NAR, fleuve de l'Ombrie, sort du mont Fiscellus, sur les confins du Picenum et du pays des Sabins, coule au sud, traverse le lac Velinus, et se jette dans le Tibre au-dessous de Narnie. Les eaux de ce fleuve avaient une odeur de soufre.

NARBO ou **NARBO MARTIUS** (Narbonne), capitale de la Narbonnaise, et même pendant quelque temps de toute la Gaule, dans la 1re Narbonnaise, sur l'Atax, près de la mer, au sud-est de Tolosa, chez les Volces Arécomiques. Près de trois siècles avant J.-C. cette ville, qui donnait son nom à la province où elle était située, passait déjà pour une des principales villes de la Gaule. Mais elle devint bientôt plus considérable encore par l'établissement d'une colonie de citoyens romains, l'an 637 de Rome (117 avant J.-C.). On la nommait Martius, parce que Rome, la métropole, était consacrée à Mars; ou parce que la colonie y fut conduite sous le consulat de Martius ou Marcius Rex. C'était la seconde colonie romaine établie hors de l'Italie, et la première dans la Gaule. Cette colonie fut renouvelée par Jules César, qui y envoya les soldats de la première légion (decumani), d'où la ville prit le nom de Colonia Decumanorum Julia Patera. On la nommait encore Colonia Atacinorum, de sa position sur la rivière d'Atax. On voyait à Narbonne à peu près les mêmes édifices qu'à Rome, des temples, des portiques, un capitole, un cirque, un amphithéâtre, des bains publics; on y remarquait un pont magnifique (pons Septimus), qui, jeté sur l'Atax (Aude), s'étendait environ quatre milles à l'est de Narbonne, jusqu'à Caput Stagni, et se prolongeait sur un marais encore environ un mille. La ville de Narbonne fut célèbre par son grand commerce. Son heureuse position, à l'embouchure de l'Aude, donnait à son port, que l'on regarda longtemps comme le port de toute la Gaule, une activité incroyable. Plusieurs hommes célèbres et des littérateurs distingués ont vu le jour à Narbonne, entre autres Julius et Votianus Montanus, tous les deux poètes; Aurélius Carus, qui s'éleva à l'empire; Terentius Varro et plusieurs autres. Ce fut à Narbonne qu'Auguste tint l'assemblée générale dans laquelle il fit une nouvelle division de la Gaule. En reconnaissance les habitants lui élevèrent un autel de marbre blanc, qui existe encore, où ils célébraient tous les ans des fêtes en son honneur. Lors de l'invasion des Barbares, elle fut prise par Ataulph, roi des Visigoths. Constance, général d'Honorius, la reprit au nom de son maître; mais en 462, elle fut définitivement cédée aux Visigoths par Sévère; et elle devint la capitale de leurs états après la prise de Toulouse par Clovis. En 508, Gondebaud, roi de Bourgogne, la livra au pillage. Elle fut prise en 637 par Childebert, roi des Francs. Les Arabes s en emparèrent au viiie siècle. Elle tomba au pouvoir des Normands en 859. L'an 1180, les vidames ou vicomtes de Narbonne devinrent héréditaires d'amovibles qu'ils étaient auparavant. Narbonne eut beaucoup à souffrir de la croisade des Albigeois. Elle fut réunie à la couronne sous le règne de Louis XII. C'est aujourd'hui un des chefs-lieux d'arrondissement du département de l'Aude. Elle est bâtie sur un canal près de l'étang de Roubine, dans une contrée couverte de marais et sujette aux inondations qui rendent l'air malsain. Elle a un tribunal de première instance, un syndicat maritime, un séminaire diocésain, une société d'agriculture et un théâtre. Narbonne possède plusieurs fabriques de vert-de-gris, des filatures de soie, des tuileries, des briqueteries, des bonneteries. Elle fait un commerce très étendu en blés, vins, miel renommé, huiles, soie, draps. Elle possède beaucoup de monuments romains, et l'on y retrouve une grande quantité d'inscriptions latines. Sa cathédrale est un monument remarquable qui reçut les dépouilles mortelles de Philippe-le-Hardi. On y voit de belles places et des promenades agréables. Son archevêché, autrefois si considérable et où siégeait un primat, a été réuni à celui de Toulouse. 10,500 habitants.

NARBONNAISE, une des quatre grandes contrées de la Gaule, ainsi nommée de Narbo, sa capitale, s'étendait des Pyrénées au S., entre les Aquitaines, la Lyonnaise, la Méditerranée et les Alpes. On la nommait d'abord Braccata. Elle se divisait en cinq provinces, la Narbonnaise 1re, la Narbonnaise 2e, la Viennaise, les Alpes pennines et grecques et les Alpes maritimes. La première était à l'O. du Rhône, les quatre autres à l'E. Cette province comprenait à peu près le Languedoc, la Provence et la partie S.-O. du Dauphiné. (Languedoc), la plus grande province de la Narbonnaise, avait au S. l'Espagne, à l'O. la Novempopulanie, au N. l'Aquitaine 1re et la Lyonnaise 1re, et à l'E. le Rhône. Elle comprenait six peuples principaux :

Les Volces Tectosages.	Cap. Varnosol.
Les Volces Arécomiques.	Narbo.
Les Sardones.	Illiberis.
Les Umbraniques.	(sans cap.)
Les Tolosates.	Tolosa.
Les Atacins.	Carcaso.

La Garumna, le Tésis et l'Atax en étaient les rivières principales. Les monts Cébenna et Lésora la dominaient au N.-O. (Partie occid. du Dauphiné et de la Provence), partie de la Narbonnaise, bornée au S. par la Méditerranée, au N. et à l'O. par la Viennaise, à l'E. par les Alpes maritimes. Trois peuples principaux l'habitaient : les Albiœces, les Commones et les Salyces, parmi lesquels ceux-ci tenaient le premier rang. Segustero, Forum Julii et Aquæ Sextiæ en étaient les villes les plus remarquables. La Druentia la traversait entièrement.

NARBONNE-LARA, ou **DE LARA** (Louis, comte DE), né à Calorno, dans le duché de Parme, en août 1755, mort à Torgau le 17 novembre 1813, prit du goût pour les maximes nouvelles, dans la société de madame Necker, où il connut madame de Staël. Sans cesser d'être attaché à la monarchie, il voulait une constitution. Aussi, parmi les royalistes purs, était-il considéré comme patriote, et passait-il auprès des jacobins pour modéré ou même pour aristocrate. Le parti novateur l'appela au ministère de la guerre, le 6 décembre 1791. Pour prévenir la défection de l'armée, qui était un des principaux buts des jacobins, il chercha à lui donner un chef dont la naissance et la réputation militaire inspirassent le respect, et proposa le duc de Brunswick; mais ce prince refusa, sans doute par l'effet d'obscures manœuvres. Destitué le 10 mars 1792, par suite de l'influence de Bertrand de Molleville, puis mis hors de la loi, il se réfugia à Londres, où il apprit le procès de Louis XVI. Le comte de Narbonne crut pouvoir sauver le roi, en le déchargeant des accusations dont on rendait ce prince responsable. Ayant réuni les anciens ministres de Louis XVI, qui se trouvaient à Londres, il leur proposa « de demander en commun à la Convention nationale un sauf-conduit pour être admis à la barre, et y réclamer, pendant la durée du procès, la responsabilité dont ils avaient été chargés dans les actes de leur ministère. » Il leur faisait envisager, à la suite de ce dévoûment sublime, une mort certaine, mais glorieuse..... Mais il fut le seul des ministres qui parût décidé à la braver. Il demanda, en effet, à la Convention un sauf-conduit, qui lui fut refusé, puis il adressa à cette assemblée un mémoire justificatif pour Louis XVI. En 1809, Clarke, ministre de la guerre, lui fit rendre son grade de lieutenant-général. Buonaparte le nomma son aide-de-camp et l'utilisa aussi comme diplomate. C'est à lui que l'empereur dit, lors de ses scandaleux débats contre Pie VII : « Je suis tenté d'introduire une autre Église pour mon compte, et le pape s'arrangera avec la sienne et avec les siens comme il l'entendra. — Vous n'en ferez rien, répondit avec vivacité le comte de Narbonne ; il n'y a pas dans ce moment assez de religion en France pour en faire deux. » Quoiqu'il eût été plus glorieux pour le comte de Narbonne, après s'être montré si attaché à Louis XVI, de ne pas se ranger sous les drapeaux de Napoléon, et quoique, avant cette époque, on eût pu lui reprocher son trop d'amour pour la popularité, il ne mérite cependant pas les attaques violentes dont il a été l'objet de la part de Bertrand de Molleville, dans ses Mémoires sur la révolution.

NARCÉINE, s. f., principe immédiat découvert par Pelletier dans l'opium. C'est une substance amère et styptique, cristallisable en aiguilles blanches, qui sont des prismes à quatre pans très déliés. Elle est soluble dans l'alcool et dans l'eau, insoluble dans l'éther ; non volatile ; fusible à 92° centigrades. Son caractère principal et distinctif consiste dans la belle couleur bleue qu'elle prend en se combinant avec les acides à un certain degré de concentration. La narcéine se dissout dans les acides, sans les saturer ; elle y cristallise très bien ; et isolée alors, elle est très pure.

NARCISSE, Narcissus (bot.), genre de plantes de la famille des amaryllidées, comprenant des plantes turbacées qui croissent principalement dans le bassin de la Méditerranée ; d'un bulbe à tuniques naît une hampe cylindrique ou anguleuse terminée par une ou plusieurs fleurs blanches ou jaunes, entourées, avant leur épanouissement, d'une spathe monophylle. Ces fleurs se composent d'un périanthe corollin, adhérent à la base, à tube droit et presque cylindrique ; le limbe de ce périanthe est divisé en six lobes égaux ; six étamines incluses, insérées au haut du tube en deux rangées ; pistil à ovaire adhérent, triloculaire, multiovulé. Aux fleurs succède une capsule triloculaire, marquée de trois angles obtus à déhiscence loculicide, renfermant plusieurs graines revêtues d'un test noir et rugueux. Vingt espèces environ appartiennent à la flore française dont plusieurs fort répandues dans les jardins dont elles font l'ornement. Parmi les plus remarquables nous citerons le narcisse odorant (narcissus odorus), qui croît spontanément dans nos départements de l'Ouest et du Midi. On le connaît dans les jardins sous le nom vulgaire de grosse jonquille. Sa hampe, qui s'élève à 3 ou 4 décimètres de hauteur, porte 4 ou 5 fleurs d'un jaune jonquille répandant une odeur suave. Le narcisse jonquille (narcissus junquilla), à fleurs jaunes, se trouve communément dans les jardins ainsi que le narcisse tazette ou narcisse à bouquet, à fleurs jaune pâle avec la couronne d'un jaune vif.　　　　　　　　　　　　　　　　　J. P.

NARCISSE, jeune homme d'une grande beauté, fils du fleuve Céphise et de la nymphe Liriope, naquit à Thespies en Béotie. Orgueilleux de sa beauté, il méprisa la nymphe Écho, qui sécha de douleur en le voyant insensible. Peu de temps après les dieux le punirent de ses dédains ; ayant vu sa propre image dans une fontaine, il en devint amoureux, la prenant pour une nymphe des eaux. Désespéré de ne pouvoir se réunir à l'objet de sa passion, il se donna la mort. Son sang fut changé en une fleur, qui porte encore son nom. Les nymphes, dit Ovide, élevèrent un bûcher pour lui rendre les derniers devoirs ; mais au lieu de son corps, elles trouvèrent une belle fleur. Selon Pausanias, Narcisse avait une sœur jumelle aussi belle que lui, qui lui était parfaitement semblable, et qu'il aima passionnément, ce qui donna lieu à la fable. La mort la lui ayant enlevée, il en conserva toujours un tendre souvenir. Il passait sa vie à revoir les lieux qu'elle avait fréquentés, et se plaisait sur les bords des fontaines qui, en réfléchissant ses propres traits, lui offraient l'image de sa sœur.

NARCISSE, affranchi, puis secrétaire de Claude, parvint au plus haut degré de puissance sous cet empereur. Ce vil courtisan se servit de la faiblesse de son maître pour s'enrichir des dépouilles de ceux qu'il voulait perdre. On dit qu'il amassa par là jusqu'à cinquante millions de rentes ; ses dépenses ne le cédaient pas à celles de l'empereur même. Messaline, jalouse de cet excès d'autorité, voulut le perdre ; mais elle fut victime de son ressentiment. Narcisse découvrit à l'empereur ses débordements, et la fit mettre à mort. Agrippine réussit mieux : comme Narcisse avait épousé contre elle les intérêts de Britannicus, elle le fit exiler, et le contraignit à se donner la mort l'an 54 de Jésus-Christ. Néron le regretta, parce qu'il trouvait en lui l'instrument de ses plaisirs.

NARCISSE (saint), passait depuis longtemps pour un des plus vertueux prêtres du clergé de Jérusalem, lorsque, l'évêque étant venu à mourir, il fut choisi pour son successeur. Il avait alors 80 ans ; son grand âge ne l'empêcha pas de faire toutes les fonctions d'un bon pasteur. Un jour l'huile de l'église manquant, il fit remplir les lampes d'eau, et après qu'il l'eut bénite elle se trouva changée en huile. Trois scélérats accusèrent le saint prélat d'un crime énorme, confirmant leur calomnie par une horrible imprécation. Narcisse leur pardonna généreusement cette calomnie, qui lui servit de prétexte pour suivre le désir qu'il avait depuis longtemps de vivre dans un désert. Peu de temps après, ces malheureux moururent eux-mêmes de la mort qu'ils s'étaient désirée. Dieu fit connaître à ce vieillard qu'il devait reprendre le soin de son église ; il obéit. Ayant supplié le Seigneur de lui marquer son successeur afin de se décharger sur lui, dans sa caducité, d'une partie du fardeau pastoral, il eut révélation que ce serait saint Alexandre, évêque de Flaviade. Dès le lendemain, celui-ci arriva comme par hasard à Jérusalem, et fut fort surpris de s'entendre nommer coadjuteur de saint Narcisse, lequel prolongea encore de quatre ans une vie qui avait été une leçon continuelle de toutes les vertus. Il fut enlevé à ses ouailles vers l'an 216, âgé de 116 ans, après s'être trouvé, 20 ans auparavant, au concile Césarien, en Palestine, assemblé pour décider quel jour on devait célébrer la Pâque. Un autre événement remarquable de son épiscopat, c'est d'avoir élevé un grand homme au sacerdoce, dans la personne d'Origène.

NARCOTINE, s. Nom donné par Derosne à une substance cristallisable retirée de l'opium, dont il la regardait comme un principe actif. La narcotine est solide, blanche ou légèrement jaunâtre, inodore, insipide et cristallisée en prismes droits à base rhomboïdale. L'eau froide agit à peine sur elle ; l'alcool bouillant et l'éther la dissolvent très bien. Les acides la rendent soluble et paraissent même s'y combiner à l'état salin. Exposée à la chaleur, elle se fond comme une résine. Elle est à peine azotée. Pure, elle ne paraît pas avoir d'action sur l'économie animale, si ce n'est, selon quelques praticiens, lorsqu'elle est dissoute par certains véhicules. On l'obtient en prenant les résidus d'opium de la préparation de l'extrait gommeux, et les traitant par l'acide acétique très affaibli.

NARCOTIQUE, adj. et subst. On donne ce nom aux substances qui ont la propriété d'assoupir, comme l'opium, la jusquiame, la belladone, etc. Les narcotiques exercent particulièrement leur influence sur le cerveau, et suscitent souvent des phénomènes singuliers qui donnent à la médication narcotique une sorte de caractère ataxique. Ils prennent le nom de sédatifs ou de calmants, quand ils servent à modérer une excitation pathologique, à ralentir le cours trop rapide de la circulation et les mouvements trop vifs des organes ; celui d'anodins, quand ils font cesser la douleur ; et celui d'hypnotiques, quand ils déterminent le sommeil.

NARCOTISME, s. m., ensemble des effets produits par les substances narcotiques. Tantôt le narcotisme se borne à un assoupissement plus ou moins profond, et constitue, dans certains cas, une médication utile ; tantôt c'est un véritable empoisonnement, caractérisé par un engourdissement général, de l'assoupissement, des vertiges, des nausées, un état d'ivresse et d'apoplexie, un délire sourd et continuel, la dilatation des pupilles, le gonflement des yeux, des mouvements convulsifs, etc. Lorsque, par accident ou par suite de l'idiosyncrasie des sujets, des narcotiques ont produit cet état, il faut faire vomir promptement, ou provoquer des déjections alvines, au moyen de lavements fortement purgatifs, si l'on croit, d'après le temps écoulé depuis leur ingestion, que les narcotiques soient déjà parvenus dans les intestins. On combat ensuite la stupeur à l'aide de la décoction de café et des boissons excitantes.

NARD *andropogon* (*bot.*). Ce mot *andropogon*, qui signifie barbe d'homme, sert à désigner un genre de plantes de la famille des graminées, polygamie monoècie de Linné, ayant pour caractères principaux : des épillets uniflores, les uns mâles, pédicellés, sans arêtes; les autres hermaphrodites, sessiles, munis d'une longue arête qui part du sommet de la balle. Les fleurs sont en épis ou en panicules rameuses. Ces plantes sont répandues dans toutes les contrées du globe, et sont recherchées pour les propriétés aromatiques de leur racine. Parmi les nombreuses espèces que renferme ce genre, nous citerons : l'*andropogon nardus*, L., connu dans le commerce sous le nom de nard indien ou spicanard; sa racine, composée d'une touffe de fibrilles rougeâtres fines, déliées, porte une odeur forte assez agréable et une saveur aromatique; on l'emploie dans les Indes comme condiment; on lui attribue des propriétés aphrodisiaques. L'*A. schœnanthus* dont les tiges et les feuilles répandent une odeur assez semblable à celle du citron, on en prépare dans les Indes une sorte de thé. L'*A. squarrosus* dont la racine capillaire, jaunâtre, connue sous le nom de vétiver, s'emploie pour parfumer le linge et en chasser les insectes. Enfin nous citerons l'*A. degitalum*, bien connu sous le nom de chiendent, et dont on fait en si grand nombre des brosses et des balais.
J. P.

NARDINI (PIETRO), célèbre violoniste de Toscane, demeura longtemps à Padoue, fut ensuite employé dans la musique du duc de Wurtemberg, et de là se rendit à Livourne, où il composa la plus grande partie de ses ouvrages. La magie de son archet était telle qu'on croyait plutôt entendre une voix qu'un instrument de musique. Il mourut à la fin du XVIIIe siècle.

NAREJNY (BASILE), littérateur russe, mort dans la force de l'âge, dans le mois de juillet 1825, et auteur d'une tragédie intitulée : *Dmtri Samozvanetse*, ou le *Faux Dmtri*; mais les ouvrages qui l'ont fait connaître, surtout en Russie, ce sont ses romans de mœurs, dont voici les principaux : 1° l'*Aristion*, 2 vol. in-12, Saint-Pétersbourg, 1822; 2° *Boursak*, Moscou, 1824, 4 vol.; 3° les *Deux Yvan*, ibid., 1825, 3 vol.; 4° les *Soirées slavonnes*, 1826, Saint-Pétersbourg, 2 vol. Il a laissé un ouvrage posthume, que l'on dit supérieur au précédent, et qui est intitulé : le *Gilblas* russe. La *Revue encyclopédique* a rendu compte des ouvrages de Narejny, t. 44, 1829, 4 vol., p. 111.

· NARGUE, subst., qui ne s'emploie guère que dans des phrases : dire nargue d'une chose, exprimer le peu de cas qu'on fait d'une chose; faire nargue à quelqu'un, le braver avec mépris. Nargue est dit aussi en forme d'interjection, dans un sens analogue à celui de la première phrase. Il est familier dans les deux emplois.

NARGUER, v. n., faire nargue, braver avec mépris. Il est familier.

NARI (CORNEILLE), prêtre catholique irlandais, né en 1660 dans le comté de Kildare, fit ses humanités à Naas, petite ville de ce comté, reçut la prêtrise en 1684, dans la ville de Kilkeny, et l'année suivante il partit pour Paris, où il acheva ses études au collège irlandais, puis il devint docteur. En 1694, il se fit recevoir en droit civil canon. Deux ans après, il fut chargé de l'éducation du duc d'Antrim, seigneur catholique. Il retourna ensuite en Irlande, et fut pourvu de la cure de Saint-Michan, dans la cure de Dublin. Il continua de jouir, dans ce nouveau poste, de l'estime générale, même de la part des protestants, qui rendaient justice à son mérite et à sa modération. Il avait de la piété et du zèle, du talent et toutes les vertus ecclésiastiques. Il était auteur des écrits suivants : 1° *État modeste et fidèle* des principaux points controversés entre les catholiques romains et protestants, Anvers et Londres, 1699, in-4°; 2° des *Prières et des Méditations*, 1707, in-12; 3° une traduction du nouveau Testament anglais, avec des notes marginales, Londres, 1707-1708, in-12; 4° *Règles et pieuses instructions* composées pour l'avancement spirituel des dévotes veuves, etc., Dublin, 1716, in-16; 5° *Réponse* à une brochure intitulée : *Conférence* entre M. Clayton, prébendaire de l'église de Saint-Michan, à Dublin, et le docteur Navi, prêtre romain, Dublin, 1722, in-4°; 6° *Lettre de controverse* au curé de Naos, Dublin, 1722, in-4°; 7° *Lettre* à milord Édouard, archevêque de Tuam, en réponse à son écrit charitable à tous ceux qui sont de la communion de l'Église de Rome, Dublin, 1730, in-8°; 8° *Histoire abrégée du*

purgatoire de Saint-Patrice et de ses pèlerinages, en faveur de ceux qui sont curieux de connaître les particularités de ce fameux endroit et pèlerinage, tant célébré dans l'antiquité, Dublin, 1710. On lui attribue en outre la traduction des œuvres de M. Papin, converti par Bossuet, Paris, 1723, 3 vol. in-12, avec la Vie de l'auteur. Nari mourut le 3 mars 1738. Il était excellent controversiste.

NARINE, s. f. On donne ce nom à chacune des deux ouvertures dont le nez est percé. Les narines sont séparées l'une de l'autre par une cloison en partie osseuse et en partie cartilagineuse, que forment, en arrière, la lame ethmoïdale jointe au vomer, et, en devant, le cartilage nasal.

NARINO (DOM ANTOINE), l'un des premiers chefs de l'insurrection du royaume de Grenade en Amérique (Colombie), naquit vers 1760, à Santa-Fé de Bogata. Dès sa jeunesse, il manifesta des principes d'indépendance, qui se développèrent encore à l'époque où l'on apprit la nouvelle de la révolution française. Son caractère inquiet et turbulent, ses liaisons avec les jeunes gens les plus distingués de la ville, l'espèce de club dans lequel il les réunissait, et où étaient proclamées les opinions les plus contraires à l'ordre public, ne tardèrent pas à le rendre suspect. Il allait être arrêté, lorsqu'il s'embarqua pour Cadix, d'où il se rendit à Madrid. Dès qu'il y fut arrivé, il se présenta au gouvernement du conseil, dans l'espérance que cet acte de soumission ferait cesser les poursuites dirigées contre lui. Mais il s'était trompé; toutefois, il put encore s'échapper. Il vint en France, d'où il passa quelque temps après en Angleterre, lorsque la guerre éclata entre ce pays et l'Espagne. Il pensait qu'alors le cabinet de Londres seconderait ses projets, dont la réussite devait amener l'affaiblissement de cette puissance ennemie. On assure que Pitt donna quelques instructions à Narino; mais, ce qu'il y a de bien certain, c'est que celui-ci quitta l'Europe et arriva dans sa patrie. Reconnu et arrêté, il fut jeté dans une prison, où il demeura plusieurs années, après lesquelles il obtint d'en sortir, mais à condition qu'il ne quitterait pas Santa-Fé, et qu'il serait toujours accompagné d'un soldat. Bientôt eut lieu l'insurrection de Caracas (1811) : alors il fut décidé qu'on transférerait Narino à Carthagène. Il prévint l'exécution de cet ordre; mais, retiré à Santa-Marta, il fut reconnu et arrêté de nouveau. Une insurrection ayant éclaté de nouveau sur ces entrefaites, dans la ville de Bocachica où il était emprisonné, ses fers furent rompus, et aussitôt il prit part au soulèvement de ses compatriotes. Nommé secrétaire du congrès de la nouvelle Grenade, il feignait, pour mieux arriver à son but, d'agir au nom et en faveur de Ferdinand VII, alors prisonnier de Buonaparte, mais il voulait détrôner son maitre légitime et être roi lui-même. Ayant écarté le président D. Juan Lozano de la junte formée dans les provinces de Cundinamarca, sous le nom de Collège électoral constituant, il se mit à sa place, et commença d'administrer avec une autorité souveraine. Il proposa alors de nouveaux plans, et parut s'opposer aux décisions du congrès général. Nouveau Robespierre, Narino voulait établir une république une et indivisible, dont il deviendrait dictateur. Il trouva néanmoins un grand nombre d'ennemis dans les fédéralistes provinciaux, et, au moment où il se croyait assez fort pour braver le congrès, un des corps de son armée, sous les ordres du général Baraya, se déclara pour le congrès, et s'empara de la ville de Turyos, capitale de la province de ce nom. La guerre civile ne tarda pas à éclater (janvier 1812); Narino se mit à la tête des troupes qui lui restèrent fidèles, livra bataille à Baraya, et fut vaincu à Poloblenco; alors plusieurs villes abandonnèrent sa cause et se déclarèrent pour le congrès. Vaincu une seconde fois, il s'enferma dans Santa-Fé, où il avait de nombreux partisans. Baraya vint l'assiéger. Privé de tout moyen de défense, Narino crut pouvoir réussir, en jouant le faux rôle de héros, il promit donc de se démettre de la présidence, et proposa ensuite de s'exiler lui-même de la nouvelle Grenade, pourvu qu'on respectât les biens et la vie des habitants. Aucune de ses propositions ne fut acceptée, et les chefs fédéralistes exigèrent que lui et les habitants de Santa-Fé se rendissent à discrétion. On livra l'assaut; les assiégés, animés par le désespoir, repoussèrent les assiégeants, et, dans une vigoureuse sortie, ils les défirent complètement. Un moment fut élevé à Santé-Fé, en mémoire de cet événement. Cependant une armée royale espagnole, sous les ordres de Montufar, vint mettre fin aux dissensions intestines. Ce général, secondé par Montès, défit les indépendants à Luito et à Popayan, et s'empara de ces deux villes. Le congrès de la nouvelle Grenade et les provinces dissidentes se réunirent dans ce danger commun, et mirent à la tête de leurs troupes Narino , qui paraissait avoir renoncé à ses projets ambitieux. Il avait sous ses ordres deux autres chefs, Cabal et Monsalvo. Il obtint quelques avantages sur les royalistes à Popayan, où il établit un gouvernement populaire , et à Aranda, d'où il partit pour Pastos , ville située de l'autre côté des Andes , et qu'il espérait surprendre avec un corps de l'armée espagnole qui y était cantonné. Il marchait avec son avant-garde, tandis que le reste de son armée le suivait à quelque distance. Bientôt la nouvelle se répand que ce corps a été défait par les royalistes, et il attaque presqu'au moment même son avant-garde, la culbutent, et font Narino prisonnier. Il est conduit à Pastos, où, à sa grande surprise, il ne reçoit pas la punition des rebelles, mais il est envoyé à Luito , puis à Lima, et enfin à Cadix, où il fut enfermé dans la prison même où était mort Miranda six ans auparavant. Son fils, plein de dévoûment , voulut partager son sort.

NARNI, belle et ancienne ville d'Italie (Etat de l'Eglise), située sur une montagne , est baignée par le Néra ; elle possède un évêché, des édifices remarquables, un superbe acqueduc et des restes du pont d'Auguste. Elle fut la patrie de l'empereur Nerva. Elle fut prise par les Vénitiens, qui mirent tout à feu et à sang. Son commerce consiste en blé, fabriques de soies et de gros draps. Délégations, à 8 lieues sud de Spolette et 16 lieues nord de Rome; elle renferme aujourd'hui 6,000 habitants.

NARO (Benoit), cardinal préfet de la congrégation de la discipline régulière, et archiprêtre de Sainte-Marie-Majeure, naquit le 26 juillet 1744 , d'une famille noble. Il entra dans la carrière ecclésiastique et s'éleva en peu de temps , par son mérite et par ses vertus, aux plus hautes dignités de l'Eglise. D'abord chanoine du Vatican, il fut aussi camérier secret de Clément XIII. Pie VI le déclara prélat domestique et référendaire des deux signatures; plus tard , il lui donna place parmi les ponants du bon gouvernement et de la consulte. Pie VII le nomma, en 1800, clerc de la chambre, et en 1807, majordome et préfet des palais apostoliques. Devenu cardinal le 8 mars 1816 , sous le titre de saint Clément, il se distingua par son zèle pour la splendeur du culte divin, et par les dons qu'il fit à l'Eglise de son titre, à la basilique de Sainte-Marie-Majeure , et à d'autres églises et pieux établissements dont il était le protecteur. Le cardinal Naro est mort à Rome en 1832, après avoir reçu les secours de la religion.   P.

NARQUOIS, OISE, s., homme fin subtil, rusé, qui se plait à tromper les autres et à s'en moquer. Fam., parler narquois, parler un certain jargon, un certain langage qui n'est entendu que de ceux qui sont d'intelligence ensemble pour tromper quelqu'un.

NARRATEUR, s. m., celui qui narre, qui raconte quelque chose.

NARRATIF, IVE, ad., qui appartient à la narration. Il s'emploie quelquefois avec la préposition de, et alors il signifie qui fait connaître, qui expose en détail.

NARRATION, s. f., récit historique, oratoire ou poétique. Il se dit quelquefois d'un simple récit fait en conversation.

NARRER, v. a., raconter.

NARSÈS ou **NARSI**, roi de Perse, succéda à son père Vararnes III, l'an 294 de J.-C. Il s'empara de la Mésopotamie et des Arménies, et remporta quelques avantages contre Maximilien-Galère, qui avait été envoyé contre lui par Dioclétien ; mais ensuite il fut défait par le même, obligé de prendre la fuite et de demander la paix. Il mourut l'an 301, après un règne de sept ans.

NARSÈS, eunuque persan, l'un des plus grands généraux de son siècle, sous l'empereur Justinien, était d'une naissance obscure. Dès sa jeunesse, il remplit les fonctions domestiques auprès de cet empereur, qui le distingua bientôt et lui ouvrit la carrière des honneurs. Il fut d'abord chargé de plusieurs ambassades. Bélisaire ayant été disgracié, il commanda l'armée romaine contre les Goths, les défit, l'an 552, en deux batailles, donna la mort à leur roi Totila, soumit toutes les villes de l'Italie, et fut nommé exarque, dignité qu'il conserva quatorze ans. Justin, neveu et successeur de Justinien, le rappela. On raconte que l'impératrice Sophie, irritée contre Narsès, lui fit dire « de quitter les armes, et de venir filer avec les femmes, » lui reprochant ainsi qu'il était eunuque. On ajoute que ce grand homme répondit « qu'il lui ourdirait une toile qu'elle ne déferait pas aisément. » Narsès se retira à Naples ; mais, les barbares étant rentrés dans l'Italie, il fut, de nouveau , proclamé général , et mourut à Rome dans un âge fort avancé. Cet

eunuque joignait aux talents si éclatants une fidélité qui ne céda qu'à la disgrâce la plus outrageante. Un amour extrême de la justice et de la discipline ne souffrait pas le moindre désordre dans son armée. Il faisait surtout admirer en lui une piété sincère, qui, ayant été le principe de son premier attachement aux Romains, fut l'âme de toutes ses vertus. Sa confiance en Dieu allait à ce degré qui opère les merveilles; et ce fut encore plus à ces admirables vertus qu'à son habileté naturelle, toute éminente qu'elle était, qu'il dut ses succès étonnants.

NARUSZEWICS (ADAM-STANISLAS), historien et poète célèbre, évêque de Smolensk, puis de Luck, naquit en Lithuanie en 1733. Après avoir reçu son éducation chez les jésuites, il entra en 1748 dans cette société, à laquelle ses talents pouvaient être de la plus grande utilité. Mais bientôt cet ordre fut détruit (1778). Alors il se rendit à Varsovie et mérita la bienveillance du malheureux Stanislas-Auguste qui lui accorda plusieurs bénéfices et l'éleva successivement jusqu'à la dignité d'évêque. Naruszewics accompagna ce monarque dans ce voyage en Krimée, pendant lequel eut lieu l'entrevue de ce prince avec son ancienne protectrice, Catherine II, qui le détrôna peu de temps après. Ce prélat mourut dans son diocèse de Luck. le 6 juillet 1796, à l'âge de 63 ans. On a de lui : 1° *Histoire de Pologne*, en 6 vol. in-8°. Elle embrasse les règnes de la famille des Piast et se termine à l'an 1386; le premier volume, qui devait traiter des temps fabuleux et de l'origine des Polonais, est resté parmi les manuscrits et les autres matériaux précieux rassemblés pour la continuation de cet ouvrage. En 1780, le deuxième volume parut, il commence à l'époque de l'établissement du christianisme en Pologne, en 966; le sixième volume fut publié en 1786. L'ouvrage est enrichi de notes où sont cités un grand nombre d'auteurs qui avaient écrit sur la Pologne. M. Geley l'a traduit en français, et le manuscrit de cette traduction inédite existe dans la bibliothèque de l'Institut; 2° *Vie de Charles Zhodkiewics*, hetman (grand général) de Lithuanie, vainqueur des Suédois, des Russes et des Turcs, Varsovie, 1805, 2 vol. in-8°; 3° une excellente *Traduction* de Tacite, 1772, 2 vol. in-4°; 4° *Description de la Tauride* ou Histoire des Tartares en Krimée ; 5° *Poésies diverses et originales*, savoir : des odes, des satires d'un grand mérite, églogues, épitres, etc., 4 vol. in-8° ; 6° *Traduction* en vers de toutes les odes d'Horace et d'Anacréon, justement estimée ; 7° *Voyage de Stanislas-Auguste Kaniou*, en 1787, lors de son entrevue avec l'impératrice Catherine II ; on trouve dans cette relation des notions intéressantes sur l'origine des Cosaques ; 8° *Poésies érotiques*, dont le seul tort, mais fort grave, est dans le choix du sujet, peu digne de la plume d'un ministre des autels et encore moins d'un prélat de l'église catholique. Ces *Œuvres* sont insérées dans l'ouvrage intitulé *Choix d'auteurs polonais*. Quelque talent que Naruszewics ait déployé comme historien par la clarté, par la vigueur du style, par la sagesse des plans et l'ordre des matières, il est encore plus estimé comme poète. Naruszewics avait, en outre, réuni par ordre du roi, un grand nombre de matériaux pour l'*Histoire de Pologne*. Cette collection devait former 360 vol. in-fol.

NARVAL, *Monodon* (mamm.). genre de cétacés dont les principaux caractères sont: point de dents coniques, mais une ou deux grandes défenses dirigées parallèlement au corps et partant de la mâchoire supérieure. Les narvals ressemblent aux marsouins par la forme de leur corps et par leur tête sphérique, mais ils manquent de nageoire dorsale. Ce qui les distingue principalement des dauphins, ce sont leurs défenses qui atteignent jusqu'à huit ou dix pieds de longueur. Le plus souvent, l'une des deux dents seulement se développe, c'est la gauche, et la droite reste à l'état rudimentaire et cachée dans l'alvéole. Celle qui se développe est communément sillonnée en spirale, mais on en trouve qui sont entièrement lisses. — Les narvals habitent les mers polaires où ils vivent en troupes plus ou moins nombreuses, surtout autour du Groenland et du Spitzberg. La crédulité publique accordait autrefois à la corne de narval des vertus merveilleuses. On a prétendu que la corne de narval était une arme terrible dont il se servait pour combattre la baleine; mais ce fait paraît peu probable, car ces deux animaux n'ayant pas la même nourriture ni la même manière de vivre, et l'un ne pouvant servir de pâture à l'autre, il est impossible qu'ils s'attaquent pour le seul plaisir de se battre, ce qui est contre nature. Les voyageurs anciens ont, du reste, accrédité une foule de contes absurdes sur ces animaux, qu'ils avaient recueillis parmi les peuplades superstitieuses du nord. Les Groenlandais mangent leur chair avec plaisir, leur huile passe pour préférable à celle de la baleine.   **J. P.**

NASAL, ALE, adj., il se dit en grammaire, d'un son modifié par le nez. Il se dit substantivement des voyelles dont la prononciation est nasale. Nasal se dit en anatomie de ce qui appartient au nez.

NASAMONES, peuple sauvage de l'Afrique, sur les confins de l'ancienne Cyrénaïque, au S. de l'extrémité de la grande Syrte, dans l'intérieur des terres. Les géographes ne s'accordent pas entièrement sur la position de leur pays. Selon Hérodote, ils se nourrissaient de sauterelles mêlées avec du lait. Lorsque la Cyrénaïque devint province romaine, les Nasamones subirent le joug des vainqueurs; mais ils se révoltèrent peu de temps après, sous Dioclétien, et furent de nouveau soumis à la puissance romaine.

NASEAUX (*mamm.*), nom donné à l'ouverture des narines des grands mammifères herbivores.   **J. P.**

NASI, s. m., président du sanhédrin chez les Juifs.

NASICORNE (*ins.*), nom vulgaire de l'oryctes nasicornis qui vit en Europe dans le tan des couches à melon. (*V.* **ORYCTES**.)   **J. P.**

NASREDDYN-HADJA, fabuliste, surnommé l'Ésope turc, né vers 1300 à Yenisheïr, dans l'Anatolie, acquit par ses fables une grande réputation. Comme Ésope et ses imitateurs, il avait passé en revue tous les animaux auxquels il prêtait un langage dont il tirait d'utiles leçons de morale. À un esprit fin et rusé, il joignait une conduite sage et prudente qui ne se démentit dans aucune occasion. L'historien Contemir rapporte un fait qui vient à l'appui de cette assertion, et qui sauva une partie de l'Anatolie du sanguinaire Tamerlan. Les habitants de Yenisheïr voulaient s'armer et disputer le passage au conquérant, mais Nasreddyn parvint à les en détourner, en improvisant une fable qui leur faisait connaître, sous le voile de l'allégorie, le danger auquel ils s'exposaient. Nommé par eux ambassadeur auprès du prince tartare, il désirait mettre à ses pieds quelques présents, et imagina de lui offrir des fruits. Il demande conseil à sa femme; pour savoir si ce présent devait être un panier de coings ou de figues; elle se décida pour les coings, et Nasreddyn s'arrangea en conséquence pour son projet. Il se dirige vers le camp du prince tartare, qui ayant appris que le fameux Ésope turc venait en ambassade, l'admit aussitôt en sa présence. Tamerlan, voyant que le présent qu'il lui apportait, ne consistait qu'en des figues, ordonna qu'on les jetât l'une après l'autre à la tête de Nasreddyn qui, à chaque coup, s'écriait avec joie : « Dieu soit loué ! » — Parce qu'il m'a inspiré, répondit le fabuliste d'un air très grave, de ne pas suivre le conseil de ma femme; car elle voulait qu'au lieu des figues j'apportasse des coings, et assurément, si ces figues se trouvaient être des coings, j'aurais la tête brisée; j'ai donc raison de remercier le ciel. » Le farouche Tamerlan sourit, et Yenisheïr fut sauvé du pillage de ses guerriers. Ce n'est pas la première fois que la présence d'esprit, une ruse ingénieuse, une saillie, ont apaisé la colère d'un conquérant victorieux.

NASSAU (duché de). Ce duché souverain d'Allemagne est borné au N. et à l'O. par la Prusse, et à l'E. et au S. par le grand-duché de Hesse-Darmstadt et la Prusse. Le Rhin baigne sa partie méridionale. Son étendue est de 83 milles géographiques carrés; il contient dans cet espace 28 bailliages, 21 villes, 36 bourgs, 816 villages et 348,000 habitants, dont 185,461 protestants, 157,638 catholiques, 1190 mennonites, et 5,617 juifs. Le duc et sa cour professent la religion réformée. L'église luthérienne et l'église catholique ont chacune leur évêque. L'élection de l'évêque catholique et des autres dignitaires est soumise à l'approbation du gouvernement. L'évêque nouvellement élu demande ensuite au pape la confirmation de son titre. L'apanage particulier du duc est de 9 milles carrés, comprenant 24,000 habitants. Parsemé de montagnes, ce pays est beau et fertile. Hochheim, Rudesheim, Johannisberg, Saint-Marcusbrunnen, produisent de très bons vins; Wiesbaden, Geilnau, Fachingen Ems, Schlangenbad sont renommés par leurs eaux minérales. Les revenus du duché s'élèvent à 1,810,000 florins; la dette publique est de 5,000,000 florins. Il fournit un contingent de 3,028 hommes. Le duc régnant Guillaume, né en 1792, réside à Wiesbaden dans un magnifique château nommé Biberich. En 1814 et en 1815, il promit à ses peuples une constitution, mais en 1817, il se rallia à la sainte-alliance,

et ne tint pas parole. Par un accord passé avec le Hanovre, l'université de Gottingue a été déclarée université nationale de Nassau. Le commerce de ce duché consiste en vins, fruits, bestiaux, laine, fer, cuivre, eaux-de-vie, pipes à tabac, cuirs et maroquins.

NASSAU (MAURICE DE), prince d'Orange, fils de Guillaume, devint le chef de révoltés aux Pays-Bas après la mort de son père, tué en 1584, par Gérard. Le jeune prince n'avait alors que 18 ans. Nommé capitaine général des Provinces-Unies, il affermit l'édifice de la république, fondé par son père. Il se rendit maître de Breda en 1560, de Zutphen, de Deventer, de Hulst, de Nimègue, en 1591, fit diverses conquêtes en 1592, et s'empara de Gertruydemberg l'année suivante. Maurice, couvert de gloire, passa dans les Pays-Bas par la route de Zélande. Une furieuse tempête brisa plus de 40 vaisseaux de sa flotte, en les heurtant les uns contre les autres, et il ne se sauva qu'avec une peine incroyable. En 1567, il battit les troupes de l'archiduc Albert et se rendit maître de toute la Hollande. En 1600, il fut obligé de lever le siège de Dunkerque; mais il s'en vengea sur Albert, qu'il défit près Nieuport, ce qui n'empêcha pas qu'il ne fût contraint de lever encore le siège de cette ville. Rhinberg, Grave, l'Écluse se rendirent à lui les années suivantes. Maurice travaillait plus pour lui que pour ses concitoyens : il ambitionnait la souveraineté de la Hollande; mais le Pensionnaire Barneveldt s'opposa à ses desseins. Le zèle de ce républicain lui coûta la vie. Maurice, défenseur de Gomar contre Arminius, profita de la haine qu'il sut inspirer contre les Arminiens, pour perdre son ennemi, partisan de cette secte. Barneveldt eut la tête tranchée en 1619, et cette mort, effet de l'ambition du prince d'Orange, laissa une profonde plaie dans le cœur des Hollandais. La trêve conclue avec les Espagnols étant expirée, Spinola vint mettre le siège devant Breda, en 1624, et réussit à la prendre au bout de six mois, à force de génie, de dépense et de sang. Le prince Maurice, n'ayant pu le chasser de devant cette place, mourut de douleur en 1625. Il avait étudié l'art militaire dans les anciens, et il appliquait à propos les leçons qu'il avait puisées chez eux. Non-seulement, il profita des inventions des autres, mais il inventa lui-même. Ce fut dans son armée qu'on se servit pour la première fois de lunettes à longue vue, des galeries dans les sièges, de l'art d'enfermer les places fortes, de pousser un siège avec plus de vigueur, de défendre mieux et plus longtemps une place assiégée. Enfin, il mit en usage plusieurs pratiques utiles, qui lui donnèrent le premier rang dans l'art militaire. Une dame d'un haut rang lui demandait un jour assez indiscrètement « quel était le premier capitaine du siècle. — Spinola, répondit-il, est le second; » c'était dire qu'il était le premier. De peur d'être surpris durant le sommeil, il avait toujours, pendant la nuit, deux hommes qui veillaient à côté de son lit, et qui avaient soin de le réveiller au moindre besoin. La guerre entre la Hollande et l'Espagne ne fut jamais si vive que sous son administration. Maurice était violent et n'aimait pas à être contredit; ses mœurs étaient peu régulières.

NASSE (*moll.*), genre de mollusques gastéropodes de la famille des purpurifères, (Voyez ce mot). Leur nom vient de leur forme.   **J. P.**

NASILLARD, ARDE, adj., il se dit du son de la voix de celui qui nasille, qui parle du nez. Il est aussi substantif et se dit de la personne qui nasille.

NATAL, ALE, adj. dont le masculin n'a point de pluriel. Il se dit du lieu et de l'époque de la naissance.

NATALI (MARTIN), clerc régulier des écoles pies, né dans le diocèse d'Albenga, état de Gènes, en 1730, fit profession à Rome en 1749. Chargé d'enseigner la théologie dans le collège Nazaréen, il s'y fit de fâcheuses affaires, sous Clément XIII, par une thèse où l'on crut remarquer des opinions répréhensibles. Il fut privé de sa chaire; mais le motif qui le mettait en disgrâce à Rome devint pour lui un sujet de mérite à Pavie, où l'on cherchait à introduire un nouvel enseignement. Il y fut pourvu d'une place de professeur, et ne cacha plus son penchant pour la doctrine de Jansénius. Il sut si peu se contenir, que l'évêque de Pavie lança sur lui une sentence d'excommunication. En vain le pape demanda qu'il fût destitué de sa place de professeur : le système de l'empereur Joseph II prévalait dans les états de la maison d'Autriche en Italie. Non-seulement on ne destitua point Natali, mais on bannit un dominicain qui l'avait attaqué. Il mourut à Pavie, le 28 juin 1791. Il a publié : *Sentiments d'un catholi-*

que sur la prédestination, 1782 ; *Prières de l'Église pour obtenir la grâce*, 1783 ; *Complexiones augustinianæ de gratia Dei*, 2 vol.; *Traité de l'existence et des attributs de Dieu, de la Trinité, de la création et de la grâce*, 3 vol. ; *Lettre au P. Mamachi sur les limbes*; *Lettres contre la théologie morale de Collet*, etc.

NATALIS (MICHEL), graveur, né à Liége en 1609, mort en 1670, se rendit à Paris et de là à Rome, où il grava, sous la direction de Joachim Sandrart, une partie des statues de la galerie Justinienne. On a beaucoup d'estampes de lui d'après le Titien, Rubens, le Poussin, Bertholet, Flemale, et sur ses propres dessins. On estime particulièrement un saint Bruno et le buste de saint Lambert.

NATATION, s. f., action de nager ou de se soutenir et de se mouvoir sur l'eau à l'aide des muscles locomoteurs. Cet exercice fortifie la constitution du corps en général, et augmente surtout les forces musculaires, en même temps qu'il agit comme sédatif du système nerveux.

NATHAN, prophète qui parut dans Israël du tems de David, déclara à ce prince qu'il ne bâtirait point de temple au Seigneur, et que cet honneur était réservé à son fils Salomon. Ce même prophète reçut ordre de Dieu, vers l'an 1035 avant J.-C., d'aller trouver David après le meurtre d'Urie, pour lui reprocher ce crime, et l'adultère qui y avait donné lieu. Nathan lui rappela son péché sous une image empruntée , en racontant à ce prince l'histoire feinte « d'un homme riche , qui ayant plusieurs brebis, avait enlevé de force celle d'un homme pauvre qui n'en avait qu'une. » David , ayant entendu le récit de Nathan, lui répondit : « L'homme qui a fait cette action est digne de mort; il rendra la brebis au quadruple.— C'est vous même qui êtes cet homme , répliqua Nathan ; vous avez ravi la femme d'Urie, héthéen ; vous l'avez prise pour vous, vous l'avez fait périr lui-même par l'épée des enfants d'Ammon. » Ces paroles furent un trait de lumière qui pénétra David de la plus vive componction ; ses regrets lui méritèrent le pardon de sa faute.

NATHAN, rabbin du quinzième siècle, s'est rendu fameux par sa Concordance hébraïque, à laquelle il travailla pendant dix ans. Cette Concordance a été traduite en latin, et depuis perfectionnée par Buxtorf, et imprimée à Bâle, 1632, in-fol. Il est certain que Nathan composa sa Concordance d'après la latine d'Adot, général des cordeliers. Ce rabbin est appelé tantôt Isaac et tantôt Mardochée, selon la coutume des Juifs de changer de nom dans les maladies extrêmes; s'ils viennent à guérir, ils retiennent le dernier comme un signe de pénitence et du changement de leurs mœurs : usage qu'il ne serait point absurde d'introduire parmi les chrétiens; il avertirait de leur infidélité ou de leur hypocrisie tant d'hommes lâches et faux qui, dans des temps de souffrance et d'angoisses, abjurent leurs iniquités, pour les reprendre au moment de leur convalescence.

NATHANAËL, disciple de J.-C., de la petite ville de Cana en Galilée. Philippe l'ayant rencontré, lui apprit qu'il avait trouvé le Messie, et l'amena à J.-C. Le Sauveur, en le voyant, dit de lui que c'était un vrai Israélite, sans déguisement et sans fraude. Nathanaël lui ayant demandé d'où il le connaissait , le Sauveur lui répondit qu'il l'avait vu sous le figuier avant que Philippe l'appelât. A ces paroles, Nathanaël le reconnut pour maître, pour le fils de Dieu et le vrai roi d'Israël. Plusieurs écrivains ont soutenu que saint Barthélemi était le même que Nathanaël. Saint Jean ne nomme jamais Barthélemi parmi les apôtres ; mais aussi on ne trouve point le nom de Nathanaël dans les trois autres évangélistes. Ceux-ci joignent constamment ensemble Philippe et Barthélemi ; et saint Jean dit que Philippe et Nathanaël vinrent ensemble trouver J.-C. On voit aussi que Nathanaël était avec les apôtres , lorsque le Sauveur leur apparut sur le bord de la mer de Galilée après sa résurrection, et, s'il n'avait point été dès lors membre du sacré collège, pourquoi n'aurait-il point été proposé pour remplir la place vacante par la mort de Judas ?

NATCHEZ, tribu d'Indiens d'Amérique, qui vivaient sur les bords du Mississipi, dans la partie occidentale de l'état de ce nom. Quand les Français s'établirent dans la Louisiane, ils firent la guerre à cette peuplade et en exterminèrent un grand nombre (1730). Il en reste encore aujourd'hui quelques individus qui vivent dans les petites tribus voisines que la civilisation menace chaque jour. La seule chose qui rappelle les Natchez dans le territoire qu'ils habitaient est la jolie petite ville à laquelle on a donné leur nom et qui est

l'une des plus importantes de l'état du Mississipi, l'un de ceux de l'Union américaine. Parmi nous, un grand écrivain en a fait le sujet de l'une de ses œuvres. Tout le monde connaît la nouvelle de M. de Chateaubriand.

NATIF, IVE, adj. Il se dit des personnes en parlant du lieu où elles ont pris naissance et suppose ordinairement l'établissement fixe des parents, l'éducation, etc.; à la différence de né, qui peut supposer la naissance accidentelle. Il s'emploie aussi substantivement. Natif, en termes de minéralogie, se dit d'un métal qui se trouve dans la terre sous la forme métallique, sans être minéralisé par sa combinaison avec d'autres substances. Il s'emploie quelquefois figurément et au sens moral, et il signifie naturel.

NATION, s. f. coll., la totalité des personnes nées ou naturalisées dans un pays, et vivant sous un même gouvernement. Il se dit quelquefois des habitants d'un même pays, encore qu'ils ne vivent pas sous le même gouvernement. Ainsi quoique l'Italie et l'Allemagne soient partagées en divers états et en divers gouvernements, on ne laisse pas de dire la nation italienne, la nation allemande. Il se dit encore des personnes d'une même nation qui se trouvent dans un pays étranger. Nations, au pluriel, signifie en termes de l'Écriture Sainte les peuples infidèles et idolâtres.

NATIONAL, ALE, adj., qui concerne toute une nation, qui appartient à une nation. Troupes nationales, les troupes levées dans l'État même qu'elles servent, par opposition à troupes étrangères, celles qu'un Etat tire d'un pays étranger et qu'il tient à sa solde. Garde nationale, troupe non soldée qui est composée de citoyens, et qui sert au maintien du bon ordre , ainsi qu'à la défense intérieure du royaume. Concile national, assemblée des évêques de toutes les métropoles d'une nation. Cardinal national se dit à Rome d'un cardinal attaché à quelqu'une des couronnes par sa naissance ou par un engagement connu. Nationaux, au pluriel, s'emploie substantivement pour désigner la totalité de ceux qui composent une nation.

NATIONALITÉ, s. f., état, condition d'une réunion d'homme formant une nation distincte des autres.

NATIVELLE (PIERRE), célèbre architecte français, dont nous avons un traité d'Architecture avec des figures, imprimée à Paris, en 2 vol. in-fol., 1729 : ouvrage fort estimé.

NATIVITÉ, s. f., naissance; il ne s'emploie guère qu'en parlant de Notre Seigneur, de la sainte Vierge et de quelques saints. Nativité, absolument, signifie la naissance de Jésus-Christ et la fête de Noël. (V. ce mot.) Nativité, en termes d'astrologie, signifie l'état et la disposition du Ciel, des astres , au moment de la naissance de quelqu'un.

NATIVITÉ DE LA SAINTE VIERGE. Vers les temps marqués par les prophètes pour l'accomplissement des grands desseins de Dieu, pour le salut des hommes, il y avait à Nazareth, ville de la Basse-Galilée, un homme juste, nommé Joachim, de la tribu de Juda et de la race de David ; sa femme, qui, suivant l'opinion de saint Augustin, était de la tribu sacerdotale, s'appelait Anne, nom qui signifie en hébreu gracieuse. Ces deux époux, justes devant Dieu, marchaient dans la voie de ses commandements avec un cœur parfait. Mais le bonheur de leur union était quelquefois troublé par une pensée triste qui passait sur leur âme comme un sombre nuage. Le Seigneur semblait avoir détourné d'eux ses bienfaisants regards. Une grande bénédiction manquait à leur vie : ils étaient sans enfants. Or, chez les Hébreux, dans ces temps reculés, chaque femme aspirait au sublime honneur de devenir la mère du Christ; la stérilité était regardée comme un opprobre parmi les filles d'Israël. Joachim et Anne, humblement résignés aux décrets divins, n'en servaient pas moins le Seigneur avec piété, partageant leurs simples jours entre le travail, la prière et l'aumône. Que la conduite de Dieu ici-bas est admirable ! Pour éprouver la fidélité de ses serviteurs, il semble se cacher quelquefois et détourner sa vue. Puis, quand toute espérance paraît évanouie, c'est alors qu'il revient auprès d'eux; mais comme il revient libéral et magnifique! Ne dirait-on pas qu'il veut dédommager par un présent plus beau, plus précieux, ceux qu'il a éprouvés, en refusant longtemps d'écouter leur désirs? Dans la loi ancienne, c'est le jeune Samuel, trésor de grâces et vase d'élection, dont la naissance remplit de joie sa mère Anne, longtemps stérile. Dans la loi nouvelle, c'est le précurseur de Jésus-Christ, c'est Jean-Baptiste, le plus grand entre les enfants des hommes, dont la naissance tardive viendra réjouir dans sa vieillesse l'âme de la pieuse Elisabeth. Ainsi Dieu, par des dons plus magnifiques, se plaît souvent à consoler le cœur des pauvres mères; et celles qui s'étaient crues longtemps délaissées du ciel, enfantent un fils qui sera sur la terre un fidèle instrument des miséricordieux desseins du maître de l'univers. Ainsi en fut-il de la vertueuse Anne, l'heureuse mère de la vierge Marie. Après vingt ans de stérilité, elle conçut, comme par miracle, et enfanta cette bienheureuse créature, qui fut plus parfaite, plus sainte et plus agréable aux yeux du Seigneur que tous les élus pris ensemble. Oh! quelle dut être la joie des chœurs célestes à la naissance de cette humble fille de Juda, qui apparut sur cette terre comme une nuée lumineuse, du sein de laquelle devait sortir le divin soleil de justice pour illuminer le monde de ses salutaires rayons! Les anges, en se voilant de leurs ailes, durent entourer respectueusement le berceau de leur reine, berceau modeste et sans ornement, car les parents de cette enfant bénite, quoique issus d'une longue suite de rois, étaient simples et menaient une vie obscure. Mais, à travers ces pauvres langes qui enveloppaient la fille d'Anne et de Joachim, l'œil perçant des esprits bienheureux découvrait sans doute les trésors merveilleux dont elle était déjà remplie. Oh! comme contemplée des yeux de la foi, elle nous doit paraître sublime et solennelle, la première heure de cette merveilleuse naissance! La sainte Trinité était là, toute entière, autour de ce berceau : Dieu le Père souriait à sa fille bien-aimée; Dieu le Fils révérait en elle la plus tendre des mères; et le Saint-Esprit saluait, par des paroles du plus pur amour, sa divine épouse, dont les chastes flancs devaient un jour enfanter le Sauveur du monde. La pieuse croyance de la conception immaculée de la mère de Dieu, qui, après de nombreux orages, s'est heureusement acclimatée dans l'Eglise, et particulièrement sur la terre de France, doit ajouter encore un nouvel éclat à la majesté de ce merveilleux tableau. Quoi de plus grand, de plus sublime, en effet, que cette naissance d'une humble fille d'Israël, laquelle, par un privilège singulier et inouï jusqu'alors, est seule exemptée de la tache originelle, dont toute créature est souillée en venant au jour! Elle parut, à la vérité, avec toutes les faiblesses de notre nature : toute la gloire de la fille du souverain roi était cachée dans l'intérieur de son âme; mais aux yeux de la cour céleste, elle l'emportait en pureté et en éclat sur les plus brillants séraphins. Aussi l'Esprit-Saint lui adressa-t-il ces douces paroles : « Ma bien-aimée est parmi les filles des hommes comme un lis parmi les épines... Vous êtes toute belle, et il n'y a point de tache en vous. » Le neuvième jour après sa naissance, selon la coutume d'Israël, la fille de Joachim reçut de son père le nom qu'elle devait porter parmi ses compagnes. Elle s'appela Miriam (Marie), qui signifie en syriaque, dame souveraine, et en hébreu, étoile de la mer. « Et assurément, dit saint Bernard, la mère de Dieu ne pouvait avoir un nom plus convenable, ni qui exprimât mieux sa haute dignité. Marie est, en effet, cette belle et brillante étoile qui luit sur la mer vaste et orageuse du monde. » Ce nom divin cache un charme puissant et une si merveilleuse douceur, que le cœur s'attendrit dès que la bouche le prononce. « Le nom de Marie, dit saint Antoine de Padoue, est plus doux aux lèvres qu'un rayon de miel, plus agréable à l'oreille qu'un chant suave, plus délicieux au cœur que la joie la plus pure. » La fête de la Nativité de la sainte Vierge, instituée dans l'Eglise pour célébrer l'heureuse naissance de la reine du ciel et de la divine mère de tous les chrétiens, remonte à une haute antiquité. Tous les peuples d'Orient et d'Occident l'ont toujours célébrée avec une grande solennité. Le monde chrétien ne peut pas fêter avec trop de magnificence, de joie et de gratitude ce grand jour, car le jour de la naissance de Marie est le sacré mémorial de celui qui ouvrit la chaîne merveilleuse des nombreux et touchants mystères de l'amour de Dieu pour les hommes. Un grand nombre d'églises et de cathédrales, bâties en l'honneur de Marie, célèbrent en ce jour leur fête patronale, leur plus grande et plus chère solennité. Nous ne citerons ici que Notre-Dame-des-Ermites, en Suisse, ce pèlerinage si célèbre dans toute la chrétienté, et où accourent chaque année, pour fêter ce saint jour, des multitudes de pèlerins de presque toutes les contrées de l'Europe. C'est ainsi que l'Eglise aime à honorer et à bénir Marie et Jésus-Christ son fils, ce vrai soleil de justice qui, devant nous éclairer d'en haut, a envoyé devant lui sa sainte Mère comme une aurore naissante, divine messagère des jours de grâces et de miséricorde. L'abbé B-y.

NATIVITÉ (JEANNE LE ROGER, sœur de la), née à la Chapelle-Sanson, près de Fougères, le 24 janvier 1732, appar-

tenait à une famille de laboureurs. A l'âge de 18 ans, elle entra comme domestique chez des religieuses de l'ordre de Sainte-Claire, appelées urbanistes, établies à Fougères. Quoique pauvre, elle obtint dans la suite d'être reçue sœur converse, et fit de grands progrès dans la vertu. La sœur de la Nativité crut avoir des apparitions et des révélations dont elle fit part à ses confesseurs successifs, qui cherchèrent à l'éclairer sur des points aussi délicats; cependant un nouveau directeur du couvent, M. l'abbé Genet, s'éloignant de la route de ses prédécesseurs, confirma la sœur dans sa pieuse croyance; elle lui dictait ce qu'elle prétendait avoir vu ou entendu, mais la révolution les sépara. La sœur, forcée de quitter son couvent, se réfugia chez son frère, puis auprès d'un charitable habitant de Fougères, où elle mourut le 15 août 1798, âgée de 66 ans. Pendant son séjour en Angleterre, l'abbé Genet avait communiqué ses manuscrits à plusieurs personnes dont l'opinion n'était pas la même sur la réalité des prédictions qu'ils contenaient. Plusieurs copies en furent même distribuées. A la mort de cet ecclésiastique, qui eut lieu en 1817, les révélations de la sœur de la Nativité furent vendues à un libraire qui les publia dans la même année, sous le titre de : *Vie et révélations de la sœur de la Nativité*, 3 vol. in-12. Cet ouvrage est composé d'un discours préliminaire de l'abbé Genet, qui tâche de prouver que la sœur était inspirée, d'un abrégé de la vie de la sœur, par le même, d'une vie intérieure de ladite sœur, écrite ou pour mieux dire écrite par elle, de ses nombreuses et extraordinaires révélations, par lesquelles elle prédit beaucoup de choses sur l'Eglise et la fin du monde. Ces révélations contiennent des détails pleins de piété et d'élévation, et d'autres qui pourraient être soumis à une sévère critique. On trouve dans le 3e vol. un recueil d'autorités en faveur de ces mêmes révélations, des observations de l'abbé Genet sur la même nature, et une relation faite par lui des huit dernières années de la sœur. On fit une nouvelle édition de cet ouvrage en 1819, 4 vol. in-8° et in-12. Le 4e volume supplémentaire a été dicté par la sœur à des religieuses qui avaient mérité sa confiance. Cependant les personnes éclairées conviennent que l'on ne doit pas croire toutes les révélations de la sœur comme implicitement véritables. » Une autre Jeanne de la Nativité, religieuse ursuline, est auteur du *Triomphe de l'amour divin dans la vie de la bonne Armelle*, Paris, 1683, in-12.

NATOIRE (CHARLES), habile peintre français, directeur de l'académie de France à Rome, né à Nîmes le 3 mars 1700, eut pour maître Lemoyne, qui lui communiqua ce style guindé qui était alors fort à la mode en France. Cependant il avait déjà acquis de la réputation lorsqu'un de ses propres élèves, Vien, le mit dans la route qu'avaient parcourue avec tant de gloire les grands maîtres italiens, flamands, espagnols, et qui n'est que celle tracée par la nature. Nommé directeur de l'académie de France, à Rome, où il succéda à Troy, il y demeura près de 20 ans, et il y serait resté peut-être jusqu'à la fin de sa vie sans un procès qu'il eut à soutenir contre un de ses élèves dont la conduite était répréhensible et qu'il chassa de l'académie. Celui-ci porta plainte au châtelet contre une décision qu'il appelait arbitraire. Après de longs débats, qui abreuvèrent de dégoûts Natoire, vieux et infirme, le maître fut définitivement condamné à 20,000 fr. de dommages-intérêts, et renvoyé de l'académie, où son élève Vien le remplaça. L'attachement que Natoire portait aux jésuites fut la cause de cette affaire, car on dit qu'il n'avait agi que sous leur inspiration. Quoiqu'il en soit il se retira alors à Castelgandolfo, dans le Bolonnais, où il mourut en août 1777, âgé de 77 ans. On cite comme les meilleurs des tableaux qui ornaient les appartements du premier étage du château de Versailles, un salon de l'hôtel Soubise, la chapelle des Enfants-Trouvés de Paris, les tableaux des panneaux à la bibliothèque du roi, entre les fenêtres du cabinet des médailles et des antiques; mais la plupart de ces productions ont été retouchées depuis, et ont beaucoup perdu de leur premier mérite. Le tableau d'un ange arrachant la flèche de la plaie de saint Sébastien passe pour son chef-d'œuvre; on l'a même comparé aux meilleurs ouvrages du Guide. On lui a reproché un coloris faible, aigri; mais on l'a toujours estimé pour la correction du dessin. D'habiles graveurs, tels que Fessart, Aveline, J.-J. Flipart, élève de Laurent Cars, ont reproduit ses meilleurs ouvrages.

NATTE, s. f., sorte de tissu de paille, de jonc, de roseau, fait de trois brins ou cordons entrelacés, et servant ordinairement à couvrir les planchers et à revêtir les murailles des chambres. Natte, employé seul, s'entend ordinairement de la natte de paille. Natte se dit aussi de toutes sortes de tresses de fil, de soie, etc., lorsqu'elles sont faites de trois brins ou cordons. Natte de cheveux, cheveux tressés en natte.

NATTIER (JEAN-MARC), peintre ordinaire du roi et professeur de son académie, né à Paris, en 1685, mourut en 1766. La célébrité de cet artiste lui avait été prédite par Louis XIV, qui, voyant ses dessins de la galerie du Luxembourg, après lui avoir accordé la permission de les faire graver par les plus habiles maîtres, lui dit : « Continuez, Nattier, et vous deviendrez un grand homme. » Le czar Pierre lui fit proposer de le suivre en Russie. Ce prince, piqué du refus de Nattier, fit enlever le portrait que cet artiste avait fait de l'impératrice, et que le czar avait fait porter chez un peintre émail, et partit sans lui donner le temps d'achever le portrait. Il possédait un coloris suave, et l'art d'embellir les objets que faisait éclore son pinceau. Les dessins de la galerie du Luxembourg parurent gravés en 1 vol. in-fol., 1710.

NATURALISATION, s. f., action de naturaliser, effet des lettres de naturalité.

NATURALISER, v. a., accorder à un étranger les droits et les priviléges dont jouissent les naturels du pays. Il se dit aussi en parlant des animaux et des plantes que l'on apporte dans un pays et qui y réussissent. Il se dit au sens moral en parlant des sciences, des arts, etc., qu'on apporte dans un pays et qui y prospèrent. Il se dit particulièrement en parlant des mots et des phrases que l'on transporte d'une langue dans une autre.

NATURALISME (philol.). Ce mot est employé quelquefois pour exprimer la cause naturelle, la raison physique des choses, c'est ainsi qu'on a dit : les philosophes ont démontré le naturalisme de certains phénomènes qui effrayaient nos pères. Naturalisme signifie encore histoire naturelle, et on le trouve plus d'une fois employé dans ce sens par les écrivains des XVIIe et XVIIIe siècles.

NATURALISME (phil. et rel.). On appelle naturalisme tout système où le mot de nature, pris dans quelqu'une de ses acceptions diverses, représente un des éléments principaux; or le mot de nature désigne quelquefois la collection des êtres sortis des mains du créateur, et quelquefois la collection des propriétés qui constituent les différents êtres, sans en excepter le créateur. Conséquemment le naturalisme peut entrer dans les systèmes qui ont pour but d'expliquer l'origine, la marche et la fin soit de toutes les choses en général, soit de l'une d'entre elles en particulier. Et en effet, d'une part, plusieurs philosophes, recherchant les lois de l'univers, ont tout attribué à la nature comme premier principe, ou même, bien qu'ils admissent un Dieu créateur, ils se sont abstenus de faire intervenir sa notion dans la théorie du monde. D'un autre côté, plusieurs s'étant placés à différents points de vue pour apprécier les forces de l'homme et le caractère de sa vie, ont nié totalement l'ordre de grâce, ou même, bien qu'ils admissent une destinée surnaturelle, ils ont prétendu qu'on peut l'atteindre naturellement. Dans les deux cas, le naturalisme existe : dans le premier, la nature exclut l'existence ou du moins l'action de Dieu; dans le second, elle exclut l'existence ou du moins la nécessité actuelle de la grâce. Ainsi le naturalisme implique toujours la négation d'une vérité de premier ordre, ou bien la subordination d'un élément principal à un élément secondaire. C'est donc un système essentiellement faux. On ne doit pas s'étonner que le naturalisme figure souvent sous un autre titre dans l'histoire de la philosophie et de l'Eglise; car, qu'on débute ou qu'on finisse par cette erreur, on n'y arrive jamais qu'au moyen d'une méthode qui impose quelquefois son nom à tout le système, ensuite on y arrive guère sans tomber dans d'autres graves écarts dont le nom peut rester prédominant. C'est ainsi que les diverses espèces de panthéisme, le matérialisme athée, l'hérésie pélagienne, le rationalisme plus ou moins complet, sont le principe ou la conséquence logique, ou tout au moins une forme du naturalisme. On voit, par ce simple aperçu, que le naturalisme est ancien et vivace dans le monde. On voit aussi qu'il se présente sous deux aspects principaux, comme système philosophique et comme hérésie; c'est précisément sous ces deux aspects qu'il faut le décrire et le juger. La dénomination de naturalistes appliquée aux athées, aux matérialistes et aux panthéistes de toute nuance, n'est ni nouvelle ni sans justesse. Elle n'est pas nouvelle; Diderot lui-même, après avoir fait observer qu'on appelle naturalistes ceux qui n'admettent qu'une seule substance douée de qualités diverses en conséquence desquelles tout s'exécute nécessairement dans l'univers; Diderot ajoute que leur doctrine est identique à celle des athées, des matérialistes et de spinosistes (1). Cette classification n'est pas inexacte; car le moins que puisse admettre un homme qui n'est pas décidé à n'admettre rien du tout, c'est qu'il a sous les yeux une collection de phénomènes généralement désignée sous le nom de nature; on a donc droit de le nommer naturaliste jusqu'à ce qu'il admette quelque chose de plus, un système qui l'autorise à porter un autre nom. Quelles furent les destinées du naturalisme philosophique? On rencontre d'abord cette erreur chez les Indous, dans le système attribué à Kapila : bien que ce philosophe admette nominalement vingt-cinq principes des choses, cependant il est clair qu'au fond il n'en reconnaît que deux : la nature-matière et la grande âme, lesquelles, se combinant avec les autres principes, produisent les arrangements que nous voyons dans l'univers. Il fait entièrement disparaître de sa doctrine l'idée de Dieu, et son système est un pur naturalisme (2). Il faut en dire autant de la philosophie de Kanada, qui base sa théorie du monde sur les principes d'un matérialisme grossier, et rappelant, à plus d'un titre, celui d'Epicure. Ainsi il regarde la matière comme éternelle, à l'état d'atomes, perpétuellement organisée et dissoute dans une suite infinie de révolutions; il méconnaît et rejette toute notion de cause créatrice (3). Les mêmes erreurs se rencontrent dans cet amalgame de doctrines qui forment le bouddhisme : c'est un vaste système d'émanation et de particularisation de l'Etre infini dans les êtres finis, où toutes choses sont identifiées et où il n'apparaît que le Dieu-Nature (4). N'est-on pas autorisé aussi à voir une généralisation et une personnification des lois de la nature, et par conséquent un véritable naturalisme dans la plupart des religions, aussi bien que dans la plupart des philosophies antiques? Et n'est-ce pas, en particulier, ce qu'on trouve au fond du sabéisme chaldéen, ce que présentent les cultes de Mithra en Perse, d'Osiris en Egypte, et les idées du matérialisme plus ou moins prononcé qui se rattachent à ces formes religieuses (5) ?

On a longuement discuté la question de savoir si Thalès fut athée. Mais quand il n'aurait pas confondu l'idée d'élément et celle de cause dans la commune idée de principe, ce que, du reste, nous admettons volontiers, il serait toujours vrai que la philosophie de ses disciples finit par révéler un germe d'athéisme, et qu'ainsi le naturalisme se trouve au bout des efforts de l'école ionique (6). Bien plus, l'école physicienne d'Elée qui, à certains égards, continua le mouvement philosophique des Ioniens, produisit, comme on sait, Leucippe et Démocrite, les premiers champions de la cosmologie atomistique, plus tard développée par Epicure, et plus tard encore chantée par Lucrèce. C'est sans doute en vue de ces philosophes et de leurs continuateurs que Platon et Aristote se plaignaient qu'il y eût des hommes assez osés pour soutenir que rien n'existe absolument que la matière. Il est avéré, d'ailleurs, que le matérialisme athée, l'une des formes du du naturalisme, pénétra dans la philosophe grecque, avant comme après le règne des sophistes, sous divers noms et diverses écoles. Malgré l'éclat dont la revêtit le poëte Lucrèce, on ne peut pas dire que cette doctrine joua un grand rôle sur la scène des théories philosophiques parmi le monde romain; mais il faut reconnaître que ce qu'elle a de spéculatif était représenté dans la religion de l'empire, comme ce qu'elle a de pratique se retrouvait dans les mœurs du monde idolâtre. Ainsi donc, sous des formes plus ou moins accusées et des titres différents, le naturalisme se produisit et subsista dans les religions et les philosophies de l'antiquité. A l'avénement de l'Evangile, le naturalisme changea de caractère, parce qu'il changea d'objet. Le dogme catholique de la création expliquait, autant qu'on le peut dans le langage humain, l'origine des choses, en la présentant comme un acte de Dieu qui revêt d'une existence relative et place en dehors de lui ce qui, de toute éternité, avait été possible en lui. C'était un

(1) Encyclopédie méthodique philosophie ancienne et moderne, article NATURALISTES.
(2) Colebrooke et Pauthier, Essai sur la philosophie des Indous.
(3) Ibid.   Ibid.
(4) Eugène Burnouf, Introduction à l'histoire du Bouddhisme; Ab. Rémusat, Mélanges posthumes d'histoires, etc.
(5) Creutzer, Religion de l'antiquité, traduite et annotée par M. Guigniaut.
(6) Plutarch, de Placit philo.; Diog. Laert. 2, cap. 3 et 9; Cicéro, de Natur. Deorum.

enseignement aussi philosophique qu'il était vrai ; car, dès que la création se conçoit, c'est comme rapport institué entre le fini et l'infini ; or les rapports ne pouvant être connus qu'au degré même où sont connus les termes qui les soutiennent, et l'infini ne pouvant jamais être pleinement connu par le fini, il indique que la création n'offre à l'esprit de l'homme aucun mystère. La doctrine de la création proprement dite fut donc acceptée comme mystérieuse et véritable, et, chose digne de remarque, à part les philosophes alexandrins et quelques hérétiques des premiers siècles, nul ne recherche plus ce qu'il faut penser de l'origine du monde, tous se reposent avec sécurité dans la vérité catholique ; les Pères se bornent à expliquer, d'après la Genèse, l'œuvre des six jours, et à tirer du spectacle de la nature des motifs de foi et de piété qu'ils inspirent au peuple fidèle (1). Le naturalisme n'é-tait pas détruit, mais il allait changer de terrain, ou plutôt raccourcir son théâtre et son rôle. L'erreur ne porta plus sur la nature considérée comme collection des êtres sortis des mains d'un Dieu créateur, mais elle porta sur la nature de l'homme considérée dans ses rapports avec l'ordre de grâce dont le christianisme tout entier proclamait l'existence. Le mot de grâce, pris dans le sens que lui donne la théologie catholique, renferme une double notion que l'idée qu'il ex-prime ; il suppose : 1° que la grâce est une chose surajoutée à la nature humaine et parfaitement indépendante de cette même nature ; 2° qu'elle nous élève à une hauteur où la na-ture seule ne fût jamais arrivée, et où cependant nous de-vons tendre comme à notre foi. En deux mots, la grâce est à la fois nécessaire et gratuite ; nécessaire, puisque sans elle nous ne pouvons arriver à notre véritable foi ; gratuite, puis-qu'elle n'est pas dans les exigences de notre nature et qu'elle nous pouvait être refusée. Il résulte de là que nier et attaquer une de ces deux notions qui se trouvent dans l'idée catho-lique de la grâce, c'est nier et attaquer la grâce, et réci-proquement on ne peut combattre le dogme de la grâce qu'en essayant d'ébranler l'un de ces deux points. On pourrait donc penser, au premier aperçu, que tous les ennemis qu'a ren-contrés la doctrine catholique de la grâce sont par là même convaincus de naturalisme ; mais cette désignation est ré-servée à ceux-là seulement qui nient la grâce d'une manière plus directe et plus explicite, comme les pélagiens, les soci-niens et les rationalistes. Les autres, qui regardent la grâce comme un appendice nécessaire de notre nature, une exigence de notre constitution spirituelle, ont été conduits par la force logique, qui est dans toute erreur comme dans toute vérité, à donner à la grâce une telle influence qu'il n'y eut plus de place dans l'homme pour la liberté, ils tombèrent dans le fa-talisme, comme les prédestinatiens, les protestants, Baïus et les jansénistes. Or, il convient sans doute d'imposer un autre nom que celui de naturalistes à des hommes qui ont tant exa-géré l'idée qu'on doit se faire de la grâce (V. Prédestination, Jansénismes, Wiclef, Luther, etc.).

A quelle époque précisément se produisirent les natura-listes, adversaires de l'ordre surnaturel ? Quel est le premier homme qui entreprit d'abaisser sa destinée en la dépouillant, autant qu'il était en lui, du caractère surnaturel que Dieu lui avait imprimé, ou qui s'achemina vers elle en essayant de se passer du secours de Dieu ? C'est ça qu'il serait difficile de dire. Mais on peut assurer que, de bonne heure, un double amour, comme dit saint Augustin, créa une double société, l'amour de soi jusqu'au mépris de Dieu fondant la société terrestre, l'amour de Dieu jusqu'au mépris de soi fondant la société céleste (2). D'ailleurs, l'Ecriture fait remonter aux temps mêmes qui précédèrent le déluge l'existence de ceux qu'elle nomme les enfants de Dieu et les enfants des hommes, marquant sans doute par ces dénominations que les uns plaçaient leur fin dans les choses de la terre, comme les au-tres dans celles du ciel. Quoi qu'il en soit de ce point, on ne peut contester que les nations païennes n'aient professé le naturalisme d'une manière plus ou moins ouverte. Nous ne pensons pas qu'elles aient connu le dogme de la nécessité et de la gratuité de la grâce, et autant il est certain qu'elles es-péraient en une vie future, autant il est impossible de prou-ver qu'elles attendaient une vie réellement surnaturelle. Ce-lui de tous les philosophes païens qui, par les grandeurs de son génie, découvrit le mieux peut-être la place immense que Dieu s'est faite dans l'âme humaine, Platon n'a pas un

mot par où il s'accuse de sentir le besoin d'une connaissance, ni surtout d'un amour surnaturel de la divinité ; ce qu'il dit de notre impuissance à parler convenablement de Dieu, ce qu'il dit des ténèbres qui nous environnent dans la caverne de cette vie, tous ceux qui rejettent le dogme de la grâce pour-raient le répéter après lui sans se compromettre. Il y a plus ; non-seulement le paganisme ne croyait pas à une destinée surnaturelle de l'humanité, mais encore il pensait, en géné-ral, pouvoir atteindre la fin toute naturelle de l'homme sans le secours de la divinité : on connaît, sur ce point, la doc-trine des stoïciens qui, dans une sorte de pugilat aussi plein de morgue que de courage, s'escrimaient à égaler la tran-quillité de leur superbe apathie à toutes les rigueurs du sort ; on se rappelle aussi que le disciple d'une autre école s'en re-mettait à lui-même du gouvernement de son âme, et n'at-tendait du ciel que ce qu'il peut donner, dit-il, la vie et la for-tune (1). Dès les premiers jours de l'église chrétienne, ce qui restait d'idées naturalistes dans l'esprit des juifs et des païens convertis, se fit jour et éclata. Les premiers se glorifiaient d'avoir été appelés au christianisme, par l'effet de leur fidélité antérieure dans les observances de la loi mosaïque, et les se-conds se croyaient appelés à la grâce de l'évangile par l'effet des bonnes œuvres qu'ils avaient pratiquées naturellement. C'est ce naturalisme que saint Paul réfute si magnifiquement dans l'épître aux Romains. Trois siècles après, vint Pélage. Le principe fondamental de ses erreurs, c'est que l'homme ne fut pas créé dans un état de justice originelle ; ni même de nature intègre, mais bien dans l'état où il se trouve aujour-d'hui, soumis à l'ignorance, à la concupiscence, à la mort, tel enfin que nous naissons. Il résultait de là qu'Adam pé-cheur ne subit aucune déchéance ou altération radicale ; mais qu'il commit simplement un péché pareil à ceux que sa pos-térité commet. D'où il fallait conclure que les enfants ne nais-sent pas souillés, mais seulement avec triple infirmité physi-que, intellectuelle et morale qui s'attache nécessairement à notre condition, et qui n'est pas la peine d'une faute anté-rieure. De toutes ces assertions s'engendrent l'une l'au-tre, il suivait que notre libre arbitre est sain et fort comme celui d'Adam avant sa chûte ; que si nous péchons, ce peut bien être à l'imitation de notre premier père, mais non point par l'influence de sa désobéissance primitive, et qu'ainsi, sans secours surnaturel, par nos forces propres, nous pouvons ar-river sur terre à vaincre les tentations, à nous placer même dans une sorte d'impassibilité, dans un repos sublime au sein de l'ordre parfait, puis atteindre le but que Dieu nous a pro-videntiellement fixé. — Les docteurs catholiques, et particu-lièrement saint Augustin, mirent tellement en évidence l'op-position de ces doctrines avec l'enseignement catholique que plusieurs pélagiens les abandonnèrent à moitié : c'est pour cela qu'ils furent nommés semi-pélagiens, ils n'exaltaient la nature qu'à demi. Ils confondaient deux choses essentielle-ment distinctes et même différentes, l'état surnaturel et l'état de nature intègre. Comme donc ils trouvaient dans l'homme une certaine force de désirer, de rechercher, d'implorer sa guérison, c'est-à-dire son retour à un ordre où l'âme repren-drait ses droits et le corps sa place, ils en concluaient que nous pouvons de même désirer, rechercher et demander la grâce, c'est-à-dire avoir l'initiative de la foi, le goût de croire. Le commencement de la foi était ainsi obtenu par nos forces naturelles, elle allait croissant par sa naturelle énergie et produisait les bonnes œuvres et la persévérance. D'après cela, Dieu nous sauvait conséquemment à la décision de notre li-bre arbitre abandonné à son activité purement naturelle. Qu'importe que les semi-pélagiens aient admis en même temps la chute d'Adam, notre originelle déchéance et une certaine débilité de la volonté humaine ! Il est clair qu'il donnaient trop à la nature et qu'ils tombaient ainsi dans l'erreur dont nous traçons rapidement l'histoire. Du vie siè-cle où le pélagianisme s'éteignit sous les anathèmes des conciles catholiques jusqu'à l'époque du protestantisme, on ne trouve plus guères de traces du naturalisme. A la renais-sance, il fit invasion d'abord dans la philosophie, puis dans la littérature et les beaux-arts, et les sciences : il fut professé par le portugais Uriel Acosta, homme d'une grande incon-sistance d'opinions, par Jean Bodin, le célèbre publiciste qu'on pourrait nommer, à plusieurs égards, le Montes-quieu du xvie siècle , enfin par Lucilio Vanini, qui paraît

---

(1) Ef. Hexaemeron , Santi Basil., Santi Ambres., etc.
(2) August. de Civit. Deï, lib. 14, cap. 28.

(1) ... Satis est orare Jovem quæ donat et aufert :
Det vitam, det opes ; æquum mi animum ipse parabo. (Horace.)

avoir reproduit quelques idées d'Averrhoës sur le naturalisme. Mais le naturalisme de ces écrivains ressemble plutôt à celui des anciens philosophes qu'à celui des hérétiques que nous venons de rappeler : c'était un matérialisme plus ou moins imprégné d'athéisme. A la même époque, les sociniens arrivèrent à la même erreur, mais par une autre route. Partant de ce principe que les Ecritures contiennent des enseignements divins, mais qu'elles doivent être interprétées par les règles de la critique ordinaire et suivant les principes de la raison pure, ils rejetaient l'ordre surnaturel tout entier, ils niaient formellement le dogme de la grâce et les conséquences que le catholicisme en déduit. Selon eux, Adam tomba sans que sa faute se transmît à sa postérité, laquelle pécha seulement par imitation de son aïeul ; par suite il suffit, pour nous relever, de l'encouragement du bon exemple, et cet exemple fut donné au monde par J.-C. qui n'a pas eu besoin de nous offrir l'efficacité de ses mérites. La conséquence de cette doctrine, c'est qu'il n'y aurait ni rédemption, ni Dieu rédempteur ; le Christ ne serait qu'un type sur lequel il faut nous réformer, comme nous sommes dépravés en suivant Adam pécheur. C'est le germe de la doctrine du progrès continu et une formule explicite du naturalisme. Par la marche naturelle des idées et par le concours de circonstances qu'il ne convient pas de décrire ici, la licence de penser, posée en principe par la réforme, produisit en Angleterre, en France et en Allemagne, d'effroyables résultats, l'athéisme de Toland, le matérialisme grossier de nos philosophes du xviiie siècle, Spinosa et les panthéistes de l'école de Kant, le rationalisme le plus audacieux appliqué à l'interprétation des Ecritures par l'exégèse allemande et à l'ensemble de nos dogmes par quelques représentants de la philosophie française. Depuis 100 ans, le naturalisme, sous un nom ou sous un autre, marche en Europe, enseignes déployées : c'est de lui que se sont inspirés les matérialistes qui ne voyaient et ne voient encore dans l'univers que des arrangements déterminés par des affinités chimiques et dans l'homme qu'une organisation douée d'une exquise sensibilité. C'est du naturalisme que sont partis, ou bien c'est là qu'arrivent forcément les rationalistes en rejetant les vérités qui ne découlent pas directement des prémisses fournies par la raison pure, ou bien en repoussant tout fait qui ne résulte pas des lois ordinaires du monde physique. Le naturalisme est la doctrine de plusieurs de nos contemporains qui rêvent pour la société, on ne sait quelles étranges réformes, ou qui même, se tenant en des limites plus restreintes, ont foi en ce qu'ils appellent le progrès humanitaire : les uns et les autres partent de cette idée que l'homme, isolément pris, n'est qu'un terme d'une immense série ; qu'il ne fait que développer, sous la loi d'une fatalité, les forces dont il est naturellement pourvu et qui lui conviennent relativement à la place qu'il occupe comme facteur dans la série, et qu'ainsi, en vertu de ce mouvement d'ascension graduelle, l'humanité, partie de zéro, arrivera à l'infini. L'exégèse germanique, avec sa théorie des mythes et des symboles, est en plein naturalisme. Enfin le naturalisme pénètre dans les mœurs de tous ces hommes qui, admettant tout au plus l'intervention de la Providence dans le gouvernement du monde matériel, ont cessé de recourir à la prière chrétienne et aux sacrements de l'église. Tel est le naturalisme, à ses degrés divers, avec ses formules variées et sous ses noms multiples. Que faut-il répondre à cette grave erreur ? Bien des choses sans doute, mais que l'on peut ramener à quelques chefs principaux. Il nous suffira de les indiquer, en renvoyant aux articles où chacun de ces chefs se trouve développé dans la mesure de son importance : 1° contre le naturalisme philosophique qui se confond avec l'athéisme, et avec le matérialisme et le panthéisme, on établit : 1° que l'athéisme et le matérialisme ne sont pas des doctrines, mais d'insensées et lamentables aberrations de l'esprit humain (V. Athéisme et Matérialisme) ; 2° que le panthéisme matérialiste n'est que le déguisement des mêmes énormités ; que les générations spontanées et une éternelle série de phénomènes sans point de départ originel, que la transformation des espèces sont de vaines hypothèses qui insultent aux faits les mieux établis et à la science la mieux faite (V. Panthéisme) ; 2° contre le naturalisme hérétique, sous quelque nom qu'il se cache, on établit : 1° que Dieu peut parler à l'homme et qu'il a effectivement parlé (V. Révélation) ; 2° que la parole divine existe, non pas à l'état de lettre morte et dans un livre abandonné aux capricieuses interprétations de chaque homme, mais à l'état d'es-

prit vivant et sur les lèvres d'une société permanente, divinement instituée, infaillible en droit et en fait (V. Eglise) ; 3° qu'ainsi cette parole doit être adoptée pour règle de croyance, et que la foi est un moyen légitime, raisonnable de connaître ce qu'il nous importe de savoir (V. Foi et Raison) ; 4° que, selon cette parole irréfutable, l'homme a été placé, par un don purement gratuit de Dieu, dans un état surnaturel ; que nous naissons souillés par suite d'une faute de notre premier père ; que nous devons reprendre la splendeur de notre état primitif par l'exercice des vertus que Dieu nous a prescrites, mais que nous ne pouvons le reprendre sans les secours que Dieu ne refuse point à ceux qui les demandent sincèrement ; que notre fin, les moyens qui nous sont donnés pour l'atteindre, et ce germe de vie déiforme qui est déposé en nous par la grâce, constituent l'ordre surnaturel (V. Grace), et que, par conséquent, le naturalisme des hérétiques comme celui des philosophes est un système odieux et faux (V. Supra-Naturalisme). G. D-y.

NATURALISTE, s. m., celui que s'applique particulièrement à l'histoire naturelle, qui s'attache à la connaissance des plantes, des minéraux, des animaux, etc.

NATURALITÉ, s. f., état de celui qui est naturel d'un pays ou qui s'y est fait naturaliser.

NATURE, s. f., l'universalité des choses créées. Nature, signifie aussi l'ordre établi dans l'univers. Il signifie encore, par une sorte de personnification, la puissance, la force active qui a établi cet ordre, et qui le conserve suivant de certaines lois. Payer le tribut à la nature, mourir. Nature, se dit en outre de tout ce qui constitue tout être en général, soit in créé, soit créé Nature, signifie encore l'essence d'un être, avec les attributs qui lui sont propres. Il se dit particulièrement en parlant des êtres animés, pour désigner l'organisation particulière de chacun d'eux, le mouvement qui le porte vers les choses nécessaires à sa conservation. Forcer nature, vouloir faire plus qu'on ne peut. Prov., nourriture passe nature, l'éducation a plus de pouvoir sur nous que la nature même. Fam., être dans l'état de pure nature, être tout nu. Nature, se dit aussi de la constitution du corps humain, du principe de vie qui l'anime et le soutient. Il se dit encore de la complexion, du tempérament de chaque individu. Nature, se dit au sens moral de la lumière qui est née avec l'homme, et qui le rend capable de discerner le bien et le mal. Il se dit particulièrement des affections naturelles de l'homme, de celles qui ont pour objet les personnes auxquelles on est uni par les liens du sang. Nature, en théologie, signifie l'état naturel de l'homme par opposition à l'état de grâce. Nature, se dit souvent des opérations, des productions de la nature par opposition à celles de l'art. Nature, se dit quelquefois des parties qui servent à la génération, surtout dans les femelles des animaux. Nature, se dit encore de certaines choses considérées telles qu'elles sont matériellement, par opposition à l'argent qu'elles peuvent valoir. Nature, signifie aussi quelquefois, sorte, espèce. (V. Naturalisme et Supranaturalisme.)

NATURE. *Lois de la nature*. Malgré les immenses travaux dont la nature a été l'objet, le sens de ce mot n'a point encore été fixé d'une manière définitive, et il est loin de correspondre à une conception déterminée. En effet, les uns entendent par nature, l'ensemble des êtres créés, les lois qui les gouvernent, l'ordre qui se manifeste dans l'univers, en un mot, l'univers lui-même ; les autres comprennent sous ce nom, la force, l'intelligence active qui a tout établi, tout créé et qui conserve tout. D'après l'inepte système du naturalisme, la nature est le principe aveugle et fatal de l'organisation du monde : la matière, d'après celui du déisme, c'est l'esprit universel et intelligent, le créateur éternel : Dieu. Notre but étant ici de poser les principes qui rendent possible l'application des mathématiques à la physique, ou de donner la déduction philosophique des lois de la nature, il nous devient essentiel d'attacher à ce mot nature une signification plus précise et qui se rapporte directement à l'objet que nous avons en vue. Nous distinguerons donc dans la production des phénomènes de l'univers deux causes distinctes, deux puissances actives différentes : l'une nécessaire, incessamment agissante et soumise à des lois fixes qui lui sont imposées ; l'autre libre, spontanée et n'agissant qu'en vertu de ses propres déterminations. La première se manifeste généralement dans la nécessité de tous les phénomènes physiques ; la seconde, sur laquelle repose en dernier lieu la possibilité de la première, se manifeste particulièrement dans la liberté des actions humaines, image sensible de la spontanéité absolue de l'intelligence suprême. Or, toute puissance au moyen de laquelle une chose arrive dans l'univers se nomme causalité ; ainsi en ne considérant le monde physique que sous le rapport de ses lois nécessaires, nous entendrons dorénavant par le mot nature, la causalité non intelligente qui régit les phénomènes physiques donnés a posteriori, c'est-à-dire, par l'expérience. Tout phénomène physique repose sur un mouvement, car la matière, base et *substratum* de toutes les intuitions que nous avons des objets sensibles, n'a d'autre caractère général que le mouvement. La science de la nature doit donc être aussi considérée comme une théorie pure et appliquée du mouvement ; et pour obtenir, s'il est possible, une déduction a priori de ses lois fondamentales, il devient nécessaire d'analyser l'idée de la matière en général, sans avoir égard à ses caractères particuliers. Mais une analyse quelconque n'est complète qu'autant qu'elle est faite d'après les lois de l'entendement, lois qui règlent toutes les déterminations dont l'idée générale de l'objet en question est susceptible ; ainsi nous devons examiner le mouvement sous le quadruple rapport de la quantité, de la qualité, de la relation et de la modalité ; d'où résultent les déterminations suivantes. Le mouvement peut être considéré : 1° comme *quantum*, par rapport seulement à sa composition sans aucune qualité du mobile. — *Considération phoronomique.* 2° D'après la qualité qui est essentiellement propre à la matière comme force motrice originelle. — *Considération dynamique.* 3° D'après le rapport mutuel du mouvement de la matière et de sa qualité. — *Considération mécanique.* 4° D'après le rapport du mouvement ou du repos de la matière avec notre propre manière extérieure d'apercevoir. — *Considération phénoménologique.* Voici les résultats de cette analyse due à l'illustre réformateur de la philosophie et qui forme l'objet d'un de ses plus beaux ouvrages.

Idées fondamentales et principes de la phoronomie.

I. La matière est le mobile dans l'espace. L'espace mobile lui-même est l'espace matériel ou relatif. L'espace immobile dans lequel il faut en dernier lieu concevoir le mouvement, est l'espace pur ou absolu. — II. Le mouvement d'un objet est le changement du rapport extérieur qui existe entre cet objet et un espace donné. Le repos est au contraire la présence permanente dans un même lieu. — III. Construire un mouvement composé, c'est représenter a priori dans l'intuition un mouvement en tant qu'il naît de deux ou plusieurs mouvements donnés dans un seul mobile. — IV. Chaque mouvement comme objet d'une expérience possible peut être considéré, à volonté, comme mouvement du corps dans un espace en repos, ou comme repos du corps dans un espace qui se meut en sens contraire avec une égale vitesse. — V. La complication de deux mouvements partant d'un seul et même point, ne peut être conçue qu'autant qu'on se figure que l'un d'eux s'opère dans l'espace absolu, et l'autre avec la même vitesse, mais dans une direction opposée, dans l'espace relatif.

Idées fondamentales et principes a priori de la dynamique.

I. La matière est le mobile en tant qu'elle remplit un espace, ou qu'elle résiste à tout mobile qui tend à pénétrer, par son mouvement, dans cet espace. L'espace qui n'est point ainsi rempli est l'espace vide. — II. La matière ne remplit pas son espace par sa seule existence, mais par une force motrice particulière. En effet, la pénétration dans l'espace est un mouvement ; la résistance est le mouvement en sens contraire, lequel suppose conséquemment une force motrice. — III. La matière n'a que deux forces motrices : l'attractive et la répulsive. La première est la cause qui fait qu'une autre matière se rapproche d'elle. La seconde est celle qui produit l'éloignement d'une autre matière. Nulle force autre que ces deux là n'est possible, parce que tout mouvement d'une matière par rapport à une autre ne peut consister qu'en attraction ou répulsion. — IV. La force par laquelle la matière remplit son espace est la force d'extension (de répulsion). Cette force est susceptible de degrés de plus en plus grands ou de plus en plus petits à l'infini, c'est-à-dire qu'on ne peut considérer aucun de ces degrés comme le plus grand ou le plus petit. — V. Comme au-dessus de toute force d'extension donnée, il peut s'en trouver constamment une plus grande, il existe aussi pour chacune une force compressive (d'attraction) qui peut la refouler dans un espace plus étroit. Mais comme il n'y a pas aussi de force qui soit la plus petite de toutes, une matière peut bien être refoulée à l'infini, mais

elle ne peut jamais être entièrement pénétrée ou anéantie. L'impénétrabilité de la matière, qui croît en proportion du degré de compression, est relative, mais celle qui repose sur la supposition que la matière comme telle, n'est point susceptible de pénétration, s'appelle impénétrabilité absolue. La plénitude de l'espace par l'impénétrabilité absolue peut être nommée mathématique, et celle par l'impénétrabilité relative peut porter l'épithète de dynamique. — VI. La matière est divisible à l'infini, et elle est divisible en parties dont chacune est à son tour matière. Cette divisibilité est une suite des forces répulsives de chaque point matériel dans l'espace. L'espace en lui-même ne peut être que distingué à l'infini, mais il ne saurait être mu, ni en conséquence divisé physiquement. Mais en tant que chaque espace rempli de matière est mobile par lui-même, et en conséquence divisible ; la divisibilité physique de la substance se règle d'après la divisibilité mathématique de l'espace à l'infini. — VII. Outre la force d'extension ou de répulsion, la force d'attraction appartient encore à la possibilité de la matière. Si la matière ne possédait que la première de ces forces, ses parties se fuiraient à l'infini. Il faut donc qu'elle en possède une autre qui prescrive des bornes à l'extension. Mais réciproquement la simple force attractive ne suffit pas pour la possibilité de la matière, car sans la force répulsive qui vient lui imposer des bornes, la matière se resserrerait à l'infini par l'effet de la seule attraction, c'est-à-dire qu'elle se réduirait au point mathématique. Toute matière résulte donc de la synthèse de deux forces opposées, celles de l'extension et de l'attraction. Kant prétend qu'il n'est pas possible d'expliquer ultérieurement la possibilité de ces forces radicales, la nécessité de leur association et la possibilité de la matière elle-même ; ce qui est rigoureusement vrai tant qu'on demeure renfermé dans les limites de la raison temporelle de l'homme. — VIII. Le contact, dans son acception physique du mot, est l'action immédiate et la réaction de l'impénétrabilité. Quand une matière agit sur une autre sans contact, c'est une action à distance. Comme cette action à distance est aussi possible sans la coopération de la matière intermédiaire, on l'appelle action immédiate à distance, ou action sur une autre matière à travers le vide. — IX. L'attraction essentielle à toute matière, est l'action immédiate de cette matière sur une autre à travers le vide. En effet, l'action de la force attractive, qui renferme elle-même une raison de la possibilité de la matière, est indépendante de tout contact. Il faut qu'elle ait lieu, même sans que l'espace entre les matières soit rempli. C'est donc une action à travers le vide. — X. En tant qu'une matière ne peut agir immédiatement sur une autre que dans la surface commune de contact, elle a une force de surface ; mais en tant qu'elle agit immédiatement sur la surface de contact à travers le vide, elle a une force de pénétration. Or l'action primitive est une force de pénétration. Elle s'étend donc de chaque partie de la matière dans l'espace du monde à toutes les autres jusqu'à l'infini. Une autre matière ne peut s'opposer à la propagation de son action par la raison que c'est une forme de pénétration, et elle ne saurait renfermer en elle-même aucune cause de limitation, parce qu'elle ne peut jamais devenir une force la plus petite de toutes.

Idées fondamentales et principes de la mécanique métaphysique.

I. La matière est le mobile, en tant qu'elle a comme telle, la force motrice. — II. La grandeur du mouvement qui, estimée phoronomiquement, ne consiste que dans le degré de vitesse, ne peut être appréciée mécaniquement que par la quantité de matière mise en mouvement et par sa vitesse en même temps. — III. La quantité de matière ne peut, comparée à toute autre, être estimée que par la quantité du mouvement dans une vitesse donnée. En effet, comme la matière est divisible à l'infini, la quantité d'aucune matière ne saurait être déterminée immédiatement par le nombre de ses parties. Si on compare la matière donnée avec une autre similaire, la quantité en est proportionnelle à la grandeur du volume. Mais il est question ici de la comparer avec toute autre matière, et il devient impossible d'en estimer la quantité si l'on fait abstraction de son mouvement. Il faut toutefois admettre que la vitesse du mouvement des matières à comparer est égale. — IV. Il existe trois lois fondamentales pour la mécanique métaphysique. 1° Dans tous les changements du monde physique, la quantité totale de la matière demeure la même sans augmentation ni diminution. — *Loi des substances.* Cette loi s'applique seulement à la matière comme objet du sens externe et non aux objets du sens interne, comme on l'a souvent prétendu à tort. 2° Tout changement de la matière a une cause extérieure. — *Loi d'inertie*. La matière, comme simple objet de sens extérieurs, n'a point d'autres déterminations que des rapports extérieurs dans l'espace et ne peut, en conséquence, subir des changements que par le mouvement. Ce mouvement et ses variations doivent avoir une cause. Or, cette cause ne peut être intérieure, parce que la matière n'a pas de cause interne de détermination et qu'elle persévère conséquemment dans son état de repos ou de mouvement, sans pouvoir par elle-même modifier cet état. Donc, tout changement d'une matière dépend d'une cause extérieure. Cette loi doit seule porter le nom de loi d'inertie, car l'inertie de la matière ne consiste point en ce qu'elle persiste dans sa place, puisque c'est là une action, mais en ce qu'elle est sans vie ou manque totalement de causes intérieures de détermination. — VI. Dans toute communication de mouvement l'action et la réaction sont constamment égales et opposées l'une à l'autre. — *Loi d'antagonisme*. Il résulte de cette loi que tout corps, quelque grande que soit sa masse, doit être mobile par le choc de tout autre, quelque petites que soient la masse et la vitesse de cet autre, car il doit toujours résister au mouvement.

Idées fondamentales et principes de la phénoménologie.

I. La matière est le mobile en tant que, comme telle, elle peut être un objet de l'expérience. — II. Le mouvement en ligne droite d'une matière par rapport à un espace empirique, n'est qu'un simple attribut possible, pour distinguer le mouvement opposé de l'espace absolu. Le même mouvement est impossible quand on le suppose sans aucune relation avec une matière hors de soi. Ce principe repose sur ce qu'à l'égard du mouvement comme objet de l'expérience, il est identique que le corps dans l'espace absolu, ou celui-ci au lieu de celui-là, soient imaginés en mouvement; mais ce qui est indécis par rapport à deux attributs opposés, n'est possible qu'à l'égard de l'un d'eux; en outre, le mouvement est une relation et ne peut conséquemment être objet de l'expérience, qu'autant que ces deux choses en corrélation le sont; or, l'espace pur et absolu n'est point objet de l'expérience. Donc, le mouvement en ligne droite sans relation à un mouvement corrélatif opposé, c'est-à-dire comme mouvement absolu, est impossible. — III. Le mouvement circulaire d'une matière est un attribut réel de cette matière pour la distinguer du mouvement opposé de l'espace. Car le mouvement circulaire, comme tout mouvement en ligne courbe, est un changement continuel de la relation de la matière, par rapport à l'espace extérieur. C'est donc un commencement continuel de nouveaux mouvements. Cependant en vertu de la loi d'inertie, le corps, à chaque point du cercle éprouve une tendance à continuer son mouvement en ligne droite, et il agit d'une manière contraire à cette cause extérieure. Il développe donc ici une force motrice contre la cause extérieure. Mais le mouvement de l'espace comparé à celui du corps n'est que phoronomique et n'a point de force. Ainsi, quand on dit que le corps ou l'espace se meut dans une direction opposée, c'est un jugement disjonctif par lequel dès qu'un des membres, le mouvement du corps, est établi, l'autre, le mouvement de l'espace, est exclu. Donc, le mouvement circulaire est réel. — IV. Dans tout mouvement d'un corps, qui fait que ce corps est mu par rapport à un autre, un pareil mouvement opposé de ce dernier corps est nécessaire. D'après la troisième loi de la mécanique, la communication du mouvement des corps n'est possible que par la communauté de leurs forces motrices primitives, et cette communauté n'est elle-même possible que par le mouvement mutuel opposé et égal. Le mouvement des deux corps est donc réel. Mais comme de plus la réalité de ce mouvement ne dépend pas de l'influence des forces extérieures, et succède immédiatement et inévitablement à l'idée de la relation de la chose mue dans l'espace à toute autre chose rendue mobile par-là, le mouvement de cette dernière est nécessaire.

NATURE (*Myt*.), fille de Jupiter. Quelques-uns la font sa mère, d'autres sa femme. Quelques anciens philosophes croyaient que la Nature n'était autre chose que Dieu même, c'est-à-dire tout l'univers : misérable opinion, qui a encore des partisans parmi les prétendus savants de ce siècle, comme chez ceux de tous les siècles, qui se rangent dans ce troupeau qu'Horace appelait *Epicuri de grege porcos*. « La Nature (dit sagement un homme qui n'est pas suspect à ces gens-là même), n'est point une chose, la

Nature n'est point un être. C'est le système des lois établies par le Créateur pour l'existence des choses, et la succession des êtres. » Buffon, *Hist. natur.*, tom. 12.　　B.

NATUREL, ELLE, adj., qui appartient à la nature, qui est conforme à l'ordre, au cours ordinaire de la nature. Philosophie naturelle, celle qui a pour objet l'étude des lois et des phénomènes de la nature. Parties naturelles, les parties destinées à la génération. Naturel, signifie aussi qui est conforme à la nature particulière de chaque espèce, de chaque individu. Il se dit dans le même sens en parlant des choses. Naturel, se dit encore de ce qui vient de la nature seule, par opposition à ce qui est artificiel, factice, etc. Il se dit dans le même sens en parlant des choses. Naturel, se dit aussi de ce qui est conforme aux lois de la nature, par opposition à surnaturel. Il signifie encore qui est conforme à la raison, à l'usage commun. Naturel, se dit aussi de ce que nous faisons en conséquence de nos habitudes. Naturel, signifie en outre qui s'offre naturellement à l'esprit. Il signifie aussi, qui est sans affectation, sans contrainte, sans effort. Il se dit, dans le même sens, de l'esprit et de ses productions. Naturel, s'emploie substantivement et signifie habitant originaire d'un pays. Il signifie en outre, propriété inhérente à la nature de l'être animé ou inanimé dont on parle. Il signifie aussi, inclination, humeur naturelle. Il se dit également des sentiments d'humanité et de compassion qu'on doit avoir pour tous les hommes. Nature, substantif, signifie souvent la facilité, l'aisance naturelle avec laquelle ou fait une chose. Au naturel, loc. adv., d'après nature, selon nature. Au naturel, se dit aussi de la manière la plus simple d'apprêter certaines viandes.

NATURISTE, s. m., nom donné par quelques auteurs au médecin qui, ayant fait une étude approfondie de l'économie animale, met tous ses soins à observer scrupuleusement la marche de la nature dans les maladies, et n'emploie que des moyens indispensables et propres à seconder sa tendance réputée salutaire.

NAUBERT (BÉNÉDICTE), femme auteur, née à Leipsick en 1755, était fille du professeur Hébenztreit, sous lequel elle étudia les belles-lettres, et apprit plusieurs langues modernes. A l'âge de 18 ans, elle se maria avec un négociant de Naumur. Douée d'une riche imagination, elle publia un grand nombre de romans, et devint, en ce genre, l'écrivain le plus fécond de l'Allemagne. Ce qui fait son éloge, dit l'écrivain qui a présidé à la 7ᵉ édition de ce Dictionnaire, c'est que, dans ses ouvrages, elle a toujours respecté la morale et donné d'utiles leçons; cependant ses ouvrages présentent tous les dangers du genre; car l'on y rencontre des anecdotes qui ne sont rien moins que morales, surtout qui tendent à faire mépriser la religion en avilissant ses ministres. Sa première production parut en 1785, et ce ne fut que 32 ans après, en 1817, que l'on parvint à apprendre le nom du véritable auteur de ces romans. Plusieurs ont été traduits en français comme: 1° *Hermann-d'Unna*, par M. de Bock; 2° *Elisabeth de Zoggenburg*; 3° *Walter de Montbarry*; 4° *Thekla de Tuon*. Les suivants n'ont point été traduits : 5° *Conradin de Souabe*; 6° *Emma, fille de Charlemagne*; 7° *Velléda*; 8° *Azaria*, etc. C'est son dernier ouvrage. Madame Naubert est morte à Leipsick, le 12 janvier 1819, âgée de 64 ans.

NAUCLÉE, *nauclea* (*bot*.), genre de plantes de la famille des rubiacées, renfermant des arbres ou des arbrisseaux grimpants qui habitent les contrées intertropicales. Leurs feuilles sont simples, coriaces, opposées ou verticillées. Leurs fleurs réunies en capitules globuleux, axillaires ou terminaux, sont portées sur un réceptacle commun, globuleux. Leurs caractères sont : calice à tube adhérent, oblong, à limbe supère, court, tronqué en 5 parties. Corolle en entonnoir, à tube grêle, à limbe, 5 fide, 5 étamines insérées à la gorge de la corolle; ovaire adhérent à 2 loges multiovulées surmonté d'un style filiforme, saillant, que termine un stigmate renflé, indivis. A ces fleurs succèdent des capsules distinctes ou soudées entre elles à 2 loges. Parmi les espèces les plus remarquables de ce genre nous citerons la nauclée gambir, qui croît spontanément à Sumatra, à Malacca, etc. Ses feuilles sont ovales, lancéolées, lisses, munies d'un court pétiole; de l'aisselle de ces feuilles partent des pédoncules solitaires, opposés, qui portent des bractéoles vers le milieu de leur longueur, et dont les inférieurs se changent en épis très crochus. C'est avec les feuilles de cette plante que l'on prépare le *gutta gambeer* auquel on accorde une grande efficacité dans les angines contre les aphthes ainsi que dans les cas de diarrhée et de dyssenterie.　　J. P.

NAUCLERUS (JEAN), célèbre chroniqueur, né vers 1430, prévôt de l'église de Tubengen, et professeur en droit dans l'Université de cette ville, changea son nom, qui en allemand signifiait Nautonnier, en celui de Naucleros, qui signifie la même chose en grec. Il vivait encore en 1501. On a de lui une Chronique latine depuis Adam jusqu'en 1500, continuée par Baselius jusqu'en 1514, et par Surius jusqu'en 1566. Elle est plus exacte que toutes les compilations historiques qui avaient paru jusqu'alors; mais ce n'est qu'une compilation. On l'estime surtout pour les faits qui se sont passés dans le xve siècle. Elle fut imprimée à Cologne, in-fol. en 1564-1579.

NAUCORE (ins.), genre d'hémiptère de la famille des hydrocorises, tribu des népides. Voyez ces mots.   J. P.

NAUCRARES ou **NAUCLARES** (ναυς, vaisseau), nom que l'on donnait chez les Athéniens aux principaux magistrats des bourgs et villes maritimes. Ils furent ainsi nommés parce qu'ils étaient obligés de fournir deux cavaliers et un bâtiment pour le service de la république, lorsqu'elle les requérait. Quelques auteurs prétendent que leurs fonctions étaient les mêmes que celles des démarques. Hésychius dit qu'il y en avait douze dans chaque tribu, et qu'ils étaient chargés de lever les impôts.

NAUCRATIS, ville d'Égypte, dans l'intérieur du Delta, sur la rive droite de la branche Canopique du Nil. Cette ville était florissante par le commerce qui se faisait dans son port, le seul du royaume où les vaisseaux marchands eurent la faculté d'aborder. Elle est célèbre pour avoir été la patrie de Julius Pollux et d'Athénée. Cette ville était en grande réputation du temps d'Amasis, roi d'Égypte.

NAUDÉ (GABRIEL), savant distingué, né à Paris en 1600, fit des progrès rapides dans les sciences, dans la critique, dans la connaissance des auteurs et dans l'intelligence des langues. Henri de Mesmes, président au parlement de Paris, le fit son bibliothécaire. Son inclination pour la médecine le porta quelque temps après à se rendre à Padoue; il s'y consacra à l'étude de cet art, et y prit le bonnet de docteur. Le cardinal Bagni le choisit pour son bibliothécaire, et l'emmena avec lui à Rome. Après la mort du cardinal Bagni, le cardinal Barberin fut chargé de l'avoir auprès de lui. Naudé était à Rome lorsque le général de bénédictins de Saint-Maur voulut faire imprimer à Paris l'Imitation de J.-C., sous le nom de Jean Gersen, ou Gessen, religieux de l'ordre de Saint-Benoît. Dom Tarisse (c'était le nom de ce général) se donnait pour le véritable auteur de cet ouvrage, se fondant sur l'autorité de quatre manuscrits qui étaient à Rome. Le cardinal de Richelieu écrivit à Rome à Naudé pour les examiner. Il parut à l'examinateur que le nom de Gersen, placé à la tête de quelques-uns de ces manuscrits mêmes, s'y trouvait ajouté par une main récente. Il envoya ses observations aux savants du Puy, qui les communiquèrent au P. Fronteau, chanoine régulier de Sainte-Geneviève, très étonné de ce qu'on voulait enlever cet ouvrage de l'Imitation à ses confrères Thomas A-Kempis, son véritable auteur. Il fit promptement imprimer ce livre sous ce titre : « les iv livres de l'Imitation de J.-C., par Thomas A-Kempis, avec la conviction de la fraude qui a fait attribuer cet ouvrage à Jean Gersen, bénédictin. » Cette querelle littéraire engendra un procès, qui ne fut terminé que le 12 février 1652, à l'avantage de Naudé. Comme ce savant jouissait d'une pension à la cour de France, avec le titre de médecin de Louis XIII, le cardinal de Richelieu le rappela à Paris, où il revint en 1642. Après la mort de ce ministre, Mazarin se l'attacha en qualité de bibliothécaire. La bibliothèque de ce cardinal s'accrut sous les mains de plus de 40 mille volumes. La reine Christine de Suède, instruite de son mérite, l'appela à sa cour. Naudé s'y rendit; mais les témoignages d'estime et d'amitié dont cette princesse le combla ne purent lui faire aimer un pays contraire à sa santé : il mourut en revenant à Abbeville, en 1653. Naudé avait beaucoup d'esprit et de savoir; mais ses jugements ne sont pas toujours vrais ni bien motivés. Il était extrêmement vif, et sa vivacité le jetait quelquefois dans des singularités dangereuses. Il parlait avec une liberté qui s'étendait sur les matières de la religion, à laquelle il fut cependant, à ce qu'on assure, attaché de cœur et d'esprit : inconséquence qui lui était commune avec tant de prétendus sages qui sacrifient au bel air philosophique des sentiments dont ils n'ignorent ni la solidité ni le prix. Ses principaux ouvrages sont : *Apologie pour les grands personnages faussement soupçonnés de magie*, Paris, 1625, in-12, réimprimée à Amsterdam en 1712. Il y a

de judicieuses observations; mais il y en a aussi qui, en bonne critique, ne sont pas recevables; *Addition à la Vie de Louis XI*, 1630, in-8o, curieuse; *Bibliographia politica*, Leyde, trduite en français par Chailline, Paris, 1642 : ouvrage savant, mais peu exact; *Syntagma de studio liberali*, 1632, in-4o. Il y a de bons préceptes sur la manière de l'étudier; *de antiquitate Scholæ medicæ parisiensis*, Paris, 1628; in-8o; *Epistolæ, Carmina*, in-12, 1667; les *Considérations politiques sur les coups d'État*, production médiocre, écrite d'un style dur et incorrect; *Instruction à la France sur la vérité de l'Histoire des Frères de la Rose-Croix*, Paris, 1623, in-8o. Elle prouve que Naudé connaissait cette société; et si la France eût écouté cette instruction, elle se fût bien trouvée de sa docilité; le *Marfore*, ou *Discours contre les libelles*, Paris, 1620, in-8o. On a recueilli différents traits de la vie et des pensées de Naudé sous le titre de *Naudæana*, Paris 1701, et Amsterdam, 1703, in-12, avec les additions.   F.

NAUDET (THOMAS-CHARLES), peintre de paysage, naquit à Paris en 1774, d'un marchand d'estampes. Après s'être appliqué de bonne heure au dessin, et s'être exercé à reproduire les chef-d'œuvres de Salvator-Rosa, Herman, le Poussin, etc.; il prit des leçons de peinture sous Hubert Robert, peintre du roi. Outre un grand nombre d'ouvrages laissés par cet artiste, nous citerons : 1o Ses *Dessins de statistique du département de l'Oise*, publiés par Cambry, alors préfet; et 2o une superbe Collection de 3,000 dessins environ, représentant les plus beaux sites de l'Italie, de l'Espagne, de l'Allemagne et de la Suisse, et la plupart des monuments antiques et modernes qui se rencontrent dans ces contrées. Naudet exécuta cette Collection dans les voyages qu'il fit avec un gentilhomme Suédois, le naturaliste Néergard, qui la publia dans le mois de janvier 1812, avec un texte explicatif. Naudet mourut à Paris le 16 juillet 1810. Ses paysages sont exécutés avec autant de grâce que de précision.

NAUFRAGE, s. m., perte d'un vaisseau causée par quelqu'un des accidents qu'on éprouve sur mer. Il se dit par extension en parlant des autres bâtiments de mer, et même des barques, des bateaux, etc., qui vont sur les fleuves, les rivières et les lacs. Fig., faire naufrage au port, voir tous ses projets ruinés, renversés au moment où l'on était près de réussir. Naufrage, se dit figurément de toutes sortes de pertes, de ruines et de malheurs. C'était une coutume chez les Grecs et chez les Romains que ceux qui s'étaient sauvés du naufrage représentassent dans un tableau ce qui leur était arrivé. Quand ils avaient tout perdu, ils se servaient de ce tableau pour exciter la compassion des voyageurs qu'ils rencontraient dans le chemin. Ils pendaient ce tableau à leur cou, et en expliquaient le sujet par des chansons qui exprimaient leur misère.

NAUFRAGÉ, ÉE, adj., il se dit de ce qui a péri et de ce qui a été submergé par l'effet d'un naufrage. En parlant des personnes, il s'emploie aussi substantivement.

NAULAGE, s. m., terme de marine, qui n'est guère usité que dans la Méditerranée. Fret, louage d'un navire, d'une barque, pour le transport par mer de personnes ou de marchandises.

NAUMACHIE (mot grec composé de vaisseau et combat), sorte de jeu public, chez les Romains, où l'on imitait un combat. Le premier spectacle de ce genre fut donné par César, et bientôt le peuple fut aussi passionné pour les naumachies que pour les autres jeux. Le cirque de Maxime, où ces représentations eurent lieu d'abord, n'ayant pas été trouvé assez commode, les empereurs firent disposer dans les environs de Rome des places plus convenables, auxquelles on donna aussi le nom de naumachies. Domitien fut le premier, dit-on, qui en fit construire une en pierre; avant lui, elles étaient en bois et ressemblaient extérieurement aux amphithéâtres. La naumachie d'Auguste avait 1,800 pieds de long sur 200 de large, et pouvait contenir 50 trirèmes, outre un grand nombre de petites embarcations. Il était facile de submerger les naumachies au moyen de canaux souterrains alimentés ordinairement par le Tibre, ou au moyen d'aqueducs; les eaux se retiraient avec une égale rapidité. Quelquefois tout cela se faisait sous les yeux même des spectateurs, qui voyaient ainsi les navires, à sec un instant auparavant, se mettre à flot et voguer sur les ondes. On appelait *naumachiarii* ceux qui combattaient dans ces spectacles; c'étaient des gladiateurs, des esclaves, des gens des plus basses classes du peuple, des prisonniers ou des condamnés à mort. Leur sort était d'y périr; il n'y avait que la volonté du peuple ou de l'ordonnateur de la fête qui pût leur sauver la vie. On a cru trouver des traces d'une ancienne naumachie au pied du mont Griffon, près de Salerne. S-y.

NAUMANN (JEAN-AMÉDÉE), célèbre compositeur de musique, naquit en 1745, à Polazéwitz, près de Dresde, d'un pauvre laboureur, qui découvrit en lui du talent pour la musique, et lui trouva un maître gratuit; mais ce maître habitait Dresde, il fallait que tous les matins le jeune Naumann se rendît dans la ville pour recevoir ses leçons. Il fit cependant de rapides progrès, et bientôt le hasard ayant amené un chanteur italien dans la maison de son père, cette rencontre fut la cause de son voyage en Italie; ce virtuose le conduisit à Padoue, où demeurait alors le célèbre Tortini, qui s'intéressa à Naumann, et qui en fit un de ses meilleurs élèves. Le jeune Allemand s'étant fait connaître par plusieurs pièces, fut nommé maître de la chapelle de l'électeur. Mais il obtint la permission de retourner en Italie, où il travailla pour les théâtres de Bologne, de Florence, de Venise et de Naples, et toujours avec un égal succès. Il était connu en Italie sous le nom de *il Sassone* (le Saxon), et sa réputation s'étendit du Midi jusqu'au Nord de l'Europe. Vivement sollicité par Gustave III, il se rendit à Stockholm, où il jouit d'un honneur qu'aucun compositeur n'avait jamais eu; un roi fut son poëte. Sa majesté suédoise écrivit pour Naumann le poëme lyrique de *Gustave Wasa*, de Stockolm. Naumann passa à Copenhague, puis à Berlin, à Vienne, et composa successivement des opéras sérieux et bouffons, en italien, en suédois, en danois et en allemand. De retour à Dresde, il se livra entièrement à la musique sacrée, dans laquelle il se surpassait, et notamment dans les oratorio, tels que la *Passion*, le *Giuseppe* ou *Joseph reconnu*, et autres productions semblables de l'immortel Métastase. Il fit deux fois la musique pour les deux oratorio précédents; pour le premier, l'une à Dresde et l'autre à Padoue; et pour le second, il la fit sur des paroles italiennes, pour Dresde; et pour Paris, sur des paroles françaises. Il serait difficile de donner la liste de ses nombreux opéras, de ses oratorio, messes, motets, sonates pour clavecin, avec et sans accompagnement, et même pour l'harmonica, duquel il jouait très bien. Le style de Naumann est gracieux, facile, expressif, et il est de ce petit nombre des maîtres qui se sont particulièrement attachés à la pureté et à la mélodie du chant. Il se promenait dans le parc du palais électoral, lorsqu'il fut frappé d'une attaque d'apoplexie foudroyante, dont il mourut le 27 mai 1801, à l'âge de 56 ans. H.

NAUPACTE (*Lépante*), ville principale de la Locride, au S.-E., sur le golfe de Corinthe, à l'embouchure de l'Evenus. Cette ville devait sa fondation aux Doriens. On y remarquait plusieurs temples, entre lesquels celui de Diane se distinguait par une rare magnificence. Cette ville, après avoir appartenu aux Locriens Ozoles, tomba au pouvoir d'Athènes, qui la céda aux Messéniens, chassés de leur patrie par les Lacédémoniens. Ces derniers, s'en étant emparés après la bataille d'Ægos-Potamos, la rendirent aux Locriens. Philippe de Macédoine la prit à son tour, et la donna aux Etoliens, qui la possédaient encore quand les Romains leur firent la guerre. Naupacte fut à cette époque assiégée et réduite à la dernière extrémité par le consul M. Acil. Glabrion, 191 ans avant Jésus-Christ.

NAUPLIE (*Napoli di Romania*), ville de l'Argolide, au S.-O. de Tyrinthe, au fond d'un golfe du même nom, qui fait partie du golfe Argolique, servait de port à Argos. C'est dans le voisinage de cette ville qu'était la fameuse fontaine de Canathos.

NAUPLIUS, fils de Neptune et d'Amymone, une des Danaïdes, fut roi de l'île d'Eubée. Ayant épousé Clymène, il en eut plusieurs enfants, entre lesquels fut Palamède, un des princes grecs qui allèrent au siége de Troie. La mort malheureuse de Palamède, qui fut l'effet des artifices d'Ulysse, alluma dans le cœur de Nauplius un grand désir de vengeance. Il courut, dit-on, toute la Grèce, excitant les jeunes gens à séduire les femmes des principaux chefs de l'armée grecque qui assiégeait Troie. Après la prise de Troie, la flotte des Grecs ayant été à son retour en Grèce battue d'une furieuse tempête sur les côtes de l'Eubée, Nauplius fit allumer la nuit des feux parmi les rochers dont son île était environnée, dans le dessein d'y attirer les vaisseaux et de les voir périr contre cet écueil. En effet les vaisseaux se brisèrent : une partie de ceux qui les montaient se noya; une autre partie, ayant gagné la terre avec grande peine, fut assommée par ordre de Nauplius. Mais le principal auteur de la mort de Palamède, Ulysse, échappa à la vengeance de Nauplius, parce qu'il avait été

rejeté en pleine mer par la tempête; de désespoir Nauplius se jeta dans la mer.

NAUSEA (FRÉDÉRIC), surnommé Blancicampianus, évêque de Vienne en Autriche, mourut à Trente durant la tenue du concile, le 6 février 1552. Ses mœurs étaient une règle vivante pour les évêques et pour le commun des fidèles. Nous avons de lui plusieurs ouvrages en latin, contre les hérétiques, entre autres : *de Missæ sacrificio*; quelques livres de morale, parmi lesquels on distingue son Traité de la Résurrection, sous ce titre : *de J.-C. et omnium mortuorum resurrectione*, Vienne, 1551, in-4° : ouvrage singulier, curieux et peu commun; *Sept livres des choses merveilleuses*, Cologne, 1532, in-4°, fig. L'auteur y parle des monstres, des prodiges, des comètes. Cet ouvrage est fort curieux; mais l'auteur paraît quelquefois trop crédule; *Catechismus catholicus*; *Concilia de puro litteris instituendo*; *Libri quinque in concilia*; *Abrégé de la vie du pape Pie II*, et de celle de l'*Empereur Frédéric III*; des *Poésies* assez faibles. On a imprimé à Bâle, en 1550, in-fol., un *Recueil de lettres* écrites à ce savant sur diverses matières. Ce recueil renferme aussi un catalogue de ses ouvrages.

NAUSÉABOND, ONDE, adj., qui cause des nausées. Il se dit, figurément, des ouvrages littéraires qui déplaisent, rebutent, excitent le dégoût.

NAUSÉE, s. f., envie de vomir. Il se dit figurément du dégoût qu'inspirent les discours et les ouvrages littéraires qui sont rebutants, fastidieux, insipides.

NAUSICAA, fils d'Alcinous, roi des Phéaciens, ayant rencontré Ulysse au moment où il venait de faire naufrage sur les côtes de l'île où régnait son père, lui donna l'hospitalité. Selon Aristote et Dictys de Crète, elle épousa Télémaque, fils d'Ulysse, et en eut un fils appelé Persépolis ou Ptoliporthès. On lui attribuait l'invention d'une danse qui s'exécutait en lançant une balle en l'air.

NAUTÈS, prophète troyen, qui était chargé de la garde du Palladium. Il se le laissa ravir par Diomède et Ulysse, mais le premier le lui rendit. Il accompagna Enée en Italie; c'est lui qui le consola de l'incendie de sa flotte par les dames troyennes. Nautès fut la tige de la famille romaine des Nautius, à qui l'on confia la garde du Palladium.

NAUTILE *Nautilus* (moll.), genre de céphalopodes à quatre branchies et à coquille cloisonnée à cloisons simples, enroulée en spirale dans un même plan et dont les tours de spire sont contigus, le dernier enveloppant les autres. Un siphon médian traverse toutes les cloisons; l'animal diffère des autres céphalopodes tétrabranches par ses nombreux tentacules contenus dans des gaines charnues d'où ils sortent plus ou moins et garnis de lamelles au côté interne. Ces tentacules peuvent être regardés comme formant huit groupes analogues aux huit bras des poulpes, embrassant la tête et sont eux-mêmes entourés d'une sorte d'enveloppe charnue prolongée supérieurement en manière de capuchon pour protéger l'animal quand il se contracte dans la dernière loge de la coquille destinée à le contenir tout entier. On connaît seulement deux espèces de ce genre, le nautile flambé (*N. pompilius*), qui habite l'Océan des grandes Indes et des Moluques : il atteint un diamètre de deux décimètres. Les courants les portent sur les côtes des îles Nicobar en si grande quantité, que les habitants fument leur chair et en font des provisions pour le reste de l'année. La coquille de cette espèce est nacrée à l'intérieur et recouverte en dessus d'une couche mince, marquée de larges taches rouges et irrégulières. Le nautile ombiliqué, plus petit et moins commun que l'espèce précédente, se distingue par un large ombilic qui laisse voir de chaque côté tous les tours de sa spire. Il habite également la mer des Indes. J. P.

NAUTIQUE, adj. des deux genres, qui appartient à la navigation.

NAUTODICES, magistrats subalternes chez les Athéniens, chargés de terminer les différends survenus entre les marchands, les matelots et les étrangers, dans les affaires de commerce maritime. Leur audience générale était fixée au dernier jour de chaque mois.

NAUTONNIER, IÈRE, s., celui, celle qui conduit un navire, une barque. Il est principalement d'usage en poésie.

NAVAL, ALE, adj., qui regarde, qui concerne les vaisseaux de guerre. Il n'a point de pluriel au masculin.

NAVARETTE (FERDINAND), dominicain espagnol, alla porter la foi à la Chine, et y eut quelques démêlés avec les autres missionnaires à l'occasion des cérémonies chinoises. Après avoir condamné ces cérémonies, il parut changer de sentiments. Exilé et captif pour la foi à Canton, il s'échappa et s'enfuit à Macao. Le P. Grimaldi, jésuite, prit généreusement sa place dans la prison, pour rendre le nombre complet, et pour que l'on ne s'aperçût pas de l'évasion du P. Navarette. Celui-ci revint ensuite à son premier sentiment sur les cérémonies chinoises et attaqua avec chaleur les jésuites, dans des ouvrages qui n'ont que trop bien servi aux ennemis de cette Société pour la noircir, quoique la passion et la vivacité s'y montrassent à découvert. Quelques temps après son retour en Europe, Charles II l'éleva à l'archevêché de Saint-Domingue, en Amérique. Monté sur ce siège, il sembla revenir de ses préventions; car il écrivit au roi d'Espagne et au gouverneur de Saint-Domingue pour les prier de faire en sorte que les jésuites restassent dans sa ville archiépiscopale, où ils croyaient ne pouvoir être utiles au public sous un prélat qui avait montré tant d'animosité contre eux. Ces lettres sont pleines d'éloges de la Société. Peu d'évêques ont parlé avec plus d'étendue de l'utilité que les pasteurs et les peuples retirent des services de ces religieux. Enfin, pour appuyer ses éloges par des faits, il leur fonda un collège et une chaire de théologie. Ce prélat mourut en 1689, après avoir édifié et instruit son diocèse. On a de lui un Traité historique, politique et moral de la monarchie de la Chine, dont nous venons de parler. Le premier volume de cet ouvrage parut in-fol., à Madrid, en 1676, en espagnol. Il y avait deux autres volumes dont l'un fut supprimé par l'inquisition, et l'autre n'a jamais vu le jour.

NAVARIN (*Pylos*, *Sanchio*), petite ville de Grèce dans le Péloponèse. Elle est mal bâtie et située sur la côte S.-O. avec un château fortifié et un port qui peut contenir 2,000 navires. Cette ville est mémorable par le combat naval de 1827, où les flottes combinées de France, d'Angleterre et de Russie détruisirent la flotte turco-égyptienne de beaucoup supérieure en nombre. Près de cette ville et au N.-O. est l'ancien Navarin qui s'élève sur l'emplacement de l'ancienne Pylos.

NAVARRE (royaume de). Sous le nom de Navarre, on distingue deux provinces basques, l'une espagnole, connue sous le nom de Haute-Navarre, l'autre française sous le nom de Basse-Navarre. La Haute-Navarre forme aujourd'hui une des provinces d'Espagne. Elle est bornée au N. par la France, à l'E. par le royaume d'Aragon, au S. par la Vieille-Castille, à l'O. par les provinces d'Alava et de Guipuscoa. Elle a 30 lieues de long sur 25 de large et 320 lieues carrées. Ses principales rivières sont l'Ebre et la Bidassoa. La chaîne des Pyrénées forme la frontière de cette province. Les montagnes les plus élevées sont la Haut à 1,739 mètres d'élévation, et Altovisar qui en a 1,776. Ses produits naturels consistent en blé, maïs, orge, avoine, châtaignes et haricots; et son industrie en fabriques de draps, de toiles, d'étoffes de laine, de papier, de savons et de liqueurs. Sa population s'élève à 195,500 habitants. Elle se divise en 17 districts et sa capitale est Pampelune. La Basse-Navarre était une ancienne province de France, bornée au N. par les Landes et le territoire de Dax, à l'E. par la Soule, au S. par les Pyrénées qui la séparaient de la Navarre espagnole, à l'O. par le Labourd. On l'appelait autrement Pays des Basques. Son chef-lieu était Saint-Jean-Pied-de-Port. Elle forme aujourd'hui le département des Basses-Pyrénées. — Histoire. — L'histoire primitive de la Navarre se confond avec celle des Vascones ou Basques. Quelque temps après l'invasion des Maures, la Navarre se constitua en état particulier et fut successivement gouvernée par plusieurs seigneurs qui prirent d'abord le titre de comtes, puis furent appelés rois de Pampelune et de Navarre. Garcias Ximenes (880), seigneur de Biscaye et comte de Bigorre, se fait remarquer parmi ses derniers. Tandis que la Basse-Navarre lui était souvent disputée par les rois francs, les ducs d'Aquitaine et de Gascogne, le royaume de Navarre en Espagne s'élevait à un haut degré de puissance sous les successeurs de Garcias. En 1234, Sanche VII mourut sans enfants, et sa sœur Blanche, qui lui succéda, apporta la Navarre à Thibaut, comte de Champagne. Les comtes de Champagne en furent possesseurs jusqu'en 1285, époque où Jeanne épousa Philippe-le-Bel, et lui apporta ainsi la Navarre et la Champagne. A la mort de Louis X le Hutin, sa fille Jeanne, écartée du trône de France par la loi salique, transféra celui de Navarre dans la famille de Philippe, comte d'Evreux (1306). Charles-le-Mauvais, qui lui succéda, ayant laissé pour héritière Blanche II, celle-ci épousa Jean, roi d'Aragon, dont elle eut Eléonore, qui porta la Navarre à Gaston, comte de Foix et vicomte de Béarn. Catherine de Foix la fit encore passer dans une autre famille par son mariage avec Jean d'Al-

bret en 1485. Ferdinand d'Aragon, ayant voulu, en 1511, porter la guerre en Guyenne, fit demander au roi de Navarre passage pour son armée et plusieurs places de sûreté. Jean, loin d'y consentir, s'allia avec le roi de France. Alors le duc d'Albe entra dans la Navarre, dont il s'empara, et depuis, malgré tous les efforts de Jean et plusieurs expéditions tentées par la France, cette contrée resta toujours à l'Espagne. Henri II, fils de Jean d'Albret, ne put hériter que de la Basse-Navarre. Ce prince épousa en 1527 Marguerite de Valois, sœur de François Ier, dont il eut Jeanne d'Albret, qui, mariée à Antoine de Bourbon, duc de Vendôme, fut mère d'Henri III de Navarre ou Henri IV de France. Celui-ci réunit en sa personne en 1587 le double titre de roi de France et de Navarre, que ses successeurs portèrent jusqu'en 1830. Mais la Navarre ne fut définitivement réunie à la France que par un édit de 1607, complété par un autre de 1620. Cependant elle conserva jusqu'en 1789 un gouvernement distinct. **T.-T.**

NAVARRE (PIERRE), grand capitaine du XVIe siècle, célèbre surtout dans l'art de creuser et de diriger des mines, était Biscayen et de basse extraction. La réputation de sa valeur étant parvenue à Gonsalve de Cordoue, ce général l'employa dans la guerre de Naples avec le titre de capitaine. Il contribua beaucoup à la prise de Naples, par une mine qu'il fit jouer à propos. L'empereur le récompensa de ce service en lui donnant l'investiture du comté d'Alveto, situé dans ce royaume, d'où il fut appelé le comte Pedro de Navarre. Ayant commandé une expédition navale contre les Maures en Afrique, il eut des succès dus en grande partie au cardinal Ximénès, qui était présent à l'armée. Fait prisonnier à la bataille de Ravenne, en 1512, il se laissa engager à porter les armes contre sa patrie, leva pour François Ier vingt enseignes de gens de pied, et se signala par plusieurs expéditions. Pris deux fois par les Impériaux, il mourut à Naples prisonnier dans le château d'Œuf. Le prince d'Orange ayant, par ordre de l'empereur, fait décapiter dans cette citadelle plusieurs personnes de la faction angevine, il aurait subi le même sort, comme félon et traître à son prince, si le gouverneur, le voyant dangereusement malade, ne lui avait épargné la honte du dernier supplice en le laissant mourir.

NAVARRO (PIERRE-PAUL), né à Laino, petite ville de Calabre, entra chez les jésuites, et partit fort jeune pour le Japon, où il arriva en 1585. Plein de l'esprit de saint François-Xavier, il travailla trente-six ans à propager dans cette région lointaine la foi que le saint apôtre y avait portée. La persécution l'obligea longtemps d'errer de province en province, et la semence évangélique qu'il y répandit semblait croître et se multiplier d'une manière toute particulière dans ce temps de souffrance; mais en 1621 il fut arrêté à Ximabara, où, après un an de prison, il fut brûlé vif le 1er novembre 1622, au grand regret de Bugondono, prince de Ximabara, qui n'osa pas contrarier les ordres de l'empereur, et qui, après un entretien avec le missionnaire, et devant plusieurs personnes « qu'il ne croyait pas qu'on pût trouver ni le repos de l'esprit ni le salut de l'âme dans aucune secte du Japon. »

NAVE, petite rivière du Pas-de-Calais, qui prend sa source au village de Fontaine-les-Hermant, vient à Lillers, où elle se grossit des eaux de cette ville et des cantons voisins; elle va se perdre à peu de distance de là dans la Lys.

NAVET, s. m., plante crucifère que l'on cultive dans les jardins, dans les champs, et dont la racine, qui prend le même nom, sert à la nourriture des hommes et des bestiaux.

NAVETTE, s. f., espèce de navet sauvage dont la graine, nommée aussi navette, donne une huile qui est bonne à brûler et qu'on emploie aussi à d'autres usages.

NAVETTE, s. f., petit vase de cuivre, d'argent, etc., fait en forme de navire, et où l'on met l'encens qu'on brûle à l'église dans les encensoirs. Navette, signifie aussi un instrument de tisserand qui sert à porter et faire courir le fil, la soie, la laine, entre les fils de la chaîne. Fig. et Fam., faire la navette, faire beaucoup d'allées et de venues. On le dit quelquefois des choses dans un sens analogue.

NAVIER (LOUIS-MARIE-HENRI), membre de l'académie des sciences, né à Dijon le 15 février 1785, obtint, en 1806, le grade d'ingénieur. Il s'occupa aussitôt après de la publication des Mémoires où Gauthey son grand-oncle avait déposé les résultats de sa longue expérience. Il entreprit ensuite de commenter l'Architecture hydraulique de Bélidor, travail de longue haleine, et non moins utile que le Traité des ponts et des canaux. Sa réputation de géomètre et de mécanicien s'étendant de plus en plus, il fut nommé membre de l'Académie des sciences en 1821. Depuis, il fit marcher de front ses études scientifiques, la pratique de l'art qu'il exerçait, et les leçons qu'il donnait comme professeur d'abord de l'Ecole des ponts et chaussées, et plus tard à l'Ecole polytechnique. Ce savant mourut en 1836.

NAVIÈRES (Charles de), poète français, né en 1544 à Sedan, était calviniste et gentilhomme servant du duc Bouillon. Il fut tué, selon quelques-uns à Paris, en 1752, au massacre de Saint-Barthélemi ; mais Colletet croit qu'il y survécut quarante ans, et cette opinion est confirmée par ses ouvrages. On a de lui un poème *de la Renommée*, Paris, 1571, in-8° ; et une tragédie portant le titre de *Philandre*.

NAVIGATEUR, s. m., celui qui a fait sur mer des voyages de long cours. Adjectivem., peuple navigateur, peuple adonné particulièrement à la navigation. Navigateur se dit aussi d'un marin, d'un homme qui entend la conduite d'un vaisseau.

NAVIGATION. On attribue aux Phéniciens ou aux habitants de Tyr et de Sidon la découverte de la navigation. Pendant longtemps les Romains n'attachèrent aucun intérêt à cet art ; dans les premiers temps ils n'avaient que des bateaux construits avec de grosses planches. Ce ne fut qu'au commencement de la première guerre punique qu'ils commencèrent à avoir quelques bâtiments importants.

NAVIGUER, v. n., aller sur mer ou sur les grandes rivières. Naviguer, se dit aussi en parlant de la manœuvre qu'un pilote fait faire à un vaisseau, et de la manière dont un vaisseau va sur mer.

NAVILLE (François-André), avocat de Genève, où il naquit d'une famille honnête, le 25 février 1752, fut reçu avocat en 1772. Ses talents oratoires et sa profonde connaissance des lois le firent nommer, au commencement de 1782, procureur-général de la république. Il eut, peu de mois après, la présidence de la Chambre des tutelles, qu'on avait établie par un édit le 21 novembre de la même année. A l'expiration des six années assignées à l'emploi de procureur-général, Naville fut nommé conseiller d'état. En 1790, il publia *l'état civil de Genève*, in-8° ; cet ouvrage, accompagné de notes, contient des vues aussi neuves que profondes sur les points les plus difficiles de la jurisprudence. Après avoir fait de vains efforts pour attacher les Genevois à leurs institutions, Naville vit avec peine tomber sous les coups des Français la constitution de la république (29 décembre 1792). Il s'éloigna du barreau, et mena une vie retirée. Quelques années après, en juillet 1794, il éclata à Genève une violente insurrection. Les meneurs n'ignoraient pas que les membres de l'ancienne magistrature n'avaient pas approuvé le nouvel ordre de choses : on se saisit d'eux et de Naville, ainsi que de plusieurs autres citoyens, qui furent entassés dans une prison, et jugés ou plutôt condamnés par un tribunal révolutionnaire. Les qualités personnelles de Naville, les services qu'il avait rendus à sa patrie, la noble éloquence avec laquelle il se défendit devant ses juges illégaux, rien ne put le sauver de la rage de ses persécuteurs, et il entendit prononcer son arrêt de mort, à la majorité d'une seule voix. Il monta à l'échafaud avec courage, et ce zélé et intègre magistrat périt, comme bien d'autres victimes, par le glaive de l'anarchie, le 2 août 1794. Il avait 42 ans. **S.**

NAVIRE, s. m., bâtiment pour aller sur mer. En parlant de vaisseaux de guerre, on dit plus ordinairement vaisseau que navire. En astron., le navire Argo, constellation de l'hémisphère austral.

NAVIRE SACRÉ. On appelait ainsi chez les Egyptiens, les Grecs et les Romains certains bâtiments dédiés aux dieux. Tels étaient chez les Egyptiens : 1° le vaisseau qu'ils dédiaient tous les ans à Isis ; 2° celui sur lequel ils nourrissaient pendant quarante jours le bœuf Apis, avant que de le transférer de la vallée du Nil à Memphis, dans le temple de Vulcain ; 3° la nacelle nommée vulgairement la barque à Caron, qui n'était employée qu'à porter les corps morts au-delà du lac Achéruse. C'est de cet usage des Egyptiens qu'Orphée prit occasion d'imaginer le transport des âmes dans les enfers, au-delà de l'Achéron. Les Grecs nommaient leurs navires sacrés Théoridé (θεωρίς, envoyer) ou Iéragogi (ἱερά, sacrifices ; ἄγειν, conduire). Deux surtout étaient fameux, le Parale et le Salaminien.

NAVRER, blesser, faire une grande plaie. Il est vieux dans ce sens. Il ne s'emploie guère que figurément, et signifie, causer une grande peine, une extrême affliction.

NAXIENS, habitants de Naxos. Après avoir obéi à des rois, ils adoptèrent le gouvernement républicain, et jouirent de leur liberté jusqu'au temps de Pisistrate, qui les soumit. Ils

furent ensuite subjugués par les Perses ; mais dans l'expédition de Darius et de Xerxès en Grèce, ils secouèrent le joug, et se rangèrent sous les étendards des Grecs. Dans la guerre du Péloponèse, ils prirent parti pour les Athéniens.

NAXOS (*Naxie*), île de la mer Egée, la plus grande et la plus fertile des Cyclades, entre Paros à l'E. et Amorgos à l'O., avait environ 105 milles de tour. Elle s'appela successivement Strongyle, Dia, Dionysias et Callipolis ; elle prit le nom de Naxos de Naxius, chef d'une colonie de Cariens, qui s'y établit. Bacchus y était surtout honoré. Ce fut près de cette île que Chabrias défit les Lacédémoniens l'an 377 av. J.-C.

NAXUS, fils d'Endymion, qui, selon quelques auteurs, donna son nom à l'île de Naxos.

NAY (Pierre), ecclésiastique, naquit le 3 décembre 1753 à Malliges, dans la Basse-Provence, d'une famille de cultivateurs. Lui-même fut d'abord employé aux travaux de la campagne ; mais bientôt sa vocation pour le sacerdoce se révéla en lui. Quoiqu'il n'eût aucune espèce de ressource, il forma le projet d'apprendre seul les connaissances préliminaires dont il avait besoin pour cet état : par conséquent, il trouva le moyen d'acheter quelques livres avec lesquels il étudia le latin sans maître. Il avait déjà 17 ans lorsqu'il parla à son curé de ses intentions et de ses efforts. M. Dulau, étonné de ses progrès et surtout de sa persévérance, le plaça à ses propres frais au séminaire d'Avignon, où il fut un modèle de zèle et de piété. Après avoir été ordonné prêtre, il fut envoyé en qualité de vicaire à Mirimas, puis comme curé au Rove. L'un de ses premiers soins fut de travailler à la construction d'une église, dont la grandeur fût en rapport avec la population. On sait comment il parvint à trouver les fonds nécessaires pour cet édifice sacré. Il donna l'exemple, et cet exemple fut suivi. Bornant sa nourriture presque à du pain et à de l'eau, il se mettait lui-même à l'ouvrage, comme le dernier de ses ouvriers. Enfin, l'Eglise du Rove fut achevée ; mais il ne tarda pas à la quitter : la révolution le força d'aller chercher un asile en Italie. Les dangers qui l'avaient contraint de s'éloigner de son troupeau existaient encore, lorsqu'il revint au Rove. Il porta la parole sainte et les secours de la religion non-seulement à ses paroissiens, mais encore aux habitants des villages voisins. Plus tard, les supérieurs l'envoyèrent aux Saintes-Maries, et M. de Cicé, devenu archevêque d'Aix, le fit supérieur d'un petit séminaire de Salon ; mais on fut obligé ensuite de fermer cet établissement ; une pieuse association qu'avait formée ce vertueux ecclésiastique fut alors également dissoute. Devenu curé de Pellissone, puis de Marignone, il est mort dans ce dernier lieu le 11 décembre 1827, après avoir édifié tous ceux qui l'ont connu par une vie toute évangélique. On raconte des traits touchants de sa charité, de sa douceur, de son humilité : son exemple, ses travaux continuels, et ses austérités, son détachement de toutes les choses d'ici-bas, étaient une prédication continuelle. M. Ginoux a publié à Aix, et dédié aux habitants de Marignone un écrit qui a pour titre : *Soirées chrétiennes*, ou *Histoire de la vie et des vertus de M. Nay*, racontées par un père à sa famille, 1830, in-12. L'auteur a joint à cette vie de son prédécesseur quelques courts extraits de ses écrits. **F.**

NAYADES (*moll.*), famille des conchyfères dimyaires, comprenant les unios, les anodontes et les iridines. (V. ces mots.) **J. P.**

NAZALLI (Ignace), cardinal, naquit à Parme le 7 octobre 1750. Pie VII le fit prélat de sa maison, référendaire de deux signatures, ensuite lieutenant civil du tribunal du vicariat, et un des prélats de l'humanité ecclésiastique. Le 27 décembre 1819, il le nomma archevêque de Cyr, et nonce près de la confédération helvétique. En 1826, ce prélat fut chargé d'une mission extraordinaire près la cour des Pays-bas. Léon XII le nomma au cardinalat le 25 juin 1827, et lui conféra le titre présbytérial de Sainte-Agnès hors des murs. Le cardinal Nazalli soutint avec honneur cette haute dignité, et pendant toute sa vie, il a donné des preuves et des exemples de vertu. Il est mort à Rome le 2 décembre 1831, après avoir reçu les secours de la religion de la manière la plus exemplaire.

NAZARÉAT, NAZARÉEN, de l'hébreu *nazar* (séparer, imposer des abstinences). Les Nazaréens, chez les Juifs, étaient des individus qui par vœu s'abstenaient de plusieurs choses permises. le nazaréat était le temps de cette abstinence. On voit dans le livre des Nombres que le nazaréat consistait en trois choses principales : 1° S'abstenir de toute boisson fermentée ; 2° ne point se raser la tête ; 3° éviter d'approcher

des morts. Il y avait chez les Juifs deux espèces de nazaréat d'un perpétuel et qui durait toute la vie, l'autre passager qu ne durait qu'un certain temps. Il avait été prédit de Samson (Judic.), qu'il serait nazaréen de Dieu depuis son enfance; Anne, mère de Samuel, promit (I Reg.), de le consacrer au Seigneur pour toute sa vie, et de ne point lui faire raser la tête. L'ange qui annonça à Zacharie la naissance de saint Jean-Baptiste, lui dit que cet enfant ne ferait usage d'aucune boisson capable d'enivrer, et qu'il serait rempli du Saint-Esprit dès le sein de sa mère (Luc., c. 1, v. 15). Ce sont là autant d'exemples de nazaréat perpétuel. Les rabbins pensent que le nazaréat passager ne durait que trente jours; mais ils l'ont ainsi décidé sur des idées cabalistiques qui ne prouvent rien; il est plus probable que cette durée dépendait de la volonté de celui qui s'y était engagé par un vœu, et que ce vœu pouvait être plus ou moins long. Le chapitre 6 du Livre des Nombres prescrit ce que le nazaréen devait faire à la fin de son vœu; il devait se présenter au prêtre, offrir à Dieu des victimes pour trois sacrifices, du pain, des gâteaux et du vin pour les libations; ensuite on lui rasait la tête, et on brûlait ses cheveux au feu de l'autel; dès ce moment, son vœu était censé accompli, il était dispensé des abstinences auxquelles il s'était obligé. Ceux qui faisaient le vœu du nazaréat hors de la Palestine, et qui ne pouvaient se présenter au temple à la fin de leur vœu, se faisaient raser la tête où ils se trouvaient, et remettaient à un autre temps l'accomplissement des autres cérémonies; ainsi en usa saint Paul à Cenchrée, à la fin de son vœu (Act., c. 16, v. 18). Les rabbins ont imaginé qu'une personne pouvait avoir part au mérite du nazaréat, en contribuant aux frais des sacrifices du nazaréen, lorsqu'elle ne pouvait faire davantage; cette opinion n'est fondée sur aucune preuve. Spencer, dans son Traité des lois cérémonielles des Hébreux, 2e partie, dissert. c. 6, observe que la coutume de nourrir la chevelure des jeunes gens à l'honneur de quelque divinité, était commune aux Égyptiens, aux Syriens, aux Grecs, etc.; et il suppose très mal à propos que Moïse ne fit que purifier cette cérémonie, en l'imitant et la destinant à honorer le vrai Dieu. Il dit qu'il n'est pas probable que ces nations l'aient empruntée des juifs; mais il est encore moins probable que Moïse l'ait empruntée d'eux, et il est fort incertain si cet usage était déjà pratiqué de son temps par les idolâtres. Si Spencer et d'autres y avaient mieux réfléchi, ils auraient vu qu'il n'y a point ici d'emprunt, que la coutume des païens n'avait rien de commun avec le nazaréat des Hébreux. Les jeunes Grecs nourrissaient leur chevelure jusqu'à l'âge de puberté : alors les cheveux les auraient embarrassés dans la lutte, dans l'action de nager et dans d'autres exercices; ils les consacraient donc à Hercule qui présidait à la lutte, ou aux nymphes des eaux, protectrices des nageurs; ils les suspendaient dans les temples et les conservaient dans des boîtes; ils ne les brûlaient pas. Leur motif était donc tout différent de celui des juifs. Sous un climat aussi chaud que la Palestine, la chevelure était incommode; c'était une mortification de la garder, aussi bien que de s'abstenir du vin, etc. Nous lisons dans saint Matthieu, que Jésus enfant demeurait à Nazareth, et qu'il accomplissait ainsi ce qui est dit par les prophètes : « Il sera nommé Nazaréen. » Ce nom, disent les rabbins et les incrédules leurs copistes, ne se trouve dans aucun prophète en parlant du Messie; saint Matthieu a donc cité faux dans cet endroit. Ils se trompent. Soit que l'on rapporte ce nom à netser, rejeton, ou à natsar, conserver, garder, ou à nazir, homme constitué en dignité, etc., cela est égal. Isaïe, c. 11, v. 1, parlant du Messie, le nomme un rejeton, netser, qui sortira de Jessé. C. 42, v. 6, Dieu dit au Messie : Je vous ai gardé pour donner une alliance à mon peuple et la lumière aux nations. L'hébreu emploie le prétérit ou le futur de natsar. Chap. 52, v. 13, il dit que le Messie sera élevé, exalté, constitué en dignité. La version syriaque a rapporté ce nom à netser, rejeton : elle fait ainsi allusion au premier de ces passages d'Isaïe; le nom de la ville de Nazareth y est écrit de même; cette allusion était donc très sensible dans le texte hébreu de saint Matthieu, et il est incertain si la version syriaque n'a pas été faite sur le texte même, plutôt que sur le grec. Ainsi saint Jérôme, dans son Prologue sur la Genèse, n'a pas hésité de rapporter le Nazaræus de saint Matthieu au texte d'Isaïe.
B.

NAZARÉENS, hérétiques qui ont paru dans le second siècle de l'Église : voici l'origine de cette secte. On sait par les Actes des apôtres, ch. 15, que parmi les docteurs juifs qui avaient embrassé le christianisme, quelques-uns se persua-

dèrent que, pour obtenir le salut, ce n'était pas assez de croire en Jésus-Christ et de pratiquer sa doctrine, qu'il fallait encore observer la loi de Moïse; conséquemment ils voulaient que les gentils même convertis fussent assujétis à recevoir la circoncision et à garder la loi cérémonielle. Les apôtres assemblés à Jérusalem décidèrent le contraire; ils écrivirent aux fidèles convertis de la gentilité qu'il leur suffisait de s'abstenir du sang, des chairs suffoquées et de la fornication; quelques auteurs ont cru que sous ce nom les apôtres entendaient tout acte d'idolâtrie. Mais ils ne décidèrent point que les juifs de naissance, devenus chrétiens, devaient cesser d'observer la loi de Moïse : nous voyons, au contraire (Act., c. 21), que les apôtres et saint Paul lui-même continuèrent à garder les cérémonies juives, non comme nécessaires au salut, mais comme utiles au service de l'Église juive. Ces cérémonies ne cessèrent qu'à la destruction de Jérusalem et du temple, l'an 70. Il paraît que, même après cette destruction, les juifs chrétiens qui s'étaient retirés à Pella et dans les environs, ne quittèrent point leur ancienne manière de vivre, et qu'on ne leur en fit pas un crime. Vers l'an 137, l'empereur Adrien, irrité par une nouvelle révolte des juifs, acheva de les exterminer, et prononça contre eux une proscription générale; alors les chrétiens, juifs d'origine, sentirent la nécessité de s'abstenir de toute marque de judaïsme. Quelques-uns, plus entêtés que les autres, s'obstinèrent à garder leurs cérémonies, et firent bande à part; on leur donna le nom de nazaréens, soit que ce nom eût été déjà donné aux juifs chrétiens en général, comme nous le voyons (Act., cap. 24); soit que ce fût pour lors un terme nouveau, destiné à désigner les schismatiques, et qui venait de l'hébreu, nazar, séparer. Bientôt ils se divisèrent en deux sectes, dont l'une garda le nom de nazaréens, les autres furent nommés ébionites. Quelques auteurs ont cru cependant que la secte des ébionites est plus ancienne que cette date, qu'elle fut formée d'abord par des juifs réfractaires à la décision du concile de Jérusalem, qu'elle eut pour chef un nommé Ebion, vers l'an 73. Quoi qu'il en soit, les nazaréens en étaient distingués par leurs opinions. Ils joignaient, comme les ébionites, la foi de Jésus-Christ avec l'obéissance aux lois de Moïse, le baptême avec la circoncision; mais ils n'obligeaient point les gentils qui embrassaient le christianisme à observer les rites du judaïsme, au lieu que les ébionites voulaient les y assujétir. Ceux-ci soutenaient que Jésus-Christ était seulement un homme né de Joseph et de Marie : les nazaréens le reconnaissaient pour le fils de Dieu, né d'une Vierge, et ils rejetaient toutes les additions que les pharisiens et les docteurs de la loi avaient faites aux institutions de Moïse. Il est cependant incertain s'ils admettaient la divinité de Jésus-Christ dans un sens rigoureux, puisque l'on dit qu'ils croyaient que Jésus-Christ était uni en quelque sorte à la nature divine (Voy. Le Quien, dans ses Notes et ses Dissert. sur saint Jean Damascène, dissert. 7). Ils ne se servaient pas du même Évangile que les ébionites. Nous ne voyons pas pourquoi Mosheim, qui fait cette observation dans son Histoire ecclésiastique, blâme saint Épiphane d'avoir mis les nazaréens au rang des hérétiques. S'ils n'admettaient qu'une union morale entre la nature humaine de Jésus-Christ et la nature divine; si, malgré la décision du concile de Jérusalem, ils regardaient encore les cérémonies judaïques comme nécessaires ou comme utiles au salut, ils n'étaient certainement pas orthodoxes. Saint Épiphane dit que, comme les nazaréens avaient l'usage de l'hébreu, ils lisaient dans cette langue les livres de l'ancien Testament. Ils avaient aussi l'Évangile hébreu de saint Matthieu, tel qu'il l'avait écrit; les nazaréens de Bérée le communiquèrent à saint Jérôme, qui prit la peine de le copier et de le traduire. Ce saint docteur ne les accuse point de l'avoir altéré ni d'y avoir mis aucune erreur. Il en a seulement cité quelques passages qui ne se trouvent dans aucun de nos évangiles, mais qui ne sont pas fort importants. Nous ne savons pas sur quoi s'est fondé Casaubon pour dire que cet évangile était rempli de fables, qu'il avait été altéré et corrompu par les nazaréens et par les ébionites. Ces derniers ont pu corrompre celui dont ils se servaient, sans que l'on puisse attribuer la même témérité aux nazaréens. Si saint Jérôme y avait trouvé des fables, des erreurs, des altérations considérables, il n'aurait pas pris la peine de le traduire. C'est vrai que cet Évangile est appelé indifféremment l'Évangile des nazaréens, et l'Évangile selon les Hébreux; mais il n'est pas sûr que ce soit le même que l'Évangile des douze apôtres (Voy. Fabricii codex apocryph. nov. Testam., n° 35). Le traducteur de Mosheim assure mal à propos que saint Paul a cité cet Evangile. Cet apôtre dit (*Gal.*) : « Je m'étonne de ce que vous quittez sitôt celui qui vous a appelés à la grâce de Jésus-Christ, pour embrasser un autre Evangile. » Mais il est clair que par Evangile, saint Paul entend la doctrine, et non un livre. Ce qu'il y a de certain, c'est qu'aucun docteur ancien n'a reproché aux nazaréens d'avoir contredit dans leur Evangile aucun des faits rapportés par saint Matthieu et par les autres évangélistes; voilà l'essentiel. Puisque c'étaient des juifs convertis et placés sur les lieux, ils ont été à portée de vérifier les faits avant d'y ajouter foi, ils ne les ont pas crus légèrement, puisqu'ils poussaient à l'excès leur attachement au judaïsme. A l'occasion de cette secte, Toland et d'autres incrédules ont forgé une hypothèse absurde. Ils ont dit que les nazaréens étaient dans le fond les vrais disciples de Jésus-Christ et des apôtres, puisque l'intention de ce divin maître et de ses envoyés était de conserver la loi de Moïse; mais que saint Paul, pour justifier sa désertion du judaïsme, avait formé le dessein de l'abolir, et en était venu à bout malgré les autres apôtres; que le christianisme actuel était l'ouvrage de saint Paul, et non la vraie religion de Jésus-Christ. Toland a voulu prouver cette imagination ridicule par un ouvrage intitulé *Nazarenus*. Il a été réfuté par plusieurs auteurs anglais, mais surtout par Mosheim, sous ce titre : *Vindiciæ antiquæ Christianor. disciplinæ, adv. J. Tolandi Nazarenum*, in-8°, *Hamburgi*, 1722. Il y fait voir que Toland n'a pas apporté une seule preuve positive de toutes ses imaginations; il soutient que la secte hérétique des nazaréens n'a pas paru avant le ıve siècle. D'autres incrédules prétendent au contraire que le parti de saint Paul a eu le dessous, que les judaïsans ont prévalu, que ce sont eux qui ont introduit dans l'Eglise chrétienne l'esprit judaïque, la hiérarchie, les dons du Saint-Esprit, les explications allégoriques de l'Ecriture-Sainte, etc. Cette contradiction entre les idées de nos adversaires suffit déjà pour les réfuter tous. Nous avons prouvé que l'intention de Jésus-Christ ni de ses apôtres ne fut jamais de conserver l'observation de la Loi cérémonielle; ils n'auraient pu le faire sans contredire les prédictions des prophètes, et sans méconnaître la nature même de cette loi. Il n'est pas moins faux que saint Paul ait été d'un avis différent de celui de ses collègues sur l'inutilité des cérémonies légales par rapport au salut; le contraire est prouvé par la décision unanime du concile de Jérusalem, par les lettres de saint Pierre et de saint Jean, par celles de saint Barnabé, de saint Clément et de saint Ignace, par la conduite qu'ils ont suivie dans les églises qu'ils ont fondées, etc. Cette imagination des rabbins, qui était déjà venue dans l'esprit des manichéens, de Porphyre et de Julien, ne valait pas la peine d'être renouvelée de nos jours (Voy. Saint Paul). D'autre part, comment a-t-on pu conserver dans l'Eglise chrétienne l'esprit du judaïsme, pendant que les nazaréens et les ébionites ont été condamnés comme hérétiques, à cause de leur obstination à judaïser? On voit, par cet exemple et par beaucoup d'autres, que les ennemis du christianisme, anciens et modernes, ne sont pas heureux en conjectures. B.

NAZARETH, ville de la Galilée, à 12 milles au N. de Jérusalem, située sur une montagne, au milieu d'une contrée magnifique. C'était là que demeuraient les parents de Jésus, qui lui-même y fut élevé. Comme les habitants passaient pour des gens ignorants et grossiers, les juifs donnèrent à Jésus le surnom ironique de Nazaréen, épithète qui resta à ses disciples. Nazareth, n'est plus aujourd'hui qu'un village appelé Naura ou Nazark, où l'on prétend montrer encore la demeure de Joseph et de Marie, et d'autres lieux célèbres dans l'histoire sainte. (V. Palestine.)

NE, mot qui rend une proposition négative et qui précède toujours le verbe. On l'accompagne souvent de *pas* ou de *point*.

NÉAL (Daniel), théologien anglican, naquit à Londres, en 1672, et puisa les principes du presbytérianisme dans une académie de dissenters, dirigée par M. Rowe. A la fin de son éducation, il se rendit en Hollande, et séjourna à Utrecht et à Leyde. En 1706, il fut élu pasteur d'une congrégation d'indépendants; il mourut en avril 1743. On a de lui : 1° une *Histoire de la Nouvelle-Angleterre*, 2 vol. in-8°; 2° une *Histoire des puritains*, 1732-38, 4 vol. in-8°. Toulmin en a donné une 2e édition. Maddox, depuis évêque de Worcester, attaqua cette histoire par un écrit intitulé : *Vindication of the church of England, against Neal's history of the puritains*. Néal y répondit. 3° Des sermons, dont plusieurs contre l'Eglise romaine, prêchés à Old-Sewri, lors de la fondation faite à cet effet par les non-conformistes, en 1735. L'*Histoire des puri-*

tains a eu une seconde édition donnée par Toulmin. Ce docteur entreprend d'y répondre, non-seulement à Maddox, mais encore à Warburton et Grey, qui avaient fait la critique de cette histoire.

NÉANMOINS, adv., toutefois, pourtant, cependant.

NÉANT, s. m., rien, ce qui n'est point, ce qui ne se conçoit que par une négation. En termes de palais, mettre une appellation à néant, déclarer que la partie qui a appelé d'une sentence est déboutée de son appel. Néant se dit par exagération pour marquer ou le peu de valeur d'une chose, ou le manque de naissance et de mérite dans une personne. Néant, signifiant rien, s'emploie quelquefois sans article. Fig. et fam., mettre néant à la requête de quelqu'un, refuser ce qu'il demande. Néant s'emploie familièrement dans le sens de non.

NÉARQUE (Nearchus), l'un des capitaines d'Alexandre-le-Grand, qui l'envoya naviguer sur l'océan des Indes, avec Onésicrite. En côtoyant les bords de la mer, depuis l'embouchure de l'Hydaspe jusqu'à celle de l'Indus, et de là jusque dans l'Euphrate, il parvint jusqu'à Harmusia, aujourd'hui Ormus. Alexandre n'en était qu'à cinq journées. Néarque le joignit, et en fut récompensé d'une manière digne de ses travaux. On a de lui la *Relation* de sa navigation. Elle est très curieuse.

NÉBULEUX, EUSE, adj., obscurci par les nuages. Fig., l'horizon est nébuleux, on est menacé de troubles, d'événements tristes, funestes. Visage, front nébuleux, visage, front sur lequel se peint le souci, l'inquiétude. Etoiles nébuleuses, étoiles qui sont beaucoup moins brillantes que les autres et dont la lumière est faible, terne.

NÉCESSAIRE, adj. des deux genres, dont on ne peut se passer, dont on a absolument besoin pour quelque fin. En philosophie, lois nécessaires, lois sans lesquelles l'univers ne saurait exister. Effet nécessaire, l'effet qui suit infailliblement de la cause destinée à le produire. Il est nécessaire, il faut. Nécessaire s'emploie comme substantif au masculin, et signifie tout ce qui est essentiel pour les besoins de la vie. Il est opposé à superflu, et ne se dit point au pluriel. Il signifie également ce qui est essentiel, ce qui est indispensable. Nécessaire substantif se dit aussi d'une boîte, d'un étui qui renferme différents petits meubles et ustensiles nécessaires et commodes. Il se dit également des choses qui sont contenues dans la boîte.

NÉCESSITANT, terme dogmatique dont on se sert en parlant des causes de nos actions; ainsi, l'on dit motif nécessitant, grâce nécessitante, pour exprimer une grâce ou un motif auxquels nous ne pouvons pas résister, et qui entraînent nécessairement le consentement de la volonté. A la réserve des protestants et des jansénistes, il n'est personne qui soutienne que la grâce est nécessitante, et que la volonté humaine ne peut résister à son impulsion; mais il est plusieurs théologiens qui, en rejetant le terme, semblent cependant admettre la chose, par la manière dont ils expliquent l'efficacité de la grâce. A l'article Grace, § 4, nous avons prouvé, par l'Ecriture-Sainte, que souvent l'homme résiste à la grâce, et nous n'en sommes convaincus que par notre propre expérience. Nous sentons que quand nous faisons le mal avec remords, et en nous condamnant nous-mêmes, nous résistons à un mouvement intérieur qui nous en détourne; ce mouvement vient certainement de Dieu, et c'est une grâce à laquelle nous résistons. L'Eglise a justement condamné cette proposition de l'évêque d'Ypres : « On ne résiste jamais à la grâce intérieure dans l'état de nature tombée.» (*V*. Grace et Jansénisme.)

NÉCESSITANTE, adj. Il s'emploie seulement dans cette locution familière : de nécessité nécessitante; de nécessité absolue et indispensable; et dans cette expression de langage théologique : grâce nécessitante; grâce qui contraint et qui ôte la liberté. (V. Grace.)

NÉCESSITÉ. C'est aux métaphysiciens de distinguer les divers sens de ce terme; mais il importe aux théologiens de remarquer les abus que les matérialistes en ont fait pour fonder une morale dans leur système. Ils disent que le devoir ou l'obligation de faire telle action et d'en éviter telle autre, consiste dans la nécessité d'agir ainsi ou d'être blâmés par notre propre conscience et par nos semblables, de recevoir tel ou tel préjudice de notre conduite. Indépendamment des autres absurdités de ce système, que nous avons remarquées au mot Devoir, il est évident qu'il détruit la notion de la vertu. Ce terme signifie la force de l'âme. Est-il besoin de force pour céder à la nécessité? C'est pour y résister qu'il faut une âme forte. Un scélérat consommé étouffe ses remords, méprise le jugement de ses semblables, brave les dangers dans lesquels le jette un crime : ce n'est point là la force de l'âme qui constitue la vertu; c'est plutôt la faiblesse d'une âme dépravée, qui cède à la violence d'une passion déréglée, et à l'habitude de commettre le crime. La vraie force ou la vertu consiste à vaincre notre sensibilité physique, nos besoins, notre intérêt momentané, nos passions, lorsqu'il y a une loi qui nous l'ordonne. Les matérialistes ne font donc qu'un sophisme, lorsqu'ils disent qu'un homme qui se détruit afin de ne plus souffrir, ne pèche point, parce qu'il cède à la nécessité physique de fuir la douleur. Mais s'il y a une loi qui lui impose l'obligation de souffrir plutôt que de se détruire, que prouve la prétendue nécessité physique de fuir la douleur? Il faut donc commencer par démontrer qu'alors la nécessité est invincible, et que l'homme n'est plus libre. Par le sentiment intérieur, nous distinguons très bien ce que nous faisons librement et par choix, d'avec ce que nous faisons par nécessité; nous ne confondons point, par exemple, le désir indélibéré de manger, causé par une faim canine, avec le plaisir réfléchi de manger dans un moment où il nous est possible de nous en abstenir. Nous sentons qu'il y a nécessité dans le premier cas et liberté dans le second; le choix a lieu dans celui-ci, et non dans le premier. Sous l'empire de la nécessité, nous sommes moins actifs que passifs; il nous est impossible alors d'avoir du remords et de nous croire coupables pour avoir succombé. Lorsque l'évêque d'Ypres a soutenu que « dans l'état de nature tombée, pour mériter ou démériter, il n'est pas besoin d'être exempt de nécessité, mais seulement de coaction ou de violence, » il avait entrepris d'étouffer en nous le sentiment intérieur, plus fort que tous les arguments. Par une autre équivoque, on a confondu la nécessité qui ne vient pas de nous avec celle que nous nous imposons à nous-mêmes, et l'on a étayé cette confusion sur un principe posé par saint Augustin, qu'il y a nécessité d'agir selon ce qui nous plaît le plus; *quod magis nos delectat, secundum id operemur necesse est.* S'il est question là d'un plaisir délibéré et réfléchi, le principe est vrai; mais alors la nécessité de céder à ce principe vient de nous et de notre choix; c'est l'exercice même de notre liberté, comment pourrait-il y nuire? S'il s'agit d'un plaisir indélibéré, le principe est faux. Lorsque nous résistons à une passion violente par réflexion et par vertu, nous faisons certainement ce qui nous plaît le plus, puisque nous nous faisons violence; il est absurde de nommer plaisir la résistance au plaisir : la distinction entre le plaisir spirituel et le plaisir charnel n'est, dans le fond, qu'une puérilité. Voilà cependant sur quoi l'on a fondé le pompeux système de la délectation victorieuse, dans laquelle l'évêque d'Ypres et ses adhérents font consister l'efficacité de la grâce, et qu'ils soutiennent être le sentiment de saint Augustin. Mais dans le célèbre passage du vingt-sixième Traité sur saint Jean, n° 4, où saint Augustin dit : *Trahit sua quemque voluptas,* il ajoute : *non necessitas, sed voluptas; non obligatio, sed delectatio.* Donc il ne suppose point que la délectation victorieuse impose une nécessité, donc le système des jansénistes est formellement contraire à celui de saint Augustin. Ceux qui l'ont suivi se sont-ils flattés de changer le langage humain et les notions du sens commun, afin d'autoriser tous les sophismes des fatalistes? Les théologiens distinguent encore deux autres espèces de nécessité; savoir la nécessité de moyen, et la nécessité de précepte. Le baptême, disent-ils, est nécessaire de nécessité de moyen, ou de nécessité absolue, parce que c'est le seul moyen que Jésus-Christ a institué pour obtenir le salut; tellement, que quiconque n'est pas baptisé, soit par sa faute ou autrement, ne peut être sauvé. L'eucharistie est seulement nécessaire de nécessité de précepte; si un homme refusait volontairement de la recevoir, il mériterait la damnation; mais s'il en était privé sans qu'il y eût de sa faute, il ne serait pas coupable (Voy. BAPTÊME, GRACE et JANSÉNISME).   B.

NÉCESSITÉ, s. f. Il se prend proprement de tout ce qui est absolument nécessaire et indispensable, et il se prend dans une signification plus ou moins étroite suivant les choses dont on parle. Nécessité, dans un sens général et absolu, tout ce à quoi il est impossible de se soustraire, de résister. Nécessité, dans un sens restreint et particulier, ce qui contraint dans quelque circonstance déterminée. Il signifie aussi besoin pressant. Il signifie encore indigence, dénûment. Proverb., faire de nécessité vertu, faire de bonne grâce une chose qui déplaît, mais qu'on est obligé de faire. Nécessités, au pluriel, les besoins de la vie, les choses nécessaires à la vie. Il se dit aussi des besoins d'argent qu'éprouve un pays, un gouvernement, une corporation. De nécessité, loc. adv., nécessairement. Par nécessité, loc. adv., à cause d'un besoin pressant.

NÉCESSITÉ, divinité allégorique, fille de la Fortune. Elle était adorée par toute la terre. Sa puissance était telle que Jupiter lui-même était obligé de lui obéir. Personne, excepté ses prêtresses, n'avait droit d'entrer dans son temple à Corinthe. On la représentait toujours accompagnant la Fortune, sa mère, avec des mains de bronze, dans lesquelles elle tenait de longues chevilles et des coins de fer, symbole de son inflexibilité. On confond quelquefois la Nécessité avec les Parques, le Destin, Adrastée et Némésis.

NÉCESSITER, v. a., contraindre, réduire à la nécessité de faire quelque chose. Il signifie plus ordinairement rendre une chose nécessaire.

NÉCESSITEUX, EUSE, adj., indigent, pauvre, qui manque de choses nécessaires à la vie.

NECHAO II, roi d'Egypte, appelé Pharaon Nechao dans l'Ecriture, était fils de Psammétique, auquel il succéda sur le trône d'Egypte, l'an 616 avant J.-C. Ce prince, au commencement de son règne, entreprit de creuser un canal depuis le Nil jusqu'au golfe d'Arabie; mais il fut obligé d'abandonner cet ouvrage, à cause du nombre prodigieux d'hommes (cent vingt mille) qui y avaient péri. Il équipa plusieurs flottes, qu'il chargea de découvrir les bords de la mer Rouge et de la mer Méditerranée. Ses vaisseaux coururent, dit-on, la mer Australe, et, ayant poussé jusqu'au détroit appelé Gibraltar, entrèrent dans la Méditerranée, puis revinrent en Egypte, trois ans après leur départ. On a de la peine à croire qu'on ait osé, dans ce temps-là, entreprendre de si longues et si périlleuses navigations; mais, si l'on considère que ces observateurs ne firent que longer les côtes et qu'ils mirent trois ans à tourner l'Afrique, l'histoire de ce voyage, rapportée par Hérodote, devient vraisemblable. Nechao, jaloux de la gloire de Nabuchodonosor, qui avait envahi l'empire d'Assyrie, s'avança vers l'Euphrate pour le combattre. Comme il passait sur les terres de Juda, le pieux Josias, fils et tributaire du roi de Babylone, vint avec son armée pour lui disputer le passage. Nechao, qui n'avait rien à démêler avec le roi de Juda, lui envoya dire que son dessein était d'aller du côté de l'Euphrate, et qu'il le priait de ne pas le forcer à le combattre. Mais Josias n'eut aucun égard aux prières de Nechao. Il lui livra bataille à Mageddo, sur la frontière de la tribu de Manassès, et la perdit avec la vie. Le roi d'Egypte, continuant sa route, acheva heureusement son entreprise contre les Assyriens; mais il fut vaincu à son tour par Nabuchodonosor, qui le resserra dans ses anciennes limites. Il mourut l'an 600 avant J.-C. (*V.* EGYPTE.)

NECKER (NOEL-JOSEPH), médecin, né en Flandre, l'an 1729, mort à Manheim le 10 décembre 1793, était botaniste de l'électeur palatin et biographe du Palatinat, des duchés de Berg et de Juliers. Il publia les ouvrages suivants : *Deliciæ gallobelgicæ sylvestres,* Strasbourg, 1768, 2 vol. in-12. Cet ouvrage, qui est la *Flore* des Pays-Bas, est disposé suivant le système de Linné; *Methodus muscorum per classes,* etc. Manheim, 1775, in-8°. L'auteur, qui avait fait une étude approfondie des mousses, n'admet qu'une seule classe ou dynastie, qu'il divise en trois ordres, dont les caractères distinctifs sont pris des effets de la germination : *Physiologia muscorum,* Manheim, in-8°; traduit en français sous le titre de *Physiologie des corps organisés,* Bouillon, 1775, in-8°; *Eclaircissements sur la propagation des filicées en général,* Manheim, 1775, in-4°; *Histoire naturelle du tussilage et du pétasite,* ibid., 1779, in-8°. *Traité sur la mycitologie,* ou *Discours sur les champignons en général,* Manheim, 1783, in-8o; *Elementa botanica,* Neuwied-sur-le-Rhin, 1790, 3 vol, in-8°.

NECKER (SUZANNE CURCHOD DE NASSE, femme du ministre), née vers 1746 à Genève, morte à Coppet en 1796, établit, à ses frais, près Paris, un hospice qu'elle dirigeait elle-même. Le désir de jouer un rôle augmenta sa renommée, en diminuant son bonheur. On lui doit : *Des inhumations précipitées,* 1798; *Mémoires sur l'établissement des hospices,* in-8°; *Réflexions sur le divorce,* 1798, in-8°. Quoique née dans une religion qui permet le divorce, elle n'en défend pas moins l'indissolubilité du mariage; *Mélanges extraits des manuscrits de madame Necker,* 1798, 3 vol. in-8°, qu'on a publiés après la mort de l'auteur. On trouve souvent, dans ses écrits, des idées justes et des conseils sages.

NECKER (JACQUES), né à Genève, en 1732, entra chez le banquier Thélusson, qui le fit son associé. Devenu riche, il chercha à s'élever, et, afin de se faire connaître, il publia, en 1769, sur la *Compagnie des Indes,* un ouvrage où il défendait cette compagnie. A cet ouvrage, en succéda un autre intitulé *Législation des blés.* Ainsi Necker, en popularisant ses idées, accoutumait les classes les moins instruites à parler finances, on même que Voltaire, Diderot, etc., les avaient accoutumées à parler philosophie. Il avait d'ailleurs publié, en 1773, un *Eloge de Colbert*, qui lui avait acquis une réputation littéraire. Employé comme premier commis des finances sous Turgot et sous Clugny, il fut adjoint, à la fin de 1776, à Taboureau-des-Réaux, contrôleur-général. Mais Taboureau fut bientôt contraint de céder sa place à l'adroit Genevois. Afin de ne point perdre sa popularité, Necker n'osait recourir aux impôts pour subvenir aux frais de la guerre d'Amérique. Il essaya d'y suppléer par des emprunts et des réformes, sans songer que, les pauvres ne vivant que de l'opulence des riches, en adoptant ces moyens qu'il finirait par ruiner l'Etat, et par accabler ce même peuple qu'il voulait caresser. En 1781, Necker fit paraître le *Compte rendu* de son administration, qu'on appela avec assez de justesse le *Compte bleu*, par allusion à la couleur du papier dont ce compte était couvert. En même temps, il renouvela, d'après Turgot, le projet des assemblées provinciales qui alarmait les partisans de la monarchie. Mais Necker était esprit-fort, et, s'il avait de puissants ennemis, il ne manquait pas non plus de zélés défenseurs parmi les gens irréligieux, qui regardaient son élévation comme une des conquêtes de la philosophie. Enivré de ses succès, il s'efforça d'entrer dans le conseil. On lui objecta sa religion; il insista alors, et sa démission fut acceptée. Il se retira en Suisse, où il acheta la baronnie de Coppet. Son ouvrage sur l'*Administration des finances*, 3 vol. in-8°, ne fit qu'exaspérer les ennemis que lui avait suscités son *Compte rendu*; et on le peignit comme un ambitieux qui sapait les fondements de la monarchie en dévoilant les secrets de l'administration, et qui, substituant le rôle d'un tribun à celui de conseil d'un prince, semblait en appeler au peuple contre le monarque. Par malheur, en même temps que Calonne l'accusait du déficit qui pesait sur la France, les fautes de ce ministre faisaient revivre l'ancienne réputation de son adversaire, quoique les fautes de Calonne ne fussent, en grande partie, que le résultat de celles de Necker. Celui-ci vint à Paris en 1787, et écrivit contre Calonne qui l'avait publiquement attaqué. La suite de cette querelle fut l'exil de Necker: mais, quelques mois après, Calonne fut renvoyé. La fermentation qu'excita contre lui Loménie de Brienne alarma la cour, qui, croyant la calmer, se décida à rappeler Necker. Enflé de ce triomphe, il ne reprit la place de contrôleur-général qu'à condition de ne point travailler avec le principal ministre. On eut la faiblesse de le lui accorder. Placé entre le souverain et le peuple, Necker se flatta de tout gouverner, en faisant entrevoir au roi une augmentation de puissance, et au peuple une prochaine démocratie, moyennant l'abaissement des premiers ordres et des parlements. Il détermina Louis XVI à convoquer les Etats-généraux, et le rapport qu'il fit au conseil, le 27 décembre 1788, sur la formation de ces Etats, fut comme la première étincelle qui alluma les matières combustibles préparées depuis longtemps. Sa popularité, qui allait en croissant, donna enfin un juste ombrage à la cour; et, en effet, il était devenu comme la sentinelle des factions dans le sein même du conseil du roi. Le 11 juillet, on lui intima de donner sa démission. Il retourna en Suisse; mais les factieux, qui le croyaient nécessaire à leurs projets, firent éclater leur mécontentement. Camille Desmoulins mit en mouvement, le 12 juillet, les groupes du Palais-Royal; les spectacles furent fermés, et on promena dans toutes les rues de Paris le buste de Necker à côté de celui du duc d'Orléans. Le 16, l'Assemblée lui écrivit pour lui annoncer qu'elle avait obtenu son rappel. Son retour de Bâle à Paris eut l'air d'un triomphe prolongé. On alla jusqu'à mettre sur la porte de son hôtel cette inscription : *Au ministre adoré*. Cependant, le ministère de Necker ne fut pas de longue durée. Il avoua positivement la chute du crédit public, en demandant un emprunt de 80,000,000. Le *Livre rouge*, qui parut en avril 1790, acheva de le dépopulariser. Les chefs des factieux, qui ne s'étaient servis de son nom que pour causer du trouble, l'abandonnèrent tout-à-fait lorsqu'il leur devint inutile. Méprisé par l'Assemblée qu'il avait cru gouverner, par le peuple dont il avait été l'idole, par la cour qu'il avait entraînée dans l'abîme, il quitta la France. Encore, arrêté à Arcis-sur-Aube, n'obtint-il sa liberté qu'à la faveur d'un décret de l'Assemblée nationale. En 1792, il publia un ouvrage intitulé : *Du pouvoir exécutif dans les grands Etats*. A la fin de cette même année, il invita les amis de Louis XVI à le défendre à la barre de la Convention; mais Montjoie, rédacteur de l'*Ami du roi*, l'engagea à ne pas s'immiscer davantage dans les affaires d'un

monarque que ses conseils avaient conduit au dernier terme du malheur. Necker, ne pouvant se résoudre à oublier sa gloire passée, tâchait de la faire revivre par de nombreux écrits. Buonaparte l'ayant visité, en 1800, il crut voir dans cette démarche un hommage rendu au grand homme par un héros : mais le peu d'admiration du héros pour le grand homme dissipa son illusion. De cette époque date la haine de madame de Staël contre Napoléon. Necker, de son côté, se vengea en faisant paraître en 1802, contre le gouvernement consulaire, un ouvrage dans lequel on trouve pêle-mêle des principes républicains et des idées monarchiques. Enfin , il mourut à Genève, le 9 avril 1804. On a de lui, outre les ouvrages indiqués, *de l'Importance des opinions religieuses*, 1788, 1 vol. in-8° et in-12; *de la Révolution française*, 1797. On y trouve du pathos, peu d'idées, une sensibilité fausse, un amour-propre et un charlatanisme imperturbables. S.-TT.

NÉCROLOGE, terme grec, formé de νεκρός, mort, et de λόγος, discours ou liste; c'est le catalogue des morts. Dès les premiers siècles du christianisme, les fidèles de chaque église eurent soin de marquer exactement le jour de la mort de leurs évêques, afin d'en faire mémoire dans la liturgie, et de prier pour eux; mais on n'y inscrivait pas ceux qui étaient morts dans le schisme ou dans l'hérésie. Il y a encore de ces nécrologes dans les monastères et les chapitres des chanoines. Tous les jours, à l'heure de prime, la coutume est de lire au chœur les noms des chanoines morts ce jour-là, qui ont fait quelque donation ou fondation, et l'on prie pour eux comme bienfaiteurs de l'Eglise. C'est un usage pieux et louable; il est bon que les hommes conservent au service du Seigneur se rappellent le souvenir de la mort, et la mémoire de leurs anciens confrères; ceux qui oublient les morts n'ont guère plus d'amitié pour les vivants. On a aussi nommé nécrologe ce que nous appelons aujourd'hui martyrologe, c'est-à-dire le catalogue des hommes morts en odeur de sainteté, quoique tous n'aient pas été martyrs. Ceux que nous nommons en général confesseurs, n'ont pas attesté par leur mort la vérité de la doctrine de Jésus-Christ; mais ils ont témoigné par leur vie qu'il n'est pas impossible de pratiquer sa morale et de vivre chrétiennement : l'un de ces témoignages n'est pas moins nécessaire à la religion que l'autre.

NÉCROLOGIE, s. f., il se dit de certains petits écrits consacrés à la mémoire des personnes considérables mortes depuis peu de temps.

NÉCROLOGIQUE, adj. des deux genres, qui appartient à la nécrologie.

NÉCROMANCIE (de mort et divination), art prétendu d'évoquer les morts pour avoir connaissance de l'avenir ou de quelque chose de caché, par exemple, d'un trésor enfoui. Séparé par la mort, d'un être chéri, l'homme aime naturellement à s'en représenter les traits; son imagination rend la vie à ce corps inanimé, et dans l'état d'hallucination que produit une vive souffrance, échauffé par le désir et l'espoir qui le suit, il peut croire l'entendre, le voir, converser avec lui. Cette disposition de l'âme a été naturellement exploitée par le charlatanisme, qui, même sous nos yeux encore, s'est attribué la faculté de citer à volonté les ombres, surtout de personnes que leurs péchés empêchaient d'entrer au repos éternel. Les nécromanciens l'entouraient d'un grand appareil, comme il est décrit, par exemple, dans le roman de Schiller le visionnaire; et parmi les circonstances propices à leur opération, l'obscurité de la nuit, qui exerce une si grande influence sur le physique de l'homme, a toujours été l'une des plus essentielles. Peut-être la nécromancie a-t-elle pris naissance dans ces sacrifices que les hommes primitifs offraient aux mânes de ceux qu'ils avaient perdus. « Tous les peuples, dit Pluche (*Hist. du ciel*, tome 1er), en sacrifiant, soit aux dieux qu'ils s'étaient faits, soit aux morts dont la mémoire leur était chère, croyaient faire alliance avec eux, l'entretenir avec eux, manger avec eux familièrement; mais cette familiarité les occupait surtout dans les assemblées mortuaires, où ils étaient encore pleins du souvenir des personnes qu'ils avaient tendrement aimées, et qu'ils croyaient toujours sensibles aux intérêts de leur famille et de leur patrie. La persuasion où l'on était que par les sacrifices on consultait les dieux, ou les interrogeait sur l'avenir, entraîna celle que, dans les sacrifices des funérailles, on consultait aussi les morts... après le repas pris en commun, et l'interrogatoire ou l'évocation particulière de l'âme pour qui était le sacrifice, et qui devait s'expliquer. Mais comment s'expliquait-elle? Les prêtres parvinrent aisément à entendre les morts et à être leurs interprètes. Ils en firent un art dont l'article le plus nécessaire, comme le plus conforme à l'état des morts, était le silence et les ténèbres. Ils se retiraient dans des antres profonds, ils jeûnaient et se couchaient sur des peaux de bêtes immolées; de cette manière et de plusieurs autres, ils s'imaginaient apprendre de la bouche même des morts les choses cachées ou futures; et ces folles pratiques répandirent partout cette folle persuasion qu'on peut converser avec les morts, et qu'ils viennent souvent nous donner des avis. »

NÉCROPHAGES (ins.), dixième famille de coléoptères, formée par Latreille, et correspondant entièrement à la famille des clavicornes (V. ce mot). J. P.

NÉCROPHORE, *Nécrophorus* (ins.), genre de coléoptères de la famille des clavicornes, tribu des silphales; on en connaît près de cinquante espèces, réparties dans l'ancien et le nouveau continent. Les nécrophores présentent pour caractères principaux : mandibules entières, sans dentelures, antennes plus longues que la tête de onze articles, terminées en une massue ronde et perfoliée, tarses antérieures fort larges. Élytres coupées droit à leur extrémité. Ces insectes sont vulgairement connus sous le nom de porte-morts, dont le nom nécrophore n'est au reste que la traduction grecque, par suite de leurs mœurs singulières. Leur odorat est des plus subtils; ils parcourent les espaces d'un vol rapide pour découvrir la trace de quelques taupes, souris, crapauds ou reptiles morts récemment. Ils se mettent aussitôt à creuser la terre sous ces petits animaux jusqu'à ce qu'ils les aient fait disparaître et qu'ils soient complètement enterrés; cette opération exige environ vingt-quatre heures d'un travail assidu. Ils se repaissent ensuite de leurs cadavres et y déposent leurs œufs, afin que leurs larves trouvent une nourriture facile et abondante. Ces larves d'un blanc grisâtre à tête brune et armée de redoutables mandibules, lorsqu'elles ont atteint tout leur développement, s'enfoncent à près d'un pied en terre, se construisent une loge et deviennent insectes parfaits trois ou quatre semaines après. J. P.

NÉCROSCOPIE, s. f., examen du cadavre. On a proposé avec juste raison de substituer ce mot à celui d'autopsie qui ne présente pas un sens déterminé.

NÉCROSE, s. f., état d'un os ou d'une portion d'os privé de la vie. La nécrose est aux os ce que la gangrène est aux parties molles : la partie d'os nécrosée devient un corps étranger analogue à l'escarre gangréneuse, et dont la séparation, devenue nécessaire, est opérée par les efforts de la nature ou par l'art. Si la portion nécrosée est volumineuse, on lui donne le nom de séquestre; si la nécrose est bornée à quelques lames osseuses superficielles, l'opération de la nature par laquelle se séparent ces lames nécrosées est appelée exfoliation.

NECTAIRE et NECTAR (bot.). Linné a donné le nom de nectar aux liquides sucrés et mielleux que renferment un grand nombre de plantes, et que les insectes recherchent avec avidité; et il a donné le nom de nectaires aux organes qui produisent le nectar. Ces organes existent chez un grand nombre de fleurs. Leur existence dans la fleur se manifeste généralement vers l'époque de la fécondation, le plus souvent peu après que les étamines ont lancé leur pollen, quelquefois avant. Plusieurs botanistes ont vu dans le nectar une matière essentielle directement ou indirectement à la reproduction des plantes. On a pensé d'après sa disparition subite presque en même temps que le pollen, qu'il s'introduisait alors dans les ovules pour servir à leur nutrition. D'autres n'ont voulu y voir qu'une sécrétion ou tout au plus une excrétion ne se liant en rien à la reproduction de la plante. Conrad Sprengel, botaniste allemand, a émis une opinion que je partage complètement; le nectar et la corolle, selon lui, ne sont en quelque sorte destinés qu'à avertir et attirer les insectes, qui, en venant puiser la liqueur sucrée dont ils sont avides, se chargent de la poussière fécondante qu'ils vont porter à d'autres fleurs. Ce sont des messagers reconnaissants. La naissance des nectaires se lie à l'anthèse. On désigne par ce mot, l'ensemble des phénomènes que présente l'épanouissement des fleurs. L'anthèse varie à l'infini, suivant la nature de la plante, la chaleur, la lumière, le climat, etc. Les fleurs s'épanouissent dans toutes les saisons, même pendant les rigueurs de l'hiver, ainsi on voit s'ouvrir au milieu des neiges, les fleurs des primevères, des galanthus, des daphnés, etc.; mais c'est cependant au printemps, sous la chaleur vivifiante du soleil, que les végétaux se parent du plus grand nombre de fleurs. Les mois de mars, avril et mai, voient s'épanouir la douce violette, les renoncules, les

jacinthes, etc.; pendant l'été le plus grand nombre des plantes ouvrent leurs corolles brillantes; en automne, les asters, les œillets d'Inde ouvrent les leurs; l'hiver en voit encore, mais elles deviennent rares. Chaque mois de l'année certaines classes de plantes ouvrent leurs fleurs; cette observation avait été faite par Linné, qui composa son *Calendrier de Flore*, idée aussi ingénieuse que poétique; il faut avoir égard au climat pour ne pas errer dans ce calcul; car la chaleur ou trop forte ou trop faible accélère ou retarde l'épanouissement des fleurs. Non-seulement on a observé que certaines plantes ouvraient leurs fleurs à des époques déterminées de l'année, mais encore que beaucoup d'entre elles s'épanouissaient ou se fermaient à des heures fixes du jour, et même de la nuit. De cette observation Linné avait également tiré l'idée de son *Horloge de Flore*, dans laquelle il rangeait les plantes de manière à pouvoir compter d'après leur épanouissement, depuis la première heure du jour jusqu'à la dernière du soir. Suivant l'observation de M. Bory de Saint-Vincent, le genre sida de la famille des malvacées, offre dans la zone torride un exemple de ce phénomène, et renferme des espèces qui s'ouvrent successivement à chaque heure de la journée. La chaleur et la lumière ont une grande influence sur l'épanouissement des fleurs; ainsi nous voyons plusieurs végétaux, et notamment les synanthérées ou plantes à fleurs composées ne pas s'épanouir, ou du moins incomplètement, lorsque le temps est humide et brumeux, tels sont les chardons, les pissenlits, etc. Nous devons encore à M. Bory de Saint-Vincent, une observation fort remarquable sur l'épanouissement artificiel de certaines fleurs (*Ann. gén. des sciences phys.*). Lors de son séjour en Belgique , il avait remarqué dans une serre un peu sombre, où l'on cultivait diverses espèces exotiques d'oxalides, que faute d'une lumière assez vive, les corolles de celles-ci ne s'ouvraient jamais pendant la durée d'un automne brumeux; il réunit la lumière de plusieurs bougies, et au moyen d'une lentille portant l'éclat qui en résultait pendant la nuit même sur les oxalides, pulchella et versicolor, il les fit épanouir en quelques minutes. La même expérience a été faite sur le liseron appelé Belle de jour. Quelques plantes auxquelles on a donné le nom de météoriques, subissent l'influence des phénomènes atmosphériques; le laitron de Sibérie, par exemple, ouvre ses calathides aux approches d'un orage, tandis que le souci pluvieux referme les siennes quand le ciel se couvre de nuages. D'autres plantes, nommées éphémères, n'épanouissent leurs fleurs qu'un temps déterminé. Le *cactus grandiflorus* nous offre un exemple de ce phénomène, ses belles fleurs s'épanouissent vers sept ou huit heures du soir, répandant une odeur suave de vanille, et de onze heures à minuit, elles se referment pour toujours; le ficoïde nyctiflore ouvre ses corolles pendant plusieurs jours de suite, à sept heures du soir et dure douze heures. D'autres phénomènes curieux se remarquent encore à cette époque du développement des fleurs; quelques-unes changent plusieurs fois de couleur; l'hortensia, dont les fleurs sont d'abord vertes, prennent peu à peu une teinte d'un beau rose et finissent par devenir bleues. Telles fleurs qui sont inodores pendant le jour exhalent pendant la nuit un parfum délicieux. Le lychnis dioïca ou compagnon blanc, que l'on rencontre aux environs de Paris, offre cette singularité. J. P.

NECTAIRE, natif de Tarse, d'une maison illustre, fut mis à la place de saint Grégoire de Nazianze, sur le siège de Constantinople par les pères assemblés dans cette ville , en 381. Il n'était alors que catéchumène; ainsi il futévêque avant d'être chrétien. L'empereur Théodose avait demandé pour lui le siège épiscopal, et on ne put le lui refuser. Ce fut sous son épiscopat que la dignité de pénitencier fut supprimée dans l'Église de Constantinople. Une femme de qualité s'étant, par un ordre très imprudent du pénitencier, accusée publiquement d'un crime secret, qui fut un sujet de scandale pour le peuple, Nectaire laissa à chacun la liberté de participer aux saints mystères selon le mouvement de sa conscience; ce qui doit s'entendre relativement à la pénitence publique et aux péchés dont la nature semblait demander une telle expiation : car il est constant par toute la suite de l'histoire aussi bien que par le témoignage de Sozomen, que la suppression du prêtre pénitencier n'a donné atteinte ni à la confession secrète, ni même à la pénitence publique, pratiquée si longtemps encore après cet événement dans l'église de Constantinople , avec cette différence seulement qu'elle n'était pas du ressort d'un pénitencier nommé formellement à cet effet. La plupart des églises d'Orient suivirent l'exemple de l'église de Constanti-

nople, et chacun fut libre de se choisir un confesseur. Nectaire mourut en 397. Il avait de la naissance et beaucoup
de talents pour les affaires; mais son savoir était fort borné,
et sa vertu n'avait pas ce degré de supériorité qu'on ne
droit d'exiger d'un évêque. On lui attribue un *Sermon* sur
l'aumône et le jeûne, imprimé en grec, Paris, 1534, in-8°;
et en latin, avec six homélies de saint Jean-Chrysostôme,
ibid., id., in-8°.

NECTAR, s. m., le breuvage des dieux suivant la fable. Il
se dit figurément de toute sorte de vin excellent, ou de liqueur
agréable.

NÉCYSIES, fêtes solennelles célébrées par les Grecs en
l'honneur des morts. Elles se célébraient durant le mois Anthestérion. Les Romains, aussi bien que les Grecs, s'imaginaient que les ombres sortaient des enfers pour assister à
leurs fêtes, et que les portes en étaient ouvertes tant que la
solennité durait. Pendant ce temps le culte des autres divinités était suspendu, leurs temples étaient fermés, et l'on
évitait de célébrer des mariages pendant ces jours lugubres.

NECYDALIS, (*ins.*), nom employé par Aristote pour désigner la chrysalide du bombyx qui produit la soie. Genre
d'insectes coléoptères de la famille des longicornes, tribu des
cérambycins.

NEEDHAM (JEAN-TURBERVILLE), chanoine de Soignies, né
en 1713, à Londres, d'une famille anglaise (et non irlan-
daise ni jésuite, comme a dit Voltaire), mort en 1781 à
Bruxelles, où il était recteur de l'académie des sciences et
belles-lettres, s'est fait un nom distingué par les connaissances étendues et variées surtout dans la physique et l'histoire naturelle. Des observations pénibles sur des objets presque inaccessibles aux yeux comme à l'intelligence de l'homme,
l'ont fait regarder comme un des plus laborieux coopérateurs de Buffon, et ont préparé le *Système sur la génération
des êtres vivants*, publié par le Pline français, et dont on
trouve les principaux traits dans des auteurs beaucoup plus
anciens. (Voyez l'*Examen impartial des époques de la nature*,
p. 175, édit. de 1780, n. 140, édit. de 1792). Quoique ses
expériences sur les animaux microscopiques n'aient pas eu le
succès qu'il leur a supposé, et que l'abbé Spallouzani les ait
mieux appréciées que Buffon, elles ne méritent pas le mépris
que Voltaire en a témoigné, moins encore les injures que ce
très malhonnête grand-papa de la philosophie a prodiguée à
ce savant illustre. Needham, malgré l'abus que des hommes
superficiels pourraient faire de quelques-unes de ses hypothèses, était inébranlable dans les bons principes; son attachement au christianisme était vif et sincère. Il avait plus de
science qu'il n'avait de talent de faire paraître. Soit modestie, soit éloignement naturel du bruit et de l'éclat, si chers
à la médiocrité, soit difficulté de s'énoncer dans une langue
étrangère, ou je ne sais quelle opposition qui se trouve quelquefois entre la multitude et la précision des idées; l'estimable
académicien, parlant ou écrivant, paraissait presque toujours au-dessous de ce qu'il était en effet. On a de lui :
1° diverses Observations insérées dans l'Histoire naturelle de
Buffon; 2° *Nouvelles recherches sur les découvertes microscopiques et la génération des corps organisés*, avec des notes,
des recherches physiques et métaphysiques sur la nature et
la religion, et une nouvelle théorie de la terre, sous le nom
de Londres, Paris, 1609, 2 vol. in-8°; 3° un petit écrit publié en 1773, sous le titre de *Vue générale*, où il paraît expliquer, modifier, rétracter même, mais d'une manière obscure
et embarrassée, quelques assertions contenues dans l'ouvrage
précédent; 4° plusieurs Dissertations dans les mémoires de
l'académie de Bruxelles.   P.-R.

NEERCASSEL (JEAN DE), évêque de Castorie, né à Gorcum
en 1623, entra dans la congrégation de l'Oratoire à Paris.
Après avoir professé avec succès la théologie dans le séminaire archiépiscopal de Malines, l'an 1652, et dans le collège
de SS. Willibrod et Boniface à Cologne, qui était le séminaire de la mission Hollandaise, il devint pro-vicaire apostolique. Alexandre VII le nomma, en 1662, coadjuteur de Beau-
douin Catz, archevêque de Philippes, vicaire apostolique en
Hollande, auquel il succéda l'an 1663, sous le titre d'évêque
de Castorie. En 1670, il se rendit à Rome pour rendre compte
à Clément X de l'état de la religion catholique en Hollande.
Il fut bien accueilli du pontife, et souscrivit solennellement
et avec serment au formulaire d'Alexandre VII. Il ne s'arrêta
guère à Rome, et revint en Hollande, où l'on ne s'aperçut que
trop, par ses liaisons avec les chefs du parti, que son adhésion n'avait pas été sincère. Il mourut à Zwol en 1686, et eut
pour successeur Pierre Codde (*V.* ce nom). On a de lui trois

traités latins : le premier sur le culte des saints et de la sainte
Vierge, Utrecht, 1675, traduit en français, Paris, 1679, in-8°;
le second sur la lecture de l'Ecriture Sainte; et le troisième
intitulé l'*Amour pénitent*, qui est un traité de l'amour de
Dieu dans le sacrement de pénitence. La meilleure édition de
l'*Amor pœnitens* est celle de 1681, 2 vol. in-12. Il parut en
français, en 1740, en 3 vol. in-12. Le but de cet ouvrage est
d'établir la nécessité de l'amour de Dieu dans le sacrement
de pénitence, contre les théologiens qui prétendent que
l'attrition suffit. On sait que les deux sentiments sont
appuyés sur des raisons imposantes. Si, d'un côté, il paraît absurde qu'on puisse être justifié et devenir l'ami de
Dieu sans charité, de l'autre, le sacrement de pénitence
semble perdre son efficacité, si la charité est nécessaire,
parce qu'elle suffit seule pour couvrir la multitude des péchés. Peut-être concilie-t-on heureusement les deux opinions, en disant que l'attrition se change en contrition par
la vertu et la grâce du sacrement, de manière que l'amour
de Dieu nous est donné avec la justification et la charité habituelle; et c'est peut-être le vrai sens du concile de Trente,
qui dit, en parlant de l'attrition : *Ad Dei gratiam in sacramento pœnitentiæ impetrandam disponit*. C'est certainement le
seul sens raisonnable qu'on peut donner à cet adage de l'é-
cole : *Attritus in sacramento fit contritus*, comme c'est le seul
encore qui se présente naturellement dans le titre du para-
graphe 47 *de Pœnitentia*; dans le catéchisme romain : *Con-
tritionem perficit confessio*, titre mal expliqué dans le para-
graphe, selon lequel il faudrait *supplet*. « Le Seigneur (dit
un théologien), toujours riche en miséricorde, accueille le
pécheur timide et craintif; touché de la candeur de ses aveux
et de sa volonté d'appartenir à Dieu d'une manière quelconque, il achève, purifie et perfectionne tout cela, fait son
amour dans un cœur qui se montre disposé à le recevoir, et
tout cela se fait dans le sacrement même. » Quoi qu'il en soit,
on trouve dans l'*Amor pœnitens* quelques endroits favorables
aux erreurs de Jansénius, et c'est ce qui l'a fait censurer par
Alexandre VIII, et défendre par un décret de la sacrée congrégation. Innocent XI, à qui il avait été déféré, ne voulut
pas le condamner; mais ce qu'on a fait là-dessus à ce
pape : *Il libro e buono, e l'autore e un santo*, est une fable.
(Voyez sur ce sujet l'ouvrage imprimé par l'ordre de l'archevêque de Malines, sous le titre de *Causa quesnelliana*, ainsi
que l'*Historia ecclesiæ ultrajectinæ, Cornelii Hoynck van Pa-
pendrecht, canonici Mechliniensis*. Il ne faut nullement croire
ce que dit Henssénius dans sa *Batavia sacra*, part. 2, pag. 482.
On sait qu'il était totalement livré au parti. Neercassel ne
doit cependant pas être compté parmi les coryphées du jansénisme, non-seulement parce qu'il a souscrit au formulaire,
mais parce qu'il n'adoptait pas la plupart de leurs opinions,
et qu'il était zélé au contraire pour des choses qui leur sont
pour le moins indifférentes, comme on voit dans le traité du
culte des saints et de la sainte Vierge. On assure qu'il a été
très longtemps opposé à la secte, mais qu'une affaire où l'intérêt et l'ambition sont intervenus l'en ont rapproché. On croit
que M. Arnauld, qui a demeuré quelque temps chez lui, a eu
part à ses ouvrages.   P-r.

NEEFS (PIERRE), peintre flamand, né à Anvers en 1560,
reçut les premières leçons de son art de H. Stunwyk. Il s'est
acquis une grande réputation par ses vues d'intérieurs d'é-
glises. Le plus souvent il représente l'église éclairée par des
cierges ou des flambeaux, en faisant tomber la lumière sur
un objet spécial. Il excelle à représenter la lumière très obscure. Ses tableaux sont d'autant plus précieux que les figures
sont ordinairement de F. Van Tuldin et de Téniers. Son fils,
Pierre-Martin, qui peignait dans le même genre, est loin d'a-
voir atteint C. L.

NEF, s. f., navire. En ce sens, il n'est plus d'usage qu'en
poésie. Moulin à nef, moulin à eau construit sur un bateau.
Nef, signifie aussi la partie d'une église qui est comprise entre
les bas-côtés et qui s'étend depuis la porte principale jusqu'au cœur.   P.-R.

NÉFASTE, adj. des deux genres, terme d'antiquité. On
distinguait par ce nom, dans le calendrier romain, les jours
consacrés au repos et où il était défendu par la religion de
vaquer aux affaires publiques. Il désignait aussi les jours de
fêtes solennelles qui étaient accompagnées de sacrifices ou de
spectacles, et plus ordinairement les jours de deuil et de
tristesse destinés à l'inaction, et regardés comme funestes
en mémoire de quelque disgrâce éclatante du peuple romain.

NÈFLE, s. f., sorte de fruit qui a plusieurs noyaux, dont
la peau est de couleur grisâtre, et qui n'est bon à manger que

quand il est amolli par le temps. Prov. et fig., avec le temps et la paille les nèfles mûrissent, on vient à bout de bien des choses avec du temps et de la patience.

NÉFLIER (*bot.*), *mespilus*, genre de la famille des pomacées, renfermant des arbres de petite taille indigènes des parties moyennes et septentrionales de l'Europe; épineuses à l'état sauvage, perdant leurs épines par la culture; les feuilles sont alternes, dentées, stipulées; les fleurs sont grandes, presque solitaires, accompagnées de bractées persistantes et présentent les caractères suivants : calice à tube turbiné adhérent à l'ovaire, à limbe divisé profondément en cinq lobes foliacés; corolle à 5 pétales presque orbiculaires, insérés sur un disque nectarifère à la gorge du calice, de même que les étamines, qui sont nombreuses; ovaire adhérent à 5 loges bi-ovulées, 5 styles distincts, glabres. Le fruit est une pomme à osselets, couronnée par le calice persistant, à 5 loges monospermes formées par l'endocarpe osseux. Le type du genre est le néflier d'Allemagne (*mespilus germanica*), L. C'est un grand arbrisseau dont le tronc tortu émet des branches nombreuses. Ses feuilles, vertes en dessus, sont cotonneuses en dessous; ses fleurs sont rosées, grandes, solitaires, terminales. Son fruit, connu sous le nom de nèfle, varie de forme et de grosseur. Avant sa parfaite maturité il est âpre; mais après qu'on l'a laissé quelque temps sur de la paille, il mûrit, perd son âpreté et devient d'un goût assez agréable. On en connaît plusieurs variétés, dont une à fruits sans noyaux, et une autre à fruits oblongs. Ses feuilles ainsi que son fruit passent pour astringents et avantageux dans les diarrhées.

J. P.

NÉGATIF, IVE, adj., terme didactique qui exprime une négation. Fam., cet homme est négatif, il a l'air négatif, il refuse toujours, ou il a l'air d'un homme toujours prêt à refuser ce qu'on lui demande. Négative s'emploie substantivement et signifie proposition qui nie. Il signifie aussi refus. Il signifie, en termes de grammaire, mot qui sert à nier.

NÉGATION, s. f., terme didactique, action de nier; il est opposé à affirmation. Il se dit aussi en grammaire, des mots qui servent à nier.

NÉGLIGENCE, s. f., défaut de soin, d'exactitude, d'application. Négligence de style, se dit des fautes légères que fait un auteur lorsqu'il n'apporte pas assez de soin à corriger son style. Négligences, au pluriel, se dit en bien dans plusieurs acceptions.

NÉGLIGER, v. a., n'avoir pas soin de quelque chose comme on le devrait, ne pas s'en occuper. Il signifie particulièrement ne pas mettre en usage. Négliger, se dit aussi en parlant de quantités fort petites qu'on met dans un calcul, parce qu'elles ne peuvent influer sensiblement sur le résultat, sur le total. Négliger, s'emploie souvent avec le pronom personnel, et signifie n'avoir pas soin de sa personne pour la propreté, pour l'ajustement. Il signifie aussi s'occuper moins exactement qu'à l'ordinaire de son devoir, de sa profession, etc. Il est aussi substantif au masculin, et signifie l'état où cet une femme quand elle n'est point parée.

NÉGOCE, s. m., trafic, commerce. Négoce se dit figurément de certaines industries auxquelles il est honteux, messéant, dangereux de se livrer.

NÉGOCIATEUR, NÉGOCIATION. On entend par négociation la manière ou plutôt l'art de conduire entre deux ou plusieurs puissances les affaires publiques; le négociateur est celui qu'on emploie à ce travail. Autrefois une négociation était promptement terminée; le négociateur, chargé d'une seule affaire, exposait sa prétention, recevait une réponse et la transmettait à son maître. Aujourd'hui, les princes sont représentés dans les cours étrangères par des ministres résidents, et l'attention de ces ministres, constamment excitée par des objets multipliés, doit s'exercer sur tout ce qui l'appelle. Les rapports des états entre eux sont si bien établis, que le moindre dérangement qui survient, même entre les moins importants, peut mettre de la division entre les grandes puissances. Le ministre habile et politique s'attache donc à connaître tout ce qui peut nuire ou être utile aux intérêts de son souverain, à découvrir et déjouer les projets ennemis, à faire échouer des intrigues dangereuses, à dissiper ou à former des coalitions, des alliances, à conclure des traités avec l'un, à les empêcher avec l'autre, etc. On voit par ce court exposé qu'il est non-seulement utile, mais nécessaire, de négocier constamment, soit ostensiblement, soit en secret. Quelquefois, il est vrai, les plus sages mesures restent sans succès; mais un ministre public ne se décourage point : il revient à la charge, et ne fût-il que gagner du temps ou produire de l'hésitation, ce serait toujours un succès obtenu. Henri VII d'Angleterre envoyait des ministres partout, mais il ne leur donnait rien d'important à négocier; il les chargeait principalement de l'instruire de ce qui se faisait chez tous ses voisins. Cette politique, qui consistait à connaître le secret des autres sans dire le sien, réussirait peu aujourd'hui. On apporte maintenant dans les négociations un air de franchise et de bonne foi qui ne trompe personne; on sait que ces apparences cachent toujours la finesse et la ruse. De son côté, le prince qui donne audience à des ambassadeurs étrangers, doit mettre beaucoup d'art dans ses réponses. Philippe de Comines dit que Louis XI renvoyait toujours les ambassadeurs avec de si bonnes paroles et de si beaux présents, qu'ils s'en allaient toujours contents de lui, dissimulant même à leurs maîtres ce qu'ils en savaient, à cause du grand profit qu'ils en retiraient. Avant la révolution, l'ambassade de Rome était regardée comme très importante; car Rome, par sa puissance spirituelle sur tous les états de la communion romaine, par son autorité temporelle en Italie, par l'ascendant légitime de la religion sur l'esprit des peuples, par le grand nombre d'ecclésiastiques que renferme chaque état catholique, exerçait une grande influence dans les cours étrangères; et d'ordinaire la puissance des souverains qui avaient des ministres à Rome se mesurait sur la considération dont ils y jouissaient. On dit que le ministre espagnol Perez, qui avait été disgracié par Philippe II et avait trouvé un asile auprès de Henri IV, consulté par ce prince sur les moyens de rendre la France puissante se contenta de lui répondre par ces trois mots : *Roma, consejo, la mar*, c'est-à-dire Rome, réflexion ou prudence, la mer. Le droit d'intervention peut être quelquefois utilement exercé par un prince. Il se dispense par là de prendre parti pour l'un ou pour l'autre, il gagne la confiance de tous, et s'érige en médiateur ou arbitrateur, et c'est encore un beau rôle à remplir. On a souvent discuté, sans s'accorder, surtout dans ces derniers temps, sur la question de savoir s'il valait mieux ménager aux souverains des entrevues ou les faire négocier par des ministres. Nous pensons que ce dernier parti est le meilleur. Il est très rare qu'une entrevue entre deux princes ennemis, ou du moins divisés d'intérêts et d'opinions, ait jamais produit un bien réel. Chacun d'eux arrive avec ses préjugés, ses préventions, ses haines, ses prétentions, un parti pris de ne point faire de concessions, et souvent il arrive qu'un entretien qui commence par des mots froidement insignifiants, finit par l'aigreur. Philippe de Comines rapporte plusieurs de ces entrevues, qui toutes ont eu fort peu de succès. Il en est pourtant qui ont produit des résultats avantageux, ou du moins qui n'ont pu devoir les produire, et dont l'effet n'a pas eu de durée. Les entrevues de Napoléon avec divers souverains sont de ce nombre. On devait en attendre beaucoup, et en résultat, qu'en est-il sorti? L'art de négocier est très important, et comme il est plus d'une fois arrivé que la fortune d'un état tient à la conduite bonne ou mauvaise du négociateur, il importe que le souverain mette la plus grande prudence dans le choix de celui qu'il désigne pour le représenter. L'art de négocier est très important, il suppose la connaissance de l'homme en général et celle des individus; et, les choses égales, celui qui les connaît le mieux est le meilleur négociateur. On est dupe un jour d'un négociateur de mauvaise foi; mais après la première épreuve, on se tient sur ses gardes, et l'on refuse sa confiance à celui qui nous a une fois trompés. Une *réputation* méritée de loyauté et de franchise dispose au contraire très favorablement les esprits en faveur des négociateurs. Ce qui prévient aussi pour l'ambassadeur, c'est qu'il appartienne à une de ces familles qui sont depuis long-temps en possession des honneurs; le peuple, en général, est très peu disposé à respecter un homme nouveau, sorti d'un rang obscur. Par un préjugé déraisonnable, si l'on veut, mais existant, la haute naissance dans un individu fait ressortir ses qualités, parce qu'on suppose toujours avec la naissance, l'éducation, l'instruction, la connaissance du monde. Louis XI avait envoyé en ambassade aux Gantais son barbier valet de chambre, maître Olivier; et, quoique cet homme fût Gantais lui-même, il reçut plusieurs affronts de la part de ses compatriotes, quoiqu'il se fût présenté sous le nom de comte de Meulan, et peut-être parce qu'il avait pris ce titre, qui annonçait la prétention de faire étalage de sa fortune dans sa ville natale. Il convient, d'ailleurs, à un prince, s'il veut être représenté dignement, d'avoir des représentants qui, par leurs avantages de talent, de fortune et de naissance, imposent à la multitude. Il ne faut pas que l'âge puisse être un obstacle au choix du négociateur, si celui-ci, d'ailleurs, est capable de soutenir le poids de sa charge. La trop grande jeunesse serait un défaut dans le négociateur, parce qu'elle ne laisserait pas naître la confiance ; il ne faut pas non plus un vieillard, parce qu'un vieillard a ses habitudes auxquelles il veut que les autres se plient, au lieu de se prêter aux désirs des autres. On sent au surplus que cette règle a des exceptions. Il faut, autant que cela est possible, que le négociateur sache bien la langue du pays où il est employé, car il est rare qu'on s'entende parfaitement quand on ne peut se parler que par le moyen d'un interprète. Il est même bon qu'il sache plusieurs langues, afin de pouvoir converser, sans avoir besoin de truchement, avec les ministres étrangers qui sont auprès du prince auquel il a été lui-même adressé. L'expérience nous apprend que les hommes s'attirent les uns les autres par la communication des idiomes, et qu'on s'intéresse, sans trop pouvoir dire pourquoi, aux étrangers qui nous parlent dans notre langue. Un négociateur qui s'adresse à un sénat, à un corps administratif, peut se livrer à plus de mouvement que s'il ne parle qu'à un prince ou à son ministre. Il doit en venir promptement au sujet de la négociation, exposer succinctement ses prétentions, les soutenir par de bonnes raisons, et tâcher d'être court et concis ; sans cela on pourrait lui faire la réponse que Cléomène, roi de Sparte, donna aux ambassadeurs de l'île de Samos qui étaient venus l'engager à déclarer la guerre à Polycrate : « j'ai oublié le commencement de votre harangue, je n'en ai pas écouté la suite, ce qui m'en plaît, c'est la fin. » La maxime de Louis XI : « Qui ne sait pas dissimuler ne sait pas régner, » est d'une application souvent nécessaire dans les négociations. Si c'est par l'effet des circonstances qu'on dissimule, la dissimulation prend le nom de politique ; elle dégénérerait en fourberie si on ne dissimulait que par goût et sans nécessité. Comme les hommes sont en général persuadés que la politique est l'art de tromper, et qu'on décore de ce nom dans les cabinets des princes, ce qu'on appelle de la fraude dans le commerce ordinaire, il faut s'abstenir avec soin de tout ce qui peut entretenir cette idée. Un négociateur sage s'abstient de même d'affecter de mettre dans ses paroles un air de mystère pour se donner des dehors importants. Outre que ces petits moyens aujourd'hui ne trompent personne, on est très peu communicatif avec ceux qui semblent ne parler que par énigmes ; on est blessé de la réserve qu'ils affectent, et on se montre soi-même très réservé. De sorte, que pour avoir l'air de tout savoir et de ne pas se laisser pénétrer par les autres, il sait réellement rien de ce qui se passe autour de lui, tandis qu'il ne devrait rien ignorer, au moins de tout ce qui intéresse son maître. Quand un prince rappelle un négociateur, il serait prudent qu'il envoyât d'avance celui qui le doit remplacer, afin que celui-ci pût profiter de l'exemple de son prédécesseur et voir de ses yeux quel genre de conduite il doit tenir ; qu'il pût de même cultiver les connaissances que son prédécesseur aurait faites et recevoir de sa bouche mille renseignements dont il serait à peu près impossible de former la matière d'une dépêche. Le temps que se passe de la part du nouveau négociateur à connaître le pays où on l'envoie et l'esprit de ceux qui le gouvernent, et de la part de ceux-ci à connaître celui qu'on leur envoie, est du temps perdu pour les affaires. Depuis la révolution, l'art des négociations n'est pas devenu plus facile, mais on y apporte moins de précautions, et surtout moins de mystérieuses finesses. Il serait à désirer qu'on en bannit tout-à-fait la dissimulation, et qu'on ne fût plus autorisé à dire, comme on l'a fait souvent, qu'un ambassadeur auprès des cours étrangères n'est qu'un honnête espion employé par son maître. J.

NÉGOCIER, v. n., faire négoce, faire trafic. Il s'emploie activement en parlant des effets publics, lettres de change, billets, etc., et signifie les transporter à un autre qui donne la valeur, en retenant ordinairement l'intérêt de la somme. Négocier signifie encore traiter une affaire avec quelqu'un, et alors il est aussi actif. Il s'emploie absolument dans le même sens. Négocier s'emploie aussi avec le pronom personnel dans un sens passif.

NÈGRE, s. m., nom d'une race d'hommes qui se fait remarquer par une peau noire, des cheveux courts et crépus, le nez épaté, les pommettes saillantes, les mâchoires proéminentes. Les écrivains modernes ont tant abusé et fait de si fausses applications du mot nègre, qu'il importe de se rappeler que ce terme n'est point un nom que certains peuples se soient appliqué à eux-mêmes ; qu'il désigne seulement, un type idéal résultant de l'ensemble d'un certain nombre de caractères physiques, tels que ceux que nous présentent les naturels de la Guinée, dans l'Afrique méridionale, et leurs descendants en Amérique et aux Antilles.

NÈGRES et traite des NÈGRES. On s'entretenait dans un salon, il y a quelques années, de la traite des nègres, de leur transport en Amérique, des travaux auxquels on les soumet, même dans les colonies anglaises dont les habitants, à ce qu'il paraît, ne profitent guère des leçons de philanthropie qu'on prêche sur les côtes de la Métropole. Un enfant d'environ douze ans nous écoutait discourir. Tout-à-coup, révolté ou affligé d'entendre comment les malheureux nègres étaient traités avec la rigueur ou plutôt une cruauté inouïe, il demanda si les nègres étaient des hommes. Un des assistants, qui revenait de nos colonies et qui, sur le front ruisselant de sueur de ses nègres, avait fait une assez belle moisson d'or, se tourna vers l'enfant et lui dit d'un ton leste : il faut croire que ce sont des hommes, puisqu'ils en ont les formes extérieures. Quant aux qualités intérieures, je pense qu'on peut les mettre sur la même ligne que les singes et les animaux domestiques. Je ne dirai même pas que ces derniers ne les surpassent pas en intelligence. L'enfant ne parut pas très convaincu que la nature du nègre fût d'une autre espèce que celle du blanc ; il fit d'autres questions toujours de plus en plus embarrassantes et finit par demander pourquoi les nègres, puisque c'étaient des hommes, ne jouissaient pas de la liberté ; pourquoi on les enlevait du sol natal, en un mot pourquoi on les jetait dans l'esclavage. Alors un monsieur entre deux âges qui avait souvent contredit le colon américain, prenant la parole, répondit au petit questionneur : « Mon jeune ami, le nègre est libre, comme vous, comme moi. On ne peut pas dire que dans l'origine il avait moins d'intelligence que les blancs. Il est même probable que sa couleur, qui forme aujourd'hui contre lui un préjugé très défavorable, fut primitivement blanche, et qu'elle n'est devenue d'un noir plus ou moins foncé que par l'effet du climat et l'action constante d'un soleil brûlant. Quant à leur infériorité réelle sous le rapport de la raison, du génie, de l'aptitude pour les sciences et pour les arts, cela peut dépendre de tant de causes, qu'il serait difficile de dire au juste quelle est la vraie source de cette infériorité. Il est vraisemblable qu'enfermés pour ainsi dire dans les régions qu'ils ont toujours habitées, depuis le moment où leurs ancêtres s'éloignèrent du berceau commun du genre humain, par les déserts de sable qui les entourent, par les hautes chaînes de montagnes qui couvrent de l'ouest à l'est vers la Nubie, par le cours encore incertain du grand fleuve de Djoliba, le fameux Niger des Européens, par d'autres fleuves peut-être encore moins connus, par des mers intérieures et surtout défendues contre l'invasion étrangère par les ardeurs de leur soleil, ils ont perdu peu à peu avec le souvenir de leur propre origine, les connaissances qu'ils avaient apportées de l'Asie, les principes religieux hérités des enfants de Noé, les notions même les plus simples du droit naturel, celles que la main de Dieu grava dans le cœur de l'homme après lui avoir donné l'être. Toutefois nous pouvons présumer que pendant longtemps ces notions, bien que de jour en jour affaiblies, les maintinrent tous dans un état d'indépendance réciproque, dans une égalité de droits qui, à la longue pourtant, devait disparaitre devant la différence que le courage, la force naturelle, un esprit plus développé mettaient entre ces hommes. Il n'y avait pas encore de gouvernement régulier, capable de maintenir ces notions, on n'avait même alors aucune idée de ce que la société pouvait faire pour le bien commun ; il n'existait pas non plus de ces professions qui se sont introduites dans l'Occident avec la civilisation, et qui donnent sinon la richesse, du moins l'aisance à ceux qui les exercent. Cependant tous les hommes cherchent à rendre leur position meilleure ; à défaut d'autres moyens ils employèrent l'adresse et la force. Les plus forts ou les plus adroits s'emparèrent des terres les plus fertiles ; et les plus faibles, les moins industrieux, se soumirent à ceux qui offrirent de les nourrir et de les protéger en échange des services qu'ils pouvaient rendre. Dans les commencements, il y eut sans doute peu de différence entre les serviteurs et le maître, et l'état des premiers était supportable. Mais les maîtres prirent avec le goût de la domination les habitudes du commandement, c'est-à-dire une humeur impérieuse et hautaine, une volonté inflexible, l'orgueil de se croire d'une nature supérieure à ceux qui obéissent. Plus on s'éloigna des temps primitifs, plus la nature déchue enfonçait dans le vice et plus la différence devint sensible entre les deux classes.

Les hommes de la seconde tombèrent dans le mépris et l'abjection; on finit par s'arroger sur eux un pouvoir absolu, par les précipiter dans l'esclavage. Telle a été à peu près la marche que tous les anciens peuples ont suivie, car tous ont eu des esclaves; et ce qui est arrivé chez les nations de l'Asie et de l'Europe est arrivé aussi chez les nègres. Enfin J.-C. parut dans ce monde de misère et d'abjection. Il apporta un remède à tous les maux, un baume à toutes les plaies; les faibles trouvèrent un appui et une consolation dans cette société régénérée, les pauvres dans les ressources de la charité nouvelle. Les uns et les autres alors réclamèrent l'usage de leur liberté, et il fut reconnu que la liberté, le plus précieux des biens, était inaliénable. Il ne fut plus permis de se mettre sous la dépendance absolue d'un autre; mais la servitude, n'étant plus une renonciation volontaire à ses droits naturels de la part de l'esclave, fut regardée comme une peine dans un grand nombre de cas; ainsi, quand un homme recevait un dommage, si le damnifiant n'avait pas les moyens de le réparer en donnant l'équivalent, on le livrait au damnifié, plus tard on modifia cette coutume, et tout en condamnant un coupable à la servitude on faisait tourner la condamnation au profit de l'état; le condamné devenait esclave de l'état ou du souverain qui l'employait de la manière qui semblait la plus avantageuse au bien public. Il n'y eut plus alors d'esclaves que les prisonniers faits à la guerre. Telle était la situation dans laquelle ont trouvé les nègres les premiers voyageurs qui les ont visités. Les souverains avaient la propriété de tous les esclaves qu'ils pouvaient faire à la guerre; ils avaient même fini par s'arroger un droit de vie et de mort sur tous leurs sujets. Quand les Européens, poussés par un esprit d'insatiable cupidité, abordant sur la plage africaine, eurent allumé la convoitise des nègres en leur montrant les produits de l'Europe, qu'ils offraient de leur abandonner en échange des hommes qu'on leur livrerait, les nègres devinrent sous la main de leurs rois une véritable marchandise, dont on fit la matière d'un commerce très lucratif. Ce ne furent pas seulement les souverains qui vendirent leurs esclaves, mais les simples chefs de famille les imitèrent. Ils se faisaient tous une guerre de surprise, se tendaient des pièges, dressaient des embuscades, et ceux qui avaient le malheur d'y tomber étaient conduits à la côte et vendus aux marchands d'Europe. Quand cette ressource manquait, on voyait les pères vendre leurs enfants, les maris leurs femmes, les frères leurs sœurs ou leurs frères plus jeunes. Les princes faisaient les choses en grand; ils armaient leurs sujets, envahissaient subitement quelques pays voisins, faisaient le plus de captifs qu'ils pouvaient et s'en retournaient avec perte de temps avec leur riche proie. De là naquit ce commerce désastreux, ce trafic infâme de chair humaine qu'on appelle la traite des noirs, contraire à toutes les notions du droit des gens; à tous les principes de la morale, aux préceptes de la religion, et néanmoins autorisée jusqu'à nos jours par plusieurs gouvernements pour favoriser des intérêts particuliers. Quand les Espagnols allèrent prendre possession de Saint-Domingue, et des contrées voisines de l'Amérique, ils trouvèrent des peuples qui n'avaient ni leurs usages, ni leur religion, ni même leur couleur. Énervés par une longue paix, épouvantés surtout par l'effet de leurs armes, ils ne résistèrent pas à l'agression et ils offrirent leurs mains aux fers qu'on leur avait destinés. Les Espagnols ne voyant en eux que des hommes nés pour les servir, les employèrent au travail des mines, où ils périrent presque tous, victimes de vapeurs qui s'en exhalaient, ou épuisés par des travaux pénibles auxquels ils n'étaient point accoutumés. Il fallut alors réparer le vide immense qui s'était opéré dans la population : on alla demander des esclaves à l'Afrique; et comme d'abord les colons ne voulaient point acheter de femmes parce qu'ils ne pouvaient en tirer les services qu'ils exigeaient de leurs esclaves mâles, les marchands ne leur amenaient que des nègres, de sorte que la population noire aurait eu bientôt le sort de la population indigène, si on n'avait réparé les pertes par des acquisitions nouvelles. Les Portugais, les Hollandais, les Anglais, les Français, les Danois suivirent les Espagnols, et comme eux ils cherchèrent dans les sueurs du nègre une source nouvelle de fortune. Tous les ans, des vaisseaux partaient des ports de l'Europe pour aller sur les côtes de la Guinée prendre des cargaisons d'esclaves, qu'on entassait presque nus et souvent enchaînés, à fond de cale. Beaucoup de ces malheureux périssaient, les uns de misère et de désespoir, les autres de la mort qu'ils savaient se procurer eux-mêmes. Ceux qui pouvaient gagner la porte ou quelque ou-

verture se précipitaient dans la mer, d'autres se fracassaient la tête contre le flanc du vaisseau; on en voyait qui, par des efforts inouïs, avalaient leur langue et mouraient étouffés. Et ces malheureux ignoraient quel sort les attendait en Amérique! Ceux qui survivaient aux inconvénients de la traversée, où ils avaient subi un traitement tel qu'on aurait craint de le faire endurer aux animaux qu'on transportait aux colonies, étaient vendus aux colons qui commençaient par les flétrir du sceau de l'esclavage en imprimant sur leurs bras ou sur leur poitrine avec un fer chaud le nom de celui dont ils devenaient la propriété. On les logeait ensuite dans une cabane où ils ne trouvaient guère qu'une botte de paille qui leur servait de lit. Quelquefois on remplaçait la paille par une claie de menues branches; quelques plats de bois, autant de pots de terre composaient tout le mobilier de ces cabanes malsaines. Leurs vêtements, de simple toile, ne les garantissaient ni des chaleurs du jour, ni des fraîcheurs de la nuit. Leur nourriture consistait en un peu de manioc, de bœuf salé, de morue, de racines; mais les rations qu'on leur donnait suffisaient à peine à les empêcher de mourir de faim; et sans égard pour leur état de faiblesse, on leur imposait un travail si fatigant et si long que l'homme le plus robuste n'aurait pu en supporter davantage; le fouet du conducteur, voltigeant sans cesse sur leurs épaules, les empêchait de prendre un moment de repos. Pour les moindres fautes on les battait cruellement, on allait jusqu'à les mutiler, à les estropier; plus d'une fois ces malheureux expiraient sous les coups. Dans les colonies où le sol est très étendu, leur sort était moins misérable ; on leur donnait une portion de terre qu'on leur permettait d'exploiter une partie du dimanche et au temps de leurs repos. Dans plusieurs colonies, l'avarice des maîtres avait trouvé un moyen commode pour nourrir leurs esclaves sans qu'il leur en coûtât rien; on leur donnait un jour de la semaine pour qu'ils pussent gagner en travaillant dans les habitations voisines les moyens de vivre les autres six jours. Il leur était même permis de se procurer des vivres par le pillage; mais malheur à eux, s'ils étaient surpris. Le maître de l'habitation ne les ménageait point, et leur propre maître ne cherchait nullement à leur épargner le mauvais traitement auquel ils s'étaient exposés. Il paraît seulement qu'il était convenu entre les colons qu'ils ne tueraient pas les esclaves étrangers surpris en fraude; on sait que c'était moins dans l'intérêt de ces malheureux que pour ne pas se priver mutuellement de leurs instruments de culture. C'étaient les Anglais surtout qui usaient de cette tactique; ils regardaient les nègres comme une espèce d'animaux dont on pouvait user, mais qu'il ne fallait pas détruire. Les Hollandais, avares et cupides, les faisaient travailler sans mesure. Chez les Espagnols, ils étaient traités moins rigoureusement, indolents et paresseux, mais très sobres, leurs esclaves devaient s'accoutumer au même genre de vie. Les Portugais, dépravés et corrompus, en faisaient souvent les instruments ou les victimes de leurs débauches. Les Français plus communicatifs que tous les autres, traitaient leurs esclaves, nous ne pouvons pas dire avec plus de douceur, mais avec moins de brutalité. Les colons protestants, ces zélés sectateurs du pur Evangile, qui pourtant condamnent l'esclavage, ont trouvé un heureux expédient pour concilier leurs intérêts avec leur conscience. Sous le spécieux prétexte qu'un chrétien ne peut pas tenir dans l'esclavage ses frères en Jésus-Christ, ils laissent les nègres dans le mahométisme ou dans l'idolâtrie. Les catholiques donnent leur instruction, et ils les baptisent; mais leur charité ne va pas au-delà. On voit qu'ils ne sont pas aussi scrupuleux que les protestants. Tous les nègres des deux sexes, jeunes ou vieux, sont sujets à une maladie qu'on appelle pian. Elle est rarement mortelle, mais les nègres ont le pian une fois en leur vie comme on aurait la petite vérole en Europe, avant l'invention de la vaccine. On assure que l'Afrique a fourni aux colonies onze ou douze millions d'esclaves, et que le nombre des nègres qu'on trouve épars dans les établissements européens n'excède pas un million et demi, bien que depuis plusieurs années on ait favorisé les mariages, et qu'il soit né de ces unions beaucoup d'enfants. Cette disproportion énorme entre le nombre des noirs transportés des Antilles, et celui des noirs qu'on y compte, ne saurait provenir du climat qui diffère peu pour la température de celui de la Guinée ; on ne saurait donc l'attribuer qu'au régime très peu convenable auquel sont soumis les nègres esclaves. On a vu souvent des négresses, livrées au désespoir par les châtiments dont on punit en elles l'état de faiblesse où la grossesse les jette, étouffer dans leurs bras leurs enfants nouveaux-nés pour qu'ils ne deviennent pas les esclaves des maitres barbares qui les accablent de traitements qu'ils craindraient de faire subir à leurs chevaux ou à leurs chiens. Dès le milieu du XVIIIe siècle, on s'est élevé avec beaucoup de force contre l'esclavage des noirs, et contre l'inhumanité des colons. On a proposé à Londres plusieurs bills, d'abord pour adoucir et améliorer la situation de ces malheureux Africains transplantés à deux mille lieues de leur patrie ; ensuite pour l'abolition définitive de l'esclavage. Tous ces bills ont passé successivement, et tous les hommes justes, sages et compatissants s'en sont réjouis. Ce n'a pas été du reste sans opposition de la part des colons qui ont soutenu que l'abolition de l'esclavage entraînerait la ruine des colonies. Tout ce qu'ils ont pu obtenir, c'est que l'émancipation des esclaves n'aurait lieu qu'à diverses époques plus ou moins éloignées, mais en attendant la traite des noirs a été rigoureusement défendue. Notre gouvernement actuel s'est associé aux intentions de l'Angleterre, et il a été convenu entre les deux puissances qu'elles entretiendraient chacune une escadre sur la côte des esclaves, avec commission de s'opposer par tous les moyens à cet ignoble trafic. Elles ont pris le seul moyen capable d'amener enfin le résultat désiré. Mais de même que le bill d'abolition eut des contradicteurs à Londres, de même la mesure nouvellement adoptée a trouvé des contradicteurs à Paris, et plusieurs voix encore en Europe s'élèvent pour justifier l'esclavage des noirs. Dans tous les pays du monde et de tout temps, dit-on, il y a eu des esclaves. Joseph fut vendu par ses frères à des marchands ; les Spartiates eurent leurs ilotes ; les Grecs, les Romains, les Perses, etc., eurent des esclaves. Cela est vrai ; mais ne devons nous en cela nous conduire et nous diriger que d'après ce que d'autres peuples ont fait en des temps dont à peine il nous reste des souvenirs confus ? Est-ce à des usages qui n'existent plus, puisque les peuples auxquels on les attribue ont disparu de la terre, ou bien à notre raison et à notre conscience que nous devons nous en rapporter ? L'universalité d'une pratique n'en fait point la justice ; c'est sa conformité avec le droit naturel. Les anciens, dit-on encore, s'attribuaient sur leurs esclaves droit de vie et de mort. Beaucoup plus humains, les modernes n'emploient ceux qu'ils achètent qu'à la culture des terres ; ils ne leur ôtent point la vie ; ils ne disposent que de leur liberté. Cela est encore vrai, et il faut convenir que dans toute l'Europe on a fait des lois pour protéger la vie des nègres contre la brutalité d'un maitre barbare. Mais ces lois n'ont jamais été exécutées. Les colons d'Amérique ont très bien ménagé leurs esclaves. Qu'importe qu'ils les fassent périr en les étranglant, ou qu'ils les fassent expirer sous les coups de fouet, ou qu'ils les tuent à coups de fusil comme ils tirent les animaux sauvages de leurs forêts. Jamais un colon ne fut puni pour s'être montré le bourreau de ses esclaves. Lors même que les règlements du code noir seraient exécutés de la part des colons, le mal serait-il réparé ? Serait-il surtout guéri pour toujours ? Non, sans doute. Le maitre ne tuera plus l'esclave, dans le sens littéral du mot ; mais il l'excédera de travail, il le privera de sommeil et de nourriture ; il l'accablera de privations, de douleurs, d'ignominie, de honte. Les nègres, ajoute-t-on, sont fourbes, méchants, dépourvus d'intelligence ; ils conviennent que les blancs sont d'une race supérieure ; ils s'abaissent, courbent le front devant eux ; le ciel les a créés pour l'esclavage. Ce sont les enfants d'Ésaü, condamnés à servir la postérité de Jacob. » On accuse les nègres d'être fourbes ; mais la dissimulation ne fut-elle pas toujours l'arme de la faiblesse contre l'oppression et l'injustice ? Ils sont ignorants : les colons, au lieu de les instruire, prennent tous les moyens pour les empêcher de sortir de leur abrutissement. Ils sont méchants : comment les traite-t-on ? Des hommes constamment assujettis à des travaux pénibles et à tous les inconvénients d'un état misérable, peuvent-ils aimer ceux qui les tiennent plongés dans cet état ? « Mais ces nègres sont nés dans la servitude ; ils sont esclaves de leurs rois qui, pouvant les tuer, les vendent, et qui est préférable pour les nègres eux-mêmes. » Avant que les Européens eussent paru dans la Nigritie, dans l'intention d'y échanger leurs marchandises contre les hommes, il y avait des esclaves, mais ces esclaves étaient les captifs faits à la guerre. Après l'arrivée de ces marchands d'hommes, la cupidité s'allumant dans le cœur des rois, les guerres se sont multipliées, et lorsqu'avertis par l'expérience les peuples se sont tenus sur leurs gardes, et que la guerre n'a plus fourni la matière du commerce, les rois, abusant de leur autorité, se sont saisis de force de la personne de leurs sujets, et ils ont dépeuplé leurs

états pour se procurer les bagatelles venues de l'Europe. Qui faut-il donc accuser de l'esclavage des nègres ? Fût-il vrai que les princes nègres ne mettent en vente que les prisonniers de guerre, les Européens n'auraient-ils pas toujours à s'imputer d'être les premiers moteurs de ces guerres désastreuses ? Souvent, dit-on, les nègres se vendent eux-mêmes, comme en France les hommes se vendent pour remplacer ceux que le sort a désignés pour être soldats, et que le métier ne tente pas. Les deux cas sont bien différents. Le remplaçant sait qu'en temps de guerre sa vie pourra être exposée, mais il sait aussi que c'est l'État qui profite de son dévoûment ; il sait qu'il est récompensé par l'honneur, par l'opinion, par l'estime publique des sacrifices qu'il s'impose. Le nègre ne se vend pas pour exercer des fonctions honorables : il se vend pour être un instrument docile des volontés, des caprices du maitre. Le soldat engage temporairement sa liberté ; l'esclave l'aliène pour toujours ; le premier expose sa vie, le second permet qu'on abuse de sa vie. Nous n'examinons pas la question de savoir si un prince a le droit de vendre ses sujets, ou si un homme a celui de se vendre lui-même. Il serait aisé de prouver que ce droit contraire à tous les principes ne peut pas exister : il nous suffira de dire qu'une telle vente est tout-à-fait illusoire, car elle ne peut profiter qu'à l'acheteur. En effet, le nègre qui se vend reçoit le prix de sa personne ; mais qu'arrive-t-il ? la vente consommée, il devient, lui et tout ce qu'il possède, la propriété de celui qui l'achète. Profite-t-il du prix, et ce contrat inique à l'avantage de qui tourne-t-il ? « On ne vend que des criminels condamnés à la peine de mort ou qui la méritent. » Si l'on pouvait être assuré que ces condamnations étaient justes, il pourrait y avoir un sentiment d'humanité dans l'intention de soustraire ces malheureux au supplice. Mais quelle idée pouvons-nous avoir de la justice de ces petits despotes africains ? Et si les prétendues condamnations sont injustes, convient-il aux Européens de se faire les complices de ceux qui les ont prononcées ? On insiste : on assure que les nègres sont plus heureux en Amérique qu'en Afrique. D'où vient donc qu'il y a eu de tout temps des nègres marrons ? Pourquoi les voit-on tous soupirer pour cette patrie où ils sont si malheureux ? Pourquoi ne se plaisent-ils pas dans cet état meilleur qu'on leur procure ? Pourquoi les femmes ont-elles recours à l'avortement, ou étouffent-elles leurs enfants nouveau-nés ? Pourquoi ces fortunés esclaves s'empoisonnent-ils, se noient-ils ou périssent-ils de toute autre manière, poussés par le désespoir ? Enfin, fût-il vrai que les nègres sont moins à plaindre, esclaves en Amérique, que libres dans leur pays, il y a un moyen infaillible de les rendre plus heureux chez eux qu'en Amérique. Que la traite des nègres soit sévèrement défendue ; que les efforts réunis de la France et de l'Angleterre soient couronnés d'un plein succès ; qu'aucun marchand d'hommes ne puisse aborder aux côtes de la Guinée ; qu'en un mot, cet odieux commerce cesse d'affliger les regards de l'homme de bien ; et les princes nègres, ne trouvant plus à vendre ni leurs prisonniers ni leurs sujets, s'abstiendront de guerres sans profit et laisseront la confiance renaitre dans leurs états. Les pères, les maris, les frères, n'ayant plus d'acheteurs, ne pourront vendre ni leurs enfants, ni leurs femmes ou leurs sœurs. Tous alors, au lieu d'aller arroser une terre étrangère, chercheront chez eux l'amélioration de leur sort dans le travail et leur industrie. L'abolition de la traite ouvrira pour les nègres une ère nouvelle ; ce sera leur régénération. Enfin, les partisans de la traite font valoir un dernier argument. « Il n'est pas, disent-ils, d'autre moyen de faire participer les nègres aux biens éternels promis aux chrétiens, que de les initier par le baptême aux mystères de la religion, qu'on leur explique par degrés. » Mais n'est-il pas vraiment dérisoire que des hommes qui ne sont guidés ici que par un sordide intérêt, allèguent pour se justifier un motif religieux ? On administre aux nègres le sacrement du baptême, et les nègres se laissent baptiser sans comprendre ce qu'on leur fait. Les instruit-on ensuite ? Non, certes ; car il faudrait leur dire que notre religion sainte et compatissante proscrit l'esclavage, et qu'elle veut que tous les hommes s'aiment comme frères. Or, si nous admettons l'administration du baptême comme premier degré de l'instruction que les nègres reçoivent, qu'on nous apprenne quel est le second degré par lequel on les a fait arriver à une instruction plus étendue. Encore une fois, faisons des vœux pour l'abolition de la traite devienne un fait accompli, et ne soit pas, comme il l'a été trop longtemps, un vain mot, sujet de disputes et de controverses ;

l'Europe et l'Afrique y gagneront l'une sous le rapport de la morale, l'autre sous le rapport du bien-être ; et la religion applaudira au résultat. **M.**

NÉGRI (JULES), jésuite, né à Ferrare en 1648, entra jeune dans la société, et s'y distingua par sa piété, son amour du travail et son érudition. On a de lui : *Istoria degli scrittori Florentini, la quale abraccia intorno a due mila autori colla nota delle loro opere si stampate che manoscritte*, Ferrare, 1722, in-fol. ; ouvrage estimable, mais qui fourmille de fautes typographiques, l'auteur, prévenu par la mort, n'ayant pu surveiller l'impression ni corriger les épreuves. Le père Négri avait payé le tribut à la nature le 24 septembre 1720, à l'âge de 72 ans. Il eût été à souhaiter que quelque main habile s'emparât de son travail, soit en le refondant, soit au moins en corrigeant les fautes qui s'y trouvent. Il offre de bons matériaux pour l'histoire de la littérature Florentine.

NÉGRIER, adj. m., il n'est usité que dans les locutions suivantes : Vaisseau ou bâtiment négrier. Bâtiment qui sert à la traite des Noirs. Capitaine négrier, capitaine d'un bâtiment qui a cette destination.

NÉGRILLON, ONNE, s., petit nègre, petite négresse.

NÉGRIT (FRANÇOIS), littérateur italien, né à Venise, en 1769, mort le 13 octobre 1827, est connu moins par les circonstances de sa vie, que par les différents ouvrages qu'il a publiés ou laissés en manuscrit. Parmi ceux qui ont été imprimés de son vivant, on remarque : 1° les *Lettres d'Alciphron*, traduites du grec en italien (1) ; 2° la *Vie d'Azuztolozeno*, l'un des plus célèbres littérateurs et des meilleurs critiques du commencement du XVIIIe siècle ; 3° les *Vies de cinquante hommes illustres* des provinces de Venise ; 4° les *Vies des frères Amottéi*, que l'on doit ranger parmi les meilleurs latinistes du XVIe siècle ; 5° le fragment célèbre de l'*Elégie d'Hermésianax*, traduit et commenté, le seul qui nous reste de ce poète grec, contemporain de Philippe et d'Alexandre-le-Grand ; 6° divers *Mémoires* sur quelques inscriptions anciennes, et d'autres ouvrages tant en prose qu'en vers. Négrit a légué ses nombreux manuscrits à Emmanuel Cicogna, l'un de ses amis, qui se propose de les publier.

NÉHÉMIE, pieux et savant Juif, s'acquit la faveur d'Artaxercès Longue-Main, roi de Perse, dont il était échanson, et obtint de ce prince la permission de rebâtir Jérusalem. Les ennemis des juifs mirent tout en œuvre pour s'y opposer. Ils vinrent en armes dans le dessein de les surprendre dans le travail ; mais Néhémie, ayant fait amener une partie de ses gens, les rangea par troupes derrière la muraille. Ils bâtissaient d'une main et se défendaient de l'autre. Tous les efforts des ennemis de Néhémie ne purent ralentir l'ardeur de ce généreux chef. Enfin, après un travail assidu de cinquante-deux jours, les murs de Jérusalem furent achevés, l'an 454 avant Jésus-Christ. On se prépara à en faire la dédicace avec solennité. Néhémie sépara les prêtres, les lévites et les princes du peuple en deux bandes. L'une marchait du côté du midi, et l'autre du côté du septentrion sur les murs. Elles se rencontrèrent dans le temple, où l'on immola de grandes victimes avec des transports de joie. Il établit ensuite un ordre pour la garde et la sûreté de la ville. Il voulut que les principaux de la nation et la dixième partie du peuple de Juda y fixassent leur demeure. Il s'appliqua à corriger les abus qui s'étaient glissés dans le gouvernement, et réussit surtout à faire rompre les mariages contractés avec les femmes idolâtres. Après avoir rétabli le bon ordre, il voulut le perpétuer, en engageant les principaux de la nation à renouveler solennellement l'alliance avec le Seigneur. La cérémonie s'en fit dans le temple ; on en dressa un acte, qui fut signé des premiers du peuple et des prêtres ; et tout le reste donna parole avec serment qu'il le serait fidèle à l'observer. Néhémie retourna enfin à la cour d'Artaxercès : y étant demeuré quelques années, il obtint par ses instantes prières la permission de revenir à Jérusalem. A son arrivée, il trouva que pendant son absence il s'était glissé plusieurs abus, qu'il travailla à corriger. Après avoir gouverné le peuple juif pendant environ 30 ans, il mourut en paix vers l'an 430 av. J.-C. Néhémie passe pour être auteur du second livre d'Esdras, qui commence ainsi : « Ce sont ici les paroles de Néhémie. » Ce livre est canonique. L'auteur y parle presque toujours à la première personne ; cependant, en le lisant avec réflexion, on y remarque diverses paroles qui n'ont pu avoir été écrites

(1) Ces lettres, qu'on croit supposées, avaient déjà été traduites en latin dans la belle édition d'El. Bergler, Leipsick, 1709-1715, et en français par l'abbé Richard, Paris, 1785.

par Néhémie. C'est du temps de Néhémie que fut reproduit le feu sacré que les prêtres, avant la captivité de Babylone, avaient caché dans le fond d'un puits qui était à sec. Ceux que ce saint homme envoya pour en faire la recherche ne rapportèrent qu'une eau épaisse, qu'il fit répandre sur l'autel. Le bois qui en avait été arrosé s'alluma aussitôt que le soleil vint à paraître ; ce qui remplit d'admiration tous ceux qui étaient présents. Ce miracle étant venu à la connaissance du roi de Perse, ce prince fit fermer de murailles le lieu où le feu avait été caché, et accorda aux prêtres de grands priviléges. (*V.* ISRAÉLITES.)

NEIGE, s. f., eau congelée qui tombe de l'atmosphère en flocons blancs et légers, produits par des amas de cristaux très variés en forme et en quantité de formes différentes. On emploie quelquefois la neige et la glace en médecine comme tonique et répercussive en l'appliquant à l'extérieur.

NEIGER, v. n., qui n'est usité qu'à l'infinitif et aux troisièmes personnes du singulier. Il se dit de la neige qui tombe. Fig. et fam. Il a neigé sur sa tête, il a les cheveux blancs.

NEIPPERG (GUILLAUME REINHARD, comte DE), feld-maréchal autrichien, d'une famille noble de Souabe, né en 1684, servit la maison d'Autriche avec beaucoup de zèle et de fidélité. Ce fut lui qui conclut rapidement et secrètement le traité qui, en 1739, remit Belgrade entre les mains des Turcs, pour délivrer le grand-duc François, depuis empereur, qui avait été pris durant une partie de chasse. On fit semblant de l'en punir par la prison ; mais le traité n'en fut pas moins ratifié, et le général, comblé de faveurs, fut mis ensuite à la tête de l'armée que Marie-Thérèse opposa au roi de Prusse. Nommé gouverneur de Luxembourg, il fut aimé et respecté des habitants de cette province. Par des vues d'humanité, concertées avec le maréchal de Belle-Isle, gouverneur de Metz, il sut, au milieu de la guerre, préserver le pays confié à ses soins de ces dévastations destructives, aussi contraires à la gloire des souverains qui ordonnent la guerre, qu'aux intérêts du pauvre peuple qui en supporte les dangers et les frais. C'était un homme de mœurs austères et d'une grande probité. Elevé dans l'hérésie luthérienne, il l'abandonna avec pleine connaissance de cause, pour embrasser la religion catholique, dont il pratiquait les devoirs avec exactitude et édification.

NEIPPERG (LÉOPOLD, comte DE), fils du précédent, né en 1728, mort à Schweiger, près Heilbronn, le 5 janvier 1792, fut longtemps ambassadeur d'Autriche à Naples. Il inventa, en 1762, une machine pour copier les lettres, connue sous le nom de copiste secret, dont il fit paraître en 1764, à Vienne, une description, in-4°, avec six gravures in-fol. On lui doit aussi l'*Histoire fondée sur les documents originaux de toutes les transactions relatives à la paix conclue le 18 septembre 1738, entre l'empereur Charles VI, la Russie et la Porte-Ottomane*, Francfort et Leipsick, 1790, in-8. Neipperg entreprit cet ouvrage pour justifier la conduite de son père, à qui la voix publique reprochait d'avoir agi contre les intérêts de la patrie, en concluant la paix de Belgrade.

NÉLÉE (*myth.*), fils de Neptune et de Tyro, fut, ainsi que son frère Pélias, exposé à sa naissance par sa propre mère, qui voulait dérober à son père Salmonée la connaissance de ses faiblesses. Ces deux enfants, ayant été sauvés par des bergers, furent dans la suite présentés à leur mère Tyro, qui avait été mariée à Créthée, roi d'Iolchos. Après la mort de ce prince, Nélée et Pélias s'emparèrent de son royaume, au mépris des droits d'Eson, qui, comme fils de Créthée et de Tyro, en était l'héritier légitime. Quelque temps après, Nélée ayant été chassé d'Iolchos par Pélias, se réfugia chez Apharée, roi de Messénie, qui lui abandonna la côte maritime de son royaume, et lui permit d'y bâtir Pylos. Nélée devint bientôt un des princes les plus riches du Péloponèse. Il épousa Chloris, fille d'Amphion, dont il eut une fille et douze fils. Fier de cette nombreuse famille, il osa attaquer Hercule, qui le tua ainsi que ses douze enfants, à l'exception de Nestor. Nélée avait promis sa fille en mariage à celui qui lui amènerait les bœufs d'Iphiclus. Bias qui y réussit, épousa la princesse.

NÉLÉE (*hist.*), fils de Codrus et frère de Médon, ayant été obligé de céder le trône à son frère, mené l'an 1093 av. J.-C., alla fonder une colonie dans le territoire de Milet. Pour assurer l'existence de sa nouvelle colonie, il fit massacrer les Milésiens, et donna leurs femmes à ses soldats. On lui attribua les fondations d'Ephèse, Milet, Colophon, Myonte, Lébédos, Clazomène.

NÉLIS (CORNEILLE-FRANÇOIS DE), évêque d'Anvers, naquit à Malines, le 3 juin 1736, d'une famille honnête, que ses services avaient fait anoblir par l'impératrice Marie-Thérèse. Il fit ses études à l'université de Louvain, où il remporta le premier prix. Destiné à l'état ecclésiastique, il apprit la théologie, et obtint le grade de docteur dans cette faculté, avec un tel succès, que le même jour l'université le nomma directeur de sa bibliothèque. Bientôt il se fit avantageusement connaître comme écrivain par plusieurs dissertations qu'il publia sur divers points d'histoire et de morale. Ses talents furent récompensés : le gouvernement autrichien lui donna un canonicat dans la cathédrale de Tournai, dont l'évêque le nomma son grand vicaire. Il présida en cette qualité, et pendant plusieurs années, les états de Tournaisis; il devint l'un des premiers membres de l'Académie des sciences et belles-lettres qu'on établit à Bruxelles. Les jésuites ayant été supprimés en 1767, on lui confia la direction des études, avec le titre de commissaire royal. Il fut choisi, en 1785, pour accompagner l'archi-duc Maximilien (depuis électeur de Cologne), dans la visite que fit ce prince des provinces Belgiques. Sa conversation plut à l'archiduc qui, reconnaissant en outre dans Nélis des vertus et un véritable talent, contribua à lui procurer l'évêché d'Anvers, où il fut installé en 1784. Quoiqu'il dût son élévation à la maison d'Autriche, sa conscience fut alarmée des innovations religieuses que voulait introduire Joseph II. Il s'unit aux jésuites Van-Espan pour s'opposer aux mesures arbitraires de l'empereur, qui troublait les esprits timorés. Léopold II, successeur de Joseph, calma les troubles des provinces révoltées; mais l'évêque d'Anvers ne jouit pas d'un long repos. Il se montra un des plus ardents ennemis de la révolution française, dont les démagogues s'étaient fait beaucoup de partisans dans la Belgique. Contraint de quitter son diocèse en 1794, à l'approche des Français, il se rendit à Parme, où il se retira dans le couvent des Camaldules. Il y mourut le 21 août 1798 à l'âge de 62 ans. Il a laissé, outre les dissertations déjà indiquées : 1° *Éloge funèbre de Marie-Thérèse*, jugé supérieur à celui de l'abbé de Boismont ; 2° l'*Aveugle de la montagne*, ou *Entretiens philosophiques*, Palme, Bodoni, 1795. Deuxième édit., Rome, 1796, in-4° ; 3° *De historia belgica et ejusdem scriptoribus præcipuis commentatio*, Parme, 1795. Parmi les nombreux manuscrits qu'il a laissés, on en cite un qui a pour titre : *Europæ fata, mores, disciplina, etc., ab ineunte sæculo XV usque ad finem sæculi XVIII*. Ce prélat écrivait avec un égal talent en latin et en français, et possédait de vastes connaissances. F.

NELSON (Horace), célèbre amiral, né le 29 septembre 1758, à Burnham-Thorpe, eut l'honneur, étant simple capitaine , d'avoir sous ses ordres le duc de Clarence, depuis Guillaume IV. La guerre avec la France ayant éclaté, on le chargea du commandement de l'*Agamemnon*, de 64 canons, avec lequel il contribua à la prise de Toulon, de Bastia et de Calvi ; il perdit un œil dans cette dernière attaque. En 1796, le commodore Nelson tenta une attaque contre les Canaries, d'où il fut repoussé avec une perte considérable. L'alliance de la France avec l'Espagne causa à cette dernière la perte de sa marine ; la flotte espagnole, commandée par Cordova, fut défaite à la hauteur de Saint-Vincent par l'amiral Jervis, et Nelson eut une grande part à cette victoire. Ces succès, récompensés par le titre de contre-amiral, furent suivis de plusieurs revers à Cadix et à Ténériffe. Chargé d'observer et de combattre la flotte qui portait en Égypte l'armée commandée par Buonaparte, Nelson relâcha à Naples, où il avait fait naguère la connaissance de la trop fameuse lady Hamilton. Tandis qu'il était retenu dans les liens de cette nouvelle sirène, il apprit que Malte se trouvait au pouvoir de Buonaparte. Il se mit aussitôt à chercher la flotte française, et la rencontra le 1er août 1798, dans la baie d'Aboukir. Le combat le plus sanglant s'engagea, et du côté des Français, il n'y eut que deux vaisseaux et deux frégates qui échappèrent : tout le reste fut pris ou brûlé. Les Anglais ne parvinrent à emmener que les six des neuf vaisseaux dont ils s'étaient emparés. Nelson entra dans le port de Naples, y traînant captifs ces navires dont l'approche avait naguère effrayé le royaume des Deux-Siciles. Le roi lui-même alla dans le port au devant de l'amiral anglais. Lady Hamilton l'avait devancé, et placée à côté de Nelson, sur le vaisseau commandant, elle rappelait Cléopâtre ramenant Marc Antoine. L'amiral fut créé baron du Nil, et l'amirauté lui acheta les vaisseaux qu'il avait pris aux Français. D'un autre côté, le roi de Naples le nomma duc de Bitonte, en Sicile ; le sénat de Messine l'honora du titre de citoyen, et le grand-seigneur lui envoya une aigrette enrichie de diamants. Cependant les troupes républicaines arrivant aux portes

de Naples, Nelson transporta la famille royale en Sicile, d'où il la reconduisit à Naples lorsque les Français en furent chassés. Ce fut à regret qu'obéissant aux exigences de lady Hamilton, il concourut aux actes de justice sévère exercés sur plusieurs individus, et qu'il signa le décret de mort du vieux prince Carraccioli. Inséparable de lady Hamilton, quand le gouvernement britannique rappela le mari de cette femme si indigne de lui, Nelson résigna son commandement. Il remplit ensuite une mission auprès de plusieurs puissances du Nord, et fut nommé à la chambre des pairs où il s'éleva contre la paix avec la France. En 1803, chargé d'aller bombarder Alger, il essaya après, mais inutilement, d'incendier la flottille de Boulogne. En 1805, les flottes espagnole et française, ayant mis à la voile le 19 novembre, par un temps orageux, rencontrèrent l'escadre anglaise le 21, près du cap Trafalgar. Nelson les attaqua l'après-midi, et malgré la plus opiniâtre résistance, il les défit complétement. Elles étaient en pleine déroute, lorsqu'une balle de mousquet, partie des hunes de la *Santa-Trinidad*, atteignit l'amiral à la partie supérieure du bras gauche. Il mourut deux heures après, au milieu de la plus brillante victoire. La mort de cet amiral remplit de deuil toute l'Angleterre. On y transporta son corps à bord de son vaisseau, dans l'avoir placé dans un cercueil qui le suivait dans tous ses voyages. Ce cercueil était construit d'un tronçon du mât de l'un des vaisseaux dont il s'était emparé dans ses premières expéditions. Les restes de Nelson furent inhumés dans la cathédrale de Saint-Paul, où on lui éleva un monument.

NELUMBO (*bot.*) *nelumbium*, genre de plantes de la polyandrie polygynie de Linné, qui se compose de belles plantes herbacées qui croissent dans les eaux douces des parties chaudes de l'Asie et de l'Amérique septentrionale. Elles ont un rhizome épais, rampant, duquel partent des pétioles et des pédoncules assez longs pour élever les feuilles et les fleurs au-dessus de la surface de l'eau ; leurs feuilles ont une grande lame peltée orbiculaire, concave ; les fleurs, très grandes, sont roses blanches ou jaunes et présentent pour caractères, calice à 4 sépales libres, tombants ; corolle à pétales nombreux étalés disposés sur plusieurs rangs ; étamines nombreuses à filament filiforme prolongé au-dessus de l'anthère en un petit appendice ; pistils nombreux, logés dans les alvéoles d'un réceptacle fortement dilaté en un corps en forme de cône renversé, chacun d'eux se compose d'un ovaire libre à une seule loge uni-ou bi-ovulé, surmonté d'un style court que termine un stigmate pelté. A ces pistils succèdent autant de petites noix monospermes. Les principales espèces de ce genre, sont le nélumbo brillant (*N. speciosum*), Wild. L'une des plus belles plantes connues ; elle croit dans les lacs et les eaux peu courantes de l'Asie méridionale. Les fleurs qui atteignent jusqu'à 3 décimètres de diamètre sont blanches ou roses, et ont une odeur d'anis. Dans certaines parties de l'Asie, on mange ses graines et son rhizome. Le nelumbo jaune (*N. luteum*), des États-Unis diffère de la précédente par ses fleurs jaunes un peu plus petites.

NÉMÉE (*géog.*), ville de l'Argolide, entre Cléones et Phlionte, et près d'une forêt où Hercule tua le fameux lion connu sous le nom de lion de Némée. On a cru reconnaître la caverne qu'il habitait, à 15 stades de cette ville, entre Argos et Corinthe. Némée était célèbre par les jeux que l'on y célébrait, et qui portaient le nom de némées.

NÉMÉE, fille de Jupiter et de la Lune, donna son nom à une contrée de l'Élide, où il y avait une vaste forêt, fameuse par la terrible lion qu'Hercule étouffa en faveur de Molorchus. On y célébrait les jeux en l'honneur de ce demi-dieu.

NÉMÉENS (Jeux), jeux célébrés tous les 3 ou 5 ans, et qui étaient comptés parmi les quatre plus fameux de la Grèce. Ils furent institués, dit-on, par Hercule, en mémoire de la victoire qu'il remporta sur le lion de Némée. Pausanias dit que ce fut Adraste, un des sept chefs de la première guerre de Thèbes, qui en fut l'auteur ; d'autres racontent que ce fut pour honorer la mémoire du jeune Ophelte ou Archémore, fils du roi Lycurgue, que les sept chefs argiens célébrèrent ces jeux ; d'autres enfin prétendent qu'ils furent consacrés à Jupiter Néméen. Dans ces jeux on courait à pied, à cheval et sur des chars ; enfin on faisait tous les exercices usités dans les grands jeux de la Grèce. C'étaient les Argiens qui les faisaient faire à leurs dépens dans la forêt de Némée, et qui en étaient les juges. Ils jugeaient en habit de deuil (sans doute en souvenir de la mort d'Archémore), et le vainqueur recevait une couronne, qui d'abord était d'olivier ; mais les Argiens, ayant été battus dans la guerre contre les Mèdes, changèrent l'olivier en une herbe funèbre, nommée ache. Selon d'autres, elle fut dès l'origine, d'ache en mémoire de la mort d'Achémore. Les jeux néméens formaient une ère pour les Argiens et pour les peuples du voisinage.

NÉMÉSIEN (M. AURELIUS OLYMPIUS), un des poètes latins les plus distingués du III° siècle, était natif de Carthage, et vivait vers l'an 268 de J.-C., sous l'empire de Numérien, dont il paraît assez probable qu'il fut le parent, d'autant plus qu'il portait les mêmes prénoms (*M. Aurelius*), et qu'il périt, dit-on, par les ordres de Dioclétien, successeur de Numérien. Il composa trois grands poèmes intitulés : *Halieutica* (ou de la pêche), *Cynegetica* (ou de la chasse), et *Nautica* (ou de la navigation). Il ne nous reste de ces diverses compositions que le commencement des Cynégétiques. On y remarque beaucoup de méthode, et des imitations spirituelles de Virgile et d'Oppien. Le style, quoique loin d'être exempt des vices littéraires du siècle, est cependant infiniment supérieur à celui de ses contemporains, sous le rapport de la correction et de l'élégance. On attribue encore à ce poète quatre églogues, que l'on trouve presque toujours avec celles de Galpurnius, et qui peut-être appartiennent à ce dernier. On a quelques raisons de faire honneur à Némésien d'un petit poème en 137 vers sur Hercule : poème que l'on donne assez mal à propos à Claudien. Les meilleures éditions de Némésien sont celles de Burmann, 1728, Küstner, Mittau, 1774, et de Wernsdorf, dans ses *Poetæ latini minores*, Altembourg, 1799.

NÉMÉSIEN (Saint), et ses collègues, confesseurs et martyrs en Afrique durant la persécution de Valérien, l'an 257 de J.-C. Saint Cyprien fait un grand éloge des vertus et de la constance des illustres martyrs.

NÉMÉSIES, fêtes instituées en l'honneur de Némésis, parce qu'on croyait que cette divinité prenait même les morts sous sa protection, et vengeait les injures faites à leurs tombeaux.

NÉMÉSIS, déesse de la rémunération, chargée de réprimer les passions, de rétablir l'équilibre entre les biens et les maux, de récompenser les bonnes actions et de châtier les coupables, de veiller enfin à ce qu'on rendit aux morts les honneurs qui leur était dus, était fille, selon les uns, de l'Érèbe et de la Nuit, et, selon les autres, de la Nuit seule, ou bien de l'Océan et de la Nuit, de la justice de Jupiter et de la Nécessité. Un grand nombre de médailles de Smyrne la représentent avec les attributs de la Vertu, seulement le bras est quelquefois ployé et le doigt appuyé sur les lèvres. De cette main droite, elle écarte une partie de ses vêtements qui lui couvrent la poitrine, et son regard se dirige sur son sein. Elle tient dans la main gauche une coquille, un frein ou une branche de frêne, et dans la main droite une mesure; quelquefois on voit à ses pieds la roue de la fortune et un griffon. Certaines médailles la représentent aussi sur un char traîné par deux griffons, et portant sur la tête une couronne murale ou un boisseau. Rarement elle a des ailes. Son culte était répandu. On lui donnait aussi le nom d'Adrastée, qui le premier lui éleva un temple soit à Adrastie, soit à Cizique; et celui de Rhamnusie, du bourg de Rhamnus, à 16 stades de Marathon, où l'on voyait sa statue taillée par Phidias, dans le marbre de Paros qu'avaient apporté les Perses pour élever un trophée. Herder et Manso ont jeté quelques lumières sur les idées que les anciens se faisaient de Némésis; cependant les traditions qui font d'elle l'amante de Jupiter, forment une classe particulière de mythes qui n'ont pas encore été suffisamment éclaircis. C. L.

NÉMÉSIUS, évêque d'Émèse, florissait vers l'an 400. Il a laissé en grec un ouvrage *de la Nature de l'homme*, en 44 chapitres. C'est une des meilleures productions de l'antiquité chrétienne. Némésius y combat avec force la fatalité des stoïciens et les erreurs des manichéens; mais il soutient l'opinion de la préexistence des âmes. Le style surtout plus pur que celui de la plupart de ses contemporains. La première édition grecque est celle d'Anvers, 1565, in-8°; la meilleure celle de Matthias, Hall, 1802. On lui attribue, dans l'édition d'Oxford, 1671, in-8°, des découvertes importantes sur la qualité et l'usage de la bile. On y dit même qu'il connaissait la circulation du sang.

NÉMIUS (JEAN), né à Bois-le-Duc vers 1530, embrassa l'état ecclésiastique, et fut successivement principal du collège des Apôtres de Nimègue et de celui d'Amsterdam. Il mourut vers 1610, et a laissé : 1° *De Imperio et servitute ludi magistri*, Nimègue, 1551, in-4°. Ce livre est en vers avec des notes; 2° *Ortographiæ latinæ et pronuntiandi modus*, Anvers, 1572, in-8°; 3° *Annotationes in Syntaxim Erasmi*, Anvers, 1574, in-8°; 4° *Tyli saxonis historia, sive humanæ stultitiæ trium-*

phus, en vers ïambes; 5° *Parens et noverca*, poème, Anvers, 1553; 6° *Epitome de conscribendis epistolis*, Anvers, 1552, in-8°, etc.

NÉMOTÈLES *Anthrax* (Ins.), genre d'insectes de l'ordre des diptères, qui offre pour caractères : palpes intérieurs, trompe peu saillante, le premier article des antennes plus long que le second, celui-ci piriforme, et terminé par une longue alène, munie d'une soie. Il se reconnaissent facilement à leurs ailes toujours étendues, même pendant le repos, et atteignent presque deux fois la longueur du corps; elles sont le plus souvent noires, ou mi-parties de noir et de blanc, ce qui leur donne un caractère tout particulier; leur étendue donne à l'insecte un vol rapide. Leur tête globuleuse porte deux grands yeux qui en occupent la plus grande partie; leur corps est oblong, déprimé et toujours velu. Parmi les espèces les plus remarquables de notre pays, nous citerons d'abord : l'*Anthrax noir*, A. morio, Panz. Cette espèce, que l'on trouve assez communément aux environs de Paris, est toute noire, longue, d'environ 10 à 12 millimètres. Quelques poils fauves couvrent la partie antérieure du corselet et les côtés de l'abdomen; les ailes sont noires de la base à la moitié, où la limite forme quatre dentelures. — L'*Anthrax varié*, A. varia, Fab., de la taille de l'espèce précédente, a le corps brun, velu, avec des taches blanches sur l'abdomen ; ses ailes sont transparentes, parsemées de petits points. J. P.

NEMOURS, chef-lieu de canton (Seine-et-Marne), cette ville située partout environnée par le Loing et son canal possède une église remarquable, un ancien château, un hôpital, une bibliothèque, grande marbrerie; commerce en grains, etc. Nemours fut d'abord une seigneurie. Charles VI l'érigea en duché-pairie en 1404. La maison de Savoie le posséda 130 ans. Enfin, Louis XIV en devint maître et le donna en 1666 à Philippe d'Orléans son frère. Aujourd'hui le titre de duc de Nemours est porté par le deuxième fils du roi.

NEMOURS (JACQUES D'ARMAGNAC, DUC DE), délivra le château de Perpignan du siège qu'y avaient mis les Roussillonnais révoltés, et rétablit le calme dans cette province. Il fut comblé des bienfaits de Louis XI qui le nomma duc et pair, et lui donna le duché de Nemours. Ayant coopéré à la ligue dite du bien public, il se laissa entraîner dans les conjurations que le duc de Guienne et le comte d'Armagnac formèrent contre Louis XI. Le premier ayant péri le poison, et l'autre ayant été massacré, il n'en devint pas plus sage. Les ducs de Bretagne et de Bourgogne, qui cherchaient à perpétuer les troubles de l'État en appelant les Anglais en France, *l'engagèrent dans leur parti*. Louis, instruit de la trame de Nemours, donna ordre de le saisir. Il fut arrêté à Carlat et amené à Paris, où il eut la tête tranchée, en 1477. Ses jeunes enfants, vêtus de blanc, tête nue et mains jointes, furent placés sous l'échafaud, et le sang de leur père ruisselait sur eux. Après son exécution, ils furent ramenés à la Bastille, et renfermés dans des cachots en forme de hottes, où ils éprouvèrent mille tortures, qu'ils ne sortirent qu'après la mort de Louis XI.

NEMOURS (JACQUES DE SAVOIE, DUC DE), fils de Philippe de Savoie, duc de Nemours, et de Charlotte-d'Orléans-Longueville, né à l'abbaye de Vauluisant, en Champagne, l'an 1531, signala son courage sous Henri II. Après avoir servi avec éclat en Piémont et en Italie, il fut fait colonel-général de la cavalerie. Il réduisit le Dauphiné, défit par deux fois le baron des Adrets, le ramena le parti du roi, contribua à sauver Charles IX à Meaux où les rebelles étaient sur le point de l'investir, se trouva à la bataille de Saint-Denis, s'opposa au duc de Deux-Ponts, en 1569, et mourut à Annecy en 1585. Ce prince était aussi recommandable par les qualités du cœur et par sa générosité que par son esprit et son savoir.

NEMOURS (MARIE D'ORLÉANS-LONGUEVILLE, duchesse DE) née en 1625, morte en 1707, laissa des Mémoires écrits avec fidélité et d'un style très léger. Elle y fait des portraits, pleins de finesse, de vérité et d'esprit, des principaux auteurs des troubles de la Fronde, dont elle décrit l'histoire.

NEMROD, fils de Chus, petit-fils de Cham, fut le premier prince puissant sur la terre. Il s'adonna d'abord à la chasse des bêtes farouches, avec une troupe de jeunes gens fort hardis, qu'il endurcit au travail et qu'il accoutuma à manier les armes avec adresse. Il fonda l'empire de Babylone et bâtit la ville de ce nom, à côté de la fameuse tour de Babel. A mesure qu'il étendait ses conquêtes, il bâtit d'autres villes, ou plutôt des bourgades. Son règne fut de 65 ans. Il fut plus doux que son ambition ne semblait le promettre. Ses sujets lui élevèrent des autels après sa mort. Gérard Mercator et Longius confondent Nemrod avec Assur, que l'Ecriture distingue bien clairement ; d'autres le prennent pour le Bélus ou le Ninus des Assyriens. Il est difficile de rien assurer sur la chronologie de ces temps lointains. L'histoire profane ne présente à cette époque rien qui puisse diriger les recherches, ni suppléer au silence de l'Ecriture, et encore moins expliquer les passages obscurs.

NÉNIE, déesse des funérailles. On donnait aussi ce nom aux chants funèbres, dont on attribue l'invention à Linus. Comme ces chants étaient ordinairement vides de sens, on en prit occasion d'appeler *Nœniæ* les mauvais vers et les chansons vaines et puériles.

NÉNUPHAR *Nymphœa* (Bot.). Genre de la famille des nymphéacées, à laquelle il sert de type. Il se compose de plantes herbacées aquatiques, à rhizome charnu, rampant au fond de l'eau sur la vase où il s'enracine, et donnant naissance à des pétioles et des pédoncules portant des feuilles et des fleurs à la surface de l'eau. Les premières sont grandes, planes, en cœur, ou bilobées à leur base, parfois peltées, entières ou sinuées-dentées, pourvues de stomates à leur surface supérieure. Leurs fleurs sont grandes et brillantes, de couleur blanche ou bleue, ou rose ou rouge. On a fait des *nymphœa* à fleurs jaunes, le sous-genre *nuphar*. Les nymphœa se distinguent des nélumbo par leur fruit charnu rempli de pulpes dans lequel sont plongées les graines, musticulaire, couronné par le stigmate persistant. — Parmi les espèces de ce genre, nous citerons : le *nénuphar bleu* (*N. cœrulea*), qui croît dans les rivières et les canaux de la basse Egypte. Les fleurs d'un beau bleu, sont élevées au-dessus de l'eau par de longs pédoncules. Cette plante était sacrée pour les anciens Egyptiens, qui mangeaient son rhizome et ses graines. Le *nénuphar lotus*, qui croît aussi dans le Nil, a ses fleurs blanches ; il jouait un rôle important comme plante alimentaire ; son rhizome a le goût de la chataigne, ses graines servaient à faire du pain. — Le *nénuphar blanc*, qui croît dans la plus grande partie de l'Europe, jouit longtemps d'une grande réputation, pour les propriétés sédatives aphrodisiaques de son rhizome. Mais des expériences modernes ont prouvé que cette croyance était dénuée de fondement. J. P.

NÉOCORE, s. m., t. d'antiq. Officier préposé à la garde et à l'entretien des temples, et ce qu'ils renferment de précieux. Il se dit aussi des villes et des provinces qui avaient fait bâtir des temples en l'honneur de Rome et des empereurs.

NÉO-CÉSARÉE (*Niksar* ou *Nisar*), ville de l'Asie mineure, dans le Pont, vers le S., sur l'Iris, près de sa source. Son commerce et sa population l'élevèrent au rang de métropole du Pont Polémoniaque. S. Grégoire le Thaumaturge était de Néo-Césarée.

NÉOGRAPHE, adj. des deux genres, qui veut introduire et qui admet une orthographe nouvelle et contraire à l'usage. Il s'emploie plus ordinairement comme substantif masculin.

NÉOLOGIE, **NÉOLOGISME**. Ces deux mots ne doivent pas être confondus, quoiqu'ils aient un point de vue commun, en ce que l'un et l'autre signifient *mot nouveau*, mais la néologie est l'art de former des mots nouveaux pour des idées ou nouvelles ou mal rendues, et le néologisme est la manie d'employer des mots nouveaux sans besoin ou sans goût. La néologie a ses règles, et le néologisme n'a pour guide que le caprice. La première enrichit la langue, l'autre la surcharge sans répondre à ses besoins, et l'affuble d'ornements inutiles ou ridicules, et par conséquent nuisibles à sa beauté. On doit dire avec Horace qu'il sera toujours permis d'introduire un terme nouveau, pourvu qu'il soit conforme à l'étymologie, à l'analogie ; qu'il ne blesse point la pureté du langage, et qu'il soit nécessaire pour exprimer une idée ou lui donner plus de force par une nouvelle expression.

> . . . . Licuit semper que licebit,
> Signatum præsente nota producere nomen.
>
> Art. poet., v. 58.

Il n'est jamais possible de dire qu'une langue est fixée. Tant que les idées, la philosophie et les sciences feront des progrès, la langue devra suivre leurs pas ; si elle restait stationnaire, elle cesserait de pouvoir exprimer ce que l'esprit peut innover. Quelle que soit la richesse d'une langue, cette richesse peut s'augmenter. Puisque l'esprit est progressif, le langage doit l'être ; l'un ne doit pas plus que l'autre rester enfermé dans d'étroites barrières ; donner des chaînes au langage, c'est en donner à la pensée. Les langues se *sont* formées peu à peu ; elles ont d'abord été très simples, et les mots ont été créés pour exprimer les choses et

peindre les objets matériels ; ce n'est qu'en arrivant aux idées complexes et métaphysiques que ces mots se sont modifiés, que leur signification s'est étendue, et qu'ils sont devenus l'expression des sentiments, des passions et de tout ce que la pensée seule peut concevoir hors de la limite des sens. La langue française fut d'abord barbare comme toutes les langues primitives ; elle était en harmonie avec les mœurs et les coutumes de peuples peu civilisés. Il n'en est pas moins vrai qu'elle a conservé et qu'elle conserve encore beaucoup de racines de sa forme primitive. La langue latine vint l'enrichir ; puis, plus tard, la langue grecque lui offrit ses trésors. Elle franchit un pas immense de Charlemagne à François Ier, et il est probable qu'à l'époque où Amyot, Rabelais et Montaigne écrivaient, on put croire la langue parfaite ; on le crut ensuite dans le siècle de Louis XIV. Il est vrai qu'à cette dernière époque elle acquit de la pureté, de l'élégance, et que sa physionomie fut plus noble et dessinée en traits plus harmonieux. Ce fut l'œuvre des grands génies de ce temps, et sans doute ils furent taxés de néologisme par les écrivains routiniers ; mais ces néologues, qui enrichissaient la langue, ne dénaturaient pas le langage. Leur goût même s'épura depuis le commencement jusqu'au milieu de leur carrière ; il suffit pour s'en convaincre de comparer les premiers écrits de Molière et de Corneille à leurs ouvrages postérieurs, dans lesquels ils luttent avec les Pascal, les Bossuet, les Racine et les Fénelon. Il faut convenir qu'alors la belle langue française était faite ; mais elle n'était pas plus fixée qu'elle ne le sera dans un siècle. Elle était faite parce que ses règles, sa syntaxe, sa grammaire avaient des bases fondées sur la raison et le goût, et qu'elle avait donné les plus beaux exemples de la clarté, de la noblesse et de l'éloquence ; mais, dans le siècle suivant, Fontenelle, Diderot, d'Alembert, J.-J. Rousseau et Voltaire lui donnèrent un caractère nouveau. Ils eurent la hardiesse de ne pas s'astreindre au vocabulaire académique et d'employer des expressions pittoresques, des mots significatifs et puissants. C'était alors que Voltaire disait : « La langue française est une gueuse fière, il faut l'enrichir malgré elle. » Ce fut à cette époque que l'abbé Desfontaines publia un *Dictionnaire néologique*, ouvrage satirique dans lequel il ridiculisait la néologie de son temps. Il est arrivé que la presque-totalité des expressions qu'il a blâmées se sont naturalisées dans le langage, et que la critique semble avoir donné, sans s'en douter, le signal de leur adoption. Une grande révolution devait étendre encore le domaine de la langue française et lui imprimer un cachet de néologie que la force et la rapidité des événements, la nouveauté des idées, le conflit des opinions, l'improvisation passionnée des orateurs politiques renouvelaient chaque jour et presque à chaque moment. Lorsque Mirabeau tonnait à la tribune, s'il se présentait à son esprit une expression saisissante et vigoureuse, il s'inquiétait peu qu'elle eût la sanction du dictionnaire. De nouvelles institutions consacrèrent des mots nouveaux, et la plupart de ces mots ont pris droit de bourgeoisie. Les découvertes scientifiques, celles des arts et de l'industrie, ont encore nécessité la création d'expressions nouvelles, et c'est la langue grecque qui en a fourni presque toutes les termes. Enfin la poésie et la littérature se sont révoltées de nos jours contre la rigueur des lois académiques, et plusieurs écrivains ont ressuscité de vieilles expressions pour donner à leur style une couleur nouvelle. Il est en effet une foule de mots anciens qui ont été oubliés, perdus, dédaignés, ils existent dans la langue de nos ancêtres ; nous pouvons les y retrouver. Il n'y a jamais pour peindre de palette trop richement chargée ; c'est au peintre à choisir. Mais si ces mots anciens ne suffisent pas, pourquoi en refuser de nouveaux ? L'instinct fait créer des mots qu'il est impossible à la réflexion de ne pas adopter.

Le besoin fait les mots, le goût les sanctionne.

« En général, dit Mercier, l'apôtre de la néologie, les circonlocutions promettent beaucoup et tiennent peu ; un mot neuf réveille plus que des sons ; aussi, quand une idée pourra être exprimée par un mot, ne souffrez jamais qu'elle le soit par une phrase. » « Multipliez, dit-il encore, les mots qui portent avec eux l'idée simple : la phrase, qui est le corps de l'idée composée sera plus riche et plus facile. » Mercier a composé un ouvrage assez curieux, intitulé *Néologie*, ou vocabulaire de mots nouveaux à renouveler ou pris dans les acceptions nouvelles (Paris, 1801, 2 vol.). Mercier, ainsi que Voltaire, regrettait beaucoup que dans nos mots on eût souvent conservé le composé en excluant le simple, et contrairement répudié le composé quand il était aussi nécessaire qu'expressif. Le peuple est essentiellement néologue, et beaucoup de mots qu'il forge passent insensiblement dans le langage de la société, qui les accueille d'abord avec une sorte d'ironie, mais qui les consacre pour ainsi dire par l'usage, et ces mots finissent par s'implanter tellement dans la langue, qu'ils y demeurent avec ou sans l'approbation académique dont ils se soucient peu. Les dictionnaires n'ont d'autre droit que celui d'enregistrer les mots. L'écrivain qui en fait usage, qui les choisit et qui les emploie, en assigne la valeur et la puissance.　　　　　　　　　　　　　　　DU MERSAN.

NÉOMÉNIES, fête qui se célébrait à la nouvelle lune en Syrie, en Égypte, en Grèce et à Rome. Les Juifs avaient pour le jour de la néoménie une vénération particulière, qu'ils manifestaient par des sacrifices solennels. En Égypte la cérémonie principale consistait à conduire en pompe les animaux qui répondaient au signe céleste dans lequel allaient entrer la lune et le soleil. Chez les Grecs on offrait des sacrifices à tous les dieux, et particulièrement à Apollon, considéré comme le père de la lumière, des mois, des saisons, du jour et de la nuit. On célébrait les néoménies par des jeux et des repas publics, auxquels les riches et les pauvres prenaient également part. On y faisait aux dieux des prières solennelles. On y rendait aussi un hommage religieux aux héros et aux demi-dieux. On appelait néoméniastes ceux qui y assistaient.

NÉOPHYTE, s. des deux genres, une personne nouvellement convertie, nouvellement baptisée.

NÉOPLATONISME. Un des principaux caractères que présente l'histoire de l'esprit humain dans les cinq premiers siècles de l'ère chrétienne, est la tendance générale des doctrines philosophiques et religieuses à se combiner dans un système plus vaste et plus compréhensif. Depuis longtemps le génie de l'invention était épuisé chez les Grecs ; ils n'avaient plus d'école nouvelle à fonder ; aucune route jusqu'alors ignorée ne s'ouvrait devant eux ; ils étaient arrivés à ce point où la tâche consiste plutôt à conserver qu'à produire, à comparer et à combiner les solutions existantes plutôt qu'à en créer de nouvelles. Alexandrie devint le centre et demeura toujours le foyer principal de ce mouvement philosophique, désigné sous le nom d'éclectisme. On sait comment, par les soins et sous la protection des sugides, Alexandrie était devenue la métropole des sciences. Toutes les doctrines de la Grèce étaient représentées au Musée, et ce rapprochement devait amener tôt ou tard des tentatives de fusion entre les systèmes. Toutefois, pendant un assez long temps, les différentes écoles subsistèrent parallèlement sans se confondre. Quelques essais de conciliation eurent lieu d'abord entre les doctrines d'origine grecque. C'est ainsi que le géographe Strabon associe Aristote à Zénon ; Sotion le jeune combine la doctrine des stoïciens avec celle de Pythagore. Un Ammonius, différent du maître de Plotin, cherche à concilier Platon et Aristote ; Potarmon veut établir le même concert entre Aristote et les stoïciens. Mais ce qui fait le caractère distinctif de l'époque à laquelle appartient le nouveau platonisme, ce qui contribua surtout à lui donner la physionomie qui lui est propre, c'est le mélange des doctrines grecques, principalement de la métaphysique platonicienne avec les traditions mystiques de l'Orient, comme aussi la tendance de la philosophie à se rapprocher des religions positives et à se confondre avec elles. Le système de Platon devint comme le centre autour duquel on s'efforça de rallier non-seulement les autres systèmes de la Grèce, mais encore les antiques traditions dont l'Asie était le berceau. Une alliance s'établit entre la philosophie et le christianisme ; mais sur d'autres bases et sous des conditions différentes. Cette fusion entre les doctrines grecques et les doctrines orientales paraissait offrir d'autant moins de difficultés que les questions qu'on avait le plus à cœur de résoudre étaient les plus obscures de la philosophie ; l'obscurité des solutions elles-mêmes permettait, jusqu'à un certain point, sinon de les confondre, du moins de ne pas saisir nettement leurs différences, et de tenter un rapprochement par le moyen d'interprétations plus ou moins forcées. Ce rapprochement était inspiré par le sentiment religieux qui, à cette époque, était le premier besoin des esprits. De là le respect poussé jusqu'à la superstition pour tout ce qui offrait un caractère traditionnel, pour l'antique des lois, des mœurs et des doctrines. De là ce retour aux croyances de l'antiquité, et la persuasion générale que la lumière divine qui nous éclaire avait brillé plus vif et plus pur à l'origine des temps, et qu'elle n'était parvenue jusqu'à nous qu'après avoir subi une série de dégradations. L'idée commune à tous les systèmes orientaux est la théorie des émanations décroissantes

et du développement graduel de l'essence divine. Dieu ne communique pas immédiatement avec le monde ; son contact avec la matière souillerait la pureté de sa nature ; il n'agit pas non plus ; toute action, tout mouvement répugne à son essence qui consiste dans l'immutabilité absolue. L'activité corsique émane de son sein, mais son éternel repos n'est point altéré. La conséquence de la doctrine de l'émanation était le dédain de la vie pratique, et l'amour de la vie exclusivement contemplative ; l'âme devait s'attacher à remonter la série des émanations qui la séparaient du Dieu suprême ; puis, arrivée à cette hauteur, être absorbée dans l'unité, se perdre dans son essence, goûter en paix les jouissances de l'extase et de l'intuition immédiate. Par une conséquence nécessaire, les sciences qui ont pour objet le multiple et supposent l'exercice, le mouvement de la pensée, n'avaient aucun prix, sinon comme moyen de détacher l'âme du corporel et de la préparer ainsi à la félicité véritable qui consiste dans l'unification avec Dieu. S'abstenir des jouissances physiques, mortifier la chair et les inclinations sensibles, tels sont les moyens les plus efficaces de parvenir à la science supérieure et à la souveraine béatitude. Ce que les Orientaux recommandent avant tout, c'est la purification de l'âme, le mépris de la perception extérieure, la contemplation intérieure et l'extase. Nous verrons ces idées reproduites et développées par le néoplatonisme. On ne peut méconnaître l'affinité qui existe entre quelques-unes d'entre elles et certaines parties de la doctrine de Platon. Cette conformité ne suffit pas pour justifier l'opinion de Tredmann et de Meiners, selon lesquels le nouveau platonisme résulterait du seul développement de la philosophie platonicienne. Il est vrai que la dialectique de Platon contient le germe du panthéisme, et qu'il a emprunté plusieurs éléments de sa doctrine aux traditions de l'Asie, en les dépouillant du voile de l'allégorie pour les revêtir d'une forme plus scientifique ; mais la théorie des émanations décroissantes porte des traces visibles d'une origine exclusivement orientale ; l'idée d'un développement graduel de la substance de Dieu fut étrangère à la pensée grecque. Les Alexandrins choisirent dans la philosophie platonicienne la partie qui se rapprochait le plus du mysticisme asiatique, celle qui favorisait davantage l'exaltation religieuse, de même que, dans leur éclectisme, ils firent la plus large part aux systèmes favorables à l'élément religieux. Les Juifs paraissent avoir été les premiers intermédiaires de ce rapprochement entre les doctrines philosophiques et les religions positives. Aristobule, le premier, essaya de concilier les traditions juives avec la philosophie grecque qu'il interprétait d'après les livres sacrés et dont il rattachait l'origine à l'enseignement mosaïque. Dans les ouvrages de Philon, on reconnaît la triple influence des doctrines juives, des idées orientales et de la philosophie grecque, principalement des théories de Platon, que Philon avait pris pour guide. Conformément à l'esprit général de l'époque, il plaçait la sagesse antique fort au-dessus de la sagesse de son temps. A l'exemple d'Aristobule, il considérait la philosophie et la civilisation grecques comme une dérivation de la doctrine et de la législation mosaïques ; aussi la science grecque n'est-elle à ses yeux qu'un moyen de parvenir à une science plus élevée, de même, qu'en général, le développement scientifique de la pensée n'est qu'une préparation à la connaissance véritable, qui s'obtient par la contemplation immédiate de Dieu même, par l'extase. Nous verrons que cette prétention de s'élever, dès cette vie, à l'intuition directe du divin est un des points fondamentaux du nouveau platonisme. Philon distingue avec Platon le monde intelligible et le monde sensible ; il admet le premier comme la région des idées, et les idées comme les archétypes d'après lesquels l'univers a été formé par le Dieu suprême. Mais Philon personnifie les idées et en compose son premier λογος, ou Verbe, qu'il appelle le fils de Dieu : c'est le Verbe en soi. Le second verbe est la parole, λογος προφέρικος, le Verbe opérant réellement sur le monde sensible ; c'est l'âme, ou le troisième principe des néoplatoniciens. Telle est la Trinité de Philon. En psychologie, il se rapproche de Platon sur le dogme de la préexistence des âmes, sur la nécessité de se dégager des organes matériels pour s'élever à la contemplation des choses intelligibles ; mais il unit l'esprit oriental quand il fait consister la connaissance supérieure, non dans l'intuition des idées, ni dans le mouvement de la pensée rationnelle, mais dans l'inspiration divine qui affranchit l'âme de toute détermination, de tout mouvement, de toute énergie propre. Dans cet état d'extase, la distinction du connaissant et du connu disparaît, l'entendement est dégagé de la multiplicité, la conscience n'existe plus, la personnalité humaine est anéantie, l'âme désormais exempte d'inquiétude, de travail et même de tout acte de vertu. Philon érige en principe fondamental le mépris de toute culture intellectuelle qui reparaîtra dans les systèmes des néoplatoniciens. Ce qui distingue le philosophe juif, c'est une manière de penser orientale avec la forme et un langage grecs. A cette époque, les symboles mystérieux de la théorie pythagoricienne des nombres, théorie qui s'alliait si bien avec le génie mystique des orientaux, avaient repris crédit. Le pythagorisme avait d'ailleurs une grande affinité avec la doctrine platonicienne des idées qui peut-être n'en était qu'un développement. Parmi les platoniciens de ce temps, le plus remarquable est Plutarque, qui s'efforça de concilier la philosophie avec le polythéisme, tentative dont quelques érudits de la même époque avaient déjà donné l'exemple. On trouve dans Plutarque des tendances visibles, quoique contenues encore, vers le mysticisme oriental. Il exalte l'enthousiasme divin qu'il considère comme un état passif de l'âme. Il distingue le Dieu en soi, le Dieu caché, environné de ténèbres mystérieuses, du Dieu formateur du monde. Le premier est inaccessible à toute pensée déterminée et n'est point saisi dans l'intuition des idées; il n'est point en communication directe avec les êtres contingents. On reconnaît ici l'élément oriental. Toutefois cet élément n'est pas prédominant comme dans Philon; les traditions de l'Asie n'avaient pas encore altéré profondément l'esprit grec. Plutarque, quoiqu'il reconnaisse la nécessité de l'union mystique de notre âme avec Dieu, ne condamne point la vie active et n'attache pas la même importance que Philon au repos contemplatif. Parmi les précurseurs de l'école néoplatonicienne qui hâtèrent la diffusion de l'esprit oriental chez les Grecs, nous citerons Cronius et surtout Numénius d'Apamée, dont les écrits jouissaient d'une très grande autorité aux yeux des nouveaux platoniciens. Il prétendait ramener Platon à Pythagore, et Pythagore aux anciens sages de l'Orient, et rattachait la philosophie grecque aux traditions des Égyptiens, des Mages, des Brames, et principalement à la doctrine mosaïque. Selon Numénius, la divinité absorbée dans la contemplation de sa propre essence ne pourrait sans perdre sa simplicité, sans se dégrader, communiquer directement avec l'univers, ni agir comme cause. Le premier principe est donc essentiellement inactif, mais de son sein émane l'intelligence, qui contient les germes de toutes choses et se trouve placée comme intermédiaire entre les êtres inférieurs et le Dieu suprême. Ce second Dieu est engendré du premier qui lui communique tous ses dons sans rien perdre de sa substance; c'est le Démiurge, le fils ou l'intelligence. Ce second principe, en tant qu'il se contemple lui-même, est la pensée pure qui exclut le mouvement et l'action; mais en tant qu'il dirige ses regards au-dessous de lui, il engendre un troisième principe, c'est-à-dire la force ordonnatrice et motrice de l'univers. Nous retrouverons les mêmes vues sous des formes plus arrêtées et plus précises dans les écrits de Plotin et de ses successeurs. Les premiers docteurs du christianisme ne demeurèrent pas étrangers à ce mouvement philosophique qui poussait les diverses écoles à se réunir; mais leur éclectisme partait d'un autre principe et reposait sur d'autres bases. Ils reconnaissaient pour règle et pour moyen de contrôle, non les principes de telle école particulière, mais la vérité chrétienne divinement révélée. Ils considéraient les vérités éparses dans les différentes sectes philosophiques comme autant d'étincelles, de manifestations partielles de la lumière incréée dont la source est le Verbe divin. Le Verbe, qui illumine toutes les intelligences, avait fait briller aux yeux des philosophes de la gentilité quelques rayons de cette lumière, révélée aux patriarches et aux prophètes du peuple élu; d'un autre côté, les sages de la Grèce avaient eu connaissance des traditions hébraïques. Les docteurs chrétiens, en recueillant çà et là les débris de vérités plus ou moins conservées dans les systèmes philosophiques, ne faisaient que revendiquer un bien qui leur appartenait. Ils faisaient de l'éclectisme non dans l'intérêt d'une secte particulière, ou même de la philosophie en général, mais dans un but exclusivement religieux; ce qu'ils se proposaient, c'était de disposer les esprits à la vraie religion en montrant la philosophie comme un acheminement au christianisme, ou plutôt comme un écho affaibli de la lumière qui brillait du plus pur éclat d'ans l'enseignement du Christ et des apôtres. Quoiqu'ils ne s'attachassent à aucune école en particulier, cependant ils n'acceptaient pas tous les systèmes au même titre. Comme, dans leur pensée, les vérités dont les gentils étaient en pos-

session étaient l'effet d'une révélation intérieure du Verbe, et surtout un écoulement de l'antique tradition des patriarches et des hébreux, ils accordaient une préférence marquée à celle des écoles dans laquelle la tradition leur paraissait moins profondément altérée. De là l'estime et la prédilection de plusieurs d'entre eux pour la doctrine de Platon, qui, sur Dieu et les choses divines, offrait une conformité si frappante avec la doctrine révélée. Ils pensaient que Platon, dans ses voyages, avait emprunté aux Juifs les principales vérités que renferme sa théorie. Clément d'Alexandrie ne craint point d'avancer que ce philosophe avait puisé dans la lecture des livres sacrés des hébreux les dogmes les plus importants de la foi chrétienne, et que ce n'est pas sans raison que Numénius l'appelle Moïse devenu Athénien. C'est principalement chez les docteurs chrétiens d'Alexandrie, Clément et Origène, que l'influence de Platon est remarquable. C'est aussi dans cette ville d'Alexandrie que l'éclectisme, dont jusqu'alors les éléments n'avaient reçu aucune coordination systématique, se produisit sous une forme plus rigoureuse, fut réduit en système, et constitua la secte philosophique connue sous le nom d'école néoplatonicienne. Cette école se partage en trois branches : l'école de Rome, celle d'Alexandrie et celle d'Athènes. La première a pour chef Plotin, la seconde Jamblique, la troisième Proclus; Ammonius Saccas est la souche commune. Voici en quels termes l'auteur de l'histoire comparée des systèmes de philosophie (t. III, p. 477) résume les caractères qui les distinguent : « L'école de Rome a ce caractère distinctif qu'elle est essentiellement un éclectisme philosophique, qu'elle se montre encore peu empreinte des traditions orientales, qu'elle n'invoque point encore les sources de l'ancienne mythologie. L'école d'Alexandrie, au contraire, se plonge tout entière dans la théologie mystique; c'est un vrai syncrétisme en ce sens qu'elle associe deux choses incompatibles, les doctrines philosophiques qui se fondent sur la raison et les dogmes religieux dont la révélation directe est la seule sanction. L'école d'Athènes tient une sorte de milieu entre les deux précédentes; elle adopte la foi comme une sorte de moyen terme entre la révélation directe et la raison; elle remonte de préférence aux sources de la sagesse des Grecs. Orphée est son héros. » C'est Ammonius Saccas que l'on est convenu généralement de regarder comme le fondateur de l'école néoplatonicienne, dont Plotin fut le premier métaphysicien. Ammonius, qui enseignait vers la fin du second siècle de l'ère chrétienne, s'efforça de concilier Aristote et Platon sur les points fondamentaux. On ne peut juger sa doctrine que par quelques disciples auxquels il l'exposa, et dont les principaux furent Hésennius, Origène et Plotin. Plotin, né à Sycopolis, en Égypte, suivit pendant onze ans les leçons d'Ammonius, et devint le plus célèbre de ses disciples. Il n'avait pu être satisfait, dit Sorphyre, par les professeurs en philosophie dont il avait suivi les leçons dans la capitale de l'Égypte; il en revenait toujours triste et chagrin. Un de ses amis le conduisit à Ammonius, et dès qu'il l'eut entendu il s'écria : Voilà celui que je cherchais. Il se rendit ensuite à Rome où il enseigna sa doctrine pendant vingt-six ans. Il profita d'une expédition de l'empereur Gordien pour aller sur les lieux étudier la philosophie des Mages et des Indiens. Il mourut en Campanie, dans sa soixante-treizième année. Plotin présentait sa doctrine comme un développement de celle de Platon à laquelle il s'efforçait de rattacher, non-seulement les systèmes d'origine grecque, mais les traditions de l'Asie qu'il prétendait être la source d'où la sagesse avait découlé chez les Grecs. D'après lui la théorie des trois principes était contenue plus ou moins explicitement dans tous les systèmes antérieurs; il est vrai que l'élasticité de son interprétation lui rendait facile la tâche de concilier entre eux ces systèmes et de les faire entrer dans le cadre de ses propres théories. Il tire parti de la mythologie et même de la magie à laquelle il subordonne la vie pratique. Voici le résumé de son système. Plotin développa l'idée déjà formulée plus ou moins nettement par Philon, Plutarque, et surtout Numénius; il admit, comme eux, trois principes suprasensibles de toutes choses, l'âme, la raison ou l'intelligence et l'unité absolue, principe premier, source de toute réalité, ou plutôt la réalité même, puisque rien n'existe que par sa participation à l'unité. L'un est nécessaire, immuable, infini, si toutefois on peut affirmer de lui ces attributs; car il est inaccessible à toute pensée finie. On ne peut dire de l'un qu'il est l'être, qu'il est l'intelligence; la pensée, le vouloir, l'énergie, le désir, la vie, ne lui conviennent point, parce qu'il est au-dessus de toute qualité, de toute détermination, de toute connaissance. L'unité absolue n'est point l'unité numérique, ni le point mathématique ; ces manières de s'exprimer supposant quelque relation sont indignes du premier principe. De l'unité absolue procède le système entier des êtres. D'abord elle contient virtuellement dans son sein le second principe, l'intelligence suprême, ou la raison, qui émane du premier, sans qu'il y ait dans ce dernier ni volonté, ni action, ni altération aucune. La raison est l'ensemble des idées, archétypes éternels de toutes choses exemplaires subsistants des êtres sensibles. L'idée, suivant Plotin, est en même temps le sujet qui connaît, l'objet connu et la connaissance elle-même ; ces trois choses se confondent en une seule. Du second principe, subordonné au premier, émane le troisième, qui est subordonné aux deux autres. Ce troisième principe est l'âme qui dérive de l'intelligence, comme l'intelligence procède de l'unité, c'est-à-dire sans mouvement ni altération. L'âme remplit une double fonction : elle est la pensée, la parole, exercice de l'intelligence ; elle est encore formatrice du monde et la source de laquelle émanent toutes les âmes particulières. Elle participe au monde intelligible par la contemplation des idées, et au monde sensible, qu'elle produit sur le modèle des idées. Mais, suivant Plotin, l'âme n'agit pas sur la matière comme sur un objet réellement existant. Dans le système des néoplatoniciens, la matière n'a pas une existence véritable ; elle n'est que privation ; ce sont les ténèbres par rapport à la lumière. Que l'on se représente un foyer lumineux, rayonnant dans tous les sens ; la lumière va toujours décroissant jusqu'à ce qu'elle ne fasse plus que projeter de pâles rayons dans un espace ténébreux. On peut dire en un sens que les ténèbres reçoivent la forme de la lumière et y participent à un certain degré. Telle est la notion que les néoplatoniciens se formaient de la matière et du monde sensible, qui, dans leur théorie, n'est qu'un pâle reflet du monde intelligible, l'émanation dernière de l'unité. C'est la lumière qui, à cause de son éloignement du foyer, ne peut plus que répandre des lueurs incertaines dans des ténèbres profondes. Les ténèbres ne sont rien de positif, de même, la matière n'est rien de réel, la lumière seule est une réalité, et pour continuer notre comparaison, la lumière, c'est l'idée, mais l'idée vivante et animée, l'idée en tant que force et puissance. On voit que le système de Plotin se réduit au pur idéalisme. Dans la théorie dont nous venons d'esquisser les principaux traits, l'intelligence impliquant la pluralité des formes intelligibles est subordonnée au premier, à l'unité pure, mais nulle part Plotin ne s'explique d'une manière satisfaisante sur le mode suivant lequel l'unité engendre la pluralité. Le second, qui est multiple, ne peut contenir le premier qui est l'unité primitive, absolue. Selon Plotin, l'intelligence est l'image, le reflet de l'unité, le second est tourné vers le premier, et cette vue est la raison ; mais si le second n'a aucune ressemblance avec le premier, comment la vue du premier peut-elle donner naissance au second ? Il faut vrai que, suivant Plotin, ce n'est pas la vue de l'unité qui constitue la raison en tant que multiple ; c'est en se contemplant elle-même que la raison trouve en elle la pluralité ; mais cette explication laisse subsister la difficulté tout entière, car elle ne montre pas le passage de l'unité à l'intelligence, à la pluralité. On peut faire les mêmes observations relativement à la production du troisième par le second. La raison étant essentiellement inactive ne peut engendrer le monde sensible ; elle n'agit pas au dehors ; mais il est aussi difficile de concevoir que cette fonction puisse appartenir à l'âme. L'âme, d'une part, appartient à l'ordre intelligible, de l'autre, elle rentre dans la catégorie des choses sensibles, puisqu'elle est le principe générateur du monde. Plotin n'explique pas comment deux éléments qui semblent se contredire peuvent être réunis dans un même principe.

La théorie de la connaissance, dans le système de Plotin, se lie étroitement avec sa doctrine sur l'origine et le mode de production des êtres. L'idée qu'il se forme de la science est celle de tous les panthéistes. La condition de toute connaissance certaine est l'identité du connaissant et du connu ; d'où il suit qu'à la rigueur, il n'existe qu'une seule faculté légitime, la conscience. La perception ayant pour objet l'externe est de nulle valeur aux yeux de Plotin. Le mépris de la perception est la conséquence de la manière dont il conçoit la science, et, d'ailleurs, nous avons vu que l'externe, ou le sensible, ne possède dans son système qu'une réalité apparente ; la matière n'est qu'un vain fantôme, une simple négation. La science certaine consiste dans l'union avec les objets réels ; elle est donnée par une faculté supérieure, la raison, ou la pensée rationnelle. La connaissance rationnelle n'est autre chose que le regard de la raison en elle-même, et suppose, par conséquent, l'identité du connaissant et du connu. Son domaine, ou plutôt, ce qui la constitue, c'est la vérité supra-sensible. Mais la raison ayant essentiellement pour objet la multiplicité des formes purement intelligibles, est encore un mode imparfait de connaissance ; elle n'atteint pas l'unité absolue. La science la plus élevée, si toutefois on peut lui conserver encore le nom de science, est la contemplation immédiate du Premier ou de l'Un. La pensée pure, la science rationnelle est encore un mouvement ; mais l'intention de l'unité ne comporte aucun des procédés scientifiques ordinaires. Notre âme n'est point active dans la contemplation, elle n'aperçoit pas l'unité comme quelque chose de distinct d'elle-même ; ce mode de connaissance impliquerait encore la dualité ; c'est l'unité qui se contemple en quelque sorte dans la raison. Toute l'étude de notre âme consiste à se dégager de tout ce qui serait capable de la séparer du premier principe ; le développement scientifique de la pensée pure est déjà un moyen d'effectuer, du moins en partie, cette délivrance de l'âme, puisque la raison est au-dessus du sensible ; mais ce n'est qu'un moyen, une préparation ; s'arrêter à ce degré de connaissance, ce serait demeurer emprisonné dans les liens de la pluralité. Il faut encore briser ces liens, s'élever au-dessus de la pensée pure, oublier tout ce qui est fini, multiple, divisé, et l'âme est parvenue au sommet de la perfection quand elle s'est ainsi dépouillée graduellement de tout élément individuel, déterminé, qu'elle s'est confondue avec l'unité dans l'intuition immédiate. Porphyre raconte que Plotin obtint quatre fois dans sa vie d'être élevé à cette intime communication avec l'Un, et que lui-même jouit une fois de cette faveur. Voici dans quels termes Plotin établit la nécessité de l'identité entre le sujet et l'objet dans la science absolue : « Y a-t-il quelqu'un qui puisse penser qu'une âme véritable et réelle puisse se tromper et croire à l'existence de choses qui n'existeraient pas réellement ? Personne, sans doute, ne l'admettrait, car comment existerait une âme qui se tromperait ? Il faut donc que toujours elle connaisse ; que cette notion ne lui soit point voilée par l'oubli ; que la connaissance ne soit point en elle une simple imagination, une recherche, un emprunt étranger. Ce n'est donc point par démonstration qu'elle doit saisir les choses. Toute chose lui est révélée par la propre nature, et ceux mêmes qui admettent qu'elle peut atteindre la vérité par la démonstration, sont obligés d'avouer qu'elle connaît certains objets par eux-mêmes. Mais comment distinguer ce qui est naturellement connu, ce qui est obtenu par l'investigation ? Sur quoi fondera-t-on la certitude du premier de ces deux ordres de connaissances ? Comment pourra-t-on s'assurer qu'elle le possède ? A l'égard des objets qui s'offrent au sens et qui paraissent mériter une confiance plus entière, on doute s'ils résident plutôt dans les choses extérieures que dans les simples modifications de l'âme, où ils reçoivent une existence apparente, ce qui exige certainement l'exercice du jugement ou du moins de la pensée. Si l'on accorde même que les propriétés qui s'offrent aux sens résident réellement dans les objets extérieurs que les sens perçoivent, on est contraint d'avouer que ce qui est perçu par les sens n'est qu'une image de l'objet, et que la perception ne saisit point l'objet lui-même, car cet objet réel reste placé au dehors. Mais l'entendement, en tant qu'il le connaît, et qu'il connaît les choses intelligibles, comment les connaît-il, s'il les connaît comme existant hors de lui-même ? Car il peut arriver qu'il ne les rencontre point, ou s'il les rencontre par hasard, il ne les saisira point d'une manière constante. Si les notions intelligibles sont simplement unies à l'esprit, quel sera le lien qui les unit ? Seront-ce des espèces d'images ? Mais alors elles seront empruntées et fortuites ; quelles seront ces images ? quels en seront les caractères et la forme ? L'entendement alors sera comme la sensation, une perception des choses extérieures. Quelle sera la différence de l'objet perçu et du sujet qui perçoit ? Comment l'entendement s'assurera-t-il qu'il a réellement perçu la vérité ? car l'objet de la perception sera différent de lui-même ; il n'aura point en lui-même les principes du jugement sur lesquels il puisse fonder sa confiance : ces principes de la vérité seront au dehors. Si ces objets sont au dehors, si l'âme les contemple en se dirigeant vers eux, il s'ensuit nécessairement qu'elle ne possède point la vérité réelle ; elle les verra, ne les saisira point, ne se les appropriera point ; ce ne seront que des images sujettes à être trompeuses ; elle n'aura point la vérité elle-même, mai comme une apparence de la vérité. Il ne faut donc point chercher hors de l'entendement les choses intelligibles; il ne faut point admettre que les images des choses soient présentes à l'esprit; il ne faut point attribuer le titre de connaissance à cette opération qui percevrait au dehors et qui ne donnerait qu'un simulacre des vestiges de la chose, si notre esprit ne s'empare point de cette chose, s'il ne cohabite point avec elle, s'il ne se confond point avec elle en un seul et même centre; il faut reconnaître que tout ce qui est vrai réside dans l'âme elle-même; alors sera en elle la vérité, le siége des choses; elle vivra et comprendra; elle n'aura besoin ni de démonstration ni de croyance. Or, telle est précisément la prérogative de l'entendement; il est manifesté en lui-même; il voit en même temps ce qui est au-dessus de lui comme sa source, ce qui est au-dessus de lui comme étant encore lui-même. Or, rien ne mérite mieux la confiance que lui-même, et il reconnaît suffisamment l'existence et la réalité, ce qui est en lui (Ennéade V, liv. V, ch. 1 et 2). » Les panthéistes modernes n'ont rien ajouté à la force des raisons développées dans le passage que nous venons de citer. La morale de Plotin est la conséquence de sa théorie des connaissances et des principes des choses; elle est purement ascétique et ne comprend que nos rapports avec Dieu. Dégager l'âme des choses sensibles, l'élever au-dessus de tout ce qui est mortel et transitoire pour la préparer à jouir de l'intuition divine, voilà l'abrégé de tous les devoirs. Le dernier terme de la félicité est la contemplation de l'Un dans laquelle notre âme perd sa personnalité pour la confondre en quelque sorte avec Dieu même. A proprement parler, elle n'existe plus; car dire que l'âme humaine contemple l'unité, c'est s'exprimer d'une manière inexacte. C'est, comme nous l'avons dit, l'intuition de l'unité par elle-même. Il ne faudrait pas entendre cette expression dans le sens de la connaissance ordinaire, quand même elle aurait pour objet la vérité supra-sensible. Par la raison, nous ne pouvons plus connaître la nature de l'intuition et de l'extase que la nature de l'unité elle-même, parce que la raison ne conçoit les choses que sous les conditions de la multiplicité, et que l'intuition, comme l'unité, est au-dessus de toute connaissance déterminée. Dans Plotin, la morale ne diffère pas, quant au fond, de la théorie de la science. D'ailleurs l'esprit se trouble quand il essaie de transporter dans son système les notions de bien et de mal, de droit et de devoir. Ces notions supposent la liberté et n'ont aucune signification dans elle; et, dans ce système comme dans toutes les théories panthéistiques, la liberté n'est autre chose que la nécessité du développement de l'unité absolue. L'âme n'étant qu'une émanation inférieure de Dieu, n'a pas une réalité substantielle propre; elle n'est qu'un point, une forme passagère du développement de l'âme universelle; or il est impossible d'élever une théorie morale sur de tels fondements, sans tomber dans de perpétuelles contradictions. Suivant Plotin, les erreurs et les vices proviennent de ce que l'âme descendue dans la région des choses sensibles, a oublié sa céleste origine; sa principale étude doit être de se diriger, par de constants efforts, vers la source première de toute vérité, de toute lumière. « Préparons-nous donc, dit-il, par les purifications, par les prières, par les exercices qui ornent l'esprit; élevons-nous ensuite au monde intellectuel; nourrissons-nous avec persévérance des célestes aliments qu'il renferme; arrivons à ce point de vue du haut duquel le spectacle devient identique au spectateur, où l'esprit voit non-seulement lui, mais tout le reste; où l'essence est une avec l'intelligence; où confondu en quelque sorte avec l'universalité des êtres, l'esprit s'embrasse, non comme lui étant quelque chose d'extérieur, mais comme lui appartenant (Ennéade VI, liv. VII, ch. 36). En général, Plotin ne cherche pas à démontrer scientifiquement ses théories; il les expose plutôt comme des dogmes religieux que comme des doctrines philosophiques proprement dites. Il fait connaître les résultats de sa méthode, mais non la méthode elle-même. Pour lui, le problème ontologique n'est pas distinct du problème psychologique; le principe de la connaissance est identique au principe de l'existence; il prend son point de départ au sommet de l'être et descend ensuite aux existences particulières; il procède a priori, du moins dans l'exposition. Mais ici la méthode d'exposition est-elle identique à la méthode d'invention? Il est facile de montrer que Plotin fut amené à son système en suivant un procédé bien différent de celui qu'il emploie dans le développement de ses théories. La seule notion du Premier ou de l'Un ne pouvait le conduire à la connaissance du Second ou de l'Intelligence, qui contient déjà

la multiplicité; nous l'avons fait observer précédemment. Le concept de l'unité ne donne point la pluralité dans son développement; la seule idée de l'universel ne conduit point à la diversité de ses applications. Les modernes panthéistes de l'Allemagne se sont consumés dans de stériles efforts pour déduire a priori de l'unité la pluralité dans l'ordre intelligible et dans le monde sensible. D'ailleurs, Plotin ne cherche nulle part à opérer cette déduction, ni même à en faire voir la possibilité. Il y a plus : comme nous le dirons plus bas, ce qui l'égare, c'est qu'il considère les principes plutôt en eux-mêmes que par rapport à la pluralité dont ils sont la raison. La vraie méthode de Plotin, c'est la dialectique platonicienne mal comprise; c'est la fausse interprétation de la théorie des idées. Aux yeux de Plotin, les idées générales ne sont pas de simples conceptions de notre esprit, et quoiqu'il n'en fasse pas autant de réalités substantielles distinctes et indépendantes, il leur attribue néanmoins une existence réelle, absolue, dans l'essence divine; ce sont les modèles, les archétypes dont les choses sensibles ne sont que les copies. La théorie des idées renferme un élément de vérité qui a survécu aux fictions allégoriques dont son auteur l'avait enveloppée; mais, cet élément, il fallait le dégager, si l'on voulait éviter de tomber dans les excès du panthéisme et du mysticisme. Platon ne l'a point fait, du moins, d'une manière assez nette, assez précise; et le germe d'erreur que recélait sa méthode, développé par les nouveaux platoniciens, devint le principe de tous leurs écarts. Au point de vue ontologique, il est vrai que l'être infini contient éminemment toutes les perfections auxquelles les créatures participent à des degrés différents, et, dans ce sens, il est vrai de dire que l'essence divine est l'archétype de tous les êtres finis, qu'en elle se trouvent réunis les exemplaires éternels de toutes choses; ce n'est qu'à cette condition que les vérités nécessaires et absolues sont applicables aux réalités contingentes. C'est l'enseignement des docteurs chrétiens et en particulier de saint Thomas. Au point de vue psychologique, il est vrai encore que l'idée plus ou moins explicite de l'être nécessaire, infini, accompagne toutes nos idées des choses contingentes, et qu'ainsi elle fait le fond de notre raison. Citons quelques exemples. A l'occasion de l'étendue finie, mon esprit conçoit et affirme l'étendue nécessaire et infinie, l'espace absolu. Il serait aisé de montrer, par l'analyse de la notion d'espace, que cette notion implique comme un de ses éléments essentiels, le concept de l'être absolu et ne serait pas possible sans lui. Il en est de l'idée de temps comme de l'idée d'espace; les substances et les causes relatives ne sont connues comme telles que par l'idée de la substance et de la cause inconditionnelle. A la vue des choses sensibles et passagères, ma raison s'élève au concept de l'être en soi, substance du vrai, du bien et du beau absolu. Ce n'est que par ce moyen qu'il m'est possible d'acquérir la connaissance rationnelle du fini. Chacune de mes idées relatives aux choses contingentes est accompagnée d'une idée semblable de l'ordre nécessaire qui domine la première. En un mot, les êtres finis ne sont perçus par notre raison que dans quelque rapport avec l'être absolu. Dans ces limites, la théorie des idées est la base de la vraie philosophie. Est-ce ainsi que les néoplatoniciens l'ont acceptée, que Platon lui-même l'a comprise? Platon n'a pas suffisamment analysé le rôle de notre esprit dans la formation des idées générales; à méconnu l'élément subjectif qu'elles contiennent; et là réside le principe des erreurs qui ont été dans la suite le fruit de sa méthode. Il reconnaissait avec raison des rapports de subordination entre nos idées, puisqu'il partait des notions les moins générales pour arriver graduellement jusqu'aux plus élevées. Par ce moyen il se rapprochait de plus en plus de l'unité pure; car, dans la hiérarchie des genres et des espèces, à mesure qu'on s'élève des espèces inférieures aux classes les plus générales, les différences s'éliminent, la somme des éléments de chaque idée devient moindre, en même temps que la pluralité à laquelle elle s'applique augmente. C'est ce que les logiciens expriment en disant que la compréhension et l'extension de l'idée sont en raison inverse l'une de l'autre. La diversité disparaît de plus en plus; au sommet apparaît l'unité elle-même, de laquelle la pluralité, les différences sont exclues. Si on observe que les idées générales, dans Platon, sont des essences réelles, que leurs rapports sont réels aussi, que, par conséquent, l'idée supérieure renferme dans une idée plus haute la réalité des idées inférieures, il faut admettre que l'unité absolue renferme toute la réalité, qu'elle est le principe de tous les êtres. Or, cette unité, telle quelle ressort du procédé de la généralisation, est de toutes les notions la plus vide ; elle est inaccessible à toute pensée déterminée, on pourrait dire que c'est l'être pur, si cette idée d'être n'était déjà une particularisation impliquant la différence. Nous arrivons ainsi au premier principe de Plotin, à l'Un, qui, d'après lui, est ineffable, au-dessus de la raison. La raison, c'est l'ensemble des idées avec leurs rapports de coordination et de subordination. Platon n'a point poussé jusqu'au bout les conséquences de sa méthode ; la dialectique dont il ne comprenait pas clairement la nature, le conduisait à l'unité que Plotin place au sommet de l'être ; il s'est arrêté au moment où la contradiction allait s'introduire dans son système. Ce pas que Platon n'osait franchir n'arrêtera ni Plotin, ni ses successeurs. Il devenait d'ailleurs facile d'appliquer à la hiérarchie des idées cette notion d'émanation empruntée aux traditions orientales. Si l'on remarque la manière dont l'idée du genre s'applique aux espèces, il semble que du concept supérieur découle la pluralité des notions inférieures comprises sous le premier. Plotin cependant ne peut descendre la série des idées autrement que par une suite d'affirmations purement gratuites. L'idée du genre ne contient pas tous les éléments intellectuels dont se compose la notion de l'espèce ; et s'il est possible de passer de la première à la seconde, c'est parce qu'auparavant on s'est élevé de la seconde à la première. Comme les panthéistes allemands, avec lesquels d'ailleurs, il a plus d'un rapport, Plotin ne fait que restituer successivement au concept primitif tous les caractères que la dialectique en avait successivement éliminés. En résumé, la méthode réelle de Plotin est plutôt psychologique qu'ontologique ; il n'a pas vu que l'idée générale n'est telle qu'autant qu'elle est conçue comme applicable à une multiplicité d'êtres, que ce caractère a sa source dans l'action de notre esprit, et par conséquent, qu'un être général implique contradiction. Le tort de Plotin est de n'avoir point su dégager l'élément psychologique de nos idées générales, et de les avoir transformées en autant d'êtres réels. Sa méthode le conduisait à l'unité absolue ; mais elle ne lui découvrait point le rapport de l'unité à la pluralité, ni le moyen de rattacher l'une à l'autre. La raison qui perçoit le multiple dans le monde intelligible se trouble quand elle veut appliquer les idées qui la constituent à l'unité qui lui échappe dès qu'elle essaie d'y atteindre. Ces notions d'être, d'infini, de nécessité, de puissance, de liberté, sont, suivant Plotin, indignes du premier principe, puisqu'elles indiquent autant de points de vue différents, et qu'au-dessus d'elles, la dialectique fait entrevoir l'unité dans laquelle toute différence a disparu. Ce n'est donc pas à l'intelligence qu'il faut demander la vraie notion de Dieu. Il existe une faculté supérieure ; cette faculté seule peut atteindre l'Un ; c'est la contemplation qui exclut tout exercice de la pensée rationnelle. Telles sont les conséquences de la méthode de Plotin. Mais supprimez les raisons comme moyen légitime de connaître, que reste-t-il ? Rien autres chose que le sentiment, la partie affective de l'âme. Plotin est donc forcé, en dernière analyse, de fonder la science absolue sur le témoignage de la faculté la plus variable, et s'il est permis de s'exprimer ainsi, la plus individuelle, sur le témoignage du sentiment. Cette faculté est la moins susceptible d'être soumise à des règles. En un mot, Plotin commence par la dialectique et finit par le mysticisme. Ce n'est point ici le lieu de discuter cette théorie qui s'est produite plus d'une fois dans le cours de l'histoire de l'esprit humain, et qui, au fond, n'est qu'un scepticisme déguisé, puisque, comme le scepticisme, elle n'a d'autre fondement que la faiblesse exagérée de notre raison. On doit, sans doute, éviter de transporter en Dieu les perfections relatives et finies que nous découvrons dans le monde et surtout dans nous-mêmes. Dieu est intelligent et libre ; il est cause ; mais en lui la causalité, la liberté, l'intelligence, sont dégagées des imperfections qui sont les caractères du multiple et du fini. Notre raison limitée ne conçoit Dieu en, quelque sorte, que par parties ; elle le décompose pour mieux le connaître ; elle distingue ses attributs et divise ce qui est un ; mais elle sait que la multiplicité est ramenée à l'unité de l'essence divine ; cette essence, elle ne la comprend point, elle n'en a qu'une connaissance imparfaite ; elle sait qu'elle est, et qu'elle est une ; mais il ne lui est point donné de la contempler dès cette vie ; l'intuition immédiate de la substance infinie est le partage d'une vie meilleure. Il faut bien le reconnaître : nous ne savons que bégayer quand nous essayons de parler de Dieu ; quoique nous fassions, à nos concepts les plus purs, les plus dégagés de tout ce qui a rapport au sensible, il s'y mêle toujours un élément qui n'appartient qu'au fini, et toutes les fois que nous transportons en Dieu quelque

attribut, c'est à la condition de le concevoir sous les caractères d'absolu, d'éternel, d'infini, sans lesquels il rentrerait dans l'ordre des choses relatives. On ne pourrait donc, sans injustice, condamner certains docteurs du christianisme qui ont avancé quelquefois que l'intelligence, la vie, la puissance, etc., ne conviennent pas à Dieu, parce qu'il est au-dessus de l'intelligence, de la vie, de la puissance ; ils parlaient de ces attributs conçus avec les caractères du fini, et dans ce sens, il est rigoureusement vrai de dire que Dieu est au-dessus de tout ce que nous connaissons des êtres contingents. Est-ce à dire que pour acquérir la connaissance parfaite de Dieu il faut commencer par faire abstraction de toutes les perfections dont notre raison a les idées ? que les notions d'intelligence, de causalité, de liberté, ne lui sont aucunement applicables ? que tout ce que nous pouvons affirmer de lui est indigne de sa nature ? Une théodicée établie sur une telle base serait un véritable athéisme. Notre raison conçoit l'être nécessaire et absolu, elle le conçoit comme infini, et, par conséquent, sous les caractères de l'unité, de la simplicité, de l'éternité, de l'immensité ; elle le conçoit de plus comme cause du monde, et comme cause intelligente et libre ; quand elle lui attribue ces qualités, ce ne sont pas des mots vides de sens qu'elle prononce ; ces attributs, Dieu les possède réellement, mais d'une manière absolue et infinie. Le vrai philosophe évite un double excès : sous prétexte de concevoir d'une manière digne de lui, il ne l'élève pas tellement au-dessus des conditions de la pensée humaine qu'il serait à notre égard comme s'il n'était pas ; il n'évite pas avec un moindre soin de transporter dans l'essence divine les conditions de l'existence contingente.

On a vu jusqu'à quel point la théorie de Plotin se rapproche de la doctrine platonicienne, et quelles sont les différences qui les séparent. En général, il semble que Plotin ait voulu préciser davantage, marquer plus expressément ce que Platon n'avait fait qu'entrevoir, ce qu'il avait à peine indiqué, ou laissé dans le doute ; Plotin rejette la perception extérieure et n'accorde à la matière qu'une réalité apparente ; ici encore, il ne fait qu'obéir à certaines tendances du platonisme. Sa valeur de la perception sensible est un des points les plus obscurs de la doctrine de Platon. A ses yeux, la véritable science, la science certaine, a pour objet non pas ce qui devient et passe, mais ce qui est immuable, l'essence dans les idées. D'un autre côté, il établit contre les Éléates la réalité du multiple et du devenir, ou du monde extérieur ; il reconnaît que l'univers sensible est formé à l'image des idées dont la matière reçoit l'empreinte. La matière n'est donc pas un pur néant. Il considère la perception sensible, non comme le moyen de connaître l'essence des choses, mais comme une occasion de la rechercher, de nous la rappeler ; d'où il suit que la perception n'est pas destinée de toute valeur. Ailleurs, il semble n'accorder de réalité qu'à l'idée, et regarder la connaissance intellectuelle comme la seule véritable science ; la perception sensible lui paraît irrationnelle, pleine d'instabilité et de contradiction ; c'est plutôt un empêchement qu'un moyen d'arriver à la connaissance certaine. Peut-être, ici, la contradiction est-elle plus apparente que réelle ; elle a sa source dans l'idéal que Platon s'était formé de la science supérieure. Quoi qu'il en soit, les nouveaux platoniciens prirent à la lettre et exagérèrent encore les reproches que Platon avait accumulés contre la sensation ; ils dépouillèrent la matière de cette existence vague et indécise qu'il lui avait conservée ; en la considérant comme une négation pure, ils s'éloignaient peu de l'enseignement du maître. « Platon s'arrête et se tait lorsqu'il est arrivé au terme vers lequel il devait nous conduire ; il laisse alors à son disciple le soin d'achever sa pensée ; Plotin est ce disciple que Platon avait invoqué, et qui achève en effet sa pensée, qui le charge d'expliquer ce que Platon lui-même n'avait pas osé déclarer et dire : il commence précisément là où son maître finit. Ce qui était dans Platon la plus haute des conséquences devient pour Plotin le premier principe. Nous avons comparé la doctrine de Platon à une pyramide dont la base repose sur la terre, et qui vient toucher aux cieux. Nous pourrions comparer celle de Plotin à un faisceau lumineux qui descend de l'empyrée en s'épanouissant sur la terre. » (*Hist. comparée des Syst.*, t. 222, p. 357.) Cette dernière comparaison n'a de justesse qu'en ce sens qu'elle exprime la différence des méthodes suivies par le maître et le disciple, non dans l'invention, mais dans l'exposition du système. On a précédemment remarqué la ressemblance frappante qui existait entre la doctrine de Plotin et les théories panthéistiques des philosophes allemands. L'unité absolue de Plotin n'est pas différente de l'unité absolue de Schelling. Comme les néoplatoniciens, Schelling prétend que l'absolu, unité du sujet et de l'objet, est inaccessible à l'entendement; il considère l'intuition ou l'extase comme le point de départ et le principe de la science. Suivant Plotin, le monde visible est la dernière émanation du premier principe; selon Hégel, la nature est l'idée à son état d'extériorité, dans son être autre, pour nous servir de ses expressions; cette manifestation extérieure de l'idée est nécessairement incomplète, inadéquate; c'est la *contradiction inconciliée.* — Le troisième principe des néoplatoniciens, l'ame, qu'est-ce autre chose dans le style de Hégel, sinon l'idée prenant conscience d'elle-même. Le principe fondamental commun aux néoplatoniciens et aux panthéistes allemands, est l'unité de substance. Ces derniers, Hégel surtout, ont essayé de présenter sous une forme scientifique la théorie qui, chez les premiers, paraissait plutôt le fruit de l'inspiration et de l'enthousiasme. Du reste les efforts de Hégel, pour exposer scientifiquement le panthéisme, n'ont servi qu'à mettre dans un jour plus éclatant les contradictions que ce système renferme. Quoiqu'il fasse, Hégel ne peut que juxtaposer des idées nouvelles aux idées déjà acquises; pas plus que Plotin, il ne déduit la pluralité de l'unité. Tous deux marchent d'affirmation en affirmation; quant à des preuves rigoureuses, elles manquent de part et d'autre. Nous avons vu plus haut que Plotin, comme les panthéistes modernes, prétend démontrer l'identité du connaissant et du connu par les nécessités de la science. Si l'objet de la raison était placé hors de la raison même, elle ne possèderait point le véritable original; cet original serait l'objet même, la raison n'en aurait donc qu'une image, et ne pourrait s'assurer de la fidélité de la copie. D'où Plotin conclut qu'il ne faut chercher la vérité, la réalité, que dans le sein de l'intelligence elle-même, qui seule est la substance pure digne de ce nom. Tel est l'argument des panthéistes de tous les temps; ce n'est point ici le lieu d'entrer à ce sujet dans une discussion qui nous conduirait trop loin. — (*V.* PANTHÉISME et SCEPTICISME.) Dégager le premier principe des conditions de la contingence et de la multiplicité, telle est la constante préoccupation des néoplatoniciens; c'est dans ce but qu'ils multiplient les principes intermédiaires entre l'unité absolue et le monde. De cette prétention de concilier la simplicité de l'essence divine avec l'idée d'émanation résultent les contradictions inévitables de leur système sur l'origine de la pluralité. Dans la théorie de la création, le monde n'est ni un mode ni un écoulement de l'infini; son existence est réellement, essentiellement distincte de celle de Dieu; Dieu, sans le monde, conserve sa vie propre, sa personnalité, la plénitude de ses perfections; les imperfections des êtres finis n'affectent aucunement l'être infini. Mais, en dehors du dogme de la création, il devient impossible de rattacher les êtres contingents à leur principe absolu, sans altérer essentiellement sa nature. Le monde, selon les néoplatoniciens, est une émanation de Dieu. L'émanation est le dégagement, l'évolution d'une chose qui préexistait à l'état latent dans une autre, comme dans un germe. Cette image grossière, empruntée au monde sensible, ne peut s'appliquer aux substances immatérielles; elle est de plus contraire au but que poursuivent les néoplatoniciens. Ce but consiste à expliquer l'origine du multiple en maintenant l'absolue simplicité du premier principe; évidemment, il ne peut être atteint dans le système de l'émanation. Si le monde est un écoulement de Dieu, il faut qu'il préexiste en Dieu, autrement, il ne saurait en émaner; cette conséquence ressort de la notion même d'émanation. Soutenir que le fini ne préexiste dans la substance infinie qu'à l'état de virtualité, à l'état de germe non encore développé, ce n'est pas avancer d'un pas à la solution du problème. Veut-on faire entendre que Dieu a le pouvoir de faire en sorte que le monde, qui n'existait pas, existe, c'est-à-dire de le tirer du néant? On retombe dans la doctrine de la création. Si le germe du fini est l'unité absolue elle-même, ou identique avec elle, il implique contradiction que la pluralité en découle; pour expliquer la co-existence du fini et de l'infini, il faut revenir au dogme de la création. Le germe du fini est de même nature que le fini, il est comme lui multiple et contingent; le transporter en Dieu, c'est altérer sa simplicité, c'est détruire sa nature. Les principes intermédiaires que Plotin suppose entre le premier principe et le monde peuvent donner le change, mais ne résolvent pas la difficulté. Le troisième principe, dont le monde est une émanation, émane du second, comme le second, à son tour, est une émanation du premier. Le premier contient donc

à l'état latent, si on veut, mais dans son essence, le germe qui, successivement développé, constitue les deux autres; il renferme la pluralité, le monde. Dans la description qu'il fait des trois principes suprasensibles, Plotin les considère en eux-mêmes plutôt que dans leur rapport avec les réalités inférieures qui en émanent; et, si l'on observe que la dialectique, telle qu'il l'employait, n'est qu'un procédé d'élimination, on voit qu'il ne pouvait guère les envisager autrement; mais, plus il s'attache à décrire dans leur essence, plus il les sépare des principes inférieurs; et, quand il essaie de descendre la série, et de rattacher les uns aux autres les différents termes, il se contente d'affirmer; ou, s'il hasarde quelques explications, elles sont inintelligibles, quand elles ne contredisent pas ses propres principes. Ces contradictions n'échappent pas à Plotin lui-même; pour les détruire, il ne trouve d'autre moyen que de condamner la raison elle-même; il se réfugie dans l'extase, dans l'enthousiasme. La raison n'est plus qu'une faculté secondaire, la contemplation, l'unique moyen d'arriver à la connaissance supérieure.

Les deux principaux disciples de Plotin furent Amélius et Porphyre. Il ne nous reste rien du premier, quoiqu'il ait, dit-on, écrit cent volumes sur le système de Plotin. Porphyre, Syrien de naissance, naquit à Batance, l'an 233 de Jésus-Christ. C'est lui qui, sous le titre d'*Ennéades*, rédigea et publia la doctrine de son maître. On lui doit un traité sur les prédicables, dans lequel il compléta les idées d'Aristote, en déduisant avec rigueur les conséquences des principes de ce philosophe. A l'exemple de Plotin, Porphyre ne distingue pas la pratique du bien de la recherche du vrai; il place l'entendement au-dessus de l'âme; la raison au-dessus des forces de la nature et des actions magiques des démons. Il n'accorde donc pas une grande valeur aux opérations théurgiques fort en vogue de son temps. Il essaya cependant de concilier les superstitions vulgaires avec sa doctrine philosophique. Alors on cherchait à réhabiliter le polythéisme que l'on étudiait surtout dans ses rapports avec la magie. Mais les pratiques de la théurgie et les cérémonies païennes étaient trop directement opposées à la tendance idéaliste de Porphyre pour qu'il pût s'abandonner entièrement à la direction commune des esprits. C'est ainsi qu'il met la philosophie au-dessus de la religion populaire; il considère les prêtres du culte établi comme les ministres des religions inférieures, tandis que le philosophe est le prêtre du Dieu suprême. Toutefois, comme nous l'avons fait remarquer, il est loin de condamner les superstitions du paganisme, il n'ose du moins les rejeter, et cherche même à les expliquer, sans ajouter une foi entière à ses hypothèses. On voit qu'il ne sut pas résister à l'entraînement général des esprits vers la théurgie; il demeura à cet égard dans l'incertitude: il flotte entre la théurgie et le polythéisme d'une part et la philosophie de l'autre, avec un penchant marqué vers cette dernière. Dans sa lettre au prophète égyptien Anébus, il doute si les opérations de la théurgie ne sont autre chose que les imaginations arbitraires d'une âme religieuse qui, de rien, se forme de grandes choses. Porphyre marque la transition de Plotin à Jamblique, de l'école de Rome à celle d'Alexandrie. Jamblique, originaire de Chalcis, dans la Célésyrie, imprima à l'école néoplatonicienne une direction nouvelle. Il passa dans l'Orient la plus grande partie de sa vie dont les événements extérieurs sont peu connus; il réunit autour de lui un grand nombre de disciples, et mourut sous le règne de Constantin-le-Grand. Sa foi au merveilleux, en harmonie avec l'esprit général de son époque, lui valut, plutôt que ses talents philosophiques, la haute considération dont il jouissait dans son école. Ce fut Jamblique qui, sous le nom d'Abausmon, répondit à la lettre de Porphyre à Anébus. Il conserve la doctrine spéculative de Plotin sur les émanations successives, sur l'unité primitive ou le Dieu suprême; mais Plotin ne niait pas d'une manière absolue l'activité de la raison. Jamblique la rejette entièrement. Plotin recommandait l'exercice de la pensée rationnelle comme une préparation à l'intuition du divin. Jamblique proscrit tout développement intellectuel, et recommande les pratiques de la théurgie, les opérations secrètes, les sacrifices, les paroles mystérieuses, les expiations, comme des moyens puissants de procurer l'apparition des génies et d'élever graduellement l'âme à la contemplation immédiate de Dieu, à sa complète unification avec le premier principe. La théurgie est l'unique voie qui conduit à la science, à la félicité suprême. Cependant aux objections de Porphyre, Jamblique prétend que le contact avec la matière n'est point un obstacle à l'intuition du divin, parce que la matière est sanctifiée par les dieux. Il faut se rappeler que dans la théorie néoplatonicienne la nature entière est animée ; tout est vie dans l'univers ; le monde visible est le corps de l'âme universelle et des âmes particulières qui en émanent et sont répandues dans tous les êtres. Ces âmes sont les génies dont la hiérarchie est établie sur le modèle des idées. Voici maintenant la manière dont Jamblique, dans son *Traité des mystères*, définit la théurgie et ses effets. « Lorsqu'elle a mis l'âme en rapport avec toutes les parties du monde et avec les puissances divines qui y sont répandues ; alors elle transporte l'âme auprès du divin ouvrier, la dépose dans son sein et l'unit au seul *logos* éternel, dégagée qu'elle est de toute matière. Je m'expliquerai plus ouvertement : la théurgie unit l'âme si étroitement au *logos* de Dieu, engendrée par lui, qui se meut par lui-même, à ce *logos* intellectuel qui soutient et orne tout, qui ramène à la vérité intelligible, l'unit si étroitement, en même temps et par degrés, aux autres puissances, instrument de Dieu, que l'âme après avoir rempli les pratiques sacrées, participe aux opérations et aux intelligences suprêmes, et se trouve transportée dans la plénitude du *démiourgos*. » Voici comment il décrit l'union de l'âme avec Dieu et l'illumination qui l'accompagne. « Celui qui évoque la divinité voit quelquefois un souffle qui descend et qui s'insinue, il est par lui mystiquement instruit et dirigé. Celui qui reçoit cette communication divine aperçoit une sorte d'image d'un trait de lumière ; ce rayon lumineux se montre quelquefois aussi à ceux qui l'entourent, annonçant la présence d'un Dieu. C'est à ces signes que les hommes experts dans ce genre de pratiques reconnaissent la vérité, la puissance et le rang de ce Dieu, quelles sont les choses dont il peut instruire, les puissances qu'il peut transmettre, en un mot ce qu'il peut opérer. Lors donc que la lumière divine et ineffable s'abaisse sur celui qui l'aspire, le remplit tout entier, s'empare de lui et l'enveloppe de telle manière qu'il ne peut plus exercer d'action propre, quelle sensation, quelle perception pourrait encore lui appartenir ? quelle opération humaine pourrait encore s'exercer en lui ? Mais ce n'est pas assez d'avoir appris à distinguer ces signes pour parvenir à la perfection de la science divine, il faut savoir aussi ce que c'est que cette inspiration. Cette inspiration ne provient point des génies, mais des dieux eux-mêmes. Elle est même supérieure à l'extase qui n'en est que l'accident et la suite. C'est une sorte d'obsession, d'obsession pleine et entière qui provient du souffle divin, qui extermine en quelque sorte nos facultés, nos opérations et nos sens ; elle ne dépend point de l'âme ou de ses facultés, ou de l'entendement ou de la santé corporelle. Cet éclat divin est une chose plus qu'humaine, comme si Dieu s'emparait de nous comme de ses organes ; c'est de là que naît la vertu prophétique, proférant des paroles que ne comprennent point ceux qui paraissent les répéter et qu'ils prononcent avec une sorte de fureur ; mais si l'âme est troublée avant l'inspiration, si elle est émue pendant son cours, si elle se confond avec le corps, si elle n'appelle la divine harmonie, les révélations seront confuses et trompeuses. » Si dans son union ineffable avec Dieu, notre âme est tellement confondue avec son essence qu'elle perd le sentiment de sa personnalité, elle est incapable de vice et de vertu ; les actions les plus criminelles lui deviennent indifférentes ; elle n'est plus responsable des mouvements déréglés du corps ; les révoltes des sens ne peuvent troubler sa sérénité. Le mysticisme n'est donc pas moins ennemi de la saine morale que de la véritable science. Il faut toutefois reconnaître que la morale des néoplatoniciens demeura généralement pure, du moins en théorie, et il serait injuste de leur attribuer les conséquences qui découlent de leur principe fondamental. Au point de vue moral, l'influence de Platon resta prédominante. Nous voyons Jamblique lui-même recommander la pureté des mœurs, le détachement des choses sensibles, la prière, les pratiques religieuses, comme la seule vraie et légitime préparation à la sagesse. Jusqu'alors, le néoplatonisme avait, à certains égards, conservé le caractère d'une philosophie rationnelle, la raison constituée juge de la doctrine, du moins dans la pratique ; Porphyre lui-même élevait la spéculation intellectuelle au-dessus du polythéisme vulgaire. Jamblique condamne absolument tout exercice de la pensée, le raisonnement, tous les procédés scientifiques, tout ce qui est le produit de l'art humain. Avec lui, le néoplatonisme revêt le caractère d'un dogme religieux dont l'origine doit être cherchée dans les anciennes traditions de l'Orient, car Jamblique enseigne formellement qu'Hermès est l'instituteur commun de tous les prêtres, et

que Pythagore, Platon et la plupart des sages de la Grèce ont puisé auprès des gardiens des mystères sacrés la vraie et légitime doctrine ; que les opinions de ces philosophes s'accordent avec les traditions des Chaldéens et l'enseignement des prophètes de l'Egypte. La transformation du néoplatonisme en une religion positive n'était d'ailleurs que la conséquence naturelle du mysticisme. Dès qu'une théorie n'est plus considérée comme le produit de l'activité intellectuelle, il faut qu'elle prenne le caractère et l'autorité d'un dogme. Mais toute religion a son complément nécessaire dans le culte extérieur. Les néoplatoniciens adoptèrent les superstitions du polythéisme qu'ils s'efforcèrent de concilier avec les principes de leur système. Le polythéisme tout entier ne fut qu'un assemblage de symboles et d'allégories dont la doctrine néoplatonicienne renfermait la clef. Cette tentative de régénérer la religion populaire en lui donnant l'apparence d'un enchaînement scientifique n'était point nouvelle. Platon, Aristote, et surtout les stoïciens avaient déjà indiqué cette voie, mais ces efforts devaient demeurer stériles. Il était facile sans doute aux néoplatoniciens de choisir, parmi les fables mythologiques, celles qui se laissaient le plus aisément ramener à leurs principes ; mais on conçoit combien un tel système d'interprétation, prête à l'arbitraire. Les allégories païennes pouvaient recevoir les explications les plus opposées. Le même fait mythologique qui n'était pour celui-ci que le travestissement d'un fait historique, devenait pour celui-là l'emblème des transformations, des puissances et des formes physiques, tandis qu'aux yeux d'un troisième, il représentait la génération logique de nos idées. Il était donc impossible de formuler un symbole précis, de fixer une règle de croyance ; l'autorité vivante était remplacée par le caprice de l'interprétation individuelle. Il ne suffisait pas de s'entendre sur le mode d'interprétation d'arrêter un symbole, il fallait encore faire accepter par le peuple qui prenait à la lettre les fables mythologiques, et n'y soupçonnait même pas la signification élevée qu'y découvraient les philosophes. Les lui expliquer dans un sens métaphorique, c'était bouleverser complètement toutes ses croyances, et il n'était pas au pouvoir des néoplatoniciens d'opérer cette étonnante révolution, ni de rendre populaire leur métaphysique inintelligible pour eux-mêmes. D'ailleurs en supposant qu'une religion se fût établie sur la base du néoplatonisme, elle ne renfermait aucun élément de durée et de vie. Le néoplatonisme reposait sur un fondement ruineux ; la part de l'erreur y était trop large pour que les philosophes de cette école pussent se flatter de répondre à tous les besoins de notre nature. L'éclectisme ne peut jamais devenir un dogme. Sa religion est essentiellement intolérante en matière de doctrine, parce qu'elle est infaillible. Sous quelque point de vue qu'on l'envisage, l'entreprise des nouveaux platoniciens devait échouer, et le rôle d'adversaire du christianisme qu'ils prirent après Plotin ne pouvait que rendre leur ruine plus prochaine. C'est en effet dans cette lutte inégale que l'école consuma inutilement ses forces. Le christianisme avait pour lui l'avenir ; le néoplatonisme en s'appuyant sur le polythéisme que tous les esprits élevés répudiaient, en liant sa cause à celle d'une religion que personne ne se souciait de défendre, se créa un embarras au lieu d'acquérir une nouvelle puissance. Cette lutte désespérée du polythéisme et de toutes les sectes philosophiques rassemblées contre l'ennemi commun, ne servit qu'à rendre plus éclatant le triomphe du christianisme, également victorieux des attaques de la raison et des persécutions des tyrans.

Nous ne ferons que mentionner ici les successeurs de Jamblique, dans lesquels il faut voir des thaumaturges et des enthousiastes, plutôt que des philosophes et des penseurs ; sa théurgie fut réduite en art. Ennape, historien de la secte, nous a conservé le détail des pratiques auxquelles se livraient les initiés et des règles qu'ils devaient observer. Persécutés sous Constantin et Constance, les néoplatoniciens furent réduits à s'envelopper d'un voile et à se disperser. Mais l'empereur Julien, qu'ils surent gagner à leur culte, leur rendit la liberté. Grâce à la protection dont il les environna, ils firent des prosélytes en Syrie, en Egypte, dans l'Asie-Mineure, et principalement dans la Cappadoce, où Edésus et Eustathne ouvrirent des écoles. Jamblique sembla revivre dans Antonius, Maxime d'Ephèse, Eusèbe de Mynde, Priscus, et surtout Hiéroclès, l'un des plus distingués de l'école d'Alexandrie. Vers cette époque, par suite de sa lutte avec le christianisme, une direction plus pratique se développa au sein du nouveau patriotisme, les opérations de sa théurgie pénétrèrent dans la vie publique, mais cette tendance contraire à l'esprit général de la doctrine néoplatonicienne ne tarda pas à disparaître. Il nous reste à considérer cette école sur son nouveau théâtre, à Athènes, où elle jeta son dernier éclat. Désormais, le triomphe du christianisme était assuré; depuis Théodose-le-Grand, il s'était rendu maitre de la vie publique, l'activité pratique que l'école néoplatonicienne avait manifestée vers la fin de l'époque précédente n'avait plus d'objet; cette école devait rentrer dans la vie privée et son rôle se bornait au maintien de l'érudition antique. Elle conserva jusqu'à la fin son caractère théurgique, mais elle reconnut en même temps l'importance de la culture scientifique; elle s'attacha davantage à l'emploi des procédés rationnels dans le développement de la doctrine. C'est à Athènes, où l'ancienne méthode scientifique avait poussé ses racines les plus profondes, que le nouveau platonisme subit cette dernière transformation. L'école d'Athènes se distingue encore en ce qu'au lieu de rattacher les théories néoplatoniciennes aux traditions orientales, c'est Orphée qu'elle considère comme la source d'où elles découlent. C'est probablement à cette époque que furent composés les livres attribués à celui auquel une ancienne tradition rapportait l'origine de la civilisation grecque. Proclus nous a conservé quelques uns des textes cités sous le nom d'Orphée. On y voit le panthéisme enseigné de la manière la plus formelle. « C'est pourquoi dans l'universalité de Dieu se trouvent compris les sommets éclatants du vaste être et du ciel, l'étendue de la mer immense et de la terre glorieuse. Tous les dieux immortels et heureux, enfin tout ce qui a été et qui sera dans l'univers, tout existe ensemble dans le sein de Dieu..... Il n'y a qu'une force, il n'y a qu'une substance souveraine dans laquelle tout est renfermé. Elle voit le tout, mais elle peut aussi faire jaillir de son sein la lumière qui éclaire tous les objets réunis. » (Procl., Comment. du Timée, liv. II, p. 55, 91, 34). Le premier que l'on rencontre dans la voie nouvelle du néoplatonisme est un certain Plutarque, fils de Nestorius, qui, sans négliger les opérations théurgiques, se livra à l'étude de Platon et d'Aristote, et ouvrit à Athènes une école très fréquentée. Il eut pour successeur Syrien d'Alexandrie, dont il nous reste un commentaire sur la métaphysique d'Aristote, pour servir d'introduction au nouveau platonisme. On trouve dans cet ouvrage un retour marqué aux procédés scholastiques de la science. Il avait aussi, selon Suidas, composé un commentaire sur la théologie orphique et un livre dans lequel il prétendait démontrer l'accord d'Orphée, de Pythagore et de Platon, qu'il regardait comme les véritables fondateurs du néoplatonisme. Le disciple et le successeur de Syrien fut Proclus, le plus célèbre philosophe de l'école d'Athènes; sa vie a été écrite par son disciple Marinus. Proclus naquit à Constantinople de parents lyciens, et reçut sa première éducation à Xante, ville de Syrie consacrée à Apollon et à Minerve. Il se voua d'abord à l'étude des sciences à Alexandrie, puis, peu satisfait de ses maitres, il vint à Athènes prendre les leçons de Plutarque et de Syrien qui l'initièrent aux dogmes du nouveau platonisme. Il s'acquit une grande réputation par son habileté dans la science des traditions chaldéennes et dans les opérations surnaturelles auxquelles il fut exercé par Asclépigénie, fille de Plutarque. Il embrassa avec chaleur la cause du polythéisme devenu désormais la religion d'une secte cachée. Il s'était composé un culte de toutes les religions réunies, à l'exception du christianisme dont il se déclara un ardent adversaire, il se regardait comme le prêtre de tout l'univers. Il s'attacha principalement aux prétendues traditions d'Orphée, se livra à l'étude d'Aristote et plus encore à celle de Platon, qu'il interprétait dans un sens allégorique. Proclus développa les deux principes fondamentaux de son école, l'identité du connaissant et du connu, et la réalité positive attachée aux idées prototypes de Platon, dont il fait des substances et des causes. La génération logique des idées générales devient à ses yeux la génération réelle des essences; la hiérarchie des idées est identique à la hiérarchie des êtres; les rapports de coordination et de subordination des concepts de l'entendement expriment le mode d'action, les lois du développement, les combinaisons diverses des causes réelles; en un mot, l'entendement contient le système entier des êtres. Cette doctrine, du reste, n'est pas particulière à Proclus, elle était contenue dans les écrits des néoplatoniciens antérieurs; mais Proclus s'appliqua principalement à rechercher en détail les rapports réel des choses dans les rapports des notions. Il attacha une grande

importance à la théorie de la mixtion des idées qui exprime, d'après lui, le grand hyménée des êtres et la fécondation des essences; il en déduisait les règles relatives au mélange des diverses substances dans les sacrifices et les libations. Il chercha ainsi la raison des pratiques théurgiques dans la doctrine spéculative. La théorie de Proclus sur la connaissance est une dérivation de son système sur les principes des choses, c'est un pur idéalisme; l'âme possède de toute éternité la connaissance des idées générales ou des essences; mais par son union avec la nature matérielle, elle se trouve séparée des génies supérieurs, des esprits divins qui l'éclairaient immédiatement. De là, l'ignorance et l'erreur, mais elle peut se dégager du sensible et s'élever de nouveau à l'union immédiate avec l'entendement divin. Proclus distingue cinq ordres de connaissances. Le premier comprend les idées individuelles des choses extérieures. Le second a pour objet les notions générales qui représentent les propriétés communes des êtres matériels. Le troisième renferme les notions abstraites et les sciences déductives qui ont rapport à la quantité, telles sont les mathématiques. Le quatrième consiste dans la spéculation contemplative des êtres et des essences, et embrasse les principes les plus simples et les plus généraux, les réalités purement intelligibles. Le cinquième enfin est l'intuition immédiate du divin; c'est l'extase dans laquelle l'âme se confond avec l'unité absolue. L'âme doit s'affranchir d'abord de l'esclavage des sens et ramener à l'unité la variété dont la nature visible est le théâtre. En possession des idées générales, elle n'a plus qu'à se laisser conduire par la dialectique, des notions inférieures aux concepts de plus en plus élevés, arrivée au sommet de l'échelle, à l'Un parfait, l'intelligence n'a plus de secours à espérer des procédés ordinaires de la science. Proclus appelle du nom de foi, la puissance qui nous conduit à l'unité absolue. Sa théurgie est le complément naturel de cette doctrine. Laissons parler Proclus lui-même : « Comme l'homme conduit par l'amour s'élève graduellement de la beauté sensible à la beauté divine, les prêtres de l'antiquité considérant l'affinité qui règne dans la nature, la sympathie réciproque des êtres, leur rapport à à des forces muettes, et retrouvant tout en chaque chose, créèrent leur science sacrée. Ils ramenèrent ainsi les puissances divines dans les régions inférieures par cette similitude qui est la cause de l'union des objets particuliers. Car tout est plein de la substance divine, et il y a une procession constante dans les ordres gradués de l'univers, procession qui s'opère d'une sorte de dilatation progressive et descendante. C'est ainsi que ces prêtres opéraient les mélanges et les purifications. Par les mélanges, ils attiraient sur nous les influences célestes. En composant l'unité avec le multiple, l'assimilaient à cet Un suprême qui domine sur la multitude des êtres; ils composaient des symboles divins, signes de l'essence parfaite et de ses puissances diverses. Ils s'élevaient des génies jusqu'aux opérations des dieux mêmes, en partie dirigés par ces génies, en partie conduits par l'art de l'interprétation symbolique, parvenant à l'intelligence propre des dieux, et alors abandonnant toutes les opérations de la nature, et même la région des génies, pour se renfermer dans le commerce de la divinité. » (Procl. opera, de sacrificiis et magia, t. III, p. 276 et suiv.). Ce passage montre l'empire que la théurgie avait conservé, malgré le retour de l'école néoplatonicienne, à des formes plus scientifiques. On peut dire que l'élément théurgique restait prépondérant; l'élément scientifique qui n'allait pas au nouveau platonisme s'affaiblit de plus en plus, et de fait, la rigueur de l'exposition méthodique s'alliait mal avec le fond de la doctrine et ne répondait pas à la valeur intrinsèque des pensées. C'était une forme d'emprunt que le néoplatonisme ne pouvait conserver longtemps parce qu'elle n'était que le résultat du développement de la doctrine elle-même. Proclus eut pour successeur son disciple Marinus qui fut remplacé par Isidore de Gaza, vers l'an 491. Damascius rendit quelque éclat à la chaire qu'avait occupée Proclus. On a de lui une biographie d'Isidore qui montre à quel degré l'amour de la superstition et du merveilleux régnait dans l'école néoplatonicienne. Il s'attacha surtout à prouver que le premier principe est ineffable, qu'il n'est susceptible d'aucune qualification déterminée; il ne veut pas qu'on l'appelle le premier, la cause, le bien, le commencement ou la fin, ou qu'on le considère sous quelqu'autre point de vue. Il est l'abîme où tout se réunit et se confond. Parmi les adeptes du nouveau platonisme, nous citerons la célèbre Hypatie d'Alexandrie, fille du géomètre Théon, Sévérianus et Asclépiodore, qui commencent à quitter les spéculations purement métaphysiques pour se livrer à l'étude de l'histoire naturelle, des mathématiques, de la politique ou de la jurisprudence. Nous touchons au dernier moment de l'école néoplatonicienne. En 529, un décret de Justinien en interdit l'enseignement à Athènes. La renommée publiait que la Perse était gouvernée par un prince ami de la philosophie et philosophe lui-même. Les derniers platoniciens, Isidore, Damoscius et Simplicius quittèrent donc Athènes et se rendirent à la cour de Chosroës ; mais, déçus dans leurs dernières espérances, ils revinrent mourir au sein de leur patrie, et avec eux se termina l'existence historique de la philosophie païenne.

T. S., prof. de philosophie.

NÉOPTOLÈME (*hist.*), nom de deux princes d'Épire.

NÉOPTOLÈME, poète tragique d'Athènes que l'on regardait comme l'homme le plus habile dans l'art de la déclamation, fut en grande faveur à la cour de Philippe, roi de Macédoine. A l'occasion du mariage de Cléopâtre, fille de ce prince, avec Alexandre, roi d'Epire, il composa une pièce de vers dans laquelle il prophétisait ,par des généralités, la chute prochaine du roi de Perse, et qui ensuite fut regardée comme une prédiction de la mort tragique de Philippe, arrivée le jour même.

NÉOPTOLÈME, proche parent et grand écuyer d'Alexandre, entra le premier dans la ville de Gaza. Après la mort de ce monarque, il obtint l'Arménie dans le partage que les généraux firent de l'empire. Ayant déclaré la guerre à Eumène, il fut soutenu par Cratère ; mais ce dernier fut tué, et il fut lui-même mortellement blessé dans une bataille qu'il livra à Eumène, l'an 321 av. J.-C.

NÉORAMA, mot sans doute corrompu de naorama (ναὸς, habitation, temple, et ὅρχμα, vue), représentation de l'intérieur d'un édifice éclairé et animé par des groupes de personnages, au milieu desquels se trouve placé le spectateur. L'invention en est due à M. Allaux qui, le premier, exposa à Paris, en 1827, la vue de l'intérieur de Saint-Pierre de Rome.

NÉPAL, contrée montagneuse de l'Hindoustan, dont la superficie est de 2350 milles géographiques carrés, et la population de 3 millions et demi d'habitants. C'est un pays montagneux occupant un plateau dont l'élévation varie de 1000 à 2000 mètres. C'est une contrée dont le séjour est agréable; elle s'étend entre deux chaînes de montagnes qui courent vers le N. et le S. Il est borné au N. et à l'E. par le Thibet, au S. et à l'O. par la présidence de Calcutta et les principautés des Rasbutes. Comme le Népâl est de toutes parts entouré d'une ceinture de montagnes, on n'y peut pénétrer qu'en traversant de longs et étroits défilés dont l'accès pourrait être facilement défendu. En partant des plaines du Bengale, de Behar, il ne faut que trois ou quatre jours de marche pour arriver à la frontière montagneuse du Népâl. C'est alors qu'il faut s'engager dans le défilé principal, à l'extrémité duquel on aperçoit la superbe vallée que forme cette contrée surnommée avec raison la Suisse asiatique. Le sol en est fertile et bien arrosé ; le climat est frais et salubre ; mais la chaleur y est excessive quand le soleil darde ses rayons sur les flancs des montagnes qui les répercutent et embrasent l'atmosphère. Pendant l'hiver, les gelées sont rares ; jamais le vent du nord ne souffle dans ces vallées. Les saisons y sont, du reste les mêmes que dans la partie supérieure de l'Hindoustan ; seulement, celle des pluies y commence plus tôt. On y élève un grand nombre d'animaux domestiques : ses principales productions consistent en excellent miel, en riz, gingembre, épiceries, en toile, coton, cuivre, fer, jaspe, marbre et cristal de roche. Les principales classes de la population sont des Hindous et des Newars, ces derniers probablement d'origine mongole ou chinoise. Il y a en outre des tribus moins connues. Les habitants de Népâl se distinguent en général par la simplicité de leurs mœurs et la douceur de leur caractère ; les Newars sont artisans pour la plupart. Leur religion diffère peu de celle des Hindous au Bengale. Chez eux, comme dans toute l'Inde, existe la coutume barbare de brûler les veuves sur le bûcher où sont consumés les restes de leurs époux. La langue des peuples de l'Indus est celle que l'on parle dans tout le Népâl ; elle a beaucoup de ressemblance avec l'indostang, la langue-mère de l'Inde, et avec le dialecte nozari, qui est plus ancien que le sanscrit. L'industrie principale des habitants du Népâl n'a pour objet que la fabrication d'étoffes de coton grossières, et d'ustensiles en fer et en cuivre. Leurs couteaux et leurs armes blanches sont de bonne qualité, et leurs dorures sont remarquables par leur beauté et leur solidité. On fond dans le Népâl de grandes cloches pour les temples. Avec l'écorce de quelques arbres et de quelques plantes, ils fabriquent du papier. Il y a aussi des distilleries d'eau-de-vie, du riz et des vignobles qui donnent d'assez bons vins. Le commerce de la Compagnie anglaise avec le Thibet se fait en traversant le Népâl. La forme du gouvernement y est despotique, cependant plus modérée que dans les autres monarchies asiatiques. L'armée régulière est forte de 12,000 hommes armés de fusils, et dont la bravoure est remarquable. La capitale du pays est Khatmanda, dont la population est d'environ 20,000 habitants. J.

NÈPE (*ins.*), genre d'insectes de l'ordre des hémiptères, de la famille des hydrocorises. (*V.* ce mot.) J. P.

NÉPENTHÈS (*bot.*), genre de plantes renfermant des végétaux sous-frutescents de l'Asie tropicale et de l'île de Madagascar ; ces plantes sont surtout remarquables par la singulière conformation de leurs feuilles. Celles-ci , après une portion basilaire , courte, engaînante , présentent une portion pétiolaire, dilatée sur ses bords en deux ailes qui en font une sorte de limbe lancéolaire allongé ; ce limbe se continue et se prolonge en une vrille recourbée que termine une grande urne ou ascidie. Cette urne, dont la capacité est quelquefois assez grande pour contenir un verre d'eau, est revêtue d'un couvercle ou opercule, fixé par une sorte de pédicule court à la ligne médiane postérieure de l'urne. Dans cette urne s'amasse de l'eau dont on ne connaît pas encore bien l'origine; car elle peut provenir de la pluie, de la rosée, comme aussi de la transpiration aqueuse de la plante, ou d'une sécrétion. Mais on a beaucoup exagéré l'utilité de cette eau pour désaltérer les voyageurs, puisque ces plantes croissent dans les lieux humides et marécageux. Les fleurs des népenthès sont en grappes ou en panicules dioïques. Nous citerons le népenthès de l'Inde (*N. indica*), qui croît à Ceylan et dans l'Inde, et le népenthès de Madagascar (*N. madagascariensis*). J. P.

NEPER ou **NAPIER** (JEAN), gentilhomme écossais et baron de Merchiston, naquit en 1550, se rendit très habile dans les mathématiques, et inventa les logarithmes. On a de lui divers ouvrages estimés parmi lesquels on distingue : *Arithmetica logarithmica*, 1628, in-fol. ; *Logarithmorum descriptio*, in-4.

NÉPHÉLIM, nom qui signifie également géants ou brigands ; c'est ainsi que l'Écriture nomme les enfants nés du commerce des anges avec les filles des hommes. Ce nom est aussi donné quelquefois aux centaures, qu'on disait fils de la Nuée.

NÉPHÉLION, s. m. (*méd.*), petite tache qui a son siége dans la couche externe de la cornée, et qui laisse passer les rayons lumineux comme à travers un nuage. Le néphélion est presque toujours la suite d'une ophthalmie chronique, et les veines de la conjonctive sont toujours engorgées et variqueuses. Le traitement aurait donc pour but de donner du ton aux vaisseaux variqueux , au moyen de collyres légèrement astringents ; et quelquefois il faut en venir à l'excision de ces vaisseaux. Quelquefois aussi il a suffi de toucher légèrement la cornée avec la pierre infernale plusieurs fois de suite , à quatre ou cinq jours d'intervalle.

NÉPHRALGIE s. f. (*méd.*), douleur des reins, irritation nerveuse, souvent appelée colique néphrétique, ou spasme des reins. Elle consiste en une douleur plus ou moins vive dans la région lombaire, accompagnée de tremblement, de refroidissement de la peau , d'urines abondantes et claires , et quelquefois de vomissements opiniâtres. On la combat par tous les moyens antispasmodiques et calmants, tels que les émulsions opiacées, les bains généraux prolongés, les embrocations huileuses et narcotiques.

NÉPHRITE (de νεφρός, rein), inflammation des reins. Ses causes les plus ordinaires sont : l'abus des boissons spiritueuses ou des diurétiques ; celui qu'on chute sur la région lombaire ; l'action des cantharides ; une métastase goutteuse ou rhumatismale ; la présence de calculs dans l'intérieur de ces organes. La néphrite simple est caractérisée, à l'état aigu, par une douleur aiguë, ou plus rarement obtuse dans la région de l'un ou des deux reins, douleur qui se propage le plus souvent en suivant le trajet des uretères jusque dans la vessie, dans l'aine et le testicule correspondant, en produisant dans le membre abdominal correspondant un engourdissement douloureux. L'urine est rougeâtre ou même sanguinolente, très rare ou même supprimée tout-à-fait si les deux reins sont malades. Il y a fièvre avec frissons au début ; nausées et vomissements dans les cas intenses ; constipation. Souvent alors le ventre se ballonne, et si la suppression d'urine est complète, les sueurs prennent une odeur ammoniacale. S'il y a des calculs dans les reins, les douleurs se déclarent par accès et sont exacerbantes ou même dilacérantes, et l'on trouve parfois à la suite des crises de petits graviers au fond du vase. On observe communément alors la rétraction du testicule du côté affecté. Il est difficile, en considérant ces symptômes dans leur ensemble, de confondre cette maladie avec des préparations opérées pour calmer l'intensité des coliques nerveuses, qui ne s'accompagnent ni de fièvre ni de trouble dans la sécrétion urinaire; ou avec un lumbago qui détermine des douleurs très vives dans les mouvements du torse. Des bains, des applications de ventouses sur les reins; une saignée, si le sujet est jeune et vigoureux; des lavements et des boissons préparées avec une décoction de graine de lin, telles sont les bases du traitement de la néphrite simple, à l'état aigu. Quelquefois il est nécessaire dans celle qui se complique de calculs, de recourir aux préparations opérées pour calmer l'intensité des douleurs. La néphrite aiguë peut se terminer par résolution, par suppuration ou par hématurie. A l'état chronique, elle est d'une guérison très difficile, et réclame, outre les moyens indiqués ci-dessus, l'emploi de cautères ou de sétons sur la région lombaire, de la flanelle sur le corps, et quelquefois l'usage de certaines eaux minérales alcalines (V. GRAVELLE). Quand on peut attribuer cette affection à l'emploi intérieur ou extérieur des cantharides, il est nécessaire de recourir aux préparations camphrées. Il est enfin une autre forme de néphrite, récemment décrite sous le nom d'albuminarie, de son symptôme principal, la présence de l'albumine dans les urines, ou encore maladie de Bright, de celui qui l'a décrite le premier avec soin. Cette forme de néphrite, dont les causes sont peu connues, a pour effet de produire, outre les phénomènes locaux propres à la néphrite, une hydropisie générale que l'on combat avec succès par les purgatifs secondés par les diaphorétiques, les bains de vapeur, la décoction de racine de raifort sauvage. Cette maladie est d'un diagnostic difficile, les symptômes locaux n'existant pas toujours. L'inflammation chronique avec état granuleux des reins est sa condition anatomique la plus constante. (Consultez Royer, *Traité des maladies des reins*.)   D[r] S.

NÉPHROTOMIE, s. f. (*méd.*), opération qui consiste à pratiquer une incision au rein pour donner issue à des calculs urinaires ou à une collusion purulente. Le rein étant profondément situé, et les signes auxquels on peut reconnaître la présence des calculs dans cet organe étant toujours incertains, on ne pratique aujourd'hui cette opération que lorsqu'une tumeur fluctuante, précédée des phénomènes inflammatoires, vient soulever sa région correspondante de la paroi abdominale, et révéler la nature et l'étendue de la maladie. L'abcès urinal doit être ouvert dans la partie la plus postérieure, le long du bord externe du faisceau commun aux muscles sacro-lombaires et long dorsal, à l'endroit où les aponévroses du muscle transverse se rejoignent après avoir séparé les muscles postérieurs du dos du carré des lombes. On incise successivement entre le bord inférieur de la dernière côte et la crête iliaque, la peau, le tissu cellulaire, les muscles et l'on pénètre jusque dans la cavité purulente, en ayant soin d'éviter le péritoine et même de le soulever, s'il est besoin, avant d'ouvrir l'abcès. Il suffit ensuite d'un pansement simple; presque toujours la plaie reste longtemps fistuleuse, sans qu'il en résulte d'inconvénients graves.

NEPHTHALI, sixième fils de Jacob, qu'il eut de Bala, servante de Rachel. Nous ne savons aucune particularité de la vie de Nephthali : il eut quatre fils, Jazuel, Guni, Jezer et Sallem, et mourut en Égypte, âgé de 132 ans. La bénédiction que Jacob lui donna en mourant est diversement interprétée : *Nephthali, cervus emissus*, et dans *eloquia pulchritudinis* (Gen. 119). Les meilleurs interprètes, entre autres Jansénius, dans son Explication du Pentateuque, rapportent ces paroles à l'histoire de Barac, issu de la tribu de Nephthali, juge et libérateur du peuple hébreu. D'abord timide comme le cerf, et effrayé à l'approche de l'ennemi, il eut besoin d'être encouragé par une femme : puis, victorieux, il composa avec elle ce beau cantique où des savants littérateurs ont cru découvrir le germe de l'Iliade.

NÉPOMUCÈNE, ou DE NÉPOMUCK (Saint JEAN), chanoine de Prague, naquit à Népomuck, en Bohème, vers 1320. Il entra dans l'état ecclésiastique, et aurait pu en obtenir les plus hautes dignités, si la grande idée qu'il avait de l'épiscopat ne lui avait fait refuser jusqu'à trois évêchés. Il accepta seulement un canonicat de Prague et la place de confesseur de la reine Jeanne, femme de Winceslas. Des courtisans accu-

sèrent cette princesse d'avoir un commerce illégitime avec un seigneur de la cour. Winceslas, trop crédule, fit venir Népomucène et voulut l'obliger de révéler la confession de la reine. Le refus l'irrita; il fit jeter le saint dans une prison avec des entraves aux pieds. Winceslas, revenu à lui-même, rendit le saint à ses fonctions; mais, sa fureur s'étant ranimée, et n'ayant pu arracher les secrets inviolables de Népomucène, il le fit jeter dans le Moldau, à Prague, l'an 1383. On l'en retira pour l'ensevelir honorablement. Son tombeau ayant été ouvert le 14 avril 1719, on trouva son corps dégarni de ses chairs; mais sa langue était si fraîche et si bien conservée, qu'on eût dit que le saint ne venait que d'expirer. On la garda avec beaucoup de respect dans la cathédrale de Prague. Ce saint avait été honoré comme martyr en Bohème depuis sa mort; mais, pour rendre son culte plus authentique et plus universel, l'empereur Charles VI sollicita sa canonisation, et l'obtint l'an 1729. On a institué une confrérie sous son nom pour demander le bon usage de la langue. On le regarde comme le patron de la réputation et de l'honneur, et on réclame son intercession contre les calomniateurs et les détracteurs. Les protestants même ont rendu hommage à ses vertus. Nous finirons cet article par une réflexion, dont les bons esprits sentiront la justesse. Une chose infiniment remarquable, et qu'on peut être porté à regarder comme surnaturelle et miraculeuse, est le secret de la confession, confié tous les jours à des milliers de prêtres, souvent, hélas! peu dignes de leur état, et capables de toutes autres prévarications, secret néanmoins si fidèlement gardé. A peine toute l'histoire ecclésiastique fournit - elle quelque exemple d'infidélité en ce genre. Si, on faisant cette observation, on réfléchit un moment sur l'inconstance humaine, sur la curiosité des uns et la loquacité des autres, sur la nature et l'importance des matières dont les ministres de ce sacrement sont dépositaires, et dont la révélation produirait souvent d'étonnants effets; sur les moyens que les intérêts divers, que la cupidité, la jalousie et d'autres passions ne manquent pas d'essayer pour atteindre leur but, etc., on ne doutera pas que Dieu ne veille à la conservation de son ouvrage.

NÉPOS (FLAVIUS-JULIUS), empereur d'Occident, né dans la Dalmatie, du général Népotien et d'une sœur du patrice Marcellin, était digne de régner. L'empereur Léon Ier, qui lui avait fait épouser une nièce de sa femme, le nomma empereur, en 474, à la place de Glycère. Il marcha à Rome avec une armée et s'assura le sceptre par sa valeur. Euric, roi des Visigoths, lui ayant déclaré la guerre, il lui céda l'Auvergne en 475, pour conclure la paix, et pour laisser respirer ses peuples accablés par une longue suite de guerres et de malheurs. La révolte du général Oreste troubla cette paix. Ce tyran obligea Népos de quitter Ravennes où il avait le siège de son empire. Cet empereur, bon, mais faible, se retira dans une de ses maisons, près Salone en Dalmatie; et, après y avoir langui près de quatre ans, il y fut assassiné en 480, par deux courtisans que Glycère avait, dit-on, subornés. Julius Népos avait de la vertu, de l'humanité, et il aurait pu rétablir l'empire d'Occident; mais la Providence avait décidé sa destruction, elle était prochaine.   J.

NÉPOS (CORNÉLIUS), célèbre biographe latin, contemporain de César et d'Auguste, naquit, à ce qu'on croit, à Hostilie, et obtint, comme tous les savants de son siècle, la faveur et la protection de l'empereur. Il fut l'ami de Cicéron et d'Atticus, et se fit rechercher des grands de Rome, à cause de la noblesse de ses sentiments, de la délicatesse de son esprit et de l'amabilité de son caractère. Selon quelques écrivains, il composa trois livres de Chroniques ou annales, qui contenaient un abrégé d'histoire universelle, et les Vies des rois, des généraux et des auteurs les plus célèbres de l'antiquité. On cite aussi de lui des vies des anciens historiens, une Vie de Cicéron et un recueil de lettres à cet illustre romain. De tant d'ouvrages, nous n'avons que les Vies des grands capitaines de la Grèce et de Rome, ouvrage que l'on a souvent attribué à Émilius Probus, qui le publia sous son propre nom, afin de se concilier la faveur de l'empereur Théodose. Ce qui caractérise Cornélius Népos, c'est le tact exquis avec lequel il choisit dans tout le domaine de l'histoire un petit nombre de traits qui peignent et ses héros et leurs époques. Au reste il donne peu de détails sur leur vie, ce qui lui a fait refuser par quelques modernes le titre de biographe. Quelques inexactitudes déparent sa narration. Quant au style, les louanges sont unanimes. Cornélius Népos possède ce choix d'expressions, cette élégance naturelle, cette clarté et cette précision qui distinguent les écrivains du siècle d'Auguste.

Quelques-uns lui attribuent la traduction latine des écrits de Darès le Phrygien ; mais l'incorrection qui dépare le style de cet ouvrage prouve qu'il a été fait dans un siècle postérieur à celui d'Auguste. Nous avons un grand nombre d'éditions de Cornélius Népos ; les meilleures et les plus complètes sont celles de Van Staveren, Erlangen, 1803 ; de Weitzel, Leignitz, 1801, et de Tzschucke, Leipzick, 1804. Cornélius Népos a eu une foule de traducteurs dans toutes les langues modernes.

NÉPOTIEN. prêtre italien, ami de saint Jérôme, fut élevé par son oncle Héliodore, évêque d'Altino, qui lui conféra les ordres sacrés. Saint Jérôme lui a écrit une lettre sur les devoirs des clercs, que Népotien pratiquait avec un zèle et une exactitude surprenante. Il mourut vers la fin du ive siècle. Son saint et savant ami lui consacra un éloge, que nous avons sous le titre d'*Epitaphium Nepotiani* ; il se trouve parmi les épitres du saint docteur ; et c'est un de ses plus beaux écrits. Les louanges du défunt sont entremêlées de pensées grandes et fortes, qui, dans un sujet sombre et douloureux, font une impression toute particulière. C'est là qu'on trouve le mot si admiré de Perse : *Fugit hora : hoc quod loquor inde est*, exprimé d'une manière à la vérité moins laconique, mais plus plus touchante et pleine d'images : *Hoc ipsum quod dico, quod scribo, quod emendo, de mea vita tollitur. Quot puncta notavi tot meorum damna sunt temporum. Scribimus atque rescrimus, transeunt maria epistolæ, et scindente sulcum carina, per fructus singulos ætatis nostra momenta minuntur.*

NÉPOTIEN (FLAVIUS-POPILIUS-NEPOTIANUS), fils d'Eutropie, sœur de l'empereur Constantin, prétendit à l'empire après la mort de l'empereur Constantin, son cousin. Il se fit couronner à Rome le 3 juin 350, dans le temps que Magnence usurpait la puissance impériale dans les Gaules. Népotien ne porta le sceptre qu'environ un mois. Anicet, préfet du prétoire de Magnence, lui ôta le trône et la vie. Sa mère, et ceux qui avaient favorisé son parti, furent mis à mort. Népotien n'avait pas reçu de la nature un génie propre à seconder son ambition. Il était cruel et inhumain ; et, au lieu de gagner le cœur des Romains par des bienfaits, il les irrita par des proscriptions et des meurtres.

NÉPOTISME, s. m., autorité que les neveux d'un pape curent quelquefois dans l'administration des affaires, durant le pontificat de leur oncle. Il se dit par extension de la faiblesse qu'un homme en place a d'avancer ses parents.

NEPTUNE. Ce dieu paraît n'avoir été adoré des anciens Romains que comme le dieu des chevaux, et avoir été confondu dans l'origine avec l'antique divinité italique Consus. Lorsque les Romains possédèrent une espèce de marine militaire, et qu'ils commencèrent à se familiariser avec la mythologie grecque, ils transportèrent les idées qui existaient en Grèce sur Poseidon ou Posidion à leur Neptune devenant les deux noms d'une seule et même divinité maritime Neptune était fils de Chronos ou Saturne (voy.), et de Rhéo ou Ops. Les traditions varient sur la manière dont sa mère parvint à le soustraire à la voracité de son père. Après la révolte de Jupiter (voy.), son frère, contre ce dernier, Neptune reçut, dans le partage du monde, l'empire de la mer intérieure (Pontus). On ne peut décider si la tradition qui rapporte qu'il créa le cheval à l'occasion de sa querelle avec Minerve (voy.), au sujet de la possession de l'Attique, doit le Péloponèse, l'Attique et la Thessalie, par des pirates phéniciens qui l'y auraient porté avec le culte de Posidion (1) ; ou si le cheval né de la mère se rapporte à une symbolique d'idées particulières. Dans plusieurs passages, Hérodote dit expressément que Neptune tire son origine de la Libye. Ce dieu soulève et abaisse à son gré la mer : il n'est personne qui ne connaisse le formidable *quos ego!* que lui prête Virgile. Quelquefois même Neptune ébranle la terre, ses montagnes, ses forêts. Il était adoré dans les îles de la Grèce, nommément dans l'Eubée ainsi que dans les villes du littoral, depuis les temps les plus reculés. Ce fut en son honneur qu'on institua les jeux isthmiques (V. ce mot). Le cheval et le hibou lui étaient consacrés, ainsi que le dauphin et d'autres animaux marins. Les plus anciens monuments le représentent nu dans un mouvement violent, et avec une barbe taillée en pointe. Il tient en main le trident, fourche à trois dents, dont les navigateurs se servaient anciennement pour harponner. Il est monté sur un char traîné par deux chevaux et entouré de néréides (V. NÉRÉE et NYMPHES) et de monstres marins. Il épousa Amphitrite (V. ce mot), dont il eut Triton et Rhode. La tradition cite un très grand nombre d'autres enfants de

Neptune. Elle lui attribue tous les enlèvements faits par les pirates. Il suffisait de se faire remarquer par sa grande taille et sa force, et de s'être signalé par quelque exploit sur mer pour avoir des droits à être reconnu son fils. Les surnoms que les poètes lui donnent sont presque tous empruntés à la mer et à la navigation, à la création du cheval, à la protection qu'il accordait à ceux qui se disputaient le prix de la course, ou à son pouvoir d'ébranler la terre. Ayant conspiré avec les dieux contre Jupiter, il fut chassé du ciel et alla avec Apollon aider Laomédon à relever les murs de Troie (V. ces noms). Pour punir ce prince, qui lui avait refusé son salaire, il envoya une inondation et un monstre marin qui désolèrent le rivage. Dans la guerre de Troie, Neptune embrassa le parti des Grecs ; il se mêla au combat des dieux devant Tracé, il eut pour adversaire Apollon. Voir Emeric, David, *Recherches sur Neptune, son culte et ses documents*, Paris, chez Treuttel Wurtz, 1839, in-8°.

NEPVEU (FRANÇOIS), né à Saint-Malo, en 1639, embrassa l'institut des jésuites en 1654. Il était à la tête du collège de Rennes, lorsqu'il mourut en 1708. Tous les ouvrages du père Nepveu ont la piété et la morale pour objet ; tels sont : *De la connaissance et de l'amour de Notre Seigneur Jésus-Christ*, Nantes, 1681, in-12, réimprimé plusieurs fois ; *Méthode d'Oraison*, in-12, Paris, 1691 et 1698. Le P. Segneri a traduit cet ouvrage en italien ; *Exercices intérieurs pour honorer les mystères de Notre Seigneur Jésus-Christ*, Paris, 1691, in-12 ; *Retraite selon l'esprit et la méthode de saint Ignace*, Paris, 1687, in-12, et encore en 1716 ; cet ouvrage a été traduit en latin, et imprimé à Ingolstadt en 1707, in-8° ; la *Manière de se préparer à la mort*, Paris, 1693, in-12, en italien, Venise, 1713, in-12 ; *Pensées et réflexions chrétiennes pour tous les jours de l'année*, Paris, 1699, 4 vol. in-12 ; cet ouvrage a été traduit en latin, Munich, 1709, 4 tom. in-12 ; et en italien, Venise, 1751, aussi 4 tom. in-12 ; l'*Esprit du christianisme ou la conformité du chrétien avec Jésus-Christ*, Paris, 1700, in-12 : M. Henrion en a donné une édition dans la *Bibliothèque des familles chrétiennes*. Nepveu a su joindre les agréments du langage à l'onction de la morale chrétienne.

NERCIAT (ANDRÉ-ROBERT, ANDRÉA DE), naquit à Dijon en 1739. Son père, trésorier au parlement, était originaire de Naples. Nerciat entra dans une compagnie de gendarmes, où il obtint le grade de lieutenant-colonel. Ayant été compris dans la réforme qu'opéra le comte de Saint-Germain, il voyagea dans plusieurs contrées de l'Europe. Il demeura quelque temps en Allemagne, où il occupa divers emplois auprès de plusieurs princes. De 1780 à 1782, il fut conseiller et sous-bibliothécaire à Cassel, directeur des bâtiments du prince de Hesse-Rothembourg. Il revint en France et fut envoyé avec d'autres officiers en Hollande pour soutenir les insurgés contre le Stathouder. A son retour, il obtint, en 1688, la croix de Saint-Louis. A l'époque de la révolution française il émigra ; s'étant rendu à Naples, il s'introduisit dans cette cour et sut gagner la confiance de la reine Marie-Caroline qui lui fit une pension ; cette princesse l'envoya, en 1796, à Rome, avec une mission secrète, au moment où cette ville était tombée au pouvoir des Français. Considéré comme suspect, il fut renfermé au château Saint-Ange, où il resta plusieurs mois, même après le départ des troupes républicaines, en 1800. Nerciat retourna à Naples ; mais ayant contracté une maladie dans sa prison, il y succomba dans la même année, à l'âge de 64 ans. Il a laissé plusieurs ouvrages, où il paraît avoir pris à tâche de déclarer la guerre aux bonnes mœurs ; les plus connus sont : 1° *Contes nouveaux*, Liège, 1777, in-8° ; 2° *Félicia ou mes fredaines*, 1778, 2 vol. in-12. On peut juger de la moralité de l'auteur par ce qu'il dit de lui-même dans la deuxième partie de son roman. En l'écrivant, son intention était « d'engager les femmes à n'être pas timides et à trancher les difficultés ; les maris, à ne pas se scandaliser aisément et à savoir prendre leur parti ; les jeunes gens, à ne pas faire ridiculement les céladons ; et les ecclésiastiques, à aimer les femmes malgré leur habit, et à s'arranger avec elles sans se compromettre dans l'esprit des honnêtes gens ; » 3° *Monrose*, suite de Félicia, 2 vol. in-8 ; 5° l'*Urne de Zoroastre, ou la clef de la science des mages*, in-8° ; 6° *Les galanteries du jeune chevalier de Faublas, ou les Folies parisiennes*, 1783, 4 vol., souvent réimprimées sous plusieurs formats, et traduites en espagnol par Florente (V. ce nom), suivant le catalogue du libraire Rosa. Ce roman qui, par malheur, eut une grande vogue, précisément lorsque se préparait la révolution française, est le pendant de *Félicia* L'auteur a prétendu peindre les mœurs dépravées de la haute société,

(1) Idées grecques dont nous sommes simplement rapporteurs.

mais il l'a fait avec le pinceau d'un barbouilleur. On a dit *qu'il a écouté aux portes;* ce n'était sûrement qu'à celles des antichambres des femmes les plus dissolues, auxquelles son style paraît mieux s'approprier. Quel que soit le dérèglement qu'on attribuait de son temps à la noblesse de cour, elle avait des manières, des habitudes, des convenances que Nerciat ignore ou feint d'ignorer. Une femme de haute naissance, accoutumée à la représentation, au respect, aura toujours assez de fierté pour ne pas se ravaler jusqu'à adopter les manières libres, indépendantes de la soubrette la plus dépravée; et on voit rarement ces hommes qui, appartenant à une famille illustre, veuillent, en se livrant au vice, imiter le plus vil des laquais. Au milieu d'obscénités et d'extravagances sans nombre, on trouve cependant dans le roman de *Faublas* un épisode intéressant, bien écrit, où les mœurs sont respectées. *Lodoïska* prouve que Nerciat aurait pu également obtenir du succès sans déshonorer son talent. Un autre ouvrage, qui surpasse tous les précédents en turpitudes, c'est celui intitulé : 7° *Le diable au corps,* réimprimé en 1803, 6 vol. in-18. Nerciat a écrit aussi une comédie, *Dorimond,* ou *le marquis de Clavilles,* en 5 actes et en prose.

NÉRÉE, demi-Dieu de la mer, et la personnifiant quelquefois, mais la mer calme et paisible. Il était, dans la mythologie grecque, le fils aîné de Pontus (la Mer) et de Gaea (la Terre). Des poètes le représentent comme un bon veieillard, ami de la justice et de la modération, de l'équité, et ennemi de la violence. Supérieur à tous les dieux des trois éléments, l'air, la terre et l'eau, il avait le don de prédiction, et, comme d'autres divinités qui jouissaient de ce privilège, il pouvait prendre toutes sortes de formes. Il eut de Doris, fille de l'Océan, et d'autres déesses, 50 filles appelées Néréides, qui possédaient également le don de prédire l'avenir et de se métamorphoser (*V.* Nymphes). Il habitait principalement dans la mer Égée. Lorsque Pâris traversa cette mer avec Hélène, il lui prédit la ruine de Troie, à ce que rapporte une belle ode d'Horace. Les anciens poètes le représentent sous la forme d'un Triton (Voyez) vêtu, ou sous la forme humaine. C. L.

NÉRÉIDES, nymphes de la mer, filles de Nérée et de Doris. Elles étaient au nombre de cinquante. On invoquait les Néréides comme les autres divinités. C'était principalement sur les côtes de la mer qu'on leur élevait des autels; on leur offrait du lait, de l'huile et du miel, et quelquefois on leur immolait des chèvres. On décorait de coquillages et de pampres verts les grottes où elles étaient censées faire leur demeure. Elles allaient à la suite des grandes divinités de la mer, et étaient soumises aux volontés de Neptune. Comme elles avaient le pouvoir d'agiter et de calmer les ondes, les marins leur adressaient des vœux et des prières dans le cours de leurs voyages. On les représente sous les traits de jeunes et belles vierges, assises sur des dauphins, et tenant à la main le trident de Neptune, et quelquefois des guirlandes de fleurs.

NÉRÉIDES (*annél.*). On donne ce nom à des vers marins autrefois connus sous le nom de *scolopendre de mer* (*V.* Annélides). J. P.

NERFS (*zool.*). Parmi les phénomènes qui distinguent en général l'animal de la plante se trouve la sensibilité. Le végétal puise dans le sol auquel il est fixé les matériaux nutritifs nécessaires à son existence; tous ses actes s'accomplissent sans perception et d'une manière irrésistible. Il n'en est pas ainsi de l'animal : se transportant à volonté d'un lieu dans un autre, il choisit les aliments qui lui conviennent. Mais la volonté dont il jouit est entièrement soumise à la sensibilité, car l'on comprend que l'animal ne peut vouloir une chose dont il n'a pas la conscience, et cette conscience ne peut résulter que de l'impression que cette chose aura faite sur lui. Le système nerveux est l'agent spécial de la sensibilité; il se compose dans les animaux supérieurs des centres nerveux et des nerfs qui prennent naissance dans les diverses parties centrales du système, et se distribuent en se ramifiant dans tous les organes auxquels ils communiquent la propriété de sentir, celle de se mouvoir volontairement, celle enfin d'opérer les différents mouvements organiques involontaires nécessaires à l'entretien de la vie. Les nerfs sont formés par une substance particulière, molle, blanchâtre, se réunissant en masses plus ou moins considérables, ou constituant des cordons allongés. Le centre du système nerveux est désigné sous le nom d'encéphale, et se compose du cerveau, du cervelet et de la moelle épinière. Le cerveau et le cervelet sont logés dans la cavité du crâne, et la moelle épinière occupe toute la longueur de la colonne vertébrale qui la renferme dans une gaine. Le cerveau occupe toute la région antérieure du crâne et la plus grande partie de la région postérieure; sa forme est ovalaire et il se divise, selon son grand diamètre, en deux parties égales auxquelles on a donné le nom d'hémisphères, mais qui sont plutôt des lobes, puisqu'en réalité ce ne sont que des quarts de sphère. La base du sillon profond qui les sépare est appelé corps calleux; c'est une lame mince formée par la réunion des hémisphères sur la ligne médiane. Leur surface est sillonnée par des enfoncements irréguliers qui ont reçu le nom d'anfractuosités, dont les parties saillantes sont appelées circonvolutions. Chaque moitié latérale du cerveau est creusée d'une cavité, le ventricule latéral qui présente à son intérieur des parties distinctes auxquelles les anatomistes ont donné des noms particuliers. Nous ne décrirons pas ces parties qui exigent des connaissances anatomiques approfondies. On distingue à la partie inférieure du cerveau deux pédoncules très gros qui semblent sortir de la substance de cet organe, et se continuent avec la moelle épinière; on leur a donné le nom de pédoncules cérébraux. C'est aussi de cette partie que sortent les nerfs auxquels le cerveau donne naissance. Le cervelet, placé au-dessous de la partie postérieure du cerveau, présente comme celui-ci deux hémisphères, mais séparés par un sillon moins profond; il paraît composé d'un assemblage de lames ou de feuillets placés de champ. Il a à peine le tiers du volume du cerveau et se continue avec la moelle épinière au moyen de deux pédoncules, tandis qu'une bande de substance blanche (la protubérance annulaire), qui part d'un hémisphère à l'autre, l'unit intimement à cet organe. Entre le cervelet et le cerveau, et cachées par les lobes postérieurs de ce dernier, sont quatre petites éminences arrondies, placées par paires de chaque côté de la ligne médiane; elles forment le prolongement antérieur des faisceaux de la moelle épinière, et portent le nom de lobes optiques ou tubercules quadri-jumeaux. Ces tubercules sont séparés par deux sillons en croix, au milieu desquels se trouve un petit corps grisâtre, la glande pinéale dont le célèbre Descartes faisait le siège de l'âme. La moelle épinière qui forme le prolongement de l'encéphale occupe, comme nous l'avons déjà dit, toute la longueur du canal vertébral. Elle a la forme d'un gros cordon divisé par un double sillon en deux moitiés latérales; son extrémité supérieure, à laquelle on donne le nom de moelle allongée, se termine par plusieurs faisceaux qui la joignent au cerveau et au cervelet, et forment plusieurs renflements qui ont reçu des noms particuliers et dont font partie les tubercules quadri-jumeaux. De chaque côté, elle donne naissance à un grand nombre de paires de nerfs qui vont se distribuer aux muscles; les premières paires se dirigent directement en dehors, mais les dernières, descendant de plus en plus obliquement, finissent par former un faisceau de nombreux filaments longitudinaux auquel les anatomistes ont donné le nom de queue de cheval à cause de sa ressemblance grossière avec cet objet. Le cerveau est d'une consistance tellement délicate que la moindre blessure, la moindre compression entraîne les plus graves accidents. Aussi la nature a-t-elle pris les plus grandes précautions pour le protéger. Les vaisseaux sanguins qui se rendent dans cet organe ne pénètrent pas brusquement dans sa substance, comme cela a lieu pour les autres organes; les artères et les veines forment à sa surface un lacis de vaisseaux capillaires qui constituent une première enveloppe nommée pie-mère; sur cette couche de petits vaisseaux s'étend une seconde enveloppe, l'arachnoïde, plus fine que les toiles d'araignées dont elle tire son nom, et sécrétant une sérosité qui obvie aux dangers du frottement des vaisseaux contre ses parois. Puis enfin la dure-mère, fibreuse et résistante, qui d'une part s'applique aux parois du crâne, et de l'autre, se réfléchissant sur l'arachnoïde, s'enfonce dans les sillons du cerveau et dans les intervalles existant entre les diverses parties de l'encéphale et se moulant exactement sur elles, les force par sa résistance à conserver leur forme et empêche entre elles tout contact. Les nerfs qui naissent du cerveau et de la moelle épinière, et qui établissent la communication entre les centres nerveux et les diverses parties du corps, sont au nombre de quarante-trois paires. Chacun de ces nerfs est formé de fibres nombreuses entourées d'une membrane nommée névrilème. Ces faisceaux de fibres, à mesure qu'ils s'éloignent des centres nerveux, se divisent successivement en branches, en rameaux et en ramuscules, ce qui les a fait comparer à un arbre composé de branches nombreuses; mais ces ramuscules se divisent à leur tour en filets si déliés que l'œil ne peut plus les suivre; qu'il nous suffise de savoir qu'il n'est absolument aucunc partie de notre corps qui ne soit pourvue d'un filet ner-veux. Ainsi la fine extrémité des nerfs aboutit dans la peau, dans les muscles, dans les organes des sens. Outre la moelle épinière, il existe au-devant de la colonne vertébrable un double cordon formé de renflements distincts ou ganglions, qui, au moyen de divers nerfs, se rattache à ceux de la moelle épinière. Ce système nerveux porte le nom de nerf grand sympathique, parce qu'on le regardait autrefois comme le principal agent des sympathies corporelles; il prend une part active aux fonctions des divers organes auxquels il envoie de fines ramifications. De même que les nerfs du système encé-phalique se rendent aux organes des sens, à la peau, aux muscles, ceux du grand sympathique se distribuent au cœur, aux poumons, à l'estomac, aux intestins, etc., et c'est sous leur influence que ces organes fonctionnent. Le cerveau pré-senté chez l'homme de nombreuses différences, qui portent principalement sur le volume des lobes ou de la partie anté-rieure qui est plus ou moins bombée; à mesure que l'on des-cend les degrés de l'échelle animale, on voit ce lobe anté-rieur diminuer progressivement et disparaître enfin tout à fait. On a assigné au cerveau de nombreuses fonctions, mais on peut dire d'une manière générale qu'il est le point d'où partent les déterminations, de la volonté, le rendez-vous de toutes les sensations. Le docteur Gall, guidé d'abord par ses travaux anatomiques, établit que les parties antérieures étaient le siège des facultés intellectuelles, les parties latérales le centre des fonctions qui ont pour but la conservation de l'individu, et les parties postérieures celles qui président à la reproduc-tion. L'observation paraît en effet favorable à cette grande division; mais il n'en est plus ainsi lorsque, dominé par cette idée, qu'il y a dans le cerveau autant d'organes que de fa-cultés dans l'entendement, le célèbre phrénologiste veut assi-gner un endroit déterminé à chaque faculté ou penchant. Les expériences les plus récentes faites par MM. Flourens et Nonat établissent d'une manière certaine que ce sont les hé-misphères cérébraux qui sont le siège exclusif de l'intelligence, mais est-ce le cerveau tout entier qui agit dans la manifesta-tion des actes de l'intelligence, ou bien chacun de ces actes a-t-il dans cet organe une partie affectée à sa production? C'est un problème qu'on n'a pas encore pu, qu'on ne pourra probablement jamais résoudre. Le cervelet est le siège du principe qui règle la coordination des mouvements de la com-motion, et dans la moelle allongée réside le principe qui règle le mécanisme de la respiration, et par suite le mécanisme entier de la vie. Quand on enlève sur un animal les hémi-sphères cérébraux, on abolit l'intelligence, mais sans troubler la régularité de ses mouvements. Cette régularité existe tant que le cervelet reste intact, et malgré la perte de l'intelligence. Quand on enlève le cervelet, on abolit les mouvements de la commotion : un animal dont on blesse le cervelet perd l'équi-libre de ses mouvements, comme un animal ivre. Enfin quand on détruit la moelle allongée, on abolit la respiration, la vie s'éteint.   J. P.

NÉRI (Saint PHILIPPE DE), fondateur de la congrégation des prêtres de l'Oratoire en Italie, naquit à Florence, en 1515. Élevé dans la piété et dans les lettres, il se distingua par sa science et sa vertu. A l'âge de dix-neuf ans, il alla à Rome où il orna son esprit, servit les malades, et donna des exemples de mortification et d'humilité. Philippe, élevé au sacerdoce à l'âge de trente-six ans, fonda, en 1550, une célèbre confrérie dans l'Église de Saint-Sauveur-del-Campo, pour le soulage-ment des pauvres étrangers, des pèlerins, des convalescents qui n'avaient point de retraite. Cette confrérie fut comme le berceau de la congrégation de l'Oratoire. Le saint instituteur ayant gagné à Dieu Salviati, frère du cardinal du même nom; Tarugio, depuis cardinal; le célèbre Baronius et plusieurs autres excellents sujets, ils commencèrent à former un corps en 1564. Les exercices spirituels avaient été transférés, en 1548, dans l'église de Saint-Jérôme de la Charité, que Phi-lippe ne quitta qu'en 1574 pour aller demeurer à Saint-Jean des Florentins. Le pape Grégoire XIII approuva sa congréga-tion l'année d'après. Le père de cette nouvelle milice détacha quelques-uns de ses enfants qui répandirent cet ordre dans toute l'Italie. On ne fait point de vœu dans cette congréga-tion ; on n'y est uni que par les liens de la charité; le général n'y gouverne que trois ans. Le saint fondateur mourut à Rome, en 1595. Il s'était démis du généralat trois ans aupa-ravant en faveur de Baronius, qui travaillait, par son conseil, aux *Annales ecclésiastiques*. Les constitutions qu'il avait lais-sées à sa congrégation ne furent imprimées qu'en 1612. Sa congrégation se soutint avec édification, si on en excepte la

France, où, dans les commencements mêmes, elle parut mê-ler quelques idées étrangères à l'esprit du saint fondateur ; mais c'est pendant la révolution de 1789 qu'on vit combien elle s'en était éloignée. Philippe fut canonisé en 1622 par Grégoire XV. Peu d'hommes ont eu une piété plus ardente et plus tendre. Son oraison était une espèce de ravissement. Pendant l'espace de dix ans, il demeura dans les catacom-bes de Calixte pour y prier dans le silence et l'obscurité, deux choses qui rendent si vive la pensée de Dieu et sa présence si sensible !

NÉRINI (DOM-FÉLIX-MARIE), célèbre et savant abbé géné-ral de l'ordre de Saint-Jérôme ou des hiéronymites, naquit à Milan, en 1705. Il se distingua dans la société par ses ta-lents et son amour pour les bonnes études, devint consul-teur de la sacrée congrégation du saint office, et fut long-temps procureur général de son ordre. Cet illustre religieux mourut à Rome, dans son monastère de Saint-Alexis, le 17 janvier 1787, après une longue et douloureuse maladie. Il a publié : 1° *Hieronymianæ familiæ vetera monumenta ad am-plissimum dominum Ang. Mariam Quirinum S. R. E., car-dinalem*, Plaisance, 1754, in-4°. Son but dans cet ouvrage est de prouver par des monuments authentiques l'antiquité de l'ordre de Saint-Jérôme, contre ceux qui lui assignent une origine plus moderne. Une ancienne chronique, décou-verte par le père Louis Galletti, bénédictin du Mont-Cassin, dans un monastère de sa congrégation à Florence, commu-niquée au cardinal Quirini et envoyée par lui à Nérini, l'a-vait beaucoup servi dans ce travail ; 2° *De suscepto itinere su-balpino epistolæ III, ad amplissimum cardinalem Angelum Mariam Quirinum*, Milan, 1753, in-4°. Ces lettres sont ac-compagnées de notes savantes; 3° *Responsio ad epistolam Brixieni* φιλοπάςτϑος, Milan, 1753, in-4°; *De templo et cœno-bio Sanctorum Bonifacii et Alexii historica monumenta*, Rome, 1752, in-4°; dédié au cardinal Luirini. On en trouve un bon extrait dans la *Storia lettoraria d'Italia*, tom. 6, p. 569 ; 5° *Theologia hieronymiana*. C'est une compilation que Nérini avait faite dans le temps de ses études, pour son usage particulier, et pour la défense de laquelle il avait com-posé un autre ouvrage intitulé ; 6° *Tre Lettere in difensa delle religiose turchine sull' Esquilie, controle oblate Philippine*, sous le nom anagrammatique de l'abbé Celidoni Naufer, adressées au cardinal Quirini. L'abbé Bassano Mancini a pu-blié un *Éloge* de Nérini, plein d'élégance et d'érudition.

NÉRION (bot.), Genre de plantes de la famille des apocy-nées, renfermant des arbustes de l'ancien continent à feuilles le plus souvent ticillées par trois roides, lancéolées très en-tières; leurs fleurs grandes et brillantes forment des cimes terminales; leur calice se divise profondément en 5 lobes lancéolés, leur corolle 5-fide porte à la gorge une couronne de 5 lamelles plus ou moins laciniées à leur bord ; 5 étami-nes insérées au milieu du tube dont les anthères portent chacune à leur base deux appendices en forme de queues, et se prolongent à leur sommet en longue soie velue con-tournée en spirale; elles adhèrent par le milieu au stigmate deux ovaires obtus multiovulés surmontés d'un style filiforme. A ces fleurs succèdent deux follicules droits renfermant de nombreuses graines oblongues. Le laurier rose est l'espèce la plus connue (*Nerium oleander*, L.). Cet arbrisseau croît le long des ruisseaux et des torrents sur tout le littoral mé-diterranéen. On le cultive dans les jardins comme plante d'agrément. Ses fleurs sont inodores et varient pour la cou-leur du pourpre au rose ou blanc. Le nérion odorant (*N. odorum*), croît le long des ruisseaux dans les parties sep-tentrionales de l'Inde, il ressemble au précédent, mais ses fleurs rosées ou carnées jaunâtres, sont odorantes. On a em-ployé les nérions en médecine, mais l'usage en est dange-reux, et ces plantes doivent être rangées parmi les poisons narcotico-acres.   J. P.

NERLI (PHILIPPE), historien de Florence, né dans cette ville, en 1485, d'une ancienne famille noble. Le grand-duc Côme Ier, le nomma sénateur, et le députa, en 1550, vers Jules III, pour complimenter ce pontife sur son élection. Nerli mourut en 1556, et laissa en manuscrit *Commentarii*, ou Commentaires des faits civils qui ont eu lieu dans la ville de Florence, depuis 1215, jusqu'en 1537, publiés à Florence sous la rubrique d'Augsbourg, 1728, in-fol.; ouvrage très estimé que les historiens italiens consultent et citent souvent, mais qui resta cependant oublié pendant deux siècles, et ne fut imprimé qu'en 1728, in-fol. Cette histoire remonte jus-qu'à l'origine des factions guelfe et gibeline, qui causèrent tant de guerres civiles en Italie. Dans les trois premiers livres, l'auteur donne un abrégé de l'histoire d'Italie, jusqu'en 1494, et dans les neuf derniers il raconte ce qui s'est passé sous ses yeux à Florence. Nerli tombe parfois le défaut de tous les historiens contemporains, il manque de sincérité, de crainte de blesser le pouvoir. Au reste, son style est correct et élégant, mais un peu diffus. Il est placé au premier rang des historiens de l'Italie.

NÉRO (ANDALONE DEL), célèbre astronome du XIVᵉ siècle, né à Gênes, en 1306, parcourut presque toutes les parties du monde alors connu, pour perfectionner ses connaissances. Il est mort vers 1370, et a laissé : *De compositione astrolabii,* Ferrare, 1475. La bibliothèque royale de Paris conserve de cet astronome les écrits suivants : *Tractatus de sphæra; Theoria planetarum; Expositio in canones profani Judai de æquationibus planetorum; introductio ad judicia astrologica.* Néro est souvent cité par Boccace, dans sa *Généalogie des dieux,* où il l'appelle son respectable maître.

NÉRON, surnom d'une branche des Claudius, illustre famille romaine, de laquelle est sorti un grand nombre de personnages, dont le plus célèbre est le cruel empereur. Le mot Néro signifiait, dit-on, dans la langue des Sabins, *fort et guerrier.*

NÉRON (C. CLAUDIUS), lieutenant du consul Marcellus 216 ans av. J.-C., préteur 2 ans après, et ensuite, après la mort des deux Scipion général des troupes romaines en Espagne, il se laissa jouer par Asdrubal, fut enfin nommé consul en 207 avec C. Livius Salinator, son ennemi mortel. Occupés tout entiers des dangers de la patrie, les deux collègues sacrifièrent leur haine, et promirent d'agir en tout de concert. Néron ouvrit la campagne dans le Brutium et la Lucanie par de légers engagements, où souvent il eut le dessus sur Annibal; et il la termina par un succès d'éclat. Asdrubal avait passé les Gaules, et était aux portes de l'Italie septentrionale, amenant à son frère des renforts considérables. Néron, instruit de ces dispositions par des lettres interceptées, part de la Lucanie avec 7,000 hommes d'élite sous prétexte de faire le siége d'une ville voisine, arrive dans la Gaule cisalpine, traverse à la hâte l'Italie dans toute sa longueur, opère de nuit sa jonction avec son collègue, et taille en pièces l'armée ennemie. La bataille se livra sur le bord du Métaure, à Séna; 56,000 Carthaginois furent tués, et le général lui-même resta sur le champ de bataille. Cl. Néron revint avec la même rapidité dans son département, et fit jeter la tête d'Asdrubal dans le camp d'Annibal, ce qui y répandit la terreur et le découragement. Le triomphe fut la récompense de ce fait d'armes si hardi et si heureux, le premier qui fit trembler Annibal pour le succès de son expédition. Il fut nommé censeur six ans après.

NÉRON (TIB. CLAUD.), premier mari de Livie, qui depuis fut femme d'Auguste, et père de Tibère, avait d'abord brigué la main de Julie, fille de Cicéron. Il servit sous César en qualité de questeur, dans la guerre d'Égypte, 47 ans av. J.-C. Néron était pourtant zélé pour la cause de la république; après la mort de César il demanda des honneurs et des récompenses pour Brutus et ses associés, et combattit Octave tantôt sous les ordres de L. Antonius, tantôt avec ses propres forces. Il fut enfin réduit à fuir en Sicile. Mais, la hauteur du jeune Pompée l'ayant bientôt dégoûté, il renonça aux affaires, et revint à Rome. Là Livie, sa femme, conquit le cœur d'Octave; et, Néron ayant consenti à la répudier, Octave l'épousa encore enceinte, et adopta son fils Tibère, qui était encore enfant, ainsi que Drusus, qui naquit 3 mois après son mariage, Néron mourut quelques années après.

NÉRON (LUCIUS-DOMITIUS-NERO-CLAUDIUS), empereur romain, fils de Caïus Domitius Ænobarbus, et d'Agrippine, fille de Germanicus, naquit à Antium, le 13 décembre, l'an 37 de J.-C. Sa mère s'étant mariée avec Claude, il fut adopté par cet empereur, l'an 50 de J.-C., et lui succéda l'an 54. Les commencements du règne de Néron furent comme la fin de celui d'Auguste. Burrhus et Sénèque avaient tâché de lui inspirer de la sagesse, et parurent pendant cinq ans y avoir réussi. Les Romains le regardaient comme un présent du ciel. Il se montrait juste, libéral, affable, poli, complaisant, accessible à la pitié. Un jour qu'on lui présentait à signer la sentence d'une personne condamnée à mort : « Je voudrais, dit-il, ne pas savoir écrire. » La modestie relevait ses qualités. Le sénat l'ayant loué sur la sagesse de son gouvernement, il répondit : « Attendez à me louer que je l'aie mérité... » Néron ne continua pas comme il avait commencé : les leçons de la philosophie, qui avaient fait la base de son éducation, étant

sans sanction et sans garantie, ne purent empêcher le développement de son mauvais naturel, ni l'effet des mauvaises compagnies auxquelles il se livra. On prétend même que ce fut l'esprit philosophique qui lui donna ce caractère d'hypocrisie et de lâcheté dont il avait vu plus d'un trait dans ses maîtres, et qui, lorsqu'il est joint à la puissance, produit infailliblement les plus grands forfaits. Il secoua le joug d'Agrippine, sa mère, et oublia qu'il lui devait la naissance et l'empire. Craignant qu'elle ne lui ôtât le trône pour le donner à Britannicus, fils de Claude, à qui il appartenait, il fit périr ce prince par le poison. Un crime en amène un autre. Néron, livré à la corruption de son cœur, oublia bientôt jusqu'aux bienséances que les scélérats mêmes respectent dans leurs excès. Il passait les nuits dans les rues, dans les cabarets et dans les lieux de débauche, suivi d'une jeunesse effrénée, avec laquelle il battait, volait et tuait. Une nuit, entre autres, il rencontra, au sortir de la taverne, le sénateur Montanus avec sa femme, à qui il voulut faire violence. Le mari, ne le connaissant point, le frappa avec beaucoup d'emportement et pensa le tuer. Quelques jours après, Montanus ayant appris que c'était l'empereur qu'il avait battu, et s'étant avisé de lui écrire pour lui en faire des excuses, Néron dit : « Quoi! il m'a frappé, et il vit encore! » et sur le champ il lui envoya un ordre de se donner la mort. Son cœur s'accoutumait peu à peu au meurtre. Cédant aux inspirations de Poppée, dont il était épris, et qui voulait monter sur le trône, il résolut la mort d'Agrippine. Pour la faire périr d'une manière qui parût naturelle, il la fit embarquer dans une galère construite de façon que le haut tombait de lui même et le fond s'ouvrait en même temps. Le stratagème ne lui ayant pas réussi, et sa mère ayant été tirée du fond des eaux, il envoya son affranchi Anicet la poignarder à Baies, où elle s'était sauvée. Le barbare ne laissa pas que d'éprouver des remords après cette action atroce; il croyait toujours voir Agrippine teinte de sang, et expirante sous les coups des ministres de ses vengeances. Cependant il tâcha de se justifier auprès du sénat en imputant toutes sortes de crimes à sa mère. « Il ne lui avait ôté la vie, écrivait-il, que pour sauver la sienne. » Le sénat, aussi lâche que lui, approuva cette atrocité; le peuple, non moins corrompu que les magistrats, alla eux au-devant de lui lorsqu'il fit son entrée à Rome. On le reçut avec autant de solennité que s'il eût été de retour d'une victoire. Le philosophe Sénèque ne fut pas le dernier à applaudir. Telle a toujours été et telle est encore aujourd'hui la bassesse des hommes : la mesure de leurs craintes et de leurs espérances fait celle de leurs éloges; la flatterie, ce honteux et criminel esclavage, comme dit Tacite, a constamment marché à la suite des tyrans; les monstres vivants et puissants ont toujours été de grands hommes. Néron, se voyant autant d'esclaves que de sujets, ne consulta plus que le dérèglement de son esprit insensé. On vit un empereur comédien, qui jouait publiquement sur les théâtres comme un acteur ordinaire. Il croyait même exceller en cet art. Le chant était surtout sa grande passion; il était si jaloux de la beauté de sa voix, qui n'était pourtant ni belle ni forte, que, de peur de la diminuer, il se privait de manger et se purgeait fréquemment. Il paraissait souvent sur la scène la main à la main, suivi de Burrhus et de Sénèque, qui battaient des mains : faiblesse ordinaire aux philosophes de tous les siècles, dont la froide morale ne tient pas contre les volontés royales. Lorsqu'il devait chanter en public, des gardes étaient dispersés d'espace en espace pour punir ceux qui n'avaient pas été sensibles aux charmes de sa voix. Cet empereur histrion disputait avec ardeur contre les musiciens et les acteurs. Il fit le voyage de la Grèce pour entrer en lice aux jeux olympiques. Quelques efforts qu'il fît pour mériter le prix, il ne l'obtint que par la faveur, ayant été renversé au milieu de la course. Il ne laissa pas, au retour de ces exploits, que de rentrer en triomphe à Rome, sur le char d'Auguste, entouré de musiciens et de comédiens de tous les pays du monde. On ne s'attendait pas qu'il pût imaginer au-delà de ce qu'on avait vu de lui; mais il était fait pour commettre des crimes ignorés jusque alors. Il s'avisa de s'habiller en femme et de se marier en cérémonie avec l'infâme Pythagore, et depuis, en secondes noces de la même espèce, avec Doriphore, un de ses affranchis. Par un retour à son premier sexe, il devint l'époux d'un jeune homme nommé Sporus, qu'il fit mutiler pour lui donner un air de femme. L'extravagant Néron revêtit sa singulière épouse des ornements d'impératrice, et parut ainsi en public avec son eunuque. Telle est la progression de la luxure: comme l'avarice, elle sent sa soif s'augmenter à mesure qu'elle se satisfait; comme la gourmandise, elle se blase jusqu'à appéter des mets contre nature. Sa férocité l'emportait encore sur ces infâmes désordres. La cruauté marcha toujours chez lui, comme chez tous les scélérats, à pas égal avec la luxure. En effet, l'homme, dégradé par ces sensations grossières, tombe dans l'égoïsme le plus brutal, ne regarde ses semblables que comme les instruments de ses plaisirs, le jouet de ses passions, les victimes de sa haine, de son humeur et de ses caprices. Octavie, sa femme, Burrhus, Sénèque, Lucain, Pétrone, Poppée, sa maîtresse, furent sacrifiés à sa fureur. Ces meurtres furent suivis d'un si grand nombre d'autres qu'on ne le regarda plus que comme une bête féroce altérée de sang. Ce scélérat se glorifiait d'avoir enchéri sur tous les vices. « Mes prédécesseurs, disait-il, n'ont pas connu comme moi les droits de la puissance absolue... J'aime mieux, ajoutait-il, être haï qu'aimé, parce qu'il ne dépend pas de moi d'être aimé, au lieu qu'il ne dépend que de moi seul d'être haï. » Entendant un jour quelqu'un se servir de cette façon de parler proverbiale : « Que le monde brûle quand je serai mort, » il répliqua : « Et moi, je dis, qu'il brûle, et que je le voie! » Ce jour alors qu'après un festin aussi extravagant qu'abominable, il fit mettre le feu aux quatre coins de Rome pour se faire une image de l'incendie de Troie. L'embrasement dura neuf jours. Les plus beaux monuments de l'antiquité furent consumés par les flammes. Il y eut dix quartiers de la ville réduits en cendres. Ce spectacle lamentable fut une fête pour lui : il monta sur une tour fort élevée pour en jouir à son aise. Il ne manquait plus à ce forfait que de le rejeter sur les innocents. Il accusa les chrétiens de ce crime, et ils furent dès lors l'objet de sa cruauté. « Néron, dit Tacite, punit d'abord ceux qui s'avouaient chrétiens, et par leur confession l'on en découvrit une grande multitude qui furent moins convaincus d'avoir mis le feu à Rome que d'être haïs du genre humain (1). L'on se fit, dit le même historien, un jeu de leur mort; les uns, couverts de peaux de bêtes, furent dévorés par les chiens; les autres, attachés à des pieux, furent brûlés pour servir de flambeaux pendant la nuit. Néron prêta ses jardins pour ce spectacle : il y parut lui-même en habit de cocher et monté sur un char, comme aux jeux du cirque. » Ce ne fut pas seulement par cette persécution que Néron chercha à se disculper de l'incendie de Rome, mais encore par le soin qu'il prit de l'embellir. Il fit rebâtir ce qui avait été brûlé, rendit les rues plus larges et plus droites, agrandit les places, et environna les quartiers de portiques superbes. Un palais magnifique, tout brillant d'or et d'argent, de marbre, d'albâtre, de jaspe et de pierres précieuses, s'éleva pour lui avec une magnificence vraiment royale. S'il fut prodigue pour le dedans et le dehors de cet édifice, il ne le fut pas moins dans tout le reste. Allait-il à la pêche, les filets étaient d'or trait, et les cordes de soie. Entreprenait-il un voyage, il fallait mille fourgons pour sa garde-robe seule. On ne lui vit jamais deux fois le même habillement. Suétone assure qu'au seul enterrement de son singe il employa toutes les richesses du plus riche usurier de son temps. Ses libéralités envers le peuple romain surpassèrent toutes celles de ses prédécesseurs. Il répandait sur l'or et l'argent, et jusqu'à des pierres précieuses; et lorsque ces présents n'étaient pas de nature à être délivrés à l'instant, il faisait jeter des billets qui en exprimaient la valeur. Cette prodigalité, si avantageuse à la ville de Rome, fut funeste aux provinces. Galba, gouverneur de la Gaule Tarragonaise, homme illustre par sa naissance et par son mérite, désapprouva hautement ces vexations. Néron, instruit de cette hardiesse, envoie l'ordre de le faire mourir. Galba évite le supplice en se faisant proclamer empereur. Il fut poussé à cette démarche par Vindex, qui lui écrivait « d'avoir pitié du genre humain dont leur détestable maître était le fléau. » Bientôt tout l'empire le reconnaît. Le sénat déclare Néron ennemi public, et le condamne à être précipité de la roche Tarpéienne, après avoir été traîné tout nu publiquement, et fouetté jusqu'à la mort. Pour éviter ce supplice, Néron se tua l'an 68 de Jésus-Christ, dans sa trente-unième année; il en avait régné quatorze. En vain implora-t-il dans ses derniers instants quelqu'un qui daignât lui donner la mort : personne ne voulut lui rendre ce dangereux service. « Quoi! s'écria-t-il dans son désespoir, est-il possible que je

n'aie ni amis pour défendre ma vie, ni ennemis pour me l'ôter? » Il serait difficile d'exprimer la joie des Romains lorsqu'ils apprirent sa mort. On arbora publiquement le signe de la liberté, et le peuple se couvrit la tête d'un chapeau semblable à celui que prenaient les esclaves après leur affranchissement. Le sénat n'y fut pas moins sensible : Néron avait dessein de l'abolir, après avoir fait mourir tous les sénateurs. Lorsqu'il avait appris les nouvelles de la rébellion, il avait formé le projet de faire massacrer tous les gouverneurs des provinces et tous les généraux d'armée, comme ennemis de la république, de faire périr tous les exilés, d'égorger tous les Gaulois qui étaient à Rome, d'abandonner le pillage des Gaules à son armée, d'empoisonner le sénat entier dans un repas, de brûler Rome une seconde fois, et de lâcher en même temps dans les rues les bêtes réservées pour les spectacles, afin d'empêcher le peuple d'éteindre le feu. Mais il n'eut pas le temps de se livrer à ces atrocités.

NERPRUN, *rhamnus* (*bot.*), genre de plantes de la famille des rhamnées à laquelle il sert de type, et se composant de petits arbres et d'arbrisseaux indigènes des parties tempérées de l'hémisphère nord; leurs feuilles sont alternes, stipulées entières ou dentées; leurs fleurs sont petites et peu apparentes, verdâtres, dont les caractères principaux sont : calice à tube urcéolé, à limbe divisé en 4-5 lobes dressés ou étalés aigus; corolle nulle ou à 4-5 pétales alternes au calice insérés au bord d'un disque charnu qui revêt intérieurement le tube calicinal, étamines en même nombre que les pétales auxquels elles sont opposées, à filets très courts, à anthère introrse, biloculaire ovaire à 3-4 loges, contenant chacune un seul ovule, surmonté de 3-4 styles, soudés entre eux à leur base. Le fruit est un petit drupe charnu à 2-4 noyaux osseux monospermes. Parmi les espèces du genre, nous citerons le Nerprun alterne (*Rh. alaternus*), L., commun dans nos départements méridionaux; son feuillage persistant le fait cultiver dans les jardins, ses petites fleurs sont verdâtres mis en grappes axillaires. Le nerprun purgatif (*Rh. catharticus*), est commun dans les haies et les lieux incultes de presque toute la France. C'est un arbrisseau de 3 mètres de hauteur, rameux, épineux par l'endurcissement des vieux rameaux qui se changent en une forte épine à leur extrémité. Les fruits sont petits, noirs et renferment quatre noyaux, le nom vulgaire de noirprun qu'on donnait à cette plante, a fait désigner le genre sous celui de nerprun. Ses qualités purgatives le rendent utile en médecine et avant sa maturité, il donne une matière colorante verte connue sous le nom de vert de vessie. **J. P.**

NERVA (M. Cocceïus), empereur romain, succéda à Domitien, l'an 96 de J.-C. C'est le premier empereur qui ne fut point Romain ou Italien d'origine; car, quoiqu'il fût né (vers l'an 32 de Jésus-Christ) à Narni, ville d'Ombrie, ses parents étaient originaires de Crète. Son aïeul Marcus Cocceïus Nerva avait été consul sous Tibère, et avait eu toujours beaucoup de crédit auprès de cet empereur qui l'emmena avec lui dans l'île de Caprée, où il se laissa mourir de faim, ne voulant plus être témoin des crimes de ce prince : manière assez plaisante de corriger les méchants ou de se consoler de la peine d'être avec eux. Son père était ce savant jurisconsulte que Vespasien combla d'honneurs et de bienfaits. Proclamé empereur, à l'âge de plus de soixante ans, son premier soin fut de rappeler les chrétiens exilés et de leur permettre l'exercice de leur religion. Les païens qui avaient eu le sort des chrétiens bannis, revinrent aussi de leur exil. Aussi libéral que juste, il abolit tous les nouveaux impôts, et, ayant épuisé ses revenus par ses largesses, il y remédia par la vente de ses meubles les plus riches. Il voulut qu'on élevât à ses propres dépens les enfants mâles des familles indigentes. Une de ses plus belles lois fut celle qui défendit d'abuser du bas âge des enfants pour en faire des eunuques. Sa modestie égalait son équité; il ne souffrit pas qu'on élevât aucune statue en son honneur, et il convertit en monnaie toutes les statues d'or et d'argent que Domitien s'était fait ériger et que le sénat avait conservées après les avoir abattues. Sa clémence surtout le plus beau relief à toutes ses autres vertus. Il avait juré solennellement que, tant qu'il vivrait, nul sénateur ne serait mis à mort. Il fut si fidèle à sa parole que, au lieu de punir deux d'entre eux qui avaient conspiré contre sa vie, il se contenta de leur faire connaître qu'il n'ignorait rien de leur projet. Il les mena ensuite au théâtre, les plaça à ses côtés, et, leur montrant les épées qu'on lui présentait suivant la coutume, il leur dit : « Essayez sur moi si elles sont bonnes. » Quelque

(1) Quand on réfléchit que cette haine si gratuite et si mal fondée à l'égard de la seule religion salutaire et raisonnable, est si clairement et si fortement annoncée dans l'Évangile, on ne peut s'empêcher de la regarder non-seulement comme un caractère, mais comme une preuve de la vérité du christianisme.

doux que fût son gouvernement, son règne ne fut pas exempt de ces complots qui ne peuvent manquer de naître parmi un peuple altier et inconstant. Les prétoriens se révoltèrent la deuxième année de son empire. Ils allèrent au palais et forcèrent l'empereur, les armes à la main, à se prêter à tout ce qu'ils voulurent. Nerva, trop faible ou trop vieux pour opposer une digue aux rebelles et soutenir seul le poids du trône, adopta Trajan. Il mourut l'année d'après, l'an 98 de J.-C. Ce prince était recommandable par toutes les qualités d'un bon souverain, et surtout par sa modération dans la plus haute fortune ; mais sa douceur ou plutôt sa faiblesse cut de malheureux effets. Les gouverneurs des provinces commirent mille injustices et les petits furent tyrannisés, parce que celui qui était à la tête des grands ne savait pas les réprimer. Aussi Fronto Julius, un des principaux de Rome, dit un jour publiquement : « C'est un grand malheur que de vivre sous un prince où tout est défendu ; mais c'en est un plus grand de vivre sous celui où tout est permis..... »

NERVÉ ou **NERVIÉ**, *nervatus*, *nervosus* (*bot.*). Cette épithète s'applique aux parties des plantes munies de nervures. Feuilles, spathelles, cotyledons, etc.　J. P.

NERVEUX, EUSE, adj., qui appartient aux nerfs. Fluide nerveux, fluide que l'on supposait en circulation dans les nerfs et que l'on regardait comme l'agent de la sensibilité et du mouvement. Etre nerveux, avoir les nerfs irritables. Nerveux signifie aussi dans le langage ordinaire, qui a de bons nerfs, qui a beaucoup de force dans les muscles. Nerveux signifie encore plein de nerfs et de muscles.

NERVII, peuple de la Gaule, dans la Belgique seconde, au N., entre la Germanique seconde à l'E., les Atrébates et les Morini à l'O., les Véromandui au S. Ils avaient au N. une portion de l'Océan atlantique, auquel ils donnaient le nom de *Nervicanus tractus*. Camaracum, Bagacum, Turnacum et Meldi en étaient les villes principales. Ils étaient très belliqueux, et arrêtèrent longtemps Jules-César. Leur pays correspond à peu près à la Flandre française, au Hainaut et au Cambrésis.

NERVURE, s. f., t. de relieur, la réunion des parties saillantes qui sont formées sur le dos d'un livre par les nerfs ou cordes qui servent à relier. Nervure, en architect. se dit des moulures saillantes et rondes placées sur les arêtes d'une voûte, sur les côtés des canelures, etc. Nervure, en botanique, se dit des filets saillants qui parcourent la surface des feuilles de certaines plantes et des pétales de certaines fleurs.

NERVURE *nervus* (*bot.*). On donne ce nom aux faisceaux de vaisseaux nourriciers qui parcourent le limbe de la feuille et en forment en quelque sorte le squelette. (Voy. FEUILLES.)　J. P.

NESLE (DE), né à Meaux, mort à Paris en 1768, fit beaucoup de vers médiocres. Ayant quitté les vers pour la prose, il donna : les *Préjugés des anciens et des nouveaux philosophes sur l'âme humaine*, Paris, 1765, 2 vol. in-12. Cet ouvrage est un recueil des plus forts arguments qu'on ait opposés aux matérialistes.

NESMOND (HENRI DE), se distingua de bonne heure par son éloquence. Il fut élevé à l'évêché de Montauban, ensuite à l'archevêché d'Albi et enfin à celui de Toulouse. L'académie française se l'associa en 1710. Louis XIV faisait un cas particulier de ce prélat. Un jour qu'il haranguait ce prince, la mémoire lui manqua : « Je suis bien aise, lui dit le roi avec bonté, que vous me donniez le temps de goûter les belles choses que vous me dites. » Il mourut en 1727. On a un recueil de ses discours, sermons, etc., imprimés à Paris, 1734, in-12. Son style est simple, soutenu, énergique ; mais il manque souvent de chaleur.

NESSUS, *myth.*, centaure, fils d'Ixion et de la Nue, voyant Hercule et Déjanire arrêtés sur les bords de l'Evénus, dont les eaux étaient grossies par les pluies d'hiver, offrit ses secours au héros, qui les accepta. Mais à peine eut-il passé Déjanire, qu'il voulut lui faire violence. Hercule le perça d'une de ses flèches, et le Centaure, pour venger sa mort, ayant trempé sa tunique dans son sang, la remit à Déjanire, en l'assurant que c'était un moyen infaillible pour conserver l'amour d'Hercule, ou le rappeler après une infidélité. C'était un poison actif qui fit perdre la vie au héros.

NESTLER, professeur de botanique à la faculté de médecine à l'école spéciale de pharmacie de Strasbourg, mort en

décembre 1832, publia, de concert avec Mougeot, médecin à Bruyères, une *Collection des mousses des Vosges*, composée de dix volumes. Plusieurs opuscules de botanique qui enrichissent les bibliothèques des naturalistes ajoutèrent à sa réputation. Mais ce qui eût donné à son nom encore plus d'éclat, c'est le travail qu'il préparait sur les plantes de l'Alsace. Les nombreux matériaux rassemblés par lui pour la publication de la *Flore de l'Alsace*, ne seront sans doute pas perdus pour la science.

NESTOR (*ois.*), nom scientifique du perroquet à tête grise de la Nouvelle Zélande. (Voy. PERROQUET.)　J. P.

NESTOR, l'un des héros d'Homère, était le dernier des 12 fils de Nélée, roi de Pylore, et seul échappa au massacre des Néléides par Hercule; trop jeune pour prendre part à la guerre, il avait été envoyé à Gérénie (Strabon, page 353). Après la mort de son père, il lui succéda dans le royaume de Pilore, qu'il accrut par ses armes. Se trouvant en Thessalie, il secourut les Lapithes attaqués par les Centaures, devint l'hôte et l'ami de Pilée, et ne s'illustra pas moins par sa sagesse que par son courage. On dit même que dans son adolescence, il fit, avec Jason l'expédition de la Colchide. Lorsque la grande querelle éclata entre la Grèce et l'Asie, il avait vécu père de trois âges d'hommes, comme dit Homère; mais il en fut pas moins choisi avec Ulysse pour exciter à cette guerre lointaine les chefs de la Grèce. C'est que son éloquence était irrésistible et que le miel de la persuasion coulait de ses lèvres (Il. 1,249). Lui-même donna l'exemple du départ à la tête des Pyliens et des Messéniens, et dans les fatigues et les périls du siège de Troie, il se distingua entre les plus jeunes et les plus vaillants héros. C'est là qu'il eut le malheur de perdre son fils Antiloque (Od. IV, 183). Après la prise de Troie, il revint heureusement dans ses états, où, dix ans plus tard, il régnait encore, puisque par l'Odyssée (III, 68), nous apprendrons qu'il reçut Télémaque et lui donna des conseils sur les moyens de retrouver son père. Nestor offre l'idéal de la vieillesse dont la considération est la couronne, et qui règne par les respects qu'elle inspire.　F. D.

NESTOR, le plus ancien annaliste russe, et, de tous chroniqueurs, un des plus remarquables; digne surtout du plus grand intérêt en ce qu'il est, parmi les peuples modernes, le premier dont l'ouvrage, écrit dans sa langue nationale, nous ait été conservé. Depuis Herbinius (*Religiose kijovienses cryptæ, Jena*, 1675, in-12), qui l'a d'abord fait connaître, jusqu'à nos jours, il a toujours régné sur son œuvre une grande incertitude : aussi la polémique engagée depuis 1835, entre MM. Stronmenko, Pérévotchikof, Boutkof, Pogodnie et autres, dure-t-elle encore sans avoir levé tous les doutes. D'après l'opinion commune, Nestor, né en 1056, on ne sait où, serait entré, à 17 ans, au monastère de Souterrains de Kief, et y serait mort, peu après 1116, après avoir composé la Chronique slavonne, ouvrage de patience et de piété, qu'il aurait continuée, suivant les uns, jusqu'à sa mort, et suivant d'autres, seulement jusqu'en 1110 ou 1113. En effet, on ignore où commence au juste l'œuvre de ses continuateurs, notamment Sylvestre, prieur du couvent de Saint-Michel, à Kief, puis évêque de Péréiaslavl, et plusieurs passages qui pourraient nous éclairer sur la personne du moine Nestor paraissent corrompus, car le manuscrit original n'est pas arrivé jusqu'à nous, et les copies offrent un grand nombre de variantes. C'est d'après un manuscrit trouvé à Kœnigsberg, en 1716, par Pierre-le-Grand, qu'a été publiée la première édition de la chronique de Nestor (Saint-Pétersbourg, 1767, in-4°), et qu'on été faites les traductions qui existent dans quelques langues de l'Occident, celle de B. Scherer, en Allemand (Leipz., 1774, in-4°), celle de M. Louis Paris, en français (Paris, 1834, 2 vol. in-8°), et surtout celle, aussi en Allemand, de l'immortel Schlœzer, qui a plus fait pour le vénérable annaliste russe qu'aucun des érudits de sa nation. On sait que, dans ce livre, le texte original est placé en regard de la traduction, accompagné d'un commentaire détaillé et très savant (Gœttingue, 1802-9, 5 vol. in-8°). Cependant on attache plus d'importance aujourd'hui à un autre manuscrit plus ancien, et qu'on appelle le Laurentin ou de Pouschkine, d'après son dernier possesseur; le professeur Tinkofskii en a publié (Moscou, 1824, in-4°), une édition qu'il a laissée inachevée, et dont le texte s'est fort traduit en allemand par feu Strahl. Pour plus de renseignements, il faut consulter l'édition de Schlœzer, t. I°r, et Strahl, *Das gelehrte*, Russland, p. 21-32.

NESTORIANISME, NESTORIUS. Nestorius, natif de Germanicie, dans la Syrie, fut élevé à Antioche, où il avait été baptisé dès l'enfance, contrairement à un usage encore existant alors de ne conférer le sacrement de la régénération qu'à un âge avancé. Avant d'être promu à l'épiscopat, il avait pratiqué la vie religieuse dans le monastère d'Euprépius, qui était aux portes d'Antioche, à deux stades de distance de cette ville. L'évêque Théodote l'ordonna prêtre, et lui donna l'emploi de catéchiste, pour expliquer la foi aux compétents et la défendre contre les hérétiques. En effet, il parut fort zélé contre ceux qui étaient alors les plus odieux en Orient, les ariens, les apollinaristes, les origénistes; et il faisait profession d'être l'admirateur et l'imitateur de saint Jean Chrysostôme. Nestorius avait une belle voix, et parlait facilement; mais son éloquence n'était point solide; il ne songeait qu'à plaire et à s'attirer les applaudissements du peuple, dont il fixait les regards par la pâleur de son visage, son habit blanc, sa démarche lente, évitant la foule et la place publique et demeurant le plus souvent chez lui, au milieu de ses livres. Il acquit ainsi une grande réputation de sainteté, de doctrine et d'éloquence. Or, vers ce même temps, le siége de Constantinople demeura vacant par la mort de Sisinnius. A la vérité un nombre de candidats se présentèrent; il n'y eut de difficulté que pour le choix. Parmi les nombreux compétiteurs il y en avait deux dont on demandait l'élévation avec d'égales chances de succès : c'étaient Philippe et Proclus; les deux partis s'agitèrent fort pour faire prévaloir chacun son candidat; mais la cour, ne voulant s'aliéner ni l'un ni l'autre de ces partis, et pour une autre détermination qui, en ne satisfaisant aucune des exigences mises en cause, les mettait néanmoins dans l'impuissance de la révolte; elle alla chercher hors de l'Eglise de Constantinople l'homme qu'elle voulait revêtir de cette éminente dignité : Nestorius fut celui qui fixa son choix. Cette nouvelle ne fut point désagréable au catéchiste d'Antioche; aussitôt qu'elle lui parvint, il se hâta d'obéir à un ordre qui flattait son ambition et son orgueil; il quitta donc son emploi; et, prenant avec lui le prêtre Anastase, son confident, il se dirigea vers la nouvelle Rome. Sur sa route il rencontra Théodore de Mopsueste. Nestorius s'arrêta quelque temps chez lui. C'est là, dit-on, que le futur patriarche puisa le germe de cette doctrine que nous lui verrons plus tard prêcher et défendre avec l'opiniâtreté d'un hérétique. Nestorius arriva à Constantinople trois mois après la mort de l'évêque Sisinnius, et fut ordonné le dixième du mois d'avril, sous le consulat de Félix et de Tasilus, c'est-à-dire l'an 428. Dès son premier sermon, il dit, s'adressant à l'empereur, ces paroles qui firent une profonde sensation dans son vaste auditoire : « Donnez-moi, seigneur, la terre purgée d'hérétiques, et je vous donnerai le ciel. Exterminez avec moi les hérétiques, et j'exterminerai avec vous les Perses. » Ces paroles furent agréables au peuple, mais d'autres jugèrent Nestorius d'un esprit léger, emporté, d'avoir témoigné un zèle si peu réfléchi dès le premier sermon. Le cinquième jour après son ordination, il voulut ôter aux ariens le lieu où ils s'assemblaient en secret; ce qui les poussa à un tel désespoir, qu'ils y mirent le feu, qui s'étendit aux maisons voisines, et le nom d'incendiaire en resta à Nestorius. Il voulut en faire autant envers les novatiens; mais il fut retenu par l'autorité de la cour. Il persécuta les quartodécimans dans l'Asie, la Lydie et la Carie, et fut cause d'une sédition dans Sardes et Milet, où plusieurs personnes périrent. En cela, dit un historien respectable, Nestorius prit son sentiment personnel pour celui de l'Eglise, et on ne peut l'absoudre de ce zèle aveugle qui le fait persécuter ceux qui n'ont pas le même symbole de foi que lui. Antoine, évêque de Germe, ville de l'Hellespont, s'attacha à poursuivre les Macédoniens, disant qu'il en avait reçu l'ordre formel de Nestorius. Ils souffrirent la persécution pendant quelque temps; mais enfin, réduits au désespoir, ils envoyèrent des assassins qui tuèrent Antoine; Nestorius profita de cette circonstance pour leur ôter leurs églises en 429 et entre autres celles qu'ils avaient à Constantinople, à Cysique et plusieurs autres dans l'Hellespont. Les moyens de persécution exercés par Nestorius ne s'arrêtèrent pas là. Une loi de Théodose-le-Jeune, donnée à Constantinople, le trentième de mai 428, ordonne que les hérétiques rendent dans le plus court délai aux catholiques les églises qu'ils leur ont enlevées, et leur défend d'ordonner de nouveaux clercs, sous peine de dix livres d'or; ensuite, faisant distinction de divers hérétiques, il est défendu aux ariens, aux macédoniens et aux apollinaristes d'avoir des églises dans aucune ville; pour les novatiens et les sabbastiens, on leur défend

seulement de rien innover; mais on interdit toute assemblée pour prier sur tout le territoire de l'empire romain. Après avoir fait mention des diverses hérésies alors existantes et comprises dans les prohibitions du pouvoir, la loi ajoute : « et enfin les manichéens, qui sont arrivés au dernier excès de méchanceté doivent même être chassés de la ville. » Cette loi ne parle pas des pélagiens; aussi Nestorius leur était-il favorable. Ainsi donc le premier acte du patriarche fut un acte de persécution contre les sectes dissidentes, digne prélude des aberrations nombreuses qui souilleront plus tard son caractère d'évêque. Nous avons nommé le prêtre Anastase, que Nestorius avait amené avec lui d'Antioche et dont il avait fait son confident et son *syncelle*. Or ce confident, prêchant un jour dans l'église de Constantinople, dit : « Que personne ne nomme Marie mère de Dieu : c'était une femme, et il est impossible que Dieu soit né d'une fille d'Adam. » Cette parole était à peine tombée des lèvres du prédicateur, que le scandale se révéla par les murmures improbateurs du peuple et du clergé; car ils avaient tous appris de tout temps, dit l'historien Socrate, à reconnaître Jésus-Christ pour Dieu et à ne le point séparer de la divinité. Nestorius soutint ce que le prêtre Anastase avait avancé, et nous avons de lui plusieurs sermons où il développe plus au long le thème hérétique que son confident avait exposé aux chrétiens de Constantinople.

Ce premier sermon fut prononcé, comme on le croit, le jour de la Nativité de J.-C. 428; car ce fut en cette année qu'il commença à mettre au grand jour l'hérésie fatale qu'il va jeter dans le monde, et qui divisera et affligera si longtemps l'Eglise universelle. Dans ce sermon, il parle d'abord de la Providence, d'où il passe à la réparation du genre humain, et ayant rapportées paroles de saint Paul : « Par un homme la mort est entrée dans le monde, et par un homme la résurrection, » Nestorius ajoute : que ceux-là l'écoutent qui demandent s'il faut nommer Marie mère de Dieu ou mère d'un homme. Dieu a-t-il une mère ? Les païens sont donc excusables de donner des mères à leurs dieux ? Paul est donc menteur quand il dit de la naissance de J.-C. : « Sans père, sans mère, sans généalogie ? Non, Marie n'a pas enfanté un Dieu, car qui est né de chair est chair; la créature n'a point enfanté le créateur, mais un homme, instrument de la Divinité. Le Saint-Esprit n'a point créé le Dieu Verbe, suivant qu'il est dit : ce qui est formé en elle est du Saint-Esprit. Dieu s'est incarné, mais il n'est point mort; il a ressuscité celui dans lequel il s'est incarné. Et ensuite, j'adore l'habit à cause de celui qui le porte : j'adore celui qui paraît au dehors à cause du Dieu caché, qui en est inséparable. » Dans un autre discours, il reprend les évêques qui l'avaient précédé sur le siége de Constantinople, et insulte à leur mémoire par des reproches aussi inconvenants qu'injustes : « Je vois beaucoup de piété et de zèle dans le peuple, s'écrie-t-il, mais peu de connaissance dans les choses divines : ce n'est par sa faute. Mais comment le pourrai-je dire ? C'est que ceux qui l'ont instruit n'ont pas eu le temps de le faire exactement. » Il continue de propager ses erreurs sur la personne du fils de Dieu, prétendant que l'Ecriture ne le nomme jamais Dieu quand il est question de sa naissance temporelle ou de sa mort, mais seulement Christ, fils ou Seigneur. On croit que ce fut pendant l'exposé de cette doctrine qu'Eusèbe, avocat à Constantinople, simple laïque, mais fort instruit de sa religion, s'éleva contre Nestorius en pleine église, et, enflammé du zèle que donne l'amour de la vérité, dit à haute voix : c'est le Verbe éternel lui-même qui a subi la seconde naissance selon la chair, et d'une femme. Alors le tumulte devint immense dans le lieu saint. Les uns donnèrent à Eusèbe des marques d'approbation; les autres s'emportèrent contre lui. Nestorius mêla sa voix d'évêque à ces voix tumultueuses, et Eusèbe ne put triompher. Dans un troisième sermon, Nestorius déclama contre Eusèbe, et, sous prétexte de combattre les Ariens et les Macédoniens, il attaqua de fait la doctrine catholique, soutenant toujours qu'on ne doit pas dire que le Verbe divin soit né de Marie, ou qu'il soit mort, mais seulement l'homme en qui résidait le Verbe. L'avocat Eusèbe, qui fut depuis évêque de Dorylée, dressa alors une protestation en ces termes : « Je conjure, par la sainte Trinité, celui qui prendra ce papier de le faire connaître aux évêques, aux prêtres, aux diacres, aux lecteurs, aux laïques qui demeurent à Constantinople, et de leur en donner copie, pour confondre l'hérétique Nestorius qui a embrassé les sentiments de Paul de Samosate, anathématisé il y a 160 ans par les évêques catholiques. » Ensuite il montre les traits de ressemblance qui se rencontrent dans la doctrine de ces deux hommes. Il déclare que Nestorius, comme

Paul, soutient que le Verbe et Jésus-Christ sont deux êtres très distincts, et non point un seul, comme l'enseigne la foi catholique. Pour montrer que Nestorius n'a pas suivi la tradition sur ce point, il invoque le symbole en usage à Antioche et l'autorité de saint Eustache, évêque en cette même ville. En prenant ses preuves dans l'Eglise même où Nestorius avait reçu l'enseignement de la foi, c'était lui prouver d'une manière plus sensible sa nouvelle erreur. Vers le même temps, Marius Mercator, qui était alors à Constantinople, publia une lettre adressée à tous les fidèles pour montrer que la doctrine nouvellement exposée par Nestorius est identique avec la doctrine de Paul de Samosate, antérieurement proscrite par l'Eglise catholique. L'historien Socrate, qui était à Constantinople dans le même temps, dit que par la lecture des écrits de Nestorius et par la conversation de ses sectateurs, il trouve qu'il n'était point dans l'erreur de Paul ni de Photin, puisqu'il reconnaissait en Jésus-Christ l'hypothèse du Verbe divin ; mais, dit-il, il avait peur du mot θεοτόκος, comme d'un fantôme, et cela provenait de son extrême ignorance ; car comme il était naturellement éloquent, il se croyait savant, quoiqu'il ne le fût point réellement, et il dédaignait d'étudier les livres des anciens interprètes de l'Ecriture sûr de lui-même, et s'estimant au-dessus de tous les autres. Ce sont les paroles de Socrate. Plusieurs dès lors se séparèrent de la communion de Nestorius, le traitèrent d'hérétique. On put dès ce moment prévoir que cette nouvelle doctrine causerait de grands maux à l'Eglise ; on en vint même à des menaces violentes contre Nestorius. C'est ce dont il se plaint dans un autre sermon qu'il prononça à l'entrée du Carême de l'année 429. Il parle dans ce sermon de la peine du péché de nos premiers parents, conformément à la doctrine catholique ; puis il marque l'erreur des pélagiens avec franchise et netteté. Et cependant il parle en présence de plusieurs pélagiens que Nestorius traitait bien du reste, et dont il se déclarait le protecteur. Proclus, évêque titulaire de Cyzique, qui faisait seulement les fonctions de prêtre à Constantinople, prononça vers le même temps dans cette ville un sermon sur l'Incarnation. Il y établit hautement la doctrine catholique, que le fils de Marie n'est pas un pur homme, mais vraiment Dieu ; qu'il est vrai de dire que Dieu a souffert et qu'il est mort ; que la sainte Vierge doit être nommée proprement mère de Dieu, θεοτόκος, sans que ce titre puisse faire sourire de mépris les gentils ou les ariens. Nestorius, qui était présent, fut extrêmement choqué de ce discours qui par son éloquent débit avait obtenu de grands applaudissements. Il y répondit sur-le-champ ; car c'était alors un usage établi que lorsqu'un prêtre avait prononcé un discours devant un évêque, celui-ci prenant ensuite la parole, ajoutait quelques mots d'instruction au sermon. Nestorius soutint donc dans sa réplique que l'on ne doit point dire simplement Dieu est né de Marie, mais Dieu le Verbe du père était joint à celui qui est né de Marie. Je ne puis souffrir, ajoute-t-il, que l'on dise que Dieu a été fait pontife : ce dernier mot était une réponse à Proclus qui avait établi cette vérité dans un passage de son sermon. Nestorius prétend que c'est l'homme et non pas le Verbe-Dieu qui est ressuscité, et qu'il faut distinguer le temple du Dieu qui l'habite : c'est, dit-il, une calomnie de m'imputer l'erreur de Photin. Il donne pour commencement au Verbe divin l'enfantement de Marie ; et moi je dis que le Dieu Verbe existe toujours avant les siècles. Nestorius avoue cependant que sa doctrine ne converge point sur ce sujet avec la doctrine des anciens pères de l'Eglise. Il fit trois autres sermons contre celui de Proclus ; mais il attaque toujours cet adversaire sans cesse le nommer. Ces divers sermons furent recueillis dans un livre où ils furent rangés par ordre de dates. Ils se répandirent bientôt dans toutes les provinces d'Orient, et même jusques en Occident et propagèrent partout cette désolante doctrine, dans un temps où l'Eglise semblait lasse de combattre contre tant d'hérésies qui surgirent presque en même temps pour l'attaquer sur plusieurs points à la fois. On sema ces sermons dans les monastères d'Egypte, où ils excitèrent des divisions parmi les moines ; mais il y avait alors dans cette contrée du monde catholique un vigilant gardien de la saine doctrine : comme un autre Athanase, Dieu l'avait placé, sentinelle avancée, dans le sanctuaire pour combattre les ennemis de la foi et de la vérité. Ce nouvel athlète, suscité par Dieu à son Eglise, était saint Cyrille, patriarche d'Alexandrie. Cyrille fut instruit de la nouvelle hérésie, de sa doctrine perverse, de ses désastreuses conséquences par quelques moines qui vinrent

le trouver, suivant la coutume, pour célébrer avec le patriarche d'Alexandrie quelque grande fête. Il apprit d'eux que ces sermons hétérodoxes et scandaleux du patriarche de Constantinople, pénétraient partout, jusque dans les déserts, jusque dans la cellule du cénobite, qu'ils ébranlaient les esprits légers ; en sorte que plusieurs ne reconnaissaient plus J.-C. pour Dieu soutenaient qu'il n'était qu'un instrument de la divinité, ou un vase qui la contenait. Saint Cyrille, craignant donc que l'erreur ne prît racine, écrivit une lettre aux moines d'Egypte, dans laquelle il dit qu'ils auraient mieux fait de s'abstenir entièrement de ces questions difficiles, et que ce qu'il leur en écrit n'est pas pour entretenir leurs disputes ; mais pour leur fournir des arguments pour défendre la vérité attaquée. « Je m'étonne, dit-il, comment on peut mettre en doute si la sainte Vierge doit être appelée mère de Dieu ; car si notre Seigneur Jésus-Christ est Dieu, comment la sainte Vierge sa mère n'est-elle pas mère de Dieu ? C'est la foi que les apôtres nous ont enseignée, bien que l'on ne rencontre pas ce mot dans leurs écrits ; c'est la doctrine de nos pères, entre autres d'Athanase. » Et à la suite de ces glorieux dans l'Eglise, il rapporte deux endroits de ses écrits tendant à prouver la même vérité. Il établit ensuite que celui qui est né de la sainte Vierge est Dieu par nature, puisque le symbole de Nicée dit que le fils unique de Dieu, engendré de sa substance, est lui-même descendu du ciel, et s'est incarné. Il ajoute : « Vous direz peut-être : la Vierge est-elle donc mère de la divinité ? Nous répondrons qu'il est certain que le Verbe est éternel ; mais dans l'ordre de la nature, bien que les mères n'aient aucune part à la création de l'âme, on ne laisse pas de dire qu'elles sont mères de l'homme composé d'un corps et d'une âme ; nous dirons de même de la naissance d'Emmanuel, puisque le Verbe ayant pris chair est nommé fils de l'homme. » Saint Cyrille ajoute encore plusieurs autres raisons d'une force irrésistible pour arrêter les querelles des moines à ce sujet, et pour les maintenir dans les vrais principes de la doctrine apostolique. Le saint docteur, à l'exemple des évêques ses prédécesseurs, écrivait chaque année une lettre pascale pour indiquer les fêtes mobiles, mais plus particulièrement la fête de Pâques. Il nous reste trente lettres de ce pieux évêque, écrites en pareilles circonstances. Or, dans une de ses lettres, il parle du mystère de l'Incarnation, et réfute les erreurs de Nestorius. Ainsi, pendant que celui-ci dogmatisait presque en liberté à Constantinople, un vengeur apparaissait en Egypte pour dévoiler ses erreurs et les condamner avant que l'Eglise se levât en corps pour les anathématiser. Sa lettre aux solitaires fut bientôt connue à Constantinople, où saint Cyrille avait des ecclésiastiques pour les affaires de son Eglise. Elle y fit une grande sensation ; elle éclaira les fidèles sur ce point, en ramena beaucoup d'autres ; le succès en fut tel que plusieurs magistrats écrivirent à saint Cyrille pour le remercier de ce qu'il venait à leur secours dans un moment aussi critique. Quelques-uns même osèrent espérer que cette réfutation savante et énergique du pieux évêque d'Alexandrie ouvrirait les yeux au nouvel hérésiarque. Mais lorsqu'une intelligence a déserté les voies de Dieu, lorsqu'elle s'est avancée dans les sentiers de l'erreur et du mensonge, guidée par l'orgueil, alors les avis, quelques salutaires qu'ils soient, la vérité quelque évidente qu'elle apparaisse, au lieu de ramener le coupable ne font souvent que l'aigrir et l'endurcir davantage. Ainsi advint-il de Nestorius. Il fut irrité de cette lettre de l'un de ses collègues dans l'épiscopat ; il y fit répondre par un nommé Photius, et chercha d'ailleurs tous les moyens de se venger du coup qui le frappa au vif. Il y avait à Constantinople un certain nombre de chrétiens condamnés ; Nestorius s'en servit pour calomnier saint Cyrille, et les engagea à présenter contre lui des requêtes à l'empereur Théodose. Le patriarche d'Alexandrie apprit par des gens dignes de foi qui vinrent dans sa ville épiscopale, le chagrin que Nestorius avait ressenti en apprenant que sa doctrine avait été condamnée par saint Cyrille. Celui-ci fut tenté de déclarer à Nestorius par une lettre synodale qu'il ne pouvait demeurer dans sa communion, s'il ne changeait de langage et de sentiments ; mais il fit réflexion, comme il le dit quelque part, qu'il faut tendre la main à nos frères tombés pour les relever ; il tenta de le ramener avant que d'en venir à des voies plus sévères contre lui. Comme Nestorius se plaignait principalement de sa lettre aux solitaires, il dit : « Ce tumulte n'a pas commencé par une lettre ; mais par des écrits qui se sont répandus, soit qu'ils soient de vous, soit qu'ils aient été mis au jour par un autre. Ces livres causaient un tel désordre que j'ai été obligé d'y porter un remède. Vous n'avez pas raison de vous plaindre et de crier contre moi qui avez excité le tumulte : corrigez plutôt vos discours et faites cesser le scandale universel en nommant Marie mère de Dieu. Au reste, ne doutez pas que je ne sois préparé à tout souffrir pour la foi de J.-C., même la prison et la mort. » Nestorius ne voulait pas répondre à cette lettre ; mais le prêtre d'Alexandrie que saint Cyrille avait chargé de la lui remettre, le pressa tant qu'il ne put s'en dispenser. Sa réponse n'est qu'un compliment affecté sur cette douce violence. « L'expérience fera voir, dit-il, quel fruit nous en tirerons ; pour moi, je conserve la patience, la charité fraternelle, puisque vous ne l'avez pas gardée à mon égard, pour ne rien dire de plus fâcheux. » Cette lettre fit voir à saint Cyrille qu'il n'y avait rien à espérer de Nestorius, et ce qu'il apprit ensuite le lui prouva encore plus clairement. Il y avait à Constantinople un évêque nommé Dorothée, intéressé, flatteur, étourdi. Un jour que Nestorius se trouvait assis sur sa chaise au milieu d'une grande assemblée, cet évêque se leva brusquement et dit à haute voix : « Si quelqu'un dit que Marie est mère de Dieu, qu'il soit anathème. » Tout le peuple fit entendre un grand cri et se hata de fuir le lieu saint, ne voulant plus communier avec ceux qui tenaient de pareils discours. Excommunier ceux qui nommaient la sainte Vierge mère de Dieu, c'était excommunier tous les évêques et tous les fidèles des diverses églises, puisque tous reconnaissaient la sainte Vierge pour mère de Dieu ; c'était excommunier tous les saints et tous les catholiques des âges passés, puisque leur foi sur ce point fut longtemps invariable. De la réprobation universelle dont fut frappée cette parole audacieuse de Dorothée, prononcée avec l'assentiment de Nestorius. Cette conduite du peuple trouva dans le clergé de nombreux approbateurs et également de nombreux imitateurs. En effet, plusieurs prêtres de Constantinople, après avoir averti Nestorius publiquement dans leur assemblée, voyant qu'il persistait toujours à ne pas nommer la sainte Vierge mère de Dieu et J.-C. Dieu, prirent le parti de se séparer ouvertement de sa communion ; d'autres s'en séparèrent, mais secrètement ; d'autres prêtres, pour avoir parlé contre le dogme nouveau, n'eurent plus le droit de prêcher, ce qui fit que le peuple, privé des instructions catholiques qu'il avait coutume d'entendre, s'écria : Nous avons un empereur, mais nous n'avons point d'évêque. Aussitôt on se précipita sur le peuple, quelques personnes furent arrêtées, battues et jetées en prison. Une autre fois, Nestorius fut publiquement repris dans l'église par des fidèles ; mais Nestorius, pour toute réponse, les fit saisir et jeter en prison. Un moine, d'une grande simplicité, poussé par un zèle peu éclairé peut-être, se mit au milieu de l'église où le peuple était rassemblé, et voulut empêcher Nestorius d'y entrer, comme étant un hérétique. Aussitôt la force armée se saisit de ce moine, le remit entre les mains des préfets qui le firent fouetter publiquement, un crieur marchant devant lui, et il fut envoyé en exil. Basile diacre et archimandrite, Thalassus, lecteur et moine, allèrent trouver Nestorius pour s'assurer s'ils avaient bien entendu ce qu'ils avaient ouï dire de lui. Après les avoir remis jusqu'à trois fois, il leur demanda à la fin ce qu'ils voulaient. « Vous avez enseigné, lui dirent-ils, que Marie n'est mère que d'un homme de même nature qu'elle, et que ce qui est né de la chair est chair : une telle doctrine n'est pas tout contraire au dogme catholique. » Aussitôt il les fit prendre, et une troupe d'officiers les entraînèrent dans la prison épiscopale, où ils furent dépouillés, attachés à des poteaux, puis étendus par terre et frappés à coups de pied. On les retint longtemps dans cette dure prison, on leur fit éprouver toutes sortes de mauvais traitements. Livrés au préfet de Constantinople, ils furent trouvés innocents devant les tribunaux et renvoyés à Nestorius, qui les manda à son tribunal, et après une explication captieuse de sa doctrine, il voulut bien leur rendre la liberté. Basile et Thalassus mirent de nouveau leurs efforts en commun pour déjouer les entreprises hérétiques du patriarche. Ce ne fut point un sentiment de vengeance qui les anima, mais l'amour de la vérité, le repos de l'Église et le triomphe de la foi. Ils présentèrent donc une requête à l'empereur en leur nom et au nom de tous les moines. Ils commencèrent par un court exposé des violences de Nestorius, puis ils prièrent l'empereur de ne pas permettre que l'Église fût troublée et corrompue dans sa doctrine par de nouvelles hérésies. Ils terminèrent cette requête en disant : Nous vous prions donc d'ordonner l'assemblée d'un concile œcuménique, pour réunir l'Église et rétablir la prédication de la vérité avant que l'erreur s'étende plus loin ; que cependant

il ne soit pas permis à Nestorius d'user ni de violence, ni de menace contre personne, jusqu'à ce qu'on ait réglé ce qui regarde la foi ; et que ceux qui voudraient insulter les catholiques soient réprimés par le préfet de Constantinople ; que que si vous méprisez notre requête, nous protestons devant le roi des rois qui viendra juger les vivants et les morts, que nous sommes innocents des maux qui pourront arriver. Ils se plaignirent dans cette requête que Nestorius, non content de faire servir ses clercs et ses syncelles pour soutenir son hérésie, a encore recours aux clercs des diocèses voisins que les canons obligent à demeurer dans le diocèse où ils ont été ordonnés. Pendant que l'on informait l'empereur de la nouvelle hérésie qui grandissait dans la ville impériale, et pour ainsi dire sous sa protection, Nestorius informait de son côté le pape Célestin de ce qui se passait à Constantinople, mais de telle manière qu'il pût mettre le pontife dans son intérêt contre saint Cyrille, et tous ceux qui s'étaient élevés contre lui. Voici du reste dans quels termes il parle au souverain pontife : « Julien, Florus, Oronce et Fabius, qui sont des évêques d'Occident, se sont souvent adressés à l'empereur, se plaignant de souffrir persécution, encore qu'ils soient catholiques ; ils ont fait les mêmes plaintes devant nous, et ayant été souvent rejetés, ils ne cessent de crier. Nous leur avons dit ce que nous pensions, sans être instruits de la vérité de leur affaire ; mais de peur qu'ils n'importunent davantage l'empereur, et que nous ne nous divisions pour leur défense, faute de les connaître, quoique peut-être vous les ayez condamnés canoniquement, ayez la bonté de nous en informer ; car les nouvelles sectes ne méritent aucune protection de la part des pasteurs véritables... De là vient qu'ayant aussi trouvé en cette ville une altération considérable de la vraie doctrine dans quelques chrétiens, nous employons tous les jours pour les guérir la rigueur et la douceur. C'est une maladie approchant celle d'Apollinaire et d'Arius. Ils réduisent l'incarnation du Seigneur à une sorte de confusion, disant que le Dieu-Verbe consubstantiel au Père a été édifié avec son temple, et enseveli avec sa chair, comme s'il avait pris son origine de la Vierge mère de Christ (Christotocos) ; et ils disent que la même chair n'est pas demeurée après la résurrection, mais qu'elle a passé dans la nature de la divinité. Ils ne craignent pas de nommer la Vierge Theotocos, quoique les pères de Nicée aient dit seulement que notre Seigneur Jésus-Christ s'est incarné du Saint-Esprit et de la Vierge Marie ; sans parler des Ecritures qui la nomment partout mère de Christ et non du Dieu-Verbe. Je crois que Votre Sainteté aura déjà appris par la renommée les combats que nous avons soutenus sur ce sujet, et qui n'ont pas été inutiles ; car plusieurs se sont corrigés et ont appris de nous que l'enfant doit être consubstantiel à sa mère ; qu'il n'y aucun mélange du Dieu-Verbe avec l'homme, mais une union de la créature et de l'humanité du Seigneur, jointe à Dieu et tirée du sein de la Vierge par Saint-Esprit. Que si quelqu'un emploie le nom de Theotocos à cause de l'humanité jointe au Verbe, et non à cause de celle qui l'a enfanté, nous disons que ce mot ne lui convient pas ; car une vraie mère doit être de la même nature que ce qui est né d'elle. On peut toutefois le souffrir, à cause que le temple du Verbe, inséparable de lui, est tiré d'elle, non qu'elle soit mère du Verbe ; car une personne ne peut enfanter celui qui est plus ancien qu'elle. » Avec cette lettre, Nestorius envoya au pape par un homme de qualité, nommé Antiochus ses écrits sur l'Incarnation, souscrits de sa main. Pendant que l'hérésiarque prenait des voies détournées pour mettre le pape dans sa cause, saint Cyrille donnait une nouvelle lettre à son peuple sur le mystère de l'Incarnation, dans laquelle les erreurs de Nestorius sont exposées et invinciblement réfutées. Vers le même temps, il reçut la réponse que lui adressait le patriarche de Constantinople à sa lettre aux solitaires, ainsi que ses nouveaux sermons sur cette question. Alors saint Cyrille écrivit une seconde lettre à Nestorius. Dans laquelle il indique d'abord qu'il est au courant des calomnies que l'on répand à Constantinople contre lui, et qu'il n'ignore pas le nom des auteurs de ces odieux procédés ; mais ce qui lui est purement personnel ne l'arrête pas longtemps, il revient au patriarche de Constantinople, et l'exhorte, comme un frère qu'il aime, à revenir de ses erreurs et à faire cesser le scandale, en s'attachant à la doctrine prêchée par les apôtres, enseignée par l'Église. Mais là ne se bornent pas ses efforts ; il entre dans des explications du mystère de l'Incarnation, et dit qu'il faut admettre en Jésus-Christ deux générations : l'une éternelle, par laquelle il procède de son père ; l'autre temporelle, par laquelle il est né de sa mère; que quand nous disons qu'il a souffert, etc., nous n'affirmons pas les actes du Dieu-Verbe; car la divinité est impassible, immuable; mais parce que le corps qui lui a été donné a souffert, on dit aussi qu'il a souffert lui-même : c'est pour cela que ce mot : il est mort, est usité dans notre langage. Saint Cyrille continue ainsi l'explication précise et rigoureuse de la foi telle que la tradition nous la présente sur le mystère de l'Incarnation; mais les efforts d'une charité véritable soutenue d'une science profonde dans un sujet aussi obscur, furent sans fruit pour ébranler l'opiniâtreté du patriarche hérétique.

Vers le même temps saint Cyrille écrivit à ses élèves résidant à Constantinople, sur les propositions de paix que l'on faisait de la part de Nestorius. « J'ai lu, dit-il, le mémoire que vous m'avez envoyé, par où j'ai vu que le prêtre Anastase vous a parlé, faisant semblant de chercher la paix, et vous a dit : Notre croyance est conforme à ce qui a été écrit aux solitaires. Ensuite, allant à son but, il a ajouté : il a dit lui-même que le concile de Nicée n'a point prononcé le mot *Théotocas*. J'ai écrit que le concile a bien fait de ne pas en faire mention, parce qu'alors on ne s'occupait point de cette question; mais il dit, en effet, que Marie est mère de Dieu, puis qu'il rapporte que le même qui est engendré du Père s'est incarné et a souffert. Ensuite, parlant d'un écrit de Nestorius : il refuse, dit-il, de montrer que c'est le corps qui a souffert et non pas le Dieu Verbe, comme si quelqu'un disait que le Verbe impassible est passible; personne n'est assez insensé pour se contredire à ce point. Son corps ayant souffert, on dit qu'il a souffert lui-même; comme on dit que l'âme de l'homme souffre quand son corps est dans la peine. Mais leur but est de dire deux Christ et deux Fils : l'un proprement homme, l'autre exclusivement Dieu, et d'admettre seulement une union de personnes. Saint Cyrille écrivit encore d'autres lettres sur ce sujet à divers personnages, entre autres à un ami commun de Nestorius et de lui, que l'on croit être Acare de Mélitène, où il parle dans ces termes : s'il ne s'agissait que de la perte de mes biens pour faire cesser le chagrin de mon frère, j'aurais montré que rien ne m'est plus précieux que la charité; mais puisqu'il s'agit de la foi et que toutes les Eglises ont été scandalisées, que pouvons-nous faire, nous à qui Dieu a confié la prédication de ses mystères; et sur qui seront jugés ceux que nous aurons instruits? car ils diront au jour du jugement qu'ils auront gardé la foi telle qu'ils l'ont tenue de nous. Chacun des fidèles rendra compte de sa vie, nous rendrons compte de tous ceux qui croient en Jésus-Chris. Je méprise les injures et les calomnies; je les mets en oubli, Dieu en fera justice. Sauvons seulement la foi, et je ne céderai à personne en amitié pour Nestorius. Je le dis devant Dieu, je souhaite qu'il soit plein de gloire en Jésus-Christ, qu'il efface les taches du passé, et qu'il montre que ce n'était que calomnie. S'il nous est ordonné d'aimer nos ennemis, combien plus devons-nous aimer nos frères et nos collègues? Mais si quelqu'un trahit la foi, nous sommes bien résolus de ne point trahir nos âmes, quand il devrait nous en coûter la vie. Autrement, de quel front oserions-nous paraître devant le peuple l'éloge des martyrs. » Cette lettre est noble dans les sentiments qu'elle exprime qui sont ceux de la fermeté et de la charité. On la croirait écrite de la plume de saint Athanase. Nestorius ne la laissa point sans réponse; mais on voit à chaque trait une âme hautaine et froissée qui s'irrite de la résistance que rencontre son enseignement. Il exhorte saint Cyrille à lire avec plus d'application les écrits des anciens, et accuse le patriarche d'Alexandrie d'avoir dit que le Verbe était passible, bien que celui-ci eût donné un soin tout particulier pour soutenir le contraire. Nous ne voulons pas suivre ici l'hérésiarque dans toutes les argumentations qu'il emploie pour se maintenir dans son système; ses raisons sont à peu près les mêmes que celles qu'il a déjà plusieurs fois développées dans l'intérêt de la même cause. Cette lettre fut pour saint Cyrille une nouvelle preuve de l'opiniâtreté de Nestorius. Pour arrêter le mal, il prit une autre voie : sachant que le patriarche de Constantinople était appuyé par la cour, et voyant les progrès que faisait chaque jour la nouvelle hérésie, non-seulement dans la nouvelle Rome mais encore dans une grande partie de l'Orient, il écrivit à l'empereur Théodose et aux princesses ses sœurs, des lettres que l'on peut regarder à cause de leur étendue, comme de vrais traités sur ce sujet. Dans la lettre qu'il adresse à l'empereur, il fait mention des diverses hérésies qui avaient paru jusque là sur l'Incarnation. Elles se résument dans celles de Manès, de Cérinthe, de Photin, d'Apollinaire, et enfin de Nestorius.

Après avoir dit un mot de chacune de ces hérésies en particulier, il arrive à celle de Nestorius qu'il réfute victorieusement, employant le plus souvent les arguments dont il se servait dans sa lettre aux solitaires d'Egypte. Il insiste d'une manière particulière sur cette parole de Dieu le père s'adressant à Jésus-Christ : Celui-ci est mon fils bien-aimé. Le Seigneur ne dit pas : En celui-ci est mon fils bien-aimé, afin de montrer l'unité en Jésus-Christ. La lettre qui fut adressée aux princesses, sœurs de Théodose, qui s'étaient toutes les trois consacrées à Dieu, est plus remarquable encore par les preuves de tradition qui montrent que les pères ont tous reconnu l'unité de Jésus-Christ. Après les faits de tradition, il invoque les textes du Nouveau-Testament pour démontrer la divinité de Jésus-Christ, et l'union du Verbe avec l'humanité. Saint Cyrille connaissait le grand esprit et la haute piété de ces princesses, c'est pour cette raison qu'il développe ce sujet avec une attention toute particulière pour les instruire sur cette matière. Les efforts de saint Cyrille ne se bornèrent pas là; si le souverain temporel devait être instruit de ce qui se passait dans l'intérieur du sanctuaire pour ainsi dire, ce n'était que pour le prévenir de ce qui se passait, et le précautionner contre un tel enseignement. Mais le juge naturel dans ces questions était le souverain pontife; lui seul pouvait apporter un remède efficace au mal dont les commencements paraissaient déjà si alarmants. Aussi ce fut au chef de l'église que saint Cyrille fit entendre un cri de détresse. On verra plus tard qu'il n'a pas crié en vain. Dans sa lettre à saint Célestin, le patriarche d'Alexandrie rend compte de tout ce qui s'était passé, de sa lettre aux solitaires, de ses deux lettres à Nestorius, et des raisons qui l'avaient déterminé à s'opposer à ses doctrines. Il déclare au souverain pontife qu'il est le premier parmi les évêques auquel il écrit sur cette affaire. La chose devait en être ainsi : le pape étant le juge légitime des doctrines, avant tout autre il doit être informé de ce qui se passe à ce sujet. Après avoir fait connaître le véritable état de choses à Constantinople et comment le peuple s'est séparé de son évêque, il ajoute : Votre Sainteté doit savoir que tous les évêques d'Orient sont d'accord avec nous; que tous s'affligent profondément de l'opposition de cette nouvelle hérésie qui vient troubler le concert de la foi. Je n'ai pas voulu rompre ouvertement la communion avec lui, avant que de vous avoir fait connaître ce qui se passe dans cette affaire. Ayez donc la bonté de déclarer votre sentiment; s'il faut encore communiquer avec lui et lui faire savoir publiquement que toutes les Eglises s'en sépareront s'il persiste dans ses opinions. Votre avis sur ce sujet doit être manifesté par écrit aux évêques de Macédoine et d'Orient. Et afin de mieux instruire Votre Sainteté des sentiments de Nestorius et de ceux des pères, je vous envoie les livres où les passages sont marqués, je les ai fait traduire à Alexandrie; je vous envoie aussi les lettres que j'ai écrites. » Cette lettre fut portée au pape par le diacre Possidonius. Saint Cyrille écrivit en même temps à Acare de Berée, un des plus illustres évêques de Syrie, pour lui faire part de l'affliction que ce nouveau scandale avait portée dans son âme. Cependant saint Célestin avait reçu l'envoyé de saint Cyrille avec tous les documents qu'il lui transmettait sur la doctrine de Nestorius et sur les tristes résultats qu'elle avait amenés en Orient. Le souverain pontife en fut profondément affligé, et sentant bien que c'était là une affaire fort sérieuse qui intéressait le bonheur de l'Eglise tout entière, il voulut, avant que d'y répondre, faire traduire en latin tous ces documents. Il fit même soutenir la doctrine apostolique sur ce sujet par un traité composé exprès, et ce fut sans doute par ordre que saint Léon, alors archidiacre de l'Eglise romaine, chargea Jean Cassien de cette œuvre. Plus que tout autre Cassien pouvait exactement remplir l'intention du pontife romain, étant fort versé dans la science théologique et dans les connaissances de la langue grecque. Cassien divisa son traité sur l'Incarnation en sept livres. Dans le premier il rapporte la plupart des hérésies contre ce mystère, puis il parle des pélagiens dont il prétend que les principes ont donné lieu à l'erreur de Nestorius. Car, dit-il, croyant que l'homme par ses propres forces peut être sans péché, ils jugent de même que Jésus-Christ, qui n'était qu'un pur homme, a également si bien usé de son libre arbitre qu'il a évité le péché; qu'il n'est venu au monde que pour nous donner l'exemple des bonnes œuvres, qu'il est devenu Christ après son baptême et Dieu après sa résurrection. Les six autres livres de Cassien offrent des aperçus neufs et victorieux, mais il serait trop long de faire connaître tout ce qui a été dit pour la défense du dogme catholique à propos de l'hérétique dont nous esquissons la vie et les erreurs. Nestorius ne recevant de réponse à la lettre qu'il avait adressée au souverain pontife, dont nous avons parlé, en écrivit une seconde par Valcie, chambellan de l'empereur, qui fait mention de plusieurs lettres précédentes au sujet de Julien et des autres pélagiens. Comme dans sa première lettre, Nestorius déclame contre les prétendus héré- tiques qui combattaient selon lui le mystère de l'Incarnation et qui étaient en effet les catholiques. Mais le pape songeait à autre chose qu'à répondre à Nestorius. Après la réception des documents que lui transmit Possidonius au nom de saint Cyrille, il assembla un concile à Rome vers le courant du mois d'avril 430; les écrits du patriarche de Constantinople furent examinés et comparés avec la doctrine. Après ce con- cile, le pape écrivit sept lettres ; la première à saint Cyrille, la seconde à Nestorius, la troisième au clergé de Constanti- nople, la quatrième à Jean d'Autriche, la cinquième à Rufus de Thessalonique, la sixième à Juvénal de Jérusalem, la septième à Flavien de Philippes. Ce fut encore le diacre Possinodius qui fut chargé de les remettre toutes à saint Cyrille pour les faire arriver de là à leur destination respec- tive. Dans celle qui était adressée à saint Cyrille, le pontife souverain louait son zèle, sa vigilance et déclare qu'il pense absolument comme lui sur l'Incarnation ; que si Nestorius persiste dans son opiniâtreté, il faudra le condamner; mais qu'avant d'en venir à ces dures extrémités il faut tenter toutes les voies que la charité conseille pour le ramener à une doctrine plus pure. Tous ceux donc, dit le pape, qui se sont séparés de sa communion demeurent dans la nôtre; lui- même ne peut avoir désormais de communion avec nous s'il demeure dans son erreur. C'est pourquoi vous exécuterez ce jugement par l'autorité de notre siège, agissant à notre place et en vertu de notre pouvoir. En sorte que si dans l'espace de dix jours, à compter de notre admonition, il n'anathé- matise en termes formels sa doctrine impie et ne promet de confesser à l'avenir, touchant la génération de Jésus-Christ notre Dieu, la foi qu'enseigne l'Eglise romaine, vous devez pourvoir à l'Eglise de Constantinople, et Nestorius sera entiè- rement séparé de notre corps.

Dans la lettre à Nestorius le souverain pontife lui exprime sa surprise, d'avoir ainsi été trompé dans la bonne opinion qu'il avait conçue de lui. Puis motivant son changement d'o- pinion à son sujet, il dit qu'il a lu la lettre et les ouvrages, qu'il a trouvé ses opinions touchant le verbe bien contraires à la foi catholique. Il termina cette lettre en disant : « Sachez que si vous n'enseignez touchant J.-C. la doctrine pure telle que la professe l'Eglise romaine, l'Eglise d'Alexandrie et toute l'Eglise catholique; telle que la sainte Eglise de Cons- tantinople l'a professée jusqu'à vous; et si dans dix jours, à compter depuis cette troisième monition, vous ne condamnez nettement et par écrit cette nouveauté impie, qui veut sépa- rer ce que l'écriture unit, vous êtes exclu de la communion de toute l'Eglise catholique. Nous avons adressé ce jugement par le diacre Possidonius, avec toutes les pièces, à l'évêque d'Alexandrie, afin qu'il agisse à notre place; et que notre ordonnance vous soit connue à vous et à tous nos frères. » Sa lettre au clergé et aux fidèles de Constantinople s'applique, par des paroles vives et des raisons fortes, à persuader au peuple de demeurer ferme dans la foi de l'Eglise. Toutes les excommunications portées par Nestorius y sont regardées comme nulles et sans effet, depuis qu'il s'est écarté de la vérité catholique. Il indique dans cette lettre les moyens qu'il a pris pour remédier aux maux de l'Eglise de Constantinople, ne pou- vant lui-même terminer le différend à cause de la distance qui le séparait de Constantinople. Il fait savoir qu'il a établi saint Cy- rille son chargé de pouvoir pour poursuivre Nestorius et le con- damner en cas de refus. Les autres lettres du pape sont pour le fond en tout semblables aux premières. Saint Cyrille, selon la volonté de leur auteur, les fit parvenir à leur destination. Aussitôt que le diacre Possidonius fut de retour avec les lettres de saint Célestin , il en écrivit une à Jean d'Antioche, et une à Juvénal de Jérusalem, qui avait succédé à Praïle. Il exhorte le premier à prendre une détermination franche dans cette affaire, avouant que pour ce qui le concerne, il est prêt à sui- vre en tout le jugement du pape. Il engage le second à écrire à l'empereur, afin qu'il soutienne les intérêts de la religion et dé- livre l'Eglise de ce faux pasteur. Vis-à-vis Jean d'Antioche, la difficulté était plus sérieuse pour l'amener à penser comme St. Célestin. On se rappelle que celui-ci fut tiré de l'Eglise d'Antioche pour être placé sur le

siége de Constantinople. Jean avait conservé pour lui des senti- ments d'une sincère amitié; il fallait faire triompher l'amour de la vérité sur les penchants du cœur; c'est ce qu'entreprit saint Cyrille, dans une lettre qu'il lui fit tenir en même temps que celle adressée au souverain pontife. Les voies ayant ainsi été préparées par les soins de ce vigilant gardien du dépôt de la foi, il ne fut rien tenté de plus contre Nestorius, avant que de l'a- voir de nouveau averti du véritable état de choses, et de lui avoir montré et le faux de sa doctrine et les dangers auxquels le conduirait son opiniâtreté coupable. Saint Cyrille revient donc à la charge pour essayer par de nouveaux efforts de changer les dispositions de Nestorius; il l'engage à se servir en parlant de Marie du mot *theotocos*, mère de Dieu, puisque aucun docteur ne l'avait rejeté, et que plusieurs s'en étaient servis, sans être repris par l'Eglise. Il montre que l'on ne peut re- jeter la signification de ce mot sans tomber dans des erreurs dangereuses, puisqu'il s'en suivrait contre l'autorité mani- feste de l'Ecriture, que ce n'est pas Dieu qui s'est incarné et anéanti en prenant la forme d'esclave. Il ajoute : Si avant ces lettres plusieurs s'étaient emportés contre nous, que ne feront-ils point maintenant qu'elle leur donne une si grande autorité? Cette lettre ne demeura pas sans réponse; cette fois la lettre de Nestorius revêt les formes de l'honnêteté, mais au fond l'opiniâtreté est toujours la même : « J'aurais cru, dit- il, être exposé à toute autre calomnie qu'à celle d'errer contre la foi : moi qui ai tant combattu jusqu'à présent contre tous les hérétiques; j'ai trouvé ici l'Eglise divisée; les uns appe- laient la sainte Vierge mère de Dieu; les autres mère d'un homme : pour les réunir, je l'ai nommée mère du Christ, nom qui signifie clairement l'un et l'autre, le Dieu et l'homme. Soyez donc en repos sur cette affaire et soyez persuadé que j'ai toujours les mêmes sentiments sur la vraie foi. Si nous nous voyons dans le concile que nous espérons avoir, nous régle- rons toutes choses sans scandales et avec union. Bientôt, s'il plaît à Dieu, on saura notre conduite. » Cependant, pour obéir aux ordres du chef suprême de l'Eglise, saint Cyrille assembla un concile à Alexandrie : peut-être le concile qui avait lieu chaque année au mois d'octobre. Tous les évêques de la province s'y trouvèrent réunis. Au nom de ce concile saint Cyrille écrivit à Nestorius une lettre synodale pour servir de troisième et dernière monition. Dans cette lettre, confor- mément aux ordres du pape, il déclare que si dans dix jours après la réception de cette lettre, il ne renonce à ses erreurs, ils ne veulent plus avoir de communion avec lui, et ne le tien- dront plus pour évêque. Au reste, ajoute le concile, il ne suffira pas que vous fassiez profession de suivre le symbole de Nicée, il faut confesser par écrit et avec serment, que vous anathé- matisez vos dogmes impies, et que vous croirez et enseignerez ce que nous croyons tous, et tous les évêques, tant de l'orient que de l'occident. Car le concile de Rome et nous tous, sommes convenus que les lettres qui vous ont été écrites par l'Eglise d'Alexandrie, sont orthodoxes et sans erreur. La lettre synodale ne se borne pas à engager Nestorius à se dé- sister de ses dogmes erronés, elle contient ensuite une pro- fession de foi tirée du symbole de Nicée et renfermant une explication détaillée et exacte du mystère de l'incarnation, en tout conforme d'ailleurs à ce que saint Cyrille avait déjà dit dans ses autres lettres. Ce fut en cette occasion que saint Cyrille prononça les douze anathèmes contre la doctrine de Nestorius. Le premier anathème contient presque toute la substance de la doctrine que le concile fut appelé à condam- ner. Il y est dit : « Si quelqu'un ne confesse pas qu'Emmanuel est véritablement Dieu, et par conséquent la sainte vierge mère de Dieu, puisqu'elle a engendré selon la chair, le verbe de Dieu fait Christ : qu'il soit anathème. » Ces douze sen- tences contre Nestorius et ses adhérents sont célèbres dans l'Eglise et produisirent une grande émotion au moment où elles furent connues à Constantinople. La lettre synodale qui les contient, fut accompagnée de deux autres lettres, l'une au clergé et au peuple de Constantinople, l'autre aux abbés des monastères de la même ville. Il est dit à ces derniers, que saint Cyrille a attendu la dernière extrémité pour en venir à un remède aussi violent. Ces lettres furent confiées à quatre députés pris parmi les évêques; mais avant d'arriver à Constantinople, l'empereur Théodose ordonna la convocation du concile général, sollicité par plu- sieurs évêques et abbés de monastères. Chose singulière ! pendant que les catholiques demandaient avec tant d'instance un concile pour mettre fin aux troubles qui commençaient à désoler les Eglises d'orient, Nestorius, de son côté, ne mettait pas moins de persistance pour obtenir la même chose auprès de l'empereur : sans doute il nourrissait dans le fond de son âme une secrète espérance de faire prévaloir sa doctrine par le moyen de la puissance séculière. Et peut-être aussi se promettait-il l'appui des Orientaux pour faire condamner saint Cyrille sur les plaintes de ceux qui calomniaient ce saint. La lettre de convocation est au nom de deux empereurs suivant la forme ordinaire : elle est adressée aux métropolitains de chaque province. Celle qui s'est conservée était adressée à saint Cyrille, et se résume à peu près en ces termes : « Les troubles qui sont dans l'Eglise nous ont fait juger indispensable la tenue d'un concile. Personne cependant n'innovera rien en particulier avant que le concile soit assemblé. Nous ne doutons pas que tous les évêques n'y viennent promptement; si quelqu'un y manque, il n'aura point d'excuse devant Dieu et devant nous. Il n'est pas nécessaire de faire remarquer, je pense, tout ce que ce langage a d'impertinent dans la bouche d'un empereur; on sait que ces souverainetés tombées se donnaient souvent les allures despotiques vis-à-vis des évêques d'orient; ne se sentant plus capables de montrer leur puissance en repoussant les Perses et les autres peuples qui faisaient chaque jour un pas vers la ville impériale, elles voulurent se donner le coupable plaisir d'exercer leur domination sur l'église; mais le Christ la rendue indépendante du pouvoir humain, en livrant ces fantômes d'empereurs à la fureur des ennemis, à la risée des nations; les évêques habitués à la servitude, ont vu plus tard leur conscience enchaînée et aujourd'hui les évêques de l'Eglise orientale, soumis à un pouvoir laïque pour avoir méconnu le pouvoir sacré d'où ils tiraient leur force, leur dignité, et leur vie n'inspirent plus de sentiments que ceux du mépris, si le mépris pouvait s'allier à la pitié. La ville d'Ephèse fut choisie, comme de facile accès par mer et par terre, et comme offrant des ressources suffisantes pour le séjour d'un grand nombre d'évêques. A côté de cette lettre de convocation pour le concile, il nous reste une lettre de l'empereur à saint Cyrille, où l'on peut lire les préoccupations de Théodose contre ce saint patriarche d'Alexandrie. Il l'accuse, en effet, d'être l'auteur du trouble de l'Eglise, et se plaint de ce qu'il a écrit deux lettres différentes, l'une à lui, l'autre à sa sœur Pulchérie, comme si la famille impériale était divisée; ajoutant toutefois qu'il lui pardonne, et l'exhortant à concourir à la tranquillité de l'Eglise. Tout était donc préparé pour le concile. A la veille de voir sa doctrine examinée, Nestorius écrivit au pape Célestin en ces termes : « J'ai appris que le vénérable évêque d'Alexandrie, épouvanté par les plaintes qui nous ont été présentées contre lui, cherche à éviter le saint concile, qui se doit tenir à cause de ses accusations. » Après cette parole de calomnie, il fait un exposé artificieux de sa doctrine et de celle de saint Cyrille, sur le Verbe, et le tout pour conclure qu'il est innocent, et que l'évêque d'Alexandrie est le seul coupable, et par conséquent que le saint concile va le condamner.

Cependant, la députation du concile d'Alexandrie étant arrivée à Constantinople, alla le dimanche à la cathédrale pendant que l'on célébrait l'office, où tout le clergé était présent. Elle rendit à Nestorius les lettres de saint Cyrille et de saint Célestin : Nestorius les prit et dit de venir le lendemain le trouver en particulier; mais quand les évêques se présentèrent chez lui, il leur ferma les portes et ne leur fit aucune réponse. Huit jours après, le patriarche fit un sermon dans son église, où il eut le talent de résumer toute sa doctrine sur l'incarnation. Dans le même sermon, il s'emporte contre saint Cyrille sans le nommer; il le désigne cependant assez en l'appelant l'Egyptien; il l'accuse de l'attaquer avec des flèches d'or, c'est-à-dire en distribuant de l'argent; c'était le reproche que l'on faisait à Nestorius. Le lendemain, le dimanche, il fit un autre sermon, où il dit nettement que la Vierge est mère de Dieu et mère de l'homme; mais, à côté de l'aveu de la vraie doctrine est la restriction, qui consiste à donner au mot *ΘΕΟΤΟΚΟΣ* une explication qui altère le dogme catholique. Il répondit aux lettres des deux conciles de Rome et d'Alexandrie, et opposa aux douze anathèmes qui le condamnaient douze autres anathèmes qu'il proposa de son côté.

Les douze anathèmes portés par le concile d'Alexandrie choquèrent Jean d'Antioche, qui crut qu'en voulant combattre Nestorius saint Cyrille était lui-même tombé dans l'erreur d'Apollinius. Il donna donc ordre à deux savants évêques de sa province, André de Samosate et Théodoret de Cyr, de composer un écrit en réponse à saint Cyrille. On le voit, quand une altération dans le dogme se révèle, le trouble surgit dans l'Eglise, les traits se croisent, obscurcissent l'air, et sans une assistance certaine qui éclaire et dirige l'Eglise, on ne saurait plus à quoi s'en tenir dans le dédale des opinions théologiques. André composa cet écrit au nom des Orientaux qui l'approuvèrent en concile. Théodoret mit son nom à un écrit qui était plus aigre que celui d'André. Ces deux ouvrages parurent avant le concile. La fête de Pâques étant célébrée, saint Cyrille et Nestorius partirent chacun de leur côté pour se rendre à Ephèse. Nestorius était accompagné d'un grand nombre de troupes et de deux comtes, Candidien et Irénée. Le premier était capitaine des gardes de l'empereur, pensant prêter main-forte au concile. Saint Cyrille partit d'Alexandrie, accompagné de cinquante évêques; c'est-à-dire ayant près de la moitié des évêques sous sa dépendance, les autres étaient demeurés pour prendre soin des églises. Le temps lui fut favorable jusqu'à Rhodes, d'où il écrivit à son église et à son peuple une lettre pleine de charité paternelle; le reste du voyage ne fut pas sans fatigue ni sans danger car le saint évêque eut une violente tempête à essuyer. Enfin, il arriva à Ephèse quatre ou cinq jours avant la Pentecôte, qui, cette année 431, était le 7e de juin. Aussitôt après son arrivée; il adressa une lettre à son clergé et à son peuple, où il dit : « Le méchant, la bête qui ne dort point, va et vient pour attaquer la gloire de J. C., mais le malheureux se frappe lui-même et périra avec ses propres enfants. » Juvénal de Jérusalem arriva cinq jours après la Pentecôte avec les évêques de Palestine; mais Jean d'Antioche et les Syriens se firent attendre longtemps. Ils prétendaient qu'il leur était impossible de se rendre à Ephèse au jour marqué. Car, disaient-ils, les évêques ne peuvent quitter leurs églises avant le dimanche du renouvellement. C'est ainsi que les Orientaux appellent encore le jour de l'octave de Pâques, auquel les nouveaux baptisés quittaient l'habit blanc et recevaient la bénédiction de l'évêque. Tandis qu'on les attendait, les évêques assemblés à Ephèse traitaient de l'Incarnation dans leurs sermons et dans leurs conversations particulières. Il nous reste un sermon prononcé en cette circonstance par saint Cyrille, où il donne de grands éloges aux évêques assemblés; puis il salue avec admiration la ville d'Ephèse; il célèbre la gloire de saint Jean, dont les reliques se voyaient en cette ville; il glorifie Marie, en relevant toutes ses grandeurs, en l'appelant du nom de mère de Dieu. Venant ensuite à Nestorius, il dit qu'il met en vain sa confiance dans la force armée, et dans ses présents, il verra ses erreurs révélées et condamnées. Puis, donnant un nouveau cours à l'indignation qui lui inspirait sa conduite, il reproche les blasphèmes avec un langage qui sent un peu trop l'irritation. A l'en croire, Nestorius surpassera dans ses blasphèmes les juifs, les païens et tous les hérétiques; c'est beaucoup trop d'exagération. Il parle de Nestorius comme d'un ennemi déclaré qui n'a voulu se rendre à aucun des avis qui lui ont été donnés. Il en prend à témoin le pape saint Célestin, qu'il qualifie de père, de patriarche et d'archevêque de toute la terre; de toutes ces allégations, saint Cyrille conclut que Nestorius doit être déposé du sacerdoce. Jean d'Antioche n'étant plus qu'à cinq ou six journées d'Ephèse, fit savoir qu'il était proche, par des officiers du maître des offices, et écrivit à saint Cyrille une lettre pleine de témoignages d'amitié et d'un grand désir de se rendre auprès de lui. Je suis désormais à la porte, dit-il, par les prières de votre sainteté, après avoir beaucoup souffert en ce voyage; car il y a trente jours que je marche sans relâche. Quelques-uns des évêques sont tombés malades en chemin; priez donc que nous puissions achever sans peine ces cinq ou six journées, et embrasser votre chère et sainte personne. Nous saluons tous les pères qui sont avec vous. Deux évêques de sa suite, tous deux métropolitains, Alexandre d'Apomée et Alexandre d'Hiesaple, arrivèrent bientôt Comme saint Cyrille et les autres évêques se plaignaient à eux du retard de Jean, ils dirent plusieurs fois: il nous a chargés de venir dire s'il retarde, qu'on ne remette pas pour cela le concile, mais que l'on commence. Il y avait déjà près de deux cents évêques assemblés à Ephèse, appartenant à diverses provinces. La lettre de l'empereur indiquait le jour précis où ceux qui ne se trouveraient pas au concile seraient sans excuse. Il s'était passé plus de quinze jours au-delà. Plusieurs évêques et plusieurs clercs étaient incommodés et fatigués de la dépense d'un si long séjour ; plusieurs étaient malades, il en était mort quelques-uns. Tout le concile disait que Jean d'Antioche ne voulait pas s'y trouver, parce qu'il s'agissait de voir Nestorius condamné , et , comme il avait été tiré de son église , la honte de cette condamnation retomberait sur lui. Saint Jean d'Antioche agissait de bonne foi, il n'avait point sujet de se plaindre , puisqu'il avait mandé expressément par les deux Alexandre que l'on pouvait commencer sans lui. Tant de raisons à la fois déterminèrent les pères du concile à l'ouvrir le 22 juin, dans la grande église dédiée à la sainte Vierge.

La veille du jour de son ouverture, ils en firent avertir Nestorius par quatre évêques, mais celui-ci répondit qu'il s'y rendait de suite. Ils donnèrent le même avis à six autres évêques qui étaient avec lui et qui firent une réponse à peu près semblable. Le même jour, Nestorius et ses adhérents firent une protestation adressée à saint Cyrille et à Juvénal de Jérusalem, par laquelle ils déclarèrent qu'avant de rien entreprendre, il fallait attendre l'arrivée de Jean d'Antioche et ne point recevoir ceux qui avaient été déposés par leurs évêques. Cette protestation fut signée par soixante-huit évêques de Syrie, d'Asie et de Thrace, mais le nom de Nestorius n'y paraît point. De son côté, Candidien fit tous ses efforts pour empêcher que l'on ne commençât le concile avant l'arrivée de Jean d'Antioche. Comme il sut que les évêques s'étaient assemblés le 22 juin, dans l'église dédiée à la Sainte Vierge, il y courut pour protester contre cette assemblée, disant que la volonté de l'empereur était que tout se fît d'un commun consentement. Les évêques lui demandèrent à voir la lettre de l'empereur. Il le refusa d'abord, disant que tous ceux qui devaient assister au concile n'y étaient pas. Ils lui répondirent qu'ils ignoraient les ordres de l'empereur, et le pressèrent si bien qu'il leur montra la lettre qu'il avait tenue secrète jusqu'alors. Cette lettre parlait ainsi : il lui est ordonné d'aller à votre saint concile sans prendre aucune part aux questions dogmatiques ; car cela n'est point permis à celui qui n'est pas du nombre des évêques. Mais il doit éloigner absolument de la ville d'Éphèse tous les séculiers et les moines, de peur que ces personnes qui ne sont point nécessaires ne fassent du tumulte et n'empêchent les délibérations paisibles de votre sainteté. Il doit aussi prendre soin que les disputes ne produisent aucune division et que tout se passe sans aigreur. Suivent ensuite plusieurs avis concernant la sécurité extérieure, mais aucun n'a trait à ce qui est purement de la discipline à observer dans l'intérieur du concile , ni aux dogmes qui devaient y être traités. Les évêques ayant entendu la lecture de cette lettre, persistèrent dans la résolution de commencer le concile. Candidien protesta contre cette résolution, et voyant qu'il ne pouvait rien obtenir, il publia dans la ville une protestation et en envoya une copie à l'empereur. Mais tout fut inutile ; les évêques ayant pris place dans l'assemblée, chacun selon son rang, saint Cyrille tenant la première place comme représentant du Saint-Siége, les délibérations commencèrent par l'exposé des motifs qui avaient réuni tant d'évêques sous la présidence du délégué du souverain pontife. Ce fut Pierre, prêtre d'Alexandrie qui fit l'historique de la question et lut les diverses pièces qui avaient rapport à la convocation du concile ; puis on fit de nouvelles sommations à Nestorius de se rendre au concile. Mais l'hérésiarque, protégé par la force armée qui environnait la maison qu'il habitait, refusa opiniâtrement de se rendre. Le rapport des envoyés ayant été fait au concile, Juvénal de Jérusalem dit : « Quoique trois monitions suffisent, suivant les lois de l'église, nous sommes disposés à en faire une quatrième au révérendissime Nestorius. Mais puisqu'il a mis autour de sa maison une troupe de soldats qui ne permettent pas d'en approcher, il est clair que c'est le reproche de sa conscience qui l'empêche de venir au concile. Il faut donc passer outre suivant l'ordre des canons, et pourvoir à la conservation de la foi.

Conformément à cet avis, qui fut partagé par tous les pères du concile, on résolut de soumettre la doctrine de Nestorius à un examen pour voir ce qu'elle contenait de condamnable. On lut toutes les lettres de saint Célestin, de saint Cyrille, et quand l'assemblée fut bien instruite de ce dont il s'agissait, Fidres, évêque de Joppé, dit : il persévère encore aujourd'hui dans la même doctrine, les évêques Asace et Théodote, qui sont ici, le peuvent dire. Ils ont eu des entre-

tiens avec lui jusques-là que l'un d'eux fut en péril. Nous les prions et les conjurons par les saints Évangiles qui sont ici présents, de déposer dans les actes ce qu'ils ont ouï dire à Nestorius. Alors Asace de Mélitine dit : « Quand il s'agit de la foi, toute affection particulière doit cesser. Ainsi, puisque j'ai aimé Nestorius plus que personne et désiré le sauver en toute manière, je dirai la vérité pour ne pas perdre mon âme. Sitôt que je fus arrivé à Éphèse, j'eus une conversation avec lui, et le voyant dans des sentiments coupables, je fis mes efforts pour le ramener. Il déclara alors de bouche qu'il quittait cette pensée. Dix ou douze jours après, je vis qu'il combattait la vérité et que, par une interrogation absurde, il mettait ses interlocuteurs dans la nécessité de nier entièrement que la divinité du fils unique se fût incarnée, ou de confesser que la divinité du Père, du Fils et du Saint-Esprit, s'est incarnée avec le Verbe divin, ce qui serait une hérésie. Dans une conversation, un évêque, qui était avec lui, prit la parole et dit qu'autre était le Fils qui a souffert, autre le Verbe divin. Ne pouvant souffrir de pareils blasphèmes, je pris le parti de me retirer. » Le prêtre Pierre dit alors : Nous avons en main le livre des blasphèmes du révérendissime Nestorius, nous avons extrait de l'un de ces livres quelques articles ; s'il plaît au saint concile, nous les lirons. L'évêque Flavien répondit : Qu'ils soient lus et insérés dans les actes. On lut alors vingt articles tirés du livre de Nestorius, qui était un recueil de ses sermons divisés par cahiers. Après cette lecture, Flavien dit : Puisque les discours de Nestorius sont des blasphèmes horribles, qu'ils soient insérés aux actes pour sa condamnation. Après quelques autres informations sur la doctrine de Nestorius, on prononça la sentence de condamnation en ces termes : Réduits à cette nécessité par la lettre de notre saint père et collègue Célestin, évêque de l'Église romaine : après avoir souvent répandu des larmes, nous en sommes venus à cette triste sentence. Notre-Seigneur Jésus-Christ, qu'il a blasphémé, a déclaré par ce saint concile qu'il est privé de toute dignité épiscopale et retranché de toute assemblée ecclésiastique. Cyrille, évêque d'Alexandrie, j'ai souscrit en jugeant avec le concile. Juvénal, évêque de Jérusalem , j'ai souscrit en jugeant avec le concile. Tous les autres évêques présents souscrivirent de même au nombre de cent quatre-vingt dix-huit, dont quelques-uns se qualifient par la grâce ou la miséricorde divine ; quelques-uns prirent le titre d'évêques de l'Église catholique ou de tel lieu. D'autres évêques arrivèrent au concile après cette première session, et souscrivirent aussi : en sorte que Nestorius fut condamné par plus de deux cents évêques ; alors quelques-uns tinrent la place de ceux qui ne purent se rendre à Éphèse. Le peuple de la ville demeura du matin au soir à attendre la décision du concile ; et quand ils apprirent que Nestorius était déposé, ils commencèrent tout d'une voix à donner des bénédictions au concile et à louer Dieu de ce que l'ennemi de la foi était tombé. Au sortir de l'église, ils conduisirent les évêques avec des flambeaux jusqu'à leurs logis, et les femmes portèrent des parfums devant eux. On illumina le soir la ville et la joie fut grande dans tous les cœurs. Le lendemain , vingt-troisième de juin , on notifia à Nestorius la sentence de sa déposition en ces termes : Le saint concile, assemblé à Éphèse par la grâce de Dieu, à Nestorius, nouveau Judas. Sache que pour tes dogmes impies et ta désobéissance aux canons, tu as été déposé par le saint concile, suivant les lois de l'Église, et déclaré exclu de tout degré ecclésiastique le vingt-deuxième de juin. La sentence fut ensuite affichée dans les places publiques et publiée par les crieurs. Le même jour le concile fit connaître à l'église de Constantinople ce qui s'était passé relativement à son évêque, recommandant aux dignitaires de cette église de conserver tous les biens pour en rendre compte au futur évêque. Nestorius ne se crut pas battu. Dans un long mémoire adressé à l'empereur il relate à son point de vue la marche du concile et l'injustice prétendue de sa condamnation ; mais ses efforts furent vains; bientôt après l'empereur envoya à Nestorius l'ordre de sortir d'Éphèse, lui permettant d'aller où il voudrait. L'hérésiarque demanda la permission de se retirer au monastère de Saint-Euprepius, près d'Antioche, où il avait été élevé dans sa jeunesse, ce qui lui fut accordé avec tous les égards possibles pour adoucir les fatigues du voyage. Nestorius continua à demeurer dans ce monastère jusqu'au moment où une loi de l'empereur Théodose, contre les partisans de Nestorius, vint le chasser de cet asile où il avait demeuré quatre ans depuis sa condamnation ; il fut par cette loi de Théodose condamné à l'exil, où il mourut, accablé de vieillesse et d'infirmités. On a dit que sa langue fut rongée des vers : juste châtiment d'un évêque qui avait passé sa vie à blasphèmer contre le Christ et sa mère. l'abbé J. DEL...

NESTORIEN, ENNE, adj. et s., partisan de la doctrine de Nestorius.

NET, ETTE, adj., propre, qui est sans ordure, sans souillure. Prov., net comme une perle, très net, très propre. Un cheval sain et net, un cheval qui n'a aucun des défauts, aucune des maladies qu'il est d'usage de garantir. Net signifie aussi qui est pur, sans mélange ; il signifie aussi quelquefois clair, transparent ; il signifie encore uni, poli, sans tache. Net signifie aussi qui n'est point confus, qui est distinct, facile à discerner. Net, dans certaines façons de parler, signifie vide. Au jeu, faire tapis net, gagner tout l'argent qui est sur le tapis. Fig. et fam., faire maison nette, chasser tous ses domestiques. Net s'emploie figurément en parlant du bien, du revenu, et signifie clair, liquide, quitte de dettes, aisé à recevoir. Net s'emploie figurément, en parlant des opérations et des productions de l'esprit, et signifie clair, pur, aisé. Net signifie aussi figurément qui est sans difficulté, sans embarras, sans ambiguïté ; il signifie encore figurément, en parlant des personnes et des choses, franc, sans supercherie, qui ne donne lieu à aucun doute, à aucun soupçon. Fig., avoir les mains nettes, se conduire avec probité, administrer fidèlement, ne faire aucun profit illégitime. Fig., je veux en avoir le cœur net, je veux savoir ce qui en est, je veux me délivrer de mes doutes sur ce sujet. Net s'emploie aussi adverbialement, et signifie uniquement et tout d'un coup ; il se dit encore adverbialement au figuré.

NETSCHER (GASPARD), peintre, né à Prague en 1639, mourut à La Haye en 1687. Sa touche est fine, délicate et moelleuse ; ses couleurs locales sont bonnes ; il avait une grande intelligence du clair-obscur. Sa coutume était de répandre sur ses tableaux un vernis avant d'y mettre la dernière main ; il ranimait ensuite les couleurs, les liait et les fondait ensemble.

NETTER (THOMAS), théologien de l'ordre des carmes, plus connu sous le nom de Thomas Waldensis ou Walden, village d'Angleterre, dans la province d'Essex, parut avec éclat au concile de Pise, l'an 1409, et fut député par Henri V, roi d'Angleterre, à celui de Constance, l'an 1415, où il terrassa les hussites et les wicléfites. Envoyé en qualité d'ambassadeur auprès de Ladislas, roi de Pologne, il convertit à la foi Vitolde, duc de Lithuanie, fit donner à ce duc le titre de roi par le pape et par l'empereur, et érigea dans ces provinces plusieurs maisons de son ordre, pour que les religieux empêchassent par leurs sermons les progrès des hussites. Il vint ensuite en France, où il recueillit les derniers soupirs de Henri V, son souverain, qui mourut à Vincennes, en 1422. Netter mourut, à son tour, le 3 novembre 1430, à Rouen. On a de lui un traité intitulé *Doctrinale antiquitatum fidei Ecclesiæ catholicæ*, Venise, 1571, 3 vol. in-fol. Cet ouvrage lui mérita un bref particulier du pape Martin V. Il y réfute avec beaucoup de force les hérésies de son siècle.

NETTETÉ, s. f., qualité de ce qui est net. Il se dit au propre et au figuré dans les mêmes acceptions que l'adjectif *net*.

NETTOIEMENT ou NETTOYAGE, s. m., action de nettoyer.

NEUF, nom de nombre des deux genres, nombre impair qui suit immédiatement le nombre huit. L'*f* ne se prononce point dans le mot *neuf* quand il est suivi immédiatement d'un mot qui commence par une consonne. Quand il est suivi d'un substantif qui commence par une voyelle, l'usage ordinaire est de prononcer *f* comme *v* ; mais quand neuf n'est suivi d'aucun mot, ou qu'il n'est suivi ni d'un adjectif ni d'un substantif, l'*f* se prononce. Neuf est aussi quelquefois employé comme nombre ordinal. Fam., cette femme est entrée dans le neuf, dans son neuf, dans le neuvième mois de sa grossesse. Neuf est quelquefois substantif et masculin.

NEUF, EUVE, adj., qui est fait depuis peu ; il signifie aussi qui n'a point encore servi ; il signifie encore qui a peu servi. Prov. et fig., faire balai neuf, se dit des domestiques qui servent bien dans les premiers jours de leur entrée en maison. Terre neuve, terre qui n'a point encore été défrichée, ou qui était demeurée longtemps inculte, ou qui n'est mise en valeur que depuis peu. Neuf se dit pareillement des chevaux qui n'ont point encore servi, ou qui ont peu servi, et principalement des chevaux de carosse. Neuf se dit aussi de certaines choses à l'égard d'autres de même espèce qui sont plus anciennes. Neuf, en parlant des personnes, signifie novice, qui n'a point encore d'expérience en quelque chose. Neuf, en parlant des pensées et des ouvrages d'esprit, signifie qui n'a

pas encore été dit, traité, produit employé. Neuf est quelquefois employé substantivement. A neuf, loc. adv. ; il se dit en parlant de choses qu'on raccommode et qu'on renouvelle en quelque sorte. De neuf, loc., adv., qui s'emploie surtout dans cette phrase : Habiller de neuf, tout de neuf ; c'est-à-dire avec des habits neufs.

NEUFCHATEL (Lac de), situé dans le canton auquel il donne son nom. Il a 6 milles géographiques de longueur et 1 1/2 mille de largeur ; profond de 400 pieds ; il communique au Rhin par d'autres lacs plus petits et des rivières ; cependant il n'offre rien des beautés pittoresques des lacs de Zurich, de Zuch et de Genève.

NEUFCHATEL, canton de la Suisse occidentale. Il est borné au nord-est par les bailliages du Jura ; au sud-est par les cantons de Berne, de Fribourg et de Vaud ; au sud par le canton de Vaud, et à l'ouest par la France. Il a 19 lieues de long sur 5 de large et 41 lieues carrées. Il est occupé en grande partie par la chaîne du Jura, qui descend, jusqu'au lac de Neufchâtel, et arrosé par le Doubs, la Reuss, la Thièle et les lacs de Neufchâtel et de Bienne. Son climat est doux, et son sol fertile en bon vin rouge, blé, chanvre, lin et pâturages. Il possède des eaux thermales, des herbes médicinales, des mines de fer, des tourbières et de l'asphalte. L'industrie consiste en fabriques d'horlogerie, d'orfévrerie, de draps, de dentelles et de toiles. Sa population s'élève à 58,616 habitants, tous réformés, à l'exception de deux paroisses. Ce canton forme une principauté qui appartient au roi de Prusse. Le roi exerce les pouvoirs exécutif et judiciaire, nomme le gouverneur et toutes les autorités. Les états-généraux, qui s'assemblent tous les deux ans, se composent de 7? membres, dont 45 à la nomination du roi. Les revenus du roi montent à 130,000 francs de Suisse. Ce canton fournit à la confédération 11,720, et contribue pour 24,000 francs de Suisse. Le maréchal Berthier, prince de Wagram, en fut souverain de 1806 à 1814.

NEUFCHATEL ou NEUENBURG, chef-lieu du canton du même nom. C'est une charmante petite ville d'environ 5,600 habitants, située au pied du Jura, sur le penchant d'une colline escarpée, au point où le Seyon se jette dans le lac. Parmi ses monuments on cite le château fondé, dans le XIe siècle, par la reine Berthe ; deux églises, l'hôtel-de-ville, deux magnifiques hôpitaux, une maison de correction et une maison d'orphelins. Les établissements d'instruction publique ont pris un grand développement depuis le legs de 3 millions que leur a fait Pury, négociant neufchâtelois établi à Lisbonne. Le collége de Neufchâtel, devenu académie en 1838, peut surtout être regardé comme une des meilleures écoles de la Suisse. Son commerce très actif consiste en vins, toiles peintes, draps, dentelles, horlogerie, bijouterie et papeterie. Ses environs sont charmants.

NEUF-FOSSÉ, *Nova Fossa*. Ce canal, dont on parle souvent dans l'histoire des comtes de Flandre, prend naissance à Saint-Omer, et s'étendait autrefois jusqu'à Labassée. Bauduin de Lille l'avait fait creuser pour séparer la Flandre de la province d'Artois. Il est aujourd'hui comblé, à l'exception des endroits où l'on a creusé son lit pour l'excavation du nouveau canal de Saint-Omer à Aire.

NEUFGERMAIN (LOUIS DE), poète, sous le règne de Louis XIII, s'avisa de faire des vers dont les rimes étaient formées de syllabes qui composaient le nom de ceux qu'il prétendait louer. Voiture tourna en ridicule cette manie pédantesque. Cet homme singulier se qualifiait de poète hétéroclite de Monsieur, frère unique de Sa Majesté. Ses poésies ont été imprimées en 1630 et 1637, 2 vol. in-4°.

NEUFVILLE (NICOLAS DE), seigneur de Villeroi, etc., exerça la charge de secrétaire d'État en 1567, à 24 ans, sous le roi Charles IX. Il continua de l'exercer sous les rois Henri III, Henri IV et Louis XIII, auxquels ils rendit les services les plus importants. Ce ministre eut cependant beaucoup d'ennemis et de jaloux, qui le firent passer longtemps pour ligueur, et pour avoir, depuis la paix, conservé des liaisons avec l'Espagne. L'Hoste, commis, filleul et créature de Villeroi, fut convaincu d'envoyer à Madrid un double de tout ce qui passait par ses mains. Il se noya, en s'enfuyant. Les ennemis de son maître renouvelèrent à cette occasion leurs accusations contre ce dernier. Mais les gens désintéressés qui approfondirent cette affaire ne crurent point qu'il y eût trempé. Il mourut à Rouen, à 74 ans, en 1617, dans le temps qu'on tenait une assemblée de notables. On a des mémoires imprimés sous son nom, en 4 vol. in-12, réimprimés à Trévoux en 7, en y comprenant la continuation. Ils contiennent moins des particularités curieuses et intéressantes qu'une apologie de sa conduite et des leçons pour les ministres et pour les peuples. Le style n'en est pas léger, mais le fond en est judicieux et solide. On y trouve plusieurs pièces importantes sur les affaires qui se sont traitées depuis 1567 jusqu'en 1604. Ce qui les rend surtout recommandables, c'est l'idée avantageuse qu'ils donnent de Villeroi.

NEUFVILLE (FRANÇOIS DE), duc de Villeroi, pair et maréchal de France, commandant en Lombardie où il fut battu à Chiari, l'an 1701, et fait prisonnier à Crémone le 1er février 1702. Il eut encore le malheur de perdre la bataille de Ramillies en Flandre le 23 mai 1706. Malheureux à la guerre, il fut plus heureux dans le cabinet. Il devint ministre d'Etat, chef du conseil des finances, et gouverneur de Louis XV, poste très délicat où il eut bien des désagréments à essuyer de la part du duc d'Orléans, qui le fit un jour enlever d'une manière brusque et violente, pour s'être opposé à un entretien secret avec le jeune roi. Villeroi mourut à Paris, en 1730, à 87 ans, regardé comme un honnête homme, fidèle à l'amitié, généreux et bienfaisant. Ces qualités l'avaient rendu le favori de Louis XIV, et le suffrage d'un si grand roi ne peut que prévenir puissamment en sa faveur.

NEUHOFF (THÉODORE-ÉTIENNE DE), roi éphémère de la Corse, né à Metz vers 1690, était fils du baron de Neuhoff, gentilhomme du comté de la Marck en Westphalie. Après avoir cherché fortune dans toute l'Europe, il se trouva à Livourne, en 1736. Il correspondait avec les mécontents de Corse et leur offrit ses services. Il s'embarqua pour Tunis, y négocia de leur part, en rapporta des armes, des munitions et de l'argent, entra dans la Corse avec ce secours, et enfin s'y fit proclamer roi. Il fut couronné d'une couronne de laurier, et reconnu dans l'île où il se maintint par la guerre. Le sénat de Gênes mit sa tête à prix; mais, n'ayant pu le faire périr, ni soumettre les rebelles, il eut recours à la France qui envoya successivement des généraux et des troupes. Neuhoff alla chercher des secours à Londres; mais ses créanciers le firent mettre en prison, d'où il ne sortit qu'au bout de sept ans. Horace Walpole ouvrit en sa faveur une souscription qui lui assura des moyens d'existence jusqu'à sa mort, arrivée le 11 décembre 1755.

NEUMAYER (FRANÇOIS), jésuite, né à Munich, en 1697, mort à Augsbourg le 1er mai 1765, devint prédicateur de la cathédrale d'Augsbourg, fonction dont il s'acquitta pendant dix ans avec une réputation extraordinaire, s'attachant surtout à réfuter les erreurs du temps et écrivant à la fois sur toutes sortes d'objets qui intéressaient la religion, avec une force et une éloquence de raison qui entraînaient même ses adversaires. Ses ouvrages, écrits tantôt en allemand, tantôt en latin, ont été répandus dans toute l'Allemagne; les derniers l'ont été dans toute l'Europe catholique. On distingue parmi ceux-ci : *Gratia vocationis sacerdotis ; Theatrum asceticum ; Theatrum politicum ; Correctio fraterna ; Exterminium acediæ ; Remedium melancholiæ ; Virtutes theologicæ.* Le plus considérable de ses ouvrages écrits en allemand est intitulé *Sermons de controverse*, 3 vol. in-4° ; ils sont d'une solidité qui les a mis à l'abri de toute attaque.

NEUS, *Niusa, Nova Castra* ou *Novesium*, ville des Etats prussiens (province Rhénane), à 6 kil. S. O de Dusseldorf; sa population est de 7,500 habitants. Ville très forte; murs flanqués de tours. Jadis évêché; cathédrale de Saint-Quirin, Siamoises, etc. Commerce de planches, pierres meulières et à bâtir, etc. Cette ville tire son origine d'un camp romain; déjà florissante au ive siècle, elle fut ravagée par Attila en 451, par les Normands au ixe siècle. L'empereur Philippe de Souabe s'en empara en 1206 et la donna à l'archevêque de Cologne. En 1254, Neus entra dans la ligue Hanséatique. Charles-le-Téméraire l'assiégea vainement en 1475; mais le duc de Parme la prit en 1586. Les Français s'en emparèrent en 1642 et en 1794.

NEUSATZ, *Uj-Bidek* en hongrois, *Neo-Planta* en latin moderne, ville de Hongrie (Bacs), sur le Danube, vis-à-vis de Peterwaradin, à 90 kil. sud de Thérésienstadt; 16,500 habitants. Siége de l'évêque nonuni du comitat. Antiquités romaines. Commerce considérable avec la Turquie.

NEUSOHL, *Bestereze-Banya*, ville des Etats autrichiens (Hongrie), chef-lieu du comitat du même nom; à 35 kil. N. E. de Schemnitz; 10,000 habitants. Siége d'un évêché, d'une surintendance de la confession d'Augsbourg; direction des mines. Château-fort, églises, collége, gymnase, hôpital.

Manufactures d'armes blanches: forges, fonderies de cuivre; salpêtre; toiles, bière, etc.

NEUSTADT, c'est-à-dire *ville neuve*, nom de plusieurs villes d'Allemagne, dont les principales sont : 1° *Wienerisch-Neustadt*, en Autriche propre (cercle inférieur du Wienerwald), sur la Fischa et le Kehrbach, à 47 kil. S. de Vienne; 6,000 hab. (plus la garnison et l'école militaire). Château, école militaire, école d'équitation, etc. Velours, étoffes de soie, ustensiles de fer, poterie, etc. 2° *Mœhrisch-Neustadt* ou *Unozow*, en Moravie (Olmütz), à 21 kil. N. d'Olmütz; 6,000 habitants; lainages; raz, aiguilles, verreries, salpêtreric; 3° *Neustadt-an-der-Metau* ou *Novymyasto*, en Bohême, à 22 kil. N. E. de Kœnigingrœtz; 5,000 habitants. Évêché; château, trois faubourgs, drap. Aux env. sel gemme; 4° *Neustadt* ou *Nagy-Banya*, ou *Uj-Varos*, en Hongrie (cercle au-delà de la Theiss), à 77 kil. S. E. de Szathmar; chef-lieu d'un des quatre arrondissements miniers de Hongrie. Aux environs, or, argent, cuivre, eau minérale; 5,200 habitants; 5° *Neustadt-an-der-Harth*, en Bavière (Rhin), au pied du Harth, sur la Rehbach, à 23 kil. N. O. de Spire. Château. Armes, produits chimiques; commerce de vins et bois. Aux environs, carrières. 6° *Neustadt-Eberswalde*, en Prusse (Brandebourg), dans le gouvernement de Potsdam, sur la Finow et le canal de Finow, à 16 kil. S. O. d'Oderberg; 3,400 habitants; formée de deux petites villes : Neustadt et Eberswalde; drap, faïence, fer, cuivre jaune, ébène. Aux environs, eau minérale, usines à fer et à cuivre.

NEUSTÆDTL, en illirien *Novumestu*, dite aussi *Rudolphswerth*, ville de l'empire d'Autriche (royaume d'Illyrie), chef-lieu de cercle, près de la Gurck, à 48 kil. S. E. de Laybach; 2,000 habitants. Gymnase;à 4 kil. est le Tœplitz de Neustædtl (trois sources minérales). Le cercle de Neustædtl, situé entre la Croatie à l'E. et au S., la Styrie au N., le cercle de Laybach à l'O., à 90 kil. sur 75 et environ 200,000 habitants.

NEUSTRIE, *Neustria*, dite aussi *Westrie*, un des trois grands royaumes francs, était à l'O. de l'Austrasie, et avait à peu près pour bornes à l'O. la Bretagne, au S. la Loire, à l'E. une ligne passant en Champagne et laissant Reims à l'E., au N. la Meuse, et répondait ainsi aux deux anciens royaumes de Soissons et de Paris, tandis que l'Austrasie représentait Metz et la Bourgogne-Orléans. Le nom de Neustrie commence à paraître après la mort de Caribert, pendant les guerres de Chilpéric contre Sigebert. Le triomphe de Clotaire II (613) fut celui de la Neustrie, à laquelle parut alors plus particulièrement annexée l'Aquitaine. Mais après la mort de Clotaire III, la Neustrie reçut un roi imposé par les Austrasiens, et l'Aquitaine se trouva de fait indépendante (670); Ebroïn ne releva la Neustrie pour peu d'instants, et enfin (687) vaincue à Testry, elle ne fut plus qu'un état vassal de l'Austrasie, régie par la maison d'Héristal. Cependant la distinction de Neustrie, Austrasie, Bourgogne subsista, bien que s'effaçant sous les premiers Carlovingiens. Après le traité de Verdun (843), le nom de Neustrie changea de sens, et ne désigna plus que l'ouest de la Basse-Neustrie. Enfin la nouvelle Neustrie elle-même perdit son nom pour prendre celui de Northmannie ou Normandie, lorsqu'elle eut été cédée au Normand Rollon (912). Le royaume de Lombardie aussi était divisé en Neustrie et Austric (non compris les duchés de Spolète et de Bénévent), et la Neustrie comprenait les duchés de Turin, Pavie, Milan, Bergame, etc. (*V.* FRANCE.)

NEUTRA ou **NEITRA**, *Nyitra* en hongrois, ville des Etats autrichiens (Hongrie), chef-lieu du comitat de Neutra, sur la Neutra (affluent du Danube), à 130 kil. N. O. de Bude; 3,850 habitants. Évêché catholique. Château-fort, etc. Le comita de Neutra, situé entre la Moravie au N. O., les comitats de Treutsin au N., de Thurost au N. E., de Bars à l'E., de Kœmcern au S. de Presbourg à l'O., à 125 kil. sur 100, et 380,500 habitans. Grains, vins, légumes.

NEUTRALISATION, s. f., t. de chimie, action de neutraliser. Neutralisation signifie aussi l'action de rendre neutre un territoire, une ville, un vaisseau.

NEUTRALISER, v. a., t. de chimie, rendre neutre un sel, par une opération chimique. Neutraliser s'emploie au sens moral dans le langage ordinaire, et signifie diminuer, réduire à rien, à presque rien. Il se joint quelquefois avec le pronom personnel employé dans le sens réciproque.

NEUTRALITÉ, s. f., État d'une puissance qui ne prend point parti entre deux ou plusieurs autres puissances qui sont en guerre. Neutralité armée, neutralité dans laquelle la puissance qui reste neutre tient sur pied des troupes suffisantes pour faire respecter son territoire, son commerce et ses droits. On dit qu'un Etat garde la neutralité lorsqu'il reste en paix avec les parties belligérantes, qu'il ne prend aucune part à leurs dissensions et ne favorise ni les prétentions ni les armes de l'une ou de l'autre partie. Le consulat de la mer décidait, au XVIe siècle, que celui qui montait un navire armé avait le droit de se faire délivrer, par un vaisseau ami, la marchandise qui s'y trouvait, en en payant le fret. Dans la suite, on alla jusqu'à comprendre le navire dans la confiscation, en vertu de ce principe du droit romain : « Ceux qui communiquent avec nos ennemis sont nos ennemis. » Sous la minorité de Louis XIV, la déclaration du 1er février 1650 rétablit l'ancienne règle du consulat, abolie de nouveau par l'ordonnance de 1681 , qui statua « que tous les navires chargés d'effets appartenant à l'ennemi seraient de bonne prise. » Cette loi fut exécutée pendant toute la guerre de la succession , 1700-1713. Le traité d'Utrecht, 1713, stipula que le pavillon réglait le sort de la cargaison, et déclara que, de même que tout devait être confisqué sur un vaisseau ennemi, de même tout devait être libre sur celui d'un neutre. Par suite de cette déclaration, l'Angleterre conclut, en 1733, un traité avec la Russie, par lequel la liberté du commerce était reconnue, et l'on n'interdisait aux neutres que « la faculté de transporter chez l'ennemi des munitions de guerre et d'aller dans les lieux bloqués ou assiégés. » En 1778, le 8 février, la France conclut avec les Etats-Unis une convention qui déclara que « le bâtiment assurerait la liberté des marchandises , quand bien même le chargement appartiendrait à l'ennemi. » Six mois après, le principe contraire fut cependant reconnu par l'ordonnance du 26 juillet, qui n'eut aucun résultat, par suite de l'insistance des cours du Nord, pour faire respecter leur neutralité armée, et, dans la paix du 28 septembre 1791, on adopta les principes réclamés par les neutres pendant la guerre. Les traités conclus, le 11 janvier 1787, entre la France et la Russie; le 30 juillet 1789, entre le Danemark et la république de Gênes, sont conçus dans le même sens. En 1789, l'assemblée nationale proposa à toutes les nations d'abolir la course; mais cet appel ne fut entendu que des villes hanséatiques, en faveur desquelles la Convention nationale fit lever l'embargo mis sur leurs navires, 1793. Le 9 mai de la même année, la Convention voyant que le pavillon des puissances neutres n'était pas respecté par les ennemis de la France, décréta que « les bâtiments de guerre et corsaires français pourraient arrêter et amener dans les ports de la république les navires neutres qu'on trouverait chargés, soit de marchandises, soit de comestibles destinés aux ennemis, quand bien même ces marchandises ou ces comestibles appartiendraient à des neutres. » Les Américains réclamèrent, et il fut décrété, le 1er juillet, conformément à l'art. 16 du traité du 6 février 1778, que leurs bâtiments seraient exceptés de cette mesure; mais, le 19 novembre 1794, l'Amérique ayant concédé à l'Angleterre, dans un traité conclu avec cette puissance, le droit de prendre la marchandise ennemie sous son pavillon, le Directoire exécutif rapporta immédiatement le traité de 1778, et déclara acquis à son profit le droit de confisquer à bord des navires américains la marchandise des ses ennemis. Le gouvernement consulaire rétablit le règlement de 1778 et proclama de nouveau que le pavillon couvrait la marchandise. La Russie, la Suède et le Danemarck proclamèrent aussi les principes de liberté maritime réclamés en 1780, ils firent voyager leurs navires sous l'escorte de leurs frégates; mais ils furent insultés par les croisières de l'Angleterre, qui refusa d'accéder au traité, attaqua le Sund et fit bombarder Copenhague. La querelle finit le 1er juin 1801, par une convention conclue entre l'Angleterre et la Russie. A la paix d'Amiens, 27 mars 1802, on oublia de traiter la question des neutres, et, lors de la reprise des hostilités, l'Angleterre imagina les déclarations de blocus, par lesquelles elle prétendait interdire aux neutres l'entrée de nos ports sans avoir besoin de les bloquer en réalité. En vertu de ce principe, les 15 mars, 8 avril et 16 mai 1806, elle déclara nos côtes bloquées depuis l'embouchure de l'Elbe jusqu'à Brest, ainsi que les ports de l'Adriatique. Napoléon répondit à une violation pareille de tous les principes , par son décret daté de Berlin du 22 novembre 1806, en vertu duquel, usant de son autorité d'empereur des Français, il déclara bloquées toutes les Iles-Britanniques. L'Angleterre déclara, le 7 janvier 1807, tous les ports de France et de ses colonies en état de blocus, et, les 11 et 25 novembre suivant, elle ajouta « que toute cargaison accompagnée d'un certificat d'origine non anglaise serait saisie par ses bâ-

timents. » A cette déclaration , l'empereur riposta par une autre, portant que « tout bâtiment neutre qui se serait soumis à la visite anglaise , ou aurait relâché en Angleterre, serait dénationalisé et saisissable en tout lieu comme propriété anglaise. » Cet état de choses dura jusqu'aux traités de 1814 et 1815, qui, plus occupés de légitimité que d'humanité et de commerce, peut-être même craignant de blesser les sentiments anglais , ne parlent pas plus de neutres que celui du 27 mars 1802; et cependant c'était le moment ou jamais de s'entendre, car toutes les grandes puissances de l'Europe se trouvaient réunies.　　　　　　　　　　　　V^r.

NEUTRALITÉ, s. f. Quand les chimistes emploient ce terme à l'occasion d'un sel, ils entendent ordinairement qu'il y a eu abolition réciproque des propriétés caractéristiques de l'acide et de la base qui le constituent. La neutralité en est une propriété relative d'autant plus marquée, que la base et l'acide ont plus d'affinité l'un pour l'autre parmi toutes les combinaisons qui peuvent former deux corps; celle qui résulte de proportions, où leurs propriétés disparaissent le plus, est celle qu'on doit considérer comme neutre.

NEUTRE, adj. des deux genres, qui ne prend point parti entre les puissances belligérantes , entre des personnes qui ont des opinions, des sentiments, des intérêts opposés. Il s'emploie quelquefois substantivement au pluriel masculin. Droit des neutres, droit reconnu par les puissances belligérantes, aux Etats qui ne prennent point de part à la guerre, Lieu, territoire neutre, lieu, territoire appartenant à un Etat neutre, et dans lequel les puissances belligérantes conviennent d'établir la neutralité. Pavillon neutre, pavillon d'une puissance qui ne prend point part à la guerre Neutre, en grammaire, se dit des noms latins et des noms de quelques autres langues, qui ne sont ni du genre masculin ni du genre féminin. Il s'emploie quelquefois substantivement. Verbe neutre, verbe qui ne peut point avoir de régime direct. Sel neutre, sel qui n'est ni acide ni calcaire. Fleur neutre, fleur qui ne contient point d'étamines ni de pistils.

NEUTRE (*Chimie*.) On donne aujourd'hui cette épithète à tous les sels d'une même série, où l'oxygène de l'acide est à celui de la base dans la même proportion que celle qui existe dans les sels les plus neutres que l'acide puisse former avec les alcalis, sans avoir aucun égard à l'action qu'ils sont susceptibles d'exercer sur les couleurs bleues végétales, ou sur l'organe du goût. On exige donc, pour les sels neutres, que tous ceux qui ont le même acide pour radical , contiennent la même proportion ou la même quantité relative d'oxygène dans toutes les bases diverses par lesquelles cet acide peut être saturé. — En histoire naturelle, neutre se dit des fleurs dans lesquelles les organes sexuels ont disparu par le fait d'un avortement; des insectes qui n'ont pas encore de sexe, qui ne peuvent par conséquent ni s'accomplir ni se reproduire , et qui sont des femelles dont les organes sexuels n'ont reçu aucun développement, en raison du mode particulier de nourriture auquel elles ont été soumises dans l'état de larves.

NEUVAINE , s. f. L'espace de neuf jours pendant lesquels on fait quelque acte de dévotion, quelque prière en l'honneur d'un saint pour implorer son secours.

NEUVILLE (ANNE-JOSEPH, CLAUDE FREY DE), jésuite, né en 1693, à Coutances, fit retentir les chaires de la cour et de la capitale de sa voix éloquente pendant plus de 30 années. Ce ne fut qu'en 1736 qu'il prêcha pour la première fois; mais il fit dès-lors une sensation singulière. Après la destruction de sa Société en France, il se retira à Saint-Germain-en-Laye, où il eut la permission de demeurer, quoiqu'il n'eût pas rempli la condition que le parlement de Paris exigeait des jésuites qui voulaient rester dans son ressort, c'est-à-dire l'abjuration de leur institut. La supériorité de ses talents, embellis par de grandes vertus, lui avait mérité à la cour d'illustres protecteurs qui obtinrent de Louis XV qu'il pût vivre tranquillement dans la solitude qu'il s'était choisie. Il mourut en 1774, attéré du coup dont Clément XIV avait frappé l'année précédente. Ses *Sermons* ont été publiés en 8 vol. in-12, Paris, 1776. On les distinguera de la foule des écrits de ce genre, par la beauté des plans, la vivacité des idées, la singulière abondance d'un style pittoresque et original, la chaleur du sentiment. Dans Bourdaloue, on a admiré la force et la majesté de la raison; dans Massillon, l'élégance et le sentiment; dans le P. Neuville les richesses et l'ornement de l'esprit. Quel que fût le sujet de son discours, fût-ce la moralité la plus simple et la plus connue, fût-ce un panégyrique ou une oraison funèbre, son zèle y trouvait des digressions faciles et naturelles sur l'excellence, l'utilité et la vérité du christianisme. Jamais il ne perdait de vue ce grand objet, jamais les couleurs ne lui ont manqué pour en tracer des tableaux brillants et magnifiques. Il montre partout, dans la religion, une terre fertile en fruits précieux et salutaires; la vraie gloire, l'honneur, la décence, suivant l'expression du sage, les charmes d'un amour tendre et pèrmanent, les dou-ceurs de l'espérance la plus solide et la plus sûre, sont le prix de l'attachement qu'on lui voue. C'est sous ce point de vue que le P. de Neuville faisait envisager la doctrine de l'Evan-gile, dont il relevait encore l'éclat par un contraste frappant avec les dogmes absurdes, avilissants et désolants de l'in-crédulité : et cela, toujours avec une force d'idées et d'ex-pressions qui enlevait l'admiration et la conviction, et qui opérait dans l'âme des chrétiens éclairés persuadés le sen-timent le plus doux. Si quelquefois l'enthousiasme de son éloquence lui a fait négliger l'exactitude du langage et les lois sévères de l'élocution française; si l'ardeur de sa mar-che a paru déranger quelquefois l'économie du discours et la régularité de la distribution, ce sont des défauts de grands maîtres, que l'homme de goût préférera sans hésiter à la froide exactitude des génies subalternes. On a publié en 1783 sa *Morale du Nouveau Testament, ou Réflexions chrétiennes,* etc., Paris, 3 vol. in-12 : ouvrage écrit avec autant de netteté que de solidité.

NEUWIED, ville de la Prusse Rhénane (Coblentz), sur la droite du Rhin, à 23 kil. N.-O. de Coblentz; 5,000 habitants. Ebénisterie, horlogerie, bijouterie, soieries, tissus divers, us-tensiles de fer-blanc laqué, etc. Commerce très actif. On at-tribue la prospérité de cette ville à la tolérance qu'y trou-vaient toutes les sectes religieuses. Neuwied a été le chef-lieu d'une petite principauté qui, médiatisée en 1806, passa au duché de Nassau et de là à la Prusse. Les Français défi-rent les Autrichiens à Neuwied en 1797.

NÉVA, rivière de la Russie d'Europe (Saint-Pétersbourg), sort du lac Ladoga par l'extrémité S.-O., coule au S.-O., puis au N.-O., et se jette dans le golfe de Finlande, après avoir arrosé Saint-Petersbourg; cours, 60 kil. La Néva est rapide et très large; ses eaux sont limpides et salubres; elle se cou-vre de glaces vers la fin d'octobre et ne dégèle qu'au mois d'avril. Ce fleuve est un des plus importants débouchés pour le commerce de la Russie. En effet, il communique avec la Volga par divers canaux.

NÉVADA, nom commun à un grand nombre de monta-gnes en Espagne et en Amérique; ainsi nommées parce qu'elles sont toujours couvertes de neiges.

NÉVADA (SIERRA), chaîne de montagnes dans l'Espagne méridionale (Grenade), s'étend d'Alhama à Baëza sur une longueur de 130 kil. et fait partie du système bétique. Son sommet le plus haut, de Mulhaucen, a 3,254 mètres.

NÉVADA-DE-TOLUCO (SIERRA), chaîne de montagnes du Mexique (Mexico), s'élève sur un plateau de 2,770 mètres de haut. Sommet principal, le Frayle (4,750 mètres).

NEVERS (*Noviodunum, Nivernum*), ancienne capitale du Nivernais, aujourd'hui chef-lieu du département de la Niè-vre. Sous la domination romaine, elle faisait partie du ter-ritoire des Eduens, et avait déjà une certaine importance. Pepin y tint, en 763, une assemblée de la nation ; Charles-le-Simple l'érigea, vers 880, en comté, en faveur de Bernard. En 932, elle fut assiégée et prise par Hugues, comte de Paris, qui la brûla. Pierre de Courtenay, l'un des comtes, la fit ceindre de murs, en 1194; ce fut aussi à cette époque qu'eut lieu sa révolution communale. Les privilèges que les bour-geois se donnèrent furent confirmés par le roi en 1231. Les Anglais dévastèrent ses faubourgs et ses environs dans le xve siècle, et les lansquenets dans le xvie. La duchesse de Nevers s'y retira en 1617, et y fut assiégée par le maréchal de Montigny ; mais le siège fut levé peu de temps après. — Nevers est bâtie en amphithéâtre et est située au confluent de la Nièvre et de la Loire. Elle possède un évêché suffragant de l'archevêque de Sens, une cour d'assises et un tribunal de 1re instance et de commerce, un grand et petit séminaire, etc. On y remarque la caserne de cavalerie, la tour de la cathé-drale, l'arsenal, le portail de l'église de la Visitation, la grande place où l'on voit le vieux château des ducs de Nevers, le pont sur la Loire, le port, une promenade agréable, une biblio-thèque, un collège, une salle de spectacle et une fonderie royale de canons pour la marine. Son commerce très actif consiste en fer, acier, houille, bois de construction et bestiaux. 17,000 habitants.

NEVERS (comtes, puis ducs de). Les premiers comtes de Nevers remontent à la fin du ixe siècle; mais leur origine est diversement racontée. En 1180, la première maison de ces comtes s'étant éteinte dans les mâles, Agnès leur héri-tière porta le comté de Nevers dans la maison de Courtenay en épousant Pierre II de Courtenay (1184). Ce mariage n'ayant donné naissance qu'à des filles pendant plusieurs généra-tions, le comté de Nevers passa successivement dans les maisons de Donzy. de Châtillon, de Bourbon, de Bourgogne et de Flandre (1199-1272). Louis Ier (1280-1322), Louis II, dit de Crécy (1322-1346), Louis III, dit de Mâle (1347-1383), tous trois comtes de Flandre, furent aussi comtes de Nevers. Marguerite de Flandre, héritière du dernier, épousa Philippe-le-Hardi, duc de Bourgogne. Jean-sans-Peur, fils de ce prince, porta quelque temps le titre de comte de Nevers; ce titre passa ensuite à Engilbert, troisième fils de Jean Ier, duc de Clèves, qui avait épousé une fille de Philippe-le-Hardi. Fran-çois de Clèves, comte de Nevers, obtint en 1538 de Fran-çois Ier l'érection de son comté en duché-pairie. Henriette, sa petite-fille, duchesse héritière de Clèves, épousa en 1565 Louis de Gonzague, tige des derniers ducs de Mantoue : ceux-ci possédèrent le duché de Nevers un siècle environ. Le car-dinal Mazarin le leur acheta en 1660, et le laissa en mou-rant à son neveu, Philippe Mancini-Mazarini, dans la mai-son duquel il est resté depuis : le dernier duc de ce nom (Louis-Jules Mancini, duc de Nivernais), mourut en 1798.

NEVERS (LOUIS DE GONZAGUE, duc DE), troisième fils de Fré-déric II, duc de Mantoue, fut élevé à la cour de Henri III. Fait prisonnier à la bataille de Saint-Quentin, il fut amené de-vant son oncle Ferdinand, qui essaya en vain de l'attirer dans son parti, en l'attachant à l'Espagne. En 1565, il de-vint duc de Nevers par sa femme Henriette de Clèves. Il ser-vit avec distinction en France où il s'était retiré, et mourut le gouvernement de Champagne, et mourut en octobre 1595, à 56 ans. Ses *Mémoires,* publiés par Gomberville, 1695, 2 vol. in-fol., renferment des choses curieuses. Ils s'étendent de-puis 1574 jusqu'en 1595. On y a joint beaucoup de pièces intéressantes, dont quelques-unes vont jusqu'en 1610, année de la mort de Henri IV.

NEVERS (PHILIPPE-JULIEN MAZARIN-MANCINI, duc DE), neveu du cardinal Mazarin, naquit à Rome et mourut en 1707, après avoir publié plusieurs ouvrages de poésie d'un goût sin-gulier, mais qui ne manquent ni d'esprit ni d'imagination.

NEVEU, s. m., fils du frère ou de la sœur.

NEVILLE'S CROSS, lieu d'Angleterre, près de Durham, dans le comté de ce nom, où lord Percy défit David Bruce, roi d'Ecosse, en 1346. 15,000 Ecossais périrent dans cette bataille; le roi fut fait prisonnier avec toute sa noblesse.

NEVIS, *Nieves* en espagnol, une des Petites-Antilles an-glaises à la pointe S.-E. de Saint-Christophe : 13 kil. sur 9; 16,000 habitants, chef-lieu, Charleston. C'est une montagne qui s'élève au milieu de la mer, et au sommet de laquelle est un cratère éteint. Découverte par Christophe Colomb, qui la nomma ainsi parce que son sommet était couvert de neige. Aux Anglais depuis 1628 (les Français l'ont possédée de 1706 à 1713, et de 1782 à 1783).

NÉVIUS (ACCIUS ou ATTIUS), augure, contemporain de Tar-quin-l'Ancien, vers 600 ans av. J.-C., voulant convaincre le roi et les Romains de la puissance de son art, coupa une pierre avec un rasoir. Tarquin lui fit élever une statue, qui existait encore du temps d'Auguste. Près de cette statue était un autel, où l'on avait placé le rasoir et la pierre, et devant lequel on obligeait les témoins , dans les causes civiles, d'af-firmer par serment la vérité de leurs dépositions. T.

NÉVIUS (CN), ancien poète comique, était contemporain de Livius Andronicus, natif de la Campanie. Il servit dans les premières guerres puniques, et donna ses premières pièces à Rome, l'an 229 av. J.-C. Il crut plaire aux Romains, en imi-tant la licence de l'ancienne comédie grecque, et en immo-lant au ridicule les premiers personnages de l'État. Ceux-ci le firent incarcérer et ensuite exiler à Utique par Métellus, où il mourut l'an de Rome 550 (av. J.-C. 204). Il ne reste de ses comédies que quelques fragments, qui ont été recueillis dans le *Corpus poetarum* de Maittaire.

NÉVRALGIE (de νεύρον, nerf, et αλγος, douleur), affection douloureuse d'un nerf, sans rougeur, chaleur, ni gonflement, et dont le symptôme le plus saillant consiste dans une dou-leur plus ou moins violente, avec élancements, continue ou intermittente. Cette douleur est susceptible d'augmenter par une pression convenablement exercée quand le nerf lésé n'est pas situé trop profondément. Les névralgies sont ordinaire-ment indépendantes de toute lésion matérielle appréciable à nos sens. Ce caractère, joint à l'absence de fièvre et des autres symptômes que provoquent les maladies inflammatoires, leur assigne une place à part dans le cadre nosographique, et ne permet guères au praticien de les confondre avec d'autres affections, si ce n'est avec des douleurs rhumatismales, avec lesquelles elles ont la plus étroite affinité, selon moi, s'il est vrai, comme j'ai cherché à le prouver dans un Mémoire inséré parmi les Bulletins de la Société anatomique, que le rhumatisme musculaire n'est autre chose qu'une affection des extrémités nerveuses, du réseau nerveux qui s'épanouit dans tous nos tissus. Quoi qu'il en soit, les névralgies des cordons nerveux ont été observées sous les formes suivantes : 1° *Névralgie frontale* (tic douloureux) : la douleur part du trou sourcilier, se répand sur le front, la paupière supérieure et quelquefois plus loin sur la face. 2° *Névralgie sous-orbitaire* : elle part du trou de ce nom, s'étend à la joue, à la lèvre supérieure, à la paupière inférieure et à l'aile du nez. 3° *Névralgie maxillaire* : part du trou mentonnier, se répand dans la mâchoire, les dents, la tempe, etc. 4° *Névralgie intercostale* : règne surtout dans les espaces qui séparent les sixième et neuvième côtes, souvent sympathique d'une affection du cœur, de l'utérus, etc.; elle a été longtemps confondue avec la pleurodynie des anciens. 5° *Névralgie ilio-scrotale* : part des lombes ou de la crête iliaque, suit le cordon spermatique, et se porte au testicule dont elle détermine la rétraction. 6° *Névralgie cubito-digitale* : part du coude, se porte vers le bord externe de l'avant-bras et de la main. 7° *Névralgie fémoro-prétibiale* : partie de l'aine, la douleur se répand sur le devant de la cuisse, s'étend au côté interne de la jambe et sur le dos du pied. Dans une autre variété, la *névralgie fémoro-poplitée* (vulgairement sciatique) : la douleur part de l'échancrure sciatique, se répand dans la face postérieure de la cuisse et sur le côté externe de la jambe jusqu'à la plante du pied. Quelquefois la douleur est circonscrite à l'espace que parcourent les nerfs plantaires (*névralgie plantaire*). On peut, à ces différentes espèces, le plus fréquemment observées, joindre les névralgies anomales, dont le siège peut être dans tout organe qui reçoit des nerfs sensitifs : d'où une foule d'affections diverses qui ont toutes la même caractère, et ne varient que par les parties du corps où elles se déclarent : l'otalgie, l'odontalgie, etc., etc. Au mot NÉVROSES, on parlera des névralgies des viscères, et au mot MIGRAINE, des névralgies cérébrales. Enfin, il est une multitude de phénomènes dits nerveux, épiphénomènes d'affections très variées, et qu'on peut, avec vraisemblance, regarder comme des névralgies spinales. Cette forme d'irritation nerveuse est souvent fort insidieuse, et peut simuler des maladies très graves : des phthisies, des anévrysmes, des miélites, etc. Le traitement des névralgies est local ou général : le premier consiste en applications narcotiques, telles que liniments, pommades, solutions opiacées ou belladonisées; vésicatoires volants, simples ou saupoudrés d'un sel de morphine; quelquefois des sangsues, quand le sujet est pléthorique. Le camphre, la vératrine, la térébenthine, les cyanures, la ciguë, les frictions révulsives, l'acupuncture, ont aussi été employés avec des succès divers. Dans les cas graves, il faut parfois recourir au moxa, à la section du nerf malade. Les eaux minérales sulfureuses sont d'un emploi avantageux dans la forme chronique. A l'intérieur, les pilules de méglin, de belladone, la morphine, le cyanure de potassium, la valériane, l'huile essentielle de térébenthine, le carbonate de fer, etc., trouvent leur application plus ou moins opportune. On ne peut, en pareil cas, prendre conseil que des circonstances, et c'est à l'expérience du praticien à suppléer à ce que l'enseignement théorique a toujours d'insuffisant, surtout dans des maladies aussi capricieuses, aussi protéiformes que celles qui occupent le système nerveux. (Consultez sur les névralgies la Monographie de M. le docteur Valleix.)   Dr. S.

NÉVRILÈME, ou mieux **NÉVRILEMME**, s. m., membrane celluleuse et résistante qui forme, non-seulement autour de chaque nerf, mais aussi autour des fibres nerveuses dont l'ensemble concourt à former un nerf, une sorte de canal dans lequel est logée la pulpe nerveuse. A l'extrémité centrale des nerfs, le névrilème du tronc nerveux se continue avec la pie-mère et l'axe nerveux, membrane avec laquelle il a la plus grande analogie; mais les canaux névrilématiques de chaque filament se ramollissent peu à peu près de cette extrémité, et finissent par disparaître. Les nerfs se dépouillent également de leur névrilème à leur extrémité périphérique. Il disparaît en s'identifiant avec le tissu cellulaire intime de la partie.

NÉVRITE, s. f., inflammation des nerfs, affection assez rare, presque toujours confondue avec la névralgie, et dont il est en effet difficile de la distinguer. A l'état aigu, les phénomènes qu'elle détermine sont ceux des phlegmasies en général, et elle nécessite comme elles un traitement antiphlogistique. S'il existe une complication de symptômes névralgiques et inflammatoires, on met successivement ou simultanément en usage les antiphlogistiques et les sédatifs.

NÉVROME, s. m. Quelques auteurs ont appelé ainsi des tumeurs plus ou moins volumineuses, sous-cutanées, circonscrites, très douloureuses, qui se développent dans l'épaisseur du tissu des nerfs ou entre les filets qui les constituent, et qui se présentent tantôt sous la forme de tubercules durs, mobiles et roulants sous la peau, tantôt sous celle de tumeurs plus ou moins volumineuses, qui finissent quelquefois par avoir les caractères des tumeurs squirrheuses ou cancéreuses. Mais d'autres pathologistes refusent le nom de névrômes à ces tumeurs, dont la nature nerveuse est loin d'être démontrée, et n'appellent ainsi que des renflements, ordinairement de la grosseur d'un pois et d'une forme un peu allongée, d'un tissu dur, grisâtre et comme fibro-cartilagineux, qui se développent quelquefois sur le trajet des nerfs, et qui semblent formés par une sorte de végétation intérieure du névrilème. A la hauteur de ces tumeurs, les filets nerveux sont atrophiés et le nerf est gêné dans ses fonctions.

NÉVROPTÈRES, *nevroptera* (*ins.*), ordre d'insectes créé par Linné et adopté par Latreille. Les principaux caractères de ces insectes sont d'avoir 4 ailes nues ou transparentes, réticulées et ordinairement de la même grandeur; bouche offrant des mandibules, des mâchoires et deux lèvres propres à la mastication ; les articles des tarses ordinairement entiers et en nombre variable. Ces insectes se rapprochent beaucoup des orthoptères; mais ils se distinguent de ces derniers, ainsi que des hémiptères, en ce que ceux-ci ont les ailes supérieures d'une consistance différente des ailes inférieures; tandis que les névroptères ont les quatre ailes semblables et membraneuses. Cet ordre se distingue facilement des autres par ses caractères généraux; mais chacun des groupes qui le composent diffèrent entre eux, tant par les caractères extérieurs que par les mœurs. Aussi nous réservons-nous d'en parler plus longuement à chacun de ces articles. Les larves et les nymphes se rapprochent assez par leur forme de l'insecte parfait. Les larves, presque toutes carnassières et toutes hexapodes, sont terrestres ou aquatiques. L'ordre des névroptères se divise en neuf tribus, d'après la méthode de M. Blanchard : ce sont les termiens, les embiens, les psociens, les perliens, les éphémériens, les libelluliens, les myrméléoniens, les raphidiens et les phryganiens. (V. ces mots.)   J. P.

NÉVROSE, s. f., nom générique des maladies qu'on suppose avoir leur siège dans le système nerveux, et qui consistent en un trouble fonctionnel, sans lésion sensible dans la structure des parties ni agent matériel apte à les produire. Ces maladies ont pour caractères d'être de longue durée, apyrétiques, difficilement curables, d'offrir un appareil de symptômes graves en apparence, et d'être cependant peu dangereuses. Presque toutes sont intermittentes, et peut-être même doit-on rapporter aux névroses toutes les fièvres qui présentent ce type. Ces affections étant souvent rebelles à toute espèce de remèdes, il n'est pas de moyen thérapeutique qui n'ait été conseillé pour leur traitement. Les auteurs qui confondent les névroses avec les phlegmasies insistent sur les antiphlogistiques sous toutes les formes; ceux qui voient dans les névroses des affections idiopathiques prodiguent une foule de prétendus antispasmodiques, de préparations alcooliques, etc.; mais, en définitive, le traitement des névroses est aussi inconnu que leur nature.

NÉVROTOMIE, s. f., t. de chirurgie, dissection des nerfs. Il signifie aussi l'opération qui consiste à couper un nerf.

NEWCASTLE, capitale du comté de Northumberland en Angleterre, est aussi nommée Newcastle-*upon-Tyne*, pour la différencier de Newcastle-*under-Line* dans le comté de Strafford. Elle est à 3 lieues 1|2 de l'embouchure du Tyne et s'étend sur la pente d'une colline qui s'incline vers le fleuve. A droite et à gauche, s'élèvent de nombreuses manufactures, des fabriques, des verreries et des fonderies de fer; sur l'autre rive du fleuve se déroule un large quai couvert sans relâche d'une population active et dont toute la longueur est bordée de bateaux et de barques. Le faubourg de Gainshead est réuni à la ville par un beau pont de pierres de neuf arches, au milieu duquel se trouve une écluse en fer. Sans y comprendre ce faubourg, Newcastle renferme 3,300 maisons et 32,600 habitants. Au nombre des édifices remarquables, on cite le tribunal du comté de Northumberland ; la cathédrale est un chef-d'œuvre d'architecture gothique. Il y a dans cette ville des raffineries de sucre, des verreries, des papeteries, des corderies, des faïenceries, des fabriques de colle forte, de soude et de goudron. Dans les environs, on trouve des fabriques de minium, de litharge, de couleurs, et des grandes usines de fer. La plus importante branche de commerce est le charbon de terre qu'on extrait de mines inépuisables, exploitées sur les deux rives de la Tyne, depuis Schields jusqu'à Lammington. Le charbon se transporte par des chemins de fer jusqu'aux bords de la Tyne. Les vaisseaux les plus grands, surtout ceux qui sont destinés au transport du charbon, ne remontent que jusqu'à Schields. L'exploitation du charbon n'emploie pas moins de 38,475 personnes ; le transport occupe 400 bâtiments et 1,547 matelots. Ce charbon est expédié sur les ports de Hollande, de France, de Danemark, de Suède, de Russie, de Portugal, et même jusqu'aux Indes occidentales. Newcastle fait un commerce de blé auquel elle emploie plus de 100 vaisseaux.

NEWCASTLE, ville de l'Australie, dans la Nouvelles-Galles du S. Elle est située à l'embouchoure du Coal-River. Son havre, très grand, peut recevoir des bâtiments de 300 tonneaux. Ses environs très fertiles, abondent en houille, bois de rose et de cèdre. 1,600 habitants.

NEWCOME (WILLIAM), archevêque anglican d'Armagh en Irlande, né en 1729, mort le 11 janvier 1800, avait beaucoup d'érudition ecclésiastique. On a de lui : une *Harmonie des Evangiles*, 1778. Il y soutient l'opinion commune que le ministère du Sauveur a duré au moins 3 ans. En 1780, il traita, *ex professo*, ce point de critique contre Priestley, qui, dans son *Harmonie grecque*, réduisait à un an le temps de la prédication de Jésus-Christ ; *Observations sur la conduite de Notre Seigneur comme instituteur divin, et sur l'excellence de son caractère moral*, 1782 ; *Essai sur une version perfectionnée, sur un arrangement métrique, et sur une explication des 42 petits prophètes*, 1785 ; *Essai du même genre sur Ezéchiel*, 1788 ; *Examen des principales difficultés de l'histoire de l'Evangile, relativement à la résurrection*, 1792 ; *Examen historique des traductions de la Bible en anglais*, 1792 ; *Essai sur une revue des traductions anglaises de l'Écriture grecque*, avec des notes. Newcome s'était formé, sur l'interprétation de l'Ecriture sainte, un système qui laissait aux auteurs des versions beaucoup de latitude : il ne croyait pas qu'on dût avoir égard aux opinions des différentes communions, mais seulement aux sens critique : il fut combattu par Horsley.

NEW-HAMPSHIRE, un des Etats-Unis. Il est borné au N. par le Bas-Canada, à l'E. par le Maine, au S.-E. par l'Atlantique et l'état de Massachusets, au S. par ce dernier, à l'O. et au S.-O. par le Vermont. Il a 65 lieues de long sur 35 de large, 1,635 lieues carrées de superficie et une population de 244,155 habitants. Il est arrosé par le Connecticut, le Merrimak et l'Andrascoggin. Le pays est plat et sablonneux à la côte, et montagneux dans l'intérieur, surtout vers le N. où se trouvent les plus hautes montagnes des Etats-Unis. Le grand Monaaneck s'élève à 1,085 mètres au-dessus du niveau de la mer, le Morchillock à 1,545 mètres de hauteur, et les White-Hills (Montagnes-Blanches) sont les plus élevées des Etats-Unis. On a donné à cet état le nom de la *Suisse d'Amérique*, à cause des lacs, des vallées, des montagnes et des cataractes qu'il renferme. Son climat est salubre, et le temps y est généralement fort beau. Le sol est fertile en pâturages, froment, blé, sarrasin et maïs. L'industrie de cet état commence à se développer avec rapidité ; son commerce d'exportation consiste en bois de construction, de potasse, poissons, bœufs, bestiaux, porcs et graine de lin. Le New-Hampshire est divisé en six comtés, à savoir : le Ceos, le Grafton, le Cheshire, le Hillebourough, le Buckingham et le Strafford. Le pouvoir législatif est entre les mains d'un sénat et d'une chambre de représentants élus chaque année, et ayant l'un sur l'autre un pouvoir négatif. Le sénat se compose de treize membres choisis par les districts. La capitale de cet état est Concord ; la plus grande ville est Portsmouth, qui est son port unique.

NEWLAND (PIERRE), écrivain hollandais, né à Dimmermer, près d'Amsterdam, en 1764, était fils d'un charpentier qui fit donner au jeune Newland une éducation soignée. Il en profita si bien, qu'à l'âge de dix ans il avait composé des pièces de vers qui furent dignes de l'impression, et que lui-même avait trouvé la solution de différents problèmes de mathématiques. Il fut professeur de cette science à Utrecht,

puis à Amsterdam et enfin à Leyde, et le gouvernement batave le nomma parmi les savants chargés de fixer les longitudes. On a de lui plusieurs ouvrages, dont les plus connus sont : 1° *Poésies hollandaises* ; 2° *Des moyens d'éclairer le peuple* ; 3° *Utilité générale des mathématiques* ; 4° *Du système de Lavoisier* ; 5° *De la forme du globe* ; 6° *Du cours des comètes et de l'incertitude de leur retour* ; 7° *De la méthode pour les bâtiments en mer* ; 8° *Traité de navigation*, etc., Amsterdam, 1793. Il mourut en 1794, ayant à peine 31 ans. Newland s'appliqua à toutes les sciences avec succès ; il savait le grec, le latin, et plusieurs langues modernes. Il traduisit en vers hollandais tout ce que les poètes grecs et latins ont dit de l'âme après la mort.

NEWTON (ISAAC). Parmi les noms glorieux de ce petit nombre d'hommes privilégiés dont le génie a ouvert des voies nouvelles à la science et rapproché l'esprit humain de sa destination, en surprenant les lois éternelles qui président à l'organisation de l'univers, en expliquant les phénomènes merveilleux qui s'en déduisent, en portant enfin la lumière dans les plus profonds mystères de la création, celui d'Isaac Newton doit briller d'un éclat immortel. Ces grandes et fortes organisations sont rares dans le monde. L'enthousiasme et l'admiration qu'excitent leurs travaux nous signalent que de loin en loin leur apparition dans les siècles. Ces travaux sublimes relient entre elles les races humaines divisées par les climats, les législations et les mœurs. L'intelligence qui les accepte vient déposer de la majestueuse unité de l'homme. L'orgueil des nationalités peut à son gré se manifester dans l'histoire sociale et faire honneur à un seul peuple de la gloire qu'un homme s'est acquise par de belles actions. Cette gloire est restreinte, en effet, comme les circonstances dont elle sortit, comme le but qu'elle atteignit. Mais l'histoire de la science, considérant l'esprit humain dans l'ensemble de ses œuvres, ne saurait admettre un préjugé démenti par le caractère d'universalité qui distingue le génie. Les faits du savoir, comme les intelligences dont ils émanent, appartiennent à l'humanité. Ce fut le 25 décembre 1642, à la fin de l'année durant laquelle la postérité avait commencé pour l'illustre Galilée, que Newton naquit à Woolstrop, dans le Lincolnshire, en Angleterre. Son génie l'a placé dans un rang bien supérieur à celui que peuvent procurer les titres héréditaires ; mais il était d'une noble famille et qui possédait depuis deux siècles la seigneurie de ce bourg. Il avait perdu son père de bonne heure et ce fut sa mère qui eut à veiller à son éducation. On l'envoya à douze ans à l'école de Grantham, où il fit ses premières études. Quand il eut appris tout ce qui pouvait constituer alors l'éducation d'un gentilhomme campagnard, sa mère le rappela auprès d'elle et voulut appliquer aux affaires domestiques l'intelligence précoce qu'il avait montrée. Mais le jeune Newton ne remplit point les vues de sa mère, son penchant pour l'étude l'arrachait aux occupations vulgaires auxquelles on voulait l'appliquer, on prononça dès lors qu'il ne ferait jamais rien qu'un savant, et on le renvoya à sa chère école de Grantham, objet de ses vifs regrets. Peu de temps après, il entra au collége de la Trinité de Cambridge où l'on pense que c'est seulement à cette époque qu'il commença à étudier les mathématiques. Les progrès étonnants qu'il fit en peu de temps dans ces hautes sciences annoncèrent ce qu'il serait un jour. De la rapide lecture d'Euclide, il passa à la géométrie de Descartes et à l'arithmétique des infinis de Wallis. Une fois qu'il fut entré en possession de la science, son génie ne s'arrêta point sur les traces de ces grands maîtres, il s'élança avec eux dans la voie des découvertes. Avant l'âge de vingt-sept ans, Newton était en possession de son *Calcul des fluxions* et de sa *Théorie de la lumière*. Il commença à exposer cette dernière découverte dans ses *Lectiones opticæ*, dont il publia le précis dans les *Transactions philosophiques*. Il s'occupa aussi de mettre en ordre son traité des fluxions, mais les objections qui lui vinrent de toutes parts alarmèrent cet esprit méditatif et paisible ; et jaloux de son repos, redoutant par-dessus tout les querelles littéraires, qu'il eût mieux évitées sans doute en publiant plus tôt ses découvertes, il ne se pressa point de les mettre au jour. Le docteur Barrow dont il était le disciple et l'ami se démit en sa faveur de la place de professeur de mathématiques à l'université de Cambridge. C'est de cette époque de sa vie que datent les travaux qui ont à jamais illustré son nom, et surtout ce livre sublime et célèbre des *Principes*, qu'il publia à la sollicitation de Halley et sur les instances de la Société royale de Londres. L'université de Cambridge, dont il avait défendu avec zèle les priviléges attaqués par le roi Jacques II, le choisit pour son représentant à la célèbre Convention de 1688 et au Parlement en 1701. Newton participa ainsi à la régénération sociale de son pays. Il fut successivement nommé directeur de la monnaie et créé chevalier de la reine Anne. Mais la faveur à laquelle il se montra le plus sensible fut son élection à la présidence de la Société royale, qui eut lieu en 1703. Il continua sans interruption à porter ce titre honorable jusqu'à la fin de sa longue et glorieuse carrière. Tels sont en peu de mots les événements les plus importants de la vie de Newton, ses travaux doivent tenir une plus grande place dans son histoire. Nous ne croyons pas devoir rappeler ici la discussion pénible à laquelle donna lieu le calcul des fluxions; nous avons exposé ailleurs cette théorie et la mésintelligence dont elle fut le prétexte entre les deux plus beaux génies de cette époque. Nous examinerons dans leur ensemble les découvertes de Newton, en analysant le livre des *Principes* où elles sont rassemblées. Il était réservé à ce grand homme, dit notre illustre Laplace, de nous faire connaître le principe général des mouvements célestes. La Providence, en le douant d'un profond génie, prit même soin de le placer dans les circonstances les plus favorables. Descartes avait changé la face des sciences mathématiques, par l'application féconde de l'algèbre à la théorie des courbes et des fonctions variables. Fermat avait perfectionné la géométrie, par ses belles méthodes des *maxima* et des tangentes. Wallis, Wren et Huygens venaient de trouver les lois de la communication du mouvement. Les découvertes de Galilée sur la chute des graves, et celle d'Huygens sur les développées et sur la force centrifuge, conduisaient à la théorie du mouvement dans les courbes. Keppler avait déterminé celles que décrivent les planètes et il avait même entrevu la gravitation universelle. Enfin Hook avait très bien vu que les mouvements planétaires sont le résultat d'une force primitive de projection, combinée avec la force attractive du soleil. Mais la science attendait encore le génie qui devait coordonner dans un seul système ces puissantes idées et fixer la loi de la pesanteur, de la généralisation et du rapprochement de ces grandes découvertes. Telle fut l'œuvre de Newton. Voici, d'après le savant géomètre que nous venons de citer, comment il y parvint. La pesanteur des corps au sommet des plus hautes montagnes, à très peu près la même qu'à la surface de la terre, lui fit conjecturer qu'elle s'étend jusqu'à la lune, et que la se combinant avec le mouvement de projection de ce satellite, elle lui fait décrire un orbe elliptique autour de la terre. Pour vérifier cette conjecture, il fallait connaître la loi de diminution de la pesanteur. Newton considéra que la pesanteur terrestre retient la lune dans son orbite, les planètes doivent être retenues pareillement dans leurs orbes par leur pesanteur vers le soleil, et il le démontra par la loi des aires proportionnelles aux temps; or, on sait qu'il résulte du rapport constant trouvé par Keppler, entre les carrés des temps des révolutions des planètes et les cubes des grands axes de leurs orbes, que leur force centrifuge, et par conséquent leur tendance vers le soleil, diminuent en raison du carré de leur distance au centre de cet astre; Newton supposa donc que la même loi de diminution à la pesanteur d'un corps, à mesure qu'il s'élève au-dessus de la surface de la terre. En partant des expériences de Galilée sur la chute des graves, il détermina la hauteur dont la lune abandonnée à elle-même descendrait sur la terre dans un court espace de temps. Cette hauteur est le sinus verse de l'arc qu'elle décrit dans le même intervalle, sinus que la parallaxe lunaire donne en parties du rayon terrestre; ainsi pour comparer à l'observation la loi de la pesanteur réciproque au carré des distances, il était nécessaire de connaître la grandeur de ce rayon. Mais Newton n'ayant alors qu'une mesure fautive du méridien terrestre parvint à un résultat différent de celui qu'il attendait; et soupçonnant que des forces inconnues se joignaient à la pesanteur de la lune, il abandonna momentanément ses idées. Ceci se passait, suivant Pemberton, le contemporain et l'ami de Newton, qui nous a transmis ces détails, en 1666. Quelques années après il reprit ses recherches et il reconnut au moyen de la mesure que Picard venait de faire d'un degré du méridien, que la lune était retenue dans son orbite par le seul pouvoir de la gravité supposée réciproque au carré des distances. D'après celle-ci, il trouva que la ligne décrite par les corps dans leur chute est une ellipse dont le centre de la terre occupe un des foyers. Considérant ensuite que Keppler avait reconnu que les orbes des planètes sont pareillement des ellipses au foyer desquelles le centre du soleil est placé, il eut la satisfaction

de voir que la solution qu'il avait entreprise par curiosité, s'appliquait aux plus grands objets de la nature. Ainsi c'était au moyen du rapport entre les carrés des temps des révolutions des planètes, et les cubes des axes de leurs orbes supposés circulaires que le grand Newton était parvenu à la loi de la pesanteur. Il démontra que ce rapport a également lieu dans les orbes elliptiques, et qu'il indique une égale pesanteur des planètes vers le soleil, en les supposant placées à la même distance de son centre. En généralisant ensuite ses recherches, Newton fit voir qu'un projectile peut se mouvoir dans une section conique quelconque, en vertu d'une force dirigée vers son foyer et réciproque au carré des distances : il développa les diverses propriétés dans ce genre de courbes; il détermina les conditions nécessaires pour que la courbe soit un cercle, une ellipse, une parabole ou une hyperbole, conditions qui ne dépendent que de la vitesse et de la position primitive des corps. Quelles que soient cette vitesse, cette position et la direction centrale du mouvement, Newton assigna une action conique que le corps peut décrire, et dans laquelle il doit conséquemment se mouvoir. Ces recherches appliquées au mouvement des comètes lui apprirent que ces astres se meuvent autour du soleil suivant les mêmes lois que les planètes, avec la seule différence que leurs ellipses sont très allongées, et il donna les moyens de déterminer par les observations les éléments de ces ellipses. La comparaison de la grandeur des orbes des satellites et de la durée de leurs révolutions, avec les mêmes quantités relatives aux planètes, lui fit connaître les masses et les densités respectives du soleil et des planètes accompagnées de satellites et l'intensité de la pesanteur à leur surface. En considérant que les satellites se meuvent autour de leurs planètes, à peu près comme si les planètes étaient immobiles, il reconnut que tous ces corps obéissent à la même pesanteur vers le soleil. L'égalité de l'action à la réaction ne lui permit pas de douter que le soleil pèse vers les planètes, et celles-ci vers leurs satellites; et même que la terre est attirée par tous les corps qui pèsent sur elle. Il étendit ensuite cette propriété à toutes les parties de la matière, et il établit ces principes, que « chaque molécule de matière attire toutes les autres en raison de sa masse et réciproquement au carré de sa distance à la molécule attirée. » Ce n'est pas là une simple hypothèse, mais un principe supérieur, conséquence nécessaire des lois observées dans les mouvements célestes; principe fécond d'ailleurs dont Newton vit découler l'explication des grands phénomènes du système du monde. En considérant la pesanteur à la surface des corps célestes, comme la résultante des attractions de toutes leurs molécules, il trouva cette propriété remarquable et caractéristique de la loi d'attraction réciproque au carré des distances, savoir : que deux sphères, formées de couches concentriques et de densités variables suivant des lois quelconques, s'attirent mutuellement, comme si leurs masses étaient réunies à leurs centres : ainsi, les corps du système solaire agissent à très peu près comme autant de centres attractifs, les uns sur les autres et même sur les corps placés à leur surface; résultat qui contribue à la régularité de leurs mouvements, et qui fit reconnaître à ce grand géomètre la pesanteur terrestre, dans la force par laquelle la lune est retenue dans son orbite. Il prouva que le mouvement de rotation de la terre a dû l'aplatir à ses pôles, et il détermina les lois de la variation des degrés des méridiens et de la pesanteur à sa surface. Il vit que les attractions du soleil et de la lune font naître et entretiennent dans l'Océan les oscillations que l'on y observe sous le nom de flux et de reflux de la mer. Il reconnut que plusieurs inégalités de la lune et le mouvement rétrograde de ses nœuds sont dus à l'action du soleil. Envisageant ensuite le renflement du sphéroïde terrestre à l'équateur, comme un système de satellites adhérents à sa surface, il trouva que les actions combinées du soleil et de la lune tendent à faire rétrograder les nœuds de tous les cercles qu'ils décrivent autour de l'axe de la terre, et que toutes ces tendances, en se communiquant à la masse entière de cette planète, doivent produire, dans l'intersection de son équateur avec l'écliptique, cette rétrogradation lente que l'on nomme *Précession des Equinoxes*. Telles sont, en résumé, les découvertes principales que Newton expose dans le livre des principes. Mais il n'est pas inutile de faire remarquer qu'à l'exception des grandes lois qu'il y détermine, la plupart de ces théories n'y sont qu'ébauchées, et que leur perfectionnement a été l'œuvre de ses successeurs. Mais cet ouvrage, dans lequel il a si bien établi d'ailleurs l'existence du principe général qu'il a découvert, ne restera pas moins dans le monde comme l'une des productions les plus étonnantes, la plus originale peut-être de l'esprit humain. Il est évident que la loi d'attraction renverse une des hypothèses de Descartes ; mais on chercherait vainement dans le livre des Principes l'exposition d'une philosophie contraire à celle de l'illustre auteur du Discours de la méthode. On ne comprendra donc pas aujourd'hui comment il put s'établir une lutte entre les idées auxquelles on a donné le nom de Cartésianisme et les découvertes purement scientifiques qu'on désigne sous le titre de Philosophie newtonienne. Serait-ce, comme l'ont prétendu des esprits fort supérieurs du reste, que la méthode d'induction que suivit Newton détruisait la supériorité de toute méthode *a priori*, et que conséquemment il faudrait en revenir à l'observation comme à la source unique et absolue de toutes nos connaissances ? Mais, outre qu'il sera toujours étrange de conclure d'une méthode à un principe, oublie-t-on que l'immortel Newton n'a pu baser ses inductions que sur les principes ou des découvertes antérieures à ses recherches, et établit par cette méthode *a priori* ce que le philosophisme du XVIIIe siècle s'obstina à nier. Nous regrettons de ne pouvoir donner plus de développement à ces considérations générales, et il nous suffira d'ajouter que, dans le domaine des réalités qu'elle explore, la science adopte la vérité indépendamment des moyens employés pour la rechercher. Si la destination de l'homme est enfin la découverte de la vérité, la Providence a dû multiplier le nombre des voies qui mènent à elle, afin que toutes les intelligences puissent contribuer à cette œuvre sublime. Le Traité d'optique de Newton est après le livre des Principes un des écrits les plus remarquables de ce grand homme, les plus dignes de son génie original et profond. Mais l'espace nous manque pour en donner ici une idée plus précise ainsi que des nombreux et admirables travaux dont cet illustre géomètre a enrichi la science : nous ne pouvons qu'en faire la rapide énumération bibliographique. Le grand ouvrage de Newton parut pour la première fois à Londres, en 1687, in-4°, sous ce titre : *Philosophiæ naturalis principia mathematica*. Le livre intitulé *Systemata mundi*, qui n'est qu'un précis de la troisième partie du précédent ouvrage, destiné à en rendre la doctrine plus accessible, ne fut publié qu'en 1731, par les soins de Halley. Nous renvoyons d'ailleurs aux traités spéciaux de bibliographies ceux de nos lecteurs qui désireraient connaître le nombre d'éditions et les traductions en diverses langues qui ont été faites de cet immortel écrit. En 1704, Newton publia à Londres, en anglais, son *Traité d'optique* ; il était accompagné de deux autres traités en latin : *De quadratura curvarum*, et *Enumeratio linearum tertii ordinis*. En 1706, Samuel Clarke donna une nouvelle édition de cet ouvrage avec la traduction de l'optique en latin. En 1707, parut l'*Arithmetica universalis*, et en 1711, Newton publia de nouveau ses deux traités *De quadratura*, etc., avec ceux qui portent ces titres : *Analysis per quantitatum series, fluxiones ac differentias*, etc., et *Methodus differentialis*. Après lui parurent ses *Lectiones opticæ*, qu'il ne faut pas confondre avec le *Traité d'optique*, dont nous avons parlé plus haut, et enfin sa *Méthode des fluxions et des suites infinies*, qui est une de ses premiers ouvrages, mais qui ne fut publié qu'en 1706, en anglais, par les soins du docteur Colson. Buffon en a donné une traduction française. Les œuvres complètes de Newton ont été publiées à Londres en 1779, par les soins de Horsley, sous ce titre : *Isaaci Neutoni, opera quæ extant omnia. Commentariis illustrabat Samuel Horsley*, 44. L. L. D. R. S. S. Lond., 1779, in-4°, 5 vol. Le grand Newton, qui jouit durant sa longue vie de la plus heureuse santé, mourut le 20 mars 1727, âgé de quatre-vingt-quatre ans et trois mois. Sa patrie, où le culte des grands hommes est si noblement pratiqué, lui voua les honneurs funèbres les plus remarquables. Son corps fut transporté à l'abbaye de Westminster et placé sur un lit de parade, les plus grands seigneurs se disputèrent l'honneur de porter les coins du drap mortuaire, et une foule immense de citoyens anglais assista dans un religieux silence à cette cérémonie. Ce fut néanmoins la famille de Newton qui lui fit depuis élever un tombeau.

NEWTON (THOMAS), évêque anglican de Bristol, né à Litchfield, dans le comté de Stafford, en 1703, mort le 14 février 1782, était un prélat exact et charitable. Quant à sa théologie, elle n'est orthodoxe ni dans le sens catholique ni dans le sens de la réformation anglicane. Il combat l'éternité des peines, et croit au rétablissement final de l'harmonie et du bonheur général. Ses *Œuvres complètes* ont été imprimées en trois volumes avec sa *Vie* écrite par lui-même.

NEW-YORK, la plus grande ville des Etats-Unis, et après Londres, le plus grand port du monde, est situé dans l'état de ce nom, à la jonction de l'Hudson et de l'East, au fond de la baie de New-York, et à environ 16 milles anglais de l'océan Atlantique. La ville est bâtie sur une île entourée des deux rivières dont on vient de parler et par une autre petite rivière nommée Haerlem, qui unit les deux premières. Cette île forme un des comtés de l'état. La population de New-York qui, en 1800, n'était que de 60,489 habitants, s'est élevée, en 1840, à plus de 300,000. Le conseil municipal général et les cours de justice siègent dans la Maison-de-Ville, bel édifice en marbre qui s'élève dans un parc. Le collège de Columbia, comprenant une école de grammaire, une école pour les humanités et une université sur le plan de celles d'Europe, est situé sur une grande place carrée. Il y a à New-York plus de cent églises réparties entre des sectes de toute nature et de toute dénomination ; le portique de celle de l'Ascension ferait honneur à la ville la plus riche en monuments. La munificence publique et les charités particulières ont doté New-York d'une foule d'institutions de bienfaisance. Quoique les habitants de cette ville soient presque exclusivement adonnés au commerce, les lettres n'y sont point négligées. On y trouve une bibliothèque renfermant plus de 22,000 volumes ; une société pour les études historiques qui a recueilli un grand nombre de documents relatifs à l'histoire des Etats-Unis dans les premiers temps, et de l'état de New-York en particulier ; un musée d'histoire naturelle, la société de Clinton-Hall, pour les progrès de la littérature, des sciences et des arts, et deux académies des beaux-arts, l'une dite Américaine, l'autre nationale. Aucune ville des Etats-Unis, et peut-être du monde entier, ne possède une situation plus avantageuse pour le commerce intérieur et extérieur. De nombreux canaux, aboutissant à l'Hudson, servent au transport des produits d'un immense pays lesquels se rendent par le fleuve au grand marché de New-York. C'est là qu'affluent les marchands et négociants des côtes de l'Atlantique, des bords des différents lacs et des rives du Mississipi, avec la certitude de placer leurs produits, et de pouvoir se procurer en retour les articles dont ils ont besoin. C'est là aussi que se rendent les étrangers et les voyageurs, comme à un point de départ pour toutes les parties du monde, au moyen de paquebots et de bateaux à vapeur quittant New-York à des époques réglées pour Liverpool, le Hâvre, Londres, Hull, Greenock, Belfast, Carthagène, Vera-Cruz, Charleston, Savannah, la Nouvelle-Orléans, Mobile, Washington, Boston, Philadelphie, Baltimore, Norfolk, etc. Cette situation de New-York sollicite naturellement ses habitants au négoce, néanmoins, dans ces derniers temps, des capitaux considérables ont été placés dans l'industrie manufacturière. Le port de New-Yorck, vaste, profond et sûr, présente toutes les facilités que l'on peut désirer pour le commerce. Le tonnage général des navires appartenant à ce port est, d'après le major Poussin, de 618,186 tonneaux, et la valeur des marchandises entrées ou sorties dans une des dernières années est évaluée à 600 millions de francs. Dans une année déjà reculée, en 1832, le port de New-York a reçu 1,800 navires, dont 1,290 étaient américains, 369 anglais, 42 français, 32 hollandais, hambourgeois ou brémois, 25 suédois, 19 espagnols, 11 danois, etc. Le plus grand nombre des navires anglais venaient des colonies britanniques de l'Amérique du Nord et des Indes Occidentales. La partie de la côte d'Amérique que comprend l'état de New-York, fut d'abord découverte, en 1497, par Sébastien Cabot, qui naviguait pour Henri VII d'Angleterre. Mais il n'essaya pas d'y débarquer ni d'y établir une colonie ; il se contenta de proclamer les droits du souverain qu'il servait à la possession du pays qu'il venait de découvrir. En 1608, l'anglais Hudson, en vertu d'une commission du roi, entra dans la baie de New-York, et remonta la rivière jusqu'au 43e de lat. N. Les écrivains hollandais prétendent, toutefois, qu'Hudson était à cette époque au service de la compagnie hollandaise des Indes-Orientales. Quoiqu'il en soit, les Anglais ne s'opposèrent pas, pendant quelque temps, à la colonisation du pays par les Hollandais qui, de leur côté, reconnurent le droit des Anglais, en demandant à Jacques Ier (1620) la permission de construire quelques huttes sur les bords de l'Hudson pour la commodité de leurs vaisseaux trafiquant avec le Brésil. Munis de cette autorisation, ils fondèrent une colonie qu'ils nommèrent nouveaux Pays-Bas. On commença à bâtir sur l'emplacement de New-York en 1620 et trois gouverneurs hollandais s'y succédèrent. Charles Ier s'étant plaint des empiétements des Hollandais sur le territoire de la Nouvelle-Angleterre, les états-généraux de Hollande déclarèrent que la colonisation des nouveaux Pays-Bas était une entreprise particulière de la compagnie des Indes-Occidentales d'Amsterdam. Le 12 mars 1664, Charles II, dont les troupes s'étaient emparées des nouveaux Pays-Bas, donna à son frère Jacques, duc d'York, tout le territoire de Mattawack (aujourd'hui l'île Longue), le fleuve Hudson dans tout son cours, et tout le pays à l'ouest de la rivière Connecticut jusqu'à la rivière orientale de la baie de Delaware, avec les droits de souveraineté et de gouvernement sur ces contrées. Le duc vendit la portion qui forme aujourd'hui New-Jersey, et garda le reste, qui comprenait l'état actuel de New-York, et qui fut ainsi appelé en l'honneur de son propriétaire. La possession lui en fut garantie, en 1667, par les états-généraux de Hollande, dans le traité de Breda. En 1673, cependant le pays fut surpris par les Hollandais ; mais l'année suivante, il retomba entre les mains des Anglais et y resta jusqu'à la révolution américaine. La première assemblée législative coloniale se tint à New-York, en 1683. En 1765, un congrès de députés, envoyés par les différentes assemblées coloniales, se réunit dans la même ville pour délibérer sur les souffrances publiques. En 1775, l'assemblée provinciale de New-York rejeta tout participation aux actes du congrès qui s'était tenu l'année précédente à Philadelphie, et s'abstint d'élire des députés pour le nouveau congrès. Mais en même temps, elle envoya au roi une pétition en son propre nom, demandant le rappel des ordonnances vexatoires ; elle y plaidait en faveur des habitants de Massachusetts et concluait en désavouant toute idée d'indépendance. Cette conduite blessa le parti populaire, dit des fils de la liberté, qui s'assembla le 6 mars. Cette circonstance donna lieu à un appel à la force, dans lequel les tories furent défaits. Depuis lors, le parti de l'indépendance se fortifia à New-York sous la direction du capitaine Siars, appelé familièrement le roi Siars, et bientôt il organisa une association pour soutenir les mesures du congrès général. Cependant Siars demandait des secours pour s'assurer de la ville ; le général Lee, avec un corps de 1,200 miliciens, y entra malgré les menaces des vaisseaux anglais et le 17 mars, Washington y dirigea également son armée. Après la défaite des Américains sur l'île Longue, et la retraite de Washington qui déploya un habileté extraordinaire au passage de la rivière East, New-York resta au pouvoir des Anglais. Ceux-ci y demeurèrent jusqu'au 25 novembre 1783, époque à laquelle ils l'évacuèrent pour n'y plus rentrer. En 1789, le premier congrès, nommé en vertu de la nouvelle constitution, s'assembla à New-York, et Washington y prêta serment, en qualité de président, entre les mains du chancelier Livingston. (Voyez ces deux noms).   N.

NEXUS, c'est-à-dire enchaîné (*nectere*, lier), nom que les Romains donnaient à ceux qui, ayant contracté des dettes, et ne pouvant les payer au jour marqué, devenaient les esclaves de leurs créanciers, qui non-seulement pouvaient les faire travailler pour eux, mais encore les mettre aux fers, et les tenir en prison. Ils ne recouvraient leur liberté qu'en payant la dette. Quand ils sortaient d'esclavage, ils n'étaient pas regardés comme affranchis. Cette coutume fut en usage à Rome jusqu'à l'an 429 de Rome. Cette même année une loi ordonna que les biens des débiteurs répondraient à l'avenir de l'argent prêté, mais que leurs personnes resteraient toujours libres. On nommait aussi *addicti* les *nexi*.

NEY (MICHEL), maréchal de France, naquit à Sarrelouis, le 10 janvier 1769, d'un simple artisan. Sa position ne lui permit pas de recevoir une éducation brillante ; mais à peine fut-il sorti de l'enfance qu'il entra chez un notaire de sa ville natale, et acquit ainsi quelques connaissances qui plus tard ne lui furent point inutiles : il n'était donc pas tout-à-fait sans instruction lorsqu'il embrassa la carrière militaire. Il s'engagea en 1787 comme volontaire dans le régiment de colonel-général-hussards ; sa bonne conduite et ses talents lui valurent en trois ans le grade de sous-lieutenant dans le même régiment. Ney ne quitta point les armes au commencement de la révolution ; il fit les deux premières campagnes en qualité d'aide-de-camp des généraux Lamarck et Collaud, et se trouva aux batailles de Nerwinde, Louvain, Valenciennes et Grand-Pré, et rentra dans son régiment avec le grade de capitaine. Chargé ensuite par Kléber de plusieurs missions, surtout du commandement de quelques hommes qui devaient combattre en partisans, il mérita le nom *d'infatigable* que l'armée lui décerna. Ney passa successivement par les grades d'adjudant-général, de général de brigade et fut nommé, l'an VII, général de division. La rare intrépidité qu'il déploya

sous les ordres de Hoche, jusqu'à la paix de Léoben, et à l'armée du Rhin, après la rupture de cette paix, suffirait pour composer toute la gloire militaire d'un autre homme ; mais nous n'avons pas même le temps ni l'espace pour raconter les hauts faits par lesquels il s'illustra pendant cette époque de la révolution française. A peine pouvons-nous dire qu'il déploya la plus grande valeur au passage de la Sieg, aux combats d'Altenkirchen et de Diesdorf (1796) ; il s'illustra aux affaires de Neuwied et de Giessen. Dans ce dernier combat il fut fait prisonnier après s'être défendu longtemps seul et à pied avec le tronçon de son sabre. Echangé bientôt, il passa de l'armée de Hoche à celle de Bernadotte. On devrait ranger parmi les contes populaires la manière hardie dont il s'empara de Manheim, si l'histoire n'attestait ce glorieux fait d'armes. L'intrépide Ney, devenu général de division, fit partie de l'armée du Danube. L'ennemi s'aperçut aussitôt de sa présence, et les combats de Fraenfeld, d'Abtiskow et de Winterthur furent pour lui de nouvelles occasions de gloire. Chargé ensuite du commandement de l'avant-garde de l'armée du Rhin, il fut si rapide dans ses mouvements, que l'on ne peut les suivre qu'avec difficulté. Investi du commandement provisoire de l'armée, il désespère les ennemis par son activité ; il combat ensuite sous les ordres de Lecourbe, puis sous ceux de Moreau. Les combats de Burkein, de Stettin, de Kirchberg et d'Ingolstadt, une affaire opiniâtre sur les bords de l'Iller, plusieurs engagements au pont de Brandembourg, ajoutèrent encore à la réputation du général Ney. Pendant l'armistice qui fut signé après la bataille de Marengo, il alla à Plombières pour soigner les nombreuses blessures qu'il avait reçues ; mais à peine la guerre fut-elle rallumée qu'il se rendit à l'armée du Rhin, et contribua puissamment aux succès de la bataille de Hohenlinden, qui termina cette brillante et courte campagne. La paix de Lunéville ramena Ney à Paris. Buonaparte s'empressa d'attacher à sa cour un homme de ce mérite : ce fut dans ce but qu'il lui fit épouser mademoiselle Auguié, amie de sa belle-fille Hortense de Beauharnais. Ney ne tarda pas à être envoyé comme ministre plénipotentiaire dans la Suisse, qu'il soumit, d'après les instructions qu'il avait reçues du gouvernement français. L'année suivante, il quitta ce pays pour aller commander le camp de Montreuil, et bientôt après il fut nommé maréchal d'Empire, et obtint le grand cordon de la Légion d'honneur. Les hostilités contre l'Autriche ayant recommencé en 1805, il passa le Rhin à la tête d'un corps d'armée, et eut une grande part à la victoire d'Elchingen, dont il porta le nom avec le titre de duc ; victoire qui contribua aux succès de cette campagne. Ses manœuvres savantes amenèrent la capitulation d'Ulm ; il entra dans le Tyrol, s'en empara, et se porta sur la Carinthie ; la paix de Presbourg mit fin à cette campagne. Dans celle de Prusse, en 1806, il montra la même intrépidité et les mêmes talents, surtout à Iéna, près de Magdebourg, qu'il força de capituler, ainsi qu'à Eylau, à Friedland, dont il se rendit maître. Il passa en Espagne en 1808, et dans cette guerre injuste, Ney donna de nouvelles preuves de courage et d'habileté. Cependant ce fut à cette époque que Buonaparte conçut quelques soupçons sur la fidélité de ce général, qui l'eut rappelé en France. Il fut néanmoins employé dans la campagne de Russie, où il déveleppa ses talents militaires, principalement à la bataille de la Moskowa, où son chef lui donna le nom de *brave des braves* et le titre de prince. Dans les désastres qu'eut à essuyer dans sa retraite l'armée française, il contribua à en sauver les restes, avec l'arrière-garde qu'il commandait, en soutenant les combats que lui livrait l'ennemi, et en surmontant les nombreux obstacles qu'il rencontra pendant une route longue et pénible. Arrivé à Hanau, il y organisa en peu de temps cette même armée qui, après les malheurs les plus inouïs, remporta les victoires de Lutzen et de Bautzen. Il ne démentit pas sa valeur ni son intelligence ordinaire, le 26 et 27 août, devant Dresde, mais le 6 septembre suivant il fut battu par Bulow, qui l'obligea de se retirer sur Torgau. Il marcha cependant quelques jours après sur Dessau, en chassa les Suédois, se distingua à Leipsick, et facilita la retraite de l'armée sur Lindenau et Hanau. Ayant repassé le Rhin, il disputa pied à pied le terrain contre une armée innombrable que l'Europe entière envoyait pour arrêter l'ambition de Buonaparte. Dans la campagne de France, pendant laquelle il n'eut pas un commandement spécial, Ney se couvrit encore de gloire à Brienne, à Montmirail, à Craonne et à Châlons-sur-Marne. Mais le sort de la France était décidé. Les troupes des alliés étaient entrées dans Paris : le 11 avril 1814 la déchéance de Buonaparte fut prononcée, et Ney lui-même, voyant la répugnance de l'empereur à souscrire au vœu de la France et de l'Europe, le força pour ainsi dire à abdiquer le trône, et se rangea aussitôt du parti des Bourbons. Il reçut de Louis XVIII l'accueil le plus flatteur. Ce monarque le combla de bienfaits. Ney, après avoir été nommé commandant en chef du corps royal des cuirassiers, dragons, chasseurs, et chevau-légers lanciers, obtint le 2 juin le titre et la dignité de pair de France avec la croix de Saint-Louis. On avait toutes les raisons de le croire dévoué à la cause d'un roi qui l'honorait de sa bienveillance, et dont le règne paisible lui aurait fait jouir du fruit de ses honorables travaux. Mais la rentrée de Buonaparte en France vint mettre sa fidélité à une épreuve qu'il ne sut pas soutenir. Quand on eut appris le débarquement de Napoléon, en mars 1815, il se présenta à Louis XVIII, et promit d'amener le fugitif de l'île d'Elbe *enfermé dans une cage de fer*. Il partit en effet à sa rencontre avec un nombre considérable de troupes ; mais ce ne fut que pour le suborner et les ranger sous les drapeaux de celui qu'il avait promis de poursuivre. Le théâtre de cette perfidie fut à Lons-le-Saulnier. Il se réunit ensuite à Buonaparte à Auxerre, et entra à Paris le 20 mars. Ney sembla de nouveau s'attacher sincèrement aux intérêts de son ancien maître ; mais il donna encore des soupçons sur sa fidélité. On crut même qu'il était intimement lié avec ce reste de républicains qui persistaient à rêver une liberté chimérique. Cependant Ney eut un commandement dans l'armée du Nord : quoiqu'on en eût dit, il se battit avec son ancienne intrépidité à Fleurus et à Waterloo. L'un des premiers, il arriva à Paris après le désastre de cette dernière journée et il désespéra dès lors de la cause de Buonaparte. Compris bientôt dans l'ordonnance du 24 juillet, il parvint d'abord à se soustraire aux poursuites dirigées contre lui ; mais arrêté le 5 août 1815, il fut traduit le 9 du même mois devant un conseil de guerre, qui déclara son incompétence pour le juger, et il fut renvoyé devant la chambre des pairs. On assure que pendant ce temps, sa femme avait mis en usage tous les moyens pour faciliter son évasion. Tout était prêt pour l'effectuer ; à l'aide de plusieurs cordes, il devait franchir une fenêtre de la chambre qu'il avait pour prison à l'abbaye. Des amis officieux l'attendaient dans la rue, et une voiture était préparée pour le sortir des barrières ; mais, au moment de l'exécution, la fille du geôlier s'aperçut de tous les préparatifs et donna l'alarme. Ney fut gardé plus étroitement, et condamné à mort le 6 décembre par la chambre des pairs. Ses avocats étaient MM. Berryer père et Dupin aîné ; ils réclamèrent en sa faveur l'exécution des art. 11 et 12 de la Convention militaire du 7 juillet ; il voulurent employer même un moyen tiré de l'origine du maréchal dont le lieu de naissance n'était plus français ; mais il ne leur fut pas permis d'entrer dans ce développement. La condamnation fut prononcée à une grande majorité. Le maréchal entendit son arrêt avec une espèce d'impassibilité. Un prêtre l'accompagna dans ses derniers moments. On remarqua que Ney avait pour cet ecclésiastique toute sorte d'égards, et causait avec lui avec expansion et confiance. Arrivé à l'extrémité sud du jardin du Luxembourg, il le remercia de ses bons offices, sans jamais perdre de sa sérénité. Des vétérans le fusillèrent le 7 décembre 1815, à neuf heures du matin. Intrépide guerrier, excellent général, par la grave erreur d'un seul instant il ternit plus de vingt années de gloire. Il mourut âgé de 46 ans. Ney n'avait pris aucune part aux horreurs de la révolution ; il avait même, au péril de sa vie, sauvé plusieurs émigrés français. Avec tout son courage militaire, il montra une faiblesse impardonnable en cette circonstance. S'il lui répugnait d'opter entre ses nouveaux devoirs et son ancienne amitié, il pouvait n'accepter aucun commandement et rester spectateur des grands événements qui s'opéraient alors. Sa famille a, depuis la révolution de 1830, demandé la réhabilitation du maréchal Ney, et la chambre des députés a plusieurs fois retenti des plaintes de quelques membres qui osaient accuser la chambre des pairs d'un jugement inique. Indépendamment des ouvrages où sont consignées les victoires et les conquêtes des armées françaises depuis le commencement de la révolution, il faut lire la *Biographie des généraux français*, par de Courcelles, et la *Vie du maréchal Ney* avec l'*Histoire de son procès*, Paris, 1816, in-8°.

NEYRA (ALVAREZ MENDANA DE), célèbre navigateur espagnol, et, après Magellan, celui auquel on doit le plus de découvertes dans la mer du Sud ou l'Océan pacifique. Il naquit en 1541, et fit le premier de ses voyages en 1568, et le dernier en 1595 ; il fut tué dans une des îles de Salomon, sur la position desquelles l'on n'est point aujourd'hui d'accord. Les navigateurs modernes, pour donner plus d'importance à leurs voyages, ont pris à tâche de donner d'autres noms aux îles et aux côtes découvertes par Mendana et par les marins portugais et espagnols. Cet égoïsme a très fort desservi la géographie, et a mis bien de la confusion dans les notions de l'Hydrogée. M. Dutens, dans un très savant traité, a fait l'énumération des *Découvertes des anciens attribuées aux modernes*, la géographie peut fournir un long article à cet ouvrage. Mendana était neveu de don Pédro de Castro, gouverneur de Lima, qui l'appela auprès de lui, et lui fournit les secours nécessaires pour entreprendre sa première navigation. Outre l'île Isabelle, aussi grande que l'Espagne, il découvrit celles de Guadalcanal, de Saint-Christophe. Les habitants de l'île Isabelle semblaient appartenir à plusieurs races, les uns bronzés, les autres blancs et les autres noirs ; tous belliqueux, ils firent subir des pertes aux Espagnols, auxquels ils avaient refusé des vivres.

NEZ, s. m., organe de l'odorat ; partie saillante pyramidale et triangulaire, située au milieu de la face, dont le sommet, appelé la racine, se continue supérieurement avec la partie moyenne et inférieure du front, dont les faces latérales constituent les ailes, et dont la base est percée de deux ouvertures appelées narines. Le nez contient supérieurement deux os propres, dans sa partie moyenne un cartilage, et inférieurement plusieurs fibro-cartilages ; il est tapissé à sa surface interne par la pituitaire. On y trouve aussi quatre muscles : le pyramidal, le transversal, l'élévateur commun de l'aile du nez et de la lèvre supérieure, et l'abaisseur de l'aile du nez.

NGO-YOU-KIANG, riv. de Chine (Kiang-si), naît à 24 kil. N.-E. de Setchin, coule au S., au S.-E., au N.-E., et tombe dans la Ta-Kiang, à 8 kil. N. de Sin-tcheou. Cours, 750 kil. (*V.* CHINE.)

NIAGARA, riv. de l'Amérique du Nord, unit les lacs Erié et Ontario et sert de limite entre le Haut-Canada et les Etats-Unis (New-York). Cours, 59 kil. Elle a 1 kil. de large à la sortie du lac Erié et 15 kil. près de l'île Grande. A 2 kil. de là se trouve la fameuse cataracte de Niagara : l'eau s'élance d'une hauteur de 46 mètres sur une largeur de 200 ; mais l'île d'Iris ou Goat's Island la divise en 2 parties. (*V.* ETATS-UNIS.)

NIAGARA ou **NEWARK**, ville et fort des Etats-Unis (New-York), à 190 kil. N.-O. de New-York, à l'embouchure du Niagara, dans le lac Ontario ; 800 habitants.

NIAS, île de l'Océanie (Malaisie), près de la côte occidentale de Sumatra ; par 0° 32' lat. N., et 94° 49' long. E. ; 80 kil. sur 35 ; 200,000 habitants. Montagnes ; sol fertile, bois, riz, sagou, etc. Les femmes y sont fort belles. On y fait le commerce des esclaves.

NIAIS, **AISE**, adj., il s'est dit au propre des oiseaux de fauconnerie que l'on prenait dans le nid et qui n'en étaient pas encore sortis. Niais, signifie figurément, qui est simple, qui n'a encore reçu aucun usage du monde. Il se dit aussi de l'air, des manières, du ton, etc. Il se dit également, au sens moral, des choses qui annoncent la sottise ou l'inexpérience. Il s'emploie souvent comme substantif en parlant des personnes. Faire, contrefaire le niais, se dit d'un homme fin et adroit qui fait semblant d'être simple. Prov. et fig., c'est de la graine de niais, c'est une chose qui ne peut tromper que les plus simples.

NIAISERIE, s. f., bagatelle, chose frivole. Il signifie aussi quelquefois le caractère de celui qui est niais.

NICAISE (Saint), évêque de Reims, sous le pontificat de saint Léon, pendant que l'hérésie eutychienne désolait l'Eglise d'Orient, un fléau d'une espèce non moins redoutable, se répandant tout à coup sur la chrétienté comme un torrent, et menaçant de l'anéantir, ravagea l'Occident. Attila, quittant l'immense empire qu'il s'était formé à l'est de l'Europe, venait demander, à la tête de cinq cent mille Huns, Ostrogoths et Bulgares, la main d'Honorie, sœur de l'empereur Valentinien. Adouci par les présents de l'empereur, le conquérant voulut bien ajourner ses insolentes prétentions et s'éloigner de l'Italie. Il se rabattit sur la Gaule, détruisit les villes de Cologne, de Trèves, de Metz, de Reims et de Besançon, jusqu'à ce qu'il fut écrasé dans les plaines de Châlons par Aétius et Mérovée. Ce fut pendant cette invasion que souffrit Nicaise, dont nous écrivons la vie. Depuis longtemps il prédisait au peuple de Reims le malheur qui l'attendait. Aucune fortification ne défendant cette ville, les Huns y pénétrèrent sans difficulté et l'abandonnèrent au pillage. Le charitable évêque, témoin des souffrances de ses enfants, courait de maison en maison pour les exhorter à la patience, donner aux mourants les secours de son ministère, et sauver ceux que le glaive des vainqueurs aurait épargnés. Fatigués de son intervention continuelle, ceux-ci se saisirent de lui, ainsi que de Florent son diacre et de Jocond son lecteur, les accablèrent d'outrages et leur tranchèrent la tête. Ils n'épargnèrent qu'Eutropie, sœur du pontife et vierge d'une vertu éprouvée. Mais comme elle n'ignorait pas leurs desseins et le but de leur clémence, elle s'écria qu'elle aimait mieux mourir que de perdre l'honneur et la foi. Le trépas qu'elle désirait ne se fit pas attendre. On la massacra immédiatement. Elle fut enterrée avec son frère dans le cimetière de Saint-Agricole. Des miracles rendirent leur sépulture célèbre, et plus tard on y fonda une abbaye sous le vocable de saint Hilaire, que finit par acquérir la congrégation de Saint-Maur. En l'an 893, Foulques, archevêque de Reims, transféra le corps de son bienheureux prédécesseur dans la cathédrale que ce dernier avait bâtie. On gardait la tête de saint Nicaise dans l'abbaye fameuse de Saint-Vaast, à Arras. « Le véritable pasteur, dit l'Evangile, donne sa vie pour son troupeau. » Il la donne en temps de paix, mais goutte à goutte, mais pour le nourrir, à la sueur de son front, d'instructions saintes, d'exemples de perfection ; il la donne en temps de calamité, pour le défendre et pour le protéger. L'invasion d'Attila a rempli de faits merveilleux l'épiscopat. Geneviève, soutenue contre ses ennemis par la mémoire de saint Germain d'Auxerre, sauva Paris de la fureur des barbares ; saint Loup en garantit Troyes ; le pape saint Léon les éloigna de Rome, et Nicaise, à qui Dieu refusa le bonheur d'arracher ses enfants au glaive, mourut au moins avec eux.   L'abbé B–v.

NICAISE (CLAUDE), antiquaire de Dijon, où son frère était procureur-général de la chambre des comptes, naquit en 1623, embrassa l'état ecclésiastique et se livra tout entier à l'étude et à la recherche des monuments antiques. Cette étude lui fit prendre la résolution d'aller à Rome, et dans ce dessein il se défit d'un canonicat qu'il avait à la sainte chapelle de Dijon. Il demeura plusieurs années dans la patrie des arts, jouissant de l'estime et de l'amitié d'un grand nombre de savants et de personnes distinguées. De retour en France, il cultiva les lettres jusqu'à sa mort, arrivée au village de Velley, en 1701, à 78 ans. On a de lui quelques écrits sur des matières d'érudition, entre autres l'*Explication d'un ancien monument trouvé en Guienne*, Paris, in-4° ; *Discours sur les sirènes*, Paris, 1691, in-4°. Il y prétend qu'elles étaient des oiseaux, et non des poissons ou des monstres marins ; opinion qui paraît assez plausible, quoiqu'il soit d'ailleurs certain qu'il y a des poissons anthropomorphes, c'est-à-dire qui ressemblent en quelques points à la partie corporelle de l'homme, mais auxquels on ne peut guère s'aviser d'attribuer ce qu'on appelle chant des sirènes. L'abbé Nicaise est principalement connu par les relations qu'il entretenait avec une partie des savants de l'Europe. Jamais on n'a tant écrit et tant reçu de lettres. Les cardinaux Barbarigo et Noris, le pape Clément XI, avant son exaltation au pontificat, entretenaient avec lui une correspondance régulière. Ils aimaient en lui la pureté de ses mœurs, la douceur de son caractère généreux et obligeant, son zèle et sa constance dans l'amitié.

NICANDRE (NICANDER), grammairien, poète et médecin grec, dans l'Ionie, vivait, selon la plus commune opinion, vers l'an 140 avant J.-C. Il ne nous reste de lui que deux poèmes, intitulés : *Theriaca* et *Alexipharmaca*, grec et latin, traduits en français par Grévin, Anvers, 1576, in-4°. Les anciens les citent souvent avec éloge ; mais les modernes trouvent peu de choses à y recueillir.

NICANOR, général des armées du roi de Syrie, et grand ennemi des Juifs, vint d'abord en Judée par ordre de Lysias, régent du royaume pendant l'absence d'Antiochus, pour combattre les Juifs. Il invita, avant la bataille, les marchands à venir acheter les esclaves qu'il allait faire ; mais Judas Machabée l'ayant vaincu dans un premier combat, quoiqu'il n'eût que 7,000 hommes, Nicanor s'enfuit déguisé et se retira à Babylone, fit rapport à Antiochus de sa défaite et confessa la puissance du Dieu que les Juifs adoraient, à l'imitation de tous les dévastateurs sacrilèges, qui adorent la main de Dieu au moment qu'elle les frappe, et ne changent rien pour cela dans la disposition de leurs cœurs. Nicanor recommença la guerre et fut encore défait. Ce fut alors que, plein d'admiration et de respect pour Judas Machabée, il demanda une entrevue et fit une trève avec lui. Alcime, Juif apostat, l'accusa faussement auprès du roi de s'entendre avec Judas Machabée pour le trahir. Le roi, ajoutant foi à ce rapport, écrivit à Nicanor qu'il trouvait fort mauvais qu'il eût conclu une trève

avec Machabée, et lui ordonna de le faire prendre vif et de l'envoyer pieds et mains liés à Antioche, Nicanor, surpris et affligé de cet ordre, n'employa pas moins l'artifice et la perfidie pour l'exécuter. Profitant de la sécurité que la trève inspirait au général des Juifs, il chercha l'occasion de se saisir de lui. Mais celui-ci, se défiant de ses mauvais desseins, se retira avec quelques troupes, avec lesquelles il battit Nicanor, qui l'avait poursuivi. Ce général, désespéré de voir échapper sa proie, vint au temple, et, levant la main contre le saint lieu, jura avec serment qu'il détruirait le temple jusqu'aux fondements et qu'il en élèverait un en l'honneur de Bacchus, si on ne lui remettait Judas entre les mains. Ayant ensuite appris qu'il était sur les terres de Samarie, il résolut de l'attaquer avec toutes ses forces le jour du sabbat. Il marcha comme à une victoire assurée, au son des trompettes, contre Judas, qui, ne mettant sa confiance qu'en Dieu, lui livra bataille, le défit, et lui tua 35,000 hommes. Nicanor lui-même perdit la vie dans cette bataille, et, son corps ayant été reconnu, Judas lui fit couper la tête et la main droite qu'il fit porter à Jérusalem. Y étant arrivé lui-même, il rassembla dans le parvis du temple les prêtres et le peuple, et leur montra la tête de Nicanor, et cette main détestable qu'il avait levée insolemment contre la maison du Dieu tout-puissant. Puis, ayant fait couper en petits morceaux la langue de cet impie, il la donna à manger aux oiseaux. Sa main fut attachée vis-à-vis le temple, et sa tête exposée aux yeux de tout le monde, comme un signe visible du secours de Dieu, l'an 162 avant J.-C. Exemple terrible de la divine justice, et d'autant plus propre à réprimer le sacrilège et le blasphème, que, répété dans tous les siècles et par toutes sortes d'impies, il ne peut être regardé comme une de ces punitions rares qui frappent le crime dans les circonstances extraordinaires.

NICANOR, natif de l'île de Chypre, fut un des sept diacres choisis par les apôtres. On dit qu'il prêcha dans son pays et qu'il y fut martyrisé.

NICARAGUA, ville de l'Amérique centrale, dans l'état de Nicaragua, à 192 kil. S.-E. de San-Léon, sur le bord S.-O. du lac de Nicaragua ; 13,000 habitants. Aux environs, se trouve l'osier dont on fait de la tabletterie et des meubles ; et des raisins exquis. Il ne faut pas le confondre avec San-Juan-de-Nicaragua, ville et port du même état, sur le golfe du Mexique, à l'embouchure du fleuve San-Juan.

NICARAGUA (Etat de), un des Etats de la fédération de l'Amérique centrale, entre ceux de Honduras au N., de Costa-Rica au S., le Grand-Océan au S.-O., et la mer des Antilles à l'E. ; 577 kil. du N.-O. au S.-O. sur 289. Chef-lieu, San-Léon de Nicaragua. Cet Etat est divisé en cinq districts : Léon, Réalejo, Subtiava, Matagalpa, Nicoya, Montagnes (les Andes), volcans. Climat très chaud, humide, fertile ; cacao, indigo, coton, gomme carana, quantité de fruits exquis, gros bétail.

NICARAGUA (lac de), dans l'Etat de Nicaragua, est lié à la mer des Antilles par le fleuve San-Juan, et au Grand-Océan par un canal qui met aussi cette mer et l'Atlantique en communication (c'est un des cinq plans proposés pour couper l'isthme de Panama) ; longueur, 193 kil. sur 77.

NICASTRO, *Neocastrum*, ville du royaume de Naples (Calabre Ultérieure 2e), à 24 kil. N.-O de Catanzaro ; elle possède 10,000 h. un évêché, des fabriques, des poteries, des eaux thermales. Château où fut renfermé le fils de Frédéric II, roi de Naples. Presque détruite par un tremblement de terre en 1638.

NICE, *Nicæa* des Romains, *Nizza* des Italiens, villa des Etats sardes, jadis capitale du comté de Nice, aujourd'hui chef-lieu de la province ou intendance de Nice, est située à 125 kil. N. de Toulon, à 150 kil. S.-O. de Gênes, sur la Méditerranée, à 4 kil. de l'embouchure du Var ; 27,000 habitants. Evêché, consulat de France. Port franc, mais très petit ; superbe faubourg dit de la Croix-de-Marbre ; terrasse magnifique le long de la mer. Air pur et salubre qui en fait rechercher le séjour aux malades. Commerce de soie, huile, anchois, liqueurs, etc. Carle Vanloo et Cassini naquirent à Nice. Cette ville fut fondée par les Massiliens, qui, dit-on, la nommèrent Nicée (du grec *nikê*, victoire) en mémoire d'une victoire qu'ils avaient remportée sur les Liguriens. Ils la cédèrent aux Romains avant le temps de César, et ces derniers en firent un arsenal maritime. Sous Auguste, l'arsenal ayant été transporté à Fréjus, Nice perdit de son importance et commença à se dépeupler ; elle se releva au viiie siècle, et au xiie elle était la capitale du comté de son nom. En 1388, elle se donna à Amédée VII, duc de Savoie ; ce prince et ses successeurs l'agrandirent et l'embellirent. Nice fut ensuite occupée par Charles-Quint et Paul III en 1538 ; prise par Catinat en 1691, et par Berwick en 1706 ; réunie à la France en 1792 et chef-lieu du département des Alpes maritimes jusqu'en 1814 ; elle fut alors restituée aux Etats sardes.

NICE (intendance de), prov. des Etats sardes, entre celle de Coni au N., le duché de Gênes à l'E., la Méditerranée et la principauté de Monaco au S., et le Var qui la sépare de la France à l'O. ; 80 kil. sur 60 ; 250,000 habitants. Chef-lieu, Nice. Division, trois arr. (Nice, Oneille et San-Remo). Climat délicieux ; sol presque toujours couvert de verdure ; oliviers, orangers, citronniers, lauriers, grenadiers, etc.

NICÉARQUE, l'un des plus habiles peintres de l'antiquité. On admirait surtout : une *Vénus au milieu des trois Grâces* ; un *Cupidon* ; un *Hercule vaincu par l'Amour*. Les auteurs anciens parlent de ces trois morceaux comme de trois chefs-d'œuvre ; mais leur suffrage était, dans ce genre, d'une bien faible autorité.

NICÉE, *Nicæa*, aujourd'hui *Isnik*, ville de Bithinie, sur le lac *Ascanius* (lac d'*Isnik*), fut nommée d'abord *Antigonie* par Antigone, son fondateur, et agrandie ensuite par Lysimaque, qui l'appela Nicée du nom de sa femme Nicée. Elle donna le jour à l'astronome Hipparque et à l'historien Dion Cassius. Elle est surtout célèbre par un concile œcuménique (le second de tous), qui s'y tint sous l'empereur Constantin en 325. On y dressa le fameux symbole des apôtres, dit symbole de Nicée, et on y condamna Arius. Le même concile détermina le jour où la Pâque devrait être célébrée. En 787, un second concile œcuménique (le huitième de tous), fut convoqué à Nicée sous l'impératrice Irène et son fils Constantin V ; les Iconoclastes y furent anathématisés. On connaît sous le nom de faux concile de Nicée le concile réuni dans cette ville sous l'empereur Constance. Prise en 1076 par Soliman, et capit. de la sultanie de Konieh. Occupée en 1097 par les Croisés, et donnée en 1204 à Louis de Blois avec le titre de duché de Nicée ou de Bithynie ; mais ce duché était à conquérir ; il était alors possédé par Théodore Lascaris I, qui sut s'y maintenir, l'agrandit de la Lydie, d'une partie de la Phrygie et des côtes de l'archipel jusqu'à Ephèse. En 1206, Lascaris forma de toutes ces conquêtes l'empire dit de Nicée, et se fit couronner empereur. Michel Paléologue réunit l'empire de Nicée à l'empire de Constantinople (1261). Il avait pour souverains : Théodore Lascaris I (1206-1222), Jean Ducas Vatace (1222-55), Théodore Lascaris II (1255-59), Jean Lascaris (1259-60), Michel Paléologue (1260). Les Turs s'emparèrent de Nicée en 1333. Il y avait encore plusieurs autres Nicée, notamment une ville sur l'Hydaspe (Inde), fondée par Alexandre en mémoire de sa victoire sur Porus, et la ville actuelle de Nice, dans la province romaine des Alpes maritimes.

NICÉPHORE (Saint), martyr d'Antioche, sous l'empereur Valérien, vers l'an 260, était simple laïque. Une amitié aussi tendre que chrétienne l'avait lié avec le prêtre Saprice. Ils eurent le malheur de se brouiller, et, la persécution s'étant allumée dans le temps de leur désunion, Saprice fut condamné à avoir la tête tranchée. Son ennemi fit tout ce qu'il put pour se réconcilier avec lui ; mais Saprice ne voulut point lui pardonner et renonça à la religion chrétienne qui ordonne un pardon sincère de toutes les injures. Nicéphore, plus sensible à cette honteuse apostasie qu'au ressentiment de Saprice, déclara qu'il était chrétien et qu'il ne sacrifierait jamais aux idoles. Condamné à avoir la tête tranchée à la place de Saprice, il reçut la couronne du martyre, dont son ennemi irréconciliable s'était rendu indigne.

NICÉPHORE (saint), patriarche de Constantinople, l'an 828. C'est une triste histoire que celle des empereurs de Constantinople. On les voit presque toujours occupés à se brouiller l'esprit dans les disputes théologiques, et à persécuter les évêques orthodoxes. Saint Nicéphore va nous en fournir encore un nouvel exemple. Il eut pour père Théodore, qui était secrétaire de Constantin Copronyme. Cet empereur, iconoclaste fougueux, irrité de trouver dans son ministre une invincible opposition à l'impiété, dont il s'était déclaré le partisan, le priva de sa charge, et le condamna à l'exil après lui avoir fait souffrir toute sorte de tourments. Le jeune Nicéphore suivit son père dans sa disgrâce, et fut élevé sous ses yeux. Il en recevait d'excellentes instructions ; mais les beaux exemples domestiques qu'il avait continuellement sous les yeux étaient plus éloquents encore que les leçons pour le porter à la vertu. A mesure qu'il croissait en âge on le voyait aussi croître en sagesse, et cet aimable enfant faisait la joie et le bonheur de Théodore, lorsque la mort vint frapper ce bon père. Eudocie, son épouse, continua de cultiver avec soin les heureuses dispositions de son fils, désormais sa seule

consolation sur la terre. Tandis que différents maîtres s'occupaient à former son esprit, elle s'attachait à former son cœur, et par sa conduite, encore plus que par ses discours, lui inspirait une tendre piété. Heureux l'enfant dont la mère vertueuse et chrétienne sait comprendre et remplir ainsi tous les devoirs de mère ! Lorsque le jeune Nicéphore parut dans le monde, sa vertu, l'étendue et la variété de ses connaissances, lui acquirent bientôt une estime universelle ; son mérite et sa renommée pénétrèrent jusqu'à la cour. Constantin et Irène sa mère, qui gouvernaient alors, étant eux-mêmes pleins de zèle pour la saine doctrine, on ne fut nullement surpris de les voir honorer Nicéphore de leur confiance, et lui confier le glorieux emploie son père avait rempli sous Constantin Copronyme. La capacité extraordinaire qu'il déploya dans l'exercice de sa charge répondit parfaitement à la haute idée qu'on avait conçue de lui. Non content de servir l'état par ses talents, il travaillait encore avec ardeur à l'extinction de l'hérésie. Les Pères du septième concile général, où il assista en qualité de commissaire impérial, admirèrent sa foi, son zèle et sa prudence. Tant de vertus, jointes à une science peu commune, le firent juger digne de succéder à saint Taraise, patriarche de Constantinople, mort en 806. Il était impossible de faire un choix plus heureux. Le jour même de son sacre, Nicéphore donna une preuve éclatante de la pureté de sa foi. Pendant tout le temps que dura la cérémonie, il tint à la main l'écrit qu'il avait composé pour la défense des saintes images, et le déposa ensuite derrière l'autel, comme un gage public de la fermeté avec laquelle il était déterminé à soutenir jusqu'à la mort la tradition de l'Eglise. Aussitôt après son installation, il se hâta d'envoyer au pape Léon III une profession de foi dans laquelle il s'exprimait de la manière la plus claire et la plus précise sur les reliques, les images et l'invocation des saints. Il savait bien que le devoir d'un évêque est non-seulement de conserver intact le dépôt de la doctrine, mais encore de faire observer la loi de Dieu ; qu'il est au milieu de ses ouailles comme un père au milieu de ses enfants ; qu'il doit veiller sur elles, puisque c'est de là qu'il a reçu son nom sacré ; aussi le premier soin du saint patriarche fut-il de réformer les mœurs de son diocèse. A la chaleur du discours, il joignait la force de l'exemple, et à l'opiniâtreté du vice, il opposait la patience et la douceur. Actif, infatigable, tout céda à l'ardeur de son zèle ; et bientôt il mit le comble à sa gloire par la fermeté inébranlable avec laquelle il souffrit toutes les persécutions qui lui furent suscitées par les ennemis de la foi. Pour nous, qui lisons ces choses, que nos lectures ne soient point stériles ; mais, voyant comment les saints ont été persécutés pour la vérité et la justice, apprenons à ne pas nous plaindre de la part d'amertume qu'il plaira à la Providence de jeter pour nous dans la coupe de la vie. En 813, Léon l'Arménien, du gouverneur de Natolie étant devenu empereur, vint encore accroître les troubles qui désolaient l'Eglise. Tout rempli des poisons de l'hérésie, il ne songeait qu'à les répandre partout. La ruse, l'artifice, la violence, tous les moyens lui étaient bons ; il ne rougissait de rien. « Prince, lui dit un jour Nicéphore, qu'il s'efforçait de corrompre par ses largesses, et d'intimider par ses menaces, vous vous fatiguez en vain ; il n'est pas en notre pouvoir de changer les traditions anciennes, et nous respecterons toujours les saintes images, comme nous respectons la croix et le livre des Evangiles ; » Ce raisonnement était sans réplique pour les iconoclastes, car de leur aveu on pouvait honorer la croix et le livre des Evangiles ; donc aussi les images, puisqu'il ne s'agissait toujours que d'un culte de relation. Mais l'hérétique porte un triple bandeau sur les yeux ; il heurte les contradictions sans les apercevoir, et se vante de marcher à la lumière, tandis qu'il tâtonne et trébuche dans les ténèbres. La réponse de Nicéphore à l'empereur fut bientôt suivie d'une courte mais éloquente apologie de la foi. Le saint patriarche prouvait avec la dernière évidence que l'honneur suprême dû à la Divinité n'était nullement blessé par les orthodoxes, puisque le culte qu'ils rendaient aux anges, aux saints et aux prophètes, se rapportait uniquement à Dieu, ainsi que le respect qu'ils avaient pour les choses inanimées, comme les temples, les vases sacrés et les autels. Il est curieux d'entendre aujourd'hui les protestants, ces iconoclastes nouveaux, nous accuser d'idolâtrie, comme s'ils pouvaient être plus sûrs de nos intentions que nous-mêmes. C'est ainsi que l'erreur se fait toujours reconnaître par ses folies et ses extravagances. L'empereur, naturellement impérieux, tout outré de tant de résistance ; cependant, poursuivant son œuvre impie, il recourut à un honteux stratagème, et ordonna secrètement à quelques soldats de traîner ignominieusement une image de Jésus-Christ qui pendait à une grande croix aux portes de la ville; puis, lorsque ces ordres furent exécutés, il défendit d'en placer une autre, sous prétexte d'empêcher une nouvelle profanation. Le patriarche voyant que l'orage allait éclater sur l'Eglise, ne perdit point courage : il exhorta les catholiques à demeurer fermes dans la lutte; et, plein de confiance en Dieu, dont il implora le secours par de plus ferventes prières, prêt à tout événement, il assembla autour de lui plusieurs saints personnages pour l'aider de leurs conseils. Léon, de son côté, convoqua dans son palais quelques évêques iconoclastes, et fit inviter Nicéphore à s'y rendre avec ceux qu'il avait appelés autour de sa personne. Le saint patriarche crut devoir céder à l'invitation impériale; et lorsqu'il fut en présence de l'empereur avec plusieurs évêques catholiques, il le conjura de laisser aux pasteurs que Jésus-Christ a établis dans son Eglise le soin de la gouverner; car un régime purement spirituel ne doit point être soumis à la puissance du glaive; sans mission, sans grâces spéciales pour traiter les choses de la foi, le prince qui s'y mêle ne peut que les brouiller; et lorsqu'il s'immisce dans l'administration sacrée, il usurpe un pouvoir que Dieu ne lui a point donné. « Si l'affaire en question, dit Emilien de Cythique, est une affaire ecclésiastique, c'est dans l'Eglise, selon que le prescrit la coutume, et non dans le palais, qu'il faut la traiter. Depuis plus de huit cents ans, dit ensuite Euthymius de Sardes, que Jésus-Christ a paru au milieu du monde, on le peint et on l'adore dans son image. Qui oserait abolir une pratique fondée sur une tradition aussi ancienne? Seigneur, ajouta encore saint Théodore Studite, ne troublez pas l'ordre sacré de l'Eglise. On y trouve des apôtres, des prophètes, des pasteurs et des docteurs établis par Dieu même; mais quant aux empereurs, il n'en est point parlé. A vous le gouvernement de l'état, et à ces pasteurs celui de l'Eglise. » Léon, furieux d'entendre ces dures vérités, chassa violemment les évêques catholiques de son palais, et leur défendit de reparaître en sa présence. Cette disgrâce eût peu touché les saints personnages, si l'empereur s'en était tenu là; mais résolu de perdre Nicéphore, s'il le pouvait, il ne tarda pas à en trouver les moyens. Les évêques iconoclastes s'assemblèrent de nouveau dans le palais impérial, et le saint patriarche fut cité devant leur prétendu concile; mais la citation n'étant pas canonique, il refusa d'y comparaître. « Qui vous a donné cette autorité? répondit-il noblement à ceux qui étaient chargés de la lui faire. Est-ce le pape? Est-ce quelqu'un des autres patriarches? Sachez que vous n'avez aucune juridiction dans mon diocèse. » Puis, après leur avoir lu le canon qui déclare excommuniés ceux qui usurpent la juridiction d'un évêque, il leur ordonna de se retirer. Ce n'est point à l'hérésie qu'il faut citer les lois de l'Eglise, car elle ne les respecte qu'autant qu'elles lui sont favorables; si tel n'avait pas toujours été l'esprit des hérétiques, jamais ils n'eussent pu rompre long-temps le lien de l'unité, puisqu'on leur a toujours montré qu'ils s'écartaient de ce qui avait été cru et pratiqué dans tous les siècles. Les iconoclastes continuèrent donc leur assemblée, et poussèrent l'effronterie jusqu'à prononcer une sentence de déposition contre Nicéphore. L'empereur, qui avait conduit cette intrigue, enchanté de pouvoir assouvir sa vengeance en portant l'injustice à son comble, se hâta de décréter l'exil du saint patriarche, qui fut trop heureux d'échapper aux pièges homicides dans lesquels on s'était flatté qu'il perdrait la vie. Le pieux évêque obéit sans murmure à cet ordre injuste, et adora la Providence, qui lui ménageait à dessein toutes ces épreuves; car le Seigneur châtie ainsi ceux qu'il aime, et se plaît à éprouver ses élus. La mort de Léon eût pu favoriser le retour de Nicéphore; mais Michel le Bègue, qui lui succéda en 820, continua la persécution contre les catholiques, et le laissa dans son exil. Il y mourut le 2 juin de l'an 828, dans le monastère de Saint-Théodore, qu'il y avait fait bâtir, la quatorzième année de son bannissement, et la soixante-sixième de son âge. En 846, son corps fut rapporté à Constantinople par l'ordre de l'impératrice Théodore. Il nous reste plusieurs ouvrages de saint Nicéphore : 1° une *Histoire* dont Photius a fait l'éloge; 2° une *Chronologie universelle*; 3° la *Sticométrie* ou l'énumération des Livres sacrés et des versets qu'ils renferment; 4° les *Antirrhétiques* ou écrits contre les iconoclastes; 5° la *Dispute avec l'empereur Léon sur les images*; 6° la *Lettre au pape Léon III*; 7° enfin 17 *Canons* insérés dans la collection des conciles, t. 7, page 1297. **L'abbé Lejeune.**

NICÉPHORE, fils d'Artabasde et d'Anne, sœur de Constan-tin Copronyme, reçut le titre d'empereur, lorsque le sénat et le peuple de Constantinople l'eurent donné à son père en 742. Constantin Copronyme vint les attaquer, les vainquit et leur fit crever les yeux. Nicéphore avait beaucoup de mérite et s'était signalé par son courage. — Il ne faut pas le confondre avec Nicéphore, 2e fils de Constantin Copronyme, honoré du titre de césar par son père en 769. Constantin VI, son neveu, jaloux du crédit que ses talents et ses vertus lui donnaient à Constantinople, lui fit crever les yeux en 792, et, comme s'il eût été encore à craindre dans cet état, l'impératrice Irène le fit mourir 5 ans après à Athènes, où il avait été exilé.

NICÉPHORE 1er, empereur d'Orient, surnommé *Logothète*, auparavant intendant des finances et chancelier de l'empire, s'empara du trône en 802 sur l'impératrice Irène sa bienfaitrice, qu'il relégua dans l'île de Mételin. Il favorisa les iconoclastes, et fit paraître beaucoup de haine contre l'Eglise romaine. Il envoya des ambassadeurs à Charlemagne, et conclut un traité avec ce prince pour régler les bornes de leurs empires. Un de ses premiers soins fut d'établir une chambre de justice contre ceux qui avaient pillé le peuple; mais, au lieu de rendre aux pauvres le bien qu'on leur avait enlevé, il se l'appropria. Pour perpétuer le sceptre dans sa famille, il déclara auguste son fils Staurace, l'an 802. Une telle précaution, loin d'arrêter les révoltés, ne fit qu'exciter les mécontents. Plusieurs périrent dans l'exil, par le poison ou par le dernier supplice. Ces cruautés allumèrent la haine générale. Les troupes d'Asie proclamèrent empereur Bardane, surnommé *le Turc*, patrice et général d'Orient. Le nouvel empereur, désespérant de faire entrer Constantinople dans sa révolte, propose à Nicéphore de se dépouiller de la pourpre impériale, s'il veut lui accorder son pardon. L'empereur, prenant le masque de la clémence, accepte cette proposition et se contente de l'enfermer dans un monastère; mais quelque temps après il lui fait crever les yeux et poursuit ses complices. Des affaires importantes interrompirent ces exécutions. Les Sarrazins, commandés par le fameux calife Aroun-al-Raschild, ravagent la Cappadoce, prennent Thyane; Nicéphore marche contre eux, est battu et en obtient la paix, en 804, moyennant un tribut annuel de trente-trois mille pièces d'or. Libre du fléau de la guerre, il désola ses peuples pendant la paix. On établit un impôt sur toutes les denrées et sur tous les chefs de famille. Le droit de feu fut taxé, et peu s'en fallut que ses sujets ne payassent l'air qu'ils respiraient. Un assassin déguisé en moine se glissa dans le palais pour délivrer la terre de ce fléau, mais il fut découvert et condamné à une prison perpétuelle. Cependant les Bulgares ravageaient la Thrace. Comme il partait de Constantinople pour marcher contre eux, Nicétas, l'un des seigneurs qui lui étaient les plus fidèles, lui dit : « Prince, tout le monde crie contre nous; s'il nous arrive un accident, qu'avons-nous pas à craindre?» Le furieux répondit : «Dieu m'a endurci le cœur, comme à Pharaon : n'attends rien de bon de Nicéphore. » Il mit tout à feu et à sang dans la Bulgarie. Crumme, roi de ces peuples, ferma les passages qui pouvaient lui servir de retraite, le poursuivit, tailla son armée en pièces, et le tua, le 25 juillet 811. Il poussa la vengeance jusqu'à faire, à la manière des Scythes, une coupe de son crâne, pour s'en servir dans les fêtes solennelles. Il n'y a point de termes qui expriment l'horreur que le nom de Nicéphore présente à l'esprit. Esclave de ses penchants, il ne connut ni humanité ni religion, et fut un fléau de Dieu et des hommes.

NICÉPHORE II (Phocas), né en 912, d'une des plus anciennes familles de Constantinople, se signala, dès sa plus tendre jeunesse, par ses exploits. Craint des ennemis, aimé des soldats et respecté des peuples; il fut élevé à l'empire par ses troupes; et l'impératrice Théophanon, veuve de Romain *le Jeune*, lui donna sa main, en 963. Il forma le projet de réunir tous les membres épars de l'empire romain. Il attaqua les Sarrazins, qui étaient le premier obstacle à ses projets; il prit sur eux plusieurs places, et les chassa de la Cilicie, d'Antioche et d'une partie de l'Asie. Son zèle pour la discipline contribua beaucoup à ses conquêtes; il retenait le soldat dans le devoir, moins par le châtiment que par son exemple: des mœurs pures, supportant les rigueurs des saisons, et couchant sur la dure. Si Nicéphore fut la terreur des ennemis, il fut le fléau des citoyens. Il augmenta les impôts, confisqua les biens des particuliers, altéra les monnaies, et fit passer dans les camps les richesses de l'Etat. Ses sujets, las d'avoir un tyran à leur tête, et sa femme, non moins lasse d'avoir pour époux l'homme le plus laid et le plus cruel de l'empire, conspirent contre lui. Jean Zimiscès est introduit au moyen d'une corbeille, avec cinq autres conjurés, dans la chambre de l'empereur, pendant qu'il dormait. Ce prince est éveillé au bruit des poignards et mis à mort en 969, après avoir régné 6 ans et quelques mois.

NICÉPHORE III (Botoniate), passait pour descendre des Fabius de l'ancienne Rome. Il montra quelques talents militaires et obtint des succès avant de monter sur le trône; mais dès qu'il y fut élevé, en 1077, par l'armée qu'il commandait en Orient, on ne vit plus en lui qu'un vieillard faible et imprudent. Nicéphore Brienne, nommé empereur en Occident par ses troupes, ayant refusé de reconnaître Nicéphore Botoniate, celui-ci envoya contre son rival, Alexis Comnène, qui le fit prisonnier. Botoniate eut la cruauté de lui faire crever les yeux. Un autre rebelle, vaincu par Alexis, essuya le même traitement. Une 3ᵉ conjuration se forma en Asie. Nicéphore envoya de nouveau Alexis pour la dissiper; mais les soldats de celui-ci l'ayant proclamé empereur, en 1081, il ôta le sceptre à Botoniate et le relégua dans un couvent où il mourut peu de temps après. Nicéphore, qui avait aimé passionnément la pourpre, la quitta avec indifférence.

NICÉPHORE Blemnidas, savant abbé grec du Mont-Athos, refusa le patriarcat de Constantinople, en 1255, et fut favorable aux Latins. On a de lui deux *Traités de la procession du Saint-Esprit*, imprimés avec d'autres théologiens grecs, à Rome, 1652 et 1659, 2 vol. in-4º.

NICÉPHORE Grégorias, bibliothécaire de l'église de Constantinople, au XIVᵉ siècle, eut beaucoup de part aux affaires de son temps. On a de lui une *Histoire des empereurs grecs*, remplie d'inexactitudes et écrite d'un style barbare, depuis 1204 jusqu'en 1341. La meilleure édition de cet ouvrage est celle du Louvre, en grec et en latin, 2 vol. in-fol., 1702.

NICÉRON (Jean-Pierre), né en 1685 à Paris, où il mourut en 1736, entra dans la congrégation des clercs réguliers de Saint-Paul, connus sous le nom de *Barnabites*, et se consacra à la chaire, à la direction et au calcul. Il s'adonna surtout avec succès à la bibliographie et à l'histoire littéraire. Nous citerons ses *Mémoires* pour servir à l'histoire des hommes illustres dans la république des lettres, avec un *Catalogue* raisonné de leurs ouvrages. Ce recueil forme quarante-quatre volumes. Quoique son style soit négligé, et qu'il ne démêle pas avec beaucoup de finesse les caractères des différents personnages, ses recherches sont en général utiles. L'auteur ne promet dans son titre que les vies des *Hommes illustres*; mais il y a fait entrer une foule d'auteurs, dont plusieurs ne sont que médiocres ou méprisables. On lui reproche d'avoir quelquefois critiqué outre mesure les écrivains catholiques, d'avoir trop exalté certains ennemis de l'Eglise romaine, et d'avoir loué sans réserve des écrivains ennemis de toute religion, tels que Bayle, etc. Cela vient en partie de la docilité avec laquelle il copiait les journalistes et les bibliographes, sans connaître par lui-même les ouvrages et les auteurs dont il parlait.

NICET (Flavius Nicetius), l'un des plus éloquents orateurs et jurisconsultes des Gaules, sortait d'une famille de sénateurs. A la cérémonie du consulat d'Astère, faite à Lyon, en 449, il harangua le peuple et l'enchanta par les charmes de son éloquence. Sidoine Apollinaire était lié avec cet homme illustre, et trouvait en lui un conseil dans les affaires les plus épineuses, et un encouragement dans le travail. Ses talents étaient relevés par les qualités du cœur, et surtout par une grande modestie. On ignore l'année de sa mort. Il vivait encore en 477.

NICÉTAS (Saint), de Césarée en Bithynie, souffrit beaucoup sous l'empire de Léon l'Arménien, qui persécuta en lui ses vertus, et son zèle pour la foi et pour le culte des saintes images. Il fut abbé des Acémètes, dans le monastère de Médicion sur le Mont Olympe, du côté de la ville de Prusse en Bithynie, et mourut en 824.

NICÉTAS Serron, diacre de l'église de Constantinople dans le XIᵉ siècle, puis évêque d'Héraclée, est connu par plusieurs ouvrages; on lui attribue : une *Chaîne des Pères grecs* sur le livre de Job, Londres, 1637, in-fol. en grec et en latin ; une autre sur les Psaumes; une troisième sur le Cantique des Cantiques; des *Commentaires* sur une partie des œuvres de saint Grégoire de Nazianze. Il recueillit dans ces différentes compilations les passages des plus savants écrivains de l'Eglise grecque.

NICÉTAS Achominate, historien grec, surnommé *Choniate*, parce qu'il était de Chone, ville de Phrygie, exerça des em-

plois considérables à la cour d'Andronie, d'Isaac l'Ange et de Murzuphle, empereurs de Constantinople. Il servait dans la guerre contre les Latins, mais ne put les empêcher de soumettre Philippopolis. A la prise de cette ville par les Français, en 1204, il dut la vie à un marchand vénitien. Il se retira à Nicée, où il mourut en 1206. On a de lui : *Histoire* depuis 1118 jusqu'à 1205. C'est une continuation de celle de Zonare. Celle de Nicétas a été continuée par Acropolite et Nicéphore Grégoras. Cet ouvrage, traduit en latin par Jérôme Wolff, et en français par le président Cousin, est plus agréable dans ces copies que dans l'original. Le style de Nicétas est emphatique, obscur, embarrassé; mais il y a assez d'exactitude dans les faits, *Trésor ou Traité de la foi orthodoxe*, en 27 livres. Pierre Morel a mis au jour les cinq premiers. Paris, 1580.

NICÉTIUS (saint), évêque de Trèves au VIᵉ siècle, s'acquit l'estime de Thierry, roi d'Austrasie, par sa piété, et par la sainte liberté avec laquelle il avait osé lui reprocher ses crimes. Il illustra son siége par la pratique des plus excellentes vertus, et surtout par un zèle vraiment pastoral, qu'il fit éclater dans plusieurs conciles, tenus dans les Gaules pour le maintien de la discipline. La sévérité dont il usa envers Théodebert; successeur de Thierry, opéra la conversion de ce roi, qui s'était abandonné à tous les excès de débauche et de cruauté. Il ne fut pas si heureux à l'égard de Clotaire qui succéda à Théodebert, et qui enchérit encore sur ses excès. Nicétius fut envoyé en exil, dont il ne revint qu'après la mort de ce prince incestueux. Il gouverna l'église de Trèves jusqu'en 566. Saint Grégoire de Tours rapporte plusieurs miracles que le saint évêque opéra pendant sa vie, et assure qu'il s'en fut un grand nombre sur son tombeau, qu'on voit encore dans l'église de la célèbre abbaye de Saint-Maximin, près de Trèves.

NICHAPOUR, ville d'Iran (Khoraçan), à 90 kil. S. de Mesched ; 15,000 habitants. Jadis très grande. Riches mines de turquoises, à 60 kil. vers l'O. Fondée par Sapor Iᵉʳ (Chahpour) sur l'emplacement d'une ville ruinée par Alexandre. Prise et ravagée au XIIᵉ siècle par les Tartares; depuis ce temps, elle ne s'est pas relevée.

NICHE, s. f., enfoncement pratiqué dans l'épaisseur d'un mur pour y placer une statue, un buste, etc. Il signifie aussi un petit réduit pratiqué dans un appartement pour y mettre un lit ou dans un jardin pour s'y retirer en particulier. Il se dit encore d'un petit meuble portatif dans lequel se retire et couche un chien d'appartement, un chat favori.

NICHE, s. f., malice, espièglerie que l'on fait à quelqu'un, il est innocent.

NICHÉE, s. f., coll. Les petits oiseaux d'une même couvée qui sont encore dans le nid. Il se dit familièrement et par mépris de plusieurs personnes de mauvaise vie, de mauvaise conduite, rassemblées en un même lieu.

NICHER, v. n., il se dit d'un oiseau qui fait son nid. Nicher, s'emploie aussi comme verbe actif et signifie alors, placer en quelque endroit. Il ne se dit guère qu'en plaisanterie et se met quelquefois avec le pronom personnel. Nicher, avec le pronom personnel s'applique aussi figurément à des idées métaphysiques.

NICHOLS (William), théologien anglais, né en 1664, à Donington, dans le comté de Buckingham, fit ses études à l'université d'Oxford. Agrégé ensuite au collége de Merton, il y fut reçu docteur en 1695, et peu de temps après il obtint le rectorat de Selsey, dans le comté de Sussex. Il a publié divers ouvrages estimables, savoir : *Entretiens avec un déiste*, in-8º, en 3 parties, 1703. Ils eurent plusieurs éditions. La troisième parut en 1723, avec des augmentations, 2 v. in-8º ; 2º *Defensio Ecclesiæ anglicanæ*, 1707, in-12. Il en parut une traduction en anglais; 3º *Commentaires sur le Book of common prayers* (Livre des communes prières, ou Paroissien), in-8º, réimprimé en 1705; 4º *Essai pratique sur le mépris du monde*, 1694, in-8º, réimprimé en 1704; 5º Traduction de l'Introduction à la vie dévote, de saint François de Sales, évêque et prince de Genève; 6º *Consolation pour les parents qui ont perdu leurs enfants*, 1701, in-8º; 7º *La religion du prince*, où l'on démontre que les préceptes de l'Ecriture sont les meilleures maximes du gouvernement, 1704, in-8º; 8º des Discours, des Sermons, des Ouvrages polémiques, ou destinés à l'instruction de la jeunesse. Nichols mourut vers 1712. C'était un homme instruit et vertueux.

NICHOLSON (Guillaume), habile chimiste et physicien anglais, l'un des premiers qui aient reconnu l'action chimique de la pile galvanique, naquit à Londres, en 1753. Il embrassa d'abord la carrière du commerce qu'il quitta pour se livrer à l'étude des sciences. En 1773, il ouvrit dans cette ville une école qu'il dirigea pendant plusieurs années avec un grand succès. On lui doit le plan des travaux hydrauliques de Midlesex occidental et un Aéromètre qui porte son nom, et se trouve dans tous les cabinets de physique. On a encore de lui plusieurs inventions mécaniques qui lui ont fait beaucoup d'honneur, mais qui dérangèrent tellement sa fortune, que, n'ayant pu satisfaire à ses engagements, il fut mis en prison pour dettes, et mourut à Londres, en juin 1815. Il a publié : *Introduction à la philosophie naturelle et expérimentale*, 1781, 2 vol. in-8°; 2° *Vue des édifices publics de Londres et de Westminster, par Ralph*, avec des additions, 1782, in-8°; 3° *Vie d'Ayder-Aly*, traduite du français, 1783, in-8°; 4° *L'aide du navigateur*, 1784, in-8°; 5° *Premiers principes de chimie*, 1789, in-8°; 6° *Les éléments d'histoire naturelle et de chimie*, de Fourcroy, traduits en anglais, avec des notes, 1789, 5 v. in-8°; 7° *Mémoires et voyage du comte de Beniowcki*, 1790, 2 vol. in-4°; 8° *Les éléments de chimie de Chaptal*, traduits du français, 1791, 3 vol. in-8°; 9° *Dictionnaire de chimie*, 1795, 2 vol. in-4°; 10° *Journal de philosophie naturelle, de chimie et des arts*, 1797 et 1800, 5 vol. in-4°. Ce recueil, qui est estimé, a été continué; 11° *L'art du blanchiment, rendu plus facile au moyen de l'acide muriatique-oxigéné*, traduit du français, avec un Appendice, 1789, in-8°; 12° *Tables synoptiques de chimie*, traduites du français, de Fourcroy, 1801, in-fol.; 13° *Systeme général des connaissances chimiques*, traduit du français, du même, 11 vol. in 8°; 14° *Dictionnaire de chimie*, 1808, in-8°; 15° *Encyclopédie britannique*, 1807, 1809, 6 vol. gr. in-8°; enfin, la *Description des machines à vapeur* de Nicholson a été traduite de l'anglais par T. Duverne, ancien officier de la marine royale, Paris, 1820, in-8°.

NICIAS, célèbre général athénien, débuta dans la carrière des armes, pendant la guerre du Péloponèse (424 av. Jésus-Christ), par la conquête de l'île de Cythère, qu'il enleva aux Lacédémoniens. Il conquit ensuite une partie de la Thrace. Les Athéniens ayant résolu de porter la guerre en Sicile (415 av. J.-C.), Nicias fut mis à la tête de cette expédition, quoiqu'il la désapprouvât hautement, et qu'il en prévît la funeste issue. Il développa la plus grande valeur en Sicile, et s'éleva souvent contre les mesures imprudentes d'Alcibiade et de Lamachus, qu'on lui avait donnés pour collègues. Alcibiade ayant été bientôt rappelé par ses ennemis, Nicias bloqua Syracuse, en sorte que cette ville aurait été forcée de se rendre si l'arrivée de Gylippe, général lacédémonien, n'eût rendu le courage aux assiégés. Gylippe fit des propositions de paix, que les Athéniens rejetèrent. Il y eut plusieurs combats, dans lesquels les Siciliens eurent l'avantage. Nicias, désespéré de ses revers, demanda aux Athéniens des renforts ou un successeur. Démosthène (l'ancien), qui lui fut envoyé avec une puissante flotte, ayant livré bataille malgré le conseil de ce général, fut vaincu, et ruina par son imprudence les affaires des Athéniens. Nicias, se voyant environné de tous côtés, se rendit à l'ennemi avec toute son armée; mais les Siciliens, violant les clauses de la capitulation, le condamnèrent honteusement à mort avec Démosthène (l'an 413 av. J.-C. Ses troupes périrent de maladie et de misère dans les quartiers où on les avait disséminées. Quelques auteurs croient que Nicias ne mourut pas de mort violente.

NICKEL (min.), corps simple métallique, peu répandu dans la nature où il se trouve à l'état de combinaison avec le soufre, l'antimoine, l'arsenic et l'acide arsenique. Lorsqu'il est pur il est d'un blanc argentin inaltérable à l'air, très ductile; c'est un des trois métaux qui sont magnétiques par eux-mêmes; sa pesanteur spécifique est 8,38. A une température rouge; il absorbe l'oxygène et se transforme en oxyde vert. Sa dissolution par l'acide azotique est verte; elle devient bleue par l'addition de l'ammoniaque. Le nickel est la base d'un genre minéralogique comprenant six espèces : 1. Le nickel sulfuré. Sulfure simple, cristallisant dans le système hexagonal, d'un éclat métalloïde et de couleur vert jaunâtre en filaments capillaires très fragiles. Très rare; dans les filons de la Saxe, sur une gangue siliceuse. — 2. Nickel antimonial. Antimoniure simple de Nickel, de couleur rouge isomorphe avec l'espèce suivante, cristallisant dans le système hexagonal. — 3. Nickel arsénical. Substance métalloïde d'un jaune rougeâtre tout particulier; pesanteur spécifique, 6,6; cristaux très rares, se rapprochant du système hexagonal. — 4. Nickel biarséniuré. Contenant 28,2 de nickel sur 100, pesanteur spécifique, 6,5, substance métalloïde d'un blanc d'étain cristallisant dans le système cubique. — 5. Nickel antimoni-sulfuré. Nickel gris, composé d'un atome de bisulfure

et d'un atome de biarséniure. Pesanteur spécifique, 6,12. — 6. Nickel arséniaté, substance verte pulvérulente. Ces deux dernières espèces sont les plus communes.   J. P.

NICKEL (GOSWINUS), né à Juliers, le 1er mai 1582, entra chez les jésuites en 1604, enseigna la philosophie à Cologne, et après avoir géré plusieurs emplois, il fut élu général de son ordre en 1652. Il fut en grande considération auprès du pape Alexandre VII, et eut la consolation de voir, par les efforts de ce pontife, la société rentrer dans les états de la république de Venise, dont elle avait été exilée sous le pontificat de Paul V. Il mourut après une longue maladie, le 31 juillet, jour de Saint-Ignace, 1664.

NICOBAR (îles), ou de Frédéric, groupe de 12 îles situées à l'entrée du golfe de Bengale, au nord de Sumatra, sous le 8° de latitude septentrionale et le 94° de longitude ordinaire. Les Danois prirent possession de ces îles en 1756, et ils les ont conservées jusqu'à ce jour, quoique toutes leurs tentatives de colonisation aient échoué à cause de l'insalubrité du climat. Au milieu de trois de ces îles se trouve, dit-on, le port le plus commode et le plus sûr de l'Inde. Les habitants, Malais d'origine, sont grands et robustes, mais fort peu avancés dans la civilisation (Voir Hænsel, *Lettres sur les îles Nicobar*, Londres, 1813).   C. L.

NICOCLÈS, fils et successeur d'Evagoras, roi de Chypre et de Salamine, l'an 304 avant J.-C., était un prince magnifique et voluptueux. C'est à lui qu'Isocrate adresse ses deux discours intitulés *Nicoclès*.

NICODÈME, homme distingué parmi les Juifs par ses connaissances et sa dignité de sénateur, fut frappé de la doctrine et des miracles de J.-C. N'osant se déclarer publiquement, il alla le trouver de nuit et lui dit : « Nous ne pouvons douter que vous ne soyez l'envoyé de Dieu, car personne ne peut faire les prodiges que vous faites, si Dieu n'est avec lui. » J.-C., voyant la sincérité de son cœur, l'instruisit par un discours sublime et touchant, où, pour anéantir l'orgueil du monde dans l'esprit du nouveau disciple, il lui parla de la régénération par le baptême, de la mort ignominieuse que devait subir le fils de Dieu pour le salut des hommes, de l'aveuglement et de l'obstination des enfants du siècle. Dès lors Nicodème s'attacha à lui, et devint un de ses plus zélés disciples, mais en secret. Il se déclara ouvertement, lorsqu'il vint avec Joseph d'Arimathie pour rendre les derniers devoirs à J.-C. crucifié. Ils embaumèrent son corps et l'enterrèrent. L'Ecriture ne nous apprend plus rien de Nicodème. La tradition ajoute qu'ayant reçu le baptême, avant ou après la passion de J.-C., il fut déposé par les Juifs, excommunié et chassé de sa dignité de sénateur de Jérusalem. Ils voulaient même, dit-on, le faire mourir; mais en considération de Gamaliel, son parent, ils se contentèrent de le charger de coups et de piller son bien : alors il demeura jusqu'à sa mort chez Gamaliel, qui le fit enterrer auprès de saint Etienne. Leurs corps, au rapport de saint Augustin et de Photius, furent trouvés, en 415, avec celui de Gamaliel. Il y a un Evangile sous le nom de Nicodème, plein d'erreurs et de faussetés, qui a été composé par les manichéens.

NICOLAI (PHILIPPE), luthérien emporté, né dans le landgraviat de Hesse, en 1556, mort en 1604, n'est connu que par deux satires de la plus abjecte platitude contre le pontife romain, intitulées : l'une, *de Duobus Antichristis, Mahumete et pontifice romano*, Marpurg, 1590, in-8.; l'autre, *de Antichristo romano, perditionis filio, conflictus*, Rostock, 1609, in-8.

NICOLAI (JEAN), dominicain, né à Mouza dans le diocèse de Verdun, en 1594, prit le bonnet de docteur en Sorbonne en 1632. Pendant vingt ans il professa la théologie à Paris, il se distingua également par ses lumières et par ses vertus. Il mourut en 1673, dans le couvent de Saint-Jacques, dont il avait été prieur. On a de lui : une excellente Edition de la Somme de saint Thomas, avec des notes, et de tous les ouvrages de ce saint docteur, Lyon, 1660 et années suivantes, 19 vol. in-fol. Il avait passé une partie de sa vie à concilier les principes de ce Père avec ceux des théologiens qui ne sont pas de son école; cinq *Dissertations* pleines d'érudition sur plusieurs points de la discipline ecclésiastique, in-12-, contre Launoy, qui eut la brutalité en parlant de ce savant et respectable adversaire, qu'il craignait moins sa plume que son canif; *Judicium seu censorium suffragium de propositione Antonii Arnaldi : defuit gratia Petro*, etc. in-4. Le père Nicolaï publia aussi cet écrit en français sous le titre d'*Avis délibératif*. Il y donne les motifs du suffrage qu'il porta contre Arnauld en Sorbonne, et y combat la doctrine de Jansénius; *Ludovici Justi XIII triumphalia monumenta.* C'est un poème latin de Charles Beys, que Nicolaï traduisit en français; *des* Thèses sur la grâce. Elles furent attaquées par Nicole, qui les publia sous ce titre : *Theses molinisticœ J. Nicolaï, , thomisticis notis expunctœ.* C'était l'usage des écrivains jansénistes de traiter de molinistes ceux qui combattaient leurs erreurs.

NICOLAI (ALPHONSE), célèbre jésuite, né à Lucques, le 31 décembre 1706, fut chargé d'interpréter l'Ecriture sainte à Florence, et montra tant d'érudition dans cet emploi, que l'empereur François Ier lui conféra le titre de son théologien. Il survécut à la suppression de son ordre, entra dans celui de Citeaux, et mourut en 1784. On a de lui : *Memorie istoriche di san Biagio, vescovo e martire, protettore della repubblica di Ragusa,* Rome, 1752, in-4°; *Panegiriche, Orazioni e Prose toscane,* Rome, 1733, in-4°, et Venise, 1757. On y trouve l'éloquence réunie à la grâce et à l'élégance du style; *Dissertazioni e lezioni di sacra Scrittura.* Ce sont les leçons qu'il donnait quand il professait l'Ecriture sainte. Elles forment 13 vol. in-4°, Florence, 1756-1765, et Venise, 1766-1783; *Raggionamenti sopra la religione,* Gènes, 1769, 12 vol. in-8°, et Venise, 1771 : ouvrage qu'on peut regarder comme un riche magasin de preuves en faveur de la religion; *Prose toscane, oratorie, scientifiche, storiche],* etc., Florence, 1772, 3 vol. in-4°, etc. On a aussi du P. Nicolaï des Poésies latines, imprimées avec celles du P. Carlo Rotti, jésuite florentin, Padoue, 1756; quelques-unes dans les *Arcadum carmina, pars altera,* Rome, 1767; d'autres enfin, avec les *Selecta PP. societatis Jesu carmina,* Gènes, 1747; Venise, 1751; Pavie, 1779.

NICOLAI (CHRISTOPHE-FRÉDÉRIC), savant critique allemand, naquit à Berlin le 18 mars 1733. Lorsqu'il se mit, en 1752, à la tête de la librairie de son père, les littérateurs de la nation étaient divisés en deux camps, qui reconnaissaient pour chefs Gottsched et Bodmer. Nicolaï tenta de ramener l'union parmi eux dans les *Lettres sur l'état actuel des belles-lettres* (Berlin, 1750). Lessing et Mendelssohn s'associèrent à ses efforts, et leur société s'accrut dans la suite des principales têtes de l'Allemagne. En 1765, Nicolaï fonda la bibliothèque générale allemande, qui a rendu des services inappréciables en dirigeant le génie des Allemands vers les recherches scientifiques, et en amenant un rapprochement intellectuel entre la partie catholique et la partie protestante de l'Allemagne. Malheureusement cette importante publication ne tarda pas à déchoir du haut rang où elle s'était placée. Nicolaï, habitué par Mendelssohn au langage de la philosophie populaire, essaya de tourner en ridicule Kant et son école, dans un roman intitulé: *Vie et opinions de Sempronius Gundibert, philosophe allemand* (Berlin, 1798); mais sa tentative ne fut pas heureuse, et il trouva un rude adversaire dans Fribte. Il ne vit pas avec moins de mécontentement Gœthe, Schelling et d'autres esprits originaux s'écarter des voies battues; cependant toute sa résistance n'eut d'autre résultat que de miner peu à peu son influence. Nicolaï est auteur d'un assez grand nombre d'ouvrages; à ceux que nous avons déjà cités, nous ajouterons seulement ses *Anecdotes caractéristiques sur Frédéric II* (Berlin, 1788-92), qui renferment des données précieuses pour l'histoire. Cet homme actif et éclairé mourut le 8 janvier 1811. Son *Autobiographie* a été publiée par Lœve dans les Portraits des savants berlinois, et sa Vie a été écrite par Gœckingk (Berlin, 1820).

NICOLAI (NICOLAS-MARIE), auditeur général de la chambre apostolique, né à Rome, le 14 septembre 1756, mort le 18 janvier 1833, avait refusé de prendre part à l'administration impériale pendant l'occupation des Etats pontificaux par les Français. Il était président de l'Académie archéologique et s'était beaucoup occupé de recherches sur l'histoire de son pays. Parmi ses ouvrages, nous citerons : *des Améliorations du territoire Pontin,* 1800, in-fol.; *de la Basilique de Saint-Paul,* 1815, in-fol.; *de la basilique du Vatican et de ses priviléges,* 1817, in-fol.; *Eloge du cardinal Lante; des Lieux autrefois habités et aujourd'hui déserts dans la campagne de Rome.* Ce dernier ouvrage n'est pas terminé.

NICOLAITES. C'est le nom de l'une des plus anciennes sectes d'hérétiques, que l'église ait eu à combattre. Saint Jean en a parlé dans l'*Apocalypse,* sans nous apprendre quelles étaient leurs erreurs. Selon saint Irénée, *adv. Hœres,* ils tiraient leur origine de Nicolas, l'un des sept diacres de l'église de Jérusalem, qui avaient été établis par les apôtres, (*Act.,* c. 7), mais les anciens ne font pas connaître l'erreur qui avait donné naissance à l'hérésie.

Les uns disent qu'ayant épousé une très belle femme, il n'eut pas le courage d'en demeurer séparé, qu'il retourna avec elle après avoir promis de vivre dans la continence, et qu'il chercha à pallier sa faute par des maximes scandaleuses. D'autres prétendent qu'étant accusé de jalousie et d'un attachement excessif à cette femme, pour dissiper ce soupçon, il la conduisit aux apôtres et offrit de la céder à quiconque voudrait l'épouser; ainsi le raconte saint Clément d'Alexandrie, (*Strum.*), il ajoute que Nicolas était très chaste et que ses filles vécurent dans la continence, mais que des hommes corrompus abusèrent d'une de ses maximes, savoir, qu'il faut exercer la chair, par laquelle il entendait qu'il faut la mortifier et la dompter. Plusieurs enfin ont pensé que ni l'un ni l'autre de ces faits ne sont probables, mais qu'une secte de gnostiques débauchés affecta d'attribuer ses propres erreurs à ce disciple des apôtres, pour se donner une origine respectable. Quoi qu'il en soit, saint Irénée nous apprend que les nicolaïtes étaient une secte de gnostiques qui enseignaient les mêmes erreurs que les cérinthiens, et que saint Jean les a réfutés les uns et les autres par le commencement de son Evangile (adv. *Hœr.,* l: 3). Or, une des principales erreurs de Cérinthe était de soutenir que le Créateur du monde n'était pas le Dieu suprême, mais un esprit d'une nature et d'une puissance inférieures; que le Christ n'était point le fils du Créateur, mais un esprit d'un ordre plus élevé qui était descendu dans Jésus, fils du Créateur, et qui s'en était séparé pendant la passion de Jésus. Saint Irénée s'accorde avec les autres Pères de l'Eglise en attribuant aux nicolaïtes les maximes et la conduite des gnostiques débauchés. *V.* les *Dissert. de D. Massuet sur saint Irénée.* Coccéïus, Hoffman, Vitringa, et d'autres critiques protestants, ont imaginé que le nom des nicolaïtes a été forgé pour désigner une secte qui n'a jamais existé; que dans l'Apocalypse ce nom désigne en général des hommes adonnés à la débauche et à la volupté; que saint Irénée, saint Clément d'Alexandrie et les autres anciens Pères, ont été trompés par de fausses relations. Mosheim, dans ses *Dissert. sur l'Hist. ecclés.* tom. I, a réfuté ces critiques téméraires; il a fait voir qu'il n'y a aucune raison solide de suspecter le témoignage des anciens Pères, que toutes les objections que l'on a faites contre l'existence de la secte des nicolaïtes sont frivoles. Il blâme en général ceux qui affectent d'accuser les Pères de crédulité, d'imprudence, d'ignorance, ou de défaut de sincérité, il craint que ce mépris déclaré à l'égard des personnages les plus respectables ne donne lieu aux incrédules de regarder comme fabuleuse toute l'histoire des premiers siècles du christianisme. Nous voyons aujourd'hui que cette crainte était très bien fondée, et il serait à souhaiter que Mosheim lui-même se fût toujours souvenu de cette réflexion en écrivant sur l'histoire ecclésiastique. Vers l'an 582, sous Louis-le-Débonnaire, et dans le XIe siècle, sous le pape Urbain II, l'on nomma nicolaïtes les prêtres, diacres et sous-diacres, qui prétendaient qu'il leur était permis de se marier, et qui vivaient d'une manière scandaleuse; ils furent condamnés au concile de Plaisance, l'an 1095. De Marca, t. 10, *Concil.* p. 165.

NICOLAS, prosélyte d'Antioche, qui, de païen, s'étant fait juif, embrassa ensuite la religion chrétienne et fut choisi pour être un des sept premiers diacres de l'Eglise de Jérusalem. La mémoire de ce diacre est obscurcie par l'accusation élevée contre lui d'être l'auteur de la secte des nicolaïtes, ou du moins, d'y avoir donné occasion. Ceux qui lui reprochent cette erreur prétendent que Nicolas, ayant été blâmé par les apôtres de ce qu'il avait repris sa femme, dont il s'était séparé pour garder la continence, suivit des principes opposés à la vérité et à la pureté, et se livra aux derniers excès. D'autres soutiennent qu'il ne donna jamais dans ces abominations; mais que des libertins, abusant de certaines expressions équivoques échappées à Nicolas, avaient donné lieu à une hérésie qu'ils appelèrent de son nom pour l'accréditer. Ces sectaires avaient des sentiments extravagants sur la Divinité et sur la création; ils admettaient la communauté des femmes, et pratiquaient toutes les impiétés du paganisme. Les premiers fidèles avaient une grande aversion pour cette secte, qu'ils savaient être particulièrement odieuse à Dieu.

NICOLAS (SAINT), évêque de Myre en Lycie, était honoré par un culte public dès le VIe siècle chez les Grecs et les Latins; mais il n'y a rien de bien certain sur les circonstances de sa vie et de sa mort. On trouve une bonne Dissertation sur saint Nicolas dans les Mémoires de littérature et d'histoire du père Desmolets, t. 1, p. 106. Il est prouvé, contre Tillemont et Baillet, que le saint évêque de Myre vivait sous Constantin le Grand, et qu'il assista au premier concile général de Nicée. Falconius, archevêque de San-Severino, fit imprimer à Naples, en 1751, plusieurs actes de la vie de saint Nicolas de Pinare, et de ces deux saints il n'en fait qu'un. Putignani, chanoine de Bari, l'a réfuté dans ses *Vindiciæ sancti Nicolai*, Naples, 1753. On trouve une réfutation encore plus solide dans Jos. Assemani, *in Calendarium univers.*, t. v, p. 415, et t. vi, p. 226 et 822. C.

NICOLAS DE DAMAS, ainsi nommé parce que cette ville était sa patrie, poète, historien et philosophe péripatéticien du premier siècle av. J.-C. Il avait un grand pouvoir sur Hérode, qui se plaisait à l'entretenir et à le combler de bienfaits. Le philosophe eut le bonheur de pouvoir lui témoigner sa reconnaissance. Quand Auguste fit pressentir à Hérode une prochaine et inévitable disgrâce, Nicolas, envoyé à Rome, eut l'adresse de semer et d'accroître la division entre ses accusateurs, et de les faire condamner eux-mêmes par le prince, qui en même temps rendit les bonnes grâces au roi des Juifs. Nicolas de Damas avait composé entre autres pièces de théâtre une tragédie nommée *Susanne*. Il avait écrit une *Histoire universelle* en 144 livres, et des *traités de philosophie* cités par Simplicius. On n'a de lui que quelques extraits dans la bibliothèque de Photius et un fragment sur sa propre vie.

NICOLAS Ier, dit le *Grand*, était fils de Théodore et diacre de l'Église de Rome, sa patrie. Il fut élu pape après Benoît III, le 24 avril 858, et fut sacré le même jour dans l'église de Saint-Pierre, en présence de l'empereur Louis II. Il envoya des légats à Constantinople en 860, pour examiner l'affaire de saint Ignace, et frappa d'anathème, en 863, Photius, homme habile et violent, premier auteur du schisme déplorable qui subsiste entre l'Église grecque et l'Église latine. Nicolas obligea Lothaire de quitter Valdrads, sa concubine, et cassa les décrets des conciles de Metz et d'Aix-la-Chapelle, qui avaient approuvé le divorce que ce prince avait fait avec Tietberge sa femme. Les soins que se donna le pape pour la propagation de la foi produisirent la conversion de Bogorès, roi des Bulgares. Ce prince embrassa la religion chrétienne avec une partie de sa nation en 865. Il envoya l'année après son fils à Rome, accompagné de plusieurs seigneurs, chargés de demander des évêques et des prêtres, et de consulter le pape sur plusieurs questions de religion. Nicolas fit une ample réponse à leur consultation, et leur accorda tout ce qu'ils demandaient. Il envoya en même temps trois légats à Constantinople ; mais ayant été arrêtés et maltraités sur les frontières de l'empire, ils furent obligés de revenir sur leurs pas. Photius assembla un concile, dans lequel il prononça une sentence de déposition contre Nicolas, et d'excommunication contre ceux qui communiqueraient avec lui. Ce schismatique prétendait ridiculement que quand les empereurs avaient passé de Rome à Constantinople, la primauté de l'Église romaine et ses privilèges avaient passé à l'Église de Constantinople. Le pape écrivit aux évêques de France, assemblés à Troyes en 867, pour les informer des prétentions extravagantes, des calomnies que les Grecs vomissaient contre l'Église de Rome, et des reproches injustes qu'ils lui faisaient. « Avant que, dit le pape, nous eussions envoyé nos légats, ils nous comblaient de louanges, et relevaient l'autorité du Saint-Siège : mais depuis que nous avons condamné leurs excès, ils ont parlé un langage tout contraire, et nous ont chargés d'injures ; et n'ayant trouvé, grâce à Dieu, rien de personnel à nous reprocher, ils se sont avisés d'attaquer les traditions de nos pères, que jamais leurs maîtres n'ont osé reprendre. » Il mourut le 13 novembre 867, regardé comme un des plus grands pontifes. Son zèle, sa fermeté, sa charité, lui ont mérité le nom de *Grand*. On a de lui cent *Lettres* sur différents points de morale et de discipline, qu'on a recueillies à Rome, 1542, in-fol.

NICOLAS II (GÉRARD DE BOURGOGNE), était né dans cette province. Ses talents et ses vertus le firent élever à l'évêché de Florence, et ensuite au siège de Rome, où il fut placé en 1058, et couronné le 18 janvier 1059. C'est le premier pape dont l'histoire ait marqué le couronnement. Une faction lui opposa Jean, évêque du Velletri, connu sous le nom de Benoît X, il le fit déposer par les évêques de Toscane et de Lombardie, assemblés à Sutri. Un second concile, convoqué à Rome, régla qu'à la mort du pape les évêques cardinaux traiteraient ensemble les premiers de l'élection, qu'ils y appelleraient ensuite les clercs cardinaux, et enfin que le reste du clergé et du peuple y donnerait son consentement. « On choisira, ajoute le décret, dans le sein de l'Église même, s'il s'y trouve un sujet capable, sinon dans un autre, sauf l'hon-

neur dû à notre cher fils Henri, qui est maintenant roi, et qui sera, s'il plaît à Dieu, empereur comme nous lui avons déjà accordé ; et on rendra le même honneur à ses successeurs, à qui le Saint-Siège aura personnellement accordé le même droit. » Nicolas passa dans la Pouille, à la prière des Normands qui lui restituèrent les domaines de l'Église romaine dont ils s'étaient emparés. Le pape y fit un traité avec eux, après avoir levé l'anathème qu'ils avaient encouru. Richard, l'un de leurs chefs, fut confirmé dans la principauté de Capoue, qu'il avait conquise sur les Lombards. Robert Guiscard, autre chef de ces conquérants, fut confirmé dans le duché de la Pouille et de la Calabre, et dans ses prétentions sur la Sicile, qu'il enlevait aux Sarrasins. Il promit au pape une redevance annuelle et se rendit son vassal : c'est l'origine du royaume de Naples selon Fleury. Les Normands travaillèrent aussitôt à délivrer Rome des seigneurs qui la tyrannisaient depuis si longtemps et à raser les forteresses des environs. Nicolas mourut peu de temps après, en 1061, avec la réputation d'un assez bon politique. Il garda le siège de Florence pendant son pontificat. On a de lui neuf *Lettres* sur les affaires de France.

NICOLAS III (JEAN-GAETAN ORSINI), de l'illustre famille des Ursins, obtint la tiare en 1277, après Jean XXI. Il travailla avec zèle à la conversion des schismatiques et des païens. Il envoya des légats à Michel Paléologue, empereur d'Orient, et des missionnaires en Tartarie ; mais ses soins produisirent peu de fruit. Il donna une bulle qui attribuait à l'Église romaine la propriété des choses dont ses frères mineurs croyaient ne pouvoir avoir que l'usufruit. Ce pontife mourut à Surien, près de Viterbe, le 22 août 1820, d'une attaque d'apoplexie. Il avait de grandes qualités, mais son trop grand attachement à ses parents lui fit commettre quelques injustices qui, pour les enrichir, ternirent l'éclat de ses vertus. Il obligea Charles d'Anjou, roi de Sicile, à se démettre de ses charges de vicaire de l'empire et de gouverneur de Rome. Il bâtit près de l'église de Saint-Pierre un palais magnifique, et l'orna d'un vaste jardin qu'il fit entourer de fortes murailles. Ce pontife aimait la vertu et les lettres, et il récompensait dans ceux qui les cultivaient. On lui attribue un traité *De electione dignitatum*.

NICOLAS IV, pape, général des frères mineurs, sous le nom de frère Jérôme, né à Ascoli dans la Marche d'Ancône, fut élevé sur le siège pontifical en 1288, après Honorius IV. Il renonça deux fois à son élection, et n'y consentit qu'avec beaucoup de peine. Le commencement de son pontificat fut marqué par une ambassade d'Argon, khan des Tartares. Ce prince demandait le baptême et promettait de faire la conquête de Jérusalem pour les chrétiens ; mais ses projets s'évanouirent. La Palestine était alors en proie à la fureur des musulmans. Acre fut prise et pillée, les chrétiens de Tyr abandonnèrent leur ville sans la défendre ; enfin les Latins perdirent tout ce qui leur restait dans ce pays. A ces nouvelles, Nicolas redoubla ses efforts pour exciter le zèle des princes chrétiens. Il donna des bulles pour une nouvelle croisade, il fit assembler des conciles ; mais sa mort, arrivée en 1292, après quatre ans de règne, rendit tous ses soins inutiles. Ce pontife joignait à des intentions pures les talents nécessaires pour remplir sa mission. Il était habile philosophe, bon théologien, et avait été employé par les papes, ses prédécesseurs, dans les affaires les plus importantes. Il gouverna l'Église avec sagesse, apaisa les dissensions qui s'étaient élevées à Rome et dans l'état ecclésiastique, mit la paix entre divers princes chrétiens, surtout entre les rois de Sicile et d'Aragon. Il érigea, en 1289, l'Université de Montpellier, et composa plusieurs ouvrages : des *Commentaires* sur l'Écriture,... sur le Maître des sentences ; plusieurs *Bulles* en faveur des franciscains ses confrères.

NICOLAS V (THOMAS DE SARZANE), cardinal évêque de Bologne, né dans un bourg près Luni, fut élu pape malgré lui après Eugène IV, en 1447. Son premier soin, dès qu'il fut assis sur le trône pontifical, fut de travailler à la paix de l'Église et de l'Italie ; il y réussit heureusement. Les Allemands le reconnurent, et rentrèrent à toute communication avec l'anti-pape Félix V. Charles VII, roi de France, approuva cette élection, et envoya rendre obéissance au nouveau pape par une magnifique ambassade qui, d'après Mézerai, donnèrent lieu à ces grandes ambassades d'obédience, que les rois envoyaient à chaque mutation de pontife.

L'anti-pape Félix se prêta à la paix, et fut traité généreusement par Nicolas, qui le nomma doyen des cardinaux. Cette modération lui acquit l'amitié et l'estime des grands.

Les princes d'Italie se reprochèrent d'être en guerre, tandis que Dieu donnait la paix à son Eglise, après un schisme aussi long que déplorable. L'année 1450 fut célèbre par l'ouverture du jubilé. Cette solennité attira tant de monde à Rome, que plusieurs personnes furent étouffées dans les églises et ailleurs. Jusqu'alors Nicolas avait gouverné avec beaucoup de bonheur; mais la conjuration formée contre lui et contre les cardinaux par Etienne Porcario, et la prise de Constantinople par les Turcs, en 1453, empoisonnèrent ses jours. Il n'avait cessé d'exhorter pendant longtemps les princes et les peuples à secourir les Grecs; mais son zèle ne produisit aucun fruit. Les malheurs des chrétiens orientaux lui causèrent une tristesse si vive, qu'il en mourut en 1455, après avoir tenu le saint-siège pendant huit ans. Les belles-lettres, ensevelies pendant plusieurs siècles sous la barbarie gothique, ressuscitèrent avec éclat. Nicolas les cultiva et répandit ses bienfaits sur ceux qui s'y consacrèrent. Sa bibliothèque fut enrichie des plus beaux manuscrits grecs et latins, recueillis par son ordre dans tous les lieux du monde. Il fit traduire les ouvrages grecs, et récompensa magnifiquement ceux à qui il confiait les traductions et la recherche des livres. On prétend qu'il promit 5,000 ducats à celui qui lui apporterait l'Evangile de saint Matthieu en hébreu. Des ouvrages publics élevés à Rome et ailleurs, des palais, des églises, des ponts, des fortifications, les Grecs réfugiés et les pauvres gentilshommes secourus avec libéralité, les filles mariées honorablement, les bénéfices et les charges conférés au seul mérite, tout dépose en faveur des bonnes intentions de ce pontife pour le bien du peuple, pour l'honneur des lettres et pour la gloire de la religion.

NICOLAS DE FLUE (en français Nicolas DE LA ROCHE), ermite et patron de la Suisse, naquit à Sachslen, dans le canton d'Unterwald, le 21 mars 1417. L'imprimerie n'étant point encore inventée à cette époque, sa piété lui fit copier une partie de nos divines Ecritures ainsi que les vies de plusieurs saints. La prière et la lecture ne l'empêchèrent point de se distinguer par ses talents pour l'agriculture. Sa vie toute patriarcale, la douceur de son caractère et l'attachement qu'il portait à sa vertueuse compagne ainsi qu'à ses dix enfants, ne l'empêchèrent point aussi de voler au secours de sa patrie, quand elle fut menacée dans son indépendance. Deux fois il prit les armes pour la défense de sa liberté, et combattit en héros chrétien à Winterthur, à Diessenhofen et à Ragatz, déployant, au milieu des fureurs de la guerre, tout ce que l'humanité a de plus touchant. La haute réputation de sagesse et de modération qu'il avait acquise à l'armée fut récompensée par les chefs des cantons suisses, qui firent frapper une médaille d'or pour rappeler à la postérité sa générosité, sa grandeur d'âme et sa bravoure. A peine fut-il rentré au sein de sa famille que la voix publique le désigna pour gouverner le canton d'Unterwald en qualité de landamman, première dignité du pays. Mais Dieu ayant fait renaître en son fidèle serviteur le désir qu'il avait déjà eu dans son enfance, de se consacrer entièrement à lui, Nicolas de Flue se retira, à l'âge de 50 ans, dans la vallée de Rauft, n'emportant avec lui que son chapelet et son bâton, sans chapeau et sans souliers, n'ayant ni or ni argent, mais riche en vertus et mérites. La fortune de sa compagne et l'établissement de ses enfants lui permirent cette séparation douloureuse, sans que le monde pût l'accuser d'avoir abandonné les siens, lorsque sa présence leur était encore nécessaire. Sa famille lui construisit une petite cellule avec une chapelle, et bientôt son ermitage acquit une grande célébrité : un grand nombre des seigneurs des familles les plus distinguées furent apprendre auprès du pieux et vénérable ermite à fouler aux pieds les grandeurs de la terre. Nicolas de Flue dans sa solitude aima toujours sa patrie; aussi s'empressa-t-il de la quitter pour se rendre à Stantz, où une diète générale avait été convoquée. Là il prêcha la paix aux partis, et épargna à son pays les horreurs d'une guerre civile. Tout ce que demanda le saint ermite lui fut accordé, et il dicta lui-même les conditions du fameux convenant de Stantz, où les alliances particulières furent annulées et où l'on régla le pouvoir et la juridiction à l'égard des confédérés. Il eut donc le bonheur de réconcilier la Suisse et de voir les lois de sa sagesse exécutées. Une maladie douloureuse signala ce héros de la foi. Couché sur la dure, entouré de sa pieuse femme et de ses enfants dont l'un était déjà prêtre, il s'endormit paisiblement du sommeil des justes, le 21 mars 1487, jour de sa naissance, après avoir vécu près de 20 ans dans son ermitage, soutenu par la seule eucharistie et sans prendre aucune autre nourriture. Nicolas de Flue fut à la fois le thaumaturge,

le prophète, le consolateur et le bienfaiteur de sa patrie : tous les historiens et les poètes de la Suisse ont célébré sa mémoire. L'église de Sachslen, qui renferme ses précieux ossements, est un monument magnifique où les pèlerins se pressent en foule. Saint Charles Borromée, après avoir prié devant ces saintes reliques, se releva en s'écriant : « Nicolas est véritablement un grand saint. » Clément IX permit de rendre un culte public au bienheureux dans le bourg de Sachslen, grâce que Clément X étendit à toute la nation suisse et au diocèse de Constance.

NICOLAS DE MÉTHONE, fut ainsi appelé parce qu'il était évêque de cette ville, dont il régla selon les canons, et qu'il édifia par ses vertus, dans le XIe siècle. Il éclaira aussi par sa science. On trouve dans l'*Auctarium* de la bibliothèque des Pères un Traité de cet évêque sur la vérité du corps et du sang de J.-C. en l'Eucharistie; et dans Allatius, un Traité de la procession du Saint-Esprit.

NICOLAS le Grammairien, patriarche de Constantinople en 1084, s'employa fortement avec l'empereur Alexis Comnène, pour dissiper une secte, espèce de manichéens, qui s'était formée depuis plusieurs années. Il mourut en 1111. On a de lui des Décrets et une Epître synodale dans les Basiliques de Fabrot.

NICOLAS DE TOLENTIN (Saint), né à Tolentin, en 1239, chanoine de cette ville, entra dans l'ordre des Augustins, et s'acquit une grande réputation par ses austérités. Il mourut à Tolentin, le 10 septembre 1308, et fut inscrit dans le catalogue des saints en 1446, par Eugène IV.

NICOLAS DE PISE, architecte et sculpteur, florissait au milieu du XIIIe siècle. C'est lui qui construisit à Bologne l'église et le couvent des frères prêcheurs, après avoir fini un tombeau de marbre pour ensevelir le corps de saint Dominique, instituteur de cet ordre; il exécuta aussi des travaux remarquables à Pise, et dans plusieurs autres villes célèbres de l'Italie.

NICOLAS DE LYRE, ainsi nommé du lieu de sa naissance, petite ville de Normandie au diocèse d'Evreux, était né juif, et avait commencé d'étudier sous les rabbins; mais, la grâce ayant touché son cœur, il prit l'habit des frères mineurs, l'an 1291. Il vint à Paris, où il fut reçu docteur, et expliqua longtemps l'Ecriture sainte dans le grand couvent de son ordre. Ses talents lui concilièrent l'estime de la reine Jeanne, comtesse de Bourgogne, femme du roi Philippe V, dit le Long. Cette princesse le nomma l'un des exécuteurs de son testament fait l'an 1325. Il mourut à Paris, en 1340, après avoir été provincial de son ordre. On a de lui: des Postilles, ou petits commentaires sur toute la Bible, qui ont été augmentées par Paul de Burgos; ils ont été autrefois très consultés et regardés comme un ouvrage essentiel à l'interprétation des Livres saints, d'où est venu le proverbe : *Si Lyra non lirasset, Ecclesia Dei non saltasset*. Il y en a une traduction française, Paris, 1511 et 1512, 5 vol. in-fol.; une *Dispute contre les juifs*, in-8°; un *Traité contre un rabbin*, qui se servait du Nouveau Testament pour combattre la religion chrétienne; et d'autres ouvrages d'érudition et de théologie.

NICOLAS EYMERICK, dominicain, né à Girone en Catalogne, et mort dans cette ville, le 4 janvier 1369, inquisiteur-général sous les papes Innocent VI et Grégoire XI, fut aussi chapelain de ce dernier. Son principal ouvrage est intitulé : le *Directoire des inquisiteurs*, corrigé et commenté par Penna, imprimé à Rome, 1587, in-fol., et à Venise, 1607. L'auteur établit le pouvoir de l'inquisition sur les hérétiques et les faveurs d'hérésie, et explique la forme de procéder contre eux. « C'est à l'inquisition, » disait le judicieux et bienfaisant Stanislas, roi de Pologne, « que l'Espagne est redevable de la tranquillité dont elle a constamment joui, tandis que les nouvelles sectes sapaient la religion et le gouvernement dans le reste de l'Europe.

NICOLAS DE CUSA, *Cusanus*, cardinal, né en 1401 à Cusa, village situé sur la Moselle, au diocèse de Trèves, était fils d'un pêcheur. Il se passionna surtout pour la scolastique et pour la métaphysique ancienne, qui domine un peu trop dans ses ouvrages. Ce défaut les rend obscurs et abstraits, quoiqu'ils soient écrits, d'ailleurs, d'un style net et facile, sans affectation et sans vains ornements. Devenu curé de Saint-Florentin à Coblentz, puis archidiacre de Liége, il assista, en cette qualité, l'an 1431, au concile de Bâle, dont il fut un des plus grands défenseurs. Eugène IV, instruit de son mérite, l'envoya en qualité de légat à Constantinople, en Allemagne et en France. Après la mort de ce pape, Cusa se retira dans son archidiaconé de Liége. Nicolas V, zélé protecteur des gens de lettres, le tira de la retraite pour l'honorer de la pourpre en 1448, et lui donna l'évêché de Brixen dans le Tyrol. Le nouveau cardinal assista à l'ouverture du jubilé en 1458, et fut envoyé légat *a latere* vers les princes d'Allemagne, pour les porter à faire la paix entre eux, et à tourner leurs armes contre Mahomet II, qui menaçait la chrétienté. Il se comporta dans sa légation avec tant de prudence, de vertu et de désintéressement, qu'il mérita l'estime et la vénération des peuples. L'Allemagne ne l'admira pas moins, lorsqu'il y fut envoyé de nouveau, en qualité de légat, par les papes Calixte II et Pie II. Ce dernier pontife fit tout ce qu'il put pour réconcilier Cusa avec l'archiduc Sigismond, qui s'était brouillé avec lui, à l'occasion d'un monastère où le cardinal avait voulu introduire la réforme en retournant à Rome vers Calixte III. Sigismond fit les plus belles promesses; mais, à peine le cardinal de Cusa eut-il remis le pied dans son diocèse, qu'il fut enlevé et mis en prison par l'ordre de l'archiduc. Dès ce moment, on cessa l'office divin dans presque tout son diocèse. Le pape excommunia Sigismond, et celui-ci relâcha enfin le cardinal de Cusa, à des conditions injustes et très dures. Ce prélat, rendu à ses ouailles, mourut quelque temps après, à Todi, en 1454. Ses œuvres furent imprimées à Bâle, en 1565, en 3 tom. in-fol. On trouve dans le 1er vol. : les Traités théologiques sur les mystères; trois livres de la docte ignorance, où il tâche de donner des idées de l'essence de Dieu, de la Trinité, des mystères de la religion, tirées des principes de métaphysique et de mathématique; un écrit touchant la filiation de Dieu; des dialogues sur la Genèse et sur la Sagesse... Le 2e vol. comprend : de savantes Exercitations; la *Concordance catholique*, en 3 livres; l'*Atsoran ei ible*, offrant sous un titre bizarre des choses judicieuses; *Conjectures sur les derniers temps*, traduit en français, 1700, in-8°. L'auteur met la défaite de l'Antéchrist et la glorieuse résurrection de l'Eglise avant l'année 1734 : le titre modeste de Conjectures peut excuser son erreur. Le 3e vol. renferme des ouvrages de mathématiques, de géométrie et d'astronomie. On sait que le cardinal de Cusa tâcha de ressusciter l'hypothèse du mouvement de la terre, oubliée depuis Pythagore; mais ses efforts eurent peu de succès : Copernic et Galilée furent plus heureux. C'était un homme savant et pieux, possédé de cette avidité de savoir qui fait tout embrasser; mais il se laissait dominer par une imagination déréglée. Il fut singulier dans ses sentiments, subtil jusqu'à se rendre inintelligible, ennemi du naturel et du simple, amateur de l'allégorie jusqu'au plus ridicule excès.

NICOLAS DE MUNSTER, auteur d'une secte qui s'appelait Famille ou Maison d'Amour, se prétendit inspiré, et se donna ensuite pour un homme déifié. Il se vantait d'être plus grand que Jésus-Christ, qui, disait-il, n'avait que son type ou son image. Vers l'an 1540, il tâcha de pervertir Théodore Volkars Kornheert. Leurs disputes furent aussi fréquentes qu'inutiles; car, lorsque Nicolas ne savait plus que répondre à Théodore, il avait recours à l'Esprit, qui lui ordonnait, disait-il, de se taire. Cet enthousiaste ne laissa pas que de se faire bien des disciples, qui, comme lui, se croyaient des hommes déifiés. Nicolas fit quelques livres : tels furent l'*Evangile du royaume*, la *Terre de paix*, etc. La secte de la Famille d'Amour reparut en Angleterre au commencement du xviie siècle, en 1604. Elle présenta au roi Jacques Ier une confession de foi, dans laquelle elle déclarait qu'elle était séparée des Brownistes. Rien ne prouve mieux le prix inestimable de l'infaillible autorité de l'Eglise catholique, que cette fourmilière de sectes nées les unes des autres, du moment qu'on eut contesté les droits de ce grand et antique tribunal.

NICOLAY (LOUIS-HENRI, baron DE), connu par ses essais dans tous les genres de poésie, naquit à Strasbourg, le 20 décembre 1737, mais appartenait à une famille originairement suédoise. Après avoir terminé ses études et avoir occupé pendant quelque temps le poste de secrétaire de légation, il fut nommé professeur de logique à l'université de sa ville natale. En 1769, il fut appelé en Russie comme gouverneur du grand-duc Paul Pétrovitch, et y fit un chemin rapide. En 1770, il devint secrétaire du cabinet et bibliothécaire du prince; en 1796, conseiller d'état; en 1798, directeur de l'Académie des sciences, puis conseiller privé et membre du cabinet. Après la mort de l'empereur Paul, Nicolay se retira dans son domaine de Monrepas, près de Vibourg en Finlande, où il mourut le 18 novembre 1820. Nicolay a écrit des fables, des contes, des élégies, des épîtres, des poésies chevaleresques. La première édition complète de ses œuvres, revue et corrigée par Ramler, a été publiée sous le titre de *Mélanges de poésie et de prose* (Berlin et Stettin, 1792-1810,

8 vol.). Ses œuvres théâtrales ont paru à Kœnigsberg (1811), en 2 vol. *voir* Guerschau, vie du baron L. de Nicolay (Hambourg, 1834). M. le baron de Nicolay, fils du poète, s'est distingué au service de la Russie, dans la carrière diplomatique.

NICOLE (PIERRE), fameux janséniste, naquit à Chartres, en 1625. Son père, sous les yeux duquel il avait fait ses humanités, l'envoya à Paris pour faire son cours de philosophie et de théologie. Ce fut pendant son cours qu'il connut les cénobites de Port-Royal. Ils trouvèrent en lui ce qu'ils cherchaient avec tant d'empressement, l'esprit et la docilité. Nicole donna une partie de son temps à l'instruction de la jeunesse qu'on élevait dans cette solitude. Après ses trois années ordinaires de théologie, il se préparait à entrer en licence; mais, ses sentiments n'étant pas ceux de la faculté de théologie de Paris, ni d'aucune université catholique, il se détermina à se contenter du baccalauréat, qu'il reçut en 1649. Plus libre alors, il travailla avec Arnaud à plusieurs écrits pour la défense de Jansénius et de sa doctrine. En 1664, il se rendit avec lui à Châtillon, près de Paris, et y employa son temps à écrire contre les calvinistes et les casuistes relâchés. Il sortait de temps en temps de cette retraite, pour aller tantôt à Port-Royal, tantôt à Paris. Au commencement de 1676, sollicité d'entrer dans les ordres sacrés, il consulta Pavillon, évêque d'Aleth, et, après un examen de trois semaines, la conclusion fut qu'il resterait simple tonsuré. Une Lettre qu'il écrivit, en 1677, pour les évêques de Saint-Pons et d'Arras, au pape Innocent XI, attira sur lui un orage qui l'obligea de quitter la capitale. La mort de la duchesse de Longueville, sa plus ardente protectrice du jansénisme, arrivée en 1670, et plus encore la crainte des suites que pouvaient avoir ses démarches imprudentes et factieuses, l'engagèrent à se retirer aux Pays-Bas. Il revint en France en 1683, et s'y tint caché pendant quelque temps. Il entra, à la fin de ses jours, dans deux querelles célèbres, celle des études monastiques, et celle du quiétisme. Il défendit les sentiments de Mabillon dans la première et ceux de Bossuet dans la deuxième. Enfin il mourut, en 1695. Lorsqu'il marchait dans les rues, dit la comtesse de La Rivière, il avait toujours peur que quelque débris de maison ne lui tombât sur la tête. Quand il allait en voyage sur l'eau, il craignait toujours d'être noyé. Cette terreur avait beaucoup de rapport avec le fantôme qui troublait Pascal. On dirait que ces chefs du jansénisme n'avaient pas l'âme bien rassurée et bien calme à la vue des agitations qu'ils préparaient à l'Eglise. C'est Nicole qui fut le premier fondateur de ce dépôt si avantageux aux affaires du jansénisme nommé communément la boîte à Perrette. Les nombreux ouvrages sortis de la plume de Nicole sont : *Essais de morale*, en 25 vol., in-12, Paris, 1741 ou 1744. Il règne dans cet ouvrage un ordre qui plaît, et une solidité de réflexion qui convainc; mais l'auteur ne parle qu'à l'esprit : il est sec et froid. Son traité des Moyens de conserver la paix dans la société mérite d'être distingué : « Mais cette paix, dit Voltaire, est peut-être aussi difficile à établir que celle de l'abbé de Saint-Pierre. » Les Essais de morale se composent des ouvrages suivants : *Différents Traités de morale*, 6 vol.; *Réflexions morales sur les Epîtres et Evangiles de l'année*, en 5 vol., in-12; *Instructions théologiques sur les sacrements*, 2 vol.; sur le *Symbole*, 2 vol.; sur le *Pater*, 1 vol.; sur le *Décalogue*, 2 vol.; *Traité de la prière*, 2 vol.; *Lettres diverses*, 3 vol.; *Vie de Nicole*, par Goui, 1 vol.; *Esprit de Nicole*, par Gerveau, 1 vol.: en tout 25 vol. in-12 ou in-18; *Traité de la foi humaine*, composé avec Arnauld, 1664, in-4°; Lyon, 1693, in-12 : plein de vues vraies et solides; *La perpétuité de la foi de l'Eglise catholique touchant l'Eucharistie*, Paris, 1670, 1672 et 1674, 3 vol. in-4°. (Les tomes 4 et 5, publiés en 1711 et 1713, sont de l'abbé Renaudot.) Arnauld y a eu part, ce que néanmoins quelques auteurs lui contestent. Ce qu'il y a de sûr, c'est qu'il n'a pas fait difficulté d'en recevoir des compliments; Nicole lui-même ayant consenti que la gloire du chef de parti, auquel on voulait à tout prix attacher le nom de Grand, fût augmentée par cette attribution; *Les préjugés légitimes*, contre les calvinistes; *Traité de l'unité de l'Eglise*, contre le ministre Jurieu; *Les prétendus réformés convaincus de schisme*, et quelques ouvrages de controverse, tous infiniment estimables pour la profondeur et la solidité; *les Lettres imaginaires et visionnaires* 2 vol. in-12, 1667, contre Des Marest de Saint-Sorlin, qui avait dit trop de mal des jansénistes pour ne pas s'attirer l'indignation de Nicole; un très grand nombre d'ouvrages pour la défense de Jansénius et d'Arnauld; plusieurs écrits contre la morale des casuistes relâchés; quelques-uns sur la grâce générale, recueillis en 4 vol. in-12, avec les écrits d'Arnauld, de Quesnel, et des autres théologiens qui ont combattu ce système. Il y a une édition de 1715, en 2 vol. in-12, avec une préface de l'éditeur. On y voit que Nicole n'adopte pas entièrement le système de Jansénius et d'Arnauld, et qu'il s'en éloigne dans bien des points; Arnauld lui-même rejetait la doctrine fondamentale de Jansénius : le moyen de concilier avec cela tout ce qu'ils ont écrit, fait, souffert pour cette cause? Un choix d'Epigrammes intitulé : *Epigrammatum delectus*, 1659, in-12; Traduction latine des Lettres provinciales, avec des notes pires que le texte, etc. Une délicatesse, qui n'était pas sans reproche, l'engagea à se cacher sous le nom de Wendrock. La première édition parut en 1658; la quatrième, qui est beaucoup plus ample, est de l'année 1663. Pascal revit cette version. Quant aux qualités littéraires, c'est une des meilleures productions de Port-Royal, à l'exception néanmoins de quelques solécismes qui ont échappé, non pas en cette seule rencontre, à l'habileté de l'auteur. Quelle que soit d'ailleurs la beauté du style, elle ne couvrit point le scandale que renfermaient les choses. On peut consulter *l'Histoire de la vie et des ouvrages de Nicole*, 1733, in-12, par l'abbé Goujet; mais il faut se souvenir que l'historien est souvent panégyriste, et que ses éloges sont l'effet de l'enthousiasme que lui inspirait tout ce qui tenait au parti.

NICOLE (François), né à Paris en 1683, montra beaucoup de génie pour les mathématiques. Il donna, à l'académie des sciences, un Essai sur la théorie des roulettes, qui le fit recevoir, l'année suivante, dans cette compagnie. Il commença, en 1717, un Traité du calcul des différences finies, sur lequel il a publié ensuite beaucoup de Mémoires. En 1729, il présenta, à l'académie un Traité des lignes du troisième ordre, plus complet que celui de Newton. Cet habile académicien mourut en 1758.

NICOLLE (Charles-Dominique), chanoine et grand-vicaire de Paris, né dans le diocèse de Rouen en 1758, mort à Paris le 2 septembre 1835, fut l'un des premiers élèves du collège Sainte-Barbe. Obligé, en qualité de prêtre, de quitter la France pendant la révolution, il alla chercher en Russie les moyens de se rendre utile, et laissa, à Saint-Pétersbourg et à Odessa, des monuments durables de son zèle et de ses lumières. Dans cette dernière ville, s'associant aux nobles intentions du duc de Richelieu, il fonda un collège qui devait être l'un des plus beaux de l'Europe. Rappelé en France, en 1820, il préféra à la responsabilité de l'épiscopat les fonctions de l'enseignement, et devint recteur de l'Académie de Paris et membre du conseil royal de l'instruction publique. NICOLLE, (Gabriel-Henri), frère de cet homme aussi modeste que savant, né à Fresquienne en Normandie, le 23 mars 1767, mort à Paris le 18 avril 1828, avait eu une part honorable à la polémique des journaux royalistes pendant la révolution, et avait payé son dévoûment par la perte de sa liberté. Comme libraire-éditeur, on lui dut ensuite une foule de livres classiques; mais c'est surtout en restaurant, avec l'aide de son frère, l'ancien collège de Sainte-Barbe, qu'il mérita bien des lettres et des mœurs.

NICOLO (Nicolas Isouard, dit), célèbre compositeur de musique, né à Malte en 1774, mort à Paris, le 23 mars 1818, fut nommé organiste et maître de la chapelle de l'Ordre. Les Français s'étant emparés de l'île de Malte, il vint en France, où Etienne, Hoffmann, Dupaty, etc., l'engagèrent à travailler pour les théâtres de la capitale. Indépendamment de plusieurs messes très estimées, composées pour la chapelle de Malte, Nicolo laissa un grand nombre d'opéras. La partie du chant de ses opéras est très-harmonieuse, et l'accompagnement produit beaucoup d'effet; mais il paraît que Nicolo se permettait des licences que les règles sévères de l'art n'avouaient pas.

NICOLSON (Guillaume), savant bibliographe, né en 1655, devint archevêque anglican de Cashel en 1727, et mourut peu de jours après. On a de lui : *Bibliothèque historique d'Angleterre*, Londres, 1696-1699, 3 vol. in-8°. Cet ouvrage contient un catalogue des historiens d'Angleterre, tant imprimés que manuscrits, avec des jugements et des observations; *Bibliothèque historique d'Ecosse*, Londres, 1702, in 8°; *Bibliothèque historique d'Irlande*, 1724, in-8°. On a réuni ces trois bibliothèques en un vol. in-folio, Londres, 1736, in-fol.

NICOMÈDE Ier, roi de Bithynie, l'aîné des fils de Zipœtas, monta sur le trône à la mort de son père, vers l'an 281 ou 278 avant J.-C., et fut le premier sous lequel le royaume de Bithynie acquit quelque importance. Craignant que les princes

ses frères ne songeassent à démembrer le royaume, il les fit tous périr, à l'exception d'un seul, Zybéas ou Zypœtas, qui eut l'adresse d'échapper au massacre, et qui bientôt revint les armes à la main revendiquer une partie du royaume, forma un parti puissant, et fit révolter plusieurs provinces. Nicomède, inquiet de ces mouvements, craignant d'ailleurs l'ambition d'Antiochus Soter, son voisin, s'unit contre ce prince aux villes de Byzance, de Chalcédoine et de Thionte, et appela dans l'Asie mineure les Gaulois de la Thrace, auxquels il donna la Galatie. Cette coalition déjoua les projets d'Antiochus sur la Bithynie, et Nicomède tranquille put exécuter son dessein favori, celui de fonder une capitale; ce fut Nicomédie. La sagesse et la modération de son gouvernement le rendirent l'idole de ses peuples; mais, séduit par les artifices d'Etazéla, sa seconde femme, il consentit à déshériter Zitélas, fils du premier lit, pour le jeune Prusias, ce qui entraîna des troubles après sa mort, arrivée l'an 246 avant Jésus-Christ.

NICOMÈDE II, surnommé Philopator (qui aime son père), sans doute par ironie, chassa du trône son père Prusias II, et le fit tuer dans un temple, 149 ans avant Jésus-Christ. Il ne se décida à cet acte dénaturé que pour éviter la mort que lui-même avait préparée. Il régna ensuite dans une paix profonde, et fit connaître à ses sujets, par son affabilité et la douceur de son gouvernement, le crime auquel il devait la couronne. Sur la fin de sa vie, il conquit à frais communs avec Mithridate-le-Grand, et partagea avec ce prince la Paphlagonie; celui-ci, ayant voulu seul jouir de la conquête, Nicomède lui suscita des embarras dans la Cappadoce, dont il avait assassiné le roi Ariarathe et où il avait placé un autre jeune homme, qu'il disait être fils de ce dernier, et par conséquent héritier légitime du trône de Cappadoce. Nicomède, d'accord avec Laodice, veuve d'Ariarathe, fit paraître un autre jeune homme, qui accusait le premier d'imposture et se prétendait le seul véritable fils du prince assassiné. Les deux rivaux portèrent leur différend devant les Romains, qui, pour trancher tous deux, ôtèrent la Cappadoce à Mithridate et la Paphlagonie à Nicomède. Ce prince mourut assassiné lui-même par son fils Socrate, vers l'an 92 avant Jésus-Christ, après un règne de 57 ans.

NICOMÈDE III, fils de Nicomède II et d'une danseuse nommée Nysa, succéda à son père l'an 92, et fut détrôné d'abord par Socrate, son frère, puis par Mithridate-le-Grand, qui protégeait Socrate (90) : mais les Romains le rétablirent. Ayant à son tour attaqué Mithridate (89), il fut battu par ce prince et chassé de nouveau de ses états; il ne fut replacé sur le trône que par Sylla, après la ruine de Mithridate (85). Il gouverna encore dix ans, au bout desquels il mourut sans postérité. Il institua les Romains héritiers du royaume de Bithynie, qui fut aussitôt réduit en province. Ce prince est célèbre par sa fidélité aux Romains et son amitié pour César.

NICOMÈDE, géomètre, passe pour être l'inventeur de la courbe appelée *conchoïde*, qui sert également à la résolution des deux problèmes de la duplication du cube et de la trisection de l'angle. Les savants ne sont pas d'accord sur le temps où il vivait. Quelques-uns le placent deux siècles avant J.-C., d'autres quatre ou cinq siècles après.

NICOMÉDIE, capitale de la Bithynie, dans la partie septentrionale, sur la Propontide, vers le fond du golfe Astacène. Elle devait sa fondation à Nicomède Ier, qui lui donna son nom. Sous les rois de Bithynie, cette ville était une des plus considérables de l'Asie mineure. Lorsque la Bithynie fut réduite en province romaine, Nicomédie devint le siège des gouverneurs de la province, dont quelques-uns lui procurèrent de grands avantages. Pline-le-Jeune l'orna d'une nouvelle place publique, y construisit un aqueduc, et dessécha un grand lac voisin, en pratiquant un canal qui fit refluer ses eaux dans la mer. Dioclétien y fit élever à grands frais des édifices superbes, et il y tenait ordinairement sa cour. Nicomédie est célèbre par la naissance d'Arrien et par la mort d'Annibal.

NICON (saint), moine du monastère appelé Pierre-d'Or, à l'extrémité de l'Arménie, fut surnommé Métanoïte; c'est-à-dire faites pénitence, parce qu'il commençait ordinairement ses sermons par ces paroles. Il travailla avec autant de zèle que de fruit à la conversion des Arméniens et des Grecs, qui montraient du penchant pour le mahométisme. Il fut l'apôtre de l'île de Crète, où il prêcha pendant vingt ans, et de toute la Grèce. Il mourut le 26 novembre 998 à Corinthe. Il laissa un Traité sur la religion des Arméniens et plusieurs Sermons.

NICON, fameux athlète de Thase, fut couronné quatorze fois dans les jeux solennels de la Grèce. On lui éleva une statue, qui fut jetée à la mer, comme coupable d'homicide, ayant tué en tombant un homme qui la frappait. Quelques années après, les Thasiens étant affligés d'une grande famine et ayant consulté l'oracle de Delphes, ils firent retirer de la mer la statue, et lui rendirent des hommages.

NICOPOLIS (c'est-à-dire en grec, ville de la victoire), nom commun à plusieurs villes anciennes, entre autres : 1° *Nikopoli*, dans la Mésie inférieure, au confluent du Danube et de l'Aluta, fondée par Trajan après ses victoires sur Décébale ; cette ville, plus tard comprise dans la Bulgarie, fut prise par Bajazet en 1370, qui remporta aux environs, sur les chrétiens, deux victoires décisives, l'une en 1393 sur l'empereur Sigismond, la deuxième en 1396 sur la noblesse française, conduite par Philippe d'Artois, connétable de France, et Jean comte de Nevers (Jean-sans-Peur, duc de Bourgogne) ; 2° *Devriki*, dans le Pont, au sud, au lieu où Mithridate fut vaincu par Pompée ; 3° *Prevesa Vecchia*, à l'entrée du golfe d'Ambracie, fondée ou agrandie par Auguste en mémoire de la bataille d'Actium ; une ville de Palestine élevée par Vespasien sur l'emplacement d'Emmaüs (qu'avait brûlée Quintilius Varus, gouverneur de Syrie) et depuis agrandie par Héliogabale et Alexandre-Sévère ; 5° une ville de la Basse-Égypte, dite aussi *Juliopolis*, aujourd'hui *Kars* ou *Kassiera* ; 6° une ville de Cilicie, la même qu'*Issus* ou *Adjacium*, aujourd'hui *Aias* ou *Aiazzo*.

NICOSIE ou **Leucosie**, *Lefkosia* en grec moderne, capitale de l'île de Chypre, par 31° 6' long. E., 35° 13' lat. N.; 2,000 familles ou 1000. Évêché, mais en pierres, mosquée, jadis cathédrale d'*Aia Sofia* ou Sainte-Sophie ; palais, aujourd'hui sérail. Maroquins, petits tapis, toiles de coton bien imprimées, Construite sur l'emplacement de l'ancien *Tremitus*, importante sous les Lusignans, rois de Chypre ; prise aux Vénitiens par Sélim II, en 1570.

NICOSIE, ville de Sicile, intendance de Catane, à 50 kil. nord-ouest de Catane. 13,000 habitants. Bâtie sur l'emplacement d'*Erbita*, célèbre dans l'antiquité pour avoir résisté à Denys, tyran de Syracuse.

NICOT (Jean), seigneur de Villemain, né en 1530, à Nîmes ; mort en 1600 à Paris, secrétaire de Henri II et ambassadeur de François II en Portugal, a publié un *Trésor de la langue française, tant ancienne que moderne*, Paris, 1606, in-fol., qui est le premier dictionnaire français connu, et une bonne édition de l'*Histoire d'Aimoin*, Paris, 1656, in-8° ; mais il est surtout connu pour avoir introduit en France le tabac, que lui fit connaître un marchand flamand venu d'Amérique pendant son ambassade à Lisbonne, et qui prit alors de son nom celui de *nicotiane*.

NICOTERA, *Nicotera*, ville du royaume de Naples (Calabre Ult. 2ᵉ), sur le golfe de Gioja. 6,300 habitants. Évêché. Ravagée par un tremblement de terre, en 1783.

NICOTIANE, *nicotiana* (bot,), genre de plante, ainsi nommée de Jean Nicot, l'introducteur du tabac en France, appartenant à la famille des solanées ; ce sont des plantes herbacées, quelquefois sous-frutescentes, souvent de haute taille, revêtues pour la plupart d'une villosité gluante, qui croissent principalement dans les parties tropicales de l'Amérique et quelques-unes dans les contrées chaudes de l'Asie. Leurs feuilles sont alternes, entières ; leurs fleurs blanchâtres, verdâtres ou purpurines, forment des grappes ou des panicules terminales. Elles présentent pour caractères : calice tubuleux, campanulé, à 5 lobes peu profonds ; corolle infundibuliforme, à limbe plissé 5-lobé, 5 étamines insérées sur le tube de la corolle, inégales, égales ; anthères à déhiscence longitudinale ; ovaire à 2 loges multiovulées, surmonté d'un style simple que termine un stigmate en tête. Le fruit est une capsule entourée par le calice persistant, biloculaire, s'ouvrant au sommet en deux valves ; graines très petites et très nombreuses. L'espèce la plus importante de ce genre est le nicotiane-tabac (*N. tabacum*), qui croît naturellement dans l'Amérique méridionale, d'où il fut introduit en Europe par Christophe Colomb en 1518, et fut cultivé comme plante médicinale ; ce ne fut qu'en 1560 qu'introduite en France par Jean Nicot, ambassadeur de France en Portugal, on commença à fumer les feuilles de cette plante. Le tabac à l'état cultivé est une grande et belle plante qui atteint 2 mètres et plus de hauteur ; elle est pubescente et glutineuse dans toutes ses parties ; ses feuilles très grandes sont oblongues, lancéolées. Les fleurs pédicellées, accompagnées d'une bractée linéaire lancéolée, sont grandes et font un assez bel effet. La culture de cette plante a donné naissance à de nombreuses variétés ; nous renvoyons aux ouvrages spéciaux pour les connaître et principalement au mémoire de Schrank (*Botan. Beobachtungen*, dans le *Botanische zeitung* de Hoppe. Quoique originaire des contrées chaudes du Nouveau-Monde, le tabac en qualité de plante annuelle réussit très bien dans nos climats tempérés. Le nicotiane-tabac exhale dans toutes ses parties et principalement dans les feuilles une odeur forte, vireuse et désagréable qui se modifie plus tard par la fermentation et devient ainsi celle du tabac préparé, bien connu de tout le monde ; cette odeur de la plante fraîche est due aux principes actifs et énergiques qui entrent dans sa composition chimique. Le plus remarquable est la nicotine qui constitue le principe vénéneux de la plante. Elle donne à l'analyse : carbone 71,52 ; hydrogène 8,23 ; azote 7,12 ; oxygène 13,13. (Voyez *Comptes-rendus de l'Acad.*, t. xxi, décembre 1845.) J. P.

NICOTINE, s. f., nom donné par Thomson à la matière éminemment active des feuilles de nicotiane ; c'est une substance volatile, d'odeur pénétrante qui rappelle celle de la fumée de tabac non divisée ; elle est soluble dans l'eau, l'alcool, l'éther, les huiles ; elle sature les acides et produit des sels plus ou moins cristallisables, déliquescents ; elle est très azotée et susceptible de cristalliser en petites lames micacées ; sa saveur est caustique et on peut la regarder comme un des alcaloïdes les plus vénéneux : concentrée, elle tue presque aussi rapidement que l'acide cyanhydrique. Le tannin, qui forme avec elle un composé peu soluble, pourrait combattre ses effets, ainsi que ceux du tabac.

NID, s. m., espèce de berceau, de logement que les oiseaux construisent pour y déposer leurs œufs et y élever leurs petits. On appelle aire le nid de l'aigle et des autres grands oiseaux de proie. Prov. et fig., il a croit avoir trouvé la pie au nid, se dit par plaisanterie d'un homme qui s'imagine avoir fait quelque découverte importante. Proverb. et fig., petit à petit l'oiseau fait son nid, on fait peu à peu sa fortune. Prov. et fig., à chaque oiseau son nid est beau, chacun trouve sa maison, sa propriété belle. Fig., un bon nid, un bon établissement où l'on est à son aise. Fig. et fam., c'est un nid à rats, se dit d'une méchante petite maison.

NIEBELUNGEN (chant des), vieux poème épique de l'Allemagne, ainsi nommé d'une ancienne et puissante tribu des Burgundes appelée Niebelungen ou Niflungen (on fait aussi dériver ce nom de *Nibullman*, qui veut dire intrépide). Le sujet du poème est la lutte des Burgundes et particulièrement de la famille des Niebelungen contre le fameux Etzel ou Attila, et la destruction de cette tribu, victime des passions de Siegfried et de Gunther, deux de ses principaux chefs. Le premier de ces deux guerriers, fils de Sigismond, roi de Santen, sur le Rhin, aime Chriemhild, sœur de Gunther, et celui-ci, de son côté, aime Brunhild, fille d'un roi d'Islande ; mais la main de cette dernière ne peut être conquise que par la force. Alors Gunther promet sa sœur à Siegfried, s'il veut l'aider à se rendre maître de Brunhild. Celle-ci est en effet vaincue par Siegfried, qui lui arrache un talisman d'où elle tirait sa force, et qui le donne à sa fiancée Chriemhild. Brunhild, furieuse et jalouse, fait assassiner Siegfried par Hagen, et Gunther n'ose point s'opposer à ce meurtre. Chriemhild, devenue veuve, brûle à son tour de se venger. Elle épouse Etzel (Attila), roi des Huns, et fait inviter les Niebelungen au festin des noces ; mais à un signal donné tous sont massacrés par les Huns ; Hagen et Gunter sont faits prisonniers et mis à mort par Chriemhild. Les événements de ce poème remontent au vᵉ siècle de notre ère et se passent à la fois sur le Rhin et sur les frontières de l'Autriche et de la Hongrie. Il a pour fondement les *sagas* ou traditions germaniques mêlées à celles du Nord. On pense qu'il a été écrit au xiiiᵉ siècle par un minnesinger nommé Henri d'Ofterdingen. Il a été traduit en français par madame Moreau de la Meltière, 1839, 2 vol. in-8°.

NIEBLA, ville d'Espagne (Séville), sur le Tinto, à 52 kil. O. de Séville ; 7,000 habitants. Antiquités romaines. Titre d'un comté.

NIEBUHR. Deux savants allemands, le père et le fils, ont illustré ce nom. Karstens, célèbre par son voyage en Arabie, naquit le 17 mars 1733, à Lüdingworth, dans le Hanovre, et entra, en 1760, au service du Danemark, en qualité d'ingénieur militaire. Dès l'année suivante, au mois de janvier, il partit avec la société savante que le roi Frédéric V envoyait à ses frais explorer l'Arabie. La mort lui enleva en quelques mois tous ses compagnons ; et le but de l'entreprise aurait été complétement manqué, si Niebuhr n'avait pris la courageuse résolution de poursuivre seul sa route. De retour en 1767, il publia le résultat de ses propres recherches et de celles de ses compagnons, dans sa *Description de l'Arabie*, Copenhague, 1772, in-4°, et dans son *Voyage en Arabie et dans les contrées voisines*, Copenhague, 1774-78, 2 vol. in-4°; l'un et l'autre, écrits en langue allemande, ainsi que dans son édition de Forskael. Observateur exact et fidèle, plein d'amour pour la vérité, ennemi du merveilleux et de l'exagération, Karstens Niebuhr ne raconte que ce qu'il a vu de ses propres yeux, et jamais il ne s'en rapporte au témoignage des autres : aussi, ses ouvrages sont-ils encore aujourd'hui la source la plus pure de nos connaissances sur la situation des pays qu'il a parcourus, et leur constitution politique. Nommé, en 1768, capitaine du génie, il reçut, en 1778, le titre de conseiller de justice, ainsi qu'une place de secrétaire provincial à Meldorf, dans le Dithmarschen méridional; en 1808, il devint conseiller d'état (nominal), après avoir été admis, en 1802, dans le sein de l'Institut de France comme associé étranger à la 3ᵉ classe. Il mourut le 26 avril 1815. Son fils a publié sa Vie, Kiel, 1817, in-8°.

NIEBUHR (BARTHOLD-GEORGES), fils du précédent, naquit à Copenhague, le 27 avril 1776. La première éducation qui lui fut donnée, à Meldorf, semblait lui garantir le même genre d'illustration que son père; mais ses goûts l'entraînèrent irrésistiblement vers l'étude de l'antiquité classique. Après avoir reçu des leçons du philologue Sœger, il alla étudier le commerce à Hambourg; et là, il se lia d'amitié avec le poète Voss et l'illustre Clopstock. Il passa ensuite quelque temps à l'université de Kiel, suivant les cours de droit, et se rendit à Edimbourg, où il étudia avec beaucoup de fruit la chimie, en même temps que les institutions de la Grande-Bretagne. De retour dans sa patrie, il vit s'ouvrir devant lui la carrière administrative, et devint successivement secrétaire du ministre des finances, sous-bibliothécaire, et enfin l'un des directeurs de la banque danoise. Quand les Français conquirent l'Allemagne, Niebuhr abandonna son pays qu'il accusait de leur être favorable, et passa au service de la Prusse où il fut nommé directeur du commerce de la mer Baltique. A la paix de Tilsitt, il fut chargé d'une négociation en Hollande avec l'Angleterre pour régler quelques affaires de finances, et reçut le titre de conseiller d'état à son retour à Berlin. Lors de la création de l'université, plusieurs savants confrères de Niebuhr à l'académie des sciences, le pressèrent d'entreprendre un cours d'histoire romaine. Il publia, en 1811 et 1812, les deux premiers volumes de ce travail qui eurent un immense succès; et en même temps il lut à l'Académie de savants mémoires sur divers points de l'histoire grecque ou romaine, plus ou moins controversés. A l'époque de la campagne de Russie, il fit paraître, avec M. Arndt, un journal intitulé : *Le Correspondant prussien*, rédigé à la suite des armées. Il prit lui-même part à la guerre. En 1815, il écrivit en faveur des patriotes allemands, ce qui lui valut un honorable exil, coloré du prétexte d'une mission auprès du Saint-Siège (1816). Niebuhr se rendit à son poste en passant par Vérone, où il découvrit, dans la bibliothèque du Chapitre, les Institutes de Gaïus. A Rome, il fit de sérieuses recherches sur l'histoire qu'il avait entreprise, publia plusieurs dissertations ou éditions, et donna, dans un journal allemand, ses idées sur la topographie de Rome. Après avoir sollicité son rappel, il alla visiter Naples; puis se mit en route par les provinces du Rhin, où, retenu à Bonn malgré lui, il s'occupa de continuer son Histoire romaine. Il rédigea son 3ᵉ volume pendant l'hiver 1824, et résolut ensuite de refondre les deux volumes qu'il avait déjà publiés. Ces deux volumes eurent jusqu'à trois éditions nouvelles. En 1826, il conçut l'idée de réimprimer les auteurs de la collection Byzantine; et en même temps il fonda un recueil périodique intitulé : *Le Musée du Rhin*. Un incendie ayant détruit, dans la nuit du 7 février 1830, une partie de ses travaux, il était occupé à les recommencer, lorsque la révolution de Juillet porta le dernier coup à son organisation inquiète et nerveuse. Le 2 janvier 1831, il succomba à la suite d'une violente inflammation, laissant inachevée cette fameuse Histoire romaine, qui a donné lieu à tant de controverses, et qui, quoi qu'on en puisse dire, est certainement un des ouvrages les plus remarquables de notre époque. Elle a été traduite en français par M. de Golbéry. Niebuhr avait publié, en 1828, à Bonn, un premier recueil d'Opuscules historiques et philologiques; en 1842, sa famille le compléta par un 2ᵉ vol. et par un autre vol. d'Opuscules non philologiques, Hambourg, 1842. Ces publications avaient été précédées par des espèces de mémoires mis au jour sous ce titre : *Lebensnachrichten über B.-G. Niebuhr*,

aus Briefen desselben und aus Erinnerungen einiger seiner næchsten freunde, Hambourg, 1838-39, 3 vol. in-8°. On en trouve la substance dans le 7ᵉ volume (1839), de la traduction française de l'Histoire romaine, par M. de Golbéry.

NIELLE (bot.), nom donné à diverses espèces de plantes considérées comme nuisibles aux moissons. Telles sont la nielle des blés, l'*agrostemma githago*, la nielle ou charbon de blé, les urédinées, nielle de Virginie, le *melanthium virginicum*, etc.   J. P.

NIEMEN ou MEMEL, fleuve de la Russie occid., naît dans le gouvernement de Minsk, traverse ceux de Vilna et de Grodno, forme la limite entre la Pologne russe et la Courlande, puis, après avoir couru 54 kil. en Prusse, tombe dans le Curische-Haff. Affluent principal, la Vilia. Ce fleuve coule en général de l'E. à l'O. avec beaucoup de détours; 680 kil. Napoléon eut avec l'empereur Alexandre, le 25 juin 1807, sur le Niémen, près de Tilsitt, une entrevue célèbre qui amena la paix de Tilsitt. L'armée française exécuta, le 23 juin 1812, le fameux passage du Niémen pour entrer en Russie.

NIER, v. a., dire qu'une chose n'est pas vraie, soutenir qu'une chose n'est pas. Nier une dette, un dépôt, nier qu'on ait une dette à payer, qu'on ait reçu un dépôt. Nier signifie aussi, en termes d'argumentation, ne pas demeurer d'accord d'une proposition. Il s'emploie quelquefois absolument.

NIEREMBERG (JEAN-EUSÈBE DE), jésuite, Allemand d'origine, né à Madrid, en 1590, y mourut en 1658. C'était un homme pénitent, austère et très laborieux. La plupart de ses ouvrages de piété, composés soit en espagnol, soit en latin, ont été traduits en diverses langues et quelques-uns en français. Le Traité du discernement et de l'éternité ou de la différence du temps et de l'éternité, n'a pas seulement été mis en français par le P. Brignon, il l'a aussi été en arabe par le P. Fromage, de la même société. Celui de ses ouvrages qui est le plus recherché des curieux est sa *Curiosa filosofia de las maravillas de naturaleza*, Madrid, 1643, in-4°. On a encore de lui : *Eloge des hommes illustres de sa société*, en espagnol, Madrid, 1643, 6 vol. in-fol.; *Traité de l'origine de l'Ecriture-Sainte*, Lyon, 1641, in-fol.; *Historia naturæ*, Anvers, 1635, in-fol.

NIEUPORT, *Nieuwpoort* en flamand, ville de Belgique (Flandre occid.), à 16 kil. S.-O. d'Ostende ; 3,600 habitants. Climat malsain. Canaux qui communiquent avec Bruges, etc. Petit port de pêcheurs. Pêche de harengs, cabillauds, etc. Fondée au xiiiᵉ siècle; ruinée par les Anglais en 1383; rebâtie et fortifiée par Philippe-le-Hardi en 1385. Elle soutint plusieurs sièges, notamment celui des Français en 1488. Bataille où Maurice de Nassau défit l'archiduc Albert en 1600. Prise par les Français en 1745, 92 et 94.

NIEUWENTYT (BERNARD), né à Westgraafdyk en Nord-Hollande, l'an 1654, mort à Purmerende, en 1718, devint bon philosophe, grand mathématicien, médecin célèbre, magistrat habile et équitable. Ses principaux ouvrages sont : un Traité en hollandais, traduit en français par Nogués, sous ce titre : *L'existence de Dieu démontrée par les merveilles de la nature*, Paris, 1740, in-4°. C'est une espèce de physique dans laquelle le sage écrivain tourne tout à la gloire de l'Etre suprême et de ses ouvrages; une Réfutation de Spinosa, in-4°, en hollandais.

NIEUWKERK ou NYKERK, ville de Hollande (Gueldre), à 10 kil. N.-E. d'Amersfoort; 5,000 habitants. Port qu'un beau canal joint au Zuyderzée. Tabac, bétail.

NIÈVRE, petite rivière de France, formée de deux ruisseaux qui se joignent à Guérigny, tombe dans la Loire à Nevers, après 45 kil. de cours, et donne son nom au département de la Nièvre.

NIÈVRE (Département de la). Partie du Nivernais et de l'Orléanais-Gâtinais. Il est borné à l'est par les départements de la Côte-d'Or et de Saône-et-Loire, au sud par celui de l'Allier, à l'ouest par la Loire, au nord par les départements du Loiret et de l'Yonne. Nevers en est le chef-lieu. Ses sous-préfectures sont Clamecy, Château-Chinon et Cosne. Sa superficie est de 373 lieues carrées ou 736,719 hectares, 25 cantons ou justices de paix, et 330 communes. Son sol est généralement fertile et produit du froment, du seigle et autres grains, du chanvre, beaucoup de fruits excellents et des truffes en quelques endroits. Parmi ses vins on distingue celui de Pouilly. Les pâturages y sont excellents. Ses vastes forêts renferment chênes, charmes et hêtres, dont une étendue de 187,045 hectares. Le bétail y est nombreux, ainsi que les chevaux et le gibier. On y trouve des mines de fer abondantes, du plomb, houille, carrières de marbre, granit, eaux minérales dont un établissement se trouve à Pouques. Le département de la Nièvre fournit à Paris beaucoup de bois à brûler, qui y arrivent par le flottage sur les rivières de la Nièvre et de l'Yonne. Sa population est de 257,989 habitants. Le département de la Nièvre possède un évêché suffragant de Sens, ressort de la cour royale de Bourges, et fait partie de la 21e division militaire.

NIGAUD ou **NILGAUD** (*zool.*), nom d'une espèce d'antilope et d'une espèce de cormoran. (Voyez ces mots). J. P.

NIGELLE (*bot.*), genre de plantes de la famille des renonculacées, tribu des helléborées, renfermant des plantes herbacées annuelles, propres aux régions méditerranéennes, à feuilles divisées en lobes nombreux et étroits à fleurs solitaires, à l'extrémité de la tige et des branches, de couleur bleue, jaunâtre ou blanche. Ces fleurs se composent d'un calice coloré à 5 grands sépales étalés, de 5-10 pétales petits bilabiés, d'étamines nombreuses de 5 pistils à ovaires uniloculaires renfermant deux rangées d'ovules le long de leur suture ventrale. Le fruit est formé de cinq capsules membraneuses plus ou moins soudées entre elles, dont chacune se termine par un style persistant et s'ouvre au sommet pour laisser sortir les graines. Parmi les espèces de ce genre, nous citerons : la nigelle cultivée (*N. sativa*) qui croît dans les terres cultivées aux environs de Montpellier et dans l'Afrique septentrionale. On lui donne le nom vulgaire de *toute-épice*. Sa graine sert de condiment en Orient, et on en parsème le pain et les gâteaux ; en Europe, on ne s'en sert que dans les ragoûts. Sa tige est droite, légèrement pubescente ; ses feuilles sont laciniées ; ses fleurs terminales sont de couleur blanchâtre ou bleuâtre. J. P.

NIGER-PÉRATE, fut un des plus vaillants hommes de son temps parmi les Juifs. Il commandait dans la province d'Idumée, au commencement de la guerre de ce peuple avec les Romains, et se signala en plusieurs rencontres, principalement contre Cestius Gallus, à Gabao et à Ascalon. Simon et Jean ayant usurpé toute l'autorité dans Jérusalem, Niger, dont les talents excitaient leur jalousie, fut un des premiers qu'ils lui accusèrent d'intelligence avec les Romains. Ils lui firent mille outrages et le traînèrent enfin hors des murailles de Jérusalem, où ils le firent assommer à coups de pierres, sans vouloir lui permettre de se justifier des crimes dont il était accusé.

NIGER (C. PESCENNIUS-JUSTUS), empereur d'Orient, gouverneur de Syrie, se signala par sa valeur et sa prudence. Les légions romaines le saluèrent empereur à Antioche, vers la fin d'avril 193, sur la nouvelle de la mort de Pertinax. Un orateur ayant voulu célébrer son avénement à l'empire par un panégyrique : « Composez plutôt, lui dit Niger, l'éloge de quelque fameux capitaine qui soit mort, et tracez à nos yeux ses belles actions pour nous servir de modèle. C'est se moquer que d'encenser les vivants, surtout les princes dont il y a toujours quelque chose à craindre ou à espérer. » Niger ne jouit du commandement qu'environ un an ; il perdit plusieurs batailles contre Sévère, et enfin l'empire avec la vie dans les premiers mois de l'an 195 de J.-C.

NIGER ou **JOLIBA** (*Djoliba*), c'est-à-dire dans le langage indigène, le grand fleuve, appelé aussi le Nil noir et Quorra dans sa partie inférieure. C'est le cours d'eau le plus considérable de l'Afrique. Sa source et même son embouchure sont connues depuis quelques années seulement. Il descend des montagnes de la Sénégambie, coule au nord-est pendant 250 milles géographiques, arrose les villes de Djenni et de Ten-Bektoue (Tombouctou), tourne au sud, et se jette dans le golfe de Guinée en formant un véritable delta qui se développe entre la rivière de Noun, la rivière de Benin et le Calabar, ainsi que l'ont prouvé les récentes découvertes des frères Lander. Hérodote avait déjà dit que le Niger coulait de l'ouest à l'est, mais on ne voulut le croire que lorsque l'exploration du cours de ce fleuve eut confirmé son témoignage. Mungo-Park fut le premier Européen qui vit le Niger ; il rapporta également qu'il coule de l'ouest à l'est. Sa fin malheureuse l'empêcha d'en découvrir l'embouchure. Les deux expéditions que les Anglais firent en 1816 n'eurent pas plus de succès. L'opinion que ce fleuve traversait les montagnes de la Nigritie centrale et coulait au sud-ouest fut émise après la publication, en 1817, du voyage de James Riley, subrécargue d'un brick américain qui avait fait naufrage deux ans auparavant sur la côte occidentale de l'Afrique. Tous les renseignements que l'anglais Ritchie put se procurer dans son voyage de Tripoli à Mourzouk, capitale du Fezzan, où il mourut, se bornèrent à peu de chose. Les uns

lui disaient que le Niger et le Nil n'étaient qu'un même fleuve, d'autres soutenaient le contraire. En 1825, Denham et Clapperton, de retour d'un voyage entrepris dans l'intérieur de l'Afrique, en 1821, publièrent que le Niger se jette dans le golfe de Benin, et cette opinion a été confirmée par l'exploration faite aux frais du gouvernement anglais, en 1830, par les frères Lander.

NIGIDIUS-FIGULUS (PUBLIUS), bon humaniste, habile philosophe et grand astrologue, passa pour le plus savant des Romains après Varron. Ses talents lui procurèrent les charges de préteur et de sénateur. Il fut utile à Cicéron pour dissiper la conjuration de Catilina ; mais, ayant pris le parti de Pompée contre César, il fut exilé et mourut en exil l'an 45 avant J.-C. Il ne nous reste de ses ouvrages que des fragments recueillis par Rutgersius.

NIGRITIE, une des cinq grandes régions de l'Afrique, entre celles du Maghreb au N., de l'Afrique australe au S., du Nil et de l'Afrique orientale à l'E., et l'Atlantique à l'O. (de 20° O. à 24° E. pour la long., de 17° N. à 18° S. pour la lat.), est divisée vulgairement en quatre parties inégales : 1° Sénégambie, ou Nigritie occidentale du Nord ; 2° Guinée, ou Nigritie occidentale du Sud ou Nigritie maritime ; 3° Congo, ou Nigritie mérid. (au S. de la Ligne) ; 4° Soudan, Nigritie intérieure ou Nigritie propre.

NIGRITIE INTÉRIEURE OU CENTRALE OU PROPREMENT DITE, vulg. SOUDAN, a pour bornes à l'O. la Sénégambie et la Guinée, au S. encore la Guinée et les monts Al-Kamar, ou les régions centrales tout-à-fait inconnues de l'Afrique, au N. le Sahara ; elle commence à 7° de long. O. ; pour la lat., elle s'arrête à 5° ou 6° N. Elle renferme un nombre infini d'États que nous réunirons en trois masses et dont voici les principaux, avec leurs capitales.

BASSIN DU LAC TCHAD.	
Emp. de Bornou	
(Bornou propre, Kanem, Loggoun Bornouan, Mandara Bornouan, partie des Mungas) . . . . ch.-l.	Kouka.
Roy. de Baghermé	Mesna.
Roy. de Bergou, dit aussi Mobba ou Dar-Szaleh	Ouarra.

BASSIN DU DOLIBA.	
Pays de Sangara	»
Pays de Bouré	Bouré.
Pays de Kankan	Kankan.
Pays d'Ouassoulo	Sigala.
Roy. de Haut-Bambarra	Ségo.
Roy. de Bas-Bambarra	Djenné.
Roy. de Massina	Massina.
Pays de Banan	Dihiover.
Pays des Dirimans	Alcodia.
Roy. de Tembouctou	Tembouctou.
Roy. d'Yaouri	Yaouri.
Roy. de Niffé ou Tappa	Taba et Koulfa.
Roy. de Borgou	Boussa.
Roy. de Yarriba	Eyeo ou Katunga.
Roy. de Benin ou Adou	Benin.
Roy. de Qua	Vieux-Calabar.
Roy. de Kong	Kong.
Roy. de Kalanna	Kalanna.
Roy. de Dagoumba	Yahndi.

Pays mi-partie dans les deux bassins.

Empire des Fellahs ou Fellatahs, ch.-l. Sakatou, subdivisé en :

États de Gouber.	États de Kachenah.
— Kobbi.	— Katagoum.
— Guari.	— Aweik.
— Zamfra.	— Kurry-Kurry.
— Zeg-Zeg.	Pays de Djakoba.
— Kano.	

On ne peut évaluer la population du Soudan. Les habitants sont noirs et forment la race éthiopienne ou nègre (d'où le nom du pays). On les divise en beaucoup de familles. Pour la religion, les uns sont mahométans ; les autres, au moins aussi nombreux, sont fétichistes. Les langues sont très variées. Le climat est généralement brûlant (41° à l'ombre) ; sur quelques points pourtant on a des hivers très rudes. La saison pluvieuse commence en juin et dure très longtemps ; des fièvres endémiques la signalent. Le sol est très fertile vers les rivières ; mais celles-ci sont rares (Djoliba, Charry, Yeou, Missclad, etc.) ;

des sables stériles occupent presque tout le pays. Maïs, riz, coton, indigo, tabac, café, dattes et autres fruits, patates, ignames, mangouses, etc. Eléphants, girafes, chameaux, buffles et bétail; volaille, gibier, mais nombre d'animaux féroces, lions, hyènes, panthères, léopards, chakals, etc., reptiles énormes, crocodiles, boas et autres serpents. Mines d'or à Tembouctou et ailleurs. Ces pays furent inconnus aux anciens, qui niaient même la possibilité d'habiter sous la zone torride et qui plaçaient là une mer. La Nigritie a été comme entrevue au moyen âge, et Léon l'Africain en a parlé, mais elle n'a été vraiment explorée par des Européens que depuis quatre-vingts ou cent ans; les principaux voyageurs qui l'ont visitée sont : Browne, Hornemann, Mungo-Park, Denham, Clapperton, Oudney, Laing, Ruppel, Caillié.

NIGRITIE MARITIME. Nous donnerons seulement ici la liste des principaux Etats de cette partie de l'Afrique avec leurs chefs-lieux :

Timmanie.	Kamba.
Kouranko.	Kolakonka.
Roy. de Soulimana.	Falaba.
Roy. de Capo-Monte.	Couscea.
Roy. de Sanguin.	Trade-Town.
République de Cavally.	Cavally.
Empire des Achantis.	Coumassie.
Roy. de Dahomey.	Abomey.
Roy. d'Ardrah.	Allada.
Roy. de Lagos.	Lagos.

NIKLASBERG ou **NICLASBOURG**, bourg de Bohême, à 17 kil. N. d'Eger. Un traité de paix y fut conclu en 1622 entre l'empereur Ferdinand et Bethlem-Gabor, qui y renonça à ses prétentions sur la Hongrie.

NIKOLAIEV, ville de Russie (Kherson), à 60 kil. N.-E. de Kherson; 12,600 habitants. Chantiers de construction. Monuments divers. Fondée en 1791. Près de là on trouve les ruines de l'ancienne colonie milésienne d'Olbia. On donne quelquefois le nom de gouvernement de Nikolaiev au gouvernement de Kherson, à cause de l'immense accroissement que la ville de Nikolaiev a reçu dans ces derniers temps.

NIKOLSBURG, ville des Etats autrichiens (Moravie), à 40 kil. S. de Brünn; collége, synagogue, gymnase, cabinet d'histoire naturelle.

NIKON, né en 1613, dans le gouvernement de Nowogorod, patriarche de Russie en 1652, introduisit dans l'Eglise russe le chant à l'exemple de l'Eglise grecque et assembla une espèce de concile pour la restitution du texte sacré. Il y fut prononcé que l'ancienne version slavone était fidèle et qu'il ne s'y était glissé des fautes que par la multiplication des copies. On en fit une nouvelle édition à Moscou que Nikon signa. Ces changements causèrent une division dans cette Eglise. Ceux qui étaient attachés aux anciens usages furent appelés *Raskolniki*. La faveur dont jouissait Nikon auprès du tzar Alexiowitch fut suivie d'une disgrâce qui lui donna le loisir de rassembler différentes Chroniques, de les confronter, de les corriger l'une par l'autre, et peut-être de les altérer : il en composa une Histoire qui conduit jusqu'au règne du tzar Alexiowitch, Saint-Pétersbourg, 1767, 2 vol. in-4°.

NIKOPOLI, *Nicopolis ad Istrum*, ville de la Turquie d'Europe (Roumélie), chef-lieu du livah de Routchouk, sur le Danube, à 140 kil. S.-O. de Bucharest; 10,000 habitants. Château-fort. Archevêché grec. Evêché catholique. Grand commerce. Il y a une Nikopoli, *Nicopolis ad Nestum*, à 200 kil. N.-O. de Gallipoli.

NIKSAR ou **NIGISSAR**, *Neocésarée*, ville de la Turquie d'Asie (Roum) (Roum), chef-lieu de livah, à 36 kil. E. de Tokat; 1,000 habitants. Evêché.

NIL, *Nilus* des anciens, quelquefois *Triton, Mélas* et *Siris*, célèbre fleuve de l'Afrique, naît au S. du Darfour, dans les monts Al-Kamar, vers 39° 40' longitude E., 7° 45' latitude N., coule d'abord sous le nom de Bahr-el-Abiad (ou fleuve Blanc) à l'E et au N.-E., puis prend sa route générale au N., reçoit chemin faisant le Maleg, le Bahr-el-Azrek (ou fleuve Bleu) et le Tacazzé ou Atbarah (ancien Astaboras), parcourant ainsi le Donga, le pays des Chelouks, le Denka, et passant entre le Dar-el-Aïze (dans le Sennaar) et le Kordofan; il prend alors le nom de Nil, traverse l'Abyssinie et la Nubie, arrosant les pays de Halfay, de Chendy, de Damer, de Barban, de Chakyé, de Dongola, de Mahas, de Sokkot, de Hadjar, de Barabras, et arrive ainsi en Egypte, où il va presque directement du sud au nord, jusqu'à ce que, par 30° 12' latitude N., il se divise en deux branches qui elles-mêmes, par

leurs ramifications, donnent lieu à sept bras et à sept bouches, dites chez les anciens : Canopique, Bolbitine, Sébennytique, Phatnitique, Mendésienne, Tanitique et Pélusiaque; on les appelle aujourd'hui bouches du lac d'Edkou, de Rosette, du lac Bourlos, de Damiette, de Dibéh, de l'Om-Fareg et de Tinéh. La première et la quatrième sont les plus considérables; branches qui s'y rendaient portaient les noms d'Agothodæmon et d'Athribitique; l'espace compris entre elles était appelé grand Delta; entre la quatrième et la septième était le petit Delta; le tout ensemble formait le Delta. Le cours du Nil est encadré à droite et à gauche par des chaînes de montagnes; les pluies d'été l'enflent démesurément, il déborde peu pourtant dans la Haute-Egypte, parce que là ses rives sont très hautes. Dans la Moyenne et la Basse-Egypte, au contraire, il déborde excessivement et c'est à ces crues que le sol égyptien doit son extrême fécondité (l'irrigation dans la Haute-Egypte est artificielle). La meilleure hauteur des crues du Nil est de huit mètres. Au Caire, des canaux que ferment et ouvrent des écluses reçoivent l'eau excédante et la donnent à l'agriculture quand le fleuve n'atteint pas le niveau requis. L'ancienne Egypte avait construit, pour mesurer la hauteur des eaux du Nil, des échelles remarquables dites milomètres. Six cataractes interrompent le cours du Nil; elles étaient surtout célèbres dans l'antiquité. La seule qui soit vraiment remarquable est celle de l'ancienne Philæ (aujourd'hui El-Birbé), près d'Assouan, sur les limites de l'Egypte, encore n'a-t-elle que seize mètres. Les cinq autres sont en Nubie, vers Ouady-Ifah, HeHannaeh, Guerfel-Hamdab, El-Soleimanieh et près de l'île de Niertate. Le cours total du Nil est de 5,500 kil. Les sources de ce fleuve ont été un problème insoluble pour les anciens; les modernes eux-mêmes ne les ont point encore visitées. Ptolémée les a le premier placées dans les monts Al-Kamar, et cette opinion prévaut encore aujourd'hui. Caillaud est parmi les modernes le voyageur dont les explorations ont été le plus utiles à la science.

NIL (Saint), *Nilus*, disciple de saint Jean-Chrysostôme, avait une grande réputation de piété dès le commencement du v° siècle. On dit qu'il était de Constantinople et de la première noblesse. Il épousa une femme digne de lui et en eut deux enfants. L'empereur Arcadius l'éleva à la dignité de préfet ou gouverneur de Constantinople; mais les vices qui régnaient à la cour de ce prince ayant alarmé la délicatesse de conscience de Nil, le déterminèrent à se retirer dans le désert de Sinaï avec son fils Théodule. Sa femme consentit à sa retraite et se retira elle-même avec sa fille dans un monastère de filles en Egypte. Saint Nil vécut longtemps avec des moines d'une sainteté exemplaire. Ils demeuraient dans des cavernes ou dans des cellules qu'ils bâtissaient eux-mêmes, éloignées les unes des autres. La plupart ne mangeaient point de pain, mais seulement des fruits sauvages et des herbes crues; quelques-uns ne mangeaient qu'une fois la semaine. Ils avaient un prêtre et s'assemblaient le dimanche dans l'Eglise pour recevoir la communion et s'entretenir des vérités saintes de la religion. Des Sarrazins attaquèrent les solitaires de Sinaï, en tuèrent plusieurs, en emmenèrent d'autres captifs et donnèrent à quelques-uns de ceux qui étaient les plus âgés la liberté de se retirer; saint Nil fut de ces derniers, mais son fils Théodule fut emmené captif. On l'exposa en vente, et personne ne voulant donner ce que les Sarrazins en demandaient, ces barbares voulaient le mettre à mort. A force de larmes il obtint qu'on l'achetât. Il fut revendu à l'évêque d'Eleuse, qui, ayant reconnu son mérite, l'éleva à la cléricature. Saint Nil alla chercher ce cher fils chez l'évêque d'Eleuse, qui n'usa de son autorité de maître que par l'espèce de violence qu'il fit au père et au fils de leur imposer les mains pour l'ordre sacré de la prêtrise. L'histoire ne nous apprend plus rien de saint Nil; mais il y a apparence qu'il écrivait encore vers l'an 450, temps auquel on place ordinairement sa mort. Parmi les ouvrages on estime principalement ses Epîtres, le Traité de la vie monastique et le Livre de la prière. Dans sa lettre LXI° du iv° livre, il veut qu'on ne représente que la croix dans le sanctuaire, et il exhorte à placer autour des églises des peintures des histoires de l'Ancien et du Nouveau Testament. Les iconoclastes falsifièrent ce passage. Joseph-Marie Suarez, qui se démit de l'évêché de Vaison pour aller demeurer à Rome, y donna une édition des OEuvres de saint Nil en 1673, à l'exception de ses Lettres. Le P. Pierre Poussines, jésuite, publia trois cent trente-cinq Lettres de ce saint, Paris, 1657, in-4°. Léon Allatius en fit imprimer un nombre beaucoup plus considérable à Rome, 1668, in-fol., grec-latin. On trouve les Œuvres complètes de saint Nil dans la *Bibl. max. patrum.*　L'abbé B.

NIL, archevêque de Thessalonique dans le xiv° siècle, écrivit contre la primauté du pape. Barlaam, après avoir écrit en faveur du Saint-Siége, adopta l'erreur de Nil et la soutint dans un Traité semblable pour le fond à celui de ce schismatique, faute qu'il corrigea dans la suite. Ces deux Traités ont été réunis par Saumaise en un vol. in-4°, imprimé chez Elzevir, en 1645. Ce commentateur y a ajouté des Notes et quelques autres Traités.

NILGHERRI (monts), chaîne de montagnes qui fait partie du système indien ou des Ghattes, s'élève au N. de Koimbatour, et forme comme la jonction des Ghattes occidentales et des Ghattes orientales. Parmi les pics les plus élevés se distinguent le Mourchourti – Bet et l'Outa-Kamoud. Les monts Nilgherri sont couverts d'épaisses forêts remplies de bêtes sauvages, et recèlent des mines d'or et de fer.

NILOMÈTRE, s. m., nom de certaines colonnes qui sont divisées dans leur longueur en coudées et en parties de coudées, et qui, placées en différents lieux de l'Égypte, servent à mesurer la crue des eaux du Nil dans ses débordements périodiques.

NIMBE, s. m., (didact.), cercle de lumière que les peintres et les sculpteurs mettent autour de la tête des saints. Il se dit aussi en numismatique, du cercle que, sur certaines médailles et particulièrement sur les médailles du Bas-Empire, on remarque autour de la tête de quelques empereurs.

NIMÈGUE, *Noviomagus* des anciens, *Nymegen* ou *Nimwegen* en Hollandais, ville de Hollande (Gueldre), sur le Wahal, à 64 kil. S.-E. d'Amsterdam; 15,500 habitants. Cathédrale, hôtel-de-ville, arsenal, etc.; belle promenade de Kalverbosch, hors des murs. Industrie, savon, raffinerie de sel, etc. Ville très ancienne, existait du temps des Romains et était déjà importante au iv° siècle. Charlemagne l'agrandit et l'embellit, mais les Normands la ravagèrent en 881. Au ix° siècle, Nimègue devint ville libre et impériale, et fut admise dans la Hanse. Elle entra dans l'alliance d'Utrecht en 1579. Prise par les Français en 1672 et 1794. On y signa la paix de Nimègue; la France traita, le 10 août 1678, avec la Hollande, à laquelle on rendit les villes conquises; le 17 septembre 1678, avec l'Espagne, qui céda la Franche-Comté et partie de la Flandre; le 5 février 1679, avec l'empereur, qui restitua quelques provinces à la Suède, alliée de la France. Le duc de Lorraine, allié de l'empire, n'accepta pas les conditions mises à la restitution de ses États.

NIMES, *Nemausus,* ville de France, ch.-l. du département du Gard, à 702 kil. S.-E. de Paris; 43,036 h. Évêché suffragant d'Avignon. Beaux faubourgs. Nombreuses antiquités romaines (Amphithéâtre ou les Arènes, Maison-Carrée, temple et fontaine de Diane, tour Magne, porte de César, etc.); palais de justice, nouveau théâtre, hôpital, etc. Cour royale, académie universitaire, collége royal, séminaire, école de dessin, académie royale du Gard, société de médecine, bibliothèque, musée Marie-Thérèse (dans la Maison Carrée), cabinet d'histoire naturelle, manufactures nombreuses (tissus de soie et coton, châles, mouchoirs, madras, foulards, galons, eau-de-vie, vinaigre, etc.). Entrepôts des soies du pays. Grand commerce de plantes médicinales et tinctoriales. Chemin de fer pour Montpellier. Jadis chef-lieu des Volques Arécomiques, avait été colonisée par les Marseillais; florissante sous les Romains, et une des grandes cités de la Gaule; soumise aux Wisigoths (de 465 à 535 environ); enfin aux Francs. Au ix° siècle, elle fit partie du comté de Toulouse; mais comprise dans le comté de Maguelone, elle devint possession aragonaise et ne fut rendue à la France qu'en 1259 par le traité de Corbeil. En 1417, elle fut occupée par les Anglais; ce fut alors que l'amphithéâtre fut ruiné. Au xvi° siècle elle embrassa le calvinisme: aussi eut-elle beaucoup à souffrir au xvii° sous Louis XIII et Louis XIV, et perdit-elle quantité d'habitants et de richesses; jamais pourtant le calvinisme n'y fut déraciné, et il y refleurit dès le milieu du xviii° siècle, mais les deux partis catholique et calviniste y semblaient toujours à la veille de se combattre par les armes. En 1791 et 1815 y eurent lieu de sanglantes réactions politiques et religieuses. Il s'est tenu à Nimes des conciles particuliers en 389, 886, 997 et 1096. A Nimes sont nés Nicot et Rabaut-Saint-Etienne. L'arrondissement de Nimes à 11 cantons (Aigues-Mortes, Aramon, Beaucaire, Marguerittes, Saint-Gilles-les-Boucheries, Saint-Mamert, Sommières, Vauvert, plus Nimes qui compte pour 3), 72 communes et 131,712 habitants.

NINIAS, ou **NINUS LE JEUNE,** fils de Ninus et de Sémiramis, monta, vers l'an 2080 av. J.-C., sur le trône d'Assyrie après sa mère, qui avait abdiqué l'empire, ou, selon quelques auteurs, qu'il avait fait mourir, parce qu'elle l'avait sollicité au crime. Quoi qu'il en soit, il ne fut pas plus tôt affermi dans ses États, qu'il en abandonna le soin à ses ministres, et se renferma parmi ses femmes dans son palais où il mena la vie la plus voluptueuse, ne se faisant voir que très rarement en public. On lui donne 38 ans de règne. Ses successeurs ne suivirent que trop l'exemple de ce prince lâche et fainéant; aussi connaît-on à peine leurs noms jusqu'à Sardanapale.

NINIVE, *Ninus,* ville de l'Asie, ancienne capitale du royaume d'Assyrie, dit aussi royaume de Ninive, sur la rive gauche du Tigre, au N.-O. de Babylone, par 40° 48' longitude E., 36° 10' latitude N., avait, dit-on, 45 kil. de circonférence, des murs hauts de plus de 30m., des tours de 70, et 600,000 habitants. Fondée d'abord par Assur vers 2680 avant Jésus-Christ, puis agrandie vers 1968 par Ninus, qui lui donna son nom; elle fut prise deux fois, la première par Arbacès et Bélésis en 759 (après la bataille de Ninive et la chute de Sardanapale, 762 ou 761); la deuxième fois, par Nabopolassar 1er, roi de Babylone, en 625. La corruption de Ninive égalait sa puissance et son opulence; les prophètes juifs reviennent souvent sur son luxe. On connaît la fameuse mission donnée par Dieu à Jonas, et la crainte qu'elle lui inspirait; il finit cependant par la remplir, criant dans toutes les rues de la ville: « Encore 40 jours, et Ninive sera détruite. » Quarante jours après, Nabopolassar 1er prenait la ville. Ninive cependant paraît avoir subsisté, mais bien déchue, jusqu'au temps de la conquête arabe, au vii° siècle. On place Ninive à Khorsabad, à 20 kil. N.-E. de Mossoul.

NINIVE (royaume de), nom donné, après la chute de Sardanaple 1er et le démembrement du grand empire d'Assyrie (759), au royaume d'Assyrie, dont Ninive fut la capitale. Ce royaume avait à l'E. la Médie, au S. le royaume de Babylone, au N. l'Arménie. Son histoire peut se diviser en quatre phases; 1° indépendance sans conquêtes, de 759 à 680; 2° indépendance et domination sur Babylone, de 680 à 644; 3° retour à l'état d'indépendance sans conquête, 644-625; 4° absorption dans le royaume de Babylone jusqu'à la conquête de celui-ci par Cyrus et à leur absorption commune dans l'empire persan, 625-538. Voici les rois de Ninive de 759 à 625:

Phul ou Sardanaple II,	759	Assar-Haddon,	707
Téglathphalasar,	742	Saosduchée,	667
Salmanasar,	724	Sarac ou Chinaladan,	647-625
Sennachérib,	712		

NINOVE, *Ninoven,* ville de Belgique (Flandre orientale), à 31 kil. S.-E. d'Oudenarde; 3,700 habitants. Jadis abbaye de Prémontrés. Toile, chapeaux, imprimerie sur toile. Patrie de Despautère. Jadis ville forte; souvent prise et ravagée. Réunie à la France (département de l'Escaut) en 1794 et fortifiée.

NINUS 1er, (hist.), roi d'Assyrie, fils de Bélus, bâtit ou du moins agrandit la ville de Ninive, et jeta les fondements de la puissance des Assyriens, dont il fut le premier roi, l'an 2059 av. J.-C. Il étendit ses conquêtes depuis l'Égypte jusqu'aux extrémités de l'Inde et de la Bactriane. Ayant conçu de l'amour pour Sémiramis, femme d'un de ses officiers, il l'épousa, après avoir forcé son mari à se donner la mort. Ninus régna cinquante-deux ans, et laissa en mourant son royaume à Sémiramis, dont il avait un fils (2007). L'histoire de Ninus est très obscure, et paraît même fabuleuse à quelques écrivains. Ctésias, qui l'a écrite, n'est pas toujours digne de foi. Ninus reçut les honneurs divins après sa mort, et devint le Jupiter des Assyriens, et l'Hercule des Chaldéens.

NIOBÉ, fille de Tantale, roi de Lydie, et d'Euryanasse ou de Dioné, épousa Amphion, fils de Jasius. Hésiode lui donne dix fils et autant de filles; Hérodote seulement deux fils et trois filles; Homère et Properce six fils et six filles; Ovide et Apollodore portent à quatorze le nombre des enfants de Niobé, sept de chaque sexe. Les fils se nommaient Sipyle, Minyte, Tantale, Agénor, Phædime, Damasichthon et Isméne, et les filles Cléodoxa, Ethodéa ou Théra, Astyoché, Phthia, Pélopia ou Chloris, Astycratée ou Ogygie. Niobé, fière d'une si nombreuse famille, se préféra à Latone, qui n'avait que deux enfants, tourna son culte en ridicule, et se vanta d'être plus digne de l'adoration des mortels que la mère d'Apollon et de Diane. Latone irritée supplia ses enfants de punir Niobé.

Aussitôt Apollon perça de ses flèches les fils de cette princesse, et Diane fit périr ses filles à l'exception de Chloris, qui avait épousé Nélée, roi de Pylos. En apprenant cette nouvelle, Niobé resta muette de douleur, et fut changée en rocher. Selon une tradition moins fabuleuse, ne pouvant plus supporter le séjour de Thèbes, elle retourna en Lydie, pays de son père, et finit ses jours sur le mont Sipyle. Ses enfants, dit Homère, demeurèrent neuf jours sans sépulture, parce que Jupiter changeait en pierres tous ceux qui voulaient les ensevelir. Le dixième jour, les dieux eux-mêmes leur rendirent les derniers devoirs. On place cet événement 120 ans avant la guerre de Troie.

NIORD, NIORDR, le troisième des dieux scandinaves, préside aux vents, au feu et apaise la mer en furie. Il est le dieu qu'invoquaient les chasseurs, les pêcheurs, les navigateurs et les mineurs. Il a pour épouse la chasseresse Skada. Il est le père de Freyr et de Freya.

NIORT, *Nyrax* en latin moderne, ville de France, chef-lieu de département de Deux-Sèvres, près de la Sèvre Niortaise, à 416 kil. S.-E. de Paris; 18,197 habitants. Mal percée et mal bâtie; quelques beaux édifices (église Notre-Dame, hôtel-de-ville, théâtre, château, halle), belle fontaine de Viviers, promenades; bibliothèque, papier, vinaigre, ganterie, teinturerie, tannerie, corroierie, etc. Commerce assez actif des produits de ses fabriques, et d'angélique, liqueurs et grains. Beausobre et Fontanes y naquirent. Niort fut enlevée aux Anglais en 1202; toutefois, ceux-ci la reprirent encore vers 1290 et la gardèrent 18 ans. L'arrondissement de Niort a 10 cantons, Beauvoir-sur-Niort, Champdeniers, Coulonges-les-Royaux, Fontenay-l'Abattu, Mauzé-sur-Mignon, Prahecq, Saint-Maixent et Niort qui comptent chacun pour 2, 94 communes et 100,208 habitants.

NIPHON, la plus grande des îles du Japon, entre celles d'Yéso au N., de Kiousiou et de Sikokf au S., est séparée de la Corée par le détroit de Corée, s'étend de 33° à 41° latitude N., de 129° à 140° longitude E.; elle est beaucoup plus longue que large (1,300 kil. au moins sur 388 au plus), et se courbe en forme d'arc de cercle. Les six premières régions du Japon et une partie du Nankaïdo y sont situées. Yeddo en est la capitale, comme elle l'est de tout l'empire.

NIPHUS ou plutôt **NIFO** (AUGUSTIN), né à Japoli dans la Calabre, vers 1473, mort à Sessa, le 18 juin 1538, s'appliqua à la philosophie et donna depuis un public une suite d'ouvrages qui lui acquirent une grande réputation. Les plus célèbres universités de l'Italie lui offrirent des chaires, avec des honoraires considérables. Le pape Léon X le créa comte palatin et lui conféra des privilèges singuliers. Cependant les écrits de Niphus, rédigés en latin diffus et incorrect, n'annonçaient pas un génie. C'était un philosophe d'assez mauvaise mine; mais il parlait avec grâce. On prétend que, dans un accès d'égoïsme, il dit à Charles-Quint : « Je suis empereur des lettres, comme vous êtes empereur des soldats. » Ce prince lui ayant demandé comment les rois pouvaient bien gouverner leurs États : « Ce sera, répondit-il, en se servant de mes semblables » (les philosophes). On voit que dans tous les siècles l'orgueil de ce genre d'hommes a été le même.

NISIBIS ou *Antioche de Mydonie, Antiochia Mygdonia,* aujourd'hui *Nisibin* ou *Nésib,* ville de Mésopotamie, en Mygdonie, sur le Mygdonius, au pied du mont Masius. On en attribuait la fondation à Nemrod. Lucullus la prit sur Tigrane, et depuis les Romains la perdirent et la reconquirent à diverses reprises. Depuis Dioclétien jusqu'à Jovien, elle appartint continuellement aux Romains, et elle fut un des boulevards de leur empire. Ce dernier la céda aux Perses.

NISUS, (*myth.*), frère d'Egée, régnait à Nisa (depuis Mégare), ville voisine d'Athènes, lorsque Minos, marchant contre l'Attique, vint l'assiéger dans sa ville. Le sort de ce prince dépendait d'un cheveu de pourpre qu'il portait. Scylla, sa fille, devenue amoureuse de Minos, qu'elle avait vu du haut des remparts, coupa ce cheveu pendant que son père dormait, et le porta à l'objet de son amour. Nisus mourut aussitôt, et fut métamorphosé en épervier. Minos eut horreur d'une action si noire, et, tout en profitant de la trahison, il chassa de sa présence la perfide princesse.

NISUS, ami d'Euryale et fils d'Hyrtacus, né sur le mont Ida en Phrygie, suivit Enée en Italie. Virgile a célébré, dans les Ve et IXe livres de l'Enéide, son amitié pour Euryale. Tous deux, ayant pénétré dans le camp ennemi pendant la nuit, y firent un grand carnage. Mais les Rutules qui les aperçurent lorsqu'ils se retiraient, attaquèrent Euryale et le tuèrent. Nisus périt au moment où il accourait pour secourir son

ami, et où, par un généreux dévoûment, il appelait sur lui seul la vengeance des Rutules. Avant de mourir, il tua Volscius, meurtrier d'Euryale. Les vainqueurs leur coupèrent la tête, qu'ils mirent sur des lances, et qu'ils portèrent en triomphe dans leur camp. La mort de ces deux guerriers causa la plus grande douleur aux Troyens. Leur amitié passa en proverbe, comme celle qui unissait Oreste et Pylade, Thésée et Pirithoüs.

NITARD, ou plutôt **NITHARES,** abbé de Saint-Riquier, fils du célèbre Angilbert et de Berthe, fille de Charlemagne, fut attaché à Charles-le-Chauve, qui estimait son savoir et ses vertus. Etant allé combattre les Normands, qui ravageaient la Neustrie, il reçut une blessure dont il mourut vers l'an 858. Nous avons de lui, dans le Recueil de Duchesne, une *Histoire des guerres* entre les trois fils de Louis-le-Débonnaire. Elle est utile pour connaître les événements de son siècle.

NITOCRIS, (*hist.*), reine de Babylone, qui, craignant les incursions des Mèdes, ses voisins, détourna le cours de l'Euphrate, et fit bâtir sur ce fleuve un pont-levis admirable par sa solidité et sa grandeur. Elle fit construire son tombeau au-dessus d'une des portes les plus remarquables de la ville, et ordonna d'y placer une inscription par laquelle elle promettait de grands biens à ceux qui l'ouvriraient, en recommandant toutefois de ne le faire qu'à la dernière extrémité. Darius Ier le fit ouvrir (l'an 516 av. J.-C.) par pure curiosité; et au lieu des trésors qu'il se flattait d'y trouver, il n'y trouva que ces mots : « Si tu n'étais insatiable d'argent, et dévoré par une basse avarice, tu n'aurais pas violé la sépulture des morts. »

NITOCRIS, (*hist.*), reine d'Egypte, voulant venger la mort de son frère, que les Egyptiens avaient tué, fit creuser un chemin, sur lequel elle rassembla les principaux auteurs de la mort de son frère, sous prétexte de leur offrir un festin. Quand ils furent assemblés, elle fit passer la rivière par des canaux cachés, et les submergea tous. On dit que c'est elle qui construisit la troisième pyramide.

NITRATES, (*chim. et min.*), sels composés d'acide nitrique ou azotique et d'une base salifiable. La plupart des nitrates sont à l'état neutre : quelques-uns sont avec excès de base, il n'y en a point avec excès d'acide. La chaleur décompose tous les nitrates qui tendent en général à oxygéner les corps combustibles que l'on chauffe avec eux. Tous les nitrates neutres sont solubles dans l'eau, et par conséquent doués de saveur. Ils dégagent du gaz nitreux (acide hypoazotique) par l'action de l'acide sulfurique sur leur mélange avec de la limaille de cuivre. Il existe un grand nombre de nitrates artificiels, parmi lesquels ceux d'argent, de cuivre et de mercure sont d'un usage important dans les arts et la médecine. Dans la nature il n'y a que les nitrates de potasse, de soude, de chaux et de magnésie qui se produisent en efflorescence dans les lieux humides où des matières azotées entrent en décomposition. Le nitrate de potasse, nitre ou salpêtre, est une substance saline blanche, soluble, d'une saveur fraîche, possédant la propriété de fuser sur les charbons ardents au moment où on l'y projette. Ses formes cristallines sont toutes un produit de l'art; on l'obtient le plus ordinairement en prismes rhomboïdaux de 119°, terminés par des pyramides sous l'apparence de tables rectangulaires, biselées sur leurs bords. Dans la nature on ne trouve le nitre qu'en petites houppes cristallines à la surface des murailles, dans les plaines sableuses et des roches calcaires. En France, on retire presque tout le nitre employé dans les arts des vieux plâtres où il est mélangé avec des nitrates de chaux et de magnésie. Le nitre est employé comme fondant dans quelques opérations docimastiques, il entre dans la composition de quelques verres et de plusieurs médicaments. On s'en sert pour préparer l'acide sulfurique et l'acide nitrique du commerce; mais son principal usage est d'être employé concurremment avec le soufre et le charbon dans la fabrication de la poudre à canon. Le nitrate de soude est une substance blanche non déliquescente cristallisant en rhomboèdres de 106° 30', pesanteur spécifique 2, 1 découverte dans une couche d'argile en Bolivie où elle forme un lit de près d'un mètre d'épaisseur sur une étendue de plus de quarante lieues. On l'exploite pour la préparation de l'acide nitrique. Le nitrate de chaux, nitre calcaire, substance déliquescente dont la solution précipite par les oxalates. En efflorescence et presque toujours mêlé au salpêtre. Le nitrate de magnésie est encore plus remarquable que le précédent par sa déliquescence et dont la solution précipite par la potasse.　　　　　　J. P.

NITRE, s. m., (*chim.*), sel formé par la combinaison de l'acide nitrique et de la potasse jusqu'au point de la saturation.

NIVE, petite rivière de France (Basses-Pyrénées), naît au S. de Saint-Jean-Pied-de-Port, et se jette dans l'Adour, après 65 kil. de cours; elle arrose Bayonne.

NIVEAU, s. m., instrument par le moyen duquel on connaît si un plan, un terrain est uni et horizontal, et l'on détermine de combien un point de la surface de la terre est plus haut ou plus bas qu'un autre. Il signifie aussi l'état d'un plan horizontal, ou de plusieurs points qui sont dans le même plan horizontal. De niveau, au niveau, loc. adv. ou prépositiv. Selon le niveau, on le dit des choses dont la surface est unie, égale, horizontale. De niveau, au niveau, s'emploient aussi figurément et signifient de pair, à la même hauteur.

NIVELER, v. a., mesurer avec le niveau, au niveau. Il signifie aussi rendre un terrain uni et horizontal. Il s'emploie au sens moral et signifie rendre égal.

NIVELEUR, s. m., celui qui nivelle, qui fait professsion de niveler.

NIVELEURS, faction politique de l'Angleterre, ainsi nommée parce qu'elle voulait tout soumettre au niveau de l'égalité la plus absolue, fut un démembrement du parti des Indépendants. Non-seulement les Niveleurs ne voulaient ni roi ni noblesse, mais ils réclamaient aussi une égale répartition des biens et du pouvoir entre tous les membres de la société chrétienne. Cette faction fut comprimée par Cromwell, qui en avait lui-même fait partie quelque temps, il se saisit de ses principaux chefs et en fit même exécuter un pour effrayer les autres (1648).

NIVELLE ou **NIVELLES**, *Niella*, ville de Belgique (Brabant mérid.), chef-lieu d'arrondissement, à 28 kil. S. de Bruxelles; 6,600 habitants. Eglise de Sainte-Gertrude, sur la tour de laquelle on voit un homme en fer, qui sonne les heures avec un marteau et que le peuple nomme Jean de Nivelle. Cotonnades, dentelles, chapeaux, etc. Cette ville doit son origine à un monastère de Bénédictines fondé en 645 par sainte Gertrude, et dont les abbesses portaient le titre de dames de Nivelle. La ville, qui était dans l'ancienne Flandre, devint le chef-lieu d'une baronnie qui relevait des ducs de Bourgogne; en 1422, elle passa dans la maison de Montmorency, par le mariage de Jeanne, héritière des seigneurs de Nivelle, Fosseux, etc., avec Jean II de Montmorency, et devint ainsi l'apanage d'une branche de la famille de Montmorency. Près de Nivelle se livra en 1674 le célèbre combat connu sous le nom de *Senef*; en 1794, les Français y défirent les Autrichiens.

NIVELLE (JEAN DE), fils aîné de Jean II de Montmorency, né vers 1423, embrassa le parti du duc de Bourgogne et refusa de marcher contre ce prince, malgré les ordres de Louis XI et les prières de son père. Il s'attira par cette conduite la colère du roi et celle de son père, qui le déshérita; mais il fut, en dédommagement, comblé de biens et d'honneurs par le duc de Bourgogne, qui le nomma son chambellan. Jean de Nivelle était devenu en France un objet de haine et de mépris à cause de sa trahison et du refus qu'il avait fait de répondre à l'appel de son roi pour marcher contre le duc de Bourgogne : le peuple lui donna le nom injurieux de *chien*; de là le proverbe vulgaire, dont la véritable signification fut bientôt oubliée. Jean de Nivelle, après avoir été déshérité, s'était fixé à Nivelle en Flandre, fief qu'il tenait de sa mère; il y devint la tige d'une branche de la maison de Montmorency, connue sous le nom de Montmorency-Nivelle. Cette branche, après s'être plusieurs fois alliée aux comtes de Hornes, finit par hériter de leurs possessions et prendre leur nom. Le premier comte de Hornes, de la famille de Nivelle, fut Philippe de Nivelle, arrière-petit-fils de Jean de Montmorency-Nivelle, dont la mère, née Anne d'Egmont, mariée d'abord à Joseph de Montmorency-Nivelle, avait épousé en secondes noces Jean, dernier comte de Hornes. Ce Jean de Hornes n'ayant pas d'enfant adopta ceux que sa femme avait eus du premier lit, en leur imposant l'obligation de porter son nom. La nouvelle maison de Hornes ne fut pas heureuse : Philippe de Hornes-Nivelle fut mis à mort par le duc d'Albe avec le comte d'Egmont en 1568, pour avoir favorisé les insurgés de Flandre. Son frère, Floris de Montmorency, fut déporté en Espagne, où il éprouva le même sort en 1570.

NIVELLE DE LA CHAUSSÉE (PIERRE-CLAUDE), né à Paris, en 1692, mort en 1754, après avoir été reçu à l'Académie française, n'a produit, sauf quatre pièces dans le comique larmoyant, que des ouvrages très médiocres, où règne un mauvais goût de roman. Ses *OEuvres de théâtre* ont été imprimées à Paris, 1763, en cinq petits volumes in-12.

NIVELLEMENT, s. m., action de mesurer avec le niveau. Il signifie aussi action de rendre un plan uni et horizontal.

NIVÉOLE *Leucoium* (*Bot.*) Genre de plantes de la famille des amaryllidées. Il se compose de plantes herbacées qui croissent dans les parties moyennes de l'Europe et dans la région méditerranéenne en général. De leur bulbe globuleux et à tuniques partent des feuilles allongées, plus ou moins étroites et une hampe anguleuse qui terminent les fleurs; celles-ci sont blanches, à périanthe coloré, adhérant impérieusement à l'ovaire campanulé à 6 divisions, sur deux rangs presque égaux; 6 étamines insérées sur un disque épigyne ovaire, à 3 loges renfermant des ovules nombreux; un style droit en massue ou filiforme, terminé par un seul stigmate. Le fruit est une capsule charnue qui renferme un petit nombre de graines et est noir. On connaît deux espèces de ce genre propres à la France : 1° la *Nivéole printannière* (*Leucoium vernum*), la jolie plante, connue sous le nom vulgaire de *perce-neige*, parce que c'est une des premières plantes qui annoncent le réveil de la végétation. Sa hampe haute de 2 décimètres se termine par une fleur solitaire blanche avec une tache verte à l'extrémité de chaque division supérianthe. Elle croit naturellement dans les prés humides et ombragés des montagnes; 2° la *Nivéole d'été* (*Leucoium œstivum*), plus tardive que la précédente, est aussi plus grande et croit dans nos départements méridionaux. H.

NIVERNAIS, partie des *Vadicasses* et des *Boii*, jadis prov. et grand gouv. de France, au N. du Bourbonnais et au S. de la Champagne, à l'E. du Berri et à l'O. de la Bourgogne ; 80 kil. sur 70. Beaucoup de sources de rivières. Climat peu chaud, humide. Grains, vins, fruits, sauf dans le Morvan. Division : les vaux ou vallées de Nevers, les Amognes, la vallée de Montenoison, les vallées d'Yonne, le Morvan, le Bazois, le pays d'entre la Loire et l'Allier, le Donziois. Villes principales : Nevers (ch.-l. général), Pouilly, Montigny, Clamecy, Vézelay, Château-Chinon, Decize, Donzy, etc. Le Nivernais forme auj. le dép. de la Nièvre. *Voy.* NEVERS.

NIVERNAIS (canal du), canal de France, joint l'Yonne à la Loire, commence près de Decize à l'embouchure de l'Aron dans la Loire, et se réunit à l'Yonne au port de la Chaise : 80 kil. de développement.

NIVERNOIS (LOUIS-JULES BARBON MANCINI-MAZARINI, duc DE), né à Paris, le 17 décembre 1716, embrassa la carrière militaire, et fut envoyé, comme ambassadeur, à Rome, à Berlin et à Londres, où il négocia la paix de 1763. De retour à Paris, il se consacra entièrement aux lettres, et devint membre de l'Académie française et de celle des belles-lettres. Mis en prison sous le règne de la terreur, il n'obtint sa liberté qu'après le 9 termidor 1794. Quelque temps après, on le nomma président de l'assemblée électorale de la Seine, dont il fut éloigné après le 13 vendémiaire. Il mourut le 25 février 1798, laissant : *Lettres sur l'usage de l'esprit dans la société, l'étude et les affaires*; *Dialogues des morts*, au nombre quatre: *Réflexions sur le génie d'Horace, de Despréaux et de J.-B. Rousseau*, in-12; *Réflexions sur Alexandre et Charles XII*; *Vie de l'abbé Barthélemy*, 1795; *Recueil de fables*, recueillies en 1798. Elles ne sont pas inférieures à celles de La Mothe; des *Chansons* et des *Poésies fugitives*; des *Imitations de Virgile*, Horace, Tibulle, Ovide, de l'Arioste et de Milton : le tout publié sous le titre d'*OEuvres de Nivernois*, Paris, 1796, 8 vol. in-8°, François de Neufchâteau y ajouta 2 vol. d'*OEuvres posthumes*.

NIVET, s. m. Bénéfice illicite et caché qu'un agent, un mandataire obtient sur un marché qu'il fait pour autrui. Il est populaire.

NIVOSE, 4° mois du calendrier de la république française (du 21 décembre au 19 janvier). Son nom provient de *nix, neige*. Ce fut le 3 nivôse an IX (24 décembre 1800), qu'une machine infernale fut dirigée contre Buonaparte.

NIZOLIUS (MARIUS), grammairien de Brescello dans le Modénais, contribua à la renaissance des lettres dans le XVI° siècle par son esprit et par son érudition. On a de lui : *De veris principiis et vera ratione philosophandi contra pseudophilosophos, libri IV*, Parme, 1553, in-4°. Le célèbre Leibnitz en donna, en 1670, une nouvelle édition in-4°. Nizolius y attaque vivement les scolastiques, non-seulement sur la barbarie de leurs termes, mais aussi sur leurs opinions en plusieurs points. Il faut convenir cependant que, parmi ces termes barbares, il y en avait beaucoup qui rendaient des idées abstraites avec une précision qu'on ne peut imiter sans les employer encore : et, quant aux opinions, on en trouve, chez les auteurs modernes, de plus vaines, de plus fausses, et surtout de plus dangereuses; *Thesaurus ciceronianus, vel apparatus linguæ e scriptis Tullii Ciceronis collectus*, in-fol. C'est un bon dictionnaire latin, composé des mots et des expressions de Cicéron, par ordre alphabétique; *Observationes in Ciceronem*, Bâle, 1548, in-fol. Ces remarques philologiques sont utiles.

NOAILLES (FRANÇOIS DE), évêque de Dax, fut ambassadeur en Angleterre, à Rome, à Venise et à Constantinople où il rendit de grands services à chrétienté. Il mourut à Bayonne en 1585, à 66 ans. Henri III et Catherine de Médicis le consultaient dans les affaires les plus épineuses. Ses Ambassades en Angleterre et celles de son frère Antoine ont été imprimées à Paris en 1763, 3 vol. in-12.

NOAILLES (ANNE-JULES, duc DE), pair et maréchal de France, né en 1650, mort à Versailles le 20 octobre 1708, gagna la bataille du Ther le 27 mai 1690 et prit les villes de Palamos et de Girone. Ce seigneur était aussi recommandable par son amour pour la religion que par son zèle ardent pour le bien de l'Etat.

NOAILLES (LOUIS-ANTOINE DE), cardinal, frère du précédent, né en 1651, fut successivement évêque de Cahors et de Châlons-sur-Marne, et archevêque de Paris. Etant évêque de Châlons, il avait donné une approbation authentique aux *Réflexions morales* du P. Quesnel; devenu archevêque de Paris, il condamna le livre de l'abbé de Barcos, intitulé : *Exposition de la foi catholique touchant la grâce*. On vit paraître à cette occasion le fameux *Problème ecclésiastique*, attribué à dom Thierri de Viaixnes, janséniste outré. On examinait dans ce *Problème* : « Auquel fallait-il croire, ou à M. de Noailles, archevêque de Paris, condamnant l'*Exposition de la foi*, ou à M. de Noailles, évêque de Châlons, approuvant les *Réflexions morales?*» L'archevêque, croyant que l'ouvrage était d'un jésuite, en fut animé contre ces religieux. Dans l'assemblée de 1700, à laquelle il présida, il fit condamner 127 propositions tirées de différents casuistes, parmi lesquels plusieurs étaient jésuites, mais n'avaient fait que suivre et répéter de plus anciens. La même année, il fut nommé cardinal. On proposa en 1701 un problème théologique qu'on appela le *Cas de conscience par excellence* : «Pouvait-on donner les sacrements à un homme qui aurait signé le Formulaire, en croyant dans le fond de son cœur que le pape et même l'Eglise peuvent se tromper sur les faits?» Quarante docteurs signèrent qu'on pouvait donner l'absolution à cet homme. Le cardinal de Noailles ordonna qu'on crût le droit d'une foi divine et le fait d'une foi humaine. Les autres évêques exigèrent la foi divine pour le fait, disant que, ce fait étant le sens d'un livre, il était nécessaire que l'Eglise pût en juger avec certitude, que les faits doctrinaux ne peuvent cesser d'être du ressort de la foi, sans que le dogme en lui-même y soit également soustrait. Clément XI, crut terminer la querelle en donnant, en 1705, la Bulle *Vineam Domini*, par laquelle il ordonna de croire le fait sans expliquer si c'était d'une foi divine ou d'une foi humaine. L'assemblée du clergé la même année reçut cette bulle, mais avec la clause que les évêques l'acceptaient par voie de jugement. Cette clause, suggérée par le cardinal de Noailles, indisposa Clément XI contre lui. Cependant le cardinal voulut faire signer la bulle aux religieuses de Port-Royal-des-Champs. Elles signèrent, mais en ajoutant que « c'était sans déroger à ce qui s'était fait à leur égard à la paix de Clément IX. » Cette déclaration fut mal interprétée. Le roi demanda une bulle au pape pour la suppression de ce monastère, et en 1709 il fut démoli de fond en comble. Le cardinal de Noailles, qui avait dit plusieurs fois que Port-Royal était le séjour de l'innocence, se prêta à sa destruction, parce qu'il crut voir ensuite que c'était celui de l'opiniâtreté. L'année d'auparavant (1708), Clément XI avait porté un décret contre les *Réflexions morales;* mais le parlement de Paris y ayant trouvé des nullités, il ne fut point reçu en France. Les foudres lancées contre Quesnel ne produisirent leur effet qu'en 1713, année dans laquelle parut la constitution *Unigenitus* vit le jour. Le cardinal de Noailles révoqua, le 28 septembre 1713, l'approbation qu'il avait donnée, étant évêque de Châlons, au livre de Quesnel. Une nombreuse assemblée d'évêques fut convoquée à Paris : tous acceptèrent la bulle, les uns purement et simplement, les autres moyennant quelques explications, excepté sept qui ne voulurent ni de la bulle ni des commentaires. Le cardinal de Noailles se mit à la tête de ces derniers et défendit, par un mandement du 25 février, de recevoir la constitution *Unigenitus*. Louis XIV, irrité, lui défendit de pa-

raître à la cour et renvoya les évêques ses adhérents dans leurs diocèses. La bulle fut enregistrée par la Sorbonne et par le parlement. Mais, après la mort de Louis XIV, en 1715, tout changea de face. Le duc d'Orléans, régent du royaume, mit le cardinal de Noailles à la tête du conseil de conscience. Ce prélat étant bien accueilli à la cour du régent, les évêques opposés à la bulle appelèrent et réappelèrent à un futur concile, dût-il ne se tenir jamais. Noailles appela aussi en 1717, par un acte public qui fut supprimé par arrêt du parlement, le 1er décembre de la même année. L'archevêque renouvela son appel en 1718, et le 14 janvier 1719 il donna une *Instruction pastorale* qui fut condamnée à Rome le 3 août 1719 par un décret du pape. Le régent, confondant l'erreur et la vérité, ordonna le silence aux deux partis. Cette loi du silence, toujours recommandée et toujours violée, ne fit qu'encourager les opposants. L'expérience de tous les siècles apprend que c'est toujours à l'ombre du silence que les sectaires se fortifient : bien résolus de ne pas le garder, ils envisagent comme un triomphe l'ordre qui l'impose à leurs adversaires, et c'en est véritablement un pour l'erreur que de voir la vérité captive. Cependant le moment du Seigneur arriva pour le cardinal. Il reconnut tout-à-coup, comme il s'en expliqua hautement, qu'on l'avait engagé dans un parti de factieux. Les remords qu'il éprouvait depuis longtemps, joints à près de 80 ans d'âge qui le menaçaient d'une mort prochaine, le déterminèrent à écrire au pape Benoît XIII en termes édifiants. Il rétracta son appel, et son mandement de rétractation fut affiché le 11 octobre 1728. Il mourut en 1729. Ce prélat aimait le bien et le faisait. Ses charités étaient immenses; ses meubles vendus et toutes les autres dépenses payées, il ne laissa pas plus de 500 livres. Doux, agréable dans la société, brillant même dans la conversation, sensible à l'amitié, plein de candeur et de franchise, il attachait le cœur et l'esprit. S'il se laissa quelquefois prévenir, c'est qu'il jugeait des autres par l'élévation de son âme, et cette âme était incapable de tromper. Il favorisait les jansénistes sans l'être lui-même. Quoiqu'il luttât contre le pape et contre tous les évêques du monde catholique, à quelques appelants près; on était parvenu à lui persuader qu'il n'avait pour adversaires que les jésuites; ce qui paraîtrait incroyable, si on ne voyait cette singulière persuasion consignée dans ses propres lettres et celles de ses correspondants.

NOAILLES (ADRIEN-MAURICE, duc DE), fils d'Anne-Jules, né en 1678, fut choisi en 1700 pour accompagner le roi d'Espagne jusqu'à Madrid. Général des armées du roi en Roussillon, il y remporta, en 1702 et 1709, plusieurs avantages sur les ennemis. A la fin de 1710 et dans le cœur de l'hiver, il se rendit maître de Girone. Ce service fut récompensé, en 1711, par Philippe V, du titre de grand d'Espagne de première classe. Louis XIV, non moins sensible à son mérite que son petit-fils, l'avait fait lieutenant-général en 1706. Réunissant en lui le double mérite d'homme de guerre et d'homme d'Etat, il fut nommé président du conseil des finances en 1715 et conseiller au conseil de régence en 1718. Dans la guerre de 1733, il servit au siège de Philisbourg lequel lequel il fut honoré du bâton de maréchal de France. Il eut le commandement des troupes pendant l'hiver de 1734 et reprit Worms sur les Impériaux. Nommé en 1735 général en chef des troupes françaises en Italie, il alla cueillir de nouveaux lauriers. Mais dans la guerre de 1741, il n'eut pas le même succès et perdit la bataille de Dettingen en 1743. Il mourut à Paris le 24 juin 1766. Il joignait à de rares lumières et à beaucoup de facilité d'esprit des connaissances de toute espèce. Les vrais connaisseurs ont toujours admiré son talent pour les plans de campagne ; mais ils lui ont reproché d'avoir manqué de vigueur dans l'exécution. L'abbé Millot a publié ses *Mémoires* en 1777, 6 vol. in-12. Ils seraient plus intéressants et plus estimés, si l'éditeur ne leur avait donné cette teinte de philosophisme qu'on remarque dans ses *Eléments d'histoire*.

NOAILLES (LOUIS, vicomte DE), né à Paris, en 1764, ayant été député par la noblesse du bailliage de Nemours aux états-généraux de 1789, se déclara pour la réunion des ordres. Lié avec les démagogues, il fut le premier à inviter, le 4 août, la noblesse et le clergé à renoncer à leurs priviléges, et provoqua la suppression des droits féodaux. Par suite d'une altercation avec Barnave, il se battit avec lui au pistolet. Envoyé à Colmar le 29 avril 1791, il y étouffa une insurrection qui venait d'y éclater. Il revint à Paris lors de la fuite de Louis XVI, et s'empressa d'aller à l'assemblée prêter serment de fidélité. On le nomma, en mai 1792, commandant de la chaîne des avant-postes de Valenciennes. Mais, après l'arrestation de Louis XVI, la persécution contre les nobles ayant redoublé, Noailles donna sa démission et se retira en Allemagne. Pendant son absence, sa femme, accusée de complicité dans la conspiration supposée des prisons du Luxembourg où elle était détenue, périt sur l'échafaud le 22 juillet 1794. Elle n'avait pas partagé les principes de son époux, qui ne tarda pas à reprendre du service dans les troupes républicaines. Il passa en Amérique avec le grade de général de brigade. Mais, lors de l'évacuation de Saint-Domingue, il fut tué dans un combat naval qu'il soutint contre les Anglais en 1803.

NOAILLES (le duc DE), né en 1739, capitaine de la compagnie écossaise des gardes-du-corps, fut reçu, en 1777, membre de l'Académie des sciences, et compris, en 1816, dans la réorganisation de l'Institut, avec le titre d'académicien libre. C'est à lui qu'est due la carte d'Allemagne connue sous le nom de *Chancharel*, la première bonne de ce pays, de l'aveu même des nationaux. Noailles, appelé à la pairie au retour de l'émigration, mourut en 1824, à Fontenay-en-Brie.

NOAILLES (ALEXIS, comte DE), fils du vicomte Louis, né le 1er juin 1783, à Paris, où il mourut le 15 mai 1835, s'honora par sa fidélité politique et par la pratique de toutes les vertus chrétiennes. Soupçonné d'avoir servi d'intermédiaire pour répandre la bulle d'excommunication contre Buonaparte, il fut un moment privé de sa liberté en 1809. Le général Mallet, avec lequel il s'était trouvé en prison, inscrivit imprudemment son nom parmi ceux des membres du gouvernement provisoire qu'il voulait établir. Mais dès 1811 Noailles dut quitter la France, et il parcourut l'Europe, chargé de missions par les Bourbons de la branche aînée. En 1813, il devint aide-de-camp de Bernadotte, alors prince royal de Suède, et précéda à Paris le comte d'Artois qui se l'attacha au même titre. Envoyé comme ministre plénipotentiaire au premier congrès de Vienne, il alla rejoindre Louis XVIII à Gand et revint avec lui à Paris. Comme député et comme ministre d'Etat, Noailles rendit de nouveaux services, jusqu'à la révolution de 1830 qu'il refusa de sanctionner par un serment qui eût été un parjure à ses yeux. Il employa ses loisirs à soulager l'infortune, et termina sa carrière en répandant partout des bienfaits.

NOANAGOR, ville de l'Inde médiate (Guzzerat), chef-lieu de principauté, à 120 kil. N.-O. de Djounagor, près de la côte, et sur la Nagne, dont les eaux sont très bonnes pour la teinture. Forte muraille flanquée de tours. Draps de toute qualité; pêche de perles.

NOBILIAIRE, adj. des deux genres, qui appartient à la noblesse. On l'emploie souvent par une sorte de dénigrement.

NOBLE, adj. des deux genres, qui, par droit de naissance et par lettres du prince fait partie d'une classe distinguée dans l'Etat. Prov., être noble comme le roi, être d'une extraction fort noble, que personne ne conteste. Prov., il est fou ou le roi n'est pas noble, il est fou incontestablement. Noble homme, qualité que prenaient quelquefois non-seulement ceux qui étaient nobles, mais aussi quelques bourgeois, dans les actes qu'ils passaient. Noble est aussi substantif. Il signifiait plus particulièrement celui qui était noble par lettres et non par race. Noble, adjectif, signifie figurément ce à quoi annonce de la grandeur, de l'élévation, de la supériorité. En physiologie, les parties nobles, le cœur, le foie, le cerveau, etc. Noble se dit quelquefois substantivement au masculin de ce qui est grand, élevé.

NOBLE (Eustache LE), baron de Saint-Georges et de Tenelière, né à Troyes en 1643, s'éleva par son esprit à la charge de procureur-général du parlement de Metz; mais se déshonora par l'ignominie de sa conduite, et mourut à Paris en 1711, dans un état trop mérité de misère. On a de lui un grand nombre d'ouvrages, recueillis en 16 volumes in-12, et qu'on peut diviser en trois classes: les ouvrages sérieux, les ouvrages romanesques, et les ouvrages poétiques. Dans le premier se trouvent: l'*Histoire* de l'établissement de la république de Hollande. C'est un extrait fait avec trop de précipitation et de partialité, de l'histoire de Grotius, en 2 vol. in-12, Paris, 1689 et 1690. Cet ouvrage fut proscrit par les Hollandais; *Relation* de l'Etat de Gènes, Paris, 1685, in-12 : ouvrage superficiel; *Dissertations* chronologiques de l'année de la naissance de J.-C., Paris, 1693, in-12 ; *Le bouclier de la France*, ou les sentiments de Gerson et des canonistes touchant les différends des papes et des rois de France; cet ouvrage a aussi paru sous le

titre de l'*Esprit de Gerson*. Tous ces boucliers, si multipliés depuis, ne sont que des épouvantails d'enfants : comme si l'Eglise n'avait pas plus souffert et n'avait pas plus à craindre des entreprises de la puissance séculière que celle-ci et de la part de l'Eglise ; une *Traduction des psaumes* en prose et en vers, avec des réflexions et le texte latin à côté, ce qui forme un vol. in-8° à trois colonnes. Nous ne parlerons pas de ses autres écrits.

NOBLESSE, mot par lequel on désigne soit le corps des nobles, c'est-à-dire de tous les hommes qui par leur naissance, forment la classe privilégiée, soit la qualité de la personne noble ou anoblie. Dans le premier sens on dira : La noblesse s'est prononcée pour....; dans le second, il y a des charges qui donnent la noblesse, etc. Tous les états européens ont des nobles et un corps de noblesse, mais il n'est guère possible d'assigner à son institution une origine fixe. Tout ce qu'on peut dire, c'est que la noblesse européenne est fille du régime féodal. Chez les Hindous, divisés encore aujourd'hui en castes comme ils l'étaient il y a quatre mille ans, la première caste est celle des prêtres ou brahmines; la seconde, celle des fehalyas ou guerriers, formait les nobles; car elle fournissait les rois, les princes, les généraux, etc. La troisième contenait la haute bourgeoisie, la quatrième se composait des diverses classes d'industriels; une organisation à peu près semblable se faisait remarquer chez les anciens égyptiens. Les Grecs, qui puisèrent chez ces derniers, eurent aussi des espèces de nobles qu'ils appelaient eugènes; et Romulus, après qu'il eut jeté les fondements de la ville nouvelle, divisa son peuple en deux classes, Patriciens et Plébéiens. Les premiers formèrent le sénat et obtinrent tous les honneurs, les seconds composèrent les diverses classes du peuple. Mais entre le peuple et le sénat, Romulus établit un corps intermédiaire, celui des chevaliers. En général, chez tous les anciens peuples, la division la plus ordinaire était celle qui en formait trois classes. Celle des prêtres, dépositaires des lumières, et administrateurs; celle des guerriers chargés de la défense du pays, et celle du peuple, comprenant toute la masse de la nation. Mais quand les hordes du Nord vinrent envahir l'empire romain, les choses changèrent de face. Les vainqueurs, traînant après eux la féodalité avec toutes ses charges pesantes, s'emparèrent des terres des vaincus, se les partagèrent et jetèrent dans la servitude la plus grande partie des indigènes. Les Romains, premiers conquérants de la Gaule, avaient commencé à créer des ducs et des comtes pour gouverner les provinces et garder les frontières. Les Francs donnèrent à ces officiers des lieutenants; ils créèrent de plus des fiefs militaires qui obligeaient leurs possesseurs à prendre les armes au premier appel qui leur était fait; ce furent les premiers nobles. Ces possesseurs de fiefs, il y avait des hommes libres, qui formaient une classe mitoyenne entre le nobles et les serfs. Il en était à peu près de même en Allemagne, en Angleterre, en Italie ; la féodalité fit des nobles de tous ceux qui acquièrent des fiefs. Les hommes libres, à qui d'abord cette possession avait été interdite, obtinrent la faculté de devenir hommes de fief; il suffisait pour cela de sacrifier une propriété libre ou aleu, pour la transformer en fief. On croit qu'ils durent cette faveur à Charles-Martel, qui avait intérêt à les ménager, et ils acceptèrent le bienfait avec d'autant plus de reconnaissance, qu'outre qu'ils recevaient un titre de dignité personnel, ils pouvaient le transmettre avec le fief à leur héritier. Ainsi les nobles étaient ceux qui accompagnaient toujours le prince, et qui de plus s'engageaient à exposer pour lui leur vie, ce qui leur faisait donner le nom de Leudes ou fidèles vassaux. Avant qu'ils eussent conquis la Gaule, les princes ne pouvaient leur donner des terres puisqu'ils n'en avaient point; mais ils leur donnaient des chevaux et des armes. Dans une suite des concessions de terres augmentèrent considérablement le nombre des nobles. Parmi ceux-ci les ducs tenaient le premier rang. Jusqu'à Hugues Capet les duchés ne furent que des offices à vie; ce fut ce prince qui les inféoda et les donna en propriété. Ces officiers ne pouvaient épouser des étrangères sans le consentement du roi. Les premiers marquis furent créés par les Lombards; leur nom venait, suivant les étymologistes, d'un mot qui signifiait frontière. Leurs fonctions consistaient spécialement à veiller à la garde des limites. Quant au titre de comte, il est extrêmement ancien. C'était dans l'origine des officiers qui accompagnaient l'empereur, d'où leur venait le nom de comes, compagnons. Ils avaient le second rang. Les rois des deux premières races leur donnèrent le titre de comtes palatins ou comtes du palais, et les comtes étaient alors les chefs de la justice. Vers le temps de Hugues Capet, ils rendirent leur titre héréditaire en usurpant la propriété des terres et fiefs des villes et des provinces qu'ils gouvernaient. Les duchés, marquisats, comtés et principautés relevaient du roi ; ils devaient retourner au domaine si les titulaires mouraient sans héritiers mâles. Les titres d'érection étaient soumis à la vérification d'une cour souveraine. Le vicomte relevait médiatement du roi et immédiatement du comte dont il ne fut originairement que le viguier ou le vicaire. Leur institution date de la première race, mais de même que les comtes ils ne tardèrent pas à se rendre indépendants. Plus tard, le titre de vicomte a été donné comme titre d'honneur, mais sans érection de terres. Les vidames étaient à l'égard des évêques ce qu'étaient les vicomtes à l'égard des comtes, d'abord juges et défenseurs du temporel des églises, plus tard créés en titre de dignités féodales avec haute, moyenne et basse justice. Le titre de baron n'a commencé à être en honneur que vers la fin du VI° siècle, car dans l'origine il ne signifiait pas autre chose qu'homme ; mais trois siècles plus tard il s'appliqua aux principaux membres de l'État et aux grands du royaume en général, sans qu'il servît à distinguer un ordre particulier de noblesse. Dans les siècles suivants, XI°, XII° et XIII°, on tenait pour princes les barons du royaume ; mais à dater du XIV°, il a beaucoup perdu de son lustre en France, et il ne s'est guère soutenu que dans les contrées du Nord. Sous la seconde race et jusque vers le milieu de la troisième, la plus haute dignité militaire était celle de chevalier ; on n'y parvenait que par degrés et qu'après beaucoup d'épreuves. Nul ne pouvait obtenir la chevalerie s'il n'était noble de race. Depuis l'extinction de la chevalerie, le titre de chevalier ne se donnait qu'aux nobles de nom et d'armes, aux ducs, grands-baillis, sénéchaux, maréchaux de France et hauts dignitaires, tant dans la robe que dans l'épée. On appelait écuyer le noble qui marchait à la suite du chevalier, dont il portait l'écu. (Voy. ARMOIRIES.) Les pairs marchaient autrefois à la tête de la noblesse. Sous Philippe-Auguste, c'étaient des propriétaires de vastes domaines qui rivalisaient souvent de puissance avec les rois. Depuis Philippe-Auguste, les pairies sont rentrées successivement dans le domaine par conquête, donation ou droit de réversion. Elles achevèrent de s'éteindre sous Charles VII et Louis XI. De nouvelles pairies furent alors créées sur le modèle des anciennes ; on voulait conserver une institution qui donnait de l'éclat à la couronne ; mais il y eut cette différence que les pairies conférées par lettres patentes émanaient de la puissance royale, et que les seuls princes du sang y étaient admis ; plus tard au commencement du XVI° siècle, Louis XII donna le titre de pair à des étrangers ; plus tard encore la pairie fut accordée à titre de récompense à un assez grand nombre de nobles titrés, dont les terres furent érigées en duchés et comtés-pairies. Cela dura jusqu'à la révolution qui, avec la pairie, abattit la noblesse. Napoléon parvenu au pouvoir sentit qu'une monarchie ne pouvait pas subsister sans noblesse, il créa des princes, des ducs, des comtes et des barons ; il ne rétablit pas la pairie, mais il créa un sénat et des sénateurs. A la restauration, la pairie fut de nouveau créée, mais cette pairie nouvelle n'a de l'ancienne que le nom. C'est une espèce de législature à laquelle la charte attribue une portion de pouvoir législatif. En même temps il fut déclaré que l'ancienne noblesse reprendrait ses titres, et que la nouvelle conserverait les siens ; mais il fut dit aussi que la noblesse ne conférerait aucun privilège. Du reste, les anciens pairs avaient le droit de siéger au parlement, mais comme ils prétendaient avoir le pas sur les conseillers de robe, ceux-ci opposèrent une si vive résistance que les pairs finirent par renoncer à l'exercice de leur droit. Les pairs avaient même disputé la préséance aux princes du sang ; mais un édit de l'an 1576 proscrivit leurs prétentions, et Louis XIV confirma cet édit par une déclaration de 1711. Le droit d'anoblir, c'est-à-dire de conférer la noblesse, appartenait au roi seul qui, en gratifiant d'un fief un homme libre, ouvrait à celui-ci les rangs de la noblesse. Quand les fiefs furent devenus héréditaires, ce furent les seigneurs qui en disposèrent ; et comme la possession d'un fief noble anoblissait le possesseur, ils firent entrer au corps de la noblesse un grand nombre de roturiers, en les investissant de fiefs. Mais l'abus devint si grand, qu'il fallut déclarer par une nouvelle ordonnance que les fiefs nobles achetés ou acquis d'une manière quelconque par des roturiers, ne les anoblissaient point. Il y avait autrefois des charges qui avaient la vertu d'anoblir leur possesseur ; mais la noblesse de race et militaire dédaignaient cette no-

blesse acquise qu'on pouvait regarder pourtant comme prix de grands services. Aujourd'hui les postes les plus éminents possédés par des roturiers laissent leurs possesseurs dans la roture. Un ministre même, un général d'armée, en sortant de fonctions, rentrent dans la classe privée de laquelle ils étaient sortis. Du reste, la véritable noblesse qu'on estime dans ce siècle d'intérêts matériels, c'est celle de l'argent. Quiconque est riche est tout, s'écriait Boileau, c'est aujourd'hui le cas plus que jamais de tenir ce langage. Il y a au surplus une remarque à faire, et c'est que bien des gens qui déclament qu qui ont déclamé contre la noblesse, ou qui ont le plus l'air de mépriser la vaine distinction qu'elle donne, usurpent souvent à la faveur de l'ambitieuse particule, ou simplement d'une apostrophe entre les deux premières lettres de leur nom, quand ce nom commence par un D, des blasons qu'ils n'ont pas et qu'ils n'ont jamais eus. Mais ainsi est fait l'homme ; il a souvent l'air de ne pas estimer ce qu'il désire, afin que les autres ne lui en viennent pas contester la possession. Au reste, n'y a-t-il pas des hommes qui encore aujourd'hui regrettent amèrement le magnifique système de la féodalité, et qui en déplorent le démembrement et l'extinction ? Eh bien ! ceux-là du moins sont sincères, ils disent ce qu'ils pensent : parler de son château, de ses droits de seigneur, de ses serfs, cela flatterait encore bien des vanités. Napoléon un peu trop fidèle imitateur des traditions du vieux régime, a créé des majorats, rétabli pour certains cas les substitutions qui, de même que les majorats, font sortir du commerce les biens qui en sont frappés ; mais des établissements qui étayent l'orgueil d'une famille produisent-ils quelque bien pour la société ? Nous ne le pensons pas. Les ressources territoriales n'ont pas augmenté dans un siècle, sauf quelques défrichements qui se sont opérés au commencement de la révolution ; mais depuis l'abolition des fiefs et la division des propriétés, la France est plus riche. Nous ne partageons pas néanmoins l'opinion des philosophes du XVIII° siècle qui voulaient que tous les citoyens fussent égaux ; que chacun fût fils de ses œuvres, et prétendaient que les nobles étaient dans la société ce que les frelons sont pour les ruches. Que tous les citoyens soient égaux devant la loi, rien de plus juste. Malheureusement cela ne se recommande partout et ne se fait nulle part. Mais en supposant que les magistrats chargés d'appliquer la loi, dégagés de toute prévention, de tout intérêt, de toute inclination, n'aient aucun égard à la position sociale des individus, s'ensuiva-t-il que, hors de là, tous les citoyens doivent être égaux ; que celui qui a bien mérité de la patrie en la servant de son épée ou des talents, et qui pour les services qu'il a rendus a obtenu des distinctions et des honneurs doit partager ces honneurs avec celui qui a servi la société par son rabot ou de sa truelle ? Non, et cette égalité prêchée par les philosophes est impossible ; eux-mêmes n'en voudraient pas ; et le déclamateur philosophe irait s'asseoir volontiers à la table d'un ministre, mais ne promettrait pas à son cordonnier de s'asseoir à la sienne. Que chacun soit fils de ses œuvres, c'est juste ; mais s'ensuit-il qu'il faille priver les fils de l'illustration qu'a obtenue son père, surtout si le fils a été élevé de manière à répondre à la position nouvelle de sa famille ? Non, certes, à moins qu'on ne nous démontre qu'il est utile à la société que le fils, déhérité par la loi, rentre dans la condition obscure de laquelle le père était sorti par son mérite ? Enfin, nous ne regardons la noblesse ni comme un danger, ni comme élément inutile dans une société quelle qu'elle soit. Ainsi en France la noblesse a rendu en tout temps des services à la couronne, et ne servît-elle qu'à entourer le trône d'éclat et de majesté, il serait toujours utile de la conserver. On dit que la jouissance par les enfants de tout ce que leurs pères ont gagné, prive de récompense ceux qui en méritent. Cela est évidemment faux, au moins dans tout gouvernement dont le chef n'est pas un capricieux despote, ou un insensé. On ajoute que la noblesse tue l'émulation, même dans le noble ; autre paradoxe ! Pourquoi, si le fils d'un laboureur aspire à s'élever, ce qui souvent est un mal, pourquoi le fils d'un noble n'aspirerait-il pas à une condition encore plus brillante ? Tout est relatif ; il est clair que l'ambition ou l'émulation, si on l'aime mieux, ne peut pas être la même chez un pâtre que chez un homme de haute naissance. La seule chose dont on devrait s'occuper, ce serait de diriger vers le bien l'ambition de l'un et de l'autre. Ce qui est encore important c'est que la noblesse ne soit point prodiguée ; car la donner à un trop grand nombre d'individus qui mériteraient peu cette distinction, ce serait l'avilir. Autrefois en achetait la noblesse, aujourd'hui bien des gens l'usurpent : on doit faire peu de cas d'une noblesse usurpée, comme d'une noblesse acquise pour une somme d'argent. Avant la révolution, toute autre profession que celle des armes était interdite à la noblesse ; et nous croyons que c'était son bien. Un homme qui savait qu'il était destiné, par sa naissance, à l'état militaire s'inspirait de bonne heure des sentiments propres à cet état ; il avait d'ailleurs sous les yeux les exemples des membres de sa famille, et en lui donnant le désir de les imiter, cela doublait son courage et son aptitude pour les talents militaires : s'il s'était conduit autrement, il aurait dégénéré, et son front aurait eu à rougir devant le siècle. Du reste, l'histoire a prouvé par mille exemples authentiques que lorsqu'il s'est agi de défendre l'état par la voie des armes, c'est toujours chez les nobles d'extraction que le courage s'est trouvé constamment réuni aux talents et au mérite, plus que dans toute autre classe de citoyens, parce que ceux-ci, éloignés par leur profession ou leurs habitudes de l'état militaire, n'ont pris l'épée que comme on soulève un fardeau, tandis que les premiers l'ont saisie comme on prend une chose dont on veut se faire un trophée. Il est un genre de noblesse qui ne consiste que dans l'élévation des sentiments, et celle-ci peut se trouver chez tous les hommes à quelque classe qu'ils appartiennent. Nous conviendrons même que plus d'une fois elle ne s'est pas trouvée à la noblesse de race ; mais en général le noble qui dès son enfance entend parler de grandeur d'âme, de dévoûment au pays et au prince, de loyauté, de fidélité, d'honneur, est plus capable qu'un autre qui ne s'occupera que d'intérêts commerciaux, de produits industriels, d'opérations de finance, de déployer dans l'occasion la noblesse de sentiments. J.

NOBLESSE D'EXTRACTION, celle dont l'origine est inconnue. Dans un sens particulier, ancienne noblesse celle qui existait avant 1789 : et nouvelle noblesse celle qui a été créée depuis. Prov., noblesse vient de vertu, un homme n'est proprement au-dessus d'un autre que par la vertu et par le mérite. Prov., noblesse oblige, quiconque prétend être noble doit se conduire noblement. Noblesse se dit aussi collectivement de tout le corps des hommes qualifiés nobles ou d'une partie de ce corps. Noblesse signifie encore figurément, grandeur, élévation, dignité. Il signifie particulièrement en peinture et en sculpture le caractère élevé de la composition des airs de tête, des formes et généralement du système d'imitation.

NOBLOT, géographe, mort à Paris en 1745, a laissé notamment : l'*Origine* et les progrès des arts et des sciences, in-12, où il cherche à prouver que ce n'est point aux Egyptiens, mais aux Hébreux que nous devons les arts et les sciences.

NOBUNANGA, empereur du Japon, se distingua par sa valeur et ses victoires, reconnut les vertus des chrétiens et la sagesse de leur loi. Leur religion fleurit sous son empire ; mais il ternit ses bonnes qualités par son orgueil qu'il poussa jusqu'à se faire adorer comme un dieu. Il ne tarda pas à en être puni. Ses sujets révoltés l'attaquèrent et le brûlèrent vif dans son palais, avec son fils aîné, le 20 juin 1582. Une chose remarquable dans sa sacrilège apothéose, qui se fit dans un grand temple nouvellement érigé avec une solennité incroyable, c'est que, tout l'empire y étant accouru d'après les ordres sévères et menaçants, et pas un seul chrétien ne s'y étant trouvé, il n'eut pas lieu d'exprimer aucun mécontentement contre eux.

NOCE, s. f., mariage. En ce sens il ne se dit qu'au pluriel. Il signifie aussi le festin, la danse et les autres réjouissances qui accompagnent le mariage, en ce sens il se dit au singulier aussi bien qu'au pluriel. Il signifie encore toute l'assemblée, toute la compagnie qui s'est trouvée à la noce. Jésus-Christ daigna honorer de sa présence les noces de Cana, pour témoigner qu'il ne désapprouvait point la joie innocente à laquelle on se livre dans cette occasion ; il y fit le premier de ses miracles, et y changea l'eau en vin. À son exemple, les conciles et les pères de l'Eglise n'ont point blâmé la pompe et la gaîté modeste que les fidèles faisaient paraître dans leurs noces ; mais ils ont toujours ordonné d'en bannir toute espèce d'excès, et tout ce qui ressentait encore les mœurs païennes. « Il ne convient point, dit le concile de Laodicée, aux chrétiens qui assistent aux noces, de se livrer à des danses bruyantes et lascives, mais d'y prendre un repas modeste et convenable à leur profession. » Saint Jean-Chrysostôme a déclamé plus d'une fois contre les désordres auxquels plusieurs chrétiens se livraient dans cette circonstance. Bingham, Orig. ecclés. Plusieurs conciles ont défendu aux ecclésiastiques d'assister aux festins des noces ; d'autres leur ont

seulement ordonné de se retirer avant la fin du repas, lorsque la joie devient trop bruyante. Dans les paroisses de la campagne, plusieurs pasteurs ont coutume d'assister aux noces, lorsqu'ils y sont invités, parce qu'ils sont sûrs que leur présence contiendra les conviés, et fera éviter toute espèce d'indécence. Ceux qui ont de paroissiens moins dociles et moins respectueux, s'en abstiennent, afin de ne pas paraître approuver ce qui peut y arriver de contraire au bon ordre. Les uns et les autres sont louables dans leurs motifs et dans leur conduite, selon les circonstances.

NOCERA, *Nuceria Camellaria,* ville de l'Etat ecclésiastique (Pérouse), à 33 kil. E. de Pérouse ; 2,000 habitants. Bains thermaux.

NOCERA-DE'-PAGANI, *Nuceria Alfaterna,* ville du royaume de Naples (Principauté Citérieure), sur le Sarno, à 15 kil. N.-O. de Salerne ; 9,000 habitants. Evêché. Belle église. Victoire de Narsès sur Téia, roi des Goths, qui y fut tué (553). Nocera fut surnommée des Païens (de' *Pagani*) à cause des Arabes qu'y établit Frédéric II (1220), ou de ceux qui vinrent s'y établir après la défaite du pape Jean X (915).

NOCÉTI (Charles), jésuite, né à Pontremoli dans le Génois, mort à Rome en 1759, enseigna la théologie au Collège romain, fut donné pour coadjuteur au P. Turano, pénitencier de Saint-Pierre, et devint un des examinateurs des évêques. On a de lui : *Veritas vindicata,* en 2 vol. C'est une critique de la *Theologia christiana,* du P. Concina, qui fit beaucoup de bruit. Nocéti était bon poète, comme on le voit par ses *Eglogues* et par les *Poèmes* sur l'arc-en-ciel et l'aurore boréale.

NOCHER, s. m., celui qui gouverne, qui conduit un vaisseau, une barque. Il n'est guère usité qu'en poésie.

NOCTAMBULISME, s. m., état de ceux qui marchent la nuit en dormant.

NOCTILION (*mam.*), genre de chéiroptères, insectivores comprenant quelques espèces de l'Amérique méridionale. J. P.

NOCTUA (*ois.*). Les anciens donnaient ce nom aux chouettes en général, mais plus spécialement à la chevêche. J. P.

NOCTUÉLIENS, ou **NOCTUÉLITES** (*ins.*), tribu d'insectes de l'ordre des lépidoptères, famille des nocturnes de Latreille, et qui présente pour caractères distinctifs : une trompe cornée assez longue, roulée en spirale ; des palpes inférieurs terminés brusquement par un article plus mince que le précédent, celui-ci comprimé ; antennes sétacées, ailes inférieures plissées dans leur longueur au côté interne. Cette tribu formait avant le grand genre *noctua.* M. Duponchel indique 12 genres comme rentrant dans la tribu des noctuélides. M. E. Blanchard la divise en deux familles : les noctuides et les érébides, qu'il subdivise elles-mêmes en plusieurs groupes. On connaît aujourd'hui à peu près 800 espèces des noctuélites. Ces lépidoptères ont les antennes pectinées, dentées, ouciliées dans les mâles, simples ou filiformes dans les femelles ; les palpes dépassent un peu la tête ; la trompe est plus ou moins longue ; le corselet est presque toujours lisse, l'abdomen plus ou moins aplati ; les ailes supérieures sont généralement très étroites ; les inférieures au contraire sont larges ; les premières croisées l'une sur l'autre et recouvrant les secondes, qui sont plissées sous elles dans l'état de repos. Les chenilles ont 16 pattes ; elles sont cylindriques, sans protubérance, de couleur généralement sale ; elles vivent toutes sur les plantes basses, dont elles rongent les racines ou les feuilles. Quelques espèces passent l'hiver à l'état de chrysalide ; mais la plupart restent pendant le temps dans cet état. J.P.

NOCTUELLE, *noctua* (*ins.*), genre de l'ordre des lépidoptères de la famille des nocturnes, tribu des noctuélides qu'il remplaçait autrefois. (V. ce mot.) J. P.

NOCTURNE, adj. des deux genres, qui a lieu, qui arrive durant la nuit. Il se dit en histoire naturelle, des animaux qui veillent la nuit et qui se réfugient dans les fleurs ne s'ouvrent que dans l'obscurité. Nocturne s'emploie aussi comme substantif masculin, et se dit d'une partie de l'office de la nuit, composée d'un certain nombre de psaumes et de leçons. Il se dit aussi d'un morceau de musique à plusieurs voix ou à plusieurs instruments, qui est d'un caractère tendre et plaintif.

NOCTURNES (*ins.*), grande division établie par Latreille dans l'ordre des lépidoptères.

NOCTURNES (*ois.*), tribu de la famille des rapaces, comprenant tous les oiseaux qui chassent la nuit.

NOD (terre de), pays où se retira Caïn après son crime. On ne sait pas trop quel était cet endroit. Quelques-uns le placent vers l'Hyrcanie ; d'autres traduisent le mot hébreu *Nod* par *fugitif, vagabond*, et expliquent ainsi le passage de la Genèse, *Habitavit in terra Nod* (iv, 16) : il habita sur la terre en fugitif.

NODICORNES (*ins.*), race d'hémiptères hétéroptères, comprenant les coréides et les rhopalides, et dont l'un des principaux caractères est d'avoir les cornes noueuses.   **J. P.**

NODJIBABAD, ville de l'Inde anglaise (Calcutta), dans l'ancien Delhi, à 140 kil. N.-E. de Delhi. Entrepôt de commerce entre le Lahore, le Kaboul, le Cachemire et l'Hindoustan oriental.

NODOSITÉ, s. f., de *nodus*, nœud. Il serait difficile d'assigner à ce mot un sens précis ; car on a appelé ainsi tantôt les incrustations ou concrétions tophacées qui se forment autour des articulations affectées de rhumatisme ou de goutte, tantôt les tumeurs que les chirurgiens appellent ganglions. Les véritables nodus sont de simples renflements d'une petite portion d'un tendon ou d'un faisceau fibreux. Il n'y a pas production d'un corps nouveau, mais seulement une sorte d'hypertrophie ou d'engorgement d'un tissu normal. Ces nodus tendineux ou aponévrotiques ont ordinairement le volume et la forme d'un haricot ; ils ont un peu plus de densité que le tissu dont ils font partie. Le plus souvent ils conservent dans leur intérieur les traces de leur texture fibreuse. Ils sont ordinairement tout à fait insensibles, si ce n'est quelquefois pendant les temps humides, et ils ne méritent la plupart du temps aucun traitement.

NOÉ, fils de Lameth, né l'an 2978 avant J.-C., fut juste, et trouva grâce devant le Seigneur, lequel, voyant la malice des hommes, et la dépravation générale des mœurs qui couvrait d'abominations toute la terre, résolut d'abolir les criminels par un déluge général. Il ordonna à Noé de bâtir une arche pour se sauver du déluge, lui et toute sa famille, avec des bêtes et des oiseaux de toute espèce, mâles et femelles. Il marqua lui-même la forme, les mesures et les proportions de ce grand vaisseau ; il devait être de la figure d'un coffre, long de 300 coudées, large de 50 et haut de 30 ; enduit de bitume et distribué en trois étages, dont chacun devait avoir plusieurs loges. Noé crut à la parole de Dieu et exécuta ce qu'il avait commandé. Après qu'il eut fait porter dans l'arche toutes les choses nécessaires pour la vie des hommes et des animaux, sept jours avant le déluge, Dieu lui ordonna d'y entrer avec sa femme, ses fils, leurs femmes et des animaux de toute espèce. Ce grand vaisseau les contint sans peine et se trouva parfaitement proportionné au grand nombre de créatures qu'il devait renfermer. Noé était alors âgé de 600 ans. Le jour de la vengeance étant venu, la mer se déborda de tous côtés et il tomba une pluie horrible pendant 40 jours et 40 nuits. La terre fut inondée, et tout périt excepté ce qui était dans l'arche. Après que les eaux eurent couvert la face de la terre pendant 150 jours, Dieu fit souffler un grand vent, qui commença à les diminuer. Sept mois après le commencement du déluge, l'arche se reposa sur le mont Ararath, près la ville d'Erivan. Le dixième jour du dixième mois, les sommets des montagnes se découvrirent, et 40 jours s'étant passés depuis que l'on eut commencé à les apercevoir, Noé ouvrit la fenêtre de l'arche et lâcha un corbeau qui ne rentra plus. Il envoya la colombe, qui, n'ayant pu trouver où asseoir son pied, revint dans l'arche ; sept jours après, il la renvoya de nouveau et elle revint portant dans son bec un rameau d'olivier, qui, dans ce chaos général, avait conservé la verdure de ses feuilles. Noé, déterminé à quitter l'arche, en sortit un an après qu'il y fut entré. On conçoit sans peine quel fut son étonnement quand il vit la surface de cette nouvelle terre, ravagée et dégradée d'une manière qui la rendait méconnaissable, et qui vérifiait par son aspect l'oracle du Seigneur, qui avait annoncé qu'elle serait détruite avec les hommes (*dispergam eos cum terra*, Gen., 8). Le choc de tant de mers, qui allaient et venaient, selon l'expression de l'Écriture, avec une impétuosité et une violence inconcevables, et cela l'espace d'une année entière, a dû détruire et produire des choses sans fin et sans nombre. Le premier soin de Noé fut de dresser un autel au Seigneur et de lui offrir en holocauste une tête de chacun des animaux purs qui étaient dans l'arche. Dieu fit une alliance éternelle avec lui, et voulut que l'arc-en-ciel en fût comme le signe ; soit que ce météore n'existât point avant le déluge, soit que, ne paraissant que dans les temps pluvieux, il fût plus propre que tout autre signe à rappeler la promesse faite à Noé et à le rassurer contre une nouvelle inondation. Cette grande catastrophe du globe, décrite dans les saintes Lettres avec tous les caractères de la vérité, empreinte, pour ainsi dire, de tous les traits qui forment le tableau de la nature actuelle, s'est conservée dans le souvenir de toutes les nations. Il n'y a point de vérité historique mieux prouvée que celle du déluge. Bérose le Chaldéen nous parle de l'arche qui s'arrêta, vers la fin du déluge, sur une montagne d'Arménie. Nicolas de Damas, dans le 96e livre de ses Histoires, dit qu'au temps du déluge, il y eut un homme qui, arrivant avec une arche ou un vaisseau sur une haute montagne d'Arménie, échappa à ce fléau universel et que les restes de cette arche se sont longtemps conservés sur cette montagne. Abydène, auteur d'une *Histoire des Chaldéens et des Assyriens*, donne de ce déluge quantité de détails semblables à ceux qu'en donne Moyse. Qu'on lise le traité de Lucien sur la déesse syrienne, on y trouvera toutes les circonstances de ce terrible événement aussi clairement et aussi énergiquement exposées que dans le livre de la Genèse ; ce qui ne peut être que l'effet de la tradition générale établie alors chez les Orientaux. On verra les mêmes choses dans le premier livre des *Métamorphoses* d'Ovide. Varron parle du temps qui s'écoula depuis Adam jusqu'au déluge, *ab hominum principio ab cataclismum*. Les Chinois disent qu'un certain Puen-Cuus échappa seul avec sa famille au déluge universel. Jean de Laët et Lescarbot rapportent la tradition constante du déluge parmi les Indiens de l'Amérique. Boulanger convient que la plupart des usages de l'antiquité sont autant de monuments de la révolution arrivée sur notre globe par le déluge. Les divers déluges, dont les historiens et les mythologistes ont fait mention, ne sont dans le fait que celui de Noé, défiguré par des traits qui n'empêchent pas qu'on ne le reconnaisse très distinctement. Après le déluge, Noé se mit à cultiver la terre et il planta la vigne. Elle était connue avant ce temps-là ; mais il fut le premier qui la planta avec ordre et qui découvrit l'usage qu'on pouvait faire du raisin en exprimant sa liqueur. Ayant donc fait du vin, il en but, et comme il n'en avait point éprouvé la force, il s'enivra et s'endormit dans sa tente. Cham, son fils, l'ayant trouvé découvert d'une manière indécente, s'en moqua, et en donna avis à ses frères, qui, marchant en arrière, couvrirent d'un manteau la nudité de leur père. Noé, à son réveil, apprenant ce qui s'était passé, maudit Chanaan, fils de Cham, dont les descendants furent dans la suite exterminés par les Israélites, et bénit Sem et Japhet. Ce saint homme vécut encore 350 ans depuis le déluge et mourut l'an 2029 avant Jésus-Crist, à l'âge de 950 ans. La vie de ses descendants est restée beaucoup au-dessous de son terme, tant par une suite naturelle des altérations que la terre avait essuyées dans toutes ses productions, que par une volonté directe du Seigneur, qui resserra les bornes d'une vie dont l'homme avait si étrangement abusé.   **F.**

NOÉ (MARC-ANTOINE de), évêque de Lescar, né au château de la Grimaudière, près La Rochelle, en 1724, fut l'un des quatre prélats qui n'adhérèrent point aux actes du clergé de 1765, concernant la bulle *Unigenitus*; néanmoins on ne voit de sa part aucune démarche marquante en faveur du parti qui refusa de la reconnaître. Député aux états-généraux par les états particuliers du Béarn, il protesta contre la réunion des trois ordres, émigra en Espagne, puis en Angleterre, et fut, en avril 1802, nommé évêque de Troyes ; mais la mort l'enleva le 22 septembre de la même année. Ce prélat joignait à de grandes vertus des talents rares. Il savait l'hébreu et le grec, avait étudié à fond les grands modèles de l'antiquité, et leur devait cette élégance de style qui fait le charme du peu d'ouvrages qu'il a laissés. On les a réunis sous ce titre : *Œuvres de M. de Noé, ancien évêque de Lescar, mort évêque de Troyes, contenant ses discours, mandements et traductions, précédés d'une notice sur la vie et les écrits de ce prélat*, Paris, 1818, 1 vol. in-8°.

NOEL (Fête de). Le péché ayant dégradé, défiguré l'homme, Dieu ne pouvait plus arrêter sur lui des regards de complaisance. Il l'aurait exterminé, si la miséricorde n'avait interposé une victime capable de l'apaiser ; mais quelle est cette victime ? Est-ce l'homme ? mais pour réparer sa faute dignement, il aurait fallu qu'il eût pu s'immoler ; mais n'ayant pas le droit de disposer de sa vie, comme de celle des animaux sur lesquels il a droit de vie et de mort, l'hommage de dépendance, de réparation qu'il pouvait offrir à Dieu était insuffisant. Il était donc nécessaire que le fils de Dieu, se revêtant d'un corps semblable au nôtre, s'offrît volontairement à son père, et rachetât les hommes, qui ne pouvaient se racheter eux-mêmes. « Vous n'avez pas voulu d'hostie et d'oblation, mais vous m'avez formé un corps. Les holocaustes et les sacrifices pour le péché ne vous ont pas plu, alors j'ai dit : me voici; je viens pour accomplir votre volonté, ô mon Dieu, et ce qui a été écrit à la tête de ce livre. » Remarquons aussi que si l'homme eût trouvé grâce auprès de Dieu de suite après sa chute, il n'aurait pas assez compris la profondeur de la plaie faite par le péché; il ne se serait pas fait une idée exacte des misères qui en sont la suite; Dieu n'aurait pas fait éclater d'une manière si admirable sa puissance et sa miséricorde. L'homme fut donc abandonné à sa faiblesse et à son aveuglement, mais avec des secours suffisants pour ceux qui ne fermaient pas les yeux à la lumière. D'ailleurs Dieu suscita dans tous les siècles des hommes fidèles à sa loi, et lorsque les passions eurent obscurci l'intelligence et le cœur des hommes jusqu'à leur faire rendre le culte suprême aux objets les plus criminels, les plus vils, il choisit un peuple particulier pour le rendre dépositaire des dogmes primitifs, et il lui révéla aussi le culte qu'il exigeait. Les fidèles s'y sauvèrent par la foi au rédempteur promis et par l'espérance dans ses mérites. Les saints d'Israël sollicitaient incessamment par leurs vœux et leurs prières la venue du désiré des nations et accéléraient, autant qu'il était en eux, l'effet des miséricordes du Seigneur. Dieu, qui agit toujours avec sagesse, et qui mène les choses à la perfection sans rien brusquer, dévoila invinciblement le mystère de l'incarnation. Il promit à Adam un sauveur, il renouvela la promesse à Abraham, en la restreignant à sa race; il la confirma à Isaac et à Jacob. Celui-ci la fixa dans la famille de Juda. Dieu déclara par ses prophètes qu'elle appartenait à la postérité de David et de Salomon. Les prophètes prédirent toutes les circonstances qui accompagneraient la venue, la naissance, la vie du Messie, et le règne spirituel qu'il devait exercer dans l'Eglise. Plus l'avénement de J.-C. approchait, plus les révélations s'éclaircissaient. Les prophètes avaient annoncé qu'à l'époque de sa naissance, on changerait les épées en socs de charrue et les lances en faulx (Isaïe, ch. 20, v. 4; Michée, ch. 4, v. 2). Jacob avait annoncé que dans le même temps le sceptre serait ôté à la tribu de Juda (Gen., ch. 59, v. 8 et 10). Aggée (ch. 2, v. 3) et Malachie (ch. 3, v. 1) avaient prophétisé qu'il paraîtrait pendant que le second temple subsisterait. Les soixante-dix semaines d'années prédites par Daniel depuis l'ordre donné par Artaxercès-Longue-Main de rebâtir Jérusalem, déterminèrent le temps de la venue et de la mort du Messie. Toutes ces prophéties, qui se trouvaient d'ailleurs d'accord avec des traditions anciennes conservées chez les nations païennes, recevaient leur accomplissement lorsque le divin Sauveur vint au monde, ou étaient au moment de le recevoir. L'année même où il naquit, l'empereur Auguste ferma le temple de Janus, et le monde jouit d'une paix universelle que la guerre ne troubla pendant douze ans. Les soixante-dix semaines d'années de Daniel touchaient à leur fin; le sceptre n'était plus dans la maison de Juda; Hérode, iduméen de naissance, avait été placé sur le trône à l'exclusion des asmonéens, princes de la famille royale de Juda, qui furent mis à mort, ainsi que les principaux membres du Sanhédrin; la Judée était devenue une province de l'empire romain. Cet empire était la quatrième des monarchies prédites par Daniel, qui avait succédé à celle des Mèdes, des Perses, des Grecs; formé par Auguste, il réunissait une partie considérable de l'univers : la Providence l'avait ainsi permis afin de faciliter la propagation de l'Evangile. Auguste, désirant connaître les forces et les richesses de chaque province, publia un édit qui prescrivait à tous les sujets de l'empire de se faire enregistrer en certains lieux, suivant leurs provinces, leurs villes et leurs familles. Quirinus fut chargé de le faire exécuter dans la Syrie et la Palestine. Dieu avait ménagé cet édit que la politique avait dicté à l'empereur, pour faire connaître à l'univers que J.-C. était de la tribu de Juda et de la race de David. Les descendants de ce roi eurent ordre de se faire enregistrer à Bethléem, petite ville de la tribu de Juda. Ainsi s'accomplit la prophétie de Michée, d'après laquelle cette ville, nommée Ephrata par les Jébuséens, devait être illustrée par la naissance de Jésus-Christ. Quoique la très sainte Vierge fût avancée dans sa grossesse, elle ne crut pas que son état dût lui faire différer d'obéir à l'empereur. Elle partit avec Joseph, et ils arrivèrent à Bethléem après un voyage pénible de plusieurs jours à travers les montagnes. Origène, Tertullien et saint Chrisostôme pensent qu'elle, son divin fils et saint Joseph furent enregistrés. Comme il n'y avait plus de place dans l'hôtellerie destinée à recevoir les voyageurs, personne ne voulut les recevoir dans la ville. Leur pauvreté les fit mépriser et rejeter.

Ils ne trouvèrent un asile que dans une caverne creusée dans un rocher et placée hors de la ville, suivant le sentiment le plus commun. D'après une tradition citée par saint Jérôme, saint Grégoire de Myrre, saint Grégoire de Nazianze et Prudence, laquelle est d'ailleurs appuyée par d'anciennes peintures sur verre et des sculptures trouvées sur des tombeaux, il y avait dans la caverne un bœuf et un âne. C'est là que Marie mit au monde son divin fils sans éprouver aucune douleur et conservant toujours sa virginité. On ne peut se faire une idée du respect et de la joie qu'elle témoigna en voyant et adorant son fils le créateur et le maître de l'univers. Après l'avoir enveloppé de langes, elle le coucha dans la crèche. Saint Joseph, dit saint Bernard, partageait autant qu'il était en lui les sentiments de Marie; il prenait l'enfant dans ses bras et lui prodiguait toutes les caresses que pouvait lui inspirer son cœur embrasé d'amour. Les anges descendirent du ciel pour adorer Dieu dans ce nouvel état où sa miséricorde l'avait réduit, et pour célébrer sa gloire par des hymnes. Dieu voulut aussi que son fils, né dans l'obscurité, dans l'humiliation, fût connu des hommes et reçût les prémices de leurs hommages, en commençant de paraître au milieu d'eux. Ces hommes étaient des bergers, occupés pendant la nuit à la garde de leurs troupeaux. C'étaient des hommes simples, obscurs, éloignés des dangers du monde, et par conséquent plus susceptibles de l'esprit d'humilité et de retraite que notre Seigneur est venu prêcher aux hommes. Un ange s'étant présenté à eux, ils furent environnés d'une clarté céleste. Comme ils étaient saisis d'une grande frayeur, l'ange les rassura en leur disant : « Ne craignez pas; car je viens vous apporter une nouvelle qui sera pour tout le peuple le sujet d'une grande joie. C'est aujourd'hui, dans la ville de David, il vous est né un sauveur qui est le Christ, et voici la marque pour le reconnaître. Vous trouverez un enfant enveloppé de langes et couché dans une crèche. » Au même instant, il se joignit à l'ange une multitude d'esprits célestes qui louèrent Dieu et disaient gloire à Dieu au plus haut des cieux, et paix sur la terre aux hommes de bonne volonté. Les anges s'étant retirés, les bergers se dirent l'un à l'autre : passons jusqu'à Bethléem, voyons ce qui est arrivé et ce que le Seigneur a fait connaître; et y étant arrivés avec empressement, ils trouvèrent Joseph, Marie et l'enfant couché dans une crèche. Après l'avoir adoré, ils s'en retournèrent à leurs troupeaux louant et glorifiant Dieu. Marie conservait religieusement le souvenir de toutes ces choses; elle les repassait et s'en entretenait dans son cœur. Les prophètes ont annoncé tous les détails de ce grand événement, principalement celles de Jacob, de Daniel, d'Aggée et de Malachie; les autres signalent une foule de traits et de circonstances que Dieu seul pouvait prévoir. Tout a été tellement prédit, qu'on pourrait faire l'histoire du Sauveur et de la rédemption, en réunissant ce qui est épars dans les différents prophètes. Ils ont annoncé qu'il serait conçu dans le sein d'une vierge, et qu'il naîtrait à Bethléem; qu'il serait pauvre, qu'il aurait un précurseur qui ferait entendre sa voix dans le désert; qu'il prêcherait l'Evangile aux humbles et aux petits, que les prodiges se multiplieraient sous ses pas; que, malgré sa sainteté, l'éclat de sa doctrine et de ses miracles, il serait en butte à la contradiction et au mépris, rejeté et persécuté par son peuple; qu'il serait plein de douceur et entrerait dans Jérusalem monté sur une ânesse; qu'il ferait cesser tous les sacrifices, et qu'il serait la seule victime offerte en tous lieux comme une oblation pure; qu'il serait trahi par ses amis, vendu pour trente pièces d'argent, et abandonné des siens; que des faux témoins s'élèveraient en foule contre lui; qu'il se livrerait volontairement à la mort, sans même ouvrir la bouche, se laissant conduire au supplice comme une brebis qu'on traîne à la boucherie, comme un agneau qui est muet sous la main de celui qui lui dérobe sa toison; qu'il serait bafoué, souffleté, conspué, rassasié d'opprobres et d'ignominies; qu'il serait regardé comme un misérable chargé de crimes, qu'on lui percerait les pieds et les mains, que les passants lui insulteraient dans ses douleurs en branlant la tête et en grinçant des dents contre lui; que sa robe serait jetée au sort et ses vêtements partagés; que du fiel et du vinaigre lui seraient présentés pour breuvage; que son côté serait entr'ouvert; qu'il serait enseveli par des hommes riches, et que son tombeau serait glorieux; qu'il descendrait dans les lieux bas de la terre pour en tirer les âmes captives; qu'il sortirait victorieux des entraves de la tombe; qu'il monterait au ciel d'où il enverrait le Saint-Esprit sur toute chair; que les Juifs seraient rejetés et les gentils appelés à la connaissance du vrai

Dieu; que l'Eglise s'étendrait par toute la terre, et que les portes de l'enfer ne prévaudront jamais contre elle. On voit dans les auteurs anciens qu'à l'époque de la naissance du Sauveur, le monde était dans l'attente de quelque grand événement. « Il s'était répandu dans l'Orient, dit Suétone, une opinion universelle et constante qu'en ce temps-là, par un arrêt du destin, des conquérants sortis de la Judée seraient les maîtres du monde. Plusieurs, suivant Tacite, étaient persuadés qu'il était écrit dans les anciens livres des prêtres, qu'en ce temps-là l'Orient reprendrait sa supériorité, et que des hommes sortis de la Judée feraient la conquête du monde. » Une foule d'imposteurs parurent à cette époque, qui se donnèrent pour le Messie, et un célèbre historien juif, Josèphe, faisait sa cour à l'empereur Vespasien, en lui faisant entendre qu'il était ce Messie tant prédit par les prophètes. C'était une affreuse idolâtrie, mais qui prouve qu'alors était universellement attendu qui devait venir. Les soixante-dix semaines de Daniel étaient visiblement écoulées, le sceptre sorti de la maison de Juda, la Judée étant alors une province romaine, le temple détruit et la nation dispersée, en sorte que la malédiction divine a paru visiblement dans l'aveuglement prodigieux de ceux des juifs qui se sont obstinés à attendre le Messie. Leurs docteurs étaient tellement confondus par les textes sacrés, qu'il leur est échappé cette malédiction étrange : Malheur à celui qui scrute les Ecritures ! Enfin le Sauveur parut. C'était la quarantième année du règne d'Auguste, la vingt-neuvième depuis la bataille d'Actium. Quatre mille ans s'étaient écoulés depuis la création monde, ou du moins depuis celle de l'homme, deux mille cinq cents depuis le déluge, près de deux mille depuis la vocation d'Abraham, et un peu plus de mille depuis la fondation du temple de Salomon. La scène de Bethléem se renouvelle, hélas ! tous les jours. Combien qui, absorbés par les soucis, les inquiétudes, les joies, les passions, les plaisirs et les vains bruits de la terre, n'ont pas de place pour recevoir Jésus-Christ ! Combien qui l'éconduisent lorsqu'il frappe doucement à la porte de leur cœur ! Et parmi ceux qui le reçoivent, n'en est-il pas qui le font entrer comme dans une caverne horrible, sombre, froide et souillée, où se traînent d'impurs reptiles, où vivent, sous la garde de Satan, des monstres odieux au ciel, immondes et hideux avortons, affreux enfantements de l'âme fécondée par le prince infernal ! Qu'ils sont rares ceux qui, sentant leur pauvreté et leur misère, à l'exemple de Joseph et de Marie, environnent J.-C. de leurs adorations, de leurs empressements, de leurs respects, et lui prodiguent tous les plus tendres caresses que peut imaginer un cœur embrasé d'amour ! Le monde ne se doutait pas de ce qui se passait à Bethléem ; mais le ciel était dans l'admiration, en contemplant ce spectacle sublime. Les anges remplissaient la caverne humide, environnaient la crèche dans laquelle était couché le divin Enfant, et couvraient de leurs baisers les langes qui enveloppaient son tendre corps. Quel spectacle ! quel tableau ! quel sublime exemple ! Un Dieu anéanti ! un Dieu enfant ! un Dieu pauvre ! un Dieu souffrant ! L'ange a dit que sa naissance serait pour tout le peuple le sujet d'une grande joie. Y serons-nous insensibles ? La seule pensée de ce mystère suffisait pour consoler Adam après son exil. La promesse qui en fut faite à Abraham adoucissait les peines de son laborieux pèlerinage. Cette même promesse rendait Jacob supérieur à l'adversité, et soutenait Moyse au milieu des peines sans nombre que lui coûta l'affranchissement de son peuple. Tous les prophètes, en voyant de loin ce mystère, tressaillaient de joie et d'espérance. Et nous serions indifférents et glacés, nous qui possédons ce qui ne leur était que promis, nous qui voyons présentement accompli sous nos yeux ce qu'ils n'apercevaient que dans le lointain des âges ! S'il en était ainsi, la nature elle-même réclamerait contre notre insensibilité ; car la joie, ce sentiment délicieux qu'une créature raisonnable trouve dans la possession d'un objet aimé, doit être proportionnée à la nature de cette possession ; elle doit donc être d'autant plus vive que la possession réelle l'emporte davantage sur la promesse et l'espérance. « La lettre d'un ami, dit saint Pierre Chrisostôme, est agréable, mais sa présence l'est bien plus encore ; une obligation plaît, mais le paiement plaît encore davantage : on aime les fleurs, mais seulement jusqu'à ce que les fruits paraissent. Or, les patriarches reçurent, en quelque sorte, les lettres de Dieu, et nous, nous jouissons de sa présence ; ils eurent la promesse, nous en avons l'accomplissement ; ils eurent l'obligation, nous en avons le paiement. » A quels pieux transports les patriarches ne se seraient-

ils pas livrés si, comme le vieillard Siméon, ils avaient tenu entre leurs bras l'Enfant miraculeux, objet de leurs soupirs, de leurs larmes et de leurs prières ! « Il m'arrive souvent, disait saint Bernard, de penser aux saintes ardeurs qui faisaient soupirer les patriarches après la venue du Messie, et cette pensée me remplit de confusion et me pénètre de douleur. J'ai peine à retenir mes larmes, tant je suis pénétré de honte et de douleur à la vue de la tiédeur et de l'indifférence de ces temps malheureux ; car, qui d'entre nous ressent autant de joie de la présence de cette grâce, que la promesse qui en avait été faite aux saints de l'Ancien Testament leur inspirait de désirs ! Plusieurs, à la vérité, se réjouiront dans cette fête ; mais j'ai bien peur que ce soit moins pour la fête que pour quelque vanité de ce monde. » Le mystère de ce jour nous offre un prodige de toute-puissance qui doit provoquer nos louanges en excitant notre admiration, et en même temps un prodige d'amour qui doit embraser nos cœurs de la plus ardente charité.

« Seigneur, s'écriait un grand serviteur de Dieu, que votre nom est admirable sur toute la terre ! Vous êtes véritablement un Dieu qui opère des merveilles. Je ne suis plus étonné de la création de l'univers, ni de la succession de jours et des saisons; mais je ne puis revenir de mon étonnement, lorsque je vois un Dieu renfermé dans le sein d'une vierge, le Tout-Puissant couché dans une crèche, et le Verbe éternel caché sous le voile de la chair. » Invitons les esprits célestes à louer avec nous le Seigneur qui a fait éclater dans ce mystère les prodiges de sa puissance, de sa sagesse et de sa bonté ; invitons-les à glorifier avec nous ce Dieu, victime de son amour, qui s'est rapetissé jusqu'à l'infini pour sauver l'homme pécheur; ou plutôt, joignons nos adorations aux leurs, car, qui pourrait dire avec quelle ferveur ils l'adorèrent ? qui pourrait dire ce qui se passa en eux quand ils virent leur roi dans un berceau, quand ils aperçurent ce divin Enfant dont les mains, qui alors paraissaient si faibles, avaient formé l'univers, et soutenaient par leur puissance le ciel et la terre? Quel concert de louanges! quel torrent de bénédictions! quelle unanimité d'adorations profondes! Comme ils firent retentir de leurs transports la terre et les cieux! Et l'homme, en faveur duquel s'est opéré ce grand mystère, ne partagerait pas leurs saintes ardeurs! il resterait froid et insensible! son cœur et son esprit ne s'échaufferaient pas aux approches de ce Dieu anéanti pour le sauver, de ce soleil de justice voilé sous les nuages de l'humanité, et dépouillé des rayons de sa gloire pour le visiter dans sa misère, et l'éclairer, sans l'éblouir, au milieu des ténèbres de son ignorance et de ses erreurs! Ah! malheur à celui qui, dans ce saint jour, ne sentirait pas se ranimer sa ferveur : il serait bien à craindre qu'il n'eût perdu la foi, et que la flamme de la vie spirituelle ne se fût éteinte dans son cœur. De quelle reconnaissance ne devons-nous pas être animés en considérant la grandeur du bienfait qui nous est accordé! Quelles actions de grâces ne devons-nous pas rendre à Dieu à l'aspect de cette grande et divine lumière qui est venue dissiper les ténèbres de l'idolâtrie dans lesquelles nos pères étaient plongés, et dans lesquelles nous serions plongés comme eux, et sans doute plus qu'eux encore; car le monde allait s'abrutissant et se corrompant toujours. Quels temps! quelles mœurs! quand tout était Dieu, excepté Dieu lui-même, quand les hommes n'adoraient pas seulement les grands corps et les grandes forces de la nature, ou les ouvrages de leurs mains, ou les animaux stupides, mais les monstres qui avaient déshonoré l'humanité par les plus grands crimes ou les plus honteux excès, mais les vices les plus infâmes, les passions les plus ignominieuses! Quels temps! quelles mœurs! quand les plus saints des dieux étaient des misérables mille fois plus criminels que ces hommes perdus de crimes, que la justice humaine a quelquefois condamnés à la corde ou à la flamme; quand les plus ignobles instincts de la chair étaient divinisés; quand les plus abominables excès étaient consacrés par quelque exemple du ciel! Quels ténèbres! quels débordements! quelle corruption! Toute la terre, si longtemps souillée, criait vengeance; et en apprenant que le Fils de Dieu était descendu parmi les hommes, qui n'aurait imaginé qu'il venait pour les consumer par le feu du ciel, comme les habitants de Sodome, et les plonger tout vivants dans les flammes de l'enfer? Mais non, il venait, plein de douceur, plein de compassion pour nos misères, nous purifier et nous sauver! De quelle reconnaissance ne devons-nous donc pas être pénétrés et pour un si grand bienfait, et pour une si touchante bonté! Voilà pour la reconnaissance. Que dirons-nous de l'amour? Aujourd'hui, pour parler le langage de l'Eglise, les cieux distillent le miel : « Un Sauveur nous est donné! Un petit enfant nous est né! » Et ce Sauveur, ce petit enfant, c'est notre Dieu, qui s'est revêtu de notre chair, de notre faiblesse et de nos misères, et qui vient converser parmi nous! O prodige! ô merveille! l'Eternel assujéti au temps! l'infini devenu enfant, le Tout-Puissant avec toutes les marques de la faiblesse! le principe de toute grandeur, de toute perfection et de toute majesté, humilié jusqu'au néant, et soumis à ses propres créatures! « O charité! s'écrie saint Thomas de Villeneuve, ô le plus puissant triomphe de l'amour! vous avez vaincu l'invincible! le Tout-Puissant est devenu votre captif! » Car c'est par amour pour nous qu'il opère tous ces prodiges. Dès-lors pourrions-nous y rester insensibles! Saint François d'Assise était comme en extase lorsqu'il parlait de ce mystère. Saint Bernard invitait toutes les créatures à se joindre à lui pour aimer et adorer Jésus naissant. Il s'adressait au ciel et à la terre, et surtout à l'homme. Il trouvait une douceur ineffable dans ces paroles : » Jésus, Fils de Dieu vivant, est né à Bethléem de Juda. » Il ne trouvait pas d'expressions pour en rendre toute l'énergie : « A ces paroles, disait-il, mon esprit s'échauffe, mon âme se fond en quelque sorte, et mes brûlants désirs me portent à oublier la joie dont je suis transporté. Lorsque Dieu est sur le trône de sa grandeur et de sa majesté, disait-il encore, il commande le respect et la crainte; mais lorsqu'il se montre sous la forme d'un enfant, quel amour ne doit-il pas inspirer? » Combien l'enfance est aimable! comme tout le monde se sent porté à l'aimer, à cause de son innocence, de sa naïveté, de sa candeur, de sa fraicheur, de ses grâces simples et touchantes, de sa délicatesse, de sa petitesse et de sa faiblesse même! S'il en est ainsi des enfants des hommes, que sera-ce donc d'un Dieu enfant? Y a-t-il, peut-il y avoir quelque chose de plus aimable au ciel et sur la terre? car ne sont-ce pas toutes les amabilités du ciel réunies à toutes les amabilités de la terre? Oh! si nous comprenions ces choses, si nous avions un peu d'amour au cœur, comme nous adorerions ces petites mains enveloppées de langes qui soutiennent l'univers et font mouvoir les cieux, ces petits pieds qui un jour doivent essuyer tant de fatigues pour nous, et être percés de clous pour notre salut, ce visage qui fait la joie des anges et qui doit être meurtri et couvert de crachats, cette tête innocente qui doit être couronnée d'épines, ce sang qui doit un jour inonder la croix et devenir ainsi le prix de notre rédemption, tout ce petit corps plus pur que la lumière, qui doit être battu de verges, cruellement déchiré, et qui est déjà en proie aux privations et à la souffrance! Jésus enfant, couché dans une crèche, en proie à la douleur, les yeux baignés de larmes, pourrait-il ne pas nous attendrir? « Il pleure, dit saint Bernard, mais non comme les autres enfants ni pour la même raison. Les cris des enfants ordinaires sont provoqués par le besoin et la faiblesse, ceux de Jésus partent de sa compassion et de son amour pour nous. » Et ces larmes divines n'adouciraient pas la dureté de nos cœurs! « Elles me pénètrent de douleur, disait encore saint Bernard, et me couvrent de confusion, quand, au milieu de toutes mes misères, je considère mon insensibilité, » Prenons garde de nous scandaliser, comme les Juifs charnels et certains sages ou sectateurs passionnés du monde, de cet état de faiblesse et de pauvreté dans lequel le Sauveur se montre, en naissant, sur la terre. Tout entiers dans les sens, les Juifs se mirent un bandeau sur les yeux pour ne pas voir ce que leur montraient si clairement les prophètes. Avides de richesses, de puissance, de gloire et de grandeur temporelle, ils imaginèrent un Messie qui devait d'abord briser le joug de la domination étrangère, puis faire de Jérusalem la plus grande des cités, et, de leur nation, le plus florissant empire du monde. Ils l'imaginèrent ainsi et n'en voulurent pas d'autre. Ainsi, ce ne fut pas par zèle de la loi, ce qui les eût rendus moins inexcusables, que la plupart d'entre eux méconnurent et rejetèrent le Sauveur, mais par ambition, par cupidité, par orgueil, et c'est ce qui les a rendus si coupables. Un messie tel que les Juifs l'attendaient, en exaltant encore en nous l'amour des richesses, de la grandeur et des plaisirs, aurait envenimé notre corruption, au lieu de la guérir; il nous aurait trompés en nous attachant à l'exil et en nous faisant oublier la patrie. Quel médiateur que celui qui nous eût de plus en plus éloignés de Dieu! quel rédempteur que celui qui nous eût plus que jamais vendus à Satan! quel sauveur que celui qui nous eût replongés dans l'abîme de notre perte! quel libérateur, que celui qui, en augmentant le délire de nos passions, eût rivé les fers de notre servitude! Tous nos

désordres découlent de trois sources principales : « Tout ce qui est dans le monde, dit saint Jean, est ou concupiscence de la chair, ou concupiscence des yeux, ou orgueil de la vie, » c'est-à-dire que tout le mal vient de l'amour des plaisirs, ou de la cupidité, ou de l'orgueil. La concupiscence de la chair est ce penchant désordonné qui nous porte à satisfaire et à flatter nos sens. Jésus-Christ, pour nous donner tout d'abord l'exemple de la mortification, commence à souffrir dès son entrée dans la vie. En voyant ce petit enfant souffrant volontairement la privation de toute chose, qui osera s'excuser sur sa faiblesse, pour éluder ce qui mortifie les sens? Ces vagissements arrachés par la douleur, ce petit corps si délicat et si tendre étendu sur la paille, ces petits membres endoloris par le froid, ce souffle impur d'animaux pour toute chaleur, cette caverne, cette étable ouverte à tous les vents, tout cela n'était pas nécessaire pour notre rédemption : c'est un exemple qui nous est donné, un modèle qui nous est montré, afin que nous fassions de même. Pour mieux comprendre encore, au commencement joignons la fin : cette chair sacrée que Jésus-Christ commence à traiter si rudement dès son entrée dans la vie, il l'affaiblira par le jeûne, la fatiguera par le travail, et lui refusera toutes les délices; elle sera couronnée d'épines, déchirée par les tortures, suspendue à une croix, abreuvée de fiel, et elle expirera ainsi dans les plus cruels tourments. Après cela, qui osera flatter en lui cette chair de péché, la nourrir dans les délices, la bercer dans la mollesse, l'habiller de luxe et l'abreuver de volonté? Qui ne comprendra la nécessité des jeûnes, des abstinences prescrites par l'Eglise, des mortifications, des privations volontaires, surtout pour ceux qui n'en ont pas de forcées, et, pour tout dire, en un mot, de la pénitence? Par la concupiscence des yeux, l'apôtre saint Jean nous signale l'amour des richesses ou la cupidité, seconde source non moins féconde des désordres et des scandales dont le monde est peuplé. Les richesses sont un fruit gâté que la chute de nos premiers pères a infecté d'un poison mortel; elles sont un lourd bagage pour ceux qui s'acheminent vers le ciel et augmentent d'une manière effrayante les difficultés du salut. Par le besoin que l'homme a de posséder, car il est né pour posséder l'infini, il s'attache à ces biens périssables, les étreint, et oublie, dans la dissipation ou les soucis qu'ils lui causent, les biens éternels et véritables. A cette seconde maladie spirituelle de l'homme, la cupidité, il oppose, comme à la première, son exemple et ses divines leçons. Cet Enfant, qui paraît si pauvre, si misérable, tout est à lui, tout, parce qu'il a tout créé, le ciel et ses magnificences, la terre et ce qu'elle renferme, l'univers et tous ceux qui l'habitent; et le voilà qui naît dans toutes les privations de la plus extrême indigence! Pouvait-il montrer un mépris plus profond pour tout ce qu'on appelle biens et richesses sur la terre? Il pouvait naître dans les palais, et le voilà dans une étable! dans la pourpre de l'or, et le voilà sur la paille et dans les haillons de la misère! dans les délicatesses du luxe ou les commodités de l'abondance, et il n'a pas même où reposer sa tête! et il apparaît au milieu de tous les dénûments de la pauvreté! Ah! ne rougirons-nous pas de notre attachement pour les biens de ce monde, quand notre Sauveur, dès sa naissance, montre pour eux tant de mépris et presque d'aversion? Malheur aux riches qui ne sont pas pauvres d'esprit! malheur aux pauvres qui sont riches en convoitise et en désirs! Jusqu'à quand serons-nous en contradiction avec Jésus-Christ, en proclamant avec le monde? Heureux ceux qui ont une large part de la boue qui est sous le soleil, et malheureux ceux à qui le Père de famille a refusé ces dons funestes dont abusent presque tous ceux qui les possèdent? Mortification pour la sensualité, pauvreté et détachement pour la cupidité, voilà ce que nous prêche éloquemment la naissance de Jésus-Christ. Chaque prêtre a coutume de célébrer trois messes le jour de Noël. Cet usage, autrefois particulier aux souverains pontifes, est devenu peu à peu universel, mais n'impose cependant aucune obligation. Il a pour objet d'honorer la triple naissance du Sauveur : celle par laquelle le Père l'enfanta de toute éternité, celle par laquelle il est né de la bienheureuse vierge Marie, enfin celle par laquelle nous devons tous nous efforcer de le faire naître spirituellement par la foi et la charité dans nos âmes. Heureux ceux en qui il naît, en qui il vit, et qui peuvent dire comme l'Apôtre des nations : « Je vis, mais ce n'est plus moi, c'est Jésus-Christ qui vit en moi. » Car il n'y a de salut qu'en lui, et ceux-là seuls seront sauvés, que le Père céleste trouvera conformes à l'image de ce divin Fils, pauvre, souffrant et humilié, modèle suprême de tous les justes, type éternel de tous les saints. LE P.

NOEL (François-Joseph), littérateur, né à Saint-Germain-en-Laye en 1755, mort en 1841, fut avant la révolution professeur au collége Louis-le-Grand. Après 1789, il rédigea le journal intitulé *la Chronique*, puis entra dans la carrière administrative. Il fut successivement chef du bureau au ministère des affaires étrangères, et chargé par le gouvernement de plusieurs missions diplomatiques. Après le 18 brumaire, il devint membre du tribunat, commissaire général de police à Lyon en 1800, puis préfet du Haut-Rhin (1800-2). Lors de la réorganisation de l'Université, M. Noël fut nommé inspecteur-général des études, puis conseiller ordinaire. Il résigna ces fonctions en 1815 et reçut alors le titre d'inspecteur général honoraire. On doit à M. Noël un grand nombre d'ouvrages utiles à l'enseignement et qui sont entre les mains de tous les élèves; les plus connus sont : les deux *Dictionnaires français-latin* (1807), et *latin-français* (1808); le *Gradus ad Parnassum* (1810); le *Dictionnaire de la Fable*, 1801, 2 vol. in-8°; une traduction complète de Catulle avec les poésies de Gallus, 1803, 2 vol. in-8°; *Conciones poeticæ*, 1804; les Leçons de littérature française (1804, 2 vol.), — latine (1808), — anglaise (1817), — italienne (1824), — grecque (1825), — allemande (1827); (MM. Delaplace et Chapsal concoururent à la confection de ces derniers ouvrages); le *Nouveau dictionnaire des Origines*, 1827 (avec M. Carpentier); l'*Abrégé de la grammaire française*, 1826 (avec M. Chapsal), etc.

NOEL DE LA MORINIÈRE (Simon-Barthélemi-Joseph), voyageur, naturaliste et ichthyographe, né à Dieppe, le 16 juin 1765, mort à Drontheim, le 22 février 1822, fut nommé inspecteur général des pêches. On a de lui notamment : *Histoire naturelle de l'éperlan de la Seine-Inférieure*; *Tableau historique de la pêche de la baleine*, Paris, 1808, in-8°; *Histoire générale des pêches anciennes et modernes, dans les mers et les fleuves des deux continents*, Paris, 1815, 1 vol. en 2 tom. in-4°. La mort l'empêcha de continuer cet ouvrage intéressant.

NOÉMA, fille de Lamech et de Sella, sa deuxième femme, passe pour avoir inventé la manière de filer la laine et de faire la toile. Quelques-uns ont cru qu'elle avait épousé Noé, et d'autres qu'elle était la même que la Minerve des Grecs, nommée aussi *Nemanoun*.

NOÉMI, femme d'Elimelech, de la tribu de Benjamin, ayant été obligée de suivre son mari dans le pays des Moabites, l'y perdit, et maria ses deux fils Chélion et Mahalon à Orpha et à Ruth, filles moabites. Ces deux jeunes époux étant morts sans laisser d'enfants, Noémi résolut de retourner dans la Judée. Ruth ne voulut point la quitter, et elles arrivèrent ensemble à Bethléem, dans le temps que l'on commençait à couper les orges. Ruth alla glaner dans le champ de Booz, homme fort riche, et le proche parent d'Elimelech, qui l'invita à suivre ses moissonneurs à manger avec ses gens. Ruth, de retour à la maison, ayant appris à Noémi ce qui s'était passé, celle-ci l'avertit que Booz était son proche parent, et elle lui donna un expédient pour le déterminer à l'épouser. Ruth suivit le conseil de sa belle-mère, et vint à bout de se marier avec Booz, dont elle eut un fils nommé Obed qui fut un des ancêtres de Jésus-Christ.

NOET, *Noetus*, hérésiarque du IIIe siècle, fut maître de Sabellius. Il enseigna que Jésus-Christ n'était pas différent du Père; qu'il n'y avait qu'une seule personne en Dieu, qui prenait tantôt le nom de Père, tantôt celui de Fils; qui s'était incarnée, qui était née de la Vierge, et qui avait souffert sur la croix. Ayant été cité devant les prêtres, il désavoua d'abord ses erreurs. Il ne changea cependant pas d'avis, et, ayant trouvé le moyen de faire adopter ses rêveries par une douzaine de personnes, il les professa hautement et se fit chef de secte; il prit le nom de Moïse, et donna le nom d'Aaron à son confrère. Ses sectateurs s'appelèrent *Noétiens*. Leurs erreurs étaient les mêmes que celles de Praxéas et de Sabellius. (*V.* l'article suivant.)

NOÉTIENS. Ces hérétiques obscurs, déjà si longtemps oubliés, s'élevèrent au commencement du IIIe siècle à la voix de Noët qui enseigna que Dieu le Père s'était uni à J.-C. homme, était né, avait souffert et était mort avec lui; il prétendait par conséquent que la même personne divine était appelée tantôt le Père et tantôt le Fils, selon le besoin et les circonstances : c'est ce qui fit donner à ses partisans le nom de *patripassiens*, parce qu'ils croyaient que Dieu le Père avait souffert. Ce même nom fut aussi donné aux sectateurs de Sabellius, mais dans un sens un peu différent. Il ne paraît pas que l'hérésie des noétiens ait fait de grands progrès; elle fut solidement réfutée par saint Hippolyte de Porto. Beau-

sobre a prétendu que saint Hippolyte et saint Epiphane ont mal entendu et mal rendu les opinions de Noët, qu'ils lui ont attribué par voie de conséquence une erreur qu'il n'enseignait pas; mais Mosheim a fait voir que ces deux Pères de l'Eglise n'ont pas eu tort; que Noët détruisait par son système la distinction des personnes de la sainte Trinité, et qu'il prétendait que l'on ne pouvait admettre trois personnes sans admettre trois dieux. Le traducteur de l'*Histoire ecclésiastique* de Mosheim, toujours plus outré que son auteur, dit que ces controverses au sujet de la sainte Trinité qui avaient commencé dès le premier siècle, lorsque la philosophie grecque s'introduisit dans l'Eglise, produisirent différentes méthodes d'expliquer une doctrine qui n'est susceptible d'aucune explication. Cette manière de parler ne nous paraît ni juste ni convenable. 1° Elle donne à entendre ou que les pasteurs de l'Eglise ont eu tort de convertir des philosophes, ou que ceux-ci en se faisant chrétiens ont dû renoncer à toute notion de philosophie; 2° que ce sont les Pères qui ont cherché de propos délibéré des explications de nos mystères, et qu'ils n'ont pas été forcés par les hérétiques à consacrer un langage fixe et invariable pour exprimer ces dogmes. Double supposition fausse. En effet, parmi les philosophes devenus chrétiens, il y en a eu de deux espèces : les uns, sincèrement convertis, ont subordonné les notions et les systèmes de philosophie aux dogmes révélés et aux expressions de l'Ecriture sainte; ils ont rectifié leurs opinions philosophiques par la parole de Dieu. En quoi sont-ils blâmables d'avoir introduit la philosophie grecque dans l'Eglise? Les autres, convertis seulement à l'extérieur, ont voulu plier les dogmes du christianisme sous le joug des idées philosophiques, les expliquer à leur manière, et ont ainsi enfanté les hérésies. Il a donc fallu que les premiers, pour défendre les vérités chrétiennes, se servissent des mêmes armes dont on se servait pour les attaquer, opposassent des explications vraies et orthodoxes aux explications fausses et erronées des hérétiques; leur attribuerons-nous le mal qu'ont fait ces derniers? Telle est l'injustice des protestants et des incrédules; mais leur entêtement est trop absurde pour qu'on puisse le leur pardonner.

NOEUD, s. m., enlacement fait de quelque chose de flexible, comme ruban, soie, fil, corde, etc., dont on passe les bouts l'un dans l'autre en les serrant. Nœud coulant, nœud d'une forme particulière qui le rend difficile à dénouer. Fig. nœud gordien, difficulté qu'on ne peut résoudre. Nœud se dit aussi de certaines choses qui sont disposées en forme de nœuds de ruban et qui servent à la parure des femmes. Nœud signifie figurément la difficulté, le point essentiel d'une affaire, d'une question. Il se dit particulièrement dans les pièces de théâtre de l'obstacle qui donne lieu à l'intrigue d'une action dramatique. Nœud signifie encore figurément attachement, liaison entre des personnes. Nœud se dit en outre de ces bosses ou saillies qui viennent à l'extérieur d'un arbre, d'un arbrisseau. Il signifie encore certaine partie fort serrée et fort dure qui se trouve quelquefois dans l'intérieur de l'arbre; il se dit aussi des endroits où la tige des graminées et de quelques autres plantes telles que la vigne, le fenouil, etc., est renflée et comme articulée. Il désigne pareillement l'article, la jointure des doigts de la main; et par analogie cette partie du gosier ou de la gorge qu'on nomme autrement larynx. Il se dit aussi en chirurgie des tumeurs dures qu'on nomme autrement *nodus*. Nœud, en astronomie, se dit de chacun des deux points opposés où l'écliptique est coupée par l'orbite d'un corps céleste. Nœud se dit particulièrement en termes de marine des nœuds, de la ligne du loch, formés à la distance d'environ cinquante pieds les uns des autres et par le moyen desquels on estime le nombre des lieues que le navire a parcourues. ●

NOGAI, nom d'une peuplade turque habitant la Russie méridionale et qui, suivant Klaproth (*Voyage au mont Caucase*), se serait formée de la réunion des Komans et des Kanglis. Elle se compose d'un grand nombre de tribus énumérées par M. de Hammer (*Horde d'or*), et paraît avoir reçu son nom de Nogaï ou Nokaï, qui mourut vers l'an 1300, après avoir commandé les armées mongoles, sous quatre khans successifs, et avoir exercé toute l'autorité en leur nom dans la Russie méridionale. C'est dans le gouvernement actuel de Tauride que les Nogaïs se rencontrent encore aujourd'hui en assez grand nombre. Longtemps nomades, mais depuis 30 ans établis à demeure fixe, ils se regardent comme les Tatars ou Turcs de pur sang, qualité qu'ils contestent aux autres tribus de la même race. Les progrès que cette peuplade a faits vers la civilisation sont dus en grande partie aux soins d'un émigré français, le comte de Maison, qui s'est trouvé pendant plusieurs années chargé du commandement des Nogaïs. Voyez Schlatter, *Fragments de plusieurs voyages dans la Russie méridionale*, de 1822 à 1828, en allemand, Saint-Gall, 1830.

NOGARET (Guillaume de), chancelier de Philippe-le-Bel, qui le chargea d'aller signifier au pape Boniface VIII l'appel au futur concile, des bulles dont le roi se plaignait, s'acquitta de sa commission avec une hauteur et une dureté très propres à faire oublier les torts du pape, quoique, par une injustice devenue générale, on s'obstine à déclamer contre les fautes des pontifes, et qu'on affecte de taire celle des rois. Les habitants d'Anagni défendirent le pontife et repoussèrent la troupe de Nogaret. Celui-ci revint en France où il eut les sceaux en 1307, et la place de chancelier l'année suivante. Il sollicita l'absolution pour les violences qu'il avait commises contre le pape, il ne l'obtint qu'à condition de passer en Terre-Sainte et de n'en pas revenir; mais il mourut avant de partir. Belle-Forest dit que, s'il fut absous par le pape, il n'échappa pas à la colère de Dieu, et qu'il périt misérablement.

NOGARET (D.-V. Ramel de), conventionnel, mort à Bruxelles le 31 mars 1829, était avocat à Carcassonne avant d'être député du roi, il vota pour la mort, admit la ratification du peuple et rejeta le sursis. On a de lui plusieurs écrits sur les finances.

NOGARO, chef-lieu de canton (Gers), à 40 kil. S.-O. de Condom ; 1,900 habitants. Mines de houille. Jadis capitale de l'Armagnac; conciles en 1290 et 1315.

NOGENT-LE-ROI, chef-lieu de canton (Eure-et-Loir), à 15 kil. S.-E. de Dreux; 1,300 habitants. Patrie de Panard. Cette ville eut le titre de comté. Philippe de Valois y mourut en 1350.

NOGENT-LE-ROTROU, *Novigentum Retrudum*, chef-lieu d'arrondissement (Eure-et-Loir), à 60 kil. S.-O. de Chartres, sur l'Huisne; 6,860 habitants. Etamines, etc.; commerce d'écrevisses, etc. Patrie de Remi Belleau. L'arrondissement de Nogent-le-Rotrou a quatre cantons (Authon, la Louppe, Thiron-en-Gardais, plus Nogent), 65 communes, et 45,529 habitants.

NOGENT-SUR-SEINE, *Novigentum* ou *Novientum*, chef-lieu d'arrondissement (Aube), à 59 kil. N.-O. de Troyes; 3,355 habitants. Eglise Saint-Laurent; commerce de chanvre, sel, vinaigre, ardoises, etc. Près de là, ruines du Paraclet. En 1814, il se livra près de Nogent un combat acharné entre les Français et les alliés. Patrie de M. Thénard. L'arrondissement à 4 cantons (Romilly, Marcilly, Villenauxe, plus Nogent), 63 communes, et 33,856 habitants.

NOGHERAT (Jean-Baptiste), jésuite, né à Berbeno, dans la Valteline, le 9 mai 1719, mort en novembre 1784, occupa à Vienne une chaire d'éloquence sacrée. Chargé de défendre sa société, il s'en occupa, sinon avec succès, du moins avec courage et talent. Après la bulle de dissolution, il se retira dans sa patrie et continua d'y écrire en faveur de la religion et de l'Eglise. Ses œuvres ont été réunies en 17 vol. in-8°, Bassano, 1790. Dans celles qui concernent la religion, on remarque un esprit d'ordre, une clarté et une modestie admirables: pas une parole choquante contre les auteurs que le P. Moghera combat, mais point de ménagement pour l'erreur. Ses *Orazioni di Demostene, volgarizzate, e con annotazioni illustrate*, Milan, 1753, sont une traduction aussi élégante que fidèle.

NOGUERA, deux rivières d'Espagne, toutes deux affluents de la Ségre, s'y jettent l'une à 12 kil. S.-O. de Lérida, l'autre à 4 kil. S.-O. d'Alos : la première s'appelle Noguera-Ribagorzana (cours, 140 kil.), la deuxième Noguera-Pallaresa (cours, 170 kil.).

NOIR, OIRE, adj., qui est de la couleur la plus obscure et la plus opposée au blanc. Cheval noir mal teint, cheval dont la couleur noire tire sur le roux. En terme de graveur, manière noire, manière de graver en taille-douce qui consiste à couvrir d'abord entièrement le cuivre de points uniformes et à rétablir ensuite le poli de la planche plus ou moins, selon qu'on veut avoir des tons plus ou moins clairs. Noir se dit aussi de certaines choses qui approchent de la couleur noire. Noir signifie aussi livide, meurtri; il signifie aussi obscur. Noir signifie encore sale, crasseux; il se dit surtout du linge et des mains. Noir signifie figurément triste, morne, mélancolique. Noir se dit aussi figurément des crimes, des mauvaises actions et des personnes qui les commettent. Prov., il n'est pas si diable qu'il est noir, il n'est pas si méchant qu'il en

paraît. Prov., cet homme est ma bête noire, il est pour moi l'objet d'une aversion particulière. Poétiq. l'onde noire, le Styx ; il a passé l'onde noire, il est mort. Noir est aussi substantif et signifie la couleur noire et ce qui est de couleur noire. Fig. et fam., passer du blanc au noir, aller du blanc au noir, passer d'une opinion à l'opinion contraire, passer d'une extrémité à l'autre. Prov. et par exagération, si vous lui dites blanc, il vous répondra noir, il se plaît à contredire.

NOIRCEUR, s. f., qualité qui fait qu'un corps est noir, paraît noir. Il signifie aussi tache noire. Noirceur signifie figurément atrocité d'une action, d'un caractère. Il signifie aussi figurément une action faite ou une parole dite dans l'intention de nuire.

NOIRCIR, v. a., rendre noir. Noircir signifie encore figurément et en sens moral, diffamer, faire passer pour méchant, pour infâme. Noircir est aussi neutre et signifie devenir noir. Il s'emploie aussi avec le pronom personnel dans le même sens. Noircir, avec le pronom personnel, signifie figurément se rendre odieux, infâme par quelque mauvaise action.

NOIRE (Mer), *Pont Euxin*, *Pontus Euxenos* des anciens (c'est-à-dire mer hospitalière), et auparavant *Pontus Axenos* (ou mer inhospitalière), mer interne de l'Europe, au S.-E., n'est qu'un golfe de la Méditerranée; elle communique avec cette mer par le détroit de Constantinople, la mer de Marmara et les Dardanelles; au N., elle est liée à la mer d'Azov par le détroit de Zabache ou d'Iénikaleh. Elle a 1,080 kil. sur 620, et s'étend entre 25°-39° long. E., 41°-47° lat. N. Elle baigne au N. et à l'O. l'Europe (Russie méridionale et Turquie), au S. et à l'E. l'Asie (Turquie asiatique et Russie d'Asie); cette mer n'a pour ainsi dire aucune île. Ses eaux, très peu salées, se gèlent aisément et à grande distance des rivages; elle est fort orageuse, d'où son nom d'*Axenos*. Elle reçoit le Danube, le Dniester, le Dnieper, le Don, le Kouban, etc., puis le Kizil-Irmak, le Sakaria, ces deux derniers appartiennent à l'Asie, Son nom actuel lui fut donné par des Tartares qui se fixèrent sur ses bords, et qui habitaient le Kaptchak. La clôture de la mer Noire (dont on parle souvent) consisterait à interdire à toute autre nation que la Russie et la Turquie la navigation de cette mer; c'est un des buts que se propose la Russie.

NOIRMOUTIERS, *Nigrum monasterium* au moyen âge, *Her* ou *Heria* des anciens, île de France sur la côte du département de la Vendée, dans le golfe de Gascogne; 19 kil. sur 7; 7,500 habitants; chef-lieu, Noirmoutiers (chef-lieu de canton, sur la côte E.; bon port, commerce); beaux pâturages, marais salants, digues, fortifications, préparation du varech, pêche d'huîtres. Cette île doit son nom à un monastère de bénédictins qui y fut fondé au viie siècle par saint Philibert, et qui fut détruit par les Normands au ixe siècle. Elle appartint longtemps aux La Trémouille et fut réunie à la couronne en 1720. Prise par les Hollandais en 1674. Elle a beaucoup souffert pendant la révolution.

NOISETIER, *corylus* (bot.), genre de plantes de la famille des copulifères. Il se compose d'un petit nombre d'espèces ligneuses dont les dimensions varient depuis celles d'arbrisseaux peu élevés jusqu'à celles d'arbres de taille moyenne. Ces espèces croissent dans les parties tempérées de l'Europe et de l'Amérique septentrionale. Leurs feuilles simples alternes se montrent après les fleurs; celles-ci sont monoïques. Les mâles forment des chatons cylindriques, à bractées écailleuses, imbriquées sur toutes les faces. Les fleurs femelles, groupées en petit nombre, sont entourées d'un involucre 1-2-flore, à 2-5 folioles, petites, déchirées, velues, soudées entre elles par leur base. Le fruit est une nucule embrassée par l'involucre devenu foliacé. Parmi les espèces de ce genre nous citerons le noisetier avelinier (*corylus avellana*), vulgairement noisetier, coudrier; c'est un grand arbrisseau commun dans les taillis et les haies de presque toute l'Europe à tiges droites, rameuses, à écorce grisâtre, parsemée de lenticelles. Les feuilles sont pétiolées, ovales, presque arrondies, le plus souvent en cœur à leur base, acuminées au sommet. Les chatons mâles naissent par trois ou quatre ensemble, et atteignent en moyenne près d'un décimètre de longueur. Le fruit connu sous le nom de noisette ou d'aveline varie de grosseur et de forme. On distingue plusieurs variétés de cette espèce ; tels sont le coudrier des bois (*C. sylvestris*), le *C. barcelonensis*, cultivé en Angleterre; le *C. purpurea*, etc. J. P.

NOISETTE (bot.), fruit du noisetier. (*V. ce mot.*) J. P.

NOISETTE (moll.), nom vulgaire d'une espèce du genre bulime. J. P.

NOIX, *nux* (bot.), fruit du noyer. On a également donné le nom de noix aux fruits de certaines plantes. Ainsi on appelle noix d'acajou la graine de l'anacardium, noix d'arec la graine de l'arec, noix de Bengale le myrobolan citron, noix de cocos les fruits du cocotier, noix d'eau ceux de la macre, noix de girofle les fruits du ravenala, noix médicinale, le fruit du randier; noix vomique, fruit du vomiquier; c'est une sorte de baie globuleuse, recouverte d'une écorce lisse, jaune, dure et fragile, contenant au milieu de la pulpe qu'elle renferme des semences rondes, aplaties, grises et veloutées extérieurement, cornées à l'intérieur et ordinairement blanches et demi-transparentes, quelquefois cependant noires et opaques; ces semences sont inodores; leur saveur est âcre et très amère. C'est un poison très actif dans lequel on trouve les mêmes principes vénéneux que dans la fève de Saint-Ignace, la strychnine et la brucine. La noix vomique, réputée autrefois anthelmintique et fébrifuge (sans doute à cause de son amertume), n'est plus guère employée aujourd'hui que dans le traitement de la paralysie. Noix de galle ou galle, excroissance produite sur le chêne et sur d'autres arbres par la piqûre de certains insectes. Noix se dit encore de cette petite glande qui se trouve dans une épaule de veau, proche la jointure des deux os; il se dit aussi de la rotule ou de l'os qui est sur l'articulation de la cuisse avec la jambe. Noix signifie encore la partie du ressort d'une arbalète où la corde est arrêtée quand elle est tendue. Il signifie également la partie du ressort d'un fusil, d'un pistolet, etc., qui est garnie de deux crans, dont l'un sert pour le repos et l'autre pour la détente, et qui s'engrènent dans la mâchoire de la gâchette. Il se dit aussi de la roue dentelée qui fait partie d'un moulin à café, à poivre, etc., et qui sert à broyer la graine.   R-y.

NOLAY, chef-lieu de canton (Côte-d'Or), à 17 kil. S.-O. de Beaune, sur la Cuisinance; 2,300 habitants; chapeaux communs, drap, etc. Patrie de Carnot.

NOLE, ville du royaume de Naples, fondée 801 ans avant Jésus-Christ; c'est dans cette ville que saint Augustin finit ses jours; ce fut la première ville qui fit usage des cloches inventées par saint Paulin, son évêque, en 431.

NOLLET (JEAN-ANTOINE), physicien célèbre, né à Pimbré, diocèse de Noyon, le 17 novembre 1700, mort à Paris le 25 avril 1770, reçut le diaconat, et obtint une dispense pour prêcher; mais ce genre d'occupations ne fut pas celui où son goût le portait : l'amour des sciences physiques l'emporta. En 1734, il fit un voyage à Londres, on le mérite le fit recevoir de la Société royale sans qu'il eût brigué cet honneur. Deux ans après, il passa en Hollande où il se lia étroitement avec s'Gravesande et Musschenbroek. De retour à Paris, il reprit le cours de physique expérimentale qu'il avait ouvert en 1735, et qu'il continua jusqu'en 1760. Ce sont ces cours de physique qui ont fait naître l'idée des cours particuliers en d'autres genres, tels que ceux de chimie, d'anatomie, d'histoire naturelle, etc. En 1738, une chaire publique de physique expérimentale ayant été fondée à Paris, Nollet en fut nommé le premier professeur. Au commencement de 1739, il fut reçu à l'académie royale des sciences, et, au mois d'avril suivant, le roi de Sardaigne, voulant établir une chaire de physique à Turin, l'appela dans ses États. En 1744, il donna au dauphin des leçons de physique expérimentale auxquelles le roi et la famille royale assistèrent souvent. Au mois d'avril 1749, on l'envoya en Italie pour y faire des observations sur l'état des sciences dans cette contrée. Il enseigna ensuite la physique expérimentale au collège royal de Navarre, à La Fère et à Mézières. Ce célèbre et laborieux physicien rendit à la physique les services les plus importants, par les vues nouvelles dont il enrichit cette science. Ses ouvrages sont : plusieurs *Mémoires*, insérés dans ceux de l'académie des sciences; on en distingue un sur l'ouïe des poissons, qui est très estimé; *Leçons de physique expérimentale*, 6 vol. in-12; *Recueil de lettres sur l'électricité*, 1753, 3 vol. in-12; *Essai sur l'électricité des corps*, 1 vol. in-12; *Recherches sur les causes particulières des phénomènes électriques*, 1 vol. in-12; *l'Art des expériences*, 3 vol. in-12, avec figures, 1770.

NOM, s. m., le terme dont on a coutume de se servir pour désigner une personne ou une chose, une agrégation de personnes ou de choses; il se prend quelquefois pour la personne. Nom de guerre, nom que chaque soldat prenait autrefois en entrant au service. On le dit encore d'un nom supposé que l'on prend dans certains états, dans certaines situations où l'on ne veut pas être connu sous son nom de famille. Nom de religion, nom que des religieux, des religieuses prennent en entrant au couvent. Fig. et fam., décliner son nom, dire

qui l'on est afin de se faire connaître. Prov., je ne lui ai jamais dit pis que son nom, je ne lui ai jamais rien dit d'injurieux ni d'offensant. Prov., c'est un homme à qui il ne faut pas dire plus haut que son nom, c'est un homme qui s'offense aisément. Prov., nommer les choses par leur nom, donner sans aucun ménagement aux choses et aux personnes le nom qu'elles méritent. Prov., je réussirai où j'y perdrai mon nom, je suis décidé à ne rien ménager, à tout sacrifier pour réussir dans cette affaire. Nom, en style de pratique, signifie titre, qualité en vertu de laquelle on agit, en vertu de laquelle on prétend quelque chose. En termes de commerce, nom social, le nom que des associés doivent signer pour représenter la raison de leur commerce. Nom signifie aussi réputation; nom signifie encore naissance, noblesse. Nom se dit quelquefois d'une épithète, d'une qualification morale. Nom, en grammaire, se dit d'un mot qui sert à désigner ou à qualifier une personne ou une chose, les personnes ou les choses. Au nom de..., loc. prépositive, de la part de... Au nom de..., signifie aussi en considération de... De nom, loc. adv., qui se dit par opposition à réellement et de fait. (*V.* Noms.)

NOMADES (de *Nomeus*, en grec, pasteur), nom générique sous lequel on a désigné les peuplades qui n'ont point de demeure fixe, mais qui errent sans cesse à la recherche de nouveaux pâturages. Tels furent chez les anciens les *Numides* en Afrique; les Scythes en Asie et en Europe, et la plupart des barbares (les Huns, par exemple); chez les modernes les Bédouins et les Kabaïles de l'Afrique, les Arabes de l'Arabie intérieure, les peuples de l'Asie centrale (Turcomans, Mongols, Eleuths, Mandchoux, etc.), les tribus indigènes de l'Amérique, etc.

NOMBRE, s. m. Il se dit de l'unité d'une collection d'unités, des parties de l'unité. Nombre abstrait, tout nombre considéré en lui-même sans application à rien de déterminé. On dit aussi, mais plus rarement, nombre, nombrant. Nombre concret se dit de l'application du nombre abstrait à quelque sujet que ce soit. On dit aussi, mais beaucoup plus rarement, nombre, nombré. N'être là que pour faire nombre, se dit d'une personne qui n'est de nulle considération dans la compagnie dont elle est membre. Nombre signifie aussi quantité, multitude. Nombre, en termes de grammaire, se dit des noms et des verbes, selon qu'ils s'appliquent à une chose ou à plusieurs. Nombre signifie encore l'harmonie qui résulte de certains arrangements de mots dans la prose et dans les vers. Dans le nombre, loc. ad., qui signifie parmi plusieurs, entre plusieurs, et qui s'emploie relativement à des personnes ou à des choses dont on vient de parler. Au nombre, du nombre, loc. prépositive, parmi, au rang. Du nombre s'emploie quelquefois adverbialement. Sans nombre, loc. adv., qui se dit d'une grande multitude, d'une quantité que l'on suppose innombrable.

NOMBRE D'OR, nombre dont on se sert dans le comput ecclésiastique pour marquer en quelle année on se trouve du cycle lunaire; ce cycle est une révolution de dix-neuf années au bout desquelles, d'après une supputation erronée, on suppose que les nouvelles et pleines lunes se retrouvent au même jour et à la même heure. On fait partir le premier cycle lunaire du commencement de l'ère vulgaire. Pour trouver le nombre d'or d'une année donnée, il suffit donc de diviser le chiffre de l'année par 19, et le reste plus 1 représente le nombre d'or. En faisant ce calcul sur 1842, par exemple, on trouvera que le nombre d'or est 19.

NOMBRER, v. a., supputer combien il y a d'unités dans une quantité. Il ne s'emploie presque plus que dans un sens négatif, et relativement à des choses qui ne sont pas de nature à être comptées.

NOMBRES. Le *Livre des Nombres* est le quatrième du Pentateuque ou des cinq livres écrits par Moïse. Il renferme l'histoire de trente-huit à trente-neuf ans que les Israélites passèrent dans le désert; ce qui avait précédé est rapporté dans l'Exode, et ce qui suivit jusqu'à l'entrée de ce peuple dans la Palestine se trouve dans le Deutéronome. Il est écrit en forme de journal; il n'a pu l'être que par un auteur témoin oculaire des marches, des campements, des actions que les Hébreux firent dans cet intervalle. On l'a nommé *Livre des Nombres*, parce que les trois premiers chapitres contiennent les dénombrements des différentes tribus de ce peuple, mais les chapitres suivants renferment aussi un grand nombre de lois que Moïse établit pour lors, et la narration des guerres que les Israélites eurent à soutenir contre les rois des Amorrhéens et des Madianites. Vainement quelques incrédules ont voulu contester l'authenticité de ce livre, et soutenir qu'il a été écrit dans les siècles postérieurs à Moïse ; outre la forme de journal qui dépose en sa faveur, et le témoignage constant des Juifs, Jésus-Christ, les apôtres, saint Pierre, saint Jude et saint Jean dans son Apocalypse, citent plusieurs traits d'histoire tirés du *Livre des Nombres*, et il n'est presque aucun des écrivains de l'Ancien Testament qui n'en ait allégué quelques traits, ou qui n'y fasse allusion. Le premier livre des Machabées raconte ce qui est dit du zèle de Phinées et de sa récompense ; celui de l'Ecclésiastique en fait aussi mention, de même que de la révolte de Coré et de ses suites ; les prophètes Michée et Néhémie parlent de la députation du roi de Moab à Balaam, et de la réponse de celui-ci. Le quatrième livre des Rois et celui de Judith renouvellent le souvenir des serpents qui firent périr un grand nombre d'Israélites, et du serpent d'airain élevé à ce sujet. Osée remet devant les yeux de ce peuple les artifices dont usèrent les femmes madianites pour entraîner ses pères dans le culte de Béelphegor ; David, ps. 105, joint cet événement à la révolte de Dathan et d'Abiron, et aux murmures des Israélites. C'est dans le *Livre des Nombres* qu'est portée la loi touchant les mariages, qui est appelée loi de Moïse dans celui de Tobie. Jephté, dans le II° chap. de celui des Juges, réfute la demande injuste des Ammonites, en leur alléguant les faits rapportés dans les chap. 20, 21 et 22 des *Nombres* ; Josué en rappelle aussi la mémoire. Enfin Moïse résume dans le Deutéronome ce qu'il avait dit dans les *Nombres* touchant les divers campements des Hébreux, l'envoi des espions dans la Terre-Promise, la défaite des rois des Amorrhéens, la révolte de Coré et de ses partisans, et la conduite de Balaam. Il n'est pas possible d'établir l'authenticité d'aucun livre par une tradition mieux suivie et plus constante. Nous ne nous arrêterons point à discuter les objections frivoles que Spinosa et ses copistes ont faites contre ce livre ; nous aurons occasion d'en réfuter plusieurs dans divers articles particuliers.   B.

NOMBREUX, EUSE, adj., qui est en grand nombre. Il signifie aussi, en parlant du style, harmonieux, qui flatte l'oreille par un heureux choix et une habile disposition des mots.

NOMBRIL, s. m. (on prononce *nombri*), cette partie qui est au milieu du ventre de l'homme et des quadrupèdes, et qui est la cicatrice du cordon ombilical par lequel le fœtus reçoit sa nourriture. Nombril se dit en botanique de certaines cavités qu'on aperçoit à la partie des fruits qui est opposée à la queue, et auxquelles les jardiniers donnent le nom d'œil.

NOME, s. m., terme d'antiq., mot emprunté du grec et qui signifie proprement loi ; ce mot, lorsqu'on parle de la poésie des anciens, désigne une sorte de poèmes qui se chantaient en l'honneur d'Apollon, comme les Dithyrambes se chantaient en l'honneur de Bacchus. Lorsqu'on parle de la musique des anciens, ce mot désigne un chant ou un air assujéti à une certaine cadence, à laquelle il n'était pas permis de manquer en changeant à son gré le ton de la voix ou celui des cordes de l'instrument.

NOME (*géog.*), subdivision politique ou circonscription administrative des provinces de l'Egypte. Généralement chaque grande ville formait, sur son territoire et les villes de moindre importance les plus voisines, un nome qui portait le nom de sa capitale. Ainsi on disait le nome ombite ou le nome d'Ombos, le nome tentyrite ou le nome Tentyra. Mais combien y avait-il de nomes dans chaque province? Rien de plus difficile que de répondre à cette question, parce que la division variait perpétuellement au gré des princes, qui tantôt en réunissaient deux en un seul, tantôt en divisaient un en deux autres. Les époques les plus célèbres de ces variations sont celles de Sésostris, sous le règne de qui l'Egypte entière fut divisée en trente-six nomes, et celles du IV° siècle de l'empire romain, où l'on en comptait cinquante-trois. Sous l'empire des Ptolémée, il y eut plus de nomes que sous Sésostris, et moins que sous les Césars.

NOMENCLATURE, s. f., collection de mots employés pour désigner les différents objets d'une science ou d'un art. Il se dit aussi de l'ensemble des mots qui composent un dictionnaire.

NOMENTE, *Nomentum*, aujourd'hui *Lamentano*, ville d'Italie, chez les Sabins, sur l'Allia ; Servilius Priscus Fidenas remporta aux environs de cette ville, sur les Véiens et les Fidénates, la victoire qui peu après lui ouvrit les portes de Fidènes, en 335 avant Jésus-Christ. Nomente a donné son nom à une des portes de Rome (la porte Nomentane) et à la voie Nomentane, qui allait se joindre à la voie Salaria.

NOMÉNY, chef-lieu de canton (Meurthe), sur la Seille, à 22 kil. N. de Nancy ; 1,350 habitants ; commerce de grains. Jadis titre de marquisat ; elle appartint longtemps aux évêques de Metz.

NOMINATIF, s. m., terme de grammaire, le nom tel qu'il est avant d'être décliné dans les langues qui ont des cas. Nominatif, lorsqu'il s'agit de notre langue, signifie le mot qui dans l'ordre direct précède le verbe, et qu'on appelle en logique le sujet de la proposition, parce que dans les langues qui ont des cas ce mot est toujours au nominatif.

NOMINATION, s. f., action de nommer à quelque emploi, à quelque dignité, etc. Il se dit aussi du droit de nommer à un emploi, à une dignité, etc. Il se dit aussi dans le sens passif en parlant de celui qui a été nommé à un emploi, à une dignité, etc.

NOMINAUX ou **NOMINALISTES,** secte scholastique opposée à celle des réalistes, soutenait les idées générales n'ont aucune réalité hors de notre esprit, et ne subsistent que par les noms que nous leur donnons. On lui donne pour chef Jean Roscelin, chanoine de Compiègne au XI° siècle, qui fut condamné au concile de Soissons en 1092 ; elle compte parmi ses partisans Abailard, disciple de Roscelin, condamné par deux conciles (1121 et 1141), Occam, Buridan, père d'Ailly, Hobbes, Locke, Berkeley, Condillac, D. Stewart, etc., et a définitivement triomphé (V. RÉALISTES).

NOMMER, v. a., donner, imposer un nom ; il se dit aussi en parlant de certaines épithètes, de certaines qualifications qu'on joint quelquefois aux noms propres, soit des personnes, soit des villes. Nommer signifie aussi dire le nom d'une personne, d'une chose. Nommer s'emploie quelquefois avec le pronom personnel et signifie alors déclarer son nom. Nommer s'emploie aussi substantivement. A point nommé, loc. adv., précisément, au temps qu'il faut, fort à propos. A jour nommé, loc. adv., au jour qui avait été marqué, dont on était convenu.

NOMS et **SURNOMS,** (*antiq.*). Les Hébreux donnaient un nom à leurs enfants huit jours après leur naissance. Chaque personne ne portait qu'un nom ; mais, comme quelques noms, entre autres ceux de Judas, de Jésus, de Simon, de Jonathas et d'Eléazar, étaient très communs, afin de distinguer les individus dont on parlait, on joignait à leur nom celui de leur père ou de leur tribu, et quelquefois un surnom dérivé de leur patrie ou de leurs actions, ou de quelque particularité corporelle. Ainsi l'on disait Simon le lépreux, Simon le magicien, Simon l'esclave d'Hérode, etc. Il faut remarquer que vers la fin de l'histoire sacrée on trouve un même personnage désigné par deux noms, dont l'un peut passer pour une espèce de prénom, et l'autre pour un nom de famille ; ainsi on lit Judas Machabée, Simon Machabée, etc. ; mais ces particularités ne paraissent que fort rarement. Les Egyptiens, les Perses, et en général tous les Asiatiques ne portaient qu'un nom, auquel ils joignaient celui de leur père. Il n'est point prouvé qu'ils distinguaient d'après des surnoms des personnes qui portaient des noms identiques, et les dénominations d'Artaxerce Longue-Main, Artaxerce Mnémonde, Darius Nothus, Darius Codoman, ne furent en usage que chez les Grecs. Les Grecs, ainsi que le reste des peuples de l'Orient, n'avaient chacun qu'un nom ; mais, les noms étant peu nombreux, on les variait pour les distinguer, par diverses adjonctions, dont les principales : le nom du père, et quelquefois même du grand-père ; ainsi Miltiade, fils de Stésagore, Miltiade, petit-fils de Cimon. Cette addition au nom propre du personnage avait plus de grâce et moins de lourdeur qu'en français, parce qu'en grec on supprimait le mot fils, qu'on remplaçait par l'article. Le nom de la ville ou de la province natale : Aristobule de Pergame, Aristobule de Carystium, Aristophane de Rhodes, Zénon d'Elée, Zénon de Cittium, Darès le Phrygien. Les surnoms, qui ordinairement faisaient allusion à une action remarquable, ou à quelque qualité bonne ou mauvaise : Démétrius Poliorcète, Artaxerce Mnémon, Antigone Doson ; à la profession : Aristide l'athlète, Aristide le philosophe ; à une opinion philosophique : Diagoras l'athée, Timon le misanthrope, Timon le sillographe ; au caractère : Apollonius Dyscole ; au quelque défaut corporel : Ptolémée Physcon, Artaxerce Longue-Main : ou enfin à quelques autres circonstances, qu'il est trop long d'énumérer. Ce fut surtout aux dynasties royales que fut appliquée par les Grecs la méthode des surnoms. Ignorant l'usage si simple de distinguer les souverains par des nombres, et de dire, par exemple, Ptolémée I°', Ptolémée II, etc., ils disaient Ptolémée Lagide ou Soter, Ptolémée Philadelphe, Ptolémée Evergète, etc. Les nomenclatures des Séleucus, des Antiochus, des Mithridate, des Alexandre, en fournissent un grand nombre d'exemples. Remarquons en passant qu'en donnant des surnoms ou plutôt des sobriquets à certains princes, la malignité craintive du peuple leur assignait plutôt la vertu qui leur manquait que le vice dont on eût pu le blâmer : ainsi Philométor, c'est-à-dire ami de sa mère, signifiait réellement meurtrier de sa mère ; Évergète, bienfaiteur, était à la place de cruel, etc. Dans l'histoire ancienne on voit presque toujours deux noms alterner dans la même famille, de sorte que l'aïeul et le petit-fils portent le même nom : ainsi Cimon est père de Miltiade, et Miltiade père d'un autre Cimon. C'est par suite de cet usage que dans les listes chronologiques des rois de l'Orient, on voit tour à tour des Mithridate et des Ariobarzane dans le Pont, des Séleucus et des Antiochus en Syrie. Au reste le nom de l'aïeul ne passait qu'au fils aîné. Aucune règle fixe ne présidait au choix de celui des autres enfants. Avant les temps historiques le choix d'un nom semblait aux Grecs de très grande importance, parce que la superstition, alors générale, croyait à une influence de ce nom sur la destinée. Aussi les poëtes tragiques et autres qui se sont appliqués à retracer la couleur de l'époque mythologique, voient dans Penthée (πένθος, deuil) l'avertissement de sa fin malheureuse ; dans celui de Polynice (πολὺ νεῖκος, nombreuses querelles) l'augure de cette lutte si longue entre les deux enfants d'Œdipe ; et dans celui d'Ajax (αἴ αἴ, hélas!) une allusion aux malheurs dont il doit être victime. Cette opinion superstitieuse disparut dans les siècles qui suivirent ; mais alors l'orgueil attacha de l'importance à certains noms ou plus sonores, ou qui rappelaient des idées plus grandes. C'étaient surtout les mots composés de κλέος, gloire, ξανθός, blond, νίκη, victoire, λέων, lion, et ἵππος, coursier, qui flattaient cette vanité bizarre. Ainsi certaines gens se glorifiaient de s'appeler Mégaclès, Léosthènes, Nicéphore, Xanthippe. A l'époque de la domination romaine, des désinences et des modifications latines se joignirent au nom d'origine grecque. Enfin, un siècle après la scission de la monarchie romaine en deux empires, on vit les Grecs porter deux noms à la fois. Ainsi on lit Nicéphore Basilica, Nicéphore Blemmida, Nicéphore Grégoras. De là sans doute nos noms modernes, composés de prénoms et de noms de famille. Originairement les Romains ne portaient que deux noms, quelquefois même un seul : Romulus, Numa Pompilius, etc. Mais dès les commencements de la république les hommes libres et d'origine romaine en portèrent trois ; savoir, le prénom, le nom et le surnom ; quelquefois même quatre, ou cinq, ou six : ces derniers s'appelaient *agnomina*. — *Prénoms*. Les prénoms étaient personnels aux individus qui les portaient ; ils répondaient à peu près à ce que nous appelons aujourd'hui noms de baptême, avec cette différence que, tandis que nos noms de baptême varient presque à l'infini, il n'existait chez les Romains qu'environ trente prénoms, qui se répétaient dans toutes les familles, quoique pourtant certaines familles affectassent de se servir exclusivement de quelques-uns. Le jeune Romain recevait son prénom le neuvième jour de la naissance. Tous les prénoms usités chez les Romains avaient en originairement une signification ; mais bientôt le hasard ou le caprice guidèrent dans le choix de ces noms, dont on oublia le sens. En voici la liste complète avec les étymologies probables : *Agrippa* (de *œger partus*), enfant dont la mère a accouché avec peine. *Appius* (corrompu d'*actius*, actif), prénom réservé aux aînés de la famille Claudia. *Aulus* (d'*alere*, nourrir), c'est-à-dire enfant consacré aux dieux nourriciers. *Cœso* (*cœdere*, couper), enfant arraché du sein de la mère par l'opération césarienne. *Caius* (anciennement *Gaius*, de *gaudium*, joie), qui cause de la joie à ses parents par sa naissance. *Cnœus* ou *Cneius* (de *nœvus*, tache sur la peau). *Faustus* (de *favere*, favoriser), favorisé des dieux. *Hostus* (*hostis*, ennemi), né en pays étranger. *Lucius* (*lux*, lumière), né au commencement du jour. *Mamercus*, nom de Mars chez les Osques, prénom des membres de la famille Emilia. *Manius* (*mane*, le matin), né avec le jour. *Marcus*, né au mois de Mars. *Numerius*, prénom en vogue dans la famille Fabia, à cause de Numérius Otacilius, citoyen de Malévent, qui, donnant sa fille à un Fabius, exigea que l'aîné de ses fils portât le nom de Numérius. *Opiter* (*ob patrem*), né après la mort du père, mais du vivant d'un aïeul qui lui sert de père. *Posthumus* (*post*, après ; *humus*, terre ; ou simplement de *post*), le plus jeune de la famille, ou celui qui naît après le décès de son père. *Proculus* (*procul*, loin), enfant né pendant l'absence du père. *Publius* (*pubes*), à cause de la force corporelle. *Servius*

(*serva*, esclave), fils d'une mère esclave. *Spurius* (*impurus*), fils d'un père incertain. *Tiberius*, né près du Tibre. *Titus*, d'après un Sabin qui portait ce nom. *Tullus* (*tollere*, élever), enfant que son père voulait élever. *Volero* (*volo*, vouloir), né malgré les parents. *Vibus*, prénom d'une signification inconnue. *Vopiscus*, prénom indiquant, suivant les grammairiens, que de deux jumeaux, un seul était venu à terme. Ce prénom était usité dans la famille Julia. Outre ces prénoms, il y en avait plusieurs comme *Decimus*, *Sextus*, que l'on tirait du nombre des enfants et de l'ordre de la naissance. De ces prénoms les plus usités étaient ceux de *Aulus*, *Caïus*, *Cneius*, *Lucius*, *Marcus*, *Publius*, *Quintus* et *Titus*, qui s'écrivaient abréviativement A., C., Cn., L., M., P., Q. et T. ; et après ceux-ci, ceux de *Decimus*, *Servius*, *Sextus*, *Spurius* et *Tiberius*, que l'on écrivait D. ou Dec., Serv., Sext., Sp. et Tib. Les autres prénoms s'écrivaient en totalité, excepté App. pour *Appius*, et Num. pour *Numerius*. Quelques-uns de ces prénoms devinrent ensuite noms de famille ou de branches. Tels furent ceux d'*Agrippa*, *Faustus*, *Proculus* et *Vopiscus*. En revanche des noms de familles ou de branches devinrent des prénoms ; tels furent ceux de *Cossus*, *Drusus*, *Paullus*, et surtout dans les IVe, V[e] et VIe siècles, celui de *Flavius*, que l'on abrégeait ainsi : Fl. Ces prénoms n'étaient en usage que pour les femmes. Les femmes en portèrent quelquefois ; mais cela était très rare. — *Noms*. Les noms indiquaient de quelle maison ou famille (en latin *gens*) un homme était issu. Tous les noms proprement dits se terminaient en *ius*, à l'exception de celui de *Cécina*. Quelques-uns dérivaient d'anciens prénoms, comme les *Marcius*, les *Quinctius*, les *Posthumius* ; d'autres de certains animaux, *Ovinius*, *Asinius*, *Vitellius*, *Aquilius* ; d'autres encore de la couleur des cheveux, tels que les *Flavius*, les *Fulvius*, les *Rubrius* ; de quelques fonctions, les *Scribonius*, les *Flaminius* ; du caractère, les *Sempronius*, les *Statius*, les *Silius*, et de mille circonstances diverses moins importantes. Certains noms de familles devinrent extrêmement communs. Sous l'empire, les principaux furent ceux de *Julius*, *Aurelius* et *Ælius*. On les joignit même à d'autres noms de familles ; mais alors les individus qui les portaient n'étaient certainement pas des familles de Julia, Aurélia ou Ælia ; c'étaient ou des noms de patrons pris par des protégés, ou des noms de princes pris par leurs flatteurs, et transmis ensuite d'âge en âge dans les familles. Ces noms de choix devinrent en quelque sorte de seconds prénoms. — *Surnoms*. Les surnoms (*cognomina*) désignaient à quelle branche (*familia*) de telle ou telle famille (*gens*) on appartenait. Ces noms, terminés en *us*, quelquefois en *o* ou en *or*, jamais en *ius*, faisaient allusion aux bonnes ou mauvaises qualités du chef de la branche : *Brutus*, *Tacitus*, *Lœtus* ; à quelque défaut corporel, *Rufus*, *Crassus*, *Cœcus*, *Balbus*, *Surdinus* ; au pays, *Gallus*, *Rusticus*, *Ligur*, *Antias* ; à la culture de certains légumes, *Cicero*, *Lentulus* ; aux fonctions, *Augur*, *Judex*, *Antistius* ; à l'âge, *Priscus*, *Vetus*. — *Agnomen*. L'*agnomen*, que portaient seulement certains Romains, indiquait ou une subdivision d'une branche de famille extrèmement nombreuse, ou une action éclatante, ou une adoption. Dans le premier cas l'*agnomen* se tirait des mêmes objets que les surnoms, et s'en distinguait en se mettant après ; cependant très peu de surnoms ont été les mêmes que les *agnomina*. Dans le second cas ils se terminaient en *icus*, *anus*, ou *a*. Ainsi *Asiaticus*, *Dalmaticus*, *Coriolanus*, *Africanus*, *Messala*. Enfin dans le troisième cas le nom se terminait toujours en *ianus*, et cette terminaison s'ajoutait au radical de l'ancien nom. Ainsi le fils de Paul-Emile, adopté par Scipion, s'appela P. Cornelius Scipio Æmilianus ; un Mucius, adopté par Lic. Crassus, prit le nom de C. Licinius Crassus Mucianus. Quelquefois les *agnomina* ne furent que de simples sobriquets. Ainsi Romulus Momyllus, dernier empereur des Romains, nommé Auguste par son père et par le sénat, fut appelé par le peuple *Augustulus*. Les adoptions devenant plus fréquentes sous l'empire, les noms en *ianus* (en français *ien*) devinrent extrêmement communs. De là vient qu'à cette époque nous voyons tant de noms terminés en *ien*, soit parmi les empereurs, soit parmi les hommes remarquables du siècle. Ainsi Quintilien, Mucien, Némésien, Vespasien, Domitien, Aurélien, etc. Il y a plus ; on vit même des hommes nouveaux ou des étrangers porter un nom, qui, par sa terminaison, se rangea parmi les *agnomina*, et ne point avoir de nom véritable, ni de surnom. Ainsi l'on trouve des *Hermogénien*, des *Marcien*, sans autre nom. Au reste, à cette époque, où tant d'étrangers affluèrent dans la même capitale, la régularité des noms, jusque là si constante, fit place à de nombreuses anomalies. Ainsi vers la fin du ii° siècle de l'empire : 1° les agnomina commencèrent à se terminer en ius, au lieu de icus ou eus. Ainsi l'on dit Heraclius, Dalmatius, etc. ; 2° la terminaison en ianus fut employée souvent, et non plus pour les noms de famille modifiés par l'adoption, mais pour les surnoms. Ainsi Pacatus fit Pacatianus ; Optatus, Opta-Aanus, etc.; 3° l'usage de prendre le nom du père adoptif, et de ne garder le nom de sa première famille qu'en le terminant par ianus cessa alors d'être universel, et l'on portait quelquefois sans autre altération le nom de deux familles. Ainsi Marc-Aurèle (M. Aurelius), adopté par Antonin (M. Ælius Adrianus Antoninus), s'appela M. Ælius Aurelius Antoninus. 4° les prénoms, ou les noms, ou les surnoms manquèrent; ainsi l'on trouva des Emilius Papus, Julius Donatus (nom et surnom, sans prénom), des Maximus, des Peregrinus (surnom, sans nom ni prénom), des Felicianus, des Varronianus (agnomina sans autre nom). Enfin les agnomina, peu nombreux sous la république, puisqu'on n'y trouve qu'un exemple de deux agnomina réunis, P. Cornelius Scipio Africanus Æmilianus; et un de trois, Q. Fabius Maximus Verrucosus Ovicula Cunctator, le devinrent extrêmement sous le règne des empereurs, parce que des hommes déjà décorés de surnoms, ou anciennement adoptés par d'autres, pouvaient en adopter à leur tour, ce qui pouvait causer l'addition d'un nouvel agnomen. De plus, beaucoup de grands, et les princes surtout, ajoutaient à leur nom véritable soit les épithètes fastueuses de Parthicus, Gothicus, Suevicus, pour des victoires réelles ou prétendues, ou les noms d'un héros ou d'un prince auquel on se glorifiait de ressembler. Ainsi Hercules et Antoninus devinrent des agnomina extrêmement fréquents au iii° siècle de l'empire. Les agnomina purent alors se diviser en trois classes : 1° ceux qu'avaient portés le père ou le père adoptif; 2° ceux que l'on empruntait d'un personnage favori; 3° ceux qui appartenaient exclusivement à l'individu. Dans le cas de cette multiplicité d'agnomina, on négligeait ordinairement celui du père et celui du père adoptif; on plaçait ensuite celui du prince ou du héros étranger, et l'on rejetait à la fin tous ceux qui appartenaient à l'individu, surtout s'ils désignaient un triomphe sur une ville ou un peuple. Ainsi Diadumène, fils de Macrin (M. Opilius Severus Macrinus), prenant les deux agnomina d'Antoninus, en mémoire des Antonin, qui étaient encore si-chers au peuple, et de Diadumenus, à cause d'une espèce de coiffe qui lui enveloppait la tête en forme de diadème à l'instant de sa naissance, s'appela M. Opilius Severus Antoninus Diadumenus, et non Diadumenus Antoninus; et le fils de Septime Sévère, qui, avec le nom de Marc-Aurèle, prit les agnomina d'Antonin, de Caracalla, et d'Adiabenicus, Médique, Parthique, etc., plaça ses noms en l'ordre suivant : M. Aurelius, (prénom et surnom) Antoninus (premier agnomen (tiré d'un ancien prince) Caracalla (second agnomen (tiré d'une circonstance relative à lui-même) Adiabenicus, Medicus, etc., (agnomina, tirés de ses prétendues victoires). Parmi les autres modifications que présentent les noms sous l'empire, il faut remarquer : 1° l'apparition des noms grecs et étrangers, tantôt seuls, tantôt comme prénoms et surnoms; tels sont Basiliscus, Dagalaipha, Dion Cassius, Aurelius Symmachus ; 2° les finales latines qui terminent des noms grecs, Eugenius, Arcadius, Theodosius, Eutychianus, Heraclianus; 3° ces désinences bizarres en antius et entius, tirées d'adjectifs : Florentius, Crescentius, Prudentius, Constantius, Abundantius, Exsuperantius; 4° enfin cet amour pour les dérivés de magnus, major et maximus : les Magnus et Magnence ; les Majorien ; et les Maxime, Maximin, Maximien, etc. Les femmes ne portaient que rarement des prénoms. On les désignait ordinairement par le nom de la famille, Valeria, Livia, ou celui de la branche, Messalina, Faustina, ou tous deux à la fois Cecilia Metella, Poppœa Sabina. On y joignait, pour distinguer les sœurs, les adjectifs major et minor, si elles n'étaient que deux; prima, secunda, tertia, etc., s'il y en avait davantage. Quelquefois on donnait aux noms de femmes la terminaison diminutive illa, pour indiquer leur âge, soit relativement à une sœur aînée, soit relativement à une belle-mère vivante lors de leur mariage. — Noms et surnoms chez les modernes. Il n'y a rien de positif sur l'origine des noms, surtout en France. Il paraît pourtant qu'originairement on n'avait qu'un nom, en langue vulgaire, propre à exprimer la charge dont on était revêtu ou la chose qu'on donnait. Ainsi : Marcomir signifie gouverneur d'un pays; Pharamond, homme véritable; Clovis et Louis, fort valeureux; Clotilde, bien-aimée; Dagobert, renommé aux armes, etc., etc. Charlemagne in-

troduisit la coutume d'en prendre deux pour les noms qu'il donna aux grands hommes de son temps. Ce fut l'origine des surnoms français qui se multiplièrent sur la fin du iie siècle. Les noms n'étaient pas toujours héréditaires pour les grands seigneurs; mais seulement attachés à leurs fiefs. Ils se confondirent ensuite avec les surnoms dont l'usage commença vers la fin de la deuxième race de nos rois. Toujours la noblesse française prit le sien de ses principaux fiefs, ou leur donna le nom qu'elle portait. Le nom n'était point héréditaire, il n'y avait que les grands seigneurs qui mêlassent à leur nom de baptême celui de leurs terres ou de leur apanage, ce qui insensiblement est devenu le nom de famille. Ce ne fut sous Hugues-Capet et son fils que les familles nobles commencèrent à prendre leurs surnoms de leurs terres principales. Les seigneurs et gentilshommes les prirent de leurs terres, et les gens de lettres du lieu de leur naissance. Les roturiers tirèrent, dans l'origine, leurs noms de la couleur, des défauts de leur corps; des habits, de l'âge, de la profession, des mois, des jours de la semaine, etc. Ainsi nous trouvons dans la roture : Sauvage, le Bègue, Bossu, Têtu, le Doux, le Prieur, le Blanc, Beaufils, Jeudi, Rosier, de Lorme. D'autres noms dus aux événements, comme Appelle-Voisin, Crève-Cœur, Eveille-Chien, etc., etc. Plus tard, quelques petits bourgeois prirent le nom d'un quartier de terre, de pré, comme de la Saussaye, de la Haie, du pré de Ferrière, etc., etc. Au-dessous de l'année 1000 on ne trouve que des personnes désignées sous leur nom de baptême. Dans les actes publics, pour mieux désigner une personne, on écrivait au-dessus de son nom, en interligne, le sobriquet qu'elle portait. Telle est l'origine du surnom.

NOMSZ (JEAN), poète dramatique, né à Amsterdam en 1738, donna au théâtre plus de quarante pièces tant originales que traduites, qui toutes eurent un brillant succès. Lors de la révolution française, il parut en adopter les principes, puis il s'en montra l'ennemi ; d'abord enthousiaste de Buonaparte, il détesta ensuite jusqu'à son nom. Ce poëte fut obligé, dans sa vieillesse, d'aller à l'hôpital où il mourut en 1803. Il a laissé : Guillaume Ier, fondateur de la liberté hollandaise, Amsterdam, 1776, in-4° : poème épique plein de beautés du premier ordre, qui font oublier quelques défauts ; Mélanges, ibid, 1782, in-4°. Ils contiennent des Epîtres, des Satires, des Contes, écrits d'un style rapide, mordant et plein de verve ; douze Héroïdes patriotiques, ibid., 1785, in-8° ; des Tragédies, où l'on trouve un dialogue vif et naturel, une bonne entente du théâtre, beaucoup d'intérêt, de belles pensées; plusieurs Traductions en vers, entre autres des fables de La Fontaine, 4 vol. in-8°; des ouvrages en prose.

NON, particule négative, qui est directement opposée à la particule affirmative oui. Il se joint souvent avec la particule pas. Non, s'emploie aussi d'une manière simplement négative, sans opposition directe à oui. Il se met, quelquefois au commencement d'une phrase négative pour en annoncer le caractère et pour fortifier l'expression de la pensée. Il se joint quelquefois à des noms adjectifs ou substantifs, et à des verbes. Non, s'emploie aussi substantivement. Non-seulement, loc. adv., qui est ordinairement suivie de la conjonction adversative mais. Non plus, loc. adv., pas plus. Il signifie aussi quelquefois, pareillement, mais il n'a cette acception que dans une phrase négative.

NONA, Ænona, ville des états autrichiens (Dalmatie), à 17 kil. N.-O. de Zara ; 600 habitants, port. Jadis très importante.

NONACRIS, ville d'Arcadie, près du mont Cyllène, ainsi nommée d'une fille de Lycaon. Patrie d'Evandre et d'Atalante (Nonacrius heros et Nonacria virgo).

NONAGÉNAIRE, adj. des deux genres, qui a 90 ans. Il n'est guère usité qu'en parlant de l'espèce humaine.

NONAGÉSIME, adj. m., il n'est usité qu'en astronomie dans cette locution, le nonagésime degré ou simplement le nonagésime, le point de l'écliptique qui est éloigné de quatre-vingt-dix degrés, du point où l'écliptique coupe l'horizon.

NONCES, Nuntii, ambassadeurs du pape près des cours étrangères, diffèrent des légats en ce que ceux-ci ont ou avaient juridiction en même temps que mission diplomatique et apostolique dans le pays où les envoyait leur souverain ; tandis que le nonce, en France du moins, n'a d'autres fonctions que celles de ministre plénipotentiaire. On donnait aussi le nom de nonces aux députés de la noblesse polonaise dans les diètes. Il y avait deux nonces par chaque palatinat ; on les nommait dans des diétines ou petites diètes. Les premiers nonces parurent à la diète de Korczyn en 1404. Cet usage fut régularisé et passa en loi en 1468 sous Casimir IV.

NONCHALANCE, s. f., négligence, manque de soin. Il signifie aussi mollesse, abandon.

NONCIATURE, s. f., l'emploi, la charge de nonce. Il se dit aussi du temps pendant lequel on exerce cet emploi.

NON-CONFORMISTES, c'est le nom général que l'on donne en Angleterre aux différentes sectes qui ne suivent point la même doctrine et n'observent point la même discipline que l'église anglicane; tels sont les presbytériens ou puritains qui sont calvinistes rigides, les mennonites ou anabaptistes, les quakers. V. ces mots. Les non-conformistes prirent naissance vers 1566, sous Elisabeth, lorsque l'archevêque de Cantorbéry Matthieu Parker voulut forcer les ecclésiastiques à porter un costume particulier. On les nomma aussi *dissenters*.

NONES, *Nonæ*, les Romains nommaient ainsi un des jours du mois, qui était tantôt le septième, tantôt le cinquième, et qui formait une des trois parties dont leurs mois étaient composés. L'époque à laquelle tombait le jour des *nones* variait selon celle à laquelle tombaient les *ides*; mais elles étaient toujours neuf jours avant celles-ci, d'où vient sans doute leur nom (*nona dies*). Dans les mois de mars, de mai, de juillet et d'octobre, les nones tombaient le 7, et dans les autres mois le 5. Les jours qui précédaient les nones jusqu'aux calendes étaient comptés à reculons : second, troisième, quatrième, etc., jours avant les nones. Dans les mois de la première classe il y avait six jours de nones, et quatre dans les autres.

NONIDI, s. m., le neuvième jour de la décade, dans le calendrier républicain.

NONIUS MARCELLUS, grammairien et philosophe péripatéticien de l'une des trois siècle de J.-C. Nous avons de lui un Traité sur la propriété des mots latins, sous ce titre : *de Proprietate sermonum*, réimprimé à Paris en 1614, in-8°, avec des notes pleines d'érudition. Ce grammairien est estimé, parce qu'il rapporte divers fragments des anciens auteurs, que l'on ne trouve point ailleurs.

NONNOTTE (CLAUDE-FRANÇOIS), jésuite, né à Besançon en 1691, mort le 3 septembre 1773, se consacra à la chaire. En 1762, commença sa discussion polémique avec le philosophe de Ferney, par la publication du livre intitulé : *Erreurs de Voltaire*, ou examen exact de l'*Essai sur l'esprit et les mœurs des nations*. Malgré les diatribes du philosophe, cet ouvrage eut plusieurs éditions, et fut traduit en allemand et en italien. Après la suppression de son ordre, Nonnotte se retira à Besançon et fut admis dans l'académie de cette ville. Il a laissé : *les Erreurs de M. de Voltaire*, Avignon, 1762, 2 vol. in-12; *Lettre* d'un ami à un ami sur les honnêtetés littéraires; *Réponse aux éclaircissements historiques et aux additions de Voltaire*, imprimée séparément, 1776 et 1769; *Dictionnaire anti-philosophique* pour servir de commentaire et de correctif au Dictionnaire philosophique et autres livres qui ont paru de nos jours contre le christianisme, 1768, in-8°. Cet ouvrage a eu plusieurs éditions; on en cite une de 1780, qui a pour titre : l'*Anti-Dictionnaire philosophique*; *Dictionnaire philosophique de la religion*, où l'on établit tous les points de la doctrine attaqués par les incrédules, et où l'on répond à toutes leurs objections, 1774, 4 vol. in-12. *Les Philosophes des trois premiers siècles de l'Église*, ou Portrait historique des philosophes païens qui, ayant embrassé le christianisme, en sont devenus les défenseurs par leurs écrits, Paris, 1789, in-12. Cet ouvrage peut servir de tableau comparatif entre les philosophes anciens et les philosophes modernes. On lui attribue aussi : *Principes de critique* sur l'époque de l'établissement de la religion chrétienne dans les Gaules, Avignon, 1789, in-12. Tous ces ouvrages réunis ont été publiés sous le titre d'*Ouvrages de l'abbé Nonnotte*, Besançon, 1818, 7 vol. in-8° et in-12.

NONNOTTE (DONAT), né à Besançon en 1707, frère du précédent, fut nommé, en 1754, peintre de la ville de Lyon, où il établit une école gratuite de dessin qui est devenue le modèle de toutes celles de ce genre. Il s'était adonné particulièrement au portrait; mais il fit aussi quelques tableaux d'histoire. Nonnotte mourut à Lyon le 5 février 1785. On trouve de lui, dans les recueils de l'académie de Lyon, un *Traité complet de peinture*, divisé en 14 mémoires, et une *Vie de Lemoine*, pleine de détails curieux.

NONNUS, de Paléopolis en Egypte, païen converti au christianisme, florissait vers l'an 410 après J.-C. Il fut envoyé en ambassade chez les Ethiopiens, les Sarrasins et chez d'autres peuples de l'Orient. Il publia le journal de ses voyages qui

n'est pas parvenu jusqu'à nous; mais on a de lui : 1° un poème mythologique en 48 livres, intitulé : les *Dionysiaques* ou *Exploits de Bacchus*, ouvrage fait sur un mauvais plan et mal exécuté, mais précieux pour l'étude de la mythologie; 2° *Hymnes* en l'honneur de Bacchus; 3° une *Paraphrase* en vers de l'évangile de saint Jean. Les meilleures éditions des fragments de ce poète sont celles de Moser, Heidelberg, 1809, et de Grœfer, 1813.

NONPAREILLE, s. f., il désigne dans plusieurs arts ce qu'il y a de plus petit. Il se dit en mercerie d'une sorte de ruban fort étroit. Il se dit chez les confiseurs d'une sorte de dragée fort menue. Il se dit en termes d'imprimerie, d'un des plus petits caractères que l'on fond maintenant sur un corps de 6 points.

NON-SENS, s. m., défaut de sens, de signification.

NON-VALEUR, s. f., manque de produit dans une terre, dans une ferme, dans une maison.

NORADIN, célèbre sultan de Syrie et d'Egypte, fils d'un soudan d'Alep et de Ninive, partagea les Etats de son père avec Seiffedin, son frère aîné. La souveraineté d'Alep étant tombée dans le partage de Noradin, il l'augmenta par ses armes, et devint un des plus puissants princes d'Asie. C'était le temps des croisades; Noradin signala sa valeur contre les croisés et tourna ensuite ses armes contre le sultan d'Icone. Celui d'Egypte, détrôné par Margan, ayant appelé Noradin à son secours, lui donna occasion de le dépouiller lui-même; ce qui n'est pas du tout conforme à ce qu'on raconte de la générosité de Noradin. Il en fut bientôt puni. Gyracon, général de ses armées, se fit établir soudan d'Egypte au préjudice de Noradin son maître. Ce nouveau soudan mourut en 1170, et laissa pour successeur Saladin. Noradin mourut en 1174.

NORBANUS (CN. JUNIUS) FLACCUS, partisan du jeune Marius et consul l'an 83 avant J.-C., fut battu en Campanie par Sylla, auquel il voulut s'opposer à son retour d'Asie. Il se retira à Capoue et de là à Rhodes; mais, L. Sylla l'ayant demandé 2 ans après, il se tua lui-même au milieu de la ville de Rhodes. Il avait été précédemment accusé justement de sédition; mais l'éloquence de M. Antoine l'avait fait absoudre.

NORBERG ou **NORDBERG (GEORGES)**, chapelain et historien de Charles XII, né à Stockholm en 1677, mort en 1744, a écrit une *Vie de Charles XII*, Stockholm, 1740, 2 vol. in-fol., traduite en français par Warmholz, La Haye, 1742, 3 vol. in-4°. Norberg s'attira le persiflage de Voltaire pour avoir relevé les erreurs dans lesquelles celui-ci était tombé en traitant le même sujet.

NORBERT (Saint), né l'an 1082, à Santen, dans le duché de Clèves, passa à la cour de l'empereur Henri V son parent. Il y brilla par les agréments de son esprit et de sa figure, et y plut par l'enjouement et la douceur de son caractère. La cour adoucit ses mœurs et les corrompit. Cependant Norbert, touché par la grâce, se retira du sein de la corruption, se démit de ses bénéfices, vendit son patrimoine, et en donna le prix aux pauvres. Dégagé de tous les liens qui le retenaient dans le monde, il s'en alla de ville en ville prêcher le royaume de Dieu. Barthélemy, évêque de Laon, lui ayant donné un vallon solitaire, nommé *Prémontré*, il s'y retira en 1130, et y fonda l'ordre des chanoines réguliers qui porta le nom de ce désert. Ses sermons, appuyés par ses exemples, lui attirèrent une foule de disciples : il leur donna la règle de saint Augustin et l'habit blanc qui était celui des clercs, mais tout de laine et sans linge. Cette nouvelle milice ecclésiastique gardait un silence perpétuel, jeûnait en tout temps et ne faisait qu'un repas par jour et très frugal. Cet ordre fut confirmé six ans après, en 1126, par Honorius II. Il y avait alors huit abbayes fondées, outre Prémontré. Le saint instituteur fut appelé dans le même temps à Anvers pour combattre l'hérétique Tanchelin. L'archevêché de Magdebourg ayant vaqué, le clergé et le peuple le choisirent pour pontife. Il appela ses chanoines dans cette ville, et leur vie austère édifia les habitants de Magdebourg. Le dessein de réforme que ce saint archevêque méditait inspira à quelques-uns une haine si violente qu'ils attentèrent plusieurs fois à sa vie. L'occasion du concile de Reims, en 1131, le rappela en France pour quelque temps; et, après avoir eu la consolation de voir sa maison de Prémontré peuplée de 500 religieux, il alla mourir dans sa ville épiscopale, en 1134. Grégoire XIII le plaça dans le catalogue des saints, en 1582. Sa Vie a été écrite avec beaucoup de fidélité par Hugues, son premier disciple.

NORBERT (Le père), capucin, dont le vrai nom était Pierre

PARISOT, né à Bar-le-Duc, l'an 1697, fut nommé procureur-général des missions étrangères, puis curé à Pondichéry. Son caractère tracassier l'ayant fait destituer de son emploi, il passa dans les îles de l'Amérique. De retour en Europe, il publia à Lucques un ouvrage au sujet des rites malabares, en 2 vol. in-4°, sous le titre de : *Mémoires historiques sur les missions des Indes*, et que Benoît XIV condamna. Déserteur de son ordre, il se retira ensuite chez les protestants d'Angleterre et d'Allemagne. Clément III, espérant le ramener de ses égarements, lui accorda la permission de porter l'habit de prêtre séculier, et il prit alors le nom de *Platel*. En Portugal, ses écrits contre les jésuites lui obtinrent une pension du marquis de l'ombal. Enfin il revint en France faire réimprimer ses ouvrages, en 6 vol. in-4°, 1768, et mourut près Commercy, le 3 juillet 1769. C.

NORCIA, *Nursia*, ville de l'Etat ecclésiastique, à 31 kil. N.-E. de Spolète, près de la Nera ; 4,000 habitants. Patrie de saint Benoît.

NORD, s. m., septentrion, la partie du monde qui est opposée au midi. Il signifie particulièrement celui des pôles du monde qui répond à l'étoile polaire arctique, et qui est opposée au sud. Nord, employé absolument signifie le vent du nord. Il se dit aussi des pays septentrionaux considérés absolument ou relativement.

NORD (département du), le département le plus septentrional de la France, sur la mer du Nord, limitrophe de la Belgique au N.-E., borné à l'O. par le département du Pas-de-Calais, au S. par la Somme, au S.-E. par l'Aisne, à l'E. par les Ardennes, 6,070 kil. carrés ; 1,096,617 habitants ; chef-lieu, Lille. Il est formé de la Flandre française, du Hainaut français et du Cambrésis ; c'est le département le plus peuplé et un des plus riches de la France. Il est éminemment agricole et commercial. Rivières : l'Aa, la Lys, la Scarpe, l'Escaut, la Sambre, etc. ; 20 canaux navigables. Sol plat, houille et fer en quantité ; marbre, grès à paver, pierre de taille, argile à potier ; eaux minérales et thermales. Toutes les espèces de céréales, de légumes, de plantes oléagineuses ; lin dit *de fin*, tabac (le meilleur de France), houblon, pastel ; chevaux estimés, gros et menu bétail. Batistes, dentelles, fils retors, filatures de laine ; faïence, verre, porcelaine ; bière, savon, genièvre ; usines à fer, armes, canons, clous ; scieries de marbre ; construction de navires, etc. ; commerce immense ; pêche. Ce département a 7 arrondissements, Lille, Dunkerque, Hazebrouck, Douai, Valenciennes, Cambrai, Avesnes, 60 cantons et 660 communes ; il appartient à la 16e division militaire, a une cour royale et un évêché à Cambrai.

NORD (mer du) ou **MER D'ALLEMAGNE**, *Oceanus Germanicus* des anciens, grand golfe de l'Atlantique à double ouverture, s'enfonce du N. au S. entre les îles Britanniques et la Norvège, baigne les côtes occidentales du Danemark, jette à l'E. entre ces deux pays un bras, le Skaggerräck, qui en descendant et s'élargissant devient la Baltique, et forme à l'O. la Manche, qui va rejoindre l'Océan. La limite méridionale de la mer du Nord est le littoral hollando-belge, et sur quelques kilomètres de longueur la côte du département du Nord, en France.

NORD (cap), promontoire de Norvège dans l'île Mageroë, par 23° 40' long. E., 71° 10' lat. N., est le point le plus septentrional de l'Europe.

NORDALBINGIENS, nom donné au moyen âge à des peuplades saxonnes qui habitaient au nord et sur la rive droite de l'Elbe, vers son embouchure.

NORDEN, ville du royaume de Hanovre, à 4 kil. de la mer du Nord, à 26 kil. N. d'Embden ; 5,400 habitants. Savon, lainages, toile, bière, eau-de-vie de grains ; chantiers de construction.

NORDENFIELD, grande division de la Norvège centrale ; 600 kil. sur 200 ; 380,000 habitants. Elle comprend cinq bailliages : Drontheim-Nord et Drontheim-Sud, Romsdal, Bergen-Nord et Bergen-Sud, plus la baronnie de Rosendahl. Pas de montagnes, sauf vers la mer ; côtes très échancrées, baies, îles, etc. Sol aride (peu de grains, pommes de terre, houblon, chanvre) ; gros bétail, porcs, poisson en abondance ; cuivre, fer, marbre, chaux. Exportation de poisson, peaux, marbre, fromage et beurre, etc.

NORDGAU, ancien pays d'Allemagne, aujourd'hui compris dans le nord de la Bavière, n'avait pas de limites bien fixes. On a aussi quelquefois donné le nom de Nordgau à la Basse-Alsace, en France.

NORDHAUSEN, ville murée des Etats prussiens (Erfurt), à 62 kil. nord d'Erfurt ; 10,400 habitants ; construite dans le

goût du moyen âge. Eau-de-vie, eau forte, huile de vitriol, esprit de sel, acide fumant, dit de Nordhausen, drap, etc.

NORDHEIM, ville murée du Hanovre, à 19 kil. nord-est de Gœttingue ; 3,500 habitants. Tabac, toile, camelots, flanelle ; bains sulfureux. Noyau du riche comté de Nordheim, dont les titulaires héritèrent du duché de Brunswick en 1090, mais s'éteignirent dès 1101. Richenza, héritière des comtes de Nordheim, épousa Lothaire de Supplinbourg, depuis duc de Saxe (1106) et empereur ; la fille issue de cette union fut donnée en 1128 à Henri-le-Superbe, qui réunit ainsi les biens des Nordheim, Brunswick, Supplinbourg, à sa part des biens de Billung et aux deux duchés de Saxe et de Bavière.

NORDIN (CHARLES-GUSTAVE), antiquaire, né à Stockholm en 1749, mort le 14 mars 1814, fut nommé évêque d'Hornesand, et prit part aux affaires politiques de sa patrie. Il trouva néanmoins le loisir de faire des recherches sur l'histoire du Nord, et les consigna dans les curieux Mémoires qu'il composa pour l'Académie des belles-lettres.

NORDKOEPING, ville de Suède sur la Baltique, à 150 kil. S.-O. de Stockholm ; 9,500 habitants. Bon port, hôtel-de-ville, temples, etc. Chantier de construction, teintureries, lainages, etc.

NORDLAND, province de Norvège, la plus septentrionale de toutes, 65°-71° 35' lat. N., comprend deux bailliages, le Finmark et le Nordland propre ; 950 kil. sur 350 : 70,000 habitants.

NORDLAND ou **NORRLAND**, une des grandes divisions du royaume de Suède, de toutes la plus septentrionale, comprend l'ancienne Botnie occidentale ou Westerbotten, le Lappmark et quelques districts de la ci-devant Ouädo proprement dite (Medelpad, etc.) ; elle se divise en quatre gouvernements :

Norrbotten ou Botnie septentrionale.	ch.-l. Pitea.
Westerbotten ou Botnie occidentale.	Umea.
Westernorrland ou Norrland occidental.	Hernœsand.
Iœmtland.	Ostersund.

Surface, environ 192,000 kil. carrés ; 200,000 habitants. Climat très froid, sol ingrat. (*V.* BOTNIE).

NORDLAND OCCIDENTAL ou **WESTERNORLAND**, un des quatre gouvernements du Nordland, confine du côté du S. au gouvernement de Gefleborg (en Suède propre). Il a 308 kil. de longueur ; à 193 de large, et environ 6,000 kil. carrés ; 75,0000 habitants ; chef-lieu, Hernœsand.

NORDLINGEN, ville de Bavière (Rezat), à 60 kil. N.-O. d'Augsbourg ; 7,600 habitants. Eglise neuve de la Madeleine (tour de 114 mètres). Tapis de pied en poil de chèvre, etc. Charcuterie renommée. Jadis ville libre et impériale ; à la Bavière depuis 1802. Bernard de Saxe-Weimar y perdit en 1634, contre les Impériaux, une bataille décisive. Condé et Turenne y défirent Merci en 1645. Combat entre les Français et les Autrichiens en 1796 et en 1805.

NORD-OUEST, *North-West*, district des Etats-Unis, compris dans le grand district occidental et dépendant administrativement du territoire du Missouri, entre le Haut-Canada au N., dont il est séparé par le lac Supérieur, le Missouri à l'O. et au S.-O., l'Illinois au S., et à l'E. le Michigan, dont le sépare le lac Michigan ; 1,100 kil. sur 450 ; 24,000 habitants, presque tous indigènes, Chippaways, Menomènes, Renards, etc.). Cuivre, plomb. Lieux principaux : Greenbay ou Fort-Howard, Prairie-du-Chien. Cette contrée est encore peu connue. On la nomme aussi Ouisconsin. Erigée en état en 1846.

NORDSTRAND, île du Danemark, sur la côte du Sleswig, par 6° 40' long. E., 54° 36' lat. N. ; 5 kil. de tour ; 2,500 habitants. Grande inondation en 1534 ; 6,400 personnes y périrent.

NORÈS (JASON DE), né à Nicosie dans l'île de Chypre, fut dépouillé de ses biens par les Turcs, qui s'emparèrent de sa patrie en 1570. Il se retira à Padoue où il enseigna la philosophie morale avec beaucoup de réputation. Le *Pastor Fido* de Guarini parut. Les pastorales étaient devenues à la lecture à la mode dans toute l'Italie. Nores, qui ne goûtait pas ces sortes de productions où il y avait pour le moins autant de licence que de génie, attaqua celle de Guarini. Il mourut en 1590, de la douleur que lui causa l'exil de son fils unique, banni pour avoir tué un Vénitien dans une querelle. On a de lui un grand nombre d'ouvrages, les uns en italien et les autres en latin. On y remarque beaucoup de méthode et de clarté, une profonde érudition, des expressions heureuses, un style élevé, mais quelquefois emphatique.

NORIS (HENRI), cardinal, né à Vérone en 1631, d'une famille originaire d'Irlande, montra dès son enfance beaucoup d'esprit et d'application à l'étude. Son goût pour les ouvrages de saint Augustin l'engagea à prendre l'habit des ermites qui portent le nom de ce Père de l'Eglise. Choisi pour professer dans différentes maisons de son ordre, il s'en acquitta avec tant de succès, que le grand-duc de Toscane le prit pour son théologien et lui confia la chaire d'Histoire ecclésiastique dans l'université de Pise. Le premier ouvrage qu'il donna au public fut son *Histoire pélagienne*, imprimée à Florence en 1673, in-fol. Elle fit beaucoup de bruit. On lança une foule d'écrits contre lui; il répondit. La querelle s'échauffa et fut portée au tribunal de l'inquisition. Son ouvrage y fut mis au creuset, et en sortit alors sans flétrissure. Mais, longtemps après, le grand inquisiteur d'Espagne le plaça, en 1747, dans l'index des livres proscrits. Benoît XIV s'en plaignit en 1748, dans une lettre à cet inquisiteur, qui n'y eut aucun égard; mais son successeur annula le décret en 1750. Clément XIII nomma Noris qualificateur du saint-office. Innocent XII le fit bibliothécaire du Vatican, consulteur de l'inquisition, et cardinal en 1695. Il fut nommé deux ans après pour travailler à la réforme du calendrier; mais il ne put s'occuper longtemps de ce grand ouvrage, qui n'était pas d'ailleurs dans son genre et pour lequel il n'avait pas de talent bien prononcé. La mort l'enleva à la république des lettres en 1704. Son esprit était plein de vivacité et sa mémoire heureuse. Ses ouvrages ont été recueillis de 1729 à 1732, à Vérone, en 5 vol. in-fol. Les principaux sont: *Historia pelagianæ libri duo*; *Dissertatio historica de synodo quinta œcumenica*; *Vindiciæ augustinianæ*; *Dissertatio de uno ac Trinitate in carne passo*; *Apologia monachorum Scythi, ab anonymi scrupulis vindicata*; *Anonymi scrupuli circa veteres semi-pelagianorum sectatores, evulsi ac eradicati*; *Responsio ad Appendicem auctoris scrupulorum*; *Responsiones tres ad anonymum qui Norisio jansenismum imputdrat*; *Somnia Francisci Mecedo de annis Augusti*, etc.; *Epochæ Syro-Macedonum*, imprimé séparément, in-fol. et in-4°. C'est avec le secours des médailles que l'auteur éclaircit les différentes époques des Syro-Macédoniens; *de duobus nummis Diocletiani et Licinii, dissertatio duplex*, production digne de la précédente; *Parænesis ad patrem Harduinum*. Le cardinal Noris avait relevé les extravagances de ce jésuite dans plusieurs de ses écrits; il le fait dans celui-ci d'une manière particulière. Ce n'est pas le seul homme contre lequel il ait écrit. Il aimait les guerres de plume; sensible à la critique et aux éloges, il se permettait contre ses adversaires, même les plus dignes d'estime, des railleries et des injures qui n'honoraient pas son savoir; *Cœnotaphia pisana Caii et Lucii Cæsarum*, in-fol. Il y a une édition de l'Histoire pélagienne de Louvain, 1702, à laquelle on joignit cinq dissertations historiques, avec certains écrits dont nous avons parlé plus haut. On a sa Vie par les Ballerini, frères.

NORFOLK (comté de), en Angleterre, sur la mer du Nord, au N.-O., entre les comtés de Suffolk au S.-E. au S., de Cambridge au S.-O.; 110 kil. sur 60: 400,000 habitants. Chef-lieu Norwich. Bons pâturages, sol peu fertile, mais bien cultivé; marais saumâtres, climat froid. Peu d'industrie, sauf à Norwich. Grand commerce maritime.

NORFOLK, ville des Etats-Unis (Virginie), à 140 kil. S.-E. de Richmond; 9,800 habitants. Bon port, trois forts. Commerce actif. Bel hôpital maritime à 2 kil. de la ville.

NORFOLK (île de), en Australie, entre la Nouvelle-Zélande et la Nouvelle-Calédonie, par 165° 50' long. E., 29° 1' lat. S.; 22 kil. de tour. Sol très fertile; superbe café, etc. Etablissement anglais pour les criminels relaps de la Nouvelle-Galles méridionale. Découverte par Cook, 1774.

NORFOLK (Nouv-.), *New-Norfolk* en anglais, contrée de l'Amérique Russe, au N. du Nouveau-Cornouailles, de 56° à 60° 30' lat. N., fait partie du pays des Koluches. Sur la côte sont l'archipel du roi Georges III et les îles de l'Amirauté.

NORFOLK (baie de), sur la côte O. de l'île du roi Georges, par 135° 10' long. O., 56° 46' lat. N., petite et non loin de la côte du Nouveau-Norfolk.

NORFOLK, illustre et ancienne famille anglaise, descend de la famille royale des Plantagenet, par Thomas Plantagenet de Brotherton, comte de Norfolk, deuxième fils du roi Edouard Ier, et comte-maréchal d'Angleterre. L'héritière des Norfolk, Marguerite, fille aînée de Thomas de Mowbray, duc de Norfolk, ayant épousé au commencement du xv° siècle, Robert Howard, le titre de duc de Norfolk passa à celui-ci, qui le transmit à ses descendants. Les Norfolk occupent en Angleterre le même rang que les Montmorency en France; le chef actuel de cette famille a le titre de premier duc, pre-mier marquis, premier comte et premier baron d'Angleterre, et marche immédiatement après les princes du sang.

NORIQUE, *Noricum*, aujourd'hui partie de la Bavière, de l'Autriche et de la Styrie, province de l'empire romain, entre la Rhétie à l'O. et la Pannonie à l'E., avait pour bornes au N. le Danube, au S. l'Illyrie; était surtout au S., hérissée de montagnes, dites Alpes-Noriques, et très riches en mines de fer. Les Romains en firent la conquête sous Auguste; *Boiodurum, Lauriacum, Ovilabis* en étaient alors les villes principales. Au III° siècle, il fut divisé en Norique riverain et Norique méditerranéen; plus tard, ces deux provinces furent comprises dans le diocèse d'Illyrie, appartenant à la préfecture d'Italie, et appelées Norique première et Norique deuxième.

NORIQUES (ALPES-), partie de la chaîne des Alpes, s'étendent depuis le Dregherrnspitz, à travers la Carinthie, le pays de Salzbourg et l'Autriche, jusqu'aux plaines de l'Œdenbourg en Hongrie.

NORMAL, ALE, adj., qui sert de règle. Il se dit principalement des écoles destinées à former des maîtres pour l'enseignement public. Normale, féminin, se dit substantivement en géométrie et en physique de la ligne verticale ou perpendiculaire.

NORMANDIE, *Normannia* et *Neustria*, ancienne province et grand gouvernement de France, borné au N. par la mer et la Picardie, au S. par le Maine et le Perche, à l'E. par l'Ile-de-France, à l'O. par la Manche; 270 kil. de long sur 110 de moyenne largeur. Elle se divisait en Haute et Basse-Normandie. Dans la première, qui avait pour chef-lieu Rouen, capitale de toute la province, on distinguait le pays de Caux, celui de Bray, le Vexin normand, les campagnes de Neubourg et de Saint-André, le Roumois, le Lieuvin, le pays d'Ouche et celui d'Auge. La seconde avait pour chef-lieu Caen et se composait de la campagne de Caen, du Bessin, du Cotentin, de l'Avranchin, du Bocage, du pays d'Houlme et de la campagne d'Alençon. La Normandie forme aujourd'hui quatre départements: Seine-Inférieure, Eure, Calvados, Manche et une partie du département de l'Orne. Elle est arrosée par un grand nombre de rivières, telles que la Seine, (qui vient s'y joindre à la mer); l'Eure, l'Epte, l'Andelle et la Rille; la Touque, la Dive, l'Orne, l'Aure et la Drôme, qui se rendent directement à la mer. Cette province est une des plus riches et des plus fertiles de la France; les côtes offrent un grand nombre de baies et de ports; elles sont très poissonneuses. Le climat est humide et même un peu froid. Sol excellent pour la culture des grains, lin, chanvre, colza, etc.; pâturages qui nourrissent des chevaux, des bœufs et des moutons estimés. Pas de vignes, mais des pommiers en abondance; le cidre est la boisson du pays. Houille, fer, cinabre, salines dans l'Avranchin, granit, kaolin, pétunzé, etc. Eaux minérales. Le Normand est fin, intéressé et intelligent, sur tout ce qui regarde le commerce; on lui attribue pour tout, (principalement au Bas-Normand), l'amour de la chicane. La Normandie fut habitée anciennement par un grand nombre de peuples, dont les principaux furent les *Veliocasses*, les *Caleti*, les *Aulerci-Eburovices*, les *Lexovii*, les *Bajocasses* et les *Abrincatui*. Après la conquête romaine, elle fut comprise dans la deuxième Lyonnaise. Clovis la conquit. Sous les successeurs de ce prince, elle fit partie d'abord du royaume de Soissons, puis du royaume de Neustrie. A partir de la fin du règne de Charlemagne, cette province fut en proie aux ravages continuels des pirates Normands ou Danois; ceux-ci finirent par s'y établir en 912, pendant le règne de Charles-le-Simple, sous la conduite de Rollon, leur chef, qui épousa Gisèle, fille du roi de France. Le pays prit dès lors le nom de ces conquérants. Rollon et ses successeurs régnèrent sur la Normandie avec le titre de ducs et comme vassaux du roi de France. En 1066, Guillaume-le-Bâtard, un des descendants de Rollon, ayant conquis l'Angleterre, la Normandie se trouva de la sorte annexée à la Grande-Bretagne, sans toutefois cesser d'être vassale de la France. En 1203, Philippe-Auguste la confisqua sur Jean-sans-Terre, lorsque celui-ci eut assassiné Artus, son neveu, héritier de la Normandie, et il la réunit à la couronne; mais, en 1346, Edouard III, roi d'Angleterre, l'envahit et s'en empara; elle resta alors entre les mains des Anglais jusqu'au règne de Charles V qui la reprit; Charles VI la perdit de nouveau; mais elle fut reconquise sous Charles VII (1450). — Quatre princes du sang de la maison de France ont porté le titre de ducs de Normandie: Jean, fils de Philippe de Valois et depuis roi (1332); Charles, du roi Jean, depuis Charles-le-Sage (1355); Charles de France, frère de Louis XI (1464), et Louis-Charles, deuxième fils de Louis XVI, connu depuis sous les titres de dauphin et de Louis XVII. Après la mort de ce dernier, plusieurs imposteurs, qui voulaient passer pour le dauphin, ont pris le titre du duc de Normandie. Voici la liste héréditaire des ducs de Normandie :

Rollon ou Raoul (dit Robert après son baptème),	912	terre (dépouillé en 1106)	1106
Guillaume Ier, Longue-Epée,	920 ou 927	Etienne de Blois, roi d'Angleterre,	1135
Richard Ier, Sans-peur,	943	Mathilde et Geoffroy Plantagenet,	1144
Richard II, le Bon,	996	Henri II, roi d'Angleterre en 1154,	1151
Richard III,	1027	Richard IV, comme roi d'Angleterre,	1189
Robert Ier, le Diable,	1028	Arthur et Jean-sans-Terre,	1199-1203
Guillaume Ier, le Conquérant,	1035		
Robert II, Courteheuse,	1087		
Henri Ier, roi d'Angle-			

Les sources de leur histoire sont Dudon de Saint-Quentin, Guillaume de Jumiéges, Orderic Vital, Wace, Benoît.

NORMANDS ou **NORTHMANS**, c'est-à-dire Hommes du Nord, nom donné en France et en Espagne aux pirates danois et scandinaves (norvégiens et suédois) à partir du VIIe siècle. En Angleterre, on les nomma plus spécialement Danois. Tous les peuples riverains orientaux de la mer du Nord (Frisons, Saxons, Danois, Jutes, Angles) ont plus ou moins mené la vie de pirates. Dès le Ve siècle, les Saxons ravageaient la Britannie et la Gaule romaine; l'expédition d'Hengist (449) ne fut qu'une course heureuse suivie d'un établissement, et la formation de l'Heptarchie (451-584) ne fut qu'une invasion des mêmes pirates qui dura un siècle et demi. Au VIIe siècle (vers 625), le roi de Leithra, Ivar Vidfamne, se fit chef de tous les petits princes scandinaves, et bientôt des Normands allèrent fonder en Irlande les Etats ou royaume de Dublin, d'Ulster, de Connaught. Il y eut aussi un royaume de Man. Vers 777, le célèbre Regner Lodbrog soumit la Biarmie, la Sambie et entreprit la conquête de l'Angleterre, mais il échoua dans le Northumberland. Enfin, vers 812 ou 813, Charlemagne voyait des barques de Normands tenter des descentes sur les côtes de la France, et fortifiait l'entrée des rivières pour leur en défendre l'approche. Sa mort fut comme le signal d'une invasion générale des pirates. Dès 832, en Angleterre, ils dévastent l'île de Sheppey, et quoique battus par Egbert (833 et 835), ils reviennent sans cesse à la charge. En France, ils avaient pillé les îles Bouin et de Ré en 820, Noirmoutiers en 830. Nouveaux ravages en 836 et 838. Ces nombreuses et terribles expéditions embrassèrent près d'un siècle (de 820 à 911). Elles ravagèrent non-seulement l'Angleterre et la France, mais aussi l'Espagne. La tactique des Normands consistait à remonter le cours des grands fleuves et à surprendre les villes. Leur but était le butin; mais, pour le grossir, ils étaient sans pitié, et tout était mis à feu et à sang sur leur passage. L'impuissance du gouvernement sous les successeurs de Charlemagne secondait admirablement leur audace. Les Normands, n'éprouvant pas de résistance sérieuse, finirent, depuis 850, par garder pour eux les pays dans lesquels ils n'avaient d'abord fait que de courtes invasions; mais ici il faut distinguer les simples stations (850 à 879) et les établissements proprement dits. Les grandes stations des Normands en France furent au nombre de quatre: la première aux bouches de la Meuse, à Walcheren et à Duerstad, d'où ils se jetaient sur l'Escaut, sur Amiens; la deuxième sur la Seine, camp près de Vernon, à l'île d'Oissel et à Jeufosse: pillage de Paris, Melun, Meaux, Troyes, etc.; la troisième sur la Loire ou aux environs, (à Nantes, à Angers, à Noirmoutiers, à Saintes, pillages jusqu'à Orléans et Bourges); la quatrième dans la Camargue à l'embouchure du Rhône. A peine dans tout l'espace baigné par ces fleuves et leurs affluents resta-t-il un village intact. Souvent pourtant les Normands étaient battus. Charles-le-Chauve chassa d'Angers Hasting, et força le roi Weland d'embrasser le christianisme, lui et sa famille (862). Robert-le-Fort, tige des Capétiens, battit à Brissarthe les Normands de la Loire (866). Quant aux établissements, le premier fut le comté de Chartres donné au même Hasting en 879; ensuite vint la cession faite par Charles-le-Gros du pays entre le Rhin et la Meuse inférieure au duc Godefroy, vers 882; mais Charles le fit assassiner un peu après. Plus tard (912) Charles-le-Simple abandonna au duc Rollon la Neustrie, qui prit le nom de Northmannie, depuis Normandie, toutefois, en stipulant la suzeraineté et la conversion des Normands. Ainsi commença le duché de Normandie. Les Normands dès lors ne furent plus dangereux.

Maîtres de la Manche et de la Seine inférieure, ils fermèrent l'entrée aux autres pirates. Pendant ce temps, d'autres Normands s'étaient signalés au nord. Gamle avait découvert les îles Færoer, et s'y était établi (861). Nadod et Floke avaient débarqué en Islande, et Ingolf s'y était aussi établi (870-875); Eric-le-Rouge avait atteint le Groënland (982), d'où probablement ses successeurs descendirent au sud, pénétrant aussi en Amérique cinq ou six siècles avant Colomb. D'autres pirates avaient trouvé les îles Shetland, conquis les Orcades, dont ils exterminèrent les habitants primitifs, fondé en Ecosse le royaume de Caithness qui ne revint aux Ecossais qu'en 1196, soumis les Hébrides et la presqu'île de Cantyre, que les Norvégiens ne perdirent qu'en 1166. Même après leur établissement définitif en France, les Normands se signalèrent encore par de grandes entreprises: les plus célèbres sont leurs expéditions en Italie et en Sicile, où ils formèrent le royaume des Deux-Siciles au milieu du XIe siècle, et la conquête de l'Angleterre par Guillaume-le-Bâtard (1066). Les Normands étaient, au physique, grands, forts et bien constitués; au moral, avides, guerriers, cruels, amoureux de voyages et d'aventures. En principe, ils regardaient la piraterie comme noble. Ils professaient la religion barbare d'Odin. Convertis, ils gardèrent en partie leur caractère guerrier et aventureux. On peut lire sur les Normands la Chronica de gestis Normannorum in Francia, et surtout l'Histoire des invasions des Normands, par M. Depping.

NORRENT-FONTES, chef-lieu de canton civil et ecclésiastique du Pas-de-Calais, arrondissement de Béthune, sur la route royale de Béthune à Saint-Omer. Il est fait mention de ce village dans plusieurs titres du XIIIe siècle. Malheureusement, on découvrit, sur le territoire de Norren-Fontes, un sarcophage de pierre blanche, avec un vase scellé en plomb. Ce tombeau indique que les Romains ont séjourné sur ce territoire.

NORTH (FRÉDÉRIC, comte DE GUILFORD, lord), né le 13 avril 1732, mort le 5 août 1792, devint premier lord de la trésorerie. Ce fut sous son long ministère que l'Angleterre perdit les colonies américaines, et on l'accusa d'être en grande partie l'auteur de cette perte. North avait des connaissances, surtout en matière de finances; mais on lui reprochait un caractère faible et irrésolu dans les circonstances qui exigent d'un ministre une volonté ferme et inébranlable. Si, dans les troubles de l'Amérique, il se laissa entraîner à la guerre par le torrent de l'opinion, du moins il parvint pendant deux ans à suspendre ces troubles et chercha à les terminer par un bill conciliateur. — Son fils, Frédéric North, comte de Guilford et pair d'Angleterre, né en 1766, mort en 1827, cultiva les lettres avec succès.

NORTHAMPTON, Camelodunum, ville d'Angleterre, chef-lieu du comté de Northampton, à 103 kil. N.-O. de Londres, sur la gauche de la Nen; 15,000 habitants. Bien percée et bien bâtie; églises d'Ali-Hallows et de Saint-Pierre; infirmerie générale, hôtel du comté. Près de la ville, on voit le Queen's cross, monument élevé par Edouard Ier à Eléonore, sa femme. Dentelles, fil, soieries, souliers et bottes pour l'exportation. Foires de chevaux de trait, jadis les premières de l'Angleterre. Northampton fut brûlé en 1675 et rebâti avec soin. Aux environs eut lieu en 1460 une des plus célèbres batailles de la guerre des Deux-Roses, celle qui valut à Edouard la couronne d'Angleterre. Henri VI y fut fait prisonnier. Plusieurs conciles et synodes se sont tenus dans cette ville.

NORTHAMPTON (comté de), comté d'Angleterre, entre ceux de Huntingdon et de Bedford à l'E., de Buckingham au S.-E., d'Oxford au S. et au S.-O., de Warwick à l'O., de Leicester et de Rutland au N.-O.; 180,000 habitants. Chef-lieu Northampton. Grandes forêts, nombreux pâturages. Dentelles de soie et de fil, lainages, chaussures, fouets, à Daventry. Commerce de grains, bétail, légumes, bois de construction, et des objets de ses fabriques.

NORTHAMPTON, ville des Etats-Unis, Massachusetts, sur le Connecticut, vis-à-vis de Hadley; 3,000 habitants. Agréablement située; commerce important. — Plusieurs comtés des Etats-Unis, dans la Caroline du Nord, la Pensylvanie, la Virginie, portent le même nom.

NORTHUMBERLAND (comté de), comté le plus septentrional de l'Angleterre, ayant pour bornes au N. l'Ecosse, au S. le comté de Durham, à l'O. celui de Cumberland, à l'E. la mer du Nord; 104 kil. sur 717: 225,000 habitants. Chef-lieu Newcastle. Monts Cheviot à l'O. Climat froid, sol bien cultivé. Beaucoup de bétail. Houille en abondance, plomb, fer; peu d'industrie. Commerce assez considérable. Au Northumberland se terminait la Grande-Césarienne des Romains, et commençait la Valentie — Il y a aux Etats-Unis, dans la Pensylvanie, un comté de Northumberland arrosé par la Susquehannah, peuplé de 45,000 habitants, et qui a pour chef-lieu Sunbury. Enfin, il y a deux autres comtés de Northumberland appartenant à la Grande-Bretagne, l'un en Australie, dans la partie anglaise de la Nouvelle-Galles du Sud, chef-lieu Newcastle; l'autre dans le Bas-Canada, au N. du Saint-Laurent.

NORTHUMBERLAND (détroit de). Il y en a deux: l'un entre l'île Saint-Jean et les côtes du Nouveau-Brunswick et de la Nouvelle-Ecosse, dans l'Amérique anglaise; l'autre dans l'Océan indien, vers les îles Calamiane.

NORTHUMBRIE (royaume de), *Northumbria*, un des sept royaumes de l'Heptarchie, ainsi nommé de sa position au N. de l'Humber, fut fondé le cinquième de tous dans l'ordre chronologique, de 547 à 559, par Idda et ses douze fils, et le premier des trois royaumes angles. Il s'étendait de l'Humber au Forth, et comprenait par conséquent les comtés de Nottingham, York, Durham, Northumberland en Angleterre, de Roxburgh, Selkirk, Peebles, Berwick, Haddington, Edimbourg, en Ecosse. Ce pays formait jadis le royaume de Cluyd ou de la Clyde; les conquêtes du chef angle Idda restreignirent ce royaume sans le détruire. A la mort d'Idda, la Northumbrie forma deux royaumes, qui quelquefois se réunirent, la Bernicie au N., la Déirie au S.; la Tyne les divisait. Edimbourg devint capitale du premier, York, capitale du deuxième et de toute la Northumbrie. Les rois les plus notables de la Northumbrie furent: Edilfrid, qui l'agrandit aux dépens des Scots, Pictes et Bretons (613, etc.); Edwinle-Grand (615), etc.), sous qui ce royaume devint le principal de l'Heptarchie; Egfried qui perdit Lincoln; Eadbert, après la retraite duquel (758) l'état fut trente ans en proie à l'anarchie. La Northumbrie cependant fut, avec la Mercie, le dernier des états de l'Heptarchie à subir le joug de Wessex, et, après la réunion, le nom de Northumbrie subsista encore longtemps. Les Danois, en 870, s'y établirent et trouvèrent souvent dans les Northumbres des auxiliaires contre les Saxons du midi. Après l'expulsion des Danois (1041), presque tout le pays au N. de la Tyne fut envahi par les Scots ou Pictes, et la Northumbrie, privée de Lincoln et Nottingham au S., fut réduite de moitié. La féodalité, en créant les comtés de Durham et d'York, sous le roi Guillaume, la restreignit encore et finit par la réduire au comté actuel de Northumberland.

NORTIA, déesse des Etrusques, honorée à Volsinie. Les clous attachés dans son temple désignaient le nombre des années. On la croit la même que Némésis. Les Volsiniens, les Falisques et les Volaterrains, remplis de vénération pour elle, joignaient à son nom le surnom de grande déesse, qu'on n'accordait ailleurs qu'à Cybèle. On plaçait un jeune enfant dans ses bras, parce qu'elle favorisait plus particulièrement les hommes dans l'âge de l'innocence. On croit que cette déesse était la Fortune.

NORWÈGE, royaume de l'Europe septentrionale, faisant partie de la monarchie suédoise. Elle s'étend depuis le 58° jusqu'au delà du 71° degré de latitude, et depuis le 22° degré jusqu'au 49° degré de longitude orientale du méridien de l'île de Fer. Baignée par le golfe, dit Skager Rack, au sud, par la mer du Nord à l'ouest, par l'Océan glacial arctique au nord, la Norwège a pour limites à l'est l'empire russe et la haute chaîne de monts de Kiœlen qui la sépare de la Suède. Elle présente tous les phénomènes des pays de montagnes; des rochers entassés, des neiges et des glaces éternelles, des avalanches redoutables, des torrents qui se précipitent dans de sombres et profondes cavernes, des fleuves dont le cours est parsemé d'imposantes cataractes, des précipices dont l'œil ne peut mesurer l'immense profondeur et d'immenses glaciers surtout dans la partie septentrionale. Les montagnes de la Norwège se divisent en trois groupes: celui de Kiœlen qui s'étend de l'extrémité septentrionale de la Laponie jusqu'à son embranchement avec les monts Dover, près de Sylt-Field, dont le sommet s'élève à 1976 mètres; celui du Dover, dont les plus hauts sommets s'élèvent de 2366 à 2540 mètres, coupe la Norwège en deux grandes moitiés appelées Nordenfields et Sœndenfields; celui formé par les monts Langfield, Sognefield et Hardangerfield, que le Vog sépare du Dover, court dans la partie méridionale du royaume. Le peu d'espace qui se trouve au N., entre les montagnes et la mer, ne laisse pas une grande étendue de terrain à parcourir aux fleuves qui descendent du Kiœlen; la Tana, qui, dans le Fin-

mark oriental, sert de limite entre la Suède et la Russie, est le plus considérable de ces cours d'eau; et n'a guère que 50 lieues de longueur; l'Alter, plus au nord, n'en a que 30; le Namsen va se perdre dans l'Océan pacifique après un cours plus limité encore, et après une chute de 39 mètres de hauteur. Des rivières plus considérables descendent du Dover: ce sont: le Lougen, le Drammenself et le Glommen, dont le cours est de 120 lieues, et dont le lit est embarrassé de rochers, de chutes qui nuisent à la navigation intérieure. En Norwège, comme en Suède, comme en beaucoup d'autres contrées, la plupart des fleuves traversent des lacs qu'ils ont eux-mêmes formés. Les plus considérables sont le Miœsen, traversé par un affluent du Glommen, et qui n'a pas moins de 23 lieues de long sur 3 de large; le Randsfiorden, qui en a 14 de long sur 1 de large; le Miœs-Vand qui n'en a que 8 de long; le Nord-See qui se décharge dans le Skager-Rack; le Nisservand, d'où sort le Nidelf, enfin l'Œjerensoë que traverse le Glommen; ces trois derniers sont à peu près de la même grandeur. Les côtes de la Norwège, qui se développent sur une étendue de plus de 600 lieues de France, sont partout hérissées de rochers, sillonnées d'une infinité de baies, et dans toute la longueur qui sépare le cap méridional de Lindenaes du cap Nord, bordées par une multitude d'écueils et d'îles. Ces îles, qu'on peut désigner sous le nom d'archipel norwegien, forment cinq groupes à peu près distincts: celui de Christiansand et celui de Bergen, dans la mer du Nord, celui de Drontheim et celui de Helgeland, dans l'Océan atlantique, enfin celui de Lofoden, au nord, dans l'Océan glacial. C'est dans le voisinage d'une de ces îles, celle de Moskoë, que se trouve le gouffre fameux de Maëlstrom si redouté des navigateurs. Les roches qui composent le sol de la Norwège, appartiennent aux terrains de cristallisation et aux plus anciens dépôts de sédiment. Dans les hautes montagnes le gneiss domine; on y trouve aussi le micaschiste en assez grande quantité. Dans la partie sud du royaume, les nombreux tremblements de terre font présumer que les feux souterrains agitent ainsi le sol. C'est aussi dans cette partie du royaume que les montagnes renferment le plus de minéraux. Dans les environs de Drontheim, au pied des monts Kiœlen, se trouve le cuivre le plus estimé, dont une mine en fournit annuellement huit à dix mille quintaux. Le district d'Arendal contient les mines de fer les plus riches et les plus abondantes; la mine d'argent de Kongsberg, dont l'exploitation a été reprise depuis 1815, promet de fournir de riches produits. On trouve aussi du plomb, du cobalt, de la plombagine et du sel. La saline de Waloë en donne par an deux cent mille quintaux. Les granits et les porphyres abondent; quant aux marbres, on en trouve de diverses espèces, particulièrement dans les environs de Bergen. Les montagnes septentrionales étant toujours couvertes de neige, ne présentent point de végétation; mais sur les collines sablonneuses qui se trouvent à leurs pieds croissent des mousses et des lichens qui servent de nourriture aux rennes. Des plantes qui conservent toujours leur verdure, sont pour l'habitant de la Norwège une espèce de dédommagement de la rareté des arbres feuillés: telles sont la *diapensa laponica*, *l'andromeda cœrulea*, *l'azalea procumbens*, qui s'élèvent en touffes, en buissons, ou étendent sur le sol ou sur les rochers leurs rameaux rampants ou grimpants. Le bouleau, l'érable, le sapin, le pin qui atteint dans ce pays de gigantesques proportions et arrive souvent jusqu'à 34 mètres d'élévation, forment souvent des forêts d'une étendue immense sur les pentes des montagnes. Dans les parties basses on voit l'arbousier traînant, la camarine à fleur écarlate, et le bouleau nain. Parmi les animaux, l'élan, autrefois abondant, devient rare; mais l'ours est encore très commun; le loup multiplie dans les bois d'où descendent les troupes nombreuses de lemmings qui dévastent les champs cultivés; diverses espèces de renards habitent les côtes de l'Océan, avec la mouette, la pygargue et le canard eider qui fournit l'édredon. Dans les vallées et dans les îles paissent d'assez nombreux troupeaux, et une race de chevaux petits, il est vrai, mais vifs et ardents. Les côtes sont excessivement poissonneuses; le hareng y abonde. Le climat extrêmement rigoureux est un peu moins froid sur les côtes; l'air y est d'une grande salubrité. Comme dans toutes les régions septentrionales, les étés y sont très courts et très chauds. Malgré la nature aride et pierreuse du sol, on en tire cependant du seigle, de l'orge, de l'avoine, du lin et du chanvre, divers légumes et quelques fruits. Toutefois, la récolte des grains est loin de suffire à la consommation; on y supplée en partie par la pomme de terre dont la culture est généralement répandue ; mais encore arrive-t-il souvent, dans le Nord, que les habitants sont obligés de se contenter, pour toute nourriture, de poissons secs et d'une sorte de pain fait avec une farine grossière, où l'on mêle de l'écorce d'arbre moulue. Quelques régions offrent de bons pâturages qui fournissent à l'entretien d'une assez grande quantité de bétail de toute espèce. Le royaume de Norwège se divise en trois parties : le Sœndenfields ou la partie au S. des montagnes ; le Nordenfields, ou les pays au nord des montagnes ; enfin le Nordlandens ou pays du Nord. Chacune de ces trois grandes divisions se subdivise en diocèses et en bailliages. Le Sœndenfields contient deux diocèses : celui de Christiansand, qui comprend cinq bailliages, est le plus méridional de tous les diocèses norwégiens. Il compte 30 lieues de l'est à l'ouest et 57 du sud au nord. La capitale est Christiansand. Le diocèse d'Aggerhus est le plus peuplé de la Norwège ; il contient 6 bailliages et renferme d'importantes mines de cuivre, de fer, d'argent, de cobalt, et des alunières ; les principales villes de ce diocèse sont : Christiania, capitale de tout le royaume ; Frédérikshall, place forte, la seule ville de la Norwège qui soit bâtie en pierres, Moss ; sur les bords du golfe de Christiania, et enfin Kongsberg. Le Nordenfields comprend aussi deux diocèses : celui de Bergen, qui comprend deux bailliages, a pour capitale Bergen, dont la population est encore, quoiqu'elle soit bien déchue de son ancienne opulence, de vingt à vingt-cinq mille âmes. Elle fait un grand commerce de bois de construction, de cuirs et de poissons secs et salés ; le diocèse de Drontheim comprend trois bailliages et a pour chef-lieu les principales Drontheim, l'ancienne capitale des rois de Norwège, Roraas, célèbre par ses mines de cuivre. Le Nordlandens ne comprend qu'un diocèse, le Nordland, qui lui-même est subdivisé en deux bailliages. Ce diocèse le plus septentrional de ceux de la Norwège, n'a que des villes très peu importantes ; Bodoë et Hundholm ne sont qu'un assemblage de quelques maisons en bois ; Alstahong, résidence du bailli du Nordland et siège de l'évêché le plus septentrional de l'Europe, n'a que quelques masures ; Altengaard est le dernier point septentrional où la terre est cultivée et la résidence d'un chef de Lapons. La forteresse de Wardoëhus, qui se trouve par 70° 22' de latitude nord, est la forteresse la plus boréale de tout le globe. La population du royaume, qui, en 1814, n'excédait pas un million sur une étendue de 5,571 milles carrés géographiques, s'élève aujourd'hui à 1,200,000 individus. À l'exception d'environ 1,200 Lapons et 4,000 Finnois, habitants en partie nomades de la région septentrionale, tous appartiennent à la race scandinave pure, et sont les descendants des anciens Normands. Cette population, bien faible relativement à la superficie, est très inégalement répartie. Elle est rare surtout dans le Nordland et le Finmark. Les 44 villes et ports du royaume ne comptent ensemble que 130,000 habitants ; tout le reste de la population vit disséminé dans les campagnes où elle forme 336 paroisses. Les habitations des paysans sont rarement réunies en villages. Les Norwégiens, race forte et vigoureuse, ont en général la taille moyenne, le teint blanc, les yeux bleus et la chevelure blonde. Ils se livrent avec ardeur à la navigation, et leur marine marchande ne compte pas moins de 2,300 bâtiments montés par environ 12,000 matelots. Leurs exportations consistent principalement en planches qui sont employées en France et en Angleterre dans les constructions navales ; en poix, résine et autres produits des forêts ; en cuivre et en fer, en poissons secs, fourrures, etc. Les grains, dont une grande partie sert à la fabrication de l'eau-de-vie, figurent en premier rang parmi les articles d'importation. Il existe en Norwège peu de grandes manufactures ; cependant grâce à la simplicité de leurs mœurs, l'industrie des habitants suffit pour les besoins ordinaires de la vie. Leur langue est un dialecte du danois. Le luthérianisme est la religion qu'ils professent, en y admettant toutefois le régime épiscopal. L'instruction publique est dans un état florissant. L'université de Christiania, dotée d'une bibliothèque de 26,000 volumes, est fréquentée annuellement par 7 à 800 étudiants. Neuf écoles secondaires, dont quatre du premier degré sont chargées de l'enseignement supérieur et moyen, et les bienfaits de l'instruction primaire se répandent dans les localités les moins considérables. La Norwège, bien que politiquement unie sous le même sceptre que la Suède, forme pourtant un royaume entièrement distinct, régi par des institutions qui lui sont propres, et dans lesquelles prédomine le principe démocratique. Une assemblée unique, le Storthing (grand conseil), dont le 80 membres sont élus,

un tiers par les bourgeois des villes, et les deux autres tiers par les propriétaires ruraux, représente la nation et exerce le pouvoir législatif avec lequel elle réunit en outre certaines attributions administratives. Le roi, chef du pouvoir exécutif, n'a qu'un veto suspensif qui expire lorsqu'un projet de loi a été adopté par trois législatures consécutives sans qu'on y ait apporté de modification. Dans ce cas la loi devient obligatoire de plein droit, malgré le refus de la sanction royale. Pour assurer plus de maturité et donner un plus grand poids à ses travaux législatifs, le Storthing, qui se renouvelle et s'assemble tous les trois ans, se constitue lui-même en deux sections : le Lagthing, formé d'un quart des membres de l'assemblée tirés du sein de celle-ci par le suffrage de leurs collègues qui joue le rôle de chambre haute ; et l'Odelsthing, qui comprend les trois autres quarts des députés. Toutes les fois que ces deux sections ne peuvent tomber d'accord, la question débattue doit se décider en assemblée générale, à la majorité des deux tiers des votants. Le roi nomme à tous les emplois ; mais les titulaires doivent être Norwégiens ou naturalisés par décret du Storthing. Le prince royal seul, ou son fils aîné, peut être nommé vice-roi. Le prince Oscar a été investi de cette dignité pendant quelque temps ; un seigneur norwégien l'a depuis remplacé, mais avec le simple titre de gouverneur. Six conseillers d'État, présidant chacun à un département, se partagent les fonctions gouvernementales. La constitution garantit la liberté de la presse qui a de nombreux organes ; et une loi de 1821 a prononcé la suppression de toutes les distinctions nobiliaires. L'échelle judiciaire offre trois degrés de juridiction. Le code des lois civiles et criminelles actuellement en vigueur est composé d'éléments tirés de l'ancienne législation norwégienne, et plus encore de celle du Danemark ; il date de 1687, et fut publié par Christian V. Sous le rapport administratif, le royaume forme 17 bailliages subdivisés en 45 districts (Vogtsin) ; sous le rapport judiciaire, il est partagé en 60 juridictions, et tribunaux inférieurs (Sorenskriverier). La situation financière de la Norwège a beaucoup gagné en prospérité depuis la réunion de ce royaume avec la Suède. Le total des revenus de l'État s'élève aujourd'hui à 3,514,200 speciesthaler, et celui de la dépense à 2,242,300 de ces mêmes écus. Les mesures efficaces qui ont été appliquées à l'extinction de la dette publique l'ont réduite à 2,818,000 écus, c'est-à-dire à la moitié de ce qu'elle était en 1823. Une banque nationale avait déjà été fondée en 1816, dans l'intérêt du commerce et de l'industrie. L'armée de terre, non compris la landwehr, est fixée à 12,000 hommes, et la marine militaire, encore naissante, devra se composer de 4 frégates, 4 corvettes, 2 bricks, 8 bateaux à vapeur, et 190 schooners et chaloupes canonnières.

Histoire. — Suivant les plus antiques annales scandinaves, Odin confia le gouvernement de la Norwège à Seming son lieutenant ; mais la tradition se tait sur le nom des successeurs. Le véritable fondateur du royaume de Norwège fut Nor, fils du roi de Jutland, qui parti à la recherche de sa sœur enlevée par Strof, prince de Hedemark, conquit toute la Norwège et y jeta les fondements de sa puissance. Cette expédition paraît avoir eu lieu entre l'an 200 et l'an 250 de l'ère vulgaire. Après Nor, ses fils se partagèrent son royaume, et ces partages continuèrent de génération en génération, en sorte que quelques siècles plus tard il y avait dans ce pays plus de 20 petits rois indépendants, portant le titre de iarl ou comte, et quelquefois celui de kong roi. Ces rois indépendants disparurent peu à peu jusqu'à ce que Halfdan III qui mourut en 863, les eut presque tous réunis à son sceptre. Son fils Karald continua son œuvre ; il porta aussi ses armes au-delà des frontières de la Norwège, et soumit la Halogaland et le Finnmark jusqu'à la mer blanche. Il entreprit aussi plusieurs expéditions en Écosse et en Angleterre, et mourut en 936. Ce fut sous le règne de ce prince que Hrolf, fils de Ragnvald, comte de Mœre et de Raumsdal, fut banni parce qu'il exerçait la piraterie pour son compte (887), et alla, sous le nom de Rollon, s'établir dans la seconde Lyonnaise et fonder ainsi le duché de Normandie. Erik Ier succéda à son père Harald (936). Ses cruautés lui valurent le surnom de Blodyxe (Hache de sang), et il fut détrôné par Hakan son plus jeune frère, et alla mourir en Angleterre avec le titre de comte de Northumberland que lui avait donné le roi Athlestan (952). Hakan Ier (936), affermit par sa prudence la couronne qu'il venait d'acquérir et étendit ses possessions ; grâce à la douceur de son administration, des provinces entières se soumirent à lui. C'est lui qui le premier chercha à établir l'Évangile en Norwège ; mais ses efforts restèrent inutiles. Blessé par une flèche en combattant les armées envahissantes du roi de Danemarck, il nomma pour lui succéder le prince Harald son neveu, ainsi que les autres fils de son frère Erik. Cependant des guerres intestines, suite des dernières volontés d'Hakan, ensanglantèrent la Norwège pendant plusieurs années, jusqu'à ce qu'Olof Trygvason, arrière petit-fils de Harald, monta sur le trône (995); il parvint à établir le christianisme dans ses états; et saint Martin de Tours fut proclamé patron de la Norwège. Il périt dans une bataille navale que lui livrèrent les rois de Danemarck et de Suède ligués contre lui (1000), et les vainqueurs se partagèrent la Norwège. Le roi de Danemarck obtint la partie méridionale, celui de Suède, celle qui avoisinait ses états, et sur les autres, régnèrent deux fils du iarl Hakan qui reçurent encore en fiefs la plus grande partie des lots échus aux deux monarques. Ces princes se concilièrent le dévoûment du peuple par leur conduite sage et modérée. Mais après quelques années de règne, Erik, l'aîné, mourut dans une guerre en Angleterre où il avait suivi, en qualité de vassal, les soldats de Canut le Grand, roi de Danemarck. Ce fut alors (1014) qu'Olof II, dit le Saint, et fils de Havald, monta sur le trône. Grâce à ses soins et à sa sagesse, le christianisme fit des progrès rapides en Norwège. Le soulèvement de quelques iarls qui voulaient rester fidèles à leurs idoles, amena la guerre étrangère. Canut le Grand s'empara de la Norwège. Olof, forcé d'abord de fuir en Russie, revint tenter la conquête de son royaume, mais il fut tué (1030). Canut laissa le soin de gouverner la Suède à son fils naturel Suénon, qui, en 1036, fut battu par Magnus Ier, fils d'Olof le Saint, qui reconquit sa couronne. Il sut maintenir ses droits contre Harde Canut, fils de Canut le Grand; et d'après les conventions entre ces deux princes, comme dernier survivant, Magnus, hérita du royaume de Danemarck; mais Suenon Estridson, qu'il avait choisi comme gouverneur en son absence, se rendit bientôt indépendant; et dans le même temps Harald-le-Sévère, frère utérin d'Olof, réclama une partie du royaume de Norwège (1046); Magnus la lui céda et mourut l'année suivante après avoir choisi Suenon-Estridson pour successeur au trône de Danemarck. Harald lui succéda sur le trône de Norwège. Il ne voulut pas reconnaître, à l'égard de Suénon, les dernières volontés de Magnus, et la guerre s'ensuivit entre les deux pays. Ce fut lui qui fonda la ville de Christiania afin de faciliter ses expéditions contre le Danemarck, qui du reste obtinrent peu de succès, ce qui le força bientôt de demander la paix (1064). Elle ne fut pas de longue durée; entraîné dans une guerre en Angleterre, Harald, après avoir conquis presque tout le comté d'York, fut tué dans une bataille (1066), et ses troupes furent forcées à demander la paix. Harald laissa deux fils qui se partagèrent le royaume (1067). Magnus II, l'un d'eux, ne régna que jusqu'en 1069, et Olof III, dit le Pacifique, resta seul roi et mourut en 1093 après avoir fait de généreux efforts pour adoucir les mœurs sauvages de ses sujets, et pour établir le commerce et l'industrie en Norwège. Magnus III, son fils, lui succéda; un instant troublé dans la possession de sa couronne, il se vit bientôt seul maître, grâce à la mort de son compétiteur; c'est alors qu'il tenta différentes expéditions en Ecosse et en Irlande, et conquit les Hébrides, les Orcades et les îles d'Anglesey et de Man dont il confia le gouvernement à Sigurd son fils. Il fut moins heureux contre la Suède; vaincu en l'an 1100, il obtint la paix en épousant Marguerite, fille du roi Inge; il périt dans une nouvelle expédition qu'il avait tentée en Irlande (1103). Ses trois fils naturels se partagèrent ses états. Sigurd, l'un d'eux (1107), entreprit une croisade en terre sainte à la tête de dix mille aventuriers. Il ravagea en 1108 les côtes du Portugal alors au pouvoir des Maures, puis il alla en Terre Sainte où il contribua à la prise de Sidon et revint en 1111 apportant avec lui de précieuses reliques. La mort de ses deux frères le laissa seul possesseur de la couronne; il mourut en 1130. Magnus IV, son fils, lui succéda; mais ses vices lui attirèrent la haine de ses sujets qui le forcèrent de partager son royaume avec le fils illégitime de Magnus III sous le nom de Harald IV; mais vaincu d'abord, il fut forcé de fuir en Danemarck, d'où il revint bientôt avec des soldats étrangers, et vainqueur de son rival, il s'enferma dans un couvent après l'avoir mutilé. Des révoltes signalèrent le règne du nouveau roi qui fut assassiné (1136) par Sigurd qui se faisait passer pour fils de Magnus III. Après ce meurtre, commence pour la Norwège une époque de troubles et de désordres qui l'ensanglantèrent jusqu'en 1161, époque où Hakan II devint seul roi de Norwège; cependant un parti qui opposa le fils du comte Erling sous le nom de

Magnus VI alors âgé de 5 ans; et Hakant ayant été tué dans un combat naval, Magnus VI lui succéda (1162) presque sans opposition sur toute l'étendue de la Norwège, et fut couronné en 1164. Sverrer, un des plus grands hommes qu'ait produit la Norwège, ne fut qu'en 1177 et resta seul maître du trône en 1184, après la mort de Magnus. Le nouveau roi sut par sa fermeté contenir les révoltes intestines et l'esprit turbulent des comtes, et mourut en 1202 laissant la réputation d'un grand prince. Son petit-fils Hakan III lui succéda, mais ne vécut que deux ans et mourut, dit-on, empoisonné. Guttorm, autre petit-fils de Sverrer, lui succéda sous la tutelle de Pierre Steiper et de Hakan Galin, tous deux neveux de Sverrer; des troubles signalèrent ce nouveau règne et Guttorm étant mort en 1203, Hakan IV Galin lui succéda, quoique le peuple lui ait opposé Inge II Bardson, son frère utérin; après la mort de ces deux compétiteurs au trône de Norwège, Hakan V, fils naturel de Hakan IV, fut élu roi (1217). Des troubles signalèrent les premières années de son règne et ce ne fut qu'en 1240 qu'il se vit seul et tranquille possesseur de son royaume. C'est alors qu'il put donner tous ses soins à l'administration de son peuple, et fonder des villes nouvelles. En 1262, il laissa la régence à son jeune frère Magnus, et partit pour l'Ecosse dans l'intention de la reconquérir. L'année suivante, il avait soumis l'Islande et le Groenland, et après quelques succès en Ecosse, il se proposait de passer en Irlande lorsqu'il mourut en 1262. Magnus VII, son fils, se hâta de faire la paix avec l'Ecosse (1266), et mourut en 1280 après avoir établi dans son royaume de grandes réformes, et s'être attaché particulièrement à fondre les codes particuliers de chaque province en un seul code général. Erik II, son fils, lui succéda, il se montra hostile à la puissance temporelle du clergé, et y imposa des limites. Ayant donné asile aux meurtriers du roi Erick Glypping, il occasionna une guerre entre le Danemarck et la Norwège, guerre qui ne fut terminée qu'en 1308 sous son successeur. Cette guerre mit Erik aux prises avec les villes hanséatiques, et il fut contraint de demander la paix. Il mourut en 1299 sans laisser de fils. Hakan VI, son frère, lui succéda. Après avoir rétabli la paix dans ses états, il s'occupa de l'administration intérieure de son royaume et mourut en 1319. Magnus VIII, fils d'Erik, duc de Suède et d'Ingeburge, fille de Hakan, fut proclamé roi malgré sa jeunesse; cette élection réunit les deux états sous un seul et même monarque. Quoique chacun de ses états eût son sénat particulier qui gérait les affaires pendant la minorité du jeune roi, néanmoins tant que dura cette minorité, le gouvernement de Norwège fut presque entièrement entre les mains des régents de Suède. Magnus VIII prit les rênes du gouvernement en 1330; des troubles allaient surgir, grâce à la mauvaise administration du roi, lorsqu'il partagea ses états à ses deux fils. Hakan VII, le plus jeune, eut la Norwège (1350). Ce prince semble avoir gouverné pacifiquement, il devint roi de Suède par la mort de son frère Erik (1362), et mourut lui-même après un règne troublé par des querelles intestines en 1380, après avoir vu proclamer roi son fils Olof, roi de Danemarck, sous la tutelle de sa mère, la reine Marguerite. Olof mourut en 1387, et bien que sa mère n'eût aucun droit au trône de Norwège, elle sut se concilier tellement la faveur de la nation, qu'elle fut chargée du gouvernement pour le reste de ses jours. Elle nomma en 1389, roi de Norwège, son neveu, Erik III le Poméranien, qui par l'union de Calmar en 1397, devint le premier monarque des trois royaumes du Nord. A partir de 1397, l'histoire de la Norwège se trouve confondue avec celle du Danemarck et de la Suède, quoique pendant tout le temps que dura l'union de Calmar, les Norwégiens fussent considérés comme un peuple indépendant, et que leur royaume fût regardé comme un état électif. Mais n'ayant ni une noblesse, ni un clergé puissants, point de villes marchandes et une agriculture encore dans l'enfance, la Norwège ne pouvait que perdre dans cette union avec les deux états voisins, son antique indépendance; et, lorsque les crimes de Christian eurent amené sa déchéance et la rupture du traité de Calmar, la Norwège, après quelques vains efforts pour ressaisir sa liberté, devint une simple province du Danemarck que le sénat de Copenhague d'abord, puis le roi, après la révolution de 1661 qui lui rendit le pouvoir absolu, traitèrent comme une préfecture danoise. Un pays où la vie politique est ainsi éteinte, ne peut avoir une bien longue histoire. La déchéance de Christian, l'élection de son oncle Frédéric et celle de Gustave Wasa, mirent fin au pacte qui unissait les trois royaumes : la Norwège reconnut pour roi Frédéric. Sous son successeur, cependant, elle perdit son sénat et la prérogative de prendre part à l'élection des rois, mais elle conserva le titre de royaume et les états ne furent point abrogés. En 1561 se passa un événement important pour la prospérité commerciale de la Norwége. La Hanse, établie à Bergen, avait le monopole du commerce de tout le royaume, et entravait par ses priviléges tous les efforts de l'industrie nationale; le gouverneur de la ville pour Frédéric II força les marchands de la Hanse de se soumettre aux lois du royaume et de prêter hommage au roi ou de quitter le pays. Quelques années plus tard, la tranquillité de la Norwége fut un instant troublée par l'ambition du roi de Suède, Erik fils de Gustave; mais il fut forcé de se retirer. Christian IV, successeur de Frédéric II, fit tout pour soulager les misères du peuple norwégien; il révisa le code national, éleva des villes nouvelles, donna de l'extension au commerce, aux arts et aux sciences. Son fils Frédéric III (1648) essaya de rendre quelque éclat à la noblesse norwégienne; mais il ne put y parvenir; car cette classe était peu nombreuse et sans influence sur le pays. A la suite de la guerre de 1658 et de la paix de 1660, la coalition du clergé et des bourgeois rendit au roi de Danemarck l'autorité absolue. Christian V voulut reconstituer, au profit de sa royauté toute absolue, une féodalité nouvelle: la Norwége eut deux comtés, Laurwig et Larlsberg, et une baronnie, celle de Rosendal; mais rien ne put changer les mœurs et les lois civiles des Norwégiens. Les guerres de Charles XII contre Frédéric IV eurent pour théâtre principal la Norwége, et ce grand drame se termina sous les murs de la forteresse de Frédérikshall. Par la paix de 1720, la Norwége qui avait failli être conquise par les Suédois resta unie au Danemarck; mais des mesures intempestives, prises par Frédéric IV amenèrent un complot dont les suites pouvaient être la restauration du troisième royaume scandinave; mais ce complot fut découvert, et l'auteur mis à mort. La paix dès lors ne fut point troublée jusqu'à la fin du XVIIIe siècle, et ce calme ne fut point perdu pour l'industrie, les sciences et les arts. Telle était la situation de la Norwége, quand les événement de 1814 amenèrent dans le Nord une importante révolution. Par le traité de Kiel, la Norwége, qui déjà en 1812 avait été promise à la Suède pour prix de son alliance avec les ennemis de Napoléon, fut formellement cédée à cette puissance par le roi de Danemarck. Les Norwégiens toutefois protestèrent hautement contre cette cession, et les états s'étant réunis à Eidswald, proclamèrent la souveraineté de la nation, déférèrent la couronne au roi de Danemarck actuel, Christian-Frédéric, alors gouverneur de leur patrie, et arrêtèrent (17 mai 1814) la nouvelle constitution qui la régit encore aujourd'hui. Cependant l'approche victorieuse du prince royal de Suède, qui était entré en Norwége au mois de juillet, triompha de la résistance, et le 14 août des négociations aboutirent à la convention de Moss, en vertu de laquelle le prince Christian-Frédéric abdiqua son pouvoir entre les mains du Storthing, qui se montra disposé à reconnaître pour souverain le roi de Suède, pourvu qu'on garantît à la Norwége son existence comme royaume indépendant, et l'inviolabilité des institutions qu'elle venait de se donner. Enfin la réunion des deux couronnes fut solennellement prononcée dans la séance tenue à Christiania le 20 octobre. Depuis lors les institutions libérales n'ont pas cessé de fleurir et de se développer en Norwége. (Voy. DANEMARCK et SUÈDE.)   R.-R.

NORWICH, ville d'Angleterre, chef-lieu du comté de Norfolk, sur le Wensum, à 175 kil. N.-E. de Londres; 72,000 habitants. Evêché. Vieux château-fort. Enceinte très vaste. Cathédrale magnifique, belle église de Saint-Peter-Mancroft, palais épiscopal, hôtel-de-ville, etc. Crêpes, bombasines, tissus de laine et de soie; ces industries étaient bien plus florissantes autrefois; exportations et importations par Yarmouth. Norwich est très ancien et a été construit près de l'emplacement de *Venta Icenorum*. C'était probablement un port autrefois; aujourd'hui il est éloigné de la mer de 25 kil. environ. Norwich a beaucoup souffert à diverses époques de la peste et de l'incendie. — Il y a aux Etats-Unis plusieurs Norwich, notamment une dans l'état de Connecticut, à 22 kil. N. de New-London; 4,000 habitants. Fonderie de boulets; papier, maroquins, etc.; et une autre dans celui de New-York, à 275 kil. N.-O. de New-York; 2,700 habitants.

NOSAIRIS ou NESSERIE, peuplade de la Turquie d'Asie (Syrie), dans les pachaliks d'Alep et de Tripoli, et ainsi nommée du village de Nosar, patrie d'Hemdan-el-Gheussaïbi, prophète révéré dans le pays. Elle forme une population de 40,000 individus répartis dans vingt à vingt-cinq villages,

administrés chacun par des chefs appelés *mekaddem*, et qui paient un tribut de 400 bourses aux gouverneurs de Ladikieh. Les Nosairis sont un reste de la secte des Carmathes et se partagent en quatre sectes; leurs pratiques religieuses sont un mélange du paganisme, du judaïsme, du mahométisme et du christianisme.

NOSE (cap) ou *Ras-el-Enf*, cap de la Haute-Egypte, sur le golfe Arabique, en face de l'île des Emeraudes, par 23° 56' lat. N., 33° 27' long. E.

NOSOGRAPHIE, s. f., classification et description des maladies.

NOSOLOGIE, s. f., branche de la médecine qui s'occupe d'imposer des noms aux maladies, de les définir, de les étudier dans toutes leurs circonstances sur les vivants, d'en constater les traces sur le cadavre, d'en caractériser et classer les diverses espèces, et d'en rechercher la nature intime, autant du moins qu'elle est accessible à nos moyens d'investigation.

NOSSAIRIS ou ANSARTÉS, secte mahométane chiite qui se forma en 892 et reçut son nom de son premier chef, né à Nosraya sur le territoire de Koufa. Ces sectaires rendent un culte au khalife Ali, en qui ils croient que la divinité s'est incarnée, ainsi qu'à plusieurs de ses descendants, appelés imans. Cette doctrine, qui fut admise par plusieurs autres sectes, les a obligés de rejeter plusieurs passages du Koran. A l'époque des croisades, les nossaïris, très nombreux dans la Syrie et la Mésopotamie, le disputaient en puissance aux ismaélites. En 1339, ils s'emparèrent de Gabala, en Syrie, dans le voisinage de Tripoli. Les victoires des Turcs les forcèrent à se retirer dans les montagnes du Liban, où, sauf un tribut qu'ils payent au sultan, ils jouissent encore aujourd'hui de toute leur indépendance. Leur chef-lieu, Saffita, à 8 lieues de Tripoli, est une ancienne forteresse où réside leur cheik temporel, qui gouverne tout le pays comme prince héréditaire et vassal de la Sublime-Porte. Ce pays est peu fertile mais bien cultivé : il produit des céréales, des fruits, des figues, des oranges, du vin, du coton, de la soie, des noix de galle, de la garance et d'autres denrées, dont il se fait un commerce assez important. La population nombreuse est répartie dans 800 villages des gouvernements de Tripoli, Damas et Hamah. Les habitants sont grossiers et leurs mœurs corrompues par des restes de paganisme. Ils sont aussi partagés en plusieurs castes qui s'oppriment mutuellement. Les Turcs, qui n'ont pu les vaincre, et les ismaélites, leurs voisins, les détestent également; cela doit d'autant plus surprendre de la part de ces derniers, que leurs croyances religieuses sont à peu de chose près les mêmes. Comme eux, en effet, les nossaïris admettent une transmigration des âmes; mais ils ne croient ni à l'enfer ni au paradis. Ils observent aussi quelques fêtes et quelques rites chrétiens, quoique sans en connaître la valeur. Du reste, on remarque dans leur culte beaucoup de traces de l'ancien culte de l'Asie occidentale. Ils tiennent pour sacrés certains animaux et certaines plantes; et les parties génitales de la femme, symbole de la fécondité, sont pour eux un objet de vénération. Ils ont une foule de pèlerinages et de chapelles où ils célèbrent leur culte avec beaucoup de bruit. Leur chef spirituel, le cheik-khalil, est honoré comme un prophète. On croyait autrefois que les nossaïris étaient les descendants des sabéens en Syrie, ou des chrétiens de saint Jean; mais cette opinion a été complètement réfutée par K. Niebuhr et par Rousseau, consul de France à Alep (*Mémoires sur les ismaélites et les nossaïris de Syrie*, dans les *Annales de géographie*, t. XLII et LII).

NOSSI-BE, île située près de la côte N.-O. de Madagascar, à 32 kil. de tour et 6,000 habitants (Malgaches). Rade belle et sûre. La France possède cette île depuis 1840.

NOSTALGIE, s. f., désir violent de revoir sa patrie ou son pays natal. Ce n'est pas une maladie, mais une cause prochaine et très puissante de maladie qui peut même conduire à la mort.

NOSTRADAMUS (MICHEL), fameux astrologue, né à Saint-Remy, en Provence, l'an 1503, d'une famille autrefois juive, prétendait être de la tribu d'Issachar, parce qu'il est dit dans les Paralipomènes : *De filiis quoque Issachar viri eruditi, qui noverant omnia tempora*. Après avoir été reçu docteur en médecine à Montpellier, il se livra à l'étude de l'astronomie. Il se mêla de faire des prédictions, qu'il renferma dans des quatrains rimés, divisés en centuries. Henri II et la reine Catherine de Médicis voulurent voir l'auteur et le récompensèrent. On l'envoya à Blois pour tirer l'horoscope des jeunes princes. De retour à Salon, où il s'était fixé, il reçut la visite d'Emmanuel, duc de Savoie, de la princesse Marguerite sa femme, et, quelque temps après, celle de Charles IX, qui le nomma son médecin ordinaire. Nostradamus mourut 16 mois après, en 1566, à Salon, regardé par le peuple comme un homme qui connaissait l'avenir. Outre ses douze Centuries, réimprimées plusieurs fois avec la Vie de l'auteur, on a de lui quelques ouvrages de médecine. Au commencement de l'an 1792, on a beaucoup parlé d'une de ses prophéties, conçue en ces termes : « Plus grande persécution sera faite à l'Eglise chrétienne, qui n'a été faite en Afrique (sous Genséric et Hunéric), et durera ceste-ci jusqu'à l'an mil sept cent nonante-deux, que l'on cuidera estre une rénovation du siècle. Après commencera le peuple de se redresser, de chasser quelques obscures ténèbres, recevant quelque peu de leur pristine clarté, non sans de grandes divisions et continuels changements. » Ce passage se trouve dans une lettre de Nostradamus à Henri II, datée de Salon, le 27 juin 1558, insérée dans les Prophéties de l'auteur, imprimées à Lyon, chez Pierre Rigaud.

NOSTRADAMUS (JEAN), frère puîné du précédent, procureur au parlement de Provence, mort en 1590, cultivait les muses provençales. On a de lui : *Vies des anciens poètes provençaux*, Lyon, 1575, in-8°. Ces Vies, au nombre de soixante-seize, peuvent jeter un grand jour sur l'histoire de l'ancienne littérature.

NOSTRADAMUS (CÉSAR), fils aîné de Michel, né à Salon, en 1555, mort en 1629, se mêla de poésie. Il laissa aussi une *Histoire et chronique de Provence*, Lyon, 1614, in-fol. C'est une compilation fort mal écrite.

NOSTRADAMUS (MICHEL), appelé le Jeune, frère du précédent, se livra à l'astrologie comme son père, et fit imprimer ses prophéties dans un almanach, en l'année 1568. Ses oracles lui coûtèrent cher. Etant au siège du Poussin, en 1674, d'Espinay-Saint-Luc lui demanda quelle en serait l'issue. Nostradamus répondit que la ville serait brûlée ; et, pour faire réussir sa prédiction, il y mettait lui-même le feu. Saint-Luc, l'ayant aperçu, en fut tellement indigné qu'il lui fit passer son cheval sur le ventre et le tua. Il faisait passablement des vers provençaux.

NOSTRE ou **NÔTRE** (ANDRÉ LE), né à Paris, en 1613, mort dans la même ville en 1700, succéda à son père dans l'emploi d'intendant des Jardins des Tuileries. Choisi par Fouquet pour décorer les jardins du château de Vaux-le-Vicomte, il en fit un séjour enchanteur par les ornements nouveaux et pleins de magnificence qu'il y prodigua. Le roi, témoin de son ouvrage, lui donna la direction de tous ses parcs. Il embellit par son art Versailles, Trianon, et fit à Saint-Germain cette fameuse terrasse qu'on voit toujours avec une nouvelle admiration. Les jardins de Chantilly, de Saint-Cloud, de Meudon, de Sceaux, le parterre du Tibre, les canaux qui ornent ce lieu champêtre à Fontainebleau sont encore son ouvrage. Il demanda à faire le voyage d'Italie, dans l'espérance d'acquérir de nouvelles connaissances. Le pape Innocent IX, instruit de son mérite, voulut le voir et lui donna une assez longue audience sur la fin de laquelle Le Nostre s'écria, en s'adressant au pape : « J'ai vu les plus grands hommes du monde : Votre Sainteté et le roi mon maître. — Il y a grande différence, répondit le pape : le roi est un prince puissant et victorieux ; tandis que je ne suis qu'un pauvre prêtre, serviteur des serviteurs de Dieu. » Le Nostre, charmé de cette réponse, se jeta au cou du pape et l'embrassa. C'était au reste sa coutume d'embrasser tous ceux pour lesquels il se sentait de l'admiration, et il embrassait le roi lui-même toutes les fois que ce prince revenait de ses campagnes. En 1675, Louis XIV lui ayant accordé des lettres de noblesse et la croix de Saint-Michel, voulut lui donner des armes ; mais il répondit qu'il avait les siennes, qui étaient trois limaçons, couronnés d'une pomme de choux : « Sire, ajouta-t-il, pourrais-je oublier ma bêche ? Combien doit-elle m'être chère ? N'est-ce pas à elle que je dois les obntés dont Votre Majesté m'honore ? »

NOTABLE, adj. des deux genres. Remarquable, considérable. Il est aussi substantif, et se dit des principaux et des plus considérables citoyens d'une ville, d'une province, d'un état.

NOTAIRE, s. m., officier public qui reçoit et qui passe les contrats, les transactions et les autres actes volontaires. Comme le peuple romain était uniquement occupé du soin de conquérir, la guerre était son unique étude, il dédaignait les lettres et les arts ; c'est parmi les esclaves qu'il allait chercher les tabulaires ou notaires pour rédiger les conventions privées, car peu de Romains savaient écrire ; les actes écrits par ces personnes n'avaient aucun caractère public. Quant aux tabellions qui furent établis plus tard pour recevoir les testaments et les actes de toute espèce, ils différaient des tabulaires, non-seulement par leur condition, puisqu'ils étaient libres, mais encore par leur emploi, car ils étaient de véritables officiers publics. Il composaient un corps sous un chef appelé *Primicerius*, lequel élisait le nouveau tabellion de l'avis des autres. Ceux qui étaient admis dans ce corps devaient être probes, expérimentés dans l'art d'écrire et de parler, et de plus jurisconsultes. En remontant du XIIIe siècle jusqu'au premier temps de la monarchie française, on ne trouve point de notaire en titre. Lorsque le comte tenait le plaid, les contrats se passaient devant lui, en présence de trois témoins, et quelquefois d'un plus grand nombre, selon les affaires dont il s'agissait. Ainsi la preuve testimoniale, la possession de la chose cédée, ou quelques autres formalités aussi simples que les mœurs d'alors, tenaient lieu de titres et de contrats, et la bonne foi des parties étant devant elles présidait à tous les engagements. On allait aussi devant les évêques ; et plus tard, lorsque les justices se furent multipliées, les actes se passaient devant les juges de chaque lieu ; cette pratique dura jusqu'au XIIIe siècle. D'après Favard de Langlade, ce fut Charlemagne qui le premier investit les notaires du pouvoir d'imprimer à leurs actes le caractère de l'autorité publique. Il les nomma dans ses Capitulaires *judices chartularii*. Cette dénomination précise et énergique semble annoncer, ajoute cet auteur, que ce grand prince avait conçu l'idée des notaires tels qu'ils existent aujourd'hui. Par un capitulaire de l'an 805, les évêques, les abbés et les comtes furent obligés d'avoir chacun un notaire. Les guerres et l'anarchie qui désolèrent la France sous les règnes suivants ne permirent pas à cette institution de se développer et même de se maintenir. C'est à saint Louis qu'appartient réellement la création du notariat, en nommant pour la prévôté de Paris soixante notaires en titre d'office, pour recevoir les actes et leur donner le caractère et la force de l'autorité publique. Philippe-le-Bel, en 1302, établit des notaires dans tous ses domaines. Par un édit du mois de novembre 1542, François Ier en créa aussi en titre d'office dans toutes les juridictions royales. Les notaires de Paris et d'Orléans avaient le privilège d'instrumenter dans toute la France ; mais partout ailleurs, dit Favart, les ressorts et les pouvoirs des notaires dans l'exercice de leurs fonctions étaient limités suivant la division qui existait entre les notaires royaux, seigneuriaux et apostoliques. La loi du 29 septembre, 6 octobre 1791 supprima les notaires royaux et autres, sous quelques dénominations qu'ils fussent connus. Cet état de choses dura jusqu'au moment où parut la loi du 25 ventôse an XI qui organisa le notariat tel qu'il existe aujourd'hui. Voici quelques-unes des dispositions de cette loi dont la plupart des articles sont cités sous les divers mots auxquels ils se rattachent. Les notaires sont les fonctionnaires publics établis pour recevoir tous les actes et contrats auxquels les parties doivent ou veulent faire donner le caractère d'authenticité attaché aux actes de l'autorité publique, et pour en assurer la date, en conserver le dépôt, et en délivrer des grosses et expéditions. Ils sont institués à vie. Ils seront tenus de prêter leur ministère lorsqu'ils en seront requis. Chaque notaire devra résider dans le lieu qui lui sera fixé par le gouvernement. En cas de contravention, le notaire sera considéré comme démissionnaire ; en conséquence, le grand-juge ministre de la justice, après avoir pris l'avis du tribunal, pourra proposer au gouvernement le remplacement. Les notaires exercent leurs fonctions, savoir : ceux des villes où est établi le tribunal d'appel, dans l'étendue du ressort de ce tribunal ; ceux des villes où il n'y a qu'un tribunal de première instance, dans l'étendue du ressort de ce tribunal ; ceux des autres communes, dans l'étendue du ressort du tribunal de paix. Il est défendu à tout notaire d'instrumenter hors de son ressort, à peine d'être suspendu de ses fonctions pendant trois mois, d'être destitué en cas de récidive, et de tous dommages-intérêts. Les fonctions de notaires sont incompatibles avec celles de juges, commissaires du gouvernement près les tribunaux, leurs substituts, greffiers, avoués, huissiers, préposés à la recette des contributions directes et indirectes, juges, greffiers et huissiers des justices de paix, commissaires de police et commissaires aux ventes. Les actes seront reçus par deux notaires, ou par un notaire assisté de deux témoins, citoyens français, sachant signer et domiciliés dans l'arrondissement communal où l'acte sera passé. Deux notaires, parents ou alliés au degré prohibé par l'art. 8, ne pourront concourir au même acte. Les parents, alliés, soit du notaire, soit des parties contractantes, au degré prohibé par l'art. 8, leurs clercs et leurs serviteurs, ne pourront être témoins. Le nom, l'état et la demeure des parties devront être connus des notaires, ou leur être attestés dans l'acte par deux citoyens connus d'eux, ayant les mêmes qualités que celles requises pour être témoin instrumentaire. Tous les actes doivent énoncer les noms et lieu de résidence du notaire qui les reçoit, à peine de 20 fr. d'amende contre le notaire contrevenant. Ils doivent également énoncer les noms des témoins instrumentaires, leur demeure, le lieu, l'année et le jour où les actes sont passés, sous les peines prononcées par la loi, et même de faux, si le cas y échoit. Les actes seront signés par les parties, les témoins et les notaires, qui doivent en faire mention à la fin de l'acte. Quant aux parties qui ne savent ou ne peuvent signer, le notaire doit faire mention, à la fin de l'acte, de leurs déclarations à cet égard. Les renvois et apostilles ne pourront, sauf l'exception ci-après, être écrits qu'en marge ; ils seront signés ou paraphés, tant par les notaires que par les autres signataires, à peine de nullité des renvois et apostilles. Si la longueur du renvoi exige qu'il soit transporté à la fin de l'acte, il devra être, non-seulement signé ou paraphé comme les renvois écrits en marge, mais encore expressément approuvé par les parties, à peine de nullité du renvoi. Le notaire tiendra exposé dans son étude un tableau sur lequel il inscrira les noms, prénoms, qualités et demeures des personnes qui, dans l'étendue du ressort où il peut exercer, sont interdites et assistées d'un conseil judiciaire, ainsi que la mention des jugements relatifs ; le tout immédiatement après la notification qui en aura été faite, et à peine des dommages et intérêts des parties. Le nombre des notaires pour chaque département, leur placement et résidence, seront déterminés par le gouvernement, de manière : 1° que, dans les villes de cent mille habitants et au-dessus, il y ait un notaire, au plus, par six mille habitants ; 2° que dans les autres villes, bourgs ou villages, il y ait deux notaires au moins, ou cinq au plus, par chaque arrondissement de justice de paix. Les suppressions ou réductions de places ne seront effectuées que par mort, démission ou destitution. Les notaires exercent sans patente ; mais ils sont assujettis à un cautionnement fixé par le gouvernement, et qui sera spécialement affecté à la garantie des condamnations prononcées contre eux, par suite de l'exercice de leurs fonctions. Lorsque, par l'effet de cette garantie, le montant du cautionnement aura été employé en tout ou en partie, le notaire sera suspendu de ses fonctions, jusqu'à ce que le cautionnement ait été entièrement rétabli ; et, faute par lui de rétablir, dans les six mois, l'intégralité du cautionnement, il sera considéré comme démissionnaire et remplacé. Le cautionnement sera fixé par le gouvernement, en raison combinée des ressort et résidence de chaque notaire. Ces cautionnements seront versés, remboursés, et les intérêts payés conformément aux lois sur les cautionnements, sous la déduction de tous les versements antérieurs. Pour être admis aux fonctions de notaire, il faudra : 1° jouir de l'exercice des droits de citoyen ; 2° avoir satisfait aux lois sur la conscription militaire ; 3° être âgé de vingt-cinq ans accomplis ; 4° justifier du temps de travail prescrit par les articles suivants. Le temps de travail ou stage sera, sauf les exceptions ci-après, de six années entières et non interrompues, dont une des deux dernières au moins, en qualité de premier clerc chez un notaire d'une classe égale à celle où se trouvera la place à remplir. Mais le temps du travail pourra n'être que de quatre années, lorsqu'il en aura été employé trois dans l'étude d'un notaire de classe supérieure à la place qui devra être remplie, et lorsque, pendant la quatrième, l'aspirant aura travaillé en qualité de premier clerc chez un notaire d'une classe supérieure ou égale à celle où se trouvera la place pour laquelle il se présentera. Le notaire déjà reçu, et exerçant, depuis un an, dans une classe inférieure, sera dispensé de toute justification de stage, pour être admis à une place de notaire vacante dans une classe immédiatement supérieure. L'aspirant qui aura travaillé pendant quatre ans, sans interruption, chez un notaire de première ou de seconde classe, et qui aura été, pendant deux ans au moins, défenseur ou avoué près d'un tribunal civil, pourra être admis dans une des classes où il aura fait son stage, pourvu que, pendant l'une des deux dernières années de son stage, il ait travaillé, en qualité de premier clerc, chez un notaire d'une classe égale à celle où se trouvera la place à remplir. Le temps de travail exigé par les articles précédents devra être d'un tiers en sus, toutes les fois que l'aspirant, ayant travaillé chez un notaire d'une classe inférieure, se présentera pour remplir une

place d'une classe immédiatement supérieure. Pour être admis à exercer dans la troisième classe de notaires, il suffira que l'aspirant ait travaillé, pendant trois années, chez un notaire de première ou de seconde classe, ou qu'il ait exercé, comme défenseur ou avoué, pendant l'espace de deux années, auprès du tribunal d'appel ou de première instance, et qu'en outre il ait travaillé, pendant un an, chez un notaire. Le gouvernement pourra dispenser de la justification du temps d'étude les individus qui auront exercé des fonctions administratives ou judiciaires. L'aspirant demandera à la chambre de discipline du ressort dans laquelle il devra exercer, un certificat de moralité et de capacité. Le certificat ne pourra être délivré qu'après que la chambre aura fait parvenir au commissaire du gouvernement, le procureur du roi du tribunal de première instance, l'expédition de la délibération qui l'aura accordé. Dans les deux mois de sa nomination, et à peine de déchéance, le pourvu sera tenu de prêter, à l'audience du tribunal auquel la commission aura été adressée, le serment que la loi exige de tout fonctionnaire public, ainsi que celui de remplir ses fonctions avec exactitude et probité. Il ne sera admis à prêter serment qu'en représentant l'original de sa commission et la quittance du versement de son cautionnement. Il sera tenu de faire enregistrer le procès-verbal de prestation de serment au secrétariat de la municipalité du lieu où il devra résider, et aux greffes de tous les tribunaux dans le ressort desquels il doit exercer. Avant d'entrer en fonctions, les notaires devront déposer au greffe de chaque tribunal de première instance de leur département, et au secrétariat de la municipalité de leur résidence, leur signature et paraphe. Les notaires à la résidence des tribunaux d'appel feront, en outre, ce dépôt aux greffes des autres tribunaux de première instance de leur ressort. Tout notaire suspendu, destitué ou remplacé, devra, aussitôt après la notification qui lui aura été faite de sa suspension, de sa destitution ou de son remplacement, cesser l'exercice de son état, à peine de tous dommages et intérêts, et des autres condamnations prononcées par les lois contre tout fonctionnaire suspendu ou destitué qui continue l'exercice de ses fonctions. Le notaire suspendu ne pourra les reprendre, sous les mêmes peines, qu'après la cessation du temps de la suspension. Toutes suspensions, destitutions, condamnations d'amendes et dommages-intérêts, seront prononcées contre les notaires par le tribunal civil de leur résidence, à la poursuite des parties intéressées, ou d'office, à la poursuite ou diligence du commissaire du gouvernement. Ces jugements seront sujets à l'appel, et exécutoires par provision, excepté quant aux condamnations pécuniaires. Un arrêté du 2 nivôse an XII a établi auprès de chaque tribunal civil de première instance et dans son chef-lieu, une chambre des notaires de son ressort pour la discipline intérieure des notaires. Les attributions de la chambre sont : 1° de maintenir la discipline intérieure entre les notaires, et de prononcer l'application de toutes les censures et autres dispositions de discipline ; 2° de prévenir ou concilier tous différends entre notaires, et notamment ceux sur des communications, remises, dépôts et rétentions de pièces, fonds et autres objets quelconques, sur des questions soit de réception et garde des minutes, soit de préférence ou concurrence dans les inventaires, partages, ventes ou adjudications et autres actes ; et, en cas de non conciliation, d'émettre son opinion par simple avis ; 3° de prévenir ou concilier également toutes plaintes et réclamations de la part des tiers contre les notaires, à raison de leurs fonctions ; donner simplement son avis sur les dommages-intérêts qui en résulteraient, et réprimer, par voie de censure et autres dispositions de discipline, toutes infractions qui en seraient l'objet, sans préjudice de l'action devant les tribunaux, s'il y a lieu ; 4° de donner, comme tiers, son avis sur les difficultés concernant le règlement des honoraires et vacations des notaires, ainsi que sur tous différends soumis à cet égard au tribunal civil ; 5° de délivrer ou refuser, s'il y a lieu, tous certificats de bonnes mœurs et capacité à elle demandés par les aspirants qui se présenteront pour être admis aux fonctions de notaires ; prendre à ce sujet toutes délibérations, ou donner tous avis motivés, les adresser ou communiquer à qui de droit ; 6° de recevoir en dépôt les états de minutes dépendantes des places de notaires supprimés ; 7° et de représenter tous les notaires de l'arrondissement collectivement, sous les rapports de leurs droits et intérêts communs. Chaque chambre des notaires est composée de membres désignés parmi les notaires de l'arrondissement. Leur nombre est fixé à dix-neuf pour la chambre des notaires de Paris, à neuf lorsque celui des notaires du ressort de la chambre sera au-dessus de cinquante, et sept lorsqu'il sera au-dessous. Les membres de la chambre ne peuvent délibérer valablement qu'autant que ceux présents et votants sont au moins au nombre de douze pour Paris, de sept pour les chambres composées de neuf membres, et de cinq pour les autres chambres.

Chaque année il y a de droit deux assemblées générales, et il peut y en avoir d'autres extraordinaires, toutes les fois que les circonstances l'exigeront et que la chambre le jugera convenable. Il ne peut être pris de délibération en assemblée générale, qu'autant que le nombre des notaires présents sera au moins du tiers de tous ceux du ressort de la chambre, non compris dans ce tiers les membres de la chambre. Les membres de la chambre seront nommés par l'assemblée générale des notaires de son ressort, convoqués à cet effet. La moitié desdits membres sera choisie dans les plus anciens en exercice, formant les autres les notaires du ressort. La nomination aura lieu à la majorité absolue des voix, au scrutin secret, et par bulletin de liste contenant un nombre de noms qui ne pourra excéder celui des membres à nommer. Les membres de la chambre seront renouvelés chaque année, et par tiers, pour les nombres qui comportent cette division, et par portions approchant le plus du tiers pour les autres nombres, en faisant alterner, chaque année, les portions inférieures et supérieures au tiers, mais en commençant par les inférieures, de manière que, dans tous les cas, aucun membre ne puisse rester en fonctions plus de trois ans consécutifs. R.

NOTARIAT, s. m., charge, fonction de notaire. (*V.* Notaire).

NOTASIE (de *Notus*, vent du midi), partie occidentale de l'Océanie, ainsi nommée par plusieurs géographes modernes, parce qu'elle est située au S.-E. de l'Asie. Elle est plus connue sous le nom de Malaisie.

NOTE, s. f., marque que l'on fait avec une plume ou un crayon en quelque endroit d'un livre, d'un écrit. Il signifie aussi remarque, espèce de commentaire sur quelque passage d'un écrit, d'un livre. Il se dit encore d'une observation qu'on fait sur un mot, sur une phrase. Note, signifie aussi extrait sommaire, exposé succint. Il signifie quelquefois mémoire. Note en diplomatie, se dit d'une communication entre des agents diplomatiques. Note se dit aussi quelquefois du déshonneur qui résulte d'une action blâmable ou de l'exercice d'une profession honteuse. Note, se dit en outre des caractères dont on se sert pour écrire la musique. Il se dit aussi des noms qu'on donne à ces différents caractères. Il se dit encore des sons représentés par ces caractères selon leurs divers degrés du grave à l'aigu et selon leurs différentes durées.

NOTER, v. a., faire une note sur quelque chose. Il signifie fréquemment, remarquer. Noter, signifie aussi figurément, marquer d'une manière défavorable. Noter, signifie en outre, écrire de la musique avec les caractères destinés à cet usage.

NOTICE, s. f., de vic, traité où l'on donne une connaissance particulière des dignités, des charges, des lieux et des chemins d'un royaume, d'une province, d'un pays. Il se dit par extension, du compte succint que l'on rend d'un ouvrage quelconque. Notice en librairie, se dit de la liste imprimée des livres d'un cabinet, quand elle n'est pas assez étendue pour s'appeler catalogue.

NOTIFICATION, s. f., action de notifier, acte par lequel on notifie.

NOTION, s. f., connaissanc, idée qu'on a d'une chose.

NOTKER, surnommé *Labeo* à cause de ses grosses lèvres, moine de Saint-Gall, mort le 29 juin 1022. Sa traduction, en haut allemand, des psaumes, qu'il accompagna de commentaires, est un des monuments les plus importants de l'ancienne prose allemande. On la conserve manuscrite à Saint-Gall. Schiller l'a imprimée dans son *Thesaurus*. Notker est auteur de plusieurs autres ouvrages qui n'ont jamais été publiés.

NOTKER ou **NOTGER**, l'un des hommes les plus remarquables des premiers temps de l'histoire de Liège, est originaire de la Souabe. Il étudia dans l'abbaye de Saint-Gall, et sur les instances d'Odilon abbé de Stavelot, il vint diriger les écoles déjà célèbres de Attrasblakoi. Enfin, en 971, l'évêché de Liège, vacant par la mort d'Eracle, lui fut conféré par Otton Ier. Les services qu'il rendit à la cité naissante sont nombreux; la cathédrale fut restaurée avec soin, de nouvelles églises s'élevèrent, des remparts défendirent la ville, des canaux la traversèrent et y apportèrent des richesses, sans cesse renaissantes, la jeunesse fut instruite avec soin. En outre, le territoire du diocèse fut agrandi du comté de Huy et de plusieurs autres domaines. Fosses et Couvin furent fermés de murailles, et le château de Chevremont, dont le nom seul indique la puissance, devint le domaine de l'évêque. Le zèle de Notker était inépuisable, car chaque jour il intruisait ses clercs en latin, et il s'adressait au peuple dans la langue romane. En présence de tels résultats dit M. Polain dans une excellente notice sur ce prélat, on n'est plus étonné d'entendre ses contemporains s'écrier avec reconnaissance : « O Liége! tu dois Notger au Christ, tout le reste à Notger.
A. D'HÉRICOURT.

NOTO (Val di), jadis une des trois divisions de la Sicile, en occupait la pointe méridionale. Elle forme aujourd'hui les deux provinces de Catane et de Syracuse avec partie de celle de Girgenti. Chef-lieu Catane. Elle devait son nom à la ville de Noto-Nuovo.

NOTO-NUOVO, ville de Sicile (Syracuse), à 24 kil. S.-O. de Syracuse, à l'embouchure du Noto (*Asinarus*) et très près de l'emplacement de l'ancienne *Neœthum* ou Noto, qui fut détruite par un tremblement de terre en 1693; 12,000 habitants. Evêché. On remarque dans cette ville quelques beaux édifices. Commerce de vin, houille, grains, coton, etc.

NOTORIÉTÉ, s. f., connaissance générale, publique, d'une chose de fait.

NOTRE, adj. possessif des deux genres, qui est à nous; il précède toujours le substantif, et il fait nos au pluriel.

NOTRE-DAME, expression sous laquelle on désigne ordinairement la vierge Marie, mère de Dieu. (V. MARIE.) Beaucoup d'églises ont été consacrées sous ce nom. On connaît surtout la cathédrale de Paris : cette église fut commencée sous le règne de Robert II, fils de Hugues Capet (996-1031), et terminée seulement en 1257 ou 1259. (V. PARIS.)

NOTRE-DAME-DE-LIESSE, *Lætitia* ou *Virginis Lætitiensis Fanum*, bourg du département de l'Aisne, dans l'ancienne Picardie (Vermandois), à 13 kil. N.-E. de Laon, est célèbre par une chapelle consacrée à la sainte Vierge et qui est l'objet d'une foule de traditions pieuses. Ce lieu vénéré est un des pèlerinages de la sainte Vierge les plus célèbres de la France.

NOTTINGHAM, ville d'Angleterre, chef-lieu du comté de Nottingham, sur un roc et sur le canal Great-Trunck (qui va lie à Hull, Liverpool, Londres), à 1 kil. de la rive gauche de la Trent, à 195 kil. N.-O. de Londres; 60,000 habitants. Bien bâtie, mais rues étroites; beau château (qui joue de Newcastle) au sommet du roc; églises Sainte-Marie et Saint-Pierre, nouvelle bourse, hôtel-de-ville, salle du Comté; place du marché. Voûtes et celliers dans le roc. Etablissements de bienfaisance et d'instruction publique. Bas (de laine, soie, coton) renommés; fil à voiles, châles, faïence; bière excellente; verrerie. Ville fort ancienne : elle fut fortifiée par Guillaume-le-Conquérant. Charles II rasa sa forteresse.

NOUE, s. f., endroit où se rencontrent les surfaces inclinées de deux combles. Il se dit aussi d'une lame de plomb ou de cuivre placée dans la noue. Il se dit également d'une tuile creuse servant à l'écoulement des eaux. Noue se dit encore d'une terre grasse et humide qui est une espèce de gré servant à la pâture des bestiaux.

NOUE (FRANÇOIS DE LA), surnommé Bras-de-Fer, gentilhomme breton né en 1531, porta les armes dès son enfance et se signala d'abord en Italie. De retour en France, il embrassa le parti des calvinistes, prit Orléans sur les catholiques en 1567, conduisit l'arrière-garde à la bataille de Jarnac en 1569, se rendit maître de Fontenai, d'Oleron, de Marennes, de Soubise et de Brouage. A la reprise de Fontenai, il reçut au bras gauche un coup qui lui brisa l'os. On lui coupa le bras à La Rochelle, et on lui en fit un de fer, dont il se servait très bien pour manier la bride de son cheval. Envoyé dans les Pays-Bas, en 1571, il y surprit Valenciennes. A son retour en France, le roi le nomma général des troupes envoyées pour le siège de La Rochelle : il eut la perfidie et l'ingratitude de se servir de la confiance de son souverain pour fortifier le parti des rebelles. En 1578, il passa au service des Etats-Généraux dans les Pays-Bas, fut prisonnier de la prise de Ninove; mais fut pris lui-même en 1580, et n'obtint sa liberté que cinq ans après. De retour en France, il guerroya contre les catholiques, et périt au siège de Lamballe, en 1591. C'était un bon guerrier, mais qui fit rarement un bon usage de sa valeur, ayant presque toujours combattu pour des gens armés contre la religion et le souverain : il était d'ailleurs cruel et signalait son fanatisme par des barbaries atroces exercées contre les catholiques. Il laissa des Discours politiques et militaires, 1587, in-4°, qu'il composa pendant sa prison : ils renferment beaucoup de choses contraires aux vérités révélées.

NOUE (Jean Sauvé De la), né à Meaux, en 1701, mort en 1761, se fit comédien et travailla pour le théâtre. C'est à lui que l'on doit la tragédie de *Mahomet II*, dont Voltaire fut si jaloux, et la comédie intitulée *La Coquette corrigée*. Ses Œuvres ont été publiées à Paris, en 1765, in-12.

NOUER, v. a., lier en faisant un nœud, faire un nœud à quelque chose. Nouer, se dit figurément en parlant des pièces de théâtre, et signifie former le nœud, l'obstacle qui donne lieu à l'intrigue. Nouer, signifie aussi envelopper dans quelque chose en faisant un nœud. Nouer, s'emploie quelquefois avec le pronom personnel en parlant des arbres à fruit, et signifie passer de l'état de fleur à celui de fruit. Il s'emploie aussi comme neutre dans la même acception.

NOUET (Jacques), jésuite, né au Mans, en 1605, mort à Paris, en 1680, se consacra à la prédication. Il attaqua dans ses sermons le livre *De la fréquente Communion* du fameux Arnauld ; mais comme ce livre avait été approuvé par des évêques, ceux-ci, conjointement avec d'autres prélats, firent comparaître le P. Nouet dans une assemblée qu'ils tinrent à Paris, et où il fut contraint de désavouer ce qu'il avait avancé contre l'ouvrage d'Arnauld. Après cette disgrâce, il devint recteur des collèges d'Alençon et d'Arras, place qu'il exerça pendant vingt-cinq années. Nouet fut encore un des plus ardents adversaires de Lenoil, contre lequel il publia cet ouvrage : *Remercîments du consistoire de N. aux théologiens d'Alençon, disciples de saint Augustin*. Il dirigea aussi contre Pascal cet écrit : *Réponse aux Provinciales*. On a d'ailleurs de lui plusieurs livres ascétiques, qui parurent de 1674 à 1678, et qu'on lit encore avec fruit, savoir : *Méditations sur la vie cachée, souffrante et glorieuse de Jésus-Christ*, 7 vol. in-12 ; *la Vie de Jésus-Christ* dans un autre sens, 2 vol. ; *l'Homme d'oraison*, 5 vol. réimprimés en 1677 ; *la Dévotion à Jésus-Christ*, 3 vol. in-4°. M. Henrion a extrait du P. Nouet des Méditations pour tous les dimanches de l'année, 2 vol. in-18, Paris, 1828.

NOUET (Nicolas-Antoine), astronome, né en Lorraine, le 30 août 1740, mort le 23 avril 1811, en Savoie, entra dans l'ordre de Cîteaux où il resta jusqu'à la révolution. Employé au dépôt de la guerre, en 1793, il fut ensuite de l'expédition d'Égypte. Ses travaux dans cette contrée sont consignés dans un *Exposé des résultats des opérations astronomiques faites en Égypte depuis le 1er juillet 1798 jusqu'au 28 août 1800*.

NOUEUX, EUSE, adj., qui a beaucoup de nœuds. Il ne se dit guère que du bois.

NOUGARET (Pierre-Jean-Baptiste), né à La Rochelle, le 16 décembre 1742, mort en juin 1823, publia une Suite à la *Pucelle* de Voltaire, qu'il s'efforça de surpasser dans sa turpitude. Cet ouvrage le fit enfermer à la Bastille et sa disgrâce lui donna un certain crédit. On a de lui une foule de compilations, sous le titre d'*Abrégés* et de *Beautés de l'histoire* de presque toutes les nations de l'Europe, qu'il vendait aux libraires comme une sorte de marchandise littéraire. Nous citerons de lui : *Histoire des prisons de Paris et des départements*, 1797, 4 vol. in-12 ; *Beautés de l'histoire du règne des Bourbons*, Paris, 1822, in-12.

NOUGAT, s. m., espèce de gâteau fait d'amandes et de noix au caramel.

NOUILLES, s. f. pl., espèce de pâte d'Allemagne faite avec de la farine et des œufs, et qui, par la manière dont elle est coupée, ressemble au vermicelle.

NOUKAHIVA, île de la Polynésie, la plus grande des Marquises, par 142° 45' long. O., 8° 59' lat. S. (extrémité S.) : 31 kil. sur 22 ; 18,000 hab. ; fertile, mais mal cultivée ; habitants les plus beaux de la Polynésie. On l'a nommée Sir Henry-Martin, etc. (V. Polynésie.)

NOUN (le cap), cap d'Afrique, dans l'empire de Maroc (Sous), par 28o 39' latitude N., 13o 35' longitude O. C'est l'extrémité occidentale de l'Atlas. A 40 kil. au S. du cap Noun se jette dans l'Atlantique une riv. de même nom. On donne aussi le nom de riv. de Noun à l'une des branches du Delta que forme le Dioliba en se jetant dans l'Atlantique.

NOURRICE, s. f., femme qui allaite l'enfant d'une autre. Il se dit aussi d'une mère qui allaite son propre enfant. Nourrice se dit figurément d'une province qui fournit à une ville, à un pays de quoi subsister. Il se dit aussi, figurément et f-a

milièrement, des choses qui, dans certaines professions, procurent le plus de gain.

NOURRICIER, IERE, adj., qui opère la nutrition, qui sert à la nutrition, qui se répand dans un corps pour en augmenter la substance.

NOURRIR, v. a., sustenter, servir d'aliment. Il s'emploie souvent absolument. Il se dit quelquefois figurément au sens moral. Nourrir, se dit aussi d'une femme qui donne à téter à un enfant. Nourrir, signifie encore, entretenir d'aliments. Nourrir, signifie figurément, instruire, élever. Nourrir, se dit aussi d'un pays qui ordinairement fournit un autre de vivres, d'une terre, d'un héritage qui donne au propriétaire de quoi le faire subsister ; d'une profession qui procure de quoi vivre à celui qui l'exerce. Nourrir, signifie quelquefois produire, porter, renfermer. Nourrir, signifie aussi figurément, entretenir, faire subsister, faire durer. Nourrir, se dit également de certaines choses qui en entretiennent d'autres, qui les font profiter. Nourrir s'emploie avec le pronom personnel dans plusieurs de ses acceptions, tant propres que figurées.

NOURRITURE, s. f., aliment, subsistance des hommes et des animaux au moyen des aliments. Nourriture, se dit aussi de certaines humeurs, de certains sucs qui servent au développement et à l'entretien des corps animés et des végétaux. Nourriture, se dit quelquefois figurément et au sens moral. Nourriture se dit encore de l'allaitement, de l'action de nourrir un enfant de son lait. Il se dit aussi, figurément de celui qu'on a élevé, du disciple qu'on a formé.

NOURRY (Dom Nicolas Le), bénédictin de la congrégation de Saint-Maur, né à Dieppe, en 1649, mort à Paris, en 1724, s'appliqua avec succès à l'étude de l'antiquité ecclésiastique. L'édition des œuvres de Cassiodore est le fruit de son travail et de celui de dom Garet, son confrère. Il travailla, avec dom Jean Duchesne et dom Julien Bellaise, à l'édition des œuvres de saint Ambroise, qu'il continua avec dom Jacques Friches. On a de lui 2 vol. sous le titre d'*Apparatus ad Bibliothecam Patrum*, Paris, in-fol., 1703 et 1715. Cette collection renferme des dissertations curieuses et savantes sur la vie, les écrits et les sentiments des Pères. On a encore de lui une dissertation sur le traité *De mortibus persecutorum*, Paris, 1710, in-8°. Il prétend mal à propos que ce traité n'est point de Lactance.

NOUS, pronom de la première personne, qui est le pluriel de *je* ou *moi*, et qui est des deux genres. Il peut être ou sujet, ou régime direct, ou régime indirect.

NOUSHIRVAN, roi de Perse, qui mourut, dit-on, en 579, a été célèbre par ses vertus et sa sage administration. Saadi rapporte de lui plusieurs traits admirables et surtout de sages instructions à son fils. Mais il y a toute apparence que c'est une morale mise en action et le portrait d'un roi tel qu'on voudrait qu'il fût. Étant à la chasse et pressé par la faim, il fit préparer un repas du gibier qu'il avait tué ; mais il n'avait point de sel. Il en envoya chercher au village le plus prochain et défendit de le prendre sans le payer. « Quel mal arrivera-t-il, dit un de ses courtisans, si l'on ne payait pas un peu de sel ? » — « Si le souverain, répond Noushirvan, cueille une pomme dans le jardin de son sujet, le lendemain les courtisans dépouilleront l'arbre. »

NOUVEAU ou **NOUVEL, NOUVELLE**, adj., qui commence d'être ou de paraître, qui n'existe ou qui n'est connu que depuis peu de temps. Nouveau, en parlant des personnes, signifie novice, inexpérimenté. Nouveau, se dit quelquefois d'une personne ou d'une chose qui a de la ressemblance, de la conformité avec une autre personne, ou avec une autre chose. Nouveau, s'emploie aussi substantivement. Il s'emploie quelquefois adverbialement et signifie nouvellement. Il s'emploie encore dans le sens de nouvellement avec quelques autres participes qui deviennent des substantifs, et alors il est adjectif variable. De nouveau, loc. adv., de rechef, encore une fois. A nouveau, loc. adv. à l'usage de la banque, du commerce. Sur un nouveau compte.

NOUVEAUTÉ, s. f., qualité de ce qui est nouveau, de ce qu'il y a de plus nouveau dans une chose. Il signifie aussi chose nouvelle. Nouveauté, en parlant de religion, de politique, signifie innovation, introduction de quelque doctrine, de quelque pratique nouvelle. Nouveauté, se dit aussi des étoffes les plus nouvelles et les plus à la mode. Il se dit également des livres qui viennent de paraître. Nouveauté, se dit aussi d'un spectacle, d'une pièce nouvelle qui a une certaine vogue. Il se dit aussi des légumes, des fruits qui sont dans leur primeur. Nouveauté, se dit encore du temps pendant lequel une chose est nouvelle.

NOUVELLE, s. f., le premier avis qu'on reçoit d'une chose arrivée récemment. Nouvelle, se dit aussi de certains romans très courts, de certains récits d'aventures intéressantes ou amusantes.

NOUVELLE-ORLÉANS, capitale de la Louisiane, située à 92° 18' de longitude occidentale, et à 29° 57' de latitude nord, sur la rive gauche du Mississipi, qui, en cet endroit, forme un coude, à environ 105 milles anglais de l'embouchure de ce fleuve. Sa population qui, en 1810, n'était que de 17,242 habitants, est, d'après le recensement de 1840, de 102,193, accroissement qui tient du prodige. Aucune ville du monde ne possède, comme centre du commerce, de plus grands avantages naturels que la Nouvelle-Orléans, qui est comme la clef de l'immense vallée du Mississipi. La ville, protégée par des forts, a la forme d'un parallélogramme de 1,320 mètres sur 700 de côté. Plus haut que la ville, en remontant le fleuve, sont les faubourgs de Sainte-Marie et de l'Annonciation, et plus bas, ceux de Marigny, de Daumois et de Declouet. Entre la ville et le bayou Saint-John, sont les villages de Saint-Claude et de Saint-Johnsburg. Dans la partie ancienne de la Nouvelle-Orléans domine encore le style français ou espagnol pour la construction des maisons. Le faubourg Sainte-Marie et les autres quartiers neufs sont bâtis principalement en briques, d'après le style américain. La langue française est surtout parlée dans la capitale de la Louisiane française. Les édifices publics sont commodes et élégants. Il y a peu d'églises. On distingue pourtant la cathédrale catholique. Le commerce de la Nouvelle-Orléans est très considérable; mais l'administration des douanes de ce pays, refusant la communication de ses documents, il est difficile d'avoir des renseignements précis sur ce point. En 1836, un port a reçu, à l'entrée, 567 navires jaugeant 114,775 tonneaux; 802 navires de 194,765 tonn. en étaient sortis. La France était comprise pour 217 navires dans ce mouvement. Les principaux articles d'exportation sont le coton, le sucre, le tabac, etc. On estime qu'en 1836 l'exportation du coton a été de 534,765 balles. L'Angleterre, la France et l'Allemagne apportent à la Nouvelle-Orléans les produits européens, toiles, draps, vins, modes, etc. Le climat y est très insalubre. Le sol est de quelques pieds plus bas que le niveau de la rivière, à marée haute, et la campagne adjacente est toute marécageuse; telle est, sans aucun doute, la principale cause du retour fréquent de la fièvre jaune. On cherche, par des travaux d'assainissement, à remédier au mal, et si l'on y parvient, la Nouvelle-Orléans deviendra probablement la plus grande ville d'Amérique.

NOVALE, s. f., terre nouvellement défrichée et mise en valeur. Novales, au pluriel, signifie aussi, la dîme que les curés levaient sur les novales. Il s'emploie adjectivement dans les deux sens.

NOVARE, *Novaria*, des anciens, *Novara* en italien, ville des États sardes, chef-lieu d'intendance générale, entre l'Agogna et la Mora, à 42 kil. O. de Turin; 15,000 habitants. Évêché, citadelle, quelques édifices; toiles de lin, étoffes de soie, etc. Jadis chef-lieu du département de l'Agogna. Cette ville avait été cédée à la Savoie avec le reste du Milanais sarde par le traité de Vienne de 1736. Les troupes de Louis XII, commandées par La Trémouille, furent battues par les Suisses à Novare en 1513. L'intendance a 150 kilomètres sur 53 et 482,000 habitants; elle se divise en six provinces: Domo d'Ossola, Pallanza, Val-di-Sezia, chef-lieu Varallo, Novare, Lomelline, Mortara, Verceil.

NOVAT, *Novatus*, prêtre de l'Église de Carthage au IIIᵉ siècle, était un homme perfide, arrogant, dévoré d'une extrême avarice et qui pillait effrontément les biens de l'Église, des pupilles et des pauvres. Il crut éviter la punition de ses crimes en se séparant de son évêque. Il s'arrogea le droit d'ordonner diacre Félicissime, homme qui lui ressemblait; s'unit avec lui contre saint Cyprien, et prétendit qu'on devait recevoir les laps à la communion, sans aucune pénitence. Novat, étant allé à Rome en 251, s'unit avec Novatien, et embrassa l'erreur de celui-ci, diamétralement opposée à celle qu'il avait soutenue en Afrique; cette union causa non-seulement le premier schisme, mais fit encore une hérésie.

NOVATEUR. On nomme ainsi celui qui enseigne une nouvelle doctrine en matière de foi. L'Église chrétienne a toujours fait profession de ne point suivre d'autre doctrine que celle qui lui a été enseignée par Jésus-Christ et par les apôtres; conséquemment elle a condamné comme hérétiques ceux qui ont entrepris de la corriger et de la changer. Elle leur a dit, par la bouche de Tertullien, *Præscript.*, c. 37 :

« Je suis plus plus ancienne que vous et en possession de la vérité avant vous; je la tiens de ceux mêmes qui étaient chargés de l'annoncer; je suis l'héritière des apôtres, je garde ce qu'ils m'ont laissé par testament, ce qu'ils ont confié à ma foi, ce qu'ils m'ont fait jurer de conserver. Pour vous, ils vous ont déshérités et rejetés, comme des étrangers et des ennemis. » Elle a retenu pour base de son enseignement la maxime établie par ce même Père, « que ce qui a été enseigné d'abord est la vérité et vient de Dieu, que ce qui a été inventé dans la suite est étranger et faux. » *Ibid.*, c. 31. L'usage de l'Église, dit saint Vincent de Lérins, *Commonit.*, § 6, a toujours été que plus l'on était religieux, plus l'on avait horreur des nouveautés. Pour réfuter l'erreur des rebaptisants au IIIᵉ siècle, le pape Étienne n'opposa que cette règle : « N'innovons rien, gardons la tradition. » L'esprit, l'éloquence, les raisons plausibles, les citations de l'Écriture-Sainte, le nombre des partisans de la nouvelle opinion, la sainteté même de plusieurs, ne purent prescrire *contre* le sentiment et la pratique de l'antiquité. § 21. « Gardez le dépôt, dit saint Paul à Timothée, *I Tim.*, c. 6, évitez toute nouveauté profane et les disputes qu'excite une fausse science. » S'il faut éviter la nouveauté, il faut donc s'attacher à l'antiquité, puisque la première est profane, la seconde est sacrée. § 22. Expliquez plus clairement, à la bonne heure, ce que l'on croyait autrefois d'une manière plus obscure, mais n'enseignez que ce que vous avez appris, et si vos termes sont nouveaux, que la chose ne le soit pas. § 23. N'est-il donc pas permis de faire des progrès dans la science de la religion? Assurément, mais sans altérer le dogme ni la manière de l'entendre. Il faut que la croyance des esprits imite la marche des corps; ils croissent, s'étendent, se développent par la suite des années, mais ils demeurent toujours les mêmes. Qu'il en soit ainsi de la doctrine chrétienne, qu'elle s'affermisse par le laps des années, qu'elle s'étende et s'éclaircisse par les travaux des savants, qu'elle devienne plus vénérable avec l'âge; mais que le fond demeure entier et inaltérable. L'Église de Jésus-Christ, dépositaire vigilante et fidèle des dogmes qu'elle a reçus, n'y change rien, n'en retranche rien, n'y ajoute rien. Son attention se borne à rendre plus exact et plus clair ce qui n'était encore proposé qu'imparfaitement, plus ferme et plus constant ce qui était suffisamment expliqué, plus inviolable ce qui était déjà décidé. Qu'a-t-elle voulu en effet par les décrets de ses conciles? Mettre plus de clarté dans la croyance, plus d'exactitude dans l'enseignement, plus de netteté et de précision dans la profession de foi. Lorsque les hérétiques ont enseigné des nouveautés, elle n'a fait par ces mêmes décrets que transmettre par écrit à la postérité ce qu'elle avait reçu des anciens par tradition, exprimer en peu de mots un sens souvent fort étendu, fixer ce sens par un nouveau terme pour le rendre plus aisé à saisir. § 24. S'il était permis d'adopter de nouvelles doctrines, que s'ensuivrait-il? Que les fidèles de tous les siècles précédents, les saints, les vierges, le clergé, des milliers de confesseurs, des armées de martyrs, les peuples entiers, l'univers chrétien, attaché à Jésus-Christ par la foi catholique, ont été dans *l'ignorance et dans l'erreur*, ont blasphémé sans savoir ce qu'ils disaient ou ce qu'ils croyaient. Toute hérésie a paru sous un certain nom, dans tel endroit, dans un temps connu; tout hérésiarque a commencé par se séparer de la croyance ancienne et universelle de l'Église catholique. Ainsi en ont agi Pélage, Arius, Sabellius, Priscillien, etc.; tous se sont fait gloire de créer des nouveautés, de mépriser l'antiquité, de mettre au jour ce que l'on ignorait avant eux. La règle des catholiques, au contraire, est de garder le dépôt des saints Pères, de rejeter toute nouveauté profane, de dire avec l'Apôtre : « Si quelqu'un enseigne autre chose que ce que nous avons reçu, qu'il soit anathème. » Mais lorsque les hérétiques allèguent en leur faveur l'autorité de l'Écriture-Sainte, que feront les enfants de l'Église? Ils se souviendront de la règle ancienne *qui a toujours été* observée, qu'il faut expliquer l'Écriture selon la tradition de l'Église universelle, et préférer dans cette explication même l'antiquité à la nouveauté, l'universalité au petit nombre, le sentiment des docteurs catholiques les plus célèbres aux opinions téméraires de quelques novateurs dissertateurs. On voit par Vincent de Lérins n'a fait que développer, dans son *Commonitoire*, ce que Tertullien avait déjà enseigné dans ses *Prescriptions contre les hérétiques*, deux cents ans auparavant.

À la vérité, les novateurs des derniers siècles ont accusé l'Église elle-même d'avoir innové, d'avoir altéré la doctrine enseignée par les apôtres. Ce reproche était aisé à former, mais il fallait, pour en démontrer la fausseté, confronter la tradition de quinze siècles entiers; le procès ne pouvait pas être sitôt instruit; les hérétiques ont profité de l'intervalle pour séduire les ignorants. Est-il possible que l'Eglise catholique, répandue dans toutes parties du monde, dont tous les pasteurs jurent et protestent qu'il ne leur est pas permis de rien changer à la doctrine qu'ils ont reçue, conspire néanmoins à faire ce changement; que les fidèles de toutes les nations, bien persuadés que cet attentat est un crime, aient consenti néanmoins à y participer, en suivant une doctrine nouvelle imaginée par leurs pasteurs; que les sociétés même séparées de l'Eglise romaine depuis plus de mille ans, aient été saisies du même esprit de vertige? Si ce paradoxe avait été compris d'abord, il aurait révolté tout le monde par son absurdité. A force de l'entendre répéter, on a commencé par le croire, en attendant l'examen des monuments qui démontraient le contraire. Enfin, il a été fait dans la *Perpétuité de la foi*; mais l'hérésie était trop bien enracinée pour céder à l'évidence des faits et des monuments. Aujourd'hui encore les protestants soutiennent que tous les dogmes catholiques qu'ils rejettent sont une nouvelle invention des derniers siècles.   B.

NOVATIEN, anti-pape en 251, était d'abord philosophe païen. Se trouvant dangereusement malade, il demanda le baptême et on le lui conféra dans son lit. Etant relevé de sa maladie, il fut, quelque temps après, ordonné prêtre, contre les règles canoniques. Son éloquence lui acquit une grande réputation. Cet ambitieux portait ses vues sur le siège de Rome et fut si outré de se voir préférer Corneille, après la mort du pape Fabien, qu'il publia contre le nouvel élu des calomnies atroces. S'étant uni avec Novat, ils firent venir trois évêques simples et ignorants, et, les ayant fait boire, ils les obligèrent d'ordonner Novatien évêque de Rome; cette ordination irrégulière produisit un schisme funeste qui dégénéra en hérésie, car Novatien soutint que l'Eglise n'avait pas le pouvoir de recevoir à la communion ceux qui étaient tombés dans l'idolâtrie, et se sépara de Corneille. Ses premiers disciples n'étendirent pas plus loin la sévérité de leur discipline. Dans la suite, ils exclurent pour toujours ceux qui avaient commis des péchés pour lesquels on était mis en pénitence, tels étaient l'adultère, la fornication; ils condamnèrent ensuite les secondes noces. Il y avait encore des novatiens en Afrique au temps de saint Léon, et en Occident jusqu'au viiie siècle. Les novatiens prirent le nom de *cathares*, c'est-à-dire *purs*; ils avaient un grand mépris pour les catholiques, et, lorsque quelqu'un d'eux embrassait leur sentiment, ils le rebaptisaient. Novatien ne faisait que renouveler l'erreur des montanistes. A beaucoup d'orgueil, il joignait un caractère dur et austère. On lui attribue le *Traité de la Trinité*, le *Livre des viandes juives*, qui sont parmi les Œuvres de Tertullien, et une lettre qu'on trouve parmi celles de saint Cyprien. C'est lui et non pas Novat qui a donné son nom aux hérétiques appelés novatiens. Jackson a publié à Londres, en 1728, in-4°, une édition de tous les ouvrages de Novatien.

NOVATIENS, hérétiques du troisième siècle, qui eurent pour chefs Novatien, prêtre de Rome, et Novat, prêtre de Carthage. Le premier, homme éloquent et entêté de la philosophie stoïcienne, se sépara de la communion du pape saint Corneille, sous prétexte que ce pontife admettait trop aisément à la pénitence et à la communion ceux qui étaient tombés par faiblesse dans l'apostasie pendant la persécution de Dèce. Mais le vrai motif de son schisme était la jalousie de ce que saint Corneille lui avait été préféré pour remplir le siège de Rome. Il abusa du passage dans lequel saint Paul dit, *Heb.*, c. 6, v. 4 : « Il est impossible à ceux qui sont tombés, après avoir été une fois éclairés, et après avoir goûté les dons célestes, de se renouveler par la pénitence. » Conséquemment il soutint que l'on devait refuser l'absolution non-seulement à ceux qui avaient apostasié, mais encore à ceux qui, après leur baptême, étaient tombés dans quelque péché grave, tel que le meurtre et l'adultère. Comme l'erreur va toujours en croissant, les novatiens prétendirent bientôt que l'Eglise n'avait pas le pouvoir de remettre les grands crimes par l'absolution. Cette rigidité convenait d'autant moins à Novatien, qu'on l'accusait lui-même de s'être caché dans sa maison pendant la persécution, et d'avoir refusé ses secours à ceux qui souffraient pour Jésus-Christ. On lui reprochait encore d'avoir été ordonné prêtre malgré l'irrégularité qu'il avait encourue, en recevant le baptême au lit pendant une maladie, et pour avoir négligé ensuite de recevoir la confirmation. Mosheim fait inutilement tous ses efforts pour pallier les torts de Novatien, et en faire tomber une partie sur saint Cor-

neille, *Hist. christ.*, sæc. 3, § 15, note. Il dit que ce pape ne reprochait à son antagoniste que des vices de caractère et des intentions intérieures qui sont connues de Dieu seul; que Novatien protestait contre l'injustice de ces reproches. Mais ce schismatique avait dévoilé les vices de son caractère et ses motifs intérieurs par ses discours et par sa conduite; saint Corneille était parfaitement informé des uns et des autres; les protestations de Novatien étaient démenties par ses procédés. Il est singulier que les protestants excusent toujours les intentions de tous les ennemis de l'Eglise, et ne rendent jamais justice aux intentions de ses pasteurs. Novat, de son côté, prêtre vicieux, qu'était révolté contre saint Cyprien, son évêque; il l'avait accusé d'être trop rigoureux à l'égard des lapses qui demandaient d'être réconciliés à l'Eglise; il avait appuyé le schisme du diacre Félicissime contre ce saint évêque; menacé de l'excommunication, il s'enfuit à Rome, il se joignit à la faction de Novatien, et il donna dans l'excès opposé à ce qu'il avait soutenu en Afrique. Mosheim a encore trouvé bon d'excuser ce prêtre, et de rejeter une partie du blâme sur saint Cyprien, *ibid.*, § 14. On ne peut pas approuver, dit-il, tout ce qu'ont fait ceux qui résistaient à cet évêque; mais il est incontestable qu'ils combattaient pour les droits du clergé et du peuple, contre un évêque qui s'arrogeait une autorité souveraine. Mais nous avons fait voir ailleurs que ces prétendus droits du clergé et du peuple contre les évêques, sont chimériques, et n'ont jamais existé que dans l'imagination des protestants. Ces deux schismatiques trouvèrent trois évêques de partisans. Novatien engagea par argent trois évêques d'Italie à lui donner l'ordre de l'épiscopat; il devint ainsi le premier évêque de sa secte, et il eut des successeurs. Saint Corneille assembla un concile de soixante évêques à Rome, l'an 251, dans lequel Novatien fut excommunié, les évêques qui l'avaient ordonné furent déposés, et l'on y confirma les anciens canons, qui voulaient que l'on reçût à la pénitence publique ceux qui étaient tombés, lorsqu'ils témoignaient du repentir de leur crime, et que l'on réduisit au rang des laïques les évêques et les prêtres coupables d'apostasie. Cette discipline était d'autant plus sage qu'il y avait beaucoup de différence à mettre entre ceux qui étaient tombés par faiblesse et par violence des tourments, et ceux qui avaient apostasié sans être tourmentés, entre ceux qui avaient fait des actes positifs d'idolâtrie, et ceux qui avaient seulement paru en faire. Il était donc juste de ne pas les traiter tous avec la même rigueur, et d'accorder plus d'indulgence à ceux qui étaient les moins coupables (Saint Cyprien, *Epist. ad Antonianum*). A la vérité, l'on trouve dans quelques conciles de ces temps-là, en particulier dans celui d'Elvire, tenu en Espagne au commencement du ive siècle, des canons qui paraissent aussi rigoureux que la pratique des novatiens; mais on voit évidemment qu'ils ne sont point fondés sur la même erreur; ils ont été faits dans des temps et des circonstances où les évêques ont jugé qu'il fallait une discipline sévère pour intimider les pécheurs, et où l'on devait se défier des marques de pénitence que donnaient la plupart. Quelques auteurs ont soupçonné mal à propos que ces évêques étaient entachés des opinions des novatiens. Mosheim, pour excuser ces derniers, dit que l'on ne peut pas leur reprocher d'avoir corrompu par leurs opinions les doctrines du christianisme, que leur doctrine ne différait en rien de celle des autres chrétiens, *Hist. ecclés.*, 3e *siècle*. Il pèche en cela par intérêt de système. Une doctrine du christianisme est que l'Eglise a reçu de Jésus-Christ le pouvoir de remettre tous les péchés; or il est certain que Novatien, ou du moins ses adhérents, ont contesté ce pouvoir, et l'ont nié aussi bien que les protestants. Bévéridge et Bingham, tous deux anglicans, conviennent de ce fait, et le dernier l'a prouvé (*Orig. ecclés.*). Selon le témoignage de Socrate, l. 7, c. 25, Asclépiade, évêque novatien, disait à un patriarche de Constantinople : « Nous refusons la communion aux grands pécheurs, laissant à Dieu seul le pouvoir de leur pardonner. » Tillemont prouve la même chose par les témoignages de saint Pacien, de saint Augustin et de l'auteur des *Questions sur l'anc. et le nouv. Testam. Mém.* Saint Cyprien le fait assez entendre, *Epist.* 52 *ad Antonianum* : « Nous n'anticipons point, dit-il, sur le jugement de Dieu, qui ratifiera ce que nous avons fait, s'il trouve que la pénitence soit juste et entière. Si nous sommes trompés par de fausses apparences, il corrigera la sentence que nous avons prononcée... Puisque nous voyons que personne ne doit être empêché de faire pénitence, et que par la miséricorde de Dieu la paix peut être accordée par ses prêtres, il faut avoir égard aux gémis-

sements des pénitents, et ne pas leur en refuser le fruit. »
Il n'était donc pas question de savoir seulement si l'Eglise
devait accorder l'absolution aux pécheurs, mais si elle le pouvait, et si la sentence d'absolution accordée par les prêtres
n'était pas une anticipation sur le jugement de Dieu, comme
les novatiens le prétendaient. Il est fâcheux pour les protestants de voir en de leurs erreurs condamnée, au IIIe siècle,
dans les novatiens; mais le fait est incontestable. Ces hérétiques ne laissaient point d'exhorter les pécheurs à la pénitence, parce que l'Ecriture-Sainte l'ordonne; mais saint Cyprien remarque avec raison que c'était une dérision de vouloir
engager les pécheurs à se repentir et à gémir, sans leur faire
espérer le pardon, du moins à l'article de la mort; que c'était
un vrai moyen de les désespérer, de les faire retourner au
paganisme ou se jeter parmi les hérétiques. Dans la suite,
les novatiens ajoutèrent de nouvelles erreurs à celle de leur
chef; ils condamnèrent les secondes noces et rebaptisèrent
les pécheurs; ils soutinrent que l'Eglise s'était corrompue et
perdue par une molle indulgence, etc. Ils se donnèrent le
nom de *cathares*, qui signifie purs, de même que l'on appelle
en Angleterre puritains les calvinistes rigides. Quoiqu'il y
eût peu de concert dans la doctrine et dans la discipline
parmi les novatiens, cette secte n'a pas laissé de s'étendre et
de subsister en Orient jusqu'au VIIe siècle, et en Occident
jusqu'au VIIIe; au concile général de Nicée, en 325, l'on fit
des règlements sur la manière de les recevoir dans l'Eglise,
lorsqu'ils demanderaient à y rentrer. Un de leurs évêques,
nommé Ascésius, y argumenta avec beaucoup de chaleur,
pour prouver que l'on ne devait pas admettre les grands pécheurs à la communion de l'Eglise; Constantin, qui était
présent, lui répondit par dérision : « Acésius, dressez une
échelle, et montez au ciel tout seul. » (*Hist. ecclés.*) E.

NOVATION, s. f., (*jurisp.*), changement d'une obligation
en une autre.

NOVEMBRE, s. m., le neuvième mois de l'année, lorsque
l'année commençait en mars, et le onzième mois selon notre
manière actuelle de compter.

NOVEMDIALES et **NOVENDILES** (*novem*, neuf; *dies*, jour),
sacrifices et banquets que faisaient les Romains durant neuf
jours, soit pour apaiser les dieux, soit pour se les rendre favorables avant de s'embarquer. Ils furent institués par Tullus Hostilius, roi de Rome, à la nouvelle des ravages causés
par une grêle terrible sur le mont Aventin. On donnait aussi
ce nom aux funérailles, parce qu'elles se faisaient neuf jours
après le décès.

NOVEMPOPULANIE, (*Gascogne*, *Béarn*, *Comminges* et
Foix), autrement Aquitaine 3e, portion S.-O. de l'Aquitaine,
fut ainsi nommée parce qu'elle était habitée par neuf (*novem*)
peuples (*populi*) principaux, qui la divisaient en neuf provinces; ces peuples étaient :

Les Boii,	cap.	Boii.
Les Tarbelli,		Aquæ Augustæ Tarbellicæ.
Les Vasates,		Cossio.
Les Tarusates,		Atures.
Les Elusates et les Ausii,		Elusa et Climberris.
Les Osquidates,		Iluro.
Les Bigerrones,		Turba.
Les Convenæ,		Lugdunum.
Les Consorrani,		Consorrani.

L'Aturius et la Garumna étaient les fleuves principaux de
la Novempopulanie.

NOVENSILES, dieux des Romains, qu'introduisirent les
Sabins, et à qui Tatius avait fait bâtir des temples, étaient
ainsi appelés, parce qu'ils étaient venus des derniers (*novis-
simi*) à leur connaissance, ou parce qu'ils avaient été divinisés après les autres : tels étaient la Santé, la Fortune, Vesta,
Hercule. Selon quelques-uns leur nom vient de ce qu'ils présidaient aux nouveautés (*novus*, nouveau), et faisaient tout
renouveler, ou peut-être de ce que ces dieux étaient au nombre de neuf (*novem*), savoir, Hercule, Romulus, Esculape,
Bacchus, Enée, Vesta, la Santé, la Fortune et la Foi. Quelques-uns enfin ont cru que c'étaient les neuf Muses qui
étaient appelées de ce nom. Il y en a qui ont pensé que c'é-
tait le nom des dieux champêtres ou étrangers, et que, parce
qu'ils se composaient de neuf, on leur donna en commun
le nom de Novensiles, afin de n'être pas obligé de les nommer les uns après les autres.

NOVERRE (Jean-Georges), célèbre chorégraphe, né à Saint-
Germain-en-Laye, en 1727, mort le 19 octobre 1810, est considéré comme le créateur de son art. Il a laissé des lettres sur

les arts imitateurs, et sur la danse en particulier, Paris, 1807,
2 vol. in-8°.

NOVES, bourg du département des Bouches-du-Rhône, près
de la Durance, à 31 kil. N.-E. d'Arles. 1,100 habitants. Filatures de soie, etc. Fortes murailles flanquées de tours. Patrie
de Laure de Noves, immortalisée par Pétrarque.

NOVES (Laure de), née dans le village de Noves, près d'Avignon, en 1308, fut mariée à Hugues de Sade, seigneur de Sau-
mane. Son esprit, sa vertu, sa beauté et ses grâces lui soumettaient tous les cœurs. Le fameux Pétrarque, dont la famille avait été exilée de Toscane pendant les guerres civiles,
s'était retiré à Avignon : il conçut une si vive affection pour
Laure qu'il l'aima vingt ans pendant sa vie, et qu'il conserva
son amour dix ans après sa mort; c'était toutefois une affaire
de chevalerie et d'enthousiasme plutôt que de passion et de
désir. Ce poète lui consacra sa muse, et fit à sa louange trois
cent dix-huit sonnets et quatre-vingt-huit chansons, auxquels
elle doit sa célébrité. Laure siégeait, dit-on, au nombre des
dames qui composaient la *Cour d'Amour*; cette cour était une
assemblée de femmes, qui ne traitaient que de matières de
galanterie, et qui décidaient gravement sur ces bagatelles,
mais toujours d'une manière décente et honnête. Laure mourut de la peste à Avignon, en 1348.

NOVI, ville des Etats sardes, à 40 kil. N. de Gênes. 5,500 habitants. Citadelle. Filature de soie; commerce de transit. Séjour de beaucoup de Génois en été. Il s'y livra un combat
acharné entre les Français et les Russes, le 15 août 1799. Joubert y fut tué au commencement de l'action. L'intendance
de Novi a 50 kil. sur 10 et 60,000 habitants.

NOVI-BAZAR, *Iénibazar* en turc, ville de Bosnie, chef-lieu de
livah sur la Gradiska, à 210 kil. S.-O. de Bosna-Seraï. 8,000 habitants. Evêché catholique. Château-fort. Bains thermaux
aux environs.

NOVICE, NOVICIAT. On appelle novice une personne de
l'un ou de l'autre sexe qui aspire à faire profession de l'état
religieux, qui en a pris l'habit, qui s'exerce à en remplir les
devoirs. Dans tous les temps, l'Eglise a pris des précautions
pour empêcher que personne n'entrât dans l'état religieux
sans une vocation libre et solide, sans bien connaître les obligations de cet état, et sans y être exercé suffisamment. Le
concile de Trente, sess. 25, c. 16 et suiv., a renouvelé sur ce
sujet les anciens canons, et a chargé les évêques de veiller de
près à leur observation; mais cette matière appartient au droit
canonique. Les hérétiques, les incrédules, les gens du monde,
qui s'imaginent que presque toutes les vocations sont forcées,
ignorent les épreuves que l'on fait subir aux novices, les soins
que prennent les supérieurs ecclésiastiques pour empêcher
que l'erreur, la séduction, la violence, n'aient aucune part à
la profession religieuse. On peut assurer en général que s'il
y a dans ce genre quelques victimes de l'ambition, de la
cruauté et de l'irréligion de leurs parents, les novices y ont
consenti, ils ont surpris la vigilance et l'attention scrupuleuse des évêques et de leurs préposés. (*V.* Ordres religieux.)

NOVICE (*gram.*), adj., qui signifie nouveau et peu exercé,
une personne peu habile en quelque métier, en quelque profession. Il se dit encore d'une personne qui n'a point encore
la connaissance du monde. Noviciat signifie aussi maison ou
partie d'une maison religieuse que les novices habitent, et où
ils font leur exercice pendant l'année de probation. Noviciat
signifie figurément apprentissage qu'on fait de quelque art,
de quelque profession.

NOVIKOF (Nicolas-Ivanovitch), né en 1744, à Tichvenks,
près Moscou, mort le 31 juillet 1818, est un des Russes qui
ont le plus contribué au progrès des lumières dans sa patrie.
Outre les journaux littéraires dont il a été le principal rédacteur, on lui doit : *Bibliothèque ancienne de la Russie*, 10 vol.,
Saint-Pétersbourg, 1773-1775 (il en a été fait une continuation, ibid, 1787-1793, en 9 vol.); *Essai d'un dictionnaire
historique des auteurs russes*, ibid., 1772.

NOVOGOROD, c'est-à-dire ville neuve, nom commun à trois
villes de la Russie d'Europe : Novogorod-Véliki ou Novogo-
rod-la-Grande, chef-lieu du gouvernement de Novogorod,
sur la Volkhova, à 193 kilomètres S.-E. de Saint-Pétersbourg.
10,000 habitants; archevêché; beau port; cathédrale de
Sainte-Sophie; palais de l'archevêché; consistoire; tribunaux;
palais impérial. Industrie et commerce chétifs. Cette ville est
une des plus anciennes et des plus illustres de la Russie.
Le gouvernement de Novogorod a pour bornes ceux d'O-
lonetz au nord, de Tver au sud, de Pskov au sud, de Saint-
Pétersbourg à l'ouest, etc. 600 kilomètres sur 295.
1,000,000 d'habitants. Beaucoup de lacs. Le Volga y naît.

Sol fertile au S., fer, gypse, chaux. Peu d'industrie ; commerce de bois de construction, planches, chaux, fourrages, etc. — NIJNÉI-NOVOGOROD, c'est-à-dire Novogorod la petite, par corruption *Nijégorod* et *Nijnéi*, chef-lieu du gouvernement de Nijnéi-Novogorod, au confluent du Volga et de l'Oka, à 414 kil. E. de Moscou et à 12,000 kil. S.-E. de Saint Pétersbourg ; 30,000 habitants ; divisée en haute et basse. Dans la première est le fort ou Kreml. Deux cathédrales ; vingt-six églises dont beaucoup à coupoles dorées ; hôtel du gouvernement ; belle fontaine, bazar magnifique, corderies, brasseries, distilleries ; commerce de blé. Très grande foire, une des principales de l'Europe et qui attire 100,000 individus et plus ; jadis elle se tenait à Makariev. Nijnéi-Novogorod doit sa fondation à Iourié III (1227) ; les ducs de Souzdal l'eurent pour résidence avant Moscou. Les Tartares la brûlèrent en 1317 et 1378. Le gouvernement de Nijnéi-Novogorod, situé entre ceux de Kostroma et de Viatka au N. et au N.-E. de Kazan et Simbirsk à l'E., de Penza et de Tambov au S., de Vladimir à l'O., a 360 kil. sur 225 et 1,400,000 habitants dont beaucoup de Mordouans, Tchouvaches, Tcheremisses, etc. Industrie assez active, toile, etc. ; climat tempéré et sain ; sol assez fertile ; grand commerce, facilité par trois rivières, Volga, Oka, Soura. — NOVOGOROD SEVERSKOÏ ou SIATVERSKOÏ (c'est-à-dire Novogorod la Sévérienne, ainsi nommée de sa situation dans l'ancienne Sévérie, chef-lieu de district du gouvernement de Tchernigov, sur la droite de la Desna, à 135 kil. N.-E. de Tchernigov. 8,000 habitants. Commerce de chanvre, blé, chaux ; beaucoup de fours. Jadis capitale d'un apanage des princes de Kiev (1044-1523). Souvent prise par les Tartares, les Lithuaniens et les Polonais ; unie à la Russie en 1518, par le traité de Déoulina.

NOYAU, s. m., cette substance dure et ligneuse qui est enfermée au milieu de certains fruits, comme la prune, l'abricot, etc., et qui contient une amande. Noyau, se dit aussi en architecture, de toute partie plus ou moins brute et massive, qui est enveloppée d'un revêtement. Noyau, signifie en termes de fonderie, la masse de terre à potier, de plâtre, de brique ou autre matière qui remplit l'intérieur d'un moule et qui est destinée à soutenir la cire qui doit remplacer le métal en fusion. Il se dit, en minéralogie, de la substance qui s'est ramassée et durcie dans l'intérieur d'une coquille pétrifiée. Il se dit encore de la partie la plus dure qui se trouve au centre de certains cailloux. Il se dit pareillement de la partie centrale d'un cristal, dont la forme diffère souvent beaucoup de celle du cristal lui-même. Noyau, signifie figurément l'origine, le fond, le commencement d'une société politique ou civile, d'une compagnie littéraire ou scientifique, d'un corps militaire ou d'un rassemblement d'hommes.

NOYER, *Juglans* (bot.), genre de plantes de la famille des juglandacées à laquelle il donne son nom. Les noyers sont de grands et beaux arbres originaires de l'Amérique septentrionale et de la Perse, d'où la culture les a propagés en Europe. Leurs feuilles sont alternes, pennées avec folioles impaires, dépourvues de stipules. Leurs fleurs sont monoïques ; les mâles forment de longs chatons ; les femelles solitaires ou groupées en petit nombre sortent de bourgeons distincts qui terminent les ramules. Le fruit est un drupe dont le mesocarpe peu charnu porte le nom de brou, dont l'endocarpe ligneux ou le noyau est vulgairement nommé noix. Tout le monde connaît ce fruit. Deux espèces méritent surtout de fixer notre attention. Le noyer commun (*juglans regia*) atteint de très fortes proportions. Son tronc court et épais, couvert d'une écorce grisâtre sillonnée et crevassée, se divise en branches fortes et étalées. Les feuilles sont grandes à 7–9 folioles coriaces, ovales, d'un vert foncé, d'une odeur aromatique forte. Les fleurs sont ordinairement géminées. Son noyau est sillonné à sa surface à sillons irréguliers. On en connaît plusieurs variétés. Le noyer commun est un des arbres les plus précieux. Son bois est le plus estimé de ceux fournis par nos espèces indigènes, surtout pour la menuiserie et l'ébénisterie. En général, ce bois est peu employé comme combustible d'abord parce que son prix est élevé, et en second lieu parce qu'il brûle et chauffe médiocrement. Le fruit de cet arbre est aussi d'une grande utilité à l'homme, soit comme aliment, soit à cause de l'huile qu'on en tire. Lorsque la noix est encore jeune et que son noyau n'est pas formé, on fait une liqueur stomachique en la faisant infuser dans l'eau-de-vie. L'huile de noix est claire, bonne à manger et d'un goût assez agréable ; du moins celle qu'on retire de la première pression ; car on met le résidu dans des chaudrons pour le faire chauffer, et on le soumet alors à une nouvelle pression qui donne une huile rance et fortement colorée ; on l'emploie pour la préparation des couleurs à l'huile. On tire de son brou une belle couleur brune, ainsi que de ses racines. On attribue généralement à cet arbre des émanations nuisibles à l'homme et même aux plantes. Le fait est qu'aucune plante ne croît au pied de son tronc, mais on doit plutôt l'attribuer à l'épaisseur de son feuillage qui intercepte les rayons du soleil, et il est possible aussi que l'odeur de ses feuilles ait pu incommoder quelques personnes faibles et nerveuses. Le noyer noir (*juglans nigra*), très répandu dans l'Amérique septentrionale, est aussi un fort bel arbre. Son fruit est plus petit et inférieur en qualité à celui du noyer commun. Le brou ne se fend pas comme dans l'espèce précédente, mais à la maturité, il se ramollit, se décompose et tombe bientôt en laissant la noix à découvert. Son bois, lorsqu'il vient d'être débité, est blanc avec le cœur violet, mais quelque temps après il devient très foncé, c'est principalement à cette circonstance qu'il doit son nom.   J. P.

NOYER, v. a., faire périr, causer une suffocation dans l'eau ou dans quelque autre liquide. Noyer, signifie aussi inonder. Noyer, s'emploie aussi avec le pronom personnel et signifie mourir, suffoquer dans l'eau ou dans quelque autre liquide. Noyer, avec le pronom personnel, signifie, au jeu de boule, pousser sa boule plus loin que la ligne qui est marquée au delà du but.

NOYERS, chef-lieu de canton (Yonne), sur le Serein, à 17 kil. S. de Tonnerre. 1,900 habitants. Serges, toiles de ménage ; fabriques de chandelles. Jadis place forte et titre d'une seigneurie qui appartint au prince de Condé, puis à la maison de Luynes.

NOYON, *Nôviomagus Veromanduorum*, chef-lieu de canton (Oise), à 22 kil. N.-E de Compiègne. 5,943 habitants. Filatures de coton ; toiles ; couperose, etc. ; commerce. Patrie de Calvin et du sculpteur Sarrazin, du ministre Tondu-Lebrun, etc. Belle cathédrale gothique. Ancien évêché créé dès 531 ; l'évêque était sous Philippe-Auguste un des 12 pairs. Elle fut quelque temps capitale de l'empire de Charlemagne. Hugues-Capet y fut élu roi en 987. Un traité d'alliance y fut conclu en 1516, entre François Ier et Charles-Quint.

NOZEROI, chef-lieu de canton (Jura), près de l'Ain, à 26 kil. S.-E. de Poligny. 800 habitants. Tanneries, souliers. Patrie de Gilbert Cousin, secrétaire d'Erasme.

NU, UE, adj., qui n'est point vêtu, qui n'est couvert d'aucun vêtement. Il ne se dit proprement que de l'espèce humaine. Nu, est invariable, lorsqu'il précède le substantif. Nu s'applique par extension à certaines choses qui n'ont pas l'enveloppe, la couverture, l'ornement qu'elles ont d'ordinaire. Il signifie aussi qui manque des ornements convenables. Nu se dit encore figurément et au sens moral. Il signifie particulièrement qui est sans fard, sans déguisement.

NUAGE, s. m., vapeur aqueuse vésiculaire suspendue dans l'atmosphère, dont elle trouble la transparence, et qui se soutient à une plus ou moins grande élévation, parce qu'elle est en équilibre avec le poids de la colonne d'air placée au-dessous. Tantôt cette vapeur est rassemblée en masses circonscrites, tantôt elle est étendue sans distinction de limites. Par analogie, on a donné le nom de nuage aux flocons que l'on observe quelquefois un peu au-dessous de la surface de l'urine qu'on a laissée reposer dans un vase ; et l'on a appelé nuage inférieur ou énéorème les flocons en suspension vers le milieu ou le tiers inférieur du liquide. On a aussi nommé nuage ou nubécule le néphélion. Nuage, se dit figurément de tout ce qui offusque la vue et qui empêche de voir distinctement les objets. Il se dit aussi figurément et au sens moral, des difficultés qui répandent le doute, l'incertitude dans notre esprit et qui obscurcissent pour nous la vérité. Il se dit également en parlant du chagrin, de la tristesse, de la mauvaise humeur.

NUAGEUX, EUSE, adj., où il y a des nuages.

NUANCE, s. f. Il se dit des degrés différents par lesquels peut passer une couleur en conservant le nom qui la distingue des autres. Il se dit aussi du mélange et de l'assortiment de plusieurs couleurs qui vont bien ou mal ensemble. Il se dit quelquefois fréquemment, de la différence délicate et presque insensible qui se trouve entre deux choses de même genre.

NUANCER, v. a., assortir, disposer des couleurs de manière qu'il se fasse une diminution insensible d'une couleur à l'autre, ou d'une même couleur, en allant soit du clair à l'obscur, soit de l'obscur au clair. Il s'emploie quelquefois figurément.

NUBIE, partie septentrionale de l'Ethiopie des anciens, contrée d'Afrique entre l'Egypte et l'Abyssinie, par 25°-37° de longitude E.; 10°-25° de latitude N.; environ 1,540 kil. du S. au N., sur 576. 2,000,000 d'habitants. Le Nil arrose cette contrée. Nulle capitale réelle. Division : 1° contrée orientale, qui ne comprend que de vastes déserts semés de quelques rares oasis ; Olba, Gosredjab, Atbarah en sont les seuls lieux remarquables ; 2° contrée occidentale, où sont les états suivants :

Royaume de Sennaar,	chef-lieu Sennaar.
Pays de Halfay,	Halfay.
Pays de Chendi,	Chendi.
Pays de Damer,	Damer.
Pays de Barbar,	El-Mekheyr.
Pays des Chaykyé,	Korti.
Pays de Dongolah,	Marakah ou N.-Dongolah.
Pays de Mahas,	Tynareh.
Pays de Sokkot,	Amarah.
Ouady-el-Hadjar,	Semneh.
Pays des Barabras ou B.-Nubie,	Déir ou Derr.

Toute la Nubie à peu près est vassale de Méhémet-Ali depuis la conquête qu'en fit, en 1822, Ismaïl-pacha, son fils. Avant ce temps, le nord seul de la Nubie septentrionale, dite Basse-Nubie, était censé obéir et rarement obéissait aux Ottomans. Dans les temps très anciens, la Nubie fut le siége de l'empire de Méroé, dont on ne saurait préciser les limites. Les Romains y pénétrèrent assez avant jusqu'à Napata, mais sans fruit, et ne possédèrent jamais que la lisière septentrionale du pays; ils l'appelaient *Æthiopia supra Ægyptum*. Ils connaissaient en outre une tribu de *Nobates* ou *Nubes*, qui sans doute, en devenant puissante, donna son nom à la contrée. Pour le climat, le sol, la flore et la faune, la Nubie diffère peu de l'Abyssinie ; ce pays est surtout connu par les voyages de Bruce et de Burkhardt.

NUBILE, adj. des deux genres, qui est en âge d'être marié. Il se dit principalement des jeunes filles.

NUDITÉ, s. f., état d'une personne qui est nue. Il se dit aussi des parties que la pudeur oblige de cacher. Nudité, en termes de peinture, se dit d'une figure nue, et s'emploie communément au pluriel.

NUÉE, s. f., nuage étendu, épais, sombre. Il se dit, figurément, d'une entreprise, d'un complot, d'une conspiration, d'une punition, etc., qui se prépare et est près d'éclater. Nuée, se dit aussi fréquemment d'une multitude de personnes, d'oiseaux, d'animaux venus par troupes.

NUÉES, célèbre comédie d'Aristophane, dans laquelle il met en scène Socrate. Le chœur est composé de nuées personnifiées, et Socrate invoque ces déesses. Le poète fait par là allusion à la hauteur des pensées de Socrate, et à l'obscurité qu'il lui reproche, en disant qu'il est toujours dans les nuages. On a prétendu que cette pièce avait contribué à la condamnation de Socrate; ce malheureux événement n'arriva cependant que vingt-quatre ans après la publication de la comédie, qui eut lieu 424 ans av. J.-C.

NUIRE, v. n. Faire tort, dommage, faire obstacle, empêcher, incommoder. Nuire, s'emploie avec le pronom personnel, régime indirect, dans le sens réfléchi et dans le sens réciproque.

NUISIBLE, adj. des deux genres, dommageable, qui nuit.

NUIT, s. f., l'espace de temps pendant lequel le soleil est sous notre horizon. De nuit, loc. adv., pendant la nuit. Nuit et jour, jour et nuit, loc. adv., sans cesse. Ni jour ni nuit, loc. adv., jamais.

NUIT (*myth.*), fille du Chaos, ou selon d'autres du Ciel et de la Terre, l'une des plus anciennes divinités du paganisme, fut mère de la Lumière ou de l'Ether et du Jour, qu'elle eut de l'Erèbe. Elle épousa aussi l'Achéron, fleuve des enfers, dont elle eut les Furies; mais, selon Hésiode, elle enfanta seule les Parques, les Hespérides, les Songes, la Discorde, le Destin, la Mort, Momus et la Fraude. On la regardait comme la mère des dieux et des hommes, et en général comme le principe de tous les êtres. On lui rendait un culte solennel. On lui offrait des brebis noires, soit comme reine des ténèbres, soit comme mère des furies. On lui immolait aussi un coq, parce que cet oiseau annonce pendant les ténèbres le retour de la lumière. On la représente assise sur un char, couverte d'un voile parsemé d'étoiles, et précédée des constellations qui lui servent de messagers. Quelquefois elle tient entre ses bras deux enfants, l'un noir, et l'autre blanc. Le premier est l'emblème de la mort ou de la nuit, le second celui du sommeil ou du jour. Quelques modernes la représentent sous les traits d'une femme en habit de deuil, couronnée de pavots, et assise sur un char traîné par des chauves-souris.

NUITÉE, s. f., l'espace d'une nuit. Il ne se dit guère qu'en parlant de l'ouvrage, du travail fait pendant une nuit, et de ce qu'on paie par nuit en certains endroits pour le gîte et la dépense. Il est populaire.

NUITS, ville de France (Côte-d'Or), d'une haute antiquité. Elle est renommée pour ses vins. Les protestants la pillèrent et la saccagèrent en 1576; ses fortifications furent rasées en 1720.

NUL, NULLE, adj., aucun, pas un. Nul, au masculin, employé absolument, et comme sujet de phrase, signifie nul homme, personne. Nul, signifie aussi qui est sans valeur, sans effet, qui se réduit à rien. Il se dit particulièrement des actes qui, étant contraires aux lois, sont comme s'ils n'étaient pas, et ne peuvent avoir leur effet.

NULLITÉ, s. f., t. de jurisprudence, vice, défaut qui rend un acte nul, de nul effet, de nulle valeur.

NUMA POMPILIUS, législateur de Rome, né à Cures dans la Sabinie, fut élu par le sénat romain, pour succéder à Romulus, l'an 714 avant J.-C. Retiré à la campagne depuis longtemps, il ne s'occupait que de l'étude des lois et du culte religieux. Son mariage avec Tatia, fille de Tatius, roi des Sabins, qui partageait la royauté avec Romulus, n'avait pu l'engager à quitter sa retraite pour venir jouir des honneurs qui l'attendaient à Rome. Il fallut, pour lui faire accepter le sceptre, que ses proches et ses compatriotes joignissent leurs instances à celles des ambassadeurs romains. Les Romains étaient naturellement féroces et indociles; il leur fallait un frein : Numa le leur donna en leur inspirant l'amour pour les lois et le respect pour les dieux. Persuadé de cette vérité si importante et si féconde en conséquences, dont Plutarque a fait, depuis, sa maxime favorite : « qu'on bâtirait plutôt une maison en l'air que de fonder une république sans religion, » il tourna toutes ses pensées vers cet objet; mais, égaré lui-même, il ne pouvait qu'égarer les autres. Convaincu de la nécessité de la chose, il ne parvint point à bien distinguer la nature, et à la dégager des erreurs dont l'ignorance et la corruption des hommes l'avaient chargée. Pour attacher de plus en plus les Romains à la culture des terres, il les distribua par bourgades, leur donna des inspecteurs et des surveillants. Il visitait souvent lui-même les travaux de la campagne, et élevait aux emplois ceux qu'il connaissait laborieux, appliqués et industrieux. Il se fit aimer de ses sujets en publiant un grand nombre de lois qui respiraient la sagesse. Il mourut l'an 672 avant J.-C., après un règne de quarante-deux ans.

NUMÉRAIRE, adj. des deux genres. Il ne se dit que de la valeur légale des espèces qui ont cours. Il se dit substantivement et absolument, de l'argent monnayé.

NUMÉRATEUR, s. m., t. d'arithmétique, le nombre qui indique dans une fraction combien elle contient de portions de l'unité.

NUMÉRATION, s. f., art de nombrer, de compter. Il signifie aussi en style de notaire, action de compter.

NUMÉRIEN (M. AURELIUS), empereur romain, fils de Carus et frère de Carin, suivit son père à la guerre contre les Parthes, étant déjà César, et il lui succéda avec son frère Carin, au mois de janvier 284. Il fut assassiné en revenant d'Asie par Arrius Aper, préfet du prétoire, et son beau-père, à la fin de la même année. Le meurtrier continua à faire porter l'empereur dans sa litière comme s'il eût encore vécu; mais la puanteur du cadavre ayant dévoilé sa perfidie, il fut tué par ses soldats furieux. Numérien était un prince juste, modéré, d'un esprit très cultivé. C'était en même temps un homme éloquent qui parlait avec grâce, et qui aimait les belles-lettres. Il le disputait pour la poésie à Némésien, le meilleur poète de son temps. Dioclétien lui succéda.

NUMÉNIUS, philosophe grec du xie siècle, natif d'Apamée, ville de Syrie, suivait les opinions de Pythagore et de Platon, qu'il tâchait de concilier ensemble. Il prétendait que Platon avait tiré de Moyse ce qu'il dit de Dieu et de la création du monde. « Qu'est-ce que Platon, disait-il, sinon Moyse parlant athénien? » Numénius pouvait dire vrai; et l'on ne peut guère nier qu'en lisant quelques passages de Platon, qu'il n'ait eu connaissance des Livres saints; mais rien n'empêche de croire que la tradition primitive, encore subsistante dans quelques-unes de ses parties, a pu instruire les philosophes de la création et du Dieu créateur, supposé que la raison, abandonnée à elle-même, ne puisse atteindre à cette connaissance. Il ne nous reste de Numénius que des fragments qui se trouvent dans Origène, Eusèbe, etc.; ce philosophe était un modèle de sagesse.

NUMÉRO, s. m., le nombre, la cote qu'on met sur quelque chose, et qui sert à la reconnaitre. Il se dit aussi de la marque particulière qu'un marchand met sur les étoffes et autres marchandises, marque qui n'est connue que de lui, et qui est destinée à le faire souvenir du prix auquel il a acheté et de celui auquel il peut vendre. Numéro, signifie encore dans le commerce, la grosseur, la longueur, la largeur, la qualité de certaines marchandises. Numéro se dit aussi des parties d'un ouvrage publié par cahiers et par feuilles numérotées.

NUMIDES, nomades, peuple de la Numidie. Ces peuples, qu'on compte parmi les nations soumises sous un gouvernement monarchique. Ceux qui descendaient des Phéniciens, et qui habitaient les bords de la mer, avaient des logements stables; quant à ceux de l'intérieur des terres, à demi sauvages, ils vivaient sans aucune espèce de discipline, habitaient sous des tentes couvertes de chaume, qu'ils pouvaient transporter d'un lieu à un autre. Leur régime de vie, leur frugalité, sont très vantés par les historiens; ils se nourrissaient principalement du lait et de la chair de leurs troupeaux, et ne faisaient aucun usage du sel. Massinissa parvint à civiliser un peu ce peuple et à en tirer des troupes disciplinées. Leur cavalerie était surtout estimée chez les Romains. Ils montaient leurs chevaux sans selle et sans mors; ils les guidaient uniquement par le son de la voix ou par l'éperon. Ils menaçaient souvent leurs chevaux dans le combat, et sautaient avec une agilité extrème de l'un sur l'autre, dans le fort de la mêlée. Chez les Numides, les femmes étaient en commun, comme chez tous les peuples sauvages de l'antiquité. On croit retrouver des descendants de ce peuple dans le royaume de Marve, sous le nom de Berbères ou Bérèbres.

NUMIDIE, *Numidia*, aujourd'hui province de Constantine et partie du beylik de Tunis, contrée de l'Afrique ancienne, entre la Mauritanie à l'O. et les possessions de Carthage à l'E. Agrandie par les conquêtes de Massinissa, la Numidie avait pour bornes à l'O. le Malwa ou Molokath, et s'avançait à l'E. jusqu'à 50 ou 60 kil. de Carthage. Avant la bataille de Zama (202), la Numidie se divisait en deux états : celui des Massyles à l'E., celui des Massessyles à l'O. Le premier avait pour capitale Cirta. Massinissa fut un de ses rois; Syphax régnait sur le second; ce dernier prince posséda un instant toute la Numidie; mais en 203 Massinissa devint à son tour le maître des deux états. Rome, victorieuse de Carthage, les lui laissa et lui permit même de s'agrandir. Divers partages eurent lieu après la mort de ce roi (149) et celle de son fils Micipsa (119). Jugurtha s'étant rendu maître par le crime du royaume entier, en fut dépouillé par les Romains, l'an 106 avant Jésus-Christ, et alors Rome annexa à la province romaine d'Afrique les cantons qu'en avait jadis distraits Massinissa ; en même temps elle fit de l'ancienne Massylie ou Numidie orientale un royaume de Numidie qu'elle partagea entre deux petits-fils de Massinissa, Hiempsal II et Mandrestal, et donna la Massessylie ou Numidie occidentale à Bocchus, roi de Mauritanie, pour le récompenser d'avoir livré Jugurtha. Le royaume de Numidie devint province romaine l'an 46 avant Jésus-Christ, après la bataille de Thapse; mais Auguste le rendit à Juba II ; enfin il fut définitivement réuni à l'empire, après la révolte et la mort de Tacfarinas (17-25 de Jésus-Christ). Quant à la Numidie occidentale, devenue Mauritanie orientale, elle fut divisée en deux provinces : Mauritanie Césarienne et Mauritanie Sitifine. Les Numides ou habitants de la Numidie sont rangés parmi les peuples nomades, d'où leur nom; les peuplades des côtes dépendaient des Phéniciens et avaient des villes; mais les habitants de l'intérieur étaient à demi sauvages, sans aucune discipline, vivaient sous des tentes et étaient surtout renommés comme excellents cavaliers. Annibal en avait beaucoup dans son armée.

NUMISMATIQUE. Les sciences sont plus ou moins intéressantes, selon les rapports qu'elles ont avec les jouissances de la société. Les unes tiennent à la littérature et aux arts, les autres aux grands intérêts de l'humanité; quelques autres ne semblent offrir d'aliment qu'à la curiosité ou à la fantaisie; mais il n'en est aucune qu'on ne puisse rattacher par quelque point à la philosophie, et dont l'étude ne puisse être généralement utile. La numismatique doit entrer dans une éducation complète; car, sans vouloir faire des numismatistes de tous les jeunes étudiants, encore est-il à propos qu'ils ne soient pas étrangers à une science qui a des rapports intimes avec toutes les autres. Des médailles antiques peuvent tomber

entre leurs mains; ils peuvent avoir à consulter beaucoup d'ouvrages importants, où se rencontrent des médailles gravées, et ces monuments acquerront pour eux plus d'intérêt et de valeur quand ils seront en état de les classer et de les apprécier. La science numismatique ne fut longtemps qu'un objet de curiosité, de trafic et de charlatanisme; elle offre aujourd'hui des résultats importants et utiles aux lettres et aux arts, par les veilles et les travaux des savants les plus distingués de notre époque, dignes successeurs des Vaillant, des Spanheim, des Eckhel, des Barthélemy et des Visconti. La numismatique donne des jouissances positives, lorsque l'on trouve sur une pièce de monnaie la trace de l'art naissant dans un pays où il a produit ensuite des merveilles; lorsque l'on découvre le rapport qu'il y a entre cette monnaie primitive et celle qui circule dans les temps de luxe et d'opulence; lorsque l'on peut établir une balance entre la valeur de cette monnaie et celle de la nôtre, et que, par ce moyen, l'on passe à des rapprochements utiles sur l'économie politique, le commerce et les mœurs des peuples. La monnaie des anciens n'avait pas l'uniformité de la nôtre; consacrée par la religion et exécutée sous l'influence des arts, elle devient pour nous en même temps historique et poétique. Elle fournit mille sujets d'observations. On voit la monnaie abonder dans un pays, être rare dans un autre; briller ici par la richesse du métal, là par sa belle exécution. Chez un peuple, elle annonce ses droits et constate sa liberté; elle est chez un autre la preuve de son asservissement. On l'a quelquefois avilie en y gravant les titres que la bassesse et l'adulation ont inventés pour la puissance; souvent aussi elle s'anoblit par l'effigie des héros et par celle des bienfaiteurs des hommes. Pour devenir habile dans la numismatique, il ne suffit pas de l'étudier dans les livres; il faut voir beaucoup de médailles, les dessiner ou en tirer des empreintes, en examiner attentivement les caractères distinctifs, en déchiffrer soi-même les inscriptions, de sorte que, par une longue habitude, on parvienne à restituer ou à deviner celles que le temps a effacées. Il faut apprendre à reconnaître le caractère de l'art dans chaque contrée, à distinguer la fabrique particulière à chaque pays, étudier les types divers qui appartiennent aux différentes villes et aux différentes provinces. En effet, chaque peuple a donné à ses monnaies un caractère distinct que le numismatiste doit reconnaître au premier coup d'œil. Les médailles de l'Espagne, de la Gaule, de la grande Grèce et de l'Asie, diffèrent entre elles, comme les peuples eux-mêmes, par une physionomie locale. Il faut, pour bien distinguer les médailles, avoir une connaissance étendue des faces et des revers; faire une grande attention aux lettres qui doivent être le caractère principal, voir si les médailles n'ont pas été martelées, encastées, retravaillées; si elles ont été moulées sur une médaille antique ou sur une médaille moderne, et si le vernis qui recouvre les médailles de bronze est une véritable patine inhérente au métal, ou si ce n'est qu'un mastic ou un faux vernis appliqué pour déguiser la supercherie. Dans l'origine des sociétés, le commerce ne se faisait que par échanges. La difficulté d'établir une juste balance entre les besoins et les moyens de les satifaire, a dû faire chercher une manière plus commode d'opérer les transactions. Les métaux dont on reconnut les qualités précieuses pour cet objet, telles que la solidité, l'éclat et la durée, furent d'abord employés comme valeur représentative, mais seulement au poids; ils étaient eux-mêmes une marchandise. Bientôt on leur donna une valeur conventionnelle, et il est probable qu'en pesant d'avance chaque morceau de métal, on conçut l'idée de lui donner une empreinte qui attestât son poids, et que, par la suite, cette empreinte modifiée et perfectionnée devint le type des monnaies dont l'usage a été ensuite l'un des plus grands mobiles de la civilisation. Le gouvernement avait seul le droit de faire frapper la monnaie. Dès que les Grecs eurent inventé et répandu l'usage de ce signe si utile au commerce, il fallut des empreintes qui attestassent la surveillance des magistrats et servissent à garantir le titre et le poids des pièces. Ces types furent les images des divinités tutélaires des nations, leurs emblèmes et les symboles des divinités, ou les symboles des peuples et des villes. Les noms de ces peuples y furent empreints, ainsi que ceux des magistrats qui surveillaient la fabrication des monnaies. Plus tard les rois et les empereurs y mirent leur nom et leur image. Rome, sous la république, ne concéda à personne le droit de battre monnaie: aucun magistrat ne put y placer son image, et Sylla même fut obligé de se conformer à cette loi. Si quelques médailles offrent le portrait d'illustres Romains, ils y ont été mis d'après un sénatus-consulte par leurs descendants, directeurs de la monnaie. Celle de Sylla a dû être frappée par son petit-fils (*V.* Visconti, *Iconographie romaine,* t. 1, p. 85). César, dictateur, obtint cet honneur par un sénatus-consulte : les triumvirs ne suivirent pas cet exemple, mais Sextus Pompée et Brutus le meurtrier de César, l'adoptèrent. Auguste s'arrogea le droit monétaire dans le temps même où il n'était encore que triumvir ; il communiqua cet honneur à ceux à qui il concéda la puissance tribunitienne. Depuis, la monnaie fut toujours frappée à l'effigie de l'empereur, tant à Rome que dans les pays soumis à la puissance des Romains. Les empereurs y placèrent quelquefois la tête des impératrices. Les lettres *S. C.* qui se lisent sur les médailles romaines signifient *senatus consulto* (par un *sénatus-consulte*) ; elles ont été frappées en vertu d'un décret du sénat. Les médailles antiques n'étant que des monnaies dans leur origine, on négligeait quelquefois, en les composant, les précautions que nous prenons pour les nôtres, soit pour fixer le temps et le lieu de leur fabrique, soit pour le développement des tableaux qu'elles nous présentent. Si les auteurs anciens éclaircissent les monuments, les monuments à leur tour éclaircissent les auteurs anciens : les uns racontent le fait, les autres en présentent le tableau. De grands et beaux ouvrages ont été composés, en tout ou en partie, avec le secours de la numismatique. C'est d'après l'étude des médailles que le célèbre Barthélemy a fait son essai d'une paléographie grecque. L'iconographie du savant Visconti est une application continuelle de la numismatique à l'histoire ancienne : les médailles y sont presque toujours admises comme preuves, quand elles ne le sont pas comme témoins uniques. Lorsqu'on fait une édition ou une traduction d'un auteur célèbre, on cherche sur les médailles son portrait que l'on ne trouve pas toujours sur les bustes ou sur les statues. On voit celui d'Anacréon sur une médaille de Téos, dans la traduction de ce poète par M. de Saint-Victor (Paris, 1820) ; le portrait d'Hippocrate sur une médaille de Cos a été placé à la tête de plusieurs ouvrages de médecine ; celui d'Homère, d'après les médailles d'Amastris, d'Ios, de Smyrne, orne diverses éditions de l'*Iliade,* etc. Veût-on tirer de la numismatique d'autres résultats, on peut réunir les médailles qui offrent des édifices, des temples, des ponts, des cirques, des ports, des phares, des arcs de triomphe, des colonnes, et former ainsi un recueil des monuments de l'architecture antique. On peut réunir les médailles relatives à l'histoire naturelle, et connaître ainsi les animaux et les végétaux que les anciens employaient soit dans les cérémonies du culte, soit à des usages particuliers, ou comme emblèmes et symboles parlants. On peut faire une collection des meubles, des armes, des instruments des anciens qui sont représentés sur les médailles. On voit de combien d'utilité et de quelle variété d'intérêt l'étude et la connaissance des médailles sont susceptibles. Il serait intéressant de réunir les monnaies de toutes les républiques de la Grèce, de les comparer, dans leur origine, à ce qu'elles sont devenues quand les pays où on les frappait ont acquis plus de puissance. On pourrait comparer les monnaies des républiques à celles des royaumes, examiner si la richesse et l'abondance du métal se trouvent en équilibre avec la position respective des Etats ; voir si l'art croît et décroît plutôt en raison de l'opulence que de la liberté, et si les peuples libres n'ont pas eu des médailles plus poétiques que les autres. Les recherches peuvent s'étendre aux ères, aux dates, aux magistratures, aux révolutions des empires, et même à celles des cieux ; car les astres servent de type à plusieurs médailles, et l'apparition des phénomènes célestes y a quelquefois été consignée. L'imagination des lecteurs doit être suffisamment éveillée sur ces travaux d'autant plus intéressants qu'ils nous rapprochent des peuples chez lesquels on trouve les premières traces de la philosophie et des arts.

Classification des médailles. — La numismatique se partage comme l'histoire : la numismatique ancienne finit avec l'empire d'Occident ; la numismatique du moyen âge commence avec Charlemagne ; la numismatique moderne à la renaissance des lettres. On divise ainsi les suites de médailles antiques : en médailles de peuples, villes et rois ; en médailles de familles romaines ; en médailles impériales. On classe les médailles de peuples et de villes selon l'ordre géographique adopté par Eckhel dans son bel ouvrage intitulé : *Doctrina numorum;* cet ordre est celui de la géographie de Strabon. Cette marche géographique fait parcourir les différentes contrées du monde ancien, et en partant du couchant et des colonnes d'Hercule (aujourd'hui détroit de Gibraltar), et en suivant le rivage septentrional de la Méditerranée jusqu'au fond de la mer Noire ; de là on descend vers le midi, et des côtes de la Syrie et de l'Egypte, on regagne par une marche rétrograde la Mauritanie et la mer Atlantique. On visite les contrées qui ne sont pas maritimes à mesure qu'elles répondent, par la direction de leurs parallèles ou de leurs méridiens, à celles qu'on a visitées en longeant les côtes. Dans les contrées dont on connaît les provinces, on établit ces divisions. C'est ainsi que l'Espagne est subdivisée en Lusitanique, Bétique et Tarragonnaise ; la Gaule, en Aquitaine, Narbonnaise, Lyonnaise et Belgique ; l'Italie, en Etrurie, Umbrie, Samnium, etc. Les villes sont classées dans chacune de ces divisions par ordre géographique. Les médailles sont classées dans chaque ville d'abord par métaux, savoir : l'or, l'argent et le bronze ; puis ensuite dans un ordre chronologique, savoir : celles de la plus ancienne fabrique que l'on doit reconnaître à l'état peu avancé de l'art, au carré creux qui remplace le type sur l'un des côtés de la médaille, à l'absence de l'inscription ou à sa brièveté. Quand l'état de l'art ne permet plus de faire cette distinction, on classe les types mythologiquement, en commençant par les dieux du ciel, ceux de la terre, des eaux, du feu et des enfers ; les divinités allégoriques viennent ensuite et précèdent l'histoire héroïque, qui est suivie des types historiques, des symboles vivants rangés d'après les règles de la nature, et enfin des symboles inanimés. Quelquefois on a une grande quantité de médailles avec le même type principal ; mais elles varient par les symboles qui enrichissent le champ de la médaille, et dans la classification desquels on doit suivre l'ordre que je viens d'indiquer. Dans les villes où les médailles portent des noms de magistrats, on classe ces noms par ordre alphabétique ; mais cette classification est toujours subordonnée à celle des types. Après les médailles autonomes, on place les médailles impériales et coloniales dans l'ordre chronologique des empereurs romains, et dans la série de chaque empereur on reprend la classification méthodique que nous venons d'indiquer. Les suites des médailles romaines se partagent en plusieurs séries, selon le métal : médailles d'or, d'argent, de bronze. Les médaillons d'or et d'argent forment des divisions que l'on met à la tête des collections, de même que l'on place les quinaires d'or et d'argent à la suite de chaque série. Quelques amateurs ont fait des suites particulières de quinaires. Les médailles de bronze forment quatre suites différentes : les médaillons, le grand bronze, le moyen bronze, le petit bronze. Chacune de ces suites est soumise à l'ordre chronologique des règnes ; dans chaque règne on conserve l'ordre alphabétique des revers. On ne peut compter parmi les contrées numismatiques que celles dans lesquelles les Grecs ou les Romains ont porté l'usage des monnaies, et les peuples barbares qui cherchaient à imiter les mœurs de ces deux nations. Les peuples les plus éloignés vers le nord de l'Europe n'ont point eu de monnaies, non plus que ceux de l'Asie, qui s'étendaient vers l'Orient, ni ceux de l'Afrique, les plus éloignés de la Méditerranée ; cependant, si les nations ne voulaient admettre que leur propre monnaie, il faudrait que tout le commerce se fît par échanges ; c'est pourquoi les villes voisines l'une de l'autre convenaient de recevoir respectivement leurs monnaies. Un passage de Diphile, cité par Athénée, prouve que les oboles d'Egine étaient reçues dans le marché d'Athènes ; et Polybe rapporte qu'après un tremblement de terre qui avait tout ravagé, Ptolémée Evergète fit présent aux Rhodiens d'une somme de mille talents en monnaie d'airain, qui fut certainement reçue dans la circulation. Avant que la monnaie d'or eût été introduite à Rome, les philippes s'y prenaient au poids. Les Athéniens, avant d'avoir des monnaies d'or, se servirent de dariques (monnaies des Perses). Les monnaies étrangères étaient surtout nécessaires dans les expéditions hors de la patrie. Un passage de Platon donne lieu de présumer qu'il y avait une monnaie commune dans toute la Grèce. Eckhel soupçonne que c'était la monnaie d'argent d'Athènes qui était très abondante. Au temps de Verrès, les monnaies romaines et siciliennes étaient également en usage dans la Sicile. Auguste commença à faire cesser l'usage des monnaies provinciales ; Mécène établit l'uniformité des monnaies, des poids et des mesures pour les Romains. La monnaie impériale s'étendit, à cause de sa pureté, bien au-delà des limites de l'empire. La monnaie conservait sa valeur après la mort du prince, à moins que, pour des considérations politiques, on ne crût devoir la lui ôter. On fait dans les cabinets des suites de monnaies modernes, divisées géographiquement et subdivisées chronologiquement. On forme aussi des suites particulières de grands hommes, que l'on peut classer ou par ordre alphabétique ou par ordre géographique. La meilleure méthode est de les diviser d'abord par pays, et ensuite par ordre alphabétique dans chaque pays.

Noms des monnaies. — Les médailles et les monnaies ont eu différents noms chez les anciens et les modernes. Les Grecs les nommaient *argyrion*, argent, parce que les monnaies d'argent étaient les plus anciennes ou les plus communes ; *chrêma* (biens), parce qu'on peut avec elles posséder tous les autres biens ; *nomisma*, parce que leur valeur était déterminée par la loi. Les Latins les nommaient *pecunia*, du mot *pecus*, parce que leurs premiers types ont été des bestiaux, symbole du commerce par échanges ; *nummus*, *numisma*, du mot grec νόμισμα (nomisma) ; et *moneta*, parce qu'on frappait les pièces de métal dans le temple de Junon l'Avertisseuse (*Juno Moneta*). Ce nom fut ensuite commun aux pièces de métal et à l'atelier où on les fabriquait. D'après leurs types, quelques médailles ont été appelées des tortues, des bœufs, des sagittaires, des cistophores, des biges, des quadriges, des ratites, etc. ; ce dernier nom est donné aux médailles consulaires très anciennes qui portent pour type une proue de vaisseau, en latin *ratis*. D'autres ont reçu le nom du lieu où elles étaient frappées : telles sont les statères éginéens, cyzicéniens, phocéens, etc. ; ou bien du nom de celui qui les faisait frapper, tels sont les crœscides (de Crœsus), les philippes, les dariques, etc. ; d'autres ont été nommées d'après leur forme, comme les monnaies sciées ou *serrati*, ou en coupe, *scyphati*, etc., soit enfin de leur valeur et de leur poids, comme le sicle des Hébreux , la drachme, le didrachme, l'obole , le diobole , l'hémiobole des Grecs, l'as , le sextans , l'once, le quinaire , le denier et le sesterce des Romains.

Poids des monnaies. — Ce fut sous le règne de Servius Tullius que l'on commença à frapper des monnaies à Rome ; ces pièces d'airain ou de bronze servaient à la fois de monnaie et de poids. Le poids pesait une livre , *libra* ; il se marquait par une ligne perpendiculaire ; la livre se divisait en 12 onces, *unciæ* ; la moitié de ce poids se nommait *semis* ; il se marquait par un S ; l'once était indiqué par un O. On introduisit ensuite l'as , qui était à la fois un poids et une mesure ; il portait d'un côté le Janus bifrons (à double visage), et de l'autre le vaisseau sur lequel Janus aborda dans le Latium. L'as monnaie devint ensuite différent de l'as poids. Ce ne fut qu'après la seconde guerre punique qu'on commença à battre des monnaies d'argent. Ces pièces se nomment *denarius*, *quinarius*, *sestertius*. Le denier, *denarius* , se nommait ainsi parce qu'il valait dix as ou dix livres d'airain ; sa marque était un X ou XVI. Le *quinarius* en valait cinq : sa marque était un V ou un Q. Le sesterce en valait deux et demi ; sa marque était II S. ou une HS. Ces pièces avaient d'abord le même type, la tête de Pallas avec le casque ailé, et sur le revers, les Dioscures ; ces types ont varié ensuite, ainsi qu'on peut le voir par les monnaies des familles romaines. Les quinaires portaient souvent pour types la Victoire, d'où ils étaient appelés *victoriati*. Les Romains calculaient toutes les sommes en sesterces ; mais les expressions des anciens auteurs offrent souvent de grandes difficultés que l'on ne peut résoudre que par une étude spéciale de cette matière. Ce qui ajoute encore à la difficulté, c'est la différence des poids dans les différentes villes, et l'ignorance où nous sommes du rapport de l'or et de l'argent au bronze, aux différentes époques.

Ouvrages sur la numismatique. — On a sur les médailles un assez grand nombre de traits élémentaires. Eneas - Vico donna le premier, en 1548, des discours sur les médailles ; il fut bientôt imité par Antonio Agostini et par Antoine Lepois. Ces ouvrages avaient le défaut d'une méthode confuse et d'une forme pédantesque. Charles Patin, fils du célèbre Gui-Patin, publia, en 1695, son *Introduction* à la science des médailles, ouvrage écrit avec simplicité et avec précision. Le jésuite Jobert donna, en 1692, sa *Science* des médailles, ouvrage rempli d'erreurs, dans lequel il a adopté toutes les rêveries du père Hardouin. Bimard de la Bastie en a donné une édition corrigée et rectifiée par lui. Frœlich a publié, en 1758, une notice élémentaire sur les médailles, dans laquelle il y a quelques erreurs, mais beaucoup de choses utiles ; l'ouvrage d'Hantaler, intitulé : *Exercitationes faciles de numis*, etc., et la *Science* des médailles par Mangeart, doivent plutôt être regardés comme des traités d'antiquités appuyés sur les médailles que comme des éléments de numismatique. Un des traités les plus curieux est celui de Spanheim sur l'excellence et l'usage des médailles ; mais il est composé de deux énormes in-folio, dans lesquels il y a beaucoup de choses étran-

gères à la numismatique. M. Monaldini a publié, en 1772, à Rome, des institutions numismatiques qui sont bien préférables à l'ouvrage du père Jobert. M. Jean Pinckerton a donné un essai sur les médailles en deux volumes. Le célèbre Eckhel a donné deux ouvrages élémentaires, l'un en un petit volume à l'usage de ses disciples ; l'autre, en 8 volumes in-4°, est un chef-d'œuvre par l'ordre qu'il a mis dans les matières et par la justesse de ses observations. M. Millin a donné une Introduction à l'étude des médailles. L'auteur de cet article a publié en 1818, la *Numismatique* du voyage du jeune Anacharsis, à laquelle il a joint un *Essai* sur la science des médailles, traduction abrégée des *Prolégomènes* d'Eckhel. M. G. Jacob a donné un *Traité* élémentaire de numismatique, en 1825. M. Champollion en a fait un dans l'Encyclopédie portative, publié en 1826. M. Hennin a publié, en 1830, un ouvrage élémentaire, intitulé : *Manuel de numismatique*, bien supérieur à tout ce qu'on avait fait jusqu'alors dans ce genre. Le *Lexicon rei numariæ* de Rasche est le plus vaste répertoire que l'on puisse consulter. Pellerin avait le premier classé les médailles selon les contrées auxquelles elles appartiennent. Eckhel a perfectionné cette méthode, dans son grand ouvrage intitulé : *Doctrina numorum veterum* (Science des anciennes monnaies). M. Sestini a travaillé toute sa vie à divers ouvrages dans lesquels il a publié une grande quantité de médailles inédites, et rectifié les attributions fausses et incertaines d'une quantité plus grande encore. M. Mionnet, dans sa description des médailles antiques, grecques et romaines, a résumé toutes les découvertes numismatiques faites depuis vingt-cinq ans. Son ouvrage est une application continuelle de la méthode d'Eckhel ; il y a joint, pour les amateurs, le degré de rareté et l'estimation de chaque pièce. L'ouvrage le plus moderne dans lequel on puisse prendre connaissance des auteurs qui ont traité de la numismatique, est celui de Lipsius, intitulé : « J.-G. Lipsii Bibliotheca nu- « maria, sive Catalogus auctorum, qui usque ad finem se- « culi XVIII de re numaria aut numis scripserunt. Præfatus « est brevi commemoratione de studii numismatici vicissitu- « dinibus Christ Gottl. Heyne. Lipsiæ, 1801, 2 vol. in-8°. » (Bibliothèque numismatique de J.-G. Lipse, ou catalogue des auteurs qui, jusqu'à la fin du XVIIIᵉ siècle, ont écrit sur la numismatique, etc.)

Médailles fausses. — Les faussaires ont employé beaucoup de talent pour tromper les yeux les plus exercés, et ce n'est qu'avec défiance que l'on jette son premier regard sur une médaille antique. Les premiers de ces faussaires furent : Jean-Joseph Cauvin de Padoue , connu sous le nom de Padouan ; Michel Dervieux, de Florence, dit le Parmésan ; Cogornier, de Lyon, et Carteron. Depuis ce temps les faussaires se sont prodigieusement multipliés ; il y a des ateliers de médailles fausses en Allemagne, en Italie, et y en a dans le Levant ; on en connaît à Smyrne et à Constantinople. Le savant Sestini les a dévoilés dans un ouvrage qui a paru récemment, intitulé : *Sopra i moderni falsificatori*, in-4°, etc. , Firenze, 1826 (*Sur les faussaires modernes*, Florence , 1826.) Il y a des signes caractéristiques auxquels on peut distinguer les médailles fausses des véritables. Beauvais, dans son Histoire abrégée des empereurs romains (t. III, p. 379), a donné, sur ce sujet, une excellente dissertation que l'on pourra lire avec fruit.

Des inventeurs de la monnaie, et du temps où elle fut établie. — Il n'est pas un peuple qui n'ait prétendu avoir été le premier inventeur de la monnaie, et chacun d'eux a trouvé un auteur pour appuyer ses prétentions. Les Lydiens, d'après Hérodote, frappèrent les premières monnaies d'or et d'argent. Les habitants de l'île d'Égine, selon Ælien, réclament cette invention. Les Thessaliens l'attribuent à Itonus , un de leurs plus anciens rois, et Lucain rappelle cette tradition. Les Romains ont, selon Suidas, fabriqué les premières monnaies de bronze , sous le règne de Numa ; et, du nom de ce roi, il fait venir les mots *nunus* et *numisma*. Les Grecs en font honneur à un roi d'Argos nommé Phidon , que mentionnent les marbres de Paros. Il vaut mieux avouer que l'on ne connaît pas les premiers auteurs de cette invention : cependant on sait , d'après quelques passages des auteurs anciens, à quelle époque remonte l'usage de l'argent monnayé. On peut voir, par plusieurs passages d'Homère , qu'au temps de la guerre de Troie, les Grecs faisaient encore le commerce par échange. Si des temps héroïques nous descendons aux âges moins reculés, nous voyons que l'usage de la monnaie dut être fort ancien à Lacédémone , puisque Lycurgue y introduisit la monnaie d'or, d'argent et de fer, et que ce législateur vécut plusieurs années avant le commencement des olympiades , près de neuf cents ans avant notre ère. On ne sait cependant pas au juste si c'étaient des monnaies ou des poids ; mais il est certain que les villes grecques se servaient de monnaies au temps de Solon, puisque, dans ses lois, il condamne à la peine de mort celui qui les altérera. Démosthènes l'atteste dans son discours contre Timocrate ; Solon était contemporain de Tarquin l'Ancien, et de Cyrus, roi de Perse. C'est à peu près à cette époque que l'on peut reporter les plus anciennes monnaies de Rhegium et de Zanclé, et ce fut Servius Tullius qui introduisit à Rome cet usage des Grecs et des peuples voisins de l'Italie. *De la matière des anciennes monnaies.* — Les anciens employèrent pour fabriquer leurs monnaies l'or, l'argent et le bronze ; mais ils ont aussi, quoique plus rarement, employé d'autres métaux. Les Spartiates fabriquèrent des monnaies de fer ; et si l'on n'en a retrouvé aucune, cela ne prouve pas qu'il n'en a point existé, ce métal étant facilement détruit par la rouille. La même raison subsiste à l'égard des monnaies d'étain. Quelques-unes en plomb nous sont parvenues, et l'on en conserve dans plusieurs cabinets. Les Carthaginois se servirent d'abord de monnaies de bois, et même de coquillages. Il serait intéressant de savoir si ces diverses matières furent employées comme l'or, l'argent et le bronze, et si elles recurent de l'autorité publique un coin, une image et une valeur, sans quoi elles ne pourraient être assimilées à la monnaie. Les monnaies anciennes ne sont pas toujours de métal pur ; cependant celles des temps les plus reculés sont celles où il y a le moins d'alliage. L'or dans les médailles des Perses et des Grecs est de la plus grande pureté possible. Lorsqu'il est mélangé, on lui donne le nom d'*Electrum*. Il suffit pour cela qu'il y ait une cinquième portion d'argent ; mais plus on avance vers notre temps, moins l'alliage devient rare. Il existe une autre espèce de mélange auquel on donne le nom de potin, qui ressemble beaucoup à notre billon et que l'on trouve surtout dans les médailles de la ville d'Alexandrie, en Egypte. Avant le règne de Philippe II, roi de Macédoine, on ne trouve point dans la Grèce de médailles de rois en or. Les seules connues avant cette époque sont les dariques, ainsi appelées du nom des Darius, rois de Perse. Cependant Hérodote raconte que Polycrate, tyran de Samos, fit frapper des monnaies d'or. Il était contemporain de Cambyse, et vivait plus de 500 ans av. J.-C. Les premières monnaies des villes de la Grèce sont d'argent, et les plus anciennes d'Italie sont de bronze, excepté celles de Populonia, ville d'Etrurie. Quant aux villes d'Athènes, de Thasos, de Damastium en Epire, et quelques autres encore, il est tout simple qu'ayant en leur possession des mines d'argent, elles aient profité de cette richesse pour agrandir leur commerce et frapper leurs monnaies. Les Romains, après la guerre de Pyrrhus, unis aux villes de la Grèce par un commerce plus étendu, commencèrent à recevoir de l'argent, et bientôt en firent frapper chez eux. Les Grecs, ruinés d'abord par la guerre des successeurs d'Alexandre, ensuite par celles des Romains, furent obligés d'employer le bronze plus généralement pour leur monnaie ; mais il est vraisemblable aussi qu'ils en adoptèrent l'usage comme plus commode pour les petites acquisitions, pour lesquelles il aurait fallu des pièces d'argent si menues qu'elles se seraient perdues trop aisément. On voit encore de ces pièces extrêmement petites parmi les médailles d'Athènes et de la grande Grèce. Enfin, lorsque les Grecs furent soumis aux Romains, leurs vainqueurs ne leur permirent plus de frapper que des monnaies de bronze, ou du moins une très petite quantité en argent. *Du poids et de la valeur de la monnaie des anciens.* — Les poids furent différents dans presque toutes les villes, et les écrivains ont mis peu d'exactitude dans la manière dont ils ont présenté le rapport qui existait entre l'or, l'argent et le cuivre. Le talent était le plus fort des Grecs. Il variait selon le pays. Le talent attique contenait 60 mines, la mine 100 drachmes ; mais le talent et la mine n'étaient qu'un nom collectif qui exprimait une valeur ; la drachme seule était un poids effectif, et on trouve plusieurs médailles de villes qui sont des didrachmes, tridrachmes et tétradrachmes, c'est-à-dire des pièces du poids de deux, trois et quatre drachmes. Le statère d'argent valait quatre drachmes, et plusieurs auteurs l'assimilent au sicle des Hébreux. Le statère d'or est plus fréquemment cité par les auteurs anciens, et il répond à peu près à la drachme double attique. On trouve aussi des pièces d'or équivalentes, ou leur poids, à quatre drachmes et plus. L'obole était la sixième partie de la drachme attique. C'était une monnaie de bronze. On en composait les dioboles, trioboles et tétroboles, c'est-à-dire les doubles,

triples et quadruples oboles dont Pollux parle comme des monnaies usuelles des Athéniens. Il existait aussi des semi-oboles, des quarts d'oboles, et même des pièces qui n'en étaient que la huitième partie. Le nom de chalcos qu'on donnait à ces dernières fait assez voir qu'elles étaient de cuivre. *De la fabrication des monnaies.* — Les monnaies des anciens sont, ou seulement coulées, ou fondues, et ensuite frappées. Celles de la première espèce sont les plus anciennes monnaies, ou plutôt les poids des peuples d'Italie ; ce qui est assez visible par leur grandeur et la grossièreté du travail. La fusion précédait nécessairement l'opération du marteau. On préparait de petites boules de métal, sur lesquelles se frappait ensuite l'empreinte ; et les traces de la fusion se voient souvent autour de la pièce frappée. C'est ce qu'on appelle la barbe. Encore aujourd'hui on emploie ce moyen pour frapper les pièces d'une grande dimension, afin que l'effet du feu et de la chaleur tempérant leur dureté, elles résistent moins au coin et au marteau. Il est aisé de voir par les médailles de deux métaux, et par celles où le cuivre est revêtu d'une feuille légère d'argent, que les anciens n'employaient pas toujours le procédé de la fusion. Le feu aurait formé un mélange qu'il eût été impossible d'empêcher ; et puisque les anciens ont frappé ces pièces sans les couler, on ne peut nier qu'ils ne connussent les deux procédés. Il est indubitable qu'ils se servaient du marteau, puisqu'en parlant des monnaies, ils employent les mots latins *ferire*, *cudere*, *percutere*, *signare*, et en grec les mots analogues, qui, dans l'une et l'autre langue, signifient frapper, marquer d'une empreinte, etc. On en trouve encore une preuve dans les monnaies incuses, c'est-à-dire celles qui offrent le même type en relief d'un côté et en creux de l'autre, ce qui provient de la maladresse ou de l'oubli de l'ouvrier, qui laissait une pièce sous celle qu'il allait frapper. Souvent encore on remarque que l'empreinte ne se trouve pas placée au milieu du globule préparé pour la recevoir, ce qui n'aurait pas lieu si elle était coulée dans un moule. Les médailles surfrappées qui laissent apercevoir l'ancienne empreinte sous la nouvelle, sont encore une preuve que le métal n'a pas été préparé par la fusion. Le creux que l'on aperçoit au milieu de quelques médailles de bronze provient d'une pointe adhérente à la matrice, et qui servait à y fixer le globule de métal par le premier coup de marteau. Enfin, les fentes ou crevasses qui se trouvent au bord des pièces et qui vont en diminuant vers le centre ne peuvent avoir été produites que par la force de la percussion. Nous avons peu de renseignements sur les instruments du monnayage chez les anciens. Ils sont représentés sur un denier qui porte d'un côté une tête de Junon, avec le nom de Carisius, et sur le revers on voit un marteau, des tenailles et une enclume surmontée du coin. On conserve dans plusieurs cabinets des coins antiques. Les monétaires modernes donnent au coin le nom de carré. Le marteau a été remplacé par le balancier qui exerce une pression beaucoup plus forte. Les anciens ne connaissaient pas la virole, qui maintient les bords de la pièce et qui lui donne une forme parfaitement arrondie. On appelle flan le morceau coupé dans une lame de métal fondu, et destiné à être frappé. *De la forme et des diversités remarquables dans les monnaies anciennes.* — *Forme des monnaies.* La plupart des monnaies sont de forme ronde, à très peu d'exceptions près ; mais leur rondeur n'est pas toujours parfaite. Les plus anciennes monnaies sont presque globuleuses. Celles de l'Egypte, sous les Ptolémées, et sous les empereurs romains, sont taillées en biseau, comme un cône tronqué ; mais cette particularité ne se remarque que sur les médailles de bronze. Quelques-unes de celles de la Judée présentent la même forme. Des pièces de peu d'épaisseur, concaves d'un côté et convexes de l'autre, sont tout métal, se rencontrent fréquemment parmi celles du bas-empire d'Orient : c'est ce qu'on appelle des médailles en forme de coupe, *nummi scyphati*. *Carré creux.* — Les plus anciennes monnaies, en assez grand nombre, offrent des pièces dont le revers est entièrement occupé par un creux produit par une forte pression. Ce creux ne se trouve que sur les médailles grecques ; plus il est profond et informe, plus la médaille annonce d'antiquité et plus elle se rapproche de l'origine de l'art monétaire. Barthélemy explique cette cavité dans son essai d'une palæographie numismatique. Selon lui, lorsqu'on frappa les premières monnaies, on n'imagina de donner une empreinte qu'à un seul côté de la pièce, comme dans l'enfance de l'art typographique, on n'imprima des caractères que sur un seul côté du papier. Mais comme on pouvait craindre que le morceau de métal destiné à être frappé ne s'échappât ou ne changeât de place sous les coups réitérés du marteau, on mit dessous un fer brut pour le retenir, ce qui produisit cette cavité. Lorsque l'art eut fait quelques progrès, on donna à ce fer une forme plus agréable. Le creux devint moins profond, on le divisa en plusieurs parties, et bientôt après, il reçut quelques figures, jusqu'à ce qu'enfin les deux côtés de la médaille fussent également bien travaillés. *Médailles surfrappées.* — Les médailles ont été surfrappées lorsqu'un peuple a voulu s'approprier ainsi une monnaie étrangère, ou lorsqu'il a voulu changer la valeur de sa propre monnaie. Des princes ont fait frapper leurs monnaies sur celles de leurs prédécesseurs; cela arrivait surtout lorsqu'ils voulaient se hâter de signaler ainsi leur puissance, et qu'ils ne trouvaient pas assez tôt le métal nécessaire, ou peut-être encore quand loin de Rome quelque usurpateur ne possédait pas tous les ustensiles propres à la fabrication de la monnaie. Cette particularité ne s'est pas encore rencontrée sur les monnaies d'or. Il arrive aussi que le même type se trouve doublé, lorsque la pièce a glissé de dessous le marteau, et que le second coup a marqué son empreinte à côté de la première. *Médaillons.* — Les médaillons sont des pièces plus grandes que celles du module ordinaire, et qui sont souvent encore agrandies par un entourage qui leur sert d'ornement. Cet entourage est quelquefois du même métal, et quelquefois d'un cuivre différent; alors on appelle ces médailles enchâssées. Elles sont ordinairement d'un travail plus beau et plus soigné que les médailles du module ordinaire. Ces pièces de deux métaux ont quelquefois été frappées après avoir été enchâssées, puisque souvent la légende se trouve imprimée sur les deux métaux à l'endroit même de leur jonction. On ne trouve ce genre de pièces que chez les Romains. Ce n'était sans doute qu'une affaire de luxe : il n'est pas probable que ces pièces aient eu cours comme la monnaie. Les médailles d'or sont aussi quelquefois enchâssées dans des bordures élégamment travaillées par les anciens eux-mêmes, et sans doute c'était pour les faire servir d'ornement. Il en est de même des médailles d'argent sur lesquelles il reste des traces de dorure. *Contorniates.* — Ce nom a été donné à des médaillons de bronze, autour desquels il y a un cercle ou contour indiqué en creux. Ces médaillons représentent les traits de quelques princes romains, ceux d'Alexandre-le-Grand, ceux de quelques hommes illustres, et de quelques athlètes. Les revers offrent des sujets relatifs aux jeux du cirque, aux courses, aux chasses, ou à des particularités mythologiques. Le travail de ces pièces fait penser qu'elles ont été fabriquées vers le règne de Constantin; on suppose qu'elles servaient de tessères, ou de marques pour les jeux du cirque.

De la patine ou du vernis antique. — La patine, espèce de vernis dont le temps couvre les médailles, est un des signes caractéristiques de l'antiquité. Sur les unes, la couleur de la patine est verte, sur d'autres elle est bleue ou brune, selon la nature du cuivre et celle du terrain où elle a séjourné; et selon sa qualité, elle détériore une médaille ou ajoute à sa beauté. Quelquefois cette patine est si brillante et devient tellement inhérente au métal, qu'il serait impossible de l'entamer sans altérer la médaille qu'elle couvre. Les faussaires ont quelquefois voulu l'imiter avec du sel ammoniac, du vinaigre et des compositions factices; mais elle s'enlève toujours facilement, et il est aisé de reconnaître la fraude.

Du droit de battre monnaie. — De tout temps, le droit de battre monnaie fut·celui du gouvernement. Le mot *autonomes* est celui par lequel on a coutume de désigner les monnaies qu'un peuple ou une ville a frappées de sa propre autorité et dans la pleine jouissance de tous les droits de sa liberté. Les villes et les peuples qui se gouvernaient par leurs propres lois ne mirent jamais sur leurs monnaies d'autre nom que le leur, et lorsque nous voyons sur les monnaies les mots ΛΘΕΝΑΙΩΝ (athenaiôn), ΘΕΣΣΑΛΩΝ (thessalôn), ΕΦΗΣΙΩΝ (ephèsiôn), nous reconnaissons facilement que ce sont des monnaies frappées par l'autorité des Athéniens, des Thessaliens, des Ephésiens. Les monnaies les plus anciennes de Rome, au temps de sa liberté, ne portent d'autre inscription que le mot ROMA. Les villes soumises à des rois obtinrent quelquefois la permission de frapper des monnaies, mais le plus souvent à la condition d'y placer l'effigie ou le nom du prince auquel elles obéissaient. Nous en voyons des exemples sur les médailles des villes de la Phénicie et de la Parthie, dont les unes portent les têtes des rois de Syrie, les autres celles des rois parthes. Aussitôt qu'elles eurent reconquis leur autonomie, ou par la force, ou par certaines conditions, elles firent disparaître ces marques de servitude. Nous voyons la permission de frapper des monnaies accordée à Siméon, prince de Judée, par Antiochus VII, roi de Syrie, en ces termes : « Je te permets de faire frapper ta propre monnaie dans ton pays. » Les Romains, après avoir conquis un pays et l'avoir rangé au nombre des provinces romaines, joignaient quelquefois aux libertés qu'ils lui laissaient, celle de frapper sa monnaie. Ce droit se conserva sous les empereurs, et c'est pourquoi nous voyons leurs images sur les médailles de tant de villes. Les colonies romaines ne frappèrent non plus aucune monnaie sans permission, ainsi que le prouve l'inscription PERM. AVG. (*permisit Augustus*), PERM. PROC. (*permisit Proconsul*), par la permission de l'empereur, par celle du proconsul. Rome libre n'accorda jamais le droit de battre monnaie, ni à aucun particulier, ni à aucun magistrat. Sylla, lui-même, qui pendant quelques années en fut le tyran et viola toutes les lois, n'osa attenter à celle-là. Si l'on voit sur les monnaies romaines quelques têtes d'hommes célèbres, il est constant qu'elles y ont été placées après leur mort, avec permission du sénat et par les préfets monétaires qui illustraient ainsi leurs familles. César fut le premier auquel cet honneur suprême fut accordé de son vivant par le sénat; l'exemple une fois donné, on continua de le suivre, et nonseulement les empereurs, mais les impératrices et leurs enfants eurent les honneurs de la monnaie. Ni les médailles des Grecs, ni leurs écrivains, ne nous ont rien laissé sur ceux qui étaient chargés de faire frapper la monnaie, tandis que les médailles romaines nous les font connaître. C'étaient des triumvirs monétaires dont l'office se trouve rappelé sur les monnaies par cette inscription : III. VIR. A.A.A. FF., que l'on traduit ainsi · *Triumviri auro, argento, ære, flando, feriundo*, Triumvirs chargés de faire fondre et frapper l'or, l'argent et le bronze. Il a paru singulier que les graveurs qui ont produit des médailles dont nous admirons la perfection, n'aient point gravé leur nom sur leur ouvrage, tandis que les graveurs en pierres fines y ont souvent tracé le leur. Jusqu'ici l'on n'avait encore trouvé qu'un seul exemple d'un nom de graveur sur la monnaie, c'est celui de *Nevantos*, inscrit sur une médaille de Cydonia, ville de Crète, avec le mot EΠOEI (époci, *fecit*, a fait). On a quelquefois supposé que les monogrammes (plusieurs lettres groupées en un seul signe) placés sur la monnaie indiquaient les noms des graveurs. Depuis on a lu ceux de Evénète, Euclides, Pasion, etc. Sous les rois de France de la première race, l'on trouve aussi des noms de monétaires avec la désignation de leur qualité : *Eligius Mon.* (Eloi monétaire), etc.

Des types. — On entend par type la figure d'un objet quelconque, animé ou inanimé, imprimée sur le métal. Les premiers types des médailles grecques furent des figures entières d'hommes, d'animaux, de plantes; ensuite, l'on y trouva les têtes des dieux, des héros ou des hommes célèbres, et enfin celles des rois et des princes. Sur les médailles autonomes, le revers s'accorde assez ordinairement avec le côté de la tête. Ainsi les dieux et les déesses y ont leurs attributs ou les animaux qui leur sont consacrés. A la tête de Jupiter, on joint le foudre ou l'aigle; à celle d'Apollon, le trépied, la lyre, une branche de laurier; à Neptune, le trident; à Diane, un cerf ou un chien. Quelques villes ont sur leurs monnaies des attributs particuliers; la chouette indique Athènes, le labyrinthe est représenté sur les médailles de Cnosse (ville de Crète). D'autres ont choisi pour type les productions de leur territoire; les médailles de Métaponte (dans la Lucanie sur le golfe de Tarente) portent un épi, et celles de Cyrène, ville qui donna son nom à la Cyrénaïque, le silphium : quelquefois on trouve sur les monnaies d'autres signes caractéristiques. Les Macédoniens et les Béotiens ont représenté leur bouclier; quelques villes ont fait des allusions à leur nom. Les Romains employèrent les allégories et les symboles beaucoup plus que les Grecs qui, par religion, ont presque toujours pris leurs types dans les objets de leur culte. Outre le type principal, on voit sur les médailles des figures plus petites, que l'on appelle symboles ou signes monétaires. Les contre-marques sont·des figures ou des lettres frappées après coup, soit pour changer la valeur de la pièce, soit pour lui donner cours dans une autre contrée, comme cela se pratique encore aujourd'hui dans plusieurs pays.

Des inscriptions ou légendes. — Dans les commencements de l'art monétaire, on ne voit sur les médailles ni lettres ni inscriptions. Quoiqu'il soit plus rare dans les temps postérieurs de trouver des monnaies sans légendes, cela arrive dans les villes qui avaient un type fixe et certain dont les autres ne se servaient point. C'est ainsi que l'on voit le silphium sur les médailles de la Cyrénaïque; la rose, à Rhodes; un vase d'une certaine forme, à Cume d'Éolide; le bouclier béotien à Thèbes. Tel est aussi l'usage des types parlants. *Cardia*, ville de Thrace, a pour type un cœur; l'île *Clide*, une clé; *Rhodes*, une rose (*Rhodon* en grec); *Side*, une grenade; *Selinunte*, une feuille d'ache; *Ancône*, un coude. Il y a cependant des villes qui, dès l'origine de leurs monnaies, y ont inscrit leur nom. Quelques-unes se sont bornées à une lettre initiale ou au commencement du mot. Les inscriptions les plus simples sont celles des républiques ou celles des premiers âges. Lorsque les royaumes et les empires deviennent plus puissants, qu'ils sont dépravés par le luxe, ou qu'ils penchent vers leur decadence, les inscriptions deviennent diffuses, emphatiques et pleines d'expressions adulatrices, qui caressent l'ambition et la vanité des princes. Ces inscriptions sont ordinairement tracées de gauche à droite comme dans notre écriture. Il y en a cependant plusieurs qui sont tracées dans le sens opposé et qu'en conséquence on nomme rétrogrades. Elles se trouvent sur les médailles les plus anciennes des Grecs, sur les anciennes monnaies des Étrusques, des Samnites, des Osques, frappées dans les vi et vii° siècles après la fondation de Rome. Cette écriture rétrograde a été conservée par les peuples de l'Orient qui ont pris dans la Grèce l'art d'écrire. L'écriture Boustrophedon (nom tiré du grec), est ainsi nommée parce qu'elle va d'un côté et revient de l'autre comme le sillon que trace un bœuf. On en a des exemples sur les médailles d'Agrigente, celles de Naples, sur celles de Crotone et d'autres villes. La connaissance des différents dialectes est indispensable à celui qui veut faire une étude approfondie de la numismatique. La forme des lettres grecques ayant beaucoup varié selon les époques, on peut les étudier dans le tableau qu'en a formé Eckhel (*Doctrina num.*, t. i, p° 104), afin d'en faciliter la connaissance pour l'explication des légendes.

Époques de la numismatique. — L'histoire de l'art numismatique peut être partagée en plusieurs époques qui sont déterminées par la forme des médailles, celles des lettres et le style du dessin. La première époque commence avec l'art et se termine au règne d'Alexandre Ier, roi de Macédoine (450 ans av. J.-C.). On ne se servait point encore du bronze, les inscriptions étaient courtes, la forme des lettres annonce leur ancienneté. Les médailles sont rondes, épaisses, presque globuleuses; la plupart ont une aire en creux; le dessin des figures est grossier. La seconde époque commence à Alexandre Ier, et finit au commencement du règne de Philippe II (354 ans av. J.-C.): elle embrasse un siècle. Ce fut alors que parut Phidias, et que les arts commencèrent à fleurir dans la Grèce. Les figures commencent à avoir plus de grâce, et à devenir ou l'imitation plus parfaite de la nature, ou le premier essai du beau idéal. L'or et l'argent sont encore les métaux dominants; l'inscription n'a pas encore beaucoup d'étendue. Le métal s'aplatit et le diamètre de la médaille augmente. Un type commence à remplir l'aire en creux. La troisième époque commence à Philippe II et se prolonge pendant trois siècles, qui sont les plus brillants de l'art monétaire (vers l'an de Rome 724; 30 ans av. J.-C.). La quatrième époque commence à la fin de la république romaine, et va jusqu'au règne d'Adrien (117 ans après J.-C.). La cinquième époque se termine à Gallien (260 ans après J.-C.). Alors l'art monétaire ne cesse de décliner jusqu'au xv° siècle de notre ère, celui de la renaissance des arts. Là commence la numismatique moderne dont l'étude, aussi vaste que celle de la numismatique ancienne, offre à l'histoire d'immenses matériaux. Du MERSAN.

NUMISMATOGRAPHIE, s. f., Description des médailles antiques.

NUMITOR, fils aîné de Procas, roi d'Albe, et frère d'Amulius, succéda à son père, et régna d'abord conjointement avec son frère. Celui-ci le détrôna, et pour s'assurer le trône, fit périr son fils Lausus, et força Ilia, fille unique de Numitor, à se faire vestale. Malgré les précautions d'Amulius, Ilia devint mère de deux jumeaux, Rémus et Romulus. Le tyran la fit enfermer dans une prison, et ordonna qu'on jetât les deux enfants dans le Tibre. Ces deux jumeaux, sauvés et allaités par une louve, et recueillis par Faustulus, quand ils furent devenus grands, se firent reconnaître de Numitor, tuèrent Amulius, et replacèrent leur aïeul sur le trône, 752 ans av. J.-C.

NUNDINALES (LETTRES), nom que les Romains donnaient aux huit premières lettres de l'alphabet, dont ils faisaient

usage dans leur calendrier, pour marquer les *nundines* ou jours de marché. La suite de ces lettres était écrite en colonne et répétée successivement depuis le premier jour de l'année jusqu'au dernier. Une de ces lettres indiquait les jours de marché ou d'assemblée, qu'on appelait *nundinæ* (de *novem dies*), parce qu'ils revenaient tous les neuf jours. Lorsque le premier jour nundinal de l'année tombait, par exemple, sur la lettre A, il revenait le 1er, le 9, le 17 et le 25 janvier, et ainsi de suite, de neuf jours en neuf jours; et la lettre D était pour l'année suivante la lettre nundinale. *V.* NUNDINES.

NUNDINES, jours de marché à Rome, ainsi appelés parce qu'ils revenaient tous les neuf jours. Les habitants de la campagne venaient à ville ces jours de marché, pour y porter des denrées, et pour s'y instruire des réglements tant civils que religieux. Dans les calendriers les nundines étaient marqués par une lettre de l'alphabet, et chaque année avait sa lettre nundinale qui variait tous les ans.

NUNEZ ou NONIUS (FERDINAND), critique espagnol, connu aussi sous le nom de *Pincianus*, parce qu'il était de Pincia, près Valladolid, introduisit le premier en Espagne le goût de l'étude de la langue grecque. Il professa les belles-lettres à Alcala et à Salamanque, et mourut en 1552. Le roi Ferdinand-le-Catholique l'avait mis à la tête de ses finances. On estime surtout ses commentaires sur Pline, sur Pomponius Méla et sur Sénèque. On lui doit aussi en partie la version latine des Septante, imprimée dans la Polyglotte de Ximenès.

NUORO, ville de Sardaigne, à 130 kil. N. de Cagliari: 3,350 habitants. Évêché. Chef-lieu d'une province de même nom qui compte 48,000 habitants.

NUOVO, c'est-à-dire en italien nouveau. Pour les noms commençant ainsi, cherchez le nom qui suit.

NUOVO-MONTE, mer du royaume de Naples, près et au N.-O. de Pouzzole, remplaça le lac Lucrin en 1538 par l'effet d'un tremblement de terre.

NUPTIAL, ALE, adj., qui concerne la cérémonie des noces, qui appartient au mariage.

NUPTIAUX (DIEUX), dieux des noces, étaient au nombre de cinq: Jupiter, Junon, Vénus, Suada et Diane. On leur adressait des vœux pour les prier de rendre les mariages heureux. On comptait aussi parmi les divinités nuptiales, celles qui présidaient aux mystères les plus secrets de l'hymen.

NUQUE, s. f., le derrière du cou, et surtout la partie creuse, immédiatement sous l'occiput.

NUREMBERG, une des villes les plus industrieuses de l'Allemagne, chef-lieu du cercle de la Moyenne-Franconie (autrefois du Rezat), en Bavière, avec une population de 40,000 habitants, qui tous, à l'exception de 2,500 catholiques et d'un petit nombre de juifs, professent la religion protestante. Cette ville, située dans une contrée sablonneuse, mais bien cultivée, est divisée par la Pegnitz, que traversent sept ponts de pierre, en deux parties d'inégale grandeur, appelées, celle du Nord, qui est la plus petite, quartier de Saint-Sébald, et l'autre, quartier de Saint-Laurent, du nom des églises paroissiales. Elle a environ une lieue et demie de circonférence; mais une grande partie de cette superficie est occupée par des places publiques ou des jardins. Parmi les monuments les plus curieux de la ville, on doit citer en première ligne le château appelé Reichsfeste, sur une hauteur escarpée, d'où l'on jouit d'une vue magnifique. L'hôtel-de-ville, de deux cent-soixante-quinze pieds de longueur, est un des édifices les plus remarquables de l'Allemagne; on admire dans sa grande salle les tableaux restaurés de Durer. Parmi les nombreux établissements d'instruction, de bienfaisance ou de secours dont s'honore Nuremberg, nous citerons l'École polytechnique, fondée en 1823, le Conservatoire des antiquités et des objets d'art de la ville, ouvert en 1824, et l'École des beaux-arts, établie dans le château avec d'importantes collections. Avant la découverte du cap de Bonne-Espérance, Nuremberg était une des places du commerce les plus importantes, non-seulement d'Allemagne, mais de l'Europe; elle servait d'entrepôt à tout le commerce des pays du Nord avec Venise. Son commerce est encore fort considérable; ses manufactures et ses fabriques produisent une immense quantité d'articles en cuivre, en acier et en fil de fer, d'articles de tabletteries, de miroirs, de cordes, d'instruments de musique et autres; de cartes de géographie, de gravures, de jouets d'enfants, etc., connus sous le nom d'articles de Nuremberg, et que leur bas prix fait rechercher non-seulement dans l'Europe entière, mais jusqu'en Amérique et dans les Indes.

NUTRITIF, IVE, adj., qui nourrit, qui sert d'aliment.

NUTRITION, s. f., fonction naturelle par laquelle le chyle est converti en la substance de l'animal, ou l'effet qui en résulte. Il se dit, dans un sens analogue, en parlant des végétaux.

NURSIE, *Nursia*, aujourd'hui *Norsia*, ville de l'Italie ancienne, dans le N. de la Sabine, au pied de l'Apennin. C'est la patrie de Sertorius et de saint Benoît.

NUSCO, ville du royaume de Naples (principauté ultérieure), à 32 kil. S.-E. de Montefusco; 3,560 habitants. Evêché.

NUYTS (terre de), contrée de la Nouvelle-Hollande, le long de la côte méridionale, de 114° 20' à 130° longitude E. Découverte par Pierre de Nuyts, négociant hollandais, en 1627. Elle est encore peu connue.

NYBORG, ville de Danemark, dans l'île de Fyen, sur le grand Belt, à 31 kil. S.-E. d'Odensée; 2,850 habitants. Port, ville forte, etc. Eau-de-vie. Patrie de Christian II. C'est à Nyborg que les navires paient le droit de passe pour traverser le Belt.

NYCTALOPIE, s. f. (méd.), maladie caractérisée par la faculté qu'a le malade de distinguer les objets à une faible lumière ou pendant la nuit, tandis qu'il ne peut supporter le grand jour. La nyctalopie dépend souvent de l'extrême sensibilité de la rétine ou de l'iris, d'où résulte le resserrement de l'ouverture pupillaire. D'autres fois, au contraire, elle tient à la dilatation trop grande de cette ouverture; elle peut aussi être le résultat d'obstacles physiques à l'arrivée des rayons lumineux au fond de l'œil, comme de l'existence d'une taie sur la cornée, d'une opacité centrale du cristallin ou de sa capsule, ou d'un défaut de pigmentum de la choroïde; de là un diagnostic, un pronostic et un traitement très variés.

NYKOEPING, ville de Suède (Suède propre), chef-lieu du lan ou gouvernement de Nykœping, sur un golfe de la mer Baltique, à 77 kil. sud-ouest de Stockholm; 2,850 habitants. Fonderie de fer; commerce de fer, cuivre, planches. Le gouvernement de Nykœping, situé dans le sud-est de la Suède propre, a été presque tout entier formé de la Sudermanie; il a 100 kil. sur 100, et 110,000 habitants; climat froid, sain. Plomb, fer, cuivre, pierre. Riche pêche sur la côte et dans les lacs Mœlar, Hielmar, etc.

NYLAND, province de la Russie, dans le grand-duché de Finlande, à l'est de la province d'Abo et sur le golfe de Finlande; 225,000 habitants; chef-lieu, Elsingfors. Beaucoup de lacs; bonnes terres, belles forêts.

NYMPHE (ins.), état particulier des insectes pendant leurs métamorphoses, et qui est intermédiaire à l'état de larve et à celui d'insecte parfait. J.P.

NYMPHES, divinités subalternes dont l'univers était rempli. Il y en avait qu'on appelait Uranies ou Célestes, qui gouvernaient la sphère du ciel; d'autres Terrestres ou Epigies, présidaient à la terre; celles-ci étaient subdivisées en nymphes des eaux et en nymphes de la terre. Les nymphes des eaux étaient subdivisées en plusieurs classes : en nymphes marines, appelées Océanides, Néréides et Mélies; en nymphes des fontaines, appelées Naïades, Crénées, Pégées; en nymphes des fleuves et des rivières, appelées Potamides; en nymphes des lacs et des étangs, appelées Limnades. Les nymphes de la terre formaient aussi plusieurs classes : les Oréades, les Orestiades ou Orodemniades, étaient les nymphes des montagnes; les Napées étaient celles des vallées et des bocages; les Dryades et les Hamadriades étaient celles des forêts. Il y

avait des nymphes même dans les enfers. On trouve encore d'autres nymphes avec des noms pris ou de leur pays, ou de de leur origine, comme les Amnisiades, les Corycides, les Cythéroniades, les Dodonides, les Héliades, les Hérésides, les Ionides, les Lélégéides, les Sithrides. Le nombre des nymphes n'est pas bien connu; selon Hésiode, il y en avait trois mille. Les nymphes étaient attachées ordinairement à quelque divinité de l'un ou de l'autre sexe; les Muses étaient les nymphes d'Apollon; les Oréades, celles de Diane, etc. On n'accordait pas aux nymphes une immortalité absolue; mais on croyait qu'elles vivaient très longtemps. Hérodote les fait vivre plusieurs milliers d'années, et Plutarque fixe la durée de leur vie à neuf mille sept cent vingt ans. On leur rendait un culte particulier, et on leur offrait en sacrifice de l'huile, du lait, du miel, et quelquefois on immolait des chèvres en leur honneur. Les nymphes sont représentées sous la figure de jeunes filles à moitié nues. Sur les monuments antiques, les nymphes des ruisseaux et des fontaines tiennent ordinairement pour attribut une urne d'où s'écoule la fontaine et le ruisseau. Les anciens croyaient que c'était un grand malheur de voir une nymphe nue; on en était puni par la démence. Nymphe se dit quelquefois, en poésie, d'une jeune fille, belle et bien faite. Nymphe, en histoire naturelle, l'insecte au premier degré de ses métamorphoses. Nymphes, en anatomie, les deux productions membraneuses des parties génitales de la femme, placées en dedans des grandes lèvres.

NYMPHÉES, lieux consacrés aux nymphes. C'étaient ordinairement des antres naturels ou creusés et ornés de manière à imiter la nature; quelquefois cependant c'étaient de petits temples. Ces lieux étaient situés dans le voisinage des ruisseaux, des fontaines et des petites rivières.

NYMPHIDIUS SABINUS, préfet du prétoire sous Néron, avait pour mère une esclave courtisane. Il se disait fils de Caligula, ce que rendaient assez probable et les mœurs dissolues de ce prince, et la beauté de sa mère et sa grande ressemblance avec lui. Tant que la fortune sourit à Néron, il le flatta et l'imita; mais quand il vit sa chute prochaine et inévitable, il songea à monter à sa place sur le trône. Mais, n'osant le faire à l'instant, il séduisit ses soldats, et les fit déclarer en faveur de Galba en leur promettant 30,000 sesterces par tête. Après le meurtre de Néron, il exerça la souveraineté dans Rome. L'approche de Galba lui fit hâter son dessein. Il voulut se faire proclamer empereur, et disputer le trône au nouveau prince, mais ses soldats le massacrèrent l'an de J.-C. 68.

NYNAUD (JEAN DE), auteur peu connu, dont nous avons un livre curieux plein de choses singulières, mais aujourd'hui fort rare, sous ce titre : *De la lycanthropie, transformation et extases des sorciers,* Paris, 1615, in-8°.

NYON, *Noiodunum, Noviomagus* ou *Colonia equestris* des anciens, *Neus* en allemand, ville de Suisse (Vaud), sur le lac de Genève et sur une colline, à 19 kil. de Genève; 2,500 habitants. Papeterie, poterie.

NYONS, *Noviomagus,* chef-lieu d'arrondissement (Drôme), sur l'Aigues, à 90 kil. S.-S.-E, de Valence; 3,208 habitants. Savon, étoffes mélangées, tanneries. Aux environs, houille. Beau pont romain et restes d'antiquités romaines. L'arrondissement de Nyons a 4 cantons : Nyons, Lebuis, Remusat, Sédéron, 74 communes et 35,554 habitants.

NYSTEN (PIERRE-HUBERT), médecin, né à Liége en 1771, mort à Paris le 3 mars 1818, était médecin de l'hospice des Enfants-Trouvés; ce savant praticien a laissé notamment : *Recherches de physiologie et chimie pathologique,* suite de celles de Bichat sur la vie et la mort, Paris, 1811, in-8°.

www.ingramcontent.com/pod-product-compliance
Lightning Source LLC
Chambersburg PA
CBHW060533280326
41932CB00011B/1273